제22판

국제법론

김 | 대 | 순

三 英 社

제22판 머리말

최근 대략 올해 4월까지 인지한 국제법 관련 주제들을 담아 제22판을 내게 되었다. 본 졸저(拙著)의 다음 개정 여부는 이제 후학에게 맡기려고 한다.

국제법에 기반해야 할 국제질서가 어수선하기만 하다. 로이드 오스틴(Lloyd Austin) 미국 국방장관은 2024년 1월 한 청문회에서 "솔직히, 나는 우크라이나가 무너지면 NATO가 러시아와 싸울 것이라고 정말로 믿는다."고 언급하였다.[1] 그러자 3월 13일 푸틴은 "지금까지는 그럴 필요가 없었다. 그러나 러시아는 기술적으로 핵전쟁을 할 준비가 되어 있다. 만약 미국이 우크라이나에 군대를 파견한다면, 이는 분쟁이 심각하게 확대되는 것으로 간주될 것이다."라며 서방에 경고하였다.[2] 이어서 16일 중국 국방부 대변인이 "중국은 미국이나 나토가 러시아를 공격하기로 결정하면 세계 어디에서나 군사적으로 개입할 준비가 되어 있다."고 말했다는 뉴스도 전해졌다.[3] 게다가 NPT에서 "완전한 핵군축 협상을 성실히 수행할 것"을 약속한 중국은 오히려 핵전력을 급속히 발전시켜 나가고 있다.[4] 미국은 미국대로 2001년 러시아와의 ABM조약을 파기한 바 있거니와,[5] 2020년에는 다자조약인 "영공개방조약"(Treaty on Open Skies)에서 탈퇴하였다.[6] "전쟁은 지구상에서 가장 수익성이 높은 사업"[7]이라는 말이 있다. 2024년 현재 UN의 나이가 79세이니, 30세를 못 넘긴 전임자 국제연맹에 비하면 장수를 누리고 있는 셈이다.[8] 기존 국제질서에 또 "조종(弔鐘)이 울릴 것인가?"[9] "모든 것이

1) TASS, March 1 2024, "Ukraine's defeat would raise risk of clash between Russia, NATO — US defense secretary", 〈https://tass.com/world/1753955〉; Max Channon/Irish Star, Mar 3 2024, "NATO will be 'in a fight with Russia' if Ukraine falls, warns US Defense Secretary", 〈https://www.irishstar.com/news/us-news/〉.

2) Guy Faulconbridge and Lidia Kelly/Reuters, March 14, 2024, "Putin warns the West: Russia is ready for nuclear war", 〈https://www.reuters.com/〉.

3) Times Now News, Mar 17, 2024, "China Ready to Intervene if US, NATO Attack Russia: Report", 〈https://www.timesnownews.com/〉; Snehadri Sarkar/NewsBytes, Mar 17, 2024, "China 'ready to intervene' if America, NATO attack Russia: Report", 〈https://www.newsbytesapp.com/news/world/china-reportedly-ready-to-intervene-if-us-nato-attack-russia/story〉.

4) Cf. Noah Robertson/Pentagon, Oct 19, 2023, "China more than doubled its nuclear arsenal since 2020, Pentagon says", 〈https://www.defensenews.com/pentagon/〉; Amrita Jash/the interpreter published daily by the Lowy Institute, 27 Feb 2024, "China's nuclear inventory continues to grow", 〈https://www.lowyinstitute.org/the-interpreter/numbers-china-s-nuclear-inventory-continues-grow〉.

5) 본서, 제28장 (전쟁법), "X. 군비축소 5. 미국과 구소련(현 러시아)간 전략무기 제한.

6) 이에 2021년 러시아도 탈퇴하였다. 본서, 제22장 (영공법) "Ⅳ. 조약에 의한 영공개방" 참조.

7) 〈https://www.goodreads.com/quotes/7682766-war-is-the-most-profitable-business-on-earth〉.

8) History on the Net, April 8, 2023, " Why Did the League of Nations Fail? Here Are Some Answers", 〈https://www.historyonthenet.com/why-did-the-league-of-nations-fail〉.

9) Cf. Gregory Weaver/Atlantic Council, November 22, 2023, "The role of nuclear weapons in a Taiwan crisis", 〈https://www.atlanticcouncil.org/in-depth-research-reports/issue-brief/the-role-of-nuclear-weapons-in-a-taiwan-crisis/〉; Matthew Kroenig/Atlantic Council, November 30, 2023, "Deliberate nuclear use in a war over Taiwan: Scenarios and considerations for the United States", 〈https://www.atlanticcouncil.org/in-depth-research-reports/report/deliberate-nuclear-use-in-a-war-over-taiwan-scenarios-and-considerations-for-the-united-states/〉; Alexander Khrebet/Yahoo News, February 19, 2024, "Russia's Medvedev threatens to nuke US, UK, Germany, Ukraine if Russia loses occupied territories", 〈https://news.yahoo.

무너져 내려 중심을 잡을 수가 없다. 무질서만이 온 세상에 펼쳐진다."(Things fall apart; the centre cannot hold; Mere anarchy is loosed upon the world)라고 노래한 예이츠(William Butler Yeats)의 시 "재림"(The Second Coming)이 절로 연상되는 세상이다.

다른 한편, 한때 유행하던 세계화를 넘어 이른바 신세계질서를 세우고 싶어하는 글로벌리스트들이 양지로 나온 듯하다. 그들은 스스로를 자선사업가 혹은 박애주의자로 자처하는데, 전 세계의 수많은 정치지도자와 학자가 기후변화, 인구감소, 이민, 전염병 예방을 위한 백신 등 주요 의제 앞에서 그들과 협력하는 모습을 보이고 있다. 그러나 "보건기구가 아니라 정치 · 선전단체"라는 비판을 받기도 하는 국제보건기구(WHO)의 사무총장이 위 의제들에 전념하는 미국의 수퍼리치와 만나 반갑게 악수하는 장면을 보면서 솔직히 마음이 그리 편치가 않다.[10] 청소년 코로나 백신 부작용을 호소하는 학부모 간담회에서 교육부 국장이 했던 말이 귀에 생생하다. "선택하셨잖아요".[11] 권장 혹은 권고의 이름으로 사실상 백신 접종이 강제된 코로나 바이러스 사태는 우리에게 개인과 국가, 국제기구와 국가, 개인과 국제기구 간 바람직한 관계와 현대판 동인도회사들의 다양한 역할에 대해 성찰할 기회를 제공하고 있다. 이쯤에서, −인지학(人智學, Anthroposophy)이란 것을 창시했다는− 루돌프 슈타이너(Rudolf Steiner) (1861~1925)가 남긴, 백년도 더 된 말이 경이롭게 다가온다.

> "미래에 우리의 영혼은 약(medicine)으로 제거될 것이다. 건강을 핑계로, 인체가 태어나자마자 가능한 한 빨리 치료를 받아, 인간이 영혼과 정신의 존재에 대한 사고를 발달시킬 수 없게 하는 백신이 나올 것이다. … 인간은 체질적으로 물질주의적이 되어, 더 이상 영적인 수준으로 올라갈 수 없다."[12]

어느 진영에 발을 담그고 살든 자유가 뿌리부터 위협받기는 마찬가지인 묘한 세상에 들어선 느낌이다. 게다가, CBDC, 소셜크레딧, 반도체칩 생체 이식, 15분 도시 등등이 전지구적으로 실천되는 신천지가 도래하면, 그때 우리 사람들은 '휴먼'의 차원을 넘어 있을 것이고, 휴먼 '개인'의 '프라이버시'란 단어들은 생경하게 느껴지게 될 것이다.

---

com/russia-medvedev-threatens-nuke-us-153122957.html〉; James Reynolds and Will Stewart/Daily Mail, 22 February 2024, "Russia warns it could 'accidentally' start a nuclear war as 'impotent' western leaders miscalculate the risk of World War Three – days after threatening to nuke London and Washington if it loses in Ukraine", 〈https://www.dailymail.co.uk/〉; John Pilger, 1 May 2023, "There is a war coming shrouded in propaganda. It will involve us. Speak up.", 〈https://johnpilger.com/〉; John Pilger/The Guardian, 13 May 2014, "In Ukraine, the US is dragging us towards war with Russia", 〈https://www.theguardian.com/commentisfree/2014/may/13/ukraine-us-war-russia-john-pilger〉.

10) Dr. Paul Craig Roberts/Global Research, January 22, 2024, "Preparing for Hypothetical "Disease X": COVID Having Failed to Do the Job, Bill Gates Is Making a Second Run at "Culling the World Population", 〈https://www.globalresearch.ca/covid-having-failed-do-job-bill-gates-making-second-run-culling-population/5847109〉.

11) Jane · 2022. 1. 17., "청소년 코로나 백신 부작용 피해 : 학부모 간담회] 피해자 가족에게 "선택했잖아요"", 〈https://blog.naver.com/olivia2010/222623513066〉.

12) https://www.reddit.com/r/conspiracyNOPOL/comments/qtc378/in_the_future_we_will_eliminate_the_soul_with/ ; https://www.quora.com/What-did-Rudolf-Steiner-mean-by-Ahriman.

개정판이 나오는 즉시 복제 파일이 유통되는 상황에서 설상가상 출판 비용은 급상승하고 있다. 누적되는 악조건 하에서도 근 30년간 한결같이 《국제법론》의 출간을 후원해 주신 삼영사 고덕환 회장님과 고성익 사장께 甚深한 감사를 드린다. 최문용 편집실장을 비롯하여 제22판의 꼼꼼한 교정과 인쇄에 정성을 다해주신 관계자들께도 감사드린다.

젊은 시절 국제법 공부의 기틀을 닦을 수 있는 자리를 마련해 준 전북대학교와 이어서 공부가 한 걸음 더 나아갈 수 있는 자리를 허락해 준 연세대학교에 깊이 감사드린다.

천학비재한 제자를 국제법학의 신세계로 이끌어주신 두 분의 스승, 박관숙 교수님과 김정건 교수님께 늘 고개 숙여 감사드린다. 오랜 기간 EU법 공부의 멘토가 되어주신 LSE 로스쿨의 Trevor Hartley 명예교수님께도 감사드린다. 또한 그간 국제법 탐구에 함께 일로매진한 우리 신촌 국제법학 형제들의 우애에 감사드린다. 이제는 세대가 바뀌어 이기범 교수를 비롯한 많은 후학들이 국제법을 화두로 삼고 있음에 기쁘기 한량 없다.

생의 어려운 고비마다 정신적 지주가 되어주신 김자명 명예회장님, 고맙습니다. 부모님과 형님·형수, 누나·자형 고맙습니다. 아내와 딸, 사위에게도 고마운 마음뿐이다. 미래는 부디 공포로부터 자유로운 세상일 것을 소망하며 외손녀의 열 번 째 생일을 맞아 머리말을 마친다.

2024년 6월 23일

著 者

차　례

제2장 국제법의 연원

제3장 일반국제법의 강행규범

제4장 조약법

제5장 국제법과 국내법의 관계

제6장 국제법의 주체

제7장 국제법의 기본원칙

제8장 국가 및 정부 승인

제2부 국가관할권과 면제

제9장 국가관할권

제10장 국가면제

제11장 국가행위이론

제12장 외교면제 및 특권

제13장 기타 면제 · 특권

제3부 국가책임과 개인의 지위

제14장 국가책임

제15장 국 적

제16장 외국인의 대우

제17장 국제인권법

제18장 국제난민법

제4부 국가의 관할영역

제19장 영토의 취득

제20장 국가승계 : 영토주권의 변경과 그 법적 결과

제21장 해양법

제22장 영공법

제23장 국제우주법

제24장 국제환경법

제5부 전쟁과 평화

제25장 UN

제26장 분쟁의 평화적 해결수단

제27장 국가의 무력사용

제28장 전쟁법

제29장 국제형사재판소

제6부 지역통합

제30장 EU법

참고문헌

아래의 책은 저자의 이름만으로 인용한다. 다만, 저자명 앞에 *표가 붙은 것은 (때로 저자명과 함께) 책명으로, 그리고 #표가 붙은 책의 참조부분은 페이지(p.) 대신 단락을 의미하는 §으로 표시한다. 여기에는 일반적인 참고문헌만 실었다. 그 밖의 자료는 본문의 註를 참조.

강병근 옮김, J. G. Merrills 지음, 국제분쟁해결(International Dispute Settlement, 제6판), 고양시 : 피앤씨미디어 2022.

강병근/이재완(譯), Antonio Cassese(저), 국제법, 서울 : 삼우사, 2010 (& 제3판, 2014).

金明基, 國際法原論(상)(하), 서울 : 박영사, 1996.

金文達/金泰川, 國際法, 서울 : 법문사, 1995.

김부찬, 국제법특강 : 국제법의 쟁점과 과제, 파주 : 보고사, 2014 (개정판, 2018).

김부찬, 국제해양법과 이어도 문제, 부산 : 온누리디앤피, 2015.

金奭賢, 국제법상 국가책임, 서울 : 삼영사, 2007.

金榮球, 韓國과 바다의 國際法, 부산 : 효성출판사, 1999.

*김영석, 국제형사재판소법강의, 파주 : 법문사, 2014.

*김영석, 국제법, 서울 : 박영사, 2010.

*김정건/장신/이재곤/박덕영, 국제법, 서울 : 박영사, 2010.

金楨鍵, 國際法, 新版, 서울 : 박영사, 2004.

金楨鍵(外 3인), 국제법 주요 판례집, 서울 : 연세대학교 출판부, 2004.

金楨鍵/金大淳(共譯), 잉그리드 데루피스(著), 國際法과 獨立國, 서울 : 연세대학교 출판부, 1984.

金正均/成宰豪, 國際法, 제4개정판, 서울 : 박영사, 2003 (& 제5개정판, 2006).

金燦奎/李英峻, 國際法槪說, 서울 : 법문사, 1994.

*김한택, 국제항공우주법, 서울 : 지인북스, 2011.

*김한택, 국제법원론, 서울 : 지인북스, 2010.

*김한택, 국제법원론 : 이론과 실제, 서울 : 북스힐, 2015.

金漢澤, 현대국제법, 춘천 : 강원대학교 출판부, 2002 (& 서울 : 지인북, 2007).

김현수/이민효, 國際法, 서울 : 연경문화사, 2010.

나인균, 국제법, 서울 : 법문사, 2004 (& 제2판, 2008).

노명준, 國際環境法, 서울 : 박영사, 1997.

노명준, 신 국제환경법, 서울 : 법문사, 2003.

盧錫台(譯), 村瀨信也/奧脇直也/古川照美/田中患(著), 現代國際法의 指標, 부산 : 부산대학교 출판부, 2002.

*대한국제법학회, 국제법으로 세상 읽기, 서울 : 박영사, 2020.

류병운, 국제법, 서울 : 형설출판사, 2012(& 제4판, 2019).

朴觀淑, 國際法(第五全訂版), 서울 : 법문사, 1979.

朴觀淑(原著), 崔殷範(增補), 國際法, 서울 : 문원사, 1998.

박병도, 국제환경책임법론, 서울 : 집문당, 2007.

朴培根(譯), 山本草二(著), 新版 國際法, 서울 : 국제해양법학회, 1999.

박재섭(著), 박기갑(신편), 전쟁과 국제법, 서울 : 삼우사, 2010.

박찬호/김한택, 국제해양법, 제2판, 서울 : 서울경제경영, 2011.

서석순(譯), Arthur Nussbaum(저), 국제법 발달사(A concise History of the Law of Nations), 서울 : 문교부, 단기 4291(1958).

성재호, 국제기구와 국제법, 서울 : 한울, 2002.

외교부 영토해양과, 중국 국제법론, 서울 : 법문사, 2013.

柳炳華, 國際法 Ⅰ·Ⅱ, 서울 : 진성사, 1987 & 1996.

＊柳炳華/朴魯馨/朴基甲, 國際法 Ⅰ·Ⅱ, 서울 : 법문사, 1999·2000.

李丙朝/李仲範, 國際法新講, 서울 : 일조각, 1996 (& 제9개정판, 2008).

이석용, 국제법, 서울 : 세창출판사, 1999 (& 4정판, 2011).

이석용/이창위/김채형, 국제해양법 판례연구, 서울 : 세창출판사, 2015.

이재곤, 국제환경법 주요판례, 서울 : 박영사, 2016.

이재곤/박덕영/박병도/소병천, 국제환경법, 서울 : 박영사, 2015 (& 제2판, 2020).

李漢基, 國際法講義, 新訂版, 서울 : 박영사, 1997.

장 신(편저), 국제법판례 요약집, 광주 : 전남대학교 출판부, 2004.

張孝相, 現代國際法, 서울 : 박영사, 1990.

정영진·황준식 번역/백충현 감수, 이안 브라운리 국제법, 서울 : 현암사, 2004.

鄭用泰, 國際法概說, 서울 : 형설출판사, 1991.

鄭用泰/柳在馨, 國際法學, 서울 : 대왕사, 1997.

＊정인섭, 新국제법강의, 서울 : 박영사, 2010(& 제10판, 2020).

정인섭, 한국법원에서의 국제법 판례, 서울 : 박영사, 2018.

정인섭, 조약법강의, 서울 : 박영사, 2016.

제성호, 한반도 안보와 국제법, 서울 : KIDA Press, 2010.

蔡炯福 (金泰川 監修), 國際法, 서울 : 법영사, 2009.

최원목, 국제법 강의, 서울 : 이화여자대학교 출판부, 2007.

崔載勳 (外 5人), 國際法新講, 제2판, 서울 : 신영사, 2004.

崔宗和/金東旭, 現代 國際海洋法(전정 제8판), 서울 : 두남, 2018.

한희원, 국제기구법 총론, 서울 : 법률출판사, 2009.

洪性化, 國際法概論, 서울 : 건국대출판부, 1995.

金大淳, EU法論, 서울 : 삼영사, 1995(& 제2판, 김민서 공저, 2015).

金大淳/金民瑞/朴芝炫, 國際法講義 : 判例와 資料, 서울 : 삼영사, 2010.

Akehurst, Michael, *A Modern Introduction to International Law*, 6th ed., London : Allen & Unwin, 1987 (& 3rd ed., 1977).

Amerasinghe, C. F., *Principles of the institutional law of international organizations*, Second revised ed., Cambridge : Cambridge University Press, 2005.

＊Amerasinghe, Chittharanjan F., *Jurisdiction of International Tribunals*, The Hague /London/New York : Kluwer Law International, 2003.

＊American Law Institute, *Restatement (Third) of the Foreign Relations Law of the United States*, St. Paul, Minn. : American Law Institute Publishers, 1987.

Aust, Anthony, *Modern Treaty Law and Practice*, Cambridge : Cambridge University Press, 2000 (& 2nd ed., 2007 ; 3rd ed., 2013) ; Jeremy Hill, *Aust's Modern Treaty Law and Practice*, 4th ed., 2023.

＊Aust, Anthony, *Handbook of International Law*, Cambridge : Cambridge University Press, 2005 (&

2nd ed., 2010).

Badr, Gamal Moursi, *State Immunity : An Analytical and Prognostic View*, The Hague : Martinus Nijhoff Publishers, 1984.

Bankas, Ernest K., *The State Immunity Controversy in International Law : Private Suits Against Sovereign States in Domestic Courts*, Berlin/Heidelberg : Springer, 2005.

Bernaerts, Arnd, *Bernaerts' Guide to the 1982 United Nations Convention on the Law of the Sea*, England : Fairplay Publications, 1988.

*Bernhardt, Rudolf (direction), *Encyclopedia of Public International Law*, 12 vols., Amsterdam : North-Holland, 1981~1990.

Birnie, Patricia W. ; Alan E. Boyle, *International Law and the Environment*, Oxford : Clarendon Press, 1992.

*Birnie, P.W. ; A.E. Boyle, *Basic Documents on International Law and the Environment*, Oxford : Clarendon Press, 1995.

Bishop, William W. Jr., *International Law : Cases and Materials*, 3rd ed., Boston /Toronto : Little, Brown and Company, 1971.

Boczek, Boleslaw A., *International Law : A Dictionary*, Lanham, Md. : Scarecrow Press, 2005.

Bradley, Curtis A., *International Law in the U.S. Legal System*, Oxford : Oxford University Press, 2013.

Brand, Ronald A., *Fundamentals of International Business Transactions*, The Hague : Kluwer Law International, 2000.

Brierly, J.L., *The Law of Nations*, 6th ed. (edited by Sir Humphrey Waldock), Oxford : Oxford University Press, 1963.

Briggs, Herbert W., *The Law of Nations : Cases, Documents and Notes*, 2nd ed., London : Stevens & Sons Limited, 1953.

Brown, E.D., *The International Law of the Sea*, Volume I (Introductory Manual), Volume II (Documents, Cases and Tables), Aldershot : Dartmouth, 1994.

Brownlie, Ian & Guy S. Goodwin-Gill, *Basic Documents on Human Rights*, 4th, Oxford : Oxford University Press, 2002.

Brownlie, Ian, *Principles of Public International Law*, 4th ed., Oxford : Clarendon Press, 1990 (& 5th ed., 1998 ; 6th ed., 2003).

*Cappelletti, Mauro ; Monica Seccombe ; Joseph Weiler (eds.), *Integration through Law : Europe and the American Experience*, Volume 1 : Methods, Tools and Institutions (3 Books), Book 1 : A Political, Legal and Economic Overview (Berlin : de Gruyter, 1985), Book 2 : Political Organs, Integration Techniques and Judicial Process (Berlin : de Gruyter, 1985), Book 3 : Forces and Potential for a European Identity (Berlin : de Gruyter, 1985).

Carter, Barry E. ; Phillip R. Trimble ; Curtis A. Bradley, *International Law*, 4th ed., New York : Aspen Publishers, 2003.

Cassese, Antonio, *International Law in a Divided World*, Oxford : Clarendon Press, 1986.

*Cassese, Antonio, *Human Rights in a Changing World*, Cambridge, UK : Polity Press, 1990.

*Cassese, Antonio, *International Law*, Oxford : Oxford University Press, 2001 (& 2nd ed., 2005).

*Cassese, Antonio, *International Criminal Law*, Oxford : Oxford University Press, 2003.

*Cassese, Antonio ; Paola Gaeta ; John R.W.D. Jones (eds.), *The Rome Statute of the International Criminal Court : A Commentary*, Oxford : Oxford University Press, 2002

Cheng, Bin, *The Law of International Air Transport*, London : Stevens & Sons Limited, 1962.

Churchill, R.R. ; A.V. Lowe, *The Law of the Sea*, Manchester : Manchester University Press, 1985 (& 2nd ed., 1988).

Clapham, Andrew, *Brierly's Law of Nations*, 7th Edition, Oxford : Oxford University Press, 2012. (Clapham/Brierly로 표시)

Collier, John, and Vaughan Lowe, *The Settlement of Disputes in International Law : Institutions and Procedures*, Oxford : Oxford Universoty Press, 1999.

Conforti, Benedetto, *The Law and Practice of the United Nations*, The Hague : Kluwer Law International, 1996.

Constantinesco, Léontin Jean, *Das Recht der Europäischen Gemeinschaft* I, Baden－Baden : Nomos Verlagsgesellschaft, 1977.

Crawford, James, *The Creation of States in International Law*, Oxford : Clarendon Press, 1979 (& 2nd ed., 2006).

Crawford, James, *Brownlie's Principles of Public International Law*, 8th Edition, Oxford : Oxford University Press, 2012. (Crawford/Brownlie로 표시)

Currie, John H., *Public International Law*, Toronto : Irwin Law Inc., 2001.

Daillier, Patrick ; Alain Pellet, *Droit International Public* (Nguyen Quoc Dinh †), 7e édition, L.G.D.J. 2002.

De Lupis, Ingrid Detter, *International Law and the Independent States*, 2nd ed., Hants : Gower, 1987.

De Wet, Erika and Jure Vidmar, *Hierarchy in International Law*, Oxford : Oxford University Press, 2012.

Denza, Eileen, *Diplomatic Law : Commentary on the Vienna Convention on Diplomatic Relations*, 3d ed., Oxford : Oxford University Press, 2008.

Dickinson, Andrew ; Rae Lindsay ; James P Loonam, *State Immunity : Selected Materials and Commentary*, Oxford : Oxford University Press, 2004.

Dixon, Martin, *Textbook on International Law*, 7th ed., Oxford : Oxford University Press, 2013.

Dixon, Martin ; Robert McCorquodale, *Cases and Materials on International Law*, 4th ed., Oxford : Oxford University Press, 2003.

Evans, Malcolm D. (ed.), *Blackstone's International Law Documents*, 2nd ed., London : Blackstone Press Limited, 1994 (& 4th ed., 1999 ; 5th ed., 2001).

* Evans, Malcolm D., (ed.), *International Law*, 2nd ed., Oxford : Oxford University Press, 2006 (& 3rd ed., 2010 ; 4th ed., 2014 ; 5th ed., 2018).

Eyffinger, Arthur, *The International Court of Justice 1946～1996*, The Hague : Kluwer, 1996.

Fatima, Shaheed, *Using International Law in Domestic Courts*, Oxford and Portland, Oregon : Hart Publishing, 2005.

Fox, Hazel, *The Law of State Immunity*, Oxford : Oxford University Press, 2002 (& 2nd ed., 2008) (& Hazel Fox and Philippa Webb, 3rd ed., 2013).

Franck, *Thomas M., Recourse to Force : State Action Against Threats and Armed Attacks*, Cambridge : Cambridgs University Press, 2002.

Friedmann, Wolfgang G. ; Oliver J. Lissitzyn ; Richard C. Pugh, *International Law : Cases and Materials*, St. Paul, Minn. : West Publishing Co., 1969.

Ghandhi, P.R. (ed.), *Blackstone's International Human Rights Documents*, 1st ed., London : Blackstone Press Limited, 1995.

Gore-Booth (ed.), *Satow's Guide to Diplomatic Practice*, 5th ed., London : Longman, 1979.

Gray, Christine, *International Law and the Use of Force*, Oxford : Oxford University Press, 2000.

Green, L.C., *The Contemporary Law of Armed Conflict*, Manchester : Manchester University Press, 1993.

Greig, D.W., *International Law*, 2nd ed., London : Butterworths, 1976.

Hackworth, Green Haywood, *Digest of International Law*, 8 vols., Washington, D.C. : US Government Printing Office, 1940~1944.

Hall, Stephen, *Principles of International Law*, 3rd ed., Australia : Lexis Nexis Butterworths, 2011.

Hamid, Abodul Ghafur (@ Khin Maung Sein), *Public International Law : A Practical Approach*, 3rd ed., Petaling Jaya, Selangor, Malaysia : Sweet & Maywell Asia, 2011.

Harris, D.J., *Cases and Materials on International Law*, 4th ed., London : Sweet & Maxwell, 1991 (& 5th ed., 1998 ; David Harris and Sandesh Sivakumaran, 8th ed., 2015).

Hartley, T.C., *The Foundations of European Community Law*, 4th ed., Oxford : Oxford University Press, 1998 (& 5th ed., 2003 ; 6th ed., 2007) ; *The Foundations of European Union Law*, 7th ed., 2010 (& 8th ed., 2014).

*Hartley, Trevor C., *Constitutional Problems of the European Union*, Oxford and Portland, Oregon : Hart Publishing, 1999.

*Hartley, Trevor C., *European Union Law in a Global Context : Text, Cases and Materials*, Cambridge : Cambridge University Press, 2004.

Henkin, Louis ; Richard Crawford Pugh ; Oscar Schachter ; Hans Smit, *International Law : Cases and Materials*, 3rd ed., St. Paul, Minn. : West Publishing, 1993.

Hillman, Jennifer ; Gary Horlick (eds.), *Legal Aspects of Brexit*, Washington, D.C. : Institute of International Economic Law, Georgetown Law, 2017.

Jackson, John H. ; William J. Davey ; Alan O. Sykes, Jr, *Legal Problems of International Economic Relations*, 3rd ed., St. Paul, Minn. : West Publishing Co., 1995.

Jacobs, Francis G. ; Shelley Roberts (eds.), *The Effect of Treaties in Domestic Law*, London : Sweet & Maxwell, 1987.

Janis, Mark W., *An Introduction to International Law*, Boston : Little, Brown and Company, 1988 (& 3rd ed., New York : Aspen Law & Business, 1999).

Janis, Mark W. ; John E. Noyes, *Cases and Commentary on International Law*, 2nd ed., St. Paul, Minn. : West Group, 2001 (& 3rd ed., 2006).

Jennings, Sir Robert ; Sir Arthur Watts (eds.), *Oppenheim's International Law*, Volume Ⅰ(peace), 9th ed., Harlow : Longman, 1992.

Jørgensen, Nina H.B., *The Responsibility of States for International Crimes*, Oxford : Oxford University Press, 2000.

Kaczorowska-Ireland, Alina, *Public International Law*, 5th Edition, London and New York : Routledge, 2015.

Keitner, Chimène I., *International Law Frameworks*, 5th ed., St. Paul, MN : Foundation Press, 2021.

Klein, Natalie, *Dispute Settlement in the UN Convention on the Law of the Sea*, Cambridge : Cambridge University Press, 2005.

Kohen, Marcelo G. (ed.), *Secession: International Law Perspective*, Cambridge : Cambridge University Press, 2006.

Ku, Charlotte ; Paul F. Diehl (eds.), *International Law : Classic and Contemporary Readings*, Boulder/

London : Lynne Rienner Publishers, 1998.

Lee, Luke T., *Consular Law and Practice*, 2nd ed., Oxford : Clarendon Press, 1991.

Lee, Seokwoo and Hee Eun Lee, *The Making of International Law in Korea : From Colony to Asian Power*, Leiden/Boston : Brill, 2016.

Lenaerts, Koen ; Piet van Nuffel, *European Union Law*, 3rd ed., London : Sweet & Maxwell, 2011.

Lewis, Charles J., *State and Diplomatic Immunity*, 2nd ed., London : Lloyd's of London Press Ltd., 1985.

Lubell, Noam, *Extraterritorial Use of Force Against Non-State Actors*, Oxford : Oxford University Press, 2010.

Malanczuk, Peter, *Akehurst's Modern Introduction to International Law*, 7th revised ed., London : Routledge, 1997.

Matsushita, Mitsuo ; Thomas J. Schoenbaum ; Petros C. Mavroidis, *The World Trade Organization : Law, Practice, and Policy*, Oxford : Oxford University Press, 2003 (& 2nd ed., 2006).

McDougal, Myres S. ; W. Michael Reisman, *International Law in Contemporary Perspective : Cases and Materials*, Mineola, New York : The Foundation Press, Inc., 1981.

Merrills, J.G., *International Dispute Settlement*, 2nd ed., Cambridge : Cambridge University Press, 1995.

Milano, Enrico, *Unlawful Territorial Situations in International Law*, Leiden / Boston : Martinus Nijhoff Publishers, 2006.

Nanda, Ved P. and George Pring, *International Environmental Law for the 21st Century*, New York : Transnational Publishers, Inc, 2003.

Nollkaemper, André, *National Courts and the International Rule of Law*, Oxford : Oxford University Press, 2011.

* Nordquist, Myron H (editor-in-chief), *United Nations Convention on the Law of the Sea 1982 : A Commentary*, 5 Volumes, Dordrecht/Boston/London : Martinus Nijhoff Publishers, since 1985.

Nussbaum, Arthur, *A Concise History of the Law of Nations*, revised ed., New York : The Macmillan Company, 1954.

O'Connell, D.P., *International Law*, 2nd ed., London : Stevens & Sons, 1970.

Oellers-Frahm, Karin ; Norbert Wühler, *Dispute Settlement in Public International Law : Texts and Materials*, Berlin : Springer Verlag, 1984.

Oppenheim, L. (edited by H. Lauterpacht), *International Law : A Treatise*, Vol. I (peace), 8th ed., London : Longman Group Limited, 1955.

Orakhelashvili, Alexander, *The Interpretation of Acts and Rules in Public International Law*, Oxford : Oxford University Press, 2008.

Orakhelashvili, Alexander (ed.), *Research Handbook on Jurisdiction and Immunities in International Law*, Cheltenham, UK · Northampton, MA, USA : Edward Elgar Publishing, 2015.

Orakhelashvili, Alexander, *Akehurst's Modern Introduction to International Law*, 8th Edition, Oxon : Routledge, 2019(& 9th ed., 2022). (Orakhelashvili/Akehurst로 표시)

Ott, David H., *Public International Law in the Modern World*, London : Pitman, 1987.

Parry, Clive ; John P. Grant ; Anthony Parry ; Arthur D. Watts (eds.), *Encyclopaedic Dictionary of International Law*, New York : Oceana Publications, Inc., 1988.

Pauwelyn, Joost, *Conflict of Norms in Public International Law : How WTO Law Relates to other Rules of International Law*, Cambridge : Cambridge University Press, 2003.

Prinssen, Jolande M. & Annette Schrauwen (eds.), *Direct Effect – Rethinking a Classic of EC Legal*

Doctrine, Groningen : Europa Law Publishing, 2004.

Ragazzi, Maurizio, *The Concept of International Obligations Erga Omnes*, Oxford : Clarendon University Press, 1997.

Ragazzi, Maurizio (ed.), *International Responsibility Today : Essays in Memory of Oscar Schachter*, Leiden/Boston : Martinus Nijhoff Publishers, 2005.

Rosenne, Shabtai, *The Law and Practice of the International Court, 1920～1996*, 3rd ed., The Hague : Martinus Nijhoff Publishers, 1997.

*Rosenne, Shabtai, *The Perplexities of Modern International Law*, Leiden/Boston : Martinus Nijhoff Publishers, 2004.

Ryngaert, Cedric, *Jurisdiction in International Law*, 2nd ed., Oxford : Oxford University Press, 2015.

Ryngaert, Cedric, *Unilateral Jurisdiction and Global Values*, The Hague : Eleven International Publishing, 2015.

Sands, Philippe (ed.), *From Nuremberg to The Hague : The Future of International Criminal Justice*, Cambridge : Cambridge University Press, 2003.

Sands, Philippe and Pierre Klein, *Bowett's Law of International Institutions*, London : Sweet & Maxwell, 2001.

*Schermers, Henry G., *International Institutional Law*, Alphen aan den Rijn, the Netherlands : Sijthoff & Noordhoff, 1980.

#Schermers, Henry G. (assisted by Denis Waelbroeck), *Judicial Protection in the European Communities*, 4th ed., Deventer : Kluwer, 1987.

#Schermers, Henry G. & Niels M. Blokker, *International Institutional Law*, 4th revised ed., Boston/Leiden : Martinus Nijhoff Publishers, 2003 (& 5th revised ed., 2011).

Sen, B., *A Diplomat's Handbook of International Law and Practice*, Third Revised Edition, Dordrecht : Martinus Nijhoff Publishers, 1988.

Shany, Yuval, *The Competing Jurisdictions of International Courts and Tribunals*, Oxford : Oxford University Press, 2004.

Sharma, Surya P., *Territorial Acquisition, Disputes and International Law*, The Hague/Boston/London : Martinus Nijhoff Publishers, 1997.

Shaw, Malcolm N., *International Law*, 3rd ed., Cambridge : Grotius Publications Limited, 1991 (& 4th ed., Cambridge University Press, 1997 ; 5th ed., 2003 ; 6th ed., 2008 ; 7th ed., 2014 ; 8th ed., 2017).

Simma, Bruno (ed.), *The Charter of the United Nations : A Commentary*, Second Edition, Oxford : Oxford University Press, 2002.

Sinclair, Sir Ian, *The Vienna Convention on the Law of Treaties*, 2nd ed., Manchester : Manchester University Press, 1984.

Sørensen, Max (ed.), *Manual of Public International Law*, London : Macmillan, 1968.

Starke, J.G., *An Introduction to International Law*, 8th ed., London : Butterworths, 1977 (& 10th ed., 1989).

Starmer, Keir, *European human rights law*, London : LAG, 1999.

Sunkin, Maurice ; David M. Ong ; Robert Wight, *Sourcebook on Environmental Law*, London : Cavendish Publishing Limited, 1998.

Sweeney, Joseph Modeste ; Covey T. Oliver ; Noyes E. Leech, *Cases and Materials on the International Legal System*, 2nd ed., New York : The Foundation Press, 1981.

Szabó, Marcel (ed.), *State Responsibility and the Law of Treaties*, The Hague : Eleven International

Publishing, 2010.

Tams, Christian J., *Enforcing Obligations Erga Omnes in International Law*, Cambridge : Cambridge University Press, 2005.

Thirlway, Hugh, *The Sources of International Law*, Oxford : Oxford University Press, 2014.

Tillotson, John ; Nigel Foster, *Text, Cases and Materials on European Union Law*, 4th ed., London : Cavendish Publishing Limited, 2003.

Tunkin, G.I., *Theory of International Law*, London : George Allen & Unwin, 1974.

*Tunkin, G.I. (ed.), *International Law*, Moscow : Progress Publishers, 1986.

*United Nations, *Handbook on the Peaceful Settlement of Disputes between States*, New York : United Nations, 1992.

van Hoof, G.J.H., *Rethinking the Sources of International Law*, Deventer : Kluwer, 1983.

van Houtte, Hans, *The Law of International Trade*, London : Sweet & Maxwell, 1995.

von Glahn, Gerhard, *Law Among Nations*, 6th ed., New York : Macmillan Publishing Company, 1992 (& Gerhard von Glahn and James Larry Taulbee, 10th ed., Pearson, 2013).

Wallace, Rebecca M.M., *International Law*, London : Sweet & Maxwell, 1986 (& 3rd ed., 1997 ; 4th ed., 2002 ; 5th ed., 2005).

*Wallace, Rebecca, *International Human Rights : Text & Materials*, London : Sweet & Maxwell, 1997.

Watts, Sir Arthur, *The International Law Commission 1949~1998*, Vols. Ⅰ, Ⅱ & Ⅲ, Oxford : Oxford University Press, 1999.

*White, N.D., *Keeping the Peace*, Manchester : Manchester University Press, 1997.

*White, N.D., *The Law of International Organisations*, Manchester : Manchester University Press, 1996.

Wolfrum, Rüdiger (editor-in-chief) ; Christiane Philipp (managing editor), *United Nations : Law, Policies and Practice*, Vols. 1 and 2, Dordrecht : Martinus Nijhoff Publishers, 1995.

World Reference Atlas, London : Dorling Kindersley, 1996.

Zimmermann, Andreas ; Christian Tomuschat ; Karin Oellers-Frahm (eds), *The Statute of the International Court of Justice : A Commentary*, Oxford : Oxford University Press, 2006.

인 용 약 어

AC (또는 A.C.) : UK Law Reports, Appeal Cases
AJCL : American Journal of Comparative Law
AJIL : American Journal of International Law
AJIL, Supp. : American Journal of International Law, Supplement
All E.R. (또는 All ER) : All England Law Reports
ASIL : American Society of International Law
Bull. EC : Bulletin of the European Communities
BVerfGE : Entscheidungen des Bundesverfassungsgerichts (Amtliche Sammlung)
BYIL : British Year Book of International Law
Ch. : UK Law Reports, Chancery Division
CMLR : Common Market Law Reports
C.M.L.Rev. : Common Market Law Review
Cranch. : United States Supreme Court Reports, 1801~1815
EC : European Community
ECR : European Court Reports (English version)
EEC : European Economic Community
EHRR : European Human Right Reports
EJIL : European Journal of International Law
E.L.Rev. : European Law Review
ER (또는 E.R.) : English Reports
EU : European Union
Fam. : UK Law Reports, Family Division
F. 2d (또는 F 2d) : Federal Reporter (Second Series)
H.R.L.J. : Human Rights Law Journal
Hun : Hun's New York Supreme Court Reports
ICC : International Criminal Court
ICJ : International Court of Justice
ICLQ : The International and Comparative Law Quarterly
I.H.R.R. : International Human Rights Reports
ILC : International Law Commission
ILDC : International Law in Domestic Courts (Oxford Reports)(internet service of Oxford University Press)
ILM : International Legal Materials
ILR : International Law Reports
Iran-US CTR : Iran-United States Claims Tribunal Reports
KB (또는 K.B.) : UK Law Reports, King's Bench Division
LIEI : Legal Issues of European Integration(단, LIEI는 2000년, Volume 27부터는 Legal Issues of Economic Integration으로 잡지명이 변경됨)

P. : UK Law Reports, Probate, Divorce and Admiralty Division
PCIJ : Permanent Court of International Justice
QB (또는 Q.B.) : UK Law Reports, Queen's Bench Division
RIAA (또는 R.I.A.A.) : Reports of International Arbitral Awards (United Nations)
S.Ct : US Supreme Court Reporter
US (또는 U.S.) : United States Reports (Supreme Court)
WLR (또는 W.L.R.) : UK, Weekly Law Reports

Part 1

국제법의 기초이론

제 1 장
국제공동체의 역사적 전개과정

본서는 국제법(international law) 또는 국제공법(public international law)이라 불리는 법체계의 일반원칙에 관하여 개관하는 것을 목적으로 하고 있다. 2005년 9월 14~16일, 뉴욕의 UN 본부에서 개최된 세계정상회담(World Summit)[1]에서 전 세계 국가·정부 수반들은 '법의 지배'에 대한 강한 소망을 피력한 바 있다. UN을 중심으로 한 오늘날의 국제공동체는 단지 국제법이 존재하는 것에 만족하는 것이 아니라 "국민국가를 넘어선 법의 지배"(a rule of law beyond the nation-state) 곧 "법의 국제적 지배"(international rule of law)의 실현을 추구할 만큼 성숙되고 있는 것이다.[2] 법의 국제적 지배(혹은 국제적 차원에서의 법의 지배)를 실현함에 있어서는 물론 국제법이 중심이 되지 않을 수 없다.[3]

Ⅰ. 국제법의 의의

국제법은 국제공동체를 규율하는 법이다. 바꾸어 말하면 국제공동체는 국제법에 의거하여 자신의

1) UNGA Res 60/1 (2005 World Summit Outcome), 24 October 2005, paras. 2, 134, https://www.un.org/summit2005/.
2) Nollkaemper, p. 1.
3) "international rule of law"란 술어가 많이 사용되고는 있지만 동 개념에 대한 일반적으로 수락된 정의는 아직 없는 것 같다. 지침이 될 수 있는 정의의 하나로는 다음을 참조 : William W. Bishop, "The International Rule of Law", (1961) 59 Michigan Law Review, p. 553 ("What do we mean by "international Rule of Law"? Without precise definition, I believe we could agree that the concept includes reliance on law as opposed to arbitrary power in international relations; the substitution of settlement by law for settlement by force; and the realization that law can and should be used as an instrumentality for the cooperative international furtherance of social aims, in such fashion as to preserve and promote the values of freedom and human dignity for individuals."), 〈https://repository.law.umich.edu/mlr/vol59/iss4/7〉; noted by Bardo Fassbender, "What's in a Name? The International Rule of Law and the United Nations Charter", (2018) 17 Chinese Journal of International Law, p. 761 at 792 (fn. 113), 〈https://doi.org/10.1093/chinesejil/jmy017〉.

이름으로 행동하고 국제법 위반에 대해 자신의 이름으로 책임질 자격이 있는 자들로 구성된다.[4] 20세기 초기까지만 해도 대다수 학자들은 국제공동체에서 자기 이름으로 행동할 수 있는 자는 거의 국가에 한정되는 것으로 보았기 때문에 국제법을 그 이름 그대로 '국가 간의 법'(a law between states)으로 정의하는 데 주저하지 않았고,[5] −현 국제사법재판소(International Court of Justice : ICJ)의 전신인− 상설국제사법재판소(Permanent Court of International Justice : PCIJ)도 20세기 초반의 *Lotus*호 사건[6]에서 "국제법은 독립국가들 간의 관계를 규율한다"고 말한 바 있다. 그러나 제2차 세계대전 이후의 국제법은 더 이상 "독립국가들 간의 관계"만을 규율하는 것에 만족하지 않고 있다. 바꾸어 말하면, 오늘날에는 국가뿐만 아니라 국제기구나 개인 등도 제한된 범위 내에서는 국제법의 주체로 생각되고 있으며,[7] 또한 국제법은 종래 국내법에 유보되어 있던 영역으로 그 규율대상을 넓혀 가고 있다.[8] 그리고 때로 이 두 문제는 상호 연계되어 있기도 하다. 예컨대, 인권(human rights)은 종래 국내법에 유보되어 있는 문제로 생각되었으나 이제는 국제법의 한 분과인 국제인권법의 규율대상이 되었고, 역시 전통적으로 국내관할권의 전형적인 영역으로 간주되어 오던 형법 분야에 있어서도 국제적인 차원에서 개인에게 직접 형사책임을 지우려는 국제형법이 형성·발전되어 오고 있다. 이와 함께 개인은 비록 제한된 범위 내에서나마 국제법의 (권리 또는 의무의) 직접적인 주체 내지는 수범자로 인식되기에 이르렀다.[9] 이것은 국제법과 국내법이 그 주체 및 규율대상의 측면에서 구분이 모호해지고 있음을 의미하는 것이다. 즉, 이제 국제법은 그 이름과는 달리 더 이상 '국가 간의 법'으로서만 기능하는 것은 아니다. 그럼에드 불구하고 양자는 한 가지 본질적인 차이를 고수하고 있다. 즉, 국내법은 한 국가의 단독의사로 제정되는데 반해, 국제법은 둘 이상의 국가 혹은 이에 준하는 능동적 주체들간의(대체로 문서에 의한) 명시적 합의(즉, 조약) 혹은 일반관행의 형성(즉, 관

4) '국제공동체'[international community (of States as a whole)]란 표현은 −1969년 "조약법에 관한 비엔나협약"(Vienna Convention on the Law of Treaties)과 1986년 "국가와 국제기구 또는 국제기구 상호간의 조약법에 관한 비엔나협약"(Vienna Convention on the Law of Treaties between States and International Organizations or between International Organizations), 1970년 "UN헌장에 따른 국가 간의 우호관계 및 협력에 관한 국제법의 원칙선언"(Declaration on Principles of International Law concerning Friendly Relations and Co-operation among States in accordance with the Charter of the United Nations), 1974년 "신국제경제질서 수립에 관한 선언"(Declaration on the Establishment of a New International Economic Order)과 "국가의 경제적 권리·의무 헌장"(Charter of Economic Rights and Duties of States) 등등− 현대 국제법에서 '국제사회'[international society (of States)]를 대신하여 일상적으로 사용되고 있다.

5) 예컨대, L. Oppenheim, *International Law : A Treatise*는 1905년에 처음 출간된 후 3판에 이르기까지 오로지 국가만이 국제법의 주체라는 견해를 피력하였다 : L. Oppenheim, *International Law : A Treatise*, Vol. I - Peace, 8th ed. (edited by H. Lauterpacht) (London : Longman Group Limited, 1955), p. 19, fn. 2 ; Hamid, p. 80.

6) PCIJ (1927), Series A, No. 10, p. 18.

7) 본서, 제6장 (국제법의 주체) 참조.

8) Shabtai Rosenne는 2004년도 그의 저서 *The Perplexities of Modern International Law*, p. 450에서 "International law today is as comprehensive and as sophisticated as the most advanced system of internal law."라고 하면서, p. 449에서 Higgins 재판관의 다음 말을 인용하고 있기도 하다. "There was a time when international law was perceived as consisting of a manageable corpus of rules over a finite and ascertainable subject matter, relevant in the relations of States. Today the corpus is vast, the subject matter apparently expanding indefinitely." : R. Higgins, "Respecting Sovereign States and Running a Tight Courtroom", (2001) 50 ICLQ 121.

9) 본서, 제17장 (국제인권법) 참조.

습)을 통해서 수립되고 있다.[10] 그 결과 국제법과 국내법은 서로 '별개의'(separate) 법체계이면서 동시에 일방의 존재와 유효성이 타방에게 의존하는 것이 아니라는 점에서 서로 '독립적'(independent)이기도 하다. 국제법과 국내법이 서로 별개의 독립적 존재라는 사실은 국제법의 법적 성격을 논함에 있어 국내법의 시각에 의존할 필요가 없음을 의미하는 것이기도 하다.[11] 그러나 국제법과 국내법이 서로 독립적이라고 해서 양자가 "서로 영향을 미치지 않는"(do not interact) 것은 아니다.[12]

17세기 이래 상당한 기간 동안 로마법상의 *ius* (*jus*) *gentium* (law of peoples)(만민법)[13]이란 술어가 국제법을 지칭하기 위해 사용된 바 있었다. 그러나 이 술어는 원래 로마제국 당시에는 지금의 국제법처럼 국가 간의 관계를 규율하기 위해 둘 이상의 국가가 함께 만든 법이란 의미로 사용된 게 아니었다. *ius gentium*은 원래 외국인 상호간, 혹은 외국인과 로마시민 간의 민사분쟁을 해결하기 위해 BC 242년에 임명된 *praetor peregrinus* (외국인 담당 법무관)[14]라 불리운 관료에 의해 발전된 법체계로서, 그것은 본질적으로 로마의 국내법, 그것도 실은 사법(private law)에 불과하였다.[15]

국제법과 국내법의 어느 한 법체계로 분류하기 어려운 독특한 법체계도 등장하고 있는데, 현재로서는 아마도 EU(구 EC)법이 그 유일한 예로 생각된다.[16] 유럽재판소의 표현을 빌리면, EU법은 국제법도 국내법도 아니라는 의미에서 '한 개의 새로운 법질서'(a new legal order)[17]이며, 또한 "EEC설립조약은 비록 국제협정의 형식으로 체결되긴 하였지만 법의 지배에 기초한 공동체의 헌법전(the constitutional charter of a Community based on the rule of law)을 구성한다."[18] 요

10) 본서, 제2장 (국제법의 연원) 참조.
11) 국제법의 특징을 분명히 이해하기 위해 국내법과 비교하는 것은 별개의 문제이다.
12) 예컨대, ICJ규정 제3조 1항(c)에 명시된 "법의 일반원칙"(general principles of law)이나 본서 제5장에서 논하게 될 "국제법과 국내법의 관계"를 참조. See also Hartley, *Constitutional Problems of the European Union*, pp. 123~148 ; Currie, pp. 1~2.
13) https://people.virginia.edu/~rjb3v/latin.html.
14) https://en.wikipedia.org/wiki/Praetor ; https://en.wikipedia.org/wiki/Peregrinus_(Roman) ; https://www.ancientlibrary.com/smith-dgra/0963.html.
15) Nussbaum(서석순 譯), pp. 33~34 ; Hall, pp. 55~59 ; Shaw, 4th, p. 15 ; Stephen C Neff in Evans (ed.), *International Law*, 3rd, p. 5 ; Luther L. McDougal, "Private International Law : *Ius Gentium* versus Choice of Law Rules or Approaches", (1990) 38 AJCL 521~537. *ius gentium*에 대응하는 초기 로마법은 *ius*(*jus*) *civile*(시민법)로 불렸는데, 이는 오로지 로마시민들에게만 적용되는 것이었다. 그 후 AD 212년 로마시민권이 제국 내의 모든 남성 거주민에게 부여됨으로써 *jus civile*와 *jus gentium*의 구분은 제거되었지만, *jus gentium*은 사라지지 않고 로마법의 필수부분이 되어 유럽의 모든 법체계에 크게 영향을 미쳤으며, 이를 통해 국제공법에도 큰 영향을 미쳤다. Kaczorowska-Ireland, pp. 7~8 ; Ryngaert, *Jurisdiction in International Law*, pp. 51~52 ; https://theodora.com/encyclopedia/p2/praetor.html.
16) 본서, 제30장 (EU법) ; 拙著, 《EU法論》, p. 293 이하 참조.
17) Cases 90, 91/63, *Commission* v. *Luxembourg and Belgium*, [1964] ECR 625 at 631. See also Case 26/62, *Van Gend en Loos*, [1963] ECR 1 at 12 ; Case 6/64, *Costa* v. *Enel*, [1964] ECR 585 at 593.
18) Opinion 1/91, *First EEA*, [1991] ECR I-6079 at 6102 (paragraph 21 of the judgment). 유럽재판소는 이미 Case 294/83, '*Les Verts*', [1986] ECR 1339 at 1365 (para. 23)에서 EEC(1992년의 마스트리히트조약에 의하여 EC로 개명되었으나, EC는 다시 현 EU에 흡수됨. 본서, 제30장 참조)는 "법의 지배에 기초한 공동체"(a Community based on the rule of law)이며 EEC설립조약은 이 공동체의 "기본헌법전"(basic constitutional charter)이라고 표현한 바 있었다. 다만, 유럽재판소는 *First EEA* 사건에서는 이 "기본헌법전"이라는 표현을 반복하면서도 여기에 "비록 국제협정의 형식으로 체결되긴 하였지만"(albeit concluded in the form of an international agreement)이란 수식어를 추가하였었다. See Trevor C. Hartley, "International

컨대, EU는 회원국정부와 그 국민들에게 행사하는 권한이 너무나 광범위하고 직접적이어서 그것을 규율하는 EU법은 "거의 국제법과 연방법의 혼성물"(almost a hybrid between international law and federal law)[19]로 평가되고 있는 것이다. 그리고 이런 의미에서 EU는 이른바 '초국가적' 내지 '연방적' 기구(supranational or federal organisation)의 대명사가 되고 있다.[20]

이 밖에 일부 학자는 이른바 초국내법(초국경법)(transnational law)이란 개념을 선호하는데, 이것은 "국경선을 넘는 행동이나 사건을 규율하는 모든 법을 포함하며", 따라서 여기에는 "국제법과 국제사법이 포함되며, 그같은 표준적인 범주에 완전하게 맞지 않는 기타의 규칙들도 또한 포함된다."[21] 국제법과 국제사법(이것은 국내법에 속한다)[22] 등의 "표준적인 범주에 전적으로 들어맞지 않는

Law and the Law of the European Union-A Reassessment", (2001) 72 BYIL 1 at 3~4.

19) Akehurst, pp. 73~74.

20) 여기서 '초국가적'(supranational)이라 함은 대체로 어떤 국제적 실체의 연방지향적 경향을 지칭하기 위하여 사용되고 있다. 따라서 유럽공동체가 '초국가적'이라고 함은 그것이 '부분적 그리고 초기의 연방주의'(partial and incipient federalism)를 나타내고 있음을 의미한다. 拙著, 《EU法論》, pp. 2, 4 ; Inis L. Claude, Jr., *Swords into Plowshares : The Problems and Progress of International Organization*, 3rd ed. (New York : Random House, 1964), pp. 101~102. Hartley, p. 10은 보통의 국제기구들과 명백히 구분짓는 EC/EU만의 여러 특징과 관련하여 "In the past, the word 'supranational' was used to describe them ; today this term seems a little passé : they are simply referred to as being 'federal'."이라고 언급하고 있다. 이에 반해 아래에서 언급하는 '초국내적'(transnational)이란 술어는 어떤 사건, 거래, 사물 혹은 사람이 국경을 넘어 '외국적 요소(foreign element)를 가지고 있음'을 의미하는데 불과하다. 예컨대, 국제법학의 주요 테마 중의 하나인 국가면제(state immunity)는 국내재판소가 -외국정부를 피고로 하거나 외국의 공공재산과 관련된- 초국내적 소송(transnational litigation)에서 직면하게 되는 문제이다. Badr, p. 76 ; 본서, 제10장(국가면제).

21) Philip C. Jessup, *Transnational Law* (New Haven : Yale University Press, 1956), p. 2.

22) 국제사법은 -소송당사자 일방이 외국인이거나, 계약이 외국에서 체결되었거나, 불법행위가 외국에서 발생하는 등- 이른바 개인들 사이의 민사관계에 외국적 요소(foreign elements)가 개입되어 있는 상황을 다루기 위한 특정 국가의 국내법일 따름이며, 결코 국제법이 아니다. 물론 국제사법의 여러 분야를 조화 내지 통일하기 위한 조약들이 국가들간에 체결될 수 있고 또 실제로 그러하다. 영국과 미국을 비롯한 보통법 국가에서는 '국제사법'이라는 술어보다는 '법의 충돌'(conflict of laws)이라는 술어가 일반적으로 사용되고 있다. 국제사법은 대체로 계약, 상속, 결혼과 이혼, 상해, 사고, (민사)재판관할권의 충돌 그리고 외국(민사)판결의 승인과 집행을 다룬다. 그러나 국제사법의 이름으로 다루는 주제는 국가마다 상당한 차이를 보이고 있다. 예컨대, 중남미 국가들과 프랑스, 스페인에서는 국제사법의 영역이 외국인의 조건(condition of foreigners)에까지 이르며, 프랑스에서는 국제사법이 국적 문제를 포함한다. 다만, 중심핵은 동일한데, 즉 국제사법은 언제나 '법의 충돌' 규칙, 즉 외국적 요소를 가진 민상사 사건에서 법정지국가의 사법을 적용할 것인지 아니면 외국의 사법을 적용할 것인지를 결정하는 규칙을 포함한다. 특히 국가에 따라서는 국제사법이 이 준거법 문제에 집중하는 경향이 있다. 이것은 재판관할권의 충돌이나 외국판결의 승인과 집행 문제는 민사소송법에서 다룰 문제로 생각하는 사고방식과도 연관되어 있다. 반면에 영국을 비롯한 대부분의 보통법 국가에서는 '법의 충돌'이라는 이름으로 재판관할권의 충돌(conflict of jurisdictions)과 외국판결의 승인과 집행(recognition and enforcement of foreign judgments)도 함께 다루는 것이다. 따라서 '법의 충돌'이라는 술어는 적절하지 못하다는 그들 내부의 비판도 있다. 왜냐하면 '법의 충돌'이라는 표현은 외견상 법의 선택(choice of law)만을 지칭하고, 그들이 '법의 충돌'의 이름으로 똑같이 중요하게 다루는 재판관할권의 선택(choice of jurisdiction)은 지칭하지 않기 때문이다. 그 결과 보통법국가의 일부 학자들도 이제는 17세기부터 사용해온 '법의 충돌'이라는 표현 대신에 국제사법이라는 용어를 선호하기도 한다. Claire M. Germain, *Germain's Transnational Law Research : A Guide for Attorneys* (Ardsley-on-Hudson, NY : Transnational Juris Publications, Inc., 1992), §1.01.2. 한편, 단일국가(unitary state)이지만 서로 법계를 달리하는 영국의 스코틀랜드와 잉글랜드 사이에서, 혹은 연방국가(federal state)인 미국의 주와 주 사이에서처럼, 동일 국가 내에서도 법계를 달리하는 경우에는 재판관은 각각 자기가 속한 지역의 국제사법을 적용한다. 한국은 종래 '섭외사법'을 가지고 있었으나 2001년 7월 1일부로 이를 '국제사법'으로 개칭하였는데, 전자가 "대한민국에 있어서의 외국인 및 외국에 있어서의 대한민국 국

기타의 규칙들"에는 특히 상인법(*lex mercatoria* : Law Merchant)이 포함될 수 있다. 여기서 상인법이라 함은 원래 중세 유럽 전역에 걸쳐 상인들 간에 보편적으로 승인되고 적용되던 상관습법을 지칭하는 것인데, 현대의 국제상거래에 적용되는 통일된 규칙을 가리켜 이렇게 부르기도 한다. 상인법은 그 내용에 있어 직접적으로 국가 간의 관계를 규율하는 것을 목표로 하지 않는다는 점에서 고전적 국제법의 개념에 들어맞지 않는다. 반면에 이것은 그 정의에 의하여 그 어떤 국가의 국내법의 일부를 형성하는 것도 아니다.[23)]

끝으로, 특별히 국가와 외국기업이 컨세션계약(concession contract)을 체결하면서 그 준거법으로 자주 삽입하는 '법의 일반원칙'(general principles of law)의 성격과 관련하여, 이것은 국제사법재판소규정(Statute of the International Court of Justice) 제38조 1항에 언급된 국제법의 한 연원으로서의 법의 일반원칙을 지칭하는 것이라기보다는, 그 자체 국제법이나 국내법과는 별개의 법체계를 구성한다는 견해가 있다.[24)] 이와 비슷하게 국제경제법(international economic law)의 정의와 관련하여, '경제에 관한 국제법'이 아니라 '국제경제에 관한 법'이므로 여기에는 국제경제에 관련된 국제법규칙과 국내법규칙이 모두 포함된다고 주장하는 견해도 있다. 이 주장은 transnational law적인 발상에 기초한 것으로 생각된다.[25)]

오늘날 여러 분야에서 이른바 '법의 세계화'(legal globalization) 물결이 밀려오고 있다. 반인륜적 범죄가 국가주권이나 문화적 다양성의 이름으로 정당화될 수 없음을 그 기본철학으로 하는 국제인권법이 그 좋은 예가 되겠지만,[26)] 이 밖에도 특히 1995년 1월 1일 '세계'무역기구(World Trade Organization : WTO) 설립과 함께 국제경제법 분야에서는 국제경제(international economy)가 세계경제(world economy)로 이행하는 듯이 보였다. "세계가 점차 하나의 지구촌(a global village)으로 변형되고 있다"[27)]거나 "세계화가 하나의 과정 또는 변화추세의 차원을 벗어나 확고한 실체 또는 개념으로 정립되었기 때문에 종전까지의 globalization이 아니라 globality로 써야 한다"[28)]는 이

민의 섭외적 생활관계에 관하여 준거법을 정함을 목적으로" 하였던 데 반해, 후자는 "외국적 요소가 있는 법률관계에 관하여 국제재판관할에 관한 원칙과 준거법을 정함을 목적으로" 하였다(2022년 7월 5일부로 전부개정된 국제사법 제1조에 의하면 "이 법은 외국과 관련된 요소가 있는 법률관계에 관하여 국제재판관할과 준거법(準據法)을 정함을 목적으로 한다"). 이것은 한국에서 '외국판결의 승인과 집행' 문제는 여전히 민사소송법의 영역에 속하고 있음을 의미한다. 즉, 외국판결의 '승인' 문제는 민사소송법 제217조에서, 외국판결의 '집행' 문제는 민사집행법 제26조에서 각기 규율하고 있다.

23) Ignaz Seidl-Hohenveldern, *International Economic Law* (Dordrecht : Martinus Nijhoff Publishers, 1989), pp. 2~3 ; Janis, 3rd, pp. 282~288 ; Kaczorowska-Ireland, p. 9.

24) See Akehurst, pp. 74~75.

25) 이 밖에도, Germain, *op. cit.*, § 1.01은 국제(공)법(public international law), 국제사법 혹은 법의 충돌(private international law or conflict of laws), 초국내법(transnational law), 국제경제법(international economic law, international law of economics), 국제기업법(international business law), 국제거래법(international trade law), 국제상법(international commerce law) 그리고 비교법(comparative law) 등, 8가지 법개념에 대한 정의를 객관적으로 잘 종합하고 있다. 다만, 이들 중 비교법은 그런 법체계가 별개로 존재한다는 주장에 기초한 표현이 아니다. 이것은 서로 다른 법계의 비교연구라는 의미에서 법학의 연구방법의 하나일 따름이다.

26) 인권법과 문화상대주의 간의 일부 긴장관계에 대해서는, 본서, 제17장 (국제인권법) 참조.

27) Schermers & Blokker, § 1.

28) 조선일보, 1999년 2월 1일(월), 1면, 만물상.

야기도 들렸다. 그러나 우리는 여전히 국제공동체(international community)에서 살고 있을 뿐 세계공동체(world community)에서 살고 있지는 않다. 다시 말해서 국제법의 기초단위를 구성해온 영토국가가 경제 분야에서 다소 통제력을 상실하였는지는 몰라도 아주 없어진 것은 아니며,[29] 따라서 일종의 세계법(world law 혹은 global law)이 국제법을 대체하는 일은 아직 발생하지 않았다.[30]

Ⅱ. 국제법학의 두 사조(思潮) : 의사주의 대 보편주의

국제법의 유효성은 어디로부터 오는가, 혹은 국제법의 존재근거는 무엇인가의 논의와 관련하여 우리는 크게 두 가지 사조를 감지하게 된다. 그 하나는 국가주권을 절대시하여 국가 위에 존재하는 상위 법질서의 존재를 부인하려는 이른바 국가의사주의(state voluntarism)[31]이며, 다른 하나는 국제공동체의 개별 구성원들의 의사와는 관계 없이 존재하는 국제법의 존재를 옹호하는 이른바 보편주의(universalism)[32]이다. 그리고 반드시 그런 것은 아니지만[33] 의사주의는 법실정주의(positivism)와 결부되는 경향이 있으며, 보편주의는 자연법론(naturalism)을 배경으로 하는 경우가 많다.[34]

예컨대, 극단적인 의사주의론자들(state-voluntarists)은 국제법은 국가 간의 조약과 관습에 의해서만 발생한다고 보며, 특히 종래 소련의 국제법학자들은 한 걸음 더 나아가 조약과 관습의 본질적 차이를 인정하지 않고 관습을 묵시적 조약(tacit treaty)으로 간주하는 데까지 이르렀다.[35] 이에

29) Eric C. Ip, "Globalization and the future of the law of the sovereign state", International Journal of Constitutional Law, Volume 8, Issue 3, 1 July 2010, pages 636~655, 〈https://doi.org/10.1093/icon/moq033〉.

30) See Neff in Evans (ed.), *International Law*, 3rd, p. 4 : https://en.wikipedia.org/wiki/World_government.

31) 국가자기제한설(doctrine of States' auto-limitation or self-limitation) 혹은 합의(동의)이론(consensual theory or theory of consent)이라고도 불리운다. Jianming Shen, "The Basis of International Law : Why Nations Observe", (1999) 17 Dickinson Journal of International Law 287 at 321 ; Akehurst, pp. 31~33 ; Currie, p. 75. (국가)의사주의는 PCIJ가 *The Lotus* case, PCIJ (1927), Series A, No. 10, p. 18에서 "국제법은 독립국가들간의 관계를 규율한다. 그러므로 국가들에게 구속력있는 법규는 조약 또는 관습으로 ... 표현되는 그들 자신의 자유의사로부터 나온다. 따라서 국가들의 독립에 대한 제한은 추정될 수 없다."고 언급함으로써 최고조에 달했다. 이 판결은 재판관들의 의견이 6 대 6으로 갈리자 재판장이 결정투표권을 행사함으로써 내려진 것이었다. 본서, 제2장 (국제법의 연원) 참조.

32) 때로 객관주의(objectivism)로 칭하기도 하는데, 이들은 '객관적 자연법'(objective natural law)의 존재를 머리 속에 그리고 있다. See Orakhelashvili, p. 161 ; Charles Rousseau, *Droit International Public*, Tome I (Introduction et Sources) (22, Rue Soufflot, PARIS Ve, 1970), §§ 17~18.

33) 예컨대, 법단계설(Stufentheorie des Rechts)을 통해 보편주의의 한 요구사항인 국제법의 우위를 주창한 Hans Kelsen(1886~1973)은 "순수법학"(pure science of law)으로 불리우는 신법실정주의(neo- positivism)의 태두로서, 그는 실정법과 '선험적인' 정의(자연법)를 엄격히 구분함으로써 순수법이론을 수립하려고 노력하였다. 즉, 그는 단지 인간들만이 자신들의 '의사'(will)의 표현을 통해 구속력있는 규범을 창설할 수 있으며 자연에게는 그같은 '의사'가 결여되어 있다고 보았다. Kelsen, *Principles of International Law*, 2nd ed., (1967), pp. 243~244.

34) A.J.G.M. Sanders, *International Jurisprudence in African Context* (Durban : Butterworths, 1979), pp. 157~174.

35) 본서, 제9판, p. 42.

반해 보편주의론자들(universalists)은 국제법은 자연법으로부터도 올 수 있다고 생각하며, 심지어 자연법만이 국제법의 진정한 연원이라고 주장하거나,[36] 국가들은 합의에 의해 이것을 변경할 수 없다고 주장하기도 하였다.[37] 그리고 보편주의자들은 관습의 보편적 구속력에 대한 예외로서 인정되어 온 이른바 "완강한 반대국가"(persistent objector)의 이론을 배척하려는 경향이 있을 뿐만 아니라, 제3자를 구속하는 조약의 존재를 인정하는 데에도 별다른 어려움을 느끼지 않는다.[38]

일반국제법의 강행규범(peremptory norms of general international law)이 어디로부터 오는가와 관련해서도 의사주의자들은 국가의 의사를 지목하는데 반해, 보편주의자들은 자연법에 귀의하려는 경향을 보여주고 있다.[39]

어떤 실체들이 국제법의 주체가 될 수 있는가의 문제에 있어서도, 종래 극단적인 의사주의자들은 국가만이 -그것도 타국의 승인[40]을 받아야만- 국제법의 주체가 될 수 있는 것으로 생각하였다. 이에 반해, 보편주의자들은 승인의 법인격 창설 효과를 부인하고, 국가 이외의 실체들이 국제법의 주체가 되는데 장애물은 없다고 보았으며, 심지어 개인만이 국제법의 배타적인 주체라는 -역사와 현실을 전도시킨- 견해까지 제시하기도 하였다.[41]

또 한 가지 예로, 국제법과 국내법의 관계를 바라보는 시각에 있어서도, 의사주의에 기초한 엄격한 이원론(strict dualism)에서는 국제법과 국내법은 완전히 별개의 법질서로서 이 둘은 결코 중복되는 일이 없다고 보는데 반해, 보편주의에 기초한 엄격한 일원론(strict monism)의 입장에서는 국제법과 국내법은 양자를 포괄하는 한 개의 통일적인 법체계의 두 구성요소로서 이 통일적인 법체계 내에서 국내법은 국제법에 종속된다고 생각하는 것이다.[42]

생각건대, 이론은 일관성을 생명으로 하겠지만 관행과 현실은 일관성에 바탕하여 발생하고 번창하는 것이 아니다. 그 결과 의사주의와 보편주의는 각기 완화되고 변형될 수밖에 없는데,[43] 이것은

---

36) 예컨대, Samuel Pufendorf (1632~1694)는 자연법만이 법적으로 구속력있는 규칙을 담고 있다고 주장함으로써 실정법규의 존재를 부인하였다. 그는 또한 국제법의 기초는 자연법이라고 보았을 뿐만 아니라 국제법을 자연법의 일부로 보거나 국제법과 자연법을 완전히 동일시하기도 하였다. 그러므로 Nussbaum, p. 148은 "Pufendorf arrives at the unfortunate idea that there is no independent *jus gentium* at all, and that jural relations among nations can be found only in natural law."라고 평가하였던 것이다. Pufendorf의 절대적 자연법론은 그의 다음 저서들에 잘 나타나 있다 : *De Jure Naturae et Gentium Libri Octo* (1688, Carnegie Classics ed., Washington, 1934) ; *Elementorum Jurisprudentiae Universalis Libri Duo* (1672, Carnegie Classics ed., Washington, 1931).

37) Emerich de Vattel(1714~1767) 같은 이가 바로 그 같이 주장하였는데, 그의 견해는 본서, 제3장 (일반국제법의 강행규범) 참조.

38) 본서, 제2장 (국제법의 연원) 참조.

39) 본서, 제3장 (일반국제법의 강행규범) 참조.

40) 본서, 제8장 (국가 및 정부승인) 참조.

41) 본서, 제6장 (국제법의 주체) 참조.

42) 본서, 제5장 (국제법과 국내법의 관계) 참조.

43) 예컨대, 승인문제에 있어, 신국가(와 신정부)가 국제법인격을 취득하기 위해서는 기존국가들로부터 승인을 받아야 한다고 보는 이른바 창설적 효과설(constitutive theory)은 논리적으로 의사주의적 사고와 맥을 같이 하고 또 실제로 완고한 의사주의자인 독일의 Heinrich Triepel (1868~1946)(*Völkerrecht und Landesrecht*, at 102)도 이를 옹호하였는데 반해, 종래 기본적으로 의사주의를 신봉하던 소련의 학자들은 -적어도 국가와 정부의 국제법인격에 관한 한- 창설적 효과설을 거부하였었다. 예컨대, 소련의 대표적 국제법학자 중의

현실 속에서 두 철학의 타협과 공존이 가능함을 시사하는 것이기도 하다.[44] 그런데 현실은 국가들이 여전히 주권을 고수하는 상황에서, 의사주의와 보편주의의 타협은 국가 간의 자발적 협조에 의해서라기보다는 제3자인 일단의 국제재판소들, 특히 ICJ의 조약 해석을 통하여 이루어지고 있고, 그 법적 근거는 1969년 비엔나 조약법협약(특히, 제31조~제33조)에 담겨 있는 조약 해석의 기술들이다. 이 점은 국가들이 현재 혹은 미래 분쟁과 관련하여 특정 국제재판소의 관할권을 수락할 때 유념해야 할 사항이다.

Ⅲ. "한 개의 법체계"로서의 국제법

국제법이 분야별로(실체적으로) 전문화되고 이에 수반하여 국제재판소들이 병렬적으로 확산되는 현상이 진행·심화되고 있다. 즉, "국제법질서 내에서 기구(제도) 및 운영 레짐들간 수평적 분열" (horizontal fragmentation between institutions and functional regimes within the international legal order)[45] 현상이 목격되고 있는데, 이를 두고 흔히 "국제법의 분열(파편화)"로 부르고 있다.[46] 국제법의 분열은 세계재판소인 ICJ와 일반국제법의 고사(枯死)를 가져올 것인가? 이 같은 현상과 우려에 직면하여 ILC는 2006년 "국제법의 분열(파편화)에 관한 스터디그룹 작업의 결론: 국제법의 다양화와 확대에서 발생하는 난제들"(Conclusions of the work of the Study Group on the Fragmentation of International Law: Difficulties arising from the Diversification and Expansion of International Law)[47]이란 제목의 보고서를 제출한 바 있는데, 여기서 ILC는 "국제법은 한 개의 법체계(a legal system)이다"라는 말로 시작하면서, 그 의미를 다음과 같이 설명하고 있다.

한 사람이었던 Tunkin (*Theory of International Law*, at 364)은 "현대국제법에서 국가의 법인격은 대세적 법인격(a legal personality *erga omnes*)이다. 그것은 타국의 승인을 필요로 하지 않는다."라고 강조하였던 것이다. 그런가 하면, 보편주의자들 중에도 창설적 효과설을 지지하는 학자들이 있는데, Hans Kelsen ["Recognition in International Law, Theoretical Observations", (1941) 35 AJIL 605~617 ; *Principles of International Law*, 2nd ed., (1967), at 389~395]과 Sir Hersch Lauterpacht [*Recognition in International Law* (1947) ; *International Law, Collected Papers*, Vol. I, at 308~348]가 그 대표적인 경우이다. Sanders, *op. cit.*, pp. 189~190.

44) Sanders, *op. cit.*, p. 174 ; Orakhelashvili, p. 66.

45) Nollkaemper, p. 221.

46) 차원을 달리하여, 각국의 '국내'재판소들이(그리고 동일 국가 내에서 여러 재판소들이) 국제법을 제각기 해석, 적용함으로써 초래되는 국제법의 또 다른 분열(파편화) 현상의 역기능과 순기능에 대해서는, 본서, 제5장 (국제법과 국내법의 관계) ; Nollkaemper, pp. 217~243 (Chapter 9 Fragmentation) ; Alexander Kunzelmann, "An Australian International Law: The Impact of Australian Courts on the Fragmentation of International Law", (2008) 27 The Australian Year Book of International Law 225 (noted by Nollkaemper p. 222, fn. 24) 참조.

47) https://legal.un.org/ilc/texts/instruments/english/draft_articles/1_9_2006.pdf.

> "국제법의 규칙과 원칙들(즉, 그 규범들)은 서로에 대한 관계 속에서 작용하므로 다른 규칙과 원칙을 배경으로 해석되어야 한다. 한 개의 법체계로서, 국제법은 원칙과 규칙들의 잡동사니 모음이 아니다. 그들간에는 의미있는 관계가 존재한다. 즉, 규범들은 좀 더 높거나 낮은 차원에서 존재할 수도 있으며, 그것의 표현/작성은 상대적으로 일반적이거나 반대로 구체적일 수 있으며, 그들의 유효성은 상대적으로 더 이전이거나 나중의 시점으로 거슬러 올라갈 수도 있다."

ILC는 이 같은 전제 하에 (i) "'특별법은 일반법에 우선한다'는 명제", (ii) "특별한 (자기완비적) 체제"[special (self-contained) regimes], (iii) "비엔나조약법협약 제31조 3항(c)", 즉, 조약을 해석할 때 고려에 넣을 것이 요구되는 "당사자간 관계에 적용될 수 있는 관련 국제법규"(any relevant rules of international law applicable in the relations between the parties), (iv) 비엔나조약법협약 제30조에 규정된 "계승적 규범 간의 충돌"(conflicts between successive norms), (v) "국제법에서의 위계질서 : 강행규범, 대세적 의무, UN헌장 제103조" 등 다섯 주제에 답하고 있는데, 이들 각각의 주제에 대해서는 아래 관련되는 부분에서 언급하겠다.

Ⅳ. 국제공동체의 전개과정

1. 국제공동체의 시발점 : 웨스트팔리아 평화조약

우리는 현대국제법이 서유럽에서 기원한 것임을 인정한다. 한때 비유럽국가들 상호간에 지역적으로 별도의 국제법체계가 존재하긴 했었지만 유럽국가들이 세계를 지배하는 동안 모두 파괴되었고, 그 후 비유럽국가들은 그들의 전통적인 국제법체계를 재수립하려고 시도하기보다는 기본적으로 유럽의 국제법을 수락하면서 단지 자신들의 이익에 배치되는 개별규칙을 개정하려고 노력하여 왔을 따름이기 때문이다.[48)]

그렇다면 서유럽의 역사에서 어떤 사건을 국제법 혹은 국제공동체의 시발점으로 볼 수 있을 것인가? 이 질문에 답하기 위해서는 현대국제법의 기본전제 내지 특징을 문제삼지 않을 수 없는데, 국제법은 일차적으로 주권독립국가(sovereign independent state) 혹은 영토국가(territorial state) 상호간의 관계를 규율하기 위해 고안된 법체계이다. 따라서 현 국제공동체의 시발점을 찾는 문제는 곧 유럽의 역사에서 언제 영토주권과 독립국가의 개념이 형성되었느냐를 묻는 문제로 대체된다. 이 같은 관점에서 대다수 학자들은 '30년 전쟁'(Thirty Years' War)을 종결짓기 위하여 체결된 1648년의 웨스트팔리아 평화(강화)조약(Treaty of Westphalia)[49)]을 유럽국제법(European law of

---

48) Akehurst, pp. 12~13.

49) 즉, "Peace Treaty between the Holy Roman Emperor and the King of France and their respective Allies." 영국과 폴란드를 제외한 유럽의 대다수 열강들이 참가한 강화교섭은 독일의 웨스트팔리아의 두 도시 뮌스터(Münster)와 오스나브뤼크(Osnabrück)에서 동시에 3년 이상을 끌었고, 평화조약도 사실은 이 두 도시에서 각

nations)(따라서 현대국제법)의 시발점으로 보고 있다.[50)]

그 이전의 중세봉건 시대에도 일단의 국제법규가 없었던 것은 아니다.[51)] 그러나 당시의 봉건군주들은 대외적으로 독립되어 있지 못하고 오히려 가톨릭교회의 수장인 로마교황(Pope)과 신성로마제국(Holy Roman Empire)[52)]의 황제에게 예속되어 있었다. 대내적으로도 그들은 중앙집권적 통치권력을 장악하지 못하고 사군(私軍)을 거느린 봉건영주들(barons)과 그것을 공유하고 있었을 뿐이다. 즉, 왕은 직속수봉자(tenants-in-chief)인 그들에게 땅을 나누어 주었으며, 이에 대한 대가로서 그들은 왕에게 충성을 맹세하였던 것이다.[53)] “짐(朕)이 곧 국가”(L'Etat, c'est moi)[54)]라는 말은 아직 시기상조였으며, 군주와 신하는 단지 일종의 수직적 계약관계 하에 놓여 있었을 따름이다. 그 결과 “중세유럽의 봉건사회에서 왕들은 우리가 이해하는 바의 국경선 문제에는 관심이 없었으며, 주로 개인들에 대하여 자신의 권한을 유지하는 데에만 관심을 집중시키고 있었다.”[55)] 그러므로 이 당시에 sovereign이란 단어는 단지 비교급(comparative degree)인 superior를 의미할 수밖에 없었고, sovereignty 역시 인적인(personal) 개념에 머무르고 있었다. 중세유럽의 특징은 한 마디로 ‘주권의 분산, 국가의 분열’로 특징지을 수 있을 것이다.

이와는 대조적으로 ‘30년 전쟁’은 중세유럽의 마지막 봉건제 전쟁이면서 근대 최초의 영토국가간 전쟁이었으며,[56)] 그 결과 웨스트팔리아 평화조약은 두 가지 중요한 내용을 담고 있었다. 첫째, 신교(Protestantism)(당시 신교는 이미 루터파와 칼뱅파로 분열되어 있었다)가 처음으로 국제적 차원에서 승인되었다. 이것은 곧 로마교황과 가톨릭교회가 서유럽에서 그 보편적 권위를 상실함으로써 신교에 기초한 국가들의 존재가 합법화되고, 동시에 국가가 가톨릭교회로부터 독립됨을 의미하는 것이었다. 신교는 왕의 권력을 찬탈하지 못하였다.[57)] 둘째, 삼백개 이상이나 되던 신성로마제국(Holy Roman Empire)의 구성국가들은 외국과 동맹을 체결할 -따라서 전쟁을 할 수 있는- 권리(*jus foederationis*)를 공식적으로 인정받았다. 이같은 동맹(또는 전쟁)은 ‘신성로마제국, 그 황제 또는 제국의 평화’ 혹은 ‘웨스트팔리아 평화조약’을 반대하기 위한 것이면 안된다는 단서가 붙어 있긴 하였

기 따로 서명되었다. 이처럼 두 개의 교섭장소를 갖게 된 이유는 주로 프랑스와 스웨덴이 의전 문제로 충돌하였기 때문인데, 가톨릭 국가인 프랑스는 가톨릭 지역인 뮌스터에서 상석을 차지하였으며, 신교 국가인 스웨덴은 신교 지역인 오스나브뤼크에서 상석을 차지하였다. 그러나 법적 관점에서 뮌스터조약(Treaty of Münster)과 오스나브뤼크조약(Treaty of Osnabrück)은 한 개의 단일문서로 간주되었다. Nussbaum, p. 115 ; Cassese, p. 36 ; https://en.wikipedia.org/wiki/Treaty_of_Westphalia.

50) 반대견해가 없지 않다. 예컨대, Nussbaum, p. 115.

51) Orakhelashvili/Akehurst, p. 17.

52) 신성로마제국은 샤를마뉴(Charlemagne) 대제에 의해 AD 800년에 수립되어 유럽의 대부분을 거느리고 있다가 17세기에 들어와서는 중부 유럽의 독일 지역으로 축소되었고, 1806년 나폴레옹 1세의 힘을 이기지 못하고 마침내 소멸하였다. Cassese, *International Law*, 2nd, p. 23.

53) Akehurst, p. 12.

54) 영어로 “The State, it's me” 혹은 “I am the State”를 뜻하는 이 불어 문구는 프랑스 절대군주의 상징인 루이 14세 (1638~1715)가 한 것으로 알려져 있다 : https://wiki.answers.com/Q/L'Etat_c'est_moi. 그러나 그가 이런 말을 한 적이 없다는 반론도 있다 : https://en.wikipedia.org/wiki/Louis_XIV_of_France.

55) Norman J.G. Pounds, *Political Geography* (New York : McGraw-Hill Book Company, 1972), p. 68.

56) 이창훈/이종원/김대순, 《EU : 政治 · 經濟 · 法》(서울 : 삼영사, 2000), p. 16.

57) Nussbaum, p. 116.

지만, 이러한 제약을 강제하기는 어려웠다.[58] 이 평화조약의 결과로서, 유럽의 국제정치구도도 재편되었다. 즉, 프랑스 · 스웨덴 · 네덜란드가 신흥강대국으로 부상하고, 그 대신 신성로마제국이 결정적으로 약화됨으로써 독일은 다수의 비교적 작은 국가들로 나누어졌다. 요컨대, 동 조약은 교회의 급속한 쇠퇴와 신성로마제국의 사실상의 붕괴를 가져오고, 그로 인해 자기보다 상위의 존재를 인정하지 않는 −그리고 대내적으로 입법 · 사법 · 행정권의 중앙집권을 확립한− 주권독립국가들에 기초한 근대 국제공동체의 탄생을 초래하였던 것이다.[59] 이와 함께 sovereignty의 의미도 변경되었다. 즉, 대내적으로는 절대급(superlative degree)인 'supreme' power의 의미로, 대외적으로는 independence, equality의 의미로 사용되게 된 것이다.

이후 국제공동체는 비유럽국가들이 유럽의 국제법질서, 즉 '유럽의 공법'(European public law, droit public de l'Europe, *ius publicum europaeum*)[60]에 편입된다는 의미에서 '수평적' 확대(horizontal expansion)의 과정을 걸었다.[61] 즉, 18세기 말과 19세기 초에는 미국을 위시하여 유럽의 아메리카 식민지들이 독립을 획득하였으며, 특히 19세기 중엽 오토만제국(Ottoman Empire)(현재의 터키)이 비기독교국가로는 처음으로 서유럽 국제공동체에 편입되었다. 오토만제국은 쇠퇴하고 있었으나 여전히 발칸지역의 광범위한 부분을 소유하고 있었고, 특히 1853~56년의 크리미아전쟁에서 영국 및 프랑스와 함께 러시아에 대항하여 승리를 거둔 결과 서구열강들과 어깨를 나란히 하여 1856년의 파리강화회의에 참여하였던 것이다. 그러나 이것은 오토만제국이 그 자체 '유럽'국

58) *Ibid.*, pp. 115~116.

59) Cassese, pp. 36~37 ; Fox in Evans (ed.), *International Law*, 3rd, p. 344 ; Orakhelashvili/Akehurst, p. 18.

60) Nussbaum, pp. 190~191 ; Malanczuk, p. 11.

61) 이것은 바꾸어 말하면 국제법의 적용대상이 '유럽'국가들에서 '문명'국들(*civilised* states)로 대체되어 나감을 의미하는 것이었는데, 당대의 서구학자들, 예컨대 Thomas Alfred Walker, *A Manual of Public International Law* (Cambridge : At the University Press, 1895), p. 7은 국제법이 "문명국들의 법전"(the code of civilised states)인 점을 강조하였고, William Edward Hall(1835~1894)도 사후 1년 뒤에 출간된 *A Treatise on International Law*, 4th ed. (Oxford : Clarendon Press, 1895), p. 1에서 국제법을 다음과 같이 정의하였었다 : "International law consists in certain rules of conduct which modern civilised states regard as being binding on them in their relations with one another with a force comparable in nature and degree to that binding the conscientious person to obey the laws of his country, and which they also regard as being enforceable by appropriate means in case of infringement." 세월이 흘러 20세기에 들어서서도 이 관점은 쉬이 없어지지 않았다. 이를테면, T. J. Lawrence, *A Handbook of Public International Law* (Eleventh Edition by Percy H. Winfield) (London : Macmillan and Co., Limited, 1938), p. 3는 여전히 국제법을 "The rules which determine the conduct of the general body of civilised States in their dealings with each other"로 정의하고 있었다. 이 '문명'국이란 의도된 표현은 그 후 국제연맹에 의해 만들어진 최초의 세계재판소인 상설국제사법재판소(Permanent Court of International Justice)의 규정 제38조 1항이 재판준거법의 하나로서 "문명국들에 의하여 승인된 법의 일반원칙"(general principles of law recognized by civilised nations)을 언급함으로써 다자조약상의 공식적인 표현이 되었다. 게다가 이 표현은 UN체제 하의 국제사법재판소(International Court of Justice)의 규정 제38조 1항으로 승계되어 비판의 대상이 되기도 한다. 이 문제에 대해서는 본서, 제2장 (국제법의 연원) 참조. 세계국제법학술원(Institut de droit international)이 1873년에 설립될 때 정관에서 자신들의 설립목적을 천명하면서 "문명세계의 법적 양심"(la conscience juridique du monde *civilisé*, the legal conscience of the *civilized* world)을 언급한 대목에서도 당시 유럽 국제법학자들의 의식의 편린(片鱗)을 엿볼 수 있을 것이다 : 세계국제법학술원 정관(Statute) 제1조 2항(a), 〈https://www.idi-iil.org/〉 ; Koskenniemi in Evans (ed.), *International Law*, 3rd, p. 50 ; Craven in Evans (ed.), *International Law*, 3rd, p. 212.

가로 인정받았음을 의미하는 것은 아니었다. 이는 기독교국가만이 유럽 국제공동체의 구성원이 될 수 있다는 일반적 가정이 존재하고 있었기 때문이다.[62] 그 이후 1914년까지 페르시아,[63] 중국, 일본, 한국 등의 아시아국가들이 서양국가들과 국교를 맺으면서 사실상 서유럽 국제공동체에 편입되었지만, 이들도 미국을 포함한 유럽국가들과 평등한 관계에 놓여진 것은 아니었다.[64] 1920년의 국제연맹규약(Covenant of the League of Nations) 제1조는 "'어떤' 국가(*Any* State)든지 국제연맹의 회원이 될 수 있다"고 규정함으로써, 일단 국제공동체의 수평적 확대가 완료되었음을 시사하였다. 여기서 '어떤 국가든지'라 함은 유럽국가인가 비유럽국가인가는 문제되지 않음을 함축하고 있다. 이같은 해석에 따르면 유럽적 국제공동체(European international community)는 국제연맹규약 제1조에 의하여 보편적 국제공동체(universal international community)로 이행하였다는 결론에 이른다.[65] 그러나 이같은 결론은 아직은 시기상조였다. 국제연맹은 국제공동체의 주요국가들을 포섭하지 못하였고, 무엇보다도 '인종적 편견' (racialist bias)에 기초한 영토제국주의가 여전히 지속됨으로써 '진정한 의미'에서의 보편적 국제공동체는 아직 도래하지 아니하였기 때문이다. 이런 의미에서 1960년대 민족자결주의의 법원칙화와 이에 바탕한 제3세계진영의 대두를 통하여 국제공동체는 진정한 보편화의 단계로 진입했다고 보아야 할 것이다.

한편, 국제공동체는 수평적 확대와 더불어 국가가 아닌 일정 실체들도 제한된 범위 내에서나마 국제법인격을 획득하기 시작하였다는 의미에서 '수직적' 확대(vertical expansion)를 동반하고 있었다. 특히 제2차 세계대전 후 국제기구, 민족해방단체, 개인 등도 각기 정도를 달리하여 법인격을 인정받기에 이르렀으며, 이 과정은 지금도 진행 중이다.

한국이 서구국제법질서에 편입된 시기 내지 사건은 어디로 볼 것인가? 이것은 이론적으로도 매우 중요할 수 있는데, 이는 시제법(時際法)(intertemporal law)의 일반원칙에 따라 그 이전의 사건에 대해서는 서구국제법의 일반원칙이 적용될 수 없을 것이기 때문이다.[66] 19세기 후반 중국(즉, 청)의 관리들은 한·중간의 특별한 관계에 대하여 "조선은 중국의 속방이지만, 조선의 내치는 자주이며, 중국정부는 이에 전혀 간섭한 바 없다."는 말로 설명하였으며, 당시 중국의 고위관리였던 이홍장(李鴻章)은 "청과 조선은 일가(一家)에 속한다."고 말하기도 하였다. 1876년 2월 27일의 한일강화도수호조약[67] 제1조는 "조선은 자주지방이며 일본과는 평등권을 보유한다"(朝鮮國 自主之邦 與日本國 保有

62) 朴觀淑, p. 20 ; Nussbaum, p. 191.
63) 1935년 이란으로 개명.
64) See Craven in Evans (ed.), *International Law*, 3rd, pp. 212~213.
65) See e.g. Akehurst, p. 12.
66) 박배근, "獨島의 領有權에 관한 韓國과 日本의 法的 主張의 比較", 《社會科學研究論叢》(한국해양대학교 사회과학연구소), 제5호 (1997. 12. 24.), p. 125에 의하면, "일본에서는 개국 이전의 일본에는 국제법이 적용되지 않는다는 것이 정부 견해로 되어 있다." 그런가 하면, *Government of the State of Eritrea and Government of the Republic of Yemen* (*Phase One* : *Territorial Sovereignty and Scope of the Dispute*), Arbitration Tribunal, 9 October 1998, (1999) 114 ILR 1, 33 (para. 99)과 관련하여 Rosenne, *The Perplexities of Modern International Law*, p. 16은 "에리트리아와 예멘 간 해양경계분쟁을 해결한 (이 사건의) 중재재판소는 이슬람의 개념들이 우세했고 한때 오토만 제국의 일부였던 지역에서의 영토주권의 취득에 유럽적 개념들을 적용하는데 열성적이지 않았다."고 논평하고 있기도 하다.

平等之權)고 규정하였다. 조선을 중국의 품에서 떼어 놓으려는 일본의 의도를 간파한 중국정부는 이 조약 제1조의 '자주'를 '독립' (independent)이 아닌 '자치'(autonomous)로 해석하려 하였다.[68] 이제 일본과 중국의 충돌은 불가피하였다. 그리고 그 결과물인 1895년 4월의 시모노세키조약(馬關/下關條約)은 제1조에서 "청은 조선이 완전무결한 자주독립국(完全無缺之獨立自主國)임을 확인"한다고 규정함으로써 조선이 주권독립국가임을 결정적으로 확인하여 주었다.[69] 그러나 그후 조선은 자신의 주권을 지키지 못하였다.[70] 1910년 체결된 일본의 한국병합조약[71]은 제1조에서 "한국 황제 폐하는 한국 전체에 관한 일체의 통치권을 완전히, 또 영구히 일본 황제 폐하에게 양여한다"고 규정하였던 것이다.[72]

이제 웨스트팔리아 조약 이후 국제공동체의 발전과정을 살펴본다. 다만, 이해의 편의를 위해 그 전개과정을 몇 단계로 구분하는 것이 유익할 것이다. 시대 구분(periodization)도 논자에 따라 다를 수 있겠지만, 본서에서는 국제공동체의 전개과정에 있어 전환점이 되는 큰 사건을 기준으로 몇 단계로 나누기로 한다.[73]

2. 제1단계 : 웨스트팔리아 평화조약부터 제1차 세계대전까지

제1단계는 이른바 영토제국주의의 시대로서, 특히 유럽과 중동에서는 오토만제국이 해체되어 가는 시기였다. 우선, 그 초기의 서유럽 국제공동체는 기독교, 자본주의, 전제정치(이것은 후일 의회민주주의로 발전)를 공통분모로 하고 있었다.[74] 그리고 16~18세기 기간 중 유럽과 타지역, 특히 아시아국가들은 서로 어떤 관계를 맺고 있었는지, 특히 어느 일방이 타방에 대해 우월한 지위에 있었는지에 관해서는 견해가 다양하다. 그러나 한 가지 분명한 것은, 19세기에 들어와서 아시아국가들은 결국 서구국제법체계에 굴복하게 되었다는 사실이다. 미국을 포함한 서유럽국가들은 비유럽국가들

67) 정식명칭은 朝日修好條規. 丙子修好條約이라고도 함.

68) 이를테면, 중국 정부는 1882년 8월 23일 체결한 "중국조선상민수륙무역장정"(中國朝鮮商民水陸貿易章程)의 서두에서 "조선은 오랜 동안의 제후국으로서 ... 이번에 제정한 수륙무역장정은 중국이 속방(屬邦)을 우대하는 뜻에서 상정한 것"이라고 천명하였다. 이 장정 제2조는 청국 상무위원에게 영사재판권을 부여하고 있었는데, "명칭이 '조약'이 아닌 '장정'인 것 자체가 조선의 청국에 대한 종속성을 전제로" 한 것이었다. 국사편찬위원회, 우리역사넷, 〈https://contents.history.go.kr/front〉; 함재봉, 《한국 사람 만들기 Ⅱ》, (서울 : 아산서원, 2017), pp. 377~379 ; 박종인/조선일보, 2022년 1월 12일, A30, "[박종인의 땅의 歷史] 조미조약 체결 전 조선 대표는 청 황실에 삼궤구고두례(三跪九叩頭禮)를 올렸다 - 1882년 조미수호조약에 숨은 對中 굴욕외교" 참조.

69) 金達中, "中國의 對韓干涉 및 統制政策 : 1880年代를 中心으로", 《社會科學論集》(연세대학교 사회과학연구소), 제12집 (1981), pp. 33~50 ; 김명섭/김석원, "독립의 지정학 : 대한제국(1897-1910) 시기 이승만의 지정학적 인식과 개신교", 《한국정치학회보》, 42집 4호 (2008 겨울), pp. 59~86.

70) Orakhelashvili/Akehurst, p. 21.

71) 8월 22일 서명, 29일 발효.

72) 본서, 제20판, 머리말 ; 이윤상, "일제하 '조선왕실'의 지위와 이왕직의 기능", 《韓國文化》(2007), vol. no. 40, pp. 315~342, 〈https://www.kci.go.kr/kciportal/main.kci〉 참조. 이 조약이 원천무효였는지는 조약법에 따라 별개로 논할 문제이다.

73) 이것은 Cassese, pp. 34~73의 시대 구분을 기초로 한 것이다.

74) *Ibid.*, pp. 38~39.

과의 관계에 있어 그 대상에 따라 두 개의 서로 다른 관계를 정립시켜 나갔다. 즉, 일부 아시아・아프리카 국가, 특히 오토만제국, 중국, 일본, 샴(Siam)(현 태국), 이집트, 모로코, 잔지바르(Zanzibar), 아비시니아(Abyssinia)(현 에티오피아) 등과는 – 흔히 capitulation이라 불리우는 – 조약을 체결하는 반면, 기타 아시아・아프리카 지역에 대해서는 이들을 식민지화(colonisation) 하는 정책을 적용하였다.[75]

'식민지화'를 위해서는 무주지선점,[76] 정복,[77] 병합[78] 등의 이론이 동원되었다.[79] 그리고 'capitulation'이란 서구국가들에게 우월적・특권적 지위를 부여하기 위해 체결된 불평등조약[80]을 지칭하는 것이지 그 사전적 의미에서의 굴복이나 항복을 의미하는 것은 아닌데,[81] 어쨌든 –서구국가 상호간에는 존재한 바 없는– 17~18세기에 공고히 된 capitulation 체제에는 대체로 다음의 몇 가지 사항이 포함되곤 하였다. 첫째, 협정당사국의 국적을 가진 유럽인은 자국 영사의 동의 없이는 비유럽의 영토국으로부터 추방당하지 아니한다. 둘째, 유럽인들은 기독교 의식을 거행할 권리를 가지며, 이를 위해 교회를 세울 수 있고, 그들 자신의 묘지를 소유할 수 있다. 셋째, 그들은 무역과 통상의 자유를 향유하며, 일정 수출입 관세로부터 면제된다. 넷째, 그들은 소위 영사재판(consular jurisdiction)이라는 이름의 역외재판을 받을 권리가 있다. 즉, 아시아와 아프리카 국가들의 영토 내에서 유럽인을 피고로 하는 민사소송과 형사소송이 제기되는 경우,[82] 그의 본국에서 파견된 재판관들이 그들의 영사관에서 그들 본국의 국내법에 따라 재판한다. 일본은 1858년의 영일수호조약에서 영국에게 인정했던 capitulation 체제를 1876년의 한일강화도수호조약을 통해 조선에 부과하였었다.[83] 그런데 이 capitulation 체제는 상호주의에 기초한 것이 아니었으므로 비유럽인들은 유럽

75) *Ibid.*, pp. 39~40.
76) 본서, 제19장 (영토의 취득) 참조.
77) 상동.
78) 상동.
79) Cassese, pp. 42~43.
80) https://en.wikipedia.org/wiki/Unequal_treaties.
81) 이들 불평등조약이 흔히 capitulations라고 불리운 이유는 '번호가 매겨진 capitula', 즉 짤막한 장들(brief chapters)로 구성되어 있었기 때문이다. Nussbaum, pp. 55, 208 ; Cassese, p. 41.
82) 영사재판이 민사재판에 국한되는지 아니면 형사재판에도 적용되는지는 capitulation 조약에 따라 다를 수 있으며, 이 문제에 대한 조약 해석이 국가 간 분쟁의 대상이 되기도 하였다. 예컨대, *Rights of Nationals of the United States of America in Morocco* (France v. United States of America), ICJ Reports (1952), p. 176에서 프랑스는 과거 미국의 모로코에서의 영사재판권을 규정한 관련 조약규정은 민사재판에 국한되는 것으로 해석된다고 주장하였으나, 재판소는 최혜국대우조항에 의거하여 형사재판에도 적용되는 것으로 해석하였다. 그러나 최종적으로 재판소는 미국이 모로코에서의 최혜국대우를 주장할 수 있는 근거가 되었던 모로코와 타 국가들 간의 조약이 이미 효력을 상실하였기 때문에 이제 미국은 [별개조약에 근거하여 모로코의 프랑스지대(French Zone of Morocco)에 대해 여전히 가지고 있는 것으로 볼 수밖에 없는 경우를 제외하고는] 영사재판권을 행사할 수 있는 권리가 없다고 판시하였다. ICJ는 이 판결(p. 185)에서 당시 프랑스의 보호령(Protectorate)인 모로코의 국제법적 지위와 관련하여 다음과 같이 언급하기도 하였다 : "Morocco, even under the Protectorate, has retained its personality as a State in international law. The rights of France in Morocco are defined by the Protectorate Treaty of 1912."
83) 영사재판에 관한 한, 비유럽국가들의 사법권(司法權)이 분화, 독립하지 못하고 있던 사정과도 관계가 있다. 이를테면, 조선은 여전히 –각 고을의 수령이 행정권과 사법권을 모두 가지고 사건을 조사하고 재판하는– '사또(원님)재판'이 행해지고 있었으며, 중앙정부도 사정은 마찬가지였다 : 대한민국 법원, "사법의 역사", 〈https://www.scourt.go.kr/judiciary/index.html〉. 한일강화도수호조약(조일수호조규) 제10관은 "일본국 인민이 조선국이 지정한 항구에서 범한 죄가 조선국 인민과 관계되더라도 '모두 일본 관리가 심판하고'('모두 일본국의

국가들 내에서 capitulation에 규정된 이익을 향유할 수 없었다.[84)]

한편, 힘을 억제하고 집단적으로 평화를 보장하기 위한 두 번의 실험이 제1단계 기간 중 행해진 바 있었다. 먼저, 이같은 구상은 이미 1648년의 웨스트팔리아 조약에서 마련되고 있었다. 즉, 동 조약은 과거의 적대행위는 "영구히 잊어버리고 용서할 것"을 규정한 다음,[85)] 유럽의 평화를 보장하기 위하여 다음의 세 가지 의무를 도입하였다. 첫째, 평화에 대한 위협 또는 웨스트팔리아 조약의 중대한 위반이 있더라도 피해국은 전쟁에 호소해서는 안되며, 그 대신 위반국으로 하여금 적대행위로 나오지 않도록 권고하고, 또 사건은 '우호적인 해결 또는 통상적인 재판절차'(friendly composition or the ordinary proceedings of justice)에 회부되어야 한다.[86)] 둘째, 3년간의 냉각기간(cooling-off period)이 규정되었으며, 이 3년이 경과하였는데도 해결에 이르지 못한 경우에는 피해국은 전쟁을 벌일 권리를 가지며, 이 경우 모든 다른 체약국들은 무력사용을 통하여 피해국을 원조하여야 한다.[87)] 셋째, 체약국들은 위반국에 대해 군사적 원조를 부여하지 말아야 하며, 위반

심리와 판단에 귀속시키며' ; '모두 일본국에 귀속시켜 심의 판단하며' ; '모두 일본국에 돌려보내어 조사 판결하게 하며')"(日本國人民在朝鮮國指定各口, 如其犯罪, 交涉朝鮮國人民, 皆歸日本國審斷)라고 규정하였다('皆歸日本國審斷' 부분에 대한 번역은 다양하게 제시되어 있는데, 마지막 번역에서 '일본국에 돌려보내어'란 표현은 '일본 본토로 송환시킨다'는 의미로도 해석될 수 있어 적당하지 않다는 지적이 있다) : 李基白, 《韓國史新論》(서울 : 일조각, 1973), 298면 ; 이영록, "개항기 한국에 있어 영사재판권 –수호조약상의 근거와 내용–", 《법사학연구》(한국법사학회), 제32호(2005), pp. 205~233 ; 이영록, "근대 한국에서의 일본영사재판에 관한 연구", 《한국동북아논총》(한국동북아학회), 제39호(2006), pp. 249~272 참조. 1882년 조 · 미수호통상조약(朝美修好通商條約)(Treaty of Peace, Amity, Commerce and Navigation, United States-Joseon Korea Treaty of 1882) 제4관은 "... 조선인으로서 재조선 미국인에게 범행한 자는 조선국이 조선법률에 의거하여 처벌하고, 미국인으로서 ... 조선인의 생명과 재산을 손상케 한 자는 미합중국의 영사 또는 당해 권능을 가진 기타 관리만이 미합중국법률에 의하여 체포하고 처벌한다. ... 다만, 대조선국이 조선의 법령과 재판절차를 개정하여 미국의 법령 및 재판절차에 부합하는 것으로 미국이 판단할 때에는 즉시 미국 관원이 조선에서 심리 판단하던 권한을 회수하고, 이후 조선 경내의 미국 인민들을 조선 지방관의 관할에 귀속시킨다."라고 규정함으로써 향후 영사재판 철폐 가능성을 명시하였다. 그러나 후반부 단서조항은 –조영수호통상조약(1883년) 제4관, 조독수호통상조약(1883년) 제3관, 조선-아라사통상조약(1884년) 제3관, 조불수호통상조약(1886년) 제3관, 조오수호통상조약(1892년) 제3관 등– 그 후 타 서구국가들과 체결한 수호조약에서는 모두 탈락되었다 : 민족문화대백과사전, "영사재판"(집필 홍성화, 1995년), 〈https://encykorea.aks.ac.kr〉.

84) Badr, p. 27 ; Cassese, p. 41 ; Jennings & Watts (eds.), p. 911 ; Malanczuk, p. 13 ; Barker in Orakhelashvili (ed.), p. 190 (fn. 24) ; 鄭仁燮, 《국제법의 이해》, pp. 315~327. 이집트 혼합재판소(Egyptian Mixed Courts)는 capitulation 체제에 대한 도전과 타협의 일단을 잘 보여주고 있다. 이 혼합재판소는 이집트에서 capitulation 체제의 이익을 향유하고 있던 14개 국가의 국민과 관련된 사건을 심리하기 위하여 1875년에 설치되었다. 즉, 이집트 국민들이 자국의 영토관할권을 침해하는 capitulation 체제에 대해 당연히 저항을 하게 되자 이것을 누그러뜨리기 위해 이 혼합재판소를 만들기로 합의하였던 것이다. 이 재판소는 '혼합'이라는 그 이름의 형용사가 시사하는 바와 같이 이집트의 재판관들뿐만 아니라 capitulation의 이익을 향유하는 국가(Capitulatory Powers) 출신의 재판관들도 심리와 재판에 참여하였다. 이처럼 혼합재판소는 다국적으로 구성되긴 하였지만 그러나 이것은 본질적으로 이집트의 국내재판소였다. 재판관은 모두가 이집트정부에 의하여 임명되었고, 또 이집트 왕의 이름으로 이집트법에 의거하여 재판하였기 때문이다. 1937년 이집트와 관련 국가들 사이에 혼합재판소를 폐지하기 위한 합의가 이루어졌는데, 그 주요 내용은 1949년에 완전히 이를 폐지하되 12년의 과도기 동안 재판석에 이집트 재판관의 참여를 점진적으로 늘려간다는 것이었다. 이 합의에 따라 이집트 혼합재판소는 1949년에 폐지되었으며, 당시 계류 중이던 사건은 모두 이집트의 정규재판소로 이관되었다. Badr, pp. 26~27 ; Bankas, pp. 61~63.

85) 뮌스터조약 제2조.

86) 뮌스터조약 제123조.

87) 뮌스터조약 제124조 ; Cassese, p. 43.

국의 군대가 자국의 영토를 통과하거나 자국 영토 내에 주둔하는 것을 허용해서는 안된다.[88] 그러나 이들 세 가지 권리 혹은 의무에 기초한 웨스트팔리아 조약의 집단안보체제는 실제로 가동되기에는 아직 이른 시점이었다. 대부분의 국가들은 원하는 경우에는 언제든지 전쟁에 호소할 수 있는 개별국가의 무제한한 권리를 선호하였으며, 또한 피해국에 대해 군사적 원조를 제공할 제3국의 의무란 관념도 수락될 수 없었던 것이다. 그리하여 동 조약에 예견된 집단적 조치는 한 번도 취해진 적이 없었고 또 진지하게 고려되어 본 일도 없었다.[89]

유럽의 집단안보를 위한 두 번째 실험은 나폴레옹 전쟁 후에 마련되었다. 즉, 기존질서를 뒤흔든 이 전쟁 후 유럽의 보수반동적인 근주들은 자신들의 이익을 유지하고 혁명을 탄압하기 위하여 집단체제를 구축하였던 것이다. 먼저, 다분히 신비적이고 공상적인 정서를 지닌 러시아 알렉산더 1세의 주창으로 1815년 9월 26일 신성동맹조약(Holy Alliance Treaty)[90]이 성립되었는데, 이 조약에서 '러시아・프러시아・오스트리아' 3국의 왕은 "세 군주는 서로를 동포(fellow countryman)로 간주하고, 어떠한 경우에 어떠한 장소에서도 서로 협조하며, 또한 각자의 신민과 군대에 대해서는 스스로 가부로서 임하여 종교・평화・정의를 수호하도록 지도하며"(제1조), 또한 "세 군주는 그들의 신민에 대하여 예수가 인류에게 가르친 원칙을 매일 충실히 준수하고 이행할 것을 권고한다."(제2조)라고 약속하였다. 이와 같이 종교상의 교리 내지 도덕적인 원리를 조약에 제시하여 법적인 구속력을 부여코자 한 것은 법과 도덕, 법과 종교간의 혼동이라 아니할 수 없다. 따라서 이 동맹은 명목뿐이었고 실제 효력은 없었다. 이에 반해 1815년 11월 20일 파리에서 '영국・러시아・프러시아・오스트리아' 간에 체결된 4국동맹조약(Quadruple Alliance Treaty)[91]은 일정한 조건이 발생하면 서로 군대로써 원조할 의무를 규정한 순수한 군사동맹이었다. 제창자는 영국의 외무장관 캇슬리(Castlereagh)였는데, 현실적인 사람인 그는 제1차 파리평화조약[92]에서 나폴레옹을 너무 관대하게 대한 데 대해 불만을 품었었다. 이에 4국동맹이 성립되었는데 그들은 제2차 파리평화조약[93]을 엄격하게 시행하고, 나폴레옹 및 그 일족을 프랑스 왕위로부터 배제하고, 프랑스에 의해 공격을 받을 경우 각 체약국이 6만의 군대를 제공하고, 그것만으로도 부족할 경우에는 전 군대를 제공할 것을 약속하였다. 특히 "체약국들은 그들 공동의 이익을 협의하기 위하여, 또한 각국의 안녕과 번영 및 유럽의 평화를 유지하기 위하여, 적당한 시기에 원수 자신 또는 각 장관들이 일정한 시기에 회합한다."고 규정함으로써 '강국 우위'(ascendency of the Great Powers) 및 '유럽의 협조'(Concert of

88) 뮌스터조약 제3조 ; Cassese, p. 43.
89) Cassese, pp. 43~44.
90) https://www.napoleon-series.org/research/government/diplomatic/c_alliance.html.
91) 1818년 패전국 프랑스가 가입하여 5국동맹(Quintuple Alliance)으로 발전.
92) 즉, 나폴레옹이 1814년 4월 20일 엘바섬으로 떠나고 나서 5월 30일 체결된 강화조약.
93) 나폴레옹은 1815년 2월 26일 7척의 배에다 1,500명의 호위병을 싣고 엘바섬을 탈출하여 3일 후에 프랑스 해안에 상륙하였다. 그리하여 황제의 칭호를 갖고 활동을 재개하였지만, 동년 6월 18일 워털루(Waterloo) 전투에서 패배하여 세인트헬레나 섬에 유폐되었다. 그리하여 4국동맹조약과 같은 날 동시에 체결된 것이 제2차 파리평화조약인데, 제1차에 비해 그 내용이 가혹하였다. 탈출한 나폴레옹을 국민들이 환영하였었기 때문에 나폴레옹과 국민을 분리시켜 생각하는 것은 이미 합리적이지 않다고 생각한 것이다.

Europe) 원칙을 확실히 하였다.

이처럼 정신적인 면에서는 신성동맹을, 실력적인 면에서는 4국동맹을 기초로 하여 이루어진 이 '유럽의 협조' 체제는 약간의 성과는 있었지만 곧 붕괴되고 말았다. 즉, 라틴아메리카와 그리스의 독립, 의회민주정의 도입과 함께, 특히 영국·프랑스·사르디니아·오토만제국이 러시아를 상대로 벌인 크림 전쟁(Crimean War)(1853~1856)[94]의 결과 이른바 '유럽의 협조' 사상은 깨졌고, 유럽국가들 상호간의 안보는 전통적인 세력균형(balance of power) 체제에 의하여 보장되게 되었다.[95] 또한 유럽대륙의 군주국들은 유럽대륙 밖에서, 특히 아메리카에서의 주도권을 영국의 비호를 받는 미국에게 이미 넘겨주고 있었다. 미국의 Monroe 대통령은 1823년 12월 2일의 의회에 대한 메시지에서 "아메리카 대륙은 이제 더 이상 유럽국가들에 의한 식민지화의 대상으로 간주되어서는 안된다. 미국이 유럽국가들의 식민지와 보호령을 포함하여 유럽문제에 간섭하지 않는 것만큼 유럽국가들도 아메리카에 간섭해서는 안된다."고 천명하였다.[96] 이를 두고 먼로 독트린(Monroe doctrine)이라 부르는데, 이후 멕시코를 비롯한 라틴아메리카국가들은 "신은 너무 멀리 있고, 미국은 너무 가까이에 있음"(so far from God, so close to the United States)[97]을 절감하게 되었다.

조약법,[98] 국내문제불간섭,[99] 국가면제[100]·외교면제[101]·영사면제[102] 등의 각종 면제규칙, 영토주권,[103] 무주지선점,[104] 공해자유,[105] 외국인과 그들의 재산보호,[106] 복구[107] 및 전쟁법규,[108] 국제인도법규[109] 등을 포함한 현대국제법의 기초가 되고 있는 대다수 규칙이 제1단계에서 형성되었다.

---

94) 크림 전쟁은 오토만제국의 술탄에게 박해받는 기독교도들을 보호할 권리를 주장하는 러시아에 의해 촉발되었는데, 영국과 프랑스는 러시아를 지지하기는 커녕 오히려 터키의 주권과 독립을 보호하기 위하여 개입하였던 것이다. Jarat Chopra and Thomas G. Weiss, "Sovereignty is no longer sacrosanct : Codifying humanitarian intervention", in Ku & Diehl (eds.), p. 372.

95) 1856년 3월 30일, 크림 전쟁을 끝내기 위한 파리강화조약(Paris Peace Treaty)이 체결되었는데, 이 조약에 의해 러시아는 일부 영토를 포기하고, 흑해의 비군사화에 동의하였으며, 부속협약을 통해 올란드제도(Aaland Islands)의 비요새화에도 동의하였다. 그러나 1870년 러시아는 흑해의 비군사화를 부인하며 그 곳에서 다시 해군함대를 건조하기 시작하였다. https://content.ecf.org.il/files/M00934_TreatyOfParis 1856English.pdf ; https://www.britannica.com/event/Treaty-of-Paris-1856 ; 본서, 제2장 (국제법의 연원), "Ⅲ. 조약, 3. 입법부적 혹은 객관적 체제를 창설하는 조약, (1) *Aaland Islands* 사건(1920)" 참조.

96) Cassese, pp. 44~46 ; Nussbaum, pp. 188~190 ; 김영석(역)/Boyle(저), pp. 165~166.

97) 멕시코의 29대 대통령을 지낸 포르피리오 디아스(Porfirio Díaz, 1830년 9월 15일~1915년 7월 2일)가 한 말로 기록되고 있다 : https://en.wikipedia.org/wiki/Porfirio_Díaz.

98) 본서, 제4장.

99) 본서, 제7장 (국제법의 기본원칙).

100) 본서, 제10장.

101) 본서, 제12장.

102) 본서, 제13장 (기타 면제·특권).

103) 본서, 제19장 (영토의 취득).

104) 본서, 상동.

105) 본서, 제21장 (해양법).

106) 본서, 제16장 (외국인의 대우).

107) 본서, 제7장 (국제법의 기본원칙), 제14장 (국가책임).

108) 본서, 제28장 (전쟁법).

109) 상동.

그리고 오늘날 일반적으로 사용되고 있는 international law란 표현은 제러미 벤담(Jeremy Bentham)이 1780년 그의 한 저서[110]에서 최초로 사용하였는데, 그 후 이 표현이 기존의 law of nations와 droit des gens을 점차 대신하게 되었다.[111]

제1단계 기간 중 만들어진 국제법규는 두 가지 기본특징을 갖고 있었다. 첫째, 모든 국가는 경제적·사회적 불균형에 관계없이 법적으로 평등하고 자유롭게 자신의 이익을 추구할 자유가 있어야 한다는 자유방임주의(laissez-faire philosophy)에 기초한 서구문명의 산물이었다. 둘째, 정복과 팽창정책에 의하여 거대한 식민제국을 구축한 국가들에 의하여 만들어졌으며, 특히 그들은 무력의 위협 또는 사용에 대하여 어떠한 제약도 부과하지 않았다.[112] 이런 법상황 속에서, 19세기 말 영국이 남아프리카로 진출할 때 활약했던, 열렬한 제국주의 신봉자 세실 로즈(Cecil John Rhodes)(1853~1902)[113]는 "나는 우리가 세계 제일의 인종이며, 우리가 사는 세계가 넓어지면 넓어질수록 그만큼 인류는 행복해진다고 생각한다."(I contend that we are the first race in the world and that the more of the world we inhabit the better it is for the human race.)고 고백하기도 하였다.[114] 이 시기 유럽의 학자들이 국제법을 '문명국 간'의 구속력있는 행동규칙으로 정의한 것도 세실 로즈의 변설(辯舌)과 궤를 같이하는 것이었다.

물론 이 기간 중 형성된 모든 국제법규가 오로지 유럽의 강대국들에게만 이로운 것은 아니었다. 첫째, 경우에 따라 강대국들은 약소국들의 주장에 동의하기도 하였다. 예컨대, 착탄거리(range of cannons) 혹은 3마일의 좁은 범의 내에서 연안국의 영해 보유를 인정하였다. 그러나 여기에도 조건이 붙었는데, 무해통항권(right of innocent passage)[115]이 바로 그것이다. 이 밖에 비정규군

---

110) i.e. *An Introduction to the Principles of Morals and Legislation*, (first edition, 1780), Chapter XIX, § 2. *Jurisprudence, its Branches*, in *The Works of Jeremy Bentham*, published under the superintendence of his executor, John Bowring, Volume One (New York : Russell & Russell Inc., 1962), p. 149 ; Hall, pp. 19~20.

111) Bentham은 여기서 "*international*이란 단어는 새로운 단어임을 인정하지 않을 수 없다"고 하면서, 그러나 기존의 "*law of nations*는 너무나 특징이 없는 호칭으로서, 습관적인 것만 아니면 차라리 국내법을 지칭하는 것으로 보일 수도 있다"고 비판하고 있다. 그러면서 (영어의 law of nations에 상응하는)"*droit* des *gens*은 차라리 *droit* entre *les gens*이라고 불러야 한다"는 기존의 한 견해도 인용하고 있다. *droit* entre *les gens*은 law among nations로 번역되는데, 미국의 Gerhard von Glahn 교수는 이 후자의 표현을 저서의 제목으로 채택하고 있다. 그리고 여전히 law of nations를 제목으로 채택한 저서도 없지 않다. 독일에서 여전히 사용되고 있는 Völkerrecht는 law of nations에 상응하는 표현인데, 19세기 이래 -public international law에 해당하는- Internationales Öffentliches Recht란 술어도 사용되고 있다. https://de.wikipedia.org/wiki/Völkerrecht ; Orakhelashvili/Akehurst, p. 1.

112) Cassese, p. 47 ; Malanczuk, p. 19.

113) 영국 Oxford 대학교에 유학하는 사람들에게 수여되는 로즈장학금(Rhodes scholarship)을 만든 바로 그 장본인이다 : https://en.wikipedia.org/wiki/Rhodes_scholarship. 아프리카의 Rhodesia 국명도 그의 이름에서 나온 것이다 : https://en.wikipedia.org/wiki/Rhodesia.

114) Cecil J. Rhodes, "Confession of Faith", essay included in *The Last Will and Testament of Cecil John Rhodes*, ed. WT Stead (Review of Reviews Office : London), 1902 (cited at https://en.wikipedia.org/wiki/Cecil_Rhodes) ; Matthew Sweet, "Cecil Rhodes: A bad man in Africa", The Independent, Saturday, 16 March 2002, https://www.independent.co.uk/news/world/africa/cecil-rhodes-a-bad-man-in-africa-654195.htm.

115) 본서, 제21장 (해양법).

(irregular forces)인 민병(militia),[116] 의용병단(volunteer corps)[117] 및 민중봉기(군민병)(mass uprising)[118]도 일정요건을 갖추면 정규군과 마찬가지로 전투자격을 취득하였다. 그리고 1899년과 1907년의 헤이그 만국평화회의에서 보는 것처럼, 제1단계 말기로 오면서 다자조약 체결을 위한 외교회의에 약소국들도 다소간 참여가 허락됨으로써 국제공동체의 보편화가 이루어지기 시작하였다.[119] 둘째, 1899년 제1차 헤이그 평화회의에서 덤덤(Dumdum)탄 금지선언이 채택되는 등,[120] 인도주의에 기초한 다수의 전쟁법규가 채택되었다. 셋째, 각종 면제(immunity)[121] 및 중립법규(law of neutrality) 등에서 보는 것처럼, '모든' 국가들의 요구를 충족시키기 위한 종류의 법규도 형성·발전되었다.[122]

강대국들 위주의 국제법구조에 대해 약소국들의 도전이 아주 없었던 것은 아니다. 칼보조항(Calvo clause)[123]과 드라고주의(Drago doctrine)[124]가 바로 그 대표적 사례인데, 그들의 그 어떤 시도도 아직은 성공할 수 없었다.

제1단계의 국제법 이야기를 하면서 노예제도(slavery)의 흥망에 관한 언급을 빠뜨릴 수는 없다. 그리스·로마시대의 노예제도는 패전국의 국민은 피부색깔·성·신분 또는 종교에 관계없이 집단적으로 모두 전승국의 노예가 된다는 점에서 일종의 평등원칙에 기초하고 있었다. 이와는 대조적으로 아메리카 정복과 함께 개시된 노예무역(slave trade)은 철저하게 인종차별주의(racism)에 기초하고 있었다. 이는 단지 아프리카의 흑인들만이 노예가 되었기 때문이다. 당시의 전통국제법은 노예제도는 물론이고 노예무역도 금지하지 않음으로써 자유방임적 태도를 잘 보여 주었다.[125] 그러나

116) 국가가 직접 조직하는 경우. 본서, 제28장 (전쟁법).
117) 국민들이 자발적으로 조직하는 경우. 상동.
118) 아직 점령되지 아니한 지역의 주민들이 민병이나 의용병단을 조직하지 못하고 급히 적군에 대항하는 경우. 상동.
119) Malanczuk, pp. 22~23 ; 鄭印燮, 《국제법의 이해》, pp. 115~124.
120) 본서, 제28장 (전쟁법). 덤덤탄은 19세기 영국이 식민지 폭동진압용으로 개발한 것으로, 군수공장이 위치했던 인도, 캘커타 외곽의 덤덤(Dum Dum)이란 도시의 이름을 따서 그렇게 부른다. 맞으면 총알이 인체 내부에서 폭발하여 엄청난 고통을 주는 확장탄(expanding bullet)이다. 이 무기의 비인도성에 대해 비난이 가해지자, 당시 영국 당국은 "(식민지에서) 영국이 직면하는 적들은 유럽국가들에서 온 군대가 아니다. 야만인들은 호랑이와 같아서 고통을 잘 못 느끼며, 처절하게 부상을 입어도 계속해서 싸운다."면서 덤덤탄의 생산을 정당화하려 하였다 : Cassese, p. 49 ; https://en.wikipedia.org/wiki/Expanding_bullet.
121) 본서, 제10장 (국가면제), 제12장 (외교면제), 제13장 (기타 면제) 참조.
122) Cassese, pp. 47~50.
123) 본서, 제14장 (국가책임) 참조.
124) 본서, 제7장 (국제법의 기본원칙) 참조.
125) Orakhelashvili/Akehurst, 9th, p. 23. 1781년 11월 29일부터 수일간, 노예무역에 종사하는 영국 선박 Zong 호가 해상에서 여러 악조건에 직면하여 수송 중이던 470명의 흑인노예 중 약 142명의 아프리카인을 배 밖으로 던져 살해한 사건이 발생했는데, 흔히 "The Zong massacre"(종號의 학살)로 불리는 이 사건은 당시 영국 사회 일반의 노예무역에 대한 생각을 잘 보여주고 있다. 즉, 당시 영국 법무차관(Solicitor General for England and Wales) John Lee는 선장, 승무원, 선주 등 관련자들을 형사처벌 하라는 노예제도 폐지 운동론자들의 요구를 거절하면서 "이 사건은 목재를 배 밖으로 던진 것과도 같다"(The case is the same as if wood had been thrown overboard)고 언급한 것으로 전해지고 있다 : Ian Bernard, "The Zong Massacre (1781)", 〈https://www.blackpast.org/gah/zong-massacre-1781〉 ; https://www.history.com/this-day-in-history/zong-slave-ship-trial.

18세기 후반부에 노예제도 반대운동이 영국・프랑스・덴마크 등에서 전개되고, 특히 영국이 주도권을 잡고 노예무역을 금지하기 위한 조약의 체결을 촉구하였다. 아메리카에서 식민지를 잃은 영국으로서는 이 지역이 노예들을 계속 공급받아 부강해지는 것이 두렵기도 하였고, 또 1750~1784년의 기간 중에 인도 전역을 정복하였기 때문에 노예제도에 의존하지 않고서도 값싼 노동력을 확보할 수 있었기 때문이다.[126)]

사실 영국은 이미 노예무역에서 얻어진 자금을 가지고 증기기관을 발명하고 영국의 서부철도를 완성하였다. 그러나 카리브 해역의 영국 식민지에 노임이 확립되자, 노예노동에 입각하여 생산하고 있던 브라질의 사탕이 그 상대적으로 낮은 단가로 인해 영국의 사탕보다 우월한 위치에 놓이게 되었다. 그 밖에 뉴잉글랜드에서의 노예무역은 식민지 미국에서의 산업혁명을 용이하게 하는 자본의 대부분을 창출했으며, 이 노예무역에서 얻어진 자본은 미국독립전쟁의 자금으로 제공되었다.[127)] 물론, 1789년의 프랑스혁명과 인권선언에 천명된 원칙들도 노예제도의 폐지에 사상적으로 기여하였다. 그러나 이들 원칙이 프랑스 식민지 San Domingo의 프랑스 대농장주들의 이익과 충돌되자, 1790년 3월 파리의회(Paris Assembly)는 프랑스를 위하여 고안된 헌법은 프랑스 식민지들의 내부통치에까지 미치는 것으로 의도된 것이 아님을 선언하는 한 개의 결의를 통과시킨 바 있었다.[128)]

이런 상황과 분위기 하에서 몇몇 유럽국가들은 노예무역을 금지하는 국내법을 채택하였고,[129)] 이런 국내적 조치들에 이어 노예무역을 비난하는 최초의 조약이 1814년 영국과 프랑스 사이에 체결되었으며,[130)] 이 인도적 원칙은 1815년의 비엔나회의에서도 채택되었다.[131)] 이어서 노예무역에 종사하는 것으로 생각되는 선박에 대해서는 군함의 방문・수색을 허용하는 국제협정들도 체결되기 시작하였다. 1841년의 런던조약(Treaty of London)(영국, 프랑스, 오스트리아, 프러시아, 러시아), 1885년의 베를린 일반의정서(General Act of the Congo Conference of Berlin)(제9조에서 노예무역을 다룸), 1890년 7월 2일의 "노예무역의 진압에 관한 브뤼셀 일반의정서"(Brussels General Act for the Repression of the Slave Trade)(영국・프랑스 등이 당사자) 등이 그 좋은 예이다. 그 밖에 일부 국가들은 노예제도(slavery) 자체를 폐지하는 국내법을 제정하였다. 예컨대, 영국은 1833년 노예제도폐지법(Slavery Abolition Act)을 제정하였고,[132)] 미국은 남북전쟁(1861~1865)이 끝난 뒤 1865

---

126) Cassese, pp. 52~53.

127) Eduardo Galeano, 朴光淳(역), 《수탈된 대지 : 라틴아메리카 5백년사》(원제 : *Las venas abiertas de América Latina*, (1971))(서울 : 범우사, 1988), pp. 151~153.

128) Cassese, p. 53.

129) 예컨대, 영국은 1807년 노예무역폐지법(Slave Trade Act)을 통해 식민지 전체에 걸쳐 노예무역을 폐지하였다. Jennings & Watts (eds.), p. 979 ; https://en.wikipedia.org/wiki/Slave_Trade_Act_1807 ; https://www.nationalarchives.gov.uk/pathways/blackhistory/rights/slave_free.htm.

130) Additional articles to the Paris Peace Treaty of 30 May 1814, 〈https://en.wikisource.org/wiki/Treaty_of_Paris_(1814)#Additional_Art.I〉 ; Orakhelashvili/Akehurst, p. 22.

131) Final Act of Congress of Vienna (1815), No. XV ("Declaration of the Powers on the Abolition of the Slave Trade"), 〈https://en.wikisource.org/wiki/Final_Act_of_the_Congress_of_Vienna/Act_XV〉 ; Orakhelashvili/Akehurst, p. 22.

132) https://en.wikipedia.org/wiki/Slave_Trade_Act_1807 ; https://en.wikipedia.org/wiki/Slavery_Abolition_Act_1833.

년의 수정헌법 제13조에서 노예제도를 폐지하였으며,[133] 1888년 브라질은 서구세계에서 노예제도를 폐지한 마지막 국가가 되었다.[134] 제1단계 기간 중 이같은 서구국가들의 뒤늦은 노력에도 불구하고 노예제도 자체를 금지하기 위한 조약은 체결된 바 없었다. 국제협정들은 일정 한계 내에서 단지 노예무역을 추방하는데 국한되어 있었다. 노예제도는 단지 도덕적·종교적 이유만으로 사라질 수는 없었으며, 경제관계의 변화로 노예의 노동력이 불필요해진 뒤에야 사라질 수 있었던 것이다. 그리고 이 문제는 제2단계의 과제로 넘겨졌다.[135]

유럽에서 이주민들이 몰려오면서 미주를 위시한 세계 여러 지역의 토착민(원주민)(indigenous peoples)이 겪은 박해와 -때로는 제노사이드에 상당하는- 수난의 역사도 노예무역과 노예제도만큼이나 망각으로 내돌 수만은 없는 문제인데, 지금은 그들에게도 자결권(right of self-determination)을 향유하는 다른 민족과 동일한 차원에서 자결권을 허용할 것인가의 문제가 논의의 대상으로 남아 있다.[136]

3. 제2단계 : 제1차 세계대전부터 제2차 세계대전까지

제1차 세계대전(1914년 7월 28일~1918년 11월 11일)은 국제공동체의 역사에 있어 하나의 전환점이었다. 영국과 프랑스는 이미 1916년 터키의 아라비아 반도 밖 아랍 지역을 양국 간에 분할하는 내용의 비밀조약 '사이크스-피코 협정'(Sykes-Picot Agreement)[137]을 체결하고 있었으며, 제1차 세계대전을 종결짓는 1919년 6월 28일의 베르사유조약(Treaty of Versailles)[138]은 독일로부터 유럽 내 영토 1/3[139]과 모든 식민지[140]를 박탈하고, 군비 수준을 극도로 제한하고,[141] 독일 동맹국들(오

133) 미국 남북전쟁(American Civil War)의 개시를 재촉한 1857년의 *Dred Scott* v. *Sandford* (60 U.S. 393) 사건은 당시 미국 내 노예들의 지위를 잘 보여 주고 있다. 즉, 이 사건에서 미국 연방최고재판소는 미국에 수입되어 노예르 팔린 아프리카인들의 후손은 해방이 되었건 안되었건 관계없이 미국 헌법의 '시민'(Citizen)이란 단어에 포함되지 않으며, 따라서 정부가 그들에게 부여할지도 모르는 권리와 특권을 제외하고는 어떠한 권리와 특권도 갖지 아니한다고 판결하였다. *Black's Law Dictionary*, 6th ed. (1990), p. 495. 한편, 남북전쟁 후 수정헌법 제13조에 의하여 미국 전체에 걸쳐 노예제도가 폐지되긴 하였으나, 이것이 미국사회에 있어 인종차별(racism)의 폐지를 의미하는 것은 아니었다. 예컨대, 연방최고재판소는 1896년의 *Plessy* v. *Ferguson* (163 U.S. 537) 사건에서 철도 열차에서 분리되어 있으나 (아마도) 평등한 시설을 요구하는 루이지애나의 한 법률은 합헌이라고 판시함으로써 이른바 "separate but equal"의 원칙을 수립하였던 것이다. 이 원칙은 흑백분리학교(segregated schools)에 관련한 1954년의 *Brown* v. *Board of Education of Topeka* (347 U.S. 483) 사건에 와서야 헌법의 평등원칙에 위배되는 것으로 선언되었다. Hartley, *European Union Law in a Global Context*, p. 271.

134) https://www.wilsoncenter.org/blog-post/slavery-brazil ; https://en.wikipedia.org/wiki/Slavery_in_Brazil.

135) Cassese, pp. 53~54 ; Malanczuk, p. 21.

136) 본서, 제6장 (국제법의 주체), 제7장 (국제법의 기본원칙) ; Hartley, *European Union Law in a Global Context*, pp. 271~272.

137) Orakhelashvili/Akehurst, p. 19 ; The World War I Document Archive of the Brigham Young University Library, 〈https://wwi.lib.byu.edu/index.php/Sykes-Picot_Agreement〉 ; https://en.wikipedia.org/wiki/Sykes-Picot_Agreement.

138) Treaty of Peace with Germany (Treaty of Versailles), 〈https://www.loc.gov/rr/program/bib/ourdocs/versailles.html〉 ; https://www.history.com/topics/world-war-i/treaty-of-versailles-1.

139) Treaty of Versailles, Part Ⅱ.

140) Treaty of Versailles, Part Ⅳ.

스트리아-헝가리, 오토만제국, 불가리아)의 배상책임까지도 독일에게 부과하였던 것이다.[142] 그리고 이제 유럽의 제국주의는 Wilson Pacifism(미국대통령 윌슨의 반전론)의 가면을 쓰고 나타나게 되었다. 즉, 패전국들의 식민지 지역을 승계하기 위해 위임통치(mandate)(주로 영국·이탈리아·프랑스가 담당)란 이름의 새로운 식민지경영 방식이 도입되었다.[143] 동시에 미국이 신흥강대국으로 부상하여 기존의 강대국인 영국과 세계제패를 위해 경쟁하면서도 앵글로색슨족의 평화를 위해 서로 협력함으로써 지금까지의 Pax Britannica는 Pax Anglo-Saxonica로 대체되었다.

한편, 1923년 이후부터 소련(Union of Soviet Socialist Republics : USSR)이란 간판을 내건 러시아는 1917년의 혁명과 함께 몇 가지 중요한 원칙을 주창하기 시작하였다. 예컨대, 서구진영의 시각에서는 급진적이고 위험스러운 민족자결주의를 들고 나왔으며,[144] 국가들의 법적·형식적 평등보다는 실체적 평등을 주장하면서 약소국에 대한 경제적 강박과 불평등조약을 처음으로 비난하였으며, 사회주의를 위해 싸우는 노동자계급과 정당들을 지원하겠다고 선언하였으며, 사유재산신성의 원칙에 기초한 국제법규에 도전하였으며,[145] 비밀조약을 공개하고 러시아정부가 체결한 조약을 폐기하였던 것이다.[146] 뿐만 아니라, 소비에트정부는 혁명정부의 제1포고령인 1917년 11월 8일의 '평화에 관한 포고령' (Decree on Peace)에서 침략전쟁(aggressive war)은 "인도에 대한 최대의 범죄"(the greatest crime against humanity)라고 선언하였다.[147]

제2단계의 가장 큰 사건은 누가 뭐라 해도 1920년 1월 20일 국제평화의 유지를 위해 국제연맹(League of Nations)이 창설된 것이다. 국제연맹은 비교적 소수의 회원국으로 출발하였지만,[148] 1934년에는 가맹국의 수가 최고 60개국에 이른 적도 있다. 국제연맹규약의 집단안보체제는 1648년의 웨스트팔리아 체제를 많이 닮고 있었는데, 특히 전쟁의 전제조건으로서 후자 3년의 냉각기간이 3개월의 냉각기간으로 축소되었다. 그러나 연맹체제는 여러 가지 약점을 안고 있었다.[149] 1928년 8월 27일 미국과 프랑스가 주동이 되어 연맹체제의 결함을 제거하기 위해 "국가정책수단으로서의 전쟁의 포기를 위한 일반조약"(약칭 부전조약)(General Treaty for the Renunciation of War

---

141) Treaty of Versailles, Part Ⅴ.

142) Treaty of Versailles, Part Ⅷ Article 231 : "The Allied and Associated Governments affirm and Germany accepts the responsibility of Germany and her allies for causing all the loss and damage to which the Allied and Associated Governments and their nationals have been subjected as a consequence of the war imposed upon them by the aggression of Germany and her allies." Orakhelashvili/Akehurst, 9th, p. 25. 미국은 상원이 베르사유조약의 비준에 동의하지 않았기 때문에 1921년 8월 25일 독일과 따로 양자 평화조약에 서명하였으며, 동 조약은 11월 11일 베를린에서 비준서 교환과 함께 당일 발효하였다 : https://en.wikipedia.org/wiki/U.S.-German_Peace_Treaty_(1921).

143) Treaty of Versailles, Part I (The Covenant of the League of Nations), Article 22 ; 본서, 제7장 (국제법의 기본원칙).

144) 본서, 제7장(국제법의 기본원칙).

145) 본서, 제16장 (외국인의 대우).

146) 본서, 제4장 (조약법).

147) 본서, 제7장 (국제법의 기본원칙).

148) 즉, 영국의 다섯 개 자치령(dominions), 즉, 인도, 누질랜드, 캐나다, 오스트레일리아, 남아프리카를 포함한 42개국. Orakhelashvili/Akehurst, p. 24.

149) 본서, 제7장 (국제법의 기본원칙), 제27장 (국가의 무력사용) ; Malanczuk, pp. 23~26.

as an Instrument of National Policy)[150]을 체결하였으나, 이것 역시 연맹의 결함을 완전히 제거하는 선에는 이르지 못하였다.[151] 비록 성공하지는 못하였지만 국가의 무제한한 무력사용에 제동을 걸어야 한다는 의견이 형성되기 시작한 것이다.

제2단계 기간 중에는 이렇다 할 만한 새로운 국제법규의 출현은 볼 수 없었다. 다만, 1922년 상설국제사법재판소(Permanent Court of International Justice : PCIJ)가 설치·운영됨으로써 분쟁의 평화적 해결 분야에서 현저한 진보가 있었다.[152] 그리고 불승인의무,[153] 전쟁의 포괄적 금지[154] 등의 신원칙이 태동하기 시작하였고, 국가 간의 불평등 제거와 인권분야에서도 진전이 있었다. 첫째, 외국인 거류민의 특권에 대한 협정, 즉 capitulations가 점진적으로 폐지되었다. 일본은 이미 1899년에 이 체제로부터 해방되었으나, 나머지 국가들은 모두 제2단계에 들어와서야 이로부터 벗어났던 것이다.[155] 둘째, 노예무역의 금지 외에 노예제도 자체의 국제적 추방이 시작되었다. 예컨대, 1919년 9월 10일 St. Germain협약에서 체약국들은 노예제도와 노예무역의 완전한 추방을 달성하기 위해 노력할 것을 약속하였다. 그리고 국제연맹의 후원 하에 체결된 1926년의 "노예제도폐지협약"(Slavery Convention)[156]에서 체약국들은 "노예무역을 금지 및 방지하고, '점진적으로

150) 일명 파리구약(Pact of Paris) 또는 (미국 국무장관과 프랑스 외무장관의 이름을 따서) 켈로그-브리앙 규약(Kellogg-Briand Pact)으로도 불리운다. Sweeney et al., p. 1234 ff ; Rosenne, *The Perplexities of Modern International Law*, p. 120 ; https://en.wikipedia.org/wiki/Kellogg-Briand_Pact.

151) 본서, 제7장 (국제법의 기본원칙), 제27장 (국가의 무력사용) ; Malanczuk, p. 24.

152) 본서, 제26장 (분쟁의 평화적 해결수단) ; Malanczuk, pp. 24~25.

153) 본서, 제8장 (국가 및 정부승인).

154) 본서, 제7장 (국제법의 기본원칙).

155) 예컨대, 터키는 1923년, 샴(Siam)은 1927년, 페르시아는 1928년, 이집트는 1927년, 그리고 중국은 1925~1943년에 이 체제에서 벗어났다. Cassese, p. 63. Capitulations에 관련된 또 하나의 역사 이야기를 하고자 한다. 즉, UN총회는 1947년 11월 29일의 "결의 181(Ⅱ) : 팔레스타인의 미래 정부(Future Government of Palestine)"에서 "경제동맹을 동반하는 분할계획"(Plan of Partition with Economic Union)을 제시함으로써 당시 팔레스타인을 위임통치하고 있던 영국과 다른 모든 UN회원국들에게 팔레스타인의 미래를 위해 이를 채택, 이행할 것을 권고한 바 있는데, 동 분할계획은 그 제4부(Part Ⅳ)에서 특별히 "Capitulations"의 제목으로 다음의 내용을 담고 있었다 : "States whose nationals have in the past enjoyed in Palestine the privileges and immunities of foreigners, including the benefits of consular jurisdiction and protection, as formerly enjoyed by capitulation or usage in the Ottoman Empire, are invited to renounce any right pertaining to them to the reestablishment of such privileges and immunities in the proposed Arab and Jewish States and the City of Jerusalem." 팔레스타인에 대한 위임통치를 끝내고 이 지역에 "독립 아랍국가와 유대국가 및 예루살렘시를 위한 특별국제체제"(independent Arab and Jewish States and the Special International Regime for the City of Jerusalem)를 세우기 위한 UN총회의 이 계획은 그러나 무산되었다. 1948년 5월 14일 이스라엘의 독립선언과 함께 그 이튿날, 즉 15일부로 이스라엘의 건국이 이루어졌으나 (이에 보조를 맞추어 영국은 15일부로 팔레스타인에 대한 위임통치를 공식 포기하였다), 바로 이날 이스라엘과 다수의 아랍국들 간에 제1차 중동전쟁이 터진다. Aust, *Handbook of IL*, 2nd, pp. 26~28 ; https://en.wikipedia.org/wiki/Palestine ; https://en.wikipedia.org/wiki/Palestinian_territories ; https://en.wikipedia.org/wiki/Israel : 金容三, "2009년의 팔레스타인, 카타르 그리고 한국", 월간조선 2009년 2월호, 58~61면 ; 朴炫度, "팔레스타인들의 고난사 : 무능한 지도자들의 허황한 민족주의가 60년 비극 자초", 월간조선, 2009년 2월호, 246~256면.

156) 협약 제2조. 1926년 9월 25일 채택되고, 1927년 3월 9일 발효한, 이 협약의 공식명칭은 "Slavery, Servitude, Forced Labour and Similar Institutions and Practices Convention"이다. 협약 제1조 (1)은 노예제도를 "소유권에 부수된 권한의 일부 또는 전부가 행사되는 사람의 지위 또는 조건"(the status or condition of a person over whom any or all of the powers attaching to the right of ownership are exercised)으로

그리고 가능한 한 속히' 모든 형태의 노예제도의 완전한 폐지를 달성할" 것을 약속하였다. 셋째, 국제기구에 대한 청원권이 특정 '집단'에게 인정되었다. 즉, 유럽의 소수민족(혹은 소수자)(minorities)은 전쟁 후의 여러 조약에 의거하여 국제연맹 이사회에 청원(petitions)을 제기하는 것이 허용되었으며,[157] 또한 노동조합단체들은 국제노동기구헌장(The Constitution of the International Labour Organisation)[158] 제24조에 의거하여 동 기구 이사회(Governing Body)에 제소할 자격을 부여받았다.[159]

4. 제3단계(1945~1960) : UN헌장부터 식민지독립까지

제2차 세계대전(1939년 9월 1일~1945년 9월 2일)은 몇 가지 직접적인 결과를 초래하였다. 무엇보다도 무력사용금지, 민족자결, 인권존중 등의 혁신적 원칙을 담은 UN헌장[160]이 국제연맹규약[161]을 대체하였는데, 동 헌장은 미국 샌프란시스코에서 1945년 6월 26일 서명되고, 동년 10월 24일 발효하였다. 그리고 국제공동체의 역사상 처음으로 전쟁범죄(war crimes), 평화에 대한 죄(crimes against peace) 그리고 인도에 대한 죄(crimes against humanity)를 저지른 자들이 지위고하를 불문하고 임시국제군사재판소에 의하여 심리되고 처형되었다.[162] 한편, UN헌장이 채택되고 두 달도 못된 8월 6일 히로시마에 미국의 원폭이 투하되고, 두 번째 원폭이 8월 9일 나가사키에 투하되었는데, 이것은 이제 인류가 거의 무제한한 물리력을 보유하게 되었음을 알리는 사건이기도 했지만, 동시에 이것은 즉각 예전과는 다른 차원의 군비축소의 문제를 제기하였다.[163] 그리고 핵무기란 이름의 궁극의 물리력은 국제기구를 수립하여 국가주권을 제약하고 법치주의로 나아가려는 국제공동체의 미래의 구도와는 심한 갈등을 잉태하고 있었던 것이다.[164]

제2차 세계대전 후 국제공동체 구성은 근본적인 변경을 경험하게 되었다. 중공(현 중국) 및 동유럽 인민민주주의국가들(동독, 폴란드, 불가리아, 헝가리, 루마니아, 체코, 유고)이 소련과 더불어 사회주

정의하고 있다. "노예제도폐지협약"은 1953년 12월 7일 채택된 "노예제도폐지협약 개정의정서"(Protocol amending the Slavery Convention)에 의하여 개정되었다. 개정된 협약은 1955년 7월 7일 발효. 한편, 1956년 9월 7일 채택되고, 1957년 4월 30일 발효한 "노예제도 폐지에 관한 보충협약"(Supplementary Convention on the Abolition of Slavery, the Slave Trade, and Institutions and Practices Similar to Slavery)도 노예제도와 노예무역에 대해 1926년의 협약과 (거의) 동일한 정의를 제공하고 있다(제7조) ; 그리고 체약국들은 이 협약에서, 노예제도와 노예무역에 대한 비난을 확인하고, 노예제도와 비슷한 여러 관행의 완전한 폐지를 위해 조치를 취할 것을 약속하고 있다(제1조). https://www1.umn.edu/humanrts/instree/auof.htm ; Cassese, p. 63 ; Ragazzi, pp. 105~111 ; Brownlie/Goodwin-Gill, pp. 131, 136 ; Hall, pp. 457~460.

157) https://en.wikipedia.org/wiki/Minority_Treaties.

158) ILO헌장은 베르사유조약을 포함한 각 평화조약의 제13부(Part XIII)에 담겼다. https://www.loc.gov/rr/program/bib/ourdocs/versailles.html ; Orakhelashvili/Akehurst, p. 24.

159) Cassese, p. 63 ; 본서, 제6장 (국제법의 주체).

160) 본서, 제7장 (국제법의 기본원칙) 참조.

161) 국제연맹은 1946년 4월 19일 공식적으로 해산하였다. 본서, 제25장 (UN) 참조.

162) 본서, 제17장 (국제인권법).

163) 본서, 제28장 (전쟁법).

164) Cassese, *International Law*, 2nd, pp. 39, 41.

의 진영을 구성하게 되었으며, 식민지들이 독립함으로써 영국 · 프랑스 · 벨기에 · 네덜란드 · 포르투갈 · 이탈리아 · 일본 등의 식민제국이 붕괴되었다. 그리고 여러 가지 다양한 목적으로 국제기구가 활성화되었다.[165] 그 중에서도 1950년대 서유럽에서 출현한 3개 유럽공동체는 국가주권의 현저한 약화를 전제로 한다는 점에서 보통의 국제기구들과는 확실히 성격을 달리하였다.[166]

UN헌장에 의해 수립된 집단안보체제는 1815년의 '유럽의 협조'(Concert of Europe) 체제를 많이 닮고 있다.[167] 안전보장이사회(약칭 안보리) 내에서 5개 상임이사국(즉, 제2차 세계대전의 승전국인 미국, 소련, 영국, 프랑스, 중국)의 우월적 지위를 인정하고 있을 뿐만 아니라,[168] 안보리의 총회에 대한 우위를 보장하고 있기 때문이다.[169] 그러나 제2차 세계대전이 끝나기 전에 이미 시작되고 있었던 소련과 서구진영의 냉전(Cold War)으로 인하여 헌장의 집단안보체제는 거의 가동되지 못하거나 단지 변칙적인 방법으로만 가동될 수 있었다.[170] 특히, 1949년은 전쟁 후 세계전략을 수립하고 있던 미국에게는 실망과 두려움의 한 해가 되었다. 미국의 기대와는 달리 중국대륙에 공산정권이 들어서고 소련이 핵무기 실험에 성공함으로써 미국의 핵독점에 종지부를 찍었기 때문이다. 그 결과 국제공동체는 전쟁억지 또는 국제법의 강제를 위해 세력균형(balance of power)이란 이름의 전통적인 방법에 의존하지 않을 수 없게 되었다. 즉, 다시 한번 무력사용을 중앙집권화하려는 시도는 실패로 끝났으며, 자조(self-help)란 이름의 옛날 제도가 비록 많은 제약을 받으면서도 새로운 중요성을 갖게 되었던 것이다.[171]

흥미롭게도 미국과 소련은 냉전 하에서도 필요한 경우에는 서로 연대하기도 하였다. 1956년 7월 26일 이집트의 나세르 대통령이 수에즈운하 회사의 국유화를 선언하자, 그로부터 석 달 후 영국 · 프랑스 · 이스라엘이 이집트를 침공함으로써 제2차 중동전의 막이 올랐다. 그러나 미국과 소련은 영국과 프랑스의 거부권 행사로 UN 안전보장이사회를 이용할 수 없게 되자[172] -1950년 11월 3일 UN 총회가 한국전쟁과 관련하여 채택했던 "평화를 위한 단합 결의"(Uniting for Peace Resolution)[173]에 의거하여- 긴급특별총회(emergency special session)를 소집하여 이들 국가의 철수와 불개입을 강력히 요구하였으며,[174] 그들은 침공 한 달만에 물러서지 않으면 안되었다. 여전히 일등 강대국을 자처하고 있던 영국 국민들은 눈물을 삼켜야 했고, 중동지역은 이제 영국과 프랑스의 품에서 벗어나 미국과 소련

165) Malanczuk, p. 28 ; Orakhelashvili/Akehurst, p. 26.
166) 유럽공동체의 성장 과정에 대해서는 본서, 제30장 (EU법) 참조.
167) Neff in Evans (ed.), *International Law*, 3rd, pp. 13, 24.
168) Malanczuk, p. 27 ; 본서, 제25장 (UN).
169) 상동.
170) 본서, 제27장 (국가의 무력사용).
171) Cassese, pp. 68~69.
172) Franck, p. 35.
173) 본서, 제27장 (국가의 무력사용), "Ⅳ. 냉전 기간 동안(1945~1990) 헌장 제7장의 관행, 2. 평화를 위한 단합" 참조.
174) UN GA Res. 997 (ES-I), 2 Nov. 1956, 〈https://www.mideastweb.org/ga997.htm〉 ; https://research.un.org/en/docs/ga/quick/emergency ; 본서, "제25장 (UN), Ⅴ. UN의 주요기관, 1. 총회", "제27장 (국가의 무력사용), Ⅳ. 냉전 기간 동안 헌장 제7장의 관행, 2. 평화를 위한 단합, & Ⅵ. UN평화유지활동, 1. UNEF."

간의 냉전체제에 편입되었다.[175] 이로써 Pax Anglo-Saxonica는 Pax Russo-Americana(혹은 Pax Sovietica 대 Pax Americana의 대립구조)로 대체된 것이다.[176]

식민주의[177]의 굴레를 벗어난 신생독립국들은 사회주의 진영의 후원을 받아 주요 국제법규의 개정을 요구하였으며, 이를 위한 국제법의 법전화를 추진하였다. 그러나 신생독립국들의 결속은 아직도 약하여 기존 국제법에 근본적인 변경은 이루어지지 않았다. 예컨대, 그들은 1958년과 1960년 두 차례에 걸친 제네바 UN해양법회의에서 영해를 12마일로 확장시키고자 하였으나 성공을 거두지 못하였다.[178]

5. 제4단계(1960~1990) : 제3세계의 거부와 도전

제4단계는 제3세계가 등장하여, '서구적인 것이 곧 국제적'이라는 편견에 도전하면서 국제법의 민주화 혹은 보편화(democratisation or universalisation of international law)를 주창하던 시기이다. 1960년 이후 국제공동체의 대다수를 차지하게 된 제3세계 국가들은 미국과 소련간의 냉전을 지렛대로 활용할 수 있었던 것이다. 그러나 이제 소수파로 몰린 서구제국은 여전히 거대한 군사적·경제적 힘을 발휘하면서, 다국적기업의 해외진출을 통한 신식민주의(혹은 신제국주의)[179] 건설에 진력하였다.

한편 미국과 소련을 포함한 소수의 핵보유국들은 자신들의 핵무기는 폐기하기를 거부하면서도 핵무기가 외국으로 확산되는 것을 억제하려고 시도하였으며, 그 결과 1968년에 "핵무기 불확산 조약"(Treaty on the Non-Proliferation of Nuclear Weapons)이 체결되었다.[180]

1970년대에 들어오면서 미국과 소련은 화해(détente, rapprochement)를 모색하기 시작하였다. 미국·캐나다를 비롯한 서유럽국가들과 소련 및 동구국가들이 1973년 9월부터 1975년 8월까지

175) Malanczuk, pp. 27~28 ; 한겨레신문, "가말 압델 나세르(1918~1970)", 1993년 5월 22일(토), 5면.

176) 거의 비슷한 시기, 소련 군대가 헝가리를 마구 짓밟아 놓았지만 서구진영은 수에즈 위기에 빠져 이를 바라만 볼 따름이었다. 즉, 1956년, 폴란드의 자유폭동에 이어 10월 23일에는 헝가리의 수도 부다페스트에서 지식인과 학생들을 중심으로 25만의 시민들이 공산당 학정에 대한 분노를 터트렸다. 이런 가운데 정변이 일어나 친소정권은 무너지고 티토주의자인 Imre Nagy가 수상이 되었다. 소련의 1차 무력간섭이 있었으나 그들은 사태수습을 Nagy에게 맡기고 일단 철수하기 시작하였다. 그런데 Nagy가 30일, 복수정당제의 회복 및 연립정부의 구성을 발표하고 이어서 11월 1일에는 헝가리의 중립화를 천명하자, 화가난 흐루시쵸프(Khrushchev)는 20개 사단의 대병력을 동원하여 Nagy정부를 무너뜨리고 Kadar를 수상으로 하는 괴뢰정부를 수립하는 대규모 무력간섭을 자행하였던 것이다. 李光周, 《世界의 歷史》(전8권)(서울 : 유문각, 1964), 제8권, pp. 315~317 ; R. J. Vincent, *Nonintervention and International Order* (Princeton, New Jersey : Princeton University Press, 1974) p. 167 ff ; Friedrich Berber, *Lehrbuch des Völkerrechts* (München und Berlin : C.H. Beck'sche Verlagsbuchhandlung, 1960), p. 190 ; Rosenne, *The Perplexities of Modern International Law*, p. 111, fn. 2 ; https://www.globalsecurity.org/military/world/war/hungary.htm.

177) See Ben Norton/G/E, 2022-12-12, "British empire killed 165 million Indians in 40 years: How colonialism inspired fascism", 〈https://geopoliticaleconomy.com/2022/12/12/britain-100-million-india-deaths-colonialism/〉.

178) 본서, 제21장 (해양법).

179) 拙著, 《國際經濟法論》, p. 337.

180) 본서, 제28장 (전쟁법).

"유럽안보협력회의"(Conference on Security and Co-operation in Europe : CSCE)를 개최하여 헬싱키 최종의정서(Helsinki Final Act)를 채택하는 성과를 거두었다.[181)]

개발도상국들은 사회주의진영의 적극적인 지원을 받아 UN총회를 비롯한 대부분의 국제기구의 총회에서 지배력을 확립하게 되자, 여러 가지 전략을 강구하여 국제법의 개정을 시도하였으며 또한 상당 부분 성공하였다. 주요한 예를 들면 다음과 같다. (1) UN총회를 선전장으로서 적극 활용하였으며, 특히 UN총회결의에 법적 구속력을 부여하려고 시도하였으나 이는 실패하였다.[182)] (2) 민족자결(self-determination)과 인종평등(racial equality)의 법원칙화를 요구하였으며, 그 결과 1966년의 두 UN인권규약(즉, "International Covenant on Economic, Social, and Cultural Rights"와 "International Covenant on Civil and Political Rights") 공통 제1조에서 민족자결권을 명문으로 규정하였고,[183)] 1965년에는 인종차별철폐협약(International Convention on the Elimination of All Forms of Racial Discrimination)이 채택되었다.[184)] (3) 결속과 형제애에 기초한 제3세대 인권(third-generation human rights)의 개념을 제시하였다.[185)] (4) 국제관계를 규율하는 모든 기본원칙은 그들의 의견을 고려에 넣는 방향으로 고쳐 만들어야 한다고 역설하였으며, 그 결과 1970년 UN총회에서 약칭 '우호관계선언'(Declaration on Friendly Relations)이 채택되었다.[186)] (5) 신국제경제질서(a New International Economic Order : NIEO)의 이름으로 국제공동체의 경제구조 개선을 요구하였다.[187)] (6) 1970~80년대 UN교육과학문화기구(United Nations Educational, Scientific and Cultural Organization : UNESCO)를 중심으로 신세계 정보통신질서(New World Information and Communication Order : NWICO) 개념을 제시하여 정보의 '균형된' 흐름을 강조하였으며, 서구진영의 국가들은 인권법의 관점에서 정보의 '자유로운' 유통으로 이에 대항하였다.[188)] (7) 1982년의 UN해양법협약을 통하여 전통해양법을 수정하고 보완하였다. 예

181) Helsinki Final Act는 때로 Helsinki Accord로 부르기도 한다. 35개국이 서명한 이 문서는 참여국 간의 평화적 관계 및 인권문제들에 관련한 10개 기본원칙을 담고 있다. Currie, pp. 110~111 ; Sweeney et al., p. 596 ff ; https://www.hri.org/docs/Helsinki75.html. ; 본서, 제2장 (국제법의 연원).

182) 본서, 제2장 (국제법의 연원).

183) 본서, 제17장 (국제인권법).

184) 상동.

185) 상동.

186) 본서, 제7장 (국제법의 기본원칙).

187) UN총회결의, 3201(S-Ⅵ)("Declaration on the Establishment of A New International Economic Order")(1 May 1974), & 3202(S-Ⅵ)("Programme of Action on the Establishment of A New International Economic Order")(1 May 1974), 〈https://investmentpolicyhub.unctad.org/Download/TreatyFile/2775〉; 拙著, 《國際經濟法論》, pp. 337~338.

188) '신세계 정보통신 질서는 간단히 신세계 정보질서(New World Information Order : NWIO) 혹은 신국제정보질서(New International Information Order : NIIO) 등으로도 불리었다 : https://en.wikipedia.org/wiki/New_World_Information_and_Communication_Order. 그리고 이 주장은 미국과 영국이 한 동안 UNESCO를 탈퇴한 한 가지 이유가 되었다. https://en.wikipedia.org/wiki/UNESCO ; Malanczuk, p. 29 ; Ott, p. 362 ; Wolfrum / Philipp (eds.), pp. 1479~1483 ; Bryan J. Holzberg, "The New World Information Order : a Legal Framework for Debate", in : Frederick E. Snyder and Surakiart Sathirathal (eds.), *Third World Attitudes Toward International Law* (Dordrecht : Martinus Nijhoff Publishers, 1987), pp. 597~626.

컨대, 영해의 가능한 최대범위를 12해리로 확정하였으며,[189] 배타적 경제수역(EEZ)[190]과 군도수역(archipelagic zone)[191]이란 이름의 새로운 제도를 공식 승인하였으며, 대륙붕을 새로이 정의하고,[192] 국가관할권 밖의 심해저에 대해서는 NIEO의 연장 선상에서 '인류의 공동유산'(common heritage of mankind) 개념을 도입하였다.[193] (8) 외국인재산의 수용과 관련하여 이른바 Hull공식(Hull formula)을 완화하는 데 다소간 성공하였다.[194] (9) 민족자결의 실현을 위한 민족해방투쟁이 합법화되었다.[195] (10) 용병(mercenaries)을 금지시켰다. 즉, 1977년 제네바 제1추가의정서 제47조 1항은 "용병은 전투원 혹은 전쟁포로가 될 권리를 갖지 않는다."(A mercenary shall not have the right to be a combatant or a prisoner of war)고 규정하기에 이르렀다.[196] (11) 조약법(law of treaties)을 개정하였다. 즉, 1969년의 "비엔나 조약법협약"은 일부 서방국가들을 설득하여 조약의 무효사유로서 '일반국제법의 강행규범'(*jus cogens*, peremptory norms of general international law)과의 충돌[197]과 '국가대표의 부패' (corruption)[198]를 추가하였다. 요컨대, 이 제4단계 기간 중 제3세계진영의 국가들은 자신들의 결속된 힘을 이용하여 국제법의 발전에 지대한 공을 세웠다고 평가할 수 있을 것이다.

6. 제5단계(1990~2020) : 소련의 몰락과 얄타체제의 종언

사회주의 진영의 모체인 소련의 몰락은 이미 1988년부터 본격화되고 있었다. 소련공산당 서기장 미하일 고르바초프(Mikhail Gorbachev)는 1988년 3월 유고방문을 끝내면서 "어느 누구도 진리를 독점할 수 없으며, 사회주의 발전의 다양성을 인정한다."는 이른바 '신베오그라드선언'을 천명하였는데, 이것은 1968년 8월 20일 당시 서기장 브레즈네프(L.I. Brezhnev)가 체코의 민주화바람(이른바 '프라하의 봄')을 잠재우기 위허 군사적 간섭을 단행하면서 내세운 바 있는 이른바 주권제한론(doctrine of limited sovereignty)[199]을 사실상 철회한 것으로 받아들여졌다.[200] 그 결과 1989년

189) 본서, 제21장 (해양법).
190) 상동.
191) 상동.
192) 상동.
193) 본서, 제19장 (영토의 취득), 제21장 (해양법) ; Hamid, p. 289.
194) 본서, 제16장 (외국인의 대우).
195) 본서, 제6장 (국제법의 주체), 제7장 (국제법의 기본원칙).
196) 본서, 제28장 (전쟁법).
197) 본서, 제3장 (일반국제법의 강행규범) 참조.
198) 본서, 제4장 (조약법).
199) Tunkin, p. 440. 그의 이름을 따서 브레즈네프 독트린이라고도 불리우는 이 주권제한론의 핵심은, 요컨대 동유럽의 사회주의국가는 자신의 발전 진로를 스스로 결정할 권리가 있지만 그러나 그 어떤 경우에도 전체 사회주의 진영의 결속을 해치지 않아야 한다는 것이다. Janis, 3rd, p. 188 ; Scobbie in Evans (ed.), *International Law*, 3rd, p. 77.
200) 한국일보, 1988년 3월 19일(토). 5면 ; 조선일보, 1988년 3월 20일(일), 5면 ; Dixon, p. 341.

후반부터 동유럽 각국에서는 고르바초프의 이 '시나트라 독트린'(Sinatra doctrine)[201]에 힘입어 탈공산주의와 민주화운동이 걷잡을 수 없는 지경으로 확산되어 갔다.[202] 소련 자신도 변화하는 모습을 보여 주었다. 1989년 2월 10일 소련최고회의 간부회(Presidium of the Supreme Soviet)는 과거 6개 인권협약에 대해 유보해 놓았던 ICJ의 강제관할권을 수락하는 결정을 채택하였던 것이다. 소련의 이같은 결정은 비록 6개 협약에 국한된 것이기는 하였지만, ICJ에 대한 소련의 새로운 태도와 인권문제에 대한 새로운 접근을 시사하고 있었다.[203] 이후 사태는 숨가쁘게 전개되었다. 1990년에 들어와 3월에는 소련도 대통령제를 도입하여 고르바초프가 초대 대통령에 선출되었고, 10월 3일 0시를 기해 동독의 서독연방 가입이란 방식을 통해 독일이 통일을 이루었고,[204] 11월 19~21일 파리에서 개최된 유럽안보협력회의(34개국) 정상회담의 폐막연설에서 프랑스의 미테랑 대통령은 "얄타체제는 오늘로 끝났다"고 말했으며,[205] 12월 14일에는 모스크바를 방문한 노태우 대통령과 고르바초프 대통령 사이에 "한소관계의 일반원칙에 관한 선언"이 채택되기도 하였다.[206] 소련연방의 축소 또는 해체는 용납하지 않겠다는 소련 정부의 의지는 1991년 1월 소련군의 발트국가들에 대한 무력진압으로 나타났지만 해체는 기정사실로 다가오고 있었다. 1991년에 들어와 6월 28일에는 헝가리

---

201) 'My Way'라는 노래를 부른 미국 가수 Frank Sinatra의 이름에서 따온 표현이다. 洪淳鎬, "고르바쵸프外交와 韓半島", 《외교》(한국외교협회), 제14호(1990년 6월 10일), p. 66.

202) 예컨대, 한국일보, "헝가리, 민주사회주의 이행선언", 1989년 10월 10일(화), 4면 참조.

203) 관련 조약의 관련 조항은 다음과 같다 : (i) 1948년 12월 9일의 제노사이드(Genocide)방지협약 제9조 ; (ii) 1950년 3월 31일의 매춘(Prostitution)방지협약 제22조 ; (iii) 1953년 3월 21일의 여성의 정치적 권리에 관한 협약 제9조 ; (iv) 1965년 12월 21일 채택되고 1966년 3월 7일 서명을 위해 개방된 인종차별철폐협약 제22조 ; (v) 1979년 12월 18일의 여성차별철폐협약 제29조 1단 ; (vi) 1984년 12월 10일의 고문반대협약 제30조 1단. See Theodor Schweisfurth, "The Acceptence by the Soviet Union of the Compulsory Jurisdiction of the ICJ for Six Human Rights Conventions", (1990) 2 EJIL 110~117.

204) 본서, 제20장 (국가승계). 사실 오늘날 존재하는 독일의 연방제는 장구한 역사의 산물이다. 나폴레옹이 19세기 초반에 독일을 재편할 때까지 수세기 동안 독일은 수백 개의 분리된 정치단위로 구성되고 있었다. 이들은 영토나 인구의 크기, 종교, 군사력, 정치기구와 방향성, 경제적 자원, 사회구조 또는 대외정책의 관점에서 보았을 때 서로 너무나 달랐다. 이 기간 중, 신성로마제국(Holy Roman Empire)은 이들 실체들을 위하여 상부의 큰 정치구조를 제공하였으며, 이것은 아마도 느슨한 국가연합(a loose confederation of states)으로 특징지을 수 있을 것이다. 19세기 초반 나폴레옹이 독일을 재편한 결과로 독일국가의 수가 약 30개 정도로 줄어들고 신성로마제국은 공식적으로 종말을 고하였다. 그 후 서로 다른 독일영토들은 다수의 -수명이 얼마 안되는- 연합을 구성하였고(예컨대, 1806년에 수립된 16개 독일국가들의 라인연합 ; 1815년에 수립된 35개국 군주국과 4개 도시공화국의 게르만연합 ; 그리고 1834년에 수립되고 1871년에 독일이 통일될 때까지 점차 확대되어 나간, 프러시아와 대부분의 남부 독일국가들로 구성된 Zollverein, 즉 관세동맹), 결국 1871년 그들 대부분은 프러시아의 지도력 하에서 한 개의 국가로 통합되었다. 1871년의 제국헌법(Reich Constitution)과 1919년의 바이마르 헌법(Weimar Constitution) 하에서, Länder는 여전히 정치단위로서 존재하였고 또 여전히 일부 중요한 권한을 유지하고 있었지만, 헌법이론과 통치관행은 독일을 중앙집권화된 국가로 몰고 갔다. 그리고 1933년 Länder 의회는 나치정부에 의하여 공식적으로 폐지되고, 독일은 중앙집권화된 단일국가가 되었다. 그럼에도 불구하고 "1천년 이상의 역사를 통해, 1933년에서 1945년 까지를 제외하면, 독일의 정치풍경은 언제나 연방적 구조(a federal structure)를 가지고 있었다."는 평가를 받고 있다. 그리고 연방원칙은 1949년의 기본법에서 다시 모습을 드러냈다. 기본법 전문은 통일후 16개로 불어난 Länder를 하나씩 열거하고 있고, 그 제20조 1항에서는 "연방공화국은 민주적이고 사회적인 연방국가이다."라고 규정하고 있다. Martin A. Rogoff, "The European Union, Germany, and the Länder : New Patterns of Political Relations in Europe", (1999) 5 Columbia Journal of European Law 415 at 417~418.

205) 동아일보, "'얄타체제는 끝났다' 미테랑선언", 1990년 11월 22일(목), 4면.

206) 동아일보, 1990년 12월 15일(토), 3면.

부다페스트에서 소련을 중심으로 한 공산권의 경제협의기구인 COMECON(Council for Mutual Economic Assistance : 경제상호원조회의)이 마지막 총회를 갖고 자진 해산하였다.[207] 그리고 8월 19일에는 소련에 쿠데타가 발생하여 고르바초프가 크림 반도의 한 별장에서 연금당하기도 하였으나 이 쿠데타는 3일천하로 끝나고 말았으며, 이 사태로 인해 옐친이 부상하고 고르바초프의 정치적 입지는 약화되었다. 결국 1991년 12월 26일 소비에트 최고회의(Supreme Soviet of the Soviet Union) 상원은 소련의 해체를 선언하였으며,[208] 이렇게 해체된 옛 소련의 구성국들은 일부 국가를 제외한 채 이른바 독립국가연합(Commonwealth of Independent States : CIS)을 구성하였다.[209]

제5단계에 들어와 가장 눈에 띄는 현상은 미소양극체제(Pax Russo-Americana) 하에서 거의 무용지물이었던 UN헌장 제7장이 비교적 원활하게 가동되고 있는 점이다.[210] 1990~91년 이라크의 쿠웨이트 침공[211]을 필두로 하여, *Lockerbie* 사건,[212] 보스니아 내전,[213] 소말리아 사태,[214] 르완다 사태,[215] 쿠르드족 보호를 위한 인도적 간섭,[216] 전범재판을 위한 UN임시형사재판소(즉, 구유고국제형사재판소[217] 및 르완다국제형사재판소[218])의 설치 등등이 그 좋은 예인데, 그러나 이같은 UN의 집단적 간섭이 모두 성공한 것은 아니었다. 동시에 헌장 제7장의 발동은 ICJ의 사법심사로부터 완전히 면제되는가의 문제가 진지하게 제기되고 있다.[219]

한편, 마지막 신탁통치영토이던 남태평양의 팔라우가 1994년 10월 1일 벨라우공화국의 이름으로 미국으로부터 독립하였으며, 이에 따라 UN신탁통치이사회는 다음 달 1일 모든 활동을 중지하였다.[220] 그리고 1995년 1월 1일부로 유럽안보협력회의(CSCE)가 유럽안보협력기구(Organisation for Security and Cooperation in Europe : OSCE)로 개명되었다.[221] 1998년 7월 17일에는 국제공동체 내에 한 개의 상설적인 국제형사재판소(International Criminal Court : ICC)를 설치하기 위한 규정(Statute)이 로마 외교회의에서 압도적 다수결로 채택되었다. 미국, 리비아, 중국 등의 일부 국가는 여기에 반대하였는데, 특히 미국은 마지막날까지도 제3세계에 대해서는 원조 중단을, 독일과 영국 등 ICC 설립을 주장하는 EU국가들에 대해서는 주둔군 철수를 내걸고 반대 로비를 벌

207) 조선일보, 1991년 9월 16일(월), 4면.
208) https://en.wikipedia.org/wiki/Dissolution_of_the_Soviet_Union#Fall:_August_to_December.
209) https://en.wikipedia.org/wiki/Commonwealth_of_Independent_States ; https://www.search.com/reference/Confederation ; https://www.search.com/reference/Commonwealth_of_Independent_States.
210) 본서, 제27장 (국가의 무력사용).
211) 상동.
212) 상동.
213) 상동.
214) 상동.
215) 상동.
216) 상동.
217) 본서, 제17장 (국제인권법), 제27장 (국가의 무력사용).
218) 상동.
219) 본서, 제27장 (국가의 무력사용).
220) 세계일보, 1994년 10월 2일(일), 4면 ; 본서, 제25장 (UN).
221) Shaw, 4th, p. 903 ; Aust, 3rd, p. 357.

였었다. 핵무기 사용을 전쟁범죄의 범주에 포함시켜야 한다는 인도 측의 제안은 5대 핵보유국의 반대로 거부되었다.[222)]

이 밖에 1963년 창설된 아프리카단결기구(Organization of African Unity : OAU)가 2001년 5월 관세동맹과 단일시장, 단일통화의 도입을 목표로 하는 아프리카동맹(연합) (African Union)으로 '대체'되었다.[223)] 그리고 뉴욕의 세계무역센터 쌍둥이 건물과 워싱턴 D.C.의 펜타곤에 대한 9월 11일의 민항기 자살테러 공격과 관련하여 채택된 12일의 결의 1368에서 안보리는 "(UN)헌장에 따른 고유의 개별적 또는 집단적 자위권"을 확인하였으며, 이어서 28일의 결의 1373에서는 이를 재확인하였다.[224)] 1990년 이후 지속되던 탈냉전의 시대가 2001년 이후 반테러전쟁의 시대로 대체된 것이다.[225)] 테러 대 반테러의 구도는 전쟁의 양상까지도 근본적으로 변화시키고 있다. 즉, 세계적인 테러 '네트워크'에 의한 전쟁이 '국경선'을 밀고 당기는 전통적인 전쟁 못지않게 우리의 일상사를 위협하고 있는 것이다. 이런 와중에 2001년 12월 11일 중국은 세계무역기구(World Trade Organization : WTO)에 가입하였으며,[226)] 그 후 세계의 공장(World's Factory)으로 불리게 되었다.[227)]

2003년 10월 17일 UN교육과학문화기구(United Nations Educational, Scientific and Cultural Organization : UNESCO) 총회에서 채택된 "무형문화유산의 보호를 위한 협약"(Convention for the Safeguarding of Intangible Cultural Heritage)[228)]도 문명사적 관점에서 눈여겨 볼 일이다.[229)] 동시에, 2005년 9월 14~16일 뉴욕 UN본부에서 개최된 세계정상회담(World Summit)이 "인도적 간섭"(humanitarian intervention)을 거꾸로 "주민들을 제노사이드, 전쟁범죄, 인종청소 및 인도에 대한 죄로부터 보호할 책임"(responsibility to protect populations from genocide, war crimes, ethnic cleansing and crimes against humanity)으로 지칭하면서, 이것을 국제공

---

222) 조선일보, 1998년 7월 20일(월), 3면 ; 본서, 제29장 (국제형사재판소).

223) 2000년 7월 11일 Togo, Lomé에서 채택되고 2001년 5월 26일 발효한 "아프리카동맹(연합)창설조약" (Constitutive Act of the African Union) 제2조, 제33조 참조 ; https://www.africa-union.org/root/au/AboutAu/Constitutive_Act_en.htm ; https://en.wikipedia.org/wiki/Constitutive_Act_of_the_African_Union. 다음의 두 의정서도 참조 : "아프리카동맹 창설조약 개정 의정서"(Protocol on Amendments to the Constitutive Act of the African Union (2003년 7월 11일 채택) ; "아프리카동맹 사법재판소 의정서" (Protocol on the Court of Justice of the African Union) (2003년 7월 11일 채택). 이후의 전개과정에 대해서는 본서, 제17장 (국제인권법), "XI. 인권 보호를 위한 지역적 차원의 노력" 참조.

224) 본서, 제27장 (국가의 무력사용).

225) 이춘근, "동북아 미래건설 위한 한미전략 협력", 미래한국, 2009년 12월 9일 (358호), 36면.

226) https://www.wto.org/english/thewto_e/countries_e/china_e.htm.

227) Prableen Bajpai, "Why China Is "The World's Factory"", Updated May 18, 2021, 〈https://www.investopedia.com/articles/investing/102214/why-china-worlds-factory.asp〉.

228) 협약 제2조는 협약의 목적상 "무형문화재"를 정의하면서 "기존의 국제인권문서들, 공동체 · 집단 · 개인간 상호존중, 그리고 지속가능한 발전과 양립할 수 있는 그런 무형문화재만이 고려의 대상이 될 것"이라는 단서를 달고 있다.

229) 강철근, 《한류이야기》(서울 : 도서출판 이채, 2006), p. 14는 동 협약의 의의에 대해 다음과 같이 말하고 있다 : "... 서구에서 형성되어 온 대부분의 문화유산은 외부로 나타나는 숱한 기념물과 건축물, 과학적 성과물과 서적 등의 유형적인 것이다. 반면, 제3세계의 문화유산은 대부분 무형의 것으로, 제례 · 전통의식 · 언어 · 관습 등과 같이 오랫동안 전승되어 온 민속적인 것들이 주류를 이룬다. 이 때문에 무형문화유산 개념의 등장은 세계의 기존 질서에 대한 하나의 도전이며, 제3세계가 더 이상 '제3'이 아니라는 선언이기도 하다."

동체 전체의 책임 혹은 의무로 전환시킨 것 또한 국가주권에 대한 ―바꾸어 말하면 인간에 대한― 현대 국제법의 인식 내지는 국제공동체가 지향하는 바의 가치를 잘 보여주고 있다.[230] 실제로도 UN안전보장이사회는 2011년 2월에 시작된 리비아의 민주화-시위 사태와 관련하여 3월 17일 보호책임의 논리에 기초한 '결의 1973'[231]을 채택한 바 있다.

상기 ICC를 포함한 다수 국제적 성격의 형사재판소의 활발한 가동도 인간의 안전에 대한 국제공동체의 관념을 잘 보여주고 있다. 예컨대, UN안보리는 "헌장 제7장에 의거하여" 2005년에는 수단의 다르푸르(Darfur) 사태를,[232] 2011년에는 리비아 사태를[233] ICC 검사에게 회부키로 하는 결정을 채택한 바 있었다.[234] 그 후, 2008년 7월 14일 ICC 검사는 "제노사이드, 인도에 대한 죄 및 전쟁범죄"의 죄목으로 아프리카 수단의 '현직' '대통령' Omar Hassan al-Bashir에 대한 체포영장 발부를 요청하였고, 이에 재판소 전심부는 2009년 3월 4일 먼저 제노사이드를 제외한 두 개의 죄목에 대해 체포영장을 발부하고, 2010년 7월 12일 제노사이드 혐의에 대해서도 체포영장을 발부하였었다.[235] 이어서 2011년 6월 27일 ICC 전심부는 ―동년 2월 15일부터 적어도 28일까지 리비아 전역

---

230) 본서, 제27장 (국가의 무력사용).

231) S/RES/1973(2011).

232) 안보리 결의 1593 (2005년 3월 31일) ; https://en.wikipedia.org/wiki/War_in_Darfur.

233) 안보리 결의 1970 (2011년 2월 26일) ; https://en.wikipedia.org/wiki/History_of_Libya_under_Muammar_Gaddafi.

234) 본서, 제29장 (국제형사재판소), "Ⅵ. 재판권 행사와 전제조건과 재판권의 행사" 참조.

235) 그후 2010년 7월 12일 제노사이드 혐의에 대해서도 체포영장이 발부되었다 : Situation in Darfur, Sudan, *The Prosecutor v. Omar Hassan Ahmad Al Bashir*, 12 July 2010, Case No. ICC-02/05-01/09, https://www.icc-cpi.int/iccdocs/doc/doc907140.pdf ; https://en.wikipedia.org/wiki/Sudan ; 본서, 제29장 (국제형사재판소). 그러나 그는 ICC의 권위에 도전하면서 아프리카와 중동 지역을 돌아다니고 있었다. 특히, 2015년 한 해만 해도, 6월 7~15일 남아프리카에서 개최된 제25차 아프리카동맹(연합)(African Union) 정상회담에 참석하였는데, 15일(월요일) 아침 프리토리아(남아프리카 행정수도) 고등재판소(High Court)가 정부에 그의 체포를 요구하는 판결을 내리기 불과 수 시간 전에 대통령 전용기를 타고 귀로에 오른 바 있다. 이 판결에 앞서 이미 주말에 고등재판소는 그의 체포가능성에 대한 심리 결과가 나올 때까지 남아프리카 정부는 그의 출국을 금지시켜야 한다고 결정한 바 있었지만, 남아프리카 정부는 그 사이 아무런 행동도 취하지 않았던 것이다. 남아프리카는 ICC로마규정의 당사국이다. 이어서 9월 3일에는 "중국의 오랜 친구로서" 북경에서 개최된 중국의 항일승전 70주년 기념식에 참석하였는데, 중국은 수단의 석유 산업에 큰 이익을 갖고 있다. Norimitsu Onishi, "Omar al-Bashir, Leaving South Africa, Eludes Arrest Again", The New York Times, June 15, 2015, 〈https://www.nytimes.com/2015/06/16/world/africa/omar-hassan-al-bashir-sudan-south-africa.html〉 ; BBC News Africa, 24 June 2015, "South Africa criticised over Sudan's Omar al-Bashir's exit" 〈https://www.bbc.com/news/world-africa-33254003〉 ; DABANGA〉All news〉 "US opposition as Sudan's Al Bashir visits China", September 1 - 2015 Beijing/Washington, 〈https://www.dabangasudan.org/en/all-news/article/us-opposition-as-sudan-s-al-bashir-visits-china〉 ; https://en.wikipedia.org/wiki/Omar_al-Bashir. 그는 이어서 9월 UN총회에까지 자국 대표단을 이끌고 참석하길 소망하였으나 감히 실천에 옮기지는 못하였다. Mohammed Amin, "South Sudan: Bashir Drops Plan to Attend UN General Assembly", allAfrica, 23 September 2015, 〈https://allafrica.com/stories/201509231614.html〉. 2019년 4월 11일 수단 국방장관은 "정권을 전복시키고, al-Bashir를 안전한 장소에 구금 중"이라고 발표하였다. 그는 2020년 7월 현재 수단 국내재판소에서 재판을 받고 있으나, ICC의 체포영장은 철회되지 않고 있다. BBC News/ Africa, 11 April 2019, "Omar al-Bashir: Sudan military says it has ousted ruler after protests", 〈https://www.bbc.com/news/world-africa-47891470〉 ; https://en.wikipedia.org/wiki/Omar_al-Bashir ; https://www.icc-cpi.int/darfur/albashir ; DW(Deutsche Welle) News, 11 Feb. 2020, "Sudan ex-leader Omar al-Bashir headed to International Criminal Court?", 〈https://www.dw.com/en/sudan-ex-leader-omar-al-bashir-headed-to-international-criminal-court/a-52339639〉 ; DW News, 21 July 2020, "Sudan's ousted leader Omar al-Bashir goes on trial", 〈https://www.dw.com/en/sudans-ousted-leader-omar-al-bashir-

에 걸쳐 자행된- 인도에 대한 죄(살인과 박해)의 혐의로 역시 '현직' 리비아 국가원수인 가다피(Muammar Gaddafi)를 비롯하여 그의 차남과 군정보국장 등 3인에 대해 체포영장을 발부하기도 하였다.[236] 2013년 7월 2일 세네갈 아프리카 특별재판부(Chambres africaines extraordinaires)는 차드(Chad) 전직 대통령 Hissène Habré와 그의 철권통치를 도운 몇몇 측근을 기소하였으며,[237] 9월 26일 시에라레온 특별재판소(Special Court for Sierra Leone)는 라이베리아 전직 대통령 Charles Taylor의 유죄를 확정지었다.[238] 2016년 3월 24일에는 보스니아 전쟁 기간 중 스르프스카 공화국의 초대 대통령이었던 라도반 카라지치에게 구유고국제형사재판소(공판부)가 징역 40년을 선고하였는데, 이는 그가 문제의 기간 중 제노사이드, 전쟁범죄 및 인도에 대한 죄에 가담하였다고 판단하였기 때문이다.[239]

기존 국가로부터의 분리독립 현상도 계속되고 있다. 특히, ICC가 현직 대통령에게 체포영장을 두 번이나 발부했던 수단(Republic of the Sudan)에서 남부지역이 2011년 7월 9일 자정을 기해 남수단공화국(Republic of South Sudan)의 이름으로 독립국이 되었으며, 곧이어 14일 UN의 193번째 회원국이 되었다.[240]

남미 12개국은 2008년 5월 23일 (브라질의 수도) 브라질리아(Brasilia)에서 개최된 정상회담에서 "남미제국동맹(Union of South American Nations : UNASUR) 설립조약"에 서명하였는데, 이것 역시 단일시장과 사람의 자유이동을 지향하는 지역통합기구로서, 이 지역에서의 기존 관세동맹 두 개(즉, Mercosur와 Andean Community)를 통합한 것이다.[241] "로마는 하루에 이루어지지 않았다"(Rome was not built in a day)는 격언이 유럽에 이어 아프리카와 남미에서도 적용될 것인가?[242]

---

goes-on-trial/a-54252357〉; Al Bashir Case (*The Prosecutor v. Omar Hassan Ahmad Al Bashir*), ICC-02/05-01/09, 〈https://www.icc-cpi.int/darfur/albashir〉; 원우식/조선일보, 2019.04.12., "빵값 올렸다가… '다르푸르 대학살' 자행한 독재자 끝장났다".

236) Situation in the Libyan Arab Jamahiriya, *The Prosecutor* v. *Muammar Mohammed Abu Minyar Gaddafi, Saif Al-Islam Gaddafi, Abdullah Al-Senussi*, 27 June 2011, Case No. ICC-01/11-01/11, https://www.icc-cpi.int/iccdocs/doc/CIS-Gaddafi-Eng.pdf; 본서, 제29장 (국제형사재판소). 그러나 가다피는 동년 10월 20일 고향 시르테(Sirte)에서 탈출을 시도하다 총상을 입고 사망하였고, 그후 그의 차남은 체포되었다. 2011년 11월 22일, ICC (제1) 전심재판부는 가다피에 대한 사건을 종결하기로 결정하였다. ICC Press Release: 22.11.2011, "Pre-Trial Chamber I orders the termination of the case against Muammar Gaddafi", ICC-CPI-20111122-PR745, 〈https://www.icc-cpi.int/Menus/ICC/Home〉.

237) 자세한 것은, 본서, 제17장 (국제인권법) 참조.

238) 자세한 것은, 본서, 제17장 (국제인권법) 참조.

239) ICTY, Trial Chamber, *Prosecutor v. Radovan Karadzic*, Case No.: IT-95-5/18-T, Judgment of 24 March 2016, 〈https://www.icty.org/x/cases/karadzic/tjug/en/160324_judgement.pdf〉 & 〈https://www.icty.org/x/cases/karadzic/cis/en/cis_karadzic_en.pdf〉; Tim Hume, Tiffany Ap and Milena Veselinovic, CNN, "Radovan Karadzic found guilty of genocide, sentenced to 40 years", March 25, 2016, 〈https://edition.cnn.com/2016/03/24/europe/karadzic-war-crimes-verdict/index.html〉.

240) https://en.wikipedia.org/wiki/South_Sudan.

241) https://en.wikipedia.org/wiki/Union_of_South_American_Nations; BBC News, Friday, 23 May 2008, "South America nations found union", at https://news.bbc.co.uk/2/hi/americas/7417896.stm.

242) Franklin W Knight, "The new Union of South American Nations", The Jamaica Observer, Columns, Wednesday, June 11, 2008, at https://www.jamaicaobserver.com/columns/html/20080610T220000-0500_136596_OBS_THE_NEW_UNION_OF_SOUTH_AMERICAN_NATIONS.asp.

그리고 각 지역별로 EU 유형의 초국가적 기구가 생겨날수록 우리 인류는 세계정부(?)를 향해 한걸음씩 나아가는 것인가? 아시아는, 특히 동북아시아는 어떻게 할 것인가?[243)]

이 질문에 대해 한국·일본·중국 3국 정부는 2010년 12월 16일 "대한민국, 일본국 및 중화인민공화국 정부간의 3국협력사무국 설립에 관한 협정"(Agreement on the Establishment of the Trilateral Cooperation Secretariat Among the Governments of the Republic of Korea, Japan and the People's Republic of China)에 서명하는 것으로 응답하였다. 동 협정은 2011년 5월 17일 발효하였고, 이와 함께 한·일·중 3국협력사무국(Trilateral Cooperation Secretariat)을 위한 공간이 9월 1일 서울에 마련되었다.[244)] 그리고 투자보호 분야에 있어서는 이미 한국-중국,[245)] 한국-일본,[246)] 일본-중국[247)] 간에 양자간 협정(bilateral agreements)이 체결되어 있었는데, 이들 양자간 틀을 넘어 한·중·일 3국간 투자협정[248)]이 2012년 5월 13일 북경에서 서명, 2014년 5월 17일 발효하였다.[249)] 한국과 중국, 일본은 경제 분야에서 최초의 이 3국간 협정(trilateral agreement) 체결을 통해 상호간에 갈등만이 존재하는 것이 아님을 보여주었다. 2015년에는 한국-중국간 자유무역협정이 6월 1일 서울에서 서명되고, 12월 20일 발효하기도 하였다.[250)] 그러나 한국, 일본, 중국을 축으로 하는 동북아시아에서 인권 분야에서의 상호협력을 위한 지역적 차원의 그 어떤 정부간 노력도 행해지고 있지 않다. 바라건대 한·일·중 3국협력사무국이 개설된 만큼, 이 사무국이 알맹이 없는 기구로 남지 않기 위해서라도 이 사무국을 중심으로 인권 분야의 골격조약을 체결하기 위한 담론이 개시되기를 바란다. 현대 국제공동체에서 인권법이 점유하고 있는 중심적 지위를 고려하면, 기본적 인권의 보호와 증진을 위한 지역적 차원의 틀을 갖추지 않는

---

243) 한국, 중국, 일본을 포함한 아시아 지역의 통합 시도들에 대해서는, https://en.wikipedia.org/wiki/East_Asian_Community 참조.

244) https://www.tcs-asia.org ; 신봉길, 《한중일 협력의 진화》, 서울 : 아연출판부, 2015.

245) "대한민국 정부와 중화인민공화국 정부간의 투자의 증진과 상호 보호에 관한 협정", 1992년 9월 30일 서명, 1992년 12월 4일 발효 ; 개정, 2007년 9월 8일 서명, 2007년 12월 1일 발효.

246) "대한민국 정부와 일본국 정부간의 투자의 자유화·증진 및 보호를 위한 협정", 2002년 3월 22일 서명, 2003년 1월 1일 발효.

247) "Agreement Between Japan and the People's Republic of China Concerning the Encouragement and Reciprocal Protection of Investment", 1988년 8월 서명, 1989년 발효, 〈https://unctad.org/sections/dite/iia/docs/bits/china_japan.pdf〉, & 〈https://www.mofa.go.jp/policy/economy/apec/1995/member/info/5.html〉.

248) "대한민국 정부, 중화인민공화국 정부 및 일본국 정부 간의 투자 증진, 원활화 및 보호에 관한 협정" (Agreement among the Government of the Republic of Korea, the Government of the People's Republic of China and the Government of Japan for the Promotion, Facilitation and Protection of Investment).

249) 대한민국 외교부 보도자료, 제14-297호, 2014-05-15, 〈https://www.mofa.go.kr/news/pressinformation/index.jsp?menu=m_20_30〉 ; Ministry of Foreign Affairs of Japan, Press Release(Statements), May, 13, 2012, "Signing of the Japan-China-Korea Trilateral Investment Agreement", 〈https://www.mofa.go.jp/announce/announce/2012/5/0513_01.html〉. 한·중·일 투자보호협정은 기존의 양자간 투자협정을 대체하거나 종료하기 위한 것이 아니다. 그리고 투자자는 한·중·일 투자보호협정보다 (발효 중인)기존의 양자협정이 자신에게 더 유리하다고 생각되면 이를 원용할 수 있다 : 한·중·일 투자보호협정 제25조(및 주석). 본서, 제16장 (외국인의 대우) 참조.

250) https://www.mofa.go.kr/trade/treatylaw/treatyinformation. 동 협정 제22.6조 (정본)에 의하면 "이 협정은 한국어, 중국어 그리고 영어로 작성된다. 그 세 가지 협정문은 동등하게 유효하며 정본이다. 불일치가 있는 경우, 영어본이 우선한다."

한 다른 지역들과 어깨를 나란히 하기에는 뭔가 부족해 보인다. 물론, 이렇게 하자면 3국이 기본적 인권의 존중이 이 지역의 "공유가치"임에 합의해야 할 것이다.

한편, 미국의 도널드 트럼프(Donald Trump) 정부는 "미국을 다시 위대하게"(make America great again : MAGA)란 구호 하에 여러 다자간 틀에서 이탈하려 하였다.[251] 이를테면, 트럼프 대통령은 파리기후변화협정(Paris Climate Change Agreement) 발효 후 7개월이 채 지나지 않은 2017년 6월 1일 "파리협정을 탈퇴하고, 환경과 우리 회사들, 우리 시민들, 우리 국가를 보호하는 새로운 협상을 추구할 때가 되었다"고 발표하였다.[252] 그러나 조 바이든(Joe Biden) 차기 대통령은 2021년 1월 20일 임기 개시 첫날 "파리협정과 협정의 모든 조항"을 "수락한다"고 발표하였다.[253]

위에서 잠시 언급한 바와 같이 미국은 국가 간 정보의 자유로운 유통 대신 균형된 흐름을 강조하는 UNESCO의 분위기에 반대하여 1984년 동 기구를 탈퇴하였다가 2003년 다시 가입한 바 있었다. 그 후 2011년 팔레스타인이 미국의 반대에도 불구하고 정회원(즉, 국가) 자격으로 UNESCO에 가입하자[254] 미국은 –기구의 연간 예산에서 거의 22퍼센트를 차지하는– 분담금을 납입하지 않는 방식으로 대응하였으며,[255] 이로 인해 2013년 기구 내 투표권이 자동 정지되었다.[256] 미국의 트럼프 행정부는 –"체납액 증가, 기구의 근본적 개혁의 필요성, 기구 내에서 계속되고 있는 반(反)이스라엘 편견"에 대한 우려를 이유로– 2017년 10월 12일 UNESCO 사무총장에게 기구 탈퇴 결정을 통지하면서, 탈퇴 후 UNESCO에 '비회원 옵서버국가'(non– member observer state)의 자격으로 참여하고 싶다는 의사를 피력하였다.[257] 같은 날 이스라엘 정부도 UNESCO를 탈퇴하겠다고 선언하였으며,[258] 12월 29일 공식 탈퇴 서한을 제출하였다.[259]

---

251) https://en.wikipedia.org/wiki/America_First_(policy).

252) The White House, June 01, 2017, "Statement by President Trump on the Paris Climate Accord", 〈https://www.whitehouse.gov/the-press-office/2017/06/01/statement-president-trump-paris-climate-accord〉.

253) 〈https://www.whitehouse.gov/briefing-room/statements-releases/2021/01/20/paris-climate-agreement/〉; 본서, 제24장 (국제환경법), "Ⅴ. 대기권의 보호, 3. 기후변화협약, (2) 파리협정" 참조.

254) UNESCO헌장 제2조 2항; 본서, 제25장 (UN), "Ⅳ. UN회원국의 지위, 5. UN총회 상주옵서버."

255) Adrian Blomfield, "US withdraws Unesco funding after it accepts Palestinian membership", The Telegraph, 31 Oct 2011, 〈https://www.telegraph.co.uk/news/worldnews/middleeast/palestinianauthority/8860951/US-withdraws-Unesco-funding-after-it-accepts-Palestinian-membership.html〉.

256) UNESCO헌장 제4조 8항(b).

257) U.S. Department of State, Press Statement, October 12, 2017, "The United States Withdraws from UNESCO", 〈https://www.state.gov/r/pa/prs/ps/2017/10/274748.htm〉; https://en.wikipedia.org/wiki/UNESCO#US_withdrawals; Vox, Oct 12, 2017, "Here's what UNESCO is — and why the Trump administration just quit it", 〈https://www.vox.com/world/2017/10/12/16464778/unesco-us-withdrawal-trump〉. UNESCO헌장 제2조 6항에 의하면, 미국은 2018년 12월 31일부로 UNESCO를 탈퇴하게 되지만, 탈퇴가 발효하기 이전의 미국의 기구에 대한 재정적 의무는 탈퇴에 의해 영향받지 아니한다.

258) BBC News, 12 October 2017, "Israel to join US in quitting Unesco", 〈https://www.bbc.com/news/world-us-canada-41598991〉.

259) 이스라엘도 미국과 같은 날짜, 즉 2018년 12월 31일에 UNESCO를 탈퇴하게 된다. UNESCO, 29 December 2017, "Declaration by UNESCO Director-General Audrey Azoulay on the withdrawal of Israel from the Organization", 〈https://en.unesco.org/news/declaration-unesco-director-general-audrey-azoulay-withdrawal-israel-organization〉.

미국은 2019년까지 –47개 UN회원국으로 구성되는– UN인권이사회(Human Rights Council) 이사국이었는데, 3년 임기의 중간 시점인 2018년 6월 19일 니키 헤일리(Nikki R. Haley) UN주재 미국 상주대표는 –마이크 폼페이오(Mike Pompeo) 미국 국무부 장관과 공동으로 가진 기자회견에서– 동 이사회를 가리켜 "인권 악용자들의 보호막이자 정치적 편견의 오물 구덩이" (a protector of human rights abusers, and a cesspool of political bias)라고 비판하며 미국의 탈퇴를 선언하였다.[260]

2018년 10월 17일, 미국 정부는 이번에는 만국우편연합(UPU) 사무총장에게 보낸 서한에서 이 기구로부터의 탈퇴를 통고하면서, 탈퇴가 발효하기 전 1년 간의 협상에서 UPU의 제협정들에 대한 협상이 성공하면 기구 탈퇴 통고를 취소할 용의가 있다고 발표하였다.[261] 일부 개도국들, 특히 중국에서 미국으로 배달되는 소포들의 우편요금이 너무 싸다는 것이 그 이유였다. 2019년 9월 25일 미국의 UPU 탈퇴를 막기 위한 합의가 성립되었다는 소식이 전해졌다.[262]

한국, 미국을 넘어 전 세계를 향한 북한의 핵공갈도 계속되고 있으며,[263] 이념단체들은 국경을 넘어 공조하고 있다. 중국의 대규모 인권 탄압에 대한 보도도 이어지고 있다.[264] 나토 회원국 정상들은 2019년 12월의 런던선언에서 "중국의 커지는 영향력과 국제정책들은 우리에게 동맹으로서 함께 대처할 필요가 있는 기회이자 도전을 제공함을 인정한다"고 발표하였다.[265] 나토와 –중국몽[266]의 기치를 내건– 중국 간에 신냉전이 시작되었음을 공식 선언한 것인가?[267]

이런 와중에 –중국 정부의 강력한 부인에도 불구하고– 2019년 12월 중국 우한(武漢) 시에서 시작하여 이듬해 팬데믹으로 번진 것으로 의심받고 있는 변종 코로나 바이러스(Covid–19 pandemic, 2020 coronavirus pandemic) 사태로 인해 –1995년 1월 1일 세계무역기구(World Trade Organization)

---

260) Frank Miles | Fox News, "US withdraws from UN Human Rights Council as Haley decries 'cesspool of political bias'", 〈https://www.foxnews.com/politics/2018/06/19/us-withdraws-from-un-human-rights-council-as-haley-decries-cesspool-political-bias.html〉; BBC News, 20 June 2018, "US quits 'biased' UN human rights council", 〈https://www.bbc.com/news/44537372〉.

261) UPU헌장(Constitution of the Universal Postal Union) 제12조에 의하면 탈퇴는 UPU사무총장에게 통고한 날로부터 1년 후 발효한다.

262) Kayla Tausche/CNBC, Sep 25 2019, "Global postal group reaches deal to avoid US withdrawal", 〈https://www.cnbc.com/2019/09/25/postal-compromise-close-as-us-pushes-global-mail-reforms-amazon-fedex-impact.html〉.

263) 본서, 제28장 (전쟁법).

264) Samuel Osborne/Independent, 30 August 2018, "China must release Uighurs immediately, UN says amid 'alarm' at reports of 1m Muslims kept in detention centres"; The Guardian, 14 Sep 2018, "China claims Muslim detention camps are education centres; Ex-inmates tell of abuse in camps holding more than 1 million ethnic minorities".

265) London Declaration, para. 6, Issued by the Heads of State and Government participating in the meeting of the North Atlantic Council in London 3-4 December 2019, 〈https://www.nato.int/cps/en/natohq/official_texts_171584.htm〉; The Defense Post, December 4, 2019, "NATO members adopt joint declaration in London despite summit tensions", 〈https://thedefensepost.com/2019/12/04/nato-joint-statement-london/〉.

266) https://en.wikipedia.org/wiki/Chinese_Dream.

267) Robert D. Kaplan, "A New Cold War Has Begun", January 7, 2019, 〈https://foreignpolicy.com/2019/01/07/a-new-cold-war-has-begun/〉; 김동현/VOA, 2020.5.22 "트럼프 행정부, 대중국 전략보고서 의회 제출…"사실상 신냉전 선포", 〈https://www.voakorea.com/korea/korea-politics/us-china-report〉.

의 창설과 함께 가속된- 각 분야의 세계화(globalization)가 탈세계화(deglobalization) 내지는 탈중국화(desinicization)로 대체되는 것이 아닌가 하는 예측들이 나오고 있다.[268] 특히 코로나 바이러스 사태에 대한 WHO의 부실대응과 친중국적 행태에 불만을 토로하던 미국 정부는 2020년 7월 6일 UN사무총장 안토니우 구테흐스(António Guterres)에게 세계보건기구(WHO) 탈퇴를 통보하였는데, 조 바이든 후임 정부는 2021년 1월 20일 임기 개시와 동시에 탈퇴 의사를 철회하였다.[269] 또한, 2021년 10월 14일 UN총회에서 다른 17개국들과 함께 인권이사회 이사국에도 선출되었다.[270]

WHO가 코로나 바이러스의 기원을 정확히 집어내지 못하고, 국가들조차도 그 기원을 찾아 책임을 물으려는 의지를 상실한 사이에, 국제법학자들은 전염병에 대처하는 법적 대응방안을 논의하기 시작하였다.[271]

V. 제6단계(2021년~현재) : 단극질서의 종언?

2022년 2월 우크라이나를 침략하고 넉 달 뒤 6월 –러시아판 다보스 포럼으로 지칭되기도 하는– 상트페테르부르크 국제경제포럼(St. Petersburg International Economic Forum : SPIEF) 전체회의에서 블라디미르 푸틴(Vladimir Putin) 대통령은 "미국이 주도하는 단극세계질서는 끝났다"고 주장하였으며,[272] 7월 토니 블레어(Tony Blair) 전 영국 총리도 "서구의 정치적, 경제적 지배가 종말을

---

268) 이춘근, "世界化의 후퇴와 한국의 선택 - '국제적 문제아'와 가까이하다 망한 高宗의 前轍 밟을 것인가", 월간조선 뉴스룸, 2020년 6월.

269) 1948년 미국 상하 양원의 WHO 관련 공동결의에 따르면 WHO 탈퇴는 통보 후 1년 후에 발효하기 때문에 탈퇴 통보는 2021년 6월 6일 발효하게 된다. 따라서 미국 정부가 동 일자 이전에 탈퇴 결정을 철회할 가능성은 남아 있었다. 정권이 바뀌어, 2021년 1월 20일 임기 개시 첫날 조 바이든(Joseph R. Biden Jr.) 대통령은 WHO 사무총장에게 전임 트럼프 정부의 WHO 탈퇴 통보를 "철회(retraction)"한다는 서한을 보냈다. Brett Samuels, The Hill, 07/07/20, "Trump administration moves to formally withdraw US from WHO", 〈https://thehill.com/homenews/administration/506214-trump-administration-formally-withdraws-us-from-WHO-〉; Emily Rauhala, Karoun Demirjian and Toluse Olorunnipa / The Washington Post, July 8, 2020, "Trump administration sends letter withdrawing U.S. from World Health Organization over coronavirus response", 〈https://www.washingtonpost.com/world /trump-united-states-withdrawal-world-health-organization-coronavirus/2020/07/07/ae0a25e4-b550-11ea-9a1d-d3db1cbe07ce_story.html〉; [US Congress] Joint Resolution Providing for membership and participation by the United States in the World Health Organization and authorizing an appropriation therefor, June 14, 1948, 〈https://www.loc.gov/law/help/statutes-at-large/80th-congress/session-2/c80s2ch469.pdf〉; https://www.whitehouse.gov/briefing-room/statements-releases/2021/01/20/letter-his-excellency-antonio-guterres/.

270) 본서, 제17장 (국제인권법), "X. 인권 분야에서 활동하는 UN기관들, 2. 인권이사회" 참조.

271) Institut de Droit International (Institute of International Law), 4 September 2021, Resolution: "Epidemics and International Law"(Les épidémies et le droit international) (Rapporteur: Shinya Murase), 〈https://www.idi-iil.org/app/uploads/2021/09/2021_online_12_en.pdf〉; Shinya Murase & Suzanne Zhou (eds.), *Epidemics and International Law*, (Leiden/Boston : Brill/Nijhoff, 2021); Claudio Grossman, "Epidemics And International Law: The Need For International Regulation", (2022) 29 University of Miami International and Comparative Law Review 206, Available at: https://repository.law.miami.edu/umiclr/vol29/iss2/10.

272) teleSUR, 17 June 2022, "Russian President Says the Unipolar World Has Come to an End", 〈https://

맞이하고 있다. 세상은 적어도 양극화되고, 어쩌면 다극화될 것이다. 금세기의 가장 큰 지정학적 변화는 러시아가 아닌 중국에서 올 것이다."[273]라고 말한 바 있다. −2022년 "유럽은 정원이며, 나머지 세계 대부분은 정글이다. 정글이 정원을 침범할 수 있기에 정원사들은 그것을 손봐야 한다."[274]라고 말했던− 조셉 보렐(Josep Borrell) EU외교안보정책 고등대표도 2024년 2월 "현재의 글로벌 지정학적 긴장이 '서구 대 나머지'의 방향으로 계속 진화한다면 유럽의 미래는 암담할 것이다. 서구 지배의 시대는 확실히 끝났다."[275]는 의견을 피력하였으며, 이어서 2024년 5월 3일 영국 옥스퍼드대학교에서 행한 연설에서는 다음과 같이 토로하였다 : "냉전 이후 우리에게 익숙했던 국제체제는 더 이상 존재하지 않음을 인정한다. 미국은 패권국의 지위를 잃었다. 그리고 1945년 이후 다자간 [세계]질서는 기반을 잃고 있다. 나는 −여러분도 아시다시피− 중국이 초강대국으로 부상하고 있음을 본다. 지난 40년 동안 중국이 이룩한 일은 인류 역사상 독특한 일이다. 지난 30년 동안 PPP 기준으로 세계 GDP에서 중국이 차지하는 비중은 6%에서 거의 20%로 늘어났고, 반면 우리 유럽인들은 21%에서 14%로, 미국은 20%에서 15%로 내려갔다. 이는 경제환경의 극적인 변화이다."[276] 그런가 하면 러시아 외무장관 세르게이 라브로프(Sergey Lavrov)는 2024년 3월 터키에서 개최된 한 국제포럼에서 "다극성(multipolarity)은 오늘날의 현실로서, 이는 서구에 도전하기 위한 의도가 아니라 주로 경제발전에 따른 자연스러운 발전이다. … 중국이 국제통화기금(IMF), 세계은행, 세계무역기구(WTO) 등 그들이 확립한 규칙과 제도 내에서 운영했음에도 불구하고 중국이 경제성장에서 자신들을 앞서고 있다는 것이 분명해지자 미국인들은 재빨리 이를 방해하기 위해 움직였다."고 말하였다.[277] 냉전 종식 후 세월이 흘러 정치, 경제, 군사, 문화, 정보 등 모든 측면에서 미국을 필두로 한 글로벌 노스

---

www.telesurenglish.net/news/Russian-President-Says-the-Unipolar-World-Has-Come-to-an-End-20220617-0018.html ; Tass, 18 June 2022, "Putin's answers at SPIEF: Ukraine, sanctions and Donbass warfare", 〈https://tass.com/politics/1467863〉. See also RU, 17 August 2022, "Vladimir Putin: Multipolar world based on international law opens up new opportunities for counteracting common threats", 〈https://pacsto.org/events/vladimir-putin-mnogopolyarnyy-mir-postroennyy-na-mezhdunarodnom〉.

273) Guy Faulconbridge/Reuters, July 17, 2022, "Ukraine war shows West's dominance is ending as China rises, Blair says", 〈https://www.reuters.com/world/europe/ukraine-war-shows-wests-dominance-is-ending-china-rises-blair-says-2022-07-17/〉. 2024년 1월 고든 브라운(Gordon Brown) 전 영국 총리도 "이제는 더 이상 단극세계가 아니라 다극세계이며, 권력의 중심이 여러 개 있다."라고 하였다 : Elliot Smith/CNBC, Jan 17 2024, Davos 2024, "U.S. and allies must 'persuade countries, not dictate to them,' former UK PM Gordon Brown says", 〈https://www.cnbc.com/〉.

274) Ben Zion Gad/The Jerusalem Post, October 18, 2022, "EU's Borrell calls Europe 'garden,' rest of world a 'jungle'", 〈https://www.jpost.com/international/article-719895〉 ; 본서, 제17장 (국제인권법), "Ⅷ. UN의 기타 업적."

275) TASS, 26 FEB 2024, "Start of special military op spelled end to Western global dominance, Borrell admits", 〈https://tass.com/world/1751617〉.

276) European External Action Service (EEAS) Press Team, 03.05.2024, "United Kingdom: Speech by High Representative/Vice-President Josep Borrell at Oxford University about the world confronted by wars", 〈https://www.eeas.europa.eu/eeas/united-kingdom-speech-high-representativevice-president-josep-borrell-oxford-university-about-world_en〉.

277) The Ministry of Foreign Affairs of the Russian Federation, Detail Brics, 1 March 2024, "Foreign Minister Sergey Lavrov's remarks and answers to questions at the special session of the Antalya Diplomacy Forum, Antalya", 〈https://mid.ru/en/foreign_policy/brics/1936226/〉.

(global north)의 압도적 우위가 상대적 우위로 전환되면서 그들과 -중국, 러시아를 포함한, 종래 개도국 혹은 제3세계로 불리던- 글로벌 사우스(global south) 사이의 갈등이 표면화하고 있는 것이다.[278]

1. 2021년 : 미국의 아프가니스탄 철수 및 UN총회의 네오나치즘 비난 결의

미국은 2020년 2월 29일 아프간 탈레반 반군과 평화협정을 체결하여 협정 발효 후 14개월 내 철수를 약속하였다.[279] 결국 2021년 8월 30일 현지 시각 밤 11시 59분 -여전히 많은 미국시민과 협력자를 남겨둔채- 아프간 내 마지막 미군수송기가 카불 국제공항을 허겁지겁 떠났고, 31일 새벽 아프간 영공을 벗어났다. 2001년 9-11 테러를 후원한 탈레반 정부에 대한 미국의 자위권 행사로 축출되었던 탈레반이 근 20년만에 본래 자리로 돌아온 것이다.[280]

2012년 이래로 UN총회는 매년 러시아 주도로 나치즘과 네오나치즘의 미화에 반대하는 결의를 채택하고 있는데,[281] 2021년 12월 16일 채택된 결의의 경우 반대표를 던진 국가는 미국과 우크라이나뿐이었다.[282] 사실, 미국 의회는 2015년 12월 펜타곤의 입장을 받아들여 우크라이나 내 신나치들에 대한 자금지원 금지 법안을 폐기한 바도 있었다.[283] 그런가 하면, 2023년 9월 22일, 캐나다

278) https://en.wikipedia.org/wiki/Global_North_and_Global_South ; Thalif Deen/Responsible Statecraft, April 7, 2023, "US legislators strip China of 'developing nation' status - Bill passes House of Representatives unanimously", 〈https://responsiblestatecraft.org/2023/04/07/us-legislators-strip-china-of-developing-nation-status/〉 ; Patricia Zengerle/Reuters, June 9, 2023, "US Senate panel approves measure to strip China of 'developing' status", 〈https://www.reuters.com/world/us/us-senate-panel-approves-measure-strip-china-developing-status-2023-06-08/〉 ; African Stream, 24 Jan 2024, "Africa has to stay poor for world to be rich", 〈https://twitter.com/african_stream/status/1750117695230464307〉.

279) 동 평화협정의 법적 성격에 대해서는 본서, 제2장 (국제법의 연원), "Ⅲ. 조약, 1. 조약의 정의" 참조.

280) 이에 따라 한국을 포함한 미국의 동맹국들도 대피작전을 수행하였다. https://en.wikipedia.org/wiki/2020-2021_U.S._troop_withdrawal_from_Afghanistan ; 조은정/VOA, 2021.8.26., "한국 '미라클 작전' 아프간인 391명 이송...주요국들 긴박한 대피작전 전개", 〈https://www.voakorea.com/a/6061224.html〉 ; 본서, 제27장 (국가의 무력사용), "Ⅱ. 국가의 무력사용, 4. 자위권의 한계, (2) 테러와 자위권" 참조.

281) A/67/154 (Glorification of Nazism: inadmissibility of certain practices that contribute to fuelling contemporary forms of racism, racial discrimination, xenophobia and related intolerance), Resolution adopted by the General Assembly on 20 December 2012. See Les Décodeurs/Le Monde, November 9, 2022, "Why France and 51 other countries voted against UN resolution condemning Nazism", 〈https://www.lemonde.fr/en/les-decodeurs/article/2022/11/09/why-france-and-51-other-countries-voted-against-the-un-resolution-condemning-nazism_6003471_8.html〉 ; Andrew Gardner/Politico, November 24, 2014, "EU abstains from UN vote on 'Nazism'", 〈https://www.politico.eu/article/eu-abstains-from-un-vote-on-nazism/〉.

282) A/RES/76/149 (Combating glorification of Nazism, neo-Nazism and other practices that contribute to fuelling contemporary forms of racism, racial discrimination, xenophobia and related intolerance). 상기 2개국 반대 외에, 130개국 찬성, 49개국 기권, 12개국 불참. https://digitallibrary.un.org/record/3951466 ; https://digitallibrary.un.org/record/3954148.

283) James Carden, "Congress Has Removed a Ban on Funding Neo-Nazis From Its Year-End Spending Bill Under pressure from the Pentagon - Congress has stripped the spending bill of an amendment that prevented funds from falling into the hands of Ukrainian neo-fascist groups.", The Nation, January 14, 2016, 〈https://www.thenation.com/article/politics/congress-has-removed-a-ban-on-funding-neo-nazis-from-its-year-end-spending-bill/ ; Sam Sokol, "US lifts ban on funding 'neo-Nazi' Ukrainian militia - Last

의회 하원 의장이 제2차 세계대전 기간 중 우크라이나에서 나치 무장친위대(Waffen-SS)에 가담하였다가 전쟁 후 캐나다로 이주한 98세의 한 참전용사를 초대하여 "그는 우크라이나의 영웅이자 캐나다의 영웅이며, 우리는 그의 모든 봉사에 감사드린다"고 환영사를 하자 의원들과 트뤼도(Justin Trudeau) 수상, 젤렌스키(Volodymyr Zelenskyy) 우크라이나 대통령이 함께 기립박수를 치기도 하였다. 이는 젤렌스키의 캐나다 의회 방문을 환영하는 과정에서 빚어진 일이었는데, 결국 수상은 사과하였으며, 하원 의장은 직을 사임하였다.[284)]

2. 2022년 : 러시아의 우크라이나 침략

한편, 러시아는 이미 2008년 8월 1일에서 12일까지[285)] 조지아(Georgia)에 대한 무력침공을 통해 이 국가의 두 지역, 즉 압하지야(Abkhazia)와 남오세티야(South Ossetia)를 떼내어 괴뢰국가로 만든 바 있거니와,[286)] 2014년 3월에는 우크라이나의 크림반도를 병합하였다.[287)] UN안보리는 그냥

June, Congress passed a resolution intended to block American military funding for Ukraine from being used to provide training or weaponry for the Azov Battalion.", The Jerusalem Post, January 18, 2016, 〈https://www.jpost.com/diaspora/us-lifts-ban-on-funding-neo-nazi-ukrainian-militia-441884〉.

284) David Pugliese/Ottawa Citizen, Sep 25, 2023, "Canada needs to denounce Ukrainian Nazi unit, not honour it, says uOttawa professor who uncovered veteran's SS links", 〈https://ottawacitizen.com/category/news/〉 ; Lev Golinkin/Forward, September 25, 2023, "Trudeau apologizes for ovation to 98-year-old Ukrainian who fought with the Nazis", 〈https://forward.com/〉 ; Alexandra Mae Jones/CTVNews, Sept. 26, 2023, "'Deeply hurtful': Polish ambassador condemns Nazi veteran's invitation to Canada's Parliament", 〈https://www.ctvnews.ca/〉 ; Tristin Hopper/Ottawa Citizen, Sep 26, 2023, "FIRST READING: Canada has long been slammed as a 'haven' for ex-Nazis like Yaroslav Hunka", 〈https://ottawacitizen.com/category/news/〉 ; BBC News, 26 September 2023, "Canada's Speaker Anthony Rota resigns after Nazi in parliament row", 〈https://www.bbc.com/news/〉.
제2차 세계대전 기간 중 나치 독일에 부역한 우크라이나인들이 전쟁이 끝나고 소련의 박해를 피해 캐나다로 많이들 이주하였었다 : Leyland Cecco/The Guardian, 29 Sep 2023, "'Canada has a dark history with Nazis': political scandal prompts reckoning", 〈https://www.theguardian.com/world/2023/sep/29/canada-nazi-history-trudeau〉.
우크라이나에서 네오나치 등 극우 집단의 근황과 관련해서는 다음 기사를 참조 : Jerusalem Post, October 19, 2021, "Western countries training far-right extremists in Ukraine - report: Western countries may have provided training for far-right extremists in the Ukrainian military.", 〈https://www.jpost.com/diaspora/western-countries-training-far-right-extremists-in-ukraine-report-682411〉 ; Al Jazeera, 1 Mar 2022, "Profile: Who are Ukraine's far-right Azov regiment? - The far-right neo-Nazi group has expanded to become part of Ukraine's armed forces, a street militia and a political party.", 〈https://www.aljazeera.com/news/2022/3/1/who-are-the-azov-regiment〉.

285) 이때는 일시 메드베데프(Dmitry Medvedev)가 대통령(2008년 5월 7일~2012년 5월 7일), 푸틴(Vladimir Putin)은 총리를 하던 시절이었다. 메드베데프 이후 다시 푸틴이 현재까지 대통령 연임 중이다. https://en.wikipedia.org/wiki/Dmitry_Medvedev ; https://en.wikipedia.org/wiki/Vladimir_Putin.

286) https://en.wikipedia.org/wiki/Russo-Georgian_War; 본서, 제6장 (국제법의 주체), "Ⅱ. 국가, ② 독립성의 요건" 참조. 2008년 8월 12일 조지아는 러시아가 1990~2008년의 기간 중 압하지야와 남오세티야에 대한 간섭 기간 중 "모든 형태의 인종차별 철폐에 관한 협약"(CERD)을 중대하게 위반하였다고 주장하며 ICJ에 제소하였으나, 2011년 4월 1일 재판소는 관할권이 성립하지 않는다고 판시하였다 : *Application of the International Convention on the Elimination of All Forms of Racial Discrimination* (Georgia v. Russian Federation)(Preliminary Objections), Judgment of April 1, 2011, 〈https://www.icj-cij.org/en/case/140〉. 사건 개요는 본서, 제26장,

바라볼 따름이었다.[288] 2022년 2월, 러시아는 이번에는 –우크라이나 동남부 돈바스(Donbas)[289] 지역을 구성하는– 도네츠크(Donetsk)와 루한스크(Luhansk/Lugansk)에서 제노사이드가 발생했다고 주장하며, 21일 이들 두 지역의 분리독립을 승인하고,[290] 22일 –2014년과 2015년 우크라이나 동부 지역에 휴전 등을 가져오기 위하여 관련 당사자 간에 체결되었던– 민스크협정(Minsk Agreements Ⅰ&Ⅱ)[291]은 "더이상 존재하지 않는다"고 선언한 뒤, 24일 우크라이나 동남부 지역 내로 침공을 단행하였다. 러시아가 회원인 유럽심의회(Council of Europe)는 기민하게 대응하였다. 즉, 유럽심의회 장관위원회는 25일 –유럽심의회규정(Statute of the Council of Europe) 제8조(첫째 문장)를 발동하여– 러시아의 기구 내 투표권을 정지하였다. 그러나 3월 15일 러시아가 –유럽심의회규정 제7조에 의거– 동 기구로부터의 탈퇴와 –유럽인권협약 제58조에 의거– 유럽인권협약의 폐기를 통고해 오자, 16일 장관위원회는 –다시 유럽심의회규정 제8조(둘째 문장)에 의거– 러시아를 '동 일자부로 즉각' 축출하기로 결정하였다.[292] 이번에도 안보리에서는 설전을 벌일 뿐이었다.[293]

"Ⅱ. 교섭" 참조.

287) https://en.wikipedia.org/wiki/Annexation_of_Crimea_by_the_Russian_Federation.

288) 본서, 제25장 (UN), "V. UN의 주요기관, 2. 안전보장이사회, (3) 표결" ; https://en.wikipedia.org/wiki/Annexation_of_Crimea_by_the_Russian_Federation ; https://en.wikipedia.org/wiki/Timeline_of_the_annexation_of_Crimea_by_the_Russian_Federation 참조.

2017년 1월 16일, 우크라이나는 –조지아의 대 러시아 소송 제기에 영향을 받은 듯 러시아의 불법 무력사용 문제를 에둘러– 러시아가 "테러자금조달의 억제를 위한 국제협약"(ICSFT)과 "모든 형태의 인종차별 철폐에 관한 협약"(CERD)을 위반하였다고 주장하며 ICJ에 제소하였다 : *Application of the International Convention for the Suppression of the Financing of Terrorism and of the International Convention on the Elimination of All Forms of Racial Discrimination* (Ukraine v. Russian Federation), 〈https://www.icj-cij.org/en/case/166〉 ; Iryna Marchuk, "Ukraine Takes Russia to the International Court of Justice: Will It Work?", EJIL:Talk!, January 26, 2017, 〈https://www.ejiltalk.org/〉.

2024년 1월 31일 본안 판결에서, ICJ는 러시아의 두 협약 일부 위반과 2017년 지시한 재판소 잠정조치 명령 일부 위반을 인정하면서, "재판소의 관할권이 확립되고 소의 허용성이 인정되는 국가 간 분쟁에서는 '깨끗한 손'의 원칙(clean hands doctrine)이 적용되지 않는다"고 하였다(paras. 38, 155). 판결에 첨부된 다수의 반대의견과 개별의견은 재판관들이 여러 쟁점에 대해 의견이 분열되어 있음을 보여주는데, 동 판결에 대한 간단한 평가는 다음을 참조 : Iryna Marchuk/EJIL:Talk!, February 22, 2024, "Unfulfilled Promises of the ICJ Litigation for Ukraine: Analysis of the ICJ Judgment in Ukraine v Russia (CERD and ICSFT)", 〈https://www.ejiltalk.org/〉.

289) https://en.wikipedia.org/wiki/Donbas.

290) 본서, 제8장 (국가 및 정부 승인), "I. 승인에 관련된 국제법의 일반원칙, 2. 승인의 재량적 성격과 그 제한을 위한 시도들, (1) 시기상조의 승인" 참조.

291) 본서, 제2장 (국제법의 연원), "Ⅲ. 조약, 1. 조약의 정의" 참조.

292) Council of Europe, "Resolution CM/Res(2022)2 on the cessation of the membership of the Russian Federation to the Council of Europe", (Adopted by the Committee of Ministers on 16 March 2022) ; Council of Europe, Newsroom. 16 March 2022, "The Russian Federation is excluded from the Council of Europe", 〈https://www.coe.int/en/web/portal/-/the-russian-federation-is-excluded-from-the-council-of-europe〉 ; https://en.wikipedia.org/wiki/Withdrawal_from_the_Council_of_Europe ; https://www.france24.com/en/live-news/20220315-russia-says-quitting-council-of-europe ; Amnesty International, March 15, 2022, "Russia's withdrawal from Council of Europe a tragedy for victims of Kremlin's abuses", 〈https://www.amnesty.org/en/latest/news/2022/03/russias-withdrawal-from-council-of-europe-a-tragedy-for-victims-of-kremlins-abuses/〉.

러시아는 6개월 경과 후 2022년 9월 16일 유럽인권협약 당사국의 지위도 상실하였다 : 유럽인권협약 제58조 ; Council of Europe, "Resolution CM/Res(2022)3 on legal and financial consequences of the cessation of membership of the Russian Federation in the Council of Europe" (Adopted by the Committee of

2022년 2월 27일 안보리는 –'평화를 위한 단합'(uniting for peace) 결의에 따른– 긴급특별총회(Emergency Special Session of the General Assembly)의 소집을 요구하였으며,[294] 이렇게 해서 28일에 열린 (11차)긴급특별총회는 3월 2일 –141개국의 찬성으로– "우크라이나에 대한 러시아의 침략을 가장 강한 어조로 개탄하면서"[Deplores in the strongest terms the *aggression* by the Russian Federation against Ukraine in violation of Article 2(4) of the Charter], "무력사용의 즉각적인 중단"과 함께 "러시아 군대의 즉각적이고, 완전하며, 무조건적인 철수를 요구"하는 결의를 채택하였다.[295] 러시아와 우크라이나의 '역사적 통일성'(historical unity)을 내세우는 푸틴 대통령[296]은 우크라이나에 대한 무력사용을 '특수군사작전'(special military operation)으로 칭하며 정당화하려 하였지만,[297] 국제공동체의 대다수 국가는 이를 '도발에 의하지 아니한 그리고 정당한 이유가 없는 군사적 공격', 즉 '침략'으로 규정하는 데 동의한 것이다.[298] 3월 1일 세계국제법학술

Ministers on 23 March 2022), para. 7 ; Council of Europe, Newsroom, 16 September 2022, "Russia ceases to be a Party to the European Convention on Human Rights on 16 September 2022", 〈https://www.coe.int/en/web/portal/-/russia-ceases-to-be-a-party-to-the-european-convention-of-human-rights-on-16-september-2022〉 ; 본서, 제17장 (국제인권법), XI. "인권 보호를 위한 국제적 차원의 노력 : 유럽인권협약".

293) https://en.wikipedia.org/wiki/Minsk_agreements ; Tracy Wilkinson, "Russia vetoes U.N. resolution condemning its own invasion of Ukraine", Los Angeles Times, Feb. 25, 2022, 〈https://www.latimes.com/politics/story/2022-02-25/us-un-resolution-condemning-russia-ukraine-invasion〉.

294) UNSC Resolution 2623 ; https://en.wikipedia.org/wiki/United_Nations_Security_Council_Resolution_2623. '평화를 위한 단합' 결의에 대해서는 본서, 제25장 (UN), "V. UN의 주요기관, 1. 총회, (4) 절차", & 제27장 (국가의 무력사용), "Ⅳ. 냉전 기간 동안 헌장 제7장의 관행, 2. 평화를 위한 단합" 참조.

295) A/RES/ES-11/1 (Aggression against Ukraine). 5개국(러시아, 벨라루스, 시리아, 북한, 에리트리아) 반대, 35개국(중국, 쿠바 포함) 기권, 12개국 불참. https://www.un.org/en/ga/sessions/emergency11th.shtml ; https://research.un.org/en/docs/ga/quick/emergency ; https://en.wikipedia.org/wiki/United_Nations_General_Assembly_Resolution_ES-11/1 ; https://en.wikipedia.org/wiki/Eleventh_emergency_special_session_of_the_United_Nations_General_Assembly ; Julian Borger, "UN votes to condemn Russia's invasion of Ukraine and calls for withdrawal", The Guardian, 2 March 2022, 〈https://www.theguardian.com/world/2022/mar/02/united-nations-russia-ukraine-vote〉.

296) Article by Vladimir Putin "On the Historical Unity of Russians and Ukrainians", July 12, 2021, Source: The Russian President's official website, 〈https://en.kremlin.ru/events/president/news/66181〉 ; Le Monde with AFP, December 25, 2022, 'Putin says West wants to 'tear apart' Russia – The Russian president said his war against Ukraine is supposed to 'unite the Russian people'.", 〈https://www.lemonde.fr/en/russia/article/2022/12/25/putin-says-west-wants-to-tear-apart-russia_6009070_140.html〉.

297) Ann M. Simmons, "Putin Announces Special Military Operation in Eastern Ukraine", Wall Street Journal. Feb 23, 2022, 〈https://www.wsj.com/livecoverage/russia-ukraine-latest-news/card/putin-announces-special-military-operation-in-eastern-ukraine-BBbiFSHMKssPMTur01Vh〉 ; Truth11.com, February 26, 2022, "Putin Orders Military to Destroy Bio-Labs in Ukraine as US Scrubs Evidence of Their Existence", 〈https://truth11.com/2022/02/26/putin-orders-military-to-destroy-bio-labs-in-ukraine-as-us-scrubs-evidence-of-their-existence/〉.

298) See, e.g., European Union External Action, 28.02.2022, "EU Statement regarding Russia's unprovoked and unjustified military aggression against Ukraine", 〈https://www.eeas.europa.eu/eeas/〉 ; White House 〉 Briefing Room 〉 Statements and Releases, May 23, 2022, "Japan-U.S. Joint Leaders' Statement: Strengthening the Free and Open International Order", 〈https://www.whitehouse.gov/briefing-room/statements-releases/2022/05/23/〉 ; Council of Europe, Newsroom, 23 February 2023, "Brutal aggression against Ukraine: One Year On", 〈https://www.coe.int/ca/web/portal/-/brutal-aggression-against-ukraine-one-year-on〉. 그러나 2023년 4월 미국 대통령선거 후보 출마를 선언한 바 있는 민주당의 로버트 F. 케네디

원(IIL/IDI)[299]도 이 '침략'에 대한 러시아의 책임을 지적하며, 국제법상 그 어떤 정당화사유도 없다는 견해를 피력하였다.[300] 4월 7일, 긴급특별총회는 -93개국의 찬성으로- 러시아의 UN인권이사회 이사국 자격을 정지하는 결정을 채택하기도 하였다.[301] 그러나 푸틴은 우크라이나 내 신나치즘의 발호를 성토하면서,[302] 우크라이나가 미국 정부의 지원 아래 생화학무기 프로그램을 보유하고 있다고도 주장하였다.[303] 생화학'무기' 프로그램의 보유 문제에 관한 한 미국 정부는 러시아 측의 주장을 완강히 부인하였다.[304]

주니어(Robert F. Kennedy, Jr.)는 6월 2일(금) 폭스 뉴스의 The Faulkner Focus에 출연하여 "사실은, 백악관의 네오콘들이 10년간 이 전쟁을 도발해 왔으며, 분쟁을 해결하기 위한 모든 노력을 계속 회피하였다"고 주장하기도 하였다 : Amy Nelson/Fox News, June 2, 2023, "RFK Jr says he's Democrats' best chance against Trump or DeSantis: I can beat Joe Biden", 〈https://www.foxnews.com/media/rfk-jr-says-democrats-best-chance-against-trump-desantis-can-beat-joe-biden〉.

2022년 2월 26일, 우크라이나는 이번에는 제노사이드협약에 의거하여 "러시아가 도네츠크와 루간스크 지역에서 제노사이드가 자행되었다고 거짓 주장을 하면서 이 거짓 주장에 기초하여 두 지역을 국가로 승인하고 이른바 '특수군사작전'을 벌이고 있는데, 사실은 러시아가 우크라이나 내에서 제노사이드를 기획하고 있다"고 주장하는 소를 ICJ에 제기하면서, 아울러 일정 임시조치의 지시를 요청하였다 : *Allegations of Genocide under the Convention on the Prevention and Punishment of the Crime of Genocide* (Ukraine v. Russian Federation ; 32 States intervening), 〈https://www.icj-cij.org/en/case/182〉 ; ICJ Press release 2022/4. 3월 16일, ICJ는 (i) 러시아에게는 '즉각 군사작전을 중단할'(immediately suspend the military operations) 것과 함께 '러시아의 지도 또는 지원을 받는 정규군과 비정규군 및 기타 조직이 군사작전을 조장하는 조치를 취하지 않도록 보장할' 것, 그리고 (ii) 양 당사자에게는 '분쟁을 악화 혹은 확대할지도 모를 행동을 자제할' 것을 명령하는 임시조치를 발하였는데, (ii)의 명령에는 재판관 15명이 전원 찬성하였지만, (i)의 두 개의 명령에는 러시아와 중국 출신의 두 재판관이 반대하였다. 2024년 2월 2일, 재판소는 러시아가 제기한 대부분의 선결적 항변을 배척하면서, 특히 "제노사이드협약 하의 의무를 위반하지 않았다는 선언을 구하는 우크라이나의 요청을 다룰 관할권이 있으며, 또한 이 요청은 소의 허용성이 있다"고 판시하였다.

299) 이 조직에 대해서는 본서, 제6장 (국제법의 주체), "Ⅳ. 국제기구" 참조.

300) Institute of International Law (Insitut de Droit International), 1 March 2022, "Declaration of the Institute of International Law on Aggression in Ukraine", 〈https://www.idi-iil.org/en/declaration-de-linstitut-de-droit-international-sur-lagression-en-ukraine/〉.

301) A/RES/ES-11/3 (Suspension of the rights of membership of the Russian Federation in the Human Rights Council), 〈https://digitallibrary.un.org/record/3967950?ln=en〉 ; 본서, 제17장 (국제인권법), "X. 인권 분야에서 활동하는 U기관들, 2. UN인권이사회".

302) Al Jazeera, 1 Mar 2022, "Profile: Who are Ukraine's far-right Azov regiment?", 〈https://www.aljazeera.com/news/2022/3/1/who-are-the-azov-regiment〉 ; Allan Ripp, "Ukraine's Nazi problem is real, even if Putin's 'denazification' claim isn't", NBC News, March 5, 2022, 〈https://www.nbcnews.com/think/opinion/ukraine-has-nazi-problem-vladimir-putin-s-denazification-claim-war-ncna1290946〉.

303) OMMCOM NEWS, Mar 6, 2022, "Russia Reveals Documents Of Labs Developing Biological Weapons In Ukraine Funded By The US", 〈https://ommcomnews.com/world-news/russia-reveals-documents-of-labs-developing-biological-weapons-in-ukraine-funded-by-the-us〉 ; https://en.wikipedia.org/wiki/Ukraine_biolabs_conspiracy_theory.

304) 3월 9일 브리핑에서 젠사키 백악관 대변인은 "러시아는 미국과 우크라이나가 생화학무기 프로그램을 가지고 있다는 거짓말을 만들어 내고 있지만, 러시아야말로 바로 그런 국가이다"라고 말하였다 : White House, Press Briefing by Press Secretary Jen Psaki, March 10, 2022, 〈https://www.whitehouse.gov/briefing-room/press-briefings/2022/03/09/press-briefing-by-press-secretary-jen-psaki-march-9-2022/〉. 이날 미국 국무부 대변인도 러시아의 주장을 부인하였다 : Ned Price (US Department of State Spokesperson), "The Kremlin's Allegations of Chemical and Biological Weapons Laboratories in Ukraine", Press Statement, March 9, 2022, 〈https://www.state.gov/the-kremlins-allegations-of-chemical-and-biological-weapons-laboratories-in-ukraine/〉.

러시아 측 주장은 다음 기사를 참조 : Ilya Tsukanov, "Hunter Biden's Investment Fund Connected to

앙겔라 메르켈(Angela Merkel) 전 독일 총리(2005~2021년)는 2022년 6월 7일 독일의 한 언론인과의 인터뷰에서 “러시아의 우크라이나 침공은 ‘모든 국제법’과 ‘유럽에서 우리가 어쨌든 평화롭게 살 수 있게 해주는 모든 것’을 객관적으로 위반한 것이다. 우리가 수세기를 거슬러 올라가 영토의 어느 조각이 누구에게 속해야 하는지에 대해 논쟁하기 시작한다면 우리는 전쟁만 하게될 터인데, 그건 결코 선택사항이 아니다.”라면서도, 자신이 관여했던 민스크협정은 “우크라이나에게 중요한 시간을 벌어주었다”고도 하였다.[305] 푸틴은 메르켈의 발언을 듣고 실망과 충격을 받았다면서, 이는 우크라이나에 대한 군사작전 개시가 올바른 결정이었다는 또 다른 증거라고 덧붙였다.[306] 젤렌스키 대통령이 “Ukraine will not join NATO”라고 딱 다섯 단어의 말만 했어도 전쟁을 피할 수 있었을 거란 정치적 논평도 들려온다.[307] 그러나 국제‘법’은 국가의 어떤 행위가 역사적, 윤리적 혹은 정치적 관점에서 어떻게 평가될 수 있는지에 관계없이 현재 자신에게 내장되어 있는 규칙만으로 국가행위의 적법성 여부를 결정한다. 그렇지 않다면 그건 ‘법’이 아니다.[308]

하여간, 2022년 9월 29일, 푸틴 대통령은 −지난 2월 도네츠크와 루한스크를 독립국으로 승인했던 것처

Financing of Pentagon-Funded Biolabs in Ukraine: MoD”, Sputnik News, 24.03.2022, 〈https://sputniknews.com/20220324/fund-of-joe-bidens-son-connected-with-financing-of-us-military-bio-activities-in-ukraine---mod-1094150901.html〉, & 〈https://dailytelegraph.co.nz/news/hunter-bidens-investment-fund-connected-to-financing-of-pentagon-funded-biolabs-in-ukraine-mod/〉.

305) Alistair Walsh & Rina Goldenberg/DW, June 7, 2022, “Angela Merkel opens up on Ukraine, Putin and her legacy”, 〈https://www.dw.com/en/angela-merkel-opens-up-on-ukraine-putin-and-her-legacy/a-62052345〉.
그후, 같은 달, 독일의 Deutsche Welle TV를 위시한 몇몇 뉴스매체와의 인터뷰에서 우크라이나의 페트로 포로셴코(Petro Poroshenko) 전직 대통령도 2015년 당시 자신이 대통령으로서 러시아, 프랑스, 독일과 협상한 민스크 휴전협정에 대해 “우리는 우리가 원하는 모든 것을 달성했었다. 우리의 목표는, 경제성장을 회복하고 강력한 군대를 창설하기 위한 8년을 확보하기 위해 우선은 위협을 멈추거나 적어도 전쟁을 지연시키는 것이었다.” 라고 하면서, 속임수에 대한 영감으로 손자(孫子, Sun Tzu)의 병법을 인용하며 “전쟁에서 승리하기 위해 반드시 군사적 교전에서 승리할 필요는 없으며, 자신이 한 거래는 그 점에서 우크라이나를 위한 승리였다”고 말했다 : RT, 17 Jun, 2022, “Minsk deal was used to buy time - Ukraine's Poroshenko”, 〈https://www.rt.com/russia/557307-poroshenko-comments-minsk-agreement/〉.
12월 7일 출판된 독일 Zeit 신문과의 인터뷰에서 메르켈은 재차 “민스크 협정은 우크라이나가 더 강해질 시간을 주고 NATO가 러시아에 맞서 우크라이나에 대한 지원을 늘리는 것을 목표로 했었다”고 언급하였다 : Al Mayadeen, 8 Dec 2022, “Merkel: Minsk agreements were meant to ‘give Ukraine time’ - German ex-Chancellor Angela Merkel reveals that in 2014, the Minsk agreements aimed to give Ukraine time to get stronger and for NATO to increase its support to the country in the face of Russia.”, 〈https://english.almayadeen.net/news/politics/merkel:-minsk-agreement-attempted-to-give-ukraine-time〉 ; Tass, 7 Dec 2022, “Attempt to ‘give Ukraine time’: Merkel on Minsk agreements - She expressed doubt that at that time NATO states would have been able to support Kiev to the extent that they do now”, 〈https://tass.com/world/1547141〉.

306) RT, 10 Dec, 2022, “France and Germany owe ‘genocide compensation’ to Donbass - Moscow : The Ukraine crisis is a result of the EU nations' deceitful policies, Vyacheslav Volodin claims”, 〈https://www.rt.com/russia/568011-france-germany-genocide-donbass/〉.

307) See, e.g., C.B. Forde/The Postil Magazine, November 1, 2022, “*How the West Brought War to Ukraine: A Review*”, 〈https://www.thepostil.com/how-the-west-brought-war-to-ukraine-a-review/〉.

308) See Orakhelashvili/Akehurst, 9th, p. 7 ; James A. Green, Christian Henderson & Tom Ruys, “Russia's attack on Ukraine and the *jus ad bellum*”, Journal on the Use of Force and International Law, Volume 9, 2022 - Issue 1, 25 Mar 2022, 〈https://doi.org/10.1080/20531702.2022.2056803〉 ; North Atlantic Treaty Organization, 09 Dec. 2022, “NATO's response to Russia's invasion of Ukraine”, 〈https://www.nato.int/cps/en/natohq/topics_192648.htm〉.

럼- 헤르손(Kherson)과 짜포르지아(Zaporizhia) 지역을 독립국으로 승인하는 법령에 서명하였다. 이어서 30일, 크레믈린 궁에서 푸틴은 지난 몇 달간 전쟁의 결과로 사실상 자국 통제 하에 들어온 4개 지역(도네츠크, 루한스크, 헤르손, 짜포르지아)에서 실시된 국민투표의 결과에 따라 이 지역 지도자들과 함께 이들 지역의 러시아연방에로의 편입조약들에 서명하고, 이들 지역이 러시아로 병합될 것이라고 선언하였다.[309] 이날, 안보리는 "러시아에 의한 4개 지역 불법병합 시도를 '국제평화와 안전에 대한 위협'(a threat to international peace and security)으로 규정하고, 병합 결정의 즉각적이고 무조건적인 파기를 요구하는" 결의 채택을 시도하였으나 러시아는 거부권을 행사하였다.[310] 이제 공은 다시 총회로 넘어갔는데, (11차)긴급특별총회는 10월 12일 "국제적으로 승인된 우크라이나 국경 내에서 실시된 러시아의 불법적인 이른바 국민투표(illegal so-called referendums)를 비난하고, 병합선언을 파기할 것을 요구하는" 결의를 채택하였고,[311] 이어서 11월 14일에는 "러시아

309) https://en.wikipedia.org/wiki/Novorossiya_(confederation) ; https://ko.wikipedia.org/wiki/노보로시야_연방국 ; https://en.wikipedia.org/wiki/Annexation_of_Southern_and_Eastern_Ukraine ; Aljazeera, 30 Sep 2022, "Putin announces Russian annexation of four Ukrainian regions", ⟨https://www.aljazeera.com/news/2022/9/30/putin-announces-russian-annexation-of-four-ukrainian-regions⟩ ; Aljazeera, 30 Sep 2022, "Putin's speech on annexation: What exactly did he say?", ⟨https://www.aljazeera.com/news/2022/9/30/russia-ukraine-war-putins-annexation-speech-what-did-he-say⟩.

병합조약들에 서명한 후 푸틴은 조약의 이행을 위한 국내절차를 이어나갔다 : 즉, 10월 2일, 러시아연방 헌법재판소는 병합조약들이 헌법에 부합한다고 판시 ; 3일, 러시아 연방의회 하원(국가두마, State Duma)은 만장일치로 병합조약 관련 법안들 채택 ; 4일, 연방의회 상원(연방회의, Federal Council)도 만장일치로 관련 법안들 승인 ; 5일, 푸틴은 조약 비준에 관련된 법률들에 서명하였으며, 4개 점령지역의 러시아연방 가입에 관한 4개 '연방헌법성(性)법률들'(federal constitutional laws)에도 서명함. 우크라이나와 서구 국가들은 물론 이를 불법으로 간주하고 결코 승인하지 않을 것이라는 단호한 입장을 천명하였다. 세계법제정보센터⟩ 러시아헌법, ⟨https://world.moleg.go.kr/web/main/index.do⟩ ; The Constitution of the Russian Federation, (adopted by popular vote on 12 December 1993, with amendments approved by all-Russian vote on 1 July 2020), ⟨https://rm.coe.int/constitution-of-the-russian-federation-en/1680a1a237⟩ ; https://en.wikipedia.org/wiki/Constitutional_Court_of_Russia ; trm.md, 02 Oct. 2022, "The State Duma of Russia announces when it will ratify the so-called annexation treaties of the occupied Ukrainian territories", ⟨https://trm.md/en/international/duma-de-stat-a-rusiei-anunta-cand-va-ratifica-asa-zisele-tratate-de-anexare-a-teritoriilor-ucrainene-ocupate⟩ ; Reuters, October 2, 2022, "Russian parliament to consider legal steps to absorb Ukrainian regions", ⟨https://www.reuters.com/world/europe/russian-parliament-consider-legal-steps-absorb-ukrainian-regions-2022-10-02/⟩ ; Robyn Dixon/The Washington Post, October 3, 2022, "In two more staged votes, Russian parliament moves to ratify annexation", ⟨https://www.washingtonpost.com/world/2022/10/03/russia-duma-ratify-annexation-ukraine/⟩ ; Radio Free Europe/Radio Liberty, October 04, 2022, "Russian Parliament's Upper Chamber Ratifies Annexation Of Four Ukrainian Regions", ⟨https://www.rferl.org/a/russia-ukraine-annexation-ratification-federation-council/32064669.html⟩ ; Reuters, Oct 4, 2022, "Russia's Federation Council ratifies annexation of four Ukrainian regions" ⟨https://www.reuters.com/world/europe/russias-federation-council-ratifies-annexation-four-ukrainian-regions-2022-10-04/⟩ ; Aaljazeera, 5 Oct 2022, "Russia's Putin signs laws annexing occupied Ukrainian regions", ⟨https://www.aljazeera.com/news/2022/10/5/putin-signs-laws-annexing-4-ukrainian-regions⟩.

310) 중국, 가봉, 인도, 브라질 기권. UN News, 30 September 2022, "Russia vetoes Security Council resolution condemning attempted annexation of Ukraine regions", ⟨https://news.un.org/en/story/2022/09/1129102⟩ ; Simon Lewis and Timothy Gardner/Reuters, 30 Sep 2022, "Russia vetoes UN resolution on proclaimed annexations, China abstains", ⟨https://www.reuters.com/world/us-act-un-friday-russias-proclaimed-annexations-ukraine-blinken-2022-09-30/⟩.

311) 찬성 143개국, 반대 5개국(러시아, 벨라루스, 시리아, 북한, 니카라과), 35개국 기권(중국, 인도를 비롯 대다수가 아프리카 국가들). A/RES/ES-11/4 ; OCHA-reliefweb, Posted 11 Oct 2022, Originally published 10 Oct

에 대한 즉각적인 철수 요구를 재확인하고, 러시아는 -침략을 포함하여- 국제법 위반에 대해 책임을 져야함을 인정"하는 결의를 채택하였다.[312] 다른 한편, 12월 15일, UN총회에서는 나치즘과 네오나치즘 미화 반대 결의[313]가 채택되었는데, 그간 매년 기권[314]만 해오던 국가들이 이번에는 대거 반대표를 던졌다.[315]

3. 2023년 : 이스라엘의 가자 지구 침략

해가 바뀌어, 2023년 2월 23일(목요일), 내일이면 전쟁이 2년차로 들어가기 수 시간 전에 재개된 UN긴급특별총회는 '러시아 군대의 우크라이나 영토로부터의 즉각적인 철수를 요구하는 자신의 요구를 되풀이'하였다.[316] 이어서 3월 17일, 국제형사재판소(ICC)(전심부)는 로마규정 제8조의 전쟁범죄 혐의로 푸틴 대통령과 대통령실의 (아동 권리)옴부즈만에 대해 체포영장을 발부하였다.[317] 이에,

---

2022, "General Assembly Takes Up Draft Resolution Condemning Russian Federation's Annexation of Several Territories in Eastern Ukraine, Resuming Emergency Special Session", 〈https://reliefweb.int/report/ukraine/general-assembly-takes-draft-resolution-condemning-russian-federations-annexation-several-territories-eastern-ukraine-resuming-emergency-special-session〉; UN News, 12 October 2022, "Ukraine: UN General Assembly demands Russia reverse course on 'attempted illegal annexation'", 〈https://news.un.org/en/story/2022/10/1129492〉; https://en.wikipedia.org/wiki/Eleventh_emergency_special_session_of_the_United_Nations_General_Assembly.

총회는 동년 4월 26일 -안보리에서 거부권이 행사된 경우, 이 사태에 대해 긴급특별총회가 개최되지 않으면 총회 의장은 토의를 위해 (근무일 기준)10일 내에 총회의 공식회합을 소집하며, 이 경우 거부권을 행사한 안보리 상임이사국(들)에게 예외적으로 가장 먼저 발언할 기회를 주기로 하는- 결의 76/262를 채택한 바도 있었다 : A/RES/76/262 ("Standing mandate for a General Assembly debate when a veto is cast in the Security Council"), paras. 1~2, 〈https://digitallibrary.un.org/record/3969448?ln=en〉; 본서, 제25장 (UN), "V. UN의 주요기관, 2. 안전보장이사회, (3) 표결" 참조.

312) A/RES/ES-11/5 (Furtherance of remedy and reparation for aggression against Ukraine). 찬성 94, 반대 14, 기권 73, 불참 12 : https://en.wikipedia.org/wiki/United_Nations_General_Assembly_Resolution_ES-11/5.

313) A/RES/77/204 (Combating glorification of Nazism, neo-Nazism and other practices that contribute to fuelling contemporary forms of racism, racial discrimination, xenophobia and related intolerance), 〈https://www.un.org/en/ga/77/resolutions.shtml〉. 찬성 120, 반대 50, 기권 10으로 채택됨.

314) UN총회에서 투표 불참은 물론이고 기권도 투표에 계산되지 않는다. 본서, 제25장 (UN), "V. UN의 주요기관, 1. 총회, (3) 표결" 참조.

315) https://sputniknews.com/20221216/un-general-assembly-adopts-russian-resolution-on-combating-glorification-of-nazism-1105514278.html; Russkiy Mir Foundation, 16.12.2022, "UN General Assembly Supported Russian Resolution on Combating Glorification of Nazism", 〈https://russkiymir.ru/en/news/308450/〉; Les Décodeurs/Le Monde, November 9, 2022, "Why France and 51 other countries voted against UN resolution condemning Nazism", 〈https://www.lemonde.fr/en/les-decodeurs/article/2022/11/09/why-france-and-51-other-countries-voted-against-the-un-resolution-condemning-nazism_6003471_8.html〉.

316) 찬성 141, 반대 7(러시아, 벨라루스, 시리아, 북한, 에리트리아, 니카라과, 말리), 기권 32(중국, 인도, 파키스탄 포함). A/RES/ES-11/6; https://www.un.org/en/ga/sessions/emergency.shtml; UN News, 23 February 2023, "UN General Assembly calls for immediate end to war in Ukraine", 〈https://news.un.org/en/story/2023/02/1133847〉.

317) 본서, 제29장 (국제형사재판소), "Ⅳ. ICC의 물적 관할권, 3. 전쟁범죄" 참조. 2024년 3월 5일, ICC는 러시아 육군과 해군의 두 고위 관리에 대해서도 체포영장을 발부하였다 : https://en.wikipedia.org/wiki/International_Criminal_Court_investigation_in_Ukraine; Le Monde with AFP, March 5, 2024, "ICC issues arrest warrants for Russian officers over strikes on Ukraine", 〈https://www.lemonde.fr/en/international/article/2024/

–러시아 대통령과 총리를 역임한 바 있는– 드미트리 메드베데프(Dmitry Medvedev)는 이 체포영장을 화장지에 비유하였으며,[318] 러시아 정부는 체포영장 발부에 관여한 ICC 검사와 3인의 재판관을 조사할 수사위원회를 구성하였다.[319] 그런가 하면, 조 바이든(Joe Biden) 미국 대통령은 "글쎄, [영장 발부는] 정당하다고 생각한다. 그러나 문제는, [ICC는] 우리도 국제적으로 인정하지 않는다는 거다."라고 말하였다.[320] 이어서 3월 27일, UN안보리는 지난 해 9월 –러시아와 독일을 연결하는– 발트해의 노르트 스트림(Nord Stream) 해저 가스 파이프라인들에 가해진 '사보타지 행위'를 조사할 국제위원회를 설립하자는 러시아의 제안을 찬성 3(러시아, 중국, 브라질), 반대 무, 기권 12로 거절하였다.[321]

3월 21일, 러시아를 방문한 시진핑(Xí Jìnpíng) 중국 주석은 푸틴 대통령과 –무역과 산업에서 과학과 군사에 이르기까지 다양한 분야에서의– 양국 간 협력 증진을 위해 12개 이상의 문서에 서명하였다.[322] 이어서, 중국 국내 상품의 국경간 운송에 국한된 것이긴 하지만 6월 1일부로 러시아의 블라디보스톡 항이 중국에 개방되었다는 소식도 전해졌다.[323] 미국의 마음이 바빠졌다. 7월 11일, 바이

03/05/icc-issues-arrest-warrants-for-russian-officers-over-strikes-on-ukraine_6588128_4.html〉.

318) Deccan Herald, AFP, Moscow, Mar 17 2023, "Russia ex-president Medvedev likens Putin ICC warrant to toilet paper", 〈https://www.deccanherald.com/international/world-news-politics/russia-ex-president-medvedev-likens-putin-icc-warrant-to-toilet-paper-1201146.html〉.

319) Mark Trevelyan/Reuters, March 20, 2023, "Russia defies Putin arrest warrant by opening its own case against ICC", 〈https://www.reuters.com/world/europe/russia-opens-criminal-case-against-icc-judges-prosecutor-over-putin-arrest-2023-03-20/〉; RT, 20 Mar, 2023, "Putin arrest warrant court 'fundamentally illegitimate' – Bolton", 〈https://www.rt.com/news/573319-john-bolton-putin-arrest/〉.

320) The Guardian, 18 Mar 2023, "'It's justified': Joe Biden welcomes ICC arrest warrant for Vladimir Putin", 〈https://www.theguardian.com/us-news/2023/mar/18/joe-biden-welcomes-icc-arrest-warrant-vladimir-putin〉; Taipei Times, Mar 19, 2023, "Joe Biden says ICC arrest warrant for Putin justified", 〈https://www.taipeitimes.com/News/front/archives/2023/03/19/2003796349〉. 사실, 이미 2018년 미국 정부는 국가안보보좌관 존 볼튼(John Bolton)의 입을 빌려 아프가니스탄에서 복무한 미국인들을 전쟁범죄로 기소할 경우 ICC 재판관들과 기타 관리들을 체포하고 제재하겠다고 위협한 바 있었다 : France 24, Sep 10, 2018, "US threatens to arrest ICC judges if they pursue Americans for Afghan war crimes", 〈https://www.france24.com/en/20180910-usa-trump-threatens-arrest-icc-judges-american-soldiers-afghan-war-crimes〉; DW, Sep 10, 2018 "US threatens to arrest ICC judges", 〈https://www.dw.com/en/us-threatens-to-arrest-icc-judges-over-war-crimes-probe/a-45435900〉.

321) UN Meetings Coverage and Press Releases, SC/15243, 27 March 2023, "Security Council Rejects Draft Resolution Establishing Commission to Investigate Sabotage of Nord Stream Pipeline", 〈https://press.un.org/en/2023/sc15243.doc.htm〉. 2024년 4월, 중국 정부는 UN이 주도하는 국제조사의 조기 착수를 거듭 촉구하고 나섰다 : UN Press Releases, SC/15683, 26 April 2024, "United Nations Has No Added Details on Nord Stream Explosions, Security Council Hears, as Members Underscore Need to Protect Critical Infrastructure", 〈https://press.un.org/en/2024/sc15683.doc.htm〉: Xinhua, 2024-04-27, "China calls for UN-led int'l probe of Nord Stream blasts", 〈https://www.chinadaily.com.cn/〉; RT, 27 Apr, 2024, "China calls for 'international investigation' into Nord Stream attack", 〈https://www.rt.com/news/596702-china-nord-stream-investigation/〉. 2024년 3월 5일, 러시아 해외정보국(SVR) 국장은 폭파 배후에 미국과 영국이 있다고 주장하였다 : RT, 5 Mar, 2024, "US and UK blew up Nord Stream – Russia's top spy", 〈https://www.rt.com/news/593828-nord-stream-explosions-us-uk/〉.

322) RT, 21 Mar, 2023, "Multiple agreements crown historic Putin-Xi meeting : Deals between Russia and China aim to promote trade and multipolarity", 〈https://www.rt.com/news/573383-putin-xi-agreements-cooperation/〉.

323) Global Times, May 15, 2023, "China approves Russia's Vladivostok as cross-border transit port, in show of high-level strategic mutual trust", 〈https://www.globaltimes.cn/page/202305/1290736.shtml〉; Seth

든 대통령의 미국은 194번째 회원국으로 UNESCO에 다시금 가입함으로써 고립을 탈피하려는 모습을 보여주었다.[324] 이어서 9월, 인도 뉴델리에서 개최된 G20 정상회담에서는 미국은 인도, EU, 사우디, UAE, 이탈리아, 프랑스, 독일과 함께 "인도-중동-유럽 경제회랑"(India-Middle East-Europe Economic Corridor : IMEC)에 관한 양해각서에 서명하였는데, 이는 인도와 중동, 이스라엘, 유럽의 주요 항구를 연결하는 운송망 구축을 목표로 하는 것으로, 중국의 일대일로에 맞불을 놓기 위한 것으로 해석되었다.[325]

이런 상황에서 10월 7일 가자 지구를 장악하고 있던 하마스를 위시한 팔레스타인 준군사 조직들이 -1948년 아랍-이스라엘 전쟁 이후 처음으로- 이스라엘 본토를 침공하였다. 하마스 전사들은 가자-이스라엘 장벽을 뚫고 이스라엘 군사기지를 공격하고, 인근 이스라엘 공동체와 음악축제에서 민간인을 학살하였는데, 이 공격으로 이스라엘 민간인 695명(어린이 36명 포함), 외국인 71명, 보안군 373명 등, 1,139명이 사망한 것으로 보도되었다.[326] 또한 하마스는 팔레스타인 포로 석방을 목적으로 -어린이들을 포함해- 약 250명의 이스라엘 민간인과 군인을 인질로 잡았다.[327] 하마스는 이번 공격이 이스라엘의 팔레스타인 영토 점령, 가자지구 봉쇄, 이스라엘 불법 정착촌 확장, 이스라엘 정착민들의 폭력 고조에 따른 것이라고 밝혔다.[328] 국내 사법개혁 시도로 곤욕을 치르고 있던 이스라

Robson/Stars and Stripes, May 17, 2023, "Russia welcomes Chinese shipping to Far East port for first time", 〈https://www.stripes.com/theaters/europe/2023-05-17/russia-china-shipping-vladivostok-pacific-10143191.html〉; Ritu Sharma/the Eurasian Times, May 21, 2023, "China Emerges 'Biggest Winner' Of Russia-Ukraine War; Regains Vladivostok Port After 163 Years, Beats Japan In Auto Market", 〈https://eurasiantimes.com/new-163-years-china-wins-access-to-vladivostok-port-emerges/〉.

324) UNESCO, Press Release, 11 July 2023, "The United States becomes the 194th Member State of UNESCO", 〈https://www.unesco.org/en/articles/united-states-becomes-194th-member-state-unesco〉; https://www.theguardian.com/world/2023/jul/01/us-set-to-rejoin-unesco-after-leaving-during-trump-presidency; https://en.wikipedia.org/wiki/UNESCO.

325) White House, Statements and Releases, September 9, 2023, "Memorandum of Understanding on the Principles of an India – Middle East – Europe Economic Corridor", 〈https://www.whitehouse.gov/briefing-room/statements-releases/〉; Drishti IAS, 19 Sep 2023, "India-Middle East-Europe Corridor", 〈https://www.drishtiias.com/daily-updates/daily-news-analysis/india-middle-east-europe-corridor〉; Rhik Kundu/Mint, 24 Sep 2023, "India-Middle East-Europe Economic Corridor to become the basis of world trade: PM Modi", 〈https://www.livemint.com/news/〉; 조준형/매일경제, 2023.09.09., "美주도 인도-중동-유럽 경제회랑 출범…中일대일로에 맞불".
미국의 이러한 전략에 부응이라도 하듯, 2019년 G-7 국가들 중 유일하게 중국의 일대일로 프로젝트에 참여했던 이탈리아가 2024년에 이를 더 이상 갱신하지 않는다는 의사를 중국 측에 전달하였다는 보도들이 나왔다. Al Jazeera, 6 Dec 2023, "Italy withdraws from China's Belt and Road Initiative, reports say", 〈https://www.aljazeera.com/news/2023/12/6/italy-leaving-chinas-belt-and-road-initiative-reports〉; https://en.wikipedia.org/wiki/China-Italy_relations.

326) 다만, 이들 중 몇 명이 아군 사격으로 사망했는지는 확실하지 않다 : https://en.wikipedia.org/wiki/2023_Hamas-led_attack_on_Israel; https://en.wikipedia.org/wiki/Hannibal_Directive.

327) 하마스 전사들의 성폭행에 대한 수많은 보고도 있었지만, 하마스는 이를 부인하였다. Cf. https://en.wikipedia.org/wiki/Sexual_and_gender-based_violence_in_the_7_October_attack_on_Israel; Ahmed Asmar/Middle East Monitor, January 4, 2024, "Did Palestinian fighters rape and sexually assault Israelis on 7 October?", 〈https://www.middleeastmonitor.com/20240104-did-palestinian-fighters-rape-and-sexually-assault-israelis-on-7-october/〉.

328) https://en.wikipedia.org/wiki/2023_Hamas-led_attack_on_Israel; Al Jazeera, 18 Nov 2023, "Hamas had

엘 네타냐후(Benjamin Netanyahu) 정부는 곧장 전쟁을 선언하고 가자 지구를 초토화하기 시작하였는데, 하마스에 대한 비난과는 별개로 이스라엘의 대응은 –"세계 최대의 야외 감옥"(world's largest open-air prison)으로도 불리는[329]– 가자 지구의 민간인 대량학살과 인종청소를 동반함으로 인해 국제적 비난에 직면하였다.[330] 안토니우 구테흐스(António Guterres) UN사무총장도 안보리에서 "하마스의 공격이 팔레스타인 사람들에 대한 집단적 처벌(collective punishment)을 정당화할 수는 없다"는 견해를 피력하였다.[331] 사우디아라비아는 –미국이 공을 들이고 있던– 이스라엘과의 국교정상화에 관한 모든 협상을 중단한다는 뜻을 미국에 전달하였다.[332] 10월 26일, –이스라엘–팔레스타인 충돌과 관련하여 1997년 처음 소집된 바 있는– (10차)긴급특별총회가 아랍 측의 요청으로 재개되었는데,[333] 27일 동 총회는 팔레스타인과 이스라엘 민간인을 향한 모든 폭력행위를 비난하면서, "즉각적인 휴전, 국제법(특히 민간인 보호에 관한 국제인도법과 국제인권법) 준수 및 가자 지구 민간인들에 대한 생필품과 서비스의 즉각적인 제공"을 요구하고, 팔레스타인 민간주민의 강제적인 이전 시도를 굳건히 배척하면서, 위법하게 붙잡힌 모든 민간인의 즉각적이고 무조건적인 석방을 요구하는 결의[334]를 채택하였다. 11월 들어와 하마스가 잡고 있는 이스라엘 등 외국인 인질들과 이스라엘 측에 수감 중인 팔레스타인인들의 맞교환을 위한 일시 휴전이 성사되기도 하였지만 이내 전투가 재개되

---

not planned to attack music festival, Israeli report says – *First police investigation of Supernova festival also found Israeli forces responsible for some deaths.*", 〈https://www.aljazeera.com/〉.

329) Geeta Mohan/India Today, Oct 23, 2023, "Why is Gaza Strip called the 'world's largest open-air prison'?", 〈https://www.indiatoday.in/world/story/gaza-strip-blockade-israel-world-largest-open-air-prison-2452669-2023-10-23〉.

330) https://en.wikipedia.org/wiki/Israeli_invasion_of_the_Gaza_Strip_(2023-present) ; https://en.wikipedia.org/wiki/Gaza-Israel_conflict ; The New Arab, 7 October, 2023, "How did Arab states react to Hamas operation against Israel?", 〈https://www.newarab.com/news/how-did-arab-states-react-hamas-attack-israel〉 ; United Nations (Geneva), The Question of Palestine, 17 October 2023, "4,200 people killed, over one million people displaced in just 10 days – OHCHR briefing", 〈https://www.un.org/unispal/document/4200-people-killed-over-one-million-people-displaced-in-just-10-days-ohchr-briefing/〉 ; Una Mullally/The Guardian, 2 Nov 2023, "Ireland's criticism of Israel has made it an outlier in the EU. What lies behind it?", 〈https://www.theguardian.com/commentisfree/2023/nov/02/ireland-criticism-israel-eu-palestinian-rights〉.

331) SC/15462, 27 October 2023, "Amid Increasingly Dire Humanitarian Situation in Gaza, Secretary-General Tells Security Council Hamas Attacks Cannot Justify Collective Punishment of Palestinian People", 〈https://press.un.org/en/2023/sc15462.doc.htm〉.

332) SAMAA, Oct 9, 2023, "Saudi Arabia ends talks on normalization with Israel amid Hamas-Israel war", 〈https://www.samaa.tv/208732363〉.

333) United Nations, The Questine of Palestine, "Tenth emergency special session of the General Assembly on Thursday, 26 October 2023, at 10:00 a.m. 26 Oct", 〈https://www.un.org/unispal/event/unga-emergency-special-session-26oct2023/〉.

334) A/RES/ES-10/21 (Protection of civilians and upholding legal and humanitarian obligations), 27 October 2023, 〈https://www.un.org/unispal/data-collection/general-assembly/〉. 찬성 120(프랑스, 이집트, 중국, 사우디, 러시아, 북한 등), 반대 14(이스라엘, 미국, 오스트리아, 헝가리 등), 기권 45(독일, 한국, 일본, 캐나다 등), 무투표 14개국. 이는 "출석하여 투표하는 회원국의 2/3" 요건을 훨씬 넘는 결과였다. UN News, 27 October 2023, "Gaza crisis: General Assembly adopts resolution calling for 'humanitarian truce', civilian protection", 〈https://news.un.org/en/story/2023/10/1142932〉 ; https://twitter.com/UN_News_Centre/status/1717992371906839005/photo/2/.

었으며,[335] 12월 8일 가자 지구에서의 즉각적인 휴전을 요구하는 안보리 결의안(Draft resolution S/2023/970)은 –그간 이스라엘에 무기를 무한 제공해온[336]– 미국의 거부권(veto) 행사로 채택되지 못하였다.[337] 이에 동월 12일 (10차)긴급특별총회는 –지난 10월의 결의에 이어– 다시금 "즉각적인 인도주의적 휴전, 모든 인질의 즉각적이고 무조건적인 석방, 그리고 인도주의적 접근의 보장을 요구"하며, "모든 당사자가 국제인도법을 포함한 국제법 하의 제의무, 특히 민간인 보호와 관련된 의무를 준수하라는 요구를 반복"하는 결의[338]를 압도적 다수로 채택하였다. 22일, 안보리는 미국과 러시아가 기권한 덕분에 채택한 결의(2720)에서 무엇보다도 "분쟁당사자들이 가자 지구 전역의 팔레스타인 민간인들에게 직접 대규모로 인도주의적 지원을 즉각적이고 안전하며 방해 없이 전달하는 것을 허용하고, 촉진하고, 가능하게 할 것을 요구"하였는데, 미국 측의 반대로 "적대행위 긴급 중지"(urgent suspension of hostilities)를 요구하는 내용은 담지 못 하였다.[339] 29일, 지난 근 3개월 동안 계속된 이스라엘의 가자 지구에 대한 무자비한 폭격으로 2만 명 이상의 팔레스타인인이 사망하고 6만 명 이상이 다치는 등 광범위한 파괴가 초래되자 남아프리카공화국이 ICJ에 –ICJ규정 제36조 1항과 (남아프리카공화국과 이스라엘이 공동당사자인) 제노사이드협약 제9조에 의거하여– 이스라엘의 제노사이드협약 위반을 주장하는 소를 제기하면서 임시조치 명령을 요청하였으며,[340] 해가 바뀌어 2024년 1월 26일 ICJ는 임시조치를 발하였다.[341] 이제, 이스라엘 측의 제노사이드에 가담 혹은 공

335) Farah Najjar/Al Jazeera, 28 Nov 2023, "Israel-Hamas war updates: Palestinian prisoners arrive home after release", 〈https://www.aljazeera.com/news/liveblog/2023/11/28/israel-hamas-war-live-33-more-palestinian-prisoners-released-by-israel〉.

336) Michael Schaeffer Omer-Man/The Guardian, 7 Dec 2023, "Why is the US still sending an endless supply of arms to Israel without conditions?", 〈https://www.theguardian.com/commentisfree/2023/dec/07/us-israel-military-support-scrutiny-human-rights〉.

337) 영국 기권, 타 13개 이사국 찬성. United Nations, Meetings Coverage and Press Releases, SC/15519, 8 December 2023, "Security Council Fails to Adopt Resolution Demanding Immediate Humanitarian Ceasefire in Gaza on Account of Veto by United States", 〈https://press.un.org/en/2023/sc15519.doc.htm〉; UN Security Council Meetings & Outcomes Tables, 〈https://research.un.org/en/docs/sc/quick/meetings/2023〉.

338) A/RES/ES-10/22. (한국 포함) 찬성 153표, (미국, 이스라엘 포함) 반대 10표, (영국, 우크라이나 포함) 기권 23표. 이는 지난 10월의 동 총회 결의에 비해 찬성이 33개국이나 늘어난 결과이다. UN News, 12 December 2023, "UN General Assembly votes by large majority for immediate humanitarian ceasefire during emergency session", 〈https://news.un.org/en/story/2023/12/1144717〉; https://en.wikipedia.org/wiki/United_Nations_General_Assembly_Resolution_ES-10/22.

339) UN News, 22 December 2023, "Security Council adopts key resolution on Gaza crisis", 〈https://news.un.org/en/story/2023/12/1145022〉; https://en.wikipedia.org/wiki/United_Nations_Security_Council_Resolution_2720.

340) *Application of the Convention on the Prevention and Punishment of the Crime of Genocide in the Gaza Strip* (South Africa v. Israel), 〈https://www.icj-cij.org/case/192〉; ICJ, Press Release, No. 2023/77, 29 December 2023, "The Republic of South Africa institutes proceedings against the State of Israel and requests the Court to indicate provisional measures"; Al Jazeera, 29 Dec 2023, "South Africa files case at ICJ accusing Israel of 'genocidal acts' in Gaza", 〈https://www.aljazeera.com/news/2023/12/29/south-africa-files-case-at-icj-accusing-israel-of-genocidal-acts-in-gaza〉.

341) (임시재판관 두 명을 포함하여 도두 17인으로 구성된)재판소는 2024년 1월 26일 "이스라엘은 제노사이드협약 하의 제의무에 따라, 가자 지구의 팔레스타인인들과 관련하여 협약 제2조의 범위에 드는 모든 행위의 자행을 방지하기 위해 그 권한 내의 모든 조치를 취할 것"을 포함하여 이스라엘에 대해 모두 5개의 임시조치를 지시하면서, 아울러 "이스라엘은 동 명령 일자로부터 1개월 이내에 이 명령을 시행하기 위해 취한 모든 조치에 대한

모한 것으로 보이는 국가들까지 –당사자간 대세적 의무(duties *erga omnes partes*)를 창설한– 동 협약에

보고서를 재판소에 제출할 것"을 명령하였다 : *Application of the Convention on the Prevention and Punishment of the Crime of Genocide in the Gaza Strip* (South Africa v. Israel)(Request for the Indication of Provisional Measures), ICJ Order of 26 January 2024. 이 명령에 대해 즉각 비판적 견해들이 제시되었다 : see, e.g., Peter Koenig/Global Research, January 29, 2024, "Gaza Versus The Hague: The ICJ Failed Again – A Case of "Political Correctness"?", 〈https://www.globalresearch.ca/〉 ; Michel Chossudovsky/Global Research, January 30, 2024, ""Fake Justice" at The Hague: The ICJ "Appoints" Netanyahu to "Prevent" and "Punish" "Those Responsible for "Genocidal Acts"", 〈https://www.globalresearch.ca/〉.

국가들의 논평도 이어졌다. 말리키(Riyadh Maliki) 팔레스타인 외무장관은 "이스라엘이 1948년 제노사이드 협약을 위반하지 않았다는 점을 설득시키지 못했다"고 말하였으나, 네타냐후(Benjamin Netanyahu) 이스라엘 수상은 "다른 어떤 것과도 비교할 수 없는 정의로운 전쟁"을 벌이고 있다고 말하였고, 미국 국무부 대변인은 "우리는 제노사이드 혐의가 근거없는 것으로 계속 믿고 있다"고 말하였다 : Al Jazeera, 26 Jan 2024, "World reacts to ICJ interim ruling in Gaza genocide case against Israel", 〈https://www.aljazeera.com/〉. 이밖에도, 영국 외무부 대변인은 "우리의 견해는 가자 지구에서의 이스라엘의 행동은 제노사이드로 설명될 수 없다는 것이다. 그렇기 때문에 우리는 소송을 제기하기로 한 남아프리카공화국의 결정이 잘못되었고 도발적이라고 생각한 것이다."라고 논평하였다 : AFP and TOI Staff/The Times of Israel, 27 January 2024, "UK says it has 'considerable concerns' about ICJ ruling, rejects genocide accusation", 〈https://www.timesofisrael.com/〉. 멜라니 졸리(Mélanie Joly) 캐나다 외무장관도 다소 우회적으로 그러나 이스라엘을 지지하여 "우리가 ICJ를 지지한다고 해서 남아프리카공화국이 제기한 사건의 전제(premise)를 받아들이는 것은 아니다. 이 사건에 대해 ICJ가 [오늘 최종결정을 내린 것은 아니며], 우리는 계속해서 사건을 면밀히 추적하고 있다."라는 성명을 발표하였다 : Government of Canada 〉 Global Affairs Canada, January 26, 2024, "Statement by Minister Joly on the International Court of Justice's decision on South Africa's request for provisional measures in its case against Israel", 〈https://www.international.gc.ca/〉.

ICJ명령이 나오자, 미국, 영국, 캐나다를 위시한 일부 서구국가들은 'UN 근동 팔레스타인난민 구호청'(United Nations Relief and Works Agency for Palestine Refugees in the Near East : UNRWA)의 직원 몇 명이 2023년 10월 7일 하마스의 테러에 연루되었다는 이스라엘 당국의 주장에 기초하여 동 기구에 대한 자금지원을 즉각 일시 중단하고 나섰다. 그러나, 사실, UNRWA의 최대 지원 국가인 미국 정부는 동 기구를 와해시키려는 의도를 이미 갖고 있었다 : EMERiCs(신흥지역정보 종합지식포털아프리카・중동)(KIEP대외경제정책연구원), 2018/08/21, "[이슈트렌드] 미국의 팔레스타인 난민기구 와해 움직임", 〈https://www.kiep.go.kr/〉. UNRWA는 총 3만명 넘는 인력 중에 가자지구에서만 12,000명 정도 고용하고 있는 것으로 추정되고 있다. https://www.unrwa.org/careers/working-unrwa ; Philippe Lazzarini, UNRWA Commissioner-General, 26 January 2024, "Serious Allegations against UNRWA Staff in the Gaza Strip, 〈https://www.unrwa.org/newsroom/official-statements/serious-allegations-against-unrwa-staff-gaza-strip〉 ; Al Jazeera, 27 Jan 2024, "Palestinians condemn suspension of UNRWA funding by Western nations", 〈https://www.aljazeera.com/〉 ; Al Jazeera, 28 Jan 2024, "Which countries have cut funding to UNRWA, and why?", 〈https://www.aljazeera.com/news/2024/1/28/which-countries-have-cut-funding-to-unrwa-and-why〉 ; Sophie Tanno, Hira Humayun, Richard Roth and Heather Chen/CNN, January 28, 2024, "What we know about Israel's allegations against UN staffers in Gaza", 〈https://edition.cnn.com/2024/01/27/middleeast/unrwa-israel-hamas-october-7-allegations-intl/index.html〉 ; AJC(Amertican Jewish Community), January 30, 2024, "What to Know about UNRWA, the Allegations That Some of Its Employees Participated in the 10/7 Attacks, and Its Controversial Role", 〈https://www.ajc.org/news/〉 ; 본서, 제18장 (국제난민법), "Ⅱ. UN과 난민보호".

그 후 이스라엘이 ICJ의 임시조치 명령에 아랑곳하지 않고 가자 지구 팔레스타인인들을 이집트 접경 라파(Rafah) 지역으로 무력에 의거 "마치 치약을 짜듯" 밀어제치자, 2월 12일 남아프리카 공화국은 *LaGrand* 사건(독일 대 미국)의 전례에 따라 ICJ규칙 제75조 1항(*proprio motu*에 의거한 임시조치 지시)에 의거하여 구두심리를 거침이 없이 추가 임시조치를 지시해 달라고 요청하였고, 15일 이스라엘은 남아프리카공화국의 ICJ규칙 제75조 1항 원용은 그 자체 모순이라고 반박하는 견해를 제시하였다. 16일 재판소는 –ICJ규칙 제75조 1항의 *proprio motu*에 의한 임시조치 지시의 의미에 대해서는 언급함이 없이– 지난 1월 26일의 임시조치 명령만으로 족하며, 추가적인 임시조치 지시는 요구되지 않는다고 결정하였다 : *Decision of the Court on South Africa's request for additional provisional measures*, 16 February 2024, ICJ Press Release, No. 2024/16 ;

의거 ICJ에 제소당하는지를 지켜볼 차례였는데,[342] 실제로 곧 그런 일이 발생하였다. 즉, 2024년 3월 1일, 니카라과는 "제노사이드협약과 그 추가의정서들, '국제인도법의 침해할 수 없는 원칙', 그리고 점령된 팔레스타인 영토, 특히 가자 지구에 관련된 일반국제법의 기타 규범" 하의 의무를 위반한 혐의로 독일을 상대로 ICJ에 소장을 제출하면서, "독일이 이스라엘에 정치적, 재정적, 군사적 지원을 제공하고 UN 근동 팔레스타인난민 구호청(UNRWA)의 자금을 삭감함으로써 제노사이드의 자행을 촉진하고 있으며, 어쨌든 제노사이드의 자행을 방지하기 위해 가능한 모든 조치를 취해야 할 의무를 이행하지 않았다"고 주장하였다.[343]

한편, 2024년 1월 10일, 안보리는 예멘의 후티(Houthi) 반군이 팔레스타인에 대한 연대의 표시로 홍해에서 자행하고 있는 선박들에 대한 모든 공격을 즉각 중단할 것을 요구하는 결의[344]를 –4개 이사국(러시아, 중국, 알제리, 모잠비크)의 기권 속에서, 그리고 반대표 없이– 채택하였는데, 동 결의는 "국제법에 따라, –항해의 권리와 자유를 침해하는 공격을 포함하여– 공격으로부터 자국 선박을 보호할 UN회원국들의 권리에 주목"하였다. 11일, 미국과 영국 군대는 후티의 여러 목표물에 공습을 개시하였다.[345] 그러나 미국, 영국, 이스라엘과 연계된 선박에 대한 후티군의 공격은 멈추지 않고 있다.[346]

Al Jazeera, 16 Feb 2024, "ICJ demands implementation of Gaza measures, but no new action on Rafah", 〈https://www.aljazeera.com/〉 ; 본서, 제26장 (분쟁의 평화적 해결수단), "Ⅶ. 사법심사, 13. 부수적 관할권, (3) 임시조치" 참조.

그러나 3월 28일 ICJ는 그 후의 악화된 기근(famine)을 고려하여 추가 임시조치를 발하였으며, 5월 24일의 임시조치 지시에서는 특히 "이스라엘은 라파 주에서의 군사 공격과 기타 모든 활동을 즉시 중단할 것"을 명령하기도 하였다. https://www.icj-cij.org/case/192.

한편, 그 사이 이 사건에 제3국들이 소송참가를 신청하여 왔다. 먼저, 2024년 1월 23일 니카라과가 ICJ규정 '제62조'에 의거하여 그러나 "소송의 당사자로서" 소송참가 신청서를 제출하였다 : 이 문제에 관해서는 본서, 제26장 (분쟁의 평화적 해결수단), 'Ⅶ. 사법심사, 13. 부수적 관할권, (4) 소송참가" 참조. 이어서 4월 5일에는 콜롬비아가 동 규정 제63조에 의거하여 소송참가 선언서를 제출하였다 : ICJ Press Release, No. 2024/27, 5 April 2024. 5월 10일에는 리비아가 제63조에 의거하여 소송참가 선언서를 제출하였다 : ICJ, Press Release, No. 2024/40, 10 May 2024.

342) 제노사이드협약 제3조 ; teleSUR, 15 January 2024, "South Africa to Sue US and UK as Complicit in Gaza Genocide", 〈https://www.telesurenglish.net/〉 ; Zaha Hassan/Carnegie Endowment, January 18, 2024, "Why the United States Can't Ignore the ICJ Case Against Israel", 〈https://carnegieendowment.org/2024/01/18/why-united-states-can-t-ignore-icj-case-against-israel-pub-91419〉.

343) *Alleged Breaches of Certain International Obligations in respect of the Occupied Palestinian Territory* (Nicaragua v. Germany) ; ICJ Press Release, No. 2024/19, 1 March 2024, "The Republic of Nicaragua institutes proceedings against the Federal Republic of Germany and requests the Court to indicate provisional measures", 〈https://www.icj-cij.org/press-releases〉 ; https://en.wikipedia.org/wiki/Nicaragua_v._Germany. 니카라과는 양국의 ICJ강제관할권 수락 선언과 제노사이드협약 제9조에서 재판소의 관할권을 구하였다. 니카라과는 매우 긴급한 문제로 잠정조치를 지시해 줄 것도 요청하였으나, 4월 30일 재판소는 상황이 임시조치 지시 권한의 행사를 요구하지 않는다고 판단하였다 : ICJ Press Release, No. 2024/37, 30 April 2024.

344) S/RES/2722(2024), 〈https://research.un.org/en/docs/sc/quick/meetings/2024〉 ; UN, Meetings Coverage and Press Releases, 10 January 2024, "Adopting Resolution 2722 (2024) by Recorded Vote, Security Council Demands Houthis Immediately Stop Attacks on Merchant, Commercial Vessels in Red Sea", 〈https://press.un.org/en/2024/sc15561.doc.htm〉.

345) VOA, January 11, 2024, "US, UK Strike Back at Several Houthi Sites in Yemen", 〈https://www.voanews.com/a/us-uk-strike-back-at-several-houthi-sites-in-yemen-/7436803.html〉.

346) See, e.g., Al Jazeera, 20 Feb 2024. "Yemen's Houthis claim attacks on Israeli, US ships", 〈https://www.aljazeera.com/〉 ; https://en.wikipedia.org/wiki/Red_Sea_crisis.

2월 20일 미국은 이스라엘과 하마스 간 즉각적 휴전을 요구하는 안보리 결의안(Draft resolution S/2024/173) 채택에 또다시 홀로 거부권을 행사하였는데,[347] 3월 25일 안보리는 이번에는 미국이 기권한 가운데 14개 이사국의 찬성으로 "지속가능한 휴전을 위해 모든 당사자가 존중하는 라마단 한 달 동안 즉각적인 휴전을 요구하며, 또한 모든 인질의 즉각적이고 무조건적인 석방을 요구..."하는 '결의 2728'[348]을 채택하는데 성공하였다.[349]

미국의 후원을 받아 이스라엘과의 관계정상화를 시도하던 사우디 정부[350]의 외무장관 파이살 빈 파르한 빈 압둘라 왕자(Prince Faisal bin Farhan bin Abdullah)는 2024년 5월 27일 브뤼셀에서 노르웨이 외무장관(Espen Barth Eide)과 EU 외교안보정책고등대표(Josep Borrell)와 가진 회담에서 "이스라엘은 한 개의 팔레스타인 국가의 존재 없이는 그 자신도 존재할 수 없다는 점을 받아들이는 것이 절대적으로 필요하다."고 역설하였다.[351] 그가 지적하는 것처럼, 팔레스타인과 이스라엘 간 해묵은 분쟁은 미국의 전폭적인 지원을 받는 이스라엘이 팔레스타인 민족의 자결권을 인정하고 팔레스타인을 국가로 승인하기는커녕,[352] 팔레스타인국을 구성해야 할 가자지구와 요르단강 서안에 대한 점령을 -그것도 제네바 제4협약 제33조가 절대적으로 금지하고 있는 '집단적 처벌'(collective penalties) 방식에 의존하여- 야금야금 확대해 온 데서 비롯된다.[353] 게다가, 이스라엘군은 하마스를 식별하기

---

347) UN Security Council Meetings & Outcomes Tables, 〈https://research.un.org/en/docs/sc/quick/meetings/2024〉 ; Al Jazeera, 20 Feb 2024, "US vetoes another UN Security Council resolution urging Gaza war ceasefire", 〈https://www.aljazeera.com/〉 ; Michele Kelemen/npr, Feb 20, 2024, "The U.S. has again vetoed a U.N. resolution demanding an immediate cease-fire in Gaza", 〈https://www.npr.org/2024/02/20/1232636543/un-security-council-gaza-cease-fire-vote〉.

348) S/RES/2728 (2024)(The situation in the Middle East, including the Palestinian question), 〈https://www.jns.org/full-text-un-security-council-resolution-2728/〉.

349) Michelle Nichols and Nidal Al-Mughrabi/Reuters, March 26, 2024, "UN Security Council demands immediate Gaza ceasefire after US abstains", 〈https://www.reuters.com/world/middle-east/un-security-council-demands-immediate-ceasefire-gaza-2024-03-25/〉.

350) KIEP AIF, 2023/10/06, "[이슈트렌드] 사우디아라비아와 이스라엘의 관계 정상화 가능성에 긴장하는 이란", 〈https://www.kiep.go.kr/aif〉.

351) WAFA (Palestine News & Information Agency), May 27, 2024, "Saudi foreign minister says Israel must accept that it cannot exist without the existence of a Palestinian State", 〈https://english.wafa.ps/Pages/Details/144511〉.

352) 팔레스타인은 2023년 6월 2일 현재 UN회원국 193개국 중 139개국으로부터 국가 승인을 받았다. https://en.wikipedia.org/wiki/International_recognition_of_the_State_of_Palestine ; Clare Roth/DW, November 6, 2023, "Is Palestine considered a state?", 〈https://www.dw.com/en/is-palestine-considered-a-state/a-67310981〉 ; Sophian Aubin/France 24, 20/01/2024, "Discord over two-state solution opens rift between the US and Israel", 〈https://www.france24.com/en/middle-east/20240120-a-growing-rift-between-us-and-israel-over-palestinian-statehood〉.

353) https://en.wikipedia.org/wiki/Dahiya_doctrine ; Richard Falk, Jan 7, 2011, "Israel's Violence Against Separation Wall Protests: Along the Road of STATE TERRORISM", 〈https://richardfalk.org/2011/01/07/israel's-israeli-violence-against-separation-wall-protests-along-the-road-of-state-terrorism/〉 ; Chris Hedges, The Chris Hedges Report, 2023. 10. 19, "Israel's Culture of Deceit", 〈https://chrishedges.substack.com/p/israels-culture-of-deceit〉 ; Al Jazeera, 5 Nov 2023, "True massacre': Gaza child casualties cross 4,000 as Israeli raids expand", 〈https://www.aljazeera.com/news/2023/11/5/true-massacre-gaza-children-death-toll-crosses-4000-as-raids-intensify〉 ; Ishaan Tharoor/Washington Post, November 10, 2023, "The punishing military doctrine that Israel may be following in Gaza", 〈https://www.

위해 인공지능 기반 툴(AI-based tool)을 사용하고 있는데, 이것은 부수적 피해(collateral damage)를 의식하지 않는 것이어서 "AI를 이용한 제노사이드"(AI-assisted genocide)라는 비판이 나오고 있다.[354] 2023년 3월 러시아의 푸틴 대통령에게 신속히 체포영장을 발부한 국제형사재판소가 하마스뿐만 아니라 이스라엘에 대해, 나아가 미국에게는 어떤 반응을 보일지 세계가 지켜보고 있다.[355] 존 미어샤이머 교수는 묻는다 : "이 재앙이 팔레스타인인들에게 전개되는 것을 지켜보면서 이스라엘 지도자들, 미국 옹호자들 그리고 바이든 행정부에게 간단한 질문 하나를 하겠다: 당신들에게는 품위란 전혀 없는 것인가(have you no decency)?"[356] 마이클 브레너 교수도 말한다 : "서방 지도자들은 우크라이나에서의 패배와 팔레스타인에서의 제노사이드라는 두 가지 놀라운 사건을 경험하고 있다. 첫째 것은 굴욕적인(humiliating) 일이고, 둘째 것은 부끄러운(shameful) 일이다. 그런데도 그들은 굴욕감이나 수치심을 전혀 느끼지 않는다."[357]

---

washingtonpost.com/world/2023/11/10/israel-dahiya-doctrine-disproportionate-strategy-military-gaza-idf/〉; 본서, 제28장 (전쟁법), "V. 민간인의 대우."

354) Tara John/CNN, April 3, 2024, "Israel is using artificial intelligence to help pick bombing targets in Gaza, report says", 〈https://edition.cnn.com/〉; The Guardian, 3 Apr 2024, "Israel Defence Forces' response to claims about use of 'Lavender' AI database in Gaza", 〈https://www.theguardian.com/〉; Bethan McKernan and Harry Davies/The Guardian, 3 Apr 2024, "'The machine did it coldly': Israel used AI to identify 37,000 Hamas targets", 〈https://www.theguardian.com/world/2024/apr/03/israel-gaza-ai-database-hamas-airstrikes〉; Al Jazeera, 4 Apr 2024, "'AI-assisted genocide': Israel reportedly used database for Gaza kill lists", 〈https://www.aljazeera.com/〉; Yuval Abraham/+972 Magazine, April 3, 2024, "'Lavender': The AI machine directing Israel's bombing spree in Gaza - The Israeli army has marked tens of thousands of Gazans as suspects for assassination, using an AI targeting system with little human oversight and a permissive policy for casualties, +972 and Local Call reveal.", 〈https://www.972mag.com/lavender-ai-israeli-army-gaza/〉; James Bamford/The Nation, April 12, 2024, "How US Intelligence and an American Company Feed Israel's Killing Machine in Gaza", 〈https://www.thenation.com/article/world/nsa-palantir-israel-gaza-ai/〉; 본서, 제28장 (전쟁법), "V. 민간인의 대우, 1. 일반원칙 : 구별의 원칙".

355) Jake Johnson/Common Dreams, Oct 16, 2023, "Spanish Minister Says Netanyahu Should Be Brought Before ICC for War Crimes", 〈https://www.commondreams.org/news/spain-netanyahu-war-crimes〉; Daily Sabah, Nov 4, 2023, "Türkiye erased Netanyahu, will bring Israel's war crimes to ICC", 〈https://www.dailysabah.com/politics/diplomacy/turkiye-erased-netanyahu-will-bring-israels-war-crimes-to-icc〉; Al Jazeera, 9 Nov 2023, "Three rights groups file ICC lawsuit against Israel over Gaza 'genocide' - *The lawsuit urges the ICC to include 'genocide' in Gaza war crimes inquiry and issue arrest warrants for Israel's leaders.*", 〈https://www.aljazeera.com/news/2023/11/9/three-rights-groups-file-icc-lawsuit-against-israel-over-gaza-genocide〉; Shola Lawal/Al Jazeera, 21 Nov 2023, "BRICS condemns Israel war on Gaza in signal to the West", 〈https://www.aljazeera.com/features/2023/11/21/brics-condemns-israel-war-on-gaza-in-signal-to-the-west〉; Al Jazeera, 19 Jan 2024, "Palestinians welcome Chile and Mexico's call for ICC probe into Gaza war", 〈https://www.aljazeera.com/news/2024/1/19/palestinians-welcome-chile-and-mexico-call-for-icc-probe-into-gaza-war〉.

356) John J. Mearsheimer (Professor at the University of Chicago), 2023.12.12., "Death and Destruction in Gaza", 〈https://mearsheimer.substack.com/p/death-and-destruction-in-gaza〉. 그는 2022년 러시아의 우크라이나 침공 직후 가진 한 대담에서 "세력균형을 위해 러시아를 두려워 하지 말고 러시아와 함께 중국을 견제해야 한다"고 주장하기도 하였다 : Isaac Chotiner/The New Yorker, March 1, 2022, "Why John Mearsheimer Blames the U.S. for the Crisis in Ukraine", 〈https://www.newyorker.com/news/q-and-a/why-john-mearsheimer-blames-the-us-for-the-crisis-in-ukraine〉.

357) Michael Brenner (Professor *Emeritus* of International Affairs at the University of Pittsburgh)/Brave New Europe, March 3, 2024, "The West's Reckoning? : The West has set itself on a path of collective suicide

러시아의 침략에 맞서 여론전을 병행하던 우크라이나와 미국이 가자 지구 사태로 갑자기 난감하게 되었다. 미국의 "인도–중동–유럽 경제회랑" 구상도 미래 불확실성에 직면하였다. 마음이 더욱 바빠진 미국 바이든 정부는 베네수엘라 석유에 부과했던 제재를 이러저런 조건을 달아서나마 완화하였다.[358] UN총회는 1992년부터 –2020년을 제외하고– 매년 미국의 대 쿠바 제재 종료를 촉구하는 결의를 채택하여 오고 있는데, 2023년 11월에는 190개국이 표결에 참가, 187개국이 찬성표를 던졌으며, 우크라이나의 기권을 제외하고 오직 미국과 이스라엘만이 반대하였다.[359]

–미군의 진입이 영토국가의 동의에 의한 것이었느냐, 일방적 불법점령이었느냐의 문제와는 별도로– 이라크[360]와 시리아[361]에 배치 중인 미군을 철수시키라는 현지 영토국가의 압박도 점증하고 있다. 2023년 2월 28일 제네바 군축회의에서 파이살 멕다드(Faisal Mekdad) 시리아 외무장관은 알누스라(Jabhat al–Nusra), 이슬람국가(ISIS) 등 알카에다 관련 무장단체에 화학무기를 제공하려는 서구의 노력은 시리아 국민을 대상으로 한 광범위한 테러전의 일부였다고 주장하였다.[362] 때마침, 2024년 2월 22일, 화학무기금지기구 조사·식별팀(The Organisation for the Prohibition of Chemical Weapons Investigation and Identification Team)은 이라크와 레반트 지역의 IS 부대가 2015년 9월 1일 시리아 마레아(Marea)에서 발생한 화학무기(유황 머스타드) 공격의 주범이라는 결론을 내렸는데,[363] 이는 동 공격이 시리아 아사드(Assad) 정권의 소행이라는 그간의 미국 등의 주장과는 배치되는 것이다. 요컨대, '테러와의 글로벌 전쟁'(Global War *On* Terror)을 수행 중인 미국을 비롯한 글로벌 노스 국가들과 거꾸로 이들을 '글로벌 테러전의 달인'(masters of the Global War *Of* Terror)으로 보는 글로벌 사우스, 특히 중동지역 국가들 간의 갈등이 증폭되고 있는 상황이다.[364]

— both moral and economic.", 〈https://braveneweurope.com/michael-brenner-the-wests-reckoning〉.

358) https://en.wikipedia.org/wiki/Sanctions_during_the_Venezuelan_crisis ; Ben Lefebvre/Politico, 10/18/2023, "Biden eases sanctions on Venezuelan oil and Republicans howl", 〈https://www.politico.com/〉 ; Smruthi Nadig/Offshore Technology, November 28, 2022, "US government lifts sanctions against Venezuela; Chevron resumes oil production – On Saturday, the Biden administration issued a licence authorising Chevron to resume oil production in Venezuela for six months." 〈https://www.offshore-technology.com/news/〉.

359) A/RES/78/9 (Necessity of ending the economic, commercial and financial embargo imposed by the United States of America against Cuba), 2 Nov. 2023, 〈https://www.un.org/en/ga/78/resolutions.shtml〉. ; https://en.wikipedia.org/wiki/United_States_embargo_against_Cuba.

360) Cathrin Schaer & Emad Hassan/DW, Jan 10, 2024, "Will Iraq finally push US troops out because of Gaza?", 〈https://www.dw.com/en/will-iraq-finally-push-us-troops-out-because-of-gaza/a-67930986〉 ; Meghann Myers/Military Times, Jan 20, 2024, "Iraq's leader wants US troops out, but there's no timeline in place", 〈https://www.militarytimes.com/news/your-military/2024/01/19/iraqs-leader-wants-us-troops-out-but-theres-no-timeline-in-place/〉.

361) 본서, 제27장 (국가의 무력사용), "Ⅱ. 국가의 무력사용, 4. 자위권의 한계" ; Jonathan Guyer/Vox, Jun 15, 2023, "Why are there still American troops in Syria?", 〈https://www.vox.com/world-politics/2023/6/15/23669622/syria-900-us-troops-forever-war-isis-assad〉 ; 이지영/중앙일보, 2023.03.27., "이란 · 시리아, '보복공습' 美 비난…"우리 영토 미군 불법 점령 끝낼 것"", 〈https://www.joongang.co.kr/〉.

362) The Cradle News Desk, Feb 28, 2023, "West helped Nusra, ISIS obtain chemical weapons: Syrian FM", 〈https://thecradle.co/articles/west-helped-nusra-isis-obtain-chemical-weapons-syrian-fm〉.

363) OPCW News, 22 February 2024, "OPCW identifies ISIL as perpetrators of 2015 chemical attack in Marea, Syria", 〈https://www.opcw.org/media-centre/news/2024/02/opcw-identifies-isil-perpetrators-2015-chemical-attack-marea-syria〉.

4. 2024년 : 모스크바 테러, 그리고 이스라엘의 이란 대사관 폭격

2024년 3월 22일 저녁, 록밴드 공연을 보기 위해 6천여 명의 청중이 모인 모스크바 외곽 한 대형 콘서트홀에 공연 직전 무장 괴한들이 들이닥쳐 20여분 간 무차별 총격을 가하여 사망자만 140명을 넘었고 건물에 대형 화재도 일으켰다. –'호라산 지방의 이슬람 국가'(Islamic State-Khorasan Province, ISKP, ISIS-K)로도 알려진– IS의 아프가니스탄 지부는 즉각 이것이 자신들의 소행이라고 주장하고 나섰으나, 배후에 누가 있는지, 동기는 무엇인지에 대해 설왕설래가 이어지고 있다.[365]

4월 1일, 이스라엘 전투기로 의심되는 폭격기가 시리아 주재 이란 대사관의 별관 영사관에 폭격을 가하여 군 장성을 포함한 7명의 이란 군인을 살해하였다.[366] 13일 이란은 5시간 동안 이스라엘의 군사시설과 핵심산업단지들에 자폭드론과 미사일로 보복하고 작전 종료를 선언하였는데,[367] 이란의 UN대표부는 성명을 통해 "이란군은 UN헌장 제51조에 따라 인정된 고유의 자위권을 행사하였다."고 밝혔다.[368] 이란의 이스라엘 공격에는 예멘의 후티, 레바논의 헤즈볼라, 이라크 민병대 등도 가담한 것으로 보도되었다.[369] 이란의 미사일 유도 시스템이 –미국의 GPS 대신– 중국과 러시아의 위성항법 시스템을 사용했다는 보도도 나왔다.[370] 반면, 이스라엘 영공을 지키는 데 이스라엘뿐만 아니라 미국, 영국, 프랑스, 요르단의 전투기들도 참여한 것으로 밝혀졌다.[371]

---

364) Pepe Escobar/The Cradle, Jan 25, 2024, "How Yemen's 'asabiyya' is reshaping geopolitics", 〈https://thecradle.co/articles-id/20346〉. 2024년 1월 17일 미국이 후티(안사랄라/Ansarallah)를 자체 테러리스트 목록에 등재하자 예멘 의회는 미국, 영국, 이스라엘을 '세계 테러 목록의 최상위'에 올려야 한다는 성명을 발표하기도 하였다 : White House 〉 Briefing Room 〉 Statements and Releases, January 17, 2024, "Statement from National Security Advisor Jake Sullivan on the Terrorist Designation of the Houthis", 〈https://www.whitehouse.gov/〉 ; The Cradle, News Desk, Jan 21, 2024, "Yemen parliament says US, UK, Israel 'top terrorist' entities", 〈https://thecradle.co/〉 ; https://en.wikipedia.org/wiki/Houthi_movement.

365) https://en.wikipedia.org/wiki/Crocus_City_Hall_attack ; 본서, 제29장 (국제형사재판소), "XIX. 테러리즘의 정의".

366) https://en.wikipedia.org/wiki/Israeli_bombing_of_the_Iranian_embassy_in_Damascus ; Al Jazeera, 1 Apr 2024, "Israeli strike on Iran's Syria consulate kills 7, including 2 IRGC generals", 〈https://www.aljazeera.com/〉 ; Reuters, April 2, 2024, "Iran says Israel bombs its embassy in Syria, kills commanders", 〈https://www.reuters.com/〉 ; Kareem Chehayeb and Albert Aji/AP, April 2, 2024, "Israeli strike on Iran's consulate in Syria killed 2 generals and 5 other officers, Iran says", 〈https://apnews.com/〉.

367) Adam Muro, Virginia Pietromarchi, Edna Mohamed, Nils Adler and Lyndal Rowlands/Al Jazeera, 13 Apr 2024, "Israel's war on Gaza live Iran sends drones, missiles towards Israel", 〈https://www.aljazeera.com/〉.

368) NDTV World News, edited by Abhimanyu Kulkarni, April 14, 2024, ""Won't Hesitate To...": Iran After Launching Missile Barrage At Israel", 〈https://www.ndtv.com/world-news/iran-israel-war-wont-hesitate-to-iran-after-launching-missile-barrage-at-israel-5437447〉 ; The Times of Israel, 14 April 2024, "Iran chides UK, French, German envoys for 'irresponsible stance' to strikes on Israel", 〈https://www.timesofisrael.com/〉 ; Tehran Times, April 15, 2024, "Iran has legitimate right to self-defense against Israeli regime: envoy", 〈https://www.tehrantimes.com/〉.

369) The Times of Israel, 14 April 2024, "Iran hails proxies for joining attack on Israel; IDF strikes Hezbollah in response", 〈https://www.timesofisrael.com/〉.

370) Pepe Escobar/The Cradle, Apr 15, 2024, "How Iran's 'strategic patience' switched to serious deterrence", 〈https://thecradle.co/articles/how-irans-strategic-patience-switched-to-serious-deterrence〉.

371) Ken Klippenstein, Daniel Boguslaw/The Intercept, April 15 2024, "U.S., not Israel, shot down most Iran Drones and Missiles", 〈https://theintercept.com/2024/04/15/iran-attack-israel-drones-missiles/〉.

가자 지구에서 전쟁이 계속되는 가운데 팔레스타인국은 4월 2일 UN사무총장에게 2011년에 제출했던 UN 가입 요청을 다시 검토해 달라는 요청서를 제출하였는데, 18일 안보리 표결에서 미국은 이를 위한 안보리 권고 결의안 채택에 홀로 거부권을 행사하였다.[372] 5월 10일, UN총회(제10차 긴급특별총회)는 안보리에 팔레스타인의 UN가입 요청을 "긍정적으로 다시 생각해"(reconsider the matter favourably) 줄 것을 촉구하는 결의를 채택하였다.[373] 6월 10일, 안보리는 미국이 제시한 이스라엘-하마스 전쟁의 3단계 영구 휴전 계획을 승인하는 결의 2735를 통과시켰는데, 이는 러시아의 기권 속에 모든 이사국이 찬성한 결과였다.[374] 7월 19일, ICJ는 이스라엘의 팔레스타인 점령 정책과 관련한 사건에 대해 권고적 의견[375]을 제시하였는데, 자신의 기존 판례에 따라 특히 "이스라엘이 팔레스타인 점령 영토에 계속 존재하는 것은 불법이며", "이스라엘은 팔레스타인 점령 영토에서의 불법적인 주둔을 가능한 한 빨리 종식시켜야 할 의무가 있으며", "이스라엘은 모든 새로운 정착활동을 즉시 중단하고, 팔레스타인 점령 영토에서 모든 정착민을 소개시켜야 할 의무가 있다"고 결론지었다. 7월 23일, -최대 정파 파타(Fatah)와 하마스(Hamas)를 포함- 팔레스타인 14개 정파가 중국의 수도에 모여 모든 분열을 종식하고 단결할 것을 약속하는 선언문에 서명하였다.[376] 7월 25일

---

372) 영국과 스위스는 기권하고, 러시아, 중국, 프랑스, 한국, 일본 등 12개국은 찬성하였다. UN News, 18 April 2024, "The Security Council rejected Palestine's request for UN membership on Thursday, with the United States casting a veto.", 〈https://news.un.org/en/story/2024/04/1148731〉; UN Press Releases, SC/15670 18 April 2024, "Security Council Fails to Recommend Full United Nations Membership for State of Palestine, Owing to Veto Cast by United States", 〈https://press.un.org/en/2024/sc15670.doc.htm〉; 본서, 제25장 (UN), "Ⅳ. UN회원국의 지위, 1. UN의 원회원국과 가입국".

373) 143개국 찬성, 미국과 이스라엘을 포함 9개국 반대, 25개국 기권. UN GA (Tenth emergency special session on "Illegal Israeli actions in occupied East Jerusalem and the rest of the Occupied Palestinian Territory"), A/ES-10/L.30/Rev.1, 9 May 2024, "Admission of new Members to the United Nations", 〈https://www.un.org/en/ga/sessions/emergency10th.shtml〉; UN Meetings Coverage and Press Releases, 10 May 2024, GA/12599, Tenth Emergency Special Session, 49th & 50th Meetings (AM & PM), 〈https://press.un.org/en/2024/ga12599.doc.htm〉; Al Jazeera, 10 May 2024, "United Nations General Assembly backs Palestinian bid for membership", 〈https://www.aljazeera.com/〉.

374) 동 계획의 첫 번째 단계에서는 팔레스타인 포로의 석방, 가자지구 인구 밀집 지역에서 이스라엘의 철수, 팔레스타인 민간인의 귀환에 대한 대가로 하마스가 붙잡고 있는 노인, 여성, 부상당한 인질들의 송환을 요구하고 있다. 두 번째 단계에서는 다른 모든 인질이 석방되고, 가자지구에서의 적대행위가 영구적으로 종료되며, 이스라엘군이 전면 철수하는 것이다. 이어서 세 번째 단계에는 가자지구 재건 계획이 포함되어 있다. 결의에서 안보리는 -가자지구의 영토를 축소하는 모든 조치를 포함하여- 가자지구에서 인구통계학적 또는 영토적 변화를 시도하는 모든 시도를 거부한다. 결의는 또한 두 민주국가인 이스라엘과 팔레스타인이 국제법 및 관련 UN결의들에 부합하는 안전하고 승인된 국경 내에서 평화롭게 나란히 사는 '두 국가 해결책'의 비전에 대한 안보리의 확고한 약속을 반복하고 있다. 결의는 "이와 관련하여 팔레스타인 자치정부 하에서 가자지구와 서안지구를 통합하는 것의 중요성을 강조한다"고 덧붙이고 있다. 결의는 또한 양 당사자가 "지체 없이, 조건 없이" 제안 조건을 완전히 이행할 것을 촉구하고 있다. UN, Security Council: Meetings Coverage, 10 June 2024, "Adopting Resolution 2735 (2024) with 14 Votes in Favour, Russian Federation Abstaining, Security Council Welcomes New Gaza Ceasefire Proposal, Urges Full Implementation", 〈https://press.un.org/en/content/security-council〉.

375) *Legal Consequences arising from the Policies and Practices of Israel in the Occupied Palestinian Territory, including East Jerusalem*, Advisory Opinion, 19 July 2024. 본서, 제14장 (국가책임), "Ⅸ. 국제위법행위의 법적 결과, 3. 강행규범의 중대한 위반의 특별한 결과", & 제17장 (국제인권법), "Ⅵ. 인권존중과 대세적 의무" 참조.

376) Al Jazeera, 23 Jul 2024, "Hamas and Fatah sign unity deal in Beijing aimed at Gaza governance - The

네타냐후 이스라엘 총리는 미국의회 양원 합동회의에서 "우리는 당신들을 보호하고 있다. 이 연설에서 한 가지를 기억한다면 다음을 기억하라: 우리의 적은 여러분의 적이며, 우리의 싸움은 여러분의 싸움이며, 우리의 승리는 여러분의 승리가 될 것이다."라고 말하였으며,[377] 참석한 의원들은 그에게 기립박수를 보냈다.[378]

4월 8일, 독일은 러시아의 팽창을 억지하기 위해 −역시 나토 회원국인 − 발트해 연안국가 리투아니아에 상주 군대를 배치하기 시작하였는데, 이는 독일로서는 제2차 세계대전 이후 처음 있는 일이다.[379]

남북한과 관련해서는, 한국전쟁으로 인해 구성된 −다국적 통합군사령부인− 'UN군사령부'(United Nations Command)를 확대, 강화하자는 의견도 제시되고 있으며,[380] 이런 가운데 북한의 지배자 김정은은 2023년 말부터 남북관계를 '전쟁 중인 교전국', '적대적 두 국가'로 규정하기 시작하였다.[381] 2024년 6월 19일 푸틴은 평양을 방문하여 러시아−북한 간 "포괄적인 전략적 동반자관계에 관한 조약"에 서명하였는데, 동 조약 제4조는 "러시아 혹은 북한이 다른 국가(들)로부터 무력침공을 받아 전쟁상태에 처하게 되는 경우"를 상정한 상호방위 규정을 담고 있다.[382]

5. 잠 못 드는 팍스아메리카나

"세계의 대부분의 사람, 자원, 경제활동이 서반구(西半球)가 아닌 다른 반구, 특히 유라시아에 위치하고 있는 상황에서 유라시아에서 지역 패권국들의 출현을 막는 것을 국가 전략의 핵심요소"[383]

---

factions have agreed an 'interim national reconciliation government', says Chinese Foreign Ministry.", ⟨https://www.aljazeera.com/news/2024/7/23/palestinian-rivals-hamas-and-fatah-sign-unity-deal-brokered-by-china⟩ ; Simone McCarthy, Isaac Yee and Abeer Salman/CNN, July 25, 2024, "Hamas and Fatah sign agreement in Beijing 'ending' their division, China says", ⟨https://edition.cnn.com/2024/07/23/china/hamas-fatah-palestinian-factions-beijing-intl-hnk/index.html⟩.

377) The Times of Israel, 25 July 2024, "We're protecting you: Full text of Netanyahu's address to Congress", ⟨https://www.timesofisrael.com/were-protecting-you-full-text-of-netanyahus-address-to-congress/⟩.

378) Muhammed Enes Calli/AA, 25.07.2024, "Netanyahu receives standing ovation from US lawmakers despite war crimes in Gaza − Israeli premier addressed US lawmakers, sometimes misleading them and sometimes outrightly lying about Israel's war on Gaza", ⟨https://www.aa.com.tr/en/middle-east/netanyahu-receives-standing-ovation-from-us-lawmakers-despite-war-crimes-in-gaza/3285202⟩.

379) DW, 04/08/2024, "Germany sends first soldiers for permanent Lithuania force", ⟨https://www.dw.com/⟩ ; Euronews with AP, 08/04/2024, "First German troops arrive in Lithuania", ⟨https://www.euronews.com/⟩.

380) 권태오/문화일보, 2023-11-28, "유엔사 확대 · 강화 지체해선 안 된다[시평]", ⟨https://munhwa.com/⟩ ; 본서, 제27장 (국가의 무력사용), "Ⅳ. 냉전 기간 동안(1945~1990) 헌장 제7장의 관행, 1. 한국전쟁과 UN군".

381) 한도형/rfa자유아시아방송, 2024.01.15., "북 최고인민회의 개최…'남북 두 국가' 헌법 반영할까", ⟨https://www.rfa.org/korean/in_focus⟩ ; 김원준/SPN서울평양, 2024.01.16., "김정은 "'통일, 화해, 동족…' 개념도 낱말도 삭제…남북관계 종지부"", ⟨https://www.spnews.co.kr/⟩ ; 김동하/NKchosun, 2024.01.16., "尹 "김정은의 '적대적 두국가' 규정, 반민족 · 반역사 집단 자인"", ⟨https://nk.chosun.com/⟩.

382) 이 조약은 비준을 받아야 하며, 비준서가 교환된 날부터 효력을 가진다(제22조). https://namu.wiki/ ; Anthony Kuhn/NPR, June 20, 2024, "Concerns mount as Russia and North Korea commit to a mutual defense pact", ⟨https://www.npr.org/2024/06/20/nx-s1-5011604/leaders-of-russia-and-north-korea-sign-pact-indicating-a-deeper-cooperation⟩.

383) Congressional Research Service. Updated November 8, 2022, *Great Power Competition: Implications for Defense—Issues for Congress*, p. 7 ("From a U.S. perspective on grand strategy and geopolitics, it can be

로 삼으며 다극세계(multi-polar world)의 등장을 극도로 경계하는 미국[384]; 독자적인 국방전략이 결여된 상황에서도 철 지난 유럽중심주의(Eurocentrism)를 내세우는 EU[385]; 2022년 2월 24일 NATO로 대변되는 '집단 서방'(collective West)의 거듭된 동진에 대항한다는 명분으로 국제법상 공인된 국경선을 간단히 찢어버린 러시아[386]; 2023년 4월 4일 핀란드[387]에 이어 2024년 3월 7일 - 32번째 회원국으로- 스웨덴[388]을 받아들여 러시아 서부 국경에 대한 지정학적 압박을 높이고 있는 북대서양조약기구(NATO); 2023년 3월 중동의 두 앙숙 사우디 아라비아와 이란을 북경으로 불러들여 외교관계 복원과 대사관 재개에 중개를 제공하며 미소 짓는 중국[389]; "새로운 유럽은 중동일 것"이라고 기염을 토하는 사우디 아라비아[390]; 2023년 5월 그간 아랍연맹(Arab League)의 회원

---

noted that most of the world's people, resources, and economic activity are located not in the Western Hemisphere, but in the other hemisphere,
particularly Eurasia. In response to this basic feature of world geography, U.S. policymakers for the last several decades have chosen to pursue, as a key element of U.S. national strategy, a goal of preventing the emergence of regional hegemons in Eurasia."), available in: 〈https://crsreports.congress.gov/product/pdf/R/R43838/93〉.

384) Connor Freeman/The Libetarian Institute, Dec 15, 2022, "Washington Erases Red Lines, Escalates Proxy War with Russia", 〈https://libertarianinstitute.org/articles/washington-erases-red-lines-escalates-proxy-war-with-russia/〉; Stephen M. Walt/FP, March 7, 2023, "America Is Too Scared of the Multipolar World - The Biden administration is striving for a unipolar order that no longer exists.", 〈https://foreignpolicy.com/2023/03/07/america-is-too-scared-of-the-multipolar-world/〉.
미국은 2021년 7월 현재 최소 80개국에 약 750개의 군사기지를 보유하고 있는 것으로 보도되고 있다: Mohammed Hussein and Mohammed Haddad/Al Jazeera, 10 Sep 2021, 〈https://www.aljazeera.com/news/2021/9/10/infographic-us-military-presence-around-the-world-interactive〉; https://en.wikipedia.org/wiki/List_of_American_military_installations.

385) John Paul Rathbone and Sylvia Pfeifer in London and Steff Chávez in Chicago/Financial Times, 2 December 2022, "Military briefing: Ukraine war exposes 'hard reality' of west's weapons capacity", 〈https://www.ft.com/content/a781fb71-49bb-4052-ab05-a87386bf3d5e〉; RT, 1 Apr. 2023, "US troops should leave Germany - MP", 〈https://www.rt.com/news/573987-us-troops-leave-germany-mp/〉.

386) Tass, 23 Feb 2023, "Collective West's attempts to tear Russia apart futile — defense minister", 〈https://tass.com/defense/1580889〉; Ekaterina Chimiris, "The Collective West Concept and Selected Western Actors (Germany, Norway, Estonia, NATO) in the Russian Media: Post-Crimea Dynamics". Global Journal of Human-Social Science, 22(F1), 1-12, 〈https://doi.org/10.34257/GJHSSFVOL22IS1PG1〉. See also Timur Fomenko/RT, 27 Mar, 2023, "Western Europe once ruled the world, now its former powers are just vassals of the US", 〈https://www.rt.com/news/573676-russia-china-politics-eu-us/〉; Peter Rutland/Responsible Statecraft, March 24, 2023, "Why pushing for the break up of Russia is absolute folly", 〈https://responsiblestatecraft.org/2023/03/24/why-pushing-for-the-break-up-of-russia-is-absolute-folly/〉.

387) https://en.wikipedia.org/wiki/Finland-NATO_relations.

388) NATO, 7 Mar. 2024, "Sweden officially joins NATO", 〈https://www.nato.int/〉; https://en.wikipedia.org/wiki/Sweden-NATO_relations.

389) Al Jazeera, 10 Mar 2023, "Iran and Saudi Arabia agree to restore relations", 〈https://www.aljazeera.com/news/2023/3/10/iran-and-saudi-agree-to-restore-relations〉; Maziar Motamedi/Al Jazeera, 5 Jun 2023, "Iran to reopen embassy in Saudi Arabia after seven years - The move comes in accordance with a China-brokered agreement between Tehran and Riyadh.", 〈https://www.aljazeera.com/news/2023/6/5/iran-to-reopen-embassy-in-saudi-arabia-after-seven-years〉.

390) Al Arabiya News (English), Oct 24, 2018, "Saudi Crown Prince: The new Europe is the Middle East", 〈https://english.alarabiya.net/features/2018/10/24/Saudi-Crown-Prince-The-new-Europe-is-the-Middle-East〉.

국 지위를 정지당했던 친러 시리아의 기구 복귀[391] ; 2024년 들어 그간 소원했던 중동의 두 지역 강국 이집트와 튀르키예(터키)의 화하와 이 지역에서의 미국 영향력의 꾸준한 감소[392] ; 팔레스타인의 민족자결권을 인정하지 않는 이스라엘과 미국의 위선을 지적하는 중동지역과 세계 여론의 확산[393] ; 천연자원 부국들의 모임으로, 2020년 구매력 평가 기준 세계 국내총생산(GDP) 합계에서 G7의 비중을 앞지르고 미국 달러 중심 국제결제 체제에 압박을 가하기 시작한 브릭스 플러스(BRICS Plus)[394] ; 아프리카 사헬 지대(Sahel zone) 내의 일부 구식민지국가들(말리, 부르키나 파소, 니제르, 차드)에 대한 영향력을 상실한 프랑스, 미국과 그 빈 자리를 파고드는 러시아[395] ; '미국 달

391) https://en.wikipedia.org/wiki/Arab_League ; Al Jazeera, 7 May 2023, "Arab League brings Syria back into its fold after 12 years", 〈https://www.aljazeera.com/news/2023/5/7/arab-league-agrees-to-bring-syria-back-into-its-fold〉.

392) Giorgio Cafiero/The New Arab. 22 February, 2024, "Why Egypt and Turkey are ending a decade of tension", 〈https://www.newarab com/analysis/why-egypt-and-turkey-are-ending-decade-tension〉.

393) United Nations, The Question of Palestine, 〈https://www.un.org/unispal/data-collection/general-assembly/〉.

394) https://www.brics-plus.com/ ; https://en.wikipedia.org/wiki/BRICS ; Astrid Prange/DW, March 27, 2023, "A new world order? BRICS nations offer alternative to West", 〈https://www.dw.com/en/a-new-world-order-brics-nations-provide-an-alternative-to-the-west/a-65124269〉 ; Sumayya Ismail/Al Jazzera, 24 Aug 2023, "Saudi Arabia, Iran among six nations invited to join BRICS", 〈https://www.aljazeera.com/〉 ; Mauro Ramos/Peoples Dispatch, December 19, 2023, "Dedollarization: 95% of trade between China and Russia is no longer done in US currency", 〈https://peoplesdispatch.org/2023/12/19/dedollarization-95-of-trade-between-china-and-russia-is-no-longer-done-in-us-currency/〉 ; Statista, Research Department, Nov 1, 2023, "BRICS and G7 countries' share of the world's total gross domestic product (GDP) in purchasing power parity (PPP) from 2000 to 2023", 〈https://www.statista.com/statistics/1412425/gdp-ppp-share-world-gdp-g7-brics/〉 ; Sergio Goschenko/Bitcoin.com, March 8, 2024, "Kremlin Reveals Plans to Create a "Politics-Free" BRICS Blockchain-Based Payments System", 〈https://news.bitcoin.com/〉 ; Statista, Research Department, Jul 15, 2024, "BRICS and G7 countries' share of the world's total gross domestic product (GDP) in purchasing power parity (PPP) from 2000 to 2024", 〈https://www.statista.com/statistics/1412425/gdp-ppp-share-world-gdp-g7-brics/〉.

395) Al Jazeera, 16 Aug 2022, "Last French troops leave Mali, ending nine-year deployment", 〈https://www.aljazeera.com/news/2022/8/16/last-french-troops-leave-mali-ending-nine-year-deployment〉 ; Africanews with AP, January 3, 2023, "Burkina Faso's military regime expels French ambassador', 〈https://www.africanews.com/2023/01/03/burkina-fasos-military-regime-expels-french-ambassador/〉 ; Laura Kayali and Clea Caulcutt/Politico, February 23, 2023, "How Moscow chased France out of Africa", 〈https://www.politico.eu/article/france-africa-russia-emmanuel-macron-vladimir-putin-mali-central-african-republic-burkina-faso/〉 ; Justin Ling/Foreign Policy, March 18, 2023, "Russian Mercenaries Are Pushing France Out of Central Africa, 〈https://foreignpolicy.com/2023/03/18/russian-mercenaries-are-pushing-france-out-of-central-africa/〉 ; BBC News. 30 June 2023, "Mali and the UN: Why peacekeepers are being told to leave", 〈https://www.bbc.com/news/world-60419799"〉 ; Nahal Toosi and Clea Caulcutt/Politico, 08/18/2023, "France, U.S. relations grow tense over Niger coup", 〈https://www.politico.com/news/2023/08/18/france-u-s-relations-niger-coup-00111842〉 ; Reuters, December 23, 2023, "Last French troops leave Niger as military cooperation officially ends", 〈https://www.reuters.com/world/africa/last-french-troops-leave-niger-military-cooperation-officially-ends-2023-12-22/〉 ; Jeremy Kuzmarov/CovertAction Magazine, January 18, 2024, "U.S. Planning to Establish New Drone Bases in Ghana, Ivory Coast and Benin", 〈https://covertactionmagazine.com/〉.

말리, 니제르, 부르키나 파소 3국은 2023년 9월 16일 -반란이나 외부 침략이 있을 경우 서로 도울 것을 약속하는- 사헬 안보협정(Sahel security pact)에 서명하였다 : Reuters, September 17, 2023, "Mali, Niger and Burkina Faso sign Sahel security pact", 〈https://www.reuters.com/〉.

2023년 12월 프랑스 군대를 완전히 축출한 부르키나 파소 군사정부는 2024년 1월 러시아의 정규 군인들을 받

러'와 '서방'에 대해 "버리다"(ditch)란 표현을 사용하기 시작한 세계의 언론들[396] 등등, 작금 국가

아들였다 : Reuters, January 26, 2024, "Russian troops deploy to Burkina Faso", 〈https://www.reuters.com/〉; Martina Schwikowski, Kossivi Tiassou, & Jean Fernand Koena in Bangui/DW, "After Wagner, Russia makes new military plans in Africa", February 9, 2024, 〈https://www.dw.com/en/after-wagner-russia-makes-new-military-plans-in-africa/a-68213643〉.

말리, 니제르, 부르키나 파소 3국 정부는 2024년 1월 '서아프리카국가 경제공동체'(ECOWAS, Economic Community of West African States)로부터의 탈퇴를 선언하였으며, 2월 15일 국가연합(confederation)을 구성하겠다는 계획을 공개하였다 : Chiamaka Okafor/Premium Times, February 16, 2024, "Niger, Mali, Burkina Faso to form confederation", 〈https://www.premiumtimesng.com/〉; Reuters, February 16, 2024, "Junta-led Sahel states confirm plan to form tri-state confederation - ministry", 〈https://www.reuters.com/〉.

2024년 3월 6일, 니제르, 부르키나파소, 말리의 군 최고사령관들은 자국에서 오랫동안 지속되어 온 지하드 반군에 맞서 싸우기 위해 합동군을 창설한다고 발표하였다 : France 24, 07/03/2024, "Niger, Mali, and Burkina Faso announce joint anti-jihadist force", 〈https://www.france24.com/〉.

미국은 니제르에서 첨단 드론 기지를 운영 중이었는데, 2023년 말 프랑스군을 축출한 바 있는 니제르 군사정부는 2024년 3월 16일 미국과의 군사협력을 즉각 중단한다고 발표하였다 : Al Jazeera, 17 Mar 2024, "Niger suspends military cooperation with US: Spokesman", 〈https://www.aljazeera.com/news/2024/3/17/niger-suspends-military-cooperation-with-us〉; France 24, 17/03/2024 US, "military operations across the Sahel at risk as Niger breaks off military cooperation", 〈https://www.france24.com/en/africa/20240317-niger-revokes-military-cooperation-with-us〉. 4월 10일 방공시스템과 기타 장비를 갖춘 러시아군 훈련대가 니제르에 도착하였다 : Al Jazzera, 12 Apr 2024, "Russia sends military trainers, air defence system to Niger: State media - Violence in the region has worsened since coups in Niger and its neighbours Mali and Burkina Faso.", 〈https://www.aljazeera.com/〉; Boureima Balima/Reuters, April 12, 2024, "Russia sends military trainers and air-defence system to Niger, says Niger state TV", 〈https://www.reuters.com/〉. 4월 19일 미국 정부가 니제르 드론 기지에서 병력을 철수하는 데 동의했다는 보도가 나왔다 : France 24, 20 April 2024, "US agrees to withdraw troops from key drone base in Niger", 〈https://www.france24.com/〉; DW, 20 April 2024, "US to withdraw troops from Niger: officials", https://www.dw.com/〉. 5월 들어, 러시아 군인들이 아직 미군이 떠나지 않고 있는 니제르의 미국 공군기지의 별도 격납고에 진입했다는 보도도 나왔다 : Phil Stewart and Idrees Ali/Reuters, May 3, 2024, "Russian troops enter base housing US military in Niger, US official says", 〈https://www.reuters.com/〉; Al Jazeera, 3 May 2024, "Austin confirms Russians deployed to airbase housing US military in Niger", 〈https://www.aljazeera.com/〉.

니제르와 바로 이웃한 차드 정부도 자국 내 미군 활동의 즉각적인 중단을 요구하고 나아가 미국과의 주둔군지위협정(SOFA)을 파기할 것이라고 위협하자 미국이 이 요구에 응했다는 소식이 들려왔다 : Rasina Musallimova/Sputnik Africa, 20.04.2024, "Chad Demands Immediate Cessation of US Military Activities at Base in African Country", 0 〈https://en.sputniknews.africa/〉; Haley Britzky, Oren Liebermann and Natasha Bertrand/CNN, April 18, 2024, "Chad's government threatens to kick out US troops as Russia expands influence in Africa",〈https://edition.cnn.com/〉; Tara Copp, April 26, 2024, "US to pull troops from Chad and Niger as the African nations question its counterterrorism role", 〈https://apnews.com/〉. 차드 정부는 2023년 4월 다국적 석유 대기업 엑손 모빌(Exxon Mobil)을 국유화하기도 하였었다 : Sam Mednick/AP, March 25, 2023, "Chad nationalizes assets by oil giant Exxon, says government", 〈https://apnews.com/〉; James Tasamba/AA, 01.04.2023, "Chad's president signs bill to nationalize Exxon Mobil assets - Bill includes ExxonMobil's interest in more than 621-mile Chad-Cameroon pipeline", 〈https://www.aa.com.tr/en/africa/chad-s-president-signs-bill-to-nationalize-exxon-mobil-assets/2860762〉.

2024년 3월 28일, 신임 세네갈 대통령이 "이제는 프랑스가 세네갈을 떠날 시간이다"라고 천명했다는 보도도 나왔다 : Pravda, "New Senegalese President Bassirou Diomaye Fay: "It's time for France to leave Senegal." 〈https://pravda-en.com/world/2024/03/28/393375.html〉.

프랑스 군대가 말리, 니제르, 부르키나 파소에서 축출되었지만 아프리카 구식민지 국가 모두에서 축출된 것은 아니다 : Al Jazeera, 10 Sep 2023, "Niger says France amassing troops, equipment in ECOWAS states - Coup leaders say France has dispatched troops and equipment to Senegal, Ivory Coast and Benin as 'part of preparations for an aggression against Niger'.", 〈https://www.aljazeera.com/〉. 2024년 5월, -UN에 프랑스의 비자치영토(Non-Self-Governing Territory)로 등록되어 있고, 광대한 바다관할권과 함께 광물자원 니켈이 풍부한- 남태평양에 위치한 프랑스의 해외영토 뉴칼레도니아(New Caledonia)에서 원주민 부족의 대규

간, 블록 간 이합집산과 갈등이 예사롭지 않다.

자유민주주의 대 공산주의라는 이념 대립 속에서 블록 간에는 통상도 하지 않으려던 미소냉전이 끝나고 전 세계가 WTO 체제 하에서 공산당 지배 하의 중국의 저가 노동과 탈(脫)공산주의 러시아의 저가 천연자원을 즐긴 지도 30여 년이 지났다.[397] 이제 러시아는 WTO와 WHO로부터의 탈퇴도 고려 중이라는데, 그렇다면 남들이 선도하여 만든 국제 가브넌스 체제로부터의 이탈을 시도하려는 것이다.[398] 그리고 미국과 더불어 G2(Group of Two)로 불리는 중국은 2021년 7월 6일 중국공산당 창당 100년을 맞아 -화상으로나마- "중국공산당과 세계 정당지도자 정상회의"를 개최하였으며,[399] 러시아의 우크라이나 침략에 대해서도 서방국가들과 브조를 맞추기를 거부하였다.[400]

모 폭동 사태가 발생하기도 하였었다. 원주민과 그 후손들에게 유리하게 되어 있는 지방선거 투표권을 희석시키려는 프랑스 정부의 개헌안이 문제가 되었다 : https://en.wikipedia.org/wiki/2024_New_Caledonia_unrest ; Jean-Michel Bezat/Le Monde, 18 May 2024, "New Caledonia's nickel: Key resource for archipelago and pro-independence movement", 〈https://www.lemonde.fr/en/〉 ; French Maritime Spaces of New Caledonia, 〈https://maritimelimits.gouv.fr/sites/default/files/2023-05/EN_NCaledonie.pdf〉 ; United Nations, "Non-Self-Governing Territories", 〈https://www.un.org/dppa/decolonization/en/nsgt〉 ; 본서, 제7장 (국제법의 기본원칙), "VI. 민족자결 원칙", & 제25장 (UN), "V. UN의 주요기관, 4. 신탁통치이사회".

리비아에 대한 러시아의 영향력 확대 시도에 대해서는 다음 기사 참조 : Hafed Al-Ghwell/Arab News, November 15, 2023, "Russia's plans for Libya could shift regional power balance", 〈https://www.arabnews.com/node/2409241〉.

한편, 중국은 2009년 미국을 능가한 이후 현재까지 아프리카 전체의 최대 무역 파트너이다 : https://en.wikipedia.org/wiki/Sino-African_relations ; Statista, "Number of Chinese workers in Africa from as of 2021, by country", 〈https://www.statista.com/statistics/1259279/number-of-chinese-workers-in-africa-by-country/〉.

아프리카에 대한 러시아와 중국의 영향력 증대에 대한 일별을 위해서는 다음 글을 참조 : Matthew Ehret/The Cradle, Sep 19, 2023, "The west destroyed Africa, Eurasia will revive it - Africa's renaissance is already underway through partnerships with Eurasian powers Russia and China, whose significant contributions are already visible in security, economic, and institutional sectors throughout the continent.", 〈https://thecradle.co/articles-id/7505〉.

396) See, e.g., Bradford Betz/FOXBusiness, March 29, 2023, "Brazil, China strike trade deal agreement to ditch US dollar", 〈https://www.foxbusiness.com/markets/brazil-china-strike-trade-deal-agreement-ditch-us-dollar〉 ; First Post, April 3, 2023, "Russia Ukraine War: Japan Ditches The West for Russian Oil | Vantage with Palki Sharma", 〈https://www.firstpost.com/vantage〉.

397) Ben Norton/Multipolarista, 2022-10-18, "EU confesses 'our prosperity was based on China & Russia': cheap energy, low-paid labor, big market", 〈https://multipolarista.com/2022/10/18/eu-prosperity-china-russia-energy-market/〉 ; Tristan Bove/Fortune, October 13, 2022, "'Our prosperity was based on China and Russia': EU foreign policy chief says the old world is gone and security is no longer a guarantee", 〈https://fortune.com/2022/10/12/borrell-eu-foreign-policy-chief-says-europes-economic-political-security-at-risk/〉.

398) Agence Europe, 22/03/2022, "Russia wants to leave WTO", 〈https://agenceurope.eu/en/bulletin/article/12916/10〉 ; RT, 17 May, 2022, "Russia moves to withdraw from WTO, WHO - Proposals for ending membership in the international organizations have been sent to the parliament", 〈https://www.rt.com/business/555635-russia-wto-who-withdrawal/〉 ; The Kyiv Independent, May 18, 2022, "Russian media: Russia considering withdrawal from WHO, WTO", 〈https://kyivindependent.com/uncategorized/russian-media-russia-considering-withdrawal-from-who-wto/〉.

399) 박수찬/조선일보, 2021.07.07., "160국 1만명 앞에서 '코민테른' 부활 천명한 시진핑 - 中共, 두번째 '세계정당회의' 개최 "자유민주주의 내세운 美에 대응"".

400) Evelyn Cheng/CNBC, Feb 24, 2022, "China refuses to call Russian attack on Ukraine an 'invasion,' deflects blame to U.S.", 〈https://www.cnbc.com/2022/02/24/china-refuses-to-call-attack-on-ukraine-

그런가 하면, 2023년 5월 미국에서는 한 연방 하원의원이 "억지(deterrence)를 위해 떠오른 흥미로운 아이디어 중 하나는, 중국이 만일 대만을 침략하면 우리가 (대만의 반도체 생산회사)TSMC를 폭파할 것이라는 점을 중국인들에게 분명히 알리는 것이다."라는 견해를 밝혀 세인들을 놀라게 하였다.[401)]

미국의 비협조로 2020년 11월 30일 이후 세계무역기구(WTO)의 분쟁해결기구 상소기관(DSB Appellate Body)을 구성하는 7인 위원은 모두 공석이 되었는데,[402)] 이 또한 "세계가 분열되고 있음을 보여주는"[403)] 것이다. 미국 자신이 네오막시즘 국가로 변형되고 있다는 비판도 제기되고 있다.[404)]

마크롱(Emmanuel Macron) 프랑스 대통령은 2024년 4월 25일 소르본느 대학교에서 행한 연설에서 "세계 최대 경제 중국과 미국 모두 개방적인 국제 상거래의 규칙을 더 이상 존중하지 않고 있는 마당에... 우리만이 규칙을 준수하고 있을 수는 없다. 우리[EU]는 너무 순진하다."고 역설하였다.[405)]

2024년 3월 5일, ICC(제2전심부)는 러시아–우크라이나 전쟁과 관련하여 추가로 러시아 육군 중장 한 명과 하군제독에 대한 체포영장을 발부하였다.[406)] 이어서 4월 ICC가 네타냐후 이스라엘 총리와 요아프 갈란트(Yoav Gallant) 국방장관 등 이스라엘 고위 관리와 하마스 리더들에 대한 체포영

---

an-invasion-blames-us.html〉. Cf. also Sung Won Kim, David P. Fidler, and Sumit Ganguly, "Eastphalia Rising? – Asian Influence and the Fate of Human Security", World Policy Journal, (2009) 26(2) 53~64 ; Tom Ginsburg, "Eastphalia as the Perfection of Westphalia," (2010) 17 Indiana Journal of Global Legal Studies 27~45.

401) Jason Willick/The Washington Post, May 12, 2023, "Opinion: Blow up the microchips? What a Taiwan spat says about U.S. strategy.", 〈https://www.washingtonpost.com/opinions/2023/05/12/microchips-us-taiwan-strategy/〉 ; Ashish Dangwal/The Eurasian Times, May 11, 2023, "US Threatens To 'Blow Up' Taiwan's Semiconductor Manufacturing Firm If China Invades The Island; Taipei Unhappy", 〈https://www.eurasiantimes.com/〉.

402) WTO, Appellate Body, 〈https://www.wto.org/english/tratop_e/dispu_e/appellate_body_e.htm〉 ; 본서, 제2장(국제법의 연원), "X. 새로운 의사결정방식 : 컨센서스와 역컨센서스" 참조.

403) Philip Blenkinsop/Reuters, October 3, 2023, "At WTO, growing disregard for trade rules shows world is fragmenting", 〈https://www.reuters.com/business/wto-growing-disregard-trade-rules-shows-world-is-fragmenting-2023-10-02/〉.

404) Rich Berdan/Modern Diplomacy, May 19, 2021, "The Neo-Marxist Insurgency in America", 〈https://moderndiplomacy.eu/2021/05/19/the-neo-marxist-insurgency-in-america/〉. 미국의 팟캐스터이자 작가이자 전 진화생물학 교수 브렛 웨인스타인(Bret Samuel Weinstein)은 언론인 터커 칼슨과의 대담에서 "...나는 어떤 강력한 힘의 집합이 '피치자의 동의'가 너무 위험해서 이를 너그럽게 봐줄 수 없다고 결정하고 이제 이를 제거하기 시작했다고 의심하고 있다."(I suspect that some powerful set of forces has decided that *consent of the governed* is too dangerous to tolerate and that it has begun to unhook it.)는 견해를 피력하기도 하였다 : Jessica Hockett/Wood House 76, 2024. 1. 12., "TRANSCRIPT : Bret Weinstein on Tucker Carlson, January 5, 2024", 〈https://www.woodhouse76.com/p/transcript-bret-weinstein-on-tucker〉.

405) Hugh Schofield/BBC News, 25 April 2024, "Europe risks dying and faces big decisions – Macron", 〈https://www.bbc.com/news/world-europe-68898887〉 ; Yang Ran/China Daily, 2024-04-27, "Unite or risk dying, Macron warns Europe", 〈https://global.chinadaily.com.cn/〉.

406) ICC Press Release, 5 March 2024, "Situation in Ukraine: ICC judges issue arrest warrants against Sergei Ivanovich Kobylash and Viktor Nikolayevich Sokolov", 〈https://www.icc-cpi.int/news/situation-ukraine-icc-judges-issue-arrest-warrants-against-sergei-ivanovich-kobylash-and〉 ; George Wright/BBC News, 6 March 2024, "ICC issues arrest warrants for top Russian commanders", 〈https://www.bbc.com/news/world-europe-68483012〉.

장을 발부할 준비를 하고 있는 것으로 알려지자, 5월 들어 이스라엘 정부는 ICC가 그들 지도자들에 대해 체포영장을 발부하면 팔레스타인 정부에 대해 보복조치를 취할 것이라는 뜻을 미국에 전했다는 소식이 들려왔다.[407] 이 밖에도 –Mitch McConnell, Ted Cruz, Marco Rubio를 포함한– 열두 명의 미국 공화당 상원의원이 –5월 6일 공개된– 4월 24일자 서한을 통해 ICC 검사를 위협하였다는 소식도 전해졌다.[408] 그럼에도 5월 20일 ICC 검사 칸(Karim Khan)은 네타냐후 및 갈란트와 세 명의 하마스 리더에 대해 영장을 청구하였다.[409] 이스라엘과 미국, 하마스 양측 모두 분노와 불만을 표시하였다. 특히, 1년 전 푸틴에 대한 ICC 체포영장 발부는 "정당하다고 생각"했던 바이든은 네타냐후와 갤런트에 대한 체포영장 신청은 "터무니없는 것"(outrageous)이며, "분명히 말하자면, [ICC] 검사가 무엇을 암시하든 이스라엘과 하마스 사이에는 동등함이란 하나도 없다."라고 말하였다.[410] 하긴 미국은 이미 2002년 대통령에게 "ICC에 의해, ICC를 대신하여, 또는 ICC의 요청에 따라 구금되거나 투옥된 미국 또는 동맹국 인사를 석방하는 데 필요하고 적절한 모든 수단"을 사용할 수 있는 권한을 부여한 "미국 군인 보호법"(American Service-Members' Protection Act), 일명 "헤이그 침략법"(The Hague Invasion Act)을 제정한 바 있거니와,[411] 2018년 존 볼튼(John Bolton) 국가안보보좌관은 아프가니스탄에서 복무한 미국인들을 전쟁범죄로 기소할 경우 ICC 재판관들과 기타 관리들을 체포하고 제재하겠다고 위협한 바 있었다.[412] 한편, 이스라엘이 스스로 자국 측의 전쟁범죄를 조사함으로써 ICC의 관할권 행사를 봉쇄해 보라는 의견도 제시되고 있다.[413] 이래저래 ICC

---

407) https://www.nairaland.com/7481160/russia-ukraine-war-world-news-weapons/1698 ; Bhaswar Kumar/BS, Apr 29 2024, "Gaza war: Can International Criminal Court arrest Israeli PM Netanyahu?", 〈https://www.business-standard.com/〉 ; The New Arab, 2 May, 2024, "Israel to 'punish' PA if ICC issues arrest warrants against its officials", 〈https://www.newarab.com/〉.

408) "...neither Israel nor the United States are members of the ICC and are therefore outside of your organization's supposed jurisdiction. If you issue a warrant for the arrest of the Israeli leadership, we will interpret this not only as a threat to Israel's sovereignty but to the sovereignty of the United States. Our country demonstrated in the American Service-Members' Protection Act the lengths to which we will go to protect that sovereignty.

The United States will not tolerate politicized attacks by the ICC on our allies. Target Israel and we will target you. If you move forward with the measures indicated in the report, we will move to end all American support for the ICC, sanction your employees and associates, and bar you and your families from the United States. You have been warned." : Nick Robertson/The Hill, 05/06/24, "GOP conservatives threaten ICC with sanctions if they seek Netanyahu's arrest", 〈https://thehill.com/〉.

409) ICC Statement: 20 May 2024, "Statement of ICC Prosecutor Karim A.A. Khan KC: Applications for arrest warrants in the situation in the State of Palestine", 〈https://www.icc-cpi.int/news/statement-icc-prosecutor-karim-aa-khan-kc-applications-arrest-warrants-situation-state〉.

410) Al Jazeera, 20 May 2024, "World reacts to ICC prosecutor seeking Israel, Hamas arrest warrants", 〈https://www.aljazeera.com/〉 ; Al Jazeera, 20 May 2024, "ICC prosecutor seeks arrest warrants for Netanyahu, Hamas officials", 〈https://www.aljazeera.com/〉 ; Michael Drummond/Sky News, 21 May 2024, "Benjamin Netanyahu 'disgusted' at ICC prosecutor's arrest warrant bid", 〈https://news.sky.com/〉.

411) https://en.wikipedia.org/wiki/.

412) France 24, Sep 10, 2018, "US threatens to arrest ICC judges if they pursue Americans for Afghan war crimes", 〈https://www.france24.com/en/20180910-usa-trump-threatens-arrest-icc-judges-american-soldiers-afghan-war-crimes〉 ; DW, Sep 10, 2018 "US threatens to arrest ICC judges", 〈https://www.dw.com/en/us-threatens-to-arrest-icc-judges-over-war-crimes-probe/a-45435900〉.

는 답을 내놓아야 한다.[414)]

전 세계 여러 나라의 금이 미국에 보관되어 있는데, 점점 더 많은 국가들이 미국의 경제 상황을 우려하여 금을 자국으로 가져오기로 결정하고 있다는 소식이 들려오고 있다. 특히, 이집트, 남아프리카공화국, 나이지리아, 가나, 카메룬, 세네갈, 알제리, 사우디아라비아는 2024년부터 미국에서 금을 회수하기로 결정하였다고 한다.[415)]

413) Stuart Winer and The Times of Israel Staff, 10 July 2024, "Israel advised state inquiry into war may help in ICC arrest warrant case — report : Two British attorneys, experts in criminal law, reportedly met Israeli officials about setting up independent commission into alleged war crimes", 〈https://www.timesofisrael.com/israel-advised-state-inquiry-into-war-may-help-in-icc-arrest-warrant-case-report/〉; 본서, 제29장 (국제형사재판소), "III. ICC의 보충적 관할권 : ICC와 국내형사관할권의 관계".

414) Harry Davies/The Guardian, 28 Jun 2024, "ICC decision on Netanyahu arrest warrant may be delayed by UK", 〈https://www.theguardian.com/law/article/2024/jun/28/icc-decision-benjamin-netanyahu-arrest-warrant-delay-uk〉.

415) https://twitter.com/Sprinterfactory/status/1784320777640173974.

제 2 장
국제법의 연원

법의 연원(source of law, source de droit, Rechtsquelle)은 형식적 연원(formal sources)과 실질적 연원(material sources)으로 구분되는데, 형식적 연원이란 법을 제정하는 절차 내지 방식(law-creating sources)[1]을, 실질적 연원이란 법을 발견할 수 있는 자료 내지 증거(evidentiary or law-finding sources)를 의미한다.[2]

I. 서론 : 전통입법절차(관습과 조약)의 특징

국제법은 기본적으로 국가 '간'의 법이며, 따라서 한 국가의 단독의사만으로 제정되거나 형성될 수는 없다. 혹자는 이를 두고 "주권인 것은 (국제)법이 아니며, 법인 것은 주권이 아니다. 모든 법은 주권의 포기에 기초하고 있다."[3]타고 말하기도 한다.

국제공동체 시작 후 지금까지 국가들은 서로 간에 법적 구속력있는 규칙을 만들기 위한 두 가지 방법을 발전시켜 오고 있다. 조약과 관습이 바로 그것이다. 조약과 관습은 국제공동체의 기본명제인

1) 이것은 형식적 연원을 법실증(법실정)주의(positivism)의 관점에서 말한 것이다. 법실증주의에서는 '법이란 만들어지는 것'(law is to be made)으로 보기 때문에 자연히 그 연원을 절차 내지 방법(how)의 관점에서 바라보게 된다. 이에 반해, 자연법론(naturalism)에서는 '법이란 발견되는 것'(law is to be found or discovered)으로 보기 때문에 (인간이나 국가에 의해) 만들어진 실정법(실증법)(positive, i.e. human -made law)을 넘어 선하거나, 유용하거나, 필요하거나, 바람직한 고차원의 진정한 법을 어디 가면(where) 구할 것인가의 관점에서 바라보게 된다. 경험주의(empiricism)에 철학적 기초를 두고 있는 법실증주의는 "관념은 경험으로부터 온다"(ideas are derived from experience)고 생각한다. 이에 반해, 관념론(idealism)에 기초를 두고 있는 자연법론은 "경험은 관념으로부터 온다"(experience is derived from ideas)고 생각하는 경향이 있다.

2) Brownlie, 5th, pp. 1~4 ; Currie, pp. 80~81, 160 ; Thirlway in Evans (ed.), *International Law*, 3rd, pp. 95~98, 110, 120 ; Wallace, 3rd, p. 8.

3) "What is sovereignty is not law; what is law is not sovereignty. All law is based on an abandonment of sovereignty..." : Sir John Fischer Williams, *Aspects of Modern International Law* (London : Oxford University Press, 1939), p. 29 (quoted in Marek St. Korowicz, "Modern Doctrines of the Sovereignty of States", (1958) 5 Netherlands International Law 32~56, at p. 32).

국가의 주권평등 원칙에 잘 부합하였던 것이다. 즉, 이들은 구속되기를 원하지 않는 국가에 대해서는 의무를 부과하지 않았다. 법은 거기에 구속받기를 원하는 바로 그 국가들에 의해서 만들어졌으며, '외부'입법자는 허용되지 않았다. 요컨대, 입법자(law- makers)와 수범자(law-addressees)는 완전히 일치하였던 것이다. 그러므로 PCIJ(Permanent Court of International Justice)는 *Lotus* 호 사건[4]에서 "국제법은 독립국가들간의 관계를 규율한다. 그러므로 국가들에게 구속력있는 법규는 조약 또는 관습으로 표현되는... 그들 자신의 자유의사로부터 나온다. 따라서 국가들의 독립에 대한 제한은 추정될 수 없다."고 판결하였다. 특히 조약은 오로지 그 당사자들에게만 적용됨으로써 국제공동체의 개인주의적 경향을 완전하게 반영하였다. 관습의 경우, 그것은 확실히 국제공동체의 모든 구성원에게 구속력있는 규범을 창설하였지만, 이 경우에도 어떤 국가든지 그 형성과정에서 적극적인 반대의사를 분명히 함으로써 그것의 구속으로부터 벗어날 수 있었다. 이처럼 관습도 궁극적으로는 국가의 동의에 기초하였다. 국가들의 자유는 조약과 관습 양자간의 관계에서도 잘 반영되었다. 즉, 조약과 관습은 상호간에 어떤 위계질서(hierarchy)를 형성하지 않았다. (양자 또는 다자)조약에 의해 만들어진 규칙은 관습법규보다 우위에 있지 않았으며, 그 반대도 마찬가지였다. 조약과 관습은 같은 등급, 같은 지위를 가지고 있었다. 따라서 신법우선의 원칙에 따라 국가들은 그들 상호간에 국제관습법규를 훼손하기로 결정할 수 있으며, 역으로 신국제관습법규는 국가 간에 체결된 기존 조약을 대체할 수 있었다.[5] 두 연원의 완전한 교환가능성은 의무가 외부로부터 부과됨이 없이 가장 좋다고 생각하는 바에 따라 국제관계를 규율하려는 주권국가들의 소망을 반영한 것이었다. 즉, 국가들은 그들의 손을 영원히 묶어두지는 않았으며, 자신들의 약속이 자국의 이익에 배치되는 것으로 입증되는 즉시 상호간의 합의에 의하여 그 약속을 제거할 수 있었던 것이다.

국가들의 행동의 자유는 당시의 모든 국제법규가 -그 연원이 조약이건 관습이건 간에- 임의규범(*jus dispositivum*, non-mandatory norms)이었다는 점에서도 잘 나타나고 있다. 여기서 임의규범이란 법적 구속력이 없다는 뜻이 아니라(모든 국제'법'규는 구속력이 있다), 다른 국가들의 권리와 합법적 이익을 해하지 않는 한 합의에 의하여 서로간에 배제·변경할 수 있는 규칙임을 말한다.[6] 예컨대, 일반국제법에 의하면 한 국가의 영해는 그 국가의 영토의 일부로 간주되므로 그 안에서 외국선박이 어업활동을 하는 것은 금지되지만, 국가들은 다른 국가의 어선이 자국 영해 내에서 조업하는 것을 허용하는 조약을 합법적으로 체결할 수 있다.

---

4) PCIJ (1927), Series A, No. 10, p. 18. PCIJ의 이 의사주의 논리는 ICJ가 국가들의 무기 획득과 관련하여 *Military and Paramilitary Activities in and against Nicaragua* (Nicaragua v. United States of America), ICJ Reports (1986), p. 14 at 135 (para. 269)에서 재확인 한 바 있다 : 본서, 제28장 (전쟁법), "Ⅶ. 군비축소" 참조.

5) Cassese, pp. 169~170 ; Tunkin, pp. 142~144 ; *Temple of Preah Vihear*, Cambodia v. Thailand, ICJ Reports (1962), p. 6. 관습과 조약의 관계에 대해서는 본장 아래에서 다시 논한다.

6) Tunkin (ed.), p. 76 ; *North Sea Continental Shelf* Cases (Federal Republic of Germany/Denmark ; Federal Republic of Germany/Netherlands) ICJ Reports (1969), p. 3 at 42 (para. 72 : "Without attempting to enter into, still less pronounce upon any question of *jus cogens*, it is well understood that, in practice, rules of international law can, by agreement, be derogated from in particular cases, or as between particular parties").

이같은 상황 하에서 법실증주의자들(positivist school)은 1890년대 후반부 이래 "국제공동체에서 금지되지 않은 것은 모두 허용된다."는 원칙을 천명하였다.[7] 이것은 국가의 자유 또는 주권이 국제공동체의 근본특징임을 달리 표현한 것에 불과하였다. *Lotus* 호 사건[8]에서 PCIJ도 이같은 견해를 지지하였다. 즉, 국가관할권의 한계와 관련한 이 사건에서 프랑스는 국제법에 의하여 특별히 허용되지 아니한 행위는 금지된다는 논리를 폈으나, 터키는 국가들에 의하여 수락되고 행동의 제한을 구체화한 실정법이 없는 한 국가의 행동에 제한이 있을 수 없다고 주장하였다. 이 두 주장 중에서 PCIJ는 터키의 논리를 수용하였던 것이다. PCIJ는 또한 *Free Zones of Upper Savoy and the District of Gex* 사건[9]에서 "의심이 있으면 주권의 제약은 제한적으로 해석되어야 한다."고 언급하기도 하였다. 이들과 비슷하게, ICJ도 *Certain Expenses of the United Nations* 사건[10]에 대한 권고적 의견에서 "UN회원국들은 공동목적의 달성을 이 기구에 맡겨놓은 것을 제외하고는 그들의 행동의 자유를 계속해서 보유하고 있다"고 하였다.

일반적으로 말해서, 영미의 학자들과 국내판례는 대체로 모든(또는 거의 모든) 국가에게 수락된 규칙에 대해서만 'international law'라는 이름을 부여하는 경향이 있다.[11] 예컨대, 이들이 자주 사용하는 'international law and treaties'란 표현에서 조약은 국제법과는 다른, 일종의 국가 간의 계약이라는 점이 함축되어 있다. 다시 말해서, "조약은 시간이 지나면 진정한 국제법인 일반국제관습법이 될 수도 있지만, 설사 그렇다 해도 조약 그 자체는 단지 '의무'의 연원이지 '법'의 연원은 아니다."라고 생각하는 것이다.[12] 이에 반해 유럽대륙의 학자들은 '국제법'을 대체로 둘 이상의 국가 상호간의 관계에 있어 구속력이 인정되는 모든 규칙의 일단으로 정의내리고 있다.

---

7) 1789년의 프랑스 인권선언, 즉 "인간과 시민의 권리 선언"(Déclaration des droits de l'homme et du citoyen) 제5조도 동일한 논리를 도입하여 "법에 의하여 금지되지 아니한 것은 어떤 것이라도 방해할 수 없다"(Tout ce qui n'est pas défendu par la loi ne peut être empêché)고 규정함으로써 부르주아지의 행동의 자유를 극대화하는 데 기여하였던 것이다. 이에 반해 종래의 사회주의 체제는 "명백히 허용되지 않은, 더욱 정확히 말하자면 명령되지 아니한, 모든 것은 금지"되는 것을 기본원칙으로 함으로써 국가독점을 실현하였다.

8) PCIJ (1927), Series A, No. 10, pp. 18~21, 31. 국제법의 이러한 현상은 법치주의가 완전하게 실현되고 있는 국내법, 특히 행정법 분야에서 국가의 행동을 허용하는 (명시적 혹은 묵시적) 수권규정이 없는 한 국가기관이 어떤 행동도 할 수 없는 것과는 대조적이다. 권한없이 한 행동은 권한의 흠결(혹은 무권한)(lack of power)로서 취소소송(annulment action)의 대상이 된다.

9) PCIJ (1932), Series A/B, No. 46, p. 167 ; Maarten Bos, *A Methodology of International Law* (Amsterdam : North Holland, 1984), p. 169.

10) *Certain Expenses of the United Nations (Article 17, paragraph 2, of the Charter)*, Advisory Opinion of 20 July 1962, ICJ Reports (1962), p. 151 at 168.

11) 세계재판소도 국제법과 조약을 별개로 호칭하기도 한다. 예컨대, PCIJ는 *Treatment of Polish Nationals and Other Persons of Polish Origin or Speech in the Danzig Territory*, PCIJ (1932), Ser. A/B, No. 44, p. 24에서 "international law and international obligations", "international law or treaties", "the rules of international law and the treaty provisions" 등의 표현을 사용하고 있다.

12) Pauwelyn, p. 157. *Tel-Oren* v. *Libyan Arab Republic,* United States Court of Appeals, District of Columbia Circuit, Decided Feb. 3, 1984, 726 F.2d 774, 233 U.S.App.D.C. 384 사건에서 Harry T. Edwards 판사는 동의(찬성)의견(concurring opinion)을 통해 "a treaty and the law of nations are entirely different animals"라고 말한 바 있다 : https://www.asser.nl/upload/documents/DomCLIC/Docs/NLP/US/Tel-Oren_v_LigyanArabRepublic_3_2_1984.pdf ; Maria Frankowska, "The Vienna Convention on the Law of Treaties Before United States Courts", (1988) 28 Virginia Journal of International Law 281.

그리고 서방진영의 학자들은 조약과 관습의 상대적 차이를 인정하는 데 반하여, 종래 사회주의진영의 학자들은 그같은 차이점을 인정하지 않았다. 예컨대, 구 소련의 Tunkin[13]은 "국제법의 원칙과 규범은 국가 간의 합의의 결과로서 창조되고, 수정되고, 청산된다. 이 합의는 국제조약의 형식으로 구체화되기도 하고, 국제관습의 형식으로 구체화되기도 한다."라고 언급한 바 있다.

UN헌장에 부속되어 있고 그 결과 헌장의 불가결한 부분을 구성하는[14] ICJ규정(規程) (Statute of the International Court of Justice)의 제38조 1항은 다음과 같이 규정하고 있다.

> "재판소는 재판소에 부탁되는 분쟁을 국제법에 따라 재판하는 것을 임무로 하며, 다음 사항을 적용한다(The Court, *whose function is to decide in accordance with international law such disputes as are submitted to it,* shall apply).[15]
> (a) 분쟁국가들에 의하여 명시적으로 승인된 규칙을 수립하고 있는 일반 또는 특별 국제협약,
> (b) 법으로 수락된 일반관행의 증거로서의 국제관습,
> (c) 문명국들에 의하여 승인된 법의 일반원칙,
> (d) 제59조의 규정[16]을 조건으로, 법규 결정을 위한 보조수단으로서, 사법부의 결정과 여러 국가의 가장 우수한 국제법 학자들의 가르침."

위 규정은 엄격히 이야기하면 'ICJ'란 이름의 국제재판소의 '재판규범/준거법'을 적시하고 있는 것이지만 실제로는 '국제법'의 '연원'을 '모두 열거'하고 있는 것으로 간주되고 있다.[17] 또한, 상기 제

---

13) Tunkin, p. 207.
14) UN헌장 제92조.
15) ICJ규정 제38조 1항은 PCIJ규정 제38조 1단을 그대로 넘겨받은 것이지만, 다만 (앞과 뒷부분의 콤마를 포함한) 이탤릭체 부분은 후자의 규정에서는 발견되지 않는다. Shabtai Rosenne, *The Law and Practice of the International Court*, second revised edition (Dordrecht : Martinus Nijhoff Publishers, 1985), p. 604 ; Manley O. Hudson, "The Twenty-fourth Year of the World Court", (1946) 40 AJIL 1 at 35.
16) "ICJ의 결정은 당사국 간에 있어서만 그리고 당해 특정사건에 대해서만 구속력을 갖는다."
17) Brownlie, 5th, p. 3 ; Janis, 3rd, p. 10, fn. 3 ; Orakhelashvili/Akehurst, p. 32 (9th, p. 33). ICJ규정 제38조 1항에 언급된 연원이 국제법의 가능한 모든 연원을 열거한 것은 아니라는 견해가 있는데, 예컨대, Pauwelyn, p. 90은 그 논거로서 다음의 몇 가지를 들고 있다. 첫째, 제38조 1항의 규정은 단지 ICJ라는 한 특별한 재판소에 초점을 맞춘 한 개의 조약규정에 불과하며, 따라서 개정이 될 수도 있다. 그리고 이런 의미에서 이 규정은 국제법의 "일부"(*part* of international law)일 따름이지, 국제법을 "정의"(*define* international law)하고 있는 것이 아니다. 둘째, 그 결과, 제38조 1항은 국제법의 가능한 모든 연원에 대해 언제나 타당한, 완벽한 목록을 담고 있는 것은 아니다. 셋째, 제38조 1항은 그 서두에서 ICJ의 임무는 "'국제법'에 따라 재판하는 것"이라고 함으로써 이 규정의 "동태적/잠재적/완벽하지 아니한" 성격(dynamic, potential and non-exhaustive character)을 확인하고 있다. 넷째, 이같은 점들을 고려하면, 제38조 1항의 규정은 국제법의 연원에 관한 일반적 천명으로서 ICJ 체제 내에서든 그 밖에서든 완벽한 것이 아니다. Pauwelyn의 이러한 주장은 논리적으로는 나무랄 데가 없어 보인다. 그러나 그는 "ICJ 자신에 의해서도 확인된 바 있는 국가관행을 보면 그 후 국제법의 새로운 연원들이 나타났는데, 특히 국가들의 일방적 행위와 국제기구들의 행위가 바로 그것이다"(State practice, confirmed by the ICJ itself, shows that new sources of international law have since arisen, in particular unilateral acts of states and acts of international organisations)라고 주장하고 있는데, 이것은 다소간 문제이다. 왜냐하면 (i) 국가의 일방적 행위(약속)는 국가가 스스로에게 지우는 국제 '의무'의 연원이지 국제'법'의 연원은 아니라고 말하는 것이 타당할 것이며, (ii) UN이나 EU(구 EC)와 같은 국제기구의 행위(결의/결정)가 회원국이나 때로 그들 국가의 국민을 직간접으로 구속하는 효력을 갖기도 하지만, 국제기구들이 그 같은 행위를 채택할 수 있는 힘은 관련 국제기구의 설립 '조약'으로부터 '파생'되어 나오는 '일종의 위임입법권'이라는 점에서 -"기구의 내부법"이 아닌- "국제법"의 관점에서 보면 국제기구의 행

38조 1항(a)(b)(c)에서 각기 사용된 '명시적으로 승인된'(expressly recognized), '수락된'(accepted) 그리고 '승인된' (recognized) 등의 표현은 여러 가지 다양한 주장에도 불구하고 국제법이 여전히 궁극적으로는 국가들의 의사(동의)에 기초하고 있음을 강하게 시사하고 있다.[18] 요컨대, 우리가 강학(講學)의 목적상 국제법을 흔히 고전(전통)국제법(classical/traditional international law)과 현대국제법(modern international law)으로 구분하곤 하지만, 국제법이란 이름의 이 법체계는 -고전의 것이든 현대의 것이든- 기본적으로 국가들 간의 합의(승인과 수락)의 산물이라는 사실에는 변함이 없는 것이다.[19] 법의 그릇에 담기지 아니한 인도적 혹은 도덕적 원리는 재판소에서 고려될 수 없다. 바꾸어 말하면, 법은 그것이 인도적 혹은 도덕적 관점에서 바람직해 보인다는 이유만으로 존재하는 것으로 추정될 수는 없다. 법의 연원이 갖는 또 하나의 중요성이 바로 여기에 있다.[20]

Ⅱ. 관 습

국내법과 같은 성숙된 법체계에서 관습은 성가시고 또 상대적으로 중요하지 않은 것으로 간주된다. 이에 반해서, 국제공동체는 국제입법부가 존재하지 않는 분권적 구조를 가지고 있기 때문에 관습은 비교적 최근까지 국제법규를 만드는 주요수단이 되어 왔다. 관습의 이같은 기여는 기존에 확립된 국제관습법규를 담고 있는 많은 조약규정에서 여전히 목격되고 있다.[21] 학자들은 관습의 본질이 묵시적 동의(tacit or implied consent)인가의 주제를 놓고 다투곤 하지만, ICJ는 단지 특정 사건에서 당사자들이 관습법규로서 원용하는 규칙 혹은 원칙이 ICJ규정 제38조 1항(b)에 정의된 관습의 두 요건을 충족하였는가를 검토할 따름이다.[22] 한편, ILC는 2012년 64차 회기에서 "국제관습법의 형성과 증거" (Formation and Evidence of Customary International Law)를 작업 목록에 포함시키고 마이클 우드(Sir Michael Wood)를 특별보고관으로 임명한 바 있는데, 2013년 주제의

위를 '국제법'의 독립된/자율적인/별개의 연원으로 보기는 어렵기 때문이다. Akehurst, p. 38 ; Malanczuk, p. 53 ; Shaw, 5th, p. 115 ; Thirlway, pp. 24~25 ; 본장, "Ⅸ UN총회결의."

18) Currie, p. 81 ; Orakhelashvili, p. 112 ; Orakhelashvili/Akehurst, 9th, p. 36.

19) Orakhelashvili, pp. 112, 187.

20) See *South West Africa* (Ethiopia v. South Africa ; Liberia v. South Africa), ICJ Reports (1966), p. 6 at 34 (paras. 49~50) : "49. ... Throughout this case it has been suggested, directly or indirectly, that humanitarian considerations are sufficient in themselves to generate legal rights and obligations, and that the Court can and should proceed accordingly. The Court does not think so. It is a court of law, and can take account of moral principles only in so far as these are given a sufficient expression in legal form. ... 50. Humanitarian considerations may constitute the inspirational basis for rules of law, just as, for instance, the preambular parts of the United Nations Charter constitute the moral and political basis for the specific legal provisions thereafter set out. Such considerations do not, however, in themselves amount to rules of law. All States are interested-have an interest-in such matters. But the existence of an "interest" does not of itself entail that this interest is specifically juridical in character."

21) Wallace, pp. 8~9.

22) Orakhelashvili, p. 70 ff.

명칭을 "국제관습법의 확인" (Identification of Customary International Law)으로 변경하고,[23] 2018년 "국제관습법의 확인에 대한 결론초안"(Draft conclusions on identification of customary international law)을 채택하였다.[24]

1. 관습의 정의

ICJ규정 제38조 1항(b)에 의하면 (국제)관습(international custom)이란 "법으로 수락된 일반관행의 증거"(evidence of a general practice accepted as law)이다. 이 정의에서 보는 바와 같이 관습이 성립되기 위해서는 두 가지 요건을 충족해야 하는데, 하나는 국가들의 일반관행(general practice of states)의 존재이며, 다른 하나는 국가들이 이 일반관행을 법적 구속력이 있는 것으로 수락한다는 이른바 법적 확신(*opinio juris sive necessitatis*,[25] 혹은 간단히 *opinio juris*)[26]의 존재이다. 전자가 객관적·양적 요건이라면, 후자는 주관적·심리적 요건이다. 이 공식에 따라 ICJ는 *North Sea Continental Shelf* 사건들[27]에서 국제관습법규의 존재는 '법적 확신'과 더불어 '확립된 관행' (a settled practice)이 존재할 것을 요구한다고 판시한 바 있고, 그 뒤 *Libya-Malta Continental Shelf* 사건[28]에서 "비록 다자조약들이 관습으로부터 유래하는 규칙들을 기록하고 분명히 함에 있어 또는 그것들을 발전시켜 나감에 있어 중요한 역할을 담당할 수는 있겠지만, 국제관습법의 소재를 '일차적으로 국가들의 실제관행과 법적 확신에서'(primarily in the actual practice and *opinio juris* of States) 찾아야 한다는 것은 자명한 일"이라고 언급한 바도 있다. 요컨대, 조약은 국가들이 '명시적으로 동의'한 것이 무엇인가를 기초로 하는 데 반해, 관습은 "국가들이 실제로 무엇을 하고 있고 또 무엇을 믿고 있는가"(What states *actually do* and *believe*)를 문제삼는다.[29] 또한 조약이 최소 2개 당사자를 필요로 하는데 반해서, 관습은 비록 누적을 요하긴 하지만 대체로 국가들의 일방적 행위와 태도를 통하여 만들어진다.[30]

---

23) https://undocs.org/A/CN.4/653 ; Kaczorowska-Ireland, pp. 29~30.

24) https://legal.un.org/ilc/texts/instruments/english/commentaries/1_13_2018.pdf.

25) "opinion as to law or necessity" : Thirlway in Evans (ed.), *International Law*, 3rd, p. 102 ; https://en.wikipedia.org/wiki/Opinio_juris_sive_necessitatis.

26) American Law Institute, *Restatement (Third) of the Foreign Relations Law of the United States*, §102(2)는 법적 확신을 'a sense of legal obligation'으로 표현하고 있다.

27) Federal Republic of Germany/Denmark ; Federal Republic of Germany/ Netherlands), ICJ Reports (1969), p. 3 at 44 (para. 77), cited in *Jurisdictional Immunities of the State* (Germany v. Italy ; Greece Intervening), ICJ Judgment of 3 February 2012, para. 55.

28) *Continental Shelf* (Libyan Arab Jamahiriya/Malta), ICJ Reports (1985), p. 13 at 29~30 (para. 27), cited in *Jurisdictional Immunities of the State* (Germany v. Italy ; Greece Intervening), ICJ Judgment of 3 February 2012, para. 55.

29) Currie, p. 84.

30) *Ibid.*, p. 108. See, e.g., U.S. Supreme Court, *The Scotia*, 14 Wall. 170 (1872) ; *The Paquete Habana*, 175 U.S. 677 (1900), 〈https://www.supremecourtus.gov/opinions/casefinder.html〉 ; von Glahn, pp. 18~19.

관습 형성의 두 누적적 요건인 일반관행과 법적 확신은 각기 별개로 입증을 요하며, 따라서 관행의 다소간의 취약함이 아주 강한 법적 확신에 의해 메워질 수 있거나 법적 확신의 다소간의 취약함이 충분한 관행에 의해 메워질 수 있는 것이 아니다.[31)]

2. 관습의 객관적 · 양적 요건 : 국가들의 일반관행

관습이 관행을 기초로 형성되고 발전된다는 것에 대해서는 거의 이론이 없다.[32)] 다만, 관행이 관습이 되기 위해 '처음부터' 법적 확신을 동반할 필요는 없는 것으로 보인다.[33)] 그러나 일반관행은 법적 확신만 얻으면 구속력있는 관습이 되기 때문에 그 자체 잠재관습(potential custom)으로서의 가치를 지닌다. ICJ는 −지역관습의 존재 여부가 문제된− *Asylum* 사건[34)]에서 "일관되고 획일적인 관행" (constant and uniform usage)의 존재에 대한 입증을 요구한 바 있다.

(1) 요소 1 : 관행의 지속(duration of practice)

관행은 일정 기간 지속됨이 요구되지만, 관행이 일반성(generality)을 갖추는 한 관습 형성을 위한 고정된 시한은 존재하지 않는다.[35)] 이에 따라 막연하나마 매우 단기간에 형성되는 관습법을 속성관습(coutume grande−vitesse, high speed customs)으로 부르기도 하는데,[36)] 이는 아래에서

---

31) Thirlway, p. 62 (fn. 29) ; Hall, p. 44.

32) 때로 관습형성에 있어 관행의 역할을 폄하하는 의견이 제기되기도 하는데, *Fisheries Jurisdiction* (UK v. Iceland), ICJ Reports (1974) p. 3에서 de Castro 재판관은 개별의견(separate opinion)(p. 72 at 100)(noted by Orakhelashvili, p. 70, fn. 1)을 통해 다음과 같이 언급한 바 있다 : "Savigny teaches us that practice (usages) is not the foundation of customary law, but that it is the sign by which the existence of a custom may be known. The custom is produced by the community of conviction, not by the will of men, whose acts only manifest this community of ideas. This observation is still of assistance. In order to be binding as a legal rule, the general conviction (*opinio communis*) does not have to fulfil all the conditions necessary for the emergence of a custom. This is what explains the value of *opinio juris*, and why it may confer on one single act the possibility of becoming "the starting point of the positive law" (I.C.J. Reports 1969, pp. 32−33)." 여기서 언급된 Friedrich Carl von Savigny (1779~ 1861)는 19세기 독일 역사법학파의 대표적 학자이다 : https://en.wikipedia.org/wiki/Friedrich_Carl_von_Savigny.

33) *opinio necessitatis*와 *opinio juris*를 구분하여, 관행이 처음에는 *opinio necessitatis*에 기초했다가 나중에 *opinio juris*를 부여받음으로써 구속력있는 규칙으로 전환되는 것이 보통이라고 설명하는 학자가 있다. 즉, Cassese, *International Law*, 2nd, pp. 157~158에 의하면, 처음에는 일부 국가들 사이에서 정치, 경제, 사회 혹은 군사적 필요성에 기초하여 관행이 형성되고(*opinio necessitatis* 단계), 이것이 타국가들로부터 강력하고 일관된 반대에 직면하지 아니하고 점차 수락되거나 묵인되는 과정을 거침으로써(*opinio juris* 단계) 점진적으로 한 개의 관습법규가 응고된다는 것이다 ; 그러나 관습형성은 "연속적인 과정"(continuous process)이기 때문에 *opinio necessitatis* 단계가 *opinio juris* 단계로 변형되는 시점을 "정확하게 꼬집기는"(pinpoint exactly) 어렵다고 언급하고 있다. Cassese 교수는 이같은 두 단계 과정을 거쳐 성립된 관습법규의 "현저한 예"(telling examples)로서 대륙붕과 외기권(우주)에 관한 규칙을 들고 있다. See also Orakhelashvili, p. 80 ff ; Hall, pp. 45~47.

34) Colombia/Peru, ICJ Reports (1950), p. 266 at 277.

35) 2018 ILC Draft conclusions on identification of customary international law, Conclusion 8 (The practice must be general), para. 2 : "Provided that the practice is general, no particular duration is required."

언급할 즉석관습(instant custom)과는 개념상 구분하여야 한다. ICJ도 *North Sea Continental Shelf* 사건들[37)]에서, 첫째, 국가관행이 '광범위하면서도 사실상 획일적' (both extensive and virtually uniform)일 것, 둘째, 그러한 국가관행의 형성에 '특별히 영향받는 국가들'(specially affected states)이 참여할 것 등의 두 요건을 충족하면 짧은 기간 내에도 -순전히 조약상의 규칙에 기초한- 신관습이 형성될 수 있다고 판결하였다. 이처럼 ICJ는 이 사건에서 짧은 기간 내의 관습 형성에 있어 '특별히 영향받는 국가들'의 지위를 강조하였는데, 이는 그로 인하여 특별히 영향받는 국가들이 자신의 입장을 밝히고 반대를 표명할 수 있는 시간을 갖기도 전에 다른 일부 국가들이 그들에게 의무를 부과하기 위해 관습법규 형성을 서두르는 상황을 방지하기 위한 것이다.[38)] 그리고 이 경우의 관행은 '일반적인' (general) 것이 아니라 '광범위한'(extensive) 것이어야 하고, 또 그것은 단지 '획일적인' (uniform) 것이 아니라 '사실상(혹은 실질적으로) 획일적인'(*virtually* uniform) 것이어야 하는 것으로 엄격하게 표현되고 있는 것에도 주목할 필요가 있다.[39)]

(2) 요소 2 : 관행의 획일성(uniformity)과 일관성(consistency)

Asylum 사건[40)]에서 ICJ가 언급한 바와 같이, 관행으로 인정받기 위해서는 획일성과 일관성을

---

36) Kaczorowska-Ireland, p. 33.

37) Federal Republic of Germany/Denmark ; Federal Republic of Germany/The Netherlands, ICJ Reports (1969), p. 3 at 43 (para. 74) : "As regards the time element, the Court notes that it is over ten years since the Convention was signed, but that it is even now less than five since it came into force in June 1964, and that when the present proceedings were brought it was less than three years, while less than one had elapsed at the time when the respective negotiations between the Federal Republic and the other two Parties for a complete delimitation broke down on the question of the application of the equidistance principle. Although the passage of only a short period of time is not necessarily, or of itself, a bar to the formation of a new rule of customary international law on the basis of what was originally a purely conventional rule, an indispensable requirement would be that within the period in question, short though it might be, State practice, including that of States whose interests are specially affected, should have been both extensive and virtually uniform in the sense of the provision invoked;-and should moreover have occurred in such a way as to show a general recognition that a rule of law or legal obligation is involved.". 사건 개요는 다음과 같다. 북해 대륙붕의 경계획정과 관련하여 서독과 덴마크, 네덜란드 사이에 분쟁이 발생하자, 이들 국가는 사건을 ICJ에 부탁하면서 이 경우 적용될 국제법의 원칙과 규칙이 무엇인지를 결정해 달라고 요청하였다. 덴마크와 네덜란드는 북해 대륙붕에서의 그들간의 경계획정은 1958년 제네바 대륙붕협정 제6조 2항에 명시된 국제법의 원칙과 규칙(즉, 당사국간에 합의가 안되면 등거리원칙이 적용됨)에 따라야 한다고 주장하였다. 그러나 ICJ는 이 주장을 배척하면서, 제네바협약 제6조는 기존의 혹은 신생의 관습법규를 반영한 것이 아니라고 판시하였다. 이것은 공유대륙붕의 경계획정을 위한 등거리원칙은 1958년의 협약을 비준하지 아니한 서독과 같은 국가들을 구속할 수 없음을 의미하는 것이었다.

38) Brownlie, pp. 8~9 ; Ott, pp. 15~16, 325 ; Wallace, pp. 9~10.

39) Currie, pp. 169~170.

40) Colombia/Peru, ICJ Reports (1950), p. 266 at 277 : "The facts brought to the knowledge of the Court disclose so much uncertainty and contradiction, so much fluctuation and discrepancy in the exercise of diplomatic asylum and in the official views expressed on various occasions, there has been so much inconsistency in the rapid succession of conventions on asylum, ratified by some States and rejected by others, and the practice has been so much influenced by considerations of political expediency in the various cases, that it is not possible to discern in all this any constant and uniform usage, accepted as law ..."

갖추어야 한다. 여기서 획일성이라 함은 관행이 '국가에 따라' 달라서는 안됨을 의미하며,[41] 일관성은 문제의 관행에 참여하는 국가들이 '사건에 따라' 모순된 행태를 보여서는 안됨을 의미한다.[42] 그러나 획일성 내지 일관성은 언제나 완벽한 것일 필요는 없다. 단지 실질적인 획일성과 일관성이 요구될 따름이다. 만약 완전한 획일성과 일관성이 요구된다면, 단 한번만이라도 획일적인 관행을 일탈하는 국가는 규칙을 위반하고 있을 뿐만 아니라 동시에 규칙을 파괴하고 있다는 결론에 이를 수 있기 때문이다.[43] 그러므로 ICJ는 *Military and Paramilitary Activities in and against Nicaragua* 사건[44]에서 "본 재판소는 어떤 규칙이 관습법규로 확립되기 위해서는 상응하는 관행이 그 규칙과 완벽하게 일치하여야 한다고는 생각하지 않는다. 관습법규의 존재를 추론하기 위해서는, 본 재판소는 국가들의 행동이 일반적으로 그러한 규칙과 일치하여야 하고, 또 특정 규칙과 일치하지 않는 국가행위의 사례들은 일반적으로 그 규칙의 위반으로 취급되었어야 하고 신 규칙의 인정의 표시로 취급되지 않았어야 하는 것으로 충분하다고 생각한다"고 언급하면서, "국가가 일견 공인된 규칙에 부합되지 않는 방식으로 행동하면서 규칙 그 자체에 담겨있는 예외 또는 정당화사유에 호소함으로써 자신의 행위를 옹호하는 경우라면, 그 국가의 행위가 그에 근거하여 실제로 정당화될 수 있겠는지의 여부와는 관계없이, 그 국가의 그러한 태도는 문제의 규칙을 약화시키기보다는 오히려 확인하는 것이라는 의미에서 중요성을 갖는다"고 첨언하였다.

(3) 요소 3 : 관행의 일반성(generality of the practice)

관행이 법으로 수락되기 위해서는 얼마나 많은 국가가 문제의 활동에 연루되어야 하는가? ICJ규정 제38조 1항(b)는 단지 '일반적' 관행(general practice)을 요구하고 있으므로, 관습형성에 있어 '보편적' 관행(universal practice)은 필요하지 않다. 구체적으로 얼마나 많은 국가가 관행 형성에 참여해야 '일반적' 관행이라고 할 수 있는가에 관해 정확한 기준은 없다. 다만, 지구상의 일부 지역에서만 공통되는 관행 또는 단지 소수국가들에 의해서만 준수되는 관행으로써는 일반관습법규를 수립할 수 없을 것이다.[45]

---

41) Ott, p. 16.

42) *Ibid.*

43) Currie, pp. 167~168.

44) ICJ Reports (1986), p. 14 at 98 (para. 186) : "It is not to be expected that in the practice of States the application of the rules in question should have been perfect, in the sense that States should have refrained, with complete consistency, from the use of force or from intervention in each other's internal affairs. The Court does not consider that, for a rule to be established as customary, the corresponding practice must be in absolutely rigorous conformity with the rule. In order to deduce the existence of customary rules, the Court deems it sufficient that the conduct of States should, in general, be consistent with such rules, and that instances of State conduct inconsistent with a given rule should generally have been treated as breaches of that rule, not as indications of the recognition of a new rule. If a State acts in a way prima facie incompatible with a recognized rule, but defends its conduct by appealing to exceptions or justifications contained within the rule itself, then whether or not the State's conduct is in fact justifiable on that basis, the significance of that attitude is to confirm rather than to weaken the rule."

그러나 국제관습법의 가장 현저한 특징의 하나는, 이처럼 어떤 관습법규를 수립하기 위해 요구되는 국가관행은 보편적일 필요가 없다는 사실에도 불구하고 일단 관습법규로 성립되면 그것은 '보편적 구속력', 즉 지구상의 '모든 국가'를 구속한다는 데에 있다.[46] 이 점에 있어 관습은 조약과는 달리 기본적으로 타율적(heteronomous) 성격을 지닌다고 할 수 있다. 이것은 의사주의 내지는 동의이론, 다시 말해서 국가들이 국제법에 구속되는 이유는 법이 자신들을 구속해야 한다는 의사를 가지고 그것을 창설했기 때문으로 보는 법실정주의적 견해와는 조화되기 어려운 것으로 보인다. 다만, 관습법의 보편적 구속력과 의사주의 간의 양립불가를 다소간 누그러뜨리는 예외가 하나 허용되고 있는데, "완강한(집요한 혹은 지속적) 반대국가"(persistent objector)[47]의 규칙이 바로 그것이다. 이 규칙에 의하면 국가는 –비록 매우 엄격하게 제한된 상황 하에서나마– 자신이 반대하는 관습법규의 구속력을 피할 수 있는데, 그 조건은 대체로 다음의 두 가지로 설명되고 있다.[48]

첫째, 여기서 '반대'라 함은 국가가 어떤 관습법규가 형성되고 있는 동안에, 즉 '바로 그 처음부터'(from the very beginning) 문제의 규칙에 반대했어야 함을 의미한다. 따라서 사후반대국(subsequent objector, belatedly persistent objector), 즉 국가관행이 법적 확신을 얻어 법규로 응고된 이후에 뒤늦게 반대하는 국가는 문제의 관습법규의 구속으로부터 빠져나갈 수 없다. 다만, 다른 이해관련국들이 사후반대국의 회피를 묵인하는 경우에는 예외가 있을 수 있다.[49] 나아가, 영해 3마일 규칙이 12마일 규칙으로 대체되는 과정에서 보듯이, 사후반대가 점차 힘을 얻어 기존 관습법규를 파괴하고 신관습법규의 형성을 초래할 수도 있다.[50] 비슷한 논리로 ICJ는 *Military and Paramilitary Activities in and against Nicaragua* 사건[51]에서 불간섭원칙에 대해 논하면서, "어떤 국가가 이 원칙에 대한 새로운 권리 혹은 선례가 없는 예외를 원용하더라도 만약 타국가들이 원칙

45) 2018 ILC Draft conclusions on identification of customary international law, Conclusion 8 (The practice must be general), para. 1 : "The relevant practice must be general, meaning that it must be sufficiently widespread and representative, as well as consistent."

46) 이에 대해, 종래 구사회주의 진영의 학자들은 이 문제에 있어 철저한 의사주의 노선에 기초하여, 관습은 그 본질에 있어 '묵시적' '조약'(tacit treaty)이기 때문에 그것을 국제법의 규범으로 '묵시적으로 승인'한 국가들간의 관계에서만 구속력을 갖는다고 주장하였었다. See e.g. Tunkin, pp. 124~125, 129 ; Thirlway in Evans (ed.), *International Law*, 3rd, p. 102 ; 본서, 제9판, pp. 42~43.

47) '지속적 반대자(반대국가)'로 표현하기도 한다. 영어표현으로는, 'persistent objector' 이외에 'recalci- trant State' 혹은 'persistent dissenter'를 사용하는 경우도 있다 ; 그리고 학자에 따라서는 '형성중인' 규칙(an emerging rule)에 대한 완강한 반대국가는 persistent objector로, '이미 존재하는' 규칙(an existing rule)에 대한 완강한 (사후)반대국가는 persistent dissenter로 구분하여 사용하기도 한다 : Ragazzi, p. 60.

48) M. Akehurst, "Custom as a Source of International Law", (1974~75) 47 BYIL 1 at 24 ; Currie, pp. 175~176 ; Final Report of the Committee on Formation of Customary (General) International Law, in : *The ILA Report of the Sixty-ninth Conference*, held in London, 25~29th July 2000 (London, 2000), p. 712 at 738~740 ; Ragazzi, p. 63.

49) Brownlie, pp. 10~11 ; Ott, p. 16.

50) Hamid, p. 29.

51) Nicaragua v. United States of America, ICJ Reports (1986), p. 14 at 109 (para. 207) : "Reliance by a State on a novel right or an unprecedented exception to the principle [of non-intervention] might, if shared in principle by other States, tend towards a modification of customary international law. In fact however the Court finds that States have not justified their conduct by reference to a new right of intervention or a new exception to the principle of its prohibition."

적으로 뜻을 같이 한다면 국제관습법의 변경(수정)으로 이어질 수도 있을 것"이라고 언급하면서도, 그러나 "국가들이 불간섭원칙에 대항하여 새로운 간섭의 권리 혹은 새로운 예외를 주장한 사실이 없다"고 결론지었다.

둘째, '완강한(집요한 혹은 지속적)' 반대라 함은, 우선, 국가가 문제의 규칙이 형성되던 시초부터 (그리고 그것이 형성된 이후에도) 예외없이 일관되게 자신의 반대를 유지하여야 함을 의미한다. 단 한 번의 일탈조차도 "완강한 반대국가"로서의 지위를 주장함에 있어 치명적으로 작용할 것이다. 또한, 반대는 공개적이고 명시적이어야 하며, 상황이 요구하는 한 반복되어야 한다. 단순한 침묵(silence)이나 무위(inaction) 혹은 자제(abstention)는 반대가 아니라 묵인으로 간주되므로, 당해 국가는 문제의 규칙에 구속된다. 다만, 반대는 구두항의(verbal protests)로도 충분하며, 국가들이 자국의 권리를 지키기 위해 물리적 행동을 취할 필요까지는 없다.[52)]

이상의 엄격한 요건은 국가들이 합법적으로 "완강한 반대국가"의 지위를 요구할 수 있는 경우를 최소화하기 위한 것으로 보인다. 예컨대, '당초 반대'(objection *ab initio*)의 요건은 관습법규가 이미 형성된 뒤에 수립되는 (신생독립국을 위시한) '신' 국가들[53)]과 관습법규가 이미 형성된 뒤에 일정 관련 이익관계를 갖게 되는 '기존' 국가들[54)]은 당해 규칙에 구속될 것임을 의미한다. 마찬가지로, "예외없이 일관된" 반대(consistent objection without exception)의 요건은, 시간이 흐르면서 반대국가들의 결의가 흔들리면 그들을 돌이킬 수 없게 "우리 안의 양떼 속으로"(into the fold)[55)] 몰아 넣는 경향이 있다. 또한, 입증책임은 반대국가에게 있다.[56)] 즉, 반대는 추정될 수 있는 것이 아니며, 반대국가 자신에 의하여 엄격하게 입증되어야 한다. "완강한 반대국가"의 이론은 관념적으로는 관습도 '궁극적'으로는 국가들의 동의에 기초하고 있음을 보여주는 것이지만, 동시에 이상의 엄격한 요건들은 국제관습법이 자신의 보편적 구속력에 대한 반대를 좋지 않게 보는 편견의 일단을 드러내는 것이기도 하다.[57)]

---

52) Hall, pp. 12, 39 ; Mark E. Villiger, *Customary International Law and Treaties* (Dordrecht : Martinus Nijhoff Publishers, 1985), p. 14 ; Hamid, p. 28.

53) 특히, 신생독립국의 경우 조약에 대해서는 원칙적으로 백지출발주의(clean slate principle)가 적용되지만, 관습에 대해서는 이 이론이 적용의 여지가 없다는 것이다. 이를테면 H. Lauterpacht, *Private Law Sources and Analogies of International Law* (London : Longmans, Green and Co. Ltd. 1927), p. 53은 다음과 같이 기술하고 있다 : "Acquiescence on the part of a new State is not asked at all. It cannot repudiate a single rule. To this Oppenheim and other writers reply that its consent is implicitly given by the very fact of its applying for recognition. This, however, is no more than a fiction resorted to in order to conceal the objectively binding force of international law as independent of the will of the particular State." 그리고 Humphrey Waldock, "General course on public international law", (1962-Ⅱ) 106 Recueil des cours 1, 52는 다음과 같이 언급하고 있기도 하다 : "If consent is so far the basis of customary law that a new State may reject any customary rule it chooses, how can it be said that an older State is not free, *vis-à-vis* the new State, to reject any customary rule that it may choose? Either there is an international legal order or there is not." 이밖에, Friedmann, p. 35 ; Bankas, pp. 161~162 ; Thirlway, p. 54 등도 참조.

54) 예컨대, 바다의 관습법이 잘 확립된 후에 인접한 연간국의 병합을 통해 해안선을 갖게 되는 내륙국(landlocked state). Currie, p. 176, fn. 44.

55) *Ibid.*

56) Kaczorowska-Ireland, pp. 23, 37.

대다수 학자들[58]과 국가관행,[59] 그리고 ICJ를 비롯한 여러 사법 및 중재 판례[60]도 이 이론의 건전성을 인정하고 있는 것으로 보인다. 특히, *Anglo-Norwegian Fisheries* 사건[61]이 이것을 잘 보여주고 있다. 이 사건에서는 노르웨이 영해의 외측 범위를 측정하기 위한 목적상 기선(baselines)을 어떻게 수립해야 하는지가 문제되었는데, 노르웨이는 자국의 영해기선을 수립함에 있어 깊게 굴곡이 진 실제 해안선 대신에 만(bays)을 가로질러 직선으로 기선을 그을 권리가 있다고 주장하였다. 이에 대해 영국은, 특히, 국제관습법은 만의 입구가 그 폭이 10 마일 미만일 경우에만 그같은 방식을 허용한다고 주장하였다. ICJ는 영국의 이같은 주장을 입증할 수 있는 국가관행의 일반성과 획일성이 부족한 것으로 판단하면서도, "어쨌든 10 마일 규칙은 노르웨이가 이 규칙을 동 국가의 해안선에 적용하려는 일체의 시도에 언제나 반대하여 왔기 때문에 노르웨이에 대해서는 적용될 수 없는 것으로 보인다."[62]고 덧붙였다. 이 문장에서 "어쨌든"이란 ICJ의 서두표현은, 설사 영국이 주장하는 10 마일 규칙이 한 개의 관습법규로서 확립되었다고 가정해 보더라도 노르웨이는 이 규칙에 "언제나 반대"하여 온 국가이기 때문에 결론은 마찬가지임을 말하기 위한 것이다. 그리고 노르웨이가 10 마일 규칙에 "언제나" 반대하여 왔다는 것은, 곧, 노르웨이가 단지 사후반대국이 아니라 이 규칙이

---

57) Currie, p. 176.

58) See e.g. Brownlie, 5th, p. 10 ; Currie, pp. 175~177 ; Greig, pp. 27~28 ; Hamid, p. 29 ; Harris, 5th, pp. 42~44 ; Malanczuk, p. 48 (Akehurst, 6th, pp. 32~33) ; Orakhelashvili, p. 94 ; Wallace, 4th, p. 12 ; Final Report of the Committee on Formation of Customary (General) International Law, in *The ILA Report 2000*, p. 712 at 738 ~740 ; Villiger, *op. cit.*, p. 39 ; Bankas, pp. 165~168 ; Ted L. Stein, "The Approach of the Different Dreamer: The Principle of the Persistent Objector in International Law", (1985) 26 Harvard International Law Journal 457 at 458~459 ; Tunkin, p. 130. 이론의 문제로서, 의사주의론자들(voluntarists)은 어쨌든 완강한 반대국가의 이론을 논박할 입장이 아니다. 왜냐하면 이들은 궁극적으로 국가의 동의(consent)를 결정적인 것으로 보기 때문이다.

59) 특히 미국의 입장은 다음을 참조 : *Restatement (Third) of the Foreign Relations Law of the U.S.* (1987), Vol. I, para. 102, comment, p. 26("... in principle a state that indicates its dissent from a practice while the law is still in the process of development is not bound by that rule even after it matures. Historically, such dissent and consequent exemption from a principle that became general customary law has been rare.") ; U.S. Joint Letter from John Bellinger III, Legal Adviser, U.S. Department of State, and William J. Haynes, General Counsel, U.S. Department of Defense to Dr. Jakob Kellenberger, President, International Committee of the Red Cross, Regarding Customary International Law Study [November 3, 2006], 46 ILM 511 (2007).

홍콩 제1심재판소도 국제난민법상의 강제송환금지(*non-refoulement*)를 강행규범에는 이르지 못한 관습법규로 보면서도 홍콩은 '처음부터 일관되게 반대'(consistent and long-standing objection)하여 왔기 때문에 이 원칙에 구속되지 아니한다고 판시한 바 있다 : Hong Kong High Court as Court of First Instance, *C* v. *Director of Immigration*, judgment of 18th February 2008, [2008] 2 HKC 165, [2008] HKCFI 109, ILDC 1119 (HK 2008), 〈https://www.crin.org/en/library/legal-database/c-v-director-immigration〉 ; Gilbert in de Wet and Vidmar (eds.), p. 189 (fn. 46) ; 본서, 제18장 (국제난민법), "Ⅵ. 난민의 입국, 추방, 강제송환 그리고 비호" 참조.

See also the Final Report of the Committee on Formation of Customary (General) International Law, in *The ILA Report 2000*, p. 712 at 739 (fn. 70).

60) See the Final Report of the Committee on Formation of Customary (General) International Law, in *The ILA Report 2000*, p. 712 at 738 (fn. 69).

61) UK v. Norway, ICJ Reports (1951), p. 116.

62) *Ibid.*, at 131 : "*In any event* the ten-mile rule would appear to be inapplicable as against Norway inasmuch as she has *always* opposed any attempt to apply it to Norwegian coast." (italics added).

형성되기 시작하던 때부터 일관되게 반대하여 왔음을 뜻하는 것이다. ICJ의 이 표현은 "완강한 반대국가" 규칙의 전형적인 표현이 아닐 수 없다.[63] ICJ는 ─표현을 언제나 명쾌하게 한 것은 아니지만─ 다른 사건들[64]에서도 "완강한 반대국가"의 이론을 승인한 것으로 보인다.[65]

국제공동체의 대대수 국가들은 그들이 원하기만 한다면 소수 국가들의 반대에도 불구하고 자신들을 구속하는, 그러나 완강한 반대국가의 논리에 따라 반대국가들에게는 구속력이 없는 관습법규를 언제든지 만들 수 있는 것인지의 질문도 제기된다. 그러나 ICJ는 *Legality of the Threat or Use of Nuclear Weapons* 사건[66]에서, 핵무기사용 금지 규칙을 관습법규로 만들려는 대다수 국가들의 소망이 극소수 국가들의 완강한 반대로 인해 봉쇄되고 있다고 보았다. 핵무기를 가진 극소수 국가들을 완강한 반대국가로 내버려둔 채 나머지 국가들에게만 타당한 핵무기사용 금지 규칙의 성립을 생각해 볼 수도 있겠지만, 핵무기사용 금지에 관한 한 보편적 수락을 동반하지 아니하는 규칙은 무의미할 것이기 때문이다.[67]

"완강한 반대국가"의 이론에 대해서는, 이것이 과연 바람직하거나(desirable) 타당한(valid) 것인지에 대해 회의를 표시하는 견해가 있다. 우선, 반대국가가 언제까지 국제공동체에서 일반규칙을 외면하고 외톨박이로 남아 있을 수가 있겠느냐는 것이다. 그러나 그같은 국가가 결국은 마음을 바꾸어 본류에 합류할 수는 있겠지만, 이것은 원한다면 계속해서 완강한 반대국가로 남을 수 있는 법적 권리가 없어짐을 증명하는 것은 아니다. 여기에서 한 걸음 더 나아가, 객관주의(보편주의) 이론의 연장선상에서 혹은 국제공동체의 구조가 예전과는 근본적으로 다르게 발전했다는 상황의 변화를 내세워, 이 이론의 타당성(validity) 자체를 완전히 부인하려는 견해도 있다.[68] 완강한 반대국가 이론에 대한 완강한 반대론자들의 의견은 요컨대 관습에 내재되어 있는 합의적 기초(consensual basis)를

63) Akehurst, 6th, p. 33 ; Orakhelashvili, p. 94 ; Ragazzi, pp. 61~62 ; Rosenne, *The Perplexities of Modern International Law*, p. 35 ; Thirlway in Evans (ed.), *International Law*, 3rd, pp. 107~108 ; Thirlway, p. 86.

64) *Asylum* case (Colombia/Peru), ICJ Reports (1950), p. 266 at 277~278 ; *North Sea Continental Shelf* cases, ICJ Reports (1969), p. 3 at 26~27.

65) Currie, p. 177.

66) Advisory Opinion, ICJ Reports (1996), p. 226 at 255 (para. 73) : "... the Court points out that the adoption each year by the General Assembly, by a large majority, of resolutions recalling the content of resolution 1653 (XVI), and requesting the member States to conclude a convention prohibiting the use of nuclear weapons in any circumstance, reveals the desire of a very large section of the international community to take, by a specific and express prohibition of the use of nuclear weapons, a significant step forward along the road to complete nuclear disarmament. The emergence, as *lex lata*, of a customary rule specifically prohibiting the use of nuclear weapons as such is hampered by the continuing tensions between the nascent *opinio juris* on the one hand, and the still strong adherence to the practice of deterrence on the other."

67) Thirlway, p. 87.

68) See e.g. Cassesse, *International Law*, pp. 123~124 ; Jonathan I. Charney, "The Persistent Objector Rule and the Development of Customary International Law", (1985) 56 BYIL 1~24, and "Universal International Law", (1993) 87 AJIL 529 at 538 et seq. ; Christian Tomuschat, "Obligations Arising for States Without or Against Their Will", (Hague Academy of International Law) Recueil des Cours, 1993-Ⅳ (Tome 241), p. 195 at 284~290 ; 金奭賢, "國際慣習法에 있어서 持續的 反對者 規則(persistent objector rule)의 妥當性 檢討", 《國際法學會論叢》, 제48권 제3호 (2003년 12월), pp. 71~100.

이제는 삭제할 때가 되었다는 것이다. 그러나 "완강한 반대국가"의 이론은 위에서 언급한 바와 같이 오히려 '일반'관습법의 '보편적' 구속력을 전제로 하고 있다는 점, 그리고 이 이론에 의하여 존중받을 수 있는 '국가의 주권평등' 원칙은 국제공동체에서 국가들 간에 완전한 합의가 이루어져 있는 아마도 유일의 기본원칙이라는 점을 기억할 필요가 있다. 또한 국가들이 일반관습법규의 형성과정에서 (그리고 그 형성 후에도) 지속적으로 반대하여 그것의 구속에서 언제까지나 벗어나 있는 실제 사례도 머리 속의 생각처럼 쉽게 발견되는 현상이 아니다. 국제관습법규는 그 속성상 관행이 형성되기 시작한 시점을 확인하거나 그것이 관습법규로 완성된 시점을 확인하는 것이 모두 쉬운 일이 아니기 때문이다.[69]

'완강한 반대국가'의 규칙을 수락할 것이냐 아니면 이제는 폐기할 것이냐의 논쟁의 중간 쯤에 서서 타협점이 제시되기도 한다. 예컨대, 국제관습법규의 창설 과정이 국가의 동의와 관계가 없다고 말하는 것은 합의에 의지하는 국제법의 구조상 여전히 성립될 수 없지만, 일부 규범적 발전을 '설명'하고 또 관습법규의 '적용과 존중을 확보'하기 위해서는 자연법적 주장이 필요하다는 것이다.[70] 그런가 하면 여기서 한 걸음 더 나아가, '완강한 반대국가'의 규칙을 일단 수락하면서도 '완강한 반대국가' 규칙의 개입을 허용하지 아니하는, 다시 말하면 국가들의 의사에 의존하지 아니하는 "근본적/기본적" 원칙들(fundamental principles)이 존재한다는 견해가 제시되기도 하는데,[71] 이같은

---

69) *Restatement (Third) of the Foreign Relations Law of the U.S.* (1987), Vol. I, para. 102, comment, p. 26 ; the Final Report of the Committee on Formation of Customary (General) International Law, in *The ILA Report 2000*, p. 712 at 739 ; Ragazzi, pp. 64~65.

70) 예컨대, Orakhelashvili (pp. 100~101)는 다음과 결론짓고 있다 : "It is not possible to view the mainstream area of customary international law as independent of the consent of States and no alternative theory is in a position to replace it. Both the practice in this field and the conceptual framework of international law require accepting this outcome. On the whole, the consensual element confers on international law the distinct legitimacy that is not present in a national legal system, in the sense that the legal person is bound by rules it directly consents to, as opposed to the representative legislation. The consensual foundation of international law is not its weakness but its strength. ... At the same time, neither can the outcome that the natural law argument is necessary to *explain* some normative developments be escaped. While natural law does not contribute to the mainstream process of creation of customary rules, the natural law argument is necessary to ensure that the rules are *applied* in accordance with their rationale and the inherent nature of the relevant legal institutions is *respected*."(italics added)

71) 예컨대, 상기 *Anglo-Norwegian Fisheries* 사건에서 영국은, 관습법규는 완강한 반대국가에 대해서는 대항할 수 없다는 노르웨이의 주장에 동의하면서도, 형성중인 규칙에 반대할 수 있는 권리는 절대적인 것이 아니라고 언급하면서, 특히 "근본적/기본적 원칙이 관련된 경우, 국제공동체는 이 원칙의 충격으로부터 벗어나 있을 국가의 권리를 인정하지 않는다."(where a fundamental principle is concerned, the international community does not recognize the right of any State to isolate itself from the impact of the principle)(ICJ Pleadings, ii, p. 429)는 논리를 전개하였다 ; 이에 대해 노르웨이는, 어떤 국가도 '근본적 원칙'에 대해서는 반대할 수 없다는 영국의 주장에 동의하면서도, "이 주장이 설득력을 가지기 위해서는, '원칙'이란 술어의 경계를 분명히 하고, 이들 '원칙'을 단지 그것의 상부구조인 기술적 규칙들과 혼동하지 않는 것이 필수적이다."(in order that the argument be plausible, it is essential to delimit the term 'principle' and not to confuse the 'principles' with the technical rules which are only the superstructure thereof)(*ibid.*, iii, p. 292)라고 덧붙인 바 있다 : Ragazzi, pp. 65~67. ICJ도 외견상 "fundamental or inherent rule/ principle"의 개념을 인정하는 것으로 보이는데, *North Sea Continental Shelf* cases (Federal Republic of Germany/ Denmark; Federal Republic of Germany/ Netherlands, ICJ Reports (1969),

견해는 '완강한 반대국가'의 규칙은 "강행규범"(*jus cogens*)에 대해서만은 적용될 수 없다는 주장으로 이어지고 있다.[72] 특히, ILC는 "국제관습법의 확인에 대한 결론초안"(결론 15)에서 완강한 반대국가 이론을 명쾌히 수용하면서도(1,2항) 강행규범에 대한 적용성 여부와 관련해서는 분명한 의견제시를 유보하였었는데(3항), 4년 뒤인 2022년의 "일반국제법의 강행규범의 확인과 법적 결과에 관한 결론초안"[Draft conclusions on identification and legal consequences of peremptory norms of general international law (*jus cogens*)] 결론 14(3)에서는 "완강한 반대국가 규칙은 일반국제법의 강행규범에는 적용되지 아니한다"고 입장을 분명히 하였다.[73]

관습의 보편적 구속력으로부터, 국가 간 소송에서 일반관습법규에 기초하여 제소하는 국가는 그러한 관습법규가 존재한다는 것을 입증하면 족하며, 타방 국가가 문제의 관습법규를 수락하였거나 그것의 기초가 된 관행의 형성에 참여한 바 있음을 입증할 필요는 없다는 결론이 도출된다. 따라서 어떤 일반관습법규의 존재에 대해 '완강한 반대국가'의 지위를 주장하는 국가는 스스로 이를 입증하여야 하며, 제소국이 입증할 문제는 아니다. 그러나 -아래에서 언급하는 바와 같이- 지역관습의 경우에는 이것을 원용하는 당사자는 타방 당사자에게도 구속력을 갖게 되었음을 입증하여야 한다. 지역관습법규의 경우와 비슷하게, 그러나 일반관습법규의 경우와는 대조적으로, 국가 간 소송에서 특정 조약규정을 원용하는 국가는 문제의 조약이 자신뿐만 아니라 타방 분쟁당사국에게도 구속력이 있음을

p. 3, 30 (para. 42)에서 다음과 같이 언급한 바 있기 때문이다: "the notion of adjacency, so constantly employed in continental shelf doctrine from the start, only implies proximity in a general sense, and does not imply any *fundamental or inherent rule* the ultimate effect of which would be to prohibit *any* State (*otherwise than by agreement*) from exercising continental shelf rights in respect of areas closer to the coast of another State."(italics added) 그러나 여기서 ICJ는 "(*otherwise than by agreement*)"(합의에 의한 경우를 제외하고는)이란 사족을 붙임으로써 '근본적/기본적 규칙'이라 하더라도 합의에 의해서는 상호간에 일탈이 가능함을 시사하고 있다. 한편, (Akehurst를 증보한) Malanczuk, p. 48은 (완강한 반대국가의 규칙을 긍정한) Akehurst, pp. 32~33의 기존서술에 다음과 같이 덧붙이고 있다 : "The problem of the 'persistent objector', however, has recently attracted more attention in the literature. Can a disagreeing state ultimately and indefinitely remain outside of new law accepted by the large majority of states? Do emerging rules of *ius cogens* require criteria different to norms of lesser significance? Such questions are far from settled at this time. The view of Charney, who dispenses with the 'persistent objector' *altogether*, however, is an exceptional one."(italics added) Malanczuk의 이 말미 표현은 '완강한 반대국가' 규칙에 대한 예외의 가능성을 염두에 둔 것으로 보인다. 이 밖에, Orakhelashvili는 관습의 근거를 국가의 (묵시적) 동의에서 구하고(p. 91) 그 결과 완강한 반대국가의 규칙을 승인하면서도(p. 94) 다음과 같이 언급하고 있다(p. 96) : "In certain cases, the rules of customary law, designated as fundamental or inherent rules whose normative status derives from the structural necessity of the international legal system, are identified without much enquiry into the supportive State practice and *opinio juris*. Whether such fundamental or inherent rules can be seen as customary in the mainstream sense of this term can be the subject of debate. This is presumably a field in which incidences of customary law overlap with those of natural law. The consensual pattern of customary international law is therefore subject in certain cases to limitations defined by the need for systemic effectiveness." ; 여기서 그는 "근본적 혹은 내재적"(fundamental or inherent) 규칙을 "객관적으로 필요한"(objectively necessary) 것으로 표현하고 있기도 하다(p. 98). 이 밖에도, "근본적(기본적) 법원칙"의 개념을 강행규범(*jus cogens*)의 개념과 결부시키는 견해도 있다 : see e.g. Amerasinghe, pp. 227~234.

72) Vidmar in de Wet and Vidmar (eds.), pp. 25~28.

73) 자세한 것은 본서, 제3장 (일반국제법의 강행규범) 참조.

입증하여야 한다.[74] 조약은 그것의 구속을 받기로 동의한 국가에게 대해서만 그리고 그들 간에만 적용되기 때문이다.[75]

(4) 요소 4 : 국가관행(state practice)의 증거

ICJ규정 제38조 1항(b)의 공식에는 국가관행이 표현될 수 있는 방법에 대한 언급이나 제한은 보이지 않으며, 따라서 이 목적을 위한 완벽한 목록을 제시하기는 어렵다. 우선, 국가관행은 국가들의 행위(작위와 부작위)뿐만 아니라 그들의 말로도 구성된다.[76] 과거 일부 학자들은 국가관행(과 법적 확신)은 "오로지 국가를 대신하여 구속력있는 합의를 맺을 수 있는 기관들(즉, 국가원수, 정부수반, 외무장관)"의 관행으로만 구성된다는 견해를 갖고 있었지만, 이는 관습을 단지 묵시적 조약으로 보는 생각과 긴밀히 연계된 것으로, 오늘날 이 견해는 일반적으로 배척되고 있다. 즉, 국가관행을 형성할 수 있는 국가의 기관에는 행정부의 모든 기관과 입법부 및 사법부가 포함된다.[77] 그 결과 국가관행에는 조약, 외교서한, 정책천명, 보도자료, 정부법률고문관들이 국내회의나 국제회의에서 제시한 의견, 정부의 공식편람(official manual), 행정행위, 국내입법,[78] 국내(특히, 상급)재판소의 판결,[79] 군

---

74) Roberts and Sivakumaran in Evans (ed.), *International Law*, 5th, p. 96 ; Orakhelashvili/Akehurst, pp. 34~35.

75) 아래에서 언급하는 바와 같이 이 규칙에 대한 예외로서 "객관적 체제를 창설하는 조약"의 관념이 논의되고 있기는 하다.

76) 2018 ILC Draft conclusions on identification of customary international law, Conclusion 6, para. 1 : "Practice may take a wide range of forms. It includes both physical and verbal acts. It may, under certain circumstances, include inaction."

77) ILA (London Conference 2000), Committee on Formation of Customary (General) International Law, Final Report, "Statement of Principles Applicable to the Formation of General Customary International Law", Section 9 (*The practice of the executive, legislative and judicial organs of the State is to be considered, according to the circumstances, as State practice.*), including Commentary thereto.

78) ICJ는 *Jurisdictional Immunities of the State* (Germany v. Italy ; Greece Intervening), Judgment of 3 February 2012, para. 70에서 "국내입법의 모양을 취한 국가관행"(State practice in the form of national legislation)을 언급한 바 있다. US Supreme Court, *The Scotia* case, 81 U.S. 170 (1872), *The Paquette Habana* case, 175 U.S. 677 (1900) 등은 국내입법이 국제관습법의 증거로 원용될 수 있음을 보여주는 좋은 사례이다 : see von Glahn, pp. 18~19, 47~48. "그러나 일치된 (국내)법률들이 존재하는 것만으로 (국제)관습법의 존재가 증명되는 것은 아니다. 왜냐하면 그러한 일치는 단순히 국가들이 자유롭게 취하고 언제든지 변경할 수 있는 동일한 견해에서 비롯될 수 있기 때문이다." : *Prosecutor* v *Ayyash and others*, Special Tribunal for Lebanon (Appeals Chamber), Interlocutory decision on the applicable law: terrorism, conspiracy, homicide, perpetration, cumulative charging, 16th February 2011, Case No: STL-11-01/I/, 〈https://www.legal-tools.org/doc/ceebc3/pdf/〉, para. 91("Consistent national legislation can be another important source of law indicative of the emergence of a customary rule. ... However, the mere existence of concordant laws does not prove the existence of a customary rule, "for it may simply result from an identical view that States freely take and can change at any moment". Thus, for instance, the fact that all States of the world punish murder through their legislation does not entail that murder has become an international crime.") ; Orakhelashvi/ Akehurst, 9th, p. 40.

79) See e.g. *Arrest Warrant of 11 April 2000* (Democratic Republic of the Congo v. Belgium), ICJ Reports (2002), p. 3 at 24 (para. 58) ; *Jurisdictional Immunities of the State* (Germany v. Italy ; Greece Intervening), ICJ Judgment of 3 February 2012, para. 77 ("State practice in the form of judicial decisions"). See also Thirlway in Evans (ed.), *International Law*, 3rd, p. 111.

대 교범, UN국제법위원회(International Law Commission)가 제시한 조약 초안에 대한 국가의 코멘트, 국제기구(특히 UN총회)에서 국가의 투표행위 등이 모두 포함될 수 있다.[80] 다만, 부여받아야 할 비중의 문제로서, 관습법규 형성에서 행정부의 행위가 입법부나 사법부의 행위보다 상대적으로 더 큰 비중(중요성)을 갖는가의 문제가 제기되기도 한다. ILA는 '보통은' 그러해야 할 것이라는 견해를 채택한 바 있는데[81] 이것은 사안에 따라서는 그러하지 아니함을 시사하고 있다.[82]

국가들의 실제관행에는 적극적 관행뿐만 아니라 (일정 행위의 자제로 구성된다는 의미에서의) 소극적 관행도 포함된다.[83] 국제재판소(그리고 아마도 국내재판소)에서 특정 국가의 입장을 대변하는 변호인들의 주장이 국가관행을 구성할 수 있는지에 대해서는 견해가 갈리고 있다.[84]

'사인'의 관행(practice of private individuals)이 관습법규를 창설할 수 있는지는 분명하지 않은데, 실제로 그같은 사례를 발견하기는 어렵다. 그러나 오늘날에는 개인도 국제법 하의 권리와 의무를 가질 수 있고, 또 개인의 관행은 결단코 관습법규를 창설할 수 없다고 주장할 선험적 이유는 없다.[85] 그러나 다른 한편, 법인격과 법창설 능력은 구별하여야 하고 관습법을 창설하는 것이 '개인

---

80) Currie, p. 173 ; Rosenne, *The Perplexities of Modern International Law*, p. 35 ff ; Bankas, pp. 145, 154~156 ; Keither, p. 33 ; Hall, p. 35 ; 2018 ILC Draft conclusions on identification of customary international law, Conclusion 6 (Forms of practice)("2. Forms of State practice include, but are not limited to: diplomatic acts and correspondence; conduct in connection with resolutions adopted by an international organization or at an intergovernmental conference; conduct in connection with treaties; executive conduct, including operational conduct "on the ground"; legislative and administrative acts; and decisions of national courts. 3. There is no predetermined hierarchy among the various forms of practice."), Conclusion 11 (Treaties), Conclusion 12 (Resolutions of international organizations and intergovernmental conferences), Conclusion 13 (Decisions of courts and tribunals), & Conclusion 14 (Teachings).

81) 즉, ILA의 국제관습법형성위원회(Committee on Formation of Customary (General) International Law)는 2000년 런던회의에 제출한 최종보고서 "Statement of Principles Applicable to the Formation of General Customary International Law", Section 9 (*The practice of the executive, legislative and judicial organs of the State is to be considered, according to the circumstances, as State practice.*)에 대한 주석 (e)에서 다음과 같이 언급한 바 있다 : "It can happen, particularly in countries where there is a separation of powers, that the position of the judiciary (or of the legislature) conflicts with that of the executive. This is a matter of what weight is to be attached to the various instances of the State's practice... In the ultimate analysis, since it is the executive which has primary responsibility for the conduct of foreign relations, that organ's formal position ought *usually* to be accorded more weight than conflicting positions of the legislature or the national courts..." (italics added)

82) 이를테면, 외국기관에 국가면제를 부여할 것인지의 쟁점에 대해 행정부와 사법부의 견해가 다르다면, 이 문제에 대한 사법부, 특히 최고재판소의 결정이 그 국가의 최종입장을 구성하는 것으로 보아야 할 것이다. Nollkaemper, pp. 270~271 참조.

83) G. M. Danilenko, *Law-Making in the International Community* (Dordrecht : Martinus Nijhoff Publishers, 1993), pp. 85~86 (noted by Bankas, p. 145)는 이 점에 대해 다음과 같이 피력하고 있다 : "It was assumed that a custom-generating practice should be made up of concrete manifestations of actual conduct involving assertions of a right or claim which is enforced against other states. The concept of actual practice encompassed not only active practice but also "negative" practice consisting in habitual abstentions from specific actions. It was recognized, in particular, that such a "negative" practice was able to generate prohibitive rules imposing a duty to abstain from such actions in similar situations."

84) 이 문제에 대한 개관은 Bankas, pp. 153~159 참조.

85) 이를테면, Karol Wolfke, *Custom in Present International Law* (Prace Wroclawskiego Towarzystwa Naukowego, Series A. no. 101), Wroclaw, Polskiej Akademii Nauk (1964), p. xvii (noted by Bankas,

들의 행위'인지 아니면 '그에 대한 국가들의 반응'인지를 구별할 필요가 있음을 강조하는 견해도 있다.[86] ILC는 2018년 "국제관습법의 확인"에 대한 결론 초안[87]에서 "NGO, 비국가무장단체(non-State armed groups), 다국적기업(transnational corporations) 및 사인(private individuals)"에 대해 후자의 입장을 채택하였다.[88]

오늘날 국제기구의 관행도 국제관습법규의 형성에 기여할 수 있다고 보아야 하겠지만 국가의 경우와는 달리 아무런 제한없이 이를 긍정할 수는 없는 일이다. 상기 초안에서 ILC도 -EU처럼 회원국들로부터 배타적 권한(exclusive competences)을 이전받은 국제기구가 그 범위 내에서 회원국들의 공적 권한의 일부를 행사하고 이로써 당해 기구의 관행이 회원국들의 관행과 동일시 될 수 있는 경우를 포함하여- 일부 제한된 경우에 국한해서만 이를 긍정하고 있다.[89]

3. 관습의 주관적 · 심리적 요건 : 법적 확신(*opinio juris*)

국가관행으로부터 법적 확신이 추론(추정)될 수는 있겠지만,[90] 법상 관행 그 자체만으로는 관습을 창설하지 못한다. 어떤 관행이 광범위하게 퍼져 있다고 하더라도 국가들이 언제든지 그것을 무시할 법적 자유가 있다고 느끼는 관행은 법이 될 수 없다. 즉, 법적 확신이 결여된 관행은 아직 법으로 변형되지 못한 단순한 관례(usage), 국제도덕규범(norm of international morality) 내지는 국제예양(international comity, courtoisie internationale, Völker courtoisie, *comitas gentium*/ comity

---

p. 158)는 다음과 같이 언급하고 있다 : "In order to avoid misunderstandings, it seems, then, advisable to apply the term "practice" only in its broadest sense – that is, as the conduct of all organs, even of private persons, which might have any bearing on international law."

86) 예컨대, Michael Akehurst는 "Custom as a Source of International Law", (1974~75) 47 BYIL 1, 11에서 다음과 같이 주장하고 있다 : "Of course, the reactions of States to the acts of individuals (e.g. by prosecuting or failing to prosecute them for assualting diplomats) can give rise to customary law, but that is not the same as saying that the acts of individuals give rise to customary law. Individuals may form pressure groups to campaign for changes in the law, but the change is made by States and not by individuals. It is arguable that even writers on international law, who exercise more influence on international law than other individuals, have no effect unless or until their views are accepted by States or by international courts."

87) 2018 ILC Draft conclusions on identification of customary international law, Conclusion 4 (Requirement of practice) : "1. The requirement of a general practice, as a constituent element of customary international law, refers primarily to the practice of States that contributes to the formation, or expression, of rules of customary international law.
2. In certain cases, the practice of international organizations also contributes to the formation, or expression, of rules of customary international law.
3. Conduct of other actors is not practice that contributes to the formation, or expression, of rules of customary international law, but may be relevant when assessing the practice referred to in paragraphs 1 and 2.".

88) 2018 ILC Draft conclusions on identification of customary international law, Conclusion 4 (Requirement of practice), para. 3, and Commentary thereto, paras. (8)(9).

89) 2018 ILC Draft conclusions on identification of customary international law, Conclusion 4 (Requirement of practice), para. 2, and Commentary thereto, paras. (5)~(7).

90) Tams, p. 238.

of nations)에 지나지 않는다.[91] 관습형성에 있어 법적 확신의 결정적 중요성에 관해서는 PCIJ가 *Lotus*호 사건[92]에서 언급한 바 있고, 또 *North Sea Continental Shelf* 사건들[93]과 *Military and Paramilitary Activities in and against Nicaragua* 사건,[94] 그리고 *Jurisdictional Immunities of the State* 사건[95] 등에서 ICJ도 지적한 바 있다. '법적 확신' 요건은 관습법규 창설이 국가동의에 기초하고 있음을 보여주고 있다.[96]

이처럼 관습법규 형성 과정에서 비법(non-law)을 법(law)으로 변형시키는 기능을 담당하는 법적 확신에 있어서의 문제는 이 심리적·주관적 요건을 어떻게 입증할 것인가 하는 점이다. 본질적으로 입증을 요하는 것은 문제된 규칙의 법적 구속력에 대한 국가의 수락·승인 또는 묵인이다. 원칙적으로 재판소는 법을 알고 있는 것으로 추정되며,[97] 따라서 사건 당사자의 명시적인 원용이 없더라도 관습법규를 적용할 수 있다. 그러나 실제로 입증부담(입증책임)(onus of proof)은 관습법규를 원

91) *North Sea Continental Shelf* Cases (Federal Republic of Germany/Denmark ; Federal Republic of Germany/Netherlands), ICJ Reports (1969), p. 3 at 44 (para. 77) : "The frequency, or even habitual character of the acts is not in itself enough. There are many international acts, e.g., in the field of ceremonial and protocol, which are performed almost invariably, but which are motivated only by considerations of courtesy, convenience or tradition, and not by any sense of legal duty." 이런 종류의 국가들의 심리상태를 "일종의 법적 불확신"(a sort of *opinio non juris*)으로 칭하기도 한다. Thirlway, p. 75. 한편, ICJ규정 제38조 1항(b)에서는 법적 확신을 '법으로 수락된'(accepted as law)으로 표현하고 있는데, Tunkin, p. 124는 이것을 '법으로 승인된'(recognition by states as a legal norm)으로 새긴 다음 관습을 국시적 합의(조약)로 간주하고 있다. 그러나 '수락'과 '승인'의 언어학적 차이를 무조건 무시할 수만은 없을 것으로 생각된다. 왜냐하면 ICJ규정 제38조 1항에 따르면, ICJ는 조약의 경우에는 "분쟁국가들에 의하여 명시적으로 승인된"(expressly recognized by the contesting States) 규칙을 수립하고 있는 조약만을 적용해야 하지만 국제관습을 적용함에 있어서는 이같은 제한을 받지 않기 때문이다. John King Gamble, Jr., "The Treaty/Custom Dichotomy", in Ku & Diehl (eds.), p. 82.

92) France v. Turkey, PCIJ (1927), Series A, No 10, p. 28 : "In this connection, the Agent for the French Government has drawn the Court's attention to the fact that questions of jurisdiction in collision cases, which frequently arise before civil courts, are but rarely encountered in the practice of criminal courts. He deduces from this that, in practice, prosecutions only occur before the courts of the State whose flag is flown and that that circumstance is proof of a tacit consent on the part of States and, consequently, shows what positive international law is in collision cases.

In the Court's opinion, this conclusion is not warranted. Even if the rarity of the judicial decisions to be found among the reported cases were sufficient to prove in point of fact the circumstance alleged by the Agent for the French Government, it would merely show that States had often, in practice, abstained from instituting criminal proceedings, and not that they recognized themselves as being obliged to do so ; for only if such abstention were based on their being conscious of having a duty to abstain would it be possible to speak of an international custom. The alleged fact does not allow one to infer that States have been conscious of having such a duty ; on the other hand, as will presently be seen, there are other circumstances calculated to show that the contrary is true."

93) ICJ Reports (1969), p. 3 at 44 (para. 77).

94) ICJ Reports (1986), p. 14 at 97 (para. 183), 108~109 (para. 207).

95) Germany v. Italy ; Greece Intervening, Judgment of 3 February 2012, ICJ Reports (2012), p. 99 at 122~123 (para. 55).

96) Orakhelashvili, p. 116 ; Orakhelashvili/Akehurst, p. 41 (9th, p. 43).

97) 이른바 "*jura novit curia*"(혹은 "*curia jura novit*")의 원칙 : *Military and Paramilitary Activities in and against Nicaragua* (Nicaragua v. United States of America) (Merits), ICJ Reports (1986), p. 14 at 24~25 (para. 29), 97~98 (para. 184).

용하는 국가에게 지워진다. 즉, 당해 관습의 존재를 주장하는 당사자는 타방 당사자에게도 구속력있는 동일한 관습이 수립되었다는 점을 입증해야 한다.[98] 따라서 법적 확신에 대한 불충분한 증거는 국제소송에서 치명적일 수 있는데, 상기 *Lotus* 호 사건[99]이 이 점을 전형적으로 보여주고 있다. 본 사건에서 원고인 프랑스 정부는 국적을 달리하는 상선들이 공해상에서 충돌할 때 피해선박의 기국(旗國)이 형사관할권 행사를 자제하던 당시의 국제관행이 법적 확신에 기초하고 있다는 점을 입증하지 못하여 패소하고 말았다. ICJ는 *Legality of the Threat or Use of Nuclear Weapons* 사건[100]에서는 "핵무기 사용을 금지하는 관습법규의 형성이 '발생 초기 단계의 법적 확신'과 '여전히 강하게 고수되고 있는 (핵)억지 관행' 간에 계속되고 있는 긴장상태에 의해 방해받고 있다"고 언급한 바도 있다. 법적 확신의 요건은 2018년 ILC의 "국제관습법의 확인에 대한 결론 초안"에서도 강조되고 있는데,[101] 법적 확신의 증거[102]는 관행의 증거[103]와는 별개로 규정되어 있다. 법적 확신과 관행은 관습 형성을 위한 별개의 요건이고, 특히 관습의 주관적 · 심리적 요소를 입증하는 문제는 매우 복잡하여 언제나 사건의 전후사정을 고려할 필요가 있는 것을 생각하면 이는 타당한 태도이다. 그러나 상황에 따라서는 동일한 행위가 법적 확신과 관행 양자 모두의 증거로 인정되는 경우도 생길 수 있다.[104]

4. 인스턴트 관습(instant custom)

Bin Cheng 교수[105]가 1965년에 처음으로 제시한 바 있는 이른바 '인스턴트 관습' 이론의 핵심

---

98) *Asylum* case (Colombia/Peru), ICJ Reports (1950), p. 266 at 276 ; Brownlie, p. 11 ; Thirlway, p. 56 (fn. 12).

99) PCIJ (1927). Series A, No. 10, at p. 28.

100) Advisory Opinion, ICJ Reports (1996), p. 226 at 255 (para 73) : "The emergence, as l*ex lata*, of a customary rule specifically prohibiting the use of nuclear weapons as such is hampered by the continuing tensions between the nascent *opinio juris* on the one hand, and the still strong adherence to the practice of deterrence on the other." Orakhelashvili/Akehurst, p. 42 ; 본서, 본장, "Ⅸ. UN총회결의", & 제28장 (전쟁법), "Ⅶ. 무기의 제한, 3. 핵무기" 참조.

101) 2018 ILC Draft conclusions on identification of customary international law, Conclusion 9 [Requirement of acceptance as law (*opinio juris*)].

102) 2018 ILC Draft conclusions on identification of customary international law, Conclusion 10 [Forms of evidence of acceptance as law (*opinio juris*)] ("1. Evidence of acceptance as law (*opinio juris*) may take a wide range of forms. 2. Forms of evidence of acceptance as law (*opinio juris*) include, but are not limited to: public statements made on behalf of States; official publications; government legal opinions; diplomatic correspondence; decisions of national courts; treaty provisions; and conduct in connection with resolutions adopted by an international organization or at an intergovernmental conference. 3. Failure to react over time to a practice may serve as evidence of acceptance as law (*opinio juris*), provided that States were in a position to react and the circumstances called for some reaction.").

103) 2018 ILC Draft conclusions on identification of customary international law, Conclusion 6 (Forms of practice), para. 2.

104) 이 문제에 대해서는 Kaczorowska-Ireland, pp. 36~37 참조.

105) Bin Cheng, "United Nations Resolutions on Outer Space: 'Instant' International Customary Law ?", (1965)

은 국제관습법규의 형성에 있어 국가관행의 중요성과 시간적 요소의 관련성을 부인하고, 관습의 창설적 요소로서 구속력이 없는 결의와 선언에서 표시된 법적 확신에만 의존하려는 것이다. 예를 들면 UN총회의 '만장일치'에 의거한 결의안 채택은 인스턴트 관습법, 즉 국제관습법규의 '즉각적인' 창설을 초래할 수 있다는 것이다.[106] 그러나 이 문제에 답하기 위해서는 관습의 정의, 즉 관습의 구성요소를 생각해 보아야 한다. 국가들이 UN총회에서 결의안에 투표할 때 그 결의안이 채택되면 자신들에게 그것을 준수할 법적 의무가 생긴다는 믿음을 가지고 투표에 참여하는 것으로 보기는 어렵다. 왜냐하면 UN총회는 국제입법부로 의도된 것이 아니기 때문이다. 설사 이것을 인정한다 하더라도 국가들의 일회성적인 투표행위만으로 그 즉시 일반관행이 형성된다고 볼 수 있을지는 의문이다. 요컨대, 이른바 인스턴트 관습은 ICJ규정 제38조 1항(b)가 요구하는 관습의 두 가지 구성요소인 법적 확신과 일반관행 두 요건 모두 또는 그 중 하나를 결하고 있다는 점에서 그 자체가 모순되는 술어라고 생각된다.[107] 인스턴트 관습 이론은 ICJ에 의해서도 암묵적으로나마 배척된 것으로 보이는데, 이는 동 재판소가 *Military and Paramilitary Activities in and against Nicaragua* 사건[108]에서 국가관행의 필요성을 강조한 바 있기 때문이다.

> "국가들이 일정 규칙에 대한 그들의 승인을 선언하는 단순한 사실만으로는 본 재판소가 그것을 국제관습법의 일부인 것으로 보기에 충분하지 않다. … 그 규정 제38조에 구속된 본 재판소로서는 규칙이 국가들의 법적 확신 속에서 존재하고 있음이 관행에 의하여 확인되고 있다는 것에 대해 확신을 가져야 한다."

요컨대, 새로운 국제법규가 국가관행을 동반함이 없이 오로지 법적 확신만에 의해 형성될 수 있다면 그것은 국제관습법규와는 다른 어떤 것이라는 결론에 이른다. 그리고 그렇게 생성되는 국제법규는 아직 인정되지 않고 있다.

5. 지역관습(local or regional custom)

특정지역 내에서만 혹은 단지 일부 소수의 국가들 사이에서만 법으로 수락되는 지역관습(regional or local custom) 내지는 특별관습(special custom)의 존재를 긍정할 것인지의 문제를 검토하고

---

5 The Indian Journal of International Law 23~48 ; Bin Cheng, "Custom : The Future of General State Practice In a Divided World" in *The Structure and Process of International Law : Essays in Legal Philosophy Doctrine and Theory* (R. St. J. Macdonald & Douglas M. Johnston eds., 1983), p. 513 at 532("As international law is a horizontal legal system in which states are both the law-makers and the subjects of the legal system, *opinio juris* can arise or change instantaneously."). See also Bankas, p. 165.

106) 이런 의미에서 instant custom은 '속성'관습보다는 '즉석'관습으로 번역하는 것이 타당해 보인다.

107) Malanczuk, pp. 45~46 ; Thirlway in Evans (ed.), *International Law*, 3rd, p. 104 ; Boyle in Evans (ed.), *International Law*, 3rd, pp. 135~136 (& 5th, p. 129) ; Hamid, p. 31 ; G. M. Danilenko, *Law-Making in the International Community* (Dordrecht : Martinus Nijhoff Publishers, 1993), p. 97.

108) Nicaragua v. United States of America (Merits), ICJ Reports (1986), p. 14 at 97 et seq.

국제관습에 관한 이야기를 끝내야 할 것이다. 외견상 지역관습은 ICJ규정 제38조 1항(b)에 언급된 관습의 요소들 중에서 관행의 '일반성'(generality of practice)을 갖추었다고 보기 어렵다. 그러나 다른 한편, (관습의 경우 비록 관행으로부터 추론되는 것이라 하더라도) –'완강한 반대국가'의 논리에서 보는 것처럼– 궁극적으로 국가들의 의사(will of states)가 그들을 구속하는 법적 의무의 진정한 연원이라면, 일부 국가들이 지구공동체보다 작은 지역에서 그들 상호간에 구속력있는 관습법규를 수립하는 것을 막을 수 있는 법적 근거 또한 없는 것으로 보인다.[109)]

지역관습의 형성을 위해서도 국가관행과 법적 확신이라는 두 요소가 요구되는 것은 물론이다. 다만, 지역관습은 다시 '완강한 반대국가' 이론의 경우에서와 마찬가지로 일반국제관습법의 '보편적' 적용에 대한 위협이 되므로 이것을 승인하고 집행함에 있어서는 이들 관습의 요소에 엄격한 해석이 가해지지 않을 수 없다. 지역관습의 존재는 무엇보다 그것을 원용하려는 국가들에 의하여 엄격하게 입증되어야 한다. 특별규칙은 보편적인 구속력을 갖는 것으로 추정되는 일반국제관습법규와 충돌하는 것이 보통일 것이기 때문이다.[110)] ICJ는 일찍이 *Asylum* 사건[111)]에서 이 문제를 다룬바 있는데, 사건 개요는 다음과 같다. 페루의 한 반(反)정부인사가 쿠데타에 실패한 후 페루 주재 콜롬비아 대사관에 비호(asylum)를 요청하여 이를 허락받았는데, 이로 인해 영토관할권을 침해당한 페루와 –외교비호를 제공한– 콜롬비아 사이에 분쟁이 생겼다. 먼저 제기된 문제는, 특히 1928년 이 사건의 두 당사국이 서명한 "비호에 관한 아바나협약"(Havana Convention on Asylum) 하에서 협약체약국은 비호가 부여될 수 있는 범죄인지의 여부를 일방적으로(unilaterally) 정의할 수 있는 권한을 부여받고 있는가 하는 것이었다. 아바나협약은 외교비호에 관한 일정 규칙을 수립하고는 있었지만, 영토국가에 대항하여 확정적이고도 구속적인 힘을 가지고 범죄의 성격을 정의할 일방적 권한(unilateral competence)을 비호 부여국에게 부여하는 그 어떤 조항도 담고 있지는 않았다. 그럼에도 불구하고 콜롬비아 정부는 "그같은 (일방적)권한이 동 협약에 묵시/함축되어 있으며 또한 비호제도에 내재되어 있다"[112)]고 주장하였으나, 재판소는 조약 해석의 문제로서 협약체약국 일방의 이 같은 일방적 권한을 부인하였다. 다음으로, 콜롬비아는 라틴아메리카 국가들 간의 지역관습에 의거하여 외교비호를 부여할 일방적 권리가 있다고 주장하였다. 이에 대해 ICJ는 지역관습법규의 요건이 갖는 특성을 다음과 같이 표현하였다.

> "'이런 종류의' 관습을 원용하는 당사자는 이 관습이 수립되어 '타방당사자에게도 구속력을 갖게 되었음을' 입증하여야 한다. 콜롬비아 정부는 동 정부가 원용하는 규칙이 '문제의 국가들에 의하여' 실천되는 –일관되고 획일적인– 관행과 일치하고, 또 이 관행이 비호를 부여하는 국가에게 속하는 권리이자 '영토국에 부과된' 의무의 표현임을 입증하여야 한다."[113)]

---

109) Currie, pp. 177~178.
110) *Ibid.*, p. 178.
111) Colombia/Peru, ICJ Reports (1950), p. 266.
112) *Ibid.*, at 275.
113) *Ibid.* at 276~277 : "The Party which relies on a custom of this kind must prove that this custom is established in such a manner that it has become binding on the other Party. The Colombian Government

결국 ICJ는 콜롬비아가 주장하는 그런 지역관습법규의 존재를 지지해 주는 라틴아메리카 국가들 간의 충분히 획일적인 관행을 발견할 수 없다고 결론지으면서, "비록 그같은 관습이 오로지 일부 라틴아메리카 국가들 사이에서만 존재한다고 가정할 수 있다 하더라도 그것은 페루에 대해서는 원용될 수 없을 것이다. 왜냐하면 페루는 자신의 태도를 통해 그것을 지지하기는 커녕 오히려 정반대로 외교비호의 문제에 있어 범죄의 자격 인정에 관한 규칙을 담은 최초의 조약인 1933년과 1939년의 몬테비데오 협약들을 비준하지 않음으로써 그것을 부인하였다."[114]고 덧붙였다.

요컨대, 지역적 관행과 법적 확신에 대한 충분한 증거를 제시함으로써 지역관습법규의 존재를 입증해야 할 뿐만 아니라, 당해 규칙의 적용대상이 되는 국가가 문제의 관행과 법적 확신에 직접적이고 적극적으로 참여했다는 점을 입증하는 것이 필수적이다. 페루가 문제의 지역관습으로부터 벗어나기 위해 이에 완강하고 명시적으로 반대했을 필요는 없다. 오히려 페루의 무위 내지는 침묵이 문제된 관습의 동 국가에 대한 적용을 막는데 충분했다는 것이다. 이것은 확실히 무위 내지는 불분명한 태도가 보편관습법규의 형성에 있어 묵인으로 간주될 수 있다고 보는 일반국제관습의 태도와는 아주 대조적이다. 그런 의미에서 지역관습의 형성에 있어 요구되는 관행은 단지 지역적 차원의 '일반성'(generality)이 아니라 '지역적 보편성' (local universality)에 기초한 것이라고 말할 수 있을 것이다.[115] 바꾸어 말하면, 지역관습은 관련 당사국 모두에 의해 묵시적으로 수락되어야 한다는 점에서 그것은 "그런대로 묵시적 합의"(a sort of tacit agreement)[116]라고도 할 수 있다. 다만, ICJ는 문제의 관습이 "(페루를 제외한) 일부 라틴아메리카 국가들 사이에서만 존재한다"는 "가정"을 해봄으로써 그것이 페루를 포함하지 아니하는 일단의 라틴아메리카 국가들 간에 형성되었을, 혹은 형성될 수 있는 가능성을 인정하였다고도 볼 수 있다.[117] 이 문제에 대한 2018년 ILC의 "국제관습법의 확인에 대한 결론 초안"의 입장도 그러한 것으로 보인다.[118]

---

must prove that the rule invoked by it is in accordance with a constant and uniform usage practised by the States in question, and that this usage is the expression of a right appertaining to the State granting asylum and a duty incumbent on the territorial State. This follows from Article 38 of the Statute of the Court, which refers to international custom "as evidence of a general practice accepted as law".

114) *Ibid.*, at 277~278 : "even if it could be supposed that such a custom existed between certain Latin-American States only, it could not be invoked against Peru which, far from having by its attitude adhered to it, has, on the contrary, repudiated it by refraining from ratifying the Montevideo Conventions of 1933 and 1939, which were the first to include a rule concerning the qualification of the offence in matters of diplomatic asylum.".

115) Currie, pp. 178, 180~181 ; Keitner, p. 36. 그러나 Orakhelashvili, pp. 92~93은 이 같은 해석에 반대하고 있다.

116) See Thirlway in Evans (ed.), *International Law*, 3rd, p. 107 ; Cassese, *International Law*, 2nd, p. 164.

117) See Thirlway in Evans (ed.), *International Law*, 3rd, p. 107 ; Thirlway, p. 89.

118) 2018 ILC Draft conclusions on identification of customary international law, Conclusion 16 (Particular customary international law) : "1. A rule of particular customary international law, whether regional, local or other, is a rule of customary international law that applies only among a limited number of States. 2. To determine the existence and content of a rule of particular customary international law, it is necessary to ascertain whether there is a general practice among the States concerned that is accepted by them as law (*opinio juris*) among themselves."

이 같은 논리대로라면 단지 두 국가 사이에서도 지역관습의 형성이 가능하다고 하지 않을 수 없는데, 이 문제는 *Right of Passage over Indian Territory* 사건[119]에서 검토된 바 있다. 이 사건은 포르투갈이 인도 영토 내에 가지고 있던 몇몇 내륙의 고립영토(enclaves)에 관련된 것이었다. 포르투갈은 적어도 지난 일백년 동안 이들 고립영토와 역시 인도 영토 내에 위치한 포르투갈 소유의 한 해안도시인 Daman 사이에 자유통과의 권리를 향유해 왔었다고 주장하였다. 그러나 1954년 이들 고립영토의 한 곳에서 민란이 일어나 포르투갈 당국이 전복되었고, 그 후 인도 정부는 안전조치의 일환으로 이들 고립영토 사이에서 포르투갈의 통과를 중지시켰다. 이에 대해 인도 정부의 이같은 중지조치는 사실상 포르투갈이 자국 영토에 대해 주권을 행사할 수 있는 능력을 부인하는 행위라고 포르투갈 정부는 주장하였다. ICJ는 이 사건에서 우선 오로지 두 국가 간에도 관습이 형성될 수 있는가에 관하여 이를 긍정하였다.[120] 이어서 ICJ는 포르투갈이 주장하는 바의 (비군사적 성격의) 통과권이 관습법규의 형태로 영국의 인도 통치기간 중에 그리고 인도가 독립된 후에도 존재해 왔었다는 점도 인정하면서, "그러한 특별한 관행은 그 어떤 일반적인 규칙에도 우선해야 한다."고 언급하였다.[121] 이 밖에도 ICJ는 *Dispute regarding Navigational and Related Rights* (Costa Rica v. Nicaragua) 사건[122]에서, 양국 간 국경의 일부를 이루는 산후안 강의 물에 대한 주권은 1858년의 양국간 조약에 의거 니카라과에게 있지만, "산후안 강의 코스타리카 강둑 거주민들이 생계 목적으로 해당 강둑에서 고기를 잡는 것은 니카라과 측이 관습적 권리로 존중해야 한다"고 판시한 바 있다.

그렇다면 지역관습과 관련하여 또 한 가지 문제가 파생된다. 즉, 지역관습의 존재는 국가들에게 그들 자신의 지역 내에서는 그들이 원하는 관습법규는 무엇이든지 수립할 완전한 자유가 있음을 의미하는가? 강행규범(*jus cogens*) 개념이 존재하지 않았던 과거의 국제법체제 하에서는 이것을 긍정할 수 있었을 것이다. 그러나 오늘날 일부 특정 지역의 국가들이 (그 형성 과정에 자신들이 반대한 바 없었던) 강행규범에 위반되는 내용의 지역관습을 수립하는 경우, 문제의 지역관습은 조약과 마찬가지로 당연 무효(null and void)로 간주된다.[123]

---

119) Portugal v. India, ICJ Reports (1960), p. 6.

120) *Ibid.*, at 39.

121) *Ibid.*, at 40 and 44. 그러나 ICJ는 이 사건에서 인도 정부가 긴장이 고조되는 것을 막기 위해 취한 통과 거부 조치는 포르투갈에 대한 의무를 위반한 것이 아니었다고 결론지었다 : *ibid.*, at 44~45. See also Currie, pp. 178~180.

122) ICJ Reports (2009), p. 213 at 266 (para. 144 : "...fishing by the inhabitants of the Costa Rican bank of the San Juan River for subsistence purposes from that bank is to be respected by Nicaragua as a customary right.). Orakhelashvili/Akehurst, 9th, p. 38 ; Marko Milanovic, The ICJ and Evolutionary Treaty Interpretation, EJIL : Talk!, July 14, 2009, 〈https://www.ejiltalk.org/the-icj-and-evolutionary-treaty-interpretation/〉 ; Yoshifumi Tanaka, "Navigational Rights on the San Juan River: A Commentary on the *Costa Rica* v. *Nicaragua* Case", Hague Justice Journal, 4(3), 215-225, 〈https://www.haguejusticeportal.net/Docs/Commentaries%20PDF/Tanaka_Navigational_Rights_EN.pdf〉 ; George Rodrigo Bandeira Galindo, "Particular customary international law and the International Law Commission: Mapping presences and absences", QIL 86 (2021) 3-21, 〈https://www.qil-qdi.org/wp-content/uploads/2021/11/02_Regionalism-in-ILC_GALINDO_FIN.pdf〉 ; https://en.wikipedia.org/wiki/Costa_Rica-Nicaragua_San_Juan_River_border_dispute ; 본서, 제6장 (국제법의 주체), "Ⅶ. 개인, 1. 개인의 권리" 참조.

123) Ott, p. 18.

결국 관습법규는 거기에 구속받는 국가의 수를 기준으로 하여, 보편관습법규(universal customary rule) 일반관습법규(general customary rule), 지역관습법규(regional, local or special customary rule), 지역관습의 특별유형으로서의 양자관습법규(bilateral customary rule) 등 네 가지로 분류해 볼 수 있다.[124]

Ⅲ. 조 약

서구의 전통국제법 이론 하에서는 관습이 국제법의 1차적 연원으로 생각되었다. 관습은 무엇보다도 국가들의 관측가능한 행위를 통해 형성되고 또 그로 인하여 보편적 구속력을 부여받게 됨으로써 법실증주의(positivism)의 승리로 간주되었던 것이다. 뿐만 아니라, 관습 형성은 조약 비준과 같은 부담스런 절차를 필요로 하지 않는다.[125] 그러나 제2차 세계대전 후에는 조약이 관습을 대신하여 가장 빈번하게 사용되는 국제법의 형식적 연원(formal source)이 되고 있는데, 그 이유로 다음 몇 가지를 들 수 있다.[126]

첫째, 관습법규의 경우 국가들은 자신이 구체적으로 어떤 내용의 법규형성에 참여하고 있는지를 정확히 알기 어렵다. 다시 말해서, 관습법규는 그 내용이 모호하고 불확실한 측면을 가지기 쉬우며, 이로 인해 국가 간에 분쟁이 야기될 소지가 크다. 이에 반해 조약은 자신이 무엇에 동의하였는지를 정확히 알기를 원하는 국가들의 욕구를 충족시켜줄 수 있다.

둘째, 관습법규의 경우 시간적으로 언제 국가관행이 국제법규로 응고되었는지, 다시 말하면 일반관행이 언제 법적 확신을 얻었는지가 확실치 않으나, 조약은 그 발효시점에 관하여 명문의 규정을 둠으로써 법의 발효일자에 관한 의문을 제거한다.

셋째, 과거 사회주의 진영과 더불어 제3세계 국가들이 서구 전통가치의 정수로 여겨지는 구 관습법규의 급격한 개정을 요구하면서 법 변경의 수단으로 신관습법규의 형성에 의존하기보다는 조약을 선호하고 있다.

넷째, 식민지 독립과 함께 주권국가의 수가 국제관습법의 전성기에 비해 현저히 늘어났을 뿐만 아니라 국제공동체가 정치·경제·문화·종교·이념적으로 분단되어 있는 결과 대다수 국가의 지지를 받는 일반관습법규의 출현이 극도로 어려워지고 있다. 이와 함께 신관습이 생겨났는지를 확인하기도 매우 어렵게 되고 있다.

다섯째, 국가들은 이미 존재하는 묵시적 합의를 조약에 담아 합의 내용을 분명히 할 수 있는데, ICJ는 이런 상황이 제기된 *Maritime Dispute* (Peru v. Chile) 사건[127]에서 "그 (문제의) 협정은 묵

124) See Rosenne, *The Perplexities of Modern International Law*, p. 35.
125) Birnie/Boyle, p. 15 ; Currie, p. 85.
126) Cassese, p. 181 ; Malgosia Fitzmaurice in Evans (ed.), *International Law*, 3rd, p. 172.
127) Judgment of 27 January 2014, para. 91.

시적 합의를 굳게 한다"(That Agreement *cements* the tacit agreement)고 표현한 바 있다.

이제 조약 중에서도 다자조약은 –관습이 일반적으로 퇴조하고 있는 것과는 반대로– "관습법규를 기록하고, 분명히 하고, 발전시켜 나감에 있어 중요한 역할을 담당"하고 있다.[128)] 특히 UN 주도 하의 외교회의에서 채택되는 다자조약은 조약의 차원을 넘어서 '모든' 국가에게 수락가능한 절충안을 채택함으로써 종국적으로 일반관습법규로 전환되는 경향을 보이고 있다.

어쨌든, 이상과 같은 상황변화에도 불구하고 일부 서구진영의 학자들(특히 영미 학자들)은 그들의 저술에서 조약보다 관습을 먼저 논하고 있는데, 조약에 법적 구속력을 부여하는 규칙이 "조약은 준수되어야 한다."(*pacta sunt servanda.*)라는 관습법규임을 그 이유로 제시하고 있다.[129)]

–1969년 비엔나 조약법협약에서 다루고 있는– 조약의 체결과 종료 절차 등에 관련된 문제는 본서 제4장에서 조약법(law of treaties)의 이름으로 다루기로 하고, 여기서는 국제법의 연원으로서의 조약 개념에 대해서만 살펴보기로 한다.

1. 조약의 정의

ICJ규정 제38조 1항(a)의 조약 공식은 두 가지를 시사하고 있다. 첫째, 법적 구속력에 있어서는 다자조약과 특별(내지 양자)조약, 혹은 입법적 조약과 계약적 조약 사이에 구분이 없다.[130)] 둘째, ICJ가 적용할 수 있는 조약은 분쟁국가들 모두에게 구속력이 있는 조약에 국한된다. 그러나 동 규정은 ICJ가 적용할 수 있는 조약의 범위를 한정하고 있을 뿐, 조약 자체에 대한 정의를 담고 있지는 않다. 조약의 정의에 관한 가장 유권적 문서인 1969년의 "조약법에 관한 비엔나협약"(Vienna Convention on the Law of Treaties)(이하 비엔나 조약법협약 혹은 비엔나협약)[131)] 제2조 1항(a)에 의하면, "'본 협약의 목적상' 조약이라 함은 단일문서나 둘 이상의 관련문서로 되어 있고, 그 특정명칭이야 어떠하든, 서면 형식으로, 국가 간에 체결되고, 국제법에 의하여 규율되는 국제적 합의"를 말하는데, 이 정의는 오로지 비엔나 조약법협약의 목적을 위한 것이기 때문에 (아래에서 보는 바와 같이) 일반국제관습법상의 조약의 정의와는 다소 차이가 있다.

첫째로, 위 정의에 의하면 조약은 무엇보다 '국제'법에 의하여 규율되는 '국제적' 합의이다.[132)] 따

128) *Continental Shelf* (Libyan Arab Jamahiriya/Malta), ICJ Reports (1985), p. 13 at 29~30 (para. 27), cited in *Military and Paramilitary activities in and against Nicaragua* (Nicaragua v. United States of America), ICJ Reports (1986), p. 14 at 97 (para. 183), and *Jurisdictional Immunities of the State* (Germany v. Italy ; Greece Intervening), ICJ Judgment of 3 February 2012, para. 55 ; *Question of the Delimitation of the Continental Shelf between Nicaragua and Colombia beyond 200 nautical miles from the Nicaraguan Coast* (Nicaragua v. Colombia), ICJ Judgment of 13 July 2023, para. 46.

129) See e.g. Ott, p. 13 ; Dixon, p. 68. "*pacta sunt servanda*"가 강행규범(*jus cogens*)에 속한다고 보는 견해도 있는데, 이 문제에 대해서는 Thirlway, pp. 31~32 참조.

130) Currie, p. 84.

131) 1980년 1월 27일 발효. 한국도 동일자에 발효.

132) Yearbook of the International Law Commission, 1962, Vol. Ⅱ, p. 163 : "The phrase "governed by international law" serves to distinguish between international agreements regulated by public

라서 국가 간의 합의문서라 하더라도 그것이 -명시적으로 혹은 묵시적으로- '국내'법에 의하여 규율되면 조약이 아니라 국가 간 계약(inter-state contract)에 불과하다. 예컨대, X국 정부가 육류교역(meat trade)에 사용되는 표준약관(a standard form of contract)을 기초로 하여 Y국 정부로부터 냉동쇠고기(chilled beef)를 구입한다든지, 외교공관용으로 쓰기 위해 당사자 일방 혹은 제3국의 국내법을 준거법으로 하여 건물 또는 토지를 매입하는 경우, 혹은 (국제기구와 관련된 경우로서 과거에 흔히 보는 것처럼) 미국의 뉴욕주법을 준거법으로 하여 IBRD와 국가 간에 대부협정 또는 보증협정을 체결하는 경우 등은 조약이 아니라 '국가 간' 혹은 '국가와 국제기구 간'의 계약에 해당한다.[133] 그러나 *Chagos Marine Protected Area Arbitration* 사건[134]에서 (UN해양법협약 제7부속서에 의거하여 구성된)중재재판소는 국내법에 기초하여 행해진 두 분쟁당사자 간 합의가 후일 식민지의 독립과 함께 구속력있는 국제적 합의로 승격되었다고 판시한 바 있다.

둘째로, 조약은 국제'법'에 의하여 규율된다. 따라서 국가 간의 합의문서라 하더라도 그 당사자들이 법적 구속력을 갖는 것으로 의도하지 아니한 문서는 조약이 아니다. 그 결과 이같은 합의에 대해서는 조약법, 특히 "조약(약속)은 준수되어야 한다"(*pacta sunt servanda*)는 기본원칙이 적용되지

international law and those which, although concluded between two States, are regulated by the national law of one of the parties (or by some other national law system chosen by the parties)."

133) Aust, 2nd, pp. 30, 50 ; Aust, *Handbook of International Law*, p. 57 ; Lord McNair, *The Law of Treaties* (Oxford : Clarendon Press, 1961), pp. 4~5 ; Amerasinghe, p. 387 (fn. 6), p. 407 (fn. 1) ; Hall, p. 84. 한편, 흥미롭게도, IMF의 일관된 관행에 의하면, 동 기구가 국가들에게 일정 경제개혁 조치의 이행을 조건으로 대부를 제공하기 위해 체결하는 이른바 스탠바이협정(stand-by arrangements)은 그 본질이 IMF의 결정으로서, 이는 조약으로 간주되지 아니하며, 따라서 융자조건(conditionality)을 이행하지 않더라도 법적으로 이것은 국제위법행위를 범하는 것은 아니다. 국가가 의향서에서 동의한 바에 따라 행동하지 않는 경우 IMF는 대출특권을 정지시킬 수 있지만, 그렇더라도 IMF는 이를 제재(sanctions)라든지 강제(enforcement)로 표현하지는 아니한다. IMF, *Guidelines on Conditionality*, Prepared by the Legal and Policy Development and Review Departments, (In consultation with other departments), Approved by Timothy F. Geithner and François Gianviti, September 25, 2002, para. 9 ("*Nature of Fund arrangements.* A Fund arrangement is a decision of the Executive Board by which a member is assured that it will be able to make purchases or receive disbursements from the Fund in accordance with the terms of the decision during a specified period and up to a specified amount. Fund arrangements are not international agreements and therefore language having a contractual connotation will be avoided in arrangements and in program documents. Appropriate consultation clauses will be incorporated in all arrangements.") ; https://history.state.gov/historicaldocuments/frus1952-54v01p1/d99 ; von Glahn and Taulbee, p. 553 ; Orakhelashvili/Akehurst, pp. 426, 430~431.

134) Mauritius v. United Kingdom, Award of 18 March 2015, paras. 425, 428, <https://pca-cpa.org/en/cases/11/>. 사건 개요는 다음과 같다. 1965년 모리셔스와 영국은 런던에서 당시 영국 식민지 모리셔스의 독립에 관해 협상을 가졌다. 그리고 9월 23일의 이른바 '랭카스터 하우스 약속'(Lancaster House Undertakings)을 통해 영국은 모리셔스 독립에 관해 몇 가지 약속을 하였는데, 이 약속에는 모리셔스의 부속영토인 차고스 군도(Chagos Archipelago)와 관련하여 그 주변 수역에서 어업의 권리, 해저 및 하층토의 광물 및 석유 자원에 대한 권리, 그리고 "차고스 군도가 방위의 목적을 위해 더 이상 필요하지 아니하게 되면" 모리셔스에 반환할 것 등이 포함되어 있었다. 그리고는 영국은 1965년 11월 차고스 군도를 모리셔스에서 떼어 내었는데, 이 분리는 형식적으로는 -영국 총통을 수장으로 하는- 모리셔스 각료이사회(Mauritian Council of Ministers)의 동의를 얻어 행한 것이었다. 재판소는 "모리셔스가 독립하기 전의 영국과 모리셔스 간의 합의는 오로지 영국 헌법(따라서 영국 국내법)의 문제라는 영국측 주장을 수락"하면서도, "모리셔스가 1968년 독립함으로써 양측의 패키지 딜은 국제적 차원으로 승격되었으며 1965년의 영국의 약속은 국제적 합의로 변형되었고", 그 결과 "모리셔스 독립과 동시에 1965년의 합의는 당사자 간에 국제법의 문제가 되었다"고 판시하였다. 본서, 제19장 (영토의 취득), "Ⅷ. 승인, 묵인, 금반언…," & 제21장 (해양법), "ⅩⅦ. 분쟁해결" 참조.

아니한다.[135] 비법(non-law)의 영역에 속하는 이러한 유형의 합의를 학자들은 비공식국제문서(informal international instrument), 신사협정(합의)(gentlemen's agreement), 정치협정(political agreement), 정치적 의무의 국제문서(international agreement of political obligation), 구속력 없는 협정(non-binding agreement, non-legally binding agreement), 사실상의 협정(*de facto* agreement), 비법적 협정(non-legal agreement), 조약이 아닌 협정(non-treaty agreement) 등으로 표현하며, 때로 외교적 보증(보장)(diplomatic assurances/ guarantees/contacts)으로 부르기도 한다.[136] 요컨대, 신사협정이란 그 체결의 주체가 국제법상 조약체결의 능력을 가지고 있지

---

135) Hartmut Hillgenberg, "A Fresh Look at Soft Law", (1999) 10 EJIL 499 at 513, 515 (available at https://www.ejil.org/pdfs/10/3/597.pdf). 그러나 *Iron Rhine Railway Arbitration* (Belgium/Netherlands), Award of May 24, 2005, para. 157, 〈https://pca-cpa.org/en/cases/1/〉에서 중재재판소는 벨기에-네덜란드 간 2000년의 한 MOU에 대해, 당사자들이 국제법상 구속력있는 문서가 아니라는 데 동의하면서도 법적 관련성이 없는 문서로 간주하지 않은 게 분명하고, 또 MOU 내의 다수 규정들을 사실상 실행하였다는 사실에 주목하여 동 MOU가 "신의성실로써 해석되고 이행되어야 한다"(Principles of good faith and reasonableness lead to the conclusion that the principles and procedures laid down in the March 2000 MoU remain to be interpreted and implemented in good faith.)고 판단한 바 있다. See Orakhelashvili/Akehurst, 9th, p. 272.

136) See Anthony Aust, "The Theory and Practice of Informal International Instruments", (1986) 35 ICLQ 787 at 794 ; Aust, *Handbook of IL,* 2nd, pp. 51~52 ; Aust, 2nd, p. 21 ; Conor McCarthy, "Diplomatic Assurances, Torture and Extradition: The Case of Othman (Abu Qatada) v. the United Kingdom", EJIL: *Talk!,* Wednesday, Jan 18, 2012, 〈https://www.ejiltalk.org/diplomatic-assurances-torture-and-extradition-the-case-of-othman-abu-qatada-v-the-united-kingdom/〉 ; Sarah Joseph, Katie Mitchell, Linda Gyorki & Carin Benninger-Budel, *Seeking Remedies for Torture Victims : A Handbook on the Individual Complaints Procedures of the UN Treaty Bodies*, OMCT Handbook Series Vol. 4, 2006 World Organisation Against Torture (OMCT), pp. 224~226, available at https://www.omct.org/files/2006/11/3979/handbook4_eng_00_table_contents.pdf. 세계국제법학술원도 이 주제에 대한 1983년 8월 29일의 결의에서 다음과 같이 말한 바 있다 : "States frequently adopt variously denominated texts by which they accept commitments in their mutual relations in respect of which there is an express or implicit agreement that they are not of a legal character, or the character or import of which is difficult to determine." 그리고 동 결의에는 -동 학술원에서의 토론에 비추어 개정된- 보고자 Michel Virally의 결론이 부속되어 있는데, 그는 결론 제4항에서 "어떤 특별한 문서는 그 이름이 무엇이건 간에 법적 성격의 규정과 순전히 정치적 약속을 동시에 담고 있을 수 있다."고 언급하고 있다 : Institut de Droit International (Institute of International Law), Session of Cambridge - 1983, "International Texts of Legal Import in the Mutual Relations of their Authors and Texts Devoid of Such Import" (*Seventh Commission, Rapporteur : Mr. Michel Virally*), 29 August 1983, available at https://www.idi-iil.org/. See Rosenne, *The Perplexities of Modern International Law*, pp. 338~340.

한편, 국가관행을 보면 이들 신사협정은 대체로 MOU(Memorandum of Understanding : 양해각서/업무협약) (혹은 때로 Arrangement)란 제목을 달고 나타나지만, MOU는 조약의 다른 명칭이 될 수도 있기 때문에 MOU는 모두 혹은 언제나 신사협정이라고 단언할 수는 없다 ; Aust, 3rd, p. 364. Aust (2nd, p. 33 & *Handbook of IL*, p. 55)의 설명에 의하면, 조약에는 'shall', 'agree', 'undertake', 'rights', 'obligations', 'enter into force' 등과 같은 법적 술어가 사용되는데 반해, MOU에서는 'will', 'come into operation' 혹은 'come into effect' 같은 덜 명령적인 술어가 사용되고 'agree'나 'undertake' 같은 술어는 피한다. 또한 MOU는 조약에서 통상적으로 발견되는 최종조항들 대부분과 인증단락(testimonium. "*In witness whereof*, … …")은 생략되거나 단순화된다(Aust, 2nd, p. 33 & 3rd, pp. 381~383). Aust(*Handbook of IL*, pp. 55~56)는 다음과 같이 언급하고 있기도 하다 : "Problems can arise when states later differ on the status of an instrument, chiefly bilateral. It is therefore essential that the status is clearly agreed during the negotiations. ... In US practice, use of non-treaty language does not necessarily preclude the instrument from being a treaty." See also Aust, 3rd, p. 37. 요컨대, will, should 등과 같이 비구속적 술어로 생각되는 단어라 하더라도 미국의 관행에 의하면 그같은 술어의 사용이 반드시 그 문서가 조약이 되는

않음을 의미하는 것이 아니라 그 자체 법적 구속력이 없는 단순한 정치적·도덕적 문서임을 뜻하는 것이다. 합의문서의 주제 혹은 내용이 조약이냐 신사협정이냐의 판단기준이 되는 것은 아니다. 같은 내용이라도 국가들이 합의하는 바에 따라 조약에 담길 수도 있고 신사협정에 담길 수도 있기 때문이다. 같은 논리로 문서 내용의 정치적 중요도를 가지고 판단할 문제도 아니다.[137]

그런 의미에서 1991년 12월 10~13일 남북한이 서울에서 개최된 제5차 고위급회담에서 채택, 서명한 "남북 사이의 화해와 불가침 및 교류·협력에 관한 문서"[138]는 국제법상 국가로 간주되는 남·북한에 의해 체결되었으므로 이를 조약이라고 주장한다면, 이 논법은 어색하다. 문제는 양 당사자가 이것을 조약으로 의도하였는가 하는 점이기 때문이다.[139] 한국 법무부는 "남북합의서는 법적 구속력이 없는 공동성명이나 신사협정에 준한다."는 견해를 밝힌 바 있다.[140] 헌법재판소도 1997년 1월 16일의 결정[141]에서 "이 합의서는 남북관계를 '나라와 나라 사이의 관계가 아닌 통일을 지향하는 과정에서 잠정적으로 형성되는 특수관계' … 임을 전제로 하여 이루어진 합의문서인바, 이는 한민족 공동체 내부의 특수관계를 바탕으로 한 당국간의 합의로서 남북 당국의 성의있는 이행을 상호 약속하는 일종의 공동성명 또는 신사협정에 준하는 성격을 가짐에 불과하다."고 언급한 바 있다.[142] 다만, 헌법재판소가 남북기본합의서는 −동 문서의 서문에서 언급하고 있는 바와 같이− '남북한이 통일을 지향하는 과정에서 잠정적으로 형성되는 특수관계임을 전제로 하여' 이루어진 합의이기 때문에, 그리고/또는 이것은 남북당국의 성의있는 이행을 상호약속하는 문서이기 때문에 신사협정이라는 결론에 도달한 것이라면 이는 올바른 판단이 아니다. 왜냐하면 국가들은 상호간에 일정 특수관계를 전제로 하여(혹은, 거꾸로, 일정 특수관계를 형성하기 위하여), 그리고/또는 합의의 성의있는 이행을 약속하기 위하여 신사협정 대신에 조약을 체결할 수도 있기 때문이다. 1972년의 동서독 기본조약이 그 좋은 예이다.

1975년 8월 1일 채택된 유럽안보협력회의 헬싱키 최종의정서[143]는 매우 길고 또 정치적으로 아

것을 막는 것은 아니기 때문에 문서의 지위 혹은 법적 성격에 대해 (특히 양자간 문서의 경우에는 더욱 더) 당사자간에 합의를 분명히 해 두는 것이 긴요하다는 것이다. 또한, 세계국제법학술원이 상기 1983년의 결의에서 시사하고 있는 것처럼, 한 개의 조약(그리고 MOU) 안에 조약적/구속적 술어와 비조약적/비구속적 술어가 함께 사용되고 있는 것을 발견하는 것은 그리 어려운 일이 아니다. Orakhelashvili/Akehurst(9th, p. 273)도 "대개는, 비엔나협약 제2조의 조약의 정의의 목적상, 구속력이 있는 문서와 없는 문서를 구분하려 할 게 아니고, '어떤 문서에서건'(in any instrument whatsoever) 구속력 있는 방식으로 규정된 의무냐 아니면 프로그램적 혹은 권고적 조항이냐를 구분하는 방식이 적절할 것"이라고 말하고 있다.

137) Aust, 3rd, p. 32.

138) 1992년 2월 19일 발효. https://www.chosun.com/special/0001/conference/agree01.html.

139) 역으로, "북한은 한국 헌법과 우리 법률 체계에서 국가가 아니기 때문에" "북한과 맺은 합의, 약속 이런 건 조약이 아니며 따라서 헌법이 적용될 수 없다"는 논리 역시도 국제법의 눈으로 보면 어색하기 짝이 없다. 이것에 대해서는 본서, 제5장 (국제법과 국내법의 관계), "Ⅲ. 국내법의 국제법에 대한 태도, 3. 조약에 대한 국내법의 태도, (8) 한국" 참조.

140) 한겨레신문, 1992년 4월 26일(일), 14면 ; 동아일보, 1992년 4월 25일(토), 2, 5면.

141) 헌법재판소 1997년 1월 16일 선고, 89헌마240 결정 ; 鄭印燮, p. 226.

142) 대법원도 1999년 7월 23일의 판결(98두14525)(북한주민 접촉신청 불허처분 취소)에서 이와 비슷한 취지로 판시한 바 있다. https://glaw.scourt.go.kr/jbsonc/jbsonc08.jsp.

143) Conference on Security and Cooperation in Europe, Final Act, Helsinki, 1 August 1975, "Follow-up to the Conference" : "The original of this Final Act, drawn up in English, French, German, Italian,

주 중요한 실체적 규정을 담고 있어 마치 조약처럼 보이기는 하지만 "이 의정서는 UN헌장 제102조에 의거하여 등록될 자격이 없다."고 명시함으로써 모든 회의참가국이 이것을 조약으로 생각하지 않았음을 분명히 보여주고 있다. UN헌장 제102조는 '모든 조약과 모든 국제협정(국제적 합의)'(every treaty and every international agreement)에 관련한 규정이기 때문이다.[144] 2020년 10월 13일 미국을 포함한 8개국이 서명한 -우주조약의 이행과 관련된- 아르테미스 약정(The Artemis Accords - Principles for Cooperation in the Civil Exploration and Use of the Moon, Mars, Comets, and Asteroids for Peaceful Purposes)[145]도 그 전문에서 "... 정치적 양해(political understanding)를 수립하기를 바라면서"라고 언급한 뒤, 섹션 13(2)에서 "미국 정부가 UN사무총장에게 사본을 하나 보내겠지만, 이것은 UN헌장 제102조에 의거하여 등록될 자격이 있는 것은 아니다"라고 규정함으로써 동 약정이 서명국 간에 법적 구속력있는 문서('조약 혹은 국제협정')로 의도된 것이 아님을 분명히 하였었다.[146] 2014년과 2015년에 우크라이나 동부 지역에 휴전 등을 가져오기 위하여 관련 당사자 간에 체결되었고, 2022년 2월 24일 러시아가 우크라이나를 침공하면서 회자된, 이른바 민스크협정(Minsk Agreements Ⅰ & Ⅱ)도 법적 구속력있는 문서로 의도된 것이 아닌 것으로 여겨지고 있다.[147]

신사협정과 관련한 또 하나의 유명한 사례로, 1994년 12월 5일 NPT(핵무기 불확산 조약)상의 핵무기국가인 러시아, 미국, 영국은 -구 소련 해체후, 1992년의 '리스본 의정서'(Lisbon Protocol)[148]의 약속에 따라 핵두기를 러시아로 이전한 뒤 비핵무기국가의 자격으로 1993년과 1994년에 각기 일자를 달리하여 NPT에 가입한- 우크라이나, 벨라루스, 카자흐스탄과 "NPT 가입과 관련한 안전보장 각서"(일명 "부다페스트 각서")[149]에 서명한 바 있는데, '러시아, 영국, 미국'은 이들 각서에서 "우크라이나(혹은 벨라루

Russian and Spanish, will be transmitted to the Government of the Republic of Finland, which will retain it in its archives. ... ... The Government of the Republic of Finland is requested to transmit to the Secretary-General of the United Nations the text of this Final Act, which is not eligible for registration under Article 102 of the Charter of the United Nations, ..." (available at https://www.hri.org/docs/Helsinki75.html).

144) Sweeney et al., pp. 596~597 ; Aust, 3rd, p. 32.

145) https://www.nasa.gov/specials/artemis-accords/img/Artemis-Accords-signed-13Oct2020.pdf. 2021년 5월 한국도 약정에 서명하였다 : 외교부, 보도자료, 2021-05-27, "아르테미스 약정 가입 서명 실시" ; 본서, 제23장 (국제우주법), "Ⅱ. 외기권의 법적 지위".

146) Rossana Deplano, "The Artemis Accords: Evolution or Revolution in International Space Law", Published online by Cambridge University Press: 15 June 2021.

147) Tim B. Peters, Anastasiia Shapkina, "The Grand Stalemate of the Minsk Agreements", Konrad Adenauer Stiftung, country report, February 2019, 〈https://www.kas.de/documents/252038/4520172/The+Grand+Stalemate+of+the+Minsk+Agreements〉 ; The Moscow Times, Feb. 11, 2022, "Explainer: What Are the Minsk Agreements?", 〈https://www.themoscowtimes.com/2022/02/11/explainer-what-are-the-minsk-agreements-a76327〉 ; Pavle Kilibarda, "Was Russia's Recognition of the Separatist Republics in Ukraine 'Manifestly' Unlawful?", EJIL : Talk! March 2, 2022, 〈https://www.ejiltalk.org/was-russias-recognition-of-the-separatist-republics-in-ukraine-manifestly-unlawful/〉 ; https://en.wikipedia.org/wiki/Minsk_agreements.

148) 리스본 의정서, 즉 "미국과 소련 간 전략공격무기 감축조약에 대한 의정서"(Protocol to the Treaty between the United States of America and the Union of Soviet Socialist Republics on the Reduction and Limitation of Strategic Offensive Arms)에 대해서는, 본서, 제28장 (전쟁법), "Ⅶ. 군비축소" 참조.

149) 즉, (i) "Memorandum on Security Assurances in Connection with Ukraine's Accession to the Treaty

스 혹은 카자흐스탄)의 영토보전 혹은 정치적 독립에 대한 힘의 위협 혹은 사용을 자제할 의무를 재확인하고, 러시아, 영국, 미국의 무기는 그 어떤 것도 -자위 혹은 UN헌장에 따른 경우를 제외하고는- 우크라이나(혹은 벨라루스 혹은 카자흐스탄)에 대해 결코 사용되지 않을 것임을 약속하며,"[150] "NPT 비핵무기 당사국이 핵무기국가와 연합하거나 동맹을 맺어 러시아, 영국, 미국 혹은 이들의 동맹국들에게 공격을 해오는 경우를 제외하고는 NPT 비핵무기 당사국에 대해 핵무기를 사용하지 않겠다는 그들의 약속을 재확인하고"[151] 있다. 그 후 러시아와 미국은 2009년 12월 4일의 공동선언을 통해 3개 부다페스트 각서에 담겨 있는 우크라이나, 벨라루스, 카자흐스탄을 위한 안전보장을 확인하기도 하였다.[152] 그러나 (우크라이나에 관한)부다페스트 각서는 2014년 러시아의 크림반도 병합과 2022년 우크라이나 동남부 지역에 대한 침공을 막아주지 못하였다. 우크라이나 영토인 크림반도에 대한 러시아의 군사적 개입과 관련하여 미국 오바마 대통령은, 러시아의 군사적 행동은 "우크라이나의 주권과 영토보전에 대한 명백한 침해"로서, 이는 "UN헌장 하의 러시아의 의무를 포함한 국제법과 우크라이나-러시아 간 1997년 군사기지협정을 위반하는 것이고, 또한 (우크라이나에 관한)부다페스트 각서 및 헬싱키 최종의정서와도 불일치하는" 것이라며 "깊은 우려를 표시"하였다.[153] 그러나 -헬싱키 최종의정서는 물론이고- 부다페스트 각서는 단지 정치적 합의로서, 조약으로 의도된 것은 아니었다.[154] 오바마 대통령이 러시아의 국제법과 협정 "위반"을 언급하면서도 부다페스트 각서와 헬싱키 최종의정서에 대해서는 단지 "불일치"를 언급한 것도 이러한 법적 논거를 고려한 결과로 보인다. 게다가, 부다페스트 각서들은 그 마지막 제6항에서 "각서의 상기 약속들에 관한 문제를 제기하는 사태가 발생하는 경우, 우크라이나(혹은 벨라루스 혹은 카자흐스탄), 러시아, 영국, 미국은 (단지) 협의할 것(will consult)"[155]을 약속하고 있을 따름이다.[156]

---

on the Non-Proliferation of Nuclear Weapons"(약칭 Budapest Memorandum regarding the Ukaraine), (ii) "Memorandum on Security Assurances in Connection with the Republic of Belarus's Accession to the Treaty on the Non-Proliferation of Nuclear Weapons"(약칭 Budapest Memorandum regarding Belarus), & (iii) "Memorandum on Security Assurances in Connection with Kazakhstan's Accession to the Treaty on the Non-Proliferation of Nuclear Weapons"(약칭 Budapest Memorandum regarding Kazakhstan), available at https://unterm.un.org/. 다른 두 NPT 핵무기국가, 즉 중국과 프랑스는 개별선언의 형식으로 '부다페스트 각서' 규정에 가담하였다. https://unterm.un.org/unterm2/en/ ; https://en.wikipedia.org/wiki/Budapest_Memorandum.

150) 각 부다페스트 각서 제2항.

151) 각 부다페스트 각서 제5항.

152) Budapest Memorandums, https://unterm.un.org/unterm2/en/.

153) The White House, Office of the Press Secretary, Press release, March 1, 2014, "Readout of President Obama's Call with President Putin" ("President Obama expressed his deep concern over Russia's clear violation of Ukrainian sovereignty and territorial integrity, which is a breach of international law, including Russia's obligations under the UN Charter, and of its 1997 military basing agreement with Ukraine, and which is inconsistent with the 1994 Budapest Memorandum and the Helsinki Final Act. The United States condemns Russia's military intervention into Ukrainian territory"), retrieved from https://www.whitehouse.gov/the-press-office/2014/03/01/readout-president-obama-s-call-president-putin.

154) https://en.wikipedia.org/wiki/Budapest_Memorandum.

155) "Ukraine, the Russian Federation, the United Kingdom of Great Britain and Northern Ireland and the United States of America will consult in the event a situation arises that raises a question concerning these commitments."

합의문서를 신사협정으로 간주하겠다는 의사가 분명하게 제시되지 않거나, 문서의 일방당사자는 이를 조약으로 간주하는 데 반해 타방당사자는 이것이 단지 신사협정에 불과하다고 주장하는 경우에는 실체적 판단이 용이하지 않다.[157] 그러나 만약 문서의 모든 당사자들이 각자의 헌법요건에 따라 비준절차를 밟았다면 이는 조약으로 의도된 것으로 보기에 충분하다. 당해 문서의 분쟁해결조항에서 법적 구속력있는 결과를 동반하는 강제절차를 도입하고 있다면, 예컨대 문서의 해석 또는 적용과 관련하여 분쟁이 생기는 경우 어느 당사자든지 ICJ에 제소할 수 있음을 규정하였다면, 이 또한 조약으로 보아야 할 것이다. ICJ는 부탁되어 오는 '조약'의 해석을 그 기본 임무의 하나로 삼고 있기 때문이다.[158] 또한 "이 MOU는 서명과 동시에 발효한다"는 단락이 삽입된 MOU의 구속력 여부가 다투어진 *Maritime Delimitation in the Indian Ocean* (Somalia v. Kenya) 사건[159]에서 ICJ는 "MOU에 발효에 관한 조항이 담겨있다면 이것은 이 문서가 구속력있는 것임을 시사한다"[160]고 언급하면서, 조약법의 관점에서 검토 결과 "양국간 문제의 MOU는 서명과 동시에 발효한 유효한 조약"[161]이라고 결론지었다. 어떤 문서가 UN헌장 제102조에 의거한 '등록'을 위하여 혹은 때로 '편철 및 기록'을 위하여 UN사무국으로 송부되었다면, 문서의 여러 당사국 중 적어도 당해 송부국은 이를 조약으로 의도하였음이 분명하다.[162] 다만, 상기 헬싱키 최종의정서도 UN사무총장에게 송부되긴 하였으나, 이 의정서 수탁국인 핀란드는 "이 의정서는 UN헌장 제102조에 의거하여 사무국에

156) 2022년 우크라이나 동남부 지역에 대한 러시아의 이른바 특수군사작전에 대해서는 본서, 제1장, "V. 제6단계 (2021년~현재) 참조.

157) 실제 사례와 일부 국가의 관행에 대해서는 Aust, 2nd, pp. 37~42 참조.

158) UN헌장 제92조 두 번째 문장 ; ICJ규정 제36조 및 제38조 ; *Aegean Sea Continental Shelf* (Greece v. Turkey), ICJ Reports (1978), p. 3 at 39 (para. 96) ; *Maritime Delimitation and Territorial Questions between Qatar and Bahrain* (Qatar v. Bahrain) (Jurisdiction and Admissibility), ICJ Reports (1994), p. 112 at 120 (para. 23) ; *Chagos Marine Protected Area Arbitration* (Mauritius v. United Kingdom), Award of 18 March 2015, para. 426, 〈https://www.pca-cpa.org/showpage.asp?pag_id=1429〉 ; Aust, 2nd, p. 34 참조.

159) Preliminary Objections, Judgment of 2 February 2017. 사건 개요는 이러하다. 소말리아와 케냐는 연도는 달랐지만 1960년대에 ICJ규정 제36조 2항(임의조항)을 수락하는 선언을 한 바 있었다. 그리고 소말리아는 이것에 의거하여 케냐를 상대로 ICJ에 제소하였다. 그러나 케냐는 당시 임의조항을 수락하면서 "분쟁당사국들이 다른 분쟁해결방법에 호소하기로(to have recourse to some other method or methods of settlement) 동의하였거나 동의하게 될 분쟁"은 임의조항 수락의 대상에서 배제하는 유보를 해둔 바 있었다. 본 사건에서 케냐는 이 유보에 근거하여 ICJ의 관할권 성립을 부인하는 선결적 항변을 제기하였다. 소말리아는 문제의 양국간 MOU("Memorandum of Understanding between the Government of the Republic of Kenya and the Transitional Federal Government of the Somali Republic to grant to each other no-objection in respect of submissions on the Outer Limits of the Continental Shelf beyond 200 Nautical Miles to the Commission on the Limits of the Continental Shelf")는 분쟁해결방법에 대해 규정하고 있는 것이 아니라고 주장하였다. ICJ는 다음과 같이 판단하였다. (i) 양국간 MOU는 유효한 조약이다. (ii) 그러나 비엔나 조약법협약 제31조, 제32조에 따라 MOU의 객체와 목적, 특히 그것의 제6단의 규정을 해석한 결과 이 MOU는 양국간 해양경계분쟁을 해결하기 위한 방법을 수립하려고 의도된 것은 아니며, 따라서 케냐의 유보에 해당하지 아니한다. (iii) 고로 이 사건은 MOU에 의거하여 ICJ관할권에 대한 케냐의 동의에 포함되지 않는 것이 아니므로 케냐의 선결적 항변은 배척한다.

160) *Ibid.*, para. 42 : "The inclusion of a provision addressing the entry into force of the MOU is indicative of the instrument's binding character."

161) *Ibid.*, para. 50.

162) See *ibid.*, paras. 19, 42.

등록될 자격이 없다."는 취지의 편지를 동봉하였었다.[163)]

행정부가 때로 조약보다 신사협정 체결을 선호하는 가장 큰 이유는 합의 내용에 관해 당사국 상호간에 비밀(confidentiality)을 유지할 수 있기 때문이다. 게다가 각국의 헌법과 법률, 관행에 달린 문제이긴 하지만, 신사협정은 조약이 아니기 때문에 헌법상 조약에 대해서는 요구되는 의회의 사전 혹은 사후 통제를 피할 수 있고, 국내법적 차원에서 공포될 것이 요구되지도 않는 것이 보통이다. 국내법 차원에서 신사협정을 적절히 통제할 필요성이 제기되는 이유도 바로 여기에 있다.[164)]

어쨌든, 조약이냐 신사협정이냐의 논쟁은 어떤 국제문서가 그 자체 법적 구속력있는 문서냐 아니냐에 관한 것일 뿐, 사실에 있어 반드시 조약이 신사협정보다 더 잘 준수됨을 의미하는 것은 아니다. 뿐만 아니라 신사협정은 언제 어떤 경우에도 아무런 법적 결과를 동반하지 못 한다고 말할 수는 없다. 신사협정도 조약과 마찬가지로 국가의사의 산물(products of state will)로서, 조약 해석에 있어 조약문의 문맥(context)을 구성하거나,[165)] 당사국 간 추후합의(subsequent agreement) 내지는 추후관행(subsequent practice)을 형성하여 (구속력있는)조약규정의 해석을 위한 보조자가 될 수 있기 때문이다.[166)]

셋째로, 조약 체결 능력은 국가주권의 한 속성이다.[167)] 게다가 위 정의에 의하면 조약은 '국가' '간'에 체결된다. 그러나 이것은 1969년의 비엔나협약의 목적이 오로지 국가 간의 조약을 규율하는 데 있었기 때문에 그렇게 규정한 것이다. 국제기구·반란단체·민족해방기구도 국가에 비해서는 제한된 범위 내에서나마 조약체결의 능력을 향유한다.[168)] 이 밖에도 비엔나조약법회의에서 연방국가 구성국들의 일정 조약체결권을 협약에 명기하려던 노력은 무위로 돌아갔으나,[169)] 일부 연방국가의

163) Sweeney et al., pp. 596~597.

164) Aust, 2nd, pp. 43~45.

165) 1969년 비엔나 조약법협약 제31조 2항(a) ; Aust, 2nd, pp. 47, 57, 236 ; Aust, *Handbook of IL*, 2nd, p. 84 ; 본서, 제4장 (조약법) 참조.

166) 1969년 비엔나 조약법협약 제31조 3항(a)(b) ; *Heathrow Airport User Charges Arbitration* (United States-United Kingdom): Award on the First Question, 30 November 1992 (revised 18 June 1993), "Chapter 6. Article 10(1) and (3) of Bermuda 2: The structure of user charges at Heathrow", para. 6.7, 〈https://untreaty.un.org/cod/riaa/cases/vol_XXIV/3-334.pdf〉 ; Alain Pellet, "The Normative Dilemma : Will and Consent in International Law-Making", (1989) 12 Australian Year Book of International Law 22 at 29, 〈https://www.austlii.edu.au/au/journals/AUYrBkIntLaw/1989/3.pdf〉 ; 본서, 제4장 (조약법) 참조.

167) *The S.S. "Wimbledon"* case, PCIJ (1923), Series A, No. 1, p. 25 : "The right of entering into international engagements is an attribute of State sovereignty."

168) 1969년 비엔나 조약법협약 제3조 ; 본서, 제4장 (조약법) 참조.

169) 이 문제에 대해서는, 비엔나 조약법협약을 기초하는 과정에서, ILC 내부에서도 그 의견형성에 기복이 있었고, 끝까지 의견통일을 볼 수가 없었다. 그 주요이유 중의 하나는 (1) 연방의 구성국이 조약을 체결하기 위해서는 반드시 성문헌법에 이것을 허용하는 명시적인 수권규정이 있어야 하는가(다시 말하면 캐나다처럼 헌법이 불문의 관행에 많이 의존하고 있는 연방국의 경우는 어떻게 되는가), 그리고 (2) 조약을 체결함에 있어 연방의 구성국은 독자적인 권리를 행사하는 것인가, 아니면 연방의 대리인으로서 행동하는 것으로 연방만이 조약의 구속을 받고 그것을 이행할 책임을 지는 것인가의 문제에 대해 명쾌한 해답을 찾을 수가 없었기 때문이다. 특히, 당시의 우크라이나와 백러시아의 특수사례, 그리고 캐나다의 헌법관행(특히 ILC의 1965년 회의기간중 촉발된 캐나다 연방과 퀘백정부간의 분쟁)이 문제를 어렵게 만들고 있었다. 결국 ILC는 1965년 다수결로 이 문제에 대한 의견을 정리할 수밖에 없었는데, 당시 채택된 초안 제3조 2항은 "States members of a federal union may possess a capacity to conclude treaties if such capacity is admitted

헌법에서는 일정 조건 하에서 구성국들의 조약체결권을 인정하고 있다. 이것은 연방의 구성국들도 내부적으로 여전히 일정 국가성(statehood)을 갖고 있는 데서 불가피하게 파생되는 문제 중의 하나이다.[170] 그러나 조약은 국가 '간'에 체결되는 것이기 때문에 한 국가 내에서 두 정부 간에 체결되는 (양자간) 합의문서는 조약이 아니다. 그 예로는 홍콩 혹은 마카오 행정자치구와 본토 중국정부 사이에 체결되는 많은 약정(arrangements)을 들 수 있다.[171]

국가와 외국인[대체로 (민간 혹은 국영)회사] 간에 체결되는 이른바 국가계약(state contracts, Verträge zwischen multinationalen Unternehmen und Staaten)[172]도 조약인가? *Anglo-Iranian Oil Co.* 사건[173]에서 영국 정부는 이란 정부와 자국의 석유채굴 회사 Anglo-Iranian Oil Co.[174] 사이

---

by the federal constitution and within the limits there laid down."라고 규정하고 있었다 : United Nations, *Yearbook of the International Law Commission*, 1965, Vol. I, 816th meeting, p. 280. 이것이 1966년의 회의에서 조문번호만을 바꾸어 ILC의 최종안으로 채택되었는데, ILC는 그 코멘터리에서 다음과 같이 중요쟁점을 미해결로 남겨 두었다 : "the treaty-making capacity is *usually* vested exclusively in the federal government, but there is no rule of international law which precludes the component States from being invested with the power to conclude treaties with third States. Questions may arise in some cases as to *whether the component State concludes the treaty as an organ of the federal State or in its own right.* But on this point also the solution must be sought in the provisions of the federal constitution." (italics added) : United Nations, *Yearbook of the International Law Commission*, 1966, Vol. Ⅱ, Doc. A/6309/Rev. 1, Part Ⅱ, p. 192. 이 논쟁은 1968~69년의 비엔나조약법회의에서 계속되었으나, (중간회의에서 States라는 표현이 삭제된) 문제의 상기 조항은 1969년의 전체회의에서 결국 삭제하기로 결정되었다. 삭제의 외견상의 이유는, (i) 이 규정은 협약 자체의 범위를 넘어선다는 것이었지만, 이보다 더 큰 이유는 (ii) 이 규정이 들어가면 제3국들이 연방국가의 헌법 해석을 구하려고 시도함으로써 연방국가의 국내문제에 간섭할 수 있을 것이고, (iii) 다른 관점에서 보면 이 규정은 국제인격의 문제를 결정할 수 있는 국내법의 권한을 부당하게 고양시켜 국제법을 손상시킬 수도 있을 것이기 때문이다. 이같은 삭제는 캐나다 대표 Max Wershof의 열정적인 노력 덕분이기도 하였는데, 그는 다음과 같이 역설하였다. "In federation where the constitution was entirely written and dealt expressly with treaty-making, the danger might be relatively small, but it would be real and very serious in situations like that of Canada where the constitution was largely unwritten and where constitutional practice was as important as written documents." : United Nations Conference on the Law of Treaties, Second Session, pp. 6~7. See also Thomas Allen Levy, "Some Aspects of the Role of the Canadian Provinces in External Affairs : A Study in Canadian Federalism", Ph.D. Paper, Political Science Department, Duke University, 1974, pp. 16~30 ; Shaw, 6th, p. 219.

170) 본서, 제6장 (국제법의 주체) 참조.

171) See e.g. "Arrangement between the Mainland of China and the Hong Kong Special Administrative Region for the Avoidance of Double Taxation and the Prevention of Fiscal Evasion with respect to Taxes on Income" (signed on 21 August 2006), retrievable at https://www.doj.gov.hk/eng/mainland/intracountry.html#mainland ; Aust, 3rd, pp. 65~66 (fn. 53), 70.

172) See *State Contracts* (UNCTAD Series on issues in international investment agreements) (United Nations, 2004), p. 3 ("A "State contract" can be defined as a contract made between the State, or an entity of the State, which, for present purposes, may be defined as any organization created by statute within a State that is given control over an economic activity, and a foreign national or a legal person of foreign nationality.").

173) UK v. Iran (Preliminary Objection), ICJ Reports (1952), p. 93 at 111~112. 사건 개요는 다음과 같다. 1933년 Anglo-Iranian Oil Co.(현 British Petroleum)와 이란(당시 국명은 페르시아, 1935년 개명) 정부 사이에 컨세션계약이 체결되었다. 1951년 이란은 석유산업 국유화를 위한 법률들을 통과시켰고, 이로 인해 이란과 동 회사 간에 분쟁이 생겼다. 그러자 영국 정부는 회사가 이란 내의 국내적 구제수단을 완료하였는지의 여부에 관계없이 곧장 이 문제에 개입하여 ICJ에 제소하였다. 이 사건에서 재판소의 관할권은 양국이 수락한 바 있는, 그리고 ICJ규정에 그대로 승계된, PCIJ규정 제36조 2항(일명, 선택/임의조항) 수락선언에 기초하였

에 체결된 1933년의 컨세션계약은 그 교섭 과정에서 영국 정부가 담당한 역할을 고려할 때 "이중적 성격(double character), 즉 이란 정부와 동 회사 간의 컨세션계약으로서의 성격과 동시에 영국과 이란 정부 사이의 조약으로서의 성격을 갖는다."고 주장하였다. 그러나 ICJ는 동 계약의 이중적 성격을 명백히 부인하면서, "영국은 동 계약의 당사자가 아니다. 그리고 영국 정부와 이란 정부 사이에는 계약의 당사자관계(privity of contract)가 존재하지 않는다."고 판결하였다. 그럼에도 불구하고 일부 학자들은 일부 국가계약을 -특히 그 같은 국가계약에서 국제법 혹은 법의 일반원칙을 준거법(law applicable)으로 합의한 경우- '준조약'(quasi-treaty) 또는 '국제화된 계약'(internationalised contract)의 지위로 승격시키려고 시도하고 있다.[175] 국가계약을 "국제화하기" 위한 또 다른 시도는 국가계약에 (속칭)안정화 조항(stabilization clause)을 삽입하거나, 조약(특히 BIT)에 우산(포괄)조항(umbrella clause)과 투자자-국가 절차(investor- state dispute procedure)를 삽입하는 것인데, 이들 실체적 및 절차적 방안에 대해서는 제16장 (외국인의 대우) 편에서 자세히 설명하겠다.

넷째로, 국가들은 그들이 원하는 형식(form)으로 조약을 체결할 자유가 있으며, 그 결과 조약의 형식에 대한 실체적 요건은 사실상 존재하지 아니한다.[176] 이를테면, 조약은 서한의 교환(exchange of letters)[177]에 기록될 수도 있고, 공동코뮤니케(joint communiqué)[178]나 회의록(의사록) (minutes),[179]

다. 그러나 이란의 선택조항 수락선언이 그 범위에 있어 영국의 그것보다 더 제한적이었으므로 재판소의 관할권은 이란의 선언에 기초하지 않으면 안되었는데, 이란은 1932년 9월 19일 비준한 선언에서 "이 선언을 비준한 후에 페르시아가 수락하는 조약 또는 협약"에 관련된 분쟁에 대해서만 PCIJ규정 제36조 2항을 수락한 바 있었다. 그런데 영국의 주장은 직접 혹은 간접으로 이 일자 '이전에' 체결된 조약에 기초하였고, 또한 1933년의 컨세션계약은 '조약'이라고 볼 수 없었다. 그러므로 재판소는 1952년 7월 22일의 판결에서 자신은 이 문제를 다룰 관할권이 없다고 판시하였다. 이란은 여러 다른 관점에서도 재판소의 관할권에 이의를 제기하였으나 관할권의 흠결이 확인된 이상 이들은 더 이상 고려할 필요가 없었다.

174) 1908년 설립 당시의 회사명은 Anglo-Persian Oil Company (APOC)였으나, 1935년 Anglo-Iranian Oil Company (AIOC)로 개명하였다가, 1954년 British Petroleum Company (BP)가 되었다. https://en.wikipedia.org/wiki/Anglo-Persian_Oil_Company ; https://en.wikipedia.org/wiki/Name_of_Iran.

175) Malanczuk, pp. 38~39, Brownlie (5th, 553, & 6th, 525)는 그같은 견해를 비판하고 있다.

176) Currie, pp. 112~116 ; Brownlie, 5th, p. 610 ; Shaw, 4th, p. 636.

177) Case concerning *Maritime Delimitation and Territorial Questions between Qatar and Bahrain* (Qatar v. Bahrain) (Jurisdiction and Admissibility), ICJ Reports (1994), p. 112 at 120 (para. 22). 이 사건에서 문제된 교환서한은 카타르와 바레인 간 영토분쟁 해결의 주선에 나선 사우디 아라비아가 이들 양국과 각기 주고 받은 동일 내용의 서한이었다. 이 방식을 통해 카타르와 바레인은 사건을 ICJ에 가져가기로 합의하였다. 이 때문에 이 사례의 교환서한은 '이중 교환서한'(a *double* exchange of letters)으로 불리기도 하는데, 외견상 세 국가가 관여하였지만 당사자는 사실상 단 두 국가(카타르와 바레인)였다. Aust, 2nd, p. 22. 자세한 사건 내용은 본서, 제26장 (분쟁의 평화적 해결수단), Ⅶ. 사법심사, "10. 계쟁사건에서 ICJ의 당사자관할권, (2) 합의에 의한 동의" 참조. See also *Obligation to Negotiate Access to the Pacific Ocean* (Bolivia v. Chile), ICJ Reports (2018), p. 507, paras. 116~117.

178) *Aegean Sea Continental Shelf* (Greece v. Turkey)(Jurisdiction), ICJ Reports (1978), p. 3. 이 사건에서 재판소는 "조약의 형식 문제와 관련하여, 공동코뮤니케가 분쟁을 중재재판이나 사법적 해결에 회부하기 위한 조약을 구성하는 것을 막는 국제법규를 알지 못한다"고 전제한 뒤(p. 39, para. 96), 그러나 문서의 실제조건과 그것이 작성된 특별한 사정에 비추어 볼 때 문제의 공동코뮤니케는 그같은 조약으로 의도된 것이 아니라고 결론지었다. See also *Obligation to Negotiate Access to the Pacific Ocean* (Bolivia v. Chile), ICJ Reports (2018), p. 507, paras. 131~132.

179) *Maritime Delimitation and Territorial Questions between Qatar and Bahrain* (Qatar v. Bahrain) (Jurisdiction and Admissibility), ICJ Reports (1994), p. 112 at 120~122 (paras. 21~30), (para. 25 : "...

선언(declaration)[180]에 기록될 수도 있다. 다만, 1969년의 비엔나협약은 '협약의 목적상' "서면 형식의(in written form)" 합의에만 적용된다. 그러나 제3조(a)에 의하면, 이 제한은 "서면 형식이 아닌(not in written form)" 합의, 이를테면 '구두' 조약(oral treaties)[181]이나 묵시적 합의(tacit agreements)[182]의 법적 효력에 영향을 미치지 아니한다.[183] 이메일(e-mail) 등의 전자적 수단(electronic means)의 발달과 함께 "서면 형식"의 정의도 더욱 모호해지고 있다.[184]

또한, 조약이 비엔나협약의 정의에 의해 '국가 간'에 체결된다고 해서 반드시 국가 자체 간에 체결되는 것으로 표현되어야 하는 것은 아니다. 국가는 국제법상 단일의 법인격체로 대우되긴 하지만 스스로 행동할 수 있는 자연인이 아니기 때문에 자신을 대리하는 여러 기관 내지는 분신(分身)(alter ego)을 통하여 행동하지 않을 수 없다.[185] 그 결과 조약은 정중하게 국가 간에 체결되는 형식(inter-state form)을 취할 수도 있고, 국가를 대리하여 행동하는 기관들(특히, 국가원수, 정부, 외무부장관을 포함한 특정 장관, 특정 행정부서, 정부수반을 포함한 실제 정치실권자)에 의하여 체결되는 것으로

---

contrary to the contentions of Bahrain, the Minutes are not a simple record of a meeting, similar to those drawn up within the framework of the Tripartite Committee; they do not merely give an account of discussions and summarize points of agreement and disagreement. They enumerate the commitments to which the Parties have consented. They thus create rights and obligations in international law for the Parties. They constitute an international agreement."). 반대로, *Obligation to Negotiate Access to the Pacific Ocean* (Bolivia v. Chile), ICJ Reports (2018), p. 507, para. 106에서, -두 당사자에 의해 'Acta Protocolizada'로 지칭되고 있는- 볼리비아 외무장관과 (볼리비아 수도)라파스 주재 칠레 전권공사 간의 "[1920년 회의록]은 약속을 열거하고 있지 않으며, 합의와 의견불일치 사항을 요약하고 있지도 않다. 더욱이, 이 의사록의... 기록에 의하면, 볼리비아 외무장관은 '현재의 선언은 ... 국가들에 대한 권리 또는 의무를 창설하는 조항을 담고 있지 않다'고도 말하였다." 고로 ICJ는 동 회의록의 구속력을 부인하였다. 비슷하게, Dispute concerning *Delimitation of the Maritime Boundary between Bangladesh and Myanmar in the Bay of Bengal* (Bangladesh/Myanmar), 14 March 2012, paras. 88~99에서 국제해양법재판소(ITLOS)는, 방글라데시와 미얀마 간 두 개의 관련 "합의의사록"(Agreed Minutes)은 이들 국가가 구속력있는 문서로 의도한 것이 아니라고 결론지었다. See Malgosia Fitzmaurice in Evans (ed.), *International Law*, 5th, p. 140.

180) *Customs Régime between Germany and Austria* (*Austro-German Customs Union* case), Advisory Opinion, PCIJ (1931), Series A/B, No. 41, p. 47 ; *South West Africa Cases* (Ethiopia v. South Africa; Liberia v. South Africa)(Preliminary Objections), ICJ Reports (1962), p. 319 at 331 ; *Maritime Dispute* (Peru v. Chile), ICJ Judgment of 27 January 2014, paras. 20~21, 45~48.

181) Aust (2nd, p. 9)는 구두조약의 최근 사례로 1992년 덴마크 수상과 핀란드 수상이 전화통화를 통해 분쟁을 해결한 교량 건설 관련 사건을 들고 있다.

182) ICJ는 *Obligation to Negotiate Access to the Pacific Ocean* (Bolivia v. Chile), ICJ Reports (2018), p. 507, para. 97에서 묵시적 합의와 관련하여 다음과 같이 언급한 바 있다 : "The Court notes that, according to customary international law, as reflected in Article 3 of the Vienna Convention, "agreements not in written form" may also have "legal force". Irrespective of the form that agreements may take, they require an intention of the parties to be bound by legal obligations. This applies also to tacit agreements. In this respect, the Court recalls that "[e]vidence of a tacit legal agreement must be compelling" (*Territorial and Maritime Dispute between Nicaragua and Honduras in the Caribbean Sea* (*Nicaragua v. Honduras*), *Judgment, I.C.J. Reports 2007* (*II*), p. 735, para. 253)."

183) 또한, 제3조(b)에 의하면, 비엔나협약의 규정 중에는 "동 협약과는 별도로"(independently of the Convention) "서면형식이 아닌 합의"에 적용될 수 있는 규정이 있을 수 있는데, 특히 조약의 무효와 종료사유에 관한 규정이 여기에 속한다. Brownlie, 5th, p. 610.

184) Aust, pp. 16~17 ; Janis, 3rd, p. 22 ; 나인균, p. 487.

185) 본서, 제14장 (국가책임), "Ⅲ. 국제법상 국가의 행위일 것 : 행위의 국가귀속" 참조.

표현될 수도 있다.[186] 그러나 어떤 형식, 어떤 표현을 채택하든 당사국에 대한 국제법상의 구속력에는 차이가 없다.[187]

다섯째로, 국가 간의 합의는 하나의 단일문서에 담을 수도 있고, 둘 이상의 관련문서에 담을 수도 있다. 예컨대, 한 국가가 타방 국가에게 편지/각서(an initial note)를 보내고 그 타방국가가 이에 답신(a reply note)을 보냄으로써 조약을 구성하게 되는 각서(서한)교환이나,[188] 본 조약문의 부속문서로서 흔히 선택의정서(optional protocol)를 채택하는 경우 등을 볼 수 있다.

여섯째로, 합의에 구속력을 부여함에 있어 '형식'이 중요한 것이 아닌 것처럼 '명칭'이 중요한 것이 아니다. 그 결과 법적 구속력있는 국제합의를 나타내는 술어는 비엔나협약에서 사용하고 있는 treaty 이외에도 (특히, ICJ규정 제38조 1항(a)에서 사용되고 있는)convention, agreement, general agreement, pact, protocol, charter, statute, act, covenant, declaration, understanding, engagement, arrangement, accord, regulations, decision, provisions, exchange of notes/letters, *modus vivendi*, memorandum, memorandum of understandng,[189] mechanism, concordat, minutes, terms of reference[190] 등 매우 다양하다.[191] 법적 구속력 있는 문서로 의

186) 국가를 대리하여 조약을 체결할 권한이 누구에게 있는지, 그리고 조약체결권자는 자신의 권한을 누구에게 위임할 것인가는 각국의 국내법에 유보된 문제이다. 1969년 비엔나 조약법협약 제7조, 제8조 ; 본서, 제4장(조약법), "I. 조약의 체결과 효력발생".

187) Aust, 2nd, pp. 17, 19, 58~59 ; Brownlie, 6th, p. 581 ; Oppenheim, p. 884 (§495) ; Starke, 10th, pp. 439~440.

188) *Obligation to Negotiate Access to the Pacific Ocean* (Bolivia v. Chile), Judgment of 1 October 2018, para. 116 ; Hamid, p. 183.

189) 또는 mémorandum d'entente (불어), 혹은 memorándum de entendimiento (서반아어). Aust, 2nd, p. 33.

190) "국제 니켈 연구회 위탁사항"(Terms of Reference of the International Nickel Study Group). 1986년 5월 2일 제네바에서 서명, 1990년 5월 23일 발효. 동 조약에 의해 설립된 "국제 니켈 연구회"(INSG)는 포르투갈, 리스본에 소재한 국제(공)기구이다. https://insg.org/ ; Aust, 2nd, p. 110 ; 본서, 제6장 (국제법의 주체).

191) Yearbook of the ILC (1966), Vol. Ⅱ, p. 188. 명칭이 조약 여부를 판단하는 주요 기준이 아니라는 것은, 바꾸어 말하면, treaty, convention 혹은 agreement로 표현된 문서의 경우에도 일단 조약이라고 추정은 할 수 있겠지만 문제의 문서가 정말 조약인지를 아주 확실히 하기 위해서는 그 내용을 검토할 필요가 있음을 의미한다. 이를테면, 2020년 2월 29일 미국 트럼프 정부와 탈레반 반군은 '협정 발표 후 14개월 내에 미군과 그 동맹국 군대는 아프가니스탄에서 완전히 철수'하고, 그 대신 '아프가니스탄 이슬람 토후국은 알카에다를 포함한 그 어떤 집단이나 개인이 미국과 그 동맹국의 안전을 위협하기 위해 아프가니스탄의 땅을 사용하는 것을 막기 위한 조치들을 취할 것임'을 약속하는 평화협정("Agreement for Bringing Peace to Afghanistan between the Islamic Emirate of Afghanistan which is not recognized by the United States as a state and is known as the Taliban and the United States of America")을 체결하였는데, 이 협정의 제목과 본문에서 미국은 "Islamic Emirate of Afghanistan"(아프가니스탄 이슬람 토후국)을 국가로 승인하지 않았음을 분명히 하면서도 이 명칭을 사용하는 반군간체 탈레반과 '협정'을 체결하였던 것이다. 일반국제법상 국가와 외국 반군 사이에 일정 필요에 따라 조약이 체결될 수 있다는 측면에서 보면 이 평화협정도 그런 부류에 속한다고 볼 수 있다. 그리고 양측 대표자는 이날 카타르 도하에서 만나 협정에 서명도 하였다. 그러나 협정 본문에서 조동사 "shall" 대신 "will"을 반복적으로 사용함으로써 구속력없는 약속으로 의도된 것임을 시사하고 있다는 점에서 동 협정의 '국제법적' 구속력에 의문이 제기되었다. 이것은 1973년 1월 27일 미국, 남베트남, 베트콩, 북베트남 등 4자간에 체결된 -미국법에서는 (단독)행정부협정으로 분류되는- 이른바 파리평화협정이 "will"보다는 주로 "shall"을 사용하고 있는 것과도 대조적이다[본서, 제7장(국제법의 기본원칙), "Ⅵ. 민족자결 원칙" 참조]. 아무튼, 미국-탈레반 간에 평화협정이 서명되던 날, 이에 상응하여 미국은 (미국의 승인을 받은) '아프가니스탄 이슬람 공화국' 정부와 공동선언("Joint Declaration between the Islamic Republic of Afghanistan and the United States of America for Bringing Peace to Afghanistan")을 채택하였는데, 이 공동선언도 위

도된 한에 있어서 이들은 표현의 차이에도 불구하고 '국제법'상[192] 모두 동일한 가치를 갖는다. 또한 일정 관행이 없는 것은 아니지만, 조약을 지칭하는 이 많은 술어 중 어느 것을 채택할 것인가는 국가들의 자유이다.[193]

ICJ규정 제38조 1항은 ICJ에 의해 적용될 국제법 중에서 맨 먼저 국제협약(international convention), 즉 조약을 들고 그 다음에 국제관습을 들고 있다. 이것은 소송사건에서 조약이 관습에 우선하여 적용되어야 함을 시사하고 있다. 그러나 조약이 묵시적으로 폐지(desuetude)[194]되었거나, 조약에 위배되는 신관습법규가 형성되거나, 조약의 내용이 강행규범(*jus cogens*)에 위배되는 경우에는 그 적용이 불가능하다. 조약과 관습의 관계에 대해서는 아래에서 좀 더 자세히 언급하겠다.

2. 조약의 분류

국가관행을 보면 조약은 그 '체결과정'을 중심으로 하여 크게 두 부류, 즉 정식조약(treaty concluded in a solemn form)과 약식조약(treaty concluded in a simplified form)으로 나뉜다. 정식조약이란 설사 전권대표(plenipotentiary)라 불리우는 외교관이 협정본문에 관하여 합의를 보더라도 최종적으로 (대체로 국내입법부의 관여와 함께) 국가원수가 서명한 비준서의 교환이나 기탁을

평화협정과 비슷한 용어를 사용하고 있고, 나아가 이것은 국가 간에 합의된 것임에도 불구하고 서명도 없고, 제목도 '협정' 대신 '(공동)선언'이란 용어를 사용하고 있다는 점에서 그 법적 구속력이 한층 더 의문시되었다. AJIL, Contemporary Practice of the United States, "United States Signs Agreement with the Taliban, but Prospects for Its Full Implementation Remain Uncertain", AJIL Vol. 114:3 (2020), pp. 529~538 : https://www.state.gov/wp-content/uploads/2020/02/Agreement-For-Bringing-Peace-to-Afghanistan-02.29.20.pdf ; https://www.state.gov/wp-content/uploads/2020/02/02.29.20-US-Afghanistan-Joint-Declaration.pdf : https://en.wikipedia.org/wiki/Doha_Agreement_(2020) ; https://en.wikipedia.org/wiki/Afghan_peace_process ; 본서, 제27장 (국가의 무력사용), "Ⅱ. 국가의 무력사용 : 1945년 이후, 4. 자위권의 한계, (2) 테러와 자위권."

위 경우와는 반대로, 조약의 여러 명칭 중에서 흔히 MOU로 약칭되는 memorandum of understanding의 경우, 이것은 (구속력있는) 조약이나 합의가 아니라는 이야기를 자주 하지만 같은 논리로 이같은 일반론은 피해야 한다. 문제의 MOU가 구속력이 있는지 없는지, 이것이 국제법상 조약에 해당하는 것인지의 여부는 일차적으로 그것을 만든 주체들의 의도에 달려 있다. Rosenne, *The Perplexities of Modern International Law*, pp. 346~347 ; Aust, *Handbook of International Law*, pp. 54~57 ; Aust, 3rd, p. 20 ; https://en.wikipedia.org/wiki/Memorandum_of_understanding.

192) '국내법'에 따라서는 이 용어들이 특별한 의미를 지니는 수가 있다. 예컨대, 미국법상 'treaty'라 함은 대통령이 연방헌법 제2조 2항에 의거하여 참석한 상원의원 2/3의 조언과 동의를 얻어 체결하는 국제협정으로서, 헌법 제6조 2항에 의하면 이것은 연방헌법 및 연방법률과 더불어 '미국의 최고법'(supreme law of the land)을 구성한다. 1969년 비엔나 조약법협약 제2조 2항도 "본 협약에 있어서의 용어의 사용에 관한 (상기) 1항의 규정들은 어느 국가의 국내법에서 그러한 용어의 사용 또는 그러한 용어에 부여될 수 있는 의미를 침해하지 아니한다."라고 규정하고 있다. 본서, 제5장 (국제법과 국내법의 관계) ; Rosenne, *The Perplexities of Modern International Law*, p. 345.

193) 이것이 조약의 '성'에 관한 문제라면, 조약의 '이름'을 짓는 것도 역시 국가들의 자유이다. 이를테면 흔히 '자유무역'협정(*frade trade* agreement)(https://en.wikipedia.org/List_of_bilateral_free_trade_agreements)으로 표현되는 조약 대신 간혹 '포괄적 경제동반자'협정(*comprehensive economic partnership* agreement) 혹은 '포괄적 경제협력'협정(*comprehensive economic cooperation* agreement)이란 술어가 채택되기도 한다.

194) 본서, 제4장 (조약법) 참조.

요하는 조약을 지칭한다. 이에 반해 약식조약은 국가원수의 비준을 요하지 않으며 따라서 그 성립 과정에서 의회의 참여가 배제된다. 약식조약도 정식조약과 마찬가지로 대체로 외교관들에 의해 교섭되지만, 교섭자들 자신에 의해서나 또는 체약국의 외무장관이 서명하는 즉시 법적 구속력을 갖는다. 때로 약식조약은 특정 국가의 외무장관과 그 국가에 파견된 외국 대사 사이에 교환되는 교환서한(exchange of notes)의 형식을 갖는다. 이러한 유형의 조약이 나타나게 된 이유로서는 첫째, 신속한 절차를 통해 긴급한 문제를 규율하려는 필요성과 둘째, 행정부가 다소간의 유연성과 재량권을 갖기를 원하는 분야에서 국내입법부를 우회할 수 있는 장점을 들 수 있다.[195] 경우에 따라서는 조약의 일방당사자는 정식조약 체결의 절차를 밟는 데 반해서 타방당사자는 단지 약식조약의 체결절차만을 밟는 수가 있다. 그러나 이로 인해 당해 조약의 국제적 효력에 어떤 훼손이 생기지는 않는다.

일부 학자들은 조약이 그 '내용'에 있어 국내 법률을 닮은 경우에만 즉, 모든 당사자에게 동일한 의무를 부과하고 또한 오랜 기간 동안 그들의 행동을 규율하려고 의도된 경우에만 국제법의 연원으로 간주되어야 한다고 주장하면서, 이같은 조약을 입법적(혹은 법규창설적) 조약(law-making treaties, normative treaties, traités-lois)으로 부르고 있다. 이 이론에 따르면 계약적 조약(contract treaties, treaty-contracts, traités-contrat), 즉 그 내용에 있어 계약을 닮은 조약(예컨대, 한 국가가 다른 국가에게 일정액의 돈을 빌려주기 위한 조약)은 국제법의 연원이 아니고 단지 법적 거래에 불과하다는 것이다. 그러나 계약적 조약과 입법적 조약 간의 구분은 어떤 의미에서는 편의상의 것이다. 양자의 구분기준이 명료하지 않을 뿐만 아니라 한 조약 내에 계약적 조항(contractual clauses)과 입법적 조항(law-making clauses)이 섞여 있을 수 있기 때문이다. 특히 현재와 같이 여전히 분권적 구조의 국제공동체 하에서는 당사자들이 법으로서 준수할 의무가 있는 행동규칙을 수립하는 한에 있어 모든 조약은 입법적(law-making)이라고 말할 수 있을 것이다.[196]

조약은 '당사자의 수'를 중심으로 지구상의 모든 국가가 가입한 보편조약(universal treaties), 일부 국가를 제외하고 거의 모든 국가가 가입한 일반조약(general treaties), 셋 이상의 소수국가 사이에서 체결된 특별조약(particular treaties), 두 국가 사이에서 체결된 양자조약(bilateral treaties)으로 구분해 볼 수 있다. 3개 이상 복수의 국가가 두 당사자 그룹으로 나뉘어 체결한 조약도 양자조약으로 분류되는데,[197] 2010년 한국-EU FTA[198]와 같은 EU 측의 이른바 혼합협정(mixed agreements),[199] 1953년 한국 휴전협정[200] 등이 그런 경우들이다.

---

195) Cassese, § 102 at p. 185.

196) Akehurst, pp. 24~25 ; Jennings & Watts (eds.), p. 1204 ; Kaczorowska-Ireland, pp. 22, 28~29.

197) https://en.wikipedia.org/wiki/Treaty#Bilateral_and_multilateral_treaties.

198) 영어본 공식명칭 : "Free Trade Agreement between the European Union and its Member States, of the one part, and the Republic of Korea, of the other part". 본서, 제30장 (EU법), "XI. EU의 조약체결권" 참조

199) 유럽재판소(EU)는 Case C-316/91, *European Parliament* v. *Council of the European Union*, [1994] ECR I-625, 661 (para. 29)에서 양쪽 당사자가 다 복수인 한 혼합협정의 양자적 성격을 인정한 바 있다 : "The [Fourth ACP-EEC Lomé] Convention was concluded, according to its preamble and Article 1, by the Community and its Member States of the one part and the ACP States of the other part. It established an essentially bilateral ACP-EEC cooperation." See Hillman and Horlick (eds.), pp. 92~93. EU법상의

그러나 현실의 세계에서 UN헌장이나 1949년 4개 제네바협약, 1989년 "어린이의 권리에 관한 협약"(Convention on the Rights of the Child)처럼 −2011년 7월 9일 현재, 이날 분리독립한 남수단(South Sudan)[201]을 포함하여, 지구상에 존재하는 200개가 넘는 주권국가들[202] 중에서 당사국이 190개가 넘는− "아주 거의 보편적인" 조약(the most nearly universal treaty) 혹은 "사실상의/실질적인 보편"조약(virtually universal treaty)은 몇 개라도 찾아볼 수 있어도, "완전한 보편"조약(perfectly universal treaty)은 찾아볼 수 없다. ICJ는 *Barcelona Traction Co.* 사건[203] 등에서 '보편적 내지 준보편적 "성격의" 국제문서'(international instruments of a universal or quasi−universal *character*)라는 표현을 사용하고 있는데, 이것은 이런 점에서 매우 조심스럽지만 적확한 표현이기도 하다. 이것은 국제공동체에 수시로 새로운 국가가 출현하는 상황과도 관련이 있는데, 이 부분은 조약과 관습의 성격 차이이기도 하다. 조약은 또한 −관습법과는 달리− 일반적으로 폐기나 탈퇴도 가능하다. 이보다 더 한 것은, 일반조약과 특별조약을 구분짓는 수적 경계선이 전혀 확실하지 않다는 점이다. 아마도 이같은 사정들 때문에 조약은 단지 양자조약(bilateral treaty)과 다자조약(multilateral treaty)으로 구분하는 것이 보통이다.[204]

다자조약 중에서도 "조약의 주제에 대해 특별한 이해관계를 가진 제한된 수의 국가들 간에 체결된 조약"(treaty between a limited number of States with a particular interest in the subject matter of the treaty)을 특별히 "복수국간 조약"(plurilateral treaty)으로 칭하기도 한다.[205] 남극조약(Antarctic Treaty)을 그 예로 들기도 하는데, 복수국간 조약과 다른 다자조약을 특별히 구별하는 실익은 조약의 유보와 관련해서이다. 즉, 비엔나 조약법협약 제20조 2항은 복수국간 조약의 제한적 성격을 고려하여, 이런 조약에 대한 유보는 다른 모든 당사국의 수락을 요구하고 있다.[206] 그러나 다자조약과 복수국간 조약이 다른 차원에서 구분되기도 한다. 즉, WTO협정("세계무역기구 설립을 위한 마라케쉬협정")에 부속된 다자조약은 크게 '다자간 무역협정'(multilateral trade agreements)과 '복수국간 무역협정'(plurilateral trade agreements)으로 구분되고 있다. 양자 모두 WTO협정의 구성부분이긴 하지만, 다자간 무역협정은 WTO협정의 "필요불가결한 일부"(integral

---

'혼합협정' 개념에 대한 총체적 설명은 본서, 제30장 (EU법), "XI. EU의 조약체결권" 참조.

200) 공식명칭 : "국제연합군 총사령관을 일방으로 하고 조선민주주의인민공화국 최고사령관 및 중공인민지원군 사령원을 다른 일방으로 하는 한국 군사정전에 관한 협정"("Agreement between the Commander-in-Chief, United Nations Command, on the one hand, and the Supreme Commander of the Korean People's Army and the Commander of the Chinese People's volunteers, on the other hand, concerning a military armistice in Korea"), https://en.wikisource.org/wiki/Korean_Armistice _Agreement.

201) BBC News Africa, 8 July 2011, "Tears and joy as South Sudan set to declare independence", https://www.bbc.co.uk/news/world-africa-14075592.

202) https://en.wikipedia.org/wiki/List_of_sovereign_states.

203) Belgium v. Spain, ICJ Reports (1970), p. 3 at 32 (para. 34).

204) 본서, 제4장 (조약법) 서두 부분 참조. Wallace (3rd, p. 19, fn. 29)는 bilateral treaty는 bipartite treaty로, multilateral treaty는 multipartite treaty로 표현하는 것이 더 정확하다고 언급하고 있다.

205) 예컨대, Aust, 2nd, p. 139 ; Aust, *Handbook of IL*, 2nd, pp. 50, 67.

206) 본서, 제4장 (조약법), "Ⅰ. 조약의 체결과 효력발생, 6. 조약의 유보" ; https://en.wikipedia.org/wiki/ Multilateral_treaty.

parts of WTO Agreement)이기 대문에 이들은 당연히 WTO의 모든 회원국에게 구속력이 있는 데 반해서, 복수국간 무역협정은 그것을 수락한 회원국에게 있어서만 WTO협정의 일부를 구성하므로 그들 국가에게만 구속력이 있다.[207)]

조약은 '국가승계'(state succession)의 목적상 크게 처분적 조약(dispositive treaties)과 비처분적 조약(non-dispositive treaties)으로 구분된다. 여기서 처분적 조약은 국가승계 발생시 영토와 함께 지속되는(run with the land) 물적 조약(real treaties)인 데 반해, 비처분적 조약은 국가의 계약적 권리·의무를 확정짓는 인적 조약(personal treaties)이다. 이같은 구분은 특히 신생독립국의 조약승계와 관련하여 중요성을 갖는다. 즉, 전임국가(혹은 피승계국) (predecessor state)의 식민지 관련 처분적 조약은 그 신생독립국에게로 자동 승계되는 것이 원칙이지만, 비처분적·인적 조약은 그렇지 않다.[208)]

3. '입법부적' 혹은 '객관적 체제를 창설하는' 조약[209)]

입법'부'적 조약(legislative treaty) 혹은 '객관적' 체제를 창설하는 조약(treaty creating objective regimes)이란 "대세적으로 유효한 의무와 권리"(obligations and rights valid *erga omnes*)[210)] 내지는 "조약당사자가 아닌 국가들에게 법과 의무"[211)]를 창설 혹은 부과할 목적으로 체결되는 조약을 지칭하기 위해 고안된 개념이다.[212)] 이같은 종류의 조약이 실제로 존재하는가? 다시 말해서, "조약의 구속을 받겠다는 국가의 동의 표시"(expression of the consent of a State to be bound by a treaty)[213)]에 전적으로 의존하지 아니하는 조약이 존재할 수 있는가?

국제관습법에 따르면 조약은 그것이 입법적(law-making) 조약으로 분류되든 계약적 조약으로 분류되든 관계없이 오로지 조약당사자에 대해서만 구속력을 갖는다. 비엔나 조약법협약 제34조도 이 전통원칙을 확인하여 "조약은 그 동의없이는 제3국을 위하여 권리 또는 의무를 창설하지 못한다"고 규정하고 있다. 비엔나 조약법협약 제35조와 제36조에서 조약이 비당사국에 대하여 권리를 부여하거나 의무를 부과하는 경우를 인정하고 있지만, 이 경우에도 당해 비당사국의 명시적 (그것도 서면을 통한) 동의(의무의 경우) 또는 추정적 동의(권리의 경우)가 요구된다. 따라서 조약은 그 자체로는

---

207) WTO협정 제2조 2~3항 ; https://en.wikipedia.org/wiki/Plurilateral_agreement.

208) 본서, 제20장 (국가승계) 참조.

209) Brownlie, 5th, pp. 628~630 ; Ott, pp. 23~24 ; Sinclair, p. 104 ; 본서, 제4장 (조약법), "Ⅱ. 조약의 적용범위, 4. 조약과 제3국".

210) "Draft Articles on the Law of Treaties with Commentaries, adopted by the ILC at its Eighteenth Session (1966)", Article 34, Commentary (4), at https://untreaty.un. org/ilc/texts/instruments/english/commentaries/1_1_1966.pdf ; Ragazzi, p. 37 ; Sinclair, p. 104.

211) Ott, p. 23.

212) 그러나 Riphagen도 인정한 바와 같이 "객관적 체제"의 개념은 여전히 "다소 모호" (somewhat nebulous)하다 : "Fourth Report on the content, forms and degrees of State responsibility (Part 2 of draft articles)" (UN Doc.A/CN.4/366), YILC (1983, Ⅱ, Part 1), p. 16, para. 85 ; Ragazzi, p. 41.

213) "조약의 구속을 받겠다는 동의의 표시방법들"에 관해서는 비엔나 조약법협약 제11조 참조.

여전히 당사자들 간에서만 구속력이 있을 것이며,[214] 제35조와 제36조가 조약의 입법부적 효과를 인정하고 있는 것은 아니다.[215] 이처럼 비엔나 조약법협약에는 객관적 체제를 창설하는 조약에 관해서는 아무런 언급이 없는데, 당시 UN국제법위원회(ILC)는 이것이 너무 큰 논쟁거리라고 생각하였던 것이다.[216]

그 밖에 다자조약의 개정과 관련하여, 비엔나 조약법협약 제40조 4항은 "다자조약의 개정은 그 개정에 동의한 국가들만을 구속한다"고 규정하고 있다. 그러나 UN헌장 제108조는 이와는 대조적으로 "헌장의 개정은, 총회 구성국 2/3의 투표에 의하여 채택되고 -안전보장이사회의 모든 상임이사국을 포함한- UN회원국 2/3에 의하여 각자의 헌법절차에 따라 비준되면, UN의 '모든' 회원국에 대하여 효력을 발생한다"고 규정하고 있다. 국제기구 설립조약의 개정과 관련하여 다수의 국제기구들이 이같은 이른바 '입법부적' 원칙(legislative principle)을 채택하고 있다.[217] 그러나 엄밀히 얘기하면 UN헌장 제108조의 규정에 의하여 UN헌장이 그 개정시에 입법부적 효력을 갖는다고 볼 수는 없다. 왜냐하면 UN회원국들은 UN헌장이 다수결방식에 의해 개정되더라도 (개정에 반대한 국가들을 포함해서) 모든 회원국이 개정되는 UN헌장규정에 구속받기로 헌장 제108조를 통하여 이미 동의하고 있기 때문이다. UN헌장 제108조는 그래도 신규칙이 기구 내부에서 채택되는 경우이지만, 이와는 반대로 필요한 규칙을 외부규칙에 의존하는 경우가 있다. 즉, 국가들은 자국이 그 형성과정에 참여하였느냐의 여부에 관계없이 일정 규칙에 의존하기로 사전에 동의하기도 하는데, UN해양법협약이 특히 해양환경과 관련하여 도입한 "일반적으로 수락된 국제 규칙과 기준"(generally accepted international rules and standards)[218]의 개념과 1995년 1월 1일 발효한 WTO(세계무역기구)설립협정의 GATT 1994에 편입된 GATT 1947[219]의 경우 등이 그 좋은 예이다. 그러나 이 '위임(회부/참조/인용)에 의한 입법의 기술'(legal technique of law-making by reference) 역시 비엔나 조약

214) Kaczorowska-Ireland, p. 29.

215) Ott, p. 198.

216) Yearbook of the ILC (1966-Ⅱ), p. 231 : "The Commission considered whether treaties creating so-called 'objective regimes', that is, obligations and rights valid *erga omnes*, should be dealt with separately as a special case. Some members of the Commission favoured this course, expressing the view that the concept of treaties creating objective regimes existed in international law and merited special treatment in the draft articles. In their view, treaties which fall within this concept are treaties for the neutralisation or demilitarisation of particular territories or areas, and treaties providing for freedom of navigation in international rivers or maritime waterways; and they cited the Antartic Treaty as a recent example of such a treaty. Other members, however, while recognising that in certain cases treaty rights and obligations may come to be valid *erga omnes*, did not regard these cases as resulting from any special concept or institution in the law of treaties. They considered that these cases resulted either from the application of the principle in Article [36] or from the grafting of an international custom upon a treaty. ... Since to lay down a rule recognising the possibility of the creation of objective regimes directly by treaty might be unlikely to meet with general acceptance, the Commission decided to leave this question aside in drafting the present articles on the law of treaties." See also Janis, 3rd, p. 33 ; Sinclair, p. 104.

217) Greig, pp. 490~491 ; Ott, pp. 375~376.

218) UN해양법협약 제21조 2항, 제211조 2항, 제211조 5항, 제211조 6항, 제226조 1항(a).

219) GATT 1994 제1항.

법협약 제34조의 원칙을 일탈한 것으로 볼 수는 없다.[220)]

사실, 입법부적 조약의 개념을 일반화하게 되면 국제법의 기본전제 중의 하나인 국가의 주권평등 원칙은 그대로 무너지고 말 것이다. 그럼에도 불구하고 일부 조약은 사실상 입법부적이라는 주장이 간혹 제기되고 있는데, 그 근거로서 다음의 사례들이 원용되고 있다.

(1) *Aaland Islands* 사건(1920)

Aaland(Åland)제도(諸島)는 전략적 가치가 있는 발트해(Baltic Sea) 내의 한 군도로서, 1809년까지는 스웨덴의 주권 하에 있었지만, 1809년의 조약에 의해 스웨덴은 핀란드와 (핀란드의 한 행정단위인) 이 제도를 러시아에 양도하였다. 러시아 통치 하에서 올란드 제도는 몹시 요새화되었다. 1856년 3월 30일, 크림 전쟁(Crimean War)에서 러시아가 패배한 후 영국, 프랑스, 러시아는 올란드 제도에 관한 협약을 체결하였는데, 여기서 러시아는 올란드를 요새화하지 않을 것이며, 그 곳에 어떠한 군사기지나 해군기지도 설치 혹은 유지하지 않을 것을 선언하였다. 이 협약은 같은 날 영국, 프랑스, 사르디니아, 터키(오토만제국), 러시아가 서명한 일반강화조약(General Peace Treaty)의 부속서가 되었다. 스웨덴은 이 전쟁에 참여하지 않았으므로 이 두 조약의 그 어느 것에도 체약국이 되지 못하였다. 제1차 세계대전 중 러시아 중앙정부가 붕괴되고 1917년 볼셰비키 혁명이 일어난 후 핀란드 의회는 러시아로부터 독립을 선언하였으며, 소비에트 정부도 이를 승인하였다. 그 후 핀란드는 자국은 1856년 협약의 당사자가 아니기 때문에 자국 영토로 편입된 올란드의 비군사화(비무장화)를 유지할 의무가 없다고 주장하였다. 그러나 스웨덴은 핀란드의 이같은 입장에 반대하였다. 스웨덴 역시 1856년 협약의 당사자는 아니지만, 올란드가 스톡홀름 가까이에 위치하고 있는 상황에서 이들 제도의 요새화에 위협을 느꼈던 것이다. 이 분쟁을 다루게 된 국제연맹 이사회는 (3인으로 구성된) 임시 '국제법률가 위원회' (International Committee of Jurists)를 임명하여 관련 법적 쟁점에 관해 의견을 제출하도록 요청하였다. 동 위원회는, 비요새화에 관한 1856년 협약의 규정들은 아직 효력이 있다고 인정한 뒤 다음과 같이 결론지었다.

> "열강들은 1815년 이후 여러 차례에 걸쳐, 특히 강화조약들을 체결할 때 진정으로 객관적인 법(true objective law), 즉 체약당사자의 직접적인 범위 밖에서도 그 효과가 느껴지는 한 개의 진정한 정치적 지위를 창설하려고 노력하였다. … 이 (비군사화) 규정들은 유럽의 이해관계를 위하여 수립된 것이다. 이들 규정은 Aaland제도를 위한 군사적 고려에 관련된 특별한 국제적 지위를 구성하였다. 따라서 이 규정들이 다른 규정으로 정당하게 대체되기까지는 이해관계 있는 모든 국가(every State interested)가 그것의 준수를 주장할 권리를 갖는다."[221)]

220) *ILA Report of the Sixty-ninth Conference* (London, 2000), Committee on Coastal State Jurisdiction relating to Marine Pollution, Final Report, 443 at 487~492.

221) "Report of the International Committee of Jurists Entrusted by the Council of the League of Nations, with the Task of Giving an Advisory Opinion Upon the Legal Aspects of the Aaland Islands Question", *Official Journal of the League of Nations*, Special Supplement No 3 (October 1920), p. 3 at 17, 19 ; Harris, 5th, p. 256 ; Akehurst, p. 157 ; Ott, pp. 24, 130, 198 ; Pauwelyn, p. 103 ; Ragazzi, pp. 28~37 ; Thomas D. Grant, *The Recognition of States : Law and Practice in Debate and Evolution* (West Port :

동 위원회의 결론에 따르면 요컨대, "(Aaland)제도를 점유하고 있는"(in possession of the Islands) 국가는 누구든지 비요새화의 의무를 따라야 하며, 조약의 당사자 여부를 불문하고 "이해관계 있는" 국가라면 누구든지 (다른 규정으로 정당하게 대체되기까지는) 비요새화에 관련한 1856년 협약의 규정을 원용할 권리가 있다는 것이다.[222] 이같은 노선에 따라 1978년의 "조약에 대한 국가승계에 관한 비엔나협약"도 국제평화의 유지를 위해 원칙적으로 그같은 처분적 조약의 입법부적 효력을 승인하고 있다. 그러나 이상의 사례는 어디까지나 국가승계라는 특수한 상황과 관련한 것이다.[223]

(2) *Reparation for Injuries Suffered in the Service of the UN* 사건에 대한 ICJ 권고적 의견[224]

유태테러범들이 이스라엘 점령 하의 동예루살렘에서 UN공무원을 암살하는 사건이 발생하자 UN이 아직 비회원국인 이스라엘에 대해 국제법상 배상을 청구할 수 있겠는가의 문제가 제기되었다. 이 문제에 관해 UN총회로부터 권고적 의견을 요청받은 ICJ는 UN헌장은 UN의 '객관적' 국제인격(objective international personality)을 창설하였으므로, 비회원국이라 하더라도 UN의 인격을 인정하고 UN에 배상해 줄 의무를 부담한다고 판시하였다.

(3) UN헌장 제2조 6항에 대한 Hans Kelsen의 견해

Hans Kelsen은 여기서 한 걸음 더 나아가 UN헌장 제2조 6항은 비회원국들에게 그 동의 없이 헌장상의 일반적 의무를 부과하고 있다고 주장하면서, 다음과 같이 이를 UN헌장의 '혁명적'(revolutionary) 적용으로 칭하고 있다.

> "UN헌장은 제2조 6항에서 단지 UN의 법으로서 뿐만 아니라 국제공동체 전체의 법이 되려는 경향, 즉 특별국제법으로서 뿐만 아니라 일반국제법이 되려는 경향을 보여주고 있다. 국제연맹규약도 이보다 훨씬 좁은 범위 내에서이긴 하지만, 특히 제17조와 제18조에서 동일한 경향을 갖고 있었다. 그러나 연맹은 국제조약은 체약국들에게만 의무를 부과하고 권리를 부여할 수 있다는, 다시 말해서 세계의 모든 국가들에 의하여 체결되지 아니한 국제조약은 일반국제법이 아닌 특별국제법을 창설할 뿐이라는 기존국제법의 기본원칙에 배치되는 이러한 경향을 실현할 기회를 갖지 못하였다. 기존국제법의 관점에서 보면, 체약국이 아닌 국가들에게도 적용되려는 UN헌장의 시도는 '혁명적인' 것으로 간주되어야 한다(From the point of view of existing international law, the attempt of the Charter to apply to States which are not contracting parties to it must be characterised as revolutionary). 이것이 구(舊)국제법의 위반으로 간주될 것인지 아니면 신국제법의 시작으로 간주될 것인지는 두고 볼 문제이다."[225]

Praeger, 1999), 129~130 ; https://en.wikipedia.org/wiki/Åland_Islands_dispute.

222) Ragazzi, p. 33 ; Tams, pp. 84~87.

223) "조약에 대한 국가승계에 관한 비엔나협약" 제11조~제12조 ; Sinclair, pp. 104~105 참조.

224) ICJ Reports (1949), p. 174 ; 본서, 제6장 (국제법의 주체), "Ⅳ. 국제기구".

225) Hans Kelsen, *The Law of the United Nations* (London : Stevens & Sons Limited, 1951), pp. 109~110.

그러나 "UN은 국제평화와 안전의 유지에 필요한 한 UN비회원국들도 헌장 제2조의 원칙들에 따라 행동할 것을 확보하여야 한다"고 구정한 제2조 6항을 이렇게까지 확대 해석할 수 있을지는 의문이다. Akehurst[226]도 "현실적으로 제2조 6항은 비회원국들에게 의무를 부과하려고 기도하고 있는 것이 아니다. 그것은 단지 UN이 비회원국과의 관계에 있어 따라야 할 정책을 표명하고 있을 따름이다"라고 비판하고 있다. 그러나 제2조 6항은 국가관행이나 UN이 거의 보편적 기구가 된 사실에 비추어 볼 때 국제관습법규의 지위를 획득했다고 보는 견해가 있다.[227]

(4) 일반국제법의 강행규범

국제공동체의 다수는 소수에게 '일반국제법의 강행규범'을 강요할 수 있으며, 또한 이것이 강행규범의 본질이라는 주장이 제기되고 있다. 이같은 견해에 따르면 강행규범을 창설하는 일반조약(및 관습)은 입법부적 혹은 대세적 구속력을 갖는다는 결론에 이르게 되는데, 이 문제에 관해서는 아래에서 따로 다룬다.[228]

이상의 몇 가지 시사적인 선례 혹은 주장에도 불구하고 현재 입법부적 조약의 존재는 결코 일반화시켜 생각할 수 없는 것으로 보인다.

4. 국제법의 법전화와 점진적 발전

UN헌장 제13조는 UN총회가 추구해야 할 목적의 하나로서 국제법의 법전화(codification)와 점진적 발전(progressive development)을 언급하고 있다. 역시 "국제법의 점진적 발전과 법전화의 증대"를 목표로 삼고 있는 UN국제법위원회(International Law Commission : ILC)[229]는 헌장 제13조의 목적을 위해 1947년에 설치된 UN총회의 보조기관으로서,[230] 국제법 분야에 공인된 능력을 갖춘 34인(원래는 15인)의 전문가들로 구성되고 있으며,[231] 임기는 5년이고 연임도 가능하다.[232] 여기서 국제법의 '점진적 발전'과 '법전화'를 엄격히 분리하거나 구분하기는 힘들다. 다만, ILC규정(規程)(Statute of the ILC)에서 '국제법의 점진적 발전'은 단지 '편의상'(for convenience) "아직까지 국제법에 의하여 규율되지 않고 있거나 혹은 국가들의 관행 속에서 법이 아직 충분히 발달되지 못한 주제에 관하여 협약초안을 준비하는 것을 의미하는" 것으로 사용되고 있으며, '국제법의 법전화'는 이것 역시 '편의상' "이미 국가관행, 선례 및 학설이 광범위하게 존재하는 분야의 국제법규를 더

226) Akehurst, p. 131, fn. 6. See also Tams, pp. 108~109 (fn. 42).
227) Kaczorowska-Ireland, p. 105.
228) 본서, 제3장 (일반국제법의 강행규범) 참조.
229) ILC규정 제1조 1항.
230) Shaw, 4th, pp. 93~95.
231) ILC규정 제2조 1항.
232) ILC규정 제10조. ILC는 제네바에 있는 UN의 유럽사무소에서 개최된다. 그러나 ILC는 UN사무총장과의 협의를 거친 뒤 다른 장소에서 도임을 개최할 권리가 있다(동규정 제12조).

욱 정확하게 공식화하고 체계화하는 것을 의미하는" 것으로 사용되고 있다.[233] 요컨대, 점진적 발전이 *lex ferenda*(있어야 할 법)와 관계가 있는 것이라면, 법전화는 *lex lata*(있는 법)와 관계가 있다.[234] 국제법학자들의 국제동호회인 세계국제법학술원(Institut de Droit International)과 세계국제법협회(International Law Association)도 국제법의 법전화에 대한 관심을 지속하고 있으며, 하버드 로스쿨도 다수의 협약 초안을 발표한 바 있다.[235]

이제 국제공동체의 대다수를 차지하고 있는 제3세계 진영뿐만 아니라 소수파로 전락한 서구국가들도 조약 체결을 선호하는 경향을 보이고 있다. 그 결과 조약을 통한 국제법의 법전화와 점진적 발전이 강조되고 있는데, 실제로는 UN 내에서 지금까지 이 목적을 위해 두 개의 채널이 주로 사용되어 왔다. 첫째, 법의 근본적인 변경을 요하지 않는 고전적 분야에 있어서는 조약초안이 ILC에서 기초된 다음, 그 후 UN총회 제6위원회(Sixth Committee)[236]에서 논의되고 최종적으로 외교회의(Diplomatic Conference)에서 교섭의 대상이 되었다.[237] 둘째, 기존의 법에 근본적인 변경을 요하거나 국가 간에 의견의 다툼이 심한 경우에는 ILC의 기술적 협력은 회피되었다. 국가들이 토의와 교섭을 자신들의 직접적 통제 하에 두기를 바랬기 때문이다. 그 결과 적당한 지리적 대표의 원칙에 따라 UN총회 의장이 임명하는 (대체로 30 내지 40개국 정도의) 일부 회원국으로 구성되는 특별위원회(*Ad Hoc* or Special Committee)가 수립되어 UN총회에 보고서를 제출하였다. 이론이 분분하여 조약의 성립이 어려운 경우에는 단지 '선언'[238]이 채택되었다. 그러나 그 밖의 경우에는 UN총회가 특별위원회에서의 토의를 고려한 뒤 해당 문제를 외교회의에 넘겼다. 신해양법의 채택을 위하여 1973년부터 1982년까지 수행된 제3차 해양법회의의 과정이 그 좋은 예이다. 1958년의 제네바 해양법회의는 기존의 법을 재천명 · 법전화 · 현대화하는 데 그 목적이 있었기 때문에 ILC의 협력이 필수불가결하였으나, 제3차 해양법회의의 주된 목적은 법을 근본적으로 변경하는 데 있었기 때문에 국가 간의 직접 교섭이 더 적절한 방법으로 간주되었던 것이다.[239]

Ⅳ. 전통입법과정을 확대하기 위한 1921년의 시도 : '문명국들에 의하여 승인된 법의 일반원칙'

국제연맹규약 제14조는 상설국제사법재판소(Permanent Court of International Justice : PCIJ)를 설치하기 위한 계획을 작성하여 이를 연맹회원국들에게 제출할 의무를 연맹이사회측에 부

233) ILC규정 제15조 ; Thirlway, pp. 18~19.
234) Rosenne, *The Perplexities of Modern International Law*, p. 56.
235) Orakhelashvili/Akehurst, pp. 55~56 : 본서, 제6장 (국제법의 주체), "Ⅳ. 국제기구".
236) *Ibid.*, pp. 59~61.
237) https://legal.un.org/ilc; Cassese, pp. 191~192.
238) 1970년에 컨센서스로 채택된 약칭 "국가 간 우호관계선언"이 그 좋은 예이다.
239) Cassese, p. 192. ; Rosenne, *The Perplexities of Modern International Law*, p. 58.

과하고 있었다. PCIJ규정이 연맹이사회에 의해 임명된 법률가 자문위원회(Advisory Committee of Jurists)[240)]에 의해 기초되고 있을 때 부상한 쟁점 중의 하나는 PCIJ에 의해 적용될 법을 결정하는 일이었다. 이 과정에서 위원회 의장인 벨기에 출신의 Baron Édouard Descamps(1847~1933)은 PCIJ가 조약과 관습 이외에 "문명국들의 법적 양심에 의하여 승인된 국제법규"(rules of international law as recognised by the legal conscience of civilised nations)도 적용해야 한다고 제안하였는데, 이 제안에 대해 7인은 찬성하고, 미국인 Root, 영국인 Lord Phillimore 그리고 이탈리아인 Ricci-Busatti 등 3인은 반대하였다.[241)]

다수파는 두 가지 목적을 염두에 두고 있었다. 첫째, Descamps의 표현을 빌리면 "모든 사람의 마음에 깊이 새겨져 있고 문명국들의 법적 양심에 가장 유권적으로 표현되어 있는 정의와 불의의 기본법"을 도입함으로써 국제법의 연원을 확대시키려 하였다. 확실히 이 이론의 옹호자들은 자연법의 원칙들을 국제관계에 도입하려고 노력하였다. 둘째, 어떤 분쟁에 적용될 조약 또는 관습을 발견할 수 없는 경우, PCIJ가 적용법규의 흠결을 이유로 재판불능(*non liquet*)에 빠지는 것을 막으려 하였다.[242)] 그들은 PCIJ가 조약과 관습 이외에 '객관적 정의의 원칙'(principles of objective

---

240) 10명으로 구성. 한 명의 브라질인과 한 명의 일본인을 제외하고는 모두 서구국가 출신들(즉, 벨기에, 프랑스, 영국, 이탈리아, 네덜란드, 노르웨이, 스페인, 미국)이었음. Bishop, p. 40 ; Janis, 3rd, p. 123. ; https://www.worldcourts.com/pcij/eng/statistics/1920.02.13_committee.htm.

241) Cassese, p. 170.

242) Permanent Court of International Justice, Advisory Committee of Jurists, *Procés-verbaux of Proceedings of the Committee*, 1920, p. 336 ; Hall, p. 59. "명백하지 않다"(it is not clear)는 의미의 라틴어 표현에서 유래한 재판불능(*non liquet*) 개념에 관해서 좀더 설명을 해 두는 것이 좋겠다. 위에서 보는 것처럼 재판불능이라 함은 재판소가 특정 사건에 대해 재판관할권(jurisdiction)을 갖지 못한다는 말이 아니라, 재판관할권을 가지고 있고 또 이것을 행사하는 것이 적절하다고 판단함에도 불구하고 "적용할 법이 없거나 그 준거법(적용법규)이 불분명하다는 이유로"(on the ground that there is no law to be applied or that the applicable law is unclear) 실체적 결론을 내릴 수 없다는 결론에 이르는 경우를 지칭하는 술어임을 유념할 필요가 있다(ICJ의 경우, 재판관할권 문제는 ICJ규정 제36조~제37조의 문제인 데 반해, 준거법 문제는 규정 제38조의 문제이다. 그리고 전자는 국가들의 동의에 기초하고 있지만, 후자는 그러하지 아니하다). 동일 상황에 적용되는 복수의 규칙이 충돌함에도 그 중 어느 것이 우선하는지를 결정하게 해 주는 충돌방지 규칙이 발견되지 않는 경우도 개념상 재판불능에 속한다. PCIJ와 ICJ로 대변되는 세계재판소가 재판불능을 선언할 수 있는지에 대해서는 논의가 진행 중이며, 또한 이 문제에 대한 해답은 기타의 재판소별로도 달라질 수 있을 것이다. 다만, ICJ는 *Legality of the Threat or Use of Nuclear Weapons,* Advisory Opinion of 8 July 1996, para. 105에서 "in view of the current state of international law, and of the elements of fact at its disposal, the Court cannot conclude definitively whether the threat or use of nuclear weapons would be lawful or unlawful in an extreme circumstance of self-defence, in which the very survival of a State would be at stake."라고 한 바 있는데, 반대의견을 제시한 Higging 재판관을 포함하여 다수 학자들은 ICJ가 이 부분에서 사실상 재판불능을 인정한 것으로 새기고 있다 : Pauwelyn, pp. 150 ff, 419, 454. 그러나 다른 시각도 있다 : Orakhelashvili, pp. 20~21. 이 사건에 대해서는 본서, 제28장(전쟁법) 참조. 조약에서 재판소가 재판불능의 판결을 내리는 것을 금지하는 경우도 있다. "국가와 타국 국민간의 투자분쟁해결에 관한 협약"(Convention on the Settlement of Investment Disputes between States and Nationals of Other States) 제42조 2항이 그 좋은 예이다. 본서, 제16장 (외국인의 대우), "Ⅶ. 투자보호방법" 참조.

*non liquet*는 '법'의 존부가 불분명한 경우뿐만 아니라 '사실'(fact)의 진위가 불분명하다는 의미로도 사용될 수 있으므로 주의를 요한다. 이 경우의 *non liquet*(진위불명)는 입증책임(burden/onus of proof), 특히 증거제출책임(burden of producing evidence)의 문제와 결부되어 있다. David M. Walker, *The Oxford Companion to Law* (Oxford : Clarendon Press, 1980), pp. 885, 904 ; https://ko.wikipedia.org/wiki/입증책임.

justice)을 적용할 수 있게 되면 재판 중인 소송이 각하되지 않아 국제재판이 잘 운영될 것이라고 주장하였다. 다수파의 이같은 시도는 그 당시의 국제법 실증주의 하에서는 '혁명적인' 시도였다고 할 수 있다. 왜냐하면 이것은 조약과 관습으로 대변되는 의사주의(voluntarism)를 넘어서 국제법체계에 처음으로 '타율적' 국제법(heteronomous international law)(즉, 국가들의 자유의사 내지 동의에 기초하지 아니하고 외부로부터 부과된 규칙)을 도입하려는 것이었기 때문이다. 요컨대, 이 신법의 역할은 자명하였다. 그것은 조약 또는 관습의 흠결로 인하여 국가들이 행동의 자유를 가지게 될 경우, 국가의 주권을 가능한 한 많이 제약하려는 의도였던 것이다.[243)]

3인의 소수파는 실증주의적 견해를 고수하였다. Root는 "국가들은 실정법에는 복종하겠지만 모든 국가의 합의에 의하여 지지되는 실증적 규칙으로 발전되지 아니한 원칙에는 복종하지 않을 것"이라는 점을 강조하면서, "법뿐만 아니라 문명인들의 양심으로 생각되는 것까지도 적용하려는 그런 재판소에 분쟁을 부탁하도록 국가들을 강제하는 것이 과연 가능하겠는가"의 문제를 제기하였다. Lord Phillimore는 "법을 적용함으로써 해결할 수 없는 분쟁은 (정치기관인) 연맹이사회로 가져갈 것"을 제시하였다. 특히 Ricci-Busatti는 논리적으로 일관된 실증주의 노선에 따라 "재판불능(*non liquet*)의 두려움은 상상 속에서만 존재한다. 금지되지 않은 것은 허용되는 것이기 때문에, 어떤 국가가 일정한 방향으로 행동하는 것을 금지하는 실증적 규칙이 없다는 사실은 곧 그러한 행동이 허용되는 것임을 의미할 따름이다."라고 주장하였다. 요컨대, 소수파는 PCIJ가 국가들의 의사로부터 도출되고 조약 및 관습으로 구체화된 규칙만을 적용해야 한다는 전통적 관념을 고수하려 하였다.[244)]

이같은 의견의 다툼 속에서 Root와 Lord Phillimore는 "문명국들에 의하여 승인된 법의 일반원칙"(general principles of law recognised by civilised nations)이라는 절충공식을 제시하였으며, 이 절충안이 다수파와 나중에 연맹이사회에 의해 수락되어 결국 PCIJ규정 제38조에 삽입되었다. 절충공식의 제안자였던 Lord Phillimore에 따르면, PCIJ규정 제38조에 삽입된 법의 일반원칙은 "모든 국가의 국내재판소에서 수락된 일반원칙들, 예컨대 일정 소송절차의 원칙들, 신의성실의 원칙, 기판사항(기판력)(*res judicata*)의 원칙" 등을 말한다.[245)] 다시 말해서, 법의 일반원칙이란 첫째, 그 성격에 있어 일반적이고 둘째, 모든 문명국의 국내법에서 인정되고 있는 그런 원칙들을 말한다.

확실히 이 공식은 상충되는 두 견해의 중간을 가는 것이었다. PCIJ는 국가들이 국제적 차원에서 합의하여 만든 조약 및 관습 이외의 것을 적용할 권한을 갖게 되었으므로, 판결을 내림에 있어 국가들의 의사에 기초한 법을 넘어설 수 있게 되었다. 그러나 PCIJ는 일반적이고 모호한 객관적 정의의 원칙(principles of objective justice)을 적용할 수는 없었으며, 단지 주요 국가들의 '국내법'에 명백히 규정되어 있는 그런 원칙들만을 적용할 수 있었다.[246)]

법의 일반원칙에 대한 PCIJ의 태도는 다음의 몇 가지로 요약할 수 있다.[247)] 첫째, PCIJ가 제3의

243) Cassese, pp. 170~171.
244) *Ibid.*, p. 171.
245) Harris, p. 50 ; Hall, p. 54.
246) Cassese, pp. 171~172.
247) *Ibid.*, pp. 172~173.

연원을 원용한 경우는 매우 드물었다. 게다가 PCIJ가 실제로 원용한 원칙들은 국내'법'의 일반원칙보다는 '법적 논리 또는 일반법리학'의 원칙들(principles of legal logic or general jurisprudence)이었다. 예컨대, PCIJ는 1928년의 *Chorzów Factory* 사건[248]에서 "약속위반이 배상의무를 동반한다는 것은 국제법의 일반원칙이자 법의 일반개념이기도 하다"라고 말한 바 있으며, 1925년의 *Mosul Boundary* 사건[249]에서는 "그 누구도 자기 사건의 재판관이 될 수 없다는, 이 잘 알려진 원칙은 효력이 있다"고 언급한 바 있다. 둘째, 법의 일반원칙은 여러 국내법에 대한 자세한 조사를 통하여 확인되지 않았다. 즉, 그들은 실제로 국내재판소에서 통용되고 있는 일반원칙의 자격으로 적용된 것이 아니라, 국제법의 규칙들(rules)로부터 귀납(induce)되거나, 법적 논리(legal logic)로부터 연역(deduce)될 수 있는 일반원칙으로서 적용되었다. 셋째, 원용된 원칙들은 당해 사건의 종국판결을 위해 필수불가결한 것이 아니었다. 그들은 단지 다른 규칙이나 원칙들에 기초하여 이미 성립될 수 있는 명제를 보강하기 위해서만 언급되었다.[250]

ICJ는 PCIJ보다 이를 덜 원용하였다. 먼저, 1950년 *International Status of South-West Africa* 사건[251]에서 McNair 재판관은 "국제법이 법의 일반원칙으로부터 차용하는 방식은 (국내)私法의 제도들을 (이것저것 가리지 않고)모조리 도입하는 방식의 것은 아니며, ... 이들을 (단지) 정책과 원칙의 표시로 간주해야 할 것"이라고 언급한 바 있다.[252] 그후, 1966년 *South West Africa* 사건[253]에서는 특별히 "민중의 소(*actio popularis*)" 개념과 관련하여, 이것이 ICJ규정 제38조 1항(c)에 언급된 '법의 일반원칙'에 의하여 국제법에 도입된 것으로 간주될 수 있겠는가에 대해 이를 부인한 바도 있었다.

게다가 '문명'국(civilised nations)이라는 차별적이고 낙후된 표현은 1969년의 한 판결에서 레바논 출신 Fouad Ammoun 재판관의 호된 비판을 받은 바 있다. 즉, *North Sea Continental Shelf* 사건들[254]에서 그는 개별의견(separate opinion)을 통해 문명국과 비문명국의 구분은 하나의 보편국제법을 주창했던 국제법의 창시자들(예컨대, Vitoria, Suarez, Gentilis, Pufendorf, Vattel 등)도 몰

---

248) PCIJ (1928), Series A, No. 17, p. 29. Orakhelashvili, p. 67 참조.

249) Advisory Opinion concerning *Article 3, Paragraph 2, of the Treaty of Lausanne* (Frontier between Turkey and Iraq), PCIJ (1925), Series B, No. 12, p. 32. 이 사건의 주제가 된 Mosul(현재 이라크 북부 지역에 위치)에 대해서는 다음 사이트 참조 : https://en.wikipedia.org/wiki/League_of_Nations#Mosul ; https://en.wikipedia.org/wiki/Mosul.

250) Birnie/Boyle, pp. 21~24.

251) Advisory Opinion, ICJ Reports (1950), p. 128.

252) Separate Opinion by Sir Arnold McNAIR (p. 148) : "The way in which international law borrows from [the general principles of law recognized by civilized nations] is not by means of importing private law institutions "lock, stock and barrel", ready-made and fully equipped with a set of rules. It would be difficult to reconcile such a process with the application of "the general principles of law". In my opinion, the true view of the duty of international tribunals in this matter is to regard any features or terminology which are reminiscent of the rules and institutions of private law as an indication of policy and principles rather than as directly importing these rules and institutions."

253) Ethiopia v. South Africa ; Liberia v. South Africa, ICJ Reports (1966), p. 6 at 47 (para. 88).

254) ICJ Reports (1969), p. 101 at 132~135.

랐던 것으로서, 이것은 소수 서유럽국가들이 국제공동체 전체에 적용되는 규칙을 확립하던 과거 식민지시대의 유산이라고 통박하였던 것이다. 그리고 그는 결론적으로 ICJ규정 제38조 1항(c)에 나타난 '문명'이란 수식어를 생략하고 그냥 "국가들에 의하여 승인된 법의 일반원칙"(general principles of law recognised by the nations)으로 칭하든지, 아니면 Humphrey Waldock이 1969년의 한 연설에서 사용한 바 있는 "국내법체계에서 승인된 법의 일반원칙"(general principles of law recognised in national legal systems)을 사용하든지, 또는 단순히 "법의 일반원칙"(general principles of law)으로 부르는 것이 좋을 것이라고 하였다. ILC는 작성중인 "법의 일반원칙에 관한 결론초안"에 대한 주석에서, 여기서 '법의 일반원칙'이라 함은 −ICJ규정 제38조 1항(c)에 언급된− "문명국들에 의하여 승인된 법의 일반원칙"을 지칭한다고 밝히고 있다.[255)]

대다수 옛 소련 학자들의 주장도 흥미롭다. 그들은 ICJ규정 제38조에 규정된 법의 일반원칙은 조약·관습과는 별개의 제3의 형식적 연원이 될 수 없다고 주장한다. ICJ규정 제38조는 "재판소는 부탁되어 오는 분쟁을 '국제법'에 따라 재판하는 것을 임무로 하며"라는 말로 시작하고 있는데, 이 부분은 PCIJ규정 제38조에는 없는 부분이다. 그리고 ICJ규정은 PCIJ규정과는 전혀 별개의 조약이다. 따라서 위의 논의는 과거 PCIJ체제 하에서는 타당하겠지만 현재의 ICJ체제 하에서는 적용의 여지가 없다는 것이다.[256)] ICJ는 제38조 서두에서 보는 것처럼 어디까지나 '국제법'에 따라서만 재판할 수 있으므로, 법의 일반원칙도 그 정의에 의하여 국제법이 아니면 안된다. 예컨대, V.M. Koretskii는 그의 1957년도 저서에서 "법의 일반원칙은 '국제'법의 일반(또는 근본)원칙"(general or fundamental principles of international law)을 지칭하는 것이라고 주장하면서 그 이유를 "ICJ규정 제38조는 '제소되어 오는 분쟁을 국제법에 따라 재판하는 것을 임무로 한다.'는 말로 시작하고 있다. 따라서 이 재판소는 국제법의 원칙을 적용할 의무가 있으며, 결코 개별 국가들의 국내법의 원칙들을 적용해서는 안된다."고 설명하고 있다.[257)] 이와 비슷하게, V.N. Durdenevskii 교수는 "법의 일반원칙은 그 성격상 국제관습법의 가장 기본적인 규정들이다."라고 언급하고 있다.[258)] Tunkin 교수는 좀 더 세련된 견해를 다음과 같이 제시하고 있다.

> "법의 일반원칙은 국내법과 국제법에 공통되는 ... 비규범적(non-normative) 조항들이다. 이들은 보통 국내법에서 형성되어 ... 조약 또는 관습을 통하여 국제법으로 들어온다. 이러한 해석은 ICJ규정 제38조 1항(c)가 국제법의 한 특별한 '연원'을 염두에 둔 것이 아니라, 비규범적인 여기서는 원칙이라 불리우는 특별한 사법적(司法的) 규정들을 염두에 둔 것임을 의미한다. 그러므로 일반국제법의 규범을 형성하고 발전시키고 수정하는 수단에는 단지 두 개가 존재할 따름이다. 조약과 관습이 바로 그들이다."[259)]

---

255) ILC Text of the draft conclusions on general principles of law adopted by the Commission on first reading (2023), Conclusion 1, Commentary (1), 〈https://legal.un.org/ilc/reports/2023/english/a_78_10_advance.pdf〉.
256) Tunkin, pp. 197~198.
257) *Ibid.*, p. 195에서 인용.
258) *Ibid.*, pp. 195~196에서 인용.
259) *Ibid.*, p. 202.

요약하면, 국제법의 연원에 관한 이들의 기본관점은 세 가지이다. 첫째, 국가의 의사에 기초한 조약과 관습만이 구속력있는 국제법규를 창설한다. 둘째, 사회주의법과 부르주아법에 공통되는 법원칙이란 존재하지 않는다. 셋째, PCIJ규정 제38조와 관련한 해석이 ICJ규정 제38조의 경우에 그대로 적용될 수 없으며, 오히려 양 규정의 본질적인 차이점에 주목하지 않을 수 없다.

그러나 UN헌장 제92조에 의하면, "ICJ규정은 PCIJ규정을 기초로 한" 것임을 상기할 필요도 있을 것이다. 어느 주장이 옳건간에 법의 일반원칙은 1920년대에 제3의 연원이 된 이래 점차로 시들해져 세계재판소에서는 거의 더 이상 쓰이지 않게 되었다. 20세기 대표적인 자연법론자로서 법의 일반원칙의 중요성을 강조해온 Alfred Verdross (1890~1980) 교수조차도 1968년에는 법의 일반원칙들이 점차 조약과 관습법으로 흡수된 결과 그 역할이 크게 감소되었음을 인정한 바 있다.[260]

재판규범으로서의 법의 일반원칙의 용도가 다른 국제재판소에서도 완전히 사라진 것은 아니다. 이를테면 ICJ규정 제38조가 직접 적용되지 않는 중재재판에서 국가들은 재판소에 법의 일반원칙에 따라 재판해 줄 것을 요구할 수 있을 것이다.[261] 이 밖에도, 국제형사재판소(ICC)는 일정 조건 하에서 "전 세계 법체계들의 국내법들로부터 재판소(ICC)가 도출한 법의 일반원칙"(general principles of law derived by the Court from national laws of legal systems of the *world*)을 적용한다."[262]

V. 법규 결정을 위한 보조수단 : 판례와 학설

ICJ규정 제38조 1항(d)는 "법규 결정(확인/검색)을 위한 보조수단"(*subsidiary* means for the determination of rules of *law*)으로 "사법부의 결정과 여러 국가의 가장 우수한 국제법 학자들의 가르침(학설)"을 지적하고 있는데, 여기서 '법'규는 물론 '국제법'규(rules of *international law*)를 지칭한다.[263] ICJ는 규정 제38조 1항의 시작 문구에서 언급하고 있는 것처럼 "부탁되어 오는 분쟁을 -조약, 관습 혹은 법의 일반원칙의 그릇에 담겨 있는- '국제법'에 따라 재판하는 것을 임무"로 하고 있기 때문이다. 동시에, 법규 결정을 위한 '보조'(혹은 '부차적') 수단이란 표현은 판례와 학설이 그 자체로서는 국제법의 형식적 연원이 아님을 가리키고 있다.

먼저, 사법부의 결정, 즉 판례에 관하여 언급하면, ICJ는 *South West Africa* 사건[264]에서 "재판

260) Cassese, pp. 173~174. Kaczorowska-Ireland (pp. 48~49)에서 보는 것처럼 ICJ규정 제38조 1항(c)의 공식을 법실정주의의 배척과 자연법론의 지지로 보는 시각이 아주 사라진 것은 아니다.

261) Thirlway in Evans (ed.), *International Law*, 3rd, pp. 108~109 ; 실제로 국제투자법 분야의 중재재판에서는 "법의 일반원칙"이 많이 사용되고 있다. Thirlway, p. 191.

262) ICC로마규정 제21조 1항(c) ; 본서, 제29장 (국제형사재판소) ; Thirlway in Evans (ed.), *International Law*, 3rd, p. 109 (fn. 37).

263) Nanda/Pring, p. 13.

264) Ethiopia v. South Africa ; Liberia v. South Africa, ICJ Reports (1966), p. 6 at 48 (para. 89). See also *Legality of the Threat or Use of Nuclear Weapons*, Advisory Opinion, ICJ Reports (1996), p. 226 at 237 (para. 18 : "... It is clear that the Court cannot legislate, and, in the circumstances of the present case, it is not

소규정 제38조 1항의 시작 문구에서 시사하고 있는 것처럼 본 재판소는 입법기관이 아니다. 본 재판소의 임무는 재판소가 발견하는 바의 법을 적용하는 것이지 법을 만드는 것이 아니다."라고 언급한 바 있다. 그 결과 국제법에서는 선례구속의 원칙(doctrine of *stare decisis* or binding precedent)[265]은 존재하지 않는다. 예컨대, ICJ규정 제59조는 "본 재판소의 결정은 당사국 간에 있어서만 그리고 당해 사건에 대해서만 구속력이 있다"고 규정하고 있다. 그러나 선례구속의 원칙을 갖고 있지 못한 재판소들의 경우에도 법의 안정성(legal certainty 또는 legal security)을 위하여 자신의 선례를 유지하려는 경향이 있으며, 그 결과 그들도 '사실상' 법규를 창설하는 기능을 수행할 수 있고, 당사자 일방이 관습법규라고 주장하는 것에 대해 법의 도장을 찍어주는 역할을 할 수도 있다.[266] 국제재판소가 부여받은 권한에 의거하여 제시하는 (그 자체 구속력없는) 권고적 의견(advisory opinion)에 대해서도 같은 말을 할 수 있을 것이다. 이를테면, 국제해양법재판소(특별재판부)(ITLOS, special chamber)는 "(ICJ가) 권고적 의견에서 행한 사법적 판단은 판결에서 행한 그것에 못지 않게 영향력과 권위를 가지며"(judicial determinations made in advisory opinions carry no less weight and authority than those in judgments), "(*Chagos* 군도 사건에 대한 권고적 의견에서 ICJ가 행한 법과 사실에 대한) 사법적 판단은 '법적 효력을 갖고 있다'"(those determinations do have legal effect)고 말하기도 하였다.[267]

뿐만 아니라 ICJ를 비롯한 국제재판소들이 선례구속의 원칙을 갖고 있지 않다는 사실은 영국법을 위시한 보통법 체계(common law system)[268] 하에서의 판결이유(*ratio decidenci* : reason for deciding)와 부수적 의견(*obiter dictum* : things said by the way)[269]의 엄격한 구분이 국제재판

---

called upon to do so. ... [The Court] states the existing law and does not legislate. This is so even if, in stating and applying the law, the Court necessarily has to specify its scope and sometimes note its general trend.").

265) *stare decisis*는 *stare decisis et non quieta movere* (maintain what has been decided and do not alter that which has been established)라는 라틴어 구절에서 유래한 표현이다. 선례구속의 원칙에 대한 개략적 이해를 위해서는, https://en.wikipedia.org/wiki/Stare_decisis ; https://en.wikipedia.org/wiki/Precedent ; https://en.wikipedia.org/wiki/Ratio_decidendi 참조.

266) *Asylum* case (Colombia/Peru), ICJ Reports (1950), p. 266에서 Philadelpho Azevedo 재판관도 반대의견(p. 332)을 통해 다음과 같이 언급한 바 있다 : "It should be remembered ... that the [ICJ's] decision in a particular case has deep repercussions, particularly in international law, because views which have been confirmed by that decision acquire quasi-legislative value, in spite of the legal principle to the effect that the decision has no binding force except between the parties and in respect of that particular case (Statute, Art. 59)."

267) Dispute concerning *delimitation of the maritime boundary between Mauritius and Maldives in the Indian Ocean* (Mauritius/Maldives), (Preliminary Objections), Judgment of 28 January 2021, paras. 203, 205 ; 본서, 제26장 (분쟁의 평화적 해결수단), "Ⅶ. 사법심사 : ICJ를 중심으로, 17. 권고적 관할권."

268) 역사적으로 로마 시민법(*jus/ius civile*)과 교회법(canon law)의 결합으로 이루어진 것으로 법사학자들에 의해 유럽대륙의 보통법(*jus/ius commune*)으로 불리는 것과 영미법체계를 지칭하는 보통법(common law)은 구분하여야 한다. 존 헨리 메리만(John Henry Merryman) 지음/윤대규 번역, 《市民法傳統 -大陸法과 英美法의 比較-》(마산 : 경남대학교 출판부, 2001), pp. 26, 29 ; 한동일, 《유럽법의 기원》(서울 : 문예림, 2013) 제4장 ; https://en.wikipedia.org/wiki/Jus_commune ; Ryngaert, *Jurisdiction in International Law*, p. 53, & *Unilateral Jurisdiction and Global Values*, pp. 72~73.

269) 부수적 의견이란 재판소의 판결문 중에서 판결이유로 볼 수 없는 부분, 즉 사건에 의하여 제공된 것이거나

소에 대해서는 타당하지 않음을 의미하는 것이기도 하다. 즉, 국제법은 선례구속의 법리에 기초한 것이 아니기 때문에 국제재판소의 판결은 해당 부분이 판결이유에 해당하든 부수적 의견에 해당하든 타 재판소나 동일 재판소의 후 재판을 구속하지 아니한다. 또한, ICJ규정 제38조 1항(d)는 판결이유의 형식으로 내려진 판결이 부수적 의견의 형식으로 내려진 판결보다 더 큰 선례적 가치를 가져야 함을 시사하고 있지도 않다. 이런 의미에서, *Barcelona Traction Co.* 사건[270]에서 ICJ는 "대세적 의무" (obligations *erga omnes*) 개념을 '부수적 의견'의 형식으로 제시하였으므로 판결의 이 대목은 어쨌든 "에누리하여(회의적으로)" (with a grain of salt, *cum grano salis*) 들어야 한다는 견해는 받아들이기 어렵다.[271]

다만, 국제법은 기본적으로 상호간의 이익을 위하여 자신의 행동을 제한하려는 주권국가들 간의 실증적 창조물이기 때문에 UN의 사법기관인 ICJ라 하더라도 '새로운' 규범을 표명하거나 혹은 기존 규범을 '확대'하는 것은 국제법의 기초인 국가 간의 합의를 침해한다는 비판을 받기 쉽다. 요컨대, ICJ는 어떤 의미에서도 한 국가 내의 최고재판소는 아니기 때문에, 동 재판소가 국제법을 발전시키기 위해 발휘할 수 있는 행동(혹은, 적극)주의[272]의 폭은 현저히 축소된다고 볼 수 있다.[273]

국제법 발달에 기여한 ICJ 판례로는, UN의 객관적 인격을 인정한 *Reparation for Injuries* 사건(1949),[274] 귀화인의 외교적 보호를 위한 진정한 관련성의 요건을 제시한 *Nottebohm* 사건(1955),[275] 다자조약에 대한 유보의 지위를 명확히 한 *Reservations to the Convention on Genocide* 사건(1951),[276] 영해 직선기선을 인정한 *Anglo-Norwegian Fisheries* 사건(1951),[277] 대세적 의무(duties *erga omnes*)의 개념을 천명한 *Barcelona Traction Co.* 사건(1970),[278] 국가의 일방적 약

판결할 필요가 없는 법률문제에 관하여 진술한 재판소의 의견을 지칭한다. 방론(傍論)으로 칭하기도 한다. See Ragazzi, pp. 5~7.

270) Belgium v. Spain, ICJ Reports (1970), p. 3.

271) Tams, pp. 167~173.

272) 사법부의 대조적인 행태를 설명하기 위해 곧잘 사법자제(judicial self-restraint)와 사법적극(행동)주의(judicial activism)라는 술어를 대칭시키곤 한다. 여기서 전자를 옹호하는 사람들, 즉 사법자제론자들은 재판관의 기능은 있는 법을 적용하는 것이지 법을 만드는 것은 아니라는 명제를 그 기본전제로 삼는다. 입법과 재판은 근본적으로 다르다고 생각하는 것이다. 따라서 그들은 정책에 대한 고려(considerations of policy)는 법의 일부가 아니므로, 재판관의 결정에 어떤 역할을 해서는 안된다고 생각하는 경향이 있다. 재판의 정치화가 초래되는 것을 염려하는 것이다. 사법적극론자들은 이와는 정반대의 입장을 취한다. 즉, 사법자제론자들이 법규정의 준수를 강조하는 데 반해, 사법적극론자들은 소망스런 결과를 달성하기 위해 법을 이용하고 발전시키는 것을 강조한다. 그 결과 그들은 "무엇이 법인가"보다는 "무엇이 법이어야 하는가"에 초점을 맞추며, 법규정 해석에 있어 그 문언의 통상적 의미에 의존하기보다는 곧잘 문맥과 특히 목적/객체에 의존하는 것이다. 그들의 견해로는 선택을 동반하는 재판도 언제나 하나의 정치행위이며, 사법부도 정치기관들 중의 하나일 따름이다. J.G. Merrills, *The Development of International Law by the European Court of Human Rights* (Manchester : Manchester University Press, 1988), pp. 208~211.

273) 이에 비해 EU는 국가주권 원칙의 지배를 덜 받기 때문에 그 사법기관인 유럽재판소가 행동주의를 최대한 향유하더라도 그에 대한 비난은 상대적으로 그리 크지 않다. See Nollkaemper, pp. 278~279.

274) Advisory Opinion, ICJ Reports (1949), p. 174.

275) Liechtenstein v. Guatemala, ICJ Reports (1955), p. 4.

276) Advisory Opinion, ICJ Reports (1951), p. 15.

277) UK v. Norway, ICJ Reports (1951), p. 139.

278) Belgium v. Spain, ICJ Reports (1970), p. 3.

속이 법적 의무를 초래할 수 있음을 인정한 *Nuclear Tests* 사건(1974),[279] 관습과 조약의 병존을 명백히 한 *Military and Paramilitary Activities in and against Nicaragua* 사건(1986)[280] 등을 들 수 있으며, 국제'중재'판결로서는 중재재판(arbitration)의 부활을 가져온 *Alabama*호 사건(1872),[281] 시제법(intertemporal law)의 법리를 천명한 *Island of Palmas* 사건(1928),[282] 복구(reprisal)의 요건을 명백히 한 *Naulilaa Incident* 사건(1928)[283] 등을 들 수 있다.[284] 오늘날에는 지역적 차원의 국제재판소들(이를테면, 유럽인권재판소와 초국가적 성격의 EU사법재판소)이 토해내는 국제법 관련 판례에도 늘 주목할 필요가 있다.

이 밖에도, ICJ규정 제38조 1항(d)는 단지 '사법부의 결정'이라고만 말함으로써 국제법규의 결정을 위한 보조수단으로 원용될 수 있는 판례에서 '국내'재판소의 판례를 배제하고 있지는 않다.[285] 그렇기는 하지만 모든 국가의 국내재판소가 사실에 있어 동등한 권위를 향유하는 것은 아닐 것이다. 또한, 국내재판소의 판결이 동 조 1항(b) 하에서 형식적 연원인 관습을 형성하는 국가관행의 증거로 사용될 수 있다는 점에 대해서는 앞에서 언급한 바 있는데, 국가면제(state immunity) 등의 분야에서 특히 그러하다.[286]

학자들, 특히 '각국의 가장 우수한 국제법학자들'의 가르침, 이른바 학설(doctrine, doctrinal writings)도 재판소가 국제법규를 찾기 위한 증거자료, 즉 실질적 연원(material source)으로서 원용될 수 있고,[287] 한 걸음 더 나아가 신국제법규 형성에 이론적 자극을 줄 수도 있다.[288] 그러나 판례가 축적되어 나가면서 학설의 중요성은 상대적으로 감소되고 있다.[289] 학자들의 글을 읽을 때에는 그가 어느 나라 사람이며, 정치적 성향은 어떠한 지에 대해서도 생각해 보아야 할 것이다. 특히

---

279) Australia v. France, ICJ Reports (1974), p. 253 ; New Zealand v. France, ICJ Reports (1974), p. 457.

280) Nicaragua v. United States of America, ICJ Reports (1986), p. 14.

281) U.S. and UK, https://en.wikipedia.org/wiki/Alabama_Claims.

282) U.S. and The Netherlands, (1928) 2 RIAA 829, (1928) 22 AJIL 867.

283) Portugal v. Germany, (1928) 2 RIAA 1012 ; Harris, 5th, pp. 12~14.

284) Cassese, *International Law*, 2nd, pp. 194~196 ; Wallace, p. 23. 다만, ICJ는 *Barcelona Traction Co.* case (Belgium v. Spain), ICJ Reports (1970), p. 3 at 40 (para. 63)에서 특별히 중재판례와 관련하여 다음과 같이 경고를 발한 바 있다 : "The Parties have also relied on the general arbitral jurisprudence which has accumulated in the last half-century. However, in most cases the decisions cited rested upon the terms of instruments establishing the jurisdiction of the tribunal or claims commission and determining what rights might enjoy protection; they cannot therefore give rise to generalization going beyond the special circumstances of each case. ..." See Rosenne, *The Perplexities of Modern International Law*, p. 43.

285) Akehurst, p. 37 ; Thirlway, p. 124. Orakhelashvili/Akehurst(p. 47) (9th, p. 50)는 국내재판소의 판결은 ICJ규정 제38조 1항(b)에만 관련되며, 동조 1항(d)에는 포함되지 않는다("not covered")고 언급하고 있다. Orakhelashvili는 Akehurst의 원전("also covered")과는 반대견해를 취한 것이다.

286) Thirlway, pp. 124~126.

287) 이 점에 대해 미국 연방최고재판소는 *The Paquete Habana*, 175 U.S. 677, 20 S. Ct. 290 (1900) 사건에서 다음과 같이 말한 바 있다 : "... the works of jurists and commentators ... are resorted to by judicial tribunals, not for the speculations of their authors concerning what the law ought to be, but for trustworthy evidence of what the law really is." See Keitner, p. 53 ; https://en.wikipedia.org/wiki/The_Paquete_Habana.

288) *Ibid.*, pp. 126~128 ; Kaczorowska-Ireland, pp. 24, 53~54.

289) Hall, p. 65.

영토 관련 분쟁에서 흔히 보는 것처럼 학자의 소속국이 특정 문제에 대해 특별한 이익을 갖고 있는 경우에는 더욱 그러하다.[290]

Ⅵ. 형 평

'형평'에 대한 언급은 세계재판소의 판결에서 자주 발견되는데, 이를테면 *Delimitation of the Maritime Boundary in the Gulf of Maine Area* 사건[291]에서 ICJ는 "묵인과 승인은 국제법이 그들에게 부여하는 지위에 관계없이 둘 다 모두 신의성실과 형평의 근본원칙들로부터 나온다"고 언급한 바 있다. 그러나 여기서 언급하려는 형평(equity, *aequitas*)은 국제법에 있어서의 형평을 지칭하는 것이지, 영미법계 국가의 국내법에서 (좁은 의미의)보통법(common law)과 더불어 일단의 판례법을 형성하고 있는 (법으로서의)형평(즉, 형평법)(equity)을 지칭하기 위한 것이 아님을 먼저 말해 두어야겠다.[292] 아무튼, 국제법에서도 형평이 없는 것은 아니지만 그 의미나 내용을 고정하기는 거

---

290) Dixon, p. 4.

291) Canada/United States of America, ICJ Reports (1984), p. 246 at 305 (para. 130 : "the concepts of acquiescence and estoppel, irrespective of the status accorded to them by international law, both follow from the fundamental principles of good faith and equity") ; 본서, 제19장 (영토의 취득), "Ⅷ. 승인, 묵인, 금반언, 근접성, 역사적 응고".

292) 영국(잉글랜드/웨일즈)의 판례법에서 equity(형평법)는 -1875년 폐지되어 High Court(중요사건/중앙 1심재판소) 내에 Chancery Division이 되기 전까지의- 형평법재판소(Court of Chancery)에서 적용된 일단의 규칙을 지칭한다. 이에 반해 common law(보통법)라 함은 형평법재판소보다 먼저 설치된 보통법재판소들(common law courts)에 의해 형성된 법을 의미하는데, 보통법의 '보통'이라는 용어는 그것이 왕국 내에서 적용지역이 제한되지 않고 국토 전체에 걸쳐 적용됨을 의미하는 것이었다. "최고재판소법 1873년"(Supreme Court of Judicature Act 1873)과 "최고재판소법 1875년"(Supreme Court of Judicature Act 1875)에 의하여 형평법재판소와 보통법재판소가 통합되었지만, 이들 두 재판소에 의해 그간 형성된 형평법과 보통법은 별개로 존재하며, 다만 어떤 재판소든 사건의 상황에 따라 보통법과 형평법을 모두 적용할 수 있게 되었다. 영국법의 연원으로서의 형평법은 공평(fairness)의 관념에 기초하고 있으며, 이를 구체화한 여러 법률격언(法諺)(maxims of equity)이 발전되었는데, 다만 격언의 표현은 재판관에 따라 혹은 사건에 따라 달라질 수 있다. 몇 가지 예를 들면, "he who comes to(into) equity must have clean hands", "equity is(delights in) equality", "equity will not suffer a wrong to be without a remedy", "equity looks to the intent (substance) rather the form", "delay defeats equity" 등을 들 수 있다. 형평법의 영국법에 대한 기여는 보통법이 인정하지 않았던 권리와 개념들을 도입한 것인데, 그 예로는 신탁(trust)과 양도저당(mortgage)을 인정한 것, 계약법에서 보통법과 달리 착오나 사기를 이유로 계약을 무효로 선언하는 것, 보통법의 유일한 구제책인 금전배상(monetary damages)이 불충분한 경우 새로운 구제책-특히, 특정이행(specific performance)과 강제명령(injunction)-을 제공한 것 등을 들 수 있다. 이 밖에도 형평법과 보통법의 차이점으로는 다음의 몇 가지를 들 수 있다. 첫째, 보통법은 완전한 법체계이지만 형평법은 그게 아니다. 즉, 형평법은 단지 "보통법에 대한 주석"(gloss on the common law)으로서 보통법의 부족함을 극복하기 위해서만 형성된 것이며, 그 자체 한 개의 완전한 독립 체계로 형성된 게 아니었다. 둘째, 형평법은 사람에 대해 작용하는(acts *in personam*) 데 반해, 보통법은 물건에 대해 작용한다(acts *in rem*). 셋째, 형평법의 구제책은 단지 재판소의 재량으로만 이용가능한 것이지만, 보통법의 구제방식은 권리로서 이용할 수 있다. 넷째, 보통법의 제소권리는 1939년의 "제소시한법" (Limitation Act 1939)에 규정된 시한 내에 권리를 행사하여야 한다. 그러나 형평법상의 구제책은 '신속하게'(promptly) 신청하는 경우에만 허락될 것이며, '신속하게' 신청되었는지의 여부는 각 사건별로 판단할 사실 문제(question of fact)이다. "delay defeats equity" 격언은

의 불가능에 가깝다.[293] 형평과 이에 기초한 조약상의 개념들, 이를테면 형평한 해결(equitable solution), 형평한 원칙들(equitable principles), 형평한 이용(equitable utilization), 이익의 형평한 균형(equitable balance of interests) 등은 기본적으로 '확정되지 않은 (막연한) 법개념'(indeterminate legal concepts)에 속하기 때문이다.[294] 다만, 여기서는 형평을 '개별화된'(사정에 맞추어진) 정의(individualised justice),[295] 즉 각 구체적인 경우에 재판관이 재판을 함에 있어 스스로 정의롭다고 생각하는 판단기준 또는 가치관을 의미하는 것으로 새기고자 한다.[296] 그러면 이것은 형식적 의미에서든 실질적 의미에서든 국제법의 한 개의 연원으로 간주될 수 없다.[297]

그럼에도 불구하고 국제재판소들은 자신의 결론에 정당성을 부여하기 위해 또는 분쟁해결의 한 기준으로서, 혹은 기존 국제법규를 해석하거나 그 결함을 보완하기 위해 형평을 원용하기도 한다. 실증국제법의 테두리를 벗어나지 않는다면 국제재판관이 이같은 목적으로 형평을 사용함에 있어서는 분쟁당사자들로부터의 명시적인 수권을 요하지 않는다.[298] 그러나 형평은 본질적으로 그 내용이

때로 "해태(懈怠)의 이론"(doctrine of laches)으로 불린다. 다섯째, 보통법과 형평법이 충돌하면 형평법이 우선한다. Emile Woolf, Suresh Tanna, & Karam Singh (eds.), *Law* (Estover, Plymouth : Macdonald & Evans Ltd, 1985), pp. 1~11 ; https://en.wikipedia.org/wiki/Judicature_Acts ; https://en.wikipedia.org/wiki/Maxims_of_equity. 영국법의 equity(형평법)가 공평의 관념에 기초하고 있다는 점에서 국제법의 equity(형평)와 관련이 있다고 말할 수는 있겠지만, 그러나 공평의 관념이 영국법에만 내재하고 있는 것은 아니다 : see e.g. Individual Opinion by Mr. Hudson, in *Diversion of Waters from the Meuse* (Netherlands v. Belgium), PCIJ (1937), Series A/B, No. 70, p. 73 at 77. 특히, Akehurst (3rd, 1977, pp. 44~45)의 다음 언급에 주목을 요한다 : "One of the problems about equity is that it can often be defined only by reference to a particular ethical system. Consequently, although references to equity are meaningful in a national society which can be presumed to hold common ethical values, the position is entirely different in the international area, where the most mutually antagonistic philosophies meet in head-on conflict."

293) Orakhelashvili, p. 246.

294) Separate Opinion of Judge Shahabudeen (p. 130 at 152), in Case concerning *Maritime Delimitation in the Area between Greenland and Jan Mayen* (Denmark v. Norway), ICJ Reports (1993), p. 38 ; Orakhelashvili, p. 228.

295) Kaczorowska-Ireland, p. 55.

296) See Separate Opinion of Judge Weeramantry (p. 211 at 250, paras. 137, 138), in Case concerning *Maritime Delimitation in the Area between Greenland and Jan Mayen* (Denmark v. Norway), ICJ Reports (1993), p. 38 (noted by Orakhelashvili, p. 242) : "The judicial function by its very nature involves a choice among competing principles all of which in one way or another have relevance to the matter in hand. What principles a court adopts from the range of choice available is determined by a weighing of considerations such as those of relevance, immediacy to the problem, practical value in the particular circumstances, and the degree of authority of the principle. These are matters in which a *court's* experience and sense of judgment will provide it with guidance. In such situations, an important additional guide would be, within the limits of choice available in law, the *court's* sense of justice, fairness and equity." (italics added)

297) Brownlie, 5th, pp. 25~26.

298) Akehurst, p. 39, fn. 11. 이것은 세계재판소의 여러 판결에서도 긍정되고 있는데, 일찍이 *Diversion of Water from the Meuse* (Netherlands v. Belgium), PCIJ (1937), Series A/B, No. 70, p. 73 at 77에서 Hudson 재판관은 그의 개별의견을 통해 다음과 같이 언급한 바 있다 : "under Article 38 of the Statute, if not independently of that Article, the Court has some freedom to consider principles of equity as part of the international law which it must apply."

형평에 대한 고찰은 ICJ에 들어와 더욱 정치하게 전개되고 있는데, 먼저 ICJ는 *North Sea Continental*

불확실할 뿐만 아니라 법(law)과 비법(non-law)의 영역을 넘나드는 존재로 운명지워져 있기 때문에 재판소는 이것에 호소할 때 주관주의(혹은 주관적 논법)(subjectivism)에 빠지지 않도록 조심하여

Shelf cases, ICJ Reports(1969), p. 3 at 48 (para. 88)에서 다음과 같이 언급한 바 있다 : "The Court comes next to the rule of equity. The legal basis of that rule in the particular case of the delimitation of the continental shelf as between adjoining States has already been stated. It must, however, be noted that the rule rests also on a broader basis. Whatever the legal reasoning of a court of justice, its decisions must by definition be just, and therefore in that sense equitable. Nevertheless, when mention is made of a court dispensing justice or declaring the law, what is meant is that the decision finds its objective justification in considerations lying not outside but within the rules, and in this field it is precisely a rule of law that calls for the application of equitable principles. There is consequently no question in this case of any decision *ex aequo et bono*, such as would only be possible under the conditions prescribed by Article 38, paragraph 2, of the Court's Statute. ... "

ICJ의 이같은 접근방식은 *Barcelona Traction Co.* case, ICJ Reports (1970), p. 3 at 48 ; *Fisheries Jurisdiction* case (Merits) (UK v. Iceland), ICJ Reports (1974), p. 3 at 31~33 (esp. para. 78) ; *Continental Shelf* (Tunisia/Libyan Arab Jamahiriya), ICJ Reports (1982), p. 18 at 60 (para. 71) ; *Frontier Dispute* (Burkina Faso/ Mali), ICJ Reports (1986), p. 554 ; *Land, Island and Maritime Frontier Dispute* (El Slavador/ Honduras; Nicaragua intervening), ICJ Reports (1992), p. 351 at 514 (para. 262) 등에서도 지지를 받고 있다. 특히 ICJ는 상기 *Frontier Dispute* (Burkina Faso/ Mali), ICJ Reports (1986), pp. 567~568 (para. 28) & 632~633 (paras. 148~149)에서 decision *ex aequo et bono*, equity *contra legem*, equity *praeter legem*, equity *infra(intra) legem* 등 네 개를 명확하게 구분하고 있다 : "[28.] It is clear that the Chamber cannot decide *ex aequo et bono* in this case. Since the Parties have not entrusted it with the task of carrying out an adjustment of their respective interests, it must also dismiss any possibility of resorting to equity *contra legem*. Nor will the Chamber apply equity *praeter legem*. On the other hand, it will have regard to equity *infra legem*, that is, that form of equity which constitutes a method of interpretation of the law in force, and is one of its attributes. As the Court has observed : "It is not a matter of finding simply an equitable solution, but an equitable solution derived from the applicable law." (*Fisheries Jurisdiction*, I.C.J. Reports 1974, p. 33, para. 78; p. 202, para. 69.) How in practice the Chamber will approach recourse to this kind of equity in the present case will emerge from its application throughout this Judgment of the principles and rules which it finds to be applicable. ; [149.] As it has explained, the Chamber can resort to that equity *infra legem*, which both Parties have recognized as being applicable in this case (see paragraph 27 above). In this respect the guiding concept is simply that "Equity as a legal concept is a direct emanation of the idea of justice" (*Continental Shelf* (*Tunisia/Libyan Arab Jamahiriya*), *I.C.J. Reports 1982*, p. 60, para. 71). The Chamber would however stress more generally that to resort to the concept of equity in order to modify an established frontier would be quite unjustified. Especially in the African context, the obvious deficiencies of many frontiers inherited from colonization, from the ethnic, geographical or administrative standpoint, cannot support an assertion that the modification of these frontiers is necessary or justifiable on the ground of considerations of equity. These frontiers, however unsatisfactory they may be, possess the authority of the *uti possidetis* and are thus fully in conformity with contemporary international law."

'바다'(특히, 대륙붕과 EEZ)의 경계획정에 관한 판례나 조약 등에서는 형평에 대한 고려가 거의 언제나 등장하지만, 상기 *Frontier Dispute* (Burkina Faso/Mali) 판결, para. 149는 조약이나 *uti possidetis* (현상유지) 원칙에 따라 획정된 '육지영토'의 경계의 경우에는 (특히, 식민지로부터 국경선을 물려받은 아프리카의 상황에서 보는 것처럼) 그것이 여러 결함을 안고 있다 하더라도 그것을 변경하기 위해 형평이 끼어들어서는 안된다는 것을 일러주고 있다. 다만, ICJ는 곧이어 이 판결, para. 150에서, (육지)국경선 상황을 정확하게 지적하는 문서가 없을 때에는 국경선은 문제의 국경지역(동 사건에서는 pool of Soum)을 "둘로, 즉 형평한 방법으로" 나누는 것이어야 한다고 언급하면서, "형평이 반드시 평등을 함축하는 것은 아니지만, 특별한 사정이 없다면 대개는 평등이 형평의 가장 좋은 표시이다."(Although "Equity does not necessarily imply equality" (*North Sea Continental Shelf, I.C.J. Reports 1969*, p. 49, para. 91), where there are no special circumstances the latter is generally the best expression of the former.)라고 하였다. ICJ

야 한다.[299)]

ICJ규정 제38조 2항은 "제38조 1항의 모든 연원은 당사자가 합의하는 경우 형평과 선에 따라(*ex aequo et bono*) 사건을 결정할 본 재판소의 권한을 침해하지 않는다."라고 규정하고 있다. 여기서 '형평과 선에 의한 결정'(decision *ex aequo et bono*)이라 함은 형평(equity)이 단지 적용될 뿐만

는 그 후 Case concerning the *Land, Island and Maritime Frontier Dispute* (El Salvador/Honduras ; Nicaragua intervening), ICJ Reports (1992), 351 at 396 (para. 58)에서 다시 다음과 같이 강조하고 있다 : "...El Salvador apparently does not claim that a frontier deriving from the principle of the *uti possidetis juris* could be adjusted subsequently (except by agreement) on the grounds of unequal population density, and this is clearly right. It will be recalled that the Chamber in the *Frontier Dispute* case emphasized that even equity *infra legem*, a recognized concept of international law, could not be resorted to in order to modify an established frontier inherited from colonization, whatever its deficiencies (see I.C.J. Reports 1986, p. 633, para. 149)." 요컨대, equity *infra legem*이라고 해서 재판소가 어떤 사건, 어떤 상황에서나 이를 원용할 수 있는 것은 아니다. 바꾸어 말하면, 재판에서 형평이 고려될 수 있는 가능성은 해당 분쟁이 국제법의 어느 분야에 속하느냐에 따라 아주 다르게 나타난다는 점을 인식할 필요가 있는 것이다. 이것은 형평은 그 자체 법이 아니므로 기존의 법을 교정(correct)하거나 변경(modify)할 수 없다는 -다시 말해서, 법 아닌 것이 법을 이길 수 없다는- 논리적 사고와도 관련이 있다. 즉, 어떤 문제를 규율하는 법이 확실하면 할수록 형평이 개입할 여지는 그만큼 줄어든다 : see Orakhelashvili, pp. 222~228, 230~232, 235~239. Orakhelashvili (p. 228)는 이 문제에 대해 다음과 같이 결론짓고 있다 : "국제법규는 국가들이 합의하는 것에 기초하고 있기 때문에 형평이나 합리성 혹은 온당성에 대한 주관적 고려(subjective considerations of equity, rationality or reasonableness)는 국제적 권리와 의무(international rights and duties) - 즉, 확립된 법적 상태(established legal positions)-에 영향을 주지 못한다. 그것들은 비법(non-law)의 분야에 속한다."

대체로, *ex aequo et bono*는 "according to the right and good"(또는 "from equity and conscience"), *infra*(*intra*)는 within, *contra*는 against, 그리고 *praeter*는 without/outside of/beyond /surpassing/exceeding에 해당하는 라틴어 술어이다. 이에 따라 decision *ex aequo et bono*는 흔히 "형평과 선에 따른 결정"으로 번역되고 있고, 그 밖에 equity *infra*(*intra*) *legem*은 '법 안에서의 형평', equity *praeter legem*은 '법 밖에 있는 (혹은 법을 넘어선) 형평', 그리고 equity *contra legem*은 '법에 위배되는 형평' 정도로 번역이 가능할 것이다. equity *infra legem*은 equity *secundum legem*으로 표현되기도 하는데, 여기서 *secundum*은 "in accordance with/according to"의 의미이다. 그리고 상기 3개 equity 중에서, equity *praeter legem*은 형평이 "법의 부족함을 메우는 것을 목표로 하는"(aimed at filling gaps in the law) 상황, 즉 "재판관이 당면한 사건을 해결하는 데 필요한 형평한 규칙으로써 (존재하는) 법을 보충하는" 경우로 설명되고 있는데, 국제법에서의 그 지위 내지는 한계는 모호하고 따라서 불안정하다. Separate Opinion of Judge Weeramantry, paras. 52~73, in Case concerning *Maritime Delimitation in the Area between Greenland and Jan Mayen* (Denmark v. Norway), ICJ Reports (1993), p. 38 ; Carlo Focarelli, *International Law as Social Construct : The Struggle for Global Justice* (Oxford : Oxford University Press, 2012), p. 301~303 ; Dae-Won Kim, *Non-Violation Complaints in WTO : Theory and Practice* (Bern, Switzerland : Peter Lang AG, 2006), p. 266 ; https://walkertoldmeihaveaids.blogspot.kr/2009/05/janis-on-equity-and-international-law.html ; Parry et al., p. 113 ; Janis, 3rd, pp. 66~79 ; Janis/Noyes, 3rd (2006), p. 158 ; 나인균, pp. 141~143 ; 山本草二 (朴培根 역), pp. 102~104 ; 李錫龍(1995), p. 53 ; 金奭賢, "國際裁判에 있어서의 衡平", 《국제법평론》, 1998-I/Ⅱ, pp. 9~30 ; https://en.wikipedia.org/wiki/Ex_aequo_et_bono 참조.

299) 이를테면, Orakhelashvili (p. 242)는 "형평이 주관적 평가와 판단의 자유로 귀결된다면 그것은 정의(定義)에 의해 더 이상 형평이 아니다. 형평한 결과란 객관적으로 봐서 형평한 것이라고 받아들일 수 있는 것이다"라고 언급하고 있다. 다만, Koskenniemi는 "재판소가 형평한 것에 대한 자신의 개념을 정당화할 때 어떤 정의의 이론을 가정해야 할 터인데, 그러나 이 정의의 이론이란 것은 재판소가 더 이상 법적 개념들 자체를 참조해서는 정당화할 수 없는 것이다"(in justifying its conception of what is equitable, the court will have to assume a theory of justice - a theory, however, which it cannot justify by further reference to the legal concepts themselves)라고 지적하고 있기도 하다 : Martti Koskenniemi, "The Politics of International Law", (1990) 1 EJIL 1 at 30.

아니라 다른 모든 연원(즉, 조약, 관습, 법의 일반원칙)에 우선하는 결정을 의미한다. 따라서 이 경우의 형평은 개념상 법 안에서의 형평[equity *infra(intra) legem*]뿐만 아니라 법을 넘어선(equity *praeter legem*), 그리고 법에 위배되는 형평(equity *contra legem*)을 포함한다. ICJ는 소송당사자들로부터 이같은 권한을 '명시적으로' 부여받은 경우에만 그같은 재판을 할 수 있다.[300] 제38조 2항이 ICJ에서 발동된 예는 지금까지 한번도 없었다. 그러나 국제중재재판에서 '형평과 선에 따라' 재판을 하도록 허용받는 경우는 있다.[301] UN해양법협약에 의거하여 관할권을 갖는 —ICJ를 포함한— 국제재판소들도 "당사자가 합의하는 경우 형평과 선에 따라" 재판할 권한을 부여받고 있다.[302] 그러나 WTO(세계무역기구) 패널과 항소기관은 형평과 선에 따라 재판할 권한이 없다.[303]

---

300) Akehurst, p. 39, fn. 11. 다만, Case concerning *Maritime Delimitation in the Area between Greenland and Jan Mayen* (Denmark v. Norway), ICJ Reports (1993), p. 38에서 Oda 재판관은 -개별의견(Separate Opinion)을 통해- 해양경계를 획정하는 사건에서는 ICJ가 사건을 국제법에 따라 재판해 줄 것을 기대할 수 없으며, 재판소는 당사자들의 '묵시적' 동의와 함께 사실상 형평과 선에 따라 결정할 것이라는 견해를 제시한 바 있다 : "85. Accordingly, and on the premise that there are in fact no rules of law for effecting a maritime delimitation in the presence of overlapping *titles* (not overlapping *claims*), it follows that if the Court is requested by the parties to decide on a maritime delimitation in accordance with Article 36, paragraph 1, of the Statute, it will not be expected to apply rules of international law but will simply "decide a case *ex aequo et bono*".

86. ...the presentation of a case of maritime delimitation by agreement between the States in dispute in accordance with Article 36, paragraph 1, means by implication that the parties are requesting the Court "to decide a case *ex aequo et bono*" in accordance with Article 38, paragraph 2, of the Statute. For instance, in my view, the Judgment of the Court in the case concerning the *Continental Shelf* (*Libyan Arab Jamahiriya/Malta*) must be interpreted as having been given on that basis, even though the Court never expressly stated as much. It certainly is not a convincing exposition of the law.

87. However, there is no escaping the fact that the rendering of a decision *ex aequo et bono* is only admissible with the consent of the parties. This was not a big problem in earlier delimitation cases, because the consent derived or could be inferred from the special agreement concerned. But if the Court intended *in this case* to apply equitable considerations, it should, in my view, first have decided that the submissions or, alternatively, the arguments of the Parties, in particular Norway, permitted the conclusion that a consent had emerged between them amounting to a special agreement to the effect that the Court was not bound to adhere to strict law. In this way the case could conceivably have been, so to speak, transferred from the ambit of Article 36, paragraph 2, to that of Article 36, paragraph 1, as a very special case of *forum prorogatum*." ; noted by Thirlway in Evans (ed.), *International Law*, 3rd, p. 99, fn. 7. Ryngaert (*Jurisdiction in International Law*, p. 158)는 "제38조 2항은, 내 판단으로는 거의 틀림없이, ICJ가 당사자들의 이익을 균형있게 조정해야 함을 의미한다"([Article 38(2)] arguably means that the Court should balance the interests of the parties)고 풀이하고 있다.

301) Akehurst, p. 39 ; Orakhelashvili/Akehurst, 9th, p. 53 ; Wallace, p. 22 ; Taida Begic, *Applicable law in international investment disputes* (Utrecht : Eleven International Publishing, 2005), Chapter Ⅶ : Decision *ex aequo et bono*, pp. 219~230.

302) UN해양법협약 제293조 2항.

303) Focarelli, *op. cit.*, p. 303.

Ⅶ. 관습과 조약의 관계

위 "관습" 부분에서 시사한 바와 같이, 다수의 국가들이 어떤 분야에서 표준적 내용을 담은 조약을 체결하는 경우, 이는 상황에 따라서는 관습법규 형성에 필요한 국가관행의 증거로 간주될 수 있다.[304] 그러나 국가들은 관습법규 하에서 존재했을지도 모르는 상호간의 법적 관계를 오히려 수정하기 위해 조약을 체결하는 것일 수도 있고(이 경우에는 아래에서 언급하는 바와 같이 충돌과 우선순위의 문제가 제기된다), 또 수많은 조약이 표준적 내용을 담고 있다는 것은 오히려 당해 분야에서 적용될 관습법규가 없다는 의미일 수도 있다. 따라서 조약(더 정확이 말하면 조약에 담긴 어떤 규칙 혹은 내용)이 관습법규와의 관계에서 이들 셋 중 어느 경우에 해당되는 지에 대해 판단하는 것은 쉬운 문제가 아닐 수 있다. 이를테면, 오늘날 국가 간 통상(通商)조약에 일상적으로 삽입되고 있는 '최혜국조항'(most-favoured-nation clause)에 대해 국가들은 이 조항이 관습법규를 반영한 것으로 보고 있지는 않다.[305] 따라서 최혜국대우는 그 기원이 아주 오래되었음에도 불구하고 이것은 조약을 통해서만 주장할 수 있으며, 조약이 없으면 국가들은 여전히 외국 간에 차별적 통상정책을 채택할 자유가 있다.[306] 오늘날 양자간투자조약(BIT)에 흔히 삽입되고 있는 "(외국투자자에 대한)공정하고 형평한 대우"(fair and equitable treatment)[307]에 대해서도 같은 말을 할 수 있다.[308]

어느 규칙을 따르게 되면 다른 규칙을 위반하게 될 때 우리는 흔히 두 규칙간에 '충돌'(conflict)이 있다고 말한다. 그런데 국제법의 두 주요 전통연원인 관습과 조약의 관계, 특히 이 둘의 충돌 시의 서열과 병존의 문제는 생각처럼 그리 쉬운 문제는 아니다. 일반적으로 ICJ규정 제38조 1항은 동 규정에 언급된 연원들(특히 조약과 관습) 사이에 "위계"(hierarchy)를 수립하고 있는 것은 아니며, 다만 "그 적용에 있어서의 우선순위"(a legal order of precedence in the application of sources of international law)를 시사하고 있는 것으로 이해되고 있다.[309] 실제로 조약의 당사자들 사이에

304) ICJ는 *Jurisdictional Immunities of the State* (Germany v. Italy ; Greece Intervening), Judgment of 3 February 2012, para. 66에서 "국가면제에 관한 유럽협약과 UN협약 그 어느 것도 본 사건의 당사자들간에 발효하고 있지 않으며," 이런 상황 하에서 "이 두 협약의 규정들은 '그 규정들과 두 협약의 채택과 이행의 과정이 국제관습법의 내용을 밝히는 한에서만'(only in so far as their provisions and the process of their adoption and implementation shed light on the the content of customary international law) 의미가 있다."고 언급한 바 있다.

305) ILC도 1978년 "최혜국 조항에 관한 규정초안"(Draft Articles on most-favoured-nation clauses) 제7조 (최혜국대우의 법적 기초)에 대한 주석 (3)에서 다음과 같이 언급한 바 있다 : "Although the grant of most-favoured-nation treatment is frequent in commercial treaties, there is no evidence that it has developed into a rule of customary international law. Hence it is widely held that only treaties are the foundation of most-favoured-nation treatment."

306) Matsushita et al., p. 146.

307) 본서, 제16장 (외국인의 대우), "Ⅶ. 투자보호방법, 1. 양자간투자조약(BIT)".

308) Orakhelashvili/Akehurst, p. 42 (9th, p. 45).

309) See e.g. Brownlie, 5th, p. 3 ; Michael Akehurst, "The Hierarchy of the Sources of International Law", (1974-75) 47 BYIL 273~285 ; Shelten in Evans (ed.), *International Law*, 3rd, p. 143 ; *per* Judge Moreno Quintana (dissenting), in Case concerning *Right of Passage over Indian Territory*, ICJ Reports

서는 일견 당해 조약규범이 관습법규에 우선한다고 말할 수 있을 것이다. 왜냐하면 국가들은 국제관습법 하에서 존재했을지도 모르는 상호간의 법적 관계를 수정하기 위해 조약을 체결하는 것이 보통이기 때문이다. 그리고 이런 상황 하에서는 특별법 우선의 원칙(*lex specialis derogat legi generali*)에 따라 조약이 특별법의 위치에서 일반법으로서의 관습에 우선한다고도 말할 수 있을 것이다.[310] 그러나 조약과 관습은 서로 별개의 형식적 연원으로서 이론상 동등한 권위를 갖기 때문에 양자의 규칙 사이에 충돌이 있을 시에는 기본적으로 후법 우선의 원칙(*lex posterior derogat priori*)이 적용된다는 점을 유념할 필요가 있다. 그 결과, 조약 적용상의 사후관행이 조약의 해석에 영향을 미칠 수도 있고,[311] 조약의 운용이 신관습법규의 출현에 의해 수정될 수도 있으며,[312] 이론적으로는 조약당사자 간에 형성되는 신관습법규가 조약규정의 전부 또는 일부를 아주 종료시킬 수도 있다.[313] 게다가 현대조약법에 의하면, 조약은 "일반국제법의 강행규범" (peremptory norm of general international law : *jus cogens*)으로 구체화된 기존관습법에 위배되는 경우 '당연무효'이며,[314] 신강행규범이 관습법규의 형태로 출현하는 경우 이에 위배되는 기존의 조약은 무효로 되어 (자동)종료된다.[315] 즉, '특별법 우선의 원칙'이나 '후법 우선의 원칙'은 -국가들이 합의에 의해 상호간에 그 적용을 배제할 수 있는- 임의규범(*jus dispositivum*) 간에서만 적용되는 원리로서, 강행규범이 개입하는 경우에는 이들 원칙 대신 '상위법 우선의 원칙'(*lex superior derogat lex inferiori*, the

---

(1960), p. 6 at 90 ; ILC "Conclusions of the work of the Study Group on the Fragmentation of International Law: Difficulties arising from the Diversification and Expansion of International Law" (2006), para. (31).

310) 이를테면, 이란-미국 청구재판소(Iran-United States Claims Tribunal)는 *Amoco Int. Finance Corp.* v. *Iran*, (1987) 15 IRAN-US CTR 139, para. 112 (noted by Pauwelyn, pp. 391~392)에서 조약과 관습법의 관계에 대해 다음과 같이 언급한 바 있다 : "As a *lex specialis* in the relations between the two countries, the Treaty supersedes the *lex generalis*, namely customary international law. This does not mean, however, that the latter is irrelevant in the instant Case. On the contrary, the rules of customary law may be useful in order to fill in possible *lacunae* of the Treaty, to ascertain the meaning of undefined terms in its text or, more generally, to aid interpretation and implementation of its provisions". https://tldb.uni-koeln.de/php/pub_show_all.php?list_page=9. See also Pauwelyn, pp. 134, 392 ff ; Thirlway in Evans (ed.), *International Law*, 3rd, p. 114 ; Kaczorowska-Ireland, p. 43. Rosenne, *The Perplexities of Modern International Law*, p. 27도 "a treaty is normally, in relation to customary law, *lex specialis* for its parties"라고 언급하고 있다. 그러나 조약에 일반국제법의 기준을 명시적으로 편입하는 경우도 드물지 않다.

311) 1969년 비엔나 조약법협약 제31조 3항(b).

312) 예컨대, ILC의 1964년 협약초안 제68조(c)는 "The operation of a treaty may also be modified... (c) By the subsequent emergence of a new rule of customary law relating to matters dealt with in the treaty and binding upon all the parties."라고 규정하고 있었다 : Yearbook of the International Law Commission, 1964, Vol. Ⅱ, p. 198 (https://untreaty.un.org/ilc/publications/yearbooks/1964.htm에서 검색 가능). 그러나 이 규정은 협약의 1966년 최종초안에는 포함되지 않았는데, ILC는 자신에게 부여된 임무가 관습과 조약의 일반적 관계에까지 미치지는 않는다고 보았기 때문이다. Aust, p. 12.

313) 1969년 비엔나 조약법협약 제54조(b)는 이같은 가능성을 완곡하게 제시하고 있다. 즉, 비엔나협약은 여기서 "The termination of a treaty ... may take place ... at any time by consent of all the parties ..."라고 규정하고 있는데, 모든 조약당사자간의 일관된 관행과 법적 확신은 여기서 요구되는 "동의"를 제공할 수 있는 것으로 생각되고 있다. Currie, p. 183 ; 본서, 제4장 (조약법) 참조.

314) 1969년 비엔나 조약법협약 제53조.

315) 1969년 비엔나 조약법협약 제64조.

laws of a superior hierarchy prevail over the laws of an inferior hierarchy)이 적용되는 것이다.[316] 그리고 상위법과 하위법 사이에는 충돌, 즉 선택의 문제는 발생하지 않는다.[317] 종합하면, 관습법이 언제나 조약규정에 양보하는 것은 아니며, 상황에 따라서는 관습법이 조약에 우선할 수 있는 것이다.

조약과 관습법규가 충돌할 때 어느 것이 우선하는가의 문제와 긴밀히 연관되어 있는 한 가지 문제는, '매우 비슷하거나 동일한' 규칙의 조약과 관습법규가 병존(parallel existence)할 수 있는가 하는 것이다. 이것은 매우 중요한 문제인데, 왜냐하면 양자가 병존할 수 있다면 어떻게 조약이 그 당사자들 간의 법적 의무를 실제로 수정할 수 있겠는가 하는 의문이 제기될 수 있기 때문이다. 예컨대, 두 국가가 어떤 영역에서 관습법상의 상호적인 권리와 의무를 약간 변경하는 조약을 체결한다고 가정하자. 이 경우 비슷한 조약법규가 존재함에도 불구하고 관습법규가 어떤 의미에서 계속 존재한다면, 당사국 일방은 타방에 대해 관습법규를 원용할 수 있고 이로써 조약의 목적을 좌절시킬 수 있는 것인가?[318] *Military and Paramilitary Activities in and against Nicaragua* 사건[319]에서 바로 이와 아주 비슷한 문제가 제기된 바 있는데, 사건 개요는 이러하다. 1979년 니카라과에서 산디니스타(Sandinista) 반군이 미국의 지지를 받는 소모사(Somoza) 정부를 축출하고 권력을 잡자 중앙아메리카의 여러 나라들, 특히 엘살바도르, 과테말라, 온두라스의 우익정부들이 좌익반군들로부터 압박을 받게 되었다. 이에 미국 레이건 정부는 콘트라(contras)로 불리는 친미 게릴라집단을 훈련시키고, 이들에게 무기와 자금을 지원하였다. 그리고 콘트라 반군은 이웃 국가들로부터 니카라과 내로의 진입을 시도하였다. 게다가 미국은 니카라과에 대해 일반 무역 엠바고를 걸었으며, 니카라과 항구들 주변에 은밀히 기뢰를 부설하였다.[320] 이렇게 되자 니카라과는 미국을 상대로 ICJ에 소를 제기하였는데, 니카라과의 주요 청구 중의 하나는 미국이 니카라과의 영토 보전과 정치적 독립에 대한 무력사용을 금지하는 다자조약과 국제관습법규를 위반하였다는 것이었다. 두 국가는 이 금지규칙이 국제관습법과 조약(즉, UN헌장 제2조 4항)에 모두 존재한다는 데 동의하였다. 그러나 미국은 여기서 한 걸음 더 나아가, 두 연원의 내용이 이 문제에 대하여 동일하며, UN헌장은 상응하는 관습법규들을 "포섭하고"(subsumed) "후발하였기" (supervened) 때문에 이 분쟁은 오로지 헌장규정에 의해서만 해결할 수 있으며 관습법에 의거해서는 해결할 수 없다고 주장하였다.

그런데 미국은 1946년 8월 26일에 ICJ규정 제36조 2항(선택조항)을 수락할 때 "(재판소)결정에 의하여 영향받는 조약의 모든 당사자들이 ICJ에서 역시 사건의 당사자가 되지 않는 한, 다자조약으로부터 발생하는 (모든)분쟁"(disputes arising under a multilateral treaty, unless ... all parties to the treaty affected by the decision are also parties to the case before the Court)을 배제하는 유보(multilateral treaty exception 또는 이른바 Vandenberg amendment)를 해 둔 바 있었기

316) Kaczorowska-Ireland, p. 40.
317) *Ibid.*, p. 43.
318) Currie, p. 189.
319) Nicaragua v. United States of America, Merits, ICJ Reports (1986), p. 14.
320) Keitner, p. 247.

때문에, 미국의 그같은 주장은 ICJ의 재판관할권을 부인하는 것으로 귀결되는 것이어서 매우 중요한 쟁점이 되었다.[321] 즉, 미국은 이 사건이 오로지 (특히 UN헌장을 포함한)다자조약 하에서만 발생한 데다가, 상기 유보에서 'affected'는 'treaty'를 수식하는 것이기 때문에 재판소 결정에 의하여 영향받는 '조약'의 당사자 모두, 따라서 모든 UN회원국이 사건 당사자가 될 필요가 있는데 그러하지 않았기 때문에 ICJ에게는 이 사건에 대한 관할권이 없다고 주장하였다. 이에 대해 니카라과는 이 분쟁은 병행하는 관습법규 하에서도 발생했기 때문에 미국의 유보는 ICJ의 관할권을 박탈하지 못한다고 반박하였다.

ICJ는 무력 사용에 대하여 관습법과 조약의 내용이 동일하다는 데 동의하지 않으면서도, "설사 관습법과 조약이 정확히 동일한 내용을 갖고 있는 경우라 하더라도 관습법이 조약 내로 편입되면 전자는 후자와는 별개로 적용될 수 없게 된다고 말할 수는 없다"고 판시하였다.[322] 그러나 ICJ는 문제의 다자조약 유보는 재판소의 결정(판결)에 의해 그 권리와 의무가 영향받게 될 -'조약' 아닌- '조약의 당사국들'에게 적용된다고 해석한 뒤, 이 사건에서 동 재판소가 내리게 될 결정에 의하여 영향받게 될 국가인 엘살바도르가 본 사건의 당사자가 되지 않았기 때문에 미국의 상기 유보에 따라 미국이 UN헌장 제2조 4항이나 기타 다자조약을 위반하였는지에 대해서는 판단할 권한이 없음을 인정하고, 미국의 국제관습법 위반에만 초점을 맞추었다.[323] ICJ의 이 판결은 조약이 그 당사자들 사이에서 단지 관습법의 그 '적용' (application)을 대신할 수는 있겠지만 조약이 그 당사자들 사이에서조차도 관습법규를 "포섭하거나 파괴한다"(subsumes or destroys)고 말하는 것은 정확한 것이 아님을 시사하고 있다.[324]

1969년 비엔나 조약법협약 제43조는 "... 조약의 무효, 종료 또는 폐기, 당사국의 조약 탈퇴, 혹은 조약의 운용(시행)정지는 그 조약과는 관계없이 국제법에 의거하여 부담하게 될 의무로서 그 조약에 구현된 것을 이행해야 하는 국가의 의무를 어떠한 방법으로도 침해하지 아니한다."는 -ILC의 설명에 따르면- "자명한"(axiomatic)[325] 규칙을 담고 있는데, 상기 *Nicaragua* 사건은 "조약의 무효, 종료 또는 폐기, 당사국의 조약 탈퇴, 혹은 조약의 운용정지"와는 관련이 없으며, 오히려 그 반대로 조약(즉, UN헌장)의 체결로 인한 관련 관습법규의 사망/흡수 여부가 문제된 사건이다. 따라서 ICJ의 판결이나 재판관의 개별의견 그 어디에도 동 제43조에 대해서는 언급이 없다. 그러나 제43조에는 "조약의 무효, 종료 또는 폐기, 당사국의 조약 탈퇴, 혹은 조약의 운용정지"란 상황이 발생하기 이전에, 혹은 조약 체결 이전에, 이미 관련 관습법규가 존재할 수 있음이 암묵적으로 전제되어 있다. 이런 의미에서 동 규정 역시 조약이 동일한 내용의 관습법규를 포섭하여 파괴하는 것은 아님을

321) ICJ Reports (1986), p. 14 at 31 (para. 42).

322) *Ibid.*, at 94~95 (para. 177).

323) *Ibid.*, at 31~38 (paras. 42~56) ; R. St. J. Macdonald, "The Nicaragua Case: New Answers to the Old Questions?", (1986) The Canadian Yearbook of International Law 127 at 135 ; Aust, *Handbook of IL*, 2nd, p. 420 ; Hamid, p. 25 ; Keitner, pp. 247~248 ; 본서, 제26장 (분쟁의 평화적 해결수단), "Ⅶ. 사법소송, 4. 부수적 관할권, (4) 소송참가".

324) Currie, p. 183 ; Pauwelyn, p. 48 ; Thirlway, p. 139.

325) Yearbook of ILC, 1966, Vol Ⅱ, p. 237.

전제로 하지 않는다면 성립될 수 없는 명제이기도 하다.[326]

한편, 관습법규는 조약의 해석에도 때로 큰 영향을 미칠 수 있다. 비엔나 조약법협약 제31조 3항 (c)는 조약을 해석할 때 반드시 고려에 넣어야 할 것의 하나로 "당사자간 관계에 적용될 수 있는 관련 국제법규"(any relevant rules of international law applicable in the relations between the parties)를 명시하고 있는데, 이것은 주로 국제관습법규를 지칭하는 것이기 때문이다. 그 결과 관습법규는 조약 해석 시 해당 조약에서 말하지 않는 그 어떤 문제와도 관련을 갖게 되는 것이다.[327]

Ⅷ. 연성법

연성법(軟性法)(soft law)에 대해 일반적으로 수락된 정의가 있는 것 같지는 않지만,[328] 대체로 이것은 -조약, 관습 그리고 법의 일반원칙에 의해 대표되는- 구속력있는 법(硬性法)(hard law, *lex lata*, the law that is in force)에 대칭되는 표현으로 사용되고 있다. 즉, '연성''법'은 아직 법이 아닌 것(non-law)에 붙여진 명칭이라는 점에서 이는 그 자체 모순되는 표현이긴 하지만, "형성 중에 있는 법"(*lex ferenda*, the law in the making) 내지는 "소망스런 입법"(the law that is desired to be established)으로서의 지위를 표현하기 위한 편리한 술어로서 자주 사용되고 있는 것이다.[329] 그러나 이는 연성법이 반드시 혹은 모든 경우에 법(조약, 관습 혹은 법의 일반원칙)으로 발전함을

---

326) See Susan Breau, *International Law* (Oxford : Oxford University Press, 2009), p. 28.

327) 이 문제에 대해서는, 본서, 제4장 (조약법), "Ⅷ. 조약의 해석" 참조.

328) Aust, 3rd, p. 49.

329) Orakhelashvili/Akehurst, 9th, p. 32. Bradley(p. 95) 처럼 연성법과 신사협정(정치협정)을 대체가능한 개념으로 사용하는 학자도 있다. 과거 Evans (ed.), *International Law*에서 제5장(Soft Law in International Law-Making)을 집필한 Alan Boyle도 연성법을 "simply a convenient description for a variety of *non-legally binding* instruments ..."로 정의하였었는데, 이 설명은 연성법보다는 신사협정을 연상케 한다. 이 책의 제5판(2018)에서 Boyle 교수는 "... *non-legally binding but normatively worded* instruments"로 수정하였다. 연성법은 soft law, *lex ferenda* 외에도 *lex imperfecta*, *lex in statu nascendi*, fragile law, paranorm, prelegal norm, programatory norm, declaratory law, hortatory law, morally binding law 등 다양하게 표현되고 있다. See Maciej Bartkowski, "The Conditions for Legal Relevance of *Lex in Statu Nascendi* in the International Legal System : Theoretical Reflections on the Normative Nature of *Lex in Statu Nascendi*," (2001) Rubikon E-Journal, ISSN 1505-1161, 〈https://venus.ci.uw.edu.pl/~rubikon/forum/lex.htm〉; Birnie/Boyle, pp. 16, 26~30 ; Currie, pp. 98~101 ; Janis, 3rd, pp. 51~52 ; Malanczuk, pp. 54~55 ; Boyle in Evans (ed.), *International Law*, 3rd, pp. 123~140 ; Thirlway, pp. 163~171 ; Dixon, p. 52 ; Hall, p. 72 ; Clapham/Brierly, pp. 74~77 ; Jean d'Aspremont, "Softness in International Law: A Self-Serving Quest for New Legal Materials", (2008) 19(5) 1075, fn. 35, 〈https://doi.org/10.1093/ejil/chn057〉.
    술어적으로, soft law는 hard law와, *lex ferenda*는 *lex lata*와 대칭적으로 사용되는 경향이 있다 : Currie, p. 99 ; Jean d'Aspremont, "Softness in International Law: A Self-Serving Quest for New Legal Materials", EJIL (2008), Vol. 19, No. 5, p. 1075 at 1081 (fn. 35), 〈https://www.ejil.org/pdfs/19/5/1700.pdf〉. hard law와 *lex lata*가 동의어로 사용되는 것에는 이론이 없어 보인다. 그러나 soft law와 *lex ferenda*는 그 의미가 완전히 일치하지는 않는다는 견해들이 있다. 이를테면, 박기갑 교수는 "*Lex ferenda*와 soft law(의) 상호관계는 서로 부분적으로 연결되어 있지만 완전히 동일한 개념은 아니라고 보아야 할 것이다"라고 언급하고 있다 : "국제법상 *Lex ferenda*", 《국제법학회논총》, 제63권 4호 (2018), p. 149. See also 〈https://ebrary.net/51382/law/

뜻하는 것은 아니다.[330]

연성법을 담는 그릇 내지 형식은 다양하다. 즉, 이것은 –위에서 설명했던 흔히 MOU의 이름을 달고 나타나는– 신사협정일 수도 있고, 국제기구나 국제회의에서 채택된 문서[결의(resolution), 선언(declaration), 권고(recommendations), 가이드라인(guidelines), 업무규준(code of practice), 행위규약(code of conduct), 원칙(principles), 강령(programme) 등 그 명칭은 다양하다]일 수도 있으며,[331] 심지어는 조약일 수도 있다.[332] 다만, 연성'법'이란 표현은 '일반적 혹은 보편적 규범으로의 발전가능성'을 염두에 둔 표현이기 때문에 이것은 참여국들이 많은 다자간 문서에 담기는 것이 보통이다.[333]

연성법이 다자조약에서 묵시적 언급을 통해 조약의 조건으로 편입됨으로써 간접적으로 구속력을 부여받는 경우도 있다. 이를테면, 1982년 UN해양법협약(제207조~제222조)이 도입한 입법기술에 의하면, 국가들은 "권한있는 국제기구나 일반외교회의를 통해 수립되어 일반적으로 수락된 국제 규칙과 기준" 혹은 "권한있는 국제기구나 일반외교회의를 통해 수립된 적용가능한 국제 규칙과 기준"을 적용할 것이 요구되거나 그렇게 하는 것이 허용된다. 이렇게 함으로써, 이를테면 국제해사기구(International Maritime Organisation)는 설립조약상 구속력있는 결의를 채택할 일반적 권한이 없음에도 불구하고 UN해양법협약은 간접적으로 이 기구의 결의와 권고들을 구속력있는 것으로 만들 수 있는 것이다.[334]

Ⅸ. UN총회결의

국제기구들은 그 임무를 수행하는 과정에서 회원국들을(혹은 예외적으로 그 국민들까지도) 구속하는 결의/결정/입법을 (특히, 일정 다수결투표로써) 채택할 권한을 부여받고 있는 것이 보통이다. 예컨대, EU의 경우 회원국의 국민까지도 구속하는 입법을 채택할 수 있는 권한을 부여받고 있으며,[335] 세계보건기구(World Health Organization)의 경우 총회가 채택하는 보건규칙(health regulations)은

---

situating_soft_within_broader_context_ferenda>.

330) Schelton in Evans (ed.), *International Law*, 3rd, p. 141.

331) Aust, 3rd, p. 50.

332) 즉, 조약의 형태로 만들어진 것이어서 그 외피는 경성(hard)이지만 그 내용물은 거의 연성(soft)인 경우들이 있는데, 특히 환경 관련 골격조약들(framework conventions)이 그러하다 ; Orakhelashvili/Akehurst, p. 49 ; Kaczorowska-Ireland, pp. 59~60 ; Boyle in Evans (ed.), *International Law*, 3rd, p. 130 ("Treaties as soft law") ; Schelton in Evans (ed.), *International Law*, 3rd, p. 165. Nanda/Pring (p. 9)도 "a "framework" treaty (really little more than a skeletal "agreement to agree," with the hard decisions postponed for later protocol negotiations, as with the 1990s global climate change efforts)"란 설명을 통해 골격조약의 그 같은 성격을 잘 지적하고 있다.

333) Aust, 3rd, pp. 49, 50.

334) Boyle in Evans (ed.), *International Law*, 3rd, p. 129 ("Soft law as part of the multilateral treaty-making process").

335) 본서, 제30장 (EU법) 참조.

(사무총장에게 거부 또는 유보를 통고하는 회원국을 제외한) 모든 회원국에 대해 발효한다.[336] 특히, 사실상 보편국제기구인 UN의 경우 회원국들에게 구속력 있는 결정을 내릴 수 있는 권한을 안전보장이사회에 부여하고 있고,[337] 또 비록 기구의 내부문제[338]에 국한된 것이긴 하지만 회원국들을 구속하는 결의를 채택할 수 있는 권한을 총회에 부여하고 있기도 하다. 이같은 현실에 직면하여 일부 학자들은 국제기구의 구속력 있는 결의/결정/입법을 국제법의 (전통연원과는) 별개의 연원으로 설명하기도 한다.[339] 그러나 이것은 단지 설명의 편의를 위한 것일 뿐, 엄격히 말해서 국제기구의 그같은 결의/결정/입법이 국제법의 별개의 연원으로 다룰 수 있을지는 의문이다. 그같은 결의/결정/입법을 채택할 권한은 당해 기구의 설립"조약"에 의하여 부여된 것이기 때문이다. 다만, 이들 결의/결정/입법을 당해 '기구'의 (내부)법의 연원으로 칭하는 것은 문제가 없을 것이다.[340]

그럼에도 불구하고 특별히 UN총회 결의의 경우, 이것이 규범적 내용을 담고 있는 경우 국제법의 또 하나의 연원을 구성하는가에 대해 논란이 있어 왔다. 즉, 1960년대 초반에 UN총회에서 다수 의석을 점하게 된 제3세계 국가들은 UN총회 결의가 '그 자체' 법적 구속력 있는 문서라고 주장하였는데, 이같은 그들의 주장은 지금도 간헐적으로 제기되고 있다. 예컨대, 1982년 남아프리카공화국의 레소토 침략문제를 다루는 안전보장이사회 토론과정에서 자이레 대표는 "남부 아프리카 일반에서의, 특히 남아프리카에서의 사태를 다루고 있는 총회, 안전보장이사회 그리고 다른 모든 기관의 모든 결정이 UN의 모든 회원국에게 구속력이 있다는 것은 한 점 의심의 여지도 없다."[341]고 주장한 바 있다.

그러나 국제법 형성에 있어 의사주의(voluntarism)를 다수결주의(majoritarianism)로 대체하려는 이같은 주장은 총회에 토의·권고의 권한만을 부여하고 있는 UN헌장의 명시적 규정(제10조~제14조)을 뛰어넘는 것으로서, 서구진영은 물론이고 사회주의진영에서도 수락될 수 없었다. 그럼에도 불구하고 UN총회결의는 그 내용의 규범성과 찬성투표한 국가들의 수를 고려해 볼 때 다음의 몇 가지 역할을 담당할 수도 있다.

첫째, 총회결의가 UN회원국을 포함한 지구상의 모든 국가에게 적용되는 '규범적' 내용을 담고 있고, 또 이것이 세 진영 모두의 컨센서스(consensus) 또는 만장일치(unanimity)에 의해 채택된 경우, 당해 결의는 때로 UN헌장에 대한 유권적 해석을 구성하거나 혹은 이미 확립된 일반관습법규를 확인 또는 선언하는 것으로 간주될 수 있다. 컨센서스 방식으로 채택된 1970년 10월 24일의 약칭 국가 간 우호관계선언이 그 좋은 예이다.[342]

---

336) 세계보건기구헌장(Constitution of the WHO) 제22조. https://www.who.int/about/en.
337) UN헌장 제25조.
338) 예컨대, UN헌장 제17조(예산), 제6조(제명), 제5조(권리·특권의 정지), 제21조(절차규칙).
339) See e.g. Cassese, *International Law,* 2nd, p. 185 ff ; Pauwelyn, p. 90.
340) Akehurst, p. 38.
341) Cassese, p. 194.
342) van Hoof, p. 184 ; *Western Sahara* case, ICJ Reports (1975), paras. 53~57 (Advisory Opinion of Oct. 16) ; Case concerning *the Military and Paramilitary Activities in and against Nicaragua* (Nicaragua v. United States of America) (Merits), ICJ Reports (1986), p. 14 ; Birnie/Boyle, pp. 20~21.

둘째, 총회결의가 그 내용의 법적 규범화를 꾀하는 국가들의 결속에 기초하여 다수결로 채택되는 경우, 문제의 총회결의는 다자조약 체결 또는 신관습법규의 형성을 촉진하는 상당한 도덕적 혹은 정치적 영향력을 발휘할 수 있다. 1948년 세계인권선언, 1960년 식민지 국가들과 인민에 대한 독립부여에 관한 선언, 1963년 우주법원칙선언, 1974년 신국제경제질서(a New International Economic Order : NIEO) 관련 여러 결의 등이 그 좋은 예이다.[343] 이런 경우의 결의는 법(law)과 비법(non-law) 사이의 회색지대(grey area)에 속하는, 다시 말해서 그 자체 국가들에게 법적 구속력 있는 문서는 아니지만 그럼에도 불구하고 국제관계와 궁극적으로 국제법에 충격을 줄 수 있는 이른바 연성법(soft law)에 해당하는 것으로 볼 수 있을 것이다.[344]

셋째, 총회결의는 국제 또는 국내 재판소가 관련 관습법규를 발견해 내기 위한(즉, 법적 확신, 관행, 혹은 양자 모두의) 증거자료로 원용될 수 있다.[345] 예컨대, ICJ는 *Military and Paramilitary Activities in and against Nicaragua* 사건[346]에서 국제관습법상의 무력사용금지원칙과 관련하여, '모든 주의를 기울이긴 해야겠지만'(though with all due caution) 일부 총회결의에 대한 분쟁당사자들과 국가들의 태도로부터, '특히' 1970년의 우호관계선언으로부터 법적 확신을 추론해 낼 수 있다고 결론지었다. ICJ는 *Legality of the Threat or Use of Nuclear Weapons* 사건[347]에서도 "(UN)총회결의는 비록 구속력은 없다 해도 때로 규범적 가치를 가질 수 있다. (한 걸음 더 나아가) 그것은 일부 상황에서는 어떤 규칙의 존재 혹은 법적 확신의 출현을 입증하는 데 중요한 증거를 제공할 수 있다."고 하였다. 그러나 이 사건에서 ICJ는 핵무기 사용의 금지에 관련한 UN총회결의들 중에서 일부는 "많은 반대표 및 기권과 함께 채택되었기" 때문에 "그같은 무기 사용의 위법성에 관한 법적 확신의 존재를 입증하는 데에는 아직 미치지 못한다"고 판시한 바 있다. *Filártiga* v. *Peña-Irala* 사건[348]에서 미국의 한 연방항소재판소는 고문(torture)이 국제적 차원에서 금지되었다는 결론을 얻어내기 위해 학자들의 글과 판례와 함께 모든 관련 조약과 UN총회의 결의들을 검토하였다. 특히, 이 사건에서 동 재판소는 "세계인권선언은 구속력있는 조약 대 구속력없는 선언의 이분법에 더 이상 들어맞지 않으며, 그것은 오히려 국제공동체의 유권적 선언(an authoritative statement of the international community)이다."라고 언급한 한 견해를 인용함으로써, 그 형식에 있어 단지 총회결의에 불과한 1948년 세계인권선언의 법적 효력을 시사한 바 있다.

---

343) Wallace, p. 26.

344) van Hoof, pp. 187~190 ; Boyle in Evans (ed.), *International Law*, 3rd, pp. 129~130 ; Harris, p. 65.

345) Birnie/Boyle, pp. 20~21 ; Cassese, *International Law*, 2nd, p. 169 ; Thirlway, p. 79.

346) Nicaragua v. United States of America (Merits), ICJ Reports (1986), at para. 188.

347) ICJ Advisory Opinion of 8 July 1996, paras. 70~71.

348) US Court of Appeals, Second Circuit, 1980 : 630 F. 2d 876 ; (1980) 19 ILM 966 ; Ott, p. 242 ; von Glahn, pp. 359~360 ; Malanczuk, p. 114 ; Janis, 3rd, pp. 103~104, 329 ; Harris, 5th, pp. 731~734 ; Cassese, *Human Rights in a Changing World*, p. 102 ; Fox, pp. 208~212 ; 본서 제9장 (국가관할권), "Ⅱ. 입법관할권의 이론적 기초, 5. 보편관할권".

X. 새로운 의사결정방식 : 컨센서스와 역컨센서스

1960년대에 들어와 사회주의 진영과 힘을 합치면 UN총회에서 2/3의 다수를 쉽게 얻을 수 있게 된 개발도상국들은 서방 진영의 반대에 관계없이 자신들이 원하는 결의를 언제든지 통과시킬 수 있는 지위에 이르게 되었지만, 동시에 서방 강대국 진영의 지지 없이는 어떤 국제적 행동도 성공할 수 없음을 깨닫게 되었다. 즉, 당시의 분단된 국제공동체 상황 하에서 전통적인 의사결정 방식을 따르게 되면 오로지 약소국들에 대해서만 타당한 실효성없는 국제입법을 하게 될 위험성을 인식하게 되었던 것이다. 그 결과 의견차이를 좁히고 '모든' 국가가 수락할 수 있는 기본 문안에 도달하기 위한 하나의 새로운 의사결정방식인 이른바 컨센서스(consensus) 절차가 UN과 타 국제기구 및 외교회의들에서 빈번히 이용되고 있다.[349)]

여기서 컨센서스는 원래 글자 뜻 그대로 하면 "공동의 느낌"(common feeling, feeling together) 내지는 "느낌의 일치"(concurrence of feelings)를 의미하지만, 국제기구 의사결정의 한 방식을 지칭할 때에는 소극적인 방식으로 정의되고 있다.[350)] 이를테면, 유럽안보협력회의(CSCE : Conference on Security and Co-operation in Europe)[351)]가 1973년에 채택한 절차규칙 제69조는 "컨센서스란 문제의 결정을 내리는데 방해가 되는 … 일체의 반대의 부재(absence of any objection)를 의미하는 것으로 이해된다."고 규정하고 있다. 1982년의 UN해양법협약 제161조 8항(e)도 이와 비슷하게 "컨센서스는 일체의 공식적인 반대의 부재(absence of any formal objection)를 의미한다."고 규정하고 있다. 1994년의 WTO설립협정 제9조 1항은 "WTO는 GATT 1947 하에서 준수되어 온 컨센서스에 의한 의사결정의 관행을 계속한다."라고 규정하면서, 이에 대해

> "당해 기관은 결정을 내리는 회의에 참석한 그 어느 회원국도 제안된 결정에 공식적으로 반대하지 않는 한 검토를 위해 제출된 사항에 관하여 컨센서스로 결정을 내린 것으로 간주된다."

는 주석을 달아놓고 있다. 요컨대, 컨센서스란 서로 다른 견해를 조화하고 난제를 제거함으로써 문안에 합의하기 위한 집단적 노력으로 구성되는 교섭 및 의사결정의 기술을 의미하는데, 그 과정은 의견차이가 심한 세부사항은 덮어둔채 '모든' 참석 국가들에게 '기본적으로' 수락가능한 문안을 '투표 없이'(without vote) 채택함으로써 절정에 이른다.[352)]

---

349) Cassese, p. 195 ; Schermers & Blokker, § 771 ff.

350) Schermers & Blokker, § 772 ; https://en.wikipedia.org/wiki/Consensus_decision-making.

351) 1995년 1월 1일 유럽안보협력기구(OSCE)로 개명됨.

352) Cassese, pp. 195~196. 컨센서스는 아래에서 설명하는 역컨센서스와의 구분을 강조하기 위해 positive consensus로 표현하기도 한다. 국제회의에 따라서는 컨센서스를 "general agreement"로 표현하기도 하는데, 이를테면 1993~95년의 "경계왕래 어족과 고도회유성 어족에 관한 UN회의"(UN Conference on Straddling Fish Stocks and Highly Migratory Fish Stocks), 절차규칙(Rules of Procedure)(1993년 5월 3일), 규칙 33(Rule 33)은 다음과 같이 규정하고 있었다 : "The Conference should conduct its work on the basis of general agreement. It may proceed to a vote in accordance with rule 35 only after all efforts at

만장일치(unanimity)의 경우에는 어떤 문안에 관하여 '완전한' 혹은 '적극적' 합의가 존재하며, 게다가 그 일반적 동의는 '투표를 통해' 강조된다. 이에 반해, 컨센서스는 '기본적' 내지 '소극적' 합의를 의미하며, 또한 그 합의는 회의장에서 '투표 없이' 표시된다. 사실 컨센서스의 경우에는 자국의 사활적 이해관계가 걸려있지 않는 한 반대하지 말라는 강력한 심리적 압력이 주위로부터 가해지는 것이 사실이다.[353] 물론 박수갈채(acclamation)에 의해 어떤 의사결정을 채택할 때에도 투표가 생략되지만 이것은 '무조건적' 합의(unqualified agreement)를 의미한다. 이와는 반대로 컨센서스의 경우 당해 회의장에서는 어떤 반대의사도 표명되지 않지만, 일부 국가는 공식적인 의사결정이 내려지기 전 또는 후에 종종 유보 또는 반대의사를 표시하기도 한다.[354]

컨센서스는 단지 교섭 및 의사결정 과정의 한 양식에 불과하며, 합의된 문안의 법적 효력과는 관계가 없다. 채택된 문서의 법적 구속력 여부는 의사결정의 기초되는 근거조항에 의거하여 판단할 문제이다. 예컨대, 안전보장이사회가 채택하는 결정은 UN헌장 제25조에 의거하여 그 통과방식에 관계 없이 구속력이 있다. 마찬가지로 UN의 내부운영[355] 또는 회원국의 지위[356]를 제외한 기타 문제에 관한 총회의 결의는 그것이 컨센서스에 의해 채택되었느냐 아니냐에 관계없이 (UN헌장 제10조~제14조에 의거하여) 단지 권고적 가치를 가질 뿐이다.[357]

국제회의에서 컨센서스에 이르기 위한 노력을 다하되 이것이 여의치 않으면 다수결 투표로 가기로 합의하기도 하는데, 이를테면 1973~82년의 제3차 UN해양법회의 그리고 1993 ~95년의 "경계왕래 어족과 고도회유성 어족에 관한 UN회의"(UN Conference on Straddling Fish Stocks and Highly Migratory Fish Stocks) 등에서 이 방식을 채택한 바 있다.[358]

컨센서스는 당해 회의에 참석한 각 국가에게 거부권을 주고 있다는 점에서, 이해관계를 달리하는 당사자들이 참여하여 대립하는 민감한 사안의 경우에는 그것의 성립을 기대하기 어렵다. 그러므로

---

achieving general agreement have been exhausted. Before doing so, the Chairman shall inform the Conference that all efforts at achieving general agreement have been exhausted." UN Doc.A/CONF. 164/6(1993), 〈https://www.un.org/depts/los/fish_stocks_conference/fish_stocks_conference.htm〉; noted by Aust, 3rd, p. 82. 국제기구의 결의가 무투표로 채택된 경우와 컨센서스로 채택된 경우를 다시 구분하기도 하는데, 이 견해에 따르면 전자는 국가들이 결의에 반대는 하지 않지만 상대적으로 수동적이고 방관적인 태도를 보인 경우인데 반해, 후자는 국가들의 합의가 더욱 실질적인 경우이다. Schermers & Blokker, § 775.

353) 따라서 주위로부터 가해지는 심리적 압박에 굴하지 않는 경우도 생길 수 있다. 이를테면, WTO 분쟁해결기관(DSB) 상소기구(Appellate Body)(7인 위원으로 구성)의 경우, 2020년 11월 30일 이후로는 위원이 한 명도 없는 사태가 진행 중인데, 조약 규정상 오로지 컨센서스로 결정되어야 하는 이들의 임명과 관련하여 몇해 전부터 미국이 상소기구 개혁을 요구하며 거부권을 행사하였기 때문이다. DSU (Annex 2 of the WTO Agreement), 제2조 4항, 제17조 1항; UNCTAD, Dispute Settlement, *World Trade Organization, 3.3 Appellate Review*, para. 1.2.1, 〈https://unctad.org/system/files/official-document/edmmisc232add17_en.pdf〉; WTO, Appellate Body, 〈https://www.wto.org/english/tratop_e/dispu_e/appellate_body_e.htm〉; WTO, Appellate Body Members, 〈https://www.wto.org/english/tratop_e/dispu_e/ab_members_descrp_e.htm〉.

354) Cassese, p. 196; Birnie/Boyle, p. 19; Boyle in Evans (ed.), *International Law*, 3rd, p. 135 (& 5th, p. 129); Shaw, 6th, p. 910 (fn. 40).

355) 예컨대, 예산(제17조), 절차규칙(제21조).

356) 예컨대, 제명(제6조), 권리 · 특권정지(제5조).

357) Cassese, pp. 197~198.

358) Aust, 2nd, pp. 87~88.

WTO(세계무역기구)는 분쟁해결절차에 있어 종래 GATT(1947) 하에서의 컨센서스 관행을 지양하여 이른바 역컨센서스(reverse or negative consensus)를 도입하고 있는데, 이 방식에 의하면 "상정된 제안(즉, 패널 설치, 패널보고서 채택, 상소기관 보고서 채택 그리고 관세양허 또는 기타 의무의 정지)에 반대하는 컨센서스가 이루어지지 않는 한" 당해 제안은 채택되어야 한다. 즉, 당해 제안에 (분쟁당사국 일방 등) 한 국가만이라도 찬성하겠다는 적극적인 의지가 있으면 그것이 채택되는 결과를 초래한다. 각 국가가 문제의 제안에 반대하는 컨센서스의 성립을 봉쇄할 수 있기 때문이다. 그러나 이 새로운 의사결정방식은 WTO 분쟁해결절차 밖에서는 아직 발견되지 않는다.[359)]

359) Peter Van den Bossche, *The Law and Policy of the World Trade Organization: Text, Cases and Materials* (Cambridge : Cambridge University Press, 2005), pp. 229, 233 ; 崔承煥, 《國際經濟法》(제3판)(서울 : 법영사, 2006), p. 207, fn. 31 ; 김대순 · 김민서(편), 《국영문대역 국제조약집》(서울 : 삼영사, 2012), pp. 1403~1404 참조.

제 3 장
일반국제법의 강행규범

ILC는 2022년 73차 회기에서 "일반국제법의 강행규범의 확인과 법적 결과에 관한 결론초안"[Draft conclusions on identification and legal consequences of peremptory norms of general international law (*jus cogens*)](이하 'ILC강행규범결론초안')을 채택하고 UN총회에 제출하였는데,[1] 본장에서는 강행규범 개념의 역사적 도입과정과 관련 쟁점들에 대해 살펴보기로 한다.

Ⅰ. 강행규범 이론의 역사적 전개과정: 국제공동체의 공유가치를 찾아서

국제공동체가 수평적, 지방분권적 혹은 자유방임적 체제를 벗어나 국가처럼 중앙집권적 구조를 향해 나아가기 위해서는 주권이라 불리우는 국가들의 행동의 자유를 제한하여야 할 것이다. 그리고 이것은 무엇보다도 국제공동체에도 국내법에서 발견되는 것과 유사하거나 동일한 공법(公法)적 관념들, 즉 계약의 자유를 제한하는 강행규범 내지는 공공질서 혹은 공공정책의 개념을 도입하여 국제법규의 서열화, 차등화를 인정함으로써 가능할 수 있을 것이다. 1969년의 "조약법에 관한 비엔나협약"(Vienna Convention on the Law of Treaties)(이하 비엔나 조약법협약 혹은 비엔나협약)은 실증(실정)국제법(positive international law)의 역사상 처음으로 "일반국제법의 강행규범"(peremptory norms –*jus cogens*[2]– of general international law)의 개념을 명시적으로 도입하였다.[3]

---

1) https://legal.un.org/ilc/texts/texts.shtml ; https://legal.un.org/ilc/texts/1_14.shtml ; https://legal.un.org/ilc/guide/1_14.shtml.

2) *ius cogens*라고도 쓴다.

3) Fausto De Quadros, "La Convention Européenne des Droits de l'Homme : un cas de ius cogens régional?", in Ulrich Beyerlin, Michael Bothe, Rainer Hofmann, and Ernst-Ulrich Petersmann (eds.), *Recht zwischen Umbruch und Bewahrung* (Festschrift für Rudolf Bernhardt) (Berlin : Springer-Verlag, 1995), p. 557.

그것을 어떤 명칭으로 부르든 간에 국제법의 규칙에도 서열(hierarchy)이 있어야 한다든지, 혹은 국가들이 합의를 통해서도 이탈할 수 없는 일정 가치(value)가 존재해야 한다는 관념은 여러 학자들에 의하여 이미 오래전부터 제기되고 있었다.[4] 특히 초기 자연법론자들은 이같은 주장을 제기함에 있어 어떤 망설임도 필요로 하지 않았다. 자연법은 국가들의 의사(will of states)와는 관계없이 존재하고 또 그들에게 구속력이 있다고 보았기 때문이다. 예컨대, Grotius(1583~1645)는 자연법은 불변이므로 신이라 할지라도 이것을 변경시킬 수 없다고 선언하였던 것이다.[5] Vattel(1714~1767) 역시 자연법 – 혹은 그의 표현을 빌리면 "필수적인 국제법"(necessary Law of Nations) – 을 염두에 두면서 국가들은 합의에 의해 이것을 변경해서는 안된다고 언급하고 있다.[6] 이와 동일한 견해는 19세기에 들어와서도 많은 학자들에 의하여 반복되고 있음을 발견할 수 있다. 예컨대, Bluntschli(1808~1881)[7]는 "그 내용에 있어 일반적으로 승인된 인간의 법들 혹은 국제법의 명령적 규범들에 위배되는 조약은 무효이다."라고 적고 있다.[8] 그리고 이와 비슷하게, Fyodor F. Martens(1845~1909)[9]는 "국제조약은 그것이 국가들의 기본적 권리들을 제한 혹은 파괴하는 경우에는 구속력이 없다"고 주장하기도 하였다.[10]

그러나 국제법은 19세기 후반부에 들어와 법실증주의에 압도당하고 말았으며, 이에 따라 국가의 주권 또는 자유가 국제공동체의 근본특징으로 자리잡고 말았다. 이것은 국제법은 조약 또는 관습으로 구체화되는 국가들의 의사(will of states)로부터만 나옴을 의미하는 것이었고, PCIJ는 *Lotus*호 사건[11]에서 바로 이 점을 확인한 것이었다. 그렇다고 해서 국제공동체의 훼손할 수 없는 가치 내지 강행규범의 출현을 보고 싶어 하는 학자들의 욕구 자체가 사라질 수는 없는 일이었다.

이를테면, Walter Schücking 교수[12]는 *Wimbledon*호 사건[13]에서 국적재판관(national judge)으로 참가하여 제시한 반대의견(dissenting opinion)을 통해, "중립국으로서의 의무는 그 어떤 계약적 의무에도 우선해야 하며", 또한 "제3자의 권리를 침해하게 될 행위를 수행하기 위한 계약적 의

---

4) Sinclair, pp. 204~205.

5) Hugo Grotius, *De Jure Belli Ac Pacis-Libri Tres* (The Law of War and Peace- Three Books) (Trans. by Francis W. Kelsey) (Oxford : Clarendon Press, 1925), Book I, p. 40.

6) Emerich de Vattel, *Le Droit de Gents, ou Principes de la Loi Naturelle, appliqués à la Conduite et aux Affaires des Nations et des Souverains* (*The Law of Nations or the Principles of Natural Law Applied to the Conduct and to the Affairs of Nations and of Sovereigns*), Volume Three (Translation of the Edition of 1758 by Charles G. Fenwick) (Washington : Carnegie Institution, 1916), pp. 4~5.

7) https://en.wikipedia.org/wiki/Bluntschli.

8) J.C. Bluntschli, *Das moderne Völkerrecht der civilisierten Staaten*, 2nd ed. (Nördlingen : C.H. Beck, 1872), p. 236 ; quoted in Tunkin, p. 147.

9) https://en.wikipedia.org/wiki/Friedrich_Martens ; https://en.wikipedia.org/wiki/Martens_Clause.

10) F.F. Martens, *Sovremennoe mezhdunarodnoe pravo tsivilizovannykh narodov*, 3rd ed. (St. Petersburg : Tipo. A. Benke, 1895), Vol. I, p. 406 ; quoted in Tunkin, pp. 147~148.

11) PCIJ (1927), Series A, No. 10, p. 18.

12) 1926년 독일이 국제연맹에 -그것도 상임이사국으로- 가입하고 나서 1931년부터 1935년까지 PCIJ재판관 역임. 1935년 임기 도중에 사망. Eyffinger, pp. 283, 310, 386~387.

13) France, Italy, Japan and the UK v. Germany, PCIJ (1923), Series A, No. 1, p. 47. 사건 개요는, 본서, 제19장 (영토의 취득), "XV. 영토에 대한 제한적 권리의 취득, 4. 대양간 운하. (3) 키일 운하" 참조.

무를 조약에 의해 떠맡는 것은 불가능하다"라고 주장하였다. 베르사유 평화조약 제380조는 독일과 평화관계에 있는 모든 국가들에게 독일의 키일 운하를 개방할 것을 규정하고 있었는데, 이 규정으로 독일은 1921년 폴란드와 소련 간의 전쟁에서 폴란드로 향하는 전시금제품이 키일 운하를 통과하는 것을 허용할 의무가 있는지가 문제가 되었다. 따라서 Schücking은 제1차 세계대전의 결과로 자국에 강요된 베르사유조약의 유효성에 이의를 제기하고 싶었던 것이다. 그는 나중에 PCIJ (정규) 재판관이 된 후 *Oscar Chinn* 사건[14]에서도 반대의견을 통해 "강행규범"(*jus cogens*), "공공도덕"(public morality) 그리고 "국제공공정책"(international public policy)의 존재를 적극 옹호하였다. 이 밖에 자연법을 선호하는 학자들, 이를테면 Alfred Verdross(1890~1980) 역시 강행규범의 존재를 극력 주장하였다.[15]

20세기 초반 강력한 법실증주의적 세계관을 가진 다수의 학자들도 대부분의 국내법체계에서 지지되고 있던 강행규범과 임의규범의 구분에 영향을 받은 것으로 보인다. 예컨대, D. Anzilotti (1869~1950)[16]는 1912년 "국가들의 의사는 국제법에 의하여 금지된 어떤 것을 목표로 해서는 안된다. 예컨대, 두 국가가 공해의 일부에 대한 통제권을 나누어 갖기로 약속한다든지, 혹은 어떤 국가가 타국을 위하여 제3국에 속하는 영토를 처분키로 하는 조약은 당연무효가 될 것이다."[17]라고 주장하였으며, 이어서 1914년에는 '두 국가가 조약에 의해 전쟁포로를 죽이기로 약속하는 것은 법적으로 금지된다."[18]는 점을 지적하기도 하였다. 그리고 Oppenheim(1858~1919)[19]은 1905년 "예컨대, 만약 한 국가가 자국 선박들에게 공해상에서 해적행위를 하도록 명령하더라도 타국은 이에 간섭하지 않는다는 내용의 협약이 양국 간에 체결된다면, 그러한 조약은 당연무효가 될 것이다. 왜냐하면 자국의 선박들이 공해에서 해적행위를 하지 않도록 금지하는 것은 모든 국가의 의무라는 것이 국제법의 한 원칙이기 때문이다."라고 쓰고 있다.[20]

그런가 하면 강행규범이란 국가처럼 잘 조직화되고 실효적인 법체계에서만 가능한 것으로 전제한 나머지 국제공동체에는 아직 그런 것이 있을 수 없다고 단정하는 학자도 있었다. 예컨대, Schwarzenberger는 "국내법과는 달리 국제관습법은 강행규범(*jus cogens*) 혹은 국제공공정책(international public policy)의 규칙, 즉 국제법의 개별 주체들이 합의에 의하여 수정할 수 없는 규칙이란 것이 결여되어 있다. 사실, 임의규범(*jus dispositivum*)과는 구분되는 강행규범은 공공정

14) PCIJ (1934), Series A/B, No. 53, pp. 149~150.

15) 즉, Alfred Verdross는 독일 나치의 오스트리아 접수 기간 중에 발표한 글, "Forbidden Treaties in International Law", (1937) 31 AJIL 571~572에서 "it is the quintessence of norms of this character that they prescribe a certain positive or negative behavior unconditionally ; norms of this character, therefore, cannot be derogated from by the will of the contracting parties."라고 주장하였던 것이다. See also Verdross, "Jus Dispositivum and Jus Cogens in International Law", (1966) 60 AJIL 55~63 ; Verdross, *Völkerrecht*, 4th ed. (Vienna : Springer Verlag, 1959), p. 79 and 5th ed. (1964), p. 130.

16) https://en.wikipedia.org/wiki/Dionisio_Anzilotti.

17) Quoted in Cassese, p. 176.

18) *Ibid.*

19) https://en.wikipedia.org/wiki/L._F._L._Oppenheim.

20) L. Oppenheim, *International Law : A Treatise*, Volume I (London, 1905), p. 528 ; quoted in Cassese, p. 176.

책(public policy)의 규칙들을 수립할 수 있는 입법적 그리고 사법(司法)적 장치를 갖추고 있고 또한 최종적으로 압도적인 물리력에 호소할 수 있는 실효적인 법적 질서(an effective *de jure* order)의 존재를 전제로 한다."고 적고 있다.[21] Rousseau 역시 강행규범 개념에 대하여 매우 회의적이었으며, 따라서 국제법에서는 국내법의 상황과는 대조적으로 "국가의 의사의 자율성을 제한하는 공공정책의 관념은 국제공동체의 개인주의적·의사주의적 구조 때문에 사실상 존재하지 않는다."고 지적하였다.[22]

제2차 세계대전 직후 국제강행규범을 인정한 것으로 보이는 국내판례들도 보고되고 있다. 예컨대, 1947년과 1948년 뉴른베르그에서 개정된 한 미국 군사재판소에 의해 심리된 *Alfried Krupp and others* 사건[23]에서 피고들은 독일 병기 생산에 프랑스 전쟁포로들을 사용한 것은 비시(Vichy) 정부가 베를린 주재 프랑스대사를 통해 독일과 체결한 협정에 의거한 것이라고 항변하였다.[24] 이에 대해 재판부는 그러한 협정이 존재한다는 신뢰할만한 증거가 없으며, 설사 그러한 협정이 존재한다 하더라도 그것은 명백히 "선량한 도덕에 반하는"(*contra bonos mores*) 것으로서 "국제법상 무효였다"(it was void under the law of nations)고 언급하였다.[25] 1960년대 중반에 독일(서독) 연방헌법재판소에 제기된 한 사건[26]도 국제강행규범의 존재를 인정한 국내판례로 빈번히 인용되고 있는데, 이 사건에서 동 재판소는 "국제관습법은 본질적으로 임의규범(*jus dispositivum*)이다. ... 단지 소수의 기본적인 명령만이 조약에 의하여 배제될 수 없는 국제관습법의 규칙으로 간주될 수 있다. 그러한 강행규범의 자격(the quality of such peremptory norms)은 국제공동체의 법적 확신에

21) G. Schwarzenberger, *A Manual of International Law*, 5th ed. (London : Stevens & Sons, 1967), pp. 29~30.

22) Charles Rousseau, 1 *Principes Généraux de Droit International Public* (1944), pp. 341~342 and *Droit International Public,* Tome 1 (Introduction et Sources) (Paris V^e, 1970), pp. 149~151.

23) See Doug Linder, "The Subsequent Nuremberg Trials : An Overview", at https://www.law.umkc.edu/faculty/projects/ftrials/nuremberg/subsequenttrials.html ; Nuremberg Trials Held by the United States of America Under Control Council Law No. 10, at https://www.ess.uwe.ac.uk /genocide/cntrl10_trials.htm#Krupp ; https://en.wikipedia.org/wiki/Subsequent_Nuremberg_Trials ; https://en.wikipedia.org/wiki/Krupp_Trial.

24) 1929년의 제네바 전쟁포로협약(1929 Geneva Convention Relative to the Treatment of Prisoners of War) 제31조 1항은 "병기와 군수품의 생산과 수송을 포함해서, 전쟁수행과 직접 관련있는 일에 전쟁포로를 고용하는 것"(employment of prisoners of war in ... work having a direct relation to war operations, including the manufacture and transport of armament and munitions)을 금지하고 있었다. 1929년의 협약을 크게 확대한 판에 해당하는, 그리고 체약국간의 관계에서는 1929년의 조약을 대체한(제134조) 1949년의 제네바 제3협약(1949 Geneva Convention Ⅲ Relative to the Treatment of Prisoners of War) 제50조에 의하면 전쟁포로는 "야금업, 기계공업 및 화학공업"(metallurgical, machinery and chemical industries)에서 일을 하도록 강제되지 아니한다. 전쟁수행(operations of the war)과 관련있는 일에 전쟁포로를 사용하는 것은 1899년과 1907년의 헤이그 육전규칙 제6조에 의해서도 금지되고 있으며, 이 금지는 아주 오래된 국제관습법규이기도 하다. See Egon Schwelb, "Some Aspects of International Jus Cogens as Formulated by the International Law Commission", (1967) 61 AJIL 946 at 950~951 ; Adam Roberts and Richard Guelff (eds.), *Documents on the Laws of War* (Oxford : Clarendon Press, 1982), pp. 215~216.

25) Schwelb, *op. cit.*, pp. 950~951 ; Quadros, *op. cit.*, p. 556.

26) Judgment of 7 April 1965, 18 BVerfGE 441. See Stefan A. Riesenfeld, "*jus dispositivum* and *jus cogens* in international law : in the light of a recent decision of the German Supreme Constitutional Court", (1966) 60 AJIL 511~515 ; Sinclair, p. 211.

깊게 뿌리박고 있고, 국제적인 법질서로서의 국제법의 존재에 불가결하며, 또한 그에 대한 준수가 국제공동체의 모든 구성원들에 의하여 요구될 수 있는 그러한 법규칙에 대해서만 부여될 수 있다." 고 언급하였기 때문이다.

UN국제법위원회(ILC)에서 강행규범 문제에 대한 토론은 1963년에 개시되었다. ILC 보고자(rapporteur)인 H. Waldock 교수를 비롯하여 모든 위원들은 조약의 무효사유로서 강행규범(*jus cogens*)을 도입하는 문제에 대하여 '한결같이' 찬성하였다. ILC는 여러 정부로부터 코멘트를 받고 또 UN총회 제6위원회(Sixth Committee)가 ILC초안을 검토한 후 강행규범에 관한 규정초안에 관하여 다시 토의하였다. 그 결과 ILC 최종초안의 제50조는 "조약은 그로부터의 이탈이 허용되지 아니하며 동일한 성격을 갖는 일반국제법의 사후규범에 의해서만 수정될 수 있는 일반국제법의 강행규범과 충돌되는 경우 무효이다."(A treaty is void if it conflicts with a peremptory norm of general international law, from which no derogation is permitted and which can be modified only by a subsequent norm of general international law having the same character.)라고 규정하게 되었다. 그러나 ILC위원들이 강행규범의 본질 혹은 연원에 관해서까지 견해를 같이 한 것은 아니었다.[27]

1963년, 1966년 그리고 1967년 UN총회 제6위원회에서 조약법에 관한 규정초안을 토의하는 과정에서 국가대표들은 그들이 속한 진영에 따라 상이한 태도를 보여주었다. 사회주의 진영과 제3세계 진영은 전폭적인 지지를 보낸데 반해, 미국·영국·프랑스·캐나다·벨기에·터키 등은 여러 가지 이유를 내세워, 특히 문제의 조항이 모호하다든지 혹은 이것을 적용할 국제강제관할권이 결여되어 있다든지 하는 이유로 위 규정에 적극 반대하였다.[28]

이같은 진영 간 대립은 조약법에 관한 UN비엔나회의(Vienna Conference on the Law of Treaties)에서도 계속되었다. 무엇보다도 제3세계 국가들은 강행규범을 식민주의 내지는 신식민주의에 대항하기 위한 하나의 수단으로 생각하였다. 예컨대, 1968년 비엔나회의에서 시에라레온의 대표는 "우리가 강행규범의 개념을 지지하게 되면 제국주의, 노예제도, 강제노동 그리고 모든 인간의 평등과 국가들의 주권평등 원칙을 침해하는 모든 관행을 비난할 수 있는 황금의 기회를 제공받게 될 것"이라고 천명하였다.[29] 이에 반해, 사회주의 국가들은 강행규범을 서로 다른 사회·경제구조를 가진 국가들 간의 평화공존을 보장하기 위한 한 개의 정치수단으로 생각하였다. 이처럼 약간의 시각차는 있지만, 제3세계와 사회주의 진영은 요컨대 강행규범 개념의 도입 및 확대를 통해서 서방진영의 행동의 폭을 줄여보겠다는 의도를 가졌던 것이다.[30] 이에 대해 서구국가들은 처음부터 수세에 몰렸으며, 이에 미국은 "조약은 그 체결 당시 '세계의 국내 및 지역 법체계에 의하여 공동으로 승인되고 그로부터의 이탈이 허용되지 아니하는 일반국제법의 강행규칙'(a peremptory rule of

27) Tunkin, pp. 152~153.
28) *Ibid.*, pp. 153~154.
29) Vienna Conference on the Law of Treaties, Official Records, 1st session, 53rd Mtg of the Committee of the Whole, para. 9 ; quoted in Cassese, p. 176.
30) Cassese, p. 176.

general international law which is recognised in common by the national and regional legal systems of the world and from which no derogation is permitted)과 충돌하는 경우 무효이다."라는 절충안을 제시하기도 하였다. 그러나 미국의 이같은 절충안은 문제의 본질을 흐리려는 시도였으며, 또한 국제법을 대외적 국내법(external state law) 정도로 이해했던 19세기 독일 학자들의 관념을 연상케 하는 것이었다. 그러므로 쿠바 대표는 "미국의 제안은 국가가 국내법을 원용함으로써 국제법의 그 어떤 절대적 규범에도 훼방놓는 것을 허용하는 것"이라고 비판하였다.[31] 결국, 서방 국가들은 강행규범의 실제 내용에 관하여 분쟁이 발생하는 경우 ICJ의 강제관할권을 인정한다는 조건 하에 강행규범 개념의 도입에 동의하였다.[32]

강행규범에 관련한 비엔나 조약법협약의 규정은 제53조(강행규범과 충돌하는 조약), 제64조(신강행규범의 출현), 제66조(a)(분쟁해결절차)이다. 그러나 협약은 강행규범에 해당되는 근본규범의 목록은 포함하고 있지 않다. 다만 그 정의와 관련하여 협약 제53조는 "조약은 그 체결 당시에 일반국제법의 강행규범과 충돌하는 경우 무효이다. 본 협약의 목적상 일반국제법의 강행규범이란 국가들로 구성되는 국제공동체 전체에 의하여 수락되고 승인된 규범으로서, 그로부터의 이탈이 허용되지 아니하며, 또한 동일한 성격을 갖는 일반국제법의 사후규범에 의해서만 수정될 수 있는 것(a norm accepted and recognised by the international community of States as a whole as a norm from which no derogation is permitted and which can be modified only by a subsequent norm of general international law having the same character)이다."라고 규정하고 있다.[33]

---

31) Tunkin, p. 154.

32) Cassese, p. 177 ; 본서, 제4장 (조약법), "Ⅵ. 무효 또는 종료를 확정짓기 위한 절차". 다만, 프랑스는 "강행규범에 관한 규정이 정밀하지 못하여 결과적으로 (ICJ)재판관이 국제입법부가 될 정도로 광범위한 재량을 부여받게 생겼는데, 이것은 재판관의 본래의 기능이 아니다."라는 이유로 협약 채택에 유일하게 반대투표하였다 : Harris, 5th, pp. 836~837 ; Ragazzi, pp. 67, 70. 프랑스는 1986년 "국가와 국제기구 또는 국제기구 상호간의 조약법에 관한 UN회의"에서도 동일한 입장을 견지하였다 : United Nations Conference on the Law of Treaties between States and International Organizations or between International Organizations, Vienna, 18 February - 21 March 1986, A/Conf.129/16, Official Records, Volume I, p. 17 ["Mr. DELON (France) said that his delegation wished to reiterate the reservation it had expressed in the Drafting Committee with respect to article 53, which it opposed because it did not agree with the recognition that article gave to *jus cogens.* His delegation would not oppose a consensus on the article, but would not join in that consensus"], 〈https://legal.un.org/diplomaticconferences/lawoftreaties-states-intlorgs-1986/vol/english/vol_I_e.pdf〉 ; Stefan Kirchner, "Relative Normativity and the Constitutional Dimension of International Law: A Place for Values in the International Legal System?", (2004) 5 (No. 1) German Law Journal 47 at 49 ; Shelton, "International Law and 'Relative Normativity'", in Evans (ed.), *International Law*, 3rd, p. 149. 그 후, France, Court of Cassation, Criminal Chamber, *SOS Attentat and Castelnau d'Esnault* v. *Qadaffi*, *Head of State of the State of Libya*, 13 March 2000, No 1414, 125 ILR 490, 493 (noted by Bankas, p. 263)에서, 프랑스 검찰은 프랑스의 한 항공기가 사하라 사막 상공에서 비행 중 폭파된 사건과 관련하여 리비아의 사실상의 국가원수 가다피의 면제를 인정하지 않은 기소재판부(Chambre d'Accusation)의 결정에 대항하여 파기원에 항소하면서, "프랑스는 1969년 비엔나 조약법협약 제53조에 정의된 바의 강행규범의 개념을 승인하지 않았으며, 지금까지도 이 협약에 가입하지 않았다."고 언급한 바 있다. 본서, 제10장 (국가면제), "Ⅴ. 국가의 정의" 참조.

33) 강행규범을 정의함에 있어 1986년의 "국가와 국제기구 또는 국제기구 상호간의 조약법에 관한 비엔나협약"(Vienna Convention on the Law of Treaties between States and International Organizations or between International Organizations) 제53조도 1969년 협약 제53조의 규정을 그대로 차용하고 있다. 1986

이 공식에 따르면, (국제)강행규범은 다음의 몇 가지 요소로 구성되고 있다. 첫째, "일반국제법"상의 규범이다. 둘째, "국가들로 구성되는 국제공동체 전체에 의하여 수락되고 승인"되어야 한다. 셋째, "그로부터의 이탈을 허용하지 아니한다." 넷째, 영구불변한 것은 아니지만 "동일한 성격을 갖는 일반국제법의 사후규범", 즉 새로운 강행규범에 의해서만 수정될 수 있다. 현재 비엔나 조약법협약 제53조의 조건을 충족한 강행규범의 예로서 가장 빈번하게 인용되는 것은 침략, 노예제도/노예무역, 제노사이드, 아파트헤이트(인종분리정책) (apartheid) 및 고문의 금지, 무력충돌 시에 적용되는 국제인도법의 기본규칙 그리고 민족자결권 등이다.[34]

여러 국제재판소들도 이제는 강행규범의 존재를 확인하고 있다. 이를테면 유럽인권재판소는 *Al-Adsani* v. *UK* 사건[35]에서 고문 금지를, *Jorgic* v. *Germany* 사건[36]에서는 -아래에서 언급할 ICJ 판례를 따라- 제노사이드 금지를 강행규범으로 불렀다. 구유고국제형사재판소도 고문 금지를 강행규범으로 선언한 바 있다.[37] 미주인권재판소(Inter-American Court of Human Rights)는 더

년의 협약을 기초할 때 ILC 내에서는 '국제기구'와 관련된 조약법을 법전화하려는 마당에 강행규범을 정의하면서 국제기구에 대해서는 전혀 언급함이 없이 "international community *of States* as a whole"이란 표현을 그대로 쓰는 것은 너무 제한적인 것이 아닌가의 문제가 제기되었으나, 적어도 "현재의 국제법 상태에서는 강행규범을 수립하거나 승인하도록 요청받는 것은 국가들"이라는 이유로 1969년 협약에 나타난 강행규범의 정의를 그대로 차용하기로 결정하였었다. ILC Draft articles on the law of treaties between States and international organizations or between international organizations with commentaries 1982, Commentary on Article 53 (Treaties conflicting with a peremptory norm of general international law), para. 3, available at https://www.un.org/law/ilc/ ; Ragazzi, p. 55.

34) ILC "Conclusions of the work of the Study Group on the Fragmentation of International Law: Difficulties arising from the Diversification and Expansion of International Law" (2006), para. (33). ILC는 동 "Conclusions", para. (32)에서 강행규범의 본질에 관해 짧지만 명쾌하게 지적하고 있다 : "A rule of international law may be superior to other rules on account of the importance of its content as well as the universal acceptance of its superiority. This is the case of peremptory norms of international law ... "

35) European Court of Human Rights, Application No. 35763/97, Judgment of 21 Nov. 2001, paras. 61~67. 재판소는 그러나 이 규칙은 법정지국 밖에서 발생한 고문과 관련한 민사소송에서 국가(외국)의 면제를 박탈하지 못한다고 판시하였다 : 본서, 제10장 (국가면제) 참조.

36) European Court of Human Rights, Application No. 74613/01, Judgment of 12 July 2007 (Final: 12/10/2007), para. 68. 사건 개요는 본서, 제9장 (국가관할권), "Ⅱ. 입법관할권의 이론적 기초, 5. 보편관할권" 참조.

37) ICTY, *Prosecutor* v. *Furundzija*, Case No.: IT-95-17/1-T, Trial Chamber, Judgment of 10 December 1998, para. 153, 〈https://www.icty.org/x/cases/furundzija/tjug/en/fur-tj981210e.pdf〉 : "While the *erga omnes* nature just mentioned appertains to the area of international enforcement (*lato sensu*), the other major feature of the principle proscribing torture relates to the hierarchy of rules in the international normative order. Because of the importance of the values it protects, this principle has evolved into a peremptory norm or *jus cogens*, that is, a norm that enjoys a higher rank in the international hierarchy than treaty law and even "ordinary" customary rules. The most conspicuous consequence of this higher rank is that the principle at issue cannot be derogated from by States through international treaties or local or special customs or even general customary rules not endowed with the same normative force."

2년 뒤, 동 재판소는 대부분의 인도법규범, 특히 전쟁범죄·인도에 대한 죄·제노사이드를 금지하는 규범들도 국제법의 강행규범이라고 하였다 : ICTY (Trial Chamber), *Prosecutor* v. *Kupreškić et al.*, Case No. IT-95-16-T, 14 January 2000, 〈https://www.icty.org/en/case/kupreskic〉, para. 520("... most norms of international humanitarian law, in particular those prohibiting war crimes, crimes against humanity and

욱 적극적인데, 지금까지 비차별(차별 금지), 고문 금지, 재판소 접근(이용), 강제실종 금지 등을 강행규범 목록에 올리고 있다.[38]

세계재판소 ICJ의 경우는 그간 강행규범을 직접 지칭하는 것을 자제하는 모습을 보여 주었다. 우선, 제2차 세계대전 직후 *Reservations to the Convention on Genocide* 사건[39]에서 제시한 권고적 의견에서 ICJ는 강행규범 개념을 직접 원용하지는 않았지만, 많은 학자들은 ICJ가 이것을 수용한 것으로 보고 있다.[40] 이 의견에서 ICJ는 제노사이드 협약의 '특별한 성격'(special characteristics)을 언급하면서, 제노사이드를 "도덕법에 반하는"(contrary to moral law) 국제범죄로 비난한 1946년 12월 11일의 UN총회 결의 96(I)을 인용하고, 제노사이드를 금지하는 규범은 제노사이드 협약의 당사자가 아닌 국가들에게도 구속력이 있을 수 있음을 시사하고 있기 때문이다.

Barcelona Traction Co. 사건[41]도 ICJ가 강행규범의 존재를 인정한 판례로 인용하는 견해가 있다. 그러나 이 판결에서 ICJ가 사용한 직접적인 표현은 대세적 의무(obligations *erga omnes*)인데, 그렇다면 강행규범과 대세적 의무는 동일한 개념인가의 의문이 제기된다. 이 문제에 관해서는 아래에서 별도로 언급하겠다.

일부 견해에서는 ICJ가 강행규범을 인정한 주요 판례로서 *U.S. Diplomatic and Consular Staff in Tehran* 사건[42]을 인용하고 있다.[43] 그러나 본 사건에서 ICJ는 외교공관의 불가침성이 강행규범인지 아닌지의 문제를 교묘하게 회피하였을 따름이다. ICJ가 이 사건에서 "불가침성 원칙의 근본적 성격"(the fundamental character of the principle of inviolability)[44]과 "두 국가 간의 외교적 긴장상태에 의해서도 변경되지 않는, 이란 정부에게 부과되어 있는 법적 의무들의 '명령적' 성격"(the imperative character of the legal obligations incumbent upon the Iranian Government which is not altered by a state of diplomatic tension between the two countries)[45]이란 표현을 사용하긴 하였으나, 외교공관의 불가침성 원칙을 강행규범으로 특징짓는

---

genocide, are also peremptory norms of international law or *jus cogens*, i.e. of a non-derogable and overriding character."). 본서, 제17장 (국제인권법), "Ⅵ. 인권존중과 대세적 의무" 참조.

38) 자세한 것은 Shelton in Evans (ed.), *International Law*, 3rd, pp. 151~152 참조.

39) ICJ Reports (1951), p. 23 : "The solution of these problems must be found in the special characteristics of the Genocide Convention. ... The origins of the Convention show that it was the intention of the United Nations to condemn and punish genocide as "a crime under international law" involving a denial of the right of existence of entire human groups, a denial which shocks the conscience of mankind and results in great losses to humanity, and which is contrary to moral law and to the spirit and aims of the United Nations (Resolution 96(I) of the General Assembly, December 11th 1946). ... the principles underlying the Convention are principles which are recognized by civilized nations as binding on States, even without any conventional obligation."

40) See e.g. Sinclair, p. 210 ; Quadros, *op. cit.*, p. 557.

41) Belgium v. Spain, ICJ Reports (1970), p. 3 at 32 (paras. 33~34).

42) ICJ Reports (1980), p. 3 at 40~41.

43) See e.g. Quadros, *op. cit.*, p. 557 ; von Glahn, p. 583 ; 柳炳華 I (1987), pp. 240~241 ; 李丙朝/李仲範, pp. 99~100.

44) ICJ Reports (1980), p. 3 at 40 (para. 86).

45) *Ibid.*, at 41 (para. 88). ICJ는 1979년, 이 사건의 임시조치에서도 이와 비슷하게 "*imperative* obligations

선에는 미치지 못하였던 것이다.[46)]

1986년 *Nicaragua* 판결[47)]도 ICJ가 강행규범을 승인한 판례로 빈번히 원용되고 있지만, 사실 여기서도 재판소는 무력사용 금지 원칙을 강행규범으로 보는 ILC와 소송당사자들의 견해를 인용하였을 뿐이다.[48)]

ICJ의 모호한 태도는 *Legality of the Threat or Use of Nuclear Weapons* 사건[49)]에서도 계속되었다. 재판소는 "국제인도법의 많은 규칙은 너무나 근본적이어서 ... 위반할 수 없는 국제관습법의 원칙들(*intransgressible* principles of international customary law)을 구성한다"고 하였는데, 여기서 "위반할 수 없는"이란 수식어가 강행규범의 '강행'을 지칭하는 것인지, 아니면 그저 문제의 규칙들은 -그것을 담고 있는 조약들의 당사자가 아닌 국가들에게도 법적으로 구속력있는- 일반관습법 규임을 의미하는 것인지가 불분명하다.[50)]

드디어 2006년 ICJ는 *Armed Activities on the Territory of the Congo* 사건[51)]에서 국제법에

---

inherent therein"(i.e. in diplomatic and consular relations)이란 표현을 사용하였다 : *United States Diplomatic and Consular Staff in Tehran*, Provisional Measures, Order of 15 December 1979, ICJ Reports (1979), p. 7 at 20 (para. 41). 한편, 이 판결의 정본은 영어인데, 그 불어 번역본에서 사용된 obligations impératives란 표현은 흡사 비엔나 조약법협약 제53조의 불어본에 나오는 normes impératives란 표현을 닮고 있다. 영어의 imperative란 형용사는 보통 peremptory와 같은 뜻으로 사용되기 때문에 ICJ가 이들 중 어느 형용사를 사용했는지가 결정적인 중요성을 갖는 것은 아니다. Ragazzi, p. 191, fn. 7.

46) Ragazzi, pp. 191~193 ; Sinclair, p. 212 ; 金燦奎, "人權保障義務의 法的 性質", 《국제법평론》, 1996-Ⅰ(통권 제6호), p. 16 ; 2001년 ILC 국가책임초안 제50조 2항(b) 참조. See also ILC "Conclusions of the work of the Study Group on the Fragmentation of International Law : Difficulties arising from the Diversification and Expansion of International Law" (2006), para. (31), at https://www.un.org/law/ilc.

47) *Military and Paramilitary Activities in and against Nicaragua* (Nicaragua v. United States of America), ICJ Reports (1986), p. 14 at 100 (para. 190).

48) Shelton in Evans (ed.), *International Law*, 3rd, p. 150.

49) Advisory Opinion, ICJ Reports (1996), p. 226 at 257 (para. 79) : "... a great many rules of humanitarian law applicable in armed conflict are so fundamental to the respect of the human person and "elementary considerations of humanity" as the Court put it in its Judgment of 9 April 1949 in the *Corfu Channel* case (*I.C.J. Reports 1949*, p. 22), that the Hague and Geneva Conventions have enjoyed a broad accession. Further these fundamental rules are to be observed by all States whether or not they have ratified the conventions that contain them, because they constitute intransgressible principles of international customary law."

50) Shelton in Evans (ed.), *International Law*, 3rd, p. 150.

51) (New Application: 2002)(Democratic Republic of the Congo v. Rwanda) (Jurisdiction and Admissibility), ICJ Reports (2006), p. 6 at 31~32 (para. 64) : "The Court will begin by reaffirming that "the principles underlying the [Genocide] Convention are principles which are recognized by civilized nations as binding on States, even without any conventional obligation" and that a consequence of that conception is "the universal character both of the condemnation of genocide and of the co-operation required 'in order to liberate mankind from such an odious scourge' (Preamble to the Convention)" (*Reservations to the Convention on the Prevention and Punishment of the Crime of Genocide, Advisory Opinion, I.C.J. Reports 1951*, p. 23). It follows that "the rights and obligations enshrined by the Convention are rights and obligations *erga omnes*" (*Application of the Convention on the Prevention and Punishment of the Crime of Genocide* (*Bosnia and Herzegovina* v. *Yugoslavia*), *Preliminary Objections, Judgment, I.C.J. Reports 1996* (*Ⅱ*), p. 616, para. 31). The Court observes, however, as it has already had occasion to emphasize, that "the *erga omnes* character of a norm and the rule of consent to jurisdiction are two different things" (*East Timor* (*Portugal* v.

서 강행규범의 존재를 확인하면서, 제노사이드 금지는 '단연코(확실히)'(assuredly) 강행규범이라고 말하였다.[52] 그리고 그 후 2012년 *Questions relating to the Obligation to Prosecute or Extradite* 사건[53]에서는 "고문 금지는 국제관습법의 일부로서 (이미) 강행규범이 되었다."고 천명하기도 하였다.

ILC강행규범결론초안(결론 20)에 의하면, 강행규범과 타 국제법규 간에 충돌이 생길 수 있는 것으로 보이는 경우, 후자는 가능한 한 전자에 부합하도록 해석되고 적용되어야 한다. ILC강행규범결론초안(결론 23)은 −다른 강행규범의 존재 혹은 차후 출현을 침해하지 않는다는 의미에서− 완전하지 아니한 강행규범의 목록(non−exhaustive list)을 제시하고 있는데, 여기에는 침략 금지, 제노사이드 금지, 인도에 대한 죄의 금지, 국제인도법의 기본규칙들, 인종차별과 아파트헤이트의 금지, 노예제도 금지, 고문 금지, 민족자결의 권리 등 8개가 담겨 있다.

Ⅱ. 강행규범의 본질에 관한 논쟁

비엔나협약 제53조에 의하여 국제공동체에 명백히 도입된 국제강행규범 개념을 바라보는 시각은 다양하지만, 그 중에서도 강행규범을 국가들의 의사 내지는 합의에 기초하지 아니한 국제입법절차의 출현으로 간주하려는 견해에 주목해 볼 필요가 있다.[54] 만일 이것이 제53조 기초자들의 원래 의도였다면 국제공동체는 조약과 관습으로 대변되는 자율적 구조로부터 이미 타율적 −혹은 다수결원칙에 기초한− 질서로의 전환을 단행하였다고 평가할 수 있을 것이기 때문이다. 이 계열에 속하는 견해는 다시 크게 두 가지로 구분된다.

Australia), Judgment, I.C.J. Reports 1995, p. 102, para. 29), and that the mere fact that rights and obligations *erga omnes* may be at issue in a dispute would not give the Court jurisdiction to entertain that dispute.

The same applies to the relationship between peremptory norms of general international law (*jus cogens*) and the establishment of the Court's jurisdiction : the fact that a dispute relates to compliance with a norm having such a character, which is assuredly the case with regard to the prohibition of genocide, cannot of itself provide a basis for the jurisdiction of the Court to entertain that dispute. Under the Court's Statute that jurisdiction is always based on the consent of the parties."

52) 그러나 위 판결문에서 보는 것처럼, ICJ는 −대세적 의무의 경우와 마찬가지로− 제노사이드 금지가 강행규범이라고 해서 그로 인해 당사자들의 동의에 의해 규율되는 것으로 남아있는 ICJ의 재판관할권이 영향을 받지는 아니한다는 점을 적시하였다. Shelton in Evans (ed.), *International Law*, 3rd, p. 150 ; 본서, 제26장(분쟁의 평화적 해결수단), "Ⅶ. 사법심사 : ICJ를 중심으로" 참조. ICJ는 *Application of the Convention on the Prevention and Punishment of the Crime of Genocide* (Croatia v. Serbia), judgment of 3 February 2015, para. 87에서 위 2006년도 판결, para. 64를 상기시키고 있다.

53) Belgium v. Senegal, ICJ Reports (2012), p. 422 at 457 (para. 99).

54) 이를테면, Janis는 "합의에 기초하지 아니한 국제법의 연원"(nonconsensual sources of international law)으로서 '법의 일반원칙', '자연법' 및 '강행규범'을 들면서(pp. 46~54), "강행규범, 즉 강제적인 법의 관념은 자연법에 상당히 가깝다(Rather close to natural law is the notion of *jus cogens*, compelling law)"(p. 53)라고 언급하고 있다.

먼저, 비엔나협약 제53조의 공식을 '일반국제법'의 한 개의 '새로운 연원'이 출현한 증거로 보는 견해가 있다. 다시 말해서, 강행규범은 일반적인 구속력을 갖는 규칙을 만들 수 있는 한 개의 완전한 '새로운 연원'을 구성한다는 것이다. 이들은 ICJ규정 제38조 1항에 열거되어 있는 국제법의 전통 연원은 비엔나협약 제53조에 언급된 "국제공동체 전체"를 대표하지 못하며, 이같은 공동체는 UN총회나 혹은 보편적인 국제회의에서만 소집될 수 있다고 주장한다. 그들은 또한 제53조는 관습의 한 요소인 관행(practice)에 대한 어떤 언급도 담고 있지 않다는 사실에 주의를 환기시키고 있다. 즉, 일반강행규칙의 형성은 단지 관습의 강화된 형식으로 볼 수 없다는 것이다. 요컨대, 그들은 강행규범의 공식에서 관행에 기초하지 아니한 일반규칙 형성의 시원적 방식을 보고 있는 것이다.[55)]

그러나 국제공동체에서는 그 어떤 새로운 연원도 이처럼 쉽게 가정될 수 있는 성격의 것이 아니다. 강행규범 개념을 다듬는 과정에서 ILC는 그 어느 곳에서도 더욱 고차원의 법을 결정하기 위한 '더욱 고차원의 법의 연원'(a higher source of law)을 도입하는 가능성에 관해서는 언급한 적이 없다. 사실 ILC는 강행규범의 연원 문제에 대해서는 별다른 주의를 기울이지 않았다. 그리고 강행규범에 관한 초안규정에 대한 주해에서 ILC는 "강행규범규칙의 수정"을 위한 가장 적절한 수단으로 일반다자조약을 꼽았었다.[56)] 또한 소속 진영에 관계 없이 비엔나회의의 토론에 참여했던 대다수 국가대표들도 강행규범을 단지 기존 연원의 산물로 간주하였다. 그리고 그 후의 발전도 강행규범규칙을 위한 어떤 특별한 연원도 부재함을 확인하고 있다. 예컨대, 1976년 ILC는 "실제로 국제법질서에서는 '헌법적' 혹은 '근본적' 원칙의 창설을 위한 특별한 연원은 존재하지 않는다."[57)]고 말하였다. *Military and Paramilitary Activities in and against Nicaragua* 사건[58)]에서 ICJ는 무력사용을 금지하는 강행규칙은 그 어떤 외래의 연원에 기초하고 있는 것이 아니라, 가장 일반적으로 사용되고 확립된 두 개의 법의 연원, 즉 조약과 관습에 기초하고 있다는 가정 하에서 접근해 들어 갔다.[59)]

그러면 기존 연원의 테두리 안에서 다수결 원칙의 출현을 긍정하는 견해는 타당하다고 볼 것인가? 이 두 번째 주장은 기존의 연원은 더욱 고차원의 법에 관한 한 다수결에 의한 국제입법절차를 허용하기 위하여 수정되었다고 보고 있다. 이 견해는 비엔나협약 제53조 하에서 일반국제법의 강행규범은 '개별국가들에 의하여' 수락되고 승인되어야 하는 것이 아니라 '국가들로 구성되는 국제공동체 전체에 의하여' 수락되고 승인되어야 한다는 사실을 특별히 강조하는 경향이 있다. 즉, '국제공동체 전체'는 일부 개별국가들의 반대에도 불구하고 그 모든 구성원을 구속하게 될 규칙을 창설할 수 있다는 것이다. 비엔나협약 채택 후 이러한 사고는 여러 학자들 사이에서 광범위한 지지를 받고 있다.

---

55) Onuf/Birney, "Peremptory Norms of International Law : Their Source, Function and Future", (1974) 4 Denver Journal of International Law and Policy 187 at 195 ; Christenson, "*Jus Cogens* : Guarding Interests Fundamental to International Society", (1988) 28 Virginia Journal of International Law 585 at 592.

56) (1966) 2 Yearbook of the ILC 248.

57) (1976) 2 Yearbook of the ILC 86.

58) Nicaragua v. USA, ICJ Reports (1986), p. 14 at 100.

59) Gennady M. Danilenko, "International *Jus Cogens* : Issues of Law-Making", (1991) 2 EJIL 42 at 49.

예컨대 Gaja에 따르면, "강행규범은 필연적으로 모든 국가들에 대하여 작용하며" "하나 혹은 소수 국가들의 수락 결여 혹은 반대조차도 어떤 규범이 강행적인 것이 되는데 장애물이 되지 않는다는 점에 대하여 주석자들 사이에 일반적 합의가 존재한다"는 것이다.[60] Macdonald는 "매우 큰 다수의 동의는 강행규범의 규칙을 창설하기에 충분할 것"이라고 단언하면서, 그러한 규범은 그것을 승인하기를 명시적으로 거부한 국가들을 포함해서 모든 국가들에게 구속력이 있어야 한다고 생각하고 있다.[61] 그리고 "강행규범이 그 규칙을 수락하지 아니한 국가들에 대해서도 적용된다는 것은 이 개념의 본질"이라고 한다.[62] 이와 마찬가지로 Bos도 "세계공동체의 모든 국가, 따라서 '완강한 반대국가' (persistent objector)까지도 구속하는 것이 강행규범의 바로 그 본질에 속한다"고 언급하고 있다.[63] Hannikainen도 국제공동체 '전체'라 함은 "국제공동체의 모든 본질적 구성요소(all the essential components of the international community)가 그것을 승인함으로써 충분함을 의미하며, ... 실제로는 거의 모든 국가(nearly all States)를 의미한다"는 ILC의 견해를 대다수 학자들이 수용하고 있다고 주장하면서,[64] 현재의 지배적인 견해는 국제공동체 전체가 '공동선'(common good)에 대한 존중을 확보하기 위하여 극소수(a small minority)에게 강행규범을 강요할 권한이 있다는 것이라고 결론짓고 있다. 그러나 그는 국제법의 모든 연원이 '강행규범의 직접적이고 결정적인 연원'(direct decisive sources of peremptory norms)이 되기에 적합하지는 않으며, 가장 적합한 것은 관습이라고 말하고 있다.[65] 이병조/이중범 교수는 "국제강행규범은 ... 전통국제법상의 국가의사 자유성의 원리에 대한 제한을 통해 분권적 국제사회를 법의 지배에 의한 집권적 구조로 변모시키는 기능을 담당한다."고 언급하고 있고,[66] 유병화 교수도 "이러한 강행법규가 국내법에서는 완전히 제도적으로 확립되었으나 국제사회에서는 주로 이론적으로 논의되다가 최근에 판례에서 인정되고 1969년 및 1986년 비엔나협약에 의해 명문화되었다."고 언급함으로써, 국제법상의 강행규범도 국내법상의 강행규범과 당연히 동일하게 타율적 성격을 갖는 것으로 이해하는 것으로 보인다.[67]

이들이 자신의 결론을 옹호하기 위해 사용하는 논거는 대체로 다음의 두 가지이다. 첫째는, 강행규범은 그 '개념의 본질'상 '필연적으로' 예외없이 모든 국가들에 대하여 적용되어야 한다는 논리이

---

60) Giorgio Gaja, "*Jus Cogens* Beyond the Vienna Convention", 172 Recueil des Cours (1981 Ⅲ) 271, 283 ; quoted in Danilenko, *op. cit.*, p. 51.

61) R.St.J. Macdonald, "The Character of the United Nations and the Development of Fundamental Principles of International Law", in : B. Cheng/E.D. Brown (eds.), *Contemporary Problems of International Law : Essays in Honour of George Schwarzenberger* (1988) 196, 199 ; quoted in Danilenko, *op. cit.*, p. 51.

62) R.St.J. Macdonald, "Fundamental Norms in Contemporary International Law", (1987) 25 Canadian Yearbook of International Law 115, 131 ; quoted in Danilenko, *op. cit.*, p. 51.

63) Maarten Bos, *A Methodology of International Law* (Amsterdam : North-Holland, 1984), p. 246.

64) Lauri Hannikainen, *Peremptory Norms (Jus Cogens) in International Law* (Helsinki : Finnish Lawyers' Publishing Company, 1988), p. 211.

65) *Ibid.*, p. 216.

66) 李丙朝/李仲範, p. 102.

67) 柳炳華 Ⅰ (1987), p. 238. 이 밖에도, 동 저서, p. 113은 "*jus cogens*의 경우에는 반대한 국가에 대하여도 효력이 있다는 점에서 국내 입법절차에 매우 접근하고 있다"고 언급하고 있다.

다. 그러나 이 주장은 강행규범의 본질은 국제법질서에 있어서도 국내법질서에 있어서와 동일하다고 가정함으로써 증명을 요하는 바로 그것을 이미 입증된 것으로 간주하고 있다는 점에서 기본적인 결함을 안고 있다.[68]

이들이 제시하는 좀 더 실체적인 두 번째 논거는 비엔나회의에서 기초위원회 의장직을 맡았던 M.K. Yasseen이 회의 기간 중 "극가들로 구성되는 국제공동체 전체에 의하여 수락되고 승인된"(accepted and recognised by the international community of States as a whole)이란 문구에 대해 부여했던 특별한 해석을 기초로 하고 있다.[69] 그는 "전체"(as a whole)라는 문구의 의미와 관련하여 강행규범 규칙이 출현하는데 국가들의 '보편적' 수락과 승인은 필요하지 않다는 점을 지적하였다. 즉, 어떤 규칙이 강행규범으로 되는데 있어 모든 국가들이 이를 강행적인 규칙으로 수락하고 승인할 필요는 없으며, 대다수 국가들이 그렇게 함으로써 족하다는 것이다. 어떤 한 국가가 자기 혼자서, 아니면 일부 매우 소수의 국가들이, 어떤 규칙의 강행적 성격을 수락하기를 거부한다 하더라도 국제공동체 전체가 당해 규칙의 강행적 성격을 수락하고 승인하는 데에는 영향을 주지 못한다는 것이다.[70]

그러나 그의 말이 갖는 유권적 성격에도 불구하고 비엔나협약 제53조에 도입된 강행규범 개념이 타율적 성격을 갖는다고 보는 것은 무리이다. 우선, 제53조의 공식에 따르면 강행규범은 "일반국제법"(general international law)[71]의 계열에 속한다는 점을 간과해서는 안된다. 그리고 또 하나 간과할 수 없는 점은, 제53조는 강행규범을 정의함에 있어 ICJ규정 제38조 1항에 의하여 수립된 합의 요건을 따르고 있다는 점이다. 즉, 제53조는 동의의 요건을 폐지하기는 커녕, 국제공동체를 구성하는 국가들이 강행규범 규칙의 출현을 "수락하고 승인"할 것을 요구하고 있다. 이 두 단어는 비엔나회의 기초위원회가 강행규범의 정의를 ICJ규정 제38조 1항과 일치시키기 위해 사용하였다는 점에 유의할 필요가 있을 것이다.[72]

결론적으로 우리는 다음과 같이 말할 수 있을 것이다. 즉, 강행규범은 관습에 의하여 창설되며 또한 조약, 그것도 특히 다자조약에 의하여 만들어질 수 있겠지만, -ICJ규정 제38조 1항(c)의 '법의 일반

68) Danilenko, *op. cit.*, p. 51.

69) *United Nations Conference on the Law of Treaties*, Vienna, Official Records, First Session, at 472 : "There was no question of requiring a rule to be accepted and recognised as peremptory by all States. It would be enough if a very large majority did so; that would mean that, if one State in isolation refused to accept the peremptory character of a rule, or if that State was supported by a very small number of States, the acceptance and recognition of the peremptory character of the rule by the international community as a whole would not be affected."

70) ILC강행규범결론초안[결론 7(2)]도 "Acceptance and recognition by *a very large and representative majority of States* is required for the identification of a norm as a peremptory norm of general international law (*jus cogens*); acceptance and recognition by all States is not required."라고 규정하고 있다.

71) 다만, ILC는 2006년 "국제법의 분열(파편화)에 관한 스터디그룹 작업의 결론: 국제법의 다양화와 확대에서 발생하는 난제들"(Conclusions of the work of the Study Group on the Fragmentation of International Law : Difficulties arising from the Diversification and Expansion of International Law), 각주 6에서 "'일반국제법'에 대한 일반에게 인정된 정의는 없다."고 언급한 바 있다 : https://www.un.org/law/ilc.

72) Danilenko, *op. cit.*, pp. 52~53 ; Ragazzi, pp. 52~53.

원칙'을 포함하여[73]- 그 밖의 다른 연원으로부터는 나오지 않는 것으로 생각된다. 강행규범만을 위한 제3의 고차원의 법의 연원(a higher source of law for higher law)은 여전히 결여되어 있기 때문이다. 그 결과, 관습 또는 조약으로부터 도출되는 다른 규칙과 마찬가지로 강행규범들도 이른바 완강한 반대국가(persistent objector) 또는 관습법에서 알지 못하는 특정 강행규범을 도입하는 일반다자조약에 불참한 국가에 대해서는 강행규범으로서의 구속력이 없다. 이와 같은 국가는 다른 반대국가들과 함께 문제의 강행규범에 위배되는 조약을 체결할 수 있으며, 이런 경우 당해 조약은 무효로 되지 아니한다. 요컨대, 강행규범은 국제공동체의 입법과정에 다수결 원칙을 도입하려는 시도가 아님을 인식할 필요가 있다. 강행규범도 궁극적으로는 국가들의 의사에 기초하고 있기 때문에 반드시 보편적 효력(universal force)을 부여받고 있는 것은 아니며 타율적(heteronomous)이지도 않다. 물론, 국가주권보다는 결속과 통합이 강조되고 있는 작금의 상황 하에서는 소수의 국가가 강행규범의 형성·구체화에 반대하기는 '사실상' 매우 어려울 것이다.[74]

73) Thirlway, p. 146. ILC강행규범결론초안(결론 5)은 그러나 법의 일반원칙을 포함시켜 다음과 같이 규정하고 있다 : "1. Customary international law is the most common basis for peremptory norms of general international law (*jus cogens*). 2. Treaty provisions and general principles of law may also serve as bases for peremptory norms of general international law (*jus cogens*)."

74) Cassese, pp. 175, 178~179 ; Danilenko, *op. cit.*, pp. 55~57, 64~65 ; Akehurst, p. 42. 강행규범에 대해서만은 '완강한 반대국가'의 규칙이 적용되어서는 안된다는 생각을 하면서도 그 이유를 설명하기가 쉽지 않음을 토로하는 학자들이 있다. 이를테면, 과거 남아프리카가 인종분리정책(apartheid)을 실시하고 있을 때, 국제공동체의 대다수 국가는 남아프리카가 강행규범을 위반하고 있는 것으로 생각하였는데, 이 문제에 대해 Rudolf Bernhardt는 "Custom and Treaty in the Law of the Sea", 205 Hague Recueil (1987, V), p. 269에서 다음과 같이 언급하고 있다 : "According to a widely held opinion -which I share- the practice of apartheid constitutes a violation of international law. South Africa has persistently objected, and it practices apartheid. Is South Africa therefore exempted from the norm? Certainly not, but how can this legally and theoretically be explained? I pose the question without giving an answer."

Keitner도 완강한 반대국가의 이론이 *jus cogens*를 형성하는 관습(그의 표현대로라면 'super-custom')에는 적용되지 아니한다고 보면서도(pp. 36, 38, 39) 이같은 현상은 '약간의 미스테리'로 남아있다고 말하고 있다(p. 39 : "Today, no State can claim a right to commit torture or genocide, regardless of whether it has joined the relevant treaty or objected to the development of a prohibition under customary law. ... How these particular *jus cogens* rules of "super-custom" are designated and achieve such an exceptionally high level of consensus remains somewhat of a mystery."). 그의 논지대로라면 국제법의 연원으로서의 관습에는 'super하지 아니한 보통의 custom'과 'super-custom' 두 개가 있는 셈인데, ICJ규정 제38조 1항(b)가 이 두 개를 모두 포함하는지에 대해서는 답함이 없이 그저 이를 '약간의 미스테리'로 표현하고 있는 셈이다. See also Ragazzi, pp. 67~72, 124~ 131, 191, 198.

미주인권위원회(American Commission on Human Rights)도 *Roach and Pinkerton* case, Resolution No. 3/87-Case 9647 (United States) (September 22, 1987), para 53 (https://www.wcl.american.edu/humright/digest/1986/res0387.cfm)에서, '완강한 반대국가'의 규칙은 국제관습에 대해 일반적으로 적용되긴 하지만 강행규범에 대해서는 그러하지 아니하다고 언급한 바 있다. 그러나 동 위원회 역시 그 이유에 대해서는 설명이 없다.

미국 연방항소재판소도 비슷한 태도를 보여준 바 있다 : United States Court of Appeals, Ninth Circuit, 965 F.2d 699, 715 (9th Cir. 1992), *Siderman de Blake* v. *Republic of Argentina* ("Whereas customary international law derives solely from the consent of states, the fundamental and universal norms constituting *jus cogens* transcend such consent... Because *jus cogens* norms do not depend solely on the consent of states for their binding force, they "enjoy the highest status within international law."").

ILC강행규범결론초안도 -*Siderman de Blake* v. *Republic of Argentina* 판례를 여러번 인용하면서- 결론 2에서 "[Peremptory norms of general international law (*jus cogens*)] are *universally* applicable"이라고 전제

Ⅲ. 강행규범 이론의 확장

국제법의 일부 규칙은 특별한 법적 힘, 즉 그에 위배되는 조약을 금지하고 이 금지에도 불구하고 만들어진 조약을 파기할 수 있는 자격을 가진다는 강행규범 이론은 이제 단지 "비엔나 조약법협약의 목적을 위한" 차원을 벗어나서 매우 짧은 기간 내에 관습법으로 발전하고 있으며, 이와 함께 강행규범도 일종의 '전천후 우산'(全天候雨傘)(all-weather umbrella) 개념으로 전환되고 있다.[75] 여기서는 이와 관련된 몇 가지 발전 내지는 주장을 개관해 보자.

1. 강행규범 개념의 적용영역의 확대

강행규범에 관한 국제관습법에 의하면 이것은 조약뿐만 아니라 이에 위배되는 기타의 규범적 행위들, 예컨대 '관습법규'나 '국가의 일방적 행위'[76]의 효력을 부인하기 위해서도 동원될 수 있는 것으로 생각되고 있다. 다만, 관습법규의 경우 강행규범에 위배되는 일반관습법규가 형성되기는 어려울 것이며, 강행규범에 위배되어 처음부터 무효로 되는 관습이 있다면 그것은 대체로 지역관습의 경우일 것이다.[77] 또한 국가의 일방적 행위(예컨대, 침략에 의한 영토병합)의 효력을 부인하기 위해서도 강행규범 개념이 동원되고 있는데, 이 문제에 관하여 James Crawford는

> "강행규범은 단지 조약뿐만 아니라 그것과 일치하지 않는 모든 법적 행위와 사태까지도 무효화해야 한다고 생각해 볼 수 있을 것이다. 이것은 비엔나협약 자체의 표현을 넘어서는 것이다. ... 그러나 제53조는 '강행규범으로부터의 이탈은 허용되지 아니한다'고 규정하고 있는데, 이

한 다음, 결론 7(2)에서는 "수락과 승인"의 요건을 강화하여 "Acceptance and recognition by *a very large and representative majority of States* is required for the identification of a norm as a peremptory norm of general international law (*jus cogens*)라고 규정하고, 이어서 결론 14(3)에서 "The persistent objector rule does not apply to peremptory norms of general international law (*jus cogens*)"라고 못박고 있다. 그러나 ILC의 결론은 국제법의 근간인 국가동의(state consent) 원칙에 정면으로 위배되는 것이다.

ICJ는 *Questions relating to the Obligation to Prosecute or Extradite* (Belgium v. Senegal), ICJ Reports (2012), p. 422, 457 (para. 99)에서 "the prohibition of torture is part of customary international law and it has become a peremptory norm (jus cogens). That prohibition is grounded in a widespread international practice and on the *opinio juris* of States."라고 함으로써 고문 금지가 '관습'의 방식으로 강행규범이 되었다고 보았다. 그러나 재판소는 이 관습이 '완강한 반대국가'의 규칙을 허락하지 않는 특별한 종류의 관습인지에 대해서는 아무 언급도 하지 않았다. See Thirlway, pp. 157~158.

75) Ragazzi, pp. 43 ff, 203.

76) ILC가 2006년 채택하여 UN총회에 제출한 "법적 의무를 창설할 수 있는 국가의 일방적 선언에 적용되는 지도원칙"(Guiding Principles applicable to unilateral declarations of States capable of creating legal obligations) 중에서 '원칙 8'에 대한 주석 ; https://www.un.org/law/ilc ; 본서, 제14장 (국가책임) 참조.

77) Cassese, pp. 177~178 ; Vidmar in de Wet and Vidmar (eds.), pp. 29~30. ILC강행규범결론초안은 관습법규가 기존 강행규범과 충돌하는 경우에는 "생기지/성립하지 아니한다"(does not come into existence)라고 표현하고 있으며[결론 14(1)], 강행적 성격을 갖지 아니하는 관습법규가 신강행규범과 충돌하는 경우는 충돌 범위 내에서 "소멸한다"(ceases to exist)고 표현하고 있다[결론 14(2)].

표현은 조약 이외의 행위를 포함할 정도로 충분히 넓은 것으로 보인다."[78]

라고 언급하고 있다. 이같은 해석은 UN관행에서도 지지를 받고 있는 것으로 보인다. 예컨대, 이라크의 쿠웨이트 침공과 관련하여 1990년 8월 9일(목요일) UN안전보장이사회는 "이라크의 쿠웨이트 병합은 '당연무효'(null and void)로 간주되며, 모든 국가들에게 이 병합을 승인하지 않을 것을 요구한다."는 내용의 결의 662를 만장일치로 채택하였었다. 이 결의에서는 '강행규범' 위반을 명시적으로 지적하고 있지는 않으나 이것이 암묵적으로 전제되어 있는 것으로 보인다. 사실, 강행규범이 국가 간의 합의에 의하여도 이탈할 수 없는 규범이라면, 국가가 (그것이 침략과 같은 대외적 행동을 통해서든 국내입법을 통해서든 간에) 이를 일방적으로 이탈하는 것은 더더욱 허용되지 아니한다고 보는 것이 논리적인 태도일 것이다.[79] 2001년 ILC 국가책임초안도 이러한 국가관행에 기초하여 "강행규범의 '중대한' 위반"과 관련하여 불승인 의무를 포함한 특별규칙을 도입함으로써 강행규범 개념을 직접 국가책임법 내로 끌어들인 바 있다.[80] 같은 논리로, -그 자체 일방적 선언인- 유보(reservation)는 "조약의 법적 효력을 강행규범에 위배되는 방식으로 배제하거나 수정할 수 없다"[81]고 보아야 할 것이다.

강행규범 개념의 외연이 계속 확대되고 있다.[82] 이를테면, 국가면제법에서 강행규범 위반 행위는 국가의 (민사재판권)면제가 부인되는 예외에 추가되어야 한다든지,[83] 개인들(human beings)도 강행규범을 존중할 묵시적 의무를 부담하고 있으며[84] 이와 함께 개인의 강행규범 위반행위에 대해서는 국가들이 보편관할권을 행사할 수 있다는 견해 등이 제시되고 있다.[85]

강행규범 이론은 '신사협정'에 대해서도 적용되는가? 생각건대, 비엔나협약은 '조약'법에 관한 것으로, 동 협약의 강행규범 관련 규정은 신사협정에 대해서는 적용되지 아니한다. 그러나 신사협정의 이행 과정에서 강행규범 위반행위가 발생할 수 있고, 이런 경우라면 상기 논리에 따라 관습법으로서의 강행규범 이론에 기초한 법적 비난이 가능할 것이다. 나아가, 강행규범 이론이 그에 위배되는 신사협정 자체를 무효로 만든다고까지 볼 것인지는 문제로 남는다.

---

78) Crawford, pp. 81~82.

79) See Cassese, *International Law*, 2nd, p. 444. ILC강행규범결론초안 '결론 15(강행규범과 충돌하는 국가의 일방적 행위에 의하여 창설된 의무)'에 의하면, 국제법상 구속력있는 의무로 의도된 일방적 행위가 기존 강행규범과 충돌하는 경우에는 "그러한 의무를 창설하지 아니한다"(does not create such an obligation)[결론 15(1)] ; 그러한 의무가 신강행규범과 충돌하는 경우는 충돌 범위 내에서 "소멸한다"(ceases to exist)[결론 15(2)].

80) ILC 국가책임초안 제40조, 제41조. 본서, 제8장 (국가 및 정부 승인), "I. 승인에 관련된 국제법의 일반원칙, 2. 승인의 재량적 성격과 그 제한을 위한 시도들, (2) 불승인'주의'에서 불승인'의무'로" 및 제14장 (국가책임), "IX. 국제위법행위의 법적 결과, 3. 강행규범의 중대한 위반" ; Vidmar in de Wet and Vidmar (eds.), pp. 30~33 참조.

81) ILC "조약유보 관행 안내서"(2011), 가이드라인 4.4.3, 2항 ; ILC강행규범결론 초안, 결론 13(2).

82) Tams, pp. 143~144.

83) 본서, 제10장 (국가면제) 참조.

84) Tamás Vince Ádány, "Genuine Test of Genuine Prosecutions? - A Human Rights Model for Complementarity" in Szabó (ed.), p. 157.

85) ICTY (Trial Chamber), *Prosecutor* v. *Furundzija*, Case No.: IT-95-17/1-T, Judgment of 10 December 1998, para. 156 ; 본서, 제9장 (국가관할권), "II. 입법관할권의 이론적 기초, 5. 보편관할권" 참조.

2. 강행규범, 대세적(對世的) 의무, (국가의)국제범죄 그리고 민중(民衆)의 소(訴)

국가는 타국이 국제공동체의 기본가치를 훼손하는 행위를 하더라도 자국에 피해가 없는 한 이에 개입할 수 없다고 볼 것인가의 주제는 오랫 동안 국제법학자들을 생각에 빠지게 한 주제였다. 일찍이 Grotius는 "각국의 왕 그리고 이들 왕과 평등한 권리를 가진 자들은 그들 자신 혹은 그들의 신민에게 자행된 침해를 이유로 해서 뿐만 아니라 그들 자신에게 직접 영향을 미치지는 않지만 그 누구에게든 자연법 혹은 국제법을 지나치게 위반하는 침해에 대해서도 처벌을 요구할 권리가 있다는 사실도 인정해야만 된다."[86]고 갈파한 바 있지만, 그 후의 국제법질서는 그와는 정반대의 노선을 추종하였던 것이다. 그러나 제2차 세계대전 후 국제법은 '공존'의 법(law of co-existence)으로부터 '협력'의 법(law of cooperation)으로 발전해 갔으며,[87] 이에 상응하여 ICJ는 국가가 국제공동체 내지는 타 국가들에 대해 부담하는 의무를 일방 '양자적/상호적' 의무(bilateral, reciprocal or synallagmatic obligations)와 타방 '통합적/대세적/당사자간 대세적/집단적/다자적' 의무(integral, *erga omnes, erga omnes partes,* collective or multilateral obligations)로 구분하려고 시도하였다. 즉, 1951년의 *Reservations to the Convention on Genocide* 사건[88]에서 ICJ는 동 협약의 '객체'(objects)에 특별한 중요성을 부여하면서 그같은 구분의 기초를 수립한 바 있었다.[89] 이어서

86) Hugo Grotius, *De Jure Belli Ac Pacis-Libri Tres*, Book Ⅱ, p. 504. See also Georg Nolte, "From Dionisio Anzilotti to Roberto Ago: The Classical International Law of State Responsibility and the Traditional Primacy of a Bilateral Conception of Inter-state Relations", EJIL (2002), Vol. 13 No. 5, 1083 at 1084~1085 ; Bankas, p. 267 ; Tams, pp. 48~49.

87) 본서, 제7장 (국제법의 기본원칙) 참조.

88) ICJ Advisory Opinion, Reports (1951), p. 15 at 23 : "The objects of such a convention must also be considered. The Convention was manifestly adopted for a purely humanitarian and civilizing purpose. It is indeed difficult to imagine a convention that might have this dual character to a greater degree, since its object on the one hand is to safeguard the very existence of certain human groups and on the other to confirm and endorse the most elementary principles of morality. In such a convention the contracting States do not have any interests of their own ; they merely have, one and all, a common interest, namely, the accomplishment of those high purposes which are the *raison d'être* of the convention. Consequently, in a convention of this type one cannot speak of individual advantages or disadvantages to States, or of the maintenance of a perfect contractual balance between rights and duties. The high ideals which inspired the Convention provide, by virtue of the common will of the parties, the foundation and measures of all its provisions." 국가의 국제의무를 이처럼 구분하는 발상은 조약법과 국가책임법의 성문화작업에 직간접으로 영향을 미쳤다. 자세한 논의는, Pauwelyn, p. 52 ff, 59~60, 64 & 305 ff ; Ragazzi, pp. 101~104 참조. 다만, *Reservations to the Convention on Genocide* 사건에서 ICJ는 단지 조약의 "객체"(objects) 혹은 "객체와 목적"(object and purpose)을 언급하였을 뿐, "통합적"(integral), "대세적" 등의 술어를 직접 사용하지는 않았다. 2001년 ILC 국가책임초안 등의 성문법전에서도 "양자적/상호적" 의무라든지 "통합적/대세적/당사자간 대세적/집단적/다자적" 의무 등의 술어 대신에 더욱 구체적인 표현을 사용하고 있다 ; 특히, 2001년 ILC 국가책임초안에서는 ICJ가 *Barcelona Traction Co.*, ICJ Reports (1970), paras. 33~34에서 말한 "대세적 의무"(obligations *erga omnes*)라는 표현조차도 이를 그대로 사용하는 대신 풀어서 말하고 있다 : ILC Commentary to Article 48, para. (9) ; Hugh Thirlway, "Injured and Non-Injured States before the International Court of Justice", in Ragazzi (ed.), p. 311 ; 본서, 제14장 (국가책임). 한편, Pauwelyn, p. 307에 의하면 "조약 전체의 '객체와 목적'(object and purpose)의 관념은 통합적 조약(integral treaties)의 관념과도 긴밀히 연관되어 있다."

89) 이처럼 1970년의 *Barcelona Traction Co.* 판결 이전에도 '공동체 지향적' 내지는 '대세적' 의무를 긍정하려는

1970년 ICJ는 *Barcelona Traction Co.* 사건[90]에서 부수적 의견(*obiter dictum*)을 통해 다음과 같이 국제공동체의 구조 변화를 결정적으로 확인한 바 있다.

> "자연인이냐 법인이냐를 불문하고 외국인 혹은 외국투자가 자국 영토 내로 들어오는 것을 허락하는 경우, 국가는 그들에게도 법의 보호를 베풀어야 하며, 그들에게 제공되어야 할 대우에 관한 의무들을 부담한다. 그러나 이들 의무는 절대적인 것도 아니고 무제한의 것도 아니다. 특히, 한 국가의 국제공동체 전체에 대한 의무와 외교보호의 분야에서 타국에 대해 발생하는 의무는 본질적으로 구분하여야 한다. 그 본질상 전자는 모든 국가들의 관심사이다. 관련된 권리들의 중요성을 고려하면, 모든 국가가 그들의 보호에 법적 이익(소의 이익)을 갖는 것으로 인정될 수 있다. 그들은 대세적 의무이다. 그러한 의무는 현대국제법에서, 예컨대 침략행위와 제노사이드의 불법화에서 도출되며, 또한 노예제도 및 인종차별로부터의 보호를 포함하여 인간의 기본적 권리들에 관한 원칙과 규칙으로부터도 도출된다. 이러한 권리의 일부는 이미 일반국제법체계로 진입하였다(*Reservations to the Convention on the Prevention and Punishment of the Crime of Genocide, Advisory Opinion, I.C.J. Reports 1951*, p. 23). 다른 것들은 보편적 내지 준보편적 성격의 국제문서들에 의하여 부여되고 있다."

요컨대, 위 의견에서 ICJ는 외교보호의 분야를 양자적 혹은 상호적 의무의 표준적인 예로서 들면서, 이것과 대세적 혹은 통합적 의무를 구분하고 있다.[91] 그런데 일부 학자들은 위 판결을 ICJ가 강행규범의 존재를 승인 내지 공식화한 것으로 이해하고 있다.[92] 위 판결에서 대세적 의무의 예로 언급된 경우들이 모두 강행규범의 예에 속하기 때문에 설사 강행규범이란 표현을 사용하지는 않았어도 이것을 승인한 것으로 보는 것이 아닌가 생각된다. 혹은, 대세적 의무를 동반하지 아니하는 강행규범은 진정한 의미에서의 강행규범이라고 볼 수 없다는 판단이 작용했는지도 모르겠다.

그러나 이같은 이해가 반드시 타당한지는 의문이다. 더구나 아무런 이유 제시도 없이 위 판결을

인식이 전혀 없었다고 말할 수는 없다는 사실과 관련하여 Tams, p. 96은 다음과 같이 언급하고 있다 : "... assertions that (by necessity and without exceptions) States, prior to the Court's *Barcelona Traction* judgment, could only respond to violations of international law that had affected their individual positions, are not only simplistic, but incorrect. Even before that judgment, it was hard to ignore the trend towards the recognition of general legal interest in the observance of specific categories of obligations. Paraphrasing a famous dictum by Judge Weeramantry, it seems fair to say that even prior to 1970, something not dissimilar to the '*erga omnes* concept ... [had] been at the door of [the] Court for many years.'" 이 문구에서 Tams가 빌려온 Weeramantry 재판관의 의견은 Case concerning *East Timor* (Portugal v. Australia), ICJ Reports (1995), p. 216에서 동 재판관이 그의 반대의견을 통해 피력한 것이었다 : "The *erga omnes* concept has been at the door of this Court for many years. A disregard of *erga omnes* obligations makes a serious tear in the web of international obligations, and the current state of international law requires that violations of the concept be followed through to their logical and legal conclusion." 본서, 제17장 (국제인권법), "Ⅵ. 인권존중과 대세적 의무 : *Barceloina Traction Co.*" 참조.

90) Belgium v. Spain, ICJ Reports (1970), p. 3 at 32 (paras. 33~34). 사건 개요는 본서, 제14장 (국가책임), "Ⅺ. 외교보호, 1. 청구국적의 원칙, (5) 주주의 보호" 및 제17장(국제인권법), "Ⅵ. 인권존중과 대세적 의무" 참조.

91) Pauwelyn, p. 61.

92) 예컨대, 金奭賢, "國際法上 國家犯罪에 관한 硏究", 《국제법평론》, 1993－Ⅰ/Ⅱ (창간호), p. 90 ; 柳炳華 Ⅰ (1987), p. 242 ; 李丙朝/李仲範, p. 99 ; 金燦奎/李英峻, p. 57 ; Quadros, *op. cit.*, p. 557 ; Sinclair, pp. 212~214.

단지 강행규범의 존재를 승인한 것으로 인용함으로써 대세적 의무와 강행규범을 동일시하는 태도는 더욱 더 납득하기 어렵다. 위 판결은 분명히 그리고 명시적으로 "한 국가의 국제공동체 전체에 대한 의무" (obligations of a State towards the international community as a whole), 즉 "대세적 의무"(obligations *erga omnes*)에 관하여 말하고 있을 뿐, 결코 -1969년의 비엔나 조약법협약에서 공식화된- 일반국제법의 강행규범에 관하여 말하고 있는 것이 아니기 때문이다. 대세적 의무와 강행규범이 서로 대체가능한 완전히 동일한 개념이라면 그같은 견해가 타당할 수 있을 것이다. 그러나 외견상 강행규범은 '규범/규칙'의 차원에 속하는 개념인데 반해, 대세적 의무는 '의무'의 차원에 속하는 개념임을 지적하지 않을 수 없다. 다만, "강행규범은 반드시 대세적 의무를 발생시키는가", 혹은 거꾸로 "대세적 의무는 반드시 강행규범으로부터 나오는가"를 묻는 것은 가능하다.[93] 생각건대, 이들 두 개념은 서로 다른 차원에서 제기되어 온 개념이기 때문에 일단은 구분되어야 한다. 강행규범 개념이 일차적으로 국제법규의 서열화를 위하여 도입된 실체법적 개념이라면, 대세적 의무는 직접적으로 침해를 입지 아니한 국가도 이의를 제기할 수 있다는 점에서, 다시 말해서 모든 국제관계를 가해국 대 피해국의 1 대 1의 관계로만 보려던 전통국제법의 관점을 벗어나 가해국 대 국제공동체 전체의 관점을 도입하기 위한 것이라는 점에서 이것은 '법적 (혹은 소의) 이익' (legal interest) 내지는 원고적격(standing to sue)의 문제이기 때문이다.[94] 즉, 한 국가가 대세적 의무를 위반하는 경우, 다른 모든 국가가 -집단적으로 혹은 개별적으로-[95] 그 국가의 책임을 원용(추궁)할 수 있다.[96] 비

---

93) 어떤 실체나 개념을 비교하기 위해서는 그 대상이 같은 범주 혹은 동일 차원에 속해야 할 것이다. 다시 말해서 규칙/규범은 다른 규칙/규범과, 그리고 의무는 다른 의무하고만 비교가 가능하며, 규칙/규범을 의무와 비교할 수는 없는 것이다. Ragazzi, p. 193.

94) 金燦奎, 전게논문, p. 16 ; Ott, pp. 245, 292 ; Cassese, pp. 28~30 ; Cassese, *Human Rights in a Changing World*, pp. 167~168 ; Ragazzi, p. 17. Pauwelyn (p. 99)도 이 점을 명쾌히 지적하고 있다 : "in the notion of *jus cogens*, the focus is on the higher hierarchical status of certain norms; in the notion of *erga omnes* obligations, the focus is on who can invoke responsibility for breach." UN국제법위원회(ILC)의 2001년 국가책임초안도 이같은 구분에 기초하고 있는 것으로 보인다(동 초안 제40조~제41조와 제48조를 비교해 보라).

95) 대세적 의무는 ICJ의 정의에 의하면 한 국가가 "국제공동체 전체에" 대하여 지는 의무로서 "모든 국가"가 그들의 보호에 법적 이익을 갖는 경우이다. 그러면 어떤 한 국가 혹은 국가들이 대세적 의무를 위반하는 경우 국제공동체의 다른 모든 국가들은 반드시 집단적으로만 반응할 수 있는 것인지의 의문이 파생된다. 그러나 이것을 긍정하는 것은 너무나 형식논리적인 생각으로, 현실에도 전혀 맞지 않는다. 그러므로 2001년 ILC 국가책임초안 제48조 1항은 국가가 '대세적' (그리고 '당사자간 대세적') 의무를 위반한 경우 피해국이 아닌 '그 어떤 국가'라도(*any State* other than an injured State) 그 국가의 책임을 원용할 수 있다고 규정함으로써 타국가들이 반드시 집단적으로 반응할 필요는 없음을 시사하고 있으며, ILC는 제48조에 대한 주석 (4)에서도 그같이 밝히고 있다. 그렇다면 대세적 의무는 각 국가가 국제공동체 전체에 대해 지는 의무이면서 동시에 다른 모든 국가들에 대해 개별적으로도 지고 있는 의무라고 보아야 할 것이다. See Tams, pp. 173~176.

Report of the Study Group of the International Law Commission (Finalized by Martti Koskenniemi) on "Fragmentation of International Law : Difficulties arising from the Diversification and Expansion of International Law" (2006), paras. 395~396도 이같은 관점에서 다음과 같이 언급하고 있는데, 동 보고서는 여기서 대세적 의므 위반에 대해 국제법 이외의 주체도 반응할 권리가 있는지의 문제에 대해서도 첨언하고 있다 : "395. The distinction between "bilateral" and *erga omnes* obligations seems analogous to the domestic distinction between contracts and public law obligations. In the latter, the relationship is between the legal subject and then public power. Even if a breach of the latter may violate an individual interest, the capacity to react (as in most criminal law) lies in the hands of public power.

엔나협약 자신도 강행규범을 대세적 의무와 동일한 것으로 생각하고 있지는 않은 것으로 보인다. 왜냐하면 강행규범에 저촉되는 조약은 동 협약 제53조의 정의에 의하여 '당연무효'(void)이지만, 그러한 조약에 대해 제65조와 제66조(즉, 무효를 확정짓기 위한 절차)를 발동할 수 있는 국가는 －비엔나협약의 모든 당사국이 아니라－ 비엔나협약의 당사국이면서 동시에 문제된 조약의 당사자들에 국한되어 있기 때문이다. 국외자, 즉 문제된 조약의 당사자이긴 하지만 비엔나협약의 당사자는 아니거나, 거꾸로 비엔나협약의 당사자이긴 하지만 문제된 조약의 당사자가 아닌 국가는 비엔나협약 제65조와 제66조를 발동할 수 없다. 요컨대, 비엔나협약 하에서 어떤 조약이 강행규범에 위배되면 그 조약은 '당연'무효가 되지만 이것이 '대세적' 당연무효를 의미하는 것은 아니다.[97] 국제공동체 전체의 기본적 이익 내지는 가치를 수호하기 위해 고안된 국제강행규범의 목적에 비추어 볼 때 비엔나협약은 중대한 절차적 결함을 지니고 있다고 말할 수 있을 것이다.[98]

그러나 비엔나협약의 위 두 절차규정을 넘어서 보게 되면, 강행규범과 대세적 의무 양자 모두 대체로 제2차 세계대전 후에 국제공동체에 도입되었다는 점에서, 그리고 어느 정도 국제공동체의 조직화 · 탈분권화 · 탈개인주의화를 통해서 가능하게 되었다는 점에서 불가분의 관계에 있는 것으로 보인다. 특히, 일찍이 UN국제법위원회(ILC)는 강행규범은 대세적 의무보다 그 범주가 좁다는 견해를 취한 바 있고,[99] Crawford는 2000년 "국가책임"에 관한 그의 세 번째 보고서[100]에서 대세적 의무는 "(강행규범 하에서 발생하는)강행적 의무와 '(명목상으로는 그렇지 않으나)실질적으로/사실상/거의' 그 범위가 같다" [*virtually* coextensive with peremptory obligations (arising under norms

---

396. This does not, however, mean that States could only react through a collective process. Indeed, if that were the case, the absence of general collective reaction procedures - apart from those under Chapter Ⅶ of the United Nations Charter - would render the provision on *erga omnes* practically meaningless. As pointed out by Gaja in his report to the *Institut de Droit International,* a collective reaction involving all States "is in practice impossible". Therefore it must be concluded that an obligation owed to the "international community as a whole" is also owed to each State individually and without any specific interest on that State's part and that each of them has the capacity of react in case of breach. Whether also other subjects - individuals, groups of individuals or organizations- might be entitled to react depends on the content of the relevant norm and whether suitable avenues for such reaction are present."

96) ILC "Conclusions of the work of the Study Group on the Fragmentation of International Law: Difficulties arising from the Diversification and Expansion of International Law" (2006), para. (37), at https://www.un.org/law/ilc.

97) Cassese, *International Law*, p. 154 ; Cassese, *Human Rights in a Changing World*, pp. 168~169. 이 점에 대해 Tams (p. 147)는 다음과 같이 지적하고 있고 있기도 하다 : "eight months before the *Barcelona Traction* judgment, the drafters of the Vienna Convention rejected the idea that all States have a legal interest in seeing peremptory norms observed. At least the Vienna Convention regime thus does not seem to imbue peremptory norms with *erga omnes* effect." 신강행규범(비엔나협약 제64조)과 충돌하여 조약이 무효로 '되는'(즉, 당연히 종료되는) 경우에도 같은 규정이 적용된다.

98) Hannikainen, *op. cit.*, chapter 6 ; 柳炳華, 《國際法總論》(개정판)(서울 : 일조각, 1984), p. 129.

99) ILC Report on the Work of its Fiftieth Session, GAOR fifty-third session (1998), Suppl. no. 10 (A/53/10), p. 145 ; Jørgensen, p. 97, fn. 22.

100) James Crawford, *Third Report on State Responsibility* (UN doc. A/CN.4/507, 15 March 2000), para. 106(a), at https://untreaty.un.org/ilc/documentation/english/a_cn4_507_add1.pdf.

of *jus cogens*)]고 언급한 바도 있다. 그후, ILC는 이 둘의 관계에 대해 더욱 분명한 견해를 제시하였는데, –국제법의 분열(파편화)에 관한– 2006년의 보고서[101]에서 "강행규범에 의하여 수립되는 모든 의무는... 동시에 대세적 의무의 성격을 갖지만, 그 역은 꼭 진실인 것이 아님이 인정되고 있다. (즉,) 모든 대세적 의무가 일반국제법의 강행규범에 의해 수립되는 것은 아니다. 이를테면, 인간의 기본적 권리들에 관한 원칙과 규칙 하의 일정 의무나 지구공유지(공용지)(global commons)에 관련한 일부 의무의 경우가 그러하다."라고 설명하였던 것이다.[102] 그리고 여기서 ILC는 강행규범에 의하여 수립되지 아니한 대세적 의무의 예로, (i) '인간의 기본적 권리들에 관한 원칙과 규칙' 하의 의무에 해당하는 경우로는 대세적 의무와 관련하여 이 표현을 처음 사용한 *Barcelona Traction Co.* 판례를 인용하고 있고, (ii) '지구공유지'에 관련한 의무에 해당하는 경우로는 1967년의 우주조약 제1조(외기권의 탐색과 이용 원칙)와 1982년의 UN해양법협약 제136조(인류의 공동유산)를 들고 있다. 그렇다면 "적어도 이론적으로 대세적 의무는 국제법의 임의(비강행)규칙(dispositive rules of international law)으로부터도 나올 수 있다"[103]는 것인데, 그러나 임의규범 하의 의무가 대세적으로 타당한 것인지를 식별하는 기준은 무엇인지의 문제가 남는다.[104]

한편, 강행규범과 대세적 의무의 관계가 이렇게 정립되고 있다는 사실은 실체적 강행규범에 위배되는 조약이 체결된 것으로 보이는 경우 제3국들이 이에 반응할 수 있는 방법이 전혀 없는 것이 아님을 의미하는 것이다. 즉, 비엔나협약 체제 하에서 공식적인 무효 선언이 없다 하더라도 강행규범과 충돌하는 조약의 체결과 이행은 강행규범으로부터 도출되는 대세적 의무를 위반할 가능성이 많고, 이런 경우 제3국들은 대세적 의무의 논리에 입각하여 조약당사국들에게 조약의 (당연)무효를 인정하고 또 그것을 더 이상 집행하지 못하도록 요청하거나 압력을 행사할 수 있을 것이다. 이렇게 해서 비엔나협약에 규정된 메커니즘 밖에서 취해지는 조치가 비엔나협약 하에서는 배제된 조치와 비슷한 결과, 즉 조약의 무효가 제3국에 의하여 원용될 가능성을 달성할 수 있을 것이다. 강행규범과 충돌하는 것으로 보이는 조약의 경우 –그것이 양자조약이건 다자조약이건 관계없이– 당해 조약의 모든 당사자가 그럼에도 불구하고 이것을 집행하기를 바랄 수도 있을 것이기 때문에 비엔나협약 하의 무효 원용 메커니즘은 사실 문제가 아닐 수 없지만, 이같은 절차의 하자는 강행규범과 대세적 의무의 관계를 분명히 함으로써 보완이 이루어지게 되었다고 평가할 수 있다.[105]

---

101) "Conclusions of the work of the Study Group on the Fragmentation of International Law: Difficulties arising from the Diversification and Expansion of International Law", para. (38).

102) ILC강행규범결론초안(결론 17)도 "강행규범은 대세적 의무를 발생시키며, 이에 대해서는 모든 국가가 법적 이익을 갖고 있다"고 적고 있다.

103) Tams, p. 152. Tams (2005)는 여기서 소제목을 "임의적 대세적 의무?"(dispositive obligations *erga omnes*?)로 의문부호를 붙여 표현하고 있기도 하다.

104) *Ibid.*, pp. 152~156. Tams (p. 157)는 "강행규범을 넘어서 대세적 의무를 확인하는 일은 (강행규범에서 나오는 대세적 의무를 확인 할 때보다) 훨씬 더 어려워진다. ... 강행규범 밖에 있는 대세적 의무는 국가들이 이 개념을 공식 소송에서 더 빈번하게 원용하기 시작할 때까지는 미지의 영역으로 남아 있을 것이다."(When moving beyond *jus cogens*, the identification of obligations *erga omnes* becomes considerably more difficult. ... *Erga omnes* outside *jus cogens* is likely to remain uncharted territory until States begin to invoke the concept more frequently in formalised proceedings.)라고 언급하고 있다.

국가책임법과 관련하여 UN국제법위원회에 의하여 실정법적 도입이 시도된 바 있는 -그러나 결국 채택되지 못한- (국가의)국제범죄(international crime)[106]란 개념도 상기 대세적 의무와 강행규범 개념의 결합에 기초하고 있는 것으로 보인다.[107] 이것은 강행규범, 대세적 의무, (국가의) 국제범죄, 이들 세 개념이 국제공동체의 탈분권화를 위해 상호 긴밀한 관계에 놓여져 있음을 의미한다. 그러나 이들 세 개념은 실정국제법에서는 비교적 최근에 출현한 개념들로, 이들 각 개념의 정확한 의미와 상관관계는 계속적인 구명(究明)을 요하는 문제이다. 따라서 이들 개념을 국내법상의 상응하는 개념에 일치시켜 설명하려고 하기보다는 여전히 불완전하기 때문에 계속 발전중인 국제공동체의 현실에 비추어 조심스럽게 접근하는 태도가 요망된다.[108]

대세적 의무와 민중의 소(*actio popularis*)의 관련성에 관하여도 여기서 언급해 두는 것이 좋겠다. 민중의 소란 로마법에서 기원하는 개념으로서, 이것은 원고가 청구를 제기함에 있어 개인적 이익을 입증할 필요 없이 공동체의 이익을 위하여 제기하는 소송을 말한다. 그러면 국제법에도 이런 종류의 소송이 존재하는가? ICJ는 *South West Africa* 사건[109]에서 민중의 소는 "현재의 국제법에는 알려져 있지 않다"고 언급한 바 있다. 1966년의 이 판결은 ICJ 소장의 결정투표(casting vote)에 의해 채택된 것이긴 하지만 국제법에서는 민중의 소가 확립되지 않았다는 점에 대해서는 당시 모든 재판관이 의견을 같이 한 것으로 보인다.[110] 문제는, 이 판시가 대세적 의무의 존재를 확인한 1970년의 *Barcelona Traction Co.* 판결에 의해 파기되었는가 하는 것이다. 즉, 민중의 소는 사실상 대세적 의무와 동일한 개념인가? *Nicaragua* 사건[111]에서 Schwebel 재판관은 그의 반대의견을 통해, 민중의 소가 허용되지 아니한다는 *South West Africa* 판시는 *Barcelona Traction Co.* 판

105) Ragazzi, p. 206 ; Tams, pp. 148~149 ; 2001년 ILC 국가책임초안 제48조 ; 본서, 제14장 (국가책임), "X. 국가책임의 이행, 1. 국가책임의 원용, (2) 국가책임의 객관화" 참조. 세계국제법학술원도 2005년의 한 결의에서 이런 점들을 분명히 한 바 있다 : Institut de Droit International, Krakow Session-2005, Resolution: Obligations *Erga Omnes* in International Law, "Article 2 : When a State commits a breach of an obligation *erga omnes*, all the States to which the obligation is owed are entitled, even if they are not specially affected by the breach, to claim from the responsible State in particular: (a) cessation of the internationally wrongful act; (b) performance of the obligation of reparation in the interest of the State, entity or individual which is specially affected by the breach. Restitution should be effected unless materially impossible."

106) 본서, 제6판, pp. 367~370 참조.

107) Weeramantry 재판관도 *Legality of the Use by a State of Nuclear Weapons in Armed Conflict*, ICJ Advisory Opinion of 8 July 1996, ICJ Reports (1996), p. 66에 대한 반대의견(p. 101 at 142~143)에서 특별히 환경과 관련하여 "... the various levels of State obligations in respect of the environment, which may range from obligations *erga omnes*, through obligations which are in the nature of *jus cogens*, all the way up to the level of international crime."이라고 언급한 바 있다.

108) 그러므로 Sinclair (p. 223)는 "*Jus cogens* is neither Dr. Jekyll nor Mr. Hyde; but it has the potentialities of both."라고 경고하고 있으며, Ragazzi (p. 216)는 "relationship between the concepts of obligations *erga omnes* and *jus cogens* presents several aspects that cannot readily be defined once and for all."이라고 언급하고 있다.

109) Ethiopia v. South Africa ; Liberia v. South Africa, Second Phase, ICJ Reports (1966), p. 6 at 47 (para. 88).

110) Ragazzi, p. 211.

111) Dissenting Opinion of Judge Schwebel in *Military and Paramilitary Activities in and against Nicaragua* (Nicaragua v. USA), Provisional Measures, Order of 10 May 1984, ICJ Reports (1984), p. 190 at 197.

시에 의해 "신속히 그리고 결정적으로 대체되었다"(was rapidly and decisively displaced)고 언급함으로써 이를 긍정하는 듯 보인다.[112] 그러나 대다수 학자들은 이 두 개념이 서로 연관된 측면이 있음에도 불구하고 별개의 독립된 것으로 보고 있다.[113] '소의 이익'과 '재판관할권'은 다른 문제이며, 자국의 이해관계를 떠나 타국을 제소하는 것을 허용하는 시스템은 지역적 차원을 제외하고는 거의 존재하지 않기 때문이다.[114] ICJ도 *East Timor* 사건[115]에서 "어떤 규범의 대세적 성격과 재판관할권에 대한 동의의 규칙은 서르 다른 것"이라고 말함으로써 간접적으로나마 대세적 의무와 민중의 소가 별개의 것임을 나타내려 한 것으로 보인다.[116] ICJ는 *Armed Activities on the*

---

112) Ragazzi, p. 211.

113) 예컨대, Jennings & Watts (eds.), p. 5는 이 문제에 관하 다음과 같이 기술하고 있다 : "There is, however, no agreed enumeration of rights and obligations *erga omnes*, and the law in this area is still developing, as it is in the connected matter of a state's ability, by analogy with the *actio popularis* (or *actio communis*) known to some national legal systems, to institute proceedings to vindicate an interest as a member of the international community as distinct from an interest vested more particularly in itself. ... Although the notion of *actio popularis* is in some respects associated with that of rights and obligations *erga omnes*, the two are distinct and, to the extent that they are accepted, each may exist independently of the other." Ragazzi (p. 212)도 Jennings & Watts의 노선에 따라 다음과 같이 언급하고 있다 : "the concept of obligations *erga omnes* does not necessarily imply the existence of a sort of *actio popularis*. In other words, the concepts of obligations *erga omnes* and *actio popularis*, though associated in some respects, are distinct and independent of one another."

114) 이것은 *Barcelona Traction Co.*, ICJ Reports (1970), p. 3 at 47 (para. 91)에서 ICJ 자신이 언급한 바도 있다.

115) Portugal v. Australia, ICJ Reports (1995), p. 90 at para. 29.

116) Ragazzi, p. 212 ; Tams, pp. 68, 121, 159~161. 이처럼 ICJ의 경우, '민중의 소'는 인정되지 아니하지만 '대세적 의무'의 존재는 인정되고 있으므로, 이것을 결합해 보면 "(i) ICJ규정에 따라 재판관할권이 성립하면, (ii) 모든 국가(각 국가)는 대세적 의무를 위반한 국가를 상대로 동 재판소에 제소할 수 있다."는 논리적 결론에 이른다 : Tams, pp. 197, 310~311. ICJ도 *Questions relating to the Obligation to Prosecute or Extradite* (Belgium v. Senegal), Judgment of 20 July 2012, paras. 63~70에서 이같은 논리를 분명히 한 바 있다 : "Ⅱ. Jurisdiction of the Court

… … …

63. Given that the conditions set out in Article 30, paragraph 1, of the Convention against Torture have been met, the Court concludes that it has jurisdiction to entertain the dispute between the Parties concerning the interpretation and application of Article 6, paragraph 2, and Article 7, paragraph 1, of the Convention. ...

Ⅲ. Admissibility of Belgium's Claims

… … …

67. The Court will first consider whether being a party to the Convention [against Torture] is sufficient for a State to be entitled to bring a claim to the Court concerning the cessation of alleged violations by another State party of its obligations under that instrument.

68. As stated in its Preamble, the object and purpose of the Convention is "to make more effective the struggle against torture ... throughout the world". The States parties to the Convention have a common interest to ensure, in view of their shared values, that acts of torture are prevented and that, if they occur, their authors do not enjoy impunity. The obligations of a State party to conduct a preliminary inquiry into the facts and to submit the case to its competent authorities for prosecution are triggered by the presence of the alleged offender in its territory, regardless of the nationality of the offender or the victims, or of the place where the alleged offences occurred. All the other States parties have a common interest in compliance with these obligations by the State in whose territory the alleged offender is present. That common interest implies that the obligations in question are owed by any State party to all the other States parties to the Convention. All the States parties "have

Territory of the Congo (New Application : 2002) 사건[117]에서 강행규범과 동 재판소 관할권의 관계에 대해서도 당연히 같은 논리를 적용하고 있다.

---

a legal interest" in the protection of the rights involved (*Barcelona Traction, Light and Power Company, Limited, Judgment, I.C.J. Reports 1970*, p. 32, para. 33). These obligations may be defined as "obligations *erga omnes partes*" in the sense that each State party has an interest in compliance with them in any given case. In this respect, the relevant provisions of the Convention against Torture are similar to those of the Convention on the Prevention and Punishment of the Crime of Genocide, with regard to which the Court observed that

"In such a convention the contracting States do not have any interests of their own ; they merely have, one and all, a common interest, namely, the accomplishment of those high purposes which are the *raison d'être* of the Convention." (*Reservations to the Convention on the Prevention and Punishment of the Crime of Genocide, Advisory Opinion, I.C.J. Reports 1951*, p. 23.)

69. The common interest in compliance with the relevant obligations under the Convention against Torture implies the entitlement of each State party to the Convention to make a claim concerning the cessation of an alleged breach by another State party. If a special interest were required for that purpose, in many cases no State would be in the position to make such a claim. It follows that any State party to the Convention may invoke the responsibility of another State party with a view to ascertaining the alleged failure to comply with its obligations *erga omnes partes*, such as those under Article 6, paragraph 2, and Article 7, paragraph 1, of the Convention, and to bring that failure to an end.

70. For these reasons, the Court concludes that Belgium, as a State party to the Convention against Torture, has standing to invoke the responsibility of Senegal for the alleged breaches of its obligations under Article 6, paragraph 2, and Article 7, paragraph 1, of the Convention in the present proceedings. Therefore, the claims of Belgium based on these provisions are admissible.

As a consequence, there is no need for the Court to pronounce on whether Belgium also has a special interest with respect to Senegal's compliance with the relevant provisions of the Convention in the case of Mr. Habré."

다만, (제11의정서에 의하여 개정된) 유럽인권협약 제33조에서 보는 것처럼, 내부 분쟁해결절차에 강제관할권을 부여하고 있는 자기완비적(배타적) 체제의 경우, 체약국이 타 체약국의 의무위반을 상대로 제소함에 있어 소의 이익을 요구하지 않는 것은 곧 당사자간 대세적 의무의 도입과 함께 민중의 소를 도입한 것으로 볼 수 있을 것이다. WTO(세계무역기구)의 분쟁해결절차에 대해서도 비슷한 관점에서 접근하는 시각이 있다. 즉, *European Communities – Bananas* 사건에서 WTO 항소기관은 "We agree with the panel report that "neither Article 3.3 nor 3.7 of the DSU nor any other provision of the DSU contains any explicit requirement that a Member must have a 'legal interest' as a prerequisite for requesting a panel." We do not accept that the need for a legal interest is implied in the DSU or in any other provision of the WTO Agreement." (Appellate Body Report, para. 132)라고 언급한 바 있는데, 이에 대해 Matsushita et al, p. 26은 다음과 같이 평가하고 있다 : "This is, in effect, the recognition of an *actio popularis* because all WTO Members would seem to have an interest in any material breach of the covered agreements." 그러나 이 판례에 대해서는 정반대의 평가도 있는데, 예컨대 Pauwelyn은 다음과 같이 주장하고 있다 : "... even for those breaches of international law in respect of which the most lenient rules on standing apply (say, *erga omnes* or *jus cogens* obligations), standing is granted because of the existence of a 'legal interest.' Thus, in all cases where standing is acknowledged, at least a 'legal interest' must be pointed to. Therefore, the only way to make sense of the Appellate Body finding that no 'legal interest' is required is to assume that the Appellate Body did not mean to refer to 'legal interest' in its usual sense of 'interest to see the law abided by', but understood this term to mean, for example, a requirement of proof of actual damage or trade diversion."(p. 82) ; "The fact ... that the WTO does not know an *actio popularis*, is an indication that WTO obligations are, indeed, reciprocal in nature, not integral or binding *erga omnes partes*. ... "(p. 83). 이 논쟁은 계속될 것이다. Tams, pp. 120~121 (fn. 29), 126도 참조하라.

117) Democratic Republic of the Congo v. Rwanda, (Jurisdiction and Admissibility), Judgment of 3 February 2006, para. 64 ; 본장, "Ⅰ. 강행규범 이론의 역사적 전개과정" 끝부분.

"대세적 의무"란 표현은 –여전히 남아 있는 다소간의 모호성에도 불구하고– 이제 국제법에서 특별한 의미를 갖는 기술적 용어로 자리잡았지만, 문자 그대로 해석하면 (영어로) 'against all', 'between all', 'as opposed to all 혹은 towards everyone/all'을 의미하는[118] 라틴어 '*erga omnes*', 즉 '대세적'이란 술어 자체는 다양한 맥락에서 사용될 수 있음에 유의할 필요가 있다. 먼저, 일부 학자는 때로 '의무'가 아니라 '규칙/규범'에 대해 '대세적'이란 형용사를 붙여 사용하는 경우가 있다. 특히 관습법규는 –조약과는 달리 원칙적으로 '보편(혹은 일반)적용성'을 갖는다는 의미에서– 대세적으로 적용된다(apply *erga omnes*)고 말할 수도 있을 것이다.[119] 그러나 이런 경우의 '대세적 규칙'(rule/norm *erga omnes*) 내지는 거기에서 나오는 의무는 *Barcelona Traction Co.* 사건에서 천명된 그 '대세적 의무'와는 다른 용도로 사용되고 있음을 유의하여야 한다. 첫째, 국가들은 완강한 반대국가 규칙의 적용을 통해 특정 관습법규의 적용으로부터 벗어날 수 있다. 둘째, 관습법규가 강행규범의 계열에 속하지 않는다면 둘 이상의 국가들은 상호간의 관계에서는 당해 규칙의 적용으로부터 벗어나기로 합의할 수 있다. 셋째, 어떤 관습법규가 그 형성에 그 어떤 국가도 반대한 바가 없기 때문에 모든 국가에게 구속력이 있다고 하더라도 관습법규는 통상적으로 일련의 분리된 양자관계를 파생시킬 따름이며,[120] 따라서 그것은 일방 '한 국가'와 타방 '국제공동체 전체' 사이의 관계에 적용되는 것은 아니다. 요컨대, 모든 관습법규는 통상 '대세적'으로 적용된다고 말할 수는 있고, 그 결과 일반국제법 하에서 발생하는 모든 의무는 각국이 대세적으로(*erga omnes*) 부담하는 의무라고도 말할 수 있겠지만, 이것은 ICJ가 *Barcelona Traction Co.* 사건에서 '대세적 의무'의 개념을 통해 전달하고자 했던 그 '대세적'의 의미는 아니다.[121]

다른 한편, 이번에는 대세적 '의무'가 아닌 대세적 '권리'(rights / titles *erga omnes*)란 표현도 발견되는데,[122] 이를테면, 주권평등이나 공해에서의 자유항행 등은 각 국가가 다른 모든 국가(all States)에 대해 주장할 수 있다는 의미에서 이것은 '대세적' 권리라고 할 수 있다. 그리고 이와 비슷한 관점에서 국가의 대세적 '법인격'(a legal personality *erga omnes*)을 말하는 경우도 있다.[123] 그러나 이런 경우의 대세적 권리나 법인격은 국가가 국제공동체 전체를 위하여 부여받은 것이 아니라 단지 자기 자신을 위하여 부여받은 것이라는 의미에서 이것은 주관적 권리일 따름이다. 이에 반해 ICJ가 말한 대세적 의무는 각 국가가 국제공동체 전체의 기본가치를 수호하기 위해 부담하고 있

118) Tams, p. 101 ; "Fragmentation of International Law: Difficulties arising from the Diversification and Expansion of International Law", Report of the Study Group of the International Law Commission Finalized by Martti Koskenniemi (2006), para. 387, available at https://www.un.org/law/ilc/.

119) See e.g. Ragazzi, p. 191.

120) 이것은 다자조약도 본질적으로 마찬가지이다.

121) Ragazzi, p. 191 ; Tams, p. 102. Rosenne, *The Perplexities of Modern International Law*, p. 31 (fn. 8)의 표현을 빌리면, "대세적으로 적용되는(모두가 수범자인/모두를 수범자로 하는) 규칙과 대세적으로 지는 의무의 구분을 염두에 두어야 한다. 대세적으로 적용되는 규칙이 언제나 국제공동체 전체에 대해 지는 의무를 창설하는 것은 아니기 때문이다."

122) See e.g. *Island of Palmas* case (U.S. and The Netherlands), (1928) 2 RIAA 829, (1928) 22 AJIL 867 ; Cassese, pp. 28~29 ; Tams, p. 104.

123) 이를테면, Tunkin, p. 364는 '현대국제법에서 국가의 법인격은 대세적 법인격(a legal personality *erga omnes*)이다. 그것은 타국의 승인을 필요로 하지 않는다."고 언급하고 있다.

다는 점에서 이것은 '공동체 의무'(community obligations)이며, 동시에 다른 국가들은 자신의 이익을 위해서가 아니라 국제공동체 전체를 위해 행동할 자격을 부여받고 있다는 의미에서 이것은 '공동체 권리'(community rights)이기도 하다.[124)]

그런가 하면 ILC는 1969년의 "조약법에 관한 비엔나협약"을 기초하는 과정에서, '객관적' 체제를 창설하는 조약(treaty creating objective regimes)을 "대세적으로 유효한 의무와 권리"(obligations and rights valid *erga omnes*)[125)]를 창설하는 조약으로 표현한 바 있다. 즉, 여기서 *erga omnes*는 objective와 동의어로 사용되고 있는 것이다.[126)] *Government of the State of Eritrea and Government of the Republic of Yemen* (*Phase One* : *Territorial Sovereignty and Scope of the Dispute*) 사건[127)]에서는 비슷하지만 좀더 일반적인 의미로 *erga omnes*가 사용되고 있다. 즉, 이 사건에서 중재재판소는 "국경선/영토조약은 대세적 효력(effect *erga omnes*)을 갖는다"고 언급하였는데, 여기서 '대세적 효력'은 '모든 국가에 대한 대항력'(opposability to all States)을 지칭하는 것으로 보인다.[128)] 역시 이와 비슷하게, ICJ는 *Reparation for Injuries Suffered in the Service of the UN* 사건에 대한 권고적 의견[129)]에서, 1945년 당시 UN은 '객관적 국제인격'(objective international personality)을 갖는 실체로서 창설되었다는 결론을 제시하였는데, 그렇다면 UN의 인격은 그 회원국, 비회원국을 가리지 않고 전세계 모든 국가들에게 대항할 수 있다는 의미에서 '대세적 국제인격' (international personality *erga omnes*)이 되지 않을 수 없다.[130)]

그리고 독일 연방헌법재판소는 1997년 *GDR Ambassador* (*DDR-Botschafter*) 사건[131)]에서, 외교면제의 제3국에 대한 효력 문제를 외교면제의 대세적 효력(*erga omnes* effects of diplomatic immunity)의 관점에서 논하면서도 – 외교관계 비엔나협약에 규정된 이른바 통과외교관(diplomat in transit)의 경우를 제외하고는 – 이를 부인한 바 있다.

(일반국제법이 아니라 단지)"조약에 기초한 의무로서, 그 이행에 모든 조약당사자가 법적 이익(소의

---

124) Cassese, *International Law*, 2nd, pp. 16, 64 ; 본서, 제17장 (국제인권법).

125) "Draft Articles on the Law of Treaties with Commentaries, Adopted by the ILC at its Eighteenth Session (1966)", Article 34, Commentary (4) ; Ragazzi, p. 37 ; Sinclair, p. 104 ; Tams, p. 104.

126) Tams, p. 103.

127) Arbitration Tribunal, 9 October 1998, 114 ILR (1999) & https://pca-cpa.org, para. 153 : "Boundary and territorial treaties made between two parties are *res inter alios acta* vis-à-vis third parties. But this special category of treaties also represents a legal reality which necessarily impinges upon third States, because they have effect *erga omnes*."

128) See also *per* Judge Oda (Separate Opinion) in Case concerning *Maritime Delimitation in the Area between Greenland and Jan Mayen* (Denmark v. Norway), ICJ Reports (1993), p. 89 at 100 (para. 40) : "In my view, when a title to an area of maritime jurisdiction exists, -be it to a continental shelf or (*arguendo*) to a fishery zone- it exists *erga omnes*, i.e. is opposable to all States under international law ... " See Tams, p. 104 ; ILC "Conclusions of the work of the Study Group on the Fragmentation of International Law: Difficulties arising from the Diversification and Expansion of International Law" (2006), para. (39), at https://www.un.org/law/ilc.

129) ICJ Reports (1949), p. 174 at 185.

130) Tams, pp. 104~105.

131) BVerGE 96, 68, paras. 58~69, at https://www.oefre.unibe.ch/law/dfr/bv096068.html ; Tams, p. 104 (fn. 20) ; 본서, 제12장 (외교면제).

이익)을 갖는 것으로 일컬어지는 경우"(treaty-based obligations in whose performance all contracting parties are said to have a legal interest)를 지칭하기 위해 '당사자 간 대세적 의무'(obligations *erga omnes partes* ; obligations *erga omnes contractantes*)란 용어도 사용되고 있다.[132)]

이 밖에 ICJ는 *Nuclear Tests* 사건[133)]에서, 남태평양에서 대기권 핵무기실험을 더 이상 실시하지 않겠다는 프랑스의 "일방적 선언들"(unilateral declarations)은 "공개적이고 대세적으로"(publicly and *erga omnes*), 즉 "국제공동체 전체에 대하여 행한/전달된" (conveyed to the world at large ; addressed to the international community as a whole) "법적 약속"(legal undertaking)이라고 판시한 바 있다. ICJ는 이 판결에서 "*erga omnes*"란 표현을 사용함으로써 *Barcelona Traction Co.* 사건에서 사용했던 그 *erga omnes*의 법적 효과(즉, 모든 국가에게 소의 이익을 인정)를 의도한 것인가의 의문이 제기되었는데, 재판소는 이 문제에 대해서는 그 어떤 시사도 주지 않았다. 그러나 이 판결에서 ICJ가 사용한 '*erga omnes*'는 한 국가가 행한 법적 약속의 수신인(addresses)으로서의 '모든 국가'(all States)를 지칭하는 ('기술/技術'이 아닌)'기술'적(記述的)(descriptive) 용어에 불과하며, 프랑스가 이 약속을 위반했을 대 전 세계 어떤 국가든지 이에 대해 이의를 제기할 수 있는 법적 이익(legal interest)이 인정된다는 취지에서 사용된 표현으로 보기는 어렵다. 그렇다면 이것은 위에서 언급한 바와 같이 "관습법 내지는 일반국제법 하에서 발생하는 모든 의무는 각국이 대세적으로(*erga omnes*) 부담하는 의무"라고 말할 때와 전혀 다른 차원의 것이 아니다.[134)]

Military and Paramilitary Activities in and against Nicaragua 사건[135)]에서도 ICJ는 *Nuclear Tests* 사건에서와 동일한 맥락에서 '*erga omnes*'를 사용한 바 있다. 즉, 미국은 1946년에 ICJ규정 제36조 2항(임의조항)을 수락하는 선언을 하면서 동 선언의 철회 혹은 수정은 이를 통고한 날로부터 6개월이 경과한 날로부터 발효한다는 약속을 달았었지만, 니카라과의 임의조항 수락선언에는 이같은 시간적 제약이 첨부되어 있지 않았다. 상황이 이러하였으므로 피소국 미국은 상호주의를 원용하여 니카라과는 자신의 (일방적) 선언을 지체없이(즉각) 철회 혹은 종료할 수 있으므로 미국도 니카라과에 대해서만은 즉각 자신의 선언을 철회할 수 있어야 한다고 주장하였는데, 여기서 ICJ는 미국의 이같은 주장을 "대세적으로는 효력이 없다고 해도 (적어도) 니카라과에 대해서는 효력이 있다는"(effective *vis-à-vis* Nicaragua, even if not effective *erga omnes*) 것으로 표현한 바 있다.

나미비아에 대한 남아프리카의 위임통치(Mandate)와 관련하여 UN총회가 (조약으로서의)위임통치의 중대한 위반을 이유로 이를 종료시키는 결의를 채택하고 그 후 안보리가 남아프리카의 계속된 주둔을 위법으로 선언하는 결의를 채택한 것과 관련한 1971년의 *Namibia* 사건[136)]에 대한 권고적

132) Tams, p. 120 ; 본서, 제14장 (국가책임) 참조.

133) Australia v. France, ICJ Reports (1974), p. 253, at paras. 50~51 ; New Zealand v. France, ICJ Reports (1974), p. 457, at paras. 52~53.

134) Tams, pp. 112~115.

135) ICJ Reports (1984), p. 392 at 416 (para. 55). See Tams, pp. 114~115, 180.

136) *Legal Consequences for States of the Continued Presence of South Africa in Namibia (South- West*

의견에서 ICJ는 이 두 UN기관의 결정에 동의하면서, UN총회와 안보리의 결의는 "남아프리카의 나미비아 주둔의 합법성을 대세적으로 방해(배제)한다는 의미에서 모든 국가에게 대항할 수 있는"(opposable to all States in the sense of barring *erga omnes* the legality of a situation which is maintained in violation of international law) 것이며, 따라서 "UN 비회원국들도 이에 따라 행동하여야 한다"(it is for non-member States to act in accordance with those decisions)고 판시한 바 있다. ICJ는 이로써 UN 정치기관의 결의에 대해 -그 비회원국에 대해서도 정당성/유효성(validity)을 갖는다는 의미에서- 대세적 효력(*erga omnes* validity)을 부여한 것이다.[137)]

ICJ는 국제재판소 판결의 대세적 효력을 시사하기 위해 *erga omnes* 표현을 사용하기도 한다. 즉, ICJ는 1966년의 *South West Africa* 사건[138)]에서 "(과거) PCIJ 판결은 국제연맹규약 제13조에 의해 일반 사법적 해결(general judicial settlement)로서의 대세적 효과(effect *erga omnes*)를 부여받았었다"고 언급한 바 있다.

의무의 '영토적' 제한(territorial restriction)이 없음을 나타내기 위해 '대세적 권리 및 의무'(rights and obligations *erga omnes*)란 표현을 동원한 경우도 발견된다. 즉, *Bosnia* (혹은 *Bosnian Genocide*) 사건[139)]에서 ICJ는 "제노사이드협약에 간직된 권리와 의무는 대세적 권리 및 의무로서, ... 각 국가가 이로써 제노사이드 범죄를 방지하고 처벌해야 할 의무는 동 협약에 의하여 영토에 국한되는 것은 아니다"(the rights and obligations enshrined by the Convention are rights and obligations *erga omnes*. ... the obligation each State thus has to prevent and to punish the crime of genocide is not territorially limited by the Convention)라고 판시한 바 있다. 여기서 재판소는, 의무가 대세적으로 타당한 경우 국가들은 행위가 그들의 영토 밖에서 발생했으므로 국가책임이 없다고 주장할 수 없게 됨을 시사하고 있다.[140)]

위에서 -통상 '대세적'으로 번역되고 있는- '*erga omnes*'란 라틴어 용어가 사용되는 사례들을 수집하여 개관하여 보았다. 분명한 것은, *erga omnes*란 용어 자체는 ICJ가 1970년의 *Barcelona Traction* 판결에서 처음 고안해 낸 것도 아니며, 또한 한 개의 고정된 의미로만 사용되지 아니하고 학자들이나 재판소들에 의해 다양한 맥락에서 사용되고 있다는 점이다. 따라서 이들을 유형별로 구분하는 것이 용이하지는 않아 보이는데, 다만 ICJ에서 *erga omnes*는 (i) *Barcelona Traction Co.*에서 천명된 duties(obligations) *erga omnes* 개념의 핵을 이루는 *erga omnes*, (ii) 단지 "모든 국가"(all States)의 편리한 대용물로서의 *erga omnes*, (iii) UN결의가 제3국(비회원국)에 대해 갖

Africa) Notwithstanding Security Council Resolution 276 (1970), ICJ Reports (1971), p. 16 at 56 (para. 126).

137) Tams, pp. 107~109.

138) Ethiopia v. South Africa ; Liberia v. South Africa, ICJ Reports (1966), p. 6 at 41 (para. 70) ; Tams, p. 105 ; 본서, 제26장 (분쟁의 평화적 해결수단), Ⅶ. 사법심사, "15. 판결의 강제(혹은 집행)."

139) Case concerning *Application of the Convention on the Prevention and Punishment of the Crime of Genocide* (Bosnia-Herzegovina v. Yugoslavia) (Preliminary Objections), ICJ Reports (1996), p. 595 at 616 (para. 31).

140) Tams, pp. 110~112. See also Case concerning *Armed Activities on the Territory of the Congo* (New Application : 2002) (Democratic Republic of the Congo v. Rwanda) (Jurisdiction and Admissibility), Judgment of 3 February 2006, para. 64.

는 효력을 정당화 하기 위한 *erga omnes*, (iv) 국제재판소 판결의 대세적 효과를 시사하기 위한 의도에서의 *erga omnes*, (v) 의무의 영토적 제약을 배제하기 위한 *erga omnes* 등의 다용도로 사용되고 있음을 알 수 있다.[141)]

3. 지역강행규범(regional *jus cogens*)

지역강행규범의 존재를 긍정할 수 있을 것인가? 비엔나협약 제53조의 공식에 따르면, 국제강행규범의 규칙은 '일반'국제법에 속하며 또한 이것은 국제공동체 '전체'에 의하여 수락되고 승인되어야 하기 때문에 외견상 '지역'강행규범은 성립의 여지가 없는 것으로 보인다. 그러나 비엔나협약 제53조에 규정된 강행규범의 정의는 단지 "본 협약(즉, 비엔나협약)의 목적을 위한"(for the purposes of the present Convention) 것임을 상기할 필요가 있을 것이다. 이 밖에도, ICJ규정 제38조 1항 (b)에 대한 ICJ의 태도에 주목할 필요가 있다. 동 조항은 국제관습이 성립하기 위한 한 개의 조건으로서 '일반'관행(general practice)을 요구하고 있고, 따라서 특정지역의 국가들 사이에서만 법으로 수락되는 이른바 '지역'관습(local, regional custom)은 성립될 수 없는 것으로 보인다. 지역관습은 관행의 '일반성'을 갖추었다고 보기 어렵기 때문이다. 그럼에도 불구하고 ICJ는 *Asylum* 사건[142)]에서 일정 엄격한 요건 하에서나마 지역관습의 존재가능성을 긍정하였을 뿐만 아니라 *Right of Passage over Indian Territory* 사건[143)]에서는 오르지 두 국가 간에도 관습형성이 가능함을 인정하였던 것이다. 이같은 논리대로라면, 비엔나협약 제53조에 언급되어 있는 '일반' 혹은 '전체'라는 표현도 단지 상대적인 가치를 지닐 따름이며, 제53조의 기초자들의 의도가 무엇이었든 간에 비엔나협약의 테두리 내에서도 지역적 차원의 관습이나 조약에 기초한 강행규범, 즉 지역강행규범의 성립을 긍정할 수 있을 것으로 생각된다. 다만, 지역강행규범의 존재는 일반강행규범의 규칙과 충돌하지 않는 범위 내에서만 허용되는 것으로 보아야 한다. 왜냐하면 일반강행규범은 그 정의에 의하여 그로부터의 이탈을 허용하지 않기 때문이다.[144)]

그러면 구체적으로 어떤 규범이 지역강행규범에 해당하는 것으로 볼 수 있을까? 이 질문과 관련하여 특히 사형 금지(prohibition of death penalty/capital punishment)가 그 한 예로 언급되고

---

141) Tams, pp. 103, 115~116.

142) Colombia/Peru, ICJ Reports (1950), p. 266.

143) Portugal v. India, ICJ Reports (1960), p. 6.

144) Ragazzi, pp. 194~196 ; Quadros, *op. cit.*, pp. 555~562 ; ICTY, *Prosecutor* v. *Furundzija*, Case No.: IT-95-17/1-T, Trial Chamber, Judgment of 10 December 1998, para. 153 ("While the *erga omnes* nature just mentioned appertains to the area of international enforcement (*lato sensu*), the other major feature of the principle proscribing torture relates to the hierarchy of rules in the international normative order. Because of the importance of the values it protects, this principle has evolved into a peremptory norm or *jus cogens*, that is, a norm that enjoys a higher rank in the international hierarchy than treaty law and even "ordinary" customary rules. The most conspicuous consequence of this higher rank is that the principle at issue cannot be derogated from by States through international treaties or local or special customs or even general customary rules not endowed with the same normative force.").

있다. 사형 금지가 강행규범의 지위를 가진다는 점에 대해 아직 국제공동체 전체가 이를 수락하는 바는 아니지만, 이 금지는 특히 유럽을 포함하여 세계의 일부 부분에서 매우 강한 지역적 가치를 반영하고 있기 때문이다.[145)]

4. 강행규범과 UN헌장 하의 의무 간의 관계

UN헌장 제103조는 "이 헌장 하의 UN회원국의 의무와 다른 어떤 국제협정 하의 그들의 의무 사이에 충돌이 있는 경우, 이 헌장 하의 그들의 의무가 우선한다."라고 규정하고 있지만, 이로부터 자동적으로 헌장 내지는 헌장 하의 의무가 강행규범적 성격을 가진다는 결론이 나오지는 않는다.[146)] 이것은 의무의 충돌이 있을 경우 UN회원국들에게 있어서는 헌장 하의 의무가 단지 '우선'(prevail)함을 밝힌데 불과하며, 그에 저촉되는 UN회원국의 타 협정 내지는 '타 협정 하의 의무'가 처음부터 무효이거나 그 어떤 효력도 없음을 지칭하는 것이 아니기 때문이다.[147)] 그렇다면 헌장 하의 의무, 예컨대 UN회원국에게 일정 행위를 하거나 하지 않을 것을 요구하는 UN안전보장이사회(안보리)결의가 일반국제법의 강행규범에 위배되는 상황을 상상해 볼 수 있는 것이 아닌가? UN헌장의 기본원칙은 국가들에 의해 보편적으로 수락되고 있으므로 강행규범과 헌장 하의 의무 사이에 충돌이 생기는 것을 생각하기는 쉽지 않지만, 국제평화와 안전의 유지를 위한 1차적 책임을 지고 있는 (단지 15개 국가로 구성되고 있는) 안보리가 전체 회원국을 대신하여 행동함에 있어 강행규범을 위반할 여지가 아주 없지는 않기 때문이다. 그러나 헌장 제24조 2항에 의하면 안보리는 "UN의 목적과 원칙에 따라" 행동하여야 하는데, 이 "UN의 목적과 원칙"은 UN헌장 수립 이후 강행규범으로 취급받게 된 규범들을 포함하고 있다. 그렇다면 안보리도 UN헌장 하의 임무를 수행함에 있어 강행규범을 존중하여야 한다는 결론에 이른다.[148)]

Bosnia 사건[149)]에서 바로 그같은 의견이 제시된 바 있다. 즉, 1993년 보스니아 정부는 자국 내 무력충돌 과정에서 세르비아와 몬테네그로에 의해 자행되고 있는 것으로 판단되는 제노사이드 행위를 중단시키기 위한 임시조치를 청구하면서, 안보리가 구유고 내에서의 사태가 평화에 대한 위협을 구성한다고 결정한 뒤 1991년의 결의 713을 통해 부과한 유고 전체에 대한 의무적 무기금수조치로 인하여 제노사이드 행위를 막지 못하고 있다고 주장하였다. 여기서 임시재판관 Elihu Lauterpacht[150)]

145) Vidmar in de Wet and Vidmar (eds.), pp. 21~22.

146) 국제연맹규약 제20조는 UN헌장 제103조와 유사하면서도 그것을 아주 능가하는 규정을 담고 있었다.

147) 본서, 제25장 (UN) 참조.

148) ILC "Conclusions of the work of the Study Group on the Fragmentation of International Law: Difficulties arising from the Diversification and Expansion of International Law" (2006), para. (40), at https://www.un.org/law/ilc.

149) Case concerning the *Application of the Convention on the Prevention and Punishment of the Crime of Genocide* (Bosnia and Herzegovina v. Serbia and Montenegro), Provisional Measures, Order of 13 September 1993, ICJ Reports (1993), p. 325.

150) Separate Opinion of Judge *ad hoc* Lauterpacht, *ibid.*, p. 407 at 439~441 (paras. 98~104). See also White, *Keeping the Peace*, p. 71.

는 개별의견(separate opinion)을 통해, ICJ는 안보리의 평화에 대한 위협 결정을 심사할 권한은 없지만 헌장 제25조 하의 회원국들의 의무와 강행규범(여기서는 제노사이드 금지 규칙) 간에 충돌이 있기 때문에 후자의 의무가 우선하며 안보리결의 713은 확립된 강행규범의 규칙에 위배되므로 법적으로 무효일지 모른다는 견해를 피력한 바 있다.

구유고국제형사재판소도 *Duško Tadić* 사건(Appeal)[151]에서 안전보장이사회는 "국제법의 강행규범을 존중하여야 한다"[subject to respect for peremptory norms of international law(*jus cogens*)]는 부수적 의견을 제시한 바 있다.

ILC강행규범결론초안(결론 16)은 위 견해를 국제기구 일반으로 확대하여 "그렇지 않으면 구속력이 있을 국제기구의 결의, 결정 또는 기타 행위는 강행규범과 충돌하는 경우 그리고 그 범위 내에서 국제법 하의 의무를 창설하지 않는다."고 적고 있다.

5. 강행규범 이론의 국내법으로의 편입

"일반국제법의 강행규범" 이론이 일반관습법규로 전환되고 있다는 사실은 이 개념이 국내재판소에서 소송당사자들이나 재판관들에 의하여 원용될 수 있는 여지가 그만큼 넓어지고 있음을 시사하는 것이다.[152] 뿐만 아니라 이 이론을 헌법의 개정 한계로서 수용하는 국가까지도 생겨나고 있다. 즉, 1999년 4월 18일의 스위스헌법[153]은 연방헌법의 전체 개정(total revision)의 경우 "국제법의 강행규범을 위반해서는 안 된다"고 규정하면서,[154] 헌법의 일부 개정(partial revision)의 경우에도 동일하게 규정하고 있으며,[155] 또한 "헌법의 일부 개정을 위한 국민발안(popular initiative)이 (특히) 국제법의 강행규범을 존중하지 아니하는 경우, 연방의회는 이 발안을 전부 혹은 일부 무효로 선언하여야 한다."[156]고 규정하고 있기도 하다.[157]

Ⅳ. 결 어

1969년의 비엔나 조약법협약에 의하여 도입된 "일반국제법의 강행규범"은 ICJ규정 제38조 1항에 언급되어 있는 국제법의 형식적 연원(즉, 조약, 관습, 법의 일반원칙)과는 별도의 새로운, 그것도 타

151) ICTY (Appeals Chamber), *Prosecutor* v. *Duško Tadić*, Judgment of 15 July 1999, at para. 296, at https://www.un.org/icty/tadic/appeal/judgement/index.htm. See also Cassese, *International law*, 2nd, p. 206.

152) See Cassese, *International Law*, 2nd, pp. 210~211.

153) 1874년의 헌법을 대체한 것임. 국민투표를 거쳐 2000년 1월 1일 발효. 1999년의 헌법은 계속 개정되고 있다: https://www.verfassungsvergleich.de/.

154) 제193조 4항.

155) 제194조 2항.

156) 제139조 3항.

157) See Cassese, *International Law*, 2nd, pp. 211~212.

율적 성격의 연원으로 의도된 것은 아니다. 이것은 기존의 전통 연원(관습과 조약)에 의해 만들어진 규칙 중에서 그 일부를 '일단의 상위법'(a body of higher law) 내지 국제공동체의 '헌법적' 원칙으로 승격시키기 위한 것이었을 뿐이다.[158] 그리고 이같은 강행규범은 여전히 '일반'국제법의 계열에 속할 따름이다. 그러나 이것만으로도 국제공동체는 큰 진보를 한 것으로 평가받아 마땅하다. "비엔나협약 제53조에서 구체화된 일반국제법의 강행규범이란 관념은 동 협약이 존재하기 이전에 이미 국제공법에서 승인되고 있었지만, 비엔나협약은 이 개념에 대해 정밀성(precision)과 실체(substance) 두 가지 모두를 부여하였으며,"[159] 그런 의미에서 본다면 "강행규범의 출현은 비교적 최근이며,"[160] "국제법에서 강행규범규칙의 존재에 대한 광범위한 승인은 더욱더 최근의 현상이다."[161]

158) Danilenko, *op. cit.*, p. 42 ; Cassese, p. 175.
159) (1982 Ⅱ) 2 Yearbook of the ILC 62.
160) (1966) 2 Yearbook of the ILC 248.
161) (1979 Ⅱ) 2 Yearbook of the ILC 114.

제 4 장
조 약 법

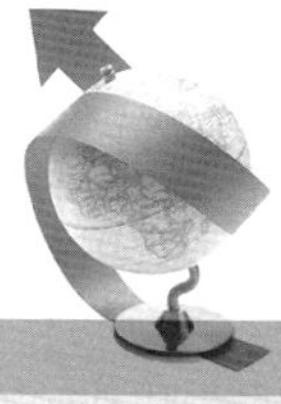

조약법(law of treaties)은 -수 많은 과거의 조약들에 담겨 있거나 미래의 조약들에 담길 규범, 주제 혹은 내용에 관계없이(이것은 물론 대부분의 경우 조약마다 다를 것이다)- 모든 조약에 적용될 조약의 체결, 적용, 해석, 종료 등에 적용되는 절차적·실체적 규칙을 다루는 국제법의 한 분과이다. 우리 말의 조약법은 때로 treaty law(또는 conventional international law)를 지칭하기도 하는데, 이것은 -국제관습(international custom)에 의해 수립된 규범, 즉 국제관습법(customary international law)과는 대조되는 의미에서의- 조약에 의하여 수립된 규범/내용을 뜻한다.[1)]

조약법은 종래 관습법에 의하여 규율되고 있었기 때문에 불분명한 내용이 많았다. 18년 이상의 기간 동안 ILC에 의해 준비되었고, 이어서 1968~69년 비엔나에서 개최된 UN조약법회의에서 채택된 "조약법에 관한 비엔나협약"(Vienna Convention on the Law of Treaties)(이하 비엔나협약 혹은 비엔나 조약법협약)은 조약법에 관한 기존의 관습법규를 발전적 관점에서 법전화한 것이다.[2)] 비엔나협약은 그 전문에서 특히 "'정의'와 '조약으로부터 발생하는 의무'에 대한 존중이 유지될 수 있는 조건을 확립하고자 했던 (UN헌장 전문에서의)연합국 인민들의 결의를 상기시키고" 있다.

비엔나협약은 35개국의 비준을 얻은 후 30일째 되던 1980년 1월 27일 발효하였으나[3)] 이 분야의 기존관습법을 완전히 대체한 것은 아니다.[4)] 첫째, 비엔나협약은 이것이 국가들에 대하여 발효한 후에 그들이 체결하는 조약에 대해서만 적용된다.[5)] 따라서 비엔나협약이 국가들에 대하여 발효하기

---

1) Janis, 3rd, p. 5 ; Hartley, *European Union Law in a Global Context*, p. 131 ; Dixon, p. 55 ; Kaczorowska-Ireland, pp. 69, 76. Aust (*Handbook of IL*, 1st, p. 52, fn. 3, & 2nd, p. 50, fn. 3)는 "본인의 저서 *Modern Treaty Law and Practice*의 제목이 실제로는 정확한 것이 아니며, 다만 이 제목이 출판사에 더 좋아 보였다."라고 언급하고 있다. 동시에 Aust는 *Modern Treaty Law and Practice*에서는 다시 이 사실을 "고백"(a confession)(2nd ed., p. 2) 하였다가, 그 후에는 "일종의(그런대로) 고백"(a sort of confession)(3rd, p. 1)을 하고 있다.

2) 비엔나협약의 원문과 그 기초가 된 1966년의 ILC초안은, Watts, Vol. Ⅱ, p. 609 이하 ; https://legal.un.org/ilc/texts/instruments/english/commentaries/1_1_1966.pdf 참조.

3) 비엔나협약 제84조. 한국은 1977년 4월 27일 비준.

4) Cassese, p. 186 ; Janis, 3rd, pp. 16~17.

5) 비엔나협약 제4조.

전에 그들에 의해 체결된 조약은 여전히 종래의 관습법에 의하여 규율된다. 다만, 이 비엔나협약 불소급의 원칙은 "비엔나협약과는 별도로 국제법에 따라 조약이 복종해야 하는 이 협약상의 규칙을 침해하지 아니한다."[6] 따라서 국제관습법을 반영하는 비엔나협약의 규칙은 '비엔나협약 발효 전에 체결된 조약' 혹은 '비엔나협약 발효 후에 체결되었으나 동 협약이 조약당사국들에게 발효하기 이전의 조약'에도 –관습법의 자격으로– 적용된다.[7]

둘째, 국제공동체의 모든 국가가 비엔나협약에 가입한 것은 아니다.[8] 그리고 구 소련의 경우, 1986년에 비엔나협약에 비준은 하였으나, ICJ와 조정위원회(Conciliation Commission)에 강제관할권을 부여한 제66조에 유보를 첨부한 바 있으며, 현 러시아연방은 아직 이 유보를 철회하지 않고 있다.[9]

셋째, 비엔나협약은 이제 조약법의 기본법으로 간주되고 있지만 조약법의 일부 측면은 여전히 법전화되지 않은 채 남아 있다. 예컨대, 전쟁 내지는 무력충돌의 조약에 대한 효과, 구두조약의 법적 구속력 등의 문제는 비엔나협약에서 언급되고 있지 않으므로, 이들은 계속해서 관습법의 규율대상으로 남는다. 비엔나협약도 그 전문 끝단락에서 "본 협약에 의하여 규율되지 아니하는 문제에 대해서는 국제관습법이 계속 적용"됨을 확인하고 있다. 1978년에는 특별히 조약의 승계 문제를 다룬 "조약에 대한 국가승계에 관한 비엔나협약"(Vienna Convention on Succession of States in Respect of Treaties)이 채택되었는데, 이것 역시 조약법의 법전화를 촉진한 중요 사건이다.

넷째, 비엔나협약은 단지 국가 간의 조약(treaties between States)에만 적용된다.[10] 다만, 제3조(c)에 의하면, '국가 간의 조약'이라 함은 오로지 국가만이 당사자인 조약을 지칭하는 것은 아니며, 국가와 기타 실체들이 함께 당사자로 되어 있는 조약의 국가 당사자 간에는 비엔나협약이 적용된다.[11] 또한 제5조에 의하면, 이 조약에는 –국가 간에 체결되는– "국제기구 설립문서인 조약"과 "국제기구 내에서 채택된 조약"이 포함되지만, 이 경우 비엔나협약은 그 같은 조약들에 대해서는 "기구의 관련 규칙(any relevant rules of the organization)을 침해하지 않는 범위 내에서만" 적용된다.[12] 한편, 1986년 3월 21일에 "국가와 국제기구 또는 국제기구 상호간의 조약법에 관한 비엔나협약"(Vienna Convention on the Law of Treaties between States and International

---

6) 비엔나협약 제4조, 서두 단서.

7) Aust, 2nd, p. 10 ; Kaczorowska-Ireland, p. 78.

8) 이를테면, 미국의 경우 1970년 4월 24일 서명은 하였으나 상원의 거부로 아직 비준은 못 하고 있다. Keitner, p. 15 ; US Department of State, 〈https://2009-2017.state.gov/s/l/treaty/faqs/70139.htm〉.

9) United Nations Treaty Collection, Depositary, Chapter XXIII, Law of Treaties, 〈https://treaties.un.org/〉 ; https://en.wikipedia.org/wiki/List_of_parties_to_the_Vienna_Convention_on_the_Law_of_Treaties ; Cassese, p. 186, fn. 18a.

10) 비엔나협약 제1조.

11) 이에 상응하여, 아래 1986년 "국가와 국제기구 또는 국제기구 상호간의 조약법에 관한 비엔나협약" 제73조는 둘 이상의 국가와 국제기구 사이에서 체결된 조약의 국가 당사자 간에는 1969년 비엔나협약이 적용됨을 확인하고 있다. Dixon, p. 63.

12) 1986년 "국가와 국제기구 또는 국제기구 상호간의 조약법에 관한 비엔나협약" 제2조 1항(j)에 의하면 본 협약의 목적상 '기구의 규칙'(rules of the organization)이라 함은 "특히, 설립문서와 그것에 따라 채택된 결정과 결의, 그리고 기구의 확립된 관행"을 뜻한다.

Organizations or between International Organizations)[13]이 채택되었는데, 동 협약은 –1969년 비엔나협약이 제6조에서 "모든 국가는 조약체결의 능력을 가지고 있다"고 규정하고 있는 것과는 달리– 그 전문에서 "국제기구들은 '임무 수행과 목적 달성에 필요한' 조약체결의 능력을 가지고 있다는 점에 주목"하고, 제6조에서 "국제기구의 조약체결 능력은 그 기구의 규칙에 의하여 규율된다"고 규정하면서, 1969년 비엔나협약에 적절한 변경을 가하고 있다.[14] 1986년의 협약은 아직도 발효하고 있지 않지만[15] 일반적으로 이 문제에 관한 국제관습법규를 표현하고 있는 것으로 간주되고 있다.[16] 이 두 비엔나협약에 의하여 규율되지 아니하는 기타 국제법의 (능동적)주체들이 체결하는 조약은 여전히 관습법의 규율대상으로 남아 있다.

채택 당시 사회주의 및 제3세계 진영의 강한 압력에 의하여 비엔나협약에서는 많은 변화가 시도되었으며, 비엔나협약도 전문 7단에서 "본 협약 속에 성취된" 조약법의 "법전화"와 더불어 "점진적 발전"을 언급하고 있다. 이에 따라 조약법에 관한 미래의 관습법규는 새로운 조약법, 즉 비엔나협약의 규정에 따라 형성될 것으로 보인다. 그러나 비엔나협약의 많은 조항은 이른바 임의규정(default rule)에 속한다.[17] 즉, 이들 규정은 그 적용을 국가 간 합의(즉, 해당 조약에서 달리 규정하고 있거나, 조약당사자들이 달리 합의하거나, 혹은 별도의 의사가 달리 확정되는 경우)에 종속시키고 있기 때문에 "대체로 잔여적"(largely residual)[18]이라든지 혹은 "잔여규칙으로서 작동한다"(acts as a residual rule)[19]는 평가를 받고 있다.

비엔나협약은 전반적으로 양자조약과 다자조약을 구분하고 있지 않다. 다만 제60조 1항은 양자조약에 국한되는 유일한 규정이며, 제40조, 제41조, 제58조 및 제60조 2항은 명시적으로 다자조약을 지칭하고 있다. 다자조약을 명시적으로 언급하고 있지는 않지만 조약의 유보(reservations)에 관련한 조항들은 다자조약에만 관련되며, 수탁자(depositaries)에 관련한 조항들도 국가들의 관행상 대체로 다자조약에만 관련된다.[20]

---

13) (1986) 25 ILM 543 ; Watts, Vol. Ⅱ, p. 825 ff ; https://legal.un.org/ilc/texts/instruments/english/commentaries/1_2_1982.pdf.

14) 예컨대, 강행규범과 관련한 분쟁의 해결과 관련하여, 1969년 비엔나협약은 ICJ의 강제관할권을 도입하고 있는데 반해(제66조), 1986년 비엔나협약은 국제기구가 분쟁의 일방당사자인 경우에 ICJ에 '권고적 의견'을 요청할 자격이 있는 자들을 통해 '권고적 의견'을 구하되 ICJ가 부여하는 권고적 의견은 "관련 분쟁의 모든 당사자에 의하여 결정적인 것으로 수락되어야" 하는 우회적 방식을 도입하고 있는데(제66조 2항 (b)~(e)), 이것은 ICJ규정 제34조에 의하여 ICJ에서는 국가만이 쟁송(계쟁)사건의 당사자가 될 수 있기 때문이다. Rosenne, *The Perplexities of Modern International Law*, p. 363.

15) 1986년의 비엔나협약이 발효하기 위해서는 35개 '국가'의 비준 또는 가입이 요구된다 (여기에는 UN 나미비아 이사회에 의해 대표되는 나미비아의 비준 또는 가입이 산입된다) ; 국제기구도 비준 또는 가입할 수 있지만 이들의 비준은 발효를 위하여 요구되는 숫자에는 산입되지 아니한다 (제85조). United Nations Treaty Collection, Depositary, Chapter XXIII (Law of Treaties), 〈https://treaties.un.org/〉 ; https://en.wikipedia.org/wiki/Vienna_Convention_on_the_Law_of_Treaties_between_States_and_International_Organizations_or_Between_International_Organizations.

16) Aust, pp. 7~8 ; Kaczorowska-Ireland, p. 76.

17) Keitner, pp. 21, 27 ; https://en.wikipedia.org/wiki/Default_rule.

18) Aust, 2nd, p. 7.

19) Malgosia Fitzmaurice in Evans (ed.), *International Law*, 3rd, p. 175.

아래에서는 -때로 '조약에 관한 조약'(treaty on treaties)으로도 불리는[21]- 비엔나협약을 중심으로 조약법의 주요내용을 개관한다. 다만, 설명에 들어 가기에 앞서 '비엔나협약의 목적상' '국가' 관련 일부 개념의 정의에 관하여 언급해 두는 것이 좋겠다. 즉, '교섭국'(negotiating State)이라 함은 조약문의 작성과 채택에 참여한 국가를 말한다. '체약국'(contracting State)이라 함은 -조약의 발효 여부에 관계없이- 조약의 구속을 받기로 동의한 국가를 말한다. '당사국' (party)이라 함은 조약의 구속을 받기로 동의하였고 또 그에 대하여 조약이 발효 중인 국가를 말한다. 그리고 '제3국'(third State)이라 함은 조약의 당사국이 아닌 국가를 지칭한다.[22]

비엔나협약에는 이 밖에도 일부 조항[23]에서 "조약의 당사자가 될 권리를 가진 (모든) 국가" ("States entitled to become parties to the treaty", 혹은 "Every State entitled to become a party to the treaty")란 용어를 쓰면서도 정의를 내려놓고 있지는 아니한데, 이것은 조약 체결에 참여하였지만 아직 구속을 받겠다는 동의를 표시하지 아니한 국가를 염두에 둔 것이다.[24]

I. 조약의 체결과 효력발생

비엔나협약은 조약 '체결'(conclusion)에 대한 정의를 두고 있지 않으며, 그 결과 협약 하에서의 그 의미가 분명하지 않다는 지적이 있다.[25] 다만, (i) 비엔나협약 제2부(Part Ⅱ)(제6조~제25조)가 "조약의 체결과 효력발생"(Conclusion *and* Entry into Force of Treaties)이란 제목 하에 "제1절 조약의 체결"('조약문의 채택·확정' 및 '조약의 구속을 받겠다는 동의의 표시')과 "제3절 조약의 효력발생과 잠정적 적용"을 별개로 규정하고 있고, (ii) 제3부 내 제30조 5항(계승적 조약), 제5부 내 제53조(강행규범 위반 조약) 및 제59조(후조약의 체결)에서 특별히 '체결'을 언급으로 하고 있으며, 또 (iii) 제7부 내 제80조에서 조약의 등록을 위한 UN사무국으로의 송부 의무를 "발효 후"의 요건으로 규정하고 있는 것으로 보아, 동 협약 하에서 조약의 '체결'이 조약의 '효력발생'을 포함하도록 의도된 것은 아닌 것으로 보인다.[26] 용어 사용에 있어 '체약국'과 '당사국'을 구분하고 있는 협약 제2조의 규정을

20) Aust, 2nd, pp. 10~11, 324, 440 (& 3rd, pp. 9, 283, 380).
21) Kaczorowska-Ireland, p. 76.
22) 비엔나협약 제2조. 'signatory', 'signed-up to', 'adherence', 'adhesion' 등, 비엔나협약에서 사용되지 않는 용어들이 가질 수 있는 모호성을 지적하며, 이들 술어는 사용하지 않는 것이 좋다는 지적이 있다 : Aust, 2nd, pp. 114~115.
23) 즉, 비엔나협약 제23조 1항, 제40조 3항, 제77조 1항(b)(e)(f), 제79조 2항(a).
24) Aust, 2nd, p. 272(& 3rd, p. 241).
25) 예컨대, Aust, 2nd, p. 92(& 3rd, p. 86)는 "Although the Convention refers to the 'conclusion' of a treaty no less than twenty-three times, but does not define that term (treaties may also be said to have been 'made', or 'entered into', but these are equally imprecise terms)."라고 언급하고 있다. 자세한 논의는 E.W. Vierdag, "The Time of the Conclusion of a Multilateral Treaty: Article 30 of the Vienna Convention on the Law of Treaties and Related Provisions", (1988) 59 BYIL 75~111 참조.
26) 관습조약법(customary law of treaties) 하에서 조약의 '체결'이 무엇을 지칭하는지를 묻는 것은 이와는 별개

보거나, "이 협약은 그 발효 후에 국가들에 의하여 체결되는 조약에 대해서만 적용된다."라고 규정하고 있는 제4조의 규정 등을 보면 더욱 더 그러하다. 그렇다면 조약이 서명에 의해 발효되는 경우를 제외하고는 조약의 체결이 반드시 그 효력발생을 보장하는 것은 아니다.[27] 조약 '체결'의 의미는 (EU법과 같은 자율적 법체계를 포함한) 국내법 하에서도 문제될 수 있다.[28] 이런 문제가 있음을 염두에 두면서, 여기서는 조약 체결을 위한 교섭에서 그 효력발생까지를 단계별로 살펴보기로 한다. 그리고 이 과정에서 문제되는 조약의 유보와 해석선언에 대하여도 알아보겠다.

1. 조약체결능력과 조약체결권자

비엔나협약 제6조는 "모든 국가는 조약을 체결할 능력을 가지고 있다"(Every State *possesses* capacity to conclude treaties)고 규정하고 있는데, 현재 시제(present tense)의 이 표현은 이 규칙이 보편적 관습법규임을 시사하는 것이다. 그리고 여기서 '국가'는 주권독립국가를 의미하는 것이지만, 완전한 주권독립국가로 보이지 않는 국가들도 국제법의 목적상 주권독립국가로 간주되어 완전한 조약체결 능력을 향유하는 경우가 있다.[29]

비엔나협약 제7조~제17조는 국가들이 조약을 체결할 때 습관적으로 밟게 되는 여러 절차(formalities)를 포괄적으로 담고 있으므로 아래에서는 이들 규정에 대해 설명한다. 다만, 이들 규정의 적용 여부는 조약 체결에 임하는 국가들의 의사에 종속됨을 기억할 필요가 있다. 이를테면, 조약은 -양자조약의 경우에 흔히 보는 것처럼- 정부간 외교서한의 교환을 통해 간단히 체결될 수도 있고, -다자조약의 경우에 흔히 보는 것처럼- 외교회의를 통해 여러 단계를 거쳐 체결되기도 한다.[30]

먼저, 국가를 대표하여 조약을 체결할 권한이 누구에게 있는가는 각 국가의 국내법에서 결정지을 문제이지만 대체로 국가원수 또는 정부수반에게 그같은 권한이 부여되어 있다. 그러나 조약체결권자는 조약체결에 관한 일정 권한을 (일반적으로 전권대표로 불리우는) 제3자에게 위임할 수 있다.[31] 전권

의 문제인데, 이에 관해서는 Vierdag, (1988) 59 BYIL 75 at 109 참조.

27) Aust, 2nd, p. 93.

28) 한국 헌법에 나타난 조약 '체결' 개념에 대해서는 본서, 제5장 (국제법과 국내법의 관계) ; 그리고 EU기능조약상의 조약 '체결' 개념에 대해서는 본서, 제30장 (EU법) 참조.

29) 이를테면 (인구 1만이 겨우 넘는) 쿡제도(諸島)(Cook Islands)와 (인구 1천이 겨우 넘는) 니우에(Niue)는 뉴질랜드와 자유로이 연합한 자치국가들(self-governing associated states)로서, 그들의 시민은 뉴질랜드 국적을 보유한다. 그러나 양 국가 모두 뉴질랜드와 UN사무국에 의해 "완전한 조약체결능력"(full treaty making capacity)이 있는 것으로 간주되고 있고, 다른 많은 국가들은 명시적, 묵시적으로 이를 인정하고 있다. 실제로 두 국가는 "'모든 국가' 조항'("'all States" clause')에 의해 많은 다자조약의 당사자가 되었고, 일부 UN전문기구의 회원국이기도 하다. 다만, UN 가입 신청은 낸 적이 없다. 일부 국가 및 국제기구들과는 자신의 이름으로 외교관계를 수립하고 있기도 하다. Aust, 3rd, pp. 56~57 ; *Repertory of Practice of United Nations*, Supplement No. 8, Volume Ⅵ, para. 10, 〈https://legal.un.org/repertory/art102/english/rep_supp8_vol6-art102_e_advance.pdf〉 ; https://en.wikipedia.org/wiki/Cook_Islands ; https://en.wikipedia.org/wiki/Niue ; https://www.cia.gov/library/publications/the-world-factbook.

30) Currie, pp. 116~117.

31) ICJ Case concerning *Sovereignty over Pedra Branca/Pulau Batu Puteh, Middle Rocks and South Ledge* (Malaysia/Singapore), Judgment of 23 May 2008, paras. 22, 102 ; 본서, 제19장 (영토의 취득) 참조.

대표(plenipotentiary)는 전권위임장(full powers)[32]을 제시함으로써 "조약문의 채택이나 정본 확정을 목적으로, 또는 -이에서 더 나아가- 조약의 구속을 받겠다는 국가의 동의를 표시할 목적으로" 국가를 대표하는 것으로 간주된다.[33] 전권위임장에는 국가를 대표할 사람으로 1인만 지정할 수 있는 것은 아니며, 여러 명을 지정할 수도 있다.[34]

"관련 국가들의 관행이나 기타 사정으로 보아" 전권위임장을 필요로 하지 않을 수 있다.[35] 실제 관행을 보면, 양자조약, 특히 각서(서한)교환을 포함한 약식조약 체결시에는 전권위임장 제시 절차를 생략하는 것이 보통이다.[36] 일부 하급관료(공무원)들도 그 직책과 직무에 의거하여 비준을 거치지 아니하고 일정 약식조약을 체결할 권한이 있는 것으로 인정되고 있는데, 실제로 전시에 군대 지휘관들은 정전(停戰), 요새 포기, 포로 교환 등에 대해 조약을 체결하기도 한다.[37] 이 밖에, 그 직무의 성격상 전권위임장을 제시하지 않더라도 당연히 자국을 대표하는 것으로 간주되는 자들도 있다.[38] 즉, 첫째, -흔히 트로이카(troika) 혹은 Big Three(三巨頭)로 지칭되는- 국가원수, 정부수반, 외무장관은 전권위임장을 제시하지 않더라도 "조약 체결에 관련된 모든 행위(즉, 조약문의 채택과 확정, 서명 또는 조약의 구속을 받겠다는 동의 표시)를 수행할 목적으로" 국가를 대표하는 것으로 간주된다. 둘째, 외교공관장(외교사절단장)은 전권위임장을 제시하지 않더라도 "파견국과 접수국 간의 조약문을 채택할 목적으로" 국가를 대표하는 것으로 간주된다.[39] 셋째, 국제회의나 국제기구에 파견된 국가대표 역시 전권위임장을 제시하지 않더라도 그 "회의 또는 기구에서 조약문을 채택할 목적으로" 국가를 대표

---

32) 비엔나협약 제2조 1항(c).

33) 비엔나협약 제7조 1항(a). 국가들은 국제기구, 특히 UN이나 유럽심의회(Council of Europe)에 파견하는 자국의 상주대표에게 흔히 '일반전권위임장'(general full powers)으로 불리는 계속적인(즉, 갱신할 필요가 없는) 전권위임장(continuing full powers)을 발부할 수도 있다. Aust, 2nd pp. 79~80 ; Aust, *Handbook of IL*, 2nd, p. 57 ; https://treaties.un.org/doc/source/events/2011/USG/letter_english.pdf ; https://conventions.coe.int/Treaty/TreatyOffice-Nutshell.pdf.

34) 비엔나협약 제2조 1항(c). 특히, 협상단의 리더가 언제든지 급히 본국으로 호출될 수 있는 각료인 경우에는 전권위임장에 최소 2인을 지정하는 것이 현명하다. Aust, 2nd, p. 81.

35) 비엔나협약 제7조 1항(b).

36) (비엔나협약 제7조가 된) ILC초안 제6조에 대한 주석 (3)항 ; Aust, *Handbook of IL*, 2nd, p. 57.

37) Oppenheim, p. 885 (para. 496).

38) 비엔나협약 제7조 2항. See also ICJ Case concerning *the Land and Maritime Boundary between Cameroon and Nigeria* (Cameroon v. Nigeria ; Equatorial Guinea intervening), Judgment of 10 October 2002, para. 265 : "The Court cannot accept Nigeria's argument that Article 7, paragraph 2, of the Vienna Convention on the Law of Treaties is solely concerned with the way in which a person's function as a State's representative is established, but does not deal with the extent of that person's powers when exercising that representative function. The Court notes that the commentary of the International Law Commission on Article 7, paragraph 2, expressly states that "Heads of State ... are considered as representing their State for the purpose of performing all acts relating to the conclusion of a treaty" ... "

39) 비엔나협약은 제7조 2항(b)에서 외교공관장의 경우 파견국과 접수국 사이에서 단지 조약문을 "채택"(adopting)할 목적으로만 전권위임장 없이 파견국을 대표할 수 있다고 규정하고 있지만, 접수국은 조약문을 "확정(인증)"(authenticating)하는 단계에서도 그에게 전권위임장 제시를 요구할 것 같지는 않다. 그러나 전권위임장을 제시하지 않기로 합의한 경우가 아니라면, 조약에 "서명"을 하기 위해서는 (설사 서명이 조약의 구속을 받겠다는 동의를 구성하지 않는 경우라 해도) 외교공관장도 전권위임장을 제시하여야 한다. Aust, 2nd, p. 79.

하는 것으로 간주된다. ICJ는 *Armed Activities on the Territory of the Congo* 사건[40]에서 국가원수, 정부수반, 외무장관 등 이른바 3거두(巨頭)(Big Three)의 국가대표 권한에 대한 "잘 확립된 규칙"을 확인하면서도, 오늘날의 국제관계에서 —법무장관을 포함한— 다른 전문부서의 장관들과 심지어 일부 관료들조차도 직무범위 내의 문제와 관련하여 대외적으로 국가를 구속하는 권한을 부여받는 경우가 점점 늘어나고 있는 현상을 지적한 바 있다. 이것은 조약 체결이 국가를 대외적으로 대표하는 기관, 특히 외교부의 전유물이 아님을 의미한다.[41]

조약 체결의 목적상 국가를 대표할 권한이 없는 자에 의하여 행하여진 조약 체결 행위는 그 국가에 의하여 추후확인, 즉 추인(追認)(subsequent confirmation)되지 않는 한 법적 효력을 갖지 아니한다.[42] 추인으로 간주될 수 있는 경우로는, 우선 조약의 비준을 생각해 볼 수 있고, 조약의 국내공포 혹은 이행과 같이 조약의 수락을 입증하는 기타 국가적 행위도 생각해 볼 수 있다.[43] 협약 제8조의 추인 관련 규정은 조약 체결의 권한을 부여받지 않은 자가 체결한 조약의 법적 효력에 관한 것

---

40) (New Application: 2002)(Democratic Republic of the Congo v. Rwanda) (Jurisdiction and Admissibility), ICJ Reports (2006), p. 6 at 27 (paras. 46~47) : "46. The Court will begin by examining Rwanda's argument that it cannot be legally bound by the statement in question inasmuch as a statement made not by a Foreign Minister or a Head of Government "with automatic authority to bind the State in matters of international relations, but by a Minister of Justice, cannot bind the State to lift a particular reservation". In this connection, the Court observes that, in accordance with its consistent jurisprudence..., it is a well-established rule of international law that the Head of State, the Head of Government and the Minister for Foreign Affairs are deemed to represent the State merely by virtue of exercising their functions, including for the performance, on behalf of the said State, of unilateral acts having the force of international commitments. The Court moreover recalls that, in the matter of the conclusion of treaties, this rule of customary law finds expression in Article 7, paragraph 2, of the Vienna Convention on the Law of Treaties, ...

47. The Court notes, however, that with increasing frequency in modern international relations other persons representing a State in specific fields may be authorized by that State to bind it by their statements in respect of matters falling within their purview. This may be true, for example, of holders of technical ministerial portfolios exercising powers in their field of competence in the area of foreign relations, and even of certain officials."

41) 한국의 경우, 국무총리 훈령으로 제정된 "외국정부기관과의 기관간 약정 체결 및 관리에 관한 규정"(2012.2.10. 일부개정)(이하 "기관간 약정 규정")은 제2조(정의) 1항에서 우선 '기관간 약정'에 대해 "그 명칭에 불문하고 중앙행정기관(즉, '부 · 처 및 청')이 국내법상 소관 업무에 대한 권한의 범위에서, 동일 또는 유사한 업무를 수행하는 외국 정부기관과 업무에 관하여 체결하는 국제법적 구속력 없는 합의를 말한다."고 정의한 다음, 제3조(조약과의 관계)에서 "국제법에 의해 규율되는 권리 · 의무를 창출하는 국가 간의 합의인 조약과 기관간 약정은 구분된다."고 규정하고 있다. 한국 정부는 개개 중앙행정기관들의 무분별한 기관간 약정 체결을 통제하기 위해 "기관간 약정 규정"을 마련하였겠지만, 조약법의 관점에서 보면 이른바 기관간 약정은 모두가 조약이 아니라고 단언할 수는 없다. "기관간 약정에 관한 규정"도 제4조(약정 체결시 준수사항)에서 "중앙행정기관은 기관간 약정 체결시 상대 외국정부기관이 이를 조약으로 오인하지 않도록 하기 위해 필요하다고 인정하는 경우에는 [이 약정은 국제법상의 어떠한 법적 의무도 창설하지 아니한다]를 기관간 약정에 명시한다"고 규정함으로써 -한국 정부의 조약 체결상의 관행과는 달리- 타방당사자는 기관간 약정을 조약으로 생각할 수 있음을 시사하고 있다. 따라서 흔히 MOU의 형식으로 체결되는 기관간 약정(agency to agency arrangement) 혹은 정부부처간 합의(inter-departmental agreement)가 조약으로 의도된 것인지 아니면 신사협정으로 의도된 것인지는 조약법에 따라 합의/약정별로 따져볼 문제이다. 외교통상부 조약국, 《알기 쉬운 조약업무》(2006. 3), "기관간 약정", 〈https://www.mofa.go.kr/mofat/ebook/treaty.pdf〉 참조.

42) 비엔나협약 제8조.

43) Aust, 2nd, pp. 83, 100.

이다. 반대로, 조약 체결의 권한을 부여받은 전권대표가 본국 정부의 지시나 훈령을 무시하고 조약의 구속을 받겠다는 동의를 표시한 경우 그 조약은 무효로 되는가는 별개의 문제인데, 이것은 제47조에서 조약의 상대적 무효사유의 하나로 규정되어 있다.[44)]

다자조약 교섭을 위한 국제회의에 참석하는 자는 자신이 초대받은 국가의 대표임을 보여주는 문서를 회의를 주관하는 국제기구나 정부에 제출해야 자신의 자리에 앉을 수 있는데, 파견국(국가원수, 정부수반, 혹은 대부분의 경우 외무장관 또는 권한을 위임받은 자)이 발행하는 이 문서는 신임장(credential)이라 불리운다. 따라서 전권위임장과 신임장은 구분하여야 한다. 다만, 전권위임장과 신임장은 한 개의 문서에 통합할 수 있다.[45)]

2. 조약문의 채택과 확정

조약문을 작성하기 위해 때로 제3국의 정부나 외교관의 도움을 받기도 하지만,[46)] 어쨌든 국가 간에 조약문 작성을 위한 교섭이 완료되면 이제 조약문을 채택하게 된다. 조약문의 채택(adoption of the text)은 비엔나협약에서 공식적으로 정의되고 있지 않지만, 이것은 보통 국가들이 '합의의 형식과 내용' (form and content of the agreement)에 관하여 의견의 일치를 보는 조약체결의 단계를 지칭한다.[47)]

비엔나협약 제9조는 "조약문의 채택은 조약문 작성에 참가한 모든 국가의 동의로써 이루어지는 것이 원칙이지만, 국제회의에서의 조약문의 채택은 참석하여 투표하는 국가의 2/3로써 다른 규칙을 적용하기로 결정하지 아니하는 한 이와 동일한 다수결에 의하여 이루어진다."고 규정하고 있다. 국제회의에서 다자조약문을 채택하는 경우 참가국 모두의 동의를 요구하는 것은 적당하지 않기 때문이다. 그러나 각 국제회의에서는 위 규정과 관계없이 별도의 절차규칙을 수립하는 것이 보통이다. 다만, 비엔나협약은 '국제회의'(international conference) 개념에 대해 정의를 하고 있지 않으며, 이 개념은 전문용어도 아니다. 그러나 조약 교섭에 3개국 혹은 그보다 많은 국가가 참여하는 모임은 일반적으로 그리고 비엔나협약의 목적상 '국제회의'로 지칭할 수 있을 것이다.[48)]

조약문을 채택하고 나면 이제 이를 '진정하고 최종적인'(authentic and definitive) 문안(즉, 조약정본)으로 인정하는 조약문의 확정(인증)(authentication of the text)이 필요한데, 조약문의 확정은 사전 별도의 합의가 없는 한 서명(signature), 추인부 서명(signature *ad referendum*)[49)] 또는 가서명(initialling)에 의한다.[50)]

---

44) Malgosia Fitzmaurice in Evans (ed.), *International Law*, 3rd, p. 176.
45) Aust, 2nd, p. 76.
46) See, e.g., *Maritime Delimitation in the Indian Ocean* (Somalia v. Kenya)(Preliminary Objections), ICJ Judgment of 2 February 2017, paras. 62, 100~102.
47) Sinclair, p. 33 ; Janis, 3rd, p. 20 ; Aust, 3rd, p. 79.
48) Aust, 2nd, p. 85.
49) "*ad referendum*"이란 "subject to reference"[(상급자에게) 회부함을 조건으로]를 의미하는 라틴어 술어임 : https://en.wiktionary.org/wiki/ad_referendum.

그런데 비엔나협약 제10조 (b)에 의하면 조약문의 최종확정을 위한 "서명, 조건부서명 또는 가서명"은 조약문 작성에 참가한 국가대표자들이 "조약문"이나 "조약문을 담은/첨부한 회의의 최종의정서(Final Act)"에 하는 것으로 규정하고 있다. 여기서 '최종의정서'란 일반적으로 다자간 외교회의에 참여한 모든 대표들이 회의의 작업결과를 요약 기록한 문서를 지칭하는데, 여기에는 회의에 관한 기본적 사실들(이를테면, 회의의 목적, 참석한 국가들, 사회자, 각 분과위원회 구성과 그 의장 등)이 명기되고, 또 회의에서 채택된 조약과 결의, 양해 등 모든 문서가 첨부된다. 이 방식은 1899년의 헤이그회의에서 시작되었다. 최종의정서 그 자체는 원칙적으로 법적 구속력 있는 문서가 아니며, 또한 최종의정서에 대한 서명이 의무적인 것도 아니고, 서명하였다고 하여 이것이 그 첨부문서에 대한 미래의 비준이나 수락을 약속하는 것은 아니다. 따라서 최종의정서에 서명하는 데에는 전권위임장이 필요하지 아니하며, 대표자가 신임장(credential)을 휴대하는 것만으로 충분하다.[51] 그러나 최종의정서는 중요한 법적 기능과 결과를 가질 수도 있는데, 비엔나협약 제31조 2항(b)에 의하면 이것도 조약의 문맥해석을 위한 '문서'에 포함될 수 있기 때문이다.[52]

-본장 서두에서 언급한 바와 같이- 비엔나협약 제5조에 의하면, 협약은 국제기구 자체 내에서 채택되는 (국가 간)조약에 대해서는 "기구의 관련 규칙을 침해하지 않는 범위 내에서만" 적용된다. 따라서 그같은 조약의 채택과 확정 방식에 대해서는 우선 해당 기구의 내부 규칙이 적용된다.[53]

일단 조약문이 채택되면 준비위원회(preparatory commission 혹은 prepcom)를 설립하는 방식이 자주 사용되고 있다. 조약 발효와 동시에 즉각 업무를 개시하는 것이 요구되는 국제기구를 설립할 때 특히 이 방식이 이용되고 있는데, 이런 경우 준비위원회는 이를테면 절차규칙, 본부협정, 재정규칙, 특권과 면제 그리고 최초연도 예산 등의 사안에 대한 기초(起草)를 담당한다. 준비위원회는 대체로 모든 교섭국 혹은 서명국으로 구성된다.[54]

'조약문의 채택과 확정'은 교섭국들이 "조약의 구속을 받겠다는 동의를 표시"하기 전의 절차로서, 양자는 구분하여 생각하여야 한다.

3. 조약의 구속을 받겠다는 동의

'조약에 대한 국가의 기속적(羈束的) 동의', 즉 '조약의 구속을 받겠다는 국가의 동의' (consent of a State to be bound by a treaty)라 함은 국가가 조약문에 법적 구속력을 부여하는 행위를 의미한다. 국가의 이같은 동의는 서명, 조약을 구성하는 문서의 교환(교환문서, 교환서한), 비준, 수락

50) 비엔나협약 제10조.

51) Aust, 2nd, p. 92.

52) Rosenne, *The Perplexities of Modern International Law*, pp. 340~341 ; Aust, 2nd, pp. 91~92. 단지 신사협정에 "최종의정서"라는 제목을 붙이는 경우도 있다. 1975년 CSCE 헬싱키 최종의정서(Helsinki Final Act of the Conference on Security and Cooperation in Europe)가 그 좋은 예인데, 여기에 따로 첨부된 조약은 없었다. Aust, *Handbook of IL*, 2nd, p. 59 ; 본서, 제2장 (국제법의 연원).

53) Aust, 2nd, pp. 90~91.

54) *Ibid.*, pp. 175~176.

(acceptance), 승인(approval), 가입(accession) 또는 '기타 합의된 방법'에 의하여 표시될 수 있다.[55]

여기서 '기타 합의된 방법'(any other means if so agreed)이라 함은, 합의는 명시적일 필요는 없으며 조약의 문면에서 묵시되거나 아니면 국가들의 행동에 의해 확인되는 것으로 충분함을 의미하다. 따라서 당사국간에 합의만 하면 조약이 서명이나 기타 다른 특별한 절차 없이 채택되고, 또 채택국 모두에 대해 추가적인 행동 없이 즉각적으로 발효하는 것도 가능하다.[56] 비엔나협약의 조약에 대한 정의[제2조 1항(a)]에도 서명 등 절차에 대한 언급은 들어 있지 않다.[57] 국가의 동의를 표시할 수 있는 방법의 다양성으로 말미암아 개념의 혼란이 야기되고 있다.

조약에 구속력을 부여하기 위해 가장 빈번하게 사용되는 수단은 위 여러 방법들 중에서 역시 서명과 비준이다. 조약이 외교관 혹은 기타 대표자의 서명만으로 법적 구속력을 갖는 경우도 있고, 조약체결권자인 국가원수의 비준(즉, 승인)이 있어야만 (좀 더 엄격하게 말한다면 비준서의 교환 또는 기탁 등을 통해서만)[58] 구속력을 갖게 되는 경우도 있다. 그리고 이것은 국내헌법의 문제이긴 하지만, 국가원수가 비준을 하기 전에 의회(일원 또는 양원 모두)의 동의를 구할 것이 요구되는 국가들도 있다. 따라서 국가들이 조약을 체결할 때 조약을 서명만으로 성립시킬 것인지, 비준을 요하는 것으로 할 것인지를 분명히 하는 것이 좋다.[59]

---

55) 비엔나협약 제11조. 이 밖에, UN해양법협약 제306조는 일정 '국제기구'에 의한 동 협약의 비준을 '공식확인'(formal confirmation)으로 표현하고 있다.

56) 이를테면, 1996년 "포괄핵실험금지조약기구 준비위원회 설립에 관한 문서"(Text on the Establishment of a Preparatory Commission for the Comprehensive Nuclear Test-Ban Treaty Organization)의 경우, CTBT에 서명했던 국가들의 결의에 의해 채택되었으며, 이들 국가들의 추가적인 행동 없이 즉각 발효하였다 : "Resolution establishing the Preparatory Commission for the Comprehensive Nuclear Test- Ban Treaty Organization", Adopted at the Meeting of States Signatories on 19 November 1996, 〈https://www.ctbto.org/our-mission/the-treaty〉. 1994년 (약칭) "UN해양법협약 제11부 이행협정"(Agreement relating to the implementation of Part XI of UNCLOS) 제5조의 약식절차(simplified procedure)는 아주 독창적인 방식으로 평가되고 있다. 이 밖에, UN의 경우, 원회원국들(original Members)은 UN헌장에 서명하고 비준함으로써 회원국이 되었지만, 다른 모든 회원국들은 헌장 제4조의 절차에 따라 기구에 가입하였는데, 여기에는 헌장의 의무를 수락한다는 가입국의 선언이 포함된다. Aust, 2nd, pp. 113~114 ; Aust, *Handbook of IL*, 2nd, p. 61. 또한, 1951년의 제네바 난민협약은 서명할 수 있었지만, 이 협약을 보충하기 위한 1967년의 난민의정서는 서명은 할 수 없고 단지 가입(혹은 승계)의 대상이 될 수 있을 뿐이다(제5조, 제8조). Aust, 3rd, pp. 20~21 ; Malgosi Fitzmaurice in Evans (ed.), *International Law*, 5th, pp. 147~148 ; 본서, 제21장 (국제난민법).

57) Aust, 3rd, pp. 20~21.

58) 비엔나협약 제16조.

59) 특히 국가 간 예민한 분쟁을 국제재판에 회부하기 위한 특별협정(special agreement, *compromis*)을 체결코자 할 때 이 점을 분명히 하는 것이 좋을 것이다. 그 좋은 예로, *Delimitation of the Maritime Boundary in the Gulf of Maine Area,* ICJ Reports (1984), p. 246 사건의 경우, 1979년 3월 29일 미국과 캐나다는 "메인만 해양경계 획정을 구속력있는 분쟁해결절차에 회부하기 위한 조약"(Treaty to Submit to Binding Dispute Settlement the Delimitation of the Maritime Boundary in the Gulf of Maine Area)(이하 "메인만 분쟁해결조약")에 서명하였는데, 이 조약에는 "메인만 해양경계 획정을 ICJ 특별재판부에 회부하기 위한 특별협정"(Special Agreement Between the Government of the United States of America and the Government of Canada to Submit to a Chamber of the International Court of Justice the Delimitation of the Maritime Boundary in the Gulf of Maine Area)(이하 "특별협정")이 부속되어 있었다. 그러나 양국은 1981년 11월 25일에야 공동서한(joint letter)을 통해 '특별협정'을 ICJ행정처장에게 제출하였다. '특별협정'은 '메인만 분쟁해결조약'의 발효일자에 발효한다고 규정하고 있었고, '메인만 분쟁해결조약'은 양국의 비준을 요한다고 명시하고 있었기 때문이다. https://www.un.org/Depts/los/LEGISLATIONANDTREATIES/PDFFILES/TREATIES/

서명과 비준의 관계는 역사적으로 변화되어 왔다. 교통 및 통신수단이 미흡하던 시절에는 외교관이 주권자(군주)와 계속해서 연락을 취하기가 어려웠기 때문에 비준은 외교관이 지시를 위반하는 것을 막기 위해 필요한 장치였다. 그 결과 조약문을 받아보고 대표자가 지시를 위반하지 않았다는 것이 확인되면 주권자는 그들의 서명을 비준할 의무가 있는 것으로 생각되었다. 그러나 19세기에 들어와 비준의 의무 관념은 퇴조하고 비준은 다른 목적으로 사용되었다. 특히, 비준은 국가원수에게 재고의 시간을 주기 위해, 혹은 헌법이 국가원수의 조약체결에 의회의 비준동의를 얻을 것을 요구하고 있는 경우에 필요한 것으로 생각되었다. 그러나 이에 역행하여 서명만으로 조약에 구속력을 부여하는 관행도 동시에 형성되었다.[60)]

그러면 조약이 구속력을 갖기 위해 비준을 필요로 하는지 아니면 서명만으로 충분한지를 어떻게 판단할 것인가? 대부분의 조약에서는 비준의 필요 여부에 관하여 명시적인 규정을 두고 있지만, 그러한 규정이 없는 경우에는 판단하기가 용이하지 않다. 조약체결에는 비준이 요구되는 것이 일반원칙이라는 견해도 있고 그렇지 않은 것이 오히려 일반원칙이라는 견해도 있다. 그러나 어느 쪽 의견이든 일반원칙에 대해 많은 예외를 인정하는 결과 이 두 이론의 실제적인 차이는 크지 않다. 비엔나협약은 중립적인 태도를 취하고 있다. 즉, 모든 것은 당사자들의 의사(intentions of the parties)에 달린 것인데, 협약 제12조와 제14조는 당사자들의 의사를 확인하기 위한 지침을 다음과 같이 제공하고 있다.[61)]

먼저, 제12조 1항에 의하면 "조약의 구속을 받겠다는 국가의 동의는 다음의 경우에는 국가대표의 서명에 의하여 표시된다. (a) 서명이 그러한 효과를 가지는 것으로 조약에 규정된 경우, (b) 서명이 그러한 효과를 가진다고 교섭국간에 합의되었음이 달리 입증되는 경우, (c) 서명에 그러한 효과를 부여하려는 국가의 의사가 대표의 전권위임장에 밝혀져 있거나 교섭 중에 표시된 경우."

비준이 필요한 지에 대해 -명시적 혹은 묵시적- 표시가 없으면 당해 조약은 서명만으로 발효하는 것으로 추정된다는 견해에도 주목할 필요가 있다.[62)] 또한, 조약에서 달리 규정하지 않는 한, 일부 국가는 비준에 의해 조약의 구속을 받겠다는 의사를 표시하더라도 다른 국가는 서명만으로 조약의 구속을 받겠다는 의사를 표시할 자유가 있다. 그러나 이런 경우는 실제로는 매우 드물 것이다.[63)]

다음, 제12조 2항에 의하면, (a) 가서명(initialling)도 교섭국들이 그렇게 하기로 합의했으면 조약의 구속을 받겠음을 나타내는 서명을 구성하며,[64)] (b) 추인부 서명(signature *ad referendum*)

CAN-USA1979G M.PDF ; Edward Collins, Jr. & Martin A. Rogoff, "The Gulf of Maine Case and the Future of Ocean Boundary Delimitation", (1986) 38 Marine Law Review 1 at 5.

60) Akehurst, pp. 125~126.

61) *Ibid.*, p. 126.

62) Aust, 2nd, p. 97.

63) *Ibid.*

64) "보스니아-헤르체코비나 내 평화를 위한 일반골격협정"(General Framework Agreement for Peace in Bosnia and Herzegovina)(일명 Dayton Agreement, Dayton Accords, Paris Protocol, 혹은 Dayton-Paris Agreement)(이하 데이턴협정)이 그 좋은 예인데, 1995년 11월 21일 미국, 오하이오, 데이턴에서 3개 협정당사국(즉, 보스니아-헤르체고비나, 크로아티아, 유고연방공화국)은 데이턴협정에 가서명하면서, "일반골격협정 가서명에 관한 협정"(Agreement on Initialling the General Framework Agreement)(이하 가서명협정)에 대한

도 사후 본국의 추인이 있으면 조약의 구속을 받겠음을 나타내는 완전한 서명을 구성한다.[65)]

그리고 제14조 1항에 의하면 "조약의 구속을 받겠다는 국가의 동의는 다음의 경우에는 비준에 의하여 표시된다. (a) 그러한 동의가 비준에 의하여 표시된다고 조약에 규정된 경우, (b) 비준을 요한다고 교섭국간에 합의하였음이 달리 입증되는 경우, (c) 국가대표가 비준을 조건으로 조약에 서명한 경우, (d) 비준을 조건으로 조약에 서명하려는 국가의 의사가 대표의 전권위임장에 밝혀져 있거나 교섭 중에 표시된 경우." ICJ는 *Maritime Delimitation and Territorial Questions between Qatar and Bahrain* 사건[66)]에서 "서명은 되었으나 비준되지 아니한 조약도 서명 당시에 당사자들의 이해에 대한 정확한 표현을 구성할 수 있다"(signed but unratified treaties may constitute an accurate expression of the understanding of the parties at the time of signature)고 판시하면서 비준되지 아니한 조약을 적용한 바 있다. 요컨대, 비준을 요하는 조약의 경우 그것에까지 이르지 못했다고 해서 법적 중요성이 전혀 없다고 할 수는 없다.[67)]

때로 조약(특히 양자간 혹은 소수국가 간 조약)의 서명식에 제3국(특히 교섭을 후원한 국가)의 국가 혹은 정부 수반이나 외무장관이 참석하여 증인(witnesses) 자격으로 서명하는 경우가 있는데, 그러나 이 서명은 법적인 의미는 없다. 즉, 제3국이 단지 증인의 자격으로 조약에 서명한 것만으로 조약의 이행을 보장하는 국가가 되는 것은 아니다.[68)]

국가는 서명과 비준 이외에 가입(accession, adhesion, adherence)에 의해서도 조약의 당사자가 될 수 있다. 즉, 조약체결 교섭에 참여하지 아니한 국가도 조약의 당사자가 되는 것을 허락받을 수 있는데, 가입 시기는 조약 발효 '후'일 수도 있고 '전'일 수도 있다.[69)] 가입은 그것이 조약에 명시적 혹은 묵시적으로 규정되어 있거나 조약의 모든 당사자들이 합의하는 경우에만 가능하다.[70)] 가입은 서명과 비준을 결합한 것과 동일한 효과를 갖는다.[71)]

서명을 통해 (i) 데이턴협정의 구속을 받겠다는 의사를 표시하고 (가서명협정 제2조), (ii) 프랑스 파리에 가서 데이턴협정에 서명할 것을 약속하였으며 (가서명협정 제1조), (iii) 가서명협정은 서명과 동시에 발효한다고 합의하였다 (가서명협정 제4조). 요컨대, 데이턴협정에 대한 가서명과 가서명협정에 대한 서명이 결합하여 데이턴협정의 구속을 받겠다는 동의를 구성하였다. 이 합의에 따라 1995년 12월 14일 파리에서 서명이 이루어졌는데, 데이턴협정은 서명과 동시에 발효하였다 (데이턴협정 제11조). Aust, 2nd, p. 101 ; https://www.state.gov/p/eur/rls/or/dayton/52599.htm ; https://www.ohr.int/dpa/default.asp?content_id=379.

65) 이 경우 추인은 그 어떤 형식도 취할 수 있지만 외교각서나 서한으로 하는 게 가장 좋다. 그러나 구두로 추인하는 것은 피해야 한다. 일부 국가는 조약을 비준하기 전에 의회의 동의 혹은 승인을 구해야 한다는 점을 나타내기 위해 추인부 서명을 하기도 하지만, 조약에서 서명이 비준을 조건으로 한다고 규정하고 있는 데도 추인부로 서명하는 것은 불필요한 일이다. Aust, 2nd, p. 98.

66) Qatar v. Bahrain, Merits, ICJ Reports (2001), p. 40 at 68 (para. 89).

67) Aust, 3rd, p. 110 ; Rosenne, *The Perplexities of Modern International Law*, p. 339.

68) 1995년 데이턴협정의 경우가 그 좋은 예이다. https://en.wikipedia.org/wiki/Dayton_Agreement ; Aust, 2nd, pp. 101~102.

69) 이를테면, 1948년 제노사이드협약의 경우 1950년 1월 1일부터 가입을 위해 개방되었지만(제11조), 1951년 1월 12일 발효하였다(제13조). 이밖에도, 1991년 10월 4일 서명을 위해 개방된 "남극조약 환경보호의정서"(Protocol on Environmental Protection to the Antarctic Treaty)는 1년간의 서명 시한(즉, 1992년 10월 3일) 후 남극조약 당사자인 국가의 가입을 위해 개방된다 (제22조 2항). Aust, 2nd, pp. 111, 438 ; Dixon, p. 67 ; 본서, 제19장 (영토의 취득), "XVII. 극지, 1. 남극대륙".

70) 비엔나협약 제15조.

서명기간을 장기화하고 그 기간 중 조약문 작성에 참여하지 않았던 국가도 '서명'할 수 있다는 규정으로 인하여 일방 '서명 및 비준'과 타방 '가입' 간의 차이가 흐려지는 경우들도 있다. 바로 비엔나 조약법협약 제81조가 그 좋은 예인데, 이 규정에 의하면 비엔나회의에 참여하지 아니한 일정 범주의 국가들도 거기에 명시된 일자까지 '서명'할 수 있다. 이어서 제83조에 의하면, 제81조에 규정된 범주의 국가들은 서명기간이 끝난 후에는 '가입'할 수 있다.[72)]

조약의 구속을 받겠다는 국가의 동의는 '비준에 적용되는 것과 비슷한 조건에 따라' (under conditions similar to those which apply to ratification) 수락(acceptance) 또는 승인(approval)에 의해서도 표시될 수 있다.[73)] 따라서 수락과 승인은 비준 또는 가입과 동일한 효과를 발생시키는데, 그렇다면 이것은 내용보다는 단지 술어의 문제에 불과하다. 실제로 UN 후원 하에 체결되는 많은 다자조약에서는 '비준', '수락', '승인', '가입' 4개 모두를 선택가능한 방식으로 열거하고 있다.[74)]

이 밖에도 오늘날에는 국가 간에 문서를 교환함으로써 조약을 체결하는 경우도 흔한데,[75)] 이를 보통 교환각서/교환서한(exchange of notes/letters)이라고 부른다. 교환서한은 대체로 비준을 요하지 않지만, 당사국들이 비준을 전제로 서한을 교환할 수도 있다.[76)] 교환서한은 조약을 구성할 수도 있고 신사협정/MOU를 구성할 수도 있기 때문에 의도를 분명히 하는 것이 중요하다. 조약으로 의도된 서한교환에는 "우리 두 정부 간의 합의를 구성한다"(shall constitute an agreement between our two Governments)고 명시하는 것이 보통이다. 반대로, MOU로 의도된 서한교환에는 "우리 두 정부의 양해를 기록한" (records the understanding of our two Governments) 것임을 명기하거나 이와 비슷한 공식을 사용하는 것이 보통이다.[77)]

비엔나협약은 제17조에서 국가가 단지 조약의 일부에 대해서만 구속을 받겠다고 동의하거나, 상이한 규정을 선택하는 것에 대해서도 규정하고 있다. 먼저, 제17조 1항은 -다자조약에서 가능하면 많은 당사자를 확보하기 위한 방안의 하나로 고안된- 유보와 긴밀한 관련이 있으면서도 이것과는 역방향의 방안을 제시하고 있는데, 즉 "(단지) 조약의 일부에 대해서(만) 구속을 받겠다는 국가의 동의(consent of a State to be bound by part of a treaty)는 그 조약이 이를 허용하거나, 다른 체약국들이 이에 동의하는 경우에만 유효하다."[78)] 또한, 제17조 2항에 의하면 "상이한 제규정의 선택을 허용하는 조약(treaty which permits a choice between differing provisons)의 경우, 조약의

71) Akehurst, p. 127 ; Aust, *Handbook of IL*, 2nd, p. 61 ; Currie, p. 121.
72) Akehurst, pp. 127~128.
73) 비엔나협약 제14조 2항.
74) 예컨대, 1997년 "국제수로의 비항행적 사용에 관한 법을 위한 협약"(Convention on the Law of the Non-Navigational Uses of International Watercourses) 제35조 ; Malgosia Fitzmaurice in Evans (ed.), *International Law*, 3rd, p. 178.
75) 매년 UN사무국에 등록되는 조약의 약 1/3이 교환서한/교환각서 형식이라는 보고가 있다 : Aust, 2nd, 102.
76) 비엔나협약 제13조 ; Akehurst, p. 127 ; Aust, 2nd, pp. 102~103.
77) Aust, 2nd, p. 27.
78) See Currie, p. 122 ; Aust, 2nd, p. 107.

구속을 받겠다는 국가의 동의는 그 동의가 어느 규정에 관련되는 것인지가 명백해지는 경우에만 유효하다." 이 경우 국가는 선택권을 행사하지 않으면 당사자가 될 수 없다. 이를테면 1980년의 (약칭) "재래식무기 사용 금지 협약"(Convention on Certain Conventional Weapons)은 3개 원 의정서를 갖고 있는데,[79] 동 협약을 비준하는 국가는 비준서 기탁시 최소 2개 의정서의 구속을 받겠다는 동의를 통지하여야 한다.[80] 이렇게 하지 않으면 그 국가에 대해서는 동 협약이 발효하지 아니한다. 통지는 비준서에 포함되거나 이에 첨부되어야 한다. 이 비준 방식은 국가에게 선택권 행사의 -의무가 아닌- 자유를 주는 방식(예컨대 선택의정서)과는 구분하여야 한다.[81]

조약에서 달리 규정하지 않는 한, 비준·수락·승인·가입에 의하여 조약의 구속을 받겠다는 국가의 동의는 비준·수락·승인 또는 가입을 위한 문서가 체약국 간에 교환되거나, 이를 수탁자(depositary)에게 기탁함으로써 확정되며, 합의가 되면 체약국들이나 수탁자에게 이를 단지 통고함으로써 그같은 동의를 확정지을 수도 있다.[82] 여기서, 조약의 수탁자 지정은 대체로 다자조약의 경우에만 필요하다.[83] 국가가 수탁자가 될 수도 있고,[84] 국제기구 혹은 국제기구의 수석행정관(chief administrative officer of the organization)이 수탁자가 될 수도 있다. 그리고 수탁자를 복수로 지정하는 경우도 있다.[85] 수탁자는 그 기능을 수행함에 있어 공평하게 행동할 의무를 진다.[86] 수탁

79) 나중에 2개 의정서가 추가로 채택되고, 제2의정서 개정안도 채택되었다. 본서 제28장 (전쟁법) 참조.

80) "재래식무기 사용 금지 협약" 제4조 3항 ("Expressions of consent to be bound by any of the Protocols annexed to this Convention shall be optional for each State, provided that at the time of the deposit of its instrument of ratification, acceptance or approval of this Convention or of accession thereto, that State shall notify the Depositary of its consent to be bound by *any two or more of these Protocols.*") ; 〈https://www.icrc.org/ihl.nsf/FULL/500?OpenDocument〉.

81) Aust, 2nd, p. 107.

82) 비엔나협약 제16조. 협약 제2조 1항(b)도 "비준, 수락, 승인 및 가입이라 함은 국가가 조약의 구속을 받겠다는 자신의 동의를 '국제적' 차원에서(on the international plane) 확정하는 ... '국제적' 행위(international act)를 의미한다."라고 규정함으로써 제16조와 궤를 같이 하고 있다. 그리고 제16조에서, 체약국들이 합의하는 경우 비준(수락, 승인, 혹은 가입)을 위한 문서를 타 체약국이나 수탁자에게 단지 '통고'(notification)함으로써 조약의 구속을 받겠다는 동의를 확정하는 것을 허락하는 (c)호는 비준서 교환 혹은 기탁의 약식절차인데, 이 방식은 현재는 거의 사용되지 않는다. 법적 확실성을 위해서도 이 방식은 피하는 것이 좋다. Aust, 2nd, pp. 103, 106.

83) 양자조약의 경우에는 일반적으로 정본을 두 통 작성하여 각 당사국이 하나씩 보관한다. 다만, 아주 예외적으로 양자조약의 정본을 한 통만 작성하는 경우라면 두 당사국 중 어느 쪽이 이를 보관할 것인지를 결정해야 할 것이다. 이렇게 하지 않는다면, 양자조약이라도 제3의 수탁자(제3국 혹은 국제기구)에게 기탁할 수 있을 것이고, 그러면 수탁자는 양 당사국에 조약 정본의 인증등본을 한 부씩 제공할 수 있을 것이다. Aust, 2nd, pp. 324, 440.

84) 이처럼 국가가 수탁자가 되는 경우에 조약수탁 임무는 조약의 내용에 관계 없이 그 국가의 '외무부'가 담당하는 것이 바람직하다. 수탁자의 기능은 조약의 주제에 관계없이 동일한 것이며, 조약 체결 분야의 전문지식은 아무래도 외무부가 갖고 있기 때문이다. *Ibid.*, p. 325.

85) 비엔나협약 제76조 1항 ; Aust, 2nd, pp. 326~327. 이 경우, '복수의 국가와 해당 국제기구'를 함께 수탁자로 지정하는 경우가 있는데, 1988년 "국제민간항공에 사용되는 공항에서의 불법적 폭력행위의 억제를 위한 의정서"(Protocol for the Suppression of Unlawful Acts of Violence at Airports Serving International Civil Aviation) 제5조 3항이 그 좋은 예이다 : 본서, 제22장 (영공법), "Ⅵ. 항공테러 억제를 향하여, 3. 몬트리올협약" ; Aust, 3rd, p. 286. 물론 '복수의 국가'를 수탁자로 지정하는 경우도 있다. 이를테면 1963년 "대기권·외기권 및 수중에서의 핵무기 실험 금지조약"(Treaty Banning Nuclear Weapon Tests in Atmosphere, in Outer Space and under Water)은 미국, 영국, 소련 등 3국의 정부를 수탁자로 지정함으로써(제3조 2항) 당시 미국과 영국으로부터 승인을 받지 못한 동독은 비준서를 모스크바에 기탁하고, 반대로 소련의 승인을 받지 못하고 있

자로 지정된 국가, 즉 수탁국이 된다고 해서 해당 조약의 당사자가 될 수 없는 것도 아니고, 역으로 해당 조약의 당사자가 될 의무를 부담하는 것도 아니다. 또한, 수탁국으로서 미승인국의 비준(가입) 문서 기탁을 수령하고 통보하는 것이 미승인국에 대한 수탁국의 승인을 의미하는 것은 아니다.[87] UN 내에서 채택되거나 UN이 소집한 외교회의에서 채택되는 조약의 경우에는 −기구의 수석행정관인− UN사무총장이 수탁자로 지정되고 있다.[88]

수탁자의 기능에 대해서는 비엔나협약 제77조에서 자세히 규정하고 있는데, 조약 수탁자의 기능의 하나는 조약이 발효하면 UN사무국에 등록하는 것이다.[89] 이에 상응하여 비엔나협약 제80조 2항도 "수탁자의 지정은 수탁자가 조약발효 후 −상황에 따라− 등록이나 편철 · 기록 그리고 공표를 위하여 UN사무국에 송부할 수 있는 권한을 부여한다."고 규정하고 있다. 이들 규정은 조약의 기탁과 등록은 별개의 문제임을 잘 말해 준다. 즉, 등록은 조약발효 후의 절차로서, 이것에 관해서는 UN헌장 제102조(조약의 '등록' 의무)와 비엔나협약 제80조 1항(등록 등을 위한 '송부' 의무)에서 별개로 규정하고 있다.[90] 조약 등록에 관해서는 후술한다.

다자조약들은 종종 "모든 국가"('all states', 'any state' 혹은 'states')가 당사자가 되는 것을 허락하는 최종조항을 두곤 한다. 그러나 이런 경우 국가인지 아닌지에 대해 의문이 있는 실체(특히, 1950년대부터 1972년까지의 냉전기간 중 동독, 북베트남, 북한)가 조약수탁자(특히, UN사무총장)에게 비준 혹은 가입 문서를 보내 올 때 국가 자격 여부를 누가, 무슨 기준으로, 어떻게 판단할 것인지의 문제가 제기될 수 있다. 이 같은 난점을 해소하기 위해 '(조약에 명기된)보편적 국제기구들 중에서 최소 어느 하나의 회원'인 '국가'들에게 가입을 개방한다고 규정하는 방식이 고안되었는데, 비엔나 조약법협약이 바로 이 방식을 채택하고 있다. 즉, 협약은 "(i) UN회원국, (ii) UN전문기구 중의 어느 하나의 회원국, (iii) 국제원자력기구 회원국, (iv) ICJ규정 당사국, 및 (v) UN총회에 의하여 이 협약의 당사국이 되도록 초청된 기타의 국가"에 의한 서명을 위하여 개방되었으며(제81조), 여기에 언급된 카테고리에 속하는 국가에 대해서간 가입을 개방하고 있는 것이다(제83조). 비엔나협약의 방식은 협약에 앞서 이미 1956년의 "국제원자력기구 규정"(Statute of the IAEA),[91] 1958년의 4개 제네바 해양법협약[92] 등에서 채택한 것이었다. 그러나 비엔나협약의 방식은, 거꾸로, 가입신청국이 국가인

던 대만의 국민당 정부는 워싱턴에 기탁할 수 있도록 강구하였다 : Kaczorowska-Ireland, p. 188.

86) 비엔나협약 제76조 2항 ; Aust, 2nd, pp. 329~331.

87) Aust, 3rd, p. 288.

88) 실제로는 UN사무국의 "Treaty Section of the Office of Legal Affairs"(법률국 조약과)가 UN사무총장의 수탁자 업무를 수행한다. Aust, 2nd, pp. 328~329 ; Aust, *Handbook of IL*, 2nd, p. 101.

89) 비엔나협약 제77조 1항(g). 수탁자의 기능과 임무를 명시하는 조약들도 있으며, 이에 따라 제77조(1항)은 잔여규칙으로 표현되어 있다. Aust, 3rd, p. 289.

90) Aust, 2nd, pp. 327~328.

91) Statute of the IAEA, Article XXI(Signature, acceptance, and entry into force), A ("This Statute shall be open for signature on 26 October 1956 by all States Members of the United Nations or of any of the specialized agencies ... ").

92) "This Convention shall, until 31 October 1958, be open for signature by all States Members of the United Nations or of any of the specialized agencies, and by any other State invited by the General Assembly of the United Nations to become a Party to the Convention." : "영해 및 접속수역에 관한 협

것은 분명하지만 UN 등 국제기구의 회원인지에 대해 의문이 있는 경우에는 오히려 문제를 야기할 수 있다. 이를테면, 1992~2000년의 기간 중 유고연방공화국(세르비아-몬테네그로)은 비엔나협약의 공식을 담은 다자조약의 당사자가 될 수 있는지가 분명하지 않았다는 점이 지적되고 있다.[93)]

4. 조약의 효력발생, 발효 전 적용, 잠정적용

조약이 '효력을 발생'(즉, '발효')한다는 것은 '조약의 구속을 받겠다는 동의'가 현실화되는 것을 말한다. '조약의 구속을 받겠다는 동의'와 '발효'는 이론상 조약의 당사자가 되기 위해 필요한 두 개의 별개의 단계이긴 하지만 이 둘은 '동시에' 발생할 수도 있다. 이를테면, *Land and Maritime Boundary between Cameroon and Nigeria* 사건[94)]에서 나이지리아는 (재판소에 의해 조약으로 인정된) 나이지리아와 카메룬 간의 한 선언(즉, 1975년의 "Maroua Declaration")에 자국의 국가원수가 직접 서명은 하였으나 국내헌법에 따라 비준절차를 거치지 않았기 때문에 이 선언은 무효라고 주장하였으나, ICJ는 "문제의 선언은 서명과 함께 즉시 발효하였다."고 판시하였다.

교섭국들은 조약문에 발효일자를 지정하기 위한 적절한 조항을 삽입하는 것이 보통인데, 이런 경우 특정일자를 명기하기도 하지만, 교섭참가국이 많은 다자조약의 경우에는 교섭국 모두가 비준할 때까지 기다릴 수 없으므로 그 발효를 위하여 요구되는 일정 비준수의 최종비준서가 기탁된 날로부터 일정 기간의 경과를 발효일자로 하는 경우가 많다. 물론, 후자의 경우 당해 다자조약은 그것을 비준한 국가들 사이에서만 효력을 발생할 따름이다.[95)] 비엔나협약 제24조는 국가들의 이같은 관행

약"(Convention on the Territorial Sea and the Contiguous Zone) 제26조 및 제28조, "대륙붕에 관한 협약"(Convention on the Continental Shelf) 제8조 및 제10조, "공해에 관한 협약" (Convention on the High Seas) 제31조 및 제33조, 그리고 "어업 및 공해생물자원보존에 관한 협약" (Convention on Fishing and Conservation of the Living Resources of the High Seas) 제15조 및 제17조.

93) Aust, 2nd, pp. 115~116, 328 ; 본서 제20장 (국가승계), 제25장 (UN).

94) Cameroon v. Nigeria ; Equatorial Guinea intervening, ICJ Judgment of 10 October 2002, paras. 258, 264.

95) 국제기구 중에는 설립조약에 의해 일정 범위 내에서 독자적인 입법권과 조약체결권을 부여받는 경우가 있는데, 그 대표적인 기구가 EU이다. 그런데 이러한 국제기구가 제3국과 체결코자 하는 조약의 내용이 전적으로 (배타적으로) 기구의 조약체결권에 속하지 않는다면(즉, 조약을 통해 규율하려는 내용 중 일부는 기구의 관할에 속하지만, 나머지는 여전히 소속 회원들의 관할에 속하는 경우) 기구와 (적어도 일부)소속회원국들이 함께 조약을 체결하게 된다. EU법에서는 EU가 체결하는 이런 유형의 조약을 혼합협정(mixed agreements)이라고 칭하는데, 이런 유형의 국제기구가 이런 유형의 조약을 체결할 때 조약의 최초발효나 사후 개정을 위하여 필요한 비준 수를 계산함에 있어 기구 자신의 비준은 제외되곤 한다 : 이를테면, UN국제해양법협약 제305조 1항(f), 및 제9부속서(Annex Ⅸ)(국제기구의 참여) 제8조(a)/ (b)(iii) ; 1997년 기후변화협약 교토의정서 제25조 4항 등. 국제기구는 소속회원국들과 함께 회원인 국제기구의 의사결정 과정에서도 일정 제한을 받곤 한다 : 이를테면 WTO(세계무역기구)협정 제9조 참조. Aust, 2nd, p. 164.

발효일자(date of entry into force) '계산'에 관련한 여러 유형에 대해서는, *ibid.*, pp. 168~169 참조. 때로는 발효시간(*time* of entry into force)을 결정하는 것도 필요할 수 있는데, 달리 합의하지 않는 한 조약은 발효일자의 "영시(零時)"부로 발효한다. 조약당사자들이 서로 다른 시간대(time zones)에 위치하고 있는 경우에도 발효일자(와 발효시간)를 분명히 하는 것이 좋다. 조약 '종료'의 경우에도 비슷한 문제들이 야기될 수 있다. 조약상의 권리 혹은 의무와 관련하여 일자를 분명히 해야 하는 경우도 있을 수 있는데, 이를테면 특정 권리의 이전(移轉)에 대해 규정하는 조약을 체결코자 할 때 문제의 권리는 조약문 채택, 서명, 발효 혹은 기타 어떤 일자에 존재하는 권리를 지칭하는 지가 분명하도록 작성하는 것이 필요하다. 다자조약 발효에

을 종합하여 다음과 같이 규정하고 있다.

> "1. 조약은 그 조약에서 규정하고 있거나 교섭국들이 합의하는 방법과 일자에 효력을 발생한다(enters into force).
> 2. [발효에 관한] 규정이나 합의가 없는 경우에는, 조약은 그것의 구속을 받겠다는 동의가 모든 교섭국에 대하여 확정되는 즉시 효력을 발생한다.
> 3. 조약의 구속을 받겠다는 국가의 동의가 그 조약이 발효한 후의 일자에 확정되는 경우에는, 동 조약은 조약에서 달리 규정하지 아니하는 한 그 국가에 대해서는 그 일자에 효력을 발생한다.
> 4. '조약문의 확정, 조약의 구속을 받겠다는 국가의 동의의 확정, 조약의 발효 방법 또는 일자, 유보, 수탁자의 기능, 그리고 조약의 효력발생 전에 필연적으로 발생하는 기타 사항'을 규율하는 조약규정들은 조약문 채택시로부터 '적용'된다(apply)."

상기 제24조 4항은 논리적으로 일부 조약규정의 '발효 전(前) -그것도 조약문 채택시로부터의- 적용'이 불가피함을 전제로 하고 있다는 점에서 발효 자체에 관해 규정하고 있는 동 조 1~3항과는 구분된다.[96)]

교섭국들은 발효 시까지 조약의 '전부 또는 일부'를 '잠정(임시)적으로 적용'(provisionally *applied*) 하기로 합의할 수도 있다. 조약이 긴급한 문제를 다루면서도 비준을 요하는 경우에 특히 잠정적용의 필요성이 제기되는데, 이 경우 잠정기간이 지나면 참가국들에게 자동으로 비준의 의무가 발생하는 것은 아니며, 잠정적용을 중도에 그만둘 수도 있다.[97)] 그리고 조약 발효 후에도 잠정적용은 그때까지 비준하지 아니한 국가 간에 지속될 수 있다. 잠정적용이 시작되는 시점은 조약문 채택일, 서명일 혹은 교섭국들이 합의하는 다른 어떤 일자가 될 수도 있다. 조약 발효 전까지의 잠정적용의 기간도 제한하기로 합의할 수 있다. 또한, 동일 조약 내에서 조항에 따라 잠정적용의 기간을 서로 달리할 수도 있다.[98)] "관세 및 무역에 관한 일반협정" (General Agreement on Tariffs and Trade : GATT)은 잠정적용의 "가장 유명하지만 너무나 비전형적인"[99)] 사례인데, 동 협정은 1947년의 "GATT 잠정적용에 관한 의정서"(Protocol of Provisional Application of the General

---

필요한 최소 비준문서가 기탁되었는지를 계산함에 있어 수탁자는 철회된 비준문서는 계산에 넣지 않아야 한다. 발효에 필요한 마지막 비준문서가 기탁된 후 아직 공식 발효 전에 비준서가 철회되는 경우에도 동일하게 보아야 할 것이다. 비준국가가 조약발효 전에 소멸하는 경우도 마찬가지이다. 수탁자는 -타 체약국들이 반대를 표명한 것일 수도 있는- 유보를 담은 비준문서를 반드시 무시할 필요는 없다. 비엔나 조약법협약의 경우, 발효에 필요한 최초 35개 비준서 중 몇 개의 경우에는 그에 대해 반대가 표명된 유보가 담겨있었다. UN사무총장은 수탁자로서 체약국들에게 의견을 구하면서, 발효일자 계산의 목적상 35개 비준문서 모두 고려에 넣어야 할 것이라는 의견을 제시하였다. 그리고 아무도 이의를 제기하지 않았었다. *Ibid.*, pp. 170~172.

96) Currie, p. 127.

97) 비엔나협약 제25조. 원래 ILC의 1966년 "조약법에 관한 규정초안"(Draft Articles on the Law of Treaties) 제22조에서는 조약의 "잠정발효"(Entry into force provisionally)에 관하여 규정하고 있었으나, 조약법 외교회의에서 내용을 고치고 제목도 "잠정적용"(Provisional application)으로 바꾸었다. https://www.un.org/law/ilc/ ; Rosenne, *The Perplexities of Modern International Law*, p. 351. 사실, '잠정발효'라고 하면 조약이 일정 조건 하에서나마 '이미 발효중'임을 시사하여 혼란을 줄 수 있다. Aust, 2nd, p. 172.

98) Aust, 2nd, pp. 172~173.

99) *Ibid.*

Agreement on Tariffs and Trade)에 의거하여 (1995년 사실상 WTO협정 체제에 포섭될 때까지) 근 50년간 잠정 적용된 바 있다.[100] 2010년 10월 6일 혼합협정(mixed agreement)의 방식으로 서명된 "한국-EU 자유무역협정"도 2011년 7월 1일부터 4년 5개월여 동안의 잠정적용을 거쳐 2015년 12월 13일 발효한 바 있다.[101] 이 밖에, 1994년 UN총회에서 채택된 UN해양법협약의 이행협정(정식명칭 : Agreement relating to the Implementation of Part XI of the United Nations Convention on the Law of the Sea of 10 December 1982) 제7조도 잠정적용의 좋은 예이다.[102] 조약의 잠정적용은 크게 선호되고 있지는 아니한데, 왜냐하면 많은 국가에서는 이 경우에도 의회의 동의를 구해야 하기 때문이다.[103] 그리고 잠정적용의 조건 혹은 제한의 해석과 관련하여 분쟁이 야기되기도 한다.[104] ILC는 2021년 "조약의 잠정적용 안내서"(Guide to Provisional

---

100) https://www.adb.org/documents/others/ogc-toolkits/wto/wto0100b.asp ; https://www.wto.org/english/docs_e/legal_e/gatt47_e.pdf ; 김대순/김민서, 국제조약집(제3판) (2007), p. 151.

101) https://ec.europa.eu/trade/policy/countries-and-regions/countries/south-korea/ ; Hillmann and Horlick (eds.), pp. 61~62, 70~73 ; 본서, 제30장 (EU법), "XI. EU의 조약체결권" 참조.

102) 본서, 제21장(해양법), "XII. 심해저, 5. 이행협정."

103) Aust, 2nd, pp. 173, 186.

104) 특히 (에너지 분야의 투자와 교역을 장려 · 보호하고, 믿을 수 있는 운송과 에너지의 실효적 사용을 확보하기 위하여 창설된 다자조약인) 에너지헌장조약(Energy Charter Treaty)(이하 ECT)의 잠정적용을 규정한 동 조약 제45조의 해석과 관련하여 PCA 후원 하의 (UNCITRAL)중재재판소에서 다루어진 다음의 사건이 흥미롭다 : PCA Case No. AA 227, In the Matter of an Arbitration before a Tribunal Constituted in accordance with Article 26 of the Energy Charter Treaty and the UNCITRAL Arbitration Rules 1976 between *Yukos Universal Limited* (*Isle of Man*) and *The Russian Federation*, Interim Award on Jurisdiction and Admissibility, 30 November 2009, 〈https://www.encharter.org/fileadmin/user_upload/document/Yukos_interim_award.pdf〉. 같은 날 중재재판소는 병행 심리한 다음의 두 사건에 대해서도 동일한 결정을 내렸다 : PCA Case No. AA 226, In the Matter of an Arbitration before a Tribunal Constituted in accordance with Article 26 of the Energy Charter Treaty and the UNCITRAL Arbitration Rules 1976 between *Hulley Enterprises Limited* (*Cyprus*) and *The Russian Federation*, Interim Award on Jurisdiction and Admissibility, 30 November 2009, 〈https://www.encharter.org/fileadmin/user_upload/document/Hulley_interim_award.pdf〉 ; PCA Case No. AA 228, In the Matter of an Arbitration before a Tribunal Constituted in accordance with Article 26 of the Energy Charter Treaty and the UNCITRAL Arbitration Rules 1976 between *Veteran Petroleum Limited* (*Cyprus*) and *The Russian Federation*, Interim Award on Jurisdiction and Admissibility, 30 November 2009, 〈https://www.encharter.org/fileadmin/user_upload/document/Veteran_interim_award.pdf〉.

우선, 문제의 ECT 제45조는 다음과 같다 : "(1) Each signatory agrees to apply this Treaty provisionally pending its entry into force for such signatory in accordance with Article 44, to the extent that such provisional application is not inconsistent with its constitution, laws or regulations.

(2) (a) Notwithstanding paragraph (1) any signatory may, when signing, deliver to the Depository a declaration that it is not able to accept provisional application. The obligation contained in paragraph (1) shall not apply to a signatory making such a declaration. Any such signatory may at any time withdraw that declaration by written notification to the Depository.

(b) Neither a signatory which makes a declaration in accordance with subparagraph (a) nor Investors of that signatory may claim the benefits of provisional application under paragraph (1).

(c) Notwithstanding subparagraph (a), any signatory making a declaration referred to in subparagraph (a) shall apply Part VII provisionally pending the entry into force of the Treaty for such signatory in accordance with Article 44, to the extent that such provisional application is not inconsistent with its laws or regulations.

(3) (a) Any signatory may terminate its provisional application of this Treaty by written notification

Application of Treaties)[105]를 처택하여 UN총회에 제출한 바도 있다.

---

to the Depository of its intention not to become a Contracting Party to the Treaty. Termination of provisional application for any signatory shall take effect upon the expiration of 60 days from the date on which such signatory's written notification is received by the Depository.

(b) In the event that a signatory terminates provisional application under subparagraph (a), the obligation of the signatory under paragraph (1) to apply Parts Ⅲ and V with respect to any Investments made in its Area during such provisional application by Investors of other signatories shall nevertheless remain in effect with respect to those Investments for twenty years following the effective date of termination, except as otherwise provided in subparagraph (c).

(c) Subparagraph (b) shall not apply to any signatory listed in Annex PA. A signatory shall be removed from the list in Annex PA effective upon delivery to the Depository of its request therefor. (제4항~제8항 생략)"

사건 개요는 이러하다. 세 청구인은 러시아 정부의 세금 부과를 이행하지 않아 2006년 파산 선고를 받은 러시아 회사 Yukos Oil Corporation (이하 Yukos)의 구 주주들로서, 이들은 합하여 Yukos 주식의 60 퍼센트 이상을 소유하고 있었다. 청구인들과 러시아 간의 분쟁은 2003년 7월과 2006년 8월 사이에 발생하였다. 청구인들은, 러시아가 Yukos 및 그 관련 회사들에게 취한 조치들로 인해 2006년 8월 Yukos가 파산하게 되었으며, 이로써 그들의 투자가 불리한 영향을 받았다고 주장하였다. 본건 3개 중재 사건은 동일 중재재판관들에 의해 병행 심리되었으며, 재판관할권 및 소의 허용성에 관한 잠정판정도 단일 세트로부터 나온 것이었다. 그 결과, 3개 잠정판정문은 3개 청구(원고)기업의 투자에 대한 소유권과 통제에 관련한 부분(판정문 Ⅷ. B. 및 C.3.)에서만 다를 뿐 나머지 부분은 동일하다. 여기서는 다른 쟁점들의 전제가 된 쟁점인 ECT의 잠정적용에 대해서만 언급하기로 한다.

ECT는 1994년 12월 17일 리스본에서 서명된 후 (제44조의 발효규정에 따라) 발효에 필요한 30개 비준서가 기탁되어 1998년 4월 16일 발효하였다. 청구인들의 두 국적국가 중, 속령 만섬(Isle of Man)이 속한 영국도 ECT에 1994년 12월 17일 서명, 1997년 12월 16일 비준서를 기탁하여 1998년 4월 16일 발효하였으며, 사이프러스도 1994년 12월 17일 서명, 1998년 1월 16일 비준서 기탁, 1998년 4월 16일 발효하였다. 그러나 러시아는 1994년 12월 17일 ECT에 서명은 하였으나, 러시아 의회(Duma)가 1997년과 2001년에 조약을 승인하기를 거부하였다. 그 후 러시아의 비준절차가 미완으로 있다가, 2009년 8월 20일 러시아 정부는 자국은 더 이상 비준을 구하지 않을 것이라고 선언하고 수탁국인 포르투갈 정부에 조약의 잠정적용을 종료한다고 통고하였다. 이 선언에 의해 제45조 3항(a)가 이행되었으며, 동 규정에 따라 러시아에 대한 조약의 잠정적용은 (그로부터 60일 뒤인) 2009년 10월 19일부로 종료되었다.

ECT의 잠정적용을 제한하는 방법에는 제45조 1항과 2항이 있는데, 러시아는 2항의 선언을 한 적이 없었다. 그러나 중재재판소는 1항과 2항은 별개의 조항으로서, 제2항에 의거한 선언을 하지 않았다 하더라도 1항을 원용할 수 있다고 해석함으로써 우선은 러시아의 손을 들어 주었다. 그러나 1항에서 잠정적용 제한의 조건으로 부가되어 있는 "to the extent that such provisional application is not inconsistent with its constitution, laws or regulations" 구절의 해석과 관련해서는 중재재판소는 -1항을 해석함에 있어 "such provisional application"에 초점을 맞추어 동 규정을 each signatory agrees to be bound by the Treaty, if the principle of provisional application is consistent with the domestic law로 해석하는- 청구인들의 주장을 그대로 채택하지는 않았지만 어쨌든 이것에 유리한 입장을 채택하였다. 즉, 중재재판소는 "such provisional application"을 "the provisional application *of this Treaty*"로 새김으로써(이른바 "all-or-nothing" approach) 잠정적용의 '원칙' 자체가 당해 서명국의 헌법, 법률 또는 명령과 불일치하는 것이 아닌 한 그 국가에 대해 조약 '전체'가 발효할 때까지 잠정적용된다고 판시하였다. 이로써 중재재판소는 -1항의 "to the extent that"에 초점을 맞추어 이것은 잠정적용의 범위(scope) 혹은 폭(width)을 지칭하는 것으로, 잠정적용되는 ECT의 각 규정별로 국내법과의 합치 여부를 판단해 들어가야 한다는- 러시아 정부의 주장(이른바 "piecemeal" approach)을 배척하였다. 이어서 재판소는 러시아의 법체계가 국제조약 잠정적용의 원칙을 허용하고 있는지, 아니면 잠정적용이라는 개념 자체가 러시아 법체계에 위배되는지를 검토한 결과, "조약의 잠정적용은 러시아의 헌법, 법률, 명령에 부합되며, 이것은 특히 러시아의 조약관행에 나타난 오래된 잠정적용의 전통과 러시아가 당시 잠정적용하고 있던 45개 조약에 의하여 입증된다고 결론지었다. 그리고 재판소는 러시아는 ECT의 분쟁해결조항을 포함하여 동 조약의 모든 규정을 잠정적용하지 않으면 안 된다고 결론지었다.

다음, 제45조 3항(b)는 잠정적용이 종료된 뒤 20년 동안 잠정적용 기간 중에 발생한 청구를 제기하는 것을 허용하고 있는데, 다만 동 규정은 단지 조약 '원용'(invocability)의 시간적 범위를 연장하는 것이지 '보호' 자체

조약의 -국제적 차원에서의- 발효가 곧 각 당사국 내에의 즉각적 혹은 동시적 발효를 의미하는 것은 아니다. 비엔나협약도 제26조에서 "... 조약은 그 당사국들에 의하여 성실하게 이행되어야 한다"고 규정하고 있을 뿐, 국내법질서 내로의 도입과 이행 방식에 대해서는 언급이 없다.[106] 물론, 관습법에 대해서도 같은 말을 할 수 있을 것이다. 조약의 국내적 차원에서의 발효 내지는 이행 문제는 관습의 그것과 함께 제5장 (국제법과 국내법)에서 다룬다.

-UN특권면제협약 § 32와 ICC로마규정 제121조(개정) 5항 등에서 보는 것처럼- 다자조약을 체결하거나 개정하는 경우, 비준(수락 혹은 가입)한 국가부터 먼저 발효한다는 조항으로 인해 일시 단 하나의 국가가 조약 혹은 개정된 조약의 (최초)당사국이 되기도 한다.[107]

의 시간적 범위를 연장하는 것은 아니다. 따라서 2009년 10월 19일 이후에 발생한 투자행위는 보호받지 못할 것이다. 그러나 투자자는 이 일자 이전에 발생한 행위에 대해서는 2029년 10월 19일까지 청구를 제기할 수 있다. 요컨대, 중재재판소는 1994년 12월 17일 서명한 일자로부터 2009년 10월 19일까지 ECT는 러시아에 잠정 구속력이 있었으며, 2009년 10월 19일 이전에 러시아에서 행한 일체의 투자는 그 후 20년간, 즉 2029년 10월 19일까지 조약의 보호를 계속 향유할 것이라고 판단하였던 것이다.

이 결정의 개요는 다음을 참조 : Dr. Chiara Giorgetti, "The Yukos Interim Awards on Jurisdiction and Admissibility Confirms Provisional Application of Energy Charter Treaty", ASIL Insight, Volume 14, Issue 23, August 3, 2010, 〈https://www.asil.org/insights100803.cfm〉; Piotr SZWEDO, "Case Comment : (Former) Yukos v. Russian Federation before the Permanent Court of Arbitration", Journal of International Cooperation Studies, Vol. 18, No. 2 (2010.10), available at https://www.research.kobe-u.ac.jp/gsics-publication/jics/szwedo_18-2.pdf.

그 후 (UNCITRAL)중재재판소는 2014년 7월 18일의 3개 판결에서 러시아에 대해 Yukos의 간접수용(indirect exprorpriation)에 대한 배상으로 투자조약 중재상 지금까지 알려진 액수로는 최대 액수인 미화 500억 달러가 넘는 금액을 지급하라고 명령하였다 : Martin Dietrich Brauch, "Yukos v. Russia: Issues and legal reasoning behind US $50 billion awards", IISD, Investment Treaty News, September 4, 2014, 〈https://www.iisd.org/itn/2014/09/04/yukos-v-russia-issues-and-legal-reasoning-behind-us50-billion-awards/〉; Shearman & Sterling LLP, 28 July 2014, "Shearman & Sterling Secures Historic US $50 Billion Award for Yukos Majority Shareholders", 〈https://www.shearman.com/en/newsinsights/news/2014/07/award-for-yukos-majority-shareholders〉.

상기 중재판결은 그러나 2016년 4월 20일 헤이그 지방재판소에서 반전이 이루어졌다. 즉, 헤이그 지방재판소는, ECT 하에서 잠정적용은 투자수용국(러시아)의 법에 위배되지 않을 때에만 허용되는데 이 사건에서 이 요건이 충족되지 않았다고 하면서 중재판정을 파기하였다 : Hague District Court (Chamber for Commercial Affairs), Judgment of 20 April 2016, (Joined Cases), *The Russian Federation* v. *Veteran Petroleum Limited*; *The Russian Federation* v. *Yukos Universal Limited*; *The Russian Federation* v. *Hulley Enterprises Limited*, 〈https://www.italaw.com/sites/d efault/files/case-documents/italaw7258.pdf〉. Annet van Hooft, Julia Kroes-Lastochkina, and Evelyn Tjon-En-Fa, "Yukos - the saga continues: arbitral awards against Russian Federation annulled by court in The Hague", Bird & Bird, 22 April 2016, 〈https://www.twobirds.com/en/news/articles/2016/global/yukos--the-saga-continues〉; Stanley Reed, "Dutch Court Overturns $50 Billion Ruling Against Russia in Yukos Case", The New York Times, April 20, 2016, 〈https://www.nytimes.com/2016/04/21/business/international/yukos-russia-50-billion-ruling.html?_r=0〉; Simon Shuster, "Why a Win in a Dutch Court Is Making Vladimir Putin So Happy", Time, April 20, 2016, 〈https://time.com/4301475/russia-appeal-case-yukos-the-hague/〉; 임아영, "에너지헌장조약(ECT)의 잠정조약과 국제투자협정에의 동의 : 헤이그 법원의 Yukos 중재판정 취소판결을 중심으로", 《통상법률》(법무부), 통권 제129호 (2016.6), pp. 12~37.

105) https://legal.un.org/ilc/.

106) Aust, 3rd, pp, 160, 162.

107) 본서, 제13장 (기타 면제 · 특권), "Ⅳ. 국제기구의 면제 · 특권", & 제29장 (국제형사재판소), 서두 부분 및 "XVIII. 기타 사항들" 참조.

5. 비준 전 혹은 발효 전 조약의 효과

'조약 발효 후 그것을 위반하는 것'과 '비준이나 발효 전 조약의 객체와 목적을 저해하는 행위'는 구분하여야 하는데, 비엔나협약 제18조는 조약 비준 전 혹은 발효 전 그 '객체와 목적'(object and purpose)을 저해(훼손)(defeat)하지 아니할 의무에 관하여 다음과 같이 규정하고 있다.

> "국가는 다음의 경우에는 조약의 객체와 목적을 저해하는 행위를 삼갈 의무를 진다.
> (a) 국가가 비준, 수락 또는 승인을 조건으로 조약에 서명하였거나 조약을 구성하는 문서를 교환하였을 경우에는 당해 조약의 당사자가 되지 아니하려는 의사를 명백히 할 때까지, 또는
> (b) 국가가 조약의 구속을 받겠다는 동의를 표시한 경우에는 조약의 효력발생이 부당하게 지연되지 아니할 것을 조건으로 그리고 당해 조약이 효력을 발생할 때까지."

제18조에서 (b)에 포함되어 있는 단서, 즉 "조약의 효력발생이 부당하게 지연되지 아니할(not unduly delayed) 것을 조건으로" 한다 함은 그 의미가 다소 모호하다. 왜냐하면 많은 국가가 참여하는 다자조약들의 경우에는 대체로 발효에 상당한 시간이 걸릴 것이기 때문이다. 결국 (b)의 경우 발효가 '부당하게' 지연되었는지의 여부는 각 사안별로 판단할 사실 문제(question of fact)로 보인다.[108] 어쨌든, 전체적으로 제18조의 의무는 조약의 '내용' (substance)에 관련한 것으로서, 이는 비준을 앞두고 서명을 철회하거나 발효를 앞두고 비준을 철회하는 것을 금지하기 위한 –절차에 관련한– 조항이 아니다. 실제 관행을 보아도 비준 전에 서명을 철회하거나,[109] 비준서를 기탁하였다가 조약 발효 전에 철회하는 경우도 있다.[110] 조약의 구속을 받겠다는 국가의 동의는 조약이 발효함

---

108) Dixon, p. 67.

109) 미국은 빌 클린턴(Bill Clinton) 대통령 시절인 2000년 12월 31일 "국제형사재판소 로마규정"에 서명하였다. 로마규정은 2002년 7월 1일 발효하였는데, 후임자인 조지 W. 부시(George W. Bush) 정부는 로마규정이 아직 발효하기 전인 그 해 5월 6일 "This is to inform you, in connection with the Rome Statute of the International Criminal Court adopted on July 17, 1998, that the United States does not intend to become a party to the treaty. Accordingly, the United States has no legal obligations arising from its signature on December 31, 2000. The United States requests that its intention not to become a party, as expressed in this letter, be reflected in the depositary's status lists relating to this treaty."라는 내용의 서한을 UN사무총장 Kofi Annan에게 송부하였다. 이를 두고 흔히들 미국이 로마규정을 "unsign"하였다고 표현하고 있다. 그러나 여기서 "unsign", 즉 "서명을 없는 것으로 한다"는 것은 이미 행한 서명을 물리적으로 지운다는 의미가 아니라(사실 이것은 아무리 좋은 수정액을 사용해도 불가능하다) 서명의 '법적' 효력을 '무효화'함을 의미한다. 그런데 미국은 당시(그리고 현재에도) 비엔나협약의 당사국이 아님에도 불구하고 로마규정을 비준하지 않기로 결정하면서 비엔나협약 제18조를 의식한 조치를 취한 것이었다. 그러나 미국으로서는 제18조가 국제관습법을 반영한 것인 경우에만 '서명 후 비준거부 의사 발표 전' 로마규정의 객체와 목적을 저해하지 아니할 법적 의무를 부담하고 있었다고 할 것이다. 어쨌든, 2000년 로마규정에 서명했던 이스라엘, 수단, 러시아 3개국의 경우, 이스라엘도 결국 2002년에 UN사무총장에게 미국 정부의 그것과 동일한 취지의 서한을 보낸 바 있고, 수단(1990년 비엔나협약 비준)도 2008년에 선례를 따랐다. 러시아(1986년 비엔나협약 가입)도 2016년 비슷한 서한을 보내면서 명시적으로 비엔나협약 제18조를 인용하였었다. Aust, 2nd, pp. 117~118 ; Kaczorowska-Ireland, p. 84 ; Keitner, pp. 17~18, 41 ; https://treaties.un.org/ ; 본서, 제29장 (국제형사재판소) "XV. 국제협력과 사법공조".

110) 이를테면 포괄핵실험금지조약(CTBT)은 아직 미발효 상태인데, 러시아는 1996년 서명, 2000년 비준까지 하였으나, 2023년 비준을 철회하였다. 러시아는 이로써 1996년 동 조약에 서명만 하고 아직 비준을 하지 않은 미국

으로써 확정적으로 구속력을 갖게 된다는 것이 그 논리적 이유이다.[111] 또한, 제18조는 단지 "조약 비준 전 혹은 발효 전 그 조약의 객체와 목적을 저해하는 행위를 (그것도 단지) 삼갈(refrain from)" 의무를 지우고 있을 따름이다. 즉, 제18조는 조약 발효 후 금지될 모든 행위를 삼갈 의무를 국가에 부과하기 위한 것은 아니다.[112]

제18조의 기준은 객관적인 것이므로 악의(bad faith)를 입증하는 것은 필요하지 않다.[113] Aust[114]는 제18조 하의 의무 위반으로 간주될 수도 있는 사례로, (i) 조약이 물건의 반환을 규정하고 있는데 점유국가가 발효 전에 이를 파괴하는 경우, (ii) 조약이 영토의 할양을 규정하고 있는데 발효 전 할양국가가 당해 영토의 일부를 제3국에 이전하는 경우, (iii) 여러 국가가 군축조약에 서명한 후 그 중 한 국가가 비준 후에 오히려 병력증강에 나서는 경우 등을 들고 있다.

6. 조약의 유보

다자조약을 체결할 때 국가에 따라서는 조약의 전반적인 내용에는 수락할 의사가 있지만 그 중 특정 조항에 대해서는 반대하는 경우가 빈번하다.[115] 특히 국가들은 정치, 문화, 사회적 이유로 국내법을 변경하는 것이 가능하지 않거나 바람직하지 않다고 판단될 때 조약 하의 의무를 국내법에 합치시키려는 의도에서 유보를 표명하고 있다.[116] 이런 경우 조약의 통일성을 다소 훼손하더라도 가능하면 많은 국가들을 조약의 당사자로 참여시키기 위해 고안된 제도가 바로 유보(reservation)이다. ILC는 2011년 제63차 회기에서 "조약유보관행안내서"(Guide to Practice on Reservations to Treaties)[117]를 채택하여 UN총회에 제출하였는데, 여기에는 해석선언(interpretative declaration)에 관한 가이드라인도 함께 담겨 있다. "조약유보관행안내서"는 이 밖에도 1978년 "조약에 대한 국가승계에 관한 비엔나협약"[118] 내의 유보 관련 유일의 규정인 제20조(신생독립국의 다자조약 승계시 유보의 유지)를 보충하면서, 기타 국가승계 발생 상황[즉, 국가통합(uniting of States)과 국가분리(separation

---

과 동등한 입장이 되었다고 언급하였다. TASS, 2 Nov, 2023, "CTBT deratification puts Russia on par with US — senior diplomat", 〈https://tass.com/politics〉 ; Shizuka Kuramitsu/Arms Cotrol Association, November 2023, "Russia 'Deratifies' Nuclear Test Ban Treaty", 〈https://www.armscontrol.org/act/2023-11/news/russia-deratifies-nuclear-test-ban-treaty〉 ; 본서, 제28장 (전쟁법), "X. 군비축소, 2. 핵무기실험".

111) 다자조약 수탁자로서의 UN사무총장의 오래된 관행도 "조약이 발효하기까지는 국가는 확정적으로 구속받지 않는다는 이해에 따라 조약이 발효하기 전에 조약의 구속을 받겠다는 동의를 철회하는 것을 허용"하는 것이다 : *Summary of Practice of the Secretary-General as Depositary of Multilateral Treaties*, Prepared by the Treaty Section of the Office of Legal Affairs, paras. 157~158 〈https://treaties.un.org/doc/source/publications/practice/summary_english.pdf〉 ; noted by Aust, 2nd, p. 120.

112) Aust, 2nd, pp. 106, 117~121 ; Aust, *Handbook of IL*, 2nd, p. 63.

113) Aust, 2nd, p. 119.

114) *Ibid.*

115) Akehurst, p. 129.

116) Aust, 2nd, pp. 134~134.

117) Report of the International Law Commission on the work of its sixty-third session, 〈https://legal.un.org/ilc/texts/instruments/english/draft_articles/1_8_2011.pdf〉.

118) 본서, 제20장 (국가승계), "Ⅱ. 조약의 승계" 참조.

of States)] 시 제기되는 유보 및 유보반대와 해석선언의 유지에 대한 가이드라인을 제시하고 있다.[119)]

(1) 유보의 정의 : 비엔나협약 제2조

비엔나협약 제2조 1항(d)에 의하면 "유보라 함은 그 표현 또는 명칭이야 어떠하든, 조약의 서명, 비준, 수락, 승인 또는 가입 시에 국가가 행하는 일방적 선언으로서, 자국에 대하여 조약을 적용함에 있어 조약의 특정 조항의 법적 효과를 배제하거나 변경할 것을 의도하는 것"(a unilateral statement, however phrased or named, made by a State, when signing, ratifying, accepting, approving or acceding to a treaty, whereby it purports to exclude or to modify the legal effect of certain provisions of the treaty in their application to that State)을 말한다.[120)] ILC조약유보관행안내서와 함께 이 유보 정의의 주요 요소를 하나씩 살펴보자.

첫째, 유보는 국가의 '일방적' 선언이다. 비엔나협약은 일방 '유보의 의사를 나타내는 것'과 타방 '유보는 언제나 허용되는 것인지, 그리고 이것이 타국가들에게 수락되어 어떤 법적 효과를 나타낼 수 있는지'의 문제를 구분하고 있다. 즉, 유보 자체는 일방적 선언으로서 유보의 정의를 규정하고 있는 협약 제2조에서 언급되고 있으며, 후자의 문제는 협약 제19조~제21조에서 규율되고 있다.

둘째, 유보는 국가가 자국에 대하여 조약을 적용함에 있어 조약의 특정 조항의 "법적 효과를 배제하거나 변경할 의도"를 나타내는 것이다. 여기서 특정 조항의 법적 효과를 '배제'(exclude)하는 것이 무엇인가는 자명하다. 다만, 특정 조항의 법적 효과를 '변경'(modify)한다 함은 유보국이 자국의 조약 하의 의무를 단지 '제한'(restrict or limit)하는 경우뿐만 아니라 반대로 '확대'(enlarge)하는 경우까지 포함하는 것으로 해석될 수도 있다. 그러나 국가가 조약에 의거하여 부담한 자국의 의무를 확대할 것임을 천명하는 선언은 진정한 의미에서의 유보로 칭할 수 없다. 유보의 본질은 유보국이 조약 하의 자국의 의무를 '제한'하는데 있기 때문이다. 요컨대, 그같은 이른바 '확대유보'(extensive reservations)는 선언국이 아무런 대가도 기대하지 않고 의무를 부담할 것을 약속하는 일방적 선언에 지나지 않는다.[121)]

셋째, 상기 정의에 의하면 유보는 조약의 '특정 조항'(certain provisions of a treaty)에 대해서만 가해질 수 있다. 그러나 이 밖에 "조약 적용의 인적 혹은 영토적 범위를 제한하거나, 조약상의 의무이행방법을 규정과 달리 하겠음을 선언하는 경우" 등에서 보는 것처럼, "조약 전체(the treaty as a whole)에 대해 가해지더라도 단지 조약의 특정 측면(certain specific aspects)에만 관련되는

---

119) ILC조약유보관행안내서, 가이드라인 5 ; Malgosia Fitzmaurice in Evans (ed.), *International Law*, 5th, p. 163.

120) 1986년 "국가와 국제기구 또는 국제기구 상호간의 조약법에 관한 비엔나협약" 제2조 1항(d)도 다음과 같이 -국제기구와 공식확인에 대한 언급을 제외하고는- 1969년 비엔나협약 제2조 1항(d)의 유보정의를 반복하고 있다 : "a unilateral statement, however phrased or named, made by a State *or by an international organization*, when signing, ratifying, *formally confirming*, accepting, approving or acceding to a treaty, whereby it purports to exclude or to modify the legal effect of certain provisions of the treaty in their application to that State *or to that organization*." ILC조약유보관행안내서, 가이드라인 1.1 (유보의 정의), 1항도 이를 반영하고 있다.

121) Sinclair, p. 54.

것"도 유보로 보아야 하고 또 이것이 국가들의 관행임을 지적하는 견해가 있으며, ILC도 이 같은 시각을 채택하였다.[122)]

넷째, 어떤 선언이 유보인지의 여부를 결정함에 있어 당해 선언의 '그 표현 또는 명칭'은 중요한 기준이 아니다. 실제로 국가들은 특정 조약규정의 자국에 대한 법적 효과를 배제하거나 변경하려는 의도를 가지면서도 유보라는 명칭보다는 이른바 해석선언(interpretative declaration)이란 술어를 사용하는 경우가 적지 않다.[123)] 여기서 해석선언의 원래 의미는 조약 당사국들이 조약규정에 대해 제공하는 일방적 해석으로서, 이것의 목적은 조약의 법적 효과를 변경하려는 것이 아니고 단지 그것을 더욱 정확하게 하는 데 있다.[124)] 그러나 문제는 해석선언이 실제로는 유보에 해당하는지를 판단하기가 용이하지 않다는 점이다. 1988년 *Belilos* v. *Switzerland* 사건[125)]에서 유럽인권재판소는 스위스 정부가 제출한 해석선언은 사실상 유럽인권협약 제64조(현 제57조)(유보)의 기준을 준수하지 않는 유보이며 따라서 무효라고 판시한 바 있다. 그러나 반대로, 허용되는 유보에 대해 반대의 의사를 분명히 하지 않는 경우에 돌아오는 법적 효과들을 생각하면 어떤 해석선언이 사실은 '위장된 유보'(disguised reservations)가 아닌지 매번 의심하지 않을 수 없다. 그러므로 McRae는 해석선언을 '단순해석선언'(mere interpretative declaration)과 '제한이 붙은 해석선언'(qualified interpretative declaration)으로 분류한 뒤 후자는 유보로 취급되어야 한다고 주장한 바 있다.[126)] 그의 설명에 따르면, '단순해석선언'이라 함은 선언국이 (단지 나중에 틀린 것으로 인정될 수도 있는) 조약의 해석을 제공하려고 시도하는 경우이며, '제한이 붙은 해석선언'이라 함은 선언국이 자국이 제시한 해석을 조건으로 문제의 조약규정을 수락하려는 의도를 가진 경우를 말한다. 그리고 그는 "타국의 수락문서에 첨부된 해석선언에 반대하는 국가에게 있어 가장 안전한 길은 정식으로 그것에 반대하는 것이다. (이렇게 함으로써) 반대국은 선언이 '제한이 붙은 해석선언'으로 판명되더라도 보호받게 되며, 또한 그같은 반대는 선언이 '단순해석선언'이더라도 조약의 해석에 대해 미칠 수 있는 효과를 감소시키는데 도움이 된다."고 충고하고 있다.[127)] 비엔나협약은 해석선언의 문제를 다루고 있

---

122) ILC조약유보관행안내서, 가이드라인 1.1, 2항.

123) 위장된 유보의 목적으로 실제 사용되는 용어는 understanding, explanation, observation, condition 등 다양하다. Aust, 2nd, pp. 129~131.

124) Orakhelashvili, pp. 151~152 ; ILC조약유보관행안내서, 가이드라인 1.2.

125) European Court of Human Rights, Judgment of 29 April 1988, Series A, Vol. 132, paras. 52~55, 60 ; Janis, 3rd, p. 24 ; Harris, 5th, pp. 794~797 ; Keitner, pp. 18~19. 사건 개요는 이러하다. 유럽인권협약 제6조(Right to a fair trial) 1항은 "... everyone is entitled to a fair and public hearing within a reasonable time by an independent and impartial tribunal established by law"라고 규정하고 있는데, 스위스가 협약을 비준할 때 형사절차와 관련해서 이 조항을 "intended solely to ensure ultimate control by the judiciary"로 이해한다는 해석선언을 첨부하였었다. 스위스의 한 경찰위원회(Police Board)가 Belilos가 불법 데모에 참여했었다는 이유로 결석절차를 통해 그녀에게 형사 벌금을 부과하였다. Belilos는 자신은 집회에 참여한 적이 없을 뿐만 아니라 경찰 당국의 절차는 협약 제6조 하의 그녀의 권리를 침해한 것이라고 주장하였다. 이렇게 해서 사건은 유럽인권재판소까지 가게 되었는데, 재판소는 스위스 경찰위원회도 사법적 기능을 부여받고 있으며 따라서 스위스는 해석선언에도 불구하고 제6조 하의 의무를 위반하였다고 결론지었다.

126) D. M. McRae, "The Legal Effect of Interpretative Declarations", (1978) 49 BYIL 155.

127) *Ibid.*, at 172~173.

지 아니한데, ILC조약유보관행안내서는 '제한이 붙은' 해석선언을 '조건부' 해석선언(conditional interpretative declaration)으로 칭하면서[128] 이에 대해 사실상 McRae의 견해를 수용하고 있다.[129]

다섯째, (단순)해석선언은 다자조약에서뿐만 아니라 양자조약에서도 할 수 있다.[130] 유보에 대해서도 같은 말을 할 수 있는가? 상기 제2조의 유보 정의에서는 단지 '조약'이라고만 함으로써 이것을 긍정하는 것처럼 보인다. 그러나 성각건대, 양자조약에 대한 유보는 사실상 조약의 내용과 관련하여 두 국가 간의 교섭 재개를 요구하는 새로운 제안이드로, 이에 관해 합의에 도달하지 못하면 조약은 체결되지 않을 것이다. 비엔나 조약법협약을 기초한 ILC도 이같은 견해를 피력한 바 있고,[131] 비엔나협약 제20조(유보의 수락과 반대)도 제1항에서 (유보국의 상대방이 1개국일 수도 있고 2개국 이상일 수도 있음을 시사하는) "the other contracting *State or States*"의 단복수 혼용표현 대신 (유보국의 상대방이 1개국인 경우는 배제하는 것이 분명한) "the other contracting *States*"라는 복수표현을 사용하고, 또 제2항에서 (교섭국의 수가 단지 2개국인 경우는 배제하는 것이 분명해 보이는) "the *limited* number of the negotiating States"라는 표현을 사용함으로써 양자조약에 대해서는 유보의 개념을 도입하고 있지 않은 것으로 보인다.[132] 그런 의미에서 유보는 다자조약에 고유한 문제이다. 바꾸어 말하면, 다자조약의 유보는 조약규정의 문언 자체를 수정하려는 것이 아니라 단지 조약규정의 '법적 효과'를 배제하거나 변경하려는 것인데 반해, 양자조약의 유보는 조약규정의 문언 자체를 수정하려고 시도하는 것이라는 점에서 양자는 근본적으로 다르다. 즉, 다자조약의 경우, 유보가 타방당사국들에 의해 수락되면 문제된 조항의 법적 효력이 유보국에 대하여 배제 또는 변경된다는 점에서 그것은 주관적 효과(subjective effect)를 갖는다. 이에 반해 양자조약의 경우, 유보가 타방당사국에 의해 수락되면 그로 인해 수정되는 것은 조약문 자체라는 점에서 그것은 객관적 효과(objective effect)를 갖는다.[133]

여섯째, 유보의 의사를 표명할 수 있는 시기는 '서명 · 비준 · 수락 · 승인 또는 가입 시'이다.[134]

---

128) ILC조약유보관행안내서, 가이드라인 1.4, 1항 : "A conditional interpretative declaration is a unilateral statement formulated by a State or an international organization when signing, ratifying, formally confirming, accepting, approving or acceding to a treaty, or by a State when making a notification of succession to a treaty, whereby the State or international organization subjects its consent to be bound by the treaty to a specific interpretation of the treaty or of certain provisions thereof."

129) ILC조약유보관행안내서, 가이드라인 1.4, 2항("Conditional interpretative declarations are subject to the rules applicable to reservations.") ; 가이드라인 1.4에 대한 주석 (2)(fn. 231), (13).

130) ILC조약유보관행안내서, 가이드라인 1.2 및 1.6.2.

131) Yearbook of the International Law Commission (1966-Ⅱ), p. 203 : "A reservation to a bilateral treaty presents no problem, because it amounts to a new proposal reopening the negotiations between the two States concerning the terms of the treaty. If they arrive at an agreement -either adopting or rejecting the reservation- the treaty will be concluded ; if not, it will fall to the ground."

132) See Aust, 2nd, pp. 131~132 ; Aust, *Handbook of IL*, 2nd, p. 64 ; Sinclair, p. 54 ; Gore-Booth (ed.), p. 286 ; Janis, 3rd, p. 23 ; Harris, 5th, pp. 789~790, 803 ; Hamid, p. 191.

133) ILC조약유보관행안내서, 가이드라인 1.6.1 (양자조약에 대한 유보)에 대한 주석 (15).

134) 위에서 언급한 바와 같이, "국가와 국제기구 또는 국제기구 상호간의 조약법에 관한" 1986년 비엔나협약 제2조 1항(d)는 유보의 표명 시기에 "공식 확인시"(when *formally confirming*)를 추가하고 있다. ILC조약유보관행안내서, 가이드라인 1.1(유보의 정의), 1항은 이를 반영하고 있으며, 여기에 추가하여 조약 승계시의 유보 표명 시점으로 "조약 승계 통고시"(when making a notification of succession to a treaty)를 지적하고 있다.

이것은 유보는 선언국이 조약의 구속을 받겠다는 의사를 피력하는 시점에서 혹은 그 이전에 표명되어야 함을 의미하는 것이다.[135] 그러나 유보는 다자조약문의 '채택과 확정' 단계에서는 표시될 수 없다. 이것은 국가들이 조약의 구속을 받겠다는 동의를 표시하기 이전의 단계로서, 국제회의에서 조약문이 일정 다수결로 채택되는 것 자체는 아직 유보의 문제를 야기하지 아니한다.[136] 그런데 국가들의 실행을 보면 비엔나 조약법협약에 명시된 유보 표명의 시간적 제한을 준수하지 않는 이른바 "때늦은 유보"(late reservations)를 허용하고 있는 조약들이 드물지 않다. ILC는 이같은 관행에 직면하면서 법의 안정성도 함께 고려하여, "조약에서 달리 규정하지 않는 한, 국가 또는 국제기구는 조약의 구속을 받겠다는 자신의 동의를 표시한 뒤에는 조약에 대해 유보를 표명할 수 없다. 다만, 타 체약당사자들 중에서 그 누구도 때늦은 유보의 표명에 반대하지 않는 경우에는 그러하지 아니하다"라는 가이드라인을 제시하고 있다.[137] 이 공식에 따르면 때늦은 유보는 당해조약에서 이를 명시적으로 허용하고 있는 경우가 아니면 원칙적으로 불가능하며, 또한 타 체약당사자들 중에서 한 당사자라도 반대하면 때늦은 유보는 성립할 수 없다. 때늦은 유보에 대한 반대시한은 12개월로 설정되고 있다.[138] 때늦은 유보가 허용되지 않는 경우라 하더라도 이를 피해갈 수 있는 대안이 없지 않다. 즉, 폐기 혹은 탈퇴가 (명시적으로 혹은 묵시적으로) 허용되는 조약이라면, 당해 조약에서 탈퇴하거나 조약을 폐기한 후 유보를 첨부하여 재가입을 시도할 수 있다.[139]

유보는 그 내용을 이해할 수 있도록 모호하지 않게 표현하여야 한다.[140] 이 요건은 유보가 조약의 객체 및 목적과 양립불가능한 경우를 지칭하는 것이 아니라, 이 양립성을 평가하는 것이 어려운 상황을 가정한 것이다.[141]

인권 관련 조약에서 흔히 보는 것처럼, 조약 발효 후 일정 긴급사태 발생시 그 기간 동안 특정 조약규정의 자국에 대한 적용을 배제하는, 조약에 의하여 허가된 선언인 이른바 "이탈/훼손"(derogation)은 유보와 구분하여야 한다.[142]

또한 유보는 UN해양법협약이 도입하고 있는 이른바 선택적 예외(배제) (optional exception)와 구분되기도 하는데, 왜냐하면 후자는 UN해양법협약의 "서명 · 비준 · 가입 시"뿐만 아니라 "그 이후 어느 때라도" 할 수 있기 때문이다.[143] (단순)해석선언 역시도 유보와는 달리 언제든지 표명할 수 있

ILC조약유보관행안내서, 가이드라인 1.4(조건부 해석선언), 1항은 조건부 해석선언의 표명 시기도 유보의 경우와 동일하게 표현하고 있다.

135) 비준, 수락 또는 승인을 조건으로 서명시에 유보가 표명된 경우에는, 그 유보는 유보국이 조약의 구속을 받겠다는 동의를 표시할 때 동 유보국에 의하여 정식으로 확인되어야 한다. 이 경우, 유보는 그 확인일자에 행해진 것으로 간주된다 : 비엔나협약 제23조 2항.

136) Currie, pp. 121~122.

137) ILC조약유보관행안내서, 가이드라인 2.3.

138) ILC조약유보관행안내서, 가이드라인 2.3.2.

139) Aust, 2nd, p. 159 (& 3rd, p. 142).

140) ILC조약유브관행안내서, 가이드라인 3.1.5.2 (Vague or general reservations) : "A reservation shall be worded in such a way as to allow its meaning to be understood, in order to assess in particular its compatibility with the object and purpose of the treaty."

141) 상기 가이드라인 3.1.5.2에 대한 주석 (1).

142) Aust, 2nd, p. 131 ; Aust, *Handbook of International Law*, 2nd, p. 64 ; 본서, 제17장 (국제인권법) 참조.

고,[144] 또 -조약에서 달리 규정하지 않는 한- 언제든지 수정할 수 있는 것으로 생각되고 있다.[145] 다만, 해석선언의 시기를 "서명, 비준, 혹은 가입 시"로 국한하고 있는 UN해양법협약 제310조의 경우처럼, 조약에서 해석선언의 시기를 제한하고 있는 경우에는 해석선언은 그 조약에 명시된 시한 내에서만 표명할 수 있다고 보아야 할 것이다.[146]

(2) 유보의 자유와 허용되지 아니하는 유보 : 비엔나협약 제19조

조약의 무결성(integrity)을 강조하는 전통적인 이론에 따르면 유보는 별도의 합의가 없는 한 이미 조약의 구속을 받겠다는 의사를 표시한 다른 모든 국가에 의하여 (명시적으로 혹은 묵시적으로, 그리고 보통은 서명 전에) 수락되지 않으면 할 수 없는 것으로 인식되고 있었다. 특히, 국제연맹은 조약 수탁자(depositary)로서의 기능을 수행함에 있어 조약의 모든 체약국들이 수락한 유보만을 허용하였으며, 그렇지 않은 경우에는 '유보'와 '유보가 첨부된 서명 및 비준' 양자 모두를 무효로 간주하였다.[147] 그러나 비슷한 시기에 범미연합(Pan-American Union) (OAS의 전신)은 유보에 대한 현대국제법 체제의 기초를 형성하는 탄력적인 태도를 취하였는데, 그 골자는 유보에 대해 한 당사국이라도 수락하면 유보를 첨부한 국가와 이를 수락한 국가 사이에서는 조약이 발효하는 것으로 간주하되, 유보를 첨부한 국가와 이를 수락하지 아니한 국가 사이에서는 그 조약은 발효하지 않는 것으로 간주하는 것이었다.[148] 사실, 그후 국제공동체 구성원의 수가 불어나고 또 신참자들이 서구 기독교국가들과는 정치·경제·문화적으로 다른 진영에 속했기 때문에, 유보 수락의 전원일치 방식은 매우 부적당한 일이 되고 말았다. 뿐만 아니라 이 전원일치 원칙은 실제로는 다른 모든 당사자들에게 일종의 거부권을 부여하는 것에 다름 아니었다.[149] 그러므로 *Reservations to the Convention on Genocide* 사건[150]에 대한 권고적 의견에서 ICJ는 더 이상 전통원칙을 고수하지 않고 대체로 범미

143) UN해양법협약 제298조.

144) ILC조약유보관행안내서, 가이드라인 2.4.4.

145) ILC조약유보관행안내서, 가이드라인 2.4.8. (단순)해석선언의 효과(특히, 조약 해석에 대한 효과)에 대해서는, 가이드라인 4.7.1 (Clarification of the terms of the treaty by an interpretative declaration), 4.7.2 (Effect of the modification or the withdrawal of an interpretative declaration), 그리고 4.7.3 (Effect of an interpretative declaration approved by all the contracting States and contracting organizations) 참조.

146) ILC조약유보관행안내서, 가이드라인 2.4.7.

147) Dixon, p. 69 ; Malgosia Fitzmaurice in Evans (ed), *International Law*, 3rd, p. 190 ; Hall, p. 98.

148) Dixon, p. 69 ; Malgosia Fitzmaurice in Evans (ed), *International Law*, 3rd, p. 190 ; Ekaterina Yahyaoui Krivenko, *Women, Islam and International law : within the context of the Convention of All Forms of Discrimination against Women* (Leiden : Koninklijke Brill, 2009), pp. 78~79.

149) Cassese, *International Law*, 2nd, p. 173 ; Ragazzi, pp. 98~101.

150) Advisory Opinion, ICJ Reports (1951), p. 15. 사건 개요는 다음과 같다. 1948년 12월 9일 UN총회 결의 260(Ⅲ)에 의거하여 채택된 "제노사이드 방지 및 처벌에 관한 협약"(Convention on the Prevention and Punishment of the Crime of Genocide)의 비준 과정에서 당시 소련과 일부 동유럽국가들(불가리아, 체코슬로바키아, 폴란드 등)은 ICJ의 강제관할권을 규정한 동 협약 제Ⅸ조에 대해 유보를 가하였다. 이어 일부 다른 국가들은 이들 유보에 반대하면서, 문제의 유보국가들이 동 협약의 당사국이 되는 것에 반대하였다. UN총회는 이 문제를 ICJ와 ILC에 회부하기로 결정하였다. ICJ는 자신들의 검토를 당연히 제노사이드 협약으로 국한하였지만, ILC는 조약법의 법전화에 관한 자신들의 업무와 관련하여 그리고 ILC규정 제15조에 기초하여 더욱 일반적인 견해를 내놓도록 요청받았다. 그리고 그 결과는 놀랄만큼 다르게 나타났다. 제

연합의 노선을 따랐다.[151] 즉, UN총회에서 56개 참가국의 만장일치 투표로 채택되었지만,[152] 유보 문제에 대해 아무런 언급이 없는 제노사이드협약에 대해 유보가 가능한가, 가능하다면 그 법적 효과는 무엇인가에 관하여 질문을 받은 ICJ는 전통이론이 '논란의 여지가 없는 가치'(undisputed value)를 지니고 있지만 일정 유형의 조약에는 적용되지 아니하며, 특히 체약국들에게 상호적인 권리를 부여하는 것이 아니라 개인을 보호함을 목표로 하는 제노사이드협약에는 전통이론이 적용될 여지가 없다고 말하였다. 왜냐하면 이 협약에 참여하지 않는 국가들이 있으면 제노사이드의 근절이라고 하는, 세계적 협력을 필요로 하는 협약의 목표는 달성되기 어려울 것이기 때문이다. 그러므로 ICJ는 모든 국가들의 협약 가입을 장려하기 위해 일정 조건 하에 동 협약에 대한 유보를 수락하기로 결정하였다.[153] 즉, ICJ는 "한 국가의 유보에 대하여 제노사이드협약의 일부 당사국은 반대하였으나 다른 당사국들은 반대하지 않은 경우, 그 유보가 동 협약의 객체 및 목적과 양립하면(if the reservation is compatible with the object and purpose of the Convention) 그 국가는 협약의 당사자로 간주될 수 있다"는 결론에 이르렀다.[154] 그러나 이어서 ICJ도 언급하고 있는 것처럼,

---

노사이드협약의 타당사자들이 유보에 이의를 제기했음에도 불구하고 유보국이 자신의 유보를 여전히 유지하면서 협약의 당사자로 간주될 수 있을 것인지의 문제에 대해, 재판소는 곧 "양립성원칙"(compatibility principle)으로 불려지게 될 원칙을 다음과 같이 제시하였다 : "It is the compatibility of a reservation with the object and purpose of the Convention that must furnish the criterion for the attitude of a State in making the reservation on accession as well as for the appraisal by a State in objecting to the reservation. Such is the rule of conduct which must guide every State in the appraisal which it must make, individually and from its own standpoint, of the admissibility of any reservation." [ICJ Reports (1951), p. 15 at 24] 다시 말해서 양립성 기준은 유보를 하고 또 여기에 반대하는 일, 양자 모두에 대해 결정적이다. ICJ의 권고적 의견에 대한 일부 학자들의 비판은 혹독하였다. 즉, 양립성 기준은 법적으로나 당사자들의 의도에 있어 그 어떤 기초도 갖지 않은, 한 개의 신상품으로 간주되었다. 또한 대부분의 비판자들은 이 기준은 주관적이며 양립성의 객관적 기준이 결여되어 있다고 주장하였다. ILC와 그 특별보고자(Special Rapporteur) J. L. Brierly는 이 비판에 합류하였는데, ILC는 1951년의 보고서에서 양립성 기준은 다자조약 일반에 적용될 수 없으며, 객관적 기준을 결여하고 있고, 또 조약의 객체와 목적의 일부를 구성하는 조약규정과 그렇지 아니한 조약규정을 구분하고 있다고 비판하였다. 그러나 ICJ 권고적 의견과 ILC 보고서가 나온 이후, UN총회에서의 논의는 양립성 기준을 지지하는 쪽으로 향하고 있었다. ILC는 이를 불쾌하게 생각하면서도 조약법의 법전화 작업을 계속하였으며, 그 다음 보고자 Sir Humphrey Waldock은 그의 첫 보고서를 1962년에 제출하였다. Waldock은 이때까지도 양립성 기준을 따르기를 주저하였지만, 그는 이제 국가들이 더욱 더 받아들이기 어렵게 되어버린 만장일치의 원칙(unanimity rule)을 버리지 않을 수 없었다. 그리고 그의 보고서는 비엔나협약 제19조와 제20조의 문안으로 이어졌다. V. Crnic-Grotic, "Object and Purpose of the Treaties in the Vienna Convention on the Law of Treaties", Asian Yearbook of International Law, Vol. 7, 1997, pp. 144~146 ; Rosenne, *The Perplexities of Modern International Law*, p. 356 ff.

151) Dixon, p. 69.

152) https://legal.un.org/avl/pdf/ha/cppcg/cppcg_ph_e.pdf ; https://en.wikipedia.org/wiki/Genocide_Convention.

153) Pauwelyn, p. 101.

154) ICJ Reports (1951), p. 15 at 22 ff. ICJ는 Case concerning *Armed Activities on the Territory of the Congo* (New Application : 2002) (Democratic Republic of the Congo v. Rwanda) (Jurisdiction and Admissibility), Judgment of 2006, para. 66에서도 제노사이드협약 하에서 유보가 금지되지 않는다는 1951년의 견해를 재확인하기 위해 다음과 같이 언급하고 있다 : "The Court notes, however, that it has already found that reservations are not prohibited under the Genocide Convention (Advisory Opinion in the case concerning *Reservations to the Convention on the Prevention and Punishment of the Crime of Genocide, I.C.J. Reports 1951, pp. 22 et seq.*). This legal situation is not altered by the fact that the Statute of the International Criminal Court, in its Article 120, does not permit reservations to that

유보의 양립가능성 여부에 관해서는 상대방 체약국들이 서로 다른 결론에 도달할 수 있기 때문에 유보국은 일부 체약국들에 의해서는 조약의 당사자로 간주되지만 다른 체약국들에 의해서는 조약의 당사자로 인정받지 못할 가능성이 있다.[155)]

비엔나협약 제19조는 *Reservations to the Convention on Genocide* 사건에서 ICJ가 특별히 제노사이드협약에 대해 채택한 원칙에 따라 유보의 일반적 자유를 인정하면서도 유보가 허용되지 아니하는 3개의 예외를 명시하고 있는데, (a) "유보가 조약에 의하여 금지된 경우", (b) "문제의 유보를 포함하지 아니하는 특정의 유보만을 행할 수 있다고 조약에서 규정하고 있는 경우"(즉, 허용되는 유보 리스트에 포함되어 있지 아니한 유보)[156)], 그리고 (c) "전기 (a)와 (b)항에 해당되지 아니하는 경우로서, 유보가 조약의 객체 및 목적과 양립할 수 없는(incompatible with the object and purpose of the treaty) 경우" 등이 바로 그것이다. 유보가 제19조 (a)호 혹은 (b)호의 예외에 해당하여 금지되는지의 여부를 결정하기는 비교적 쉬울 것이다. 이에 반해 (c)호의 예외, 즉 "유보와 조약의 객체 및 목적과의 양립불가" (incompatibility of a reservation with the object and purpose of the treaty)는 그 표현부터가 모호해 보이는데, ILC는 이것을 "유보가 조약의 존재이유를 침해하는 방식으로 조약의 일반적 취지에 필요한 그것의 본질적 요소에 영향을 미치는 것"([A reservation] affects an essential element of the treaty that is necessary to its general tenour, in such a way that the reservation impairs the *raison d'être* of the treaty)으로 풀이하고 있다.[157)]

그러나 실제 사건에서 유보가 조약의 객체 및 목적과 양립할 수 있는 것인지 아닌지를 식별하는 것은 매우 어려울 수 있다. 이 때문에 수학적 기준(mathematical test)을 도입하는 조약도 있는데, 이를테면 1965년 "모든 형태의 인종차별 철폐에 관한 협약"(International Convention on the Elimination of All Forms of Racial Discrimination) 제20조 2항[158)]은 "이 협약 당사국의 최소

Statute, including provisions relating to the jurisdiction of the International Criminal Court on the crime of genocide. Thus, in the view of the Court, a reservation under the Genocide Convention would be permissible to the extent that such reservation is not incompatible with the object and purpose of the Convention." 이어서 ICJ는 결국 제노사이드협약 제IX조에 대한 유보는 -*Legality of Use of Force* (Yugoslavia v. Spain), Provisional Measures, Order of 2 June 1999, I.C.J. Reports 1999, p. 772, paras. 32~33 ; *Legality of Use of Force* (Yugoslavia v. United States of America), Provisional Measures, Order of 2 June 1999, I.C.J. Reports 1999, p. 924, paras. 24~25에서도 인정한 바와 같이- "동 협약의 객체 및 목적과 양립할 수 없는" 것이 아니라고 판시하였다(paras. 67~68 of the judgment).

155) ICJ Reports (1951), p. 15 at 29~30; Akehurst, p. 130; Aust, 2nd, pp. 140~141. UN총회는 ICJ의 권고적 의견이 나오고 나서 이듬해 1952년 1월 12일 "UN사무총장이 UN의 후원 하에 체결되는 미래 다자조약의 수탁자(depositary)로서 기능할 때 유보나 이에 대한 반대를 담은 문서의 법적 효과에 대해 스스로 판단하지 말고 이를 각 국가에게 맡길 것을 요청"하는 결의 598 (VI)("Reservations to multilateral conventions")을 채택한 바 있다.

156) 이는 라틴 격언 *expressio unius est exclusio alterius* [the explicit mention of one (thing) is the exclusion of another ; when one or more things of a class are expressly mentioned others of the same class are excluded]를 적용한 것이다. Kaczorowska-Ireland, p. 71.

157) ILC조약유보관행안내서, 가이드라인 3.1.5 ; "조약의 객체와 목적" 개념 자체의 의미에 대해서는, 본장, "VIII. 조약의 객체와 목적" 참조.

158) "A reservation incompatible with the object and purpose of this Convention shall not be permitted, nor shall a reservation the effect of which would inhibit the operation of any of the bodies established by this Convention be allowed. A reservation shall be considered incompatible or

2/3가 반대하는 유보는 조약의 객체 및 목적과 양립될 수 없는 것으로 간주된다"고 규정하고 있다.[159] 그리고 동 협약 제20조 1항 두 번째 문장은 "유보에 반대하는 국가는 UN사무총장에게서 유보를 통고받은 날로부터 90일 이내에 수락하지 아니한다는 의사를 UN사무총장에게 통고해야 한다"고 명시하고 있다. 다만, 여기서 "당사국의 최소 2/3"의 계산과 관련하여, 이 '당사국'은 어떤 일자를 기준으로 한 '당사국'을 지칭하는 것인지가 문제되는데, 이는 "유보 일자 당일 현재" '당사국'으로 보는 것이 합리적이다.[160]

ILC는 조약유보관행안내서[161]에서 "조약규정이 국제관습법규를 반영하고 있다는 사실 그 자체만으로는 동 조약규정에 유보를 첨부하는 것이 방해받지 아니한다"는 견해를 제시하면서도, 일반국제법의 강행규범(*jus cogens*)을 반영한 조약규정에 대해서도 그러한가에 대해서는 별도의 가이드라인을 제시하지 않았다.[162]

(3) 유보의 수락과 반대 : 비엔나협약 제20조

먼저 유념해야 할 사항으로, 어떤 유보가 제19조 (a), (b) 혹은 (c)호에 의해 금지되지 아니 하였다 하여 타 체약국이 그에 대해 수락만 할 수 있고 반대는 할 수 없는 것은 아니다. 반대이유를 제시할 필요도 없다.[163] 비엔나협약 제20조는 유보의 수락과 반대에 관하여 다음과 같이 규정하고 있다.

"1. 조약에 의하여 명백히(분명히, 명시적으로) 허용된 유보는 당해 조약에서 그렇게 규정하지 않는 한 타 체약국들에 의한 차후의 수락을 요하지 아니한다.
2. 교섭국들의 한정된 수와 조약의 객체 및 목적으로 보아 모든 당사국 간에 당해 조약 전체를 적용하는 것이 그 조약의 구속을 받겠다는 각 당사국의 동의의 본질적 조건으로 보이는 경우에 유보는 모든 당사국의 수락을 요한다.
3. 조약이 국제기구를 설립하는 문서이고 그리고 그 조약에서 달리 규정하고 있지 아니한 경우

---

inhibitive if at least two thirds of the States Parties to this Convention object to it."

159) Malgosia Fitzmaurice in Evans (ed.), *International Law*, 3rd, p. 192 ; Aust, 2nd, p. 151.

160) Aust, 2nd, p. 151 (fn. 109), 3rd, p. 135 (fn. 92).

161) ILC조약유보관행안내서, 가이드라인 3.1.5.3 (Reservations to a provision reflecting a customary rule) : "The fact that a treaty provision reflects a rule of customary international law does not in itself constitute an obstacle to the formulation of a reservation to that provision."

162) 다만, 가이드라인 3.1.5.3은 '통상의' 관습법규(normal customary rules)를 반영한 조약규정에 적용되는 유보 관련 논리가 거의 모든 경우에 관습법규로서 존재하는 강행규범을 반영한 조약규정에도 적용됨을 시사한다 [가이드라인 3.1.5.3에 대한 코멘터리 (14)]. 결국 ILC는 동 가이드라인에 대한 코멘터리 (22)에서 다음과 같이 결론짓고 있다 : "While it is of the view that the principle stated in guideline 3.1.5.3 applies to reservations to treaty provisions reflecting a customary peremptory norm, the Commission considers that States and international organizations should refrain from formulating such reservations and, when they deem it indispensable, should instead formulate reservations to the provisions concerning the treaty regime governing the rules in question." See Kaczorowska-Ireland, p. 91. 2022년 ILC강행규범결론초안 결론 13(1)도 강행규범을 반영한 조약규정에 대한 유보가 허용됨을 전제로 한 규정으로 보인다 : "A reservation to a treaty provision that reflects a peremptory norm of general international law (*jus cogens*) does not affect the binding nature of that norm, which shall continue to apply as such."

163) Aust, 2nd, pp. 138~139 ; Malgosia Fitzmaurice in Evans (ed.), *International Law*, 5th, p. 172(fn. 148).

유보는 당해 기구의 권한있는 기관의 수락을 요한다.
4. 전기의 각 항에 해당되지 아니하는 경우로서, 조약에서 달리 규정하고 있지 아니한 한,
(a) 타 체약국이 유보를 수락하면, 조약이 유보국과 그 타 체약국에 대하여 효력을 발생할 때 그 유보국은 그 타 체약국에 대한 관계에 있어 조약의 당사국이 된다;
(b) 유보에 대한 타 체약국의 반대는 -반대국가가 상반되는 의사를 확정적으로 표시하지 않는 한- 유보반대국과 유보국 간에 조약의 효력발생을 방해하지 아니한다;
(c) 조약의 구속을 받겠다는 국가의 동의를 표시하고 또한 유보를 포함하는 행위는 최소한 1개 타 체약국이 그 유보를 수락하는 즉시 효력을 가진다.
5. 상기 2항과 4항의 목적을 위해, 그리고 조약에서 달리 규정하고 있지 아니한 경우, 유보는 그것을 통고받은 후 12개월이 지날 때까지 혹은 조약의 구속을 받겠다는 동의를 표시한 날까지 중 어느 것이든 나중의 시기까지 당해 유보에 대하여 반대를 제기하지 않으면 통고받은 국가에 의하여 수락된 것으로 간주된다."

제20조 4항은 "조약에서 달리 규정하고 있지 아니한 한"이라고 규정하고 있으며, 따라서 이것은 비엔나협약에 내장되어 있는 많은 잔여규칙(residual rules) 중의 하나이다.[164] 그리고 유보가 일방적 선언인 것처럼 -4항(b)에 규정된- 유보에 대한 반대도 일방적 선언이다.[165] 이와는 대조적으로, 제20조 5항은 국가들(즉, 2항의 당사국 혹은 4항의 체약국들)의 유보 수락이 묵시적(tacit)일 수 있음을 규정한 것이다. 특히, 5항과 4항(c)를 결합하여 읽으면, 유보국은 "타 '모든' 체약국이 유보에 반대하고 '그리고(동시에)' 유보국이 체약국이 되는 것에 명시적으로 반대하지 않는 한" 체약국이 될 것이다. 실제로, 타 모든 체약국이 유보에 반대하고 게다가 유보국이 체약국이 되는 것에 명시적으로 반대하고 나서는 상황을 생각하기는 어렵다.[166]

(4) '유보 및 유보반대'의 '법적 효과' : 비엔나협약 제21조

유보 및 유보반대의 법적 효과에 대해서는 비엔나협약 제21조에서 다음과 같이 규정하고 있다. 첫째, 유보는 유보국과 유보수락국 사이에서 관련 조약규정을 당해 유보의 범위 내에서 수정한다. 즉, 유보의 효과는 상호적인(reciprocal) 것이기 때문에 유보국뿐만 아니라 유보수락국도 이를 원용할 수 있다.[167] 둘째, 상기 제20조 4항(b)에서 보는 것처럼, 유보에 대한 반대조차도 반드시 유보국과 유보반대국 사이에 조약이 '발효'하는 것을 방해하지는 않는다.[168] 오히려 유보반대국이 자국과

164) Aust, 3rd. pp. 127, 136.

165) 즉, ILC조약유보관행안내서, 가이드라인 2.6.1은 유보에 대한 반대(objections to reservations)를 다음과 같이 정의하고 있다: ""Objection" means a unilateral statement, however phrased or named, made by a State or an international organization in response to a reservation formulated by another State or international organization, whereby the former State or organization purports to preclude the reservation from having its intended effects or otherwise opposes the reservation." 또한 가이드라인 2.6.9 (Statement of reasons for objections)에 의하면 "반대는 가능한 범위 내에서 그 이유를 적시하여야 한다"(An objection should, to the extent possible, indicate the reasons why it is being formulated).

166) Aust, 2nd, p. 142. Aust는 제20조 5항은 국가들의 실제관행을 고려에 넣지 않았다는 점에서 국제관습법을 반영하지 않은 것으로 보고 있다.

167) 비엔나협약 제21조 1항(a)(b).

유보국 사이에서 조약이 발효하는 것 자체를 반대한다고 명시적으로 밝히지 않으면, 유보에 대한 반대는 유보와 그에 대한 반대가 관련되는 특정 조약'규정'이 두 국가 사이에서 '그 유보의 범위 내에서' 그것도 단지 '적용'되는 것을 막을 따름이다.[169] 셋째, 문제의 조약규정은 비유보국 상호간에는 유보에 의하여 당연히 영향받지 아니한다.[170]

(5) 허용되지 아니하는 유보의 가분성(severability) 문제 : 비엔나협약 제19조와 제20조~제21조의 관계

한편, 비엔나협약 제19조와 제20조~제21조의 관계를 어떻게 볼 것인지에 대해 학자들 사이에 그리고 국가 간에 서로 다른 견해가 제시되고 있다. 제19조에 의하여 허용되지 아니하는 유보(impermissible reservations)를 첨부한 국가를 아예 조약의 당사자로 보지 않을 것인지, 아니면 반대로 유보국을 문제의 유보만 떼어낸 채 조약의 당사자가 되는 것으로 볼 것인지가 문제되고 있는 것이다. 외견상 제19조의 관문을 통과하여야 비로소 제20조와 제21조의 문제가 제기되는 것으로 보인다. 제19조는 3개의 허용되지 아니하는 유보를 표명하는 국가는 당해 조약에 서명·비준·수락·승인 또는 가입하는 것 자체가 허용되지 않음을 시사하고 있기 때문이다.[171] 이같은 해석에 따르면 제19조에 의하여 허용되지 아니하는 유보를 첨부한 국가는 문제의 유보를 철회하지 않는 한

---

168) 실제로, 미국이 1988년 11월 25일 제노사이드협약 비준시 첨부한 유보 중의 하나인 "That nothing in the Convention requires or authorizes legislation or other action by the United States of America prohibited by the Constitution of the United States as interpreted by the United States."와 관련하여, 스웨덴정부는 1989년 12월 22일 "The Government of Sweden is of the view that a State party to the Convention may not invoke the provisions of its national legislation, including the Constitution, to justify that it does not fulfil its obligations under the Convention and therefore objects to the reservation."이라고 언급함으로써 동 유보에 대해 반대함을 분명히 하면서도 "This objection does not constitute an obstacle to the entry into force of the Convention between Sweden and the United States of America."라고 천명한 바 있다 : https://www.unhchr.ch/html/menu3/b/treaty1gen.htm ; https://en.wikipedia.org/wiki/Genocide_Convention. 여기서 한 걸음 더 나아가, 유보국과의 관계에서 조약의 발효 자체에는 반대하지 않으면서도 문제의 유보가 조약의 "객체 및 목적과 양립할 수 없다"는 이유로 이에 반대의사를 피력하는 경우도 있는데, 한국이 시민적·정치적 권리규약에 가입할 때 첨부한 유보에 대해 네덜란드가 1991년 표시한 반대가 그런 예에 속한다 : https://untreaty.un.org/humanrightsconvs/Chapt_Ⅳ_4/objections/Netherlands_to_RepKorea.pdf.

169) 비엔나협약 제21조 3항 ; Sinclair, pp. 76~77 ; the Arbitration concerning *the delimitation of continental shelf between the United Kingdom of Great Britain and Northern Ireland, and the French Republic* ("*Anglo-French Continental Shelf Arbitration*"), Decision of 30 June 1977, (1977) 54 ILR 6, available at https://legal.un.org/riaa/cases/vol_XVIII/3-413.pdf : "... the combined effect of the French reservations and their rejection by the United Kingdom is neither to render Article 6[of the 1958 Geneva Convention on the Continental Shelf] inapplicable *in toto*, as the French Republic contends, nor to render it applicable *in toto*, as the United Kingdom primarily contends. It is to render the Article inapplicable as between the two countries to the extent, but only to the extent, of the reservations; and this is precisely the effect envisaged in such cases by Article 21, paragraph 3 of the Vienna Convention on the Law of Treaties and the effect indicated by the principle of mutuality of consent."

170) 비엔나협약 제21조 2항.

171) 이 밖에, 제21조 1항은 "제19조, 제20조 및 제23조에 따라 다른 당사국에 대하여 '성립된'(established) 유보"에 한하여 법적 효과를 인정하고 있는데, 그렇다면 제19조에 의하여 허용되지 아니하는 유보가 유효하게 성립될 수는 없을 것이다. Aust, *Handbook of IL*, 2nd, p. 69.

절대 조약의 당사자로 간주되어서는 안될 것이다. 바꾸어 말하면, '허용되지 아니하는' 유보에 대해서는 타 체약국들은 이를 수락해서도 안되고 수락할 수도 없음을 의미하는 것이기도 하다. 그같은 유보에 대한 타 체약국의 수락은 그것 자체가 조약위반을 구성하는 것으로 볼 수 있을 것이기 때문이다. 상기 *Reservations to the Convention on Genocide* 사건에서 ICJ도 이같은 견해를 채택한 것으로 보인다.

그러나 이에 대해서는 가능하면 많은 당사자의 확보를 필요로 하는데도 너무 많은 유보가 첨부되는 것이 현실인 다자조약들, 특히 인권조약의 경우에는 비엔나협약의 유보 관련 규칙이 적용되지 아니하며, 또한 유보국은 수락될 수 없는 문제의 유보만 떼어내고(즉, 마치 유보국이 문제의 유보를 표명하지 않은 것처럼) 조약의 당사자로 간주된다는 견해가 제시되고 있다. *Belilos* v. *Switzerland* 사건[172]과 *Loizidou* v. *Turkey* 사건[173]에서 유럽인권재판소가 바로 그같은 견해를 채택하였었고, "시민적 · 정치적 권리에 관한 국제규약"의 인권위원회(Human Rights Committee)도 1994년 그같은 견해를 제시한 적이 있다.[174] 조약의 유보 문제에 관한 한 인권조약과 기타 조약을 구분하려는 시민적 · 정치적 권리에 관한 국제규약 인권위원회의 그같은 견해는 그러나 일부 체약국의 강력한 반대에 직면하면서 별 지지를 받지 못하고 있다.[175] 예컨대, 영국 정부는 "ICJ가 채택한 접근법이 유일의 건전한 접근법으로서, 기본적으로 조약체제에의 참여와 양립되지 아니하는 유보를 조건으로 인권조약을 비준하려는 국가는 문제의 유보를 철회하지 않는 한 전혀 당사자가 되었다고 간주될 수 없다"고 반박하였다.[176] 미국 정부도 의사주의(voluntarism)의 노선에 따라 다음과 같이 주장한 바 있다.

> "미국의 비준문서에 담겨진 유보들은 규약의 구속을 받겠다는 동의의 불가결한 부분으로서, 분리될 수 없는 것이다. 그들 중 어느 하나라도 효력이 없는 것으로 결정될 수 있다면, 그로 인해 비준 전체가 무효로 될 수도 있다. 학자들의 일반적 견해는, 유보는 조약의 구속을 받겠다는 동의의 본질적인 부분이라는 것이다. 유보를 간단히 지울 수는 없다. 이것은 조약법의 기본원

172) European Court of Human Rights, (Application no. 10328/83), Judgment of 29 April 1988, paras. 52~55, 60 ; Harris, 5th, pp. 794~797. 스위스는 유럽인권협약을 탈퇴할 수도 있었지만(제58조) 그렇게 하지 않았다 : Aust, 3rd, p. 130.

173) European Court of Human Rights, (Preliminary Objections), (Application no. 15318/89), Judgment of 23 March 1995, paras. 90~98 ; Malgosia Fitzmaurice in Evans (ed.), *International law*, 3rd, p. 193.

174) Human Rights Committee of ICCPR, *General Comment 24 on Reservations to the International Covenant on Civil and Political Rights*, paragraph 18 : "... Because of the special character of a human rights treaty, the compatibility of a reservation with the object and purpose of the Covenant must be established objectively, by reference to legal principles, and the Committee is particularly well placed to perform this task. The normal consequence of an unacceapatable reservation is not that the Covenant will not be in effect at all for a reserving party. Rather, such a reservation will generally be severable, in the sense that the Covenant will be operative for the reserving party without benefit of the reservation." See (1995) 15 H.R.L.J. 464 ; (1995) 2 I.H.R.R. 10 ; Harris, 5th, pp. 797~802 ; Hall, p. 105.

175) Hall, pp. 104~106 ; Thirlway, pp. 28, 39~42.

176) Harris, 5th, pp. 802~803.

칙을 반영하는 것이다. 즉, 의무는 동의에 기초하고 있다. 조약에 동의하지 아니한 국가는 그 조약에 구속되지 아니한다. ..."[177]

Kennedy v. Trinidad and Tobago 사건[178]에서, 시민적·정치적 권리규약 인권위원회가 트리니다드-토바고가 동 규약 (제1)선택의정서에 첨부한 (인권위원회의 권한을 제한하는 내용의) 유보는 허용될 수 없는 것이며 트리니다드-토바고는 선택의정서에 온전히 구속된다고 선언하자 트리니다드-토바고가 선택의정서를 폐기한 바도 있었다.[179] ILC도 1997년 조약유보에 대한 예비결론[180]과 2011년 조약유보관행안내서[181]에서 허용되지 아니하는(즉, 무효인) 유보의 가분성 문제에 대해 기본적으로 의사주의적 입장을 채택하였다.

(6) '유보 및 유보반대'의 '철회' : 비엔나협약 제22조

조약에서 달리 규정하고 있지 않는 한, 유보는 언제든지 (전부 혹은 부분적으로) 철회(withdraw)될

177) "The reservations contained in the United States' instrument of ratification are integral parts of its consent to be bound by the Covenant and are not severable. If it were to be determined that any one or more of them were ineffective, the ratification as a whole could thereby be nullified. The general view of the academic literature is that reservations are an essential part of the State's consent to be bound. They cannot simply be erased. This reflects the fundamental principle of the law of treaties: obligation is based on consent. A State which does not consent to a treaty is not bound by that treaty." : *ibid.*, p. 804. 이 밖에, UN해양법협약과 허용되지 아니하는 유보(impermissible reservations)의 관계에 대해서는 L. D. M. Nelson, "Declarations, Statements and 'Disguised Reservations' with Respect to the Convention to the Law of the Sea", (2001) 50 ICLQ 767~786 참조.

178) *Rawle Kennedy* v. *Trinidad and Tobago*, Communication No. 845, U.N. Doc. CCPR/C/67/D/845/1999 (31 December 1999), 〈https://hrlibrary.umn.edu/undocs/session67/view845.htm〉; P. R. Ghandhi, "The Human Rights Committee and Reservations to the Optional Protocol" (2001) 8 Canterbury Law Review 13, 〈https://www.nzlii.org/nz/journals/CanterLawRw/2001/2.html〉.

179) 시민적·정치적 권리규약 '선택의정서'의 폐기는 동 의정서 제12조에서 명시적으로 인정하고 있다.

180) Yearbook of the ILC 1997, Vol. Ⅱ, Part Two, p 57, "Preliminary conclusions of the International Law Commission on reservations to normative multilateral treaties including human rights treaties adopted by the Commission", para. 10 : "The Commission notes also that, in the event of inadmissibility of a reservation, it is the reserving State that has the responsibility for taking action. This action may consist, for example, in the State's either modifying its reservation so as to eliminate the inadmissibility, or withdrawing its reservation, or forgoing becoming a party to the treaty". https://legal.un.org/ilc/publications/yearbooks/english/ilc_1997_v2_p2.pdf.

181) ILC조약유보관행안내서, 가이드라인 4.5.3 : "1. The status of the author of an invalid reservation in relation to a treaty depends on the intention expressed by the reserving State or international organization on whether it intends to be bound by the treaty without the benefit of the reservation or whether it considers that it is not bound by the treaty.

2. Unless the author of the invalid reservation has expressed a contrary intention or such an intention is otherwise established, it is considered a contracting State or a contracting organization without the benefit of the reservation.

3. Notwithstanding paragraphs 1 and 2, the author of the invalid reservation may express at any time its intention not to be bound by the treaty without the benefit of the reservation.

4. If a treaty monitoring body expresses the view that a reservation is invalid and the reserving State or international organization intends not to be bound by the treaty without the benefit of the reservation, it should express its intention to that effect within a period of twelve months from the date at which the treaty monitoring body made its assessment."

수 있으며[182] 유보반대도 마찬가지이다.[183] 다만, 조약에서 달리 규정하거나 달리 합의하지 않는 한, 유보의 철회는 타 체약국이 그에 대한 통지를 수령한 때에만 그 타 체약국에 대해 효력을 발생하며,[184] 유보반대의 철회는 유보를 표명한 국가가 그에 대한 통지를 수령한 때에만 효력을 발생한다.[185] 특별히 제노사이드협약에 대한 유보의 철회 여부가 문제된 *Armed Activities on the Territory of the Congo* (New Application : 2002) 사건[186]에서 ICJ는, 유보를 철회하기로 하는 '국내적 결정'과 그것의 '국제적 이행'은 별개의 문제로서, (반대의 합의가 없는 한) 후자는 타 체약국들이 그것을 통지받은 때에만 그들 국가에 대해 효력을 발생하며, 이것은 "법적 안정성의 원칙에서 도출되고 관행으로 확립된 국제법규"(a rule of international law, deriving from the principle of legal security and well established in practice)로서 비엔나협약 제22조 3항(a)에도 명시되어 있다고 판시하였다.

(7) 유보에 관한 절차 : 비엔나협약 제23조

유보, 유보의 명시적 수락 그리고 유보반대는 '서면으로' 표명되어야 하며, '체약국들'과 '조약의 당사자가 될 자격이 있는 기타 국가들'에게 통지되어야 한다. 비준, 수락 또는 승인을 조건으로 서명 시에 유보가 표명된 경우에는, 그 유보는 유보국이 조약의 구속을 받겠다는 동의를 표시할 때 동 유보국에 의하여 정식으로 확인되어야 한다. 이 경우, 유보는 그 확인일자에 행해진 것으로 간주된다.[187] 유보의 확인 이전에 행하여진 유보의 명시적 수락 또는 반대는 그 자체 확인을 요하지 아니한다. 유보의 철회나 유보반대의 철회도 서면으로 표명되어야 한다.[188]

7. 조약의 등록과 공표

국민이나 다른 국가들 모르게 조약을 체결하는 비밀외교가 제1차 세계대전을 초래한 것으로 생각한 국제연맹은 그 규약 제18조에서 "앞으로 연맹국이 체결하는 모든 조약 또는 국제적 약속(every treaty or international engagement)은 즉시 연맹사무국에 등록하여야 하고, 연맹사무국은 가능하면 곧 이를 공표하여야 한다. 이와 같은 조약 또는 국제적 약속은 등록을 완료할 때까지는 구속력이 발생하지 않는다."고 규정하고 있었는데, 이 규정은 국제연맹 사무국에 등록되지 않은 조약은 연

182) 비엔나협약 제22조 1항.
183) 비엔나협약 제22조 2항.
184) 비엔나협약 제22조 3항(a).
185) 비엔나협약 제22조 3항(b).
186) Democratic Republic of the Congo v. Rwanda, (Jurisdiction and Admissibility), Judgment of 3 February 2006, para. 41.
187) See also *Reservations to the Convention on Genocide*, ICJ Reports (1951), p. 15 at 30.
188) ICJ는 상기 *Armed Activities on the Territory of the Congo* (New Application : 2002) (Democratic Republic of the Congo v. Rwanda) (Jurisdiction and Admissibility), Judgment of 3 February 2006, para. 41에서, "유보의 철회 또는 유보반대의 철회는 '서면으로 표명'되어야 한다(must be formulated in writing)."고 규정한 비엔나협약 제23조 4항을 인용하고 있기도 하다.

맹의 차원에서는 당사국 상호간에도 효력이 발생하지 않음을 시사한다.

UN헌장 제102조는 이로부터 한 걸음 후퇴하여 "헌장 발효 후 UN회원국이 체결하는(entered into) 모든 조약과 모든 국제협정(국제적 합의)(every treaty and every international agreement)은 '가능하면 신속히'(as soon as possible) 사무국에 등록되고 또한 사무국에 의하여 공표되어야 한다. 그같이 등록되지 않은 조약 또는 국제협정의 당사국은 UN의 그 어떤 기관에 대해서도 당해 조약 또는 국제협정을 원용할 수 없다."고 규정하고 있다.[189]

제102조의 구성을 보면 우선, 등록 의무는 'UN헌장 발효(즉, 1945년 10월 24일) 후에' 'UN회원국'이 체결하는 조약에만 적용되며, 그 결과 헌장 발효 후 UN에 새로 가입하는 국가의 경우에는 그 가입 후(즉, 'UN회원국'이 된 후) 체결하는 조약에 대해서만 등록의 의무를 부담하게 된다.[190] 그리고 제102조에서 '조약 또는 국제협정의 당사국'이란 표현은 UN회원국과 비회원국 모두를 포함하는 것으로 해석되며, 따라서 일단 UN회원국이 조약을 등록하면 그 타방당사자인 UN비회원국도 UN기관에서 이를 원용할 수 있음을 시사하고 있다. 또한, (가능하면 신속한) 등록은 UN회원국들에게 부과된 의무이긴 하지만, 이것은 조약의 효력발생요건이 아니라 단지 (ICJ를 포함한) UN기관들에 대한 대항요건에 지나지 않는다. 다만, 제102조 2항의 제재는 미등록조약의 일방 당사자가 UN기관에서 그 조약의 원용에 반대하는 경우에만 적용되며, UN기관들이 직권으로(*ex officio*) 문제를 제기하지는 않는다.[191] 또한 제102조 2항의 제재는 등록되지 아니한 조약의 당사자들에 대해서만 적용되므로 제3자(third parties)는 그같은 조약을 언제든지 원용할 수 있다.[192] 단지 UN기관에서 조약을 언급하는 것은 원용(invoke)이 아니다 ; 그러나 일방 당사자가 주장 혹은 반대주장의 기초로서 조약에 의존하면 이것은 원용을 구성할 수 있다.[193]

한편, UN총회는 1946년 12월 14일 채택한 결의 97(1) (약칭)"조약의 등록과 공표에 관한 명령"[194]을 통해 조약의 등록 문제에 대해 좀 더 자세한 규칙을 제공한 바 있다. 예컨대, 헌장 제102

---

189) 따라서 UN사무국에 등록되지 아니한 조약의 당사국은 'UN의' 주요사법 '기관'인 ICJ에서도 그것을 원용할 수 없다(헌장 제92조). 반대로, UN사무국에 등록되지 아니한 조약이라도 "UN의 기관"(any organ of the United Nations)이 아닌 재판소, 예컨대, 국가 간 중재재판(arbitration)에서는 원용될 수 있다. 이것은 중재재판이 갖는 융통성의 하나이기도 하다. Rosenne, *The Perplexities of Modern International Law*, p. 86.

190) 朴觀淑, p. 283.

191) 이를테면, *Maritime Delimitation and Territorial Questions between Qatar and Bahrain* (Qatar v. Bahrain)(Jurisdiction and Admissibility), ICJ Reports (1994), p. 112에서 두 당사국이 조약을 구성하기로 합의한 1987년의 교환서한들(exchanges of letters)이 ICJ에서 원용되었을 때 재판소는 이들이 UN사무국에 등록되지 않았음에도 불구하고 그 내용들을 완전히 고려하였다 : Aust, *Handbook of International Law*, 2nd, p. 104 ; Vientiane, *Registration*, (October 2003), slide 8, at https://untreaty.un.org/English/Seminar/Laos_03/registration.ppt. 이 밖에도, 이 사건에서 카타르 제소의 기초된 다른 한 문서는 1990년의 회의록(minutes)이었는데, 이 회의록은 카타르가 6개월 후에까지도 UN사무국에 등록하지 않고 있다가 ICJ에 소장을 제출하기 10일 전에야 등록하였었다. 제소를 당한 바레인은 늦은 등록(late registration)에 반대하면서, 또한 이 회의록은 법적 구속력이 없는 문서라고 주장하였다. 그러나 재판소는 이 회의록도 조약을 구성한다고 판시하였다 (paras. 28~30 of the Judgment). Aust, 2nd, p. 51 ; Hamid, p. 196 ; 본서, 제26장 (분쟁의 평화적 해결수단).

192) Vientiane, *Registration*, slide 8.

193) *Ibid.*, slide 7.

194) "Registration and Publication of Treaties and International Agreements: Regulations to give effect to

조는 등록대상을 UN 회원국이 '체결하는'(entered into) 조약으로 표현하고 있으나, 동 UN총회 명령에 의하면 등록 의무는 조약이 '발효'할 때까지는 발생하지 않는다.[195] 그리고 일방 당사자에 의한 등록은 다른 모든 당사자의 등록의무를 면제시킨다.[196]

이 밖에도, -개정이나 종료를 포함하여- "이전에 등록된 조약 혹은 국제협정의 당사자, 조건, 범위, 혹은 적용의 변화를 초래하는 추후의 행위들"(subsequent actions effecting a change in the parties to, or the terms, scope or application of, a treaty or international agreement previously registered)은 등록될 수 있다. 그리고 "모협정(parent agreement)의 범위 혹은 적용을 변경(수정)하는 '새로운 문서'(new instrument)"는 등록되어야 한다. 이 경우, 논리적으로, 추후 조약(혹은 추후 국제협정)이 등록되기 위해서는 그와 관련된 전 조약(혹은 전 국제협정)이 먼저 등록되어야 한다. 이미 종료된 조약도 등록될 수 있다. 등록을 위한 시한은 없다.[197]

제102조의 목적을 위한 '조약' 혹은 '국제협정'의 정의는 UN헌장에서는 찾아볼 수 없다. 실제 관행을 보면, 등록가능한 문서는 형식상의 조약에 국한되지 않으며, 국가들이 ICJ규정 제36조 2항(이른바 임의/선택조항)에 의거하여 동 재판소의 강제관할권을 수락한다는 선언,[198] 타국가들에 의하여 수락된 국제적 성격의 일방적 약속 등이 포함된다. 여기서 타국가의 수락은 묵시적 수락으로도 충분하다.[199] 일방적 선언 혹은 약속 그 자체는 조약(또는 국제협정)이 아니지만 그 효과는 조약(또는 국제협정)에 준하는 국가 간 양자합의를 창설하는 것이기 때문이다.[200] 다만, UN사무국에 등록된다는 사실이 당해 문서의 성격에 대한 사무국의 판단을 함축하는 것은 아니다.[201] 이를테면, 간혹 '조약

Article 102 of the Charter of the United Nations", Adopted by the General Assembly on 14 December 1946 [Resolution 97(1)], and amended by resolutions 364B(Ⅳ), 482(Ⅴ), 33/141A, 52/153, and 73/210, adopted by the General Assembly on 1 December 1949, 12 December 1950, 18 December 1978, 15 December 1997 and 20 December 2018, respectively, 〈https://treaties.un.org/pages/Resource.aspx?path=Publication/Regulation/Page1_en.xml〉; 〈https://treaties.un.org/Pages/Overview.aspx?path=overview/limitedPubPolicy/page1_en.xml〉; Aust, 3rd, p. 298.

195) "조약의 등록과 공표에 관한 명령' 제1조 2항 ; Aust, 3rd, p. 298 ; Aust, *Handbook of IL*, 2nd, p. 103. 조약이 발효해야만 그 수탁자가 UN사무국에 등록할 수 있음을 새삼 상기시키는 조약들도 있다. 1993년 약칭 "UN 식량농업기구 준수협정"(FAO Compliance Agreement)(정식명칭 "Agreement to Promote Compliance with International Conservation and Management Measures by Fishing Vessels on the High Seas")(2003년 4월 발효), 제15조 (수탁자의 의무), 두 번째 문장(b)가 그 좋은 예이다. https://www.fao.org/fishery/code/compliance-agreement/en ; Aust, 2nd, p. 441.

196) "조약의 등록과 공표에 관한 명령" 제3조 1항.

197) "조약의 등록과 공표에 관한 명령" 제2조 1항 ; UN Treaty Handbook, para. 5.5.4, 〈https://treaties.un.org/doc/source/publications/THB/English.pdf〉; Aust, 2nd, p. 341 ; Aust, *Handbook of IL*, 2nd, p. 103.

198) ICJ 임의조항 수락 선언의 UN'사무국' '등록'과는 별거의 문제로서, ICJ규정 제36조 4항에 의하면 동 선언은 UN'사무총장'에게 '기탁(deposit)해야 한다.' 본서, 제26장 (분쟁의 평화적 해결수단), "Ⅶ. 사법심사 : ICJ를 중심으로" 참조.

199) 이를테면, 수에즈 운하의 개방을 규정한 1888년 콘스탄티노플 협약에 대한 존중을 재확인한 1957년 4월 24일 이집트 정부의 일방적 선언도 UN사무국에 등록되었다. Aust, 2nd, p. 340 ; 본서, 제19장 (영토의 취득).

200) 본서, 제26장 (분쟁의 평화적 해결수단), "Ⅶ. 사법심사 : ICJ를 중심으로" ; Aust, *Hand-book of IL*, 2nd, p. 417, fn. 101.

201) "조약의 등록과 공표에 관한 명령" 부속서(Annex) ; Boczek, pp. 338~339 (available at https://books.google.com/).

혹은 국제협정'에 해당되지 않는 MOU도 사무국에 등록되고 있지만, 등록은 제출된 문서가 이미 갖고 있지 아니한 지위를 부여하는 행위가 아니다.[202] 같은 논리로, 비등록(non-registration)은 적어도 그 자체만으로는 해당 문서가 조약이 아니라는 증거가 되지는 못한다.[203]

UN 비회원국들 간에 체결되는 조약은 제102조의 규율대상이 아니지만 '편철 및 기록'(filing and recording)을 위하여 UN사무국에 자발적으로 송부되어 오기도 한다.[204] UN이 당사자인 조약은 UN 직권으로(*ex officio*) 등록되고 있다.[205] UN전문기구가 체결하는 조약은 UN에 송부되어 오면 최소한 편철 · 기록되고 있다.[206]

UN사무국이 등록을 위하여 조약을 수령한 일자(직권 등록의 경우에는 발효일자)가 등록일자로 간주된다.[207]

UN헌장 제102조의 규정에 따라 사무국에 등록 내지 편철 · 기록된 조약은 'UN조약집'(United Nations Treaty Series : UNTS)에 공표된다. 등록과 공표 사이엔 시간적 지체가 생기게 마련이다.[208] 그리고 UN조약집에는 등록 혹은 편철 · 기록된 조약의 원래 언어가 실리되, 이것이 영어와 불어로 되어 있지 아니한 경우에는 이 두 언어로 된 번역본도 함께 실린다.[209]

비엔나협약 제80조 1항은 "조약은 '발효 후' '등록' 또는 '편철 및 기록'을 위하여 ... 그리고 공표를 목적으로 UN사무국에 송부되어야 한다."라고 규정함으로써 '편철 및 기록'을 위한 송부까지도 의무적 사항으로 만들고 있으며,[210] 또한 등록이나 편철 · 기록을 위한 송부 시점이 조약 '발효 후'임을 분명히 하고 있다.

-달리 조약에 규정되어 있거나 체약국들이 합의하지 않는 한- UN사무국에의 등록은 수탁자의 책임이며,[211] 실제로 수탁자를 지정하는 (다자)조약들에서는 수탁자에게 등록을 지시하는 규정을 두는 것이 보통이다.[212]

조약의 '국내' 공표 혹은 공포를 요구하는 국제법규는 없으며, 이것은 각국이 헌법, 법률 등 국내법을 통해 규율할 국내문제이다.[213]

8. 조약문 또는 인증등본상의 착오 정정

조약문을 아무리 조심하여 작성하여도 인쇄, 철자법, 구두점, 숫자, 앞뒤참조 등에서 착오가 생길

202) Aust, 2nd, pp. 36, 43, 50~51 ; Aust, *Handbook of IL*, 2nd, p. 103 ; Dixon, p. 57.
203) Hamid, p. 196 ; Dixon, p. 57.
204) "조약의 등록과 공표에 관한 명령" 제10조 (c).
205) "조약의 등록과 공표에 관한 명령" 제4조 1항.
206) "조약의 등록과 공표에 관한 명령" 제4조 2항 및 제10조 (a). Schermers & Blokker, § 1796.
207) "조약의 등록과 공표에 관한 명령" 제6조 ; Aust, 3rd, p. 299.
208) Aust, 3rd, pp. 297, 304.
209) "조약의 등록과 공표에 관한 명령" 제12조 1항 및 동 명령 부속서(Annex) ; Aust, 3rd, pp. 303~305.
210) Akehurst, pp. 130~131.
211) 비엔나협약 제77조 1항(g), 제80조 2항 ; Aust, 2nd, p. 333.
212) Aust, 2nd, pp. 440~441.
213) *Ibid.*, pp. 346, 348~350 (3rd, pp. 303, 305).

수 있다. 조약문 정본확정(인증) 후 정정절차에 대해서는 비엔나협약 제79조에서 자세히 규율하고 있다. 다만, 제79조는 착오의 존재에 대해 분쟁이 없는 경우에만 적용되며, 착오의 존재 여부에 대해 분쟁이 있는 경우라면 제48조의 문제로 될 수 있다.[214] 제79조의 주요 사항만 언급한다.[215]

첫째, 1항은 수탁자가 없는 경우를 다루고 있으며, ―"당사자들"(parties) 대신 "서명국들과 체약국들"(the signatory States and the contracting States)이란 표현이 사용되고 있는 점으로 보아― 조약이 아직 발효하지 아니 하였어도 적용된다. 또한 1항은 "서명국들과 체약국들이 다른 정정방법에 관하여 결정하지 않는 한"이란 표현을 쓰고 있으므로 이 규정은 단지 잔여규칙(residuary rule)이다.

둘째, 2항은 1항과는 달리 수탁자가 있는 경우를 다루고 있으며, 또한 잔여규칙을 수립하고 있는 것이 아니다. 다만, 1항의 경우와 마찬가지로 "서명국들과 체약국들"이란 표현을 사용하고 있는 것으로 보아 조약 발효 전에도 적용된다.

셋째, 1항과 2항의 규칙은 두 거 이상의 언어로 확정(인증)된 정본간에 차이가 있는 경우에도 적용된다(3항).

넷째, 정정본은 서명국들과 체약국들이 달리 결정하지 않는 한 처음부터(*ab initio*) 흠결본을 대체한다(4항).

다섯째, (UN사무국에) 등록된 조약문의 정정은 UN사무국에 통고되어야 한다(5항).

여섯째, 수탁자가 제공하는 조약의 인증등본에서만 착오가 발견되는 경우에는 수탁자는 2항의 절차를 따를 필요가 없다. 이 경우, 수탁자는 경위서(*procès-verbal*)를 작성하여 이를 서명국들과 체약국들에게 송부하는 것으로 충분하다(6항).

Ⅱ. 조약의 적용범위

여기서는 조약의 시간적·공간적 적용범위에 대하여 먼저 알아보고, 동일 문제에 대하여 후조약과 전조약이 서로 다르게 규정하고 있는 경우 양자의 충돌을 어떻게 해소하며, 또 조약은 어떤 조건하에서 비당사국에 대하여 권리를 부여하고 의무를 부과할 수 있는지에 대해 알아본다.

1. 시간적 범위(조약의 불소급)

조약은 소급해서(retroactively) 적용될 수도 있는데 이는 체약국들이 그렇게 의도하였음이 명백한 경우에 한한다. 즉, 소급적용의 의도가 조약에 나타나 있거나 혹은 다른 방법으로 입증될 수 있어야만 한다. 조약의 '소급'적용이라 함은 조약규정이 "당해 당사국에 대하여 조약발효일 전에 행해

214) *Ibid.*, p. 336.
215) *Ibid.*, pp. 336~338.

진 행위 내지 사실 또는 (이미) 종료된 사태"(any act or fact which took place or any situation which ceased to exist before the date of the entry into force of the treaty with respect to that party)에 대해 적용됨을 의미한다.[216)]

2. 영토적 범위

"별도의 의도가 조약에 나타나 있거나 달리 입증되지 않는 한" 조약은 당사국의 영토 전체에 대해 구속력을 갖는다.[217)] 비엔나협약에서 '영토'에 대한 정의를 하고 있지는 않지만, 여기서 "영토 전체"(entire territory)란 표현은 "모든 육지영토와 그에 부속된 영해와 영공을 포함"하기 위해 고안된 것이다.[218)] 그리고 조약에서 언급된 당사국의 '영토'는 −조약에서 달리 나타나거나 달리 의도한 것이 입증되지 않는 한− 국가가 주권 자체에 못 미치는 권리만을 갖는 영역을 포함하지 아니한다. 이를테면 국가가 −해양법의 목적상 '주권'이 아닌− 단지 '주권적 권리'를 갖는 대륙붕과 EEZ는 −조약에서 달리 나타나거나 달리 의도한 것이 입증되지 않는 한− 영토에 포함되지 아니하는 것으로 새겨야 할 것이다.[219)]

"일국의 주권 하에 있긴 하지만 그 국가의 불가분의 일부를 형성하지 못하는 영토"(territory under the jurisdiction of a state of which it does not form an integral part), 즉 비본국 영토(non−metropolitan territories)[220)]를 가진 국가들과, 혹은 그러한 국가들 상호간에, 조약을 체결할 때에는 조약이 그들의 본국(비식민지) 영토(metropolitan territories)에만 적용되는지, 비본국 영토에도 적용되는지, 아니면 비본국 영토에 대해서만 적용되는지를 분명히 하는 것이 좋다. 그렇지 않으면 조약 해석의 문제로 이어질 수 있다. 국가의 어떤 영토가 본국 영토로 간주되는지 비본국 영토로 간주되는지는 그 국가의 헌법 문제이다. 본국 영토와 비본국 영토의 구분은 물론 양자간의 지리적 거리 혹은 위치에 달린 문제는 아니다.[221)]

−연방국가를 포함하여− 한 국가 내의 영토적 단위들이 법계(法系)를 달리하는 경우 조약이 적용되는

216) 비엔나협약 제28조.

217) 비엔나협약 제29조.

218) ILC Draft Articles on the Law of Treaties with commentaries 1966, Art. 25, Commentary (3), at https://www.un.org/law/ilc/.

219) See Aust, 2nd, pp. 200~201 ; *Aegean Sea Continental Shelf* case (Greece v. Turkey), ICJ Reports (1978), p. 3.

220) 과거에는 식민지(colonies), 종속영토(dependent territories/areas), 보호령(dependencies) 등으로 불렸지만, 오늘날에는 일반적으로 해외영토(overseas territories)로 불린다. 국제법상 이들에 대한 영토주권은 본국에 있다. 조약에서 종종 "국가가 그 국제(대외/외교)관계(의 수행)에 대해 책임을 지는 영토"(territories for the international relations of which a state is responsible ; 1948년 제노사이드협약 제12조의 경우 "territories for the conduct of whose foreign relations that Contracting Party is responsible")로 표현되기도 하는데, 다만 이 표현은 피보호국(protected state)처럼 일방 당사국이 주권을 갖지 아니한 영토를 포함할 정도로 넓다. Aust, 2nd, p. 201 ; https://encyclopedia.thefreedictionary.com/colony ; https://www.thefreedictionary.com/dependency ; https://encyclopedia.thefreedictionary.com/overseas+territory ; https://encyclopedia.thefreedictionary.com/Dependent+territory ; https://encyclopedia.thefreedictionary.com/Overseas+territory+(France).

221) 자세한 것은 Aust, pp. 201~209 ; Akehurst, p. 131.

영토적 단위를 지정하는 것을 허락하는 영토조항(territorial clause)이 삽입되는 경우도 있는데, 1980년 "국제물품매매계약에 관한 UN협약"(United Nations Convention on Contracts for the International Sale of Goods)[222] 제93조[223]가 그 좋은 예이다. 이런 종류의 영토조항은 주로 UN 국제거래법위원회(UNCITRAL)[224]와 사법통일국제협회(연구소)(UNIDROIT)[225]에서 채택되는 상법, 사법(私法), 국제사법 관련 조약에 국한되고 있다.[226]

이상의 비엔나협약 제29조의 문제와 조약 적용의 영토적 범위에 대한 유보의 문제는 구분하여야 한다. 전자는 조약이 조약 당사국(전부 혹은 일부)의 영토 전체에 대해 구속력을 갖지 않는다는 "의도가 조약에 나타나 있거나, 달리 입증되는 경우"에 적용되는 데 반해, 후자는 −다자조약 체결시− 그러한 경우가 아닌 경우에 적용되는 법리이다.[227]

3. 동일 사항에 대한 계승적 조약들의 적용 : 조약간 충돌

동일한 문제/사항(the same subject matter)에 대해 시간적 간격을 두고 연속하여 체결된 두 조약, 즉 계승적(연속적) 조약들(successive treaties)이 서로 다르게 규정하고 있는 경우 후조약(later treaty)과 전조약(earlier treaty) 중 어느 것이 우선하는가? 이런 경우 두 조약의 당사자들이 동일할 수도 있고 그렇지 않을 수도 있기 때문에 다소 주의를 요한다. 비엔나협약 제30조는 "오랫동안 국제법 학자들을 괴롭혀온"[228] 이 문제에 관해 자세하게 규정하고 있는데, 그 내용은 다음과 같다.

첫째, 조약에서 "당해 조약이 전조약이나 후조약에 종속된다"고 명시하고 있거나 "당해 조약이 전조약이나 후조약과 양립하지 아니하는 것으로 간주되어서는 아니된다"고 명시하고 있는 경우에는, 그 다른 (전 혹은 후)조약의 규정이 우선한다.[229]

---

222) 1980년 4월 11일 비엔나에서 체결, 1988년 1월 1일 발효. 한국 2004년 2월 17일 가입, 2005년 3월 1일 발효. 金大淳 · 金民瑞 (編), 《國際經濟條約集》(서울 : 삼영사, 2006), p. 1419 참조.

223) "(1) If a Contracting State has two or more territorial units in which, according to its constitution, different systems of law are applicable in relation to the matters dealt with in this Convention, it may, at the time of signature, ratification, acceptance, approval or accession, declare that this Convention is to extend to all its territorial units or only to one or more of them, and may amend its declaration by submitting another declaration at any time."

224) "UN Commission on International Trade Law", https://www.uncitral.org/uncitral/index.html ; https://en.wikipedia.org/wiki/UNCITRAL.

225) "International Institute for the Unification of Private Law" ("Institut international pour l'unification du droit privé"), https://www.unidroit.org/ ; https://en.wikipedia.org/wiki/UNIDROIT.

226) Aust, 2nd, pp. 210~211 ; *Overview of Conventions and Other Instruments drawn up under the auspices of UNCITRAL, UNIDROIT and the Hague Conference on Private International Law,* document drawn up by the Permanent Bureau of the Hague Conference on Private International Law, March 2011, 〈https://www.hcch.net/upload/wop/gap11info1e.pdf〉.

227) Aust, 2nd, pp. 205~206 참조.

228) Hartley, *European Union Law in a Global Context*, p. 332 ; 김대순 · 김민서 · 박지현, "바르샤바협약과 헤이그의정서의 관계: 계승적 조약과 개정 조약의 구분", 《국제법학회논총》, 제56권 4호(통권 123호)(2011년 12월), pp. 87~112.

둘째, 전조약의 '모든' 당사국이 후조약의 당사국이기도 한 경우, 전조약의 규정은 후조약의 규정과 양립하는 범위 내에서만 적용된다.[230)]

셋째, 후조약의 당사국이 전조약의 모든 당사국을 포함하지 아니하는 경우, (a) 두 조약 모두의 당사국 간에는 제30조 3항(후법우선의 원칙/"*lex posterior derogat legi priori*" principle)이 적용되며, (b) 두 조약 모두의 당사국과 어느 한 조약만의 당사국 간에는 그 양국이 다같이 당사국인 (후 또는 전)조약이 그들 상호간의 관계를 규율한다.[231)]

넷째, 제30조의 규칙들은 잔여적 규칙으로 표현되어 있지는 않지만 그런 것으로 이해되고 있다.[232)] 다만 위의 그 어떤 경우에도 UN헌장 제103조를 능가할 수 없다. 즉, UN회원국에게 있어서는 그의 헌장 하의 의무와 기타 (과거 또는 미래)조약 하의 의무가 충돌하는 경우 전자가 우선한다.[233)]

비엔나협약 제30조와 관련하여 추가적으로 다음 세 가지 사항을 언급해 두는 것이 좋겠다.

첫째, 제30조는 그 제목과 1항에서 "동일한 문제에 관한 계승적 조약"(successive treaties *relating to the same subject matter*)이란 표현을 쓰고 있는데, 여기서 "동일한 문제에 관한"이라 함은 제30조의 적용범위가 전·후조약 간의 '충돌' 내지는 '양립불가' 상황에 국한됨을 의미하는 것이다. 제30조 2항과 5항에서는 "양립불가"(incompatible)라는 표현을, 그 3항에서는 "양립가능"(compatible)이란 표현을 쓰고 있는 것을 보면 더욱 그러하다. '동일한 문제에 관한 것', 즉 '양립

---

229) 비엔나협약 제30조 2항. 조약 간 충돌 방지를 위하여 전법 우선의 원칙을 도입한 예로는 EU기능조약 제351조 (구 EC설립조약 제307조, 구구 제234조)의 1단을 들 수 있는데, 이 규정에 명시된 1958년 1월 1일은 현 EU의 모태 중의 하나인 EEC 설립조약이 최초 발효한 날짜이다. https://eur-lex.europa.eu/en/treaties/index.htm. 이 밖에도, 북미자유무역협정(North American Free Trade Agreement : NAFTA)의 경우, 제104조(환경/보존협정에 대한 관계) 1항은 일방 '동 협정'과 타방 '동 항에서 언급하고 있는 기존의(즉, 전) 환경조약에 명시된 특정 통상의무(specific trade obligations)' 사이에 '불일치'(any inconsistency)가 있을 시에는 -가장 불일치가 적은 대안을 선택할 것을 조건으로- 후자가 우선한다고 명시하고 있다 ; 뿐만 아니라, NAFTA 제104조 2항은 동 협정의 당사자들이 전조약에 대한 개정이나 후조약을 통하여 계속해서 더 큰 환경의무를 부담하는 것을 허용하고 있기도 하다 : https://www.nafta-sec-alena.org ; Nanda /Pring, p. 422.

230) 비엔나협약 제30조 3항. 이 해결책은 후법우선의 원칙, 즉, "충돌의 범위 내에서 후법이 우선"함을 천명하고 있는데 불과하다. 여기서 "전조약의 '모든' 당사국이 후조약의 당사국이기도 한" 상황에는 (i) "전·후 두 조약의 당사국이 정확히 동일한 경우"뿐만 아니라 (ii) "후조약이 전조약의 모든 당사국 외에 다른 국가(들)에 대해서도 구속력을 갖는 경우"가 포함된다. (ii)의 상황에서 제30조 3항의 해결책은 전·후 두 조약 모두에 구속되는 당사국간의 관계에 대해서만 적용되며, 후조약에만 구속되는 국가와의 관계에 대해서는 "조약(즉, 이 상황에서는 전조약)은 제3국에 대하여 그 동의 없이는 권리도 의무도 창설하지 아니한다."고 규정한 제34조의 규칙이 적용된다. Aust, p. 236 ; Pauwelyn, p. 381 ; Hartley, *European Union Law in a Global Context*, pp. 333~334.

231) 비엔나협약 제30조 4항(a)(b). 4항(b)의 규정 역시 제34조의 규칙을 확인한 데 지나지 않는다. 그리고 제30조 5항에 따르면, 4항의 규정은 (i) 제41조(*inter se* agreements)를 침해하지 아니하며, (ii) 제60조(조약의 중대한 위반)에 따른 조약의 종료/운용정지의 문제를 침해하지 아니하며, 또한 특히 (iii) 국가가 타 조약에 의하여 타국에 대해 지고 있는 의무와 양립할 수 없는 조약을 체결 또는 적용함으로 인해 그 국가에게 발생할 수 있는 (국가)책임의 문제(any question of responsibility)를 침해하지 아니한다. See Pauwelyn, pp. 382~384, 427~429 ; Hartley, *European Union Law in a Global Context*, p. 333 ; ILC "Conclusions of the work of the Study Group on the Fragmentation of International Law: Difficulties arising from the Diversification and Expansion of International Law" (2006), para. (25) ; Aust, 2nd, pp. 227~229.

232) Sinclair, p. 97 ; Aust, 3rd, p. 202.

233) 비엔나협약 제30조 1항 ; Aust, 2nd, pp. 219~220 ; 본서, 제25장 (UN), "Ⅵ. 헌장 제103조 : UN헌장과 기타 조약간의 충돌 방지".

불가/충돌'은 물론 사람에 관한 것일 수도 있고, 시간에 관한 것일 수도 있고, 사물에 관한 것일 수도 있다.[234]

둘째, 비엔나협약 제30조는 단지 "계승적 조약의 개별'규정' 간의 '우선'순위"(priority rules as between specific *provisions* of successive treaties)에 관해 규정하고 있는 데 불과하다. 즉, 제30조는 어느 한 '조약 전체'(*entire* treaty)에 우위를 부여하는 것은 아니며, 어느 한 조약을 '무효로 만들거나' '운용정지 혹은 종료시키기' 위한 규정은 더더욱 아니다.[235]

셋째, 둘 중 어느 조약이 후조약인지를 결정짓는 기준은 조약문의 채택시인가, 아니면 조약의 발효일인가? 비엔나협약 제30조는 유감스럽게도 이 문제에 대해서는 언급이 없으며, 이로 인해 학자들간에 견해의 대립이 있다.[236] 다만, 제30조 하의 결정적 시점을 조약의 발효가 아닌 그 채택일자로 보더라도 제30조는 조약이 '발효한' 두 당사자 간에서만 작동할 수 있다. 발효가 없으면 충돌도 없을 것이기 때문이다.[237]

조약 간 '충돌' 내지는 '양립불가'를 어떻게 이해할 것인지도 문제이다. 이를테면 일방 통상조약과 타방 환경조약 혹은 인권조약은 다루는 '문제'(subject matter)가 서로 다르기 때문에 비엔나협약 제30조가 적용될 여지가 없는 것인가? 위에서 언급한 바와 같이 비엔나협약 제30조는 충돌 문제를 "동일한 문제(혹은 주제)"의 관점에서 접근하고 있기 때문에 그같은 주장은 외견상 논리적으로 보일 수 있다. 그러나 이같은 생각에 대해서는 반론이 제기되고 있는데, 국제법을 통상법이니 환경법이니 하여 여러 분과(regimes)로 나누고 특징지우는 일(그리고 그 결과 관련 조약을 통상조약이니 환경조약으로 분류하는 것)은 "단지 비공식적인 호칭"(only informal labels)에 불과한 것으로서 "그 자체 규범적 가치를 갖는 것이 아니며" (have no normative value *per se*), "이를테면, 화학물질의 해상운송에 관한 조약은 적어도 해양법, 환경법, 통상법 그리고 해상운송법과 연관이 있기" 때문이다.[238] 이같은 생각의 연장선 상에서, 두 조약의 당사자인 국가가 어느 한 조약 하의 의무를 이행하면 다른 조약 하의 의무는 이행할 수 없게 되는 엄격한 의미에서의 조약 간 충돌뿐만 아니라, "엄격한 양립불가 정도에는 이르지 않지만 한 조약이 타 조약의 목표를 좌절시키는"[239] 경우도 넓은 의미에서 조약

234) Pauwelyn, p. 365.

235) *Ibid.*, p. 363. 후조약의 체결로 인한 전조약의 '종료' 또는 '운용정지'는 별개의 문제로서, 이는 비엔나협약 제59조에서 규율하고 있다.

236) Sinclair, p. 98과 Aust, p. 183을 비롯한 일부 학자들은 비엔나협약 제30조 하에서 조약문의 채택 시를 전·후 조약 구분의 기준으로 보고 있으나, 반대견해도 없지 않다. See also Pauwelyn, p. 370 ff; Trevor C. Hartley, "International Law and the Law of the European Union-A Reassessment", (2001) 72 BYIL 1 at 24 (fn. 103), 33; Hartley, *European Union Law in a Global Context*, pp. 219 (fn.4), 335~336; Hartley, 7th, pp. 96~97 (fn. 43).

237) 그러나 "발효 '전' 조약의 객체와 목적을 훼손하지 아니할 의무"를 규정하고 있는 비엔나협약 제18조에 주의하라. Pauwelyn, pp. 372~373.

238) See the Report of the Study Group of the International Law Commission (Finalized by Martti Koskenniemi) on "Fragmentation of International Law: Difficulties arising from the Diversification and Expansion of International Law" (2006), para. 21, available online at https://www.un.org/law/ilc.

239) *Ibid.*, para. 24: "A treaty may sometimes frustrate the goals of another treaty without there being any strict incompatibility between their provisions."

간 충돌의 개념에 포함시켜 생각하자는 견해가 제시되고 있다.[240)]

비엔나협약은 국제법에서 해석과 충돌해소를 위한 기술로서 일반적으로 수락되고 있는 –좀더 구체적인/특정한 규범은 상대적으로 좀더 일반적인 규범에 우선한다고 보는– 이른바 "특별법 우선의 원칙"(principle of *lex specialis* ; *lex specialis derogat legi generali* ; *generalia specialibus non derogat*)에 대해서는 아무런 언급이 없는데, 동 원칙을 관습법 내지는 법의 일반원칙으로 볼 수 있다 하더라도, 특별법은 비엔나협약 제30조에 의거하여 후법으로 확인되는 타 조약에 언제나 우선한다고 보아야 하는지에 대해서는 논의가 진행되고 있다.[241)]

---

240) *Ibid.* ; Pauwelyn, pp. 164~200.

241) 동일 조약 내에서 한 조항이 다른 조항에 대해 특별법의 지위에 놓일 수도 있다. 예컨대, 유럽인권재판소(European Court of Human Rights)는 유럽인권협약 내에서 제5조와 제6조는 요건이 덜 엄격한 제13조에 대한 관계에 있어 특별법(*lex specialis*)이라고 판시한 바 있다 : *Brannigan and McBride* v. *the United Kingdom*, Application No. 14553/89; 14554/89, Judgment of 26 May 1993, para. 76 ; *Nikolova* v. *Bulgaria*, Application No. 31195/96, Judgment of 25 March 1999, para. 69 ; *Yankov* v. *Bulgaria*, Application No 39084/97, Judgement of 11 December 2003 (Final: 11/03/2004), para. 150, (noted by Shelton in Evans (ed.), *International Law*, 3rd, p. 158).

'충돌 해소를 위한 규칙'으로서의 특별법 우선의 원칙에 대해 Pauwelyn (p. 409)은 다음과 같이 언급하고 있다 : "The absence of the *lex specialis* principle in the Vienna Convention must be given meaning and makes it very difficult, if not impossible, to justify the position that a *lex specialis* must *always* prevail over another norm validly identified under Art. 30 as the *lex posterior.*"(at p. 408) ; "... in the event that Art. 30 on 'successive treaties' does apply, the fact that the earlier norm is *lex specialis* should not prevent the later *lex generalis* from prevaling. Thus, the *lex specialis* principle as conflict rule is both limited and broad. It is limited in the sense that it cannot, in my view, overrule the *lex posterior* principle in Art. 30. It is broad to the extent that it will, nonetheless, be the decisive criterion in many cases (especially where Art. 30 does not apply)."

다만, 특별법은 일반법과 언제나 충돌/모순 관계에 있는 것은 아니며, 상황에 따라 특별법은 일반법을 (충돌 없이) 단지 '보충'하는(supplement) 기능만을 담당할 수도 있다. 이런 경우 특별법과 일반법은 단지 누적하며(accumulate), 따라서 특별법이 일반법에 비해 좀 더 큰 역할을 하되 양자는 나란히/협력하여(side by side) 적용될 수 있다. 이같은 관계는, 예컨대, 골격협약(framework convention)과 그 이행협정(implementing agreements)의 관계에서 찾아볼 수 있다 : Pauwelyn, p. 410 ff.

비슷한 관점에서 ILC도 일반법과 특별법의 관계에 대해 견해를 제시하고 있다. 즉 ILC는 2006년 채택한 "Conclusions of the work of the Study Group on the Fragmentation of International Law: Difficulties arising from the Diversification and Expansion of International Law", para. (10)(see https://www.un.org/law/ilc)에서, 일반국제법의 강행규범 이외에도 특별법에 의해 훼손될 수 없는 것으로 볼 수 있는 '일반법의 특별한 유형들'에 대해 다음과 같이 언급하고 있다 : "*Partucular types of general law.* Certain types of general law may not, however, be derogated from by special law. *Jus cogens* is expressly non-derogable... Moreover, there are other considerations that may provide a reason for concluding that a general law would prevail in which case the *lex specialis* presumption may not apply. These include the following: Whether such prevalence may be inferred from the form or the nature of the general law or intent of the parties, wherever applicable; Whether the application of the special law might frustrate the *purpose* of the general law; Whether third party beneficiaries may be negatively affected by the special law; and Whether the balance of rights and obligations, established in the general law would be negatively affected by the special law."

국제법규는 1차규칙(primary rules)과 2차규칙(secondary rules)으로 구분되는데, 규범간 '충돌' 혹은 '보충'은 같은 차원의 규칙들 간에서만 발생할 수 있다. Christina Binder, "Does the Difference Make a Difference? - A Comparison between the Mechanisms of the Law of Treaties and of State Responsibility as Means to Derogate from Treaty Obligations in Cases of Subsequent Changes of Circumstances" in Szabó (ed.), pp. 18~20. 국제법의 2차규칙들로 구성되는 국가책임법의 차원에서 제기되는 특별법 우선의 원

4. 조약과 제3국

조약은 본질적으로 자율적 법질서를 창설하기 위하여 고안된 국가 간 거래수단이기 때문에 비당사국(즉, 제3국)에 대하여는 구속력을 가질 수 없는 것이 원칙이다. 즉, *Anglo-Iranian Oil Co.* 사건[242]에서 ICJ가 지적한 바와 같이 제3국의 입장에서 조약은 "다른 국가들이 만든 물건"에 지나지 않는다. PCIJ도 *Certain German Interests in Polish Upper Silesia* 사건[243]에서 "조약은 그 당사자인 국가 사이에서만 법을 창설한다. 의심스러운 경우, 제3국을 위한 어떠한 권리도 조약으로부터 추론될 수 없다."고 언급한 바 있다. 이같은 노선에 따라 비엔나협약 제34조는 "조약은 제3국에 대하여 그 동의 없이는 권리도 의무도 창설하지 아니한다"는 '일반원칙'(general rule)을 천명하고 있는데,[244] 이 '일반원칙'은 "동의의 원칙과 국가의 주권/독립의 논리적 귀결(당연한 결과)"(a corollary of the principle of consent and of the sovereignty and independence of states)[245]이다. 따라서 조약을 통해 제3국에 대하여 권리 또는 의무를 창설하고자 하더라도 당해 제3국의 동의를 얻는다면 이것은 조약의 본질로부터 벗어난 것이 아니다. PCIJ도 이미 *Free Zones of Upper Savoy and the District of Gex* 사건[246]에서 -제3국에 대한 권리 부여와 관련하여- 이 점을 지적한 바 있다.

다만, 우선 두 가지 사실에 유념하여야 한다. 첫째, 제3국이 조약상의 의무 혹은 권리를 수락하더라도 이 때문에 그 제3국이 당해 조약의 당사자가 되는 것은 아니다.[247] 둘째, 조약이 제3국에 대하여 권리를 부여하려는 경우와 의무를 부여하려는 경우는 조금 다른 취급을 필요로 한다. 후자의 경우는 제3국에 대하여 일정 부담을 지우려고 의도하는 경우이기 때문에 당해 제3국의 동의가 쉽게 추정되어서는 안되기 때문이다. 그러므로 비엔나협약도 이 두 경우를 엄격히 구분하고 있다.

먼저, "조약 당사국들이 조약의 어떤 규정을 제3국에 대하여 의무를 설정하는 수단으로 의도하고, 그 제3국이 그 의무를 '서면을 통해(in writing) 명시적으로(명백히, 분명히)(expressly)' 수락하는 경우에는, 당해 조약규정으로부터 그 제3국에 대하여 의무가 발생한다."[248] 따라서 단지 의무의

칙에 관해서는, 2001년 ILC 국가책임초안 제55조 ; 본서, 제14장 (국가책임) 도입부분 참조.

242) UK v. Iran (Preliminary Objection), ICJ Reports (1952), p. 93 at 109 : "A third-party treaty, independent of and isolated from the basic treaty, cannot produce any legal effect as between the United Kingdom and Iran : it is *res inter alios acta*." See also Cassese, *International Law*, 2nd, p. 170.

243) PCIJ (1926), Series A, No. 7, p. 29.

244) 이 일반원칙은 라틴어로는 "*pacta tertiis nec nocent nec prosunt*"로 표현된다.

245) Brownlie, 6th (2003), p. 598.

246) PCIJ (1932), Series A/B, No. 46, p. 96 at 147~148 : "It cannot be lightly presumed that stipulations favourable to a third State have been adopted with the object of creating an actual right in its favour. There is however nothing to prevent the will of sovereign States from having this object and this effect. The question of the existence of a right acquired under an instrument drawn between other States is therefore one to be decided in each particular case: it must be ascertained whether the States which have stipulated in favour of a third State meant to create for that State an actual right which the latter has accepted as such."

247) Aust, 2nd, p. 257.

수락에 부합하는 제3국의 행위는 그 제3국에 의무를 부과하지 못한다.[249] 제3국이 조약에 의거하여 부담하는 의무의 법적 기초는 엄격히 말하면 조약 그 자체가 아니라 조약당사국들과 제3국 간에 체결된 또 하나의 명시적 합의이다.[250]

다음으로, "조약 당사국들이 조약의 어떤 규정이 제3국, 또는 제3국이 속하는 국가의 그룹, 또는 모든 국가들에 대하여 권리를 부여하는 것으로 의도하고, 그 제3국이 이에 동의하는 경우에는, 당해 조약규정으로부터 그 제3국에 대하여 권리가 발생한다. (그러나) 조약이 달리 규정하지 아니하는 한, 반대의사가 표시되지 않는 동안에는 제3국은 동의한 것으로 추정된다."[251] 요컨대, 제3국에 권리를 부여하는 조약의 경우에는 제3국의 서면에 의한 명시적 동의를 조건으로 하지 않으며, 게다가 제3국의 동의는 일단 존재하는 것으로 추정된다.[252] 다만, 권리를 행사하는 제3국은 "조약에 규정

---

248) 비엔나협약 제35조.

249) Aust, 2nd, p. 257 ; Aust, *Handbook of IL*, 2nd, p. 90.

250) 비엔나협약 제35조의 기초가 된 ILC초안 제31조에 대한 주석 (1)항 ("The Commission appreciated that when these conditions are fulfilled there is, in effect, a second collateral agreement between the parties to the treaty, on the one hand, and the third State on the other; and that the juridical basis of the latter's obligation is not the treaty itself but the collateral agreement."), [1966] Yearbook of the ILC. Vol. Ⅱ, p. 227 ; Malgosia Fitzmaurice in Evans (ed.), *International Law*, 3rd, p. 182.

251) 비엔나협약 제36조 1항.

252) 예컨대, 한국('Korea')은 1951년 9월 8일 샌프란시스코에서 서명된 대일강화조약의 당사국은 아니었지만, "이 조약 제25조의 규정에도 불구하고 ... 한국은 이 조약 제2조, 제4조, 제9조 및 제12조의 이익을 받을 권리를 가진다."고 규정한 동 조약 제21조에 의거하여, 제2조(독립의 승인 및 영토권의 포기), 제4조(재산 및 청구권의 처리), 제9조(어업협정의 체결), 그리고 제12조(통상항해조약의 체결과 과도적 무차별대우)의 이익을 받을 권리를 가지게 되었다. 朴觀淑, "獨島의 法的 地位에 관한 연구", 1968년 연세대학교 법학박사학위논문, pp. 23~24. 샌프란시스코 강화조약 제21조는 제25조와 연계되어 있으므로 이 두 규정은 함께 읽어야 하는데, 영어원문을 보면 제21조는 "Notwithstanding the provisions of Article 25 of the present Treaty, China shall be entitled to the benefits of Articles 10 and 14(a)2; and Korea to the benefits of Articles 2, 4, 9 and 12 of the present Treaty."라고 규정하고 있으며, 제25조는 "For the purposes of the present Treaty the Allied Powers shall be the States at war with Japan, or any State which previously formed a part of the territory of a State named in Article 23, provided that in each case the State concerned has signed and ratified the Treaty. Subject to the provisions of Article 21, the present Treaty shall not confer any rights, titles or benefits on any State which is not an Allied Power as herein defined; nor shall any right, title or interest of Japan be deemed to be diminished or prejudiced by any provision of the Treaty in favour of a State which is not an Allied Power as so defined."라고 규정하고 있다 : https://en.wikipedia.org/wiki/San_Francisco_Peace_Treaty ; https://www.uni-erfurt.de/ostasiatische_geschichte/texte/japan/dokumente/19/19510908_treaty.htm. 참고로, 제21조에 'Korea'(한국)뿐만 아니라 'China'(중국)가 언급된 이유는 당시의 '중화민국'(Republic of China)과 '중화인민공화국'(People's Republic of China) 그 어느 쪽도 샌프란시스코 강화회의에 초대받지 못하였기 때문인데, 둘 중 어느 쪽이 '중국'의 합법정부인지에 대해 타국가들간에 견해가 대립되었던 것이다. 그 결과, '중화민국'은 1952년 4월 28일 일본과 별도의 강화조약, 즉 "Treaty of Peace between Japan and China"를 체결하였으며, 동 조약은 타이페이에서 서명되었기 때문에 흔히 "Treaty of Taipei"로 알려져 있다 : https://www.taiwandocuments.org/sanfransisco01.htm ; https://en.wikipedia.org/wiki/Treaty_of_Taipei. 그리고 "중화인민공화국과 일본 간 강화 및 우호조약"(Treaty of Peace and Friendship between Japan and the People's Republic of China)은 1978년 8월 12일에 와서야 체결되었다 : https://en.wikipedia.org/wiki/Treaty_of_Peace_and_Friendship_between_Japan_and_the_People's_Republic_of_China. 참고로, 소련(현 러시아연방)은 대일 강화회담에 참여는 하였지만 샌프란시스코 강화조약에 서명은 하지 않았다. 그리고 아직까지 일본과 소련/러시아 간에 별도의 정식 강화조약도 체결되지 않고 있다. 제2차 세계대전 당시 소련이 점령한 남쿠릴 4개 섬(북방 4개섬)에 대한 영토주권이 어느 쪽에 있는지와 관련하여 합의가 되지 않고 있기 때문이다. https://en.wikipedia.org/wiki/Kuril_Islands_dispute ;

되어 있거나", "조약에 의거하여 확정되는"(established in conformity with the treaty) 그 권리 행사의 조건에 따라야 한다.[253] 여기서 "조약에 의거하여 확정되는"이란 후자의 문구는 조건이 보충 문서에서 확정될 수도 있고, 조약에 부합된다면 조약당사자 일방에 의해 일방적으로 수립될 수도 있다는 사실을 고려한 것이다.[254] 전체적으로, 제36조 규칙의 적용을 위해서는 권리(right)와 이익(benefit)을 구분해야 한다. 이를테면, –사실, 제3국도 이롭게 할 유해 방출물질 제한 조약의 경우처럼– 제3국에 대하여 –권리에 이르지 아니하는– 단지 이익을 창설하는 경우는 이 규칙의 적용대상이 아니다.[255] 따라서 권리와 이익의 구분이 문제될 수 있는데, 국가들이 제3국을 위해 –이익 아닌– 권리를 창설하였는지의 여부는 당사국들의 의도(intention)에 달려 있다.[256]

제3국에 대하여 창설된 권리 또는 의무를 사후에 취소(철회)(revoke) 또는 수정(변경) (modify)하려고 하는 경우에도 비슷한 논리가 적용된다. 즉, 조약의 당사국과 제3국이 달리 합의하였음이 입증되지 않는 한 의무는 그 조약의 당사국과 제3국의 동의가 있는 경우에만 취소 또는 수정될 수 있다.[257] 그리고 제3국의 동의 없이 취소 또는 수정되어서는 아니되는 것으로 의도되었음이 입증되는 권리는 조약당사국들이 취소 또는 수정할 수 없다.[258] 비엔나협약 제37조(2항)는 제3국이 부여받은 권리를 일방적으로 철회하는 경우에 대해서는 언급이 없는데, 이는 제3국은 언제든지 권리 행사를 거부할 수 있기 때문이다.[259] 북한은 기회 있을 때마다 '한국 정부는 –1953년 7월 27일 체결된– 한국 휴전협정[260]의 당사자가 아니므로 이에 대해 말할 자격이 없다'고 주장하곤 하는데,[261] 북한 당국은 이로 인해 비엔나협약 제37조에 대한 자신들의 무지함을 드러낼 뿐이다. 북한의 피상적 논리대로라면 남북한 사이엔 그간 휴전도 없었다는 결론에 이를 수 있다.[262]

조약이 특히 입법적 다자조약인 경우 제3국은 비준이나 가입을 하는 대신 단지 행동을 통해 당해 조약 체제를 수락할 수 있겠는가? *North Sea Continental Shelf* 사건[263]에서 덴마크와 네덜란드는 1958년의 제네바 대륙붕협약에 서명만하고 비준은 하지 않은 독일(서독)이 "행동으로 공개적 선

Aust, *Handbook of IL*, 2nd, p. 36 참조.

253) 비엔나협약 제36조 2항.

254) Aust, 2nd, pp. 258~259.

255) 이런 국가를 흔히 조약의 "무임승차자"(free-riders)로 칭하기도 한다.

256) Aust, 2nd, p. 257.

257) 비엔나협약 제37조 1항. 만약 조약당사국들이 제3국에 대해 의무이행을 요구할 권리를 포기하고 싶은 경우라면 제3국의 동의는 단지 형식적인 절차에 불과할 것이다. 그러나 제3국의 의무는 조약당사국들과 복잡한 관계를 수반할 수 있고, 경우에 따라서는 해당 제3국의 권리까지도 동반할 수 있기 때문에, 의무의 철회 혹은 수정은 상호 동의 하에 하는 것이 바람직하다. Aust, 2nd, p. 259.

258) 비엔나협약 제37조 2항.

259) Aust, 2nd, p. 260.

260) 공식명칭은 본서 제2장 (국제법의 연원), 조약의 분류 참조.

261) dongA.com, 2013-03-13, "북(北) "당사자 아닌 남한, 정전협정 말할 자격 없다" 주장".

262) 한국은 휴전협정의 당사자가 아니므로 평화협정의 당사자도 될 수 없다는 이야기도 들리는데, 앞으로 평화협정을 체결하게 될 지 –독일 통일의 경우처럼– 흡수(병합)조약을 체결할 지는 알 수 없지만, 어쨌든 휴전협정과 평화협정은 "객체와 목적"이 다르기 때문에 양 조약의 당사자가 반드시 동일해야 할 이유도 없다.

263) Federal Republic of Germany/Denmark; Federal Republic of Germany/Netherlands, ICJ Reports (1969), p. 3.

언과 천명들을 통해, 그리고 기타 여러 방법으로 일방적으로 동 협약의 제의무를 인수하였거나, 협약 체제에 대한 자국의 수락을 표명하였거나, 협약이 대륙붕 지역의 경계획정에 일반적으로 적용됨을 인정하였다"[264)]고 주장하였다. ICJ는 본 사안에서 사실관계 측면에서 이 주장을 배척하긴 하였지만 −매우 엄격하게 표현된 요건 하에서나마− 그러한 과정 발생의 가능성을 절대적으로 혹은 완전히 배제하지는 않았었다.[265)]

조약이 관련 국제관습법규를 담고 있는 경우에는 외견상 제3국에게까지 연장 적용되는 것처럼 보일 수 있다. 그러나 이 경우 제3국은 국제관습법규의 구속을 받는 것이지 당해 조약의 구속을 받는 것이 아니다.[266)]

"조약은 제3국에 대하여 그 동의 없이는 권리도 의무도 창설하지 아니한다."고 규정한 비엔나협약 제34조의 규정은 훼손할 수 없는 절대적인 규칙인가? ILC는 비엔나협약을 기초하는 과정에서 "객관적 체제를 규정하는 조약"(treaties providing for objective regimes)의 이름으로 이 규칙에 대한 예외를 도입하려고 시도하였으나, 결국에는 관련 초안규정을 삭제하고 말았다.[267)] 다수 ILC 위원들이, 강대국들이나 다수국가들이 "객관적 체제"의 이름으로 다른 국가들에게 자신들의 의사를 강제할 가능성이 있음을 지적하면서 반대하였기 때문이다. 다만, 비엔나협약은 제73조에서 "이 협약의 규정은 국가승계로부터 조약에 대하여 발생할 수 있는 그 어떤 문제도 미리 판단하지 아니한다."라고 규정함으로써 이 문제가 특별히 국가승계와 관련하여 다시 제기될 것임을 시사하고 있었다. 실제로 비엔나협약이 채택된 후 이 문제는 다시 표면으로 부상하였는데, 특히 1978년 "조약에 대한 국가승계에 관한 비엔나협약"은 이 협약의 목적상 객관적 체제를 창설하는 조약의 존재를 인정하고 있으며,[268)] 일부 학자들은 남극조약(Antarctic Treaty)의 차원에서 이 문제를 계속 제기하

264) Para. 27.

265) Para. 28 : "As regards these contentions, it is clear that only a very definite, very consistent course of conduct on the part of a State in the situation of the Federal Republic could justify the Court in upholding them; and, if this had existed—that is to say if there had been a real intention to manifest acceptance or recognition of the applicability of the conventional régime—then it must be asked why it was that the Federal Republic did not take the obvious step of giving expression to this readiness by simply ratifying the Convention. In principle, when a number of States, including the one whose conduct is invoked, and those invoking it, have drawn up a convention specifically providing for a particular method by which the intention to become bound by the régime of the convention is to be manifested—namely by the carrying out of certain prescribed formalities (ratification, accession), it is not lightly to be presumed that a State which has not carried out these formalities, though at all times fully able and entitled to do so, has nevertheless somehow become bound in another way. Indeed if it were a question not of obligation but of rights,—if, that is to say, a State which, though entitled to do so, had not ratified or acceded, attempted to claim rights under the convention, on the basis of a declared willingness to be bound by it, or of conduct evincing acceptance of the conventional régime, it would simply be told that, not having become a party to the convention it could not claim any rights under it until the professed willingness and acceptance had been manifested in the prescribed form." ; noted by Thirlway in Evans (ed.), *International Law*, 3rd, pp. 100~101 ; Thirlway, p. 37.

266) 비엔나협약 제38조.

267) 그같은 조약의 예로서, "특정 지역의 비군사화/중립화" 혹은 "국제수로의 항행의 자유"를 규정한 조약들, 그리고 '남극조약'이 언급되곤 하였다 : Yearbook of the ILC (1966-Ⅱ), p. 231 ; 본서, 제2장(국제법의 연원).

268) Sinclair, pp. 104~105 ; 본서, 제20장 (국가승계).

고 있기도 하다.[269)]

조약이 (국제)조약법의 차원에서 제3국에 대해 그 동의 없이도 구속력이 있을 수 있는가의 문제와, 조약이 당사국간 적용이나 당사국 일방의 국내적 적용을 통해 제3국의 동의 없이 그 제3국의 국민(혹은 국가기관)에 대해 적용될 수 있는가의 문제는 별개의 것이다. 이유는 두 가지이다. 첫째, (조약법의 차원에서) 개인은 조약의 당사자가 아니다. 둘째, (개별국가의 국내법의 차원에서) 일국의 국내법질서에는 헌법, 법률, 명령 등의 순수 국내법뿐만 아니라 외부법, 특히 영토국이 당사자로 되어 있는 조약도 포함될 수 있다. 그 결과 일국의 영토관할 내로 들어가는 외국인은 자신의 국적국가는 당사자가 아니지만 영토국은 당사자인 조약의 적용을 -자신에게 이롭게든 해롭게든- 받을 수도 있다.[270)]

Ⅲ. 조약의 무효

조약이 유효하기 위해서는 국가들의 진정한 동의에 기초하여 체결되었어야 한다. 조약의 무효(invalidity of treaties)라 함은 외견상 조약체결 절차가 완료된 것처럼 보이기는 하지만, 조약 체결의 기초가 되는 국가의 동의에 중대한 하자가 있는 경우 그 법적 효력이 부인됨을 의미한다.[271)] 그러나 비엔나협약 제42조 1항은 "조약의 유효성 또는 조약의 구속을 받겠다는 국가의 동의는 본 협약의 적용을 통해서만 부정될 수 있다."라고 규정함으로써 국가들이 불편한 조약상의 의무를 회피하기 위해 조약 무효의 억지주장을 펼치는 것을 막으려고 시도하고 있다.[272)] 다시 말해서, 비엔나협약에 열거되어 있는 조약의 무효사유들은 예시적인 것이 아니라 완전한 목록으로 간주되고 있다.[273)]

조약법에 관한 전통관습법은 정치·경제적으로 사실상 불평등한 국가들의 법적(형식적) 평등만을 강조함으로써 강대국의 약소국에 대한 강박에 대하여는 의도적으로 눈을 감아버렸다. 그 결과 조약체결을 강제하기 위해 상대방 국가에게 정치·경제·군사적 강박을 가하더라도 이것은 조약의 무효사유가 되지 않았다. 또한 국가기관의 부패 혹은 매수(corruption)라는 개념을 인정하지 않았기 때문에 조약체결을 담당하는 대표자(혹은 국가기관)를 매수하였더라도 당해 조약은 무효가 되지 않았다.

---

269) Ragazzi, pp. 37~40.

270) 이를테면, 범죄인인도 조약의 당사국 일방은 인도대상 범죄를 짓고 도망온 제3국의 국민을 타방 당사국에 인도할 수 있다. Aust, 2nd, pp. 256, 260~261 (& 3rd, pp. 227, 231). 특히 외교관과 영사는 -자신의 특권과 면제를 침해받지 않는 한- 접수국(영토국)의 국내법을 존중할 국제법상의 의무를 부담하고 있기도 하다. "외교관계에 관한 비엔나협약" 제41조와 "영사관계에 관한 비엔나협약" 제55조는 접수국의 "법령"(laws and regulations)이라고 표현하고 있으나, 이것은 좁은 의미의 법률과 명령뿐만 아니라 헌법과 조약을 포함하는 넓은 의미로 새겨야 할 것이다.

271) 비엔나협약 제69조 1항.

272) Akehurst, p. 132. 그러나 Aust, *Handbook of International Law*, p. 107은 "조약의 무효는 조약법에서 중요성이 가장 적은 부분이다. 조약이 무효인 경우는 아주 드문데, 조약은 유효하다는 자연스런 추정이 존재하기 때문이다."라고 언급하고 있기도 하다.

273) Currie, p. 145.

그리고 조약체결의 무효사유를 절대적 무효사유(당연무효사유)(absolute grounds of invalidity)와 상대적 무효사유(무효원용사유)(relative grounds of invalidity)로 구분하지 않았기 때문에 무효의 법적 결과가 불분명하였다. 다만, 국가대표자 개인에 대한 강박, 사기 그리고 착오는 무효사유로 인정되고 있었다.[274)]

비엔나협약은 조약의 무효사유와 관련하여 매우 진취적인 규정을 담고 있는데, 우선 국제공동체 역사상 처음으로 강행규범 개념을 명문화하였다. 그리고 국가에 대한 강박과 대표자의 매수가 무효사유로 규정되었으며, 대표자에 대한 강박, 사기, 착오에 관하여 분명한 설명을 가하고 있다. 특히 중요한 진전이 있는 분야는 무효(invalidity)를 (당사자가 조약의 구속을 받겠다는 동의의 무효를 주장할 때까지 기다릴 필요없이, 즉 당연히 그리고 처음부터 조약 자체의 효력발생을 봉쇄하는) 절대적 무효(voidness)와 (당사자가 조약의 구속을 받겠다는 동의의 무효를 주장하는 경우에 한해서 조약의 효력발생을 소급하여 봉쇄할 수 있는) 상대적 무효(voidability)로 구분한 것이다.[275)] 즉, 대표자에 대한 강박, 국가에 대한 강박, 강행규범 위반은 절대적 무효사유에 해당되며, 헌법 위반, 훈령 위반, 착오, 사기, 매수는 상대적 무효 사유에 해당된다.

비엔나협약 체제 하에서 절대적 무효사유는 다음의 결과를 초래한다.[276)] 첫째, 영향받는 당사자뿐만 아니라 다른 어떤 당사자도 조약의 무효를 주장할 수 있다. 둘째, 문제의 조약은 유효한 조항(valid clauses)과 무효조항(invalid clauses)으로 분리될 수 없으며 언제나 조약 '전체'가 무효로 된다.[277)] 셋째, 영향받는 국가의 사후의 명시적 동의 또는 묵인으로 무효가 유효로 전환되지는 않는다.[278)]

상대적 무효사유는 이와는 대조되는 결과를 초래한다. 첫째, 영향받는 당사자[279)]만이 조약의 무효를 주장할 수 있다. 둘째, 당해 조약 전체의 무효를 주장할 수도 있고 아니면 무효사유가 게재된 당해 조항의 무효만을 주장할 수도 있다.[280)] 셋째, 영향받는 국가의 사후 동의 또는 묵인이 있으면 하자가 치유되므로 이후에는 조약의 무효를 원용할 수 없다.[281)]

---

274) Cassese, p. 187 ; 박배근, "한국병합 관련 조약의 효력과 국가대표의 매수", 《서울국제법연구》, 제17권 2호 (2010), pp. 155~178.

275) Cassese, *International Law*, 2nd, p. 177.

276) Cassese, p. 190 ; Cassese, *International Law*, 2nd, p. 177 ; Hamid, pp. 204, 209.

277) 비엔나협약 제44조 5항.

278) 비엔나협약 제45조.

279) 즉, 착오/사기/매수의 피해국, 혹은 대표자가 훈령이나 헌법을 위반하여 행동한 국가.

280) 비엔나협약 제44조 3~4항. 상대적 무효도 조약 전체에 대해 원용하는 것이 원칙이다 (비엔나협약 제44조 2항). 다만, 비엔나협약 제44조 3항은 (i) 무효사유가 특정 조항에만 관련되는 경우로서, (ii) "(a) 당해 조항이 그 조약 적용에 관련하여 조약의 잔여 부분으로부터 분리될 수 있으며, (b) 이들 조항의 수락이 조약 전체의 구속을 받겠다는 타당사국(들)의 동의의 본질적 기초가 아니었다는 것이 조약으로부터 나타나거나 혹은 달리 확정되며, 또한 (c) 그 조약의 잔여부분의 계속적 이행이 부당하지 아니할 경우"의 요건이 충족되는 경우에는, 문제의 특정 조항에 대해서만 무효를 원용할 것을 요구하고 있다. 그러나 동 조 4항은 특별히 사기와 매수의 경우 조약 전체에 대한 무효 원용과 특정조항에 대한 무효 원용을 선택적으로 허용하고 있는데, 후자를 선택하는 경우 상기 3항의 규정에 따라야 한다. 아래 "Ⅴ. 조약규정의 가분성" 참조.

281) 비엔나협약 제45조. See *Maritime Delimitation in the Indian Ocean* (Somalia v. Kenya), Preliminary Objections, ICJ Judgment of 2 February 2017, para. 49 : "In this case, there is no reason to suppose that

다만, 상대적 무효냐 절대적 무효냐를 불문하고, 구효사유가 게재된 조약에 의존하여 이미 행위가 실행된 경우, (a) 각 당사국은 그 행위가 실행되지 아니하였더라면 존재하였을 상태를 그들 상호간의 관계에 있어 가능한 범위까지(as far as possible) 확립하도록 다른 어떤 당사국에 대해서도 요구할 수 있고, (b) 무효가 원용되기 이전에 성실히 실행된 행위는 조약이 무효라는 이유만으로 불법한(unlawful) 것으로 되지는 아니한다.[282] 또한, '다자'조약의 경우, 이것의 구속을 받겠다는 특정 국가의 동의가 무효인 경우에는 조약 무효의 결과에 관한 제69조의 규칙은 '그 국가와 그 조약의 당사자들 사이에서'(between that State and the parties to the treaty) 적용된다.[283] 이것은 특정 국가의 동의가 무효라 하더라도 문제의 다자조약이 그 당사국 간에서는 계속 유효함을 의미한다.[284]

국내법에서 계약법과 불법행위법이 병존하는 것처럼 국제법체계 안에서 조약법과 국가책임법은 별개로 존재한다. 그 결과 조약체결 과정에서 "국제위법행위"(internationally wrongful act)가 동반되었거나 그 후 위법상태가 지속되는 경우, 조약의 무효와 함께 (무효사유에 따라 조약 당사국간에 혹은 제3국 내지는 국제공동체 전체에 대한) 국가책임 문제가 발생할 수 있다.

1. 국가대표에 대한 강박

조약의 구속을 받겠다는 국가의 동의가 국가대표를 향한 행위 또는 위협을 통한 강박에 의하여 표시된 경우 문제의 동의는 '어떠한 법적 효력도 갖지 아니한다'(without any legal effect).[285]

Kenya was aware that the signature of the Minister may not have been sufficient under Somali law to express, on behalf of Somalia, consent to a binding international agreement. As already noted, the Prime Minister of the Transitional Federal Government of Somalia had, by full powers "authorized and empowered" the Minister, under international law, to sign the MOU. No caveat relating to a need for ratification was mentioned in those full powers, nor in the MOU itself, which on the contrary provided for its entry into force upon signature. As the Court has previously observed, "there is no general legal obligation for States to keep themselves informed of legislative and constitutional developments in other States which are or may become important for the international relations of these States" (ibid., [Land and Maritime Boundary between Cameroon and Nigeria], p. 430, para. 266). Moreover, even after the MOU had been rejected by the Somali Parliament, the Prime Minister of Somalia did not question its validity in his letter to the Secretary-General of the United Nations dated 19 August 2009. In this respect, the Court observes that under customary international law, reflected in Article 45 of the Vienna Convention, a State may not invoke a ground for invalidating a treaty on the basis of, *inter alia*, provisions of its internal law regarding competence to conclude treaties if, after having become aware of the facts, it must by reason of its conduct be considered as having acquiesced in the validity of that treaty. Somalia did not begin to express its doubts in this respect until some time later, in March 2010 (see paragraph 38 above). The Court further notes that Somalia has never directly notified Kenya of any alleged defect in its consent to be bound by the MOU."

282) 비엔나협약 제69조 2항. 그러나 제69조 2항의 이 두 가지 규칙은 "제49조(사기), 제50조(매수), 제51조(국가대표에 대한 강박), 또는 제52조(국가에 대한 강박)의 경우에는, 사기, 매수 또는 강박의 책임이 귀속되는 당사국에 대해서는 적용되지 아니한다" : 비엔나협약 제69조 3항. 한편 강행규범의 위반에 관련한 특칙이 협약 제71조 1항에 언급되어 있는데, 이에 관해서는 아래에서 언급한다.

283) 비엔나협약 제69조 4항.

284) Aust, 2nd, p. 321 (& 3rd, p. 280) ; Hamid, p. 209.

ILC는 국가대표의 가족 구성원을 해치겠다고 위협하는 것도 대표자에 대한 강박에 해당할 것으로 보고 있다.[286] 1905년 일본이 보호조약(乙巳條約)을 체결하기 위해 한국의 황제와 대신들에게 가한 강제는 국가대표에 대한 강박에 해당한 사례로 인용되고 있다.[287]

2. 국가에 대한 강박

조약은 그 체결이 "UN헌장에 구현되어 있는 국제법의 원칙들에 위배되는" 힘의 위협 또는 사용에 의하여 이루어진 경우 '(당연)무효'(void)이다.[288] 따라서 UN헌장에 구현되어 있는 국제법의 원칙들에 "위배되지 아니하는", 즉 "적법한" 힘의 위협 혹은 사용에 의하여 체결된 조약은 무효가 아니다. 특별히 강화(평화)조약의 체결과 관련하여 조약의 무효 여부가 자주 논의되는데, 강화조약은 무력사용의 결과로 체결되는 것이기 때문이다. 문제는 무력사용이 적법한 것이었느냐에 맞추어진다. 오늘날 침략은 금지된 행위이므로, 침략국이 피해국에게 강요한 강화조약은 무효이다. 반대로, 비엔나협약 제75조는 "이 협약의 규정은 UN헌장에 의거하여 침략국의 침략에 관하여 취해진 조치의 결과로서 그 침략국에 대하여 발생될 수 있는 조약상의 의무를 침해하지 아니한다"고 규정하고 있다.[289]

비엔나협약 제52조에서 말하는 "UN헌장에 구현되어 있는 국제법의 원칙들"이라 함은 "그 어떤 국가의 영토보전 혹은 정치적 독립에 대해서도, 혹은 UN의 목적과 일치하지 않는 다른 어떤 방법으로라도, 힘으로 위협하거나 힘을 사용하는 것"을 금지한 UN헌장 제2조 4항을 지칭하고 있음이 분명하다. 여기서 '힘'(force)은 군사적 힘, 즉 무력(military or armed force)만을 의미하는지 아니면 경제적·정치적 힘(economic and political force)까지도 포함하는 것인지에 관하여는 진영 간에 의견의 대립이 있었다. 다만, 1969년 비엔나회의에서는 "조약 체결에 있어 군사적, 정치적 혹은 경제적 강박의 금지에 관한 선언"(Declaration on the Prohibition of Military, Political or Economic Coercion in the Conclusion of Treaties)이 채택된 바 있는데, 이로써 "이 문제에 관한 관습법규가 점진적으로 등장할 수 있는 기초가 놓인 셈이다."[290]

285) 비엔나협약 제51조.

286) Yearbook of the ILC, 1966, Vol Ⅱ, p. 246, 〈https://legal.un.org/ilc/publications/yearbooks/english/ilc_1966_v2.pdf〉.

287) Second report on the law of treaties, by Sir Humphrey Waldock, Special Rapporteur (1963), "Article 11—Personal coercion of representatives of States or of members of State organs" & Commentary, Yearbook of the ILC 1963, Vol. Ⅱ, p. 50, 〈https://legal.un.org/ilc/publications/yearbooks/english/ilc_1963_v2.pdf〉; https://ko.wikipedia.org/wiki/을사조약; 김용삼, "'을사오적'을 위한 변명", 이영훈 외, 《반일종족주의》(서울: 미래사, 2019), pp. 204~212.

288) 비엔나협약 제52조. 제52조는 국제관습법의 입장이기도 하다: *Fisheries Jurisdiction* (United Kingdom v. Iceland) (Jurisdiction), ICJ Reports (1973), p. 3 at 14 (para. 24: "There can be little doubt, as is implied in the Charter of the United Nations and recognized in Article 52 of the Vienna Convention on the Law of Treaties, that under contemporary international law an agreement concluded under the threat or use of force is void. It is equally clear that a court cannot consider an accusation of this serious nature on the basis of a vague general charge unfortified by evidence in its support.").

289) Aust, 2nd, p. 318; Hamid, p. 206; Hall, p. 119.

290) Cassese, *International Law*, 2nd, p. 176.

3. 강행규범의 위반

"그 체결 당시에"(at the time of its *conclusion*) 그 내용(content)이 '일반국제법의 강행규범'(*jus cogens*)에 위배되는 조약은 '(당연)무효'(void)이다.[291] 또한, 강행규범에 위배되어 무효인 조약의 모든 당사국은 강행규범과 충돌하는 조약'규정'에 의존하여 이미 행하여진 행위의 결과들을 '가능한 범위까지'(as far as possible) 제거하고 또한 그들 상호간의 관계를 강행규범과 일치시킬 의무가 있다.[292] 따라서 이 제거 의무는 강행규범과 충돌하지 아니하는 조약'규정'에 대해서는 적용되지 아니한다.

4. 조약체결 권한에 관한 국내법(특히 헌법)규정의 (명백한) 위반

조약 체결 과정에서 헌법적 월권(constitutional *ultra vires*)이 발생한 경우, 즉 헌법에서 조약체결권자가 조약을 체결하려면 먼저 의회의 동의를 구하도록 요구하고 있는데도 국가원수가 이를 무시하고 의회의 참여없이 조약을 체결했다면 그 조약은 해당 국가에 대해 유효인가 무효인가? 국제법의 시각에서 말한다면 국가원수의 국내법 위반이 조약의 국제적 성립과 유효성에 영향을 미쳐서는 안되겠지만, 교섭의 일방당사국이 자국의 헌법요건을 위반하여 행동하고 있음을 타방당사국이 알았거나 알 수 있었다면 예외를 인정하는 것이 좋을 것이다. 그러므로 비엔나협약 제46조 1항은 – 제27조와 연계하여 – 이를 인정은 하되 부정적 어법을 동원하여 "조약체결 권한에 관한 국내법규정을 위반한 것이 명백하고 그 위반이 근본적으로 중요한 국내법규에 관련되지 아니하는 한, 국가는 조약의 구속을 받겠다는 자신의 동의가 자국의 국내법규에 위반하여 표시되었다는 사실을 동의를 무효화하는 것으로 원용할(invoke) 수 없다"라고 규정하고 있다. '명백한' 위반의 개념과 관련하여 제46조 2항은 "위반이 통상의 관행에 따라 성실하게 행동하는 그 어떤 국가에게도 객관적으로 명확한 경우에는 명백한 위반이 된다"고 규정하고 있다. ICJ는 *Land and Maritime Boundary between Cameroon and Nigeria* 사건[293]에서 "국가를 위하여 조약에 서명할 권한에 관한 규칙은 근본적으로 중요한 헌법규칙이다. 그러나 이 점에 있어 국가원수의 자격에 대한 제한은 –적어도 적절히 공표(홍보)되지 아니하는 한– 제46조 2항의 의미에서 명백한 것이 아니다.[294] … 그리고 국가에

291) 비엔나협약 제53조.

292) 비엔나협약 제71조 1항. ILC는 제71조 (ILC초안 제67조) 1항에 대해 다음과 같이 설명하고 있다 : "The nullity of a treaty *ab initio* by reason of its conflict with a rule of *jus cogens* in force at the time of its conclusion is a special case of nullity. The question which arises in consequence of the invalidity is not so much one of the adjustment of the position of the parties in relation to each other as of the obligation of each of them to bring its position into conformity with the rule of *jus cogens*. ...The Commission did not consider that in these cases the paragraph should concern itself with the mutual adjustment of their interests as such. It considered that the paragraph should concern itself solely with ensuring that the parties restored themselves to a position which was in full conformity with the rule of *jus cogens*." Yearbook of ILC, 1966, Vol. Ⅱ, p. 266.

293) Cameroon v. Nigeria ; Equatorial Guinea intervening, Judgment of 10 October 2002.

게는 다른 국가들에서 일어나는 -그들 국가의 국제관계에 중요하거나 중요해질 수 있는- 입법적 · 헌법적 변화들을 알고 있어야 할 일반적인 법적 의무는 없다"[295]고 언급한 바 있다.[296]

5. 국가의 동의표시 권한에 관한 특별제한(즉, 훈령)의 위반

대표자의 월권(*ultra vires* by representatives)이 발생한 경우, 즉 전권대표가 국가원수나 정부의 특별한 훈령을 무시하고 조약을 체결하는 경우에도 위 헌법규정 위반의 경우와 비슷한 논리가 적용되어야 할 것이다. 그러므로 비엔나협약 제47조는 제한적 훈령을 타방교섭국에 미리 통고해 주지 않는 한 그러한 훈령위반을 동의를 무효화하는 것으로 '원용할' 수 없다고 규정하고 있다.[297]

6. (본질적) 착오

착오(error)가 '조약체결 당시에' 존재한 '사실(fact) 또는 사태(situation)'에 관한 것으로서 조약의 구속을 받겠다는 동의의 '본질적인' 기초를 형성하였으면 이를 동의를 무효화하는 것으로 '원용할' 수 있다.[298] 따라서 허용되는 착오는 사실의 착오(errors or mistakes of fact)이지 법의 착오(errors of law)는 아니다.[299] 그리고 자신의 행위를 통해 착오에 기여하였거나, 착오의 발생 가능성을 사전에 알 수 있는 상황 하에 있었던 국가는 조약을 무효화시키기 위해 이를 원용할 수 없다.[300] 착오는 피차간의 것일 수도 있고, 단독의 것일 수도 있다.[301]

착오에 관련한 주요 판례인 *Temple of Preah Vihear* 사건[302]에서 태국은 조약에 첨부된 문제의 지도에 표시된 경계선은 조약에서 양국간 경계선으로 규정한 분수령을 따르지 않았기 때문에 착오였다고 주장하였다. 그러나 ICJ는 "착오를 원용하는 당사자가 자신의 행위를 통해 착오에 기여하였거나, 착오를 피할 수 있었거나, 착오의 가능성을 경고하는 사정에 처해 있었다면" 조약의 구속을 받겠다는 동의를 무효화하기 위하여 착오를 원용하는 것은 허용되지 아니한다고 판시하면서, 태국의 주장을 배척하였다. 비엔나협약 제48조(착오)는 *Temple of Preah Vihear* 사건을 기초로 한 것

294) Para. 265 of the Judgment.
295) Para. 266 of the Judgment.
296) 이 판결의 paras. 265~266은 *Maritime Delimitation in the Indian Ocean* (Somalia v. Kenya) (Preliminary Objections), ICJ Judgment of 2 February 2017, para. 48~49에서 인용되고 있다.
297) von Glahn and Taulbee, p. 93.
298) 비엔나협약 제48조 1항.
299) Yearbook of the International Law Commission, 1966, Vol. Ⅱ, p. 244, 〈https://legal.un.org/ilc/texts/instruments/english/commentaries/1_1_1966.pdf〉 ; Currie, p. 147 ; Aust, 3rd, p. 276.
300) 비엔나협약 제48조 2항.
301) Aust, 3rd, p. 276.
302) Cambodia v. Thailand, ICJ Reports (1962), p. 6 at 26 : "It is an established rule of law that the plea of error cannot be allowed as an element vitiating consent if the party advancing it contributed by its own conduct to the error, or could have avoided it, or if the circumstances were such as to put that party on notice of a possible error."

이긴 하지만, 협약 제48조 2항에 명시된 착오원용 불가 기준은 ICJ가 이 사건에서 제시한 기준과 완전히 동일하지는 않다. 즉, 재판소가 제시한 –착오를 원용할 수 없는– 세 가지 기준 중에 "착오를 피할 수 있었거나"(or could have avoided it)의 기준은 ILC에서 고의적으로 배제되었는데, 왜냐하면 특히 이 기준은 –제48조(ILC초안 제45조) 1항에 규정된– "원칙이 작동할 여지를 거의 남겨놓지 않을 정도로 넓기 때문이다."[303)]

조약문 확정(인증) 후 발견되는 단지 조약문의 표현에만 관련되는 착오는 그 효력에 영향을 주지 아니하며, 비엔나협약 제79조의 조약문 착오의 정정절차가 적용된다.[304)]

7. 사기(기만)

타방교섭국의 기만적 행위(fraudulent conduct)에 의하여 조약을 체결하도록 유인된 국가는 이를 동의를 무효화하는 것으로 '원용할' 수 있다.[305)] 사기가 원용되는 경우는 거의 볼 수 없다.[306)] 사기가 본질적인 사실(essential fact)에 관련되는 경우에는 착오의 개념과 중복되는 측면이 있다.[307)]

8. 국가대표의 부패(매수)

타방교섭국이 자국 대표를 직접 또는 간접으로 매수(corruption or bribery)하여 조약을 체결한 국가는 이를 동의를 무효화하는 것으로 '원용할' 수 있다.[308)] 매수는 직접적으로 뿐만 아니라 '간접적'으로도(indirectly) 이루어질 수 있음에 유념하여야 한다. 즉, 상대방 대표를 매수하려는 국가와 공적 연계는 없으면서도 동 국가의 간청으로 행동하거나 혹은 동 국가에게 국제책임을 귀속시키는 기타 상황에서 행동하는 자들의 행위도 매수에 포함된다.[309)]

일본 정부는 국가대표의 매수를 무효사유로 삽입하는데 끝까지 반대하면서, 의례적인 접대와의 실제 구분이 용이하지 않고 또 매수된 측에도 문제가 있다는 논리를 전개하였다. 그러나 과거 역사적으로 매수행위의 가장 큰 피해를 보아 온 제3세계국가들의 강력한 요구 덕분에 매수가 무효사유의 하나로 추가될 수 있었다.[310)] 다만, ILC는 "실질적(상당한) 영향력(substantial influence)을 행사하려고 계산된" 행위만이 그로 인해 부여한 동의 표시를 무효화하기 위해 원용될 수 있으며, 조약 체결과 관련하여 상대방 대표에게 베푸는 "작은 예의나 호의"는 그러하지 않다고 설명하였다.[311)]

---

303) Yearbook of the International Law Commission, 1966, Vol. Ⅱ, p. 244 ; Hall, p. 117.

304) 비엔나협약 제48조 3항. 행정부가 국회(의회)의 비준동의를 구하기 위해 첨부한 (정본 아닌) 번역본상의 오역이나 기타 착오는 조약법의 문제가 아니라 단지 당해 국가의 국내법의 문제일 따름이다.

305) 비엔나협약 제49조.

306) Kaczorowska-Ireland, pp. 72, 100.

307) Currie, pp. 147~148.

308) 비엔나협약 제50조.

309) Currie, p. 148.

310) 李丙朝, "條約의 無效原因으로서의 國家代表의 腐敗", 《現代國際法論》(李漢基博士華甲記念) (서울 : 박영사, 1978), pp. 83~122.

311) Yearbook of the ILC (1966), Vol. Ⅱ, p. 245 : "The strong term "corruption" is used in the article

Ⅳ. 조약의 종료

조약의 종료(termination)란 일단 하자없이 발효한 조약이 그 후 특별한 사정의 개입으로 장래에 대하여 그 효력을 상실하는 것을 말한다. 그러므로 조약의 적용을 단지 일시 정지하는 운용(시행)정지(suspension of the operation)와는 구분하여야 한다.

조약은 거기에 규정된 모든 의무가 이행되었다는 이유만으로 종료되는 것은 아니다. 즉, 조약 내에 이행되지 아니한 규정이 남아 있지 않더라도 조약은 종료될 때까지는 효력을 지속한다. 이를테면 국경선조약의 경우, 당사국들이 조약에 따라 경계 표지판을 세우고 각 당사국이 그 안에서 국가주권을 행사한다고 해서 조약이 종료하는 것은 아니다.[312)]

-해당 조약의 규정에 의거하거나 비엔나협약에 따른- 조약의 적법한 종료는 두 가지 결과를 낳는다.[313)] 첫째, 모든 당사국은 이제부터 그 조약을 이행할 의무로부터 벗어나게 된다.[314)] 둘째, 종료 이전에 이미 그 조약의 시행을 통하여 생긴 당사국들의 권리, 의무 또는 법적 상황은 조약의 종료로 인하여 영향받지 아니한다.[315)] 그러나 이들 두 규칙은 잔여 규칙(residual rule)이다. 즉, 이상의 두 가지 규칙에는 "조약에서 달리 규정하거나 그 당사자들이 달리 합의하지 않는 한"이란 모두(冒頭) 단서가 첨부되어 있다. 따라서 이를테면 국가들은 -다자조약이건 양자조약이건 간에- 조약 종료 전에 행해진 행위에 대해, 혹은 심지어는 종료 후의 행위에 대해서도 종료된 조약의 전부 혹은 일부를 적용한다는 조항을 담은 조약을 체결하거나 그렇게 합의할 수 있다. 이를테면 국가들은 조약 내 분쟁해결 조항은 당해 조약 종료 후에도 종료 전에 발생한 문제에 대해 효력을 지속한다고 규정해 둘 수 있다.[316)] 같은 논리로, 당사자들은 종료 전 그 조약의 시행을 통하여 생긴 당사국들의 권리, 의무 또는 법적 상황에 영향을 미치는 합의를 할 수 있다.[317)] "다자조약을 폐기하거나 탈퇴하는"(denounces or withdraws from a multilateral treaty) 경우, 폐기/탈퇴하는 국가와 그 조약의 다른 당사국 간의 관계에 대해서도 같은 규칙이 적용된다.[318)]

신 강행규범의 출현으로 인한 조약의 종료에 관련한 특칙이 협약 제71조 2항(b)에 담겨 있는데, 이것은 당연히 잔여규칙이 아니다.[319)]

---

expressly in order to indicate that only acts calculated to exercise a substantial influence on the disposition of the representative to conclude the treaty may be invoked as invalidating the expression of consent which he has purported to give on behalf of his State. The Commission did not mean to imply that under the present article a small courtesy or favour shown to a representative in connexion with the conclusion of a treaty may be invoked as a pretext for invalidating the treaty."

312) Hall, p. 126.
313) 비엔나협약 제70조 1항.
314) 비엔나협약 제70조 1항(a).
315) 비엔나협약 제70조 1항(b).
316) Aust, 2nd, p. 354 ; Aust, *Handbook of IL*, 2nd, p. 398.
317) Aust, 2nd, p. 302.
318) 비엔나협약 제70조 2항.
319) 아래 "9. 신강행규범의 출현" 참조.

조약의 종료, 운용정지 또는 탈퇴가 적법하게 이르어져도 조약에 구현(포함)된 국제법(일반관습법규)의 의무를 이행해야 할 국가의 의무는 영향받지 아니한다.[320]

조약법에 관한 전통관습법 하에서는 조약의 종료사유도 매우 불분명하였으며, 특히 '조약의 중대한 위반'과 '사정의 근본적 변경'이 원용될 수 있는 조건이 매우 모호하였다. 또한 전쟁으로 인하여 종료되는 조약의 범위도 불확실하였다. 비엔나협약체제 하에서 한 가지 큰 발전은 '조약의 중대한 위반'과 '사정의 근본적 변경'의 개념을 명확히 한 것이다. 또한 강행규범 개념이 조약의 종료사유로도 도입되었다. 합의에 의하지 아니한 조약의 종료사유도 절대적 종료사유(혹은 당연종료사유)와 상대적 종료사유(혹은 종료원용사유)로 구분되고 있다. 즉, 신강행규범의 출현은 그에 위배되는 기존의 조약을 타율적·자동적으로 종료시키지만, 당사자들의 명시적·묵시적 합의에 의존하지 않는 3개의 일방적 종료사유들, 즉 "조약의 중대한 위반, 후발적 이행불능, 사정의 근본적 변경"은 당사국이 조약의 종료를 위하여 이를 원용할 수 있을 뿐이다. 다만, 조약의 종료 대신 단지 그 운용정지(suspension of the operation)를 요구할 수도 있다.[321] 그리고 조약의 중대한 위반과 사정의 근본적 변경의 경우, 조약이 계속 운용(시행)된다는 것에 명시적으로 동의하거나 혹은 묵인한 당사국은 조약의 종료, 탈퇴 혹은 운용정지를 원용할 수 있는 권리를 상실한다.[322] 그러나 비엔나협약은 여전히 전쟁 내지는 무력충돌의 조약에 대한 효과를 다루고 있지 않다.

조약규정의 가분성(분리) 문제는 무효화의 경우뿐만 아니라 조약 종료의 경우에도 제기되는데, 이 문제는 협약 제44조에서 규율하고 있다. 동 규정에 대한 해설은 아래에서 따로 하겠다.

비엔나협약 제26조는 "발효 중인 모든 조약은 당사국을 구속하며, 당사국은 이를 성실히 이행하여야 한다."는 원칙을 천명하고 있다. 이 명제가 전제되지 않는다면 조약 체결은 무의미한 일이 되고 말 것이다. 동시에, 제26조는 '발효 중인' 모든 조약(every treaty in force)이라는 표현을 사용함으로써 조약이 이러저러한 이유로 언제든지 그 수명이 다할 수 있음을 시사하고 있다. 그러나 조약 종료의 가능성을 확대하면 할수록 법적 관계의 안정성은 침해받게 될 것이다. 그러므로 비엔나협약 제42조 2항은 "조약의 종료, 폐기 또는 당사국의 탈퇴는 당해 조약의 규정 또는 본 협약의 적용의 결과로서만 발생할 수 있다. 조약의 운용정지에도 동일한 규칙이 적용된다."라고 규정하여 법적 관계의 안정성을 보호하려고 노력하고 있다.[323] 이것은 동시에 조약법과 (제14장에서 논할) 국가책임법은 공존하는 것임을 시사하는 것이기도 하다. "이 협약의 규정은 ... 국가책임으로부터 조약에 관하여 발생될 수 있는 어떠한 문제도 미리 판단하지 아니한다"고 규정하고 있는 비엔나협약 제73조도 국가책임 문제를 동 협약의 적용범위에서 배제하는 한에 있어서는 조약법과 국가책임법의 구분을 확인하는 것이다.[324] ICJ도 –헝가리가 특히 "생태적 긴급피난 상태"(a state of ecological necessity)

320) 비엔나협약 제43조. 1949년의 4거 제네바협약 (제1협약 제63조, 제2협약 제62조, 제3협약 제142조, 제4협약 제158조), 1982년 UN해양법협약 제317조 3항 등도 이 규칙을 반영하고 있다. Aust, 2nd, pp. 303~304 (& 3rd, p. 267).

321) 비엔나협약 제60조, 제61조, 제62조.

322) 비엔나협약 제45조.

323) Akehurst, p. 136.

를 이유로 조약의 종료를 선언함으로써 야기된- *Gabčíkovo-Nagymaros Project* 사건[325]에서,

> "... 설사 긴급피난상태(state of necessity)가 존재하는 것으로 인정된다고 하더라도 이것은 조약의 종료사유가 되지 못한다. 그것은 조약을 이행하지 아니한 국가의 책임을 면제하기 위해서만 원용될 수 있을 따름이다. 긴급피난상태가 정당화되는 것으로 인정된다고 하더라도 그것은 조약을 종료시키는 것이 아니다. 그 조약은 긴급피난의 조건이 계속해서 존재하는 동안 효력이 없을 수는 있다. 즉, 그 조약은 사실상 휴면상태에 있을 수는 있겠지만, 당사자들이 상호합의에 의하여 그것을 종료시키지 않는 한 당해 조약은 계속해서 존재한다. (그리고) 긴급피난상태가 없어지는 즉시 조약상의 의무에 따를 의무가 되살아난다."

라고 언급함으로써 조약법과 국가책임법을 명백히 구분하고 있으며, ILC도 2001년 국가책임초안에 대한 일반주석에서 이를 지적하고 있다.[326] 뿐만 아니라 조약법 안에서도 조약의 무효에 관한 규칙과 종료에 관한 규칙은 구분된다.[327]

---

324) Binder in Szabó (ed.), p. 16.

325) Hungary/Slovakia, ICJ Reports (1997), p. 7 at 63 (para. 101). ICJ는 이 판결 p. 38 (para. 47)에서는 (조약법에 따라 판단해야 할) 조약의 적절한 정지/폐기 여부와 (국가책임법에 따라 판단해야 할) 조약법에 부합되지 아니하는 조약의 정지/폐기를 구분하여 다음과 같이 언급하기도 하였다 : "Nor does the Court need to dwell upon the question of the relationship between the law of treaties and the law of State responsibility, to which the Parties devoted lengthy arguments, as those two branches of international law obviously have a scope that is distinct. A determination of whether a convention is or is not in force, and whether it has or has not been properly suspended or denounced, is to be made pursuant to the law of treaties. On the other hand, an evaluation of the extent to which the suspension or denunciation of a convention, seen as incompatible with the law of treaties, involves the responsibility of the State which proceeded to it, is to be made under the law of State responsibility." 이 사건에 대한 ICJ 판결의 전체적인 분석은, 康炳根, "ICJ의 1997년 Gabčíkovo-Nagymaros Project 사건", 《한림법학 FORUM》, 제7권 (1998), pp. 233~283 ; Currie, pp. 43~44, 107, 157, 404 ; Orakhelashvili, pp. 130~132 ; 본서, 제20장 (국가승계) 참조.

326) ILC Draft articles on Responsibility of States for Internationally Wrongfully Acts (2001), General Comment, para. (4)(b) : "The consequences dealt with in the articles are those which flow from the commission of an internationally wrongful act as such. No attempt is made to deal with the consequences of a breach for the continued validity or binding effect of the primary rule (e.g. the right of an injured State to terminate or suspend a treaty for material breach, as reflected in article 60 of the 1969 Vienna Convention)."

The Rainbow Warrior (France/New Zealand) 사건의 중재재판소도 조약법과 국가책임법의 병존에 대해 언급한 바 있다 : (1990) 20 RIAA 215 at 251 (para. 75), available at https://legal.un.org/riaa/cases/vol_XX/215-284.pdf ; Crawford and Olleson in Evans (ed.), *International Law*, 3rd, p. 448.

외견상 비슷해 보이는, 조약의 종료사유로서의 '후발적 이행불능'과 국가책임법상의 위법성조각사유인 '불가항력'의 구분에 대해서는 본서, 제14장 (국가책임), "Ⅷ. 위법성 조각사유" 참조.

327) 비엔나협약 체제 하에서, 조약은 그 체결 당시 강행규범에 위배되는 경우 (당연)'무효'인데 반해(제53조), 발효 중인 조약이 신강행규범과 충돌하는 경우에는 '무효'로 '되어 종료한다'(제64조). 즉, 양자 모두 무효(void)라는 동일용어를 사용하고 있지만, 전자는 조약의 무효법이 적용되는 경우이고, 후자는 조약의 종료법이 적용되는 경우이다. 이와 함께, 조약에 언급된 '무효'의 표현이 적용대상 조약들의 (상대적 혹은 절대적) 무효(voidable or void)를 뜻하는지 아니면 종료를 뜻하는지가 불분명한 경우가 있을 수 있는데, 1965년의 한일기본조약(Treaty on Basic Relatioins between Japan and the Republic of Korea) 제2조의 해석을 둘러싼 한일간 갈등이 이것을 잘 보여주고 있다. "한국어본, 일본어본, 영어본이 모두 정본이지만, 해석에 상위가 있을 시에는 영어본에 따르게" 되어 있는 동 조약, 제2조의 영어본은 "It is confirmed that all treaties or agreements concluded between the Empire of Japan and the Empire of Korea on or before August 22,

다자조약은 그 조약에서 달리 규정하지 않는 한, 당사국의 수가 조약의 효력발생에 필요한 수 밑으로 감소되는 사실만을 이유로 종료되지는 아니한다.[328] 조약당사국 간의 외교 또는 영사 관계의 단절은 외교 또는 영사 관계의 존재가 조약의 적용을 위하여 불가결한 경우가 아니고서는 그 조약에 의하여 당사국간에 확립된 법적 관계에 영향을 주지 아니한다.[329]

ICJ는 *Gabčíkovo–Nagymaros Project* 사건[330]에서, 조약의 종료 및 운용정지에 관련한 비엔나협약의 규정들 중에서 제60조(조약의 중대한 위반), 제31조(후발적 이행불능), 제62조(사정의 근본적 변경)는 "기존관습법을 법전화"한 것이라고 하였다. 또한 이 사건에서 헝가리는 "양 당사자(헝가리와 슬로바키아)가 행동을 통해 문제의 조약을 부인하였고, 양 당사자에 의해 부인된 양자조약은 살아남을 수 없다"고 주장하였으나, 재판소는 "양 당사자의 상호적인 위법행위로 인해 조약이 종료되지도 않았으며, 종료를 정당화하지도 아니한다"[331]고 판시하면서 *pacta sunt servanda*를 강조하였다.

법적 구속력있는 문서로 의도된 것이 아닌 MOU, 즉 신사협정은 조약이 아니기 때문에 그것의 종료 문제는 비엔나 조약법협약의 관심사가 아니다.[332]

1910 are already null and void."라고 규정하고 있다. 그런데 이 규정의 "are already null and void" 부분에 대한 해석에 있어 한국과 일본 정부는 교섭과정에서 견해를 달리하였던 것으로 보인다. 먼저, 한국측은 여기서 "already"라는 단어는 당초부터 무효였음을 단지 강조하는 것으로 새기고 있다. 즉, "already"보다는 "are null and void"에 초점을 맞춤으로써 대상조약들(특히, 1910년 8월 22일의 한일합방조약/일한병합조약)의 원천무효를 주장하는 것이다. 사실, "null and void"는 조약법상 조약의 당초무효를 지칭하는 전형적인 술어이다. 이에 반해 일본측은, 여기서 "already"라고 하는 것은 한일기본조약 체결의 시점에서 봤을 때 적용대상 조약들이 이미 무효가 "되어 있다"는 객관적 사실을 적시하기 위한 표현에 불과하다고 의도한 것으로 보인다. 특히, 일한병합조약의 경우 한국의 독립이 이루어진 1948년 8월 15일에 실효했다고 해석되지만, 동 조약은 그 체결 당시에는 양국간의 자유의사에 따라 적법하게 체결되었다는 것이다. 요컨대, 1910년 병합조약의 법적 효력과 관련하여, 일본은 조약법체계 내의 '종료'법의 관점에서 접근한 데 반해, 한국은 조약법체계 내의 '무효'법의 관점에서 접근한 것이다. 사실, 제2조의 이 모호한 표현은 당시 두 국가가 조약 타결을 위하여 자초한 것으로 보인다.

328) 비엔나협약 제55조 ; Aust, 3rd, p. 255.

329) 비엔나협약 제63조. 반대로, 국가들이 조약을 체결하기 위해 먼저 외교 또는 영사 관계를 수립하여야 하는 것은 아니다. Hall, p. 135.

330) Hungary/Slovakia, ICJ Reports (1997), p. 7 at 38 (para. 46).

331) *Ibid.*, at 68 (para. 114 : "this reciprocal wrongful conduct did not bring the Treaty to an end nor justify its termination.").

332) 신사협정들도 조약들에서 발견되는 것과 아주 비슷한 종료조항을 두기도 하는데, 이런 경우 사전통고 기간을 규정하는 것이 보통이다. 물론 이같은 통고규정이 없는 MOU도 있는데, MOU가 조약의 보충문서인 경우에 특히 그러하다. 독립된 MOU는 상당한 기간 전에 통고함으로써 종료시킬 수 있을 것이다. 게다가, MOU는 법적 구속력있는 문서가 아니기 때문에, 일정 기간 전에 미리 통고함이 없이 즉각 종료를 통지하더라도 그 어떤 법적 결과를 동반하지 않는다고 보는 것이 논리적이다. 반면에, MOU가 조약의 부속문서이고 자체 종료조항이 없는 경우, 조약이 종료되기 전에 부속MOU만 종료될 수 있겠는가의 문제가 제기된다. 부속MOU가 조약의 이행에 필수적인/긴요한 경우라면 단지 MOU만 종료하는 것에 대해서는 반대논거가 강할 수 있다. 그러나 MOU는 그 자체 법적 구속력있는 문서가 아니므로 이 경우에도 즉각적인 종료를 통지하는 것에 법적 장애물은 없다고 보아야 할 것이다. 이로 인해 정치적으로 어떤 불편이나 피해가 오가는 것은 별개의 문제이다. Aust, 2nd, p. 46.

1. 조약의 규정에 따른 종료

조약의 종료 또는 당사국의 탈퇴는 '조약의 규정에 따라'(in conformity with the provisions of the treaty) 발생할 수 있다.[333] 실제로도 대다수 조약은 그 종료 또는 탈퇴를 위한 명시적 규정을 담고 있다. 실제 규정 방식을 보면, (i) 종료의 권리를 동반하는 무제한한 존속기간, (ii) 연장 가능성을 동반하는 일정 기간의 존속기간, (iii) 조건부 탈퇴의 권리를 동반하는 무제한한 존속기간, (iv) 특정 사건 발생시까지의 존속, (v) 연장이나 탈퇴를 위한 조항을 동반하지 않는 특정 기간 존속, (vi) 탈퇴조항을 동반하지 않는 무제한 존속기간, (vii) 종료 이후 일정 기간 과도적 적용의 명시, 나아가 (viii) 조약 종료 후에도 −특히 분쟁해결조항을 포함한− 조약의 일정 조항의 계속적인(혹은 무기한) 적용 등 매우 다양하다.[334]

조약이 정해진 존속기간의 만료로 인해 종료하는 경우에도 임시 연장(*ad hoc* extension)에 합의할 수 있는데, 합의 방식은 다른 조약의 체결이 될 수도 있고, −모든 당사국의 결의와 같은− 덜 공식적인 수단이 될 수도 있다.[335]

일부 양자조약은 그 주제의 성격 때문에 당사국들의 서로 다른 입법을 반영하는 종료 조항을 두기도 하는데, 특히 조세협력 분야에서 나라마다 회계연도(fiscal/financial/budget year)[336]가 달라 이를 반영한 종료조항이 삽입되기도 한다. 그 결과 종료 시점이 주제별로 당사국 간에 차이를 보이게 된다.[337]

양자조약, 다자조약을 불문하고, 종료 혹은 탈퇴 통보(통고) 일자로부터 일정 기간 경과 후에 그 통보의 효력(즉, 종료 혹은 탈퇴)이 발생하기로 규정하는 경우가 많이 있는데, 이런 경우 통보 국가는 통보의 효력이 발생하는 일자 전까지는 통보를 '철회'할 수 있다.[338] 나아가, 통보가 발효하기 전에

---

333) 비엔나협약 제54조(a).

334) Aust, 2nd, pp. 278~288.

335) *Ibid.*, pp. 283~284.

336) https://en.wikipedia.org/wiki/Fiscal_year.

337) 한 예로, "대한민국 정부와 영국 정부 간의 소득 및 양도소득에 대한 조세의 이중과세회피 및 탈세방지를 위한 협약"(Convention between the Government of the Republic of Korea and the Government of the United Kingdom of Great Britain and Northern Ireland for the Avoidance of Double Taxation and the Prevention of Fiscal Evasion with respect to Taxes on Income and Capital Gains)(1977년 4월 21일 서명, 1978년 5월 13일 발효) 제28조 (종료)는 다음과 같이 규정하고 있다 : "이 협약은 어느 체약국이 종료를 통고할 때까지 효력을 가진다. 어느 체약국이든 1980년 후 어느 역년의 연말에서 적어도 6개월 전에 외교경로를 통하여 종료 통고를 함으로써 협약을 종료시킬 수 있다. 그러한 경우에 이 협약은 다음에 대하여 효력을 가지지 아니한다 :

(a) 한국에 있어서는,

동 통고가 있은 역년의 익년 1월 1일 이후에 개시하는 과세연도의 소득세, 법인세 및 주민세 ;

(b) 영국에 있어서는,

(i) 동 통고가 있은 역년의 익년 4월 6일 이후에 개시하는 과세연도의 소득세와 양도소득세

(ii) 동 통고가 있은 역년의 익년 4월 1일 이후에 개시하는 회계연도의 법인세".

비슷한 예로, "UK-Australia Double Taxation Convention" (signed 21 August 2003, entered into force 17 December 2003), Article 30 (Termination), 〈https://www.hmrc.gov.uk/taxtreaties/in-force/uk-australia-dtc.pdf〉 (noted by Aust, 2nd, p. 286, 3rd, pp. 252~253) 참조.

338) Case C-621/18, *Wightman and Others* v *Secretary of State for Exiting the European Union*, [Request for

통보의 법적 효력을 '일시정지'(suspend, freeze, moratorium) 시키기도 하는데, 북한의 NPT 탈퇴 사례가 그 좋은 예이다. 즉, 북한은 1993년 3월 12일 NPT 탈퇴를 발표하였다가 탈퇴 발효시한 3개월 경과 전에 -정확하게는 탈퇴통보 발효 하루 전인 6월 11일- 탈퇴의 일시정지를 선언한 바 있었다.[339] 그 후 2003년 1월 10일 북한이 다시 NPT 탈퇴를 발표하였을 때 제기된 문제 중의 하나는 탈퇴의 효력이 발생하는 시점에 관한 것이었다. 북한은 1993년에 탈퇴 발효 하루를 앞두고 탈퇴의 일시정지를 선언한 바 있으므로 2003년 1월 10일 통보 하루 후 탈퇴의 효력이 발생한다고 주장하였다. 그러나 IAEA 이사회는 북한의 이 같은 해석을 배척하였으며, 다른 대부분의 국가들도 탈퇴 통보 후 새로 3개월이 경과하여야 한다고 주장하였었다.[340]

대상 조약은 다르지만 한국 정부가 북한의 NPT 탈퇴 모라토리움을 연상케 하는 방식을 채택하는 일이 생겼다. 2016년 11월 23일 한국과 일본 간에 -양측 모두 국회의 비준동의를 얻지 않은 행정부협정 형식으로- 체결, 발효된 군사정보보호협정(General Security of Military Information Agreement : GSOMIA)은 어느 한 국가가 연장 90일 전에(즉, 8월 24일까지) 종료의 의사를 "외교경로를 통하여 서면 통보"하지 않는 한 매년 자동 연장되는 것으로 규정하고 있다.[341] 2019년 8월 22일 한국 정부는 일본에 이 통보를 하였으므로 동 협정은 2019년 11월 23일 자정(子正) 부로 종료될 운명이었다. 그러나 한국 정부는 종료 6시간을 앞두고 "지소미아 효력을 언제든 종료할 수 있다는 전제 아래 8월 일본 정부에 통고한 종료 통지의 효력을 일단 정지시키기로 했다"고 발표하였다.[342] 2020년 8월 24일 보도[343]에 의하면, "한 일본 측 외교소식통은 "별도 통보가 없었기 때문에 협정은 1년 연장되는 것으로 알고 있다"고 설명"했다. "(한국)외교부 역시 별도의 종료 통보가 이뤄지지 않는 한 협정은 계속 유효하다는 판단이다." 종료 '통보'에 관한 한, 협정에서 이를 요구하고 있기 때문이다. 다만, 한국 정부는 2019년 11월 23일 발표한 "지소미아 효력을 언제든 종료할 수 있다는 전제"를 고수하고 있다. 즉, 외교부 관계자는 "(한국)정부가 종료 통보의 정지 효력을 중단한다고 하면 바로 협정이 종료되는 것으로 이해하고 있다. 이 때문에 통보 시점은 아무런 의미가 없는 것으로 알고 있다"고 말했다. 한국 외교부는 한국 측의 이러한 해석을 "양국이 공유한 것으로 돼 있다"고 밝혔는

---

a preliminary ruling from the Court of Session, Inner House, First Division (Scotland, United Kingdom)], Judgment of the [EU] Court of Justice (Full Court) of 10 December 2018, para. 49 ; 본서, 제30장 (EU법), "XVI. EU회원국의 지위, 3. EU 탈퇴" 참조.

339) 이와 관련하여, 일단 탈퇴한다는 의사를 조약의 절차에 따라 통지하였으면 나머지 다른 회원국들의 동의가 없는 한 번복할 수 없다고 보아야 할 것이라는 견해가 있다 : Amerasinghe, p. 118.

340) https://en.wikipedia.org/wiki/Nuclear_Non-Proliferation_Treaty.

341) 한국-일본 군사정보보호협정 제21조.

342) 이 발표는 물론 협정의 요건에 따라 외교경로를 통하여 일본에 서면 통보되었을 것이다. 미국 국무부 대변인은 "미국은 GSOMIA를 '갱신(연장)'하기로 한 한국의 결정을 환영한다"(The United States welcomes the ROK decision to *renew* GSOMIA)고 논평하였다. 동아일보/문병기 · 박효목, 2019-11-22, "靑, 지소미아 조건부 연장 결정…막판 타협 배경은?", 〈https://www.donga.com/news/article/all/20191122/98496842/1〉 ; https://en.wikipedia.org/wiki/Japan-South_Korea_relations ; Yonhap News Agency, November 22, 2019 "U.S. welcomes S. Korea's decision to 'renew' intel pact with Japan", 〈https://en.yna.co.kr/view/AEN20191122009400325〉 ; 태영호(前 북한 외교관), "한국식 '벼랑 끝 전술'의 末路", 조선일보, 2019.11.25., 〈https://news.chosun.com/site/data/html_dir/2019/11/24/2019112401590.html〉.

343) 헤럴드경제(미주판), 2020/08/23, '침묵 속 연장된 '지소미아'…韓-日, 종료 해석 놓고 이견".

데, "일본 외무성은 이러한 논란과 관련해 철저히 침묵을 지키는 모습이다."[344] 가정적인 질문이지만, 한국은 2019년 11월 조약 종료 6시간을 앞두고 종료 통보 발효 모라토리움을 통보했으므로 앞으로 이 6시간을 잘게 나누어 여러 번의 모라토리움을 선언할 수도 있다고 볼 것인가? 정권이 바뀌고, 외교부는 2023년 3월 21일 정례브리핑을 통해 "2019년 일본 측에 전달했던 한일 군사정보보호협정(GSOMIA) 관련 2건의 공한['지소미아 종료통보'와 '종료통보 효력정지']을 모두 철회한다는 결정을 금일 오전 외교경로를 통해 일본 측에 서면으로 통보"했다고 밝혔다.[345]

2. 당사국들의 동의에 의한 종료

조약의 종료 및 당사국의 탈퇴는 (타 체약국들과 협의한 후에) 모든 당사국의 동의가 있으면 언제든지(at any time by consent of all the parties) 발생할 수 있다.[346] 종래에는 조약은 그것이 체결된 것과 동일한 절차를 통해서만 종료될 수 있는 것으로 생각되기도 하였다. 이같은 생각에 따르면 비준에 의하여 성립한 조약은 또 하나의 다른 비준된 조약에 의해서만 종료될 수 있으며, 서명만으로 발효하는 조약에 의해서는 종료될 수 없다는 결론에 이른다. 그러나 이같은 형식주의적 견해는 더 이상 수락되지 않고 있다. 예컨대, 당사국들이 조약을 더 이상 효력있는 것으로 간주하지 않는다는 것이 (신관습법규의 형성을 포함한) 그들의 행동으로 보아 명백한 경우에는 조약종료 합의가 추론될 수 있다는 것이 ILC의 생각이다.[347] 이를 조약의 (묵시적) 폐지(desuetude) 혹은 불용(不用)(disuse, obsolescence)이라고 부른다.[348] 이처럼 조약은 당사국들의 망각 속에서 '잊혀진 조약'(forgotten treaty)이 되어 결국 소멸에 이를 수도 있는 것이지만, 이에 관한 실제 사례를 찾기는 어렵다.[349] 다만, 1990년 오스트리아 정부는 1955년의 '오스트리아 국가 조약'(Austrian State Treaty)의 일부 조항이 폐지되었다고 선언한 바 있는데, 여기에 반대한 국가는 없었다.[350]

3. 조약의 운용정지

조약은 종료 대신 단지 운용정지(suspension of the operation)의 대상이 될 수도 있는데, 비엔

344) 정욱 · 안정훈/매일경제, 2020.08.24., "지소미아` 일단 연장…한일갈등 불씨는 여전 - 24일 연장만료 조용히 넘겨; 日언론은 "자동 연장된 것"; 日외무성은 반박없이 침묵; "언제든 파기 가능한 상태" 韓 전략적 모호성 유지할 듯".

345) 외교부 > 뉴스 · 공지 > 외교부 브리핑(3.21), 〈https://www.mofa.go.kr/www/main.do〉.

346) 비엔나협약 제54조(b).

347) Yearbook of ILC, 1966, Vol. Ⅱ, p. 237. 여기서 ILC는 조약의 폐지 혹은 불용이 외견상 '사실'에 기초한 조약의 종료사유로 보이긴 하지만, 이 경우에도 조약 종료의 법적 기초는 어디까지나 행동으로부터 추론될 수 있는, 조약을 버리겠다는 '당사자들의 동의'(consent of the parties)임을 강조하고 있다.

348) Akehurst, p. 137 ; (1967) 61 AJIL 388 ; Currie, p. 183 ; Janis, 3rd, p. 34 ; Orakhelashvili, p. 160 ; Aust, 3rd, p. 270 ; Nancy Kontou, *The Termination and Revision of Treaties in the Light of New Customary International Law* (Oxford : Clarendon Press, 1994), pp. 24~31.

349) Thirlway, pp. 42~43

350) Aust, 3rd, p. 270 ; Binder in Szabó (ed.), pp. 30~31.

나협약은 두 가지 상황을 구분하고 있다.

먼저, 비엔나협약 제57조에 의하면, 조약의 운용은 "(a) 조약의 규정에 따라, 혹은 (b) (타 체약국들과 협의한 후에) 모든 당사국의 동의가 있으면 언제든지" '모든 당사국 또는 특정 당사국에 대하여' 정지될 수 있다. 여기 제57조(b)와 상기 제54조(b)의 규정은 외견상 합의에 의하여 조약 전체를 운용정지하거나 종료하는 경우를 예견한 것으로 보이지만, 조약당사국들은 조약의 일부만을 운용정지하거나 종료하기로 합의할 자유가 있음은 물론이다.[351] 제57조는 다자조약과 양자조약을 구분하고 있지 않으므로 두 조약에 모두 적용되는 것으로 보인다.

둘째로, 비엔나협약 제58조는 특별히 '다자'조약의 경우 '(단지 둘 이상의) 일부 당사국 사이에서의' 운용정지(*inter se* suspension of the operation)도 인정하고 있는데, 이것은 -뒤에서 언급할- 협약 제41조의 "다자조약의 변경(수정)" (*inter se* modification)과 논리적으로 연계되어 있다.[352] 그런데 비엔나협약 제41조와 제58조 하에서의 다자조약 일부 당사국간 협정(*inter se* agreements)은 (i) "원래의 다자조약의 일부 당사국들 간에만 체결되는 양자/다자조약"의 형식을 취할 수도 있고, (ii) "원래의 다자조약의 일부 당사국과 제3국이 함께 참여하는 다자조약"의 형식을 취할 수도 있다. 다만, (ii)의 경우에는 원래의 다자조약의 비당사국인 제3국은 제41조와 제58조의 적용 밖에 놓이며, 이 두 규정은 단지 원래의 다자조약의 당사국간의 관계에만 영향을 미칠 것이다. 또한 이 문제는 동일사항에 대한, 그러나 당사자 일부를 달리하는 전·후조약 적용과 관련하여 두 조약 모두의 당사국간에 후법우선의 원칙을 천명하고 있는 제30조 4항(a)와도 관련이 되는데, 비엔나협약 제30조 5항은 그 4항의 적용을 제41조에 종속시키고 있다. 그리고 원래의 다자조약과 *inter se* agreements는 '전혀 다른 문맥'(entirely different context)에서 (예컨대 전자는 통상조약이고 후자는 인권조약이거나, 그 반대인 경우) 체결된 것일 수도 있다.[353]

관습법은 정지될 수 없기 때문에 조약이 정지되더라도 관습법규를 반영한 조약규정은 계속 적용되는 것처럼 보일 수 있다.[354] 또한, 비엔나협약에는 언급이 없지만, UN안보리가 헌장 제7장에 의거하여 조약의 일방 당사국에게 제재를 부과함으로 인하여 조약(또는 조약의 일부 규정)의 운용이 정지되는 상황이 발생하는 것도 예상해 볼 수 있는 일이다.[355]

4. 묵시적 폐기 · 탈퇴권

조약이 종료, 폐기 또는 탈퇴에 관한 규정을 담고 있지 않은 경우 타방 당사국의 동의 없이도 폐기

351) Aust, 2nd, p. 288.

352) 아래 "Ⅶ. 조약의 개정과 변경" ; Malgosia Fitzmaurice in Evans (ed.), *International Law*, 3rd, p. 181. 비엔나협약 제41조와 제58조는 특히 *Reservations to the Convention on Genocide*, Advisory Opinion, ICJ Reports (1951), p. 15 (at 23)에 뿌리를 둔 "통합적" 의무(integral obligation) 관념의 연장선상에 있다.

353) 이상의 문제들에 대한 자세한 논의는, Pauwelyn, pp. 305, 308, 321~326 참조.

354) Kaczorowska-Irealand, p. 113

355) *Ibid.*, p. 114.

또는 탈퇴가 가능한가의 문제가 제기된다. 비엔나협약 제56조는 이에 관해 다음과 같이 규정하고 있다.

> "1. 종료에 관한 규정을 포함하지 아니하고, 폐기 또는 탈퇴를 규정하고 있지 아니한 조약은 다음의 경우가 아니면 폐기 또는 탈퇴할 수 없다.
> (a) 당사국들이 폐기 또는 탈퇴의 가능성을 인정하고자 의도하였음이 입증되는 경우, 또는
> (b) 폐기 또는 탈퇴의 권리가 조약의 성질로 보아 추론될 수 있는 경우.
> 2. 당사국은 제1항에 의거한 조약의 폐기 또는 탈퇴의 의사를 적어도 12개월 전에 통고하여야 한다."

제56조 1항의 서두 문언으로 보아, 조약이 폐기·탈퇴 또는 종료에 관하여 명시적 규정을 포함하고 있는 경우에는 폐기 또는 탈퇴의 권리는 결코 묵시적으로 추론될 수 없는 것으로 보인다.[356] 또한, 폐기, 탈퇴를 정당화하는 사유, 즉 1항의 (a)호와 (b)호는 예외로 표현되어 있기 때문에 이 예외가 적용됨을 입증할 책임은 폐기, 탈퇴를 원하는 당사국 측이 지게 된다.[357]

제56조 1항(a)에 해당하는 조약으로서는 UN헌장을 들 수 있다. UN헌장에는 회원국의 탈퇴에 관하여 명시적 규정을 두고 있지 않으나 샌프란시스코 회의의 한 보고서는 "어떤 회원국이 예외적인 사정 때문에 탈퇴하지 않으면 안되겠다고 느끼는 경우, 동 회원국으로 하여금 이 기구 내에서 협력을 계속하도록 강제하는 것은 이 기구의 목적이 아니다."라는 견해를 밝힌 바 있다.[358]

제56조 1항(b)에 언급된 (조약의)'성질'(nature)이 무엇인지에 대한 지침을 찾기는 어렵지만, 여기에해당하는 조약으로는 대체로 동맹조약(treaties of alliance), 국제기구 설립조약, (외교관계 수립을 포함한) 통상조약, 문화 관련 조약 그리고 (임시적 혹은 잠정적 성격의 조약으로서, 좀더 항구적이거나 자세한 성격의 조약으로 대체될 것이 의도된) 이른바 잠정협정(*modus vivendi*) 등을 들고 있다. 국제재판소에게 재판관할권을 부여하는 조약들도 같은 범주에 속하는 것으로 보인다.[359] 그러나 사건에 따라 조약 해석의 문제가 제기될 수 있다. *Fisheries Jurisdiction* (United Kingdom v. Iceland)(Jurisdiction) 사건[360]은 1972년 아이슬란드가 배타적 어업수역을 50마일로 일방적으로 확장하자, 영국이 1961년의 양국간 조약(즉, 각서교환)에 포함된 재판부탁조항(compromissory clause)[361]에 의거하여 일방적으로 제기한 사건이었다. 그런데 이 각서교환은 존속기간에 대해 명

---

356) Akehurst, p. 137 ; Kaczorowska-Ireland, p. 115.
357) Aust, 2nd, p. 290.
358) 본서, 제25장 (UN).
359) Akehurst, p. 138 ; Brierly, p. 331 ; Harris, 5th, p. 839 ; Aust, 2nd, p. 291 ; Hall, p. 125 ; Orakhelashvili/Akehurst, p. 290.
360) ICJ Reports (1973), p. 3.
361) 문제의 규정은 다음과 같았다 : "The Icelandic Government will continue to work for the implementation of the Althing Resolution of May 5, 1959, regarding the extension of fisheries jurisdiction around Iceland, but shall give to the United Kingdom Government six months' notice of such extension, and, in case of a dispute in relation to such extension, the matter shall, at the request of either party, be referred to the International Court of Justice." (quoted in para. 13 of the

문의 규정을 담고 있지는 않았다. 피고국 아이슬란드는 1961년의 교환각서는 "항구적 성격의 것이 아니며, 특히 사법적 해결을 위한 약속은 더욱 그러하다"고 주장하였다.[362] 아이슬란드의 이같은 주장은 재판부탁조항은 사전 충분한 통고를 통해 종료, 즉 폐기시킬 수 있다는 의미였다. 그러나 문제의 재판부탁 조항은 "아이슬란드가 자신의 어업관할권의 범위를 확장하고자 하는 경우에는 영국과 아이슬란드 그 어느 쪽이든지 문제를 ICJ에 가져갈 수 있다"고 규정하고 있었는데, 재판소는 "재판소의 관할권을 원용할 권리는 잘 정의된 미래 사건의 발생시까지 연기되었으며, 따라서 이것은 정지조건 하에(subject to a suspensive condition) 놓여 있었다."[363]고 판시하고 관할권 성립을 인정한 바 있다. 요컨대, 1961년 조약에 의거하여 ICJ의 관할권을 원용할 권리는 잘 정의된 미래사건이 발생하기 이전까지는 아이슬란드에 의해 폐기될 수 없다는 것이었다.[364]

1997년 8월 21일 "차별방지 및 소수자보호에 관한 UN소위원회"(1999년 "인권증진 및 보호에 관한 UN소위원회"로 개명)[365]에서 북한인권상황에 관한 결의가 채택되자 북한은 즉시 이에 반발하여 "시민적 · 정치적 권리에 관한 국제규약"[366]의 탈퇴를 선언한 바 있다. 그러나 동 규약은 폐기 혹은 탈퇴에 관한 규정을 두고 있지 않은데, 여기에 한 번 가입하면 −다른 모든 당사국이 동의하지 않는 한− 폐기 혹은 탈퇴가 허용되지 않는다는 견해가 여러 방면에서 제시되고 있다.[367] 이와는 대조적으로, 동 규약의 (제1)선택의정서는 그 당사국이 언제든지 의정서를 폐기하는 것을 허락하고 있다.[368]

국제관습법은 묵시적 폐기 · 탈퇴권을 행사할 때에는 언제나 '합리적인(혹은 상당한)' 사전통고를 줄 것을 요구하고 있다.[369] 제56조 2항은 최소 12개월 전의 통고를 요구함으로써 이 문제에 정확성

Judgment).

362) Para. 25 of the Judgment.

363) Para. 28 ("That being so, the compromissory clause in the 1961 Exchange of Notes may be described as an agreement to submit to the Court, at the unilateral request of either party, a particular type of dispute which was envisaged and anticipated by the parties. The right to invoke the Court's jurisdiction was thus deferred until the occurrence of well-defined future events and was therefore subject to a suspensive condition. In other words, it was subject to a condition which could, at any time, materialize if Iceland made a claim to extend her fishery limits, and the right of recourse to the Court could be invoked only in that event.").

364) Aust, 2nd, p. 292.

365) 본서, 제17장 (국제인권법).

366) 상동.

367) 예컨대, UN사무총장은 1997년 8월 25일 북한정부로부터 동월 23일자 동 규약의 탈퇴 통보를 받고 나서 9월 23일 북한측에 송부한 비망록(aide-mémoire)에서 그같은 견해를 전달한 바 있으며, UN의 규약 관련 웹사이트에도 북한은 여전히 동 규약의 당사자로 올라 있다 : https://www2.ohchr.org/english/law/ccpr.htm (accessed 4 April 2012). 동 규약 소속의 인권위원회(Human Rights Committee)도 1997년의 '일반적 논평 제26'(General Comment 26)에서 비슷한 견해를 제시한 바 있다 : https://www1.umn.edu/humanrts/gencomm/hrcom26.htm ; Aust, 2nd, p. 291 (& 3rd, p. 257) ; Cassese, *International Law*, 2nd, pp. 181~182 ; Shaw, 5th, p. 296 ; 諸成鎬, "유엔人權小委의 北韓人權關聯 決議採擇 : 意味 分析 및 評價", 《국제법평론》, 1998-Ⅰ/Ⅱ(통권 제10호), p. 154 ; The Hon Justice Michael Kirby AC CMG, "Human Rights - The Way Forward", (2000) 31 Victoria University of Wellington Law Review 703 at 708~709.

368) "시민적 정치적 권리에 관한 국제규약 선택의정서" 제12조 ; 본서, 제17장 (국제인권법) 참조.

369) *Military and Paramilitary Activities in and against Nicaragua* (Nicaragua v. United States of America)(Jurisdiction and Admissibility), ICJ Reports (1984), p. 392 at 420 (para. 63).

을 기하고 있다.[370)]

술어 사용의 문제로서, 제56조는 '폐기'와 '탈퇴'를 특별히 구분하고 있지 않으며, 둘 다 조약의 종료를 초래할 수 있는 행위이다. 다만, 조약의 폐기(denunciation)란 더 이상 조약의 구속을 받지 않겠음을 선언하는 조약당사국의 일방적 의사표시를 지칭하는 용어로서, 양자조약의 적법한 폐기는 당연히 해당 조약 자체를 종료시킨다. 폐기란 용어는 때로 다자조약에 대해서도 사용되지만 이 경우에는 탈퇴(withdrawal)라는 용어가 더 적합하다. 보통은 어느 한 당사자가 다자조약을 떠나도 해당 조약 자체가 종료하지는 않을 것이기 때문이다. 뿐만 아니라, 탈퇴는 폐기라는 단어의 부정적인 의미를 전하지도 않는다.[371)] 그리고 탈퇴는 다자조약에만 적합한 표현으로 생각될 수 있겠지만 양자조약에서도 사용된다.[372)]

5. 후조약 체결에 의한 조약의 묵시적 종료

조약의 '모든 당사국'이 '동일한' 사항(the same subject-matter)에 관하여 후조약을 체결하고, (a) 당사국들이 동 사항을 후조약에 의하여 규율하기로 의도하였음이 후조약으로부터 나타나거나 또는 달리 입증되는 경우 또는 (b) 후조약과 전조약이 동시에 적용될 수 없을 만큼 상호양립할 수 없는 경우, 전조약은 아주 종료한 것으로 간주된다.[373)] 다만, 전조약의 종료 대신 단지 그 운용을 정지시키는 것이 당사국들의 의도였음이 후조약으로부터 나타나거나 또는 달리 입증되는 경우, 전조약은 단지 그 운용이 정지된 것으로 간주된다.[374)]

제59조 1항에서 조약의 '모든' 당사국이 동일사항에 대하여 후조약을 체결하는 경우라 함은 –비엔나협약 제30조 3항에서와 마찬가지로– (i) 전·후 두 조약의 당사국이 정확히 동일한 경우뿐만 아니라, (ii) 후조약이 전조약의 모든 당사국 외에 다른 국가(들)에 대해 구속력을 갖는 경우를 포함한다.[375)]

외견상 제30조와 제59조는 유사해 보이지만, 양자는 구분하여야 한다. 즉, 제30조(동일한 사항/문제에 대한 계승적 조약의 적용)는 '전·후 조약이 모두 발효하고 있는 데 대해서는 의문의 여지가 없음을 전제로' 단지 관련조약의 모순되는 의무 간의 '우선순위'(priority)를 다루고 있다. 따라서 제30

370) Hall, p. 125.
371) Aust, *Handbook of IL*, 2nd, p. 93.
372) 이를테면, 미국과 러시아 간 양자조약인 SORT("Treaty Between the United States of America and the Russian Federation on Strategic Offensive Reductions")(2002년 5월 24일 서명, 2003년 6월 1일 발효, 2012년 12월 31길 만료) 제4조 3항("Each Party, in exercising its national sovereignty, may withdraw from this Treaty upon three months written notice to the other Party.") 참조 ; available at 〈https://www.nuclearfiles.org/menu/library/treaties/strategic-offensive-reduction/trty_strategic-offensive-reduction_2002-05-24.htm〉, & 〈https://cns.miis.edu/inventory/pdfs/sort.pdf〉. 비슷한 사례로, 한·중·일 투자보호협정(2012년 5월 13일 서명, 2014년 5월 17일 발효) 제27조("최종조항")도 5항에서 세 당사국 중 한 국가의 "탈퇴"에 대해 규정한 다음, 6항에서는 남은 두 당사국 중 한 국가가 "탈퇴"하면 조약은 종료된다고 규정하고 있다 : 본서, 제1장 (국제공동체의 역사적 전개과정) 참조.
373) 비엔나협약 제59조 1항.
374) 비엔나협약 제59조 2항.
375) Aust, 2nd, p. 292.

조 규칙은 당사국들이 전조약을 종료(또는 시행정지)시키려는 의도가 없음이 제59조 규칙의 적용에 의하여 결정 혹은 확인이 된 경우에만 작동하기 시작한다.[376]

6. 조약의 중대한 위반

조약의 일방당사자가 유효하게 성립한 (양자 또는 다자)조약을 위반하면 '위반의 경중 여부를 불문하고' 이는 국제위법행위로서 국가책임을 초래하므로,[377] 피해국은 적절한 배상(reparation)을 청구할 수 있을 것이다. 한 걸음 더 나아가서 피해국은 조약 위반에 대한 제재로서 조약을 종료 또는 운용정지시킬 수 있을지가 문제되는데, 조약의 경미한 위반에 대해서까지 이같은 권리를 인정하게 되면 국가 간의 법적 거래는 오히려 항상 불안할 것이다. 게다가 다른 조약 혹은 국제관습법규의 위반을 이유로 위반과는 관련이 없는 조약의 종료 내지는 운용정지를 허용하게 되면 국가 간 법적 거래는 더욱 더 불안해질 것이다. 그러므로 비엔나협약은 조약의 '중대한' 위반(material/serious breach)의 경우에 '당해 조약'의 종료 내지 운용정지만을 허용하고 있다. 이 두 가지 요건을 조약에서 명시하는 경우도 있다.[378]

ICJ도 *Gabčíkovo-Nagymaros Project* 사건[379]에서 체코슬로바키아의 다른 조약들에 대한 행동이 헝가리의 행동을 평가함에 있어 관련성을 갖는다는 헝가리 측의 주장에 대해 "본 재판소의 견해로는, 단지 조약의 일방 국가당사자에 의한 당해 조약 자체의 중대한 위반만이 타방 당사자에게 그것을 조약의 종료사유의 하나로서 원용할 수 있는 자격을 주게 된다. 다른 조약규칙이나 일반국제법규의 위반은 피해국이 대항조치를 포함한 일정 조치를 취하는 것을 정당화할 수는 있겠지만, 이것이 조약법 하의 (조약)종료를 위한 사유를 구성하지는 아니한다."고 응답한 바 있다. ICJ는 이 사건에서 특히 다음의 몇 가지 점에 대해서도 언급하였다. 첫째, 조약의 중대한 위반을 원용하는 당사자가 의무 위반 당사자 측이 조약상의 의무를 이행하는 데 "도움이 되지 않는"(not conducive) 상황을 초래하는 데 기여하였다면 -설사 의무이행 비태만국의 행위가 그 자체 위법한 것이 아니라 하더라도- 조약의 중대한 위반을 원용할 권리를 박탈당할 수도 있다.[380] 둘째, 조약의 중대한 위반 사유의 '시기상조의' 원용은 조약의 종료를 가져오지 못한다.[381] 셋째, 선행하는 위법한 행위로써

376) 비엔나협약 제30조 3항은 이 점을 분명히 하고 있다. *Ibid.*, p. 293 ; Pauwelyn, p. 381.

377) 즉, 조약의 '모든' 위반은 국제위법행위로서 국제책임을 동반한다. Rosenne, *The Perplexities of Modern International Law*, p. 350, fn. 28.

378) 이를테면, 1907년 헤이그 육전규칙 제40조는 "당사자 일방에 의한 '중대한' 휴전협정 위반은 타방 당사자에게 '동 휴전협정' 폐기의 권리와 함께, 긴급한 경우에는 즉각 교전(적대행위)을 재개할 권리까지도 부여한다."(Any serious violation of the armistice by one of the parties gives the other party the right of denouncing it, and even, in cases of urgency, of recommencing hostilities immediately.)라고 규정하고 있다.

379) Hungary/Slovakia, ICJ Reports (1997), p. 7 at 65 (para. 106).

380) *Ibid.*, at 66 (para. 107).

381) ICJ Reports (1997), p. 7 at 66 (para. 108). 헝가리와 체코슬로바키아는 1977년에 다뉴브강에 공동으로 두 개의 댐을 건설, 운영하기 위한 양자조약을 체결하였는데, 헝가리는 체코슬로바키아(슬로바키아에 의해 승계됨)가 이 조약을 위반하였다는 이유로 1992년 5월에 조약의 종료를 통고하였다. 이에 대해 ICJ는, 체코슬로바키아의 유일한 위반은 이 국가가 1992년 10월에 다뉴브강의 물을 우회 운하로 돌렸을 때 발생했고, 따라서 헝가리

타방 당사자의 의무 이행을 막은 당사자는 타방당사자의 의무 불이행을 이유로 해당 조약을 종료시킬 권리가 없다.[382)]

비엔나협약 제60조 3항에 의하면 '중대한' 위반이란 "(i) 비엔나협약에 의하여 인정되지 않는 조약의 부인 또는 (ii) 조약의 객체 또는 목적 수행에 필수적인 조항의 위반"을 말한다. 후자의 경우 단지 '필수적인' 조항의 위반이라고 표현하고 있으나 '필수적인' 조항의 '중대한' 위반만이 종료사유가 된다고 보아야 할 것이다. ICJ도 -비엔나협약이 서명을 위해 개방된 직후 UN안전보장이사회 측에서 권고적 의견을 요청해 온- *Namibia* 사건[383)]에서 -"위반을 이유로 한 조약관계의 종료에 관한 비엔나협약의 규

는 체코슬로바키아의 조약 위반이 아직 일어나지 않은 상태에서 시기상조의(premature) 행동을 한 것이므로, 헝가리는 조약의 종료사유로서 상대방의 조약 위반을 원용할 자격이 없다고 결론지었다. Keitner, pp. 25~26 ; 본서, 제20장 (국가승계), "Ⅱ. 조약의 승계, 1. 처분적 조약, (2) 지역권 설정조약" 참조.

382) *Ibid.*, at 67 (para. 110) ; Hall, p. 128.

383) *Legal Consequences for States of the Continued Presence of South Africa in Namibia (South West Africa) notwithstanding Security Council Resolution 276 (1970)*, Advisory Opinion, ICJ Reports (1971), p. 16 at 46~47 (paras. 94~96). 사건 개요는 다음과 같다. 남아프리카는 서남아프리카[1968년 6월 12일 UN총회결의 2372 (XXII)에 의해 나미비아로 개명됨]로 알려진 영토에 대해 영국을 대신하여 위임통치(Mandate)를 계속하고 있었다. 남아프리카가 아파트헤이트(apartheid) 정책을 실시하자 UN총회에서는 남아프리카가 국제조약의 지위를 가진 위임통치 하의 서남아프리카 인민에 대한 자신의 의무를 이행하지 않고 있다는 우려가 널리 형성되었다. 1966년 10월 27일 채택한 결의 2145 (XXI)에서 총회는 "남아프리카는 위임통치 영토의 시정(施政)에 대한 자신의 의무를 이행하지 않았다고 선언(Declares)"하면서, "남아프리카 정부에 의해 행사되는 -영국에 부여된- 위임통치는 따라서 종료되며, 남아프리카는 이 영토를 관리할 다른 아무런 권리도 없으며, 이제부터 서남아프리카는 UN의 직접적인 책임 하에 놓인다고 결정(Decides)"하였다. 남아프리카는 UN총회의 이러한 요구를 배척하였다. 1970년 1월 30일 채택한 '결의 276'(나미비아 상황)을 통해 안보리는 총회의 결의를 재확인하면서, "남아프리카 당국의 나미비아에서의 계속된 존재는 위법이며, 따라서 위임통치 종료 후 남아프리카 정부가 채택한 -나미비아를 대신한 혹은 나미비아에 관한- 모든 행위는 위법이고 무효이다"라고 선언하였다. 총회와 안보리의 거듭된 결정에도 불구하고 남아프리카는 위임통치 협정 하의 자신의 권리가 종료되었음을 인정하지 않으면서 나미비아 점령을 계속하였다. 이에 안보리는 ICJ에 "안보리결의 276에도 불구하고 남아프리카가 나미비아가 계속 존재하고 있는 것의 (모든) 국가들에 대한 법적 결과는 무엇인가"의 질문을 제기하였다. 재판소는 "남아프리카의 위임통치는 적법하게 종료되었다"는 의견을 전달하면서, 조약의무의 위반과 관련하여 다음과 같이 말하였다 : "94. In examining [Resolution 2145 (XXI)] of the General Assembly it is appropriate to have regard to the general principles of international law regulating termination of a treaty relationship on account of breach. ... ... The rules laid down by the Vienna Convention on the Law of Treaties concerning termination of a treaty relationship on account of breach (adopted without a dissenting vote) may in many respects be considered as a codification of existing customary law on the subject. In the light of these rules, only a material breach of a treaty justifies termination, such breach being defined as: "(a) a repudiation of the treaty not sanctioned by the present Convention; or (b) the violation of a provision essential to the accomplishment of the object or purpose of the treaty" (Art. 60, para. 3).

95. General Assembly resolution 2145 (XXI) determines that both forms of material breach had occurred in this case. By stressing that South Africa "has, in fact, disavowed the Mandate", the General Assembly declared in fact that it had repudiated it. The resolution in question is therefore to be viewed as the exercise of the right to terminate a relationship in case of a *deliberate and persistent violation of obligations which destroys the very object and purpose* of that relationship.

96. It has been contended that the Covenant of the League of Nations did not confer on the Council of the League power to terminate a mandate for misconduct of the mandatory and that no such power could therefore be exercised by the United Nations, since it could not derive from the League greater powers than the latter itself had. For this objection to prevail it would be necessary to show that the mandates system, as established under the League, excluded the application of the general principle of

칙은 많은 측면에서 기존관습법을 법전화한 것으로 볼 수 있다"고 전제한 뒤- "위임통치협정의 바로 그 객체와 목적을 파괴하는 '의도적이고 중요한' 의무위반"이 발생했다고 봄으로써 제60조 3항에 대해 이 같은 해석을 채택한 것으로 보인다. 그렇지 않으면 필수적인 조항의 '경미한' 위반까지도 종료 또는 운용정지 사유가 된다는 불합리한 해석이 도출될 염려가 있다.[384)]

비엔나협약 제60조 1항은 '양자'조약의 중대한 위반과 관련하여 "일방당사국에 의한 양자조약의 중대한 위반은 동 조약을 종료시키거나 또는 그 운용을 전부 또는 일부 정지시키기 위한 사유로서 동 위반을 원용할 수 있는 권리를 타방당사국에게 부여한다."라고 규정하고 있다.

'다자'조약의 경우에는 문제가 좀 복잡하다. 한 당사국이 다자조약을 중대하게 위반하였다 하더라도 직접적인 피해당사국이 다른 많은 당사국들의 의사에 관계없이 조약 전체를 폐기하는 것은 온당하지 못할 것이기 때문이다. 그러므로 비엔나협약 제60조 2항은 다음과 같이 자세한 규정을 두고 있다.

> "일방 당사국에 의한 다자조약의 중대한 위반은 관계 당사국들에게 다음의 권리를 부여한다.
> (a) 타방 당사국들은 전원합의에 의하여, (ⅰ) 자신들과 위반국 간에, 또는 (ⅱ) 모든 당사국 간에 조약의 전부 또는 일부의 운용을 정지시키거나 조약을 종료시킬 수 있는 권리를 갖는다.
> (b) 위반에 의하여 특별히 영향을 받은 당사국(a party specially affected by the breach)은 자국과 위반국 간의 관계에서 조약의 운용을 전부 또는 일부 정지시키기 위한 사유로서 이를 원용할 수 있는 권리를 갖는다.
> (c) 일방 당사국에 의한 조약규정의 중대한 위반이 그 조약 하의 의무의 계속적인 수행에 관하여 모든 당사국의 지위를 근본적으로 변경시키는(radically changes the position of every party) 경우, 위반국을 제외한 어느 당사국도 자국에 관하여 조약의 전부 또는 일부의 운용을 정지시키기 위한 사유로서 이를 원용할 수 있는 권리를 갖는다."

위 규정의 (a)호는 위반국 이외의 타방 당사국들이 전원합의에 의하여 공동대처하는 경우이며, (b)호는 직접적인 피해당사국이 위반국에 대하여 개별적으로 대처하는 경우이다. 그리고 (c)호는 군축조약(disarmament treaty) 위반의 경우에서 보는 것처럼 한 당사국의 조약 위반이 조약체제 전체를 뒤흔드는 경우, 무고한 타방 당사국들이 개별적으로 조약체제 전체에(즉, 위반국을 포함하여 타방 당사국들 모두에게) 대응하는 상황을 예견하고 있다. 그리고 (a)호에서 보는 것처럼, 위반국 이외의 타방 당사국들이 전원합의에 의하여 공동대처하는 경우에는 다자조약을 (위반국에 대해서만 혹은 모든 당사국 간에) 종료시킬 수 있지만, (b)·(c)호에서처럼 개별 대처하는 경우에는 단지 조약의 운용을

---

law that a right of termination on account of breach must be presumed to exist in respect of all treaties, except as regards provisions relating to the protection of the human person contained in treaties of a humanitarian character (as indicated in Art. 60, para. 5, of the Vienna Convention). The silence of a treaty as to the existence of such a right cannot be interpreted as implying the exclusion of a right which has its source outside of the treaty, in general international law, and is dependent on the occurrence of circumstances which are not normally envisaged when a treaty is concluded."(italics added)

384) Akehurst, p. 139 ; Aust, *Handbook of IL*, 2nd, pp. 95~96 ; Hall, p. 130.

(전부 또는 일부) 정지시킬 수 있을 따름이다.

비엔나협약 제60조 2항에서 (b)의 "특별히 영향을 받은 당사국"(a party specially affected)과 (c)의 "모든 당사국의 지위를 근본적으로 변경시킴" (radically changes the position of every party)의 구조는 후일 ILC의 국가책임 법전화 작업에도 상당한 영향을 미쳤고, 그 결과 -집단적 의무(collective obligations) 위반의 피해국을 정의함에 있어- 2001년 ILC국가책임초안 제42조(b), (i)의 "특별히 영향을 받은 국가"(specially affects that State)와 (ii)의 "다른 모든 국가들의 지위를 근본적으로 변경시킴"(radically to change the position of all the other States)의 공식으로 나타났다. 양 규정의 목적과 적용범위는 물론 다르다.[385)]

제60조의 규정에서 보는 바와 같이 중대한 위반은 조약을 자동 종료시키는 것이 아니라 단지 피해당사국에게 조약을 종료시키거나 정지시킬 수 있는 선택권을 부여할 따름이다. 그리고 중대한 위반에도 불구하고 조약이 계속 유효함에 명시적으로 혹은 묵시적으로 동의한 피해당사국은 더 이상 조약의 종료 또는 운용정지를 주장할 수 없다.[386)] 조약을 종료하거나 운용정지시킬 수 있는 피해당사국의 권리는 물론 해당 조약 자체의 규정에 의하여 수정 또는 배제될 수 있다.[387)]

제60조 5항에 의하면, 조약의 중대한 위반을 이유로 한 1~2항의 권리는 "인도적 성격의 조약에 포함되어 있는 인간보호에 관한 규정, 특히 그러한 조약에 의하여 보호를 받고 있는 인간에 대한 어떠한 형태의 복구도 금지하는 규정"에는 적용되지 아니한다. 이런 종류의 인권 내지 인도법 관련 조약에는 '조약의 중대한 위반'에 내재하고 있는 전통국제법의 상호주의(reciprocity) 논리가 더 이상 통용되어서는 안 될 것이기 때문이다.[388)]

7. 후발적 이행불능

조약 발효 후 조약의 실행에 불가결한 객체(object indispensable for the execution of the

385) 2001년 ILC국가책임초안 제42조에 대한 주석 (4), (5) ; Tams, pp. 53~54 ; 본서, 제14장 (국가책임), "X. 국가책임의 이행".

386) 비엔나협약 제45조.

387) 비엔나협약 제60조 4항.

388) Cassese, *Human Rights in a Changing World*, pp. 170~171 ; Pauwelyn, pp. 53~54, 59~60 ; ICTY (Trial Chamber), *Prosecutor* v. *Kupreškić et al.*, Case No. IT-95-16-T, 14 January 2000, 〈https://www.icty.org/en/case/kupreskic〉, para. 520("... most norms of international humanitarian law, in particular those prohibiting war crimes, crimes against humanity and genocide, are also peremptory norms of international law or *jus cogens*, i.e. of a non-derogable and overriding character. One illustration of the consequences which follow from this classification is that if the norms in question are contained in treaties, contrary to the general rule set out in Article 60 of the Vienna Convention on the Law of Treaties, a material breach of that treaty obligation by one of the parties would not entitle the other to invoke that breach in order to terminate or suspend the operation of the treaty. Article 60(5) provides that such reciprocity or in other words the principle *inadimplenti non est adimplendum* does not apply to provisions relating to the protection of the human person contained in treaties of a humanitarian character, in particular the provisions prohibiting any form of reprisals against persons protected by such treaties.").

treaty)가 영구 소멸하거나 파괴되어 조약의 이행이 불가능한 경우, 이를 조약의 종료 또는 탈퇴의 사유로 원용할 수 있다.[389] ILC는 '후발적 이행불능'(supervening impossibility of performance)[390]과 (후술하는) '사정의 근본적 변경'(fundamental change of circumstances)을 명확하게 구분하는 것이 쉽지 않으므로 이 둘을 통합하여 규정하자는 일부 위원의 제안을 거절하고 양자를 각기 별개의 사유로 규정하였다.[391] '후발적 이행불능' 법리와 '사정의 근본적 변경' 법리 양자 모두 조약 발효 후 사정의 근본적인 변경과 연관되어 있다는 점에서 유사성이 없는 것은 아니다. 미국의 리스테이트먼트(제3차)도 "비엔나협약 제61조(후발적 이행불능)는 *rebus sic stantibus*의 특별 적용으로 볼 수 있다. 불가결한 객체의 소멸은 대개는 '사정의 근본적 변경'을 구성할 것이기 때문이다."[392]라고 언급하고 있다. 그러나 법리로서의 사정의 근본적 변경은 사정변경으로 인해 조약(혹은 계약)상의 의무이행이 불가능해진 정도에 이르지는 않았지만 더욱 부담스러워진 경우에 적용하기 위해 고안된 이론이라는 점에서 양자를 별개로 구분한 것은 타당해 보인다.[393]

후발적 이행불능을 논함에 있어서는 우선 조약의 이행에 불가결한 '객체' (object)가 무엇을 의미하는지를 분명히 하여야 하는데, ICJ는 *Gabčíkovo-Nagymaros Project* 사건[394]에서 이 문제에 대해 정확한 해답을 주지는 않았다. 비엔나협약 초안에 대한 주석에서 ILC는 국가관행에서 후발적 이행불능을 이유로 조약을 종료시킨 사례는 거의 발견되지 않는다고 하면서도, 조약의 이행에 불가결한 "섬이 침몰하거나, 강이 말라버리거나, 댐이나 수력발전시설이 파괴되는 경우" 등을 그 가능한 사례로서 언급하고 있다.[395] 타국에 임대하기로 한 국가보물이 화재로 소실된 경우도 여기에 해당될 수 있을 것이다.[396] 이 밖에도 ILC는 2001년 국가책임초안의 불가항력(*force majeure*)에 대한 설명에서, "(단지 일회성적인) 위법성조각사유인 불가항력과 결부되어 있는 어려움은 −그것이 설사 상당하다고 해도− 그 정도에 있어 조약종료(혹은 운용정지) 사유로서의 후발적 이행불능의 그것에는 미치지 못한다"[397]는 견해를 제시한 바 있다.[398] 또한 ICJ는 *Gabčíkovo-Nagymaros Project* 사건[399]

---

389) 비엔나협약 제61조 1항 첫 번째 문장.

390) 영국법에서는 "frustration" 혹은 'subsequent impossibility"라고도 부른다. Emile Woolf, Suresh Tanna, & Karam Singh (eds.), *Law* (Eastover, Plymouth : Macdonald & Evans Ltd, 1985), p. 169 ; Hall, p. 134.

391) ILC조약법초안 제58조(후발적 이행불능)에 대한 주석 (1) : "...The Commission, however, considered that juridically "impossibility of performance" and "fundamental change of circumstances" are distinct grounds for regarding a treaty as having been terminated, and should be kept separate. Although there might be borderline cases in which the two articles tended to overlap, the criteria to be employed in applying the articles were not the same, and to combine them might lead to misunderstanding." Yearbook of the ILC, 1966, Vol. Ⅱ, pp. 255~256, 〈https://untreaty.un.org/ilc/texts/instruments/english/commentaries/1_1_1966.pdf〉.

392) *Restatement (Third) of the Foreign Relations Law of the United States*, p. 219.

393) Binder in Szabó (ed.), p. 5.

394) ICJ Reports (1997), p. 7 at 63~64 (paras. 102~103) ; 본장, "Ⅸ. 조약의 객체와 목적."

395) Yearbook of the ILC, 1966, Vol. Ⅱ, p. 256.

396) Aust, p. 240 (& 2nd, p. 297).

397) UN ILC Draft articles on Responsibility of States for Internationally Wrongfully Acts (2001), Commentary to Article 23, para. (4) : "The degree of difficulty associated with *force majeure* as a circumstance precluding wrongfulness, though considerable, is less than is required by article 61 for

에서, 비엔나 조약법외교회의에서 참가국들은 "중대한 재정적 곤란을 이유로 한 지급불능"은 -조약 불이행의 위법성을 조각할 수 있을지는 몰라도(이것은 국가책임법의 문제이다)- 조약의 종료(혹은 운용정지) 사유가 되기에는 충분하지 않은 것으로 보았었다고 언급하고 있다. 조약당사자 일방의 국제인격의 완전한 소멸도 이행불능의 한 사유로서 제시된 바 있으나 포함되지는 않았는데, 이 문제는 -당시 아직 ILC가 다루지 않고 있었던- 국가승계 문제와도 관련된 것이기 때문이다.[400]

한편, 국제관습법에서는 후발적 이행불능이 당연종료사유인지 아니면 종료원용사유인지가 불분명하였는데, 비엔나협약에서는 이를 단지 종료원용사유로 만들었다.

이행불능이 영구적이 아니고 단지 일시적인 경우에는 조약의 운용정지의 사유로서만 원용될 수 있다.[401] 그리고 조약 또는 기타 국제의무 위반으로 인하여 이행불능을 초래한 당사국은 조약의 종료, 탈퇴 또는 운용정지를 위하여 이를 원용할 수 없다.[402]

8. 사정의 근본적 변경

모든 조약은 사정이 그 체결 당시와 동일함에 한에서만 효력을 유지한다는 묵시적 조항(*clausula rebus sic stantibus*)[403]을 포함하고 있다고 말함으로써 사정변경의 원칙을 설명하려고 노력한 때도 있었다.[404] 그러나 이같은 설명은 의제에 기초한 것으로서 *rebus sic stantibus* 원칙의 적용범

---

termination of a treaty on grounds of supervening impossibility, ..."

398) See Orakhelashvili, p. 159.

399) ICJ Reports (1997), p. 7 at 63 (para. 102) : "... Article 61, paragraph 1, requires the "permanent disappearance or destruction of an object indispensable for the execution" of the treaty to justify the termination of a treaty on grounds of impossibility of performance. During the [Diplomatic Conference which adopted the Vienna Convention on the Law of Treaties], a proposal was made to extend the scope of [Article 61, paragraph 1], by including in it cases such as the impossibility to make certain payments because of serious financial difficulties. Although it was recognized that such situations could lead to a preclusion of the wrongfulness of non-performance by a party of its treaty obligations, the participating States were not prepared to consider such situations to be a ground for terminating or suspending a treaty, and preferred to limit themselves to a narrower concept."

400) Aust, p. 240.

401) 비엔나협약 제61조 1항 두 번째 문장.

402) 비엔나협약 제61조 2항 ; *Gabčíkovo-Nagymaros Project* (Hungary/Slovakia), ICJ Reports (1997), p. 7 at 64 (para. 103 : "Hungary contended that the essential object of the Treaty -an economic joint investment which was consistent with environmental protection and which was operated by the two contracting parties jointly- had permanently disappeared and that the Treaty had thus become impossible to perform. ... ... The Court would add that, if the joint exploitation of the investment was no longer possible, this was originally because Hungary did not carry out most of the works for which it was responsible under the 1977 Treaty; Article 61, paragraph 2, of the Vienna Convention expressly provides that impossibility of performance may not be invoked for the termination of a treaty by a party to that treaty when it results from that party's own breach of an obligation flowing from that treaty".).

403) *rebus sic stantibus*는 "현재 상태가 지속되는 한"(things thus standing ; while things remain as they now stand)의 의미에 해당하는 라틴어 술어이다.

404) 동 원칙에 대한 역사적 · 비교법적 검토는 김용환, "국제법상 사정변경 원칙에 관한 연구"(박사학위 논문, 연세대학교 대학원, 2005) ; 김규진, "국제계약상 사정변경 원칙에 관한 연구"(박사학위 논문, 연세대학교 대학원,

위를 과장해서 말하고 있기 때문에 배척되고 있다. 오늘날 사정의 변경은 극도로 엄격한 요건 하에서만 원용될 수 있는 객관적 규칙으로, 그리고 원칙이 아닌 예외적 규칙으로 이해되고 있다. 그렇지 않으면 사정변경은 "약속은 준수하여야 한다"(*pacta sunt servanda*)라는 조약법의 기본명제로부터의 안락한 도피처를 제공할 것이기 때문이다. 그러므로 비엔나협약 제62조 1항은 사정변경 원칙의 적용범위를 아래와 같이 매우 좁게 설정하고 있다.

> "조약 체결 당시에 존재하였던 사정에 관련하여 발생하였고 또한 당사국들에 의하여 예견되지 아니한 사정의 근본적 변경은 다음의 경우가 아니면 조약의 종료 또는 탈퇴를 위한 사유로서 원용될 수 없다.
> (a) 그러한 사정의 존재가 조약의 구속을 받겠다는 당사국들의 동의의 본질적 기초를 구성한 경우, 그리고
> (b) 그러한 변경의 효과가 당해 조약에 의거하여 여전히 이행되어야 할 의무의 범위를 급격하게 변경시키게 되는 경우."

위 규정에 의하면 사정의 변경은 첫째, '조약 체결 당시에'(at the time of the conclusion of a treaty) 존재했던 사정에 변경이 있을 것, 둘째, 당사국'들'이 '예견하지 못한'(not foreseen) 사정의 변경일 것, 셋째, 사정이 '근본적으로' 변경되었을 것(a fundamental change of circumstances), 넷째, 조약체결 당시의 사정이 조약의 구속을 받겠다는 동의의 '본질적' 기초(an essential basis of the consent of the parties to be bound by the treaty)를 구성했을 것, 다섯째, 사정변경의 효과가 '앞으로 여전히 이행되어야 할 의무' (obligations still to be performed)의 범위를 '급격하게'(radically) 변경시키는 것일 것 등의 다섯 가지 요건을 충족하여야 조약의 종료 또는 탈퇴사유로서 원용될 수 있다.

제62조의 이처럼 엄격한 요건에 관해서는 ICJ도 *Gabčíkovo-Nagymaros Project* 사건[405]에서 "비엔나 조약법협약 제62조의 부정적이고 조건적인(negative and conditional) 표현은 ... 조약관계의 안정을 위해서는 사정의 근본적 변경의 항변은 오로지 예외적인 경우에만 적용될 것이 요구됨을 명백히 말해주고 있다"고 지적한 바 있다. 이 사건에서 헝가리는 슬로바키아와의 공동합작사업이 경제・환경・정치적으로 중대한 변화를 맞이하였는데, 이런 사정의 누적은 조약의 종료를 정당화하는 '사정의 근본적 변경'에 해당된다고 주장하였다. 그러나 재판소는 이같은 주장을 일축하면서, 그 같은 여러 변화의 가능성은 조약 체결 당시 그 당사국들이 예견하지 못한 것도 아니고, 또 문제의 프로젝트를 이행하기 위해 남아 있는 의무의 범위를 급격하게 변형시키는 성격의 것도 아니라는 점을 지적하였다.[406] 그런가 하면, *Racke* v. *Hauptzollamt Mainz* 사건[407]에서 (EU)유럽재판소는

2016) 참조.

405) ICJ Reports (1997), p. 7 at 65 (para. 104).

406) *Ibid.*, at 64~65 ; Hall, p. 135 ; Malgosia Fitzmaurice in Evans (ed.), *International Law*, 5th, pp. 169~170 ; Kaczorowska-Ireland, pp. 117~118 ; Christina Binder in Szabó (ed.), *State Responsibility and the Law of Treaties*, p. 6.

유고 내의 전쟁발발은 EC-유고 간 협력협정의 정지와 폐기를 위한 사정의 근본적 변경에 해당한다는 논리를 기본적으로 수락한 바 있다. 또한 1982년의 네덜란드-수리남 간 분쟁에서 네덜란드는 인권에 대한 경시는 사정의 근본적 변경을 구성한다고 주장한 바 있다.[408)]

---

407) Case C-162/96, [1998] ECR I-3655, paras. 52~59 of the judgment, noted by Tams, p. 228. 사건 개요는 다음과 같다. 1980년 EEC는 유고사회주의연방공화국(이하 유고)과 협력협정(Cooperation Agreement) (이하 협정)을 체결하였는데, 협정은 1983년에 발효하였다[https://europa.eu/rapid/press-release_MEMO-90-21_en.htm ; 협정 원문은 Council Regulation (EEC) No 314/83 of 24 january 1983, OJ 1983, L41/1에 담겨 있다]. 협정은 특히 제22조에서 유고로부터 유럽공동체 내로 수입되는 와인에 대해 관세 인하를 규정하고 있었다. 그리고 협정 제60조는 협정이 무기한으로 체결되지만, 어느 일방이 6개월 전에 통고함으로써 폐기할 수 있다고 규정하고 있었다. 1991년 가을 분열된 유고 내에서 전쟁이 발발하자, EC는 11월 11일 협정의 적용을 '정지'-그것도 '즉각적'으로 정지-하기로 하는 결정("Decision of the Council and the Representatives of the Governments of the Member States, meeting within the Council of 11 November 1991 suspending the application of the Agreements between the European Community, its Member States and the Socialist Federal Republic of Yugoslavia", Decision 91/586/ECSC, EEC, OJ 1991, L 315/47)과 함께 무역양허를 정지하는 명령["Council Regulation (EEC) No 3300/91 of 11 November 1991 suspending the trade concessions provided for by the Cooperation Agreement between the European Economic Community and the Socialist Federal Republic of Yugoslavia", 1991 OJ L 315/1]을 채택하였고, 12월 25일에는 협정을 폐기하였다 (Council Decision of 25 November 1991, OJ 1991, L 325/23). 공동체가 사전통고 없이 그것도 즉각적으로 협정을 정지하고 나아가 폐기하기 위해 제시한 정당화사유는 유고 내에서의 전쟁발발로 사정의 근본적 변경이 있었다는 것이었다. 그러나 EC의 이 같은 정지는 협정의 조건과는 맞지 않는 것이었는데, 협정은 조약의 즉각적인 정지에 대해서는 규정한 바 가 없고, 다만 6개월 사전 통지를 조건으로 폐기를 규정하고 있을 따름이었다. 이로 인해 유고로부터의 관련 수입에 대한 무역특혜의 전반적 폐지를 초래하였고, 이로써 UN안보리가 1991년 9월 25일의 결의 713에 의해 명령한 무기금수의 범위를 넘어서는 조치였다.
Racke는 세르비아에서 와인을 수입한 독일회사였다. 독일 Mainz 관세당국은 협정의 정지를 이유로 제3국 관세율과 특혜관세율간의 차액에 대한 납부를 요구하였다. Racke는 연방재정재판소(Finanzgericht)에 이 결정의 유효성을 다투는 소송을 제기하여 일부 승소 판결을 받았는데, 재판소는 1991년 11월 15일 이전에 수입한 와인에 대해서는 원고 Racke의 주장을 수락하면서도 나머지 부분에 대해서는 유고 내의 전쟁이라는 사정의 근본적 변경을 이유로 청구를 기각하였다. 그러자 Racke는 이 결정을 상대로 연방재정재판소(Bundesfinanzhof)에 상소하였다. 독일 연방재정재판소는 유럽재판소에 무역 양허를 정지한 이사회 명령 3300/91이 유효한 지의 여부에 대해 선결적 판결(preliminary ruling)을 요청하였다.
유럽재판소는 EEC가 비엔나 조약법협약의 당사자는 아니며 또한 공동체의 모든 회원국이 비엔나협약의 당사자도 아니긴 하지만 협약 제62조를 포함한 일련의 규정은 국제관습법규를 반영하고 있다고 전제한 뒤(para. 24), 사정변경의 원칙은 국제관습법규로서 공동체기관들에게도 구속력이 있으며 공동체 법질서의 일부를 형성한다고 언급하였다(para. 46). 그러나 유럽재판소는 (사정의 근본적 변경을 포함한) 조약의 종료와 정지에 적용되는 국제관습규들이 복잡하고 일부 개념들은 모호하기 때문에 사법심사를 공동체 이사회가 조약을 정지시키는 명령을 채택함으로써 이들 관습법규를 적용하기 위한 제조건을 평가함에 있어 명백한 실수(manifest error)를 범했는 지의 여부에 국한시켜야 한다고 전제하였다(para. 52). 그리고 심사 결과 유럽재판소는 "공동체 이사회가 적대행위의 발발과 이것이 유고와 공동체간 경제무역 관계에 미친 영향은 협력협정이 체결된 조건에 대한 근본적 변경을 구성한다고 판단함에 있어 명백한 판단의 착오를 한 것으로 보이지는 아니한다"고 결론지었다(para. 56). 유럽재판소는 조약의 종료나 정지 시에 적용되는 비엔나협약 제65조의 절차요건은 국제관습법규가 아니라고도 하였다(para. 59).

408) 사건 개요는 다음과 같다. 1975년에 네덜란드와 수리남(Surinam) 간에 체결된 협정들에 의하면 수리남은 네덜란드로부터 여러 재정적 원조를 받을 권리가 있었다. 그런데 1980년 2월 25일 수리남에서 군부가 쿠데타를 일으켜 민주정부를 타도하고 사회주의 공화국을 선언하였다. 그들은 1982년 12월 반대파 인사들에게 구금, 고문 등의 탄압을 가하면서, 적어도 저명인사 15명을 처형하였다. 이에 네덜란드 정부는 1975년의 협정들을 신속히 정지시키면서, 인권 탄압에 강하게 항의하였다. 협정들 하의 수리남의 권리는 인권 준수를 조건으로 하는 것은 아니었기 때문에 네덜란드 정부는 협정의 특정 조항을 원용할 수는 없는 처지였다. 그래서 그 대신 네덜란드는 수리남 정부의 그같은 인권 침해는 조약의 정지를 위한 사정의 근본적 변경을 구성한다고 주장한 것이었다. 이 논리가 일반적으로 수락된다면 강행규범, 혹은 강행규범에서 비롯되는 대세적 의무의 중대한

사정의 근본적 변경은 조약을 자동 종료시키는 것이 아니라, 조약의 중대한 위반이나 후발적 이행불능의 경우와 마찬가지로 단지 종료 또는 탈퇴를 위한 원용사유일 따름이다. 또한 조약의 계속적인 유효 또는 존속에 명시적·묵시적으로 동의한 당사국은 사정변경을 더 이상 원용할 수 없다.[409] 다만, 사정의 근본적 변경을 원용하는 당사국은 이를 단지 조약의 운용정지를 위한 사유로 원용할 수도 있다.[410]

비엔나협약 제62조 2항에 의하면, 첫째, 사정의 근본적 변경은 경계선'확정'조약의 종료, 탈퇴 사유로 원용할 수 없다.[411] 여기서 "확정"(establish)이란 표현을 쓴 것은 단지 경계를 '획정'하는 (delimit) 조약뿐만 아니라 영토를 '할양'(cede)하는 조약을 포함하기 위한 것이다.[412] 둘째로, 자국의 의무(이 의무는 당해 조약 하의 의무일 수도 있고, 타방당사국에 대해 지고 있는 기타 국제의무일 수도 있다) 위반으로 사정의 근본적 변경을 초래한 당사국은 이를 조약의 종료 또는 탈퇴 사유로서 원용할 수 없다.

ICJ는 *Fisheries Jurisdiction* 사건[413]에서 "근본적이거나 사활적인 것으로 간주되어야 하는 사정의 변경은 (조약)당사자 일방의 존재나 사활적 발전을 위태롭게 하는(위험에 빠뜨리는) 것이라는 전통적 견해"(the traditional view that the changes of circumstances which must be regarded as fundamental or vital are those which imperil the existence or vital development of one of the parties)[414]를 지칭하면서, "앞으로 여전히 이행되어야 할 의무의 범위를 급격하게 변경시키는" 사정의 변경이 되기 위해서는 "집행되어야 할 의무의 부담을, 그 이행을 원래 약속하였던 것과는 본질적으로 다른 어떤 것으로 만드는 범위로까지 증가시켰어야 한다"(must have increased the burden of the obligations to be executed to the extent of rendering the performance something essentially different from that originally undertaken)[415]고 언급한 바 있다. 그리고 역시 *Fisheries Jurisdiction* 사건[416]에서 ICJ는 제62조의 규정은 "여러 측면에서 사정의 변경을 이유로 한 조약관계의 종료 문제에 관해 기존관습법을 법전화한 것으로 볼 수

위반은 사정의 근본적 변경을 구성할 수 있을 것이다. 네덜란드의 조치는 대항조치(countermeasure)로서 정당화되었어야 한다는 견해도 있지만, 이것은 국가책임법(위법성 조각사유) 영역에 속하는 문제이다. Tams, pp. 227~228 ; Christina Binder in Szabó (ed.), *State Responsibility and the Law of Treaties*, p. 6 ; https://en.wikipedia.org/wiki/Suriname.

409) 비엔나협약 제45조.

410) 비엔나협약 제62조 3항.

411) 다만, ILC는 (나중에 비엔나협약 제62조가 된) ILC초안 제59조에 대한 주석에서 "본 규정은 (민족)자결원칙의 정당한 작동을 위한 조건들이 존재하는 경우에는 자결원칙의 작동을 배제하지 않을 것이다."(the present article would not exclude the operation of the principle of self-determination in any case where the conditions for its legitimate operation existed)라고 언급한 바 있다. Watts, p. 765 ; Aust, *Handbook of IL*, 2nd, p. 38.

412) Aust, 2nd, p. 299.

413) UK v. Iceland, (Jurisdiction), ICJ Reports (1973), p. 3 ; Federal Republic of Germany v. Iceland, (Jurisdiction), ICJ Reports (1973), p. 49.

414) ICJ Reports (1973), p. 3 at 19 (para. 38) ; ICJ Reports (1973), p. 49 at 63 (para. 38).

415) ICJ Reports (1973), p. 3 at 21 (para. 43) ; ICJ Reports (1973), p. 49 at 65 (para. 43).

416) ICJ Reports (1973), p. 3 at 18 (para. 36) ; ICJ Reports (1973), p. 49 at 63 (para. 36).

있다."고 언급한 바 있으며, 위 *Gabčíkovo-Nagymaros Project* 사건[417]에서 이를 다시 상기시킨 바 있다.

사정변경의 원칙은 조약을 상황에 맞게 변경하는 것이 아니라 종료(혹은 정지)시키는 것을 목표로 하는 것이다. 그러나 경우에 따라서는 조약을 평화적인 방법으로 변경·개정하는 것이 더욱 합리적일 수 있다. 그러므로 국제연맹규약 제19조는 "연맹총회는... 적용이 어렵게 된 조약들을 재검토할 것을 연맹회원국들에게 수시로 권고할 수 있다."라고 규정하고 있었다. UN헌장 제14조도 "총회는 그 기원에 관계없이 국가 간의 일반적 복지나 우호관계를 해칠 우려가 있다고 인정되는 그 어떤 사태(situation)에 대하여서라도 이를 평화적으로 조정하기 위한 조치를 권고할 수 있다."라고 규정하고 있다. '사태'의 개념에 적용이 어렵게 된 조약이 포함됨은 물론이다. 그러나 이 두 규정 모두 국제기구가 관련 국가들에게 조약의 개정을 권고할 수 있는데 지나지 않기 때문에 실제로 큰 힘을 발휘할지는 의문이다.

제2차 세계대전 기간 중의 일본군 위안부(comfort women, military sexual slaves) 피해자들에 대한 배상 문제와 관련하여, 1991년 8월 피해자의 최초 공개 증언이 나온 후 이듬 해 법무부를 포함한 한국 사회 일각에서 한때 사정변경의 원칙에 의거하여 일본에 (손해)배상을 청구할 수 있다는 주장이 제기된 바 있지만,[418] 사정변경은 조약의 종료사유이지 국가책임을 묻기 위해 원용할 수 있는 이론적 무기는 아니다. 게다가 원래 존재하지 않던 종군위안부 사정이 후일 새로 출현한 것도 아니었으므로 기본적으로 이 문제에 있어 변경된 사정이란 없는 것이었다.

9. 신강행규범의 출현

새로이 출현하는 일반국제법의 강행규범과 충돌하는 기존의 모든 조약은 "무효로 '되어' 종료한다" (*becomes* void and terminates).[419] 즉, 더 이상 조약을 이행할 당사국들의 의무는 소멸하지만

---

417) ICJ Reports (1997), p. 7 at 64 (para. 104).

418) 동아일보, 1992년 4월 26일 (일), 1면, "정신대배상 정부청구 가능: 법무부 '한일협정 때 예상 못한 사정변경'" ; 동아일보, 1992년 4월 27일 (월), 22면, "정신대배상 협상 길 트였다 : 법무부 새 해석 파장과 전망" ; 한겨레, 1992년 4월 26일 (일), 1면, "'정신대 배상' 정부서 청구 가능 : 법무부의견서, 명백한 증거발견 '사정변경 원칙' 적용."

419) 비엔나협약 제64조. See Inter-American Court of Human Rights, *Aloeboetoe et al.* v. *Suriname*, (Reparations and Costs), Judgment of September 10, 1993, IACHR Series C no 15, [1993] IACHR 2, paras. 56~57, 〈https://www.corteidh.or.cr/docs/casos/articulos/seriec_15_ing.pdf〉 : "56. The Saramakas [the tribe to which the victims belonged] are a tribe that lives in Surinamese territory and was formed by African slaves fleeing from their Dutch owners. The Commission's brief affirms that the Saramakas enjoy internal autonomy by virtue of a treaty dated September 19, 1762, which granted them permission to be governed by their own laws. It also states that these people "*acquired their rights on the basis of a treaty entered into with the Netherlands, which recognizes, among other things, the local authority of the Saramaka* (sic) *over their own territory.*" The text of the treaty is attached to the brief in question, which adds that "*the obligations of the treaty are applicable, by succession, to the state* (sic) *of Suriname.*" 57. The Court does not deem it necessary to investigate whether or not that agreement is an international treaty. Suffice it to say that even if that were the case, the treaty would today be null and

이 경우의 무효는 소급효를 갖는 것이 아니다. 따라서 조약의 종료는 당해 조약에서 달리 규정하거나 그 당사자들이 달리 합의하지 않는 한, 그 종료 전에 조약의 시행을 통하여 생긴 당사국들의 권리·의무 또는 법적 상태에 영향을 미치지 아니한다.[420] 다만, 그러한 권리·의무 또는 법적 상태는 "그러한 권리, 의무 또는 상태를 유지하는 것 자체가 신강행규범과 충돌하지 아니하는 범위 내에서만" 조약 종료 이후에도 유지될 수 있다.[421]

10. 전쟁 발발

비엔나협약은 제73조에서 "본 협약의 모든 규정은 ... 국가 간의 적대행위(hostilities)의 발발로부터 조약과 관련하여 발생할 수 있는 어떠한 문제도 미리 판단하지 아니한다."라고 규정함으로써 전쟁을 포함한 적대행위의 발발이 조약의 운명에 영향을 미칠 수 있음을 우회적으로 시사하고 있을 뿐 이에 관해 구체적인 해답을 제시하고 있지는 않다.

조약이 국가 간의 평화관계를 기초로 하고 있음을 고려에 넣는다면 전쟁은 교전당사국간의 기존의 모든 조약을 종료시킨다는 결론에 이르게 된다. 그러나 이같은 생각은 군사적·정치적 성격의 조약에 대해서는 타당할 수 있겠지만, 다른 성격의 조약에 대해서까지 그대로 적용될 수 있을지는 의문이다. 예컨대, 조약 중에는 오히려 전쟁 중에 체결되거나, 전쟁행위 자체를 규율하기 위해 전쟁 전에 체결되는 것도 있고, 또 그 성격상 전쟁과 분리시켜 취급할 수 있는 비정치적 조약들도 있다. 뿐만 아니라, 대부분의 조약이 계약적 성격의 양자조약이었던 시절에는 전쟁이 교전국간의 모든 조약을 종료시킨다고 쉽게 말할 수도 있었겠지만, 많은 조약들이 교전국뿐만 아니라 중립국도 당사자로 되어 있는 입법적 다자조약인 요즘에는 다른 접근이 요구된다. 어쨌든, 전쟁의 조약에 대한 효과 문제는 그 중요성을 잃어가고 있다. 전쟁을 포함하여 무력의 위협·사용이 일반적으로 금지된 오늘날에는 국가들이 적대행위에 관여하더라도 기술적인 의미에서의 전쟁상태에 있다는 것을 시인하는 경우는 거의 없으며, 전쟁에 못미치는 적대행위는 일반적으로 적대국 간의 조약을 종료시키지 않기 때문이다. 그리고 전쟁을 종결짓기 위한 오늘날의 평화조약에서는 교전국 간의 전쟁 전 조약을 어떻게 할 것인지에 관하여 규정을 하는 것이 보통이다.[422] 세계국제법학술원(IDI)은 1985년 헬싱키 회의에서 "무력충돌의 조약에 대한 효과"(The Effects of Armed Conflicts on Treaties)란 제목의 결의를 채택한 바 있다.[423] 그리고 ILC는 2011년 제63차 회기에서 "무력충돌의 조약에 대한 효

---

void because it contradicts the norms of *jus cogens superveniens*. In point of fact, under that treaty the Saramakas undertake to, among other things, capture any slaves that have deserted, take them prisoner and return them to the Governor of Suriname, who will pay from 10 to 50 florins per slave, depending on the distance of the place where they were apprehended. Another article empowers the Saramakas to sell to the Dutch any other prisoners they might take, as slaves. No treaty of that nature may be invoked before an international human rights tribunal."

420) 비엔나협약 제70조 1항(b).

421) 비엔나협약 제71조 2항(b). See Shaw, 4th, p. 98.

422) Akehurst, p. 142.

과에 관한 규정초안"(Draft articles on the effects of armed conflicts on treaties)을 채택하여 UN총회에 제출하였는데,[424] 동 규정초안은 제3조에서 "무력충돌이 존재한다는 사실만으로 무력충돌 당사국 간에, 혹은 무력충돌 당사국과 무력충돌 당사국이 아닌 국가 간에 조약의 운용이 정지되거나 종료되지는 아니한다."는 '일반원칙'을 제시하고 있다. 동년 12월 9일 UN총회는 "동 규정초안에 주목하면서, 회원국들이 관심을 가질 것을 권고"한 바 있다.[425]

V. 조약규정의 가분성

조약은 단순히 낱개 조항들의 묶음에 불과한 것이 아니라는 의미에서 조약의 완전성(불가분성)(integrity of a treaty)은 조약법의 핵심원리 중의 하나이다. 그 결과 무효와 −운용정지를 포함한− 종료, 이 모든 경우에 영향을 받는 것은 대개는 조약 전체이며 문제된 개별조항만이 아니다. 이런 의미에서 단지 조약의 일부 규정만의 무효, 종료 혹은 운용정지를 초래하는 이른바 조약규정의 가분성(분리)(separability/separation of treaty provisions)은 예외를 구성한다. 제44조는 이를 다음과 같이 확인하고 있다.[426]

> "1. 조약에 규정되어 있거나 제56조에 의거하여 발생하는 조약당사국의 폐기, 탈퇴 혹은 운용정지의 권리는 −조약에서 달리 규정하고 있거나 당사국들이 달리 합의하지 않는 한− 조약 전체에 대해서만 행사될 수 있다.
> 2. 본 비엔나협약에서 인정하는 조약의 무효화, 종료, 탈퇴 또는 운용정지의 사유는 아래 (3, 4)항 또는 제60조에 규정되어 있는 것을 제외하고는 조약 전체에 대해서만 원용될 수 있다.
> 3. 사유가 특정 조항에만 관련된 경우로서 다음의 3개 조건이 모두 충족되면 그 사유는 그 특정 조항에 대해서만 원용될 수 있다:
> (a) 당해 조항이 그것의 적용에 관련하여 조약의 잔여부분으로부터 분리될 수 있을 것;
> (b) 당해 조항의 수락이 조약 전체의 구속을 받겠다는 타당사국(들)의 동의의 본질적 기초가 아니었다는 것이 조약으로부터 나타나거나 달리 확정될 것; 그리고
> (c) 그 조약의 잔여부분의 계속적 이행이 부당하지 아니할 것.
> 4. 제49조와 제50조에 해당하는 경우에 사기 또는 매수를 원용할 권리가 있는 국가는 조약 전체에 대해 원용할 수도 있고, 아니면 상기 3항의 조건 하에서 특정 조항에 대해서만 원용할 수도 있다.
> 5. 제51조, 제52조, 제53조에 해당하는 경우에는 조약규정의 분리는 허용되지 아니한다."

---

423) https://www.idi-iil.org/app/uploads/2017/06/1985_hel_03_en.pdf.

424) 전문은 없이, 18개 조 및 (무력충돌 기간 중에도 전부 혹은 부분적으로 계속 시행되는 것으로 추측되는 조약들의 목록을 담은) 한 개의 부속서(Annex)로 구성되고 있다. 김대순 · 김민서, 《국영문대역 국제조약집》, pp. 146~148.

425) A/RES/66/99 (Effects of armed conflicts on treaties), para. 3.

426) 제44조에 대한 개관을 위해서는, 박지현, "비엔나 조약법협약 제44조, 조약규정의 가분성에 관한 연구", 《국제법평론》(2019-Ⅱ, 통권 제53호), pp. 9~28 참조.

상기 제44조는 전체적으로 조약의 무효와 종료 양자 모두에 걸친 규정이긴 하지만, 1항은 종료(폐기, 탈퇴, 운용정지)에만 관련되며, 4~5항은 무효에만 관련된 규정이다.[427] 제44조는 비엔나협약의 규정들 중에서 가장 복잡한 규정의 하나로 인식되고 있긴 하지만, 동 규정의 구조는 논리적 패턴을 따르고 있다.

우선, 1항은 각 조약에 따라 혹은 비엔나협약 제56조에 따라 조약을 종료시키거나 운용정지시킬 수 있는 조약당사국의 권리를 다루고 있다.

2~5항은 비엔나협약의 범위에 속하는 무효, 종료 혹은 운용정지의 경우를 다루고 있다. 이들 중 2항은 '조약의 완전성' 원칙을 담고 있다.

3항은 비엔나협약에 따른 무효, 종료/탈퇴 혹은 운용정지의 경우 3개 누적적 조건이 충족되면 해당 조약규정의 분리가 의무적인 것이 되는 이른바 강제적(의무적) 가분성(compulsory /mandatory separability)에 대해 규정하고 있다.

4항과 5항은 3항의 예외에 대한 두 개의 예외를 허용하고 있다. 즉, 4항은 이른바 선택적(임의적) 가분성(facultative separability)에 관한 규정으로, 사기 또는 매수의 경우 이 사유를 원용할 권리가 있는 국가는 조약 전체에 대한 무효원용과 특정조항에 대한 무효원용 중에서 선택할 수 있다 ; 다만, 후자를 선택하는 경우 3항의 3개 누적적 조건을 충족하여야 한다.

마지막 5항에 의하면 –조약의 절대적 무효사유에 해당하는– (국가대표 혹은 국가에 대한)강박과 강행규범의 경우에는 조약의 완전성(불가분성)은 강제적이다. 2022년 ILC강행규범결론초안(결론 11)은 (1) 조약 체결 당시 강행규범과 충돌하는 조약의 경우 조약규정의 가분성이 허용되지 않음을 확인하면서, (2) '신'강행규범과 충돌하여 '무효로 되어 종료하는' 조약의 경우에는 조약규정의 가분성이 인정되는 세 경우[428]를 상정하고 있다.

제44조의 제목은 '조약규정'(treaty provisions)의 가분성(분리)이지만, 3항과 4항에서는 '조항'(clauses)이란 탄력적 용어를 사용하고 있기도 하다.[429]

제44조를 전체적으로 평가한다면, 조약규정의 분리가 가능하거나 심지어는 분리가 강제적인 경우를 명확히 함으로써 조약의 완전성과 조약규정의 가분성 사이에 균형을 맞추려 기도하고 있다.

Ⅵ. 무효 또는 종료를 확정짓기 위한 절차

우리는 위에서 조약의 무효와 종료에 적용되는 실체법에 관하여 살펴보았다. 이제는 무효 또는

427) Aust, 2nd, p. 304 (& 3rd, p. 263).

428) 즉, (a) 강행규범과 충돌하는 규정들이 그 적용과 관련하여 조약의 나머지 부분과 분리할 수 있는 경우, (b) 강행규범과 충돌하는 규정들의 수락이 조약 전체의 구속을 받겠다는 동의의 본질적 기초가 아니라는 것이 조약에서 나타나거나 달리 입증되는 경우, (c) 조약의 나머지 부분에 대한 계속적인 이행이 부당하지(unjust) 아니할 경우

429) Mark E. Villiger, *Commentary on the 1969 Vienna Convention on the Law of Treaties* (Leiden · Boston : Martinus Nijhoff Publishers, 2009), p. 565.

종료 여부를 확정하는데 적용되는 절차법에 관하여 살펴볼 차례인데, 이들 절차규칙은 -위에서 살펴본 실체법규정들과는 달리- 그 성격상 국제관습법의 일부를 구성하는 것으로 보기 어렵다.[430]

우선, 비엔나협약에 의거하여 조약의 무효 또는 종료(그리고 탈퇴나 운용정지)를 주장하는 당사국은 -그것이 절대적 사유냐 상대적 사유냐를 불문하고- 모든 경우에 서면이나 문서를 통해 타방 당사국에 먼저 그 주장을 통고할 의무를 진다. 이 통고에는 당해 조약에 대하여 취하고자 계획하는 바의 조치(즉, 무효선언, 종료선언 등)와 그 이유를 적시하여야 한다. '특별히 긴급한 경우를 제외하고는' 통고접수 후 '3개월' 이상의 기간이 경과한 후에 어느 당사국도 이의를 제기하지 아니하면, 통고를 한 당사국은 타방 당사국들에게 전달되는 문서를 통하여 조약의 무효 또는 종료(그리고 탈퇴 또는 운용정지)를 선언할 수 있다. 그러나 어느 타방 당사국이 이의를 제기한 경우에는 UN헌장 제33조에 나타난 수단을 통한 해결을 모색하여야 한다. 다만, 이상의 규정은 분쟁해결에 관한 당사국들의 특정 조약상의 권리·의무에 영향을 미치지 않는다.[431]

이의가 제기된 날로부터 12개월 이내에 해결에 도달하지 못하였을 경우에는 다음의 절차에 따른다. 즉, 비엔나협약 제53조(강행규범)와 제64조(신강행규범의 출현)의 적용 또는 해석에 관한 분쟁은 -분쟁당사국들이 중재재판(arbitration)에 부탁하기로 합의하지 않는 한- ICJ가 강제관할권을 갖는다(즉, 일방당사국의 신청만으로 ICJ의 재판관할권이 성립한다). 무효·종료에 관한 기타 비엔나협약 조항의 적용 또는 해석에 관한 분쟁에 대해서는 비엔나협약 부속서에 규정된 조정위원회(conciliation commission)가 강제관할권을 갖는다.[432]

Ⅶ. 조약의 개정과 변경

비엔나협약 제39조는 조약의 개정에 관한 일반원칙으로서 "조약은 그 당사국들 간의 합의에 의하여 개정될 수 있다."고 규정하고 있다. 이 합의(agreement)는 사실상 또 하나의 조약 체결 과정에 해당되기 때문에 제39조는 이어서 "(비엔나협약) 제2부(조약의 체결 및 효력발생)에 규정된 규칙은 조약에 달리 규정되어 있는 경우를 제외하고는 그러한 합의에 적용된다."라고 규정하고 있다.

양자조약의 경우에는 당연히 제기되지 않는 문제로서, 다자조약 개정을 위한 교섭에는 당사국 모두가 참여할 수도 있고, 둘 또는 일부 당사국만이 관여할 수도 있기 때문에 이 두 경우를 구분하여 논할 필요가 있다. 그러므로 비엔나협약은 전자는 다자조약의 개정(amendment)으로, 후자는 다자

430) See Court of Justice of the European Communities, Case C-162/96, *Racke* v. *Hauptzollamt Mainz*, [1998] ECR I-3655, para. 59 ; Hartley, *European Union Law in a Global Context*, p. 261.

431) 비엔나협약 제65조, 제67조.

432) 비엔나협약 제66조. ICJ는 비엔나협약 제66조의 규칙은 국제관습법을 선언한 것이 아니라고 언급한 바 있다 : *Armed Activities on the Territory of the Congo* (New Application : 2002) (Democratic Republic of the Congo v. Rwanda) (Jurisdiction and Admissibility), ICJ Reports (2006), p. 6 at 52 (para. 125).

조약의 변경(수정)(*inter se* modification)으로 구분하여 규정하고 있다.

비엔나협약 제40조에 따르면 다자조약의 '개정'은 '조약에 달리 규정되어 있지 않는 한' 다음의 규칙이 적용된다 : 다자조약의 모든 '당사국' 간의 개정 제안은 모든 '체약국'에 통고되어야 하며 각 '체약국'은 개정 교섭에 참여할 권리를 갖는다[433] ; 그리고 조약의 당사국이 될 권리를 가진 모든 국가(every state *entitled to become a party* to the treaty)는 개정되는 조약의 당사국이 될 권리 또한 가진다[434] ; 그러나 개정협정은 개정협정의 당사국이 되지 아니한 기존 조약의 당사국을 구속하지 아니하므로, 이 경우에는 제30조 4항(b)에 규정된 동일 사항에 대한 전·후조약 적용의 규칙이 적용된다.[435] 일부 국제기구는 그 설립조약 개정에 대하여 다수결원칙 혹은 '입법부적' 원칙(legislative principle)을 채택하여, 일정 다수결에 의한 개정은 모든 소속회원국에게 구속력을 갖는 것으로 규정하고 있다. UN헌장 제108조가 그 좋은 예이다.[436]

일부 다자조약들은 조약 개정과 관련하여 막연히 '당사국의 일정 비율'(이를테면 "당사국의 3/4 혹은 2/3")이 개정안을 수락하면 개정은 발효한다고 규정하는 경우가 있는데, 이렇게 되면 여기서 '당사국'은 개정안 채택시의 당사국을 지칭하는지, 아니면 발효시점에서의 당사국을 지칭하는지에 대해 의견의 불일치가 발생할 수 있다.[437] 이런 해석문제가 생기는 것을 막기 위해서는 본 조약(혹은 개정조약)에 어느 시점에서의 당사국을 지칭하는 것인지를 명시하는 것이 바람직하다.[438]

비엔나협약 제41조에 따르면 다자조약의 둘 이상의 당사국은 다음의 두 경우에는 오로지 그들 사이에서만 조약을 '변경'하기 위한 협정을 체결할 수 있다.[439] 첫째는 그러한 변경의 가능성이 조약

433) 비엔나협약 제40조 2항. 여기서 '체약국'은 -비엔나협약 제2조의 정의에 따라- '당사국'뿐만 아니라, 아직 발효는 하지 않았지만 조약의 구속을 받기로 동의한 국가를 포함한다. Aust, 2nd, p. 272.

434) 비엔나협약 제40조 3항. 여기서 "조약의 당사국이 될 권리를 가진 모든 국가"의 의미에 대해서는, Aust, 3rd, p. 241 ; 본장, 서두 부분 참조.

435) 비엔나협약 제40조 1~4항. 이어서 동조 5항은 조약 개정 후 이에 가입하는 국가의 당사국 지위와 관련하여 다음과 같이 규정하고 있다 : "개정협정 발효 후에 조약의 당사국이 되는 국가는, 그 국가가 달리 의사표시를 하지 않는 한 : (a) 개정된 조약의 당사국으로 간주되며, 또한 ; (b) 개정협정에 구속되지 아니하는 조약의 당사국과의 관계에 있어서는 개정되지 아니한 조약의 당사국으로 간주된다." 5항의 규정은 물론 1항의 전제조건에 따라 "조약에 달리 규정이 있는 경우에는" 그 적용이 배제된다. 5항의 규칙은 (1961년)"마약에 관한 단일협약"(Single Convention on Narcotic Drugs)을 개정하는 1972년 의정서("Protocol amending the Single Convention on Narcotic Drugs") 제19조("Effect of entry into force")에서 채택하고 있기도 하다 : Aust, 2nd. p. 273 ; https://kenyalaw.org/treaties/treaties/382/ ; https://en.wikipedia.org/wiki/Protocol_Amending_the_Single_Convention_on_Narcotic_Drugs.

436) '재검토'(review)란 이름의 또 하나의 UN헌장 개정절차인 제109조는 -제108조와는 달리- 다수결에 의한 개정이 "UN의 모든 회원국에 대하여" 발효함을 명시하고 있지는 않지만 이 문제에 있어 두 규정은 동일하게 해석되고 있다. 본서, 제25장 (UN), "Ⅶ. UN헌장의 개정" 참조.

437) 환경관련 조약인 바젤협약과 람사르협약 개정 시에 이런 문제가 야기되었는데, 결국 "개정안 채택 시의 당사국"을 지칭하는 것으로 합의를 보았었다. 자세한 것은, 본 장. "Ⅶ. 조약의 해석" 및 제24장 (국제환경법) 참조.

438) 그 한 예로서, (1971년) INTELSAT협정("Agreement relating to the International Telecommunications Satellite Organization")의 개정관 제XV조(d)는 다음과 같이 규정하고 있다 : "An amendment which has been approved by the Assembly of Parties shall enter into force ... after the Depositary has received notice of approval, acceptance or ratification of the amendment from two-thirds of the States which were Parties *as of the date upon which the amendment was approved by the Assembly of Parties*" https://www.itsointernational.org/dmdocuments/025008.pdf ; https://www.itso.int/ ; Aust, 2nd, pp. 239~240, 270~271.

에 규정되어 있는 경우이다. 이 경우, 조약에 달리 규정되어 있지 않는 한 당해 당사국들은 타방 당사국들에게도 변경협정을 체결할 의사와 그 내용을 통고하여야 한다.[440] 둘째는 문제의 변경이 조약에 의하여 금지되고 있지 아니하고, 타방 당사국들의 조약상의 권리 향유 및 의무 수행에 영향을 주지 아니하며, 또한 그 훼손이 조약 전체의 객체 및 목적의 효과적인 수행과 양립하지 아니하는 규정에 관련된 것이 아닌 경우이다.[441] 요컨대, 다자조약의 변경은 原조약 내에 '小조약(들)(mini-treaty)'을 창설하는 방식이라고 할 수 있다.[442]

비엔나협약 제39조는 "조약은 ... 조약에 의하여 개정할 수 있다"라고 하는 대신에 "조약은 ... 합의(agreement)에 의하여 개정될 수 있다"라고 함으로써 조약은 그 자체 조약을 구성하지 아니하는 당사자간 합의에 의해 개정하는 것도 가능함을 시사하고 있다.[443] 그렇다면 조약은 (양자조약이든 다자조약이든 간에) 그 당사자들의 추후관행(subsequent practice)에 의하여 입증되는 묵시적 합의(tacit agreement)에 의해서도 개정될 수 있는가? ILC의 최종 협약초안에는 이것을 인정하는 조문[444]이 담겨 있었으나 비엔나 조약법회의에서 채택되지 않았다. 그럼에도 불구하고 학설과 판례는 대체로 이를 인정하고 있다.[445] ICJ도 *Temple of Preah Vihear* 사건[446]에서 묵시적 합의에 의한 조약 개정을 시사한 것으로 보인다.

조약이 추후관행에 의해 입증되는 묵시적 합의에 의해 개정될 수 있다면, 조약은 사후 관습법규의 출현에 의해서도 개정될 수 있다고 보는 것이 논리적이다. 실제로 ILC의 1964년 초안 제68조(c)[447]

---

439) 본장, "Ⅳ. 조약의 종료, 3. 조약의 운용정지"에서 언급한 바와 같이, 비엔나협약 제58조는 다자조약의 '일부 당사자 사이에서의' 그 '운용정지', 즉 이른바 *inter se* suspension(of the operation)에 대해서도 제41조에 상응하는 조건 하에 이를 허락하고 있다.

440) 비엔나협약 제41조 1항(a) 및 2항.

441) 비엔나협약 제41조 1항(b).

442) Keitner, p. 24.

443) Aust, 3rd, p. 233.

444) 즉, ILC 조약법협약초안(1966년) 제38조 : "조약은 그 규정을 변경하려는 당사자들의 합의를 수립하는 조약 적용상의 추후관행에 의하여 변경될 수 있다(A treaty may be modified by subsequent practice in the application of the treaty establishing the agreement of the parties to modify its provisions)". Yearbook of the International Law Commission, 1966, p. 236.

445) Jennings & Watts (eds.), pp. 1254~1255. Jennings & Watts는 여기서 "추후관행은 실제로 조약을 개정하기 보다는 때로는 그 해석에 도움이 될 수 있지만, 이 두 절차의 경계선은 반드시 분명한 것은 아님"을 지적하고 있다 ; 아울러, 추후관행이 단지 조약해석에 영향을 미치는 것이 아니고 조약개정을 초래하기 위해서는 더욱 엄격한 기준을 충족시켜야 될 것이라고 판결한 관련 사건을 언급하고 있다 ; 이 밖에, 조약은 '구두'합의(oral agreement)에 의해서 개정될 수 있음도 언급하고 있다. See also Yearbook of the ILC, 1966, Vol. Ⅱ, pp. 232~233 ; Amerasinghe, p. 462.

446) Cambodia v. Thailand, Merits, ICJ Reports (1962), p. 6 at 33 (noted by Amerasinghe, p. 462) : "Both parties, by their conduct, recognized the line and therefore in effect agreed to regard it as being the frontier line."

447) Yearbook of the International Law Commission (1964), Vol. Ⅱ, p. 198, 〈https://legal.un.org/ilc/publications/yearbooks/Ybkvolumes(e)/ILC_1964_v2_e.pdf〉 : "Article 68. Modification of a treaty by a subsequent treaty, by subsequent practice or by customary law
The operation of a treaty may also be modified:
(a) By a subsequent treaty between the parties relating to the same subject matter to the extent that their provisions are incompatible;
(b) By subsequent practice of the parties in the application of the treaty establishing their agreement

에 이에 관한 규정이 들어 있었으나, 조약과 관습의 일반적 관계는 ILC의 수권 범위에 들지 않는다는 이유로 1966년의 최종초안에서는 빠졌다.[448] 요컨대, "규칙은 동일 성격의 규칙에 의해서만 변경될 수 있다"는 일부 국내법의 헌법이론(이른바 '*acte contraire*' 이론)은 국제법에는 적용되지 아니한다.[449] 그렇다면 조약은 그 자체 법적 구속력이 없는 신사협정에 의해서도 개정될 수 있나? 생각건대, 개정 합의를 일차로 신사협정에 의해 할 수는 있겠지만, 개정이 법적 구속력을 가짐을 확인하는 후속조치(이를테면 교환서한)를 취할 필요가 있다.[450]

조약을 '개정'하는 조약과 '보충'(supplement)하는 조약은 구분하여야 한다. 왜냐하면 보충조약의 당사자가 될 권리는 반드시 전(前) 조약의 당사국에 국한되지 않기 때문이다. 보충조약은 −설사 전 조약에 연계되어 있다고 해도− 단독으로 존재할 수 있으며, 따라서 효력을 발하기 위해 보충조약의 당사국들이 전 조약의 당사국일 필요는 없다. 이를테면 1967년 "난민의 지위에 관한 의정서"(Protocol Relating to the Status of Refugees)(난민의정서)는 1951년 "난민의 지위에 관한 협약"(Convention Relating to the Status of Refugees)(제네바난민협약)을 개정하는 것이 아니라, 난민의정서 당사국들이 의정서에 의해 확대된 제네바난민협약의 실체적 규정을 적용할 것을 요구하고 있을 따름이다. 난민의정서는 사실상 모든 국가들에게 가입이 개방되어 있기도 하다.[451]

다자조약에 따라서는 일반개정절차와 재검토(review)를 통한 개정절차를 구분하여 별개로 규정하기도 하는데, UN헌장 제108조와 제109조, 국제형사재판소(ICC)에 관한 로마규정 제122조와 제123조가 그러한 경우이다.[452]

국가들은 −다자조약이냐 양자조약이냐 관계없이− 조약이 발효하기도 전에 개정안을 채택하기도 한다.[453]

Ⅷ. 조약의 해석

우리 인간의 언어는 본래 모호하거나 불확정적이어서(inherently indeterminate) 특정 언어로

---

to an alteration or extension of its provisions; or

(c) By the subsequent emergence of a new rule of customary law relating to matters dealt with in the treaty and binding upon all the parties."

448) Aust, 3rd, p. 12.

449) Yearbook of the International Law Commission (1966), Vol. Ⅱ, pp. 232~233("...the Commission did not consider that the theory of the "*acte contraire*" has any place in international law. An amending agreement may take whatever form the parties to the original treaty may choose."), p. 249 ; Mark E. Villiger, *Customary International Law and Treaties – A Manual on the Theory and Practice of the Interrelation of Sources*, Fully Revised Second Edition (The Hague/London/Boston : Kluwer Law International, 1997), p. 59 ; Aust, 3rd, pp. 12, 233, 254.

450) Aust, 2nd, pp. 264~265 (& 3rd, p. 234).

451) 난민의정서 제5조 ; Aust, 2nd, pp. 273~274 ; 본서, 제18장 (국제난민법).

452) Aust, 2nd, p. 272 (& 3rd, p. 240).

453) *Ibid.*, pp. 275~276 (& 3rd, pp. 243~244).

구성되는 문서는 그 적용 과정에서 필연적으로 "그 의미와 범위를 분명히 하기 위한"[454] 해석의 과정을 동반하게 되는 것이다. 다만, 조약의 경우에는 각기 당사자들, 즉 그것을 만든 '주인'(masters)이 있으므로,[455] 조약의 해석은 "그 문언(text)을 기초로"[456] "그 당사자들의 공동의 의사를 확인하는"[457] 것을 목표로 한다. 다시 말해서, "조약 해석의 임무는 조약이 무엇을 말하고 있는지를 확인하는 것이지, 이런 저런 관점에서 그것이 얼마나 사리에 맞는지, 혹은 그것이 어떻게 개선될 수 있는지를 말하는 것이 아니다."[458]

---

454) *Interpretation of Judgments Nos. 7 and 8* (*The Chorzów Factory*), Judgment No 13 of 17 December 1927, PCIJ Series A, No. 13, p. 10 : "the expression "to construe" must be understood as meaning to give a precise definition of the meaning and scope..." 영어의 construe는 interpret와 의미가 같은데, 비엔나협약은 후자를 사용하고 있다

455) Orakhelashvili, p. 359.

456) *Territorial Dispute* (Libya/Chad), ICJ Reports (1994), p. 6 at 22 (para. 41) : "Interpretation must be based above all upon the text of the treaty."

457) See e.g. ICJ, Case concerning the *Dispute regarding Navigational and Related Rights* (Costa Rica v. Nicaragua), Judgment of 13 July 2009, para. 63 ("the terms used in a treaty must be interpreted in light of what is determined to have been the parties' common intention, which is, by definition, contemporaneous with the treaty's conclusion.") ; WTO Appellate Body, *European Communities—Customs Classification of Certain Computer Equipment*, AB-1998-2, Report of the Appellate Body, WTDS62/AB/R, 5 June 1998 (available at https://www.wto.int/english/tratop_e /dispu_e/ab_reports_e.htm), para. 84 ("The purpose of treaty interpretation under Article 31 of the *Vienna Convention* is to ascertain the *common* intentions of the parties. These *common* intentions cannot be ascertained on the basis of the subjective and unilaterally determined "expectations" of *one* of the parties to a treaty.") and para. 93 ("The purpose of treaty interpretation is to establish the *common* intention of the parties to the treaty. To establish this intention, the prior practice of only *one* of the parties may be relevant, but it is clearly of more limited value than the practice of all parties.").

458) Orakhelashvili, p. 323. ILC도 Yearbook of the International Law Commission, 1964, Vol. Ⅱ, p. 202에서 "it is not the function of interpretation to revise treaties or to read into them what they do not, expressly or by necessary implication, contain."이라고 언급하고 있다. 이 점은 세계재판소들도 잘 인식하고 있다. 예컨대, PCIJ는 *Acquisition of Polish Nationality*, Advisory Opinion of 15 September 1923, PCIJ Series B, No 7, p. 20에서 다음과 같이 언급하고 있다 : "[the Court] is bound to apply this clause as it stands, without considering whether other provisions might with advantage have been added to or substituted for it. ...To impose an additional condition not provided for in the Treaty of June 28th, 1919, would be equivalent not to interpreting the Treaty, but to reconstructing it." ICJ도 Case concerning *Rights of Nationals of the United States of America in Morocco*, ICJ Reports (1952), p. 176, 199에서 다음과 같이 언급하고 있다 : "This interpretation of the Act, in some instances, leads to results which may not appear to be entirely satisfactory. But that is an unavoidable consequence of the manner in which the Algeciras Conference dealt with the question of consular jurisdiction. The Court can not, by way of interpretation, derive from the Act a general rule as to full consular jurisdiction which it does not contain. On the other hand, the Court can not disregard particular provisions involving a limited resort to consular jurisdiction, which are, in fact, contained in the Act, and which are still in force as far as the relations between the United States and Morocco are concerned." WTO/DSB 상소기관도 같은 입장을 취하고 있는데, 예컨대, *India -Patent Protection for Pharmaceutical and Agricultural Chemical Products*, WT/DS50/AB/R, AB-1997 -5, Report of the Appellate Body, 19 December 1997, para. 45 (available at https://www.sice.oas.org/DISPUTE/wto/tripab.asp)에서 다음과 같이 언급한 바 있다 : "The Panel misapplies Article 31 of the Vienna Convention. The Panel misunderstands the concept of legitimate expectations in the context of the customary rules of interpretation of public international law. The legitimate expectations of the parties to a treaty are reflected in the language of the treaty itself. The duty of a treaty interpreter is to examine the words

그간 국제법학에서 조약의 해석은 "누구에게 해석의 권한이 있으며, 고정된 해석원칙은 있는가" 라는 사실상 연계된 두 개의 문제를 중심으로 전개되어 왔다. 그런데 종래, 국제공동체에 일반강제 관할권(general and compulsory jurisdiction)을 부여받은 재판소가 없다는 사실은 필연적으로 각 국가가 "법규에 대한 자기해석의 권리"(right of auto-interpretation of legal rules), 즉 국제 법규[459]를 스스로 해석할 권한을 갖는다는 -극단의 주관주의(subjectivism)에 바탕한- [460] 결론으로 이어지곤 하였다.[461] 그리고 그같은 사실의 또 한 가지 논리적 귀결로서, 조약법에 관한 종래의 관습법은 조약규정의 해석을 위한 일단의 객관적인 원칙을 갖고 있지 못했으며, *Free Zones of Upper Savoy and the District of Gex* 사건[462]에서 PCIJ가 언급한 바와 같이 단지 "의심이 있으면 주권의 제약은 엄격히(혹은 제한적으로) 해석하여야 한다."는 국가주권 중심의 원칙이 지배하고 있었다.[463] 그리고 이 "제한적 해석의 원칙"(principle of restrictive interpretation or *in dubio mitius*)은 -이제는 단지 해석의 '보충적' 수단(supplementary means of interpretation)으로서나마- 지금도 여전히 국제재판소에서 인용되고 있다.[464] 뿐만 아니라, 2006년 UN국제법위원회의 "법적 의무를 창설할

of the treaty to determine the intentions of the parties. This should be done in accordance with the principles of treaty interpretation set out in Article 31 of the Vienna Convention. But these principles of interpretation neither require nor condone the imputation into a treaty of words that are not there or the importation into a treaty of concepts that were not intended." WTO/DSB 상소기관은 *EC-Hormones*, WT/DS26/AB/R, WT/DS48/AB/R, AB-1997-4, Report of the Appellate Body, 16 January 1998, para. 181에서 이같은 입장을 반복하여 다시 다음과 같이 언급하고 있다 : "The fundamental rule of treaty interpretation requires a treaty interpreter to read and interpret the words actually used by the agreement under examination, and not words which the interpreter may feel should have been used."

459) 비엔나협약은 규율대상이 조약이어서 조약의 해석에 대해서만 지침을 제공하고 있지만, 그 연원이 조약이냐 관습이냐를 불문하고 모든 국제법규는 해석을 필요로 한다고 할 수 있다. 물론, 불문의 관습법규는 성문의 조약과는 달리 해석 이전에 그것의 존재 자체에 대한 이의가 상대적으로 쉽게 제기될 수 있을 것이다. 이런 점에서 조약은 해석이 중요한 데 반해, 관습법규는 발견과 검색이 중요하다고 할 수 있다. See Rosenne, *The Perplexities of Modern International Law*, p. 29.

460) See Orakhelashvili, p. 17.

461) Cassese, *International Law*, 2nd, p. 6.

462) PCIJ (1932), Series A/B, No. 46, p. 167 : "in case of doubt a limitation of sovereignty must be construed restrictively." 여기서 보는 바와 같이, PCIJ가 말하는 제한적 해석의 원칙은 "의심이 있는 경우에" 라는 전제를 달고 있다. PCIJ의 이같은 의도는 다른 여러 사건에서도 확인된다. 이를테면 *The Wimbledon*, PCIJ (1923), Series A, No. 1, p. 23에서 "본 재판소는 이른바 제한적 해석이 그 조문(즉, 베르사유조약 제380조)의 분명한 조건에 위배되고, 명백히 부여된 것을 파괴하게 될 지점에서 정지할 수밖에 없다고 생각한다."(the Court feels obliged to stop at the point where the so-called restrictive interpretation would be contrary to the plain terms of the article and would destroy what has been clearly granted.)고 언급한 바 있고, 또한 *Territorial Jurisdiction of the International Commission of the River Oder*, PCIJ (1929), Series A, No. 23, p. 26에서는 제한적 해석의 주장이 "그 자체로 건전한 것이긴 하지만, 아주 조심해서" (though sound in itself, ...only with the great caution) 사용해야 하며, "모든 적절한 고려에도 불구하고 당사자들의 의도가 여전히 의심스러운 경우에만 국가들의 자유에 가장 유리한 해석이 채택되어야 한다"(it will be only when, in spite of all pertinent considerations, the intention of the Parties still remains doubtful that that interpretation should be adopted which is most favourable to the freedom of States.)고 언급한 바 있다. 요컨대, 조약규정의 의미에 "의심이 없는 데도" 제한적 해석을 적용하면 그것은 해석이 아니라 조약의 수정에 해당한다.

463) Cassese, p. 188 ; Orakhelashvili, p. 301 ff.

464) 예컨대, WTO/DSB 상소기관(Appellate Body)은 *EC-Hormones* (WT/DS26/AB/R, WT/DS48/AB/R)(16 January 1998), para. 165 of the Report (at https://www.wto.org/english/tratop_e/dispu_e/hormab.pdf)에서 다음

수 있는 국가의 일방적 선언에 적용되는 지도원칙"(Guiding Principles applicable to unilateral declarations of States capable of creating legal obligations)[465]의 '원칙 7'에 의하면 '일방적 선언'의 경우, 그러한 선언에서 유래하는 의무의 범위에 관하여 의심이 있는 경우에는 그들 의무는 '제한적으로'(in a restrictive manner) 해석되어야 하는데, 일방적 선언에 대한 제한적 해석의 원칙은 이미 ICJ가 *Nuclear Tests* 사건[466]에서 언급한 바도 있다. 기타 국내법도 국제법의 눈으로 보면 본질적으로 국가의 일방적 행위에 속하는데, ICJ는 *Ahmadou Sadio Diallo* 사건[467]에서 "국내법의 해석은 '일차적으로' 그리고 '원칙적으로' 국내당국(특히 국내최고재판소들)에 맡겨져 있으며, 다만 국가가 자국 국내법에 대해 '명백히 잘못된'(manifestly incorrect) 해석을 제시하는 경우에는 '예외적으로' 동 재판소(즉, ICJ)가 적절한 해석을 내리게 될 것"이라고 언급한 바 있다.

그러나 위에서 언급한 것처럼, 조약은 한 국가의 일방적 작품이 아니므로 그것의 해석은 "당사자들의 공동의 의사를 확인하는" 것이 되어야 한다는 사실은 조약 해석에 있어 자기해석은 허용될 수 없으며 이와 함께 해석의 객관적 기준이 필요하다는 결론에 이르게 한다. 게다가 국가들이 여전히 "자기해석"의 권리를 갖고 있다고 해도 "자기결정"의 권리(right of auto-decision)는 갖고 있지 않다. 다시 말해서 국가들의 국제법에 대한 해석과 적용은 "타방 당사자들에게 최종적인 것도 아니

과 같이 언급하고 있다 : "... We cannot lightly assume that sovereign states intended to impose upon themselves the more onerous, rather than the less burdensome, obligation by mandating conformity or compliance with such standards, guidelines and recommendations. (154) To sustain such an assumption and to warrant such a far-reaching interpretation, treaty language far more specific and compelling than that found in Article 3 of the SPS Agreement would be necessary." 그리고 동 상소기관은 이 보고서 각주 154)에서 Jennings and Watts (eds.), Vol. I, p. 1278의 다음 글을 인용하고 있다 : "The principle of *in dubio mitius* applies in interpreting treaties, in deference to the sovereignty of states. If the meaning of a term is ambiguous, that meaning is to be preferred which is less onerous to the party assuming an obligation, or which interferes less with the territorial and personal supremacy of a party, or involves less general restrictions upon the parties." 그러나 *in dubio mitius*의 원칙에 대해서는 비판이 없지 않다. 한 국가에게 부과된 의무를 제한적으로 해석하면 그에 상응하는 타국가의 권리를 인정하지 않는 결과로 될 수 있기 때문이라는 것이다 : Pauwelyn, p. 186, fn. 57. 그리고 이 원칙이 모든 국제재판소에서 수락되는 것은 아니다. 특히, EU의 사법기관인 유럽재판소는 EU설립조약들을 해석함에 있어 각 회원국의 주권적 권한의 보호보다는 EU의 목표/목적 지향적(즉, 목적론적) 해석에 크게 의존하여 오고 있다 : Jennings and Watts (eds.), Vol. I, p. 1279, fns. 17 & 18 ; Delano Verwey, *The European Community, The European Union and the International Law of Treaties* (The Hague : T.M.C. Asser Press, 2004), p. 224.

465) https://www.un.org/law/ilc ; 본서, 제14장 (국가책임).

466) Australia v. France, ICJ Reports (1974), p. 253 at 267 (para. 44) ; New Zealand v. France, ICJ Reports (1974), p. 457 at 472 (para. 47) : " ... When States make statements by which their freedom of action is to be limited, a restrictive interpretation is called for."

467) Republic of Guinea v. Democratic Republic of The Congo, Judgment of 30 November 2010, para. 70 : "The Court recalls that it is for each State, in the first instance, to interpret its own domestic law. The Court does not, in principle, have the power to substitute its own interpretation for that of the national authorities, especially when that interpretation is given by the highest national courts (see, for this latter case, *Serbian Loans, Judgment No. 14, 1929, P.C.I.J., Series A, No. 20*, p. 46 and *Brazilian Loans, Judgment No. 15, 1929, P.C.I.J., Series A, No. 21*, p. 124). Exceptionally, where a State puts forward a manifestly incorrect interpretation of its domestic law, particularly for the purpose of gaining an advantage in a pending case, it is for the Court to adopt what it finds to be the proper interpretation."

고 구속력이 있는 것도 아니다."[468] 그러므로 비엔나협약은 제31조 1항에서 "조약은 ... 성실하게 해석되어야 한다"(A treaty shall be interpreted in good faith...)라고 규정함으로써 조약의 해석에 "신의성실의 원칙"을 도입하였다.[469] 이에 따라 비엔나협약 제31조는 해석의 일반규칙(일반원칙)(general rule of interpretation)[470]으로서 우선 –조약술어(용어)들에 부여되어야 할 통상적 의미(ordinary meaning)에 기초한– 문언해석(textual, literal, grammatical interpretation),[471] 문맥(전후관계)해석(contextual interpretation),[472] 목적론적 해석(teleological[473] interpretation)[474]

---

468) Nollkaemper, p. 221.

469) 신의성실의 원칙은 국제의무의 이행방식에 대해서도 적용되므로 주의를 요한다. Hartley, *European Union Law in a Global Context*, p. 118 ; Orakhelashvili, p. 398 ; 본서, 제7장 (국제법의 기본원칙).

470) ILC는 비엔나협약 제31조(초안에서는 제27조)의 제목으로 General *rules* of interpretation이란 복수표현을 쓰지 아니하고 General rule of interpretation이란 단수표현을 쓴 이유에 대해, "(조약)해석의 과정은 한 개의 통일체(a unity)라는 것, 그리고 동 조항의 규정들은 긴밀히 통합된 한 개의 단일 규칙(a single, closely integrated rule)을 형성한다는 것을 강조하고 싶었기 때문"이라고 설명하고 있다. Yearbook of the ILC, 1966, Vol. Ⅱ, p. 220. *Golder* v. *The United Kingdom*, Judgment, Merits and Just Satisfaction, App No 4451/70, A/18, [1975] ECHR 1, para. 30, 〈https://www.worldlii.org/eu/cases/ECHR/1975/1.html〉에서 유럽인권재판소도 다음과 같이 언급한 바 있다 : "In the way in which it is presented in the "general rule" in Article 31 of the Vienna Convention, the process of interpretation of a treaty is a unity, a single combined operation ; this rule, closely integrated, places on the same footing the various elements enumerated in the four paragraphs of the Article." 그러나 ICJ는 "general *rules* of treaty interpretation" 이란 복수표현을 선호하는 것으로 보인다 : see, e.g., *Oil Platforms* (Iran v. United States of America), ICJ Reports (2003), p. 161 at 182 (para. 41).

471) 해석 과정에서 찾아야 할 의사는 합의된 의사/의도(agreed intention)이며, 따라서 조약술어에 부여되어야 할 통상적 의미라 함은 조약당사자들이 의도한 바의 통상적 의미를 말한다. 조약술어의 통상적 의미를 구함에 있어 사전(dictionary)이 전혀 도움이 안되는 것은 아니지만(국제재판소들도 때로 사전에 의존하는 경우가 있다), 사전이 조약 당사자들의 의사를 대신할 수는 없는 것이다. 즉, 여기서 문언/문법적 해석이 곧 사전적 해석을 의미하는 것은 아니다. 이 문제에 대해 Orakhelashvili, p. 322는 다음과 같이 언급하고 있다 : "국제법은 요컨대, 때에 따라서 합리적으로 보이는 것이 아니라 국가들이 합의한 것이다. 관련 규정의 합리성은 그것의 자연적·통상적 의미에 상관치 않고 조약규정의 의미를 결정함에 있어 어떤 역할도 담당하지 아니한다."

472) 비엔나협약 제31조 2항에 의하면, "조약 해석의 목적상 '문맥'(context)은, '조약문'(text)에 더하여, 조약의 '전문 및 부속서'와 함께, '(a) 조약의 체결과 관련하여 모든 당사자간에 이루어진, 그 조약에 관련한 일체의 합의' 그리고 '(b) 조약의 체결과 관련하여 하나 이상의 당사자가 작성하고, 다른 당사자들이 그 조약에 관련되는 문서로서 수락한 일체의 문서'를 포함한다." 다시 말해서 조약규정의 해석에 있어 문맥이라 함은 –해석의 대상인 조약과 관련한– 당사자간 합의 혹은 타방 당사자의 수락을 구성하는 것이어야 한다 : Aust, 2nd, p. 238 ; Orakhelashvili, p. 343. 그리고 제31조 2항 (a),(b)에서 각기 "합의"와 "문서"란 표현은 그것이 조약의 일부이거나 그 자체 조약일 필요는 없음을 의미하므로, 법적 구속력이 결여된 문서(이를테면 MOU 등)도 제31조 2항 (a) 혹은 (b)의 목적을 위한 "합의" 또는 "문서"가 될 수 있다 : Aust, 2nd, pp. 47, 57, 236~238 ; Aust, *Handbook of IL*, 2nd, p. 84. 국제재판소들도 문맥의 의미를 이같은 관점에서 확인하고 있다. 예컨대, WTO/DSB 상소기관은 *US – Measures Affecting the Cross-border Supply of Gambling and Betting Services*, WT/DS285/AB/R, AB-2005-1, Report of the Appellate Body, 7 April 2005, paras. 171~178 (https://www.wto.org/english/tratop_e/dispu_e/cases_e/ds285_e.htm)에서, 1991년과 1993년에 당시 GATT 사무국이 교섭국들의 요청에 부응하여 우루과이 라운드 교섭을 돕기 위해 작성, 배포한 두 개의 문서를 미국의 GATS Schedule의 해석을 위한 문맥의 일부로 본 패널의 판단은 오류라고 판시하고, 패널 의견의 이 부분을 파기하였다. 또한, Case concerning *Sovereignty over Pulau Ligitan and Pulau Sipadan* (Indonesia/Malaysia), ICJ Reports (2002), p. 625 at 648~651 (paras. 44~48)에서 ICJ는, 네덜란드 정부가 영국 정부에 공식적으로 전달한 것이 아니고 단지 헤이그 주재 영국 외교관이 이를 인지하여 자국 정부에 보고한 바 있는 네덜란드 정부 측의 지도에 대해 영국이 반응을 보이지 아니한 것은 묵인(acquiescence)을 구성하지 아니하며, 또한 이런 경우의 지도는 비엔나협약 제31조 2항의 (a)호나 (b)호에서 말하는 합의나 문서에도

을 제시함으로써 조약의 규범적 타당범위를 확대시키고 있다. 그리고 이들과 더불어 해석에 있어 -반드시 그러나 단지- '고려에 넣어야'(참작되어야)(shall be taken into account)[475] 할 것으로서, "(a) 조약의 해석 또는 그 규정의 적용에 관한 당사자 간 추후합의(any subsequent agreement between the parties regarding the interpretation of the treaty or the application of its provisions),[476] (b) 그 해석에 관한 당사자 간 합의를 수립하는 조약적용상의 추후관행(실행)(any

---

해당되지 아니한다고 판시하였다. 한편, WTO/DSB 상소기관은 *India-Patent Protection for Pharmaceutical and Agricultural Chemical Products*, WT/DS50/AB/R, AB-1997-5, Report of the Appellate Body, 19 December 1997, para. 56 (available at https://www.sice.oas.org/DISPUTE/wto/tripab.asp)에서 TRIPs 제70조 8항 (a)호를 해석함에 있어 "동조 동항의" (b)호와 (c)호가 문맥의 일부를 구성한다("Paragraphs (b) and (c) of Article 70.8 constitute part of the context for interpreting Article 70.8(a).")고 판시한 바 있다.

473) purpose를 뜻하는 그리스어 *telos*에서 나온 단어임. https://en.wikipedia.org/wiki/Telos_(philosophy); Hartley, *European Union Law in a Global Context*, p. 118, fn. 7.

474) 목적론적 해석이란 제한적 해석(*in dubio mitius*)에 대칭되는 관념으로서, 조약은 당해 조약의 '객체와 목적'(object and purpose)을 달성할 수 있는 방향으로 성실히 해석해야 한다는 것이다. 실효적 해석의 원칙(principle of effective interpretation or effet utile)[*ut res magis valeat quam pereat* ("That the matter may have effect rather than fail")]으로도 불리운다 : see e.g. *Iron Rhine Railway* Arbitration (Belgium/Netherlands), Award of May 24, 2005, para. 49, 〈https://legal.un.org/riaa/cases/vol_XXVII/35-125.pdf〉. ILC는 (비엔나협약에서 제31조에 자리한) 초안 제27조에 대한 주석에서 실효적 해석과 관련하여 다음과 같이 언급하고 있다. "The Commission, however, took the view that, in so far as the maxim *ut res magis valeat quam pereat* reflects a true general rule of interpretation, it is embodied in article 27, paragraph 1, which requires that a treaty shall be interpreted *in good faith* in accordance with the ordinary meaning to be given to its terms in the context of the treaty *and in the light of its object and purpose.* When a treaty is open to two interpretations one of which does and the other does not enable the treaty to have appropriate effects, good faith and the objects and purposes of the treaty demand that the former interpretation should be adopted." : Yearbook of the ILC (1966), Vol. Ⅱ, p. 219. 여기서 ILC도 시사한 바와 같이, 실효적 내지는 목적론적 해석이 "불성실하게(악의적으로)"(in bad faith) 사용되면 이는 '해석'이라기보다는 "사법부에 의한 입법"(judicial legislation), 즉, "입법부적 판결"(legislative rulings)이 될 수도 있다. 그러나 그 한계는 모호하며, 사법적극론자들은 때로 그같은 비난에도 당당하다. 특히 유럽재판소가 그러하다. Hartley, *European Union Law in a Global Context*, pp. 118 ff, 123, 127 ; Orakhelashvili, pp. 343, 393 ff, 397 ff, 406. ; Aust, 2nd, p. 231 ; Akande in Evans (ed.), *International Law*, 3rd, p. 263. 실효적 해석은 (i) 조약의 객체 및 목적에 기초한 성실한 해석 뿐만 아니라 (ii) 조약의 모든 규정은 의미를 갖는 것으로 의도되었다고 가정해야 하며 따라서 어떤 텍스트라도 의미없게 만드는 해석은 타당하지 않다는 것을 뜻하기도 한다는 점에서, 실효적 해석은 목적론적 해석보다 넓은 것으로 새기는 견해도 있다 : e.g. Malgosia Fitzmaurice in Evans (ed.), *International Law*, 3rd, pp. 187~188.

475) Orakhelashvili, p. 366.

476) 비엔나협약 제31조 3항(a). "추후'합의'"란 표현은 이 합의가 (법적 구속력있는)'조약'일 필요는 없음을 의미하며, 그 결과 추후합의는 -MOU, 조약당사자회의에서 채택된 결정 등을 포함하여- 여러 형태를 취할 수 있다 : Aust, 2nd, pp. 47, 57, 239 ; Aust, *Handbook of IL*, 2nd, p. 85 ; Boyle in Evans (ed.), *International Law*, 5th, p. 127. ILC는 1966년 UN총회에 제출한 조약법규정초안에 대한 주석에서, (당시 ILC초안에는 제27조에 자리하고 있었던) 현 제31조의 3항(a)에 대해 다음과 같이 언급하고 있다. "... an agreement as to the interpretation of a provision reached after the conclusion of the treaty represents an authentic interpretation by the parties which must be read into the treaty for purposes of its interpretation." : "ILC Draft Articles on the Law of Treaties with Commentaries 1966", Yearbook of the International Law Commission 1966, Vol. Ⅱ, p. 221, para. 14 ; https://www.un.org/law/ilc/. ICJ는 Case concerning *Kasikili/Sedudu Island* (Botswana/Namibia), ICJ Reports (1999), para. 49에서 위 ILC주석을 인용한 바 있다. 따라서 타 체약국들에 의해 승인된 해석선언도 추후합의를 구성할 수 있다 : ILC조약유보관행안내서, 가이드라인 4.7.3 (모든 체약국과 체약기구에 의해 승인된 해석선언)("An interpretative declaration that has been approved by all the contracting States and contracting organizations may constitute an agreement

subsequent practice in the application of the treaty which establishes the agreement of the parties regarding its interpretation),[477] (c) 당사자 간 관계에 적용될 수 있는 관련 국제법규"(any relevant rules of international law applicable in the relations between the parties)[478]가 제시되고 있으며, -서두에서 언급한 바와 같이, 조약의 해석은 그 '주인들'의 의도를 확인하

---

regarding the interpretation of the treaty.").

477) 비엔나협약 제31조 3항(b). "가장 빈번하게 인용되고 있는" 추후관행에 의한 해석의 사례로는, UN헌장 제27조 3항의 "상임이사국의 동의투표"에 대한 해석과 관련하여 안보리 표결 관행상 상임이사국의 '기권'은 거부권 행사가 아닌 것으로 계산되고 있는 것을 들 수 있다. Aust, 3rd, p. 215 ; 본서, 제25장 (UN), V. UN의 주요기관, 2. 안전보장이사회. ILC는 추후관행(실행)의 중요성에 관해 다음과 같이 언급하고 있다. "The importance of such subsequent practice in the application of the treaty, as an element of interpretation, is obvious; for it constitutes objective evidence of the understanding of the parties as to the meaning of the treaty. Recourse to it as a means of interpretation is well-established in the jurisprudence of international tribunals." : "Draft Articles on the Law of Treaties with Commentaries 1966", Yearbook of the International Law Commission 1966, Vol. Ⅱ, p. 221, para. 15 ; https://www.un.org/law/ilc/.

Case concerning *Kasikili/Sedudu Island* (Botswana/Namibia), ICJ Reports (1999)에서 ICJ는 위 ILC주석을 인용하면서(para. 49), 과거 동 재판소가 조약규정을 해석할 때 조약당사자들의 추후관행을 검토한 바 있는 사건들을 열거하고 있기도 하다(para. 50). ICJ는 그 뒤 *Dispute regarding Navigational and Related Rights* (Costa Rica v. Nicaragua), Judgment of 13 July 2009, para. 64에서 "추후관행은 조약당사자간 묵시적 합의에 기초하여 원래 의도로부터의 일탈을 초래할 수 있다"(the subsequent practice of the parties, within the meaning of Article 31(3)(b) of the Vienna Convention, can result in a departure from the original intent on the basis of a tacit agreement between the parties)고도 하였다. 또한 ICJ는 *Whaling in the Antarctic* (Australia v. Japan ; New Zealand intervening), Judgment of 31 March 2014, para. 83에서, 국제포경규제협약(International Convention for the Regulation of Whaling) 하의 국제포경위원회(International Whaling Commission)의 결의들 중에서 모든 협약당사국의 지지없이, 특히 일본의 동의 없이, 채택된 것들은 협약 제8조의 해석상 추후합의나 추후관행이 될 수 없다고 한 바 있다.

이 밖에도, *Heathrow Airport User Charges Arbitration* (United States-United Kingdom): Award on the First Question, 30 November 1992 (revised 18 June 1993), "Chapter 6. Article 10(1) and (3) of Bermuda 2 : The structure of user charges at Heathrow", para. 6.7, 〈https://untreaty.un.org/cod/riaa/cases/vol_XXIV/3-334.pdf〉에서 중재재판소는, 1983년의 영국과 미국의 정부간 MOU (intergovernmental Memorandum of Understanding)는 그 자체 조약은 아니지만 "당사국들의 합의에 기초한 추후관행" (consensual subsequent practice of the Parties)을 형성하며 따라서 조약에서 사용된 표현의 의미를 분명히 하기 위한 "해석의 조력자"(an aid to the interpretation)가 될 수 있다고 판시한 바 있다.

국내재판소의 판결도 물론 조약해석을 위한 추후관행을 형성할 수 있다 : *Prosecutor* v. *Jelisić*, Judgment (Trial Chamber), ICTY-95-10-T, 14 December 1999, para. 61 (available at https://www.icty.org/sections/TheCases/JudgementList) ; Nollkaemper, pp. 271~272.

ILC는 2018년 "조약 해석에 있어 추후합의와 추후관행에 대한 결론 초안"(Draft conclusions on subsequent agreements and subsequent practice in relation to the interpretation of treaties)을 채택하여 UN총회에 제출한 바 있다 : 〈https://legal.un.org/ilc/texts/1_11.shtml〉.

478) 비엔나협약 제31조 3항(c). 제31조 3항(c)의 해석기준, 즉 "당사자간 관계에 적용될 수 있는 관련 국제법규"는 세 가지를 시사한다 : 첫째, 이것은 -법적 지위가 불확실하거나 의심스러운 원칙들(즉, 형성중인 법적 기준)이나 정책적 요소는 배제하고- 단지 국제법의 확립된 규칙에만 적용된다 ; 둘째, "(일체의) 관련 국제법규"의 기준은 그 연원이 무엇인가에 관계없이, 즉 (해석대상 조약 이외의) 타조약들, 관습법규 그리고 법의 일반원칙 모두에 미친다 ; 셋째, 그러나, "당사자간 관계에 적용될 수 있는"의 기준은 "관련 국제법규"가 특정조약의 해석 과정에 기여하기 위해 분쟁당사자들에 대해서만 구속력이 있으면 되는지 아니면 해석대상 조약의 모든 당사자에게 구속력이 있을 것을 요구하는지는 분명하지 않다 : Orakhelashvili, pp. 366, 368. 다만, WTO 패널은 *European Communities - Measures Affecting the Approval and Marketing of Biotech Products*, WT/DS 291, 292, 293/R, Reports of the Panel, 29 September 2006, para. 7.68 (https://www.wto.org/english/tratop_e/dispu_e/cases_e/ds293_e.htm)에서 후자의 의미로 새긴 바 있다 : "... Article 31(3)(c) indicates that it is only those rules of international law which are "applicable in the

는 것을 목표로 하는 것이므로- 조약당사자들이 어떤 술어에 '특별한 의미'(special meaning)를 부여하려는 의도였음이 입증되면 그에 따라야 한다는 점도 명시되고 있다.[479)]

---

relations between the parties" that are to be taken into account in interpreting a treaty. This limitation gives rise to the question of what is meant by the term "the parties". In considering this issue, we note that Article 31(3)(c) does not refer to "one or more parties". Nor does it refer to "the parties to a dispute". We further note that Article 2.1(g) of the Vienna Convention defines the meaning of the term "party" for the purposes of the Vienna Convention. Thus, "party" means "a State which has consented to be bound by the treaty and for which the treaty is in force". It may be inferred from these elements that the rules of international law applicable in the relations between "the parties" are the rules of international law applicable in the relations between the States which have consented to be bound by the treaty which is being interpreted, and for which that treaty is in force. This understanding of the term "the parties" leads logically to the view that the rules of international law to be taken into account in interpreting the WTO agreements at issue in this dispute are those which are applicable in the relations between the WTO Members."(각주번호 생략) 요컨대, 제31조 3항(c)의 목적상 '당사자'라 함은 단지 '분쟁'의 당사자를 지칭하는 것이 아니고 '(해석대상) 조약'의 당사자를 지칭한다고 보아야 한다는 것이다. 이 문제에 관한 자세한 논의는 다음 논문을 참조 : 朴賢錫, "條約解釋上 '國際法의 關聯 規則'의 參酌", 《國際法學會論叢》(제54권 제3호)(2009년 12월), pp. 191~215.

관련 국제법규가 조약이 특별법으로서 적법하게 일탈할 수 있는 규칙이라면 문제의 규칙은 해당 조약을 해석함에 있어 고려의 대상이 되어서는 안 된다. See *Dispute regarding Navigational and Related Rights* (Costa Rica v. Nicaragua), Judgment, I.C.J. Reports 2009, p. 213 at 232~233 (paras. 32~35) ; Orakhelashvili/Akehurst, 9th, p. 285.

한편, 제31조 3항(c)는 모든 조약은 그 '해석'의 차원에서 이른바 "자기완비적 체제" (a self-contained regime)를 형성하기가 어려움을 시사하고 있는데, 이 문제에 대해서는, Pauwelyn, p. 253 ff ; ILC "Conclusions of the work of the Study Group on the Fragmentation of International Law: Difficulties arising from the Diversification and Expansion of International Law" (2006), paras. (17)~(23), at https://www.un.org/law/ilc ; Aust, 2nd, p. 243 ; 본서, 제14장 (국가책임) 참조.

ICJ도 이미 *Legal Consequences for States of the Continued Presence of South Africa in Namibia (South West Africa) notwithstanding Security Council Resolution 276 (1970)*, Advisory Opinion, ICJ Reports (1971), p. 16 at 31 (para. 53)에서 "an international instrument has to be interpreted and applied *within the framework of the entire legal system* prevailing at the time of the interpretation."이라고 언급함으로써 이를 시사한 바 있었다. ICJ는 그후 *Maritime Delimitation in the Area between Greenland and Jan Mayen* (Denmark v. Norway), ICJ Reports (1993), p. 38, 58 (para. 46)에서는 다음과 같이 말한 바 있다 : "The fact that it is the 1958 Convention which applies to the continental shelf delimitation in this case does not mean that Article 6 thereof can be interpreted and applied either without reference to customary law on the subject, ..." 그리고 *Oil Platforms* (Iran v. United States of America), ICJ Reports (2003), p. 161, 182 (para. 41)에서는 미국-이란 우호조약 제20조 1항(d)를 해석함에 있어 비엔나 조약법협약 제31조 3항(c)를 원용하면서, 우호조약에는 언급되지 아니한 무력사용(특히 자위)에 관한 관습법규를 고려에 넣은 바 있다 : "... Moreover, under the general rules of treaty interpretation, as reflected in the 1969 Vienna Convention on the Law of Treaties, interpretation must take into account "any relevant rules of international law applicable in the relations between the parties"(Art. 31, para. 3 (c)). The Court cannot accept that Article XX, paragraph 1 (d), of the 1955 Treaty [of Amity, Economic Relations and Consular Rights between the United States and Iran], [which provides that "The present Treaty shall not preclude the application of measures necessary to fulfil the obligations of a High Contracting Party for the maintenance or restoration of international peace and security, or necessary to protect its essential security interests."] was intended to operate wholly independently of the relevant rules of international law on the use of force, so as to be capable of being successfully invoked, even in the limited context of a claim for breach of the Treaty, in relation to an unlawful use of force. The application of the relevant rules of international law relating to this question thus forms an integral part of the task of interpretation entrusted to the Court by Article XXI, paragraph 2, of the 1955 Treaty." See Thirlway, pp. 137~139.

이어서 제32조는 "상기 제31조의 적용으로부터 나오는 의미를 (단지) '확인'하기(confirm) 위하여", 또는 "제31조에 따라 해석하면 (a) 의미가 모호해지거나 분명치 않게 되는 경우, 또는 (b) 명백하게 터무니없거나 불합리한 결과를 초래하는 경우에 그 의미를 '결정'하기(determine) 위하여" 의지할 수 있는 해석의 단지 '보충적' 수단으로서 '특히' 준비문서(preparatory work, travaux préparatoires)와 조약체결의 사정(circumstances of treaty conclusion)을 예시하고 있다.[480] 보충적 해석수단 중에서 국제재판에서 아마도 가장 많이 원용되는 것이 준비문서인데, PCIJ도 *Lotus* 호 사건[481]에서 "조약의 문언이 그 자체만으로 충분히 명백하다면 준비문서를 존중할 필요는 없다."(there is no occasion to have regard to preparatory work if the text of a convention is sufficiently clear in itself.)고 언급함으로써 조약 해석에서 준비문서의 보충적 지위를 상기시킨 바 있다. 역시 같은 논리에 의해, 문맥해석이나 목적론적 해석에 의해 어떤 결론에 도달할 수 있다면 다시 준비문서에 의존하는 것은 필요하지 않으며, 다만 전자에 의한 해석을 뒷받침하기 위해 다시 준비문서를 검토하고 인용할 수는 있을 것이다. ICJ도 이 점을 지적한 바 있다.[482] 다만, 비엔나협약은 준비문서에 대한 정의를 담고 있지는 아니한데, 일반적인 의미에서 이것은 조약기초 과정의 기록을 의미한다. 따라서 여기에는 연속된 초안들(successive drafts)을 포함하여 기초에 참여한 국가 간 교섭의 기록과 UN국제법위원회와 같은 전문가집단의 (주석을 포함한) 작업기록이 포함되는 것으로 이해되고 있다.[483] 그러나 중요한 것은, 당사자들의 공동의사를 증명하는 자료들만이 조약해석을 위한 준비문서의 지위를 차지할 수 있다는 점이다.[484]

PCIJ는 *Mavrommatis Palestine Concessions* 사건[485]에서 "동등한 권위를 갖는 두 개의 조약 정본 중에서 하나가 다른 것보다 넓은 의미를 가질 경우, 두 정본과 조화될 수 있고 또 당사국들의 공동의 의사에 따라 최대한 의심의 여지가 없는 좀 더 제한된 해석을 채택하지 않을 수 없다"고 천

479) 비엔나협약 제31조 4항.

480) 제32조에 예시되지 아니한 다른 여러 가능한 보충적 해석수단들에 관해서는, Aust, 2nd, pp. 248~249 참조.

481) PCIJ (1927), Series A, No. 10, p. 16. See also *Conditions of Admission of a State to Membership in the United Nations* (*Article 4 of the Charter*), Advisory Opinion, ICJ Reports (1948), p. 57 at 63 : "The Court considers that the text is sufficiently clear; consequently, it does not feel that it should deviate from the consistent practice of the Permanent Court of International Justice, according to which there is no occasion to resort to preparatory work if the text of a convention is sufficiently clear in itself."

482) See e.g. *Territorial Dispute* (Libyan Arab Jamahiriya/Chad), ICJ Reports (1994), p. 6 at 27 (para. 55) ; *Maritime Delimitation and Territorial Questions between Qatar and Bahrain* (Jurisdiction and Admissibility), ICJ Reports (1995), p. 6 at 21~23 (paras. 40~42) ; *LaGrand* (Germany v. United States of America), ICJ Reports (2001), p. 466 at 503~505 (paras. 104~107).

483) Aust, pp. 93~95 & 2nd, p. 246 ; Currie p. 140 ; Harris, 5th (1998), p. 818.

484) *Maritime Delimitation and Territorial Questions between Qatar and Bahrain* (Jurisdiction and Admissibility), ICJ Reports (1995), p. 6 at 22 (para. 41) (& Dissenting Opinion of Judge Schwebel, p. 27 at 36, 37) ; Orakhelashvili, p. 384.

485) PCIJ (1924), Ser. A, No. 2, p. 19 : "The Court is of opinion that, where two versions possessing equal authority exist one of which appears to have a wider bearing than the other, it is bound to adopt the more limited interpretation which can be made to harmonise with both versions and which, as far as it goes, is doubtless in accordance with the common intention of the Parties."

명한바 있다. 그러나 비엔나협약은 제33조에서 이처럼 조약 정본이 복수인 경우에 적용되어야 할 몇 가지 해석원칙을 다음과 같이 제시하고 있다. 정본 상호간에 차이가 있으면, 특정 정본이 우선한다고 당해 조약에 규정하고 있거나 당사국들이 합의하지 않는 한, 각 언어는 동등한 효력을 갖는다. 번역문은 조약이 규정하거나 또는 당사국이 합의하는 경우에만 정본으로 간주된다. 조약의 문언은 각 정본에서 동일한 의미를 가지는 것으로 추정된다. 특정 정본이 우선하는 경우를 제외하고는, 해석의 일반원칙과 보충적 수단에 의해서도 제거하지 못하는 의미의 차이가 정본 간의 비교로 발견된 경우에는 조약의 객체와 목적을 고려한 후 조약문과 최선의 조화를 이루는 의미를 채택하여야 한다.[486]

이제 일련의 사건[487]에서 ICJ는 조약해석의 원칙을 담고 있는 비엔나협약의 관련 규정들(즉, 제31조, 제32조, 제33조 4항)이 국제관습법을 반영하고 있다고 판시한 바 있으며, 특수 분야의 국제분쟁해결기관들도 대체로 같은 견해를 피력하고 있는데, 이것은 비엔나협약이 1980년 발효하기 이전에 체결된 조약을 해석할 때에도 비엔나협약의 조약해석 규칙이 적용됨을 의미한다.[488] 특히, *Iron Rhine Railway* 사건[489]의 중재재판소는 "제한적 해석의 원칙은 사실 비엔나협약의 관련 규정에 언급조차 되어 있지 않으며, 당사자들의 의도와 함께 조약의 객체 및 목적이 해석의 지배적 요소들이다"라고 언급하고 있다. 이와 함께, 조약상의 술어는 언제나 그 체결 당시의 의미로 고정되는 것인가, 아니면 조약을 "살아있는 문서"(living instrument)로 보고 –시간의 경과에 따른 점진적 변화를 수용하기 위한– 진화적[혹은 동적(動的)] 해석(evolutive/ dynamic interpretation)이 허용될 수 있는가의 문제가 제기되는데, 해석대상인 조약상의 개념이 그 정의에 의해 진화하는(서서히 발전하는)(open or evolving) 성격의 것이거나 혹은 그렇게 의도된 경우라면 이것을 허용하는 것은 조약 '해석' 본

486) See Hartley, p. 70 (& 5th, p. 72).

487) 즉, *Arbitral Award of 31 July 1989* (Guinea-Bissau v. Senegal), Judgment of 12 November 1991, para. 48 (비엔나협약 제31조 및 제32조에 대하여)을 필두로 하여, *Territorial Dispute* (Libya/ Chad), Judgment of 13 February 1994, para. 41 (비엔나협약 제31조에 대하여) ; *Maritime Delimitation and Territorial Questions between Qatar and Bahrain* (Qatar v. Bahrain), Judgment of 15 February 1995 (Jurisdiction and Admissibility), para. 33 (비엔나협약 제31조에 대하여) ; *Oil Platforms* (Iran v. United States), Judgment of 12 December 1996 (Preliminary Objections), para. 23 (비엔나협약 제31조에 대하여) ; *Kasikili/Sedudu Island* (Botswana/Namibia), Judgment of 13 December 1999, para. 18 (비엔나협약 제31조에 대하여) ; *LaGrand* (Germany v. United States), Judgment of 27 June 2001, para. 99 (비엔나협약 제31조에 대하여), para. 101 (비엔나협약 제33조 4항에 대하여) ; *Sovereignty over Pulau Ligitan and Pulau Sipadan* (Indonesia/ Malaysia), Judgment of 17 December 2002, para. 37 (비엔나협약 제31조 및 제32조에 대하여) ; *Legal Consequences of the Construction of a Wall in the Occupied Palestinian Territory*, Advisory Opinion of 9 July 2004, para. 94 (비엔나협약 제31조에 대하여) ; *Avena and Other Mexican Nationals* (Mexico v. United States of America), Judgment of 31 March 2004, para. 83 (비엔나협약 제31조 및 제32조에 대하여) ; *Application of the Convention on the Prevention and Punishment of the Crime of Genocide* (Bosnia and Herzegovina v. Serbia and Montenegro), Judgment of 26 February 2007 (비엔나협약 제31조 및 제32조에 대하여), para. 160 ; *Certain Questions of Mutual Assistance in Criminal Matters* (Djibouti v. France), Judgment of 4 June 2008, para. 153 (비엔나협약 제31조 및 제32조에 대하여) ; *Dispute regarding Navigational and Related Rights* (Costa Rica v. Nicaragua), Judgment of 13 July 2009 (비엔나협약 제31조 및 제32조에 대하여) ; *Pulp Mills on the River Uruguay* (Argentina v. Uruguay). Judgment of 20 April 2010, paras. 64~65 (제31조에 대하여) 등.

488) Orakhelashvili, p. 313 ff.

489) Arbitration regarding the *Iron Rhine Railway* (Belgium/Netherlands), Award of 24 May 2005, para. 53.

연의 임무에서 일탈하는 것이 아니다.[490] 주요 국제재판소들도 이같은 사고를 채택하고 있고,[491]

490) Orakhelashvili, pp. 290 ff, 344 ; Zdeněk Nový, "Evolutionary Interpretation of International Treaties", Czech Yearbook of International Law, Vol. Ⅷ (2017)(Application and Interpretation of International Treaties), pp. 205~240. 관점에 따라서는, 진화적 해석은 때로 '사실상의' 조약 개정(*de facto* amendments)을 초래하는 것으로 비칠 수 있다 : Kaczorowska-Ireland, p. 107.

491) 특히, 유럽인권재판소(European Court of Human Rights)(https://www.echr.coe.int/echr/Homepage_EN)는 다음 판례들에서 보는 것처럼 유럽인권협약의 해석과 관련하여 진화적 해석을 적극적으로 수용하고 있다 : *Tyrer* v. *UK*, Application No. 5856/72, Judgment of 25 April 1978, para. 31 ("the Convention is a living instrument which ... must be interpreted in the light of present-day conditions.") ; *Soering* v. *UK*, Application No. 14038/88, Judgment of 7 July 1989, para. 102 ; *Loizidou* v. *Turkey* (Preliminary Objections), Application No. 15318/89, Judgment of 23 March 1995, para. 71 ; *Ferrazzini* v. *Italy*, Application No. 44759/98, Judgment of 12 July 2001, para. 26 ; *Al-Saadoon and Mufdhi* v. *the United Kingdom*, Application No 61498/08, Judgment of 2 March 2010, para. 120. 그러나 유럽인권재판소의 이 같은 태도에 대해 유럽인권협약 당사국들, 특히 조약의 국내적 도입에 대해 이원론적(그것도 엄격한 이원론적) 입장을 취하고 있는 영국 정부는 강한 우려를 표하고 있기도 하다 : UK, Ministry of Justice, "Human Rights Act Reform: A Modern Bill Of Rights - A consultation to reform the Human Rights Act 1998", Presented to Parliament by the Deputy Prime Minister, Lord Chancellor and Secretary of State for Justice by Command of Her Majesty, December 2021, 〈https://consult.justice.gov.uk/human-rights/human-rights-act-reform/supporting_documents/humanrightsreformconsultation.pdf〉, para. 47 ("...[The 'living instrument' doctrine by the Strasbourg Court, on its own initiative, from the 1970s onwards] has no express basis in the Convention. The justification offered by the Strasbourg Court for the development of the doctrine is to allow the Convention to keep up with changes in society and with the cultural norms of Council of Europe member States. In order to achieve this, the Strasbourg Court has adapted and extended the express rights set out in the Convention. As a result, the meaning and scope of many particular aspects of some Convention rights have changed substantially over the years without meaningful democratic oversight, in some cases going well beyond what the drafters and original signatories had intended or could have reasonably anticipated. This general risk was foreseen by some at the time that the UK signed up to the Convention. Equally, it has been the subject of criticism since its inception, including by judges on the Strasbourg Court.").

조약의 진화적 해석 문제에 있어 EU 유럽재판소도 유럽인권재판소와 비슷한 태도를 보여주고 있다 : see, e.g., Case 283/81, *CILFIT* v. *Ministry of Health*, [1982] ECR 3415, para. 20 ("...every provision of Community law must be placed in its context and interpreted in the light of the provisions of Community law as a whole, regard being had to the objectives thereof and to its state of evolution at the date on which the provision in question is to be applied.") ; 拙著, 《EU법론》 (제2판), p. 295.

1966년 정치적·시민적 권리규약의 이행기관인 인권위원회(Human Rights Committee)도 동일한 노선을 따르고 있다 : 이를테면 *Roger Judge* v. *Canada*, Communication No. 829/1998, 5 August 2002, CCPR/C/78/D/829/1998, para. 10.3 (https://www.bayefsky.com/html/canada_t5_iccpr_829_1998_php) 참조.

ICJ도 진화적 해석을 인정하고 있다. 먼저, 그리스가 1928년의 "국제분쟁의 평화적 해결을 위한 일반의정서"에 가입하면서 PCIJ의 강제관할권에 첨부했던 유보에 나타난 한 문구의 해석과 관련된 사건인 *Aegean Sea Continental Shelf* case (Greece v. Turkey), ICJ Reports (1978), p. 3에서 동 재판소는, "그리스의 영토적 지위에 관련된 분쟁"(disputes relating to the territorial status of Greece)이란 표현은 오늘날의 국제법규에 따라 해석되어야 하며, 1931년의 유보문서가 작성되었을 당시에 존재했던 국제법규에 따라 해석되어서는 안된다고 판시하였다(para. 80) ; 이에 따라 재판소는 문제의 유보를 해석, 적용함에 있어 연안국의 대륙붕에 대한 탐사, 개발권과 관련하여 국제법에 발생한 발전을 고려하지 않으면 안되었다(para. 80) ; 그리고 검토 결과 재판소는, 본 사건은 -그리스가 1928년의 조약에 가입하면서 첨부했던 유보에서 말하는- "그리스의 영토적 지위에 관련된" 분쟁에 해당하며, 터키는 상호주의에 기초하여 동 유보를 원용할 수 있으며(para. 90), 이에 따라 재판소의 관할권이 성립하지 않는다고 결론지었다. Rosenne, *The Perplexities of Modern International Law*, p. 350, fn. 30.

ICJ는 그 후 Case concerning the *Dispute regarding Navigational and Related Rights* (Costa Rica v. Nicaragua), Judgment of 13 July 2009, paras. 63~66에서 진화적 해석에 대해 좀더 정치하게 언급하고 있다 :

"64. ... there are situations in which the parties' intent upon conclusion of the treaty was, or may be

UN국제법위원회(ILC)도 이를 확인한 바 있다.[492] 진화적 해석은 –목적론적 해석의 한 극단적 형태인– "진화하는(혹은 새로 생겨나는) 조약의 객체 및 목적"(emergent/emerging/evolving object and

---

presumed to have been, to give the terms used — or some of them — a meaning or content capable of evolving, not one fixed once and for all, so as to make allowance for, among other things, developments in international law. In such instances it is indeed in order to respect the parties' common intention at the time the treaty was concluded, not to depart from it, that account should be taken of the meaning acquired by the terms in question upon each occasion on which the treaty is to be applied.

65. A good illustration of this reasoning is found in the Judgment handed down by the Court on 18 December 1978 in the case concerning *Aegean Sea Continental Shelf* (*Greece v. Turkey*) (*Judgment, I.C.J. Reports 1978*, p. 3). Called upon to interpret a State's reservation to a treaty excluding from the Court's jurisdiction "disputes relating to territorial status" of that State, where the meaning of "territorial status" was contested, the Court stated:

"Once it is established that the expression 'the territorial status of Greece' was used in Greece's instrument of accession [to the General Act of 1928] as a generic term enoting any matters comprised within the concept of territorial status under general international law, the presumption necessarily arises that its meaning was intended to follow the evolution of the law and to correspond with the meaning attached to the expression by the law in force at any given time. This presumption, in the view of the Court, is even more compelling when it is recalled that the 1928 Act was a convention for the pacific settlement of disputes designed to be of the most general kind and of continuing duration, for it hardly seems conceivable that in such convention terms like 'domestic jurisdiction' and 'territorial status' were intended to have a fixed content regardless of the subsequent evolution of international law." (I.C.J. Reports 1978, p. 32, para. 77.)

66. Though adopted in connection with the interpretation of a reservation to a treaty, the Court's reasoning in that case is fully transposable for purposes of interpreting the terms themselves of a treaty. It is founded on the idea that, where the parties have used generic terms in a treaty, the parties necessarily having been aware that the meaning of the terms was likely to evolve over time, and where the treaty has been entered into for a very long period or is "of continuing duration", the parties must be presumed, as a general rule, to have intended those terms to have an evolving meaning."

이 밖에도, ICJ는 *Legal Consequences for States of the Continued Presence of South Africa in Namibia* (*South-West Africa*) *notwithstanding Security Council Resolution 276* (*1970*), Advisory Opinion of 21 June 1971, para. 53에서 다음과 같이 언급한 바 있다 : "... Mindful as it is of the primary necessity of interpreting an instrument in accordance with the intentions of the parties at the time of its conclusion, the Court is bound to take into account the fact that the concepts embodied in Article 22 of the Covenant -"the strenuous conditions of the modern world" and "the well-being and development" of the peoples concerned- were not static, but were by definition evolutionary, as also, therefore, was the concept of the "sacred trust". The parties to the Covenant must consequently be deemed to have accepted them as such. That is why, viewing the institutions of 1919, the Court must take into consideration the changes which have occurred in the supervening half-century, and its interpretation cannot remain unaffected by the subsequent development of law, through the Charter of the United Nations and by way of customary law. Moreover, an international instrument has to be interpreted and applied within the framework of the entire legal system prevailing at the time of the interpretation."

See the 2006 ILC Conclusions of the work of the Study Group on the Fragmentation of International Law: Difficulties arising from the Diversification and Expansion of International Law, para. (23) ; Orakhelashvili, p. 376 ff.

492) ILC "Conclusions of the work of the Study Group on the Fragmentation of International Law: Difficulties arising from the Diversification and Expansion of International Law" (2006), para. 23.

purpose)의 관념, 즉 "객체 및 목적도 그 자체 고정되고 정지된 것이 아니라, 변경되거나 혹은 조약의 운영과정에서 경험으로 발전해 나갈 수 있다"는 관념과도 연결되어 있다. 바꾸어 말하면, 조약은 "해석 당시의" 객체 및 목적에 의거하여 해석되어야 하며, 아니면 관련 객체 및 목적은 조약 발효 후에 출현할 수 있다고 보는 것이다.[493] 이 밖에, *Admissibility of Hearings of Petitioners by the Committee on South West Africa* 사건[494]에서, Lauterpacht 재판관은 개별의견[495]을 통해 -조약은 사실상황과 양립하는 방식으로 적용되어야 한다는- 이른바 "조약의 근접적용 이론"(doctrine of approximate application of treaties)을 전개한 바도 있지만, 이는 "법과 사실의 구분을 흐리게 하려는 시도"[496]로서 조약해석의 범주를 일탈한 것이라는 반론에 직면하고 있다.[497]

조약 당사국들이 (명시적) 합의에 의해 비엔나협약 제31조 및 제32조의 해석규칙의 적용을 일부

---

493) See the Arbitration regarding the *Iron Rhine* ("IJZEREN RIJN") *Railway* between the Kingdom of Belgium and the Kingdom of the Netherlands, Award of 24 May 2005, paras. 80~81 : "... Thus in the *Gabčíkovo-Nagymaros* case, the International Court was prepared to accept, in interpreting a treaty that predated certain recent norms of environmental law, that "the Treaty is not static, and is open to adapt to emerging norms of international law" (*I.C.J. Reports 1997*, p. 7 at pp. 67-68, para. 112). ... ...the Tribunal notes a general support among the leading writers today for evolutive interpretation of treaties. The editors of the 9th Edition of *Oppenheim* agree that, notwithstanding the intertemporal rule, "in some respects the interpretation of a treaty's provisions cannot be divorced from developments in the law subsequent to its adoption ... the concepts embodied in a treaty may be not static but evolutionary..." (Jennings and Watts, *Oppenheim's International Law*, Vol. 1, p. 1282). *See further* Jiménez de Aréchaga "International Law in the Past Third of a Century," 159 *Recueil des Cours* (1978-1), at p. 49). Rudolf Bernhardt explains it thus: "The object and purpose of a treaty plays ... a central role in treaty interpretation. This reference to object and purpose can be understood as entry into a certain dynamism. If it is the purpose of a treaty to create longer lasting and solid relations between the parties..., it is hardly compatible with this purpose to eliminate new developments in the process of treaty interpretation" (42 *German Yearbook of International Law* (1999) at pp. 16-17)." Orakhelashvili, pp. 343~344, 380~381 참조.

494) Advisory Opinion of 1 June 1956, ICJ Reports (1956), p. 23.

495) *Ibid.*, p. 35 at 46, 49 : "It is a sound principle of law that whenever a legal instrument of continuing validity cannot be applied literally owing to the conduct of one of the parties, it must, without allowing that party to take advantage of its own conduct, be applied in a way approximating most closely to its primary object. To do that is to interpret and to give effect to the instrument—not to change it."(p. 46) ; "The treaty as a whole does not terminate as the result of a breach of an individual clause. Neither is it necessarily rendered impotent and inoperative as the result of the action or inaction of one of the parties. It continues in being subject to adaptation to circumstances which have arisen."(p. 49)

496) Orakhelashvili, p. 110.

497) ICJ는 *Gabčíkovo-Nagymaros Project*, (Hungary/Slovakia), ICJ Reports (1997), p. 7에서, 헝가리와 슬로바키아간의 1977년 조약을 문자 그대로 적용하는 것을 어렵게 만든 일련의 새로운 사실을 가정하면 이 조약의 근접적용을 인정해야 하며 따라서 동 조약은 사실상황과 양립하는 방식으로 적용되어야 한다는 주장에 직면하였으나 사건을 다른 사유들어 기초하여 해결하였으므로 이 이론에 의지하거나 이것을 검토할 필요성을 느끼지 못하였다. 다만, Bedjaoui 재판관은 ICJ Reports (1997), p. 120 at 127~128 (paras. 30~32)에서 개별의견을 통해 이것에 관해 비판한 바 있다 : "30. The theory of *"approximate application"* or *"close approximation"* relied on by Slovakia in order to justify the construction and commissioning of Variant C is unconvincing. There is no such theory in international law. The "precedents" advanced in favour of this theory are worthless. At least because of its dangers, this theory deserved wholehearted censure, which I find lacking in the Judgment." See also Orakhelashvili, pp. 110~111, 289~290.

혹은 전부 배제하거나, 반대로 이들 두 규정의 것과 다른 해석규칙에 합의할 수 있을 것인가의 의문이 제기될 수 있는데, WTO 항소기관은 한 사건[498]에서 이들 두 경우의 가능성을 시사한 바 있다. 한 예로, 비엔나협약 제31조 3항(c)는 조약해석시 "당사자 간 관계에 적용될 수 있는 관련 국제법규"(any relevant rules of international law applicable in the relations between the parties)를, 그것도 단지 "고려에 넣을"(shall be taken into account) 것을 요구하고 있는데 반해, -1992년의- 북미자유무역협정(North American Free Trade Agreement : NAFTA) 제102조 2항[499]은 동 협정을 (특히) "적용가능한 국제법규에 따라"(in accordance with applicable rules of international law) "해석할"(shall interpret) 것을 요구하고 있다.[500]

(조약을 포함한)국제법문서의 해석은 "과학이 아니라 어느 정도는 -규칙에 의하여 규율될 수 없는- 기술"[501]이라고 말하는 경우가 있는데, 이것은 조약 해석의 문제가 권한있는 국제재판소에 부탁되는 경우 그 누구도 재판소의 결론을 예측하기 쉽지 않음을 시사하는 것이기도 하다. 해석이 기술이 되는 것을 방지하기 위해서는 조약문 기초(起草)(drafting) 단계에서 최대한 신중을 기하는 것이 좋을 것이다. 포괄핵실험금지조약(Comprehensive Nuclear Test Ban Treaty : CTBT)[502]은 조약문 작성에 신중을 기하지 않아 생긴 오해를 잘 보여주고 있다. 즉, "If this Treaty has not entered into force three years after the date of the anniversary of its opening for signature, the Depositary shall convene a Conference of the States that have already deposited their instruments of ratification on the request of a majority of those States. ..."라고 규정한 제14조(발효) 2항에서, "three years after the date of the anniversary of its opening for signature" 부분의 해석과 관련하여 초기에 서명국 간에 견해가 갈렸었다. 일부 서명국은 여기서 'anniversary'(기념일)는 조약이 서명을 위해 개방된 날로부터 12개월을 의미하므로 "three years after the date of the anniversary of its opening for signature"는 합계 4년을 의미한다고 해석하였고, 다른 서명국들은 여기서 "the anniversary of its opening for signature"는 동의어 반복(tautology)에 불과한 것으로 해석하였던 것이다. 결국, "the anniversary of" 부분은 단지 실수

---

498) *US-Hot-Rolled Steel*, WTO Appellate Body Report (WT/DS184/AB/R, 24 July 2001), para. 60, fn. 40, (available at https://www.worldtradelaw.net/reports/wtoab/us-hotrolled(ab).pdf).

499) "The Parties shall interpret and apply the provisions of this Agreement in the light of its objectives set out in paragraph 1 and in accordance with applicable rules of international law."

500) Orakhelashvili, p. 571 이하 참조.

501) (비엔나협약의 제31조 및 제32조가 된) ILC 조약법규정 초안 제27조 및 제28조에 대한 ILC 주석 (4) ("...recourse to many of these principles is discretionary rather than obligatory and the interpretation of documents is to some extent an art, not an exact science") ; Amerasinghe, p. 33 ; Michael Waibel, "Demystifying the Art of Interpretation", (2011) 22 EJIL 571 at 575 ; Ulf Linderfalk, "Is Treaty Interpretation an Art or a Science? International Law and Rational Decision Making," (2015) 26 European Journal of International Law 169 at 170 (fn. 6) ; Leonid Sirota, "Law, Art, and Interpretation", 〈https://doubleaspect.blog/2013/03/31/law-art-interpretation/〉 ; The Law Division of the American Translators Association, "Legal Translation & Interpretation as Art, Science, or Craft? —An Invitation for Discussions", September 30, 2020, 〈https://www.ata-divisions.org/LawD/〉.

502) 본서, 제28장 (전쟁법) 참조.

로 들어간 것이며, 이 구절은 삭제되었어야 하는 것으로 합의되었다.[503)]

다자조약이 당사국의 일정 비율의 비준으로 개정된다고 규정하고 있을 때 이 당사국은 '개정 채택 시'의 당사국을 지칭하는 것인지, 아니면 '개정 발효 당시'의 당사국을 지칭하는지를 분명히 규정하지 않아 곤란을 겪는 경우도 있다. 후자로 해석하면 개정 채택 후에 조약에 가입한 국가가 생길 경우 개정 발효가 지체될 수 있으므로, 조약 개정에 찬성하지 않는 당사국이라면 이 해석을 선호할 것이기 때문이다. 1971년 람사르협약(Ramsar Convention)[504)]의 개정과 관련한 사례로, 1982년 파리 의정서(Paris Protocol)[505)]에 의해 협약에 제10조의 2(Article 10 *bis*)가 추가된 바 있었다. 그런데 "An amendment adopted shall enter intc force for the Contracting Parties which have accepted it on the first day of the fourth month following the date on which *two thirds of the Contracting Parties* have deposited an instrument of acceptance with the Depositary."라고 규정한 동 조 6항에서 "the Contracting Parties"는 어느 시점에서의 그것을 의미하는지가 문제되었는데, 결국 1990년의 제4차 당사국회의에서 이것은 –"현재의" 체약당사자가 아니라– "개정 채택 시"의 체약당사자(the Contracting Parties at the time of the adoption of that amendment)를 지칭하는 것으로 해석해야 한다는 결의가 채택되었다.[506)] 조약 개정은 "이를 수락한 당사자의 3/4" (three- fourths of the *Parties who accepted them*)의 비준이 있은 후 발효한다고 규정한 1989년 바젤협약[507)] 제17조 5항(협약 개정)의 해석과 관련해서도 비슷한 문제가 야기되었는데, 2011년 10월 17일 콜롬비아 카타헤나에서 개최된 제10차 바젤협약 당사국회의의 마지막 날(즉, 21일)에 문제의 규정은 –현재의 협약당사자의 3/4이 아니라– 개정이 채택될 당시 협약당사자의 3/4으로 해석하기로 합의를 보았다.[508)]

---

503) Aust, 2nd, pp. 231, 236, 247~248.

504) 공식명칭 : "Convention on Wetlands of International Importance especially as Waterfowl Habitat."

505) 공식명칭 : "Protocol to Amend the Convention on Wetlands of International Importance especially as Waterfowl Habitat."

506) Ramsar Convention, 4th Meeting of the Conference of the Contracting Parties (Montreux, Switzerland, 27 June-4 July 1990), "Resolution 4.1: Interpretation of Article 10 bis Paragraph 6 of the Convention". 〈https://www.ramsar.org/cda/en/ramsar-documents-resol/main/ramsar/1-31-107_4000_0_〉; Aust, 2nd, pp. 239~240.

507) 공식명칭 : "유해폐기물의 월경이동 및 처리의 통제에 관한 바젤협약"(Basel Convention on the Control of Transboundary Movements of Hazardous Wastes and Their Disposal). 본서, 제24장 (국제환경법) 참조.

508) Report of the Conference of the Parties to the Basel Convention on the Control of Transboundary Movements of Hazardous Wastes and Their Disposal on its tenth meeting (Cartagena, Colombia, 17-21 October 2011), Annex I (Decisions adopted by the Conference of the Parties at its tenth meeting), Decision BC-10/3: Indonesian-Swiss country-led initiative to improve the effectiveness of the Basel Convention, "A. Addressing the entry into force of the Ban Amendment" (para. 2 : *Agrees*, without prejudice to any other multilateral environmental agreement, that the meaning of paragraph 5 of Article 17 of the Basel Convention should be interpreted to mean that the acceptance of three-fourths of those parties that were parties at the time of the adoption of the amendment is required for the entry into force of such amendment, noting that such an interpretation of paragraph 5 of Article 17 does not compel any party to ratify the Ban Amendment.), 〈https://archive.basel.int/meetings/cop/cop10/documents/28e.pdf〉, & 〈https://www.basel.int/Implementation/LegalMatters/BanAmendment/tabid/1484/Default.aspx〉.

Ⅸ. 조약의 객체와 목적

비엔나협약은 그 여러 규정에서 "조약의 객체와 목적"(object and purpose of the treaty)[509]에 관하여 언급하고 있는데, (1) 조약의 유보에 관한 제19조(c)와 제20조 2항, (2) "다자조약의 (둘 이상의) 일부 당사자 사이에서만" 당해조약을 수정하거나 또는 그 운용을 정지시키기 위한, 그들간의 협정에 관한 제41조 1항(b)와 제58조 1항(b),[510] (3) 조약법에 관한 일반적인 원칙들 중, (i) 조약해석의 일반원칙에 관한 제31조 1항, (ii) 복수언어의 해석에 관한 제33조 4항, (iii) 조약발효 전의 체약국의 의무에 관한 제18조, (iv) '조약의 중대한 위반'의 정의에 관한 제60조 3항에서 그러하다. 그러나 비엔나협약은 조약의 "객체와 목적"이 무엇을 의미하는지, 그리고 이 두 개념은 동의어반복(tautology)인지 아니면 완전히 별개의 것인지 등에 관해 그 어떤 명시적 언질도 주고 있지 않다.[511] 영영사전에 나타난 object와 purpose의 사전적 의미는 거의 동일하거나 적어도 매우 비슷하다.[512] 그러나 조약법의 목적상 조약의 객체는 당해 조약에 규정된 권리와 의무로 구성되는데 반해, 그 목적은 당사자들이 달성하려고 시도하였던 결과를 나타내는 것이라고 말할 수 있다는 견해가 있다.[513] 특별히, 후발적 이행불능에 관하여 규정하고 있는 비엔나협약 제61조는 그 1항에서 단지 (조약의) '객체'의 소멸 또는 파괴에 관해서만 언급하고 있는데, 그렇다면 "조약의 객체와 목적"에서의 '객체'와 제61조의 '객체'는 다른 것인가 같은 것인가? 다시 말해서, 제61조는 조약의 목적과 객체는 반드시 동일한 개념이 아님을 시사하고 있는가? 제61조의 객체가 물리적인 대상을 염두에 둔 것으로 보이지만 이것에 국한되는 것인지도 분명하지 않다.[514] "조약의 객체와 목적"에 있어 객체의

---

509) 불어로는 "l'objet et le but."

510) 즉, 이른바 '*inter se* agreements'에 관련한 두 규정.

511) 뿐만 아니라, 조약의 "객체와 목적"을 표현하기 위해 매우 다양한 술어들이 사용되고 있으며, 세계재판소(즉, 과거 PCIJ나 현 ICJ)도 용어사용에 있어 일관성을 보여주고 있지는 않다는 지적이 있다. 조약의 "객체와 목적"(object and purpose)을 지칭하기 위해 동원되는 다른 술어로 일컬어지는 것에는, *ratio legis*, aim, role, function, economy(혹은 economie générale), nature, reach, spirit, accent, intent, system, scheme, general plan, raison d'être 등등이 있다. Crnic-Grotic, *op. cit.*, Asian Yearbook of International Law, Vol. 7, 1997, p. 141 at 142~143.

512) 또한 영불사전에서, 영어의 object는 불어로는 objet, chose ; but로 번역되고, 영어의 purpose는 불어의 but, objet ; intention으로 번역되고 있는 것을 볼 수 있는데, 이것 역시 object와 purpose의 사전적 의미가 매우 비슷함을 보여주는 것이다. *Ibid.*, p. 143.

513) See e.g. Oppenheim-Lauterpacht, *International Law*, Vol. I, 8th ed. (1955), p. 893.

514) Case concerning *the Gabčíkovo-Nagymaros Project* (Hungary/Slovakia), ICJ Reports (1997), p. 7 at 63~64 (paras. 102~103 of the judgment)에서 비엔나협약 제61조에 언급된 '객체'의 개념이 문제된 바 있는데, 이 사건에서 헝가리는 이 제61조의 객체는 물리적인(physical) 것에 국한되는 것이 아니므로 법적 체제(legal regime), 특별한 유형의 관계(relationship of a particular type), 혹은 프로젝트의 재정자립도 같은 좀더 추상적인 개념까지도 여기에 포함될 수 있다고 주장하였다. 그리고 본 사건의 사실에 대해, 헝가리는 양국간(즉, 헝가리와 체코슬로바키아의 승계국으로서의 슬로바키아 사이의) 조약의 '필수적 객체'는 "환경 보호에 부합되고 또 양 체약국에 의하여 공동으로 운영되는 경제적 합작투자"인데 이것이 "영구히 소멸하였다"고 주장하였다. 그러나 ICJ는 1969년 비엔나 조약법협약이 채택될 때, 심각한 재정 곤란으로 인한 지급불능과 같은 사태를 포함하도록 이행불능의 개념을 확대하려던 제안은 배척당한 사실이 있음을 언급하였다. 이것은 재판소가 비엔나협약 제61조의 객체 개념의 확대 해석에 소극적임을 시사하는 것이다. 그러나 재판소는 결국

해석은 필연적으로 목적의 해석에 영향을 미칠 것으로 믿는 견해도 있다.[515] 그렇다면 이 경우 이 두 개념은 별개의 것이긴 하지만 항시 서로 긴밀히 연관된 관계에 있다고 말할 수 있을 것이다.[516] ILC도 암묵적으로 이같은 견해를 채택한 것으로 보인다.[517]

끝으로, 국제재판소들은 특정 조약 '전체'의 객체와 목적이 아니라 때로 한 조약 내의 '특정 규정'의 객체와 목적을 언급하는 경우가 있다는 점에도 유념할 필요가 있다.[518] 이 경우 조약 전체의 객체·목적과 개별 조약규정의 객체·목적 간에 어떤 관계가 있는지 혹은 있어야 하는지를 묻지 않을 수 없는데, 후자는 전자의 "한 분파"(a ramification)로서 "보충적 역할을 하는" 것으로 인식되고 있다.[519]

동 비엔나협약 제61조에 언급된 '객체' 개념의 정확한 범위를 해결하는 것은 필요하지 않다고 보았다. 왜냐하면 법적 체제가 아직 소멸되지도 않았고, 또 합작사업이 불가능하게 되었다고 하더라도 이것은 헝가리가 자초한 것으로 보았기 때문이다. 비엔나협약 제61조 2항에 의하면 자국의 의무위반으로 이행불능을 초래한 당사국은 조약의 종료를 위하여 이를 원용할 수 없다. Currie, p. 157 ; 본장, "Ⅳ. 조약의 종료, 7. 후발적 이행불능" 참조.

515) Maarten Bos, *A Methodology of International Law* (1984), p. 153.

516) Crnic-Grotic, *op. cit.*, Asian Yearbook of International Law, Vol. 7, 1997, p. 141 at 173~174.

517) 즉, ILC조약유보관행안내서, 가이드라인 3.1.5는 특별히 "유보와 조약의 객체 및 목적과의 양립불가성"(Incompatibility of a reservation with the object and purpose of the treaty)과 관련하여 "A reservation is incompatible with the object and purpose of the treaty if it affects an essential element of the treaty that is necessary to its general tenour, in such a way that the reservation impairs the *raison d'être* of the treaty."라고 규정하면서, 동 가이드라인에 대한 주석 (2), (3)에서 "조약의 객체 및 목적" 개념에 대해 다음과 같이 언급하고 있다 : "(2) In fact the concept of the object and purpose of the treaty is far from being confined to reservations. In the Vienna Convention, it occurs in eight provisions, only two of which — articles 19, subparagraph (c), and 20, paragraph 2 — concern reservations. However, none of them defines the concept of the object and purpose of the treaty or provides any particular "clues" for this purpose. At most, one can infer that a fairly general approach is required: it is not a question of "dissecting" the treaty in minute detail and examining its provisions one by one, but of extracting the "essence", the overall "mission" of the treaty ... ; (3) There is little doubt that the expression "object and purpose of the treaty" has the same meaning in all of these provisions ... "

518) 이를테면, WTO 상소기관(Appellate Body)은 *Japan - Taxes on Alcoholic Beverages* case (United States v. Japan), AB-1996-2, WT/DS8/AB/R, Appellate Body Report, 4 October 1996, 16~17 (available at https://www.wto.org/english/tratop_e/dispu_e/cases_e/ds11_e.htm)에서 다음과 같이 언급하고 있다 : "The broad and fundamental purpose of Article Ⅲ is to avoid protectionism in the application of internal tax and regulatory measures. More specifically, the purpose of Article Ⅲ "is to ensure that internal measures 'not be applied to imported or domestic products so as to afford protection to domestic production'". ...
The broad purpose of Article Ⅲ of avoiding protectionism must be remembered when considering the relationship between Article Ⅱ and other provisions of the WTO Agreement. ..." ICJ도 *LaGrand* (Germany v. United States of America), Judgment of 27 June 2001, para. 102에서, 재판소규정의 객체 및 목적과 함께 규정 제41조의 객체 및 목적을 언급하고 있다.

519) Orakhelashvili, pp. 353~354.

제 5 장
국제법과 국내법의 관계

국제법은 -국가 간에 특별한 합의가 있는 경우를 제외하고는- 자신을 국내법질서 내로 편입해 줄 것을 요구하고 있지 않다. 국제법을 국내법체계 내로 받아들이지 않더라도 국제의무 위반만 발생하지 않으면 된다는 것이 국제법의 입장인 것이다. 국제법의 국내 도입방식은 크게는 수용과 변형으로 나뉜다. 국제법과 국내법[1]의 관계는 국제공동체의 분권적 구조를 이론적으로 인식할 수 있는 아주 좋은 테마이다.

---

1) '국내법'을 지칭하는 영어 술어에는 municipal law, domestic law, internal law, national law 등이 있는데, 국제법의 관점에서 보면 이들은 모두 동일한 의미로 사용된다. 다만, Aust(*Handbook of IL*, 2nd, p. 11)는 "대부분의 국제법학자들은 이제는 domestic law를 선호하는 걸로 보인다"고 하면서, "그러나 이 술어는 때로 가족법(family law)과 혼동되기도 한다"고 언급하고 있다. 그런가 하면, ILC는 2001년의 국가책임 초안, 제3조(Characterization of an act of a State as internationally wrongful)에 대한 주석, (9)항에서 다음과 같이 지적하고 있다: "As to terminology, in the English version the term "internal law" is preferred to "municipal law", because the latter is sometimes used in a narrower sense, and because the 1969 Vienna Convention speaks of "internal law". Still less would it be appropriate to use the term "national law", which in some legal systems refers only to the laws emanating from the central legislature, as distinct from provincial, cantonal or local authorities. The principle in article 3 applies to all laws and regulations adopted within the framework of the State, by whatever authority and at whatever level. In the French version the expression *droit interne* is preferred to *legislation interne* and *loi interne*, because it covers all provisions of the internal legal order, whether written or unwritten and whether they take the form of constitutional or legislative rules, administrative decrees or judicial decisions." 여기에는 국내법을 지칭하는 불어 술어들에 대한 언급도 보인다. 어쨌든, 이 주석은 국가책임 초안 제3조의 목적상 국내법을 지칭하기 위한 술어로서 특별히 "internal law"를 채택한 이유를 설명하는 차원에서 나온 것이긴 하지만, 국제법 일반의 관점에서 바라본 국내법(그것을 internal law로 표현하든 이에 상응하는 다른 표현을 사용하든 간에)의 의미도 잘 전달하고 있다. 즉, 국제법의 관점에서 봤을 때 국내법은 -누가 그것을 만들 권한이 있는지(즉, 의회, 행정부 혹은 재판소 중에서 어느 기관이 입법한 것인지), 그리고 어느 차원에서 만들었는지(즉, 전국적으로 적용되는 중앙입법인지 아니면 지방입법인지)를 불문하고- 한 국가 내에서 채택된 모든 법령을 지칭한다. 그런 의미에서 국내법은 지구상에 존재하는 국가의 수만큼이나 많이 존재하는 것이지만, 국제법은 흔히 단수 표현을 통해 국내법을 집단적으로 지칭하고 있는 것이다.

I. 이론의 전개과정

국제법과 국내법의 관계(relationship, interface)를 이론적으로 구명(究明)하려는 시도는 매우 다양하지만 크게는 다음 세 가지로 요약할 수 있다.

1. 국내법우위론

국제법과 국내법의 관계에 관한 이론정립은 우선 18~19세기 독일 학자들에 의하여 이른바 국내법우위론의 형태로 제기되었다.[2] 이들에 의하면, 한 국가의 국내법은 그 규율대상 혹은 방향에 따라 대내적 국가법(internal state law)과 대외적 국가법(external state law, Aussenstaatsrecht)으로 구분되는데, 국제법은 국가들의 대외법으로 구성되어 있기 때문에 엄격한 의미에서의 국제법(international law proper)은 존재하지 않는다. 각 국가는 자신의 편의에 따라 언제든지 대외법을 변경할 자유가 있기 때문이다. 요컨대, 국제법은 일단의 구속력있는 행동기준이 아니라 일단의 지침(guidelines)에 불과하다. 이 이론은 국내법과는 별개의 독자적 법체계로서의 국제법의 존재를 부인하고 실제로는 국내법의 존재만을 주장하였다는 점에서 '일원론적'(monistic) 접근방법을 채택한 것이었다. 또한 현실적으로, 자국의 이익만을 보호하려는 19세기 후반부 독일 제국주의의 극단적 국수주의(extreme nationalism)를 반영한 것이었다.[3]

2. 이원론

권력분립제도의 일반화로 국제법이 국내법의 일부를 형성하는지의 여부와 그 조건을 정확하게 결정지어야 할 필요성이 긴급하게 제기되고, 또한 조약체결의 급증으로 국내재판소에서 조약을 이행하기 위한 방법과 조건의 문제가 제기되자, 이원론(dualism)[4]이라 불리는 체계적인 이론이 제시되었다.

이원론에 따르면, 국제법과 국내법은 각기 서로 다른 별개의 법체계이다. 즉, 법률관계(국제법 : 단지 국가 간의 관계를 규율하며 개인에게는 직접 미치지 아니함 ; 국내법 : 국가와 개인 간 및 개인 상호 간의 관계 규율), 법의 연원(국제법 : 조약과 국제관습, 국내법 : 의회제정법과 관습법), 법의 성격(국제법 : 조정의 법, 국내법 : 종속의 법)에 있어 양자는 근본적으로 다르다는 것이다.[5] 그 결과 국제법과 국내법은 서로에

---

2) 대표적인 주창자는 Johann Jacob Moser (1701~1785), Georg Friedrich von Martens (1756~1821), B. Akzin, A. Zorn, I. Wenzel, Georg Jellinek (1851~1911) 등이다. Eberhard Menzel und Knut Ipsen, *Völkerrecht*, 2. Auflage (München : C.H. Beck, 1979), p. 51 참조.

3) Cassese, p. 18 ; 이종수 옮김/미하엘 슈톨라이스(Michael Stolleis) 지음, 《독일 공법의 역사》(서울 : 푸른역사, 2022), 293면.

4) 국내법은 사실상 개별국가의 수만큼이나 많이 존재한다는 점을 강조하기 위해 때로 '다원론'(pluralism)으로 부르기도 한다.

5) Menzel/Ipsen, p. 50

대해 우월 또는 종속의 관계에 있지 않으며, 각 법체계의 유효성은 타 법체계에 의존하지 않는다. 이원론의 원조인 Triepel[6]은 국제법과 국내법의 관계를 '기껏해야 스칠 뿐, 결코 교차하지 않는 두 개의 원'(zwei Kreise, die sich höchstens berühren, niemals schneiden)에 비유함으로써 국제법과 국내법의 충돌가능성을 부인하였다. 그러나 국제법이 국가들에게 법적으로 구속력이 있음을 인정하였다. 국제법은 한 국가의 단독의사에 의존하는 것이 아니라 국제공동체 구성원들의 공동의사(common/joint will)에 의해 만들어지기 때문이다. 그 결과 국내법이 국제의무를 이행하지 않으면 국제책임이 발생한다. 그러나 '국내적' 차원에서는 국가가 국제법을 무시할 자유가 있음을 강조함으로써 법실증주의 입장을 견지하였던 것이다. 이처럼 이 이론은 온건한 국가주의(moderate nationalism)에 기초하여 국제공동체의 현실을 바로 보려고 노력하면서도, 국제법이 국가이익과 크게 상충되는 경우 이용할 수 있는 탈출구를 마련해 놓았던 것이다.[7]

3. 국제법우위론 : 일원론

국내법우위론도 일원론적 접근방법에 기초하고 있지만 이는 국제법부인론에 불과하여, 실제로 일원론(monism)이라고 하면 그것은 국제법우위론을 지칭한다.

일부 전범자처벌, 독일황제의 처벌시도, 소수민족보호를 위한 국제연맹규약의 장치 등 제1차 세계대전 후 개인이 국제공동체에 부상함으로써 국가만이 국제법의 주체라는 이원론의 기본전제가 흔들리기 시작하였다. 게다가 1919년의 바이마르(Weimar)헌법을 필두로 하여 '일반적으로 승인된 국제법규'는 국내기관에 의하여 적용된다고 규정한 '헌법'들이 생겨났을 뿐만 아니라, 이미 18~19세기에 걸쳐 영국과 미국의 재판관들이 국제관습법은 국내법으로 간주된다는 판례법을 확립하였다. 이같은 일련의 경향을 반영하여 국제법을 국내법 위에 위치시키려는 이론적 시도가 행해졌다.

국제법우위론의 이론 구성은 사람에 따라 조금씩 다른데, 특히 Kelsen (1886~1973)[8]은 국제법과 국내법을 포괄하는 하나의 단일 법체계가 존재하며, 이 단일 법체계 내에서 국제법이 국내법의 상위에 위치함을 가정하였다. 그리고 이로부터 국내법은 언제나 국제법에 부합되어야 하며, 충돌이 있는 경우 국제법은 그에 위배되는 국내법규를 무효로 만든다는 결론을 도출해냈던 것이다. 이 견해에 의하면, 국제법을 국내법으로 '변형'(transformation)시키는 것은 '국제법의 관점에서는' 필요치 않으며, 국제법규는 그 자체로서(as such) 국내재판소에서 적용될 수 있다. 그러나 Kelsen은 국

---

6) Heinrich Triepel, *Völkerrecht und Landesrecht* (Leipzig : Verlag Von C.L. Hirschfeld, 1899), & "Les rapports entre le droit interne et le droit international", (1923-I) Recueil des Cours 73~121 (at 111).

7) Cassese, pp. 18~20 ; Menzel/Ipsen, *op. cit.*, p. 50.

8) Hans Kelsen (translated by Anders Wedberg), *General Theory of Law and State* (Cambridge, Massachusetts : Harvard University Press, 1949), p. 363 ff. Kelsen (p. 369)의 가설에 의하면 '국제법의 근본규범'(basic norm of international law)은 "국가는 습관적으로 행동해 온 바대로 행동해야 한다"(The States ought to behave as they have customarily behaved)는 것이다. 그에 의하면 "약속/조약은 준수하여야 한다"(*pacta sunt servanda*)"는 규칙은 국제법의 근본규범이 아니라, 근본규범에서 나오는 '일반국제법의 한 개의 규범'(a norm of general international law)일 따름이다.

제법의 우위를 선택하는 일은 과학적 관찰에 기초하여 이루어질 수 있는 것이 아니라 윤리적 또는 정치적 선호에 의하여 명령되어진다고 결론짓고 말았는데, 이같은 어정쩡한 태도는 그가 상대주의 법철학(philosophy of relativity)을 고수하고, 또한 국제공동체에는 국제법에 위배되는 국내법을 폐지하기 위한 장치가 아직 존재하지 않는다는 사실을 인식한 데서 비롯된 것이었다. 따라서 그의 이론은 논리적 일관성이 결여되어 있고 또 현실에 들어맞지도 않지만, 국제주의와 평화애호사상에 기초하여 국제적 가치가 국내적 가치에 우선한다는 관념을 심어주는데 기여한 것은 사실이다.[9)]

Ⅱ. 국제법의 국내법에 대한 태도

이제 현실 속으로 들어가서, 국제법과 국내법이 각기 상대방을 어떤 눈으로 바라보고 있는지를 살펴보기로 한다. 국내법은 개별 국가의 수만큼이나 많고 바로 이 때문에 이원론을 다원론으로 칭하는 학자도 없지 않지만, 국제법은 전체적으로 하나뿐이다. 만일 국제법이 수많은(현재 200개가 넘는 국가의) 국내법을 그 대상에 따라 각기 다른 눈으로 본다면 그 존재 기반을 상실하고 말 것이다. 그러므로 국제법의 국내법에 대한 태도는 명료하다.

우선 국제법은 국내법을 완전히 무시하지는 않는다. 첫째, 국내법은 국제법의 연원인 국제관습과 법의 일반원칙의 증거로 사용될 수 있다. 둘째, 국제재판소는 어떤 사항을 규율하는 국제법규가 검색되지 아니하는 경우 당해 사항의 결정기준을 국내법에서 구하기도 한다.[10)] 예컨대, 어떤 개인이 특정 국가의 국민인가를 확인하기 위해서는 그 국가의 국적법이 부당하지 않는 한 그것에 의존한다.[11)] 같은 맥락에서, 회사를 포함한 국내법인체가 그 구성원들과는 독립된 별개의 법인격을 가지고 있는지를 결정함에 있어 국제법은 관련 국내법규에 의지한다.[12)] 그런가 하면, 완료되지 아니한 이용가능한 국내(현지)구제수단(local remedies available)이 있었는지를 확인하기 위해 국제재판소는 문제된 (피고)국가의 국내법을 조사하지 않을 수 없다.[13)] 셋째, 국제재판소들이 국가 간 분쟁에서 오로지 혹은 일차적으로 국내법에 기초하여 분쟁을 해결할 관할권을 부여받는 것도 불가능하지는

9) Cassese, pp. 20~22 ; Denza in Evans (ed.), *International Law*, 3rd, p. 417.
10) Orakhelashvili, pp. 26~27, 113.
11) ILC외교보호초안 (2006) 제4조 ; *Nottebohm* case, ICJ Reports (1955), p. 4 at 20 ; Akehurst, p. 43 ; Dixon, p. 96.
12) ILC외교보호초안 (2006) 제9조 ; *Barcelona Traction Company*, ICJ Reports (1970), p. 3 at 34 (para. 40) ; *Ahmadou Sadio Diallo* (Republic of Guinea v. Democratic Republic of The Congo) (Preliminary Objections), ICJ Judgment of 24 May 2007, para. 61 ; Orakhelashvili, pp. 26~27, 113~114 ; Nollkaemper, p. 256.
13) ILC외교보호초안 (2006) 제14조 ; *Panevezys-Saldutiskis Railway* case, PCIJ (1939), Ser. A/B, No. 76, pp. 18~22 (esp. p. 19 : "The question whether or not the Lithuanian courts have jurisdiction to entertain a particular suit depends on Lithuanian law and is one on which the Lithuanian courts alone can pronounce a final decision.") ; Case concerning *Elettronica Sicula S.p.A.* (*ELSI*) (United States of America v. Italy), ICJ Reports (1989), p. 15 at 44~48 (paras. 56~63) ; Brownlie, 6th (2003), p. 40.

않다. 이것은 그 속성상 국가 간 중재재판에서 흔히 그러하지만, 세계재판소에서도 이것이 드물게 인정된 바 있다.[14] 넷째, 조약에서 국내법의 당해 조약에 대한 우위를 규정할 수도 있다.[15] 다섯째, 조약법(law of treaties)에서는 국가가 조약에 대한 자신의 동의를 무효화시키기 위해 자국의 국내법을 원용하는 것을 허락하기도 한다.[16] 여섯째, 국제재판소는 국제법과 국내법의 구조적 특성이 다르기 때문에 조심은 하면서도 때로 필요한 논리를 국내법에서 유추하여 이를 "추상화, 일반화, 조정의 과정을 통해 적용"하기도 한다.[17]

그러나 국제법의 눈으로 보면 국내법은 기본적으로 법이 아닌 것, 즉 비법(non-law)의 영역에 속한다. 따라서 일반국제법은 국가가 유효하게 성립한 국제의무의 불이행·위반을 정당화하기 위해 국내법규정을 원용하는 것을 허용하지 아니한다.[18] 여기서 국내법이란 헌법·법률·국내판례 등 국

---

14) See, e.g., Case Concerning the *Payment of Various Serbian Loans Issued in France* (France v. Kingdom of the Serbs, Croats and Slovenes), PCIJ (1929), Series A, No. 20, pp. 19~20 ; Case concerning the *Payment in Gold of Brazilian Federal Loans Contracted in France* (France v. Brazil), PCIJ (1929), Series A, No. 21, p. 124 ; Dixon, p. 97 ; Keitner, p. 272 ; 본서, 제26장 (분쟁의 평화적 해결수단), "Ⅶ. 사법심사, 9. 법적 분쟁" 참조.

15) 이를테면 2004년 "국가 및 그 재산의 관할권 면제에 관한 UN협약" 제2조 3항은 "'재판소', '국가' 그리고 '상업적 거래'에 대한 협약 제2조 1항 및 2항의 정의는 국내법...에서의 이들 술어의 사용이나 이들 술어에 부여될 수 있는 의미를 침해하지 아니한다."고 규정하고 있다. 본서, 제10장 (국가면제), "I. 국가면제의 의의" 참조.

16) 1969년 비엔나 조약법협약 제46조 ; Hartley, *European Union Law in a Global Context*, p. 136.

17) See e.g. *Effect of awards of compensation made by the United Nations Administrative Tribunal*, Advisory Opinion of 13 July 1954, ICJ Reports (1954), p. 47 at 61 : "... the contention that the General Assembly is inherently incapable of creating a tribunal competent to make decisions binding on itself cannot be accepted. It cannot be justified by analogy to national laws, for it is common practice in national legislatures to create courts with the capacity to render decisions legally binding on the legislatures which brought them into being." ; Nollkaemper, pp. 273~276.

18) *Treatment of Polish Nationals and Other Persons of Polish Origin or Speech in the Danzig Territory*, PCIJ (1932), Ser. A/B, No. 44, at 24 ("a State cannot adduce as against another State its own Constitution with a view to evading obligations incumbent upon it under international law or treaties in force") ; *Free Zones of Upper Savoy and the District of Gex*, PCIJ (1932), Ser. A/B, No. 46, at 167 ("France cannot rely on her own legislation to limit the scope of her international obligations") ; 1949년 ILC "국가의 권리 및 의무에 관한 선언 초안"(Draft Declaration on Rights and Duties of States)(1949년 12월 6일 UN총회 결의 375(Ⅳ)로 추천) 제13조 ; 1969년 비엔나 조약법협약 제27조 첫째 문장 (단, 이 규칙은 조약체결 권한에 관한 국내법규정의 위반을 이유로 한 조약의 무효주장에 관하여 규정하고 있는 제46조를 침해하지 아니한다 : 제27조 둘째 문장) ; (2001년) ILC 국가책임초안 제3조, 제32조. 물론, 일반국제법은 국가들이 국내법을 원용하여 조약의 구속에서 벗어나기로 합의하는 것을 막지는 아니한다. 다시 말해서 국가들은 합의에 의해 비엔나 조약법협약 제27조의 원칙에 대한 예외를 도입할 수 있다. 그 한 예로 에너지헌장조약(Energy Charter Treaty) 제45조 1항을 들 수 있는데, 동 규정은 다음과 같다 : "Each signatory agrees to apply this Treaty provisionally pending its entry into force for such signatory in accordance with Article 44, *to the extent that such provisional application is not inconsistent with its constitution, laws or regulations*." (italics added) 에너지헌장조약 제45조의 해석에 관련된 판례로, 동일한 PCA 중재재판소가 같은 쟁점에 대해 같은 날 결정을 내린 다음 세 사건을 참조 : PCA Case No. AA 227, In the Matter of an Arbitration before a Tribunal Constituted in accordance with Article 26 of the Energy Charter Treaty and the UNCITRAL Arbitration Rules 1976 between *Yukos Universal Limited (Isle of Man)* and *The Russian Federation*, Interim Award on Jurisdiction and Admissibility, 30 November 2009, 〈https://www.encharter.org/fileadmin/user_upload/document/Yukos_interim_award.pdf〉 ; PCA Case No. AA 226, In the Matter of an Arbitration before a Tribunal Constituted in accordance with Article 26 of the Energy Charter Treaty and the UNCITRAL Arbitration Rules 1976 between *Hulley Enterprises Limited (Cyprus)* and *The Russian Federation*, Interim Award on Jurisdiction

내법의 모든 분야를 지칭한다.[19] 마찬가지 논리로, 국가는 유효하게 성립한 국제의무의 위반 · 불이

---

and Admissibility, 30 November 2009, 〈https://www.encharter.org/fileadmin/user_upload/document/Hulley_interim_award.pdf〉; PCA Case No. AA 228, In the Matter of an Arbitration before a Tribunal Constituted in accordance with Article 26 of the Energy Charter Treaty and the UNCITRAL Arbitration Rules 1976 between *Veteran Petroleum Limited* (*Cyprus*) and *The Russian Federation*, Interim Award on Jurisdiction and Admissibility, 30 November 2009, 〈https://www.encharter.org/fileadmin/user_upload/document/Veteran_interim_award.pdf〉. 사건 개요는, 본서 제4장 (조약법), I. (조약의 체결과 효력발생), 4. (효력발생) 참조.

19) 여기서 말하는 국내법에는 물론 국내 실체법뿐만 아니라 국내 절차법도 포함된다. 다시 말해서, 국제의무를 성실히 이행할 의무는 국내 실체법의 영역뿐만 아니라 국내 절차법의 영역에도 적용된다. 그러나 현 단계의 국제법은 대체로 자신의 이행을 종국적으로 국내법, 특히 국내 절차법에 의존하고 있으며, 그 결과 국제법의 실효적 적용이라는 국제법의 요구와 국내법의 절차 자주권(national procedural autonomy) 사이에는 항시 긴장이 흐른다. 자세한 것은 Nollkaemper, pp. 85~90 참조. 이 긴장을 해소하는 가장 좋은 방법은 국가들이 국내 절차 자주권을 주장하지 않기로 합의하는 경우이다. 그 좋은 예가 1968년 "전쟁범죄와 인도에 대한 죄의 공소시효 부적용에 관한 협약"(Convention on the Non-Applicability of Statutory Limitation to War Crimes and Crimes against Humanity)인데, 동 협약은 이 두 범죄를 단죄할 국제형사재판소가 아직 설립되지 않고 있던 상황 하에서 범죄인의 체포와 처벌을 국내법에 맡기되, 국내법의 공소시효를 적용하지 않을 것을 요구하고 있는 것이다 : 본서, 제17장 (국제인권법) 참조.

EU법 같은 자기완비적 법체제 하에서는 회원국의 국내 절차 자주권에 대해 상대적으로 제한적인 태도를 취하는 것이 허용될 수 있을 것이다. 실제로 유럽재판소는 Case 33/76, *Rewe-Zentralfinanz EG* v. *Landwirtschaftskammer fuer das Saarland*, [1976] ECR 1989, 그리고 Case 45/76, *Comet* v. *Produktschap voor Siergewassen*, [1976] ECR 2043를 시발로 하여 1980년대 들어와 더욱 대담하게 국내 절차 자주권에 대한 존중보다는 개인의 EU법상의 권리에 대한 실효적 사법보호를 우선시하기 시작하였다. 이에 관해서는, 拙稿, "EU준칙(Directives)의 회원국 내에서의 효력에 관한 연구", 《유럽연구》, 제29권 제2호 (2011년 여름), pp. 1, 25~27 참조.

형사피고인은 주재판소에서 제기하지 아니한 절차상의 하자를 연방재판소에서 제기하지 못한다는 미국법의 이른바 절차해태(懈怠)(불이행)(procedural default) 원칙과 영사관계비엔나협약 제36조 2항의 관계에 대해 미국 연방최고재판소가 ICJ와 주고 받은 논쟁은 너무나 유명하다. 먼저, 미국 연방최고재판소는 *Breard* v. *Greene*, 523 US 371, 118 S Ct 1352 (1998)에서 동 원칙에 대해 다음과 같이 판시하였다 : "... it has been recognized in international law that, absent a clear and express statement to the contrary, the procedural rules of the forum State govern the implementation of the treaty in that State. ...This proposition is embodied in the Vienna Convention itself, which provides that the rights expressed in the Convention "shall be exercised in conformity with the laws and regulations of the receiving State," provided that "said laws and regulations must enable full effect to be given to the purposes for which the rights accorded under this Article are intended." Article 36(2), [1970] 21 U.S.T., at 101. It is the rule in this country that assertions of error in criminal proceedings must first be raised in state court in order to form the basis for relief in habeas. Wainwright v. Sykes, 433 U.S. 72 (1977). Claims not so raised are considered defaulted. *Ibid.* By not asserting his Vienna Convention claim in state court, Breard failed to exercise his rights under the Vienna Convention in conformity with the laws of the United States and the Commonwealth of Virginia. Having failed to do so, he cannot raise a claim of violation of those rights now on federal habeas review." (available at https://caselaw.lp.findlaw.com/scripts/getcase.pl?court= us&vol =000&invol= 97-8214 ; https://www.law.cornell.edu/supct/html/97-8214.ZPC.html ; https://en.wikipedia.org/wiki/Breard_v._Greene)

그러나 ICJ는 *LaGrand* case (Germany v. United States of America), ICJ Reports (2001), p. 466 at 498 (para. 91)에서 미국법의 절차해태 규칙에 대해 다음과 같이 판시하였다 : "In this case, Germany had the right at the request of the LaGrands "to arrange for [their] legal representation" and was eventually able to provide some assistance to that effect. By that time, however, because of the failure of the American authorities to comply with their obligation under Article 36, paragraph 1 (b), the procedural default rule prevented counsel for the LaGrands to effectively challenge their convictions and sentences other than on United States constitutional grounds. As a result, although United States courts could and did examine the professional competence of counsel assigned to the

행을 정당화하기 위해 국내법규정의 '부존재 혹은 불비(不備)'를 원용할 수 없다.[20] 국내법을 준수한 전범자의 처벌 근거도 동일하다. 즉, 개인이 국제전범재판소에서 본국의 국내법 규정을 원용하여 자신의 전쟁범죄를 옹호하는 것은 허용되지 아니한다. 다만, 국제재판소는 국내법의 '국내적' 효력에 대해 판단하거나 국내법의 '국내적' 무효(internal invalidity)를 선언할 수는 없다. 이것은 현재로서는 국가의 국내관할권(domestic jurisdiction)에 유보되어 있는 영역이기 때문이다.[21]

---

indigent LaGrands by reference to United States constitutional standards, the procedural default rule prevented them from attaching any legal significance to the fact, *inter alia,* that the violation of the rights set forth in Article 36, paragraph 1, prevented Germany, in a timely fashion, from retaining private counsel for them and otherwise assisting in their defence as provided for by the Convention. Under these circumstances, the procedural default rule had the effect of preventing "full effect [from being] given to the purposes for which the rights accorded under this article are intended", and thus violated paragraph 2 of Article 36."

미국 연방최고재판소는 *Sanchez Llamas* v. *Oregon*, 548 U.S. 331 (2006)에서 절차해태 규칙의 적용에 관한 ICJ의 해석에 대해 다음과 같이 반박하고 있다 : "The ICJ concluded that where a defendant was not notified of his rights under Article 36, application of the procedural default rule failed to give "full effect" to the purposes of Article 36 because it prevented courts from attaching "legal significance" to the Article 36 violation. LaGrand, 2001 I.C.J., at 497-498, ¶¶90-91. This reasoning overlooks the importance of procedural default rules in an adversary system, which relies chiefly on the parties to raise significant issues and present them to the courts in the appropriate manner at the appropriate time for adjudication. ... ...

The ICJ's interpretation of Article 36 is inconsistent with the basic framework of an adversary system. Under the ICJ's reading of "full effect," Article 36 claims could trump not only procedural default rules, but any number of other rules requiring parties to present their legal claims at the appropriate time for adjudication. If the State's failure to inform the defendant of his Article 36 rights generally excuses the defendant's failure to comply with relevant procedural rules, then presumably rules such as statutes of limitations and prohibitions against filing successive habeas petitions must also yield in the face of Article 36 claims. This sweeps too broadly, for it reads the "full effect" proviso in a way that leaves little room for Article 36's clear instruction that Article 36 rights "shall be exercised in conformity with the laws and regulations of the receiving State." Art. 36(2), 21 U.S.T., at 101." (available at https://www.law.cornell.edu/supct/html/4-10566.ZS.html ; https://en.wikipedia.org/wiki/Sanchez-Llamas_v._Oregon). 미국 연방최고재판소가 상기 판결에서 설명한 adversary(adversarial) system은 '당사자주의' 혹은 '당사자대항주의'로 번역되고 있는데, 이 절차는 주로 보통법국가들의 형사소송에서 채택되고 있다 ; 당사자주의와는 대조적으로, 일부 대륙법계 국가에서는 재판관이 사건의 사실 조사에 적극 관여하는데, 이는 흔히 '규문주의(糾問主義)'(inquisitorial system) 혹은 '비당사자주의' (non-adversary/adversarial system)라고 불린다 : https://en.wikipedia.org/wiki/Adversarial_system ; https://en.wikipedia.org/wiki / Inquisitorial_system.

20) *The Alabama Claims Arbitration* (United States v. Great Britain), Award rendered on 14 September 1872, available at 〈https://legal.un.org/riaa/cases/vol_XXIX/125-134.pdf〉. 이 사건에서 중재재판소는 영국은 미국의 남북전쟁에서 중립의 의무를 다하지 못한 데 대한 이유로 국내 입법의 부재를 원용할 수 없다고 판시하였다. Wallace, p. 33 ; Hamid, p. 48 ; Dixon, pp. 94~95.

21) Brownlie, 6th, p. 39 ; Dixon, p. 97 ; Nollkaemper, p. 200 ; *Interpretation of the Statute of the Memel Territory*, PCIJ (1932), Ser. A/B, No. 49, p. 336 ; Judge Morelli, Separate Opinion, *Barcelona Traction Co.* case (second phase), ICJ Reports (1970), p. 234 ; *International Responsibility for the Promulgation and Enforcement of Laws in Violation of the Convention* (*Arts. 1 and 2 American Convention on Human Rights*), Inter-American Court of Human Rights, Advisory Opinion (the original language Spanish), 9 December 1994, para. 34 ("The question refers only to the legal effects of the law from the point of view of international law, and it is not appropriate for the Court to rule on them in the internal order of the State concerned. That determination is within the exclusive jurisdiction of the national courts and should be resolved in accordance with their own laws."), 〈https://www1.umn.edu/humanrts/iachr/

요컨대, ICJ도 언급한 바와 같이[22] "국제법이 국내법보다 우위"인 것은 사실이지만, 이것은 현재로서는 (반대되는 국제적 합의가 없는 한) 국제법의 '국제적' 차원에서의 우위(primacy of international law on the international plane)를 의미할 따름이다.[23] 아래에서 보는 바와 같이 국제법은 '국내적' 차원에서도 자신의 우위를 요구할 수 있는 입장에 있지 않다.[24] 왜냐하면 헌법을 정점으로 하는 한 국가의 국내법 체계의 법적 유효성(legal validity)은 국제법을 비롯한 다른 어떤 법체계에 의존하는 것이 아니기 때문이다.[25] 이런 의미에서 EU법(구 EC법)의 (회원국 국내법에 대한) "직접효력 및

---

b_11_4ns.htm〉, noted by Denza in Evans (ed.), *International Law*, 3rd, pp. 413~414. See also J.G. Starke, "The Concept of Opposability in International Law", (1968~69) Australian Yearbook of International Law, pp. 1~4.

22) ICJ Advisory Opinion on the *Applicability of the Obligation to Arbitrate under Section 21 of the United Nations Headquarters Agreement of 26 June 1947*, ICJ Reports (1988), p. 12 at 34 : "It would be sufficient to recall the fundamental principle of international law that international law prevails over domestic law."

23) Nollkaemper, pp. 198, 199 ; André Nollkaemper, "The Direct Effect of Public International law", in Prinssen and Schrauwen (eds.), p. 165.

24) 그러므로 ICJ는 *Elettronica Sicula S.p.A* (*ELSI*) (USA v. Itlay), Judgment, ICJ Reports (1989), p. 15 at 51 (para. 73)에서 다음과 같이 판시한 바 있다 : "Compliance with municipal law and compliance with the provisions of a treaty are different questions. What is a breach of treaty may be lawful in the municipal law and what is unlawful in the municipal law may be wholly innocent of violation of a treaty provision." ILC도 1993년 당시 국가책임 잠정 초안 제7조 (원상회복)에 대한 주석, para. 9에서 다음과 같이 적시한 바 있다 : "The Commission is of the view that all that international law—and international bodies—are normally fit or enabled to do with regard to *internal* legal acts, provisions or situations is to declare them to be in violation of international obligations and as such sources of international responsibility and further to declare the duty of reparation, such reparation requiring, as the case may be, invalidation or annulment of internal legal acts on the part of the author State itself." : Report of the International Law Commission on the work of its forty-fifth session (3 May - 23 July 1993), UN Doc A/48/10, Supplement No. 10, p. 65, available at https://untreaty.un.org/ilc/documentation/english/A_48_10.pdf ; cited in Nollkaemper, p. 199, fn. 174.

25) Trevor C. Hartley, "International Law and the Law of the European Union-A Reassessment", (2001) 72 BYIL 1 at 4~5는 국내법체계의 이같은 존재론적 본질에 대해 다음과 같이 언급하고 있다 : "In a country with a written constitution-for example, the United States-the Constitution is the *Grundnorm*. ... The US Constitution does not derive its validity from any other rule of law, such as a rule of international law or the law of the American colonies in colonial times. Any explanation of its validity must be based on historical events and political considerations. Put in different language, the United States legal system is *self-sustaining*: its legal validity does not depend on any other legal system."

외견상 예외로 보이는 경우가 없지 않다. 예컨대, 현재의 "캐나다헌법"(Constitution of Canada)은 영국의회가 캐나다 상하 양원의 요청에 따라 제정한 "캐나다법 1982"(Canada Act 1982)의 한 부속문서(schedule)의 형식(즉, "Schedule B, the Constitution Act 1982"의 영어본과 불어본)으로 만들어졌기 때문에 캐나다헌법의 법적 유효성은 여전히 영국법에 의존하는 것으로 보일 수 있다(참고로, "Constitution of Canada"의 정의는 "Constitution Act 1982", section 52에 내려져 있다). 그러나 "캐나다법 1982"는 앞으로는 영국의회의 제정법이 캐나다에까지 미치는 일이 없을 것이라고 천명함으로써 런던에 소재한 웨스트민스터 의회의 캐나다에 대한 입법주권을 종료시켰다. 물론 영국의 정통 의회주권의 원칙(principle of supremacy or sovereignty of Parliament)에 의하면 "영국의회는 자신의 미래권한을 제한할 수 없기 때문에", 다시 말해서 오늘의 영국의회는 내일의 영국의회의 권한을 제한할 수 없기 때문에, 이론상으로는 영국의회가 "캐나다법 1982"를 폐지하거나 수정하는 것을 막을 수는 없다는 주장이 제기될 수 있다. 그러나 실제로 그런 일이 생기는 일은 이제 없을 것이고, 또 설사 미래 언젠가 영국의회가 그렇지 한다고 해도 이제 캐나다의 사법부가 그것을 더 이상 수락하지도 않을 것이다. 그런 의미에서 캐나다헌법도 이제는 "self-sustaining", 즉, "자립적"이라고 보는 것이 타당할 것이다. 그러나 "캐나다법 1982"는 영국 여왕의 캐나다 국가원수로서의 지위에는 아무런 변화를 가

우위의 원칙"(principle of direct effect and supremacy /primacy of EU law)은 국제법 우위의 원칙보다는 연방법 우위의 원칙에 가깝다. 왜냐하면 이것은 EU법 규정이 일정 조건을 충족할 경우 모든 회원국 내에서 동일하게 직접효력을 허용할 것을 '요구'하고, 또한 -직접효력 원칙의 논리적 귀결로서 혹은 동 원칙의 실효성을 담보하기 위해- (직접효력 있는) EU법규정이 국내규정보다 시간적으로 앞에 제정되었느냐 후에 제정되었느냐에 관계없이 'EU 차원, 즉 회원국간 차원'에서 뿐만 아니라 (각 회원국의) '국내적' 차원에서도 '그 자체로서' '헌법보다도' 우위에 설 것을 '요구'하기 때문이다. 이것은 물론 EU법의 직접효력과 우위 여부에 대한 최종 판단 권한이 유럽재판소에 부여된 결과이다. 이에 반해 일반국제법은 이 문제에 대한 최종 판단 권한을 그 어떤 국제재판소에도 부여하고 있지 아니하며,[26] 따라서 국가들에게 이 두 개의 현상(즉, 국제법의 국내적 차원에서의 직접효력과 우위)을 의무로서 요구하거나 이 두 개를 결합하여 요구할 수 있는 입장은 더더욱 아니다.[27] [일방 EC(현 EU) 및 그 회원국들과 타방 EFTA(European Free Trade Association) 회원국들 사이에 "한 개의 동태적이고 동질적인 유럽경제지역"(a dynamic and homogeneous European Economic Area)을 수립하기 위해 1992년 체

하지 않았다 : Hartley, *ibid.*, at pp. 6~7 ; Patrick J. Monahan, *Constitutional Law*, 2nd ed. (Toronto : Irwin Law Inc., 2002), pp. 174~176. "캐나다법 1982"(Canada Act 1982)의 원문은 다음을 참조 : https://www.solon.org/Constitutions/Canada/English/Canada_Act_1982.html ; https://lois.justice.gc.ca/en/cons/ ; https://en.wikipedia.org/wiki/Canada_Act_1982. 영국의 의회주권 원칙에 관해서는 아래에서 좀 더 자세히 논한다.

외견상 예외로 보이는 또 다른 사례는 1999년 4월 18일의 스위스헌법에서 발견되는데, 동 헌법은 연방헌법을 '전체적으로' 혹은 '일부' 개정하는 경우 "국제법의 강행규범을 위반해서는 안된다"고 규정하고 있으며(제193조 4항 및 제194조 2항 두 번째 문장), "헌법의 일부개정을 위한 국민발안(popular initiative)이 (특히) 국제법의 강행규범을 존중하지 아니하는 경우, 연방의회는 이 발안을 전부 혹은 일부 무효로 선언하여야 한다."고 규정하고 있기도 하다(제139조 3항)(2003년의 헌법개정에 의해 현재는 동조 2항에 명시됨). 이것은 -국제법의 강행규범에 관한 한- 동 강행규범의 헌법에 대한 우위를 천명한 것으로 보인다. 그러나 이것 역시도 국제법의 강행규범에 위배되는 요소가 헌법에 침투하는 것을 막기 위한 스위스헌법 자신의 결단에 의한 것이며, 이것 자체가 국제법의 요구는 아니다.

헌법의 유효성이 국가 간 합의(조약)에 종속되어 있는 경우는 아마도 진정한 예외로 간주될 수 있을 것이다. 예컨대, 구(舊)유고 붕괴 후 1992년 3월 1일부터 1995년 12월 14일 사이 보스니아-헤르체코비나에서 발생한 내전(Bosnian War, Bosnian Civil war 혹은 War in Bosnia and Herzegovina)의 결과물인 이 국가의 현행 신헌법은 1995년 보스니아-헤르체코비나, 크로아티아, 유고연방공화국 등 3국간에 체결된 "보스니아-헤르체코비나 내 평화를 위한 일반골격협정"(General Framework Agreement for the Peace in Bosnia and Herzegovina)(일명 Dayton/Paris 협정)에 첨부된 12개 부속서(Annexes) 중 제4부속서에 담겨 있는데, 이 때문에 보스니아-헤르체코비나 헌법재판소는 1997년 12월 22일의 결정에서 동 협정의 위헌 여부 심사 청구에 대해 특히 다음과 같이 언급한 바 있다. "(...) the Constitutional Court is not competent to evaluate the constitutionality of the General Framework Agreement as the Constitutional Court has in fact been established under the Constitution of Bosnia and Herzegovina in order to uphold this Constitution (...) The Constitution of Bosnia and Herzegovina was adopted as Annex Ⅳ to the General Framework Agreement for Peace in Bosnia and Herzegovina, and consequently there cannot be a conflict or a possibility for controversy between this Agreement and the Constitution of Bosnia and Herzegovina." : Constitutional Court of Bosnia and Herzegovina, case U-7/97, p. 2 and 3, Sarajevo, 22 December 1997, quoted from https://en.wikipedia.org/wiki/Dayton_agreement ; also noted by Joseph Marko, "Five Years of Constitutional Jurisprudence in Bosnia and Herzegovina: A First Balance", EURAC(European Academy of Bozen/Bolzano) Research-Europea Diversity and Autonomy Papers 7/2004, p. 9, 〈https://webfolder.eurac.edu/EURAC/Publications/edap/2004_edap07.pdf〉.

26) Nollkaemper, p. 128.

27) *Ibid.*, pp. 120, 126.

결되고 1994년 발효한 EEA협정(Agreement on the European Economic Area) 제108조에 의거하여 EFTA 국가들 간에 설치된] EFTA 재판소[28]도 직접효력은 EU법에서 부여된 것과 같은 권한의 이전/양도가 있는 경우에만 의무적인 것이 될 수 있을 것이고, 따라서 EEA협정이 아무리 통상적인 국제협정을 넘어서는 범위와 목표를 가진 통합된 조약체제라 해도 직접효력이 이것에까지는 미치지 못한다고 판시한 바 있다. 따라서 국제법의 국내법에 대한 우위를 강조하기 위하여 EU법 우위의 현상을 지적하거나 유럽재판소의 관련 판례를 인용한다면 이것은 넌센스이다.[29]

Ⅲ. 국내법의 국제법에 대한 태도 : 국제법의 국내법상 지위와 효력

1. 일원론적 국가와 이원론적 국가

연방법의 경우 그것과 주법(연방구성국법)의 관계는 연방법의 규율대상이며 그 결과 연방법은 각 주에서 획일적인 모습으로 도입・적용된다. 예컨대, 미국헌법 제6조 2항은 "연방헌법, 연방법률 그리고 조약은 미국의 최고법으로서, 각 주의 재판관은 주헌법이나 주법률에 반대규정이 있더라도 이들 최고법의 구속을 받는다."고 규정하고 있다. 1993년 12월 12일 채택된 러시아 연방헌법도 이와 유사하게 제4조 1・2항에서 "러시아연방의 주권은 그 영역 전체에 미친다. 러시아연방의 헌법과 연방법률은 러시아연방의 전역에 걸쳐 최고(paramount)이다."라고 규정하면서, 이어서 제15조 1・2항에서는 "러시아연방의 헌법은 최고의 법적 구속력(supreme legal force)과 직접효력(direct effect)을 가지며, 러시아연방의 전역에 걸쳐 적용된다. 러시아연방에서 채택된 법률과 기타 법적 행위는 러시아연방의 헌법에 위배되어서는 아니된다. 국가권력기관, 지방자치기관, 공무원, 시민 그

28) EFTA Court, Case E-1/07, *Request for an Advisory Opinion from the EFTA Court by Fürstliches Landgericht by decision of that court of 31 January 2007 in the criminal proceedings against Sedia Poric*, Judgment of 3 October 2007, paras. 37~43 (available at https://www.eftacourt.int/index.php/cases/case_e_1_07) (noted by Nollkaemper, pp. 125~126, 199~200) : "37. The EEA Agreement is based on the objectives of establishing a dynamic and homogeneous European Economic Area and of ensuring individuals and economic operators equal treatment and equal conditions of competition, as well as adequate means of enforcement. ... The EEA Agreement is an international treaty *sui generis* that contains a distinct legal order of its own. The depth of integration of the EEA Agreement is less far-reaching than under the EC Treaty, but the scope and objective of the EEA Agreement goes beyond what is usual for an agreement under public international law. ... ...
40. ...EEA law does not require that individuals and economic operators can rely directly on non-implemented EEA rules before national courts... This applies to all EEA law, including provisions of a directive such as the one at issue. Furthermore, this entails that EEA law does not require that non-implemented EEA rules take precedence over conflicting national rules, including national rules which fail to transpose the relevant EEA rules correctly into national law."

29) 유럽재판소의 이같은 요구에 대해 EU회원국의 국내재판소들이 어떤 반응을 보일지는 또 별개로 살펴보아야 할 문제이다. Shaw, 5th, pp. 161~162 ; Hartley, *European Union Law in a Global Context*, pp. 145~165 ; 拙著, 《EU法論》, 제9장 및 제10장 참조.

리고 그들의 결사체는 러시아연방의 헌법과 그 법률을 준수할 의무가 있다."라고 규정하고 있다.[30)]

이와는 대조적으로 국내법의 국제법에 대한 시각은 국가마다 다른 양상을 보일 수밖에 없다. 이것은 현재로서는 국제법의 규율대상이 아니기 때문이다. 다시 말해서 국제법(혹은 국제재판소를 포함한 국제기구의 결정)을 국내법질서 내로 받아들일 것인지의 여부 내지 받아들이는 방법을 결정하고 국내법질서 내에서 국제법(혹은 국제기구의 결정)의 위계를 설정하는 문제는 여전히 각 국가의 주권사항으로 남아 있는 것이다.[31)] 그런 의미에서 국제법에 대한 국내법의 태도를 일반화하기는 거의 불가능에 가깝다. 다만, 현실분석의 편의상 국제법을 대하는 국가의 태도는 크게 일원론적 국가와 이원론적 국가로 나누어 볼 수 있다.

먼저, 일원론적 국가(monistic state)라 함은 국제법을 국내법의 일부로서 자동적으로(automatically) 수용하고 있는 국가, 즉 국제법이 국내법질서 내로 편입됨에 있어 국가기관(특히 입법부 또는 사법부)의 사전 간섭이 요구되지 않는 국가를 지칭한다. 이같은 도입방식을 가리켜 수용이론(doctrine of incorporation or adoption)[32)]이라고 하는데, 이 경우 국제법의 국내법에로의 수용 내지는 자동적인 편입을 표현하기 위해 사용되는 술어는 학자에 따라 혹은 법체계에 따라 한결 같지가 않다.[33)] 술어 문제는 국가주권의 문제이자 -다양성을 본질로 하는- 일종의 문화의 문제이기도 하기 때문이다. 다만, EU법의 회원국 국내법에로의 자동적 편입을 설명하기 위해 발전되어 온 술어를 빌리면 이 현상을 가장 명쾌하게 설명할 수 있는데, 이것에 의하면 국제법, 특히 조약의 국내적 수용과 효력은 다음과 같이 표현되고 있다. 즉, 조약규정이 국내 이행입법의 도움없이 그 자체로(즉, 자동적으로) 국내법 질서의 일부를 형성할 때 그 규정은 (국내적) 직접적용성(direct applicability 혹은 direct domestic applicability)이 있다고 말하며, 여기서 한 걸음 더 나아가 조약규정이 -그

---

30) S. E. Finer / Vernon Bogdanor / Bernard Rudden, *Comparing Constitutions* (Oxford : Clarendon Press, 1995), pp. 246, 248, 294. 세계 주요국가들의 헌법전과 국가정보를 알려주는 좋은 웹사이트가 있다 : 즉, https://www.oefre.unibe.ch/law/icl/index.html.

31) 이것은 국제법과 국제기구의 내부법의 관계, 특히 유럽재판소가 서로 다른 두 개의 법체계로 인식하고 있는 국제법과 EU법의 관계에 대해서도 그대로 타당하다. 이를테면, Cases C-402/05 P and C-415/05 P, *Yassin Abdullah Kadi and Al Barakaat International Foundation* v. *Council of the European Union and Commission of the European Communities*, (2008) 3 CMLR 41에서 법률고문관(Advocate General) Poiares Maduro는 2008년 1월 16일 전달한 의견(Opinion), para. 24에서 국제법의 EC/EU법으로의 편입에 대해 다음과 같이 언급한 바 있다 : "...although the Court takes great care to respect the obligations that are incumbent on the Community by virtue of international law, it seeks, first and foremost, to preserve the constitutional framework created by the Treaty. Thus, it would be wrong to conclude that, once the Community is bound by a rule of international law, the Community Courts must bow to that rule with complete acquiescence and apply it unconditionally in the Community legal order. The relationship between international law and the Community legal order is governed by the Community legal order itself, and international law can permeate that legal order only under the conditions set by the constitutional principles of the Community." 여기서 마지막 문장의 전반부를 "The relationship between international law and the Community legal order *on the latter's level* (*plane*) is governed by the Community legal order itself"로 표현하였으면 더욱 정확한 말이 되었을 것이다.

32) 수용을 지칭하는 술어로, 영국에서는 주로 incorporation이, 캐나다에서는 adoption이 사용되고 있다. Currie, p. 200, fn. 11 ; Brownlie, 6th, pp. 41, 47.

33) See Fatima, Chapter 3 (Incorporating Statutes).

내용(substance)의 관점에서– 그 자체로 개인에게 국내재판소에서 원용될 수 있는 권리를 부여하거나 때로 의무를 부과하기에 충분할 때 그 규정은 (국내적) 직접효력(direct effect 혹은 direct domestic effect)이 있다고 한다.[34] 그리고 조약규정의 직접효력은 다시 수직적 직접효력(vertical direct effect)과 수평적 직접효력(horizontal direct effect)으로 구분된다. 여기서 수평적 직접효력이란 직접효력이 개인과 개인 사이에서 인정되는 경우로서, 독일식 표현으로는 조약규정의 제3자적 효력(Drittwirkung, third–party effects)으로 칭하기도 한다.[35] 국내법정에서 국가기관이 타 국가기관에 대해서 조약규정의 직접효력을 원용할 수 있겠는가의 문제가 제기될 수도 있는데, 이것 역시도 수평적 직접효력으로 칭할 수 있을 것이다.[36] 수직적 직접효력이란 직접효력이 개인과 국가(혹은 국가기관) 사이에서 인정되는 경우로서, 이것은 다시 –개인이 국가에 대해 조약상의 권리를 주장하는– '상향 수직적 직접효력'(ascendant/upwards vertical direct effect)과 –국가가 개인에 대해 조약상의 권리를 주장하는(즉, 개인이 국가에게 조약상의 의무를 지게 되는)– '하향 수직적 직접효력'(descendent/downwards vertical direct effect)의 모습으로 나타날 수 있다.[37] 그러나 국내법정에서 원용되는 것은 주로 '상향 수직적 직접효력'의 경우로서, '수직적 직접효력'이라고 하면 보통은 이것을 지칭하며, 이 때문에 '하향' 수직적 직접효력은 '전도된'(혹은 '역') 수직적 직접효력(inverse/reverse vertical direct effect)으로 부르기도 한다.[38] 어떤 조약규정이 직접효력을 수평과 수직 쌍방향으로 가진다면 이 규정은 전방위효력(Rundumwirkung, all–round effects)이 있다고 표현할 수 있을 것이다.[39] 이상의 직접적용성과 직접효력의 문제는 물론 국제관습법규의 경우에도 발생할 수 있다. 국제법의 직접적용성을 허용할 것인지의 문제가 기본적으로 각 국가의 헌법적 결단의 문제라면, 직접효력 여부는 주로 국내재판소에서 제기되는 국제법(특히 조약규정)의 해석에 관련된 문제이다.[40] 실

---

34) 拙著, 《EU法論》, p. 295 이하 ; Denza in Evans (ed.), *International Law*, 3rd, pp. 426~428 (& 5th, pp. 398~400) ; Lenaerts and van Nuffel, pp. 812~813 참조. 독일에서는 일반적으로 직접적용성은 unmittelbare Geltung (직접효력)으로, 직접효력은 unmittelbare Anwendbarkeit(직접적용성)로 표현하고 있다. 拙著, 《유럽共同體法》(서울 : 법문사, 1988), p. 174 ; Bengt Beutler / Roland Bieber / Jörn Pipkorn / Jochen Streil, *Die Europäische Gemeinschaft : Rechtsordnung und Politik* (Baden-Baden : Nomos Verlagsgesellschaft, 1979), § 2 · 2 · 4 · 3. 다만, 유럽재판소는 술어의 문제로서 직접적용성과 직접효력을 엄격하게 구분하여 사용하는 것 같지는 않으며, 재판에서 문제가 되는 쟁점은 거의 언제나 직접효력에 관한 것이다. Hartely, *European Union Law in a Global Context*, p. 135, fn. 29 ; P J G Kapteyn et al., *The Law of the European Union and the European Communities : With Reference to Changes to be made by the Lisbon Treaty*, 4th ed. (The Netherlands : Kluwer Law International, 2008), p. 512 ; 拙著, 《EU法論》, pp. 315~316. ICJ는 *Request for Interpretation of the Judgment of 31 March 2004 in the Case concerning Avena and Other Mexican Nationals* (Mexico v. United States of America), Judgment of 19 January 2009, para. 44에서 '직접효력' (direct effect)을 의무의 '직접적 집행성' (direct enforceability of the obligation)으로 지칭한 바 있다 : see Nollkaemper, pp. 117 (fn. 1), 118~119.

35) Beutler et al., *op. cit.*, § 7 · 2 · 5 · 4.

36) Albertina Albors–Llorens, "The direct effect of EU directives: fresh controversy or a storm in a teacup? – Comment on *Portgás*", (2014) 39(6) E.L. Rev. 851~863.

37) *Ibid.*

38) 拙著, 《EU法論》, pp. 295~297.

39) George Zdenkowski, "The International Covenant on Civil and Political Rights and Euthanasia", (1997) 20 The University of New South Wales Law Journal 170 at 183~184.

40) Beutler et al., *op. cit.*, § 2 · 2 · 4 · 3. 국제법(특히, 조약)규정의 직접효력 여부는 국내재판소에서 제기되는

제로 EU(구 EC)를 비롯한 여러 국가의 판례를 보면, 국제법, 특히 조약이 외견상 당사국들에게 의무를 부과하고 그에 상응하여 개인의 권리에 대해서는 언급이 없다고 하여 곧바로 직접효력이 부인되지는 않는다.[41)]

또한, 국제법의 국내적 적용에 있어 그것의 직접효력과 우위는 분리하여 접근하여야 한다. 아래 국가별 고찰을 통해 알 수 있는 것처럼, 각 국내법질서는 (성문 혹은 불문)헌법을 정점으로 위계를 형성하고 있고, 그 결과 국내법질서 안에서 특정 국제법규, 특히 조약규정이 직접효력이 인정된다고 하여도 국제법이 그 국내법질서 내에서 부여받는 위계에 따라 직접효력의 실제결과가 제한되거나 배제될 수도 있기 때문이다. 다만, 위에서 언급한 바와 같이 유럽재판소의 확립된 판례에 의하면, −조약에 기초하면서도 준연방적(혹은 초국가적) 법체계를 구축한− 'EU법'과 '회원국 국내법'의 관계에서는 전자의 후자에 대한 우위는 전자의 직접효력의 논리적 결과로 추론되고 있다. EU법규정이 직접효력이 있는 데도 (헌법을 포함한) 회원국 국내법질서 안에서 우위를 인정받지 못한다면 EU법의 직접효력이란 준연방적 원리는 유명무실한 것이 되어 버리기 때문이다.[42)]

국제법은 국가책임법의 목적상 1차규칙(primary rules)과 2차규칙(secondary rules)으로 구분되곤 하지만,[43)] 국제법(조약 또는 관습법)을 국내법의 일부로 선언하는(혹은, 반대로, 그같은 지위를 부인하는) 국내 헌법규정들은 국제법을 1차규칙과 2차규칙으로 구분하여 달리 규정하지는 않는 것이 보통이다. 이것은 일원론의 국가의 경우 국내재판소가 −(국제법에 부합할 수도 있고 안할 수도 있는)국내법의 책임(및 배상)원칙 대신에− 직접 국제법의 2차규칙(즉, 국가책임법)을 적용할 수도 있을 것임을 시사한다.[44)]

다음으로, 이원론적 국가(dualistic state)라 함은 국제법의 직접적용성을 허용하지 않는 국가,

국내적 차원의 문제이므로 이 문제에 대한 판단은 통상적으로는 사건이 제기된 당해 국내재판소가 하겠지만, 이 문제에 대해 판단할 수 있는 권한이 국내재판소에게만 있어야 하는 것은 아니다. 왜냐하면 국제법규정의 '직접효력 여부'는 기본적으로 그 규정 '해석'의 문제로, '국제재판소'의 임무이기도 하기 때문이다. 예컨대, EU법규정의 경우 그것의 회원국 국내재판소 앞에서의 직접효력 여부는 유럽재판소가 선결적 부탁절차(EU기능조약 제267조, 구 EC 제234조)를 통하여 최종 유권적인 판단을 하고 있다. 또한 PCIJ는 *Jurisdiction of the Courts of Danzig* (*Pecuniary Claims of Danzig Railway Officials who have passed into the Polish Service against the Polish Railways Administration*) 사건과 관련하여 국제연맹이사회로부터 (1921년 10월 22일 폴란드와 단치히자유시 사이에 체결된) 철도직원협정(Beamtenabkommen)의 직접효력 여부에 관해 질문을 받고 다음과 같이 답변한 바 있다. "It may be readily admitted that, according to a well established principle of international law, the *Beamtenabkommen*, being an international agreement, cannot, as such, create rights and obligations for private individuals. But it cannot be disputed that the very object of an international agreement, according to the intention of the contracting Parties, may be the adoption by the Parties of some definite rules creating individual rights and obligations and enforceable by the national courts. ... The wording and general tenor of the *Beamtenabkommen* show that its provisions are directly applicable as between the officials and the Administration." : Advisory Opinion, PCIJ (1928), Series B, No. 15, pp. 17~18. See also Wallace, 4th, p. 72 ; Angela Ward, "More than an 'Infant disease' ; Individual Rights, EC Directives, and the Case for Uniform Remedies", in Prinssen and Schrauwen (eds.), p. 50.

41) Nollkaemper, pp. 102~103 ; 拙著, 《EU法論》, 제8장 (공동체법의 직접효력), p. 295 이하 참조.
42) Nollkaemper, p. 120 ; 拙著, 《EU法論》, 제9장 (공동체법의 우위), p. 343 이하 참조.
43) 본서, 제14장 (국가책임) 참조.
44) Nollkaemper, pp. 189~191.

즉 국제법이 의회의 입법, 사법부의 판결 또는 기타 적절한 방법을 통하여 국내법으로서 채택이 되어야만 국내법 질서의 일부를 형성할 수 있는 국가를 갈한다. 그리고 이같은 도입방식을 변형이론(theory of transformation)이라고 부른다. 매우 드물기는 하겠지만, 국가들은 조약을 체결하면서 조약규정에 직접효력을 부여하기로 약속하는 명시적인 조항을 삽입할 수도 있을 것이고, 또 국제기구를 창설하는 조약에 따라서는 당해 기구에서 채택되는 입법에 직접효력을 부여한다고 규정할 수도 있을 것이다.[45] 그러나 이같은 규정을 어떻게 이행하느냐는 또 다시 국내법의 문제일 따름이다. 국제법규의 국내적 효력은 각 국가의 국내법에 달려 있기 때문에 조약에서 그같은 (약속/의무)규정을 두고 있다는 이유만으로 문제의 조약(혹은 국제기구의 입법)규정이 모든 조약당사국의 국내법질서 내에서 획일적이고 자동적으로 직접효력을 갖게 되는 것은 아니다.[46]

국제법, 특히 조약의 국내적 이행을 위해 입법을 하는 것은 변형이론을 택할 때 뿐이고 수용의 이론을 채택하면 이런 일이 전혀 생기지 않는 것이 아니다. 즉, 일원론의 국가라 하더라도 사안에 따라 국제의무의 완전한 이행을 위해 국내법을 제정하거나 개정해야겠다고 판단되는 경우가 생길 수 있고, 국제의무가 국내법률에 담기면 법의(법적) 확실성(legal certainty)이 고양될 수 있기 때문이다.[47]

일원론적 국가냐 이원론적 국가냐를 불문하고 실제의 관행을 보면 국제법(조약 또는 관습법)과 (헌법을 포함한)국내법의 차이를 최소화하고, 양자 간의 '조화'(harmonisation)를 달성하기 위해 국내적 차원에서 모든 노력을 기울이는 것이 보통이다. 특히, 아래에서 언급하는 바와 같이, 이원론 진영의 수장 격인 영국의 경우에도 재판소는 의회가 국제법을 위반하려는 의도를 갖지 않는다는 추정(presumption)에 기초하여, 가능하면 제정법을 국제법과 합치하게끔 해석하려고 노력한다. 일원론의 국가인 미국법에서도 그같은 추정은 제정법을 해석함에 있어 하나의 확립된 해석원칙에 속한다. 흔히 "합치해석"(consistent interpretation)[48]으로 블리우는 이같은 해석기술에 따르면, 특히 엄격한 이원론의 국가에서 아직 국내적으로 이행되지 아니한 국제법(특히, 조약)규정이라 할지라도 국내법규를 해석할 때 기준이 됨으로써 간접적으로나마 국내적 효력을 갖게 되는데, 이런 경우 조약규정이 "(국내적) 간접효력" (indirect effect 혹은 indirect domestic effect)을 갖는다고 표현하기도 한다.[49] 합치해석은 많은 국가에서 국내법의 규정이 모호한 경우에만 그리고 이 범위 내에서만

45) 예컨대, EU기능조약 제288조(구 EC설립조약 제249조) 2단은 EU입법의 한 종류인 명령(regulation)과 관련하여, 이것은 "모든 회원국 내에서 직접 적용된다"(shall be directly applicable in all Member States)라고 규정하고 있다.

46) Hartley, *European Union Law in a Global Context*, p. 137. 이같은 현상은 영국, 아일랜드, 덴마크와 같은 엄격한 이원론의 국가가 1973년 3개 유럽공동체(즉, 당시의 EEC, Euratom, ECSC)에 가입하는 과정에서 잘 나타난 바 있다.

47) Nollkaemper, p. 118.

48) Nollkaemper, pp. 139~165 (Chapter 7 Consistent Interpretation) ; Hartley, 7th, p. 235. 합치해석은 "조화된(균형잡힌) 해석"(harmonious interpretation)으로 칭하기도 한다. Pieter-Jan Kuijper, "Epilogue: Symbiosis?", p. 253 at 255, in Jolande M. Prinssen & Annette Schrauwen (eds.), *Direct Effect : Rethinking a Classic of EC Legal Doctrine*, Groningen/Amsterdam : Europa Law Publishing, 2004.

49) Currie, p. 219 ; Hartley, 7th, pp. 234~235 ; https://en.wikipedia.org/wiki/Indirect_effect. 단지 술어 사용의 문제로서, 국제법이 국내법을 통하여 국내재판소에서 적용되는 것을 지칭하기 위해 "간접효력"이란 용어를 사용하는 경우도 있다. 즉, Nollkaemper (pp. 117~118)는 (i) 국내법이 이미 존재하고 있긴 하지만 실질적으

허용되고 있다. 즉, 국내법의 문언과 입법자의 의도가 명확하다면 재판소는 그 국내법을 실시하여야 한다.[50] 여전히 드문 현상이긴 하지만 일부 국가의 국내법은 합치해석을 의무로 도입하고 있기도 하다.[51] 그러나 직접효력의 경우와 마찬가지로 합치해석도 그 자체 일반국제법이 국가들(특히, 국내

로 국제의무와 중복되는 경우 그리고 (ii) 국제의무가 사후 이행입법, 즉 국내적 변형을 통해 국내법에 들어오는 경우를 "간접효력"으로 총칭하고 있다.

50) Nollkaemper, p. 161.

51) 헌법에서 이를 명령하고 있는 경우가 있다. 이를테면, 1978년 스페인 헌법, Section 10, 2항은 "Provisions relating to the fundamental rights and liberties recognized by the Constitution shall be construed in conformity with the Universal Declaration of Human Rights and international treaties and agreements thereon ratified by Spain."이라고 규정하고 있다. 이 밖에도, 1996년 남아프리카 공화국 헌법, Section 39, 1항은 "When interpreting the Bill of Rights, a court, tribunal or forum—(a) must promote the values that underlie an open and democratic society based on human dignity, equality and freedom; (b) must consider international law; and (c) may consider foreign law."라고 규정하고 있다. 1998년 말라위(Malawi) 공화국 헌법, Section 11, 2항(c)도 유사하게 규정하고 있다 : "In interpreting the provisions of this Constitution a court of law shall—(a) promote the values which underlie an open and democratic society; (b) take full account of the provisions of Chapter Ⅲ(Fundamental Principles) and Chapter Ⅳ(Human Rights); and (c) where applicable, have regard to current norms of public international law and comparable foreign case law." Nollkaemper, p. 147.

개별 입법에서 합치해석을 요구하는 경우도 있는데, 캐나다의 "이민과 난민 보호 법"(Immigration and Refugee Protection Act 2001), Section 3(3)(f)("This Act is to be construed and applied in a manner that ... complies with international human rights instruments to which Canada is signatory."), 영국의 "인권법"(Human Rights Act 1998), Section 3(1)("So far as it is possible to do so, primary legislation and subordinate legislation must be read and given effect in a way which is compatible with the Convention rights.") 등이 그 좋은 예이다. *Ibid.*

한국 헌법에는 합치해석에 대한 명시적인 언급은 없다. 그러나 헌법 제6조 1항에서 "헌법에 의하여 체결·공포된 조약과 일반적으로 승인된 국제법규는 국내법과 같은 효력을 가진다."고 규정하고 있으므로 이를 기초로 한국 헌법재판소도 스스로 부과하는 일정 조건 하에서 합치해석을 의무로서 요구할 수 있을 것이며, 각종 입법 뿐만 아니라 국가의 근본규범인 헌법을 해석함에 있어서도 합치해석을 사용하지 못할 이유는 없다. 보츠와나 항소재판소도 "헌법을 해석할 때에는 국제의무를 염두에 두어야 한다"고 판시한 바 있다 : Botswana, Court of Appeal, *Attorney-General* v. *Dow,* 3 July 1992, available at https://www.elaw.org/node/2018 ("it is the clear duty of this court when faced with the difficult task of the construction of provisions of the Constitution to keep in mind the international obligation.").

특별히, 초국가적 기구인 EU에서는 유럽재판소가 두 차원에서 합치해석의 원칙을 도입하고 있다. 먼저, 유럽재판소는 국내재판소가 국내법을 해석할 때 "국내법에 의해 그렇게 할 수 있는 재량을 부여받고 있는 한에서는" 직접효력이 없는 EU법규정(특히, 준칙)에 합치하도록 해석할 것을 요구하고 있다 : Case 14/83, *Von Colson and Kamann* v. *Land Nordrhein-Westfalen*, [1984] ECR 1891 at 1909 (para. 26) ; Case C-106/89, *Marleasing* v. *La Commercial*, [1990] ECR I-4135 at 4159 (para. 8) ; Hartley, 7th, pp. 234~238 ; Hartley, *European Union Law in a Global Context*, pp. 138~139, 174~175 ; 拙著, 《EU法論》, pp. 329~332 ; Nollkaemper, pp. 147~148. 다음으로, 유럽재판소는 EU입법을 해석함에 있어 "가능한 한에서는" EU가 체결한 국제협정에 합치해야 한다고 판시한 바 있다 : Case C-61/94, *Commission of the European Communities* v. *Federal Republic of Germany*, [1996] ECR I-3989, para. 52 ("the primacy of international agreements concluded by the Community over provisions of secondary Community legislation means that such provisions must, so far as is possible, be interpreted in a manner that is consistent with those agreements") ; cited in Nollkeamper, p. 152.

유럽재판소는 이에서 한 걸음 더 나아가, 국내재판소의 사인간 소송에서 (유럽재판소 자신의 판례를 통해 수평적 직접효력이 없는 것으로 확립된) EU준칙의 간접효력 원용을 허용하고 있는데, 학자들은 이를 "우발적(부수적) 효력"(incidental effect) 혹은 "우발적(부수적) 수평적 (직접)효력"[incidental horizontal (direct) effect]으로 부르기도 한다 : Case C-194/94, *CIA Security International SA* v. *Signalson SA and Securitel SPRL*, [1996] ECR I-2201, para. 53 ; Case C-443/98, *Unilever Italia* v. *Central Food*, [2000] ECR I-7535, paras. 35, 50 ; Hartley, 7th, pp. 224~231 ; Stephen Weatherill, *Cases and Materials on*

재판소들)에게 부과한 의무는 아니다. 실제로 합치해석의 기초 내지는 구체적인 운영 조건이 국가별로 다른 것을 고려하면 더욱 그러하다.[52)]

합치해석은 직접효력과 유사한 결과를 초래하긴 하지만 양자는 구분하여야 한다. 첫째, 합치해석이 -법정지국이 일원론의 국가냐 이원론의 국가냐를 불문하고- 준거 국내법규정이 존재함을 전제로 하여 그것을 해석함에 있어 관련 국제법규의 매개적 역할을 인정하는 기술이라면, 직접효력은 관련 국내법규의 존재 여부에 관계 없이 국제법 그 자체의 국내적 적용을 확보할 수 있게 하는 기술이다.[53)] 둘째, 직접효력은 일원론의 국가에서도 이를 위한 엄격한 조건이 충족되지 아니한 경우에는 원용될 수 없지만 이 경우에 합치해석의 기술은 여전히 이용가능한 선택으로 남는다.[54)] 즉, 합치해석은 관련 국제법규가 직접효력을 부여받을 수 있는가의 문제에 부수되는 것이 아니므로, 재판소는 합치해석을 빙자하여 직접효력의 요건을 우회할 수도 있다.[55)] 셋째, 국내재판소들의 행태를 보면, 합치해석에서 준거가 되는 국제문서는 법정지국에게 (국제적으로)구속력이 있긴 하지만 직접효력이 없는 조약규정인 경우도 있고, 법정지국이 서명하고 아직 비준은 하지 아니한 조약인 경우도 있으며, 더 나아가 -다자간 국제회의의 결과를 채택한 UN총회결의와 같은- 그 자체 구속력 없는 국제문서인 경우도 있다.[56)]

각국은 조약(특히, 국제통상 관련 다자조약)을 체결함에 있어 자국의 국내법규정을, 혹은 자국이 당사자로 되어 있는 지역적 차원의 조약규정을 일반다자조약에 편입시키려고 노력하고 있다. 이렇게 되면 그 국가는 관련 조약을 다시 국내법에 도입 혹은 직접 적용함에 있어 국내법과의 갈등을 별로 일으키지 않을 것이기 때문이다. 물론 용어 또는 표현이 동일하다고 하여 그것이 특정 국내법에서 갖는 의미와 특정 조약에서 갖는 의미가 반드시 동일함을 보장해 주지는 않는다. 이론상, 조약상의 술어는 그것이 국내법(혹은 다른 조약)에서 갖는 의미에 영향받지 아니한다는 점에서 "자율적 의미"(autonomous meaning)를 갖기 때문이다.[57)]

지금과 같은 국제공동체의 분권적 구조 하에서 국내재판관들은 어쩌면 -자동적인 수용을 통해서건 아니면 변형을 통해서건 간에- 국제법을 해석하고 적용하는 국제재판관으로서의 기능을 아울러 수행하고 있다고 볼 수도 있을 것이다.[58)] 그러나 여기에는 한계가 있다. 우선 무엇보다 그들에게 국제법에

EU Law, 9th ed. (Oxford : Oxford University Press, 2010), pp. 136~143 ; Routledge Lawcards Series, *European Union Law 2010 - 2011*, 7th. ed. (Oxon : Routledge, 2010), pp. 38~40 ; https://en.wikipedia.org/wiki/Incidental_effect ; 拙稿, "EU준칙(Directives)의 회원국 내에서의 효력에 관한 연구", 《유럽연구》(한국유럽학회), 제29권 제2호 (2011년 여름), pp. 1, 16~19.

52) Nollkaemper, pp. 147~157.

53) *Ibid.*, pp. 140, 145, 162.

54) *Ibid.*, p. 141.

55) *Ibid.*, p. 145.

56) *Ibid.*, pp. 145~146 ; UN총회결의 등에 담겨 있는 법적 구속력없는 규범(즉, 연성법)에 비추어 국내법을 해석하는 것에 대해서는 논리적으로 비판이 있다 (*ibid.*, p. 146).

57) Orakhelashvili, pp. 335~338.

58) 사실, 두 세계재판소(PCIJ와 ICJ)가 자신을 "국제법의 기관"(organ of international law)으로 지칭한 적이 있긴 하지만 자신만이 국제법의 기관이라고 주장한 적은 없다 : *Certain German Interests in Polish Upper Silesia*, PCIJ (1926), Ser. A, No. 7, p. 19 ; *Corfu Channel* Case (United Kingdom v. Albania)(Merits),

대한 최근의 지식을 기대하기는 어렵다. 그리고 이들은 특정 국가에 소속되어 1차적으로 자국에 대해 충성 의무를 지는 국가기관이기 때문에 국제법에 대해 불편부당(impartiality)의 마음을 가지기 어렵다. 또 설사 그같은 마음이 있다고 하더라도 서로 다른 법전통 등으로 인하여 동일한 국제법규정에 대해 서로 다른 해석을 내림으로써 국제법의 "분열(파편화)"(fragmentation)을 초래할 가능성이 상존한다.[59] 뿐만 아니라 많은 국가에서 국내재판소들은 국제법의 해석과 적용을 포함한 외교(대외)문제(foreign affairs)에 관한 한 행정부와 다른 목소리를 내거나 행정부를 대외적으로 곤경에 빠뜨리지 않도록 자진하여 배려하는 경향이 있다.[60] 영국이나 미국 등에서의 사실확인서(certificate) 내지는 소견서(suggestion) 관행, '법정의 조언자'(*amicus curiae*)로서의 행정부의 의견 제시, (미국 연방판례법상의)국가행위 이론(act of state doctrine), 정치문제 이론(political questions doctrine), 재판 부적격 이론(non-justicialbility doctrine) 등에 의존하려는 사법자제(judicial restraint)가 그 좋은 예이다.[61] 국내헌법의 기초원리인 권력분립의 관점에서 보면 국내재판소들의 이 같은 행태가

ICJ Reports (1949), p. 4 at 35.

59) Nollkaemper, pp. 217~243 (Chapter 9 Fragmentation).

60) Fox, p. 493 ; Denza in Evans (ed.), *International Law*, 5th, pp. 403~404 ; Bradley, pp. 1~30.

61) 이를테면 이탈리아 파기원(Court of Cassation)은 NATO군의 벨그라드 폭격은 전쟁행위(act of warfare)이고, 전쟁방법의 선택은 "통치행위"(act of government)로 간주되어야 하며, 이것은 그 성격상 "재판에 부적격한"(non-justiciable) 것이라고 판시한 바 있다 : *Presidency of the Council of Ministers* v. *Markovic*, Application for preliminary order on jurisdiction, Case no 8157; ILDC 293 (IT 2002), 85 Rivista di diritto internazionale 799 (2002) (in Italian), para. 2 ("The NATO bombing was an act of warfare and therefore had to be qualified as a particular modality of conducting hostilities. The choice of methods of warfare was to be regarded as an 'act of government', which in turn was the manifestation of a political function. Similar acts were, by their very nature, non-justiciable. With respect to 'acts of government', no judicial review was admissible."), available at https://www.adh-geneva.ch/RULAC/pdf_state/Markovic.pdf ; noted by Nollkaemper, p. 51, fn. 28.

이와 비슷하게, 미국의 한 재판소도 -1998년 미국이 빈라덴과 연계된 의혹을 기초로 공해상에서 수단 영토 내로 발사한 크루즈 미사일에 의해 파괴된 제약시설과 관련하여- 제약회사들이 제기한 모든 청구를 재판 부적격을 이유로 각하하였다: United States Court of Appeals for the District of Columbia Circuit, *El-Shifa Pharmaceutical Industries Co* v. *US*, F3d 578, 385 US App DC 149 (CADC 2009) ("Although plaintiffs attempt to distance their law of nations and defamation claims from the nonjusticiable question of why the President ordered the missile strike, both claims nonetheless present questions "inextricably intertwined" with the underlying decision to attack the El-Shifa pharmaceutical plant. Plaintiffs' law of nations claim asserts that under customary international law a state must compensate a foreign national for the unjustified destruction of property. Plaintiffs allege the United States violated this principle by failing to compensate them for the destruction of their plant. In passing judgment on this claim, the district court could not avoid becoming arbiter of the President's battlefield actions and would need to determine whether his decision to bomb the plant was justified. ... This a court cannot do. We have consistently held that courts are not a forum for second-guessing the merits of foreign policy and national security decisions textually committed to the political branches."), available at https://www.judicialmonitor.org/archive_summer2009/casesofnote.html ; noted by Nollkaemper, pp. 51~52, fn. 29.

영국법에서의 재판부적격 이론에 대해서는 다음을 참조 : *Kuwait Airways Corporation* v. *Iraqi Airways Company*, England and Wales Court of Appeal (Civil Division), 10. Nov. 2000, [2000] EWCA Civ 284, para. 319 ; *Yukos Capital Sarl* v *OJSC Rosneft Oil Company*, England and Wales Court of Appeal (Civil Division), [2012] EWCA Civ 855, para. 113 ; *per* Lord Wilberforce in *Buttes Gas and Oil Company* v. *Hammer*, House of Lords, [1982] AC 888 at 938 ; *Kuwait Airways Corp* v. *Iraqi Airways Co*

전적으로 부당하다고 보기는 어렵다.[62] 국제법의 관점에서도 이같은 국내관행 자체를 위법하다고 보기에는 아직 시기상조로 보인다.[63] 심지어는 입법부가 –이를테면, 외국에 면제를 부여하기 위하여, 재판소에 구속력있는 해석을 부과하기 위하여, 국제법과 관련한 판례를 변경하기 위하여, 혹은 개인이 국제법규를 원용하는 것을 막기 위하여 입법을 하는 등– 사법부의 행동을 제약하기 위한 입법에 나서기도 한다.[64] 그러나 만약 국내재판관이 세계재판소(즉, 옛 PCIJ 혹은 현 ICJ)로부터 국제법의 일정 문제에 관해 유권적 해석을 전달받아 그것을 기초로 하여 판결을 내릴 수만 있다면 국가 간의 서로 다른 해석으로 인한 충돌을 피하거나 최소화할 수 있을 것이다. 지역적 차원에서 실시 중인 EU법의 선결적 부탁(preliminary reference)[65] 절차가 바로 그러한 경우인데, 세계재판소에 이와 유사한 관할권을 추가하는 것도 이론상으로는 부적절하거나 불가능하다고 말할 수 없다.[66]

(*No 2*), House of Lords, [2002] UKHL 19, 16 May 2002 ; Brownlie, 6th, pp. 50, 320~321 ; Fox in Evans (ed.), *International Law*, 3rd, pp. 368~372(& Webb, 5th, pp. 343~344) ; Denza in Evans (ed.), *International Law* (ed.), 3rd, p. 434 ; Kaczorowska-Ireland, pp. 395, 396 ; 본서, 제11장 (국가행위이론), "Ⅱ. 피고가 외국의 전·현직 관리 또는 대리인이 아닌 경우."

외견상 아마도 국제법에 가장 친한 국가로 보이는 네덜란드의 재판소들도 이런 인식을 갖고 있는 것이 확인되고 있다 : see e.g. Hoge Raad der Nederlanden (Supreme Court of the Netherlands), *Association of Lawyers for Peace* v. *the Netherlands*, decision of 21 December 2001, noted by Nollkaemper, p. 59, fn. 72 ; Human Rights Committee (87th Session, 10-28 July 2006), *Aalbersberg and 2,084 other Dutch citizens* v. *The Netherlands*, U.N. Doc. CCPR/C/87/D/1440/2005, Communication No. 1440/2005, 12 July 2006, available at https://www.worldcourts.com/hrc/eng/decisions/2006.07.12._Aalbersberg_v_Netherlands.htm.

한국의 일부 재판관들도 이같은 논리를 유지하고 있다. 이를테면, 헌법재판소, "대한민국과 일본국간의 재산 및 청구권에 관한 문제의 해결과 경제협력에 관한 협정 제3조 부작위 위헌확인"(일본군 위안부)(2006헌마788, 2011.08.30) 및 같은 일자에 선고된 "대한민국과 일본국간의 재산 및 청구권에 관한 문제의 해결과 경제협력에 관한 협정 제3조 부작위 위헌 확인"(원폭 피해자)(2008헌마648, 2011.08.30) 사건에서, 반대의견을 피력한 3인 재판관(이강국, 민형기, 이동흡)은 "[이 사건 협정 제3조가 말하는 '외교적 해결 의무']는 그 이행의 주체나 방식, 이행정도, 이행의 완결 여부를 사법적으로 판단할 수 있는 객관적 판단기준을 마련하기 힘든 고도의 정치행위 영역으로서, 헌법재판소의 사법심사의 대상은 되지만 사법자제가 요구되는 분야에 해당한다. 이행내용이 구체적인지 여부는 불문하고 조약에 기재되어 있다는 이유만으로 헌법재판소가 정부에 막연히 '외교적 노력을 하라'는 의무를 강제로 부과시키는 것은 헌법이 외교행위에 관한 정책판단, 정책수립 및 집행에 관한 권한을 행정부에 부여하고 있는 권력분립원칙에 반할 소지마저 있다."고 언급한 바 있다. 그러나 이 사건에서 헌법재판소(6인 재판관)는 3인 재판관의 반대의견을 수용하지 않고 청구 인용결정을 내렸는데, 국제법의 관점에서 보면 몇 개의 문제를 노정하고 있다. 이것에 관해서는 아래, 한국법의 조약에 대한 태도에서 언급하겠다.

62) Nollkaemper, p. 58.

63) Nollkaemper, p. 63도 그같이 결론짓고 있다 : "Where the practice of the referral of questions of interpretation to the executive, the political questions doctrine, and other evasion doctrines result in acts that contravene international law, the wrongfulness lies in such acts themselves, rather than the lack of independence as such."

64) 이를테면, 전쟁법 위반과 기타 일정 목적을 위해 군사재판을 하는 것을 허용하기 위해 제정된 미국의 2006년 "군법회의법"(Military Commissions Act of 2006)의 경우, 개인은 미국 혹은 전현직 군대구성원이 당사자인 민사, 기타 소송에서 제네바협약을 원용할 수 없으며 (Sec. 5(a)), -물론 미국법의 문제로서- "미국을 위하여 제네바 4개협약의 의미와 적용을 유권적으로 해석할 수 있는 권한"을 대통령에게 부여하고 있다 (Sec. 6(a)(3)) : Nollkaemper, pp. 52, 234 ; https://en.wikipedia.org/wiki/Military_Commissions_Act_of_2006.

65) EU의 선결적 부탁제도에 관해서는 EU기능조약 제267조(구 EC 제234조), Euratom 제150조, 구 ECSC 제41조 ; Hartley, 8th, pp. 281~314 ; 拙著,《EU法論》, 제11장 참조.

66) 실제로, EU의 선결적 부탁절차를 ICJ에 도입할 것을 주장하는 견해가 제시되고 있다. See e.g. Leo Gross,

2. 국제관습법에 대한 국내법의 태도

대부분의 국가들은 국제관습법에 대해서는 기본적으로 수용의 이론을 적용하고 있다. 국제관습법의 국내적 도입에 대해 수용이론을 채택한다는 것은 국제공동체에서 어떤 관습법규가 형성되면 그 즉시 국내적 차원에서도 그와 동일한 내용의 관습법규가 직접 적용될 수 있음을 의미한다. 그러나 이 경우에도 일반론의 관점에서 다음의 두 가지 사항을 유념할 필요가 있다.

첫째, 모든 관습법규가 직접적용성 내지 직접효력을 갖는다고 말하는 것은 무리이다. 조약의 경우와 마찬가지로 직접적용성 내지 직접효력을 인정하기 어려운 관습법규도 있을 수 있고, 이런 경우에는 문제의 관습법규를 국내적 차원에서 실시하기 위해 이행입법을 제정할 필요가 있다.[67] 특히, 관습법규는 점진적으로 형성되므로 그 내용을 명확히 알기 어려운 경우가 많은 점을 고려하면 더욱 더 그러하다.

"The International Court of Justice : Consideration of Requirements for Enhancing its Role in the International Legal Order", (1971) 65 AJIL 253 at 308~313 ; Janis, 3rd, pp. 149~ 151. 그런데 사실은 이미 1905년에 Dionisio Anzilotti가 국내재판소가 절차를 중지하고 국제법 관련 문제를 국제재판소에 회부하여 판결을 구하는 것을 상상한 바 있었다 : Tullio Treves, "Advisory Opinions of the International Court of Justice on Questions Raised by Other International Tribunals", Max Plank UNYB 4 (2000), p. 215 at 217, 〈https://www.mpil.de/files/pdf2/mpunyb_treves_4.pdf〉. 이 발상을 이어받아 1929년 당시 런던정경대학(London School of Economics and Political Science : LSE)의 젊은 강사였던 H. Lauterpacht도 국내 최고재판소들이 국제법의 문제들에 관해 권한있는 국제재판소들, 특히 (당시의 세계재판소인) PCIJ에 의견을 구하는 정도로까지 국제법이 발전할 수도 있을 것임을 시사하면서, 좀 더 통합된 단계의 국제기구에서는 이같은 의견요청이 (국제법의 문제에 관한 국내재판소의 결정에 대한) 상소허가(leave to appeal)의 형식을 취할 수도 있을 것이라고 언급한 바 있었다 : H. Lauterpacht, "Decisions of Municipal Courts as a Source of International Law", (1929) 10 BYIL 65 at 94~95. 선결적 부탁절차와 (판결에 불만이 있는 당사자가 사건을 상급재판소로 가져가는) 상소(appeal) 사이에는 질적인 차이가 발견되는데, 어쨌든 Lauterpacht의 지적대로 후자는 전자보다 더욱 더 통합된 법체계 하에서만 그 도입이 가능할 것이다. 그리고 선결적 부탁절차조차도 이것을 국제공동체에 도입하는 것은 여전히 시기상조로 보는 비판적 견해도 있다. See e.g. Shabtai Rosenne, "Preliminary Rulings by the International Court of Justice at the Instance of National Courts : A Reply", (1989) 29 Virginia J. Int'l L. 401 at 405.

그러나 지역적 차원에서는 이미 EU의 선결적 부탁절차 모델을 채택하고 있기도 한데, 베네룩스 재판소(Benelux Court of Justice), 안데안 사법재판소(Andean Court of Justice), EFTA 재판소(EFTA Court) 등이 그러하다[다만, 이들 중 EFTA 재판소는 '권고적 의견'(advisory opinions)을 제공할 힘만을 갖는다]. 베네룩스 사법재판소에 관해서는, 1965년 "베네룩스 사법재판소 설립조약"(Treaty Establishing a Benelux Court of Justice)(1974년 1월 1일 발효), 제6조 : https://www.benelux.be/en/bnl/bnl_inst_gerechtshof.asp ; https://en.wikipedia.org/wiki/Benelux 참조. 안데안 재판소에 관해서는, 1979년 "카타헤나협정의 사법재판소를 창설하는 조약"(Treaty Creating the Court of Justice of the Cartagena Agreement), 제28조~제31조 : https://www.sice.oas.org/trade/junac/tribunal/cartageA.asp# chapterⅢ 참조. EFTA 재판소에 관해서는, 1992년 "감독관청 및 사법재판소 수립에 관한 EFTA국가들 간의 협정" (Agreement between the EFTA States on the Establishment of a Surveillance Authority and a Court of Justice), 제34조 : https://www.eftacourt.lu 참조.

1907년에는 국내재판소로부터 올라온 (국가나 개인이 제기하는) '상소'를 심리할 권한을 가진 국제포획재판소(International Prize Court)를 설립하려던 시도가 있었으나, 이것은 가동되지 못하였다 : https://www.worldcourts.com/. See also Hartley, 5th, p. 269 ; Hartley, *European Union Law in a Global Context*, p. 80 ; Hartley, "International Law and the Law of the European Union - A Reassessment", (2001) 72 BYIL 1 at 16 ; 拙著, 《國際經濟法論》, pp. 521~522.

67) 예컨대, 관습법이 영해의 최대 가능한 폭을 12 마일로 규정하고 있다면, 각 연안국은 이 한계를 넘지 않는 범위 내에서 자국 영해의 폭을 결정하기 위한 입법조치를 취해야 할 것이다. Cassese, *International Law*, 2nd, p. 225.

둘째, 수용되는 관습법에 대해 어느 정도의 위계를 부여할 것인가의 문제가 있는데, 이 문제에 대한 국내법의 태도는 그리 관용적이지 않다. 스위스[68]는 헌법의 개정 한계로서 특별히 "국제법의 강행규범"을 도입하고 있고, 독일[69]은 "국제법의 일반규칙"에 "법률에 우선하는" 위계를 부여하고 있지만, 이 두 국가는 이 문제에 있어 예외적 사례에 속한다. 거의 모든 국가에서는 헌법과 이에 기초한 입법주권 수호의 차원에서 −"일반국제법의 강행규범"을 포함한− 국제관습법에 위배되는 입법을 할 수 있는 법적 공간을 열어 두고 있다. 다시 말해서 국내법의 위계질서 하에서 국제관습법이 의회법률을 이길 수 없다고 보는 것이다. 국제관습법에 위배되는 법률의 제정으로 인해 국제의무를 위반하게 되고 이로 인해 국가책임이 발생하는 것은 별개로 논할 문제이다.

(1) 영 국

영국의 일부 판례는 국제관습법에 대하여 변형이론(transformation doctrine)을 적용하고 있는 것으로 해석된다. 예컨대, *Commercial and Estates Co. of Egypt* v. *Board of Trade*[70]에서 Atkin 재판관은 다음과 같이 언급한 바 있다.

> "국제법 그 자체는 국내재판소에서 심리할 수 있는 그 어떤 권리도 부여할 수 없다. 국제법규는 그것이 국내법규에 포함된 것으로 승인된 한에서만 국내재판소에서 권리와 의무를 발생하는 것이 허락된다."

그는 또한 1939년 추밀원 법사위원회(Judicial Committee of the Privy Council)의 판결 *Chung Chi Cheung* v. *The King*[71]에서 다음과 같이 언급하였다.

> "언제나 기억해야 할 사실은 어쨌든 이 국가의 재판소에 관한 한 국제법은, 그 원칙들이 우리 자신의 국내법에 의하여 수락되고 채택되는 경우를 제외하고는 어떤 효력도 갖지 않는다는 점이다."

이같은 일부 판례를 제외하면 영국의 판례는 국제관습법에 대해 18세기 이후 전통적으로 일원론, 즉 수용이론을 적용하고 있다. 예컨대, Talbot 대법관(Lord Chancellor)은 1737년의 *Barbuit's Case*[72]에서 "국제법은 완전히 영국법의 일부이고, 그것의 일부를 구성한다"(the law of nations in its full extent is and forms part of the law of the England)라고 말한 바 있고, William Blackstone (1723~80)도 18세기 후반부에 "국제법은 보통법에 의하여 완전히 수용되며, 이 국가의

68) (1999년) 스위스 헌법, 제139조, 제193조, 제194조 ; 본서, 제3장 (일반국제법의 강행규범) 참조.

69) 독일 기본법(헌법) 제25조. 칠레 최고재판소도 "국제관습법은 칠레 국내법의 일부로서, 국내입법에도 우선한다"고 천명한 것이 보고되고 있다 : Chile, Supreme Court, Re *Víctor Raúl Pinto*, Case No. 3125-04 ; ILDC 1093 (CL 2007), para. 31 ; noted by Nollkaemper, p. 84, fn. 113.

70) [1925] 1 K.B. 271 at 295 ; Akehurst, p. 45.

71) [1939] A.C. 160 at 167~168 ; Wallace, p. 35, fn. 17.

72) *Buvot* v *Barbuit*, (1737) Cas. Temp. Talbot 281 ; 25 E.R. 777 ; Akehurst, p. 45.

법의 일부로 인정된다"(the law of nations ... is here adopted in its full extent by the common law, and is held to be a part of the law of the land)[73]라고 기록하고 있으며, 판례의 이같은 태도는 그 후로도 계속 확인되고 있다.[74] 다만, 이들이 '국제법'(law of nations)이라는 표현을 쓰더라도 여기서 조약은 제외된다. 그들은 오직 국제관습법을 염두에 두면서도 그들의 습관에 따라 이것을 '국제법'으로 표현한 것뿐이다.[75] 어쨌든 영국재판소의 수용이론에 따르면 국제관습법규는 '자동적으로' (automatically), 즉 의회나 재판소의 개입이 없이 영국법의 일부를 형성하며, 한 걸음 더 나아가서 영국 시민에게 그 자체로서 권리를 부여하거나 의무를 부과할 수 있다. 그러나 국제관습법의 자동적 적용에는 다음의 몇 가지 제한이 있다.

첫째, 영국은 -대부분의 다른 국가들과는 대조적으로- 단일의 성문헌법전 대신 이른바 '의회주권의 원칙'(principle of parliamentary sovereignty)을 국가의 근본원칙으로 삼고 있다.[76] 이에 따라

---

73) W. Blackstone, *Commentaries on the Law of England*, Book Four (San Francisco : Bancroft- Whitney Company, 1890), p. 68 ; Greig, p. 55.

74) See, e.g., *R* v. *Bow St Magistrate, ex parte Pinochet Ugarte*, [1998] 4 All ER 897 (Pinochet 1), *per* Lord Lloyd of Berwick ("Is Senator Pinochet entitled to immunity as a former head of state at common law? This depends on the requirements of customary international law, which are observed and enforced by our courts as part of the common law.") ; *R* v. *Bow St Magistrate, Ex p. Pinochet*, [1999] 2 WLR 827 (Pinochet 3), *per* Lord Millett ("Customary international law is part of the common law, and accordingly I consider that the English courts have and always have had extraterritorial criminal jurisdiction in respect of crimes of universal jurisdiction under customary international law.") ; *R* v *Gul*, [2013] UKSC 64 ; *Keyu* v *Secretary of State for Foreign and Commonwealth Affairs*, [2015] UKSC 69. 본서, 제10장 (국가면제), "V. 국가의 정의" ; Kaczorowska-Ireland, p. 137 참조.

75) 그러나 위 각주의 사건들에서 보는 것처럼 이제는 그들도 '국제관습법'(customary international law)이란 표현을 쓰고 있다.

76) UK Supreme Court, *R* (*on the application of Miller and Dos Santos*) v *Secretary of State for Exiting the European Union*, Decision of 24 January 2017, [2017] UKSC 5, available at 〈https://www.supremecourt.uk/cases/docs/uksc-2016-0196-judgment.pdf〉 & 〈https://www.bailii.org/uk/cases/UKSC/2017/5.html〉 : "40. Unlike most countries, the United Kingdom does not have a constitution in the sense of a single coherent code of fundamental law which prevails over all other sources of law. Our constitutional arrangements have developed over time in a pragmatic as much as in a principled way, through a combination of statutes, events, conventions, academic writings and judicial decisions." ; "43. ... Parliamentary sovereignty is a fundamental principle of the UK constitution, as was conclusively established in the statutes referred to in para 41 above. It was famously summarised by Professor Dicey as meaning that Parliament has "the right to make or unmake any law whatsoever; and further, no person or body is recognised by the law as having a right to override or set aside the legislation of Parliament" - *op cit*, p 38. The legislative power of the Crown is today exercisable only through Parliament. This power is initiated by the laying of a Bill containing a proposed law before Parliament, and the Bill can only become a statute if it is passed (often with amendments) by Parliament (which normally but not always means both Houses of Parliament) and is then formally assented to by HM The Queen. Thus, Parliament, or more precisely the Crown in Parliament, lays down the law through statutes - or primary legislation as it is also known - and not in any other way." 이 사건은 영국의 EU 탈퇴(즉, Brexit)와 관련하여 제기된 것인데, 사건 개요는 본서, 제30장 (EU법), "XVI. EU회원국의 지위, 3. EU 탈퇴" 참조.

'의회주권'은 '의회 우위'(parliamentary supremacy), '입법부 우위'(legislative supremacy), '의회에서의 국왕의 우위'(supremacy of the Crown in Parliament) 등으로도 표현된다. 영국법상 의회주권 개념에 대한 좀 더 자세한 설명은 아래 "조약에 대한 국내법의 태도"에서 영국 편을 참조.

국제관습법과 의회제정법이 충돌할 경우 의회제정법이 우선한다. *Mortensen* v. *Peters* 판례[77]가 이 점을 잘 보여주고 있다. 국제관습법상 영해의 최대 가능한 범위가 3마일로 간주되던 당시, 노르웨이 어선 한 척이 가장 가까운 육지로부터 3마일 이상 떨어진 스코틀랜드의 Moray만에서 트롤어업을 하다가 이 만 전체에서 트롤어업을 금지하고 있는 영국법을 어긴 죄로 소추된 이 사건에서, 스코틀랜드 고등재판소는 영해 3마일 규칙에 의문을 표시함과 동시에, 이것과는 별개의 문제로서 "우리는 의회의 법률이 일반적으로 승인된 국제법원칙을 위반한 것으로서 월권인지의 여부를 결정하기 위해 앉아 있는 재판소가 아니다. 우리들에게는 하원과 상원에 의하여 적절히 통과되고 왕의 재가를 얻은 의회법률이 최고이므로, 우리는 그 내용에 효력을 부여할 의무가 있다."라고 판결하였던 것이다. 다만, 영국재판소는 의회는 국제법을 위반하려는 의도가 없다는 추정 하에서, 가능하면 의회제정법을 국제관습법과 충돌하지 않는 방향으로 해석하려고 노력한다.[78]

둘째, 종래 판례법에서 특히 *Thai-Europe Tapioca Service Ltd.* v. *Government of Pakistan*[79]에 의하면 영국법의 선례구속의 원칙상 국제관습법과 구속력있는 선례 간에 충돌이 있는 경우 선례(precedent)가 우선한다고 하였다. 뿐만 아니라 전통적으로 선례는 최고재판소인 상원만이 파기할 수 있는 것으로 생각되고 있었다. 그러나 잉글랜드 항소재판소에 올라온 *Trendtex Trading Corporation* v. *Central Bank of Nigeria* 사건[80]에서 재판을 주재하던 Lord Denning은 -자신의 동료재판관 2인 중 1인을 설득하여- 선례구속의 원칙(doctrine of binding precedents)은 국제법규에는 적용되지 않으며, 따라서 절대적 면제이론(absolute theory of immunity)에 기초한 선례에 관계없이 변경된 '신'국제관습법규(즉, 제한적 면제이론)를 적용할 수 있다고 판결하였다.[81] 이제 선례와

---

77) Great Britain, High Court of Justiciary of Scotland, (1906) 8 S.C., 5th Series, 99, 14 Scot. L.T. 227 ; von Glahn, pp. 40~42 ; Akehurst, p. 46 ; Harris, 5th, pp. 80~83.

78) See *per* Lord Diplock in *Alcom Limited* v. *Republic of Colombia, et al.*, [1984] AC 580, [1984] 2 All ER 6, HL : "A bank account used to cover the day-to-day expenses of an Embassy, clearly served sovereign purposes and therefore was immune from enforcement measures. The [State Immunity] Act of 1978 must be read against the background of customary international law current in 1978. *It is highly unlikely that Parliament intended to require United Kingdom courts to act contrary to international law unless the clear language of the statute compels such a conclusion.*"(italics added)

79) [1975] 1 W.L.R. 1485, 1495 ; Harris, pp. 79~80. See also Akehurst, p. 46.

80) [1977] Q.B. 529, 554, 557, 576~579 (*per* Lord Denning : "...A decision of this court -as to what was the ruling of international law 50 or 60 years ago- is not binding on this court today. International law knows no rule of *stare decisis*. If this court today is satisfied that the rule of international law on a subject has changed ... it can give effect to that change -and apply the change in our English law- without waiting for the House of Lords to do it.") & (*per* Shaw LJ : "What is immutable is the principle of English law that the law of nations (not what was the law of nations) must be applied in the courts of England. The rule of *stare decisis* operates to preclude a court from overriding a decision which binds it in regard to a particular rule of (international) law, it does not prevent a court from applying a rule which did not exist when the earlier decision was made if the new rule has had the effect in international law of extinguishing the old rule.") ; Akehurst, pp. 46~47 ; von Glahn, pp. 39~40, 149 ; Bankas, pp. 105~109 ; Fox in Evans (ed.), *International Law*, 3rd, p. 345 ; Denza in Evans (ed.), *International Law*, 3rd, p. 425 ; Hamid, pp. 54~55 ; Hall, pp. 154~155.

81) 이 사건의 피고는 1958년 나이지리아 법률에 의거하여 동 국가의 중앙은행으로 설립된 것인데, 그러나 이

'신'국제관습법의 관계에 관한 한 진정한 수용이론이 적용된다고 할 수 있다.[82)]

셋째, 영국법은 국제관습법에 대해 이론상으로는 이처럼 원칙적으로 수용이론을 채택하고 있지만, 국제법을 잘 모르는 영국 재판관들이 국제관습법의 주요 증거로서 영국의 판례에 의존하는 결과 실제의 관행은 변형이론에 가깝다는 지적이 있다.[83)] 이에서 더 나아가, 상원은 2006년의 형사사건 *R.* v. *Jones*[84)]에서 수용이론에 대한 약간의 수정을 시사하였는데, 즉 국제법상의 '침략범죄'에

사건에서 3인의 항소심 재판관들은 "피고 은행은 정부적 지위(governmental status)를 가져야 한다는 의도가 명백히 표현됨이 없이 한 개의 별도 법인(a separate legal entity)으로 창설되었으므로 나이지리아국(國)의 파생, 일부, 분신 혹은 부처(an emanation, arm, alter ego or department of the State of Nigeria)가 아니며 따라서 소송으로부터 면제될 권리가 없다"고 판시하였다. 그러나 Denning 재판장과 Shaw 재판관은 여기서 한 걸음 더 나아가 "피고 은행이 설사 나이지리아 정부의 일부라고 하더라도 국제법은 이제는 정부적 성격의 행위와는 구분되는 통상의 상거래에 대해서는 정부 부처에게도 소송면제를 인정하지 않고 있기 때문에 피고는 자신이 발급한 신용장(letter of credit)에 대한 원고의 청구에 관한 소송으로부터 면제되지 않는다"는 견해를 천명하였던 것이다. 두 재판관의 의견에 대항하여 Stephenson 재판관은 "항소재판소는 - 상원 혹은 의회가 반대로 선언할 때까지는- 과거 판례에 따라 절대적 주권면제가 국제법규라고 판시해야 한다"고 하였다.

82) R.J. Walker, *The English Legal System*, 6th ed. (London : Butterworths, 1985), p. 135 ; Sweeney et al., p. 295 ; Wallace, p. 36 ; Ott, p. 37 ; Akehurst, pp. 46~47.

83) Akehurst, p. 46.

84) *R.* v. *Jones, Milling et al.*, 29 March 2006, [2006] UKHL 16, 〈https://jade.io/article/256706〉, *per* Lord Bingham of Cornhill ["11. The appellants contended that the law of nations in its full extent is part of the law of England and Wales. The Crown did not challenge the general truth of this proposition, for which there is indeed old and high authority: see, for example, *Triquet v Bath* (1764) 3 Burr 1478, 1481; *Blackstone's Commentaries*, Bk Ⅳ, Chap 5, p 67; *Duke of Brunswick v King of Hanover* (1844) 6 Beav 1, 51-52; *Emperor of Austria v Day* (1861) 2 Giff 628, 678; *Chung Chi Cheung v The King* [1939] AC 160, 167-168; *Trendtex Trading Corporation v Central Bank of Nigeria* [1977] QB 529, 554; *J H Rayner (Mincing Lane) Ltd v Department of Trade and Industry* [1989] Ch 72, 207. I would for my part hesitate, at any rate without much fuller argument, to accept this proposition in quite the unqualified terms in which it has often been stated. There seems to be truth in Brierly's contention ("International Law in England" (1935) 51 LQR 24, 31), also espoused by the appellants, that international law is not a part, but is one of the sources, of English law. There was, however, no issue between the parties on this matter, and I am content to accept the general truth of the proposition for present purposes since the only relevant qualification is the subject of consideration below. ; 23. I would accordingly accept that a crime recognised in customary international law may be assimilated into the domestic criminal law of this country. The appellants, however, go further and contend that that result follows automatically. The authorities, as I read them, do not support that proposition. ; 28. The lack of any statutory incorporation is not, however, a neutral factor, for two main reasons. The first is that there now exists no power in the courts to create new criminal offences... While old common law offences survive until abolished or superseded by statute, new ones are not created. Statute is now the sole source of new criminal offences. The second reason is that when it is sought to give domestic effect to crimes established in customary international law, the practice is to legislate. ..."] ; *per* Lord Hoffmann ("59. I say nothing about the reception into English law of rules of international law which may affect rights and duties in civil law. But there are two reasons why I think that aggression has not become a domestic crime. ... ; 60. I come then to the two reasons why I think that aggression is not a crime in English domestic law. The first is the democratic principle that it is nowadays for Parliament and Parliament alone to decide whether conduct not previously regarded as criminal should be made an offence. ... ; 63. My second reason for rejecting aggression as a domestic crime is that, in the absence of statutory authority, the prosecution of that particular crime in a domestic court would be inconsistent with a fundamental principle of our constitution."). See

관한 한 의회 입법 없이도 국내 소추가 가능하도록 자동적으로 범죄가 되는 것이 아니라고 판시하였던 것이다. 그 뒤 2017년의 *Belhaj* v. *Straw*[85]에서 영국 최고재판소는 좀더 분명하게 그리고 일반적으로 "국제법이 보통법의 일부하고 말하는 것은 국제법과 국내법이 별로 겹치지 않던 시절의 말이며, 이제는 국제법은 보통법의 일부가 아니라 보통법의 연원의 하나라고 말하는 것이 사실에 더 가까우며, 영국법은 국제법에 대해 언제나 이원론을 고수하여 왔다"고 하였다. 그러나 영국법의 국제관습법에 대한 전반적인 평가는 여전히 '관습법규는 영국법의 일부로 간주되며 그 자체로 집행된다'는 것이다.[86]

넷째, 영국 재판소는 사법관행상 일정 유형의 국제문제 분야에 있어 행정부의 사실확인서(certificate)를 '사실' 판단의 '결정적 증거'(conclusive evidence)로 간주한다.[87] "장관의 혹은 장

Orakhelashvili/Akehurst, p. 66.

Alexander Orakhelashvili, "The High Court and the crime of aggression", Journal on the Use of Force and International Law, Volume 5, 2018 - Issue 1, 〈https://www.tandfonline.com/doi/full/10.1080/20531702.2018.1411129〉는 이 판결에 대해 다음과 같이 비판하고 있다 : "The way that the House of Lords addressed this issue was to claim that international law was not part of English law, but one of its sources. The judgment does not explain the difference between the two approaches. It is indeed difficult to see how international law could be a source of English law without being part of it, or vice versa. By contrast, jurisprudence of English courts both before and after *Jones* has considered international law as part of common law."

85) [2017] UKSC 3, 〈https://www.supremecourt.uk/cases/docs/uksc-2014-0264-judgment.pdf〉, *per* Lord Sumption, para. 252 ["... the relationship between English law and international law has changed. It used to be said that customary international law is part of the common law. ... At a time when there was very little overlap between international and municipal law, the assumption of Mansfield and Blackstone had much to be said for it. Today it would be truer to say ... that international law is not a part of but is one of the sources of the common law. The same view has been expressed by Professor Brierly, 'International Law in England' (1935) 51 LQR 24, 31, and by the editors of Brownlie's Public International *Law*, 8th ed (2012), 68. English law has always held to the dualist theory of international law."]. See Denza in Evans (ed.), *International Law*, 5th, p. 394.

영국 상원은 이미 위 *R.* v. *Jones* 사건에서 "There seems to be truth in Brierly's contention ("International Law in England" (1935) 51 LQR 24, 31), also espoused by the appellants, that international law is not a part, but is one of the sources, of English law."(*per* Lord Bingham, para. 11)라고 언급한 바 있었다.

86) Orakhelashvili/Akehurst, p. 67 (9th, p. 70).

87) 영국의 이러한 전통은 특히 House of Lords, *Duff Development Co., Ltd.* v. *Government of Kelantan*, [1924] AC 797, 〈https://learning.uonbi.ac.ke/courses/GPR201/document/Selected_Cases/Duff_Development_Co_Ltd_v_Government_of_Kelantan.pdf〉에서 정식으로 인정되었는데, 사건 개요는 이러하다. 영국과 (말레이 반도 동북부에 위치한)클란탄 사이의 1910년 10월 22일자 협정은 "클란탄은 영국 왕을 통하는 경우를 제외하고는 그 어떤 외국과도 관계를 맺어서는 안 되며", 그러나 "이 협정의 그 어떤 것도 클탈란의 군주(Rajah of Kelantan)가 지금 보유하고 있는 행정 권한에 영향을 미치지 아니한다"고 규정하고 있었다. 이 사건에서 클란탄 정부는 클란탄이 주권독립국가라는 것을 근거로 중재판정의 집행을 봉쇄하는 명령을 신청하였다. 행정부를 대신하여 식민지장관(Secretary of State for the Colonies)이 클란탄이 독립국이라는 의견서를 보내오자, 영국 상원은 다수결 결정에 의해 이 답변은 결정적인 것이라고 판시하였다 : "If is settled law that it is for the Court to take judicial cognisance of the status of any foreign government. It there can be any doubt on the matter the practice is for the court to receive information from the appropriate department of His Majesty's Government, and the information so received is conclusive". See S. Jayakumar, *Public International Law Cases from Malaysia and Singapore* (Singapore : Singapore University Press, 1974), p. 31 ff, & p. 241 ff ; Hans Kelsen, *Principles of International Law* (Clark, New

관을 대신한 사실확인서"(a certificate by or on behalf of the Secretary of State)가 일정 사실에 대해 "결정적 증거"가 됨을 명시한 법률들도 제정되고 있는데,[88] 어쨌든 여기서 '사실확인서'는 특정 국가 또는 특정 정부가 영국의 승인을 받았는지,[89] 특정인이 외교관인지, 영국 영토 또는 외국 영토의 범위는 어디까지인지, 전쟁상태가 존재하는지[90] 등등 국제적 사안에 관한 영국 정부의 상황 판단이다. 이처럼 영국 재판소는 국제문제에 있어 '사실' 판단은 '한 목소리 원칙'(one voice principle)에 따라 영국 행정부에 일임하지만, 사실확인서를 해석하고 그것에 법적 효과를 부여하는 것은 확인서를 받은 재판소의 몫이다.[91]

(2) 미 국

국제법과 미국법의 관계는 미국에서는 흔히 "미국의 대외관계법(foreign relations law of the United States)"으로 불리는데, 이것은 '미국에 적용되는 국제법'과 '미국의 대외관계에 관련되는 국내법'을 포괄하는 개념이다.[92]

미국 연방헌법(1787년)은 제1조 8항에서 "의회는 공해상에서 행해진 해적행위와 중죄 그리고 국제법에 대한 범죄(offences against the Law of Nations)를 정의하고 처벌할 권한을 갖는다."라고 언급하고 있는 것을 제외하면, 국제관습법의 국내적 효력에 관하여 침묵하고 있다.[93] 그러나 영국 법체계에 그 뿌리를 두고 있는 미국 판례법은 국제관습법에 대하여 영국법과 비슷한 태도를 취하고 있다.[94] 예컨대, *Paquete Habana* 호 사건[95]에서 연방최고재판소는 다음과 같이 말하였다.

Jersey : The Lawbook Exchange, Ltd., 1952), p. 112, fn. 10 ; Hamid, pp. 57, 94, 98 ; Wallace, p. 40 ; Harris, pp. 99~101 ; O'Connell, pp. 114~119 ; Brownlie, 6th, p. 49 ; Franey in Orakhelashvili (ed.), pp. 219~220.

88) "Diplomatic Privileges Act 1964", section 4 (Evidence), & "State Immunity Act 1978", section 21 (Evidence by certificate) ; Denza in Evans (ed.), *International Law*, 3rd, p. 432.

89) 본서, 제8장 (국가 및 정부 승인), "Ⅳ. 승인의 국내법상 효과, 1. 영국법상 승인의 효과, (3) 창설적 효과설의 완화" 참조.

90) 영국이 전쟁당사자가 아니라도 관계없다.

91) Akehurst, p. 47 ; Harris, 5th, pp. 98~100 ; Dixon, p. 112 ; *"Maduro Board" of the Central Bank of Venezuela* v *"Guaidó Board" of the Central Bank of Venezuela*, [2021] UKSC 57, para. 91("It is the duty of the receiving court to interpret and to give effect to such a certificate in accordance with the one voice principle.").

92) Restatement (Third) Foreign Relations Law § 1 (Am. Law Inst. 1987), 〈https://www.jenkinslaw.org/research/guides/restatement-foreign-relations-law-united-states/foreign-relations-law-united-states〉 ; https://www.law.cornell.edu/wex/foreign_relations ; Keitner, p. 271.

93) 게다가, 1787년 미국 헌법이 제정될 때나 지금이나 국가가 국내입법을 통해 단독으로 국제법을 만들 수 없다는 점을 생각하면, 상기 제1조 8항은 국제법에 의하여 어떤 행위들이 범죄가 되었는지를 결정할 권한을 의회에 부여한 것으로 새겨야 할 것이다. Ott, pp. 41, 82.

94) Wallace, p. 40.

95) 175 U.S. 677 at 700 (1900) : "International law is part of our law, and must be ascertained and administered by the courts of justice of appropriate jurisdiction, as often as questions of right depending upon it are duly presented for their determination. For this purpose, where there is no treaty and no controlling executive or legislative act or judicial decision, resort must be had to the customs and usages of civilised nations ... ."

"국제법은 우리법의 일부이다. 따라서 국제법은 그것에 의존하는 권리의 문제들이 그 결정을 위하여 정당하게 제기될 때마다 적절한 관할권을 가진 재판소들에 의해 확인되고 시행되지 않으면 안된다. 이 목적을 위하여 조약이 없거나 통제적 성격의 행정부 혹은 입법부의 행위 혹은 사법적 결정이 없는 경우에는, 문명국들의 관습과 관행에 문의해야 한다."

위 판결에 의하면, 국제관습법은 입법적 조치 없이 미국법의 일부로 수락되므로 미국법의 표현을 빌리면 '자기집행적'(self-executing)이다.[96] 그러나 여기에는 "조약이 없거나 통제적 성격의 행정부 혹은 입법부의 행위 혹은 사법적 결정이 없는 경우"(where there is no treaty and no controlling executive or legislative act or judicial decision)라는 제한이 부가되어 있다.[97] 따라서 예컨대, 국제관습법과 국내 행정적·입법적·사법적 행위 또는 결정 간에 충돌이 있으면, 미국의 사법부는 국내 규정을 적용할 것이다.[98] 이 점은 *Schroeder* v. *Bissell*[99]에서 분명히 설명되고 있다.

"국제관행은 우리가 그것을 채택하는 한에서만 법이며, 우리의 보통법이나 제정법처럼 그것은 의회의 의사에 굴복한다. ... 연방재판소가 의회의 법률을 시행하기를 거부할 수 있는 오직 하나의 사유가 존재하는데, 그것은 그 법률이 위헌으로 판단되는 경우이다. 의회의 제정법이 국제법의 승인된 원칙들을 위반할 수도 있겠지만, 그 때문에 행정부가 의회법률을 무시할 수 없는 것처럼 사법부도 그것을 무시할 수는 없다."

요컨대, 미국의 재판관들은 "연방헌법은 연방의회나 대통령이 국제관습법규를 위반하는 것을 금지하고 있지 않다"는 견해를 채택하고 있다. 이로 인하여 미국이 대외적으로 국제책임을 질 수도 있겠지만, 이것은 국제법의 문제이지 미국 국내법 차원의 문제는 아니다.[100] 다만, *Murray* v. *The*

---

96) 국제관습법은 모든 경우에 입법적 조치 없이 미국법의 일부로 수락되며 따라서 항상 '자기집행적'이라고 말할 수 있을 것인가? Louis Henkin, "International Law as Law in the United States", (1984) 82 Michigan Law Review 1555, 1561은 위 *Paquete Habana*호 판결을 인용하면서, "국제관습법은 (언제나) '자기집행적'이며, 이 점에 있어 '자기집행적'일 수도 있고 '비자기집행적'(non-self-executing)일 수도 있는 국제협정과는 구분된다"고 한다. 그러나 *Hilao* v *Marcos*, 25 F. 3d 1467, 1475 (9th Cir. 1994)에서 미국재판소는 "whether and how the United States wishes to react to international law claims raised in its domestic courts are domestic questions."라고 천명한 바 있다. 그 결과 국제관습법의 자기집행적 성격이 미국재판소에서 인정받기란 생각처럼 쉽지는 않다. See Curtis A. Bradley & Jack L. Goldsmith, "*Pinochet* and International Human Rights Litigation", (1999) 97 Michigan Law Review 2129~2184 (especially at 2158). 미국법에 있어 조약을 포함한 국제법의 자기집행적 성격(self-executing character)과 비자기집행적 성격(non-self-executing character)의 개념에 관해서는 아래, 조약에 대한 미국법의 태도 부분 참조.

97) Ott, p. 41 ; Wallace, p. 41.

98) 불법 쿠바이민자들의 장기 구금은 국제관습법에 위배되긴 하지만 미국법에 위배되지는 않는데, 왜냐하면 그들을 구금하기로 한 법무장관의 결정은 *Paquete Habana*호 판결의 관점에서 보면 "통제적 행정부 행위"(controlling executive act)이기 때문이라는 판결이 내려진 바 있다 : *Garcia-Mir* v. *Meese*, 788 F. 2d 1446 (1986) ; Harris, 5th, p. 98.

99) 5 F. 2d 838 (1925) (US. Dist. Court D. Conn).

100) See also *United States* v. *Pinto-Mejia*, 720 F.2d 248 (2nd Cir 1983)("...in enacting statutes, Congress is not bound by international law. ... If it chooses to do so, it may legislate with respect to conduct outside the United States, in excess of the limits posed by international law. As long as Congress has expressly indicated its intent to reach such conduct, "a United States court would be bound to follow the

Charming Betsy 사건[101] 이래 미국의 재판소들은 가능하다면 연방의 법률이 국제관습법을 위반하지 않게끔 해석하려고 노력한다.[102]

주당국은 연방에 대해 구속력 있는 국제관습법규에 자동으로 구속된다.[103] 그리고 국제관습법규는 '연방'법으로서 수락되는 것이기 때문에, 국제관습법규의 쟁점에 대한 연방재판소의 결정은 주재판소에 대해서 구속력이 있다는 것이 일반적 견해이다. 그러나 이와는 다른 견해도 없지 않다.[104]

1789년에 제정된 "외국인 불법행위 청구법"(Alien Tort Claims Act)[105]은 "국제(관습)법 혹은 미국의 조약을 위반하여 행해진 불법행위와 관련하여 외국인이 제기하는 민사소송"(any civil action by an alien for a tort only, committed in violation of the law of nations or a treaty of the United States)에 대해 연방재판소들에게 재판관할권을 부여하고 있는데, 동 법률은 근 200년간 거의 휴면상태에 있다가 1980년 *Filártiga* v. *Peña-Irala* 사건[106]을 기점으로 다시 주목을 받기 시작하였다.[107]

영국 외무부의 certificate에 해당하는 것이 미국 국무부의 suggestion(소견서)이다. 그러나 suggestion에서는 단지 사실(facts)을 서술하는데 국한되지 않으며, 사실에 대한 코멘트를 포함할 수도 있고 또 행정부의 태도를 지적할 수도 있다.[108] suggestion은 결정적인 것으로 간주되지는 않

Congressional direction unless this would violate the due process clause of the Fifth Amendment."...") ; *Committee of U.S. Citizens Living in Nicaragua* v. *Reagan*, 859 F. 2d 929 (1988), US Court of Appeals, District of Columbia Circuit ("no enactment of Congress can be challenged on the ground that it violates customary international law.") ; *United States* v. *Yunis*, 924 F2d 1086 (DC Cir. 1991)("Yunis seeks to portray international law as a self-executing code that trumps domestic law whenever the two conflict. That effort misconceives the role of judges as appliers of international law and as participants in the federal system. Our duty is to enforce the Constitution, laws, and treaties of the United States, not to conform the law of the land to norms of customary international law") ; *Hilao* v. *Marcos*, 25 F. 3d 1467, 1475 (9th Cir. 1994), noted by Bradley & Goldsmith, *op. cit.*, (1999) 97 Michigan Law Review 2129~2184 (especially at 2158).

101) 6 U.S. (2 Cranch) 64, 118 (1804), 〈https://law.resource.org/pub/us/case/reporter/US/6/6.US.64.html〉 : "… an act of Congress ought never to be construed to violate the law of nations if any other possible construction remains..."

102) 판례의 이름을 따서 Charming Betsy canon으로 불리우는 이 원칙은 물론 일반적으로 적용되는 불가침의 원칙이 아니라 일정 제한된 범위의 사건들에 적용되는 미국 재판소의 해석 원칙일 따름이다. Pavoni in de Wet and Vidmar (eds.), p. 83, fn. 57 ; Curtis Bradley, "Customary international law's uncertain status in the US Legal System", OUOblog, May 18th 2015, 〈https://blog.oup.com/2015/05/customary-international-laws-uncertain-status-in-the-us-legal-system/〉 ; Bradley, pp. 15~19 ; Carolyn A. Dubay, "Customary International Law in the United States: The Role of the Charming Betsy Doctrine", International Judicial Monitor, Winter 2011 Issue, 〈https://www.judicialmonitor.org/archive_winter2011/generalprinciples.html〉 ; Restatement (Third) of Foreign Relations (1987), Section 114 ("[w]here fairly possible, a United States statute is to be construed as not to conflict *with international law* or with an international agreement with the United States.").

103) von Glahn, p. 45.

104) Wallace, p. 42, fn. 48 ; Ott, p. 41 ; Janis, 3rd, p. 105.

105) 28 U.S.C. §1350.

106) US Court of Appeals, Second Circuit, 1980 : 630 F. 2d 876.

107) 동 법률 및 관련 사건들에 대한 설명은, Kaczorowska-Ireland, pp. 161~162 ; 본서, 제2장 (국제법의 연원), "Ⅸ. UN총회결의" 참조.

지만, 재판소에 의해 권고적인 것으로 수락되는 것이 보통이다.[109)]

(3) 독 일

독일 연방헌법,[110)] 즉 기본법(Grundgesetz : Basic Law) 제25조는 "국제법의 일반규칙(die allegemeinen Regeln des Völkerrechtes)은 연방법의 구성부분이다. 그것은 법률에 우선하며 연방영토의 주민에 대하여 직접적으로 권리와 의무를 발생시킨다."라고 규정하고 있다.[111)] 요컨대, '일반적인' 국제법규는 직접적용성과 직접효력을 가지며 또한 법률에 우선한다. 영국법이나 미국법의 태도와는 달리 일반국제법규의 법률에 대한 우위를 천명하고 있는 점에서 이것은 진취적인 규정이 아닐 수 없다. 다만, 여기서 '일반적인' 국제법규의 개념은 단지 일반국제관습법규만을 뜻하는 것인지 아니면 '일반성'(Allgemeinheit)을 갖춘 조약(즉, 다자조약)까지도 포함하는 것인지가 문제될 수 있다. 그러나 독일 법체계 내에서 조약의 국내적 도입은 -아래에서 언급하는 바와 같이- 헌법 제59조 2항에 의거하여 별개로 규율되고 있다. 그러므로 연방헌법재판소는 조약이 제25조에 포함되지 않음을 분명히 하였다.[112)]

(4) 네덜란드

네덜란드 헌법은 후술하는 바와 같이 조약의 국내적 도입에 대해서는 원칙적으로 일원론의 관점에서 자세하게 규정하면서도 국제관습법의 국내적 도입에 대해서는 아무런 언급이 없다. 그러나 판례는 이것에 대해서도 일원론을 채택하고 있다.[113)] 따라서 국제관습법은 사전 변형 없이 네덜란드 법질서의 일부를 형성한다. 그러나 국내법과 국제관습법규가 충돌하는 경우 전자가 우선한다. 다만, 국내법의 국제관습법에 대한 우위가 정부와 의회가 제정한 입법에 국한되는지, 아니면 입법권한을

---

108) O'Connell, p. 120.

109) Wallace, p. 48. *Dogan* v. *Barak*, No. 16-56704 (9th Cir. 2019), 〈https://law.justia.com/cases/federal/appellate-courts/ca9/16-56704/16-56704-2019-08-02.html〉에서, 미국 국무부는 전직 이스라엘 국방장관 에후드 바라크(Ehud Barak)의 물적 면제를 지지하는 소견서를 제출하면서 다음과 같이 표현하고 있다. "The Department of State has determined that Barak is immune from suit. The Court *must* defer to that determination, notwithstanding Plaintiffs' allegations of *jus cogens* violations." : U.S. Department of State, June 10, 2016, "Suggestion of immunity in *Dogan et al.* v. *Barak*", 〈https://www.state.gov/10-suggestion-of-immunity-in-dogan-et-al-v-barak/〉. 여기서 국무부는 제목은 "suggestion"이라고 달면서도 자신의 의견이 사법부에 구속력이 있음을 강조하는 듯하다. 그러나 전달받은 사법부가 소견서를 어느 정도 존중할 것인지는 별개의 문제로 남아 있다. 다만, 지금까지 국가면제 문제에 관한 한 사법부는 행정부의 소견서에 잘 따르고 있다는 평가가 있다 : Keitner, pp. 322~323.

110) See *Constitutions of the Countries of the World* (Editors: Albert P. Blaustein & Gisbert H. Flanz), Germany (by Gisbert H. Flanz), Release 94-6 (Issued August 1994), Release 95-4 (Issued June 1995) & Release 99-4 (Issued June 1999), Oceana Publications, Inc (Dobbs Ferry, New York).

111) 독일 기본법 제100조 2항은 제25조와 관련하여 "소송 과정에서 어떤 국제법규가 연방법의 구성부분인지, 그리고 그것이 개인을 위해 직접적으로 권리와 의무를 발생시키는지(제25조)에 대하여 의문이 있을 때에는, 재판소는 연방헌법재판소의 결정을 받아야 한다."라고 규정하고 있기도 하다.

112) BVerfGE 6, 309 at 363 (date of judgment : 26.03.1957), available online at https://www.servat.unibe.ch/law/dfr/bv006309.html. See also Menzel/Ipsen, p. 61 ; Ott, pp. 43~44.

113) "*Nyugat*" case, Hoge Raad (Dutch Supreme Court), 6 March 1959.

가지고 있는 기타 다른 공공기관이 제정한 입법에까지도 적용되는지는 분명하지 않다. 그리고 드물기는 하지만, 국내법에서 명시적으로 국제관습법의 역할을 규정하기도 하는데, 이를테면 2003년 "국제범죄법"[114] 제16조는 "국제관습법상 면제를 향유하는 사람들은 이 법에 의거하여 소추할 수 없다"고 규정하고 있다.[115]

(5) EU

유럽재판소는 선결적 판결인 *Racke* v. *Hauptzollamt Mainz*[116]에서, 개인이 국내재판소에서 (직접효력이 인정되는) 조약규정의 이행에 관련된 EU 입법행위의 유효성을 다툴 때 그 상위규범으로서 국제관습법도 원용할 수 있다고 보면서, 다만 이 경우 사법심사는 EU 입법기관이 국제관습법규의 적용 조건에 관하여 "명백한 판단착오"(manifest errors of assessment)를 일으킨 경우에 국한될 것이라고 하였다. 국제관습법에 대한 유럽재판소의 이같은 태도는 유럽재판소에 직접 제기되는 취소소송에서도 그대로 적용될 수 있을 것이다.

(6) 한 국

한국 헌법 제6조 1항은 "... 일반적으로 승인된 국제법규는 국내법과 같은 효력을 가진다."라고 규정하고 있는데, 이는 일반성을 갖춘 국제관습법에 대하여 일원론적 시각을 표명한 것으로 보인다. 그렇다면 일반국제관습법규는 한국법 안에서 직접적용성과 직접효력을 인정받을 수 있을 것이다.

"일반적으로 승인된 국제법규"의 공식에 일반(다자)조약도 포함되는지의 문제가 제기되고 있다. 헌법 제6조 1항에서 이미 "헌법에 의하여 체결 · 공포된" 조약의 국내적 편입에 대해 규정하고 있기

---

114) Act of 19 June 2003 containing rules concerning serious violations of international humanitarian law (International Crimes Act).

115) "Information provided by The Kingdom of the Netherlands - Overview of the role of customary international law in the legal order of the Netherlands as used by the courts", 〈https://legal.un.org/ilc/sessions/68/pdfs/english/icil_netherlands.pdf〉; Harry H.G. Post, "Reflections on the Future of International Criminal Law", in Karel Wellens (ed.), *International Law in Silver Perspective: Challenges Ahead*, Chapter 3 (Leiden : Brill, 2015), pp. 67~68.

116) Case C-162/96, [1998] ECR I-3655, paras. 51~52 of the judgment. 이 사건에서 당시의 EEC 이사회는 구(舊)유고와 EEC간 협력협정에 규정된 무역양허를 정지시키는 명령(regulation)을 채택하였는데, 이로 인해 문제의 이사회명령은 국제관습법상 조약의 종료/운용정지 사유의 하나인 사정변경의 원칙을 위반하였으므로 무효라는 주장이 제기되었던 것이다. 이 사건에 대한 자세한 분석은, Hartley, *European Union Law in a Global Context*, pp. 256~262 ; Jan Wouters & Dries Van Eeckhoutte, "Giving Effect to Customary International Law through European Community Law", in Prinssen and Schrauwen (eds.), pp. 201~208 ; 본서, 제4장 (조약법) 참조.

See also Case C-366/10, *Air Transport Association of America, American Airlines Inc., Continental Airlines Inc., United Airlines Inc.* v. *Secretary of State for Energy and Climate Change*, [2011] ECR I-13755, para. 110 : "...since a principle of customary international law does not have the same degree of precision as a provision of an international agreement, judicial review must necessarily be limited to the question whether, in adopting the act in question, the institutions of the European Union made manifest errors of assessment concerning the conditions for applying those principles (see, to this effect, *Racke*, paragraph 52)." 이 사건의 개요는 본서, 제24장 (국제환경법), "Ⅴ. 대기권의 보호, 3. 기후변화협약, (1) 교토의정서" 참조.

때문에, "헌법에 의하여 체결·공포된" 것이 아닌 조약, 즉 한국이 당사자가 아닌 조약이라도 일반성을 갖추었으면 "일반적으로 승인된 국제법규"에 포함된다고 볼 것인지의 문제로 귀결된다. 상당수 헌법학자들은 이를 긍정하고 있다.[117] 그러나 이같은 견해는 국내법의 논리로 불가능하지는 않겠지만, 국제(조약)법의 관점에서는 받아들이기 힘들다. 한국이 당사자가 아닌 조약은 한국법의 입장에서는 다른 국가들이 만든 물건어 지나지 않기 때문이다.[118] "문명국들에 의하여 승인된 법의 일반원칙"도 "일반적으로 승인된 국제법규"에 포함되는가의 문제가 제기될 수 있겠지만, 이 사실상 미완의 법원까지 고려할 필요가 있는지는 의문이다.[119]

전(前)조약에 대한 헌법의 우위를 규정하고 있는 헌법부칙 제5조의 묵시적인 취지에 비추어 볼 때, 국제법상 조약과 동일한 서열의 연원인 국제관습에서 나온 규칙이 헌법과 동위이거나 헌법보다 상위에 있다고 볼 수는 없을 것이다.

국제관습법과 법률과의 관계에 있어서는 대체로 미국판례법과 동일한 시각을 갖는 것이 좋을 것이다. 즉, 국제관습법은 "헌법에 부합되는 국내법률 또는 그에 기초한 행정부의 입법적 행위에 위배되지 않는 한" 국내법으로서 적용된다고 보아야 할 것이다. 이렇게 봄으로써 국가의 근본규범인 성문헌법에 의하여 부여된 국회(및 행정부)의 입법주권을 보존할 수 있을 것이기 때문이다. 다만, 한국법에서는 선례구속의 원칙이란 존재하지 아니하므로 판례와 국제관습법의 충돌시 재판소는 국제관습법의 지도를 받는 것이 좋을 것이다. 한국에서는 비법(non-law)인 선례가 법(law)인 국제관습법에 우선할 수는 없기 때문이다. 다만, 이 목적을 위해 실제로 한국의 법관들이 국제관습법규를 발견하려고 노력할 것인지는 별개의 믄제이다.

국제인권규범의 핵심을 형성하는 일반국제법의 강행규범(*jus cogens*)만은 (한국이 그 형성에 반대하지 않았으면) 최소한 법률보다 위에 있거나 아니면 헌법적 지위를 갖는다고 보는 것이 어떨까 생각해 보게 된다. 한 걸음 더 나아가서, 이들 강행규범에 대해서는 헌법보다 높은 가치를 부여하는 것도 생각해 볼 수 있다. 다만, 이렇게 보게 되면, 헌법에 명시되어 있는 헌법개정절차에 의하지 아니한 사법부에 의한 '사실상의 헌법개정'(rewriting)이 야기될 수 있고, 또 전조약에 대한 헌법의 우위를 선언한 헌법부칙 제5조와 균형이 맞지 않는다는 반론이 제기될 수 있다.

3. 조약에 대한 국내법의 태도

일반론의 관점에서 보면 변형이론을 통해서도 조약의 국내적 편입이 잘 이루어질 수는 있겠지만, 국제의무의 실효적 이행 그리고 좀 더 일반적으로는 국제적 차원에서의 법의 지배(international

117) 이를테면, 전광석, 《한국헌법론》(서울 : 법문사, 2004), p. 120은 그같은 관점에서 "이러한 조약의 경우 우리나라가 당사국이어야 하는 것은 아니다. ... 우리나라가 당사국은 아니지만 세계 대부분의 국가가 비준한 조약을 찾는 작업이 중요하다."고 언급하고 있다.

118) 1969년 비엔나 조약법협약 제34조 ; Cassese, *International Law*, 2nd, p. 170 ; 정인섭, 《국제법강의》 pp. 91~92 ; 본서, 제2장 (국제법의 연원, Ⅲ. 조약) 및 제4장 (조약법, Ⅱ. 조약의 적용범위) 참조.

119) 나인균, p. 164 참조.

rule of law)의 발전이라는 측면에서 보면 아무래도 자동수용의 이론을 채택하는 것이 바람직할 것이다. 그러나 국제관습법의 경우와는 대조적으로 조약에 대한 국내법의 태도는 국가별로 매우 다른 모습을 보이고 있는데, 이것은 대체로 조약 체결에 있어 국내 의회의 역할과 연관되어 있다. 조약의 국내적 도입과 관련하여 일원론의 국가들이 이원론의 국가들에게 이의를 제기하지 않는 이유도 부분적으로는 바로 여기서 찾을 수 있을 것이다. 즉, 이원론 국가의 민주주의 문제에 개입하지 않기 위한 것으로서, 조약 체결에 의회의 참여가 배제되어 있는 국가에서 이원론을 채택하는 것은 비난할 일도 아니기 때문이다. 이 밖에도, 신생독립국들이 새로이 쟁취한 자율성을 수호하기 위해 이원론을 채택하였는데, 이것도 비난할 일은 아니다. 사실, 일원론의 국가들이 조약의 국내적 도입에 대해 수용의 이론을 채택하고 있는 것도 법적 확신(*opinio juris*)에서 우러난 것으로 보기 어렵고, 완벽한 일원론의 국가도 현실에서는 찾기 어렵다.[120)]

수용의 방식도 다양하다. 대체로 헌법에서 일정 조건 하에서 조약의 국내적 도입을 사전에 일괄 명령하는 경우도 있고, 관련 국내법률에서 이것을 개별적으로 규정하는 경우도 있으며, 국가에 따라서는 이 문제가 판례법에 의해 규율되기도 한다.[121)] 수용에 기초하여 조약의 직접효력이 허용되는 조건과 그 결과를 결정하는 것도 국내법에 위임되어 있다. 조약의 수용과 직접효력을 허락하는 국내법 체계 하에서는 국제법이 상당한 영향력을 발휘할 것이다. 그런 국가의 재판소는 직접효력 여부를 결정함에 있어 조약의 해석과 조약당사자들의 의도에 큰 비중을 부여하는데, 이는 국제법의 문제이기도 하기 때문이다.[122)]

국가들이 조약에 직접적용성 내지는 직접효력을 부여하지 '않기로' '명시적으로 합의'하는 경우도 있는데,[123)] 이런 경우라면 일원론을 채택하고 있는 국내재판소라 하더라도 당해 조약의 국내적 적용에 있어 당사국들의 그 같은 의도(intent)를 무시할 수 없을 것이다.[124)] 그리고 원칙적으로 수용의 이론을 채택한 국가라 해도 재판소가 조약규정의 직접효력을 위해 요구되는 기준(threshold)을 높게 잡으면 잡을수록 그만큼 사실상 이원론의 변형이론에 다가가는 결과로 이어질 수 있다.[125)] 이보다 더 큰 문제는, 국가 간 별도의 합의가 없는 한 직접효력의 인정 여부가 국내법에 맡겨진 결과 동일 조약규정이 어떤 당사국에서는 직접효력을 인정받는 데 반해 다른 당사국에서는 그렇지 못할 수도 있다는 점이다.

헌법에서 조약의 위헌심사를 (명시적으로 혹은 묵시적으로) 허용하고 있는 국가들도 많은데, 대부분

---

120) Nollkaemper, p. 71.

121) *Ibid.*, p. 74.

122) *Ibid.*, pp. 125~126.

123) 이를테면, "고통을 주지않는 덫 설치 기준에 관한 EC, 캐나다, 러시아연방 간 협정"(Agreement on international humane trapping standards between the European Community, Canada and the Russian Federation)(1997년 12월 15일 서명, 2008년 6월 22일 발효), 제17조 (최종조항), 3항 : "This Agreement is not self-executing. Each Party shall implement the commitments and obligations arising from this Agreement in accordance with its internal procedures." (available at https://ec.europa.eu/world/agreements/default.home.do).

124) Nollkaemper, p. 135.

125) *Ibid.*, p. 133.

은 사후(비준 후) 심사를 허용하고 있다. 그러나 "비준 전에" 조약의 합헌성 심사를 허락하는 국가들도 있다.[126] 유럽재판소도 EU가 "체결하고자 하는" 조약의 EU조약(TEU)(및 EU기능조약 : TFEU)과의 양립가능성에 대해 (구속력 있는) 의견을 제시할 수 있다.[127] 그러나 조약에 대한 사전 위헌 심사제도가 있다고 해서 조약이 발효하고 나서 나중에 헌법과의 충돌이 발생하는 상황을 완전히 차단하지는 못할 것이다. 뿐만 아니라 국제기구의 결정에 대해서는 거의 도움이 되지 않을 것이다.[128]

국제기구의 결정에 조약과 동일한 지위를 인정하는 국가들도 많지만, 그렇지 아니한 국가들도 있다. 국제재판소의 결정의 지위에 대한 입장도 국가마다 다르다. 조약과 국제기구/국제재판소의 결정을 구분하여, 조약에 대해서는 수용의 이론을 택하지만, 국제기구와 국제재판소의 결정에 대해서는 국내이행입법을 요구하는 국가드 보고되고 있다. 또, 국내헌법상 비준을 요하는 조약과 그렇지 아니한 조약을 구분하여, 전자에 대해서는 수용을, 후자에 대해서는 변형을 요구하는 국가도 있다. 조약에 대해 수용이론을 적용하되, 조약의 의미를 변경하는 (유보와 같은) 사후행위는 의회의 승인, 관보에의 공표 등의 요건을 충족해야만 국내법이 될 수 있다고 보는 국가도 있다.[129]

아래에서 보는 바와 같이 조약에 대해 변형이론을 채택하는 모습도 국가마다 다르게 나타나고 있다. 그리고 이원론의 국가이면서도 때로 사실상 자동수용에 필적하는 입법기술을 사용하는 경우도 있다.[130] 비슷하게, 이원론 국가의 재판소들이 국내법으로 편입되지 아니한 (자국이 당사국인) 조약을 원용하는 것도 드문 일이 아니다. 다만, 이런 경우들에는 국내적으로 이행되지 아니한 조약에 대해서는 정식으로 이행된 조약과 동등한 지위를 부여하지는 않는 것이 보통이다.[131]

(1) 영국 : 엄격한 이원론(strict dualism)

영국에서는 전통적으로 조약의 체결과 비준이 -이제 실제로는 그 날의 행정부가 행사하는[132]- 국왕의 대권(royal prerogative)에 속하며, 상원과 하원은 -법률에 달리 규정이 없는 한- 왕의 조약체결 과정에 참여하지 않는다. 반면에 입법권은 의회주권의 원칙에 따라 의회에 귀속되어 있는데, 동 원칙에 따르면 -왕을 정점으로 하는- 의회[133]는 자신을 구속하거나 자신의 승계자를 구속할 수 없으며, 재판

126) 프랑스 헌법 제54조 ; 슬로베니아 헌법 제160조 2항 등. See Leszek Lech Garlicki, "Verification of the constitutionality of treaties by the Constitutional Courts prior to their signature or ratification", European Commission for Democracy Through Law(Venice Commission), Seminar on the Role of the Constitutional Court in the Implementation of International Law, Lviv, Ukraine, 7-8 October 1998, 〈https://www.venice.coe.int/webforms/documents/default.aspx?pdffile=CDL-JU(1998)031-e〉.

127) EU기능조약 제218조 11항 ; 본서, 제30장 (EU법) 참조.

128) Nollkaemper, p. 286.

129) 자세한 것은, *ibid.*, pp. 75~76 참조.

130) 이를테면, 2001년 캐나다 "이민과 난민 보호법"(Immigration and Refugee Protection Act)(S.C. 2001, c. 27)(as amended), section 3(3)(f)는 "이 법률은 캐나다가 서명에 참가한 국제인권문서에 응하는 방식으로 해석되고 적용되어야 한다."(This Act is to be construed and applied in a manner that complies with international human rights instruments to which Canada is signatory.)라고 규정하고 있다 : https://laws-lois.justice.gc.ca/eng/acts/I-2.5/index.html ; Nollkaemper, p. 78.

131) Nollkaemper, pp. 79~81.

132) Denza in Evans (ed.), *International Law*, 3rd, p. 423 ; Dixon, pp. 65, 100.

133) 영국(공식국호 : The United Kingdom of Great Britain and Northern Ireland)의 의회는 국왕(Queen/

소는 (의회가 일정 사법심사를 스스로 허용하지 않는 한) 의회에서 적법하게 통과된 제정법의 유효성에

King-in-Parliament)과 상원(House of Lords), 하원(House of Commons)으로 구성된다 : https://en.wikipedia.org/wiki/Queen-in-Parliament ; https://en.wikipedia.org/wiki/Parliament_of_the_United_Kingdom. 따라서 법안이 제정법으로 성립되기 위해서는 여전히 국왕(혹은 여왕)의 재가가 필요하다. 왕은 현재에도 명목상으로는 최고법률제정권자인 것이다. 그러나 상원(귀족원)과 (국민들에 의해 선출되는 의원들로 구성되는) 하원이 견해를 달리하는 경우 상원은 하원의 견해를 따라야 하며, 국왕은 의회 양원을 통과한 법안을 재가하지 않으면 안된다는 영국의 헌법관행(constitutional convention)을 기억할 필요가 있다. Strong의 말을 빌리면, "만일에 여왕이 재가를 거부하면 어떻게 될 것인가를 생각하는 것은 무의미한 일이다. 왜냐하면 여왕은 재가를 거부하는 일이 결코 없기 때문이다." : C.F. Strong, *Modern Political Constitutions*, 8th ed. (London : The English Language Book Society and Sidgwick & Jackson Limited, 1973), pp. 135~136.

영국의 헌법체제는 최근 "상원법 1999"(House of Lords Act 1999)와 "헌법개혁법 2005"(Constitutional Reform Act 2005)에 의하여 크게 수정되었는데, 이를 이해하기 위해 영국의 의회 구조에 대한 이야기를 조금 더 나누어 보자.

먼저, 여왕/국왕의 헌법상의 공식 지위에는 아직 변화가 없다. 그러나 군주제의 역할에 대한 토의가 과거보다 훨씬 더 많아진 것은 사실이다. 선출직 국가원수제를 도입하자는 견해에 찬성하는 이들도 생겨나고 있다.

둘째, 영국의 하원은 국민들에 의하여 선출된 의원들로 구성되는데, 2018년 현재 650명의 의원(이들은 흔히 M.P. 즉, Member of Parliament로 불리운다)이 있다. 하원 다수당의 의장이 영국의 수상(Prime Minister)이 된다. See https://www.parliament.uk/business/commons/ ; https://www.parliament.uk/mps-lords-and-offices/mps/; https://en.wikipedia.org/wiki/Prime_Minister_of_the_United_Kingdom ; https://en.wikipedia.org/wiki/List_of_Prime_Ministers_of_the_United_Kingdom.

셋째, 문제는 상원 개혁이다. 상원은 일반 국민에게서 선출된 사람들로 구성되지 않는다는 점에서 하원과 직접 구분되는데, 상원의 구성원은 종래 네 종류로 구분되고 있었다. (i) 첫째는 당대 귀족(life peers)인데, 이들은 주로 여러 방면에서 국가에 공이 많은 사람들이다. (ii) 둘째는 영국 성공회(영국 국교회) 소속의 주교(bishops of the Church of England) 24명이다. (iii) 상원을 구성하는 세 번째 부류는, 때로 수세기를 거슬러 올라가는 가문의 귀족 작위 때문에 자동적으로 상원의 구성원이 되는 세습귀족들(hereditary peers)이다. 아주 최근까지만 해도 상원에는 이들 세습귀족이 더 많았고 (주로 정치적 이유로 임명되는) 당대귀족은 소수였었는데, Tony Blair 노동당 정부는 집권 초기 세습귀족을 상원에서 축출하는 개혁조치를 단행하였다. 즉, 이 목적을 위해 제정된 법률이 "상원법 1999"(House of Lords Act 1999)인데, 타협의 산물인 이 법률의 제정으로 92명의 세습귀족만이 적어도 당분간은 상원에 남을 수 있게 되었다. 그러나 상원에 남아 있는 세습귀족 92명은 앞으로 상원에 참여할 권리를 자식에게 물려주지 못한다. 상원의 인적 구성에 변화가 있음으로 해서 상원의 위상이 뜻하지 않게 올라가는 현상이 나타나고 있다. 즉, 세습귀족의 수가 줄고, 남아 있는 세습귀족들도 동료들에 의하여 선출되고, 또 당대귀족의 수가 늘어남으로써 상원은 자신의 정당성에 대해 더 큰 자신을 가지고 행동하게 되었고, 그 결과 여러 경우에 정부를 패배시키거나 입법시한을 위협하기도 하는 것이다. (iv) 종래 상원을 구성하는 네 번째 집단은 Law Lords(법률귀족), 즉 공식적으로는 Lords of Appeal in Ordinary(상임상고귀족)로 불리던 최고재판소 재판관들인데, 공식적으로는 상원 자신이 영국의 최고재판소였다. 그러나 실제로 영국의 최상고심 재판소를 구성하여 판결을 내리는 사람들은 -상원의 상고위원회(Appellate Committee of the House of Lords)를 구성하는- 소수의 이들 Law Lords 뿐이었다. 약 백년 전까지만 해도 상원의 모든 구성원이 재판에 참여하였지만, 그 후 상원의 다른 구성원들은 더 이상 재판에 참여하지 않게 되었다. 그러나 유럽인권협약이 "인권법 1998"(Human Rights Act 1998)의 제정으로 인하여 영국법의 일부로 된 이후, Law Lords를 계속 상원 내에 두는 것이 좋은지, 아니면 다른 나라들처럼 완전히 별도의 최고재판소를 설치해야 할 것인지의 문제가 제기되게 되었던 것이다. https://www.parliament.uk/site-information/glossary/hereditary-peers ; https://www.parliament.uk/documents/lords-information-office/holnotice-20110207-by-election.pdf.

이같은 논쟁을 배경으로, Tony Blair 수상은 2003년 6월 12일, 또 다시 헌정부(Department for Constitutional Affairs)의 창설을 포함한 광범위한 개혁을 천명하였는데, 이 구상은 다음과 같은 변화를 지향하고 있었다. 첫째, 605년부터 2003년까지 무려 1398년간이나 존재해 온, -사전에서 흔히 "대법관"으로 번역되어 온- Lord Chancellor (공식명칭: Lord High Chancellor of Great Britain) 직책을 폐지한다. 종래 Lord Chancellor는 영국 상원의 의장이면서 Law Lord이고, 또 영국 내각(Cabinet)의 한 구성원이기도 하였다. 이 직책은 국왕의 입법권과 행정권과 사법권이 통합되어 있던 영국의 중세기적 상황이 지금까지 유지되어 온 결과인데, 장구한 역사를 가진 이 직책이 이제는 시대착오적이라는 비판에 직면하게 된 것이다. 특히 유럽인권협약의 관점에서 볼 때, 입법권과 행정권을 가진 사법관료가 공정한 재판을 제공함에 있

대해 이의를 제기할 수 없다. 달리 표현하면, 불문헌법 국가인 영국에서 의회의 입법권은 법상 무제

어 충분히 불편부당하다고 볼 수 있겠는가에 관해 의문이 제기되었던 것이다. 둘째, 그간 상원의 한 위원회로서 운영되어 온 Law Lords 체제를 대체하기 위하여 새로운 최고재판소(a new Supreme Court)를 설치한다. 셋째, 상원 의장직(Speakership of the House of Lords)도 개혁한다. 즉, 이제 새로운 의장직은 더 이상 행정부의 각료가 겸직할 수 없다. 따라서 신설 헌정부 장관(Secretary of State for Constitutional Affairs)은 상원의장이 될 수 없다. See "House of Lords Act 1999" in Gisbert H. Flanz (editor), *Constitutions of the Countries of the World*, United Kingdom Booklet 7, Release 2000-6, Issued September 2000, Oceana Publications, Inc (Dobbs Ferry, New York) ; Philip Norton (Lord Norton of Louth), "The Changing British Constitution", in : Gisbert H. Flanz (editor), *Constitutions of the Countries of the World*, United Kingdom Booklet 3, Release 2000-5, Issued August 2000, Oceana Publications, Inc (Dobbs Ferry, New York), p. 3 ; Sir Peter North, "The United Kingdom-An Era of Constitutional Change", *Saint Louis-Warsaw Transatlantic Law Journal*, Vol. 2000, p. 99 at 100-107 ; https://www.number-10.gov.uk/output/Page3894.asp (accessed 14 June 2003).

Blair 수상의 이 같은 정부개혁 구상은 그러나 상원에서 수정을 거쳐 "헌법개혁법 2005"(Constitutional Reform Act 2005)로 구현되었는데, 동 법률은 2005년 3월 21일 상하 양원을 통과하고, 24일 여왕의 재가를 받았다. 이 법률의 공식명칭은 "An Act to make provision for modifying the office of Lord Chancellor, and to make provision relating to the functions of that office; to establish a Supreme Court of the United Kingdom, and to abolish the appellate jurisdiction of the House of Lords; to make provision about the jurisdiction of the Judicial Committee of the Privy Council and the judicial functions of the President of the Council; to make other provision about the judiciary, their appointment and discipline; and for connected purposes."이다. 이 긴 제목을 읽기만 해도 영국헌법의 변화된 영역을 추측할 수 있는데, 가장 두드러진 내용은 다음의 두 가지이다.

첫째, Lord Chancellor 직책은 폐지하지 않는다. 다만, (i) 사법부에 대한 그의 역할은 크게 위축된다. 무엇보다 그는 더 이상 재판관이 아니며 사법적 기능을 수행하지 않는다. (ii) 그는 상원에서 나올 수도 있고 하원에서 나올 수도 있다. 또한 이 직책의 보유자는 더 이상 자동적으로 상원의 의장이 되지는 못한다. 따라서 상원은 새로운 의장직을 창설하여야 하는데, 이상의 결정은 상원 자신이 한다(https://en.wikipedia.org/wiki/Lord_speaker ; https://en.wikipedia.org/wiki/House_of_Lords). (iii)(원래는 Lord Chancellor의 행정기능을 완전히 대체하기 위해 2003년 창설된) 헌정부 장관(Secretary of State for Constitutional Affairs)의 직책은 유지하되, 이 직책의 보유자는 Lord Chancellor의 직책을 대체로 겸직한다. [그러나 2007년 5월 9일 헌정부 및 헌정부장관의 직책은 폐지되고 이들의 모든 책임은 -기존의 헌정부에 내무부(Home Office)의 일부 부서를 통합하여 만든- 법무부(Ministry of Justice) 및 법무장관(Secretary of State for Justice)에게로 이전되었다 : https://en.wikipedia.org/wiki/Secretary_of_state_for_constitutional_affairs ; https://en.wikipedia.org/wiki/Ministry_of_Justice_(United_Kingdom) ; https://en.wikipedia.org/wiki/Secretary_of_State_for_Justice]. (iv) Lord Chancellor는 "국새의 보관자" (custodian of the Great Seal)로 남는다.

둘째, 상원의 사법기능을 현대적 형식으로 창설했던 "Appellate Jurisdiction Act 1876"는 그 효력이 중단된다. 이와 함께, "영국의 최고재판소"(Supreme Court of the United Kingdom)를 창설하고, 기존의 Law Lords를 상원에서 이 새로운 최고재판소로 옮긴다. 실제로, 2009년 10월 1일, "영국의 최고재판소"는 그간 상원의 자격으로 사법기능을 수행해 온 웨스터민스터 궁전(Palace of Westminster)을 나와 인근의 별도의 건물에서 문을 열었다. 그간 흔히 law lords로 불리던 재판관들은 이제는 "최고재판소 재판관들"(Justices of the Supreme Court)로 불리는데, 그 수는 12명이다. 이미 부여받은 lord란 칭호는 그대로 유지하지만 더 이상 상원의 구성원은 아니다. 그러나 lord의 칭호를 가진 재판관들은 퇴직후 상원으로 돌아갈 수도 있다("Q&A: UK Supreme Court", https://news.bbc.co.uk/2/hi/uk_news/8283967.stm). 관할권도 확대되었는데, 즉 추밀원 법사위원회(Judicial Committee of the Privy Council)의 사법기능 일부도 "영국의 최고재판소"로 이전되었다. "영국의 최고재판소"가 수립됨에 따라 영국법 내에서 "Supreme Court"라는 용어의 사용도 적절히 조절된다. 먼저, "영국의 최고재판소"는 기존의 잉글랜드/웨일즈의 "Supreme Court of Judicature"와 혼동되어서는 안되는데, 이것은 1870년대의 재판소법들(Judicature Acts)에 의거하여 창설된 것으로서, 법상 Court of Appeal, High Court of Justice 및 Crown Court를 모두 합친 개념이었다. 그러나 "Supreme Court of Judicature"는 1981년 "최고재판소법"(Supreme Court Act 1981)에 "Supreme Court of England and Wales"로 이름이 바뀌었다가, 2005년 헌법개혁법에 의해 "Senior Courts of England and Wales"로 다시 이름이 바뀌었다. 한편, (잉글랜드/웨일즈/북아일랜드와는 별개의 법체계를 가진)스코틀랜드의 High Court of Justiciary와 Court of Session은 종종 스코틀랜드의 "Supreme Courts"로 불리기도 한다. "영국의 최고

한하며, 의회의 입법권에 대한 제한이 있다면 그것은 "의회는 자신의 권한을 제한할 수 없다"는 것 뿐이다.[134)]

이런 상황 하에서 조약의 국내적 도입에 대해 수용이론을 적용하게 되면–즉, 조약의 직접적용성 내

재판소"는 잉글랜드법, (웨일즈의회가 잉글랜드법과 다른 입법을 하는 범위 내에서)웨일즈법, 북아일랜드법 하의 문제에 있어 최고의 상소심재판소이다. "영국의 최고재판소"는 또한, 스코틀랜드의 Court of Session에서 올라오는 상소사건을 심리한다[행정권이양에 관한 쟁점("devolution issues")이 발생하는 경우를 제외하고는, 스코틀랜드 형사사건에 있어서는 High Court of Justiciary를 넘어 더 이상의 상소는 가능하지 않다]. 이 밖에 일부 사건에서는 추밀원 법사위원회가 여전히 영국의 최고상소재판소로 기능하고 있다(추밀원 법사위원회도 2009년 10월 1일 최고재판소 건물로 이사하여 그 안에서 일을 보고 있다). 요컨대, "영국의 재판소체제는 단일의 최고재판소를 갖고 있지 않다는 점에서 독특하다."

앞으로 최고재판소 재판관은 특별선발위원회(special selection commission)가 추천하는 인사를 수상이 제청(권고)하면 여왕이 개봉칙허장(letters patent)을 발부함으로써 임명된다. 선발위원회는 최고재판소 소장과 차장을 포함하여, 잉글랜드/웨일즈 재판관 선임위원회, 스코틀랜드 재판관선임위원회 및 북아일랜드 재판관선임위원회 소속의 각기 한 명의 위원으로 구성된다. 선발위원회에서 소장이나 차장이 공석인 경우 이 자리는 최고재판소의 최선임 보통재판관이 맡으며, 만약에 두 사람 모두 공석인 경우에는 최고재판소의 최선임 보통재판관과 차최선임 보통재판관이 맡는다.

계속해서 상원 개혁을 위한 여러 방안이 논의 중이다. 특히, 2011년 5월 17일 영국 부총리는 "상원 개혁 법안 초안"(draft House of Lords Reform Bill)을 발표하고, 2012년 6월 27일 이 초안을 토대로 하여 "상원 개혁 법안 2012"(House of Lords Reform Bill 2012)를 제출한 바 있다. 그러나 정부는 보수당 내부로부터의 반대에 직면하여 8월 6일 법안을 철회하였다. https://en.wikipedia.org/wiki/Reform_of_the_House_of_Lords ; https://www.parliament.uk/business/lords/lords-history/history-of-the-lords/ ; https://en.wikipedia.org/wiki/Courts_of_England_and_Wales ; https://www.opsi.gov.uk/acts/acts2005/20050004.htm ; https//www.opsi.gov.uk/acts/en2005/2005en04.htm ; https://en.wikipedia.org/wiki/Constitutional_Reform_Act_2005 ; https://en.wikipedia.org/wiki/Supreme_Court_of_the_United_Kingdom ; https://en.wikipedia.org/wiki/Judges_of_the_Supreme_Court_of_the_United_Kingdom ; https://en.wikipedia.org/wiki/Appellate_Jurisdiction_Act_1876 ; https://en.wikipedia.org/wiki/Judicial_Committee_of_the_Privy_Council.

134) Hartley, 5th, p. 265 ; Hartley, *European Union Law in a Global Context*, p. 160 ; https://www.parliament.uk/about/how/sovereignty ; https://en.wikipedia.org/wiki/Parliamentary_sovereignty. 영국헌법이 이처럼 의회를 중심으로 발전해 나온 역사적 배경은 다음과 같이 설명되고 있다. 즉, 17세기 군주의 절대적 권한에 대한 격렬한 투쟁은 흔히 명예혁명(Glorious Revolution)으로 불리는 영국혁명(English Revolution)(1688~89)으로 이어졌고, 이것은 잉글랜드 의회가 1689년 권리장전(Bill of Rights)을 작성하는 것으로 막을 내렸지만, "권리장전의 일차적 관심사는 의회의 국왕에 대한 권리(the rights of Parliament against the Crown)"였던 것이다. 다소 단순하게 이야기한다면, 명예혁명의 결과로, 스튜어트 왕가가 주장하던 '신이 내려주신 국왕의 권리'(the *divine* right of Kings)는 '의회 안'에서의 국왕의 절대적 권리(the absolute right of the King *in Parliament*)로 변형되었다. 주권은 이제 의회를 통하여 행사하지 않으면 안되게 되었지만 여전히 절대적인 것으로 남았다. 그 결과 영국에서 발달한 헌법은 무제한한 입법권을 가진 의회에 토대를 둔 것이었다. 의회의 침해로부터 헌법적 보호를 향유한다는 의미에서의 기본적인 권리란 존재하지 않았다. 재판소는 입법을 해석하고 적용할 뿐, 더 높은 어떤 상위규범에 비추어 그것의 합법성을 심사할 수는 없었다. 한편, 1775년 영국에 대한 미국의 독립혁명은 이것과는 근본적으로 성격이 달랐다. 이것은 정부 내의 서로 다른 기관 간의 다툼이 아니었고 그들 정부에 대한 국민의 반란(a rebellion by a people against their government)이었다. 이것은 두 가지 중요한 결과를 낳았다. 첫째, 혁명의 정당성은 정부를 상대로 한 개인의 권리 주장에서 나오는 것이었다. 그리고 이것은 자연권 혹은 인권에 대한 관념(ideas about natural or human rights)에 의하여 크게 영향받은 것이었다. 둘째, 혁명의 성공은 신생국의 정부기관을 설치하기 위한 성문헌법의 기초를 불가피하게 하였다. 즉, 각 정부기관의 권한을 정의하고 따라서 제한하는 헌법을 제정하지 않으면 안되었다. 인권이론과 성문헌법의 필요라는 이 두 측면은 미국헌법 기초에서 함께 작용하였고, 이것은 인권을 실현하는 최고재판소(Supreme Court)의 설치를 의미하는 것이기도 하였다. 요컨대, 영국헌법이 의회주권의 역사였다면 미국헌법은 인권의 역사였다. The Honourable Lord Reed, "Internationalism and Tradition : Some Thoughts on Incorporating Human Rights Law"(The Macdermott Lecture), (2000) 51 Northern Ireland Legal Quarterly 365 at 366~368.

지 직접효력을 인정하게 되면- 결국 행정부가 의회를 경우하지 않고 국가기관과 국민에 대해 구속력있는 입법을 하게 되는 결과를 초래하게 되는데, 이것은 바로 영국 헌법의 근본규범인 의회주권의 원칙을 훼손하는 일이 될 것이다. 이를 방지하기 위하여 영국법은 조약의 국제적 효력과 그것의 국내적 효력 사이에 매우 분명한 차이가 존재하도록 만들어 놓았다. 즉, 조약은 국왕이 비준하면 국제법상 효력을 발생하여 영국을 대외적으로 구속하지만, 조약이 국내법상으로도 효력을 발생하려면 국왕의 비준만으로는 충분치 않다. 영국법의 변형이론에 의하면, 영국 행정부가 체결하는 중요 조약이 영국법의 일부가 되기 위해서는 그것을 국내법 질서 내로 편입시키는 수권법률(enabling Act of Parliament), 즉 이행법률이 제정되어야만 한다.[135] 의회가 이행입법에서 조약을 그대로 베껴놓아 외견상 문제의 조약을 영국법으로 수용한 것처럼 보인다 해도 영국법의 일부를 구성하는 것은 의회제정법이지 조약이 아니다.[136] 영국시민의 권리·의무에 영향을 미치는 조약, 영국 정부에게 재정적 부담을 초래하는 조약, 판례법(common law)이나 의회제정법의 변경을 요하는 조약 등 중요한 조약은 모두 이 경우에 해당된다.[137] Lord Atkin은 *Attorney General for Canada* v. *Attorney -General for Ontario*[138]에서 조약과 영국법의 관계를 다음과 같이 명쾌하게 설명한 바 있다.

---

135) 각 수권법률에는 국내법률로 제정(수용)되는 조약의 구정들을 담은 'schedule'(부속서)이 첨부된다. 수권법률을 제정하는 전통적인 방식 이외에, 법률에서 해당 조약을 단지 언급 혹은 지칭하는 방식의 이른바 "회부/위임에 의한 입법"(enaction by reference)도 인정되고 있다. *Regina* v. *Immigration Officer at Prague Airport and Another, Ex parte European Roma Rights Centre and Others*, [2004] UKHL 55, *per* Lord Steyn (paras. 40~42) ; Dixon, pp. 104, 105 ; Aust, 3rd, pp. 168~171.

136) See *per* Lord Hoffmann in *R* v. *Lyons and others* (Appellants)(on appeal from the Court of Appeal, Criminal Division), [2002] UKHL 44, para. 27 : "In other words, the [European] Convention [on Human Rights] is an international treaty and the ECtHR is an international court with jurisdiction under international law to interpret and apply it. But the question of whether the appellants' convictions were unsafe is a matter of English law. And it is firmly established that international treaties do not form part of English law and that English courts have no jurisdiction to interpret or apply them: *JH Rayner (Mincing Lane) Ltd v Department of Trade and Industry* [1990] 2 AC 418. Parliament may pass a law which mirrors the terms of the treaty and in that sense incorporates the treaty into English law. But even then, the metaphor of incorporation may be misleading. It is not the treaty but the statute which forms part of English law. And English courts will not (unless the statute expressly so provides) be bound to give effect to interpretations of the treaty by an international court, even though the United Kingdom is bound by international law to do so. Of course there is a strong presumption in favour of interpreting English law (whether common law or statute) in a way which does not place the United Kingdom in breach of an international obligation. ..." See also *per* Lord Denning MR in *Blackburn* v. *Attorney General* [1971] 2 All E.R. 1380, 1382; [1971] 1 W.L.R 1037, 1039: "Even if a treaty is signed, it is elementary that these courts take no notice of treaties as such. We take no notice of treaties until they are embodied in laws enacted by Parliament, and then only to the extent that Parliament tells us."

137) 예외적으로 수용이론이 적용되는 조약들도 있다. 즉, '전쟁행위', '영토할양' 및 '국고(國庫)에 부담을 주는 것'에 관련한 조약들, 그리고 '그것이 국내법을 변경하려고 의도되지 않은 범위 내에서' 국왕의 비준을 요하지 않는 다소 중요성이 없는 행정협정(administrative agreements) 등은 '자동적으로' 영국법의 일부를 형성하여 의회의 이행입법(intervening act of legislation) 없이도 영국 시민에 대하여 구속력이 있다. Brownlie, 5th (1998), p. 47 ; Shaw, 4th (1997), p. 112 (& 7th, p. 108) ; Akehurst, p. 44, fn. 1 (& Malanczuk, p. 65) ; Dixon, p. 100.

138) [1937] A.C. 326, 347~348 (Judicial Committee of the Privy Council) (Canada) : 이 사건은 사실은 당시의 캐나다 최고재판소로부터 영국의 추밀원 법사위원회로 올라온 상소사건이었다. 사건 개요는 Greig, p. 77 ;

"대영제국에서는 조약 체결이 행정부의 행위(executive act)인 반면, 그 의무의 이행은 그것이 기존 국내법의 변경을 수반하는 경우 입법부의 행위(legislative act)를 요구한다는 규칙이 잘 확립되어 있다. 일부 다른 국가들과는 달리 적법하게 비준된 조약규정은 제국(帝國) 내에서 조약 그 자체만으로는 법의 효력을 갖지 못한다."

영국 최고재판소는 2017년 *Miller* 사건[139]에서도 영국 헌법의 이 고전적 원칙을 확인하고 있다.

영국의 의회와 행정부는 이같은 엄격한 이원론을 완화하기 위해 두 가지 헌법관행을 발전시켜 오고 있다. 첫째, 조약에 대해 국내적 효력을 부여하기 위한 수권(이행)법률은 관행상 대체로 조약이 비준되기 전에 통과된다. 이는 조약의 체결과 그 국내적 이행 사이에 존재하는 공백기간을 제거함으로써 조약의 국제적 발효일과 국내적 발효일을 맞추려는 배려이다.[140] 둘째, 이른바 Ponsonby rule로 불리우는 관행에 의하면 국왕의 비준을 요하는 조약(즉, 정식조약)은 서명 후 비준 전에 최소 21 회기일 동안 의회 양원에 '제출'(laid before), 즉 통고된다. 이렇게 함으로써 조약을 선전하고 또 의회 양원에 토의의 기회를 주게 되는 것이다.[141]

그러나 이제는 행정부의 조약체결에 대한 의회의 통제가 입법화되고 있다. 먼저, Ponsonby Rule은 이제 2010년의 "헌법개혁 및 거버넌스 법"(Consitutional Reform and Governance Act 2010) 제2부에 (수정된 형태로) 담겨 법률상의 제도가 되었는데, 관련 규정에 의하면 특히 하원이 비준에 반대하는 경우에는 정부는 조약을 비준할 수 없다.[142] 한 걸음 더 나아가, 특정 조약 체결에

Janis, 3rd, p. 99 ; Hartley, *European Union Law in a Global Context*, pp. 138, 224~227 참조.

139) *R* (*on the application of Miller and Dos Santos*) v *Secretary of State for Exiting the European Union*, [2017] UKSC 5, para. 55 : "... The prerogative power to make treaties depends on two related propositions. The first is that treaties between sovereign states have effect in international law and are not governed by the domestic law of any state. ... The second proposition is that, although they are binding on the United Kingdom in international law, treaties are not part of UK law and give rise to no legal rights or obligations in domestic law."

140) Jennings & Watts (eds.), p. 61 ; Hartley, *European Union Law in a Global Context*, p. 137.

141) Hartley, p. 251, fn. 71 ; Wallace, p. 38 ; Parry et al., p. 299 ; Aust, 2nd, p. 189. Ponsonby rule은 1924년 노동당 정권 하에서 본 규칙을 마련한 외무차관 Arthur Ponsonby의 이름에서 따온 것이다. https://en.wikipedia.org/wiki/Ponsonby_Rule.

142) "헌법개혁 및 거버넌스 법 2010", 제2부(Part 2 Ratification of Treaties)(섹션 20~ 25)는 2010년 11월 11일 발효하였다. 이 법은 조약의 국내적 이행을 위해 의회의 이행입법을 요구하는 영국법의 상황을 변경하기 위한 것이 아니며, 단지 종래 Ponsonby rule로 불리우던 헌법관행을 법률에 담음으로써 조약 비준 과정에서의 의회의 관여를 법적으로 확보하기 위한 것이다. 동 법률 제2부의 핵심 내용은 다음과 같다. 의회 양원은 비준 대상이 되는 조약의 사본이 자신에게 제출된 후 21일 회기일 동안 각기 조약이 비준되어서는 안된다고 결의할 기회를 갖는다 ; 하원은 정부의 조약 비준에 반대하는 결의를 채택할 수 있고, 그러면 정부는 조약을 비준할 수 없다 ; 이 경우 장관은 다시 조약이 비준되어야 한다는 견해를 담은 성명서를 의회에 제출할 수 있으나, 이때에도 하원은 다시 21일 내에 비준에 반대한다고 결의할 수 있고, 그러면 정부는 조약을 비준할 권한이 없다 ; 하원이 비준에 반대하는 결의를 채택하지 않는 상황에서 상원 혼자서는 정부의 조약 비준을 막을 수는 없지만, 다만 상원이 비준에 반대하는 결의를 채택하는 경우 장관은 조약이 비준되어야 한다는 자신의 견해를 담은 성명서를 의회에 제출하여야 한다 ; 여기서 회기일이라 함은 상하 양원이 모두 열리는 날을 의미한다(Section 20). 장관은 의회의 최초 반응기간을 최고 21일까지 연장할 수 있으며, 이 기간은 한 번 이상 연장될 수 있다(Section 21). 장관이 조약이 Section 20의 절차를 따르지 않고 비준되어야 한다고 생각하는 "예외적인 경우에"(in exceptional cases) 적용되는 대체절차(alternative procedure)도 규정되어 있다(Section 22). 조약 체결이 다른 수단에 의해 심사되기 때문에 처음부터 Section 20의 적용대상에서 제외되

의회의 승인, 법률에 의한 승인 혹은 국민투표를 요구하는 개별 입법들도 제정되었는데, 특히 영국의 EU 탈퇴 전 EU법 분야에서 그러하였었다.[143] 영국 최고재판소는 상기 *Miller* 사건[144]에서 '국

는 조약들도 명시되어 있는데, "유럽의회선거법 2002" (European Parliamentary Elections Act 2002) 섹션 12, "EU(개정)법 2008 "[European Union (Amendment) Act 2008] 섹션 5 등이 여기에 포함된다(Section 23) (그러나 이 두 법률은 "EU(탈퇴)법 2018"[European Union (Withdrawal) Act 2018]에 의해 폐지되었다). 장관은 조약을 의회에 제출할 때 조약규정들(조약문), 정부가 조약의 비준을 구하는 이유, 및 기타 관련 정보를 설명하는 해설각서(explanatory memorandum)를 첨부해야 한다(Section 24). 마지막으로 이 법률의 목적상 "조약"(treaty) 과 "비준"(ratification)에 대한 정의가 담겨있다(Section 25). 원문은 다음 사이트에서 볼 수 있다 : https://www.civilservicecommission.org.uk/admin/assets/spaw2/uploads/files/Constitutional-Reform-Governance-Act.pdf. 요점 개관은 https://www.legislation.gov.uk/ukpga/2010/25/pdfs/ukpgaen_20100025_en.pdf ; https://www.theyworkforyou.com/wms/?id=2010 -11-11b.22WS.1 참조.

143) 이를테면, 상기 "유럽의회선거법 2002"(European Parliamentary Elections Act 2002)(An Act to consolidate the European Parliamentary Elections Act 1978, 1993 and 1999)(22th July 2002), 섹션 12(1)은 "유럽의회의 권한 강화를 규정하는 그 어떤 조약도 의회가 먼저 제정법(법률)을 통해 승인하지 않으면 영국은 이를 비준해서는 안된다."(No treaty which provides for any increase in the powers of the European Parliament is to be ratified by the United Kingdom unless it has been approved by an Act of Parliament.)고 규정하고 있었다 : https://www.legislation.gov.uk/ukpga/2002/24/section /12 ; Hartley, 7th, p. 279, fn. 92.

이와 비슷하게, 상기 "EU(개정)법 2008"(European Union (Amendment) Act 2008) 섹션 5에 의하면 2007년의 리스본조약 발효와 함께 (i) EU조약/EU기능조약/Euratom조약을 개정하는 조약, 그리고 (ii) EU의 보통개정절차(ordinary revision procedure)에 의거하여 합의되는 조약도 "의회 제정법(법률)에 의해 승인되지 않으면"(unless approved by Act of Parliament) 비준될 수 없었다 : https://www.legislation.gov.uk/ukpga/2008/7/notes/contents ; https://en.wikipedia.org/wiki/European_Union _(Amendment)_Act_2008.

한편, *R (on the application of Wheeler)* v. *Office of the Prime Minister*, Judgement of 25 June 2008, [2008] All ER (D) 333 (Jun), [2008] EWHC 1409, 〈https://www.bailii.org/ew/cases/EWHC/Admin/2008/1409.html〉, 〈https://lexisweb.co.uk/cases/2008/june/r-on-the-application -of-wheeler-v-office-of-the-prime-minister-and-another〉에서 영국재판소(High Court, Queen's Bench Division, Divisional Court)는 국민투표를 실시하지 않고는 리스본조약을 비준할 수 없다는 원고의 청구를 기각하면서, 영국 정부의 그런 약속이 없었을 뿐만 아니라, 약속이 있었더라도 공법적으로 강제될 수 있는 합법적 기대(legitimate expectations)를 낳지 않았을 것이고, (실패로 끝난)유럽헌법조약의 비준을 위해 국민투표를 실시하겠다고 했던 영국 정부의 약속이 리스본조약에 대해 어떤 암묵적인 합법적 기대를 낳지도 않았으며, 청구인이 주장하는 바의 약속은 정치의 영역에 속하는 것이지 사법부의 영역에 속하는 것이 아니라고 판시한 바 있었다. 그후 제정된 "EU법 2011"(European Union Act 2011)은 "EU조약 혹은 EU기능조약의 개정" 혹은 "이들 조약 하의 기타 결정"과 관련하여 영국 정부가 행동을 하기 전에 거쳐야 할 국내절차를 (i) 의회제정법에 의한 승인(approval by Act of Parliament)을 요하는 경우 (section 7), (ii) 단지 의회의 승인(Parliamentary Approval)을 요하는 경우 (sections 9, 10), (iii) 국민투표(referendum)를 요하는 경우, (iv) 의회제정법과 국민투표에 의한 승인(approval by Act and by referendum)을 요하는 경우 (sections 2, 3, 6, 8) 등으로 구분하여 자세히 규정하고 있기도 하였다. https://www.legislation.gov.uk/ukpga/2011/12/contents /enacted ; William Hague, Foreign Secretary, "Now you have power to veto EU changes in referendum", The Telegraph, 16 July 2011, 〈https://www.telegraph.co.uk/news/politics/william -hague/8642073/Now-you-have-power-to-veto-EU-changes-in-referendum.html〉; Mike Gordon, "The European Union Act 2011: three key questions", 〈https://eutopialaw.com/2012/01/19/the-european-union-act-2011-three-key-questions/〉 ; https://en.wikipedia.org/wiki/European_Union_Act_2011.

이 밖에도 "EU국민투표법 2015"(European Union Referendum Act 2015)는 영국이 EU회원국으로 남아 있어야 할 것인지에 대해 2017년 12월 31일 이전까지 영국과 지브롤터에서 국민투표를 실시하기로 규정하였는데, 이 법률에 의거하여 2016년 6월 23일 실시된 국민투표에서 투표 참여자의 과반수가 EU 탈퇴에 찬성하였다. https://www.legislation.gov.uk/ukpga/2015/36/contents/enacted ; https: //en.wikipedia.org/wiki/European_Union_Referendum_Act_2015. 영국은 결국 2020년 2월 1일부로 EU를 탈퇴하였는데, 이것에 관해서는 본서, 제30장 (EU법) 참조.

144) *R (on the application of Miller and Dos Santos)* v *Secretary of State for Exiting the European Union.*

왕의 대권'과 '의회주권' 간의 관계에 대해 "국왕의 대권은 그것이 아무리 잘 확립된 것이라 하더라도 의회주권 원칙에 따라 제정법에 의해 축소되거나 폐지될 수 있다."[145]고 설파하였다. 재판소는 이어서 "―일차입법에 의해 부과된 제한을 조건으로 하되― 일반원칙은, 조약을 체결하거나 철회하는 권한(국왕의 대권)은 입법부의 허락없이 행사할 수 있으며, 이 권한의 행사는 사법심사의 대상이 되지 않는다는 것이다."[146]라고 하면서도, "'유럽공동체법 1972'에 의해 국내적으로 이행된 EU설립조약들의 입법적 · 헌법적 독특함을 고려하면 영국의 EU 탈퇴를 위해 (EU 차원에서) TEU 제50조를 발동하는 문제에 관한 한 먼저 의회의 법률에 의한 동의를 얻는 것이 의회주권의 원칙에 부합한다."[147]고 판시하였었다.

영국에서 조약의 체결은 국왕의 대권에 속하지만, 조약의 해석은 국왕의 대권에 속하는 일이 아니며 그것은 언제나 재판소에 맡겨져 왔다.[148] 이에 따라 영국의 재판소들은 엄격한 변형이론의 적용에서 파생될 수 있는 불편을 완화하기 위해 세 가지 해석원칙을 발전시켜 오고 있다. 첫째, 이미 위에서 언급한 바와 같이 영국법에는 의회는 국제법을 위반하려는 의도를 갖고 있지 않으므로 의회입법은 국제법과의 충돌을 피하는 방향으로 해석되어야 한다는 '추정'(presumption)이 존재하고 있다. 이 해석 원칙은 특히 조약을 (명시적으로 혹은 묵시적으로) 실시 · 이행하기 위하여 제정되는 의회제정법이 모호한 경우에 적용된다.[149] 따라서 조약을 이행하기 위한 제정법의 규정이 한 가지 이상의 의미를 가질 수 있는 경우에 있어서, 그 중 한 가지 해석은 조약규정과 양립될 수 있으나 다른 한 가지 해석은 그렇지 못한 경우, 재판소는 전자의 해석을 채택하게 된다. 그러나 의회제정법의 문언이 명백한 경우, 재판소는 조약과의 충돌에 관계없이 그것을 적용하지 않을 수 없다. 이는 의회주권 원칙의 필연적 결과이다. 둘째, 재판소는 조약의 이행법률로서 제정된 것이 아닌 제정법의 모호한 규정을 해석할 때에도 (영국이 당사자이긴 하지만 아직 국내법으로 편입되지 않은) 관련 조약(특히, 유럽인권협약과 같은 인권 관련 조약)을 고려에 넣을 수 있다.[150] 그러나 의회의 법률규정이 '분명하고도 명백한' 경우에는 그렇게 해서는 안 된다. 그렇게 하면 국내적으로 이행되지 아니한 조약이 '뒷문을 통해'(by the backdoor) 영국법 속으로 들어오는 결과를 초래할 것이기 때문이다.[151] 셋째, 제정법

[2017] UKSC 5.

145) *Ibid.*, para. 48.

146) *Ibid.*, para. 55.

147) *Ibid.*, para. 90.

148) Rosalyn Higgins, United Kingdom, in Jacobs and Roberts (eds.), p. 123 at 127 ; Orakhelashvili/Akehurst, p. 71.

149) *Salomon v. Commissioners of Customs and Excise*, Court of Appeal, [1967] 2 Q.B. 116–Lord Diplock at 143 ; Hartley, *European Union Law in a Global Context*, pp. 138~140, 174.

150) *R v Chief Immigration Officer, ex p Salamat Bibi* [1976] 1 WLR 979, [1976] 3 All ER 843, *per* Lord Denning ("…if there is any ambiguity in our statutes or uncertainty in our law, then these courts can look to the convention [European Convention on Human Rights] as an aid to clear up the ambiguity and uncertainty. ... But I would dispute altogether that the convention is part of our law. Treaties and declarations do not become part of our law until they are made law by Parliament.") ; Shaw, p. 116 ; Kaczorowska-Ireland, p. 149. 참고로, 영국은 1950년 서명을 위해 개방된 유럽인권협약을 1951년에 가장 먼저 비준한 국가이지만, 근 50년 가까이 지나서야 동 협약을 국내법으로 편입하기 위하여 "인권법 1998" (Human Rights Act 1998)을 제정하였다 : 자세한 것은 본서, 제17장 (국제인권법), "XI. 유럽인권협약" 참조.

에 의하여 국내법으로 편입된 조약의 해석에 있어, 영국재판소는 제정법 해석의 경우보다 더 폭넓은 접근방법을 채택하고 있다. 특히, 이 경우 재판관은 목적론적 해석을 채택하고, 또한 당해 조약의 관련 준비문서(travaux préparatoires)를 참조하는 것도 가능하다.[152)]

한편, 1998년 Tony Blair 노동당 행정부 제1기 시절, 웨스트민스터(영국) 의회의 3개 법률[153)]에 의거하여 광범위한 집행권한과 일부 입법권이 스코틀랜드, 북아일랜드, 웨일즈 등의 3개 영토적 실체들에게로 이양되었으며, 그 결과 스코틀랜드 의회(Scottish Parliament), 북아일랜드 의회(Northern Ireland Assembly), 웨일즈 의회(Welsh Assembly)가 생겨났다.[154)] 그러나 이같은 헌법적 발전에도 불구하고 영국은 이른상 단일국가(unitary state)로 남아 있으며, 의회주권의 원칙에는 변화가 없다.[155)] 실제로 그런 일이 발생할 가능성은 없어 보이지만, 웨스트민스터 의회는 원한다면 지방의 입법부를 폐지할 (이론상의)권한을 보유하고 있는 것이다.[156)] 그리고 무엇보다 조약체결권은 여전히 '영국'(런던)의 행정부에 유보되어 있으며, 조약에 국내적 효력을 부여할 권한 또한 웨스트민스터 의회에 유보되어 있다. 3개 지방정부들은 전혀 조약체결권을 공유하지 못하기 때문에 그들은 연방국가의 구성단위로서의 자격을 갖지 못한다. 다만, 이들이 일정 "1차" 입법권을 부여받음으로 인하여 런던 중앙정부의 조약체결과 이행과정에서 일정 역할을 담당할 수 있게 되었다. 즉, 이들이 입법권을 갖고 있는 분야와 관련하여 영국 정부가 조약을 체결하려는 경우, 조약의 교섭과 비준 전에 영국 정부와 이들 지방정부 간에 의견교환이 필요하게 된 것이다.[157)]

---

151) *R* v *Secretary of State for the Home Department, ex p Brind* [1991] 1 AC 696, [1991] UKHL 4 ; noted by Kaczorowska-Ireland, pp. 149~150.

152) *James Buchanan & Co. Ltd.* v. *Babco Forwarding and Shipping (U.K.) Ltd*, House of Lords, [1978] AC 141 ; *Fothergill* v. *Monarch Airlines Ltd*, House of Lords, [1981] AC 251 ; *Sidhu* v. *British Airways Plc*, House of Lords, [1997] AC 431 ; Shaw, p. 117 ; Kaczorowska-Ireland, p. 148.

153) 즉, "Scotland Act 1998", "Northern Ireland Act 1998", "Government of Wales Act 1998". 이들 3개 법률은 계속 개정되고 있다. https://www.legislation.gov.uk ; https://en.wikipedia.org/wiki/Scotland_Act_1998 ; https://en.wikipedia.org/wiki/Northern_Ireland_Act ; https://en.wikipedia.org/wiki/Government_of_Wales_Act_1998.

154) Fox, p. 142 ; https://en.wikipedia.org/wiki/Parliamentary_sovereignty.

155) 의회주권 원칙의 수호를 위해 "Scotland Act 1998", 섹션 28('Acts of the Scottish Parliament'), 7항은 "This section does not affect the power of the Parliament of the United Kingdom to make laws for Scotland."라고 규정하고 있으며, "Scotland Act 2016"에 의해 섹션 28에 추가된 8항도 "But it is recognised that the Parliament of the United Kingdom will not normally legislate with regard to devolved matters without the consent of the Scottish Parliament."라고 규정하고 있을 따름이다. https://www.legislation.gov.uk/ukpga/1998/46/section/28 ; Hillman and Horlick (eds.), pp. 218~232.

156) Fox, p. 142 ; https://en.wikipedia.org/wiki/Parliamentary_sovereignty.

157) 런던 행정부와 3개 지방행정부들 간의 이같은 관계는 법적 구속력이 없는 양해(non-legally binding understandings)(영국에서 이들 문서는 "concordats"로 칭한다)에 의해 규율되는데, 이들 문서는 '특히' 조약의 체결과 이행을 포함한 국제관계를 다룬다. 대외관계에서 중앙정부의 우위를 보장하기 위한 네 가지 장치는 다음과 같다 : 첫째, 국제관계에 관하여 입법할 수 있는 그 어떤 권한도 지방적 실체들에게로 이양되지 않았다 ; 둘째, 장관은 입법권을 초과하는 법안이 국왕의 재가를 위해 회부되는 일이 없도록 조치를 취할 수 있다 ; 셋째, 장관은 자신이 생각하기에 지방당국이 영국의 국제의무와 양립하지 아니하는 행동을 취하지 않도록 명령할 수 있다 ; 넷째, 장관은 지방당국에게 조약을 비준하기 위해 요구되는 입법조치를 취할 것을 명령할 수 있다. Fox, pp. 142~143 UK, House of Commons, Research Paper 99/84, 19 October 1999, "Devolution and Concordats", available at https://www.parliament.uk/commons/lib/research/rp99/rp99-084.pdf ; Johanne Poirier, "The Functions of Intergovernmental Agreements : Post-Devolution Concordats in a Comparative Perspective", Published July 2001 by The Constitution Unit, School of Public Policy,

(2) 엄격한 이원론의 장점과 단점[158]

조약에 대한 영국 식의 엄격한 이원론은 유럽 내에서 성문헌법을 가진 덴마크와 아일랜드에서도 그대로 채택되고 있다.[159] 정부는 모든 종류의 조약을 체결할 수 있지만,[160] 이들 세 나라의 경우 조약은 국내법질서 내에서 즉각(immediately) 적용될 수 없다.[161] 아일랜드 헌법[162]은 다음과 같이 이것을 가장 명확하게 표시하고 있다.

> "국가를 위하여 법률을 제정할 수 있는 유일의 배타적 권한은 본 규정에 의하여 의회(Oireachtas)[163]에 귀속된다. 즉, 다른 어떤 입법당국도 국가를 위하여 법률을 제정할 권한을 갖고 있지 않다."(아일랜드 헌법 제15조 2항 1°)
> "국제협정은 의회(Oireachtas)에 의하여 국내법으로 제정되지 않으면 국내법의 일부가 되지 않는다."(아일랜드 헌법 제29조 6항)

이같은 체제 하에서 정부는 국내법질서 내에서 자동적으로 구속력을 갖는 국제협정을 체결할 수 없다. 즉, 조약에 국내적 효력을 불어넣기 위해서는 국내입법을 도입하지 않으면 안 된다. 그 어떤 국제협정의 경우에도 정부로서는 (조약규정을 자국의 국내법질서 내로 편입시키기 위해 '노력'하겠다고만 말함으로써) 완전한 약속은 하지 말든지, 아니면 필요한 국내(이행)입법이 먼저 통과될 때까지 조약의 비

UCL (University College London), available at https://www.ucl.ac.uk/spp/publications/unit-publications/75.pdf.

158) Schermers, §§ 205~207.

159) 과거 영국의 주권 하에 있었던 Commonwealth 국가들도 대부분 영국식 엄격한 변형이론을 채택하고 있다. Aust, 2nd, pp. 182, 194~195 ; Hamid, p. 51. 다만, 이들 중 일부 발전된 보통법 국가들은 엄격한 변형이론을 채택하면서도 이제는 조약에 대해 좀더 탄력적인 태도를 취하려고 시도하고 있기도 하다. 예컨대, 오스트레일리아 연방최고재판소(High Court of Australia)는 *Minister of State for Immigration & Ethnic Affairs v Ah Hin Teoh* ("Teoh's case"), Decision of 7 April 1995, [1995] HCA 20, 〈https://www.austlii.edu.au/au/cases/cth/HCA/1995/20.html〉, para. 34에서 영국법 식의 전통적인 접근을 다소 벗어나, "[조약의 비준은] -제정법이나 행정부의 반대되는 지시가 없는 한- 행정부의 정책결정자들이 (비준은 했으나 아직 국내법으로 편입되지 아니한)조약에 부합되게 행동할 것이라는 합법적 기대를 위한 충분한 기초가 된다" ([ratification of a convention] is an adequate foundation for a *legitimate expectation*, absent statutory or executive indications to the contrary, that administrative decision-makers will act in conformity with the Convention)고 언급한 바 있다. 그러나 이 판결은 '제정법이나 행정부의 반대되는 지시가 있으면 합법적 기대는 발생하지 않을 것'이라는 토를 달았기 때문에, 5월 10일 외무장관과 법무장관은 '조약 비준 시 행정법상 합법적 기대를 발생시키지 않는다'는 공동선언을 발표한 바 있다 : https://en.wikipedia.org/wiki/Minister_of_State_for_Immigration_and_Ethnic_Affairs_v_Teoh ; Hamid, p. 58, fn. 51.

160) 다만, 덴마크에서는 국왕이 일정 부류의 조약을 체결코자 할 때에는 의회의 사전 동의를 얻어야 하며, 왕은 이처럼 의회의 동의를 얻어 체결한 조약을 종료시키코자 하는 경우 의회의 동의를 얻어야 한다 : 덴마크헌법 제19조 1항. See *Constitutions of the Countries of the World* (Editors : Albert P. Blaustein & Gisbert H. Flanz), Denmark including Greenland and Faroe Islands (by Roxann H. Henry and Kenneth E. Miller)(Edited by Paul Boeg), Issued February 1985, Oceana Publications, Inc (Dobbs Ferry, New York) ; 拙著, 《EU法論》, p. 414.

161) 다만, 덴마크와 영국에서는 이 경우에도 일부 예외가 있다. Schermers, § 205.

162) See *Constitutions of the Countries of the World* (Editor : Gisbert H. Flanz), Ireland (by Inter-University Associates, Inc.), Release 2002-3, Issued May 2002, Oceana Publications, Inc (Dobbs Ferry, New York).

163) Oireachtas는 대통령, 상원(Seanad Éireann) 그리고 하원(Dáil Éireann)으로 구성된다. 헌법 제15조 1항 2.

준을 연기해야만 할 것이다.

영국・덴마크・아일랜드에서 시행되고 있는 이같은 엄격한 이원론의 주요 장점으로서는, 국내 의회가 국내적 차원에서 행동의 자유를 그대로 유지한다는 점을 들 수 있다. 즉, 조약을 국내법으로 변형시킬 어떤 의무도 의회에 부과되어 있지 않다. 국내 의회는 조약의 규정을 국내법질서 내로 편입해야 할 것인지, 그렇게 한다면 어느 범위까지 편입해야 할지를 자율적으로 결정할 수 있다. 그러므로 의회는 조약의 국내적 이행을 완전히 거절할 수도 있고, 조약의 내용에 국내적 수정을 가할 수도 있다. 이렇게 함으로써 국내 의회의 입법주권은 완전히 수호된다.

반면에 '국제적' 차원에서는 엄격한 이원론의 몇 가지 단점을 감지할 수 있다. 첫째, 국내적 변형은 시간을 요한다는 점이다. 조약이 필요한 국내입법이 제정된 후에야 국내법질서 내에서 실효성을 갖게 된다는 사실은 이미 본질적으로 너무 느린 국제조약 체결과정에 수 개월의 지체가 추가됨을 의미한다.

둘째, 의회의 수정은 조약을 통해 채택된 문안(text)에 국내적 변경을 가할 수 있으며, 이로써 조약을 통한 국가 간의 획일적 규율에 불일치를 초래하게 된다.

셋째, 조약규정은 국내법질서 내에서 그 자신의 지위를 갖지 못한다. 그 결과 미래의 그 어떤 국내법률도 조약을 국내법질서 내로 편입시킨 이행법률에 우선하게 될 것이다. 그리고 이로 인하여 조약 위반이라는 추가적 위험이 야기될 수 있다. 또한 이것은 조약의 성실한 적용이라는 관점에서 볼 때 법적 불확실성(legal uncertainty)을 야기할 수도 있다.

넷째, 엄격한 이원론은 국제기구(특히, EU)에서 제정되는 구속력있는 결정을 도입하기 위한 방법으로서는 본질적으로 부적합하다. 국제기구의 구속력있는 결정은 통상적으로 국내적 입법을 위한 시간의 여유를 충분히 허용하지 않기 때문이다. 또한 국제기구의 구속력있는 결정에 대한 국내의회의 승인은 논리적 일관성이 결여된 행동이기도 한데, 국내의회는 선택권(option)이 없기 때문이다. 즉, 이 경우 국내의회는 국제기구의 결정을 수정할 수도 없고 더욱이 거절할 수도 없다. 그같은 국제결정은 국내의회가 어떻게 결정하느냐에 관계없이 구속력을 가져야 하는 것으로 의도되어 있기 때문이다. 변형이론이 갖는 이 네 번째 결함은 EU법에서 큰 중요성을 갖는다. 즉, 이같은 결함은 EU법에 관한 한 일원론적 접근방식이 수락가능한 유일한 해결방법임을 주장하는 논거의 배경이 되고 있다.

영국・아일랜드・덴마크의 경우, 1973년 당시의 3개 유럽공동체(즉, ECSC, EEC, Euratom) 가입에 앞서 1972년에 유럽공동체법의 직접효력과 우위를 보장하기 위한 법률들을 제정한 바 있다. 형식에 있어서는 전통적인 헌법이론을 따르되 그 내용에 있어서는 EU법의 요구를 받아들이기 위한 것이 이들 법률의 역할이었던 것이다.[164)]

164) 예컨대, 영국의 경우에는 유럽공동체 가입을 위해 "유럽공동체법 1972"(European Communities Act 1972)를 제정한 바 있었는데, 이로 인해 영국 의회의 주권이 손상을 입은 것은 없다는 것이 영국법의 태도였다. 영국 의회의 EU법에 대한 태도는 그 후에도 변함이 없었는데, "EU법 2011"(European Union Act 2011), §18 (Status of EU law dependent on continuing statutory basis)은 다음과 같이 규정하고 있었다 : "Directly applicable or directly effective EU law (that is, the rights, powers, liabilities, obligations, restrictions, remedies and procedures referred to in section 2(1) of the European Communities Act 1972) falls to

(3) 독일 : 완화된 이원론(mitigated dualism)

독일에서 조약 체결 문제는 기본법(연방헌법) 제59조에서 규정하고 있는데, 먼저 1항에서는 "연방대통령이 국제법에서 연방을 대표한다. 그는 연방을 대신하여 외국과 조약을 체결한다..."라고 규정하고 있다. 이어서 2항[165] 첫 번째 문장은 "연방의 정치적 관계를 규율하거나 연방의 입법사항에 관계되는 조약은 연방법률의 형식으로 연방의 입법에 대하여 권한있는 기관들의 동의 또는 협력을 필

---

be recognised and available in law in the United Kingdom only by virtue of that Act or where it is required to be recognised and available in law by virtue of any other Act." 요컨대, EU법이 과거 영국 내에서 직접적용성 혹은 직접효력이 있을 수 있었던 것은 의회 제정법인 "유럽공동체법 1972"가 그렇게 규정하고 있었기 때문이고, 또 그 범위 내에서 뿐이었다는 것이다. See https://www.legislation.gov.uk/ukpga/2011/12/contents/enacted ; Hartley, 8th, p. 278 ; Mike Gordon, "The European Union Act 2011: three key questions", 〈https://eutopialaw.com/2012/01/19/the-european-union-act-2011-three-key-questions/〉; https://en.wikipedia.org/wiki/European_Union_Act_2011.

그러나 *Thoburn* v. *Sunderland City Council* ("Metric Martyrs" case), Queen's Bench Division (Divisional Court), 18 February 2002, [2002] EWHC 195 (Admin) ; [2003] QB 151 ; [2002] 3 WLR 247 ; [2002] 1 CMLR 50 는 이 문제에 대한 영국재판소의 일부 진취적 생각을 보여준 흥미로운 사건이었는데, 사건 개요는 다음과 같다. Thoburn은 상인인데, 물건을 킬로그램 단위로 팔지 않고 오로지 파운드 단위로 팔았다. 그런데 이것은 공동체의 한 준칙(즉, Council Directive 80/181/EEC)을 이행하기 위해 ("유럽공동체법" 제2조 2항에 의거하여) 1994년에 채택된 영국의 관련 종속(위임)입법에 위배되는 일이었다. 그는 Sunderland 시의회에 의해 소추되었고 치안재판소에서 유죄판결을 받았다. 이에 그는 항소하였으나 기각되었다. 이 사건은 공동체준칙을 이행하기 위해 제정된 영국의 입법에 관련한 것이었기 때문에 공동체법의 한 종류인 준칙의 직접효력이 문제된 것은 아니었다. 그럼에도 불구하고 Laws 재판관은 항소를 기각하면서 공동체법과 영국법의 관계에 대해 태도를 분명히 하였는데, 이를 정리해 보면 다음과 같다. "첫째, 영국의회는 주권자이며, 자신의 주권을 포기할 수 없다. 둘째, EC법이 영국 내에서 우위를 향유하는 것은 EC법이 그렇게 말하고 있기 때문이 아니라 영국법이 그렇게 말하고 있기 때문이다. 셋째, 영국과 EC의 관계는 EC법이 아니라 영국법에 달려 있다." Laws 재판관은 여기까지는 의회주권에 기초한 영국헌법의 논리를 충실히 따르고 있었다. 그러나 그는 여기서 멈추지 않았으며, 의회주권에 위배되는 혹은 아마 틀림없이 의회주권을 제한하는 코먼로의 원칙들을 승인함으로써 극렬한 논란을 야기하였다. "첫째, 영국의 코먼로(common law)에는 이제 한 가지 규칙이 성숙되었는데, 즉 의회제정법은 '보통의 제정법' (ordinary statutes)과 '헌법적 제정법'(constitutional statutes)으로 구분된다. 그리고 후자는 전자와는 달리 단지 (후제정법에 의한) 명시적 폐지(express repeal)만이 가능하며 (후제정법과 불일치함으로 인한) 이른바 묵시적 폐지(implied repeal)는 이제 더 이상 가능하지 않다. 이로써 영국의 의회제정법에도 위계가 생겼다. 둘째, '유럽공동체법 1972'를 위시한 영국의 일부 법률은 바로 이같은 헌법적 제정법에 속한다." See Hartley, *European Union Law in a Global Context*, pp. 163~164 ; Hartley, 5th, pp. 266~267 ; Rebecca Prebble, "Constitutional Statutes and Implied Repeal : The *Thoburn* Decision and the Consequences for New Zealand", Victoria University of Wellington Law Review, [2005] VUWLREV 13, at https://www.austlii.edu.au/nz/journals/VUWLRev/2005/13.html ; https://en.wikipedia.org/wiki/Thoburn_v_Sunderland_City_Council ; https://en.wikipedia.org/wiki/John_Laws_(judge).

영국의 "유럽공동체법 1972"는 그후 EC 및 EU조약의 개정과 병행하여 계속 개정되어 왔었는데, 2020년 영국의 EU 탈퇴에 따른 "유럽공동체법 1972"의 운명에 대해서는 본서, 제30장 (EU법), "I. EU의 역사적 전개과정, 5. Brexit" 참조.

한편, 영국 최고재판소는 상기 *R (on the application of Miller and Dos Santos)* v *Secretary of State for Exiting the European Union*, [2017] UKSC 5, para. 67에서, "유럽공동체법 1972"는 *Thoburn* 사건에서 Laws 재판관이 언급한 바와 같이 '헌법적 성격'(a constitutional character)을 갖는 것이긴 하지만 의회주권 원칙은 변함없이 적용되며, 따라서 "유럽공동체법 1972가 발효 중이든 아니든 관계없이" 영국 의회는 EU기관 혹은 EU법의 헌법적 지위를 변경하는 입법을 제정할 수 있다고 하였었다.

165) "Verträge, welche die politischen Beziehungen des Bundes regeln oder sich auf Gegenstände der Bundesgesetzgebung beziehen, bedürfen der Zustimmung oder der Mitwirkung der jeweils für die Bundesgesetzgebung zuständigen Körperschaften in der Form eines Bundesgesetzes. Für Verwaltungsabkommen gelten die Vorschriften über die Bundesverwaltung entsprechend."

요로 한다. ... "고 규정하고 있는데, 이것은 두 가지를 말해 주고 있다. 첫째, "연방의 정치적 관계를 규율하거나 연방의 입법사항에 관계되는" 조약은 "각 경우에 연방의 입법에 대하여 권한있는 기관"(즉, 하원, 혹은 하원과 상원)의 '동의 또는 참여"를 거쳐야 한다.[166] 둘째, '하원' 혹은 '하원과 상원'의 그같은 동의는 "연방법률의 형식으로" 부여되어야 한다.[167] 연방의회의 이 동의법률

166) 제59조 2항 첫 번째 문장에서 "연방의 정치적 관계를 규율하는 ... 조약"은 "독일 국가의 존재, 독립, 지위 혹은 역할에 영향을 미칠 수 있는" 조약을 지칭한다. 제59조 2항 두 번째 문장에 의하면 "행정협정에 대해서는 연방행정에 관한 규정들이 준용"되는데, 그 결과 외국과의 행정협정 체결에도 상원의 동의가 요구되는 경우 등이 있을 수 있다 : Uwe Leonardy, "Treaty-Making Powers and Foreign Relations of Federated Entities", p. 151 at 153, https://poli.vub.ac.be/publi/orderbooks/federal/06leonardy.pdf. 아래에서 언급하는 바와 같이 신조약에 대한 최종 통제권은 연방헌법재관소에게 있다. Denza in Evans (ed.), *International Law*, 3rd, p. 419

167) 독일 의회는 하원(Bundestag : Federal Parliament)과 상원(Bundesrat : Federal Council 혹은 Council of State Governments로 번역됨)으로 구성된다. 하원은 독일 국민에 의하여 선출되고, 이에 따라 독일 국민을 대표하며, 그 어떤 지시에도 구속되지 아니하며 오직 자신의 양심에만 구속된다 ; 하원은 법률을 제정하고, 연방수상(Federal Chancellor)을 선출하는 것이 그 주요 기능이다(기본법 제38조, 제63조). 반면, 상원은 -미국의 주(State)에 해당되는- 란트(Land)의 대표들로 구성되는데, 이 대표들은 미국 상원의 경우와는 달리 국민에 의하여 선출되는 것이 아니라 란트정부의 일원으로서, 란트정부는 이들을 임명하고 소환할 권한을 갖고 있다 ; 각 란트는 상원에서 인구에 따라 3표와 6표 사이에서 투표를 할당받고 있는데, 각 란트는 자신에게 할당된 이 투표를 분할하여 행사할 수는 없다(기본법 제51조). 그리고 연방의 입법과정에 상원도 참여는 하지만, 상원의 '동의'가 요구되는 경우도 있고 그렇지 않은 경우도 있다 ; 상원은 자신의 동의를 필요로 하지 않는 법률의 경우에는 일정 항의를 제기할 수 있는 권리가 있지만, 하원은 다시 이것을 무시할 수 있다(의회의 입법절차는 기본법 제76조~제78조 참조). 다만, 독일기본법 제79조 2항에 따르면, '기본법'의 개정에는 하원과 상원 모두의 동의가 필요한데, 하원에서는 재적의원 2/3의 동의가 요구되고, 상원에서는 투표의 2/3가 요구된다.

기본법 제32조는 대외관계에 관한 일반규정을 두고 있는데, 대외관계 수행은 연방의 업무에 속하는 것임을 천명하면서, 또한 란트들이 외국과 조약을 체결할 수 있는 상황도 정의하고 있다. 일반적으로 말해서, 연방정부가 체결할 수 있는 조약의 내용 혹은 주제는 세 종류로 구분되는데, 연방이 기본법 제73조에 의하여 '배타적 입법권'을 부여받은 경우, 연방이 기본법 제74조 및 제74a조에 의하여 '경합적 입법권'을 가지는 경우, 연방이 기본법 제75조에 의하여 (기본법 제72조를 조건으로) 일정 주제에 관한 "골격입법"(framework legislation)을 제정할 수 있는 권한을 가지는 경우이다. (독일헌법에서 연방의 배타적 입법권과 경합적 입법권이 각기 무엇을 의미하는가에 대해서는 각기 기본법 제71조와 제72조 참조. 그리고 참고로 1994년 10월 27일의 제42차 기본법 개정은 특히, 연방과 란트간의 관계에 관련되는 제72조, 제74조, 제75조, 제76조, 제77조, 제80조, 제87조, 제93조, 제125a조를 개정하거나 새로 삽입하였다.) 연방의 조약체결을 위한 동의법률 제정에 상원도 참여하는가의 문제는 다시 당해 조약의 주제에 상응하는 입법주제가 무엇인가에 의하여 결정된다. 그리고 연방정부가 란트들의 배타적인 입법권에 유보되어 있는 영역에서 조약을 체결할 수 있느냐에 대해서는 견해의 대립이 있었지만, 연방헌법재판소는 1957년 3월 26일의 *Reichskonkordat* 판결 (BVerfGE 6, 309)에서 주의 입법권에 속하는 분야에서 조약을 주법으로 변형하는 것은 각 주의 권한에 속한다고 판시한 바 있다(이 문제는 아래 본문에서 다시 언급함). 이 판결이 나온 후 체결된 연방정부와 란트들간의 신사협정인 1957년 11월 14일의 "린다우협정"(Lindauer Accord)에 따르면, 연방정부가 란트들의 배타적인 입법권에 부수적으로(incidentally) 영향을 미칠 수 있는 조약을 체결하는 것을 허용해야 할 실제적 필요성을 인정하면서, 다만 조약이 란트들의 배타적 입법권에 속하는 문제를 다루는 경우에는 그 조약이 발효하기 전에 란트들의 만장일치의 동의가 요구된다. 1957년 린다우협정을 이행하기 위한 장치로서 란트상설조약위원회(a Permanent Treaty Commission of the Länder)가 설치되었으며, 이후 동 위원회는 성공적으로 작동하고 있다는 보고가 있다 : Uwe Leonardy, "Treaty-Making Powers and Foreign Relations of Federated Entities", p. 151 at 155~158, https://poli.vub.ac.be/publi/orderbooks/federal/06leonardy.pdf.

한편, 1992년 Maastricht조약(공식명칭 : Treaty on European Union) 비준을 위해 기본법에 제23조(이른바 Europa-Artikel)가 추가된 바 있는데, 이것은 EU와 Bund와 Länder의 관계를 규율하기 위한 매우 긴 규정이다. 그리고 1993년 3월 12일에는 제23조를 이행하기 위한 Bund-Länder법(공식명칭 : "EU문제에서 연방과 란트들 간의 협력에 관한 법률"(Gesetz über die Zusammenarbeit zwischen Bund und Ländern in Angelegenheiten der Europäischen Union)이 제정되었고, 이어서 1993년 10월 29일의 Bund-Länder협정(공식명칭: Vereinbarung zwischen der Bundesregierung und den Regierungen der Länder über die

(Zustimmungsgesetz)은 변형법률(Transformationsgesetz), 조약법률(Vertragsgesetz) 혹은 비준법률(Ratifikationsgesetz)로도 불리는데, 일반적으로 이것은 이중적 기능, 즉 조약체결권자인 연방대통령에 대한 수권기능(Ermächtigungsfunktion)과 조약의 국내법에로의 변형기능(Transformationsfunktion)을 함께 수행하는 것으로 이해되고 있다.[168] 변형이론에 따르는 한, 조약은 국내법으로 '옮겨 부어져야만'(umgegossen) 한다. 그러므로 조약은 -관습법규와는 달리- 연방법률로서의 효력을 가질 뿐이며, 그 결과 연방의 선행법률에 대해서만 우선하는 것이 원칙이다. 이를테면, *Görgülü Case*[169]에서 연방헌법재판소는 "유럽인권협약과 그 의정서들은 국제공법 하의 조약들로서 기본법 제59조 2항에 의거하여 독일법 내로 편입되었으므로, 독일법체계 내에서 이들은 단지 독일 연방법률의 지위를 갖는다."고 천명하면서, "유럽인권협약의 텍스트와 유럽인권재판소의 판례법은 (독일 국가의) 헌법의 차원에서 기본법의 기본권과 헌법원칙의 내용과 범위를 결정함에 있어 해석의 안내자의 역할을 하지만, 이것도 기본법 하의 개인의 기본권 보호의 제한이나 감소를 초래하지 않는 한에서이다."라고 판시하였다. 그 밖에, 독일에는 헌법에 위배되는 제정법의 무효를 선언할 수 있는 헌법재판소 제도가 있다. 이원론적 발상에 따라 헌법재판소는 조약의 무효를 선언할 수 있다. 다시 말해서 조약에 대한 동의법률이 헌법재판소에 의해 위헌 판결을 받을 가능성이 존재

Zusammenarbeit in Angelegenheiten der Europäischen Union in Ausführung von §9 des Gesetzes über die Zusammenarbeit zwischen Bund und Ländern in Angelegenheiten der Europäischen Union)은 기본법 제23조와 Bund-Länder법에 의하여 수립된 EU문제에 관한 연방정부, Bundesrat 그리고 Länder간의 협력관계의 실제운영에 관련된 세부사항을 다루고 있다. See https://www.jura.uni-sb.de/Gesetze/ ; Mathew W. Pile, "Ten Years of Basic Law Amendments: Developing a Constitutional Model of German Unification", (2001) 34 Vanderbilt Journal of Transnational Law 633 at 637~639, 662~672 ; Martin A. Rogoff, "The European Union, Germany, and the Länder: New Patterns of Political Relations in Europe", (1999) 5 Columbia Journal of European Law 415 at 417~419.

168) BVerfGE 1, 396, 411(30.07.1952)(available at https://www.servat.unibe.ch/dfr/bv001396.html) : "Das Vertrags-Gesetz hat einen doppelten Charakter. Es stellt sich zunächst als Beschluß der gesetzgebenden Körperschaften dar, der den Bundespräsidenten ermächtigt, den Vertrag für die Bundesrepublik endgültig abzuschließen. Es hat weiterhin aber auch die Bedeutung, dem Inhalt des völkerrechtlichen Vertrages die Geltung als innerstaatliches deutsches Recht zu verleihen (Transformation)." EC법의 국내적 적용 문제에 직면하여 집행이론(Vollzugsthese)이란 것이 대두된 바 있는데, 이것에 의하면 동의법률은 국제법을 그 모습 그대로 독일 국내에서 집행(적용)할 것을 명령할 따름이며, 국제법의 성격을 국내법으로 변형시키는 규범전환(Normumwandlung)의 기능은 갖지 않는다고 해석한다. 집행이론에 관해 자세한 것은, Constantinesco, §§ 627~628 ; Beutler et al., *op. cit.*, § 2·2·4·3 ; Menzel/Ipsen, *op. cit.*, pp. 54~56, 58~73 ; 拙著, 《EU法論》, pp. 372~373 참조.

169) Bundesverfassungsgericht (Federal Constitutional Court), Order of the Second Senate of 14 October 2004, 111 BverfG 307, 2 BvR 1481/04, paras. 31, 32 ("The text of the Convention and the case-law of the European Court of Human Rights serve, on the level of constitutional law, as guides to interpretation in determining the content and scope of fundamental rights and constitutional principles of the Basic Law, provided that this does not lead to a restriction or reduction of protection of the individual's fundamental rights under the Basic Law.")(available at https://www.bverfg.de/entscheidungen/rs 20041014_2bvr148104.html) ; Felix Müller and Tobias Richter, "Report on the Bundesverfassungsgericht's (Federal Constitutional Court) Jurisprudence in 2005/ 2006", (2008) 9 German Law Journal 161 at 165 (https://www.germanlawjournal.org/pdfs/Vol09No02/PDF_Vol_09_No_02_161-194_Developments_Mueller.pdf) ; Gertrude Lübbe-Wolff, "ECHR and national jurisdiction - The Görgülü Case", HFR 2006, Beitrag 12 (https://www.humboldt-forum-recht.de/druckansicht/druckansicht.php?artikelid=135) ; Nollkaemper, p. 289.

하는 것이다.[170] 헌법재판소는 *Lisbon Treaty Case*[171]에서는 "(독일)입법부가 예외적으로 국제조약의 의무를 이행하지 않는다 하여도 이것이 헌법의 근본원칙들에 대한 위반을 피할 수 있는 유일의 방법이라면 —국제관계에 그에 따른 문제는 생기겠지만— 국제법에 대한 개방성(수용성)이란 헌법의 목표에 위배되지 않을 것"이라고 판시하기도 하였다.

독일(과 이탈리아)의 완화된 이원론(mitigated dualism)과 영국(과 아일랜드 · 덴마크)의 엄격한 이원론(strict dualism) 사이에는 세 가지 차이점이 발견된다.[172]

---

170) Constantinesco, §§ 633~636 ; 拙著, 《EU法論》, pp. 370~373. 위에서 언급한 바와 같이, (독일 기본법의 통일 시까지의 잠정적 성격을 천명한, 그래서 독일 통일과 함께 1990년 삭제된 바 있는) 제23조는 1992년 독일의 "EU조약"(일명 마스트리히트조약) 참여의 헌법적 근거조항으로 다시 채워졌다 [본서, 제20장 (국가승계), "Ⅶ. 독일 통일과 국가승계" 참조]. 그리고 그 후 *Brunner* v. *European Union Treaty* (*Maastricht Treaty* case), decision of 12 October 1993, (1994) 33 ILM 388 ; (1994) 1 CMLR 57 ; 89 BVerfGE 155에서 독일 연방헌법재판소는 마스트리히트조약의 동의법률이 위헌인지의 여부를 심사한 바 있는데, 여기서 동 재판소는 독일의 마스트리히트조약 비준은 합헌이라는 결론을 내리면서도 유럽공동체법과 독일법의 관계에 대해 다음의 결론을 제시하고 있다. 첫째, 공동체법이 독일에서 적용되는 이유는 오로지 독일법에서 그렇게 말하고 있기 때문이다(para. 55, CMLR). 둘째, 헌법재판소는 (유럽재판소와 협력해서 그렇게 하기는 하지만) 공동체의 권한에 대항해서라도 독일 내에서 기본권(인권)의 실효적 보호를 보장한다(para. 13, CMLR). 셋째, 만약 공동체가 자신에게 부여된 권한을 넘는 입법을 하는 경우 이들 입법은 독일에서는 구속력이 없을 것이며, 헌법재판소는 공동체입법을 심사하여 그것이 독일에서 구속력이 있는지의 여부를 결정할 수 있다(para. 49, CMLR). 넷째, "자신의 권한을 확대할 수 있는 그 어떤 권한"도 EU에 부여되지 않는다(para. 33, CMLR). 다섯째, 권한 확대에 해당하는 'EU조약'(마스트리히트조약)의 해석은 독일에 대해서는 구속력이 없을 것이다(para. 99, CMLR). 요컨대, 연방헌법재판소에 따르면, 공동체(입법 및 사법)기관에게는 '입법상의' 그리고 '재판상의' "관할권-관할권" (legislative and judicial Kompetenz-Kompetenz)이 없으며, 공동체법은 독일 내에서 헌법에 의하여 허용된 범위 내에서 적용될 따름이다. Hartley, *European Union Law in a Global Context*, pp. 159~160, 195 ; Hartley, 5th, pp. 249~250. 헌법재판소는 아래 *Lisbon Treaty Case*, para. 322에서도 "리스본조약은 통합 EU에 Kompetenz-Kompetenz를 부여하는 규정을 담고 있지 않다"고 판시하였다 : "German Constitutional Court case on Lisbon 30 June 2009", https://en.euabc.com/word/2164.

171) 2 BvE 2/08 vom 30.6.2009, para. 340 (https://www.bverfg.de/entscheidungen/es20090630_2bve000208en.html)(noted by Nollkaemper, p. 283) : "The Basic Law strives to integrate Germany into the legal community of peaceful and free states, but does not waive the sovereignty contained in the last instance in the German constitution as a right of the people to take constitutive decisions concerning fundamental questions as its own identity. There is therefore no contradiction to the aim of openness to international law if the legislature, exceptionally, does not comply with international treaty law – accepting, however, corresponding consequences in international relations – provided this is the only way in which a violation of fundamental principles of the constitution can be averted (see BVerfGE 111, 307 ⟨317-318⟩). The Court of Justice of the European Communities based its decision of 3 September 2008 in the Kadi case on a similar view according to which an objection to the claim of validity of a United Nations Security Council Resolution may be expressed citing fundamental legal principles of the Community (ECJ, Joined Cases C-402/05 P and C-415/05 P, EuR 2009, p. 80 ⟨100 et seq.⟩). The Court of Justice has thus, in a borderline case, placed the assertion of its own identity as a legal community above the commitment that it otherwise respects. Such a legal construct is not only familiar in international legal relations as a reference to the ordre public as the boundary of a treaty commitment; it also corresponds, if used constructively, to the idea of contexts of political order which are not structured according to a strict hierarchy. It does not in any case factually contradict the objective of openness towards European law, i.e to the participation of the Federal Republic of Germany in the building of a united Europe (Preamble, Article 23.1 first sentence of the Basic Law), if exceptionally, and under special and narrow conditions, the Federal Constitutional Court declares European Union law inapplicable in Germany (see BVerfGE 31, 145 ⟨174⟩; 37, 271 ⟨280 et seq.⟩; 73, 339 ⟨374 et seq.⟩; 75, 223 ⟨235 242⟩; 89, 155 ⟨174-175⟩; 102, 147 ⟨162 et seq.⟩)."

첫째, 이론상 영국의 변형절차는 국제적 차원에서 조약이 체결된 후에 요구되는 사후변형 절차인데 반하여, 독일의 변형절차는 국제적 차원에서 조약이 체결되기 이전에 밟게되는 사전변형 절차이다. 따라서 독일의 경우에는 조약이 독일에 대해 국제적으로 발효도 하기 전에 국내법으로 편입된다는 모순이 발생하는데, 이러한 점을 고려하여 연방헌법재판소는 조약의 국제적 발효가 제59조 2항에 의거한 조약의 국내적 편입의 전제조건이라고 판시하였다.[173)]

둘째, 조약 체결 과정에서 배제되어 있는 영국 의회는 그 이행입법을 통하여 조약의 내용에 국내적 변경을 가할 수 있다. 이에 반해 독일 의회는 (정부가 체결코자 하는) 조약의 원문에 변경을 가할 수 없다. 독일 의회는 조약의 원문에 동의하든지 아니면 배척할 수 있을 따름이다. 의회가 (법률의 형식으로) 동의하면 정부는 비준할 수 있고 그에 따라 조약은 국내법의 일부가 된다. 그러나 의회가 동의하지 않으면 정부는 조약을 체결할 수 없다. 게다가 독일 연방헌법재판소는 연방과 주들 사이의 *Reichskonkordat* 분쟁에 대한 1957년 3월 26일의 판결[174)]에서, 독일헌법(기본법) 하에서는 주들이 학교(교육) 문제에 대해 책임이 있기 때문에 주들은 1933년 7월 20일 독일제국과 가톨릭교회(로마교황청) 사이에 체결된 콩코르다트(concordat)[175)]에 담겨 있는 학교 관련 규정들에 관한 한 이들을 준수할 의무가 없다고 판시한 바 있다. 이것은 (연방정부가 조약체결을 통해 주에 유보된 입법권을 잠식하는 것을 허용하는) 미국 연방최고재판소의 *Missouri* v. *Holland*[176)] 원칙이 독일 헌법에서는 인정되지 아니함을 의미하는 것이다. 즉, 독일의 경우 주의 입법권에 속하는 분야에서 조약규정을 주법으로 변형하는 것은 각각의 주에 달려 있다.[177)] 아래에서 보는 바와 같이 비슷한 원리가 캐나다에서도 적용된다.

셋째, 영국에서는 그 이행법률이 제정되지 않는 한, 조약은 국제적 차원에서만 영국을 구속할 뿐 국내법상으로는 법적 무(無)로 간주된다. 이에 반해 독일에서는 조약이 체결되어 독일에 대해 발효하면 당해 조약은 즉시 국내법 질서의 일부를 형성한다. 즉, 동의법률과는 별도의 사후 이행법률이

---

172) Schermers, §§ 207~208 ; O'Connell, p. 71.

173) BVerGE 1, 396, 411(30.07.1952))(available at https://www.servat.unibe.ch/dfr/bv001396.html) [noted by Jochen A. Frowein, "Federal Republic of Germany", in Jacobs and Roberts (eds.), p. 66] : "Das Vertrags-Gesetz tritt üblicherweise am Tage nach seiner Verkündung in Kraft. Dagegen wird der Tag, an dem der Vertrag selbst - völkerrechtlich und innerstaatlichgemäß seinen Bestimmungen in Kraft tritt, später durch den Bundesminister des Auswärtigen im Bundesgesetzblatt bekanntgegeben. Nach Inkrafttreten des Vertrags-Gesetzes ist der endgültige Abschluß des Vertrages durch den Bundespräsidenten (Ratifikation) möglich. Der Zeitpunkt, von dem an der Vertragsinhalt als innerstaatliches deutsches Recht gilt, liegt - bei mehrseitigen Verträgen - immer nach der deutschen Ratifikation und jedenfalls nicht vor Eintritt der völkerrechtlichen Wirksamkeit des Vertrages."

174) BVerfGE 6, 309 (date of judgment : 26.03.1957), available at https://www.servat.unibe.ch/law/dfr/bv006309.html, (noted by Dr. Gotthard Wöhrmann, "The Federal Constitutional Court: an Introduction", https://www.iuscomp.org/gla/literature/Inbverfg.htm).

175) https://en.wikipedia.org/wiki/Reichskonkordat ; https://en.allexperts.com/e/r/re/reichskonkordat.htm ; https://www.auswaertiges-amt.de/diplo/en/Laenderinformationen/01-Laender/HeiligerStuhl Vatikan.html.

176) 252 U.S. 416 (1920).

177) Frowein, "Federal Republic of Germany", in Jacobs and Roberts (eds.), pp. 66 ~ 67.

요구되지 않으며, 그 결과 조약의 실제 운용과정은 일원론과 다름없다.[178] 물론, 독일의 재판소들도 모든 조약규정이 직접적용성 내지는 직접효력이 있다고 보지는 않으며, 일원론과 이원론을 병용하고 있는 것이다.[179]

요컨대, 영국식 엄격한 이원론이 갖는 네 가지 단점 중에서, 두 번째 단점은 배제되는 반면, 첫 번째 단점은 크게 감소된다. 그리고 세 번째・네 번째 단점은 영국에 대해서 뿐만 아니라 독일에 대해서도 그대로 타당하다.

(4) 프랑스

1946년의 (제4공화국)헌법 제26조는 "적법하게 비준・공표된 외교조약은 프랑스 국내법에 저촉되는 경우에도 법률의 효력을 가지며, 그 적용을 확보하기 위해서는 그 비준에 필요한 입법조치 이외에는 아무런 입법조치도 요하지 아니한다."고 규정하고 있었으며, 이어서 제28조는 "적법하게 비준・공표된 외교조약은 국내법률보다 우월하므로 그 규정은 외교절차에 의한 사전의 정식 폐기 통고가 없는 한 폐기, 변경 또는 정지될 수 없다. …"라고 규정하고 있었다. 그리고 현(1958년) 제5공화국 헌법[180] 제55조는 "적법하게 비준되거나 승인된 조약 또는 협약은 각 협약 또는 조약이 타방 당사자에 의하여 적용될 것을 조건으로 그 공표 시부터 법률보다 우월한 권위를 갖는다."라고 규정하고 있다.[181] 이들 헌법규정만 보면 프랑스는 '국내적으로 공표된' 조약의 (전・후)법률에 대한 우위를 보장하고 있는, 매우 일원론적인 국가라는 인상을 받게 된다. 그러나 현실은 반드시 그러하지 아니하다.

첫째, 전통적으로 의회[182]의 법률(loi)은 주권자인 국민의 일반의지(volonté générale)의 표현으로 간주되고 있다.[183] 따라서 그간 사법재판소와 행정재판소를 가리지 아니하고[184] 재판관이 법률

---

178) 이 때문에 독일을 일원론의 국가로 분류하는 학자도 있다 : see e.g. Aust, 2nd, pp. 183~187.

179) Frowein, "Federal Republic of Germany", in Jacobs and Roberts (eds.), pp. 69~73.

180) 즉, 1958년 10월 4일의 헌법. 빈번히 개정되고 있다.

181) 대통령은 "조약 준수의 보장자"로서, "조약을 교섭하고 비준하며, 비준을 요하지 아니하는 국제협정의 체결을 위한 일체의 교섭에 대해 통보받는다." 다만, '평화조약', '무역협정' 등 일부 조약 혹은 협정은 "의회법률에 의해서만 비준되거나 승인될 수 있다." 프랑스헌법 제5조, 제52조, 제53조 ; https://www2.assemblee-nationale.fr/langues/welcome-to-the-english-website-of-the-french-national-assembly.

182) 프랑스의회(Parlement)는 국민의회(l'Assemblée Nationale)와 상원(le Sénat)으로 구성된다 : 프랑스헌법 제24조.

183) Constantinesco, § 658.

184) 프랑스의 재판소 체제는 민・형사문제를 다루는 보통의 사법재판소와 행정부 측의 행위를 다루는 행정재판소로 이원화되어 있다. 전자는 파기원(Cour de Cassation)을 정점으로 하며, 후자는 국참사원(Conseil d'Etat)을 정점으로 한다. 프랑스의 재판소 체제가 이처럼 이원화된 것은 프랑스혁명이 종래의 사법부(사법재판소)의 모든 입법권과 행정권을 박탈한 데서 유래한다. 즉, 제헌의회가 제정한 그 유명한 1790년의 "재판소 조직법"(Code de l'organisation judiciaire, August 16-24, 1790)은 다음과 같이 규정하였다 : "The courts may not directly or indirectly take part in the exercise of the legislative power, nor prevent or suspend the execution of the decrees of the Legislature Branch ... under pain of forfeiture." (Title Ⅱ, article 10) ; "Judicial functions are distinct and will always remain separate from administrative [executive] functions. Judges may not, under pain of forfeiture, disturb, in any way whatever, the operations of the administrative [executive] bodies ... " (Title Ⅱ, article 13). 이것은 결국 사법부와는

의 유효성에 대해 이의를 제기하는 것은 금기로 되어 왔었다.[185] 프랑스 재판소의 보수적인 태도는 조약과 후법률[186]의 충돌에 대해 그대로 연장되고 있다. 아직도 압도적으로 다수의 재판관들은 양자 간에 충돌이 있는 경우에 후법률을 적용하고 있는 것이다.[187] 이 경우에 재판소는 조약 우위의 원칙을 암묵적으로 위반하기도 한다. 즉, 관련 헌법규정을 언급하지 않고 단순히 국내법률을 적용하는 것이다. 이에 반해서, 상호주의(réciprocité) 또는 공공질서(ordre public)와 같은 개념을 원용하여 조약의 적용을 거부하는 경우도 있다. 또한 재판소는 법률을 등한시할 권리가 없다든가, 재판관은 어떠한 경우에도 법률제정권자의 활동을 심사할 권한이 없다는 말을 하기도 한다. 헌법의 명시적인 규정에도 불구하고 재판소의 전통적 관념이 크게 수정되지 못하고 있음을 알 수 있다. 아직까지 다수의 학설도 헌법상 조약 우위의 원칙이 법률제정권자를 상대로 한 것이므로, 정치적 의미만을 갖는다고 보고 있다. 전통적인 다수 학설을 대하다 보면 프랑스혁명 당시의 사법부에 대한 불신 전통이 아직까지 지속되고 있음을 느끼게 된다.[188]

둘째, 다른 국가에서는 조약 해석이 대체로 재판관의 임무로 간주되고 있지만, 프랑스에서는 이 임무가 전통적으로 외무부에 할당되어 왔다. 그러므로 조약의 해석에 관하여 곤란이 생기면 재판소는 그 문제를 외무부에 부탁하지 않으면 안되었다.[189] 이것은 엄격한 권력분립의 원칙에 기초한 전통이었다. 즉, 조약은 오직 행정부에 유보되어 있는 외교기능의 소산이므로 재판소가 조약을 해석하면 집행권의 권한 영역에 간섭하게 된다는 발상이다. 그런데 외무부는 독립된 재판관보다는 정치적

별개의 행정재판소들의 창설을 초래하였으며, 나아가 1799년 나폴레옹은 "행정 과정에서 발생할 수 있는 문제를 해결할" 권한을 가진 국참사원을 창설하였던 것이다. 국참사원은 처음에는 행정부에 대한 자문기관이었으나 영국 추밀원의 경우처럼 그 권고는 행정부에 의해 언제나 준수되었으며, 1872년에는 행정재판소 체제의 수장이 되었다. 그리고 1987년에는 제1심 행정재판소들과 국참사원 사이에 행정항소재판소가 삽입되기도 하였다. Bron McKillop, "The Judiciary in France: Reconstructing Lost Independence", Judicial Commission of New South Wales, https://www.judcom.nsw.gov.au ; Fox, p. 277.

185) 프랑스의 헌법재판소격인 헌법평의회(Conseil Constitutionnel)도 단지 법률안(draft legislation)이 공표되기 전에 그것의 합헌성 여부를 심사할 수 있는 데 지나지 않았었다(헌법 제61조). 그러나 2008년 7월 23일의 헌법개정에 의해 삽입된 제61-1조에 의해 법률에 대한 (사후)합헌성통제(constitutional review *a posteriori*)의 길이 열렸다. 이 절차는 사법재판소와 행정재판소 모두에 적용되는데, 이행입법을 갖춰 2010년 3월 1일부터 공식 가동에 들어갔다. 그러나 이것은 구체적 규범통제인데, 절차는 다음과 같다. 개인 당사자들은 소송과정에서 헌법에서 보장하는 그들의 권리와 자유를 침해한다고 생각되는 법률규정의 합헌성에 이의를 제기할 수 있다. 하급재판소는 소의 허용성이 있다고 생각하는 경우 소송절차를 중단하고 국참사원 혹은 파기원에 위헌 심사를 부탁하며, 그러면 이들 최고재판소는 헌법평의회에 부탁할 지의 여부를 결정한다(double système de renvoi, double filter of admissibility). 이렇게 해서 문제가 부탁되어 오면 헌법평의회는 3개월 내에 결정을 내려야 하며, 이 결정은 상소의 대상이 되지 아니한다. See Lenaerts and van Nuffel, p. 778 ; https://en.wikipedia.org/wiki/Constitutional_Council_of_France ; https://fr.wikipedia.org/wiki/Conseil_constitutionnel_(France ; https://en.wikipedia.org/wiki/Judiciary_of_France ; Hartley, 7th, p. 269.

186) 조약과 '전'법률의 충돌은 이미 1875년의 헌법 하에서 큰 논쟁없이 후법우선의 원칙에 따라 해결되었다. 1946년과 1958년의 헌법 하에서도 이 원칙은 계속되었다. Constantinesco, § 663.

187) 단지 일부, 특히 하급재판소들이 간혹 조약의 우위를 인정하는 경우가 있다. 그러나 그러한 의사를 묵시적으로 나타내는 경우가 대부분이며, 명시적으로 1946년의 헌법 제28조 또는 1958년의 헌법 제55조를 원용하여 솔직하게 조약의 우위를 지지하는 경우는 드물다. *Ibid.*

188) *Ibid.*, § 658 ; Schermers, § 224 ; McKillop, *supra*, "The Judiciary in France: Reconstructing Lost Independence" ; Ryngaert, *Jurisdiction in International Law*, p. 173.

189) Constantinesco, § 661.

편의에 좌우되거나 국가이익[190]을 보호하려는 노력에 이끌리게 될 것이다. 그리고 의심이 있는 경우에는 국가이익과 일치될 수 있도록 조약을 좁게 해석하려 들 것이다. 이러한 관행 하에서는 조약 우위의 원칙이 그 실제 의미를 상실해 버리게 된다.[191] 다만, 이 같은 엄격한 전통 하에서도 이른바 명확한 규정의 이론(*acte claire* doctrine)이라는 것이 자주 원용되곤 하였는데, 이것은 문제된 조약규정이 해석이 필요 없을 정도로 그 의미가 명백하다는 이유로 외무부에 대한 부탁 의무와 충돌 존재의 확인을 피하는 해석기술을 말한다.[192] 조약 해석을 행정부에 부탁하는 것을 의무로 생각하던 프랑스 사법부의 오랜 전통은 그러나 적어도 국참사원(Conseil d'Eat)을 정점으로 하는 행정재판소에 관한 한 1990년 이후, 특히 1994년 *Beaumartin* v. *France* 사건[193]에 대한 유럽인권재판소 판결

190) 국내법률도 국가이익의 개념에 속한다.

191) Constantinesco, §661.

192) *Ibid.*, §662.

193) European Court of Human Rights, Application no. 15287/89, Judgment of 24 November 1994, available at https://www.echr.coe.int/echr/homepage_EN ; noted by Nollkaemper, pp. 60, 61~62. 유럽인권재판소는 이 사건에서 프랑스 재판소들이 조약의 해석을 외무장관에게 부탁하는 의무적 관행은 "완전한 관할권을 가진 독립된 재판소가 사건을 심리하는 것이 아니기 때문에 유럽인권협약 제6조 1항(법률에 의하여 설립된 독립적이고 공평한 재판소에서 공정하고 공개적인 재판을 받을 권리)을 위반"하였다고 결론지었다 (paras. 37~39). 유럽인권재판소는 이 판결에서 조약해석에 대한 프랑스 (사법 및 행정)재판소의 판례를 정리하여 보여주고 있다 (paras. 19~21) :

"Ⅱ. THE FRENCH CASE-LAW RELATING TO THE INTERPRETATION OF INTERNATIONAL TREATIES

A. The Conseil d'Etat's position

1. The case-law applied to the instant case

19. Since 1823 ... the Conseil d'Etat had held that the interpretation of international treaties fell outside the scope of its judicial functions. When confronted with provisions that it considered insufficiently clear - except for Community legislation, the interpretation of which is governed by Article 177 of the Treaty of Rome - it relied on the official interpretation given by the Minister for Foreign Affairs. It deemed that interpretation to be a prerogative act that could not be dissociated from international relations, had binding force and was not open to challenge in the courts. ...

2. The subsequent case-law

20. On 29 June 1990 the Conseil d'Etat, sitting as a full court and endorsing the submissions of the Commissaire du gouvernement, Mr Ronny Abraham, delivered a judgment relating to the conditions of circulation, residence and employment of Algerian nationals and their families in France ... It discontinued the practice - which had no equivalent in the other member States of the Council of Europe - of referring a preliminary question to the minister on the construction of an international treaty containing ambiguous or unclear provisions. It now interprets international agreements itself and, if it seeks the opinion of the executive, it does not regard itself as bound thereby.

B. The Court of Cassation's position

21. Since a judgment of 24 June 1839 ..., the Civil Divisions of the Court of Cassation have held that the ordinary courts are entitled to interpret clauses of a treaty "provided that they do not raise issues liable to jeopardise good international relations" (l'ordre public international). Otherwise, if an instrument is unclear they still require the question to be referred to the Minister for Foreign Affairs (judgment of 7 June 1989, First Civil Division, Juris-classeur périodique 1990, part two, no. 21448).

In the Criminal Division the principle of a lack of jurisdiction entailing an obligation to seek a preliminary interpretation continues to apply. With the exception of the European Convention on Human Rights, "international treaties are measures taken by the highest administrative authorities which can only be interpreted, if necessary, by the authorities which concluded them" (judgment of

이후 중단되었다.

셋째, 1958년의 헌법 제55조는 조약의 무조건적 우위를 보장했던 1946년의 헌법 제28조와는 달리 조약우위의 원칙에 상호주의 조건을 달고 있다. 즉, 조약의 우위가 인정되기 위해서는 문제의 조약이 타방 당사국에 의해서도 적용되지 않으면 안된다.[194)]

이상과 같은 이유들로 인하여 프랑스 재판소들은 전통적 관념으로부터 벗어나서 헌법상 인정된 조약의 우위에 실제 효과를 부여함에 있어 여전히 어려움을 겪고 있다.[195)]

한편, 프랑스 의회는 1999년의 헌법 개정 법률을 통해 "공화국은 1998년 7월 18일에 서명된 조약에 규정된 바에 따라 국제형사재판소(ICC)의 관할권을 승인할 수 있다."[196)]라고 규정한 제53-2조를 헌법에 추가하였는데, 이로써 국제형사재판소 로마규정(Rome Statute of the International Criminal Court)은 프랑스 법체계 내에서 '헌법적 지위' 내지는 최소한 '헌법적 보장'을 부여받았다.[197)] 로마규정 비준 전에 먼저 이같은 헌법 개정이 필요했던 이유는 프랑스에서도 조약은 헌법에는 우선하지 못하는 것으로 인식되고 있는데, 로마규정은 프랑스 대통령의 형사특권과 관련하여 헌법에 위배되는 조항을 담고 있는 것으로 헌법평의회가 판단하였기 때문이다.[198)]

(5) 네덜란드

2008년 네덜란드 헌법[199)]은 먼저 제90조[200)]에서 네덜란드 정부에 대해 "국제법 질서의 발전을 촉진할 것"을 요구한 다음, 제93조에서 "조약의 규정과 국제기구 결의의 규정은 '그 내용이 모든 사

3 June 1985, Bulletin des arrêts de la Cour de cassation [Court of Cassation law reports], no. 212, p. 542). The official interpretation is of general application and is binding on the courts (judgment of 7 June 1988, Bulletin des arrêts de la Cour de cassation, no. 257, p. 683).

On the other hand, the Social Division recently abandoned the approach of distinguishing between international treaties and now interprets them without seeking to establish whether issues liable to jeopardise good international relations are raised (Caisse autonome mutuelle de retraite des agents des chemins de fer judgment of 29 April 1993 and submissions filed by the Advocate-General, Mr Chauvy, Gazette du Palais, 11-12 March 1994, p. 13)."

194) Hartley, p. 247 ; O'Connell, p. 68. 상기 *Beaumartin* 판결 이후에도 프랑스 재판소들이 프랑스 헌법 제55조의 상호주의 조건이 충족되었는가의 선결문제에 대해서는 계속해서 외무장관에게 판단을 부탁하였는데, 유럽인권재판소는 *Chevrol* v. *France* 사건에서 이 부탁 관행도 유럽인권협약 제6조 1항에 위반된다고 판시한 바 있다 : European Court of Human Rights, Application no. 49636/99, Judgment of 13 February 2003, paras. 81~84, available at https://www.echr.coe.int/echr/homepage_EN ; noted by Nollkaemper, p. 62, fn. 90.

195) Constantinesco, § 666.

196) "La République peut reconnaître la juridiction de la Cour pénale internationale dans les conditions prévue par le traité signé le 18 Juillet 1998."(The Republic may recognize the jurisdiction of the International Criminal Court as provided by the treaty signed on 18 July 1998.) Constitutional law of 8 July 1999, No. 99-568. https://www.legifrance.gouv.fr ; https://www.assembleenationale.fr/english/8ab.asp.

197) Cassese, *International Law*, 2nd, p. 228.

198) Constitutional Council (Conseil constitutionnel), Decision of 22 January 1999, no. 98-408 DC, at https://www.conseil-constitutionnel.fr/decision/1998/98408/98408dc.htm ; Fox, pp. 432~433 ; 본서, 제29장 (국제형사재판소). 프랑스 헌법 제54조에 의하면, 헌법평의회가 조약에 헌법에 위배되는 조항이 담겨있다고 선언하는 경우 그 조약은 헌법을 개정한 후에야 비준되거나 승인될 수 있다.

199) https://legislationline.org/documents/section/constitutions/country/12.

200) "The Government shall promote the development of the international legal order."

람에게 구속력이 있을 수 있는 한' 공표된 후 구속력을 갖는다."(Provisions of treaties and of resolutions by international institutions *which may be binding on all persons by virtue of their contents* shall become binding after they have been published.)라고 규정하고 있는데, 이것은 직접효력(direct effect)이 인정되는 조약규정(과 그러한 성격의 국제기구 결의의 규정)에 대해서만 자동적인 수용이 허용됨을 의미한다. 이어서 헌법 제94조는 "왕국 내에서 시행 중인 법령규정은 그 적용이 '모든 사람에게 구속력있는' 조약의 규정이나 국제기구 결의의 규정과 충돌하는 경우 적용될 수 없다."(Statutory regulations in force within the Kingdom shall *not be applicable* if such application is in conflict with provisions of treaties or of resolutions by international institutions *that are binding on all persons.*)라고 규정함으로써 직접효력 있는 조약규정(과 그러한 성격의 국제기구 결의의 규정)만이 시간적 선후를 불문하고 모든 국내 입법에 우선함을 천명하고 있다. 그리고 헌법 제120조에 의하면 재판소는 조약(및 의회 제정법)의 합헌성 여부를 심사할 수 없다. 요컨대 직접효력이 인정되는 조약규정만이 국내법으로 자동 수용되며 또한 헌법을 포함한 국내법에 우선하게 된다. 그러므로 그러한 조약규정은 그 자체로서 네덜란드의 최고법이다.[201] 직접효력 여부의 판단은 기본적으로 재판소의 몫이다.[202] 그러나 재판소는 직접효력 있는 조약규정과 충돌하는 국내법령을 "취소하거나 폐지할"(annul or repeal) 수는 없으며, ―헌법 제94조의 "적용될 수 없다"라는 규정에 따라― 단지 그것을 "적용하지 않을(disapply)" 수 있을 따름이다. 즉, 이런 경우 문제의 법령규정은 계속 유효하며, 다만 당해 사건에서 그 적용이 배제될 따름이다.[203] 재판소는 법률의 결함이 입법부에 의해서만 채워질 수 있다고 판단되는 경우에는 조약규정의 직접효력을 거부하기도 한다.[204] 그리고 의회[205]는 헌법과 충돌하는 조약에 대해서는 헌법 개정

---

201) Hartley, *European Union Law in a Global Context*, p. 144 ; Jacobs/Roberts (eds.), pp. 112~113 ; Schermers, §§ 213, 217 ; 拙著,《EU法論》, pp. 360~362 ; Martijn van Empel and Marianne de Jong, "Constitution, International Treaties, Contracts and Torts", vol 6.4 *Electronic Journal of Comparative Law* (Netherlands Comparative Law Association), (December 2002), 〈https://www.ejcl.org/64/art64-17.html〉 ; J. Uzman, T. Barkhuysen & M.L. van Emmerik, "The Dutch Supreme Court : A Reluctant Positive Legislator?", vol. 14.3 *Electronic Journal of Comparative Law* (Netherlands Comparative Law Association), (December 2010), 〈https://www.ejcl.org/143/art143-16.pdf〉.

202) 네덜란드 중앙항소재판소는 1986년의 한 결정에서 경제적·사회적·문화적 권리규약 내의 권리들은 일반적으로는 직접효력을 가질 수 없겠지만 그 중 일부(이 사건에서는 "동일 가치의 노동에 대해 동일 임금을 받을 권리")는 직접효력을 가질 수 있을 것이라고 판시하면서, 직접효력의 기준에 대해 다음과 같이 언급한 바 있다. "a provision can be directly effective if the relevant treaty provision is suitable for direct effect not only by virtue of its nature and content but also because it is sufficiently clear and to the point and if the case to which and the context in which application of the treaty provision is requested is sufficiently structured and specific to allow direct and enforceable application of this kind." : The Netherlands, Central Appeals Court for the Public Service and for Social Security Matters, *Board of the Teaching Hospital at the University of Amsterdam* v *FW and Others*, 3 July 1986, (1986) 96 ILR 339 at 341 ; noted by Nollkaemper, p. 138 (fn. 134). See also Andrew Byrnes, *Second-Class Rights yet Again? Economic, Social and Cultural Rights in the Report of the National Human Rights Consultation*, University of New South Wales Faculty of Law Research Series, Year 2010, Paper 26, & (2010) 33(1) UNSW Law Journal 193 at 208 (available at https://law.bepress.com/unswwps/flrps10/art26).

203) Nollkaemper, p. 204.

에 필요한 다수결(즉, 투표의 2/3)로 그 비준에 동의하여야 한다.[206] 조약에 대한 네덜란드 헌법의 개방적인 태도는 물론 이론상으로는 헌법 개정을 통하여 변경될 수도 있을 것이다.[207] 그러나 국가로서의 네덜란드의 전체적인 관용과 개방성은 헌법 바로 제1조(평등권)에서 (국적을 불문하고) "네덜란드에 있는 모든 사람은 평등한 상황에서 평등하게 대우된다. 종교, 신념, 믿음, 정치적 견해, 인종, 성별 혹은 기타 그 어떤 사유에 기초해서든 차별대우는 허용되지 아니한다."[208]고 규정하고 있는 데서도 이미 암시되고 있다.[209]

(6) 미 국

미국 헌법 제6조 2항은 조약의 국내적 지위에 관하여 다음과 같이 규정하고 있다.

> "이 헌법, 이 헌법을 실행하여 제정되는 미합중국의 법률, 그리고 미국의 권능에 의하여 체결되었거나 체결될 모든 조약(treaties)은 이 나라의 최고법(supreme law of the land)이다. 각 주의 재판관은 그 주의 헌법이나 법률에 반대규정이 있더라도 이들의 구속을 받는다."

그리고 헌법 제3조 섹션 2에 의하면 미국의 이 세 개의 최고법(즉, 헌법, 연방법률 그리고 미국의 권능에 의하여 체결되었거나 체결될 조약) 하에서 발생하는 -보통법과 형평법상의- 모든 사건은 연방의 사법권에 속한다.[210] 미국법에서는 연방정부가 경합적 권한(concurrent powers)을 합법적으로 행사하면 그 범위 내에서 주의 기존 입법권을 대체하고(displace) 이로써 연방의 경합적 권한이 배타적 권한으로 변형되는 경우들이 있는데, 이를 흔히 'preemption'이라고 표현한다. preemption doctrine의 법

---

204) The Netherlands, Supreme Court, *Double Mothers* case, judgment of 5 September 1997, NJ 1998/686, 이 사건은 두 여성이 아이의 입양을 신청한 데서 발단되었다. 원고는 익명의 정자 기증으로 임신을 하여 쌍둥이를 낳았다. 함께 살고 있는 두 여성은 입양을 신청하였지만, 당시 네덜란드 민법은 입양신청을 최소 5년간 결혼한 부부에게로 제한하고 있었고, 또 아직은 동성 간 혼인(same-sex marriage)이 합법화되지 않은 시점이었다(네덜란드는 2001년 4월 1일부터 세계 최초로 동성 간 혼인을 합법화함). 최고재판소는 (동성 커플이 아이를 입양하는 것을 사실상 배제하고 있던) 민법 제1: 227조가 유럽인권협약 제8조(가족과 개인의 생활을 존중받을 권리)와 제14조(차별대우 금지)를 위반하였는지의 여부를 심사하기를 거부하였다. 재판소는 이것은 사법부의 입법능력의 한계를 벗어나는 일이라고 보았던 것이다. Uzman, Barkhuysen & van Emmerik, "The Dutch Supreme Court: A Reluctant Positive Legislator?", *op. cit.*, p. 17 ; Nollkaemper, pp. 207~208.

205) 네덜란드 의회(Staten-Generaal, States General)는 Tweede Kamer(Second Chamber, Lower House, House of Representatives)와 Eerste Kamer(First Chamber, Upper House, Senate)로 구성된다 : 네덜란드 헌법 제51조 1항.

206) 네덜란드헌법 제91조 3항, 제137조 4항.

207) Hartley, *European Union Law in a Global Context*, p. 144.

208) "All persons in the Netherlands shall be treated equally in equal circumstances. Discrimination on the grounds of religion, belief, political opinion, race, or sex or on any other grounds whatsoever shall not be permitted." https://www.servat.unibe.ch/icl/nl00000_.html.

209) 네덜란드의 관용과 개방성은 금기를 깨는 것으로도 나타나고 있다. 즉, 이 나라에서는 일정 조건 하에 낙태(abortion)가 허용되고, 마약사용(drug use)은 단지 보건문제일 뿐 더 이상 범죄가 아니며, 일정 조건 하에서 안락사(euthanasia)가 허용되고, 최소 18세 이상의 여성에 의한 매춘(prostitution)이 허용되며, 동성간 혼인(same-sex marriage)도 세계 최초로 허용한 바 있다. https://en.wikipedia.org/wiki/Netherlands.

210) Orakhelashvili/Akehurst, p. 63.

적 기초는 –미국법에서 'Supremacy Clause'로 불리는– 위 헌법 제6조 2항이다.[211)]

제6조 2항은 얼핏 모든 조약규정에 대해 일원론을 채택하고 있는 것으로 보인다. 그러나 실제로 미국의 재판소들은 조약규정을 자기집행적 조약규정(self–executing treaty provisions)과 비자기집행적 조약규정(non–self–executing treaty provisions)으로 나누어, 전자에 대해서는 수용이론을, 후자에 대해서는 변형이론을 적용하고 있다. 그 결과 '조약규정'은 그것이 자기집행적인 한에서만 이행입법의 도움없이 미국 최고법의 하나가 될 수 있다. 이에 반해 비자기집행적 조약규정은 –이것도 물론 국제법에 문제로서는 미국에 대해 구속력이 있지만– 입법에 의한 변형(legislative transformation)을 겪어야만 미국법이 될 수 있으며, 그 전까지는 미국시민이나 미국의 기관들(특히, 재판소)에 대해 법적 구속력이 없는 것으로 간주된다.[212)] 그리고 조약이 입법에 의해 국내법으로 변형이 되어도 미국법으로 간주되는 것은 이행입법이지 조약규정이 아니다.[213)] 다만, 미국적 표현인 '자기집행성' (self–execution)은 상황에 따라 직접적용성(direct applicability)만을 의미할 수도 있고, 한 걸음 더 나아가서 직접효력(direct effect)까지 의미할 수도 있다.[214)] 그리고 한 조약

---

211) See *Maryland* v. *Louisiana*, 451 U.S. 725 (1981) ; *Altria Group, Inc.* v. *Good*, 555 U.S. 70 (2008) ; https://en.wikipedia.org/wiki/Federal_preemption ; https://en.wikipedia.org/wiki/Concurrent_powers ; https://www.law.umkc.edu/faculty/projects/ftrials/conlaw/preemption.htm ; Bradley, pp. 27~30.

212) Trevor Hartley, "Federalism, Courts and Legal Systems : The Emerging Constitution of the European Community", (1986) 34 AJCL 229 at 244 ; Shaw, 5th, p. 147 ; Keitner, p. 287. 연방최고재판소는 *Medellin* v. *Texas*, Decision of March 25, 2008, 552 U.S._(2008) (No. 06–984), p. 30에서, 비자기집행적 조약을 국내법으로 변형시킬 책임은 대통령이 아니라 의회에 부과되어 있다는 점을 상기시킨 바 있다.

213) Denza in Evans (ed.), *International Law*, 3rd, p. 422.

214) Brownlie, 6th, p. 48 ; Nollkaemper, pp. 117~122. 상기 2008년 3월 25일의 판결, *Medellin* v. *Texas*, 2008, 552 U.S._(2008)(No. 06–984), p. 9 (fns. 2 & 3)에서 (다수 재판관을 대신하여 판결문을 작성한) Roberts 연방최고재판소 소장도 이것을 시사한 것으로 보인다 : "The label "self–executing" has on occasion been used to convey different meanings. What we mean by "self–executing" is that the treaty has automatic domestic effect as federal law upon ratification. Conversely, a "non–self–executing" treaty does not by itself give rise to domestically enforceable federal law. Whether such a treaty has domestic effect depends upon implementing legislation passed by Congress. Even when treaties are self–executing in the sense that they create federal law, the background presumption is that "[i]nternational agreements, even those directly benefiting private persons, generally do not create private rights or provide for a private cause of action in domestic courts." ... Accordingly, a number of the Courts of Appeals have presumed that treaties do not create privately enforceable rights in the absence of express language to the contrary. ..." 요컨대, Roberts 소장은 "자기집행성"의 의미를 일방 "자동적인 국내적 효과"(automatic domestic effect)와 타방 "사적 권리"(private rights), "사적 소권(제소사유)"(private cause of action) 내지는 "민사적으로 강제할 수 있는 권리"(privately enforceable rights)로 구분하고 있다. 그는 이 판결에서, ICJ의 2004년 판결(*Avena and Other Mexican Nationals*)은 "자동적으로 구속력있는 국내법이 아니다"라고 결론지었으며, 그후 ICJ도 *Request for Interpretation of the Judgment of 31 March 2004 in the Case concerning Avena and Other Mexican Nationals* (Mexico v. United States of America), Judgment of 19 January 2009, para. 44에서 동 재판소의 판결에 '직접효력'을 인정하고 말고는 국내법이 결정할 문제라는 입장을 천명한 바 있다. ; 자세한 것은, 본서, 제13장 (기타 면제) 참조. 한편, 본 *Medellin* 사건에서 반대의견을 개진한 Breyer 재판관은 "자기집행성"이란 용어와 함께 "직접적 사법집행성"(direct judicial enforceability)이란 술어를 사용하고 있다(dissenting, p. 15). See also *Cornejo* v. *County of San Diego*, 504 F3d 853, 856 (9th Cir. 2007)(https://caselaw.findlaw.com/us-9th-circuit/1094232.html) : "For any treaty to be susceptible to judicial enforcement it must both confer individual rights and be self–executing. There is no question that the Vienna Convention [on Consular Relations] is self–executing. As such, it has the force of domestic law without the need for implementing legislation by Congress. ... But "the

내에 자기집행적 규정과 비자기집행적 규정이 혼재되어 있을 수 있다. 실제로 특정 사건에서 문제가 되는 것은 한 조약 내의 특정 조항이 자기집행적이냐 아니냐를 결정하는 일이다.

이 같은 구분이 사실상 최초로 행해진 것은 1829년의 *Foster and Elam* v. *Neilson* 사건[215]이었으나, 이같은 구분과 관련하여 자주 인용되는 판례는 *Sei Fujii* v. *California*[216]이다. 이 사건에서 캘리포니아주 최고재판소는 외국인의 부동산 소유를 금지한 캘리포니아주 외국인토지법이 주 내 '모든' 사람에 대한 '법의 평등한 보호'를 규정한 연방수정헌법 제14조에 위반되어 무효라고 판결하면서도, 다만 원고 측이 원용한 UN헌장의 인권관련 규정들은 비자기집행적이라고 보았던 것이다. 동 재판소는 조약규정의 자기집행성 여부를 결정짓는 기준과 관련하여 다음과 같이 말하고 있다.

> "조약이 자기집행적인지의 여부를 결정짓고자 할 때 재판소는 당해 문서의 언어에 의하여 표명된 체약당사국들의 의도에 의존해야 하며, 문서가 확실하지 않으면 그 체결을 둘러싼 사정에 의존하지 않으면 안 될지도 모른다. …
> 조약규정이 이행입법의 도움없이 시행되고 제정법의 힘과 효력을 갖기 위해서는, 조약의 기초자들이 그 자체만으로 재판소에서 집행될 수 있는 규칙을 제정하려고 의도하였음이 분명하여야 한다."[217]

요컨대, 조약규정이 미국 내에서 자기집행성을 갖는가를 결정함에 있어서 결정적인 요소는 조약기초자들의 의도(intent)이며, 조약 해석을 위한 국제법의 규칙들이 아니다.[218] 조약이 이 점에 관하여 침묵하고 있고 그리고 미국의 의도가 불분명한 경우, 대통령이 작성한 성명서 또는 상원이 피력한 견해 등과 같은 조약체결을 둘러싼 관련사정을 고려에 넣어야 한다. 조약규정이 명확하게(clear and unambiguous) 기술되어 있고, 추가적인 이행입법에 의존하지 않는다면 자기집행성을 갖는

---

questions of whether a treaty is self-executing and whether it creates private rights and remedies are analytically distinct."… "While a treaty must be self-executing for it to create a private right of action enforceable in court without implementing domestic legislation, all self-executing treaties do not necessarily provide for the availability of such private actions."…"

215) 27 U.S.(2 Pet.) 253 (1829). 이 사건에서 Marshall 대법관은 다음과 같이 적고 있다 : "A treaty is in its nature a contract between two nations, not a legislative act. It does not generally effect, of itself, the object to be accomplished, especially so far as its operation is infra-territorial; but is carried into execution by the sovereign power of the respective parties to the instrument. In the United States a different principle is established. Our Constitution declares a treaty to be the law of the land. It is, consequently, to be regarded in courts of justice as equivalent to an act of the legislature, whenever it operates of itself without the aid of any legislative provision. But when the terms of the stipulation import a contract, when either of the parties engages to perform a particular act, the treaty addresses itself to the political, not the judicial department ; and the legislature must execute the contract before it can become a rule for the court."(at 314) 이 사건은 "자기집행적"(self-executing) 조약규정 이론의 시초로 보이지만, 판결문에서 "자기집행적"이라는 술어는 아직 보이지 아니한다. See Cassese, *International Law*, 2nd, p. 227 ; Hartley, *European Union Law in a Global Context*, pp. 141~142 ; Janis, 3rd, pp. 87~89 ; Nollkaemper, pp. 123~124 ; Wallace, pp. 43~44 ; Keitner, p. 285.

216) (1952) 19 ILR 312 ; Wallace, p. 44 ; Ott, p. 42 ; Shaw, p. 122 ; Sweeney et al., p. 1073.

217) (1952) 19 ILR 312 at 313~314.

218) Denza in Evans (ed.), *International Law*, 5th, p. 394. See also Keitner, pp. 286~287.

것으로 간주될 수 있을 것이다. 본 사건에서 원고측이 자기집행성이 있는 것으로서 원용한 조약규정은 UN헌장의 전문과 제1조, 제55조 그리고 제56조였는데, 재판소는 이들의 자기집행적 성격을 부인하면서 다음과 같이 판결하였다.

> "기본적 자유의 준수를 증진하기 위한 협력을 서약하고 있는 헌장의 규정들은 비준 즉시 개인에게 재판을 통해 보호받을 수 있는 권리를 창설하려는 의도를 나타내는 강행적 성격과 명확성이 결핍되어 있다. 그대신 이들 규정은 미래 행동에 대한 회원국들의 약속으로 짜여져 있다."[219]

자기집행적 조약규정은 국내적 차원에서 조약상의 의무를 이행·집행함에 있어 시간이 지체되지 않는다는 점에서 그 장점이 발견된다. 즉, 조약체결 과정에서 배제된 하원의 사후참여가 요구되지 않을 뿐만 아니라, 조약체결 과정에서 이미 출석 2/3 다수결 규칙에 의하여 동의를 얻은 상원의 의견을 다시 구할 필요가 배제되기 때문이다. 어떤 것이 자기집행적 조약의 대상이 될 수 있고 또 어떤 것은 그 대상이 될 수 없는지에 관한 확고한 규칙은 없으나, 일반적으로 "헌법상 의회의 배타적 입법권 내에 놓여 있는 것을 규율하고자 하는 국제협정은 의회의 이행입법 없이는 국내법으로서 효력을 발할 수 없다"는 추정이 존재하는 것으로 보인다.[220]

미국 법질서 내에서 자기집행적 조약규정의 지위는 어떠한가? 이 문제에 관련한 미국의 판례법에 의하면 조약은 연방의 제정법, 즉 연방법률과 동등한 가치를 갖는다.[221] 따라서 조약과 후제정법 간에 충돌이 있는 경우에는 충돌의 범위 내에서 후자가 전자를 대체하며,[222] 반대로 조약은 그 이전의

219) Sweeney et al., p. 1074.

220) A.L.I. Restatement-Tentative Draft No. 1, §131 i ; *Missouri* v. *Holland,* 252 U.S. 416 (1920) ; Wallace, pp. 44~45.

221) *Reid* v. *Covert,* 354 US 1 (1957) : "This Court has also repeatedly taken the position that an Act of Congress, which must comply with the Constitution, is on a full parity with a treaty..." 아래에서 언급하는 바와 같이 이 사건에서 연방최고재판소는 조약에 대한 헌법의 우위(primacy of the Constitution)를 분명히 하였다.

222) *Edye* v. *Robertson* (*Head Money* cases), 112 U.S. 580, 599 (1884)에서 연방최고재판소는 "... ...(미국이 외국과 체결한)어떤 조약의 규정들이 이 나라의 재판소에서 사법부 인지의 대상이 될 수 있는 한에 있어서, 그 규정들은 의회가 그것의 집행, 수정 혹은 폐지를 위하여 통과시킬 수 있는 행위에 종속된다."(The Constitution of the United States makes the treaty, while in force, a part of the supreme law of the land in all courts where such rights are to be tried. But in this respect, *so far as the provisions of a treaty can become the subject of judicial cognizance in the courts of the country, they are subject to such acts as Congress may pass for their enforcement, modification, or repeal.*)고 판결한 바 있다 : https://www.law.cornell.edu/supremecourt/text/112/580 ; https://thelawdictionary.org/judicial-cognizance/ ; https://en.wikipedia.org/wiki/Head_Money_Cases ; Janis, 3rd, pp. 92~93 ; Ott, p. 42 ; Wallace, p. 42. See also *Chae Chan Ping* v. *United States* (*Chinese Exclusion* case), 130 U.S. 581 (1889), 〈https://supreme.justia.com/cases/federal/ us/130/581/case.html〉 ; https://en.wikipedia.org/wiki/Chae_Chan_Ping_v._United_States ; https://immigrationtounitedstates.org/409-chae-chan-ping-v-united-states.html.
연방최고재판소의 이 오래된 원칙은 지금도 지속되고 있는데, 특히 '1963년 영사관계 비엔나협약의 영사원조(지원)(consular assistance) 관련 규정'과 '미국연방법의 절차해태의 원칙(doctrine of procedural default)을 명문으로 입법화한 후제정법(즉, "Antiterrorism and Effective Death Penalty Act of 1996")' 간의 충돌에 관련된 *Breard* v. *Greene,* 523 US 371, 118 S Ct 1352 (1998)에서 동 재판소는 조약에 대한 후제정법의 우위를 다음과 같이 확인한 바 있다 : "Second, although treaties are recognized by our Constitution as the supreme law of the land, that status is no less true of provisions of the

연방법률을 대체할 수 있다.[223] 만약 조약(규정)이 비자기집행적이라면 의회가 이를 이행하기 위한 입법을 제정할 때까지는 기존의 제정법을 대체할 수 없다.[224] 그러나 조약의 자기집행성 여부를 불문하고 재판소는 -국제관습법의 경우와 마찬가지로- 가능하면 법률이 조약에 위배되지 않도록 해석하려고 노력한다.[225]

Constitution itself, to which rules of procedural default apply. We have held "that an Act of Congress ... is on a full parity with a treaty, and that when a statute which is subsequent in time is inconsistent with a treaty, the statute to the extent of conflict renders the treaty null." *Reid* v. *Covert*, 354 U.S. 1, 18 (1957) (plurality opinion); see also *Whitney* v. *Robertson*, 124 U.S. 190, 194 (1888) (holding that if a treaty and a federal statute conflict, "the one last in date will control the other"). The Vienna Convention-which arguably confers on an individual the right to consular assistance following arrest-has continuously been in effect since 1969. But in 1996, before Breard filed his habeas petition raising claims under the Vienna Convention, Congress enacted the Antiterrorism and Effective Death Penalty Act (AEDPA), which provides that a habeas petitioner alleging that he is held in violation of "treaties of the United States" will, as a general rule, not be afforded an evidentiary hearing if he "has failed to develop the factual basis of [the] claim in State court proceedings." 28 U.S. C. A. §§ 2254(a), (e)(2) (Supp. 1998). Breard's ability to obtain relief based on violations of the Vienna Convention is subject to this subsequently-enacted rule, just as any claim arising under the United States Constitution would be. This rule prevents Breard from establishing that the violation of his Vienna Convention rights prejudiced him. ... ..." (available at https://caselaw.lp.findlaw.com/scripts/getcase.pl?court=us&vol=000&invol=97-8214 ; https://www.law.cornell.edu/supct/html/97-8214.ZPC.html ; https://en.wikipedia.org/wiki/Breard_v._Greene)(noted by Shaw, 6th, pp. 165~166).

미국 의회는 후제정법 우위의 원칙을 이용하여 특정 조약의 자기집행성 내지는 그것에 기초한 개인의 소권(訴權)을 제거하기 위한 법률을 아주 뒤늦게 제정하기도 한다. 이를테면, 제네바협약(Geneva Conventions)은 오랫동안 미국 재판소에서 없어서는 안 될 여러 권리의 연원으로 인정되어 왔으나, "2006년 군법회의법"(Military Commissions Act of 2006)(2006년 10월 17일, Public Law 109-366) Section 5(a)는 "No person may invoke the Geneva Conventions or any protocols thereto in any habeas corpus or other civil action or proceeding to which the United States, or a current or former officer, employee, member of the Armed Forces, or other agent of the United States is a party as a source of rights in any court of the United States or its States or territories."라고 규정함으로써 미국 정부나 미국의 대리인을 상대로 한 소송에서 개인이 권리의 연원으로 1949년 제네바협약들을 원용할 기회를 제거하였다. 이러한 법률의 내용이 미국법상 합헌인지 위헌인지는 별개로 논할 문제이다. Nollkaemper, pp. 52, 109, 234 ; *Noriega* v. *Pastrana*, 564 F3d 1290 (11th Cir 2009) ; Jason E. Armiger, "*Noriega v. Pastrana*: The Supreme Court takes a step back from the table", Boston College International & Comparative Law Review Vol. 34: E. Supp. 2011, p. 1 at 4, 9 ; https://www.loc.gov/rr/frd/Military_Law/pdf/PL-109-366.pdf ; https://en.wikipedia.org/wiki/Military_Commissions_Act_of_2006.

223) *Cook* v. *United States*, 288 U.S. 102, 118~119, 120~122 ; Janis, 3rd, p. 93.

224) Keitner, p. 288.

225) Restatement (Third) of Foreign Relations (1987), Section 114 ("[w]here fairly possible, a United States statute is to be construed as not to conflict with international law or with an international agreement with the United States."). 1988년 6월 29일의 *US* v. *The Palestine Liberation Organization, et al.* 사건은 후법률과 전조약의 관계에서 미국재판소의 그같은 전통을 잘 보여주고 있다. 즉, 뉴욕남부지구 연방지방재판소(United States District Court for the Southern District of New York)는 이 사건에서 미국의 1988년 반(反)테러법(Anti-Terrorism Act)은 미국이 1946년에 (행정부-의회협정의 형식으로) UN과 체결한 본부협정(Headquarters Agreement)을 대체하지 않았으므로, 반테러법은 UN주재 PLO 상주옵서버사절단(PLO Permanent Observer Mission to the United Nations)의 폐쇄를 요구하지 않는다고 결론지으면서, 그 이유를 다음과 같이 설명하고 있다. "Under our constitutional system, statutes and treaties are both the supreme law of the land... Wherever possible, both are to be given effect. ... Only where a treaty is irreconcilable with a later enacted statute and Congress has clearly evinced an intent to supersede

이상의 논의는 미국헌법 제6조 2항에서 말하는 '조약'(treaties), 즉 대통령이 헌법 제2조 2항 2단에 의거하여 "출석한 상원의원 2/3가 찬성할 것을 조건으로 상원의 조언과 동의를 얻어"(by and with the Advice and Consent of the Senate, ... , provided two thirds of the Senators present concur) 체결하는 국제협정에 관한 것이다.[226] 미국헌법에서는 오직 이 '조약'의 체결절차에 관해서만 명시하고 있을 뿐이지만,[227] 실제로 미국 대통령은 상원(Senate)의 그 같은 조언과 동의를 구하지 않고 국제협정을 체결하기도 하는데, 이를 가리켜 '행정부협정'(executive agreements)이라고 부른다.[228]

행정부협정의 '국제적' 구속력은 국제법에 의하여 구율되는 문제로서 다른 조약들과 다를 바 없다. 문제는 '미국법체계 안'에서의 그것의 유효성(validity)과 효력(effect)이다. 행정부협정의 (국내적) 유효성은 소련 정부에 대한 미국의 승인을 확인한 1933년의 Roosevelt-Litvinoff 협정과 관련하여 *U. S.* v. *Belmont*[229] 및 *U.S.* v. *Pink*[230]에서 인정된 바 있다. 그러면 행정부협정은 미국법 내에서 '조약'(treaties) 또는 연방법률과 동등한 효력(effect)을 갖는가? *U.S.* v. *Pink* (1942)에서 연방최고재판소는 행정부협정은 조약과 '비슷한 권위' (similar dignity)를 갖는다고 말한 바 있다.

---

a treaty by enacting a statute does the later enacted statute take precedence. ... The long standing and well-established position of the Mission at the United Nations, sustained by international agreement, when considered along with the text of the ATA and its legislative history, fails to disclose any clear legislative intent that Congress was directing the Attorney General, the State Department or this Court to act in contravention of the Headquarters Agreement. This court acknowledges the validity of the government's position that Congress has the power to enact statutes abrogating prior treaties or international obligations entered into by the United States. ... However, unless this power is clearly and unequivocally exercised, this court is under a duty to interpret statutes in a manner consonant with existing treaty obligations. This is a rule of statutory construction sustained by an unbroken line of authority for over a century and a half." : UN General Assembly, Forty-second session, Agenda item 136, A/42/915/Add.5, 13 September 1988, Report of the Committee on Relations with the Host Country - Report of the Secretary-General/Addendum, available online at https://domino.un.org/unispal.nsf. See also Cassese, International Law, 2nd, p. 230.

226) 상원의 동의는 대통령이 조약 서명 후 비준 전에 구한다. 그런데 헌법 제2조 2항의 "조언과 동의"란 표현은 모호한데, 특히 대통령이 외국과 조약체결을 위한 교섭 중에 상원의 의견을 구해야 하는지의 문제와 관련하여 건국 이래 지금까지 대통령들과 상원의원들 간에 토론의 주제가 되어 오고 있는 것이다. 그리고 일부 대통령은 상원에서의 비준동의 가능성을 높이기 위해 조약 협상단에 상원의원(들)을 포함시키곤 하였다. 이를테면 윌슨 대통령은 제1차 세계대전을 끝내고 국제연맹을 수립하는 베르사유조약 교섭단에 상원의원들을 포함시키지 않고 친히 교섭하였다. 이에 자극된 상원이 동의를 해 주지 않아 미국은 베르사유조약을 비준하지도 못하고 국제연맹에도 가입하지 못하였다. 프랭클린 루즈벨트 대통령과 해리 트루만 대통령은 이 교훈을 잊지 않았으며, 그 결과 UN헌장에 반대한 상원의원은 단 두 사람이었다. United States Senate, (Home 〉 Art & History 〉 Origins & Development 〉 Powers & Procedures 〉 Treaties), https://www.senate.gov/artandhistory/history/common/briefing/Treaties.htm ; Denza in Evans (ed.), *International Law*, 3rd. p. 421(& 5th, p. 393).

227) 다만, 미국헌법 제1조 10항 3단은 주가 연방의회의 동의를 얻어 타주 또는 외국과 agreement 또는 compact를 체결할 수 있음을 명시해 두고 있다. 이 문제에 관해서는, David E. Engdahl, *Constitutional Federalism in a Nutshell*, 2nd ed. (St. Paul, MN : West Publishing Co., 1987), pp. 394~406 ; John E. Nowak, Ronald D. Rotunda and J. Nelson Young, *Constitutional Law*, 2nd ed. (Hornbook Series) (St. Paul, Minn. : West Publishing Co., 1983), pp. 296~299 참조.

228) Hartley, *European Union Law in a Global Context*, pp. 140~141.

229) 301 U.S. 324 (1937) ; Janis, 3rd, p. 95.

230) 315 U.S. 203 (1942).

그러나 이것만으로는 확실한 해답이 되지 못한다.[231] '조약'(treaties)의 경우와 마찬가지로, 행정부협정도 당연히 후연방입법에 의하여 대체될 수 있다. 문제는 행정부협정이 '조약' 또는 연방법률과 동위의 규범으로서 전조약(prior treaty)이나 전연방법률(prior Act of Congress)을 대체할 수 있는가 하는 점인데, 행정부협정은 전연방법률에 우선할 수 없다는 하급재판소들의 판례가 발견된다. 행정부협정은 '조약'과는 달리 헌법 제6조 2항에 언급된 '미국의 최고법'이 아니라는 이유에서이다.[232] 이 논리대로라면 행정부협정은 전조약에도 우선할 수 없을 것이다. 다만, *Territory of Hawaii* v. *Ho*[233]에서 하와이 최고재판소는 행정부협정은 충돌되는 '후' '주'법(subsequent inconsistent state law)보다 우선한다고 판결한 바 있다. 위 *U.S.* v. *Belmont*(1937)에서도 연방최고재판소는 외국정부(즉, 소련)를 승인할 대통령의 권한 행사와 관련하여 체결된 문제의 행정부협정은 충돌되는 '주'법에 우선한다고 판결하였다.[234]

이상은 대통령이 대체로 헌법상의 자신의 고유권한에 기초하여 의회 상하 양원 모두의 개입없이 국제협정을 체결하는 '단독 행정부협정'(sole executive agreements)의 경우를 중심으로 한 것이다.[235] 그러나 대통령은 의회 '상하 양원'에서의 '단순과반수'(simple majority)에 의한 사전수권 또는 사후승인을 얻어 협정을 체결하기도 하는데, 이를 특별히 '행정부-의회협정'(executive-congressional agreements) 혹은 '의회-행정부협정'(congressional-executive agreements)으로 칭하기도 한다.[236] '행정부-의회협정'은 입법절차를 단순화할 수 있다는 점에서 (헌법 제6조 2항에서 말하는) '조약'에 비해 장점을 갖는다. 예컨대, '조약'은 먼저 상원의 동의를 구한 뒤 그 이행을 위해 하원은 물론이고 다시 상원에 가야 할 경우가 생기지만, '행정부-의회협정'은 먼저 상하 양원으로 가서 그들의 동의와 이행을 한꺼번에 획득할 수 있기 때문이다. 그리고 '조약' 체결과정에서 하원을 소외시키고 있는 헌법 제2조 2항의 시대착오적 비민주성을 제거할 수 있는 것이다.[237] 행정

231) Wallace, p. 45 ; Ott, pp. 42~43 ; Harris, p. 99.

232) *United States* v. *Guy W. Capps*, Inc. 204 F.2d 655, 660 (1953)(U.S. Court of Appeals, 4th Circuit), 〈https://casetext.com/case/united-states-v-guy-w-capps-inc〉 ; *Swearingen* v. *United States*, 565 F. Supp. 1019, 1021 (1983)(District Court, D. Colorado), 〈https://www.courtlistener.com/opinion/1458244/swearingen-v-united-states/〉 ; Bradley, p. 94.

233) 41 Hawaii 565 (1957) ; 26 I.L.R. 557.

234) 301 US 324, 331 (1937)은 그 이유를 다음과 같이 설명하고 있다 : "complete power over international affairs is in the national government and is not and cannot be subject to any curtailment or interference on the part of the several states."

235) 대통령이 최고사령관(Commander-in-Chief)의 지위에서 외국에 군대를 배치하기 위한 협정을 체결하는 경우가 그 좋은 예인데, 단독행정부협정은 'presidential executive agreements', 'sole presidential agreements' 혹은 'inherent presidential agreements' 등으로 칭하기도 한다. Jackson et al., p. 118 ; Maria Frankowska, "The Vienna Convention on the Law of Treaties Before United States Courts", (1988) 28 Virginia Journal of International Law 281 at 310. 1973년 미국이 베트남에서 철군(撤軍)하기 위해 체결했던 파리평화협정도 단독행정부협정이었다 : EveryCRSReport.com, August 16, 2004 - September 19, 2018, "International Law and Agreements: Their Effect upon U.S. Law", 〈https://www.everycrsreport.com/reports/RL32528.html〉.

236) Bradley, p. 75. "legislative-executive agreement"란 표현이 쓰이기도 한다 : https://www.biologicaldiversity.org/programs/climate_law_institute/to_paris_and_beyond/pdfs/YesHeCanFactsheet.pdf.

237) John C. Yoo, "Laws as Treaties? : The Constitutionality of Congressional-Executive Agreements", (2001) 99 Michigan Law Review 757, 765~768은 의회-행정부협정을 3개의 유형으로 구분하고 있다. 즉, 첫째, 의회는

부-의회협정은 이제 '조약'의 완전한 대체물로서 인식되고 있으며, 미국법의 일부로서 '조약'과 동

일정 주제에 대해 타국과 합의에 이르도록 대통령에게 사전수권(*ex ante* authorization)을 부여할 수 있다. 예컨대, 1792년 의회는 우편물 교환을 위한 협정을 체결할 수 있는 권한을 우편전신공사 총재(Postmaster General)에게 부여하였었다: Act of Feb. 20, 1792, ch. 7, § 26, 1 Stat. 232, 239.

둘째, 의회는 어떤 대외관계 문제에 대해 입법할 수 있으며, 다만 당해 제정법이 효력을 발생하기 위해서는 대통령이 일정 사실의 존재를 결정해야 한다. 예컨대, 상호적인 무역협정의 분야에서 의회는 어떤 국가의 상품에 대해 관세를 축소시킬 권한을 대통령에게 부여할 수 있지만, 이것은 대통령이 그 타국이 미국 상품에 대해 관세를 떨어뜨릴 것이라고 보고하는 경우에 국한된다.

그러나 이상의 두 경우보다 일상적으로 사용되는 방식은 세 번째 경우인데, 이것은 대통령이 먼저 국제협정을 교섭한 뒤에 의회로부터 사후승인(*ex post* approval)을 구하는 경우이다. 의회의 승인은 통상적으로 국제협정을 국내에서 이행하기 위한 법률을 만드는 것으로 나타난다. 특히, '무역(통상)'협정(trade agreements)을 체결하는 과정에서 의회는 대통령에게 이른바 "신속협상권한"(fast-track negotiating authority)을 부여하기도 하는데, "무역촉진권한"(trade promotion authority : TPA)으로도 불리는 이 권한은 "1974년 무역법"(Trade Act of 1974)에 의하여 도입되어 1975년부터 1994년까지 운용된 바 있다(19 U.S.C. §§ 2191~2194). 그 후, 이 권한은 "2002년 무역법"(Trade Act of 2002)에 의하여 복원되었는데(19 U.S.C. §§ 3803~3805), 이 '제2기' 신속협상권한은 (의회가 연장해 주지 않는 한) "2007년 7월 1일 이전에 체결된 무역협정에 대하여 제출되는 이행법안"(implementing bills submitted with respect to trade agreements entered into before July 1, 2007)에 대해서까지 적용된다(19 U.S.C. § 3803(c)(1)(B), at https://www.law.cornell.edu/uscode/19/3803(c)(1)(B).html). '제2기' 신속협상권한은 의회가 갱신을 허락하지 않아 2007년 7월 1일 소멸하였지만, 이미 교섭 중인 협정(예컨대, 한국, 페루, 파나마, 콜롬비아와의 자유무역협정)에 대해서는 2011년 결국 법률로 제정될 때까지 계속 적용될 수 있었다. "무역 우선순위 및 책임에 관한 초당적 의회법률"(Bipartisan Congressional Trade Priorities and Accountability Act of 2015 : 약칭 TPA-2015)이 2015년 6월 14일 하원에서 통과되고 이어서 24일 상원에서도 통과됨으로써 오바마 행정부는 의회로부터 제3기 신속협상권한을 부여받았다. 이번 권한은 2018년 7월 1일까지 적용되며, 다만 대통령의 요청이 있으면 2021년 7월 1일까지, 즉 3년 더 연장될 수 있었는데, 2018년 트럼프 대통령은 연장 요청을 하였다[2018년 7월 1일 이전에 의회 상원과 하원 중 어느 하나라도 연장반대결의(extension disapproval resolution)를 채택하면 연장은 안되는데, 양원 모두 연장반대결의를 채택하지 않았었다] : Congressional Research Service, "Trade Promotion Authority (TPA): Frequently Asked Questions", Updated June 21, 2019, pp. 1, 24, 〈https://sgp.fas.org/crs/misc/R43491.pdf〉. 대통령이 이 권한을 행사하는 과정은 대체로 다음과 같다. 먼저, 대통령은 공식협상을 시작하기 적어도 90일 전에 의회에 통고하여야 한다. 대통령과 의회는 협상가들이 협상테이블에서 추구하는 목표에 관해 합의하며, 대통령은 협상이 진행되는 모든 단계에서 의회와 긴밀히 협의한다. 둘째, 협상이 완료되면, 대통령은 그 결과를 의회에 전달하고, 그 후 협상상대국과 조약문안을 다듬어 협정에 함께 서명한 후, 이 조약안과 함께 그것의 이행을 위한 법안을 의회에 제출한다. 셋째, 의회는(상원에서든 하원에서든 위원회에서든) 이로부터 개회일 기준으로 90일 이내에 대통령의 이행법안을 승인하여 이를 이행법률로 만들든지 아니면 거절할 수 있을 뿐이고, 개정하거나 의사방해(filibuster)의 대상으로 삼을 수는 없다. 요컨대, 무역촉진권한이 발동된 경우에는 대통령이 법안을 만들어 의회의 승인을 구하게 되는데, 이것은 의회에서 법안을 통과시킨 뒤 대통령의 재가를 구하는 통상적인 입법방식을 뒤집어 놓은 것으로서, 대통령의 거부권(presidential veto)이 입법부의 거부권(legislative veto)으로 대체됨을 의미하는 것이기도 하다. 게다가 의회는 90일 이내에 찬반 의사를 분명히 하여야 한다. 이것은 타방 국가에게 미국과 협상한 협정이 차후 의회의 요구로 재협상의 대상이 되지 않을 것이라는 믿음을 주려는 의도로 설명되고 있다(19 U.S.C. § 2191, at https://www.law.cornell.edu/uscode/19/2191(f)-(g).html). 신속협상권한에 대한 개관은, Jackson et al., p. 143 ff ; https://en.wikipedia.org/wiki/Fast_track_(trade) 참조. 그리고 이 절차가 적용된 대표적인 이행법률로서는 다음을 참조 : Uruguay Round Agreements Act, Pub. L. No. 103-465, (1994) 108 Stat. 4809 [codified at (1994) 19 U.S.C. § 3501 *et seq.*] ; North American Free Trade Agreement Implementation Act, Pub. L. No. 103-182, (1993) 107 Stat. 2057 [codified at (1994) 19 U.S.C. § 3301 *et seq.*]. 요컨대, 앞의 두 경우와는 달리, 이 세 번째 경우는 의회로부터 대통령에게로의 권한의 사전위임을 동반하는 것이 아니라, 조약과정을 제정법의 과정으로 대체하려고 하는 것이다. 2021년 1월에 들어선 조 바이든(Joe Biden) 정부는 2021년 6월 30일 제3기 신속협상권한(무역촉진권한)이 만료한 뒤 이 권한의 갱신을 요청하지 않고 있다 : 한국무역협회, 무역통상정보, 2021-06-30, "바이든 대통령의 무역촉진권한(TPA), 이번 주 만료될 듯", 〈https://www.kita.net/〉 ; Vern Buchanan, Aug 3, 2021, Press Release, "Buchanan, Brady Call on Biden to Renew "Fast-Track" Trade Authority", 〈https://buchanan.house.gov/media-center/press-releases/

일한 효력을 향유하는 것으로 인식되고 있다.[238] 이 방식은 국제무역협정, 우편협정, 해외미군기지 설치협정 등에서 주로 사용되고 있다.[239] 행정부-의회협정의 주요 사례로서는 WTO협정을 들 수 있는데, 이 협정의 체결을 가능케 한 1994년의 "우루과이 라운드 협정들 이행법률"(Uruguay Round Agreements Act)의 제102조(Section 102)에는 "연방정부가 주법의 무효를 구하기 위해 소송을 제기하는 경우를 제외하고는" 'WTO협정'과 '그 패널분쟁해결절차의 결과'의 자기집행성을 부인하기 위한 것으로 보이는 규정들이 삽입되어 있다.[240]

이 밖에도 미국법상 또 한 종류의 행정부협정이 목격되는데, 이것은 대통령이 "조약에 의거하여 체결한 행정부협정"(executive agreements pursuant to a treaty)[241]으로서, 이 방식은 특히 '조약'에서 국제협정에 의한 이행을 예견하고 있는 경우에 이용되고 있다.[242] 그리고 이 경우의 행정부협정은 미국법 내에서 '조약' 자체와 동일한 유효성과 효력을 향유하는 것으로 보인다.[243]

한편, 미국법에서는 연방정부가 조약 체결을 통하여 주에 유보되어 있는 입법권을 잠식할(preempt) 가능성이 있는데, *Missouri* v. *Holland* 사건[244]이 이 점을 잘 보여 주고 있다. 철새를 보호하기 위하여 제정된 1913년의 한 (연방)의회법률은 수정헌법 제10조에 의하여 주들에게 유보된 권한을 침해하는 것이기 때문에 연방헌법에 위배되는 것으로 이미 한 연방지방재판소에서 선언된 바 있었다. 그 후 1916년 미국은 (캐나다를 대신하여 행동하는) 영국과 철새보호조약(Migratory Bird Treaty)을 체결하였으며, 연방의회는 이 조약을 이행하기 위하여 1918년 철새보호조약법률(Migratory Bird Treaty Act)을 제정하였다. 미주리주는 수렵금지 지구 감시인(game warden)인 Holland가 이 법률을 시행하는 것을 막기 위해 연방지방재판소에 소를 제기하였으나 실패하자 연방최고재판소에 상소하였다. 논쟁의 핵심은, 관련 조약과 법률은 헌법에 의하여 주에 유보되어 있는

---

buchanan-brady-call-biden-renew-fast-track-trade-authority〉; the United States Congress, The Committee on Ways and Means, August 3, 2021, Blog-Press Release-Trade, "Brady, Buchanan Lead Letter to Biden Calling for Renewal of Trade Promotion Authority - TPA Essential to U.S. Job Creation, Economic Recovery", 〈https://gop-waysandmeans.house.gov/brady-buchanan-lead-letter-to-biden-calling-for-renewal-of-trade-promotion-authority/〉; NSBA(National Small Business Association), June 29, 2021, "Trade Promotion Authority Expires July 1", 〈https://nsba.biz/tpa-expires-july-1/〉.

Yoo, *op. cit.*, (2001) 99 Michigan Law Review 757 at 766이 전하는 바에 의하면, 1946년에서 1972년 사이에 미국이 체결한 모든 국제협정 중에서 88.3 퍼센트가 제정법의 형식을 취했고, 단지 6.2 퍼센트가 '조약'이었으며, 나머지 5.5 퍼센트는 단독행정부협정이었다고 한다.

238) 예컨대, *Restatement* (*Third*) *of the Foreign Relations Law of the United States*, Vol. 1, § 303, at p. 161은 "의회-행정부협정은 모든 경우에 조약방식의 하나의 대안으로 사용될 수 있다는 것이 일반적 견해이다." 라고 선언하고 있다.

239) Henkin et al., pp. 230~236.

240) See Section 102 of the Uruguay Round Agreements Act; Hartley, *European Union Law in a Global Context*, p. 143; Matsushita *et al.*, pp. 100~102; Jackson et al., pp. 306, 326; John H. Jackson, *The World Trading System*, 2nd ed. (Cambridge, Massachusetts: The MIT Press, 1997), p. 97; 崔昇煥, 《國際經濟法》(서울: 법영사, 1998), pp. 403~404.

241) 'treaty executive agreements'라고도 칭한다. Jackson et al., p. 118.

242) 이 방식은 (미국법상의) '조약'뿐만 아니라 '의회-행정부협정'의 사후이행을 위해서도 적용될 수 있다. *Ibid.*

243) *Restatement* (*Third*) *of the Foreign Relations Law of the United States*, § 303(3) at p. 159.

244) 252 U.S. 416 (1920).

권리를 간섭하는 것으로서 무효가 아닌가 하는 점이었다. 그러나 동 재판소는 문제의 조약과 법률은 유효하다고 인정하면서, 그 이유를 다음과 같이 설명하였다.

> "이 문제에 답하기 위해서는 미국에 위임되지 아니한 권한을 (각 주에) 유보하고 있는 수정헌법 제10조[245]를 언급하는 것만으로는 충분하지 않다. 왜냐하면 ... (헌법) 제2조 2항에 의하여 조약을 체결할 권한은 (미국에) 명시적으로 위임되어 있으며, 제6조에 의하여 미국의 권능에 의하여 체결된 조약은 미국의 헌법 및 헌법을 실행하여 제정된 법률과 더불어 이 국가의 최고법으로 선언되어 있다. 조약이 유효하다면 연방정부의 권한을 집행하기 위한 필요하고도 적절한 수단인, 제1조 8항[246] 하의 제정법의 유효성에 대해서는 분쟁이 있을 수 없다."[247]

다시 말해서, 조약의 대상이 미칠 수 있는 것에는 제한이 없으며, 연방의회는 조약이 없다면 제정할 수 없는 입법이라 하더라도 (연방정부의 권한인) 조약을 집행하기 위해 '필요하고도 적절한' 입법을 제정할 권한이 있다는 것이다. 연방최고재판소는 이같은 결론이 헌법 제1조 8항에서 도출되는 것으로 보고 있다.[248] 다만, '조약'이든 '행정부협정'이든 미국의 헌법에 부합하여야 하며, 의회든 행정부든 헌법이 개인에게 부여한 권리를 국제협정에 의해 폐지할 수는 없다.[249]

같은 연방국가이지만 캐나다법은 상황이 조금 다르다. 캐나다에서도 연방정부에게 완전한 조약체결권이 부여되어 있지만, 자기집행적 조약규정의 이론은 존재하지 아니하며, 또한 연방의 입법부는 조약이 없더라도 법률을 제정할 권한이 있지 않는 한 −다시 말해서 주(Province)의 배타적 입법권에 속하는 사항에 대해서는− 조약의 이행입법을 통과시킬 수 없다.[250] 따라서 캐나다 연방정부로서는 우선,

---

245) 수정헌법 제10조(Tenth Amendment)는 다음과 같이 규정하고 있다 : "The powers not delegated to the United States by the Constitution, nor prohibited by it to the States, are reserved to the States respectively, or to the people."

246) 미국 헌법 제1조 8항(Article I, Section 8)은 연방의회의 입법권을 구체적으로 열거한 뒤에 "전기의 권한과, 이 헌법에 의해 미국의 정부, 행정부처, 혹은 그 공무원에게 부여된 다른 모든 권한을 집행하기 위해 필요하고도 적절한 모든 법률을 만들 수 있는"(to make all laws which shall be necessary and proper for carrying into execution the foregoing powers, and all other powers vested by this Constitution in the Government of the United States, or in any Department or officer thereof) 권한을 연방의회에 부여하고 있는데, 이 때문에 이 규정은 흔히 "necessary and proper clause"로 지칭되고 있다. 이것은 일종의 묵시적 권한의 이론(theory of implied powers)을 명문으로 채택한 것인데, EU기능조약 제352조(구 EC 제308조 구구 제235조)도 이에 상응하는 규정을 두고 있다. Hartley, *European Union Law in a Global Context*, p. 222, fn. 11 ; Bradley, p. 60 ; 拙著, 《EU法論》, p. 195 참조.

247) The Opinion of the Court delivered by Mr. Justice HOLMES : 252 U.S. 416 (1920), at 432.

248) Hartley, *European Union Law in a Global Context*, p. 223 ; Bradley, pp. 58~61 ; Wallace, pp. 46~47 ; Keitner, pp. 282~283.

249) *Reid* v. *Covert*, 354 US 1 (1957), 〈https://caselaw.findlaw.com/us-supreme-court/354/1.html〉, ("... no agreement with a foreign nation can confer power on the Congress, or on any other branch of Government, which is free from the restraints of the Constitution. ... There is nothing in this language [of Article VI, the Supremacy Clause of the Constitution] which intimates that treaties and laws enacted pursuant to them do not have to comply with the provisions of the Constitution.)" ; https://en.wikipedia.org/wiki/Reid_v._Covert ; Keitner, pp. 275, 282.

250) *Attorney General for Canada v. Attorney General for Ontario* (Labor Conventions case), [1937] A.C. 326 (Judicial Committee of the Privy Council) (Canada). 사건 개요는 다음과 같다. 영국은 1867년 "British North America Act"에 의해 4개 식민지(Upper Canada, Lower Canada, New Brunswick, Nova Scotia)를

연방이 조약을 각 주별로 비준하는 것을 허용하는 –때로 연방조항(federal clause)[251]으로 불리는– 특별 조항의 삽입을 고집할 수밖에 없다. 그 후 연방정부는 주들에게 필요한 입법을 통과시킬 것을 요구해야 하고, 그렇게 하는 주들에 관해서만 조약을 비준하는 것이다. 주들의 수락을 좀더 쉽게 받아내기 위해 종종 주 대표들이 캐나다 대표단에 포함되곤 한다.[252]

Missouri v. *Holland* 판결에 반발한 미국의 조야(朝野)에서는 이같은 캐나다법 상황을 연상시키는 헌법 수정을 시도하였는데, 그것이 바로 1952년 2월 상원에 도입된 '브리커 헌법수정안'("Bricker Amendment" to the Constitution)이었다.[253] 헌법 수정을 통해서 *Missouri* v.

한 데 모아 '캐나다'란 이름 하에 한 개의 연방자치령(federal dominion)을 창설하였다가, 1931년 "Statute of Westminster"에 의해 캐나다를 주권국가로 인정하였다. 그런데 "British North America Act" 제132조(section 132)는 거의 미국헌법 제1조 8항 "necessary and proper clause"의 복사판이었으며, 이에 따라 캐나다 의회는 영국이 캐나다를 위해 체결한 조약을 이행하기 위한 법률을 제한 없이 제정할 수 있었다. 그러나 본 사건은 "Statute of Westminster"에 의해 캐나다가 독립국이 된 후의 상황을 대변하고 있다. 즉, 캐나다 의회가 조약(여기서는 ILO협약들)을 이행하기 위한 법률을 채택한 것과 관련하여 당시 캐나다의 최고상소재판소로 행동하던 영국의 추밀원 법사위원회는, 캐나다 의회가 조약 없이도 입법할 수 있는 권한이 없다면 조약을 체결한 다음 그것에 의거해서 관련 분야에서 입법할 수도 없다고 결론지었던 것이다. 추밀원은 이제 영국으로부터 독립한 캐나다 연방의 조약체결권을 보호하는 일보다는 주들(provinces)의 권리를 보호하는 것이 더 중요하다고 생각하였던 것이다. 이 규칙은 캐나다에서 지금도 적용되고 있다. Hartley, *European Union Law in a Global Context*, pp. 224~227.

251) '연방조항'의 대표적인 예로는 1972년 "세계의 문화유산과 자연유산 보호협약"(Convention for the Protection of the World Cultural and Natural Heritage) 제34조를 들 수 있다 : 본서, 제14장 (국가책임), "Ⅲ. 국제법상 국가의 행위일 것 : 행위의 국가귀속" 참조.

"연방조항"이란 이 표현은 오해를 불러일으킬 수도 있다. 미국이나 오스트레일리아 같은 다른 연방국가는 이 조항을 필요로 하지 않기 때문이다. 그러나 헌법상 연방조항이 필요하지 않은 국가들도 이 조항의 삽입을 요청하기도 한다. Hartley, *European Union Law in a Global Context*, p. 227.

조약의 국내적 이행과 관련하여 캐나다는 조약에 굳이 '연방조항'을 삽입하는 방식 대신에 '유보'(reservation) 첨부방식을 이용하기도 하는데, 이를테면 1998년 5월 13일 "월경 차원의 환경영향평가에 관한 협약"(Convention on Environmental Impact Assessment in a Transboundary Context) (1991년 2월 25일 핀랜드 Espoo에서 채택, 1997년 9월 10일 발효)을 비준하면서 다음의 유보를 첨부한 바 있다 : "Inasmuch as under the Canadian constitutional system legislative jurisdiction in respect of environmental assessment is divided between the provinces and the federal government, the Government of Canada in ratifying this Convention, makes a reservation in respect of proposed activities (as defined in this Convention) that fall outside of federal legislative jurisdiction exercised in respect of environmental assessment." (retrieved from https://treaties.un.org/pages/ParticipationStatus.aspx) 연방의 입법권이 조약의 이행에까지 미치는 미국, 오스트레일리아, 인도 같은 국가에게는 이러한 내용의 연방유보도 부적절할 것이다. Aust, 2nd. p. 212.

–연방국가를 포함하여– 한 국가 내의 영토적 단위들이 법계(法系)를 달리하는 경우 조약이 적용되는 영토적 단위를 지정하는 것을 허락하는 이른바 '영토조항'(territorial clause)이 내장되기도 하는데, 1980년 "국제물품매매계약에 관한 UN협약"(United Nations Convention on Contracts for the International Sale of Goods) 제93조가 그 좋은 예이다 ; 이것에 관해서는, 본서, 제4장 (조약법), Ⅱ. 조약의 적용범위, "2. 영토적 적용" ; Aust, 2nd, pp. 210~211 참조.

252) Currie, pp. 205~226 ; Hartley, *op. cit.*, (1986) 34 AJCL 229 at 244 ; Hartley, *European Union Law in a Global Context*, pp. 140, 227 ; Wallace, pp. 47~48.

253) 당시 오하이오주 출신의 상원의원 John W. Bricker가 이 수정안을 만드는데 주도적 역할을 하였기 때문에 이렇게 불리운다. 브리커 수정안은 버전이 여러 개가 있는데, 그 중의 하나는 다음과 같다:

"Section 1. A provision of a treaty which conflicts with this Constitution shall not be of any force or effect.

Section 2. A treaty shall become effective as internal law in the United States *only through*

*Holland*를 뒤엎으려던 이 시도는 성공하지 못하였으나, 연방의 거의 무제한한 조약체결권에 반대하는 견해들은 여전히 존재하고 있다.[254)]

브리커 수정안은 성공하지 못하였으나 상원은 그 후 우회적으로나마 대통령의 조약 체결을 견제하는 방식을 발전시켜 오고 있다. 즉, 미국에서는 '조약'에 유보와 해석을 가함에 있어 상원이 특별한 역할을 담당하고 있는데, 리스테이트먼트(제3차) § 314는 이 문제에 대해 다음과 같이 규정하고 있다.

> "(1) 미국의 상원이 미국이 유보를 제기하는 것을 조건으로 특정 조약에 대해 자신의 조언과 동의(its advice and consent)를 부여하는 경우, 대통령은 그 조약을 체결함에 있어 비준 또는 가입 문서에 그 유보를 포함하든지 아니면 미국의 가입은 그 유보를 조건으로 한다는 것을 분명히 하여야 한다.
> (2) 상원이 특정 조약의 의미에 대한 특별한 해석을 기초로 하여(on the basis of a particular understanding of the meaning of a treaty) 그 조약에 대해 자신의 조언과 동의를 부여하는 경우, 대통령은 상원의 그 해석을 기초로 해서만 그 조약을 체결하여야 한다."[255)]

이 같은 관행과 관련하여, 상원은 '조약'(특히 인권조약) 체결에 조언과 동의를 부여하면서 특별히 문제의 조약은 '비자기집행적'이라는 '선언'을 첨부하기도 하는데, 이렇게 되면 문제의 조약은 이행법률이 채택될 때까지는 미국재판소에서 법으로서 원용될 수 없게 된다.[256)] 그렇다고 의회에서 이행입법이 신속하게 만들어지지도 않는다. 그러자 이번에는 상원의 이같은 행태에 대해 비판이 제기되고 있다. 우선, 국제법은 국가들에 대해 조약을 자기집행적인 것으로 만들 것을 요구하고 있지는 않지만 "신의성실로써"(in good faith) 행동할 것을 요구하고 있기 때문에 경우에 따라서는 국제법의

---

legislation which would be valid in the absence of a treaty.
Section 3. Congress shall have power to regulate all executive and other agreements with any foreign power or international organization. All such agreements shall be subject to the limitations imposed on treaties by this article.
Section 4. The Congress shall have power to enforce this article by appropriate legislation."
요컨대, 조약과 행정부협정을 불문하고 모든 국제협정은 비자기집행적인 것으로 하며, 이행입법은 "조약이 없더라도 유효할" 입법이어야 한다는 것이다. See Justin Raimondo, "The Bricker Amendment", https://www.antiwar.com/essays/bricker.html (2002년 10월 21일 방문) ; Curtis A. Bradley, "The Treaty Power and American Federalism", (1998) 97 Michigan Law Review 390 at 423~429 ; Keitner, p. 283.

254) See e.g. Bradley, *op. cit.*, (1998) 97 Michigan Law Review 390~461 ; Raimondo, *op. cit.*, https://www.antiwar.com/essays/bricker.html ; Albert V. Burns, "Calling for the Bricker Amendment: Halt Usurpation of Constitution by Treaty and Executive Order", https://www.greaterthings.com/Constitution/Associates/Bricker_amendment. htm. (2002년 10월 21일 방문) ; Thomas E. Woods Jr., "Globalism and Sovereignty : A Short History of the Bricker Amendment", https://www.libertyhaven.com/theoreticalorphilosophicalissues/publicchoice/globalism.html (2002년 10월 21일 방문).

255) *Restatement* (*Third*), p. 186. See also Janis, 3rd, pp. 25~26.

256) 예컨대, 상원은 1992년에 "시민적 · 정치적 권리에 관한 국제규약"의 비준에 조언과 동의를 부여할 때 "규약 제1조부터 제26조까지의 규정은 자기집행적인 것이 아니다."라고 선언하면서, 그러나 이 선언은 "단지 규약이 미국재판소에서 개인의 소권을 창설하지 않을 것임을 분명히 하기 위한" 것이라고 언급한 바 있다 Nollkaemper, pp. 109~110, 119 (fn. 10) ; https://en.wikipedia.org/wiki/International_Covenant_on_Civil_and_Political_Rights.

관점에서 신의성실 원칙의 중대한 위반 문제가 야기될 수도 있다는 것이다. 즉, 조약을 비자기집행적인 것으로 선언한다고 해서 국제법의 관점에서 조약을 이행할 미국의 의무가 조금도 경감되는 것은 아니다. 그리고 '조약'을 포함한 국제협정의 규정을 자기집행적인 것과 비자기집행적인 것으로 구분하는 판례법은 이제 어쩔 수가 없다고 하더라도, 자기집행성 여부를 판단하는 것은 재판소의 몫이지 상원의 몫이 아니라는 것이다.[257] 그러나 미국의 재판소들은 조약의 해석을 사법부 소관 업무로 보면서도 조약의 교섭과 이행에 관여하는 정부 부서(행정부와 입법부, 특히 'treaty' 체결의 경우 상원)가 부여하는 해석에 큰 비중을 부여하고 있다는 점도 고려에 넣을 필요가 있을 것이다.[258]

미국에서 국제협정을 종료시키거나 그 운용을 정지시킬 수 있는 권한, 혹은 특별한 경우 국제협정을 종료시키지 않거나 그 운용을 정지시키지 않기로 결정할 수 있는 권한은 대통령에게 귀속되어 있는데,[259] 대통령의 이 권한은 헌법에 명문으로 규정된 것이 아니고 단지 관행으로 발전되어 오고 있다.[260]

---

257) See e.g. Malvina Halberstam, "International Human Rights and Domestic Law Focusing on U.S. Law, with some reference to Israeli Law", (2000) 8 Cardozo Journal of International and Comparative Law 225 at 230~237 ; Lori Damrosch, "The Role of the United States Senate Concerning Self-Executing and Non-Self-Executing Treaties", (1991) 67 Chicago-Kent Law Review 515 at 516~518, 527, 532 ; Stefan A. Riesenfeld and Frederick M. Abbot, "The Scope of U.S. Senate Control Over the Conclusion and Operation of Treaties", (1991) 67 Chicago-Kent Law Review 571 at 599, 631 ; Louis Henkin, "U.S. Ratification of Human Rights Conventions: The Ghost of Senator Bricker", (1995) 89 AJIL 341 at 347~348.

258) See e.g. *Charlton* v. *Kelly*, 229 US 447 (1913) at 468 ("A construction of a treaty by the political departments of the government, while not conclusive upon a court..., is nevertheless of much weight.") ; *Kolovrat* v. *Oregon*, 366 US 187 (1961) at 194 ("While courts interpret treaties for themselves, the meaning given them by the departments of government particularly charged with their negotiation and enforcement is given great weight.") ; *United States* v. *Stuart*, 489 US 353 (1989) at 369 ("the meaning attributed to treaty provisions by the Government agencies charged with their negotiation and enforcement is entitled to great weight.") ; *Sosa* v. *Alvarez-Machain*, 542 US 692 (2004) ("Several times, indeed, the Senate has expressly declined to give the federal courts the task of interpreting and applying international human rights law, as when its ratification of the International Covenant on Civil and Political Rights declared that the substantive provisions of the document were not self-executing.") ; https://supreme.justia.com/.

259) *Restatement* (*Third*), § 339.

260) '단독행정부협정'을 종료시킬 수 있는 대통령의 권한에 이의를 제기한 사람은 아무도 없다. See Bradley, p. 95. 상원이 조언과 동의를 부여한 '조약'과 관련하여, 1979년 연방최고재판소는 카터 대통령이 1954년에 중화민국(대만)정부와 체결했던 상호방위조약을 종료시킴에 있어 의회의 의견을 적절히 구하지 않았다는 이유를 들어 Goldwater 상원의원을 비롯한 일부 의원들이 제기한 소송을 각하한 바 있다. 동 재판소의 4명의 대법관은, 이 문제는 재판소 권한 밖의 '정치문제'(political question)이기 때문에 "행정부와 입법부가 해결하도록 맡겨두는 것이 더 낫다"고 판결하였다. 그리고 다른 1명의 대법관은, 조약을 종료시킬 수 있는 일방적 권한은 "외국정부를 승인하고 또 그 승인을 철회할 수 있는 대통령의 확립된 권한에 근거하고 있다"는 이유를 들어 대통령의 손을 들어 주었다 : *Goldwater* v. *Carter*, 444 U.S. 996, 1002~1007 (1979) ; *Restatement* (*Third*), pp. 228~229 ; Janis, 3rd, p. 40 ; James J. Moriarty, "Congressional Claims for Treaty Termination Powers in the Age of the Diminished Presidency", (1999) 14 Connecticut Journal of International Law 123~168; Bradley, pp. 69~72. 행정부-의회협정의 종료는 '조약'의 종료보다 더 많은 생각을 요한다. 대통령은 원래 의회의 법률을 일방적으로 종료시킬 헌법상의 권한이 없다. 그러나 행정부-의회협정의 경우 의회의 동의법률이 단지 사전 혹은 사후에 협정의 체결을 허락하는 데 그친 것이라면 의회의 동의가 법률에 의해 부여되었다 하더라도 '조약'의 경우처럼 대통령이 협정을 일방적으로 종료시킬 수 있다고 볼 수 있을 것이

대통령이 상원의 조언과 동의를 얻어 비준한 '조약'을 탈퇴하였다가 재가입하려는 경우, 다시 상원의 조언과 동의가 필요할 것인지, 아니면 최초의 조언과 동의가 여전히 유효하다고 볼 것인지가 문제로 제기되고 있다.[261)]

의회는 미국이 −상원의 조언과 동의를 얻어야 하는− '조약'의 방식에 의하지 아니하고는 특정 협정의 당사자가 되는 것을 금지하는 법률을 제정하기도 한다.[262)]

미국은 2023년 현재 1969년 비엔나 조약법협약의 당사자가 아니지만 그럼에도 재판소들이 조약을 해석할 때 국제관습법을 반영하고 있는 것으로 평가되고 있는 동 협약상의 조약해석 원칙을 참조할 것을 기대하는 의견이 있다. 그리고 하급재판소들은 이같은 부응에 따르는 편이지만 연방최고재판소는 그렇지 않다는 비판이 있다.[263)]

끝으로, 법안을 발의한 상원의원의 이름을 따 흔히 Case−Zablocki Act(혹은 Case Act)[264)]로 불리는 연방법률에 의하면 '조약'(treaty) 이외의 "모든 국제협정"(any international agreement)의 텍스트는 미국에 대하여 발효 후 가능하면 속히 그러나 늦어도 발효 60일 이내에[265)] 국무장관이 '의회'(즉, 상원과 하원)에 송달하여야 한다. "구두 국제협정"(oral international agreement)도 포함되며, 이들은 문서화되어야 한다. 다만, 대통령이 판단하기에 즉각적인 공개가 미국의 국가안보(national security)를 해치게 될 국제협정은 의회에 송부되는 대신 '대통령의 적절한 통지가 있는 경우에만 해제될 수 있는 비밀엄수 명령 하에' 상원 대외관계위원회(Committee on Foreign Relations of the Senate)와 하원 국제관계위원회(Committee on International Relations of the House of Representatives)에게로 송부한다. 미국을 대신하여 국제협정을 체결하는 "미국 연방정부의 부처 혹은 기관"(any department or agency of the United States Government)은 협

다. 그러나 행정부-의회협정 중에서 의회가 이행법률을 제정함으로써 동의를 부여한 경우에도 대통령에게 일방적인 협정 종료권을 인정할 것인지는 문제이다. 이 문제에 대해서는 Bradley, p. 86 ; Keitner, p. 289 참조.

261) Keitner, p. 289. 미국 정부는 1992년 UN기후변화협약을 비준할 때에는 상원의 조언과 동의를 얻었었다. 그러나 2016년 파리협정(Paris Agreement)을 수락할 때에는 상원의 조언과 동의를 구하지 않았는데, 국무부는 파리협정은 기후변화협약을 넘어서는 실체적, 법적 의무를 미국에 부담시키는 내용을 담지 않은 (단독)행정부협정이라는 견해를 취하였기 때문이다. 파리협정은 트럼프 정부 때 일시 탈퇴하였다가 바이든 정부 들어 다시 가입하였다. Congressional Research Service, February 25, 2021, "United States Rejoins the Paris Agreement on Climate Change: Options for Congress", 〈https://crsreports.congress.gov/product/pdf/IF/IF11746〉 ; 본서, 제24장 (국제환경법), "V. 대기권의 보호, 3. 기후변화협약."

262) 이를테면 ICC로마규정에 대해 이 같은 법률이 제정된 바 있다 : 22 U.S. Code § 7401 (Restriction relating to United States accession to the International Criminal Court), 〈https://www.law.cornell.edu/uscode/text/22/7401〉 ; Keitner, p. 292.

263) See Keitner, p. 288 ; Criddle, Evan J., "The Vienna Convention on the Law of Treaties in U.S. Treaty Interpretation". Virginia Journal of International Law, Vol. 44, No. 2, 2004, Available at SSRN: https://ssrn.com/abstract=1004197.

264) Case-Zablocki Act of August 22, 1972, Public Law 92-403, as amended by 1 U.S. Code § 112b, 〈https://infousa.state.gov/government/forpolicy/case_zabloski.html〉 ; U.S.Department of State, "Reporting International Agreements to Congress under Case Act", 〈https://www.state.gov/s/l/treaty/caseact/〉 ; Robert E. Dewhirst, *Encyclopedia of the United States Congress* (New York : Infobase Publishing, 2007), p. 87 ; Aust, 3rd, pp. 37~38 ; Aust, *Handbook of IL*, 2nd, pp. 40, 79.

265) 60일을 초과하여 송부된 경우, 대통령은 다음 해 각 국제협정 별로 늦은 이유를 충분하게 그리고 완전히(fully and completely) 서술한 보고서를 하원 의장과 상원 대외관계위원회 의장에게 송부하여야 한다.

정에 서명한 후 20일 이내에 협정 텍스트를 국무부에 송부하여야 한다. 뿐만 아니라, 국제협정은 국무장관과의 사전 협의(prior consultation) 없이는 미국을 대신하여 서명하거나, 달리 체결할 수 없다. 그러나 이 협의는 '특정 협정'에 대한 것이 아닌 '협정의 종류'(a class of agreements)를 포함할 수 있다. Case Act의 이행을 위해 제정된 연방명령[266]에 의하면, Case Act는 발생할 수 있는 모든 상황을 예견한 것이 아닌, 단지 골격절차로 의도된 것이다. 따라서 Case Act 규정의 일탈은 이미 체결된 행정부협정의 미국법 혹은 국제법 하의 법적 유효성에 영향을 미치지 아니할 것이며, 소의 원인(cause of action)을 발생시키지 않을 것이며, 협정에 의하여 수립된 공적·사적 권리에 영향을 미치지 않을 것으로 이해되고 있다. 또한 Case Act의 적용대상인 "국제협정"은 당사자들이 법적 구속력있는 것으로 의도한 경우만을 지칭하는 것으로, 신사협정 즉, 정치적 문서 혹은 법적 구속력있는 것으로 의도된 것이 아닌 MOU는 Case Act의 적용대상이 아니다.[267]

(7) 이스라엘

이스라엘은 아직 단일 헌법전을 가지고 있지 않으며, 그 대신 그에 상응하는 많은 기본법률(Basic Laws)을 가지고 있다.[268] 이와 함께 국제법과 이스라엘법의 관계는 판례에 의하여 확립되어 왔으며 영국 법체계의 영향을 많이 받고 있다. 즉, 관습국제법규는 이스라엘의 명시적인 법률규정과 충돌되지 않는 한 자동적으로 이스라엘법의 일부가 된다.[269]

조약은 선언적 조약(declaratory treaty)과 창설적 조약(constitutive treaty)으로 구분된다. 여기서 선언적 조약(즉, 관습법규에 기초한 조약)은 그것이 관습법을 법전화한 것이라는 이유로 인하여 (1907년 헤이그협약들처럼 이스라엘이 당사자가 아닌 조약을 포함하여) 자동적으로 이스라엘법의 일부가 된다.[270] 다만, 충돌되는 이스라엘 법률에 우선하지는 못한다.[271]

---

266) (US) Code of Federal Regulations, Title 22-Foreign Relations, Subchapter S-International Agreements, 〈https://www.gpo.gov/fdsys/pkg/CFR-2013-title22-vol1/xml/CFR-2013-title22-vol1-chapI-subchapS.xml〉.

267) *Ibid.*

268) https://en.wikipedia.org/wiki/Basic_Laws_of_Israel ; Reuven Y. Hazan, "Constitution-Making in Israel", in : *Constitutions of the Countries of the World* (Editor: Gisbert H. Flanz), Israel, Supplement (by Reuven Y. Hazan), Release 2001-1, Issued February 2001. 이스라엘이 건국 초기의 기대와는 달리 아직 헌법전을 갖지 못한 주된 이유는, 이 국가 특유의 대내외적인 안보문제와 종교적 가치를 앞세워 표현의 자유를 제한하려는 정치종교적 풍토에 있는 것으로 지적되고 있다. Zaharah R. Markoe, "Expressing Oneself Without a Constitution: The Israeli Story", (2000) 8 Cardozo Journal of International and Comparative Law 319~346 ; Halberstam, *op. cit.*, (2000) 8 Cardozo Journal of International and Comparative Law 225~229, 237. 이스라엘 의회 Knesset은 2003년 공식적으로 성문헌법전을 기초(起草)하는 작업을 시작하였다 : https://knesset.gov.il/constitution/ConstIntro_eng.htm.

269) 이를테면, Adolf Eichmann을 납치해 와 재판하는 과정에서, "나치 및 나치 부역자 (처벌) 법"[Nazi and Nazi Collaborators (Punishment) Law]은 홀로코스트(Holocaust) 이후에 제정되었고 따라서 이는 국제관습법을 위반한 소급입법이라는 주장에 대해 이스라엘 최고재판소는 국제관습법은 국내법률의 규정을 대체할 힘이 없다고 판시하였다 : The Supreme Court, *Adolf Eichmann* v. *Attorney General*, Criminal Appeal 336/61, 16 P.D.(Judgments of the Supreme Court of Israel) 2033, 2040 (1962), noted by Suzie Navot, *The Constitutional Law of Israel* (The Netherlands : Kluwer Law International BV, 2007), para. 23, at p. 33.

270) 이를테면, 이스라엘 최고재판소는 서안 점령 구역 내에서의 분리 장벽(wall)[이스라엘 당국의 공식표현으로는 '안보방벽'(security fence)] 건설은 안보(security)의 목적을 위한 것이지 영토병합이라는 정치적 동기는

그러나 창설적 조약(즉, 새로운 규칙을 수립하는 조약)은 국제적 차원에서는 이스라엘을 구속하더라도 자동적으로는 국내법의 일부가 되지 못한다. 따라서 변형행위를 통해서만 국내법이 될 수 있고, 변형행위는 이스라엘 의회인 크네세트(Knesset) 또는 (권한을 위임받은)장관의 이행입법 제정으로 나타난다. 창설적 조약에 대한 판례의 이 같은 태도는 이스라엘의 권력분립 원칙에서 기인한다. 즉, -평화협정과 같은 중요 국제협정의 경우 이제는 Knesset로 가져가는 것이 관습이 되긴 하였지만- 법상 행정부는 조약에 서명, 비준함에 있어 의회의 동의를 구할 필요가 없다는 데 있다.[272] 물론 한 조약 내에 선언적 조약규정과 창설적 조약규정이 혼합되어 있을 수 있다. 변형되지 아니한 조약, 심지어는 법적 구속력없는 문서가 재판소에서 원용된 사례도 일부 보고되고 있다. 그리고 이스라엘 재판소도 이스라엘법은 자신의 국제의무와 양립되기를 바란다는 추정에 기초하여 행동한다.[273]

(8) 한 국

한국 헌법 제6조 1항에 의하면 "헌법에 의하여 체결·공포된 조약(은) ... 국내법과 같은 효력을 가진다." 그리고 제73조에 의하면 '대통령은 조약을 체결·비준"하지만, 제60조에 의하면 "국회는 상호원조 또는 안전보장에 관한 조약, 중요한 국제조직에 관한 조약, 우호통상항해조약, 주권의 제약에 관한 조약, 강화조약, 국가나 국민에게 중대한 재정적 부담을 지우는 조약, 또는 입법사항에

없다는 정부의 주장을 수락하면서도 1907년 헤이그 육전규칙과 1949년 전시 민간인보호에 관한 제네바(제4)협약에 기초한 비례(proportionality)의 원칙 위반을 이유로 6개 토지 몰수령을 무효화시킨 바 있다 : The Supreme Court (Sitting as the High Court of Justice), *Beit Sourik Village Council* v. *The Government of Israel and the Commander of the Israeli Defence Forces in the West Bank*, 30 June 2004, HCJ 2056/04 (available at https://www.hamoked.org/Document.aspx? dID=6520, & https://www.unhcr.org/refworld/docid/4374ac594.html) (noted by Nollkaemper, p. 7), para. 23 ("The authority of the military commander flows from the provisions of public international law regarding belligerent occupation. These rules are established principally in the Regulations Concerning the Laws and Customs of War on Land, The Hague, 18 October 1907 [hereinafter - the Hague Regulations]. These regulations reflect customary international law. The military commander's authority is also anchored in Ⅳ Geneva Convention Relative to the Protection of Civilian Persons in Time of War 1949. [hereinafter -the Fourth Geneva Convention]. The question of the application of the Fourth Geneva Convention has come up more than once in this Court. The question is not before us now, since the parties agree that the humanitarian rules of the Fourth Geneva Convention apply to the issue under review." 이스라엘 당국의 장벽 건설과 관련하여 다음 달(7월) 9일, *Legal Consequences of the Construction of a Wall in the Occupied Palestinian Territory* 사건의 이름으로 ICJ가 권고적 의견 [ICJ Reports (2004), p. 136]을 제시한 바도 있는데, 사건의 전체 배경에 대한 이해를 위해서는 다음 문헌을 참조 : https://en.wikipedia.org/wiki/Beit_Surik ; Israel Supreme Court, *Judgments of the Israel Supreme Court: fighting terrorism within the law*, Volume Two (2004-2005) (available at https://www.altawasul.net/NR/rdonlyres/514D9726-B235-415E-9A8D-5031E1DD5459/0/SupremeCourtFightingTerror2.pdf, & https://www.jewishvirtuallibrary.org/jsource/Politics/terrorirm_law.pdf) ; Daphne Barak-Erez, "Israel: The security barrier—between international law, constitutional law, and domestic judicial review", International Journal of Constitutional Law, Volume 4, Issue 3, 2006, pp. 540~552 (available at https://www.tau.ac.il/law/barakerez/articals/barrier.pdf) ; 본서, 제7장 (국제법의 기본원칙).

271) Navot, *op. cit.*, para. 24.

272) *Ibid.*

273) See Ruth Lapidoth, "The Expulsion of Civilians from Areas which came under Israeli Control in 1967 : Some Legal Issues", (1990) 2 EJIL 97 at 103.

관한 조약의 체결 · 비준에 대한 동의권을 갖는다." 헌법 제60조와 관련해서는 특히 다음 몇 가지에 유념하여야 한다.

첫째, 제60조(및 제73조)의 '체결 · 비준'은 조약의 '체결 · 비준'권자인 대통령이 "국제적 차원에서 조약의 구속을 받겠다는 동의를 확정하는 ... 국제적 행위",[274] 즉 국제조약법에서 "서명, 문서의 교환, 비준, 수락, 승인, 가입 또는 기타 합의된 방식"[275]을 지칭하는 개념으로 새겨야 할 것이다. 그렇지 아니하면, 대통령은 제60조에 의해 국회의 동의를 얻어야 함에도 불구하고 단지 조약문에서 '체결 · 비준' 혹은 '비준'이란 용어를 피함으로써 혹은 비준 절차를 생략함으로써 국회의 동의 요건을 우회할 수 있다는 잘못된 결론에 이르기 때문이다. 1969년 비엔나 조약법협약도 제2조 2항에서 "이 협약의 용어들은 그러한 용어의 국내법에서의 사용 내지는 의미를 침해하지 아니한다"는 점을 지적하고 있다.[276]

둘째, 제60조는 열거규정이지 예시규정이 아닌 것으로 해석된다. 그리고 국회의 동의는 사전동의를 의미할 것이므로, 제60조의 목적상 대통령이 국회에 동의를 구하는 시점은 조약의 "체결 · 비준" 이전이어야 한다. 그러나 제60조 및 제73조(대통령의 조약체결 · 비준권)에 언급된 "체결· 비준" 내지는 "체결"의 의미는 모호하다. 제60조에 명기된 조약들이 서명만으로 발효하는 것으로 의도된 경우라면 서명 전에 국회에 동의를 구하여야 하겠지만, 서명에 이어 비준을 거쳐 발효하는 것으로 의도된 경우라면 서명 후 비준 전에 국회에 동의를 구하는 것이 합리적이다. "통상조약의 체결절차 및 이행에 관한 법률"[277]도 ―이는 비록 단지 '통상조약'[278]의 체결에 관한 법률이긴 하지만― "(행)정부는 조약의 서명 후 ... 국회에 비준동의를 요청해야 한다"고 규정하고 있다. 다만, "헌법에 의하여 체결 · 공포된 조약(은) ... 국내법과 같은 효력을 가진다."라고 규정하고 있는 헌법 제6조 1항에서의 '체결'은 조약이 국제적 차원에서 한국에 대하여 법적 구속력을 갖게 된(즉, 발효한) 경우를 지칭하는 것으로 새겨야 할 것이다. 조약이 공포(즉, 관보게재)를 통해 한국 국내법 내로 편입되려면 먼저 국제적 발효가 전제되어야 할 것이기 때문이다.[279] 다만, 이 경우, 조약의 국제적 발효일과 국내공포/발효일 사이에 시간적 간격이 발생할 수 있는데, 조약의 이행을 위해 필요하다면 이 문제는 공포 시에 조약의 국내적 소급적용을 규정함으로써 해소할 수 있을 것이다.

셋째, 헌법 제60조는 "국회는 상호원조, 안전보장, 중요한 국제조직, 우호통상항해, 국가나 국민에 대한 중대한 재정적 부담 또는 입법사항에 관련한" 조약의 체결 · 비준에 대해 동의권을 갖는다는 취지이다. 이렇게 새기면, 대통령이 체결하고자 하는 조약에 제60조에 언급된 주제가 1개 조항이라도 담겨 있으면 ―그 조약의 나머지 조항은 제60조에 열거된 주제의 어느 하나와 관련이 없다 하더라도― 그 조약은 전체로서 국회동의의 대상이 되어야 한다는 결론에 이른다. 다만, 제60조에 열거된 국회동

274) 1969년 비엔나 조약법협약 제2조 1항(b).
275) 1969년 비엔나 조약법협약 제11조.
276) Aust, 2nd, pp. 109~110.
277) 법률 제11149호, 신규제정 2012. 01. 17.
278) 이 법률의 목적상 '통상조약'의 정의는 제2조 1항에 담겨 있다.
279) "법령 등 공포에 관한 법률" 제6조, 제11조 1항, 제12조 참조.

의 대상 조약들의 의미를 법률로써 분명히 해 둘 필요가 있어 보인다. 이를테면 “국가나 국민에 대한 중대한 재정적 부담에 관련한” 조약의 의미는 매우 모호하다. “주권의 제약에 관한 조약”도 그러한데, 특히 분쟁당사국에게 구속력있는 결정을 내리는 국제재판소나 국제기구에 관할권을 부여하는 조약이 여기에 포함되는 것으로 새기는 것이 좋을 것이다.

넷째, 헌법 제60조가 적용되는 조약을 개정, 변경 혹은 보충하는 조약을 체결하는 경우에도 헌법상 국회는 동의권을 갖는다. 추후관행에 의한 조약의 묵시적 개정의 경우에는 국회의 동의권이 침해되는 결과로 될 수 있다.

다섯째, 헌법 제60조에 열거된 조약들에 관한 한, 조약의 ‘(발효 전)잠정적용(provisional application)’이나 ‘(만료 후 기간)연장(extension)’에 대한 국제적 합의를 위해서도 국회의 동의를 구해야 할 것인가? 생각건대, 헌법 제60조는 어떤 내용의 조약들이 국회동의의 대상이 되는지에 관한 규정이지, 동의절차에 관한 규정이 아니다. 즉, 국회동의 대상이 본조약이냐, 본조약의 잠정적용 또는 기간연장이냐는 제60조의 중심개념이 아니다. 이렇게 본다면 제60조의 조약들에 관한 한, 국회동의 요건은 본조약 체결뿐만 아니라 그것의 잠정적용이나 기간연장을 위한 국제적 합의에도 적용된다고 보는 것이 타당할 것이다. 잠정적용이나 기간연장을 위한 국제적 합의는 그 자체 본조약 체결과는 별도의 합의이기 때문이다. 다만, 본조약문에 잠정적용이나 기간연장에 관한 명문의 규정이 삽입되어 있는 경우라면, 국회의 본조약에 대한 동의는 이미 잠정적용이나 미래 기간연장에 대한 동의까지를 포함하였다고 볼 수 있을 것이다. 물론, 잠정적용이나 기간연장의 국내발효를 위한 공포(관보게재)는 헌법 제6조 1항의 규정에 따라 별개로 이루어져야 할 것이다. 본조약에 대해서는 제60조에 따라 국회의 동의를 구하되, 대상조약의 잠정발효나 기간연장 혹은 개정 등을 위한 별도 합의는 －국내법의 문제로서－ 정식조약 대신 약식조약(행정부협정)의 형식으로 체결할 수 있겠는지의 문제도 생각해 보아야 한다.

국회가 조약의 “체결 · 비준”에 동의한 경우 대통령에게 당해 조약을 “체결 · 비준”할 헌법상의 －권한과 동시에－ 의무가 있는가? “대통령은 조약을 체결 · 비준하고”라는 헌법 제73조의 표현은 이를 시사하는 듯이 보인다. 그러나 생각건대 이는 부정하는 것이 타당할 것이다. 즉, 대통령은 자신이 제출한 조약안의 “체결 · 비준”에 대한 국회의 동의를 성공적으로 얻어냈다 하여도 －국제적인 차원에서는 물론이고－ 국내 헌법 차원에서도 이를 비준할 의무가 있다고 보기는 어렵다. 왜냐하면 대통령에 의해 대표되는 한국이 국제적인 차원에서는 비준의 의무가 없는 데도 국내헌법상으로는 국회의 동의 때문에 대통령에게 비준의 의무가 생긴다고 하면, 이는 결국 국회가 비준동의를 통해 대통령에 의해 대표되는 한국의 비준 권한을 찬탈하는 결과가 되기 때문이다. 또한 국회의 동의는 그 본질이, 대외적으로 국가를 대표하는 대통령의 조약 “체결 · 비준”을 강제하기 위한 장치라기보다는 단지 대통령의 이 권한 행사에 대한 정치적 견제장치로 의도된 것으로 보아야 할 것이다.[280)]

---

280) 이 문제에 대해서는 미국 헌법도 동일하게 보고 있다. 즉, *Restatement of the Law (Third), The Foreign Relations Law of the United States*, § 303, Comment d.에 의하면, “어떤 조약이 상원의 조언과 동의를 얻은 경우라 하더라도 대통령은 그 조약을 체결(비준)할 것인지에 대해 선택의 자유(discretion)가 있다.”

조약의 국내적 도입과 관련하여 학설과 판례는 대체로 일원론의 입장을 채택하고 있다. 이같은 시각에 따르면 국회의 비준동의권은 행정부의 조약 체결에 대한 정치적 통제행위에 불과하며, 변형기능을 수행하는 것이 아니다. '공포'에 대해서도 같은 말을 할 수 있을 것이다. 즉, 공포는 헌법에 의하여 체결된 조약의 국내적 발효를 위하여 필수적인 (절차)요건이긴 하지만, 일원론적 시각에 따르는 한 이것의 변형기능은 인정되지 아니한다.[281] 그러나 생각건대, 동일 조약 내의 규정이라 하더라도 직접적용성 내지 직접효력이 인정되는 규정과 그렇지 못한 규정으로 나누어, 전자에 대해서는 수용이론을, 후자에 대해서는 변형이론을 적용하는 태도가 바람직할 것이다. 헌법 제6조 1항은 헌법이 단지 조약의 직접적용성을 천명한 것으로 새기고, 직접효력을 인정하기 위한 요건은 조약 해석의 문제로서 사법부가 별개로 논하는 것도 한 방법이 될 것이다. 이 밖에도, 한국의 사법부는 직접효력을 인정하는데 반해 타방 당사자의 사법부는 그렇지 아니한 경우에 발생하는 "상호주의 결여"(lack of reciprocity)를 어떻게 다룰 것인지도 고민해 보아야 할 것이다.[282]

"조약(은) ... '국내법'과 같은 효력을 가진다"고 규정한 헌법 제6조 1항만 본다면, 조약은 헌법과 동위이거나 조약이 헌법보다 상위규범이라는 해석도 나올 수 있다. 이는 '국내법'의 개념에는 헌법도 당연히 포함되기 때문이다. 그러나 헌법부칙 제5조에서 "이 헌법 시행 당시의 법령과 조약은 '이 헌법에 위배되지 아니하는 한' 그 효력을 지속한다."고 명시하고 있기 때문에 '이 헌법 시행 당시의 조약'(전조약)과 '이 헌법'(현행헌법)이 충돌하는 경우에는 현행 헌법이 '우선'하는 것은 물론이고 전조약은 이제 더 이상 "그 효력을 지속할 수 없다." 다만, 기존의 조약이 현행 헌법과 충돌되어 "그 효력을 지속할 수 없다"고 하더라도, 여기서 지속할 수 없게 된 효력은 조약의 '국내적' 효력뿐이다. 조약의 '국제적' 효력 여부는 국제법에 의거하여 판단할 문제이기 때문이다.

헌법부칙 제5조는 '이 헌법 시행 후의 조약'과 현행 헌법이 충돌하는 경우 어느 것이 우선하는가에 관하여는 명시적 언급을 하고 있지 않다. 그러나 이 경우에도 헌법이 우선하며, 나아가 헌법에 충돌되는 후조약은 '그 효력을 지속할 수 없다'는 것이 헌법부칙 제5조의 묵시적 취지인 것으로 생각된다.

헌법 제111조 1항은 헌법재판소는 법원의 제청에 의해 '법률'의 위헌 여부를 심판한다고 규정하고 있다. 명시적 언급은 없지만, 조약의 국내적 적용을 인정하는 이상, 그리고 조약을 헌법 하위에 두는 이상, 조약의 위헌 여부도 심사가능하다고 생각된다. 헌법재판소도 2001년 9월 27일의 선고[283]에서 이를 긍정한 바 있다. 다만 '위헌'결정의 효력은 국내적 차원에 국한되는데, 국내재판소

281) 외무부, 《條約業務處理指針》(집무자료 85-81) (1985), p. 151.

282) See Nollkaemper, p. 123.

283) 2000헌바20 결정 [국제통화기금조약 제9조(지위, 면제 및 특권) 제3항 등 위헌소원] : "헌법재판소법 제68조 제2항은 심판대상을 "법률"로 규정하고 있으나, 여기서의 "법률"에는 "조약"이 포함된다고 볼 것이다. 헌법재판소는 국내법과 같은 효력을 가지는 조약이 헌법재판소의 위헌법률 심판대상이 된다고 전제하여 그에 관한 본안 판단을 한 바 있다(헌재 1999. 4. 29. 97헌가14, 판례집 11-1, 273 참조). 이 사건 조항은 각 국회의 동의를 얻어 체결된 것이므로 헌법 제6조 제1항에 따라 국내법적 효력을 가지며, 그 효력의 정도는 법률에 준하는 효력이라고 이해된다. 한편 이 사건 조항은 재판권 면제에 관한 것이므로 성질상 국내에 바로 적용될 수 있는 법규범으로서 위헌법률심판의 대상이 된다고 할 것이다."(https://www.ccourt.go.kr/) 헌법재판소는

가 조약의 '국제적' 효력까지 무효로 선언할 수는 없기 때문이다.

1986년 7월 22일의 판결[284]에서 대법원은 항공운송에 관한 바르샤바협약을 민법에 대한 '특별법'으로 간주하였다. 생각건대, 수용이론을 적용하더라도 조약의 성격을 문제삼지 아니하고 무조건 조약과 법률을 동위에 두거나 또는 조약을 법률의 상위규범으로 일의적으로 보는 시각은 너무 단순하다. 따라서 조약 중에서 입법적 다자조약은 법률에 우선하며, 이에 반해 계약적 양자조약은 법률과 같은 가치를 가지므로 후법우선의 원칙이 적용된다고 보는 것이 한 가지 현실적인 대처방안일 것이다. 이런 의미에서 위 대법원 판결은 타당하다.

이 밖에 일반국제법의 강행규범(*jus cogens*)의 연원인 조약규정(특히, 오늘날 인권조약)도 법률에 우선한다고 보는 것이 좋을 것이다. 그러나 그같은 조약은 대체로 입법적 다자조약의 형식을 갖추고 있을 것이다. 그리고 헌법부칙 제5조를 고려하면 그러한 강행규범이 헌법과 동등하거나 그보다 우위라는 결론을 끌어내기는 어렵다.

이상의 논의는 대통령이 국회의 비준동의를 얻어 체결하는 정식조약을 중심으로 한 것이다. 대통령이 국회의 관여없이 단독으로, 혹은 (조약체결을 위임받은) 장관 또는 외국주재 대사 등이 대통령의 비준없이, 체결하는 이른바 행정부협정[285]의 국내적 유효성(validity)과 효력(effect)은 어떻게 볼 것인가? 생각건대, 헌법 제6조 1항에서 '헌법에 의하여' 체결·공포된 조약이라 함은 '국회의 비준동의를 얻어' 체결·공포된 조약만을 지칭하는 것으로 볼 수 없다. 그렇다면 국회의 동의를 얻도록 헌법 제60조 1항에 명시되어 있는 경우를 제외하고는 행정부협정도 그 국내적 유효성이 인정된다고 볼 수밖에 없다. 문제는 행정부협정에 대해서도 정식조약과 동등한 국내적 위계를 인정할 것인가, 아니면 법률 하위적 효력만을 인정할 것인가 하는 점이다. 생각건대, 제60조 1항에 포괄적으로 열거되어 있는 사항 이외에도 직접적으로 국민의 권리·의무에 영향을 미치는 경우가 있을 수 있다면, 행정부협정은 법률보다 하위에 놓인다고 보는 것이 합헌성 통제의 목적상 좋을 것이다. 베트남으로부터의 범죄인 인도청구와 관련한 2006년의 판결[286]에서 서울고등법원은 "헌법규정 아래에서는 국회의 동의를 요하는 조약은 법률과 동일한 효력을, 국회의 동의를 요하지 않는 조약은 대통령령과 같은 효력을 인정하는 것이라고 해석함이 타당"할 것이라고 언급함으로써 이같은 견해에 동조한 것으로 보인다.[287] 이와 비슷하게, 헌법재판소도 상기 2001년 9월 27일의 선고[288]에서 "이 사건

여기서, 문제의 조약규정은 "성질상 국내에 바로 적용될 수 있는" 법규범으로서 위헌법률심판의 대상이 된다고 언급함으로써 '성질상' 그러하지 아니한 조약은 위헌법률심판의 대상이 되지 아니함을 시사하려 한 것인지는 분명하지 않아 보인다.

284) 82다카1372.

285) 다만, 한국 헌법에서는 대통령이 체결하는 일체의 국제협정에 대해 -즉, 그것이 국회의 비준동의를 요하느냐 않느냐에 관계없이- '조약'이라는 술어를 사용하고 있다. 한편, 행정부협정 중에서도 모조약의 실시·집행을 위하여 필요하면 관계부처와 협의를 거쳐 외교통상부장관의 전결로 체결하고 이를 관보에 고시하는 경우가 있는데, 외교부에서는 이렇게 체결된 조약을 실무의 편의상 "고시류조약"이라 칭하고 있다 : 외교통상부, 《알기쉬운 조약업무》(2006. 3), p. 39 ; 안국현, "조약의 국내적 수용에 관한 연구 : 조약의 체결 및 적용에 관한 대한민국의 관행상 쟁점을 중심으로" (박사학위 논문, 연세대학교 대학원, 2015) 참조.

286) 서울고등법원 2006. 7. 27. 선고 2006토1 인도심사청구.

287) 동 재판소는 이어서 "이 사건 인도조약은 국회의 비준을(비준동의를 : 저자첨부) 거친 조약으로서 법률과 동일

조항[289]은 각 국회의 동의를 얻어 체결된 것이므로 … 그 효력의 정도는 법률에 준하는 효력이라고 이해된다."라고 판시함으로써 '국회의 동의를 얻지 않고 체결된 조약'(즉, 행정부협정)에 대해서는 법률에 준하는 효력이 부여되어서는 안 됨을 시사하고 있다.

헌법재판소는 1998년 11월 26일의 결정[290]에서

> "마라케쉬협정도 적법하게 체결되어 공포된 조약이므로 국내법과 같은 효력을 갖는 것이어서 그로 인하여 새로운 범죄를 구성하거나 범죄자에 대한 처벌이 가중된다고 하더라도 이것은 국내법에 의하여 형사처벌을 가중한 것과 같은 효력을 갖게 되는 것이다. 따라서 마라케쉬협정에 의하여 관세법 위반자의 처벌이 가중된다고 하더라도 이를 들어 법률에 의하지 아니한 형사처벌이라거나 행위 시의 법률에 의하지 아니한 형사처벌이라고 할 수 없다."

라고 언급함으로써 WTO협정에 '전도된(하향) 수직적 직접효력'을 부여한 바 있다. 그러나 (1) 문제의 죄형법정주의나 (역시 이 사건에서 문제된) 조세법률주의에서 말하는 법 또는 법률을 국회에서 제정된 형식적 의미의 법률을 지칭하는 것으로 볼 경우는 물론이고 넓게 해석하여 여기에 조약이 포함되는 것으로 본다고 하더라도 대통령이 조약체결의 형식을 빌어 새로운 범죄를 창설하고 조세율을 올리는 것을 무한정 허용해도 좋을 것인가 하는 점, (2) 한국 국회가 대통령의 조약체결에 대해 독일 의회처럼 법률의 형식으로 비준동의를 부여하는 것은 아니라는 점, (3) 조약의 전도된 수직적 직접효력은 단순 수직적(상향) 직접효력의 경우에 비해 제한적으로 인정하는 것이 개인의 인권 내지 권리보호에 부합하고 또한 국가의 권력남용에 대처할 수 있다는 점, (4) 미국처럼 외견상 일원론을 천명하고 있는 국가의 재판소들도 특정 조약의 규정들을 개별적으로 심사하여 그것의 자동적 수용 여부를 결정하는 신중함을 보여주고 있으며, 특히 미국 의회의 경우 원칙적으로 WTO협정의 국내법에로의 자동적인 편입을 봉쇄하기 위한 것으로 보이는 입법조치를 취한 사실이 있다는 점 등등을 생각하면, "조약(은) … 국내법과 같은 효력을 가진다"고 규정한 헌법 제6조 1항에 대한 표피적 해석에 의존하여 WTO협정의 국내적 편입과 효력 문제를 그처럼 일거에 해결하는 것이 바람직한지는 의문이다.

한편, 대법원은 2005년 9월 9일의 판결[291]에서

> "GATT는 1994년 12월 16일 국회의 동의를 얻어 같은 달 23일 대통령의 비준을 거쳐 같은 달 30일 공포되고 1995년 1월 1일 시행된 조약인 WTO협정(조약 1265호)의 부속협정(다자간 무역협정)이고, '정부조달에 관한 협정'(Agreement on Government Procurement, 이하 'AGP'라 한

한 효력을 가지는 것이라 할 것이고, 따라서 대한민국이 청구국에 대하여 범죄인을 인도할 의무가 있는지 여부를 판단함에 있어서는 신법 우선의 원칙, 특별법 우선의 원칙 등 법률해석의 일반원칙에 의하여 이 사건 인도조약이 범죄인인도법에 우선하여 적용되어야 한다."고 말하고 있다.

288) 2000헌바20 결정.

289) 즉, 국제통화기금조약 제9조(지위, 면제 및 특권) 제3항 등.

290) 97헌바65.

291) 2004추10, "전라북도 학교급식조례 재의결 무효확인"의 소.

다)은 1994년 12월 16일 국회의 동의를 얻어 1997년 1월 3일 공포·시행된 조약(조약 1363호, 복수국가 간 무역협정)으로서 각 헌법 제6조 제1항에 의하여 국내법령과 동일한 효력을 가지므로 지방자치단체가 제정한 조례가 GATT나 AGP에 위반되는 경우에는 그 효력이 없다고 할 것이다."[292]

라고 판시한 바 있는데, 한국 법체계 내에서 조약에 최소한 '법률'과 동등한 지위를 부여하고 있는 판례에 비추어 보면 대법원의 이 판결은 그 논리적 귀결에 불과하다. 지방자치단체의 조례는 "국내법령과 동일한 효력을 가지는" 조약, 즉 WTO협정(과 그 부속조약)의 하위규범이기 때문이다. 그 결과 조례는 단지 '적용되지 않는'(disapply) 것이 아니라 '법적 효력이 없다'(without any legal effect)(즉, 무효이다). 다만, 아래에서 논하는 바와 같이, 유럽재판소의 경우 EU에 대해 구속력있는 조약을 위반한 EU입법의 '무효' 선언을 구하는 사법심사에서도 관련 조약규정이 직접효력이 있을 것을 요구하고 있음을 언급해 두는 것이 좋겠다.

헌법재판소는 상기 2001년 9월 27일의 선고[293]에서, "한편 이 사건 조항은 재판권 면제에 관한 것이므로 성질상 국내에 바로 적용될 수 있는 법규범으로서 위헌법률심판의 대상이 된다고 할 것이다."라고 언급한 바 있는데, 이것은 조심스럽게나마 재판소가 "성질상 국내에 바로 적용될 수 있는"이란 표현을 통해 조약규정의 자기집행성 내지는 직접효력의 관념을 전달하려 한 것으로 생각되기도 한다. 대법원도 2009년 1월 30일의 판결[294]에서 한국 정부의 반덤핑관세 부과처분이 WTO 반덤핑협정에 위반된다는 이유만으로 사인이 직접 국내법원에 그 처분의 취소를 구할 수는 없다고 판시하는 과정에서 "직접효력"의 개념을 사용한 바 있으며, 2015년 11월 19일 대형마트영업규제 사건[295]에 대한 판결에서도 자신의 2009년 1월 30일 판결을 인용하면서 이 사건에서 원용된 '서비스무역에 관한 일반협정'(GATS) 및 '한국-EU FTA'의 "직접효력"을 부인한 바 있다.[296] 한국의 두 최고재판소는 이제 -표현에 관계없이- 조약규정의 '직접효력' 현상에 주목하는 것으로 보인다. 다만,

292) 판결 원문에는 '연', '월', '일'이 점(.)으로 표시되어 있으나, 왠지 읽기가 불편하여 전자의 표기로 바꾸어 보았다.

293) 2000헌바20 결정.

294) 2008두17936 : "한편, 원고들의 상고이유 중에는, 우리나라가 1994. 12. 16. 국회의 비준동의를 얻어 1995. 1. 1. 발효된「1994년 국제무역기구 설립을 위한 마라케쉬협정」(Marrakesh Agreement Establishing the World Trade Organization, WTO 협정)의 일부인「1994년 관세 및 무역에 관한 일반협정(General Agreement on Tariffs and Trade, GATT 1994) 제6조의 이행에 관한 협정」중 그 판시 덤핑규제 관련 규정을 근거로 이 사건 규칙의 적법 여부를 다투는 주장도 포함되어 있으나, 위 협정은 국가와 국가 사이의 권리·의무관계를 설정하는 국제협정으로, 그 내용 및 성질에 비추어 이와 관련한 법적 분쟁은 위 WTO 분쟁해결기구에서 해결하는 것이 원칙이고, 사인(私人)에 대하여는 위 협정의 직접효력이 미치지 아니한다고 보아야 할 것이므로, 위 협정에 따른 회원국 정부의 반덤핑부과처분이 WTO협정 위반이라는 이유만으로 사인이 직접 국내 법원에 회원국정부를 상대로 그 처분의 취소를 구하는 소를 제기하거나 위 협정위반을 처분의 독립된 취소사유로 주장할 수는 없다."

295) 2015두295 영업시간제한 등 처분 취소.

296) 그러나 아래에서 언급하는 바와 같이 EU 유럽재판소의 경우, 다자간 통상조약인 GATT 혹은 WTO설립협정의 직접효력은 부인하면서도, 포르투갈이 유럽공동체에 가입하기 전에 이들 두 당사자 간에 체결된 FTA(제21조)의 직접효력 여부가 문제된 Case 104/81, *Hauptzollamt Mainz* v. *Kupferberg*, [1982] ECR 3641에서 문제의 FTA규정이 포르투갈 내에서도 직접효력이 인정되는지를 묻지 아니하고 공동체 회원국 내에서의 이것의 직접효력을 인정한 바 있다.

헌법재판소는 WTO협정의 전도된 수직적 직접효력까지 인정하는데 반해, 대법원은 동일 계열 협정의 수직적 직접효력을 부인하는 것은 모순되어 보인다. 두 최고재판소 간 의견수렴이 요구된다 할 것이다.

조약 언어와 관련한 문제가 있다. 국제관습법과는 달리 조약은 교섭국 간 합의에 의해 선택된 특정 언어로 기술된다. 수용의 이론에 따르는 한, 헌법 제6조 1항에 의하여 한국 국내법으로 편입되는 것은 조약의 정본(들)이다. 따라서 조약이 국내재판에서 준거법으로 결정되는 경우 (헌법재판소를 포함한) 국내법원은 조약 정본(들)을 기초로 판단해야 한다는 것이 헌법의 요구라고 할 수 있다.[297] 이것을 인정한다면, 조약 정본에 한국어본이 포함되지 아니한 경우에 법원이나 헌법재판소가 한국어 번역본을 기초로 재판을 하게 되면, -설사 번역본이 정부 당국에 의한 공식번역이라고 하더라도- 이는 사실상 수용이 아닌 변형의 방식에 해당된다.[298]

국내재판소는 분권적 국제질서 하에서 국제법의 해석과 적용기관으로서의 역할을 담담할 것이 점차 더욱 더 요구되고 있는데, 그 바람직한 범위와 관련하여 한국 헌법재판소는 이 문제를 다시금 생각하게 한다. 즉, 2011년 8월 30일 선고된 결정, 즉 "대한민국과 일본국 간의 재산 및 청구권에 관한 문제의 해결과 경제협력에 관한 협정 제3조 부작위 위헌확인"(일본군 위안부)[299]에서 헌법재판소(6인 재판관)는 -사법자제를 요구한 3인 재판관의 반대의견을 수용하지 않고- 청구 인용 결정을 내렸는데, 이 결정은 국제법의 관점에서 보면 몇 개의 문제를 노정하고 있다.[300]

먼저, 헌법재판소는 결정에서 "우리 정부가 직접 일본군 위안부 피해자들의 기본권을 침해하는 행위를 한 것은 아니지만, …'모든 청구권'이라는 포괄적인 개념을 사용하여 이 사건 협정을 체결한 우리 정부에도 책임이 있다는 점에 주목한다"고 천명하였는데, 이로써 한국 (행)정부는 일본과의 협상에서 힘을 잃게 되었다. 한국 최고사법부의 하나가 스스로 자기 정부의 어떤 "책임"을 인정하였기 때문이다. 정부는 대외적으로 국가를 대표하기 때문에 헌법재판소의 그 같은 언급은 곧 한국 자신의 (국내적 혹은 국제적) "책임"을 지칭하는 것이 된다. 이와 관련해서는, ICJ가 *Military and Paramilitary Activities in and against Nicaragua*[301]에서 "고위직, 특히 최고위 정치인의 입에서 나오는 발언 내지는 진술은 그가 대표하는 국가에게 불리한 사실이나 행위가 존재함을 인정하는 특별한 증거력을 갖는다."고 언급한 바 있음을 상기하고자 한다. '고위직, 특히 최고위 정치인'을 지칭하긴 하였지만 일국의 사법부, 특히 헌법재판소도 예외가 될 수는 없을 것이다.

둘째, 헌법재판소는 -양국간 청구권 문제의 일괄해결(lump-sum settlement)을 규정한- 협정(1965년) 제2조 1항[302]의 해석과 관련한 한일 양국 간의 견해 차이는 "명백(히)" "협정 제3조[303]의 '분쟁'에

297) 다 같이 조약 정본인 외국어본과 한국어본이 서로 달리 규정하고 있는 경우에 어느 것이 우선하는 가는 별개의 문제이다. 이 문제에 대해서는 1969년 비엔나 조약법협약 제33조에서 규정하고 있다.

298) 번역 과정에서 의미가 훼손될 가능성이 있는 것을 생각하면 더욱 그러하다. Nollkaemper, p. 123.

299) 헌법재판소, 2006헌마788, 2011.08.30 선고.

300) 같은 일자에 선고된 "대한민국과 일본국간의 재산 및 청구권에 관한 문제의 해결과 경제협력에 관한 협정 제3조 부작위 위헌확인"(원폭 피해자)(2008헌마648)에서도 다수의견과 소수의견 각기 동일 이유를 적용하였으므로 6인의 다수의견에 대한 아래 비판은 여기에도 그대로 적용된다.

301) Nicaragua v. United States of America, ICJ Reports (1986), p. 14 at 41 (para. 64)

해당한다"고 강조하였는데, 국제법의 관점에서 보면 이는 타당한 말이다. 국제법상 분쟁이란 "법 또는 사실의 문제에 관하여 의견을 달리하는 것"으로 정의되고 있기 때문이다. 그러나 국제재판이든 국내재판이든 재판도 법외적 정치와 연관되어 있다. 그리고 한일 두 국가 사이에는 종군위안부/원폭피해자 배상 문제 이외에도 여러 현안이 가로 놓여 있고, 특히 독도 영유권 문제가 있다. 현재까지 한국 외교부의 일관된 입장은 "우리의 고유영토인 독도에 대한 영유권 분쟁은 존재하지 않는다"[304]는 것이다. 그러면 독도 영유권에는 분쟁이 존재하지 않는다고 하면서 종군위안부 문제는 분쟁이라고 하는 한국 외교부에 대해 일본 외무성이 무어라 대응할지는 상상하기 어렵지 않다.

셋째, 헌법재판소는 "피청구인[305]으로서는 이 사건 협정 제3조에 의한 분쟁해결절차에 따라 외교적 경로를 통하여 해결하고, 그러한 해결 노력이 소진된 경우 이를 중재에 회부하여야 하는 것이 원칙이라 할 것이(며)," 따라서 "이 사건 협정 제3조에 의한 분쟁해결 절차로 나아가는 것만이 국가기관의 기본권 기속성에 합당한 재량권 행사라 할 것이고, 피청구인의 부작위로 인하여 청구인들에게 중대한 기본권의 침해를 초래하였다 할 것이므로 이는 헌법에 위반된다."고 결론지었다. 그런데 문제의 협정 제3조는 모두 4개 항으로 구성되고 있는 바, 1항은 "외교상의 경로를 통(한) 해결", 즉 양국 정부간 차원의 직접협상(교섭 혹은 협의)이기 때문에 한국 정부가 이것을 '시도'하는 것은 전혀 문제가 없을 것이다. 다만, *Application of the International Convention on the Elimination of All Forms of Racial Discrimination* (Preliminary Objections)[306]에서 ICJ는 '교섭'(협의)은 단순한 '항의나 논쟁(토론)' 내지는 '분쟁'과는 다른 개념으로서, 이것은 "적어도 분쟁을 해결할 목적으로 분쟁의 일방 당사자가 타방 당사자와 함께 토의에 임하려는 진정한 시도를 요구한다."라고 판시한 바 있음을 유념할 필요가 있다. 즉, 한국 정부가 그간 이 문제에 대해 일본 측에 단지 항의 차원의 의사를 표시하여 온 것인지, 아니면 한국이 진정한 교섭/협의를 시도하였으나 실패하였는지, 후자의 경우라면 협정 제3조의 차원에서 그러하였는지에 따라 제3조 1항의 소진 여부가 판단될 것

302) "양 체약국은 양 체약국 및 그 국민(법인을 포함함)의 재산, 권리 및 이익과 양 체약국 및 그 국민간의 청구권에 관한 문제가 1951년 9월 8일에 샌프란시스코시에서 서명된 일본국과의 평화조약 제4조 (a)에 규정된 것을 포함하여 완전히 그리고 최종적으로 해결된 것이 된다는 것을 확인한다."

303) "1. 본 협정의 해석 및 실시에 관한 양 체약국 간의 분쟁은 우선 외교상의 경로를 통하여 해결한다.
2. 1.의 규정에 의하여 해결할 수 없었던 분쟁은 어느 일방 체약국의 정부가 타방 체약국의 정부로부터 분쟁의 중재를 요청하는 공한을 접수한 날로부터 30일의 기간 내에 각 체약국 정부가 임명하는 1인의 중재위원과 이와 같이 선정된 2인의 중재위원이 당해 기간 후의 30일의 기간 내에 합의하는 제3의 중재위원 또는 당해 기간 내에 이들 2인의 중재의원이 합의하는 제3국의 정부가 지명하는 제3의 중재위원과의 3인의 중재위원으로 구성되는 중재위원회에 결정을 위하여 회부한다. 단, 제3의 중재위원은 양 체약국 중의 어느 편의 국민이어서는 아니 된다.
3. 어느 일방 체약국의 정부가 당해 기간 내에 중재위원을 임명하지 아니하였을 때, 또는 제3의 중재위원 또는 제3국에 대하여 당해 기간 내에 합의하지 못하였을 때에는 중재위원회는 양 체약국 정부가 각각 30일의 기간 내에 선정하는 국가의 정부가 지명하는 각 1인의 중재위원과 이들 정부가 협의에 의하여 결정하는 제3국의 정부가 지명하는 제3의 중재위원으로 구성한다.
4. 양 체약국 정부는 본조의 규정에 의거한 중재위원회의 결정에 복한다."

304) 외교부, 독도, 정부 기본입장, 〈https://dokdo.mofa.go.kr/kor/dokdo/government_position.jsp〉 (2021년 3월 25일 검색).

305) 즉, 대한민국.

306) Georgia v. Russian Federation Judgment of 1 April 2011, para. 157.

이다. 그리고 "제1항에 의하여 해결할 수 없었던 분쟁"에 대해서는 이제 2항에서부터 4항까지 적용된다. 그런데 4항은 2항과 3항에 규정된 중재위원회 절차의 결과에 구속력을 부여하기로 합의한 부분이다. 따라서 문제는 2항과 3항의 규정인데, 이 두 항은 의무적/강제적 중재재판(compulsory arbitration) 절차를 도입한 것이 아니다. 즉, 한국이 아무리 1항의 단계를 넘어 2항과 3항에 규정된 중재재판으로 가고 싶어도 일본이 협조하지 않는 한 중재재판소(협정의 용어로는 "중재위원회")는 구성 자체가 되지 못한다.[307] 제3조의 이런 구조 하에서, 헌법재판소가 일방 '1항'과 타방 '2항 및 3항'을 구분하지 않고 (이들 항을 모두 포함하는 것으로 해석되는) "협정 제3조"의 절차를 발동하지 않은 것이 부작위에 해당한다고 판단한 것은 최소한 동 조 2항과 3항에 대해서는 적절치 못하였다고 할 수 있다.[308]

넷째, 이것은 헌법재판소 결정 그 자체와 관련한 것은 아니지만, 외교부 당국자는 "일본 측에 헌재 결정을 전할 예정"이라고 말한 것으로 보도되었다.[309] 그런데 1991년 8월 위안부 피해자의 최초 공개 증언이 있은 후, 한때 1992년 한국 법무부는 사정변경의 원칙에 기초하여 일본에 국가책임을 물을 수 있다는 견해를 피력한 바 있지만, 이 시도는 이내 포기되었다. 사정변경은 조약의 종료사유이지 국제위법행위를 전제로 책임(따라서 배상)을 묻기 위해 고안된 개념은 아니기 때문이다.[310] 그 후 한국 정부(외교부)는 종군위안부 배상 문제는 1965년 청구권협정의 '적용 대상'이 아니라는 입장이었으며,[311] 일본은 이 문제는 청구권협정의 규율대상에 속하지만 제2조의 일괄해결 조항에 의해 다 해결된 것이라는 입장이었다.[312] 결국 한국 정부는 위안부 피해 배상 문제에 대해 두 가지 선택권, 즉 "이는 (최소한) 청구권협정 제3조의 발동대상"이라는 헌법재판소의 주장과 "위안부 피해 배상은 청구권협정 제2조의 적용 대상이 아닌 (새로운) 문제"라는 외교부 자신의 기존 주장을 행사할 수 있게 되었다. 게다가 후자의 주장도 청구권협정 제2조의 '해석' 차원에서 제3조에 근거하여 제기될 수 있는 것이고, 종래 자신들의 주장과 헌법재판소의 결정을 함께 고려해야만 하는 한국 외교부로서는 아마도 이 논리에 의존할 수밖에 없을 것이다. 실제로 한국 외교부는 헌법재판소의 결정에 따라, 9월 15일 협정 제3조를 '처음으로' 원용하여 일본군 위안부 문제를 다루기 위한 양자협의를 일본 정부에 공식 제안하였다는 보도가 있었으나,[313] 일본 정부는 이 제의를 사실상 거부한 것으로 보

---

307) 조약은 체결되어 있지만 그간 일본의 소극적인 태도로 사실상 '있으나마나' 한 조약이 되어 버린 한일 대륙붕 공동개발협정(1974년 1월 30일 서명, 1978년 6월 22일 발효)의 분쟁해결조항(제26조)에 대해서도 같은 말을 할 수 있다.

308) 3인 재판관의 반대의견은 협정 제3조 1항의 "외교상의 경로를 통한 해결"도 의무적인 아닌 것으로 해석하였다.

309) 조선일보, "일본군 위안부·원폭 배상 문제 국가가 해결 안 나서는 건 위헌", 2011년 8월 31일 (수), A6면.

310) 본서, 제4장 (조약법), "Ⅳ. 조약의 종료, 8. 사정의 근본적 변경" 참조.

311) 외교통상부 웹페이지 검색 〉 대변인 정례브리핑 〉 2011년 9월 1일 (목), 14:30, 조병제 대변인.

312) 요컨대, 종군위안부 배상의 건이 한일 청구권협정 제2조의 일괄해결 대상에 포함되는 것으로 의도되었는지가 사활적 쟁점인데, 이것은 ICJ가 -*Jurisdictional Immunities of the State* (Germany v. Italy ; Greece Intervening), Judgment of 3 February 2012, para. 102에서- 국가 간에 일괄해결을 한 것으로 의도된 경우 피해자의 본국이 배상금을 받아 도로를 닦는 등 국가경제 재건을 위해 사용함으로써 자기 몫을 받지 못한 피해자 개인이 다시 가해국을 상대로 청구를 제기할 권리가 있다고 보기는 어려울 것임을 시사한 것을 생각하면 더욱 그러하다 : 본서 제14장 (국가책임) "XI. 외교보호, 1. 청구국적의 원칙, (1) 국가에 의한 사적 청구의 제기."

였다.[314] 그러나 2015년 11월 2일 박근혜 대통령과 아베 수상 간 한·일 정상회담에서 "가능한 조기 위안부 문제 타결을 위한 협의 가속화"에 합의함에 따라 양국 외교부 국장급 간에 협의가 가속화된 결과 12월 28일 한·일 외교장관회담에서 합의 타결을 선언하기에 이르렀다.[315] 이것은 한국 정부가 헌법재판소의 요구에 따라 가고 싶어도 일본이 응하지 않으면 갈 수 없는 중재절차를 피할 수 있게 되었음을 의미하는 것이기도 하였다.

2012년 5월 24일 대법원(1부)[316]도 헌법재판소에 뒤이어 한일 간 핵심 쟁점의 하나에 대해 획기적인 판결을 내 놓았는데, 대상 조약은 이번에도 1965년의 한일 청구권협정이었다. 즉, 일제시대 징용되어 강제노역에 종사한 한국인 피해자들이 두 일본기업(신일본제철과 미쓰비시중공업)을 상대로 제기한 손해배상 및 미불임금 지급의 소송에서 대법원은 한일 청구권협정에 의한 원고 등의 청구권의 소멸 여부에 대해 판단하면서 협정에 대해 아래의 해석을 제시하였다.

> "청구권협정은 일본의 식민지배 배상을 청구하기 위한 협상이 아니라 샌프란시스코 조약 제4조에 근거하여 한일 양국 간의 재정적·민사적 채권·채무관계를 정치적 합의에 의하여 해결

313) "협정 근거 첫 위안부 협의제안 성사될까", 연합뉴스, 2011-09-15 ; "미하원 청문회 섰던 '성노예' 피해자 이용수 할머니의 호통, '정부는 이제 와서 협의하나, 배상금은 다 죽고 무덤에 줄 건가'", 조선일보, 2011년 9월 16일 (금), A4면.

314) "일 '위안부 문제 해결됐다' 주장 되풀이", dongA.com, 2011.9.16(금).

315) 여기서 일본 기시다 외무대신은 특히 다음의 입장을 표명하였다 : "① 위안부 문제는 당시 군의 관여 하에 다수의 여성의 명예와 존엄에 깊은 상처를 입힌 문제로서, 이러한 관점에서 일본 정부는 책임을 통감합니다. 아베 내각총리대신은 일본국 내각총리대신으로서 다시 한번 ... 마음으로부터 사죄와 반성의 마음을 표명합니다" ; "② 한국 정부가 前 위안부분들의 지원을 목적으로 하는 재단을 설립하고, 이에 일본 정부 예산으로 자금을 일괄 거출하고, 한일 양국 정부가 협력하여 모든 前 위안부분들의 명예와 존엄의 회복 및 마음의 상처 치유를 위한 사업을 행하기로 합니다" ; "③ 일본 정부는 상기를 표명함과 함께, 상기 ②의 조치를 착실히 실시한다는 것을 전제로, 이번 발표를 통해 동 문제가 최종적 및 불가역적으로 해결될 것임을 확인합니다." 그리고 한국 윤병세 외교장관은 이에 상응하는 한국 정부의 입장을 표명하면서 "한국 정부는 일본 정부가 주한일본대사관 앞의 소녀상에 대해 공관의 안녕·위엄의 유지라는 관점에서 우려하고 있는 점을 인지하고, 한국 정부로서도 가능한 대응방향에 대해 관련 단체와의 협의 등을 통해 적절히 해결되도록 노력한다"고 하였다. 한국 외교부, 뉴스 〉 뉴포커스 2085, "한·일 외교장관회담 결과(일본군위안부 피해자 문제 관련 합의 내용)", 2015-12-28 16:27, 〈https://www.mofa.go.kr/main/index.jsp〉.

한국의 "일제하 일본군위안부 피해자에 대한 보호·지원 및 기념사업 등에 관한 법률"(약칭: 위안부피해자법)(개정) 제2조 1항에 의하면 "일본군위안부 피해자란 일제에 의하여 강제로 동원되어 성적(性的) 학대를 받으며 위안부로서의 생활을 강요당한 피해자를 말한다." https://www.law.go.kr//법령/일제하일본군위안부피해자에대한생활안정지원및기념사업등에관한법률 ; Mari Yamaguchi and Hyung-Jin Kim, AP News, January 13, 2017, "Definitions of 'comfort women' reveal Japan-S. Korea divide", 〈https://apnews.com/article/comfort-women-definition-japan-south-korea-5c8d6ca2a9004f379d4c8a24146e6f44〉 ; https://www.britannica.com/topic/comfort-women.

2019년 12월 27일, 헌법재판소는 위안부 피해자와 그 가족, 유족들이 2015년의 '한·일 위안부 합의'를 상대로 낸 헌법소원 사건(2016헌마253)에서 재판관 전원일치로 각하 결정을 내렸다 : https://www.ccourt.go.kr/cckhome/kor/main/index.do ; 손현수, "'한·일 위안부 합의' 헌법소원 대상 아니다", 법률신문, 2019-12-27 ; NEWSIS, 2019-12-27, "日언론들 "韓헌재, 한일 위안부 합의 헌법소원 각하" 일제히 보도".

서울중앙지방법원(민사합의15부)은 위안부 피해자 (2차)손해배상소송(2016가합580239)에 대한 2021년 4월 21일의 판결(68면)에서 "2015. 12. 28. 한·일 합의는 정식 조약으로 체결되지 아니한 이른바 '정치적 합의'" 라고 언급한 바 있다 : 본서, 제10장 (국가면제), "Ⅵ. 면제의 범위, 3. 강행규범 위반과 국가의 민사재판권 면제" 참조.

316) 2009다22549(미쓰비시중공업), 2009다68620(신일본제철), 2012.5.24. 판결선고.

하기 위한 것으로서, 청구권협정 제1조에 의해 일본 정부가 대한민국 정부에 지급한 경제협력 자금은 제2조에 의한 권리문제의 해결과 법적 대가관계가 있다고 보이지 않는 점, 청구권협정의 협상 과정에서 일본 정부는 식민지배의 불법성을 인정하지 않은 채, 강제 동원 피해의 법적 배상을 원천적으로 부인하였고, 이에 따라 한일 양국의 정부는 일제의 한반도 지배의 성격에 관하여 합의에 이르지 못 하였는데, 이러한 상황에서 일본의 국가권력이 관여한 반인도적 불법행위나 식민지배와 직결된 불법행위로 인한 손해배상 청구권이 청구권협정의 적용대상에 포함되었다고 보기는 어려운 점등에 비추어 보면, 위 원고들의 손해배상 청구권에 대하여는 청구권협정으로 개인청구권이 소멸하지 아니하였음은 물론이고, 대한민국의 외교적 보호권도 포기되지 아니하였다고 봄이 상당하다.

나아가 국가가 조약을 체결하여 외교적 보호권을 포기함에 그치지 않고 국가와는 별개의 법인격을 가진 국민 개인의 동의 없이 국민의 개인청구권을 직접적으로 소멸시킬 수 있다고 보는 것은 근대법의 원리와 상충되는 점, 국가가 조약을 통하여 국민의 개인청구권을 소멸시키는 것이 국제법상 허용될 수 있다고 하더라도 국가와 국민 개인이 별개의 법적 주체임을 고려하면 조약에 명확한 근거가 없는 한 조약 체결로 국가의 외교적 보호권 이외에 국민의 개인청구권까지 소멸하였다고 볼 수는 없을 것인데, 청구권협정에는 개인청구권의 소멸에 관하여 한일 양국 정부의 의사의 합치가 있었다고 볼만큼 충분한 근거가 없는 점, 일본이 청구권협정 직후 일본국 내에서 대한민국 국민의 일본국 및 그 국민에 대한 권리를 소멸시키는 내용의 재산권조치법을 제정·시행한 조치는 청구권협정만으로 대한민국 국민 개인의 청구권이 소멸하지 않음을 전제로 할 때 비로소 이해될 수 있는 점 등을 고려해 보면, 위 원고들의 청구권이 청구권협정의 적용대상에 포함된다고 하더라도 그 개인청구권 자체는 청구권협정만으로 당연히 소멸한다고 볼 수는 없고, 다만 청구권협정으로 그 청구권에 관한 대한민국의 외교적 보호권이 포기됨으로써 일본의 국내 조치로 해당 청구권이 일본국 내에서 소멸하더라도 대한민국이 이를 외교적으로 보호할 수단을 상실하게 될 뿐이다.

따라서 위 원고들의 피고에 대한 불법행위로 인한 손해배상청구권은 청구권협정으로 소멸하지 아니하였으므로, 위 원고들은 피고에 대하여 이러한 청구권을 행사할 수 있다."

—이 사건의 주심 김능환 대법관이 "독립운동 하는 심정으로 판결문을 썼다"[317]는 말을 남겨 유명해지기도 한— 위 판결은 다음 몇 개로 요약할 수 있겠다. 첫째, "일본의 한반도 식민지배와 직결된 불법행위로 인한 손해배상 청구권은 한일 청구권협정의 적용대상에 포함되지 아니한다." 둘째, "따라서 원고 등의 손해배상 청구권에 대하여는 청구권협정으로 개인청구권이 소멸하지 아니하였음은 물론이고, 대한민국의 외교적 보호권도 포기되지 아니하였다." 셋째, "설령 청구권협정으로 개인청구권에 관한 대한민국의 외교적 보호권이 포기됨으로써 일본의 국내조치로 해당 청구권이 일본국 내에서 소멸하였다고 가정해 보더라도, 이로써 대한민국이 외교적 보호 수단을 상실하게 될 뿐이고, 원고 등의 피고에 대한 (대한민국 내에서의) 청구권은 청구권협정으로 소멸하지 아니하였다." 대법원의 이같은 판단에 대해 국제법의 관점에서 다음의 몇 가지 사견을 첨언하고자 한다.

첫째, 대법원도 의식하고 있는 바와 같이, 한일 청구권협정의 적용대상에 징용 문제가 포함되었

317) 박태인/중앙일보, 2019.08.15., "[한일 고비 셋①]한일 흔든 징용판결 … 주연 김능환, 조연 탄핵", 〈https://news.joins.com/article/23552826〉; https://namu.wiki/w/김능환.

는지는 조약 해석의 문제로 귀착하는데, 이 문제에 대해 익명(匿名)의 한국 '정부 당국자'는 "위안부 문제는 65년 협정문에서 빠져있기 때문에 정부 차원에서 요구를 할 수 있지만, 징용 피해자의 미지불 임금이나 배상 문제는 협정문에 명시돼 있는 것이 사실"이라며 "정부가 나설 경우 한일협정 전체가 파기되는 셈이고, 그 파장은 어디까지 미칠지 가늠할 수가 없다. 정부로선 그런 선택은 어렵다."고 말한 것으로 전해졌다.[318] 다만, 특별히 징용 피해자의 미지불 임금이나 배상 문제가 협정 본문에 적시되어 있는 것은 아니고 합의의사록에 담겨 있다.[319] 그리고 익명의 '외교부 관계자'는 "정부 차원의 배상은 끝났지만 피해자 개인이 '일본 기업'에 요구하는 것은 가능하다고 보기 때문에 그에 대한 지원은 최대한 할 생각"이라고 말한 것으로 전해지고 있다.[320]

둘째, 국제법의 관점에서 보면 한국 대법원이나 '외교부 관계자'의 상기 해석은 단지 한국측의 자기해석(auto-interpretation)에 불과하다. 위 판결이 나온 당일 일본 정부관계자들은 "한일 청구권 협정에 의해 보상은 완전히 해결됐다"고 언급한 것으르 전해졌는데,[321] 일본 정부는 징용 문제에 대해 일본 정부 차원의 보상/배상뿐만 아니라 가해자 개인(일본기업) 차원의 보상/배상 문제도 한일 청구권협정에 의해 일괄 해결(lump-sum settlement)되었다고 생각하는 것으로 보인다. 일본의 이 같은 입장은 한국(정부)의 외교적 보호권 자체가 포기되지 않았다고 보는 한국 대법원의 입장과 정면 배치될 뿐만 아니라, 외교보호권은 포기되었지만 사인간 차원의 국내법(한국법)상의 청구권은 포기되지 않았다는 의미로 해석되는 한국 '외교부 관계자'의 입장과도 배치된다. 이는 징용 문제에 대한 한일 청구권협정의 해석과 관련하여 사실상 한일 양국 간에 분쟁이 존재하게 되었음을 의미한다.

셋째, 대법원은 "청구권협정은 일본의 식민지배 배상을 청구하기 위한 협상이 아니라"고 하였다. 그렇다면 일본의 한반도 불법식민지배에 기인하는 배상청구권은 여전히 포괄적으로 남아 있다는 것인데, 한국 정부는 한일 청구권협정 체결 이후 이 부분의 배상청구권을 주장한 적이 없다. 이 문제에 대한 한국 정부의 기존의 침묵을 고려하면 에스토펠 원칙상 한국 정부가 국가 간 차원에서 이 문제를 새삼 제기하기는 어려울 것이다. 그러나 한국법상 이 부분의 한국 정부의 그간의 부작위를 어

318) 권대열, "일(日)정부 "배상문제, 완전히 끝난 얘기"", 조선일보, 2012년 5월 26일, A3면.

319) 즉, 한일 청구권협정에 대한 '합의의사록(I)'[Agreed Minutes(I)]은 '협정 제2조에 관하여' "(g) 동 조 1에서 말하는 완전히 그리고 최종적으로 해결된 것으로 되는 양국 및 그 국민의 재산, 권리 및 이익과 양국 및 그 국민 간의 청구권에 관한 문제에는 한일회담에서 한국측으로부터 제출된 "한국의 대일 청구 요강"(소위 8개 항목)의 범위에 속하는 모든 청구가 포함되어 있고, 따라서 동 대일청구요강에 관하여는 어떠한 주장도 할 수 없게 됨을 확인하였다."고 규정하고 있는데, 한국이 일본 측에 제출한 '청구권 제시 8개항목'에는 징용 피해와 관련하여 "피징용 한국인 미수금, 전쟁에 의한 피징용자의 피해에 대한 보상 및 기타 청구권"이 명시되어 있다 : 《한일회담백서》(발행 대한민국정부, 인쇄 光明印刷公社, 1965년 3월 20일 발행), pp. 44~46 ; 정규재 TV, 극강, "이영훈 교수의 환상의 나라 - 7. 노예기억의 정치", 2016.7.4, 〈jkjtv.co.kr〉.

320) 상동. 외교부 관계자의 이 언급은 *Barcelona Traction Co.* case, ICJ Reports (1970), p. 3, para 78에서의 ICJ의 다음 언급을 연상케 한다 : "The Court would here observe that, within the limits prescribed by international law, a State may exercise diplomatic protection by whatever means and to whatever extent it thinks fit, for it is its own right that the State is asserting. Should the natural or legal persons on whose behalf it is acting consider that their rights are not adequately protected, they have *no remedy in international law.* All they can do is to *resort to municipal law, if means are available,* with a view to furthering their cause or obtaining redress." (italics added)

321) 이한수, "일본 "징용자 피해보상 이미 완전히 해결" 주장", 조선일보, 2012년 5월 25일.

떻게 평가할 것인지가 또 다시 헌법재판의 대상이 될 수 있을 것이다.

넷째, 대법원은 "일본이 청구권협정 '직후' 일본국 내에서 대한민국 국민의 일본국 및 그 국민에 대한 권리를 소멸시키는 내용의 재산권조치법을 제정 · 시행한 조치는 청구권협정만으로 대한민국 국민 개인의 청구권이 소멸하지 않음을 전제로 할 때 비로소 '이해'될 수 있[다]"고 하였는데, 일본으로서는 청구권협정의 '국내적 이행을 위한 입법'조치를 '신속히' 취한 것이었다고 '이해'하는 것이 합리적일 것이다.

다섯째, 끝으로 술어 사용의 문제로서, 대법원은 "한일합병조약"과 "일본의 한국병합경위"를 언급함으로써 '합병'과 '병합'을 대체가능한 용어처럼 사용하고 있다. 그러나 두 용어를 구분하는 입장에서 보면, "일본의 한국병합"이란 후자의 표현이 역사적 사실에 부합한다.[322]

원고승소 취지로 파기환송 판결을 내린 후 대법원은 2015년 외국의 '법정 조언자'(*amicus curae*) 제도를 본떠 민 · 형사 소송에 '참고인 의견서 제출' 제도를 도입하였으며,[323] 2016년 11월 25일 사건과 관련하여 외교부는 해당 민사소송규칙에 의거 대법원에 의견서를 제출하였다.[324] 그러나 2018년 10월 30일의 재상고심 판결[325]에서 –김명수 대법원장이 이끄는– 대법원(전원합의체, 다수의견)은 여전히 "한일합병조약"이란 표현을 고수하면서, "… 피고는 … 상고이유에서, 강제동원 위자료 청구권이 청구권협정의 적용대상에 표현된다는 전제하에, 청구권협정으로 포기된 권리가 국가의 외교적 보호권에 한정되어서만 포기된 것이 아니라 개인청구권 자체가 포기(소멸)된 것이라는 취지의 주장도 하고 있으나, 이 부분은 … 더 나아가 살펴볼 필요 없이 받아들일 수 없다"고 함으로써 2012년 판결의 논리를 그대로 유지하였다.[326] 대법원 판결은 곧장 한일 양국 간의 갈등으로 이어졌

---

322) "일본의 한국병합", 즉 "일한병합"을 "한일합병"이나 "한일합방" 혹은 "한일병합"으로 표현한다고 해서 경술국치(庚戌國恥)의 역사가 치유되는 것은 아닐 것이다. 1910년 8월 22일의 한-일 군주 간 조약도 그 전문에서 "한국 황제 폐하(皇帝陛下) 및 일본국 황제 폐하(皇帝陛下)는 …한국을 일본국에 병합하는 것 만한 것이 없음을 확신하여 이에 양국 간에 병합 조약을 체결하기로 결정한다."고 언급하고 있다. https://sillok.history.go.kr/main/main.jsp. 최서면(崔書勉) 선생도 "일제가 한국을 식민지로 만들었는데 이를 합방이라고 하는 것은 무식한 일"이라며 "일본의 한국 강제 병합"이란 표현을 주장하였는데, 한국정부는 "2010년 그의 지론을 따라" 이 표현을 채택하였다고 한다 : 이한수 기자, '"일본이 역사眼 키워야 韓日관계 개선될 수 있어" : 일제 침략사 50년 연구한 최서면 국제한국연구원장', 조선일보, 2014년 4월 4일, A25.

323) 형사소송규칙 제161조의 2 (참고인 의견서 제출)[본조신설 2015.1.28] ; 민사소송규칙 제134조의 2 (참고인 의견서 제출)[본조신설 2015.1.28]. 다만, 참고인 의견서 제출은 대법원 단계에서만 허용되는 절차이다.

324) 징용 문제와 관련하여 외교부는 2022년 7월 26일에도 대법원 상고심 담당 두 재판부(2부와 3부)에 의견서를 제출하였다. 정진우/중앙일보, 2022.07.31., "외교부, '강제징용 의견서' 제출… '현금화' 앞서 외교 노력 알렸다", 〈https://www.joongang.co.kr/article/25091017#home〉 ; 정대하/한겨레, 2022-08-02, "외교부가 X맨이냐… "의견서로 소송 방해" 강제동원 피해자들 '분통'", 〈https://www.hani.co.kr/arti/area/honam/1053252.html〉 참조.

325) 2013다61381(환송판결 2009다68620에 대한 선고).

326) 이 같은 다수의견에 대해, 권순일, 조재연 두 대법관은 반대의견을 통해 다음과 같이 논하였다 : "청구권협정 제2조 1.은 청구권에 관한 문제가 '완전히 그리고 최종적으로 해결된 것이 된다는 것을 확인한다.'라고 규정하고 있고, '완전하고도 최종적인 해결'에 이르는 방식은 제2조 3.에서 규정하고 있는 '어떠한 주장도 할 수 없는 것으로 한다.'라는 문언에 의하여 실현된다. 즉 '어떠한 주장도 할 수 없는 것'이라는 방법을 통하여 청구권 문제의 '완전하고도 최종적인 해결'을 기하고 있다. 그런데 '어떠한 주장도 할 수 없는 것으로 한다.'라는 문언의 의미는 앞서 살펴본 것처럼 청구권에 관한 대한민국의 외교적 보호권만을 포기한다는 뜻으로 해석할 수 없고, 그렇다고 청구권 자체가 실체법적으로 소멸되었다는 의미라고 단정하기도 어렵다. 그렇다면 '어

다.[327] 신각수 전 외교부 차관은 "미국 등에서는 사법부가 외교 사안에 대해서는 행정부 입장을 듣고 신중한 판단을 내리는 '사법 자제'의 전통이 있는데 한국에서는 그게 '사법 농단'이 됐다"고 말한 것으로 전해졌는데,[328] 이 논평은 적확(的確)하다.[329] 그리고 2021년 6월 7일, 드디어 −2018년 대법원 전원합의체 판결에서 제시된 소수의견(2인)을 수용한 것으로 보이는− 국제법 친화적인 1심 판결[330]이 나왔다. 즉, 이날 서울중앙지법(민사합의34부)은

> "청구권 협정 제2조는 대한민국 국민과 일본 국민의 상대방 국가 및 그 국민에 대한 청구권까지 대상으로 하고 있음이 분명하므로 청구권 협정을 국민 개인의 청구권과는 관계없이 양 체약국이 서로에 대한 외교적 보호권만을 포기하는 내용의 조약이라고 해석하기 어렵고, 이 조항에서 규정하고 있는 '완전하고도 최종적인 해결'이나 '어떠한 주장도 할 수 없는 것으로 한다'라는 문언의 의미는 개인청구권의 완전한 소멸까지는 아니더라도 '대한민국 국민이 일본이나 일본 국민을 상대로 소로써 권리를 행사하는 것은 제한된다'는 뜻으로 해석하는 것이 타당하다."

는 등의 이유로 징용피해자 85명이 −일본제철과 미쓰비시중공업을 포함한− 16개 일본 기업을 상대로 낸 손해배상 청구소송에서 소를 모두 각하하였다.[331] 두 달 뒤 8월 11일에는 징용과 관련하여 또 결을 달리하는 1심 판결이 나왔다. 이날 서울중앙지법(민사25단독 박성인 부장판사)은 한 피해자의 유가족 5명이 미쓰비시 매터리얼(전 미쓰비시 광업)을 상대로 낸 손해배상청구소송[332]에서 "유족들은 2012년 5월 대법원 판결이 선고된 때로부터 3년이 경과한 2017년 2월 이 사건 소를 제기했다"며 "권리행사의 상당한 기간 안에 소를 제기했다고 보기 어려워 유족들의 청구를 기각한다"고 판시했다.[333] 한편, 2021년 후반부에 들어와 법원은 관련 일본 기업들에 대해 국내자산 매각 명령도 내렸

떠한 주장도 할 수 없는 것으로 한다.'라는 문언의 의미는 결국 '대한민국 국민이 일본이나 일본 국민을 상대로 소로써 권리를 행사하는 것이 제한된다'는 뜻으로 해석할 수밖에 없다. ... 대한민국 국민이 일본 또는 일본 국민에 대하여 가지는 개인청구권은 청구권협정에 의하여 바로 소멸되거나 포기되었다고 할 수는 없지만 소송으로 이를 행사하는 것은 제한되게 되었으므로, 원고들이 일본 국민인 피고를 상대로 국내에서 강제동원으로 인한 손해배상청구권을 소로써 행사하는 것 역시 제한된다고 보는 것이 옳다."

327) 윤희훈/chosun.com, 2019.7.16., "靑 "日 제안한 '징용판결 제3국 중재위' 수용 불가""; The Japan Times, Jul 15, 2019, "South Korean leader warns Tokyo's tightened controls on high-tech exports could hurt Japan more".

328) 김경화/조선일보, 2019.7.17, ""강제징용 보상은 1965년 청구권 협정에 포함" 노무현 정부 당시 민관 공동위서 결론낸 사안".

329) 이 사건 전체 전개과정의 개관을 위해서는 다음 사이트를 참조: https://namuwiki/w/신일철주금 강제징용 소송; https://www.unamwiki.org/w/강제징용배상논란.

330) 서울중앙지방법원 2015가합13718.

331) 이용경/법률신문, 2021-06-07, "강제징용 피해자들, 日 전범기업 16곳 상대 소송 냈지만 '각하'"; 양은경/조선일보, 2021년 6월 8일, A1/8, "징용 피해자들 1심서 패소…김명수 대법 판결, 1심이 조목조목 반박 - 법원, 日기업 16곳 대상 손배소에 "한일협정으로 개인 소송 못해""; The Japan Times, Jun 7, 2021, "South Korean court dismisses wartime labor case against 16 Japan firms" 〈https://www.japantimes.co.jp/news/2021/06/07/national/crime-legal/south-korea-wartime-labor-japan-lawsuit-dismissed/〉; 김은정·권순완/조선일보, 2121년 6월 8일, A8, "피해자측 "즉각 항소" … 기존 판결의 강제집행은 영향 없어".

332) 서울중앙지방법원, 2017가단5042159.

333) 이용경/법률신문, 2021-08-11, "일제 강제노역 피해자' 유가족, 日기업 상대 손해배상소송 패소 - "재판관할권 한국에 있지만 소멸시효 도과" - 서울중앙지법, 일본기업 미쓰비시 매터리얼 승소 판결"; 이은지·김규태/문화일보, 2021년 8월 11일, "강제 징용 피해자들 손배소 또 패소…'김명수 대법' 위상 흔들 - '각하' 이어 '기각'

다.[334] 일제 징용 관련 국내재판의 전개과정을 지켜보노라면 앨리스의 이상한 나라에 들어온 느낌이다.[335]

위 두 쟁점(종군위안부와 징용)에 대해 한국과 일본이 청구권협정을 달리 해석하는 한 분쟁은 한없이 지속될 것이다. 양국 정부는 이제 이 분쟁의 종국적 해결을 위해 동 협정(제3조)에 규정된 분쟁해결 수단을 소진하는 것이 좋지 않겠는가?

"남북관계 발전에 관한 법률"[336]에 대해서도 주목을 요한다. 노무현 대통령 시절인 2005년 12월 29일 제정된 이 법률은 비준동의의 대상이 되는 문서의 법적 성격이라는 측면에서 헌법이 부여하고 있는 것을 초과하는 비준동의권을 국회에 부여하고 있는 것으로 보이기 때문이다. 즉, 동 법률 제21조(남북합의서의 체결 · 비준) 3항에 의하면 국회는 "국가나 국민에게 중대한 재정적 부담을 지우거나 입법사항에 관한" '남북합의서'의 체결 · 비준에 대한 동의권을 가지는데,[337] 동 법률 제4조(정의) 3호에 의하면 이 법률의 목적상 '남북합의서'는 "정부와 북한 당국 간에 문서의 형식으로 체결된 모든 합의"로 정의되고 있다. 여기서 "문서의 형식으로 체결된 모든 합의"라 함은 조약을 포함한 법적 구속력있는 문서로 의도된 것은 물론이고, "문서의 형식으로 체결된" 것이면 신사협정까지도 포함하는 것으로 해석된다. 생각건대, 헌법이 조약에 대해 사용하고 있는 비준과 비준동의의 술어를 법률에서 조약과 신사협정의 구분 없이 사용하는 것은 적절치 않아 보인다. 조약으로 의도된 합의서가 아닌 데도 조약인 것처럼 오해를 불러일으킬 수 있고, 조약으로 의도된 합의서인가 아닌가를 놓고 한국 내에서 혹은 남북간에 견해가 갈릴 수도 있기 때문이다. 아무튼, 2018년 10월 24일 청와대 대변인은 "[헌법 제60조에서 말하는] 조약은 문서에 의한 국가 간 합의다. 하지만 북한은 헌법과 우리 법률 체계에서 국가가 아니다", "북한은 한국 헌법과 우리 법률 체계에서 국가가 아니기 때문

판결 나와 – 대법원 판례 2번이나 뒤집혀 – 韓日협정 소멸시효 만료 근거 "日 배상책임 물을 수 없다" 판단." 동 법정(서울중앙지법, 민사25단독, 박성인 부장판사)은 2021년 9월 8일 다른 피해자의 유족인 자녀 4명이 일본제철(옛 신일본제철)을 상대로 낸 손해배상청구소송(2019가단5086804)에서도 동일한 법리를 적용하여 소를 기각하였다. 그러나 소멸시효 기산점에 대해서는 2018년의 대법원 전원합의체 판결 선고 시점을 기준으로 해야 한다는 반대의견도 있어, 이 부분에 대한 대법원의 최종판단이 필요하게 되었다. 이용성/법률신문, 2021-09-08, "[판결] '일제 강제노역 피해자' 유족, 日기업 상대 손해배상소송 또 패소 : 서울중앙지법 "2012년 대법원 판결 이후 3년 지나 소송 제기… 소멸시효 완성", 지난 8월 강제노역 피해자 소송과 같은 취지 판단".

334) 정준휘/법률신문, 2021-09-28, "[판결] 법원, '강제징용' 미쓰비시 국내자산 첫 매각 명령 – 미쓰비시 "극히 유감"… 즉시 항고 방침 밝혀" ; 류재민/조선일보, 2021년 12월 31일, A10면, "법원 "일본제철, 한국내 주식 팔아 징용 피해자에 배상" – 전범기업 자산매각 판결 두번째" 참조.

335) 선우정/조선일보, 2021년 6월 9일, A30, [칼럼] "文 정권에선 검사가 정치하고 판사가 외교한다" ; 양상훈/조선일보, 2021년 6월 10일, A30, [칼럼] "이제 우리도 일본에 돈 달라는 요구 그만하자" ; 안준용/조선일보, 2021년 6월 10일, A5, "징용배상 각하 판결에...송영길 "조선총독부 경성법원의 판결"" ; 매일경제, 2021.06.09., "與, 징용소송 각하에 "조선총독부 경성법원 판결인가"", 〈https://www.mk.co.kr/news/politics/view/2021/06/555732/〉.

336) 법률 제7763호. 동 법률은 수시로 개정되고 있으나 본 논의와는 관련이 없다.

337) 게다가, 동 법률 제23조(남북합의서의 효력범위 등) 2항에 의하면 "대통령은 남북관계에 중대한 변화가 발생하거나 국가안전보장, 질서유지 또는 공공복리를 위하여 필요하다고 판단될 경우에는 기간을 정하여 남북합의서 효력의 전부 또는 일부를 (단지) '정지'시킬 수" 있으며, 3항에 의하면 "대통령은 국회의 체결 · 비준 동의를 얻은 남북합의서에 대하여 제2항의 규정에 따라 그 효력을 정지시키고자 하는 때에는 국회의 동의를 얻어야 한다."

에 북한과 맺은 합의, 약속 이런 건 조약이 아니므로 헌법이 적용될 수 없다"고 말한 것으로 보도되었다.[338] 이 보도와 관련하여 다음 몇 가지 사항을 첨언하고자 한다.

첫째, 한국 헌법 제60조(1항)는 국회의 비준동의가 요구되는 조약의 내용에 대해 열거하고 있을 뿐, 제60조의 목적을 위한 조약에 대한 정의 규정이 아니다. 뿐만 아니라 헌법 그 어디에도 "조약은 … 국가 간 합의다"라고 정의하고 있지 않다.

둘째, 그렇다면 헌법을 포함한 한국 국내법의 목적을 위한 조약의 정의는 헌법 제6조 1항에 지칭된 -"국내법과 같은 효력을 가[지는]"- 두 종류의 국제법, 즉 조약과 일반국제법에서 구하여야 할 것이다. 그리고 조약은 국가 간에만 체결될 수 있는 것은 아니라는 일반국제법의 규칙은 헌법 제6조 1항에 의거하여 한국 헌법 내로 편입되었다. 그 결과 일반국제법의 차원에서 뿐만 아니라 한국법의 차원에서도 한국과 -한국 헌법 제3조의 관점에서 반국가단체인- 북한 간에 (양자)조약이 체결될 수 있다. "남북관계 발전에 관한 법률" 제3조 1항에 명시된 바와 같이 "남한과 북한의 관계는 국가 간의 관계가 아닌 통일을 지향하는 과정에서 잠정적으로 형성되는 특수관계"라고 해서 남북한 간에 조약이 체결될 수 없는 것은 아니다.[339]

셋째, 만에 하나, "남북관계 발전에 관한 법률"이 "북한은 한국 헌법과 우리 법률 체계에서 국가가 아니"라는 것을 전제로 하여 남북간 모든 합의서는 신사협정이라고 전제하고 '남북합의서'를 정의한 것이라면 남북간 문서에 의한 모든 합의는 "조약은 준수되어야 한다"(*pacta sunt servanda*)는 일반국제법의 기본명제로부터 자유롭다는 무정부적 결론이 도출된다. 이런 측면에서도 동 법률의 남북합의서에 대한 정의는 조약과 신사협정을 모두 아우르는 포괄적 정의로 이해하는 것이 그나마 타당할 것이다.

넷째, 국가의 법적 공간에 있어 "헌법이 적용될 수 없[는]" 즉, 국가의 근본규범인 헌법으로부터 자유로운 영역이란 게 존재할 수 있는가? 조약이면 헌법이 적용되고 조약이 아니면 헌법이 전혀 적용되지 아니하는가? 대통령은 -"남북관계 발전에 관한 법률"에 의하여 국회의 비준동의를 얻어야 하는 -즉, "국가나 국민에게 중대한 재정적 부담을 지우거나 입법사항에 관한"- 경우를 제외하고는 남북관계에서 그 내용이 무엇이든 헌법으로부터 자유로이 자신이 원하는 신사협정을 체결할 수 있는가? 이 세 가지 연속적인 질문에는 부정적으로 답할 수밖에 없다. 법치주의 국가에서 그런 것들은 존재할 수 없기 때문이다.

다섯째, "남북관계 발전에 관한 법률"에 국회의 비준동의를 얻어야 하는 것으로 명시된 두 경우, 즉 "국가나 국민에게 중대한 재정적 부담을 지우거나 입법사항에 관한" 경우는 헌법 제60조에 '조약' 체결시 국회의 비준동의를 얻어야 하는 6가지에 이미 포함되어 있는 것인데, 그렇다면 이 중요한 두 범주의 조약이 -비록 국회의 비준동의를 받아야 한다고 하더라도- 남북 간에는 조약 대신 신사협정

338) 박정엽/조선일보, 2018.10.24., "靑 "북한은 국가 아니고 남북 합의서는 조약이 아니다"" ; 최승현 · 박상기 · 이민석/조선일보, 2018.10.25, "靑 "남북관계법상 비준 가능"…野 "헌법 60조가 상위법"".

339) 남북한은 이미 UN헌장을 포함하여 많은 '다자'조약의 공동당사자이다. 그러나 '남북합의서'는 남북한간의 양자합의만을 규율의 대상으로 삼고 있는 것으로 보인다. 본서, 제2장 (국제법의 연원), "Ⅲ. 조약, 1. 조약의 정의" 참조.

의 형식으로 체결될 수 있다는 것이 남북관계발전법의 입법취지인가? 만일 그렇다면 이것은 헌법에서 조약으로 체결할 것을 예정하고 있는 것을 남북 간에는 신사협정으로 체결할 길을 노골적으로 터놓은 것이 된다. 만에 하나 입법가들이 동 법률의 목적상 조약과 신사협정을 구분하지 않으려는 의도였다면 더 큰 비판에 직면할 수 있다. 이는 다른 것을 같은 범주로 묶어 놓은 것이 되기 때문이다. 생각건대, "남북관계 발전에 관한 법률"은 헌법 제6조 1항에 말하는 국제법의 관점에서 볼 때 독특한, 그리고 한국 헌법의 관점에서 보면 헌법을 파훼(破毁)하는 입법이 아닐 수 없다.

(9) EU[340)]

EU의 유럽재판소는 EU를 대외적으로 구속하는 국제협정과 관련한 두 개의 문제, 즉 그러한 협정의 EU회원국 내에서의 직접효력을 인정할 것인지,[341)] 그리고 그러한 협정에 위배되는 것으로 보이는 EU입법의 사법심사를 수락할 것인지[342)]의 문제를 다룸에 있어 좌고우면(左顧右眄)하는 모습을 보여주고 있는데, 혹시 우리들에게도 시사하는 바가 있을 것 같아 이에 관한 몇몇 주요 판례를 소개한다.

논의의 출발점으로서, EU기능조약 제216조 2항(구 EC 제300조 7항)[343)]은 EU가 체결하는 국제협정은 'EU기관들'(institutions of the European Union)과 'EU회원국들'에 대해 구속력이 있다고 규정하고 있는데, 유럽재판소는 일찍이 *Haegeman* v. *Belgium*[344)]에서 문제의 협정(즉, 당시 공동체와 그리스간의 준회원협정)은 "발효한 때로부터 공동체법의 한 구성부분(an integral part of Community law)을 형성한다"고 말함으로써 구 EC 제300조를 일원론적 시각에서 바라보았다. 그러나 그 후의 판례는 "일원론의 하늘에 이원론의 구름이 끼어 있음" (the existence of some dualist clouds obscuring the monistic sky)[345)]을 보여주고 있다.

먼저, 그같은 국제협정에 대해 어느 정도의 직접효력을 부여할 것인가의 문제와 관련하여,[346)]

---

340) 2009년 12월 1일 발효한 리스본조약에 의하여 EEC의 후신인 EC가 다시 EU에 흡수되었으므로 이해의 편의상 아래에서 EU, EC, EEC 혹은 유럽공동체라는 표현은 동일시하여도 좋을 것이다.

341) EU법체계를 구성하는 여러 연원의 직접효력 문제는 그간 주로 EU기능조약 제267조(구 EC 제234조)에 규정된, 유럽재판소의 이른바 선결적 부탁절차(preliminary reference procedure)를 통하여 발전되어 왔다.

342) 이 문제는 주로 EU기능조약 제263조(구 EC 제230조)와 제264조(구 EC 제231조)에 규정된 유럽재판소의 취소소송(annulment action)에서 제기되지만, 상기 선결적 부탁절차 하에서도 제기될 수 있다. 다만, 전자의 취소소송은 '합법성'(legality)에 관한 심사인데 반해, 후자의 선결적 부탁절차는 이 경우 '유효성'(validity)에 관한 심사라는 외견상의 차이가 있다. 拙著, 《EU法論》, pp. 430, 436~437.

343) 이것은 마스트리히트조약에 의하여 개정되기 전까지는 'EEC' 제228조 2항이었는데, 동 조약에 의하여 EEC가 'EC'로 개정된 후에는 EC 제228조 7항이 되었다가, 암스테르담조약에 의하여 조문번호가 제300조 7항으로 되었다. 그 후 리스본조약은 다시 이 규정을 EU기능조약 제216조 2항에 위치시켰다.

344) Case 181/73, [1974] ECR 449, para. 5.

345) Koen Lenaerts and Eddy De Smijter, "The European Union as an Actor under International Law", (1999~2000) 19 Yeabook of European Law 95 at 105.

346) 유럽재판소가 요구하는 직접효력의 최소한의 요건은, (1) 문제의 규정은 사법적 적용을 위하여 충분히 명확할 것, (2) 문제의 규정은 무조건적인 의무를 부과하는 것일 것, 그리고 (3) 문제된 규정의 이행은 당해 문제에 관해서 재량적 권한을 가진 공동체기관 또는 공동체회원국이 채택하는 추가조치에 의존하지 않을 것 등, 세 가지이다. 여기서는 유럽재판소가 생각하는 이들 요건에 관해서는 논하지 않겠다. 이들 요건에 관해서는, 拙著, 《EU法論》, p. 295 이하 참조.

Bresciani v. *Italian Finance Department*347)에서 유럽재판소는 1963년의 Yaoundé 협약 제2조 1항의 직접효력을 긍정한 바 있는데, 이 조항은 "유럽공동체와 준회원협정을 맺고 있는 아프리카 및 말라가시 국가들로부터 공동체 내의 한 회원국으로 수입되는 물품은 다른 공동체회원국으로부터 수입되는 물품과 같은 범위 내에서 관세 및 이와 동등한 효과를 갖는 부과금으로부터 면제된다."고 규정하고 있었다.348) 반면에, *International Fruit Company* 사건349)에서는, 당시 공동체가 GATT(1947년)의 공식당사자가 아님에도 불구하고 "공동체가 GATT 하의 공동체회원국들의 의무를 인수(assumed)(즉, 승계)하였다"고 봄으로써 GATT의 공동체에 대한 구속력을 인정하면서도,350) 문제된 GATT 제11조351)의 직접효력은 부인하였다. 여기서 유럽재판소는 GATT규정의 직접효력 유무를 결정하기 위해서는 "GATT의 정신, 일반적 구조 및 조건"(the spirit, the general scheme and the terms of GATT)을 고려하여야 한다고 하면서, 고려의 결과 GATT 제11조의 직접효력을 인정할 수 없다고 판시하였던 것이다.

이어서 *Kupferberg* 사건352)에서는 공동체가 제3국과 체결한 국제협정의 직접효력 유무를 결정함에 있어 상호주의(reciprocity)를 고려에 넣어야 할 것인지의 문제가 함께 논의되었다. 즉, 이 사건에서는 (당시 아직 공동체에 가입하기 전인) 포르트갈과 공동체간의 자유무역협정(Free Trade Agreement) 제21조가 독일에서 직접효력이 있는가의 문제가 제기되었던 것인데, 유럽재판소는 공동체 전체에 걸친 통일적인 해답이 바람직하기 때문에 이 문제를 각 공동체회원국의 국내법에 맡겨둘 수 없다고 전제하였다. 그래서 공동체법에서 이 문제를 결정짓지 않으면 안되었는데, 재판소는 문제의 제21조를 검토한 뒤 그것의 직접효력을 인정하였다. 그리고 문제의 협정이 포르투갈 내에서는 아마도 직접효력이 없다는 사실은 관계없는 것으로 간주되었다.353) 다만, 유럽재판소는 직접효력의 유무에 관하여 국제협정에서 자체 규정을 두고 있는 경우에는 그것이 결정적인 기준이 될 것이라고 말하였다.354) 그러나 조약 내에 그같은 규정을 두고 있는 경우는 드물고, 문제된 포르투갈과

347) Case 87/75, [1976] ECR 129, para. 26.

348) 유럽공동체는 관세동맹을 기본으로 하여 발전하여 왔는데, 이 판결에 의하여 한 공동체회원국의 수입상은 준회원국가로부터 상품을 수입할 대 -동일상품을 다른 공동체회원국으로부터 수입할 때와 마찬가지로- 관세를 면제받을 수 있다는 것을 입증하기 위해 국내재판소에서 위 제2조 1항을 원용할 수 있게 되었던 것이다.

349) Cases 21-24/72, *International Fruit Co.* v. *Produktschap voor Groenten en Fruit*, [1972] ECR 1219, paras. 18, 20 and 27.

350) 유럽재판소는 Case 38/75, *Nederlandse Spoorwegen* v. *Inspecteur der invoerrechten en accijnzen*, [1975] ECR 1439, paras. 16 and 21에서는 GATT 하의 의무이행에 관한 한 공동체가 회원국들을 "대신하였다"(has replaced)고도 표현하였다. 그러나 이같은 승계는 어디까지나 EC/EU 차원의 논리이고, '국제적' 차원에서도 그렇게 인정될 것인가는 별개의 문제이다. GATT(1947년) 내에서 그같은 공식적인 승인은 없었지만, EC는 당시 GATT의 틀 내어서 교섭에 참여하고 협정을 체결하곤 하였다. 그 후 EC는 자신의 회원국들과 함께 1995년 1월 1일 창설된 WTO의 원회원이 되었으며, 이로써 당시 EC와 EC회원국들은 "GATT 1994"의 당사자가 되었다(WTO설립협정 제11조). 그러나 "GATT 1947"로 명명된 종전의 GATT와 "GATT 1994"는 "법적으로 별개"(legally distinct)이다(WTO설립협정 제2조 4항).

351) 체약국 상호간에 있어 수출입에 대한 수량제한의 일반적 폐지와 그 예외를 규정하고 있다.

352) Case 104/81, *Hauptzollamt Mainz* v. *Kupferberg*, [1982] ECR 3641.

353) *Ibid.*, para. 18.

354) *Ibid.*, para. 17.

의 자유무역협정에도 그같은 규정은 없었다. 그리고 유럽재판소는 제3국과의 국제협정에 대해서는 공동체설립조약의 경우처럼 정책지향적인 넓은 해석을 부여할 수 없다는 점을 분명히 하였다. 종종 그러하듯이, 설사 문제의 협정규정이 EC설립조약규정의 문언을 거의 그대로 옮겨 놓고 있는 경우라 할지라도 마찬가지이다.[355] 이것은 똑같은 술어라 할지라도 EC설립조약(현 EU조약 및 EU기능조약)에서의 그 의미와 제3국과의 협정에서의 그 의미가 다를 수 있음을 뜻한다.

유럽재판소가 이처럼 일견 공동체에 다소간 불리한듯한 전략을 수립한 이유는 다음과 같이 설명되기도 한다. 즉, 제3국과의 협정체결은 공동체가 하지만, 그 '이행'은 대체로 공동체회원국들에게 달려 있다. 그런데도 공동체회원국들이 제3국과의 협정을 이행하지 않으면 대외적으로 곤란을 당하게 되는 것은 공동체인 것이다. 물론 공동체가 제3국과 체결한 국제협정을 이행하지 않는 회원국에 대해서는 이론상 EU기능조약 제258조(구 EC 제226조)[356]의 이행강제절차(enforcement procedure)가 발동될 수 있지만 이것은 매우 번거롭고 힘든 교정방법이다. 유럽재판소로서는 그러한 협정의 직접효력을 인정함으로써 손쉬운 이행강제수단을 확립한 셈이다. 동시에 그러한 협정에 대해서는 자신이 즐겨 쓰는 정책지향적 해석을 자제함으로써 비회원국의 기업인들이 공동체 내에서 너무 큰 이익을 누리지 못하도록 하였다.[357]

다음, 이론상 직접효력과는 별개의 문제로서, EU법규정이 제3국과의 협정에 위배된다는 이유로 유럽재판소가 그것의 무효를 선언할 것인가? 그러나 이것은 문제의 EU법규정이 1차연원(EU설립조약, 즉 "EU조약과 EU기능조약")에서 나오는 경우와 2차연원(즉, EU입법)에서 나오는 경우로 구분하여 생각하여야 한다. 국내법과 마찬가지로 EU법도 하나의 통일된 법질서를 형성하고 있고, 국제협정체결권을 포함한 EU의 모든 권한은 EU설립조약에서 나온다. 이것은 유럽재판소든 EU회원국의 국내재판소든 EU설립조약규정을 해석은 할 수 있겠지만 그것의 합법성을 심사할 수 있는 방법은 없음을 의미한다. 유럽재판소의 표현을 빌리면, EU설립조약은 "법의 지배에 기초한 공동체의 헌법전"(the constitutional charter of a Community based on the rule of law)[358]을 구성하는 것이다. 그 결과 시간적 선후에 관계없이, EU설립조약에 위배되는 제3국과의 국제협정은 EU 내에서 일체의 효력을 박탈당하게 되는 것이다.[359] 이로 인해 발생할지도 모르는 EU의 대외적인 국제책임은 별개로 논할 문제이다.[360] 그러면 EU입법과 제3국과의 국제협정의 관계는 어떠한가? EU기능조

---

355) *Ibid.*, paras. 28~31.
356) 암스테르담조약 이전까지는 EC 제169조.
357) Hartley, 3rd (1994), pp. 229~230.
358) Opinion 1/91, *First EEA*, [1991] ECR I-6079, para. 21.
359) Case C-327/91, *France* v. *Commission*, [1994] ECR I-3641, para. 43 ; Case C-122/95, *Germany* v. *Council*, [1998] ECR I-973, paras. 45~46. 이같은 사태가 생기는 것을 사전에 방지하기 위한 절차가 EU기능조약 제218조 11항(구 EC 제300조 6항)에 규정되어 있는데, 이것에 의하면 유럽의회, 이사회, 위원회 또는 회원국은 공동체가 체결코자 하는 협정이 공동체설립조약의 규정과 양립할 수 있는가에 관하여 체결전에 유럽재판소의 의견을 구할 수 있다(의견요청의 주체들 중에서 유럽의회는 니스조약에 와서야 삽입되었다). 그러나 이 의견은 그 명칭이 주는 시사와는 달리 구속력을 부여받고 있다. 따라서 문제의 협정을 체결하고 싶으면 EU설립조약을 개정하든지 아니면 당해협정의 내용을 (물론 타방 교섭당사자의 동의를 얻어) 수정하든지 하여야 한다. 拙著, 《EU法論》, p. 586 이하 참조.

약 제216조 2항(구 EC 제300조 7항)은 EU가 체결하는 국제협정은 'EU기관들'에 대해 구속력이 있다고 천명함으로써, 그같은 국제협정이 EU입법보다는 우위에 있음을 시사하고 있기 때문에 이 문제에 대한 해답도 쉽게 도출될 것 같으나 유럽재판소의 태도는 그러하지 아니하다. 선결적 부탁 사건인 1972년의 *International Fruit Company*[361]에서 이미 유럽재판소는, 국내재판소에서 공동체 입법행위가 국제협정에 위배된다는 이유로 그 '무효'(invalidity)를 원용할 수 있기 위해서는 문제의 협정규정이 직접효력이 있어야 한다고 판시한 바 있기 때문이다. 같은 논리로, 2008년의 한 선결적 판결[362]에서 유럽재판소는 UN해양법협약은 직접효력이 없으므로 이 협약에 비추어 공동체 조치(준칙)의 유효성을 심사할 수 없다고도 하였다.

EU입법의 '무효'(invalidity)를 국제법규정의 직접효력과 연계시키는 이 논리가 취소소송이라는 직접적인 사법심사절차에서도 그대로 적용될 것인가? 아니면 선결적 부탁절차 하의 '유효성'(validity) 심사와 취소소송 하의 '합법성' (legality) 심사 사이의 외견상의 차이를 인정하여, 취소소송에서는 국제협정의 규정이 직접효력이 없어 보이더라도 그에 위배되는 EU입법행위를 '무효'(void)로 선언할 것인가? 판례는 명백히 전자의 태도를 고수하고 있는데, '유효성'과 '합법성'을 동일시해 온 유럽재판소의 그간의 관점에서 보면 이것은 오히려 논리적인 태도로 보인다.[363] 판례를 보자.

먼저, 1994년의 판결인 *Germany* v. *Council* (바나나 사건)[364]에서, 독일은 국제협정에 위배되는 것으로 생각되는 공동체행위를 상대로 취소소송을 제기하였다. 독일은 바나나 시장의 공동기구에 관한 이사회명령[365]의 일부분이 GATT(1947년)의 다수규정을 위반하였으므로 무효라고 주장하였다. 이같은 주장에 대해 유럽재판소는 GATT규정이 공동체를 구속하는 효력을 갖는다는 것은 이미 과거에 인정한 바가 있음을 상기시키면서, 그럼에도 불구하고 독일은 문제된 이사회명령규정의 합법성에 이의를 제기하기 위해 GATT규정을 원용할 수 없다고 판시하였다. 유럽재판소는 "공동체 법체계 내에서의 GATT의 적용범위를 평가함에 있어서는 'GATT의 정신, 일반적 구조 및 조건'을 고려하여야 한다고도 판시한 적이 있음"을 상기시키면서, 그 결과 GATT규칙의 직접효력이 부인되었다

---

360) 이 문제에 대해 유럽재판소는 Opinion 3/94, *Framework Agreement on Bananas*, [1996] ECR I-4577, at para. 22에서 "그로 인해 제3국을 포함해서 모든 이해관계 당사자들에게 좋지 않은 결과가 발생할지 모른다"고 언급하는 것에 그쳤다.

361) Cases 21-24/72, [1972] ECR 1219 at 1226 (paras. 7~8) : "Before the incompatibility of a Community measure with a provision of international law can affect the validity of that measure, the Community must first of all be bound by that provision. *Before invalidity can be relied upon before a national court, that provision of international law must also be capable of conferring rights on citizens of the Community which they can invoke before the courts.*" (italics added)

362) Case C-308/06, *Intertanko* v *Secretary of State for Transport*, [Reference for a preliminary ruling from the High Court of Justice of England and Wales, Queen's Bench Division (Administrative Court)] [2008] ECR I-4057, paras. 54~65.

363) 拙著, 《EU法論》, pp. 436~437, 537(fn. 147) ; *Integration through Law*, Vol. 1, Book 1, p. 225.

364) Case C-280/93, *Germany* v. *Council*, [1994] ECR I-4973.

365) Council Regulation 404/93/EC of 13 Feb. 1993 on the common organization of the market in bananas, [1993] OJ L47/1.

는 사실은 유럽재판소로 하여금 공동체 취소소송에서 공동체명령의 합법성을 심사함에 있어 GATT 규칙을 고려에 넣을 수 없게 만든다고 결론지었던 것이다. 유럽재판소는 요컨대, "제3국과의 국제협정이 공동체회원국의 국내재판소에서 직접효력이 있는가의 문제"와 "공동체회원국이 유럽재판소에 제기하는 취소소송에서 공동체입법이 제3국과의 국제협정에 위배된다는 이유로 사법심사의 대상이 될 수 있는가의 문제"는 별개라는 독일정부의 주장을 배척하고 결국 이 두 문제를 연결시켜 버린 것이다. 다만, 유럽재판소[366]는 이같은 결론에 대한 예외로서, (직접효력 없는) GATT규칙에 비추어 공동체행위의 합법성을 심사할 수 있는 경우가 있긴 하지만, 이것은 "공동체가 GATT 하의 특정의무를 이행하려는 의도였거나" 아니면 "문제의 공동체행위에서 GATT의 특정조항을 명시적으로 지칭하고 있는" 경우에 국한된다고 하면서, 이에 관련된 종래 자신의 두 판례(즉, *Fediol* 및 *Nakajima* 사건)[367]를 확인하였다.

유럽재판소는 그 후 1999년의 판결인 *Portugal* v. *Council*(직물사건)[368]에서 WTO설립협정에 대해서도 비슷한 결론에 도달하였지만, 그 근거는 달랐다.[369] 1996년 포르투갈은 유럽재판소에 대해, 일방 EC와 타방 파키스탄 및 인도 사이에 －양해각서(Memorandum of Understanding) 형식의－ 직물협정을 체결키로 결정한 이사회결정[370]을 취소시켜 달라고 신청하였다. 포르투갈 정부가 제시한 주장 중의 하나는, 문제의 이사회결정(따라서 결국, 문제의 직물협정)이 WTO의 일부 규칙과 원칙을 위반하였다는 것이었다. 포르투갈 정부는 이 사건은 직접효력의 문제와는 관계가 없으며, 단지 공동체회원국이 이사회조치의 합법성을 심사하기 위한 목적상 유럽재판소 앞에서 WTO 협정들을 원용할 수 있는가에 관한 것이라고 주장하였는데,[371] 이것은 상기 바나나 사건에서의 독일 정부의 주장을 연상케 하는 대목이었다. 또한 포르투갈 정부는 WTO협정은 －특히 세이프가드들과 분쟁해결장치를 강화했다는 측면에서－ 종래의 "GATT 1947"과는 중대하게 다르다고도 주장하였다.

유럽재판소는 이 후자의 주장에 동의하면서도, WTO의 '교섭' 지향적이고, '상호주의'적인 성격에 주목하여 다음과 같이 판시하였다.[372] 즉, (1) WTO분쟁해결양해(Understanding on Rules and

---

366) [1994] ECR I-4973, paras. 109~112 of the judgment.

367) Case 70/87, *Fediol* v. *Commission*, [1989] ECR 1781, paras. 18~22 ; Case C-69/89, *Nakajima* v. *Council*, [1991] ECR I-2069, paras. 27~32. 그러나 실제로 *Fediol*과 *Nakajima*, 이 두 판결을 읽어 보면, 직접소송의 하나인 취소소송에서 유럽재판소는 공동체 입법행위가 (직접효력 없는) GATT에 위배된다는 것을 이유로 하여 그 합법성에 이의를 제기하는 것을 허용하는 방향으로 나아갈 것임을 시사하는 것으로 생각될 수 있었다. 그럼에도 불구하고 유럽재판소는 본건 *Bananas* case, [1994] ECR I-4973, para. 111에서 이 두 판결을 "식별/구분하는"(distinguish) 방식을 통해 방향을 완전히 선회한 것이었다. 이 문제에 대한 명쾌한 논평은 Hartley, *European Union Law in a Global Context*, pp. 243~251 참조.

368) Case C-149/96, *Portugal* v. *Council*, [1999] ECR I-8395, paras. 25~52.

369) Lenaerts and De Smijter, *op. cit.*, (1999-2000) 19 Yeabook of European Law 95 at 108~109.

370) Council Decision 96/386/EC of 26 Feb. 1996 concerning the conclusion of Memoranda of Understanding between the European Community and the Islamic Republic of Pakistan and between the European Community and the Republic of India on arrangements in the area of market access for textile products, [1996] OJ L153/47.

371) [1999] ECR I-8395, para 32.

372) *Ibid.*, para. 36.

Procedures Governing the Settlement of Disputes : DSU) 제3조 7항에 의하면 WTO 분쟁해결장치의 일차적 목적은 WTO규칙과 양립하지 않는 것으로 판정되는 국내규칙의 철회(withdrawal)를 확보하는 것이다. 그러나 그같은 조치의 즉각적인 철회가 가능하지 않은 경우, 그것이 철회될 때까지 임시적인 기초 위에서나마 보상(compensation)이 부여될 수 있으며, 분쟁의 피고당사자는 원고당사자의 요청이 있으면 서로 수락할 수 있는 보상을 발견하기 위해 교섭에 들어가야 한다(DSU 제22조). 이같은 상황 하에서, 사법기관들에 대해 WTO 협정에 일치하지 않는 국내법규를 적용하지 말라고 요구하는 것은 체약당사자들의 입법기관과 행정기관에 대해 -비록 일시적인 기초 위에서나마- (DSU 제22조가 부여하는) 교섭을 통한 해결의 가능성을 박탈하는 결과를 초래할 것이다.[373] (2) 공동체의 가장 중요한 통상(通商)파트너에 속하는 일부 WTO체약국들은, WTO협정은 국내법규의 합법성을 심사할 때 그들의 사법부에 의하여 적용될 수 있는 규칙에 속하지 않는 것으로 결론내린 바 있다. 그런데도 공동체법이 WTO규칙에 부합되도록 하는 역할이 직접 공동체 사법부에 부여되어 있다고 보게 되면, 유럽공동체 교역의 상대방은 향유하는 책략의 여지(scope for manoeuvre)를 공동체의 입법적·행정적 기관들로부터는 박탈하는 것이 될 것이다. 재판소의 이같은 해석은 "그 부속서를 포함하여 WTO설립협정은 그 성격상 공동체나 회원국 재판소에서 직접 원용될 수 없다"(by its nature, the Agreement establishing the World Trade Organisation, including the Annexes thereto, is not susceptible to being directly invoked in Community or Member State courts)고 규정한 이사회결정 94/800[374]의 전문의 내용에도 부합한다.[375]

유럽재판소는 다시 한번 직접효력과 사법심사를 직접 연계시킨 것이다. 다만, 예외적으로 유럽재판소가 WTO규칙에 비추어 공동체조치의 합법성을 심사할 수 있는 경우가 있을 수 있지만, 이것은 "공동체가 WTO 하의 특정의무를 이행하려는 의도였거나" 아니면 "문제의 공동체조치에서 WTO협정의 정확한 규정을 명시적으로 지칭하고 있는" 경우에 국한된다고 언급하면서,[376] 그러나 문제의 이사회결정은 이들 두 경우 중 어느 하나에 해당하는 것이 아니라고 하였다. 유럽재판소는 이상의 이유들을 들어 WTO협정의 규정들은 공동체입법의 합법성을 심사하기 위해 원용될 수 없다고 결론지었다.[377]

이 사건은 직접 유럽재판소에 제기되는 취소소송에서 WTO협정에 위배되는 것으로 보이는 EU입법행위의 합법성심사에 관한 것이긴 하지만, 그같은 사법심사와 직접효력을 연계시켜 생각하는 유럽재판소의 태도는 EU회원국들의 국내재판소에서 제기되는 WTO협정의 직접효력 문제에도 직접 영향을 미칠 것으로 보인다.[378] 이 사건의 법률고문관(Advocate General) Saggio는 그러나 포르

---

373) *Ibid.*, paras. 37~40.

374) Council Decision 94/800/EC of 22 December 1994 concerning the conclusion on behalf of the European Community, as regards matters within its competence, of the agreements reached in the Uruguay Round multilateral negotiations (1986~1994), [1994] OJ L336/1.

375) [1999] ECR I-8395, paras. 43~48.

376) 이것은 사실상 "GATT 1947"과 관련한 상기 *Fediol* 및 *Nakajima* 판례를 다시 확인하는 것이었다.

377) [1999] ECR I-8395, paras. 49~52.

378) Axel Desmedt, "European Court of Justice on the Effect of WTO Agreements in the EC Legal Order"

투갈의 실체적 주장에 대해서는 이를 배척하면서도 WTO협정은 공동체입법의 합법성을 심사하기 위해 원용될 수 있어야 한다는 결론을 재판소에 제출하였었는데, 그는 그 이유로서 세 가지를 제시하였다. 첫째, 합법성심사와 직접효력은 별개의 것이기 때문에 어떤 국제협정이 직접효력이 없다는 이유만으로 공동체입법의 합법성통제를 위한 규범으로서 봉사할 수 없다고 보아서는 안된다. 둘째, 이사회결정 94/800의 전문은 조약의 일부를 구성하는 것이 아닌, 공동체이사회측의 일방적 정치선언으로서, 재판소의 조약해석에 영향을 미쳐서는 안된다. 셋째, 다른 WTO회원들의 법질서 내에서의 WTO협정의 효력은 EC법질서 내에서의 이들 협정의 구속력에 영향을 미쳐서는 안된다. 즉, 당사자 일방이 국제협정의 구속력을 부인할 수 있는 것은 오로지 협정의 타방당사자들이 WTO협정의 규정을 준수하지 않거나 그러한 위반을 제재할 수 있는 실효적인 수단이 없을 때 뿐이다. 일부 학자들은 Saggio의 견해를 지지하면서 유럽재판소가 다음에는 WTO가 지향하는 "법의 지배"에 기초하여 진취적으로 생각해줄 것을 촉구하고 있다.[379] 그러나 WTO/GATT(1994)에 관한 한, 유럽재판소의 상기 노선은 쉽게 바뀔 것 같지 않다. 예컨대, 선결적 부탁사건인 2005년의 *Van Parys* 판결[380]

(2000) 27 LIEI 93 at 101.

379) See, e.g., Desmedt, *op. cit.*, (2000) 27 LIEI 93 at 98~100 ; From the Board (of LIEI), "Reconsidering the Direct Effect of International Law in the EU Legal Order", (2000) 27(3) LIEI 213~215.

380) Case C-377/02, *Léon Van Parys NV* v. *Belgisch Interventie-en Restitutiebureau*, judgment of 1 March 2005, para. 54, available online at https://curia.eu.int/jurisp/cgi-bin/form.pl?lang=en. 사건 개요는 이러하다. Van Parys는 벨기에에서 설립된 회사인데, 20년 이상 에콰도르 바나나를 EC로 수입하여 왔다. 그러던 중 1998년과 1999년 관련 벨기에 당국(즉, Belgisch Interventie-en Restitutiebureau : Belgian Intervention and Refund Board)은 Van Parys가 신청한 수입면허를 내 주지 않았다. 이들 거절은 공동체의 바나나 수입을 규율하는 공동체 명령들(regulations)에 근거한 것이었다. Van Parys는 벨기에 최고행정재판소(Raad van State : Council of State)에서 수입면허 거부 결정을 다투면서 문제의 공동체 명령들은 WTO/GATT (1994)에 비추어 볼 때 위법하다고 주장하였다. WTO-DSB는 이미 공동체가 채택한 입법들이 WTO규범과 양립하지 않는다고 선언한 바 있었다. 벨기에 재판소로부터의 질문에 부응해서 유럽 재판소는, 먼저 WTO협정들이 공동체 국민들에게 공동체입법의 유효성을 다투는 소송에서 이들 협정을 원용할 권리를 부여하는지의 문제를 검토하면서(para. 38) 다음과 같이 응답하였다 : WTO협정들은 그 성격과 구조로 볼 때 '원칙적으로' 공동체기관들에 의해 채택된 조치의 합법성을 심사할 때 본 유럽재판소가 고려해 넣어야 될 규칙에 속하지 아니한다(para. 39) ; 예외적으로 유럽재판소가 WTO규칙들에 비추어 공동체 조치의 적법성을 심사할 수 있는 경우는, 이미 *Fediol* v. *Commission, Nakajima* v. *Council, Portugal* v. *Council* 등에서 언급한 것처럼, 공동체가 WTO의 차원에서 부담한 특정의무를 이행하려고 의도하였거나, 공동체 조치에서 WTO협정의 정확한 규정을 명시적으로 지칭하고 있는 경우이다(para. 40) ; 그러나 본 사건에서 공동체는 WTO의 차원에서 특별한 의무를 인수하려고 의도한 바 없으며, 또 문제의 공동체 명령들에서 명시적으로 WTO의 특별 규정들을 언급하고 있지도 아니하다(para. 41) ; 특히 WTO의 어떤 회원국이 채택한 조치가 WTO규칙과 양립하지 아니한다고 하는 WTO-DSB의 결정이 있다고 하더라도 "WTO 분쟁해결 체제는 당사자간 교섭에 상당한 중요성을 부여하고 있다"(para. 42) ; 이러한 상황 하에서 공동체의 국내재판소들에게 WTO협정들과 일치하지 아니하는 국내법규를 적용하지 않도록 요구하는 것은 -비록 일시적인 기초 위에서나마- WTO규칙에 의해 제공되고 있는 교섭을 통한 분쟁의 가능성을 공동체의 입법/집행기관들로부터 박탈하는 결과로 될 것이다(para. 48) ; 유럽재판소는 본 사건에 있어서, 일방 공동체와, 타방 미국 및 에콰도르 사이에 해결을 위한 교섭이 있었음을 인정하는 바이다(para. 49). 이어서, 유럽재판소는 공동체의 상대방들이 향유하는 재량을 공동체의 입법/행정기관들로부터 박탈할 수는 없음을 강조하면서, 공동체의 가장 중요한 파트너에 속하는 일부 체약국들의 경우 WTO협정들은 국내법규의 적법성을 심사할 때 자국의 재판소들이 적용할 수 있는 규칙에 포함되지 아니한다고 결론 내린 바 있고, 사정이 이러한데도 상호주의를 도입하지 아니하면 WTO규칙들의 적용에 변칙을 도입할 위험이 있음을 지적하고 있다(para. 54). 유럽재판소는 이상의 이유를 본 사건의 사정에 적용하여 보건대 WTO-DSB에서 공동체입법이 WTO규칙과 양립하지 아니한다고 선언하였더라도 회원국의 국내재판소에서 개인/회사는 공동체입법이 WTO규칙과 양립하지 아니한다는 사실을 원용할 수 없다고 결론지었다

에서 유럽재판소는, "WTO-DSB에서 공동체입법이 WTO규칙과 양립하지 아니한다고 선언하였더라도" 개인은 (회원국)국내재판소에서 공동체입법이 WTO규칙과 양립하지 아니한다는 사실을 원칙적으로(즉, *Fediol, Nakajima* 예외를 제외하고는) 원용할 수 없다고 판시하였다.

2000년대에 들어와서 또 한 가지 흥미로운 문제가 제기되었다. 즉, UN안보리가 UN헌장 제7장에 의거하여 채택한 결의를 EC/EU 차원에서 이행하기 위해 채택된 EC/EU 입법에 대해서도 합법성 심사가 가능한지, 그리고 이 과정에서 불가피하게 안보리결의 자체의 합법성에 대한 간접적인 심사도 가능할 것인지의 문제가 제기되었는데, 바로 *Kadi* 사건[381]에서 그러하였다. 그러나 이 문제에 대해 EU의 당시 제1심재판소(현 일반재판소)와 유럽재판소가 견해를 달리하였는 바, 사건 개요는 다음과 같다.

헌장 제7장에 의거하여 행동하는 안보리는 오사마 빈 라덴과 알카에다, 탈레반의 자금줄을 죄기 위해 '결의 1267'(1999)과 '결의 1333'(2000), '결의 1390'(2002)을 비롯한 일련의 결의를 통해 제재위원회(Sanctions Commitee)를 설립하고, 동 위원회가 지정하는 관련 자금에 대해서는 모든 국가들이 동결 조치를 취할 것을 결정하는 한편, 동 위원회로 하여금 그들과 관계를 맺고 있는 개인과 단체의 최신 목록을 수립하여 유지할 것을 명령하였다. 한편, EU이사회는 이들 결의를 이행하기 위해 특히 당시의 EC설립조약 제60조, 제301조 및 제308조에 근거하여 '명령 881/2002'[382]를 채택하였는데, 동 명령 부속서 I (Annex I)[383]은 제재 대상자들의 목록을 담고 있었다. (안보리 제재위원회가 작성하는 약식목록의 변경에 따라 정기적으로 업데이트되는) 부속서 목록에 이름이 들어간 Kadi와 Al Barakaat는 특히 의견을 제시할 권리, 재산권을 존중받을 권리, 실효적 사법심사를 받을 권리를 침해당했다고 주장하면서 상기 EC 이사회명령의 취소를 구하는 소를 제기하였다. 이에 대해 제1심재판소는 -UN헌장 제103조와 제25조 및 당시의 EC 제234조(그후 제307조가 되었다가 현재는 EU기능조약 제351조)에 기초한- UN법의 (유럽)공동체법에 대한 우위의 원칙(principle of primacy of UN law over Community law)에 비추어 볼 때 "제1심재판소가 공동체법질서에 의하여 승인된 바의 기본권 보호의 기준에 따라 UN안보리 결정의 합법성을 간접적으로 심사할 관할권이 있다는 주장은 국제법을 기초로 해서나 공동체법을 기초로 해서나 정당화될 수 없다"[384]고 하면서, "그럼에도 불구하

(para. 54).

381) Case T-306/01, *Ahmed Ali Yusuf and Al Barakaat International Foundation* v. *Council of the European Union and Commission of the European Communities*, [2005] ECR Ⅱ-3533 ; Case T-315/01, *Yassin Abdullah Kadi* v. *Council of the European Union and Commission of the European Communities*, [2005] ECR Ⅱ-3649 ; Cases C-402/05 P and C-415/05 P, *Yassin Abdullah Kadi and Al Barakaat International Foundation* v. *Council of the European Union and Commission of the European Communities*, 3 CMLR 41 (2008).

382) "Council Regulation (EC) No 881/2002 of 27 May 2002, imposing certain specific restrictive measures directed against certain persons and entities associated with Usama bin Laden, the Al-Qaida network and the Taliban, and repealing Council Regulation (EC) No 467/2001 prohibiting the export of certain goods and services to Afghanistan, strengthening the flight ban and extending the freeze of funds and other financial resources in respect of the Taliban of Afghanistan", Official Journal of the European Communities, 29.5.2002, L 139/9.

383) "List of persons, groups and entities referred to in Article 2"

고 UN기관들을 포함하여 국제법의 모든 주체들에게 구속력이 있고 또한 그로부터의 이탈이 허용되지 아니하는 국제공법의 일단의 고차원의 법규로 이해되는 강행규범(*jus cogens*)에 관해서는 그같은 안보리결의의 합법성을 간접적으로 점검할 권한이 있다"[385]고 판시하였다. 그러나 본 사건에서 강행규범의 위반은 없었다고 판시하고 소를 전부 기각하였다.

그러나 유럽재판소는 제1심재판소의 판결과는 대조적으로 법률고문관(Advocate General) Maduro의 의견[386]을 따라 다음과 같이 판시하였다.

> "공동체 사법부(Community judicature)는 EC조약이 그에게 부여한 권한에 따라 공동체법의 일반원칙의 불가결한 일부를 구성하는 기본권에 비추어 모든 공동체행위의 합법성에 대한 심사, 그것도 원칙적으로 완전한 심사를 확보하여야 하며, 심사 대상에는 문제의 EC명령처럼 안전보장이사회가 (UN)헌장 제7장에 의거하여 채택한 결의를 실시하기 위해 고안된 공동체조치가 포함된다."[387]

다만, 유럽재판소는 "공동체 사법부에 의해 확보되어야 할 합법성 심사는 문제의 국제협정을 실시하기 위한 것으로 의도된 공동체행위에 적용되는 것이지, 국제협정 그 자체에 적용되는 것은 아니며",[388] "설사 (사법)심사가 안보리결의의 강행규범과의 양립가능성 검토에 국한된다고 하더라도" 공동체 사법부에게는 UN헌장 제7장에 의거하여 안보리가 채택한 결의를 심사할 권한이 없다고 하였다.[389] 또한 "공동체 사법부가 그같은 안보리결의를 실시하기 위한 것으로 의도된 어떤 공동체조치가 공동체 법질서의 상위 법규에 위배된다고 결정하는 판결을 내린다 해도 안보리 결의의 국제법에서의 우위에 대한 그 어떤 도전도 수반하지 않을 것이다."라고도 하였다.[390] 결국, 유럽재판소는 "제1심재판소가 문제의 EC 이사회명령은 UN안보리 결의를 실시하기 위해 고안된 것이므로 -안보리결의의 강행규범과의 양립성이 관련되는 경우를 제외하고는- 역내 합법성에 관한 재판관할권으로부터의 면제를 향유해야 한다고 말함으로써 법적으로 오류를 범했다."[391]고 설파하였다. 이어서 '이사회 명령 881/2002'가 공동체법의 일반원칙의 하나인 기본권을 구체적으로 준수했는지의 문제에 대해, 유럽재판소는 "방어권, 특히 의견진술권과 이들 권리에 대해 실효적으로 사법심사를 받을 권리가 명백히 존중되지 않았다(patently not respected)"고 판시하였다.[392] 그리고 특히 Kadi의 경우, 그를 문제의 이사회명령 부속서 목록에 올리는 것은 "그의 재산권에 대한 정당화되지 않는 제한"(an unjustified restriction of his right to property)을 구성한다고 판시하였다.[393] 그 결과

---

384) Case T-306/01, para. 272 ; Case T-315/01, para. 221.
385) Case T-306/01, para. 277 ; Case T-315/01, para. 226.
386) 본장, 주 31 참조.
387) Cases C-402/05 P and C-415/05 P, para. 326.
388) *Ibid.*, para. 286.
389) *Ibid.*, para. 287.
390) *Ibid.*, para. 288.
391) *Ibid.*, para. 327.
392) *Ibid.*, para. 334.

유럽재판소는 문제의 이사회명령은 원고들과 관련이 있는 한에서 취소되어야 한다고 판시하였다.[394] 그러나 재판소는 문제의 조치들을 정당화할 수 있는 사정이 존재한다는 점은 인정하여, 원고들에 대한 관계에 있어 이사회에게 절차상의 잘못을 바로잡을 시간을 주기 위해 판결일로부터 3개월 동안에는 문제의 이사회명령의 효력이 지속되는 것을 허락하였다.[395] 국제법과 국내법의 관계 내지는 전자의 후자로의 편입에 관한 일반론에 비추어 보면, 두 개의 서로 다른 법체계인 국제법과 EC/EU법의 관계에 대한 유럽재판소의 이해가 타당하다고 할 수 있다. 제1심재판소는 바로 이 기본적인 문제에 대한 이해가 결여되었던 것이다.

4. 국제기구 결의의 국내적 도입

국제기구에서 채택되는 결의의 국내적 도입과 사법심사 여부도 문제로 제기되고 있으며, 상기 *Kadi* 사건에서 보는 것처럼 UN의 경우 안전보장이사회가 여러 제재위원회를 설립, 운용함에 따라 더욱 그러하게 되었다. 그러나 국제기구 역시 한 개의 조약에 기초하고 있기 때문에 이 문제에 대한 해답도 국가마다 달라질 것이다.[396] 국제재판소의 결정 혹은 판결에 대해서도 같은 말을 할 수 있

---

393) *Ibid.*, para. 370.

394) *Ibid.*, para. 372.

395) *Ibid.*, para. 376. EU(집행)위원회는 유럽재판소의 *Kadi* 판결에 대한 후속조치로 명령 1190/2008을 채택하였는데, 이것은 그 제목에 나타나 있는 것처럼 이사회명령 881/2002를 101번째 수정한 것이었다: "Commission Regulation (EC) No 1190/2008 of 28 November 2008, amending for the 101st time Council Regulation (EC) No 881/2002 imposing certain specific restrictive measures directed against certain persons and entities associated with Usama bin Laden, the Al-Qaida network and the Taliban", Official Journal of the European Communities, 2.12.2008, L 322/25. 동 명령에서 집행위원회는 안보리 제재위원회가 제공한 이유요약서를 Kadi와 Al Barakaat에게 통지하여 이들 사유에 대해 코멘트할 수 있는 기회를 그들에게 부여하고, 그들로부터 코멘트를 받아 이를 검토한 뒤, 이 둘의 이름을 이사회명령 881/2002, 부속서 I에 다시 삽입하였다. 그리고 *Kadi* 판결 이후 리스본조약은 표적제재(smart sanctions)의 명시적 근거조항으로 EU기능조약(TFEU) 제75조와 제215조 2항을 도입하기도 하였다.

그러나 사우디 사업가인 Kadi는 여기서 굴하지 않고 집행위원회 명령 1190/2008을 상대로 또 다시 취소소송을 제기하였다. 그리고 일반재판소(General Court)(그 사이 리스본조약의 발효로 "제1심재판소"가 "일반재판소"로 명칭이 바뀌었다)는 문제의 명령은 Kadi에게 적용되는 한에서 취소한다고 판시하였다: Case T-85/09, *Kadi* v. *European Commission* (*'Kadi Ⅱ'*), [2010] ECR Ⅱ-5177. 이에 이사회와 영국까지 가세하여 상소하였으나, UN안보리 제재위원회가 Kadi의 이름을 제재 목록에서 삭제한 직후의 시점에서 유럽재판소도 문제의 집행위원회 명령을 취소한다고 판시하였다: Cases C-584/10 P, C-593/10 P and C-595/10 P, *European Commission, Council, UK* v. *Kadi* (*'Kadi Ⅱ'*), 18 July 2013 (Grand Chamber). 두 재판소는 이번에는 결론을 같이 하였으나, 그 이유는 달랐다. 즉, 일반재판소는 집행위원회가 Kadi에게 UN제재위원회가 제공한 이유요약서만 전달하고 다른 것은 아무 것도 주지 않아 이유를 제시할 의무를 위반하였다고 본 데 반해, 유럽재판소는 이유제시 의무는 UN측 요약서에 나타난 이유들만으로 충족되었으나 여기에 포함된 주장이 증거에 의해 입증되지 않는다고 보았던 것이다. 사건 요약은 다음을 참조: Court of Justice of the European Union, Press Release No 93/13, 18 July 2013, "The Court dismisses the appeals against the General Court's 'Kadi Ⅱ' judgment", https://www.statewatch.org/news/2013/jun/ecj-kadi-ms-appeal-prel.pdf; Hartley, 8th, pp. 159~162; Menelaos Markakis, "Kadi Ⅱ: Fundamental Rights and International Terrorism", Oxford Human Rights Hub, 23rd August 2013, https://ohrh.law.ox.ac.uk/kadi-ii-fundamental-rights-and-international-terrorism/; Miranda Rushton, "Kadi Ⅱ: ECJ confirms annulment of Mr Kadi's EU listing", Carter-Ruck blog, posted on July 26, 2013, https://www.carter-ruck.com/Blog/?p =513.

다.[397] 국제재판소 결정의 국내적 집행가능성을 명령하고 있는 특별한 경우도 눈에 띄는데, 이를테면 1982년의 UN해양법협약은 "(국제해양법재판소)해저분쟁재판부의 결정은 집행이 이루어져야 하는 당사국의 영토 내에서 그 당사국 최고재판소의 판결이나 명령과 동일한 방법으로 집행될 수 있어야 한다."[398]라고 규정하고 있다. 물론, 이 조약규정의 국내적 이행방식은 국가에 따라 다를 수 있다.[399] 한국 대법원은 2007년 12월 27일의 판결[400]에서 한국이 당사자인 "남극 해양생물자원 보존

---

396) 특히, UN안보리결의의 국내적 도입에 대해서도 그 같이 말할 수 있다. 이를테면, 유럽재판소는 Cases C-402/05 P and C-415/05 P, *Yassin Abdullah Kadi and Al Barakaat International Foundation* v. *Council of the European Union and Commission of the* European Communities, (2008) 3 CMLR 41, para. 298에서 다음과 같이 언급한 바 있다 : " ... the Charter of the United Nations does not impose the choice of a particular model for the implementation of resolutions adopted by the Security Council under Chapter Ⅶ of the Charter, since they are to be given effect *in accordance with the procedure applicable in that respect in the domestic legal order of each Member of the United Nations*. The Charter of the United Nations leaves the Members of the United Nations a free choice among the various possible models for transposition of those resolutions into their domestic legal order." (italics added) 위에서 언급한 바와 같이, 네덜란드 헌법은 일정 조건 하에서(즉, "그 내용이 모든 사람에게 구속력이 있을 수 있는" 범위 내에서) 조약 규정뿐만 아니라 국제기구 결의에도 직접효력을 부여한다고 명시하고 있다 : 네덜란드 헌법 제93조 참조. 반대로, 엄격한 이원론의 국가인 영국의 경우, UN헌장 제41조 하의 안전보장이사회 결의를 단지 추밀원령(긴급칙령)(Order in Council)에 의해 집행할 수 있는 권한을 정부에 위임하는 "UN법 1946"(United Nations Act 1946)이 제정된 바 있다 : 〈https://en.wikipedia.org/wiki/United_Nations_Act_1946〉 ; Dixon, pp. 95, 343.

397) 이 문제에 대한 일부 주요 국가의 관행에 대해서는, Nollkaemper, p. 191 참조. ICJ도 *Request for Interpretation of the Judgment of 31 March 2004 in the Case concerning Avena and Other Mexican Nationals* (Mexico v. United States of America), Judgment of 19 January 2009, para. 44에서 다음과 같이 언급한 바 있다 : "The *Avena* Judgment nowhere lays down or implies that the courts in the United States are required to give direct effect to paragraph 153 (9). The obligation laid down in that paragraph is indeed an obligation of result which clearly must be performed unconditionally; non-performance of it constitutes internationally wrongful conduct. However, the Judgment leaves it to the United States to choose the means of implementation, not excluding the introduction within a reasonable time of appropriate legislation, if deemed necessary under domestic constitutional law. Nor moreover does the *Avena* Judgment prevent direct enforceability of the obligation in question, if such an effect is permitted by domestic law. In short, the question is not decided in the Court's original Judgment and thus cannot be submitted to it for interpretation under Article 60 of the Statute (*Request for Interpretation of the Judgment of 20 November 1950 in the Asylum Case* (*Colombia* v. *Peru*), *Judgment, I.C.J. Reports 1950*, p. 402)." ; Nollkaemper, pp. 124~125. 같은 논리로, 시에라레온 특별재판소도 전직 라이베리아 대통령 찰스 테일러에 대한 재판에서 "일국이 타국에게 송부하는 체포영장은 자기집행적인 것이 아니며(not self-executing), 그것이 집행되기 위해서는 여전히 접수국의 협력과 권한을 필요로 한다. 또한 접수국이 UN헌장 제7장이나 조약에 의거하여 영장을 집행할 의무를 갖고 있는 상황이 아니면 접수국 당국은 영장을 집행할 의무가 없다. 그 국가는 영장 집행을 거절함으로써 자신의 주권을 주장하는 것이다."라고 언급한 바 있다 : Special Court for Sierra Leone, Appeals Chamber, *Prosecutor against Charles Ghankay Taylor*, Case Number SCSL-2003-01-I, Decision on Immunity from Jurisdiction, 31 May 2004, para. 57, https://www.sc-sl.org/.

398) UN해양법협약, 제6부속서 (국제해양법재판소규정) 제39조.

399) See Rosenne, *The Perplexities of Modern International Law*, p. 300.

400) 대법원 2007.12.27. 선고 2007두11177 (전재제한처분무효확인) : "1980. 5. 20. 체결된 "남극 해양생물자원 보존에 관한 협약"(Convention on the Conservation of Antarctic Marine Living Resources)과 관련하여, 우리나라가 1985. 3. 29. 가입서를 기탁한 후, 1985. 4. 28. 조약 제860호로 이 사건 협약이 발효되어 우리나라 영토 전체에 그 효력이 미치는 이상, 우리나라 항구에 입항한 이 사건 이빨고기 운반선은 그 기국(旗國) 및 이 사건 이빨고기 조업선의 기국이 이 사건 협약의 체약국인지 여부와 관계없이, 이 사건 협약 및 그에 따른 남극 해양생

협약"(Convention on the Conservation of Antarctic Marine Living Resources)에 의거하여 구성된 "남극 해양생물자원 보존위원회"(Commission for the Conservation of Antarctic Marine Living Resources)에서 채택된 보존조치의 국내적 효력을 아무런 의심없이 인정한 바 있다. 스위스 연방최고재판소는 *Youssef Nada* 사건[401]에서 "스위스는 UN안전보장이사회의 결정과 안보리 알카에다-탈레반 제재위원회의 결정에 구속되었는가"라는 핵심문제에 대해 "UN안보리의 결정을 적용할 의무는 -국제법의 모든 주체에 대해 강제적인- 단지 강행규범(*jus cogens*)에 의하여만 제한되었다."고 판시한 바 있다.

특별히 UN 내에서 (국제평화와 안전의 유지에 대해 1차적 책임을 지고 있는) 안전보장이사회가 헌장 제7장에 의거하여 강제적으로 행동하는 경우 국가들 내에서 직접 적용되는 규범까지도 창설할 수 있을 것인가? 안보리는 예외적인 상황 하에서 간접적으로나마 이에 준하는 권한을 행사한 경우가 있는데, 동티모르 독립과정에서 보여준 안보리의 행동이 바로 그것이다. 즉, 안보리는 1999년 10월 25일, 헌장 제7장에 의거하여 채택한 결의 1272를 통해 "동티모르 UN과도행정부"(a United Nations Transitional Administration in East Timor)를 설치하고 여기에 "사법(司法)작용을 포함한 모든 입법적·행정적 권한(all legislative and executive authority, including the administration of justice)을 행사할 권한을 부여"한 바 있다. 실제로 UN과도행정부는 2002년 독립할 때까지 안보리로부터 부여받은 이 권한에 의거하여 동티모르에서 적용되어 온 기존 국내법을 대체, 보충하기 위한 다수 규칙을 반포하였었다.[402]

Ⅳ. 결 어

국제재판소의 시각에서 보면 (국내재판소의 판결과 국내 행정조치를 포함한) 국내법은 비법(non-law)

물자원 보존위원회(Commission for the Conservation of Antarctic Marine Living Resources)의 보존조치에 의한 검색과 양륙 및 전재(轉載) 제한조치의 적용대상이 된다고 할 것이다." 남극 해양생물자원 보존협약 제9조 6항에 의하면, 보존위원회에서 채택하는 보존조치(conservation measures)는 통고 후 90일 내에 거부를 통보하는 회원국(지역경제통합기구 포함)을 제외하고는 180일이 지나면 모든 회원국에게 구속력을 갖게 된다. 보존위원회는 실질문제(matters of substance)에 대해서는 '컨센서스'로 결정하며, 기타 문제에 대해서는 '참석하여 투표하는 회원국의 단순과반수'로 결정한다(협약 제12조). 이 기구의 본부는 오스트레일리아 호바트(Hobart) 시에 있다(협약 제13조). 본서, 제19장 (영토의 취득), "XVII. 극지, 1. 남극대륙"; https://www.ccamlr.org/en/organisation/camlr-convention-text.

401) Switzerland, Federal Supreme Court, First Public Law Chamber, *Youssef Nada* v *State Secretariat for Economic Affairs and Federal Department of Economic Affairs*, Administrative appeal judgment, Case No 1A 45/2007, Decision of 14 November 2007, para. 7 ("The obligation to apply Security Council resolutions was only limited by *ius cogens*; being compulsory for all subjects of international law."); ILDC 461 (CH 2007); BGE 133 Ⅱ 450; https://www.eui.eu/Documents/DepartmentsCentres/AcademyofEuropeanLaw/CourseMaterialsHR/HR2009/DeWet/DeWetBackgroundReadingCase8.pdf; noted by Nollkaemper, p. 264.

402) Sands and Klein, p. 285.

의 영역에 속하는 것으로서 그것은 단지 한 개의 '사실'(fact)일 따름이며,[403] 반대로 국제법이 국내법질서에 편입되기 위해서는 각 국내법이 요구하는 절차를 밟지 않으면 안된다. 또한 국제법과 국내법이 그 내용에 있어 충돌하는 경우, 국제재판소는 당연히 국제법을 준거법으로 삼겠지만,[404] 국내재판소는 자국의 헌법규정과 법전통에 기초하여 국제법의 적용여부를 결정할 수 있다.[405] 비슷한

403) 예컨대, *Certain German Interests in Polish Upper Silesia* case, PCIJ (1926), Ser. A, No. 7, p. 19에서 PCIJ는 "From the standpoint of International Law and of the Court which is its organ, municipal laws are merely *facts* which express the will and constitute the activities of States, in the same manner as do legal decisions or administrative measures."라고 언급한 바 있다.

WTO 항소기관도 *India – Patent Protection for Pharmaceutical and Agricultural Chemical Products*, AB-1997-5, Report of the Appellate Body, WT/DS50/AB/R, 19 December 1997 (available at https://www.wto.org/english/tratop_e/dispu_e/dispu_e.htm)에서 PCIJ의 이 판결을 인용하면서 다음과 같이 언급한 바 있다 : "In public international law, an international tribunal may treat municipal law in several ways. Municipal law may serve as evidence of facts and may provide evidence of state practice. However, municipal law may also constitute evidence of compliance or non-compliance with international obligations." 이와 비슷하게, ICSID 중재재판소도 *Noble Ventures, Inc* v. *Romania*, ARB/01/11, Award (12 October 2005), para. 53 (https://italaw.com/documents/Noble.pdf ; cited in Nollkaemper, p. 255, fn. 50)에서 "clear distinction between municipal law on the one hand and international law on the other, two separate legal systems (or orders) the second of which treats the rules contained in the first as facts, as is reflected in *inter alia* Article Three of the International Law Commission's Articles on State Responsibility adopted in 2001"이라고 언급한 바 있다. ICJ의 경우에는 *LaGrand* case (Germany v. United States of America), ICJ Reports (2001), p. 466 at 486 (para. 52)에서 "Although Germany deals extensively with the practice of American courts as it bears on the application of the Convention, all three submissions seek to require the Court to do no more than apply the relevant rules of international law to the issues in dispute between the Parties to this case. The exercise of this function, expressly mandated by Article 38 of its Statute, does not convert this Court into a court of appeal of national criminal proceedings."라고 언급한 바 있으며, Case concerning *Avena and Other Mexican Nationals* (Mexico v. United States of America), ICJ Reports (2004), p. 12 at 30 (para. 28)에서는 "If and so far as the Court may find that the obligations accepted by the parties to the Vienna Convention included commitments as to the conduct of their municipal courts in relation to the nationals of other parties, then in order to ascertain whether there have been breaches of the Convention, the Court must be able to examine the actions of those courts in the light of international law."라고 언급하고 있다. 영토분쟁인 다음의 두 사건에서도 ICJ는 관련 국내법의 사실로서의 성격에 대해 언급하고 있다 : 즉, *Frontier Dispute* (Burkina Faso/Republic of Mali), ICJ Reports (1986), p. 554 at 568 (para. 30) 및 이를 다시 인용하고 있는 *Frontier Dispute* (Benin/Niger), ICJ Reports (2005), p. 90 at 110 (para. 28) 참조. 이 문제에 대한 정치한 고찰은, André Nollkaemper, "The Role of Domestic Courts in the Case Law of the International Court of Justice", Chinese Journal of International Law (2006), Vol. 5, No. 2, pp. 301~322 참조. '국제재판소 앞에서의 사실로서의 국내법' (municipal law as facts before international tribunals)의 개념이 갖는 여러 측면에 대해서는 Brownlie, 5th, pp. 39~41(6th, pp. 38~40) 참조. 다만, 국제중재재판소는 국가 간 혹은 국가와 개인간 합의에 의하여 지정받은 범위 내에서 국내법에 의거하여서도 재판할 수 있다 : 예컨대, *Trail Smelter* Arbitration (USA v. Canada), (1941) 3 RIAA 1938 at 1965, (1941) 35 AJIL 684 at 716, 〈https://www.lfip.org/laws666/trailsm.htm〉, Cassese, *International Law*, 2nd, p. 484, & Nanda/Pring, pp. 226~227 ; 1965년 "국가와 타국 국민간의 투자분쟁해결에 관한 협약"(Convention on the Settlement of Investment Disputes between States and Nationals of Other States) 제42조 1항, 〈https://www.icsid.worldbank.org/ICSID/Index.jsp〉 등 참조.

404) 흔히들 이런 경우를 가리켜 국제법의 (국제적 차원에서의) 우위로 표현하곤 하지만, 엄격히 말하면 상대적인 의미에서의 우위란 없다. 국제재판소에게 있어 법으로서의 국제법과 기본적으로 사실로서의 국내법은 '비교'의 대상이 아니기 때문이다.

405) 미국 판례 *Sanchez-Llamas* v. *Oregon*, 126 S. Ct. 2669 (2006) (available at https://www.supremecourtus.gov/opinions/05pdf/04-10566.pdf ; https://www.law.cornell.edu/supct/html/4-10566.ZO.html) 사건이 이

논리로, 국제재판소는 국내재판소가 외국인에 대해 내린 판결로 인해 국가책임을 지게 되는 재판의 거절(denial of justice)이 발생한 경우라 해도 마치 자신이 국내재판소들을 위한 상소재판소인 것처럼 행동하려 들어서는 안 된다.[406] 이같은 사실들은, 국제법과 국내법은 서로 별개의(separate) 법체계이면서 동시에 일방의 존재와 유효성이 타방에게 의존하지 않는다는 점에서 서로 독립적(independent)이기도 함을 의미하는 것이다.[407] 사실, 각기 독립적인 법체계를 형성하고 있는 국내

것을 잘 보여 주고 있다. 즉, 1963년의 영사관계 비엔나협약의 국내적 적용과 관련한 이 사건에서 청구인들은 연방최고재판소가 미국의 조약상의 의무에 대해 ICJ가 채택한 해석에 따를 것을 요구하였고, *amicus brief*(전문가 의견서)를 제출한 학자들 중에는 이에서 한 걸음 더 나아가 연방최고재판소는 설사 ICJ의 판결이 연방최고재판소의 선례나 미국정부의 견해와 충돌하더라도 그것에 따를 의무가 있다고 주장하는 이들도 있었다. 그러나 연방최고재판소는 이같은 사고를 배척하였으며(126 S. Ct. at 2680), 다만 반대의견에서 ICJ의 의견은 단지 좀 더 존중받아야 한다고 주장한 재판관이 있을 뿐이었다(Breyer, J., dissenting, 126 S. Ct. at 2697). Julian G. Ku, "*Sanchez-Llamas* v. *Oregon* : Stepping back from the New World Court Order", (2007) 11 Lews & Clark L. Rev. 17 (available at https://law.lclark.edu/org/lclr) ; 본서, 제13장(기타 면제) 참조.

406) 이 점에 대해서는 NAFTA 중재재판소가 *Azinian* v. *United Mexican States*, (before the Arbitral Tribunal constituted under Chapter Eleven of NAFTA), November 1, 1999, 〈https://www.italaw.com/sites/default/files/case-documents/ita0057.pdf〉, para. 99에서 다음과 같이 언급한 바 있다 : "The possibility of holding a State internationally liable for judicial decisions does not, however, entitle a claimant to seek international review of the national court decisions as though the international jurisdiction seised has plenary appellate jurisdiction. This is not true generally, and it is not true for NAFTA. *What must be shown is that the court decision itself constitutes a violation of the treaty.* Even if the Claimants were to convince this Arbitral Tribunal that the Mexican courts were wrong with respect to the invalidity of the Concession Contract, this would not per se be conclusive as to a violation of NAFTA. More is required; the Claimants must show either a denial of justice, or a pretence of form to achieve an internationally unlawful end." 이 판결은 그 뒤 *Mondev* v. *United States of America*, (before the Arbitral Tribunal constituted under Chapter Eleven of NAFTA), October 11, 2002, 〈https://www.italaw.com/sites/default/files/case-documents/ita1076.pdf〉, para. 126에서 인용된 바 있다.

407) Hartley, *Constitutional Problems of the European Union*, pp. 123~148 ; Hartley, 5th, pp. 191~192. Brownlie, 5th, p. 55는 이것을 "Each system is supreme in its own field, and neither has a hegemony over the other."라는 말로 표현하고 있고, Nollkaemper, pp. 69, 120은 "the international and domestic legal orders are/remain self-contained."라고 언급하고 있기도 하다.

국제재판소나 국내재판소들도 이같은 견해에 동의하고 있다. 예컨대, ICJ(Chamber)는 Case concerning the *Frontier Dispute* (Burkina Faso/Republic of Mali), Judgment of 22 December 1986, para. 30에서 *uti possidetis* 원칙에 따라 적용되는 (구식민지 본국) 국내법의 단지 '사실'로서의 역할에 대해 다음과 같이 언급하고 있다 : "The principle of *uti possidetis* freezes the territorial title ; it stops the clock, but does not put back the hands. Hence international law does not effect any renvoi to the law established by the colonizing State, nor indeed to any legal rule unilaterally established by any State whatever ; French law – especially legislation enacted by France for its colonies and *territoires d'outre-mer* – may play a role not in itself (as if there were a sort of *continuum juris*, a legal relay between such law and international law), but only as one factual element among others, or as evidence indicative of what has been called the "colonial heritage", i.e., the "photograph of the territory" at the critical date." 즉, ICJ가 국내법에 문의하거나 의존하지 않으면 안된다고 해서, 이것이 "국내법과 국제법 사이에 일종의 법적 중계"(a sort of *continuum juris*, a legal relay between such law and international law)가 존재함을 의미하는 것은 아니라는 것이다. ICJ(Chamber)는 Case concerning the *Frontier Dispute* (Benin/Niger), Judgment of 12 July 2005, para. 28에서도 이 말을 반복하고 있다 : noted by André Nollkaemper, *op. cit.*, Chinese Journal of International Law (2006), Vol. 5, No. 2, p. 311 ; Nollkaemper, p. 244, fn. 2. 캐나다 온타리오주의 한 재판소는 "International law and domestic law are distinct legal systems that operate in different spheres."라고 표현하고 있다 : Canada, Ontario, Superior Court of Justice, *R.* v. *Council of Canadians*, para. 41 of the judgment, Court File No. 01-CV-208141, Date

법 상호간의 관계에 대해서도 같은 말을 할 수 있다. 이를테면 외국의 어떤 법이 한국에서도 적용될 수 있는가의 문제는 한국법에서 해답을 구하여야 한다. 외국법은 한국법이 "불러들인"(invited in)[408] 경우에만 한국에서 적용될 수 있다. 국내재판관들은 자국법이 허용하지 않는 한 외국법을 적용할 수 없다. 바로 이런 문제를 규율하기 위해 각국은 '법의 충돌'이라든지 '국제사법'이라는 것을 제정하여 운용하고 있는 것이다. 국제법과 (설립조약에 기초하고 있다는 점에서 본질적으로 국제법의 아류에 속하지만 스스로 "한 개의 새로운 법질서"임을 내세우면서 "자기완비적 체계"를 구축하고 있는) EU법 간의 관계에 대해서도 같은 말을 할 수 있을 것이다. 요컨대, 우리가 살고 있는 국제공동체는 여전히 분권적이고 수평적인 구조를 탈피하지 못하고 있다. −국제법학자들의 화두이기도 한− "법의 국제적 지배"(international rule of law)를 실현하기 위해 국제법과 국내법이 상호 어떻게 교류할 것인지, 그리고 이를 위해 국제재판소와 국내재판소간에, 혹은 서로 다른 국가의 국내재판소들 상호간에 사법대화(judicial dialogue)를 어떻게 확대해 나갈 것인지를 묻고 고민하는 것은 별개의 문제이다.

2005-07-08, available at https://www.canlii.org/en/on/onsc/index.html ; noted by André Nollkaemper, *op. cit.*, Chinese Journal of International Law (2006), Vol. 5, No. 2, p. 311, fn. 50, and Nollkaemper, p. 245.

408) Hartley, *European Union Law in a Global Context*, p. 136.

제 6 장
국제법의 주체

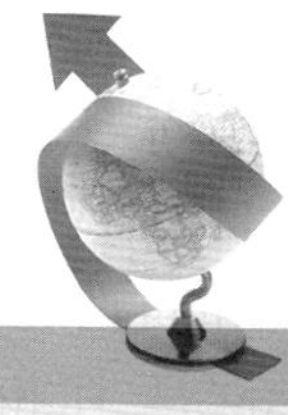

독일의 철학자 헤겔(Georg Wilhelm Friedrich Hegel)(1770~1831)은 국가를 '객관적 정신의 최고의 변증법적 발전단계'로, 그리고 '윤리적 이념의 실현'으로 보기도 하였지만,[1] 제2차 세계대전 후 국가 또는 국가주권은 더 이상 절대적 가치로 인정받고 있지 못하다. 국가 안팎으로 새로운 행위자들이 출현하여 국가의 고유영역을 침범하고 있기 때문이다.

Ⅰ. 국제법 주체의 정의와 분류

법상 누가 그 주체 혹은 사람으로 인정될 것인가, 즉 법인격(legal personality)의 문제는 선험적인 것이 아니며, 독립된 각 법체계의 필요에 따라 그것의 범위나 정도는 달라질 수 있다. 법인격은 일종의 의제의 산물이기 때문이다.[2] 그 결과 어떤 실체의 국제법인격과 국내법인격 사이에는 어떤 필수적인 관련성도 존재하지 않는다.[3] 이는 전자는 국제법이 결정할 문제인데 반해, 후자는 개별 국가의 국내법이 규율할 문제이기 때문이다. 예컨대, 승인문제에 있어 창설적 효과설을 채택하고 있는 영국재판소는 외국정부(혹은 국제기구)의 국제인격으로부터 그것의 영국법상의 인격을 당연히 혹은 자동적으로 도출해 내지는 않는다. 따라서 영국재판소에 관한 한 외국의 국제인격과 그것의 국내인격이 분열되는 결과를 초래할 수 있지만, 이것이 그 자체로 국가책임을 야기하는 것으로는 인

1) See Georg Jellinek, *Allgemeine Staatslehre* (Kronberg/TS. : Verlag Athenäum, 1976), p. 219.
2) 과거 노예나 농노 제도를 생각해 보라. 법인격이란 알고 보면 기존의 사람들이 자기와는 다른 그 무엇에 부여하는 일종의 사람됨의 자격증인데 다음의 일화가 이를 잘 보여준다. 즉, Caligula란 별명으로 더 잘 알려진 로마의 제3대 황제 Gaius Julius Caesar Augustus Germanicus에 관한 아마도 가장 유명한 추문으로서, 그가 자신의 애마(愛馬) Incitatus를 집정관(consul)으로 만들려 했으며, 암살되지 않았으면 결국 그렇게 했을 것이라는 이야기가 전해지고 있다 (그러나 이 이야기가 온전히 사실인지는 아직도 논쟁거리이다). https://en.wikipedia.org/wiki/Gaius_Caligula ; https://en.wikipedia.org/wiki/Incitatus.
3) Christian Koenig und Matthias Pechstein, *Die Europäische Union : Der Vertrag von Maastricht* (Tübingen : J.C.B. Mohr, 1995), p. 30 ; Amerasinghe, p. 79.

식되고 있지 않다. 요컨대, 국제인격으로부터 국내인격이 당연히 도출되어 나오는 것은 아니며, 그 반대도 마찬가지이다.

ICJ는 *Reparation for Injuries Suffered in the Service of the United Nations* 사건[4]에서 국제법의 주체(subject of international law), 즉 국제법인격자(international person)를 "국제적 권리와 의무를 보유할 능력이 있고 그리고 ... 국제청구를 제기함으로써 자신의 권리를 주장할 자격이 있는" (capable of possessing international rights and duties, and ... has capacity to maintain its rights by bringing international claims) 실체로 정의한 바 있다. 따라서 어떤 실체가 국제법의 실체적 규칙에 의하여 많은 권리를 부여받고 있는 것처럼 보이더라도 그것을 침해당했을 때 자신의 이름으로 구제를 요청할 수 있는 국제적 차원의 절차법이 미비되어 있다면, 그 실체는 진정한 의미에서의 혹은 완전한 주체라고 말하기 어려울 것이다. 국제법의 경우 이 양자간의 차이가 특히 개인에게 있어 심하게 나타나고 있다. 따라서 어떤 실체가 국제법의 주체다, 아니다 하는 식의 이분법을 벗어나, 각 주체가 향유하는 법인격의 특징과 범위를 실증적으로 고찰하는 태도가 요망된다. ICJ도 위 *Reparation* 사건[5]에서 UN의 국제인격이 필수불가결한 것임을 말하기에 앞서 "그 어떤 법체계에 있어서도 법의 주체들은 그 특질이나 혹은 그 권리의 범위에 있어 반드시 동일한 것이 아니다. 또한 그들의 특질도 공동체의 필요에 달려 있다."고 언급함으로써 법인격의 동태적·상대적 성격을 지적한 바 있다.

국제법의 주체는 관점에 따라 다양하게 분류해 볼 수 있다. 첫째, 국제공동체형성 초기부터 국제무대의 등장인물(*dramatis personae*)이었는가 아니면 제2차 세계대전 이후 새로 생겨난 것인가를 기준으로 하여 전통(구)주체(traditional or old subjects)와 신주체(new subjects)로 구분할 수 있다. 이 경우, 국가와 반란단체는 전자에, 국제기구, 자결권을 향유하는 (그리고 민족해방단체로 불리는 대표기구를 가진) 민족 그리고 개인은 후자에 속한다.[6]

둘째, 현 국제공동체구조에 있어 필수불가결한 정도에 따라 일차적 주체(primary subject)와 부차적 주체(secondary subjects)로 구분할 수 있다. 이 경우, 국가는 전자에, 그 이외의 주체들은 모두 후자에 속한다.[7]

셋째, 국제입법과정에의 참여자격, 특히 조약체결권을 향유하는가의 여부에 따라 능동적 주체

---

4) Advisory Opinion, 11 April 1949, ICJ Reports (1949), p. 174 at 179. See also Donna E. Arzt/Igor I. Lukashuk, "Participants in International Legal Relations", in Ku & Diehl (eds.), p. 164.

5) ICJ Reports (1949), p. 174 at 178 ("The subjects of law in any legal system are not necessarily identical in their nature or in the extent of their rights, and their nature depends upon the needs of the community. Throughout its history, the development of international law has been influenced by the requirements of international life, and the progressive increase in the collective activities of States has already given rise to instances of action upon the international plane by certain entities which are not States. This development culminated in the establishment in June 1945 of an international organization whose purposes and principles are specified in the Charter of the United Nations. But to achieve these ends the attribution of international personality is indispensable.") ; Wallace, p. 52 ; ; Keitner, p. 122.

6) Cassese, p. 74.

7) *Ibid.*, p. 77.

(active subject)(국가, 반란단체, 국제기구, 민족)와 수동적 주체(passive subject)(개인)로 나눌 수 있다. 그리고 능동적 주체는 다시 완전한(포괄적) 능동적 주체(국가)와 제한된 능동적 주체(반란단체, 국제기구, 민족)로 구분할 수 있다. 서구진영의 일부 학자들은 개인(특히, 다국적기업)이 외국정부와 체결하는 국가계약(state contract)을 이른바 준조약(quasi-treaty) 또는 국제화된 계약(internationalised contract)으로 승격시킴으로써 다국적기업들의 능동적 주체화를 시도하고 있다.[8)]

넷째, 국제기구와 개인은 한 가지 공통점을 지니고 있다. 즉, 다른 주체들과는 달리, 그들은 국가들이 그들에게 권리를 부여하기로 결정하는 경우에만 국제법인격자가 될 수 있다. 게다가 이 권리들은 그것을 부여한 국가들의 의지에 달려있다. 즉, 그들은 자신을 존재하게 만든 국가들이 자신들을 제거하기로 결정하는 순간 국제적으로 소멸하고 마는 것이다. 이처럼 이들은 그 존재가 (통상적으로 조약을 통한) 국가들의 공식적인 결정에 달려있다는 점에서 파생적 혹은 부수적 주체(derivative or ancillary subjects)라고 할 수 있다. 이에 반해 국가, 자결권을 향유하는 민족 그리고 반란단체는 그 존재가 기존국가들의 공식적인 결정과는 관계없이, 일차적으로 사실상의 과정(*de facto* process)으로부터 도출된다는 점에서 시원적 주체(original subjects)로 칭할 수 있을 것이다.[9)]

다섯째, 상기 여러 주체들 중에서 오로지 국가만이 영토주권(territorial sovereignty)을 보유할 수 있다. 따라서 국가만이 그것을 포기할 자격이 있다는 점에서, 기껏해야 단지 제한된 기간 동안 일정 영토에 대해 사실상의 권한만을 행사하거나 혹은 영토적 기반이 전혀 없는 타주체들과는 구분된다. 이런 관점에서 국가를 영토적 주체(territorial subject)로 칭한다면 다른 주체는 모두 비영토적 주체(non-territorial subjects)에 해당된다. 다만, 자결권을 향유하는 민족과 분리독립을 목적으로 하는 반란단체는 잠재적인 의미에서의 영토주권자라고 할 수 있을 것이다.

사회주의 국가들은 개인을 국제법의 주체, 특히 그 권리의 주체로 승인하기를 단순히 거부할 뿐만 아니라 강하게 반대하여 왔다. 그들은 자연인에게 국제인격을 부여하려는 이론을, 내정간섭금지규범을 무시하고 타국의 국내문제에 개입하려는 의도를 가진 제국주의 국가들의 불순한 시도로 몰아붙이곤 하였던 것이다.[10)] 그러나 이제 국제법의 궁극적인 존재이유가 인권보장에 있음을 부인할 수 있는 단계는 지났다.

비국가적 실체(non-state entities)가 새로 출현하였는데도 이를 -일정 제한된 범위에서나마- 국제법의 주체로 받아들이지 않는다면 그들은 오히려 -국내법의 구속과는 별개로- '국제법'의 구속에서는 자유롭다는 역설(逆說)이 성립한다. 이런 의미에서도 국제법 주체의 범주가 점차 확대되는 것은 불가피한 일이다.[11)] 이와 관련하여, 이른바 '비국가무장행위자(단체)들'(armed non-state actors/groups)의 행위를 특히 국제인도법(과 국제인권법)의 틀 안으로 몰아넣는 일이 긴급한 과제가 되고 있다.[12)]

---

8) Ott, p. 190 ; 본서, 제2장 (국제법의 연원), 제16장 (외국인의 대우) 참조.
9) Cassese, pp. 76~77.
10) See e.g. *GDR Manual of International Law* (1982), pp. 22, 157.
11) Dixon, p. 21.
12) 이러한 목적의 실천적 사례로, -2000년에 설립되고 2005년 스위스법에 의거하여 재단으로 승격된- 제네바

Ⅱ. 국 가

UN국제법위원회(ILC)는 2001년의 국가책임초안에 대한 주석에서 '국가'는 "조직화된 진정한 실체, 즉 국제법 하에서 행동할 수 있는 완전한 권한을 가진 법인격자"로서 "한 개의 단일체로서 대우되며, 이에 따라 국제법에서 단일의 법인격자로서 승인되고 있다."[13]고 언급한 바 있다. 국가의 형태는 크게 대외적으로나 대내적으로 하나의 국가인 단일국가(unitary state)와 대외적으로는 하나의 국가로 간주되지만, 대내적으로는 여러 국가로 구성되는 연방국가(federal state)[14]로 나누어진다. 즉, 단일국가의 경우 모든 국가권력은 헌법에 의하여 중앙정부에 귀속되어 있다. 물론 이같은 국가들의 경우에도 이른바 지방자치 제도를 통하여 일정 입법권을 지방당국에 부여하기도 하지만, 중앙정부는 국가에 따라 헌법 개정이나 의회 입법에 의해 지방당국의 권한을 축소하거나 아예 폐지

소재 "제네바 콜"(Geneva Call, Appel de Genève)이란 이름의 NGO는 비국가무장행위자들이 국제인도법(특히, 무력충돌 시 민간인 보호에 관한 인도법규칙)을 알고 준수할 수 있도록 교육을 시키고 있으며, 이에 많은 국가들과 EU 등이 제네바 콜을 재정적으로 후원하고 있기도 하다 : https://genevacall.org/ ; Statute of Geneva Call Foundation for the Adherence of Non-State Actors to International Humanitarian Law (translation from French), 〈https://genevacall.org/wp-content/uploads/dlm_uploads/2014/01/gc-statutes-eng.pdf〉 ; https://en.wikipedia.org/wiki/Geneva_Call ; Stefanie Herr, "Binding Non-State Armed Groups to International Humanitarian Law - Geneva Call and the Ban of Anti-personnel mines: Lessons from Sudan", PRIF-Report No. 95, Peace Research Institute Frankfurt (PRIF) 2010, 〈https://www.hsfk.de/fileadmin/HSFK/hsfk_downloads/prif95.pdf.pdf〉 ; Annyssa Bellal, Gilles Giacca, and Stuart Casey-Maslen, "International law and armed non-state actors in Afghanistan", International Review of the Red Cross, Volume 93 Number 881, March 2011, pp. 47~79, 〈https://www.corteidh.or.cr/tablas/r27089.pdf〉.

그러나 미국 연방최고재판소의 2010년 판결 *Holder* v. *Humanitarian Law Project*, 561 U.S. 1 (2010), 130 S.Ct. 2705에 의하면, 미국 국무성에 의해 테러단체로 인정된 조직들에게 국제법 훈련을 제공하는 것은 -외국 테러단체에 물적 지원(material support)을 제공하는 것을 금지하는- 미국 연방법률(18 U. S. C. §2339B)을 위반하는 범죄를 구성할 수 있다 : https://supreme.justia.com/cases/federal/us/561/1/opinion.html ; Cornell Law School, Legal Information Institute, "18 U.S. Code § 2339B - Providing material support or resources to designated foreign terrorist organizations", 〈https://www.law.cornell.edu/uscode/text/18/2339B〉 ; Charles Doyle (Senior Specialist in American Public Law), "Terrorist Material Support: An Overview of 18 U.S.C. §2339A and §2339B", Congressional Research Service, December 8, 2016, 〈https://fas.org/sgp/crs/natsec/R41333.pdf〉 ; https://en.wikipedia.org/wiki/Holder_v._Humanitarian_Law_Project.

13) ILC Report (2001), Chapter Ⅳ (State Responsibility), draft articles on responsibility of States for internationally wrongful acts, Art. 2, Commentary, paras. (5),(6), https://untreaty.un.org/ilc/reports/2001/2001report.htm.

14) (1998년 12월 18일의) 스위스 신연방헌법 제3조는 "The Cantons are *sovereign* insofar as their sovereignty is not limited by the Federal Constitution; they exercise all rights, which are not entrusted to the Confederation."이라고 규정함으로써 스위스연방의 구성단위인 캔턴의 (제한된) 국가성(혹은 국가자격)(statehood)을 직접적으로 천명하고 있다. *Constitutions of the Countries of the World* (Editor: Gisbert H. Flanz), Switzerland (by Gisbert H. Flanz), Release 99-7, Issued November 1999, Oceana Publications, Inc. (Dobbs Ferry, New York). 아래에서 보는 바와 같이, 다수 연방국가의 헌법에서 연방국가 그 자체뿐만 아니라 그 구성국들도 일정 제한된 범위 내에서나마 제3국과 조약을 체결할 수 있다고 규정하고 있는 이론적 근거도 바로 그들의 국가성에 있다. 연방국가의 구성단위를 지칭하는 술어는 states, Länder, cantons, provinces, regions, communities 등 다양하다. See Chiara Zilioli and Martin Selmayr, "The European Central Bank, its System and its Law", (1999~2000) 19 Yearbook of European Law 347 at 352.

시킬 수도 있다.[15] 이와는 대조적으로 연방국가의 경우, 연방정부와 그 구성국가들 간의 권한 배분은 연방헌법의 규율사항으로서, 그 기본특징은 대내적 사항(internal affairs)에 관한 권한은 연방(중앙)정부와 구성국(혹은 주)간에 적절히 배분하되, 대외적 사항(foreign affairs)은 원칙적으로 오직 연방정부가 담당한다는 것이다.[16] 예컨대, 미국 연방최고재판소는 1937년의 *United States* v. *Belmont*[17]에서 다음과 같이 언급한 바 있다.

> "대내적 사항에 관한 정부권한은 중앙정부와 개개 주들간에 배분된다. 그러나 대외적 사항에 관한 정부권한은 이렇게 배분되지 않고 중앙정부에 배타적으로 귀속된다. ... 그리고 이 규칙은 treaties에 대해서는 헌법 제6조 2항의 명시적 규정에 의하여 확립되어 있지만, 국제적 사항에 대한 완전한 권한이 중앙정부에게 있고, 따라서 개개 주들에 의한 삭감 또는 간섭에 종속

---

15) 즉, 단일국가들의 경우 중앙정부의 입법적·행정적 권한은 '불가분'(indivisible)하다는 관념에 의하여 규율되고 있다. 단일국가들도 물론 공적 직무의 집행을 위해 (지방자치 등) 하부입법·행정단위에 의존하곤 하지만, 이들 하부단위들은 '박탈당할 수 없는' 그들 자신의 권한을 보유하고 있는 것으로는 생각되고 있지 않다. 그들의 모든 권한은 국가의 중앙입법부나 중앙정부에 의하여 단지 '위임된'(delegated) 것이며, 따라서 중앙이 원하는 경우에는 관련법률을 개정하거나 또는 헌법을 개정해서라도 언제든지 회수당할 수 있다고 생각되고 있다. 일부 학자들은 단일국가 내부에서 벌어지고 있는 분권화를 지칭하는 술어로서 특별히 프랑스 행정법상의 술어인 déconcentration을 빌려와 사용하기도 한다(이같은 의미의 déconcentration은 오늘날 대기업에서도 이미 일상적으로 행해지고 있다) 그냥 decentralization이라고 하면 연방국가에서의 연방정부와 구성국간의 권한배분을 연상시킬 수 있기 때문이다. 굳이 decentralization이란 술어를 사용코자 하는 경우에는 양자의 구분을 위하여, 단일국가의 그것은 administrative decentralization으로, 그리고 연방의 그것은 independent decentralization 혹은 (truly) federal decentralization으로 지칭하기도 한다. Zilioli and Selmayr, *op. cit.,* (1999~2000) 19 Yearbook of European Law 347 at 356~357.

16) Michael T Molan(ed.), *Constitutional and Administrative Law Textbook*, 14th ed. (London : HLT Publications, 1992), pp. 3~4. 이것은 주권(sovereignty)의 개념이 단일국가에서는 "단일불가분의"(one and indivisible) 것으로 인식되는데 반해, 연방국가(또는 EU 같은 초국가적 기구)에서는 연방정부와 그 구성국에 의하여 "분배될 수 있는 어떤 것"(something that can be shared)으로 인식되고 있음을 의미한다. See Stanley G. French and Storrs McCall, "Nation, State, Sovereignty, Self-Determination, the Popular Will and the Right to Secession : Notes toward the Elucidation of These Notions in the Context of the Debate concerning Canada's Future". in Stanley G. French (ed.), *Philosophers Look at the Canadian Confederation* (Montreal : The Canadian Philosophical Association, 1979), p. 63 at 64. 그 결과, 단일국가의 경우와는 대조적으로 연방국가들에서는 연방정부와 그 구성국들 양자가 각기 행사하는 일정 입법적·행정적 직무는 연방 차원에서 그들에게 '위임된'(delegated) 직무가 아니라, "그들 자신의 국가성"(their own statehood)에 의하여 그들에게 속하는 것이므로, "연방헌법의 개정을 통해서도 절대로 박탈할 수 없는" 자율적 직무로 이해되고 있다. Zilioli and Selmayr, *op. cit.*, (1999~2000) 19 Yearbook of European Law 347 at 352~353. 예컨대, 독일의 경우를 보면, 연방제와 그 핵심적 측면들은 헌법개정으로부터도 보호받고 있다. 즉, 독일 기본법(Grundgesetz) 제79조 3항은 "연방국의 Länder로의 구분, 그들의 입법과정에의 참여 ... 에 영향을 미치는 기본법의 개정은 금지된다."라고 천명하고 있다. Martin A. Rogoff, "The European Union, Germany, and the Länder : New Patterns of Political Relations in Europe", (1999) 5 Columbia Journal of European Law 415 at 418. 그리고 특별히 연방국가(혹은 EU 같은 연방적, 초국가적 기구)의 경우에는 (이미 헌법에 의하여) '연방정부'에 부여된 '일정 입법권'의 '행사'를 제약하기 위해 보충성의 원칙(principle of subsidiarity)이라는 것이 도입되고 있다. 조금 더 말하면, 이 원칙은 (1) '연방정부'의 입법권과 관련된 원리로서, (2) 이것은 연방의 '비배타적' 혹은 '경합적' 입법권(non-exclusive, concurrent powers)에만 관련되는 것이며, (3) 또한 이 원칙은 경합적 권한의 연방에로의 '부여' 혹은 '배분'과 관련된 것이 아니라 단지 연방의 그 '행사'(*exercise* of powers)에 대해 더욱 엄격한 제한을 가하기 위해 고안된 원리임을 유념하여야 한다. 이 원칙에 대해 자세한 것은, 拙著, 《EU法論》, p. 210 이하 참조.

17) 301 U.S. 324, 57 S.Ct. 758, 81 L.Ed. 1134 (1937).

되지 않으며 종속될 수도 없다는 바로 그 사실로부터 다른 모든 international compacts와 agreements에 대해서도 동일한 규칙이 도출된다. ... 모든 국제적 교섭과 합의에 관하여 그리고 우리들의 대외관계 일반에 있어 주경계선은 사라진다. 그러한 목적에 관해서는 뉴욕주란 존재하지 않는다."

1933년의 "국가의 권리와 의무에 관한 몬테비데오 협약"(Montevideo Convention on the Rights and Duties of States)[18] 제2조도 "연방국가는 국제법상 단일의 인격을 구성한다."(The federal state *shall* constitute a sole person in the eyes of international law)고 규정하고 있다. 이처럼 연방국가가 국제법상 하나의 국가로 간주되는 이유는, 국제법은 국제관계를 수행할 자격이 있는 실체만을 국가로 보기 때문이다. 그러므로 주(구성국)의 국제의무 위반은 –국가 간에 달리 합의하지 않는 한– 연방정부의 대외적 책임(즉, 국가책임)을 야기시킨다.[19]

연방 구성국들의 일정 국가성을 고려하여 제한된 범위 내에서나마 그들에게도 국제관계를 맺을 능력이 허용되기도 한다. 예컨대, 미국헌법 제1조 10항은 그 1단에서 "어떤 주도 조약, 동맹 혹은 연합을 맺을 수 없다."(No State shall enter into any Treaty, Alliance, or Confederation.)고 규정한 뒤 그 3단에서 "어떤 주도 연방의회의 동의 없이는... 다른 주 또는 외국과 어떤 협정(Agreement)이나 합의(Compact)도 체결해서는 안된다."라고 규정하고 있다. 그리고 1944년 소련헌법은 소련연방의 두 구성공화국인 우크라이나(Ukraine)와 백러시아(Byelorussia)가 소련(USSR : Union of Soviet Socialist Republics)과 더불어 UN의 원회원국이 되는 것을 허용하기 위해 개정되었는데,[20] 이 개정으로 인하여 옛 소련은 결과적으로 UN총회 내에서 (한 표 대신) 세 표를 향유하였었다.[21] 그러나 소련의 예는 극단적인 경우에 속한다. 위 미국헌법 규정에서 보는 것처럼, 대부분의 연방헌법[22]에서는 그 구성국가들이 제3국과 조약을 체결하는 것을 인정하더라도 그들의 권한의

---

18) 제7차 미주국제회의(International Conference of American States)에서 채택되었고, 15개 라틴아메리카국가들과 미국이 당사자로 되어 있다. 몬테비데오 협약은 독립국가가 되기 위한 국제관습법상의 요건을 반영한 것으로 여겨지고 있다. Harris, 5th, p. 102 ; Hamid, p. 82 ; Hall, pp. 195, 203.

19) 예컨대, 1891년 폭도가 루이지애나주의 뉴올리언즈에서 이탈리아인들을 구타했을 때, 미국 국내법상 그 범죄의 예방과 처벌은 오로지 루이지애나주의 권한에 속함에도 불구하고 미국 연방정부가 책임을 인정하고 이탈리아 정부에게 손해배상금을 지급하였다 : Akehurst, p. 55 ; 본서 제14장 (국가책임). See also ICJ, *LaGrand* case (Germany v. USA), Provisional Measures (3 March 1999) and Merits (27 June 2001). ICJ는 이 *LaGrand* 사건에 대한 1999년의 임시조치 지시에서 미국에 대해 최종 본안판결이 있을 때까지 사형을 집행하지 말 것과 함께, 본 임시조치에서 지시된 조치의 이행은 애리조나주 지사의 관할에 속하므로 미국 정부는 동 명령을 애리조나주 지사에게 전달할 의무가 있으며 애리조나주 지사는 미국의 국제적 약속에 따라 행동할 의무를 진다고 판시하였는데, 이것은 너무 지나쳤다는 비판이 제기될 수도 있을 것이다. 연방국가의 정부가 ICJ의 명령에 기초하여 어떻게 행동할 것인가는 국내문제로서, 이것은 국제재판소가 다룰 수 있는 문제가 아니기 때문이다. 그러나 곧 사형이 집행될 것으로 예견되는 긴박한 상황이었다는 점도 고려에 넣어야 할 것이다. Rosenne, *The Perplexities of Modern International Law*, p. 239, fn. 7.

20) 즉, 1944년 2월 2일, 제10차 소비에트 최고회의에서 소련헌법(1936년 12월 5일 채택. 일명 스탈린헌법)의 몇 개 조항이 개정되었는데, 그 중 하나가 헌법 제18조에 다음의 (a)항을 추가하는 것이었다 : "(a) Each Union Republic has the right to enter into direct relations with foreign states, to conclude agreements with them and exchange diplomatic and consular representatives with them." 〈https://www.departments.bucknell.edu/russian/const/amend.html〉.

21) Akehurst, p. 55 ; Janis, 3rd, pp. 18~19.

범위 내에서만 이를 허용하고 있으며, 또한 절차상 연방에 사전 통고하거나 연방의 사전 동의를 얻을 것을 조건으로 하고 있다. 연방의 구성국가가 체결한 조약의 이행에 대한 책임은 –당사자간에 달리 합의가 없는 한– 궁극적으로 연방에 귀속된다고 보는 것이 타당할 것이다. 조약 체결에 –사전 동의 등– 연방이 개입한 경우에는 더욱 그러하다.[23)]

연방국가(federal state, federation : Bundesstaat, Föderation)[24)]는 국가연합(confederation : Staatenbund, Konföderation)[25)]과는 구분되어야 하는데, 양자의 주요 차이점으로는 대체로 다음의 두 가지가 지적되고 있다. 첫째, 연방국가의 중앙정부는 구성국가들에 대해서 뿐만 아니라 그들의 시민에 대해서도 직접 권한을 행사할 수 있는데 반해,[26)] 국가연합의 정부당국은 그 회원국들에 대해서만 권한을 미칠 수 있을 뿐이며 그 국민에게 직접 적용되는 법을 제정할 권한은 갖고 있지 못하다. 둘째, 연방국가는 국제법상 하나의 국가로 간주되지만, 국가연합은 하나의 국가가 아니며 그 구성국들은 여전히 각기 하나의 독립국가로 간주된다. 이같은 비교에도 불구하고 특히 국가연합의 경우 보편적으로 수락된 정의는 없어 보인다. 과거 국가연합의 대표적 사례[27)]로는 미국, 독일, 스위

22) 예컨대, 독일기본법 제32조, 스위스헌법 제56조 3항과 제172조 3항, 오스트리아 헌법 제16조 등.

23) Aust, 3rd, p. 61, 62~63 ; 본서, 제14장 (국가책임), "Ⅲ. 국제법상 국가의 행위일 것, 1. 귀속성에 관한 일반원칙". 1995년 11월 21일 미국, 오하이오 주, 데이턴(Dayton) 인근의 한 공군기지에서 가서명(initialled) 되고 12월 14일 파리에서 서명된 "보스니아-헤르체코비나 내의 평화를 위한 일반골격협정"(General Framework Agreement for Peace in Bosnia and Herzegovina)(이하 데이턴협정)의 경우, 그 당사자는 보스니아-헤르체코비나 공화국(이하 보스니아), 크로아티아 공화국, 유고연방공화국(FRY)(이하 신유고)이다. 협정 전문에서는 먼저 "신유고의 대표단이 ... 스르프스카 공화국을 대신하여 평화계획의 여러 부분에 서명하는 것을 허용하는 1995년 8월 29일의 한 협정에 주목하고"("Noting the agreement of August 29, 1995, which authorized the delegation of the Federal Republic of Yugoslavia to sign, on behalf of the Republika Srpska, the parts of the peace plan concerning it, with the obligation to implement the agreement that is reached strictly and consequently") 있다. 그리고 데이턴협정에는 모두 12개 부속협정이 첨부되어 있는데, 주권독립국 보스니아의 두 구성단위인 스르프스카 공화국(Republika Srpska)과 보스니아-헤르체코비나 연방(Federation of Bosnia and Herzegovina)도 –보스니아, 크로아티아 혹은 신유고와 함께– 당사자로 표현되어 있다. 신유고 외무장관은 두 부속협정(즉, "Agreement on the Military Aspects of the Peace Settlement", "Agreement on Inter-Entity Boundary Line and Related Issues")을 "지지(승인)"(endorsed)하면서, "신유고는 스르프스카 공화국이 이들 두 협정을 완전히 존중하고 이행하는 것을 보장하기 위해 보스니아의 주권과 영토보전 및 정치적 독립에 부합하는 모든 조치를 취할"("On behalf of the Federal Republic of Yugoslavia, I wish to assure you that the Federal Republic of Yugoslavia shall take all necessary steps, consistent with the sovereignty, territorial integrity and political independence of Bosnia and Herzegovina, to ensure that the Republika Srpska fully respects and complies with the provisions of the aforementioned Annexes.") 것이라는 서면보장을 한 바 있는데, 이처럼 한 국가가 타국의 구성단위의 조약준수를 그 타국에 하고 있다는 점에서 이는 매우 예외적인 사정 하에서 나온 매우 예외적인 사례에 속한다. Aust, 3rd, p. 63 ; https://en.wikipedia.org/wiki/Dayton_agreement ; https://peaceaccords.nd.edu/site_media/media/accords/The_General_Framework_Agreement_for_Peace_in_Bosnia_and_Herzegovina.pdf ; https://www.ohr.int/dpa/default.asp?content_id=380.

24) https://en.wikipedia.org/wiki/Federation ; https://de.wikipedia.org/wiki/Föderalismus.

25) https://de.wikipedia.org/wiki/Staatenbund ; https://en.wikipedia.org/wiki/Confederation ; https://www.europarl.europa.eu/brussels/website/media/Definitionen/Pdf/Foederation.pdf.

26) 그 결과 연방정부와 구성국의 정부, 양자 모두 국민들에게 직접 권력을 행사하여, 국민들은 이들 두 개의 정부에 종속되는 것이다. Tillotson and Foster, p. 47.

27) https://en.wikipedia.org/wiki/Confederation#Historical_confederations ; https://www.britannica.com/topic/political-system/Confederations-and-federations.

스가 각기 연방으로 가기 전에 형성했던 북미국가연합(1781~1789),[28] 독일연합(1815~1866),[29] 스위스연합(1291~1848)[30] 등이 언급되곤 한다. 그리고 현재 느슨한 국가연합의 한 예로서는 소련(USSR) 붕괴 후 형성된 독립국가연합(Commonwealth of Independent States : CIS)을 들 수 있을 것이다.[31] 그리고 넓게는 다같이 국제기구의 범주에 든다고 하더라도, 국제연맹(League of Nations)이나 UN이 국가연합적 원리(confederative principle)에 기초하고 있다면, 지역차원의 통합기구인 EU(European Union)는 제한된 범위 내에서나마 연방적 원리(federative principle)에 기초하고 있다. 왜냐하면 EU는 아직 그 자체 한 개의 연방국가 단계에는 이르지 못했지만 그럼에도 불구하고 직접 회원국의 국민을 구속하는 입법을 할 수 있는 권한까지도 부여받고 있기 때문이다. 그러나 EU는 동시에 국가연합적 성격을 유지하고 있기도 한데, 그 회원국들은 EU로 이전된

---

28) https://en.wikipedia.org/wiki/Articles_of_Confederation ; Crawford, 2nd, p. 485.

29) https://en.wikipedia.org/wiki/German_Confederation ; Crawford, 2nd, p. 485.

30) https://en.wikipedia.org/wiki/Old_Swiss_Confederacy ; Crawford, 2nd, p. 485.

31) 1991년 12월 8일 벨라루스 (옛 백러시아)의 수도 민스크에서 체결된 CIS설립협정(Agreement Establishing the Commonwealth of Independent States)은 그 전문 제1단에서 "우리는 ... 이로써 국제법의 주체로서의 또한 지정학적 실체로서의 소련은 더 이상 존재하지 아니한다고 선언"하고 있고, 또 같은 달 21일의 알마타 선언(Alma Ata Declaration)도 "CIS설립과 함께 소련은 소멸한다."라고 선언하고 있는데, 이것은 소련이 분열・해체(dissolution)되었음을 의미하는 것으로 해석될 수 있다. 그러나 러시아연방(Russian Federation)의 옐친 대통령은 UN사무총장에게 보낸 1991년 12월 24일자 서한에서 "소련의 UN회원국 지위는 ... 러시아연방에 의해 '계속'되고 있다."고 적고 있는데, 이것은 러시아연방이 옛 소련과의 동일성(identity)을 유지하고 있음을 주장하는 것이었다. 상기 알마타 선언은 "CIS는 한 개의 국가도 아니고 한 개의 초국가적 실체도 아니다"(... the Commonwealth, which is neither a State nor a supra-State entity)라고 언급하고 있기도 하다. (1992) 31 ILM 143, 148~ 149 ; 李根寬, "舊蘇聯의 分裂과 國家相續 : 舊蘇聯의 外債問題를 중심으로", 《一鑑法學》(건국대), 제3권(1998), pp. 270~272 ; Craven and Parfitt in Evans (ed.), *International Law*, 5th, p. 213 ; Shaw, 6th, p. 240 (& 7th, pp. 176~177) ; https://www.search.com/reference/Confederation ; https://www.Search.com/reference/Commonwealth_of_Independent_States ; https://en.wikipedia.org/wiki/Commonwealth_of_Independent_States ; 본서, 제20장 (국가승계), "Ⅵ. 국제기구 회원국의 지위," & 제25장 (UN), "Ⅴ. UN의 주요기관, 2. 안전보장이사회".

러시아를 위시한 일부 CIS 회원국들은 -소련 해체 후 해체된 옛 바르샤바조약기구(Warsaw Pact)를 닮은- "집단안보 조약기구"(Collective Security Treaty Organization : CSTO)를 구축하고 있기도 한데, 동 기구는 2022년 1월 카자흐스탄 대통령의 요청에 따라 카자흐스탄 내 소요 사태에 무력 개입하기도 하였다. https://en.odkb-csto.org/ ; https://en.wikipedia.org/wiki/Collective_Security_Treaty_Organization ; Joshua Kucera, "CSTO agrees to intervene in Kazakhstan unrest - The Russia-led security bloc will be sending peacekeeping forces, the first time in its history that its collective security provision has been exercised.", eurasianet, Jan 5, 2022, 〈https://eurasianet.org/csto-agrees-to-intervene-in-kazakhstan-unrest〉 ; Rounak Bagchi, "Explained: What is CSTO, the organisation helping Kazakhstan President deal with protesters - Kazakhstan's President Kassym-Zhomart Tokayev has called in the Collective Security Treaty Organisation (CSTO) to help quell protests over the hike in fuel prices in the country. What is this group?, The Indian Ezpress, January 8, 2022, 〈https://indianexpress.com/article/explained/explained-csto-kazakhstan-protests-7712534/〉. CSTO와 NATO의 비교분석을 위해서는 다음 글을 참조 : Justin Tomczyk, "OPFOR, BLUFOR: A Comparative Analysis of NATO and the CSTO", Illinois Journal of International Security, Spring 2018, Volume Ⅳ, 〈https://ugresearchjournals.illinois.edu/index.php/IJOIS/article/view/549〉 ; Arfa Javaid, "What is the difference between NATO and CSTO?", Oct 5, 2020, 〈https://www.jagranjosh.com/general-knowledge/csto-vs-nato-1601904092-1〉. 구 바르샤바조약기구(Warsaw Pact)와 현 CSTO의 비교를 위해서는 다음 글을 참조 : Dmitry Gorenburg, "Russia and Collective Security: Why CSTO Is No Match for Warsaw Pact", Russia Matters, May 27, 2020, 〈https://www.russiamatters.org/analysis/russia-and-collective-security-why-csto-no-match-warsaw-pact〉.

주권적 권한을 제외하고는 여전히 주권을 보유하고 있으며 국제공동체에서 주권독립국가로 존속하고 있기 때문이다.[32] EU의 정치/법 체제는 상황에 따라 연방적 요소와 국가연합적 요소가 혼합될 수 있음을 잘 보여주고 있다. 이같은 혼합은 이름에서도 나타나는 경우가 있는데, 즉 스위스의 경우 국호는 "스위스(헬베티아) 국가연합"(Swiss or Helvetic Confederation)이지만, 헌법의 공식명칭은 "스위스 국가연합 연방헌법"(Federal Constitution of the Swiss/ Helvetic Confederation)이다.[33]

단지 '국가'에게만 가입이 허락되는 보편적 성격의 국제기구의 회원이 되거나 그러한 다자조약의 당사국이 된다는 것은 어떤 실체가 국가자격(statehood)을 갖추고 있음을 보여주는 강력한 증거가 될 것이지만, 반대로 그러한 기구에 가입하지 않았거나 그러한 다자조약의 당사자가 되지 않은 것이 국가자격을 결하고 있음을 시사하는 것은 아니다.[34] "국가의 권리와 의무에 관한 몬테비데오 협약" 제1조는 국가를 다음과 같이 정의하고 있다.

> "국제법의 인격자로서의 국가는 다음의 자격을 보유하여야 한다. (a) 항구적 인구, (b) 한정된 영토, (c) 정부, (d) 다른 국가들과 관계를 맺을 수 있는 능력."[35]

국제법상 국가는 정부에 의하여 대표되므로 (d)의 요건은 (c)의 정부요건에 포함시켜 생각하는 것이 좋을 것이다.[36] 그렇다면 국제법의 목적상 어떤 영토적 실체가 국가가 되기 위해서는 기본적으로 다음의 세 요건을 충족시켜야 하는데, "이들 기준의 합계는 국가의 실효적 존재(effective existence)를 반영하는"[37] 것이다.

---

32) 그러므로 독일 연방헌법재판소는 1993년 10월 12일의 판결, *Brunner* v. *The European Union Treaty* (*Maastricht*-Entscheidung)에서, 유럽공동체(ECs) 내지는 EU의 법적 성격을 지칭하기 위해 -'국가결합'(an Association of States) 정도로 번역이 가능할- "Staatenverbund"란 신조어를 도입하기도 하였다 : 89 BVerfGE 155 (available at https://www.servat.unibe.ch/dfr_bvbd80.html) ; Christian Joerges, "States Without a Market? Comments on the German Constitutional Court's Maastricht -Judgment and a Plea for Interdisciplinary Discourses", at https://eiop.or.at/eiop/texte/1997-020.htm. Crawford, 2nd., p. 94 (fn. 270)는 독일연방헌법재판소가 "발명한"(invented) Staaten*ver*bund의 개념이 "국가연합보다 통합의 정도가 약한 것"(something less integrated than a confederation)을 시사하는 것으로 보고 있으나(동 저서, p. 484, fn. 26도 참조), 이는 동 재판소의 의도와는 반대의 해석으로 생각된다. 독일 연방헌법재판소는 EU가 Bundesstaat는 아니지만 그러나 Staatenbund의 단계는 넘어선 측면이 있다는 것을 지적하기 위해 Staaten*ver*bund라는 신조어를 도입한 것이었기 때문이다. See https://de.wikipedia.org/wiki/Staatenverbund ; https://de.wikipedia.org/wiki/Föderalismus ; https://en.wikipedia.org/wiki/Federation#European_Union.

33) https://what-when-how.com/social-sciences/confederations-social-science/.

34) 본서, 제4장 (조약법), "I. 조약의 체결과 효력발생, 3. 조약의 구속을 받겠다는 국가의 동의", & 제25장 (UN), "Ⅳ. UN회원국의 지위, 1. UN의 원회원국과 가입국" ; Hall, p. 201.

35) "The state as a person of international law *should* possess the following qualifications: a. a permanent population; b. a defined territory; c. government; and d. capacity to enter into relations with the other states."

36) Keitner, p. 88. 몬테비데오협약에 앞서 1929년 독일-폴란드 혼합중재재판소도 "[A State] does not exist unless it fulfils the conditions of possessing a *territory*, a *people* inhabiting that territory, and a *public power* which is exercised over the people and the territory."라고 언급한 바 있었다 : German-Polish Mixed Arbitral Tribunal, *Deutsche Continental Gas-Gesellschaft* v. *Polish State*, 1 August 1929, 5 Ann. Dig. at 15 [quoted from Patrick C. R. Terry, "The Recognition of New States in Times of Secession: Is State Recognition Turning into Another Means of Intervention?", (2014) 20 Asian Yearbook of International Law 53 at 64~65].

37) Orakhelashvili/Akehurst, p. 78.

첫째, 한정된 영토(a defined territory)를 보유하여야 한다. 여기서 영토 요건은 자연적으로 형성된 지구 표면의 일부를 말하며, 따라서 인공적으로 건설된 해상 플랫폼[38]이나 바다 속의 산호초[39]는 영토 요건을 충족할 수 없다. 그리고 일정 영토를 갖지 못한 '유목민 국가'(nomad state)란 것도 존재할 수 없다.[40] 또한, 일반국제법상 '영토'라 함은 한 국가의 주권이 배타적으로 미치는 영역 혹은 공간을 말하는데,[41] 여기서 '한정된' 영토라 함은 국가성립 시 혹은 그 후에라도 국경선이 분명하거나 영토 관련 분쟁이 전혀 없어야 함을 의미하는 것은 아니다. 이 점은 세계재판소들도 지적한 바 있다.[42] 사실, 그런 요건은 너무 부담스럽고, 또(이스라엘과 주변 아랍국가들 간의 장기적인 국경분쟁에서 보는 것처럼) 국제공동체에서 명백히 존재하는 것으로 인정되는 많은 국가들이 이웃 국가들과 중대한 국경선 분쟁을 치르고 있는 현실과도 맞지 않는다. '한정된' 영토의 필수적 조건은, 비록 영토의 분명한 범위가 불확실하거나 세월에 따라 변화하더라도 '일정' 영토(*some* territory)가 의문의 여지없이 당해 국가의 통제 하에 있어야 한다는 것이다.[43] 영토와 그것의 경계선은 별개이다.[44] 이 밖에 영토는 해안선을 가질 필요는 없고, 또 한 국가의 모든 영토가 서로 가까이에 있거나 붙어 있을 필요도 없다.[45]

둘째, 항구적 인구(혹은 상주인구)(a permanent population)를 보유하여야 한다. 남극대륙은 주로 과학자와 여행객 등 전적으로 일시 머물다 떠나는 인구만을 갖고 있기 때문에 항구적 인구의 요건을 결하고 있으며 따라서 현재와 같은 조건 하에서는 국가가 될 수 없다. 반면에 다수의 유목민이

---

38) *In re Duchy of Sealand*, 80 ILR 683, Administrative Court of Cologne, Germany, Case No. 9 K 2565/77 (1978), 〈https://www.uniset.ca/naty/80ILR683.htm〉; Keitner, p. 87.

39) *United States* v. *Ray*, 423 F.2d 16, Jan. 22, 1970, United States Court of Appeals for the Fifth Circuit, 〈https://cite.case.law/f2d/423/16/〉; Keitner, p. 87.

40) Kaczorowska-Ireland, p. 176.

41) 다만, 조약의 목적을 위해 영토의 의미가 수정, 확대되기도 한다. 이를테면, 1944년 시카고 국제민간항공협약 제2조는 영토를 "종주권, 보호 또는 위임통치 하에 있는 육지와 그에 인접한 영해"를 포함하는 것으로 정의하고 있다 : 본서, 제22장 (영공법), "I. 국가영역 상공의 법적 지위", 각주 5). 그리고 투자/통상조약에서는 대체로 영토를 "국제법에 따라 주권적 권리와 관할권을 행사하는 대륙붕과 EEZ"를 포함하는 것으로 정의하고 있다 : 예컨대, 한국-미국 FTA 제1.4조 (정의), 〈https://www.fta.go.kr/us/〉; 미국-우루과이 BIT 제1조 (정의), 〈https://ustr.gov/archive/Trade_Agreements/BIT/Uruguay/Section_Index.html〉. Orakhelashvili/Akehurst, p. 74 (9th, p. 80).

42) *North Sea Continental Shelf* (Federal Republic of Germany/Denmark; Federal Republic of Germany/Netherlands), ICJ Reports (1969), p. 3 at 32 (para. 46) : "The appurtenance of a given area, considered as an entity, in no way governs the precise delimitation of its boundaries, any more than uncertainty as to boundaries can affect territorial rights. There is for instance no rule that the land frontiers of a State must be fully delimited and defined, and often in various places and for long periods they are not, as is shown by the case of the entry of Albania into the League of Nations (*Monastery of Saint Naoum, Advisory Opinion, 1924, P.C.I.J., Series B, No. 9*, at p. 10)."

43) See *Sovereignty over Pedra Branca/Pulau Batu Puteh, Middle Rocks and South Ledge* (Malaysia/Singapore), ICJ Reports (2008), p. 12 at 41 (para. 86 : "...the Sultanate of Johor continued to exist as the same sovereign entity throughout the period 1512 to 1824, in spite of changes in the precise geographical scope of its territorial domain").

44) Craven in Evans (ed.), *International law*, 3rd, pp. 223~224; Hamid, p. 82; Orakhelashvili/Akehurst, p. 74 (9th, pp. 79~80).

45) Currie, p. 22.

국경선을 넘나든다 해도 현저한 수의 항구적인 주민이 있는 한 그 자체 국가자격에 지장을 주지는 않는다. 그리고 누가 한 국가의 '항구적 인구'에 속하는가는 원칙적으로 각 국가가 결정해야 할 국내관할권에 속하는 문제로서, 국가들은 각기 국적법을 통하여 이 문제를 규율하고 있다.[46] 그러나 항구적 인구의 요건은 반드시 인구의 국적에만 관련한 규칙이 아니다.[47] 이 요건에 의하여 요구되는 것은 특정 국가에게 복종하는 개인들, 즉 그 국가의 법에 복종하는 국민(이것에는 해외 거주 국민이 포함된다)과 비국민 거주자들의 항구적 존재이다.[48] 즉, 국적은 국가자격에 의존하지만, 국가자격은 국적에 의존하는 것이 아니다.[49] 또한 국제법은 한 국가의 인구가 인종, 언어, 역사, 문화, 종교 등의 측면에서 동질성을 가질 것을 요구하지도 않는다. 이들 요소가 민족자결이나 소수민족 혹은 토착민족과 관련하여 쟁점이 될 수는 있겠지만, 국가의 존재 자체를 결정짓는 기준과는 무관하다.[50]

영토와 인구의 최소요건은 존재하지 않는다는 것이 일반적인 견해이다. 위 두 요건과 관련한 문제로서, '영토'가 몹시 작고 '인구' 또한 몹시 적은 국가를 극소국가(mini-, micro-, or diminutive state)라고 부른다. 예컨대, 나우루(Nauru)는 2019년 현재 인구가 만 명이 조금 넘으며 영토는 단지 21km^{2}에 불과하다.[51] 그리고 준국가적 실체인 바티칸시국(State of the Vatican City)은 영토 면적이 불과 0.44㎢에, 2021년 2월 현재 인구는 800명에 불과하다.[52] 극소국가란 개념은 원래 이들 국가에게 국제기구(특히, UN총회)에서 투표권을 제한하는 등 차별대우를 부여하기 위한 의도로서 제시된 개념이었다. 그러나 극소국가 여부를 결정짓기 의한 객관적 기준은 현재까지 수립된 바 없다.[53]

셋째, 영토와 인구에 대하여 입법·행정·사법적 기능의 측면에서 실효적 통제를 행사할 수 있고, 다른 어떤 국가로부터도 실제로 독립된 정부(government)를 보유하여야 한다. 어떤 국가가 항구적 인구와 한정된 영토를 가지고 있는가의 문제는 대체로 사실 판단의 문제일 따름이다. 이에 반하여 정부 요건은 때로 정치적 판단을 동반하는 어려운 문제를 야기시킨다. 특히, 이와 관련하여 다음의 두 요건이 문제되고 있다.

① 실효적 통제의 요건

국제법은 국가가 되려는 실체에게 정부가 그 영토와 영토 내의 사람들에 대하여 실효적 통제(지배)(effective control)를 행사할 능력이 있을 것을 요구할 뿐, 정부가 특정 헌정(憲政) 유형에 따라 수립될 것까지 요구하고 있지는 않는다. 즉, 국가는 입헌민주주의, 절대군주제, 개인독재체제, 과두

46) Malanczuk, pp. 76~77.
47) Crawford, 2nd, p. 52 ; https://en.wikipedia.org/wiki/Census.
48) Orakhelashvili/Akehurst, p. 75 (9th, p. 80).
49) Kaczorowska-Ireland, p. 175.
50) Malanczuk, p. 77 ; Kaczorowska-Ireland, p. 175.
51) https://worldpopulationreview.com/countries/nauru-population/.
52) https://worldpopulationreview.com/countries/vatican-city-population/.
53) Malanczuk, p. 370 ; Ott, p. 57 ; Wallace, pp. 56~57 ; Crawford, p. 140 ; Brownlie, pp. 85~86 ; Craven in Evans (ed.), *International Law*, 3rd, pp. 222, 223. 1990년 이후, 위에서 언급한 나우루(1999년)를 포함하여, 리히텐슈타인(1990년), 모나코(1993년), 산마리노(1992년), 안도라(1993년), 투발루(2000년) 등의 극소국가들도 UN에 가입하였다. Aust, *Handbook of IL*, 2nd, p. 16 ; https://en.wikipedia.org/wiki/Members_of_the_United_Nations.

(寡頭)정치, 일당 독재, 신정(神政)국가 등 여러 형태의 정부를 선택할 수 있다. 이와 함께, 입법부, 행정부 및 사법부의 형태 내지는 권력분립의 형태도 국가마다 다를 수 있다. 요컨대, 이런 것들은 오히려 국내문제(domestic affairs)에 속한다.[54] 다만, 이 실효적 통제의 요건은 영토가 국가가 되기 전에 충족되어야 한다. 특히, 일국 영토의 일부가 분리 · 독립하여 신국가를 수립하려고 할 때에는 이 실효적 통제의 요건은 대체로 엄격하게 요구된다. 그 한 예로, *Aaland Islands* 사건(1920)은 위에서 '객관적 체제를 창설하는'(혹은 '입법부적') 조약의 가능성과 관련하여 언급한 바 있지만,[55] 여기서 다루어진 또 하나의 주요 쟁점은 핀란드가 독립한 일자였다. 핀란드는 러시아혁명 이전까지 제정 러시아의 일부였지만, 핀란드 의회는 1917년 12월 4일 독립을 선언하였다. 소비에트 정부도 핀란드의 분리독립을 승인하였다. 그러나 핀란드 내에는 독립에 반대하는 목소리들이 있었고, 그 결과 폭동이 발생하여 한동안 신국가 핀란드의 정부는 소비에트 군대의 도움을 받아서만 질서를 유지할 수 있었다. 국제법률가위원회는, 핀란드가 국가가 된 정확한 일자는 공공당국이 외국 군대의 도움 없이 국토 전역에 걸쳐 자기 주장을 세울 수 있을 만큼 강해진 때이며, 이는 1918년 5월이었다고 결론지었다.[56]

그러나 일단 확립된 국가의 경우에는 실효적 통제의 요건이 엄격하게 적용되지 않는 경우들도 있다. 예컨대, 내란으로 인하여 국가가 실효적 통제를 행사하는 정부를 일시적으로 박탈당하더라도 (즉, 무정부상태에 빠지더라도), 그 국가는 계속해서 존재한다. 또한 전쟁으로 인하여 정부가 '일시' 국토를 비우더라도[57] 여전히 그 국가는 존재하는 것으로 간주된다.[58]

실효적 정부 요건과 관련하여 최근 자주 "실패한 국가"(파탄 국가)(failed state) 혹은 "허약 국가"(fragile state)가 논의되고 있지만,[59], 이는 −불량배 국가(rogue state)[60] 혹은 왕따 국가(pariah state)[61]와 마찬가지로− 학문적으로나 법적으로 정립된 개념은 아니다. "실패한 국가" 개념을 최초로 사용하기 시작한 논자들 중에서 특히 Helman과 Ratner는 "국가가 국제공동체의 한 구성원으로서 자신을

54) *Western Sahara*, Advisory Opinion, ICJ Reports (1975), p. 12 at 43 (para. 94 : "No rule of international law, in the view of the Court, requires the structure of a State to follow any particular pattern, as is evident from the diversity of the forms of State found in the world today.") ; *Military and Paramilitary Activities in and against Nicaragua* (Nicaragua v. United States of America), ICJ Reports (1986), p. 14 at 131~132 (paras. 260~261) ; Orakhelashvili, pp. 184~189 ; Orakhelashvili/Akehurst, p. 72 ; Hall, p. 196 ; 본서, 제7장 (국제법의 기본원칙), "Ⅱ. 불간섭 원칙".

55) 본서, 제2장 (국제법의 연원).

56) Report of the International Commission of the Jurists, *League of Nations Official Journal*, Special Supplement No. 3 (October 1920), p. 3 ; Hamid, p. 83 ; Hall, p. 197.

57) 이른바 망명정부(government in exile).

58) Hamid, p. 83.

59) See, e.g., Sakina Fatima/The Siasat Daily, 12th September 2022, "Lebanon on brink of becoming failed state amid economic, social fiasco", 〈https://www.siasat.com/lebanon-on-brink-of-becoming-failed-state-amid-economic-social-fiasco-2411049/〉.

60) https://en.wikipedia.org/wiki/Rogue_state.

61) https://en.wikipedia.org/wiki/Pariah_state ; Harry Cole and Glen Owen / MailOnline, 8 March 2020, "Downing Street says China faces a 'reckoning' over their handling of coronavirus and risks becoming a 'pariah state' as Boris Johnson faces pressure to scrap the Huawei dea", 〈https://www.dailymail.co.uk/news/article-8163767/Downing-Street-says-China-faces-reckoning-coronavirus.html〉.

도저히 지탱할 수 없게 되고 있는 불안한 새로운 현상"을 논하면서, "UN후견(관리)(United Nations Conservatorship)" 제도의 도입을 제안하였다.[62] 국가실패(state failure)가 언제 발생하는가에 대해서는 "중앙정부가 폭력수단의 독점을 상실한 때"[63]로 보는 마키아벨리적 견해로부터, 국가실패는 "단순한 폭동, 반란 혹은 쿠데타보다 더 깊은 현상으로서, 그것은 (국가의) 구조, 권위(정당한 권력), 법 그리고 정치적 질서가 붕괴된 상황을 지칭한다"[64]는 사회계약적 견해에 이르기까지 다양하다.[65] 국가실패의 원인으로 제시되는 사유들도 너무나 다양하다.[66] "실패한 국가"란 개념이 국제법적으로 혹은 국제정치적으로 성공하기 위해서는 무엇보다 이것이 국가를 문명국가와 비문명국으로 구분하던 19세기 제국주의의 논리를 연상시킨다는 비판을 극복해야 할 것이다.[67]

② 독립성의 요건

몬테비데오협약 제1조에서는 '독립성'(independence)을 명시적으로 지칭하고 있지는 않지만 "다른 국가들과 관계를 맺을 수 있는 능력"(capacity to enter into relations with the other states)이 바로 이 독립성 요건을 지칭하는 것으로 이해된다.[68] 즉, 국가가 성립하기 위해서는 다른 어떤 국가로부터도 법상으로나 실제로 독립된 정부가 존재해야 한다. 그러므로 어떤 공동체가 모국으로부터 분리된 후 법적으로 혹은 실제로 타국의 위성국가가 된다면, 그것은 독립의 일차적인 조건을 이행하지 못하고 있는 것이므로 국가로서 승인받을 자격을 갖지 못할 것이다. 일본의 만주 침략이 그 좋은 예이다. 만주는 1931년 일본에 정복당했는데, 1932년 일본정부는 이 지역을 신생 만주독립국으로 승인하였다. 현지상황을 파악하기 위해 파견된 리튼위원회(Lytton Commission)는 국제연맹에 그 결과를 다음과 같이 보고하였다.

---

62) Gerald B. Helman and Steven R. Ratner, "Saving Failed States", *Foreign Policy*, no. 89, Winter 1993, 〈https://www.foreignpolicy.com/articles/2010/06/21/saving_failed_states〉.

63) Michael Ignatieff, "Intervention and State Failure", *Dissent*, Winter 2002, p. 118.

64) William Zartman, "Introduction: Posing the Problem of State Collapse", in William Zartman (ed.), *Collapsed States : The Disintegration and Restoration of Legitimate Authority* (London & Colorado : Lynne Rienner Publishers, 1995), p. 1 ("State collapse is a deeper phenomenon than mere rebellion, coup, or riot. It refers to a situation where the structure, authority (legitimate power), law, and political order have fallen apart and must be reconstituted in some form, old or new. On the other hand, it is not necessarily anarchy.").

65) Minh Nguyen, "The Question of Failed States: Australia and the Notion of State Failure", *Uniya* (Jesuit Social Justice Centre), View on Asia briefing series, March 2005, 〈https://www.uniya.org/research/state_failure.pdf〉.

66) Ruth Gordon, "Saving Failed States: Sometimes A Neocolonialist Notion", *American University International Law Review* 12, no. 6, (1997): 903-974, at 916~922.

67) Craven in Evans (ed.), *International Law*, 3rd, p. 229. 워싱턴 D.C.에 위치한 비영리연구 · 교육기관인 "평화 기금"(Fund for Peace)은 2005년부터 매년 "국가 허약 지수"(fragile states index)[원래는 "국가 실패 지수"(failed states index)]란 것을 발표하고 있다 : https://global.fundforpeace.org/ ; https: //en.wikipedia.org/wiki/Fragile_States_Index.

68) Brownlie, 5th, p. 71 ; Currie, p. 25 ; Hamid, p. 83 ; Pavle Kilibarda, "Was Russia's Recognition of the Separatist Republics in Ukraine 'Manifestly' Unlawful?", EJIL: Talk! March 2, 2022, 〈https://www.ejiltalk.org/was-russias-recognition-of-the-separatist-republics-in-ukraine-manifestly-unlawful/〉.

"만주국 정부에는 일본 관리들이 현저히 눈에 띄며, 또한 일본 고문들이 모든 중요 정부부서에 소속되어 있다. 수상과 그의 각료들은 모두 중국인들이지만, 이 신생국의 조직 내에서 최대한의 실제권한을 행사하는 여러 일반 행정부서의 우두머리는 일본인들이다. 그들은 처음에는 고문으로 임명되었지만, 최근에 그들은 가장 중요한 직책을 보유하면서 중국인들과 동일한 기초 위에서 완전한 정부관료가 되었다. …"[69)]

동 위원회는 만주국(Manchukuo)이 독립국인지의 여부에 대해서 구체적인 언급을 하지는 않았다. 그러나 이 리튼보고서에 입각하여 국제연맹 총회는 1933년 2월 24일 "만주에 대한 주권은 중국에게 있다"(the sovereignty over Manchuria belongs to China)고 결의하였다.[70)] 요컨대, 만주국은 독립국가가 아니었으며, 그것은 단지 일본의 괴뢰국가(puppet state) 혹은 위성국가(satellite state)에 지나지 않았다. 이처럼 만주국은 전통국제법의 이론에 의하더라도 법적으로 존재하지 않는 국가였으므로, 제2차 세계대전 후 만주지역이 다시 중국으로 귀속되는 데에는 법적으로 별도의 조치가 필요하지 않은 것으로 처리되었다.[71)] 이밖에도, 1941년 추축국 독일과 이탈리아가 유고슬라비아를 침공하여 "크로아티아 독립국"(Independent State of Croatia)을 세운 바 있거니와,[72)] 현재는 북싸이프러스 터키공화국(Turkish Republic of Northern Cyprus)[73)], 그리고 -본래는 1991년 구 소비에트연방에서 독립한 조지아(Georgia)[74)]에 속하였으나 조지아로부터 분리독립을 선언하고 2008년 8월 26일 배후국 러시아로부터 국가승인을 받은 두 국가- 압하지야 공화국(Republic of Abkhazia)[75)]과 남오세티야 공화국(Republic of South Ossetia)[76)] 등이 각기 터키와 러시아에 대한 관계에 있어 독립성의 요건을 결여한 위성국가 혹은 괴뢰국가로 평가되고 있다.[77)] 러시아는 2022년 2월 21일 우크라이나 동남부의 자칭 도네츠크 인민공화국과 루간스크 인민공화국을 국가로 승인하고, 이어서 9월 29일 헤르손 및 짜포르지아 지역을 독립국으로 승인한 바도 있는데, 이들 또한 러시아 통제 하

69) Harris, 5th, pp. 109~110 ; https://en.wikipedia.org/wiki/Lytton_Report.

70) 1939년까지 만주국을 승인한 국가는 일본을 비롯하여 독일, 이탈리아, 헝가리, 엘살바도르 등 5개국뿐이었다. Harris, 5th, p. 110 ; Hall, p. 205. 일본의 만주국 건설로 인한 국제연맹 안팎에서의 불승인원칙(Non-Recognition doctrine)의 태동에 관해서는, 본서, 제8장 (국가 및 정부승인) 참조.

71) Harris, 5th, p. 110 ; Ott, p. 51.

72) Orakhelashvili/Akehurst, 9th, p. 110 ; https://en.wikipedia.org/wiki/Independent_State_of_Croatia ; EURACTIV.com with AFP, April 29, 2016, "Pro-Nazi nostalgia flourishes under new Croatia government", 〈https://www.euractiv.com/section/elections/news/pro-nazi-nostalgia-flourishes-under-new-croatia-government/〉.

73) https://en.wikipedia.org/wiki/Northern_Cyprus ; https://en.wikipedia.org/wiki/Foreign_relations_of_Northern_Cyprus.

74) https://en.wikipedia.org/wiki/Georgia_(country) ; https://namu.wiki/w/조지아.

75) https://en.wikipedia.org/wiki/Abkhazia ; https://en.wikipedia.org/wiki/Abkhazia-Russia_relations ; https://ko.wikipedia.org/wiki/압하지야.

76) https://en.wikipedia.org/wiki/South_Ossetia ; https://en.wikipedia.org/wiki/Russia-South_Ossetia_relations ; https://ko.wikipedia.org/wiki/남오세티야.

77) Kaczorowska-Ireland, p. 187 ; Anne Lagerwall, "The Duty not to Recognise as Lawful a Situation Created by the Illegal Use of Force: From Kosovo to Abkhazia and South Ossetia" in Szabó (ed.), pp. 77~100 ; https://en.wikipedia.org/wiki/International_recognition_of_Abkhazia_and_South_Ossetia ; https://en.wikipedia.org/wiki/Georgia-Russia_relations.

의 위성국가로 평가할 수 있을 것이다.[78)]

그러나 일방, 한 국가의 타 국가에의 종속상태와 타방, 국가가 국제법이나 기타 자발적 합의에 의하여 부담하는 자유에의 제한은 구분하여야 한다. 이를테면 작은 국가가 다른 큰 국가와 "자유로이 연합하여"(freely associated) 안보 등을 그 국가에 의존하더라도 국제법상 국가 자격을 박탈당하지는 아니한다. 미국과 각기 자유연합협정(Compact of Free Association)[79)]을 맺고 있는 미크로네시아(Federated States of Micronesia),[80)] 마셜제(군)도(Republic of the Marshall Islands),[81)] 팔라우(Republic of Palau)[82)] 등이 이러한 경우에 해당하는데, 이들 3국 모두 UN회원국이기도 하다.[83)] 이같은 구분은 이미 *Customs Régime between Germany and Austria* 사건[84)]에서 Anzilotti

78) 본서, 제1장, "Ⅳ. 국제공동체의 전개과정, 7. 제6단계", 및 제8장 (국가 및 정부 승인), "I. 승인에 관련된 국제법의 일반원칙, 2. 승인의 재량적 성격과 그 제한을 위한 시도들, (1) 시기상조의 승인" 참조. 여기서 더 나아가, 러시아는 헤르손과 짜포르지아 지역을 각기 독립국으로 승인한 바로 다음날인 9월 30일 도네츠크, 루한스크, 헤르손, 짜포르지아 등 4개 지역의 지도자들과 이들 지역의 러시아연방에로의 편입 조약에 서명하였다 : 본서, 제1장, "Ⅳ. 국제공동체의 전개과정. 7. 제6단계" 참조.

79) https://en.wikipedia.org/wiki/Compact_of_Free_Association.

80) https://www.state.gov/wp-content/uploads/2019/02/04-625-Micronesia-Compact-Amendment.pdf.

81) https://2009-2017.state.gov/documents/organization/173999.pdf.

82) https://pw.usembassy.gov/wp-content/uploads/sites/282/2017/05/rop_cofa.pdf ; https://www.doi.gov/oia/compacts-of-free-association.

83) Keitner, p. 88 ; US Congressional Research Service, October 7, 2020, "The Freely Associated States and Issues for Congress", 〈https://crsreports.congress.gov/product/pdf/R/R46573/2〉. 쿡제도(Cook Islands)와 니우에(Niue)도 뉴질랜드와 자유연합을 형성하고 있지만 아직 UN에 가입하지는 않았다 : https://en.wikipedia.org/wiki/Cook_Islands ; https://en.wikipedia.org/wiki/Niue ; https://en.wikipedia.org/wiki/Political_status_of_the_Cook_Islands_and_Niue.

84) Advisory Opinion, (일명 *Austro-German Customs Union* case), PCIJ (1931), Series A/B, No. 41. 사건 개요는 다음과 같다. 1919년 9월 10일, 제1차 세계대전의 전승국들과 새로운 공화국 '오스트리아' 사이에 체결된 생제르망 평화조약(Saint-Germain Treaty of Peace)은 그 제88조에서 "오스트리아의 독립은 국제연맹 이사회의 동의가 없으면 양도할 수 없다. 따라서 연맹이사회의 동의가 없는 경우 오스트리아는 타 국가의 문제들에 참여함으로써 -직접 또는 간접으로, 또는 어떤 방식으로든- 오스트리아의 독립을 침해할 수 있는 행위를 삼가고, 특히 국제연맹에 가입할 때까지는 그같은 행위를 삼갈 것을 약속한다."고 규정하였는데, 이것은 독일이 오스트리아와 결합하여 다시 강해지는 것을 우려하였기 때문이다. 1922년, 영국, 프랑스, 이탈리아, 체코슬로바키아를 일방 당사자로 하고, 오스트리아를 타방 당사자로 하는, 생제르망조약의 제네바 제1의정서가 채택되었는데(나중에 벨기에와 스페인도 동 의정서에 가입), 여기서 오스트리아는 "생제르망조약 제88조의 조건에 따라, 동 국가의 독립을 양도하지 아니하고", "이 독립을 직접 또는 간접으로 침해할 것으로 의도된 그 어떤 교섭이나 그 어떤 경제적 혹은 재정적 약속도 자제할 것"이라고 약속하면서, 그러나 "이같은 약속은 오스트리아가 관세 및 상업적 혹은 재정적 협정의 문제와, 일반적으로 동 국가의 경제체제 내지는 통상관계에 관련된 모든 문제에서, 생제르망조약의 규정들을 조건으로 자유를 유지하는 것을 막지 않는다. 다만, 언제나 오스트리아가 그 어떤 국가에게든 이 독립을 위협하는 것으로 의도된 특별체제(a special régime)나 배타적 이익(exclusive advantages)을 부여함으로써 동 국가의 경제적 독립을 침해하지 않을 것을 조건으로 한다"고 선언하였다. 이같은 국제체제 하에서, 1931년 오스트리아와 독일은 당면한 경제적 어려움을 타개하기 위해 양국 간에 관세동맹을 창설하기 위한 의정서를 체결하자, 국제연맹 이사회는 이것이 생제르망조약 제88조 및 제네바 제1의정서와 양립할 수 있겠는가의 문제에 관하여 PCIJ에 권고적 의견을 구한 것이다. 이에 대해 PCIJ는, 1931년의 독-오 관세동맹의정서는 생제르망조약 제88조의 위반은 아니지만, 그러나 문제의 관세동맹 계획은 "특별체제"(a special régime)를 구성하고 또 이것은 오스트리아와의 관계에 있어 독일에 대해 제3국들에게는 주지 않는 "이익"(advantages)을 제공하는 것이기 때문에, 이는 1922년의 제네바 제1의정서와는 양립되지 않을 것이라는 의견을 8 대 7의 다수결로 채택하였다. 이 사건에서 관련 조약규정의 해석의 문제로서는 PCIJ의 이같은 견해가 타당했을 수는 있겠으나, 오늘날 관세동맹을 비롯한 국가 간 경제통합을 위한 조약의 체결이 체약국들의 법적 독립을 위협하거나 해치는 것으로는 생각되고 있지 않다. See Currie, pp.

재판관이 그의 개별의견(concurring opinion)을 통해 분명히 한 바도 있다.

> "... 독립이란 이 법적 개념은 한 국가의 국제법에의 종속이나, 일국의 타국들에 대한 관계를 특징짓는 수많은 그리고 항구적으로 점증하고 있는 사실상의 의존상태와는 아무런 관계가 없다. 또한, 통상적인 국제법에서 비롯되느냐 계약적 합의로부터 발생하는 것이냐를 불문하고, 한 국가의 자유에 대한 제약은 그 자체로서는 그 국가의 독립에 조금도 영향을 미치지 아니한다. 이들 제약이 그 국가를 타국가의 법적 권한 하에 두지 않는 한, 전자는 그들 의무가 아무리 광범위하고 부담스럽다 하더라도 여전히 한 개의 독립국가로 남아있다."[85)]

끝으로, 어떤 실체가 국가가 되기 위한 상기 요건을 모두 갖추고 있음에도 불구하고 이번에는 다른 국가들이 당해 국가와 국제관계를 맺기를 거부한다면 어떻게 되는가? 다시 말해서, 국가는 타국의 승인을 받아야만 국제법의 관점에서 국가가 될 수 있으며, 승인을 받지 못하면 기껏해야 국내법의 차원에서만 국가임을 자처할 수 있는가? 이른바 창설적 효과설에 의하면, 어떤 영토적 실체가 위 세 가지 객관적 요건을 갖추더라도 타국의 승인을 받지 못하면 국제법의 목적상 국가가 되지 못한다고 한다. 이에 대해 선언적 효과설에 의하면, 승인이란 국가의 성립을 확인하는 정치적 행위에 지나지 않으며, 따라서 어떤 실체가 위 세 가지 요건을 구비하면 그것은 타국의 승인과는 관계없이 국제법적 차원에서 당연히 국가로 간주된다고 한다. 오늘날 승인의 국가 법인격 창설기능은 일반적으로 부인되고 있다. 1933년의 "국가의 권리와 의무에 관한 몬테비데오 협약" 제3조도 "국가의 정치적 존재는 타국의 승인과는 무관하다."고 규정함으로써 선언적 효과설을 지지하고 있다. 다만, 신국가가 무력사용금지 원칙이나 민족자결 원칙 등의 강행규범(*jus cogens*)을 위반하여 수립되는 경우, 그에 대해서는 승인을 부여하지 않을 일반적 의무가 확립되고 있음에 주목하여야 한다. 승인이 예외적으로 (위법성을 치유하는) 창설적 기능을 수행함을 방지하기 위해서이다. 뿐만 아니라 그러한 경우 독립국가로서의 자격(statehood) 자체가 부인된다는 견해에도 주목을 요한다.[86)] 몬테비데오 협약이 국제공동체도 강행규범으로 대표되는 헌법적 가치에 기초해야 된다는 관념이 도입되기 전에 체결된 것임을 고려하면 이같은 규범적 발전은 전혀 이상한 것이 아니다.[87)]

27~28 ; Pauwelyn, p. 300. 참고로, 생제르망 조약은 전승국들이 독일을 상대로 체결했던 베르사유 조약(Treaty of Versailles)과 마찬가지로 국제연맹 규약을 담고 있었으며, 그 결과 미국은 이에 비준하지 않았다. 또한 이 조약은 오스트로-헝가리 군주국(Austro-Hungarian Monarchy)이 해체됨을 선언하였던 것이다. https://en.wikipedia.org/wiki/Treaty_of_Saint-Germain. Rosenne, *The Perplexities of Modern International Law*, p. 96은 1931년의 이 권고적 의견과 관련하여, 이것은 "그 당시에 정치적 중요성이 큰 사건이었으며", 즉 "이 사건은 1938년의 (독일의 오스트리아)병합을 예보하는 것이었다(That incident was a forecast of the *Anschluss* of 1938)"고 평가하고 있다 ; 여기서, 독어의 *Anschluss*는 병합(annexation), 가입/가맹(accession), 연합(union) 등 여러 의미를 갖고 있다(*ibid.*, p. 131).

85) PCIJ (1931), Series A/B, No. 41, p. 58.

86) Harris, 5th, p. 102 ; Kaczorowska-Ireland, p. 174 ; 본서, 제8장 (국가 및 정부 승인), "Ⅰ. 승인에 관련된 국제법의 일반원칙".

87) Harris, p. 5th, p. 102.

Ⅲ. 반란단체

개념상 반란상태(insurgency)는 "단지 기존 질서에 대한 '산발적인' 공격으로서 적어도 이론적으로는 당해 국가의 법과 질서가 이를 능히 진압할 수 있는" 폭동(riot 내지는 rebellion)의 차원을 넘어선 것이다.[88] 즉, 신국가 또는 신정부를 수립할 목적으로, 일정 지역에 대하여 통제력을 장악하고, 또 지역주민들에 대해 실효적 지배를 행사할 수 있는 통치조직을 갖춘 개인들의 집단을 가리켜 반란단체(insurgents in time of civil wars)라고 부른다.[89] 이처럼 반란단체가 제한된 범위 내에서나마 국제인격을 향유하기 위해서는 당해 국가의 일정 영토에 대해 통제력을 장악할 것이 요구된다.

반란단체는 준국가(quasi-state) 내지 국가유사단체(state-like entity)로서 단지 '제한된' 그리고 '잠정적' 국제인격을 향유할 따름이다. 즉, 반란단체는 그들이 장악하고 있는 지역에 대해 본래적 의미의 '영토주권'을 갖는 것이 아니라, 단지 '사실상의' 권한(*de facto* authority)을 임시로(즉, 승리하거나 패배하여 사라질 때까지) 행사하는 것이기 때문에, 그 지역 전체 또는 일부를 다른 국가에게 합법적으로 할양해 줄 수 없다. 따라서 그 한계는 분명하지 않지만 반란단체에 대해 적용할 수 있는 일반국제법규는 제3국 또는 중앙정부와의 제한된 범위 내에서의 조약체결권, 거주 외국인에 대한 국제적 보호의무, 중앙정부와 반란단체 간의 무력충돌에 대한 국제전쟁법규의 부분적 적용[90] 등등 몇 가지 규칙에 지나지 않는다. 전통국제법의 시각에 의하면 내란(civil war)의 일종인 민족해방전쟁(war of national liberation)을 국제무력충돌(international armed conflict)의 범주로 승격시키는데 성공한 제3세계 및 사회주의 국가들도 민족해방운동(national liberation movement)에 해당되지 아니하는 통상적인 반란단체에 대해서는 계속해서 억압적인 태도를 견지하고 있으며, 이것은 서유럽 국가들도 마찬가지이다.[91] 그러나 한 국가 내에서 폭동이나 반란을 일으키는 것을 금지하는 일반국제법규는 없다.[92] 국가들이 반란단체를 -때로 교전단체(belligerents)로- 승인하거나, 성공한 반란(즉, 신정부 수립 혹은 분리독립)에 승인을 부여하는 것은 별개의 문제이다.[93]

---

88) Ott, p. 50.

89) von Glahn and Taulbee, p. 164.

90) 1949년의 4개 제네바협약 각 제3조, 1949년의 협약들에 대한 1977년의 제네바 제2추가의정서 참조. 반란단체가 무력충돌에 관한 조약의 당사자가 아님에도 불구하고 이들로부터 권리를 얻거나 의무를 부담하는 법적 근거에 관해서는 논쟁이 있으나, 이것은 1969년 비엔나 조약법협약 제34조~제36조(및 이에 상응하는 관습법규)에 의거하여 설명하는 것이 가장 합리적이라는 견해가 있다 : see e.g. Cassese, *International Law*, 2nd, pp. 129~130.

91) Cassese, pp. 84~85.

92) Shaw, 5th (2003), p. 1040, & 6th (2008), p. 1149. 시에라레온 특별재판소(Special Court for Sierra Leone), 심리재판부(Trial Chamber Ⅱ)도 Armed Forces Revolutionary Council (AFRC) case : *Prosecutor* v. *Alex Tamba Brima, Brima Bazzy Kamara, and Santigie Borbor Kanu*, Case No: SCSL-2004-16-T, Judgment of 20 June 2007 (available online at https://www.sc-sl.org/), para. 67에서 항소재판부의 말을 인용하여 다음과 같이 언급한 바 있다 : "Whether to prosecute the perpetrators of rebellion for their act of rebellion and challenge to the constituted authority of the State as a matter of internal law is for the state authority to decide. There is no rule against rebellion in international law."

93) PCIJ는 *Certain German Interests in Polish Upper Silesia*, PCIJ (1926), Series A, No. 7, p. 28에서 휴전협정

Ⅳ. 국제기구

국제기구는 일정 공동의 목표를 달성하기 위하여 대부분의 경우 조약에 의거하여 설립되는 상설 결합체로서, 기구의 영속성을 상징하는 사무국(Secretariat), 모든 회원(국)으로 구성되는 총회(Assembly), 일부 소수 회원(국)으로 구성되는 집행이사회(Governing Body) 등 세 기관으로 구성되는 것이 보통이며, 때로 자신의 사법기관을 보유하기도 한다.[94] 또한 과거 PCIJ나 현 국제형사재판소(ICC)에서 보는 것처럼 특정 목적의 국제재판소가 한 개의 상설'기구'로서 설치되기도 한다. ILC가 2011년 채택한 "국제기구의 책임에 관한 규정초안" (Draft articles on the responsibility of international organizations)[95] 제2조에서는 국제기구를 다음과 같이 정의하고 있다.

> "본 규정초안의 목적상, '국제기구'란 조약 혹은 국제법에 의하여 규율되는 기타 문서에 의하여 수립되고, 그 자신의 국제법인격을 가지는 기구를 지칭한다. 국제기구는 회원으로서 국가 이외에 다른 실체를 포함할 수 있다."[96]

조약들의 술어 정의 방식에서 흔히 보는 바와 같이 여기에 나타난 국제기구의 정의도 단지 "본 규정초안의 목적"을 위한 것이지 "모든 목적"에 봉사하기 위한 것은 아니다. 그러나 상기 규정은 국제기구에 대한 정의에 있어 최근의 경향을 반영하고 있기도 하다. 첫째, 흔히 국제기구를 정부간(政府間)기구(intergovernmental organization)로 칭하기도 하는데,[97] 상기 규정에서는 이 표현이 의도적으로 회피되고 있다. 오늘날에는 국가와 더불어 비국가적 실체들도 회원으로 받아들이는 기구들이 늘어나고 있는데 반해, '정부간'기구란 표현은 그같은 국제기구를 배제하는 것처럼 보이기 때문이다. 둘째, 상기 규정에 의하면, 국제기구는 "조약"뿐만 아니라 "국제법에 의하여 규율되는 기타 문서"에 의해서도 수립될 수 있다. 대부분의 국제기구는 물론 사전 '조약'에 의하여 수립되고 있지만, 먼저 조약 없이 수립되었다가 설립조약이 나중에 체결되거나,[98] '국제기구'나 '국가들의 회의'에서

체결은 묵시적인 교전단체 승인을 함축함을 시사한 바 있다. See Orakhelashvili/Akehurst, 9th, p. 124~125, 499~500.

94) Janis, 3rd, pp. 195~196.

95) UN Doc. A/66/10, 2011, available at https://www.un.org/law/ilc/ ; 본서, 제14장 (국가책임), "XIII. 국제기구의 국제책임과 국제청구권" ; 김대순 · 김민서(편), 《국영문대역 국제조약집》, pp. 320~327.

96) "For the purposes of the present draft articles, "international organization" means an organization established by a treaty or other instrument governed by international law and possessing its own international legal personality. International organizations may include as members, in addition to States, other entities."

97) 예컨대, 1969년의 "조약법에 관한 비엔나협약"(Vienna Convention on the Law of Treaties)은 그 제2조 1항(i)에서 본 협약의 목적상 "국제기구라 함은 정부간기구를 의미한다."("International organization" means an intergovernmental organization)라고 규정하고 있으며, 1986년의 "국가와 국제기구 또는 국제기구 상호간의 조약법에 관한 비엔나협약"(Vienna Convention on the Law of Treaties between States and International Organizations or between International Organizations)도 제2조 1항(i)에서 동일하게 규정하고 있다.

채택되는 "결의" (resolutions) 같은 문서를 통해 수립되는[99] 경우도 생겨나고 있다. 셋째, 국제기구가 "'조약' 혹은 '국제법에 의하여 규율되는 기타 문서'에 의하여" 수립된다고 해서 그같은 국제문서의 채택에는 참여할 능력이 없는 실체가 그렇게 수립된 기구의 회원이 되는 것을 막는 것은 아니다.[100] 넷째, "국내법"에 의하여 규율되는 문서를 통해 설립되는 기구는 -나중에 '조약' 혹은 '국제법에 의하여 규율되는 기타 문서'가 채택되고 이것이 발효되기까지는- 국제기구가 아니다.[101] 다섯째, 국제기구는 "그 자신의" 국제법인격, 다시 말해서 그 회원(국)들과는 '별개의' 국제인격을 가져야 한다.[102] 여섯째, 상기 규정의 두번째 문장인 "국제기구는 회원으로서 국가 '이외에' 다른 실체를 포함할 수 있다."란 표현은 '국가'의 참여를 필수적 요소로 하되 비국가적 실체를 '추가'회원(additional members)으로 거느리고 있는 국제기구만을 지칭하기 위한 것이다.[103] 따라서 오로지 국제기구들만을 회원으로 하는 국제기구는 '위 규정초안의 목적상' 국제기구의 정의에서 제외된다. 일곱째, "국가 이외에 다른 실체를 포함"한다는 표현에 해당되기 위해 참여하는 국가가 복수일 필요는 없다. 즉, 국제기구는 단지 한 개 국가와 타국제기구 간에도 설립될 수 있다.[104] 여덟째, 국제기구 회원으로서의 국가의 존재는 각국이 임명하는 국가기관들(State organs or agencies)이 회원으로 참여하는 형식을 취할 수도 있다.[105] 아홉째, 끝으로 "국가 '이외에' 다른 실체", 즉 '추가'회원에는 국제기구, 영토 및 사적 실체가 모두 포함된다.[106]

---

98) 예컨대, 북유럽이사회(Nordic Council)와 흑해경제협력기구(Organization of the Black Sea Economic Cooperation)의 경우. 제2조에 대한 ILC 주석 (4) ; https://www.bsec-organization.org ; https://en.wikipedia.org/wiki/BSEC.

99) 예컨대, 유럽안보협력기구(Organization for Security and Cooperation in Europe : OSCE)와 석유수출기구(Organization of the Petroleum Exporting Countries : OPEC)의 경우. 제2조에 대한 ILC 주석 (4).

100) 제2조에 대한 ILC 주석 (5).

101) 제2조에 대한 ILC 주석 (6).

102) 제2조에 대한 ILC 주석 (10).

103) 제2조에 대한 ILC 주석 (11). 예컨대, 특이한 경우이기는 하지만, UN전문기구인 세계관광기구(World Tourism Organization : WTO)는 "정부간 성격의 국제기구"(an international organization of intergovernmental character) 임에도 불구하고(WTO규정 제1조), 기구의 회원을 "정회원(full members), 준회원(associate members) 및 자매회원(affiliate members)"으로 구분하고 있다(WTO규정 제4조). 여기서 "정회원자격"(full membership)은 주권국가에게 개방되고(WTO규정 제5조), "준회원자격" (associate membership)은 (홍콩 차이나와 마카오 차이나 같이) "대외관계에 대해서는 책임이 없는 영토 혹은 영토집단" (territories or groups of territories not responsible for their external relations)에게 개방되며(WTO규정 제6조), "자매회원자격"(affiliate membership)은 "정부간, 비정부 도두 포함해서 국제조직들" (international bodies, both intergovernmental and non-governmental)과 "상업적 실체와 단체들"(commercial bodies and associations)로서 관광분야에 이해관계가 있는 자들에게 개방되고 있다(WTO규정 제7조). 다만, 준회원으로 가입하기 위해서는 그 대외관계에 대해 책임을 지고 있는 정부의 사전 승인이 필요하며(WTO규정 제6조 3항), 자매회원이 될 수 있는 후보들 중에서 "상업적 실체와 단체들"의 경우에는 가입을 위해 신청자의 본부가 소재하는 국가의 재가가 필요하다(WTO규정 제7조 4항). "세계관광기구 규정"(Statutes of the World Tourism Organization) ; https://www.worldtourism.org/isroot/wto/pdf/1002-1.pdf 참조.

104) 예컨대, UN과 시에라레온 정부 간 조약에 기초한 "시에라레온 특별재판소"와 UN과 레바논 간 조약에 기초한 "레바논 특별재판소". 제2조에 대한 ILC 주석 (12) ; 본서, 제17장(국제인권법).

105) 예컨대, 조약("Convention of the Arab States Broadcasting Union")에 의해 설립된 "아랍국 방송연맹"(Abab States Broadcasting Union)은 "방송기구들"(broadcasting organizations)을 정회원으로 열거하고 있다. 제2조에 대한 ILC 주석 (13) ; https://www.asbu.net/doc.php?docid=105&lang=en.

106) 제2조에 대한 ILC 주석 (14).

국제기구는 그 역사가 그리 오래된 것이 아니다. 19세기 말, 20세기 초에 들어오면서 다자조약에 의거하여 여러 국제기구(international organisation)가 수립되지만, 그들은 각 국가가 혼자서 해야 하는 일, 그것도 주로 기술적인 문제들을 공동으로 수행함을 목적으로 하는 단순한 집합체(collective instrumentality)에 불과하였다. 1865년에 설립된 ITU,[107] 1875년에 수립된 만국우편동맹(Universal Postal Union), 1883년에 설립된 산업재산권보호동맹(Union for the Protection of Industrial Property), 1905년에 설립된 국제농업협회(International Institute for Agriculture), 그 밖에 유럽의 라인강 · 다뉴브강 등을 위한 여러 하천위원회(River Commissions) 등이 그 좋은 예이다.[108] 제1차 세계대전 후에 수립된 정치적 성격의 국제기구인 국제연맹(LN)과 국제노동기구(ILO)도 그 회원국들로부터 여전히 '집합체적' 기구로만 인식되었으며, 회원국들과의 관계에 있어 국제기구 자신의 독립된 역할이나 존재를 거의 갖지 못하였다.[109] 국제관계에 있어 국제기구의 '고유한', 즉 회원국들과는 구분되는, 실체로서의 역할과 비중의 문제는 제2차 세계대전 후에 비로소 제기되었다. 국제기구는 물론 세계적 차원의 것이 있는가 하면 지역적 차원의 것도 있다.

국제기구는 국제법상 영토를 가질 수 있는 주체가 아니기 때문에 불가피하게 특정 국가의 영토에 소재하면서 기능할 수밖에 없다. 따라서 국제기구로서는 국제인격만큼이나 국내인격을 부여받는 것도 중요하다. 실제로 국제기구를 수립하는 국가들은 그 설립조약을 통해 당해 기구에게 '회원국'의 '국내법'상의 인격을 부여하기로 약속하고 있다. 예컨대, UN헌장 제104조는 "기구(즉, UN)는 각 회원국의 영토 내에서 그 임무수행과 목적달성에 필요한 법적 능력을 향유한다."라고 규정하고 있는데, 이것은 '회원국들'이 UN으로 하여금 자국 영토 내에서 재산을 소유하거나 계약을 체결하거나 소송을 제기하는 등의 '국내'인격을 향유함을 허락한다는 것을 의미한다.[110] 따라서 이 규정을 어떻게 이행할 것인지는 또 다시 각 회원국의 헌법문제이다. 다시 말해서 모든 조약규정이 그러하듯 UN헌장 제104조의 국내적 도입방식과 효력도 국가에 따라 다를 수 있고, 실제로도 다르다.[111] 상황이 이러하다면 어떤 국제기구가 조약에 의하여 '회원국' 영토 내에서 법인격을 부여받았다고 해서 '비회원국'의 영토 내에서도 당연히 법인격을 향유한다는 결론은 더더욱 나오지 않는다. 왜냐하면 조약은 원칙적으로 제3국에 대해서는 구속력이 없기 때문이다. 이를테면 국제기구가 비회원국의 재

---

107) 처음에는 국제전신연합(International Telegraph Union). 1934년 국제전기통신연합(International Telecommunication Union)으로 승계됨. https://www.itu.int/en/about/Pages/history.aspx ; https://en.wikipedia.org/wiki/ITU.

108) Amerasinghe, p. 4.

109) Cassese, p. 85 ; Donna E. Arzt and Igor I. Lukashuk, "Participants in International Legal Relations", in Ku & Diehl (eds.), p. 155 ; Amerasinghe, p. 67 ; Kaczorowska-Ireland, p. 171.

110) 상기 ILC 국제기구책임초안(2011) 제2조에 대한 주석 (7) ; Akehurst, p. 71 ; Amerasinghe, p. 78. 한 걸음 더 나아가, 국제기구 설립조약에서 기구에 회원국 국내법상의 인격을 부여하는 명시적 조항이 없다 하더라도 국내인격을 인정할 암묵적 의무가 회원국들에게 부과되어 있다고 봐야 한다는 의견도 제시되고 있는데, 국제기구가 부여받은 임무를 수행하는 데 국내인격도 필요할 것이기 때문이다 : e.g. Akande in Evans (ed.), *International Law* (ed), 3rd, p. 260 ; Amerasinghe, p. 76.

111) Brownlie, 5th, p. 693 ; Janis, 3rd, p. 197 ; Rosenne, *The Perplexities of Modern International Law*, p. 254 ; Akande in Evans (ed.), International Law, 3rd, p. 260 ; Amerasinghe, p. 70.

판소에 소를 제기하는 경우, 이를 허용할 것인지 아니면 각하할 것인지는 당해 재판소가 국내법에 따라 결정할 재량사항으로 남는다.[112] 그러므로 UN의 경우를 보면 비회원국의 영토 내에서도 일정 인격을 향유하기 위하여 관련 국가들과 개별협정을 체결하여 왔다.

그러나 어떤 국제기구가 '국제'법의 주체로서 인정받기 위해서는 그 회원국들과는 별개의 '국제' 인격을 가져야 할 것인데, 국제기구의 '국제적' 인격은 그 회원국에 대한 것과 제3국(즉, 비회원국) 내지 국제공동체 전체에 대한 것으로 구분하여 고찰하는 것이 편리하다.

먼저, 국제기구가 '소속회원국들에 대한 관계에 있어' '국제적' 인격을 갖는가의 문제에 대한 해답은 당해 설립조약의 명시적 · 묵시적 규정으로부터 찾을 수 있다. 예컨대, UN헌장의 경우 UN에 대해 (제104조에 대응하여) '국제법'상의 인격을 부여하는 '명시적 일반'규정은 보이지 않는다. 그럼에도 불구하고 UN은 그 회원국에 대한 관계에 있어 어느 정도의 국제인격을 갖는 것으로 이해되고 있다. 예컨대, 헌장 제43조는 회원국들과 병력 등의 제공과 관련한 조약을 체결할 권한을 UN안보리에 부여하고 있는데, 이같은 조약체결권은 UN이 국제인격을 갖지 않는다면 존재할 수 없는 권한이다. 이와 비슷한 규정으로서, 헌장 제105조는 그 목적 달성에 필요한 특권 · 면제를 UN에 부여하고 있으며, 회원국들에게 이 목적을 위한 협약들을 제안할 수 있는 권한을 UN총회에 부여하고 있는데, 이것 역시 UN의 국제인격을 전제로 한 것으로 볼 수밖에 없다.[113] 뿐만 아니라, UN기관(안보리 ·

---

112) 이를테면, 미국의 재판소들은 자신의 법의 충돌(국제사법) 규칙에 의거하여 미국이 회원국이 아닌 국제기구의 '국제'인격으로부터 동 기구의 미국법상의 인격(그리고 그 결과로 재판에서의 당사자능력)을 쉽게 도출해 내기도 하는데, 이 기술은 -법인의 법적 지위와 능력은 '속인'법(*personal* law)에 의하여 결정된다는- 일반적으로 승인된 법의 충돌 규칙을 적용하는 방식이다. 즉, 국제기구의 경우 속인법은 국제법이다. 따라서 어떤 국제기구가 국제법의 차원에서 인격을 갖고 있다는 것이 입증될 수 있다면, 국내재판소는 자국의 법의 충돌규칙을 적용함으로써 해당 기구의 국내인격을 인정하는 것이다. 이 방식은 *International Tin Council* v. *Amalgamet Inc.*, 524 NYS 2d (1988), p. 971에서 뉴욕주 재판소들이 사실상 사용한 방식이었다. 즉, 이 사건에서 미국은 당시 24개 회원국을 가진 개방 국제기구인 국제주석(朱錫)이사회(International Tin Council)를 설립한 국제주석협정(International Tin Agreement)의 당사국이 아니었고, 또 미국정부는 명시적으로 혹은 묵시적으로 이 기구를 승인하는 어떤 조치도 취한 바가 없었지만, 국제주석협정 하에서 국제주석이사회는 법인격을 갖고 있었기 때문에 뉴욕주 재판소들은 동 이사회의 미국법상의 인격을 인정함으로써 동 이사회가 미국에서 원고 및 피고가 되는 것을 가능하게 하였던 것이다. 스위스, 네덜란드, 이탈리아를 포함한 서유럽 여러 국가의 국내재판소들도 미국재판소의 노선을 따르는 것으로 보고되고 있다. 자세한 것은, Amerasinghe, pp. 70~72, 88 참조.

이와는 대조적으로, 조약의 국내적 지위에 대해 엄격한 이원론을 채택하고 있고 또 승인 문제에 대해 창설적 효과설을 채택하고 있는 영국의 재판소들은 (국제기구의 국제인격으로부터 막바로 국내인격을 도출해 내는) 미국재판소의 접근법을 배척하면서 (*JH Rayner* (*Mincing Lane*) *Ltd* v. *Department of Trade and Industry*, [1990] 2 A.C. 418, noted by Amerasinghe, p. 73), 다만 불편을 덜기 위해 영국이 회원국이 아닌 국제기구라 하더라도 -영국의 승인을 받은- 그 기구의 소재지국이나 회원국들 중에서 어느 한 국가의 입법적 조치의 결과로 동 기구가 그 국가에서 (국내)법인격을 갖고 있다면 영국법에서도 법인격을 인정한다는 우회적인 논리를 채택하고 있다 (*Arab Monetary Fund* v. *Hashim and Others* (No. 3), [1991] 1 All ER 871, noted by Amerasinghe, pp. 73~75, 88 ; Shaw, 6th, pp. 1301~1302 ; Brownlie, 6th, p. 662 ; Aust, *Handbook of International Law*, p. 199) ; Dixon, pp. 102, 143, 145 ; August Reinisch, *International Organizations Before National Courts* (Cambridge : Cambridge University Press, 2000), p. 59 ff ; 한희원, pp. 69~72. 이 두 판결 이후 "외국법인법(外國法人法) 1991"(Foreign Corporations Act 1991)이 제정되었는데, 이 법은 영국의 재판소들이 -일정 조건 하에서나마- 영국의 승인을 받지 못한 국가에서 설립된 회사나 국제기구의 법인격을 인정하는 것을 허용하기 위한 것이다 : Fox, 2nd, p. 733 ; 본서, 제8장 (국가 및 정부 승인), "Ⅳ. 승인의 국제법상 효력, 1. 영국법상 승인의 효과" 참조.

총회 · ICJ 등)의 결정이 회원국들에게 법적 구속력을 가질 수 있는 것도 역시 UN의 독립된 국제인격을 전제로 하지 않고서는 성립될 수 없는 일이다. 다만, 국제기구의 국제인격은 국가의 국제인격처럼 포괄적인 것이 아니고 설립조약에 명시적 혹은 묵시적으로 규정되어 있는 범위 내에서만 인정된다는 점에서 제한적이고 파생적인 것이다.[114] 따라서 추상적으로 국제기구의 국제인격을 논하기보다는 어떤 기구가 구체적으로 어떤 국제적 권리 · 의무를 행사할 수 있는지를 묻는 것이 타당하다. 예컨대, 어떤 국제기구가 일정 문제에 대해서는 조약체결권을 갖지만 기타 문제에 대해서는 그것을 갖지 못할 수 있다.[115] 또한 그 권한도 기구에 따라 다를 수 있다. 예컨대, UN은 군사행동도 취할 수 있지만 WHO는 그럴 수 없다.[116]

다음으로, 국제기구의 존재는 조약(혹은 국제법에 의하여 규율되는 기타 문서)에 기초하고 있으므로 그것의 (명시적 혹은 묵시적) 국제인격도 그 조약(혹은 합의) 당사국들(즉, 회원국들)에게 국한된다는 의미에서 '주관적'인 것인가, 아니면 자동적으로 제3국(즉, 비회원국)에 대해서도 원용될 수 있는가? 국제기구는 물론 설립조약규정에 근거하여 비회원국 또는 타국제기구와 조약을 체결하거나 외교사절을 교환할 수 있다. 그러나 이로 인하여 당해 기구의 '대세적' 인격이 인정된다고 볼 수는 없다. 왜냐하면 국제기구의 이같은 활동은 어디까지나 타방당사자의 승인 내지는 동의를 전제로 하는 것이기 때문이다. 다만, ICJ는 *Reparation for Injuries Suffered in the Service of the UN* 사건[117]에서 적어도 'UN에 관한 한' 그것의 이른바 '객관적'(즉, 대세적) 국제인격을 인정한 바 있는데, 사건 개요는 다음과 같다.

1944년 팔레스타인에 정착한 유대인들이 국제연맹 체제 하에서 그 땅을 위임통치하고 있던 영국당국을 상대로 폭동을 개시하였다. 1947년 영국 내각은 팔레스타인을 떠나기로 결정하였으며, 1947년 11월 UN총회는 팔레스타인을 유대국가와 아랍국가 및 이스라엘시(市)로 분할할 것을 권고하였다. 이 지역에 폭력이 횡행하는 가운데 이스라엘은 -영국의 위임통치 만료 바로 전날인- 1948년 5월 14일 독립을 선언하였으며 이튿날 15일 공식 건국하였다. 그러나 이스라엘의 일방적 독립선언에 자극된 내전은 15일 이날 이스라엘과 아랍국가들 간에 전면전으로 확대되었는데, 이것이 제1차 중동전이다. 5월 20일 UN은 스웨덴 외교관 Folke Bernadotte 백작을 "팔레스타인 UN중개인" (United Nations Mediator in Palestine)으로 임명하였는데, 그의 활약에도 불구하고 양측의 급진주의자들은 협상을 통한 문제 해결을 원하지 않았다. 그리고 그는 1948년 9월 17일 그의 자동차

113) Ott, p. 76.

114) ICJ도 *Legality of the Use by a State of Nuclear Weapons in Armed Conflict,* Advisory Opinion of 8 July 1996, ICJ Reports (1996), para. 25에서 이 점을 지적한 바 있다.

115) 1986년 "국가와 국제기구 또는 국제기구 상호간의 조약법에 관한 비엔나협약" (Vienna Convention on the Law of Treaties between States and International Organizations or between International Organizations) 제6조는 "국제기구의 조약체결 능력은 당해 기구의 규칙에 의하여 규율된다."(The capacity of an international organization to conclude treaties is governed by the rules of that organization.)라고 규정하고 있다. 동 협약 제2조 1항(j)에 의하면 본 협약의 목적상 '기구의 규칙'(rules of the organization)이라 함은 "특히, 설립문서와 그것에 따라 채택된 결정과 결의, 그리고 기구의 확립된 관행"을 뜻한다.

116) Akehurst, p. 71 ; Akande in Evans (ed.), *International Law*, 3rd, pp. 256, 257.

117) ICJ Advisory Opinion of 11 April 1949, ICJ Reports (1949), p. 174.

행렬이 유대인들이 장악하고 있던 지역의 한 검문소에 정차한 동안 유대인 과격분자들에 의해 암살당하였다.[118] UN은 이스라엘이 범죄를 방지하고 범인들을 처벌함에 있어 주의 의무를 다하지 않았다고 생각하였으며, 이에 국제법에 의거하여 손해배상을 청구하고자 하였다. 이에 앞서 UN총회는 UN이 그같은 국제청구를 제기할 법적 자격이 있는지에 관하여 먼저 ICJ에 권고적 의견을 구하기로 하였다. 왜냐하면 이스라엘은 당시 UN회원국이 아니었을 뿐만 아니라, UN헌장에는 UN의 '국제' 인격에 관해서는 명문의 규정이 없기 때문이다. 위에서 언급한 바와 같이, 기껏해야 UN헌장 제104조에서 회원국영토 내에서의 UN의 '국내'법 인격에 관해서만 명문의 규정을 두고 있을 따름이다. 따라서 그럼에도 불구하고 UN의 '국제'인격과 특히 '비'회원국에 대한 국제청구의 제기가 인정될 수 있는지에 관하여 의문이 제기되었던 것이다. 이 질문에 대한 ICJ의 견해를 요약해 보면 다음과 같다.

첫째, UN은 국제인격자이다. 즉, UN은 국제법의 주체로서 권리와 의무를 가질 수 있고, 국제청구를 제기함으로써 자신의 권리를 지킬 능력이 있다. 그러나 UN은 국가가 아니므로 그의 법인격과 권리/의무는 국가의 그것과 동일하지 않다. 초대국(super-State)은 더더욱 아니다. 게다가 국가가 갖는 모든 권리와 의무가 국제적 차원의(upon the international plane) 것이어야 하는 것은 아닌 것처럼, UN의 권리와 의무도 그 모두가 국제적 차원의 것이어야 하는 것은 아니다.[119]

둘째, 국제공동체의 대다수 구성원을 대표하는 50개[120] 국가들은 국제법에 따라 단지 그들만에 의해 승인된 인격뿐만 아니라, 국제청구를 제기할 자격과 함께 객관적 국제인격(objective international personality)을 보유한 하나의 실체를 창설할 권한을 가지고 있었다. 다시 말해서, UN은 국제배상청구권을 포함하는 '객관적', 즉 대세적인 법인격을 갖기 때문에 UN의 비회원국이라 할지라도 UN의 국제인격을 인정하지 않으면 안된다.[121]

셋째, "UN과 같은 실체의 권리와 의무는 그 설립문서에 명시되거나 묵시되어 있고 또한 관행상 발전되어온 바의 그 목적과 직무에 의존해야만 하며",[122] "일반국제법상 UN은 비록 헌장에 명시적으로 규정되어 있지는 않다 하더라도 그 직무 수행에 필요한 것으로서 묵시적으로 기구에 부여된 바의 권한(powers conferred upon [the United Nations] by necessary implication as being

---

118) Keitner, p. 121 ; https://en.wikipedia.org/wiki/Folke_Bernadotte ; https://en.wikipedia.org/wiki/Israel_and_the_United_Nations ; 본서, 제1장 (국제공동체의 역사적 전개과정), "Ⅳ. 국제공동체의 전개과정, 3. 제2단계".

119) ICJ Reports (1949), p. 174 at 179. 여기서 '초대국'에 대한 언급은 *Interpretation of the Agreement of 25 March 1951 between the WHO and Egypt*, Advisory Opinion, ICJ Reports (1980), p. 73 at 89 (para. 37)에서 반복되고 있다.

120) 즉, 1945년 4월 25일~6월 26일 UN헌장을 기초한 샌프란시스코 회의(United Nations Conference on International Organization)에 참석하여 6월 26일 서명한 50개 국가들. 회의에 대표자를 보내지 아니한 폴란드의 서명을 위한 공간을 비워두었었으며, 폴란드는 1945년 10월 15일 서명함. UN헌장 동년 10월 24일 발효. Harris, p. 132 (fn. 19) ; https://www.un.org/en/sections/history-united-nations-charter/1945-san-francisco-conference/index.html; https://en.wikipedia.org/wiki/United_Nations_Conference_on_International_Organization ; https://history.state.gov/historicaldocuments/frus1945v01/ch1.

121) ICJ Reports (1949), p. 174 at 185.

122) *Ibid.*, at 180.

essential to the performance of its duties)을 갖는 것으로 새겨야 한다."[123]

넷째, 국제법의 시각에서 보면 소속공무원이 '직무를 수행함에 있어'(in the performance of his duties) 입은 손해에 기초한 배상을 청구함에 있어, UN은 그 공무원을 대리하는 것이 아니라 UN 자신의 권리를 주장하고 있다.[124]

다섯째, 국가가 자국민을 위한 외교보호(diplomatic protection)의 권리를 갖는다면, UN은 소속 공무원을 위한 직무보호(functional protection)의 권리를 갖는다.[125]

여섯째, 확립된 국제판례에 따라 가해국(피고국)은 손해배상을 UN과 피해공무원의 국적국가 양자에게 이중으로 해줄 의무는 없다.[126]

일곱째, 외교보호권과 직무보호권이 '경합'(competition)하는 경우 어느 한 쪽에 우선권을 부여하는 법원칙은 존재하지 않는다. 이런 경우, 양자의 충돌은 '호의'(혹은 '선의')(good will)와 '상식'(common sense)에 의해 해결을 도모할 수 있으며, 일반협정 또는 각 구체적인 경우에 체결되는 협정(특별협정)에 의해서도 제거될 수 있다. 요컨대, ICJ는 외교보호권과 직무보호권이 경합하는 경우 언제나 직무보호권이 우선한다고 언급한 일이 없다.[127] 그러면 직무보호권과 외교보호권이 경합하는 상황은 언제인가? 이에 대한 해답도 *Reparation* 사건에 함축되어 있는데, ICJ는 이 사건에서 UN의 보호권은 기구 직원이 "직무를 수행함에 있어"(in the performance of his duties) 피해를 입은 경우에 발생하는 것으로 설명하였다. 그렇다면 기구 직원이 입은 피해가 그의 직무수행과 관련이 있는 경우에만 직무보호권과 외교보호권이 경합하는 상황이 발생하며, 기구직원이 사적 자격으로 입은 피해는 오로지 소속국의 외교보호권의 문제로 귀착된다고 할 수 있다.

요컨대, UN이 직원에게 제공할 수 있는 보호는 '직원'보호가 아니라 '직무'보호이고, 이 직무보호조차도 언제나 외교보호와 경합한다. 충성(allegiance)이란 관점에서 보면 ICJ는 *Reparation* 사건에서 다음의 몇 가지를 직간접으로 시사한 것으로 보인다. (i) 국제기구 직원은 직무수행과 관련하지 아니한 개인 자격으로는 본국에 대한 충성의 의무를 중단하지 아니한다. 기구의 직원이 된다고 하여 출신국의 국적을 포기하는 것은 아니기 때문이다. (ii) 직무수행에 있어서의 충성은 그가 속한 국제기구에 대한 것이다. (iii) "사무총장과 직원은 '그 직무를 수행함에 있어' 어떠한 정부로부터도, 또는 UN 이외의 어떤 당국으로부터도 지시를 받거나 구하여서는 아니된다."고 규정한 UN헌장 제100조(혹은 이에 상응하는 많은 국제기구설립조약의 관련 규정)에 비추어 보아 그는 '직무를 수행함에 있어서'만은 오로지 소속 기구에만 충성하여야 한다. 즉, 이 경우 충성의 경합은 없다. (iv) 그러나 이것은 국제기구 공무원이 직무수행과 관련하여 피해를 입을 시 오로지 직무보호만이 가능하거나, 직

123) *Ibid.*, at 182~183.

124) *Ibid.*, at 184.

125) *Ibid.*, at 184~185.

126) *Ibid.*, at 186.

127) ICJ는 *Barcelona Traction Co.* case (Belgium v. Spain), ICJ Reports (1970), p. 3, para. 53에서도 국제기구 공무원의 경우 소속 국제기구와 국적국의 보호권 경합을 인정한 바 있다. 그러므로 Brownlie, 5th (1998), p. 685는 "여전히 해결해야 할 문제로서, 국가의 외교보호권과 기구(UN)의 직무보호권 간에 우선순위를 결정하는 일이 남아있다."라고 언급하고 있다.

무보호가 외교보호에 우선함을 의미하지는 않는다.[128)]

여덟째, 개인이 이중국적을 가지고 있는 경우 그 한 국적국가가 타 국적국가에 대해 외교보호권을 행사하지 않는 보통의 관행은 본 사건의 선례가 되지 못한다.[129)] 왜냐하면 UN의 행동은 희생자의 국적에 기초한 것이 아니라 UN공무원으로서의 그의 지위에 기초하고 있기 때문이다. 따라서 직무상 피해를 입은 UN공무원이 설사 가해국(피고국)의 국적을 가지고 있는 경우라 하더라도 UN은 그의 국적국가인 가해국에 대해 배상을 청구할 수도 있다.[130)]

UN총회의 질문은 추상적으로 작성되었으며, ICJ의 답변에도 Bernadotte 백작의 실명(實名)에 대한 언급은 없었다.[131)] 그러나 위 ICJ 의견에 비추어 UN총회는 Bernadotte 백작의 죽음과 관련하여 이스라엘에 손해배상을 청구할 권한을 사무총장에게 부여하였다.[132)] 이스라엘은 권고적 의견이 내려진 직후인 1949년 5월 11일 UN에 가입하였고, 1950년에는 'UN'이 입은 손해에 대한 배상으로서(as reparation for the damages borne by the United Nations) 사무총장이 요구한 금액을 지급하였다.[133)] 그러나 일부 국가들은 ICJ의 이러한 견해가 실제로 자국민에 대한 국가들의 권위를 훼손시켰으며, 위험스러운 선례를 구성한다고 느끼기도 하였다. 특히, 사회주의국가들은 ICJ를 강하게 비판하였었다.[134)]

한편, ICJ는 상기 *Reparation* 사건에서 주로 "직무"(duties) 수행에 필요한 묵시적 권한을 논하였지만, 그후 *Certain Expenses of the United Nations* 사건[135)]에서는 UN의 "목적" (purposes)을 달성하는 데 필요한 권한에도 묵시적 권한의 이론을 적용하였다.[136)] 그리고 여기서 "필요한"(essential)이라 함은 묵시적으로 인정되어야 할 권한이 "반드시(꼭) 요구되는 것임"(indispensably required)을 의미하는 것은 아닌 것으로 해석되고 있다.[137)] ICJ는 *Legality of the Use by a State of Nuclear Weapons in Armed Conflict* 사건[138)]에서는 "어떤 결의가 절차적 관점에서 적

---

128) Amerasinghe, pp. 392, 394, 484. 이 경우, UN을 포함한 국제기구가 직무보호를 행사함에 있어, 또는 기구공무원의 국적국가가 외교보호를 행사함에 있어 국내구제수단 완료의 원칙이 적용되는 지에 대해서는, 본서 제14장 (국가책임), "XIII. 국제기구의 국제책임과 국제청구권" 참조.

129) ICJ가 이 사건에서 말한 '보통의 관행'은 그러나 이제는 '실효적/지배적/우세한 국적의 원칙'으로 대체된 것으로 보인다. 이 문제에 대해서는, 본서, 제14장 (국가책임), "XI. 외교보호, 1. 청구국적의 원칙, (6) 복수국적자의 청구국적" 참조.

130) ICJ Reports (1949), p. 174 at 186.

131) Kenneth Manusama, posted October 3, 2016, "Classic cases: Reparation for Injuries (1949)", 〈https://manusama.com/2016/10/03/classics-reparation-for-injuries-bernadotte/〉.

132) Resolution 365 ; G.A.O.R., 4th session, Resolutions, p. 64 ; Harris, p. 133.

133) UN Doc. A/1347 ; Harris, p. 133.

134) Cassese, p. 88 ; Ott, pp. 24, 198.

135) Advisory Opinion, ICJ Reports (1962), p. 151 at 168 ("...when the Organization takes action which warrants the assertion that it was appropriate for the fulfilment of one of the stated purposes of the United Nations, the presumption is that such action is not *ultra vires* the Organization").

136) See Hartley, 7th, pp. 110~111.

137) Akande in Evans (ed.), *International Law*, 3rd, p. 265.

138) Advisory Opinion, ICJ Reports (1996), p. 66 at 82 (para. 29) : "The Court would observe in this respect that the question whether a resolution has been duly adopted from a procedural point of view and the question whether that resolution has been adopted *intra vires* are two separate issues. The mere fact that

법하게 채택되었는지의 여부와 해당 결의가 권한 내에서 채택되었는지의 여부는 별개의 문제이다. 다수의 국가가 결의에 투표할 때 모든 관련 절차규칙을 준수했다는 단순한 사실만으로는 결의에 영향을 미칠 수 있는 -월권행위와 같은- 기본적인 결함을 교정하기에 충분하지 않다."라는 점을 지적하기도 하였다. 또한, ICJ는 *Interpretation of the Agreement of 25 March 1951 between the WHO and Egypt* 사건[139]에서는 좀 더 일반적인 차원에서 "국제기구는 국제법의 주체이다. 따라서 그 자체 일반국제법규, 설립문서 혹은 그들이 당사자인 국제협정에 의거하여 그들에게 지워진 일체의 의무에 구속된다"고 언급하기도 하였는데, 여기서 '일반국제법규'는 국제관습법을 지칭하는 것으로 보인다.[140]

초국가적 국제기구인 EU가 체결하는 조약, 특히 다자조약의 대부분은 혼합협정(mixed agreements, mixity)인데,[141] 이 경우 EU와 회원국 간의 권한배분은 EU 내부의 문제이긴 하지만 EU를 상대하는 타당사국들에게는 법적 불안을 야기한다. 이 때문에 다자조약 중에는 EU 같은 기구와 그 회원국들에게 권한 배분에 관한 현재의 상황과 미래 변화에 대해 고지할 의무를 부과하기도 한다. UN해양법협약 제9부속서(국제기구의 참여) 제5조, 파리기후변화협정 제20조, 그리고 2023년 (약칭)해양생물다양성협약(혹은 BBNJ Treaty)[142] 제67조 등이 그 대표적인 예이다.[143]

국제공동체 주변에는 현재 많은 비정부국제기구(혹은 국제민간단체)(international non-governmental organisations : international NGOs)가 활동하고 있는데, 이들은 국적을 달리하는 사인 또는 사적 단체들의 국제적 차원의 항구적 결합을 지칭하는 것이다. 따라서 그 구성에 있어 국제적이긴 하지만 조약에 의하여 설립된 것이 아니기 때문에, 그 자체 국제법에 의하여 규율되는 것이 아니라 설립지의 국내법에 의하여 규율될 따름이다.[144] 예컨대, 파리에 있는 국제상공회의소

---

a majority of States, in voting on a resolution, have complied with all the relevant rules of form cannot in itself suffice to remedy any fundamental defects, such as acting *ultra vires*, with which the resolution might be afflicted."

139) Advisory Opinion, ICJ Reports (1980), p. 73 at 89 (para. 37) : "International organizations are subjects of international law and, as such, are bound by any obligations incumbent upon them under general rules of international law, under their constitutions or under international agreements to which they are parties."

140) Orakhelashvili/Akehurst, 9th, p. 121.

141) Lenaerts and van Nuffel, p. 1036.

142) "국가관할권 이원 지역 해양생물다양성의 보존과 지속가능한 이용에 관한 UN해양법협약 하의 협정" (Agreement under the United Nations Convention on the Law of the Sea on the conservation and sustainable use of marine biological diversity of areas beyond national jurisdiction) ; 본서, 제21장 (해양법), "Ⅷ. 공해 생물자원의 보존과 관리".

143) *Ibid.*, p. 1023.

144) Orakhelashvili/Akehurst, 9th, p. 129. 유럽심의회(Council of Europe) 회원국들이 1986년 4월 24일 채택하고 1991년 1월 1일 발효한 "비정부국제기구(국제민간단체)의 법인격 인정에 관한 유럽협약"(European Convention on the Recognition of the Legal Personality of International Non-Governmental Organisations) 제1조는 본 협약의 목적상 비정부국제기구를 다음과 같이 정의하고 있다 : "This Convention shall apply to associations, foundations and other private institutions (hereinafter referred to as "NGOs") which satisfy the following conditions:

a. have a non-profit-making aim of international utility;

b. have been established by an instrument governed by the internal law of a Party;

(International Chamber of Commerce)[145]는 전세계 수천의 기업체와 사업자단체를 결합하고 있지만, 그것 자체는 프랑스법에 의거하여 설립된 단체이다. 그리고 똑같이 1873년에 설립된 세계국제법학술원(Institut de Droit International : IDI)[146]과 세계국제법협회(International Law Association : ILA)[147]는 특별히 국제법의 발달과 비교법 연구에 전념하는 학자들의 국제적 조직체이다.[148] 아마도 일반인들에게 좀더 익숙한 비정부국제기구로는 세계경제포럼(World Economic Forum, WEF),[149] 국제앰네스티(국제사면위원회)(Amnesty International),[150] 국제적십자사 · 적

c. carry on their activities with effect in at least two States; and
d. have their statutory office in the territory of a Party and the central management and control in the territory of that Party or of another Party."

See https://conventions.coe.int/Treaty/en/Treaties/Html/124.htm ; https://en.wikipedia.org/wiki/European_Convention_on_the_Recognition_of_the_Legal_Personality_of_International_Non-Governmental_Organizations.

145) https://en.wikipedia.org/wiki/International_Chamber_of_Commerce.

146) https://www.idi-iil.org/en/.

147) https://www.ila-hq.org.

148) van Houtte, pp. 48~50 ; Janis, 3rd, pp. 198~199 ; Neff in Evans (ed.), *International Law*, 3rd, p. 16.

149) 일명 다보스 포럼(Davos Forum), 〈https://www.weforum.org/〉. WEF는 매년 1월 세계의 정치지도자들과 경제인들을 스위스 다보스로 불러들여 서로 만날 수 있게 하고, 나아가 국가 및 국제기구들과 협력의 틀을 구축해 나가고 있다 : 이를테면, 대한민국 외교부 보도자료, 2015.04.01., "세계경제포럼, 국제기구 지위 확보 계기 한국과의 협력 확대 희망" ; World Economic Forum, Media/News Releases, 13 June 2019, "World Economic Forum and UN Sign Strategic Partnership Framework", 〈https://www.weforum.org/press/2019/06/world-economic-forum-and-un-sign-strategic-partnership-framework/〉, 〈https://www.unmultimedia.org/s/photo/detail/811/0811012.html〉, & 23 Jan 2020, "World Economic Forum and OECD Sign Strategic Partnership Framework", 〈https://www.weforum.org/press/2020/01/world-economic-forum-and-oecd-sign-strategic-partnership-framework/〉 참조.

신분이 국제민간단체인 WEF가 글로벌 의제 설정을 통해 세계적으로 영향력을 행사하는 비민주적 행태에 대해서는 비판의 목소리가 높아지고 있다. 특히, 2019년 WEF와 UN사무국이 '전략적동반자골격 양해각서'("Memorandum of Understanding between the United Nations and the World Economic Forum on the Strategic Partnership Framework for the 2030 Agenda")에 서명하자 400 개가 넘는 (국제/국내)민간단체들은 UN사무총장에게 보낸 공동서한에서 "UN의 기업화"(corporatization of the UN)를 우려한 바 있다. "...We are very concerned that this WEF-UN partnership agreement will de-legitimize the United Nations and provide transnational corporations preferential and deferential access to the UN System. The UN system is already under a big threat from the US Government and those who question a democratic multilateral world. However, this *corporatization of the UN* poses a much deeper long-term threat, as it will reduce public support for the UN system in the South and the North.

It is our strong belief that this agreement is fundamentally at odds with the UN Charter and with intergovernmental decisions on sustainable development, the climate emergency, and the eradication of poverty and hunger. *This public-private partnership will permanently associate the UN with transnational corporations*, some of whose core essential activities have caused or worsened the social and environmental crises that the planet faces. This is a form of *corporate capture*. We know that agribusiness destroys biodiversity and sustainable and just food systems, oil and gas corporations endanger the world's climate, Big Pharma weakens access to essential medications, extractive corporations leave lasting damage to countries' ecologies and peoples, and arms manufacturers profit from local and regional wars as well as repression of social movements. All these sectors are significant actors within the World Economic Forum. ... ...

Mr Secretary-General, electing to build an alliance between the Secretariat and transnational corporations to save the UN system from those hostile to multilateralism and decreasing *public funding*, will destroy the UN system, not save it." : The Transnational Institute (TNI), 25 September 2019, "End the United

신월사연맹(International Federation of Red Cross and Red Crescent Societies),[151] 국제올림픽위원회(International Olympic Committee)[152] 등을 들 수 있을 것이다. 이들 비정부국제기구는 그들이 수행하는 국제적 역할에도 불구하고 국제인격을 향유하지는 못한다. 그러나 국제(공)기구와 대칭시키기 위해 때로 국제사기구(private international organisations)라고도 칭하는 이 비정부국제기구는 대체로 국제(공)기구와도 관련을 맺고 있다. 그리고 그들은 때로 국제(공)기구의 요청이 있는 경우 자신의 전문분야에 관련된 문제에 대해 자문을 제공하기도 한다. 예컨대, UN경제사회이사회(Economic and Social Council)는 UN헌장 제71조에 의거하여 그 권한 내의 문제와 관련있는 비정부국제기구의 조언과 의견을 구할 수 있다.

이른바 국제공기업(국제회사, 국가 간 합작회사)(international public corporations, inter-governmental companies, joint inter-state enterprises)도 (정부간)국제기구와는 구분되는데, 이것은 상업적 기능을 수행하기 위하여 다수 국가들이 설립하는 것으로, 조약에 기초를 둘 수 있긴 하지만 회원국 중 어느 한 국가의 회사법에 따라 설립된다. 그 예로는 "유럽 철도자재 금융회사"(Eurofima : European Company for the Financing of Railway Rolling Stock)[153]와 "아프

Nations/World Economic Forum Partnership Agreement – Open letter to Mr António Guterres, Secretary General of the United Nations" (italics added), 〈https://www.tni.org/en/article/end-the-united-nationsworld-economic-forum-partnership-agreement〉.

WEF를 비호하는 측에서는 "세계경제포럼(WEF)은 비정부기구(NGO)로 각국 정부에 대한 권한이 없다. 정부들에 로비를 할 수는 있지만 그들의 정책을 결정하거나 어떤 것을 하도록 명령할 수는 없다."(The World Economic Forum is a non-governmental organisation (NGO), and has no power over governments. It can *lobby governments*, but it cannot decide on their policies, or order them to do anything.)고 말한다 : Adrian Wong/Techarp, 31, 2024, "Did WEF Call For Democratic Elections To Be Banned?!", 〈https://www.techarp.com/facts/wef-democratic-elections-ban/〉. 외견상 맞는 말이다. 그러나 그들도 인정하는 바와 같이 WEF는 바로 이 '로비'를 통하여 세계적인 영향력을 행사하고 있는 것이다. WEF에 대한 최근의 비판적 기사로는, Greg Wehner/FOX, January 16, 2023, "Musk rips 'Satanic' ESG as World Economic Forum meets and discusses controversial investment regime", 〈https://www.foxbusiness.com/technology/musk-rips-satanic-esg-world-economic-forum-controversial-investment-regime〉 참조. WEF의 정체성에 대해 대조되는 다음의 두 글을 읽는 것도 흥미롭다 : (i) Reuters Staff/Reuters, February 26, 2021, "Fact check: The World Economic Forum does not have a stated goal to have people own nothing by 2030", 〈https://www.reuters.com/article/uk-factcheck-wef-idUSKBN2AP2T0〉 ; (ii) The Sociable, August 23, 2022, "WEF managing director claims 'you'll own nothing & be happy' is 'focus of disinformation campaign'", 〈https://sociable.co/web/wef-director-youll-own-nothing-be-happy-disinformation-campaign/〉.

150) https://www.amnesty.org/en.

151) https://www.ifrc.org/ ; https://ko.wikipedia.org/wiki/국제_적십자사·적신월사_연맹 ; Aust, 2nd, p. 414. 국제적십자·적신월사연맹은 역할 배분과 관련하여 그간 여러번 국제적십자위원회(International Committee of the Red Cross)와 충돌을 빚기도 하였는데, 이 문제에 대해서는 https://en.wikipedia.org /wiki/International_Federation_of_Red_Cross_and_Red_Crescent_Societies#Relationships_within_the_Movement ; https://en.wikipedia.org/wiki/Seville_Agreement 참조. ICRC, IFRC, 191개 국내 적십자·적신월사들을 총괄하여 국제적십자·적신월운동(國際赤十字·赤新月運動, International Red Cross and Red Crescent Movement)으로 부르고 있다 : https://www.icrc.org/en/who-we-are/movement ; https://ko.wikipedia.org/wiki/적십자_표장 ; 본서, 제28장 (전쟁법), 서문.

152) https://www.olympic.org/uk/organisation/ioc/index_uk.asp.

153) "Convention for the establishing of "Eurofima", European Company for the Financing of Railway Rolling Stock" (Done in Berne on October 20, 1955), Art. 1 ; https://www.eurofima.org/.

리카 항공"(Air Afrique)[154] 등을 들 수 있다.[155]

이름만을 보고 국제기구인지 아닌지, 국제기구라면 국제공기구인지 국제사기구인지를 판단하면 때로 잘못된 상상에 이를 수 있다.[156] 이를테면 "국제사법 규칙의 점진적 통일을 향해 노력하는 것"을 목적으로 설립된 "헤이그 국제사법회의"(Hague Conference on Private International Law : HCCH)는 '회의'라는 이름이 시사하는 바와는 달리 국가 간 조약에 의해 설립되고 국가뿐만 아니라 지역경제통합기구(regional economic integration organisation)까지도 회원으로 거느릴 수 있는 상설의 정부간 국제기구이다.[157] "국내 사법(특히, 상법)의 조화 및 조정을 위한 방법을 검토하고, 획일적인 사법규칙의 채택을 점진적으로 준비하는 것을 목적"으로 설립된 –로마에 본부를 둔– 국제기구인 "사법통일국제협회(연구소)"(International Institute for the Unification of Private Law, Institut international pour l'unification du droit privé : UNIDROIT)[158]에 대해서도 같은 말을 할 수 있을 것이다. 다만, –헤이그국제사법회의와는 달리– UNIDROIT에는 국가만이 회원이 될 수 있다.[159] 비슷한 예로, "국제 니켈 연구회"(International Nickel Study Group)[160]는 "국제 니켈 연구회 위탁사항"(Terms of Reference of the International Nickel Study Group)으로 명명된 조약에 의해 1990년에 설립된 정부간 기구로서, "니켈의 생산·소비·국제교역에 관심있는 모든 국가들"과 더불어 "특히 상품협정의 교섭·체결·적용에 대해 책임을 지고 있는 국제기구"에게도 가입이 개방되어 있다. 주된 업무는 니켈 시장의 정보를 수집, 공유하고 토론의 장을 제공하는 것이며, 본부는 포르투갈 리스본에 소재하고 있다.

---

154) 1961년 서아프리카 국가들 간에 설립된 항공사. https://en.wikipedia.org/wiki/Air_Afrique.

155) Akande in Evans (ed.), *International Law*, 3rd, p. 254 ; David Adedayo Ijalaye, *The Extension of Corporate Personality in International Law* (Oceana Publications, Inc., 1978), p. 57 ff ; 베른하르트 그로스펠트 (저), 鄭熙喆 (역), 《多國籍企業의 法律問題》(서울 : 삼영사, 1981), 제15장 (국제회사), p. 250 이하.

156) Akande in Evans (ed.), *International Law*, 3rd, p. 254.

157) 헤이그 국제사법회의의 두문자어 HCCH는 영어의 "Hague Conference"와 불어의 "Conférence de La Haye"에서 밑줄친 대문자를 차례로 결합한 것이다. 헤이그 국제사법회의는 그 기원이 네덜란드 정부의 초청으로 최초 헤이그회의가 개최된 1893년으로 거슬러 올라가지만, 1951년에 와서야 동 회의를 정부간 기구로 만들기 위한 규정(Statute)을 준비하였으며, 동 규정은 1955년 7월 15일 발효하였다. 그후 "지역경제통합기구들"에게도 가입을 허락하기 위한 규정 개정이 2005년 단행되어 2007년 1월 1일부로 발효하였으며, 이에 따라 EC(2009년 12월 1일 리스본조약 발효 이후로는 EU)가 2007년 4월 3일부로 헤이그 국제사법회의의 회원이 되었다. 헤이그 국제사법회의에서는 계속하여 협약을 만들어 내고 있는데, 이들 협약은 국가 간 조약으로서 국제사법에 관한 국내법의 차이를 조화시키는 것이 목적이지만, 이들 헤이그협약은 국가 간의 관계나 국가와 개인간의 관계가 아닌, 종국적으로 개인간의 관계(혹은 개인의 권리와 의무)에 영향을 미치는 내용을 담고 있다. J.H.A. van Loon, "The Hague Conventions on Private International Law", in Jacobs and Roberts (eds.), pp. 221~251 ; https://www.hcch.net/en/instruments/conventions/full-text ; https://www.coe.int/en/web/tribunal/hcch ; https://en.wikipedia.org/wiki/Hague_Conference_on_Private_International_Law.

158) Statute of UNIDROIT, Articles 1, 2 〈https://www.unidroit.org/〉 ; https://en.wikipedia.org/wiki/UNIDROIT.

159) Statute of UNIDROIT, Article 20 ; https://www.unidroit.org/about-unidroit/.

160) https://insg.org/ ; Aust, 2nd, p. 110.

V. 이른바 민족해방운동이라 불리는 정치조직을 통해 대표되는, 자결권을 향유하는 민족

제2차 세계대전 후 민족자결권이 국제법의 한 원칙으로 확립됨에 따라 국가를 구성하지 못한 일정 범주의 '민족'도 제한된 범위 내에서 국제인격을 갖는 것으로 인정되고 있다. 다만, 국가가 정부를 통해 국제인격을 행사하듯, 민족도 흔히 민족해방'운동'('단체' 혹은 '기구')(national liberation movements)으로 불리는 자신의 대표기구를 통하여 국제인격을 행사한다. 따라서 대표기구(즉, 민족해방단체)를 갖지 못한 민족은 국제인격을 향유할 수 없다. 제국주의 내지 식민세력(영국, 프랑스, 벨기에, 네덜란드, 포르투갈, 이탈리아)에 대항하는 민족해방운동의 출현은 제2차 세계대전 여파의 한 특징이 된 바 있다.[161] 그리고 민족해방운동은 지리적 확장과 함께 그들의 목표도 확대시켜 나갔다. 즉, 식민주의(colonialism, colonial domination)뿐만 아니라 인종차별체제(racist regimes)와 외국점령(alien domination or occupation)까지도 투쟁과 타도의 대상으로 삼게 된 것이다.[162] 민족해방투쟁은 1960년대부터 1980년대까지 유행하였지만 지금은 쇠퇴하고 있는 것으로 보인다.[163]

아무튼, 어떤 해방단체가 독립을 획득하고 또 자신의 신생독립국에서 권력을 장악하는데 성공하면, 그것은 그 신생독립국을 대표하는 유일 합법정부로 승인받을 것이다. 이와는 반대로, 어떤 해방단체가 독립을 획득하는데 기여는 하였지만 신국가 내에서 권력을 장악하는 데에는 실패한 뒤 투쟁을 계속한다면, 그 규모에 따라 그것은 이제 신정부에 의하여 반란단체로 간주될 것이다. 따라서 국제법상 신정부와 이 단체간의 무력충돌은 이제는 내란(civil war)으로 취급된다.[164]

민족해방운동이 자결권을 향유하는 민족의 대표기구로서 국제법 주체성을 향유하기 위해 일정 영토를 자신의 실효적 지배(통제)(effective control) 하에 두어야 하는지에 관해서는 견해가 대립되고 있다. 그러나 대다수 사회주의 · 제3세계국가들의 견해에 의하면 이것은 필요요건이 아니다. 민족해방운동이 국제적 지위를 부여받게 되는 이유는, 그들이 식민지배 · 외국의 점령 · 인종차별체제로부터 벗어나기 위해 투쟁한다는 정치적 · 이데올로기적 목표가 있기 때문이다. 투쟁의 목적이 독립국가 창설에 있는 경우에는 물론 영토장악을 기도하겠지만, 이 경우의 영토장악은 '미래의' 목표일 따름이다. 실제로 많은 민족해방운동은 자신을 지원해 주는 우호국에서 활동하였거나 혹은 활동하고 있다. 물론, 과거 투쟁기간 중 일정 영역에 대해 통제력을 장악했었거나 혹은 현재 장악하고 있는 경우도 없지는 않다. 요컨대, 일정 영토의 실효적 지배로부터 국제인격을 도출해 내는 반란단체와는 달리, 민족해방단체는 민족자결이라는 이데올로기적 법원칙에 의거하여 국제적 지위를 향유한다는 것이 다수 국가의 견해이다.[165] 또한 아래에서 언급하는 바와 같이, 민족해방단체는 압제정부에 대

161) Cassese, pp. 90~91 ; Orakhelashvili/Akehurst, p. 26.
162) Cassese, p. 90 ; Hamid, p. 92.
163) Cassese, *International Law*, 2nd, p. 140.
164) Cassese, p. 99.
165) *Ibid.*, pp. 91, 98.

해 무력을 사용할 국제법상의 권리를 가지며, 이것은 무력사용금지 규범의 위반이 아니라는 것이 대다수 제3세계와 사회주의진영 국가들의 견해이다. 이에 반해 중앙정부를 상대로 한 반란단체의 무력사용은 국제법의 시각에서 보면 본질적으로 불법도 합법도 아닌 단지 하나의 사실(a mere fact)에 불과하다.[166)]

이 문제에 관련한 국가 간의 의견 차이는 1974~77년의 제네바인도법회의(Geneva Diplomatic Conference on the Humanitarian Law of Armed Conflict)에서 노정되었다. 이 회의에 참석한 대다수 국가(사회주의 및 제3세계)는 영토의 지배(통제)(control of territory)에 대해서는 언급함이 없이, 식민지지배(colonial domination), 외국점령(alien occupation), 인종차별체제(racist régimes)에 대항하여 민족해방단체가 수행하는 무력투쟁은 '국제'무력충돌(international armed conflict)로 간주된다는 제네바 제1추가의정서 제1조의 규정을 통과시켰다.[167)] 다시 말해서, 대다수 국가는 민족해방단체에 의한 영토장악을 '국제'무력투쟁의 당사자가 되기 위한 요건으로 보지 않았던 것이다.[168)]

1977년 제네바 제1추가의정서 제1조가 채택되었을 때, 영국 대표는 그들의 견해로는 민족해방단체가 교전당사자의 지위를 향유하기 위해서는 적어도 반란단체(insurgents)와 동일한 요건을 충족시켜야 한다는 취지의 유보를 제기하였다. 요컨대, 영국과 기타 서방국가들의 견해에 의하면, 일정 영토의 실효적 지배는 민족해방단체가 합법적인 교전자로서의 국제적 지위를 갖기 위한 한 가지 필수적 요건이다.[169)]

이와는 대조적으로, 위 대다수 국가들이 다수 서방국가들의 지지를 얻어 채택한 '비국제적' 무력충돌에 관한 제2의정서[170)] 제1조는 "이 의정서는 한 체약국의 영토 내에서 그의 군대와 -지속적이고 일치된 군사작전을 수행할 수 있고 이 의정서를 이행할 수 있을 정도로 책임있는 지휘부 하에서, 체약국 영토의 일부에 대하여 통제력을 행사하는- 반군 또는 기타 조직된 무장집단 사이에 발생하는 모든 무력충돌에 적용된다."라고 규정하고 있다. 요컨대, 반란단체(insurgents)가 국제법 주체성을 향유하기 위해서는 일정 영토의 실제적인 지배/통제가 요구된다는 점에 대해서는 다른 의견이 없다.[171)]

민족해방운동의 합법성은 '법'원칙으로서의 민족자결 원칙(principle of self-determination)에서 나오고, 다수 국가(사회주의-제3세계)의 견해에 의하면 자결권을 향유하는 민족은 식민지배 하의 민족, 외국점령 하의 민족 그리고 인종차별체제 하의 민족에 국한되기 때문에, 이 세 부류 이외의 민족을 위하여 투쟁하는 해방단체는 국제적 지위를 향유하지 못한다. 따라서 주권국가에서 살고 있으면서 독재정부의 압박을 받고 있는 저항단체들은 여기서 논하는 민족해방운동의 범주에 들지 않

166) *Ibid.*, p. 97.

167) 1977년 제네바 제1추가의정서(Geneva Protocol I Additional to the Geneva Con ventions of 12 August 1949, and Relating to the Protection of Victims of International Armed Conflict) 제1조 4항.

168) Turns in Evans (ed.), *International Law*, 5th, pp. 848~849. 87개국이 이 규정에 찬성 투표, 이스라엘 반대, 과테말라와 10개 서방국가는 기권.

169) Cassese, p. 92.

170) 1977 Geneva Protocol Ⅱ Additional to the Geneva Conventions of 12 August 1949, and Relating to the Protection of Victims of Non-International Armed Conflict.

171) Cassese, p. 92 ; Turns in Evans (ed.), *International Law*, 5th, pp. 849~850.

는다. 과거 라틴아메리카에서 흔히 보는 것처럼, 외국의 경제적 · 군사적 지원을 받아 정권을 유지하고 있는 독재국가의 국민 혹은 민중도 마찬가지이다. 또한 아래에서 별도로 논하는 바와 같이, 일국 내에서 인종 · 종교 · 언어 등에 있어 단지 소수자(minorities)라는 이유만으로 자결권을 향유하지는 못한다. 물론, 이들도 반란단체를 형성할 수는 있을 것이다.[172]

그럼에도 불구하고, 민족자결 원칙이 점차 확대 · 발전할 수 있는 가능성을 배제할 수는 없다. 즉, 새로운 계급의 민족(인민)들이 머지 않은 장래에 국제법적 지위를 획득하게 될 지도 모른다. 한 가지 가능한 발전은 기존의 국제문서에 규정되어 있는 '식민'(colonial)과 '외국점령'(alien accupation)의 개념을 관대하게 해석하는 것이다. 다시 말해서, '식민'의 개념을 일정조건 하에서 신식민지배유형(neo- colonial forms of domination)을 포함하도록 해석할 수 있을 것이다. 전통적인 영토식민주의가 거의 완전히 사라진 지금의 상황을 고려하면 더욱 그러하다. 그리고 '외국점령'의 개념도 점차 확대 해석하여, 외국의 군사점령(foreign military occupation)에 국한시키지 말고, 일국의 타국에 대한 몇 가지 현저한 패권주의 행태, 예컨대 국민 · 민중의 이익에 반하는 비민주적 독재정부를 외국정부가 군사적 · 경제적 원조를 통하여 유지시켜 주는 경우를 여기에 포함시킬 수도 있을 것이다.[173]

민족해방운동은 인종적 · 종교적 · 문화적 · 역사적 연결고리로 결합된 개인의 집단(a group of human beings united by ethnic, religious, cultural and historic ties)인 민족(people)의 자결을 국제적으로 대변하는 기구이다. 따라서 민족해방운동은 자결권의 실현을 위해서 투쟁한다는 목표와 이 목표를 달성하는데 필요한 실효성있는 정치조직을 구비하여야 한다. 민족해방운동 혹은 그 산하 조직의 이름은 중요하지 않다.[174] 다만, 여기서 문제는, 어떤 해방조직이 민족의 대표기구로서 국제법 주체성을 향유하기 위해서는 승인(recognition)을 필요로 하느냐, 즉 국제기구 또는 국가들에 의한 승인은 민족해방기구의 국제법인격을 창설하는가 하는 점이다. 국제기구(UN 또는 지역적 기구)에 의한 승인은 '창설적' 가치(constitutive value)를 갖는다는 견해도 있다. 그러나 승인은 -그것이 UN에 의해 부여되건, 지역적 기구에 의해 부여되건, 아니면 개개 국가들에 의해 부여되건- 민족해방운동의 국제법인격을 창설하는 것이 아니라고 보아야만 할 것이다. 즉, 민족해방운동도 다른 시원적 주체들과 마찬가지로, 필요한 모든 조건을 충족시키는 즉시 국제적 지위를 주장할 수 있다. 그럼에도 불구하고 민족해방운동의 경우에는 국제기구 또는 국가로부터의 승인이 실제로 중요한 역할을 담당하고 있다. 왜냐하면 민족해방운동의 경우에는 영토 지배가 필요요건이 아닐 뿐만 아니라, 민족해방운동의 요건에 관련한 국제법규가 분명하지 않기 때문이다. 실제로 UN, 아프리카단결기구(OAU), 아랍연맹(Arab League)은 지금까지 다수의 아프리카 해방기구와 PLO를 승인한 바 있었다. 그리고 SWAPO와 PLO는 UN과 다수의 UN전문기구 내에서, 또 몇몇 외교회의에서, 옵서버의

172) Cassese, p. 92.
173) *Ibid.*, p. 93.
174) 이를테면, 양동안 교수에 의하면 "...[대한민국]임시정부 산하의 군사조직...광복진선[光復陣線]과 광복군이 자기들의 명칭에 광복을 사용한 것은 좌익진영의 항일운동세력이 민족'해방'이란 용어를 애용하는 데 대한 반발에서였다." : 양동안, 《대한민국 건국 전후사 바로알기》(안양시 : 도서출판 대추나무, 2019), p. 14.

지위까지 부여받았었다. 또한 1981년 EC의 유럽의회는 소련의 점령에 대항하여 투쟁하는 아프가니스탄 해방단체들이 아프간 민족의 합법적 대표들이라고 선언하였었다.[175] 자결을 위하여 투쟁하는 민족, 즉 그러한 민족을 대표하는 민족해방기구의 권리와 의무 중에서 중요한 것은 다음과 같다.

첫째, 점령국(occupying state), 식민지 본국(colonial state), 인종차별국가(state with a racist regime)는 자결권행사에 대한 불법적인 방해를 중단하고, 자결권을 인정할 의무가 있다. 제3국은 압제국의 억압적인 지배를 공고히 해줄 가능성이 있는 일체의 원조를 부여해서는 안되며, 특히 군사원조를 해서는 안된다. 민족 측에서 본다면, 자결권의 행사를 위해 투쟁하는 민족은 'UN헌장의 목적과 원칙에 따라' '외부로부터 지지'(support)를 구하고 받을 권리가 있다.[176] 게다가 다수 국가들의 견해에 따르면, 민족을 대표하는 민족해방운동은 압제세력에 대해 무력을 사용할 권리를 갖는다. 그러나 서방국가들은 민족해방운동의 무력사용의 권리를 결코 수락한 바 없다. 예컨대, 1974년 12월 14일 UN총회에서 채택한 침략정의 결의(Definition of Aggression Resolution)[177]는 제3조에서 침략행위에 해당하는 행위를 열거한 다음, 제7조에서 다음과 같이 규정하고 있다.

> "이 정의의 그 어떤 것도, 특히 제3조의 그 어떤 것도 자결·평등·독립권을 강제로 박탈당하고 국가 간 우호관계선언에 언급된 민족들, 특히 식민지지배와 인종차별체제 혹은 다른 유형의 외국지배 하에 있는 민족들의 UN헌장으로부터 나오는 자결·평등·독립권을 결코 침해할 수 없다. 헌장의 원칙들과 위에서 언급한 국가 간 우호관계선언에 따라 그러한 목적을 위해 투쟁(struggle)하고, 지지(support)를 구하고 받을 이들 민족의 권리도 결코 침해할 수 없다."

그런데 알제리, 중국, 이집트, 가나, 케냐, 세네갈, 소련, 유고 등은 이 규정이 민족해방운동의 무력사용의 권리를 승인한 것으로 해석하였다. 다수 제3세계 진영의 이같은 시각은 그 후의 UN총회결의에서 분명하게 천명되고 있다.[178] 그러나 그같은 해석은 서방국가들(미국, 영국, 캐나다, 벨기에, 이탈리아, 네덜란드, 독일, 포르투갈, 이스라엘)에 의해 거부되었다. 즉, 그들은 위 제7조는 무력(armed violence)을 통해서가 아니라 평화적 수단(peaceful means)에 의한 독립투쟁을 허용하는 것으로만 해석될 수 있다고 주장하였다. 라틴아메리카국가들도 점차 이들 서방진영의 견해에 찬동하고 있다.[179]

둘째, 민족해방운동과 압제정부 간의 무력충돌은 국제적 무력충돌(international armed

---

175) Cassese, pp. 93~95 ; Tunkin (ed.), *International Law*, p. 109.

176) 1970년 우호관계선언 제5 원칙 ; Tunkin, p. 54.

177) UN총회결의 3314 (1974).

178) 예컨대, 1977년 11월 7일 UN총회결의 32/14 (Importance of the universal realization of the right of peoples to self-determination and of the speedy granting of independence to colonial countries and peoples for the effective guarantee and observance of human rights)는 para. 2에서 다음과 같이 언급하고 있다 : "*Reaffirms* the legitimacy of the struggle of peoples for independence, territorial integrity, national unity and liberation from colonial and foreign domination and alien subjugation by all available means, including armed struggle." 이 밖에, 1981년 12월 16일 UN총회결의 36/171 (Question of human rights relating to the case of Mr. Ziad Abu Eain) 등 참조. 여기서 "무력투쟁을 포함한 이용가능한 모든 수단"에 테러가 포함되는가는 별개의 문제인데, 이것에 관해서는 본서, 제29장 (국제형사재판소), '테러리즘' 부분 참조.

179) Cassese, pp. 96~97 ; Cassese, *International Law*, 2nd, p. 374.

conflict)로 간주되며, 그 결과 1949년의 제네바 4개 협약과 1977년의 제네바 제1추가의정서가 적용된다.

셋째, 민족해방운동은 제한된 범위 내에서나마 국가 및 국제기구와 조약을 체결할 권한이 있다. 그리고 그같은 협정은 조약법(law of treaties)에 의하여 규율된다. 민족해방운동과 국가 간에 체결되는 조약에서는 대체로, 적대행위의 중단과 독립 부여에 관한 조건, 국경선 문제, 민족해방운동 소속군대의 주둔 등의 문제를 규율하고 있다.[180)]

넷째, 국가들과 외교관계를 수립하고 사절단을 파견할 수 있다.[181)]

Ⅵ. 소수자와 토착민

현재 기존국가들 내에서 소수자 혹은 소수민족(minorities)으로 간주되는 집단의 수는 약 3천에서 5천으로 추산되고 있다.[182)] 이미 제1차 세계대전 후 국제연맹은 유럽의 소수민족을 보호하는 문제에 직면한 바 있지만,[183)] 최근 발칸제국과 구소련 그리고 중동지역을 포함한 세계 여러 곳에서 인종적 민족주의가 대두함에 따라 이들의 국제적 지위가 다시금 핵심문제로 부상하고 있다. 그러나 소수자들에게 소속국가와는 별개의 국제법인격을 인정하게 되면 이는 곧 자결권의 요구를 동반하게 될 것이고, 이로 인한 기존국가들의 폭발적인 분열은 국제공동체의 평화와 안전의 유지를 그만큼 더욱 위태롭게 할 것이 분명하다. 뿐만 아니라, 1938년 독일의 히틀러가 독일계 주민이 많이 거주하고 있던 체코슬로바키아 서부 국경의 주데텐(Sudeten)의 병합을 요구하여 결국 관철시켰던 사례에서도 보는 바와 같이,[184)] 모국은 이웃 국가에 살고 있는 자기 민족의 보호를 내세워 간섭하려는 유혹에 빠지기 쉽다. 이같은 측면들 때문에 이 문제에 대한 국가들의 시각은 아직은 부정적이다.[185)]

예컨대, 1966년의 "시민적 · 정치적 권리에 관한 국제규약"(International Covenant on Civil and Political Rights) 제27조는 "인종적, 종교적 또는 언어적 소수자가 존재하는 국가들에 있어

---

180) See Cassese, pp. 97~98 ; "Cairo Agreement" between Lebanon and PLO, 9 November, 1969, 〈https://en.wikipedia.org/wiki/Cairo_Agreement_(1969)〉 ; "Seven-point agreement" between Jordan and PLO, November 1968, 〈https://en.wikipedia.org/wiki/Seven-point_agreement_(Jordan)〉.

181) Cassese, p. 98.

182) Malanczuk, pp. 105, 340.

183) 그같은 조약으로 최초의 것은 1919년 6월 28일 베르사유조약과 같은 날 서명된 일명 '소 베르사유조약'(Little Treaty of Versailles) 혹은 '폴란드 소수자 조약'(Polish Minority Treaty)[공식명칭 : "Minorities Treaty between the Principal Allied and Associated Powers (The British Empire, France, Italy, Japan and the United States) and Poland"]이다. 1920년 1월 10일, 베르사유조약과 같은 날 -미국을 제외하고- 발효. https://en.wikipedia.org/wiki/Minority_Treaties ; https://yivoencyclopedia.org/article.aspx/Minorities_Treaties ; https://ungarisches-institut.de/dokumente/pdf/19190628-3.pdf ; https://en.wikipedia.org/wiki/Little_Treaty_of_Versailles ; https://history.state.gov/historicaldocuments/frus1919Parisv13/ch29.

184) 朴觀淑, 《世界外交史》(서울 : 박영사, 1975), pp. 298~311.

185) Malanczuk, pp. 105~106 ; Harris, 5th, p. 113.

서, 이러한 소수자에 속하는 사람들(persons belonging to such minorities)은 자기 집단의 다른 구성원들과 함께 자기의 문화를 향유하고, 자기 자신의 종교를 표명하고 실천하며 혹은 자기 자신의 언어를 사용할 권리를 부정당하지 아니한다."라고 규정함으로써, 소수자의 권리란 소수자 자체의 집단적 권리가 아니고 소수자의 각 구성원이 행사하게 될 개별적 인권의 한 유형임을 명백히 하고 있는 것이다.[186] 1992년 12월 18일 UN총회[187]에서 채택된 "민족적 혹은 인종적, 종교적 그리고 언어적 소수자에 속하는 사람들의 권리에 관한 선언"(Declaration on the Rights of Persons Belonging to National or Ethnic, Religious and Linguistic Minorities)도 그 제목과 각 구성 조문에서 '민족적 혹은 인종적, 종교적, 언어적 소수자에 속하는 사람들'의 권리에 관하여 규정하고 있을 뿐, 소수자의 자결권이나 분리독립권 등 소수자 집단의 권리에 관하여 언급하고 있지는 않다. 오히려 동 선언 제8조 4항은 "본 선언의 그 어떤 것도 국가들의 주권평등, 영토보전 및 정치적 독립을 포함하여, UN의 모든 목적과 원칙에 위배되는 그 어떤 활동도 허용하는 것으로 해석되어서는 안된다."고 명시하고 있다. 또한 유럽심의회 차원에서 1995년 2월 체결된 "민족적 소수자의 보호를 위한 골격협약" (Framework Convention for the Protection of National Minorities)[188] 역시도 그 제목이 시사하는 바와는 달리 그같은 소수자에 속하는 개인의 여러 인권에 관하여 규정하고 있을 따름이다.[189]

다만, 소수자의 한 특별한 유형인 이른바 토착민(원주민, 선주민)(indigenous peoples)과 관련해서는 최근 진취적인 견해들이 제시되고 있다. 오스트레일리아의 아보리지니(Aborigines), 뉴질랜드의 마오리(Maori), 에스키모(Eskimos)라고도 불리우는 이누이트(Inuit),[190] −스칸디나비아 반도 북부(노르웨이, 스웨덴, 핀란드)와 러시아에 분포해 있는, 라프(Lapps)라고도 불리는− 사미(Sami), 그리고 아메리카 인디안 등등, 어림잡아 전세계적으로 40개가 넘는 국가에서 1억에서 2억명 정도가 토착민의 범주에 속한다.[191] 토착민이란 이 별개의 표현은 그들이 단순한 소수자 내지는 소수민족으로 간주되어서는 안되며, 오히려 그들에게는 더욱 광범위한 권리가 인정되어야 한다는 당위성을 함축하고 있다.[192] 그리고 이같은 주장은 다소간의 지지를 얻어가고 있는 것으로 보인다. 예컨대, 1992년의 UN환경개발회의에서 채택된 (법적 구속력이 없는) 리우선언[193]의 제22원칙은 "토착민과 그들의 공

186) Malanczuk, p. 106 ; Patrick Thornberry, "Self-Determination, Minorities, Human Rights : A Review of International Instruments", in Ku & Diehl (eds.), p. 144.

187) UN총회결의 47/135 ; (1993) 32 ILM 911 ; Wallace, *International Human Rights : Text & Materials*, pp. 170~173.

188) 1998년 2월 1일 발효. https://www.coe.int/en/web/minorities ; https://en.wikipedia.org/wiki/Framework_Convention_for_the_Protection_of_National_Minorities.

189) Evans (ed.), 4th (1999), p. 391 ; Orakhelashvili/Akehurst, p. 371..

190) 1999년 4월 1일 이누이트족은 그들의 생존터전인 캐나다 북부의 광활한 지역에 대해 일정 자치권을 획득하였다. 한반도 면적의 약 10배에 달하지만 주민은 2만 7천여 명에 불과하고 그 중 85%가 이누이트족에 속하는 이 지역은 앞으로 '우리 땅'이라는 이름의 'Nunavut'로 불리게 되었다. 조선일보, 1999년 4월 2일(금), 8면 ; Shin Imai, *Aboriginal Law Handbook*, 2nd ed. (Scarborough, Ontario : Carswell, 1999), p. 95 ff.

191) Malanczuk, p. 106.

192) *Ibid.*, p. 107 ; Thornberry, *op. cit.*, in Ku & Diehl (eds.), pp. 136, 147, 150.

193) 본서, 제24장 (국제환경법) 참조.

동체(indigenous people and their communities), 그리고 기타 지역적 공동체들은 그들의 지식과 전통적 관행들로 인하여 환경관리와 개발에 있어 사활적 역할을 가지고 있다. 각 국가는 그들의 정체성과 문화 및 이익을 인정하고 적절히 지지하여야 하며, 또한 지속가능한 개발을 달성함에 있어 그들의 효과적인 참여가 가능하도록 하여야 한다."고 천명하고 있다.

토착민에 대한 UN의 관심은 계속되고 있다. 먼저, 1989년 6월 27일 국제노동기구(ILO)가 "토착민과 부족민 협약"(Indigenous and Tribal Peoples Convention)[194]을 채택하고 나서, 1994년 8월 26일 "차별방지 및 소수자보호에 관한 UN소위원회"(Sub-Commission on Prevention of Discrimination and Protection of Minorities)[195]는 "토착민들의 권리에 관한 UN선언초안"(Draft United Nations Declaration on the Rights of Indigenous Peoples)을 채택하고, 이듬해 이를 UN인권위원회[196]로 넘겼다. 한편, 총회는 1995년 12월 21일 결의 50/157에서 "세계토착민 국제 10개년 활동 계획"(Programme of activities for the International Decade of the World's Indigenous People)을 채택하였다. 이어서 경제사회이사회는 2000년 7월 28일 결의 2000/22에서 "토착 쟁점들에 관한 항구적 포럼" (Permanent Forum on Indigenous Issues)이란 이름의 보조기관을 설치하였고, 이 포럼은 2002년 활동을 개시하였다.[197] 이윽고 인권이사회는 UN'인권위원회'의 굴레를 벗은지 10일 후인 2006년 6월 29일 채택한 결의 2006/2[198]에서 "토착민들의 권리에 관한 UN선언"(United Nations Declaration on the Rights of Indigenous Peoples)을 채택하여 총회에 그 채택을 권고하였고, 총회는 2007년 9월 13일 같은 제목의 결의 61/295(찬성 144, 반대 4, 기권 11)에서 이를 채택하였다. "토착민들의 권리에 관한 UN선언"의 핵심은 다음과 같다. 첫째, "토착민들은 UN헌장, 세계인권선언 및 국제인권법에서 승인된 모든 인권과 자유를 한 개의 집단으로서 혹은 각 개인으로서 이를 완전히 향유할 권리를 가지고 있다."[199] 둘째, "토착민들은 자결에 대한 권리를 가지고 있다."[200] 셋째, '자결에 대한 권리'에도 불구하고 토착민을 위한 분리독립(secession)은 예견되어 있지 아니하다. 즉, "토착민들은 그들의 자결에 대한 권리를

194) ILO협약 169호. 1991년 9월 5일 발효. https://en.wikipedia.org/wiki/Indigenous_and_Tribal_Peoples_Convention_1989. ILO는 이미 1957년 6월 26일 "토착 및 부족 인구 협약"(Indigenous and Tribal Populations Convention)(ILO협약 107호)을 채택한 바 있으나(1959년 6월 2일 발효), 여기서는 동화주의적 접근법(assimilationist approach)을 채택하였었다 : https://www.ohchr.org/Documents/Publications/GuideIPleaflet8en.pdf ; https://en.wikipedia.org/wiki/Indigenous_and_Tribal_Populations_Convention_1957. 1989년의 ILO협약은 동화주의적 접근법을 폐기하는 것이었다.

195) UN인권위원회 산하의 보조기관으로서, 1999년 "인권증진 및 보호에 관한 UN소위원회"(Sub-Commission on the Promotion and Protection of Human Rights)로 개명.

196) 2006년 UN인권이사회로 대체됨.

197) https://www.asil.org/insights/insigh67.htm ; https://en.wikipedia.org/wiki/United_Nations_Permanent_Forum_on_Indigenous_Issues.

198) https://www.ohchr.org/english/issues/indigenous/docs/declaration.doc.

199) "토착민들의 권리에 관한 UN선언", 제1조.

200) "토착민들의 권리에 관한 UN선언", 제3조, 첫째 문장 : "Indigenous peoples have the right *to* self-determination." 1994년의 "토착민들의 권리에 관한 UN선언초안"과 인권이사회 결의 2006/2에 부속된 동 선언의 동 규정에는 "Indigenous peoples have the right *of* self-determination."으로 되어 있었다.

행사함에 있어, 그들의 내부적 · 지방적 문제에 관련된 사안에서 자치(autonomy or self-government)에 대한 권리를 가지고 있을" 따름이다.[201] 총회에서 이 UN선언을 채택할 때 아마도 가장 직접적인 이해당사자인 미국, 캐나다, 오스트레일리아, 뉴질랜드 등 4개국은 그 채택에 반대표를 던졌다.[202] 따라서 UN선언에 나타난 토착민에 대한 이같은 전진적 시각이 -내부적으로 토착민 문제를 안고 있는 관련국가들을 포함하여- 모든 국가에게 구속력있는 한 개의 실정법규로 전환될 것인지, 혹은 일부 관련국가들에게 어떤 영향을 미칠 것인지는 두고 볼 일이다.

요컨대, 소수자와 토착민은 그 자체 국제법의 주체가 아니며, 아직은 개인보다 더 높은 국제법적 지위를 획득하지 못하고 있다.[203] 사실 이 목적을 위해 소수자와 토착민을 어떻게 정의할 것인지도 문제가 아닐 수 없다.[204] 또한 보호받는 소수자가 국민에 국한되는 것인지도 문제인데, 1995년 유럽심의회의 "민족적 소수자의 보호를 위한 골격협약"의 일부 체약국은 이 조약상의 보호는 자국민에 국한된다는 선언을 한 바 있다.[205]

Ⅶ. 개 인

논의의 편의상 개인의 국제인격은 그의 권리와 의무로 나누어 살펴보기로 한다.

---

201) "토착민들의 권리에 관한 UN선언", 제4조. 제46조 1항에서도 국가의 영토보전이 강조되고 있다 : "Nothing in this Declaration may be interpreted as implying for any State, people, group or person any right to engage in any activity or to perform any act contrary to the Charter of the United Nations or construed as authorizing or encouraging any action which would dismember or impair, totally or in part, the territorial integrity or political unity of sovereign and independent States."

202) https://www.ohchr.org/english/issues/indigenous/declaration.com.

203) Malanczuk, pp. 107~108. 토착민이 존재하는 국가들의 경우, 과거부터 그들과 많은 '조약'을 체결하여 오고 있는데, 캐나다의 경우, *R.* v. *Simon*, [1986] 1 C.N.L.R. 153 (S.C.C.), at p. 169에서 Dickson 대법관은 "An Indian treaty is unique ; it is an agreement *sui generis* which is neither created nor terminated according to the rules of international law."라고 언급한 바 있다. Mai, *op. cit.*, pp. 30~32, 40.

204) 이를테면, 유럽심의회의 "민족적 소수자의 보호를 위한 골격협약"은 협약의 키워드인 "민족적 소수자" (national minorities)에 대한 정의를 담고 있지 않은데, 모든 유럽심의회 회원국들이 합의하는 정의가 결여되어 있기 때문이다 ; 따라서 골격협약의 각 당사국은 그들 영토 안에서 어떤 집단들이 협약의 적용대상이 되어야 할지를 결정함에 있어 판단의 여유(margin of appreciation)를 가지게 된다 : https://www.coe.int/en/web/minorities/fcnm-factsheet. 소수자와 토착민의 정의 문제에 관해서는, Malanczuk, pp. 105~107 ; Thornberry, *op. cit.*, in Ku & Diehl (eds.), pp. 142~143 ; Nanda/Pring, p. 479 ; Kaczorowska-Ireland, p. 600 ; https://en.wikipedia.org/wiki/Minorities ; https://en.wikipedia.org/wiki/indigenous_people ; The World Bank, Operational Directive 4.20 (Indigenous Peoples), September 1991 등 참조.

205) Orakhelashvili/Akehurst, p. 370(9th, p. 396). ; https://www.coe.int/en/web/minorities/fcnm-factsheet "Reservations and Declarations for Treaty No. 157 - Framework Convention for the Protection of National Minorities", 〈https://www.coe.int/en/web/conventions/full-list/-/conventions/treaty/157/declarations?p_auth=3WY2pb5Q〉.

1. 개인의 권리

국제법은 전통적으로 개인을 단지 법의 객체로 취급하였을 따름이다. 이것은 다시 말하면 개인은 국제법으로부터 직접적으로 어떤 권리도 도출해 내지 못한다는 것을 의미하였다. 따라서 개인이 외국으로부터 부당한 침해를 받으면 최종적으로 그는 자국의 외교적 보호에 호소하지 않으면 안되었다. 뿐만 아니라 개인이 자국 정부로부터 침해를 받는 경우, 이는 순전히 국내문제(domestic affair)로서 국제법의 규율 밖에 있는 것으로 생각되었다. 그러므로 Akehurst[206)]는 "19세기에는 국가가 국제법의 유일한 법인격자였다. 국제법은 국내법이 동물을 바라보듯 개인을 바라보았다."고 언급하였다. 실제로 아픈 실체는 개인인데도, 국제법상 아프다고 말할 수 있는 자는 그들의 국가였던 것이다.[207)] PCIJ도 *Mavrommatis Palestine Concessions* (Jurisdiction) 사건[208)]에서 고전적 견해를 되풀이하였다.

> "처음에는 이 분쟁이 사인과 국가, 즉 M. Mavrommatis와 영국 정부 사이에 발생한 것이 사실이다. 그 후 그리스 정부가 이 사건을 떠맡았다. 이로써 이 분쟁은 새로운 국면으로 접어들었다. 즉, 분쟁이 국제법의 영역으로 들어와 두 국가 간의 분쟁이 된 것이다. ... 일단 국가가 국제재판소에서 자국민을 위하여 사건을 떠맡게 되면, 국제재판소의 눈으로 보면 그 국가가 유일의 청구인이다."

요컨대, 고전국제공동체의 기간 동안 개인은 국가의 완전한 통제 하에 있었다고 할 수 있다. 전통국제법의 이같은 시각은 지금도 지속되고 있는데, ICJ는 *Nottebohm* 사건[209)]에서 다음과 같이 언급하고 있다.

> "외교보호와 국제적 사법절차의 조치에 의한 보호는 국가의 권리들을 방어하기 위한 조치를 구성한다. PCIJ도 반복하여 말한 바와 같이, 국가는 자국민 중 어느 한 사람의 사건을 떠맡음으로써 그리고 그를 위하여 외교적 행동이나 국제적 사법절차에 호소함으로써, 실제로는 그 자신의 권리, 즉 국제법규에 대한 존중을 확보할 자신의 권리를 주장하고 있는 것이다."

ICJ의 이같은 견해는 그 후에도 반복되고 있다.[210)] 그러나 제1차 세계대전 후부터 개인의 권리는

---

206) Akehurst, p. 70.

207) See L. Oppenheim, *International Law : A Treatise*, Vol. I - Peace, 8th ed. (edited by H. Lauterpacht) (London : Longman Group Limited, 1955), p. 19, fn. 2.

208) PCIJ (1924), Series A, No. 2, p. 12. 사건 개요는 이러하다. 그리스인 M. Mavrommatis는 팔레스타인의 통치국인 오토만제국과 컨세션계약을 체결하였으나 팔레스타인이 영국의 위임통치 하에 들어간 뒤 영국정부가 그의 과거 권리를 부인하였다. 이에 그리스가 영국을 상대로 PCIJ에 제소한 것이다. PCIJ의 이같은 견해는 *Panevezys-Saldutiskis Railway* case (Estonia v. Lithuania), PCIJ (1939), Series A/B, No. 76, p. 16에서 반복되고 있다. 본서, 제14장 (국가책임), "XI. 외교보호" 참조.

209) ICJ Reports (1955), p. 4 at 24.

210) See e.g. *Barcelona Traction Co.* case, ICJ Reports (1970), p. 3 at 44 (paras. 78~79) : 본서, 제14장 (국가책임), "XI. 외교보호, 1. 청구국적의 원칙"에 원문이 인용되어 있다.

제한된 범위 내에서나마 직접 국제법의 보호를 받게 되었으며, 이같은 경향은 계속 강화되어 가고 있다. 즉, 제1차 세계대전 후 국제노동기구(ILO)는 노동자단체와 사용자단체에게 회원국들의 ILO협약 준수를 요구할 수 있는 권리를 부여하였으며,[211] 소수민족의 대표자에게는 국제연맹에 청원(petition)을 제기할 수 있는 권리가 인정되었다.[212] 제2차 세계대전 후 국제노동기구의 원칙은 재확인되었으며, 제2차 세계대전 발발 오래 전에 붕괴되어 버린 소수민족에 관한 모든 협약은 (이제는 개인의 집단이 아니라 개인 하나 하나를 보호하는) 다수의 인권협약으로 대체되었다. 다만, 개인이 일정 권리를 향유한다고 조약에 명시되어 있는 경우에도, 그 권리가 직접 조약에 의거하여 존재하는 것인지, 아니면 조약당사국들이 개인들에게 국내법상의 권리를 부여할 상호적 의무를 지고 있는데 불과한 것인지를 확인하기 위해 조약의 문언을 매우 조심해서 읽어야 한다. 이것을 확인하는 한 가지 방법은 개인에게 국제적 기관에의 청원권 내지 제소권이 부여되어 있는지를 알아보는 것이다.[213] 그러나 현재 이들 인권협약에 의하여 보장된 개인의 지위는 −지역적 차원에서 운영 중인 유럽인권협약이나 미주인권협약 체제를 제외하고는−[214] 대체로 다음과 같은 제약을 안고 있다.

첫째, 개인은 단지 국제절차를 '개시'할 권리(right to initiate international proceedings)만을 부여받고 있다. 즉, 개인은 국가의 조약위반 사실에 관하여 국제기구에 국제절차를 개시할 수는 있으나, 이 권리는 소원을 제기하는데 그치기 때문에 소원자(complainant)가 국제절차에 참여하는 것은 허용되지 않는다. 게다가 개인은 자기에게 유리하게 내려진 국제결정을 강제할 수 있는 권리가 없다. 요컨대, 일단 국제기구가 위반 여부에 관하여 의견을 표명하면, 소원자는 제소당한 국가의 손에 맡겨진다. 즉, 위법행위의 중단 또는 그에 대한 배상은 실질적으로 당해 국가의 호의에 달려있다.[215]

둘째, 개인의 그같은 제한된 절차적 권리는 단지 조약(또는 일부 경우에는 국제결의)에 의해서만 허용되고 있다. 따라서 이것은 아직 관습법으로부터 나오는 권리가 아니기 때문에 개인은 당해 조약에 가입하지 않은 국가에 대해서는 그와 같은 절차를 발동할 수 없다. 그리고 그것은 단지 잘 정의 내려진 몇몇 문제(노동관계, 인권)에 관해서만 존재한다.[216]

셋째, 국제공동체에서의 개인의 존재에 극력 반대하는 국가들도 인권조약들을 비준하도록 유인하기 위해, 개인이 발동하는 감독절차(국제절차)를 규정한 조항의 수락여부는 조약당사국의 의사에 맡겨 놓았다. 예컨대, 1966년의 "시민적·정치적 권리에 관한 국제규약"에 규정된 개인의 국가고발제도는 동 규약의 선택의정서를 수락한 국가에 대해서만 발동이 가능하다. 이것을 수락하지 않는 국가들에 관한 한 개인은 관련 인권조약의 주체라고 이야기하기 어려울 것이다.[217]

넷째, 개인이 발동할 수 있는 국제절차는 특히 세 가지 측면에서 국내법상의 그것과는 전혀 다르

---

211) ILO헌장 제24조 ; 본서, 제1장 (국제공동체의 역사적 전개과정), "Ⅳ. 국제공동체의 전개과정, 3. 제2단계".

212) https://en.wikipedia.org/wiki/Minority_Treaties ; 본서, 제1장 (국제공동체의 역사적 전개과정), "Ⅳ. 국제공동체의 전개과정, 3. 제2단계".

213) Akehurst, p. 73 ; Hamid, p. 89.

214) 본서, 제17장 (국제인권법) 참조.

215) Cassese, p. 100.

216) *Ibid.*, pp. 100~101 ; McCorquodale in Evans (ed.), *International Law*, 3rd, p. 295.

217) Cassese, p. 101.

다. 우선, 청원을 심사할 책임을 지고 있는 국제기구들은 일반적으로 그 성격이 사법적이지 못하다. 대부분의 국제기구들은 그 분야의 독립된 전문가들로 구성되긴 하지만, 외교관 또는 국내공무원들도 그 구성원으로 선출될 수 있기 때문에 이들이 자국 정부의 압력으로부터 자유로울지는 의문이다. 국제심사 절차도 매우 초보적 단계에 머물고 있다. 특히, 증거 수집에 현저한 제약이 있다. 무엇보다도, 절차의 결과는 고유한 의미에서의 '판결'이 아니고, 국제기구의 견해를 밝힌 '보고서' 또는 '권고'와 같은 매우 가벼운 행위로 나타난다. 즉, 법적으로 구속력있는 결정이 예견되어 있지는 않다.[218)]

이상은 인권법을 중심으로 이야기 한 것이지만, 국제경제법, 특히 투자법에서는 개인(여기서는 주로 다국적기업)이 자국의 외교적 보호에 의존하지 않고 직접 투자국을 상대로 국제중재를 발동하는 것을 허락하는 투자보호조약이 체결되고 있다.[219)] 이 절차 역시도 국가 간 조약에 기초하고 있긴 하지만, 이제 이 분야에서는 다국적기업들이 그 막강한 자금력과 정보력을 바탕으로 "때로 국가와 대등하게 행동하고"[220)] 있는 것이다.

요컨대, 개인의 국제적 지위는 국가들의 의지에 기초하고 있으므로 여전히 불안하다.[221)] 그러나 지금과 같은 국제공동체의 구조 내에서 개인의 제한된 지위나마 현저한 발전으로 보아야 하며, 이와 함께 외교보호의 본질에 대한 생각도 변화하고 있다.[222)] 그리고 인권법 분야에서 개인이 발동하는 국제감독절차의 결정은 조약위반국들에 의하여 대체로 잘 존중되고 있으며,[223)] 투자법에서 내려지는 국제중재판정도 마찬가지이다.[224)]

국가가 국제법상, 특히 조약상 권리보유자(titleholder)로 규정된 경우, 개인이 그로부터 -권리 아닌- 이익(benefit)을 향유하는지, 향유한다면 그 범위는 어디까지인지를 묻는 것은 별개의 문제이다.[225)]

---

218) *Ibid.*, pp. 101~102 ; Rosenne, *The Perplexities of Modern International Law*, pp. 223, 225.

219) 본서, 제16장 (외국인의 보호).

220) McCorquodale in Evans (ed.), *International Law*, 3rd, p. 298.

221) See Rosenne, *The Perplexities of Modern International Law*, p. 202.

222) 예컨대, *Government of the State of Eritrea and Government of the Republic of Yemen* (*Phase Two* : *Maritime Delimitation*) 사건의 중재재판소는 1999년 12월 17일의 판결(para. 101)(https://www. pca-cpa. org/)에서 "모든 법적 권리는, 실제로는 개인이 갖고 있는 것조차도 국가의 것으로 간주하였던 서양의 법적 의제는 여하튼간에 이제는 중요성을 상실해 가고 있다"(the western legal fiction -which is in any event losing its importance - whereby all legal rights, even those in reality held by individuals, were deemed to be those of the State)고 언급한 바 있으며, 2006년의 "외교보호에 관한 규정초안"(Draft articles on Diplomatic Protection)에 대한 주석에서 UN국제법위원회도 이같은 관념의 변화에 대해 언급하고 있다. 본서, 제14장 (국가책임) 참조.

223) Cassese, pp. 102~103.

224) See McCorquodale in Evans (ed.), *International Law*, 3rd, pp. 296~299.

225) 이 문제에 대해서는 Case concerning the *Dispute regarding Navigational and Related Rights* (Costa Rica v. Nicaragua), Judgment of 13 July 2009, paras. 113 ~115에서 ICJ가 논한 바 있는데, 사건 개요는 다음과 같다. 중미의 두 국가 코스타리카와 니카라과 간 국경의 상당부분은 니카라과의 산후안 강(San Juan River)의 우측 둑을 따라 카리브해로 빠지는데, 양국 간 1858년 조약에 의하면 "코스타리카는 상업적 목적상 산후안 강에서 항행자유의 권리를 가진다." 따라서 항행자유의 권리는 코스타리카 국가에게 귀속되며, 코스타리카 선박회사는 그로부터 이익(benefit)을 향유한다. 그런데 니카라과 정부가 코스타리카 관광선박을 타고 이 강에 들어오는 외국인들에게 정식 비자를 받을 것을 요구하자 이 요구가 정당한가의 문제로 양국 간에 분쟁이 야기된 것이다. 재판소의 판단을 요약하면 다음과 같다 : 권리보유자와 이익향유자는 구분해야 한다 ; 1858년 조약의 목적상 권리보유자는 코스타리카 국가이다 ; 그러나 이익이 부인되면 국가의 항행자유의 권리도 방해

2. 개인의 의무

개인의 국제법상의 권리(즉, 국가의 개인에 대한 국제적 의무)는 대체로 제2차 세계대전 후의 현상이지만, 개인의 국제법상의 의무는 이미 전통국제법 하에서부터 인정되어 왔다. 1946년 뉴른베르그 국제군사재판소도 "국제법이 국가뿐만 아니라 개인에게도 의무와 책임을 부과한다는 사실은 오랫동안 인정되어 왔다"고 언급하였었다.[226] 특히, 개인이 노예무역(slave trade), 해적행위(piracy)를 하는 것이 국제법 위반이라는 점은 오래 전에 확립된 규칙이다. 그 후 개인은 전쟁범죄(war crimes), 침략범죄(crimes of aggression), 인도에 대한 죄(crimes against humanity), 제노사이드(genocide) 등, 흔히 '핵심' 국제범죄(core international crimes)[227]로 불리는 4개 범죄를 범하지 않을 국제적 의무를 부담하게 되었다.[228] 이처럼 국제법이 직접 개인에게 부과하는 의무는 증가추세에 있으나, 국제범죄인들의 소추는 기본적으로 국가들의 책임으로 남아있다.[229] 다만, 때로 중대한 국제범죄를 처벌하기 위해 임시국제재판소가 설치되기도 하며(즉, 제2차 세계대전 후의 두 국제군사재판소, 구유고국제형사재판소, 르완다국제형사재판소 등), 또한 UN은 1998년 7월 17일 한 개의 상설적인 국제형사재판소(an International Criminal Court)를 설치하기 위한 로마규정(Rome Statute)을 채택하였다.[230]

받는다 ; 고로 니카라과 정부가 비자요건을 부과한 것은 조약상의 권리를 침해한 것이 된다.

226) International Military Tribunal (Nuremberg), Judgment of 1 October 1946, 〈https://www.legal-tools.org/doc/45f18e/pdf/〉, p. 55("That International Law imposes duties and liabilities upon individuals as well as upon States has long been recognized.").

227) 이른바 핵심 국제범죄의 카테고리에 테러리즘 등을 추가하려는 노력도 행해지고 있는데, 이 문제에 대해서는 본서, 제29장 (국제형사재판소), "XIX. 테러리즘의 정의" ; Cryer in Evans (ed.), *International Law*, 5th, pp. 744, 745 참조.

228) 달리 표현하면, 이들 범죄를 행하는 자는 "인류의 공적(公敵)"으로 생각되고 있는 것이다. 이를테면, *Filartiga* v. *Pena-Irala* (630 F.2d 876, 1980) 사건에서 미국 연방항소(제2순회)재판소(US Court of Appeals, Second Circuit)는 "고문행위자는 해적이나 그 이전의 노예무역상처럼 모든 인류의 공적이 되었다"(the torturer has become like the pirate and slave trader before him *hostis humani generis*, an enemy of all mankind)고 언급한 바 있다. 뉴른베르그 국제군사재판소도 "각 개인은 개별 국가가 부과하는 국내적 복종의 의무들을 초월한 국제의무를 부담하고 있다"(Individuals have international duties which transcend the national obligations of obedience imposed by the individual State)고 언급한 바 있다 : IMT, Vol. 1, p. 223, noted by ICTY, *Prosecutor* v. *Furundzija*, Case No. IT-95-17/1-T (10 December 1998), para. 155 (fn. 173). 뉴른베르그 국제군사재판소는 또한 다음과 같이 언급하기도 하였다. "Many other authorities could be cited, but enough has been said to show that individuals can be punished for violations of international law. Crimes against international law are committed by men, not by abstract entities, and only by punishing individuals who commit such crimes can the provisions of international law be enforced." : *Trial of German Major War Criminals* (*Goering et al.*), IMT, Judgment and Sentence, 30 September and 1 October 1946 (Cmd 6964, HMSO, London), p. 41, noted by Andrew Clapham, "Issues of complexity, complicity and complementarity: from the Nuremberg trials to the dawn of the new International Criminal Court", in Sands (ed.) pp. 32~33.

229) Ott, pp. 82~83 ; Arzt and Lukashuk, *op. cit.*, in Ku & Diehl (eds.), pp. 158~161.

230) 2002년 7월 1일 발효. UN DOC. A/CONF. 183/9, 17 July 1998 ; 본서, 제29장 참조.

Ⅷ. 특별한 실체들

유럽에는 별로 혹은 전혀 영토적 기반도 없이 "특별한 역사적 상황" 때문에 법적 지위를 획득하게 된 결과 매우 제한된 국제인격을 가지고 있는 특별한 실체들(entities *sui generis*)이 존재하고 있다.

1. 로마교황청과 바티칸시국[231)]

바티칸시국(市國)(l'Etat de la Cité du Vatican, State of the City of the Vatican)은 로마교황청이 1870년 관할 영토를 이탈리아에 병합당하여 영토 없는 교황청으로 존재하다 1929년 이탈리아 정부와 체결한 라테란조약(Lateran Treaty)[232)]에 의거하여 세워진 교회국가이다. 교황을 원수로 하고, 바티칸 궁전과 그 주변 지역을 포함해 약 0.5km²의 영토를 차지하고 있다. 현재 소지자가 천 명도 안 되는[233)] 바티칸의 시민권은 –보통국가들처럼 혈통주의(*jus sanguinis*)나 속인주의(*jus soli*)에 기초해 취득하는 것이 아니라– 바티칸의 정부 조직에 해당하는 교황청(Holy See) 내에서 일정 직책을 보유함으로써(*jus oficii*) 취득하게 되는 것이다. 따라서 임기가 만료되면 바티칸의 시민권은 보통 자동 상실된다.[234)] 라테란조약의 규정에 따르면 만약 바티칸의 시민권을 상실하는데도 이탈리아법에 따르면 다른 국적 혹은 시민권이 없는 사람[235)]은 이탈리아에서 이탈리아 국민으로 간주된다.[236)] 바티칸과 교황청은 그 작은 영토와 적은 인구, 특히 그 종교적 성격에도 불구하고 다른 많은 국가들과 외교관계를 맺고, –종교적 문제 등과 관련하여 흔히 "콩코르다트"(concordat)[237)]로 명명되는– 조

231) 朴觀淑, pp. 86~87 ; 유병화/박노형/박기갑, 《국제법 I》, pp. 310~313 ; Brownlie, 5th, p. 64 ; Cassese, *International Law*, 2nd, pp. 131~132 ; Malanczuk, p. 76 ; O'Connell, Vol. one, p. 85.

232) 라테란조약은 이때 체결된 "Lateran Pacts"를 구성하는 세 개의 문서 중 하나이다. 다른 하나는 재정협약(financial convention)이고, 또 다른 하나는 가톨릭교회와 이탈리아 간의 관계를 규율하는 콩코르다트(concordat)이다. Rosenne, *The Perplexities of Modern International Law*, p. 240 ; https://en.wikipedia.org/wiki/Lateran_treaty.

233) 본장, "Ⅱ. 국가" 참조.

234) 바티칸의 국적 관련 최초 입법은 교황 Pius 11세가 라테란조약 비준 직후인 1929년 6월 7일 제정한 "시민권 및 체류에 관한 법"(Law on citizenship and sojourn)이다. 2011년 2월 22일 교황 Benedict 16세는 1929년의 국적법을 대체하는 "시민권, 거주 및 출입에 관한 법"(Law on citizenship, residence and access)을 반포하였는데, 동 법률은 3월 1일부로 발효하였다. Crawford, p. 223 ; https://catholicnews.sg/2011/03/02/law-on-citizenship-residency-and-access-to-vatican/ ; https://en.wikipedia.org/wiki/Vatican_City#Citizenship ; https://en.wikipedia.org/wiki/Multiple_citizenship ; Tina Gheen, "The Current Legislation on Citizenship in the Vatican City State", July 18, 2012, 〈https://blogs.loc.gov/law/2012/07/the-current-legislation-on-citizenship-in-the-vatican-city-state/〉 ; 하준호/중앙일보, 2021.06.13., "한국인 최초 '교황청 장관' 유흥식 대주교는 복수국적자?".

235) 이를테면, 바티칸 시민의 원 국적국가가 그의 국적 혹은 시민권을 박탈함으로써 오로지 바티칸의 시민권만을 갖게 된 경우를 생각할 수 있다. 국적박탈은 기본적으로 원 국적국가의 국내관할권에 속하는 문제이다.

236) 라테란 제1조약(화해조약, Conciliation Treaty), 제9조 두 번째 단락, 〈https://www.aloha.net/~mikesch/treaty.htm〉.

237) https://en.wikipedia.org/wiki/Concordat.

약을 체결하고, 또 (UN을 제외한) 여러 국제기구에도 가입하였다. 교황청은 외국에서 재판관할권 면제를 향유하며, 그 종사자들도 직무면제(functional immunity)를 인정받고 있다. 그러나 바티칸의 국가적 기능의 많은 부분은 실제로 이탈리아가 수행하고 있다. Brownlie는 "일부 법률가들이 바티칸시를 한 개의 국가로 보고 있지만, 그것의 특별한 임무들은 그같은 견해를 의심스럽게 만든다"[238] 고 언급하고 있다. 교황청은 바티칸시국과는 별개의 실체로서, 국제법상 양자는 별개의 국제인격을 갖고 있는 것으로 이해되고 있다. 이와 함께 바티칸과 교황청 간의 "복잡하고 독특한 관계" 내지는 교황청 자체의 특별한 국제적 지위도 늘 토의의 대상이 되고 있다.[239] 1984년 2월 18일 이탈리아와 교황청은 신 콩코르다트를 체결한 바 있는데, 동 조약(보충의정서 1항)에 의하면 "원래 라테란조약들에 담겨있던 '가톨릭이 이탈리아의 유일 종교'라는 원칙은 이제 더 이상 효력이 없다."[240]

2. 국제적십자위원회(International Committee of the Red Cross : ICRC)

1859년 6월 이탈리아의 솔페리노(Solferino) 전쟁터에서의 참상을 목격한 스위스의 젊은 사업가 앙리 뒤낭(Henry Dunant)[241]에 의해 1863년 스위스에서 민간단체(NGO)의 하나로 창립된 ICRC[242]는 그 후 (1907년 채택되고 1912년 발효한)스위스 연방민법전(제60조 이하)에 의거하여 국내인격을 부여받았으며, 본부건물은 제네바에 있다. ICRC는 회원자격을 스위스국민(최대 25인)으로 제한하고 있으며, 새 회원은 −cooptation으로 불리는 절차에 의해− 국제적십자위원회 자체에서 선발한다.[243] 그러나 ICRC는 점차 국제인격을 인정받게 되었는데, 즉 4개 제네바협약과 3개 추가의정서에 의하여 국제인도법 분야에 개입할 수 있는 일정 권한을 명시적으로 부여받고 있으며,[244] 국가나 (UN을 비롯

238) Brownlie, 5th, p. 64.

239) https://en.wikipedia.org/wiki/Holy_See ; Joyce Chepkemoi, August 1 2017 in Politics, "What is the Difference Between the Vatican City and the Holy See?", 〈https://www.worldatlas.com/articles/what-is-the-difference-between-vatican-city-and-the-holy-see.html〉 ; Crawford, pp. 221~233 ; Kaczorowska-Ireland, pp. 184~185 ; John R. Morss, "The International Legal Status of the Vatican/Holy See Complex", European Journal of International Law, Volume 26, Issue 4, November 2015, pp. 927~946, 〈https://doi.org/10.1093/ejil/chv062〉 ; 외교부, 《교황청 개황》, 2018. 9.

240) "Agreement between the Holy See and the Italian Republic: Modifications to the Lateran Concordat" (Signed by the Italian Republic and the Holy See on 18 February 1984 ; Ratified by the Italian Parliament on 25 March 1985), 〈https://www.concordatwatch.eu/topic-39221.843〉 ; 24 I.L.M. 1589 (1985) ; Ott, p. 58 ; 외교부, 《교황청 개황》, 2018. 9.

241) H. Dunant, *A Memory of Solferino* (English ed. reprinted by the ICRC 1986) ; Kaczorowska- Ireland, pp. 787~788 ; Janis, 3rd, p. 181.

242) 창립 당시의 원래 이름은 Comité international et permanent de secours aux militaires blessés. 1875년에 현재의 이름을 갖게 됨. Cassese, *International Law*, 2nd, p. 133.

243) 다만, 1990년대 초반부터 직원에 대해서는 채용 문호를 개방하여, 현재는 해외 현장과 제네바 본부에서 근무하는 직원의 거의 절반 정도는 스위스인이 아니다. https://en.wikipedia.org/wiki/International_Committee_of_the_Red_Cross ; Schermers/Blokker, § 47.

244) 이를테면, 4개 제네바협약 공통 제10조(이익보호국 대체기관)(제4제네바협약에서는 제11조에 위치), 제3(전쟁포로)제네바협약 제81조(특권), 1977년 제1추가의정서 제97조(개정), 1977년 제2추가의정서 제24조(개정), 2005년 제3추가의정서 제13조(개정). 본서, 제28장 (전쟁법) ; Turns in Evans (ed.), *International Law*, p. 873 ; Keitner, p. 260 참조.

한)국제기구들과도 조약을 체결하고 있다.[245] 특히, 지금까지 ICRC는 국가들과 약 65개의 본부협정(headquarters agreements)을 체결하였는데, 대부분의 체약국들은 이것을 진정한 의미에서의 국제협정으로 간주하고 있다.[246] 예컨대, 1993년 3월 19일 ICRC와 스위스 정부 간에 체결된 본부협정[247]은 제1조에서 "(스위스)연방이사회는 국제적십자위원회의 국제인격과 스위스 내에서의 법적 능력을 인정한다 … "(The Federal Council recognizes the international juridical personality and the legal capacity in Switzerland of the International Committee of the Red Cross…)고 규정함으로써 ICRC의 (스위스 내에서의 국내인격은 물론이고) 국제인격을 명시하고 있다. 이 협정은 이 밖에도 ICRC의 행동의 자유(제2조), 건물의 불가침성(제3조), 공문서의 불가침성(제4조), 소송과 집행으로부터의 면제(제5조) 등등을 명시하고 있다. 이것은 국제적십자위원회가 국가들로부터 국제기구(혹은 정부간기구)에 상응하는 대접을 받고 있음을 뜻한다.[248]

3. 몰타기사단(Order of Malta 혹은 Sovereign Military Order of Malta)[249]

몰타기사단은 제1차 십자군(Crusade) 시대인 1080년 예루살렘 부근에 설립되었으며, 1113년 교황에 의해 교회의 한 교단(an Order of the Church)으로 승인되었다. 십자군 시대에는 이교도와 싸우기도 하는 군사조직이었으나 병원단으로서의 성격을 잃지 않았기 때문에 병원기사단이라고도 한다. 1291년 팔레스타인에서 축출된 후 –소아시아(Asia Minor/ Anatolia) 서남해안에서 얼마 떨어지지 아니한– 에게해(the Aegean Sea)의 로즈섬(island of Rhodes)[250]으로 후퇴하여 1522년까지 이 섬을 반주권국가로서 통치하였다. 그 뒤 몰타 섬으로 근거지를 옮겨 1530년부터 1798년까지는 이 섬에서 한 개의 전제주의 국가를 운영하였으나, 나폴레옹에게 영토를 몰수당했다.[251]

몰타를 상실함으로써 교단의 군사적 성격은 중지되었고, 빈자와 병자의 간호가 그들의 유일한 임무가 되었다. 1834년 본부를 로마로 옮겨 몇 개의 건물을 가지고 있으며, 다른 국가들에도 그 분파

245) Cassese, pp. 427~429 ; Aust, *Handbook of IL*, 2nd, p. 244 ; McCorquodale in Evans (ed.), *International Law*, 3rd, p. 302.

246) Cassese, pp. 133~134.

247) 공식명칭 : "Agreement between the International Committee of the Red Cross and the Swiss Federal Council to determine the legal status of the Committee in Switzerland". See The Federal Council, Press release, 27.11.2020, "Switzerland and ICRC sign protocol amending headquarters agreement", 〈https://www.admin.ch/gov/en/start/documentation/media-releases.msg-id-81392.html〉.

248) Cassese, *International Law*, 2nd, p. 134, fn. 10 ; Amerasinghe, p. 84, fn. 48; ICTY, *Prosecutor* v. *Simic*, (Decision on the Prosecution Motion under Rule 73 for a Ruling concerning the Testimony of a Witness), 27 July 1999, paras. 45~64, 〈https://www.icty.org/x/cases/simic/tdec/en/90727EV59549.htm〉, (noted by Kaczorowska-Ireland, p. 202).

249) 정식이름 : "The Sovereign Military Hospitaller Order of St. John of Jerusalem, of Rhodes and of Malta". See https://www.smom.org ; https://www.heraldica.org/topics/orders/ordmalta.htm ; https://www.crwflags.com/fotw/flags/smom.html.

250) 그리스어로는 Rhodos 혹은 Rodos. https://rhodes.helios.gr.

251) 몰타 섬은 그 후 1814년 5월 30일의 파리조약(Paris Treaty)에 의해 영국에 양도되었다가 1964년 독립하였다. 2004년에는 EU에도 가입하였다. Cassese, *International Law*, 2nd, p. 132.

가 있다. 몰타기사단은 전 세계에 걸쳐 수십 개의 병원과 보건클리닉을 운영하고 있으며, 최근 코소보와 아프가니스탄에서도 활동을 하였다. 현재 1만명에 이르는 남녀 기사(Knights and Dames)를 거느리고 있다. 전쟁법에서 몰타기사단의 지위는 이제는 1949년의 제네바 제3협약(전쟁포로) 제125조에서 말하는 한 개의 "구호단체"(relief society)에 지나지 않는다.[252] 그러나 가톨릭 전통을 유지하고 있는 많은 국가들과 외교관계를 유지하고 있고, 특히 이탈리아 최고재판소(파기원 : Court of Cassation)는 일관되게 본 기사단의 제한된 국제인격을 인정하고, 그 논리적 귀결로서 재판권할권과 강제집행으로부터의 면제를 부여하고 있다.[253]

Ⅸ. 결 어

ICJ가 1949년의 *Reparation* 사건에서 시사한 것처럼, 법의 주체 혹은 법인격 개념은 시간과 공간에 따라 가변적인 동태적 개념이다. 국제공동체에서의 법인격자의 범위도 세월이 흐르면서 크게 변하였다. 즉, 고전국제공동체의 기간 동안에는 주권국가들만이 거의 유일한 행위자였다. 그 주된 구성원들도 유럽국가들과 미국으로서 동질적이었으며, 비유럽국가들이 여기에 가입하기 위해서는 유럽적 가치에 고개를 숙이지 않으면 안되었다. 반란단체들에게도 때로 국제공동체가입이 허용되긴 했었으나 그들은 대체로 가능하면 속히 제거되어야 할 파괴분자로 취급되었다.

그러나 제1차 세계대전을 분수령으로 하여 국제공동체의 구성도 세 가지 측면에서 점차 변형되어 나갔다. 첫째, 국가는 여전히 일차적 주체로 남아 있지만 국제공동체는 더 이상 유럽적 동질성을 유지하지는 못하였다. 변신한 구주체(즉, 소련)와 제2차 세계대전 후 독립을 회복한 아시아・아프리카 국가들에 의하여 새로운 가치와 새로운 이데올로기가 제시되었기 때문이다. 둘째, 새로운 실체인 국제기구, 조직된 민족(민족해방기구) 그리고 개인이 국제인격을 부여받았다. 셋째, 그러나 이들 세 계급은 국가와 동등한 위치에 올려진 것은 아니고 단지 제한된 인격의 부차적 주체의 지위에 국한되었다. 뿐만 아니라, 대부분의 국제기구는 단지 일부 국가들에게만 연결되어 있으며, 또한 실제에 있어 개인은 단지 서방진영과 일부 개발도상국들(특히 라틴아메리카)에 의해서만 적극적으로 국제법의 주체로 승인되고 있는 반면, 민족해방기구는 단지 사회주의국가들과 대부분의 제3세계국가들에 의해서만 적극적으로 국제법의 주체로 간주되는 경향이 있다.[254]

252) Brownlie, 5th, p. 65.

253) Cassese, *International Law*, 2nd, pp. 132~133 ; O'Connell, Vol. One, pp. 85~86 ; Kaczorowska-Ireland, p. 185. See also Tribunal of Rome, *Scarfo* v. *Sovereign Order of Malta*, 24 ILR 1 (1957) ; Dixon & McCorquodale, p. 152.

254) Cassese, pp. 103~104.

제 7 장
국제법의 기본원칙

대부분의 국가는 그 성문헌법에서 당해 국가의 이상 내지 목적 그리고 이러한 국가목적을 달성하기 위해 국가구성원들이 준수해야 할 일단의 기본적인 행동준칙을 명시하고 있다. 이와는 대조적으로, 제2차 세계대전 이전까지의 국제공동체는 모든 국제관계를 궁극적으로 가해국 대 피해국의 1 대 1 관점으로 전환시켜 생각하였으므로, 추구할 공동의 이상과 이를 실현하기 위한 구성원들의 행동준칙을 갖고 있지 못하였다. 전통국제법은 국가의 주권평등과 국가의 무제한 무력사용이라는 지극히 모순되는 두 원칙에 기초하고 있었던 것이다. 이같은 구조 하에서 국제법은 힘에 의하여 초래된 새로운 상황을 인정할 수밖에 없었다. 국제법은 힘을 비난하기보다는 오히려 찬양하였다. 그러므로 국제공동체의 법치공동체화 내지 그것의 근본가치 혹은 헌법적 규범을 논하기에는 아직은 시기상조였다. 요컨대 법적 진실을 말하자면, 당시 국가들(특히, 강대국들)의 기본적 권리는 '힘만 있으면 자신의 욕망을 충족시키는 것', 즉 무제한 전쟁호소권이었으며, 당시 국가들(특히, 약소국들)의 기본적 의무는 힘에 의하여 초래된 상황을 수락하는 것이었다. 이같은 체제 하에서 이른바 국가의 기본적 권리와 의무를 논하는 것은 사실상 현실을 호도하는 것이었다.

국제연맹규약(Covenant of the League of Nations)이 단지 그 전문에서 "체약국들은 국제협력을 증진하고 국제평화와 안전을 달성하기 위하여 ... 이 국제연맹규약에 동의한다."라고 규정한 것과는 대조적으로, 1945년의 UN헌장은 제1장(제1조~제2조)에서 UN의 목적 내지 이상과 이를 실천하기 위해 UN과 그 구성원들이 준수해야 할 일단의 기본원칙을 수립함으로써 매우 중대한 변화를 시도하였다. 즉, 역사상 처음으로 국가들(회원국들)의 행동을 규율하고 국제기구의 주요 목표를 수립하는 일단의 진정한 기본적 원칙들이 UN헌장이라는 한 개의 국제조약에 명시된 것이다.[1)]

UN헌장의 기본원칙들이 국제공동체의 규범적 발전에 대단한 충격을 준 것은 사실이지만, 점차 그것에 두 가지 결함이 있음이 입증되었다. 첫째, 여전히 한 개의 조약으로서의 UN의 기본원칙들은 그것이 일반관습법규로 발전되어 나가지 않는 한 UN 밖에 있는 국가들에 대해서는 적용될 수 없었다. 둘째, 제2차 세계대전 후 형성된 제3세계는 사회주의진영과 더불어 대다수 국제법규에 의

1) Cassese, p. 127.

문을 품게 되었다. 그리하여 개발도상국들과 사회주의국가들은 UN원칙들의 확대(expansion)와 쇄신(updating)을 포함한 국제법 기본원칙의 수정을 시도하였다. 그들은 자신들의 기본적 욕구를 국제법에 투입시켜 국제법이 국제현실을 반영하게 되기를 갈망하였다. '보편적' 원칙들의 형성을 위한 과정은 UN 내에서 1950년대 후반부에 개시되었으며, 1962년에는 이를 위한 한 개의 특별위원회가 구성되었다. 이같은 노력의 결과 1970년 10월 24일 "UN헌장에 따른 국가 간의 우호관계 및 협력에 관한 국제법의 원칙선언" (이하 우호관계선언)(Declaration on Principles of International Law concerning Friendly Relations and Cooperation among States in Accordance with the Charter of the United Nations)[2]이 컨센서스(consensus)로 즉 투표없이(without vote) 채택되었다. '모든 국가'(즉, 'every State', 'all States', 혹은 'States')를 수범자로 하는 본 선언은 단지 UN총회의 '결의'로서 그 자체 구속력있는 문서는 아니다. 그럼에도 불구하고 이것은 UN헌장에 천명된 모든 원칙에 부여되어야 할 법적 해석에 관한 국제공동체의 컨센서스를 나타낸 것으로 간주되고 있으며,[3] ICJ는 이 선언이 "국제관습법을 반영하고 있다"(reflects customary international law)[4]고 언급한 바도 있다.

우호관계선언은 무력의 위협 또는 사용의 금지, 분쟁의 평화적 해결, 불간섭, 국제협력, 민족자결, 국가의 주권평등, 신의성실 등 일곱 개의 기본원칙을 차례로 열거하고 있다. 인권존중의 원칙에 관해서는 언급이 없으나[5] 우호관계선언이 국제법의 기본원칙(basic principles of international law, fundamental principles governing international relations) 모두를 담고 있는 것은 아니며, 오늘날 인권존중이 국제법의 기본원칙에 속한다는 의견에 이의를 제기하는 국가는 없다.[6]

국가들이 정치·경제·이념적으로 분단되어 상호간에 매일 갈등과 긴장이 야기되고 있는 현 국제공동체 하에서 국제법의 기본원칙은 큰 중요성을 갖고 있다. 왜냐하면 이들 기본원칙은 국가들이 기본적으로 이견(異見)을 갖고 있지 아니한 유일의 행동기준이기 때문이다. 즉, 이 기본원칙은 모든 국가가 기본적으로 동의하고 있고, 비교적 순탄한 국제관계를 허락하는 현대국제법규의 핵심을 구성하고 있다.[7] 다만, 우호관계선언은 규칙(rules)이 아닌 원칙(principles)에 관하여 천명하고 있는데, 양자의 차이를 꼬집어 말하기는 힘들다. 그러나 "규칙이 본질적으로 실제적이고 더욱 분명히 정의되는 것이라면, 원칙은 그 법적 구속력에도 불구하고 넓게 정의되는 일반적인 진실을 표현하는"[8] 것이라고 할 수 있을 것이다.[9]

---

2) UN총회결의 2625-XXV.

3) Cassese, pp. 127~128.

4) *Accordance with international law of the unilateral declaration of independence in respect of Kosovo*, Advisory Opinion of 22 July 2010, para. 80.

5) 우호관계선언은 단지 부수적으로, 그 전문에서 "자유, 평등, 정의 그리고 기본적 인권에 대한 존중에 기초를 둔 국제평화"를 언급하고, 그 제4원칙(국제협력)에서 인권분야에서의 국가 간 협력의무를 언급하고 있을 따름이다.

6) Cassese, p. 128.

7) *Ibid.*

8) Pauwelyn, p. 132 : "... a rule is essentially practical, more clearly defined, whereas a principle, though legally binding, expresses a more general truth which is broadly defined."

9) ICJ는 *Barcelona Traction Co.*, ICJ Reports (1970), p. 3 at 32 (para. 34)에서 대세적 의무는 "노예제도 및

여덟 가지 기본원칙 중 우선 국제공동체형성 초기부터 인정되어 온 세 가지 구원칙(주권평등, 불간섭, 신의성실)을 살펴보고, 이어서 UN헌장에 기초한 다섯 가지 신원칙(무력의 위협 · 사용금지, 분쟁의 평화적 해결, 민족자결, 인권존중, 국제협력)에 관하여 살펴보기로 한다.

Ⅰ. 주권평등 원칙

주권평등 원칙이란 국제관계에서 모든 국가는 정치 · 경제 · 사회 또는 기타 성질의 차이에 관계없이 법적으로 독립되어 있거나 평등함을 의미한다. 스위스의 법학자 Emerich de Vattel (1712~1769)[10]은 "거인이나 난쟁이나 사람이기는 마찬가지이듯, 소공화국도 가장 강력한 왕국과 마찬가지로 주권국가이다(A dwarf is as much a man as a giant ; a small Republic is no less a sovereign State than the most powerful Kingdom)"라는 말로써 이 원칙을 설명하고 있다. 국제관계를 규율하는 여러 기본원칙 중에서 이 주권평등 원칙은 이념에 관계없이 모든 진영의 국가간에 '완전한' 합의가 형성되어 있는 유일의 원칙이다. 그러므로 주권평등은 국제법 전체 체계의 기둥 내지 모든 국제관계의 출발점을 구성하고 있다.

1648년의 웨스트팔리아(Westphalia) 체제로부터 비롯된 전통(고전)국제법도 물론 국가의 주권을 보호하고 국가의 법 앞에서의 형식적 평등을 수립한 일단의 규칙에 기초하고 있었다. 그러나 전통국제법은 국가의 주권평등 원칙과 함께 그에 대한 침해를 허용하는 규칙, 특히 국가의 무제한 한 전쟁권을 포함하고 있었으므로, 당시의 주권평등이란 약소국들에겐 실은 공허한 개념(hollow concept)이었을 뿐이다.

UN헌장 제2조 1항은 "모든 회원국의 주권평등"(sovereign equality of all its Members)을 기구의 한 원칙으로 천명하고 있지만, 이 원칙은 우호관계선언에 의하여 UN회원국이냐 아니냐에 관계없이, 즉 '모든 국가들'에게로 연장되었다.

'주권평등'(sovereign equality)의 개념은 논리적으로는 주권과 평등의 두 개념으로 구분할 수

인종차별로부터의 보호를 포함하여 인간의 기본적인 권리들에 관한 원칙과 규칙(principles and rules concerning basic rights of the human person including protection from slavery and racial discrimination)"에서 나올 수 있다고 언급함으로써 대세적 의무가 "원칙과 규칙"에서 함께 나올 수 있음을 명백히 지적하였다. 그리고 여기서 ICJ는 "노예제도 및 인종차별로부터의 보호를 포함하여 인간의 기본적인 권리들"과 관련해서만 "원칙과 규칙"을 언급하였지만, 다른 종류의 대세적 의무에 대해서도 같은 말을 할 수 있을 것이다. 그러나 원칙과 규칙의 구분은 여전히 모호하며, 그 결과 이들 단어는 ICJ에서 때로 교체가능한 동의어로 사용되는 경향도 있다. 예컨대, ICJ는 "국내구제수단 완료의 원칙"을 지칭함에 있어, *Interhandel* Case (Switzerland v. United States of America) (Preliminary Objections), ICJ Reports (1959), p. 6 at 27에서는 이를 "a well-established *rule* of customary international law"로, *Elettronica Sicula S.p.A.* (ELSI) (United States of America v. Italy), ICJ Reports (1989), p. 15 at 42 (para. 50)에서는 "an important *principle* of customary international law"로 표현하고 있다. See Ragazzi, p. 136.

10) Vattel, *op. cit.*, p. 7.

있겠지만, 국제법에 있어 국가의 주권은 곧 국가의 평등을 의미하는데 지나지 않는다. 주권평등은 여러 일반규칙을 포괄하는 하나의 우산적 개념(umbrella concept)으로서 이로부터 여러 파생규칙이 도출된다. 예컨대, 국가는 자신이 동의하지 아니한 규칙의 구속을 받지 않으며, 국가는 자신이 동의하지 아니하는 분쟁해결절차에 강제로 복종하지 않으며, 국가는 타국의 국내문제에 간섭해서는 안되며, 국가는 타국 재판소에서 면제를 향유하며, 국가는 그 성립 순간부터 국가로서 대우되어야 하며, 국가의 영토보전과 정치적 독립은 불가침이며, 각 국가는 자신의 정치적·사회적·경제적 그리고 문화적 체제를 자유롭게 선택하고 발전시켜 나갈 권리를 가진다.

주권평등이란 '법적' 평등을 의미하는 것으로서 지구상의 모든 국가가 '사실에 있어' 똑같은 대우를 받아야 함을 의미하는 것은 아니다. 예컨대, 모든 국가는 법상 바다에 연한 육지영토를 소유할 잠재적 능력을 보유하고 있긴 하지만, 내륙국(land-locked state)은 자국의 영토가 바다에 접해 있지 않다는 현재의 사실상황 때문에 영해를 가질 수 없다.

또한 국가가 주권을 가진다는 원칙은 거꾸로 표현하면 국가는 자신의 주권 제한에 동의하거나 심지어는 주권의 완전한 포기(즉, 자신의 소멸)에도 동의할 권한이 있음을 의미한다. 국가의 주권 제한이 이처럼 당해 국가의 자유의사에 기초하고 있는 한 이것은 주권평등 원칙의 위반이 아니다. 이를테면 동독은 1990년 서독(독일연방공화국)과 통일조약을 체결하여 후자에게 주권과 독립성을 양도하였다.[11] 또한, UN은 5대 강대국에게 특권적 지위를 부여하고 있지만 이것은 법상 주권평등 원칙의 위반이 아니다. 다른 회원국들이 이 체제의 비민주성을 공격하면서 UN헌장의 적절한 개정을 주장하는 것은 이와는 별개의 문제이다. 국가주권의 이같은 속성에 대해서는 PCIJ가 이미 최초의 계쟁사건인 *Wimbledon*호 사건[12]에서 다음과 같이 지적한 바 있다 :

> "본 재판소는 국가가 특정한 행위를 수행하거나 수행하지 않을 것을 약속하는 조약을 체결한다고 해서 이것이 그 국가의 주권을 포기하는 것이라고는 보지 않는다. 당연히, 이같은 종류의 의무를 창설하는 협정은 그 어떤 것이건 국가의 주권적 권리가 일정한 방식으로 행사될 것을 요구한다는 의미에서 그 국가의 주권적 권리의 행사에 대해 제약을 부과하는 것이다. 그러나 국제적 약속을 체결할 권리는 국가주권의 한 속성일 따름이다."

국가주권의 이같은 속성을 고려하건 주권평등 원칙은 강행규범(*jus cogens*)에 속한다고 할 수 없

11) Orakhelashvili/Akehurst, pp. 85~86 ; 본서, 제20장 (국가승계), "Ⅶ. 독일 통일과 국가승계".

12) PCIJ (1923), Series A, No. 1, p. 25 ("The Court declines to see in the conclusion of any Treaty by which a State undertakes to perform or refrain from performing a particular act an abandonment of its sovereignty. No doubt any convention creating an obligation of this kind places a restriction upon the exercise of the sovereign rights of the State, in the sense that it requires them to be exercised in a certain way. But the right of entering into international engagements is an attribute of State sovereignty."). See also *per* Judge Anzilotti in *Austro-German Customs Union* case, PCIJ (1931), Series A/B, No. 41, p. 55 at 58 ("the restrictions upon a State's liberty, whether arising out of ordinary international law or contractual engagements, do not as such in the least affect its independence. As long as these restrictions do not place the State under the legal authority of another State, the former remains an independent State however extensive and burdensome those obligations may be.").

다. 그렇다면 그 '내용'에 있어 상호주의를 결여한 불공평한 조약은 무효로 보아야 한다는 의미에서의 "불평등조약의 이론"(theory of unequal treaties)은 수락하기 어렵다. 실제로, 그 내용에 있어 완전한 상호주의에 기초한 조약은 거의 존재하지 않는다. 다자조약의 경우에는 모든 당사자에게 평등한 권리와 의무를 부여하는 경우가 많은 것이 사실이지만, 계약적 성격을 지닌 조약으로서 상호주의의 요건을 갖춘 조약은 별로 없다. 또한, 불평등조약의 이론은 "조약은 준수되어야 한다"(*pacta sunt servanda*)는 국제법의 근본원칙을 위태롭게 할 따름이다.[13] 1969년 비엔나 조약법협약도 조약의 무효사유의 하나로서 불평등조약의 이론을 따로 떼서 수용하고 있지는 않다.[14] 환경법이나 통상법 등의 영역에서는 특정 국가들에게 오히려 차별적 대우를 부여하는 다자조약들이 체결되고 있기도 하다.[15] 불평등조약의 개념은 '체결 방법'의 측면에서 19세기 강국들이 여타 국가들에게 체결을 강요했던 조약(imposed treaties)의 의미로도 사용되지만,[16] 현대 조약법에 의하면 이제 힘의 위협 또는 사용에 의하여 국가에게 체결이 강제된 조약은 당연무효이다.[17] 조약 체결의 강제는 필연적으로 그 내용의 불평등을 동반할 것이지만, 조약법의 발달을 고려하면 이제 이 두 문제는 분리하여 보는 것이 타당하다.

국가가 주권평등하다든지 주권을 갖는다는 것은 국가가 외부 세계와 교류함이 없이 혼자 사는 것이 좋다는 것을 의미하는 말이 아니다. 국제법은 역설적으로 국가는 주권평등하되 상호 교류함으로써 성립되는 법체계이다. 또한, 주권평등 원칙에 의거하여 국가는 자신이 동의하지 아니한 규칙에는 구속되지 않지만, 이는 국가가 이 동의를 일방적으로 철회할 수 있음을 의미하는 것은 아니다.[18]

Ⅱ. 불간섭 원칙

국가는 타국의 국내문제에 간섭해서는 안된다는 이른바 국내문제 불간섭 원칙은 주권평등원칙의 논리적 귀결로서, 이 또한 웨스트팔리아 체제에서 비롯된 것이다. 국내문제 불간섭원칙은 '국내문제'란 무엇이며, 금지되는 '간섭'이란 무엇인가라는 두 가지 문제를 제기한다.

국내문제(domestic affairs) 혹은 국내관할권(domestic jurisdiction)이란 국제법-조약과 관습법규-의 규율로부터 자유로운 영역, 즉 오로지 각 국가의 국내법의 규율에 맡겨진 법영역을 지칭한

13) De Lupis, pp. 195~197 ; 金楨鍵/金大淳(共譯), pp. 254~257.

14) *Encyclopedia of Public International Law*, Vol. 7, pp. 516~517 ; Hall, p. 122 ; https://en.wikipedia.org/wiki/Unequal_treaty.

15) Kaczorowska-Ireland. p. 102.

16) https://en.wikipedia.org/wiki/Unequal_treaty ; https://www.britannica.com/event/Unequal-Treaty ; Seunghoon Han, "The Endeavour to Revise Unequal Treaties in East Asia in the Early 1880s", (2018) 23(1) International Journal of Korean History, 87-115, 〈https://doi.org/10.22372/ijkh. 2018.23.1.87〉.

17) 본서, 제4장 (조약법), "Ⅲ. 조약의 무효" 서론 부분 참조.

18) Orakhelashvili/Akehurst, 9th, p. 12 ; 본서, 제2장 (국제법의 연원), 제4장 (조약법), & 본장, "Ⅲ. 신의성실 원칙" 참조.

다.[19] 따라서 국가는 타 국가의 그러한 문제에 간섭할 수 없다는 결론이 당연히 도출된다. 국제법의 국내법질서로의 도입방식, 정부형태를 포함한 헌법상의 문제, 이민정책, 국적부여, 외교정책의 수립 등등이 그 좋은 예이다.

국내문제는 국가의 대내적 문제(internal affairs)와 대외적 문제(external affairs)를 포함한다. 즉, 국내문제란 '영토적' 개념(territorial concept)이 아님을 유의하여야 한다.[20] 국가가 그 영토 내에서 취하는 일체의 문제가 반드시 국내문제에 관련되는 것은 아니다. 예컨대, 외국인의 대우, 인권, 국가면제, 외교면제 등등에서 보는 바와 같이, 국가에게는 자국 영토 내에서라 할지라도 국제법의 규율로부터 자유롭지 못한 영역들이 있다. 반대로, 국가가 해외에서 출생하는 자국민의 자녀에게 국적을 부여하는 것처럼 영토 밖의 행위라 할지라도 국내문제가 될 수 있다.

그리고 국내문제와 국제문제 사이의 경계설정은 본질적으로 상대적인 문제로서, 그것은 국제관계의 발전에 따라 가변적이다.[21] 따라서 오늘은 국내문제에 속하는 사항도 내일이면 조약 체결이나 새로운 관습법의 형성을 통하여 국제법의 영역으로 진입할 수 있는 것이다. 인권존중의 원칙이나 관세 문제 등이 그 좋은 본보기가 될 것이다. ICJ는 1950년의 권고적 의견[22]에서 조약의 해석은 국내문제가 아니라 국제법의 문제라고 언급한 바 있다.

전통국제법의 기간 중 불간섭 원칙에 의거하여 특히 다음의 세 가지 관습법규가 형성되었다. 첫째, 국가는 타국의 국내당국(입법부, 행정부 또는 사법부)을 압박하기 위해 압력을 행사해서는 안되며, 외국정부 당국과 그 국민 간의 관계에 개입해서도 안된다. 둘째, 국가는 외국에 해로운 활동의 조직을 선동하거나 조직하거나 혹은 공식적으로 지원하지 말아야 한다. 셋째, 국가는 타국에서 내란이 발생한 경우 반란단체를 원조하지 말아야 한다.[23]

한 국가의 정부와 그들 국민간의 관계에 관련된 이들 세 가지 관습법규는 지금도 효력이 있다. 다만, 1945년 이전의 고전국제법의 기간 중 불간섭원칙은 국가들이 자신의 이익이 불간섭원칙에 우선하는 것으로 생각하지 않는 동안에만 준수하면 되는 원칙으로 인식되었다. 즉, 국가들에게는 자신의 (정치·경제·군사적) 이익이 침해받는 즉시 위 규칙들을 무시하고 타국의 국내문제에 무력 혹은 무력의 위협으로 간섭하여 일정한 행동양식을 강요하는 것이 법적으로 허용되고 있었던 것이다. 그러므로 이탈리아의 Anzilotti는 1912년에

> "...만약 국가들이 비(非)법적 이익을 만족시키기 위해 전쟁에 호소할 수 있다면, 즉 타국제법 주체의 영토보전과 존재 그 자체를 공격할 수 있다면, 그들이 또한 전쟁이 아니라 전쟁을 걸겠

---

19) PCIJ Advisory Opinion on *Nationality Decrees issued in Tunis and Morocco*, PCIJ (1923), Series B, No. 4, at p. 24. ; 본서, 제15장 (국적) 참조.

20) Tunkin, p. 419.

21) PCIJ Advisory Opinion on *Nationality Decrees issued in Tunis and Morocco* (1923), PCIJ, Ser. B, No. 4, at p. 24.

22) *Interpretation of Peace Treaties with Bulgaria, Hungary and Romania*, Advisory Opinion of March 30th, 1950, ICJ Reports (1950), p. 65 at 70~71.

23) Cassese, pp. 144~145.

다는 위협을 통해 타국으로 하여금 그 국가의 권한의 범위 내에서 혹은 그 국가와 다른 국가들과의 관계에 있어서 일정한 행동을 채택하도록 강제하는 것도 허용된다는 것은 쉽게 이해할 수 있는 일이다. 이것이 바로 이른바 간섭으로 불리는 것이다."[24]

라고 설파하였다. 따라서 이 같은 체제 하에서 불간섭 원칙을 구성하는 상기 세 가지 규칙에 의하여 제공되는 보호는 완전히 타국(강대국)의 의사 여하에 달린 불안한 것이었다. 그러나 국가들이 전쟁을 금지하기 위한 조약을 만들어 내기 시작하면서부터 상황은 변화하기 시작하였다. 1919년의 국제연맹규약과 1928년의 부전조약(파리규약)은 각기 전쟁을 제한 내지 금지시켰는데, 이 제한 또는 금지 속에는 국가들이 다른 국가에게 자신의 의사를 강요하기 위하여 전쟁에 호소하는 것은 더 이상 허용되지 않는다는 뜻이 함축되어 있었던 것이다. 그러나 이들 조약에 의하더라도 국가들은 여전히 '전쟁'에 이르지 않는 모든 강제적 조치(all forcible measures short of war)에 호소할 수 있었으며, 뿐만 아니라 무력을 사용하겠다고 '위협'하는 것(to threaten the use of force)은 여전히 허용되었다.[25]

근본적인 전환점은 '무력의 위협 또는 사용'을 일체 금지시킨 UN헌장 제2조 4항이었다. 이로써 모든 UN회원국들은 (그리고 나중에는 모든 국가들은) 무엇보다 무력의 위협 또는 사용을 동반하는 타국의 간섭을 받지 않을 권리를 갖게 되었다. 그런데 계속해서 행동의 자유를 확보하려는 서구진영의 국가들은 UN헌장 제2조 4항에 대한 문언적 해석(grammatical interpretation)에 기초하여 현대국제법상 금지되는(위법한) 간섭은 오로지 무력의 위협 또는 사용을 동반하는 간섭(즉, *dictatorial* intervention)[26]뿐이라고 주장하고 있다. 이에 대해, 사회주의 진영과 제3세계 국가들은 무력의 위협 또는 사용을 동반하지 아니하는 일정 행위(예컨대, 경제원조의 중단)도 역시 금지되는 간섭을 구성한다고 주장하고 있다. 이들은 또한 식민지 인민 · 외국점령 하의 인민 · 인종차별체제 하의 인민의 문화적 동질성과 자결권을 부인할 목적으로 그들의 생활에 강제로 간섭하는 것도 또다른 형태의 불법간섭이라고 주장하고 있다.

1965년 간섭금지선언("Declaration on the inadmissibility of intervention in the domestic affairs of states and the protection of their independence and sovereignty")[27], 1970년 우호관계선언 제3원칙, 1974년 "국가의 경제적 권리 · 의무헌장"(Charter of Economic Rights and Duties of States), 1981년 "각 국가의 국내문제에 대한 간섭과 개입 불허용의 선언"(Declaration on the Inadmissibility of Intervention and Interference in the Internal Affairs of States)[28]

---

24) *Ibid.*, p. 145에서 인용.

25) *Ibid.*

26) *Ibid.*, p. 146 ; Skubiszewski in Sørensen (ed.), p. 757 ; Cassese, *International Law*, 2nd, p. 301. 다만, W.D. Verwey, "Humanitarian Intervention under International Law", (1985) XXXII Netherlands International Law Review 357 at 365는, 'dictatorial'이 'involving the use (or threat) of force'만을 뜻하는 단어로 보는 견해는 다수가 아니라고 반박하고 있다.

27) UN총회결의 2131-XX(찬성 109, 반대 무, 영국 기권). See Janis, 3rd, p. 187.

28) 1981년 12월 9일 UN총회결의 36/103에 부속.

을 비롯한 일련의 UN총회결의에는 대체로 사회주의 진영과 제3세계의 입장이 반영되어 있다. 즉, 첫째, 직·간접적인 '무력'간섭(direct and indirect armed intervention)뿐만 아니라 정치·경제적 간섭을 포함한 "기타 모든 유형의 개입 또는 위협의 시도"(all other forms of interference or attempted threats), 즉 무력의 위협 또는 사용을 동반하지 아니하는 강제적(강압적) 간섭(coercive, non-armed intervention)도 금지된다. 둘째, 자결권을 향유하는 민족도 일체의 강제적 간섭으로부터 자유로울 권리를 향유한다. 다시 말해서 민족자결의 문제는 더 이상 식민당국의 국내문제로 간주될 수 없다.[29]

2005년 2월 14일 레바논의 베이루트에서 발생한 폭탄테러로 Rafiq Hariri 수상이 살해되고 그 밖에도 수십명이 살상된 바 있는데, 이 사건을 조사한 UN안보리는 2005년 10월 31일의 결의[30]에서 "UN헌장 제7장에 의거하여" 그 배후에서 작용한 것으로 보이는 시리아에 대해 "레바논의 국내문제에 직간접으로 개입하지 않을 것을 강력히 요구"(*Insists* that Syria not interfere in Lebanese domestic affairs, either directly or indirectly)한 바 있다. 그러나 비무력적 간섭을 금지한 규정들은 너무 모호하여 이 밖에 어떤 종류의 비무력적 간섭이 금지되었는지를 말하기는 어렵게 되어 있다. 예컨대, *Military and Paramilitary Activities in and against Nicaragua* 사건[31]에서 ICJ는 "재정지원(financial support), 훈련, 무기제공, 첩보 그리고 병참지원을 통하여 니카라과 내 콘트라 반군의 군사적·준군사적 활동에 대해 부여한 미국의 지원은 불간섭 원칙의 명백한 위반을 구성한다."고 판결하면서도, 미국이 니카라과 정부에 대해 취한 경제적 성격의 일정행위, 예컨대 경제원조의 중단은 관습법상의 불간섭 원칙의 위반으로 볼 수 없다고 판결하였다. 경제원조는 그 자체 '일방적이고 자발적 성격의 것'(more of unilateral and voluntary nature)으로서, 조약이나 기타 특별의무에 의하여 요구되는 것이 아닌 한 일방적으로 중단될 수 있기 때문이다.

Ⅲ. 신의성실 원칙

국가는 국제의무를 '성실히'(in good faith) 이행하여야 한다는 이 원칙 역시 국제법의 가장 오래된 원칙 중의 하나이며, 국제법과 함께 등장했었다.[32] 이 원칙을 수락하지 않고서는 국제법이 존재할 수가 없었고 지금도 그러하기 때문이다. Rosenne[33]의 표현을 빌리면 신의성실의 원칙은 "국제법과

29) Cassese, pp. 146~147.
30) UN안보리 결의 1636 (2005).
31) Nicaragua v. USA, ICJ Reports (1986) (Merits), p. 14 at 123~126(paras. 239~245), 138(para. 276).
32) 여기서의 신의성실의 원칙은 (1969년 비엔나 조약법협약 제31조 1항에 담겨 있는) 조약해석의 기본원칙으로서의 신의성실과는 구분하여야 한다. 다만, 국제의무를 성실히 이행하려면 우선 조약(혹은 기타 국제의무를 창설하는 문서)에 대한 성실한 해석이 요구된다는 점에서 "[비엔나협약 제31조는] 제26조에 간직된 *pacta sunt servanda*의 원칙에서 직접 나온다"고 보는 견해가 있다 : e.g. Aust, 2nd, p. 234.
33) Rosenne, *The Perplexities of Modern International Law*, p. 451.

외교의 황금률"(the golden rule of international law and diplomacy)이다. 신의성실의 원칙을 명시하고 있는 최근의 중요 문서들로는 UN헌장 제2조 2항, 1969년 비엔나 조약법협약 제26조, 우호관계선언 제7원칙, 1982년 UN해양법협약 제300조 등을 들 수 있다.

"관습법은 준수되어야 한다."[34]와 "조약은 준수되어야 한다."[35]는 일반관습법상의 두 규칙은 단지 국가들에게 자신의 국제의무를 이행할 것을 요구하고 있을 따름이다. 이에 반해 신의성실의 원칙은 그와 같은 의무를 이행하는 '방법'을 지시하고 있다.[36] 그러나 신의성실의 원칙은 국가들이 행동해야 하는 방법을 구체적으로 제시해 주고 있지는 않으며, 단지 "국가는 국제법규의 목적과 객체를 방해하는 방향으로 자신의 의무를 이행해서는 안된다."는 일반적 관념을 전하고 있을 따름이다.[37] ICJ도 *Gabčíkovo-Nagymaros Project*[38]에서 비엔나 조약법협약 제26조에 반영된 "신의성실 의무는 (조약)당사자들에게 조약을 합리적인 방식으로 그리고 조약의 목적이 실현될 수 있는 방식으로 적용할 의무를 지우고 있다."(The principle of good faith obliges the Parties to apply it in a reasonable way and in such a manner that its purpose can be realized.)라고 언급한 바 있으며, 이같은 노선에 따라 *Border and Transborder Armed Action*[39]에서는 "신의성실 원칙은 다른 의무가 존재하지 않는다면 그것 자체가 의무의 연원은 아니다"(it[the principle of good faith] is not in itself a source of obligation where none would otherwise exist)라고 언급하였던 것이다.[40] 국제해양법재판소도 *The M/V "Louisa"* Case[41]에서 "(신의성실과 권리남용을

34) "*consuetudo est servanda*"(customary rules must be observed).

35) "*pacta sunt servanda*"(treaties must be complied with).

36) Cassese, pp. 152~153. 1969년 비엔나 조약법협약도 그 전문 3단에서 "...신의성실의 원칙과 '조약은 준수되어야 한다'는 규칙이 보편적으로 인정되고 있음에 유의하며"라고 언급함으로써 '신의성실'의 원칙과 '조약은 준수되어야 한다'는 규칙이 별개의 것임을 시사하고 있다. 다만 동 협약 제26조에서 보는 것처럼 이들 두 원칙은 조약(그리고 관습법)을 준수함에 있어 불가분의 관계에 있다. ILC도 (비엔나협약 제26조가 된) 초안 제23조에 대한 주석 (2)에서 "신의성실의 원칙은 (그 자체) 한 개의 법원칙으로서, *pacta sunt servanda* 규칙의 불가분의 일부를 형성한다"(the principle of good faith is a legal principle which forms an integral part of the rule *pacta sunt servanda*)라고 언급하고 있다 : Yearbook of the ILC (1966), Vol. Ⅱ, p. 211 ; Malgosia Fitzmaurice in Evans (ed.), *International Law*, 3rd, p. 181. 그리고 ICJ는 *Gabčíkovo-Nagymaros Project* (Hungary/Slovakia), ICJ Reports (1997), p. 7 at 78 (para. 142)에서 "Article 26 combines *two elements, which are of equal importance*. It provides that "Every treaty in force is binding upon the parties to it and must be performed by them in good faith.""라고 언급한 바 있다. *Iron Rhine Railway Arbitration* (Belgium/Netherlands), Award of May 24, 2005, para. 49, 〈https://pca-cpa.org/en/cases/1/〉, para. 26에서 벨기에도 그 답변서(Reply)에서 "'조약은 준수하여야 한다는 원칙'과 이것의 논리적 귀결인 신의성실 및 합리성의 두 원칙"(The 'pacta sunt servanda' principle, and its corollaries the principles of good faith and of reasonableness"을 언급하고 있다. 그렇다면, *pacta sunt servanda* 원칙을 위반하는 경우 신의성실의 원칙도 위반하는 것이며, 그 결과 조약상의 의무를 이행하지 않는 국가는 '*pacta sunt servanda*'와 '신의성실' 두 원칙 모두 위반하는 것이 된다. Kaczorowska-Ireland, pp. 2, 69, 79.

37) Yearbook of the ILC (1966), Vol. Ⅱ, p. 211, para. 4.

38) Hungary/Slovakia, ICJ Reports (1997), p. 7 at 78 (para. 142).

39) Nicaragua v. Honduras, Jurisdiction and Admissibility, ICJ Reports (1988), p. 69 at 105 (para. 94).

40) 이같은 관념에 따라 ICJ는 *Certain Questions of Mutual Assistance in Criminal Matters* (Djibouti v. France), Judgment of 4 June 2008에서 신의성실 개념을 법적 의무의 연원으로 사용하지 않고, 국가가 조약의 자기판단조항(self-judging clause)의 이행과 관련하여 행사하는 재량권을 제한하기 위한 개념으로 사용하였다.

규정한) UN해양법협약 제300조는 단독으로는 원용될 수 없다. 협약에서 '인정하고 있는 권리, 관할권 및 자유'가 남용적인 방식으로 행사되는 경우에만 제300조는 관련성을 갖게 된다."고 언급한 바 있으며, *The M/V "Norstar"* Case[42]에서 이를 다시 확인하였다. 또한, *US-Shrimps* 사건[43]에서 WTO 항소기관은 "신의성실 원칙은 법의 일반원칙이자 국제법의 일반원칙으로서, 국가의 권리 행사를 통제한다. 권리남용 법리는 신의성실 원칙의 한 가지 적용이다."라고 언급한 바도 있다.

신의성실에 내재된 이같은 모호성에도 불구하고 이 원칙이 여전히 특별한 중요성을 갖게 되는 이유는, 수평적 · 분권적 구조의 국제공동체에는 국제법규의 준수를 강제하기 위한 행정조직이 거의 없으므로 국제의무의 이행은 일차적으로 개별국가들의 호의에 의존하고 있기 때문이다. 그러나 신의성실의 원칙은 그 내용의 모호성으로 인하여 일반국제법의 강행규범(*jus cogens*)에는 속하지 못한다.

1969년 비엔나 조약법협약 제26조는 "발효중인 모든 조약(Every treaty *in force*)은 당사국에 의하여 성실하게 이행되어야 한다"고 규정하고 있다. 따라서 조약의 경우 신의성실의 원칙은 단지 "발효중인" 조약에 대해서만 적용된다. 따라서 비준을 조건으로 조약에 서명하였거나, 조약의 구속을 받겠다는 동의를 표시하였지만 아직 조약이 발효하지 아니한 국가는 단지 제18조(조약 발효 전에 조약의 객체와 목적을 저해하지 아니할 의무) 하의 매우 제한된 의무를 부담할 뿐이다.[44]

그리고 비슷해 보이지만 다른 차원의 문제로서, 우호관계선언은 신의성실의 원칙에 관하여 "모든 국가는 일반적으로 승인된 국제법의 원칙과 규칙들에 의거하여 유효한 국제조약상의 자신의 의무를 성실히 이행할 의무를 진다."고 규정하고 있다. 따라서 신의성실의 원칙은 단지 '유효한' 조약(valid treaties)에 대해서만 원용될 수 있으며, 무효인 조약에 대해서는 이 원칙이 적용되지 않는다. 1969년의 비엔나 조약법협약은 조약의 무효사유로서 여덟 가지를 열거하고 있는데,[45] 문제는 협약 제52조에 규정된 '힘'(force)의 개념이다. 서방진영에서는 이것이 UN헌장 제2조 4항에 나타난 'force' 즉 무력(military force)을 지칭한다고 보는데 반해, 사회주의진영과 제3세계에서는 경제적 · 정치적 힘(economic and political force)도 이에 포함된다고 보고 있다. 1969년의 비엔나회의에서 채택된 "조약체결에 있어 군사적 · 정치적 혹은 경제적 강박의 금지에 관한 선언"(Declaration on the Prohibition of Military, Political or Economic Coercion in the Conclusion of Treaties)에서는 다음과 같이 명시하고 있다.

---

41) ITLOS, *The M/V "Louisa"* Case (Saint Vincent and the Grenadines v. Kingdom of Spain) (Merits), Judgment of 28 May 2013, para 137.

42) ITLOS, *The M/V "Norstar"* Case (Panama v. Italy), Judgment of 10 April 2019, para. 241.

43) *United States - Import Prohibition of Certain Shrimp and Shrimp Products*, AB-1998-4, Report of the Appellate Body, WT/DS58/AB/R, 12 October 1998, para. 158("...This principle[of good faith], at once a general principle of law and a general principle of international law, controls the exercise of rights by states. One application of this general principle, the application widely known as the doctrine of *abus de droit*, prohibits the abusive exercise of a state's rights and enjoins that whenever the assertion of a right "impinges on the field covered by [a] treaty obligation, it must be exercised *bona fide*, that is to say, reasonably."").

44) Aust, 2nd, 180 ; Cassese, p. 155 ; Kaczorowska-Ireland, p. 79.

45) 1969년 비엔나 조약법협약 제46조~제53조.

"본 회의는 타국가로 하여금 국가의 주권평등 및 동의자유의 원칙을 위반하여 조약체결에 관한 어떤 행위를 이행하도록 강제하기 위해 국가가 취하는 군사적 · 정치적 혹은 경제적 형태의 일체 압력의 위협 또는 사용을 비난한다."

신의성실의 원칙은 조약상의 의무에 대해서 뿐만 아니라 유효하게 성립한 일반관습법규상의 의무에 대해서도 당연히 적용된다. 또한 신의성실의 원칙은 국가의 일방적 약속/선언/행위(unilateral promises/declarations/acts)로부터 나오는 의무에 대해서도 적용된다. 요컨대, -특정 지역 상공에서 더 이상 핵실험을 하지 않겠다는 프랑스 정부의 일방적 약속이 문제된- *Nuclear Tests* 사건[46]에서 ICJ도 언급한 바와 같이 신의성실은 "법적 의무의 창설과 이행에 적용되는 기본원칙의 하나로서, 이들 의무의 연원이 무엇이냐는 관계가 없다."

일방적 선언에 신의성실의 원칙이 적용된 또 다른 주요 사례로는 *Military and Paramilitary Activities in and against Nicaragua* 사건[47]이 그 좋은 예인데, 사건 개요는 다음과 같다. 미국은 1946년 6월 26일 ICJ의 일반강제관할권을 규정한 임의(선택)조항(optional clause)(즉, ICJ규정 제36조 2항)을 이미 수락한 바 있었다. 그런데 미국이 니카라과의 우익반란군 콘트라에게 각종 지원을 제공하자 니카라과 산디니스타 좌익정권은 1984년 미국을 상대로 ICJ에 제소하려 하였다. 이에 미국은 자신의 ICJ강제관할권 수락을 부분적으로 배제하기 위하여, 제소당하기 3일 전인 1984년 4월 6일 "1946년 6월 26일의 미국의 ICJ강제관할권 수락은 지금 이 순간부터 앞으로 2년 동안 '중앙아메리카 국가들과의 분쟁 혹은 중앙아메리카의 사건들로부터 야기되거나 또는 그와 관련된 분쟁'에는 적용되지 않는다."[48]는 선언서를 UN사무국에 급히 전달하였다. 그러나 미국은 1946년 6월 26일의 ICJ강제관할권 수락선언에서, 동 선언은 "5년의 기간 동안 그리고 그 후에는 이 선언을 종료하기 위한 통고를 하고 나서 6개월이 경과할 때까지 유효하다"(remain in force for a period of five years and thereafter until the expiration of six months after notice may be given to terminate this declaration)[49]는 시간적 유보를 달았었다. 그러므로 ICJ는 "일방적 선언도 신의성실 원칙의 적용을 받으며, 유추에 의하여 조약법에 따라 대우되어야 한다."라고 판결하였다. 요컨대, 미국의 상기 Schultz notification은 신의성실의 원칙에 위배되므로 본 사건에서 원용될 수 없다는 것이었다. 이와 함께 ICJ는 니카라과도 ICJ강제관할권을 수락한 것으로 판단되므로 재판관할권이 성립한다고 전제한 뒤, 결국 1986년 6월 27일의 본안 판결에서 미국이 여러 측면에서 니카라과의 국내문제에 간섭하고 또한 후자에 대해 무력을 사용함으로써 국제관습법상의 두 관련규칙을 위반하였다고 판결하였다.[50]

---

46) New Zealand v. France, ICJ Reports (1974), p. 457 at 473 (para. 49) ; Australia v. France, ICJ Reports (1974), p. 253 at 268 (para. 46).

47) Nicaragua v. USA, ICJ Reports (1984) (Jurisdiction and Admissibility), p. 392, at paras. 60~63.

48) 이른바 Schultz notification 또는 1984 notification.

49) ICJ Reports (1984), p. 392, at paras. 13, 54.

50) Cassese, p. 157 ; Shaw, p. 669 ; (1985) 79 AJIL 373.

Ⅳ. 무력의 위협 또는 사용 금지 원칙

제1차 세계대전 이전의 전통국제법은 전시·평시를 불문하고 국가들(실제로는 강대국들)의 거의 무제한의 무력사용을 허용하고 있었다.[51] 즉, 평시법(law of peace)과 전시법(law of war)의 이분법에 기초하여, 국가들은 원하는 경우에는 언제든지 전시법으로 들어갈 수 있었으며, 또한 무력사용이 금지되는 평시라 할지라도 전쟁을 하겠다고 '위협'할 수 있는 것은 물론이고 자조(self-help)·자기보존(self-preservation) 혹은 자위(self-defence) 등의 막연한 이름을 빌어 -또한 인도적 간섭(humanitarian intervention)이나 복구(reprisal)를 위해서도- 무력에 호소하는 것이 허용되는 것으로 생각하였다. 다만, 1837년 영국 군인들이 반란준비를 막기 위해 캐나다에서 미국 영토 내로 진입한 *Caroline*호 사건[52]에서 영국은 자신의 행동을 "자위를 위한 불가피한 행동"(a necessary act of self-defence)으로 정당화하려 하였다. 이에 대해 미국 국무장관 Daniel Webster는 처음으로 '자위' 개념의 엄격한 정의를 시도함으로써 관련 국가들에게 평시법으로부터 전시법으로 이행하려는 의사가 없는 한 매우 제한된 범위 내에서만 무력사용이 허용됨을 주장하였다.[53] 즉, 그는 워싱턴 주재 영국 공사 Fox에게 보낸 1841년 4월 24일의 서한에서 "자위는 그 필요성이 급박하고, 압도적이며, 다른 수단을 선택할 여지가 없고, 숙고할 여유가 전혀 없는"(a necessity of self-defence, instant, overwhelming, and leaving no choice of means, no moment for deliberation) 경우에만 허용되며, 또한 "자위의 필요성에 의하여 정당화되는 행위는 바로 그 필요성에 의하여 제한되어야 하므로, 명백히 그 범위 내에 있어야 하기 때문에 불합리하거나 과도한 것이어서는 안된다"(nothing unreasonable or excessive ; since the act, justified by the necessity of self-defence, must be limited by that necessity, and kept clearly within it)고 언급하였던 것이다. 두 국가는 사실관계에 대해서는 견해를 달리 하였지만, 영국 정부는 1842년 7월 28일의 교환서한에서 미국 정부의 이같은 법적 논리에 대해서는 완전한 동의를 표시하였으며, 그 후 Webster 공식은 자위권과 관련하여 국제관습법의 일부로 수락되고 있다.[54]

---

51) Rosenne, *The Perplexities of Modern International Law*, p. 118의 다음 지적이 흥미롭다: "It is no accident that Grotius' classic work, *De jure belli ac pacis*, places war before peace. It is no accident that today's classic, Oppenheim's *International Law* (whatever edition), is divided into two books, the first on peace and the second on war, reversing Grotius' order."

52) 사건 개요는 이러하다. 1837년 캐나다에서 반란이 발생하고, 영국 당국을 전복하려는 준비가 미국 영토에서 행해지고 있었다. 미국 정부는 자국 영토에서 반란군대가 조직되는 것을 막기 위한 조치들을 취하긴 하였지만 미국 항구들로부터 캐나다로 반도들을 공급하는 증기선 Caroline호를 막을 시간은 없었다. 이때 영국 군대가 캐나다로부터 국경을 넘어 미국으로 들어와 뉴욕주의 한 항구에 정박 중이던 동 선박을 나포하여 불을 지르고 나이아가라 강에 표류케 하여 선박은 결국 약 2마일 상류의 나이가가라 폭포로 떨어져 파괴되었다. 선박에 대한 공격 과정에서 두 명의 미국 시민이 살해되었다. 미국 당국은 사건에 연루된 두 명의 영국 국민 중 한 명을 체포하고 그를 살인 및 방화죄로 기소하였다. Orakhelashvili/Akehurst, 9th, p. 489 ; 장신(편저), pp. 81~83 ; https://en.wikipedia.org/wiki/Caroline_affair 참조.

53) Oppenheim, pp. 297~304 ; Ott, p. 311.

54) R. Jennings, "The Caroline and McLeod Cases", (1938) 32 AJIL 82 ; Harris, 5th, pp. 894~895 ;

-분쟁의 평화적 해결에 관한 최초의 다자조약인- 1899년과 1907년의 "국제분쟁의 평화적 해결을 위한 헤이그협약"(Hague Convention for the Pacific Settlement of International Disputes)은 전통국제법 하에서의 국가들의 무력사용의 권리를 잘 보여주고 있다. 즉, 이 두 협약 제2조는 "체약국은 중대한 의견충돌 또는 분쟁이 존재하는 경우, '무력에 호소하기 전에'(before an appeal to arms), '사정이 허락하는 한'(as far as circumstances allow), 우호적인 타국가(들)의 주선(good offices) 또는 중개(mediation)에 의뢰할 것을 약속한다."고 규정함으로써 조약명칭이 시사하는 바와는 달리 오히려 무력에의 호소가능성을 명시적으로 언급하고 있었던 것이다. 또한 이 두 협약은 국가는 자신의 법적 권리가 침해당했을 경우에만 타국에 대해 전쟁에 호소할 수 있다는 이른바 정전이론(just war doctrine)을 담고 있지 않았다. 이 두 협약은 당시의 국제실정법규를 성문화한 것으로 이해되므로, 결국 당시에는 언제・어떤 이유에서든지 전쟁을 할 수 있다는 이른바 무차별・무제한 전쟁관이 지배하였다는 결론에 이르게 된다.[55] 바꾸어 말하면, "전쟁은 적나라한 침략의 경우에 있어서조차도 양측이 동일한 권리를 향유한다는 의미에서 법적으로는 불편부당(不偏不黨)(legally neutral)의 것으로 간주되었던 것이다."[56]

이같은 제국주의체제에 대해 약소국들의 저항이 아주 없지는 않았는데, 드라고주의(Drago doctrine)가 그 한 예이다. 영국・독일・이탈리아는 베네수엘라 정부에 대한 자국민들의 차관을 회수하기 위해 1902년 12월 최후통첩(ultimatum)을 발한 후 무력공격을 개시하였으며, 이에 베네수엘라는 굴복하였다. 그로부터 며칠 후인 1902년 12월 29일 아르헨티나 외무장관 Luis Maria

---

O'Connell, p. 315 ; Shaw, 4th, p. 787 ; Aust, *Handbook of IL*, 2nd, p. 209 ; https://en.wikipedia.org/wiki/Caroline_test. *Caroline*호 사건은 엄격하게 말하면 자위보다는 긴급피난(necessity)의 항변에 관련한 것이었다는 지적이 있다 : 2001년 ILC 국가책임초안규정 제25조 (긴급피난)에 대한 주석 (5) ; 崔載勳/鄭雲章, 《國際法講義》(부산 : 현범사, 1989), p. 148 ; 崔載勳(외 5인), pp. 147~148 ; 김석현, p. 283, 각주 280 ; 盧錫台(譯), p. 338 ; Neff in Evans (ed.), *International Law*, 3rd, p. 15. ICJ도 *Military and Paramilitary Activities in and against Nicaragua* (Nicaragua v. United States of America), ICJ Reports (1986), p. 14에서 국제관습법상의 자위권에 대해 자세히 논하면서도 *Caroline*호 사건에 대해서는 언급하지 않았다. 다만, 이 사건에서 Schwebel 재판관은 반대의견(dissenting opinion, para. 200)을 통해 "*Caroline*호 사건은 예방적 자위를 문제삼은 것이었으며, 무력공격 내지는 무력공격에 상응하는 행동에 대한 반응을 문제삼은 것은 아니었음을 상기해야 한다."(It should be recalled that the narrow criteria of the *Caroline* case concerned anticipatory self-defence, not response to armed attack or to actions tantamount to an armed attack.)고 언급한 바 있다. 뉴른베르그 국제군사재판소도 *Caroline*호 사건을 예방적 자위권 관련 사례로 언급하였었다 : International Military Tribunal (Nuremberg), Judgment of 1 October 1946, 〈https://www.legal-tools.org/doc/45f18e/pdf/〉, p. 41 ; 본서, 제27장 (국가의 무력사용), "Ⅱ. 국가의 무력사용, 4. 자위권의 한계, (1) 예방적 자위권". Charles P. Trumbull Ⅳ, "The Basis of Unit Self-Defense and Implications for the Use of Force", (2012) 23 Duke Journal of Comparative & International Law 121 (fn. 4)도 참조 요망.

55) Cassese, p. 24 ; https://www.pca-cpa.org.

56) Richard Overy, "The Nuremberg trials: international law in the making", in Sands (ed.), p. 15. 이처럼 전쟁 자체가 금지되지 아니한 대신 평시상태에서 전시상태로 들어가기 위한 절차가 강조되었는데, 1907년 헤이그 제3협약, 즉 "적대행위 개시에 관한 협약"(Convention relative to the Opening of Hostilities)은 "체약국은 '이유를 붙인 전쟁선언(선전포고) 또는 조건부 전쟁선언을 포함하는 최후통첩'의 형식을 갖는(in the form either of a reasoned declaration of war or of an ultimatum with conditional declaration of war) 사전의 그리고 분명한(노골적인) 통고 없이 상호간에 전쟁을 개시하지 못함을 승인하며"(제1조), "전쟁상태의 존재는 지체없이(without delay) 중립국에 통고할 것"(제2조)을 규정하였던 것이다.

Drago (1859~1921)는 미국 국무부어 보낸 외교서한에서 다음의 두 가지 사항을 주장하였다. 첫째, 유럽의 군사적 간섭은 (그가 기꺼이 지지할 용의가 있는) 먼로 독트린(Monroe doctrine)에 위배된다. 둘째, 재정적 곤란과 그로 인해 채무지급을 연기할 필요가 생긴 경우에는 외국의 군사적 간섭은 정당화되지 않는다. 이에 대해 미국 국무장관 P. Hay는 1903년 2월 17일의 서한에서, 라틴아메리카 국가들이 외국에 대한 자신들의 의무를 이행하는 한 의국의 군사적 간섭을 두려워 할 필요가 없다는 점을 지적하였다. 드라고주의는 국가의 무제한의 무력사용을 허용한 그 당시의 실정국제법과는 어긋나는 것이었지만, 1648년의 웨스트팔리아체제 이후 무력사용의 제한을 국제법에 도입하려 하였던 최초의 시도로서 역사적 의미를 갖는 것이었다. 1907년의 제2차 헤이그평화회의에서 라틴아메리카 국가들은 드라고주의에 의거하여, 계약상의 채무회수를 위한 무력사용을 '금지'하는 조약을 통과시키기 위해 진력하였다. 그러나 미국 대표 P. Porter 장군은 이 원칙을 약화시켜, "무력사용은 채무국이 국제중재를 수락하지 않거나 또는 중재판결을 이행하지 않을 것을 조건으로 할 것"을 제안하였다. 평화회의에서는 대체로 Porter 장군의 제안이 수락되어 "계약상의 채무회수를 위한 무력사용의 '제한'에 관한 협약" (Convention respecting the Limitation of the Employment of Force for the Recovery of Contract Debts)[57]이 채택되었다. 그러나 유럽국가들은 어느 누구도 이를 비준하지 않았으며, 거세된 형태로나마 무력사용의 합법성을 제한하려던 라틴아메리카 국가들의 당시의 노력은 좌절되고 말았던 것이다.[58]

소련은 그 등장 직후 침략전쟁 금지의 문제를 제기하였다. 즉, 소비에트 정부는 그 제1포고령인 1917년 11월 8일의 "평화에 관한 포고령"(Decree on Peace)에서 병합전쟁을 "인도에 대한 최대의 범죄"(the greatest crime against humanity)[59]로까지 선언하였던 것이다. 그 후 1919년의 국제연맹규약 제12조[60]는 전쟁에 관하여 다음과 같이 규정하였다.

> "연맹의 회원들은 그들 사이에 국교단절에 이를 우려가 있는 분쟁이 발생한 경우, 그 사건을 중재재판이나 **사법적 해결**, 연맹이사회의 사실심사에 부탁할 것에 동의하며, 또한 중재재판관들의 판정이나 **사법적 결정**, 연맹이사회의 보고 후 3개월이 경과할 때까지는 어떠한 경우에도 전쟁(war)에 호소하지 않을 것에 동의한다.
>
> 본 조항 하에서의 그 어떤 경우에도 중재재판관들의 판정이나 **사법적 결정**은 합리적인 시간 내에 내려져야 하며, 이사회의 보고서는 분쟁이 부탁된 후 6개월 이내에 채택되어야 한다."

그러나 국제연맹의 집단안보체제는 다음의 몇 가지 결함을 안고 있었다. 첫째, '전쟁'이라는 기술적

57) 1907년 10월 18일 헤이그에서 채택, 1910년 1월 26일 발효 ; https://avalon.law.yale.edu/20th_century/hague072.asp.

58) Cassese, pp. 50~52 ; Cassese, *International Law*, 2nd pp. 33~34 ; Rosenne, *The Perplexities of Modern International Law*, p. 119 ; Orakhelashvili/Akehurst, p. 23.

59) https://www.historyguide.org/europe/decree.html ; https://en.wikipedia.org/wiki/Soviet_Decrees.

60) 규약 제12조는 1921년 PCIJ가 설립되고 나서 1924년 9월 26일부로 개정된 바 있는데, 개정의 주된 내용은 '사법적 해결'(judicial settlement)과 '사법적 결정'(judicial decision)을 추가하는 것이었다. 제12조 인용문에서 이 부분은 진한 활자로 표시하였다.

용어를 사용함으로써 전쟁에 이르지 않는 무력(armed force short of war)의 사용은 금지되지 않았다는 해석을 가능하게 하였다. 다시 말해서, 실제로는 전쟁을 하면서도 이것은 전쟁이 아닌 무력 사용으로, 규약을 위반하지 않았다고 주장할 가능성을 남겨두었던 것이다. 1930년대 사변(incident)이란 이름으로 포장된 일본의 중국 침략과정이 그 좋은 예이다.[61)]

둘째, 전쟁조차도 전면 금지된 것이 아니라 일정 사법적 혹은 정치적 절차 완료(즉, 중재판정이나 PCIJ의 결정, 혹은 연맹이사회의 만장일치에 의한 보고서 채택) 후 3개월의 냉각기간(cooling-off period)의 제약을 받는데 불과하였다. 이 냉각기간을 통하여 분쟁당사국들이 감정을 가라앉히고 규약의 규정에 따라 평화적 방법으로 분쟁을 해결하리라 기대하였으나, 이것은 너무나 순진한 희망이었으며 또한 착각이었다.

셋째, 연맹규약 제16조는 규약을 위반하여 전쟁을 개시한 연맹의 회원은 "당연히 연맹의 다른 모든 회원들에 대해 전쟁행위를 저지른 것으로 간주된다"(shall *ipso facto* be deemed to have committed an act of war against all other Members of the League)고 전제한 뒤 전쟁을 일으킨 회원에 대해 자동적으로 일정 경제제재를 가할 의무를 다른 모든 회원들에게 지우고 있었으나, 군사행동에 관한 한 연맹이사회는 관련 정부들에게 적절한 군사적 조치를 사용할 것을 권고할 수 있는 권한밖에 갖고 있지 않았다.[62)]

넷째, 연맹규약 제5조는 연맹총회와 이사회에서의 (절차문제 이외의 사항에 대한) 의사결정은 -규약에 별단의 규정이 있는 경우를 제외하고는- 참석한 회원들의 만장일치에 의하도록 규정하였는데, 만장일치가 이루어지지 않으면 그 다음 단계에서는 어떻게 한다는 후속조항을 마련하지 않았다. 이로써 평등의 원칙은 극에 달하였으나 이것은 오히려 연맹의 단명을 초래하고 말았다.

다섯째, 연맹규약 제1조 3항은 연맹의 자유로운 탈퇴를 명시적으로 허용하고 있었다. 즉, 규약의 구속을 받기 싫은 회원은 동 규정에 명시된 '일정 조건' 하에서(즉, 탈퇴의사를 통고한 뒤 2년 후에, 그리고 그의 모든 국제의무와 규약 하의 모든 의무가 탈퇴시에 이행되었을 것을 조건으로) 언제든지 연맹을 떠날 수 있었다.[63)]

여섯째, 연맹규약은 일반관습법규로 전환되지 못하고 조약의 차원에 머무르고 말았으므로, 연맹 밖에 있는 국가들을 구속할 수 없었다. 그러한 결과 전쟁을 허용하는 관습법규는 제3국에 관한 한 영향을 받지 않았다. 요컨대, 연맹규약은 전쟁 자체를 위법화시키는 선에는 미치지 못하였다.

---

61) Rosenne, *The Perplexities of Modern International Law*, pp. 130~131 ; https://en.wikipedia.org/wiki/Manchuria_Incident ; https://en.wikipedia.org/wiki/China_incident.

62) Renata Sonnenfeld, *Resolutions of the UN Security Council* (Dordrecht : Martinus Nijhoff Publishers, 1988), p. 89. 국제연맹 시절 단 한번 규약의 제재 규정이 발동된 적이 있는데, 1935~36년 이탈리아가 에티오피아를 침략하였을 때였다. 그러나 이 제재는 에티오피아를 구하지 못하였는데, 제재가 실질적 효과를 가져오기 전에 정복이 완료되어 버렸기 때문이다. Neff in Evans (ed.), *International Law*, 3rd, p. 22.

63) 일본은 1933년에, 이탈리아는 1937년에 각기 탈퇴를 선언하였으며, 독일은 1926년에 연맹가입이 허락되었으나 1933년에 탈퇴를 선언하였다. 이 밖에도 다수의 국가들이 연맹으로부터 탈퇴하였다. 소련은 뒤늦게 1934년에 가입하였으나 1939년 연맹 역사상 유일하게 제명당하였다(규약 제16조 4항 참조). 신흥강국 미국은 처음부터 끝까지 연맹의 비회원국으로 남아 있었다. https://en.wikipedia.org/wiki/Member_states_of_the_League_of_Nations.

이런 가운데서도 연맹총회는 침략전쟁을 '범죄'로 규정하려고 시도하기도 하였다. 예컨대, 1923년 연맹총회에서 채택된 "상호원조에 관한 조약 초안"(Draft Treaty on Mutual Assistance)은 "체약국은 침략전쟁이 국제범죄임을 엄숙히 선언하며, 그 누구도 이를 범하지 않을 것을 각자 약속한다."라고 규정하고 있었다.[64] 이어서 1927년 연맹총회에서 채택된 "침략전쟁에 관한 선언"(Declaration on Aggressive Wars)도 침략전쟁을 '국제범죄'(international crime)로 분류한 바 있다.[65] 1928년의 "국가정책수단으로서의 전쟁의 포기를 위한 일반조약"(약칭 부전조약)(General Treaty for the Renunciation of War as an Instrument of National Policy)[66]에서 체약국들은 상호관계에서 '국가정책수단으로서의 전쟁'(war as an instrument of national policy), 즉 침략전쟁을 포기하였으나 이를 '범죄'(crime)로 규정하지는 않았다. 그리고 부전조약에는 전쟁 포기에 대한 그 어떤 예외도 담겨 있지 않았지만, 체약국들은 일반적으로 자위를 위한 전쟁, 즉 자위전(war of self-defence)은 허용될 것이라는 점을 인정하였다. 일부 체약국은 조약 비준에 앞서 자위전은 합법일 것이라는 자신들의 양해를 담은 외교각서를 제출하기도 하였다. 평시 무력행사 금지에 대한 예외사유로서 등장했던 자위가 전쟁금지와 함께 이제는 이 원칙의 예외사유로서 등장하게 된 것이다.[67] 부전조약의 또 하나의 약점으로 언급되고 있는 것은 조약 위반에 대한 제재(sanctions)가 마련되어 있지 않았다는 것이다.[68] 이런 와중(渦中)에 나온 (*Angola*) *Naulilaa Incident*의 중재판결[69]은 '평시'무력복구(peacetime armed or military reprisal)[70]의 요건을 엄격히 하는 데 기여하였다.[71]

제2차 세계대전 후의 동경 및 뉴른베르그 국제군사재판소헌장은 '침략'전쟁의 '개시'뿐만 아니라 그 '준비'도 이미 국제법에 의하여 금지된 것으로서, 위법(illegal)일 뿐만 아니라 '범죄'(crime)를 구성한다는 명제에 기초하였다. 그러나 그에 대한 형사적 제재는 침략전쟁을 준비·개시·수행한 '개인'을 처벌하는 방식에 국한되었다. 다시 말해서, 침략을 자행한 '국가' 자체에 대해 '형사'책임을 묻는다는 관념은 아직 희박하였다.

전시법과 평시법의 이분법을 떠난, '무력의 위협 또는 사용'의 금지는 -"모든 회원국은 그들의 국제관계에서 다른 그 어떤 국가의 영토보전이나 정치적 독립에 대하여도, 또는 UN의 목적에 부합하지 아니하는 다른 어떠한 방식으로도, 힘(force)으로 위협하거나 힘을 행사함을 삼가야 한다"고 규정한- UN헌장 제2조 4항에서

64) 그러나 이 조약 초안은 빛을 보지 못하였다.
65) Tunkin, p. 756.
66) 일명 Pact of Paris 또는 Kellogg-Briand Pact. Sweeney et al., p. 1234 ff ; Rosenne, *The Perplexities of Modern International Law*, p. 120. 부전조약은 여전히 발효 중이다 : Dixon, p. 323 ; Keitner, p. 240 ; Randall Lesaffer, "Kellogg-Briand Pact (1928)", in R. Wolfrum (Ed.), Max Planck *Encyclopedie of Public International Law* (Oxford : Oxford University Press, 2011), 〈https://pure.uvt.nl/portal/files/1336402/Lesaffer_KelloggBriandPact_110617_postprint_immeciately.pdf〉.
67) 盧錫台(譯), p. 339 ; Neff in Evans (ed.), *International Law*, 3rd, p. 22 ; https://en.wikipedia.org/wiki/Kellogg-Briand_pact ; https://legal-dictionary.thefreedictionary.com/Kellogg-Briand+ Pact.
68) Ott, p. 311 ; Neff in Evans (ed.), *International Law*, 3rd, p. 22 ; Hamid, p. 400.
69) Portugal v. Germany, 1928.
70) 본서 제27장 (국가의 무력사용) 참조. 복구(reprisal)의 일반적 의미에 관해서는, 본서, 제14장 (국가책임) 참조.
71) Ott, p. 311.

최초로 그 모습을 드러내었다. 이 규정에 대한 문맥적 · 논리적 해석과 그 기초과정에 비추어 보아 다음의 몇 가지 결론이 도출되었다.

첫째, 무력의 위협 또는 사용 금지는 절대적이고 포괄적이다. 즉, 헌장 제7장(UN에 의한 강제행동), 제51조(자위권), 제53조(지역적 기구에 의한 강제행동), 그리고 (제53조 1항 단서와 마찬가지로 지금은 사실상 쓸모없게 된) 제107조(구적국관련 조항)[72]의 경우를 제외하고는, "그 어떤 국가(UN회원국이든 아니든 불문하고)의 영토보전 혹은 정치적 독립에 대해서도, 혹은 UN의 목적과 일치하지 않는 다른 어떤 방법으로라도, 힘으로 위협하거나 힘을 사용하는 것"(threat or use of force against the territorial integrity or political independence of any state, or in any other manner inconsistent with the purposes of the United Nations)은 모든 경우에 금지되었다.[73]

둘째, 헌장 제2조 4항은 '무력 사용'과 '무력(사용의) 위협'을 함께 나란히 금지하고 있다. 무력 위협은 실제 무력 사용으로 실현되기도 하겠지만, 사용에까지 이르지는 않고 위협에 머무는 경우도 많을 것이다. '무력 위협' 자체의 위법성 여부를 판단하는 기준과 관련하여 ICJ는 *Legality of the Threat or Use of Nuclear Weapons* 사건[74]에서 "UN헌장 제2조 4항에서 '무력 사용' 개념과 '무력 위협' 개념은 붙어 있다. 따라서 무력을 사용하는 것 자체가 위법한 경우라면 그 같은 무력을 사용하겠다고 위협하는 것도 마찬가지로 위법한 것이 될 것이다. '무력 사용의 위협'이 적법한 것이 되기 위해서는 이 무력 사용이 UN헌장에 부합하는 경우여야 한다."고 언급한 바 있다. 요컨대, 무력 사용의 위협은 동일 무력의 실제 사용이 위법한 것이 될 모든 경우에 위법하다.[75]

셋째, 단지 군사적 힘, 즉 무력만이 금지되었다. UN헌장은 그 전문에서 "공동의 이익을 위한 경우를 제외하고는 무력(*armed* force)은 사용되지 않을 것"임을 천명하고 있을 뿐만 아니라, "UN의 목적과 일치하지 않는 '경제'조치의 위협 또는 사용"(threat or use of *economic* measures in any manner inconsistent with the purposes of the UN)도 금지시키기 위한 브라질의 수정안은 UN헌장을 작성한 1945년의 샌프란시스코 회의에서 채택되지 않았었다.[76]

넷째, 무력의 위협 또는 사용은 단지 국가 간의 관계에서만 금지되었다. 따라서 UN회원국들이 자국 영토 내의 반란단체나 독립을 위해 투쟁하는 민족해방기구를 상대로 무력을 사용하는 것은 여전히 허용된다고 생각되었으며,[77] 마찬가지로 자국 정부를 상대로 내전을 수행하는 반도들도 그 자

---

72) Akehurst, pp. 266~267 ; 본서, 제27장 (국가의 무력사용).

73) Cassese, p. 137 ; 김석현, "무력행사 금지 원칙의 역사적 발전과 그 의의", 《국제법평론》, 2009-Ⅱ (통권 제30호)(2009년 10월), p. 30 이하. UN헌장 체제 하에서 혹은 일반국제법 하에서 상기 경우들 이외에도 인도적 간섭을 포함하여 국가의 무력사용이 허용되는 영역이 더 존재하는지의 문제에 대해서는, 본서, 제27장 (국가의 무력사용) 참조.

74) Advisory Opinion, ICJ Reports 1996, p. 226 at 246 (para. 47) : "The notions of "threat" and "use" of force under Article 2, paragraph 4, of the Charter stand together in the sense that if the use of force itself in a given case is illegal – for whatever reason – the threat to use such force will likewise be illegal. In short, if it is to be lawful, the declared readiness of a State to use force must be a use of force that is in conformity with the Charter."

75) Orakhelashvili/Akehurst, 9th, p. 483.

76) Akehurst, p. 135 ; Cassese, p. 137.

체로는 국제법을 위반하는 것이 아니다.[78]

UN헌장 제2조 4항의 무력의 위협 또는 사용 금지원칙은 그 후 점차 비회원국에 대해서도 구속력이 있는 일반국제법규(a general rule of international law)로 변형되었으며, 이같은 변형은 1970년의 우호관계선언에서 분명히 확인되었다.[79] 그러나 무력사용 금지 원칙의 구체적인 내용에 관해서는 (때로 일부 라틴아메리카 국가들의 지원을 받는) 서방국가들과 사회주의 · 제3세계 간에 견해의 차이가 있었는데, 우호관계선언 제1원칙과 1974년의 침략정의선언(Declaration on the Definition of Aggression)[80] 그리고 1987년의 (약칭) "무력의 위협 혹은 사용 자제 원칙에 관한 UN선언"[81] 등에서 이제 다음과 같은 합의에 도달하였다.

첫째, 무력의 위협 또는 사용은 '국가'에 대해서 뿐만 아니라 (민족해방단체에 의하여 대표되는, 자결권을 향유하는) '민족'에 대해서도 금지된다. 즉, 비교적 최근까지만 해도 식민당국이 자결권을 향유하는 민족에 대해 무력을 사용하는 것은 순전히 국내문제로 간주되어, 이는 UN헌장 제2조 4항의 적용을 받지 않는 것으로 생각되었다. 그러나 이제 이것은 더 이상 식민당국의 국내문제(즉, 단순한 폭동 · 반란 진압의 문제)가 아니다. 그러므로 1977년의 제네바 제1의정서는 민족해방투쟁을 국가 간의 무력투쟁과 마찬가지로 '국제적' 무력충돌로 규정하고 있다.[82]

둘째, 국가는 어떤 경우에도 타국의 영토를 무력(의 위협 또는 사용)을 통하여 취득할 수 없다. 따라서 침략국의 영토라 할지라도 UN헌장에 따라 이를 군사적으로 점령할 수는 있어도 병합할 수는 없다. 요컨대, 정복은 그 어떤 경우에도 주권의 변경을 초래하지 않는다.[83] *Legal Consequences of the Construction of a Wall in the Occupied Palestinian Territory* 사건[84]에서 ICJ는 이것은 국제관습법규라고 확인한 바도 있다. 이 사건에서 이스라엘은 문제의 장벽은 테러 공격에 대처하기 위한 일시적(임시적) 조치일 뿐, 당해 영토의 법적 지위를 변경하기 위한 것이 아니라고 항변하였으나,[85] ICJ는 "장벽 건설 및 이와 연관된 체제는 당연히 영구적인 것이 될 수도 있다는 점에서 기정 사실(fait accompli)을 창설하며, 장벽에 대한 이스라엘 측의 공식적인 설명에도 불구하고 이것은 "사실상의 병합"(*de facto* annexation)에 해당할 것"[86]이라고 언급하였다.[87]

---

77) Cassese, p. 137.
78) Orakhelashvili/Akehurst, 9th, p. 496.
79) Cassese, pp. 137~138.
80) UN총회결의 3314 (XXIX)(1974년 12월 14일)에 부속.
81) UN총회결의 42/22 (XXIX)(1987년 11월 18일)에 부속. 투표 없이 채택됨. 공식명칭 : "Declaration on the Enhancement of the Effectiveness of the Principle of Refraining from the Threat or Use of Force in International Relations".
82) Shaw, p. 699.
83) 본서, 제19장 (영토의 취득) 참조
84) Advisory Opinion of 9 July 2004, ICJ Reports (2004), p. 136 at 171 (para. 87).
85) *Ibid.*, at 182 (para. 116).
86) *Ibid.*, at 184 (para. 121).
87) 점령지 내 분리 장벽 문제에 대한 이스라엘 재판소의 접근에 대해서는 특히 다음 사건 참조 : The Supreme Court (Sitting as the High Court of Justice), *Beit Sourik Village Council* v. *The Government of Israel and the Commander of the Israeli Defence Forces in the West Bank*, 30 June 2004, HCJ 2056/04. ICJ

셋째, 직접적인 무력사용(direct use of force)뿐만 아니라 간접 무력사용(indirect use of force)도 무력사용금지 원칙의 이름으로 금지된다. 여기서 간접적인 무력사용이란 타국의 반란단체를 무장시키고 훈련시키는 행위, 타국에 대한 병참지원(logistic support)이나 기지제공 등을 의미한다. 재정지원(financial assistance) 즉 자금지원은 간접적인 무력사용에는 해당하지 않지만, 그럼에도 불구하고 그것은 타국의 국내문제에 대한 간섭으로서 국제법에 위배된다. *Military and Paramilitary Activities in and against Nicaragua* 사건(Merits)[88]에서 ICJ도 미국이 니카라과 산디니스타정부의 전복을 꾀하는 반도게릴라 "콘트라를 무장시키고 훈련시킨 것"(the arming and training of the *contras*)은 확실히 니카라과에 대한 무력의 위협 또는 사용을 수반하는 것이지만, "콘트라에 대한 단순한 자금지원"(the mere supply of funds to the *contras*)은 그것이 의심의 여지없이 니카라과의 국내문제에 대한 간섭행위이긴 해도 그것 자체가 무력의 사용에 해당하지는 않는다고 판결하였다.

넷째, 침략전쟁은 평화에 대한 범죄로서, 그것을 준비하고 수행한 개인의 국제범죄일 뿐만 아니라 당해 국가의 국제범죄이기도 하다.[89]

다섯째, 국가에게는 타국으로부터 위법행위가 가해질 때 이를 중지시키고 또 이에 대한 손해배상(reparation)을 얻어 내기 위하여 그에 상응하는 위법행위를 가하는 것이 허용된다. 이를 복구(reprisal)라고 칭하는데, 최근에는 대항조치(countermeasure)라는 술어로 대체되는 경향이 있다.[90] 복구 혹은 대항조치는 국제공동체의 수평적·분권적 구조를 보여주는 한 가지 좋은 예이다. 그러나 UN헌장 제2조 4항에 의하여 이제는 무력의 위협 또는 사용을 동반하는 복구는 금지된다. 1970년의 우호관계선언은 특별히 복구에 대해서만은 "무력'사용'을 동반하는"(involving the use of force) 복구만이 금지되는 것으로 표현함으로써, 무력사용의 '위협'(threat of force)을 동반하는 복구는 여전히 허용되는 것으로 해석될 수 있는 여지를 남겨두고 있다. 그러나 국가책임에 관한 ILC초안 제50조 1항은 '대항조치에 의하여 영향받지 않는 의무'의 하나로서 "UN헌장에 구현되어 있는 무력의 위협 또는 사용을 자제할 의무"를 들고 있다.[91]

무력의 위협 또는 사용 금지원칙은 이제 -대세적 의무(duties *erga omnes*)를 창설하는- 일반국제법의 강행규범(*jus cogens*)이 되었다. 따라서 이 원칙을 위반하여 형성된 조약이나 사태(예컨대, 신국가 수립)는 당연무효(null and void)이다. 설사 두 국가가 합의에 의해 전쟁에 돌입한다고 해도 이것은 현대국제법의 눈으로 보면 서로에 대해 무력사용금지 원칙을 위반하고 있는 것에 불과하다. 이와 함께 전쟁 내지 무력사용을 단지 관련당사국간의 문제로만 보고 여기에 참여하지 않는 외부국가들

의 권고적 의견 몇 일 전에 내려진 이 판결에서 이스라엘 최고재판소는 ICJ와는 반대로 문제의 장벽은 안보(security)의 목적을 위한 것이지 영토병합이라는 정치적 동기는 없다는 정부의 주장을 수락하였었다(para. 28 of the judgment). 본서, 제5장 (국제법과 국내법의 관계), "이스라엘" 편 참조.

88) Nicaragua v. USA, ICJ Reports (1986), p. 14 at para. 228. See also Harris, 5th, pp. 885~886.

89) 다만, 국가책임에 관한 초안작성과정에서 국가의 국제위법행위를 국제범죄(international crime)와 국제불법행위(international delict)로 구분하려던 UN국제법위원회의 초기 시도는 성공하지 못하였다.

90) 국가책임에 관한 ILC초안 제49조~제54조 참조.

91) Wallace, 3rd, p. 262 ; Malanczuk, p. 271 ; 본서, 제14장 (국가책임), X. 국가책임의 이행, "2. 대항조치".

에게는 중립의 의무를 부과하던 전통관습법규의 기본논리는 소멸하였다.[92)]

UN헌장 하에서의 국가의 무력사용과 관련된 행태는 무력사용(use of force),[93)] 무력공격(armed attack),[94)] 평화의 파괴(breaches of the peace),[95)] 침략행위(acts of aggression)[96)] 등 다양하게 지칭되는데, 이들 중 무력사용은 -타 개념들과 달리- 크고 작은 모든 행태의 무력사용을 포괄할 수 있는 넓은 개념이다.[97)]

컴퓨터 네트워크 공격도 UN헌장 제2조 4항에 의해 금지된 "무력사용"에 해당될 수 있고, 나아가 자위권 발동의 전제조건인 -헌장 제51조의- "무력공격"에 해당될 수 있겠는지에 대한 논의가 시작되었음도 유념할 필요가 있다.[98)]

V. 분쟁의 평화적 해결 원칙

국가 간 분쟁을 평화적으로 해결하기 위한 '수단들'은 제1차 세계대전 이전부터 이미 존재하고 있었다. 여기서 문제가 되는 것은 분쟁을 평화적으로 해결할 '의무'의 존재 여부이다. 앞에서 언급한 바와 같이, 국제분쟁의 평화적 해결을 위한 1899년과 1907년의 두 헤이그협약 제2조에서는 단지 "체약국들 간에 중대한 의견의 충돌 또는 분쟁이 발생한 경우, '무력에 호소하기 전에' '사정이 허락하는 한' 타 국가(들)의 주선 또는 중개에 호소할 의무"를 규정하고 있을 따름이었다. 따라서 여기에 규정된 분쟁의 평화적 해결의무는 진정한 의미에서의 의무가 아니었다. (1924년에 개정된)국제연맹규약 제12조도 "연맹회원국들은 그들 사이에 국교단절(rupture)에 이를 우려가 있는 분쟁이 발생한 경우, 그 사건을 중재재판이나 사법적 해결 또는 연맹이사회의 사실조사(심사)에 부탁할 것에 동의

92) 朴觀淑, pp. 419~420. 그러나 ICJ는 Advisory Opinion on *Legality of the Threat or Use of Nuclear Weapons*, ICJ Reports (1996), p. 226 at 261 (para. 89)에서 다음과 같이 언급한 바 있다 : "The Court finds that as in the case of the principles of humanitarian law applicable in armed conflict, international law leaves no doubt that the principle of neutrality, whatever its content, which is of a fundamental character similar to that of the humanitarian principles and rules, is applicable (*subject to the relevant provisions of the UN Charter*) to all international armed conflict, whatever type of weapons might be used." 다만 UN안보리가 무력충돌과 관련하여 구속력있는 행동을 취하는 경우에는 -ICJ도 시사하는 바와 같이- UN회원국들은 그에 따르지 않기 위한 구실로서 중립의 규칙을 원용할 수 없다 : ILA Report of the Sixty-Eighth Conference (Taipei, 1998), "Helsinki Principles on the Law of the Maritime Neutrality", p. 496 ff ; Institute of International Law, Session of Wiesbaden-1975, Resolution on "Conditions of Applicability of Rules, other than Humanitarian Rules, of Armed Conflict to Hostilities in which United Nations Forces may be engaged', Article 4, at https://www.idi-iil.org/ ; Rosenne, *The Perplexities of Modern International Law*, pp. 148~151.

93) UN헌장 제2조 4항.

94) UN헌장 제51조.

95) UN헌장 제39조.

96) UN헌장 제39조.

97) 본서, 제27장 (국가의 무력사용).

98) 본서, 제27장 (국가의 무력사용) 참조.

한다."고 규정함으로써 외견상 분쟁의 평화적 해결원칙을 도입하기는 하였으나, 이들 중 어느 한 개의 평화적 수단에 의한 분쟁해결이 실패한 후 3개월이 경과하면 전쟁에 호소함을 허용함으로써 이 의무를 본질적으로 훼손하고 있었다.

그러나 국제연맹 체제 밖에서 성립된 파리규약, 즉 부전조약(1928년)은 어떠한 유보도 붙이지 않은 분쟁의 평화적 해결의무를 수립하였다. 즉, 이 조약은 제1조에서 국제분쟁의 해결을 위하여 전쟁에 호소함을 불법으로 선언한 뒤, 제2조에서 "체약국은 상호간에 야기될 수 있는 '일체의' 분쟁(disputes) 또는 분규(conflicts)를 그 성질과 원인의 여하를 불문하고 '평화적 수단에 의하지 아니하고는' 그 처리 또는 해결을 구하지 않을 것을 약속한다."고 규정하였다. 게다가 부전조약이 체결된지 한 달 뒤인 1928년 9월 26일 연맹총회에서 채택된 "국제분쟁의 평화적 해결을 위한 제네바 일반의정서"(Geneva General Act for the Pacific Settlement of International Disputes)에서는 "교섭 또는 조정절차(conciliation procedure)에 의하여 해결되지 못한 체약국간의 분쟁은 중재재판소(arbitral tribunal) 또는 PCIJ에 부탁해야 한다."고 규정하고 있었다. 그러나 이 일반의정서는 당시 단지 20개국들만이 비준하였으므로 별다른 역할을 하지는 못하였다.[99] 이처럼 분쟁을 평화적으로만 해결해야 한다는 관념은 제2차 세계대전 이전에 이미 일부 조약에 의하여 수립되고 있었으나, 이것은 UN헌장체제에 의하여 더욱 정밀한 형태로 발전되었고,[100] 1970년 우호관계선언의 제2원칙과 1982년 "국제분쟁의 평화적 해결에 관한 마닐라선언"(Manila Declaration on the Peaceful Settlement of International Disputes)[101]은 이를 다시 구체적으로 확인하고 있다. 분쟁의 평화적 해결원칙은 이제 무력(의 위협·사용)금지 원칙과 함께 한 동전의 양면을 형성하고 있다.[102]

분쟁의 평화적 해결원칙의 기본내용은 다음과 같다. 첫째, '모든' 국가는 UN헌장(과 그에 병행하여 존재하는 일반관습법)에 규정되어 있는 일부 예외를 제외하고는 오로지 평화적 수단에 의하여 분쟁을 해결하여야 한다.

둘째, 분쟁당사국들은 분쟁의 상황 및 성격에 적합한 평화적 수단에 관하여 합의하여야 한다.

셋째, 한 가지 평화적 수단으로 분쟁해결이 실패하였을 경우, 분쟁당사국들은 다른 평화적 수단을 강구하여야 한다. 요컨대, 분쟁의 평화적 해결 의무가 성립하였음에도 불구하고, 국가들은 그 해결 '수단'을 선택함에 있어 완전한 자유를 향유하고 있다.[103] 다시 말해서, 특정한 해결수단에 강제관할권을 부여하는 일반관습법규는 존재하지 않으며, 따라서 동의에 기초하지 않는 한 그 어떤 평

---

99) 1949년 4월 28일의 UN총회결의 268(Ⅲ)(A)에 의해 -'국제연맹' 관련 부분을 'UN'으로 개정한- "국제분쟁의 평화적 해결을 위한 개정 일반의정서"(Revised General Act for the Pacific Settlement of International Disputes)가 채택되어 1950년 9월 20일 발효한 바 있으나, 현재 가입국은 8개국에 지나지 않는다. Orakhelashvili/Akehurst, 9th, p. 574 ; https://treaties.un.org/.

100) UN헌장 제2조 3항, 제6장(제33조~제38조) 참조.

101) 1982년 11월 15일 채택된 UN총회결의 37/10에 부속되어 있음.

102) 이를테면, 1987년 "무력의 사용 혹은 위협에 관한 UN선언"은 제16항에서 분쟁의 평화적 해결원칙과 무력의 위협/사용 금지원칙은 "불가분"(inseparable)하다고 언급하고 있다.

103) Case concerning *Obligation to Negotiate Access to the Pacific Ocean* (Bolivia v. Chile), ICJ Reports (2018), p. 507, paras. 165~167.

화적 해결수단도 강제관할권을 향유하지 못한다. ICJ에 따르면 재판관할권 성립 여부와 국가의 국제법 위반에 대한 책임은 별개의 문제이다.[104] 과거 PCIJ도 1923년 *Eastern Carelia* 사건[105]에서 "그 어떤 국가도 타국과의 분쟁을 자신의 동의 없이 중개, 중재재판 혹은 기타 다른 종류의 평화적 해결방식에 부탁하도록 강제당할 수 없다는 것은 국제법에서 잘 확립되어 있다."고 판시한 바 있다. 이처럼 분쟁을 해결하기 위해 이용할 수 있는 모든 평화적 수단이 당사국들의 동의를 기초로 해서만 작동한다는 사실은 달리 표현하면, 일반국제법상 분쟁을 "해결할" 의무는 여전히 존재하지 않으며, 현대국제법이 분쟁의 평화적 해결원칙의 이름으로 요구하는 것은 분쟁을 "평화적으로" 해결할 의무에 그치고 있음을 의미한다.[106] 이것은, 분쟁이 지속되고 있다는 사실 자체는 분쟁의 평화적 해결원칙에 대한 위반을 구성하는 것이 아님을 의미하는 것이기도 하다. 실제로 분쟁(혹은 분쟁으로 이어질 수 있는 사태)에 따라서는 이를 공식적으로 해결하려고 시도하기보다는 단지 '관리'하는(manage) 것이 더 현명할 수 있다.[107]

넷째, 국제분쟁의 당사국은 물론이고 다른 국가들은 분쟁을 평화적으로 해결하려고 노력하는 동안 "사태를 악화시켜 국제평화와 안전의 유지를 위태롭게 할 수 있는 일체의 행동"(any action which may aggravate the situation so as to endanger the maintenance of international peace and security)을 삼가야 한다.

다섯째, 우호관계선언은 "모든 국가는 –영토 분쟁(territorial disputes)을 포함하여– 국제분쟁을 해결하는 수단으로 무력의 위협 또는 사용을 자제할 의무가 있다"고 선언함으로써 분쟁의 평화적 해결 원칙은 영토 분쟁에도 적용됨을 분명히 하고 있다. 고로, 국가는 자국이 타국에 비해 우월한 권원을 가지고 있다고 생각하더라도 타국이 현재 점유 중인 영토를 공격해서는 안 된다. 그에 상응하여 영토를 점유 중인 국가는 경쟁국의 침략에 대항하여 자위권을 행사할 권리가 있다.[108]

분쟁의 평화적 해결원칙이 강행규범(*jus cogens*)의 성격을 갖는가에 관해서는 아직까지 공식적인 입장천명들이 없는 실정이지만, 이 원칙이 무력(의 위협 또는 사용)금지 원칙과 불가분의 관계를 형성하고 있음을 고려한다면 이것은 긍정하는 것이 좋을 듯 하다. 그렇다면 체약국들에게 분쟁의 강제

---

104) 이것은 ICJ가 제소된 사건에 대해 동 재판소의 관할권이 성립되지 않는다는 결론을 내리면서 늘상 덧붙이는 언급인데, 그 예로는, *Armed Activities on the Territory of the Congo* (New Application : 2002) (Democratic Republic of the Congo v. Rwanda) (Jurisdiction and Admissibility), Judgment of 3 February 2006, para. 127 ; *Fisheries Jurisdiction* Case (Spain v. Canada), ICJ Reports (1998), paras. 55~56 참조. 재판소의 제한된 관할권으로 인하여 재판에서 모두 다 다루지는 못한 문제들에서 파생되는 책임에 대해서도 당연히 같은 말을 하고 있다 : *Application of the Convention on the Prevention and Punishment of the Crime of Genocide* (Croatia v. Serbia), judgment of 3 February 2015, para. 523.

105) PCIJ Advisory Opinion, PCIJ (1923), Series B, No. 5, at p. 27.

106) 이 점에 대해 Brownlie (6th, p. 671)는 "there is no obligation in general international law to settle disputes" 라고 적시하고 있고, Shaw (6th, p. 1012) 역시도 "states are not obliged to resolve their differences at all"이라고 언급하고 있다.

107) 국가들의 이 같은 의도가 조약에 담긴 경우로는 남극조약 제4조를 들 수 있다. Merrills in Evans (ed.), *International Law*, 5th, pp. 549, 550 ; Aust, *Handbook of IL*, 2nd, p. 396 ; 본서, 제19장 (영토의 취득), "XVII. 극지(polar regions), 1. 남극대륙".

108) Akehurst, p. 264 (fn. 5).

적·위압적 해결(coercive settlement of disputes)을 허용하는 내용의 조약은 당연무효(null and void)이다.[109)]

Ⅵ. 민족자결 원칙

전통국제법체제 하에서 영토주권은 국가가 특정 영토를 어떤 방식으로 취득했건, 또 거기에 살고 있는 주민들의 열망이 무엇이건 상관 없이 그 영토에 대해 완전한 지배권과 처분권을 가짐을 의미하는 것이었다.[110)] 이같은 관념에 대한 저항의 일환으로 형성된 민족자결(self-determination of peoples)의 원칙은 제2차 세계대전 후의 새로운 조류를 잘 반영하고 있다. 게다가 민족자결 원칙은 현저하게 이념적인 기반(ideological matrix)을 가지고 있으며, 바로 이러한 이유로 인하여 민족자결이 행동의 '법적' 기준으로 변형되는 과정에서 서구국가들의 강한 반대가 있었던 것이다.[111)]

민족자결 원칙을 국제적인 차원에서 최초로 천명한 국가는 1917년의 소련이었는데, 그 기본토대는 1916년 1~2월에 발표된 레닌의 "사회주의 혁명과 민족자결에 관한 테제들"[112)]이었다. 레닌은 여기서 "사회주의자들은 아무런 보상없는 식민지의 무조건적이고도 즉각적인 해방을 요구하여야 한다."[113)]라고 촉구하였던 것이다.[114)] 레닌의 민족자결은 그러나 궁극적으로는 서구 제국주의의 약화와 사회주의의 강화를 그 목표로 하는 과도기적·전술적 개념이었다.[115)]

---

109) Cassese, p. 143.

110) Cassese, *International Law*, 2nd, p. 60.

111) Cassese, p. 131. 이 점에 대해 레바논 출신의 Fouad Ammoun 재판관은 *Legal Consequences for States of the Contitiued Presence of South Africa in Namibia (South West Africa) notwithstanding Security Council Resolution 276 (1970)*, Advisory Opinion, ICJ Reports (1971), p. 16에 대한 개별의견(p. 55 at 74)에서 다음과 같이 표현한 바 있다: "Indeed one is bound to recognize that the right of peoples to self-determination, before being written into charters that were not granted but won in bitter struggle, had first been written painfully, with the blood of the peoples, in the finally awakened conscience of humanity".

112) Vladimir Ilyich Lenin, *The Socialist Revolution and the Right of Nations to Self-Determination, Theses*, written January-February 1916, available at https://www.marxists.org/archive/lenin/works/1916/jan/x01.htm.

113) "...the semi-colonial countries, like China, Persia, Turkey, and all the colonies, which have a combined population amounting to a billion. In these countries the bourgeois-democratic movements have either hardly begun, or are far from having been completed. *Socialists must not only demand the unconditional and immediate liberation of the colonies without compensation*—and this demand in its political expression signifies nothing more nor less than the recognition of the right to self-determination—but must render determined support to the more revolutionary elements in the bourgeois-democratic movements for national liberation in these countries and assist their rebellion—and if need be, their revolutionary war—against the imperialist powers that oppress them."(italics added)

114) Cassese, p. 131 ; Currie, p. 48.

115) Cassese, p. 131 ; Currie, p. 48 ; D. Raič, *Statehood and the Law of Self-Determination* (The Hague : Kluwer Law International, 2002), p. 184 ff ; 金昌淳, "民族自決의 레닌主義原則을 경계한다", 《北韓》, 1989년 4월호, pp. 18~23 ; Gerry J. Simpson, "The Diffusion of Sovereignty : Self-Determination

한편, 미국의 우드로 윌슨(Woodrow Wilson)도 교수 시절 출간한 한 정치학 교과서[116]에서 "무기 사용에 의해 무자비하게 착취당하고 지배받는 사람들"에 대해 언급한 바 있지만, 그 후 대통령의 자격으로 들고 나온 그의 민족자결론은 레닌의 그것과는 질적으로 차이가 있었다. 즉, 1918년 1월 8일의 의회 양원합동회의에서 행한 14개 조항 연설(Fourteen Points Speech)의 다섯 번째 조항[117]에 제시된 그의 민족자결은 "그같은 모든 주권문제를 결정함에 있어, (식민지)관련 주민의 이익은 그 권리가 결정되어야 하는 정부의 형평한 주장과 평등한 비중을 가져야 한다."라는 단서를 달고 있었다. 요컨대, 윌슨은 민족자결이 무조건적이고 즉각적으로 달성되어야 한다고는 생각하지 않았으며,[118] 사실 14개 조항 연설에서는 "민족자결"을 명시적으로 지칭하지도 않았었다.[119] 그러면서도 레닌의 민족자결은 서구의 영토제국주의에 대한 중대한 위협 내지 도전으로 간주되었던 것이다.[120]

제1차 세계대전과 제2차 세계대전 사이의 기간 중 민족자결 원칙은 −1918년 오스트로−헝가리 제국이 해체되면서 폴란드가 부활하고, 단일국가로서의 체코슬로바키아가 탄생하는 등− 대체로 유럽에서는 이행되었으나[121] 기타 지역의 (독일·터키)식민지에 대해서는 적용되지 못하였다. 오히려 연맹규약 제22조에 의하여 수립된 위임통치(mandate) 제도는 "그러한(즉, 패전국 식민지) 인민의 안녕과 발전은 문명의 신성한 수탁(sacred trust of civilisation)을 구성하며", "그러한 인민의 보호는 선진국들에게 맡겨야 한다"(the tutelage of such peoples should be entrusted to advanced nations)는 미명하에 동 조 4·5·6항에 규정된 세 종류의 종속지역주민[122]을 통제하려는 교묘한 시도였다. 연맹규약은 이들 위임통치 지역의 자치나 독립을 약속하는 어떤 명시적 규정도 담고 있지 않았다.[123] 이미

---

in the Post-Colonial Age", (1996) 32 Stanford Journal of International Law 255 at 266, fn. 52.

116) Woodrow Wilson, *The State : Elements of Historical and Practical Politics* (Boston : D.C. Health & Co. Publishers, 1889), p. 28 ; Kelsey Moskovits, "The Doctrine of Self-Determination", B.A. Thesis (Spring 2013, University of Central Florida, Orlando, Florida), p. 6 (fns. 11~12), 〈https://stars.library.ucf.edu/honorstheses1990-2015/1440/〉.

117) "A free, open-minded, and absolutely impartial adjustment of all colonial claims, based upon a strict observance of the principle that in determining all such questions of sovereignty the interests of the population concerned must have equal weight with the equitable claims of the Government whose title is to be determined." Arthur S. Link (ed.), *The Papers of Woodrow Wilson* (Princeton University Press, 1984), p. 536 ; Rudolph C. Rÿser, "Between Indigenous Nations and the State : Self-Determination in the Balance", (1999) 7 Tulsa Journal of Comparative & International Law 129 at 153.

118) Cassese, p. 132.

119) Craven in Evans (ed.), *International Law*, 3rd, p. 231. 윌슨 대통령은 그러나 1918년 1월 8일의 '14개 조항 연설' 후 2월 11일의 對의회 연설에서는 "민족자결"이란 단어를 사용하였다 : President Wilson's Address to Congress, Analyzing German and Austrian Peace Utterances, Delivered in Joint Session, February 11, 1918 ("National aspirations must be respected; peoples may now be dominated and governed only by their own consent. "Self-determination" is not a mere phrase. It is an imperative principle of actions which statesmen will henceforth ignore at their peril."), 〈https://www.gwpda.org/1918/wilpeace.html〉 ; https://en.wikipedia.org/wiki/Self-determination.

120) Cassese, p. 132. 레닌 민족자결과 윌슨 민족자결의 자세한 비교 고찰은, Antonio Cassese, *Self-Determination of Peoples: A Legal Reappraisal* (Cambridge : Cambridge University Press, 1995), pp. 14~23 참조.

121) Cassese, p. 132 ; Craven in Evans (ed.), *International Law*, 3rd, p. 231.

122) 연맹규약 제22조 4단은 과거 오스만터키제국에 속했던 중동지역들(즉, 팔레스타인, 레바논, 트랜스요르단, 시리아, 이라크), 5단은 중앙아프리카, 6단은 서남아프리카 및 일부 남태평양의 섬들에 관하여 규정하고 있다. Craven in Evans (ed.), *International Law*, 3rd, p. 214 ; Kaczorowska-Ireland, pp. 582~583.

민족자결 개념이 등장했고, 또 터키 제국의 붕괴를 위해 아랍민족주의를 이용한 마당에 패전국의 식민지를 명분없이 병합할 수는 없었던 것이다. 그러므로 전승국들은 '위임통치'란 새로운 식민지통치 방식을 구상해 낸 것인데, 자신들의 식민지까지 국제연맹의 위임통치 하에 내놓은 것은 결코 아니었다.[124] *Aaland Islands* 사건에서도 민족자결 문제가 제기된 바 있는데, 국제연맹이사회로부터 의견을 요청받은 두 위원회도 자신들의 보고서[125]에서 1919~20년 당시 민족자결은 실정국제법(국제관습법)의 일부가 아니라고 하였다.[126]

1941년 8월 14일 제2차 세계대전 기간 중 미국과 영국 간에 합의된 대서양헌장(Atlantic Charter) 제2항과 제3항에서도 민족자결 원칙이 지지되었지만, 영국 수상 윈스턴 처칠은 곧이어 9월 하원에서 행한 연설에서 "대서양헌장에 천명된 자결권의 개념은 식민지에 대해 적용되는 것이 아니고, 단지 독일 나치 통제 하에 있는 유럽국가와 민족들의 주권(sovereignty)과 자치(self-government)를 회복함을 목표로 한다"고 언급하였다.[127] 이처럼 제2차 세계대전 기간 중 민족자결 문제에 관하여 미국과 영국 간에 미묘한 입장의 차이가 있었다. 미국은 내심으로는 영국 식민지에 자신의 지배력을 수립할 수 있을 것으로 기대하였고, 영국은 이를 경계하였던 것이다. 그러나 샌프란시스코 회의에서 소련이 "신 국제기구는 국제연맹과는 대조적으로 식민지의 해방을 촉진하는, 그리고 민족자결을 저해하지 않는 기구가 되어야 한다"고 주장하자 미국과 영국은 보조를 같이 하였다.[128] 이같은 미국·영국-소련 간의 시각 차이로 인하여 민족자결 원칙은 UN 헌장 제1조 2항에서 "UN의 목표는 ... 민족의 평등권과 자결원칙의 존중을 기초로 하여 국가 간의 우호관계를 발전시키는 데 있다"는 식의 절충된 형태로 규정될 수밖에 없었다.[129]

이로써 민족자결 원칙은 UN헌장이라는 법적으로 구속력있는 일반다자조약에 처음으로 삽입되긴

123) 다만, ICJ는 *Legal Consequences for States of the Continued Presence of South Africa in Namibia (South-West Africa) Notwithstanding Security Council Resolution 276 (1970)*에 대한 1971년 6월 21일의 권고적 의견에서, "지나간 반세기의 발전을 고려해 보건대 신성한 수탁의 궁극적 목표가 자결과 독립이었음은 별 의심의 여지가 없다"고 회고적으로 언급한 바 있다. ICJ Reports (1971), p. 16, at paras. 42~86.

124) https://en.wikipedia.org/wiki/League_of_Nations_mandate ; Nele Matz, "Civilization and the Mandate System under the League of Nations as Origin of Trusteeship", (2005) 9 Max Planck Yearbook of United Nations Law 47~95 ; Craven and Parfitt in Evans (ed.), *International Law*, 5th, pp. 209~210.

125) "Report of the *International Committee of Jurists* Entrusted by the Council of the League of Nations, with the Task of Giving an Advisory Opinion Upon the Legal Aspects of the Aaland Islands Question", Official Journal of the League of Nations, Special Supplement No 3 (October 1920), p. 3 ; "The Aaland Islands Question: Report presented to the Council of the League of Nations by the *Commission of Rapporteurs*, League of Nations Doc. B7/21/68/106 (16 April 1921).

126) Hurst Hannum (ed.), *Documents on Autonomy and Minority Rights* (Dordrecht/Boston/London : Martinus Nijhoff Publishers, 1993), p. 115 ff ; Antonio Cassese, *Self-determination of peoples : A legal reappraisal* (Cambridge: Cambridge University Press, 1995), p. 27 ff ; Kaczorowska-Ireland, pp. 583~584.

127) Cassese, p. 132 ; OER Services, History of Western Civilization Ⅱ, "The Atlantic Charter", 〈https://courses.lumenlearning.com/suny-hccc-worldhistory2/chapter/the-atlantic-charter/〉 ; https://en.wikipedia.org/wiki/Atlantic_Charter ; https://en.wikipedia.org/wiki/Atlantic_Charter#/media/File:Atlanticcharter2.png ; https://en.wikipedia.org/wiki/Atlantic_Charter#/media/File:Atlantic_Charter_(color).jpg.

128) Tunkin, pp. 316~317.

129) Cassese, p. 133.

하였으나, UN헌장 제1조 2항에 나타난 민족자결은 여러 가지 취약점을 안고 있었다. 즉, 첫째, 그것은 즉각적으로 달성해야 할 법적 구속력있는 의무를 수립한 것이 아니라 단지 UN의 한 가지 목표를 밝힌 것이다. 둘째, UN헌장 내에서 식민지의 자결은 대체로 독립(independence)보다는 자치(self-government, autonomy)를 의미하는 것으로 받아들여졌다. UN헌장에 규정된 두 유형의 식민지, 즉 신탁통치지역(trusteeship territories)과 비자치영토(non-self-governing territories) 중에서 신탁통치지역[130]에 대해서는 자치와 더불어 독립이 예견되어 있으나, 비자치영토[131]를 위해서는 단순한 자치만이 예견되어 있을 뿐이다. 셋째, 자결은 국가 간의 평화와 우호관계를 확보하기 위한 하나의 '수단'으로만 생각되었다. 즉, 자결은 독립된 가치로서 간주되지 않았으며, 자결원칙의 이행이 국가 간의 긴장과 충돌을 야기할 경우 그것은 언제든지 배제될 수 있었다. 넷째, 자결은 분리독립(secession)을 초래하거나 이를 허용하지 않는 범위 내에서만 지지되었다. UN헌장[132]은 국가의 영토보전을 최고의 가치로 간주하고 있기 때문이다.[133]

그 후 제3세계 진영은 사회주의진영과 함께 UN헌장의 이같은 온건한 규정에 불만을 표시하면서, 민족자결의 법원칙화와 그 조속한 실현을 촉구하였다. 이를 위해 그들은 많은 국제문서를 채택하였으며,[134] 이제 자결원칙은 법적 구속력을 지닌 일반원칙으로 전환되었다고 할 수 있다. ICJ 역시 일련의 판결에서 자결권의 존재를 명시적으로 인정하였으며, 민족자결원칙을 "현대국제법에서 없어서는 안 될 원칙들 중의 하나"(one of the essential principles of contemporary international law)[135]로 묘사하기도 하였다.

사회주의 진영과 제3세계 국가들은 자결 원칙을 '법'원칙으로 전환시키는데 성공했을 뿐만 아니라 자결의 주체를 식민지배(colonial domination) 하의 민족, 인종차별체제(racist regime) 하의 민족 그리고 외국점령(foreign occupation) 하의 민족 등 세 부류의 민족(혹은 인민)으로 한정하는 데에도 성공하였다.[136] 따라서 단지 한 국가 내의 소수민족(minorities)이라는 이유만으로는 국제

130) UN헌장 제76조(b).

131) UN헌장 제73조(b).

132) UN헌장 제2조 4항.

133) Cassese, p. 133.

134) 예컨대, 1960년 12월 14일 "식민지 국가와 민족에 대한 독립부여 선언"(총회결의 1514-XV), 1962년 12월 14일 "천연자원에 대한 영구주권 결의"(총회결의 1803-XVII), 1966년 두 UN국제인권규약 공통 제1조, 1970년 10월 12일 "식민지 국가와 그 인민에 대한 독립부여 선언의 완전한 이행을 위한 행동계획"(Programme of action for the full implementation of the Declaration on the Granting of Independence to Colonial Countries and Peoples)(총회결의 2621-XXV), 1970년 우호관계선언 제5원칙, 1974년 침략정의 결의 제7조(총회결의 3314-XXIX), 1977년의 제네바협약 제1의정서 제1조 4항, 1981년 12월 9일 "각 국가의 국내문제에 대한 간섭과 개입 불허용 선언"(Declaration on the Inadmissibility of Intervention and Interference in the Internal Affairs of States)(총회결의 36/103; II(d)/III(b) 참조.

135) Case concerning *East Timor* (Portugal v. Australia), ICJ Reports (1995), p. 90 at 102 (para. 29). See also *Legal Consequences for States of the Continued Presence of South Africa in Namibia (South-West Africa) Notwithstanding Security Council Resolution 276 (1970)*, Advisory Opinion, ICJ Reports (1971), p. 16 at 31 (para. 52) ; *Western Sahara*, Advisory Opinion, ICJ Reports (1975), p. 12 at 31~33 (paras. 54~59) ; *Legal Consequences of the Construction of a Wall in the Occupied Palestinian Territory*, Advisory Opinion, ICJ Reports (2004), p. 136 at 171~172 (para. 88).

법상의 자결을 주장할 수 없다.[137] 이처럼 현재의 국제법은 국가 내의 소수민족에 대해서는 자결권을 부인함으로써 유고슬라비아나 소련과 같은 연방국가들의 붕괴과정에서 노정된 현실과 일치하지 않는 이론적 곤경(theoretical impasse)에 처해 있다. 다만, 최근 토착민(원주민)(indigenous peoples)의 민족자결권에 대해서는 이를 제한적으로나마 긍정하여야 한다는 견해가 제기되고 있는데, 2007년 9월 13일 UN총회가 결의 61/295를 통해 채택한 "토착민들의 권리에 관한 UN선언"(United Nations Declaration on the Rights of Indigenous Peoples)이 그 대표적 예이다.[138] 이 밖에, 서독과 동독은 통합 내지는 통일을 추구하면서 독일 민족의 이름으로 자결권을 원용하였었지만,[139] 통일하는 시점에서 서독도 동독도 법적 의미에서의 식민지배 혹은 외국점령 하에 있지 않았으며, 따라서 독일 통일은 일반국제법의 민족자결 원칙의 요구에 따른 것은 아니었다.[140] 이것은 정치적 혹은 국내법의 목적을 위해 들고 나오는 민족자결과 국제법적 의미에서의 민족자결은 구분되어야 함을 의미한다.[141]

---

136) Kaczorowska-Ireland, p. 591.

137) "모든 형태의 인종차별철폐에 관한 협약" 하의 인종차별철폐위원회(Committee on the Elimination of Racial Discrimination : CERD)도 1996년 8월 23일 채택한, '자결권'에 관한 일반논평(general comments)(위원회 자신은 이를 general recommendations로 표현함)에서 다음과 같이 언급하고 있다. "1. The Committee notes that ethnic or religious groups or minorities frequently refer to the right to self-determination as a basis for an alleged right to secession. In this connection the Committee wishes to express the following views. ... ... 6. The Committee emphasizes that, in accordance with the Declaration on Friendly Relations, none of the Committee's actions shall be construed as authorizing or encouraging any action which would dismember or impair, totally or in part, the territorial integrity or political unity of sovereign and independent States conducting themselves in compliance with the principle of equal rights and self-determination of peoples and possessing a Government representing the whole people belonging to the territory, without distinction as to race, creed or colour. In the view of the Committee, international law has not recognized a general right of peoples unilaterally to declare secession from a State. In this respect, the Committee follows the views expressed in An Agenda for Peace (paras. 17 and following), namely, that a fragmentation of States may be detrimental to the protection of human rights, as well as to the preservation of peace and security. This does not, however, exclude the possibility of arrangements reached by free agreements of all parties concerned." : CERD General Recommendation No. 21 : Right to self- determination : 23/08/96, available at https://www2.ohchr.org/english/bodies/cerd/comments.htm ; Wallace, *International Human Rights : Text & Materials*, pp. 156~157.

138) 본서, 제6장 (국제법의 주체) 참조.

139) 이를테면 독일통일을 위한 1990년의 일명 Two-Plus-Four Treaty(공식명칭: "Treaty on the Final Settlement with Respect to Germany")는 전문에서 다음과 천명하고 있다 : "Welcoming the fact that the German people, freely exercising their right of self-determination, have expressed their will to bring about the unity of Germany as a state so that they will be able to serve the peace of the world as an equal and sovereign partner in a united Europe." https://foto.archivalware.co.uk/data/Library2/pdf/1991-TS0088.pdf ; 본서, 제20장 (국가승계), "Ⅶ. 독일 통일과 국가승계".

140) Orakhelashvili/Akehurst, p. 376 (9th, p. 402).

141) 1973년 1월 27일 "베트남에서 전쟁을 종결시키고 평화를 회복하기 위한 협정"(Agreement on Ending the War and Restoring Peace in Vietnam), 일명 '파리평화협정'이 미국, 남베트남(월남)(Republic of Viet-Nam), 베트콩(남베트남 민족해방전선)(Provisional Revolutionary Government of the Republic of South Viet-Nam), 북베트남(월맹)(Democratic Republic of Vietnam) 간에 서명되었는데, 동 협정은 서문에서 "With a view to ending the war and restoring peace in Viet-Nam on the basis of respect for the Vietnamese people's fundamental national rights and the *South Vietnamese people's right to self-*

한편, 1970년의 우호관계선언은 (민족자결에 관한)제5원칙의 7단에서 "상기 항목의 그 어떤 것도 '위에 서술된 민족의 평등권과 자결원칙에 따라 행동하고, 인종이나 신조 혹은 피부색깔을 불문하고 그 영토에 속하는 국민 전체를 대표하는, 정부를 가진' 주권독립국의 영토보전이나 정치적 통일을 완전히 혹은 부분적으로 분할하거나 훼손할 수 있는 행위를 허가하거나 장려하는 것으로 해석되어서는 아니된다"고 명시하고 있는데, 이는 국가의 영토는 분할이나 훼손의 대상이 되어서는 안되지만 모든 국가가 영토보전을 향유하는 것이 아니라 "민족의 평등권과 자결 원칙에 따라 행동하고, 인종이나 신조 혹은 피부색깔을 불문하고, 그 영토에 속하는 국민 전체를 대표하는 정부를 가진" 그런 국가만이 영토보전을 향유함을 시사하고 있다.[142)]

자결의 궁극적 목표가 무엇인가 하는 것도 문제인데, 우호관계선언에서는 '주권독립국의 건설', '독립국가와의 자유로운 연합 또는 통합', '민족이 자유로이 결정하는 기타 정치적 지위로의 출현' 등 세 가지를 지칭하고 있다. 현실을 보면, 식민지배나 외국점령 하의 민족은 '외적' 자결(external self-determination)을 추구하는 것으로 나타나며, 인종차별체제 하의 민족은 외적 자결과 '내적' 자결(internal self-determination) 중 어느 하나를 추구하는 것으로 나타난다. 여기서 외적 자결이란 주권국가의 건설, 독립국가와의 자유로운 연합, 통합 또는 민족이 자유로이 결정하는 기타 정치적 지위로의 출현을 의미하고, 내적 자결이란 "기존 국가의 틀 내에서 정치, 경제, 사회, 문화적 발전을 추구"함을 뜻한다.[143)]

---

determination"을 언급한 다음, 제9조에서 다음과 같이 규정하였다 : "The Government of the United States of America and the Government of the Democratic Republic of Viet-Nam undertake to respect the following principles for the exercise of the *South Vietnamese people's right to self-determination*: (a) *The South Vietnamese people's right to self-determination is sacred, inalienable*, and shall be respected by all countries. (b) The South Vietnamese people shall decide themselves the political future of South Viet-Nam through genuinely free and democratic general elections under international supervision. ..." 파리평화협정은 행정부협정으로서 서명 즉시 발효하였다(제23조). 국제법적 관점에서 보면 파리평화협정 전문과 제9조는 남베트남은 식민지배 내지는 외국점령 하에 있음을 시사하는 것인데, 남베트남은 이 논리를 수락함으로써 사실상 국가 자살(state suicide)을 택한 셈이다. https://web.archive.org/web/20060211184624/https://www.aiipowmia.com/sea/ppa1973.html ; https://en.wikipedia.org/wiki/Paris_Peace_Accords ; https://www.history.com/this-day-in-history/paris-peace-accords-signed ; https://www.americanforeignrelations.com/A-D/The-Constitution-Executive-agreements.html ; Orakhelashvili/Akehurst, pp. 376~377 (9th, p. 402).

142) 'Neile Alina 'Matsoana Fanana, "The Peoples' Rights under the African Charter on Human and Peoples' Rights", (1997) 10 Lesotho Law Journal 36 at 53~55.

143) 이를테면, 인종차별철폐위원회(Committee on the Elimination of Racial Discrimination)는 '자결권'에 관한 1996년의 일반논평(general comment/recommendation)에서 다음과 같이 언급하고 있다. "4. In respect of the self-determination of peoples two aspects have to be distinguished. The right to self-determination of peoples has an internal aspect, that is to say, the rights of all peoples to pursue freely their economic, social and cultural development without outside interference. In that respect there exists a link with the right of every citizen to take part in the conduct of public affairs at any level, as referred to in article 5 (c) of the International Convention on the Elimination of All Forms of Racial Discrimination. In consequence, Governments are to represent the whole population without distinction as to race, colour, descent or national or ethnic origin. The external aspect of self-determination implies that all peoples have the right to determine freely their political status and their place in the international community based upon the principle of equal rights and exemplified by the

자결원칙으로부터 도출되는 권리·의무는 다음과 같다. 첫째, 위 세 부류 중 어느 한 부류에 속하

liberation of peoples from colonialism and by the prohibition to subject peoples to alien subjugation, domination and exploitation." : CERD General Recommendation No. 21 : Right to self-determination : 23/08/96, available at https://www2.ohchr.org/english/bodies/cerd/comments.htm ; Wallace, *International Human Rights : Text & Materials*, pp. 156~157. 이같은 구분에 따르면, 남아프리카는 내적 자결의 길을 간 데 반해, 에리트리아와 동티모르 등은 외적 자결의 길을 택하여 독립국가를 건설한 경우이다. Cassese, *International Law*, 2nd, pp. 61~62, 329.

Reference re Secession of Quebec, Canada, Supreme Court, August 20, 1998, [1998] 2 S.C.R. 217에서 캐나다 연방정부는 혹시 있을지도 모를 퀘벡주의 일방적인 독립 선언이 캐나다헌법과 국제법상 적법한지에 대해 연방최고재판소에 질의하였는데, 이에 대한 동 재판소의 대답은 다음과 같았다(paras. 126, 154~155) : "126. The recognized sources of international law establish that the right to self-determination of a people is normally fulfilled through internal self-determination -- a people's pursuit of its political, economic, social and cultural development within the framework of an existing state. A right to external self-determination (which in this case potentially takes the form of the assertion of a right to unilateral secession) arises in only the most extreme of cases and, even then, under carefully defined circumstances. ..." ; "154. We have also considered whether a positive legal entitlement to secession exists under international law in the factual circumstances contemplated by Question 1, i.e., a clear democratic expression of support on a clear question for Quebec secession. Some of those who supported an affirmative answer to this question did so on the basis of the recognized right to self-determination that belongs to all "peoples". Although much of the Quebec population certainly shares many of the characteristics of a people, it is not necessary to decide the "people" issue because, whatever may be the correct determination of this issue in the context of Quebec, a right to secession only arises under the principle of self- determination of peoples at international law where "a people" is governed as part of a colonial empire; where "a people" is subject to alien subjugation, domination or exploitation; and possibly where "a people" is denied any meaningful exercise of its right to self-determination within the state of which it forms a part. In other circumstances, peoples are expected to achieve self-determination within the framework of their existing state. A state whose government represents the whole of the people or peoples resident within its territory, on a basis of equality and without discrimination, and respects the principles of self-determination in its internal arrangements, is entitled to maintain its territorial integrity under international law and to have that territorial integrity recognized by other states. Quebec does not meet the threshold of a colonial people or an oppressed people, nor can it be suggested that Quebecers have been denied meaningful access to government to pursue their political, economic, cultural and social development. In the circumstances, the National Assembly, the legislature or the government of Quebec do not enjoy a right at international law to effect the secession of Quebec from Canada unilaterally.

155. Although there is no right, under the Constitution or at international law, to unilateral secession, that is secession without negotiation on the basis just discussed, this does not rule out the possibility of an unconstitutional declaration of secession leading to a *de facto* secession. The ultimate success of such a secession would be dependent on recognition by the international community, which is likely to consider the legality and legitimacy of secession having regard to, amongst other facts, the conduct of Quebec and Canada, in determining whether to grant or withhold recognition. Such recognition, even if granted, would not, however, provide any retroactive justification for the act of secession, either under the Constitution of Canada or at international law." https://scc.lexum.org/en/1998/1998scr2-217/1998scr2-217.html ; https://scc-csc.lexum.com/scc-csc/scc-csc/en/item/1643/index.do ; https://en.wikipedia.org/wiki/Reference_Re_Secession_of_Quebec ; Shaw, 6th, p. 293 ; Craven and Parfitt in Evans (ed.), *International Law*, 5th, pp. 211, 215, 217 ; Kaczorowska-Ireland, pp. 601~602.

2000년 캐나다 의회는 위 최고재판소 판결을 기초로 하여 "An Act to give effect to the requirement for clarity as set out in the opinion of the Supreme Court of Canada in the Quebec Secession Reference"(약칭 'Clarity Act')(https://laws-lois.justice.gc.ca/eng/acts/C-31.8/FullText.html)란 이름의 입법을 통과시킨 바 있는데, 동 법률 섹션 3(1)은 다음과 같이 규정하고 있다 : "It is recognized that there is no right under

는 민족을 억압하고 있는 국가는 자결권의 자유로운 행사를 허용할 법적 의무가 있다. 둘째, 자결권을 가진 민족은 압제국가뿐만 아니라 제3국에 대해서도 자신의 자결을 주장할 수 있다. 셋째, 제3세계측의 주장에 의하면, 압제정부가 자결을 탄압하기 위해 무력을 사용하는 것은 무력사용금지 규칙의 위반이므로, 이 경우 제3국은 (군대파견과 무기공급을 포함한) 일체의 원조를 부여함으로써 자결권을 가진 민족을 지원할 -의무가 아닌- 권리가 있다. 제3국은 압제국가를 원조 또는 사주하지 않아야 한다. 게다가 제3국은 자결을 부인하는 국가들에게 자결원칙의 존중을 요구할 권리가 있다.[144)]

자결원칙은 -대세적 의무(duties *erga omnes*)를 창설하는- 강행규범(*jus cogens*)이다. ICJ도 *Western Sahara* 사건[145)]에서 민족자결은 "관련 민족의 의사가 자유롭고 진정하게 표현될 것을 요구한다"(requires a free and genuine expression of the will of the peoples concerned)고 언급한 바 있는데, 그뒤 *East Timor* 사건[146)]에서는 민족자결권이 "대세적 성격을 가지고 있음"(has an *erga omnes* character)을 인정하였고, *Legal Consequences of the Construction of a Wall in the Occupied Palestinian Territory*[147)]에서는 "이스라엘이 위반한 대세적 의무"의 하나로 "팔레스타인 민족의 자결권을 존중할 의무"를 지적하였으며, *Legal Consequences of the Separation of the Chagos Archipelago from Mauritius in 1965*[148)]에서는 "민족자결권에 대한 존중은 대세적 의무이다"라고 하였다. 따라서 자결권의 자유로운 행사에 제약을 가하거나 자결권을 부인하는 조약은 당연무효로 간주된다. 예컨대, 1978년 9월 17일의 이집트-이스라엘 간 캠프데이비드협정(Camp David Accords)은 팔레스타인 민족의 자결을 제한하였기 때문에 무효라는 견해가 있으며, 1979년의 UN총회의 한 결의[149)]도 이들 협정은 "팔레스타인 민족의 미래, 그리고 이스라엘이 1967년부터 점령하고 있는 팔레스타인 영토의 미래를 결정하려는 취지인 한에 있어서는" '유효하지 않다'(have no validity)고 언급하고 있다.[150)] 같은 논리로, 자결원칙을 위반하여 수립된 국가

---

the Constitution of Canada to effect the secession of a province from Canada unilaterally and that, therefore, an amendment to the Constitution of Canada would be required for any province to secede from Canada, which in turn would require negotiations involving at least the governments of all of the provinces and the Government of Canada." 최고재판소 판결과 Clarity Act에 대한 평가와 관련해서는 Patrick Dumberry, "Lessons learned from the Quebec Secession Reference before the Supreme Court of Canada", in Kohen (ed.), pp. 416~452 ; https://en.m.wikipedia.org/wiki/Clarity_Act 참조. 한편, 퀘벡주는 Clarity Act에 대응하여 "An Act respecting the exercise of the fundamental rights and prerogatives of the Québec people and the Québec State"(Loi sur l'Exercice des droits fondamentaux et des prérogatives du peuple québécois et de l'État du Québec)(Bill 99)란 이름의 입법을 제정하였다 : https://en.m.wikipedia.org/wiki/Bill_99.

144) Cassese, pp. 95~97, 136 ; Harris, p. 839 ; Orakhelashvili/Akehurst, p. 484.

145) Advisory Opinion of 16 October 1975, ICJ Reports (1975), at paras. 58~59.

146) Portugal v. Australia, ICJ Reports (1995), p. 90 at 102 (para. 29).

147) Advisory Opinion, ICJ Reports (2004), p. 136 at 199 (para. 155 : "The obligations *erga omnes* violated by Israel are the obligation to respect the right of the Palestinian people to self-determination, and certain of its obligations under international humanitarian law.").

148) Advisory Opinion, ICJ Reports (2019), p. 95 at 139 (para. 180).

149) UN총회결의 34/65B (XXXIV, 1979).

150) Cassese, p. 137 ; Henkin et al., p. 500. 2006년 6월 1일 브뤼셀에서 EC(현 EU)와 모로코 간에 서명된 어업협력협정(Fisheries Partnership Agreement)과 관련하여, "이 협정은 그 규정의 문언에는 서부사하라

도 국제법의 시각에서는 위법할 뿐만 아니라 당연무효이다. 그 한 예로서, 과거 한동안 남아프리카공화국이 흑인 반투(Bantu)족들에게 부여한 독립을 들 수 있다.[151] 그러나 ICJ는 *Frontier Dispute* (Burkina Faso/Republic of Mali) 사건[152]에서 민족자결 원칙을 해석함에 있어 -이 원칙과 정면으로 충돌하는 것으로 보이는- *uti possidetis* 원칙을 고려에 넣은 것은 사려깊은 행동이라고 평가한 바 있다.[153]

-영국의 해외영토 중에서 (스페인이 영토주권을 주장하는) 지브롤터(Gibraltar)와 (아르헨티나가 영토주권을 주장하는) 포클랜드 군도(Falkland Islands ; Islas Malvinas)를 둘러싼 갈등에서 보는 것처럼- 외부, 특히 본토에서 유입된 사람들과 그 후손도 자결권의 주체로서의 '민족'의 범주에 속한다고 볼 것인가에 대해서는 견해가 대립하고 있다.[154]

(Western Sahara)를 포함하고 있지 않기 때문에 그 자체 국제법위반이 아니지만, -과거 EC와 모로코 간 어업협정들에서드 그랬던 것처럼- 동 협정의 해석과 적용과정에서 이것이 서부사하라에도 적용되는 것으로 지리적 적용범위가 확대되는 경우에는, 자결권을 향유하는 서부사하라 민족의 의사를 고려하지 않은 것으로서, 이 협정은 서부사하라에 대해서는 무효로 간주될 수도 있다"는 견해가 있다 : 예컨대, Enrico Milano, "The new Fisheries Partnership Agreement between the European Community and the Kingdom of Morocco : Fishing Too Far South?", Grupo de Estudios Estratégicos GEES, Colaboraciones n° 1648, April 20, 2007, (Published in *Anuario Español de Derecho Internacional*, vol. XXII, 2006), pp. 1~41, available at https://www.eng.gees.org/english/pdf/197/. 2019년 7월 18일 발효한 EU-모로코 "지속가능한 어업협력 협정"(Sustainable Fisheries Partnership Agreement)은 협정의 적용범위에 "서부사하라의 인접 수역"(the adjacent waters of Western Sahara)을 명시적으로 포함시키고 있는데, 이것에 대해서도 동일한 취지의 비판이 제기되고 있다 : European Commission 〉 Sustainable fisheries 〉 International agreements 〉 Sustainable fisheries partnership agreements (SFPAs) 〉 Morocco, 〈https://oceans-and-fisheries.ec.europa.eu/fisheries/international-agreements/sustainable-fisheries-partnership-agreements-sfpas/morocco_en〉 ; Orakhelashvili/Akehurst, 9th, p. 408.

151) 인종분리정책(apartheid)을 펴온 남아프리카공화국의 소수백인정권은 1959년에는 이른바 흑인 자치정부 창설법을 통하여 반투족을 남아공 영토 내 10개 지역에 분산·수용하는 정책을 채택하였다. 남아공정부는 이에 만족하지 아니하고 1976년 이후 국내입법을 통하여 다수의 반투족들에게 일방적으로 독립을 부여하였다. 이에 대해 UN총회는 이 같은 인종분리정책은 자결권을 침해하는 것이며, 남아공영토 내 반투국(Bantustans)의 창설도 인종분리정책의 이행을 의미하는 것이기 때문에 위법이며 또한 무효라는 견해를 취하였다. 그러므로 UN총회는 국가들이 반투국들을 승인하지 않을 것을 촉구하였다. 예컨대, 1977년 10월 26일 Transkei는 남아프리카로부터의 독립을 선언하였는데, 바로 그 날 UN총회는 134 : 0(미국은 유일하게 기권)으로 Transkei의 독립을 무효로 선언하고, 이에 대해 승인을 부여하지 말 것을 내용으로 하는 결의를 통과시킨 바 있다. 그 후 Bophuthatswana (1977), Venda (1979), Ciskei (1982) 등이 남아프리카로부터 독립을 선포하였으나, 이들 반투국들은 남아프리카와 로디지아로부터 승인을 받고 그들 상호간에 서로 승인한 것을 제외하고는 다른 어떤 국가들로부터드 승인을 받지 못하였다. von Glahn, p. 89 ; Akehurst, p. 298 ; Crawford, pp. 81~82, 103~106, 219~227 ; UN Chronicle, January 1980, p. 26 ; Harris, 5th, p. 102 ; Craven in Evans (ed.), *International Law*, 3rd, p. 234. 민족자결원칙을 인정하지 않았던 전통국제법 하에서도 '괴뢰국가'(puppet state)의 수립은 이론상 당연히 무효로 간주되었다. Crawford, pp. 62, 226 ; Currie, p. 25. 1994년 넬슨 만델라(Nelson Mandela)가 남아프리카 최초의 흑인대통령에 당선됨으로써 이 국가에서 아파트헤이트 체제가 막을 내린 후 반투국가들도 해체되어 남아프리카로 다시 편입되었다. https://en.wikipedia.org/wiki/Bantustan ; Keitner, p. 89.

152) ICJ Reports (1986), p. 554 at 567 (para. 25).

153) Orakhelashvili, pp. 91, 504~505 ; Kaczorowska-Ireland, pp. 179, 598 ; 본서, 제20장 (국가승계), "II. 조약의 승계, 1. 처분적 조약, (1) 국경선 관련 조약" 참조.

154) Hall, pp, 213~214.

Ⅶ. 인권존중 원칙

인권존중 원칙에 의하면 사람은 더 이상 국가의 부속물·소유물만은 아니므로 국가는 자국민이라 할지라도 일정 기준 이하로 대할 수 없다. 인권존중원칙은 제2차 세계대전 후에 등장한 새로운 원칙으로서, 이것은 특히 고전국제법 하의 국가의 주권평등 및 불간섭원칙과 경합·충돌을 빚고 있다. 1989년 6월 4일(피의 일요일) 중국 계엄군의 무자비한 천안문 시위진압[155]이나 현재 신장 위구르 자치구에서 진행되고 있는 것으로 보도되고 있는 소수민족 동화 내지는 말살 정책[156] 등과 관련하여 중국 정부와 서구국가들 간에 빚어진 외교적 마찰이 그 좋은 예이다.

인권존중 원칙의 국제적 도입에 자극을 준 것은 일차적으로 서구진영의 국가들이었지만, 인권존중 원칙을 우호관계선언에서 제외시킨 사회주의 및 제3세계 진영도 점차로 '기본적' 인권의 '대규모적인' 혹은 '중대한' 침해(massive or gross infringements of basic human rights)가 비난받아야 한다는 관념을 수락하게 되었다. 그리고 1960년대 초반 그들이 역점을 둔 인권분야는 민족자결, 인종분리정책(apartheid), 인종차별(racial discrimination), 제노사이드 등등 집단적 인권이었으나, 그 후 시민적·정치적 자유 또는 노조의 권리 등을 포함하여 다른 종류의 인권문제에도 관심을 갖게 되었다.[157]

일반국제법의 차원에서 인권존중 원칙이 작동하기 시작하는 출발점(threshold at which the principle of respect for human rights operates)은 기본적 인권의 '중대한' 혹은 '대규모적인' 침해이다. 다시 말해서, 일반국제법상의 인권존중원칙에 의하여 금지되는 국가의 행위는 단순한 일회성적인(one-off) 인권침해 사례가 아니고, '중대한', 즉 '반복적이고 체계적인' (repeated and systematic) 인권침해이다. 이같은 시각은 군사·경제원조를 수혜국의 인권상황과 결부시키고 있는 미국의 대외원조법(Foreign Assistance Act of 1961)[158] § 502B 및 § 116에서도 잘 나타나고 있다. 즉, (군사·안보원조에 관한) § 502B와 (경제원조에 관한) § 116 모두 "국제적으로 인정된 인권에 대한 중대한 침해관행"이 드러난 국가에게는 원조를 거부한다고 규정하고 있다.[159] 인종분리정책, 인종차별, 제노사이드 그리고 자결에 관한 원칙들이 (대세적 의무를 창설하는) 강행규범(*jus cogens*)에

155) https://en.wikipedia.org/wiki/Tiananmen_Square_protests_of_1989.

156) BBC, 26 March 2021, "Who are the Uighurs and why is China being accused of genocide?", 〈https://www.bbc.com/news/world-asia-china-22278037〉; Jane Wakefield/BBC, 26, May 2021, "AI emotion-detection software tested on Uyghurs", 〈https://www.bbc.com/news/technology-57101248〉, 〈https://www.techforgood.net/news/china-tests-ai-emotion-detection-software-on-uyghurs〉; https://en.wikipedia.org/wiki/Xinjiang#Human_rights.

157) Cassese, pp. 148~149.

158) https://democrats.foreignaffairs.house.gov/111/FAA61.pdf.

159) Thomas Buergenthal 저, 김재원·양건 공역, 《국제인권법개론》(서울 : 교육과학사, 1992), pp. 28, 66~67, 175~177. 다만, 이른바 인도적 원조/지원(humanitarian assistance)은 인권 침해 여부와 결부되어서는 안 된다. 이것은 비차별의 원칙(principle of non-discrimination)에 기초하고 있기 때문이다. 따라서 개인의 기본적 인권이 일상적으로 그리고 중대하게 침해되고 있는 국가에도 인도적 원조는 제공해야 한다는 논리가 성립하는 것이다. 본서, 제17장 (국제인권법) 참조.

속하는 것처럼, 이들과 비슷한 무게를 갖는 기본적 인권(시민적·정치적·사회적·문화적 권리)의 존중도 강행규범에 속하는 것으로 보아야 한다. 따라서 '기본적' 인권의 '대규모적인' 침해를 규정한 조약은 당연무효이다.

인권존중 원칙에 대한 현대국제법의 기본시각은, 국가가 개인 또는 집단의 기본권을 존중하는 것과 국제평화 및 안전의 유지 사이에는 긴밀한 연결이 존재한다는 것이다. 예컨대, UN헌장 제55조 (c)는 "국가 간의 평화적·우호적 관계를 위한 필요한 조건을 창조하기 위하여" UN은 "인종·성·언어 또는 종교에 의한 차별이 없는, 모든 사람을 위한 인권과 기본적 자유의 보편적인 존중과 준수"를 촉진하여야 한다고 규정하고 있다. 이같은 연관성은 UN총회결의와 기타 많은 조약에서도 강조되고 있다.[160]

Ⅷ. 국제협력 원칙

제2차 세계대전 이전까지의 전통국제공동체는 각 국가는 주권을 가진다는 전제하에서 수립되었으며, 그 결과 모든 국가는 국제법상 평등한 것으로 간주되었다. 이같은 전제를 기초로 하여, 정치·경제·사회 체제의 차이에 관계없이, 그리고 서로에 대해 어떤 연대(solidarity) 의식도 공유함이 없이, 단지 모든 국가의 평화공존을 목표로 하는 많은 국제법규들이 형성·발전되었다. 국가면제와 외교면제를 포함한 각종 면제(immunities)에 관한 규칙들, (신국가 혹은 신정부의) 승인 등등이 그 좋은 예가 될 것이다. 그런 의미에서 제2차 세계대전 이전까지의 전통국제법을 '공존의 법'(law of coexistence) 혹은 '공존과 무관심의 법'(law of coexistence and indifference)으로 칭하기도 한다.[161]

그러나 이 주권평등의 명제는 국가는 원하는 경우에는 언제든지 전쟁에 호소할 수 있다는 또 하나의 명제에 의하여 즉각적으로 무시될 수 있었다. 그러므로 평화공존은 견제와 균형이 실효성있게 작용하는 동안에만 유지될 수 있었으며, 세력균형(balance of power)이 급격히 붕괴되면 전쟁발발은 언제나 필연적인 것이었다. 요컨대, 전통국제법은 국제법을 평시법과 전시법으로 엄격히 구분한 다음, 평시법 하에서는 국가들에게 주권평등의 원칙에 따라 행동할 것을 요구하면서도 평시법에서 전시법으로 이행할 수 있는 무제한 한 자유를 허용하는 이중적·위선적 체계였던 것이다. 이처럼 힘을 비난하기보다는 찬양한 전통국제공동체를 어떤 의미에서든 법치공동체라고 부를 수는 없을 것이다.

'무력의 위협 또는 사용'(threat or use of force)에 호소할 수 있는 국가의 거의 무제한한 권리를 제거한 UN헌장은 국제법에 하나의 새로운 개념을 도입하였다. 경제·사회 분야에서의 국제협력

160) 예컨대, 1965년 "모든 형태의 인종차별철폐에 관한 국제협약" 전문 및 1966년 두 국제인권규약 전문 참조.

161) Wolfgang Friedmann, *The Changing Structure of International Law* (New York : Columbia University Press, 1964), pp. 60~61 ; Janis, 3rd, p. 78.

의 의무(duty of international cooperation)가 바로 그것이다. 1945년 이전에도 물론 국가들 사이에 협력관계가 존재했던 것은 사실이다. 그러나 이 시기에 있어 협력을 할 것인가의 여부는 전적으로 국가들의 의사에 맡겨지고 있었으므로, 협력의 '의무'란 관념이 도입될 여지는 없었던 것이다. 국제연맹의 출현도 이같은 상황을 크게 변화시키지는 못하였다. 이런 의미에서 UN헌장 제1조 3항과 제9장은 특별한 의미를 갖게 되는데, 특히 제9장 내의 제56조는 "모든 회원국은 제55조에 명시된 목적의 달성을 위해 UN과 협력하여 공동으로 그리고 개별적으로 행동을 취할 것을 약속한다."라고 규정하고 있다. 이처럼 제2차 세계대전 후 하나의 새로운 물결이 쇄도하였으며, UN회원국들은 교육·문화·보건·인권을 포함한 경제·사회 분야에서 서로 협력할 의무를 부담하지 않을 수 없었던 것이다. 이 제한된 협력의 원칙은 1970년의 우호관계선언에 의하여 UN회원국이냐 아니냐에 관계없이, 즉 국제공동체 전체에 적용되는 규범으로 선언되었으며, 또한 경제·사회 분야를 넘어서 국제평화와 안보분야로까지 확대되었다. 그 후, 1986년 12월 4일 채택된 UN총회 결의 41/128의 부속서 "발전에 대한 권리 선언"(Declaration on the Right to Development)은 제3조 3항에서 "각국은 발전을 확보하고, 발전에 대한 장애물을 제거함에 있어 서로 협력할 의무를 (이미) 지고 있다."(States have the duty to co-operate with each other in ensuring development and eliminating obstacles to development.)고 규정하고 있기도 하다.[162] 그러므로 UN헌장에 기초한 제2차 세계대전 후의 현대국제법을 가리켜 '협력의 법'(law of cooperation)으로 칭하기도 한다.[163]

그러나 공존으로부터 협력으로의 외견상의 질적 변화에도 불구하고 국가는 주권을 갖는다는 전통국제법의 기초는 여전히 유지되고 있다. 우호관계선언도 "헌장에 따라 주권평등의 기본적 중요성을 재확인하고, 또한 UN의 목적은 국가들이 주권평등을 향유하고 또 그들간 국제관계에서 이 원칙의 요건에 완전히 따르는 경우에만 성취될 수 있음을 강조"[164]함으로써 이 점을 분명히 보여주고 있다. 그러므로 '협력의 의무'는 단순한 충돌 부존재(mere absence of conflict) 이상의 어떤 것, 즉 국가간의 연대(solidarity)를 함축하고 있음에도 불구하고 국가들에게 주권 내지 주권적 권한의 포기 내지 양도를 요구하는 선에는 미치지 못한다.

뿐만 아니라, 이 국제협력의 원칙은 국가들이 '어떻게' '무슨 수단을 통해' 협력해야 하는가에 관해서는 언급이 없다. 국제공동체 발전의 현 단계에서 일반적 의무 이상의 것을 규정한다는 것은 국가의 주권을 침해함을 의미하기 때문이다. 협력의 의무에 의하여 요구되는 협력의 '종류'에 대해서도 진영간에 의견이 다르다. 특히, 일부 개발도상국들은 '일방적인' 경제원조(one-way assistance and economic aid), 즉 원조국(donor state)의 이익을 동시에 고려에 넣지 않는 그런 원조를 촉구하였으나, 서방진영은 물론이고 사회주의국가들조차도 이같은 요구에는 반대하였다.[165]

162) 동 선언 제4조 1~2항도 참조할 것.
163) Cassese, pp. 150~151 ; Pauwelyn, p. 17.
164) 우호관계선언 전문 12단.
165) Cassese, pp. 151~152.

ICJ는 *WHO* 사건[166]에서 협력의무에는 "서로 성실하게 의견을 구할 의무"(duty to consult together in good faith)가 포함된다고 언급한 바 있다. 그러나 국제협력의 원칙은 아직 다소 공허한 개념으로서 초보상태에 머무르고 있기 때문에 이 원칙은 강행규범에 속한다고 할 수 없다. 따라서 일부 국가들이 특정 다른 국가들과는 협력하지 않을 것을 내용으로 하는 조약을 체결하더라도 이것은 무효가 아니다.[167] 그러나 그러한 행동이 UN 안팎에서 정치적 비난의 대상이 될 수는 있을 것이다.

Ⅸ. 결어 : 기본원칙의 상호연관성

우호관계선언은 그 2번 항목에서 "그 해석과 적용에 있어 상기 (국제법의 기본)원칙들은 상호 연관되어 있으며, 각 원칙은 타원칙들의 문맥 속에서 해석되어야 한다."고 언급하고 있다. 실제로 이들 기본원칙은 서로를 보충하고 지지하기도 하지만, 때로 서로의 적용을 제약하기도 한다. 예컨대, 무력사용금지, 분쟁의 평화적 해결, 신의성실 등은 상호 보충하고 지지하는 관계에 있다. 이에 반하여, 일방 인권존중 및 국제협력원칙과 타방 국내문제불간섭은 상호 충돌하는 경향이 있다.

---

166) *Interpretation of the Agreement of 25 March 1951 between the WHO and Egypt,* Advisory Opinion, ICJ Reports (1980), p. 73 at 95 (para. 49) (noted by Amerasinghe, p. 179).

167) Cassese, pp. 151~152.

제 8 장
국가 및 정부 승인

승인 제도 역시 어떤 새로운 사실의 출현 내지 그것의 합법성 여부를 심사할 권한을 부여받은 하나의 정부를 갖지 못한 국제공동체의 수평적·분권적 구조를 배경으로 하고 있다. 이것은 국제공동체가 조직화되면 될수록 승인제도는 약화될 것임을 시사하고 있다.[1] 승인에는 여러 가지 복합적인 측면이 내재되어 있다. 예컨대, 승인에는 법과 정치가 혼합되어 있으며, 승인의 국제법상의 효과와는 달리 그것의 국내법상의 효과는 국가에 따라 매우 다르게 나타나기도 하며, 승인 제도는 국가와 정부 이외의 여러 가지 사실상황에 대해서도 적용되고 있으며,[2] 승인의 외교적인 운영방식도 국가에 따라 매우 다르다.[3] 본장에서는 승인 제도의 중심을 구성하는 국가승인과 정부승인에 관하여 살펴보기로 한다.

Ⅰ. 승인에 관련된 국제법의 일반원칙

1. 승인의 정의 : 창설적 효과설 대 선언적 효과설

승인이란 무엇인가? 신국가는 일정한 선출절차를 밟아 일종의 써클 혹은 클럽에 가입하는가, 아니면 태어나서 자동적으로 국제공동체로 진입하는가? 승인의 정의 내지 그 법적 효과와 관련하여 두 가지 견해가 대조를 이루고 있다.

---

1) 1949년 ILC는 법전화를 위한 주제들의 잠정목록에 국가/정부승인을 포함하기로 결정하였으나 이 주제에 대해 열정이 없었으며, 결국 이 주제는 동 위원회의 업무계획표에서 삭제되었다 : Rosenne, *The Perplexities of Modern International Law*, p. 311.

2) 영토획득의 승인, 반란(내지 교전)단체의 승인, 민족해방기구의 승인, 저항기구(resistance organisation)의 승인, 국제기구의 승인 등이 바로 그것이다.

3) 예컨대, 영국은 중국(PRC)을 이미 1950년에 승인한데 반해, 미국은 1979년 1월 1일에 가서야 승인하였다. 다만, 미국도 최근에는 종래의 'recognition(승인)=approval(찬성)'의 정책을 대체로 포기한 것으로 보인다. Harris, p. 148.

먼저, Kelsen (1881~1973)[4] 등에 의해 주창된 이른바 창설적 효과설(constitutive theory)에서는 신국가 또는 신정부는 외국의 승인을 받을 때까지는 국제법의 목적상 존재하는 것이 아니라고 주장한다. 승인은 국제적 차원에서 관련 국가 또는 정부의 창설 또는 수립을 위한 필수적 조건이라는 의미에서 창설적 효과(constitutive effect)를 갖는다는 것이다. 이처럼 승인을 국가 또는 정부의 국제인격을 창설하는 행위로 파악하는 창설적 효과설은 주로 과거에 많은 서구학자들의 지지를 받았으며, 역사적으로도 19세기는 창설적 효과설의 시대였다. 19세기 기간 중 국제법은 대체로 유럽문명을 가진 국가들 사이에서만 적용되는 것으로 간주되었으며, 이 써클 혹은 클럽에 가입하기 위해서는 서구국가들에 의하여 선출되지 않으면 안 되었다.[5]

그러나 창설적 효과설은 다음의 몇 가지 측면에서 보면 올바른 견해라고 볼 수 없다. 첫째, 창설적 효과설은 "사실에서 법이 나온다"(*ex factis jus oritur*)는 명제에 기초한 '실효성의 원칙'(principle of effectiveness)과 정면으로 충돌한다. 국제법의 이 원칙에 의하면, 실제로 수립된 정부가 합법정부이고, 이 정부에 의하여 제정된 강제적인 질서가 곧 법질서이며, 또한 이 질서에 의하여 조직된 공동체는 (이 질서가 전체적으로 보아서 실효적인 한에 있어서) 국제법에서 말하는 국가인데 반하여,[6] 창설적 효과설에 의하면 신국가 또는 신정부가 실효성을 갖추고 있더라도 승인받지 못하면 법인격이 없다는 것이 되기 때문이다. 둘째, 창설적 효과설은 국가들의 주권평등원칙과도 모순된다. 왜냐하면 기존 국가 또는 정부는 신국가 또는 신정부가 언제 국제공동체에 가입하는가를 결정지을 권한을 가지게 되기 때문이다. 셋째, 창설적 효과설은 논리적으로도 건전하지 못하다. 왜냐하면 이 견해에 따르면 신국가 또는 신정부는 자신을 승인해 준 국가 또는 정부에 대해서는 국제인격을 갖는데 반해 승인을 보류하고 있는 정부에 대해서는 국제인격을 갖지 못한다는 결론에 이르게 되기 때문이다. 즉, 한 국가 또는 정부의 법인격이 현실과 달리 분열되기 때문이다.[7] 넷째, 창설적 효과설에 의하면, 승인받지 못한 국가 또는 정부는 국제법이 국가 또는 정부에 부과하는 의무의 구속을 받지 아니하고 국제공동체에서 자신이 원하는 바대로 행동할 자유가 있다는, 현실에 배치되고 또한 무정부상태를 조장하는 결론에 이르게 된다.[8]

창설적 효과설에 대항하여 나타난 선언적 효과설(declaratory or evidentiary theory)에 따르

---

4) Hans Kelsen (translated by Anders Wedbery), *General Theory of Law and State* (Cambridge, Massachusetts : Harvard University Press, 1949), pp. 221~225, 381.

5) Akehurst, pp. 59~60. 예컨대, 19세기 끝자락에 나온 영국의 한 국제법 입문서, Thomas Alfred Walker, *A Manual of Public International Law* (Cambridge : At the University Press, 1895), pp. 7~8은 당시 서유럽국가들의 생각을 이렇게 전하고 있다 : "The possession of political independence and the recognition of that independence by foreign Powers may thus long precede the admission of the state within the International Circle. It was only when the Turkish Power had ceased to be a terror to Europe, and its very decay had become a standing source of international trouble, that in 1856 the Porte was formally admitted within the European Concert. China and Japan have been for centuries independent states, but are only now knocking at the entrance gates of the International Circle."

6) Kelsen, *op. cit.*, p. 121. '실효성의 원칙'의 모호성에 대해서는, Orakhelashvili, pp. 114~115 참조.

7) Cassese, p. 79.

8) Wallace, pp. 69~70.

면, 승인은 새로운 실체의 법인격을 창설하는 행위가 아니며, '법적' 효과를 갖지 않는다고 한다. 즉, 승인 그 자체는 새로운 실체에 권리를 부여하지도 않으며 또한 의무를 부과하지도 않는다. 바꾸어 말하면 국가 또는 정부의 존재는 순전히 사실(fact)의 문제이며 승인은 단지 사실을 확인하는 정치적 행위에 불과하다는 것이다. 예컨대, 1933년의 "국가의 권리와 의무에 관한 몬테비데오 협약" 제3조[9]는 "국가의 정치적 존재는 타국의 승인과는 무관하다"라고 규정하고 있고, Tunkin[10]은 "현대국제법에서 국가의 법인격은 대세적 법인격(a legal personality *erga omnes*)이다. 그것은 타국의 승인을 필요로 하지 않는다"라고 언급하고 있다. 결국 선언적 효과설에 의하면, 어떤 실체가 국가 또는 정부가 되기 위한 요건을 객관적으로 충족시키고 있으면 그것은 '대세적', 곧 '객관적' 국제인격을 가진 국가 또는 정부이고, 다른 국가들은 그것을 그렇게 대우할 의무가 있다는 결론에 이른다.[11]

일단의 국민이 봉기하여 자국 정부를 전복하거나 분리독립하는 것을 금지하는 국제법의 일반원칙은 존재하지 아니하기 때문에, 국제공동체 내부에서 벌어지고 있는 실제 상황을 보면 대부분의 경우 신국가 또는 신정부의 수립은 설사 그 과정이 폭력적이고 혁명적인 것이었더라도 국제법위반이 아니다. 따라서 승인은 통상적으로 선언적 기능을 수행하고 있을 뿐이다.[12] 게다가 기존국가들은 미승인실체들도 일반국제법상의 의무를 부담하거나 권리를 향유하는 것으로 대우하고 있다. 예컨대, 1968년의 *Pueblo* 호 사건에서, 미국은 자신이 승인하지 않고 있던 북한이 미국 정보수집함 Pueblo 호를 공격함으로써 "국제법을 위반하였다"고 주장한 바 있다.[13] 또한 이스라엘은 자신을 승인하고 있지 않는 아랍국가들에 대한 군사적 행동을 정당화하기 위해 곧잘 자위권(self-defence) 개념을 원용하고 있다. 1992년 구유고 평화회의 중재위원회(Arbitration Commission of the Peace Conference on the former Yugoslavia, 일명 Badinter Arbitration Committee)[14]도 "국가의

9) "The political existence of the State is independent of recognition by the other States. Even before recognition the State has the right to defend its integrity and independence, to provide for its conservation and prosperity, and consequently to organise itself as it sees fit, to legislate upon its interests, administer its services, and to define the jurisdiction and competence of its courts.

The exercise of these rights has no other limitation than the exercise of the rights of other States according to international law." See also German-Polish Mixed Arbitral Tribunal, *Deutsche Continental Gas-Gesellschaft* v. *Polish State*, 1 August 1929, 5 Ann. Dig. 11, 15 (Ger.-Pol. 1929)("the recognition of a state is not constitutive but merely declaratory. The state exits by itself and the recognition is nothing else than a declaration of this existence."), quoted from Patrick C. R. Terry, "The Recognition of New States in Times of Secession: Is State Recognition Turning into Another Means of Intervention?", (2014) 20 Asian Yearbook of International Law 53 at 63.

10) Tunkin, p. 364.

11) Malanczuk, p. 83.

12) Akehurst, p. 60. 역으로, 국가가 반란이나 분리운동을 무력으로 진압하는 것을 금지하는 국제법규도 없다. 다단, 이 과정에서 인권법이 개입하거나 특히 민족자결 원칙이 적용되는 경우는 별도의 고찰을 요한다. Akehurst, p. 53.

13) Wallace, p. 70. 미국의 주장은 승인은 국가책임의 전제조건이 아님을 시사하는 것이기도 하다. ILC는 국제기구와 관련해서도 피해국에 의한 국제기구의 법인격 승인은 국제기구가 국제책임을 부담하기 위한 전제조건이 아닌 것으로 보고 있는 듯 하다. 다시 말해서 국가는 자국이 승인하지 아니한 국제기구로부터 침해를 받았을 때에도 책임을 추궁할 수 있다고 보는 것이다 : ILC 국제기구책임초안 제2조에 대한 주석 (9) ; Marcel Szabó, "International Legal Responsibility of the European Union According to the Draft Articles of the International Law Commission" in Szabó (ed.), p. 204.

14) Arbitration Commission of the Peace Conference on the former Yugoslavia, Opinion Nos. 1, 8, 10 ; B.

존재 혹은 소멸은 (단지) 사실의 문제(question of fact)로서, 타국에 의한 승인의 효과는 순전히 선언적(purely declaratory)"임을 전제로 하였다.[15)]

요컨대, 대부분의 경우에 불승인(non-recognition)은 신국가(혹은 신정부)가 기존국가들을 상대로 국제법상의 권리를 주장하거나, 혹은 다른 기존국가들이 신국가(혹은 신정부)의 국제법상의 의무를 주장하는데 영향을 미칠 수는 있다. 왜냐하면 불승인은 관련 국가 간에 아직 외교관계가 수립되지 않아 직접적인 대화가 사실상 곤란함을 의미하기 때문이다. 그러나 불승인으로 인하여 그같은 권리・의무의 존재 자체가 영향을 받는 것은 아니다.[16)]

그러나 다른 한편으로 국제공동체는 분권적 구조를 가지고 있다. 그 결과 실효성있는 상황이 예외적으로 국제법에 위배되는 경우, 그에 대한 승인은 불법을 합법으로 전환시킨다는 점에서(즉, 국제법에 위배되는 상황의 위법성을 치유한다는 점에서) 창설적 기능을 수행할 수 있을 것이다.[17)] 그렇다면 승인은 그 어떤 위법행위에 대해서도 면죄부를 부여할 수 있는 만병통치약(panacea)인가? 만일 그렇다면 국가들, 특히 강대국들은 계속해서 힘을 통한 변화를 추구하려는 유혹에 빠질 것이다. 다행히, 이 문제와 관련하여 '일반국제법의 강행규범'(*jus cogens*)으로 표현되는 국제공동체의 일반적 가치와 모순되는 상황에 대해서는 합법성을 부여해서는 안된다는 새로운 원칙이 확립되고 있는데, 이 문제에 관해서는 아래에서 다시 언급하겠다.

2. 승인의 재량적 성격과 그 제한을 위한 시도들

창설적 효과설에 의하든 선언적 효과설에 의하든 국제법은 기존 국가들에게 신국가 혹은 신정부를 승인할 의무를 부과하고 있지는 않다.[18)] 그리고 승인은 -1979년 미국과 중공 간의 승인에서 보는 것처럼 협상의 결과로 나타날 수는 있지만- 이론상 승인하는 국가의 '일방적' '재량'행위이다.[19)] 그 결과

G. Ramcharan (ed.), *The International Conference on the Former Yugoslavia*, Official Papers, Volume 2 (The Hague : Kluwer Law International Law, 1997), pp. 1260, 1285, 1290.

15) 그러나 구유고 평화회의 중재위원회가 말과는 달리 실제로는 창설적 효과설을 채택하였다고 보는 견해가 있다 : William Worster, "Sovereignty : two Competing Theories of State Recognition", 〈https://www.exploringgeopolitics.org/tag/worster-william/〉.

16) Shaw, p. 262 ; Cassese, *International Law*, 2nd, p. 76 ; Hall, pp. 205~206.

17) 그 한 예로 과거 동독(독일민주공화국, German Democratic Republic))의 사례를 들기도 한다. 즉, 서구진영의 국가들은 초기에는 -제2차 세계대전 기간 중 소련 군대의 점령 하에 있었던 바로 그 지역에 창설된- 소련의 위성국가(satellite state) 동독의 존재를 인정하기를 거부하였었는데, 주된 이유는 1949년 소련에 의한 동독이란 국가의 창설이 소련이 승전(연합)국들과 체결했던 독일의 지위에 관한 조약들을 위반한 것으로 보았기 때문이다. 그후 1970년대에 들어와 서구국가들에 의한 동독 승인은 -서구국가들에 관한 한- 동독 창설의 불법성을 치유하고 동독을 법적 무효(legal nullity)에서 국가로 전환시켰다는 점에서 창설적 효과를 갖는다는 것이다. Akehurst, p. 60 ; Hall, pp. 203~204 ; https://en.wikipedia.org/wiki/East_Germany ; https://history.state.gov/countries/german-democratic-republic ; 본서, 제20장 (국가승계), "Ⅶ. 독일 통일과 국가승계".

18) *R* (*on the application of North Cyprus Tourism Centre Ltd & Anor*) v. *Transport for London*, England and Wales High Court, [2005] EWHV 1698 (Admin), [2005] UKHRR 1231, para. 33 ("International law leaves it to each state, according to its own domestic procedure, to determine the legality and existence of other states. Political entities can be regarded as being states by some states, but not by others."), 〈https://www.casemine.com/judgement/uk/5a8ff73460d03e7f57ea9982〉 ; Kaczorowska-Ireland, p. 224.

그것은 승인대상 국가(또는 정부)의 동의를 요하지 않으며, 또한 승인을 부여하는 국가는 승인의 시기를 마음대로 조절할 수 있다. 예컨대, 1900년대 초반 중앙아메리카 일부 공화국들은 쿠데타 등 비합헌적인 방법으로 정권이 교체되는 경우 -적어도 그 변화가 그 국가의 인민에 의하여 수락될 때까지는- 신정부를 승인해서는 안된다는 이른바 합헌성 원칙(principle of legitimacy)을 정책으로 채택하기도 하였다.[20] 그러나 내란을 금지하는 국제법규는 없으며, 국제법의 입장에서는 정부의 변경이 반드시 다수파에 의해 합헌적으로 이루어질 필요도 없다. 결국 합헌성 원칙은 승인의 재량적 성격 때문에 국제법위반은 아니라 하더라도, 실제에 있어서는 타국의 국내문제에 간섭하는 결과로 나타났던 것이다. 그러므로 승인에 있어 국가의 재량권을 제한하려는 견해 또는 시도가 몇 가지 제시되고 있다.[21]

(1) 시기상조의 승인(premature recognition)

시기상조의 승인이란 아직 승인을 받을 수 있는 객관적 요건을 완전히 구비하지 못한 외견상의 신국가 또는 신정부에게 승인을 부여하는 것을 말한다. 시기상조의 승인은 존재하지 않는 실체에 대해 승인을 부여하는 것에 해당하므로 이것은 이론상 무효라는 것이 대다수 학자들의 공통된 견해이다. 뿐만 아니라, 반란단체가 정권장악을 기도하거나 또는 일부지역이 분리·독립하려는 경우 이에 대한 시기상조의 승인은 본국정부에 대한 불법간섭에 해당된다. 그럼에도 불구하고 국가들은 여전히 자국의 이해관계에 따라 시기상조의 승인을 하고 있는데,[22] 1903년 미국이 파나마의 콜롬비아로부터의 분리를 사주한 후 이를 즉각 승인한 것, 동파키스탄, 즉 방글라데시가 독립을 선언한 것이 1972년 3월 25일이었는데도 인도가 이미 1971년 12월 6일 방글라데시 반란단체를 동파키스탄의 합법정부로 승인한 것, 나이지리아 내전시 결국 실패로 끝난 Biafra 신생국에 대한 탄자니아·가봉·아이보리코스트·잠비아의 승인(1968) 및 아이티의 승인(1969), 1988년 11월 PLO가 독립국을 선포하자 1988년 11월 20일 현재 32개국이 이를 승인한 것, 2011년 3월 10일 리비아 반란단체 '리비아 국가평의회'(National Libyan Council)에 대한 프랑스의 최초 승인 등 그 예는 적지 않

---

19) Rosenne, *The Perplexities of Modern International Law*, p. 246.

20) 이 원칙은 1907년 에콰도르 외무장관 Tobar에 의해 제시되었으며, 중앙아메리카 5개국은 1907년 이를 구체화한 조약을 체결하였는데, 그 주된 내용은 "당사국들은, -자유로이 선출된 인민의 대표들이 국가를 헌법에 맞게 재조직하지 않는 한- 5개 공화국의 어느 나라에서 (기존의) 승인정부에 대한 쿠데타나 혁명의 결과로 권력를 잡게 되는 다른 어떤 정부도 승인하지 않는다."(parties shall not recognize any other Government which may come into power in any of the five Republics as a consequence of a coup d'etat, or of a revolution against the recognized Government, so long as the freely elected representatives of the people thereof have not constitutionally reorganised the country.)는 것이었다. 이 조약은 1923년 갱신되기도 하였다. 그리고 미국의 Thomas Woodrow Wilson 대통령(1923~1921)도 1917년 코스타리카의 혁명지도자 Federico Tinoco에 대해, 1924년에는 온두라스에 대해, 그리고 1925년에는 니카라과의 Emiliano Chamorro 정부 등에 이 원칙을 적용하였었다. 그러나 Tobar 원칙은 1930년의 Estrada 독트린으로 점차 대체되었는데, 이것에 관해서는 후술한다. Oppenheim, §73c, at p. 132 (fn 3) ; O'Connell, Vol. One, pp. 137~139 ; Shaw, 6th, p. 457 ; https://nadzameril.blogspot.com/2008/07/tobar-doctrine.html ; https://fr.wikipedia.org/wiki /Doctrine_Tobar.

21) Akehurst, pp. 61~63.

22) *Ibid.*, pp. 61~62 ; Hall, p. 207.

다. 않다.[23] 특히 2000년대 들어와 러시아는 (i) 두 접경국 조지아와 우크라이나 내 일부 지역들을 신속히 독립국가로 승인한 다음, (ii) 그들의 요청을 명분으로 군대를 진주시키거나 병합까지 함으로써 –침략 금지 규칙을 포함하여– 국제법을 위반하였다는 비판에 직면해 있다.[24]

---

23) Orakhelashvili/Akehurst, p. 105 ; https://en.wikipedia.org/wiki/Libya.

24) 즉, (i) 2008년 메드베데프(Dmitry Medvedev)가 푸틴(Vladimir Putin)의 후임 대통령이 되고 난 후의 일로서, 조지아의 두 분리지역 압하지야(Abkhazia)와 남오세티야(South Ossetia)를 국가로 승인한 다음 이들과 체결한 조약들에 의거하여 군대를 주둔시키고 있고, (ii) 메드베데프로부터 다시 대통령 자리를 넘겨받은 푸틴은 2014년 3월 17일 우크라이나 크림반도(Crimea)를 크림공화국(Republic of Crimea)이란 이름의 국가로 승인하고, 이튿날 18일 바로 병합조약("The Agreement between the Russian Federation and the Republic of Crimea on the Accession of the Republic of Crimea to the Russian Federation and on Forming New Constituent Entities within the Russian Federation")을 체결하였었다. 또한, (iii) 2022년 2월 21일, 푸틴 대통령은 –집단적으로 돈바스(Donbas)로 불리는– 우크라이나 동남부의 도네츠크 및 루간스크 지역을 각기 국가로 승인하면서 자칭 도네츠크 인민공화국(Donetsk People's Republic) 및 루간스크 인민공화국(Lugansk People's Republic)의 지도자들과 –군사협력과 자유이동 등을 담은 동일 내용의– 두개의 우호협력조약(treaty on friendship and cooperation)에도 서명하였다 ; 그리고 24일 새벽, 푸틴은 –'우크라이나의 비군사화와 탈나치화(나치즘 脫色)'(demilitarisation and denazification of Ukraine), 민족자결권, 자위권 등의 명분을 원용하며, 정치적으로는 NATO의 동진에 맞서– 국경선을 넘어 우크라이나에 대한 육해공 전면 침공을 개시하였다. https://en.wikipedia.org/wiki/Annexation_of_Crimea_by_the_Russian_Federation ; Natia Kalandarishvili-Mueller, "The Status of the Territory Unchanged: Russia's Treaties with Abkhazia and South Ossetia, Georgia", OpinioJuris, April 20 2015, 〈https://opiniojuris.org/2015/04/20/guest-post-the-status-of-the-territory-unchanged-russias-treaties-with-abkhazia-and-south-ossetia-georgia/〉 ; https://en.wikipedia.org/wiki/Republic_of_Crimea ; Oleksandr Merezhko, "Crimea's Annexation by Russia – Contradictions of the New Russian Doctrine of International Law", ZaöRV 75 (2015), 167-194, 〈https://www.zaoerv.de/75_2015/75_2015_1_a_167_194.pdf〉 ; Aaljazeera, 21 Feb 2022, "Putin recognises independence of Ukraine breakaway regions", 〈https://www.aljazeera.com/news/2022/2/21/russia-to-recognise-ukraine-breakaway-region-kremlin-confirms〉 ; Rowan Nicholson, "How Russia's recognition of breakaway parts of Ukraine breached international law – and set the stage for invasion", The Conversation, February 22, 2022, 〈https://theconversation.com/how-russias-recognition-of-breakaway-parts-of-ukraine-breached-international-law-and-set-the-stage-for-invasion-177623〉 ; The Moscow Times, February 22, 2022, "Takeaways From Russia's Treaties With Eastern Ukrainian 'Republics'", 〈https://www.themoscowtimes.com/2022/02/22/takeaways-from-russias-treaties-with-eastern-ukrainian-republics-a76510〉 ; Reuters, February 22, 2022, "Russia now has right to build military bases in eastern Ukraine – treaties", 〈https://www.reuters.com/world/europe/russia-now-has-right-build-military-bases-eastern-ukraine-agreement-2022-02-21/〉 ; Rachel Martin. NPR, February 22, 2022, "After recognizing breakaway regions, Putin orders 'peacekeeping' troops to Ukraine", 〈https://www.npr.org/2022/02/22/1082250149/after-recognizing-breakaway-regions-putin-orders-peacekeeping-troops-to-ukraine〉 ; Kate Mayberry, "Ukraine crisis: UN says Russian troops 'not peacekeepers'", Aljazeera, 23 Feb 2022, 〈https://www.aljazeera.com/news/2022/2/23/not-peacekeepers-at-all-un-chief-condemns-russia-move-live〉 ; BBC, 24 February 2022, "Ukraine conflict: Russian forces invade after Putin TV declaration", 〈https://www.bbc.com/news/world-europe-60503037〉 ; Marko Milanovic, "What is Russia's Legal Justification for Using Force against Ukraine?", EJIL : Talk!, February 24, 2022, 〈https://www.ejiltalk.org/what-is-russias-legal-justification-for-using-force-against-ukraine/〉 ; https://en.wikipedia.org/wiki/Russo-Ukrainian_War.

2022년 6월 18일 –러시아판 다보스 포럼으로 지칭되기도 하는– 상트페테르부르크 국제경제포럼(St. Petersburg International Economic Forum : SPIEF) 전체회의에서 블라디미르 푸틴 러시아 대통령이 "러시아는 코소보 선례에 따라 UN헌장에 의거 돈바스 지역의 공화국들을 승인할 모든 권리를 가지고 있었다"고 주장한 데 대해, 역시 이 회의에 참석한 친러 성향 카자흐스탄의 카심조마르트 토카예프(Kassym-Jomart Tokayev) 대통령은 "카자흐스탄은 도네츠크 인민공화국과 루간스크인민공화국을 준(유사)국가(quasi-states)로 보고 있으며 따라서 그들의 독립을 승인할 것 같지 않다"고 말하여 대조를 이루기도 하였다. Tass, 18 June 2022, "Putin's answers at SPIEF: Ukraine, sanctions and Donbass warfare", 〈https://tass.com/politics/1467863〉. 그후, 6월에 시리아가, 7월에 북한이 두 공화국을 독립국가로 승인하였다. Reuters, June 29, 2022, "Syria recognizes

(2) 불승인'주의'에서 불승인'의무'로

1931년 -국제연맹 창립국의 하나인- 일본이 무력사용을 통하여 -또다른 연맹창립국- 중국의 일부인 만주에 만주국을 건설하자 이에 대항하여 1932년 1월 7일 미국 국무장관 Stimson은 "미국 정부는 ... 중국·일본·미국이 공동당사자인 1928년 8월 27일의 파리규약(Pact of Paris)의 약속과 의무에 위배되는 수단에 의하여 초래될 수 있는 그 어떤 사태, 조약 또는 합의도 승인할 의사가 없음을 일본제국 정부와 중화민국 정부 양자 모두에게 통고함이 우리의 의무라고 생각한다."는 각서를 일본과 중국 정부에 발송하였다. 이어서 동년 3월 11일에는 국제연맹 특별총회가 "국제연맹규약이나 파리규약에 위배되는 수단에 의하여 초래될 수 있는 그 어떤 사태, 조약 또는 합의도 승인하지 않는 것은 연맹구성원들의 의무이다."라고 결의함으로써 사실상 Stimson 독트린을 재천명하였다.[25] 그러나 Stimson 독트린은 당시 미국의 외교정책에서 비롯된 것으로서 아직 한 개의 일반국제법규를 구성하는 것은 아니었다. 이를테면, 영국은 1936년 이탈리아가 에티오피아를 정복하자 일단 사실상의 승인을 부여한 뒤 1938년 법률상의 승인을 부여한 바 있으며, 1940년 소련의 발트 3국 정복에 대해서는 사실상의 승인을 부여하였었다.[26]

그러나 1970년 UN총회에서 컨센서스로 채택된 우호관계선언에서는 이제 "무력의 위협 또는 사용으로부터 초래된 어떠한 영토 취득도 합법적인 것으로 승인되어서는 안된다."는 것을 국제법의 한 개의 기본원칙으로 천명하고 있다. 그리고 이라크의 쿠웨이트 침공과 관련하여 1990년 8월 9일 UN안전보장이사회[27]는 "이라크의 쿠웨이트 병합선언은 '무효'이다. '모든' 국가와 국제기구는 이라크의 병합조치를 승인해서는 안되며, 병합의 간접승인(indirect recognition of the annexation)으로 해석될 수 있는 일체의 행동이나 거래도 자제하여야 한다."는 내용의 결의안을 채택하였다. 이상의 규정들은 침략의 희생당사국에게도 불승인의 의무가 있음을 시사하고 있다. 왜냐하면 무력의 위협 또는 사용은 가해국 대 피해국, 즉 1 대 1의 문제가 아니라 침략국 대 국제공동체 전체의 문제이기 때문이다.[28] 따라서 무력의 위협 또는 사용에 의하여 영토를 빼앗긴 국가가 이를 승인한다고 하여 문제의 영토취득이 합법으로 전환되지는 않는다는 것이 현대국제법의 논리이다. 이제 이 불승

---

independence, sovereignty of Donetsk, Luhansk - state news agency", 〈https://www.reuters.com/world/middle-east/syria-recognizes-independence-sovereignty-donetsk-luhansk-state-news-agency-2022-06-29/〉; Reuters, July 14, 2022, "North Korea recognises breakaway of Russia's proxies in east Ukraine〉 〈https://www.reuters.com/world/north-korea-recognises-breakaway-russias-proxies-east-ukraine-2022-07-13/〉.

2022년 9월 29일, 푸틴은 이번에는 헤르손 및 짜포르즈지아 지역을 독립국으로 승인하는 법령에 서명하고, 바로 이튿날 30일 상기 4개 지역(도네츠크, 루한스크, 헤르손 및 짜포르즈지아)의 지도자들과 연방 편입 조약에 서명하였다. 본서, 제1장 (국제공동체의 역사적 전개과정), "Ⅳ. 국제공동체의 전개과정, 7. 제6단계" & 제6장 (국제법의 주체), "Ⅱ. 국가".

25) Harris, 5th, pp. 218~219; Cassese, pp. 227~228.

26) 본장, "I. 승인에 관련된 국제법의 일반원칙, 3. 사실상의 승인과 법률상의 승인", "Ⅳ. 승인의 국내법상 효과, 1. 영국법상 승인의 효과, (2) 정부승인"; Orakhelashvili/Akehurst, p. 146 (9th, p. 1562).

27) UN안보리결의 662 (1990).

28) 강행규범의 중대한 위반에 대한 불승인 의무를 규정하고 있는 ILC 국가책임초안 제41조 2항도 이것을 시사하고 있다 : ILC 국가책임초안 제41조에 대한 주석 (9).

인의무는 '무력의 위협 또는 사용에 의거한 영토취득에 관한 한' 확립된 법원칙이라고 할 수 있다. 요컨대, 불승인의무는 (당사국의 합의에 의해서도 그 적용을 배제할 수 없는) 완전한 강행규범으로서의 무력사용금지원칙의 논리적 귀결(a corollary)이다.

이같은 불승인의 의무는 외국의 불법적인 무력지원에 의하여 한 국가의 일부 지역에 신국가가 선포되는 경우에도 적용된다. 무력의 위협 · 사용금지원칙에 위반하여 수립된 그같은 실체는 국가로 간주되지도 않을 것이다.[29] 이같은 논리는 민족자결권을 위반하여 수립된 국가나 자결권을 침해하는 정부에 대해서도 그대로 적용된다.[30]

국가책임에 관한 ILC초안 제41조 2항은 "그 어떤 국가도 강행규범의 중대한 위반에 의하여 창설된 사태(situation)를 합법으로 승인해서는 안된다"고 규정하고 있는데, 여기서 '사태'는 상기 영토의 취득이나 신국가의 출현을 포함하는 넓은 개념이다. 다만, 이 규정은 강행규범의 '중대한' 위반에까지는 이르지 아니하는 일정 위반에 의하여 창설된 사태에 대해서는 불승인의 의무가 적용되지 않음을 시사하고 있다. ICJ는 이미 1971년 *Namibia* 사건에 대한 권고적 의견[31]에서, "나미비아에 대한 남아프리카의 의임통치가 종료된 후 남아프리카가 나미비아를 위하여 혹은 그에 관련하여 행한 공적 행위는 (자결권을 부인하는 것으로서 대세적으로) 위법이고 무효이긴 하지만, 이 무효는 출생 ·

---

29) 1974년 터키의 북싸이프러스 침공의 결과로서 1983년 11월 15일에 독립을 선포한 북싸이프러스 터키공화국(Turkish Republic of Northern Cyprus)이 그 좋은 예이다. 즉, 1983년 11월 18일 '결의 541'에서 안보리는 "싸이프러스 공화국 이외의 그 어떤 싸이프러스 국가도 승인하지 말 것을 모든 국가들에게 요청"하였다. 이에 따라 유럽인권재판소도 북싸이프러스 터키공화국을 법적으로 존재하지 않는 것으로 취급한 바 있다 : *Loizidou* v. *Turkey* (Merits and Just Satisfaction), Application no. 15318/89, Judgment of 18 December 1996, para. 44("In this respect it is evident from international practice and the various strongly worded [United Nations Security Council] resolutions referred to above ... that the international community does not regard the "TRNC" as a State under international law and that the Republic of Cyprus has remained the sole legitimate Government of Cyprus – itself, bound to respect international standards in the field of the protection of human and minority rights. Against this background the Court cannot attribute legal validity for purposes of the Convention to such provisions as Article 159 of the fundamental law[i.e. "TRNC" Constitution] on which the Turkish Government rely."). See also *Güzelyurtlu & others* v. *Cyprus & Turkey*, Application no. 36925/07, 29 January 2019, paras. 193~196 ; Orakhelashvili/Akehurst, 9th, p. 91.

30) 예컨대, 1976년 12월 22일 '결의 402'에서는 안보리는 "특히, 소위 독립 트란스케이(so-called independent Transkei)에 대한 그 어떤 유형의 승인도 거부할 것과 함께 소위 독립 트란스케이나 다른 반투스탄들과는 그 어떤 거래도 갖지 않을 것을 모든 정부에게 요청한 (1976년 10월 26일의) 총회결의 31/6A를 인준(Endorses)"하였다. 또한, 안보리는 1965년 11월 12일 '결의 216'에서 "(소수 백인 지배를 계속하기 위해 영국으로부터의 독립을 선언한)로디지아의 이 불법적인 인종차별 소수파 정권(this illegal racist minority regime)을 승인하지 말 것을 모든 국가들에게 요청하기로 결정"하였으며, 같은 달 20일 '결의 217'에서는 "이 불법당국을 승인하지 말 것과 그와는 외교 혹은 기타 관계를 맺지 말 것을 모든 국가들에게 요청"한 바 있다. 1970년 7월 29일 '결의 283'에서는 안보리는 "나미비아 영토에 대한 남아프리카 정부의 권한을 승인하는 듯이 보이는 외교, 영사, 기타 그 어떤 관계도 남아프리카와는 맺지 말 것을 모든 국가들에게 요청"하였다. Akehurst, p. 298 ; Cassese, p. 80 ; Crawford, pp. 81~82, 103~106, 118, 120~128, 219~227 ; Shaw, pp. 163~164.

31) *Legal Consequences for States of the Continued Presence of South Africa in Namibia* (*South West Africa*) *notwithstanding Security Council Resolution 276* (*1970*), Advisory Opinion, ICJ Reports (1971), p. 16 at 56 (para. 125). ICJ의 이 견해는 유럽인권재판소(European Court of Human Rights)의 다음 두 판결에서도 인용되고 있다 : *Loizidou* v. *Turkey* (Merits and Just Satisfaction), Application no. 15318/89, Judgment of 18 December 1996, para. 45 ; *Cyprus* v. *Turkey* (Merits), Application no. 25781/94, Judgment of 10 May 2001, para. 90.

사망 · 혼인의 등록과 같은 행위들에는 연장 적용될 수 없다. 왜냐하면 이러한 행위들의 효과를 무시하면 반드시 이 지역의 주민들을 해치기 때문"이라고 언급한 바 있다. 요컨대, "불승인 의무의 결과는 무제한적인 것이 아니다."[32] ICJ가 *Namibia* 사건에서 언급한 이 불승인의 의무에 대한 예외는 흔히 '나미비아 예외' (Namibia exception)로 불리고 있다.[33]

(3) Lauterpacht 독트린

영국의 허쉬 로터팩트(Hersch Lauterpacht)(1897~1960)는 신국가 또는 신정부가 국제법 위반의 결과로 생겨난 경우는 제외하되, 국가들은 사실상의 요건을 구비한 신국가나 신정부를 승인할 의무가 있다고 주장하였다.[34] 창설적 효과설의 대변자인 그는 이같이 주장함으로써 이 이론이 갖는 엄격성을 완화해 보려 한 것이다. 결과적으로 그는 창설적 효과설과 선언적 효과설의 중간적 입장을 채택한 것인데,[35] 실제로 제2차 세계대전 이후 한동안 영국 정부는 중공(PRC)을 비롯한 공산국가 승인에 대한 미국의 비난을 피하기 위해 이 원칙을 채택하기도 하였다. 그러나 이것은 승인의 재량적 · 정치적 성격이나 국가들의 관행과도 어긋나는 주장이다.[36]

3. 사실상의(잠정적) 승인(*de facto*, or provisional, recognition)과 법률상의 승인(*de jure* recognition)

승인은 '그 대상이 되는 실체의 실효성을 중심으로 하여' 사실상의 승인과 법률상의 승인으로 구분된다. 예컨대 정부승인의 경우, '사실상의' 승인이란 좀 더 정확히 표현하면 '사실상의 정부' 승인(recognition of a *de facto* government)을 의미하며, 또한 '법률상의' 승인이란 '법률상의 정부' 승인(recognition of a *de jure* government)을 지칭하는 것이다. 요컨대, 양자의 기본적 차이는 관련 신정부가 행사하는 통제력의 실효성의 정도에 있다. 즉, 사실상의 정부란 법률상의 정부와는 달리, 그 통제력이 미래에도 확고히 지속될 것이라는 전망이 보이지 않는다는 의미에서 잠정적인 실체임을 뜻한다.[37] 따라서 사실상의 승인은 상황의 전개에 따라 법률상의 승인으로 이어지거나 아니면 언제든지 철회될 수 있다. 그 결과, 완전한 승인(full recognition)으로서의 법률상의 승인은 외교관계(즉, 국교) 수립과 정치적 성격의 양자조약 체결의 길을 열어주는데 반해서, 사실상의 승인은 단지 무역관계의 수립(과 때로 영사관계의 수립)으로 이어지거나 또는 경제적 · 행정적 성격의 조약 체결로만 이어지는 것이 보통이다.[38]

---

32) ILC 국가책임초안 제41조에 대한 주석 (10).
33) Kaczorowska-Ireland, p. 229.
34) Hersch Lauterpacht, *Recognition in International Law* (Cambridge : Cambridge University Press, 1948), pp. 5~6, 12~33, 51, 73~78, 409~410.
35) Malanczuk, p. 83.
36) Akehurst, p. 63 ; Harris, 5th, p. 146.
37) Akehurst, p. 65 ; Greig, p. 127 ; Shaw, 7th, pp. 332~333 ; "*Maduro Board*" *of the Central Bank of Venezuela* v "*Guaidó Board*" *of the Central Bank of Venezuela*, [2021] UKSC 57, paras. 83~86.

사실상의 승인과 법률상의 승인의 구분은 대체로 정부승인의 경우에만 발생한다. 그래서 국가는 단지 법률상의 승인의 대상이 될 수 있는 것으로 여겨지고 있지만, 신국가가 사실상의 승인을 받은 예도 있다. 예컨대, 인도네시아는 1945~49년에 네덜란드와 독립투쟁을 벌일 때 몇몇 나라들로부터 사실상의 승인을 받았었다. 영토취득에 대해서도 단지 사실상의 승인만이 부여된 예가 있다. 예컨대, 영국은 1940년 소련의 에스토니아, 라트비아, 리투아니아 3국 병합에 대해 사실상의 승인만을 부여하였었다.[39]

승인을 '명시적' 선언을 통해 부여할 때, 승인국이 자신은 단지 사실상의 승인만을 부여하노라고 천명하지 않는 한, 그 승인은 언제나 법률상의 승인으로 간주되어야 할 것이다. 이에 반해 승인이 '묵시적'으로 부여되는 경우에는 승인국이 법률상의 승인을 부여하려고 의도했는지 아니면 사실상의 승인만을 부여하려고 의도했는지가 분명치 않은 경우들이 생긴다.[40]

4. 명시적 승인과 묵시적 승인

명시적·묵시적 승인의 구분은 승인의 표현방식에 관한 것이다. 즉, 승인의 의사는 명시적으로 표명될 수도 있고 묵시적으로 표현될 수도 있다. 양자의 구분은 모호한 면이 없지 않으나, 대체로 명시적 승인이란 선언·통고·조약규정·국제회의결의 등에 의하여 승인의 의사를 명백히 표명하는 경우를 가리키며, 묵시적 승인이란 승인의 의사를 이처럼 직접적으로 표시하지는 않지만 사실상 승인으로 간주되는 행위를 함으로써 간접적으로 승인의 의사를 나타내는 경우를 가리킨다.

독립을 획득한 신국가에게 축하메시지를 보내는 것, 정식외교관계의 수립(특히, 상주외교사절의 교환), '양국간의 관계를 포괄적으로 그리고 불확정한 기간 동안' 규율하기 위한 양자조약(예컨대, 기본관계조약, 우호통상항해조약)의 체결(단, 불승인의 의사가 명백히 표시되는 경우에는 그렇지 않다), UN가입 신청에 대한 지지 등은 묵시적 승인에 해당하는 것으로 간주된다.

그러나 다자조약의 공동당사자가 되는 것,[41] 불승인의 의사를 명백히 한 상태에서 양자조약의 체결,[42] 범죄인 또는 납치된 승객 등의 인도,[43] 반란단체와의 교섭, 국제적 청구의 제기와 보상금 지급, 통상대표부의 설치 허용 또는 무역사절단의 교환,[44] 신국가의 국민에 대한 비자 발급, (북한의

38) Tunkin (ed.), *International Law*, p. 115 ; Shaw, 7th, p. 333.

39) Akehurst, p. 64, fn. 8 ; Harris, pp. 142~143.

40) Akehurst, p. 64, fn. 8.

41) 예컨대, 미국과 동독은 1963년 체결된 부분핵실험금지조약의 공동당사자였으나, 1973년까지 미국은 동독을 국가 또는 정부로서 승인하지 않았다.

42) 1970년 6월 그리스와 알바니아간에 무역협정이 체결되었는데, 당시 그리스와 알바니아는 기술적으로는 제2차 세계대전의 계속 하에 있었고, 또 그리스는 알바니아정부를 승인하지 않고 있었다.

43) 한국과 중국(PRC)(중공) 사이에 외교관계가 없던 시절, 1983년 5월 6일의 중국민항기 납치사건을 해결하기 위해 1983년 5월 10일 양국 정부 사이에 각서교환이 이루어졌고, 1985년 3월 22일의 중국어뢰정 표류사건을 해결하기 위해 1985년 3월 26일 또 한 차례 각서교환이 이루어진 바 있다.

44) 1984년 12월 프랑스는 북한의 통상대표부를 총대표부로 승격시킨 바 있었다. 그러나 이것 역시 당시 승인을 의미하는 것은 아니었다.

핵무기 프로그램을 둘러싼 미국과 북한간의 대화에서 보는 것처럼) 기타 여러 가지 일상적이거나 긴급한 문제에 관한 공식 또는 비공식 접촉의 유지 또는 특정문제에 관한 의사교환 등은 묵시적 승인에 해당하지 않는다.

요컨대, 묵시적 승인이냐 아니냐는 궁극적으로는 승인국의 의사(intent)에 달려 있으며, 외견상 묵시적 승인으로 보이는 경우에도 승인의 의사를 명백히 유보하면 묵시적 승인으로 되지 않는다. 다만, 정식외교관계의 수립은 언제나 승인을 전제로 하는 것이다. 미승인정부・미승인국가와도 공식・비공식 접촉을 가질 수 있다는 것은 승인이 본질적으로 정치적 행위(political act)라는 증거도 될 것이다.

5. 개별적 승인(individual recognition)과 집단적 승인(joint or collective recognition)

승인은 일반적으로 각 국가에 의하여 개별적으로 이루어진다. 그러나 관련 국가들이 공동으로 승인을 부여하는 경우도 있다. 예컨대, 프놈펜이 공산군 수중에 떨어진지 36시간도 못된 1975년 4월 18일 당시의 ASEAN 5개국[45)]은 캄보디아[46)] 신정부를 공동으로 승인한 바 있다.

국제기구, 특히 UN가입은 전체 회원국에 의한 집단적 승인을 의미하는지가 문제된다. UN가입은 결국 UN헌장의 공동당사자가 됨을 의미한다. 앞에서 언급한 바와 같이 다자조약의 공동당사자가 된다고 해서 승인이 묵시되지는 않는다. 그 결과 UN가입과 회원국 간의 승인은 별개의 문제로 이해되고 있다.[47)]

6. 승인의 철회(withdrawal of recognition, derecognition)

국가가 소멸하거나 정부가 새로운 체제로 대체되는 경우, 소멸된 국가 또는 정부에 대한 승인은 합법적으로 철회될 수 있다. 다만, 이런 경우 승인의 철회는 영토의 병합 또는 신정부에 대한 승인을 통하여 간접적으로 표시되는 것이 보통이다.[48)]

문제는 국가의 소멸 또는 정부의 변경이 없음에도 불구하고 승인을 철회할 수 있는가이다. 다만, 여기서 문제가 되는 것은 대체로 법률상의 승인(*de jure* recognition)의 철회가능성이다. 왜냐하면

---

45) 즉, 태국, 말레이시아, 인도네시아, 싱가포르, 필리핀. ASEAN의 현재 상황에 관해서는 https://www.aseansec.org 참조.

46) 캄보디아는 1976년 4월 Democratic Kampuchea로 개명하였다가 그 후 다시 원래의 국명으로 돌아왔다. https://en.wikipedia.org/wiki/Democratic_Kampuchea.

47) 예컨대, 1950년 3월 8일 당시 UN사무총장 Trygve Lie는 이 문제와 관련하여 다음과 같이 언급한 바 있다: "The U.N. does not possess any authority to recognise either a new State or a new government of an existing State. To establish the rule of collective recognition by the U.N. would require either an amendment of the Charter or a treaty to which all members would adhere." Hans Aufricht, "Principles and Practices of Recognition by International Organisations", (1949) 43 AJIL 71~78.

48) See *Haile Selassie* v. *Cable & Wireless Ltd.* (UK, Court of Appeal, 1939).

사실상의 승인(*de facto* recognition)은 상황변화에 따른 철회가능성을 내포하고 있기 때문이다. 이 문제에 관한 학자들의 시각은 대조적으로 나타나고 있다. 먼저, 외국 또는 외국정부에 대한 승인의 '부여'는 재량적이고 정치적인 행위이긴 하지만, 외국 또는 외국정부가 국가성립의 요건 혹은 정부권력의 행사를 계속해서 유지하고 있는 한 승인의 '철회'는 허용되지 않는 것으로 보는 견해가 있다.[49] 1933년의 "국가의 권리 · 의무에 관한 몬테비데오 협약" 제6조도 "승인은 무조건적이며 철회할 수 없다"라고 규정하고 있다. 요컨대, 승인의 부여는 에스토펠(estoppel), 즉 금반언[50]의 효과를 낳는다는 것이다.[51] 이에 대해 승인이 본질적으로 정치적 행위라면 그것이 철회되어서는 안될 이유는 없으며, 국가들이 그렇게 하기 위한 적당한 정치적 기회를 포착할 수도 있을 것으로 보는 견해가 있다.[52] 논리적으로는 후자의 견해가 타당할 수밖에 없겠지만, 국가들의 관행은 대체로 전자를 따르고 있다. 따라서 국가 또는 정부가 계속해서 존재하고 있는데도 불구하고 (외교관계 단절과는 별도로) 승인 자체를 철회하는 사례는 드물다. 그러나 그런 사례가 아주 없는 것은 아니다.[53] 이를테면, 리비아의 가다피 정권이 국민들의 기본적 인권을 중대하게 침해하자 2011년 많은 국가들이 당시 반란집단 "리비아 과도국가(인민)평의회"(National Transitional Council, NTC)를 리비아의 잠정 합법정부로 승인하였던 것이다.[54] 이것은 -앞에서 언급한- 집단적 승인의 한 사례이기도 하다. 이 밖에도, 버마(현 미얀마)정부는 아웅산묘소 폭탄테러(*Rangoon bombing*) 사건[55]에 대한 보복적 조치

---

49) See e.g. Ott, p. 102.

50) 에스토펠/금반언은 보통법(common law)에서 발전되어 나온 개념인데, 이것에 의하면 소송에서 일방 당사자는 자신이 과거에 행한 (인정하거나 부인하는) 진술이나 행위에 위배되는 주장을 하여 그것을 믿고 행동한 타방당사자에게 손해를 끼칠 수 없다는 원칙을 말한다. 국제법도 에스토펠의 법리를 수용하고 있다는 것이 일반적 견해이다 : Case concerning *Delimitation of the Maritime Boundary in the Gulf of Maine Area* (Canada/United States of America), ICJ Reports (1984), p. 246 at 305 (para. 130) ; 본서, 제19장(영토의 취득) 참조.

51) Cassese, *International Law*, 2nd, p. 74.

52) O'Connell, p. 159 ; Rosenne, *The Perplexities of Modern International Law*, p. 248.

53) Stefan Talmon, *Recognition of Governments in International Law: with particular reference to governments in exile* (Oxford : Oxford University Press, 1998), pp. 46~47.

54) 32개국 및 7개 국제기구의 대표들은 리비아 국민들의 자유민주 투쟁을 지원하기 위하여 2011년 3월 29일의 런던회의(London Conference on Libya)를 통해 '리비아 연락 그룹'(Libya Contact Group)을 구성하였는데, 동 그룹은 7월 15일의 4차 회의 폐막성명에서 다음과 선언하였던 것이다 : "The Contact Group reaffirmed that the Qaddafi regime no longer has any legitimate authority in Libya and that Qaddafi and certain members of his family must go. Henceforth and until an interim authority is in place, participants agreed to deal with the National Transitional Council (NTC) as the legitimate governing authority in Libya. OCHA Services, Libya, "Fourth Meeting of the Libya Contact Group Chair's Statement, 15 July 2011, Istanbul", 〈https://reliefweb.int/report/libya/fourth-meeting-libya-contact-group-chairs-statement-15-july-2011-istanbul〉 ; Kaczorowska-Ireland, p. 223 ; https://en.wikipedia.org/wiki/National_Transitional_Council ; https://ko.wikipedia.org/wiki/ 리비아_과도국가평의회 ; https://en.wikipedia.org/wiki/Friends_of_Libya.

리비아 연락 그룹의 위 선언이 있은 후 동년 9월 16일 UN총회는 NTC를 총회 66차 회기에서 리비아의 대표로 인정하는 결의를 채택하였다 : UNGA 66/1 (Credentials of representatives to the sixty-sixth session of the General Assembly), 2nd plenary meeting, 16 September 2011, 〈https://www.un.org/en/ga/66/resolutions.shtml〉 ; UN Press Release GA/11137, 16 September 2011, "After Much Wrangling, General Assembly Seats National Transitional Council of Libya as Country's Representative for Sixty-Sixth Session", 〈https://www.un.org/press/en/2011/ga11137.doc.htm〉 ; Kaczorowska-Ireland, p. 223.

55) 1983년 10월 9일 북한 공작원들이 당시 버마를 방문 중인 전두환 대통령의 목숨을 노린 폭탄테러사건. 이로

로서, 1983년 11월 4일 북한과의 외교관계 단절 및 북한에 대한 정부승인 철회를 발표한 바 있다.[56] 또한 영국은 이탈리아의 에티오피아 정복에 대해 1936년 사실상의 승인을 부여하고 이어서 1938년에는 법률상의 승인을 부여하였지만, 1940년 이를 철회한 바 있다.[57]

제2차 세계대전 후의 중국(China)의 상황은 매우 특이하다. 중국이라는 하나의 국가 내에 자신이 중국 전체의 대표임을 주장하는 두 개의 정부가 존재하고 있었기 때문이다. 이같은 상황 하에서 대부분의 국가들은 '중국'을 대표하는 유일합법정부로서 '중화민국'(Republic of China)에 대한 승인을 철회하고 '중화인민공화국'(People's Republic of China : PRC)(중공)을 승인하였다.[58] 그 결과 이들 국가에 대한 관계에 있어 이른바 '중화민국' 정부는 '대만'(Taiwan) 정부로 변형되었다. 예컨대, 1978년 12월 15일 미국 카터 정부는 "미국은 PRC를 중국의 유일합법정부로 승인하며, 대만과의 외교관계를 단절하고자 한다" (The U.S. recognises the PRC as the sole legal government of China, and is terminating diplomatic relations with Taiwan)라고 선언하였으며,[59] 또한 이날 미국과 중공 양국 정부는 "1979년 1월 1일부로 서로를 승인하고 외교관계를 수립하기로"(to recognise each other and to establish diplomatic relations) 합의하였다고 발표하였다.[60] 이로써 '중화민국' 정부는 미국에 대한 관계에 있어 더 이상 '중국'을 대표하지 못하는 단순한 대만정부로 그 성격이 변형되었다.[61] UN헌장에는 지금도 'The Republic of China' 즉 '중화민국'이 회원

인해 당시 서석준 부총리, 이범석 외무장관, 함병춘 청와대 비서실장을 포함한 17명의 장차관급 한국 고관들이 사망하였다. 버마 당국의 수사결과 이 사건은 김정일의 친필지령을 받은 북한군 정찰국 특공대 소속 3명의 군인 등에 의해 자행된 것으로 밝혀졌다. 이들 중 한 명은 사살되었고, 체포된 다른 두 명에 대해서는 버마의 한 재판소가 12월 9일 사형을 선고하였다. 이 중에서 조장격인 진모는 2년 뒤인 1985년 사형이 집행되었다. 강민철은 종신형으로 감형이 되었는데, 2008년 5월 18일 옥중 사망하였다. Daniel Wertz, "DPRK Diplomatic Relations", NCNK(The National Committee of North Korea), last updated August 2016, 〈https://www.ncnk.org/resources/briefing-papers/all-briefing-papers/dprk-diplomatic-relations〉; https://en.wikipedia.org/wiki/Rangoon_bombing ; https://en.wikipedia.org/wiki/Myanmar-North_Korea_relations ; 한국민족문화대백과사전, "버마암살폭파사건(—暗殺爆破事件)", 〈https://encykorea.aks.ac.kr/〉; 조선일보, 2011.7.25., [사설] "'햇볕' 지키려 아웅산 테러범 국내 송환 반대했다니".

56) Talmon, *op. cit.*, p. 47, fn. 13. 당시 버마 정부는 "북한 정부의 외교적 지위에 대한 승인을 철회한다" (to derecognize the diplomatic status of the government of Democratic People's Republic of Korea)고 다소 이상하게 표현하였었는데, 이는 단지 외교관계 단절을 의도한 것이라고 보는 견해도 있다 : Juergen Kleiner, *Korea : A Century of Change* (New Jersey, London, Singapore, and Hong Kong : World Scientific, 2001), p. 202. 미얀마와 북한은 그로부터 근 24년이 지난 2007년 4월 26일 양국간 외교관계 복원에 합의하는 문서에 서명하였다. 미얀마 정부는 "서명된 문서는 보통의 절차에 따라 UN에 송부될 것"이라고 말하였다. https://www.bangkokpost.net/breaking_news/breakingnews.php?id=118356 ; https://news.bbc.co.uk/2/hi/asia-pacific/6594445.stm ; https://en.wikipedia.org/wiki/Foreign_relations_of_Burma.

57) O'Connell, pp. 159 (fn. 18), 161.

58) von Glahn, p. 103. '중화민국', 즉 대만정부는 1971년 UN에서도 축출되었다 : UN총회결의 2758 (XXVI) ; 본서, 제25장 (UN), "Ⅳ. UN회원국의 지위. 4. 대표권 문제."

59) https://www.history.com/this-day-in-history/united-states-announces-that-it-will-recognize-communist-china ; EveryCRSReport.com, "Taiwan's Political Status: Historical Background and Its Implications for U.S. Policy", February 23, 2006 - November 3, 2009, 〈https://www.everycrsreport.com/reports/RS22388.html〉.

60) Joint Communiqué on the Establishment of Diplomatic Relations between the United States of America and the People's Republic of China, January 1, 1979 (released on December 15, 1978, in Washington and Peking), 〈https://www.choices.edu/wp-content/uploads/2017/08/choices-china-US-china.pdf〉; Harris, p. 148.

국 겸 안보리 상임이사국으로 명기되어 있지만, 중요한 것은 실체이지 이름이 아니다.

---

61) 미국은 1979년 이전에는 대만정부를 -전체 중국을 대표하는 법률상의 정부로서 이해되는- 이른바 중화민국(Republic of China)의 유일 합법정부로 승인하고 있었다. 따라서 1979년 선언의 효과는 미국이 이제는 PRC를 '대만을 포함한' 전체 China의 정부로 승인하는 것이 되어야 했을 것이다. 그러나 실제에 있어 미국은 '대만'과 단지 '외교관계를 단절한다'고 표현함으로써 미국법의 문제상 '대만'정부 자체의 승인을 철회한 것은 아니라는 추론을 가능하게 하고 있었다. 이같은 해석은 미국의 1979년 대만관계법(Taiwan Relations Act of 1979)에 의하여 확인되었다. 동 법은 미국법과 미국재판소에 대한 관계에 있어 대만의 지위를 1979년 이전의 그것으로부터의 어떠한 변화도 배제하였으며, 또한 미국과 중화민국 간에 체결된 기존의 조약을 유지하였다. 동 법은 또한 미국과 대만의 관계는 '콜롬비아 특별지구의 법에 의거하여 수립된 비영리단체'로 표현된, 새로 창설되는 '주(駐)대만 미국협회' (American Institute in Taiwan)를 통하여 계속된다고 규정하고 있다. Ott, p. 103 ; https://www.ait.org.tw/ ; Eleanor Albert, "China-Taiwan Relations", Council on Foreign Relations, June 15, 2018, 〈https://www.cfr.org/backgrounder/china-taiwan-relations〉 ; https://en.wikipedia.org/wiki/Taiwan_Relations_Act.

2018년 1월 9일 미국 의회 하원에서, 2월 28일 상원에서 각각 만장일치로 채택되고 3월 16일 트럼프 대통령이 재가함으로써 일명 "대만여행법"("Act to encourage visits between the United States and Taiwan at all levels, and for other purposes", 약칭 "Taiwan Travel Act")이 제정되었는데, 이 법률은 미국이 대만과의 관계에서 그간 스스로 자제해 왔던 양국 정부 관리들의 상호 방문을 허락, 장려하는 내용을 담고 있다. https://www.congress.gov/bill/115th-congress/house-bill/535/text ; Gerrit van der Wees, "The Taiwan Travel Act in Context", The Diplomat, March 19, 2018, 〈https: //thediplomat.com/2018/03/the-taiwan-travel-act-in-context/〉 ; Julian Ku, "Ignore the Hype : The Taiwan Travel Act is Legally Binding", Lawfare Blog, March 20, 2018, 〈https://www.lawfareblog.com/ignore-hype -taiwan-travel-act-legally-binding〉.

미국 국방부는 2019년 6월 1일 공개한 '인도-태평양 전략보고서'(Indo-Pacific Strategy Report)에서 대만을 4개 동반자 '국가'의 하나로 지칭하였는데, 이것은 -과거 미국의 관리들이 대만을 국가로 '잘못 말한'(misstatements) 경우를 제외하고는- 전례 없는 일로서 주목을 끌었다 : "As democracies in the Indo-Pacific, Singapore, Taiwan, New Zealand, and Mongolia are reliable, capable, and natural partners of the United States. All four countries contribute to U.S. missions around the world and are actively taking steps to uphold a free and open international order." 〈https://media.defense.gov/2019/May/31/2002139210/-1/-1/1/DOD_INDO_PACIFIC_STRATEGY_REPORT_JUNE_2019.PDF〉 ; Mark Magnier/South China Morning Post, 7 June, 2019, "Taiwan put on US defence department list of 'countries' in latest move likely to goad China", 〈https://www.scmp.com/news/china/diplomacy/article/3013497/latest-move-likely-goad-beijing-us-defence-department-report〉.

그러나 미국은 대만을 중화민국이란 이름의 국가로 공식 승인하지는 않고 있다. 이를테면, 2020년 3월 26일 트럼프 대통령의 재가를 얻어 발효한 "대만 동맹국들의 국제적 보호와 강화 계획법"[Taiwan Allies International Protection and Enhancement Initiative (TAIPEI) Act of 2019]은 섹션 4("대만의 국제기구 참여에 대한 미국의 정책") (1)호에서 "'국가만이 가입할 수 있는 것이 아닌(statehood is not a requirement) 국제기구로서 미국도 참여하고 있는 모든 국제기구에서 대만이 회원자격을 갖는 것'과, '기타 적절한 국제기구들에서 대만이 옵서버의 지위를 부여받는 것'을 지지하는 것이 미국의 정책이 되어야 한다(It should be the policy of the United States)"고 규정하고 있을 따름이다. 법률 제목의 약자를 대만의 수도 '타이베이' (Taipei)에 맞춘 것이 흥미롭다. https://www.congress.gov/bill/116th-congress/senate-bill/1678/text ; https://en.wikipedia.org/wiki/Taiwan_Allies_International_Protection_and_Enhancement_Initiative_Act.

미국과 대만은 지난 2009~2016년의 기간 동안 대만이 세계보건기구(WHO)에서 가졌던 옵서버 지위를 되살리기 위해 노력하고 있기도 하다 : https://en.wikipedia.org/wiki/Observer_status#World_Health_Organization ; Annabelle Timsit & Mary Hui, Quartz Daily Brief, May 16, 2020, "Taiwan's status could disrupt the most important global health meeting of this pandemic", 〈https://qz.com/1857449/taiwan-china-relations-take-center-stage-at-who-meeting/〉 ; Jennifer Creery, HKFP(Hong Kong Free Press), 18 May 2020, "Taiwan postpones request for WHO observer status vote so members can focus on Covid-19 battle", 〈https://hongkongfp.com/〉.

2021년 1월 9일 폼페이오 국무장관은 '미국 관료들과 대만 관료들 간의 접촉을 제한해 온 그간의 자체 제한을 모두 해제한다'("Taiwan is a vibrant democracy and reliable partner of the United States, and yet for several decades the State Department has created complex internal restrictions to regulate our diplomats, servicemembers, and other officials' interactions with their Taiwanese counterparts. The

'중화민국'에 대한 승인 철회와 함께 '중국'대사관 건물의 소유권 처리 문제가 야기되었는데, 이 문제는 대체로 다음의 세 가지 방식으로 처리되었다. 첫째는 '중국'대사관을 이제 자국의 승인을 받은 PRC의 소유로 인정하여 PRC에게 넘겨 주는 방식으로서, 일본 · 프랑스 · 한국 등 대부분의 국가들이 이 방식을 채택하였다. 둘째는 대만이 대사관을 대각해버린 경우인데, 1979년 1월 1일 미국의 지미 카터(Jimmy Carter) 정부가 PRC를 중국의 유일합법정부로 승인하기 수일 전에 중화민국 정부는 주미 중국대사관을 주미 대만친선협회에 단 10달러의 가격으로 매각해 버렸으며, 미국 정부는 이같은 행위가 국제법과 미국 국내법상 하자가 없는 것으로 수락하였다. 셋째는 무역대표부로의 전환인데, 1990년 사우디아라비아는 PRC 승인에 앞서 사우디 주재 중국대사관의 대만무역대표부로의 개칭과 계속적인 재산소유권을 인정하였다.[62)]

승인의 철회는 당연히 외교관계(국교)의 단절을 초래하지만, 외교관계의 단절은 그 자체만으로는 승인의 철회로 간주되지 않는다. 따라서 승인의 철회를 동반하지 않는 단순한 외교관계의 단절은 국내재판소에서의 제소권과 국가면제에 영향을 미치지 않는다.[63)]

Ⅱ. 국가승인

국가승인이란 신국가 출현을 전제로 제기되는 문제이므로 국가의 출현방법에는 어떤 것들이 있는지 생각해 보지 않을 수 없는데, 그 방법으로서는 신생독립국(newly independent state),[64)] 합병(merger),[65)] 분리독립(secession),[66)] 분열(dissolution, disintegration)[67)]을 들 수 있다. 단순한

United States government took these actions unilaterally, in an attempt to appease the Communist regime in Beijing. No more. Today I am announcing that I am lifting all of these self-imposed restrictions. ...")고 발표하였다 : Michael R. Pompeo, Secretary of State, "Lifting Self-Imposed Restrictions on the U.S.-Taiwan Relationship", US Department of State, Press Statement, January 9, 2021, ⟨https://www.state.gov/lifting-self-imposed-restrictions-on-the-u-s-taiwan-relationship/⟩.

2021년 1월 20일 개시된 조 바이든(Joe Biden) 정부 하에서, 2022년 8월 2일 낸시 펠로시(Nancy Pelosi) 미국하원 의장의 대만 방문을 필두로 미국의 관료들의 대만 방문이 이어지고 있다 : https://en.wikipedia.org/wiki/2022_visit_by_Nancy_Pelosi_to_Taiwan ; Eric Cheung and Devan Cole/CNN, August 15, 2022, "A second US congressional delegation visits Taiwan" ; Demetri Sevastopulo/Financial Times, February 17 2023, "Pentagon's top China official visits Taiwan.'

62) Office of the Historian (Department of State, USA), "A Guide to the United States' History of Recognition, Diplomatic, and Consular Relations, by Country, since 1776: China", ⟨https://history.state.gov/countries/china⟩ ; Pasha L. Hsieh, "An Unrecognized State in Foreign and International Courts: The Case of the Republic of China on Taiwan", (2007) 28 Michigan Journal of International Law 765 at 776 ; Christopher Dickey/The Washington Post, December 28, 1978, "Taiwan Gives Away Embassy, Chancery" ; von Glahn, p. 103 ; 이은윤/중앙일보, "중국대사관"(분수대), 1992.02.24., ⟨https://news.joins.com/article/2689634⟩ ; 동아일보, "주한 대만대사관 어떻게 되나", 1992년 8월 22일(토), 4면.

63) Ott, p. 102.

64) 본서, 제20장 (국가승계) 참조.

65) 상동.

66) 상동.

국호의 변경은 물론 신국가의 탄생이 아니다.[68]

정부는 국가성립의 한 요건이므로 국가승인은 정부승인을 포함한다. 그러나 신국가승인시 국가에 대해서는 법률상의 승인을, 그 정부에 대해서는 사실상의 승인을 부여하는 경우가 없지 않다. 예컨대, 1948년 5월 14일 이스라엘이 독립국가를 선포하자 바로 그 이튿날 미국의 트루만정부는 이를 곧장 승인하면서, 다만 그 정부에 대해서는 사실상의 승인만을 부여하였다가 1949년 1월 31일에 가서야 법률상의 승인을 부여한 바 있다.[69]

어떤 영토적 실체가 국가로서 승인받기 위해서는 세 가지 객관적 구성요소(즉, 영토 · 국민 · 정부)를 구비하여야 한다.[70] 그러나 승인은 하나의 외교정책수단으로서 기능하기 때문에 국가에 따라서는 객관적 요건 이외에 특정한 요건을 추가로 구비할 것을 요구하기도 한다. 예컨대, 1976년 11월 1일 미국 국무부가 제시한 국가승인의 요건을 보면 위 세 가지 객관적 요건 이외에 "외교관계를 수행하고 국제의무를 이행하기 위해 실효성있게 행동할 능력"을 들고 있다.[71] 또한 1991년 유럽공동체(현 EU) 회원국 외무장관들은 동유럽 및 소비에트연방에서의 신국가들에 대한 승인과 관련하여 채택한 공동입장[72]에서, 이들 국가에게 승인을 위해 (i) 특히 법의 지배, 민주주의 및 인권에 관한 UN헌장, 헬싱키 최종의정서 및 파리헌장의 존중, (ii) 인종적 소수자의 권리 보장, (iii) 국경선 불가침성 존중, (iv) 군축 및 핵확산금지에 관한 모든 약속의 수락, (v) 국가승계 및 지역분쟁의 합의에 의한 해결 약속을 요구한 바 있다.

Ⅲ. 정부승인

1. 국가와 정부의 구분

국가는 국제적으로 그 정부에 의하여 대표되기는 하지만 그것과 동일시되어서는 안된다. 즉, 정

67) 상동.

68) 예컨대, 1989년 버마(Union of Burma)가 미얀마연방(Union of Myanmar)으로 개명하였었는데, 2011년 미얀마연방공화국(Republic of the Union of Myanmar)으로 다시 개명하였다 ; 1989년 국호 변경시 수도 이름도 랑군(Rangoon)에서 양곤(Yangon)으로 개명하였는데, 2005년 11월 수도를 네피도(Naypyidaw)로 이전하였다. 백러시아(Byelorussia)는 1991년 벨라루스(Republic of Belarus)로 개명하였다. 1993년 구유고마케도니아공화국(the former Yugoslav Republic of Macedonia)의 이름으로 UN에 가입한 마케도니아는 2019년 2월 14일부로 "북마케도니아 공화국"(Republic of North Macedonia)으로 개명하였다. 그리고 2022년 5월 26일에는 터키(Republic of Turkey)가 튀르키예(Republic of Türkiye)로 개명하였다. https://en.wikipedia.org/wiki/Myanmar ; https://www.un.org/en/about-us/member-states.

69) von Glahn, 6th, p. 94 ; Shaw, 4th, p. 305.

70) 본서, 제6장 (국제법의 주체) 참조.

71) Harris, p. 143.

72) EPC Declaration on the "Guidelines on the Recognition of New States in Eastern Europe and in the Soviet Union" (16 December 1991), 〈https://207.57.19.226/journal/Vol4/No1/art6.html〉 ; Aust, *Handbook of IL*, 2nd, p. 17 ; Hamid, p. 95 ; Craven and Parfitt in Evans (ed.), *International Law*, 5th, p. 216 ; Kaczorowska-Ireland, pp. 217~220.

부는 국가성립의 한 요소에 불과하기 때문에 '국가'의 국제적 권리·의무는 '정부'의 변경 내지는 체제변화(regime change)에 의하여 영향받지 않는다는 점을 기억하여야 한다.[73]

Tinoco 사건[74]이 이 점을 잘 보여주고 있다. 1917년 코스타리카에서 쿠데타로 정부를 축출한 후 선거를 통하여 집권한 Frederico Tinoco는 2년의 집권기간 중 영국 회사들에게 컨세션을 부여하였다. 또 은행지폐를 발행하기도 하였는데 그 중 일부를 영국 회사들이 보유하였다. Tinoco 실각 후 코스타리카 정부는 컨세션과 은행지폐가 무효라고 주장하였다. 영국이 자국의 회사들을 위하여 항의하였으며, 두 국가는 사건을 중재재판에 부탁하였다. 중재재판관은 선언적 효과설에 입각하여, Tinoco는 코스타리카의 실질적인 통치자였고 따라서 그의 행동은 다음 정부에 대해 구속력이 있으며, Tinoco 체제가 코스타리카법상 위헌이고 또 영국을 포함한 일부 국가로부터 승인을 받지 못했다는 사실은 관계가 없다고 판시하였다.[75]

1791~1875년의 기간 동안 프랑스는 군주국(monarchy)(1789), 공화국(republic), 제국(나폴레옹), 군주국, 제국(나폴레옹 Ⅲ세) 그리고 제3공화국(1870) 순으로 정치체제가 격변하였으나 프랑스의 국제인격 자체는 이로 인해 영향받은 바 없었다.[76] *Sapphire* 호 사건[77]은 미국 사선 Sapphire 호와 프랑스 해군수송선 Euryale 호가 샌프란시스코 항구에서 충돌하여 후자가 큰 손해를 입자 나폴레옹 3세가 제소한 사건인데, 1심과 2심에서 나폴레옹 3세가 승소하였다. 1869년 7월 미국 연방최고재판소에 상소가 제기된 후 1870년 여름 나폴레옹 3세가 폐위되고 공화정 정부가 들어서자 이로 인하여 소송의 계속이 어떤 영향을 받는가의 문제가 제기되었다. 그러나 미국 연방최고재판소는 "우리 정부에 의하여 승인된 다음 승계자는 이미 시작된 소송을 계속하고, 그것의 과실을 수령할 권한이 있다. 이 선박은 언제나 프랑스국에 속해 왔으며, 지금도 프랑스국에 속한다."고 판결하였다.

1917년의 혁명을 통해 초래된 러시아의 소비에트화도 신국가의 출현을 의미하는 것은 아니었다. 소비에트 정부는 처음에는 자신들은 과거의 짜르 체제(Tsarist regime)와는 질적으로 다르기 때문에 신국가로 대우받아야 한다고 주장하였으나 나중에는 이같은 주장을 누그러뜨렸다. 과거 러시아의 군주, 즉 짜르들이 러시아를 위하여 확보해 둔 국제적 권리와 특권의 일부를 유지하는 것이 유익함을 깨달았기 때문이다.[78]

제2차 세계대전 후 서독과 이탈리아가 나치 정부와 파시스트 정부가 행한 불법행위에 대해 관련 피해국들에게 손해배상을 하지 않을 수 없었던 것도 국가의 동일성이 유지되었기 때문이다.[79]

73) Akehurst, p. 56 ; Keitner, p. 93.
74) *Tinoco Claims Arbitration* (Great Britain v. Costa Rica)(William H. Taft, Sole Arbitrator), (1923) 1 RIAA 369.
75) Akehurst, p. 57 ; Hamid, p. 94. 다만, Tinoco의 월권행위(*ultra vires* acts)에 관한 국가책임 성립 여부에 관해서는 본서, 제14장 (국가책임) 참조.
76) von Glahn, p. 94.
77) USA, Supreme Court, 78 U.S. (11 Wallace) 164 (1871) ; von Glahn, pp. 94~95 (von Glahn and Taulbee, pp. 146~147).
78) Janis, 3rd, p. 193.
79) Akehurst, pp. 56~57.

이상의 예에서 보는 바와 같이 단지 정부승계가 있었는지 아니면 국가승계가 발생했는지를 구분하는 것은 보통은 그리 어려운 일이 아니다. 즉, 국가의 영토와 인구가 대체로 동일한 상황에서 새로운 정당이 권력을 잡거나 새로운 헌법이 제정된다면, 이것은 단지 정부의 변경, 즉 정부승계가 있었음을 의미하는데 지나지 않는다.[80] 그러나 구 소련과 구 유고의 해체에서 보는 것처럼 영토와 인구가 크게 달라지는 경우에는 양자의 구분이 그리 용이하지 않으며, 그 결과 국가들의 정치적 판단이 크게 작용할 수 있다.[81]

2. 정부승인은 언제 필요한가?

당해 국가의 국내법에 따른 합헌적인 정부변경의 경우에는 승인 문제가 야기되지 않는다. 물론 축하의 메시지를 보내곤 하겠지만, 이때의 이것은 승인을 의미하는 것이 아니다. 왜냐하면 국제법적 관점에서는 계속해서 같은 정부가 기능하는 것이기 때문이다. 정권교체과정에서 발생하는 사소한 헌법위반에 대해서도 타국들은 눈을 감는다. 특히, 여러 가지 정보로 미루어 보아 당해 국가 내에 안정이 보장되어 있고, 그 국가의 국제의무가 과거와 다름없이 계속해서 준수되는 경우에는 더욱 그러하다. 반대로 쿠데타, 혁명, 내란 등의 헌법 외적(extraconstitutional) 수단을 통하여 권력을 잡는 과정에서 헌법의 '중대한' 위반 또는 정부의 '기본'형태의 변경이 있는 경우에는 당해 신정부를 승인하는 문제가 야기된다.[82]

3. 정부승인의 요건

정부는 대내적으로 실효적인 통제력의 장악과 대외적으로 자주성 혹은 독립성의 유지라는 두 가지 객관적 요건을 구비하여야 한다. 그리고 국가승인의 경우에 있어서와 마찬가지로, 정부승인에 있어서도 기존 국제의무를 이행하고 국제법의 원칙에 따라 행동할 의사와 능력이 일부 강대국들에 의하여 추가로 요구되어 왔으며, 특히 국제정치가 이념 다툼이 되면서 이 주관적 요건이 더욱 강조되어 왔었다. 그러나 최근 미국은 정부승인에 관한 한 단지 실효성있는 통제력이라는 객관적 요건만을 요구하고 있다.[83]

4. 신정부의 불승인과 자산동결

신정부 불승인시의 공통된 관행을 보면, 승인 거부국은 자국 내에 있는 신정부의 모든 자산을 동

80) Janis, 3rd, p. 193.
81) 본서, 제20장 (국가승계) 참조.
82) O'Connell, Vol. One, p. 137 ; Hamid, p. 95 ; Hall, p. 206.
83) Harris, p. 148.

결시킨다. 예컨대, 미국은 1950년부터 외교관계를 수립한 1979년 1월 1일까지의 기간 동안 중공(PRC)의 자산을 동결한 바 있다.

5. 망명정부의 불안정한 지위

전쟁 혹은 내란으로 본국을 일시 떠난 이른바 망명정부(governments in exile, absentee government)라도 '계속해서 승인을 받고 있는 동안에는' 사실상 거의 모든 분야에서 본국을 대표할 수 있다. 예컨대, 본국을 대표하여 국제회의에 참여하고 조약을 체결할 수 있으며, 승인국의 재판소에 제소할 수 있으며, 해외체류 국민에 대해 통제력을 행사할 수 있으며, 점령당한 본국 영토 내의 재산권에 영향을 미치는 법령을 제정할 수 있으며, 군대창설도 가능하다. 그러나 실효적 통제(지배)(effective control)를 상실한 망명정부는 언제 승인을 철회당할지 모른다.[84]

6. '명시적' '정부' 승인의 쇠퇴 : Estrada 독트린

1930년 9월 27일 멕시코 외무장관 게나로 에스트라다(Genaro Estrada)는 "멕시코 정부는 승인을 부여한다고 선언하는 과정이 모욕적인 관행이라고 생각하기 때문에 앞으로는 그러한 선언을 발표하지 않을 것이다."(The Mexican Government is issuing no declarations in the sense of grants of recognition, since that nation considers that such course is an insulting practice.)라고 선언한 바 있는데,[85] 이것이 그의 이름을 따 에스트라다 독트린으로 불리고 있다.

우선, 에스트라다 독트린은 '정부'승인과 관련한 것이지 '국가'승인과 관련한 것이 아님을 언급해 두어야겠다. 즉, 에스트라다 독트린은 이미 승인받은 국가 내에서 설사 혁명적인 방법으로 '정부'의 변경이 있더라도 신정부를 '명시적 · 공식적' 승인의 대상으로 삼아서는 안됨을 의미하는 것으로 이해되고 있다. 중요한 것은 신정부가 당해 국가의 실효적인 정부로서 사실상 확립되어 있는가의 여부이며, 따라서 신정부와 외교관계를 포함한 거래를 가짐에 있어 명시적 · 공식적 승인은 필요하지 않다는 것이다. 에스트라다 독트린은 정부승인 제도가 명시적 승인(express recognition)으로부터 묵시적 승인(implied recognition)으로 이행하고 있음을 반영한 것으로 생각된다.[86]

에스트라다 독트린을 채택하는 국가들이 늘어가고 있다. 불승인(non-recognition)이 불찬성 · 비난(disapproval)의 표시로 종종 사용되어 왔기 때문에, 승인(recognition)은 찬성 · 지지(approval)의 의도가 전혀 없는데도 이것을 함축하는 것으로 때로 잘못 해석되어 왔다. 그같이 잘못된 해석을 피하자는 것이 에스트라다 독트린을 채택하는 가장 큰 이유이다. 1969년의 미국 국무

84) Cassese, *International Law*, 2nd, p. 73.

85) American Journal of International Law, Volume 25, Issue S4, October 1931, p. 203 ; C. L. Cochran, "The Estrada Doctrine and United States Policy", (1973) 5 University of Miami Inter-American Law Review 27, 〈https://repository.law.miami.edu/umialr/vol5/iss1/6〉 ; Orakhelashvili/Akehurst, 9th, p. 111.

86) Harris, p. 144, fn. 78 ; Akehurst, p. 59 ; Orakhelashvili/Akehurst, 9th, p. 111.

부의 한 연구에 의하면 31개국이 에스트라다 독트린을 채택하고 있었다. 그 후 미국이 1977년에, 그리고 영국이 1980년에 이 원칙을 채택하였으며, 캐나다와 오스트레일리아도 1988년에 이 조류에 합류하였다.[87)]

국제관계가 단순히 특정 영토를 통치하고 있는 당국과의 일상적인 거래의 문제에 불과하다면, 에스트라다 독트린은 승인에 대한 전통적 관념과 연루되어 있는 어려운 문제들의 대부분을 해소할 수 있을 것으로 생각되기도 한다. 그러나 한 국가 내에서 두 경쟁적 집단이 서로 자기가 정부라고 다투는 상황 하에서는 에스트라다 독트린도 별 도움을 주지 못한다. 또한 현실세계에 있어서는 정치적인 이해가 국제관계에 끼어들게 마련이다. 예컨대, 상황에 따라서는 신정부가 승인국에 대해 자신을 '명시적으로 승인해 줄 것을 요구'하는 경우가 있는가 하면,[88)] 그 반대로 신정부를 '승인하지 않겠다는 의사'를 명시적으로 밝혀두는 경우도 있다.[89)] 그리고 국가들은 외국 신정부의 호의를 획득하고픈 희망에서 혹은 신정부에 대한 지지를 확실히 보여주기 위해 승인 의사를 천명하려는 유혹에 빠질 수도 있을 것이다. 이같은 상황 하에서는 에스트라다 독트린을 일관되게 적용하기가 어려울 것으로 생각된다.[90)]

Ⅳ. 승인의 국내법상 효과

지금까지는 국제법적 차원에서 승인에 관련된 일반원칙을 살펴보았다. 이제 국내적 차원에서 승인의 효과를 살펴보자. 승인의 국내적 효과는 각 국가의 국내법에 의하여 결정되기 때문에 그것은 국가마다 다를 수 있다. 특히 아래에서 보는 바와 같이 일부 국가의 국내법에서 불승인은 신국가·신정부의 일정 권리의 존재 자체에 직접 영향을 미친다.

국내재판소에서는 법정지국 정부의 승인을 받지 못한 신국가 또는 신정부에게 제소권과 국가면제를 인정할 것인가, 그리고 그같은 신국가 또는 신정부의 (입법·행정·사법적) 행위의 효력을 인정할 것인가 등의 문제가 승인과 관련하여 빈번히 제기되고 있다. 이같은 쟁점들은 승인의 효과가 국내적 차원에서 곧바로 개인의 이익과 직결될 수 있음을 시사하고 있다.[91)]

---

87) Currie, p. 33 ; Hamid, p. 96 ; Dixon, p. 138 : Hall, pp. 207~208.

88) 예컨대, 미국과 중공 정부는 1979년부로 "서로를 승인하고 외교관계를 수립하기로" 명시적으로 합의하였다. Harris, p. 148.

89) 예컨대, 에스트라다 독트린을 처음으로 도입한 멕시코조차도 1978년 외교관계를 재개할 때까지 30년 동안 스페인의 프랑코(Franco)정부를 '승인하기를 거부'하였다. 마찬가지로 미국은 북한에 대한 불승인정책을 현재에도 지속하고 있다.

90) Akehurst, p. 59; Alonso Gurmendi, "Estrada Redux: Mexico's stance on the Venezuela Crisis and Latin America's evolving understanding of non-intervention", Opinio Juris, 08.01.19, 〈https://opiniojuris.org/2019/01/08/estrada-redux-mexicos-stance-on-the-venezuela-crisis-and-latin-americas-evolving-understanding-of-non-intervention/〉 ; Orakhelashvili/Akehurst, 9th, p. 113.

91) 이상의 두 가지 쟁점을 중심으로 전개되어 온, 승인과 관련한 영국·미국 등의 국내 판례는 한결같이 이들 기존 정부의 신국가·신정부에 대한 승인과 관련한 것이다. 그러나 거꾸로 국제관계의 기초인 상호주의의 관

1. 영국법상 승인의 효과

영국의 재판소들은 전통적으로 엄격한 창설적 효과설에 기초하여 '무승인, 무존재'의 원칙(no recognition, no existence doctrine)을 적용하여 왔다. 그 결과 영국에서는 승인에 관련된 판례법이 ―그것이 국제공동체의 일반적인 관행·경향과 일치하는가와는 별개의 문제로서― 매우 분명하게 정립되어 있었으나 최근에는 완화되는 경향을 보이고 있다.

(1) 국가승인

승인은 국제법에서는 대부분의 경우 창설적 효과를 갖지 못하지만, 영국법에서는 엄격하게 창설적 효과를 갖는다. 승인은 기본적으로 정치적 행위이기 때문에 그것은 행정부에 유보되어야 하며 재판소가 국가 또는 정부를 승인할 수는 없다. 따라서 영국재판소들은 외국이 존재하는가의 여부를 결정해야 하는 경우 이 사실을 스스로 판단하지 아니하고 외무부의 사실확인서(Foreign Office certificate)에 의존하는데, 이 사실확인서를 통해 어떤 외국이 영국 정부의 승인을 받았음이 증명되지 않는 한 당해 외국을 마치 존재하지 않는(non-existent) 것처럼 취급하는 것이다. 판례에 의하면 승인은 영국법에서 다음의 몇 가지 중요한 효과를 갖는다.

첫째, 승인받은 국가만이 국가면제를 향유할 자격이 있다.[92)]

둘째, 승인받은 국가만이 영국재판소에 소를 제기할 수 있다.[93)]

셋째, 영국의 법의 충돌(국제사법)(conflict of laws) 규칙에 의하여 외국의 법령을 적용해야만 하는 경우에도 영국재판소는 오로지 영국 정부의 승인을 받은 국가의 법령만을 적용할 수 있다.[94)]

(2) 정부승인[95)]

1980년 이전까지 영국 정부는 외국의 신정부에 대해서도 명시적 승인을 부여하였으며, 이와 함

점에서, 신국가·신정부의 국내재판소가 자국을 승인하지 않고 있는 기존 국가 또는 정부의 행위의 효력 등등을 인정할 것인가의 문제도 아울러 살펴보아야 할 것이다.

92) House of Lords, *Duff Development Co., Ltd* v. *Government of Kelantan*, [1924] AC 797 ; Akehurst, p. 67 ; Kaczorowska-Ireland, p. 226 ; 본서, 제6장 (국제법과 국내법의 관계), "Ⅲ. 국내법의 국제법에 대한 태도, 2. 국제관습법에 대한 국내법의 태도, (1) 영국."

93) 승인받지 못한 정부는 영국 재판소에서 제소권이 없다는 *City of Berne* v *Bank of England*, (1804) 9 Ves 347 판례의 유추에 의해, (noted by Akehurst, p. 67) ; *R* (*on the application of North Cyprus Tourism Centre Ltd & Anor*) v. *Transport for London*, High Court, [2005] EWHV 1698 (Admin), [2005] UKHRR 1231, para. 46, 〈https://www.casemine.com/judgement/uk/5a8ff73460d03e7f57ea9982〉 ; Edwin D. Dickinson "Unrecognized Government or State in English and American Law (Part 1)", (1923) 22(1) Michigan Law Review 29 at 31, 〈https://repository.law.umich.edu/articles/806〉 ; Anahita Mathai, "The Effects of Non-Recognition of a State or Government by the UK in UK Courts", KSLR-International Law, February 21, 2012, 〈https://www.kslr.org.uk/blogs/internationallaw/2012/02/21/the-effects-of-non-recognition-of-a-state-or-government-by-the-uk-in-uk-courts/〉.

94) *Carl Zeiss Stiftung* v. *Rayner and Keeler Ltd.* (No. 2), [1967] 1 AC 853 ; Akehurst, p. 67 ; Kaczorowska-Ireland, pp. 227~228 ; 아래, "3. 창설적 효과설의 완화"

95) Akehurst, pp. 68~69 ; Harris, 5th, pp. 155~158, 172.

께 과거 영국 재판소들은 정부승인에 대해서도 국가승인의 경우와 마찬가지로 외무부 사실확인서를 통해 어떤 외국정부가 영국 정부의 승인을 받았음이 증명되지 않는 한 문제된 외국정부를 존재하지 않는 것으로 취급하였었다. 그 결과 첫째, (영국 정부가 부여하는 승인이 사실상의 승인이건 법률상의 승인이건 관계없이) 승인받은 정부만이 국가면제를 향유한다.[96] 둘째, 승인받은 정부만이 제소할 수 있다.[97] 셋째, 승인받은 정부가 제정한 법령만이 영국 재판소에서 적용될 수 있다.[98] 넷째, 승인받은

---

96) *The Arantzazu Mendi*, [1939] A.C. 256.

97) *City of Berne* v *Bank of England*, (1804) 9 Ves 347, (noted by Akehurst, p. 68 ; Kaczorowska-Ireland, p. 233). 이 밖에 대표적인 사건으로는 Court of Appeal, *Haile Selassie* v. *Cable & Wireless Ltd*, [1939] Ch. 182 참조. 이 사건은 계약 위반과 관련하여 에티오피아의 왕인 원고가 피고 영국건설회사를 상대로 제기한 것이다. 이탈리아가 1935년 에티오피아를 침략하여 1936년에 병합하자 영국은 이에 대해 사실상의 승인을 부여하였다. 영국으로 망명한 원고는 그러나 1937년의 1심 판결에서는 승소하였다. 왜냐하면 그는 여전히 에티오피아의 법률상의 주권자로서 승인받고 있었기 때문이다. 그러나 1938년 영국은 이탈리아 왕을 에티오피아의 법률상의 왕으로 승인함으로써 원고에 대한 승인을 철회하였다. 결국 그는 1939년의 항소심에서 원고 적격을 상실하고 말았다. 재판소는 이 승인이 사실상의 승인 시까지 소급하는 것으로 보았고, 원고의 제소는 이 시점 이후의 일이었기 때문이다.

98) *Aksionairnoye Obschestvo A M Luther* v *James Sagor and Co* (약칭 : *Luther* v. *Sagor*), [1921] 1 K.B. 456, King's Bench Division ; [1921] 3 K.B. 532, Court of Appeal ; O'Connell, pp. 184, 186, 187, 189, 192. ; Akehurst, p. 68 (3rd, 1977, pp. 55, 68~69, 96~97) ; Dixon, p. 137 ; Hamid, pp. 97~98 ; https://www.uniset.ca/other/buttes/19213KB532.html. 사건 개요는 이러하다. 소비에트 정부가 1918년 6월 공표한 법령을 통해 모든 목재 공장을 국유화하였다. 그리고 1919년 이 포고령에 따라 원고의 목재공장은 이미 만들어 놓은 재고와 함께 몰수되었다. 1920년 8월 런던 주재 러시아 통상대표부 대표는 피고들과 일정 량의 목재를 판매 및 인도하기 위한 계약을 체결하였고, 계약에 따라 피고들이 수입한 목재 속에 원고들로부터 몰수한 목재가 포함되어 있었다. 이에 원고들은, 특히, 목재가 자신들의 재산이라는 선언과 함께 피고들이 이를 처분하지 못하게 하는 재판소 명령(injunction)을 구하는 소를 제기하였다. 피고들은 1918년의 법령은 주권정부의 행위이기 때문에 원고들의 목재에 대한 권리를 박탈하는 적법한 행위라고 주장하였다. 1심재판소는 영국 외무부가 보내온 편지(사실확인서)(certificate)를 언급하면서 영국은 아직 소비에트 정부를 승인한 바 없기 때문에 이 정부가 통과시킨 법령을 적법한 것으로 인정할 수 없다고 판시하였다. 피고들은 항소하면서 영국 정부가 소비에트 정부를 러시아의 사실상의 정부(*de facto* government)로 승인하였음을 기재한 영국 외무부의 두 통의 편지를 증거로 제시하였다. 항소재판소(Court of Appeal)는 다음과 같이 판시하였다 : "Under these circumstances the whole aspect of the cases is changed, and it becomes necessary to consider matters which were not material in the Court below. The first is a question of law of very considerable importance - namely, what is the effect of the recognition by His Majesty's Government in April, 1921, of the Soviet Government as the *de facto* Government of Russia upon the past acts of that Government, and how far back, if at all, does that recognition extend. The second is a question of fact, whether sufficient evidence was given to establish the identity of the Soviet Government now recognized by His Majesty's Government with the Government which seized and confiscated and sold the appellants' goods.

… … …

The Government of this country having … recognized the Soviet Government as the Government really in possession of the powers of sovereignty in Russia, the acts of that Government must be treated by the Courts of this country with all the respect due to the acts of a duly recognized foreign sovereign state.

… … …

But then it is said that at the time when the legislative or executive acts were done the persons assuming to act as the Government of Russia had not been recognized by this country, and those acts therefore are not entitled to the respect due to the acts of an independent sovereign state. This contention raises the question whether recognition is retroactive to any and what extent. Assuming that the acts in question are those of the government subsequently recognized I should have thought that in principle recognition would be retroactive at any rate to such date as our Government accept as that by which the government in question in fact established its authority. It appears from the

정부가 체결한 계약만이 영국재판소에서 집행될 수 있다.[99] 다섯째, 승인받은 정부에 의해 임명된 재판관 판결의 효력만이 영국재판소에서 인정될 수 있다.[100] 여섯째, 승인받은 정부만이 해외 국가재산에 대해 권리를 주장할 수 있다. 일곱째, 과거 영국 정부는 간혹 한 국가 내의 두 집단에 대해 동시에 각기 법률상의 승인과 사실상의 승인을 부여하곤 하였는데,[101] 이런 경우 영국 재판소는 '가능하다면' 두 집단 모두 외국정부로 취급함으로써 문제를 해결하였다. 예컨대, 두 정부 모두 국가면제를 향유하였다.[102] 그러나 그 밖의 경우에는 어느 한 정부에게 우선권을 부여하는 것이 필요한데, 이것은 영국 국제사법의 규정에 따라 분쟁대상물을 '국지화'(localising)함으로써 행해졌다. 즉, 분쟁의 대상이 된 사람이나 물건이 '사실상의 정부의 실효적 지배(통제) 하에 있는' 것으로 입증된 지역과 관련이 있는 경우에는 사실상의 정부에게 우선권을 인정하였다.[103] 그러나 분쟁대상물이 (영국과 제3국을 포함한) 그 밖의 지역과 관계가 있는 경우에는 법률상의 정부에게 우선권을 인정하였다.[104] 여덟째, 법률상의 승인뿐만 아니라 사실상의 승인에 대해서도 소급효(retroactive effect)를

---

letter of the Foreign Office dated April 22, 1921, that that date is anterior to any of the events material to the present case. "Recognition is the act through which it becomes apparent that an old state is ready to deal with a new state as an international person and a member of the family of nations."[Oppenheim, International Law, vol. i., 3rd ed. (1920), p. 135.] If this is so then provided the act in question was an act of the state so recognized it must, in my opinion, be entitled to the same respect as the act of a sovereign state, whether done before or after recognition." 이 사건은 정부 승인에 대한 영국재판소의 몇 가지 입장을 분명히 한 것이었다. 첫째, 영국 외무부의 사실확인서는 영국 정부가 외국 혹은 외국정부를 승인하였는가에 대한 결정적 증거이다. 둘째, 승인의 효력은 외국 정부가 실제 수립된 일자까지 소급한다. 셋째, 영국의 승인을 받지 못한 정부가 채택한 법령의 효력을 인정하지 않는다. 넷째, 이상의 판단을 함에 있어 법률상의 승인과 사실상의 승인을 차별하지 않는다.

99) Shaw, p. 264.

100) *Adams* v. *Adams* (*Attorney General Intervening*), [1971] P. 188 ; Harris, p. 165. 이것은 로디지아의 미승인 Smith정권에 의해 임명된 재판관이 내린 이혼 판결을 영국재판소가 승인하기를 거부한 판례이다.

101) 1980년에 Estrada 독트린을 채택하기 전까지 영국의 '최근' 정책은 한 국가 내에서 두 집단이 서로 다투고 있는 동안에는 '사실상의' 승인도 하지 않고 기다렸다가 어느 한 집단이 정부로서 확실히 수립되면 그것을 '법률상의' 정부로 승인하는 것이었다. Ott, p. 89. 미국의 관행에서도 '사실상의' 승인은 대체로 중단되었다. Greig, p. 151.

102) *The Cristina*, [1938] A.C. 485 ; *The Arantzazu Mendi*, [1939] A.C. 256 ; O'Connell, pp. 868~869. "제2차 세계대전의 최종리허설"(a dress rehearsal for World War Ⅱ)로도 불리는 스페인 내란 기간(1936~1939) 중 인민전선 정부와 프랑코 정부는 각기 스페인 상선들에 대해 징발령을 내렸다. *Cristina* 호 사건의 경우, 원소유주는 법률상의 정부인 인민전선 정부를 상대로 점유회복을 위한 소송을 제기하였는데, 인민전선 정부가 Cardiff 주재 자국 영사를 통해 당해 선박을 실제로 점유하고 있었기 때문이었다. 그러나 영국재판소는 피고의 국가면제를 인정하여 소를 각하하였다. *Arantzazu* 호 사건의 경우에는 선장이 변절하여 이 선박을 사실상의 정부인 프랑코 정권에게 갖다 바치자 법률상의 정부가 사실상의 정부를 상대로 제소한 것인데, 영국재판소는 후자의 국가면제를 인정하였다.

103) Court of Appeal, *Bank of Ethiopia* v. *National Bank of Egypt and Liguori*, [1937] Ch. 513 사건이 바로 이 경우에 해당하는데, 사건 개요는 다음과 같다. 에티오피아법에 의거하여 설립된 원고는 에티오피아의 이탈리아 정부가 자신을 해산하는 법령을 공포한 후에 피고를 제소하였다. 심리가 열리기 전, 영국에 의하여 에티오피아의 법률상의 군주(*de jure* sovereign)로 승인받고 있고 영국에 망명 중이던 Selassie 황제는 에티오피아법에 의거하여 설립된 모든 회사들에게 에티오피아 밖에서 업무를 계속할 권한을 부여하는 법령에 서명하였다. 영국은 당시 이탈리아의 왕을 에티오피아의 사실상의 군주(*de facto* sovereign)로 승인했었다. 영국의 국제사법에 의하면 회사의 지위는 본점(head office)에서 발효 중인 법에 의해 규율되는데, 본 사건에서는 본점소재지가 에티오피아의 아디스아바바(Addis Ababa)였다. 그러므로 영국재판소는 원고를 해산한 이탈리아 당국의 법령을 적용하여 "문제의 은행은 더 이상 존재하지 않는다."고 판결하였다. O'Connell, p. 187.

인정하였다.[105] 아홉째, 법률상의 승인의 철회 및 그 승계자에 대한 법률상의 승인 부여의 소급효는 구(법률상의)정부에 의하여 이미 완료된 행위의 유효성에 영향을 미치지 못한다.[106]

(3) 창설적 효과설의 완화

영국도 이제는 창설적 효과설이 야기하는 여러 불편을 완화하는 방법을 찾아가고 있는 것으로 보인다. 먼저, 영국의 재판소들은 의회의 법률이나 기타 법문서에 나타난 '외국' 또는 '외국정부' 라는 단어를 해석함에 있어서는 외무부 사실확인서에 나타난 승인 여부에 대한 해답에 구속받지 아니한다. 법해석에 있어서는 의회나 기초자의 의도를 밝혀내는 것이 중요하고 또 그것이 재판관의 임무라고 생각하기 때문이다. 따라서 법률에서 '외국' 또는 '외국정부'라는 단어를 사용하고 있는 경우, 입법자가 영국 정부의 승인을 받은 국가 또는 정부를 지칭하기 위해 이 단어를 사용했다면 재판소도 그같이 좁은 의미로 해석한다. 만일 입법자의 그같은 의도가 발견되지 않으면 재판소는 승인은 관련이 없는 것으로 간주하며, 그 결과 이 경우의 외국 또는 외국정부는 미승인국가 또는 미승인정부를 포함하는 것으로 넓게 해석하는 것이다.[107]

둘째로, 영국 재판소들은 엄격한 창설적 효과설을 완화하거나 우회하기 위하여 '대리인 논리' (agency approach)[108]에 의존하기도 한다. 예컨대, *Carl Zeiss Stiftung* v. *Rayner and Keeler*

---

104) Court of Appeal, *Haile Selassie* v. *Cable & Wireless Ltd*, [1939] Ch. 182 ; Shaw, pp. 264~265. 이 사건의 제1심재판소 판결이 이 점을 보여주고 있다. 즉, 제1심재판소는 이 사건은 영국에서도 회수가능한 부채에 관한 것이지 에티오피아 내의 사람이나 재산에 관한 행위의 유효성에 관한 것은 아니므로, 법률상의 정부인 Selassie 정부가 피고 회사로부터 대금을 회수할 권리를 가지며, 이탈리아의 사실상의 지배는 이것에 영향을 미치지 않는다고 판결하였다. 그러나 피고의 상소가 심리되기 전 1938년 영국은 이탈리아왕을 에티오피아의 법률상의 군주로 승인함으로써 원고에 대한 승인을 철회하였다. 항소재판소는 이 승인이 사실상의 승인시까지 소급하는 것으로 보았다. 그런데 이 사실상의 승인은 1심 소송이 제기되기 전에 있었기 때문에 이탈리아 정부는 이제 1심 소송 이전부터 심리기간 내내 에티오피아의 법률상의 정부로 승인되어야 함을 의미하는 것이었다. 따라서 Selassie는 대금회수를 위한 소를 제기할 일체의 권리를 박탈당하였다.

105) *Luther* v. *Sagor*, [1921] 3 K.B. 532.

106) 예컨대, *Gdynia Ameryka Linie* v. *Boguslawski*, [1953] A.C. 11 사건은 제2차 세계대전 중 런던의 폴란드 망명정부와 관련한 것이다. 이 정부는 그 당시 영국 정부로부터 폴란드의 법률상의 정부로 승인받고 있었는데, 전쟁 중 폴란드영토에 대한 통제권은 없었지만 독일의 포획을 피한 폴란드 상선들에 대해서는 통제권을 갖고 있었다. 1945년 6월 28일 신공산주의 임시정부가 폴란드 영토에 대한 사실상의 통제를 가지고 수립되었다. 1945년 7월 5~6일 자정에 영국은 런던망명정부의 승인을 철회하고 그 대신 이 임시정부를 폴란드의 법률상의 정부로 승인하였다. 쟁점은 7월 5~6일 자정의 법률상의 승인은 런던망명정부가 폴란드 상선과 그 통제 하의 사람들에 대해 행한 행위의 유효성에 관하여 소급효를 갖는가 하는 것이었다. 영국 외무부는 그 사실확인서에서 정부승인의 소급효문제는 재판소가 결정할 법률문제라고 말하였다. 영국 상원은 망명정부의 행위의 유효성을 만장일치로 지지하였다. 임시정부가 실효적 통제력을 가지고 있었던 사항에 대해서는 그에 대한 승인이 폴란드에 관한 한 소급효를 가질 수도 있겠지만, 런던망명정부가 5~6일 자정 이전까지 런던에서 취한 행동과 같이 임시정부가 통제력이 없었던 사건들에 대해서까지 소급효가 미칠 수는 없다고 판결하였다. Harris, p. 158.

이와 비슷한 사례로서, *Civil Air Transport Inc.* v. *Central Air Transport Corporation*, [1953] A.C. 70 (Judicial Committee of Privy Council)에서 추밀원 법사위원회를 대리하여 Simon 자작(viscount)은 "일차적으로, 승인의 소급효는 나중에 새로운 법률상의 정부가 된 사실상의 정부의 행위를 유효로 하기 위해 작용하는 것이지, 구 법률상의 정부의 행위를 무효로 하기 위한 것은 아니다."라고 말하였다. Harris, p. 156.

107) *Re Al-Fin Corporation's Patent*, [1970] Ch. 160 ; Akehurst, pp. 67~68 ; Harris, 5th, pp. 187~189 ; Denza in Evans (ed.), *International Law*, 3rd, pp. 425~426.

Ltd. (No. 2)[109]에서 영국 상원은 동독은 소련에 의해 수립되었고, 소련이 동독의 법률상의 주권자(*de jure* sovereign)로 남아 있으며, 따라서 동독은 "(영국의 승인을 받은) 소련의 한 종속기구"(an organisation subordinate to the USSR)로 간주된다는 논법을 통해 미승인국가 동독의 행위를 인정하였다. 이와 비슷하게, *Gur Corporation* v. *Trust Bank of Africa Ltd.*[110]에서 영국 항소재판소는 반투스탄(Bantustans)의 하나인 Ciskei의 당사자적격(*locus standi* to sue or to be sued)을 인정하기 위해 미승인국가 Ciskei를 "(영국의 승인을 받은) 남아프리카를 위하여 행동하기 위해 그것에 의해 수립된 한 종속기구"(a subordinate body set up by the Republic of South Africa to act on its behalf)로 간주하였다.

셋째로, 이같은 우회적 논리가 모든 경우에 적용될 수 있는 것은 아니다. 그러므로 개인의 일상적인 생활관계에 대해서는 일종의 선언적 효과설을 채택하자는 견해가 조심스럽게 대두되고 있다. 먼저, Lord Wilberforce는 상기 *Carl-Zeiss Stiftung* v. *Rayner & Keeler Ltd* (No 2) 사건[111]에서 부수적 의견(*obiter dictum*)을 통해 "사적 권리, 일상적인 행위들, 혹은 '피상적인(겉치레) 행정행위들'(perfunctory acts of administration)에 관한 한, (영국)재판소들은 정의와 상식을 위하여 -반대되는 공공정책에 대한 고려가 우세하지 않는 한- 문제된 영토 내에 존재하는 것으로 인정된 실제 사실이나 현실을 인정할 수 있다"고 하였다. 그 후 그리스계 싸이프러스인들의 소유이지만 1974년의 터키 침공 후 터키계 싸이프러스인들이 운영하고 있는 호텔들에 대한 침해소송(action in trespass)인 *Hesperides Hotels Ltd.* v. *Aegian Turkish Hotels* 사건[112]에서 Lord Denning도 적어도 국민들의 일상적인 업무를 규율하는 법률에 관한 한 영국 재판소들도 영토를 실제로 지배(통제)하고 있는 미승인집단의 법률과 행위를 승인할 수 있을 것으로 믿는다는 부수적 의견을 피력한 바 있었다. 그리고 드디어 2001년 *Emin* v. *Yeldag* 사건[113]에서 Sumner 재판관은 북싸이프러스

---

108) Harris, p. 170.

109) [1967] 1 A.C. 853 ; Harris, p. 162 ; Craven in Evans (ed.), *International Law*, 3rd, pp. 244~245.

110) [1987] 1 Q.B. 599 ; Harris, pp. 169~170 ; Dixon, pp. 138, 142 ; F. A. Mann, *Further Studies in International Law* (Oxford : Clarendon Press, 1990), "16. The Judicial Recognition of an Unrecognized State", pp. 386~388..

111) [1967] 1 AC 853 at 954 (noted by Kaczorowska-Ireland, p. 228 ; Dixon, p. 141) : "where private rights, or acts of everyday occurrence, or perfunctory acts of administration are concerned ... the courts may, in the interests of justice and common sense, where no consideration of public policy to the contrary has to prevail, give recognition to the actual facts or realities found to exist in the territory in question."

112) [1978] 1 Q.B. 205 at 218("If it were necessary to make a choice between these conflicting doctrines, I would unhesitatingly hold that the courts of this country can recognise the laws or acts of a body which is in effective control of a territory even though it has not been recognised by Her Majesty's Government *de jure* or *de facto*: at any rate, in regard to the laws which regulate the day to day affairs of the people, such as their marriages, their divorces, their leases, their occupations, and so forth: and furthermore that the courts can receive evidence of the state of affairs so as to see whether the body is in effective control or not.") ; https://swarb.co.uk/hesperides-hotels-ltd-and-another-v-aegean-turkish-holidays-ltd-and-another-ca-1978/ ; Shaw, p. 270 ; Harris, 5th, p. 182 ; Craven in Evans (ed.), *International Law*, 3rd, p. 245.

113) *Emin* v. *Yeldag* (*Attorney-General and Secretary of State for Foreign and Commonwealth Affairs intervening*), England, High Court, Family Division. 5 October 2001, [2002] 1 F.L.R. 956.

터키공화국(Turkish Republic of Northern Cyprus : TRNC)에서 획득한 이혼(divorce)이 유효하다고 정면으로 판시하였다. TRNC는 1983년에 싸이프러스에서 분리독립하였다고 주장하지만, 위에서 언급한 바와 같이 UN안보리가 결의 541(1983)에 의해 이 주장이 위법, 무효라고 선언한 이래 터키를 제외하고는 이를 국가로 승인한 국가는 영국을 포함해서 하나도 없는 상태였었으며, 이것은 지금도 그러하다. 따라서 영국의 전통적인 판례에 따르게 되면 문제의 이혼은 영국 내에서 그 효력을 인정받을 수 없었을 것이다.[114] 다만, Sumner 재판관은 그같이 판시함에 있어 (i) 미승인국에서 행해진 사법적 행위를 인정하는 것이 의회제정법에 의해 금지되지 않았을 것,[115] (ii) 그러한 인정이 영국 정부의 외교정책이나 외교적 입장에 부합하지 않는 것이 아닐 것 등의 두 가지 조건을 첨부하였다.[116] 그 후 2010년 항소재판소는 *R (on the application of Kibris Turk Hava Yollari and another) v Secretary of State for Transport and The Republic of Cyprus (interested party)* 사건[117]에서 –미승인국의 행위에 대해서는 법적 효과가 부여되어서는 안 된다는 일반원칙에 대한 공인된 예외로 간주되는– 나미비아 예외(Namibia exception)[118]는 일상적인 사법적 권리에 국한되며, 국제항공 분야에서의 '공법적' 기능에는 적용되지 않음을 분명히 하였다.

넷째로, 미승인국가의 영토에서 설립된 법인(국제기구 포함)은 종래 영국법에서 그 법인격을 직접 인정받기가 어려웠다.[119] 그러나 이같은 사고는 "외국법인법 1991"(Foreign Corporations Act 1991)[120]에 의하여 다소 수정되었는데, 동 법률은 영국 정부로부터 국가로 승인받지 못한 영토에서 설립된 법인체라도 당해 영토의 법들이 '한 개의 확립된 재판소 체제'(a settled court system)에 의하여 적용되는 경우에는 영국 내에서 법인격을 갖는 것으로 간주된다고 규정하고 있다. 다시 말해서, 그 같은 영토는 이 목적상 '마치'(as if) 승인받은 국가처럼 취급될 것이며 그 결과 그것의 입법도 영국법의 통상적인 '법의 충돌' 규칙에 기초하여 적용될 수 있다.[121] 그러나 이 법률은 영국 정부의 승인 정책에 영향을 미치기 위한 것이 아니다.[122]

---

114) Dixon, pp. 141, 144.

115) 이를테면, *Adams* v. *Adams*, [1971] P 188의 경우, 재판소는 남로디지아(Southern Rhodesia) 재판소들이 내린 이혼 판결을 인정하기를 거부하였지만, 이것은 남로디지아 이혼 판결의 인정이 "남로디지아는 계속해서 대영제국 자치령들의 일부(part of Her Majesty's dominions)이며, 영국의 정부와 의회는 남로디지아에 대해 지금까지와 마찬가지로 책임과 관할권을 가지고 있다"고 선언한 영국의 "남로디지아법 1965"(Southern Rhodesia Act 1965)에 배치될 것이었기 때문이었다. Kaczorowska-Ireland, p. 229 ; Dixon, p. 141.

116) Paras. 65, 68 of the Judgment.

117) [2010] EWCA Civ 1093, Court of Appeal (Civil Division), 〈https://twentyessex.com/r-kibris-turk-hava-yollari-and-another-v-secretary-of-state-for-transport-and-the-republic-of-cyprus-interested-party-2010-ewca-civ-1093/〉 ; Kaczorowska-Ireland, p. 229.

118) 본장, "I. 승인에 관련된 국제법의 일반원칙, 2. 승인의 재량적 성격과 그 제한을 위한 시도들, (2) 불승인'주의'에서 불승인'의무'로."

119) *Arab Monetary Fund* v. *Hashim* (No. 3), [1991] 2 A.C. 114, [1991] 2 WLR 738, [1991] 1 All ER 871 ; Brownlie, 6th, p. 662 ; Fox, p. 473 ; Shaw, 5th, pp. 401, 1191 (& 6th, pp. 479, 1301) ; 본서, 제6장 (국제법의 주체), "Ⅳ. 국제기구" 참조.

120) https://www.legislation.gov.uk/ukpga/1991/44/contents.

121) 실제로, 대만(Taiwan) 회사들의 경우 이 법으로 인해 대만이 '마치' 영국의 승인을 받은 국가인 것처럼 되어 영국 내에서 사업을 하는 것이 허용되고 있다. Craven and Parfitt in Evans (ed.), *International Law*, 5th, p. 208.

122) Shaw, 4th, p. 325 ; Craven in Evans (ed.), *International Law*, 3rd, p. 245.

다섯째로, 위에서 언급한 바와 같이, 정부승인 정책과 관련하여 영국 외무부도 1980년 4월 28일 Estrada 독트린을 채택한다고 천명한 바 있다. 외무장관 Lord Carrington은 이 선언이 외국의 비합헌정부에 관련한 소송에 어떤 효과를 갖게 되는지에 관하여 질문을 받고 다음과 같이 답변하였다.

> "신정부가 비합헌적으로 권력을 잡는 미래의 경우들에 있어서, 이것이 정부로서 대우받을 자격이 있는가의 문제에 대한 우리의 태도는 어느 편인가 하면, 우리가 그 정부와 가질지도 모르는 거래의 성격으로부터(from the nature of those dealings), 그리고 특히 우리가 정상적인 정부 대 정부의 기초 위에서 그 정부와 거래를 하고 있는가의 여부로부터 추론되도록 맡겨질 것이다."[123)]

영국 외무부는 요청이 있으면 영국 정부가 신정부와 거래를 갖고 있는지의 여부를 지적하는 사실확인서(certificate)를 발행할 것이며, 그러면 재판소들은 계속해서 그러한 사실확인서를 결정적인 것으로 대우할 것임을 시사하고 있다. 예컨대, 외무부 사실확인서에서 영국이 외국 신정부와 거래를 갖고 있지 않다고 기재하고 있으면, 그 정부는 1980년 이전의 기간 중에 미승인정부에 대해 적용되었던 규칙에 따라 대우될 것이다. 승인의 소급효 문제도 여전히 발생할 수 있다. 그러나 법률상의 정부와 사실상의 정부의 공존으로부터 파생되는 어려운 점들은 영국 정부가 이 새로운 접근방법 하에서 일국 내의 두 정부와 동시에 거래를 가지려고 결정하지 않는 한 발생하지 않을 것이다.[124)] 그리고 1980년의 선언은 어디까지나 변경될 수 있는 정책의 선언으로, 영국 정부가 특별한 경우에 여전히 승인 혹은 불승인 의사를 밝히는 것을 막지는 않는다.[125)]

---

123) (1980) 51 BYIL 368 ; Harris, 5th, p. 168 ; Akehurst, p. 68 ; *Republic of Somalia v. Woodhouse Drake & Carey (Suisse) S.A. and Others (The "Mary")*, Queen's Bench Division (Commercial Court), [1992] 3 WLR 744, [1992] 2 Lloyd's Rep. 471, <https://www.uniset.ca/other/cs3/1993QB54.html>, [noted by Colin Warbrick, "Recognition of Governments", (1993) 56 The Modern Law Review 92~97 ; Kaczorowska-Ireland, pp. 236~237] ; *Sierra Leone Telecommunications Co Ltd* v. *Barclays Bank plc*, Queen's Bench Division (Commercial Court), [1998] 2 All ER 821, (noted by Kaczorowska-Ireland, pp. 237~238).

124) Harris, p. 151.

125) *Kuwait Airways Corp.* v. *Iraqi Airways Co.* (No. 2), English Court of Appeal. [2001] 1 Lloyd's Rep. 161, paras. 349~350 : "349. ...Her Majesty's Government has never given up the right to inform the courts as to its recognition or non-recognition of states, ...
350. ...despite the 1980 statement, there is nothing to prevent the UK Government, if it thinks it appropriate, to tender to the courts an unequivocal certificate of recognition or non-recognition of the existence of a foreign government. In the first place, the 1980 statement was a statement of policy, nothing more. That policy may change, and the present exceptional circumstances may be thought to provide a valid occasion for such change. ..." See Fox. p. 435. See also *British Arab Commercial Bank plc* v *National Transitional Council of the State of Libya, ex parte Foreign and Commonwealth Office*, Declaratory judgment, Queen's Bench Division, [2011] EWHC 2274, <https://www.casemine.com/judgement/uk/5b46f1fe2c94e0775e7ef96a>, (noted by Kaczorowska-Ireland, p. 238) ; *"Maduro Board" of the Central Bank of Venezuela* v *"Guaidó Board" of the Central Bank of Venezuela*, [2021] UKSC 57, para. 68("Notwithstanding this announced policy[of 1980], there have been occasions since 1980 on which HMG has, exceptionally, recognised or formally declined to recognise a foreign government where it considers it appropriate to do so. ... On those occasions when HMG does issue a formal statement of recognition or non-recognition of a foreign government, the certificate will be taken by the court as conclusive. ...").

2. 미국법상 승인의 효과

미국법에서도 승인받지 못한 국가 또는 정부는 미국재판소에 제소할 수 없다.[126] 그리고 미국의 승인을 받고 있던 국가 또는 정부가 소송 제기 후 소멸하면 진행 중인 소송은 각하될 수 있다.[127] 이처럼 제소권(*locus standi* to sue)에 있어서는 미국법도 창설적 효과설에 기초하고 있다. 그러나 이것은 원칙의 문제이고, 미승인 국가 또는 정부라도 상황에 따라서는(특히 행정부, 곧 국무부가 원고 외국정부의 소제기를 허용하는 것이 미국의 외교정책상의 이익에 부합할 것이라는 견해를 분명히 제시해 온 경우에는) 미국재판소에 소를 제기하는 것이 허용될 수 있다.[128] 그러나 거꾸로, 행정부가 불승인의 확인서를 발행하고 또 당해 사건에서 미승인 당사자에게는 재판소 접근을 허용하지 않는 것이 좋겠다는 견해를 알려오면 미국의 재판소들은 거기에 기꺼이 따르고 있다.[129]

미국법은 제소권을 제외한 다른 문제들에서는 대체로 선언적 효과설에 기초하고 있다. 즉, 미국재판소는 미국 정부의 승인을 받지 못했더라도 객관적 요건을 갖추고 있는 외국정부의 지위를 가능하면 인정하는 쪽이다. 예컨대, 승인받지 못한 국가 또는 정부라도 일정 상황 하에서 국가면제는 향유할 수 있다.[130]

승인받지 못한 국가 또는 정부가 제정한 법령의 효력에 관해서는, 국무부가 그같은 국가 또는 정부의 법령에 대해 그 효력을 인정하지 말라는 의사를 분명히 하는 경우에는, 미국재판소는 거기에 따른다.[131] 그러나 국무부가 미승인정부의 존재 사실만이라도 인정할 때에는 미국재판소는 당해 미

특히, 어떤 외국정부가 승인되었음을 명시적으로 천명하는 구속력있는 사실확인서(certificate)를 발행하는 영국 외무부의 오래된 관행은 국가면제의 목적을 위해서는 여전히 준수될 것으로 보인다. 왜냐하면 영국 국가면제법(State Immunity Act 1978), 섹션 21(Evidence by certificate)이 "A certificate by or on behalf of the Secretary of State shall be conclusive evidence ... as to the person or persons to be regarded for those purposes as the ,,, government of a State"라고 규정하고 있기 때문이다. Akehurst, p. 68.

126) *Republic of China* v. *Merchants' Fire Assurance Corporation of New York*, Circuit Court of Appeals, 30 F. 2d 278 (9th Cir. 1929) ; von Glahn, pp. 99~100.

127) *Republic of Vietnam* v. *Pfizer, Inc.*, 556 F. 2d 892 (8th Cir. 1977) ; Henkin et al., p. 282 ; Keitner, pp. 93~94.

128) See e.g. *Transportes Aeros de Angola* v. *Ronair*, 544 F. Supp. 858 (1982), 863~864 & 94 ILR, pp. 202, 208~209 [noted by Shaw, 5th (2003), p. 404 & Keitner, p. 93] ; *National Petrochemical* v. *The M/T Stolt Sheaf*, 860 F. 2d 551 (1988), 554 (noted by Shaw, 5th, p. 406). See also Fox, p. 190.

129) See e.g. *Republic of Panama* v. *Republic National Bank of New York*, 681 F.Supp. 1066 (1988) ; *Republic of Panama* v. *Citizens & Southern International Bank*, 682 F.Supp. 1144 (1988) (noted by Shaw, 5th, p. 407).

130) *Wulfsohn* v. *Russian Socialist Federated Soviet Republic*, US Court of Appeals of New York, 1923, 234 N.Y. 372 ; Greig, p. 146 ; O'Connell, p. 174 ; von Glahn, p. 108; N. D. Houghton, "The Position of Unrecognized Governments Before the Courts of Foreign States", (1929) 4 (8) Indiana Law Journal 519 at 529~530, 〈https://www.repository.law.indiana.edu/ilj/vol4/iss8/1〉. See also Charlotte Silver, "Why the PA(Palestinian Authority) can be sued in the US for "terrorism" but Israel can't", The Electronic Intifada, 3 February 2015, 〈https://electronicintifada.net/blogs/charlotte-silver/why-pa-can-be-sued-us-terrorism-israel-cant〉.

131) *The Maret*, US Third Circuit Court of Appeals, 145 F. 2d 431 (1944) ; O'Connell, p. 179 ; Harris, p. 165. See also *Latvian State Cargo Lines* v. *McGrath*, US Court of Appeals, D.C. Cir., 1951, 188 F. 2d 1000 ; von Glahn, pp. 107~108.

승인정부의 법령의 효력을 인정한다.[132] 국무부로부터 명시적인 지시나 묵시적인 권유가 없을 때에도, 승인에 관계없이 당해 지역에서 사실상 시행되고 있는 법령의 효력을 인정한다.[133]

이처럼 미국의 판례법이 영국의 '무승인, 무존재'(no recognition, no existence) 원칙을 크게 이탈하게 된 직접적인 계기는 미국의 남북전쟁이었다. 즉, 분리·독립을 선언한 남부연합국가들의 모든 행위를 무시할 수만은 없었기 때문에, 그들이 채택한 행위라 하더라도 연방정부에 적대적이지 않거나 연방헌법규정과 충돌되지 않는 한에서는 유효한 것으로 취급해 주어야 한다는 관념이 형성되었던 것이다. 그리고 이같은 관념은 그 후 미국 영토 밖에서의 상황에 대해서도 적용되게 되었다.[134] 이를테면, 마약사범으로 납치되어 미국 법정에 선 파나마 정부의 사실상의 수반 Noriega의 경우, 미국이 그를 파나마의 국가원수로 승인한 바 없었다는 이유로 국가원수로서의(즉, 인적) 면제 주장이 배척된 바 있다.[135]

3. 다른 일부 국내법에서 미승인정부의 지위[136]

승인을 받지 못한 소련 정부의 제소권을 부인한 스웨덴 최고재판소의 판례도 보고되고 있으며,[137] 승인을 받지 못한 프랑코 정권의 국가면제를 부인한 노르웨이 최고재판소의 판례도 보고되고 있다.[138] 법령의 효력인정 여부에 관해서도 프랑스의 한 판례는 이를 거부하는데 반해,[139] 스위스와 벨기에의 재판소는 그 효력을 인정하고 있다.[140]

4. 한국법상 승인 또는 불승인의 효과

승인 문제에 대한 한국법의 태도는 명확하지 않다. 그러나 어쨌든 제2차 세계대전 후 독립을 회복한 한국의 재판소에게 있어서는, 한국의 승인을 받지 못한 신국가 혹은 신정부의 지위 문제도 야

132) *Salimoff & Co.* v. *Standard Oil Co.*, New York Court of Appeals, 262 N.Y. 220 (1993) ; Shaw, p. 275 ; Keitner, p. 94.

133) *Sokoloff* v. *National City Bank*, New York Court of Appeals, 239 N.Y. 158 (1924) ; Shaw, p. 272 ; O'Connell, p. 177. See also *Upright* v. *Mercury Business Machines Co.*, New York Supreme Court, Appellate Division, First Department, 213 NYS (2d) 417 (1961) ; Shaw, p. 273.

134) Shaw, p. 272.

135) *The United States* v. *Noriega*, U.S. District Court for the Southern District of Florida, Case No. 88-79-CR, June 8, 1990 ; 본서, 제9장, "Ⅵ. 범죄인인도, 3. 불법체포", & 제10장 (국가면제), "V. 국가의 정의".

136) Greig, pp. 148~149.

137) *The Soviet Government* v. *Ericsson*, Sweden, Supreme Court, 1919~22 ; O'Connell, p. 181, fn. 75.

138) *The Spanish Republican Government* v. *Felipe Campuzano*, Norway, Supreme Court, 1938 ; O'Connell, p. 181.

139) *Chiger* v. *Chiger* (1925~6), 3 A.D., Case No. 18. 이것은 새로운 이혼사유를 창설한 소련법령을 인정하기를 거부한 판례이다.

140) *Hausner* v. *International Commercial Bank of Petrograd*, Swiss Federal Court, 1925~6, 3 A.D. ; *Pulenciks* v. *Augustovskis*, Belgian Court, 1951, 18 ILR, Case No. 20 ; O'Connell, pp. 182~183.

기되지만, 동시에 한국을 승인하지 않고 있는 국가들의 한국법상의 지위 문제도 야기될 수 있었다. 국제관계의 기초는 상호주의(reciprocity)이므로 신국가·신정부의 재판소는 자신을 승인하지 않고 있는 외국의 재판소가 자신에 대해 어떤 태도(창설적 효과 또는 선언적 효과설)를 취하고 있는가에 따라 그에 상응하는 태도를 취할 수 있을 것이다. 흥미롭게도, 한국 정부를 승인하지 않고 있던 소련 정부가 제정한 한 법령의 효력이 한국재판소에서 인정된 판례가 보고되고 있다.141)

한국재판소는 북한법령의 효력을 긍정할 것인가? "대한민국의 영토는 한반도와 그 부속도서로 한다."라고 규정하고 있는 한국 헌법 제3조 및 이에 기초한 법령(예컨대, 국가보안법)은 북한에 관한 한 외견상 창설적 효과설에 기초하고 있는 것으로 보인다. 대법원도 1996년 11월 12일의 판결에서 북한 사람도 대한민국 국민인지의 문제와 관련하여 그같은 노선을 따르고 있다.

> "조선인을 부친으로 하여 출생한 자는 남조선 과도정부법률 제11호 국적에 관한 임시조례의 규정에 따라 조선국적을 취득하였다가 제헌헌법의 공포와 동시에 대한민국 국적을 취득하였다 할 것이고, 설사 그가 북한법의 규정에 따라 북한국적을 취득하여 중국 주재 북한대사관으로부터 북한의 해외공민증을 발급받은 자라 하더라도 북한 지역 역시 대한민국의 영토에 속하는 한반도의 일부를 이루는 것이어서 대한민국의 주권이 미칠 뿐이고, 대한민국의 주권과 부딪치는 어떠한 국가단체나 주권을 법리상 인정할 수 없는 점에 비추어 볼 때, 그러한 사정은 그가 대한민국 국적을 취득하고 이를 유지함에 있어 아무런 영향을 끼칠 수 없다고 한 원심판결을 수긍한다."142)

그러나 혼인과 같은 일상적 생활관계법률에 대해서는 선언적 효과설에 기초하여 정황에 따라 그 효력을 인정하는 것이 타당할 것이다. 특히 남북한간의 관계가 개선되면 될수록 민·상사문제에 관한 한 주저없이 선언적 효과설을 적용할 수 있을 것이다. 실제로, 서울 가정법원(가사7단독)은 탈북 여성이 제기한 '이혼 및 친권자지정' 소송에 대한 2004년 2월 6일의 판결143)에서 북한에서의 혼인의 유효성을 인정하였는데, 사건 개요는 다음과 같다. 원고(부인)와 피고(남편)는 1997년 북한에서 혼인하여 1998년 아이도 낳았으나, 경제생활이 어렵게 되자 2000년에 식구 모두 북한을 탈출하여 중국으로 갔다. 그 곳에서 피고는 중국공안원에게 체포되어 북한으로 강제송환되었고, 2003년 원고는 아이와 함께 제3국을 거쳐 남한으로 오게 되었다. 그런데 한국 민법 제810조는 중혼을 금지하고 있고, 형법 제241조는 배우자 있는 자의 간통을 범죄로 규정하고 있기 때문에, 원고가 남한에서 다

---

141) 즉, 서울가정법원 1984. 2. 21. 선고 83드4846 심판에서, 소련시민권을 가진 부(夫)와 미국시민권을 가진 처 사이의 이혼소송에서 소련법(1968. 6. 27. 공포·시행된 이혼에 관한 기본원칙)을 준거법으로 적용하였다. 崔公雄, "外國法의 適用과 그 制限", 判例月報 182호 (1985년 11월), p. 18, fn. 47. 한편, 외국인 사이의 이혼에 관하여 제기된 이 사건은 이른바 '외국적 요소'를 가진 법률관계에 관한 것이므로 준거법을 결정짓기 전에 먼저 한국법원에 재판관할권이 있는지의 문제를 판단해야만 하였는데, 서울가정법원은 피청구인인 부는 미국으로 떠나가고 없지만 청구인인 처는 한국에 계속 거주하고 있기 때문에 한국법원에 재판관할권이 있음은 의문의 여지가 없다고 판시하였다.

142) 96. 11. 12. 96누1221 판공24호 3602 ; 《오늘의 法律》(현암사), 1997년 4월 15일(통권 제99호), p. 3148.

143) 선고 2003드단58877.

시 혼인을 한다면 그것이 적법할 것인지의 문제가 제기되는 것이다. 아마도 원고는 이 문제를 분명히 하고 싶었을 것이다. 이 사건에서 법원은 먼저 북한에서의 혼인이 유효함을 인정하면서, 그러나 생사를 확인하기 어렵게 된 지 3년이 지난 남편을 상대로 한 이혼청구는 민법 제840조 5호[144]의 이혼사유에 해당한다고 보아 이혼을 허락함과 동시에 원고를 아이에 대한 친권행사자로 지정하였다. 국가승인의 관점에서 본다면 이것은 외견상 북한에서의 혼인에 대해 선언적 효과설을 채택한 결과로 보인다. 만일 이 문제에 대해 –"승인 없이는 존재도 없다"는– 영국법식의 창설적 효과설의 입장에서 접근한다면 북한에서의 혼인은 남한에서는 혼인으로서의 효력이 없으므로 이혼이나 간통의 문제도 제기되지 않을 것이기 때문이다. 그러나 이 판결에 대해 두 가지 언급을 해 두고자 한다. 첫째, 재판소는 북한에서의 혼인의 유효함을 인정하는 (일부)근거로서 "헌법 제3조에 따라 북한 주민은 대한민국 국민이고(대법원 1996. 11. 12. 선고96누1221 판결 참조), 헌법 제36조 제1항은 '혼인과 가족생활은 ... 국가는 이를 보장한다.'라고 규정하고" 있음을 들고 있는데, (북한이 외국영토가 아님을 전제로) 북한 주민이 "대한민국 국민"이라면 그들간의 혼인도 한국법에 따라 해야 했을 것이고, 그들간의 "혼인과 가족생활"은 북한에서의 혼인시부터 한국이 이를 보장하여야 했을 것이다. 그러나 그들은 북한에서 북한법에 따라 혼인을 한 것이며, 지금 문제삼고 있는 것은 바로 이것이다. 즉, 진정한 문제는 북한에서의 혼인 사실 그 자체라기보다는 북한에서의 '북한법'에 의거한 혼인이다. 따라서 문제는 '북한법령'에 의거한 혼인의 효력을 인정할 것인가에 있는 것이다. 그렇다면 이 판결은 외견상 (북한법령을 인정하지 않는) 창설적 효과설에 기초한 논리에 따라 선언적 효과설에 따른 결론을 도출한 꼴이 되고 말았다. 둘째, 북한에서의 혼인에 대해 선언적 효과설을 적용하여 그 유효성을 인정한다면 동시에 이혼의 준거법 문제가 제기될 수 있는데도 재판소는 이 사건을 국제사법의 문제, 즉 "외국적 요소가 있는 법률관계에 관한" 문제로 다루지는 않았다. 그러나 생각건대, 이렇게 접근했더라도 다행히 사건의 결론은 같았을 것이다. 왜냐하면 국제사법 제39조 두 번째 문장은 "부부 중 일방이 대한민국에 상거소가 있는 대한민국 국민인 경우에는 이혼은 대한민국 법에 의한다."라고 규정하고 있기 때문이다.[145]

헌법 제3조에 따라 북한의 국가성이 부인되는 상황에서 –특별한 근거법령이 없는 한– 한국 법원이 북한에 '국가'면제를 인정하기는 어려울 것으로 보이지만,[146] 이 논리를 어디까지 적용할지는 질문

144) 한국 민법 제840조는 6가지 "재판상 이혼원인"을 열거하고 있는데, 그 제5호는 "배우자의 생사가 3년 이상 분명하지 아니한 때"를 들고 있다.

145) 북한에 배우자를 두고 온 탈북자들의 이혼 문제는 입법적으로 해결하는 것이 여러 측면에서 법원의 부담을 덜어 줄 것이다. 이같은 요구에 따라 2007년 개정된 "북한이탈주민의 보호 및 정착지원에 관한 법률"은 "북한에 배우자가 있는" '북한이탈주민'의 경우 "그 배우자가 남한지역에 거주하는지 여부가 불명확한 경우" 일정 조건 하에서 이혼을 청구할 수 있도록 하였다. 자세한 것은 동 법률 제19조의 2 (이혼의 특례) (본조 신설 2007.1.26, 시행일 2007.2.27) 참조. 이 규정 또한 북한에서의 혼인에 대해 그것의 한국에서의 효력을 인정하는 것을 전제로 하고 있다는 점에서 선언적 효과설에 기초하고 있는 것으로 해석된다.

146) 서울중앙지방법원 2020.7.7. 선고 2016가단5235506 (탈북 국군포로 손해배상) ; 박미영/법률신문, 2020-07-07, ""北·김정은, 탈북 국군포로들에게 손해배상해야" 첫 판결 – 서울중앙지법 "A씨 등에게 2100만원씩 배상하라"". 2021년 3월에는 6·25 납북 피해자 가족이 북한과 김정은을 상대로 낸 손해배상 청구 소송에서도 원고 승소 판결이 내려졌다 : 서울중앙지방법원 2021.3.25. 선고 2020가단5306603 (6·25납북 피해자 손해배상) ; 이용경/법률신문, 2021-03-25, "'6·25 납북' 피해자 자녀, 北 김정은 상대 소송서 '승소'".

으로 남겨둔다.[147)]

147) 본서, 제10장 (국가면제), "I. 국가면제의 의의" ; 류재민/조선일보, 2022.01.16., "'北에 줄돈, 국군 포로 배상엔 못쓴다' 판결... 법조계 "이례적 판단" – "북한 '비법인사단' 아니다"라며 원 배상 판결과 정반대 판단 : 법조계 "집행단계에서 있기 힘든 이례적인 판단" ; 박건/중앙일보, 2022.01.19., "'비법인사단'과 싸우는 국군포로들…북한은 배상 청구 대상이 될 수 있을까". 참조.

Part 2

국가관할권과 면제

제 9 장
국가관할권

오늘날 사이버 공간(cyberspace), 즉 컴퓨터와 인터넷을 통한 국제범죄의 가능성은 국가들이 더 이상 영토관할권의 개념에 안주해서는 안되며, 관할권의 효과적 집행을 위해 지구적 차원에서 긴밀히 협력할 것을 강요하고 있다.[1] 그같은 범죄행위는 무엇보다도 국경선을 의식하지 않고 순간적으로 완료되기 때문이다.

---

1) 이제 이 분야에서의 국가 간 협력을 위한 다자조약이 채택되고 있다. 즉, 유럽심의회(Council of Europe)에 의해 준비되고, 2001년 11월 23일 헝가리, 부다페스트에서 그 서명을 위해 개방된 "사이버 범죄에 관한 협약"(Convention on Cybercrime)은 특별히 컴퓨터범죄의 국제적 성격에 의해 제기되는 문제들에 대처하기 위해 작성된 최초의 다자조약으로서, 유럽심의회 비회원국에게도 서명 내지는 가입이 개방되어 있다. 2004년 7월 1일 발효함. https://conventions.coe.int/Treaty/en/Treaties/Html/185.htm ; https://www.usdoj.gov/criminal/cybercrime/COEFAQs.htm#QA2 (accessed 9 June 2004) ; https://conventions.coe.int/Treaty/en/summaries/Html/185.htm (accessed 1 September 2005). UN안전보장이사회는 2006년 12월 22일, UN헌장 제7장에 의거하여 채택한 '결의 1735' 전문에서, 알카에다, 오사바 빈 라덴, 탈레반 등 테러분자들이 인터넷을 이용하여 테러행위와 테러 이념을 전파하는 것에 대해 깊은 우려를 표시한 바 있다.

기존 국제법이 사이버 공간에 어떻게 적용되는가에 대한 학자들의 연구도 행해지고 있다. 그 중 현재까지 가장 종합적인 공동연구물로는 Michael N. Schmitt (general editor), *Tallinn Manual on the International Law Applicable to Cyber Warfare*, Cambridge : Cambridge University Press, 2013 (retrievable at https://www.peacepalacelibrary.nl/ebooks/files/356296245.pdf)을 들 수 있는데, 연구 영역을 사이버 전쟁에서 국제법 일반으로 확대하면서 책명도 *Tallinn Manual 2.0 on the International Law Applicable to Cyber Operations*로 수정하여 2017년에 제2판이 출간되었다. 책명의 'Tallinn'(탈린)은 '나토 사이버 방어협력 센터'(NATO Cooperative Cyber Defence Centre of Excellence)가 소재하고 있는 에스토니아 수도의 이름인데, 탈린매뉴얼의 작성은 '나토 사이버 방위협력 센터'의 후원 하에 수행되었다. https://en.wikipedia.org/wiki/Tallinn_Manual ; https://ccdcoe.org/tallinn-manual-20-international-law-applicable-cyber-operations-be-launched.html. 본서, 제27장 (국가의 무력사용), "Ⅱ. 국가의 무력사용, 1. 자위권" ; 김성원, "국제법상 사이버 간첩활동에 관한 일고찰", 법학논총(국민대학교 법학연구소), 2021, vol.33, no.3, 통권 67호, pp. 759~796, DOI : 10.17251/legal.2021.33.3.759 참조.

미국의 경우, 제3국 정부 후원 하의 악의적 사이버 활동에 대처하기 위한 입법이 시도되고 있다 : H.R. 5576 (115th) - Cyber Deterrence and Response Act of 2018, 〈https://www.govtrack.us/congress/bills/ 115/hr5576〉 ; S. 602 (116th) - Cyber Deterrence and Response Act of 2019 〈https://www.govtrack.us/congress/bills/116/s602〉.

Ⅰ. 국가관할권의 의의

한 국가가 사람, 사건, 물건 혹은 자원 등에 대해 행사할 수 있는 권한의 총체를 국가관할권(state jurisdiction)으로 부른다. 따라서 국가관할권이란 국가주권의 한 표현 내지 그것의 구체적인 발현형태이다.[2] 사실, 전통국제법의 고전적 기능과 목적은 결국 주권국가들이 분쟁없이 함께 살 수 있도록 하기 위해 국가관할권의 범위·제한을 설정하는 일이었다.[3] 그리고 특정 국가관할권을 공동으로 행사하거나, 국제기구에 의임 내지는 이전(양도)하거나,[4] 국가영역 밖으로 확대하거나, 관할권 행사를 의무적인 것으로 만들거나 반대로 이를 금지 내지는 제한하기 위해 조약을 체결하는 경우도 드물지 않다.[5]

국가관할권 개념의 효과적인 분석을 위해 이를 입법(즉, 법규 제정)관할권(power to prescribe rules)[6]과 (법규)집행관할권(power to enforce rules)[7]으로 분명하게 구분하는 태도가 필요하다.[8] 여기서 입법관할권이란 국가가 입법부의 행위, 행정부의 명령과 규칙, 재판소의 선례 등을 통해 -어떤 행위를 범죄로 규정하는 등- 법규범을 선언하는 힘을 말한다.[9] 법규가 제정되면 이제 국가는 그것을 집행(적용)하는데 즉, 범인을 체포하고, 증거서류와 증인을 수집·소환하고, 재판을 한다. 이처럼

---

2) Currie, p. 290 ; Cassese, *International Law*, 2nd, p. 49 ; Ryngaert in Orakhelashvili (ed.), p. 50. 이런 의미에서 국가의 '주권'으로부터 '주권적 권리'(sovereign rights) 혹은 '관할권'(jurisdiction)이 파생된다고 말할 수 있겠지만, 해양법에서는 연안국이 대륙붕과 EEZ에 대해 갖는, 주권 자체로부터 파생된다고 말하기 어려운 혹은 주권 자체에는 못 미치는 일정 권리를 지칭하기 위해 '주권적 권리'(대륙붕/EEZ)와 '관할권'(EEZ)이란 술어가 사용되고 있다. ILC Report 1956, "Articles concerning the Law of the Sea with commentaries", Art. 68, Commentary, para. (2). at https://www.un.org/law/ilc/ ; Rosenne, *The Perplexities of Modern International Law*, pp. 240 (fn. 10), 243, 287~288. 이 밖에도, 불간섭원칙에 동반되는 국내관할권(domestic jurisdiction) 개념에 대해서는 본서 제7장 (국제법의 기본원칙), "Ⅱ. 불간섭 원칙" ; 인권조약상의 '관할권' 개념에 대한 논의는 제17장 (국제인권법), "Ⅻ. 인권조약의 역외적용성" ; Ryngaert, *Jurisdiction in International Law*, pp. 22~27 ; Orakhelashvili/Akehurst, 9th, pp. 228~229 참조.

3) Noel L. Allen, "The Development of European Economic Community Antitrust Jurisdiction over Alien Undertakings", LIEI 1974/2, p. 35 at 36 ; Boaz Barack, *The Application of the Competition Rules (Antitrust Law) of the European Economic Community to Enterprises and Arrangements External to the Common Market* (Deventer : Kluwer, 1981), §1-12.

4) 이런 경우 '관할권' 개념은 국가들로부터 일정 국가적 기능을 이전받은 국제기구들(이를테면 EU)에도 그대로 적용할 수 있다. Ryngaert in Orakhelashvili (ed.), p. 50.

5) Orakhelashvili/Akehurst, 9th, p. 232.

6) jurisdiction to prescribe, rule-making jurisdiction, legislative jurisdiction, prescriptive jurisdiction 혹은 subject-matter jurisdiction 등으로 다양하게 표현된다.

7) jurisdiction to enforce, rule-enforcing jurisdiction, enforcement jurisdiction 혹은 prerogative jurisdiction 등으로 다양하게 표현된다.

8) Sweeney et al., p. 89 ; Richard Whish, *Competition Law*, 3rd ed. (London : Butterworths, 1993), p. 370 ; D. W. Bowett, "Jurisdiction : Changing Patterns of Authority over Activities and Resources", in Ku & Diehl (eds.), p. 207.

9) Restatement (Third) of the Foreign Relations Law of the United States (1987), §401(a) ; Ryngaert in Orakhelashvili (ed.), pp. 54~55. 국가가 자신의 법을 수립하는 방식은 물론 국가에 따라 다를 수 있다. 예컨대, 선례(precedent, *ratio decidendi*)가 법의 형식적 연원으로 간주되는 국가도 있고 그렇지 않은 국가도 있다.

제정된 법규를 '행정적 또는 사법적' 행동(administrative or judicial action)을 통하여 실제 사건에 적용하는 힘을 집행관할권이라 부른다.[10] 따라서 집행관할권을 다시 행정관할권(executive jurisdiction)과 사법(재판)관할권(judicial/adjudicative/adjudicatory jurisdiction, jurisdiction to adjudicate)으로 구분하여 생각하는 것이 좋은 경우도 있다. 예컨대, 공해상의 외국 선박에 대해 군함의 임검권(right of visit) 행사가 허용되는 경우들 중에서 노예무역선의 경우, 군함은 범인들을 체포만 할 수 있을 뿐 재판을 위하여 그들을 기국(旗國)으로 인도하여야 한다.[11] 이에 반해, 해적선의 경우에는 이를 나포한 국가가 재판까지 할 수 있기 때문에 특별히 양자를 구분하여 생각할 필요가 없을 것이다.[12] 어쨌든, '입법'관할권이니 '사법'관할권이니 혹은 '행정'관할권이니 하는 표현은 썩 좋은 표현들이 아니다. 법은 입법부에서만 만들고, 분쟁해결은 사법부에서만 하고, 행정부는 법을 집행하기만 한다는 것을 연상시키기 때문이다.[13]

그러면 일국의 입법관할권의 영토적 한계는 어디까지인가? 일면, 국가는 통상적으로 자국영토 내에서 물리적으로 발생하는 행위를 규율하기 위한 국내법규를 제정할 수 있는 역내관할권

---

10) Sweeney et al., p. 89 ; Ott, p. 135.

11) Akehurst, p. 185 ; UN해양법협약 제99조.

12) Akehurst, p. 186 ; UN해양법협약 제105조.

13) Henkin et al., p. 1046. 입법관할권과 집행관할권의 구분은 때로 분명하지 않다. 예컨대, 경쟁법을 집행하는 국내당국이 발하는 역외기업에 대한 '벌금 부과' 결정은 입법관할권의 행사인가 아니면 집행관할권의 행사인가? 이 문제는 유럽재판소에서 법률고문관들에 의해 다루어진 바 있는데, 논쟁의 핵심은 국제법상 입법은 역외적 적용성을 가질 수 있지만 집행은 (조약, 동의 등 특별한 근거가 없는 한) 영토 밖에서 행사될 수 없다는 데 있다. 먼저, Case 48/69, *ICI* v. *Commission,* [1972] ECR 619에서, (당시 EEC 집행)위원회는 "단순히 벌금을 부과하는 행위는 집행관할권의 행사로 간주되어서는 안된다."(The simple fact of imposing a fine should not be considered as exercising an enforcement jurisdiction.)고 주장하였고(at p. 628), 법률고문관(Advocate-General) Mayras도 이같은 입장에 동조하여 다음과 같이 언급하고 있다(665 at p. 695) : "Might it not nevertheless be objected that to impose a fine is *ipso facto* in the nature of an enforcement jurisdiction? I think not, for two reasons : - The imposition of a pecuniary sanction, the purpose of which is to suppress conduct interfering with competition, and also to prevent its continuance or renewal, should be distinguished from the recovery of a fine imposed which could only be effected, should the undertaking penalized refuse to pay, by means of forcible execution. ; - It is also necessary to distinguish, I think, between the imposition of a fine and a true injunction which would result, for example, from a decision for the production, under pain of *periodic penalty payment*, of certain documents, or which would constitute a means of applying pressure to obtain the revocation of certain clauses considered illegal. In my opinion the Commission was competent to take the contested decision in relation to the undertakings outside the Common Market, without its being necessary to consider the fact that there are no legal means available to it to ensure that its decision is in fact implemented."

그 후, Cases 89, 104, 114, 116, 117, 125-129/85, *Ahlström and Others* v. *Commission* (*Wood Pulp Cartel* cases), [1988] ECR 5193에서, 법률고문관 Darmon (5214 at pp. 5219~5220, paras. 28~30)은 위 Mayras의 견해를 좇아 다음과 같이 언급하고 있다 : "... But the question which must then be raised is whether the power to impose a fine comes within the scope of prescriptive jurisdiction or enforcement jurisdiction. Where an agreement, decision or concerted practice is declared unlawful and a fine is imposed, that is generally agreed to constitute the exercise of prescriptive jurisdiction. The prohibition imposed by international law upon a State is, to adopt the wording used in *Lotus,* that '-failing the existence of a permissive rule to the contrary- it may not exercise its power in any form in the territory of another State.' Accordingly, it is specific measures of enforcement and coercion that are excluded. However, as others have written before, 'to order is not to compel.' ... "

(intraterritorial jurisdiction)을 갖는다.[14] 타면, 그 어떤 국가도 세계 모든 곳의 모든 사람의 행위를 규율하는 내용의 국내법규를 제정할 수 있는 관할권은 갖지 못한다. 이 양극단 내에서, 한 국가가 자국 영토 밖에서 적용되는 것으로 의도된 법규를 제정할 수 있는, 이른바 '역외'(혹은 영토외적) 입법관할권(extraterritorial jurisdiction to prescribe)의 국제법상 허용되는 한계를 분명히 설정할 필요가 있다. 일국의 역외입법관할권은 타국의 국내관할권 혹은 주권을 침해할 가능성을 안고 있기 때문이다. PCIJ는 1927년의 *Lotus* 호 사건[15]에서 다음과 같이 국가의 역외입법관할권을 긍정한 바 있다.

> "국제법은 국가가 그들의 법의 적용과 그들 재판소의 관할권을 그들 영토 밖의 사람 · 물건 · 행위에까지 연장해서는 안된다는 취지의 일반적 금지를 수립하고 있지 않다. 오히려 국제법은 이 점에 있어 넓은 재량의 여지를 그들에게 맡겨놓고 있으며, 이 넓은 재량은 금지규칙에 의하여 단지 몇몇 경우에 있어서만 제한된다. 다른 경우들에 관해서는, 모든 국가는 자신이 최선이고 가장 적절한 것으로 생각하는 원칙을 채택할 자유를 갖고 있다."

PCIJ의 견해에 의하면, 한 국가의 입법관할권은 원칙적으로 그 영토 내에서 행한 행위에 국한되는 것이 아니다. 오히려 그 반대로, 국제법이 달리 규정하지 않는 한 원칙적으로 국가는 외국인이 외국에서 저지른 행위에 대해서까지도 관할권을 행사할 수 있다는 것이다.[16] 실제로, 각국의 최고법인 (성문 혹은 불문의) 헌법에서 자국의 입법권에 영토적 제약을 부과하고 있는 경우는 발견하기 어렵기도 하거니와, 국가들이 '외국적 요소'(foreign elements/components)를 가진 다양한 분야에서 역외입법에 나서는 것은 그리 드문 현상도 아니다. 문제는 한 국가의 역외입법관할권의 타당한 한계를 설정하는 일인데, 국제법은 이것이 자신의 고유업무 중의 하나임에도 불구하고 아직 이 문제에 관하여 만족할 만한 답변을 제공하고 있지 않다.[17] 국제해양법재판소는 2019년 *Norstar* 호 사건[18]

14) 물론 이 역내입법관할권도 무제한한 것은 아니며, 국제법이 허용하는 한계를 벗어나면 국가책임이 발생할 수 있다. 예컨대, 보상 없이 외국인재산을 수용하는 내용의 법규를 제정하거나, 외교면제를 부인하는 내용의 법을 제정하는 경우, 이는 국제법위반으로서 비난의 대상이 된다. 이런 의미에서 국제법의 일차적 관심사는 국가 간의 적절한 관할권 배분에 있다고 할 수 있다.

15) PCIJ (1927), Series A, No. 10, p. 19 : "Far from laying down a general prohibition to the effect that States may not extend the application of their laws and the jurisdiction of their courts to persons, property and acts outside their territory, it leaves them in this respect a wide measure of discretion which is only limited in certain cases by prohibitive rules; as regards other cases, every State remains free to adopt the principles which it regards as best and most suitable." 사건 개요는 본서, 제21장 (해양법), "Ⅶ. 공해, 5. 공해상의 선박 충돌에 대한 형사집행관할권" 참조.

16) See Case 48/69, *ICI* v. *Commission*, [1972] ECR 619 at 628.

17) Currie, pp. 297~299.

18) *The M/V "Norstar"* Case (Panama v. Italy), Judgment of 10 April 2019, para. 225 : "... the principle of exclusive flag State jurisdiction is an inherent component of the freedom of navigation under article 87 of the [UN Convention on the Law of the Sea]. This principle prohibits not only the exercise of enforcement jurisdiction on the high seas by States other than the flag State but also the extension of their prescriptive jurisdiction to lawful activities conducted by foreign ships on the high seas. ..." See Orakhelashvili/Akehurst, 9th, p. 230 (fn. 7). 사건의 개관을 위해서는, 이기범, "국제해양법재판소의 M/V "Norstar" 호 사건에 대한 판결: 공해의 자유보장을 위한 역외입법관할권의 제한", 《국제법으로 세상 읽기》,

에서, 기국주의(旗國主義)가 지배하는 공해에서 행해진 선박의 '적법한' 행동[19]에 대해 기국 이외의 국가가 -공해상에서 집행관할권을 행사하는 것은 물론이고- "입법관할권을 확장"하는 것(즉, 역외입법관할권을 행사하는 것)도 -UN해양법협약 제87조에 규정된- 항행의 자유를 침해하는 것이라고 판시한 바 있다. *Norstar* 호 사건은 공해상의 범죄행위가 타국 선박에서 혹은 타국 영토에서 효과를 발생시킨 상황에 관련한 *Lotus* 호 사건과는 식별을 요한다.

각국은 형법 분야에서 역외입법관할권을 정당화하기 위해 속지주의·속인주의·수동적 속인주의·보호주의·보편적 관할권 등의 개념을 발전시켜 나오고 있다.[20] 특히 미국 등 일부 선진국은 -준형법적, 규제적 성격의- 경제 분야(특히, 경쟁법 혹은 독점금지법 분야)에서 자국의 관할권을 확장시키기 위해 이들 중 일부 개념(특히, 속지주의와 속인주의)을 확대 해석함으로써 관련 국가와 충돌을 빚고 있다. 다만, 국가들이 역외입법을 하더라도 그 적용대상 국가를 구체적으로 거명하는 일은 거의 없기 때문에 역외입법 그 자체만으로 국가 간에 분쟁이 야기되는 경우는 드물다. 그런 의미에서 국가 간의 분쟁은 그같은 역외입법이 재판 등을 통하여 실제로 적용될 때까지 (혹은 아래에서 언급하는 바와 같이 역외입법의 실현을 위해 그것의 역외집행·적용을 시도할 때까지) 유보되는 셈이다.[21] 또한 입법부가 '역외'입법을 의도하였는지가 불분명한 경우, 재판소는 법규정 '해석'을 통하여 입법부의 의도를 밝혀내야만 한다. 예컨대, 네덜란드의 한 항소재판소는 네덜란드 도로교통법에서 '도로'라 함은 네덜란드 영토 내의 도로만을 의미하는 것으로 해석해야 할 것이므로 외국 도로에서의 행위에 대해 이 법을 적용해서는 안된다고 판결한 바 있다.[22] 미국 사법부도 -제정법 해석의 한 원리로서- 의회 법률은 의회가 역외적용의 의도를 분명히 드러내지 않는 한 미국의 영토관할권 내에서만 적용되는 것으로 추정하고 있다.[23]

---

pp. 121~128 참조.

19) 이 사건에서는 공해에서의 벙커링(bunkering)이 문제되었는데, 재판소는 이것은 UN해양법협약 제87조 하의 항행의 자유에 속한다고 판시하였다(para. 219). 본서, 제21장 (해양법), "Ⅶ. 공해, 2. 공해의 자유" 참조.

20) Larocque in Orakhelashvili (ed.), p. 435.

21) See *The Lotus* case, PCIJ, 1927 ; English Court of Appeal, *Attorney General of New Zealand* v. *Oritz*, 1982 ; Ott, p. 135 ; Barack, *op. cit.*, §6-24.

22) Netherlands Court of Appeal of Arnhem, *J.H.G.* v. *Public Prosecutor*, 1958 ; Sweeney et al., p. 90.

23) *Morrison et al.* v. *National Australia Bank*, 561 U.S. 247, 248 (2010)(""It is a "longstanding principle of American law 'that legislation of Congress, unless a contrary intent appears, is meant to apply only within the territorial jurisdiction of the United States.'"...This principle represents a canon of construction, or a presumption about a statute's meaning, rather than a limit upon Congress's power to legislate, ... It rests on the perception that Congress ordinarily legislates with respect to domestic, not foreign, matters. ...Thus, "unless there is the affirmative intention of the Congress clearly expressed" to give a statute extraterritorial effect, "we must presume it is primarily concerned with domestic conditions."...The canon or presumption applies regardless of whether there is a risk of conflict between the American statute and a foreign law, ...When a statute gives no clear indication of an extraterritorial application, it has none."), 〈https://corpgov.law.harvard.edu/wp-content/uploads/2014/08/Morrison-v-Natl-Austl-Bank-US-2010.pdf〉 ; *Kiobel* v. *Royal Dutch Petroleum Co. et al.*, 569 U.S. 108 (2013)("The presumption against extraterritoriality applies to claims under the [Alien Tort Statute], and nothing in the statute rebuts that presumption."), 〈https://www.supremecourt.gov/opinions/12pdf/10-1491_l6gn.pdf〉. 또한, 모호한 제정법을 해석할 때 타국의 주권에 대한 부당한 간섭을 피하려고 노력하고 있다 : *Hoffman-La Roche Ltd.* v. *Empagran S.A.*, 542 U.S. 155 (2004)("this Court ordinarily construes ambiguous statutes to

일국의 집행관할권의 영토적 한계에 관해서도 입법관할권의 경우와 동일하게 말할 수 있을 것인가? 물론 국가는 통상적으로 자신이 제정한 법규를 자국 영토 내에서 집행할 수 있는 관할권을 갖고 있다. 그러나 국가는 통상적으로 자국 영토 내에서 행해진 극악한 살인사건의 경우라 하더라도, 범인을 체포하고 처벌하기 위하여 자국의 경찰과 재판소를 다른 국가에 파견할 수는 없다. 동의에 기초하지 아니한 그같은 행위는 타국의 영토주권을 직접적으로 침해하는 행위이기 때문이다. 그런 점에서 집행관할권(enforcement jurisdiction)은 입법관할권(prescriptive jurisdiction)과는 달리 기본적으로 영토적 제약성을 갖는다.[24] 상기 *Lotus* 호 사건[25]에서 PCIJ도 이 점을 의식하여

> "국제법이 국가에게 부과한 첫 번째 가장 중요한 제한은 ―반대의 허가하는 규칙이 없으면― 국가는 타국의 영토에서 그 어떤 형태로도 자신의 힘을 행사해서는 안된다는 것이다. 이 점에 있어 관할권은 확실히 영토적이다. 그것은 국제관습이나 협약으로부터 나오는 허용적 규칙에 의거하지 않는 한, 국가가 그 영토 밖에서 행사할 수 있는 것이 아니다."

라고 언급한 바 있는데, 이것은 다시 말해서 국가는 ―국제법에 의하여 허용되는 경우를 제외하고는― 타 국가의 영토에서 관할권을 행사할 수 없다는 것이다.[26] 그럼에도 불구하고 미국 등 일부 국가

---

avoid unreasonable interference with other nations' sovereign authority."), 〈https://www.law.cornell.edu/supct/html/03-724.ZO.html〉. See Ryngaert, *Jurisdiction in International Law*, p. 217, & *Unilateral Jurisdiction and Global Values*, pp. 94~95 ; Restatement (Third) of Foreign Relations Law of the United States, § 403 (Limitations on Jurisdiction to Prescribe), Comment, 〈https://www.kentlaw.edu/perritt/conflicts/rest403.html〉. 그러나 미국 정부와 사법부는 아래에서 보는바와 같이 특별히 미국 독점금지법(anti-trust law)에 관한 한 이를 역외적용하려는 강한 성향을 보여주고 있다. See Ryngaert, *Jurisdiction in International Law*, pp. 64~65, 68~73, 85.

24) Brownlie, p. 307 ; Currie, pp. 293~294. 매우 예외적인 상황에서 일국의 형사재판소가 타국에서 개정된 사례가 없지는 않다. 즉, 1988년 12월 21일 (수요일) 런던, 히드로 공항을 이륙해 뉴욕, 존 에프 케네디 공항으로 가던 미국 상업항공기 팬암 103편이 스코틀랜드, 로커비(Lockerbie) 상공에서 폭발한 테러사건과 관련하여 스코틀랜드 고등재판소(High Court of Justiciary)가 스코틀랜드법에 따라 네덜란드 제이스트(Zeist) 시에서 재판하였는데, 이것은 특히 1998년 8월 27일 채택된 UN안전보장이사회 결의 1192에 따른 관련국간의 타협(즉, "Agreement between the Government of the Kingdom of the Netherlands and the Government of the United Kingdom of Great Britain and Northern Ireland concerning a Scottish Trial in the Netherlands". 1998년 9월 18일 체결, 1999년 1월 8일 발효)의 산물이었다. Aust, *Handbook of IL*, 2nd, pp. 43, 275~276 ; Lowe and Staker in Evans (ed.), *International Law*, 3rd, pp. 314~315 ; https://en.wikipedia.org/wiki/Pan_Am_Flight_103 ; https://en.wikipedia.org/ wiki/Scottish_Court_in_the_Netherlands ; https://en.wikipedia.org/wiki/High_Court_of_Justiciary ; 본서, 제27장 (국가의 무력사용), "UN정치기관과 사법심사".

25) PCIJ (1927), Series A, No. 10, pp. 18~19 : "...the first and foremost restriction imposed by international law upon a State is that -failing the existence of a permissive rule to the contrary- it may not exercise its power in any form in the territory of another State. In this sense jurisdiction is certainly territorial ; it cannot be exercised by a State outside its territory except by virtue of a permissive rule derived from international custom or from a convention."

26) 국내판례로는 다음을 참조 : South African Constitutional Court, *National Commissioner of The South African Police Service* v. *Southern African Human Rights Litigation Centre and Another* (CCT 02/14) [2014] ZACC 30; 2015 (1) SA 315 (CC); 2015 (1) SACR 255 (CC); 2014 (12) BCLR 1428 (CC) (30 October 2014), para. 78("Given the international and heinous nature of the crime [of torture allegedly committed in Zimbabwe], South Africa has a substantial connection to it. An investigation *within the South African*

는 경제법(특허, 독점금지법)의 운용과정에서, 외국영토 내의 외국인들에게 우편으로 소환장을 발부하는 등 역외집행(extraterritorial enforcement)을 시도함으로써, 당해 국가와 충돌을 빚고 있다. 그 밖에 비밀에이전트를 해외에 파견하여 범죄혐의자를 납치하여 옴으로써 국가 간에 분쟁이 야기되는 경우도 드물지 않다. 가장 대표적인 사례로, 1960년 이스라엘은 아르헨티나에서 나치전범 *Adolf Eichmann*을 납치하여 자국 법정에 세운 바 있다. 비슷한 사례로, 1990년 미국은 1985년 멕시코에서 발생한 한 미국 마약단속 요원의 고문 및 살해 사건의 주범으로 멕시코인 의사 *Alvarez-Machain*을 지목하여 그를 납치, 자국 법정에 세운 바 있다. 심지어 미국은 1989년 12월 20일 파나마의 실권자 *Manuel Noriega* 장군을 마약거래 혐의로 체포하기 위해 파나마를 군사적으로 침공하기도 하였다. 그러나 그 어떤 국가도 문제의 범죄가 설사 아무리 중대한 성격의 것이라 하더라도, 범죄혐의자를 체포하기 위해 타국의 영토보전을 침해할 권한은 없다.

국가의 집행관할권은 이처럼 그 속성상 자국의 영토에 국한되는 것이 원칙이지만, 상기 *Lotus* 호 사건에서 PCIJ도 언급한 바와 같이 관습이나 조약에 의하여 그 영토 밖에서 행사하는 것이 허용될 수도 있다. 공해에서 외국상선을 임검하거나, 군대지위협정에 의하여 해외 주둔지국가에서 형사재판을 하는 경우가 그 좋은 예이다.[27)]

입법관할권은 궁극적으로는 집행관할권에 의존한다. 집행을 동반하지 않는 입법은 무의미하기 때문이다. 그러나 국제법에 의하여 입법관할권은 있어도 집행관할권, 특히 재판권의 행사가 제한되는 경우가 있다. 각종 면제(immunities)에 관한 규칙이 바로 그것이다.

집행관할권은 원칙적으로 입법관할권의 존재를 전제로 한다. 공법, 특히 행정법이나 형법 분야에서는 더욱 더 그러하다. 예컨대, 재판소가 자국의 형법에 의하면 죄가 되지 않는 행위를 외국의 형법을 적용하여 유죄를 선고하는 일은 없기 때문이다.[28)]

그러나 집행관할권이 모든 경우에 입법관할권의 존재를 전제로 하는 것은 아니다. 즉, 입법관할권 없이도 집행관할권을 행사할 수 있는 경우들이 있다. 이를테면 수형자 이송(transfer of sentenced persons) 조약은 외국 형사판결의 국내적 승인과 집행을 보장하기 위한 것이다.[29)] 특히 민사법에서는 형법의 경우와는 대조적으로 입법관할권과 집행관할권은 대체로 별개의 것으로 다루어지고 있다. 외국적 요소(foreign elements)가 끼어든 사건에 대해 동의없이 '재판권을 행사'함으로 인하여 국가 간에 분쟁이 야기되는 경우는 드물다. 마찬가지로, 외국적 요소가 끼어든 사건에 대해 동의없이 '외국의 사법규정을 준거법(law applicable)으로' 하여 재판을 한다고 해서 당해 외국이 모욕을 느낄 이유는 하나도 없다. 이것은 사실상 법정지국 재판소가 외국의 입법관할권(때로는 역외입법관할권)을 인정하는 것이 되기 때문이다.[30)] 그리고 필요하다면 외국의 민사재판소가 내린 '판결' 또는 외

---

territory does not offend against the principle of non-intervention...")(italics added), 〈https://www.saflii.org/za/cases/ZACC/2014/30.html〉; noted by Ryngaert, *Unilateral Jurisdiction and Global Values*, p. 104.

27) Currie, p. 293.

28) Janis, 3rd, p. 349; Michael Akehurst, "Jurisdiction in International Law", (1972~1973) 46 BYIL 145 at 179.

29) 본장, "Ⅳ. 집행관할권" 참조.

국의 '중재판정'에 대해 동의없이 '승인과 집행'을 허락할 수도 있다. 이같은 세 가지 문제는 대체로 각 국가의 국제사법(private international law, conflict of laws)에 의하여 규율되고 있다. 그리고 오늘날에는 이상의 세 가지 문제에 관하여 통일된 규정을 마련하기 위해 관련 국가 간에 많은 조약이 체결되고 있다.

이 밖에, 타국 또는 국제기구의 요청에 따른 집행을 생각할 수 있다. 실제로, EU법의 경우에는 그 입법과 집행이 EU와 각 회원국정부 간에 분화되어 있다. 즉, EU 관련 입법은 EU 차원에서 제정되지만 현재 그 집행은 대부분 회원국당국(국내 행정부와 재판소)에 의하여 이루어지고 있다.[31] 또한 영국의 추밀원 법사위원회(Judicial Committee of Privy Council)는 일부 해외 코먼웰스(Commonwealth) 국가로부터 제기된 상소사건에 대하여 최고재판소로서 기능하고 있다.[32]

Ⅱ. 입법관할권의 이론적 기초

국가입법관할권의 이론적 기초로서 지금까지 제시된 공식은 크게는 속지주의, 속인주의, 수동적 속인주의, 보호주의, 보편관할권 등 다섯 가지이다. 위에서 언급한 바와 같이 이 모든 개념은 국가의 역외입법관할권을 정당화하기 위한 도구로서 주로 '형사'관할권을 중심으로 발전되어 나온 것이지만, 이 중에서 속지주의와 속인주의 그리고 수동적 속인주의는 '민사'관할권의 경우에도 마찬가지로 적용된다.[33] PCIJ는 *Lotus*호 사건[34]에서 "모든 법체계에서 형법의 속지적 성격의 원칙이 근본

30) Orakhelashvili in Orakhelashvili (ed.), p. 2. 한편, 공법과 사법의 구분이 절대적이지 않다는 지적과 함께, 국제사법의 차원에서 외국의 공법은 준거법에서 무조건 제외되어야 한다는 생각은 완화되는 경향을 보이고 있다. 이에 따라 한국 국제사법(2022.1.4. 전부개정, 2022.7.5. 시행), 제19조(구 제6조)(준거법의 범위)도 "이 법에 따라 준거법으로 지정되는 외국법의 규정은 공법적 성격이 있다는 이유만으로 적용이 배제되지 아니한다."고 규정하고 있다. 석광현, 《국제사법 해설》(서울 : 박영사, 2013), p. 137 참조. 특히, 국가 대 개인 간 수직적/공법적 집행뿐만 아니라 개인간 민사소송을 통한 수평적/사적 집행도 허용되는 분야 중의 하나인 경쟁법/독점금지법 분야에서, 한국을 포함한 대륙법계에서는 외국의 독점금지법도 국제사법의 목적상 (불법행위)준거법에 포함될 수 있다고 보는 견해가 있다 : 김용진, "국제카르텔분쟁사건의 준거법", 《법제연구》(한국법제연구원), 제44호(2017), pp. 809~810. 스위스 국제사법(제136조, 제137조)과 벨기에 국제사법(제99조, §2, 2°)은 외국의 독점금지법을 준거법으로 하는 것에 대해 명문으로 규정하고 있기도 하다. 반면에 미국의 재판소들은 독점금지법에 근거한 사인간 소송에서 미국의 그것과 외국의 그것 중에서 어느 것을 적용할지를 결정하는 문제에 직면하지 아니한다. 그들은 전통적으로 타국의 공법을 적용하지는 않기 때문에 자국의 독점금지법을 적용하든지 아니면 소를 각하할 것이다. Ryngaert, *Jurisdiction in International Law*, pp. 16~18, 26~27.

31) Piet Jan Slot and Eric Grabandt, "Extraterritoriality and Jurisdiction", (1986) 23 C. M. L. Rev. 545 at 548.

32) https://en.wikipedia.org/wiki/Judicial_Committee_of_the_Privy_Council.

33) Ott, p. 136 ; Bowett, *op. cit.*, in Ku & Diehl (eds.), p. 214.

34) *The Lotus* case, PCIJ (1927), Series A, No. 10, p. 20 "Though it is true that in all systems of law the principle of the territorial character of criminal law is fundamental, it is equally true that all or nearly all these systems of law extend their action to offences committed outside the territory of the State which adopts them, and they do so in ways which vary from State to State. The territoriality of criminal law, therefore, is not an absolute principle of international law and by no means coincides with territorial sovereignty."

적인 것은 사실이지만, 이들 법체계의 전부 또는 거의 모두가 국가의 영토 밖에서 범한 범죄에까지 그들의 행동을 확대하는 것도 마찬가지로 사실이며, 또한 국가마다 다른 방식으로 그렇게 하고 있다. 그런 까닭에 형법의 속지성은 국제법의 절대원칙이 아니며, 영토주권과 결코 일치하지 않는다."고 언급한 바 있다.

1. 속지주의

속지주의(territorial/territariality principle)란 행위자가 내국인이냐 외국인이냐를 불문하고 '한 국가의 영토 내에서' 발생한 일정 행위에 대해 당해 영토국가가 이를 범죄로 규정하고 형사관할권을 행사할 수 있다는 원칙을 말한다.[35] 이 목적상 영토 밖에 있는 선박과 항공기, 우주선 등의 운송수단도 국적국 혹은 등록국의 영토에 준하는 것으로 인식되고 있으며,[36] 조차지(leased territory)도 조대국이 아니라 조차국의 영토로 간주된다.[37] 국가는 영토주권의 보유자로서, 자국 영토 내의 사람과 사건에 대해 -민사·형사를 불문하고- 완전한 입법관할권을 향유한다는 것은 보편적으로 승인된 원리이다.[38] 속지주의란 술어는 외견상 역외입법관할권을 배제하는 것처럼 보이지만, 그러나 속지주의 적용의 전제가 되는 '한 국가의 영토 내에서'(within a state's territory)의 정의는 반드시 간단명료한 것이 아니다.[39]

첫째로, 한 국가 내에서 개시된 범죄(또는 불법행위)가 범인이 소재하지 않는 타국에서 완성되는

35) 예컨대, 한국형법 제2조. 유럽대륙과 잉글랜드, 미국에서 속지주의 원칙의 역사적 전개과정에 대한 자세한 설명은 Ryngaert, *Jurisdiction in International Law*, Chapter 3 (The Territoriality Principle) 참조.

36) 한국형법 제4조 ; 프랑스 형법 제113-3조, 제113-4조 ; Harvard Research on International Law, "Draft Convention on Jurisdiction with Respect to Crime", (1935) 29 AJIL 439 at 509~510 ; Ryngaert, *Jurisdiction in International Law*, p. 102 (fn. 2). 이를 준영토관할권(quasi-territorial jurisdiction)의 개념으로 설명하는 교수도 있다 : 예컨대, 김한택, 《국제항공우주법》, pp. 182, 203 참조. 거꾸로, 프랑스는 외국 항공기 내에서 혹은 외국 항공기에 대해 행한 범죄와 관련하여 별개 규정을 두고 있기도 있다(프랑스 형법 제113-11조) : "..., la loi pénale française est applicable aux crimes et délits commis à bord ou à l'encontre des aéronefs non immatriculés en France ou des personnes se trouvant à bord : 1° Lorsque l'auteur ou la victime est de nationalité française ; 2° Lorsque l'appareil atterrit en France après le crime ou le délit ; 3° Lorsque l'aéronef a été donné en location sans équipage à une personne qui a le siège principal de son exploitation ou, à défaut, sa résidence permanente sur le territoire de la République. ..."(번역본 : "..., French Criminal law is applicable to felonies and misdemeanours committed on board or against aircraft not registered in France : 1° where the perpetrator or victim is a French national ; 2° where the aircraft lands in France after the commission of the felony or misdemeanour ; 3° where the aircraft was leased without crew to a natural or legal person whose main place of business, or failing this, whose permanent residence is on French territory. ..."). https://codes.droit.org/PDF/Code%20p%C3%A9nal.pdf ; https://sherloc.unodc.org/cld/document/fra/1992/penal_code_en.html? ; Ryngaert, *Jurisdiction in International Law*, p. 102.

37) 상게서, p. 203 ; 본서, 제19장 (영토의 취득).

38) Currie, p. 299 ; Hamid, p. 129 ; Hall, p. 308 ; *per* Lord Macmillan in *The Cristina* case (*Compania Naviera Vascongado* v. *S.S. Cristina*)(UK, House of Lords), [1938] AC 485, 496~497 (available at https://www.uniset.ca/other/css/1938AC485.html)("It is an essential attribute of the sovereignty of this realm, as of all sovereign independent States, that it should possess jurisdiction over all persons and things within its territorial limits and in all causes civil and criminal arising within these limits.").

39) Ott, p. 136 ; Ryngaert, *Jurisdiction in International Law*, p. 77.

경우에는 특별한 문제가 발생한다. X국에서 갑이 국경선 너머로 Y국에 있는 병을 총을 쏘아 죽였다고 가정하자. 이 경우 X국에서는 갑은 그 곳에서는 아무도 죽이지 않았으므로 단지 총을 쏜 죄만 성립하고, 반면에 Y국에서는 병이 총알에 맞아 죽었으나 갑은 당시 그 곳에 있지 않았으므로 살인을 하지 않았다고 주장한다면, 이같은 논리를 수락해야 할 것인가? 이같은 허점(loophole)을 메우기 위하여 속지주의를 다시 주관적 속지주의(subjective territorial principle)와 객관적 속지주의(objective territorial principle)로 구분하는 관행이 확립되었다. '주관적' 속지주의라 함은 범죄가 해외에서 완성·완료되더라도 그 영토 내에서 실제행위(actual conduct)가 발생한 (혹은 범죄가 개시된) 국가(위 예에서는 X국)가 당해 범죄 전체에 대하여 형사관할권을 행사할 수 있다는 원칙을 말하며, '객관적' 속지주의라 함은 어떤 범죄가 해외에서 개시되었더라도 그 영토 내에서 행위의 직접적인 결과(immediate result)가 발생한 (혹은 범죄가 완성된) 국가(위 예에서는 Y국)가 당해 범죄 전체에 대하여 형사관할권을 행사할 수 있다는 원칙을 말한다. 따라서 위 예에서 X국과 Y국 모두 당연히 형사관할권을 행사할 수 있다. *Lotus* 호 사건[40]은 이 두 원칙이 원용된 좋은 예인데, 여기서 PCIJ는 범죄의 두 요소인 발단/원인(origin)과 결과/효과(effects)는 "법적인 면에서는 완전히 불가분의 것이어서 이 둘을 분리하면 범죄는 존재하지 않는 것으로 된다"(legally, entirely inseparable, so much so that their separation renders the offence non-existent)는 점을 지적한 바 있다.

둘째로, 이른바 다국적기업의 경우 X국의 모(母)기업(모회사)이 자국(X국) 또는 Y국 내의 자(子)기업(자회사)에 반경쟁적 행동을 하도록 요구하여 자기업이 Y국의 경쟁법을 위반한 경우, Y국의 경쟁법은 자기업이 모기업과는 별개의 법인격을 갖고 있긴 하지만 경제적으로는 후자의 통제 하에 있다는 사실을 근거로 하여 X국의 모기업에게도 적용될 수 있을 것인가? 즉, 이런 경우 일종의 법인격

40) PCIJ (1927), Series A, No. 10, p. 30 ; Barack, *op. cit.*, p. 17. 서울형사지방법원도 1983년에 있었던 본토 중국인들의 중국민항기 납치사건에서 이같은 논리를 지지한 바 있다. "… 피고인들은 이 사건 항공기를 납치하면서 치상의 결과를 발생케 한 후에도 우리나라 영공을 넘어서 춘천시 소재 비행장에 착륙하여 승객, 승무원들을 관계기관에 인도할 때까지는 동 항공기를 강점하고 있었던 사실이 인정되며, 이에 의하면 우리나라 영역 내에서도 항공기운항안전법 제9조의 범죄실행행위의 일부인 납치행위가 이루어졌음이 명백하고, 범죄실행행위의 일부가 국내에서 행하여졌으면 그 범죄행위 전체를 합하여 국내범으로 볼 수 있는 것이기 때문에, 피고인들의 이 건 납치치상행위는 국내범으로서 형법 제8조, 제2조에 의하여 우리나라의 형사법인 항공기운항안전법이 적용된다 할 것이다."(밑줄 첨가) 서울형사지방법원 1983년 8월 18일 선고, 83고합565 판결 ; 鄭仁燮, p. 162. 이를 범죄구성요소설(constituent elements of a crime approach)로 칭하기도 하는데(Ryngaert, *Jurisdiction in International Law*, pp. 49, 78), 프랑스 형법 제113-2조는 이를 명문화하여 "범죄구성요소의 하나가 프랑스 영토 내에서 행해진 범죄는 프랑스 영토 내에서 행해진 것으로 간주된다"고 규정하고 있다.

ICC(국제형사재판소)(전심부)도 이같은 논리를 채택하고 있다. 즉, ICC는 (로마규정 비당사국인)미얀마 당국이 자국 내 소수민족 로힝야족을 (로마규정 당사국인)방글라데시로 추방한 사태와 관련하여[추방은 ICC의 물적관할에 속하는 '인도에 대한 죄'의 한 유형이다. 로마규정 제7조 1항(d)], 추방은 필연적으로 적어도 두 국가의 영토에서 발생하므로 범죄의 일부 요소만 로마규정 당사국 내에서 행해지면 -로마규정 제12조 2항(a)에 의거하여- 관할권을 주장할 수 있다고 하였다 : International Criminal Court, Pre-Trial Chamber I, No. ICC-RoC46(3)-01/18, 6 September 2018, Request under Regulation 46(3) of the Regulations of the Court : *Decision on the "Prosecution's Request for a Ruling on Jurisdiction under Article 19(3) of the Statute"*, paras. 71~72 ; 김상겸, "로힝야 사태와 국제법의 대응", 《국제법으로 세상 읽기》, pp. 73~81. 아래에서 언급하는 바와 같이 범죄구성요소설은 객관적 속지주의의 확장과 함께 효과이론의 이름으로 경제법 분야에서도 적용되고 있다. Ryngaert, *Jurisdiction in International Law*, p. 49.

부인론[41)]을 도입하여 관할권의 확대를 시도할 것인지가 문제이다. 유럽재판소는 아마도 미국법의 영향을 받아 EU경쟁법[EU기능조약 제101조(구 EC 제81조)와 제102조(구 EC 제82조)][42)]의 역외적용에 있어 이른바 단일경제실체이론(single economic unit theory)에 의거하여 이같은 결론을 용인하고 있다. 여기서 단일경제실체이론에 의하면, EU 밖에서 설립된 모회사가 EU 역내에 자회사 또는 대리점을 갖고 있거나, 혹은 (모회사와 마찬가지로) EU 밖에서 설립된 자회사가 EU 역내에서 영업활동을 수행하는 경우, 모회사는 자신의 자회사 또는 대리점과 마찬가지로 '역내의 사람'(person within the territory)으로 간주되므로, 속지주의의 이름으로 모회사에 대해 관할권을 수립할 수 있다는 것이다.[43)]

셋째로, 원래는 한 국가의 영토 내에서 범죄의 '실제 요소'(actual elements)가 발생할 것을 요구했던 객관적 속지주의가 점차로 이른바 효과(영향)이론[(territorial) effects doctrine, Auswirkungsprinzip]으로 변형·확대되는 경향이 있다. 효과이론에 의하면, 범죄 자체는 완전히 한 국가의 영토 밖에서 발생하더라도 그 영토 내에서 범죄의 해로운 효과 또는 영향이 발견되는 것만으로 관할권의 행사가 정당화된다는 것이다.[44)] PCIJ는 이미 *Lotus* 호 사건[45)]에서 그 영토 내에서 범죄의 '효과'(effects)가 발생한 국가도 범죄발생국으로 간주된다고 언급함으로써 객관적 속지주의의 확대·발전을 예고하고 있었다.

그러나 '먼' 효과(remote effect)를 근거로 해서까지 국가관할권을 행사하게 되면 국가의 관할권 행사는 거의 무제한 한 것이 될 우려가 있다.[46)] 그러므로 효과이론을 채택하더라도 국제적 비난을 다소라도 피하기 위하여 일정 제한을 가하는 것이 보통이다. 예컨대, 미국의 법무부와 재판소들은, 미국의 독점금지 관련 법률들은 외국인과 외국회사들이 자국 영토 내에서 자국법에 의거하여 완전히 합법적인 행동을 했더라도 미국의 경제에 '직접적이고 실질적인' 효과(immediate and substantial effect)를 미치는 경우에 적용하려는 의도를 가졌다고 해석하고 있다. 원래 미국판례는 경쟁제한적 행위가 미국 내에서 행해진 경우에 한해서 미국의 독점금지 관련 법률들을 적용하였으

41) 법인격 부인(piercing/lifting the corporate veil)이라 함은 회사 등 법인체의 법인격의 장막을 걷어내고 그 배후에 무엇이 있는지를 살펴보겠다는 생각을 지칭한다. 회사 등은 그 구성원의 인격과는 별개의 법인격을 갖는다는 것이 전통적인 생각이긴 하지만, 때로 이것이 여러 형태로 남용되는 경우에 대처하기 위한 것이 법인격 부인론의 핵심이다. 클라이브 M 쉬미토프 저, 李範燦·崔埈璿 공역, 《現代商事法의 課題》(원제목 : *Commercial Law in a Changing Economic Climate*, 2nd. ed. 1981)(서울 : 성균관대학교 출판부, 1986), pp. 108~111 ; *Barcelona Traction Company* case (Belgium v. Spain), ICJ Reports (1970), p. 3 at 40.

42) 구 EC 제81조와 제82조는 1997년의 암스테르담조약에 의하여 개정되기 전까지는 각각 제85조와 제86조에 위치하고 있었다.

43) 유럽재판소는 Case 48/69, *ICI* v. *Commission,* [1972] ECR 619 at 662~663 (paras. 132~141)을 포함한 일련의 *Dyestuffs* 사건들에서 최초로 단일경제실체이론을 전개한 바 있으며, 이 이론은 이제 유럽재판소의 확립된 판례에 속한다. Barack, *op. cit.*, §2-2, §6-9 ; Whish, p. 371 ; Peter Behrens, "The extraterritorial reach of EU competition law revisited: The "effects doctrine" before the ECJ", pp. 8~10, Discussion Paper, No. 3/16 (2016), Europa-Kolleg Hamburg, Institute for European Integration, Hamburg, 〈https://www.econstor.eu/handle/10419/148068〉 ; 拙著, 《國際經濟法論》, pp. 289~329.

44) Ott, p. 137.

45) PCIJ (1927), Series A, No. 10, pp. 23, 25.

46) Ott, p. 137.

나, 1945년 제2순회 (연방)항소재판소의 *Alcoa* 판결[47]을 기점으로 하여 효과이론을 도입하였다.[48] 쿠바 카스트로 정부에 대한 국제적 제재를 강화하여 쿠바의 민주화를 앞당기고[49] 또 미국 국민의 재산권을 보호하는 것을 목적으로 하여 제정된 1996년의 헬름즈버튼법(Helms-Burton Act)[50]은

---

47) *United States* v. *Aluminium Company of America*, 148 F. 2d 416, 443 (2d Cir. 1945)("... it is settled law ... that any state may impose liabilities, even upon persons not within its allegiance, for conduct outside its borders that has consequences within its borders which the state reprehends; and these liabilities other states will ordinarily recognize."). 이 사건에서는 "Sherman Antitrust Act", 15 U.S.C. § 1의 위반 여부가 문제된 것인데, 1982년 "대외무역 독점금지 개선법"(Foreign Trade Antitrust Improvements Act of 1982)에 의하여 추가된 15 U.S.C. § 6a (Conduct involving trade or commerce with foreign nations)는 효과이론의 적용범위를 "a direct, substantial, and reasonably foreseeable effect"로 적시하고 있다 : 〈https://www.law.cornell.edu/uscode/text/15/6a〉 ; Keitner, p. 301 ; U.S. Department of Justice and Federal Trade Commission, *Antitrust Guidelines for International Enforcement and Cooperation*, (January 13, 2017), pp. 4~5, 21~26, 〈https://www.justice.gov/opa/press-release/file/926481/download〉.

48) 이후 이어진 주요 판례로는 *Timberlane Lumber Co.* v. *Bank of America*, 549 F 2d 597 (9th Cir. 1977) ; *Mannington Mills* v. *Congoleum Corporation*, 595 F 2d 1287 (3d Cir. 1979) ; *Hartford Fire Insurance Co* v. *California*, 509 US 764 (1993) ; *Hoffmann-La Roche Ltd* v. *Empagran S.A.*, 124 S.Ct. 2359 (2004) 참조. Kaczorowska-Ireland, pp. 382~383 ; Currie, pp. 300~301 ; Ryngaert, *Jurisdiction in International Law*, p. 211 ; 拙著, 《國際經濟法論》, pp. 322~324.

49) 미국에 그같은 권리가 있는지는 별개로 논할 문제이다.

50) 1996년 3월 12일 발효한 동 법률의 공식(짧은)명칭은 "Cuban Liberty and Democratic Solidarity (Libertad) Act of 1996"인데, 속칭 "Helms-Burton Act"는 이 법의 공동제안자인 Jesse Helms 상원의원과 Dan Burton 하원의원의 이름을 딴 것이다 : https://home.treasury.gov/system/files/126/libertad.pdf ; https://en.wikipedia.org/wiki/Helms-Burton_Act.

헬름즈버튼법의 한 가지 목표는 사람들이 미국 밖에서 쿠바와 거래하는 것을 막는 것이다. 즉, 어떤 사람이 과거 미국시민이 1959년 1월 1일부터 쿠바의 카스트로 정부에 몰수당한 재산을 "거래하는"(traffics) 경우, 당해 재산의 옛날 소유주는 금전적 배상을 위해 미국에서 그 자를 상대로 제소할 수 있다는 것이다. 이 규정의 정확한 효과는 이것이 어떻게 해석되느냐에 달린 것이지만, 미국 밖의 어떤 회사가 한때 미국 회사가 소유했던 쿠바 내의 땅에서 재배한 설탕을 구매하는 경우, 그 미국 회사는 그 외국 회사를 상대로 단지 설탕의 가액에 대해서 뿐만 아니라 그 설탕이 재배된 땅의 가액을 위해서도 미국의 재판소들에 제소할 수 있다는 해석이 가능했던 것이다. 따라서 이 법은 미국 밖에서 격렬한 반응을 불러일으켰으며, 이에 클린턴 대통령은 자신이 서명한 동 법률의 이 규정을 6개월간 정지시켰다. 그러나 EU는 그러한 규정의 단순한 존재만으로도 WTO/GATT에 위배된다고 주장하면서 1996년 10월 8일 WTO 분쟁해결절차(즉, DSU)에 의거하여 패널의 구성을 요청하였다 : WTO Doc. WT/DS38/2/Corr.1. 그러나 미국은 이 절차에는 참여하지 않을 것이고, 또 자국에 불리한 어떠한 결정도 이를 무시할 것임을 분명히 하였다. EU는 더 이상 WTO/DSU에 의거한 절차 발동을 그만두고 미국과 교섭에 들어갔으며, 1998년 5월 양자간에 타협이 이루어졌다. 즉, 미국은 문제의 규정을 항구적으로 정지시키고, 그 대신 EU는 국제법을 위반하여 몰수된 재산에 대한 투자를 억제하기 위한 조치를 취하기로 하였다. See Hartley, *European Union Law in a Global Context*, pp. 98~100 ; Andreas F. Lowenfeld, "Congress and Cuba : The Helms-Burton Act", (1996) 90 AJIL 419 ; Brice M. Clagett, "Title Ⅲ of the Helms-Burton Act Is Consistent with International Law", (1996) 90 AJIL 434 ; David M. Shamberger, "The Helms-Burton Act : A Legal and Effective Vehicle for Redressing U.S. Property Claims in Cuba and Accelerating the Demise of the Castro Regime", (1998) 21 Boston College International and Comparative Law Review 497 ; Michelle Arendt, "The Cuban Liberty and Democratic Solidarity (LIBERTAD) Act of 1996 : Isolationist Obstacle to Policy of Engagement", (1998) 30 Case Western Reserve Journal of International Law 251 ; Kathleen S. Adams, "Subchapter Ⅲ of the Helms-Burton Act : A Reasonable Assertion of United States Extraterritorial Jurisdiction?", (1997) 21 Hamline Law Review 147 ; Muriel van den Berg, "The Cuban Liberty and Democratic Solidarity Act : Violations of Law and the Response of Key American Trade Partners", (1997) 21 Maryland Journal of International Law and Trade 279 ; Rupinder Hans, 'The United States' Economic Embargo of Cuba : International Implications of Cuban Liberty and Democratic Solidarity Act of 1995", (1996) 5

"국제법은 각 국가에게 자국 영토 내에서 실질적 효과를 갖거나 갖는 것으로 의도된 그 영토 밖의 행위에 관하여 법규를 규정할 능력이 있음을 인정하고 있다."[51]라고 명시하고 있는데, 이것은 미국 의회 역시 역외입법(extraterritorial legislation)인 동 법률을 정당화하기 위해 효과이론에 의존하고 있음을 잘 보여주고 있다.[52]

미국법의 이같은 경향은 다른 국가들에게로 파급되었다. 예컨대, 독일 경쟁제한금지법(Gesetz gegen Wettbewerbsbeschränkungen : GWB) 제98조 2항 전단은 "이 법률은 경쟁 제한행위가 이 법률의 적용범위 밖에서 행하여지더라도 그 행위의 효과가 이 법률의 적용범위 내에서 발생하는 모든 경쟁제한행위에 적용된다."고 규정함으로써 효과이론을 명문으로 채택하고 있다.[53] EU(구 EC)경쟁법의 역외적용에 있어 EU(집행)위원회(Commission)도 효과이론을 옹호하고 있다. 이에 대해 유럽재판소[54]는 역외 기업들의 해외에서의 어떤 행위(특히, 가격담합)에 EU경쟁법이 적용되는 것은 그

Journal of International Law and Practice (Detroit College of Law at Michigan State University) 327 ; Hamid, p. 133 ; 본서, 제11장 (국가행위이론), "Ⅱ. 미국법상의 국가행위이론".

그러나 2019년 4월 17일 미국 트럼프 정부는 1996년부터 역대 대통령들이 계속 정지시켜온 헬름즈버튼법 제3부(Title Ⅲ)의 정지를 중단하는 역사적 결정을 내렸다 : Thomas J. Timmins, Richard G Dearden, Gregory Biniowsky and Emily Hayes, "Cuba Update: Helms Burton Title Ⅲ Activated", Gowling WLG, 8 May 2019, 〈https://gowlingwlg.com/en/insights-resources/articles/2019/cuba-update-helms-burton-title-iii-activated/?utm_source=Mondaq&utm_medium=syndication&utm_campaign=LinkedIn-integration〉. EU는 미국의 이같은 결정은 1997년과 1998년의 미국과 EU 간의 합의를 위반하는 것이라며 깊은 유감을 표시하면서, 모든 적절한 조치를 취할 것이라고 발표하였다 : Council of the EU, Press Release, 2 May 2019, "Declaration by the High Representative on behalf of the EU on the full activation of the Helms-Burton (LIBERTAD) Act by the United States."

51) Helms-Burton Act, Sec. 301(9) : "International law recognizes that a nation has the ability to provide for rules of law with respect to conduct outside its territory that has or is intended to have *substantial effect within its territory.*"

52) 이같은 입법 의도에 대해서는 미국 학자들 간에 찬반논쟁이 있었다. 예컨대, Lowenfeld, *op. cit.*, pp. 430~432는 비판적인데 반해, Clagett, *op. cit.*, p. 436은 긍정적이다.

국가관할권에 관한 그 어떤 기초이론으로도 정당화될 수 없는 또 하나의 악명높은 미국법으로 일명 D'Amato Act, 즉 1996년의 Iran and Libya Sanctions Act, 50 U.S.C.A. §1701이 자주 언급되곤 하는데, 그 주된 내용은 이란이나 리비아의 석유·가스산업에 투자하는 외국회사들에게 가혹한 무역제재를 가하는 것이다. 이렇게 해서 이 두 테러지원국으로 자금이 흘러들어 가는 것을 봉쇄하는 것이 의회의 입법취지였다. 요컨대, 이 법은 완전외국회사들이 미국인 소유의 재산에 어떤 '영향'도 끼치지 않고 자국에서 적법한 기업활동을 수행함에도 불구하고 테러에 맞서 '뭔가 하기 위해' 그러한 외국회사들을 처벌하겠다는 것이다. 이 점에 있어 Iran and Libya Sanctions Act는 미국이 지금까지 시도하였던 역외입법의 절정판이 아닐 수 없다. Iran and Libya Sanctions Act는 2006년 9월 30일 Iran Sanctions Act로 개명된 바 있다. 자세한 것은, https://en.wikipedia.org/wiki/Iran_and_Libya_Sanctions_Act ; Charles Tait Graves, "Extraterritoriality and Its Limits : The Iran and Libya Sanctions Act of 1996", (1998) 21 Hastings International and Comparative Law Review 715 ; Georgia McCullough Mayman, "The Iran and Libya Sanctions Act of 1996 : Enforceable Response to Terrorism or Violation of International Law?", (1997) 19 Whittier Law Review 137 ; Richard G. Alexander, "Iran and Libya Sanctions Act of 1996 : Congress exceeds its jurisdiction to prescribe law", (1997) 54 Washington and Lee Law Review 1601 ; Christopher M. Pisano, "Unrealized Goals and Unintended Consequences : Why the Helms-Burton and Iran-Libya Sanctions Laws are Counter-productive to the interests of the United States", (1998) 6 Tulane Journal of International and Comparative Law 235 참조.

53) Barack, p. 309 ; Bowett, *op. cit.*, in Ku & Diehl (eds.), p. 212.

54) Cases 89, 104, 114, 116, 117, 125-129/85, *Ahlström and Others* v. *Commission* (*Wood Pulp Cartel* cases), [1988] ECR 5193 at 5243 (paras. 15~18 of the judgment) : 유럽재판소는 이들 사건에서 말썽 많은

같은 합의가 EU 역내에서 "이행"되었기(implemented) 때문이며 이것은 "국제공법에서 보편적으로 승인된 속지주의"에 포함된다고 보고 있는데, 유럽재판소의 이같은 설명은 흔히 '이행(실행)이론'(implementation doctrine)으로 불리고 있다.

한편, 한국의 공정거래위원회[55]는 6개 해외기업(4개 일본회사, 1개 독일회사 및 1개 미국회사)이 한국시장에 흑연전극봉[56]을 판매함에 있어 가격을 높게 담합한 것에 대해 과징금 부과 결정을 내리면서 "외국법에 의해 설립된 사업자들간의 합의가 비록 외국에서 이루어졌더라도, 합의의 실행이 대한민국에서 이루어지고 대한민국 시장에 영향을 미칠 경우에 공정거래위원회는 이들 사업자에 대해 관할권을 행사할 수 있다"라고 판시한 바 있는데, 이것은 위의 이행이론과 효과이론의 논리를 구분 없이 결합한 것으로 보인다. 그러나 가격담합과 관련하여 합의의 실행이 '대한민국에서 이루어지는데도' '대한민국 시장에 영향을 미치지 않는' 경우가 있을 수 있는지는 의문이다. 그런 점에서 이행이론 내지는 객관적 속지주의의 논리만을 동원하는 것이 더욱 논리적인 태도였을 것으로 생각된다. 공정거래위원회는 또한 여기서 자신이 "관할권을 행사할 수 있다"라고 말하고 있는데, 이것은 아마도 해외기업들의 해외에서의 그같은 가격담합행위에 대해 한국의 경쟁관련 법률이 적용됨을 지적하기 위한 말로 새겨야 할 것이다. 그 후 이들 6개 해외기업 중 4개 기업은 각기 공정거래위원회의(시정명령 및 과징금부과)결정에 대한 취소를 구하기 위해 서울고등법원과 대법원에 상소하였으나, 그 중 한 회사가 일부 승소한 것을 제외하고는 모두 성공하지 못하였다. 원고 "토카이 카본 코퍼레이션 리미티드"(Tokai Carbon)의 경우를 보면, 서울고등법원은 2003년 8월 26일 판결[57]에서 "외국사업자가 다른 사업자와 공동으로 경쟁을 제한하는 합의를 하고, 그 합의의 대상에 대한민국의 시장이 포함되어 있다면 그 행위가 국내에서 행하여졌는지 국외에서 행하여졌는지 여부에 불구하고 위와 같은 합의가 대한민국의 시장에 직접 영향을 미친 한도 내에서 대한민국의 공정거래법을 적용하여 심판할 수 있는 관할권이 있다고 봄이 상당하다."고 하면서 원고의 '시정명령 등 무효확인'의 청구를 기각하였고, 동 사건에 대해 대법원도 2006년 3월 23일 판결[58]에서 "외국사업자가 외국에서 다른 사업자와 공동으로 경쟁을 제한하는 합의를 하였더라도, 그 합의의 대상에 국내시장이 포함되어 있어서 그로 인한 영향이 국내시장에 미쳤다면 그 합의가 국내시장에 영향을 미친 한도 내에서 공정거래법이 적용된다고 할 것이다."라고 하면서 공정거래위원회의 결정을 최종 지지하였다. 그러나 서울고등법원과 대법원은 오로지 "효과(영향)이론"에만 의존한 것으로 보이는데, 그렇다면 이것은 공정거래위원회의 논리로부터 오히려 일부 후퇴하고 있다는 느낌을 준다. 다시 한번 강조하지만, 해외가격담합의 국내에서의 "실행/이행"에 관한 한, "이행이론" 내지는 "객관적 속지주의"만을 원용하

효과이론의 적용가능성에 대해서는 언급을 자제하였다. 이들 사건에 대한 자세한 분석은 拙著, 《國際經濟法論》, pp. 301~307 참조. See also Tillotson and Foster, pp. 425~426 ; Shaw, 5th, pp. 619 ~620.

55) 공정거래위원회, 전원회의, 의결 제2002-077호 (2002년 4월 4일) (사건번호 2002국협0250).

56) 흑연전극봉(graphite electrodes)이란 "전기로에서 고철이나 광석을 녹여 깨끗한 철을 뽑아내는 데 사용되는 필수재료"로서, "한국에서는 제강업체가 전량 수입하여 사용"하고 있다. 매일경제 뉴스센터, 2006.4.6, https://www.mk.co.kr.

57) 2002누6127.

58) 2003두11124.

는 것이 더욱 설득력있고 논리적인 태도일 것이다. 하여간, 공정거래법("독점규제 및 공정거래에 관한 법률")은 2004년 12월 9일의 개정을 통해 효과이론을 명시적으로 도입하였는데, 즉 신설된 제2조의 2는 "이 법은 국외에서 이루어진 행위라도 국내시장에 영향을 미치는 경우에는 적용한다."라고 규정하고 있다.[59]

경쟁법의 적용과 관련하여 효과이론이나 이행이론은 자국 내에 외국기업의 자회사 내지 대리점이 존재하지 않거나 활동하지 않는 경우에도 적용될 수 있다는 점에서 단일경제실체이론의 약점을 보완하는 것이라고 볼 수 있다.[60]

본장 서두에서 잠시 언급한 바 있지만, 인터넷 기반 범죄(internet-based crimes)에 대한 국가 입법관할권 행사의 기초를 어디서 구할 것인지에 대한 논의도 활발하다. 인터넷은 기본적으로 "가상의(virtual) 그리고 탈영토화된(deterritorialized) 공간으로서, 사용자들은 '어디서나'(anywhere) 인터넷에 접근할 수 있으므로 '어떤' 국가(any State)든지 관할권을 주장할 수 있다"고 생각할 수 있다.[61] 따라서 영토에 기반하여 전개되어 나온 속지주의를 인터넷 기반 범죄에 적용하는 것은 시대에 뒤쳐진 것으로 생각될 수 있는 것이다. 그럼에도 국가들은 1차적으로는 속지주의에 기반하여 관할권 행사를 정당화하고 있는 것을 볼 수 있다.[62]

---

59) 대법원 2014. 5. 16. 2012두13689, 전일본공수(All Nippon Airways) 등 유류할증료 국제카르텔 사건 : "국외에서 이루어진 외국 사업자의 행위가 국내시장에 영향을 미치는 경우에는 공정거래법 제2조의2의 요건을 충족하므로, 당해 행위에 대한 외국 법률 또는 외국 정부의 정책이 국내 법률과 상이하여 외국 법률 등에 따라 허용되는 행위라고 하더라도 그러한 사정만으로 당연히 공정거래법의 적용이 제한된다고 볼 수는 없다. 다만 동일한 행위에 대하여 국내 법률과 외국의 법률 등이 충돌되어 사업자에게 적법한 행위를 선택할 수 없게 하는 정도에 이른다면 그러한 경우에도 국내 법률의 적용만을 강제할 수는 없으므로, 당해 행위에 대하여 공정거래법 적용에 의한 규제의 요청에 비하여 외국 법률 등을 존중해야 할 요청이 현저히 우월한 경우에는 공정거래법의 적용이 제한될 수 있다고 보아야 할 것이고, 그러한 경우에 해당하는지는 당해 행위가 국내시장에 미치는 영향, 당해 행위에 대한 외국 정부의 관여 정도, 국내 법률과 외국 법률 등이 상충되는 정도, 이로 인하여 당해 행위에 대하여 국내 법률을 적용할 경우 외국 사업자에게 미치는 불이익 및 외국 정부가 가지는 정당한 이익을 저해하는 정도 등을 종합적으로 고려하여 판단하여야 한다."

60) Kaczorowska-Ireland, p. 384 ; 拙著, 《國際經濟法論》, pp. 299~307.

61) Ryngaert, *Jurisdiction in International Law*, p. 79. 인터넷의 특징을 잘 설명한 것으로 인용되고 있는 판결로는 다음을 참조 : High Court of Australia, *Dow Jones & Company Inc* v *Gutnick*, [2002] HCA 56, 10 December 2002, paras. 78~92, 〈https://www.jade.io/article/68368〉. See also Canada, Supreme Court of British Columbia, *Equustek Solutions Inc.* v. *Jack*, 2014 BCSC 1063, Date: 20140613, para. 39, 〈https://canadianmedialawyers.com/wp-content/uploads/2019/05/Equustek_Solutions_Inc_v_Jack_2014_BCSC1063.pdf〉 ; Cyber Libel, July 11, 2014, "Characteristics of the Internet", 〈https://www.cyberlibel.com/?p=1132〉 ; Ryngaert, *Unilateral Jurisdiction and Global Values*, pp. 77~80, 84.

62) Ryngaert, *Jurisdiction in International Law*, p. 79. 이를테면 사이버 범죄에 관한 협약(Council of Europe Convention on Cybercrime) 제22조 1항은 사이버 범죄에 대한 입법관할권의 기초를 일차적으로 속지주의에서 구하고 있다 : "Article 22 - Jurisdiction

1. Each Party shall adopt such legislative and other measures as may be necessary to establish jurisdiction over any offence established in accordance with Articles 2 through 11 of this Convention, when the offence is committed: (a) in its territory; or (b) on board a ship flying the flag of that Party; or (c) on board an aircraft registered under the laws of that Party; or (d) by one of its nationals, if the offence is punishable under criminal law where it was committed or if the offence is committed outside the territorial jurisdiction of any State. ... ...

4. This Convention does not exclude any criminal jurisdiction exercised by a Party in accordance with its domestic law.

특별히 디지털경제에 대한 국가과세권 행사의 목적상 –다국적기업의 직접적인 혹은 대리인을 통한 물리적 존재(본사, 지사, 혹은 서버의 존재)에 기초한 전통적인 국가관할권과는 별개로– 상품과 서비스의 사용이나 소비에 근거한 –다시 말해서, 순전히 고객이나 사용자의 수에 기초한– 국가관할권이 이미 일부 국가에서 입법화되어 행사되고 있는데, 이는 시장관할권(market jurisdiction)으로 표현되고 있다. 그러나 시장은 영토를 전제로 한 개념이므로 시장관할권도 속지주의의 응용에 해당한다.[63)]

2. 속인주의

속인주의(행위자 국적주의)(nationality principle, active personality principle)란 국가는 자국민의 해외에서의 일정 행위에 대해서도 이를 범죄로 규정하여 형사관할권을 행사할 수 있다는 원칙을 말한다. 속인주의는 국가의 대인주권(personal sovereignty)으로부터 도출되며, 그 결과 개인은 해외 어디를 가도 자국 형법의 구속을 받는다.[64)] 그리고 이 원칙은 범행 "후" '더 이상 국민이 아니거나', 반대로 '국민이 된' 경우에드 확대 적용될 수 있다.[65)]

대륙법계 국가는 속지주의와 속인주의를 병용하고 있는데, 다만 속인주의를 제한없이 채택한 경우와 속인주의 적용에 일정 조건을 첨부한 경우로 구분된다. 이를테면, 한국 형법 제3조는 "본법은 대한민국영역 외에서 죄를 범한 내국인에게 적용한다."고 간략하게 규정하고 있지만, 프랑스 형법 제113-6조는 중범죄("crime" ; felony)와 경범죄("délits" ; misdemeanours)를 구분하여 전자에 대해서는 모두 속인주의를 적용하되, 후자에 대해서는 쌍방가벌성(double criminality) 기준에 따

---

5. When more than one Party claims jurisdiction over an alleged offence established in accordance with this Convention, the Parties involved shall, where appropriate, consult with a view to determining the most appropriate jurisdiction for prosecution." 몇몇 국내입법의 관련 규정에 대해서는 Ryngaert, *Jurisdiction in International Law*, pp. 79~82 참조.

63) 디지털경제에 종사하는 다국적기업들의 '세원잠식과 소득이전'(Base Erosion and Profit Shifting, 흔히 BEPS로 약칭)에 대처하면서 동시에 국가들의 시장관할권 기반 조세권 행사의 범위와 한계를 분명히 하기 위한 다자조약의 체결이 OECD 내에서 논의 중이다. 한국무역협회, 무역통상정보 > 무역뉴스, 2022-05-25, "'다국적 기업 과세' 디지털세, 논쟁 여전…"내년까진 발효 못해"". 〈https://www.kita.net/〉; 한국조세재정연구원 BEPS 대응지원센터, 2019-02-14, BEPS자료실 > 유관기관자료, "[기획재정부 보도참고] 최근 EU 등의 다국적IT기업에 대한 법인세 과세(일명 : 구글세) 관련 설명자료"; Bloomberg Tax, April 4, 2022, "OECD and Taxation of the Digital Economy", 〈https://pro.bloombergtax.com/brief/oecd-taxation-digital-economy/〉; Cyril Maucour & Jessica Benchetrit, "A step towards new market jurisdiction taxation rights", ITR, April 29 2020, 〈https://www.internationaltaxreview.com/article/b1l0fskmrsfnvq/a-step-towards-new-market-jurisdiction-taxation-rights〉; https://home.kpmg/content/dam/kpmg/xx/pdf/2021/11/beps-pillar-one-web.pdf〉 Joy Ndubai "The Global Debate on Taxing the Digital Economy – How do African Countries Stand to Benefit?", ICTD, 〈https://www.ictd.ac/blog/global-debate-taxing-digital-economy-african-countries-benefit/〉; "Navigating the OECD's Two-Pillar Approach," Dhruva Advisors LLP, December 2021, 〈https://www.dhruvaadvisors.com/insights/files/Navigating-the-OECDs-Two-Pillar-approach.pdf〉.

64) Ryngaert, *Jurisdiction in International Law*, pp. 110~111.

65) 프랑스 형법 제113-6조, 독일 형법 섹션7, 2항 1호. 이렇게 보지 않으면, 범죄인이 범행 후 국적을 변경함으로써, 혹은 반대로 자국민의 인도를 거부하는 국가에 귀화함으로써 기소나 처벌을 면할 수 있을 것이기 때문이다. Harvard Research on International Law, "Draft Convention on Jurisdiction with Respect to Crime", (1935) 29 AJIL 439 at 532; Ryngaert, *Jurisdiction in International Law*, p. 104.

라 "행위지국의 법에 의해 처벌받을 수 있는 경우에만"[66] 속인주의를 적용하고 있다.[67] 그런가 하면, 멕시코 연방형법 제4조는 속인주의 적용에 '쌍방가벌성' 이외에도 '피고가 멕시코 내에 있을 것' 그리고 '피구금자가가 범죄를 저지른 국가에서 최종 재판을 받지 않았을 것' 등 3개 요건의 충족을 요구하고 있다.[68]

반대로, 영미법계 국가는 속지주의를 원칙으로 하고 속인주의는 중대한 범죄에 대해 보충적으로만 채택하고 있다. 예컨대, 영국법에서는 반역죄(treason),[69] 모살(謀殺)(murder), 고살(故殺)(manslaughter), 중혼죄(bigamy) 및 일부 조세범죄(revenue offences) 등의 중대한 범죄에 대해, 그리고 미국법에서는 반역죄(treason), 마약거래(drug trafficking), 군대가 저지르거나 또는 군대를 대상으로 한 범죄(crimes by or against the armed forces) 등에 대해 속인주의를 적용하고 있다.[70] 속지주의 국가들은 최근 해외에서의 아동 매춘에 대해서도 속인주의를 채택하는 경향을 보이고 있다.[71] 특히, 각국은 영토 밖에서 근무하는 자국 군대의 구성원들에 대해서는 속인주의를 채택하지 않을 수 없을 것이다. 이같은 상황은 주로 (전시점령을 포함한) 외국 영토에서의 전시 군사활동과 관련하여 발생하는데, 이는 외국 정부의 허가가 문제되지 않는 특수한 상황이다.[72] 미국은 "소

66) "si les faits sont punis par la législation du pays où ils ont été commis"("if the conduct is punishable under the legislation of the country in which it was committed").

67) 단, 프랑스 형법 제113-11조는 외국항공기 내에서 혹은 외국항공기에 대해 행한 범죄와 관련해서는 중범죄와 경범죄 모두에 대해 속인주의를 적용하고 있다.

68) Mexico, Federal Criminal Code (New Code Published in the Official Gazette of the Federation on August 14, 1931, Last Reform Published DOF March 12, 2015), 〈https://ihl-databases.icrc.org/en/national-practice/federal-penal-code-1931-2013〉, & 〈https://www.global-regulation.com/translation/mexico/560104/federal-penal-code.html〉. 동 제4조는 -아래에서 언급할- 수동적 속인주의의 적용에도 구분없이 동일한 3개 요건을 요구하고 있다.

69) House of Lords, *Joyce* (*Lord Haw Haw*) v. *Director of Public Prosecutions*, [1946] AC 347. 〈https://uniset.ca/other/cs3/ joyce.html〉; Hall, p. 312. 이 사건에서 영국 상원은 제2차 세계대전 기간 중 미국인으로서 영국 여권을 가지고 독일로 넘어가 독일을 위해 라디오 선전방송을 한 자에게 내려진 반역죄 유죄 선고를 지지하였다. 상원은 추가적으로 보호주의(protective principle)도 원용하였다 : Hall, p. 315 ; Kaczorowska-Ireland, p. 360 ; https://www.open.edu/openlearn/society-politics-law/exploring -the-boundaries-international-law/content-section-4.3.6 ; https://en.wikipedia.org/wiki/William_Joyce.

70) Wallace, p. 103 ; Ott, p. 138 ; E.C.S. Wade and A.W. Bradley, *Constitutional and Administrative Law*, 10th ed. (London : Longman, 1985), p. 69 ; Ryngaert, *Jurisdiction in International Law*, p. 105. 미국 연방최고재판소는 *Blackmer* v. *United States*, 284 U.S. 412, 437 (1932) (available at https://supreme.justia.com/us/284/421/case.html)에서, "의회의 입법은 -반대되는 의사(의도)가 나타나지 않는 한- 미국의 영토관할권 내에서만 적용되는 것으로 해석되긴 하지만, 외국에 있는 미국시민에 대한 의회입법의 적용의 문제는 해석의 문제이지 입법권의 문제가 아니다."(While the legislation of the Congress, unless the contrary intent appears, is construed to apply only within the territorial jurisdiction of the United States, the question of its application, so far as citizens of the United States in foreign countries are concerned, is one of construction, not of legislative power.)라고 언급한 바 있다.

71) 예컨대, 오스트레일리아 국민이 해외에서 16세 미만의 아동과 성관계를 맺는 것을 처벌하기 위한 "범죄 (아동 섹스 관광) 개정법 1994"[Crimes (Child Sex Tourism) Amendment Act 1994] ; Hall, p. 312. 미국도 미국인(영주권자 포함)이 해외에서 18세 미만의 사람과 '불법 성관계'(illicit sexual conduct)를 맺는 것을 범죄로 규정하는 법률을 갖고 있다 : 18 U.S. Code § 2423 (Transportation of minors), 〈https://www.law.cornell.edu/uscode/text/18/2423〉; Keitner, p. 302.

72) Ott, p. 143.

추되기 전에 이미 제대한 군인 혹은 군대에 고용되거나 동행하는 자들(특히 민간군사보안회사에 고용되어 활동하는 민간인들)이 미국 밖에서 행한 범죄"에 대하 재판관할권을 수립하기 위해 "2000년 군사역외관할권법"(Military Extraterritorial Jurisdiction Act of 2000)을 제정한 바도 있다.[73]

덴마크, 아이슬란드, 라이베리아, 노르웨이, 스웨덴 등 일부 국가는 속인주의의 기초를 국적에 국한시키지 않고 자국의 '영주권자들'(permanent residents)이 해외에서 저지른 범죄에 대해서도 관할권을 주장하고 있다.[74] 관할권의 법적 기초를 단지 주소(domicile) 혹은 거주(residence)에서 구하는 경우도 발견된다.[75] 심지어, 미국은 경제입법의 역외관할권을 주장하기 위한 방법으로서 효과이론과 더불어 속인주의 적용의 기초가 되는 '국민'(national) 개념을 확대해석하는 방법을 쓰고 있다. 즉, 미국인의 주식 보유가 25%부에 안되는 해외 자회사도 미국 국적의 회사에 해당한다고 보는 것이다. 이같은 태도 또한 관련 국가와 갈등을 빚고 있음은 물론이다. 국제법상 회사의 국적은 일반적으로 그 설립지나 혹은 –일정 조건 하에서– 본점소재지를 기준으로 판단하기 때문이다.[76]

미국은 1981~83년 기간 중에 폴란드에서 계엄령이 선포된 후[77] 소련과의 교역을 금지시키기 위한 일련의 시도 과정에서 –행위자의 국적이나 거주국을 불문하고– 미국을 원산지로 하는 부품을 일정 비율 이상 담고 있거나 미국 기술을 사용하여 만들어진 상품을 소련으로 수출하는 것을 범죄로 규정함으로써 특히 유럽국가들의 격렬한 저항에 직면한 바 있다. 즉, 미국은 –일반국제법에는 없는 개념인– '기술'의 국적(nationality of technology)을 기초로 수출통제법령의 역외적용을 시도한 것이었다. 그러나 이러한 종류의 역외관할권 요구에 다른 국가들이 합의하는 것은 자유이다.[78] 실제로,

---

73) Public Law 106-523 (Nov. 22, 2000), 〈https://www.pubklaw.com/hi/pl106-523.pdf〉. See *Nisour Square Massacre in Baghdad* (2007), 〈https://en.wikipedia.org/wiki/Nisour_square_massacre〉; "Finally, a Verdict on Blackwater's Nisour Square Shooters", The Nation, October 29, 2014, 〈https://www.thenation.com/article/186593/finally-verdict-blackwaters-nisour-square-shooters#〉.

74) Hamid, p. 131.

75) See e.g. UK "Exchange Control Act 1947", s 1(1)("Except with the permission of the Treasury, no person, other than an authorised dealer, shall, in the United Kingdom, and no person resident in the United Kingdom, other than an authorised dealer, shall, outside the United Kingdom, buy or borrow any gold or foreign currency from, or sell or lend any gold or foreign currency to, any person other than an authorised dealer."), https://www.unesco.org/culture/natlaws/media/pdf/gb/uk_act_chap14_1947_orof.pdf ; https://www.gold.org/government_affairs/gold_as_a_monetary_asset/ historical_records_back_to_the_17th_century/after_the_gold_standard/; https://www.hmrc.gov.uk/manuals/cfmmanual/cfm12110.htm ; Hamid, p. 131 ; Ryngaert, *Jurisdiction in International Law*, p. 104 (fn. 17).

76) *Barcelona Traction Co.* (Belgium v. Spain), ICJ Reports (1970), p. 3 ; Georges Abi-Saab, "The International Law of Multinational Corporations : A Critique of American Legal Doctrines", in : F.E. Snyder and S. Sathirathai, *Third World Attitudes Toward International Law* (Dordrecht : Martinus Nijhoff, 1987), p. 565 ; Bowett, *op. cit.*, in Ku & Diehl (eds.), p. 225 ; Sascha Lohmann, "Extraterritorial U.S. Sanctions: Only Domestic Courts Could Effectively Curb the Enforcement of U.S. Law Abroad", SWP(Stiftung Wissenschaft und Politik) Comment 2019/C 05, February 2019, p. 7, 〈https://www.swp-berlin.org/en/publication/extraterritorial-us-sanctions/〉; Ryngaert, *Jurisdiction in International Law*, p. 108. 본서, 제14장 (국가책임), "XI. 외교보호" 및 제15장 (국적) 참조.

77) https://en.wikipedia.org/wiki/Martial_law_in_Poland.

78) Staker, in Evans (ed.), International Law, 5th, p. 307 ; Lohmann, "Extraterritorial U.S. Sanctions", *op. cit.*, p. 7.

핵물질공급조약의 경우에 피공급국은 공급국의 동의 없이는 사용 후 핵물질을 타국에 이전하지 못한다는 조항이 들어가기도 한다.[79)]

'국민' 개념을 부당하게 확대만 하지 않는다면 속인주의는 어떠한 제한도 받지 않는지의 질문이 제기된다. 그러나 속인주의도 그 일정 한계를 인정하지 않으면 안 될 것이다. 다시 말해서, 국가는 해외에 나가 있는 자국민들(혹은 자국의 영주권자들)에게 거주국의 국내법에 의하여 금지된 행위를 하도록 요구할 수는 없으며, 또한 거주국의 국내법에 의하여 수행할 의무가 있는 행위를 하지 말도록 명령할 수도 없다.[80)]

범죄인이 자국민이라는 이유로 인도를 거절하는 경우 속인주의를 행사할 것을 요구(의무화)하는 조약들도 체결되고 있다.[81)]

국가들은 자국민 혹은 자국 회사가 해외에서 벌어들인 소득에 대해서도 과세권을 행사할 수 있는데, 이는 속인주의가 비단 형법뿐만 아니라 세법에서도 큰 힘을 발휘할 수 있음을 의미한다.[82)]

3. 수동적 속인주의

수동적 속인주의(피해자 국적주의)(passive personality principle, victim jurisdiction)란 상기 속인주의와는 반대로, 국가는 자국민을 대상으로 한 외국인의 외국에서의 일정 행위를 범죄로 규정하고 그에 대해 형사관할권을 행사할 수 있다는 원칙을 말한다. 다시 말해서, '피해자'(victim)의 국적국가가 외국인의 외국에서의 범죄에 대해 형사관할권을 행사할 수 있다는 것이다. 이것은 자국민 보호주의에 기초를 둔 것으로서, 종래 수동적 속인주의에 대해 완강하게 비판적 입장을 고수해 온 미국법[83)]도 최근에는 해외에서 빈발하는 미국인에 대한 각종 테러에 대처하기 위해 이 원칙을 채택

---

79) 예컨대, 2015년 6월 15일 워싱턴에서 서명, 11월 25일 발효한 "대한민국 정부와 미합중국 정부 간의 원자력의 평화적 이용에 관한 협력 협정"(Agreement for Cooperation between the Government of the Republic of Korea and the Government of the United States of America concerning Peaceful Uses of Nuclear Energy) 제10조 2~3항.

80) Bowett, *op. cit.*, in Ku & Diehl (eds.), pp. 212~213.

81) 예컨대, "UN반부패협약"(United Nations Convention against Corruption) 제44조 11항 ; "폭탄테러행위의 억제를 위한 국제협약"(International Convention for the Suppression of Terrorist Bombings) 제8조 1항 ; "테러자금조달의 억제를 위한 국제협약"(International Convention for the Suppression of the Financing of Terrorism) 제10조 1항 ; "고문과 기타 잔혹하거나 비인도적이거나 모욕적인 대우 혹은 처벌에 반대하는 협약"(Convention against Torture and Other Cruel, Inhuman or Degrading Treatment or Punishment) 제7조 1항. Ryngaert, *Jurisdiction in International Law*, p. 105.

82) 이로 인하여 발생하는 이중과세에 대한 염려를 덜어주기 위해 국가별로 양자간 차원에서 이중과세방지조약을 체결하고 있다. *Ibid.*, pp. 107~108.

83) 관련 판례로는 *United States* v. *Columba-Colella*, 604 F 2d 356 (5th Cir 1979), (Appeal from the United States District Court for the Western District of Texas), 〈https://casetext.com/case/united-states-v-columba-colella〉, (noted by Kaczorowska-Ireland, p. 365) 참조. 이 사건에서 미국 (제5순회)항소재판소는 멕시코와의 국경에 가까운 텍사스주 엘 파소(El Paso)에서 미국인이 다른 미국인에게서 훔쳐 멕시코로 가져온 자동차를 매수한 영국인에 대한 1심 판결을 관할권 흠결을 이유로 파기하였다. 피고-항소인은 멕시코에서 체포되어 미국에서 기소된 것이었는데, 멕시코에 거주 중인 영국인 피고는 이 자동차가 장물임을 알면서도 구매하기로('fence') 동의하고 이를 수령하였던 것이다. 1심에서 그는 혐의를 인정하면서도 재판관할권 문

하고 있으며,[84] 테러 관련 조약에서는 일찍부터 이 원칙을 수용하고 있다.[85] 수동적 속인주의 그 자체에 대한 일부 (특히 영미법계)국가들의 반대는 이제 확연히 완화되는 느낌이다.[86] *Lotus* 호 사건[87]에서 프랑스는 터키 형법의 수동적 속인주의 규정이 국제법에 위배된다고 주장하였으나, PCIJ는 수동적 속인주의를 지지 또는 배척함이 없이 (주관적·객관적) 속지주의 개념만으로 사건을 해결하였다.

수동적 속인주의에 대해서는, 외국인의 외국에서의 행위가 그 현지에서는 합법인데도 피해자 소속 국내법이 범죄로 규정할 가능성이 있다는 점에서 비판이 제기되고 있다. 즉, 이런 경우에 있어 수동적 속인주의는 외국의 국내문제에 대한 부당한 간섭이 될 수 있을 뿐만 아니라, 외국인은 방문국의 국내법을 존중할 의무를 진다는 일반국제법규에도 어긋나는 것이다.[88] 이 때문에 수동적 속인

제에 대해 항소할 권리를 유보하였다. 항소재판소는 "미국법이 미국인의 해외에서의 행위 또는 미국 내에서 효과를 미칠 의도인 외국인 행위에 미칠 수 있음은 의문의 여지가 없음"을 지적하면서, 그러나 "이 사건에서 객관적 속지주의는 적용되지 않는다 왜냐하면 피고-항소인의 행위는 미국 내에서의 자동차 절도와는 별개의 범죄였고, 항소인의 범죄는 미국 내에서 어떤 효과/결과도 없었기 때문이다"라고 판시하면서, "피고는 미국 내에서의 자동차 절도에 공모한 바도 없었다"고 덧붙였다.

84) See e.g. Hostage Taking Act, 18 U. S. C. §1203 (1994) ; Omnibus Diplomatic Security and Antiterrorism Act of 1986, 18 U. S. C. §2331 (1994) ; Antihijacking Act, 49 U. S. C. S. app. §1472(n) (Law. Co-op. 1990) ; Aircraft Sabotage Act, 18 U. S. C. §32 (1994), as amended by the Antiterrorism and Effective Death Penalty Act of 1996, Pub. L. No. 104-132, 110 Stat. 1298. 이 문제에 대한 미국법의 태도변화는 *Restatement* (*Second*) *of the Foreign Relations Law of the United States*, §30(2) (1965)와 *Restatement* (*Third*) *of the Foreign Relations Law of the United States*, §402(3) (1987)을 비교해 보면 선명하게 드러난다. See Joshua Robinson, "United States Practice Penalizing International Terrorists Needlessly Undercuts Its Opposition to the Passive Personality Principle", (1998) 16 Boston University International Law Journal 487~505 ; Henkin et al., pp. 1064~1067 ; Hall, p. 313 ; Kaczorowska-Ireland, p. 364 ; Keitner, p. 304.

85) Shaw, 4th, pp. 467~468 ; Currie, pp. 305~306 ; Bowett, *op. cit.*, in Ku & Diehl (eds.), p. 214 ; Aust, *Handbook of IL*, 2nd, p. 44.

86) See *Arrest Warrant of 11 April 2000* (Democratic Republic of the Congo v. Belgium), ICJ Reports (2002), p. 3, Joint Separate Opinion of Higgins, Kooijmans and Buergenthal (para. 47 : "Passive personality jurisdiction, for so long regarded as controversial, is now reflected not only in the legislation of various countries (the United States, Ch. 113A, 1986 Omnibus Diplomatic and Antiterrorism Act; France, Art. 689, Code of Criminal Procedure, 1975), and today meets with relatively little opposition, at least so far as a particular category of offences is concerned.") ; Separate Opinion of Rezek (para. 5 : "dans la plupart des pays, l'action pénale est possible sur la base des principes de la *nationalité active* ou *passive*") ; Separate Opinion of Guillaume (para. 4 : "Under the law as classically formulated, a State normally has jurisdiction over an offence committed abroad only if the offender, *or at the very least the victim*, has the nationality of that State or if the crime threatens its internal or external security.") (emphasis added).

그러나 여전히 수동적 속인주의에 대한 유보적 태도가 감지되기도 한다. 이를테면 "고문과 기타 잔혹하거나 비인도적이거나 모욕적인 대우 혹은 처벌을 반대하는 협약"(Convention against Torture and Other Cruel, Inhuman or Degrading Treatment or Punishment)(약칭 고문반대협약)은 (i) 고문혐의자가 자국 영토 내에 존재하는 경우 당사국들에게 관할권을 행사할 의무를 지우고(강제적 보편관할권, 고문반대협약 제5조 2항), (ii) 고문행위가 자국의 영토관할권 내에서 발생하거나[속지주의, 고문반대협약 제5조 1항(a)], 범죄혐의자가 국민인[속인주의, 고문반대협약 제5조 1항(b)] 경우, 수사하고 처벌할 것을 요구하면서도, (iii) 피해자가 국민인 경우[수동적 속인주의, 고문반대협약 제5조 1항(c)]에는 "피해자의 국적국가가 필요하다고 생각하면"(if that State considers it necessary)이라는 수식어를 부가함으로써 이 경우 국가가 관할권을 행사하는 것을 허용하는 구조로 되어 있다. Larocque in Orakhelashvili (ed.), p. 436 ; 본서, 제17장 (국제인권법), "Ⅷ. UN의 기타 업적".

87) PCIJ (1927), Series A, No. 10.

88) Currie, p. 305. 수동적 속인주의가 안고 있는 이같은 문제점은 상기 *Lotus* 호 사건에서 Moore 판사가 반대의견

주의를 채택하더라도 그 적용을 자제하기도 한다. 이를테면 한국 형법 제6조는 "행위지의 법률에 의하여 범죄를 구성하지 아니하거나 소추 또는 형의 집행을 면제할 경우에는 예외로 한다."는 단서를 붙이고 있고, 독일 형법(섹션7, 1항)[89]도 비슷한 규정을 두고 있다.

4. 보호주의

보호주의(protective principle)란 국가는 외국인의 외국에서의 행위라 하더라도 그로 인하여 '국가'의 이익(governmental interests), 즉 국가'안보'(national security) 또는 '사활적' 경제이익(vital economic interests)을 침해당한 경우 이를 범죄로 규정하여 형사관할권을 행사할 수 있다는 원칙을 말한다.[90]

수동적 속인주의와 보호주의는 외국인의 외국에서의 범죄로 그 현지에서 피해를 입는 경우에 적용된다는 점에서 공통점이 있긴 하지만, 국제법의 시각에서 볼 때 보호법익의 차원이 다르다는 점에서 차이를 보인다. 즉, 전자는 자국민 '개인'의 이익을, 후자는 (정부에 의하여 대표되는) '국가'의 이익을 보호하기 위하여 고안된 것이다. 한국 형법 제6조나 독일 형법 섹션 7(1), 터키 형법 제12조 2항 등에서 발견되는 수동적 속인주의 적용의 국가적 자제가 보호주의의 경우에는 적용되지 않거나 약화되어 나타나는 것도 그런 이유에서 기인하는 것으로 볼 수 있다.[91]

보호주의는 피해국가(offended state)의 영토 내에서 효과 또는 결과가 발생할 것을 요구하지 않

을 통해 잘 지적하고 있는데, 다만 그는 이 의견에서 수동적 속인주의를 보호주의("protective" principle 혹은 "system of protection")로 칭하고 있다 : *The Lotus* case, PCIJ (1927), Series A, No. 10, p. 92.

89) Strafgesetzbuch (StGB), §7 Geltung für Auslandstaten in anderen Fällen, "(1) Das deutsche Strafrecht gilt für Taten, die im Ausland gegen einen Deutschen begangen werden, wenn die Tat am Tatort mit Strafe bedroht ist oder der Tatort keiner Strafgewalt unterliegt."("German criminal law applies to offences committed abroad against a German national if the act is a criminal offence at the place of its commission or if that place is not subject to any criminal law jurisdiction.") : https://www.gesetze-im-internet.de/stgb/__7.html ; https://www.gesetze-im-internet.de/englisch_stgb/.

터키 형법의 관련 규정은 더욱 세부적이다 : "Article 12 (Offences Committed by Non-Citizens), para. (2)("Where [an offence by a non-citizen in a foreign country] is committed to the detriment of a Turkish citizen or to the detriment of a legal personality established under Turkish civil law and the offender is present in Turkey and there has been no conviction in a foreign country for the same offence then, upon the making of a complaint by the victim, he shall be subject to penalty under Turkish law."), Penal Code of Turkey (2004, amended 2016), 〈https://www.legislationline.org/documents/section/criminal-codes/country/50/Turkey/show〉.

위 속인주의에서 언급한 멕시코 연방형법 제4조는 속인주의 적용에 요구하는 '쌍방가벌성', '피고가 멕시코 내에 있을 것', '수감자가 해당 국가에서 최종 재판을 받지 않았을 것' 등 세 요건의 충족을 수동적 속인주의 적용에도 요구하고 있다. 관련 판례로는, *The Cutting* Case (Mexico, Bravos District Court, Chihuahua, 1886), Briggs, pp. 571~575, & 〈https://lawlegum.com/the-cutting-case-usa-vs-mexico-passive-personality-principle/〉 참조.

90) Sweeney et al., p. 115 ; Currie, p. 306 ; Staker in Evans (ed.), *International Law*, 5th, p. 301 ; 한국 형법 제5조.

91) 金民瑞, 《多國籍企業法論》(서울 : 삼영사, 2008), p. 107 ; Penal Code of Turkey, Article 12, para. (1)["Where a non-citizen commits an offence (other than one defined in Article 13), to the detriment of Turkey, in a foreign country, that would amount to an offence under Turkish law and that offence is subject to a penalty of imprisonment where the minimum limit is greater than 1 year, and he is present in Turkey, he shall be subject to penalty under Turkish law. Criminal proceedings shall only be brought upon request by the Minister of Justice."] 참조.

는다는 점에서는 속지주의(특히, 객관적 속지주의 내지 효과이론)와도 구분된다.[92)]

종래 수동적 속인주의에 대해 비판적 시각을 가진 국가들도 보호주의는 채택하고 있다. 문제는 보호주의의 기초가 되는 '국가'의 '안보' 또는 '사활적 경제이익' 내지는 국가의 '주권' 혹은 '정치적 독립'의 개념이 모호한 데서 오는 남용가능성이다.[93)] 국제법에서 보호주의가 일반적으로 수락되고 있는 한 예로는 접속수역(contiguous zone)에 대한 연안국의 관할권 행사를 들 수 있다.[94)] 이 밖에도 국가들은 국가원수 등에 대한 물리적 공격, 여권 등 공문서 위조, 화폐 위조, 간첩행위, 해외 대사관 또는 영사공관에 대한 공격, 이민법 위반 음모 등에 보호주의를 적용하고 있다.[95)] 일차 제재(primary boycott/ sanctions) 대상국가와 거래하는 외국인들에게 적용되는 이른바 세컨더리 보이콧(secondary boycott/ sanctions)을 위한 입법도 보호주의에 근거하여 정당화될 수 있다.[96)]

입법의 기초를 보호주의에 둔 것으로 보이는 최근의 사례로는 중국 정부가 2020년 6월 30일 제정하여 '홍콩 기본법' 부속서에 추가한 약칭 '홍콩 국가안전법'[97)]을 들 수 있는데, –"국가분열(secession), 정권전복(subversion), 테러활동(terrorist activities), 외국세력과 결탁하여 국가안전에 위해를 가하는 행위(collusion with a foreign country or with external elements to endanger national security)" 등 4개 행위에 대해 적용되는– 이 법은 제38조[98)]에서 외국인들의 외국에서의 행위에도 적용된다고 명시하고 있다.[99)] 홍콩 국가안전법에 대해서는 –중국이 홍콩에 대한 일국양제 약속을 끝장냄으로

---

92) Barack, §1-20.

93) Bowett, *op. cit.*, in Ku & Diehl (eds.), pp. 214~215 ; Ryngaert, *Jurisdiction in International Law*, p. 115.

94) 1982년 UN해양법협약 제33조 ; Hamid, p. 132 ; 본서, 제21장 (해양법), "Ⅱ. 영해 및 접속수역".

95) Hall, pp. 314~315 ; Orakhelashvili/Akehurst, p. 220 ; Orakhelashvili in Orakhelashvili (ed.), p. 25.

96) 그러나 그 과다한 역외적용성이 논란의 대상이 되고 있으며, 이에 Jeffrey Meyer는 보이콧의 법적 기초로서 오로지 속지주의와 속인주의의 결합에 기초한 '속지인(屬地人)' 제재(terrinational sanctions)를 제시하고 있기도 하다 : Jeffrey A. Meyer, "Second Thoughts on Secondary Sanctions", (2009) 30(3) U.Pa.J.Int'l 905~967. 이밖에도, Judson Bradley, "The Legality of Executive Orders 13628 and 13645: A Bipartite Analysis", (2015) 29(4) Emory International Law Journal 705, fn. 75 ; Ryngaert, *Jurisdiction in International Law*, pp. 117~119 ; 김규진, "미국 애국자법 제311조에 관한 연구: 세컨더리 보이콧 조치에 대한 법적 대응방법을 중심으로", 「은행법연구」, 제12권 제1호 (은행법학회, 2019), pp. 31~79 참조.

97) "中華人民共和國香港特別行政區維護國家安全法"("Law of the People's Republic of China on Safeguarding National Security in the Hong Kong Special Administrative Region"). 전국인민대표대회 상무위원회에서 채택. https://www.basiclaw.gov.hk/en/basiclawtext/index.html ; https://www.elegislation.gov.hk/hk/A101%21en-zh-Hant-HK.assist.pdf.

98) "This Law shall apply to offences under this Law committed against the Hong Kong Special Administrative Region from outside the Region by a person who is not a permanent resident of the Region." https://www.elegislation.gov.hk/doc/hk/a406/eng_translation_(a406)_en.pdf.

99) https://en.wikipedia.org/wiki/Hong_Kong_national_security_law ; Emily Feng, 5 Takeaways From China's Hong Kong National Security Law, National Public Radio, July 1, 2020, 〈https://www.npr.org/2020/07/01/885900989/5-takeaways-from-chinas-hong-kong-national-security-law〉 ; BBC News, 30 June 2020, "Hong Kong security law: What is it and is it worrying?", 〈https://www.bbc.com/news/world-asia-china-52765838〉 ; Jessie Yeung, CNN, July 1, 2020, "China has passed a controversial national security law in Hong Kong. Here's what you need to know", 〈https://edition.cnn.com/2020/06/25/asia/hong-kong-national-security-law-explainer-intl-hnk-scli/index.html〉.

미국을 위시한 서구 국가들은 즉각 강한 반대의사를 피력하였다. 이를테면, 7월 1일 마이크 폼페이오(Mike Pompeo) 미국 국무장관은 중국의 홍콩국가안전법 제정은 "모든 국가에 대한 모욕"(an affront to all nations)이며, 홍콩에 대한 특별허가를 종료시키기 위한 조치들을 취하고 있다고 말하였다 : Nike Ching /

써 홍콩반환협정을 중대하게 위반하였다는 지적과 함께– 행위의 구성요건이 매우 모호하고, 그로 인해 중국 당국의 자의적 판단이 개입될 소지가 크다는 경고가 뒤따르고 있다.[100] 2023년 7월 1일 발효한

VOA, July 1, 2020, 〈https://www.voanews.com/east-asia-pacific/voa-news-china/pompeo -calls-chinas-hong-kong-security-law-affront-all-nations〉. 보리스 존슨(Boris Johnson) 영국 총리는 홍콩국가안전법 제정은 홍콩반환협정의 "명백하고도 중대한 위반"(clear and serious breach)이며, 3백만 홍콩인들에게 영국에 정착할 기회를 주겠다고 선언하였다 : BBC News, 1 July 2020, "Hong Kong: UK makes citizenship offer to residents", 〈https://www.bbc.com/news/uk-politics-53246899〉.

2020년 7월 15일 현재 홍콩은 한국, 미국, 오스트레일리아, 캐나다 등 20개 국가와 범죄인인도조약을 체결하고 있다(그러나 이들 국가 중 미국, 캐나다, 오스트레일리아, 독일, 인도, 싱가폴을 포함하여 많은 국가들은 중국과는 범죄인인도조약을 체결하고 있지 않은데, 중국의 형사사법시스템이 투명하지 않다고 판단하기 때문인 것으로 보인다. 한국은 중국과도 범죄인인도조약을 체결하고 있다) : Sarah Zheng/ South China Morning Post, 15 Jul, 2020, "Hong Kong extradition treaty partners wait to see how national security law plays out", 〈https://www.scmp.com/news/china/diplomacy/article/3093128/ hong-kong-extradition-treaty-partners-wait-see-how-national〉. 그런데 이들 20개 국가 중 일부는 중국의 홍콩국가안전법 제정에 대항하여 홍콩과의 양자간 범죄인인도조약의 중단을 통고하고 있다. 맨 먼저, 7월 3일 캐나다 정부는 홍콩과의 범죄인인도협정("Agreement Between the Government of Canada and the Government of Hong Kong for the Surrender of Fugitive Offenders")을 중지한다고 발표하였다 : Amanda Connolly / Global News, July 3, 2020, "Canada suspending Hong Kong extradition treaty in response to new security law", 〈https://globalnews.ca/news/7135477/canada-suspends-hong-kong-extradition/〉 ; CNBC, July 4, 2020, "Canada suspends its extradition treaty with Hong Kong, eyes immigration boost", 〈https://www.cnbc.com/2020/07/04/canada-suspends-extradition-treaty-with-hong-kong-eyes-immigration-boost.html〉 ; Rod Nickel · Reuters, July 4, 2020, "Hong Kong 'very disappointed' over Canada's suspension of extradition treaty: officials", 〈https://globalnews.ca/news/7138663/canada-extradition-hong-kong-response/〉 ; Mish Talk, 4 July 2020, "Canada is the First Country to Break Treaty With Hong Kong", 〈https://www.thestreet.com/mishtalk/economics/canada-is-the-first-country-to-break-treaty-with-hong-kong〉. 7월 9일, 스콧 모리슨(Scott Morrison) 오스트레일리아 수상도 "저 홍콩 국가안전법은 우리와 홍콩 간의 범죄인협정에 대해 한 개의 사정의 근본적 변경을 구성한다"(That national security law constitutes a fundamental change of circumstances in respect to our extradition agreement with Hong Kong)고 말하면서, 이 협정을 중단한다고 발표하였다 : Time, July 9, 2020, "Australia Suspends Extradition Treaty With Hong Kong Over New National Security Law", 〈https://time.com/5864608/australia-hong-kong-extradition-treaty-suspended/〉 ; Rachel Pannett / The Wall Street Journal, July 9, 2020, "Australia Suspends Extradition Treaty With Hong Kong Over China's National-Security Law", 〈https://www.wsj.com/articles/australia-suspends-extradition-treaty-with-hong-kong-over-chinas-national-security-law-11594287990〉. 7월 14일, 트럼프 미국 대통령도 홍콩의 특별지위를 종료하는 행정(부)명령에서 홍콩과의 범죄인인도협정("Agreement between the Government of the United States of America and the Government of Hong Kong for the Surrender of Fugitive Offenders")을 중지하는 조치를 취할 것이라고 공표하였다 : White House, "The President's Executive Order on Hong Kong Normalization", Sec. 3(e), July 14, 2020, 〈https://www.whitehouse.gov/presidential-actions/presidents-executive-order-hong-kong-normalization/〉. 7월 20일, 보리스 존슨 영국 수상도 홍콩과의 범죄인도협정을 변경하는 조치를 예고하였고, 모미니크 라브(Dominic Raab) 외무장관은 의회에서 홍콩국가안전법은 "홍콩반환협정에 대한 명백하고도 중대한 위반"(a clear and serious violation of the UK-China joint declaration)으로서 홍콩과의 범죄인인도협정을 지금부터 당장 무기한 중단한다고 말하였다 : BBC News, 20 July 2020, "UK to change extradition deal with Hong Kong - PM", 〈https://www.bbc.com/news/uk-politics-53463405〉 ; Tom Grundy / HKFP (Hong Kong Free Press), 20 July 2020, "UK suspends extradition deal with Hong Kong, halts arms exports following enactment of security law", 〈https://hongkongfp.com/2020/07/20/breaking-uk-suspends-extradition -deal-with-hong-kong-following-enactment-of-security-law/〉. 7월 28일, 뉴질랜드 정부도 홍콩과의 범죄인인도조약을 중단하였다 : Charlotte Graham- McLay / The Guardian, 28 Jul 2020, "New Zealand suspends Hong Kong extradition treaty over China national security law", 〈https://www.theguardian.com/world/2020/jul/28/new-zealand-suspends-hong-kong-extradition-treaty-over-china-national-security-law〉 ; Aljiazeera, 28 Jul 2020, "New Zealand suspends extradition treaty with Hong Kong - *New Zealand says it can no longer trust Hong Kong's legal system because of the imposition of a new security law.*", 〈https://www.aljazeera.com/news/2020/ 07/zealand-suspends-extradition-treaty-hong-

중국의 (개정)反간첩법(Anti-espionage Law)[101]도 비슷한 비판에 직면하였다.[102]

kong-200728031511706.html〉. 7월 28일, EU도 홍콩국가안전법과 관련하여 미지근하나마 이런 저런 합의를 채택하였다 : Council of the European Union, "Council conclusions on Hong Kong", Brussels, 28 July 2020, 〈https://www.consilium.europa.eu/media/ 45225/st09872-re01-en20.pdf〉 ; Council of the EU, Press release, 28 July 2020, "Hong Kong: Council expresses grave concern over national security law", 〈https://www.consilium.europa.eu/en/press/ press-releases/ 2020/07/28/hong-kong-council-expresses-grave-concern-over-national-security-law/〉 ; DW News, "EU restricts exports to Hong Kong over China security law", 〈https://www.dw.com/en/eu-restricts-exports-to-hong-kong-over-china-security-law/a-54359734〉 ; Maya Lester / EU Sanctions, July 29th, 2020, "EU restricts exports to Hong Kong of equipment for internal repression" 〈https://www.europeansanctions.com/2020/07/eu-restricts-exports-to-hong-kong-of-equipment-for-internal-repression/〉.

이같은 움직임에 중국 정부도 보복하였는데, 즉, 7월 28일 중국 외교부는 "중국은 홍콩과 캐나다/오스트레일리아/영국 간의 범죄인인도조약, 그리고 형사사법공조협정들을 중단하기로 결정하였다"고 발표하였다 : Lily Kuo/The Guardian, 28 Jul 2020, "China halts Hong Kong extradition treaties with Canada, Australia and UK – Tit-for-tat move follows measures by Ottawa, Canberra and London over new security law", 〈https://www.theguardian.com/world/2020/jul/28/china-halts-hong-kong-extradition-treaties-with-canada-australia-uk〉. 그러나 일방 당사자에 의한 조약의 중단이나 종료는 그 효력이 당사자 모두에게 상호적으로 미치기 때문에 중국 정부의 이같은 발표는 자신들의 체면을 살리기 위한 상징적 조치라고 할 수 있다.

그로부터 3일 후, 즉 7월 31일, 독일 외교부도 홍콩과의 범죄인인도조약을 중단하였다고 발표하였다 : Kate Day/Politico, 7/31/20, "Germany suspends extradition agreement with Hong Kong", 〈https://www.politico.eu/article/germany-suspends-extradition-agreement-with-hong-kong/〉. 이어서 8월 3일, 프랑스 외교부는 2019년 5월 4일 서명한 홍콩과의 범죄인인도조약 비준을 더 이상 진행하지 않는다고 발표하였다 : France 24, 03/08/2020, "France halts ratifying extradition treaty with Hong Kong in wake of security law", 〈https://www.france24.com/en/20200803-france-halts-ratifying-extradition-treaty-with-hong-kong-in-wake-of-security-law〉. 이에 대한 보복으로, 8월 12일 홍콩 정부는 독일 및 프랑스와의 범죄인인도조약을 중단하였다고 발표하였다 : France 24, 12/08/2020, "Hong Kong suspends extradition agreements with France and Germany", 〈https://www.france24.com/en/20200812-hong-kong-suspends-extradition-agreements-with-france-and-germany〉.

"홍콩 국가안전법"에 대한 국가들의 여론은 갈리고 있다. 2020년 6월 30일(현지시각) 스위스 제네바에서 열린 제44차 UN인권이사회에서 영국 등 27개국은 공동성명을 통해 중국의 재고를 촉구하였지만, 쿠바를 필두로 53개국은 환영하는 공동성명을 발표하였다. 한국 정부는 어느 쪽에도 이름을 올리지 않았다 : Julian Braithwaite, Ambassador and Permanent Representative, UK Mission to the WTO, UN and Other International Organisations (Geneva), Speech, 30 June 2020, 〈https://www.gov.uk/ government/speeches/un-human-rights-council-44-cross-regional-statement-on-hong-kong-and-xinjiang〉 ; Permanent Mission of PRC to the UN Office at Geneva, 2020/06/30, "Joint Statement delivered by Permanent Mission of Cuba at the 44th session of Human Rights Council, 〈https://www.china-un.ch/eng/hom/t1793804.htm〉 ; Dave Lawler / Axios, July 3, 2020, "The 53 countries supporting China's crackdown on Hong Kong", 〈https://www.axios.com/countries-supporting-china-hong-kong-law-0ec9bc6c-3aeb-4af0-8031-aa0f01a46a7c.html〉 ; Adam Shaw / Fox News, 5 July 2020, "At UN Human Rights Council, 53 countries back China's draconian Hong Kong crackdown – The U.S. withdrew from the Council in 2018", 〈https://www.foxnews.com/ politics/at-un-human-rights-council-53-back-chinas-hong-kong-crackdown〉. 해가 가면서도 홍콩안전법에 대한 EU와 중국 간의 의견 충돌은 계속되고 있다 : European Commission, Press release, 20 May 2022, "Hong Kong: EU report sees a continued deterioration of fundamental freedoms", 〈https://ec.europa.eu/commission/presscorner/detail/en/ip_22_3205〉 ; Mission of the PRC to the EU, 2022-05-21, "Spokesperson of the Chinese Mission to the EU Speaks on a Question Concerning the EU's Annual Reports on Hong Kong and Macao", 〈https://eu.china-mission.gov.cn/eng/fyrjh/202205/t20220521_10690785.htm〉.

100) 이 우려는 금방 현실로 드러나고 있다 : Adam Gabbatt / The Guardian, Aug 1 2020, "China uses Hong Kong security law against US and UK-based activists", 〈https://www.theguardian.com/ world/2020/jul/31/china-hong-kong-security-law-american-citizen-exiles〉 ; Keitner, pp. 303~304 ; 이병준 / 중앙일보, 2020.08.01, ""어처구니 없다" … 미국인에 '보안법 위반' 수배 때린 홍콩경찰", 〈https://news.joins.com/ article/23838811〉.

5. 보편관할권

'보편'관할권(세계주의)(universal jurisdiction, universality principle, jurisdiction based on universal interest)은 "일부 범죄는 지구상의 '모든' 국가(all nations)의 이익에 반하는 근본적인 범죄를 구성한다"는 관념에 기초한 것이지만,[103] 그것의 문자적 의미는 한 국가의 형사관할권은 보편적으로, 즉 지구 혹은 우주 전체에 미친다는 것이다. 위에서 살펴본 네 가지 이론적 기초들이 모두 당해 범죄와 관할권을 주장하는 국가 사이에 직접적인 관련 내지 연결고리가 존재하는 것을 전제로 하고 있는 것과는 대조적으로, 보편관할권은 그같은 관련성을 필요로 하지 않는다. 즉, 국가는 외국인이 외국에서 외국인 혹은 외국을 대상으로 행한 행위라 하더라도 이를 범죄로 규정하여 형사관할권을 행사할 수 있다는 것이 '보편'관할권의 개념적 의미이다.[104]

국가의 보편관할권 행사와 관련하여 빈번하게 인용되는 사건 중의 하나는 *Attorney-General of the Government of Israel* v. *Eichmann* 사건[105]인데, 사건 개요는 이러하다. 아이히만은 유럽에서 4백만이 넘는 유대인들을 멸절시킨 정책의 고위집행자였다. 그는 1960년 5월 11일 아르헨티나 부에노스 아이레스에서 발견되어 이스라엘로 납치되었다. 그리고 그는 이스라엘이 1951년에 제정한 "나치 및 나치부역자 (처벌)법률"(Nazis and Nazi Collaborators (Punishment) Law 5710-1950)에 의거하여 전쟁범죄, -1948년의 제노사이드협약 상의 제노사이드에 대한 정의를 모델로 한- 유대인에 대한 범죄들, 그리고 인도에 대한 죄를 자행한 죄목으로 소추되었다. 이스라엘 지방재판소

101) 세계법제정보센터, 법령정보 > 중국, "간첩방지법(中华人民共和国反间谍法)" (2023.05.17. 작성), 〈https://world.moleg.go.kr/web/main/index.do〉; 사공관숙/중앙일보, 2023.07.06., "중국 반간첩법(2023년 개정) 전문(번역본)", 〈https://www.joongang.co.kr/article/25175430#home〉; "Anti-espionage Law of the People's Republic of China" (Adopted at the Eleventh Meeting of the Standing Committee of the Twelfth National People's Congress on November 1, 2014, and revised at the Second Meeting of the Standing Committee of the Fourteenth National People's Congress on April 26, 2023), retrieved from China Aerospace Studies Institute(Air University) > In Their Own Words > PRC Anti-Espionage Law, 〈https://www.airuniversity.af.edu/CASI/In-Their-Own-Words/〉.

102) VOA, July 01, 2023, "China's Sweeping New Anti-Espionage Law Comes Into Effect", 〈https://www.voanews.com/〉; 주칭다오 대한민국 총영사관, 2023-06-26, "'반간첩법'시행 대비 안전 공지"; 이동훈, "반간첩법 발효, 부활한 '죽의 장막'", 주간조선(2766), 2023.07.07.; 김영권/VOA, 2023.7.6., "중국 반간첩법은 '악법 중 악법'…탈북민 구출 활동 봉쇄될 수도" 〈https://www.voakorea.com/a/7168714.html〉; 도로시 리(Dorothy Li)/에포크타임스, 2023년 08월 11일, ""中 반간첩법, 중국경제 몰락 부추겨" 전문가 분석", 〈kr.theepochtimes.com〉.

103) von Glahn and Taulbee, p. 246.

104) See Institute of International Law, "Resolution of the Seventeenth Commission on Universal criminal jurisdiction with regard to the crime of genocide, crimes against humanity and war crimes", Krakow Session, 2005, para. 1, 〈https://www.idi-iil.org/app/uploads/2017/06/2005_kra_03_en.pdf〉; Council of the European Union, Brussels, 16 April 2009, "The AU-EU Expert Report on the Principle of Universal Jurisdiction", para. 8, 〈https://africa-eu-partnership.org/sites/ default/files/documents/rapport_expert_ua_ue_competence_universelle_en_0.pdf〉; André Klip, "Universal jurisdiction - Regional report for Europe", Revue internationale de droit pénal 2008/1-2 (Vol. 79), pp. 173~196, 〈https://www.cairn.info/revue-internationale-de-droit-penal-2008-1-page-173.htm〉.

105) Israel, District Court of Jerusalem, Criminal Case No. 40/61, Judgment of 11 December of 1961, (1961) 36 ILR 5; https://www.ilsa.org/jessup/jessup14/Attorney%20General%20v.%20Eichmann.pdf; https://www.internationalcrimesdatabase.org/Case/192/Eichmann/.

는 특히 보편관할권을 원용하며[106] 그의 유죄를 인정하고, 사형을 선고하였다. 그는 이 결정에 대해 상소하였으나, 이스라엘 최고재판소는 1962년 5월 29일 그의 상소를 기각하였다. 그리고 그는 5월 31일 교수대에 올랐다. 아래에서 언급하는 바와 같이 아이히만을 이스라엘로 끌고 온 방식, 즉 납치에 대해 국제사회 일각에서 비판이 제기되긴 하였지만, 아이히만이 저지른 전쟁범죄와 (제노사이드를 포함한)인도에 대한 죄에 대해 이스라엘 재판소가 보편관할권을 주장하고 나선 것에 대해 비판하고 나서는 국가들은 거의 없었다. 아이히만의 범행 당시 이스라엘이란 국가는 존재하지 않았지만 보편관할권은 범죄와 소추국 간의 관련성에 의존하는 것이 아니기 때문이다.[107]

그러나 보편관할권은 여전히 국가주권을 기초로 하는 현대국제법의 구조 하에서는 결코 일반화될 수 없는, 단지 예외적인 상황 하에서만 원용될 수 있는 개념이다.[108] 여러 가지 주장이 있으나, 보편관할권은 '국제공동체 전체에 대해 위협이 되는, 바꾸어 말하면 범죄를 진압함에 있어 보편적 이익이 존재하는 개인의 중대한 범죄' 내지 '국제법 하의 범죄' (crimes under international law)에 대해서는 광범위하게 수락되고 있다. 여기서 '국제법 하의 범죄' 혹은 간단히 '국제범죄'라 함은 국제법에 의하여 범죄로 규정된 개인의 행위를 말한다. 국제공동체는 그간 중앙집권적 형사재판소를 갖지 못하였기 때문에 대체로 국가가 국내 형법에 의거하여 개인의 그같은 범죄를 처벌하여 왔는데, 국제법상의 해적행위(piracy *jure gentium*), 전쟁범죄(war crimes), 전쟁'관련'범죄(war-related crimes)(즉, 평화에 대한 죄와 인도에 대한 죄), 제노사이드(genocide) 등이 여기에 속하며,[109] 그 대상 범

106) Para 12 of the Judgment : "The abhorrent crimes defined in this law are crimes not under Israel law alone. These crimes which afflicted the whole of mankind and shocked the conscience of nations are grave offences against the law of nations itself ("delicta juris gentium") . ... The authority and punishment to try crimes under international law are *universal*."

107) 그러나 이 사건에서 이스라엘 재판소는 '보호주의'도 추가적으로 원용하였는데, 이에 대해 Eichmann 변호인은 이의를 제기하였다. 즉, 보호주의는 단지 "이미 존재하는 국가와 그 국가의 안보 및 이익"을 보호하기 위해 고안된 것으로, 이스라엘이란 국가는 Eichmann의 범행 당시 존재하지도 않았다는 것이다. 바꾸어 말하면, 이스라엘이 아직 존재하지도 않던 시절의 범죄로 어떻게 이스라엘의 사활적 이익이 침해를 받았다고 말할 수 있느냐는 것이다. 변호인의 이 주장에 대해 이스라엘 지방재판소는 "자신을 해친 범죄자를 처벌할 자연적 권리의 집행"(enforcement of its natural right to punish the offender who injured it)이라고 응수하였다. Dixon, pp. 154, 156 ; Hall, pp. 315~316.

108) See *Arrest Warrant of 11 April 2000* (Democratic Republic of the Congo v. Belgium), ICJ Reports (2002), p. 3, Separate Opinion of Guillaume, para. 4 ("Under the law as classically formulated, a State normally has jurisdiction over an offence committed abroad only if the offender, or at the very least the victim, has the nationality of that State or if the crime threatens its internal or external security. Ordinarily, States are without jurisdiction over crimes committed abroad as between foreigners.").

109) 제노사이드 관련 대표적 사건으로는 *Jorgic* v. *Germany*, European Court of Human Rights, Application No. 35763/97, Judgment of 12 Nov. 2001, para. 68을 들 수 있는데, 사건 개요는 다음과 같다. 세르비아계 보스니아인(Bosnian Serb) Nikola Jorgic(1969년 5월부터 1992년 초까지 독일 영주권자의 신분을 가지고 있었음)은 1990년대 초 유고 전쟁에서 무슬림 주민에 대한 테러에 가담한 한 준군사조직의 리더였다. 그는 독일재판소들에서 제노사이드 죄로 유죄선고를 받자 독일을 상대로 유럽인권재판소에 제소하였다. 유럽인권재판소에서 제기된 쟁점 중의 하나는, 제노사이드협약(제6조)이 체약국들의 보편관할권을 창설하지 않았음에도 불구하고 비독일시민이 비독일시민들을 상대로 독일 밖에서 자행한 제노사이드에 대해 독일재판소들이 재판관할권을 행사할 수 있는가 하는 것이었다. 유럽재판소는 이를 긍정하였다. 즉, 제노사이드협약 제6조("Persons charged with genocide or any of the other acts enumerated in article Ⅲ shall be tried by a competent tribunal of the State in the territory of which the act was committed, or by such international penal tribunal as may have jurisdiction with respect to those Contracting Parties which shall have accepted

위는 점차 확대되는 경향이 있다.[110] 이를테면, 구유고국제형사재판소(심리부)는 *Furundzija* 사

its jurisdiction.")는 보편관할권을 창설하지는 않았지만, 체약국들은 동 협약 제1조("The Contracting Parties confirm that genocide, whether committed in time of peace or in time of war, is a crime under international law which they undertake to prevent and to punish.")에 의하여 강행규범(*jus cogens*)에 의해 금지된 제노사이드를 방지하고 처벌할 대세적 의무(an *erga omnes* obligation)를 부담하고 있으므로, 독일이 보편관할권을 창설한 국내형법에 의거하여 관할권을 행사한 것은 합리적인 것으로 간주되어야 한다고 결론지었다. https://invisiblecollege.weblog.leidenuniv.nl/2007/07/18/universal-jurisdiction-in-the-case-of-jo/ ; 본서, 제3장 (일반국제법의 강행규범), "Ⅰ. 강행규범 이론의 역사적 전개과정" 참조.

독일은 국내 형법을 ICC로마규정에 맞추기 위해 2002년 6월 30일 발효한 "국제법에 대한 범죄 법전"(Völkerstrafgesetzbuch, Code of Crimes against International Law)에 의거하여 '제노사이드'(섹션 6)와 '인도에 대한 죄'(섹션 7), '전쟁범죄'(섹션 8~12)에 대해 보편관할권을 규정하였고, 여기에 2017년 1월 1일 발효한 개정에 의거 '침략범죄'(섹션 13)를 추가하였다(이전에도 독일 형법에서 '침략전쟁의 준비'는 기본법 제26조 제1항에 따라 형법 섹션80에 따라 처벌될 수 있었다. 동 섹션은 그러나 위 개정으로 폐지되었다). 2022년 1월 13일 독일의 한 고등지방재판소(Oberlandesgericht, Higher Regional Court)는 전직 시리아 정보국 소속 대령 *Anwar Raslan*이 자국 내전 기간 중 자행한 -살인, 국가 지원 고문, 강간 등- 인도에 대한 죄에 대해 보편관할권을 행사하여 무기징역을 선고한 바도 있다. Völkerstrafgesetzbuch (VStGB), 〈https://www.gesetze-im-internet.de/vstgb/BJNR225410002.html〉 ; https://de.wikipedia.org/wiki/Völkerstrafgesetzbuch ; https://www.gesetze-im-internet.de/englisch_stgb/ ; https://www.lewik.org/term/15492/preparation-of-a-war-of-aggression-section-80-german-criminal-code/ ; "Statement by Germany, Sixth Committee, Universal Jurisdiction", 〈https://www.un.org/en/ga/sixth/75/pdfs/statements/universal_jurisdiction/11mtg_germany.pdf〉 ; https://en.wikipedia.org/wiki/Anwar_Raslan ; DW, Jan 13, 2022, "German court finds Syrian ex-colonel guilty of crimes against humanity", 〈https://www.dw.com/en/german-court-finds-syrian-ex-colonel-guilty-of-crimes-against-humanity/a-60407021〉 ; Jenny Hill (BBC News Koblenz, Germany), 13 Jan 2022, "German court finds Syrian colonel guilty of crimes against humanity", 〈https://www.bbc.com/news/world-europe-59949924〉 ; New York Times, Jan 13, 2022, "Live Updates: Former Syrian Colonel Guilty in War Crimes Trial in Germany", 〈https://www.nytimes.com/live/2022/01/13/world/syria-war-crimes-germany-verdict〉 ; Syria Justice and Accountability Centre, "Trial of Anwar Raslan – Higher Regional Court – Koblenz, Germany, Trial Monitoring Report 58, Hearing Date: January 13, 2022", 〈https://syriaaccountability.org/inside-the-raslan-trial-the-raslan-verdict-in-detail/〉.

Jenny Gesley, "The Exercise of Universal Jurisdiction in Germany", US Law Library of Congress, Frequently Asked Legal Questions, June 30, 2022, 〈https://blogs.loc.gov/law/2022/06/falqs-the-exercise-of-universal-jurisdiction-in-germany/〉.

110) Ott, p. 172 ; Institute of International Law, "Resolution of the Seventeenth Commission on Universal criminal jurisdiction with regard to the crime of genocide, crimes against humanity and war crimes", Krakow Session, 2005, para. 3(a) ; Council of the European Union, Brussels, 16 April 2009, "The AU-EU Expert Report on the Principle of Universal Jurisdiction", para. 9. 특히 스페인(1985년)과 벨기에(1993년 ; 1999년 개정)를 필두로 하여 일부 유럽 국가들은 보편관할권을 입법화하였으며, 그같은 법률에 의거하여 실제로 많은 소추가 제기되었다 : https://en.wikipedia.org/wiki/ Universal_jurisdiction ; Fox, p. 100. ; Al Goodman, CNN, February 12, 2014, "Spanish judge issues arrest warrants for China's former President, Prime Minister", 〈https://edition.cnn.com/ 2014/02/10/world/europe/spain-chinese-officials-arrest-warrants/〉, Al Jazeera America, November 20, 2013, "Spanish court orders arrest of former Chinese President Jiang Zemin", 〈https:// america.aljazeera.com/articles/2013/11/20/spain-accuses-chineseofficialsofgenoicide.html〉, CNN Europe, August 21, 2003, "Falun Gong sues ex-president Jiang", 〈https://edition.cnn.com/2003/ WORLD/ europe/08/20/falun.suit/index.html?iref =allsearch〉.

1999년 2월 10일 벨기에의 한 법률(즉, "Act concerning the Punishment of Serious Violations of International Humanitarian Law")(1993년 6월 16일의 "Act concerning the Punishment of Grave Breaches of the International Geneva Conventions of 12 August 1949 and of Protocols 1 and Ⅱ of 8 June 1977 Additional Thereto"을 개정한 것임)은 국제인도법의 중대한 위반 범죄들에 대해 보편관할권(그것도 부재자 관할권)을 창설하면서 "개인의 공적인 자격(신분)에 부착된 면제는 본 법률의 적용을 막지 아니한다"(the immunity attaching to the official capacity of a person shall not prevent the application of the present law)고 규정하고 있었다 : (1999) 38 ILM 921. 2000년 4월 11일 벨기에의 한 수사판사가 이 법률

건[111])에서 '고문'과 같은 개인의 강행규범(*jus cogens*) 위반행위에 대해서는 −범죄인이 자국 관할 하의

에 의거하여 "1949년의 제네바협약들과 그에 대한 1977년의 추가의정서들을 중대하게 위반"한 혐의로 당시 콩고민주공화국의 현직 외무장관 Yerodia에 대해 국제체포영장을 발부하였다. 체포영장은 그가 인종적 증오를 야기하는 연설들을 하여 이웃의 소국 르완다에서 투치족(Tutsi)에 대한 공격을 부추겼고, 이로 인해 많은 사망을 초래하였다고 적시하였다 (참고로, 그는 체포영장이 발부되고 나서 교육장관으로 자리를 옮겼다가, ICJ판결이 내려질 당시에는 아무런 장관직도 갖고 있지 않았다). 체포영장은 콩고에 발송되었고, 콩고는 이를 수령하였다. 벨기에는 인터폴에도 발송하였고, 체포영장은 인터폴을 통해 국제적으로 배포되었다. 동 영장은 국가들에게 Yerodia를 체포, 구금하여 벨기에로 인도해 줄 것을 요청하였다. 이에 콩고민주공화국은 ICJ에 벨기에가 자국 외무장관의 벨기에 자판소에서의 불가침성과 형사재판 면제를 존중하지 아니 함으로써 국제법을 위반하였다고 판단해 줄 것을 요구하는 소를 제기하였다. 이것이 Case concerning *the Arrest Warrant of 11 April 2000* (Democratic Republic of the Congo v. Belgium), Decision of 14 February 2002인데, ICJ는 보편관할권 행사 문제는 요청받은 문제가 아니라는 이유로 이 문제는 다루지 않고, 단지 국가대표자의 면제의 관점에서 사건을 해결하였다(para. 43).

그러나 이 사건에서 일부 재판관은 보편관할권 문제에 대해 의견을 피력하였는데, 특히 부재자에 대한 보편관할권 행사가 국제법상 허용되는지, 그리고 보편관할권의 행사가 허용되는 범죄는 어떤 것들인지에 대해 견해의 차이가 노정되고 있다. 예컨대, Guillaume 소장은 그의 개별의견(para. 12)에서 다음과 같이 언급하고 있다 : "... international law knows only one true case of universal jurisdiction : piracy. Further, a number of international conventions provide for the establishment of subsidiary universal jurisdiction for purposes of the trial of certain offenders arrested on national territory and not extradited to a foreign country. Universal jurisdiction *in absentia* as applied in the present case is unknown to international law." 그러나 Higgins, Kooijmans, Buergenthal 3인 재판관은 공동개별의견에서 −*Lotus* 사건에서의 PCIJ의 논리를 따라− 금지규칙이 없으므로 일정 보호장치 하에서 부재자 보편관할권의 행사도 허용된다고 보았다 : "53. This brings us once more to the particular point that divides the Parties in this case: is it a precondition of the assertion of universal jurisdiction that the accused be within the territory?" ; "54. ...The fact that in the past the only clear example of an agreed exercise of universal jurisdiction was in respect of piracy, *outside of any territorial jurisdiction*, is not determinative. The only prohibitive rule (repeated by the Permanent Court in the *"Lotus"* case) is that criminal jurisdiction should not be exercised, without permission, within the territory of another State. The Belgian arrest warrant envisaged the arrest of Mr. Yerodia in Belgium, or the possibility of his arrest in third States at the discretion of the States concerned. This would in principle seem to violate no existing prohibiting rule of international law." ; "59. If, as we believe to be the case, a State may choose to exercise a universal criminal jurisdiction *in absentia*, it must also ensure that certain safeguards are in place. They are absolutely essential to prevent abuse and to ensure that the rejection of impunity does not jeopardize stable relations between States. ..." 또한 Oda 재판관은 그의 반대의견(para. 12)에서 다음과 같이 언급하고 있다 : ' ... From the base established by the Permanent Court's decision in 1927 in the *"Lotus"* case, the scope of extraterritorial criminal jurisdiction has been expanded over the past few decades to cover the crimes of piracy, hijacking, etc. Universal jurisdiction is increasingly recognized in cases of terrorism and genocide. Belgium is known for taking the lead in this field and its 1993 Law (which would make Mr. Yerodia liable to punishment for any crimes against humanitarian law he committed outside of Belgium) may well be at the forefront of a trend. There is some national case law and some treaty-made law evidencing such a trend." 그런가 하면 Koroma 재판관은 그의 개별의견(para. 9)에서 다음과 같이 언급하고 있다 : "... In my considered opinion, today, together with piracy, universal jurisdiction is available for certain crimes, such as war crimes and crimes against humanity, including the slave trade and genocide. The Court did not rule on universal jurisdiction, because it was not indispensable to do so to reach its conclusion, nor was such submission before it. ..."

ICJ가 *Arrest Warrant* 판결을 내린 뒤 벨기에, 스페인, 영국 재판소는 '현직' 외국 국가원수 혹은 정부수반을 상대로 제기된 형사소송들을 각하하였으며, 벨기에는 이듬해 2003년 8월 1일 문제의 법률을 폐지하고 새로운 법률을 도입하기도 하였다. Fox in Evans (ed.), *International Law*, 3rd, p. 352 ; https://en.wikipedia.org/wiki/Universal_jurisdiction#Belgium ; Webb in de Wet and Vidmar (eds.), pp. 116 (fn. 15), 130 ; Staker in Evans (ed.), *International Law*, pp. 302~303, 305 ; Wickremasinghe in Evans (ed.), *International Law*, p. 365 (fn. 57) ; Kaczorowska-Ireland, pp. 367~368. 스페인의 1985년 법률도 2009년과 2014년에 적절

영토 내에 있는 경우– 모든 국가가 보편관할권을 행사할 권리가 있다고 언급하였으며, *Pinochet* 사

히 개정되었는데, 이에 대해서는 Kaczorowska-Ireland, pp. 368~370 ; Ryngaert, *Jurisdiction in International Law*, p. 130 (fn. 186) 참조.

미국 형법의 경우, 종래의 제노사이드협약 이행법률(Genocide Convention Implementation Act), 즉 "Title 18 of the United States Code (U.S.C.), Section 1091"은 동 범죄가 미국 영토 내에서 행해지거나 미국인이 미국 밖에서 행한 경우에만 적용되는 것으로 규정하고 있었다. 2007년 12월 21일에 제정된 "2007년 제노사이드 책임법률"(Genocide Accountability Act of 2007)은 이를 개정하여 외국인이 미국 밖에서 행한 제노사이드에 대해서까지도 미국에 형사소추권을 부여하고 있는데, 다만 이 경우 부재자 소추는 허용되지 아니하며 소추를 위하여 범죄혐의자가 미국 영토 안에 있을 것(정확하게는 "the alleged offender is brought into, or found in, the United States")을 요구하고 있다. (United States) Open Congress, "S. 888 - Genocide Accountability Act of 2007", https://www.opencongress.org/bill/110-s888/show ; Global Solutions, "Genocide Accountability Act of 2007", https://www.globalsolutions.org/issues/HR2489 ; United States Senator Dick Durbin, "Senate Passes Durbin, Coburn, Leahy & Cornyn Genocide Accountability Act", https://durbin.senate.gov/record.cfm?id= 271671 ; Human Rights Watch, "US : New Law Extends Prosecutions for Genocide", https:// hrw.org/english/docs/2007/12/26/usint17650_txt.htm.

한국 형법전은 "총칙, 제1장 형법의 적용범위" 편에서는 보편관할권(세계주의)에 대해 침묵하고 있다. 다만, 2013년 4월 5일 신설된 각칙 규정 제296조의 2는 "약취(略取), 유인(誘引) 및 인신매매의 죄들"(즉, 제287조~제292조, 제294조)에 대해 "세계주의"를 도입하였다. 이 밖에도, 이미 특별형법에서 이 원칙을 도입하기도 하였는데, 이를테면 국제형사재판소 로마규정의 국내적 이행을 돕기 위해 제정된 "국제형사재판소 관할 범죄의 처벌 등에 관한 법률"(2007년 12월 21일 공포, 법률 제8719호)은 대한민국 영역 밖에서 국제형사재판소 관할 범죄(침략범죄 제외)를 범한 외국인에 대하여도 동 법률을 적용한다고 규정함으로써 이 범위 내에서 보편관할권을 도입하였다 ; 그러나 이것은 상기 미국의 "제노사이드 책임법률"과 유사하게 그같은 자가 "대한민국 영역 안에 있을" 것을 조건으로 한다 (제3조 5항) : 법제처, https:// www/moleg.go.kr/main/main.do.

세계국제법학술원도 부재자 보편관할권의 행사에 대해서는 반대하고 있다 : Institute of International Law, "Resolution of the Seventeenth Commission on Universal criminal jurisdiction with regard to the crime of genocide, crimes against humanity and war crimes", Krakow Session, 2005, para. 3 ("Unless otherwise lawfully agreed, the exercise of universal jurisdiction shall be subject to the following provisions: ...

(b) Apart from acts of investigation and requests for extradition, the exercise of universal jurisdiction requires the *presence* of the alleged offender in the territory of the prosecuting State or on board a vessel flying its flag or an aircraft which is registered under its laws, or other lawful forms of control over the alleged offender.").

요컨대, universal jurisdiction *in absentia*, 즉 부재자 보편관할권은 "피고인이 행동하는 국가의 영토 내에 있지 않는데도 보편관할권 원칙에 근거하여 수사를 하고, 체포영장을 발부하고, 나아가 기소까지 하는 것"으로 정의해 볼 수 있겠는데, 강도가 가장 강한 보편관할권이기 때문에 'absolute'/'pure'/ 'true'/'unconditional' universal jurisdiction 등으로 불리기도 한다 [부재자 보편관할권에 대한 이 정의는 그러나 사건의 재판(공판)을 포함하는 것은 아니며, 따라서 '(피고인)결석 재판'(trial *in absentia*)과는 구분하여야 한다]. 종합하면, universal jurisdiction은 universal jurisdiction *in absentia*와 universal *plus presence* jurisdiction으로 구분되며, 국제법상 보편관할권이 공해(및 EEZ)에서 행사되는 해적행위 (piracy)의 경우를 제외하고는 부재자 보편관할권은 이론상 그리고 관행상 선호되고 있지 않다. *Arrest Warrant of 11 April 2000* (Democratic Republic of the Congo v. Belgium), ICJ Reports (2002), p. 3, Joint Separate Opinion of Judges Higgins, Kooijmans & Buergenthal, para. 56 ("Some jurisdictions provide for trial *in absentia*; others do not. If it is said that a person must be within the jurisdiction at the time of the trial itself, that may be a prudent guarantee for the right of fair trial but has little to do with bases of jurisdiction recognized under international law.") ; Anthony J. Colangelo, "The New Universal Jurisdiction: In Absentia Signaling over Clearly Defined Crimes", (2005) 36 Georgetown Journal of International Law 537 at 543 ff, 〈https://scholar.smu.edu/cgi/viewcontent.cgi?article=1191&context=law_faculty〉 ; Tim Kluwen, "Universal Jurisdiction *in Absentia* Before Domestic Courts Prosecuting International Crimes: A Suitable Weapon to Fight Impunity?" (2017) 8 Goettingen Journal of International Law 7 at 11 ff, 〈https:// gojil.eu/issues/ 81/81_article_kluwen.pdf〉 ; Keitner, p. 305.

111) ICTY (Trial Chamber), *Prosecutor* v. *Furundzija*, Case No.: IT-95-17/1-T, Judgment of 10 December 1998,

건[112]에서 영국의 상원도 이 견해에 지지를 표시한 바 있다.

그런데 국제관습법상 관할권의 행사는 보편관할권을 포함해서 모든 경우에 관련 국가의 재량사항(option)으로 남아 있으므로, 국가들은 국제법상 관할권을 행사할 의무를 지고 있는 것은 아니다.[113] 예컨대, UN해양법협약 제105조는 "모든 국가는 해적선 또는 해적항공기를 나포할 '수' 있다."(every State may seize a pirate ship or aircraft.)라고 규정하고 있을 따름이다.[114] 따라서 국제공동체를 중대한 범죄로부터 좀 더 안전하게 지키기 위해서는 관할권 행사를 의무화하는 것이 필요하다. 그 결과 제1·2차 세계대전 후의 조약들에서는 '강제적' 보편관할권(compulsory/mandatory universal jurisdiction)으로 알려진 '인도 아니면 소추'(기소)(either extradite or prosecute, *aut dedere aut judicare/prosequi/punire*)의 공식을 도입하고 있다. 그러나 이 (강제적) '보편'관할권은 아직까지는 조약에 의하여 창설되는 것으로, 조약당사국 사이에서만 허용된다는 점에서 '준보편'관할권(treaty-based quasi-universal jurisdiction)으로 칭하기도 한다.[115]

---

para. 156, 〈https://www.icty.org/x/cases/furundzija/tjug/en/fur-tj981210e.pdf〉: "... at the individual level, that is, that of criminal liability, it would seem that one of the consequences of the *jus cogens* character bestowed by the international community upon the prohibition of torture is that every State is entitled to investigate, prosecute and punish or extradite individuals accused of torture, who are present in a territory under its jurisdiction. Indeed, it would be inconsistent on the one hand to prohibit torture to such an extent as to restrict the normally unfettered treaty-making power of sovereign States, and on the other hand bar States from prosecuting and punishing those torturers who have engaged in this odious practice abroad. This legal basis for States' universal jurisdiction over torture bears out and strengthens the legal foundation for such jurisdiction found by other courts in the inherently universal character of the crime. It has been held that international crimes being universally condemned wherever they occur, every State has the right to prosecute and punish the authors of such crimes. As stated in general terms by the Supreme Court of Israel in *Eichmann*, and echoed by a USA court in *Demjanjuk*, "it is the universal character of the crimes in question [*i.e.* international crimes] which vests in every State the authority to try and punish those who participated in their commission"."

112) *R.* v. *Bow Street Metropolitan Stipendiary Magistrate, ex parte Pinochet Ugarte*, on 24 March 1999, *per* Lord Browne-Wilkinson & *per* Lord Millett, [1999] 2 WLR 827 (Pinochet 3); 〈https://www.bailii.org/uk/cases/UKHL/1999/17.html〉.

113) Ryngaert, *Jurisdiction in International Law*, pp. 22, 23.

114) James L. Kateka, "Piracy and armed robbery", in *International Law of the Sea — Essays in memory of Anatoly L. Kolodkin* (Mockba: Ctatyt, 2014), p. 311; Ryngaert, *Unilateral Jurisdiction and Global Values*, p. 96. UN해양법협약 제105조 하에서 해적선을 나포한 국가의 재판소만이 형벌권을 발동할 수 있는가에 대해서는 본서, 제21장 (해양법), "Ⅶ. 공해, 7. 기국주의의 예외, (1) 해적행위" 참조.

115) Crawford/Brownlie, p. 469; Kaczorowska-Ireland, p. 376. 강제적(혹은 의무적) 보편관할권을 도입한 조약에는 다음의 것들이 있다: 1937년 테러리즘 방지 및 처벌을 위한 협약 제10조, 1949년 4개 제네바협약의 '중대한' 위반(제1협약 제49조, 제2협약 제50조, 제3협약 제129조, 제4협약 제146조)[1977년 제네바 제1추가의정서 제85조(1항)에 의거하여 동 의정서의 중대한 위반에 대해서도 4개 제네바협약 하의 동일한 의무가 연장 적용되고 있다], 항공기범죄에 관련한 1970년 헤이그협약 제7조, 1971년 몬트리올협약 제7조 및 2010년 북경협약 제10조, 1973년 외교관 등 국제적으로 보호받는 인물에 대한 범죄의 방지와 처벌에 관한 협약 제7조, 1984년 고문반대협약(제7조 1항), 2006년 모든 사람을 강제실종으로부터 보호하기 위한 국제협약 제11조.

이들 조약 중 4개 제네바협약 및 그 제1추가의정서를 제외한 나머지 조약들에 담겨 있는 "인도 아니면 소추"의 공식은 그러나 인도하지 않는 경우 "예외없이 또한 그 영토 내에서 범죄가 범하여진 것인지의 여부를 불문하고, 소추를 목적으로 권한있는 당국에 사건을 회부하는 것(to submit the case to its competent authorities for the purpose of prosecution)"을 그 내용으로 하며, "상황에 관계없이(즉, 어떤 상황에서도)

'인도 아니면 소추'의 의무가 조약의 차원을 넘어 비당사국에게도 적용되는 (일반 혹은 지역)국제관습법규로 발전하였는지, 혹은 그렇게 되고 있는지의 질문이 이어지고 있다. 그러나 견해는 갈리고 있으며,[116] 2014년 ILC가 채택, UN총회에 제출한 "인도 아니면 소추의 의무"에 관한 최종보고서[117]는 이 질문에 대한 답변을 유보하였다.[118]

일방, 국제법(관습법 혹은 조약)이 일정 중대한 범죄에 대해 보편관할권의 행사를 허용하거나 이를 요구하는 것과 타방, 국내 형법전에 특별히 보편관할권에 관한 명시적 규정(혹은 조약의 이행법률)이 없더라도 국내재판소가 보편관할권을 원용할 수 있는지는 별개의 문제이다. 전자는 국제법의 문제이고 후자는 국내법의 문제이기 때문이다. 따라서 후자의 질문에 대한 해답은 국내법에 따라 달라질 것이다. 그리고 한국법의 경우 헌법 제6조 1항에서 후자의 질문에 대한 해답을 구할 수 있을 것이다.[119]

소추할 의무(obligation to prosecute)"를 지우고 있지는 않다. 조사 결과 사건을 재판에 회부하기에는 증거가 불충분한 경우도 있을 수 있기 때문이다. ICJ도 *Questions relating to the Obligation to Prosecute or Extradite* (Belgium v. Senegal), ICJ Reports, Judgment of 20 July 2012에서, 세네갈은 (차드의 전직 대통령)Hissène Habré 사건을 소추를 위하여 권한있는 당국으로 회부하지 않음으로써 -'인도 아니면 소추'의 공식을 도입한- 1984년 고문반대협약 제7조 1항 하의 의무를 위반하였다고 판시하면서, 동 의무에 대해 다음과 같이 지적하였다(para. 94) : "The Court considers that Article 7, paragraph 1, requires the State concerned to submit the case to its competent authorities for the purpose of prosecution, irrespective of the existence of a prior request for the extradition of the suspect. That is why Article 6, paragraph 2, obliges the State to make a preliminary inquiry immediately from the time that the suspect is present in its territory. The obligation to submit the case to the competent authorities, under Article 7, paragraph 1, may or may not result in the institution of proceedings, in the light of the evidence before them, relating to the charges against the suspect."

이들과는 달리 1949년 4개 제네바협약(및 1977년 제1추가의정서)의 경우에는 범죄혐의자를 "국적에 관계없이 자국 재판소 앞으로 데려가야 할(즉, 재판에 회부하여야 할, 소추할) (bring such persons ... before its own courts)" 의무를 지우고 있다. Aust, *Handbook of International Law*, 2nd, 45, pp. 270~271 ; Cassese, *International Law*, 2nd, p. 468 ; Orakhelashvili/Akehurst, p. 435 ; 본서, 제22장 (영공법) 참조.

끝으로, 상기 *Questions relating to the Obligation to Prosecute or Extradite* 사건에서 ICJ도 지적하고 있는 바, 강제적 보편관할권은 범죄혐의자가 우선 "인도 아니면 소추"의 선택권을 갖는 국가의 영토 내에 '존재할'(present) 것, 다시 말해서 그 영토 내에서 '발견될'(found) 것을 전제로 한다. Ryngaert, *Unilateral Jurisdiction and Global Values*, p. 26 (fn. 49)

116) 부정적 견해로는, M. Cherif Bassiouni and Edward M. Wise, *Aut Dedere Aut Judicare: The Duty to Extradite or Prosecute in International Law* (Dordrecht/Boston/London : Matinus Nijhoff Publishers, 1995), p. 37 참조. 그러나 *Lockerbie* 사건에서 Weeramantry 재판관(반대의견)은 이 원칙이 국제관습법을 반영하는 것이라고 하였다 : *Questions of Interpretation and Application of the 1971 Montreal Convention arising from the Aerial Incident at Lockerbie* (Libyan Arab Jamahiriya v. United Kingdom) (Provisional Measures), Order of 14 April 1992, ICJ Reports (1992), p. 114, Dissenting Opinion of Weeramantry (p. 179). 이밖에도, 긍정적 견해로는, Ryngaert, *Jurisdiction in International Law*, pp. 124~125 ; Usman Hameed, "Is Aut Dedere Aut Judicare (Extradite or Prosecute) Obligation A Duty Rooted in Customary International Law? - Part I", Courting The Law, January 22, 2016, 〈https://courtingthelaw.com/2016/01/22/commentary/is-aut-dedere-aut-judicare-extradite-or-prosecute-obligation-a-duty-rooted-in-customary-international-law/〉 ; https://en.wikipedia.org/wiki/Aut_dedere_aut_judicare 참조.

117) Final Report of the International Law Commission (2014), on "The obligation to extradite or prosecute (*aut dedere aut judicare*)", 〈https://legal.un.org/ilc/texts/instruments/english/reports/7_6_2014.pdf〉.

118) Paras. 52~53.

119) See Nollkaemper, p. 24, fn. 14.

AU(African Union) 국가들은 보편관할권이 국제법에서 잘 확립된 원칙임을 부인하지는 않지만, 서유럽 국가들의 아프리카 관리들에 대한 빈번한 보편관할권 행사를 "서구 사법(司法)제국주의"(Western judicial imperialism)의 발로로 인식하고 있다.[120] 그들 국가는 2009년 2월 당시 UN총회 제63차 회기의 의제에 "보편관할권 원칙의 남용"(Abuse of the principle of universal jurisdiction)을 추가해 줄 것을 요청하였고, 이 요청은 수락되었다. 그 후 이 주제는 UN총회 차원에서 토의가 계속 이어지고 있다.[121] 한 편, 국제형사재판소 로마규정(Rome Statute of the ICC)의 'complementarity'(보충성) 원칙[122]은 'ICC와 국내재판소' 간의 관계에 적용되는 것인데, 핵심범죄에 대해 관할권을 행사하는 각국 국내재판소 간에도 -사전적 의미는 complementarity와 비슷하지만 다만 구분을 위해 'subsidiarity'(보충성) 원칙의 이름으로- 이를 준용(*mutatis mutandis*) 하자는 견해가 있다. 즉, 일부 서유럽 국가들의 입법 내지는 소추당국 혹은 재판소의 실무관행에 의하면 범죄와의 연결고리가 강한 국가(보통은 영토국가 혹은 범죄혐의자의 국적국가)가 '진정으로 사건을 수사하고 기소할 의사나 능력이 없는' 경우에 한하여 -범죄와의 연결고리가 없거나 희박한- 이른바 '방관자 국가'(bystander states)가 보편관할권을 행사하고 있다면서,[123] 이 방향으로의 관습법규 형성을 기대하고 있다.[124] 세계국제법학술원[125]과 AU-EU 전문가 보고서[126]도 이같은 견해에 동조하고 있

120) African Union, "Decision on the Report of the Commission on the Abuse of the Principle of Universal Jurisdiction", Assembly/AU/Dec.199(XI)(2008), "Decision on the Implementation of the Assembly Decision on the Abuse of the Principle of Universal Jurisdiction, Assembly/AU/Dec.213(XII)(2009)", & "Decision on the Abuse of the Principle of Universal Jurisdiction", Assembly/AU/Dec.292(XV)(2010) ; Ryngaert, *Unilateral Jurisdiction and Global Values*, pp. 61~62 ; Irit Kohn, "Averting Abuse of Universal Jurisdiction", Jerusalem Center for Public Affairs, No. 570, March-April 2009, 〈https://jcpa.org/article/averting-abuse-of-universal-jurisdiction/〉 ; International Federation for Human Rights, "Universal Jurisdiction Developments: January 2006-May 2009", 〈https://www.refworld.org/pdfid/ 4a26393f2.pdf〉.

121) Yee in Orakhelashvili (ed.), pp. 76, 94, 98~99 ; UN General Assembly, Sixth Committee, Sixty-ninth Session, 11th & 12th Meetings (AM & PM), GA/L/3481, 15 October 2014, "Universal Jurisdiction Principle Must Be Defined to Avoid Abuse, Endangerment of International Law, Sixth Committee Hears as Debate Begins" ; UN General Assembly, Sixth Committee, Seventy-Second Session, 13th Meeting (AM), GA/L/3549, 11 October 2017, "Tackling Scope, Application of Universal Jurisdiction, Sixth Committee Speakers Debate Best Venue for Further Discussions on Principle's Definition" ; UN General Assembly, Sixth Committee, Seventy-Third Session, 11th Meeting (AM), GA/L/3571, 10 October 2018, "Without Clear Definition, Universal Jurisdiction Principle Risks Misuse, Abuse, Sixth Committee Speakers Warn" ; Kaczorowska-Ireland, pp. 370~371.

122) 이것에 대해서는 본서, 제29장 (국제형사재판소), "Ⅲ. ICC의 보충적 관할권 : ICC와 국내형사관할권의 관계" 참조.

123) 이 경우에도 국가들의 관행을 보면 '부재자' 보편관할권의 행사는 자제되고 있다. 독일의 경우, 2002년 "국제법에 대한 범죄 법전"(Völkerstrafgesetzbuch, Code of Crimes against International Law) 제정 결과로 개정된 형사소송법(Strafprozeßordnung)(German Code of Criminal Procedure)에 삽입된 § 153f (Absehen von der Verfolgung bei Straftaten nach dem Völkerstrafgesetzbuch)(Non-prosecution of offences under Code of Crimes against International Law) 참조. 스페인의 관련 판례들에 대한 소개는 Ryngaert, *Jurisdiction in International Law*, p. 223 참조.

124) Ryngaert in Orakhelashvili (ed.), pp. 67~69 ; Cedric Ryngaert, "Applying the Rome Statute's Complementarity Principle: Drawing Lessons from the Prosecution of Core Crimes by States Acting under the Universality Principle", Institute for International Law (K.U. Leuven, Faculty of Law), Working Paper No 98 - August 2006, 〈https://www.law.kuleuven.be/iir/nl/onderzoek/ working-

다.[127] 이 밖에도, 남아프리카 헌법재판소가 보편관할권 행사는 적어도 두 원칙, 즉 보충성의 원칙(principle of subsidiarity)과 실행 가능성(practicability)의 제한을 받는다고 언급한 바 있다.[128]

---

papers/WP98e.pdf〉, & (2008) 19 Criminal Law Forum 153 ; Ryngaert, *Jurisdiction in International Law*, pp. 219~230.

125) Institute of International Law, "Resolution of the Seventeenth Commission on Universal criminal jurisdiction with regard to the crime of genocide, crimes against humanity and war crimes", Krakow Session, 2005, para. 3 ("Unless otherwise lawfully agreed, the exercise of universal jurisdiction shall be subject to the following provisions: ... ...

c) Any State having custody over an alleged offender should, before commencing a trial on the basis of universal jurisdiction, ask the State where the crime was committed or the State of nationality of the person concerned whether it is prepared to prosecute that person, unless these States are *manifestly* unwilling or unable to do so. It shall also take into account the jurisdiction of international criminal courts."). 로마규정 제17조 1항(a)(b)에 사용된 'genuinely'가 여기서는 'manifestly'로 표현되어 있다.

126) "AU-EU Expert Report on the Principle of Universal Jurisdiction", 16/04/2010, 〈https://africa-eu-partnership.org/en/stay-informed/publications/au-eu-expert-report-principle-universal-jurisdiction〉, para. 14 ("Positive international law recognises no hierarchy among the various bases of jurisdiction that it permits. In other words, a state which enjoys universal jurisdiction over, for example, crimes against humanity is under no positive legal obligation to accord priority in respect of prosecution to the state within the territory of which the criminal acts occurred or to the state of nationality of the offender or victims."), & Recommendation 9 ("In prosecuting serious crimes of international concern, states should, as a matter of policy, accord priority to territoriality as a basis of jurisdiction, since such crimes, while offending against the international community as a whole by infringing universal values, primarily injure the community where they have been perpetrated and violate not only the rights of the victims but also the general demand for order and security in that community. In addition, it is within the territory of the state of alleged commission that the bulk of the evidence will usually be found.").

127) Kaczorowska-Ireland, pp. 374~375.

128) South Africa, Constitutional Court, *National Commissioner of The South African Police Service* v. *Southern African Human Rights Litigation Centre and Another* (CCT 02/14) [2014] ZACC 30, decided on 30 October 2014, *per* Justice Majiedt (in a unanimous judgment of the Court), 〈https://collections.concourt.org.za/handle/20.500.12144/3754〉 : "[61] We have found that our applicable legislative scheme, understood in the light of international customary law and other international obligations, places an obligation on our country through the [South African Police Service] to investigate crimes against humanity, including torture, committed outside our territory. However, the universal jurisdiction to investigate international crimes is not absolute. It is subject to at least two limitations. The first limitation arises from the principle of subsidiarity. It requires that ordinarily there must be a substantial and true connection between the subject-matter and the source of the jurisdiction. And once jurisdiction is properly founded, the principle of non-intervention in the affairs of another country must be observed; investigating international crimes committed abroad is permissible only if the country with jurisdiction is unwilling or unable to prosecute and only if the investigation is confined to the territory of the investigating state. Simply put, we may not investigate or prosecute international crimes in breach of considerations of complementarity and subsidiarity.

[62] These considerations require that South African investigating institutions may investigate alleged crimes against humanity committed in another country by and against foreign nationals only if that country is unwilling or unable to do so itself. In this matter Zimbabwe was not asked by the alleged victims of torture to investigate the crime. Some of the reasons advanced for approaching South Africa directly were several indications of the collapse of the rule of law in Zimbabwe and that the safety of the witnesses in Zimbabwe could not be guaranteed. As a Court, we cannot go that far. It suffices to say that it was very unlikely that the Zimbabwean police would have pursued the investigation with the necessary zeal in view of the high profile personalities to be investigated. It is alleged that six Cabinet

보충성의 원칙이 대등한 주권국가 사이에서 적용되는 경우 이를 '수평적 보충성'의 원칙(horizontal subsidiarity principle)으로 칭하기도 한다.[129]

독일 형법 섹션7, 2항 2호[130]에 의하면 "(i) 행위가 범행지에서도 범죄이고(아니면, 그 어떤 국가도

Ministers and Directors General and the ruling party itself are implicated as suspects in the commission of these crimes against humanity. If Zimbabwe were able and willing to investigate and prosecute the alleged crimes of torture, there would be no place for South Africa also to do so.

[63] The second limiting principle is practicability. Before our country assumes universal jurisdiction it must consider whether embarking on an investigation into an international crime committed elsewhere is reasonable and practicable in the circumstances of each particular case. That decision must be made in the light of all the relevant circumstances. None of these factors alone should be dispositive of the enquiry. Each case must be determined on its own merits and circumstances.

[64] Foremost amongst these [practicability] considerations are whether the investigation is likely to lead to a prosecution and accordingly whether the alleged perpetrators are likely to be present in South Africa on their own or through an extradition request; the geographical proximity of South Africa to the place of the crime and the likelihood of the suspects being arrested for the purpose of prosecution; the prospects of gathering evidence which is needed to satisfy the elements of a crime; and the nature and the extent of the resources required for an effective investigation. In some instances a preliminary investigation to test the reasonableness of undertaking a full-blown investigation may be necessary. In each case the ultimate enquiry is whether, all relevant considerations weighed, the SAPS acted reasonably in declining to investigate crimes against humanity committed in another country.

[78] Given the international and heinous nature of the crime, South Africa has a substantial connection to it. An investigation within the South African territory does not offend against the principle of non-intervention and there is no evidence that Zimbabwe has launched any investigation or has indicated that it is willing to do so, given the period of time since the alleged commission of the crimes. Furthermore, the threshold for the SAPS to decline to investigate, bearing in mind the particular facts and circumstances, has not been met in this case. There is a reasonable possibility that the SAPS will gather evidence that may satisfy the elements of the crime of torture allegedly committed in Zimbabwe.

[80] The Supreme Court of Appeal was therefore correct to rule that on the facts of this case the torture allegations must be investigated by the SAPS. Our country's international and domestic law commitments must be honoured. We cannot be seen to be tolerant of impunity for alleged torturers. We must take up our rightful place in the community of nations with its concomitant obligations. We dare not be a safe haven for those who commit crimes against humanity.

[81] The SAPS's decision not to conduct an investigation was wrong in law. The High Court and the Supreme Court of Appeal were correct in setting it aside. The Promotion of Administrative Justice Act[..] applies.[..] The SAPS's decision is reviewable on a number of grounds. I agree with the reasoning of the Supreme Court of Appeal that the duty to investigate international crimes may be limited by considerations like resource allocation. This judgment formulates limiting principles and finds that anticipated presence of a suspect in South Africa is not a prerequisite to trigger an investigation. It is only one of various factors that needs to be balanced in determining the practicability and reasonableness of an investigation. Therefore, mainly for the reasons the Supreme Court of Appeal gave, though subject to the qualification stated, the appeal must be dismissed. ..." 이 판결의 핵심과 이에 대한 논평은 https://www.concourt.org.za/index.php/13-current-judges/352-justice-majiedt ; Ryngaert, *Unilateral Jurisdiction and Global Values*, pp. 97, 104~105, 135 참조.

129) Ryngaert, *Unilateral Jurisdiction and Global Values*, p. 137.

130) "§ 7 Geltung für Auslandstaten in anderen Fällen

....

(2) Für andere Taten, die im Ausland begangen werden, gilt das deutsche Strafrecht, wenn die Tat am Tatort mit Strafe bedroht ist oder der Tatort keiner Strafgewalt unterliegt und wenn der Täter .... 2. zur Zeit der Tat Ausländer war, im Inland betroffen und, obwohl das Auslieferungsgesetz seine Auslieferung nach der Art der Tat zuließe, nicht ausgeliefert wird, weil ein Auslieferungsersuchen

범행지에 대해 형사관할권을 가지고 있지 않고), (ii) 범죄인이 범행 당시 외국인이었고, (iii) 독일에 체류 중인 것으로 밝혀졌고, 그리고 (iv) 범죄인인도법에 따르면 인도가 허락될 수 있는 범죄인데도 합리적인(상당한) 기간 내에 인도 청구가 없거나, 인도 청구를 독일이 거절하거나, 혹은 인도가 가능하지 않은 경우" 외국인의 외국에서의 범죄에 대해서도 독일 형법이 적용된다. 이런 종류의 형사입법관할권은 대리(대신)관할권(vicarious or representational jurisdiction)으로 불리는데, 왜냐하면 국가가 타 국가를 대신하여 범죄를 소추하는 방식이기 때문이다. 대리관할권은 보편관할권의 한 양식으로 볼 수도 있겠지만, 보편관할권이 역사적으로 국제공동체 전체의 이익을 보호하기 위해 강구된 것인 데 반면, 대리관할권을 행사하는 국가는 범행지 국가의 이익을 보호한다는 점에서 양자는 기본적으로 구분된다. 또한 대리관할권은 보편관할권이 적용되는 정도의 중대한 범죄가 아닌 범죄에도 적용되지만, 그 대신 '쌍방가벌성' 및 '범죄인 인도가 이루어지지 않을 것' 등의 요건이 첨부되어 있다.[131] 2004년 프랑스도 독일법과 비슷한 법을 채택하였는데,[132] 그러나 대리형사관할권 원칙(principle of vicarious criminal jurisdiction, Grundsatz der stellvertretenden Strafrechtspflege)은 아직 널리 채택되고 있지는 않다.[133]

보편관할권은 가증스런 범죄들과 관련하여 형법 분야에서 원용되는 것이기 때문에 보편관할권이라 하면 곧 보편형사관할권(universal criminal jurisdiction)을 지칭하는 것으로 받아들이게 된다. 그러나 중대한 인권 침해와 관련하여 법정지 국가와의 아무런 영토적 혹은 인적 연계를 요구하지 아니하고 민사소송이 제기됨을 허용하는 경우도 생각할 수 있는데, 이 경우는 보편불법행위관할권

---

innerhalb angemessener Frist nicht gestellt oder abgelehnt wird oder die Auslieferung nicht ausführbar ist." (영역본 : "Section 7 (Other offences committed abroad). ……… (2) German criminal law applies to other offences committed abroad if the act is a criminal offence at the place of its commission or if that place is not subject to any criminal law jurisdiction and if the offender ……… 2. was a foreign national at the time of the offence, was found to be staying in Germany and, although extradition legislation would permit extradition for such an offence, is not extradited because no request for extradition is made within a reasonable period, is rejected or the extradition is not feasible.")

131) 이 때문에 경범죄(petty crimes, misdemeanours)는 대리관할권 행사의 대상에 들지 못한다. Ryngaert, *Jurisdiction in International Law*, p. 121 (fn. 145).

132) (영역본)"(French Penal Code) Article 113-8-1 (Inserted by Act no. 2004-204 of 9 March 2004 article 19 Official Journal of 10 March 2004)

Without prejudice to the application of articles 113-6 to 113-8, French Criminal law is also applicable to any felony or misdemeanour subject to a penalty of at least five years' imprisonment committed outside the territory of the French Republic by an alien whose extradition to the requesting State has been refused by the French authorities either because the offence for which the extradition has been requested is subject to a penalty or to a safety measure that is contrary to French public policy, or because the person in question has been tried in the aforesaid State by a court which does not respect the basic procedural guarantees and the rights of the defence, or because the matter in question shows the characteristics of a political offence.

Prosecution for the offences set out in the first paragraph may only be initiated at the request of the public prosecutor. It must be preceded by an official accusation, transmitted by the Minister of Justice, from the authorities in the country where the offence has been committed and which has requested the extradition."

133) Ryngaert, *Jurisdiction in International Law*, pp. 56, 121~123 ; Prof. Dr. M. Heger, "Vorlesung Internationales Strafrecht I", WS 2019/20, 〈https://heger.rewi.hu-berlin.de/doc/lv/1-int-stre-i-folien.pdf〉.

(universal tort jurisdiction) 혹은 보편민사관할권(universsal civil jurisdiction)으로 부르기도 한다.[134] 여러 국가의 국내법에 국제사법의 차원에서 도입되고 있는 *forum necessitatis*(forum of

134) Ryngaert, *Jurisdiction in International Law*, pp. 135, 191. 미국의 1789년 "외국인 불법행위 청구법" (Alien Tort Claims Act, Alien Tort Statute)은 외견상 미국의 연방재판소들에게 보편적 민사불법행위 관할권을 부여한 입법으로 보이는데, 판례를 중심으로 이 법률의 그간의 "변덕"(vagaries)(Ryngaert, *Universal Jurisdiction and Global Values*, p. 97)을 개관해 보자.

먼저 논할 사건은 *Filártiga* v. *Peña-Irala* (US Court of Appeals, Second Circuit, 1980 : 630 F. 2d 876)인데, 사건 개요는 이러하다. 한 파라과이 청년(Joelito Filártiga)이 자국 수도 아순시온(Asunción)에서 한 경찰관한테서 고문을 받아 사망하였다. 그 경찰관은 그 후 미국으로 달아나 뉴욕에서 불법체류하고 있었는데, 희생자의 가족이 그를 상대로 미국연방재판소에 민사소송을 제기하였다. 그리고 결국 그에게는 피해자의 유가족에게 손해배상을 해주라는 판결이 내려졌다. 이 사건에서 원고는 -아주 오래전인 1789년의 첫 번째 의회(First Congress)에서 미국의 연방재판소체제를 수립한 "재판소법"(Judiciary Act)의 일부로서 채택한- "외국인 불법행위 청구법"(Alien Tort Claims Act 혹은 Alien Tort Statute)(28 U.S.C. §1350)에 근거하여 제소하였던 것인데, 동 법률은 다음과 같이 규정하고 있다 : "The district courts shall have original jurisdiction of any civil action by an alien for a tort only, committed in violation of the law of nations or a treaty of the United States." 요컨대, 동 법률은 외견상 미국 연방재판소들에게 "국제법(혹은 미국의 조약) 위반에 대한 보편적 불법행위관할권을 부여하고 있는데, 이 사건에서 연방항소재판소(제2순회)는 "외국인 불법행위 청구법"에 기초한 연방민사재판권의 영토적 한계와 더불어 (고문을 비롯한)인권문제에 대한 현대국제법의 시각을 적절히 지적하고 있다 : "Construing this rarely-invoked provision, we hold that deliberate torture perpetrated under color of official authority violates universally accepted norms of the international law of human rights, regardless of the nationality of the parties. *Thus, whenever an alleged torturer is found and served with process by an alien within our borders, §1350 provides federal jurisdiction.* Accordingly, we reverse the judgment of the district court dismissing the complaint for want of federal jurisdiction. ... we conclude that official torture is now prohibited by the law of nations. The prohibition is clear and unambiguous, and admits of no distinction between treatment of aliens and citizens. Accordingly, we must conclude that the dictum in Dreyfus v. von Finck ... to the effect that "violations of international law do not occur when the aggrieved parties are nationals of the acting state," is clearly out of tune with the current usage and practice of international law. The treaties and accords cited above, as well as the express foreign policy of our own government, all make it clear that *international law confers fundamental rights upon all people vis-a-vis their own government.*"(italics added)

Filartiga 판결 후 "외국인 불법행위 청구법"에 의거한 외국인들의 제소가 극적으로 증가하였는데, *Kadic* v. *Karadzic*, 70 F.3d 232 (2d Cir. 1995)도 그 중 하나이다. 이 사건의 원고는 보스니아-헤르체코비나의 크로아티아 및 무슬림 계 국민들로서 세르비아계의 자칭 스르프스카 공화국(Bosnian-Serb Republic of Srpska)의 군대가 자행한 -제노사이드와 전쟁범죄, 고문, 강간 등- 여러 잔혹행위에 대하여 동 공화국 대통령 라도반 카라지치(Radovan Karadžić)를 상대로 맨해튼 연방지방재판소에 제소하였다. 그러나 동 재판소는 사물관할권(subject-matter jurisdcition) 흠결을 이유로 소를 각하하였다. 그러나 (제2순회)연방항소재판소는 정반대로 제노사이드와 전쟁범죄에 관한 한 "외국인 불법행위 청구법"상의 사물관할권이 성립한다면서 파기환송 판결을 내렸다. 특히, Karadzic가 비록 UN의 초대를 받아 뉴욕에 왔다 하여도 UN본부협정상 UN건물 밖에서의 영장송달로부터는 면제되지 아니하며, 원고들의 주장은 청구의 성격상 재판에 회부되기 어려운 정치문제(non-justiciable political question)도 아니라고 판시하였다. https://www.lexisnexis.com/community/casebrief/p/casebrief-kadic-v-karadzic ; https://www.casebriefs.com/blog/law/civil-procedure/civil-procedure-keyed-to-field/authority-to-adjudicate/kadic-v-karadzic/ ; Kadic v. Karadzic. 70 F.3d 232 - JSTOR, ⟨https://www.jstor.org/stable/2203994⟩ ; Amy E. Eckert, "Kadic v. Karadzic: Whose International Law?", (1996) 25 Denver Journal of International Law & Policy 173.

이 사건들 이후 *Sosa* v. *Alvarez-Machain*, 542 U.S. 692 (2004), ⟨https://www.law.cornell.edu/supct/html/03-339.ZS.html⟩에서 드디어 미국 연방최고재판소가 나서 "외국인 불법행위 청구법"에 대해 제한적인 해석을 제시하였는데, 사건 개요는 이러하다. 1985년 미국 법무부 산하 마약단속국(Drug Enforcement Administration) 소속의 특별요원 한 사람이 멕시코의 한 마약 카르텔에 의해 납치, 살해되는 사건이 발생했다. 마약단속국은 여기에 멕시코인 Alvarez Machain이 가담한 것으로 결론짓고 한 연방지방재판소로부터 체포영장을 발부받아 멕시코에 그의 인도를 요청하였으나 거절당하였다. 이에 마약단속국 요원들이 그를 멕시코에서

necessity, necessity jurisdiction, emergency jurisdiction)(불가피한 법정)는 보편민사관할권과

체포하여 미국으로 데려와 기소하였다. 그러나 결국 그는 유죄의 증거가 없어 무죄방면되었다. 그후 그는 미국 정부가 자신을 체포하는 데 동원했던 멕시코인 Sosa와 미국 정부를 상대로 연방지방재판소에 민사배상소송을 제기하였는데, 사건은 결국 제9순회항소재판소를 거쳐 연방최고재판소에까지 오게 되었다. 우선, Alvarez Machain은 Sosa를 상대로 해서는 "외국인 불법행위 청구법"을 원용하였다. 그러나 연방최고재판소는 "the reasonable inference from history and practice is that the ATS was intended to have practical effect the moment it became law, on the understanding that the common law would provide a cause of action for *the modest number of international law violations thought to carry personal liability at the time: offenses against ambassadors, violation of safe conducts, and piracy.*"(italics added)라고 판시함으로써 "외국인 불법행위 청구법"의 적용범위를 18세기의 3개 국제법 위반행위로 좁혀버렸으며, 그 결과 그는 Sosa에 대해 "외국인 불법행위 청구법"을 원용할 수 없게 되었다. 다음으로, 그는 미국 연방정부를 상대로 해서는 "연방불법행위 청구법"(Federal Tort Claims Act)을 원용하였는데, 동 법률에 의하면 미국 내에서 발생하는 연방 공무원의 직무상 불법행위의 경우에만 직접 연방정부를 상대로 민사배상을 청구할 수 있다. 그래서 그는 자신의 체포는 멕시코에서 실행되었지만 체포계획은 미국 내에서 이루어졌으므로 이 법이 자신에게 적용된다고 주장하였으나, 재판소는 체포가 미국 밖에서 행해졌으므로 이 법이 적용되지 않는다고 판시하였다. https://en.wikipedia.org/wiki/Sosa_v._Alvarez-Machain ; Denza in Evans (ed.), *International Law*, 3rd, p. 426 ; Webb in de Wet and Vidmar (eds.), p. 132 참조.

그 후 연방최고재판소는 2013년 *Kiobel* v. *Royal Dutch Petroleum Co. et al.*, 569 U.S. 108 사건에서 미국은 "전세계의 도덕의 수호자"(custos morum of the whole world)가 아니라면서 더욱 극적인 반전을 결행하였는데, 사건 개요는 다음과 같다. 원고는 나이지리아 국적의 사람들이고, 피고는 제소 당시 각기 네덜란드와 영국에서 설립된 두 모회사(Royal Dutch Petroleum Company 및 Shell Transport and Trading Company, p.l.c.)와 나이지리아에서 설립된 공동 자회사(Shell Petroleum Development Company of Nigeria, Ltd.)이다. 원고는 3개 피고기업들이 나이지리아 정부와 협력하여 침략적인 석유개발에 대한 자신들의 평화적인 저항을 야만적으로 분쇄함으로써 국제관습법을 위반하였다고 주장하면서, 이들 회사를 상대로 "외국인 불법행위 청구법"에 기초하여 배상을 청구하였다. 원고들은 본국에서 탄압을 당한 뒤 미국으로 이주하여 정치비호(political asylum)를 부여받고, 현재는 미국에서 합법적인 거주자로 살고 있다. 이 사건에서는 "외국인 불법행위 청구법"이 -자연인이 아닌- 회사들에게도 적용되는 지가 관심의 초점이 되었다. 이를 인정하면 외국정부와 공모하여 국제법을 위반한 (외국 혹은 미국)기업들을 상대로 한 소송이 미국재판소에 쇄도할 수도 있는데, 인권보호의 관점에서 동 법률의 확대해석에 찬성하는 견해와 미국 의회가 사법부의 과도한 해석을 막기 위한 입법을 강구해야 한다는 반대견해가 맞서게 되었던 것이다. 관심있는 해외국가들의 반응도 달랐다. 2006년 9월 29일, 연방지방재판소는 재산파괴에 대한 지원과 교사(教唆), 강제추방, 재판에 의하지 아니한 살인, 그리고 생명/자유/안전/결사의 권리 침해에 대한 원고측 주장은 기각하였다. 재판소는 국제관습법은 이들 위반을 충분히 구체적으로 정의하지 못하고 있다고 보았던 것이다. 그러나 재판소는 원고측의 나머지 주장들(즉, 자의적인 체포와 구금에 대한 지원과 교사, 인도에 대한 죄, 고문 혹은 잔혹하고·비인간적이고·저급한 대우)에 대한 피고들의 기각청구는 거절하였다. 그러나 2010년 9월 17일 항소재판소(제2순회)는 "국제법은 회사의 책임을 인정하지 않는다"는 이유로 청구 전체를 배척하였다. 연방최고재판소는 -외국인 불법행위청구법 하에서의 회사의 책임(corporate liability) 문제에 대해서는 응답함이 없이- "외국인 불법행위 청구법은 미국의 재판소들이 미국 이외의 주권자의 영토 내에서 발생한 국제법 위반에 대해 소송원인(소권/訴權)을 인정하는 것을 허락하는가, 허락한다면 어떤 사정 하에서 그러한가"(Whether and under what circumstances the Alien Tort Statute, 28 U.S.C. § 1350, allows courts to recognize a cause of action for violations of the law of nations occurring within the territory of a sovereign other than the United States)의 관점에서 접근하였는데, 2013년 4월 17일의 판결 〈https://www.law.cornell.edu/supremecourt/text/10-1491〉에서 "법은 역외적용되지 않는다는 추정은 '외국인 불법행위 청구법' 하의 청구에도 적용되며, 이 법률의 그 어떤 것도 이 추정을 반박(부인)하지 못한다"(the presumption against extraterritoriality applies to claims under the ATS, and nothing in the statute rebuts that presumption)고 결론지으면서, 다만 동 법률의 역외적용 반대 추정을 반박할 수 있는 경우가 있다면 그것은 원고의 청구가 "미국 영토에 직접 관련되는, 그것도 아주 강하게 그러한 경우"("And even where the claims *touch and concern the territory of the United States*, they must do so *with sufficient force* to displace the presumption against extraterritorial application.")라고 토를 달았다. 다시 말해서,미국과의 영토적 관련성이 있더라도 아주 강하게 있어야만 '외국인 불법행위 청구법'의 역외적용 반대 추정을 무력화시킬 수 있다는 것이다. 그리고 원고들은 이 기준을 만족시키지 못했다면서 사건을 각하한 항소재판소의 결

유사해 보이지만, *forum necessitatis* 이론은 특히 분쟁(사실, 소의 원인)과 법정지국 간에 충분한

정을 지지하였다. See Orakhelashvili in Orakhelashvili (ed.), pp. 45~48 ; Keitner, p. 306 ; Ryngaert, *Jurisdiction in International Law*, pp. 135~142, & *Universal Jurisdiction and Global Values*, p. 98 ; https://www.nortonrosefulbright.com/en/knowledge/publications/c158e451/alien-tort-statute-cannot-be-used-to-sue-foreign-corporations ; https://en.wikipedia.org/wiki/Kiobel_v._Royal_Dutch_Petroleum_Co. ; EveryCRSReport.com, August 19, 2013, "Kiobel v. Royal Dutch Petroleum Co.: Extraterritorial Jurisdiction Under the Alien Tort Statute", 〈https://www.everycrsreport.com/reports/ R42925.html〉 ; https://www.globalpolicy.org/international-justice/alien-tort-claims-act-6-30.html ; https://en.wikipedia.org/wiki/Alien_Tort_Statute ; https://www.scotusblog.com/case-files/cases/kiobel-v-royal-dutch-petroleum/ ; Kali Borkoski, Kiobel v. Royal Dutch Petroleum: What's at stake, and for whom?, SCOTUSblog (Sep. 30, 2012, 9:36 PM), 〈https://www.scotusblog.com/2012/09/kiobel-v-royal-dutch-petroleum-whats-at-stake-and-for-whom/〉 ; Meir Feder, Commentary: Why the Court unanimously jettisoned thirty years of lower court precedent (and what that can tell us about how to read Kiobel), SCOTUSblog (Apr. 19, 2013, 11:30 AM), 〈https://www.scotusblog.com/2013/04/ commentary-why-the-court-unanimously-jettisoned-thirty-years-of-lower-court-precedent-and-what-that-can-tell-us-about-how-to-read-kiobel/〉 ; https://www.lawteacher.net/free-law-essays/land-law/definitions-in-land-law.php.

"외국인 불법행위 청구법"에 의거한 보편적 민사(불법행위)관할권의 행사는 그간 "재판에 의한 제국주의"(judicial imperialism)(e.g. Ruti Teitel, *The alien tort and the global rule of law*, https://www.odg.cat/documents/formacio/A_Pigrau1.pdf) 혹은 "인도적 제국주의와도 같은 것"(a sort of humanitarian imperialism)(e.g. Cassese, *International Law*, 2nd, p. 393)으로 비판받았었다. 그리고 *Arrest Warrant of 11 April 2000* (Democratic Republic of the Congo v. Belgium), ICJ Reports (2002), p. 3에서 ICJ 3인 재판관(Higgins, Kooijmans, Buergenthal)은 공동개별의견(para. 48)에서 "In civil matters we already see the beginnings of a very broad form of extraterritorial jurisdiction. Under the Alien Tort Claims Act, the United States, basing itself on a law of 1789, has asserted a jurisdiction both over human rights violations and over major violations of international law, perpetrated by non-nationals overseas. ... While *this unilateral exercise of the function of guardian of international values* has been much commented on, it has not attracted the approbation of States generally."(italics added)라고 말함으로써 표현은 온유하지만 사실상 비판적 시각을 드러낸 바도 있다. 또한, *Kiobel* 사건에서 영국과 네덜란드 정부는 자국 회사들이 방관자 국가(bystander state)인 미국에서 재판받는 상황에 대해 우려하는 견해를 연방최고재판소에 제출하기도 하였다 : Brief of the Governments of the Kingdom of the Netherlands and the United Kingdom of Great Britain and Northern Ireland as *Amici Curiae* in Support of Neither Party, *Kiobel* v. *Royal Dutch Petroleum Co. et al.*, 569 U.S. 108 (2013), (submitted June 13, 2012) ["...the Governments are concerned that, by allowing ATS claims with little nexus with the U.S., some States might be given reason to downplay or even ignore their own responsibilities for implementing their human rights law obligations. They will also come under less pressure to provide a remedy for, and indeed prevent, abuses, if plaintiffs have recourse to redress elsewhere. The Governments continue to be committed to this process of multilateral dialogue. To conclude, the Governments believe that it is entirely appropriate and desirable for a State to provide legal sanctions and remedies for human rights victims in its national courts where the wrong has taken place on its territory or was undertaken by some individual or entity properly subject to its jurisdiction under international law (e.g., under the nationality principle)."].

미국 연방최고재판소의 *Kiobel* 판결은 (i) 이러한 비판적 견해들을 의식한 결과로도 보이고(Ryngaert, *Unilateral Jurisdiction and Global Values*, pp. 93~94), (ii) 아니면, 사실은 미국의 해외기업들을 "외국인 불법행위 청구법"의 적용으로부터 보호하려는 저의에서 나온 것으로도 볼 수 있을 것이고, (iii) 아니면 그 반대로, 외국 기업에 대한 소송보다는 미국 기업에 대한 소송이 "미국 영토에 직접 관련될"(touch and concern the territory of the United States) 가능성이 훨씬 높을 것이기 때문에 "외국인 불법행위 청구법"의 적용에 이 요건을 부과함으로써 오히려 미국기업들을 부당하게 냉대하는 결과를 초래할 수도 있을 것이다(Ryngaert, *Jurisdiction in International Law*, p. 191).

Kiobel 판결 이후의 미국 판례의 전개과정을 보면, 2018년 4월 24일 연방최고재판소는 *Jesner* v. *Arab Bank, PLC*, 584 U.S. _ (2018) 사건에서 5 대 4의 다수결로 "외국 회사들은 외국인 불법행위 청구법에 의거하

관련성(sufficient connection)이 있을 것을 요구한다는 점에서 이것을 전제로 하지 않는 보편민사

여 제기된 소송에서 피고가 될 수 없다"(foreign corporations may not be defendants in suits brought under the ATS)고 판시하였다 : https://www.supremecourt.gov/opinions/17pdf/16-499_1a7d.pdf ; https://www.scotusblog.com/case-files/cases/jesner-v-arab-bank-plc/ ; https://en.wikipedia.org/wiki/Jesner_v._Arab_Bank,_PLC ; https://www.nortonrosefulbright.com/en/knowledge/publications/c158e451/alien-tort-statute-cannot-be-used-to-sue-foreign-corporations ; Erin Downey, "Modern-Day Pirates: Why Domestic Parent Corporations Should be Liable Under the Alien Tort Statute for Violations of Workers' Rights Within Global Supply Chains", (2019) 68 American University Law Review 1933.

이후, 이번에는 여섯 명의 아프리카 말리(Mali) 사람들이 -'외국' 회사가 아닌- 바로 '미국'의 두 거대 식품회사 네슬레(Nestlé)와 카길(Cargill)에게 코코아를 납품하는 서부아프리카 코트디부아르(아이보리코스트)의 농장들에게 아동노예로 팔려갔었다고 주장하며 "외국인 불법행위 청구법"에 의거하여 이들 두 회사를 상대로 제기한 소송과 관련하여, 연방최고재판소는 -"주요 운영 결정"(major operational decisions)이 미국 내에서 이루어졌으므로 소를 허락해야 한다고 판시했던- 제9연방항소재판소의 결정을 파기한 바 있다 : *Nestlé USA, Inc.* v. *Doe I*, No. 19-416 & *Cargill, Inc.* v. *Doe I*, No. 19-453, decided June 17, 2021, 593 U.S.__(2021), 〈https://www.supremecourt.gov/opinions/20pdf/19-416_i4dj.pdf〉. 이 판결에 대한 해설은 다음을 참조 : https://en.wikipedia.org/wiki/Nestlé_USA,_Inc._v._Doe ; https://www.theusconstitution.org/litigation/nestle-v-doecargill-v-doe/ ; David J. Scheffer, "The Supreme Court Denied a Child Labor Claim Against U.S. Firms: What to Know", Council on Foreign Relations, June 25, 2021, 〈https://www.cfr.org/article/supreme-court-denied-child-labor-claim-against-us-firms-what-know〉 ; Dan Mangan, "Nestle and Cargill win child slavery case at Supreme Court", CNBC, JUN 17 2021, 〈https://www.cnbc.com/2021/06/17/supreme-court-rules-in-favor-of-nestle-in-child-slavery-case.html〉.

미국법의 문제로서, 미국 의회는 물론 원한다면 "외국인 불법행위 청구법"이 명백히 역외적용성이 있는 것으로 개정할 수 있다 : Curtis A. Bradley, "Supreme Court Holds That Alien Tort Statute Does Not Apply to Conduct in Foreign Countries", ASIL Insights, Vol. 17, Issue 12, April 18, 2013, 〈https://www.asil.org/insights/volume/17/issue/12/supreme-court-holds-alien-tort-statute-does-not-apply-conduct-foreign〉.

"외국인 불법행위 청구법"의 남아있는 특징으로는 다음 몇 가지를 들 수 있다. 첫째, 민사청구의 주체는 외국인이며 미국인은 제외된다. 둘째, 민사청구의 상대는 '외국'이 아니라 '개인 행위자' (individual actor)(외국인일 수도 있고 미국인일 수도 있다)이다. *Argentine Republic* v. *Amerada Hess* (488 US 428 ; 81 ILR 658)에서 연방최고재판소는, 미국재판소에서 '외국'에 대한 관할권을 획득하기 위한 유일의 기초는 "외국주권면제법"(Foreign Sovereign Immunities Act of 1976)이라고 판시함으로써 "외국인 불법행위 청구법"에 의거하여 '외국'을 상대로 제소하는 것도 허용될 수 있을 것이라는 기대를 접게 만들었다. 셋째, 미국의 "외국인 불법행위 청구법"은 민사소송에서만 원용될 수 있으므로 국제법 혹은 (미국의) 조약을 위반한 중대한 범죄자에게 단지 배상을 지급할 것이 명령될 수 있을 따름이다. 즉, 동 법률에 의거하여 형사적 차원에서 유죄선고가 내려질 수는 없다. 넷째, 이것은 민사소송이어서 소송의 개시를 위해 피소자(가해자)가 미국에 있는 동안 그에게 소장이 전달되는 것만으로 충분하기 때문에 소송이 실제로 진행되는 동안 그는 소송에 참여하지 아니할 수도 있고 또 참여하지 아니하는 것이 보통이다. See Fox, pp. 209~212 (2nd, pp. 356~362). 이밖에도, 지금까지 "외국인 불법행위 청구법"에 근거하여 제기된 대부분의 사건은 -미국법에서 국제관습법을 지칭하는 것으로 이해되고 있는- "국제법"(law of nations) 위반을 이유로 한 것이었는데, 이는 미국의 재판소들이 "(미국의) 조약"에서 개인의 사적 권리를 찾아내기를 꺼리는 경향이 있기 때문이다. Keitner, p. 169.

한편, 미국의 "고문 피해자 보호법"(Torture Victim Protection Act of 1991)은 외국인과 미국인 모두에게 민사구제를 제공하고 있다는 점에서 외국인에게만 구제를 제공하는 "외국인 불법행위 청구법"을 능가하고 있다. 이 법률에서 고문은 국가가 관여한 경우만을 지칭하며 순전히 사적인 범죄는 정의에서 제외되기 때문에 필연적으로 피고들이 국가행위 이론(Act of State doctrine)을 원용할 가능성이 있는데, 이에 대해서는 "그 어떤 국가도 공공정책의 문제로서 고문을 자행하지는 않기 때문에" 국가행위 이론은 적용되지 아니한다고 보고 있다. 그러나 이 법률에 의해서도 여전히 '외국'을 상대로 제소할 수는 없다. 그리고 이 법률에 의거하여 소를 제기하는 청구인은 고문 발생지에서 "충분하고 이용가능한 (국내)구제수단"(adequate and available remedies)을 완료하였어야 한다 ; 그렇지 않으면 미국재판소는 소를 각하해야 한다 [Sec. 2(b)]. 제소시한(statute of limitations)은 소의 원인이 발생한 날로부터 10년이다 [Sec. 2(c)]. https://www.congress.gov/bill/102nd-congress/house-bill/2092/text ; Fox, pp. 213~214 (2nd, pp. 362~363) ; Carter/Trimble/Bradley, pp. 243~244 ; Ryngaert, *Jurisdiction in International Law*, p. 224. 연방최고재판소는 -웨스트뱅크(요르단강 서안) 방문 중 팔레스타인 당국의 정보요원들에게 체포, 투옥, 고문 그리고 살해당한 미국 귀화인의 친척들이 팔레스타인 당국(Palestine

관할권 개념과는 구분된다. 또한, *forum necessitatis*는 타국 재판소에 소송을 제기하는 것이 불가능하거나 불합리할 때 소를 수리해 주기 위해 강구된 방안으로서, 재판소가 타국이 더 적절한 법정지라는 이유로 재판을 거절할 때 원용하는 *forum non conveniens*(不便宜/불편한/부적절 법정)와도 구분된다.[135)]

Ⅲ. 국가관할권의 경합

국가주권평등의 원칙이 지배하는 –즉, 국가들에게 관할권을 배분하는 중앙 혹은 상부의 권력이 존재하지 않는– 상황에서 국가(입법)관할권의 기초가 여러 개라는 사실은 곧 하나의 범죄에 대해 여러 국가가 경합적으로, 즉 동시에(concurrently, simultaneously) 관할권을 주장할 수 있음을 의미한다. 그리고 위에서 살펴본 모든 원칙은 그 정당성 내지는 수락의 정도에 있어 차이가 있음에도 불구하고 그 행사에 있어 양립할 수 없거나 상호간에 어떤 위계(hierarchy)를 형성하고 있는 것도 아니다.[136)]

Authority)과 팔레스타인 해방기구(Palestinian Liberation Organization)를 상대로 제기한– *Mohamad* v. *Palestinian Authority*, 566 U.S. 449 (2012)에서, "고문 피해자 보호법"에서 제소의 대상으로 삼고 있는 "개인"(individual)이란 단어는 오직 자연인(natural persons)을 의미하며, 따라서 이 법률은 단체/기구들에게는 책임을 부과하고 있지 않다고 판시하였다 : https://hrp.law.harvard.edu/alien-tort-statute/u-s-supreme-court-decides-mohamad-v-palestinian-authority/ ; Crawford and Olleson in Evans (ed.), 5th, p. 419 (fn. 15).
외국의 불법행위(테러)에 대한 국가면제 자체를 제한하려는 시도는 "반테러 및 실효적 사형부과 법률"(Antiterrorism and Effective Death Penalty Act of 1996)의 제정으로 구체화되었는데, 이 법률에 의거한 구제는 미국인이 피해자인 경우에만 허용된다. 이것에 관해서는, Fox, pp. 214~215 (2nd, pp. 363~365) ; 본서, 제10장 (국가면제), "Ⅶ. UN협약의 개관 : 국가면제의 예외, 3. 사망, 신체침해 및 유체재산의 침해" 참조.

135) *forum necessitatis*와 관련해서는 다음을 참조 : Netherlands, District Court of the Hague (Arrondissementsrechtbank Den Haag), *El-Hojouj* v. *Unnamed Libyan Officials*, Case No. 400882/HAZA11-2252, Judgment of March 21, 2012, [noted by Ryngaert, *Jurisdiction in International Law*, p. 225 (fn. 169)] ; Canada, Montréal Court of Appeal, *Anvil Mining Ltd.* v. *ACCI*(Association Canadienne Contre l' Impunité) (Canadian Association Against Impunity), [2012] CA 117, Judgment of 24 January 2012, 〈https://archive.crin.org/en/library/legal-database/anvil-mining-ltd-v-acci-association-canadienne-contre-limpunite.html〉, [noted by Ryngaert, *Jurisdiction in International Law*, p. 225 (fn. 169)] ; Ryngaert, *Jurisdiction in International Law*, pp. 139~142, 224~225 ; Chilenye Nwapi, "Jurisdiction by Necessity and the Regulation of the Transnational Corporate Actor", (2014) 30 Utrecht Journal of International and European Law 24 ; Maciej Szpunar and Krzysztof Pacuła, "Forum of necessity in family law matters within the framework of EU and international law", Polski Proces Cywilny 4/2021, p. 563 at 568~573.
*forum non conveniens*와 관련한 영국 상원의 대표적 판례로는 다음을 참조 : *Spiliada Maritime Corp* v *Cansulex Ltd*, [1986] UKHL 10, [1987] A.C. 460, 〈https://www.bailii.org/uk/cases/UKHL/1986/10.html〉, 〈https://en.wikipedia.org/wiki/Spiliada_Maritime_Corp_v_Cansulex_Ltd〉 ; *Lubbe* v *Cape Industries plc*, [2000] UKHL 41, [2000] 1 WLR 1545, [2000] 4 All ER 268", 〈https://www.bailii.org/uk/cases/UKHL/2000/41.html〉, 〈https://simplestudying.com/lubbe-v-cape-industries-plc-2000-1-wlr-1545/〉, 〈https://en.wikipedia.org/wiki/Lubbe_v_Cape_plc〉. *forum non conveniens*와 관련한 캐나다의 한 유명 판례로는 Superior Court of Québec, *Bil'in* (*Village Council*) v. *Green Park International Inc.*, 2009 QCCS 4151, No: 500-17-044030-081, Judgment of September 18 2009, 〈https://www.derechos.org/intlaw/doc/canbilin.html〉, [noted by Ryngaert, *Jurisdiction in International Law*, p. 229 (fn. 193)] 참조.

136) 이를테면, PCIJ는 상기 *Lotus* 호 사건 (pp. 30~31)에서 다음과 같이 언급한 바 있다 : "Neither the exclusive jurisdiction of either State, nor the limitations of the jurisdiction of each to the occurrences which

따라서 개인은 −일종의 선착순(first come, first served) 방식에 따라− 하나의 범죄로 먼저 잡힌 국가에서 처벌받고 나중에 다시 다른 여러 국가에서 처벌을 받을 수도 있다.[137] 요컨대, 일국이 관할권

---

took place on the respective ships would appear calculated to satisfy the requirements of justice and effectively to protect the interests of the two States. It is only natural that each should be able to exercise jurisdiction and to do so in respect of the incident as a whole. It is therefore a case of concurrent jurisdiction." 이와 비슷하게, *Casablanca* case (between France and Germany)(Award of the Arbitration Tribunal, Hague, May 22, 1909)에서 중재재판소는 "the conflict of jurisdictions ...can not be decided by an absolute rule which would in a general manner accord the preference to either of the two concurrent jurisdictions"라고 언급한 바 있었다 : https://www.mtholyoke.edu/acad/intrel/boshtml/bos135.htm ; James Brown Scott (ed.), *The Hague Court Reports* (Carnegie Endowment for International Peace) (New York : Oxford University Press, American Branch, 1916), p. 114 (noted by Orakhelashvili, pp. 41, 166). See also United States Court of Appeals, District of Columbia Circuit, *Laker Airways* v. *Sabena, Belgian Wd. Airlines*, 731 F.2d 909, 952 (D.C. Cir. 1984), 〈https://casetext.com/case/laker-airways-v-sabena-belgian-wd-airlines〉 : "There is no principle of international law which abolishes concurrent jurisdiction. Since prescriptive jurisdiction is based on well recognized state contacts with controversies, the reality of our interlocked international economic network guarantees that overlapping, concurrent jurisdiction will often be present. There is, therefore, no rule of international law holding that a "more reasonable" assertion of jurisdiction mandatorily displaces a "less reasonable" assertion of jurisdiction as long as both are, in fact, consistent with the limitations on jurisdiction imposed by international law. That is the situation faced in this case: the territoriality and nationality bases of jurisdiction of the United Kingdom and the United States are both unimpeached." 이 밖에도 다음 문헌을 참조 : Wallace, pp. 101~102 ; Akehurst, *op. cit.*, (1972~1973) 46 BYIL 145 at 207~208 ; John M. Raymond, "The Exercise of Concurrent International Jurisdiction: Move with Circumspection Appropriate", (1967) 8 Boston College Law Review 673, 〈https:// lawdigitalcommons.bc.edu/bclr/vol8/iss4/1〉 ; Orakhelashvili in Orakhelashvili (ed.), p. 33 ; Ryngaert in Orakhelashvili (ed.), p. 62 ; Ryngaert, *Jurisdiction in International Law*, pp. 142~144.

137) Akehurst, p. 106 ; Orakhelashvili/Akehurst, 9th, p. 234 ; Ryngaert, *Jurisdiction in International Law*, pp. 33, 107. 이를테면 (완전히 동일 범죄에 관련한 것은 아니지만) 파나마의 독재자 Noriega에 관련된 재판들이 이런 가능성을 잘 보여 주고 있다. *The United States* v. *Noriega*, 808 F. Supp. 791, 803 (S.D.Fla. 1992)에서 William M. Hoeveler 재판관은 노리에가가 1949년의 제네바 전쟁포로협약에 따라 전쟁포로(prisoner of war)로서의 지위를 가지고 있다고 천명하였는데, 그가 미국에 끌려온 것이 미국의 파나마에 대한 침공작전의 결과이기 때문이었다. 그러나 이것이 그에 대한 유죄선고를 막아주지는 못했으며, 마약밀매와 불법자금세탁 등의 혐의로 그에게는 징역 15년이 선고되었다. 그는 상기 제네바협약 제85조("Prisoners of war prosecuted under the laws of the Detaing Power for acts committed prior to capture shall retain, even if convicted, the benefits of the present Convention.")에 의거하여 전쟁포로의 신분을 유지한 채 복역하던 중 파나마의 한 재판소에서 1983~89년 통치기간 중 저지른 횡령, 부패, 정적살해 등의 죄목으로 징역 60년을 언도받았으며, 이에 따라 파나마는 미국에 그의 인도를 요청한 바는 있으나 적극성을 보이지는 않았다. 한편, 프랑스 정부도 그가 프랑스 은행들을 통해 마약수익금을 세탁한 혐의로 1999년 유죄를 확정한 뒤 미국에 인도를 요청하였다. 그가 2007년 9월 9일 마이애미 형무소에서의 형집행 만료를 앞둔 시점에서 나온 2007년 8월 24일(금요일)의 판결, *The United States* v. *Noriega*, Case 1 : 88-cr-00079-WMH (order denying Defendant's petition for writs of habeas corpus, mandamus and prohibition) (Document 1713 Entered on FLSD Docket 08/24/2007)(available at https://www.flsd.uscourts.gov/)에서 다시 William M. Hoeveler 재판관은 노리에가가 미국에서 복역을 마친 뒤 프랑스로 인도될 수 있다고 판시하면서 다음과 같이 언급하고 있다 : "This Court never intended for the proclamation of Defendant as a POW to shield him from all future prosecutions for serious crimes he is alleged to have committed. That being said, even the most vile offender is entitled to the same protections as those owed to a law-abiding soldier once they have been declared a POW. It appears that the extradition proceedings should proceed uninterrupted." See also CBC News, "Judge approves Noriega's extradition to France", https://www.cbc.ca/world/story/2007/08/28/noriega-extradition.html. 결국 그는 2010년 4월 26일 마이애미 교도소를 나와 프랑스에 인도되었고, 프랑스 정부는 그가 미국에서 가졌던 전쟁포로의 지위를 그에게 부여하기를 거절하였다. 7월 7일 파리의 한 재

을 행사하더라도 이는 그 국가가 관할권 행사에서 선수를 친다는(preempt) 의미일 뿐, 타국의 관할권 행사를 무효로 만드는 것이 아니다.[138] 이른바 국내법상의 '이중 위험' 금지(rule against double jeopardy)[139] 내지 '일사부재리'(*ne bis in idem*)[140] 원칙이란 것도 현재로서는 동일 범죄에 대해 한 국가의 형사관할권이 두 번 발동되어서는 안됨을 의미하는데 불과하다.[141] 이것은 개인

판소(Tribunal Correctionnel de Paris)는 인도조건인 재심(retrial)에서 그에게 징역 7년을 선고하였다. 그러나 파나마 정부의 인도 요청을 받은 프랑스 재판소는 2011년 11월 23일 이 요청을 수락하는 결정을 내렸으며, 노리에가는 항소하지 않았다. 이에 따라 77세 고령의 노리에가는 12월 11일(일요일) 프랑스를 떠나 본국으로 송환되었다. Studio Legale Internationale, "Application (to President Nicholas Sarkozy) under Art: 17 of the French Constitution (on behalf of) General Manuel Antonio Noriega", dated 19th September 2009, available at https://www.studiolegaleinternazionale.com/files/pardon% 20request% 20noriega.pdf ; Jason E. Armiger, "*Noriega v. Pastrana*: The Supreme Court takes a step back from the table", Boston College International & Comparative Law Review Vol. 34: E. Supp. 2011, p. 1 at 4 ; BBC News Europe, 23 November 2011, "Manuel Noriega : French court backs his return to Panama", https://www.bbc.co.uk/news/world-europe-15853545 ; CNN, Latin America, December 9, 2011, "Panama prepares for Noriega's arrival", https://edition.cnn.com/2011/12/07/world/americas/panama-noriega-extradition /index.html?hpt=ila_c2 ; CNN, Latin America, December 11, 2011, "Report : Panama's ex-ruler Noriega headed home after 22 years", https://edition.cnn.com/2011/12/11/world/americas/panama-noriega-extradition/index.html?hpt=hp_t3 ; https://en.wikipedia.org/wiki/Manuel_Noriega.

138) Orakhelashvili in Orakhelashvili (ed.), p. 33.

139) "*autrefois acquit/autrefois convict*"(already acquitted/already convicted)라고도 한다. https://en.wikipedia.org/wiki/Double_jeopardy.

140) 영어로 직역하면 "not twice for the same"을 의미하는 라틴어 표현 : https://en.wikipedia.org/wiki/Ne_bis_in_idem.

141) 미국법상의 Double Jeopardy Clause(이중위험금지조항)는 수정헌법 제5조에서 "nor shall any person be subject for the same offense to be twice put in jeopardy of life or limb"이라고 규정한 부분을 지칭하는 것이다. 미국 연방최고재판소는 처음에는 *Palko* v. *Connecticut*, 302 US 319, 323 (1937)에서 Double Jeopardy Clause는 주에는 적용이 안된다고 판결하였으나, 나중에 *Benton* v. *Maryland*, 395 US 784, 795 (1969)에서는 태도를 바꾸어 Double Jeopardy Clause가 제공하는 보호는 수정헌법 제14조의 Due Process Clause에 의하여 주에도 구속력이 있다고 하였다. Double Jeopardy Clause는 동일 범죄에 대해 복수의 형사처벌을 금할 뿐만 아니라, 제1심 재판에서의 무죄판결이나 유죄판결 후의 계속적인 소추도 금하고 있다. 그러나 무죄석방에 대한 검사의 항소를 금지하는 것은 절대적인 것은 아니다. 즉, 검사는 '법률'의 착오(error of law)로 내려진 무죄판결(acquittal)에 대해서는 항소할 수 있다 : *United States* v. *Wilson*, 420 US 332, 345 (1975)에서 연방최고재판소는 "a defendant has no legitimate claim to benefit from an error of law when that error could be corrected without subjecting him to a second trial before a second trier of fact"라는 점을 강조한 바 있다. *Kepner* v. *United States*, 195 US 100, 133 (1904) 사건은 이중처벌 금지 원칙에 대한 대륙법과 보통법의 관념의 차이를 잘 보여주고 있다. Kepner는 필리핀에서 형사소추되었는데, 당시 필리핀은 -미국의회에 의해 Double Jeopardy Clause가 적용되게 된- 미국의 경토였었다. 피고 Kepner는 제1심재판에서 무죄로 선언되었으나 필리핀에서의 형사소송은 무죄판결에 대한 항소를 허용하고 있었으므로, 그는 항소심에서 유죄판결을 받았다. 그러나 연방최고재판소는 이를 파기하면서, 다음과 같이 언급하였다 : "the court of first instance, having jurisdiction to try the question of the guilt or innocence of the accused, found Kepner not guilty; to try him again upon the merits, even in an appellate court, is to put him a second time in jeopardy for the same offense." 대륙법체계(civil law systems)에서도 Double Jeopardy Clause와 비슷한 *ne(non) bis in idem* 원칙을 가지고 있으나, 이것은 검사가 피고의 무죄 판결에 대해 항소하는 것을 허용한다는 점에서 본질적인 차이를 보인다. See Lynne Miriam Baum, "Pursuing Justice in a Climate of Moral Outrage : An Evaluation of the Rights of the Accused in the Rome Statute of the International Criminal Court", (2001) 19 Wisconsin International Law Journal 197 at 216~220. 물론, 미국법의 Double Jeopardy Clause와 대륙법계의 *ne bis in idem* 양자 모두 형사피고인에게는 언제나 상소할 수 있는 권리를 인정한다는 점에서는 동일하다.

그리고 같은 코먼로(common law) 국가 간에도 double jeopardy 법리의 적용방식이 완전히 동일하지는 않

에게 있어서는 확실히 큰 고통이며 인권의 침해라 아니할 수 없다. 그러나 1966년의 "시민적 · 정치

다. 특히, 영국의 경우, 1996년의 법률 "Criminal Procedure and Investigations Act 1996"에 의해 double jeopardy 원칙에 대한 예외(이른바 'tainted acquittal procedure')를 도입한 바 있었는데, 이것은 무죄 석방이 배심원이나 증인에 대한 폭력 혹은 위협에 의하여 초래되었다는 것이 합리적으로 의심의 여지 없이 입증되는 경우이다. 영국은 이어서 두 번째 예외를 도입하기 위한 입법을 하였는데, 즉, "형사재판법 2003" (Criminal Justice Act 2003)(Part 10 Retrial for Serious Offences)에 의하면 일정 중범죄의 경우(예컨대, murder, manslaugter, kidnapping, rape, drug offences, arson, genocide, crimes against humanity, war crimes)에는 이미 무죄석방된 자에 대해 일정 조건 하에서(예컨대, "if there is *new and compelling* evidence against the acquitted person") 다시 소추하는 것이 가능하게 되었다. 범인이 나중에 자백을 한다든지, 새로운 과학수사기법의 발달로 후일 범죄를 입증할 수 있는 가능성이 열려 있는 점 등을 지적한 여론을 고려에 넣은 입법이다. 약 800년간 지속되어 온 영국의 double Jeopardy 법리에 근본적인 메스를 가한 동 법률은 2005년 4월 발효하였다. 다만, "형사재판법 2003년"은 잉글랜드/웨일즈(및 일정 수정된 조건 하에서 북아일랜드)에 대해서만 적용되며, 스코틀랜드에 이중위험 금지 규칙의 예외를 도입하기 위해서는 2011년에 별도로 "이중위험(스코틀랜드)법 2011"[Double Jeopardy (Scotland) Act 2011]이 제정되었다. https://www.opsi.gov.uk/ acts/acts2003/ukpga_20030044_en_1 ; Annabelle James, Nick Taylor and Clive Walker, The Reform of Double Jeopardy, [2000] 5 Web JCLI, available at https://webjcli.ncl.ac.uk/ 2000/issue5/ james5.html ; The Law Commission (Law Com No 267), "Double Jeopardy and Prosecution Appeals", Report Presented to the Parliament of the United Kingdom by the Lord High Chancellor by Command of Her Majesty, March 2001, available at https://www.lawcom.gov.uk ; https://en.wikipedia.org/wiki/Double_jeopardy ; https://www.answers.com/topic/double-jeopardy?cat= biz-fin ; https://www.answers.com/topic/criminal-justice-act-2003?cat=biz-fin ; BBC News, Sunday, 3 April 2005, "Double jeopardy law ushered out - The ban on "double jeopardy", which has existed for around 800 years, took effect from Monday." 〈https://news.bbc.co.uk/2/ hi/uk_news/4406129.stm〉 ; Matthew Taylor, "Justice at last: killer pleads guilty in Britain's first double jeopardy trial", The Guardian, Tuesday 12 September 2006, available at https://www.guardian.co.uk/uk/2006/sep/12/ukcrime.topstories3 ; Sally Broadbridge, *Double jeopardy*, Commons Library Standard Note, Published 28 January 2009, 〈https://www.parliament.uk/briefing-papers/SN01082〉 ; The Crown Prosecution Service (〉Home〉Prosecution Policy and Guidance〉Legal Guidance〉P to R〉), *Retrial of Serious Offences*, 〈https://www.cps.gov.uk/legal/ p_to_r/retrial_of_serious_offences/〉 ; https://www.legislation.gov.uk/asp/2011/16/section/2 ; https://en.wikipedia.org/wiki/Murder_of_Stephen_Lawrence ; 이제 일부 영국(잉글랜드)법계 국가들이 영국의 입법례를 도입하거나, 도입을 검토하고 있는 것을 볼 수 있다. 이를테면, 호주의 경우, 2011년 11월 21일 빅토리아주의회(Victorian Parliament)는 "Criminal Procedure Amendment (Double Jeopardy and Other Matters) Act 2011 (Vic)"을 통과시켰다 : 〈https://www.austlii.edu.au/au/legis/vic/num_act/cpajaoma201181o2011619/〉 (retrieved 17 July 2013) ; James Farrell, "Double jeopardy laws restricted", Alternative Law Journal, 〈https://www.altlj.org/news-and-views/downunderallover/duao-vol-37-1/323-double-jeopardy-laws-restricted〉 (retrieved 17 July 2013). 이보다 앞서 호주의 다른 5개 주, 즉 New South Wales, South Australia, Western Australia, Tasmania, Queensland에서도 이미 이중위험 금지 규칙의 예외가 도입되었다 : https://en.wikipedia.org/wiki/Double_jeopardy#Australia. 홍콩의 경우에는 논의가 진행 중이다: The Law Reform Commission of Hong Kong (香港法律改革委員會), Double Jeopardy Sub-Committee Consultation Paper: Double Jeopardy, March 2010, 〈https://www.gov.hk/en/residents /government/publication/consultation/docs/ 2010/DoubleJeopardy.pdf〉 (retrieved 17 July 2013); & The Law Reform Commission of Hong Kong, Report : Double Jeopardy, February 2012, 〈https://www.hkreform.gov.hk/en/docs/rdoublejeopardy_e.pdf〉 (retrieved 17 July 2013).

법계가 다른 독일의 경우, 헌법(기본법) 제103조 3항에서 이중처벌 금지를 선언하면서도, 형사소송법(Strafprozeßordnung) 제362조에서 (i) 공판과정에서 피고인을 위하여 진정한 것으로 제출되었던 문서가 가짜였거나 위조된 것인 경우, (ii) 피고인을 위하여 증언을 하거나 의견을 개진한 증인 혹은 감정인이 선서에 의해 부과된 의무를 고의 또는 과실로 위반하였거나, 고의로 거짓 진술한 경우, (iii) 판사가 당해 사건과 관련하여 형법상 자신의 직무를 위반하여 판결문 작성에 참여한 경우, 혹은 (iv) 무죄 방면된 자가 법정에서 혹은 법정 밖에서 자신이 범죄를 저질렀다고 믿을 수 있는 고백을 하는 경우 등, 네 경우에는 피고인에게 불리한 재심을 허용하고 있다 : https://legislationline.org/documents/section/criminal-codes.

한국의 경우, 헌법 제13조 1항은 "모든 국민은 ...동일한 범죄에 대하여 거듭 처벌받지 아니한다"고 규정함으로써 이중처벌금지 원칙을 선언하고 있으며, 형사소송법 제420조 및 제421조에 의하면 재심은 "유죄 확정 판

적 권리에 관한 국제규약” 제14조 7항은 여전히 “그 누구도 ‘각국의 법과 형사절차에 따라’이미 최

결에 대하여 그 선고를 받은 자의 이익를 위하여”서만 청구할 수 있다. 그 결과 현 한국 형소법의 일사부재리 원칙 하에서는 무죄판결이 확정된 자에 대한 재기소는 허용되지 않는 것으로 해석하는 데 이론(異論)이 없어 보인다. 그러나 한국도 이제는 영국법의 두 예외, 아니면 최소한 독일법의 예외를 도입할 필요가 있지 않겠는가? 형사절차의 목적은 일면 동일 범죄로 두 번 처벌되어서는 안 된다는 것이지만, 타면 죄지은 자는 반드시 벌을 받아야 한다는 형법의 기본 목표도 생각해야 하기 때문이다.

이상은 double jeopardy/*ne bis in idem* 원칙이 동일 국가 내에서의 재판에 적용되는 모습에 관해 언급한 것인데, 이를 ‘국내적’ 일사부재리 원칙(internal *ne bis in idem* principle)으로 칭하기도 한다. 문제는 국가 간에도 (혹은 국가와 국제형사재판소 간에도) 일사부재리 원칙을 적용할 것인가 하는 점이다. 이것은 이른바 ‘국제적’(혹은 ‘국경을 초월한’) 일사부재리 원칙(international/transnational *ne bis in idem* principle)의 수용 여부인데, 이 문제에 대한 국내법의 태도는 매우 대조적인 모습을 보여 주고 있다. 먼저, 외국의 형사판결에 전혀 기판력을 부여하지 않는 국가들이 있는데, 미국, 독일, 이탈리아, 한국 등이 여기에 속하며, 이는 국가주권에 충실한 입장이다. 이와는 정반대로 네덜란드는 외국에서 무죄방면되거나 형이 집행된 경우에 소추를 배제하는 형법규정(제68조 2항)을 두고 있다. 다른 국가들의 태도도 다양하다. 예컨대, 벨기에 형사소송법에서 일사부재리의 보호는 벨기에 밖에서 행해진 범죄에 대한 외국판결에 대해서만 제공되며, 벨기에 내에서 행해진 범죄에 대한 외국에서의 유죄선고나 무죄석방에 대해서는 적용되지 아니한다. 그런가 하면, 외국판결에 부여되는 일사부재리의 효과가 외국에서의 유죄선고나 무죄석방을 초래한 범죄의 ‘성격’에 따라 배제되는 경우도 있는데, 이것은 특히 뇌물죄(bribery)나 반역죄(treason)의 경우에 그러하다. 독일이나 한국처럼 동일 범죄에 대한 새로운 소추를 허용하되 이미 외국에서 부과되고 집행된 선고는 새로운 형의 선고에서 감경(혹은 면제)해 주는 국가도 있지만, 이 경우의 외국판결은 그 자체 새로운 형사절차를 배제한다는 의미에서 일사부재리의 효과를 갖는 것은 아니다. 한국법의 경우, 헌법재판소가 “외국에서 형의 집행을 받은 자에 대한 임의적 감면조항”에 관한 2015년 헌법소원 사건(2015. 5. 28. 2013헌바129)에서 “(외국에서 받은 형의 집행) 범죄에 의하여 외국에서 형의 전부 또는 일부의 집행을 받은 자에 대하여는 형을 감경 또는 면제할 수 있다.”고 규정한 당시의 형법 제7조에 대해 “헌법 제13조 제1항의 이중처벌금지원칙에 위배되는 것은 아니지만”, “과잉금지원칙에 위반되어 신체의 자유를 침해한다”는 이유로 헌법불합치 결정을 내렸다. 이에 따라 제7조는 2016년 12월 20일 “(외국에서 집행된 형의 산입) 죄를 지어 외국에서 형의 전부 또는 일부가 집행된 사람에 대해서는 그 집행된 형의 전부 또는 일부를 선고하는 형에 산입한다.”로 개정되었다.

그러자 해외에서의 미결구금 일수의 산입 여부가 문제되었다. 즉, 필리핀에서 살인을 하였으나 무죄 석방된 피고인이 한국에서 다시 기소되어 징역 10년을 선고받자 필리핀 현지에서 미결 상태로 구금된 5년여의 기간에 대하여도 형법 제7조가 적용되어야 한다고 주장한 “살인(외국에서의 미결구금에 대해 형법 제7조의 적용을 구하는 사건)”(2017. 8. 24. 2017도5977, 전원합의체)에서 대법원은 “[형법 제7조의 취지는] 형사판결은 국가주권의 일부분인 형벌권 행사에 기초한 것이어서 피고인이 외국에서 형사처벌을 과하는 확정판결을 받았더라도 그 외국 판결은 우리나라 법원을 기속할 수 없고 우리나라에서는 기판력도 없어 일사부재리의 원칙이 적용되지 않으므로(대법원 1983. 10. 25. 선고 83도2366 판결 참조), 피고인이 동일한 행위에 관하여 우리나라 형벌법규에 따라 다시 처벌받는 경우에 생길 수 있는 실질적인 불이익을 완화하려는 것이다. 그런데 여기서 ‘외국에서 형의 전부 또는 일부가 집행된 사람’이란 그 문언과 취지에 비추어 ‘외국 법원의 유죄판결에 의하여 자유형이나 벌금형 등 형의 전부 또는 일부가 실제로 집행된 사람’을 말한다고 해석하여야 한다. 따라서 형사사건으로 외국 법원에 기소되었다가 무죄판결을 받은 사람은, 설령 그가 무죄판결을 받기까지 상당 기간 미결구금되었더라도 이를 유죄판결에 의하여 형이 실제로 집행된 것으로 볼 수는 없으므로, ‘외국에서 형의 전부 또는 일부가 집행된 사람’에 해당한다고 볼 수 없고, 그 미결구금 기간은 형법 제7조에 의한 산입의 대상이 될 수 없다.”고 판시하면서, “미결구금이 자유 박탈이라는 효과 면에서 형의 집행과 일부 유사하다는 점만을 근거로, 외국에서 형이 집행된 것이 아니라 단지 미결구금되었다가 무죄판결을 받은 사람의 미결구금일수를 형법 제7조의 유추적용에 의하여 그가 국내에서 같은 행위로 인하여 선고받는 형에 산입하여야 한다는 것은 허용되기 어렵다”고 하였다. 이에 대해 5인의 대법관은 “제7조의 유추적용을 통하여 그 미결구금일수의 전부 또는 일부를 국내에서 선고하는 형에 산입하여야 한다”는 반대의견을 제시하였다. Christine Van den Wyngaert and Tom Ongena, “*Ne bis in idem* Principle, Including the Issue of Amnesty”, in Cassese/Gaeta/Jones (eds.), pp. 710~713 ; Institute of Global Law (Faculty of Laws, University College London), *German Law Translated Cases from the Bundesverfassungsgericht* (Federal Constitutional Court), Case BVerGE 75, 1 (2 BvM 2/86), “Principle of the ‘*ne bis in idem*’ under International Law”, 31 March 1987, fn. [xvii], at https://www.ucl.ac.uk/ laws/global_law/german-cases/cases_bverg.shtml?

종적으로 유죄선고를 받거나 석방된 범죄에 대해 다시 심리받거나 처벌되어서는 안된다."고 규정하고 있을 따름이다.[142] 이 점에 있어서는 지역적 차원에서 가장 진취적인 인권조약으로 생각되는 유

31mar1987 ; Yitiha Simbeye, *Immunity and International Criminal Law* (Hants, England : Ashgate, 2004), 84~88 ; Cassese, *International Criminal Law*, pp. 319~321.

조약이나 (UN헌장 제7장에 기초한) 안보리결의 등을 통해 '국제적' 일사부재리 원칙이 보장되기도 하는데, 구유고국제형사재판소규정 제10조, 르완다 국제형사재판소규정 제9조, ICC로마규정 제20조, "형사판결의 국제적 유효성에 관한 유럽협약"(European Convention on the International Validity of Criminal Judgments)(1970년 5월 28일) 제53조~제56조 (https://www.conventions.coe.int/Treaty/en/ Treaties/Html/070.htm), "형사소송 이송에 관한 유럽협약"(European Convention on the Transfer of Proceedings in Criminal Matters)(1972년 5월 15일) 제35조~제37조 (https://conventions.coe.int/ Treaty/en/Treaties/Html/073.htm), "이중위험에 관한 유럽공동체 회원국간 협약"(Convention between the Member States of the European Communities on double jeopardy)(1987년 5월 25일)(https://www.ejtn.eu/PageFiles/7682/B_3_1_Convention_1987_Ne_bis_in_idem.pdf), 솅겐이행협약(Convention from 19 June 1990 Applying the Schengen Agreement of 14 June 1985 between the Governments of the States of the Benelux Economic Union, the Federal Republic of Germany and the French Republic, on the Gradual Abolition of Checks at their Common Borders)(1990년 6월 19일) 제54조(단 제55조 예외선언 참조) (www.refugeelawreader.org/397/Schengen _Implementing_Agreement.pdf), "유럽공동체의 재정적 이익의 보호에 관한 협약"(Convention on the protection of the European Communities' financial interests) (OJ C 316, 27/11/1995, pp. 48~ 57) 제7조, "유럽체포영장과 회원국간 인도절차에 관한 2002년 6월 13일의 이사회 골격결정"(Council Framework Decision of 13 June 2002 on the European arrest warrant and the surrender procedures between Member States)(2002/584/JHA) 제3조~제4조, "EU기본권헌장" (Charter of Fundamental Rights of the European Union) 제50조, 2004년 "아랍인권헌장"(Arab Charter on Human Rights) 제16조 등이 그 좋은 예이다.

유럽재판소(EU)는 일사부재리 원칙의 적용 범위를 관대하게 해석한 바 있다. 즉, Joined Cases C-187/01 and C-385/01, *Hüseyin Gözütok and Klaus Brügge*, [2003] ECR I-1345에서 유럽재판소는 상기 솅겐이행협약 제54조에 규정된 일사부재리 원칙은 피고인과 소추당국 사이에서 사건이 해결되어 한 회원국에서 형사소송이 중단된 경우에도 적용된다고 판시하였다. Kaczorowska-Ireland, p. 363. 또한, EU경쟁법의 다층 적용과 관련하여 2021년 2월 25일 (EU)유럽재판소는 동일 기업이 반경쟁적 관행에 대해 한번은 EU회원국 경쟁당국에 의하여 처벌받고 또 한번은 EU집행위원회에 의해 처벌받는 경우, "(i) 위법한 행위가 다른 관련 시장에서 발생하거나, 혹은 (ii) 관련 EU법[즉, Council Regulation (EC) No 1/2003]에 의거하여 집행위원회가 집행 우선권을 부여받음으로 인하여 회원국당국이 관할권을 상실한다면" EU기본권헌장 제50조에 규정되어 있고 EU법의 일반원칙으로도 인정되고 있는 *ne bis in idem*에 대한 기본권은 적용되지 아니한다고 판시하였다. (i)의 경우에는 *idem*이 없고, (ii)의 경우에는 *bis*가 없기 때문이다 : Case C-857/19, *Slovak Telecom*, 25 February 2021, preliminary ruling for the Supreme Court of the Slovak Republic ; Morais Leitão, Galvão Teles, Soares da Silva & Associados, March 10, 2021, "The CJEU sets limits to the applicability of the ne BIS in idem principle in competition law judgment of the Court of Justice in case c-857/19 - slovak telekom", 〈https://www.lexology.com/〉.

주둔군지위협정(예컨대, 한미주둔군지위협정 제22조 8항)에서도 일종의 일사부재리 원칙을 규정하고 있으나, 이것은 "접수국(주둔지 국가) 영토 내에서" 서로 다른 주권자에 의한 이중처벌을 금하는 것이라는 점에서 위의 경우와는 구분되는 특별한 경우이다.

한편, Cassese, *International Criminal Law*, p. 320은 "적어도 국제범죄에 관해서는"(*at least with regard to international crimes*) 국제적 일사부재리 원칙이 '관습법규'로서 "아마 틀림없이, 서서히 발전하고(형성되고) 있다"고 주장하면서, "그같은 범죄는 모든 국가에게 영향을 미치며, 따라서 그 어떤 국가도 이를 소추하고 처벌할 수 있다"는 것을 그 이유로 제시하고 있다.

142) Marc J. Bossuyt, *Guide to the "Travaux Préparatoires" of the International Covenant on Civil and Political Rights* (Dordrecht : Martinus Nijhoff, 1987), pp. 316~318. 그러므로 "시민적 · 정치적 권리에 관한 국제규약" 인권위원회(Human Rights Committee)도 *A.P.* v. *Italy*, Communication No. 204/1986 (decision adopted Nov. 2, 1987 at 31st Session)에서, 동 규약 제14조 7항에 의거하여 이탈리아는 스위스에서 이미 유죄선고를 받았던 자의 동일 통화범죄에 대해 그를 소추할 권리가 있다고 결론지었다. Lara A. Ballard, "The Recognition and Enforcement of International Criminal Court Judgments in U.S. Courts", (1997)

럽인권협약도 예외는 아니다.143) 결국, 일사부재리가 조약에 의거하여 국제적 차원에서 실질적으로 보장되지 않는 한, 개인은 자신의 동일 범죄에 대해 둘 이상의 국가에서의 재판과 그로 인한 다중의 처벌도 각오하지 않으면 안된다. 국가주권평등의 원칙상 일국의 관할권이 타국의 관할권 행사에 종속될 수는 없기 때문이다.

Ⅳ. 집행관할권[144]

국가의 입법관할권이 합법적인 한계를 벗어났다면, 그에 기초한 국가의 집행관할권은 그것이 영토 내에서 행사되건 영토 밖에서 행사되건 위법하다는 결론에 이르게 된다. 그러나 실제로 문제가 되는 것은 국내법의 영토 밖에서의 집행, 즉 역외집행의 경우이다.[145]

---

29 Columbia Human Rights Law Review 143 at 173, fn. 94.

미국법상 Double Jeopardy Clause는 연방판례법상의 Dual Sovereignty Doctrine에 의하여 사실상 크게 제한당하고 있는데, 이 이론은 미국의 연방과 주는 별개의 주권적 실체이기 때문에 각기 상호독립하여 범죄 내지 형벌을 규정할 권한을 가진다는 것으로서, 동일 행위에 대하여 연방재판소에서 재판받은 피고를 주당국이 다시 소추하고, 주재판소에서 재판받은 피고를 연방당국이 다시 소추하고, 어떤 주의 재판소에서 재판받은 피고를 타주당국이 다시 소추하는 것을 정당화한다 : Eallard, *op. cit.*, (1997) 29 Columbia Human Rights Law Review 143 at 173~177. double jeopardy 조항은 형사피고인에게 부여되는 보호로서 이해되어야 할 뿐만 아니라 국민주권원칙(principle of popular sovereignty)을 이행한 구조적인 조항으로 이해되어야 하며, double jeopardy 조항의 이 구조적 측면을 고려하면 dual sovereignty 이론은 부분적으로 위헌으로 보아야 한다는 주장이 제기되고 있다 : See e.g. Michael A. Dawson, "Popular Sovereignty, Double Jeopardy, and the Dual Sovereignty Doctrine", (1992) 102 Yale L.J. 281~303. 참고로, 미국의 각 주에 대해 다른 모든 주의 판결에 완전한 법적 효력을 부여할 것을 요구하는 미국헌법 제4조, §1의 이른바 "Full Faith and Credit Clause"는 민사판결(civil judgments)에 대해서만 적용된다 : Ballard, *op. cit.*, (1997) 29 Columbia Human Rights Law Review 143 at 175.

143) 즉, 유럽인권협약의 경우 1950년의 원 협약문에는 일사브재리에 관한 규정이 담겨 있지 않았지만, 그 후 제7의정서(1984년) 제4조는 1항에서 "No one shall be liable to be tried or punished again in criminal proceedings under the jurisdiction of the same State for an offence for which he has already been finally acquitted or convicted in accordance with the law and penal procedure of that State."라고 규정함으로써 (국내적)일사부재리원칙을 도입하고 있다. 그러나 동 조 2항에서는 "전기 1항의 규정은 새로운 혹은 새로이 발견된 사실의 증거가 존재하는 경우, 혹은 이전 절차에서 사건의 결과에 영향을 미칠 수 있었던 근본적 결함이 있었던 경우, 관련 국가의 법과 형사절차에 따라 소송을 재개하는 것을 막지 아니한다."(The provisions of the preceding paragraph shall not prevent the reopening of the case in accordance with the law and penal procedure of the State concerned, if there is evidence of new or newly discovered facts, or if there has been a fundamental defect in the previous proceedings, which could affect the outcome of the case.)라고 규정하고 있는데, 이것은 영국법의 예외 도입이 법리상 불가한 것이 아님을 말하는 것이다. "시민적 · 정치적 권리에 관한 국제규약"(1966년)은 제14조 7항에서 "No one shall be liable to be tried or punished again for an offence for which he has already been finally convicted or acquitted in accordance with the law and penal procedure of each country."라고 규정할 뿐, 외견상 유럽인권협약 제7의정서 제4조 2항에 상응하는 규정을 별개로 두고 있지는 않다. See https://en.wikipedia.org/wiki/Double_jeopardy.

144) Whish, *op. cit.*, pp. 374~375 ; Allen, *op. cit.*, LIEI 1974/2, p. 35.

145) Barack, § 6-24 ; Ryngaert, *Universal Jurisdiction and Global Values*, p. 19.

집행관할권은 때로 국가 간에 격심한 충돌을 야기하는 경향이 있다. 타국에 있는 어떤 자의 행동과 관련하여 일국의 국내법상 입법(사물)관할권이 존재한다고 하더라도 그 타국의 허락없이 그 영토 내에서 문제의 법을 집행하려고 시도하는 것이 부당하다는 점은 일반적으로 승인되고 있다. 이 목적상 '집행'(enforcement)이라 함은 벌금고지서와 같은 최종명령서의 발부만을 의미하는 것이 아니라 소환장송달・정보제출요구・조사활동 등과 같은 모든 권력적 행위(authoritative acts)를 지칭하며,[146] 따라서 해외 증인에 대한 전화, 편지 혹은 허가받지 아니한 방문과 같이 외견상 해가 없어 보이는 행위들조차도 영토국으로서는 주권 침해로 받아들일 수 있다.[147] 특히, 경쟁법 분야에서 정보 수집은 관련당국에게 있어 특별한 문제가 될 수 있다. 기업들의 사업영역이 점차 범지구적이 됨에 따라 그에 상응해서 국내당국이 자국 영토관할권 밖에 소재하고 있는 정보를 요구할 가능성도 증가하기 때문이다.[148] 그 무엇보다도, 19세기에 발전된 관할권 규칙들은 기업들의 영업활동이나 21세기의 정보기술(information technology)에 잘 들어맞지 않게 되었다.[149]

국가들이 법의 역외집행을 위하여 상호협력하는 일은 드물지 않다. 예컨대, 1970년 3월 18일 헤이그에서 채택된 "민상사문제에 있어 해외증거 수집에 관한 협약"(Convention on the Taking of Evidence Abroad in Civil or Commercial Matters)[150]은 그 이름이 시사하는 바와 같이 해외에서의 증거수집문제를 다루고 있다. 범죄의 예방, 수사, 기소 혹은 형사재판과 관련하여서도 공조를 제공하기 위한 (양자 혹은 다자)조약이 많이 체결되고 있다.[151] 또한 일국의 판결은 그것이 형사적・

146) 스페인 민간인권단체 'Safeguard Defenders'의 2022년 12월 탐사보도에 의하면 중국의 지방공안당국들이 2016년부터 -한국과 일본을 포함하여- 전세계 53개국에서 최소 102개의 "해외 경찰 서비스센터"(Overseas Police Service Centers)"를 설치, 운영하면서 해외에 체류하거나 거주 중인 대체로 반(反)정부 성향의 자국민들을 상대로 회유, 협박 등에 의한 귀국 강요의 임무를 수행하고 있는데, 영토국가의 동의에 의하지 아니한 혹은 동의의 범위를 벗어난 이 같은 행위는 당연히 주권침해의 국제위법행위이다. 피해자들이 인권법에 의거하여 중국과 중국의 그 같은 행위에 협력한 영토국가의 책임을 묻는 것은 다른 차원의 문제이다. Safeguard Defenders, 12 Sep 2022, "230,000 Chinese "persuaded to return" from abroad, China to establish Extraterritoriality", 07 Nov 2022, "14 governments launch investigations into Chinese 110 overseas police service stations", & 05 Dec 2022, "Patrol and Persuade – A follow up on 110 Overseas investigation", 〈https://safeguarddefenders.com/〉; Nina dos Santos/CNN, December 4, 2022, "Exclusive: China operating over 100 police stations across the world with the help of some host nations, report claims", 〈https://ecition.cnn.com/〉; https://en.wikipedia.org/wiki/Chinese_police_overseas_service_stations; 김기용/동아일보, 2022-12-06, "中, 韓-日 등 53개국서… 비밀 해외경찰서 운영", 〈https://www.donga.com/〉.

147) The United States Department of Justice Archives, Criminal Resource Manual, "267. OBTAINING EVIDENCE ABROAD—GENERAL CONSIDERATIONS", 〈https://www.justice.gov/archives/jm/criminal-resource-manual-267-obtaining-evidence-abroad-general-considerations〉.

148) Ryngaert, *Jurisdiction in International Law*, pp. 49~50, 81~82, 89~94.

149) 이를테면, 일부 국가들이 사이버 범죄에 대처하기 위해 해외 웹사이트/컴퓨터/서버에 보관되어 있는 정보에 대해 사법공조에 의존함이 없이 혹은 영토국의 동의를 구하지 않고 수색영장을 발부하여 자국 영토 밖에서 원격수색(remote search)을 하고 있어 그 적법성 여부 혹은 조건이 문제되고 있다. *Ibid.*, p. 81~82.

150) 1972년 10월 7일 발효, 한국 2010년 2월 12일 발효. 역시 헤이그에서, 1965년 11월 15일 채택된 "민상사문제에 있어 소송 및 비송문서의 해외송달에 관한 협약"(Convention on the Service Abroad of Judicial and Extrajudicial Documents in Civil or Commercial Matters)(1969년 2월 10일 발효, 2000년 8월 1일 한국 발효)도 민상사 분야에서의 사법공조의 좋은 예가 아닐 수 없다. Janis, 3rd, p. 347.

151) 그러나 형사 분야에서의 국가 간 협력은 외국 형법의 국내 적용에까지는 미치지 못하고 있다. 즉, 이론상 불가능하지는 않겠지만, 어떤 국가의 재판소도 외부 혹은 외국의 형법을 적용하여 사건을 심리하지는 아니한다:

공법적인 것이 아닌 한 타국의 국내법재량에 따라 일정 조건 하에서 승인·집행이 허용되는 것이 보통이며, 오늘날에는 관련국들간에 이같은 판결의 자유이동을 보장하기 위해 조약을 체결하는 경우도 늘어나고 있다. 1968년 당시의 EEC 국가들간에 체결된 "민상사문제에 있어 재판관할권 및 판결집행에 관한 브뤼셀협약"(Convention on Jurisdiction and the Enforcement of Judgments in Civil and Commercial Matters)과 1988년 스위스의 루가노(Lugano)에서 EEC와 EFTA 국가들간에 체결된 같은 이름의 협약이 그 좋은 예이다.[152] 심지어, 근래에는 이같은 판결의 자유이동

United States Supreme Court, *The Antelope*, 23 U.S (10 Wheat.) 66, 123 (1825)("The Courts of no country execute the penal laws of another"), 〈https://caselaw.findlaw.com/us-supreme-court/23/66.html〉; Keitner, p. 296. 세법도 마찬가지로 생각되고 있다 : see United States Supreme Court, *Pasquantino* v. *United States*, 544 U.S. 349, 350 (2005)("The basis for inferring the revenue rule from the rule against foreign penal enforcement was an analogy between foreign revenue laws and penal laws."), 〈https://supreme.justia.com/cases/federal/us/544/349/#tab-opinion-1961808〉; https://en.wikipedia.org/wiki/Pasquantino_v._United_States ; Keitner, p. 296. 다만, (i) 유럽심의회(Council of Europe) 차원에서 채택된 "형사소송 이송에 관한 유럽협약"(European Convention on the Transfer of Proceedings in Criminal Matters)(1972년 5월 15일 스트라스부르그에서 채택, 1978년 3월 30일 발효)에서 보는 것처럼, 일국의 법이 적용되는 범죄와 관련하여 그 국가의 요청이 있으면 타국이 자국 형법에 의거하여 이를 소추하는 것을 허용하는 경우가 있으며 ; (ii) 아래에서 언급하는 바와 같이, 외국형사판결의 국내 집행을 약속하는 조약들도 체결되고 있다(Janis, 3rd, pp. 348~349).

UN총회는 1990년 12월 14일 '표결 없이'(즉, 컨센서스로) 채택한 결의를 통해 이 분야에서 적용될 수 있는 4개 모델조약을 채택한 바 있다 : 즉, (i) "범죄인인도에 관한 모델조약"(Model Treaty on Extradition)(총회결의 45/116)(1997년 12월 12일 총회결의 52/88을 통해 개정) ; (ii) "형사문제에 있어서의 상호원조에 관한 모델조약" (Model Treaty on Mutual Assistance in Criminal Matters)(총회결의 45/117) ; (iii) "형사문제에 있어서의 소송의 이송에 관한 모델조약"(Model Treaty on the Transfer of Proceedings in Criminal Matters)(총회결의 45/118) ; 그리고 (iv) "조건부로 형의 선고를 받거나 조건부로 석방된 범죄인의 감독의 이송에 관한 모델조약"(Model Treaty on the Transfer of Supervision of Offenders Conditionally Sentenced or Conditionally Released)(총회결의 45/119). https://www.un.org/documents/resga.htm ; https://www.imolin.org/imolin/model.html.

상기 UN의 "형사문제에 있어서의 상호원조에 관한 모델조약" 제1조 3항에 의하면 형사분야에서의 국가 간 협력은 (i) (다음 네 가지를 포함하지 않는다는 의미에서 좁은 의미의) 형사문제에 있어서의 상호원조(혹은 형사사법공조)(mutual assistance in criminal matters), (ii) [유럽체포영장(European arrest warrant)을 포함한 넓은 의미의] 범죄인인도(extradition), (iii) 외국형사판결의 집행(enforcement of foreign criminal judgments), (iv) 수형자이송(transfer of sentenced persons), 및 (v) 형사소송의 이송(transfer of criminal proceedings) 등, 모두 5가지 유형으로 구분해 볼 수 있다.

152) 이 두 협약에 관해서는 拙稿, "유럽공동체 내에서의 판결의 자유이동에 관한 연구 : 브뤼셀 재판협약의 개관", 《변화하는 세계와 국제법》(서울 : 박영사, 1993), pp. 375 ~397 참조. 이 두 협약중에서 브뤼셀협약은 그간 신회원국들의 EU 가입과 함께 조금씩 개정되어 오다가 "민상사문제에 있어 재판관할권 및 판결의 승인과 집행에 관한 2000년 12월 22일의 EC 이사회명령 44/2001"[Council Regulation (EC) No 44/2001 of 22 December 2000 on jurisdiction and the recognition and enforcement of judgments in civil and commercial matters]에 옮겨 부어졌었다 : [2001] Official Journal of the European Communities L 12/1 ; https://eur-lex.europa.eu/LexUriServ/site/en/oj/2001/l_012/l_01220010116en0001003.pdf. 이것은 이 문제가 이제는 회원국간의 조약에 의해서가 아니라 EC의 입법을 통해 규율됨을 의미하는 것이었다. 이것은 물론 EU회원국들이 1997년의 암스테르담조약을 통해 이 분야의 관할권을 (EU의 제1기둥 내의) EC에 부여하기로 결정한 데 따른 변화이다 : EC 제65조. 동 EC 이사회명령은 2002년 3월 1일 발효하였다. 다만, 덴마크는 이 조치에 참여하지 않기로 결정하였었다 : EC 이사회명령 44/2001 제1조 3항. 따라서 덴마크와 동 이사회명령의 구속을 받는 타 EC회원국들 사이에는 기존의 브뤼셀협약이 계속 효력을 유지하였었다 : EC 이사회명령 44/2001, 전문 (22). 그러다가 상기 EC Council Regulation 44/2001을 덴마크에도 적용하기 위한 협정이 덴마크와 EC간에 체결되었는데, 동 협정은 EC 이사회가 유럽의회의 동의를 얻어 2006년 4월 27일 체결을 승인하고 덴마크가 2007년 1월 18일 비준함으로써 2007년 7월 1일 발효하였다 : https://en.wikipedia.

발상이 형사법 분야로 확대 적용되고 있는 것도 주목을 요한다.[153)]

그러나 일국이 일방적으로 자국법의 역외집행을 시도하는 경우 그 대상국가는 이의를 제기할 수 있으며, 이런 경우 증거수집에 관한 협력이나 판결의 승인·집행을 기대하기 어려울 것이다. 그러므로 입법관할권과 집행관할권의 쟁점들은 서로 꼬이게 마련이다. 미국의 당국자들은 해외기업들에 대해 자국의 독점금지법을 집행함에 있어 별 거리낌을 느끼지 않으며, 해외에 있는 기업자료를 인도할 것을 명령하는 경우도 흔하다. 심지어 미국의 재판소들은 외국 회사들에게 상관행을 변경하거나, 일정기간 문제된 제품의 생산을 금지하거나, 산업구조를 개편할 것을 요구하는 최종판결을 내리기도 한다. 예컨대, 1994년 1월 4일 미국 보스턴 연방지방재판소는 공업용 다이아몬드를 생산하는 미국의 제너럴일렉트릭(GE)과 한국의 일진다이아몬드 간의 (영업비밀 침해 관련)소송에서 피고 한국기업에 대해 "7년간 공업용 다이아몬드의 상업적 생산을 중단하고 제조설비도 30일 이내에 폐기처분할" 것을 명하였다.[154)] 집행관할권의 행사에 관련한 분쟁은 그 전제인 입법(사물)관할권 자체에 문제가 있는 경우 더욱 격화되는 경향이 있다. 예컨대, 외국기업들이 자국 영토 내에서 자국 국내법상 완전히 합법적인 행위를 하였는데도 미국정부나 미국회사들이 '효과이론'(effects doctrine)에 기초하여 독점금지소송(antitrust action)을 제기하는 경우, 미국영토 밖에서의 증거조사 요구는 격심한 저항에 처하곤 하였다.[155)] 다른 국가들은 미국의 이같은 집행관할권 주장에 반대하였으며, 이에 대해 외교적으로 항의를 제기함은 물론이고 흔히 봉쇄법률(blocking statutes)로 불리우는 대항입법(counter-legislation)을 채택함으로써 맞서곤 하였다.[156)] 1996년 미국의회가 Helms-Burton Act를 제정하였을 때에도 일부 국가들은 그같은 유형의 봉쇄입법을 채택하는 것으로 대항하였다.[157)]

---

org/wiki/Brussels_Regime. 브뤼셀협약의 이같은 체제변화에 대한 개괄적 설명은 다음의 문헌을 참조: Hartley, 5th, p. 99, fn. 33 ; Neil Andrews, *Judicial Co-operation : Recent Progress* (Baden-Baden : Nomos Verlagsgesellschaft, 2001) ; http://en.wikipedia.org/wiki/Brussels_Regime.

한편, 2009년 12월 1일 발효한 리스본조약은 EU의 삼주체제를 허물고 EC를 EU에 흡수함으로써 이제 상기 EC 입법은 EU의 입법이 되었다. 그 후 EC 이사회명령 44/2001은 -2012년 12월 12일 채택된- EU 유럽의회/이사회명령 1215/2012["Regulation (EU) No 1215/2012 of the European Parliament and of the Council of 12 December 2012 on jurisdiction and the recognition and enforcement of judgments in civil and commercial matters (recast)"]로 대체되었는데, Regulation 1215/2012는 -2014년 1월 10일부터 적용되는 제75조와 제76조를 제외하고는- 2015년 1월 10일부터 적용된다(제81조) : OJ 2012 L 351/1 ; Hartley, 8th, p. 444.

153) 수형자이송(transfer of sentenced persons)을 위한 조약들, EU의 '유럽체포영장' (European arrest warrant), 유럽심의회(Council of Europe)에서 채택된 "형사판결의 국제적 유효성에 관한 유럽협약"(European Convention on the International Validity of Criminal Judgments)(1970년 5월 28일 헤이그에서 서명을 위해 개방, 1974년 7월 26일 발효) ; 그리고 2007년 리스본조약에 의하여 개정된 EC설립조약, 즉 'EU기능조약'(Treaty on the Functioning of the European Union), Part Three, Title V, Chapter 4 (Judicial Cooperation in Criminal Matters) 제82조(구 EU조약 제31조)~제86조 등이 그 좋은 예이다.

154) *General Electric Company and Norton Company* v. *Chien-Min Sung et al.*, 843 F. Supp. 776 ; 金大淳/金民瑞/朴芝炫, pp. 167~168. 이 사건에 대한 판례평석은 최승환, "일진다이아몬드사건", 《國際判例硏究》(서울국제법연구원), 제1집(1999), p. 146 이하 참조.

155) A.D. Neale and M.L. Stephens, *International Business and National Jurisdiction* (Oxford : Clarendon Press, 1988), p. 134.

156) Allen, *op. cit.*, LIEI 1974/2, p. 35 at 55 ; Janis, 3rd, p. 334 ; Ryngaert, *Jurisdiction in International Law*, p. 90.

대항입법의 유형은 크게 세 가지로 구분된다. 첫 번째 유형으로 가장 흔하게 눈에 띄는 봉쇄법률은 외국재판소에 증거를 제출하는 행위를 금지하거나, 아니면 그같은 행위를 금지시킬 수 있는 권한을 관련 부처장관에게 부여하는 것이다.[158] 두 번째 유형의 봉쇄법률은 외국정부가 명령하는 실제적인 지시사항(즉, 조치 또는 결정)에 따르는 것을 금지하는 것이다.[159] 세 번째 유형의 봉쇄법률은 국제법 또는 국제예양을 위반하여 내려진 것으로 생각되는 외국의 판결에 대해서는 자국 내에서의 승인(recognition)과 집행(enforcement)을 거부하는 것이다.[160]

(입법 및 집행)관할권의 과도한 행사로 인해 –특히 경쟁법 분야에서– 관련 국가들과 그리고 상호간에도 충돌을 경험한 미국과 EU의 사법부는 사법예양(judicial comity), –"관할권에 관한 합리성의 원칙"(jurisdictional rule of reason)으로도 불리는– 이익형량이론(balancing test), 외국주권강제 이론(doctrine of foreign sovereign compulsion) 등 충돌을 완화하기 위한 여러 방법을 생각해 내고 있다.[161] 또한 1990년대 들어와 미국과 EU 간에 체결된 것을 필두로, 일부 주요 국가 간에 양자간 차원에서 이른바 반독점 '적극적 예양' 협정(antitrust Positive Comity Agreements)을 체결하여 경쟁법(독점금지법) 분야에서의 집행관할권 행사와 관련하여 체약국 경쟁당국(competition/antitrust authority) 간 협력을 도모하고 있기도 한데, 이 '적극적 예양' 방식에 의하면 일방 체약국 경쟁당국은 자국의 중요이익을 해치는 타방 체약국 내 기업의 반경쟁적 행위에 대해 그 타방 체약국에게 그 국가의 경쟁법에 따른 조치를 개시 혹은 확대할 것을 요청할 수 있다.[162] 이렇게 함으

---

157) See Shamberger, *op. cit.*, (1998) 21 Boston College International and Comparative Law Review 497 at 506 ; van den Berg, *op. cit.*, (1997) 21 Maryland Journal of International Law and Trade 279 ; Adams, *op. cit.*, (1997) 21 Hamline Law Review 147 at 159 ; Arendt, *op. cit.*, (1998) 30 Case Western Reserve Journal of International Law 251.

158) See, e.g., Australia Foreign Proceedings (Prohibition of Certain Evidence) Act 1976 ; A.V. Lowe, *Extraterritorial Jurisdiction* (Cambridge : Grotius Publications Limited, 1983), p. 79.

159) See, e.g., The Netherlands Economic Competition Act, 28 June 1956, Art. 39, as amended by Act of 16 July 1958 ; Lowe, *op. cit.*, p. 123.

160) See, e.g., U.K. Protection of Trading Interests Act 1980, and the Protection of Trading Interests (US Reexport Control) Order, 1982 ; Lowe, *op. cit.*, p. 186.

161) 이들에 대해서는, 拙著, 《國際經濟法論》, pp. 319~320, 327~328 ; Ryngaert, *Jurisdiction in International Law*, Chapter 5 (A Reasonable Exercise of Jurisdiction) 참조. 법정에서 타국 경쟁법(독점금지법)을 준거법으로 적용할 것을 규정한 국제사법들도 성겨나고 있는데, 스위스 국제사법 제137조와 벨기에 국제사법 제99조(§2, 2°)가 그러한 경우이다 : https://www.umbricht.ch/fileadmin/downloads/Swiss_Federal_Code_on_Private_International_Law_CPIL_2017.pdf ; https://sociedip.files.wordpress.com/2013/12/belgica-the-code-of-private-international-law-2004.pdf ; Ryngaert, *Jurisdiction in International Law*, p. 200 (fn. 38).

162) "Agreement Between The Government of the United States of America and the European Communities on the Application of Positive Comity Principles in the Enforcement of their Competition Laws" (1998), 〈https://www.justice.gov/atr/agreement-between-united-states-and-european-communities-application-positive-comity-principles〉 ; US Federal Trade Commission, June 4, 1998, "United States and European Communities Sign Agreement on "Positive Comity" in Antitrust Enforcement", 〈https://www.ftc.gov/news-events/news/press-releases/1998/06/united-states-european-communities-sign-agreement-positive-comity-antitrust-enforcement〉 ; European Commission, Press Release, 4 June 1998, "European Commission and US Government boost transatlantic anti-trust cooperation", 〈https://ec.europa.eu/commission/presscorner/detail/en/IP_98_507〉 ; OECD Reports (1999), "Positive Comity", 〈https://www.oecd.org/daf/competition/prosecutionandlawenforcement/2752161.pdf〉 ; OECD (2021), Competition

로써 요청국이 자국 경쟁법의 역외적용을 시도함에 따른 피요청국과의 관할권 충돌을 피하는 효과를 가져올 수 있는 것이다. 그러나 피요청국 경쟁당국은 요청국 경쟁당국의 요청에 따를 의무를 지지는 아니한다.[163]

V. 집행관할권의 영토내적 제한 : 면제(immunities)

국가가 자국 영토 내에서 일반국제법 또는 조약에 의하여 집행관할권, 특히 재판관할권의 행사를 제약받는 경우가 있다.[164] 외국 · 외교관 · 외국군대 · 영사 등등의 면제 및 불가침성이 그 좋은 예이다. 특히, 외국군대지위협정과 이제는 과거 역사 속의 유물이 된 영사재판의 경우는 일국 영토 안에서 외국정부가 재판관할권을 행사하는 것을 허용한다는 점에서 영토주권이 더욱 훼손되는 경우이다. 다만, 여기서 분명히 해두고자 하는 것은 이들이 영토국의 입법관할권 그 자체로부터 면제되는 것은 아니라는 점이다. 영토국의 법령은 그들에게도 당연히 구속력이 있으며, 요컨대 그들은 보통의 외국인들과 마찬가지로 영토국의 국내법을 준수할 국제법 · 국내법상의 의무를 부담하고 있다.[165] 그들에 대해서는 단지 '집행관할권(특히, 재판관할권)의 측면에 있어서' 속지주의가 배제될 따름이다. 요컨대, 그들은 영토국의 민법 · 형법으로부터 면제되는 것이 아니라 민사소송법 · 형사소송법의 발동 내지 재판권의 행사로부터 면제되는데 불과하다.[166]

---

co-operation and enforcement, Inventory of Co-operation Agreements, "Prcvisions on Positive Comity", 〈https://www.oecd.org/daf/competition/competition-inventory-provisions-positive-comity.pdf〉.

163) Matthew Cooper, "The Role of Positive Comity in U.S. Antitrust Enforcement Against Japanese Firms: A Mixed Review", (2001) 10 Pacific Rim Law & Policy Journal 383, available at: https://digitalcommons.law.uw.edu/wilj/vol10/iss2/6 ; https://www.concurrences.com/en/dictionary/Comity ; Ryngaert, *Jurisdiction in International Law*, pp. 210, 212 ; 윤미경 · 김종근 · 나영숙, "무역과 경쟁정책에 관한 OECD 논의와 한국경제에 대한 시사점", 대외경제정책연구원(KIEP), 자료논문 99-24, OECD 연구시리즈 5 (1999년 12월) ; 외교통상부 보도자료 (북미유럽연합통상과, 2009.5.22.), "한-EU경쟁협력협정 서명" ; 한국공정거래조정원, 2017년 법 · 경제분석그룹(LEG) 연구보고서(2017. 12), 주제 2: 김지홍·이병주, "경쟁법의 세계화, 그 문제점 및 해결방안", pp. 82~84.

164) See "ILC Draft Declaration on Rights and Duties of States (1949)", Article 2 ("Every State has the right to exercise jurisdiction over its territory and over all persons and things therein, subject to the immunities recognized by international law.").

165) 1961년 비엔나 외교관계협약 제41조 1항 참조.

166) '치외법권'의 개념을 삭제한 한국 민사소송법의 2002년 개정에 관해서는 본서, 제12장 (외교면제) 참조.

Ⅵ. 범죄인인도 : 형사집행관할권의 영토적 한계를 메우기 위한 제도[167)]

1. 범죄인인도 제도의 의의

범죄인인도(extradition)란 외국에서 수사 또는 재판을 받고 있거나 유죄판결을 받은 자를 청구에 기초하여 그 국가로 넘겨주는 것을 지칭하는 전문용어이다. 집행관할권(enforcement jurisdiction)은 앞에서 언급한 바와 같이 그 속성상 입법관할권(prescriptive jurisdiction)과는 달리 영토적 한계를 갖는다. 설사 범죄인이 자국민이라 하더라도 외국정부의 동의가 없는 한 당해 국가의 영토에 들어가 범인을 체포하거나 그 곳에서 재판을 할 수는 없는 것이다. 국가 간 사법공조로는 최고의 형태인 범죄인인도[168)]는 집행관할권의 이같은 영토적 제약성으로 인하여 고안된 제도이다.

그러나 범죄인의 인도를 의무적인 것으로 규정하는 관습법규는 존재하지 않기 때문에,[169)] 국가들은 불가피하게 조약 체결을 통하여 상호간에 인도 의무를 창설하는 방식에 의존하고 있다. 범죄인인도조약은 대체로 양자조약의 형태로 체결되고 있지만 이제는 이 분야의 지역적 차원의 다자조약도 눈에 띈다.[170)] 그리고 범죄인인도조약은 별개로 체결하는 것이 보통이지만, 특정 범죄의 진압을 다루는 다자조약에 "본 협약의 적용대상이 되는 범죄는 당사국 간에 체결된 범죄인인도조약상의 인도범죄에 포함되는 것으로 보아야 한다"든지, "조약의 존재를 범죄인인도의 조건으로 하는 당사국은, 자국과 범죄인인도조약을 체결하지 아니한 다른 당사국으로부터 범죄인인도 청구를 받은 경우, 이 협약을 협약의 적용대상 범죄에 관한 범죄인 인도의 법적 근거로 볼 수 있다"는 조항을 삽입하기

167) 민사집행관할권의 영토적 한계를 보충하기 위해 고안된 제도인 외국중재판정 또는 외국판결의 승인 및 집행에 관한 설명은 생략한다. 이 주제는 국가에 따라 국제사법에서 다루거나 민사소송법에서 다루고 있다. Janis, p. 259 ; 본서, 제1장 (국제공동체의 역사적 전개과정) 참조.

168) 국제형사재판소 로마규정(Rome Statute of the ICC)은 '동 규정의 목적상' 국가가 이 규정에 의거하여 ICC에 사람을 넘겨주는 것은 surrender로, 그리고 국가가 조약, 협약 혹은 국내입법에 규정된 바에 따라 타 국가에 사람을 넘겨주는 것은 extradition으로 표현하고 있다 : ICC규정 제102조. 미국법에서는 주와 주 사이의 범죄인인도를 interstate extradition, interstate rendition, 혹은 그냥 rendition으로 표현하기도 하는데, 연방헌법의 근거조항은 Art. Ⅳ, §2, cl.2이다. *Black's Law Dictionary*, 7th ed. (1999), pp. 605, 1298~1299.

169) 1982년 9월 스위스 베른 주재 폴란드대사관에서 일단의 폴란드인들이 인질극을 벌이다 모두 체포되었다. 폴란드 정부는 국제법상 이 사건은 폴란드에서 일어난 범죄로 간주되므로 범인들을 폴란드로 인도해 주어야 한다고 주장하였다. 폴란드 정부의 주장은 그로티우스의 치외법권설을 연상케하는 것이었다. 이에 대해 스위스는 이 사건은 국제법상으로도 스위스영토에서 일어난 것이며(즉, 폴란드대사관도 스위스영토의 일부에 불과하며) 양국간에 인도의무를 창설한 범죄인인도조약도 없으므로 인도를 거절한다고 반박하였다 : 본서, 제12장 (외교면제). 그리고 1984년 7월 16일 서울 회현동에서 중국인 두 명이 한국인 암달러상을 살해하고 그 중 한 명은 홍콩으로 도주하였는데, 홍콩당국은 한국과의 범죄인인도조약 부재를 이유로 인도를 거절하였다.

170) "범죄인인도에 관한 유럽협약"(European Convention on Extradition)이 그 좋은 예이다. 이 조약은 1957년 12월 13일 파리에서 체결되어 1960년 4월 18일 발효하였는데, 그 후 1975년 10월 15일 부속의정서가 채택되어 보충되었고 다시 1978년 3월 17일 두 번째 부속의정서가 채택 · 보충되었다. 한국은 2011년 12월 29일 동 유럽협약의 역외당사국이 되었다 : 외교부 다자조약정보, 〈https://www.mofa.go.kr/www/wpge/m_3835/contents.do〉.

도 한다.[171)]

물론, 인도조약이 체결되어 있지 않더라도, 국제예양에 의거하여 또는 국내입법[172)]을 통하여 범인을 인도해 줄 '수'는 있다. 1933년의 *Samuel Insull* 사건이 이 점을 잘 보여주고 있다. Insull은 미국 시카고은행 직원으로서 은행돈을 횡령하고 그리스로 도주하였다. 미국은 그리스와의 인도조약에 의거하여 그의 인도를 요청하였으나, 그리스 재판소가 증거 불충분을 이유로 그를 석방하자 미국은 그리스와의 인도조약을 파기하여 버렸다. Insull이 그 뒤 터키로 가자 미국은 터키에게 인도를 요청하였는데, 당시 미국과 터키간에는 인도조약이 없었지만 터키는 즉시 이에 응하였던 것이다.[173)]

인도조약은 국가 간 차원에서 체결되고, 인도 청구도 정부 간 차원에서(즉, 외교경로를 통해) 이루어지지만, 인도 청구를 받은 후 그 요건 충족 여부에 대한 판단은 피청구국의 특정 재판부가 담당하는 것이 보통이다.[174)] 다만, 국가들은 이 경우에도 행정부가 인도를 거절할 수 있는 최종 권한을 유보하고 있다.[175)]

2. 범죄인 인도조약에서 일반적으로 발견되는 원칙들

대부분의 인도조약에서는 대체로 아래의 몇 가지 공통되는 조항이 발견된다.[176)]

(1) 쌍방가벌성(double criminality)의 원칙

인도의 대상이 되는 범죄는 대체로 '인도청구시'(at the time of request) '청구국과 피청구국 쌍방에서 범죄를 구성할 것'을 전제로 하여, 일정 기준 이상의 중대한 범죄에 국한되고 있다.[177)] 범죄

171) 이를테면, "마약 및 향정신성 물질의 불법거래 방지에 관한 UN협약"(United Nations Convention Against Illicit Traffic In Narcotic Drugs And Psychotropic Substances)(1988년 12월 19일 채택, 1990년 11월 11일 발효, 한국 1999년 3월 28일 발효) 제6조 2항, 3항. https://www.refworld.org/docid/49997af90.html.

172) 예컨대, 한국 범죄인 인도법(1988년 8월 5일 제정, 법률 제4015호) 제4조(2005년 12월 14일 개정)는 "인도조약이 체결되어 있지 아니한 경우에도 범죄인의 인도를 청구하는 국가가 동종의 또는 유사한 인도범죄에 대한 대한민국의 범죄인 인도 청구에 응한다는 보증이 있는 경우에는 이 법을 적용한다."고 규정하고 있다.

173) von Glahn, p. 288. 한국 정부의 미국 의회 의원들에 대한 광범위한 불법로비 의혹과 관련하여 1978년 2월 26일 한국과 미국 간에 벌어진 박동선 씨 인도 사례는 기술적으로는 인도가 아니라 자발적인 출국이었다 : https://en.wikipedia.org/wiki/Tongsun_Park ; https://en.wikipedia.org/wiki/Koreagate. 한국 관련 상황은 성도현/연합뉴스, 2020.04.26., "범죄인 외국 송환, 최근 10년간 대부분 허가…정치범만 불허" 참조.

174) Keitner, pp. 307~308 ; 한국 "범죄인 인도법" 제11조~제18조 참조.

175) 이를테면, 한국 "범죄인 인도법" 제34조(인도에 관한 법무부장관의 명령 등) 1항은 "법무부장관은 [법원의] 인도허가 결정이 있는 경우에는 서울고등검찰청 검사장에게 그 소속 검사로 하여금 범죄인을 인도하도록 명하여야 한다. 다만, ... 대한민국의 이익 보호를 위하여 범죄인의 인도가 특히 부적당하다고 인정되는 경우에는 그러하지 아니하다."라고 규정하고 있다.

176) Akehurst, p. 107. 참고로, UN총회는 1990년 12월 14일 결의 45/116을 통해 "범죄인인도 모델조약"(Model Treaty on Extradition)을 채택한 뒤, 1997년 12월 12일 결의 52/88을 통해 이를 개정한 바 있다. https://www.un.org/documents/resga.htm ; https://www.imolin.org/imolin/model.html.

177) 그러므로 미국 연방최고재판소는 *Wright* v. *Henkel*, (1903) 190 U.S. 40 at 58에서 "the general principle of international law is that in all cases of extradition the act done on account of which extradition is demanded must be considered a crime by both states."라고 언급한 바 있다. Konstantinos D. Magliveras, "The European Community's Combat against Money Laundering : Anlaysis and Evaluation", (1988) 5 ILSA

가 양 국가에서 동일 범죄유형으로 분류되거나 동일 이름으로 불릴 필요는 없다.[178] 최근에는 중요 범죄의 인도가 좀 더 실효적으로 이루어질 수 있도록 하기 위하여 쌍방가벌성의 원칙을 포기하는 경우가 생기고 있다.[179]

(2) 충분한 증거(sufficient evidence)

인도청구과정에서 가장 중요한 요건은 인도청구의 대상이 된 도망자가 죄가 있음을 보여주는 일단의 증거(*prima facie* evidence of guilt) 내지는 충분한 증거를 제시하는 일인데, 이 요건은 특히 보통법국가들 간의 인도조약에서 강조되고 있다.[180] 피청구국은 송부받은 증거가 불충분하다고 생각되는 경우 청구국에 추가 정보의 제출을 요구할 수 있다.[181] 증거가 충분히 제출되었는지에 대한 판단과 관련하여 분쟁이 야기되기도 하는데, 상기 *Samuel Insull* 사건이 그 좋은 예이다.

최근에는 보통법국가 간에도 이 요건이 약화되는 경향이 나타나고 있다. 2003년 3월 31일 서명된 미국-영국간 범죄인인도조약[182]에서는 미국이 영국측에 인도요청을 할 때에는 종래 1972년의 양국간 인도조약[183]에 의해 요구되던 일단의 증거(*prima facie* evidence)를 제공할 의무를 삭제하는 대신에, 영국이 미국에 인도를 요청할 때에는 계속해서 이를 제시해야 하는 것으로 된 것이다. 즉, 동 조약 제8조 3항 (c)에 의하면 영국의 미국에 대한 인도요청에는 “인도청구의 대상이 된 자가 인도청구 범죄를 저질렀다고 믿을만한 합리적 기초를 제공할 정보”(such information as would provide a reasonable basis to believe that the person sought committed the offense for

---

Journal of International & Comparative Law 93 at 99.

178) 한국-미국 범죄인인도조약 제2조 3항 ; Aust, *Handbook of IL*, 2nd, p. 249.

179) 즉, 1996년 9월 27일에 채택된 “범죄인인도에 관한 EU협약”(EU Convention on Extradition) 제3조 1항에 의하면, 청구국에서 12개월 이상의 자유형에 해당하는 마약거래와 기타 조직범죄 분야에서의 일체의 범죄에 대해 피청구국은 그 국가의 국내법에서 인도를 요청받은 범죄를 범죄로 규정하고 있지 않더라도 인도를 해 주어야 한다. 다만, 이 협약 제3조 3항은 체약국들이 제3조 1항을 적용하지 않거나 일정 조건 하에서 적용할 권리를 유보한다고 선언하는 것을 허용하고 있다. OJ 1986 C 313/12 ; Bulletin of the European Communities 9-1996, point 1.5.3 ; Magliveras, *op. cit.*, p. 120.

180) 반대로, 대륙법계 국가들은 충분한 증거를 제시해야 하는 것을 자신의 국내관할권이 침탈당하는 것으로 여기는 경향이 있다. Akehurst, pp. 108~109 ; von Glahn, p. 287.

181) 2017년 한국이 덴마크로부터 한 여성(‘정유라’)을 인도받는 과정에서 이런 일이 있었다 : Associated Press (AP), 27 January 2017, “Danes want more information before deciding on extradition” 〈https://www.dailymail.co.uk/wires/ap/article-4164456/Danes-want-information-deciding-extradition.html〉 ; AP, February 23, 2017, “Danes to decide on SKorea extradition within a month”, 〈https://apnews.com/〉 ; Jan M. Olsen, “Danes ok to extradite woman in S Korea investigation”, AP, March 17, 2017, 〈https://apnews.com/〉. 국내 또 다른 사건에서도 비슷한 일이 있는 것으로 보도되었다 : 표태준/조선일보, 2021.04.06., “캐나다 ‘윤지오 범죄 자료’ 요청에… 우리정부 반년째 뭉개”.

182) 미국 상원이 2006년 9월 29일 비준 동의함에 따라 2007년 4월 26일 발효함 : Embassy of the United States London · UK, “Fact Sheet on the U.S.-UK Extradition Treaty”, 26 January 2011, https:// london.usembassy.gov/gb140.html ; https://en.wikipedia.org/wiki/Extradition_Act_2003 ; https://www.statewatch.org/news/2003/jul/UK_USA_extradition.pdf ; https://www.statewatch.org/news/ 2003/jul/25ukus.htm ; UK-US Extradition Treaty, House of Commons Hansard column 1437, 12 July 2006, at https://en.wikipedia.org/wiki/Unequal_treaties.

183) 즉, (1985년 6월 25일의 보충조약에 의해 일부 개정된 바 있는) 1972년 6월 8일의 미국-영국 범죄인인도조약. 2003년의 조약은 이것을 완전히 대체하기 위한 새로운 조약으로 의도되어 있다.

which extradition is requested)를 첨부해야 하는데 반해, 미국의 영국에 대한 인도요청 시에는 이 요건이 부가되어 있지 않다.[184)]

(3) 범죄 특정의 원칙(principle of specialty/speciality)

이는 범죄인을 인도받아 그의 인도 이전의 범죄에 대해 재판을 할 때, 인도청구서에 기재되어 있는 당해 죄명으로만 처벌할 수 있다는 원칙을 말한다. 인도청구서에서 밝힌 죄명보다 중한 죄로 처벌하지 못하는 것은 물론이고 그보다 경한 죄로도 처벌하지 못한다. 범죄인의 인권을 보호하기 위해서이다. 다만, 범죄인을 인도해 준 국가에게 새로 추가된 범죄에 관하여 충분한 증거를 보내고, 인도국이 그 두 번째 범죄에 대한 재판에 동의하는 경우에는 인도받은 범죄인의 그 두 번째 범죄에 관해서도 재판·처벌할 수 있다.[185)] 그러나 아래에서 보는 바와 같이 EU의 유럽체포영장제도 하에서는 범죄특정의 원칙도 대체로 포기되고 있다.

(4) 인권(특히, 사형과 고문 금지) 고려의 원칙(principle of human rights consideration)[186)]

인도 혹은 송환되어 사형·고문 또는 기타 비인권적 대우를 받을 것이 예견되는 경우에 인도를 거절할 수 있음을 명시하는 범죄인인도조약이나 인권 관련 조약이 늘고 있다. 예컨대, 1984년의 고문반대협약(Convention against Torture and Other Cruel, Inhuman cr Degrading Treatment or Punishment) 제3조 1항은 고문당할 염려가 있는 국가로의 '추방, 송환 또는 인도'[expel, return ('*refouler*') or extradite]를 금지하고 있다. 비슷하게, -후술하는 바의- 유럽체포영장에 관한 EU이사회 골격결정[187)]도 전문 리사이틀 제13단락에서 "그 누구도 사형, 고문, 기타 잔혹하거나 모욕적인 대우 또는 처벌에 처해질 수 있는 중대한 위험이 있는 국가로는 이송, 추방 혹은 인도되어서는 안 된다"[188)]는 점을 상기시키고 있다. *Soering* 사건[189)]은 범죄인인도조약과 인권조약 간의 충돌을 잘 보여주고 있는데, 여기서 유럽인권재판소는 인도되면 사형수감방에 갇히게 될 사람의 인도는 유럽인권협약 제3조(고문과 비인도적 대우 및 처벌의 금지)의 위반에 해당될 것이라는 판결을 내렸다.

국가들은 특히 고문이나 사형과 관련하여서는 인도 혹은 추방에 앞서 청구국에 도망자의 인권이 존중될 것이라는 외교보증(보장)(diplomatic assurances)을 구하는 경우가 흔하다.[190)] 이것을 조약

---

184) Aust, *Handbook of IL*, 2nd, p. 249.

185) *Restatement (Third) of the Foreign Relations Law of the United States*, §477 ; von Glahn, p. 287 ; Akehurst, p. 108. 국제형사재판소(ICC) 로마규정 제101조에 의하면 ICC도 범죄특정의 원칙에 따라 행동하여야 한다.

186) 최태현, "犯罪人引渡 決定時 人道的 考慮", 《서울국제법연구》, 1권 1호 (1994), pp. 159~182 ; John Dugard and Christine Van den Wyngaert, "Reconciling Extradition with Human Rights", (1998) 92 AJIL 187 참조.

187) "유럽체포영장과 회원국간 인도절차에 관한 2002년 6월 13일의 이사회 골격결정"(Council Framework Decision of 13 June 2002 on the European arrest warrant and the surrender procedures between Member States)(2002/584/JHA), 18. 7. 2002, OJ L 190/1.

188) "No person should be removed, expelled or extradited to a State where there is a serious risk that he or she would be subjected to the death penalty, torture or other inhuman or degrading treatment or punishment."

189) (1989) 28 ILM 1063 ; 본서, 제17장 (국제인권법) 참조.

에서 명문으로 규정하는 경우도 있는데, 이를테면, "범죄인 인도에 관한 유럽협약"(European Convention on Extradition) 제11조는 "인도범죄가 청구국의 법에 의하면 사형에 해당하지만 피청구국의 법에 의하면 사형이 과하여지지 않거나 사형이 통상 집행되지 않는 경우, 청구국이 피청구국에게 사형이 집행되지 않을 것이라는 충분한 보증(sufficient assurance)을 제시하지 않는 한 인도를 거절할 수 있다."라고 규정하고 있다. 영국–스페인 범죄인인도조약[191] 제11조, 한국–오스트레일리아 범죄인인도조약[192] 제4조 2항(라) 등 양자조약에서도 동일한 취지의 규정을 두고 있음이 목격된다. 미국이 해외에 소재하는 테러 혐의자들을 심문하기 위해 국내로 데려오지 않고 고문 기록을 가진 타 국가로 "이상한 인도"(extraordinary rendition)[193]를 하는 경우에도 그들 국가로부터 고문을 하지 않겠다는 보증을 받곤 하였다.

외교적 보증을 주고받는 것이 중요한 까닭은, 범죄인(피청구국의 국민일 수도 있다)이 청구국으로 인도된 '후' 그곳에서 비인도적 대우를 받을 가능성이 있는지를 검토하여 인도를 거부하는 것은 행정부(외교부)가 결정할 소임이지, 인도 여부를 심리하는 사법부가 나설 일이 아니라고 보는 사법부 자신의 시각 때문이기도 하다.[194] 그러나 이같은 보증은 외교적 차원에서 행해지는 양자간 정치적 합

---

190) 이 관행에 대해 자세한 것은 Human Rights Watch, "Diplomatic Assurances" against Torture, Questions and Answers, November 10, 2006, 〈https://www.hrw.org/news/2006/11/10/diplomatic-assurances-against-torture〉; Harmen van der Wilt, in de Wet and Vidmar (eds.), pp. 164~168, 174 참조. 특별히 영국법 상황에 대해서는 다음을 참조 : Justice (a law reform and human rights charity based in London), *Deportation with Assurances: Call for Evidence* (February 2014), 〈https://files.justice.org.uk/wp-content/uploads/2015/01/06171942/JUSTICE-DWA-Review-2014-FINAL.pdf〉; David Anderson/Clive Walker, *Deportation with Assurances* (Independent Reviewer of Terrorism Legislation, July 2017), 〈https://www.gov.uk/government/publications/deportation-with-assurances〉; Amnesty International Public Statement, 9 April 2008, "UK: time to abandon the policy of 'deportation with assurances'", 〈https://www.amnesty.org/fr/wp-content/uploads/2021/07/eur450042008eng.pdf〉; Ian Aikman/BBC, 26 Mar 2024, "Julian Assange faces further wait over extradition ruling", 〈https://www.bbc.com/news/uk-68662881〉; 본서, 제12장 (외교면제 및 특권), "V. 외교사절단의 면제 · 특권, 3. 외교비호".

191) 1985년 7월 22일 서명, 1986년 7월 1일 발효.

192) 1990년 9월 5일 서명, 1991년 1월 16일 발효.

193) 이것에 대해서는 본장, "3. 불법체포, (2) 불법체포와 국가책임" 참조.

194) 다시 말해서, 피고인이 인도대상이 되는지의 여부를 결정짓는 피청구국의 재판소는 심사 과정에서 인도청구국의 형사법 시스템을 검토하거나, 피고가 그 국가에 가서 고문 등 학대를 받거나 공정한 재판을 받지 못할 가능성을 고려해서는 안 된다는 것이다. 특히, 미국에서는 오래된 판례법으로, "비조사의 원칙"(rule of non-inquiry)으로 불리운다 : *Ahmad* v. *Wigen*, 910 F.2d 1063, 1067 (2d Cir. 1990)("It is the function of the Secretary of State to determine whether extradition should be denied on humanitarian grounds."), 〈https://casetext.com/case/ahmad-v-wigen〉; United States Court of Appeals (District of Columbia Circuit), *Kiyemba* v. *Obama*, Decided April 7, 2009, 〈https://ccrjustice.org/files/Kiyemba_v_Obama_4_7_09.pdf〉; Jacques Semmelman, "Federal Courts, the Constitution, and the Rule of Non-Inquiry in International Extradition Proceedings", (1991) 76 Cornell Law Review 1198~1241, 〈https://core.ac.uk/download/pdf/73975818.pdf〉. 아래 정치범 불인도의 원칙에서 소개하는, 민항기납치와 관련한 장진해(張振海)(Zhang Zhenhai) 사건에서 일본 동경 고등재판소도 "비조사의 원칙"을 채택하였다.

2022년 5월 10일, (캘리포니아 중부지구)연방지방재판소는 2019년 2월 22일의 스페인 주재 북한대사관 습격에 가담한 '크리스토퍼 안'(Christopher Philip Ahn)의 스페인으로의 인도를 결정하면서도, 말레이시아에서 있었던 김정남 살해를 언급하며 인도된 후 북한 당국에 의한 살해를 염려하는 견해를 피력하여 주목을 끌었다 : United States District Court for the Central District of California, *United States* v. *Christopher Philip Ahn* (2:19-cv-05397), May 10, 2022, 〈https://www.courtlistener.com/docket/15828019/united-states-v-

의, 즉 신사협정으로 의도되어 있다. 국가에 따라서는 그것을 양해각서(MOU)로 칭하는 경우도 있지만, 양해각서는 외교보증의 다른 이름일 따름이다. 그리고 고문 금지가 일반국제법의 강행규범으로 인정되고 있는데 반해 사형 금지는 -그것이 유럽 등에서 지역적 차원의 강행규범으로 인정되고 있다고 하더라도- 아직 일반국제법의 강행규범 차원에는 이르지 못하고 있다. 이것은 외교보증과 관련해서도 고문과 사형에 대해 다소 다른 접근이 필요하게 됨을 시사한다. 1996년 유럽인권재판소는 *Chahal* v. *United Kingdom* 사건[195]에서 -*Soering* v. *United Kingdom* 사건[196]에서 발휘한 '잠재적' 위반의 논법에 따라- 영국 정부가 시크 분리운동주의자를 인도로 송환하려는 결정은 '그것이 만일 실행된다면', 비록 인도 정부로부터 그에게 고문을 가하지 않겠다는 외교보증을 받았다 하더라도, 현재 인도의 관련 인권상황에 비추어 볼 때 고문의 위험이 있는 곳으로 송환하지 아니할 유럽인권협약 제3조 하의 절대적 의무를 '위반하게 될' 것이라고 판시하였다. 사형과 관련한 외교보증과 관련해서는, 시민적 · 정치적 권리규약 인권위원회가 1993년 *Kindler* v. *Canada* 사건[197]에서, 동 규약 제6조 1항(생명권) 하의 체약국의 의무는 사형이 부과되지 않을 것이라는 보증이 없으면 인도를 거절할 것을 요구하지는 않지만, 그러한 보증 없이 내려진 인도 결정이 "자의적이거나 약식적인" 것이었다면 이것은 제6조 하의 의무 위반이 될 것이라는 견해를 제시하면서, 사실 검토 결과 캐나다의 인도는 규약 제6조를 위반하지 않았다고 결론지었다. 신청인은 미국인으로서, 미국 펜실바니아주 배심재판에서 사형평결을 받고 사형선고가 내려지기 전에 캐나다로 도주하였으나 캐나다 최고재판소의 결정에 따라 이미 미국으로 인도된 자였다. 그러나 동 위원회는 10년 뒤 *Roger Judge* v. *Canada* 사건[198]에서는 입장을 바꾸어, 사형 폐지에 대한 국제적 컨세서스가 확대되고 있고 이와

---

christopher-philip-ahn/〉; Mark Moore/New York Post, May 10, 2022, "US judge forced to allow extradition of ex-Marine to Spain fears he'll be killed", 〈https://nypost.com/2022/05/10/us-judge-forced-to-allow-extradition-of-ex-marine-christopher-ahn-to-spain-fears-hell-be-killed/〉; Rich Schapiro and Dan De Luce/NBC News, May 11, 2022, "Judge warns North Korea could murder U.S. Marine vet in Spain - Christopher Ahn is one step closer to being extradited to Spain to face trial related to a 2019 raid of the North Korean embassy in Madrid", 〈https://www.nbcnews.com/news/world/judge-warns-north-korea-murder-us-marine-vet-spain-rcna28154〉; https://namu.wiki 〉 크리스토퍼 안, & 2019년 주스페인 북한 대사관 습격 사건. 이 사건의 추후 전개에 대해서는, Ethan Jewell/NK News, January 11, 2023, "Judge raises legal avenue to stop extradition of man who raided DPRK Embassy - Lack of formal end to Korean War means Christopher Ahn's actions may not have been crime in US, district judge suggests", 〈https://www.nknews.org/2023/01/judge-raises-legal-avenue-to-stop-extradition-of-man-who-raided-dprk-embassy/〉; 함지하/VOA, 2023.1.12., "미 법원, '크리스토퍼 안 사건' 법리판단 재검토 명령...'북한 상대 행위가 처벌 대상인지 의문'", 〈https://www.voakorea.com/a/6914577.html〉 참조.

195) European Court of Human Rights, Application no. 22414/93, judgment of 15 November 1996, para. 107.

196) 이 사건에 대해서는 본서, 제17장 (국제인권법), "XI. 인권보호를 위한 지역적 차원의 노력 : 유럽인권협약" 참조.

197) ICCPR Human Rights Committee, Communication No. 470/1991, U.N. Doc. CCPR/C/48/D/470/1991 (1993), 〈https://www1.umn.edu/humanrts/undocs/html/dec470.htm〉, para. 14.6 : " ... the Committee does not find that the terms of article 6 of the Covenant necessarily require Canada to refuse to extradite or to seek assurances. The Committee notes that the extradition of Mr. Kindler would have violated Canada's obligations under article 6 of the Covenant, if the decision to extradite without assurances would have been taken arbitrarily or summarily."

198) ICCPR Human Rights Committee, Communication No. 829/1998, U.N. Doc. CCPR/C/78/D/829/ 1998 (2003), 〈https://www1.umn.edu/humanrts/undocs/829-1998.html〉.

함께 시민적 · 정치적 권리규약은 '살아있는 문서'로서 해석되어야 한다고 하면서,[199] 사형을 이미 폐지한 캐나다가 아직 그렇지 아니한 미국으로부터 사형을 집행하지 않을 것이라는 보증을 받지 않고 추방한 것은 —캐나다가 아직 사형폐지에 관한 규약 제2선택의정서를 비준하지 않고 있는 사실과는 관계없이[200]— (미국에서 사형선고를 받고 탈옥하여 캐나다로 도주하였던 미국인)신청인의 규약 제6조 1항 하의 생명권을 침해한 것이라고 판단하였다.[201]

(5) 동일 범죄에 대한 선(先)재판(previous trial for the same offence)

인도청구된 자가 청구범죄에 관하여 '피청구국에서 재판을 받고 있거나' '이미 재판을 받고 유죄 또는 무죄의 선고를 받은' 경우에는 인도를 허용하지 않거나 거절할 수 있다.[202] 그러나 이 원칙은 국가 간에 '일사부재리(*ne bis in idem*)' 혹은 '이중위협(double jeopardy)금지'를 보장하는 선에는 미치지 못한다.

(6) 공소시효

공소시효가 만료된 경우에는 인도를 거절할 수 있다.[203] 공소시효 만료 여부는 대체로 피청구국의 법에 따르는 것으로 규정하고 있다.[204] 그러나 이 경우 "청구국의 법상 시효를 정지시킬 수 있는 행위나 상황은 피청구국에 의하여 효력이 인정되어야 한다"거나,[205] 혹은 이와 비슷하게 "인도 청구

199) Para. 10.3 : "... The Committee is mindful of the fact that the abovementioned jurisprudence was established some 10 years ago, and that since that time there has been a broadening international consensus in favour of abolition of the death penalty, and in states which have retained the death penalty, a broadening consensus not to carry it out. Significantly, the Committee notes that since Kindler the State party itself has recognized the need to amend its own domestic law to secure the protection of those extradited from Canada under sentence of death in the receiving state, in the case of United States v. Burns. There, the Supreme Court of Canada held that the government must seek assurances, in all but exceptional cases, that the death penalty will not be applied prior to extraditing an individual to a state where he/she faces capital punishment. It is pertinent to note that under the terms of this judgment, "Other abolitionist countries do not, in general, extradite without assurances." The Committee considers that the Covenant should be interpreted as a living instrument and the rights protected under it should be applied in context and in the light of present-day conditions."

200) 캐나다는 동 제2선택의정서에 2005년에 가입함. https://treaties.un.org/Home.aspx.

201) Para. 10.6 : "For these reasons, the Committee considers that Canada, as a State party which has abolished the death penalty, irrespective of whether it has not yet ratified the Second Optional Protocol to the Covenant Aiming at the Abolition of the Death Penalty, violated the author's right to life under article 6, paragraph 1, by deporting him to the United States, where he is under sentence of death, without ensuring that the death penalty would not be carried out. The Committee recognizes that Canada did not itself impose the death penalty on the author. But by deporting him to a country where he was under sentence of death, Canada established the crucial link in the causal chain that would make possible the execution of the author."

202) 한국-몽골 범죄인인도조약(1999년 5월 31일 서명, 2000년 1월 27일 발효) 제3조 2호, 한국-미국 범죄인인도조약(1998년 6월 6일 서명, 1999년 12월 20일 발효) 제2조 4항, 제5조 등 참조.

203) Bradley, p. 268.

204) 한국-몽골 범죄인인도조약 제3조 3호, 한국-미국 범죄인인도조약 제6조.

205) 한국-몽골 범죄인인도조약 제3조 3호.

된 자가 법집행을 면하기 위하여 도피한 기간 동안에는 공소시효가 진행되지 아니한다"는 단서가 붙는다.[206] 공소시효도 동일 범죄에 대한 선재판의 경우와 마찬가지로 국가 간에 일사부재리 혹은 이중위험금지를 보장하는 선에는 미치지 못한다.

(7) 자국민 불인도 대 자국민 인도

인도 대상에는 청구국의 국민뿐만 아니라 제3국의 국민도 포함된다. 그러나 피청구국의 국민도 인도 대상에 포함시킬 것인지 아닌지에 관해서는 법체계에 따라 시각의 차이를 보이고 있다. 유럽 대륙국가들은 속지주의뿐만 아니라 속인주의도 원칙으로 하고 있는데, 이것은 국가는 자국민의 해외에서의 범죄를 자신이 처벌함을 원칙으로 한다는 것을 의미한다. 이같은 논리에 따라 이들 국가는 자국민의 해외 인도를 거부하는 입장이다.[207] 그러나 영미법체계의 국가들은 속지주의를 원칙으로 하고 속인주의를 예외로 하고 있는데, 이것은 이들 국가는 자국민의 해외범죄를 원칙적으로 처벌하지 않음을 의미한다. 그러므로 이들 국가는 자국민의 해외인도를 허용하는 입장이다.[208] 이를테면, 2003년 미국-영국간 범죄인인도조약 제3조는 "범죄인인도는 인도청구된 자의 국적에 기초하여 거부되어서는 안 된다"고 규정하고 있다. 관할권 원칙에 관하여 입장을 달리하는 국가 간에 인도조약을 체결하고자 할 때에는 어느 일방이 양보하거나 적절히 절충하지 않으면 안될 것이다. 예컨대, 미국-일본 범죄인인도조약 제5조는 "피청구국은 자국민을 인도할 의무를 부담하지는 않지만, 재량에 따라 인도할 권한은 보유한다."고 규정하고 있으며, 한국-미국 범죄인인도조약 제3조 1항도 이와 동일한 취지로 규정하고 있다.

국가들이 자국민의 해외 범죄를 소추하는 데에는 별 열성을 보이지 않을 뿐만 아니라 이 경우에는 증거 수집도 용이하지 않기 때문에, 결국 자국민불인도 정책은 범죄인이 자국민이라는 이유만으로 그를 비호하는 결과로 이어진다는 문제점을 내포하고 있다. 그래서 이런 경우를 대비한 규정이 삽입되고 있는데, 이를테면 한국-미국 범죄인인도조약은 제3조 2·3항에서 "단지 국적만을 이유로 인도청구된 자의 인도를 거절하는 때에는, 피청구국은 청구국의 요청에 따라 자국의 기소당국에 사건을 회부하여야 한다. 국적은 인도청구된 범죄의 행위 시를 기준으로 판단한다."고 규정하고 있다. 그러나 동 규정에 의하여 피청구국에 부과된 의무는 "청구국의 요청에 의하여", 그것도 단지 "자국

206) 한국-미국 범죄인인도조약 제6조.

207) 한국 범죄인인도법 제9조는 범죄인이 한국인인 경우에는 "인도하지 아니할 수 있다."고 규정하고 있다. 이와는 대조적으로, 종래 독일헌법, 즉 기본법(Grundgesetz)은 제16조 2항 첫 번째 문장에서 "그 어떤 독일인도 외국으로 인도해서는 안된다."고 규정함으로써 자국민의 인도를 절대적으로 금지하고 있었다. 그러나 2000년 11월 29일의 제47차 개정을 통해 개정된 기본법 제16조 2항은 이제 "그 어떤 독일인도 외국으로 인도해서는 안된다. 다만, 법치국가의 원칙들이 보장되는 범위 내에서, EU회원국이나 국제재판소로의 인도를 위한 예외적 규칙을 법률로써 마련할 수 있다."라고 규정하고 있다. https://www.jura.uni-sb.de/Gesetze ; https://en.wikipedia.org/wiki/European_Arrest_Warrant #Surrender_of_nationals. 참조. 한편 종래 독일기본법 제16조 2항 두 번째 문장은 비호권(Asylrecht, right of asylum)에 관하여 규정하고 있었는데, 이 규정은 이미 1993년 6월 28일의 제39차 기본법 개정을 통해 삭제되고, 그 대신 새로 제16a조(Article 16a)가 삽입되었다. 이 문제에 관해서는 본서, 제18장 (국제난민법) 참조.

208) Ryngaert, *Jurisdiction in International Law*, p. 107.

의 기소(소추)당국에 사건을 회부"하는 것이다. 라틴아메리카국가 간 인도조약들에서는 피청구국이 자국민의 인도를 거부하는 경우에는 기소할(재판에 회부할) 의무를 부과하고 있기도 하다.[209]

(8) 정치범 불인도의 원칙

정치범의 인도를 금지하는 일반관습법규는 존재하지 않으며, 보통범죄인의 경우와 마찬가지로 정치범을 인도하는 것은 국제관습법 위반이 아니다.[210] 실제로 19세기 이전까지의 범죄인인도조약은 전적으로 또는 일차적으로 '정치범'의 인도를 목적으로 하였다. 당시에는 교통·통신수단의 미발달로 인하여 범죄인이 외국으로 도망가기가 어려웠고 또 그를 인도받기도 어려웠지만, 군주들은 정치범만은 처벌함으로써 절대왕정을 수호할 필요성을 느꼈던 것이다. 그러나 그 후 민주정의 도입과 함께 정치범과 보통범죄에 관한 국가들의 시각이 역전되기 시작하였다. 정치범을 인도대상에서 제외시킨 최초의 '국내입법'은 1833년의 벨기에 범죄인인도법이며, 정치범을 인도대상에서 제외시킨 최초의 '조약'은 1834년 11월 22일의 벨기에-프랑스 범죄인인도조약이다.[211]

오늘날 대부분의 인도조약은 정치범죄를 인도대상에서 제외시키고 있다.[212] 다만, 조약상의 정치범 불인도 규정은 "인도를 거절할 '수' 있다."라고 임의규정의 형식으로 표현된 경우도 없지 않으나, 대부분의 경우에는 정치범을 인도하지 못하게 하거나 또는 정치범의 인도요구를 금지하는 등의 강

209) Akehurst, p. 108. 자세한 현황은, CAS (Organization of American States), *Information Exchange Network for Mutual Assistance in Criminal Matters and Extradition*, 2012, 〈https://www.oas.org/juridico/mla/en/index.html〉 참조.

210) von Glahn, p. 293. Thirlway in Evans (ed.), 3rd, pp. 111~112 ; Orakhelashvili/Akehurst, 9th, pp. 44~45 참조. *Asylum* case (Colombia/Peru), ICJ Reports (1950), p. 266, 277에서 콜롬비아는 (정치비호에 관한)"[1933년의 몬테비데오 협약]은 이미 라틴아메리카의 관습에 의해 승인된 원칙들을 단지 법전화한"([the Montevideo Convention of 1933] has merely codified principles which were already recognized by Latin-American custom) 것으로서 "관습법의 증거로서 페루에 대해 유효하다"고 주장하였으나, 재판소는 이 견해를 배척한 바 있다.

211) S. Prakash Sinha, *Asylum and International Law* (The Hague : Martinus Nijhoff, 1971), p. 170 ff.

212) 이와는 거꾸로, 정치범죄라는 이유로 인도를 거절해서는 안된다고 명시한 특별한 경우도 발견된다. 즉, 1996년 9월 27일 15개 EU회원국 법무장관들은 "범죄인인도에 관한 EU협약"(EU Convention on Extradition)에 서명하였는데, 이 협약은 "EU회원국은 범죄가 정치적이라는 이유로 타 EU회원국의 범죄인인도요청을 거절해서는 안된다"고 규정하고 있다. 1993년 초 스페인정부가 바스크 분리주의단체 ETA에 소속된 두 스페인 사람의 인도를 벨기에측에 요청하였으나, 벨기에 국참사원(Conseil d'Etat)은 벨기에법이 특별히 "무장단체에의 참여"(participation in an armed group)를 범죄로 규정하고 있지 아니하며 또한 혐의범죄가 "정치범죄"라는 이유로 -'유럽심의회' (Council of Europe)가 1957년에 채택한- "범죄인인도에 관한 유럽협약"(European Convention on Extradition) 제3조(정치범불인도)에 따라 그 두 스페인 사람의 인도를 거절하였다. 이에 스페인은 EU회원국들이 또다시 ETA 같은 테러집단의 구성원에게 결코 비호를 제공하지 않음을 보장하기 위해 범죄인인도법과 비호법을 먼저 개혁하지 않으면 다가오는 마스트리히트조약의 개혁을 봉쇄할 것이라고 위협하였다. 그리고 특별히 정치범불인도원칙의 폐지를 강력하게 요구하고 나섰으며, 쌍방가벌성 원칙의 완화도 촉구하였다. 1996년의 "범죄인인도에 관한 EU협약"은 마스트리히트조약의 개혁을 앞두고 벌어진 이같은 EU의 내홍을 -EU 제3기둥(즉, 당시의 "사법 및 내무 분야에서의 협력")의 차원에서- 진정시키기 위한 것이었다. Renuka E. Rao, "Protecting Fugitives' Rights While Ensuring the Prosecution and Punishment of Criminals : An Examination of the New EU Extradition Treaty", (1998) XXI Boston College International & Comparative Law Review 229~246 ; https://europa.eu.int/abc/history/1996/1996_en.htm ; https://europa.eu.int/abc/doc/off/bull/en/9609/ p105003.htm.

행규정의 형태로 표현되어 있다.[213] 후자의 경우, 국가정책상의 필요에 따라 정치범을 인도하고 인도받는 것은 조약 위반으로서 국가책임을 야기하는가? 생각건대, 이것은 국제법의 시각에서 보면 단지 피청구국의 (정치범을 인도하지 아니 할 수 있는) 권리의 포기에 지나지 않는다. 다만, 이 규정에 대해 청구국 또는 피청구국의 국내재판소가 어떤 태도를 보일지는 별개의 문제이다.[214]

사실은 정치범죄를 어떻게 정의할지가 가장 큰 문제이다. 대체로 제2차 세계대전 이전까지는 어떤 범죄가 어떤 국가 내에서 권력을 획득하기 위한 조직적인 운동의 일부인 경우에만 그것은 정치범죄로 간주될 수 있었다.[215] 그러나 제2차 세계대전 이후부터는 범죄가 정치적 박해를 피하기 위해 행해진 경우에도 정치범죄로 간주되게 되었다. 이것은 소수파가 억압받고, 동유럽의 공산화로 국민의 기본적 인권이 박탈되고, 야당의 존재가 불법시되는 독재상황을 고려한 결과이다. 단, 범죄의 정치적 성격을 결정함에 있어 서방국가들은 그 어떤 경우에도 수단과 목적의 비례 혹은 균형을 고려에 넣는다. 다시 말해서, 수단의 비열성(meanness, baseness)이 목적의 정치적 성격을 초과하는 경우, 문제의 범죄는 정치범죄로 간주되지 않는다. 그러나 공산주의 국가들은 이같은 비례를 고려에 넣지 않는다. 그들은 공산주의혁명과 관련한 행동을 모두 정치범죄로 간주하고 그것을 비호하곤 하였다.[216]

실제로, 정치범죄의 정의문제는 어떤 범죄들이 정치범죄로 인정되는가의 측면에서가 아니라, 어떤 범죄들이 정치범죄로 인정될 수 없는가의 측면에서 논의되고 있다. 정치범죄의 적극적인 정의가 어렵기 때문이다. 무정부주의자의 범죄(anarchist offence),[217] 전시반역(quislingism),[218] 협의(狹義)의 전쟁범죄(war crimes), 전쟁 관련 범죄(즉, 평화에 대한 죄와 인도에 대한 죄), 화폐 또는 기타 유가증권의 위조(forgery), 제노사이드(genocide), 항공기납치(hijacking),[219] 살인・납치 등의 테

213) Sinha, *op. cit.*, p. 190.

214) See von Glahn, p. 293.

215) See e.g. Great Britain, Queen's Bench Division, *Castioni* case, 1890.

216) 종래 대부분의 동유럽 공산국가는 외국인이 외국에서 공산주의혁명 등 이른바 그들이 말하는 민주활동의 결과로 도피해 오는 경우 이들을 받아들여 보호한다는 규정을 헌법에 두고 있었다. 2009년 4월 9일 개정 북한 헌법도 그 제80조에서 여전히 "조선민주주의인민공화국은 평화와 민주주의, 민족적 독립과 사회주의를 위하여, 과학, 문화활동의 자유를 위하여 투쟁하다가 망명하여 온 다른 나라 사람을 보호한다."고 규정하고 있다: https://www.servat.unibe.ch/icl/index.html. See also Sinha, *op. cit.*, p. 181. 20세기 위대한 자유주의 사상가 하이에크는 《노예로의 길》에서 목적과 수단의 관계에 대한 개인주의 윤리관과 집단주의 윤리관의 차이를 다음과 같이 지적하고 있다. "목적이 수단을 정당화시킨다는 원칙은 개인주의 윤리에서는 모든 도덕의 부정으로 간주된다. (이와는 반대로) 집단주의 윤리에서는 그것(즉, 목적)은 필연적으로 최고의 규칙/규범이 된다. "전체의 선"에 봉사하기만 한다면 견실한 집단주의자로서 해서는 안 되겠다고 마음먹을 일이란 문자 그대로 아무 것도 없다. 그에게는 "전체의 선"이 무엇을 해야 하는지에 대한 유일의 기준이기 때문이다.": Friedrich A. Hayek, *The Road to Serfdom* (Chicago: University of Chicago Press, 1944), pp. 146~147.

217) See e.g. Great Britain, High Court of Justice, *Meunier* case, 1894.

218) 전시반역자(quislings, traitors, collaborators with the enemy)란 전쟁 중 조국을 배반하거나 기타 적국에 적극 협력함으로써 자국의 국내법을 위반한 자를 말한다. 전통적으로는 정치적 동기가 반역행위의 기초를 형성하는 것으로 생각되었기 때문에, 반역자 내지 적국협력자는 정치범으로 취급되었다. 그러나 전시반역자는 제2차 세계대전 후에는 인도해 주는 경향이 생겨나고 있다. 1946년 12월 15일의 UN총회결의는 "재판심리를 위해 전범자, '민족반역자, 매국노'를 인도하는 것은 긴급한 과제이자 의무이다."라고 밝히고 있다. Sinha, *op. cit.*, p. 182.

219) 천안문 사태에 가담한 중국인 장진해(張振海)(Zhang Zhenhai)는 1989년 12월 16일 북경에서 미국행 중국민

러활동(terrorism) 및 테러재정지원,[220] (2001년 9월 11일의 테러공격에서 보듯) 납치한 민간항공기에 의한 자살테러,[221] 국가원수와 그 가족에 대한 살해,[222] 고문(torture), 폭탄 투척,[223] 강제실종범죄(offence of enforced disappearance),[224] 은행강도 등등은 오늘날 정치범죄로 인정되지 않는다.

범죄의 정치성 여부를 결정하는 국가는 청구국과 피청구국 중 어느 쪽인가? 조약관행을 보면, 결정권은 피청구국(requested state)에게 부여되고 있다. 다만, 이것을 결정하는 피청구국의 권한있는 당국을 사법부와 행정부 중 누구로 할 것인가의 문제가 제기된다. 실례를 보면, 1931년의 미국-그리스 범죄인인도조약[225] 제3조는 "피청구국 또는 그와 같은 국가의 재판소가 범죄의 정치적 성격 여부를 결정한다."(The State applied to, or courts of such State, shall decide whether the crime or offense is of a political character.)고 규정하고 있다. 그리고 한국-미국 범죄인인도조약[226] 제4조 3항은 "피청구국의 행정부(the executive authority of the Requested State)"가

항기를 납치하여 일본 후쿠오카에 도착하였다. 중국이 그의 인도를 요청하자, 장진해는 자신이 정치범임을 주장하였다. 1990년 4월 20일의 결정에서 동경 고등재판소는 "장진해가 중국으로 인도될 경우 학대받을 위험이 있는지의 여부에 대한 판단은 행정부가 해야 하는 것이고, 법원으로서는 그가 과거에 범한 행위가 정치범죄에 해당하는지에 관한 판단만을 할 수 있다."고 전제한 뒤, 장진해의 행위는 1970년의 "항공기불법납치 억제를 위한 헤이그협약"에 의거하여 인도대상이 된다고 판결하였다. 결국 그는 1990년 4월 28일 중국에 정식 인도되었다. "Chinese Jet Is Hijacked to Japan ; Tokyo Will Deport Suspect", available at https://www.nytimes.com/1989/12/17 ; Human Rights Watch, *Human Rights Watch World Report 1990 - Japan*, 1 January 1991. Online. UNHCR Refworld, available at https://www.unhcr.org/refworld/docid/467fca35c.html [accessed 27 March 2009] ; Arthur C. Helton, "The Case of Zhang Zhenhai : Reconciling the International Responsibilities of Punishing Air Hijacking and Protecting Refugees", International and Comparative Law Review (Loyola Law School Los Angeles), 1990, 13: 841, online at https://ilr.lls.edu/issues/13.html.

220) 1999년 12월 9일 UN총회결의 54/109에 의하여 채택된 "대테러재정지원의 진압을 위한 국제협약"(International Convention for the Suppression of the Financing of Terrorism) 제11조 참조.

221) 2001년 9월 28일 UN안보리결의 1373, 3항(f)·(g).

222) 1854년 Napoleon 3세의 암살을 기도한 두 프랑스인의 인도를 요청받은 벨기에는 당시의 국내법에 의거한 사법부의 결정에 따라 인도를 거절하였다. 그러나 이로 인하여 시달림을 당한 벨기에는 1856년 3월 22일 범죄인인도법을 개정하여 "외국의 원수 또는 그 가족에 대한 살해는 정치범죄로 인정하지 않는다."는 조항을 삽입하였다. 이것이 바로 가해조항(attentat clause) 또는 벨기에조항(Belgian clause)이다. 가해조항을 어느 범위까지 적용할 것인지가 문제인데, 세계국제법학술원(IDI)은 1983년 캠브리지 회의(Session of Cambridge)에서 채택한 "범죄인인도의 새로운 문제들"(New Problems of Extradition) 결의에서 "국가 대표자, 특히, 외교사절단의 구성원과 국제기구에 파견된 대표자 및 기구의 공무원들"에게까지 이를 확대적용할 것을 권고하고 있다.

223) 1997년 12월 15일 UN총회결의 52/164에 의하여 채택된 "폭탄투척테러의 진압을 위한 국제협약"(International Convention for the Suppression of Terrorist Bombings) 제9조 ; Evans, 4th, p. 431 ; https://www.un.org/Depts/dhl/resguide/resins/htm (2001-03-08) 참조. 그러나 서울고등법원은 "2006. 7. 27. 선고 2006토1 베트남 범죄인인도 심사 청구"에서 "베트남 지역의 공산정권 타도 등을 목적으로 베트남 지역 내에서의 테러행위를 감행하기 위하여 폭약이나 뇌관을 구입, 제조, 운반하도록 지시하였다는 등의 범죄사실"은 한국-베트남간 범죄인인도조약 제3조 1항에서 말하는 '정치적 성격을 갖는 범죄"에 해당한다고 보아 인도를 거절한다고 판시한 바 있다.

224) 2006년 12월 20일 UN총회결의 61/177에 의하여 채택된 "모든 사람을 강제실종으로부터 보호하기 위한 국제협약"(International Convention for the Protection of All Persons from Enforced Disappearance) 제13조 ; https://www.un.org/Depts/dhl/resguide/r61.htm 참조.

225) https://internationalextraditionblog.files.wordpress.com/2011/03/greece.pdf.

226) https://www.congress.gov/106/cdoc/tdoc2/CDOC-106tdoc2.pdf ; https://www.congress.gov/treaty-document/106th-congress/2/document-text.

결정하는 것으로 규정하고 있는데 반해, 2003년 미국-영국간 범죄인인도조약 제4조 3항[227]은 "미국에서는 행정부"가 이를 결정한다고 규정하고 있다.

가나 항소재판소에 제기된 *The State* v. *Schumann*[228]에서 문제의 의사 Horst Schumann은 1939~41년 정신병원에서 환자 약 3만 명을 살해하였으며, 1942~1944년의 기간 동안에는 아우슈비츠(Auschwitz)에서 다수의 유대인을 살해하는데 가담한 자이다. 재판소는 서독으로의 인도를 명하였다. 반대로, *Public Prosecutor* v. *Zind*[229]에서 이탈리아 파기원은 히틀러의 반유대인정책을 찬양한 피고는 정치범이므로 서독으로 인도해서는 안된다고 판결하였다. 페루 정부에 대한 게릴라전 수행을 위해 은행을 턴 것과 관련한 *Re Bressano* 사건[230]에서 아르헨티나 재판소는 범인의 페루 인도를 결정하였다. 서울고등법원은 일본 정부의 역사반성을 촉구한다면서 일본 야스쿠니(靖國) 신사(神社) 출입구에 불을 놓은 중국인 류창(劉强, 38세)에 대한 일본 측의 인도청구를 거절하였다. 재판부는 "이 사건 범행은 정치적인 대의를 위하여 행해진 것으로서," "범행과 정치적 목적 사이에 유기적 관련성이 인정되고", "이 사건 범행으로 야기된 위험이 목적과의 균형을 상실했다고 보기도 어렵다"고 판시하였다.[231]

정치범죄 불인도 원칙과 더불어, -보통(일반)형법에 의해서는 죄가 되지 않는- 오로지 군법상의 범죄(offences under military law)도 인도대상에서 제외시키는 것이 보통이다.[232]

(9) 다수국의 인도청구

국가가 동일인(의 동일범죄 혹은 다른 범죄)에 대해 여러 국가로부터 인도청구를 받을 수 있고, 특히 그러한 청구가 피청구국에게 인도의무를 창설하는 조약들에 의거하여 행해지는 경우에는 외견상 의무의 충돌이 발생한다. 그러므로 인도조약들에서는 이에 대비한 규정을 두고 있는데, 이런 경우 피청구국이 인도받을 국가를 결정한다고 규정하면서도 이같은 결정을 함에 있어 고려에 넣어야 할 사

---

227) "... extradition shall not be granted if the competent authority of the Requested State determines that the request was politically motivated. In the United States, the executive branch is the competent authority for the purposes of this Article." https://www.congress.gov/108/cdoc/tdoc23/CDOC-108tdoc23.pdf ; https://www.congress.gov/treaty-document/108th-congress/23/document-text ; https://assets.publishing.service.gov.uk/government/uploads/system/uploads/attachment_data/file/243246/7146.pdf.

228) Ghana, Court of Appeal of Accra, 1966 ; (1970) 39 ILR 433 ; Sweeney et al., pp. 139~141.

229) Italy, Court of Cassation, 1961 ; (1961) 40 ILR 214 ; Sweeney et al., pp. 141~142.

230) Argentina, Camera Federal de La Capital, 1965 ; (1975) 40 ILR 219 ; Sweeney et al., pp. 142~143.

231) 서울고등법원(형사20부), 2013. 1. 3. 선고, 2012토1 (일본 범죄인인도 심사 청구) 결정 ; 이홍철, "중국인 류창에 대한 범죄인 인도심사청구사건 분석", 법률신문, 2013-04-15, 〈https://www.lawtimes.co.kr/〉 ; 최태현, "한국법원에서의 정치범불인도원칙의 적용-리우치앙 사건을 중심으로", 《서울국제법연구》, 제20권 1호 (2013), pp. 1~42 ; CHOI Tae-Hyun, "Application of the Political Offense Exception in Korean Courts : Focused on *Liu Qiang* Extradition Case", Korean Yearbook of International Law, Vol. 1, 2013, pp. 73~112 ; PARK Eon-Kyung, "Seoul High Court Decision : *Liu Qiang* Extradition Request Case", Korean Yearbook of International Law, Vol. 1, 2013, pp. 265~272.

232) 예컨대, "범죄인인도에 관한 유럽협약"(Council of Europe : European Convention on Extradition) 제4조 ; 한국-미국 범죄인인도조약 제4조 4항 참조. 여기서 전자는 그러한 범죄에 대해서는 "본 협약의 적용이 배제된다"(is excluded from the application of this Convention)라고 규정하고 있는데 반해, 후자는 "인도를 거절할 수 있다"(may refuse extradition)라고만 표현하고 있다.

항을 예시하는 것이 보통이다.[233)]

3. 불법체포[234)]

범죄용의자를 해외에서 납치해 와서 자국 법정에 기소하는 경우를 심심찮게 볼 수 있다. 이 경우 법정지국의 국내법 차원에서 국내재판소의 재판관할권 행사가 가능한가의 문제가 제기되며, 국제법의 차원에서는 납치국의 국가책임의 문제가 야기된다.

(1) 재판관할권을 획득하기 위하여 사용된 수단의 유효성(validity of means used to acquire jurisdiction) : 국내법의 관점에서

다수 국가의 판례를 보면 범죄용의자를 한 국가의 관할권 내로 물리적으로 끌고 들어온 수단은 당해 국가의 국내법적 차원에서 형사재판관할권 행사의 유효 또는 무효의 문제와는 무관한 것으로 보인다. 즉, 국내재판소들은 대체로 범죄용의자가 법정에 서게 된 수단에 대해서는 관심을 갖지 않는다. 따라서 그가 국제법상 불법적인 수단에 의하여, 즉 해외에서 비밀요원들에 의해 납치되어 왔거나 또는 그 밖에 범죄인인도조약에 위배되는 방법에 의하여 기소되었다고 하더라도 이것이 당해 국내재판소의 재판관할권 행사를 방해하지 않는다고 보는 것이다.[235)]

예컨대, *Adolf Eichmann* 사건[236)]에서 이스라엘 재판소는 “법의 문제로서, 오로지 아르헨티나의 주권적 권리가 이스라엘의 행동에 의하여 침해되었을지는 몰라도 피고의 권리가 침해된 것은 아니다.”라고 판결하였다. 특히, 미국 정부는 미국 영토 밖에서 (때로는 현지 경찰의 묵인 하에) 마약 밀수범과 기타 범죄용의자들을 불법적으로 체포함에 있어 이같은 태도를 취하여 오고 있다. 1989년 12월에서 다음 해 1월에 걸쳐 군사적 침공까지 감행하면서 당시 파나마의 실권자 *Manuel Antonio Noriega* 장군을 마약사범으로 납치하여 미국 법정에 세운 것이 그 전형적인 예에 속한다.[237)] 이어서, 미국 연방최고재판소도 미국 연방마약단속국 요원의 살해에 가담한 혐의로 1992년 6월 15일 멕시코로부터 납치되어 기소된 멕시코인 *Alvarez-Machain* 사건[238)]에서, 타국의 영토보전에 관한

---

233) 예컨대, 한국-미국 범죄인인도조약 제13조는 이 문제에 관해 다음과 같이 규정하고 있다 : “피청구국이 타방 체약국과 타국가(들)로부터 동일인의 동일범죄 또는 동일하지 아니한 범죄와 관련하여 인도청구를 받는 경우, 그 자를 어느 국가로 인도할 것인지는 피청구국의 행정부 당국이 결정한다. 이 결정을 함에 있어 피청구국은 -다음의 사항을 포함한- 모든 관련요소를 고려한다 : (가) 인도청구가 조약에 의한 것인지의 여부, (나) 각 범죄가 발생한 일시와 장소, (다) 각 청구국의 이해관계, (라) 범죄의 중함, (마) 피해자의 국적, (바) 청구국들간 추후인도의 가능성, (사) 각 인도청구일자.”

234) Ott, pp. 141~142 ; Wallace, p. 107 ; von Glahn, pp. 313~318.

235) Ott, pp. 141~142.

236) District Court of Jerusalem, Judgment of 11, 15 December 1961, (1961) 55 AJIL 316 ; https://en.wikipedia.org/wiki/Adolf_Eichmann ; 본장, “Ⅱ. 입법관할권의 이론적 기초, 5. 보편관할권.”

237) *The United States* v. *Noriega*, Case No. 88-79-CR, U.S. District Court for the Southern District of Florida, June 8, 1990 ; https://www.gwu.edu/~jaysmith/Noriega.html ; von Glahn, pp. 132, 310~311.

238) *United States* v. *Alvarez-Machain*, 504 US 655 (1992) at 664 ; (1992) 31 ILM 900~918 ; Janis, 3rd, pp. 94, 112 ; Keitner, p. 309 ; Orakhelashvili/Akehurst, 9th, pp. 230~231 ; https://en.wikipedia.org/wiki/United_

일반국제법규의 요구에 대해서는 어떤 성찰도 함이 없이 단순히 미국·멕시코 간의 범죄인인도협정에서 납치를 명시적으로 혹은 묵시적으로 금지하고 있지 않다는 이유를 들어 미국재판소의 형사관할권 행사를 인정하였다.[239] 비슷한 예로서, 1985년 10월에 이탈리아 여객선 *Achille Lauro* 호를 나포한 혐의로 기소된 팔레스타인들이 그 후 이집트 국영비행기로 이집트로 압송되던 도중, 미국 전투기들의 요격으로 이탈리아에 강제착륙되어 체포된 뒤 이탈리아 당국에 인계된 일이 있었다. 이때에도 이탈리아 재판소는 그들을 재판하는 데 어떤 장애물이 있는 것으로 보지 않았다.[240] 영국의 한 재판소도 1985년의 *R* v. *Plymouth Magistrates Court, ex p. Driver*[241]에서 불법체포는 재판관할권의 행사와는 무관한 문제라는 과거의 선례를 재확인한 바 있다. 독일 연방헌법재판소는 특별히 '위계(속임수)'에 의한 납치(abduction by means of trickery)의 경우 제3국으로의 인도를 막는 일반국제법규가 존재한다는 청구인의 주장을 배척하고 인도를 허락한 바 있다.[242]

States_v._Alvarez-Machain.

Alvarez-Machain 판결의 선례가 된 이른바 미국의 Ker-Frisbie doctrine에 대해서는 Mark Brkljacic, "The Dangers of State Sponsored and Court Ratified Abduction", (1996) 5 Journal of International Law and Practice (Detroit College of Law at Michigan State Universtiy) 117~138 참조.

Ker-Frisbie doctrine은 *Ker* v. *Illinois*, 119 U.S. 436 (1886)과 *Frisbie* v. *Collins*, 342 U.S. 519 (1952)의 이름을 딴 것인데, 사건 개요는 다음과 같다.

먼저, *Ker* v. *Illinois*는 1886년의 판결인데, 미국 시민인 Ker가 미국과 페루 간에 존재하는 범죄인인도절차를 완전히 무시하고 페루에서 일리노이로 납치되어 왔다. 미국 연방최고재판소는 "국제법위반에 대한 적절한 구제는 외교적 차원에서 존재하였으며, 피고인이 본 재판소 앞에 물리적으로 존재한다는 사실은 -그가 이곳에 어떻게 오게 되었건 간에- 재판절차를 유효한 것으로 만들기에 충분했다."고 판결하였다.

다음, *Frisbie* v. *Collins*는 1952년의 판결인데, 이 사건은 미국 내에서의 납치사건이었다는 점에서 사실관계에 있어 *Ker* 사건과는 다른 점이 있었다. 즉, 살인혐의로 미시간에서 수배령이 내려진 Collins가 일리노이로 도주하였다가 나중에 납치되어 미시간으로 오게 되었던 것이다. 그러나 미시간 재판소는 여기서도 Ker doctrine을 원용하여, Collins를 재판하고 유죄에 처할 수 있다고 말하였다. 또한 개인의 적법절차의 권리(due process rights)가 그에 대한 공정한 재판(fair trial)에 의해 만족될 수 있는 한에 있어서는 개인이 재판소에 오게 된 방법은 중요하지 않다고 언급하였다. Brkljacic, *op. cit.*, at 117~119.

239) 그러나 캘리포니아 연방지방재판소가 미국 정부의 주장은 "의심과 육감에 의지한 것이며 증거에 기초한 것이 아니다"라고 판시함에 따라 그는 멕시코로 송환되었다. 그후 Alvarez-Machain은 "외국인 불법행위 청구법"(ATCA)에 의거하여 자신의 납치범 중 한 명인 Sosa와 미국 정부를 상대로 제소하였으나, 미국 연방최고재판소는 이 법이 그에게 적용되지 않는다고 판시하였다 : *Sosa* v. *Alvarez-Machain*, 542 U.S. 692 (2004) ; https://en.wikipedia.org/wiki/Humberto_Álvarez_Machaín ; 본장, "Ⅱ. 입법관할권의 이론적 기초, 5. 보편관할권".

1978년의 미국-멕시코 간 범죄인인도조약은 1997년 11월 13일 서명된 의정서(protocol)에 의해 개정되었는데, 이로 인해 제15조에 '임시적(일시적) 인도'(temporary surrender)에 관한 규정이 삽입되었다. 동 의정서는 2001년 5월 21일 발효함 : https://internationalextraditionblog.files.wordpress.com/2011/03/mexico-protocol.pdf ; https://www.usembassy-mexico.gov/bbf/bftreaties.pdf.

240) von Glahn, pp. 318, 320~322.

241) [1986] Q.B. 95 ; Ott, p. 142 ; Wallace, 3rd, p. 120.

242) Germany, Bundesverfassungsgericht (Federal Constitutional Court), *Yemeni Citizens Extradition* Case, Decision of 5 November 2003, 2 BvR 1506/03, 109 BverGE 13, para. 63 ("the general rule of international law that is alleged by the complainant, i.e. the existence of an obstacle precluding extradition in the case of an "abduction" by means of trickery, does not exist") (available at https://www.bverfg.de/entscheidungen/rs20031105_2bvr150603en.html). 사건 개요는 이러하다. 독일 당국은 미국 동부지구 연방지방재판소가 발행한 체포영장에 기초하여 한 예멘인을 체포하였다. 미국 소추당국은 청구인이 알카에다와 하마스 등, 테러 단체에 자금 지원을 하고 이들 단체를 위해 새 회원들을 모집하였다는

"*male captus, bene detentus*"[243]의 관념에 기초한 이상의 태도는 요컨대, 재판관할권을 획득하기 위한 불법적 수단의 사용은 당해 사건에서 다투어지고 있는 근본적인 문제, 즉 피고인이 기소된 범죄를 범했느냐 아니냐의 문제에 영향을 미치는 것이 아니라고 보는 것이다. 그러나 이에 대해서는 거꾸로 "*male captus, male detentus*"의 관점에서 접근하는 견해도 있는데, 이 논리에 따르면 "*male captus, bene detentus*"에 대해 두 측면에서 비판이 가능하다. 우선 적법절차(due process of law)의 입장에서 비판적 견해가 제시되고 있는데, 재판을 위하여 범죄인인도를 요청하는 통상적인 경우라면 범죄용의자는 현재 자기가 소재하고 있는 영토국의 재판소에서 자신의 반대의견을 개진할 권리와 기회를 가질 수 있었을 것이기 때문이다. 적법절차와는 다른 차원에서 비판을 제기하는 학자들도 있다. 즉, 한 국가의 재판소의 재판관할권은 그 국가 자체의 관할권으로부터 나오는 것이기 때문에, 만약 납치가 국제법상 위법한 것이어서 그 국가가 유효한 관할권을 갖지 못한다면, 그 국가의 재판소는 그 어떤 재판관할권도 가질 수 없다는 논리이다. 1933년의 한 사건에서 프랑스 재판소는 이같은 논리에 기초하여, 프랑스 수사관들이 해외에서 불법적으로 체포해 온 사람을 방면하였다.[244] *R* v. *Hartley* 사건[245]에서 오스트레일리아 경찰은 뉴질랜드 경찰로부터 전화로 요청을 받고 피고인이 뉴질랜드에서 살인 혐의로 재판을 받게하기 위해 그를 잡아서 강제로 뉴질랜드 행 비행기에 실어 보내버렸다. 뉴질랜드 재판소는 피고가 불법적인 방법, 즉 납치를 통해

혐의로 이미 기소하였었다. 청구인은 예멘에서 (미국 소추 당국의 비밀요원으로 행동하는) 다른 한 예멘인과 가진 대화의 결과로 꾐에 빠져 독일로 여행하게 되었으나, 이것은 미국 당국의 비밀 임무의 일부였던 것이다. 예멘 정부는 미국이 예멘 땅에서 예멘인을 비밀수사관으로 사용함으로써 청구인을 (같이 체포된 다른 한 예멘인과 함께) 예멘 영토에서 국제법을 위반하여 납치하였다고 주장하면서 송환을 요구하였다. 그리고 청구인은 위계에 의한 납치는 인도를 배제하는 장애물을 구성한다고 주장하였다. 그러나 헌법재판소는 이 주장을 수락하지 않고 미국으로의 인도를 허락하였다. 다만, 헌법재판소는, 독일의 행정 당국과 재판소는 일반국제법규를 위반하여 수행되는 타국 국가기관의 행위에 결정적인 방식으로 참여하여서는 안 되며 (para. 45), 미국 측의 불법적 행위는 미국으로 하여금 예멘에 대해 국제법에 따라 책임을 지게 만들 것이고, 또한 "청구인을 인도함으로써 독일은 아마도 국제법에 위배되는 미국의 행동을 지원하는 위험이 있을 수 있고, 이로써 결국 독일 자신이 예멘에 대해 국제법에 따라 책임을 지게 될 것"이라고 언급하면서 (para. 47), ILC 국가책임 초안 제16조를 언급하였다 (para. 47). 그러나 헌법재판소는 강제적 납치, 즉 납치가 힘의 행사에 의해(by use of force) 이루어진 경우 타국으로의 범죄인 인도가 금지되는지의 문제는 본 사건과 관련이 없으므로 이 문제에 대해서는 판단하지 않는다는 점을 강조하였다(para. 54). Nollkaemper, pp. 179~180 ; André Nollkaemper, "Internationally Wrongful Acts in Domestic Courts", (2007) 101 AJIL 760 at 762, 779~780 ; Matthias Hartwig, "The German Federal Constitutional Court and the Extradition of Alledged Terrorists to the United States", German Law Journal, Vol. 5, No. 3 (1 March 2004), pp. 185~195, https://www.germanlawjournal.com/pdfs/Vol05/pdf_vol_05_no_03.pdf. See also Rohan Sinha, "No protest, no problem: German court confirms *male captus, bene detentus* rule", GPIL(German Practice in International Law), 1 May 2020, 〈https://gpil.jura.uni-bonn.de/2020/05/no-protest-no-problem-german-court-confirms-male-captus-bene-detentus-rule/〉.

243) 직역하면 "위법하게 잡혔으나 적법하게 구금되었다(wrongfully/improperly captured, rightfully/properly detained)"는 뜻. https://en.wikipedia.org/wiki/Male_captus_bene_detentus ; Abdul Ghafur Hamid & Khin Maung Sein, "Jurisdiction over a Person Abducted from a Foreign Country: Alvarez Machain case Revisited", [2004] Journal of Malaysia and Comparative Law 4, available at https://www.commonlii.org/my/journals/JMCL/2004/4.html.

244) *In re Jolis*, [1933-34] Ann. Dig. 191 (No. 77) (Tribunal Correctionnel d'Avesnos, France, 1933), noted by Ott, p. 142.

245) [1978] 2 N.Z.L.R. 199 ; Hamid, p. 140.

뉴질랜드로 송환되었기 때문에 재판관할권이 결여된다고 판시하였다. 남아프리카 최고재판소도 1991년의 *State* v. *Ebrahim* 사건[246]에서 "남아프리카 재판소는 국가의 에이전트들이 타국에서 납치해온 자를 재판할 관할권을 갖지 않는다."고 판결한 바 있다. 영국 상원(현 영국 최고재판소)도 이제는 이같은 견해에 찬동하는 것으로 보인다.[247]

(2) 불법체포에 대한 국제법의 입장

영토국의 동의에 의하지 않은 체포·납치는 당해 영토국의 주권을 침해하는 행위이므로 국제법의 차원에서 당연히 국가책임을 발생시킨다. 따라서 영토주권을 침해당한 국가는 그 침해국을 상대로 원상회복을 포함한 국제청구를 제기할 권리를 갖게 된다. 이스라엘이 1960년 5월 11일 *Eichmann*을 납치하여 22일 ElAl 이스라엘 항공기로 이스라엘까지 압송한 후 아르헨티나는 이스라엘의 행동에 항의하여 즉각 UN안보리에 이 문제를 제기하고, 그의 즉각적인 송환을 요구하였다. 그러나 6월 23일 안보리[248]는 "나치의 유태인 박해에 대해서는 전세계가 비난하고 있고, 아이히만이 재판을 받게하는 것은 전세계 모든 사람들의 관심사라는 사실에 유념"하면서, 이스라엘에 대해 그의 "즉각적인 송환" 대신에 단지 "UN헌장과 국제법규에 따라 적절한 손해배상(appropriate reparation in accordance with the Charter of the United Nations and the rules of international law)"을 할 것을 요청하였다. 그리고 이 안보리 결의에 따라 아르헨티나는 재판이 시작되기 전 1960년 8월 3일 이스라엘과의 공동성명을 통해 "이스라엘 시민들의 행동의 결과로 야기된 사건을 해결(종결)된 것으로 보기로"(to view as settled the incident which was caused in the wake of the action of *citizens* of Israel which violated the basic rights of the State of Argentina) 합의하였다.[249]

레이건, 클린턴 행정부 이래, 특히 2001년 9/11 테러를 당한 이후 부시 행정부 하에서 미국의 정보기관 특히 CIA는 테러용의자들로부터 "정보를 뽑아내기 위해" 특이한 블법체포 방식을 고안하

---

246) (1992) 31 ILM 888~899.

247) *R.* v. *Horseferry Road Magistrates' Court, ex p. Bennett*, [1993] 3 All E.R. 138 at 155 ("Where it is shown that the law enforcement agency responsible for bringing a prosecution has only been enabled to do so by participating in violations of international law and of the laws of another state in order to secure the presence of the accused within the territorial jurisdiction of the court, I think that respect for the rule of law demands that the court take cognisance of that circumstance.") ; Aust, *Handbook of IL*, 2nd, p. 48 ; Wallace, 3rd, p. 120 ; Denza in Evans (ed.), *International Law*, 3rd, p. 428 ; Staker in Evans (ed.), *International Law*, 5th, p. 313 (fn. 89) ; Dixon, p. 160 ; Beth Van Schaack, "Al-Liby: Male Captus, Bene Detentus?", Just Security, October 7, 2013, 〈https://www.justsecurity.org/1739/al-liby-male-captus-bene-detentus/〉.

248) UN안보리 결의 138 (1960년 6월 23일).

249) (1961) 55 AJIL 307 ; von Glahn, p. 315 ; Lowe and Staker in Evans (ed.), *International Law*, 3rd, p. 336 ; Amnesty International, "Eichmann Supreme Court Judgment: 50 years on, its significance today", p. 5 (Amnesty International Publications, London, 2012), 〈https://www.amnesty.org/download/Documents/24000/ior530132012en.pdf〉 ; District Court of Jerusalem, Criminal Case No. 40/61 (The Accused: Adolf Eichmann), 〈https://www.asser.nl/upload/documents/DomCLIC/Docs/ NLP/Israel/Eichmann_Judgement_11-12-1961.pdf〉.

여 사용하고 있는 것으로 보도되고 있다. 즉, 이 방식에 의하면 미국 정보기관은 테러용의자를 자국이나 해외에서 체포, 납치하여 (불법감금과 고문이 실시되고 있는 것으로 알려진, 그리고 때로 용의자의 국적국가인) 제3국[250]으로 보내면, 그 곳의 정보기관이 고문 등의 방법을 통하여 정보를 입수하고, 이를 다시 미국에 제공하고 있다는 것이다. 언론이나 인권단체 등에서는 이를 완곡하게 "이상한(색다른) 인도" (extraordinary rendition)[251]라고 표현하고 있다. 그러나 범죄혐의자를 적법절차에 따라 미국 내로 데려와 소추하는 것을 목표로 하지 않는다는 점에서 통상적인 의미의 범죄인인도와는 다르며, 더구나 "이상한 인도"의 유형이 고정되어 있는 것 같지도 않다. 다만, 어디에서 올지 모르는 테러 위협에 대처해야 하는 미국의 속사정을 이해하는 것과는 별도로, (i) 납치를 동반하는 인도 행위는 일차적으로 테러용의자 소속국의 대인주권을 침해할 것이며, (ii) 테러 용의자가 −고문을 실시하는 국가의 국민이면서 제3국의 국민이기도 한− 이중국적자인 경우라면 그 제3국의 외교보호권 행사를 초래할 수도 있을 것이며, (iii) 해외에서 현지 국가의 동의를 얻지 아니하고 테러 용의자를 납치하였다면 이것은 당해 영토국의 주권을 침해하는 것이며, (iv) 그를 항공기에 태워 가면서 중간 통과국들에게 이 사실을 알리지 않는 것 또한 그들 국가의 영토주권을 침해하는 것이 될 것이다. 그리고 (v) 무엇보다 미국은 자국 내에서는 금지된 고문을 해외에서 다른 국가로 하여금 수행케 함으로써 이른바 "대리 고문"(torture by proxy) 내지는 "고문 하청"(outsourcing torture)을 하겠다는 것인데, 그러나 1984년의 고문반대협약은 제3조 1항에서 고문당할 염려가 있는 국가로의 "추방, 송환 또는 인도"를 금지하고 있으며, "이상한(색다른) 인도"는 바로 이 규정에 대한 위반을 구성할 수 있다. 고문은 전시, 평시를 불문하고 언제나 금지되는 "훼손할 수 없는 인권"(non-derogable human rights)의 하나이기도 하다. "이상한 인도"를 다룬 세계에서 최초의 재판도 열렸다. 즉, 2009년 11월 4일 이탈리아, 밀라노 지방재판소는 2003년 밀라노시 노상에서 한 모슬렘 성직자가 이라크와 아프가니스탄에서 싸울 사람들을 모집한다는 혐의로 납치되어 이집트로 보내져 고문을 당했다는 주장을 기초로 제기된 형사소추에서 (대부분 CIA를 위해 일한 것으로 생각되는) 23명의 미국인들에게 (전 CIA 밀라노 지부장에게는 8년, 나머지 사람들에게는 각기 5년의) 유죄를 선고하였다.[252]

---

250) 당시 시리아, 이집트, 요르단, 모로코, 우즈베키스탄 등이 거론되었다.

251) See https://en.wikipedia.org/wiki/Extraordinary_rendition ; https://en.wikipedia.org/wiki/Torture ; https://en.wikipedia.org/wiki/United_Nations_Convention_Against_Torture ; https://www.ohchr.org/ english/countries/ratification/9.htm ; https://en.wikipedia.org/wiki/Extradition ; Craig Forcese, "The Capacity to Protect : Diplomatic Protection of Dual Nationals in the 'War on Terror'", European Journal of International Law, Volume 17, Number 2, pp. 369~394, at https://ejil.oxfordjournals.org/cgi/content/abstract/17/2/369.

252) 이탈리아 검찰당국은 원래 26명의 미국인을 기소하였지만 재판소는 3명의 다른 미국인들에게는 외교면제를 이유로 소를 각하하였다. 한편, 이 재판은 피고인들의 부재중(*in absentia*)에 이루어진 것이어서 유죄선고를 받은 미국인들이 이탈리아에서 당장 구금된 것은 아니었다. CNN World, "Italy convicts 'U.S. agents' in CIA kidnap trial", https://www.cnn.com/2009/WORLD/europe/11/04/italy.rendition.verdict/index.html. 그리고 2013년 4월 이탈리아 대통령은 "미국이 전례가 없는 일로 생각하는 문제에 대한 해결책을 찾기" 위해 그리고 "극히 미묘한 사태"를 해결하기 위해(to "find a solution to an affair considered by the United States to be unprecedented" and to solve "a situation of great delicacy") 유죄선고를 받은 사람들 중에서 미국 공군 대령 Joseph Romano를 사면(赦免)하였으며, "미국 정부는 이탈리아 정부의 신중한 배려에 대해 감사하였다."

4. 수형자 이송

형'집행'(execution of a sentence)을 위한 '수형자 이송' 조약이라는 새로운 유형의 인도조약이 체결되고 있다.[253] 1983년 3월 21일 유럽심의회(Council of Europe) 국가들이 스트라스부르그에서 체결한 "수형자 이송에 관한 협약"(Convention on the Transfer of Sentenced Persons)[254]과 1997년 4월 15일 홍콩에서 체결된 "수형자 이송을 위한 미국 정부와 홍콩 정부간의 협정"[255]이 대표적인 예이다. 이 수형자 이송은 도망자가 아닌 '수형자'를 그의 '자유의사'에 기초하여 '본국'으로 이감 조치하는 것이라는 점에서 범죄인인도와 구분된다.[256] 그러나 여기에도 예외가 생겨나고 있다. 예컨대, 1997년 12월 18일, 유럽심의회 회원국들과 상기 스트라스부르그 협약의 다른 체약국들은 "동 협약의 일부 측면을 보충"하기 위하여, 특히 "많은 국가들은 자국민을 인도할 수 없다는 점을 인식"하여, 한 개의 '추가의정서' (Additional Protocol to the Convention on the Transfer of Sentenced Persons)를 채택한 바 있는데, 그 주된 내용은 두 가지이다. 첫째, 수형자가 선고국(sentencing State)에서 형집행을 완료하기 전에 그의 본국으로 도주한 경우, 선고국은 그 본국에 대해 나머지 형을 대신 집행해 주도록 요청할 수 있는데, 이 경우는 '수형자'의 이송이라기보다는 '형집행'의 이송(transfer of the execution of the sentence)이라고 표현하는 것이 정확하다(동 추가의정서 제2조 3항). 둘째, 수형자가 선고국의 감옥에서 일단 석방되면 더 이상 동 국가에 체류하는 것을 허용하지 않는 추방령 등이 형의 선고에 이미 포함되어 있는 경우, 선고국은 본국으로의 그의 이송을 동 국가에 요청할 수 있는데, 이 경우는 '수형자'의 이송이 맞다(동 추가의정서 제3조 1항). 그러나 이 두 경우 모두 수형자의 동의를 필요로 하지 않는다는 점에서 본래적 의미에서의 수형자 이송과는 다르다. 다만, 위 두 번째 경우에 있어 수형자의 본국은 선고국의 이송 요청에 동의하기 전에 먼저 "수형자의 의견을 고려에 넣었어야" 한다(동 추가의정서 제3조 2항).[257] 어쨌든, 수형자 이송 제도는 형사법 분야에 있어서도 국가 간 합의에 의하여 외국판결의 승인과 집행이 가능함을 잘 보여주고 있다. 그리고 이송된 수형자를 위해 일사부재리(double jeopardy)와 범죄특정(specialty)

CNN, "Italy pardons U.S. Air Force officer in rendition case", April 6, 2013, 〈https://edition.cnn.com/2013/04/06/world/europe/italy-rendition-pardon/index.html?iref=allsearch〉.

253) 미국 연방교정관계법령 제4100조 ; 법무부, 《법무자료》, 제110집, p. 70.

254) 스트라스부르그 협약은 유럽심의회 회원국이 아닌 국가들에게도 가입이 개방되어 있었다. 이에 따라 미국(1985년 7월 1일 발효), 캐나다(1985년 9월 1일), 일본(2003년 6월 1일 발효), 한국(2005년 11월 1일 발효) 등의 국가들도 동 협약의 당사국이 되었다 : https://www.coe.int/. 한국은 스트라스부르그 협약의 당사국이 아닌 국가들과는 양자간 차원에서 수형자 이송 조약을 체결하기 시작하였는데, 2007년 5월 28일 서울에서 서명되고 2008년 8월 23일 발효한 "대한민국과 몽골 간의 수형자 이송 조약"(조약 제1905호)이 그 첫 번째 사례이다 : https://www.mofat.go.kr/main/index.jsp.

255) (1997) 36 ILM 856.

256) Dina Maslow, "Extradition from Israel: The Samuel Sheinbein Case", (1999) 7 Cardozo Journal of International and Comparative Law 387 at 416~417.

257) https://conventions.coe.int/treaty/en/Treaties/Html/167.htm (2003-06-03). 이 밖에도, 아래에서 살펴 볼 EU의 "Council Framework Decision of 13 June 2002 on the European arrest warrant and the surrender procedures between Member States" (18. 7. 2002, OJ L 190/1), 제4조 6항, 제5조 3항 등 참조.

의 원칙이 삽입되기도 한다.[258)]

5. EU : "범죄인인도"에서 "유럽체포영장"으로

EU는 2002년 6월 13일 당시의 그 제3기둥, 즉 "형사문제에 있어 경찰 및 사법 협력"(police and judicial cooperation in criminal matters)의 차원에서 "유럽체포영장"(European arrest warrant)으로 명명된 일종의 신속인도절차(fast-track, simplified extradition procedure)를 도입하기 위한 한 개의 골격결정[259)]을 채택하였는데, 그 결과 2004년 1월 1일부터 도입된[260)] 이 제도의 기본논리는 두 가지로 요약된다. 첫째, 종래 EU 회원'국' 간에 적용되어 온 범죄인인도조약들[261)]은

258) United Nations Office on Drugs and Crime (Vienna), *Handbook on the International Transfer of Sentenced Persons*, (United Nations, New York, 2012), pp. 55~56.

259) 즉, "유럽체포영장과 회원국간 인도절차에 관한 2002년 6월 13일의 이사회 골격결정"(Council Framework Decision of 13 June 2002 on the European arrest warrant and the surrender procedures between Member States)(2002/584/JHA), 18. 7. 2002, OJ L 190/1. 동 이사회 골격결정 제1조는 유럽체포영장과 그 집행의무에 관해 다음과 같이 정의하고 있다 :

"1. The European arrest warrant is a judicial decision issued by a Member State with a view to the arrest and surrender by another Member State of a requested person, for the purposes of conducting a criminal prosecution or executing a custodial sentence or detention order.

2. Member States shall execute any European arrest warrant on the basis of the principle of mutual recognition and in accordance with the provisions of this Framework Decision.

3. This Framework Decision shall not have the effect of modifying the obligation to respect fundamental rights and fundamental legal principles as enshrined in Article 6 of the Treaty on European Union."

EU는 유럽체포영장과 궤를 같이 하여 형사분야에서의 상호인정(mutual recognition)을 채택한 두 번째 주요 입법을 채택하였는데, 2008년 12월 18일의 약칭 "유럽증거영장에 관한 이사회 골격결정"(즉, "Council Framework Decision 2008/978/JHA of 18 December 2008 on the European evidence warrant for the purpose of obtaining objects, documents and data for use in proceedings in criminal matters")(OJ L 350, 30. 12. 2008, pp. 72~92)이 바로 그것이다. 동 골격결정은 2009년 1월 19일 발효하였는데, 유럽증거영장의 도입은 한 EU회원국의 권한있는 당국이 자국의 형사소송에서 사용하기 위한 물건, 문서 및 자료를 획득하기 위하여 발행하는 사법결정이 타회원국에서 권한있는 당국에 의해 직접 인정(승인)되고 집행될 것임을 의미한다.

참고로, 이사회가 구EU 제3기둥 하에서 채택하던 골격결정(framework decisions)은 EC/Euratom의 입법행위의 하나인 준칙(directives)과 그 성격이 유사하였다. 즉, 구 EU조약 제34조 2항에 의하면, 골격결정은 "회원국들의 법령의 접근(조화)을 목적으로" 채택하는 것으로서, "달성될 결과에 관해서 회원국들에게 구속력이 있으나 그 형식과 방법의 선택은 국내당국에 맡겨지며", "직접효력을 수반하지 아니한다." 직접효력이 명시적으로 봉쇄되고 있는 점에서 EC/Euratom 준칙과 다르다. 그러나 구 EU 제3기둥은 이제 리스본조약에 의하여 EU기능조약(Part Three, Title V, Chapter 4 and 5)에 편입되었다. 이와 함께 구 EU조약 제34조는 폐지되었고, 이로 인해 골격결정은 사라지고, EU의 통상적인 입법행위(즉, 명령, 준칙, 결정)로 대체되었다. https://en.wikipedia.org/wiki/Framework_decisions. 다만, 리스본조약 발효 이전에 EU조약에 근거하여 채택된 골격결정을 포함한 非EC 법적 행위는 EU설립조약(TEU/TFEU)을 이행함에 있어 폐지, 취소 혹은 개정될 때까지는 법적 효력이 보존된다 : "과도기 규정에 관한 의정서"[Protocol (No. 36) on Transitional Provisions] 제9조, 첫 번째 문장.

260) https://en.wikipedia.org/wiki/European_Arrest_Warrant.

261) 2002년 EU이사회 골격결정 제31조 1항에 의하면 이 골격결정은 EU회원국 간에 있어서는 2004년 1월 1일부로 범죄인인도에 관한 다음의 조약들의 상응하는 규정들을 대신한다 : 1957 European Convention on Extradition and its 1975 and 1978 additional protocols ; 1977 European Convention on the suppression

이제 회원국 '사법당국' 간의 –즉, 각 회원국이 지정하는 "영장발부사법당국"(issuing judicial authority)과 "영장집행사법당국"(executing judicial authority) 간의– 범죄인 체포 및 인도 절차로 대체한다.[262] 둘째, EU는 이미 오래 전부터 "민사판결의 자유이동" 원칙을 발전시켜 나오고 있는데, EU는 이제 형사문제에 있어서도 범죄인인도조약에 기초한 회원국간의 전통적인 협력체제를 넘어 "형사문제에 있어 사법결정의 자유이동 체제" (system of free movement of judicial decisions in criminal matters)를 도입한다.[263] 요컨대, "유럽체포영장은 긴급한 문제로(as a matter of urgency) 취급되고 집행되어야 한다".[264] 그리고 이 목적을 위해 "영장발부국"(issuing Member State)(즉, 인도요청국)의 법에 의해 3년 이상의 형이 언도될 수 있는 32개의 중요 범죄에 대해서는 쌍방가벌성의 원칙은 포기되었다.[265] 범죄특정의 원칙도 상호주의 조건 하에 포괄적으로 포기 내지는 제한되고 있으며, 범죄인 자신이 영장발부국으로 인도된 뒤 범죄특정 원칙의 권리를 포기하는 것도 허용되고 있다.[266] 자국민 불인도의 원칙도 배제되고 있다.[267] 유럽체포영장 제도는 계속해서 개선되고 있다.[268]

앞에서 살펴본 전통적인 범죄인인도 절차는 인도 여부를 결정함에 있어 장시간의 재판절차와 때로

---

of terrorism ; 1989 Agreement between the 12 Member States of the European Communities on the simplification and modernisation of methods of transmitting extradition requests ; 1995 Convention on simplified extradition procedure between the Member States of the European Union ; 1996 Convention relating to extradition between the Member States of the European Union ; Title Ⅲ, Chapter 4 of the 1990 Convention implementing the 1985 Schengen Agreement. 다만, EU회원국들은 유럽체포영장의 대상인 사람들의 인도절차를 더욱 간소화하거나 용이하게 하는 한에 있어서는 그같은 (양자 혹은 다자)조약을 계속 적용하거나 체결할 자유가 있다 ; 이같은 조약의 적용은 그러나 그것의 당사자가 아닌 EU회원국들과의 관계에 영향을 미쳐서는 아니 된다(제31조 2항).

262) 2002년 EU이사회 골격결정, 제6조.

263) 2002년 EU이사회 골격결정, 전문, 제5리사이틀(fifth recital). 참고로 EC/EU입법의 전문에서 "whereas"로 시작되는 이유설명 부분을 recital이라고 칭한다 : 拙著, 《EU法論》, p. 182.

264) 2002년 EU이사회 골격결정, 제17조 1항.

265) 2002년 EU이사회 골격결정, 제2조 2항. 다만, 이사회는 유럽의회의 의견을 구한 뒤 이 목록에 다른 범죄를 추가할 수 있다(동 조 3항). 제2조 2항의 범주에 들지 않는 범죄들에 대해서는 "집행사법당국" (executing judicial authority)(즉, 인도요청을 받은 회원국의 사법당국)이 쌍방가벌성 원칙의 적용 여부를 선택할 수 있다(동 조 4항).

266) 2002년 EU이사회 골격결정, 제27조 및 제13조 1항.

267) 다만, 유럽체포영장이 선고된 형의 집행을 위하여 발부된 경우로서, 인도 청구의 대상이 된 자가 영장집행국에 '체류하고'(staying) 있거나 영장집행국의 '국민 혹은 거주자(resident)'인 경우, 영장집행사법당국은 형의 집행을 약속함으로써 영장집행을 거절할 수 있다(2002년 EU이사회 골격결정 제4조 6호). 또한, 유럽체포영장이 소추를 위하여 발부된 경우로서, 인도 청구의 대상이 된 자가 집행국의 '국민 혹은 거주자'인 경우, 영장집행사법당국은 영장발부국에서 확정되는 형의 영장집행국에서의 복무를 조건으로(즉, 나중에 수형자 이송을 조건으로) 인도할 수 있다(이런 결정을 하기 전에 그 자의 의견을 청취하여야 한다)(2002년 EU이사회 골격결정 제5조 3호). 같은 논리로, 유럽체포영장이 소추를 위하여 발부된 경우로서, 인도 청구의 대상이 된 자가 통과회원국(Member State of transit)의 '국민 혹은 거주자'인 경우, 통과회원국도 나중에 자국에서의 형 집행을 '통과'의 조건으로 내걸 수 있다(2002년 EU이사회 골격결정 제25조 1항 2단). https://e-justice.europa.eu/content_european_arrest_warrant-90-en.do.

268) "Council Framework Decision 2009/299/JHA of 26 February 2009 amending Framework Decisions 2002/584/JHA, 2005/214/JHA, 2006/783/JHA, 2008/909/JHA and 2008/947/ JHA, thereby enhancing the procedural rights of persons and fostering the application of the principle of mutual recognition to decisions rendered in the absence of the person concerned at the trial", 27.3.2009, OJ L 81/24 ; https://en.wikipedia.org/wiki/European_Arrest_Warrant#Trials_in_absentia.

정치 · 외교적 분쟁을 동반하는 경우가 많으며, 특히 인도청구는 국가 간 외교채널을 통해서 하는 것이 원칙이다. 그 결과 범죄인들은 이같은 약점을 파고들어 시간을 끌며 사법정의를 방해하려고 시도한다. 이와는 대조적으로, 유럽체포영장에 있어 범죄인인도는 '정치적 · 행정적' 과정을 벗어나 신속한 '사법적' 과정으로 전환되고 있다. 이 제도가 EU 밖으로 확산되어 전통적인 범죄인인도 절차를 대체할 수 있다면 범죄인이 숨을 곳은 더욱 더 줄어들 것이다.

제2부 국가관할권과 면제

제10장
국가면제

국가면제는 국제법에 의하여 규율되는 주제이긴 하지만 주로 사인들이 외국정부 혹은 그 대리인을 상대로 제기하는 국내소송(주로 민사소송)에서 피고(외국 혹은 그 대리인)에게 부여되는 특권적 지위와 관련된 것으로, 일국의 재판소가 외국 또는 외국재산에 대해 관할권을 행사하지 못하게 함으로써 국가들을 서로의 집행관할권으로부터 보호하기 위해 고안된 것이다. 이 때문에 국가면제는 "국제법과 국내절차법이 교차하는 지점에"(at the point of intersection of international law and national procedural law)[1] 위치하고 있다고 말하는 학자가 있다. 이 말은 기본적으로 다른 종류의 면제에 대해서도 적용되는데, 본장에서는 면제이론의 논리적 기초가 되는 국가면제에 대해 개관하고, 다른 종류의 면제에 대해서는 장을 달리하여 살펴본다.

그러나 이것은 국가면제가 다른 종류의 면제, 특히 −외교관의 이름으로 해외에 파견되어 그 곳에서 상주하는 공무원들에게 부여되는− 이른바 외교면제보다 역사가 더 오래되었음을 의미하는 것은 아니다. 사실, 외교면제법의 역사는 국제법 자체의 역사만큼이나 오래되었으나 국가면제법은 그 역사가 상대적으로 일천하다. 이 때문에 외교면제법의 논리가 국가면제법의 형성과 발전에 어느 정도 영향을 미친것도 사실이다. 또한 ICJ는 *United States Diplomatic and Consular Staff in Tehran* 사건[2]에서 외교면제법이 "한 개의 자기완비적 체제"(a self−contained regime)를 구성한다고 말한 바 있는데, 이것은 외교면제법은 다른 면제법, 특히 국가면제법에 대해 특별법(*lex specialis*)의 위치에 놓임을 시사하고 있다. 게다가 거의 보편적 관행에 기초하여 수립된 외교면제법과 비교하면 국가면제에 관한 국내판례는 여전히 일부 국가(특히 서구국가)에 편중되어 있고, 그 결과 국가면제의 구체적인 측면들에 대해 진영 간에 컨센서스에 도달하지 못하고 있다.[3]

---

1) Burkhard Heß "The International Law Commission's Draft Convention on the Jurisdictional Immunities of States and their Property", (1993) 4 EJIL 269 at 271 (available at https://www.ejil.org/pdfs/4/1/1203.pdf ; cited in Fox, 2nd, p. 1).
2) ICJ Reports (1980), p. 3 at 40 (para. 86).
3) See Bankas, p. 347.

Ⅰ. 국가면제의 의의

주권평등과 영토주권의 관념이 확립되지 못 하고 있던 교황 중심의 중세시대에는 아직 타국의 군주, 나아가 국가 자체의 면제 문제를 검토할 법적 공간은 없었다.[4] 그 결과 국가면제 이론은 대체로 19세기부터 일부 주요국가들, 특히 영국과 미국의 국내판례를 중심으로 하여 국제관습법의 형식으로 발전되어 왔는데,[5] ILC(UN국제법위원회)는 1991년 이 분야의 법전화를 위한 준비작업으로서 "국가 및 그 재산의 관할권 면제에 관한 규정 초안"(Draft Articles on Jurisdictional Immunities of States and Their Property)(이하 ILC초안)[6]을 최종 채택하였다. 그러나 초안은 그 후 UN총회에서 토의와 논쟁의 대상이 되었으며, ILC에서 다시 검토되기도 하였다. ILC가 채택한 제한적 면제이론의 핵심인 권력적 행위와 상업적 행위의 구분기준으로서 '성질'과 '목적'을 모두 고려에 넣을 것인지 아니면 어느 한쪽(즉, 성질)만을 기준으로 할 것인지를 놓고 ILC초안의 규정과 국가들의 일부 관행이 합치되지 않는 것, 그리고 (강제집행을 포함한) 사법적 강제조치 단계에서의 면제의 범위와 관련하여 초안의 규정이 너무 제한적이라고 생각하는 일부 국가들의 반발 등등이 초안의 협약화를 가로막았던 것이다.[7] UN총회는 2004년 12월 2일의 결의 59/38을 통해 "국가 및 그 재산의 관할권 면제에 관한 UN협약"(United Nations Convention on Jurisdictional Immunities of States and Their Property)(이하 UN협약)[8]을 채택하는데 성공하였는데, 이것은 1991년의 ILC초안에 약간의 변경을 도입한 것이다. UN협약에는 "협약의 일부 조항에 대한 양해"(Understandings with respect to certain provisions of the Convention)가 부속되어 있다. 2005년 1월 17일 뉴욕의 UN본부에서 서명을 위해 개방된 UN협약은 30번째 비준, 수락, 승인 혹은 가입문서가 UN사무총장에게 기탁된 일자 후 30일째 되는 날로부터 발효한다.[9]

UN협약에 의하여 규율되지 아니하는 문제에 대하여서는 국제관습법규가 계속 적용된다.[10] UN협약은 국가면제에 관한 기존 조약 하의 권리와 의무에 영향을 미치지 아니한다.[11] 무엇보다 UN협약 제2조는 3항에서 "본 협약에 담겨있는 '재판소', '국가' 그리고 '상업적 거래'의 술어 사용과 관련한 1항과 2항의 규정은 국내법 혹은 타 국제문서에서 '이들 술어의 사용'이나 '이들 용어에 부여될 수 있는 의미'를 침해하지 아니한다."고 규정하고 있는데, 이것은 어떤 국가의 국내법이나 관련 타조약

4) Barker in Orakhelashvili (ed.), pp. 192~203.
5) 이들 국내재판소들은 상호 타국 재판소의 판례를 이 분야의 국제관습법규 결정을 위한 보충적 수단으로 의존하곤 하였다. Nollkaemper, p. 278, fn. 184.
6) Report of the International Law Commission on the work of its forty-third session (29 April~19 July 1991), UN General Assembly Official Records : Forty-sixth Session, Supplement No. 10 (A/46/10) ; (1991) 30 ILM 1565 ; Watts, Vol. Ⅲ, p. 1999 ff.
7) Currie, pp. 322, 328~331, 335.
8) 협약의 개인적 번역은 《국제법평론》, 2005-1(통권 제21호), p. 305 이하(김석현 교수 역) 참조.
9) UN협약 제30조 1항. 2023년 현재 미발효.
10) UN협약 전문 5단.
11) UN협약 제26조.

(이를테면 "국가면제에 관한 유럽협약")이 이들 세 개념에 대해 UN협약보다 좁은 입장을 취하더라도 이는 UN협약과 양립할 수 없는 것이 아님을 의미한다. 이것은 국내법의 UN협약에 대한 우위를 인정함으로써 국가면제에 관한 기존의 국내법 및 조약들과 UN협약 간의 양립가능성 문제가 극복되었음을 의미한다.[12)]

UN협약에 따르면 국가면제(state immunity) 혹은 주권면제(sovereign immunity)라 함은 "국가 또는 국가의 재산이 타국재판소의 관할권으로부터 면제"(immunity of a state and its property from the jurisdiction of the courts of another State) 됨을 의미한다.[13)] 이 정의는 일반관습법상의 그것과 전혀 다르지 않다.

따라서 첫째, 일국 재판소에서의 국가면제 주장은 적어도 소송의 일방 당사자가 외국이거나 소송의 객체가 외국의 재산이라는 점에서 언제나 '외국적 요소(foreign element)를 지닌', 다시 말해서 '초국내적인'(transnational) 분쟁에서 제기된다.[14)] 일국 정부 혹은 그 재산이 자국 재판소에서 면제를 향유하는지의 여부는 국내법의 문제일 따름이다.[15)]

둘째, 국가면제는 법정지국 재판소가 사건의 본안에 대해 관할권을 행사할 수 있는 것인가를 결정짓는 절차적 성격의 규칙인데 반해, 행위의 위법성 여부는 면제가 부인된 다음 재판소가 사건의 본안에 대해 관할권을 행사하는 과정에서 결정할 실체적 문제이다. 따라서 피고국가가 자신의 행위가 위법한 것이었음을 인정하는 경우라도 면제 여부는 그것과는 별개로 먼저 판단되어야 할 문제이다.[16)]

셋째, 국가면제는 단지 타국의 집행관할권, 특히 -사법절차에 관련된 일체의 행정적·집행적 권한을 포함한- '재판관할권'으로부터의 면제를 의미한다.[17)] 쉽게 말해서, 타국 법정의 피고석에 앉지 않을 국가(또는 국가재산)의 특권을 지칭한다. 따라서 그것은 국제법으로부터의 면제 또는 법정지국의 입법관할권, 즉 국내법 자체로부터의 면제를 의미하는 것이 아니기 때문에[18)] 위법행위에 대한 국제법

12) Dixon, p. 195 ; 본서, 제5장(국제법과 국내법의 관계), "Ⅱ. 국제법의 국내법에 대한 태도".
13) UN협약 제1조 및 제5조.
14) Badr, p. 63.
15) See https://en.wikipedia.org/wiki/Sovereign_immunity_in_the_United_States.
16) 이 점에 대해서는 *Jurisdictional Immunities of the State* (Germany v. Italy; Greece intervening), ICJ Reports (2012), p. 99 (paras. 60, 93)에서 ICJ도 언급한 바 있다 : "60. To the extent that this distinction [between *acta jure imperii* and *acta jure gestionis*] is significant for determining whether or not a State is entitled to immunity from the jurisdiction of another State's courts in respect of a particular act, it has to be applied before that jurisdiction can be exercised, whereas the legality or illegality of the act is something which can be determined only in the exercise of that jurisdiction. Although the present case is unusual in that the illegality of the acts at issue has been admitted by Germany at all stages of the proceedings, the Court considers that this fact does not alter the characterization of those acts as *acta jure imperii*. ; 93. ... The rules of State immunity are procedural in character and are confined to determining whether or not the courts of one State may exercise jurisdiction in respect of another State. They do not bear upon the question whether or not the conduct in respect of which the proceedings are brought was lawful or unlawful. ..."
17) Currie, p. 317.
18) 예컨대, 1961년의 비엔나 외교관계협약 제41조 1항에 규정된 외교관의 접수국법령 존중 의무는 외교관도 보통외국인과 마찬가지로 당연히 접수국의 입법관할권 하에 놓여 있음을 의미하는 것이다. 사실 이 의무가 전제되지 않는다면 면제문제는 처음부터 제기되지 않을 것이다. *Ibid.*, p. 326. 역시 국가기관의 하나인 '외국군

또는 국내법상의 책임(responsibility)이 조각되는 것은 아니다.[19] 요컨대, 위반한 법이 국내법이냐 국제법이냐를 문제삼는 것이 아니며,[20] 국가면제란 피해자나 법정지국가가 외국정부의 책임을 추궁할 수 있는 실효적인 방법들 중의 하나를 상실함을 의미하는데 지나지 않는다.[21]

넷째, 국가면제는 단지 타국의 '재판'관할권으로부터의 면제를 의미하는 것이다. 따라서 이것은 피해자나 영토국가가 필요한 경우 국내법적 차원에서 정당방위 · 긴급피난에 호소하거나 혹은 국제법적 차원에서 자위권에 호소하는 것을 막는 것이 아니다.

다섯째, 피고의 신분이 특별히 '외국'(foreign state) 또는 외국의 국가기관이라는 이유로 재판관할권이 성립하지 않는다면, 이것은 국가면제의 문제이다. 그러나 피고가 외국이 아니고 보통의 외국인이라 하더라도 법정지국의 재판관할권이 성립하지 않는다면, 이것은 재판관할권 자체가 흠결 또는 결여된 경우이다. 이처럼 법정지국의 재판관할권 자체가 결여되어 있는 상황이라면 피고로 지명된 외국 정부로서는 국가면제를 통한 방어를 할 필요가 없다. 요컨대, 법정지국의 국내법(즉, 국제사법 혹은 법의 충돌)규정에 의하여 인적 혹은 물적 재판관할권 자체가 흠결(lack of jurisdiction)된 경우라면 국가면제(immunity from jurisdiction)의 문제는 발생하지 않는다. 국가면제란 우선 법정지국의 국내법에 의하여 인적 혹은 물적 측면에서 그 국가의 국제재판관할권(international jurisdiction)이 성립함을 전제로 하는 개념이기 때문이다.[22] 그러나 국제재판관할권의 성립요건은

함'의 내수 및 영해 내에서의 지위에 관해서는 Churchill/Lowe, p. 77 ; 본서, 제21장 (해양법) 참조.

19) Brownlie, 5th, p. 329 ; Fox in Evans (ed.), *International Law*, 3rd, pp. 349, 351. ICJ도 *Jurisdictional Immunities of the State* (Germany v. Italy ; Greece Intervening), Judgment of 3 February 2012, para. 108에서 국가의 책임과 면제는 별개의 문제로서, 책임 문제가 면제에 영향을 미치지 않는 것처럼, 면제 문제에 대한 ICJ의 판결이 독일이 가질 수 있는 책임에 영향을 미치는 것은 아니라는 점을 상기시킨 바 있다 : "The question whether Germany still has a responsibility towards Italy, or individual Italians, in respect of war crimes and crimes against humanity committed by it during the Second World War does not affect Germany's entitlement to immunity. Similarly, the Court's ruling on the issue of immunity can have no effect on whatever responsibility Germany may have." "사건 개요는 본장, Ⅵ. 면제의 범위" 참조.

ICJ는 현직 외무장관의 형사재관권 면제와 관련한 *Arrrest Warrant of 11 April 2000* (Democratic Republic of the Congo v. Belgium), ICJ Reports (2002), p. 3 at 25 (paras. 60~61)에서도 면제와 (개인의) 형사책임의 구분에 대해 다음과 같이 지적한 바 있다 : "The Court emphasizes, however, that the immunity from jurisdiction enjoyed by incumbent Ministers for Foreign Affairs does not mean that they enjoy impunity in respect of any crimes they might have committed, irrespective of their gravity. Immunity from criminal jurisdiction and individual criminal responsibility are quite separate concepts. While jurisdictional immunity is procedural in nature, criminal responsibility is a question of substantive law. Jurisdictional immunity may well bar prosecution for a certain period or for certain offences; it cannot exonerate the person to whom it applies from all criminal responsibility. Accordingly, the immunities enjoyed under international law by an incumbent or former Minister for Foreign Affairs do not represent a bar to criminal prosecution in certain circumstances. ..." 사건 개요는 본서, 제9장 (국가관할권) 참조.

20) 다만, 오늘날 '일반국제법의 강행규범'(*jus cogens*) 위반행위에 대해서는 국가면제를 인정하지 말아야 한다는 의견이 제기되고 있는데, 이것에 관해서는 아래에서 따로 다룬다.

21) 그런 의미에서 책임 자체의 면제를 시사하는 듯한 국가면'책'이나 면'책'특권은 좋은 표현이 아니다.

22) ICJ도 Case concerning *the Arrest Warrant of 11 April 2000* (Democratic Republic of the Congo v. Belgium), ICJ Reports (2002), p. 3, para. 46에서 "국가가 특정 문제에 대해 국제법에 의거하여 관할권을 가질 때에만 그것의 행사에 관하여 면제의 문제가 있을 수 있다."고 언급하면서, 특히 para. 59에서 다음과 같이 지적하고 있다 : "국내재판소의 관할권에 적용되는 규칙은 관할권면제에 적용되는 규칙들과는 조심스

기본적으로 각국의 국제사법(이것은 국내법이다)에 맡겨져 있기 때문에 국가마다 다를 수 있으며, 때로 이것과 국가면제를 엄격히 구분하지 않거나 혼동하는 판례도 없지 않다.[23)]

여섯째, 면제의 대상이 되는 사법(재판)절차에는 민사적인 것뿐만 아니라 형사적인 것도 포함된다. 외국 혹은 외국정부를 상대로 제소하는 경우라면 이것은 분명히 민사소송일 것이다. -제소의 대상이 자국이든 외국이든- 국가 혹은 정부 자체를 상대로 형사소추가 이루어지는 경우는 아직은 없기 때문이다. 요컨대, 민사소송 분야에서 절대적 면제이론으로부터 제한적/상대적 면제 이론으로의 발전은 형사소송 분야에서 국가가 향유하는 절대적 면제에 전혀 영향을 미치지 못하고 있는 것이다. 그러나 개인을 상대로 제소하는 경우, 그는 자신이 행위 당시 특별한 신분의 소유자였거나 현재 특별한 신분의 소유자임을 내세워 면제를 주장할 수 있고, 이런 상황은 민사소송뿐만 아니라 형사소송에서도 발생할 수 있다. 다만, "UN협약은 형사재판(criminal proceedings) 분야에까지는 미치지 않는다"는 것이 임시위원회(*Ad Hoc* Committee)에서 도달한 일반적 양해였으며, UN총회도 결의 59/38에서 이에 동의하고 있다.[24)]

일곱째, 국가면제는 '다른 국가'의 재판과정에서 문제되는 것으로서, 국제재판소에서는 이것이 문제로 등장하지 아니한다.[25)] 국가 간 국제재판에서 상대방 국가의 (사전 · 사후)동의 없이 제소하면 이것은 '재판관할권의 흠결'로 간주될 따름이다. 개인의 형사책임을 묻는 국제형사재판소에서도 국가면제의 항변은 수락되지 아니하지만, 이 경우에는 재판소의 성격상 관할권의 흠결과는 정반대의 결과를 초래한다.[26)]

렵게 구분되어야 한다. 즉, 관할권이 면제의 부재를 함축하지는 않으며, 역으로 면제의 부재가 관할권을 함축하는 것은 아니다. 즉, 일부 중대한 범죄의 방지와 처벌에 관한 여러 국제협약들이 국가들에게 소추 아니면 인도의 의무를 부과함으로써 형사관할권을 확대할 것을 요구하고 있긴 하지만, 그러한 관할권의 확대는 외무장관의 면제를 포함하여 국제관습법 하의 면제에는 조금도 영향을 미치지 아니한다. 이들 면제는 그들 (국내)재판소가 그들 협약에 의거하여 그같은 관할권을 행사하는 경우에도 외국의 재판소에서 대항가능한 채로 남아 있다." See Philippe Sands, "After Pinochet: the role of national courts", in Sands (ed.), p. 102. 한편, ILC (Report 2008, para. 282)도 "국가 공무원의 외국 형사재판권으로부터의 면제"(immunity of state officials from foreign criminal jurisdiction)에 대한 토론 과정에서 "면제의 문제는 일단 재판소가 사건을 심리할 자신의 관할권을 인정한 경우에만 발생한다는 의미에서 관할권은 논리적으로 면제에 앞선다."는 점에 대해 견해를 같이 하였다.

23) See Badr, pp. 80~86, 90~97, 133~139.

24) Currie, p. 317 ; Fox, p. 503 ff. 민사소송에서 제한적 면제이론을 도입한 보통법 국가(common law countries)의 법률들도 예외없이 동 법률의 형사소송에의 적용을 배제하고 있다. 예컨대, 영국의 "국가면제법 1978"(State Immunity Act 1978)은 §16(4)에서 외국의 면제에 관련한 동 법률의 규정은 "형사소송에는 적용되지 아니한다"고 규정하고 있으며, 이에 따라 SIA의 적용범위 밖에 있는 모든 민사문제와 모든 형사사건은 관련 보통법에 따라 결정된다. 영국 상원도 *Holland* v. *Lampen-Wolfe*, decision of 20 July 2000, [2000] 1 WLR 1573, [2000] UKHL 40, [2000] 3 All ER 833에서, SIA는 적용되지 않지만 피고는 보통법에 따라 면제를 향유할 권리가 있다고 만장일치 판결을 내린 바 있다 : Kaczorowska-Ireland, pp. 427~429.

비슷하게, 미국도 "1976년 외국주권면제법"(Foreign Sovereign Immunities of 1976) §1330(a)에서 재판소의 관할권을 "외국을 상대로 한 일체의 비배심 민사소송"(any non-jury civil action against a foreign state)에 국한하고 있다.

ILC는 2007년부터 "국가관리의 외국형사재판권 면제"(Immunity of state officials from foreign criminal jurisdiction)를 검토하고 있다. Franey in Orakhelashvili (ed.), p. 207 (fn. 11) ; 본서, 제11장 (국가행위이론), "I. 피고가 외국의 공무원 또는 대리인인 경우" 참조.

25) Currie, p. 317 ; Fox in Evans (ed.), *International Law*, 3rd, p. 349.

여덟째, UN협약 제6조 2항(b)에 의하면 '외국을 상대로 제기된 소송'이라 함은 '외국이 소송당사자로 거명된' 경우뿐만 아니라 간접고소(indirect impleading), 즉 "소송당사자로 거명되지 않았어도 소송이 사실상 그 외국의 재산·권리·이익 또는 활동에 영향을 미치려 하는(*in effect seeks to affect*)" 경우까지 포함하는 것으로 정의되고 있다. 이것은 국내재판소가 관할권 행사를 자제해야 할 경우가 그만큼 확대됨을 의미한다.[27)]

아홉째, 본안 전(本案前) 항변사유로서의 외국정부의 재판관할권 면제와 (판결 전 혹은 후의)강제조치(압류 혹은 강제집행)로부터의 면제는 별개로 분리해서 다루어지고 있으며,[28)] ICJ도 *Jurisdictional Immunities of the State* 사건[29)]에서 이를 지적한 바 있다.

끝으로, (국가 및 정부)승인에 대한 국제법의 시각은 대체로 창설적 효과설에서 선언적 효과설로 바뀌었지만, 미승인 국가 혹은 정부에게도 국가면제를 인정할 것인가의 문제에 대한 국내법의 태도는 획일

26) 뉴른베르그 국제재판소(동 재판소 헌장 제7조)와 극동국제군사재판소(동 재판소 헌장 제6조) 및 기타 국제형사재판소들(구유고국제형사재판소 규정 제7조 2항, 르완다국제형사재판소 규정 제6조 2항, 시에라레온특별재판소 규정 제6조 2항)은 -"국가원수와 정부수반을 포함하여 개인의 공적 자격(official capacity)은 어떠한 경우에도 그 자를 로마규정 하의 형사책임으로부터 면하게 하지 않으며, 그 같은 공적 자격 그 자체만으로는 형의 감경을 위한 근거로도 되지 않는다"고 규정한- (ICC)로마규정 제27조 1항에 상응하는 규정만을 두고 있을 뿐, -"국내법에 따른 것이든 국제법에 따른 것이든, 사람의 공적 자격에 수반될 수 있는 '면제 및 특별절차규칙'(immunities and special procedural rules)은 ICC의 재판권행사를 막지 못한다"고 규정한- 동조 2항에 상응하는 규정은 두고 있지 않다. 이런 법상황에서 시에라레온 특별재판소에 기소된 전직 라이베리아 대통령 찰스 테일러가 면제를 주장하자(기소 시점에서는 아직 현직이었다), 재판소는 먼저 자신이 시에라레온의 국내재판소인지 아니면 국제재판소인지를 분명히 하여야 하였다. 왜냐하면 "주권국가의 평등으로부터 나오는 국가면제 원칙은 특정 국가의 기관이 아닌, 국제공동체로부터 위임을 받은 국제형사재판소에 대해서는 관련이 없기 때문이다" (para. 51). 그러므로 동 재판소는 자신은 시에라레온 사법부의 일부가 아니라 한 개의 국제형사재판소(an international criminal court)라고 결론내린 뒤(para. 42), 자신은 이처럼 국내재판소가 아니라고 결론지었기 때문에 국내재판소에서 면제가 주장되는 사건들을 논하는 것은 필요하지 않다고 판시하였다(para. 54) ; 재판소는 "처벌에 대한 언급은 재판을 함축하고 있는 것이다"(mention of punishment implies a trial)라고도 언급하였다(para. 48) : Special Court for Sierra Leone, Appeals Chamber, *Prosecutor against Charles Ghankay Taylor*, Case Number SCSL-2003-01-I, Decision on Immunity from Jurisdiction, 31 May 2004, 〈https://www.eccc.gov.kh/sites/default/files/Taylor.pdf〉. Kaczorowska-Ireland, pp. 406~407 ; 본서, 제17장 (국제인권법), "Ⅱ. 국제형법의 발전" & 제29장 (국제형사재판소), "Ⅸ. 형법의 일반원칙" 참조.

27) 그러나 UN협약 제6조 2항(b)가 국제관습법을 반영한 것인지에 대해서는 의문이 제기되고 있다. 이 간접고소 문제에 대한 영국법의 태도에 대해서는 다음을 참조: 영국 국가면제법(State Immunity Act), section 6(4) ; Orakhelashvili/Akehurst, pp. 239~240(9th, pp. 256~257) ; Orakhelashvili in Orakhelashvili (ed.), p. 153 ; *Belhaj* v. *Straw*, UK Supreme Court, 17 January 2017, [2017] UKSC 3, 〈https://www.supremecourt.uk/cases/docs/uksc-2014-0264-judgment.pdf〉 ; Zahra Al-Rikabi, "English Court of Appeal rejects De Facto Immunity for UK officials & Act of State Doctrine in Torture Claims", EJIL : Talk!, November 3, 2014, 〈https://www.ejiltalk.org/english-court-of-appeal-rejects-de-facto-immunity-for-uk-officials-in-torture-claims/〉.

28) 본장, "Ⅷ. 국가재산의 사법적 강제조치로부터의 면제."

29) Germany v. Italy; Greece Intervening, ICJ Reports (2012), p. 99 at 147 (para. 113) : "... The rules of customary international law governing immunity from enforcement and those governing jurisdictional immunity (understood *stricto sensu* as the right of a State not to be the subject of judicial proceedings in the courts of another State) are distinct, and must be applied separately." 사건을 재판하는 권한뿐만 아니라 판결 전후 강제적 조치를 부과하는 권한도 사법부의 관할권(jurisdiction)에 속한다. 따라서 immunity from jurisdiction(혹은 jurisdictional immunity)은 재판소의 두 권한 모두로부터의 면제를 의미하는 것으로 넓게 이해될 수도 있다. 아마도 이 때문에 ICJ는 사건을 재판하는 권한으로부터의 면제를 "좁은 의미에서의 관할권 면제"(jurisdictional immunity *stricto sensu*)로 지칭한 것으로 보이는데, 이를 immunity from *adjudication*으로 표현하는 학자도 있다[e.g., Yang in Orakhelashvili (ed.), pp. 383~383].

성이 결여되어 있다. 이것은 미승인 국가/정부에게도 국가면제를 인정할 것인지, 또 이를 위해 추가적인 조건이 요구되는지의 문제에 대하여 국제관습법규가 형성되지 않았음을 의미하는 것이기도 하다.[30]

국가는 의제적 존재이므로 국제법상 그 분신으로 간주되는 국가기관에 의하여 대표되고 이들을 통하여 행동한다. 다만, 국가기관 중에서도 국가원수, 외교관(1961년 비엔나협약), 영사(1963년 비엔나협약), 특별사절(특사)(1969년 비엔나협약), 국제기구/국제회의에 파견된 사절단/대표단(1975년 비엔나협약), 군대 등의 면제에 관해서는 국제관습법 또는 관련 조약상 각기 조금씩 다른 독자적 면제규칙이 적용되고 있다.[31]

Ⅱ. 국가면제의 이론적 근거와 상황의 변화

국가면제론에서 절대적 면제이론의 효시처럼 언급되곤 하는 *The Schooner Exchange* v.

---

30) 본서, 제8장 (국가 및 정부 승인), "Ⅳ. 승인의 국내법상의 효과" ; Margaret E. McGuinness, "Non-Recognition and State Immunities: Toward a Functional Theory", St. John's School of Law, Legal Studies Research Paper Series, Paper No. 18-0019, May 1, 2018, 〈https://ssrn.com/abstract=3188916〉 ; Pasha L. Hsieh, "An Unrecognized State in Foreign and International Courts: The Case of the Republic of China on Taiwan", (2007) 28 Michigan Journal of International Law 765~814 참조.
현재의 중국(PRC)과 대만(ROP on Taiwan) 혹은 한국과 북한처럼, 서로를 국가로 승인하지 않고 대치 중인 분단국 상호간에 국가면제의 법리를 적용할 것인가에 대한 해답을 일반국제법에서 구하기는 더욱 더 어려울 것이다. 독일(연방공화국)의 경우, 1990년 8월 31일의 통일조약 및 1990년 9월 23일의 연방법률에 의하여 폐지되기 전의 헌법("기본법") 제23조(영토조항)에 의하면 헌법의 지리적 적용범위가 "당분간"(즉, 동독이 독일연방공화국에 가입할 때까지) 서독 지역에 국한 되어 있었다 : 본서, 제20장 (국가승계), "Ⅶ. 독일 통일과 국가승계" ; https://www.concourt.am/armenian/legal_resources/world_constitutions/constit/germany/ge-old-e.htm. 이런 규범적 상황 하에서 서독은 -동서독기본조약 발효와 UN 동시 가입 후- 1973년 11월 16일 "독일민주공화국(동독) 상주대표의 편의, 특권 및 면제의 보장에 관한 법"(Gesetz über die Gewährung von Erleichterungen, Vorrechten und Befreiungen an die ständige Vertretung der Deutschen Demokratischen Republik)을 제정하고, 1974년 4월 24일 연방정부가 이행명령("Verordnung über die Gewährung von Erleichterungen, Vorrechten und Befreiungen an die ständige Vertretung der Deutschen Demokratischen Republik")을 반포한 바 있지만, 이들 법률과 이행명령은 -그 제목에서 보는 것처럼- 동독의 국가면제 일반에 대한 것이 아니라 서독 내에서 동독 상주대표단의 특권과 면제를 인정하기 위해 제정된 것이었다 : file:///C:/Users/DSK/Desktop/ bgbl173s1673_35704.pdf ; file:///C:/Users/DSK/Desktop/bgbl174s1022_6595.pdf ; 제20장 (국가승계), "Ⅶ. 독일 통일과 국가승계" 참조.
한편, 동서독 기본조약이 발효한 후 동독의 국가원수 에리히 호네커(Erich Honecker)는 서독의 본을 방문하려 하였으나 서독 내에서 그의 면제가 인정되지 않을 것에 두려움을 느꼈다. 이에 서독은 1984년 7월 17일 독일 법원조직법[Courts Constitution Act (Gerichtsverfassungsgesetz)] 섹션 20에 1항을 신설하여 "독일의 재판관할권은 독일 연방공화국의 공식 초청으로 이 법이 적용되는 영토에서 체류하고 있는 타 국가의 대표들과 그 수행원들에게는 미치지 아니한다"(Die deutsche Gerichtsbarkeit erstreckt sich auch nicht auf Repräsentanten anderer Staaten und deren Begleitung, die sich auf amtliche Einladung der Bundesrepublik Deutschland im Geltungsbereich dieses Gesetzes aufhalten)고 규정하였다. 이 법원조직법 개정(이른바 *Lex Honecker*)의 결과로 호네커는 1987년 9월 7일부터 5일간 서독을 마음 놓고 방문할 수 있었다 : https://www.gesetze-im-internet.de/gvg/index.html ; https://de.wikipedia.org/wiki/Staatenimmunität# Fall_Honecker. 1990년 10월 3일 동독이 독일연방공화국(서독)에 가입함으로써 소멸한 후 호네커를 포함한 구 동독 관리들에 대한 형사재판에서 인적, 물적 면제 항변은 모두 배척되었다. 아래 "Ⅲ. 국가대표자(공무원)의 면제"에서 언급하는 바와 같이, 국가기관의 면제는 그들이 봉사한 국가의 존재보다 더 오래 지속되지 않기 때문이다.

31) UN협약 제3조 1~2항 ; Fox, p. 18 ; Bankas, p. 21.

McFaddon 사건[32]에서, 판결문을 쓴 미국 연방최고재판소 John Marshall 소장은 "[주권자가 저지른] 잘못이 낳는 문제는 법의 문제라기 보다는 정책의 문제이며, 법적으로 논할 문제라기 보다는 외교적으로 논할 문제이다"라고 언급하였었다. 비슷하게, 현대에 와서도 Orakhelashvili는 "법정지 국가들이 외국에 면제를 부여하는 일이 빈번하게 발생하고 있는 것은 사실이지만, 이것은 그들이 국제법의 문제로서 그렇게 해야 할 법적 의무가 있다고 생각해서가 아니라, 그냥 예양이나 영토관할권의 재량적 행사에 기초하여, 아니면 국내법규정에 따라 그렇게 하는 쪽을 택하기 때문이다."[33] 라고 언급하고 있다. 그러나 상당 부분 종래의 절대적 면제규칙을 버리고 제한적 면제이론에 기초하여 작성된 UN협약은 제5조에서 "국가는 ... 면제를 향유한다"고 규정함으로써 국가면제가 국가들이 향유하는 한 개의 권리임을 분명히 하고 있으며, 이에 상응하여 제6조 1항에서는 '자국의 재판소를 통해 타국의 면제를 존중하고 실시할 의무'를 국가들에게 부과하고 있다.[34] ICJ도 *Jurisdictional Immunities of the State* 사건[35]에서 "국가관행을 보면 국가면제는 국제법상 외국의 권리이며, 이에 상응하여 타 국가들에게는 이 면제를 존중하고 실시할 의무가 있다"고 판시한 바 있고, 유럽인권재판소도 일련의 사건[36]에서 "국가면제에 관하여 일반적으로 승인된 국제공법의 규칙들"(generally recognised rules of public international law on State immunity)을 언급한 바 있으며, 국내재판소들도 이같은 견해에 동의하고 있다.[37]

다만, UN협약은 국가면제의 이론적 근거가 무엇인지에 대해서는 어떤 명백한 시사를 주고 있지 않다. 따라서 이에 대한 해답은 국제법의 일반원칙과 국가면제 이론의 역사적 형성 과정에서 찾을 수밖에 없는데, 이것은 보통 다음의 여러 가지 사유로써 설명되고 있다. 우선, 국제법의 기본원칙은 국가들은 모두 독립·평등하다는 것인데, 그 결과 일국이 타국의 동의없이 그에 대해 국내재판권을 행사하면 그것은 후자의 주권평등을 해치는 것이 된다. 요컨대, 국가면제는 주권평등 원칙의 논리적 귀결로서, 이는 흔히 "대등한 자들은 서로에 대해 관할권을 갖지 못한다"(*par in parem non habet imperium/jurisdictionem*)[38]는 격언으로 표현된다. 국가면제 규칙의 발전에는 이같은 법논리 외에

---

32) US, Supreme Court, 11 US 116. 146 (1812)("the questions to which such wrongs [committed by a sovereign] give birth are rather questions of policy than of law, ... they are for diplomatic, rather than legal discussion") ; Keitner, p. 312.

33) Orakhelashvili, p. 167. Orakhelashvili in Orakhelashvili (ed.), pp. 164~166, 172에서도 같은 견해가 반복되고 있다.

34) Currie, pp. 318~319, 325~326.

35) Germany v. Italy ; Greece Intervening, Judgment of 3 February 2012, paras. 56, 101.

36) 같은 날 내려진 세 개의 판결[*Al-Adsani* v. *United Kingdom*, Application No. 35763/97, 21 November 2001, para. 56 ; *Fogarty* v. *UK*, Application No. 37112/97, 21 November 2001, para. 36 ; *McElhinney* v. *Ireland*, Application No. 31253/96, 21 November 2001, para. 37]과 *Jones and Others* v. *United Kingdom*, Applications Nos. 34356/06 and 40528/06, 14 January 2014, para. 189 등.

37) See, e.g., UK House of Lords, *Jones* v. *Saudi Arabia*, [2006] UKHL 26, para. 101 : "... As Lord Millett said in *Holland v Lampen-Wolfe* [2000] 1 WLR 1573, 1588, state immunity is not a "self-imposed restriction on the jurisdiction of its courts which the United Kingdom has chosen to adopt" and which it can, as a matter of discretion, relax or abandon. It is imposed by international law without any discrimination between one state and another."

38) European Court of Human Rights, *Al-Adsani* v. *United Kingdom*, Application No. 35763/97, 21

도, 상호주의(give and take) 관점에서 정부활동에 대해 상호 우대를 해주는 것이 이익이 된다는 점, 외국의 권위(dignity)를 인정해 줌으로써 국가 간 우호관계를 계속 유지할 필요가 있다는 점, 외국정부를 상대로 승소판결을 얻어내더라도 판결을 집행하기가 실제로 곤란하다는 점, 외국정부의 국가적 임무수행을 도와줄 필요가 있다는 점, 그리고 "왕은 악을 행할 수 없다"[39]는 군주국가의 헌법규칙을 외국의 군주에게로 연장함으로써 군주 간의 우호를 도모할 수 있다는 점 등등의 정치적·실제적 고려사항들이 작용한 것도 사실이다.[40] 유럽인권재판소도 *Fogarty* v. *UK* 사건[41]에서 유럽인권협약 제6조 1항에 규정된 "공정하고 공개된 재판을 받을 권리"는 "절대적인 것이 아니라 제한이 붙을 수 있으며",[42] "민사소송에서 국가(외국)에게 주권면제를 부여하는 것은 타국의 주권에 대한 존중을 통해 국가 간의 예양과 선린관계를 증진함으로써 국제법의 준수라는 합법적 목표를 추구하는"[43] 것이라고 판시한 바 있는데,[44] 유럽재판소의 이 논리는 다른 사건에서도 반복되고 있다.[45]

November 2001, para. 54 ("sovereign immunity is a concept of international law, developed out of the principle *par in parem non habet imperium*"). 유럽재판소의 이 말은 *Fogarty* v. *UK*, Application No. 37112/97, 21 November 2001, para. 34 ; *McElhinney* v. *Ireland*, Application No. 31253/96, 21 November 2001, para. 35 ; *Jones and Others* v. *United Kingdom*, Applications Nos. 34356/06 and 40528/06, 14 January 2014, para. 188 등에서 반복되고 있다.

39) "The King can do no wrong ; *rex non potest peccare*". 영국법에서 "국왕/여왕은 악을 행할 수 없다"는 것의 의미에 대해 C. F. Strong은 다음과 같이 설명하고 있다. "This['The Queen can do no wring'] means that the Queen cannot be held responsible for any act performed in her name. Ultimately, this statement is to be taken quite literally, for if the Queen were to commit a crime (Dicey offers as an example the shooting of the Prime Minister) there is no process known to law by which she could be brought to trial. The statement also means that no one can plead the orders of the Crown in defence of any wrongful act. This is law, but it is not written." : C. F. Strong, *Modern Political Constitutions : An Introduction to the Comparative Study of their History and Existing Forms*, Edited with a New Introduction by M. G. Clarke (London : The English Language Book Society and Sidwick & Jackson Limited, 1972), pp. 136~137.

40) Badr, pp. 75, 79 ; Bankas, pp. 41~45, 128 ; Currie, p. 331.

41) [2001] ECHR 751, Application No. 37112/97, judgment of 21 November 2001, at https://www.echr.coe.int/echr. 사건 개요는 이러하다. 아일랜드 여성 Mary Fogarty는 1993년 11월 런던 주재 미국 대사관에 행정조수로 채용되었으나 1995년 2월 해고되었다. 이에 Fogarty는 런던의 한 재판소(North London Industrial Tribunal)에 미국을 상대로 제소하였는데, 여기서 그녀는 이 해고는 그녀의 상관이 자신을 집요하게 성희롱한 결과로서 이는 성차별이라고 주장하였다. 미국은 여기서는 국가면제를 전혀 주장하지 않고 자신을 방어하였으며, 1996년 5월 13일 동 재판소는 원고의 주장을 지지하였다. Fogarty와 미국정부는 12,000 파운드의 배상금에 합의하였다. 이 첫번째 소송이 여전히 계류중이던 1995년 6월 원고는 미국대사관의 행정조수로서 12개월짜리 고용계약을 얻어냈고, 1996년 6월이면 이 계약은 만료하게 되어 있었다. 이미 재판소에서 자신에게 유리한 판결을 얻어 낸 원고는 1996년 6월과 8월 미국대사관에 다시 최소 두 개의 직책에 응모하였으나 실패하였다. 이에 원고는 1996년 9월 15일 동 재판소에 두 번째 소를 제기하면서 대사관이 자신을 그 어느 직책에도 다시 고용하지 않은 것은, 지난번 성차별 소송에서 자신이 이겼기 때문이며 이 역시 성차별에 해당한다고 주장하였다. 그러나 미국은 이번에는 1997년 1월 10일의 서한을 통해 국가면제를 주장할 의도임을 재판소에 통고하였고, 재판소는 "국가면제법 1978"(State Immunity Act 1978)에 의거하여 미국에 국가면제를 인정하였다. 이에 Fogarty는 국가면제를 이유로 한 영국재판소의 재판거부는 특히 유럽인권협약 제6조 1항의 위반이라고 주장하면서 (유럽인권위원회를 거쳐) 유럽인권재판소에 제소하였으나, 결국 유럽인권재판소로부터도 이 사건에서 영국의 미국에 대한 국가면제의 부여는 동 규정의 위반에 해당되지 않는다는 답변을 들어야 했다.

42) Para. 33 of the judgment.

43) Para. 34 of the judgment.

44) 이 사건에서 유럽재판소는 오늘날 국가면제를 제한하는 관행에 따라 굳이 면제를 부여할 필요가 없는 상황은

그러나 개인의 입장에서 보면 국가면제 이론에는 본질적으로 차별적이고 불평등한 측면이 있다. 개인은 외국정부를 그 동의 없이는 일국의 법정으로 불러낼 수 없지만, 거꾸로 외국정부는 개인을 그의 동의 없이 일국의 법정으로 불러낼 수 있기 때문이다.[46] 국제법이 종래 오로지 국가를 위한 법체계로서 발전되어 나온 역사를 생각하면 이것은 이해가 가는 일이다. 그러나 현대국제법이 개인의 기본적 인권 보장을 위한 법질서로 발전되어 나가고 있는 현실을 고려하면 국가의 주권평등에 기초한 무제한한 국가면제는 더 이상 타당성을 향유할 수 없다. 사실, 국가들이 향유하는 것은 '절대주권'(absolute sovereignty)이 아니다 '주권평등' (sovereign equality)인 것처럼, 그들이 향유하는 면제도 '절대적 면제'(absolute immunity)가 아니라 국가 상호간에 질서있는 교류를 가능케 하는 '평등한 면제' (equal immunity) 혹은 거꾸로 '면제의 평등한 결여'(equal lack of immunity)가 되지 않을 수 없다.[47] 그런 의미에서 국가면제의 제한을 시도하는 이른바 제한적 면제이론의 등장

아니었는지의 문제도 함께 제기하였는데, 이것에 대해서는 (i) 국제법과 비교법의 관점에서 '고용 관련' 분쟁(employment-related disputes)에 대해서는 국가면제를 제한하는 경향이 있는 것으로 보이지만 외교공관이나 대사관에서의 고용 문제에 있어서까지 그러한지, 또 설사 그렇다 하더라도 직급의 구분 없이 그러한지에 대해서는 국제관행이 나누어져 있고, 특히 (ii) 외교공관에서의 직원의 '채용'(recruitment) 문제에 관한 한 국가면제 규칙이 완화되고 있다는 경향이 나타나지 않고 있고, UN국제법위원회(ILC)도 외교공관에의 채용을 포함해서 채용 문제에 관한 한 면제를 배제하지 않으려 한 것으로 보인다고 하면서, 결론적으로 이같은 상황에서는 영국이 미국에 면제를 부여함에 있어 국가들에게 허용되는 "판단(평가)의 여유"(margin of appreciation) 즉 일정 재량을 초과하였다고 말할 수는 없다고 결론지었다 : paras. 37~39 of the judgment.

45) See, e.g., *Al-Adsani* v. *United Kingdom*, Application No. 35763/97, 21 November 2001, para. 53, 54 ; *McElhinney* v. *Ireland*, Application No. 31253/96, 21 November 2001, paras. 34, 35 ; *Jones and Others* v. *United Kingdom*, Applications Nos. 34356/06 and 40528/06, 14 January 2014, paras. 188, 189.

46) 미국 연방최고재판소는 "외국은 개인이나 국내회사가 할 수 있는 것과 동일한 기초 위에서 미국의 재판소에 민사소송을 제기할 권리가 일반적으로 인정되며, 이 특권을 부인하는 것은 예양과 우호적 감각의 결여를 표명하는 것이 될 것이다."라고 언급한 바 있다 : *The Sapphire*, 78 U.S. (11 Wallace) 164 (1871) at 167 ; *Pfizer Inc.* v. *India*, 434 U.S. 308 (1978), at 318~319 ; Stephen Cromie, *International Commercial Litigation*, 2nd ed. (London : Butterworths, 1997), p. 89. 다른 국가들도 물론 이같은 인식을 공유하고 있다. 다만, 승인과 관련하여 미승인국에 대해서는 제소권을 인정하지 않을 수 있음을 유의하여야 한다. 제소권에 대해서는 미국법도 이같은 태도를 취하고 있다 : 본서, 제8장 (국가 및 정부승인).

47) Badr, p. 103. 이에 따라 국가면제 제도의 완전한 폐지를 옹호하는 듯한 견해가 제시되기도 한다. 모든 문명국가에서는 국가가 자국 재판소에 제소당하는 방향으로 발전되어 나왔고, 그렇다면 재판소들이 자국 정부에게는 인정하지 않는 면제를 굳이 외국에 부여해야 할 이유가 없다는 것이다. 이를테면 영국, House of Lords, *Rahimtoola* v. *Nizam of Hyderabad*, [1958] A.C. 379 at 418 (available at https://www.uniset.ca/other/css/1958AC379.html)(noted by Harris, 5th, pp. 309~310 ; Fox, p. 37 ; Bankas, p. 11)에서 Lord Denning은 다음과 같이 언급한 바 있다 : "It is more in keeping with the dignity of a foreign sovereign to submit himself to the rule of law than to claim to be above it, and his independence is better ensured by accepting the decisions of courts of acknowledged impartiality than by arbitrarily rejecting their jurisdiction. in[sic] all civilized countries there has been a progressive tendency towards making the sovereign liable to be sued in his own courts; notably in England by the Crown Proceedings Act, 1947. Foreign sovereigns should not be in any different position. There is no reason why we should grant to the departments or agencies of foreign Governments an immunity which we do not grant our own, *provided always that the matter in dispute arises within the jurisdiction of our courts and is properly cognizable by them.*" (italics added) 그러나 이탤릭체 부분의 단서를 붙인 것에서 보는 것처럼 Denning도 여기서 국가면제의 완전한 철폐를 주창하지는 않았으며, 국가관행을 보아도 아직은 국가면제 제도의 완전한 폐지가 아니라 그것을 적절히 제한하는 쪽으로 가고 있다. 사실 대부분의 국가에서, 국가의 자국 재판관할권으로부터의 면제 박탈도 완전한 것이 아님을 고려하면 더욱 그러하다. 예컨대, 미국 내에서 연방정부나 주정부가 향유하는 주권면제에 대한 강력한 비판적 견해로는 다음의 논문 참조 :

은 필연적인 것이다. 여기서 한 걸음 더 나아가, 외국을 피고로 하는 '민사'소송에 관한 한, 국제사법의 이론만으로 충분히 규율할 수 있으므로, 이 부분에서의 국가면제 이론은 아주 폐기하는 것이 바람직하다는 견해를 제시하는 국제사법 학자도 있으나,[48] 이는 두 이론의 역사적, 체계적 배경이 다름을 경시한 소치이다.

Ⅲ. 국가대표자(공무원)의 면제 : 인적 면제와 물적 면제의 구분

역사적으로 국가면제는 원래 절대왕정 체제 하에서 "왕이 곧 국가"라는 사고에 기초하여 방문하는 외국 군주에게 절대적인 면제를 부여하는 관행으로부터 출발하였는데, 국가면제가 여전히 때로 '주권(자)면제'(sovereign immunity)로 불리는 것도 바로 이 때문이다.[49] 그러나 주권자(군주 혹은 왕)의 면제는 그 후 (공화정의 대통령을 포함하여) 국가원수 일반의 면제로 발전하고,[50] 더 나아가 이것이 추상적으로 국가와 국가의 여러 기관 및 대표자(공무원)들이 향유하는 한 개의 특권으로 확대, 발전되어 갔다. 그리고 이 과정에서 국가면제는 인적(혹은 신분/지위) 면제(immunity *ratione personae*,[51] personal/ status immunity)와 물적(혹은 직무) 면제(immunity *ratione materiae*,[52] functional/ subject-matter immunity)로 구분되어 발전해 왔음에 유념할 필요가 있다.[53]

여기서 인적 면제라 함은 민사, 형사를 불문하고[54] (국가원수와 정부수반,[55] 외무장관,[56] 그리고 아마

Erwin Chemerinsky, "Against Sovereign Immunity", (2001) 53 Stanford Law Review 1201.

48) See, e.g., Garnett in Orakhelashvili (ed.), pp. 297~318.

49) *The Schooner Exchange* v. *McFaddon*, US Supreme Court, 11 U.S. (7 Cranch) 116 (1812), 137 ; Franey in Orakhelashvili (ed), pp. 208~209 ; Hall, p. 330 ; 본장, "Ⅵ. 면제의 범위, 4. 면제의 범위 : 절대적 면제이론 대 제한적 면제이론, (1) 구법 : 절대적 면제이론" 참조.

50) 공화국의 국가원수에게도 군주의 면제와 동일한 면제가 귀속되는지에 관하여 19세기 중반까지도 국제법상 약간의 의심이 있었다. Currie, p. 317.

51) *ratione personae*는 "by reason of the person"에 해당하는 라틴어이다. Hartley, *European Union Law in a Global Context*, p. 341, fn. 20.

52) *ratione materiae*는 "by reason of the subject-matter"에 해당하는 라틴어이다. *Ibid.*, p. 344, fn. 21.

53) Currie, pp. 317, 319 ; Fox in Evans (ed.), *International Law*, 3rd, p. 344 ; Keitner, p. 321.

54) Case concerning *the Arrest Warrant of 11 April 2000* (Democratic Republic of the Congo v. Belgium), ICJ Reports (2002), p. 3 at 20 (para. 51) : "...in international law it is firmly established that, as also diplomatic and consular agents, certain holders of high-ranking office in a State, such as the Head of State, Head of Government and Minister for Foreign Affairs, enjoy immunities from jurisdiction in other States, *both civil and criminal.*"(italics added)

55) 국가에 따라서는 국가원수가 정부수반의 직책까지 보유하는 경우도 있고, 그렇지 아니한 경우도 있는데, 사우디 아라비아의 왕세자(Crown Prince)를 상대로 제기된 *Cengiz* v. *Mohammed bin Salman* 사건과 관련하여 사우디 정부가 취한 조치가 흥미롭다. 사우디 국왕의 아들 무함마드 빈 살만은 2017년 6월 21일 왕세자, 즉 왕위 계승에서 제1 순위의 왕자에 봉해졌다. 그리고 그는 사우디의 사실상의 통치자(*de facto* ruler)로 회자되었다. 2018년 10월 2일 사우디의 反정부 성향의 언론인 자말 카슈끄지(Jamal Khashoggi, Jamāl Khāshuqjī)가 개인적인 일로 튀르키예(터키) 이스탄불 주재 사우디 총영사관을 방문하였다가 그 후 떠나는 모습이 전혀 보이지 않았는데, 튀르키예 정부는 그가 총영사관 건물에 들어서자마자 목졸려 살해당하고 시신은 해체되어 처리된 것으로 판단하였으며, 여기에 더해 미국 정부는 빈 살만이 그의 암살을 지시한 것으로 판단하고 있다. 이런 상황 하에서,

도 기타 고위 정부각료를 포함하여)[57] 외국의 고위 정부대표자들(high-ranking officials)에게 개인

2020년 10월 20일 피살자의 약혼녀(및 피살자가 생전에 세운 한 단체)가 빈 살만을 상대로 워싱턴 D.C. 지방재판소에 민사손배소송을 제기하였다. 이 단계에서는, 빈 살만이 아직 외국의 공식 국가원수는 아니지만 사우디의 실권자로서 사실상의 군주로 대접하여 미국법의 관점에서 면제를 인정할 것인지, 아니면 왕세자는 아직은 군주는 아니므로 면제를 부인할 것인지의 문제가 제기될 수 있었다. 그러나 2022년 9월 27일 사우디 국왕은 자신이 국무총리의 직책을 겸하도록 되어 있는 사우디의 법을 어기고 왕세자 빈 살만을 국무총리로 임명하였다. 재판소는 -특히, 면제 등을 포함한- 일체의 제기 가능한 문제에 대해 의견을 제출해 줄 것을 미국 정부에 요청하였다. 2022년 11월 17일, 미국 바이든 행정부의 국무부는 "빈 살만 국무총리는 외국의 현직 정부수반(a sitting head of government of a foreign state)으로서, 면제에 대한 보통법의 제원칙에 따라(under common law principles of immunity) 현직에 있는 동안에는(while in office) 본 사건에 대한 미국 연방지방재판소의 재판관할권으로부터 면제를 향유한다"는 의견을 제시하면서, 이 면제 소견서(suggestion of immunity)를 재판소에 제출해 줄 것을 법무부에 요청하였다. *Cengiz* v. *Mohammed bin Salman*, District Court, District of Columbia (D.D.C. 20-cv-3009), 〈https://www.courtlistener.com/docket/18552899/cengiz-v-bin-salman/〉; Stephanie Kirchgaessner/The Guardian, Mon 24 Oct 2022, "Showdown as Saudi crown prince aims to dodge lawsuit over Khashoggi murder - Decision on whether US lawsuit can proceed hinges on whether heir to Saudi throne has sovereign immunity", 〈https://www.theguardian.com/world/2022/oct/24/khashoggi-fiancee-us-saudi-arabia-mohamed-crown-prince〉; RT, 18 Nov, 2022, "Biden accused of 'capitulation' to Saudis", 〈https://www.rt.com/news/566784-khashoggi-prince-immunity-court/〉; https://en.wikipedia.org/wiki/Jamal_Khashoggi; https://en.wikipedia.org/wiki/Mohammed_bin_Salman.

56) 상기 *Arrest Warrant* case에서, ICJ는 국제관습법상 '외무장관'(Minister for Foreign Affairs)은 신임장(letters of credence)을 제출할 필요도 없으며(para. 53), "재임기간 내내 외국에서 형사재판권으로부터의 완전한 면제와 불가침성"을 향유하며(para. 54), 이것은 외무장관이 설사 전쟁범죄 혹은 인도에 대한 죄를 저지른 것으로 의심받는 상황에서도 그러하다고 판시한 바 있다(para. 58). 그러나 이 사건에 참여한 임시재판관 Van den Wyngaert는 반대의견(p. 137 at 144~145, fn. 14)에서, 현직 외무장관에게 완전한 면제를 인정한 판례가 거의 없다고 하면서 "ICJ의 주의을 끈 단 하나의 판례"로 *Chong Boon Kim* v. *Kim Yong Shik and David Kim*, Circuit Court (First Circuit, State of Hawaii), 9 September 1963, (1964) 58 AJIL 186~187을 언급하고 있다. See also Bankas, pp. 256 (fn. 51), 265. 한편, ICJ는 이 *Arrest Warrant* 사건, paras. 60~61에서 외무장관이 향유하는 형사재판권 면제의 의미를 다음과 같이 종합적으로 지적하고 있기도 하다 : "면제가 곧 모든 범죄에 대한 불처벌(impunity)을 의미하는 것은 아니다 ; 따라서, 첫째, 현직 외무장관이라도 자국 재판소에서 자국법에 따라 재판받을 수는 있다 ; 둘째, 외무장관의 소속국은 그의 면제를 포기할 수 있다 ; 셋째, '전직' 외무장관의 경우에는 그의 재임 전후의 행위는 물론이고 재임 중의 사적(개인적) 행위에 대해서는 면제를 향유하지 못한다 ; 넷째, 전직, 현직을 불문하고, 외무장관은 그의 행위에 대해 관할권을 가지는 일정 국제형사재판소의 소추에 직면할 수 있으며, 그같은 재판소로는 구유고국제형사재판소, 르완다국제형사재판소, 그리고 미래의 국제형사재판소(the future ICC)를 들 수 있다." 여기서 "'미래의' 국제형사재판소"라고 표현한 것은 이 판결 당시 동 재판소 설립을 위한 로마규정이 발효를 목전에 두고 있었기 때문으로 보인다. 그러나 Higgins, Kooijmans, Buergenthal 3인 재판관은 공동개별의견(para. 78)에서 현직 외무장관이 처벌받을 실제 가능성에 대해 회의를 표시하였다 : "... We feel less than sanguine about examples given by the Court of such circumstances. The chance that a Minister for Foreign Affairs will be tried in his own country in accordance with the relevant rules of domestic law or that his immunity will be waived by his own State is not high as long as there has been no change of power, whereas the existence of a competent international criminal court to initiate criminal proceedings is rare; moreover, it is quite risky to expect too much of a future international criminal court in this respect. The only credible alternative therefore seems to be the possibility of starting proceedings in a foreign court after the suspected person ceases to hold the office of Foreign Minister. This alternative, however, can also be easily forestalled by an unco-operative government that keeps the Minister in office for an as yet indeterminate period." 어쨌든, 외무장관에 관련한 이상의 언급은 국가원수와 외교관을 포함한 다른 국가기관에 대해서도 그대로 타당하다. *Arrest Warrant* 판결이 내려지고 나서 벨기에, 스페인, 영국 재판소는 현직 외국 국가원수 혹은 정부수반을 상대로 제기된 형사소송들을 각하하였다 : Fox in Evans (ed.), *International Law*, 3rd, p. 352.

57) '트로이카'(troika) 혹은 Big Three(三巨頭)로 지칭되기도 하는 3개 국가기관, 즉 "국가원수, 정부수반, 외무장관"이 향유하는 인적 면제가 다른 고위 관료들에게도 적용되는지, 적용된다면 어느 선까지 적용되는지는 아직

적으로 부속되는 면제로서, 이것은 그들이 그같은 신분을 유지하고 있는 동안에만 허용된다. 다시 말해서 그들은 자연인(natural persons)으로서 이처럼 특별한 직책을 보유하고 있는 동안에는 –신분을 갖기 전의 행위를 포함하여– 문제된 행위가 개인적 혹은 사적인 것임에도 불구하고 타국의 재판관할권으로부터 면제를 향유하지만, 그같은 특수 신분이 종료되면 그들의 면제도 함께 종료된다.

이에 반해 물적 면제라 함은 외국을 대표하는 –자연인으로서의– '사람'에게 귀속된다기보다는 '외

분명하지 않아 보인다. 다만, ICJ는 *Arrest Warrant* case, para. 51에서 "certain holders of high-ranking office in a State, *such as* the Head of State, Head of Government and Minister for Foreign Affairs"라고 언급함으로써 트로이카 이외의 고위 관료들로의 확대를 시사한 바 있지만, 더 이상의 분명한 지침을 제시하지는 않았다 : ILC Report (2008), paras. 290, 307; Kaczorowska-Ireland, p. 405. 그후 *Certain Questions of Mutual Assistance in Criminal Matters* (Djibouti v. France), ICJ Reports (2008), p. 177에서 ICJ는 *Arrest Warrant* case (para. 51)를 상기시키면서(para. 170), "장관급에 못 미치는 검사(procureur de la République, Public Prosecutor)와 국가안보국장(Head of National Security)은 인적 면제를 향유하지 못 한다"고 확인한 바 있다(para. 194). Dapo Akande and Sangeeta Shah, "Immunities of State Officials, International Crimes, and Foreign Domestic Courts", (2011) 21 EJIL 815 at 821 (fn. 25). 그러면 장관이라면 부서에 관계없이 모두 동일하게 대우할 것인지의 질문이 이어지는데, 해답은 아직 분명하지 않아 보인다.

영국 판례 중에 이스라엘 국방장관(Defence Minister)의 인적 면제를 인정한 것이 보고되고 있다 : Bow Street Magistrates' Court (United Kingdom, England and Wales), *Shaul Mofaz*, 12 February 2004, (2004) 53 ICLQ 771~773 [noted by Akande and Shah, (2011) 21 EJIL 815 at 820, 821 ; Wickremasinghe in Evans (ed.), *International Law*, 5th, p. 366 (fn. 61)]. 중국 상무장관(Minister of Commerce)의 경우 특별사절단의 일부이기 때문에 국제관습법에 의해 인적 면제를 향유한다고 판단한 판례도 보고되고 있다 : Bow Street Magistrates' Court, *Bo Xilai*, 8 November 2005, (2005) 128 ILR 713, [noted by Akande and Shah, (2011) 21 EJIL 815 at 822 ; Wickremasinghe in Evans (ed.), *International Law*, 5th, p. 366 (fn. 62)]. 그러나 몽골 국가안보국장(head of the Office of National Security of Mongolia)의 경우 계급이 크게 높지 않다는 이유로 인적 면제가 부인되었다 : UK, England and Wales, High Court(Queen's Bench Division, Administrative Court), Appeal decision of 29 July 2011, *Khurts Bat and Mongolia (intervening) v Investigating Judge of the German Federal Court and Secretary of State for Foreign and Commonwealth Affairs (intervening)*, [2011] EWHC 2029 (Admin), paras. 59, 61 ("59. In his Second Report to the International Law Commission on immunity of State officials from foreign criminal jurisdiction..., the Special Rapporteur Kolodkin described the immunity as being enjoyed by a narrow circle of high-ranking State officials... The wording of the ICJ in the *Arrest Warrant* ... demonstrates that the paradigm of those entitled to such immunity is a Head of State or Head of Government. The words "such as", whilst indicating that the list is not limited to those they identify, also carries with it the implication that in order to fall within that narrow circle it must be possible to attach to the individual in question a similar status. ; 61. ... Mr Khurts Bat falls outwith that narrow circle. In British terms he is a civil servant whose counterparts, so the United Kingdom contends, would be someone of director level, at a mid-rank in the [Foreign & Commonwealth Office]. The documents showing his job description and his authority, shown to the court by the Government of Mongolia, underline his status as an administrator far removed from the narrow circle of those who hold the high-ranking office to be equated with the State they personify and with those identified by the International Court of Justice."). *Khurts Bat* 사건 개요는 본서, 제13장 (기타 면제 · 특권), "Ⅱ. 특별(임시)사절의 면제 · 특권" 참조.

그리고 2019년 10월 31일 몽골 울란바토르를 떠나 인천국제공항으로 오던 대한항공 여객기 내에서 승무원을 추행한 혐의를 받은 오드바야르 도르지(Odbayar Dorj) 몽골 헌법재판소 소장에 대해 한국 검찰은 인적면제를 인정하지 않았다 : chosun.com, "검찰, '여승무원 성추행' 몽골 헌재소장 벌금 700만원 약식 기소...몽골로 돌아간다", 〈https://news.chosun.com/site/data/html_dir/2019/11/13/2019111301842.html〉.

위에서 언급한 바와 같이, "국가관리의 외국형사재판권으로부터의 면제" 문제에 대한 2017년 ILC 잠정초안 제3조~제4조는 '국가원수, 정부수반, 외무장관'만이 임기 중 형사재판으로부터의 '인적' 면제를 향유하는 것으로 규정하고 있다 : UN Doc A/72/10(2017), Chapter Ⅶ, Part C, 〈https://legal.un.org/ilc/ reports/2017/〉.

국'의 행위에 귀속되는 것으로서, 이 경우 국가면제의 발생 여부를 결정함에 있어서는 행위자의 신분보다는 문제된 행위(나 거래)의 성질에 초점이 맞추어진다. 따라서 물적 면제는 보통 인적 면제를 향유할 권리가 주어지지 않는 하급공무원(low-ranking officials)이나 임시대리인(*ad hoc* agents)이 외국을 대리하여 수행하는 행위 또는 거래에 대해서도 부여되고, 또 그들의 공적 신분이 종료된 이후에도 지속된다는 결론에 이르는데, 이는 국제법학에서 종래 국가행위 이론(Act of State doctrine)의 이름으로 전개되어 나오고 있다.[58] 그리고 이 물적 면제는 오늘날 –아래에서 설명할– 이른바 '제한적 면제이론'의 등장으로 축소되고 있는 것이다.[59] 다만, 공무원의 행위가 월권(*ultra vires*)이거나 상부의 지시 혹은 명령에 반하는 것으로 인정된다고 해도 그들이 국가의 이름으로 그리고 "공적 자격으로"(in an official capacity) 행동을 계속하는 한 물적 면제를 향유한다.[60]

이같은 구분으로부터 즉시 알 수 있는 바와 같이, 인적 면제와 물적 면제는 반드시 일치하지는 아니한다. 문제의 행위자가 외국 정부의 고위인사가 아니거나 더 이상 아니기 때문에 인적 면제가 발생하지는 않지만 관련 행위나 거래의 주제 혹은 그 내용 때문에 물적 면제는 발생하는 경우가 있을 수 있고, 이와는 반대로 방문 중인 현직 외국 원수의 개인적 비리행위나 그의 사적인 거래와 관련된 분쟁들에서 보는 것처럼 물적 면제는 발생하지 않는데도 국가원수라는 그의 현재의 특별한 신분 때문에 인적 면제는 발생할 수 있기 때문이다. 아래 *Pinochet* 사건[61]은 Pinochet가 이제 더 이상 외국의 국가원수가 아니기 때문에 그의 인적 면제는 당연히 부인되지만, 다만 재임기간 중의 그의 범죄행위가 칠레를 대표한 공적 행위로서 물적 면제의 대상이 되는가에 초점이 맞추어졌던 전형적인 사례이다.[62]

이상의 논의에서 시사되고 있는 또 하나의 사실은, 국가면제의 인적 및 물적 면제로의 구분은 국가대표자로서의 개인들이 향유하는 면제에 관해서는 정확히 타당하지만 법인으로서의 국가에 대해서는 반드시 그러하지 않다는 점이다. 즉, 국가대표자들로서는 자신의 행위가 현직에 있을 때에만 면제를 부여받을 수 있는지, 그 직에서 물러난 뒤에도 면제를 원용할 수 있는 것인지를 분명히 아는 것이 좋을 것이다. 이에 반해 국가는 언제나 국가이며, 국가에게 면제가 부여되는 이유는 그것의 국가로서의 자격 때문이다. 언젠가 현직에서 물러날 수 있는 개인 관리들과는 달리 시간의 경과는 일

58) 국제법상의 국가행위이론에 대해서는, 본서, 제11장 참조.

59) Currie, p. 323.

60) 이것은 ILC 국가책임초안 제7조(월권 혹은 지시위반)의 논리적 귀결이다 : *The "Enrica Lexie" Incident* (Italy v. India), PCA Case No. 2015-28, Award of 21 May 2020, para. 860 ("...even if the Marines' acts might be found to be *ultra vires* or contrary to their instructions or orders (a question that this Arbitral Tribunal does not prejudge in the present proceedings), this would not preclude them from enjoying immunity *ratione materiae* as long as they continued to act in the name of the State and in their "official capacity". This is corroborated by Article 7 of the ILC Draft Articles on State Responsibility, which provides that conduct by a State organ acting in its official capacity shall be attributable to the State "even if it exceeds its authority or contravenes instructions"."), 〈https://pca-cpa.org/en/cases/117/〉 ; https://en.wikipedia.org/wiki/Enrica_Lexie_case ; 본서, 제14장 (국가책임), "Ⅲ. 국제법상 국가의 행위일 것, 3. 월권행위" 참조. *"Enrica Lexie"*의 사건 개요는 본서, 제21장 (해양법), "XVII. 분쟁해결" 참조.

61) *R.* v. *Bow St Magistrate, Ex p. Pinochet*, [1999] 2 WLR 827 (Pinochet 3) ; 아래 "V. 국가의 정의" 참조.

62) Currie, pp. 319~321.

반적으로 국가에 대해서는 관련성이 없다.[63] 다만, 제한적 면제 이론의 등장은 국가의 면제를 국가라는 신분/지위가 아닌 국가의 직무에 의존하게 만드는 결과를 초래하였다.[64] 그리고 국가면제의 제한은 국가를 위하여/대리하여 행동하는 전 · 현직 국가대표자들의 물적 면제에도 영향을 미칠 수 있다.

통일 이후 구 동독 관리들에 대한 독일의 형사재판 사례를 보면 국가원수를 포함한 관료들의 면제는 -인적 면제, 물적 면제를 불문하고- 그들이 고용되어 봉사했던 국가(동독)의 존재보다 더 오래 지속되지 아니 한다. 즉, 국가가 소멸하면 그 국가의 관료들이 과거 향유했을 수 있는 형사재판권 면제는 더 이상 허락되지 아니한다.[65]

Ⅳ. 재판소(court)의 정의

국가면제는 한 국가가 타국의 모든 종류의 국가관할권으로부터 면제된다는 것은 아니다. 그것은 단지 "타국 재판소 관할권으로부터의 면제"로 정의되므로 우선 이 규칙의 직접적인 수범자인 '재판소' 개념을 정의할 필요가 있는데, UN협약은 이를 "그 명칭에 관계없이 사법적 기능을 수행할 자격이 있는 일체의 국가기관"(any organ of a State, however named, entitled to exercise judicial functions)[66]으로 정의하고 있다. 따라서 국가면제의 목적상 '재판소'인가의 여부는 그 명칭이 아니라 그것이 '사법적 기능'을 수행하는 '국가'의 기관인가의 여부를 기준으로 결정해야 한다. 예컨대, 영국의 추밀원 법사위원회(Judicial Committee of Privy Council)는 법상 여왕에 대한 국가자문기구이지만 실제로는 일정 사법적 기능을 수행하고 있다. 따라서 동 법사위원회도 영국의 다른 재판소와 마찬가지로 국가면제에 관한 규칙을 존중할 의무를 진다는 결론에 이른다.[67]

---

63) 다만, *Former Syrian Ambassador* 사건(*S. v. Berlin Court of Appeal and District Court of Berlin-Tiergarten*)에서 보는 것처럼, 시간의 경과가 국가면제와 관련되는 경우가 있을 수 있다. 즉, 국가승계가 발생한 경우 전임국가에서 향유하던 제3국의 면제가 승계국으로 이전되는가의 문제가 제기될 수 있다. Fox, p. 478 ; 본서, 제12장 (외교면제), "Ⅵ. 외교관의 임명, 4. 재판관할권 등으로부터의 면제, (1) 면제의 의의".

64) Fox, pp. 478~479.

65) Permanent Mission of the Federal Republic of Germany to the United Nations (New York), Note No. 34/2015, "Practice on exceptions to immunity of State officials from foreign criminal jurisdiction", 〈https://legal.un.org/ilc/sessions/67/pdfs/english/iso_germany.pdf〉 ; Lea Albrecht/ DW(Deutsche Welle), 29.07.2017, "Ex-East Germany leader Erich Honecker's arrest: 25 years on - From the throne to jail: Erich Honecker was hunted, homeless, exiled and jailed in his last years of life. The former East German strongman fell with his state. He was arrested on July 29,1992.", 〈https://www.dw.com/en/ex-east-germany-leader-erich-honeckers-arrest-25-years-on/ a-39886159〉.

66) UN협약 제2조 1항(a).

67) https:www.jcpc.uk. 다만, UN협약 제6조 1항은 제5조 하의 국가면제를 실시할 의무를 -국가의 한 기관인 국내재판소가 아닌- 국가(당사자) 자체에 지우는 전통적인 방식을 채택하고 있다. 조약에서 국내재판소의 관할권에 대해 이처럼 간접적으로 규정하는 대신, "국가의 방패를 뚫고 들어가서" 국내재판소의 권한(관할권)을 직접 규정하는 방식의 조약이나 국제판례도 물론 발견된다 : 예컨대, 1949년 "전시 민간인 보호에 관한 제네바협약" 제67조 ("The courts shall apply only those provisions of law which were applicable prior to

2022년 2월 러시아의 우크라이나 침략과 관련하여, 러시아의 해외 국가자산, 특히 러시아 중앙은행의 해외 예치금을 각국이 행정부나 의회의 입법을 통해 동결하거나(freeze), 압류하거나(seize), 나아가 몰수하기로(confiscate) 한다면 이것이 러시아의 국가면제를 침해하는 것인가의 문제가 논의되고 있다. 그러나 국제관습법상 그리고 각국의 국가면제법이나 UN협약에 의하면 국가면제란 –국가의 집행 면제(state immunity from execution)를 포함하여– 국내 사법절차에 대해서만 적용되는 규칙이다.[68)]

---

the offence ...") ; *Difference Relating to Immunity from Legal Process of a Special Rapporteur of the Commission on Human Rights*, Advisory Opinion, ICJ Reports (1999), p. 62 at 90 (para. 67, (2)(b)("That the Malaysian courts had the obligation to deal with the question of immunity from legal process as a preliminary issue to be expeditiously decided *in limine litis*"). 그러나 ICJ는 *Difference Relating to Immunity from Legal Process of a Special Rapporteur of the Commission on Human Rights*에 대한 권고적 의견에서 말레이시아의 재판소들 중에서 어느 재판소가 이 문제를 다루어야 하는지의 문제에 대해서는 관여하지 않았고 관여할 수도 없었다. "전시 민간인 보호에 관한 제네바협약" 제67조의 "The courts"에 대해서도 같은 말을 할 수 있다. 이에서 한 걸음 더 나아가, 조약이나 국제기구 결의를 통해 특정한 관할권을 부여받은 국내재판소를 창설하는 경우도 있는데, 이른바 국제화된 형사재판소(internationalised domestic courts or tribunals) 설립 분야에서 특히 그러하다. Nollkaemper, pp. 22~25 ; Shaw, 6th, p. 417 ff ; 본서, 제17장 (국제인권법) 참조.

68) 따라서 국가면제 규칙은 행정적 또는 입법적 조치로서의 자산 동결 등에 대해서는 적용되지 아니한다는 결론에 이른다. 실제로, 2024년 4월 23일 미국 의회는 오랜 심의 끝에 "우크라이나인들을 위한 경제적 번영과 기회 재건법"[Rebuilding Economic Prosperity and Opportunity (REPO) for Ukrainians Act]을 통과시키고, 24일 바이든 대통령은 이 법안에 서명하였는데, REPO법은 현재 동결된 상태로 미국 관할권에 속해 있는 러시아의 주권적 자산을 압류, 몰수, 이전 또는 귀속시킬 수 있는 법적 권한을 대통령에게 부여하기 위해 고안된 것이다. Ingrid (Wuerth) Brunk/Lawfare, April 25, 2024, "The Controversial REPO Act Is Now Law", 〈https://www.lawfaremedia.org/article/the-controversial-repo-act-is-now-law〉.5월 23일, 푸틴 러시아 대통령은 REPO법에 대응하는 포고령을 발하였다. Herbert Smith Freehills, 3 June 2024, "Russia Enacts Legislation Permitting the Seizure of US Assets in Russian Territory in Response to US REPO Act", 〈https://www.herbertsmithfreehills.com/notes/sanctions/2024-06/Russia-Enacts-Legislation-Permitting-the-Seizure-of-US-Assets-in-Russian-Territory-in-Response-to-US-REPO-Act〉. 그러나 국가의 집행면제는 사법적, 입법적, 행정적 성격에 상관없이 모든 제약 조치에 적용되며 따라서 자산 동결에까지 확대된다는 견해도 제시되고 있다. Cf. Reuters, March 1, 2024, "Yellen Says G7 Still Working on Ways to Tap Frozen Russian Assets", 〈https://www.usnews.com/〉 ; UK Parliament, Hansard, "Russian Assets: Seizure", Volume 729: debated on Tuesday 14 March 2023, 〈https://hansard.parliament.uk/Commons/2023-03-14/debates/39A33641-F699-4244-B437-C6A2447C68E2/RussianAssetsSeizure〉 ; Daniel Franchini/EJIL:Talk!, March 1, 2024, "Immobilised Assets, Extraordinary Profits: The EU Council Decision on Russia's Central Bank Reserves and Its Legal Challenges", 〈https://www.ejiltalk.org/〉 ; Daniel Franchini/Lieber Institute, West Point, Mar 8, 2023, "Ukraine Symposium – Seizure of Russian State Assets: State Immunity and Countermeasures", 〈https://lieber.westpoint.edu/ seizure-russian-state-assets-state-immunity-countermeasures/〉 ; Paul Stephan/Lawfare Blog, March 13, 2023, "Justice and the Confiscation of Russian State Assets", 〈https://www.lawfareblog.com/justice-and-confiscation-russian-state-assets〉 ; Scott R. Anderson & Chimène Keitner/Lawfare Blog,, May 26, 2022, "The Legal Challenges Presented by Seizing Frozen Russian Assets", 〈https://www.lawfareblog.com/legal-challenges-presented-seizing-frozen-russian-assets〉 ; Tetiana Khutor & Andrii Mikheiev/ Institute of Legislative Ideas(Kyiv, Ukraine), "The Possible Scenarios of Seizure of Russian Sovereign Assets", 〈https://izi institute/wp-content/uploads/2022/09/the-possible-scenarios-of-seizure-of-russian-sovereign-assets-1.pdf〉 ; Paul B. Stephan/The Conversartion, May 3, 2022, "No, Biden can't just sell off seized Russian yachts and central bank assets to help aid Ukraine – international law and the US Constitution forbid it", 〈https://theconversation.com/no-biden-cant-just-sell-off-seized-russian-yachts-and-central-bank-assets-to-help-aid-ukraine-international-law-and-the-us-constitution-forbid-it-182214〉.

Ⅴ. 국가의 정의

국가면제는 '국가'가 향유하는 권리이므로 국가면제의 목적상 '국가'를 어떻게 정의할 것인지, 다시 말해서 어떤 자들이 '국가면제의 목적상' 국가와 동일시 되는지를 결정하여야 한다. 오늘날 국가로 인정된다고 해서 모든 경우에 면제를 보장받는 것은 아니지만, 국가로 인정받지 못한다는 것은 면제를 인정받지 못함을 보장받는 것이다. 따라서 면제의 목적을 위한 국가의 정의에 관해 국가 간에 의견의 일치를 보는 것은 매우 긴요한 일이 아닐 수 없다.[69] 그러나 면제는 국가기관의 역할 내지는 지위를 보고 부여되는 것이지, 칭호(title)를 보고 부여되는 것이 아니다. -국가원수, 정부수반, 외무장관을 포함하여- 국가기관을 부르는 칭호는 국가마다 다를 수 있다.[70]

첫째, 과거에 통치자(군주)는 모든 권력의 원천으로서 국가와 동일시되었다.[71] 그 영향으로 오늘날에도 현직 국가원수는 그의 직무를 수행함에 있어 행하는 행위뿐만 아니라 개인적/사적 자격에서 행하는 임기 개시 전 또는 임기 중의 행위에 대해서도 면제를 향유한다.[72] *Mighell* v. *The Sultan of Johore* 사건[73]이 이것을 잘 보여주고 있다. 즉, 영국의 피보호국인 조호르 왕국의 군주는 자신의 신분을 감추고 영국 사교계에 진출하여 미겔이라는 영국 여성과 교제하였으며 결혼 약속까지 하게 되었다. 그러나 그가 약속을 이행하지 않자 미겔이 약속 불이행에 따른 손해배상의 소를 제기하려 하였는데, 영국재판소는 피고의 면제를 인정하였던 것이다.[74] 국가원수의 '개인적' 행위에 대한 이같은 면제는 그러나 그가 국가원수의 직에 있는 동안에만 인정된다.[75] 특히, 국가원수가 자행하

69) Fox, pp. 479~480.

70) Franey in Orakhelashvili (ed.), pp, 215, 216.

71) Fox, p. 103.

72) 다만, UN협약에서 "국가기관 혹은 국가대표자의 자격으로 행동하는" 국가원수의 면제는 제2조 1항(b) (i), (iv)에서 다룬다. 제3조 2항은 단지 그의 '인적' 면제(immunity *ratione personae*)에 관한 규정으로서, 국가원수의 인적 면제 문제는 계속해서 관습법에 맡겨지게 되었다 : https://untreaty.un.org/ilc/texts/instruments/english/commentaries/4_1_1991.pdf. 세계국제법학술원(IDI)은 2001년 밴쿠버회의(Session of Vancouver)에서 전/현직 국가원수(와 정부수반)의 면제에 대한 결의("Immunities from Jurisdiction and Execution of Heads of State and of Government in International Law")를 채택한 바 있다 : https://www.idi-iil.org/.

73) Great Britain, Court of Appeal, [1894] 1 Q.B. 149 ; von Glahn, pp. 137~138 ; Fox, p. 440 ; Manley O. Hudson (ed.), *Cases and Other Materials on International Law*, 3rd ed. (St. Paul, Minn. : West Publishing Co., 1951), pp. 294~296. 소 제기 당시 피고가 영국에 있지 않았기 때문에 그에게 영장을 송달하는 게 불가능하였다. 따라서 미겔은 피고의 재판소 출석을 확보하기 위해 판사보좌관(master-in-chambers)으로부터 일방적으로(*ex parte*) 소환장 대체송달 명령을 얻어내었다. 그러나 이 명령에 대해 피고는 자신은 독립국가의 군주로서 영국재판소들은 재판관할권이 없다고 주장하면서 이를 파기해 줄 것을 신청하였다. 1심(Divisional Court of the Queen's Bench Division)은 그의 주장을 받아들여 영장 대체송달 명령을 파기하고 모든 절차를 중단한다고 결론지었다. 이에 미겔이 항소하였으나 결과는 같았던 것이다. *Mighell* v. *the Sultan of Johore*, Straits Times Weekly Issue, 12 December 1893, Page 5, 〈https://newspapers.nl.sg/Digitised/Article/stweekly18931212.2.39.aspx〉 ; https:// swarb.co.uk/ lisc/Inten18491899.php ; https://groups.yahoo.com/neo/groups/beritamalaysia/conversations/ topics/34496.

74) 이와 비슷한 판례로서, *Statham* v. *Statham and the Gaekwar of Baroda*, Great Britain, Probate Court, [1912] p. 92에서는 "인도 내의 주권국의 군주는 (간통을 이유로 한) 이혼소송의 공동피고인이 될 수 없다."고 판결하였다. von Glahn, p. 138.

75) *King Farouk* v. *Christian Dior*, France, 1957 C 176에서 프랑스의 한 재판소는 전국왕은 과거 국왕시절의

는 국제범죄(crimes under international law)는 "국가원수의 직무를 수행함에 있어 행한 행위"(acts performed in the exercise of the functions of a head of state)로 간주될 수 없으며, 따라서 그가 일단 현직을 떠나게 되면 재임기간 중 저지른 그같은 국제범죄에 대해서는 면제를 주장할 수 없다는 영국 상원의 *Pinochet* 결정[76]에 주목을 요한다. 뿐만 아니라, 그가 임기 중 공적

개인적 부채에 관해 면제를 향유하지 못한다고 판결하였다. De Lupis, p. 103.

76) *R* v. *Bow St Magistrate, ex parte Pinochet Ugarte*, [1998] 4 All ER 897 (Pinochet 1) ; *R* v. *Bow St Magistrate, Ex p. Pinochet*, [1999] 2 WLR 827 (Pinochet 3). 영국 상원(House of Lords)은 이 두 차례의 결정에서 모두 이 점을 분명히 하였는데, 사건 개요는 다음과 같다. 칠레의 Augusto Pinochet는 1973년 군사쿠데타를 통해 마르크스주의자인 살바도르 아옌데(Salvador Allende) 민선정권을 타도하고 집권하였는데, 국가원수로 재직하는 동안 제노사이드(genocide), 고문(torture), 살인(murder) 및 인질잡기(taking of hostages) 등의 여러 행위에 대해 책임이 있는 것으로 거론되었다. 그는 자신의 비밀경찰 DINA(Direction de Inteligencia Nacional)를 통해 정적들을 제거하기 위한 이른바 '콘도르작전'(Operation Condor)을 수립했던 것으로 알려졌다. 약 4천 명의 사람이 그의 통치기간 중 살해되거나 실종되었으며, 고문은 비밀경찰에서 일상적으로 자행되었다. 1978년 4월, 칠레 상원은 그의 재임기간 중 형사적 행위에 연루된 모든 사람들에게 (재판을 거치지 않은) 백지사면, 즉 pardon이 아닌 amnesty를 부여하는 법을 통과시켰다(칠레의 이같은 백지사면 결정은 물론 영국을 위시한 타국의 재판소나 국제재판소를 구속하는 것이 아니다). Pinochet는 1990년의 선거에서 승리한 민선정부에 정권을 이양하였지만, 퇴임 전의 헌법개정을 통해 퇴임 후 자동적으로 종신상원의원(Senator for life)에 임명되도록 되어 있었다.

1998년 9월 22일, 나이 80을 넘긴 노쇠한 Pinochet는 런던에서 척추수술을 받기 위해 영국을 방문하였다. 그러자 (영국과 범죄인인도조약을 체결하고 있는) 스페인 정부의 요청에 따라 런던의 치안판사들은 그의 체포를 위한 영장들을 발부하였다(스페인 정부는 그전에 이미 보편관할권에 기초하여 Pinochet에 대한 체포영장을 발부해 놓고 있었다. 보편관할권은 자국민이 피해자일 것을 요구하는 것은 아니지만, 스페인은 적어도 50명의 스페인인들이 Pinochet 통치기간 중 칠레에서 실종되거나 살해되었기 때문에 보편관할권을 행사하려고 시도함에 있어 합법적인 이익을 가지고 있다고 느꼈던 것이다). 영장에 기재된 범죄는 다섯 가지였는데, 여기에는 1988년 1월에서 1992년 12월 사이의 고문행위, 1982년 1월과 1992년 1월 사이의 인질잡기, 그리고 1976년 1월과 1992년 12월 사이의 살인모의 등이 포함되어 있었다. Pinochet는 혐의사실이 행해지던 시기에 자신은 국가원수였으므로 체포로부터의 면제를 향유한다고 주장하면서, 인신보호영장(*habeas corpus*)과 더불어 체포영장을 파기하기 위한 사법심사를 신청하였다. 1998년 10월 28일 영국 여왕좌부(High Court, Queen's Bench Division)의 합의재판부(Divisional Court)는 혐의범죄 당시 그가 외국의 국가원수였음을 이유로 하여 Pinochet의 면제주장을 지지하였다 : *R* v. *Evans* ; *R* v. *Bartle, ex parte Pinochet Ugarte,* [1998] 4 All ER 629 (D).

이렇게 해서 체포영장이 파기되자, 영국 정부는 이 문제를 상원(House of Lords)에 상소하였다. 핵심쟁점은 물론, 칠레 상원의원 Pinochet가(따라서 이제 그는 더 이상 칠레의 현직 국가원수는 아니다) 그가 칠레의 국가원수로 재직하던 중 (주로 칠레에서) 자행한 일련의 범죄와 관련하여 영국에서 체포 및 범죄인인도절차로부터 (물적)면제를 향유하느냐 하는 점이었다. Pinochet 사건은 영국 상원에서 세 차례나 심리가 이루어졌는데, 두 번째 것은 첫 번째 결정에 대한 재심신청 수락 여부를 결정하기 위한 것이었다.

먼저, 5인 재판관으로 구성된 상원 재판부는 1998년 11월 25일의 최초 결정에서 3 대 2의 다수결로 그의 면제를 부인하였다 : *R* v. *Bow St Magistrate, ex parte Pinochet Ugarte*, [1998] 4 All ER 897 (Pinochet 1). 그러나 상원에서 이같은 결정이 내려진 직후 칠레 변호사들은 이 최초 결정의 다수결정에 참여한 3인 재판관 중의 한 사람인 Lord Hoffman이 Pinochet의 체포와 인도를 지지했던 주요단체 중의 하나인 Amnesty International에 관계하고 있음을 스스로 밝히지 않았음을 이유로 하여 재심리를 신청하였다. 1998년 12월 17일 상원은 이 주장을 받아들여 최초 결정을 파기하고 사건을 다른 재판관들로 구성된 재판부에서 새로 심리하기로 결정하였다 : *R* v. *Bow Street Metropolitan Stipendiary Magistrate, ex parte Pinochet Ugarte*, [1999] 2 WLR 272 (Pinochet 2). 이것이 이 사건과 관련한 상원의 두 번째 결정이다. 이후 7명으로 구성된 재판부에서 사건을 다시 심리하였으며, 1999년 3월 24일 그 세 번째 결정에서 상원재판부는 6 대 1의 다수결로 그의 면제를 부인하는 결정을 내놓았다 : *R* v. *Bow St Magistrate, Ex p. Pinochet*, [1999] 2 WLR 827 (Pinochet 3).

두 번째 결정 이후 몇 가지 상황이 추가되긴 하였지만, 어쨌든 최초 결정이나 세 번째 결정에서 모두 영국 상원은 '고문을 위시한 국제범죄'는 "국가원수의 직무를 수행함에 있어 행한 행위"(acts performed in the

자격으로 행한 행위라 할지라도 그의 면제는 임기 후 그의 정부에 의하여 포기될 수 있다.77) 면제는 국가주권의 한 속성(an attribute of state sovereignty)이기 때문에, 다시 말해서 면제는 이론상 국가 자신의 것이기 때문에 국가는 자국의 옛 지도자(erstwhile leaders)에게 부여했던 면제 및 기타 권한을 되찾을 수 있는 것이다.78) 같은 논리로, '현직' 국가원수(serving/incumbent head of state)의 (인적/물적) 면제까지도 그의 국가는 -명시적으로 혹은 묵시적으로- 이를 포기할 수 있다. 국가원수의 면제를 포기한다는 결정을 할 수 있는 기관이 누구인가는 물론 소속국가의 국내법에서 정할 문제이다.79) 한편, 대부분의 국가에서는 단지 한 사람이 국가원수의 직책을 보유하고 있지만, 일부 국가(특히, 사회주의국가들)에서는 공동(집단)국가원수(joint or collective Head of State)를 가지고 있기도 하다. 그리고 국가에 따라서는 '법률상/명목상의' 국가원수(*de jure* Head of State)와

---

exercise of the functions of a head of state)로 간주될 수는 없다는 결론에 이르렀던 것이다. 이 사건에서 Pinochet가 만약 칠레의 현직 국가원수였다면 물론 그에게 (인적)면제가 부여되었을 것이다. 영국 상원도 첫 번째 및 세 번째 결정에서 이 점을 지적한 바 있다. 그러나 영국 상원의 세 번째 결정은 Pinochet에 대한 기소범죄의 수와 범위를 극적으로 감소시킨 것이었고, 이 때문에 이 결정에 대해 Pinochet의 반대자들과 지지자들은 동시에 환호성을 올렸었다. 즉, 그 세 번째 결정에서, 영국 상원 재판부는 1984년의 고문반대협약(Convention against Torture and Other Cruel, Inhuman or Degrading Treatment or Punishment)이 "Criminal Justice Act 1988"(형사재판법 1988)에 의해 1988년에서야 영국의 국내법으로 편입되었고 따라서 1988년 이전에 행해진 그같은 범죄는 협약의 인도범죄(extradition crimes)에 해당하지 않는다고 보았던 것이다. 다시 말하면, 동 협약의 "인도 아니면 소추"(*aut dedere aut judicare*)의 공식은 "Criminal Justice Act 1988"에 의해 고문이 영국법에서 범죄가 된 1988년 9월 29일 이전에 자행된 고문행위에는 적용되지 않는다는 것이었는데, 그의 혐의범죄 대부분은 이 기간에 이루어진 것이었다. 영국 내무장관 Straw는 2000년 3월 1일 Pinochet의 건강상태를 고려하여 그를 석방한다는 '최종'결정을 발표하였고, Pinochet는 이 발표 직후 16개월간의 영국 억류생활을 끝내고 칠레 공군기편으로 그의 나라로 돌아갔다. See Fox, pp. 442~448; Bankas, pp. 257~261; Dixon, p. 103; Max Du Plessis, "The Pinochet Cases and South African Extradition Law", (2000) 16 South African Journal on Human Rights 669~689; Andreas O'Shea, "Pinochet and Beyond: The International Implications of Amnesty", (2000) 16 South African Journal on Human Rights 642~668; William J. Aceves, "Liberalism and International Legal Scholarship: The Pinochet Case and the Move Toward a Universal System of Transnational Law Litigation", (2000) 41 Harvard International Law Journal 129~184; The Hon Justice Michael Kirby AC CMG, "Human Rights - The Way Forward", (2000) 31 Victoria University of Wellington Law Review 703 at 709~711; Curtis A. Bradley & Jack L. Goldsmith, "*Pinochet* and International Human Rights Litigation", (1999) 97 Michigan Law Review 2129~2184; Colin Warbrick, Elena Martin Salgado and Nicholas Goodwin, "the Pinochet Case in the United Kingdom", (1999) 2 Yearbook of International Humanitarian Law 91~117. Pinochet가 귀국하자 칠레의 재판소들은 상원의원인 그에게 면제를 부여하기를 거부하였고, 그는 가택연금에 처해졌다. 그러나 2001년 7월 칠레의 한 항소재판소는 재판받기에 부적합하다는 이유로 기소 중지를 한 바도 있으나, 2005년 칠레 최고재판소는 살인, 납치, 탈세 혐의로 기소를 확정지었다; 그는 2006년 12월 10일, 심장마비로 긴급수술을 받은 후 결국 91세의 나이에 사망하였다: Currie, p. 321, fn. 9; 중앙일보, 2006년 12월 12일(화), 16면, "피노체트, 출생에서 사망까지."

77) See Marian Nash (Leich), *Cumulative Digest of United States Practice in International Law 1981~1988*, Office of Legal Adviser, Department of State, pp. 1564~1580.

78) *Ibid.*, p. 1576; Bradley, p. 254; Currie, pp. 326~327; *Certain Questions of Mutual Assistance in Criminal Matters* (Djibouti v. France), ICJ Reports (2008), p. 177 at 242 (para. 188). 그 한 예로, 전직 필리핀 대통령 마르코스(Ferdinand Marcos)의 재산을 대상으로 미국 재판소에 제기된 *Hilao* v. *Estate of Marcos*, 25 F. 3d 1467 (9th Cir. 1994)(para. 27)(available at https://www1.umn.edu/ humanrts/research/Philippines/jurisprudence.html)에서 필리핀 정부가 그의 면제를 포기하였으므로 소송은 진행될 수 있었다.

79) 세계국제법학술원(IDI) 2001년 밴쿠버 회의(Session of Vancouver) 결의("Immunities from Jurisdiction and Execution of Heads of State and of Government in International Law") 제7조: https://www.idi-iil.org/ 참조.

(헌법규정상 국가원수의 직책을 보유하고 있지는 않지만 실제로는 절대군주의 위치에 있는) '사실상의' 국가원수(*de facto* Head of State)를 분리하고 있는데, 이런 경우에는 '사실상의' 국가원수도 국가면제의 목적상 국가원수의 개념에 포함될 수 있을 것이다.[80]

둘째, "국가와 (국가원수를 포함한) 여러 정부기관"(the State and its various organs of government)[81]은 당연히 국가면제의 목적상 국가로 간주된다. 국가는 그 자신의 이름으로 행동하기도 하고 자신의 내부조직인 정부기관을 통해 행동하기도 하기 때문이다. '국가'가 되기 위한 일반 국제법상의 요건은 앞에서 이미 논한 바 있다. 다만, 그 요건 중의 하나는 "다른 국가들과 관계를 맺을 수 있는 능력", 즉 '외교관계 수행능력'인데, 위 *Mighell* v. *Sultan of Johore*를 비롯해서 미국, 영국, 프랑스 등 일부 국가의 판례에서는 자국의 피보호국(protected states), 속국(dependencies) 내지는 보호령(protectorates) 등의 반주권국에 대해서도 면제를 부여하고 있다.[82] 국내재판소가 면제 부여 여부를 결정함에 있어 피고 외국 혹은 외국정부가 자국 정부의 승인을 받았음을 조건으로 할 것인가의 문제는 국내법에 따라 다를 수 있으며,[83] UN협약도 이 문제에 대해서는 언급이 없다. 국가와 동일시되는 정부기관에는 (국가를 위하여 혹은 대리하여, 즉 공적 자격으로 행동하는 군주 혹은 국가원수, 정부수반을 포함하여) 중앙정부, 중앙정부의 여러 부처가 모두 포함된다.[84] 입법부와 사법기

---

80) 2001년 3월 13일 프랑스 파기원(Cour de Cassation)은 1989년 니제르 상공에서 발생한 프랑스 항공기폭파테러와 관련하여 (궐석으로) 기소된 가다피 더령(Colonel Gaddafi)을 리비아의 사실상의 국가원수로 보아 그의 면제를 인정하였는데, 그는 리비아에서 단지 '9월 1일 혁명의 지도자'(leader of the Revolution of 1st September)로 불리고 있었다 : France, Court of Cassation, Criminal Chamber, *SOS Attentat and Castelnau d'Esnault* v. *Qadaffi, Head of State of the State of Libya*, 13 March 2000, No. 1414, 125 ILR 490 (noted by Cassese, *International Law*, 2nd, p. 248 ; Bankas, pp. 262~264 ; Fox, p. 441). 참고로, 가다피 치하의 당시의 리비아 헌법상 혁명평의회(Revolutionary Command Council)가 동 국가의 "최고당국"(supreme authority)을 구성하고("1969 Constitutional Proclamation" 제18조), 전쟁선언 및 조약체결/비준의 권한을 보유하며("1969 Constitutional Proclamation" 제23조), 외국 외교사절의 신임장(credentials)을 접수하는 일은 인민회의(General People's Congress)의 위임에 의해 그 의장이 수행하고 있었다("1977 Declaration on the Establishment of the Authority of the People" 제4조). See Salvatore Zappala, "Do Heads of State in Office Enjoy Immunity from Jurisdiction for International Crimes? The Ghaddafi Case Before the French Cour de Cassation", (2001) 12 EJIL 595~612.

그러나 *The United States* v. *Noriega*, Case No. 88-79-CR, U.S. District Court for the Southern District of Florida, June 8, 1990에서 노리에가 장군은 미국도 파나마헌법도 그를 파나마의 국가원수로 인정한 바는 없었지만 자신은 "파나마의 사실상의 통치자"(*de facto* ruler of Panama)로서 국가면제를 향유한다고 주장하였으나, William M. Hoeveler 저판관은 그의 주장을 배척하면서 다음과 같이 판시하였다 : "In fact, this Court has previously acknowledged that, despite the official recognition of Delvalle, Noriega was the *de facto* head of Panama's government. ... But simply because Noriega may have in fact run the country of Panama does not mean he is entitled to head of state immunity, since the grant of immunity is a privilege which the United States may withhold from any claimant. ... Since the only reason Noriega would be entitled to immunity as a head of state is because of such judicial deference to the Executive, his claim to a "right" of immunity against the express wishes of the Government is wholly without the merit. ... Since the United States has never recognized General Noriega as Panama's head of state, he has no claim to head of state immunity."

81) UN협약 제2조 1항(b)(i) ; ILC초안 제2조에 대한 주석(10).

82) Fox, pp. 325~327.

83) *Ibid.*, pp. 327~330, 435 ; 본서, 제8장 (국가 및 정부승인) 참조.

84) Fox, pp. 331~333.

관도 국가의 일부이긴 하지만 이들이 그들 자신의 이름으로 외국재판소에서 제소당하는 일은 없을 것이다.[85] 특별히 국가원수의 경우, UN협약에는 국가의 정의와 관련하여 이를 별개로 명시하고 있지는 아니하며, 미국의 "외국주권면제법"(Foreign Sovereign Immunities Act of 1976)도 그러하다.[86] 그러나 영국의 "국가면제법"(State Immunity Act 1978)은 "공적 자격으로 행동하는 군주 혹은 기타 국가원수" (the sovereign or other head of a State in his public capacity)[87]를 국가의 정의에 포함하고 있으며, 개인 자격으로 행동하는 국가원수에 대해서는 외교면제법[88]을 적용하고 있다.[89]

셋째, UN협약에 의하면, 국가의 '정치하부조직'(political subdivisions of the State)[90]은 "주권적 권한을 행사하는 행위를 수행할 자격이 있고 또 그러한 자격으로 행동하고 있는 경우"(which are entitled to perform acts in the exercise of sovereign authority, and are acting in that capacity)에는 국가면제의 목적상 국가로 간주된다.[91] 그리고 국가의 '대리/종속기관 혹은 기타 실체'(agencies or instrumentalities of the State or other entities)도 "국가의 주권적 권한을 행사하는 행위를 수행할 자격이 있고 또 실제로 그러한 행위를 수행하고 있는 범위 내에서"(to the extent that they are entitled to perform and are actually performing acts in the exercise of sovereign authority of the State) 국가면제의 목적상 국가로 간주된다.[92]

넷째, UN협약에 의하면, 연방국가의 '구성단위'(constitutent units of a federal State)도 '정치하부조직'(political subdivisions of the State)의 경우와 동일한 조건 하에서, 즉 "주권적 권한을 행사하는 행위를 수행할 자격이 있고 또 그러한 자격으로 행동하고 있는 경우", 국가면제의 목적상 국가로 간주된다.[93] 한편 "국가면제에 관한 유럽협약"(European Convention on State Immunity)(1972) 제28조는 연방국가의 구성국은 면제를 향유하지 못한다고 규정하면서도, 연방국가는 자국의 구성국들도 면제를 갖는다고 선언할 수 있다는 단서조항을 두고 있다.

다섯째, 국가대표의 자격으로 행동하는 자(representatives of the State acting in that capacity)도 국가면제의 목적상 국가로 간주된다.[94] 사인으로 행동하는 개인은 당연히 국가의 범주에 속할 수 없지만, 법에 의하여 창설된 의제인(법인)(artificial/juristic person)으로서의 국가는 개개의 자연인을 통해서만 행동할 수 있다. 그렇다면 국가에게로 귀속되는 행위를 하는 개인도 국가면제의 목적상 국가의 정의에 넣어 그의 공적 직무 수행, 바꾸어 말하면 그의 물적 면제

85) Aust, *Handbook of IL*, 2nd, p. 149.
86) Fox, p. 333.
87) 영국 SIA, Section 14(a).
88) 즉, "외교특권법 1964"(the Diplomatic Privileges Act 1964).
89) 영국 SIA, Section 20.
90) 예컨대, 지방자치단체(municipalities). Currie, p. 332.
91) UN협약 제2조 1항 (b)(ii).
92) UN협약 제2조 1항 (b)(iii).
93) UN협약 제2조 1항 (b)(ii).
94) UN협약 제2조 1항 (b)(iv).

(immunity *ratione materiae*)를 보호하여야 할 것이기 때문이다.[95] 이 문제는 다음 제11장에서 국가행위 이론(Act of State doctrine)의 일부로서 다시 다루기로 한다.

실제로, 국가면제의 목적을 위한 국가의 정의는 국가마다 매우 다르게 나타나고 있으며, UN협약의 규정과는 별도로 아직까지 일반적으로 수락된 공식은 존재하지 않는 것으로 보인다. 이같은 사정 때문에 외국정부 또는 그 산하의 기관과 거래하는 당사자들은 국가면제란 이름의 함정을 피하기 위하여 중재재판조항이나 면제포기조항의 삽입에 의존하는 경향이 있다. 다만, 오늘날에는 제한적 면제이론의 등장으로 인해 설사 어떤 외국기관이 국가면제의 목적상 국가의 정의에 든다 하더라도 소송의 그 다음 단계에서 그 행위의 성격에 따라 면제가 부인될 수 있기 때문에 외국기관을 상대하는 기업들은 예전보다 걱정을 덜었다고 볼 수 있다. 그러나 제한적 면제이론에 따라 면제가 부인되는 경우라 하더라도 행위의 주체가 국가면제의 목적상 국가의 정의에 들게 되는 경우에는 개인에게는 부여되지 않는 소송절차상의 여러 가지 이익을 인정하는 국가도 있으며, 이런 국가에서 개인 또는 회사가 외국을 상대로 소송을 하는 경우에는 여전히 어려움을 당할 수 있다. 그런 의미에서 국가(외국)의 정의 문제는 '국가''면제'에서 면제의 제한과는 별도로 여전히 중요성을 가질 수 있다.[96]

---

95) ILC초안 제2조에 대한 주석(17) ; Fox, p. 353 ; Fox in Evans (ed.), *International Law*, 3rd, p. 354.

96) 주로 문제가 되는 것은 별개의 법인체이긴 하지만 정부가 주식의 대부분을 가지고 통제하는, 상업적 활동에 종사하는 공기업(public enterprises)을 국가면제의 목적상 국가로 볼 것인가 하는 것이다. 상기 UN협약을 보면 '정치하부조직'(political subdivisions)과 '국가의 대리기관 혹은 종속기관'(agencies or instrumentalities of the State)의 경우 "국가의 '주권적' 권한을 행사하는 행위를 수행할 자격이 있는 범위" 내에서만 국가면제의 목적상 국가로 간주될 수 있고, 영국의 "국가면제법 1978"(State Immunity Act 1978)이나 유럽심의회(Council of Europe)가 1972년 5월 16일 채택한 "국가면제에 관한 유럽협약"(European Convention on State Immunity) 등도 모두 그같은 입장을 따르고 있다. 이와는 대조적으로, 미국의 외국주권면제법(Foreign Sovereign Immunities Act : FSIA)은 "외국의 대리기관 혹은 종속기관"(agency or instrumentality of a foreign state)을 정의함에 있어 공기업의 경우 그 주식의 절반을 외국이 보유하기만 하면 동 법의 목적상 국가에 해당한다고 규정하고 있다(Section 1603(b)). 다시 말해서, "국가의 '주권적' 권한을 행사하는 행위를 수행할 자격이 있는지"는 묻지 않는 것이다. 또한 FSIA는 일단 외국으로 인정되는 기관에 대해서는 그것이 상업적 기관이라 해도 소송절차상의 여러 이익을 부여하고 있다. 피고 외국은 소송을 주재판소에서 연방재판소로 옮겨감으로써 원고의 전통적인 법정지선택권을 피해갈 수 있고, 원고는 배심재판을 받을 권리를 상실하며, 원고는 FSIA에 자세히 명시된 영장송달요건을 준수하여야 하고, FSIA는 FSIA의 보호 내에 있는 피고 재산의 압류를 허용하지 않는 것 등이 바로 FSIA가 '외국'에 부여하고 있는 이익들이다. 미국법의 이같은 관대한 입장은 그러나 비교법의 관점에서 보면 예외에 속한다. 뿐만 아니라, 외국 정부가 미국재판소에 제소된 자기업에 대해서는 직접 주식을 가지고 있지 않지만 그 모기업의 주식을 절반 이상 가지고 있는 경우, 그 자기업까지도 FSIA의 목적상 이를 외국으로 볼 것인가(이같은 위계적인 소유권체제를 tiering으로 칭하고 있다)의 문제를 놓고 하급심 판례는 통일을 보지 못하고 있었는데, 드디어 미국 연방최고재판소는 *Dole Foods Co.* v. *Patrickson*, 538 U.S. 468 (2000)에서 이 문제에 대한 해답을 제시하였다. 즉, 그 견해에 의하면, FSIA 하에서 그같은 간접적인 소유관계만으로는 불충분하며, 기업의 주식을 정부 또는 그 정치하부조직이 직접 소유하는 경우에만 그 회사는 주식 소유를 기초로 하여 외국의 "대리기관 혹은 종속기관"(agency or instrumentality)의 자격을 갖게 된다(*ibid.*, at 473~477). 따라서 한 개의 일반원칙의 문제로서, '외국정부가 소유하는 기업'의 자회사는 적어도 단지 주식 소유만을 기초로 해서는 FSIA의 보호를 받을 자격이 없다고 할 수 있다. FSIA의 이런 문제들에 대한 자세한 논의는 다음의 논문을 참조 : Guy S. Lipe and Amin Omar, "Litigation Against "Foreign States" in the United States Courts: An Overview of the American Foreign Immunities Act", Presented at the Russian-American Symposium on Private International Law, Moscow State Institute of International Relations, 29 June 2004, at https://www.abanet.org/intlaw/committees/disputes/litigation/FSIAoverview.pdf ; Jane H. Griggs, "The Foreign Sovereign Immunities Act : Do Tiered Corporate Subsidiaries Constitute Foreign States?", (1998) 20

Ⅵ. 면제의 범위

국가면제의 목적상 국가의 정의를 살펴보았으므로 이제는 국가가 어느 범위까지 '면제'를 향유하는지를 살펴볼 차례이다.

1. 국가면제 원칙에 대한 고전적 예외 : 부동산 관련 소송

부동산(immovable property, real estate)은 특별히 영토주권의 객체이기 때문에 그에 관련한 소송은 그 소재지국 재판소의 배타적 관할 하에 놓이지 않을 수 없다. *Limbin Hteik Tin Lat* v. *Union of Burma* 사건[97]이 이것을 잘 보여주고 있다. 동경 소재 버마(현 미얀마) 총영사관 건물 옆의 땅을 당시 일본 주재 버마 대사가 1944년 매입하였는데, 원고는 이 땅을 버마법상 대사의 법정공동상속인인 부인과 딸로부터 1953년에 매입하였다. 원고는 일본으로 와서 이 땅에 대한 이전등기를 완료하였다. 이에 버마 정부는 등기 말소를 위한 가처분 신청을 제출하였으며 일본재판소는 이를 수락하였다. 이에 다시 원고는 문제의 땅의 잠정적 지위를 결정짓기 위한 본건 가처분 신청을 제출한 것이다. 본 사건에서 버마 정부는 국가면제를 주장하였으나, 일본 동경 지방재판소는 "부동산은 특별히 그 소재지국 영토주권의 객체"라는 사실을 들어 버마 정부의 국가면제 주장을 배척하였다. UN협약[98]과 1972년 "국가면제에 관한 유럽협약"(European Convention on State Immunity)[99]도 부동산 관련 소송에 대해서는 면제를 부인하고 있으며, 관련 국내입법들[100]도 그러하다.

2023년 4월 27일, 서울 용산구 한남동 소재 한 회사 소유의 땅을 연접한 몽골대사관이 무단 사용 중인 것과 관련하여 회사가 몽골을 상대로 제기한 소송[101]에서, 한국 대법원은 "건물 철거와 해당 토지의 반환" 청구에 대해서는 국가면제를 인정하고, "무단 점유에 대한 부당이득 지급" 청구에 대해서는 국가면제를 부인하면서 그 법리를 다음과 같이 설명하였다.

Western New England Law Review 387~435 ; Danny Abir, "Foreign Sovereign Immunities Act : The Right to a Jury Trial in Suits Against Foreign Government-Owned Corporations", (1996) 32 Stanford Journal of International Law 159~184. 그리고 민영화된 외국공기업의 non-jury trial 특권을 결정짓는 시점은 불법행위시(time of wrongdoing)가 아니라 제소시(time of filing)로 보는 것이 타당할 것이라는 주장에 관해서는, Clinton L. Narver, "Putting the "Sovereign" Back in the Foreign Sovereign Immunities Act : The Case for a Time of Filing Test for Agency or Instrumentality Status", (2001) 19 Boston University International Law Journal 163~206 참조.

97) Japan, District Court of Tokyo, 1954 ; Sweeney et al., pp. 350~351.

98) UN협약 제13조(a).

99) 동 협약 제9조.

100) 미국, 외국주권면제법(1976), § 1605(a)(4) ; 영국, 국가면제법(1978), § 6(1)(a) ; 싱가폴, 국가면제법(1979), § 8 ; 일본, "외국 등에 대한 일본의 민사재판권에 관한 법률"(2009), 제11조 등.

101) 대법원(민사3부), 2019다247903 (몽골대사관 건물 등 철거).

"국제관습법에 의하면 국가의 주권적 행위는 다른 국가의 재판권으로부터 면제되는 것이 원칙이다. 그러나 우리나라의 영토 내에서 행하여진 외국의 사법적(私法的) 행위에 대하여는 그것이 주권적 활동에 속하는 것이거나 이와 밀접한 관련이 있어서 이에 대한 재판권의 행사가 외국의 주권적 활동에 대한 부당한 간섭이 될 우려가 있다는 등의 특별한 사정이 없는 한 해당 국가를 피고로 하여 우리나라 법원이 재판권을 행사할 수 있다(대법원 1998. 12. 17. 선고 97다39216 전원합의체 판결, 대법원 2011. 12. 13. 선고 2009다16766 판결 등 참조).

부동산은 영토주권의 객체로, 부동산 점유 주체가 외국이라는 이유만으로 부동산 소재지 국가 법원의 재판권에서 당연히 면제된다고 보기 어렵고, 기록상 제출된 자료에 의하더라도 이를 인정하는 내용의 국제조약이나 국제관습법이 확인되지 아니한다. 또한 부동산을 점유하는 데에는 다양한 원인과 목적, 형태가 있을 수 있으므로, 외국이 국내 부동산을 점유하는 것을 두고 반드시 주권적 활동에 속하거나 이와 밀접한 관련이 있는 사법적 행위에 해당한다고 볼 수도 없다. 다만 외교공관은 한 국가가 자국을 대표하여 외교 활동을 하고 자국민을 보호하며 영사 사무 등을 처리하기 위하여 다른 국가에 설치한 기관이므로, 외국이 부동산을 공관지역으로 점유하는 것은 그 성질과 목적에 비추어 주권적 활동과 밀접한 관련이 있다고 볼 수 있고, 국제법상 외국의 공관지역은 원칙적으로 불가침이며 접수국은 이를 보호할 의무가 있다. 따라서 외국이 부동산을 공관지역으로 점유하는 것과 관련하여 해당 국가를 피고로 하여 제기된 소송이 외교공관의 직무 수행을 방해할 우려가 있는 때에는 그에 대한 우리나라 법원의 재판권 행사가 제한되고, 이때 그 소송이 외교공관의 직무 수행을 방해할 우려가 있는지 여부는 원고가 주장하는 청구 권원과 내용, 그에 근거한 승소판결의 효력, 그 청구나 판결과 외교공관 또는 공관 직무의 관련성 정도 등을 종합적으로 고려하여 판단하여야 한다."

위 판결은 몇 가지를 시사하고 있다 : 첫째, 한국 영토 내에서 행하여진 외국의 사법적(私法的) 행위에 대하여는 그것이 주권적 활동에 속하는 ... 등의 특별한 사정이 없는 한 외국을 피고로 하여 한국 법원이 재판권을 행사할 수 있다 ; 둘째, 이 이른바 제한적 면제이론은 부동산 관련 소송을 포함하여 국가면제 이론 전반에 적용된다 ; 셋째, 외국이 부동산을 외교공관의 목적으로 점유하고 있으면 더욱 그러하다 ; 넷째, 이 점유가 불법적인 것이라 하더라도 면제는 인정된다.

그렇다면 몇 가지 지적이 가능하다. 첫째, 관련 조약과 국내입법례에서 보는 것처럼, 부동산 관련 소송에서의 국가면제 부인은 해당 부동산에 관련한 피고 국가의 활동이 주권적인 것이냐 사법적(私法的)인 것이냐에 따라 해답이 달라지는 문제가 아니다. 다시 말해서 제한적 면제이론이 -대법원도 인정하는 바의- "영토주권의 객체"인 부동산 관련 소송에까지 연장되는 것은 아니다. 사실, 부동산은 바로 그 "영토주권의 객체"이기 때문에 국가면제 이론이 형성될 때부터, 그러니까 제한적 면제이론이 나오기 전부터 국가면제가 인정되지 않았다. 둘째, 부동산으로서의 외교공관에 대한 소송에 대해서도 같은 말을 할 수 있다. 다만, "외교관계에 관한 비엔나협약"에 의하면 외교공관은 불가침성의 한 결과로 "수색, 징발, 압류 또는 강제집행"으로부터는 면제된다.[102] 셋째, 공관의 불가침성이 국제법상 그리고 국내법상 불법 점유 중인 공관 지역에 대해서도 인정되는 것인지, 그리고 이 사건에

102) 외교관계에 관한 비엔나협약 제22조 3항 ; 본서, 제12장 (외교면제 및 특권), "V. 외교사절단의 면제 · 특권, 2. 외교공관의 불가침성."

서 최소한도 접수국인 한국 정부가 문제된 몽골 공관 지역의 불가침성을 명시적으로 혹은 묵시적으로 인정한 바 있는지를 물어 보았어야 한다.[103] 넷째, 국가면제에 대한 법리를 논하면서 관련 국제관습법규의 형성에 기여한 외국의 입법례나 조약에 대한 언급이 전혀 없다. 다섯째, "[한국] 영토 내에서 행하여진 외국의 사법적(*私法的*) 행위에 대하여는 그것이 주권적 활동에 속하는 ... 등의 특별한 사정이 없는 한 외국을 피고로 하여 [한국] 법원이 재판권을 행사할 수 있다"는 부분은 1998년 판결을 반복한 것인데, 제한적 면제 이론의 관점에서 이 표현의 어색함 내지는 모순에 대하여는 본서에서 이미 지적한 바 있다.[104]

2. 재판권 행사에 대한 외국의 동의 : 면제의 포기

국가면제란 재판권 행사에 동의하지 아니하는 외국에 대해서는 국내재판소가 재판관할권을 행사할 수 없음을 의미한다. 다시 말해서, 국가면제는 외국 정부의 동의가 있더라도 침해할 수 없는 일반국제법의 강행규범이 아니다. 따라서 국내재판권 행사에 복종하겠다는 외국의 동의가 존재하는 경우에는, 즉 외국정부가 면제를 포기하는 경우에는 국내재판소가 재판권을 행사할 수 있다. 이같은 상황은 다음의 몇 가지로 나누어 볼 수 있다.

첫째는 외국이 원고(plaintiff)로서 소를 제기하는 경우이다.[105]

둘째는 외국이 '당사자'의 자격으로 소송참가(intervention)한 경우이다.[106] 따라서 외국이 '오로지 면제를 원용하거나 또는 당해 소송에서 문제가 된 재산에 대해 권리 또는 이익을 주장하기 위한 목적'으로 소송절차에 참여하는 경우에는 국내재판소의 재판관할권 행사에 동의한 것으로 간주되지 않는다.[107]

셋째는 외국이 반소(counterclaim)를 제기당하거나 제기하는 경우로서,[108] 이것은 다시 ① 외국이 원고로서 제기한 본소(principal or original claim)와 동일한 법률관계 또는 사실로부터 야기되는 반소,[109] ② 외국이 소송참가(intervention)하여 제기한 청구(claim)와 동일한 법률관계 또는

---

103) 외교관계에 관한 비엔나협약 제12조, 제21조 ; 영사관계에 관한 비엔나협약 제4조 ; 영국 "외교 및 영사 공관법 1987"(Diplomatic and Consular Premises Act 1987) 참조.

104) 아래 "5. *acta jure imperii*와 *acta jure gestionis*의 구분 기준" 참조.

105) UN협약 제8조 1항(a). '외국'이 '다른 외국'을 상대로 소송을 제기하는 경우 그 '다른 외국'의 국가면제 여부는 물론 별개의 문제이다. 그러나 국가들이 제3국의 법정에서 서로 다투는 경우를 찾기는 어렵다. 국내법정은 국가 간 분쟁해결수단으로는 적합하지 않기 때문이다.

106) UN협약 제8조 1항(b).

107) UN협약 제8조 2항.

108) UN협약 제9조.

109) UN협약 제9조 1항. US, Supreme Court, *National City Bank of New York* v. *Republic of China*, (1955) 348 U.S. 356 (available at https://supreme.justia.com/us/348/356/case.html) 사건이 바로 이 경우에 해당되는 판례인데, 사건 개요는 다음과 같다. 1948년 상해 · 남경 철도청이 원고의 뉴욕 본점에 $200,000를 예금하였다. 그 후 대만 정부가 이 돈을 찾으려 하자 원고측이 지급을 거부하였다. 대만 정부가 미국 연방지방재판소에 제소하자, 원고는 대만 정부가 발행하여 기한이 만료된 공채의 상환을 요구하는 본건 반소를 제기한 것이다. 여기서 쟁점은 반소를 허용할 것인가, 다시 말해서 본소와의 견련성을 인정하여 소를 병합심리할 것인가 하는 점이었다. 그런데 제1심과 제2심에서는 본소와 본건 반소신청 간에 견련성(direct connection)이

사실로부터 야기되는 반소,[110] 그리고 ③ 본소에서 피고로 지명된 외국이 (면제를 주장하는 대신) 그에 대해 반소를 제기하는 경우에 있어서 그 본소[111] 등 세 경우로 구분된다.

이 밖에도 국가는 여러 가지 방법으로 외국 법정에서 피고로서 재판을 받겠다는 명시적 혹은 묵시적 의사를 표시할 수 있다. 국가가 국제협정, 서면계약, 재판정에서의 선언 또는 재판소에의 서면전달 등을 통하여 외국재판소의 재판권행사에 동의하면, 이것은 면제의 명시적 포기에 해당한다.[112] 묵시적 포기의 개념은 명확하지가 않다. 물론, 외국 정부가 재판절차가 개시된 후 자진하여 피고로서 출두하여 소송상의 공격·방어행위를 한다면, 당연히 면제의 묵시적 포기로 간주된다. 반면에, 국가대표자가 단지 증인의 자격으로 재판정에 출두하거나 피고국가가 재판정에 전혀 모습을 나타내지 않는 것은 면제의 묵시적 포기로 간주되지 않는다.[113] 이 밖에 국제관습법은 묵시적 포기가 취할 수 있는 형태에 어떤 제약을 가하고 있지는 않는 것으로 보인다.[114] 따라서 각국의 국내재판소는 '묵시적' 포기(implied waiver)의 개념을 확대함으로써 국가면제의 범위를 제한하는 효과를 거둘 수 있을 것이다.[115] 다만, UN협약 제7조 2항에 의하면, 타국의 법을 적용하는 것에 대한 일국

없다는 이유로 반소 신청을 각하하였다. 그러나 연방최고재판소는 미국법에 규정된 반소의 정의, 즉 "claim based on the subject matter of the suit or growing out of the same transaction"이 모호하다는 점을 지적한 뒤, "fair play" 정신을 고려에 넣으면 양자간에 견련성이 인정된다는 이유로 원고의 반소신청을 수락하였다. 이 사건은 1976년 외국주권면제법(FSIA) §1607 (반소)의 기초가 된 것으로 보인다. See Bankas, pp. 84, 123~124, 125 ; Sweeney et al., p. 343.

110) UN협약 제9조 2항.

111) UN협약 제9조 3항.

112) UN협약 제7조 1항. 관련 사건으로, 두바이(Dubai)의 왕이면서 아랍에미리트연합(UAE)의 총리(정부 수반)이기도 한 '무함마드 빈 라시드 알막툼'(Sheikh Mohammed bin Rashid al-Maktoum)(72)과 그의 가장 젊은 부인간의 이혼 소송에서, UAE는 그의 면제를 주장하지 않을 것임을 약속하는 문서를 런던 고등재판소(High Court)와 영국 외무성에 제출한 바 있었다 : Rob Webster, 9 March 2020, "International Family Law: The Sheikh and The Princess Part", 〈https://family-law.co.uk/international-family-law-the-sheikh-and-the-princess/〉. & 10 March 2020, "International Family Law: The Sheikh and The Princess Part 2", 〈https://family-law.co.uk/international-family-law-the-sheikh-and-the-princess-part-2/〉 ; Frank Gardner, BBC, 21 December 2021, "Princess Haya: The princess, the sheikh and the £550m divorce settlement", 〈https:// www.bbc.com/news/world-middle-east-59739563〉.

113) UN협약 제8조 3~4항.

114) Currie, p. 327.

115) 면제의 묵시적 포기에 관한 판례로서는 *Ipitrade International* v. *Federal Republic of Nigeria* (US District Court, District of Columbia, 1978)(Sweeney et al., p. 341)를 들 수 있는데, 사건 개요는 다음과 같다. 1975년 3월 17일 나이지리아와 Ipitrade가 시멘트 구입·판매 계약을 체결하였다. 본 계약에서 계약의 해석·효력·이행은 스위스법에 의해 규율하며, 계약상의 분쟁은 프랑스 파리에 있는 국제상업(상공)회의소(International Chamber of Commerce : ICC)의 중재에 부탁하기로 합의하였다. 그 후 계약상의 분쟁이 발생하자, 1976년 5월 12일 Ipitrade는 ICC사무국에 중재요청서를 제출하였다. 그 후 중재절차가 진행되었으나 나이지리아는 국가면제를 내세워 참여를 거부하였다. 중재관인 스위스 Basel의 Max Brunner 박사는 스위스법상 피고는 자기가 자발적으로 체결한 의무의 구속을 받는다고 판결하고 중재를 계속하였다. 1978년 4월 25일 중재관은 원고측 청구의 일부를 인정하는 서면결정을 발부하였다. 스위스법상 1978년 4월 25일의 판정은 최종적이며, 피고에게 구속력이 있는 것이었다. 원고는 피고 나이지리아정부에게 중재판정에 따른 지불을 요구하였으나 피고는 거절하였다. 이에 원고는 다시 미국 연방지방재판소에 이 중재판정을 확인하기 위한 소송을 제기하였다. 본 중재판정은 당시 미국·프랑스·나이지리아·스위스 모두 가입하고 있던 "외국중재판정의 승인과 집행에 관한 UN협약"의 적용대상에 포함되는 것이었다. 본 협약 제5조는 외국중재판정의 승인·집행이 거부될 수 있는 유일한 근거들을 명시하고 있는데, 이들 근거는 본 사건에서는 아무 것도 존재하지 않았다. 그리고 미국의 외국주권면제법 28 USC §1605(a)(1)은 "there is no immunity in any case in which the foreign state

의 합의는 그 타국의 재판소가 관할권을 행사하는 것에 대한 동의로 해석되지 아니한다. 이것은 '재판관할권 행사에 대한 동의'의 문제와 '사건에 적용될 준거법'의 문제는 별개로 다루어져야 함을 의미한다.[116)]

제1심에서의 면제 포기의 효과는 당해 사건의 최종 상소심에까지 미친다.[117)] 따라서 외국이 원고로서 제소하여 1심에서 승소한 경우, 피고가 제기하는 상소에 대하여 면제를 주장할 수 없다. 마찬가지로 외국이 1심에서 피고로서 응소한 결과 승소한 경우, 원고가 제기하는 상소에 대하여 면제를 주장할 수 없다.

국가는 직접 자신을 상대로 제기된 소송에 대해서 뿐만 아니라 자신의 기관/공무원, 혹은 기타 주권적 권한을 행사하는 실체를 상대로 제기된 소송에 대해서도 통제권을 갖는다. 이것은 이들의 면제는 그것이 인적인(*ratione personae*) 것이든 물적인(*ratione materiae*) 것이든 국가 자신의 것이므로, 국가만이 면제를 포기할 수 있음을 의미하는 것이기도 하다.[118)]

3. 강행규범 위반과 국가의 민사재판권 면제

국가면제법과 인권법이 별개로 발전되어 오면서 양자 간에 불일치가 발생하고 있는데, 그러나 일반국제법의 강행규범(*jus cogens*)을 위반하는 것에 대해서는 이제 국가면제를 인정하지 않아야 하겠다는 견해가 점차 제기되고 있다. 그런데 오늘날 법정지국 내에서의 외국의 불법행위(신체 및 유체재산의 침해)에 대해서는 일반적으로 국가면제가 부인되고 있기 때문에,[119)] 이 논의는 특히 -고문을 위시한- 강행규범에 위배되는 인권침해 행위가 법정지국 밖에서(특히 피고국 내에서) 행해졌을 때 의미를 갖는다.[120)] 이 문제에 관해서는 (i) 미국 "외국주권면제법"(Foreign Sovereign Immunities Act of 1976)의 해석과 관련하여 미국 내부에서 제기되는 견해의 하나로서, 일반국제법의 강행규범을 위반하는 것은 -FSIA §1605(a)(1)에 규정되어 있는- 국가면제의 '묵시적 포기'로 해석할 수 있고 또 그렇게 해석해야 한다든지, (ii) (아직까지는 미국에 국한된 사례이긴 하지만) 미국의 FSIA는 1996년 2차 개정을 통해 -일정 엄격한 조건 하에서나마- 미국 밖에서 행해진 일정 불법행위에 대해 개인(국가

---

has waived its immunity either expressly or by implication."이라고 규정하고 있는데, 본 조항의 입법자료를 보면 '중재'나 '타국 국내법'에 복종하겠다는 합의는 implied waiver를 구성하는 것으로 되어 있다. 따라서 나이지리아의 중재부탁 합의는 본 외국주권면제법 하의 면제포기를 구성하며 이 포기는 일방적으로 철회될 수 없는 것이다. 재판소는 나이지리아 정부 측에 영장을 송달하였으나 나이지리아는 계속 출정을 거부하였다. 결국 연방지방재판소는 나이지리아 정부를 상대로 결석재판(judgement by default)에 들어갈 것을 명령하였다.

116) UN협약 제7조에 대한 주석 (13).

117) See e.g. UK, *Sultan of Johore* v. *Abubakar*, [1952] A.C. 318.

118) *Certain Questions of Mutual Assistance in Criminal Matters* (Djibouti v. France), ICJ Reports (2008), p. 177 at 242 (para. 188)("The Court observes that such a claim is, in essence, a claim of immunity for the Djiboutian State, from which the *procureur de la République* and the Head of National Security would be said to benefit.") ; Fox, pp. 480, 501 ; Fox in Evans (ed.), *International Law*, 3rd, p. 352.

119) UN협약 제12조 ; "국가면제에 관한 유럽협약" 제11조.

120) Fox, pp. 317~321, 537~538.

기관)이 아닌 국가 자신의 민사소송 면제를 부인하는 입법을 한 바 있는 것을 생각하면 이제는 강행규범 위반에 대해서는 '묵시적 포기'의 논리를 빌리지 않고서라도 국가의 면제를 부인하는 쪽으로 나갈 수도 있을 것이라든지, 혹은 (iii) 강행규범 위반의 국제범죄에 대해서는 개인(국가기관)이 형사소추를 당하지 않기 위해 -국가면제 규칙의 연장으로서의- 국가행위이론을 원용하는 것을 허용하지 않는다면 그 배후의 국가(및 국가기관/관리들)에게도 (민사)면제를 연장 적용할 논리적 이유는 없을 것이라는 주장 등이 제기되고 있다.[121]

그러나 미국재판소들은 아직 강행규범의 위반을 면제의 묵시적 포기로 수락하고 있지 않으며,[122] 미국법 이외의 대다수 국내법들도 강행규범 위반을 국가면제의 부인과 연결짓지는 않고 있는 것이 아직까지의 관행으로 보인다. 9 대 8의 불안한 다수결에 의지한 판결이긴 했지만 유럽인권재판소도 -영국의 유럽인권협약 제6조(공정하고 공개적인 재판을 받을 권리) 위반 여부가 다투어진- *Al-Adsani* v. *United Kingdom*[123]에서 그같은 견해에 동조하였는데, 동 재판소의 견해는 대체로 세 가지로 요약된다.[124] 첫째, 고문금지는 강행규범이다. 둘째, 개인은 고문과 관련하여 형사재판으로부터의 면제를 주장할 수 없다. 셋째, 그러나 "법정지국 밖에서" 발생한 고문과 관련한 '민사'소송에 대해서까지 국가 자신의 면제를 부인해야 한다는 주장은 아직 국제법에서 수락되지 않았다. 이 사건의 원고 Al-Adsani는 영국과 쿠웨이트 이중국적자로서 쿠웨이트에서 고문과 신체에 대한 위협을 당했다고 주장하면서 쿠웨이트를 상대로 영국재판소에 민사소송을 제기하였으나, 영국의 "국가면제법(SIA) 1978"의 § 5(a)의 규정이 불법행위에 대한 면제 거부의 요건으로서 영토관련성을 요구하고 있기 때

---

121) See *per* Judge Wald (dissenting) in United States, Court of Appeal of the District of Columbia Circuit, *Princz* v. *The Federal Republic of Germany*, 1 July 1994, 26 F3d 1166 (1994), 103 ILR 604 at 612~621 ; Joseph G. Bergen, "*Princz* v. *The Federal Republic of Germany*: Why the Courts Should Find that Violating *Jus Cogens* Norms Constitutes An Implied Waiver of Sovereign Immunity", (1999) 14 Connecticut Journal of International Law 169~201 ; Jürgen Bröhmer, *State Immunity and the Violation of Human Rights* (The Hague : Martinus Nijhoff Publishers, 1997) ; Mathias Reismann, "A Human Rights Exception to Sovereign Immunity: Some thoughts on Princz v. Federal Republic of Germany", (1995) 16 Michigan Journal of International Law 403 ; R. Garnett, "The Defence of State Immunity for acts of torture", (1997) 18 Australian Year Book of International Law 97 ; Andreas Zimmerman, "Sovereign Immunity and Violations of International *Jus Cogens*: Some critical Remarks", (1995) 16 Michigan Journal International Law 433 ; Cassese, *International Law*, 2nd, pp. 105~108 ; Larocque in Orakhelashvili (ed.), pp. 464~465 ; Keitner, p. 317.

122) See e.g. United States, Court of Appeal of the District of Columbia Circuit, *Princz* v. *The Federal Republic of Germany*, 1 July 1994, 26 F3d 1166 (1994), 103 ILR 604~621(noted by Bankas, pp. 289~293) ; *Hwang Geum Joo, et al.* v. *Japan* ("Comfort Women" case), U.S. District Court for the District of Columbia (Civil Action No. 00-02233, October 4, 2001), U.S. Court of Appeals for the District of Columbia Circuit (No. 01-7169, June 27, 2003, 332 F.3d 679), Supreme Court (grants *certiorari*, June 14, 2004), U.S. Court of Appeals for the District of Columbia Circuit (No. 01-7169, June 28, 2005), and Supreme Court (denies *ceretiorari*, February 21, 2006)(available at https://www.haguejusticeportal.net/eCache/DEF/12/015.html).

123) European Court of Human Rights, Application No. 35763/97, judgment of 21 Nov. 2001, 〈https://hudoc.echr.coe.int〉. 유럽인권재판소의 다음 판례들도 참조할 것 : *McElhinney* v. *Ireland*, Application No. 31253/96, judgment of 21 Nov. 2001 ; *Kalogeropoulou and Others* v. *Greece and Germany*, Application No. 59021/00, Judgment on Admissibility, 12 December 2002.

124) paras. 61~67 of the *Al-Adsani* judgment.

문에[125] 1심과 2심에서 소송이 각하되고 최고재판소 상원으로의 상고도 허락되지 않자 유럽인권위원회를 경유하여 유럽인권재판소에 호소한 것이었다.[126]

---

125) 즉, "death or personal injury ... *caused* by an act or ommission *in the United Kingdom*."

126) Court of Appeal, UK, *Al-Adsani* v. *Government of Kuwait*, decision of 12 March 1996, (1996) 107 ILR 536 ; 〈https://www.cahdidatabases.coe.int/Contribution/Details/273〉.

비슷한 패턴이 House of Lords, UK, *Jones* v *Saudi Arabia*, [2006] UKHL 26, 14 June 2006에서 반복되었다. 이 사건에서 모두 영국시민인, Jones를 포함한 네 명의 청구인들은 사우디에서 거짓 혐의로 체포되고 나서 고문을 당했다고 주장하면서 사우디와 관련 국가관리들을 상대로 손해배상을 청구하는 민사소송을 영국재판소에 제기하였다. 그러나 영국 상원은 국가면제는 본질적으로 절차적 보호로서 국제법의 강행규범 위반 여부에 따라 좌우되지 않는다면서 소를 각하하였다. 다만, 2004년 3월 5일 영국 항소재판소는 사우디의 국가면제는 지지하였지만 청구인들이 고문에 관여한 것으로 주장한 사우디 관리들의 면제는 부인하였었는데, 2006년 6월 14일의 판결에서 상원은 사우디 국가와 그 관리의 면제를 모두 인정하였던 것이다 : 〈https:// publications.parliament.uk/pa/ld200506/ldjudgmt/jd060614/jones.pdf〉 ; 〈https://www.redress.org/case-docket/r-jones-v-saudi-ministry-of-the-interior-et-al〉 ; Dixon, pp. 193~194.

그 후 이 사건의 청구인들은 피고들의 면제를 인정하는 이 판결이 유럽인권협약 제6조 하의 자신들의 권리를 침해하였다고 주장하면서 유럽인권재판소에 영국 정부를 상대로 제소하였는데, 2014년 1월 14일의 결정에서 유럽인권재판소는, '국가'뿐만 아니라 '국가관리들'이 (외국의)민사소송에서 향유하는 물적 면제는 국제공법의 일반적으로 승인된 규칙을 반영하는 것이며, 따라서 그 자체로는 유럽인권협약 제6조 하의 청구인들의 권리에 대한 정당화되지 않는 제한으로 간주될 수 없다"고 판시하였다 ; "다만, 국제법의 이 분야에서 최근 진행되고 있는 발전에 비추어 이것은 유럽인권협약의 체약국들이 계속 검토할 필요가 있는 문제"라고 언급하였다(paras. 214~215) : *Jones and Others* v. *United Kingdom*, Applications Nos. 34356/06 and 40528/06, 14 January 2014, ECHR 2014 ; noted by Cedric Ryngaert, "Jones v United Kingdom: The European Court of Human Rights Restricts Individual Accountability for Torture", (2014) 30(79) Utrecht Journal of International and European Law, pp. 47-50, 〈https:// utrechtjournal.org/9/volume/30/issue/79/〉 ; Kaczorowska-Ireland, pp. 417~418.

'자흐라 카제미'란 이름의 이란-캐나다 이중국적 여성이 이란에서 체포된 후 감옥에서 강간, 고문, 살해를 당한 것으로 보이는 사건과 관련하여 그녀의 아들이 이란과 연루공무원들을 상대로 캐나다에서 제기한 *Kazemi Estate* v. *Islamic Republic of Iran*, Judgment of 10 October 2014. [2014] SCC 62에서, 캐나다 최고재판소도 (6 대 1의 다수결로) 동일한 결론을 내리고 있다. 즉, 동 재판소는 캐나다 국가면제법은 해외에서의 고문과 관련하여 외국과 외국공무원들을 상대로 하는 민사청구에 대하여 절대적 장애물을 제공하고 있다고 판시하면서, 이에 대한 예외를 창설하는 것은 의회의 몫이라고 하였다. 재판소는 또한 고문금지 강행규범은 아직 해외에서 자행된 고문과 관련하여 국가와 국가기관의 민사재판권 면제에 대한 예외를 창설하지 못하였다고 하였다. Ben Batros & Philippa Webb, "Domesticating the Law of Immunity: The Supreme Court of Canada in Kazemi v Iran", EJIL: Talk! (Blog of the EJIL), Nov. 7, 2014, 〈https://www.ejiltalk.org/domesticating-the-law-of-immunity-the-supreme-court-of-canada-in-kazemi-v-iran/〉 ; Amnesty International, 03/08/2017, "Kazemi Estate v. Islamic Republic of Iran", 〈https://www.amnesty.ca/legal-brief/kazemi-estate-v-islamic-republic-iran〉 ; https://en.wikipedia.org/wiki/Zahra_Kazemi ; 연합뉴스, 2009-06-25, "이란, 시위자 신문에 악명높은 검사 투입", 〈https://www.yna.co.kr/view/AKR20090625084900009〉.

이 밖에도, 이란인 사업가 Houshang Bouzari(그는 1998년 캐나다로 와서, 2002년에 캐나다 시민권을 받았다)가 이란에서 당한 납치, 감금, 고문 등을 이유로 이란을 상대로 제기한 손해배상 소송에서, 캐나다 온타리오주 상급재판소(Superior Court of Justice)는 2002년 5월 1일 캐나다의 국가면제법이나 국제공법 혹은 캐나다 권리헌장을 이유로 이란의 국가면제를 배제할 수 없다고 판시한 바 있었고, 이어서 2004년 6월 30일 주 항소재판소(Court of Appeal)가 이 결정을 확인한 바 있었다 : *Bouzari* v. *Islamic Republic of Iran*, Court of Appeal for Ontario, Canada, Decision of 30 June 2004, 〈https:// documents.law.yale.edu/ sites/default/ files/bouzari_v._iran_-_canada_-_2004_0.pdf〉 ; https://www.internationalcrimesdatabase.org/Case/918/ Bouzari-v-Iran/ ; Noah Benjamin Novogrodsky, "Immunity for Torture: Lessons from Bouzari v. Iran", (2007) 18(5) EJIL 939~953, 〈https://www.ejil.org/pdfs/18/5/243.pdf〉 ; Larry Krotz/The Walrus, Jun. 12, 2004, "Houshang's Promise", 〈https://thewalrus.ca/2004-06-foreign-affairs/〉 ; Sohrab Ahmari/The Atlantic, March 20, 2012, "Escape from Iran: One Man's Journey From Riches to the Torture Chamber to Freedom", 〈https://www.theatlantic.com/international/ archive/2012/03/escape-from-iran-one-mans-journey-

그러나 최근 제한적 면제이론의 도입에 앞장서 온 그리스와 이탈리아의 재판소들이 강행규범에 위배되는 것으로 판단하는 불법행우에 대해 -그같은 행위가 법정지국 안에서 행해졌든, 밖에서 행해졌든 불문하고- 국가면제를 부인하는 판결을 내놓고 있는데, *Prefecture of Voiotia* v. *Federal Republic of Germany* (*Distomo massacre* case)[127]와 *Ferrini* v. *Federal Republic of*

---

from-riches-to-the-torture-chamber-to-freedom/254746/〉.

위에서 보는 바와 같이, 재판소들은 대체로 강행규범 위반을 이유로 제기된 '민사'소송에서 국가 자신뿐만 아니라 국가기관(공무원)도 물적 면제를 향유하는 것으로 보았지만, 하급심에서 이를 부인한 경우도 있었다 : see, e.g., UK Court of Appeal, *Al-Adsani* v. *Government of Kuwait*, decision of 12/03/1996, (1996) 107 ILR 536 ; *Yousuf* v. *Samantar*, US Court of Appeals (4th Circuit), decision of Nov. 2, 2012, pp. 21~22("We conclude that, under international and domestic law, officials from other countries are not entitled to foreign official immunity for *jus cogens* violations, even if the acts were performed in the defendant's official capacity."), 〈https://www.ca4.uscourts.gov/opinions/published/111479.p.pdf〉, 〈https://www.casemine.com/judgement/us/5914f63eadd7b0493498eb7a〉.

참고로, Markus Rau, "After *Pinochet* : Foreign Sovereign Immunity in Respect of Serious Human Rights Violations - The Decision of the European Court of Human Rights in the Al-Adsani Case", 3 German Law Journal, No. 6 (1 June 2002) - European & International Law (available at https://www.germanlawjournal.com/article.php?id =160), paras. 14 & 17은 유럽인권재판소의 *Al-Adsani* 판결을 지지하면서 다음과 같이 언급한 바 있다 : "14. Not surprisingly, the view taken by the ECHR was by no means uncontroversial within the Court: while three of the seventeen judges of the Grand Chamber delivered a concurring opinion, eight (!) dissented, stating - along the lines of the *Distomo* decision - that given the *jus cogens* character of the prohibition of torture in international law, a state could not validly hide behind the rules of sovereign immunity to avoid proceedings for claims of torture made before a foreign jurisdiction. Yet, to infer from the *jus cogens* character of the prohibition of torture that the general rule of state immunity is deprived of its legal effect is a much too simple line of argumentation. In his dissenting opinion to the decision of the International Court of Justice (ICJ) in the *Case Concerning the Application of the Convention on the Prevention and Punishment of the Crime of Genocide* of 11 July 1996, Judge Kreca correctly noted that it was necessary to draw a clear distinction between the ***legal nature*** of a norm of international law and the ***enforcement*** of that norm. Thus, the peremptory character of the prohibition of torture does not necessarily imply the forum state's right to deny foreign sovereign immunity in respect of civil suits for damages as a means of enforcement of the prohibition As stated by Andreas Zimmermann in the wake of the *Princz* litigation, both issues involve different sets of rules which do not interact with each other, the traditional concept of *jus cogens*, as embodied in articles 53 and 64 of the Vienna Convention on the Law of Treaties, having the sole effect of invalidating incompatible treaties." ; "[17] In any event, just like the recent judgment of the ICJ in the Case of *Congo* v. *Belgium*, the *Al-Adsani* decision shows that the international immunity law is not accessible to simple solutions proposing a general human rights or *jus cogens* exception to any kind of immunity, irrespective of the character of the proceedings and the persons involved. As stated by Professor Tomuschat, "denying immunity for purposes of criminal prosecution is subject to other considerations than denying immunity to a foreign State in a civil lawsuit." One, therefore, cannot but express satisfaction with the decision of the ECHR."(첨부각주 생략)

127) Greece, Court of First Instance of Leivadia, Case No. 137/1997, 30 October 1997 [noted by Ilias Bantekas, (1998) 92 AJIL 765], and Areios Pagos (Greek Supreme Court), Case No. 11/2000, 4 May 2000 [noted by Maria Gavouneli and Ilias Bantekas, (2001) 95 AJIL 198, and by Andrea Bianchi, (2005) 99 AJIL 242 at 243]. See also Bankas, pp. 270~273 ; Lee M. Caplan, "State Immunity, Human Rights, and *Jus Cogens*: A Critique of the Normative Hierarchy Theory", (2003) 97 AJIL 741 at 768~770, 779~780. 이 사건을 이해하기 위해서는 우선 전쟁 내지는 무력충돌과 국가면제의 관계에 대해 이해할 필요가 있다. 국제관습법규를 담은 것으로 생각되는 UN협약(제12조)에 따르면 법정지국 영토 내에서의 외국의 불법행위에 대해서는 (일정 조건 하에서) 면제가 부여되지 아니한다. 그러나 국가들의 관행에 의하면, 일국의 영

Germany[128]가 그 대표적 사례이다. 국가면제를 부인하기 위해 "일반국제법의 강행규범" 이론을

토가 전시(戰時) 내지는 무력충돌 과정에서 타국(피고국)에 점령당한 상태에서 발생하는 불법행위와 관련하여 전쟁 종료 후 소가 제기되는 경우에는 문제의 불법행위가 국가면제의 논리적 근거인 국가의 주권평등 원칙이 적용되는 평시법 대신 무력충돌법이 적용되던 상황에서 발생하였던 일이라는 논리로, 그리고 무력충돌 기간 중의 그같은 행위는 그 자체 혹은 본질적으로 권력적/공법적 행위라는 이유로 면제를 인정하여 왔다. 1972년 "국가면제에 관한 유럽협약" 제31조도 이를 의식한 것으로 보인다(참고로, 독일은 1990년 8월 16일부로 동 유럽협약의 당사자가 되었으나, 이탈리아와 그리스는 2017년 4월 24일 현재에도 당사자가 아니다 : https://www.coe.int/). 이 사건은 바로 이같은 상황에서 행해진 불법행위와 관련하여 면제가 엎치락뒤치락한 경우인데, 사건 개요는 다음과 같다. 1944년 6월 10일, 독일 점령군은 그리스 남부, Voiotia 현의 Distomo 마을을 포위하고, 가가호호(家家戶戶) 다니며 영아들을 포함하여 218명의 주민을 잔혹하게 살해하였다. 또한 그들은 여성과 소녀들을 강간하고, 민간재산을 파괴하고, 집들을 약탈하고 불태워 버렸다. 같은 날 Distomo 인근에서 그리스 레지스탕스 전투원들의 습격으로 독일군 18명이 사망한 데 따른 보복의 일환이었다: https://en.wikipedia.org/wiki/Distomo_massacre ; https://en.wikipedia.org/wiki/Distomo. 1995년 11월 27일, Voiotia 현과 타 청구인들은 전시 점령군대의 이 학살과 관련하여 독일을 상대로 그리스의 한 지방재판소에 손해배상 청구 소송을 제기하였다. 그리스는 이 소장을 독일 외무부로 송달하였으나, 독일 정부는 이 소송이 독일의 주권적 권리를 침해한다는 이유로 그리스 대사관으로 반송하였다. 그리고 독일은 소송에 참여하지 않았기 때문에 이 소송은 결석재판으로 진행되었다. 결국 지방재판소는 (1990년 1월 1일부로 그리스도 당사자가 된) 1985년 "지방자치에 관한 유럽헌장"(European Charter of Local Self-Government)(동 조약에 대해 자세한 것은, https://www.coe.int/; https://en.wikipedia.org/wiki/European_Charter_of_Local_Self-Government 참조)의 규정에 따라 Voiotia 현은 원고적격이 없다고 판시하면서도 개인 청구인들에게는 합계 약 3천만 달러에 해당하는 액수의 손해배상을 재정하였는데, 이같은 결론에 이르기 전에 먼저 독일의 국가면제 여부를 다루지 않으면 안 되었다. 그러나 재판소는 독일의 국가면제를 부인하면서 그 이유를 다음과 같이 제시하였다 : 국가면제는 절대적인 것이 아니며, 그것은 "공법이 적용되는 국가행위"에 대해서만 적용된다 ; 국제법상 국가의 행위를 공법적 행위와 비공법적 행위로 구분하는 일은 법정지법(*lex fori*)에 따라 국내입법부(와 국내재판관)에게 유보되어 있다 ; 전시 점령당국에 부과된, 본 사건에 적용되는 일련의 국제법규는 강행규범에 속한다 ; 국가가 강행규범을 위반하는 경우 면제가 부여되리라 기대할 수 없으므로 면제를 묵시적으로 포기한 것으로 추정된다 ; 강행규범 위반 행위는 주권적 행위의 성격을 갖지 아니하며, 그같은 경우 피고국은 주권자로서의 자격의 범위 내에서 행동한 것이 아니라고 간주된다 ; "불법행위로부터는 법/권리가 나올 수 없다"(*ex injuira jus non oritur*)는 법의 일반원칙에 따라, 강행규범에 위배되는 행위는 당연 무효(null and void)로서 면제와 같은 법적 권리나 특권의 연원을 구성할 수 없다 ; 국내재판소가 강행규범에 위배되는 행위에 대해 면제를 인정하는 것은 곧 국제공동체가 강하게 비난하는 행위에 그 자신도 협력하는 일이 될 것이다 ; 국가가 강행규범을 위반하여 자행된 위법행위에 대해 면제를 원용하는 것은 그 권리의 남용에 해당할 것이다 ; 영토주권 원칙은 국가면제 원칙의 상위에 있기 때문에 외국 영토를 불법 점령함으로써 전자의 원칙을 위반하는 국가는 그같이 위법한 점령기간 동안 행한 행위에 대해 주권면제의 원칙을 원용할 수 없다. 독일 정부는 이 결석판결을 상대로 그리스 최고재판소에 파기 신청을 하였으나, 최고재판소도 지방재판소의 판결을 지지하였다. 최고재판소는 자신의 결론을 정당화하기 위해 -법정지국 내에서의 불법행위에 대해서는 (그것이 권력적/공법적/주권적 행위냐 사법적/상업적 행위냐를 불문하고) 면제를 부인하고 있는- "국가면제에 관한 유럽협약" 제11조(그리스는 동 협약의 당사자가 아니지만 최고재판소는 이 협약이 유럽대륙에서의 관습법규를 법전화한 것으로 보았다)와 1991년의 ILC초안 제12조를 원용하였다. 그러나 이 사건은 법정지국 그리스 영토 내에서의 독일의 불법행위에 관한 것이긴 하지만 -유럽협약 제31조를 비롯한 국가들의 관행에 의하면 여전히 면제가 인정되는- 무력충돌 상황에 관한 것이었다. 따라서 그리스 최고재판소(다수견해)는 이 점에 대해 설명을 하지 않으면 안 되었는데, 동 재판소는 "문제의 불법행위는 '국제법의 강행규범을 위반한' 것으로, 그들은 권력적 행위(acts *jure imperii*)가 아니며, 따라서 독일은 면제를 '묵시적으로 포기'하였고, 그리스 재판소들은 이 사건을 재판할 관할권이 있다."고 결론지었다. (그러나 최고재판소 소장을 포함한 4인의 재판관은 반대의견을 통해 독일의 면제 요구가 허락되어야 한다는 견해를 표명하였다. 그들은 특히, 국가는 무력충돌 상황으로부터 발생하는 일체의 청구로부터는 면제를 향유하며, 강행규범의 위반은 면제의 철회를 초래하지 않는다고 보았다.)

최고재판소의 판결로 Leivadia 지방재판소의 손해배상 판결이 확정되자 257명의 원고는 그리스 내의 독일정부 재산에 대하여 집행을 구하는 소를 제기하였다. 그러나 그리스 민사소송법 제923조에 의하면 외국재산을 상대로 판결집행의 소를 제기하기 위해서는 법무장관의 사전 동의를 구하여야 하는데 본 사건에서 그의 동의를 얻지 못하고 소를 제기한 것이 문제가 되었다. 2001년 7월 10일 아테네 지방재판소(Court of First Instance of Athens)는 민소법 제923조는 유럽인권협약 제6조 1항 및 "시민적·정치적 권리에 관한 국제규약" 제2조 3항과

끌어들이는 것은 2004년 UN협약의 관련 규정(특히, 불법행위 예외)을 능가하는 "혁신적"(innovative)[129]

양립되지 않는다고 판시하였다 (Decisions Nos. 3666/2001 and 3667/2001). 이에 독일은 항소하였고, 동년 9월 14일 아테네 항소재판소(Court of Appeal of Athens)는 독일의 이의를 받아들여 1심판결을 파기하였다. 항소재판소는 특히, 민소법 제923조의 제한은 공익을 위한 목적, 즉 국가의 국제관계에 대한 교란을 피하기 위한 목표를 추구하는 것으로서 비례의 원칙을 위반하지 않는다고 판시하였다(Judgements Nos. 6847/2001 and 6848/2001). 사건은 최고재판소로 올라갔는데, 2002년 6월 28일 그리스 최고재판소는 아테네 항소재판소의 판결을 지지하였다(Judgements Nos. 36/2002 and 37/2002). 이에 원고들은 독일과 자국 그리스를 상대로 유럽인권재판소에 제소하였다. 이것이 *Kalogeropoulou and Others* v. *Greece and Germany* (Application No. 59021/00) 사건이다.

한편, 2002년 9월 17일, 스트라스부르그 유럽인권재판소에서 소송이 아직 진행되고 있는 동안, -"헌법 제28조 1항에 따라 일반적으로 승인된 국제법규의 지정"과 관련된 분쟁의 해결 등에 대해 특별최고재판소(Anotato Eidiko Dikasterio ; Special Highest/Supreme Court of Greece)에 재판권을 부여하고 있는- 그리스헌법 제100조 1항(f)에 따라 이 문제를 넘겨받은 그리스 특별최고재판소는 독일을 상대로 한 원고들의 청구에 대해 최종판결을 내렸다 (*Federal Republic of Germany* v. *Miltiadis Margellos*, Case 6/17-9-2002, Decision of 17 September 2002). 겨우 6 대 5의 다수결에 의지한 특별최고재판소는 관련 국가관행과 (유럽재판소의 *Al-Adsani* 판결과 ICJ의 *Arrest Warrant* 판결을 포함한) 국제재판소들의 판결을 검토한 뒤, -하급재판소들의 주장과는 반대로- 외국 군대가 저지른 불법행위에 대해서는 청구(소제기)를 허락하지 않는 일반국제관습법규가 존재한다고 판시하였다. 특별최고재판소의 이 결정은 최종적이며 구속력이 있다(그리스헌법 제100조 4항). 반대로, 특별최고재판소의 다른 5명의 재판관들(소수의견)도 역시 (*Al-Adsani*의 소수의견을 포함한) 국가관행을 내세우며 국제관습법상 예외가 존재한다고 주장하였다. (1974년 그리스헌법의 영문번역본은 https://www.hri.org/docs/syntagma/syntagma.html 참조.)

그 후, 2002년 12월 12일, 유럽인권재판소는 독일을 상대로 해서든 그리스를 상대로 해서든 소의 허용성이 인정되지 않는다고 판시하였는데, 각하 이유는 두 가지로 요약된다. 첫째, 국가면제와 관련하여 미래 국제법의 발전이 방해받는 것은 아니겠지만 현재로는 *Al-Adsani* 판결은 여전히 유효하다. 따라서 그리스 법무장관이 그리스 내 독일재산에 대한 집행 청구에 대해 허가를 거절한 것은 원고들의 재판소 접근의 권리를 부당하게 간섭한 것으로 볼 수 없으며, 이 문제는 특히 국내재판소들에서 검토되고 그리스 최고재판소 판결로 확인되었기 때문에 더욱 그러하다. 둘째, 독일에 관한 한, 원고들이 유럽인권재판소에 제소하기 위해서는 유럽인권협약 제1조에 의하여 독일의 '관할권 안에" (within the jurisdiction) 있어야 하는데, 독일은 국내 민사집행소송의 일방 당사자, 그것도 피고의 자격으로 그리스 재판소들의 결정에 법적으로 영향을 미칠 수 있는 지위에 있지 않았으며, 따라서 독일이 그리스 재판소들 앞에서 국가면제를 원용하였다는 사실만으로는 원고들이 유럽인권협약 제1조에서 요구하는 바의 "독일의 관할권 안에" 있었다고 볼 수는 없다(European Court of Human Rights, *Kalogeropoulou and Others* v. *Greece and Germany*, Application No. 59021/00, Judgment on Admissibility, 12 December 2002 ; Fox, 2nd, p. 2, fn. 4 ; Kerstin Bartsch and Björn Elberling, "*Jus Cogens* vs. State Immunity, Round Two: the Decision of the European Court of Human Rights in the *Kalogeropoulou et al. v. Greece and Germany* Decision", German Law Journal (2003), Vol. 4, No. 5, pp. 477~491, available at https://www.germanlawjournal.com/article.php?id=271). 2003년 독일연방최고재판소(Bundesgerichtshof)는 그리스 판결의 독일 내에서의 집행을 불허하였으며[Bundesgerichtshof, Ⅲ ZR 245/98, 26 June 2003; International Legal Materials, Vol. 42, No. 5 (September 2003), pp. 1030-1055], 2006년 독일 헌법재판소는 이를 지지하였다(BVerfG, 2 BvR 1476/03, 15 Feb. 2006) : https://www.internationalcrimesdatabase.org/case/3247. 아래 *Jurisdictional Immunities of the State* 사건에 대한 ICJ 판결 이후 이제 그리스 정부는 정부간 차원에서 나치 독일의 그리스 점령 기간 중의 피해에 대해 배상을 요구하고 있다 : Helena Smith in Athens/The Guardian, 29 Oct 2018, "Greece reiterates claim of €288bn for damages under Nazi occupation", 〈https://www.theguardian.com/world/2018/oct/29/greece-reiterates-claim-of-288bn-for-damages-under-nazi-occupation-germany〉.

128) Italy, Court of Cassation, 11 March 2004 [noted by Bianchi, (2005) 99 AJIL 242~248]. 사건 개요는 다음과 같다. 이탈리아 국민인 Luigi Ferrini는 제2차 세계대전 중에 독일로 추방(deportation)되어 강제노역(forced labour)에 종사한 것을 이유로 독일을 상대로 불법행위 소송을 제기하였다. 이에 대해 제1심 재판소는 문제의 행위는 권력적 행위(acts *jure imperii*)로서 국제관습법상 면제를 향유한다고 판결하였고, 항소재판소는 이를 확인하였다. 그러나 2004년 3월 11일의 판결에서 이탈리아 파기원(최고재판소)(Court of Cassation)은 -유럽인권재판소의 *Al-Adsani* v. *United Kingdom* 판결(2001년)에서 제시된 소수의견을 따라- 국가의 국제범죄를 구성하는 (따라서 강행규범에 위배되는) 추방과 강제노역은 국제관습법 하의 면제를

견해임이 분명하다. 또 하나 검토해 보아야 할 문제는, 국제법의 시제법(intertemporal law)과 관련한 문제이다. 즉, *Distomo* 학살사건이나 *Ferrini* 사건 모두 1944년에 발생한 사건들이었다. 문제는 그 당시 이미 (일반국제법의)강행규범(*jus cogens*) 내지는 명칭에 관계없이 실질적으로 그에 상응하는 훼손할 수 없는 성격의 규범이 존재했는가 하는 것이다.[130]

이탈리아 파기원의 *Ferrini* 판결 이후 이탈리아 내에서 (제2차 세계대전 기간 중 독일제국 군대의 만행과 관련하여) 독일을 상대로 다수의 소송이 제기되었다. *Distomo* 사건의 원고들도 이탈리아 내에서 그리스 판결을 집행하기 위한 소를 제기하였는데, 피렌체 항소재판소는 이를 허락하였고, 이 결정은 2008년 5월 29일 이탈리아 파기원에 의해 지지되었다. 이탈리아에 소재한, 문화적 목적을 위해 사용되고 있는 독일 자산 Villa Vigoni에 대한 강제조치도 허락되었다.[131] 이처럼 이탈리아 내에서의 소송이 불리하게 돌아가고, 또 동 파기원이 2008년 5월 29일과 10월 21일 내린 일련의 결정에서 자신의 전기 판결을 확인함에 따라, 독일은 앞으로 자신을 상대로 수백 건의 추가소송이 제기될 것을 우려하였다. 이탈리아 정부에 거듭 항의를 하여도 더 이상 소용이 없다고 판단한 독일은 그 해 12월 23일 이탈리아를 상대로 ICJ에 제소하였는데, 이것이 *Jurisdictional Immunities of the State* 사건[132]이다. 이 사건에서 우선 독일 정부는 문제의 행위들이 위법하다는 것은 인정하였고, 이탈리아 정부는 이탈리아 재판소에서 소송의 주제가 되었던 독일의 군대와 기타 국가기관들의 행위가 위법은 하지만 권력적 행위(*acta jure imperii*)임은 인정하였다.[133] 그럼에도 독일은 면제를 주장하고 이탈리아는 독일의 면제를 부인하려 한 것인데, 세계재판소는 2012년 2월 3일의 판결에

향유하지 못한다고 판시하였던 것이다. 이같은 결론에 이름에 있어 파기원은 문제의 행위가 전시에 발생했다는 사실은 특별한 관련성이 없다고 보았다 : Bianchi, (2005) 99 AJIL 242 at 243. 그리고 이 사건에서 원고 (Mr.) Ferrini는 이탈리아에서 체포되어 독일로 수송되었기 때문에 불법행위의 일부가 법정지국(이탈리아) 내에서 행해진 경우로서, 파기원도 어쨌든 이 사건은 이같은 사실에 의존해서라도 독일의 면제를 부인할 수 있는 경우에 해당한다는 점을 강조하였다 : *ibid.*, at 244 (fn. 19), 246. 한편, 파기원은 자신의 결론을 옹호하기 위해 상기 그리스 최고재판소의 *Prefecture of Voiotia* v. *Federal Republic of Germany* 판결을 인용하면서도 동 판결이 '면제의 묵시적 포기' 논리에 촛점을 맞춘 것에 대해서는 비판하였다 : *ibid.*, at 243.

129) Bianchi, (2005) 99 AJIL 242 at 247 ; Pasquale De Sena and Francesca De Vittor, "State Immunity and Human Rights : The Italian Supreme Court Decision on the *Ferrini* Case", (2005) 16 EJIL 89~112.

130) Bartsch and Elberling, *op. cit.*, (2003) 4 German Law Journal 477 at p. 487 (fn. 70).

131) Corte di Cassazione, 14199, 29 May 2008 ; https://www.internationalcrimesdatabase.org/case/ 3247 ; Kaczorowska-Ireland, p. 414.

132) Germany v. Italy ; Greece Intervening, Judgment of 3 February 2012, ICJ Reports (2012), p. 99. 독일이 나치 범죄의 이탈리아 피해자들에게 손해배상을 제공해야 할 의무를 이행하지 않았다는 이탈리아의 반소 청구는 재판소의 관할권 흠결을 이유로 각하되었다 : *Jurisdictional Immunities of the State* (Germany v. Italy), Counter-Claim, Order of 6 July 2010, ICJ Reports (2010), p. 310 ; 본서, 제26장 분쟁의 평화적 해결수단, "Ⅶ. 사법심사 : ICJ를 중심으로, 14. 부수적 관할권, (2) 반소".

133) Para. 60 of the Judgment : "... The acts of the German armed forces and other State organs which were the subject of the proceedings in the Italian courts clearly constituted *acta jure imperii*. The Court notes that Italy, in response to a question posed by a Member of the Court, recognized that those acts had to be characterized as *acta jure imperii*, notwithstanding that they were unlawful. ... Although the present case is unusual in that the illegality of the acts at issue has been admitted by Germany at all stages of the proceedings, the Court considers that this fact does not alter the characterization of those acts as acta *jure imperii*."

서 "혁신적" 발상을 거부하였다.

먼저, 이탈리아가 첫 번째로 제시한 "영토 불법행위 예외"(territorial tort exception) 주장에 대해, ICJ는 "국가면제에 관한 유럽협약과 UN협약, 그 어느 것도 본 사건의 당사자들간에 발효하고 있지 않으며,"[134] 이런 상황 하에서 "이 두 협약의 규정들은 '그 규정들과 두 협약의 채택과 이행의 과정이 국제관습법의 내용을 밝히는 한에서만' 의미가 있다."[135]고 전제한 뒤, 국가관행에 대한 검토에 앞서 이 두 협약의 관련조항을 검토하고 있다. 여기서 재판소는 영토 불법행위 예외를 규정한 유럽협약 제11조는 제31조[136]에 비추어 읽어야 하는데, 제31조의 주요 관심사의 하나가 '동 협약'과 '방문군대 지위 협정들' 간의 관계이긴 하지만, 제31조의 문언은 동 규정이 방문군대의 경우에 국한되는 것은 아님을 분명히 하고 있고, 또 협약의 해설보고서(Explanatory Report)도 제31조에 대해 "(유럽)협약은 무력충돌이나 동맹국의 주둔군대와 관련하여 발생하는 문제에 적용되도록 의도되지 않았다"고 밝히고 있음을 적시하였다.[137] ICJ는 또한, 일부 유럽국가의 재판소들도 제31조는 군대의 불법행위에 대한 국가의 면제가 유럽협약 제11조에 의하여 영향받지 않음을 의미하는 것으로 결론짓고 있음을 적시하였다.[138] UN협약과 관련해서는 ICJ는, 동 협약은 −유럽협약과는 달리− 군대의 행위를 조약의 적용범위에서 제외하는 명시적 조항을 담고 있지 않지만, ILC가 (UN협약 제12조가 된) 자신의 초안 제12조에 대한 주석에서 동 규정은 "무력충돌(armed conflicts)과 관련한 상황"에는 적용되지 않는다고 밝히고 있고, 게다가 UN총회 제6위원회에 "국가 및 국가재산의 관할권 면제에 관한 임시위원회의 보고서"를 제출할 때 임시위원회 의장이 '협약 초안은 군대의 활동(military activities)에는 적용되지 아니한다'는 일반적 양해를 기초로 작성되었다고 분명히 말한 바도 있는데, 이러한 해석에 어떤 국가도 이의를 달지 않았음을 적시하였다.[139] 이어서 ICJ는 주요 국가의 입법과 판결로 구성된 국가관행을 차례로 검토한 뒤, 제2차 세계대전 기간 중의 독일군대(및 기타 국가기관)의 행위와 관련하여 독일에 면제를 거부하는 이탈리아 재판소들의 결정은 영토 불법행위 원칙에 기초하여 정당화될 수 없다고 결론지었다.[140]

---

134) 독일은 국가면제에 관한 유럽협약의 당사국의 하나이지만 이탈리아는 아직 가입하지 않았으며, UN국가면제협약은 아직 발효도 하지 않았고 게다가 독일과 이탈리아는 서명도 하지 않은 상황이었다. Para. 54 of the Judgment.

135) Para. 66.

136) 국가면제에 관한 유럽협약 제31조 : "Nothing in this Convention shall affect any immunities or privileges enjoyed by a Contracting State in respect of anything done or omitted to be done by, or in relation to, its armed forces when on the territory of another Contracting State."

137) Para. 67 of the Judgment.

138) Para. 68.

139) Para. 69.

140) Paras. 70~79 ; para. 78 ("In light of the foregoing, the Court considers that customary international law continues to require that a State be accorded immunity in proceedings for torts allegedly committed on the territory of another State by its armed forces and other organs of State in the course of conducting an armed conflict. That conclusion is confirmed by the judgments of the European Court of Human Rights to which the Court has referred ...") ; para. 79 ("The Court therefore concludes that, contrary to what had been argued by Italy in the present proceedings, the decision of the Italian courts to deny immunity to Germany cannot be justified on the basis of the territorial tort principle.").

이탈리아가 제시한 두 번째 주장은 위 첫 번째 주장과는 달리 이탈리아 재판소에 제기된 청구 '모두'에(다시 말해서 "영토 불법행위 예외"와는 달리 위법행위가 법정지국에서 행해졌는지에 관계없이) 적용되는 것으로, 이탈리아 재판소에 제기된 청구의 주제를 구성하는 행위와 이들 청구가 제기된 사정의 그 "특별한 성격" 때문에 면제를 거부하는 것이 정당화된다는 것이다.[141] 이 주장은 세 갈래 논거를 결합한 것이었는데, 즉, (i) 독일제국 군대와 그 기관들의 행동들은 국제법 하의 범죄에 해당하는 국제인도법(무력충돌법)의 "중대한" 위반(serious violations)으로서, 이것에 대해서는 독일의 국가면제가 인정되지 않는다는 것(위반의 중대성), (ii) 독일이 위반한 무력충돌법은 강행규범을 구성하는 것으로 국가면제 원칙은 강행규범에 양보하여야 한다는 것(강행규범과 국가면제의 관계), 그리고 (iii) 이탈리아 소송에 관여한 여러 희생자 집단을 위한 배상을 확보하기 위한 다른 모든 시도가 실패하였기 때문에 독일에 면제를 거부하는 것은 정당화된다는 것("최종 호소수단" 주장) 등이다.[142] 그러나 재판소는 이 세 가지 논거를 각각, 그리고 결합하여 모두 부인하였다. 즉, ICJ는 이탈리아가 제시한 (i)의 주장에 대해서는 먼저 국가면제는 "필연적으로 예비적(사전준비적) 성격의"(necessarily preliminary in nature) 것으로서, 국내재판소는 자신에게 제출된 사건의 본안을 심리할 수 있기 전에 그리고 사실이 이미 확인되기 전에 외국이 국제법의 문제로서 면제를 향유할 권리가 있는지의 여부를 결정지을 것이 요구된다고 말하였다.[143] 그러나 ICJ는 이어서 "그럼에도 불구하고 인권법이나 무력충돌법의 중대한 위반의 경우에 국가면제의 권리가 부인되는 지점까지 국제관습법이 발전하였는지를 조사하지 않을 수 없다"고 언급한 뒤, 본 건 소송의 대상이 된 이탈리아 재판소들의 결정들을 제외하면 이 같은 입장을 취하고 있는 국가관행은 거의 없다고 판단하였다. 그리스 최고재판소가 *Distomo* 사건에서 그런 입장을 취한 바 있지만 2년 뒤 그리스 특별최고재판소가 *Margellos* 사건에서 그같은 입장을 부인한 바 있음을 적시하였다.[144] 이어서 ICJ는 유럽인권재판소의 관련 판례들(즉, *Al-Adsani v. United Kingdom*, 그리고 *Kalogeropoulou and others* v. *Greece and Germany*)을 살펴본 뒤,[145] 현재의 국제관습법은 국가의 (민사)면제가 비난받는 행위의 중대함(gravity)이나 위반한 것으로 주장되는 규칙의 강행적 성격(peremptory nature/ character)에 의존하는 것으로 다루고 있지 않다고 결론지었다.[146] (ii)의 주장에 대해서는 ICJ는 이 주장은 '강행규범'과 '국제관습법상의 국가면제 원칙' 사이의 충돌을 전제로 하고 있지만 그 같은 충돌은 없다고 판단하였다. 왜냐하면 이 두 개의 규칙은 별개의 문제를 다루는 것으로, 국가면제 규칙은 성격상 절차적인 것이기 때문에 제소대상이 된 행위가 합법인지 불법인지의 문제와는 관계가 없기 때문이다. 따라서 재판소는 이탈리아 재판소에서의 소송이 강행규범 위반에 관련한 것이라고 가정하더라도 국

141) Para. 80.
142) *Ibid.*
143) Para. 82 (& para. 106).
144) Para. 83.
145) Para. 90.
146) Paras. 84, 89, 91. 다만, 재판소는 이 사건에서 다루고 있는 사안은 국가 자신의 면제로서, 국가의 관리(공무원)를 상대로 제기되는 형사소송에서 그에게 면제가 인정되는지, 인정된다면 그 범위는 어느 정도인지의 문제는 본 사건의 쟁점이 아님을 분명히 하였다.

가면제에 관한 국제관습법규의 적용은 영향받지 않았다고 결론지었다.[147] (iii)의 주장에 대해서는, 국가면제는 "대안의 실효적 구제수단의 존재"(the existence of effective alternative means of securing redress) 여부에 따라 결정되는 문제가 아님을 지적하였다.[148] ICJ는 "국제법에 따른 재판관할권으로부터의 독일의 국가면지가 관련 이탈리아인들을 위한 사법구제를 방해할 수 있다는 것을 모르지 않는다"고 하면서, 그러나 아직 해결되지 아니한 그런 문제들은 "관련 두 국가가 참여하는 추가적 교섭의 대상이 될 수 있을 것"이라고 위로하였다.[149]

이상의 논거들에 의거하여 ICJ는, 이탈리아는 독일제국(German Reich)이 1943년과 1945년 사이에 자행한 국제인도법 위반에 기초한 민사청구가 이탈리아 재판소들에 제기되는 것을 허용함으로써 독일이 국제법에 의거하여 향유하는 면제의 권리를 존중할 의무를 위반하였다고 판시하였다.[150]

이 밖에도 ICJ는, 이탈리아가 (i) 이탈리아 영토 내에 소재하는 독일 국가재산으로서, 독일-이탈리아 문화교류 센터(Deutsche-italienisches Zentrum für europäische Exzellenz, German-Italian Centre for European Excellence)가 들어 있는, 완전히 비상업적·정부적 목적의 Villa Vigoni에 대해 강제조치를 취함으로써,[151] 그리고 (ii) 독일제국이 그리스에서 자행한 국제인도법의 위반에 기초한 그리스 재판소들의 결정을 이탈리아에서 집행가능한 것으로 선언함으로써[152] 독일의 국가면제를 존중할 의무를 위반하였다고 판시하였다. ICJ는, 또한, 이탈리아는 -적절한 입법을 제정하거나 자신이 선택하는 다른 수단에 호소함으로써- 독일의 국가면제를 침해하는 재판소(와 기타 사법당국) 결정들의 효력을 중지시켜야 한다고 판시하였다.[153]

147) Para. 93.

148) Para. 101 : "...The Court can find no basis in the State practice from which customary international law is derived that international law makes the entitlement of a State to immunity dependent upon the existence of effective alternative means of securing redress. Neither in the national legislation on the subject, nor in the jurisprudence of the national courts which have been faced with objections based on immunity, is there any evidence that entitlement to immunity is subjected to such a precondition. States also did not include any such condition in either the European Convention or the United Nations Convention.". 2년 뒤, *Jones and Others* v. *United Kingdom*, Applications Nos. 34356/06 and 40528/06, 14 January 2014, paras. 193~195에서 유럽인권재판소도 "대안의 구제수단(alternative means of redress)이 존재하는가"를 검토하는 것이 유럽인권협약 제6조(공정한 재판을 받을 권리) 위반 여부를 심사함에 있어 관련이 있다는 청구인들의 주장을 명백히 배척하였다. Garnett in Orakhelashvili (ed.), p. 309. 그러나 유럽인권재판소는 '국제기구'의 면제는 '대안의 실효적 구제수단'의 존재 여부에 따라 영향을 받는다고 보고 있고, 또 이와 견해를 같이하는 국내판례들도 있다. 이 문제에 대해서는 본서, 제13장 (기타 면제·특권), "Ⅳ. 국제기구의 면제·특권" 참조.

149) Para. 104.

150) Paras. 107, 139(1).

151) Paras. 119, 139(2).

152) Para. 139(3).

153) Para. 139(4). 그러나 ICJ는 판결주문에 피고 국가의 책임을 인정하는 명시적 선언을 포함해 달라는 독일의 요구에 대해서는, 책임은 의무 위반의 인정으로부터 "자동적으로 추론되기"(automatically inferred) 때문에 그 같이 하는 것은 "완전히 쓸데없는 반복"(entirely redundant)이 될 것이라는 이유를 들어 거절하였다 (para. 136). 또한, 이탈리아에 대해 미래 재발방지를 보장하기 위한 조치를 취하라는 명령을 내려 달라는 요구에 대해서도 ICJ는, 국가의 선의가 추정되어야 하기 때문에 일반적으로는 의무위반국이 미래에도 위반행위를 반복할 것이라고 생각할 이유가 없고, 따라서 재판소는 재발방지의 확약과 보장은 이를 정당화하는 사정이 있는 경우에만 명령할 수 있는데, 본 사건에서는 그런 사정이 존재하지 않는다는 이유로 거절하였다

Jurisdictional Immunities of the State 사건에 대한 ICJ의 위 판결에도 불구하고 강행규범과 국가면제의 관계에 대한 논의는 계속될 것으로 보인다. 반대의견을 낸 3인 재판관 중에서 특히 Cançado Trindade 재판관[154]은 국제범죄, 인권의 중대한 위반, 그리고 국제인도법의 중대한 위반에 대해서는 (이미) 국가면제는 없다고 보았다. ICJ도 이 사건에서 "'현 단계에서의" 국제관습법 하에서는(under customary international law *as it presently stands*) 국가는 국제인도법(혹은 국제무력충돌법)의 중대한 위반으로 비난받는다는 사실 때문에 면제를 박탈당하지는 아니한다'[155]고 언급함으로써 이 분야에서의 법 발전 가능성을 완전히 부인하지는 않은 것으로 보인다. 유럽인권재판소도 이미 *Kalogeropoulou* 사건[156]에서 이 분야에서의 미래 국제법의 발전 가능성에 대해 언급한 바 있다.

그러나 영국 상원은 UN협약이 발효는 커녕 채택된 지 2년도 안 지난 2006년 *Jones* v *Saudi Arabia* 판결[157]에서 UN협약을 가리켜 "민사사건에서 국가면제의 범위에 대한 현재 국제사회의 이해와 관련하여 이용할 수 있는 가장 유권적인 문서"로 표현한 바 있다. 유럽인권재판소도 2014년 1월 이 사건의 연장인 *Jones and others* v. *United Kingdom* 판결[158]에서 여전히 "[*Jurisdictional*

(para. 138).

154) *Per* Judge Cançado Trindade, Dissenting Opinion, paras. 295, 296, 316 : "295. ... To me, the separation between procedural and substantive law is not ontologically nor deontologically viable : *la forme conforme le fond* [form must agree with substance]. Legal procedure is not an end in itself, it is a means to the realization of justice. And the application of substantive law is *finaliste*, it purports to have justice done.
296. In the present Judgment, the Court's majority starts from the wrong assumption that no conflict exists, or can exist, between the substantive "rules of *jus cogens*" (imposing the prohibitions of "the murder of civilians in occupied territory, the deportation of civilian inhabitants to slave labour and the deportation of prisoners of war to slave labour") and the procedural "rules of State immunity". This tautological assumption leads the Court to its upholding of State immunity even in the grave circumstances of the present case. There is thus a material conflict, even though a formalist one may not be discernible. The fact remains that a conflict does exist, and the Court's reasoning leads to what I perceive as a groundless deconstruction of *jus cogens*, depriving this latter of its effects and legal consequences.
316. ... On the basis of all the aforesaid, my firm position is that there is no State immunity for international crimes, for grave violations of human rights and of international humanitarian law. In my understanding, this is what the International Court of Justice should have decided in the present Judgment."

155) Para. 91. ICJ는 para. 83에서도 "That said, the Court must nevertheless inquire whether customary international law has developed to the point where a State is not entitled to immunity in the case of serious violations of human rights law or the law of armed conflict."라고 말함으로써 이 분야의 법 발전 가능성을 의식하였다고 볼 수 있다.

156) *Kalogeropoulou and Others* v. *Greece and Germany*, Application No. 59021/00, Judgment on Admissibility, 12 December 2002 : "... the current rule of public international law, as the Court found in the aforementioned case of *Al-Adsani*, ... does not preclude a development in customary international law in the future."

157) UK, House of Lords, *Jones* v *Saudi Arabia*, [2006] UKHL 26, 14 June 2006, para. 26 ("Despite its embryonic status, this Convention is the most authoritative statement available on the current international understanding of the limits of state immunity in civil cases, and the absence of a torture or *jus cogens* exception is wholly inimical to the claimants' contention.").

Immunities 사건에 대한 ICJ의] 2012년 2월 [판결시점]까지 국가면제에 대한 그 어떤 강행규범 예외도 아직 구체화하지 않았었다"[159]고 말하면서, "다만, 국제법의 이 분야에서 최근 진행되고 있는 발전에 비추어 이것은 유럽인권협약의 체약국들이 계속 검토할 필요가 있는 문제"[160]라고 사족을 달았었다.

반면에, 이탈리아 헌법재판소는 ―캐나다에서 *Kazemi* 판결[161]이 나온지 10여일 후― 2014년 10월 22일의 판결[162]에서 ICJ의 *Jurisdictional Immunities* 판결에 효력을 부여하기 위해 채택된 법률규정들이 위헌(unconstitutional)이라고 선언함으로써 이 ICJ 판결이 국내적 차원에서 법적 효력을 갖는 것을 허락하기를 거부하였는데, 이탈리아 의회는 ICJ의 *Jurisdictional Immunities* 결정을 위반하여 외국정부의 자산에 강제조치가 취해지는 것을 막는 법률을 그 다음 달 11월에 재빨리 제정하기도 하였다.[163] 그러나 2022년 4월 29일, 독일은 상기 이탈리아 헌재 판결 이후에도 제2차 세계대전 기간 중 독일제국의 행동과 관련하여 이탈리아 내에서 독일을 상대로 제기된 최소 25건의 새로운 소송 중 최소 15건에서 면제가 부인되었다면서 다시금 ICJ에 제소하였다.[164]

---

158) European Court of Human Rights, *Jones and others* v. *United Kingdom*, Applications Nos. 34356/06 and 40528/06, 14 January 2014.

159) *Ibid.*, para. 198 : "... the recent judgment of the ICJ in *Germany* v. *Italy* ... – which must be considered by this Court as authoritative as regards the content of customary international law – clearly establishes that, by February 2012, no *jus cogens* exception to State immunity had yet crystallised. The application by the English courts of the provisions of the 1978 Act to uphold the Kingdom of Saudi Arabia's claim to immunity in 2006 cannot therefore be said to have amounted to an unjustified restriction on the applicant's access to a court. It follows that there has been no violation of Article 6 § 1 of the Convention as regards the striking out of Mr Jones's complaint against the Kingdom of Saudi Arabia."

160) *Ibid.*, para. 215.

161) *Kazemi Estate* v. *Islamic Republic of Iran*, Supreme Court of Canada, Judgment of 10 October 2104. [2014] SCC 62.

162) Corte costituzionale (Italian Constitutional Court), Decision No 238, 22 October 2014, 〈https://www.cortecostituzionale.it/documenti/download/doc/recent_judgments/S238_2013_en.pdf〉 ; 〈https://www.qil-qdi.org/wp-content/uploads/2014/10/Italian-Constitutional-Court-Judgment-238-2014.pdf〉 ; Webb in Evans (ed.), *International Law*, 5th, p. 346 ; Garnett in Orakhelashviki (ed.), pp. 310~311 ; Yang in Orakhelashvili (ed.), p. 379.

163) Law No. 162 of 10 November 2014, Article 19-bis ; Declaration of Judge *ad hoc* Francioni, para. 15, in ITLOS, *The "Enrica Lexie" Incident* (Italy v. India), Provisional Measures, Order of 24 July 2015, 〈https://www.itlos.org/en/main/cases/list-of-cases/case-no-24/〉 ; Keitner, p. 318.

164) *Questions of jurisdictional immunities of the State and measures of constraint against State-owned property* (Germany v. Italy). 이 두 번째 소송에서 독일은 (i) 이탈리아가 독일의 주권면제를 위반하였고 또 계속 위반하고 있으며, (ii) 이탈리아는 그같은 위반으로 인해 독일에게 야기한 일체의 침해에 대해 완전한 손해배상(full reparation)을 해야 하며, 또 (iii) 이탈리아는 독일의 주권면제 위반이 반복되지 않을 것이라는 구체적이고 실효적인 보장을 제시해야 한다고 주장하였다 : ICJ Press Release, No. 2022/16, 29 April 2022, "Germany institutes proceedings against Italy for allegedly failing to respect its jurisdictional immunity as a sovereign State". 독일이 소를 제기한 바로 다음날, 즉 4월 30일, 이탈리아 관보에는 히틀러정부에 의해 피해를 입은 이탈리아 시민들에게 손해배상을 제공하기 위한 -이탈리아 정부가 자금을 대는- 기금(Fund)을 설립하는 법령이 공표되었는데, 이 법령의 공포가 이 소송에 부분적으로나마 어떤 영향을 미칠지는 두고 볼 일이다 : Pietro Franzina, "Jurisdictional Immunities: Germany v. Italy, Again", EAPIL, 4 May 2022, 〈https://eapil.org/2022/05/04/jurisdictional-immunities-germany-v-italy-again/〉.

한국 법원의 판결도 흥미롭게 전개되고 있다. 2021년 1월 8일 한국 서울중앙지방법원(민사합의34부)은 위안부 피해자 12명이 일본 정부를 상대로 낸 손해배상 청구 소송[165]에서 "이 사건 행위는… 당시 일본제국에 의해 계획적·조직적으로 광범위하게 자행된 반인도적 범죄행위로서 국제 강행규범을 위반한 것이며, 당시 일본제국이 불법점령 중이었던 한반도 내에서 우리 국민인 원고들에 대해 자행된 것으로서, 비록 이 사건 행위가 국가의 주권적 행위라고 할지라도 국가면제를 적용할 수 없고, 예외적으로 대한민국 법원에 피고에 대한 재판권이 있다"면서 일본의 국가면제를 부인한 뒤, 본안 심리 결과 피해자 1인당 1억원씩 배상하라고 판결하였다.[166] 다만, 3월 29일, 동 법원(민사합의34부)은 "외국(재산)에 대한 (추심) 강제집행은 해당 국가의 주권과 권위에 손상을 줄 우려가 있어 신중한 접근이 필요"하며 "이 사건 소송비용을 강제집행하게 되면 국제법을 위반하는 결과를 초래할 수 있다"면서, 1월의 판결과 관련하여 "소송비용 중 피고(일본)로부터 추심할 수 있는 소송비용은 존재하지 아니함을 확인한다"고 결정하였다.[167] 4월 21일에는 같은 법원 다른 재판부에서 사실상 1

165) 2016가합505092.

166) 이용경/법률신문, 2021-01-08, [판결] "일본은 위안부 피해자에게 1억씩 배상하라". 일본 정부는 공시송달방식으로 개시된 이 소송의 심리에 불참하였으며, 일본의 국가면제를 부인한 한국 법원의 판결은 국제법 위반이라고 항의하였다. The Japan Times, Jan 8, 2021, "In a first, South Korean court orders Japan to compensate former 'comfort women'", 〈https://www.japantimes.co.jp/news/2021/01/08/ national/first-south-korean-court-comfort-women/〉; Yosuke Onchi / Nikkei Asias, January 8, 2021, "South Korean court orders Japan to pay former 'comfort women'", 〈https://asia.nikkei.com/Spotlight/Japan-South-Korea-rift/South-Korean-court-orders-Japan-to-pay-former-comfort-women〉. 일본 정부가 항소 시한인 22일까지 항소하지 않아 1심 판결은 그대로 확정되었다 : 권순완/조선일보, 2021.01.23., "'위안부 피해자' 1억원 배상 판결 확정…日은 재판 인정 안해".

판결이 확정되고 이튿날 23일, 도시미쓰 모테기(Toshimitsu Motegi) 일본 외무상은 한국에 대해 "국제법 위반의 이 상태를 교정하기 위한 적절한 조치를 즉각 취할 것을 강력하게 촉구"하였다 : The Japan Times, Jan 23, 2021, "Japan urges South Korea to 'immediately' act after 'comfort women' ruling is finalized", 〈https://www.japantimes.co.jp/news/2021/01/23/national/japan-south-korea-comfort-women-ruling/〉. 이에 대해 같은 날 한국 외교부는 "일본군 위안부 피해자 제기 손해배상 소송 판결 관련 일본측 담화에 대한 우리 정부 입장"이란 제목의 보도참고자료를 통해 "우리 정부는 2015년 위안부 합의가 한일 양국 정부간의 공식 합의임을 인정"한다고 하면서도 "우리 정부는 일본에 대해 정부 차원에서는 어떤 추가적인 청구도 하지 않을 방침이나, 피해 당사자들의 문제 제기를 막을 권리나 권한을 가지고 있지 않음"이라고 밝혔다. 외교부 발표는 (i) 정부간 차원에서는 앞으로 더 이상 이의를 제기하지 않겠으나, (ii) 한국법상 이미 내려진 관련 판결의 집행 시도나 앞으로 한국 내에서 유사소송이 제기되는 것을 포함하여, 국내에서 혹은 국제사회에서, 피해자들이 사법적인 방식으로 혹은 비사법적인 방식으로 문제를 제기하는 것을 막을 권한이나 권리는 정부에 없다는 인식을 천명한 것으로 보인다. 한국 외교부 발표는 위안부 피해자(前 위안부) 배상 문제와 관련하여 국제법의 요구와 국내법의 요구가 앞으로 더욱 더 선명하게 충돌할 수 있음을 예고하고 있다. 사건 전개에 대한 전체적인 설명은 이정훈/동아일보, 2021-01-23, "위안부 배상금 딜레마 文정부 "108억 걷어차고 12억 내놓으라는 셈"" 참조.

이 판결에 대해서는 유럽 학자들도 주목하고 즉각 평석을 내놓았다 : Daniel Franchini, "South Korea's denial of Japan's immunity for international crimes - Restricting or bypassing the law of state immunity?", VÖlkerrechtsblog, 18.01.2021, 〈https://voelkerrechtsblog.org/south-koreas-denial-of-japans-immunity-for-international-crimes/〉; Eleonora Branca, "'Yet, it moves…': The Dynamic Evolution of State immunity in the 'Comfort Women' case", EJIL : Talk!, April 7, 2021, 〈https://www.ejiltalk.org/yet-it-moves-the-dynamic-evolution-of-state-immunity-in-the-comfort-women-case/〉.

한 일본 교수의 대조적인 논평은 다음을 참조 : SAKAMOTO Shigeki, "South Korea's Wandering Judiciary - A look at two local cases involving former comfort women", The Diplomat, May 31, 2021, 〈https:// thediplomat.com/2021/05/south-koreas-wandering-judiciary/〉.

월의 판결을 강하게 비판하는, −1월의 판결문이 18면인데 반해 82면이나 되는− 상대적으로 장문의 판결이 나왔다. 이날, 서울중앙지법(민사합의15부)은 다른 위안부 피해자 20명이 일본을 상대로 제기한 2차 손배소송[168]에서 "기존의 제한적 면제론이 현 시점에서 국가면제에 관한 국제관습법으로서 헌법 제6조 제1항이 정한 '일반적으로 승인된 국제법규'에 해당한다. 그럼에도 불구하고 법원이 오로지 대한민국 국내법 질서에 부합하지 아니한다는 이유로 이러한 국제관습법에서 인정되지 아니하는 새로운 예외를 인정하는 것은, 실질적으로 법률과 동일한 효력을 갖는 '일반적으로 승인된 국제법규'의 효력을 부정하는 것과 다르지 아니하다."[169]면서 일본의 국가면제를 인정하여 소를 각하하였다. 재판은 준거법으로 판결 시점에서 존재하는 법, 즉 *lex lata*를 적용해야 하는데, 4월의 판결은 −*lex ferenda*, 즉 소망스런 법이 아닌− *lex lata*를 발견하여 제시하려 노력한 것으로 평가된다. 그러나 6월 9일, 1월의 판결과 결을 같이 하고 4월의 판결은 물론이고 3월의 판결과도 결을 달리하는 중앙지법(민사51단독)의 판결이 나왔다. 즉, 재판소는 1월에 승소한 위안부 피해자 12명이 낸 강제집행을 위한 '재산명시 신청' 사건[170]에서 이를 인용하여 일본 정부에게 재산상태를 명시한 재산목록을 제출하라고 명령하였다.[171] 상기 2차 손배소송의 1심 판결(소 각하)은 2023년 11월 23일 서울고등법원(민사33부)[172]에서 취소되었으며, 일본은 상고하지 않았다.[173]

위안부 피해자 1,2차 사건에서 일본의 국가면제를 부인한 한국 법원들의 주요 논리는 두 가지이다 : 첫째, 피고국의 행위는 "국제강행규범에 위배되는" 것이었다 ; 둘째, 문제의 불법행위는 "일제 불법점령(강점) 하의 한국 영토 안에서" 자행된 것으로. 국제관습법에 따르면 이런 경우 일본의 국가면제는 부정된다. 한국 법원들의 이같은 논리는 *Jurisdictional Immunities of the State* 사건[174]에서 이탈리아가 제시한 논리를 따른 것으로 보이는데, 따라서 이에 대해서는 ICJ가 제시한 바의 논리에 따른 반론이 그대로 제기될 수 있다 : 첫째, 국제강행규범 위반행위에 대한 국가의 민사면제 부인은 아직 일반관습법규로 확인되고 있지 않다 ; 둘째, 한국 법원들이 원용한 관습법상의 불법행위 예외가 −피고국에 의한 법정지국 영토의 불법점령을 포함한− 전쟁 내지 무력충돌 중에 발생한 상황에

167) 이용경/법률신문, 2021-04-21, [판결] "위안부 소송 패소한 일본에 소송비용 추심하는 것은 국제법 위반" ; 권순완/조선일보, 2021년 4월 21일, A10, "국내 日정부 재산 강제집행은 국제법 위반 : 중앙지법 '위안부 소송 비용, 日에 물릴 수 없다'-전임 재판부와 다른 판단… '상대국 주권 손상'".

168) 2016가합580239.

169) 판결문, 74면.

170) 2021카명391.

171) 이용경/법률신문, 2021-06-15, [판결]"일본군 위안부 피해자 소송 패소한 일본에 배상금 강제집행은 적법 - 서울중앙지법, 일본에 '재산명시 결정서' 발송" ; 이수정/중앙일보, 2021.06.15., "위안부 강제집행 적법, 日 재산목록 내라…法 또 반대 결정" ; 박상준/최지선/동아일보, 2021-06-16, "법원 '위안부 배상금 강제집행 적법'… 석달전 '국제법 위반' 판결과 정반대".

172) 2021나2017165.

173) 이용경/법률신문, 2023-11-23, "[판결] 위안부 피해자들, 日 상대 손해배상 항소심서 승소… 법원, 1심 '각하' 취소" ; 송원형/조선일보, 2023.11.23., "2심은 이용수 할머니 손 들어줬다…"日에 청구한 금액 인정"" ; 이지영/중앙일보, 2023.12.09., "'위안부 피해자 승소' 2차 손해배상 판결 확정…日 상고장 제출 안해".

174) Germany v. Italy ; Greece Intervening, Judgment of 3 February 2012 ; 아래 "Ⅶ. UN협약의 개관: 국가면제의 예외, 3. 사망, 신체침해 및 유체재산의 침해" 참조.

는 적용되지 아니한다. 이 밖에도, 한국 법원은 일제 강점을 초래한 1910년 대한제국과 일본제국 간의 병합조약 체결이 당시의 조약법(law of treaties) 체제 하에서 무효였는지에 대한 고찰도 하였어야 한다.

국제공동체에 공정한 재판을 받을 권리와 같은 기본적 인권과 강행규범이라는 가치의 도입으로 인해 국제법과 국내법의 차원에서 이익의 비교형량이 요구되고 있는 상황이다.[175] ILC는 2022년 강행규범결론초안에서 국가면제와 강행규범 간의 관계는 "일반국제법의 강행규범의 일반적인 결과가 아니라 일반국제법의 특정한 강행규범과 관련이 있다"는 이유로 동 초안에서 이 문제에 대해서는 언급하지 않기로 하였다.[176]

4. 면제의 범위 : 절대적 면제이론 대 제한적 면제이론

위 경우들을 제외하고는 국가의 모든 행위와 재산에 대해 면제를 인정할 것인지 아니면 그 밖에도 면제를 제한할 것인지가 문제되는데, 전자는 절대적 면제이론(absolute theory of immunity), 후자는 제한적(혹은 상대적) 면제이론(limited, restrictive or relative theory of immunity)으로 불리운다. 오늘날 전자는 후자로 대체되고 있다.

(1) 구법 : 절대적 면제이론

고전적인 절대적 면제이론에 따르면, 국가는 위에서 살펴본 부동산 관련 소송과 국가 자신의 (명시적 혹은 묵시적) 동의에 기초한 재판을 제외하고는, 모든 면에서 타국의 재판관할권으로부터 면제된다. 그러므로 일국의 정부는 설사 그 활동의 성격 또는 목적이 "국가만이 할 수 있는 것이 아니라 개인도 할 수 있는, 다시 말해서 상업적 · 비권력적인" 것이라 하더라도 자신이 동의하지 않는 한 타국에서 제소당하지 아니하며, 국가선박은 나포 · 임검 · 소추될 수 없으며, 그 밖에 국가소유의 어떠한 재산도 그것이 소재하는 타국에서 압류나 강제집행의 대상이 될 수 없다.

예컨대, *The Schooner Exchange* v. *McFaddon* 사건[177]에서 문제의 선박은 원래 미국인 McFaddon의 것이었는데 나폴레옹 전쟁 당시 프랑스의 대륙봉쇄선을 넘다가 프랑스 해군에게 나포되었다. 그 후 이 선박은 프랑스 정부에 의하여 프랑스 군함으로 변경되었으며, 이후 일기가 불순하여 미국 필라델피아 항구에 입항하여 수리를 받고 있었다. 그러자 원소유주인 McFaddon은 자신의

---

175) See Pavoni in de Wet and Vidmar (eds.), pp. 71~113 ; Fox, 2nd, pp. 150~156 ; Larocque in Orakhelashvili (ed.), pp. 423~467 ; Kaczorowska-Ireland, pp. 404~418.

176) ILC강행규범결론초안, 결론 22에 대한 주석 (3) : "One area in which the issue of legal consequences for specific peremptory norms has been raised concerns ..., in particular, the possible consequences for immunity and the jurisdiction of national courts. These consequences are not general consequences of peremptory norms of general international law (*jus cogens*), but rather relate to specific peremptory norms of general international law. As such, they are not addressed in the present draft conclusions." https://legal.un.org/ilc/texts/instruments/english/commentaries/1_14_2022.pdf.

177) US, Supreme Court, 11 US 116 (1812).

선박이 국제법과 프랑스 국내법에 위배되는 방법으로 프랑스 군함으로 전환되었다고 주장하면서 압류를 청구하는 소를 제기하였다. 그러나 미국 연방최고재판소는 미국과 프랑스는 평화관계에 있고, 또 이 선박이 프랑스 군함의 자격으로 입항할 때 미국 정부는 아무런 이의도 제기하지 않았는데, 이것은 미국 정부가 문제의 선박을 프랑스 해군함대로 인정했음을 의미한다고 하면서 프랑스 국가재산의 면제를 인정하였다. 이 사건에서 John Marshall 소장은 다음과 같이 언급하고 있다.

> "일국의 군주는 그 어떤 면에서도 다른 군주에게 복종하지 아니하며, 또한 자국의 권위를 손상시키지 않을 최고 성질의 의무들의 구속을 받는다. 따라서 그 자신이나 자국의 주권적 권리들을 타국의 관할권 내에 놓이게 하는 경우에 있어서, 그는 오로지 명시적인 허가 하에서나, 혹은 그의 독립주권적인 지위에 속하는 면제들이 설사 명시적으로 약속되지 않았다 하더라도 암묵적으로 유보되어 있으므로 그에게 제공될 것이라고 확신하는 경우에만 외국 영토에 들어가는 것으로 생각할 수 있다."[178)]

이어서 그는 모든 국가가 '완전하고도 배타적인 영토관할권'의 일부 행사를 포기한 것으로 이해되는 사례로서, 왕의 신체의 외국 영토 내에서의 체포 또는 억류로부터의 면제, (그의 분신인) 외교사절의 면제, 그리고 영토 통과를 허락한 외국군대의 면제 등 세 가지를 들고 있다.[179)] Marshall의 이 판결은 절대적 면제이론을 천명한 최초의 사법적 언급으로 인용되는 것이 보통이다. 그러나 이 판결에서 Marshall은 그같은 면제가 군주의 외국 영토 내의 '사적' 재산(private property)에는 동반되지 않을 수도 있고,[180)] 또 사업이나 기타 사적인 용무로 타국에 들어간 '사인들'(private individuals)에게는 적용되지 않을 것이며,[181)] 또한 무역을 위해 타국에 들어간 '상선'(merchant vessels)에게도 인정되지 않을 것임을[182)] 아울러 시사하거나 언급하였음을 주목할 필요가 있다. 요컨대, Marshall

---

178) "One sovereign being in no respect amenable to another; and being bound by obligations of the highest character not to degrade the dignity of his nation, by placing himself or its sovereign rights within the jurisdiction of another, can be supposed to enter a foreign territory only under an express license, or in the confidence that the immunities belonging to his independent sovereign station, though not expressly stipulated, are reserved by implication, and will be extended to him." : 11 U.S. 116 (1812), 137.

179) 11 U.S. 116 (1812) 137~140 : "This perfect equality and absolute independence of sovereigns, and this common interest impelling them to mutual intercourse, and an interchange of good offices with each other, have given rise to a class of cases in which every sovereign is understood to wave the exercise of a part of that complete exclusive territorial jurisdiction, which has been stated to be the attribute of every nation.

One of these is admitted to be the exemption of the person of the sovereign from arrest or detention within a foreign territory. ... ...

A second case, standing on the same principles with the first, is the immunity which all civilized nations allow to foreign ministers. ... ...

A third case in which a sovereign is understood to cede a portion of his territorial jurisdiction is, where he allows the troops of a foreign prince to pass through his dominions. ..."

180) 11 U.S. 116 (1812) 145.

181) 11 U.S. 116 (1812) 144.

182) *Ibid.*

은 일방 '공적인 재산 혹은 사람'과 타방 '사적인 재산 혹은 사람' 간의 구분을 인정하였고,[183] 바로 이런 이유에서 이 사건은 -흔히 주장하는 바대로 절대적 면제 이론의 출발점이라기보다는- 오히려 아래에서 언급할 제한적 면제이론의 선구자로 보는 것이 타당할지도 모른다는 견해가 있다.[184]

영국의 판례도 그 초기에는 명시적으로 혹은 묵시적으로 제한적 면제이론을 지지한 것으로 보인다.[185] 이를테면, 템즈강에서의 선박 충돌과 관련하여 (당시 오토만제국의 자치속국인) 이집트 왕(Khedive of Egypt)이 소유한 선박을 상대로 제기된 19세기 후반의 *Charkieh* 호 사건[186]에서, 영국 해사재판소는 동 선박이 영국인에게 임대되어(chartered) 상업적 활동에 종사하고 있었기 때문에 면제를 상실한다고 판시하였던 것이다. 그러나 1920년 항소재판소의 *Porto Alexandre* 호 판결[187]을 기점으로 이 이론은 곧 영국에서 이단이 되고 말았는데,[188] 사건 개요는 이러하다. 원래 문제의 선박은 Ingbert라는 이름으로 운영되던 독일의 상선이었는데, 1917년에 한 포르투갈 재판소에서 포획물로 인정되어 몰수되었다. 그 후 포르투갈 정부는 이 선박을 사용하여 무역을 하고 또 운송료를 벌어들였다. 이 선박이 영국의 한 항구에 있는 동안 대물영장(writ *in rem*)이 발부되었지만, 고등재판소(1심 중앙재판소)(High Court) 해사부는 재판을 거절하고, 선박과 화물 및 운송료에 대한 영장을 기각하였다. 그리고 이 결정은 항소심에서도 유지되었다. 이처럼 영국 항소재판소는 오로지 무역활동에만 종사하는 국가소유 선박에 대해 면제를 부여하였던 것이다.[189]

영국의 상원(House of Lords)은 (스페인 정부에 징발당한 상선에 관련한) 1938년의 *Cristina* 호 사건[190]에서 절대적 면제이론이 정당함을 확인하였고, 미국 연방최고재판소는 (이탈리아 정부가 소유 및 운영하는 상선과 관련한) 1926년의 *Pesaro*호 사건[191]에서 이 이론을 지지하였다.[192]

프랑스의 경우, 그 초기 판례는 외국 정부 소유의 선박과 관련된 사건보다는 대체로 외국의 계약 혹은 기타 의무를 다루고 있는데, 여기서도 절대적 면제 이론이 지지를 받고 있다. 예컨대, 1849년 파기원(Cour de Cassation)은 스페인 정부가 프랑스 회사로부터 군화를 수입하기로 한 계약과 관련하여 전자를 상대로 제기된 소송에서 절대적 면제이론을 적용하였다. 즉, 이 재판소는 외국의 공적 행위와 사적 행위 간의 구분을 배척하면서, "일국의 정부는 그의 계약상의 의무와 관련하여 외국의 재판관할권에 종속될 수 없다. 사실, 그 자신의 행위로부터 발생하는 분쟁들을 해결할 각국 정부

183) Harris, 5th, p. 309 ; Ott, p. 150 ; Keitner, p. 313.
184) Badr, p. 13 ; Abir, *op. cit.*, (1996) 32 Stanford Journal of International Law 159 at 162. Badr의 이같은 견해에 대한 반론은, Bankas, pp. 20~21 참조.
185) Badr, pp. 14~17 ; Bankas, pp. 23~24. 49 ff ; Lewis, pp. 79~81.
186) *The Charkieh,* High Court of Admiralty (Judge: Sir Robert Phillimore), (1873) L.R. 4 A. & E. 59, 〈https://uniset.ca/other/cs2/LR4AE59.html〉 ; Kaczorowska-Ireland, pp. 400~401.
187) [1920] P. 30.
188) Badr, p. 17 ; Bankas, pp. 49~50.
189) Badr, pp. 34~35 ; Bankas, pp. 25, 50 ; Lewis, p. 81.
190) [1938] AC 485.
191) [1926] 271 US 562 ; (1926) 3 ILR 186.
192) Badr, pp. 35~37 ; Lewis, pp. 81~83 ; Abir, *op. cit.*, (1996) 32 Stanford Journal of International Law 159 at 163 ; Bankas, pp. 50, 59~60.

의 권리는 그의 주권적 권한에 이미 내재되어 있다. 따라서 타국 정부가 그렇게 하려고 해서는 안된다."고 언급하였던 것이다.[193] 1912년 파리 항소재판소도 절대적 면제이론을 지지하면서, "외국의 재판관할권이 미치지 않는 공법적 인격(public personality)과 그러한 관할권에 종속된다고들 말하는 법인격(juristic personality)을 구분할 하등의 이유가 없다. 국가의 모든 행위는 언제나 정치적인 단 한 개의 목적과 단 한 개의 종국성을 가지고 있다. 그리고 국가의 통일성은 그러한 이중성(duality)을 허락하지 않는다."고 지적한 바 있는데, 절대적 면제이론에 대한 설명으로서 이보다 더 나은 공식을 찾기가 쉽지 않을 것이다.[194]

절대적 면제에 기초한 제2차 세계대전 후의 판례로서, 국가의 (재산이 아닌) 행위와 관련한 또 하나의 전형적인 판례로는 1948년 *Aldona* v. *UK*[195]를 들 수 있는데, 사건 개요는 이러하다. 원고는 영국 외무부가 폴란드의 한 도시에서 출판하는 한 주간지 편집실에 타이피스트로 고용되었는데, 어느 날 갑자기 월급도 받지 못하고 해고당하였다. 이에 원고는 단지 밀린 월급을 받기 위해 자국 재판소에 영국 정부를 상대로 제소하였다. 1심과 2심에서 모두 영국의 면제를 인정하자 원고는 최고재판소에 상소하였다. Aldona는 영국의 주간지발행은 외교활동의 일부가 아니라 경제활동의 일부이며 또한 본 사건은 폴란드 내에서의 사법(私法)상의 고용계약에 관한 분쟁이므로 국가면제를 적용해서는 안된다고 주장하였다. 그러나 폴란드 최고재판소는 국제관계는 상호주의 원칙(principle of reciprocity)에 기초하고 있으므로 영국에 면제를 부여할 것인지를 결정짓기 위해서는 먼저 영국 재판소들이 무슨 이론을 채택하고 있는지를 확인해 보아야 하는데, 확인 결과 그들은 지금까지 일관되게 절대적 면제이론을 적용하고 있고, 따라서 폴란드도 이같은 판례법의 잠재적 수혜자이므로 영국의 면제를 인정해야 한다고 판결하였다. 이 판결에서 폴란드 최고재판소는 국가면제란 원고(피해자)가 '가해국' 재판소에 제소하는 것을 막는 것은 아님을 시사하면서도, 그것보다는 폴란드 외무부에 도움을 요청하는 것이 더욱 신속한 구제방법임을 일러주고 있다.[196] 영국의 1956년 판례 *Baccus SRL* v *Servicio Nacional Del Trigo*[197]에서 상업적 계약을 위반하여 손해배상 소송을 제기당한 피고는 스페인 농무부의 한 부처이지만 전문가의 조언에 따르면 독립된 법인격자였다. 이 사건에서 영국 항소재판소(3명 재판관 중 2인, 1인 반대의견)는 피고가 스페인법상 독립된 회사이고 분쟁의 주제가 상업적 거래임에도 불구하고 피고의 면제 항변을 받아들였다. 영국이 여전히 절대적 면제를 고수하고 있다고 했던 폴란드 최고재판소의 판단이 틀리지 않았음을 확인해준 셈이다.

---

193) Dalloz 1849 Ⅰ 5 ; Badr, pp. 38~39.

194) Dalloz 1913 Ⅱ 201 ; Badr, p. 39.

195) Poland, Supreme Court, 1948 ; Sweeney et al., pp. 290~292.

196) See also Janis, 3rd, p. 352.

197) England and Wales Court of Appeal, 1956, [1957] 1 QB 438, [1956] 3 All ER 715, [1956] 3 WLR 948, 〈https://swarb.co.uk/baccus-srl-v-servicio-nacional-del-trigo-ca-1956/〉 ; Kaczorowska-Ireland, p. 402.

(2) 신법 : 제한적 면제이론

절대적 면제이론은 외국 정부와 거래하는 개인 또는 회사들에게 커다란 고통을 주었으므로 벨기에 · 이탈리아 · 그리스 등의 재판소는 이미 19세기 중반부터 제한적 면제이론에 입각한 판례를 선도적으로 형성하였고, 세계국제법학술원도 이미 1891년의 한 결의[198]에서 제한적 면제이론을 채택한 바 있었다. 이와 함께 프랑스의 판례도 제1차 세계대전 후 국가면제를 제한하는 방향으로 전개되었으며,[199] 대륙법계의 또 하나의 축인 독일의 재판소들도 비슷하게 제1차 세계대전을 분수령으로 하여 절대적 면제이론에서 제한적 면제이론으로 이행한 것으로 보고되고 있다.[200] 그리고 제2차 세계대전 후에는 이 이론이 영국과 미국의 판례까지를 포함하여 국가들의 일반적 관행을 형성하게 되었다.[201]

제한적 면제이론은 상기 절대적 면제이론과는 반대로 국가의 이중적 성격을 인정하는 것에서 출발하였다. 다시 말해서, 국가는 그것이 외국이든 법정지국이든 불문이고, (주권 혹은 주권적 대권을 부여받은)한 개의 정치권력(a political power)이면서 동시에 (사적 재산을 취득 · 보유하고, 계약을 체결하며 또한 무역을 하는 등의 사법적 · 상업적 활동을 수행하는)하나의 법인(a juristic person)이라는 점에서 이중인격자(dual capacity)라는 것이다.[202] 그리고 일국의 재판소는 이 상반되는 두 개의 모습 중에서 자국 정부(즉, 법정지국가)가 어떤 모습 혹은 어떤 자격으로 행동하였는지에 따라 그를 달리 대우하는 것처럼 외국에 대해서도 그러하여야 한다는 것이다. 그리고 그 논리적 귀결로서, 외국의 행위를 주권적 · 권력적 · 공법적 행위(acts *jure imperii*)와 비주권적 · 비권력적 · 상업적 · 사법적 행위(acts *jure gestionis/ jure privatorum*)[203]로 구분하여 전자에 대해서만 국가면제를 인정하게 된다.[204]

사회주의 국가들은 제한적 면제이론이 일차적으로 성장하는 그들의 대외경제활동을 억제하는데 목적이 있는 것으로 생각한 나머지 과거 한때 이 이론의 등장에 크게 저항하였었지만,[205] 소련 진영

---

198) Institut de Droit International, Session de Hambourg (1891), "Projet de règlement international sur la compétence des tribunaux dans les procès contre les Etats, souverains ou chefs d'Etat étrangers", available at https://www.idi-iil.org/ (noted by Bankas, p. 70).

199) Bankas, pp. 25~26, 149.

200) *Ibid*., p. 27.

201) Janis, 3rd, p. 355 ; Currie, pp. 324~325 ; Bankas, pp. 26, 52 ff, 61, 69~100. 특히, 미국의 경우, 국무부 법률고문 대리 Jack B. Tate가 법무장관 대리에게 보내는 1952년 5월 19일자 서한(흔히 "Tate Letter"로 불림)에서 "차후에는 제한적 면제이론을 따르는 것이 국무부의 정책이 될 것"이라고 언급함으로써 미국재판소들로 하여금 그간 고수하여 온 절대적 면제이론을 결정적으로 버리게 만들었다. 뿐만 아니라 Tate Letter는 다른 국가들, 특히 보통법 국가들의 판례 변경에도 영향을 준 것으로 보인다 : Letter of Jack B. Tate, Acting Legal Adviser, to the Acting Attorney General Phillip B. Perlman, May 19, 1952, 26 Dept. State Bull. 984 (1952) ; Bankas, p. 319, fn. 8 ; Fox in Evans (ed.), *International Law*, 3rd, p. 346 ; Bradley, pp. 231~233.

202) Badr, pp. 23~24.

203) Cassese, *International Law*, 2nd, p. 100.

204) ICJ는 *Jurisdictional Immunities of the State* (Germany v. Italy : Greece intervening), ICJ Reports (2012), p. 99 at 125 (para. 60)에서 이들 두 술어의 의미와 관련하여 다음과 같이 설명한 바 있다 : "...the terms "*jure imperii*" and "*jure gestionis*" do not imply that the acts in question are lawful but refer rather to whether the acts in question fall to be assessed by reference to the law governing the exercise of sovereign power (*jus imperii*) or the law concerning non-sovereign activities of a State, especially private and commercial activities (*jus gestionis*)."

205) Sweeney et al., pp. 296~299, 305.

이 해체되고 계획경제에서 시장경제로 이행하면서 그들도 결국 서방진영과의 혹은 그들 상호간의 조약에서 제한적 면제 이론을 수용하지 않을 수 없게 되었다.[206] 그리고 많은 보통법국가들이 1970년대와 80년대에 들어와 제한적 면제 이론의 입법화를 추진하였는데, 전통적으로 절대적 면제이론을 고수해온 미국(Foreign Sovereign Immunities Act of 1976)[207]과 영국(State Immunity Act 1978)[208]을 필두로 하여, 싱가포르(State Immunity Act 1979), 파키스탄(State Immunity Ordinance 1981), 남아프리카(Foreign State Immunities Act 1981), 캐나다(State Immunity Act 1982), 말레이시아(Immunities and Privileges Act 1984), 말라위(Immunities and Privileges Act 1984), 오스트레일리아(Foreign States Immunities Act 1985) 등이 바로 그러한 국가들이다.[209] 그 후에는 아르헨티나(Statute on the Immunity of Foreign States before Argentine Tribunals 1995), 이스라엘(Foreign State Immunity Law 2008), 일본(Act on the Civil

206) Badr, pp. 99~106 ; Orakhelashvili/Akehurst, 9th, pp. 248~249. 그러나 중국 정부의 경우, 여전히 절대적 면제이론을 고수하고 있으며, 홍콩재판소에 대해서도 절대적 면제이론을 적용할 것을 요구하고 있다. 즉, 홍콩최고재판소(Hong Kong Court of Final Appeal)는 *Democratic Republic of the Congo and Others v FG Hemisphere Associates LLC*, Judgment of 8 September 2011, (2011) 14 HKCFAR 395에서, 외국은 홍콩재판소에서 절대적 면제를 향유해야 한다는 중국인민대표회의 상무위원회(Standing Committee of the National People's Congress)의 2011년 8월 26일자 유권 해석에 따라 콩고민주공화국에게 절대적 면제를 인정한 바 있다. 중국은 2004년의 UN협약에 서명은 하였으나 아직 비준은 하지 않고 있으며, 협약 자체도 아직 발효에 필요한 비준을 확보하지 못한 상태이다. See The Government of the Hong Kong Special Administrative Religion, Department of Justice, Basic Law Bulletin, Issue 14 (December 2012), Judgment Update, *Democratic Republic of the Congo & Others* v *FG Hemisphere Associates LLC*, FACV No. 5 of 2010 (8 June 2011) & (8 September 2011) CFA, 〈https://www.doj.gov.hk/mobile /eng/public/pub20030002.html〉 ; Interpretation of Paragraph 1, Article 13 and Article 19 of the Basic Law of the Hong Kong Special Administrative Region of the People's Republic of China by the Standing Committee of the National People's Congress, Adopted by the Standing Committee of the Eleventh National People's Congress at Its 22nd Session on 26 August 2011, 〈https://gia.info.gov.hk/general/201108/30/P201108300217_0217_83273.pdf〉 ; https://www.onlinedmc.co.uk/index.php/Democratic_Republic_of_Congo_v_FG_Hemisphere_Associates ; ONC Lawyers, Newsletter, September 2011, "Litigation & Dispute Resolution - State Immunity in Hong Kong", 〈https://www.onc.hk/pub/oncfile/publication/litigation/1109_EN_State_Immunity_in_Hong_Kong.pdf〉.

207) 위에서 언급한 Tate Letter(1952) 이전은 물론이고 그 후에도 외국의 면제 문제를 결정하는 초기 책임은 대체로 (국무부를 통해 행동하는)행정부에 있었고, 사법부는 국무부의 외국정부 면제 소견서(suggestion)를 계속 '준수'하였다. 이에 따라 Tate Letter 이후에도 외국 정부들은 소송이 제기되면 자국의 면제를 인정하는 취지의 소견서를 받아내려 국무부에 대한 로비를 계속하였다[*New York and Cuba Mail Steamship Company* v. *Republic of Korea*, United States District Court S. D. New York, July 13, 1955, 132 F.Supp. 684 (1955), 아래 "Ⅷ. 국가재산의 사법적 강제조치로부터의 면제" 참조]. 외국주권면제법(FSIA)의 제정은 국가면제 문제를 판단할 일차적 책임이 행정부에서 사법부로 이전됨을 의미하는 것이었다. 미국 내의 소송에서 국가면제 문제의 탈정치화가 달성된 것이다. 그리고 미국 연방최고재판소는 *Republic of Austria* v. *Altmann*, 541 U.S. 677 (2004) (available at https:// supreme.justia.com/us/541/03-13/case.html)에서 "1976년 외국주권면제법"은 소급하여, 즉, 동 법률이 제정되기 전에 발생한 상황, 사건에도 적용된다고 판시하였다. See https://en.wikipedia.org/wiki/Republic _of_Austria_v._Altmann ; https://en.wikipedia.org/wiki/Foreign.Sovereign_Immunities_Act ; Fox in Evans (ed.), *International Law*, 4th, p. 362(fn. 92)[& Webb, 5th, p. 338(fn. 98)] ; Keitner, p. 314.

208) 이듬해 영국은 "국가면제법 1978"을 (당시의 홍콩을 포함한) 일정 해외 종속영토에도 적용하기 위해 -여왕의 추밀원 명령의 형식으로- "국가면제(해외영토)령 1979" [State Immunity (Overseas Territories) Order 1979]를 제정하기도 하였다 : https://untreaty.un.org/ilc/documentation/english/a_cn4_343_add1.pdf.

209) Bankas, pp. 49~68, 328 ; Fox, pp. 124~125 (fn. 1) ; Fox in Evans (ed.), *International Law*, 3rd, p. 346 (fn. 13) ; Hamid, p. 152 ; Larocque in Orakhelashvili (ed.), p. 456.

Jurisdiction of Japan with respect to a Foreign State 2009)이 이 대열에 가담하였고,[210] 스페인(Organic Law 16/2015, of 27 October 2015, on the privileges and immunity of foreign states, international organisations with headquarters or branches in Spain and international conferences and meetings held in Spain)(약칭 'Law on the Privileges and Immunity of Foreign States'),[211] 러시아(Federal Law No. 297-FZ on the Jurisdictional Immunity of a Foreign State and the Property of a Foreign State in the Russian Federation 2015),[212] 중국(The Law of the People's Republic of China on Foreign State Immunity 2023)[213] 등이 뒤따르고 있다. 프랑스는 2016년 강제집행 조치와 관련하여 부분적으로만 입법을 하기도 하였다.[214]

절대적 면제 이론에서 제한적 면제 이론으로의 분명한 선회를 위해 채택된 이러한 국내법률들이 거꾸로 국가면제 분야에서의 사법부에 의한 법의 발전을 가로막고 있다는 비판이 제기되고 있다. 법률 작성자들은 분명히 사법부가 국가면제법을 국제법의 변화에 비추어 해석할 것을 기대하였지만, 사법부는 "국가면제의 예외를 결정하는 일은 외교와 국제정치에 대한 철저한 지식과 국가이익에 대한 조심스런 형량을 필요로 하기 때문에" 의회에서 국가면제법을 만들었으면 이 법의 변화를 선도할 책임도 의회에 있는 것이지 자신들에게 있지 않다는 태도를 보이고 있기 때문이다. 그리고 이것은 고문과 같은 강행규범 위반과 국가면제 예외를 연결시켜 놓지 않은 현 국내법 체계 하에서 사법부가 나서서 예외를 만들 수는 없다는 소극적 태도로 이어지고 있다.[215]

---

210) *Jurisdictional Immunities of the State* (Germany v. Italy ; Greece Intervening), ICJ Reports (2012), p. 99 at 130 (para. 70).

211) https://globalarbitrationreview.com/jurisdiction/1004821/spain.

212) https://www.lexology.com/gtdt/tool/workareas/report/sovereign-immunity/chapter/russia ; Anastasia Rogozina, "New Rules on Jurisdictional Immunities of States in Russian Courts", CIS Arbitration Forum, 13 November, 2015, 〈https://www.cisarbitration.com/2015/11/13/new-rules-on-jurisdictional -immunities-of-states-in-russian-courts/〉.

213) The State Council Information Office(PRC) 〉 China Voices, Xinhua, September 2, 2023, "China adopts foreign state immunity law", 〈https://english.scio.gov.cn/chinavoices/2023-09/02/content_111200459.htm〉 ; Changhao Wei/NPC Observer, September 11, 2023, "China to Allow Some Suits Against Foreign States: A Summary of the Foreign State Immunity Law", 〈https://npcobserver.com/2023/09/china-foreign-state-immunity-law/〉 ; 법제처 〉 세계법제정보센터〉법제동향, 2023.9.21., "중국 : 외국국가면제법(中华人民共和国外国国家豁免法)".

214) French Law n° 2016-1691 (dated December 9, 2016), "Law on Transparency, Anti-corruption Measures and the Modernisation of the Economy", (known as the 'Sapin Ⅱ law'), 〈https://www.sullcrom.com/new-french-anti-corruption-law-french-parliament-adopts-law-sapin-2-on-transparency-fight-against-corruption-and-modernization-of-the-economy〉 ; 〈https://hsfnotes.com/publicinternationallaw/2016/12/01/a-law-on-immunity-from-enforcement-in-france/〉 ; https://gettingthedealthrough.com/area/113/jurisdiction/28/sovereign-immunity-2018-france/ ; Victor Grandaubert, "France Legislates on State Immunity from Execution: How to kill two birds with one stone?", EJIL: Talk!, January 23, 2017, 〈https://www.ejiltalk.org/france-legislates-on-state-immunity-from-execution-how-to-kill-two-birds-with-one-stone/〉 ; Webb in Evans (ed.), *International Law*, 5th, p. 321.

215) 이를테면, -위에서 소개한 바 있는- Supreme Court of Canada, *Kazemi Estate* v. *Islamic Republic of Iran*, Judgment of 10 October 2014. [2014] SCC 62, [noted by Larocque in Orakhelashvili (ed.), pp. 458~459]에서, Lebel 재판관은 다음과 같이 결론내린 바 있다 : "[168] With regard to exceptions to state

제한적 면제이론은 다자조약에서도 채택되고 있는데, 1926년 4월 10일 브뤼셀에서 체결된 "국가소유 선박의 면제에 관한 일정 규칙의 통일을 위한 국제협약"(International Convention for the Unification of Certain Rules concerning the Immunity of State-Owned Ships)(및 1934년 추가의정서)을 위시하여, 1972년의 "국가면제에 관한 유럽협약"(European Convention on State Immunity),[216] 1982년의 UN해양법협약(제32조),[217] 그리고 상기 최근 국내입법들에 영향을 준 바로 2004년의 UN협약 등이 그러한 경우에 속한다.[218]

한편, 국가와 국가재산에 대해 형성되고 있는 제한적 면제이론은 국제법의 다른 주체, 특히 국제기구 일반에 대해 그대로 적용될 수 있는 것은 아니다. 국제기구의 활동범위는 -설립문서에 명시적 혹은 묵시적으로 규정된 바에 따라- 기본적으로 제한되어 있으므로 국가들에 대한 관계에 있어 특권적 지위를 보장받을 필요가 있기 때문이다.[219]

5. *acta jure imperii*와 *acta jure gestionis*의 구분 기준

제한적 면제이론에 의지할 경우 곧 바로 질문이 이어진다. 즉, 주권적 · 권력적 · 공법적 행위와 비주권적 · 비권력적 · 상업적 · 사법적 행위의 구분기준을 어디에서 구할 것인가? 이 목적을 위해 행위의 '목적, 의도 또는 동기'(purpose, intent or motive of the act)(주관적 기준)와 '성질'

---

immunity, Professor H. H. Koh famously asked, "if contracts, why not torture?" ("Transnational Public Law Litigation" (1991), 100 Yale L.J. 2347, at p. 2365). The answer is simple. Parliament has decided as much.

[169] State immunity is a complex doctrine that is shaped by constantly evolving international relations. Determining the exceptions to immunity requires a thorough knowledge of diplomacy and international politics and a careful weighing of national interests. Since the introduction of the [*State Immuinity Act*], such a task belongs to Parliament or the government, though decisions and laws pertaining to international affairs may be subject to constitutional scrutiny under the [*Canadian Charter of Rights and Freedoms*]. In this sense, there is no *Charter* free zone and the courts may have to play a part, as they have done in the past (*Operation Dismantle Inc. v. The Queen*, [1985] 1 S.C.R. 441; *Khadr*). It is not, however, this Court's task to intervene in delicate international policy making.

[170] Parliament has the power and the capacity to decide whether Canadian courts should exercise civil jurisdiction. Parliament has the ability to change the current state of the law on exceptions to state immunity, just as it did in the case of terrorism, and allow those in situations like Mr. Hashemi and his mother's estate to seek redress in Canadian courts. Parliament has simply chosen not to do it yet."

216) 1972년 5월 16일 스위스 바젤(Basel)에서 서명을 위해 개방, 3개국 비준으로 1976년 6월 11일 발효하였으며, 2023년 4월 현재 8개 유럽국가 간에 발효 중이다. 그리고 협약과 함께 서명을 위해 개방된 추가의정서("Additional Protocol to the European Convention on State Immunity")는 5개국 비준과 함께 1985년 5월 22일 발효하고 현재는 6개국 간에 발효 중인데, 동 추가의정서에 의해 설치된 "국가면제 문제에 관한 유럽재판소"(European Tribunal in matters of State Immunity)는 협약의 해석 또는 적용과 관련하여 본 의정서의 둘 이상의 당사국 간에 발생하는 분쟁을 심리하며, 의정서 당사국은 그러한 분쟁을 다른 기관에 회부하지 아니할 의무를 진다(추가의정서 제2조 1항). https://www.coe.int/en/web/conventions/full-list ; https://en.wikipedia.org/wiki/State_immunity.

217) 본서, 제21장 (해양법), "Ⅱ. 영해 및 접속수역" 참조.

218) Fox in Evans (ed.), *International Law*, 3rd, p. 346 (& Webb, 5th, p. 319) ; Hamid, p. 153.

219) Wolfrum / Philipp (eds.), pp. 1094~1095 ; 본서, 제13장 (기타 면제).

(nature of the act)(객관적 기준) 두 개의 기준이 제시된 바 있으나, '목적' 개념에 의존하는 경우에는 국가의 상업적 '성질'의 행위가 그 궁극적인 '목적'은 권력적·공법적인 것이라는 이유로 결국 국가면제를 인정받게 될 가능성이 크다. 국가는 바로 그 성격상 공적인 목적을 위해서만 행동할 수 있다는 점을 생각하면 더욱 더 그러하다. 그리고 이렇게 되면 제한적 면제이론의 본래 취지를 살릴 수 없게 될 것이다.[220] 따라서 대부분의 판례와 입법례는 양자의 구분기준으로서 행위의 '성질'을 선호하고 있다.

예를 들면, 오스트리아 주재 미국대사관 소속의 차량이 대사관 우편물을 수송하기 위해 도로를 주행하던 중 개인승용차와 충돌하여 미국정부가 피해자로부터 제소당한 *Collision with Foreign Government Owned Motor Car* 사건[221]에서 오스트리아 최고재판소는 "우리는 언제나 국가기관이 수행하는 행위 자체만을 보아야 하며, 그것의 동기 또는 목적을 보아서는 안된다."고 전제하였다. 이어서 "피고는 차량을 운행함으로써 그리고 공공도로(public road)를 사용함으로써 사인이 움직이는 바로 그 영역 속에서 움직이고 있으며, 이 영역에서 당사자들은 평등의 기초 위에서 서로 마주치므로, 여기에는 그 어떤 우위와 종속도 없다."고 판결하면서 미국의 면제를 부인하였다.

서독 주재 이란대사관 난방시설 보수공사와 관련하여 독일 회사가 제기한 대금청구 소송인 *Empire of Iran* 사건[222]에서 서독 연방헌법재판소는 이란 측의 면제 주장을 배척하였다. 곡물 수입 계약과 관련한 *Egyptian Delta Rice Mills Co.* v. *Comisaria General de Madrid* 사건[223]에서 스

220) Badr, pp. 91~92 ; Currie, pp. 328~329 ; Fox, p. 285 ; Orakhelashvili in Orakhelashvili (ed.), p. 512. 프랑스의 Charles André Weiss (PCIJ 초대 재판관의 한 사람. 1928년 임기 중 사망)도 1923년 헤이그 국제법 아카데미(The Hague Academy of International Law) 강의 "Competénce ou incompétence des tribunaux à l'égard des états étrangers", (1923) 1 Recueil des Cours 521 at 545~546 (noted by Bankas, p. 75)에서 다음과 같이 언급한 바 있다 : "It would seem a surer test to admit that the nature alone of the act should be taken into consideration. ... And thus we must conclude that jurisdiction may not be declined even if the contract is touched with an administrative character, as, for instance, if it concerns the purchase of a warship or an order of munitions, and arms for its arsenals. It is of no importance that a private citizen does not ordinarily make such contracts, or on such a scale or to the same purpose. If it is the question of a contract or an acquisition, that is enough. It is the nature and not the purpose that is to be considered."

221) *Holubek* v. *The Government of the United States*, Austrian Supreme Court, 10 February 1961, 40 ILR 73 ; Sweeney et al., p. 318 ; Fox, p. 279 ; Fox in Evans (ed.), *International Law*, 3rd, p. 355 (& Webb, 5th, pp. 329~330).

222) West Germany, Decision of Second Chamber of Federal Constitutional Court, 30 April 1963, 16 Entscheidungen des Bundesverfassungsgerichts 27~64 ; 45 ILR 57 at 80 [noted by (1965) 59 AJIL 654~657 ; Fox, pp. 75~77, 285~286] : "The distinction between acts *jure imperii* and acts *jure gestionis* can only be based on the nature of the act of the State or of the resulting legal relationship, not on the motive or purpose of the State activity... Contrary to the conclusion of the Foreign Minister of Justice, the criterion is not whether the conclusion of the contract was necessary for the orderly conduct of the Embassy's business and therefore bore a perceptible relation to the sovereign activities of the sending State. Whether a State is entitled to immunity does not depend on the purpose pursued by the foreign State in carrying on a given activity."

223) Egypt, Commercial Tribunal of Alexandria (a Mixed Court of Egypt), March 29, 1943, (1943- 1945) 12I LR 103 ; De Lupis, p. 108, fn. 46 ; Badr, pp. 32~33. Marjorie M. Whiteman, *Digest of International Law*, Vol. 6 (1968), p. 722.

페인은 주권국가로서 스페인 내의 기근을 완화하기 위하여 곡물을 구입하였으므로 면제를 향유한다고 주장하였으나, 이집트 혼합재판소는 스페인이 보통의 상인과 다르지 않은 방법으로 행동하였다고 판결하였다. *Borga* v. *Russian Trade Delegation* 사건[224)]에서 피고는 1924년의 이탈리아-소련 간의 조약에 의하여 소련 정부의 일부로서 인정되었지만, 이탈리아 파기원은 피고의 상업적 활동에 대해 제한적 면제이론을 적용하여 면제를 부인하였다.

1994년 6월 22일 서울 민사지방법원 제15부는 대림기업과 미국 정부 사이의 분쟁을 국내 최초로 제한적 면제이론에 기초하여 해결하였다.[225)] 그러나 분쟁이 '부동산' 임대계약(즉, 현 서울지방경찰청 자리에 있었던, 미국 정부가 운영하던 내자호텔 내 한 매점의 임대계약)과 관련한 것이었으므로 절대적 면제이론과 제한적 면제이론 중에서 어느 것을 선택할 것인지를 놓고 고민할 필요가 없는 경우였다.[226)] 한국 대법원은 1975년 절대적 면제이론을 지지한 바 있으나,[227)] 1998년 12월 17일 드디어 제한적 면제이론을 수용하였다.[228)] 즉, 주한미군 식당에서 근무하다 해고된 한 한국인이 미국 정부를 상대로 제기한 해고무효 확인과 해고일로부터 복직시까지의 임금의 지급을 구하는 소송과 관련하여, 대법원은 "우리나라의 영토 내에서 행하여진 외국의 사법적 행위가 주권적 활동에 속하는 ... 등의 특별한 사정이 없는 한, 외국의 사법적 행위에 대하여는 당해 국가를 피고로 하여 우리나라의 법원이 재판권을 행사할 수 있다."라고 천명하였다. 다만, 여기서 '사법적(私法的) 행위가 주권적 활동에 속할' 수도 있음을 시사한 것은 제한적 면제이론의 관점에서 보면 이상한 표현이 아닐 수 없다. 그럼에도 대법원은 이 표현을 반복하고 있는데,[229)] 그러나 2017년의 한 판결에서 헌법재판소는 "국제관습법상 국가의 주권적 활동에 속하지 않는 사법적(私法的) 행위는 다른 국가의 재판권으로부터 면제되지 않지만"이라고 말함으로써 대법원의 표현의 오류를 반복하지 않았다.[230)]

남아있는 문제는, 행위 또는 거래의 상업적 성격 여부를 결정함에 있어 오로지 그 '성질'에만 의존할 것인지, 아니면 그 '목적'도 함께 고려에 넣을 수 있는 것인지에 관하여 분명한 해답을 제시하

---

224) Italy, Court of Cassation, August 14, 1953 ; (1955) ILR 235 ; Brownlie, p. 341, fn. 96 ; De Lupis, p. 102 ; Sen, p. 473.

225) 서울민사지법(제15부), 1994. 6. 22. 선고, 90가합4223 판결. 항소심에서 서울고등법원 1995년 5월 19일 선고, 94나27450 판결도 1심 판결을 지지하였다. 상고심에서는 면제에 관한 다툼이 없었다. 鄭印燮, pp. 177~181.

226) Lewis, p. 70 ; UN협약 제13조(a) 참조.

227) 대법원 1975년 5월 23일 선고, 74마281 판결 ; 鄭印燮, pp. 175~176.

228) 97다39216. 그러나 UN협약 제11조 2항(c)(d)에 의하면 채용, 고용의 갱신 또는 복직, 그리고 해고 혹은 고용의 종료에 관한 소송에서는 국가면제가 인정된다.

229) 2009다16766 (추심금) ; 2019다247903 (몽골대사관 건물 등 철거).

230) 헌법재판소, 2017년 5월 25일 선고, 2016헌바388 결정 (재조선 미국육군사령부 군정청 법령 제57호 위헌소원) : "국제관습법상 국가의 주권적 활동에 속하지 않는 사법적(私法的) 행위는 다른 국가의 재판권으로부터 면제되지 않지만 국가의 주권적 행위는 다른 국가의 재판권으로부터 면제되는 것이 원칙이다(대법원 1998. 12. 17. 선고 97다39216 전원합의체 판결 참조). 미합중국 소속 미군정청이 이 사건 법령을 제정한 행위는, 제2차 세계대전 직후 일본은행권을 기초로 한 구 화폐질서를 폐지하고 북위 38도선 이남의 한반도 일대에서 새로운 화폐질서를 형성한다는 목적으로 행한 고도의 공권적 행위로서 국가의 주권적 행위이다. 미합중국의 화폐질서 형성 정책 결정과정에 경제적 동기가 포함되어 있었고 이에 따라 일본은행권을 소지하고 있던 사람들의 경제적 이해관계에 영향을 미쳤다고 하더라도, 그러한 사정만으로 이 사건 법령 제정행위가 주권면제의 예외가 되는 사법적 행위나 상업적 행위라고 볼 수는 없다." casenote.kr/헌법재판소/2016헌바388.

는 일이다. 그러나 이 문제에 있어 국가관행은 아직 획일성을 보여주고 있지는 못하다. 예컨대, 미국의 경우, 외국주권면제법(FSIA) § 1603(d)는 "행위의 상업적 성격은 그것의 목적에 의해서가 아니라 그 성질에 따라 결정한다."(the commercial character of an activity shall be determined by reference to the nature of the course of conduct or particular transaction or act, rather than by reference to its purpose.)라고 규정하고 있다.[231] 그러나 미국법 하에서도 상업적 성격을 결정함에 있어 목적을 완전히 배제할 것인지의 질문이 제기되었는데, 제5순회항소재판소는 1985년 *De Sanchez* v. *Banco Central de Nicaragua* 판결[232]에서 "종종 행위의 본질이 그것의 목적에 의해 정의되며", 따라서 "우리가 그같은 행위의 목적을 조사할 수 없다면 우리는 그것의 성질을 결정할 수 없다"고 판시하였던 것이다. 그러나 그후 1989년 *Argentine Republic* v. *Amerada Hess Shipping Corp.* 사건[233]에서 연방최고재판소는 포클랜드 전쟁 중에 공해상에서 아르헨티나 공군의 공격을 받아 피해를 입은 한 유조선의 소유주가 제기한 청구로부터 아르헨티나의 면제를 인정하는데 아무런 어려움도 느끼지 않았다. 청구인은 국가면제 부여에 반대하기 위하여 아르헨티나의 행위는 국제법 위반이었다고 추정해 보기도 하였으나 이 주장 또한 수락되지 않았다. 이어서 *Republic of Argentina* v. *Weltover, Inc.* 사건[234]에서 연방최고재판소는 자국 통화를 안정

---

231) Sweeney et al., p. 325.

232) United States Court of Appeals, Fifth Circuit, September 19, 1985, 770 F2d. 1385 at 1393 (accessible online at https://openjurist.org/770/f2d/1385/de-sanchez-v-banco-central-de-nicaragua-a) : "We recognize that in differentiating sales of dollars by Banco Central from sales by private banks, we rely on the different purposes motivating the sales. This might seem to contravene the requirement that, in determining whether an activity is commercial or sovereign, we examine its "nature" rather than its "purpose." 28 U.S.C. Sec. 1603(d). We do not interpret this provision, however, to bar us totally from considering the purposes of different types of activities. Indeed, we do not believe that an absolute separation is always possible between the ontology and the teleology of an act. *Often, the essence of an act is defined by its purpose*-gift-giving, for example. *Unless we can inquire into the purposes of such acts, we cannot determine their nature.* Indeed, commercial acts themselves are defined largely by reference to their purpose. What makes these acts commercial is not some ethereal essence inhering in the conduct itself; instead, as Congress recognized, acts are commercial because they are generally engaged in for profit. ..."(italics added)

233) 109 S. Ct. 683 (1989) ; Malanczuk, p. 120.

234) 504 U.S. 607 (1992) at 617 (accessible at https://www.law.cornell.edu/supct/html/91-763.ZO.html) : "Argentina argues that the Bonods [i.e. government bonds] differ from ordinary debt instruments in that they "were created by the Argentine Government to fulfill its obligations under a foreign exchange program designed to address a domestic credit crisis, and as a component of a program designed to control that nation's critical shortage of foreign exchange."... In this regard, Argentina relies heavily on *De Sanchez* v. *Banco Central de Nicaragua,* 770 F. 2d 1385 (CA5 1985), in which the Fifth Circuit took the view that "[o]ften, the essence of an act is defined by its purpose"; that unless "we can inquire into the purposes of such acts, we cannot determine their nature"; and that, in light of its purpose to control its reserves of foreign currency, Nicaragua's refusal to honor a check it had issued to cover a private bank debt was a sovereign act entitled to immunity. *Id.*, at 1393. Indeed, Argentina asserts that the line between "nature" and "purpose" rests upon a "formalistic distinction [that] simply is neither useful nor warranted."... We think this line of argument is squarely foreclosed by the language of the FSIA. However difficult it may be in some cases to separate "purpose" (*i. e.*, the reason why the foreign state engages in the activity) from "nature" (*i. e.*, the outward form of the

시키기 위한 계획의 일부로 단행된 아르헨티나 정부의 공채발행(issuance of bonds)은 FSIA에 의거하여 '상업적' 활동이었다고 판결하면서, FSIA 하에서 외국이 체결한 거래의 '목적' 아닌 그 '성질'이 '유일하고도 명백한' 결정요소임을 상기시키고 있다.[235] 또한 "아르헨티나가 '왜'(why) 사적 활동을 통하여 공채시장에 참여하였는지는 아무런 관련이 없으며, 단지 아르헨티나가 그렇게 하였다는 사실 자체가 중요하다."는 항소재판소의 견해에 동의하였다. 제5순회항소재판소의 *De Sanchez* 판결을 원용하여 면제를 인정받으려던 아르헨티나의 시도는 연방최고재판소에 의해 완전히 좌절되었던 것이다.

이에 반해 영국의 경우, −대체로 1972년의 "국가면제에 관한 유럽협약"을 영국법 내에서 이행하기 위해 제정된[236]− 국가면제법(State Immunity Act 1978)은 미국의 FSIA와는 달리 이 문제에 대해 명시적인 해답을 주고 있지는 않다. 그러나 1981년 상원은 *I Congreso del Partido* 사건[237]에서 성질과 목적 중에서 어느 한 기준에만 의거하여 행위의 상업적 성격을 결정짓기를 거부하였는데, 이 사건은 쿠바의 국가소유 기업이 쿠바의 국가소유 선박을 이용하여 칠레까지 설탕을 인도하는 내용의 계약에서 발생한 것이었다. 인도 당시에 칠레 정부는 Augusto Pinochet가 이끄는 군사쿠데타에 의하여 전복되었다. 쿠바 정부는 여기에 항의하여, 인도의 정지를 명령하고 설탕화물을 자신의 사용을 위한 것으로 전환하였다. 이 선박은 그후 영국의 한 항구에 입항하였다가 설탕 소유주들이 쿠바를 상대로 영국의 재판소들에 제기한 손해배상소송과 관련하여 여기서 억류되었다. 영국은 1978년에 제한적 면제이론을 수용하는 상기 국가면제법을 제정하였었기 때문에, 이 사건에서 제기된 쟁점은 쿠바 정부의 행위가 그 성격상 상업적인지 아니면 그 주권적 의지를 천명한 것인지를 결정짓는 일이었다. 따라서 상원은 문제된 쿠바 정부의 행위는 사인에 의해서도 수행될 수 있는 것이었는지를 질문하면서, 결국 이를 긍정하였다. 화물의 인도를 정지시키는 명령을 내림에 있어, 쿠바 정부는 그 동기는 명백히 정치적인 것이었지만 그 어떤 사적 선박 소유주에 의해서도 행사될 수 있었던 권한을 행사하고 있는 것으로 인정되었기 때문이다. 이로써 쿠바는 면제를 향유할 수 없게 되었다. 그러나 이 사건에서 Lord Wilberforce[238]는 제한적 면제가 적용된다고 결정하면서도, 그 거래가 상업

---

conduct that the foreign state performs or agrees to perform), see *De Sanchez, supra,* at 1393, the statute unmistakably commands that to be done. 28 U.S.C. § 1603(d). We agree with the Court of Appeals, see 941 F. 2d, at 151, that it is irrelevant why Argentina participated in the bond market in the manner of a private actor; it matters only that it did so. We conclude that Argentina's issuance of the Bonods was a "commercial activity" under the FSIA."

235) 이처럼 국가의 채권발행은 개인도 할 수 있는 상업적 행위이지만, "채권시장을 규제"하는(to regulate a bond market) 것은 국가만이 할 수 있는 권력적 행위로서 이것에 대해서는 면제가 인정된다. Aust, *Handbook of IL*, 2nd, p. 153.

236) Kaczorowska-Ireland, pp. 393, 403, 420 ; https://en.wikipedia.org/wiki/State_Immunity_Act_1978.

237) *Playa Larga* v. *I Congreso del Partido*, [1981] 2 All E.R. 1064 (H.L.) ; [1983] 1 AC 244, 〈https://www.uniset.ca/other/css/19831AC244.html〉 ; Currie, pp. 328~329, and Fox in Evans (ed.), *International Law*, 3rd, p. 357.

238) [1981] 2 All ER 1964 at 1074; [1983] 1 AC 244 at 267 : "The conclusion which emerges is that in considering, under the "restrictive" theory whether state immunity should be granted or not, the court must consider the whole context in which the claim against the state is made, with a view to deciding whether the relevant act(s) upon which the claim is based, should, in that context, be considered as

적인 것인지의 여부를 결정함에 있어 성질과 목적 중에서 어느 한 기준에만 의존하는 것을 배척하였다. 즉, 그는 "제한적 이론에 의거하여 국가면제가 부여되어야 하는지의 여부를 검토함에 있어, 재판소는 국가를 상대로 한 청구가 제기된 전체 문맥(전후사정, 배경, 상황)(the whole context)을 생각하여야 한다."고 언급하였던 것이다.[239] 영국의 이같은 판례는 *Littrell* 사건[240] 등에서 계속 지지되고 있다.

ILC는 이 문제에 대해 다소 엉거주춤한 태도를 보여주었다. 즉, 1991년의 ILC초안 제2조 2항은

---

fairly within an area of activity, trading or commercial, or otherwise of a private law character, in which the state has chosen to engage, or whether the relevant act(s) should be considered as having been done outside that area, and within the sphere of governmental or sovereign activity."

239) 캐나다는 외견상 미국법을 따르는 것처럼 보이나, 실제로는 영국법을 따르고 있다. 즉, 캐나다의 국가면제법은 그 §2에서 "상업적 활동"(commercial activities)을 "any particular transaction, act or conduct or any regular course of conduct that by reason of its *nature* is of a commercial character"로 정의함으로써 미국의 FSIA처럼 '성질'이라는 기준을 제시하면서도, FSIA와는 달리 '목적'을 고려해서는 안 된다는 명시적 언급을 하고 있지는 않다. 이 표현의 차이가 결국 크게 작용하였는데, 즉 캐나다의 재판소들은 영국의 *I Congreso del Partido* 사건을 따라 사건의 '문맥(경위 혹은 배경)' 속에서 어떤 활동의 상업적 성격 여부를 결정하며, 따라서 성질과 목적, 두 가지 모두를 고려에 넣는 것으로 보고되고 있다. 자세한 것은, Canada, Supreme Court, *United States* v. *The Public Service Alliance of Canada et al.*, judgment of 21 May 1992, (1993) 32 ILM 1 ; Currie, pp. 339~340 ; Bankas, p. 188 ; Hamid, pp. 156~157 참조. 이 사건에서 미국은 캐나다 내 미국 군사기지에서 일하도록 고용된 소방관 등 캐내다 노동자들과의 분쟁에서 면제를 주장하였다. 캐나다 최고재판소는, 캐나다 국가면제법 하에서 분쟁의 대상이 된 거래의 성질이 거래의 상업성 여부를 결정함에 있어 중심이 되긴 하지만 거래의 목적도 그 성질의 실제 내용에 영향을 미치는 것은 당연하다고 판시하였다. 그리고 재판소는 거래의 성격, 즉 '고용계약'뿐만 아니라 '동 고용계약이 외국의 군사기지 상에서 작동한다'는 전후사정(배경)(context)에도 시선을 돌릴 수 있다고 하였다. 이렇게 보면, 문제의 고용계약은 의심의 여지없이 상업적 성질의 것이지만, 그 전후사정(배경)은 의문의 여지없이 주권적이다. 그러므로 최고재판소는 미국은 면제를 가진다고 판시하였다.

240) *Littrell* v. *Government of the United States of America and Another* (No 2), Court of Appeal, 12 Nov 1993, [1995] 1 WLR 82, [1994] 4 All ER 203. 사건 개요는 이러하다. 원고는 영국 주둔 미국 공군 현역으로 있을 때 영국 내의 한 미군 병원에서 치료를 받았으나 이 과정에서 어떤 신체적 피해를 입었다고 주장하면서 미국 정부를 상대로 영국재판소에 손해배상 청구 소송을 제기하였다. 미국 정부는 면제를 주장하였다. 1심 고등재판소(High Court) 단독 재판관은 (i) NATO SOFA(status of force agreement)에 의거하여 미국 정부는 면제를 향유하며, (ii) 주둔 미군 병원에서의 미군에 대한 치료행위는 권력적 행위(an act *jure imperii*)에 해당한다는 이유로 원고의 청구를 기각하였다. 이에 원고가 항소하였다. 항소재판소는 먼저, -1심과는 달리- 영국과 미국이 모두 당사자인 1951년의 NATO SOFA의 면제 관련 규정은 영국의 국내법으로 제정되지 않았기 때문에 이 사건과는 관계가 없다고 판시하였다. 둘째, 영국의 국가면제법(SIA 1978)은 특별히 외국 방문군대의 면제를 그 적용범위에서 제외하고 있기 때문에 이 문제는 영국법으로 편입된 국제관습법규를 포함하여 국가면제에 관한 커먼로의 규칙에 따라 결정하게 되었다. 셋째, 의료행위가 권력적 행위인가 비권력적 행위인가를 판단함에 있어 재판소는 그것의 목적보다는 성질을 보아야 하지만, 행위의 성질은 그것이 발생한 전체 문맥(context) 속에서 평가되어야 한다. 넷째, 외국과 그 국가의 군인 간의 관계조건, 특히 외국이 자국 군인에게 제공하는 의료의 기준은 그 국가의 주권적 권한 내에 드는 문제이다. 이상의 이유로 항소재판소는 원고의 항소를 기각하고, 미국 정부의 면제를 인정하였다. Sari in Orakhelashvili (ed.), p. 347 ; Ying Hui Tan, Independent, 2 December 1993, "Law Report: US cannot be sued by airman: Littrell v United States of America - Court of Appeal (Lord Justice Nourse, Lord Justice Rose and Lord Justice Hoffmann), 12 November 1993, 〈https://www.independent.co.uk/arts-entertainment/law-report-us-cannot-be-sued-by-airman-littrell-v-united-states-of-america-court-of-appeal-lord-1464859.html〉 ; https://swarb.co.uk/littrell-v-government-of-the-united-states-of-america-and-another-no-2-ca-24-nov-1993/ ; https://www.cahdidatabases.coe.int/Contribution/Details/290 ; https://7kbw.co.uk/littrell-v-united-states-of-america-no-2/.

"어떤 계약 또는 거래가 상업적 거래(commercial transaction)인가의 여부를 결정함에 있어, '일차적으로'(primarily) 계약 또는 거래의 성질(nature)을 참조하여야 한다(should)."고 규정하면서, "당해 계약 또는 거래의 당사자인 국가의 관행에서(in the practice of *the State which is a party to it*) 그것의 '목적'이 계약 또는 거래의 비상업적 성격을 결정짓는데 관련이 있는 경우에는, 그 '목적'(purpose)도 고려에 넣어야 한다(should)."는 추가적 규정을 두고 있었다. 그러나 제2조 2항은 그 뒤 UN총회 제6위원회에서 상당한 논쟁의 대상이 되었고 초안을 다자조약으로 만드는데 주요장애물의 하나가 되었다. 그러므로 1999년 ILC 실무반은 '성질을 유일의 기준으로 하는 것'과 '성질을 1차적 기준으로 하고 목적을 보충적 기준으로 삼는 것을 기본으로 하는 몇가지 변형' 등의 대안을 검토한 뒤에, 결국 "제2조 2항은 삭제하는 것이 가장 바람직하다"고 결론짓고 말았다.[241] ILC 실무반은 여기서 "성질과 목적의 구분은 긴 토론에 비해 그다지 중요한 것이 아닐지도 모른다."[242]고 언급하였지만, 어쨌든 이렇게 되면 이 문제에 대한 결정권은 다시 국내법과 국내재판소로 넘어오게 된다.[243] 한편, ILC실무반으로부터 다시 초안을 넘겨 받은 (참가를 희망하는 국가들로 구성된) 임시위원회(*Ad Hoc* Committee)는 2002년의 보고서[244]에서 제2조 2항을 그대로 유지하는 방안과 이를 삭제하는 방안을 나란히 제시하였다. 다만, 임시위원회 의장은 상업적 거래인지의 여부를 결정함에 있어 그 성질을 일차(primarily) 기준으로 하되, "계약/거래의 당사자들이 그렇게 합의했거나" -1991년의 ILC초안의 규정처럼 '당해 계약 또는 거래의 당사자인 국가(즉, 피고국가)의 법'이 아닌- "법정지법(*lex forum*)이 그렇게 규정하고 있는 경우"에는 목적도 고려에 넣어야 한다는 절충안을 제시하였다. 결국 UN협약 제2조 2항은 임시위원회 의장의 절충안에 기초하여 다음과 같이 규정하고 있다.

> "계약 또는 거래가 제2조 1항(c)에서 말하는 "상업적 거래"인지의 여부를 결정함에 있어서는 일차적으로는(primarily) 그 계약 또는 거래의 성질을 참고하여야 한다(should). 다만, 계약의 당사자들이 그렇게 합의하였거나, 법정지국의 관행(실행)에서(in the practice of the State of the forum) 그 목적이 계약 또는 거래의 비상업적 성격을 결정하는데 관련이 있는 경우, 그 목적도 고려에 넣어야 한다(should)."

한편, ICJ는 *Jurisdictional Immunities of the State* 사건[245]에서 *acta jure imperii*와 *acta jure gestionis*의 구분이 '중요함'을(significant) 인정하면서도 구분 기준에 대해서는 언급하지 않

241) *Report of the Working Group on the Convention on Jurisdictional Immunities of States and their Property*, Annex to "1999 Report of the International Law Commission on the Work of its Fifty-First Session", paras. 56~60 ; https://www.un.org/law/ilc/reports/1999/english/99repfra.htm (accessed 7 May 2003).

242) *Ibid.*, para. 60.

243) Currie, p. 330.

244) *Report of the Ad Hoc Committee on Jurisdictional Immunities of States and Their Property*, 4-15 February 2002, General Assembly Official Records, Fifty-seventh Session, Supplement No. 22 (A/57/22), Annex ; https://www.un.org/ga/57/docs/a5722e.pdf.

245) Germany v. Italy; Greece intervening, ICJ Reports (2012), p. 99 at 125 (para. 60) ; Webb in Evans (ed.), *International Law*, 5th, p. 329.

았었다. 문제된 독일의 행위가 *acta jure imperii*에 해당된다는 점에 대하여 두 분쟁당사국이 견해를 같이 하였기 때문이다.

2023년 중국 외국면제법 제7조는 "중국 법원은 어떤 행위가 상업적 활동인지 여부를 판단할 때 해당 행위의 성격과 목적과 관련된 모든 요소를 고려해야 한다."고 규정하고 있기도 하다.

6. 국가재산의 면제 기준 : 사용되는 '목적'

제한적 면제이론을 따르더라도 국가재산 자체의 면제 유무를 논하기 위해서는 여전히 당해 재산이 사용되는 '목적'이라는 기준을 사용하지 않을 수 없다. 즉, 국가재산의 면제는 그것이 상업적 목적을 위한 것인지 아니면 비상업적 · 권력적 목적(government non-commercial purposes)을 위한 것인지를 중심으로 논의되고 있다.[246]

7. 국가면제와 상호주의

국가면제 관련 법에서 상호주의를 명문화하고 있는 경우도 발견된다. 이를테면, 영국 국가면제법(SIA) 섹션 15[247]에 의하면 "영국이 어떤 국가에게 부여하는 면제가 그 국가가 영국에게 부여하는 면제를 능가하거나 반대로 영국과 그 국가가 다 같이 당사자인 조약에서 요구하는 면제보다 작은 경우에는, 영국 정부는 칙령(Order in Council)에 의해 -각 사정에 맞게- 면제를 제한하거나 확대할 수 있다."[248] 중국 외국면제법 제21조도 이 같은 취지의 상호주의를 규정하고 있다.

---

246) UN협약 제16조, 제19조 등 참조. 영국 국가면제법(State Immunity Act 1978), 섹션 10 등도 비슷한 방식을 채택하고 있다. See Orakhelashvili in Orakhelashvili (ed.), pp. 260~265 ; August Reinisch, "European Court Practice Concerning State Immunity from Enforcement Measures", (2006) 17 (4) EJIL 803 at 807.

247) UK "State Immunity Act 1978", section 15 (Restriction and extension of immunities and privileges) : "(1) If it appears to Her Majesty that the immunities and privileges conferred by this Part of this Act in relation to any State—
(a) exceed those accorded by the law of that State in relation to the United Kingdom; or
(b) are less than those required by any treaty, convention or other international agreement to which that State and the United Kingdom are parties,
Her Majesty may by Order in Council provide for restricting or, as the case may be, extending those immunities and privileges to such extent as appears to Her Majesty to be appropriate.
(2) Any statutory instrument containing an Order under this section shall be subject to annulment in pursuance of a resolution of either House of Parliament."

248) Dixon, p. 197.

Ⅶ. UN협약의 개관 : 국가면제의 예외[249)]

Lord Denning은 1958년의 *Rahimtoola* v. *Nizam of Hyderabad* 판결[250)]에서 "(국가면제 문제에 대해서는) 모두들 예외를 인정하긴 하지만, 획일적 관행도, 획일적인 규칙도 없다. 그러니 도움 받을 곳이 없다."고 지적한 바 있다. 이제 국가면제의 한계를 분명히 하기 위해서는 국가면제가 인정되는 경우를 구체적으로 열거하거나, 아니면 반대로 면제를 일반원칙으로 천명하되 그것이 인정되지 않는 예외를 목록화하지 않을 수 없다.[251)] UN협약은 후자의 방법을 선택하였다. 즉, UN협약은 제2부 제5조에서 협약의 '일반원칙'(general principles)의 하나로 "국가는 본 협약의 규정을 조건으로 ... 면제를 향유한다"고 규정한 다음, 제3부 제10조~제17조에서 국가면제를 원용할 수 없는 사항으로서 상업적 거래, 고용계약, 불법행위(즉, 신체 및 유체재산침해), 재산의 소유·점유 및 사용, 지적·산업재산권, 회사 또는 기타 단체에의 참여, 국가가 소유하거나 운영하는 선박, 상업적 거래에 관한 분쟁을 중재에 부탁하겠다는 중재합의 등 여덟 가지를 구체적으로 열거하고 있다.[252)] 사실, 권력적/주권적 행위로 간주되어 면제를 향유하는 행위를 적극적으로 목록화하는 일은 이론상으로는 가능할지 몰라도 사실상 불가능할 뿐만 아니라 불필요한 일이 될 것이다. 왜냐하면 국가면제는 국가는 원칙적으로 모든 면에서 면제를 향유한다는 절대적 면제이론에서 출발하여 이를 제한하는 방향으로 발전되어 오고 있기 때문이다. 다만, UN협약은 전문 마지막 단락에서 "UN협약에 의하여 규율되지 아니하는 문제에 대해서는 국제관습법규가 계속 적용된다"는 점을 확인하고 있는데, 사실 이

---

249) UN협약 제10조~제17조.

250) UK, House of Lords, [1958] A.C. 379 at 417~418 (available at https://www.uniset.ca/other/ css/ 1958AC379.html)(noted by Bankas, pp. 95, 203) : "Some have adopted a rule of absolute immunity which, if carried to its logical extreme, is in danger of becoming an instrument of injustice. Others have adopted a rule of immunity for public acts but not for private acts, which has turned out to be a most elusive test. *All admit exceptions. There is no uniform practice. There is no uniform rule. So there is no help there.*"(italics added)

251) See Badr, pp. 120, 133~134, and p. 164 (fn. 87) ; Fox, p. 273 ; Barker in Orakhelashvili (ed.), p. 202.

252) 영국 국가면제법 제1조, 미국 외국주권면제법 제1605조, 국가면제에 관한 유럽협약 제15조 등 다른 입법례들도 동일하다. 다만, 유럽협약의 경우에는 먼저 제1조에서 제14조까지 국가면제가 인정되지 않는 예외를 나열한 다음, 제15조에서 나머지 분야에서의 면제를 천명하는 역순을 택하고 있을 따름이다. Ian Sinclair는 1972년의 "국가면제에 관한 유럽협약"에 대해 설명하면서 다음과 같이 언급한 바 있다. "There appeared to be three solutions: (a) to assimilate the foreign State to the position of the State of the forum before its own courts; (b) to establish a list (illustrative or exhaustive) of acts *jure gestionis* and of acts *jure imperii*; (c) to maintain, in general, the immunity of the foreign State, except for certain defined categories of activities in relation to which the State would not enjoy immunity. In the event, it was felt that solution (a) was unsatisfactory, since it would leave the foreign State in a different legal position vis-à-vis each State seeking to exercise jurisdiction over it. The second solution was soon discarded, in view of the difficulty of defining sufficiently clearly the content of acts *jure gestionis* and acts *jure imperii*. The third solution is accordingly, with some variations, the one which is reflected in the Convention; Articles 1 to 14 contain a catalogue of cases in which immunity cannot be claimed and Article 15 embodies the residual rule of absolute immunity." : I. M. Sinclair, "The European Convention on State Immunity", (1973) 22 ICLQ 254~283 at 257.

것은 'UN협약에 의하여 규율되지 아니하는 문제'에 대해서는 기존 관습법규가 적용됨은 물론이고 국가관행의 발전을 통한 새로운 관습법규의 형성이 방해받지 않음을 의미하는 것이기도 하다. 그 결과 앞에서 살펴본 것처럼 국제공동체의 최상위 혹은 헌법적 규범에 해당하는 강행규범과의 관계에서 국가의 민사재판권 면제에 새로운 예외가 추가될 가능성이 거론되고 있는 것이다.[253] 그러나 UN협약의 아래 8개 예외는 모두 잔여규칙들(residual rules)로 의도되어 있다. 즉, "관련 국가 간에 혹은 거래당사자간에 달리 합의하지 않는 한... 면제를 원용할 수 없다"고 규정함으로써 그 적용을 관련국가 간 혹은 거래당사자간 합의에 종속시키고 있다.[254] 협약의 예외 규정을 하나씩 살펴보도록 하자.

1. 상업적 거래(commercial transactions)[255]

UN협약 제2조 1항(c)의 정의에 의하면, '상업적 거래'(혹은 상사거래)라 함은 "상품판매 또는 역무(서비스)제공을 위한 상사계약 또는 거래, 차관 또는 기타 재정적 성격의 거래를 위한 계약 및 그 보증계약, 그리고 상업적 · 산업적 · 무역적 또는 직업적 성격의 기타 계약 또는 거래"를 뜻한다. 다만, 고용계약은 여기에 포함되지 않는다.

'국가'가 외국의 '자연인 또는 법인'과 상업적 거래에 관여하고, 국제사법의 준거규정에 의하여 그 상사거래에 관련한 다툼이 타국 재판소의 관할권 내에 속하는 경우, 그 상업적 거래로부터 야기되는 소송에서 그 타국재판소 관할권으로부터의 면제를 원용할 수 없다.[256] 다만, 상업적 거래가 '국가 간'에 이루어지는 경우 또는 상업적 거래의 당사자들이 명시적으로 달리 합의한 경우에는 그러하지 아니하다(즉, 면제를 원용할 수 있다).[257] 그리고 "독립된 법인격을 갖고 있고, 또한 소송에서 제소하거나 제소당할 수 있으며, (국가가 운영을 허락한 재산을 포함하여)재산의 취득, 소유, 점유, 처분을 할 수 있는" '국영기업 혹은 기타 실체'가 자신이 관여한 자신이 관여한 상업적 거래와 관련하여 소송에 연루되는 경우, 이들을 설립한 당해 국가의 면제는 영향받지 아니한다.[258]

영국 국가면제법(1978) 섹션 3(2)에서는 "외국(피고국)의 영토에서 체결되고, 그 국가의 행정법이

253) Pavoni in de Wet and Vidmar (eds.), pp. 72~73.
254) See Sari in Orakhelashvili (ed.), p. 355.
255) UN협약 제10조.
256) UN협약 제10조 1항. 중국 외국면제법(제7조)은 상업적 거래 예외에 국제사법 대신 영토관련성(territorial connection)을 도입하여 "상업활동이 '중국 영토에서 발생하거나, 중국 영토 밖에서 발생하지만 중국 영토에 직접적인 영향(direct effect)을 미치는' 경우, 그러한 활동으로 인해 발생한 소송에서 외국은 면제를 향유하지 못한다."고 규정하고 있다.
257) UN협약 제10조 2항.
258) UN협약 제10조 3항. UN협약 부속서 (협약의 일부규정에 대한 제양해) "제10조에 관하여"에 의하면, 동조 3항의 규정은 법인격 부인의 문제(the question of "piercing the corporate veil")를 미리 판단하지 아니한다. 법인격부인론이라 함은 회사 등 법인체는 그 구성원(주주)과는 별개의 법인격을 향유한다는 전통적인 이론에도 불구하고 회사의 법인격 인정으로 인하여 정의와 형평에 반하는 결과를 초래하게 되는 경우에는 회사 자체의 독립된 법인격을 부인할 수 있다는 이론을 말한다. 해양법에서 선박의 편의치적(flag of convenience)과 관련해서도 법인격부인론이 원용되기도 한다.

적용되는 계약"은 상거래 예외에서 명시적으로 배제하고 있다.[259)]

미국 외국주권면제법에서 국가면제 예외 중의 하나인 '상업적 활동'(commercial activity)의 경우, 소송이 이것에 "근거한"(based upon) 경우에 면제가 인정되지 않는다고 규정하고 있어 이 문구의 해석이 문제되기도 한다.[260)]

---

259) UK, "State Immunity Act 1978", Section 3 (Commercial transactions and contracts to be performed in United Kingdom) : "(1) A State is not immune as respects proceedings relating to—
(a) a commercial transaction entered into by the State; or
(b) an obligation of the State which by virtue of a contract (whether a commercial transaction or not) falls to be performed wholly or partly in the United Kingdom.
(2) This section does not apply if the parties to the dispute are States or have otherwise agreed in writing; and *subsection (1)(b) above does not apply if the contract (not being a commercial transaction) was made in the territory of the State concerned and the obligation in question is governed by its administrative law.*
(3) In this section "commercial transaction" means—
(a) any contract for the supply of goods or services;
(b) any loan or other transaction for the provision of finance and any guarantee or indemnity in respect of any such transaction or of any other financial obligation; and
(c) any other transaction or activity (whether of a commercial, industrial, financial, professional or other similar character) into which a State enters or in which it engages otherwise than in the exercise of sovereign authority;
but neither paragraph of subsection (1) above applies to a contract of employment between a State and an individual." (italics added)

260) *Saudi Arabia* v. *Nelson*, 507 U.S. 349 (1993), 〈https://caselaw.findlaw.com/us-supreme-court/507/349.html〉에서 연방최고재판소는 FSIA (28 U.S. Code, Chapter 97), §1605(General exceptions to the jurisdictional immunity of a foreign state)(a)(2)에 담긴 "based upon"의 의미에 대해 판단한 바 있는데, 사건 개요는 이러하다. 우선, 원고가 원용한 FSIA §1605의 (a)(2)는 다음과 같이 규정하고 있다 : "(a) A foreign state shall not be immune from the jurisdiction of courts of the United States or of the States in any case— ... ... (2) in which the action is *based upon* a commercial activity carried on in the United States by the foreign state; or upon an act performed in the United States in connection with a commercial activity of the foreign state elsewhere; or upon an act outside the territory of the United States in connection with a commercial activity of the foreign state elsewhere and that act causes a direct effect in the United States". 이 사건의 제소자 Scott Nelson은 사우디의 한 국립병원에서 안전컨설턴트로 근무하기 위해 미국 내에서 고용계약을 체결하였다. 그는 근무지에 도착해서 병원 내 중대한 안전위반 문제들을 목격했고, 이를 신속히 자신의 상관에게 보고하였다. 그러나 그로 인해 오히려 사우디 경찰 당국에 체포되어 고문을 받다가 한 미국 상원의원의 개인적 개입으로 풀려나게 되었다. 그는 귀국하여 FSIA에 의거하여 사우디를 상대로 제소하였다. 그는 인력채용과 고용계약, 그리고 고용 그 자체는 상업적 활동이라고 주장하면서 사우디의 면제 불인정을 주장하였다. 그러나 1993년의 판결에서 연방최고재판소는 사우디의 면제를 인정하였다. 재판소(재판관들의 과반수)는, Nelson의 소 제기가 경찰의 고문에서 비롯된 것이니만큼 이는 그의 고용계약에 "근거한" 것이 아니며 따라서 FSIA §1605(a)(2)의 예외에 들지 않는다고 결론지었다 : "The Nelsons have not, after all, alleged breach of contract, ... but personal injuries caused by petitioners' intentional wrongs and by petitioners' negligent failure to warn Scott Nelson that they might commit those wrongs. Those torts, and not the arguably commercial activities that preceded their commission, form the basis for the Nelsons' suit. ... ... The Nelsons' action is not "based upon a commercial activity" within the meaning of the first clause of 1605(a)(2) of the Act, and the judgment of the Court of Appeals is accordingly reversed." See https://en.wikipedia.org/wiki/Saudi_Arabia_v._Nelson ; Keitner, p. 316.

2. 고용계약(contracts of employment)[261)]

국가의 독립과 주권이 타국으로부터 존중받아야 한다는 것은 특히, 국가는 타국의 내부조직에 간섭하거나 개입해서는 안 됨을 의미한다. 구유고국제형사재판소 항소부(ICTY Appeals Chamber)도 1997년 *Blaškić* (*subpoena*) 사건에 대한 결정[262)]에서 "국제관습법이 각 주권국가의 내부조직을 보호하고 있다는 것은 잘 알려진 일이다. 즉, 국제관습법은 국가의 내부조직을 결정하고, 특히, 국가대리인 혹은 국가기관으로 행동할 개인을 지명(임명)하는 일을 각 주권국가에게 맡겨두고 있다."[263)] 고 언급한 바 있다. 이 관습법규는 "(국가)기관은 그 국가의 국내법에 따라 그 지위(즉, 국가기관의 지위)를 갖는 일체의 사람 또는 실체를 포함한다."고 규정한 2001년 ILC 국가책임초안 제4조 2항에 의해서도 확인된다.[264)] 그리고 이같은 관습법규는 일국의 재판소는 외국(기관)과 개인들 간의 고용관계에 대해서는 재판할 수 없다는 결론으로 이어지게 된다.[265)] 그러나 동시에 고용계약에 내재되어 있는 사법적(私法的) 성격을 간과할 수도 없다. 그러므로 일부 국내재판소들은 외국기관들(예컨대, 대사관, 영사관, 문화센터 등)과 개인 사이의 고용계약이 그들 국가의 '공적/권력적' 직무의 수행에 직접 관련되는 경우에는 면제를 인정하고, 여기에 해당되지 아니하는 하급직의 경우(예컨대, 단순행정업무보조인력, 운전사/배관공 등 단순육체노동자, 언어교사 등)에는 고용계약이 사적(私的) 성격을 갖는 것으로 보아 면제를 부인하는 태도를 보이고 있다.[266)] 그러나 직급의 높고 낮음만을 기준으로 이 문제에 접근하지는 않는 판례도 보고되고 있는데, 이들 판례는 요컨대 외교공관에 고용된 대사의 운전수, 비서 등 하급직이라 하더라도 국가의 안보적 이익과 관련이 있을 수 있다고 보는 것이다.[267)] 그런가 하면 영국의 재판소들은 런던 주재 외국대사관의 가사노동자들이 제기한 *Benkharbouche* 사건[268)]

---

261) UN협약 제11조.

262) ICTY Appeals Chamber, *Prosecutor* v. *Blaškić*, *Judgment on the Request of The Republic of Croatia for Review of the Decision of Trial Chamber II of 18 July 1997*, 29 October 1997, 〈https://www.icty.org/case/blaskic/4〉.

263) Para. 41 of the decision : "It is well known that customary international law protects the internal organization of each sovereign State : it leaves it to each sovereign State to determine its internal structure and in particular to designate the individuals acting as State agents or organs."

264) Fox, p. 304.

265) Cassese, *International Law*, 2nd, p. 102.

266) *Ibid*., pp. 102~105. 한국 판례로는, 서울중앙지법(민사 42부) 2021.10.1. 선고 2020가합3630 판결 (미국중앙정보국 서울사무실 해고무효 확인소송), ; 이용경/법률신문, 2021-11-01, "[판결] 미 중앙정보국(CIA) 서울사무실 소속 직원들 해고무효소송 '각하' - 서울중앙지법 "주권면제 대상"", 〈https://m.lawtimes.co.kr/Content/Article?serial=173952〉 참조.

267) 이 문제에 대한 일부 판례에 대한 개관은, Bankas, pp. 347~356 참조.

268) *Benkharbouche & Janah* v. *Embassy of the Republic of Sudan & Others*, UK, England and Wales, Court of Appeal (Civil Division), [2015] EWCA Civ 33, 〈https://www.bailii.org/ew/cases/EWCA/ Civ/2015/33.html〉. 사건 개요는 다음과 같다. 두 명의 모로코 여성이 각기 런던 주재 수단 대사관과 리비아 대사관에 가사노동자로 고용되었다가 해고되자 -부당해고, 최저임금 지급 불이행, '근로시간 명령 1998'(The Working Time Regulations 1998)의 위반 등을 이유로- 각 대사관을 상대로 제소하였다. 두 대사관은 영국의 국가면제법 섹션 16(1)(a) 및 4(2)(b)를 원용하면서 국가면제를 주장하였다. 섹션 16(1)(a)는 대사관 직원이 수행하는 직무의 성격에 관계없이 일괄 면제를 부여하고 있으며, 섹션 4(2)(b)는 고용계약 체결 시에 영국 국민이 아니거나 영국에 상주하는 자가 아니면 제소를 허용하지 않고 있다. 먼저, 고용심판소(Employment Tribunal)는

에서 국가면제법(State Immunity Act 1978)을 적용하지 않고, 관련 인권조약을 원용하며 국가면제를 부인한 바 있다.

이 문제에 관련된 기타 여러 쟁점들에 대해서도 아직 일관성 있는 국가관행이 수립된 것 같지는 않은데, UN협약은 이 문제에 대한 절충을 시도한 것으로 보인다. 즉, 먼저, 관련 국가 간에 달리 합의가 없는 한, 국가는 타국의 영토에서 전부 혹은 일부 수행되었거나 혹은 수행되어야 하는 일을 위하여 자신과 개인 간에 체결된 고용계약에 관련된 소송에서 권한있는 그 타국재판소에서 관할권 면제를 원용할 수 없다.[269] 따라서 고용계약과 관련하여 면제가 인정되지 않는 경우는 고용계약의 이행을 위한 일의 전부 또는 일부가 법정지국가(state of the forum)의 영토 내에서 이미 수행되었거나 아니면 앞으로 수행되어야 하는 경우에 국한된다. 요컨대, 고용계약 관련 사건에서 국가면제를 부인하기 위해서는 계약상의 '일'과 '법정지국가'와의 사이에 영토관련성(territorial connection)이 요구된다.

다음으로, UN협약 제11조 2항에 의하면, 다음의 여섯 가지 경우에는 위 규정에도 불구하고 국가면제를 원용할 수 있다.

> "(a) 고용인(employee)이 권력적 권한(governmental authority)의 행사에 있어 특별한 직무를 수행하기 위해 채용된 경우;
> (b) 고용인이 (i) 1961년의 외교관계에 관한 비엔나협약에 정의된 외교관, (ii) 1963년의 영사관계에 관한 비엔나협약에 정의된 영사, (iii) '국제기구에 파견된 상주사절단'이나 '특별사절'에 속하는 외교직원이거나, 국제회의에서 한 국가를 대표하기 위해 채용된 자, 혹은 (iv) 기타 외교면제를 향유하는 자인 경우;[270]

국가면제를 인정하여 두 여성의 소를 각하하였다. 그러나 고용항소심판소(Employment Appeal Tribunal)는 국가면제법의 두 규정은 적용되어서는 안 된다고 선언하였다. 항소재판소도 이들 규정은 국제법에 의하여 요구되는 것이 아니라고 전제한 뒤, 청구인들에게 두 규정을 적용하는 것은 유럽인권협약 제6조(정당한 재판을 받을 권리) 및 이에 상응하는 EU기본권헌장 제47조의 위반이므로 적용되어서는 안 된다고 판시하였다: Judiciary of England and Wales, Summary to Assist the Media, "Benkharbouche & Janah v Embassy of the Republic of Sudan & Others, Court of Appeal (Civil Division), 5 February 2015", ⟨https://www.judiciary.uk/wp-content/uploads/ 2015/02/benkarbouche-summary.pdf⟩ ; Hillman and Horlick, p. 181. 영국 최고재판소도 항소재판소의 견해에 동의하면서, 영국 외무장관의 항소를 기각하고, 본안 판단을 위해 두 사건을 고용심판소로 환송한다고 명령하였다: *Benkharbouche* (*Respondent*) v. *Secretary of State for Foreign and Commonwealth Affairs* (*Appellant*) and *Secretary of State for Foreign and Commonwealth Affairs and Libya* (*Appellants*) v *Janah* (*Respondent*), UK Supreme Court (On appeal from [2015] EWCA Civ 33), [2017] UKSC 62, ⟨https://www.supremecourt.uk/cases/docs/uksc-2015-0063-judgment.pdf⟩ ; UKSC Blog, 20 Dec 2017, "Case Comment: Benkharbouche v Secretary of State for Foreign and Commonwealth Affairs; Libya v Janah, [2017] UKSC 62", ⟨https://ukscblog.com/case-comment-benkharbouche-v-secretary-of-state-for-foreign-and-commonwealth-affairs-libya-v-janah-2017-uksc-62/⟩. 이 판결에서 (단지) '적용되지 아니한'(disapplied) 국가면제법의 관련 규정들을 개정하는 것은 영국 의회가 할 일이다. Webb in Evans (ed.), *International Law*, 5th, p. 333.

269) UN협약 제11조 1항.

270) 유럽인권재판소는 *Fogarty* v. *UK*, [2001] ECHR 751 (21 November 2001), para. 37에서 다음과 같이 언급하고 있다: "there appears to be a trend in international and comparative law towards limiting State immunity in respect of employment-related disputes. However, where the proceedings relate to employment in a foreign mission or embassy, international practice is divided on the question whether

(c) 소송의 주제가 개인의 채용, 고용의 갱신 또는 개인의 복직인 경우;[271]

(d) 소송의 주제가 개인의 해고 혹은 고용의 종료이고, 고용주(사용자) 국가(employer State)의 국가원수, 정부수반 혹은 외무장관이 결정하는 바에 따르면 그같은 소송이 그 국가의 안보이익(security interests)[272]을 해치게 될 경우;

(e) 소송이 제기되는 당시에 (원고) 고용인이 (피고) 고용주 국가의 국민인 경우(단, 고용인이 법정지국가에 영주하고 있는 경우는 제외한다); 혹은,

(f) 고용주 국가와 고용인이 서면으로 달리 합의한 경우(단, 이는 소송의 주제 때문에 법정지국가의 재판소에게 배타적 재판권을 부여하는 공공정책에 대한 고려를 조건으로 한다)."

3. 사망, 신체침해 및 유체재산의 침해(death, personal injuries and damage to tangible property)[273]

관련 국가 간에 달리 합의하지 않는 한, 국가는 사망 또는 신체에 대한 침해 또는 '유체'재산의 손괴 또는 분실을 이유로 한 금전배상소송에서 권한있는 타국재판소 관할권으로부터의 면제를 원용할 수 없다. 이 예외는 흔히 '불법행위'(tort)라고 불리는 것에 관한 것이긴 하지만, 여기서의 불법행위는 "사망, 신체침해 및 유체재산의 침해"에 국한되며, −발전된 국내법체계에서 불법행위의 이름으로 회복가능한− 경제적 손실(economic loss)[274]이나 출판물에 의한 손해(damage from published statements)와 같은, 상대적으로 먼 인과관계, 먼 손실에 대한 사인의 청구에까지는 확대적용되지 아니한다.[275]

State immunity continues to apply and, if it does so apply, whether it covers disputes relating to the contracts of all staff or only more senior members of the mission." https://www.echr.coe.int/ echr; Cassese, *International Law*, 2nd, p. 102, fn. 5.

271) 유럽인권재판소는 위 *Fogarty* v. *UK*, [2001] ECHR 751, para. 38에서 '채용'과 국가면제의 상관관계에 대해 다음과 같이 언급하고 있다: "... the proceedings which the applicant wished to bring did not concern the contractual rights of a current embassy employee, but instead related to alleged discrimination in the recruitment process. Questions relating to the recruitment of staff to missions and embassies may by their very nature involve sensitive and confidential issues, related, *inter alia*, to the diplomatic and organisational policy of a foreign State. The Court is not aware of any trend in international law towards a relaxation of the rule of State immunity as regards issues of recruitment to foreign missions. In this respect, the Court notes that it appears ... that the International Law Commission did not intend to exclude the application of State immunity where the subject of proceedings was recruitment, including recruitment to a diplomatic mission." https://www.echr.coe.int/echr; Cassese, *International Law*, 2nd, p. 102, fn 5.

272) UN협약 부속서(협약의 일부규정에 대한 제양해) "제11조에 관하여"에 의하면, 여기서 고용주 국가의 "안보이익"이라 함은 "일차적으로 국가안보와 외교사절단 및 영사기관의 안전 문제에 초점을 맞추려는 의도"에서 나온 표현이다.

273) UN협약 제12조.

274) 즉, 재산 또는 신체에 대한 물리적 침해와 관계없는 재정적 손실(예컨대, 사고 후 소득의 상실, 사고로 사망한 가장의 가족이 입게 되는 소득의 상실 등등): https://en.wikipedia.org/wiki/Economic_loss; https://www.deanscourt.co.uk/legal/econloss.html; https://www.ectil.org/projects/ectilR04.htm.

275) Fox, p. 309. 오스트레일리아 법개혁위원회(Australian Law Reform Commission)는 이 예외가 (사망을 포함한) 신체와 유체재산의 침해로 국한되어야 하는 이유를 다음과 같이 설명하고 있다. "... it is undesirable to assert jurisdiction over some torts of foreign states even when committed locally. At first sight it

그러나 여기서 불법행위는 사적 불법행위(private tort)[276]뿐만 아니라 권력적 행위로서의 공적 불법행위(public, non-commercial, non-private tort)도 포함한다는 점에서 나머지 다른 사적·상업적 행위(private, commercial acts)와 다르다. 정치적 암살 또는 기타 국가테러(state terrorism) 등의 범죄에 법정지국이 대처하기 위해서는 불법행위의 개념을 사적인 것에 국한시켜서는 안되기 때문이다.[277]

공적 불법행위와 관련한 판례로서 *Letelier* v. *The Republic of Chile* 사건[278]을 들 수 있는데, 칠레의 군부비밀요원이 미국에서 칠레의 전직 외무장관을 암살한 것과 관련하여 그의 가족이 칠레 정부를 상대로 손해배상 청구 소송을 제기한 사건이었다. 칠레 정부는 자국의 연루가능성을 부인하면서도, 부수적으로 미국의 외국주권면제법(FSIA) § 1605(a)(5)의 불법행위 조항을 원용하여, 동 법률에 의하면 불법행위라도 정치적 암살같이 공적 행위인 경우에는 면제가 인정되어야 한다고 주장하였다. 그러나 이 사건을 담당한 연방지방재판소는 칠레 정부의 이같은 해석을 배척하고 면제를 인정하지 않았다.[279]

---

would seem that a plaintiff whose reputation has been injured by a libel published by the foreign state in Australia should be able to recover in the same way as one injured by the ambassador's car. But libel is a good vehicle for exposing wider issues. Words are very much the stock in trade of diplomacy and international relations, yet Australian libel laws are arguably insufficiently sensitive to the 'free speech' element in balancing the rights of plaintiff and defendant. ... If the variation in libel laws within Australia has a chilling effect on the Australian media, how much greater the effect if the foreign equivalent of publications such as the *Australian Foreign Affairs Record* have to conform to the libel laws of all the jurisdictions in which they may circulate. Rather similar arguments can be made with respect to torts such as conspiracy and interference with contractual relations. Rather than attempt to list comprehensively all the torts for which immunity should remain it seems simpler to follow the majority of overseas models and exclude recovery for other than physical injury, and loss or damage to tangible property. ... In addition the appropriateness of asserting jurisdiction where only economic loss occurs in the forum is disputed, expecially since economic loss is frequently indirect in character. It is necessary to proceed cautiously in this area, a need which justifies denying recovery against foreign states under the proposed tort provision involving solely economic loss. ..." : Australian Law Reform Commission Report No. 24, Foreign State Immunity (1984), para. 115, at https://www.alrc.gov.au/publications/finalreps.htm ; noted by Fox, p. 309, fn. 150.

276) See e.g. *Holubek* v. *The Government of the United States* (*Collision with Foreign Government Owned Motor Car*), Austria, Supreme Court, 1961 ; Sweeney et al., p. 318.

277) (UN협약 제12조가 된) ILC초안 제12조에 대한 주석(4) (8) ; *Jurisdictional Immunities of the State* (Germany v. Italy ; Greece Intervening), ICJ Judgment of 3 February 2012, para. 64 ; 張信, "국가면제에 관한 연구 : 재판관할의 면제를 중심으로", 연세대학교 대학원 박사학위논문(1993년 6월), pp. 132~148.

278) US District Court for the District of Columbia, 488 F. Supp. 665 (D.D.C. 1980), March 11, 1980. 〈https://law.justia.com/cases/federal/district-courts/FSupp/488/665/1400196/〉.

279) 재판소는, 특히, 국가가 암살을 명령하거나 돕는 것이 재량행위가 될 수 없으며, 따라서 '불법행위 예외'의 두 개 '예외' 중의 하나를 담고 있는 1605(a)(5)(A)의 "재량행위 예외"('discretionary function exception' 혹은 'discretionary act exclusion')는 본 사건에서 수락할 수 없음을 분명히 하였다 : "... there would be no "discretion" within the meaning of section 1605(a)(5)(A) to order or to aid in an assassination and were it to be demonstrated that a foreign state has undertaken any such act in this country, that foreign state could not be accorded sovereign immunity under subsection (A) for any tort claims resulting from its conduct. As a consequence, the Republic of Chile cannot claim sovereign immunity under the Foreign Sovereign Immunities Act for its alleged involvement in the deaths of Orlando Letelier and Ronni Moffitt." See Shaw, p. 461 ; Ott, p. 157 ; Badr, pp. 121~122 ; Lewis, p. 68 ; Keitner, p. 319. 연방지방재판

다만, 종래 미국의 판례는 FSIA § 1605(a)(5)의 규정에 따라 일관되게 법정지국가인 '미국 영역 내에서' 발생한 불법행위에 대해서만 국가면제를 부인하였으며, 공해나 외국 영토에서 발생한 사고와 불법행위에 대해서는 국가면제를 인정하였다. 예컨대, −위에서 언급한− 공해 상에서의 유조선 공격과 관련한 *Argentine Republic* v. *Amerada Hess Shipping Corp.*[280]에서도 그러하였고, 1983년의 *KAL*기 격추와 관련한 청구[281]에서도 그같은 이유로 소련의 면제가 인정되었으며, 테헤란 주재 미국대사관 인질 사건(1980)에 관한 청구들에 대해서도 대사관 부지(敷地)가 이란 영토라는 이유로 이란의 면제를 인정하였다.[282] 같은 논리로, 미국 주재 외국대사관에서 발생한 사건에 대해서는 국제법상 그것은 미국 영토에 속하므로 관련 외국의 면제를 인정하지 않았다.

그런데 2016년 FSIA에 § 1605B를 삽입한 "테러후원자에 대한 저스티스법"(Justice Against Sponsors of Terrorism Act : JASTA)[283]이 제정되기 전까지 미국재판소들은 § 1605(a)(5)[284]의 해석의 문제로서 침해(injury)와 테러행위(terrorist act)가 둘 다 모두 미국 내에서 발생했을 때에만 국제테러를 이유로 외국에 대한 제소를 허락하는 것으로 보았는데, 이는 "전체 불법행위" 요건(entire

---

소는 소송을 진행시켜 결국 칠레 정부가 원고에게 일정액을 배상하라고 판결하였다 : Sweeney et al., pp. 319~324. 그러나 제2순회재판소(Second Circuit)는 FSIA § 1610(a)의 규정에 근거하여, 원고들이 뉴욕에 있는 칠레 국영항공사의 자산에 대해 강제집행에 들어가는 것은 허용하지 않았으며, 연방최고재판소는 사건이송명령(*certiorari*)을 거부하였다 : 748 F. 2d 790 (2nd Cir. 1984), *cert. denied*, 471 U.S. 1125 (1985) ; Janis, 3rd, pp. 359~360. 그 후 양국 정부 간에 외교교섭이 오간 후 칠레 정부는 손해배상금을 지급하였다. 그러나 칠레 정부는 이것이 *ex gratia*, 즉 단지 '호의의 차원에서' 이루어진 것이라고 주장하였다. (1992) 30 ILM 422 and (1993) 31 ILM 1 ; Cassese, *International Law*, 2nd, p. 309 ; Crawford and Olleson in Evans (ed.), *International Law*, 5th, pp. 422~423.

외국 영사관에 집을 임대해 주었는데, 영사관 직원들과 그 가족들이 주거하면서 집의 재산을 반출하고 집을 심하게 훼손하는 것은 재량행위가 아니며, 따라서 상기 "재량행위 예외"가 적용되지 아니한다고 판결한 사건도 있다 : *Joseph* v. *Office of Consulate General of Nigeria*, 830 F.2d 1018 (9th Cir. 1987), 〈https://casetext.com/case/joseph-v-office-of-consulate-gen-of-nigeria〉 : Keitner, p. 319.

280) 488 U.S. 428, 441 (1989), 〈https://www.law.cornell.edu/supremecourt/text/488/428〉 : "Under the commercial activity exception to the FSIA, § 1605(a)(2), a foreign state may be liable for its commercial activities "outside the territory of the United States" having a "direct effect" inside the United States.9 But the noncommercial tort exception, § 1605(a)(5), upon which respondents rely, makes no mention of "territory outside the United States" or of "direct effects" in the United States. Congress' decision to use explicit language in § 1605(a)(2), and not to do so in § 1605(a)(5), indicates that *the exception in § 1605(a)(5)* covers only torts occurring within the territorial jurisdiction of the United States. Respondents do not claim that § 1605(a)(2) covers these facts." (italics added) ; 본장, "Ⅵ. 면제의 범위, 5. *acta jure imperii*와 *acta jure gestionis*의 구분 기준".

281) *In Re Korean Air Lines Disaster* of September 1, 1983, Misc, No. 83-0345 (D.D.C. Aug. 2, 1985) ; Jeanne Morrison-Sinclair, "Foreign Sovereign Immunity after *Armeda Hess Shipping Corp. v. Argentine Republic*: Did It Go Down with the *Hercules*?", (1987) 11 Fordham International Law Journal 660 at 675, available at https://ir.lawnet.fordham.edu/ilj/vol11/iss3/8.

282) See Jill M. Conley, "Foreign Sovereign Immunity - Whether United States Embassies are Jurisdictional Territory Under the Non-Commercial Tort Exception of the Foreign Sovereign Immunities Act", (1984) 14 Georgia Journal of International and Comparative Law 413, available at https://digitalcommons.law.uga.edu/gjicl/vol14/iss2/8/.

283) JASTA와 FSIA § 1605B에 대해서는 아래에서 다시 언급한다.

284) "for personal injury or death, or damage to or loss of property, *occurring in the United States* and caused by the tortious act or omission of that foreign state or of any official or employee of that foreign state while acting within the scope of his office or employment."

tort requirement)으로 불리운다.[285] 특히, *In re Terrorist Attacks on September 11, 2001* 사건[286]에서 9・11테러의 피해자들이 사우디를 상대로 손배소송을 제기했을 때, 미국의 한 연방재판소(뉴욕남부지방재판소)는 § 1605(a)(5)에서 침해/피해(injury/damage)의 발생 장소에 대해서만 "occurring in the United States"를 명기하고 있고 불법행위(tortious act)에 대해서는 그런 언급이 없지만, 그럼에도 불구하고 -"전체 불법행위" 요건에 따라- 불법행위가 미국 내에서 발생했어야 한다고 보면서, 미국 영토 밖에서 행해진 테러 지원행위는 동 섹션의 불법행위 예외에 해당하지 않는다고 판시하였다. 문제된 테러행위는 알카에다를 지원하는 자선단체들에 대한 금전기부(donating money)로서, 이들 행위는 "외국에서 발생했기"(occurred abroad) 때문이다. 미국 의회는 이 판결에 자극받아 "전체 불법행위" 요건을 버리고, "외국의 불법행위가 발생한 장소에 관계없이" 미국 내에서 사람 또는 재산에게 발생한 침해에 대해 외국을 상대로 미국재판소에 제소하는 것을 허용하기 위해 상기 JASTA를 제정하였던 것이다.[287]

2019년 중국 우한 지역에서 발원한 것으로 회자되던 신종 바이러스가 해를 넘겨 전 세계로 확산되자 미국 플로리다 주에서 4명의 주민과 (야구선수들을 훈련시키는)한 회사가 -중국 정부 및 산하 기관들의 태만(negligence) 등으로 피해를 입었다고 주장하면서- 중국 정부와 관련 기관들을 상대로 집단소송을 제기하였는데, 그들은 소장에서 재판관할권의 근거의 하나로 FSIA §1605 (a)(5)를 원용하였다.[288] "전체 불법행위" 요건에 비추어 1605(a)(5)의 원용이 수용될지는 두고 볼 일이다.

---

285) 위에서 인용한 바와 같이, *Argentine Republic* v. *Amerada Hess Shipping Corp.*, 488 U.S. 428, 441 (1989)에서 연방최고재판소가 "the exception in § 1605(a)(5) covers only torts occurring within the territorial jurisdiction of the United States"라고 하였었다.

286) 134 F. Supp. 3d 774 (S.D.N.Y. 2015), 〈https://casetext.com/case/fed-ins-co-v-qaida-in-re-terrorist-attacks-on-september〉.

287) Jennifer K. Elsea, "In Re Terrorist Attacks on September 11, 2001: Claims Against Saudi Defendants Under the Foreign Sovereign Immunities Act (FSIA)", Congressional Research Service, May 17, 2016, 〈https://sgp.fas.org/crs/misc/RL34726.pdf〉; Matthew H. Kirtland, Andrew James Lom, "Layperson's guide - Justice Against Sponsors of Terrorism Act", Norton Rose Fulbright, December 2016. 〈https://www.nortonrosefulbright.com/en/knowledge/publications/d1a384e4/laypersons-guide---justice-against-sponsors-of-terrorism-act〉; Keitner, pp. 318~319.

288) U.S. District Court, Southern District of Florida, Miami Division, *Logan Alters, Marta Reyes, Lawrence Wood, Stephen Clyne, and The Pitching Lab (d/b/a TBT Training) on behalf of themselves and all those similarly situated* v. *People's Republic of China; National Health Commission of the PRC; Ministry of Emergency Management of the PRC; Ministry of Civil Affairs of the PRC; The People's Government of Hubei Province; and the People's Government of City of Wuhan, China*, Class Action, Complaint, para. 18, 〈https://images.law.com/contrib/content/uploads/documents/392/85094/Coronavirus-China-class-action.pdf〉; Amanda Bronstad, "Class Action Filed Against China Over COVID-19 Outbreak", March 13, 2020, 〈https://www.law.com/dailybusinessreview/2020/03/13/class-action-filed-against-china-over-covid-19-outbreak/?slreturn=20200218092610〉; Emily Sortor, Coronavirus Class Action Blames China for Pandemic, March 16, 2020, 〈https://topclassactions.com/lawsuit-settlements/lawsuit-news/coronavirus-covid-19/coronavirus-class-action-blames-china-for-pandemic〉.

See also Representative Ron Wright, Press Release, April 20, 2020, "Smith/Wright Bill would allow lawsuits against China for its deliberate mishandling of COVID-19", April 20, 2020, 〈https://wright.house.gov/media/press-releases/HR6524〉; H.R.6524 - 116th Congress (2019-2020), a Bill "To provide

ICJ는 *Jurisdictional Immunities of the State* 사건[289]에서 소송당사자들이 언급한 국가면제에 관한 10개국 법률 중 9개국 법률에서 자국 영토상에서 발생하는 불법행위에 대해 면제를 부인하고 있음을 지적한 바 있다.

1996년 FSIA 개정으로 삽입된 §1605(a)(7)[290]과 2008년 이것을 삭제하고 새로 추가된 §1605A[291]는 –(i) 피고국이 행위 당시 테러후원국(state sponsor of terrorism)[292]으로 지정되어 있었거나 아니면 그러한 행위의 결과로 테러후원국으로 지정되었고, '그리고' 본 섹션에 의한 소 제기 시 여전히 테러후원국으로 지정되어 있거나 아니면 본 섹션에 의한 소가 제기되기 전 6개월 이내 기간에 테러후원국으로 지정되었고, (ii) 청구인이나 피해자가 미국 국민이거나, 군대구성원이거나, 아니면 '미국정부'[혹은 '미국정부와의 계약을 수행하는 자']의 고용인일 것, (iii) 청구인은 피고국에게 "국제적으로 수락된 중재규칙에 따라 청구를 중재에 회부할 합리적 기회"(a reasonable opportunity to arbitrate the claim in accordance with the accepted international rules of arbitration)를 부여하였을 것, (iv) 제소시한은 1996년 4월 24일 혹은 소의 원인이 발생한 날로부터 10년 등– 엄격한 조건 하에서 미국 밖에서 행해진 여러 종류의 테러행위[293]에 대해 국가면제를 부인하고 있다.[294] FSIA § 1605A는 –FSIA의 다른 규정들과는 달리– 테러후원국으로 지정

justice for victims of State misrepresentation to the World Health Organization, and for other purposes" 〈https://www.congress.gov/bill/116th-congress/house-bill/ 6524?s=1&r=33〉.

289) Germany v. Italy ; Greece Intervening, ICJ Reports (2012), p. 99 at 130 (para. 70).

290) 28 U.S. Code §1605(a)(7)("State-sponsored terrorism" exception).

291) 28 U.S. Code §1605A – Terrorism exception to the jurisdictional immunity of a foreign state, available at https://www.law.cornell.edu/uscode/text/28/1605A.

292) 1979년 테러후원국 명부가 도입된 이래 2022년 5월 현재 미국 정부의 테러후원국 명부에 올라있는 국가는 시리아(1979년), 이란(1984년), 쿠바(2021년), 북한(2017년) 등 4개국이다. 북한은 1987년에 KAL기 공중폭파 사건을 일으킨 뒤 1988년부터 2008년까지 명부에 올라 있었으며, 핵 프로그램과 관련하여 약속을 하고 2008년에 리스트에서 빠졌다가 2017년 11월 20일 트럼프 정부에 의해 다시 명부에 올랐다. 쿠바는 미국과의 외교관계 정상화의 일부로 2015년에 리스트에서 해제되었다가 2021년 1월 12일 트럼프 대통령이 백악관을 나오기 직전에 리스트에 다시 올랐다. 시리아와 이란은 수십년째 계속 리스트에 올라 있다. https://www.state.gov/state-sponsors-of-terrorism ; Adam Taylor, "North Korea's on-again-off-again status as a state sponsor of terrorism", The Washington Post, November 20, 2017. 수단은 1993년 지정되었다가 2020년 12월 해제되었다 : Naba Mohiedeen/Voice of America, December 15, 2020, "Sudan Welcomes US Decision to Remove Khartoum from Sponsors of Terrorism List", 〈https://www.voanews.com/〉.

293) "an act of torture, extrajudicial killing, aircraft sabotage, hostage taking, or the provision of material support or resources for such an act if such act or provision of material support or resources is engaged in by an official, employee, or agent of such foreign state while acting within the scope of his or her office, employment, or agency."

294) Bradley, pp. 244~246 ; Keitner, p. 319. 이란을 피고로 한 사건으로는 다음을 참조 : *Worley* v. *Iran*, No. CIV. A. 12-2069 (D.D.C. Dec. 8, 2014), US District Court, District of Columbia, Dec 8, 2014, 75 F.Supp. 3d 311 (D.D.C. 2014), –"Holding that foreign plaintiffs may assert claims that are based on "injuries suffered by victims who meet the statute's requirements" (citing Leibovitch v. Islamic Republic of Iran, 697 F.3d 561, 570, 572 (7th Cir.2012))", 〈https://casetext.com/case/worley-v-islamic-republic-iran-1〉, [noted by David Zaslowsky and Grant Hanessian (Baker McKenzie, USA), "Personal jurisdiction. Foreign Sovereign Immunities Act. District court asserts jurisdiction over Iran under the Foreign Sovereign Immunities Act, finding that the statute of limitations is not jurisdictional, and granting Plaintiffs default judgment on liability", May 21 2015, 〈https://www.lexology.com〉] ; *Worley* v. *Iran*, US District Court for the District of Columbia, March 31, 2016, 177 F.Supp. 3d 283 (D.D.C. 2016), 〈https://casetext.com/case/worley-v-islamic-republic-iran〉.

북한을 상대로 제기된 사건으로는, *Cynthia Warmbier and Frederick Warmbier* v. *Democratic*

된 '외국'뿐만 아니라 그들의 '관리, 고용인 혹은 대리인'(official, employee, or agent)을 상대로 해서도 개인의 제소권(private right of action)을 창설하고 있다.[295] 2012년 3월 13일 캐나다도 미국 FSIA에 상응하는 테러원조국(*supporter* of terrorism) 예외 입법을 하였다.[296] 해외 테러에

People's Republic of Korea, 〈https://www.courthousenews.com/wp-content/uploads/2018/04/ Warmbier-suit.pdf〉 ; The Guardian, 26 Apr 2018, "Parents of US student Otto Warmbier sue North Korea over his death", 〈https://www.theguardian.com/world/2018/apr/26/otto-warmbier-lawsuit-north-korea-parents〉 ; Christian Berthelsen, "Warmbiers Win $500 Million for Son's Torture in North Korea", Bloomberg, Dec. 24, 2018, 〈https://www.bloomberg.com/news/articles/2018-12-24/ u-s-judge-awards-warmbiers -500-million-in-north-korea-suit〉 ; 백범석, "Warmbier, et al. v. DPRK 판결 : 주권면제와 테러리즘 예외", 《국제법으로 세상 읽기》, pp. 45~54 ; 함지하/VOA, 2019.02.15., "웜비어 5억 달러 배상 판결문 북한에 공식 전달…반송 거쳐 한 달 만에 외무성 도착", 〈https://www.voakorea.com/a/4787205.html〉 ; 한덕인/RFA, 2022.01.14., "미 법원, 웜비어 유족에 북 동결자산 24만달러 지급 판결", 〈https://www.rfa.org/korean/in_focus/nk_nuclear_talks-01142022171612.html〉 ; Ethan Jewell/ NK News, January 17, 2022, "US court awards family of Otto Warmbier $240K seized from North Korean bank - Ruling follows 2018 district court decision to award Warmbier family half a billion dollars in wrongful death suit", 〈https://www.nknews.org/2022/01/us-court-awards-family-of-otto-warmbier-240k-seized-from-north-korean-bank/〉 참조.

역시 북한을 피고로 한 사건으로, 1968년 미국 정보수집함 푸에블로(U.S.S. Pueblo) 함이 북한에 나포된 후 억류 승조원들이 입은 피해와 관련한 다음의 소송들도 참조 : *Massie* v. *The Government of the Democratic People's Republic of Korea*, US District Court, District of Columbia, 30 December 2008, 592 F. Supp. 2d 57 (D.D.C. 2008), 〈https://www.courtlistener.com/opinion/2562272/massie -v-govt-of-democratic-peoples-of-korea/〉 ; *John Doe A-1 to A-49 et al* v. *Democratic People's Republic of Korea*, US District Court, District of Columbia, 22 October 2019, 〈https:// law.justia.com/cases/federal/district-courts/district-of-columbia/dcdce/1:2018cv00252/193272/82/〉 ; Mitchell Silberberg & Knupp Represents Plaintiffs in Terrorism Case Against North Korea, Feb. 5, 2018, 〈https://www.msk.com/newsroom-headlines-261〉 ; Businesswire, February 25, 2021, "Federal Court Awards $2.3 Billion to USS Pueblo Crew Members and Their Families in Terrorism Case Against North Korea - Damages are among the largest ever awarded in a state-sponsored terrorism case", 〈https://www.businesswire.com/〉 ; 함지하/VOA, 2021.2.26., "미 법원, 푸에블로호 승조원 · 가족 등에게 북한 23억 배상 판결…최종 판결문 공개", 〈https://www.voakorea.com/korea/korea-politics/uss-pueblo-us-court-final-order〉 ; 함지하/VOA, 2021.2.26., "[기자문답] 사상 최대 배상금 판결 푸에블로호 소송…해외 북한 자산 압류 가능", 〈https://www.voakorea.com/korea/korea-politics/ q-and-uss-pueblo-case〉 ; 지정은/RFA, 2022.08.18., "푸에블로호 승조원, 외교경로로 북한에 배상판결문 송달 시도", 〈https://www.rfa.org/korean/in_focus/humanitarian-08182022103518.html〉.

미국의 반테러 예외 창설은 당연히 타 국가들(특히 이란, 쿠바)의 대항입법을 촉발시키기도 하였다. Jennifer K. Elsea, *Suits Against Terrorist States by Victims of Terrorism*, CRS(US Congressional Research Service) Report, Updated August 8, 2008, pp. 66~67, 〈https://www.fas.org/sgp/crs/terror/ RL31258.pdf〉. 또한, 이란은 미국과의 우호조약("Treaty of Amity, Economic Relations, and Consular Rights")에 의거하여 제소한 *Certain Iranian Assets* (Islamic Republic of Iran v. United States of America)(Preliminary Objections), ICJ Reports (2019), p. 7에서 FSIA의 테러 예외 규정 등이 국제법을 위반하는 것이라고 주장하였으나, ICJ는 이 부분에 대해서는 재판관할권이 성립하지 않는다고 판단하였다(para. 80). Keitner, pp. 319~320.

295) FSIA § 1605A(c) ; Keitner, p. 319.

296) 즉, "Justice for Victims of Terrorism Act" (S.C. 2012, c. 1, s. 2) (Canada)이 제정되면서, 이에 상응하여 캐나다 국가면제법(State Immunity Act)에 섹션 6.1 ("Support of Terrorism")이 추가되고, 또 외국재산에 대한 압류 및 강제집행을 허락하는 섹션 12.1(d)가 추가되었으며, 형법도 개정되었다. Joanna Harrington, "If not torture, then how about terrorism - Canada amends its State Immunity Act", EJIL: *Talk!* (Blog of the European Journal of International Law), March 28, 2012, 〈https://www.ejiltalk.org/if-not-torture-then-how-about-terrorism-canada-amends-its-state-immunity-act/〉 ; Larocque in Orakhelashvili (ed.), pp. 460~461.

대해 국가면제를 부인하는 입법을 한 국가는 현재로는 미국과 캐나다가 유일한 것으로 보고되고 있다.[297)]

UN협약 제12조에 의하면, 법정지국가(state of the forum)가 외국의 불법행위에 대해 재판권을 행사하려면, 침해를 야기하는 작위 또는 부작위가 피고국가에게로 귀속되는 것으로 주장되는 경우일 것 그리고 그러한 작위 또는 부작위가 법정지국가의 영토에서 일부 또는 전부 발생했을 것 등의 두 가지 요건 이외에도, '작위 또는 부작위의 장본인'(author of the act or omission), 즉 불법행위자(tortfeasor)가 행위(작위 또는 부작위) 당시 법정지국가의 영토 내에 있었다는 추가요건을 충족시켜야 한다.[298)] 그러나 영국의 국가면제법 § 5와 미국의 외국주권면제법 § 1605(a)(5),[299)] 그리고 —오바마 대통령의 거부권 행사에도 불구하고 2016년 9월 28일 미국 의회 상하 양원에서 통과된 "테러후원자에 대한 저스티스법"(Justice Against Sponsors of Terrorism Act)[300)]에 의해 외국주권면제법 § 1605A 뒤에 삽입된— § 1605B(Responsibility of foreign states for interna- tional terrorism against the United States)의 경우, 두 국가(즉, 영국 혹은 미국) 영토 안에서 발생한 일정 불법행위에 대해 이같은 추가요건을 요구하고 있지 않다.

이상의 불법행위 예외는 전쟁 내지는 무력충돌 중에 발생한 상황에 대해서도 그대로 적용되는가? 바꾸어 말하면, 피고국가가 법정지국과의 무력충돌 기간 중에 후자의 영토 내에서 행한 불법행위와

2023년 6월 27일 이란은 캐나다 국가면제법의 두 규정으로 인해 국제관습법상 향유하는 자국의 국가면제를 침해당하였다는 소를 ICJ에 제기하였다 : *Alleged Violations of State Immunities* (Islamic Republic of Iran v. Canada)

297) Webb in Evans (ed.), *International Law*, 5th, p. 329.

298) (UN협약 제12조가 된) ILC초안 제12조에 대한 주석 (6), (7) ; Lewis, p. 69. "국가면제에 관한 유럽협약" 제11조도 이같은 추가 요건을 요구하고 있다. *Enrica Lexie* 호 사건에서 중재재판소는 불법행위 행위 당시 이탈리아 해병들은 인도 영토가 아니라 인도의 EEZ 내에 있었기 때문에 "영토 불법행위" 예외(territorial tort exception)가 국제관습법상 인정된다고 해도 동 예외는 본 사건에서는 적용되지 아니할 것이라고 판단한 바 있다 : *The "Enrica Lexie" Incident* (Italy v. India), PCA Case No. 2015-28, Award of 21 May 2020, paras. 868~873, 〈https://pca-cpa.org/en/cases/117/〉. 사건 개요는 본서, 제21장 (해양법), "XVII. 분쟁해결" 참조.

299) Aust, *Handbook of International Law*, 2nd, p. 155 ; Fox in Evans (ed.), *International Law*, 3rd, p. 358.

300) https://www.congress.gov/114/plaws/publ222/PLAW-114publ222.pdf. § 1605A와 달리 피고 국가가 테러후원국으로 지정될 것을 요구하지 않는 이 법률은 외견상 적용대상 국가를 사우디로 적시하고 있지도 않고 또 적용대상 불법행위로 2001년의 9-11테러를 언급하고 있지도 않지만, 의회가 *In re Terrorist Attacks on September 11, 2001* 판결에 대응하여 만든 것이기 때문에, 일차적으로 9-11 테러로 피해를 입은 미국인들이 사우디 정부 혹은 그 관리를 상대로 손해배상소송을 제기하는 것을 돕기 위한 것으로 설명되고 있다. 19명의 하이잭커 중 15명이 사우디 국민이었기 때문에 미국 일각에서는 이들이 사우디 정부 내지는 관리들의 지원을 받았다고 의심하고 있다. 이에 피해자들이 사우디 정부 혹은 그 관리들을 상대로 손해배상소송을 제기할 때 피고 측이 원용할 수 있는 국가면제의 항변을 미리 법률로써 차단하겠다는 것이 제정의 의도이다. 이에 대해 오바마 대통령은 이 법률이 상호주의적 관점에서 미국에 악영향을 미칠 것을 우려하였다. https://en.wikipedia.org/wiki/Justice_Against_Sponsors_of_Terrorism_Act ; Ingrid Wuerth, "Justice Against Sponsors of Terrorism Act : Initial Analysis", Lawfare, September 29, 2016, 〈https://www.lawfareblog.com/justice-against-sponsors-terrorism-act-initial-analysis〉 ; BBC, 9 September, "Congress passes Saudi 9/11 lawsuits bill", 〈https://www.bbc.com/news/world-us-canada-37310593〉 ; BBC, 29 September 2016, "What is the 9/11 bill and why is it do controversial?", 〈https://www.bbc.com/news/world-us-canada-37504158〉 ; BBC, 29 September 2016, "Obama: Congress veto override of 9/11 lawsuits bill 'a mistake'", 〈https://www.bbc.com/news/world-us-canada-37503224〉 ; CIA, News & Information, September 28, 2016, "Statement from CIA Director John O. Brennan Regarding the "Justice Against Sponsors of Terrorism Act", 〈https://www.cia.gov/news-information/press-releases-statements/2016-press-releases-statements/statement-from-director-brennan-on-justice-against-sponsors-of-terrorism-act.html〉.

관련하여 피해자들이 무력충돌이 끝난 후 제기하는 민사소송에서도 상기 불법행위 예외에 따라 면제를 향유하지 못하는가? UN협약은 전문에서 "본 협약의 규정들에 의하여 규율되지 아니하는 문제들에 대해서는 국제관습법규가 계속 적용된다"라고 언급하고 있는 것을 제외하고는 불법행위 예외를 담고 있는 제12조를 포함한 그 어디에서도 이 문제에 대해 명시적인 지침을 제공하고 있지는 않다.[301] 그러나 국가면제란 법정지국에 초대받은 방문객의 자격으로 들어오는 외국에 대해 소가 제기되는 것을 봉쇄하기 위한 장치로서, 법정지국의 영토가 타국에 의하여 점령당하는 경우에는 국가면제의 논리적 근거인 국가의 주권평등 원칙은 폐기되고, 평시법 대신 무력충돌법이 적용된다. 뿐만 아니라 (국경선을 밀고 당기는)무력충돌 기간중의 그같은 행위는 그 자체 혹은 본질적으로 권력적 행위로서, 피해에 대한 배상문제는 국제적 차원에서의 국가 간 직접교섭을 통해 해결하는 것이 보통이다. 또 (전쟁)국가들의 입장에서는 정책적 측면에서 그것이 적합하기도 한데, 그렇지 않으면 그같은 국가는 한때 자신이 점령하였던 타국의 재판소에 전후 봇물이 터지듯 제기되는 소송에 직면하게 될 것이기 때문이다. 그럼에도 불구하고 그리스와 이탈리아 일부 재판소 판례[302]는 불법행위 예외가 -특히 문제의 불법행위가 강행규범에 위배되는 것으로 판단되는 경우- 평시, 전시를 불문하고 적용되는 것으로 보았지만,[303] -상기 "강행규범과 국가의 민사재판권 면제" 단락에서 이미 살펴 본 바와 같이- ICJ는 *Jurisdictional Immunities of the State* 사건[304]에서 한 두 국가 국내재판소의 그 같은 시각이 '현재로서는' 국제관습법에 위배된다고 결론지었다.

---

301) 다만, ILC는 자신의 초안 제12조에 대한 주석 (10)에서 동 규정은 "무력충돌과 관련한 상황"(situations involving armed conflicts)에는 적용되지 않는다고 밝히고 있다. UN협약과는 대조적으로, 1972년 "국가면제에 관한 유럽협약"의 경우 제31조에서 "Nothing in this Convention shall affect any immunities or privileges enjoyed by a Contracting State in respect of anything done or omitted to be done by, or in relation to, its armed forces when on the territory of another Contracting State."라고 명시적으로 규정하고 있는데, 유럽협약에 대한 해설보고서(Explanatory Report), para. 116에 의하면 제31조가 의도한 바는 다음과 같다 (https://conventions.coe.int/Treaty/ en/Reports/Html/074.htm) : "The Convention is not intended to govern situations which may arise in the event of armed conflict ; nor can it be invoked to resolve problems which may arise between allied States as a result of the stationing of forces. These problems are generally dealt with by special agreements (cf. Article 33). Article 31 likewise excludes any questions of immunity from jurisdiction which may arise as a result of visits by the naval forces of a foreign State. It prevents the Convention being interpreted as having any influence upon these matters." 영국 "국가면제법 1978", section 16(2)는 다음과 같이 규정하고 있다 : "This Part of this Act does not apply to proceedings relating to anything done by or in relation to the armed forces of a State while present in the United Kingdom and, in particular, has effect subject to the Visiting Forces Act 1952." See Maria Gavouneli and Ilias Bantekas, "*Prefecture of Voiotia* v. *Federal Republic of Germany*, Case No. 11/2000, Areios Pagos (Hellenic Supreme Court), May 4, 2000", (2001) 95 AJIL 198 at 199, fn. 17 ; *Jurisdictional Immunities of the State* (Germany v. Italy ; Greece Intervening), ICJ Judgment of 3 February 2012, paras. 67~69.

302) See e.g. Greece, *Prefecture of Voiotia* v. *Federal Republic of Germany* (the *Distomo massacre* case) Court of First Instance of Leivadia, Case No. 137/1997, 30 October 1997 [noted by Ilias Bantekas (1998) 92 AJIL 765], and Areios Pagos (Supreme Court), Case No. 11/2000, 4 May 2000 [noted by Maria Gavouneli and Ilias Bantekas, (2001) 95 AJIL 198, and by Andrea Bianchi, (2005) 99 AJIL 242 at 243] ; Italy, Court of Cassation, *Ferrini* v. *Federal Republic of Germany*, 11 March 2004 [noted by Bianchi, (2005) 99 AJIL 242].

303) See Fox, pp. 316~317 (2nd, pp. 582~591).

304) Germany v. Italy ; Greece Intervening, Judgment of 3 February 2012.

4. 재산의 소유, 점유 및 사용(ownership, possession and use of property)[305]

관련 국가 간에 달리 합의하지 않는 한, 국가는 다음 사항의 결정에 관련한 소송에서 권한있는 타국재판소 관할권으로부터의 면제를 원용할 수 없다.

> "(a) 법정지국가에 소재하는 부동산(immovable property)에 대한 권리・이익・점유・사용 또는 의무,
> (b) 상속, 증여 또는 무주물(*bona vacantia*)에 의하여 파생되는 동산 또는 부동산에 대한 권리 또는 이익 또는
> (c) 신탁재산, 파산자의 재산 또는 해산하는 회사의 재산 등과 같은 재산운영에 대한 권리 또는 이익."

국제법에서건 국내법에서건 권리(right)와 이익(interest)은 (상호 대체가능하다는 의미에서의) 동일한 개념이 아니지만, 위 규정은 (부동산을 포함한) 적용대상 재산의 권리뿐만 아니라 이익(및 점유, 사용)에 대해서도 면제를 부인하고 있다. 비슷한 맥락에서, 미국 연방최고재판소는 *Permanent Mission of India to the United Nations et al.* v. *City of New York*[306]에서 "미국에 소재한 부동산에 대한 권리"가 문제되는 경우를 국가면제의 예외로 규정한 FSIA 제1605조 (a) 4호[307]의 해석과 관련하여, 여기서 '권리'란 표현은 피고 정부들이 주장하는 것처럼 '소유 혹은 점유'(ownership or possession)에 국한되는 것이 아니라 '이익' (interest)을 포함하는 넓은 개념이며, 따라서 피고 외국정부들이 소유 부동산에 부과된 재산세를 납부하지 않음으로 인하여 발생한 미납세금에 대한 조세채권이 주법의 적용에 의해 물권인 조세선취특권(tax lien)으로 전환된 것이 유효함을 확인하는 선언적 판결을 구하기 위해 뉴욕시가 제기한 본건 소송도 "부동산에 대한 권리"와 직접 관련이 있다고 판시하면서, "재산 소유는 본래가 주권적인 기능은 아니다."[308]라고 언급한 바 있다.

5. 지적・산업재산권(intellectual and industrial property)[309]

관련 국가 간에 달리 합의하지 않는 한, 국가는 다음 사항에 관련된 소송에서 권한있는 타국재판소 관할권으로부터의 면제를 원용할 수 없다.

---

305) UN협약 제13조.

306) Supreme Court of the United States, Decision of June 14, 2007, 551 U.S._(2007), https://www.supremecourtus.gov/opinions/06pdf/06-134.pdf ; https://laws.findlaw.com/us/000/06-134.html ; https://www.law.cornell.edu/supct/html/06-134.ZS.html ; https://en.wikipedia.org/wiki/Permanent_Mission_of_India_v._City_of_New_York

307) "A foreign state shall not be immune from the jurisdiction of courts of the United States ... in any case in which ... rights in immovable property situated in the United States are in issue."

308) "As a threshold matter, property ownership is not an inherently sovereign function."

309) UN협약 제14조.

"(a) 법정지국가에서 −비록 잠정적으로나마− 법적 보호의 조치를 향유하는 특허, 산업디자인, 상호 또는 기업명, 상표, 저작권 또는 기타 다른 형식의 지적 또는 산업재산에 대한 권리의 결정, 또는
(b) 제3자에게 속하고 또한 법정지국가에서 보호받고 있는, 위에서 언급된 성격의 권리를 피고국가가 법정지국가의 영토 내에서 침해하였다고 주장되는 경우."

6. 회사 또는 기타 단체에의 참여(participation in companies or other collective bodies)[310)]

국가는 "타국의 국내법에 의거하여 설립되었거나 또는 타국에 소재지(seat) 또는 주된 영업소(principal place of business)를 갖고 있는" 회사 또는 기타 집단적 단체에의 참여에 관련한 소송에서, 권한있는 그 타국재판소 관할권으로부터의 면제를 원용할 수 없다. 다만, 국가는 "(a) 관련 국가들이 그렇게 합의한 경우, (b) 분쟁당사자들이 서면합의에 의하여 그렇게 규정한 경우 또는 (c) 문제의 회사를 설립 또는 규율하는 문서에서 그같은 규정을 두고 있는 경우"에는 위 소송에서 면제를 원용할 수 있다.

7. 국가가 소유하거나 운영하는 선박(ships owned or operated by a state)[311)]

관련 국가 간에 달리 합의하지 않는 한, 소의 원인이 발생한 당시에 어떤 선박이 권력적·비상업적 목적(government non-commercial purposes) 이외의 목적을 위하여 사용된 경우, 당해 선박을 소유하고 있거나 운영하고 있는 국가는 '그 선박의 운영에 관련한 소송'(proceeding which relates to the operation of that ship)에서 권한있는 타국재판소 관할권으로부터의 면제를 원용할 수 없다.[312)] 따라서 군함과 해군보조함에 대해서는 면제를 원용할 수 있으며, 국가가 소유하거나 운영하는 기타 선박으로서 '당분간은 오로지 권력적·비상업적 역무에만'(for the time being, only on the government non-commercial service) 사용되는 경우에도 그러하다.[313)]

또한 같은 논리로서, 관련 국가 간에 달리 합의가 없는 한, 소의 원인이 발생한 당시에 어떤 선박이 권력적·비상업적 목적 이외의 목적을 위하여 사용된 경우, 국가가 소유하거나 운영하는 '선박에 적재된 화물의 운송'(carriage of cargo on board a ship)에 관련한 소송에서 그 국가는 권한있는 타국재판소 관할권으로부터의 면제를 원용할 수 없다.[314)] 그러나 군함, 해군보조함 혹은 오로지 권력적·비상업적 역무에만 사용되는 선박에 적재되어 수송되는 화물(cargo)은 면제를 원용할 수 있으며, 또한 국가가 소유하는 화물 중에서 오로지 권력적·비상업적 목적을 위해서 사용되거나 사용

310) UN협약 제15조.
311) UN협약 제16조 ; 1982년 UN해양법협약 제32조.
312) UN협약 제16조 1항.
313) UN협약 제16조 2항.
314) UN협약 제16조 3항.

될 의도인 화물도 면제를 원용할 수 있다.[315)]

이상의 선박관련 소송에서 국가들은 사선박·사화물 및 사소유주들이 이용할 수 있는 모든 항변·시효 및 책임제한을 주장할 수 있다.[316)]

소송과정에서 한 국가가 소유하거나 운영하는 '선박' 또는 한 국가가 소유하는 '화물'의 '권력적·비상업적' 성격에 관련한 문제가 발생하는 경우, 그 국가의 외교대표자 또는 기타 권한있는 당국이 서명하여 재판소에 송부한 사실증명서(certificate)는 그 선박 또는 화물의 성격의 증거로서 '도움이 된다' (serve).[317)]

권력적·비상업적 목적 이외의 목적을 위하여 사용되는, 국가가 소유하거나 운영하는 '항공기'나 '우주물체'의 국가면제도 상기 국가선박의 경우와 동일하게 취급할 것인가의 질문이 제기되는데, UN협약[318)]에 의하면 이 문제는 협약에 의해 침해받지 아니한다. 결국 이 문제는 계속해서 관련 조약과 관습법의 규율에 맡겨지게 되었다.[319)]

8. 중재합의(arbitration agreement)[320)]

국가가 상업적 거래(commercial transaction)[321)]에 관련한 분쟁을 중재(arbitration)에 부탁하기로 외국의 자연인 또는 법인과 서면으로 합의한 경우, 그 국가는 "(a) 중재합의의 유효성, 해석 또는 적용, (b) 중재절차, 또는 (c) 중재판정의 확인 또는 폐기"에 관련한 소송에서 권한있는 타국재판소 관할권으로부터의 면제를 원용할 수 없다. 다만, 중재합의에서 달리 규정한 경우에는 그러하지 아니하다.

Ⅷ. 국가재산의 사법적(司法的) 강제조치로부터의 면제

국가 혹은 국가의 분신이 타국 재판소로부터 소환장을 받는다는 것이 모욕으로 간주된다면,[322)]

315) UN협약 제16조 4항.
316) UN협약 제16조 5항.
317) UN협약 제16조 6항.
318) UN협약 제3조 3항.
319) Fox, pp. 82~85.
320) UN협약 제17조.
321) UN협약 부속서(협약의 일부규정에 대한 양해) "제17조에 관하여"에 의하면, 동 조의 "상업적 거래"란 표현에는 '투자 문제'(investment matters)가 포함된다.
322) 이를테면, UK, Court of Queen's Bench, *De Haber* v. *The Queen of Portugal*, (1851) 17 QB 171, 196에서 재판장 Lord Campbell은 "국내재판소에 외국의 주권자를 소환하는 것은 그가 분개해 마지않을 모욕이다."(To cite a foreign potentate in a municipal court, for any complaint against him in his public capacity, is contrary to the law of nations, and an insult which he is entitled to resent.)라고 언급한 바 있다. https://www.uniset.ca/other/cs2/117ER1255.html ; Alina Kaczorowska-Ireland, *Public International*

외국재산에 대한 사법적 강제조치는 더더욱 그러할 것이다. 한국전쟁 당시 정부재산(특히 은행예금)의 압류와 관련된 일화인 *New York and Cuba Mail Steamship Company* v. *Republic of Korea* 사건[323]이 이같은 상황을 잘 보여주는데, 사건 개요는 이러하다. 1951년 4월 18일 원고 미국회사 소유의 한 선박이 부산 항구에서 쌀을 하역하던 중 이 작업을 도와 주던 한국 정부의 바지선(船)에 의해 피해를 보았다. 피고 한국 정부는 문제의 쌀은 판매, 재판매, 물물교환 혹은 거래를 위한 것이 아니라 한국의 민간인들과 군인들에게 무상으로 배급하기 위해 획득한 것으로서, 전쟁기간 중의 쌀 배급은 정부기능의 하나라고 주장하였다. 그러나 원고 회사는 소속 선박이 피해를 본 것에 대해 배상을 받아내기 위해 해사(海事)소송을 제기하면서, 피고의 뉴욕주 은행들의 예치금에 대한 압류영장을 발부 받았으며 이로 인해 피고의 은행예금이 압류되었다. 계류중인 소송에서 은행구좌에 대한 압류가 있고 나서, 한국 대사는 미국 국무장관에게 한국 정부의 소송 면제와 은행예금의 압류 면제를 입증하는 데 도와줄 것을 공식 요청하였다. 미국 국무부는 법원에 제출한 소견서(suggestion)에서 (i) 국제법상 외국정부의 재산은 압류로부터 면제되며, 이 원칙은 −국무부가 절대적 면제이론에서 제한적 면제이론으로의 방향전환을 천명한− 1952년 5월 19일의 이른바 Tate letter에 의해 영향받지 아니한다고 하면서, (ii) 그러나 소의 원인을 야기한 특정 행위가 순전히 정부적(권력적) 성격이란 것이 입증되지 않더라도 면제가 인정되어야 한다는 의견을 제시하지는 않았다. 요컨대, 국무부는 Tate letter를 외국 정부재산의 압류에 대해서까지 연장 적용해서는 안되며, 다만 소송으로부터의 면제에 대해서는 제한적 면제이론에 따라 판단해야 할 것이라는 견해를 제시하였던 것이다. 재판소는 "은행예금은 국가생존에 필요한 생혈(生血)일 수 있다" (Deposits may be the life−blood necessary for national existence)는 한 연방대법관의 말을 인용하면서, "국무부의 소견서를 수락하여 압류를 해제하는 것 말고는 달리 대안이 없다"고 판시하였다.[324]

이처럼 민사소송에서 외국정부의 재판관할권 면제와 외국재산의 압류 및 강제집행 면제는 그간 별개로 다루어져 왔으며, 재판관할권 면제의 포기가 압류 또는 강제집행 면제의 포기까지 포함하는 것으로 이해되지는 않았다.[325] 뿐만 아니라, 종래의 절대적 면제이론에 의하면 그 성격에 있어 상업적이거나 혹은 상업적 목적을 위하여 사용되는 외국정부 재산도 압류 또는 강제집행의 면제를 향유하였다. 외국은 이로써 이중·삼중의 보호장벽을 향유하였던 것이다.

그러나 이제 제한적 면제이론의 논리에 따르면, 법정지국가에 소재하고 있는 외국 재산으로서 그 성격에 있어 상업적·비권력적이거나 혹은 이같은 목적을 위하여 사용되는 것은 압류 또는 강제집

Law, 5th ed. (Oxon/New York : Routledge, 2015), p. 398 ; Hall, p. 324.

323) United States District Court S. D. New York, July 13, 1955, 132 F.Supp. 684 (1955), 〈https://www.leagle.com/xmlResult.aspx?xmldoc=1955816132FSupp684_1657.xml&docbase=CSLWAR1- 1950-1985〉.

324) 참고로, 이 사건의 원고 회사는 연료비 상승과 항공사들과의 경쟁을 이기지 못하고 1954년 정리되었다. https://en.wikipedia.org/wiki/Ward_Line ; https://www.wardline.com/page/page/4557564.htm.

325) ICJ도 이 두 문제를 별개로 다루었다 : *Jurisdictional Immunities of the State* (Germany v. Italy ; Greece Intervening), ICJ Reports (2012), p. 99 at 147 (para. 113 : "The rules of customary international law governing immunity from enforcement and those governing jurisdictional immunity (understood *stricto sensu* as the right of a State not to be the subject of judicial proceedings in the courts of another State) are distinct, and must be applied separately.").

행으로부터도 당연히 면제되어서는 안될 것이다.[326] 그러나 이같은 엄격한 논리와는 달리, 실제로 많은 국가들은 상업적 용도의 재산이라 하더라도 그에 대한 압류·강제집행에 대해서는 여전히 엄격한 기준을 정해놓고 있다. 이같은 조치는 단순한 재판절차에의 참여 문제와는 달리 외국의 이익을 직접적으로 침해함으로써 국가 간의 관계를 악화시키는 요인이 될 수 있기 때문이다.[327] 다만, 1991년의 ILC초안은 외국 재산에 대한 사법적 강제조치와 관련하여, -재판소가 자신의 재판관할권을 확립하거나 피고의 출석과 자산을 확보할 목적으로 소송을 시작할 때 혹은 재판 중에 행하는- 판결 전 강제조치(pre-judgment measures of constraint)와 판결 후 강제조치(post-judgment measures of constraint)를 구분하지 않고 단일조항[328]에서 통일적으로 규정하고 있었는데 반해, UN협약은 '판결 전 강제조치'와 '판결 후 강제조치'를 구분하고 있다.[329] 설명의 편의상 판결 후 강제조치에 대해 먼저 언급하겠는데, 협약 제19조는 이 문제에 대해 다음과 같이 규정하고 있다.

> "국가재산에 대한 압류(attachment), 나포(선박억류)(arrest)[330] 또는 강제집행(execution)과 같은 판결 후 강제조치는 다음의 경우와 그 범위를 제외하고는 타국 재판소에서의 소송과 관련하여 취해질 수 없다.
>
> (a) 그 국가가 (i) 국제협정에 의하여, (ii) 중재합의나 서면계약을 통하여, 또는 (iii) 당사자 간에 분쟁이 발생한 후 재판정에서의 선언 또는 서면통고에 의하여 적시된 바의 그같은 조치의 채택에 명시적으로 동의한 경우,
>
> (b) 그 국가가 소송의 객체인 청구의 만족을 위하여 재산을 할당 또는 귀표해둔(allocated or earmarked) 경우, 또는
>
> (c) 그 재산이 특별히 그 국가에 의하여 권력적·비상업적 목적 이외의 목적을 위하여 사용되고 있거나 사용될 의도로 있으며, 법정지국가의 영토 내에 있음이 입증된 경우. 다만, 이 경우, 판결 후 강제조치는 소송의 대상이 된 실체와 관련이 있는 재산(property that has a connection with the entity against which the proceeding was directed)에 대해서만 취해질 수 있다."[331]

---

326) 실제로 이같은 논리를 채택한 판결도 보고되고 있다 : See e.g. Switzerland, Federal Tribunal, *Kingdom of Greece* v. *Julius Bär & Co.*, 6 June 1956, (1956) ILR 195 at 198~199, noted by Raymond M. Ripple, "Sovereign Immunity v. Execution of Judgment: A need to Reappraise Our National Policy", (1971) 13 Boston College Law Review 369 at 378, https://lawdigitalcommons.bc.edu/bclr/ vol13/iss2/6 ; & Fox in Evans (ed.), *International Law*, 3rd, p. 362.

327) Badr, pp. 107~112, 129~132 ; Currie, pp. 333~334 ; Fox in Evans (ed.), *International Law*, 3rd, pp. 362~363.

328) 즉, ILC초안 제18조.

329) Fox [in Evans (ed.), *International Law*, 3rd, p. 363]는 "(판결 전 강제조치와 판결 후 강제조치의) 구분 역시도 일반적으로 인정된"(also generally recognized) 것으로 보고 있다.

330) 여기서 "arrest"는 보통법계 국가의 해사 대물소송에서의 "선박 혹은 선하에 대한 압류"를 염두에 둔 표현으로 보이는데, 이 개념에 대해서는 다음 논문을 참조 : William Tetley, "Arrest, Attachment and Related Maritime Law Procedures", (1999) 73 Tulane Law Review 1895~1985, available at https:// www.mcgill.ca/ maritimelaw/maritime-admiralty/arrest/ ; Justice Brian Tamberlin, "An Outline Review of Overseas Admiralty Practice", *Admiralty Education for the Admiralty Committee of the Federal Court of Australia*, 22 March 2007, available at https://www.fedcourt.gov.au/how/ admiralty_papersandpublications02.html.

331) UN협약 부속서(협약의 일부규정에 대한 양해) "제19조에 관하여"에 의하면, 동 조 (c)호에서 "실체"라 함은

단지 "압류 또는 나포"와 같은 '판결 전 강제조치'에 관해 규정하고 있는 협약 제18조는 제19조의 (c)호의 규정을 담고 있지 않다는 점에서 양자는 차이를 보인다. 제18조와 제19조에 의하여 강제조치에 대한 동의가 요구되는 경우, 제7조에 의거한 재판권 행사에 대한 동의는 강제조치 실시에 대한 동의를 포함하지 아니한다.[332]

판결 후 강제조치에 관한 상기 제19조의 규정 중에서 (c)호는 (a)·(b)호에서는 언급되지 아니한 3개 요건의 충족을 요구하고 있음을 볼 수 있다. 즉, (i) 문제의 재산은 상업적 목적의 재산일 것, (ii) 그것이 법정지국가의 영토 내에 있을 것, 그리고 (iii) '재산'과 '피고기관' 간에 관련성(connection)이 있을 것 등의 3개 요건이 충족되어야만 (c)호가 원용될 수 있는데, 이들 3개 요건 중 (i)·(ii)의 요건은 당연한 것이라 하더라도 일방 '재산'과 타방 '피고기관' 사이에 '관련성'이 있을 것을 요구하는 (iii)의 요건은 판결 후 강제조치의 허용범위를 현저히 축소시키는 효과를 발휘할 것이다.

그러나 미국 FSIA의 경우에는 이 같은 '관련성 요건'(connection or nexus requirement)을 요구하지 않는 경우가 하나 삽입되어 있다. 앞에서 언급한 바와 같이, 1996년에 FSIA를 2차로 개정하여 § 1605(a)에 국가면제의 일곱 번째 예외로서 국가테러[333]를 추가하면서 "압류 또는 강제집행 면제에 대한 예외"(exceptions to the immunity from attachment or execution)를 규정한 § 1610도 함께 개정하였는데,[334] 그 기본내용은 국가테러 예외 조항에 의거하여 내려진 배상금 지급 판결을 강제하기 위한 외국의 상업적 재산에 대한 압류 또는 강제집행을 허용한다는 것이다. 2008년 § 1605(a)(7)이 § 1605A로 대체되면서 § 1610에도 약간의 수정이 가해지긴 했지만,[335] 이들 개

"독립된 법인격으로서의 국가, 그리고 연방국가의 구성단위, 국가의 하부조직, 국가의 대리/종속기관 혹은 기타 실체로서 독립된 법인격을 향유하는 자들을 의미"하며, 또한 "실체와 관련이 있는 재산"이란 표현은 "소유권(ownership) 혹은 점유(possession)보다 넓은 것으로 해석되어야" 한다 ; 그리고 제19조는 "법인격부인"의 문제(the question of "piercing the corporate veil")를 미리 판단하지 아니한다. 국가들은 자국에서 혹은 해외에서 중앙정부와는 별개의 독립된 법인격을 가지는(따라서 자기 이름으로 재산을 소유/처분할 수 있고, 소송을 제기하고 제기당할 수 있는) 실체(separate entity)를 설립하기도 하는데, 이들은 대부분 상업적 활동(무역, 투자, 운송 등)에 종사하고 있다. 이러한 사정 때문에 어떤 재산이 별개의 실체에 의해 소유되고 있다면 이것은 그 재산이 권력적/비상업적 목적을 위해 사용되고 있는 것이 아님을 시사한다. 그러나 그렇다고 해서 외국 자체에 대한 판결을 강제하기 위해 별개의 실체가 가진 재산에 강제집행 들어갈 수는 없으며, 같은 논리로 별개의 실체에 대한 판결을 강제하기 위해 (그 실체를 설립한)국가 자체의 명의로 된 재산에 강제집행을 할 수는 없다. 다만, 위에 인용한 바와 같이, UN협약부속서 "제19조에 관하여"에 의하면 사건에 따라 '법인격부인'의 문제가 발생할 수 있다. Yang in Orakhelashvili (ed.), pp. 374, 401~402.

한국 대법원, 2009다16766 (추심금) 판결은 UN협약 제19조의 영향을 받은 것으로 보인다 : "피압류채권이 외국의 사법적 행위를 원인으로 하여 발생한 것이고 그 사법적 행위에 대하여 해당 국가를 피고로 하여 우리나라 법원이 재판권을 행사할 수 있다고 하더라도, 피압류채권의 당사자가 아닌 집행채권자가 해당 국가를 제3채무자로 한 압류 및 추심명령을 신청하는 경우, 우리나라 법원은, 해당 국가가 국제협약, 중재합의, 서면계약, 법정에서 진술 등의 방법으로 사법적 행위로 부담하는 국가의 채무에 대하여 압류 기타 우리나라 법원에 의하여 명하여지는 강제집행의 대상이 될 수 있다는 점에 대하여 명시적으로 동의하였거나, 우리나라 내에 그 채무의 지급을 위한 재산을 따로 할당해 두는 등 우리나라 법원의 압류 등 강제조치에 대하여 재판권 면제 주장을 포기한 것으로 볼 수 있는 경우 등에 한하여 해당 국가를 제3채무자로 하는 채권압류 및 추심명령을 발령할 재판권을 가진다고 볼 것이다."

332) UN협약 제20조.

333) FSIA, § 1605(a)(7)("State-sponsored terrorism" exception).

334) 28 U.S.C. § 1610 (1998).

335) https://www.law.cornell.edu/uscode/text/28/1610.

정에서 특기할 사실은, § 1605(a)의 처음 6개 예외에 기초한 압류 또는 집행은 청구가 발생한 외국 재산에 대해서만 가능한데 반해, 국가테러 예외조항에 근거한 압류 또는 집행은 외국 재산이 청구의 기초된 행위에 관련이 되었느냐에 관계없이 가능하다는 점이다.[336] 이 후에도 특정 테러후원국의 자산을 압류 혹은 강제집행하는 것이 쉽지 않자 미국 의회는 다시 이를 용이하게 하기 위한 법들을 제정하여 오고 있으며,[337] 나아가 2015년 의회를 통과한 "국가후원 테러 미국피해자들을 위한 저스티스법"(Justice for United States Victims of State Sponsored Terrorism Act)[338]에 의하

---

336) Leigh, *op. cit.*, (1997) 91 AJIL 187~188 ; Early, *op. cit.*, (1999) 14 Connecticut Journal of International Law 203 at 208~209 ; Bankas, p. 293.

337) 특히, "Iran Threat Reduction and Syria Human Rights Act of 2012", SEC. 502 (INTERESTS IN CERTAIN FINANCIAL ASSETS OF IRAN)(codified as 22 U.S.C. §8772), 〈https://www.treasury.gov/resource-center/sanctions/Documents/hr_1905_pl_112_158.pdf〉 : "(a) INTERESTS IN BLOCKED ASSETS.—

(1) IN GENERAL.—Subject to paragraph (2), notwithstanding any other provision of law, including any provision of law relating to sovereign immunity, and preempting any inconsistent provision of State law, a financial asset that is—

(A) held in the United States for a foreign securities intermediary doing business in the United States;

(B) a blocked asset (whether or not subsequently unblocked) that is property described in subsection (b); and

(C) equal in value to a financial asset of Iran, including an asset of the central bank or monetary authority of the Government of Iran or any agency or instrumentality of that Government, that such foreign securities intermediary or a related intermediary holds abroad, shall be subject to execution or attachment in aid of execution in order to satisfy any judgment to the extent of any compensatory damages awarded against Iran for damages for personal injury or death caused by an act of torture, extrajudicial killing, aircraft sabotage, or hostage-taking, or the provision of material support or resources for such an act.

… … …"

상기 법률과 관련한 사건으로는 다음 판례를 참조 : U.S. Supreme Court, *Bank Markazi* v. *Peterson*, decided April 20, 2016, 758 F. 3d 185, available at https://www.supremecourt.gov/opinions/15pdf/14-770_9o6b.pdf : "Enacting the FSIA in 1976, Congress transferred from the Executive to the courts the principal responsibility for determining a foreign state's amenability to suit. ... But it remains Congress' prerogative to alter a foreign state's immunity and to render the alteration dispositive of judicial proceedings in progress. ... By altering the law governing the attachment of particular property belonging to Iran, Congress acted comfortably within the political branches' authority over foreign sovereign immunity and foreign-state assets. For the reasons stated, we are satisfied that §8772—statute designed to aid in the enforcement of federal-court judgments—does not offend "separation of powers principles ... protecting the role of the independent Judiciary within the constitutional design."" 본 사건에 대한 간단한 설명과 논평은 다음을 참조 : https://en.wikipedia.org/wiki/Bank_Markazi_v._Peterson ; Greg Stohr, "Iran Terror Victims Win at U.S. Supreme Court, Can Collect $2 Billion", Bloomberg, April 20, 2016, 〈https://www.bloomberg.com/politics/articles/2016-04-20/iran-terror-victims-win-at-u-s-high-court-can-collect-2-bln〉 ; Ariane de Vogue, "Supreme Court rules in favor of terror victims", CNN, April 20, 2016, 〈https:// edition.cnn.com/2016/04/20/politics/supreme-court-rules-in-favor-of-terror-victims/index.html〉; Jimmy Gurulé, "Supreme Court strikes blow against terror", CNN, April 22, 2016, 〈https:// edition.cnn.com/2016/04/22/opinions/iran-supreme-court-decision-gurule/index.html〉.

ICJ는 *Certain Iranian Assets* (Islamic Republic of Iran v. United States of America)(Preliminary Objections), 13 February 2019, paras. 21~27에서 테러후원국(State sponsor of terrorism)에 관련한 미국의 법령을 일부 열거하고 있다.

여 –결석재판을 통해서라도– 종국(최종)판결(final judgment)[339]을 얻은 국가테러 피해자들에게 –기금이 충분하지 않아 최종판결에서 인정받은 손해배상액 전액을 줄 수는 없지만 적어도 그 일부(대체로 최소 30퍼센트)[340]라도– 보상금을 제공하기 위한 "국가후원 테러 미국피해자 기금"(U.S. Victims of State Sponsored Terrorism Fund)이 2016년에 설립되었다.[341]

사법적 강제조치로부터의 면제 포기 의사는 묵시적으로 표시할 수도 있는가? UN협약은 제18조 (a)와 제19조(a)에서 '판결 전' 강제조치와 '판결 후'의 강제조치 양자 모두에 대해 피고 국가의 '명시적 동의'를 요구하고 있고, 일부 입법도 동일하게 규정하고 있다.[342] 그러나 '판결 전' 강제조치에 대해서는 명시적 포기를 요구하면서, '판결 후' 강제조치에 대해서는 명시적 포기와 묵시적 포기 양자 모두 허용하는 국가도 있다[343]

한편, UN협약 제21조 1항에 의하면, "특히"(in particular) 다음의 재산들은 제19조 1항(c)에서 말하는 "권력적 · 비상업적 목적 이외의 목적을 위하여 사용되고 있거나 사용될 재산"으로 간주되어서는 안된다.

> "(a) 외국의 외교사절단 · 영사관 · 특별사절단 · 국제기구파견사절단 · 국제기구기관 또는 국제회의 파견대표의 직무수행에 있어 사용되고 있거나 사용될 예정인 –은행구좌를 포함한– 재산,[344]
> (b) 그 성격(character)이 군사적이거나 또는 군사적 직무수행에 있어 사용되고 있거나 사용될 예정인 재산,
> (c) 외국의 중앙은행 또는 기타 그 국가의 화폐당국의 재산,[345]

338) 42 U.S.C. § 10609 : 〈https://codes.findlaw.com/us/title-42-the-public-health-and-welfare/42-usc-sect-10609.html〉 ; 〈https://www.law.cornell.edu/uscode/text/34/20144〉. 이 법률은 "통합세출법 2016"(Consolidated Appropriations Act, 2016)의 일부를 구성한다 : https://www.congress.gov/bill/114th-congress/house-bill/2029. 동 저스티스법은 그 후 "2019년 국가후원 테러 미국피해자 기금 명료화법"(United States Victims of State Sponsored Terrorism Fund Clarification Act, 2019)과 "2021년 통합세출법"(Consolidated Appropriations Act, 2021)에 의하여 개정된 바 있는데, 그 주요 내용은 다음을 참조 : https://www.justice.gov/criminal-mlars/usvsst ; https://www.gao.gov/products/gao-21-105306 ; https://www.congress.gov/bill/116th-congress/house-bill/133/text ; https://en.wikipedia.org/wiki/Consolidated_Appropriations_Act,_2021.

339) 본 법률의 목적을 위한 '종국판결'의 의미는 정의는 34 U.S. Code § 20144, (j)(4)에 담겨 있다.

340) 34 U.S. Code § 20144, (d)(3)(B).

341) 의회는 기금을 관리할 "Special Master" 직책을 만들었으며, 법무장관이 그를 임명한다(34 U.S. Code § 20144, (b)(1)(A)). 청구인은 일단 최종판결을 얻으면 –'정당한 이유'(good cause)가 없는 한– 그로부터 90일 내에 보상금 청구서를 제출하여야 한다 (34 U.S. Code § 20144, (c)(3)(A)(B)). 보상금을 지급하는 미국 정부는 보상금을 지급한 범위 내에서 채권자대위권(代位權)(right of subrogation)을 갖는다(34 U.S. Code § 20144, (d)(5)). https://www.usvsst.com/faq.php ; https://www.federalregister.gov/documents/2016/07/14/2016-16672/justice-for-united-states-victims-of-state-sponsored-terrorism-act ; https://www.osenlaw.com/content/justice-united-states-victims-state-sponsored-terrorism ; https://www.osenlaw.com/case/north-korea-case ; https://legal-dictionary.thefreedictionary.com/Special+Master.

342) 유럽국가면제협약 제23조, 영국 국가면제법 섹션 13(3).

343) 미국 외국주권면제법 섹션 1610 (a)(1) & (d)(1) ; Yang in Orakhelashvili (ed.), pp. 395~396, 406~409.

344) See Shaw, pp. 459~460 ; Aust, *Handbook of International Law*, p. 127 ; Bankas, pp. 57~58 ; U.S. District Court for the District of Columbia, *Flatow* v. *Islamic Republic of Iran*, 76 F. Supp. 2d 16 (D.D.C. 1999), 〈https://law.justia.com/cases/federal/district-courts/FSupp2/76/16/2370250/〉, noted by Elsea, *supra*, CRS Report for Congress, p. 8 ; Fox in Evans (ed.), International Law, 4th, pp. 363~364 ; Yang in Orakhelashvili (ed.), pp. 411~415.

(d) 외국의 문화재 또는 공문서의 일부를 형성하는 것으로서 판매를 위하여 내놓았거나 내놓을 예정이 아닌 재산,

(e) 과학적·문화적 또는 역사적 이해관계가 있는 물품전시회의 일부를 형성하는 것으로서, 판매를 위하여 내놓았거나 내놓을 예정이 아닌 재산."

제21조 1항은 "특히"라는 말로 시작함으로써 위 목록이 "단지 예시적인" 것임을 시사하고 있다.[346] 1961년의 비엔나 외교관계협약 제22조 3항도 "외교사절단의 공관, 공관 내의 설비 및 그 밖의 재산과 사절단의 수송수단은 수색·징발·압류 또는 강제집행으로부터 면제된다."고 규정하고 있다. 그러나 위에 열거된 종류의 재산이라 하더라도, 제18조 및 제19조 (a)·(b)에 의하여 당해 국가가 그것의 강제조치에 명시적으로 동의하였거나 또는 소송결과의 만족을 위하여 특별히 할당(즉, 귀표)해 놓은 것인 경우에는 압류 또는 강제집행이 가능하다.[347]

판례는 외국 재산이 "강제조치가 개시되는 시점"에서 권력적/비상업적 목적으로 사용되고 있으면 −피고국가가 동의하지 않는 한− 강제조치는 허용되지 않는 것으로 보고 있다.[348]

외국재산을 압류 또는 집행하기에 앞서 먼저 피고 정부에게 사법부의 판결을 통고하여 이를 이행할 충분한 시간을 준다면 국가 간 갈등을 줄이는데 기여할 것이라는 견해가 있다. 이는 사법적 강제조치 이전에 일종의 "자발적 이행을 위한 은혜기간"(a period of grace for voluntary compliance)을 부여하자는 것인데, UN협약에는 이를 위한 명문의 규정이 결국 삽입되지 못하였으나, 미국 "외국주권면제법"은 이를 규정하고 있다.[349]

---

345) See Yang in Orakhelashvili (ed.), pp. 416~418.

346) ILC도 (UN협약 제21조의 전신인) 초안 제19조에 대한 주석, para. (1)에서 그 점을 지적하고 있다 : https://www.un.org/law/ilc.

347) UN협약 제21조 2항 ; Yang in Orakhelashvili (ed.), pp. 396~397.

348) See, e.g., *Philippine Embassy Bank Account Case*, West Germany, Bundesverfassungsgericht, 13 Dec. 1977, 46 BVerfG 342; 65 ILR 146, at 164 [noted by August Reinisch, "European Court Practice Concerning State Immunity from Enforcement Measures", (2006) 17 (4) EJIL 803 at 808 ; Yang in Orakhelashvili (ed.), p. 389] : "There is a general rule of international law that execution by the State having jurisdiction on the basis of a judicial writ of execution against a foreign State, issued in relation to non-sovereign action (*acta iure gestionis*) of that State upon that State's things located or occupied within the national territory of the State having jurisdiction, is inadmissible without assent by the foreign State, insofar as those things serve sovereign purposes of the foreign State at the time of commencement of the enforcement measure."

349) 미국의 일부 재판관할권에서는 판결을 만족시키기 위한 압류와 집행은 단순히 재판소 서기(clerk)나 지방보안관(local sheriff)에게 신청함으로써 실시할 수 있다. 그러므로 28 U.S.C. §1610(c)는 외국재산에 관한 한 재판소가 압류/집행을 위한 명령서를 별개로 발하기 전까지는 §1610(a)/(b)에 규정된 압류/집행을 금지함으로써 외국에 충분한 보호를 제공하려고 의도하고 있는데, 그 규정은 다음과 같다 : "No attachment or execution referred to in subsections (a) and (b) of this section shall be permitted until the court has ordered such attachment and execution after having determined that a reasonable period of time has elapsed following the entry of judgment and the giving of any notice required under section 1608(e) of this chapter." 이 규정에 의하면, 압류/집행을 명령하기 전에 재판소는 판결이 내려진 후, 혹은 궐석판결의 경우에는 §1608(e)에 의거하여 외국에 판결의 최고(催告)가 이루어진 후, "합리적인(충분한) 기간"(a *reasonable* period of time)이 경과하였다고 결정하여야 한다. 표현을 보건대, 재판소는 '합리적인(충분한)' 기간이 경과하였는지의 여부를 판단함에 있어 재량권을 행사할 것으로 보인다. Dickinson/Lindsay/Loonam, pp. 306,

Ⅸ. 소송 관련 부수적 문제 : 소환장 송달, 결석판결, 재판심리 중의 특권·면제[350)]

여기서는 UN협약의 규정을 중심으로 외국 정부를 상대로 한 소송에서 소환장은 어떻게 송달하고, 결석판결은 어떤 경우 가능하며, 또 재판심리 중 외국에 부여되는 특권에는 어떠한 것이 있는지를 개관한다.

1. 소환장 송달(service of process)[351)]

외국을 상대로 소송을 제기하기 위한 (영장 또는 기타 문서에 의한) 소환장 송달은 피고국가와 법정지국가에게 구속력있는 준거국제협약에 따르거나, 또는 －법정지국의 법에 의해 배제되지 않는 한－ 청구인과 피고국가 간의 송달을 위한 특별약정에 따라 행해져야 한다. 그같은 협약이나 특별약정이 없는 경우에는 외교채널을 통하여 피고국가의 외무부로 문서를 송부하거나 또는 －법정지국가의 법에 의하여 배제되지 않는 한－ 피고국가가 수락하는 기타 다른 방법(예컨대, 우편송달)에 의하여야 한다.

피고국가의 외무부가 관련 문서를 수령하면 소환장 송달은 이루어진 것으로 간주된다. 이러한 문서에는 필요하다면 피고국가의 한 가지 공용어로 된 번역본을 첨부하여야 한다. 자기를 상대로 제기된 소송의 본안(merits) 심리에 출두하는 국가는 나중에 가서 소환장 송달이 위 규정에 따라 이루어지지 않았다고 주장할 수 없다.

2. 결석판결(default judgement)[352)]

외국을 상대로 결석(궐석)판결을 내리기 위해서는 법정지국가의 재판소는 먼저 "(a) 소환장송달에 관한 요건이 준수되었을 것, (b) 소송을 제기하는 영장 또는 기타 문서의 송달이 이루어졌거나 이루어진 것으로 간주되는 일자로부터 적어도 4개월이 경과하였을 것, 그리고 (c) UN협약의 규정에 의하여 재판소의 관할권 행사가 방해받는 경우가 아닐 것"[353)] 등의 요건이 구비되었음을 인정하여야

310~311 ; Fox, pp. 415~416.

350) UN협약 제22조~제24조.

351) UN협약 제22조.

352) UN협약 제23조.

353) (UN협약에서는 제23조에 위치하게 된) ILC초안 제21조의 1항(c)에 언급된 "본 규정들이 재판소의 관할권 행사를 방해하는 경우가 아닐 것"(the present articles do not preclude it (i.e. the court) from exercising jurisdiction)의 요건에 대해 ILC는 주석에서 다음과 같이 설명하고 있다 : "Paragraph 1(c) ... requires a court to determine on its own initiative that the State concerned was not immune from the jurisdiction of the court." 다른 입법례들도 취지는 동일하다. 이를테면, "국가면제에 관한 유럽협약" 제15조도 "A Contracting

한다.

피고국가에게 내려진 결석판결의 사본은 필요하다면 피고국가의 한 가지 공용어로 된 번역본을 첨부하여 제22조 1항에 명시된 한 가지 수단을 통하여 그 피고국가로 송부되어야 한다.

결석판결의 파기신청을 위한 시한은 적어도 4개월 이상이어야 하며, 그 시한은 피고국가가 판결사본을 수령하였거나 수령한 것으로 간주되는 일자로부터 진행하기 시작한다.

3. 재판심리 중의 특권 · 면제(privileges and immunities during court proceedings)[354)]

특정한 행동을 하거나 또는 하지 못하도록, 혹은 소송목적을 위하여 문서를 제출하거나 또는 기타 다른 정보를 공개하도록 명령하는 재판소의 명령에 피고국가가 따르지 않더라도 당해 소송의 본안과 관련하여 그러한 행동으로부터 초래될 수 있는 결과 이외의 어떤 결과도 발생하지 아니한다. 특히, 그러한 불이행 또는 거절을 이유로 하여 피고국가에게 벌금(fine or penalty) 등을 부과하지 못한다.[355)]

또한 법정지국가의 재판소는 피고 외국정부에 대해 소송비용(judicial costs or expenses)의 납부를 보장받기 위해 그 명칭은 여하간에 담보(security), 보증금(bond) 또는 기탁금(deposit)을 제공하도록 요구할 수 없다.

X. 외국의 특권 : 조세 면제를 중심으로

UN협약은 "국가 및 그 재산의 관할권면제에 관한 UN협약"이라는 그 제목에서 시사하는 것처럼 외국의 조세 면제(exemption/immunity from taxation)와 같은 ―엄격한 의미에서의 면제가 아닌― 이른바 특권(privileges)에 관해서는 언급이 없다.[356)] 이 점에 있어 UN협약은 면제뿐만 아니라 특권까지 규정하고 있는 1961년의 "외교관계에 관한 비엔나협약"(Vienna Convention on Diplomatic

---

State shall be entitled to immunity from the jurisdiction of the courts of another Contracting State if the proceedings do not fall within Articles 1 to 14; *the court shall decline to entertain such proceedings even if the State does not appear.*"라고 규정하고 있고, 영국 국가면제법 섹션 1(General immunity from jurisdiction)도 "(1) A State is immune from the jurisdiction of the courts of the United Kingdom except as provided in the following provisions of this Part of this Act. (2) *A court shall give effect to the immunity conferred by this section even though the State does not appear in the proceedings in question.*" 이라고 규정하고 있다.

354) UN협약 제24조.

355) 이를테면, 영국 국가면제법(SIA), 섹션 13(Other procedural privileges) 1항은 "No penalty by way of committal or fine shall be imposed in respect of any failure or refusal by or on behalf of a State to disclose or produce any document or other information for the purposes of proceedings to which it is a party."라고 규정하고 있다. Fox in Evans (ed.), *International Law*, 4th, p. 359.

356) 면제와 특권의 구분에 관해서는, 본서, 제12장 (외교면제) 참조.

Relations)이나 1963년의 "영사관계에 관한 비엔나협약"(Vienna Convention on Consular Relations)과는 구분이 된다. 그러면 현지법에 따른 조세 부담의 주체가 외국 정부인 경우 세금을 면제 혹은 경감해 줄 것을 요구하는 관습법규가 존재하는지의 질문이 이어지는데, 이에 관련한 일정 관행이나 관습법규가 수립되어 있는 것 같지는 않다.[357] 따라서 이 문제는 관련국가 간에 합의를 통해서 규율하는 것이 최선의 방안일 것이다.[358] 이 문제에 대한 한 개의 절충안은 국가재산에 대한 제한적 면제이론을 차용하여, 외국재산에 대한 조세 부과 여부도 문제의 재산이 권력적·비상업적 목적에 바쳐진 것인지의 여부를 기준으로 판단하는 것이다.[359]

2007년 4월 일간지에 보도된 한국과 프랑스 간의 세금 논쟁도 흥미롭다.[360] 프랑스 정부는 서울 주재 자국 공관원들의 거주용으로 서울 시내에 13채의 주거지를 소유하고 있었는데, 그간 이들 국가소유 부동산에 대한 한국의 과세(국세 및 지방세)에 이의를 제기하지 않았었다. 가장 큰 이유는 한국 정부가 프랑스 내에 소유하고 있는 부동산에 대해 프랑스도 과세를 하고 있기 때문이다. 그러나 한국은 2005년 1월 투기를 방지한다는 명목으로 이른바 "종합부동산세"란 것을 도입하고 이 세금을 문제의 부동산들에 대해 부과하였다. 프랑스 정부는 한국의 과세는 인정하지만, 종합부동산세의 도입으로 인한 세율의 증가는 이 문제에 대한 상호주의의 적용을 일탈하는 결과를 초래하고 있다고 이의를 제기하여 왔다. 한국 정부는 일단 프랑스 정부의 이같은 견해에 동의하지 않은 것으로 보인다. 한국 세법은 외국의 국유재산에 대한 과세에 상호주의를 적용하고 있고,[361] 프랑스 또한 이 문제에 상호주의를 적용하고 있기 때문에, 결국 쟁점은 상호주의를 어떻게 정의내릴 것인가의 문제로 귀착하게 되었다. 양국 모두 이 문제가 외교관계 비인나협약의 규율 대상이 아닌 것으로 봄에 있어서는 견해를 같이 한 것으로 보인다. 그러나 생각건대 문제의 주택들에 프랑스 외교관들이 살고 있다면, 해석과 운용 여하에 따라서는 외교관이 "사절단의 목적을 위하여 파견국을 대신해서 보유(hold)하는" 개인부동산에 대한 조세면제를 규정하고 있는 동 협약 제34조가 본건 상황에 적용될 수 있는 여지가 있다.[362]

한편, 국가원수의 개인적 특권에 관련한 사례로서, 1926년 루마니아 여왕 *Marie of Edinburgh*가 미국에서 체류하는 동안 벌어들인 소득에 대해 세금부과가 가능한가라는 재무장관의 질문에 대

357) Cf. Daniel Franchini/EJIL:Talk , March 1, 2024, "Immobilised Assets, Extraordinary Profits: The EU Council Decision on Russia's Central Bank Reserves and Its Legal Challenges", 〈https://www.ejiltalk.org/〉.

358) 이 문제에 대한 일부 국가의 종래 태도에 관해서는, O'Connell, pp. 878~879 ; Robert Delson, "Immunity from Taxation of Real Property Owned by Delegations to the United Nations", (1955) 49 AJIL 555~560 참조.

359) O'Connell, p. 879 ; Hackworth, Vol. 2, § 174, pp. 465~470.

360) 뉴스전문 검색 사이트, https://www.kinds.or.kr/에서 "주한 프랑스대사관 종부세" 검색.

361) 지방세법 제185조 1항, 종합부동산세법 제6조.

362) Gore-Booth (ed.), p. 136 ; 본서, 제12장 (외교면제 및 특권), "Ⅶ. 외교관의 특권, 1. 세금 면제". 그후 비슷한 갈등이 재연되었다 : 김은중/조선일보, 2020.10.13., "프랑스 대사관 "종부세 과도하다, 못내겠다" 또 요청 - "프랑스엔 그런 세금 없고 과도해" 노무현 정부 때도 납부 거부 갈등" ; 고석현/중앙일보, 2020.10.13., "프랑스 대사관도 '종부세 비명'…세금 2배 뛰자 "못내겠다"" ; 매일경제, 2020.10.14., "[사설] 프랑스 대사관의 종부세 반발, 세금폭탄의 불합리성 보여준다."

해 국무장관 Kellogg는 이는 국제관행과 미국 국내법에 어긋나는 일이 될 것이라고 답변한 적이 있다.[363] 이 밖에 국제예양상, 국가원수와 그 가족에 대해서는 여권과 입국사증(비자)의 검사가 면제되기도 한다.[364] 외교관과 영사는 접수국의 국내문제에 간섭하지 않을 의무를 부담하는데,[365] 이 불간섭의 의무는 타국을 공식 방문하는 국가원수에게도 똑같이 적용된다.[366]

363) Hackworth, Vol. 2, § 170, p. 404.
364) *Ibid.*, § 170, p. 405.
365) 1961년 "외교관계에 관한 비엔나협약" 제41조 1항 ; 1963년 "영사관계에 관한 비엔나협약" 제55조 1항.
366) Rosenne, *The Perplexities of Modern International Law*, p. 241.

제 11 장
국가행위이론

국가행위이론(Act of State doctrine)에서 '국가'는 '외국'을 의미하는데, 이는 외국의 면제를 국가면제로 줄여서 부르는 것과 같은 이치이다. 이 때문에 국가행위이론은 흔히 "외국행위이론" (foreign act of state doctrine)으로도 불린다.[1] 이와는 대조적으로 영국 헌법상의 국가행위 이론에서 국가라 함은 영국 정부 자신을 지칭하는 것인데 이에 관해서는 본장 끝에서 살펴보기로 한다.

일국의 재판소에서 외국의 행위가 문제되는 상황은 피고가 외국 정부의 전·현직 공무원 또는 대리인인 경우와 피고가 외국정부의 전·현직 공무원 또는 대리인이 아닌 경우로 나누어지는데, 전자는 제10장(국가면제)에서 언급한 바와 같이 국가면제 이론을 개인의 공적 행위에 연장적용한 물적 면제의 경우이며, 후자는 주로 미국 판례법에서 외국 정부에 의한 미국인 재산의 위법한 수용과 관련하여 전개되어 오고 있다.

Ⅰ. 피고가 외국의 전·현직 공무원(국가대표자) 또는 대리인인 경우

국가면제에 관한 UN협약 제2조에 의하면 국가면제의 목적상 국가의 개념에는 지위나 계급에 관계 없이 '국가대표자의 자격으로 행동하는 자'(representatives of the State acting in that capacity), 즉 그같이 행동하는 자연인이 포함된다. 즉, 이들도 국가를 대표 혹은 대리하여 행동하는 범위 내에서 (물적)국가면제를 원용할 수 있다. 구유고국제형사재판소 항소부(ICTY Appeals Chamber)도 *Blaškić* (*subpoena*) 사건[2]에서 이 규칙을 잘 확립된 국제관습법규로 인정한 바 있다.

---

1) *Belhaj* v. *Straw*, UK Supreme Court, 17 January 2017, [2017] UKSC 3, para. 199 (*per* Lord Sumption), 〈https://www.supremecourt.uk/cases/docs/uksc-2014-0264-judgment.pdf〉.

2) ICTY Appeals Chamber, *Prosecutor* v. *Blaškić* case, *Judgment on the Request of The Republic of Croatia for Review of the Decision of Trial Chamber II of 18 July 1997*, 29 October 1997, para. 38: "Such [State] officials are mere instruments of a State and their official action can only be attributed to the State. They cannot be the subject of sanctions or penalties for conduct that is not private but

ICJ는 *Certain Questions of Mutual Assistance in Criminal Matters* 사건[3]에서, "자신의 국가기관을 위해 면제를 주장하려는 국가는 법정지국가 당국에 통지할 것이 기대되며", 대신에 "그 국가는 이같은 통지를 통해 자국의 기관이 행한 일체의 국제위법행위에 대해 책임을 지게 될 것"이라고 언급한 바 있다.

1. 국가행위이론과 전쟁행위

개인은 특정국가를 위하여(혹은 대리하여) 행한 전쟁행위(acts of war)와 관련하여 타국에서 제소당하거나 소추될 수 없다. 이 경우 전쟁행위가 이루어진 장소는 문제되지 아니한다.[4] 군대구성원뿐

---

undertaken on behalf of a State. In other words, State officials cannot suffer the consequences of wrongful acts which are not attributable to them personally but to the State on whose behalf they act : they enjoy so-called "functional immunity". This is a well-established rule of customary international law going back to the eighteenth and nineteenth centuries, restated many times since." ; and para. 41 : "It is well known that customary international law protects the internal organization of each sovereign State: it leaves it to each sovereign State to determine its internal structure and in particular to designate the individuals acting as State agents or organs. Each sovereign State has the right to issue instructions to its organs, both those operating at the internal level and those operating in the field of international relations, and also to provide for sanctions or other remedies in case of non-compliance with those instructions. The corollary of this exclusive power is that each State is entitled to claim that acts or transactions performed by one of its organs in its official capacity be attributed to the State, so that the individual organ may not be held accountable for those acts or transactions. The general rule under discussion is well established in international law and is based on the sovereign equality of States (*par in parem non habet imperium*). The few exceptions relate to one particular consequence of the rule. These exceptions arise from the norms of international criminal law prohibiting war crimes, crimes against humanity and genocide. Under these norms, those responsible for such crimes cannot invoke immunity from national or international jurisdiction even if they perpetrated such crimes while acting in their official capacity. Similarly, other classes of persons (for example, spies, as defined in Article 29 of the Regulations Respecting the Laws and Customs of War on Land, annexed to the Hague Convention Ⅳ of 1907), although acting as State organs, may be held personally accountable for their wrongdoing. ..." See https://www.icty.org/case/blaskic/4 ; Cassese, *International Law*, 2nd, pp. 111, 113 ; Webb in de Wet and Vidmar (eds.), p. 139.

3) Djibouti v. France, ICJ Reports (2008), p. 177 at 244 (para. 196) : "The State which seeks to claim immunity for one of its State organs is expected to notify the authorities of the other State concerned. This would allow the court of the forum State to ensure that it does not fail to respect any entitlement to immunity and might thereby engage the responsibility of that State. Further, the State notifying a foreign court that judicial process should not proceed, for reasons of immunity, against its State organs, is assuming responsibility for any internationally wrongful act in issue committed by such organs."

4) 왜냐하면 전쟁이란 기본적으로 국가 간에 국경선을 밀고 당기는 주권적·권력적 행위이기 때문이다. 따라서 법정지국 영토 밖에서의 행위는 물론이고 그 안에서의 행위라 하더라도 전쟁행위에 해당하면 면제가 인정된다고 보는 것이다. 그러나 이같은 전통적인 생각은 - 본서, 제10장 (국가면제)에서 이미 논한 바와 같이- 전시 국가의 강행규범 위반과 관련하여 구적국(舊敵國) 자체를 피고로 하여 제기된 민사소송 사건인 *Prefecture of Voiotia* v. *Federal Republic of Germany* (the Distomo massacre case), Greece, Court of First Instance of Leivadia, Case No. 137/1997, 30 October 1997, and Areios Pagos (Greek Supreme Court), Case No. 11/2000, 4 May 2000 그리고 *Ferrini* v. *Federal Republic of Germany,* Italy, Court of Cassation, 11 March 2004에서 무시된 바 있다. 다만, 아래에서 언급하는 바와 같이, '개인'의 전쟁범죄와 주요 전쟁관련 범죄에 대해서는 행위지에 관계없이 국가면제를 원용할 수 없다는 관습법규가 이미 존재한다.

만 아니라 일정 상황 하에서는 민간인들도 이 국제법규의 보호대상이 된다. 후자의 한 예로서는 밀려오는 적군의 수중에 농작물이 들어가는 것을 막기 위해 민간인이 군대의 명령에 따라 그것을 불태워버리는 경우를 들 수 있다. 그리고 국제법의 이 원칙은 전쟁에 이르지 아니하는 국가 간 적대행위에 대해서도 적용되는 것으로 보인다.[5)]

그러나 이 원칙에는 몇 가지 예외가 있다.[6)] 첫째, 1977년 제네바 제1추가의정서 제47조 1항에 의하면 용병(mercenary)은 교전자격을 상실하였으므로, 잡히면 포로의 대우를 받지 못한다.[7)] 둘째, 국적 또는 거주사실에 의하여 법정지 국가(state of the forum, adjudicating state)에 충성의 의무를 지고 있는 자들은 반역죄(treason) 등의 범죄로 소추되는 것을 피하기 위해 국가행위이론을 원용할 수 없다. 셋째, 국가행위이론은 또한 간첩(spies)과 사보퇴르(saboteurs) 같은 비특권적 전투원(unprivileged combatants)을 보호해 주지 않는다.[8)] 넷째, 무엇보다도 '전쟁범죄'와 기타 전

5) Michael Akehurst, "Jurisdiction in International Law", (1972~1973) 46 BYIL 145 at 240.

6) *Ibid.*, at 241.

7) 용병의 정의는 1989년의 약칭 "UN용병협약"(UN Mercenary Convention)에 의하여 더욱 확대되고 있다. 본서, 제28장 (전쟁법) 참조.

8) "비특권적" 전투원, 즉 간첩은 적의 작전지대 내에서 변장하여 은밀하게 정보를 수집하는 자로서, 일단 소속군에 복귀하면 그 후에 다시 사로잡히더라도 전쟁포로로 대우받고 또 그 전의 행위로 처벌을 받지는 않지만, 복귀 전에 체포되면 포로의 대우를 받지 못하며, 적국에서 사형을 포함한 처벌을 각오해야 한다. 다만, 행위 중 체포된 간첩은 재판을 거치지 아니하고는 처벌할 수 없다. 광의의 간첩 개념에는 군사시설 파괴활동-즉, 사보타지(sabotage)-에 종사하는 사보퇴르가 포함된다. (1899년 및 1907년) 헤이그 육전법규(Hague Regulations concerning the Laws and Customs of War on Land) 제29조~제31조 ; 1977년 제네바협약 제1추가의정서 제46조 ; Green, pp. 115~117 ; 朴觀淑, pp. 381~382 ; 崔載勳(外 5人), pp. 652~653 ; ICTY Appeals Chamber, *Blaškić (subpoena)* case, Judgment on the Request of The Republic of Croatia for Review of the Decision of Trial Chamber Ⅱ of 18 July 1997, 29 October 1997, para. 41.

특히, 사보퇴르에 관한 주요 판례로는 Supreme Court of the United States, *Ex parte Quirin et al.*, Decided July 31, 1942, 317 U.S. 1 (1942), 〈https://www.loc.gov/rr/frd/Military_Law/pdf/Supreme-Court-1942.pdf〉 ; https://www.loc.gov/rr/frd/Military_Law/nazi-saboteurs-trial.html ; https://en.wikipedia.org/wiki/Ex_parte_quirin 참조. 사건 개요는 다음과 같다. 1942년 6월 17일(혹은 그 즈음하여), 8명의 독일 사보퇴르가 4명씩, 두 그룹으로 나뉘어 각기 다른 잠수함을 타고 미국 연안(뉴욕주 롱아일랜드 Amagansett 해변과 플로리다주 잭슨빌 근처 Ponte Vedra 해변)에 상륙하였다. 그들 모두는 혹시 잡히면 포로의 대우를 받기 위해 독일 군복을 입고 있었다. 그러나 그들은 상륙후 재빨리 민간인 복장으로 갈아 입고 뉴욕시와 잭슨빌로 향하였다가 거기서 다른 지역으로 이동하였다. 두 그룹 모두 미국 내 군수산업을 파괴하기 위한 폭약 등을 휴대하였다. 그러나 롱아일랜드로 침투한 4명 중에서 Dasch와 Burger는 상륙 즉시 FBI에 자수하였다. 그 결과 나머지 6명은 뉴욕과 시카고에서 체포되었다. 7월 2일 루즈벨트 대통령은 이들을 군법회의에서 재판토록 명령하였고, 이에 근거하여 7월 8일 군법회의가 소집되었다. 8명의 독일 사보퇴르들은 민간법정에서 재판받을 권리가 있다고 주장하였는데, 7월 31일 연방최고재판소는 이들의 주장을 전원일치로 배척하였으며, 8월 1일 군법회의는 8명 모두에게 사형을 선고하였다. 대통령은 Dasch와 Burger에게는 각기 징역 30년과 무기징역으로 형을 감해 주었지만, 나머지 6명은 8월 8일 전기의자에 앉아 사형을 맞이하였다. Dasch와 Burger는 1948년 감옥에서 석방되어 독일로 추방되었다. 이 사건에서 연방최고재판소는 다음과 같이 언급하고 있다 [317 U.S. 1 (1942), at pp. 30~31] : "By universal agreement and practice, the law of war draws a distinction between the armed forces and the peaceful populations of belligerent nations and also between those who are lawful and unlawful combatants. Lawful combatants are subject to capture and detention as prisoners of war by opposing military forces. Unlawful combatants are likewise subject to capture and detention, but in addition they are subject to trial and punishment by military tribunals for acts which render their belligerency unlawful. The spy who secretly and without uniform passes the military lines of a belligerent in time of war, seeking to gather military

쟁 관련 범죄, 예컨대 '평화에 대한 죄', '인도에 대한 죄' 혹은 '제노사이드'(genocide)를 저지른 자는 국가행위이론을 원용할 수 없다.[9] 반면에 평화에 대한 죄를 범하지 않은 피고는 그가 참여하고 있는 전쟁이 침략전쟁이라는 이유만으로는 면제를 상실하지 않는다.[10]

2. 국가행위이론과 전쟁행위 이외의 행위

국가행위이론의 적용은 전쟁행위에 국한되지 않는다. 먼저, 영국의 고전적 판례를 살펴보자. 1877년의 *Twycross* v. *Dreyfus* 사건[11]에서 원고는 페루 정부가 피고를 통하여 발행한 공채(bonds)를 보유하고 있었는데, 공채 발행과 관련한 페루 정부의 일정 약속을 피고가 이행하지 않자 소를 제기하였다. 그러나 영국 항소재판소는 피고는 페루 정부의 대리인(agent)이기 때문에 본인

---

information and communicate it to the enemy, or an enemy combatant who without uniform comes secretly through the lines for the purpose of waging war by destruction of life or property, are familiar examples of belligerents who are generally deemed not to be entitled to the status of prisoners of war, but to be offenders against the law of war subject to trial and punishment by military tribunals."

9) See International Military Tribunal (Nuremberg), Judgment of 1 October 1946, pp. 55~56, 〈https://crimeofaggression.info/documents/6/1946_Nuremberg_Judgement.pdf〉: "It was submitted that International Law is concerned with the actions of sovereign States and provides no punishment for individuals; and further, that where the act in question is an act of State, those who carry it out are not personally responsible, but are protected by the doctrine of the sovereignty of the State. In the opinion of the Tribunal, both these submissions must be rejected. That International Law imposes duties and liabilities upon individuals as well as upon States has long been recognized. ... ...
The principle of International Law, which under certain circumstances protects the representatives of a State, cannot be applied to acts which are condemned as criminal by International Law. The authors of these acts cannot shelter themselves behind their official position in order to be freed from punishment in appropriate proceedings. Article 7 of the Charter expressly declares:
"The official position of defendants, whether as heads of State, or responsible officials in government departments, shall not be considered as freeing them from responsibility, or mitigating punishment."
On the other hand the very essence of the Charter is that individuals have international duties which transcend the national obligations of obedience imposed by the individual State. He who violates the laws of war cannot obtain immunity while acting in pursuance of the authority of the State if the State in authorizing action moves outside its competence under International Law."
이 밖에도, *Attorney General* v. *Adolf Eichmann*, Supreme Court of Israel, Criminal Appeal 336/61, Judgment of 29 May 1962, 〈https://www.internationalcrimesdatabase.org/Case/185/Eichmann/〉 사건에서, '전쟁범죄, 인도에 대한 죄, 유대민족에 대한 죄 그리고 15년 전에 뉴른베르그 국제군사재판소에서 범죄로 선언된 단체의 구성원' 등의 죄목으로 기소되어 예루살렘 지방재판소에서 사형을 선고받고 항소한 나치 전범 아이히만은 자신의 범죄는 국가의 행위로서, 그에 대한 책임은 전적으로 해당 국가에게 있으며, 타국은 그가 임무를 수행한 그 국가의 동의를 얻는 경우를 제외하고는 처벌할 권리가 없다고 주장하였다. 그러나 이스라엘 최고재판소는, 국가행위 이론은 국제법에 의하여 금지된 행위, 특히 그처럼 가증스러운 국제범죄에 대해서는 적용되지 않으며, 이같은 결론은 "피고인의 공적 지위는 국가원수이든 아니면 정부 내의 책임 있는 관리이든 그들의 책임을 면제시켜주거나 처벌을 완화하는 것으로 간주되지 아니한다"고 규정한 뉴른베르그 국제군사재판소헌장 제7조에 의해서도 확인된다고 판시하였다(para. 14 of the Judgment).

10) ICTY Appeals Chamber, *Blaškić* (*subpoena*) case, *Judgment on the Request of The Republic of Croatia for Review of the Decision of Trial Chamber II of 18 July 1997,* 29 October 1997, para. 41.

11) (1877) 5 Ch.D. 605.

(principal) 없이는 제소당할 수 없다고 판결하였다. 특히, James 판사는 다음과 같이 명쾌한 논리를 제시하고 있다.

> "페루 정부를 제소할 수는 없다. 그리고 이 국가의 대리인을 피고로 삼은 다음 '네가 정부의 돈을 가졌으므로 그것을 사용해야 한다'고 말함으로써 외국정부를 간접적으로 제소하려고 노력하는 것은, 나의 견해로는 재판관할권의 가공할 만한 불법사용이 될 것이다. 그것은 실제로는 외국정부로 하여금 간접적으로 이 재판소의 관할권에 대해 책임지게 하려고 노력하는 것이 될 것이다."[12)]

그리고 전직 국제기구 공무원의 면제와 관련한 1964년의 영국 항소재판소 판결 *Zoernsch* v. *Waldock*[13)]에서 Diplock 판사는 다음과 같이 말하고 있다.

> "개인 주권자와는 별도로, 외국의 주권정부는 오르지 대리인을 통해서만 행동할 수 있으며, 따라서 외국정부가 그의 행위에 대하여 향유하는 면제는 만약 그것이 그의 대리인이 국가를 대리하여 한 행위에까지 연장되지 않는다면 실체없는 것이 되고 말 것이다. 공적 자격으로 행한 행위와 관련하여 사절을 제소하는 것은 그 사절이 제소 당시 현직을 떠났는가의 여부에 관계없이 사실상 그의 정부를 제소하는 것이 되고 만다."

영국의 이같은 판례는 1978년 "국가면제법" 이후에도 지속되고 있다.[14)]

다음, 미국의 고전적 판례로서, 임기 중 공적 행위와 관련하여 도미니카공화국의 전직 대통령을 상대로 제기된 1876년의 *Hatch* v. *Baez*[15)]에서 뉴욕주 고위(1심)재판소(New York Supreme

---

12) "You cannot sue the Peruvian government. It would be a monstrous usurpation of jurisdiction in my opinion to endeavour to sue a foreign government indirectly by making its agents in this country Defendants and saying 'You have got the money of the government and you ought to apply that.' It really would be indirectly endeavouring to make the foreign government responsible to the jurisdiction of this Court." : C.A. Whomersley, "Some Reflections on the Immunity of Individuals for Official Acts", (1992) 41 ICLQ 848 at 849.

13) [1964] 1 W.L.R. 675 at 692 ; Whomersley, *op. cit.*, (1992) 41 ICLQ 848 at 849 ; Fox, p. 353 : "A foreign sovereign government, apart from personal sovereigns, can only act through agents, and the immunity to which it is entitled in respect of its acts would be illusory unless it extended also to its agents in respect of acts done by them on its behalf. To sue an envoy in respect of acts done in his official capacity would be, in effect, to sue his government irrespective of whether the envoy had ceased to be 'in post' at the date of suit."

14) 예컨대, 영국 항소재판소는 *Propend Finance Pty Ltd.* v. *Sing*, 17 April 1997, 111 ILR 611에서, "국가면제법"(SIA)에는 개인에 대해서는 명시적인 언급이 없고, 또한 오스트레일리아 연방경찰은 동 법률 §14(1)(2)에서 말하는 "별개의 실체"(separate entity)가 아니지만 오스트레일리아 연방경찰의 국장(Commissioner of the Australian Federal Police)은 소송에서 면제된다고 판시하면서, 다음과 같이 언급하고 있다(111 ILR 611 at 669, noted by Fox, p. 354) : "The protection afforded by the Act of 1978 to States would be undermined if employees, officers (or as one authority puts it, 'functionaries') could be sued as individuals for matters of State conduct in respect of which the State they were serving had immunity. Section 14(1) must be read as affording to individual employees or officers of a foreign State protection under the same cloak as protects the State itself.'

15) 7 Hun. 596 (N.Y.Sup.Ct. 1876), 600 ; Akehurst, *op. cit.*, (1972~1973) 46 BYIL 145 at 242 : "the immunity of individuals from suits brought in foreign tribunals for acts done within their own States,

Court)는 피고가 현재 뉴욕주에 있기 때문에 주의 영토관할 내에 있음을 인정하면서도 "개인이 자국 내에서 행한 주권의 행사와 관련하여 외국재판소에 제기되는 소송으로부터 면제된다는 사실은 가장 공인된 국제법학자들로부터 승인을 받고 있다. 이것은 또한 내가 알게 된 이 주제에 관한 모든 판례에서도 인정되고 있다."고 언급한 바 있다. 베네주엘라 전직 대통령을 상대로 한 1897년의 *Underhill* v. *Hernandez* 사건[16]에서 연방최고재판소도 동일한 결론에 이르고 있다. 피고 Hernandez는 1896년 베네수엘라에서 쿠데타로 집권하여 미국의 승인을 획득하였지만 얼마 후 실각하여 미국에 망명하였는데, 미국인 Underhill은 자신이 Hernandez 정부에 의해 부당하게 감금되어 고통을 당했다고 주장하면서 Hernandez 개인을 상대로 제소하였다. 그러나 미국 연방최고재판소는 피고가 외국의 국가기관으로서 개인적 이익을 위하여 행동한 것이 아니었으므로 국가면제 이론의 연장으로서의 국가행위 이론을 적용하여 피고의 면제를 인정하였다. 미국 역시 1976년 "외국주권면제법" 이후에도 종래의 판례를 고수하고 있다.[17]

---

in the exercise of the sovereignty thereof, ... has the sanction of the most approved writers on international law. It is also recognised in all the judicial decisions on the subject that have come to my knowledge."

16) 168 US 250 (1897), 252 at https://supreme.justia.com/us/168/250/case/html : "The immunity of individuals from suits brought in foreign tribunals for acts done within their own states, in the exercise of governmental authority, whether as civil officers or as military commanders, must necessarily extend to the agents of governments ruling by paramount force as matter of fact."

17) 다만, 외국의 (전현직)개인 공무원에게 면제가 인정되는 근거를 FSIA에서 구할 것인지 아니면 (연방)보통법(federal common law)에서 구할 것인지에 대해서는 미국재판소들의 견해가 교차되고 있다. 예컨대, *Chiudian* v. *Philippine National Bank*, 912 F. 2d 1095, 1101 (9th Cir. 1990) (noted by Fox, pp. 354~355)에서 제9연방항소재판소는, "외국주권면제법"(FSIA)이 개인 공무원(individual officials)을 명시적으로 배제하고 있지는 아니하며, 그들을 동 법률의 적용범위에서 제외하는 것은 "과거 보통법으로부터의 공표되지 아니한 실질적인 이탈"(a substantial unannounced departure from prior *common law*)을 초래할 것이라고 판시한 바 있다. 이와 비슷하게, 제2 순회항소재판소는 미국의 "외국인 불법행위 청구법"(Alien Tort Claims Act)에 의거하여 전직 이스라엘 안보총국 수장(*former* head of the Israeli General Security Service)을 상대로 팔레스타인들을 대리하여 제기된 집단민사소송사건(federal class action lawsuit), *Matar* v. *Dichter* (Docket No. 07-2579-cv)에 대한 2009년 4월 16일의 판결에서 "...whether the FSIA applies to former officials or not, they continue to enjoy immunity under *common law*"(p. 10)라고 언급하면서 그의 면제를 인정한 바 있다. 이같은 판단을 함에 있어 재판소는 이 사건에 대한 재판을 거절해야 한다는 행정부의 결정을 결정적으로 고려하였다 : https://caselaw.lp.findlaw.com/data2/circs/2nd/072579p.pdf ; Center for Constitutional Rights, "Matar et al v. Dichter", https://ccrjustice.org/ourcases/current-cases/matar-v.-dichter.

이와는 대조적으로, 외국의 개인 공무원에게 국가면제를 부여하는 근거를 보통법보다는 외국주권면제법(FSIA)에서 구하는 경우도 있는데, 이를테면 *Matar* v. *Dichter*에 대한 2007년 5월 2일의 제1심 판결에서 연방지방재판소는 FSIA에 의거하여 면제를 향유한다는 Dichter의 주장을 수락하였었고, 또한 제2순회항소재판소도 *In re Terrorist Attacks on September 11, 2001*, (Docket No. 06-0319-cv (L))에 대한 2008년 8월 14일의 판결, 538 F.3d 71, 81(2d Cir. 2008)에서는 "an individual official of a foreign state acting in his official capacity is the "agency or instrumentality" of the state, and is thereby protected by the FSIA."(p. 22)라고 언급한 바 있다 : https://www.nefafoundation.org/ miscellaneous/FeaturedDocs/ ReTerrorAttacksonSept112001.pdf ; International Law Reporter, Friday, August 15, 2008, "In re Terrorist Attacks on September 11, 2001", https://ilreports.blogspot.com /2008/08/in-re-terrorist -attacks-on-september-11.html ; CRS Report for Congress, "In Re Terrorist Attacks on September 11, 2001: Dismissals of Claims Against Saudi Defendants Under the Foreign Sovereign Immunities Act (FSIA)", October 29, 2008, https://fpc.state.gov/documents/ organization /112480.pdf. See Dapo Akande, "US Appeals Court holds that Former Foreign Officials Entitled to Immunity in Civil Suit alleging War Crimes", *EJIL : Talk*,

대부분의 다른 국내재판소들도 이상의 논리를 따라 이 국가행위이론이 주권면제의 한 형태로서 국제법에 의하여 요구되는 것으로 보고 있다.[18] 그러나 전쟁행위 이외의 행위에 국가행위이론을 적용함에 있어서도 여러 가지 예외가 있다.

첫째, 공무원의 직무면제는 국가 자신이 향유하는 면제의 범위와 동일하다. 즉, 국가행위이론은 국가면제의 한 분파이고 국가면제는 더 이상 비권력적·상업적 행위에 대해서는 인정되지 않기 때문에, 국가의 관리 또는 대리인은 국가를 위하여/대리하여 수행한 것이라 하더라도 그러한 비권력

---

https://www.ejiltalk.org.

드디어 2010년 6월 1일의 판결에서 연방최고재판소는 "외국주권면제법"(Foreign Sovereign Immunities Act, 28 U.S.C. § 1603)에 정의된 바의 '외국'의 개념에 "외국을 대리하여 행동하는 관리"는 포함되지 아니한다고 하였다 : *Samantar* v. *Yousuf*, 560 U.S. 305 (2010), 〈https://www.supremecourt.gov/opinions/09pdf/08-1555.pdf〉, ("...Reading the FSIA as a whole, there is nothing to suggest that "foreign state" should be read to include an official acting on behalf of that state. ... ... Whether petitioner may be entitled to common-law immunity ... are matters to be addressed in the first instance by the District Court."). 이는 미국법에서 외국의 (전,현직)관리를 상대로 하는 소송에는 여전히 연방보통법(federal common law)이 적용됨을 의미한다 : https://en.wikipedia.org/wiki/Samantar_v._Yousuf ; Keitner, pp. 315, 321.

국가면제 법률이 외국의 관리들을 상대로 하는 (민사)소송에도 적용되는지의 문제와 관련하여, 대부분의 국가의 사법부는 -미국의 경우와는 대조적으로- 관련 법률에 이것이 명시되어 있지 않다 하여도 당연히 그렇게 해석해야 하는 것으로 새기고 있다. See. e.g., Canada, Supreme Court, *Kazemi Estate* v. *Islamic Republic of Iran*, [2014] SCC 62, para. 84 ff, 〈https://scc-csc.lexum.com/scc-csc/scc-csc/en/item/14384/index.do〉 : "[84] ... The absence of an explicit reference to "public officials" in the Act requires that the term "government" be interpreted in context, and, as previously mentioned, against the backdrop of international law. [85] At the outset, I note that the definition of the term "foreign state" at s. 2 of the SIA is open-ended, as indicated by the use of the word "includes". When this statutory language is placed in context, in conjunction with the purpose of the Act, it becomes clear that public officials must be included in the meaning of "government" in s. 2 of the SIA. The reality is that governmental decisions are carried out by a state's servants and agents. States are abstract entities that can only act through individuals. ... [86] This contextual interpretation, dictated by common sense, is further supported by the United Nations Convention on Jurisdictional Immunities of States and Their Property (2004) (not yet in force), which defines "State" as including "representatives of the State acting in that capacity" (art. 2(1)(b)(iv)). It is also supported by international jurisprudence, reflecting a growing consensus on this issue in a number of jurisdictions: see Jones v. United Kingdom, at paras. 96 and 202; Prosecutor v. Blaškić (1997), 110 I.L.R. 607, at p. 707; Jones v. Ministry of the Interior of Saudi Arabia, at paras. 30 and 65-69. [87] Excluding public officials from the meaning of government would completely thwart the purposes of the SIA. ... [93] Given the above, I conclude that public officials, being necessary instruments of the state, are included in the term "government" as used in the SIA. That being said, public officials will only benefit from state immunity when acting in their official capacity. This conclusion leads me to the question of whether the individual respondents were acting in their official capacity when they allegedly tortured Ms. Kazemi so as to render them immune from civil proceedings in Canada."

See also UK, House of Lords, *Jones* v. *Saudi Arabia*, [2006] UKHL 26, para. 10, 〈https://publications.parliament.uk/pa/ld200506/ldjudgmt/jd060614/jones.pdf〉 : "While the 1978 Act explains what is comprised within the expression "State", and both it and the 1972 European Convention govern the immunity of separate entities exercising sovereign powers, neither expressly provides for the case where suit is brought against the servants or agents, officials or functionaries of a foreign state ("servants or agents") in respect of acts done by them as such in the foreign state. There is, however, a wealth of authority to show that in such case the foreign state is entitled to claim immunity for its servants as it could if sued itself. The foreign state's right to immunity cannot be circumvented by suing its servants or agents."

18) Cassese, *International Law*, 2nd, pp. 111~112.

적·상업적 행위와 관련해서는 면제를 주장할 수 없다.[19] 다만, 외교면제는 기술적인 의미에서 국가행위이론의 보호범위를 훨씬 넘어서고 있다. 순전히 외교관 개인의 사적 행위까지 보호하고 있을 뿐만 아니라[20] 외교관의 공적 행위에 관한 한 그것이 권력적 행위이건 상업적 행위이건 관계없이 영원히(즉, 퇴직 후에도) 면제를 부여하기 때문이다.[21]

둘째, 국가행위이론은 형사소송에서 개인의 국제범죄(crimes under international law)에 대해서는 적용되지 아니한다.[22] 그러나 국제범죄에 이르지 아니하는 행위는 국가행위이론의 보호를 받는데, *Lozano* v. *Italy* 사건[23]이 이를 잘 보여주고 있다. 2004년의 UN국가관할권면제협약이 형사재판에는 적용되지 않는다는 양해 하에 채택됨에 따라 ILC는 2007년부터 "국가관리의 외국형사재판권 면제"(Immunity of state officials from foreign criminal jurisdiction)를 검토하고 있다.[24] 2017년 잠정 채택한 제7조 1항에 의하면 "제노사이드, 인도에 대한 죄, 전쟁범죄, 아파트헤이트, 고문, 강제실종" 등 6개 범죄에는 형사재판으로부터의 '물적' 면제가 인정되지 아니한다. ILC는 '침략범죄의 성격을 생각하여' '이 시점에서는' 이것을 제7조 1항에 포함하지 않기로 결정한 것인데, 일부 ILC 구성원들이 이의를 제기하기도 하였다.[25] 반대로, 2017년 UN총회 제6위원회에서 제7조는 자의적이고, 국가관행에서 지지를 구할 수 없으며, 기존 관습법의 법전화에 해당할 수 없을 것이라는 국가들의 강한 비판에 직면하였었다. 2022년 제1독회에서도 초안 제7조에는 수정이 가해지지 않았다. 그리고 초안 제3조~제4조에 의하면, '국가원수, 정부수반, 외무장관'은 임기 중

---

19) Franey in Orakhelashvili (ed.), p. 247 ; Orakhelashvili/Akehurst, 9th, p. 257. 그러나 이에 대해서는 다른 견해가 있는데, 즉 외국 공무원의 물적 면제는 외국의 면제와 완전히 동일한 개념은 아니기 때문에 국가를 대리하여 행한 공무원의 상업적 행위에 대해서는 그 개인에게 면제를 허용해야 한다는 것이다 : see e.g. Dapo Akande, "US Appeals Court holds that Former Foreign Officials Entitled to Immunity in Civil Suit alleging War Crimes", *EJIL: Talk*, https://www.ejiltalk.org.

20) Whomersley, *op. cit.*, (1992) 41 ICLQ 848 at 852.

21) 물론 외교관의 이 면제도 그 소속국에 의하여 포기될 수 있다.

22) See UK, *Pinochet* cases ; 본서, 제10장 (국가면제), "Ⅴ. 국가의 정의".

23) *Mario Luiz Lozano* v. *the General Prosecutor for the Italian Republic*, Supreme Court of Cassation, First Criminal Chamber, Italy, 24 July 2008, 〈https://www.internationalcrimesdatabase.org/Case/1123/Lozano-v-Italy/〉 ; Sari in Orakhelashvili (ed.), pp. 341, 358~359. 사건 개요는 이러하다. 2005년 3월 4일 이탈리아 군대 정보장교 한 명이 -그해 2월 이라크 반군에 의해 납치되었다가 그 얼마 전 석방된- 이탈리아 언론인 한 사람을 바그다드 공항으로 호송하는 도중 미군 검문소에서 미군 Lozano의 사격을 받고 사망하였다. 그는 빠른 속도로 접근해오는 차를 보고 임무수행의 범위 내에서 행동하였다고 주장하였다. 미군 당국도 그의 주장에 동의하고 기소하지 않기로 결정하였다. 그러나 이탈리아 사법당국은 결석재판을 열었다. 이 사건은 이라크에 군대를 파견한 두 파견국 간에 발생한 일이었다. 그런데 이들 두 국가는 각기 이라크와는 군대지위협정을 체결하였지만 두 국가 상호 간에는 그런 협정이 없는 터였기 때문에 이탈리아 검찰은 수동적 속인주의(passive personality principle)에 기초하여 Lozano에 대한 관할권 행사를 정당화하였다. 이탈리아 최고재판소는 이 사건의 상황에서 이탈리아가 수동적 속인주의에 입각하여 관할권을 행사함을 막는 국제법규는 없다고 하면서도, 외국의 국가기관들이 직무를 수행하기 위해 행한 권력적 행위(*acta jure imperii*)는 면제를 향유한다고 판시하였다. 그리고 개인의 국제범죄는 면제의 보호를 받지 못 한다는 국제관습법규가 형성 중임을 인정하면서도 Lozano의 범죄는 '인도에 대한 죄'도 아니고, '전쟁범죄'도 아니기 때문에 국제관습법상 면제가 인정된다고 결론지었다.

24) 본서, 제10장 (국가면제), "Ⅰ. 국가면제의 의의" 참조.

25) 2017 ILC Report, Chapter Ⅶ (Immunity of State Officials from Criminal Jurisdiction), para. 18, 〈https://legal.un.org/ilc/reports/2017/english/chp7.pdf〉.

형사재판으로부터의 '인적' 면제를 향유한다 ; 인적 면제는 이들의 행위가 사적인 자격에서 행한 것이든 공적인 자격으로 행한 것이든 관계없이, 또 임기 중에 행한 것이든 임기 전에 행한 것이든 관계없이 적용된다 ; 인적 면제의 중단은 물적 면제에 관한 국제법규의 적용을 침해하지 아니한다.[26) –면제가 물적인 것이든 인적인 것이든– 어떤 개인이 형사면제를 향유한다는 것은 그가 소추(기소)의 대상이 될 수 없고, 법원이 그에게 출두를 명하거나 질문에 답변할 것을 요구할 수 없음을 의미한다. 또한 그러한 자의 신체는 불가침으로서, 그를 체포하거나 그를 상대로 체포영장을 발부할 수 없다.[27)]

셋째, 외국의 관리 또는 대리인이 그 자신의 국가 내에서 행한 행위에 대해 국가행위이론이 적용된다는 것은 의문의 여지가 없다. 이 경우 계급이나 직책은 문제되지 않는다. 그러면 국가행위이론은 외국의 관리 또는 대리인이 법정지 국가의 영토 내에서 행한 공적 행위에 대해서도 적용되는가? 외교면제 · 영사면제 · 특별사절면제 등은 바로 이러한 경우를 보호하기 위해 고안된 것이다. 현직 외무장관의 타국 형사관할권으로부터의 절대적 (인적)면제를 인정한 *Arrest Warrant* 사건[28)]에서 유추해 보면 최소한 트로이카(국가원수, 정부수반, 외무장관)의 해외에서의 공무수행 행위에 대해서도 같은 말을 해야 할 것이다. 이들은 국가를 대외적으로 그리고 포괄적으로 대표하여 국가 간 공적 왕래를 수행하는 국가 최고위 관리들이기 때문이다. 그러나 다른 장관들이나 다른 유형의 국가관리들의 지위는 아직 분명하지 않다.[29)] 한 국가의 관리 또는 대리인이 특별한 목적을 위하여 타국 영토에서 접수되고 정부간 합의에 의하여 특별한 면제를 부여받는다면, 이것은 그가 그 밖의 다른 면제는 향유하지 못함을 시사하는 것이다.[30)] 예컨대, 영사는 오로지 영사업무(consular functions)에 대해서만 면제를 향유하며, 파견국을 대리하여(위하여) 수행하는 기타 공적 업무에 관해서는 면제를 향유하지 못한다. 미국 연방최고재판소는 일본 주둔 미국군대의 면제와 관련한 1957년의 *Girard* 사건[31)]에서 "주권국가는 명시적으로나 묵시적으로 재판관할권을 넘겨주는데 동의하지 않는 이상 그 국경선 내에서 행해진 법률위반의 범죄를 처벌할 배타적 재판관할권을 가지고 있다."고 언급한 바 있다.[32)]

끝으로, 한 가지 명백한 사실은, 공식적으로 접수되지 아니한 외국의 관리 또는 대리인은 그 어떤 경우에도 국가행위이론을 원용할 수 없다는 것이다.[33)] 본국 정부의 지령에 따라 밀입국하여 혹은

---

26) https://legal.un.org/ilc/guide/gfra.shtml ; https://legal.un.org/ilc/guide/4_2.shtml. See Webb in Evans (ed.), *International Law*, 5th, p. 326 ; Wickremasinghe in Evans (ed.), *International Law*, 5th, p. 376.

27) Franey in Orakhelashvili (ed.), pp. 205, 215. ICJ는 *Arrest Warrant of 11 April 2000* (Democratic Republic of the Congo v. Belgium), ICJ Reports (2002), p. 3 at 26~30 (paras. 62~71)에서 현직 국가원수와 정부수반, 외무장관의 경우, 타국 재판소의 명령에 의하여 체포될 수 없으며, 그들에 대해서는 체포영장의 발부 혹은 국제적 유포와 같은 예비적 조치도 취해서는 안 된다고 판시한 바 있다.

28) Case concerning the *Arrest Warrant of 11 April 2000* (Democratic Republic of the Congo v. Belgium), ICJ Reports (2002), p. 3.

29) Wickremasinghe in Evans (ed.), *International Law*, 3rd, p. 395.

30) Akehurst, *op. cit.*, (1972~73) 46 BYIL 145 at 244.

31) 354 US 524 (1957), 529.

32) See also De Lupis, pp. 105~106.

33) *The Rainbow Warrior* 사건에서 뉴질랜드는 선박 폭파를 실행에 옮긴 프랑스 요원들에 대해 재판관할권을 주장하고, 소추하고, 유죄선고를 내리고, 또 투옥하였었으며, 프랑스 정부도 뉴질랜드 국내재판에까지 개입하여 자국 비밀요원들의 (물적)면제를 주장하지는 않았다 ; 다만, 그들이 국가의 명을 받아 범죄를 행하였다는 사실

신분을 숨기고 입국하여 범죄를 저지르는 경우와 같은, 법정지국 영토 내에서의 불법행위에 대해서는 범인 '소속국'의 면제, 즉 국가 자신의 면제도 인정되지 않는다는 점을 고려하면 더욱 그러하다. 다만, 국가원수에 관한 한 미행(微行)으로(*incognito*)(즉, 신분을 밝히지 않거나 가명으로) 입국한 경우에도 면제를 부여한 판례가 있다.[34)]

Ⅱ. 피고가 외국의 전·현직 관리 또는 대리인이 아닌 경우: 미국법상의 국가행위이론

일국의 재판소가 외국정부의 그 영토 내에서의 공적 행위(이를테면 수용)와 관련된 사건을 어떻게 다룰 것인가, 즉 법정지국 내에서도 외국의 그같은 행위를 존중 혹은 승인할 것인지, 그렇다면 어느 범위까지 그렇게 할 것인지는 기본적으로 국내관할권에 속한다. 여기서 설명할 국가행위이론은 이 문제에 대한 미국재판소 특유의 접근방법을 잘 보여주고 있다.

외국의 전·현직 관리 또는 대리인을 상대로 제기된 상기 두 미국판결은 당해 사건을 해결하는데 필요한 법적 논리를 넘어 포괄적인 부수적 의견(*obiter dicta*)을 통해 미국 국가행위이론에 대해서도 말하고 있다. 즉, *Hatch* v. *Baez*[35)]에서 뉴욕주 고위(1심)재판소(New York Supreme Court)는 "국제법의 확립된 규칙에 의하면, 일국의 재판소는 타국이 그 자신의 영토 내에서 행한 행위에 관하여 재판하는 것을 삼가할 의무가 있다." (By the ... established rules of international law, the courts of one country are bound to abstain from sitting in judgment on the acts of another State done within its own territory.)고 하였고, *Underhill* v. *Hernandez*[36)]에서 연방최고재판소도 다음과 같이 그와 동일한 말을 하고 있다.

은 형의 감경사유로 간주되었다. Malanczuk, p. 122 ; Franey in Orakhelashvili (ed.), p. 226 ; Sari in Orakhelashvili (ed.), pp. 358~360 ; 본서, 제14장 (국가책임), "Ⅲ. 국제법상 국가의 행위일 것 : 행위의 국가귀속, 1. 귀속성에 관한 일반원칙".

북한이 자행한 1983년 버마(현 미얀마) 아웅산묘소 폭탄테러 사건(Rangoon bombing)과 1960년 소련 영공을 침범하였다가 격추당한 미국 U-2기 사건 등도 이 범주에 속한다. 본서, 제8장, "I. 승인에 관련된 국제법의 일반원칙, 6. 승인의 철회", & 제22장, "V. 배타적 영공 원칙에 대한 국제관습법상의 제한, 2. 국가항공기의 영공침범".

간첩행위(첩보활동)(espionage)도 명백히 공적(公的) 행위이지만 물적 면제가 인정되지 아니한다. Permanent Mission of the Federal Republic of Germany to the United Nations (New York), Note No. 34/2015, "Practice on exceptions to immunity of State officials from foreign criminal jurisdiction", 〈https://legal.un.org/ilc/sessions/67/pdfs/english/iso_germany.pdf〉.

34) Great Britain, Court of Appeal, *Mighell* v. *Sultan of Johore*, [1894] 1 Q.B. 149 ; von Glahn, pp. 137~138.

35) 7 Hun. 596 (N.Y.Sup.Ct. 1876), 599 ; Akehurst, *op. cit.*, (1972~1973) 46 BYIL 145 at 244.

36) 168 US 250 (1897), 252 ; Akehurst, *op. cit.*, (1972~1973) 46 BYIL 145 at 245 ; McDougal & Reisman, p. 1514 ; https://supreme.justia.com/us/168/250/case.html : "Every sovereign state is bound to respect the independence of every other sovereign state, and the courts of one country will not sit in judgment on the acts of the government of another, done within its own territory. Redress of grievances by reason of such acts must be obtained through the means open to be availed of by sovereign powers as between themselves."

> "모든 국가는 다른 모든 주권국가의 독립을 존중할 의무가 있으며, 따라서 일국의 재판소는 타국 정부가 그 자신의 영토 내에서 행한 행위에 관하여 재판하지 않을 것이다. 그러한 행위를 이유로 한 불만의 구제는 주권국가들 상호간에 이용하기 위해 개방되어 있는 수단들을 통해 이루어져야 한다."

이상의 부수적 의견은 피고가 외국의 관리 또는 대리인이 아닌 많은 경우에 특히 -미국법에서 연방보통법(federal common law)으로 불리는[37]- 미국 연방재판소들의 판례법에서 준수되어 오고 있다. 이것은 이를테면 외국에서 재산을 강제로 수용당한 개인 또는 회사가 그것을 미국 내로 수입한 다른 개인 또는 회사를 상대로 재산반환 청구소송 등을 제기하더라도 성공할 수 없음을 의미하는 것이다. 피고의 거래상대방인 외국정부의 행위의 적법성에 관해 미국재판소가 의문을 제기하지 않을 것이기 때문이다.

위 설명에서 이미 짐작할 수 있겠지만, 국가면제 내지 그 연장으로서의 국가행위 이론과 미국법의 국가행위 이론 사이에는 본질적인 차이가 있음을 유념하여야 한다. *Alfred Dunhill of London, Inc.* v. *Republic of Cuba* 사건[38]에서 반대의견을 제시한 네 명의 대법관이 적절히 설명한 바와 같이, "주권면제는 피고의 지위 때문에 그에게 소송면제를 부여하는 것이다. 이와는 대조적으로, 국가행위이론은 그 누구를 재판소의 소송으로부터 면제시켜 주기 위한 것이 아니다. 국가행위 이론은 주권국가가 당사자인가 아닌가에 관계없이 적용되는 것으로서, 이것은 재판소에 대해 적용할 법이 무엇인지를 가르쳐 줄 따름이다." 즉, 본질적으로, 국가행위 이론은 (미국의 연방과 주)재판소로 하여금 외국의 그 영토 내에서의 입법적 권한에 복종케하는 준거법 선택 규칙(a choice-of-law rule)처럼 기능하게 된다는 것이다.[39] 그러나 국가행위 이론은 미국 재판소들에게 통상적인 법의 충돌 규칙에 따르지 말고 외국법을 적용할 것을 요구한다는 점에서 이것은 '초'준거법 선택 규칙(a super-choice-of-law rule)으로서 기능하는 것이라고 말하는 것이 더 정확할 것이다.[40] 양자의 차이점을 좀 더 구체적으로 말하면 다음과 같다.

첫째, 피고가 외국의 (전·현직) 관리 또는 대리인인 경우에 있어 국가행위 이론은 국가면제의 논리적 귀결이다. 다시 말해서 국가면제는 국가의 분신이라고 할 수 있는 그 공무원 또는 대리인에게까지 연장되는 것이다. 이에 반해, 수용국 정부로부터 수용재산을 사들인 사인(수입상)의 경우처럼 국가의 관리나 대리인이 아닌 사람들에게까지 국가의 면제를 연장해 줄 이유는 없다. 이들은 국가를 위하여(혹은 대리하여) 행동하는 자들이 아니기 때문이다.

---

37) Bradley, p. 148 ; John W. Newman, Jr., "The Federal Common Law", (1949) 26 Dicta 303 ; https://en.wikipedia.org/wiki/Federal_common_law.

38) 425 US 682 (1976), 725~726 ; (1976) 15 ILM 735 at 759 ; Badr, p. 38.

39) *Banco Nacional de Cuba* v. *Sabbatino*, 376 US 398 (1964) at 416~418 ; *Braka et al.* v. *Bancomer*, 589 F. Supp. 1465 (S.D.N.Y. 1984) at 1470 ; Shamberger, *op. cit.*, (1998) 21 Boston College International and Comparative Law Review 479 at 526 ; Janis, 3rd, pp. 360~361 ; Keitner, p. 327.

40) William Blair QC, "Interference of Public Law in the Performance of International Monetary Obligations", in Mario Giovanoli (ed.), *International Monetary Law : Issues for the New Millenium* (Oxford : Oxford University Press, 2000), p. 395 at 398~399.

둘째, 외국의 관리 또는 대리인을 상대로 제기된 소송에서 재판소는 그들의 면제 때문에 사건 본안을 심리할 수 없다고 소각하 판결을 내릴 따름이다. 이와는 대조적으로, 수용재산을 구입한 개인 또는 회사를 상대로 제기된 소송에서 미국 재판소는 종국판결을 통해 그들이 문제의 재산에 대해 유효한 혹은 정당한 권리를 갖는다고 판결하는 것이 보통이다. 다시 말해서, 국가면제는 소송이 본안 심리에 들어가는 것을 막기 위해 피고 외국정부가 제기하는 한 개의 재판관할권적 항변(jurisdictional defense)인데 반해, 미국법의 국가행위 이론은 미국 재판소가 사건의 당사자와 청구에 대하여 인적 관할과 사물관할이 존재한다고 결정하는 경우에도 제기될 수 있는 −따라서 소송의 본안(merits)으로 들어가서 제기되는− 한 개의 실체적 항변(substantive defense)이다.[41)]

셋째, 외국 정부가 (피고 아닌) 원고의 자격으로 소를 제기하는 것은 통상 면제의 포기로 간주된다. 이와는 대조적으로 미국 연방최고재판소는 쿠바 정부가 자국의 수용령을 강제하기 위해 소를 제기해 온 1964년의 *Banco Nacional de Cuba* v. *Sabbatino* 사건[42)]에서 (미국의) 국가행위 이론은 원고가 미국인의 재산을 빼앗은 외국정부 자신인 경우에도 적용된다고 판결하였다. 이처럼 미국의 국가행위 이론은 당사자가 누구냐를 묻는 것이 아니기 때문에 소송이 사인 간에 제기되든 사인과 외국정부 간에 제기되든 관계없이 적용되며, 심지어는 미국 정부가 미국 시민을 상대로 제기하는 소송에서도 원용될 수 있다.[43)]

넷째, *Underhill* 사건의 국가행위이론 공식에 의하면 동 이론은 외국 정부가 "그 자신의 영토 내에서 행한"(done within its own territory) 행위에 대해서만 적용되는데, 이 견해는 그 후 미국재판소들에 의하여 일반적으로 수락되고 있다. 이에 반해 피고의 특별한 지위 때문에 부여되는 국가면제에는 이같은 영토적 제약이 부가되어 있지 않다.[44)]

다섯째, 국가면제는 일반국제법의 규칙인데 반해, 국가행위이론은 미국재판소의 한 개의 정책이다.

요컨대, 국가면제와 미국법의 국가행위이론은 이론상 별개의 것이다. 미국의 항소재판소도 *Helen Liu* v. *Republic of China*[45)]에서 1976년의 외국주권면제법은 (미국법상의) 국가행위이론을 대체하지 않았다고 판결한 바 있다. 따라서 소를 제기당한 외국 정부는 미국 재판소에서 제한적 면제이론에 따라 면제가 부인되더라도 국가행위의 항변을 다시 제기할 수 있다.[46)] 그러나 이같은 항변이 법정지국 미국의 재판소에서 반드시 수락될 것인가는 별개의 문제이다. *Letelier* v. *Chile* 사건[47)]이 그 좋은 예이다. 여기서 피고 칠레정부는 설사 자국의 정부관리들이 미국으로 망명한 Letelier를 암

41) Brand, pp. 776, 824.
42) 376 US 398 (1964).
43) See the dissenting opinion in *Alfred Dunhill of London, Inc.* v. *Republic of Cuba*, 425 US 682 (1976), 726 ; Brand, p. 824 ; Sweeney et al., p. 366 ; Fox, p. 484.
44) Michael D. Ramsey, "Acts of State and Foreign Sovereign Obligations", (1998) 39 Harvard International Law Journal 1 at 22~23 and 69.
45) US Court of Appeals, Ninth Circuit, December 29, 1989, 〈https://law.resource.org/pub/us/case/reporter/F2/892/892.F2d.1419.87-2976.html〉.
46) A.D. Neale and M.L. Stephens, *International Business and National Jurisdiction* (Oxford : Clarendon Press, 1988), p. 90.
47) 488 F. Supp. 665 (1980) at 674.

살하라는 명령을 내렸다 할지라도, 그 명령은 칠레 내에서 내려진 것이기 때문에 암살행위는 미국 내에서 논의의 대상이 될 수 없다고 주장하였다. 그러나 미국재판소는 이같은 항변을 인정하지 않았다. 이를 인정하게 되면 외국정부가 (미국법의) 국가행위이론을 빙자하여 절대적 면제 이론을 부활시키는 것을 허용하는 결과가 되고, 따라서 외국주권면제법을 거세하는 결과를 초래할 것이기 때문이다.[48]

그러나 이같은 학리상의 차이점에도 불구하고 국가행위이론과 국가면제이론은 실제기능에 있어서는 비슷하다. 왜냐하면 이 두 이론 모두 국내재판소가 외국 정부에게 경의를 표시하여 국내 청구인(원고)들로 하여금 외국재판소에 호소하거나 자국 정부의 외교채널을 이용하도록 강요하는 결과로 이어지기 때문이다.[49]

아무튼, 미국재판소들은 외국의 그 영토 내에서의 행위가 그 국가의 국내법에 위배되거나 국제법에 위배되는 경우에도 국가행위 이론의 항변이 적용되는 것으로 생각하여 왔으나, 시간이 지나면서 부분적으로 이 같은 생각을 바꾸지 않을 수 없게 되었다.

그 예로서는 우선, 국가행위 이론은 −미국 헌법에 의하여 요구되는 것이 아닌− 연방 판례(보통)법상의 이론이므로 의회가 재판소에 대해 국가행위이론을 적용하지 말도록 요구할 수 있는데, 동 이론의 입법(부)에 의한 폐지(legislative repeal of the act of state doctrine)[50]가 출현하게 된 배경은 다음과 같다. 1959년 1월 1일 쿠바에서 피델 카스트로(Fidel Castro)가 이끄는 반군이 미국의 지원을 받는 바티스타(Batista) 정부를 축출하는데 성공하자, 미국은 1월 7일 재빨리 신정부를 공식 승인하였다.[51] 그러나 쿠바의 신정부는 미국의 메이저 회사들이 그간 세금을 적게 내려고 인위적으로 낮게 유지해 온 재산평가를 보상의 기준으로 제시하면서 이들이 소유한 설탕공장을 국유화하기 시작하였다.[52] 보상 규정이 형식적이라고 생각한 미국은 이에 대응하여 1961년 제1차 Hickenlooper 수정(First Hickenlooper Amendment)[즉, 대외원조법 620(e)(1)]을 제정하였는데, 그 주요 내용은 국제법을 위반하여 미국인의 재산을 수용하는 국가에 대해서는 미국의 경제원조를 중단한다는 것이었다. 그 뒤, 1964년의 *Banco Nacional de Cuba* v. *Sabbatino*[53]에서 국가행위이론의 적용범위가 문제되었는데, 사건 개요는 이러하다. 미국의 잡화중개회사인 Farr and Whitlock는 주식의 대부분을 미국인들이 보유하고 있는 쿠바의 C.A.V.와 설탕구매계약을 체결하였는데, 계약이 이행되기 전에 C.A.V.는 쿠바 정부에 수용되어 국영회사로 전환되었다. 이에 Farr and Whitlock은 다시 이 새로운 소유주인 쿠바 국영회사와 설탕구매계약을 체결하였고 이에 의거하여

48) Shaw, pp. 432~433.

49) See the dissenting opinion in *Alfred Dunhill of London, Inc.* v. *Republic of Cuba*, 425 US 682 (1976), 726 ; Janis, 3rd, p. 361 ; Keitner, p. 327.

50) Lowenfeld, *op. cit.*, (1996) 90 AJIL 419 at 427 ; Bradley, p. 13 ; https://en.wikipedia.org/Federal_common_law.

51) The National Security Archive, "Bay of Pigs: 40 Years After", 〈https://nsarchive2.gwu.edu//bayofpigs/chron.html〉.

52) https://www.aljazeera.com/cgi-bin/review/people_full_story.asp?service_id=10288 ; https://en.wikipedia.org/wiki/Fidel_Castro#_note-22.

53) 376 US 398 (1964).

설탕을 인도받아 제3국으로 수출하였다. 그러나 재판소는 C.A.V.의 제소에 따라, Farr and Whitlock에게 설탕판매대금을 C.A.V.의 뉴욕자산 임시관리인인 Sabbatino에게 인도하라고 명령하였다. 이에 대항하여 쿠바 정부의 국고기관인 Banco Nacional de Cuba가 뉴욕주에서 Sabbatino를 상대로 대금인도 청구소송을 제기한 것이 바로 본 사건이다.

이 사건에서 연방최고재판소는 먼저, 국가행위이론의 법적 기초를 국가의 주권평등이라는 국제법의 원칙에서 구하였던 1897년의 *Underhill* v. *Hernandez* 판례를 부인하였다. 즉, 연방최고재판소는 국가행위이론이란 미국재판소가 외국정부의 공적 행위에 관련한 사건을 재판함으로써 당해 국가에서 나쁜 감정을 유발시켜 미국 행정부의 대외관계 수행을 방해해서는 안 된다는 의미에서 사법자제(judicial self-restraint)의 한 표현에 불과하다고 보았던 것이다.[54] 이어서 재판소는 국제법을 위반한 것으로 생각되는 외국정부의 행위에 대해서도 국가행위이론을 적용할 것인가의 문제를 검토하였으나, 결국 이를 긍정하면서 "미국재판소들은 미국인 소유의 설탕공장에 대한 쿠바 정부의 국유화에 대해 이의를 제기할 수 없다."고 판결하였다. 이것은 결국 미국의 재판소가 국제법에 위배되는 쿠바 법령에 대해 그 효력을 부여함을 의미하는 것이었다.[55] 다만, 재산 취득에 관련한 이 사건에서, 연방최고재판소는 국가행위이론이 원용될 수 있기 위해서는 다음의 네 가지 요건을 충족하여야 한다고 언급함으로써 국가행위이론의 한계를 좀 더 분명히 하였다.[56] 즉, 첫째, 재산의 취득은 '외국의 주권정부'에 의한 것이어야 한다. 둘째, 재산의 취득은 이를 행하는 외국정부의 '영토적 경계' 내에서 이루어진 것이어야 한다. 셋째, 외국정부는 '제소 당시' '현존하고 또 미국의 승인을 받았어야' 한다. 넷째, 재산 취득이 －국제관습법을 위반할 수 있는지는 몰라도－ '조약'상의 의무를 위반하

54) 376 US 398 at 421 ("We do not believe that this doctrine is compelled either by the inherent nature of sovereign authority, as some of the earlier decision seem to imply, see *Underhill, supra*; *American Banana, supra*; *Oetjen, supra,* 246 U.S. at 246 U. S. 303, or by some principle of international law."), and at 427~428 ("If the act of state doctrine is a principle of decision binding on federal and state courts alike, but compelled by neither international law nor the Constitution, its continuing vitality depends on its capacity to reflect the proper distribution of functions between the judicial and political branches of the Government on matters bearing upon foreign affairs.").

그 밖에, *Occidental Petroleum Corp.* v. *Buttes Gas & Oil Co.*, 331 F. Supp. 92 (D.Cal. 1971)에서도 미국재판소는 "외국주권자의 행위의 확실성과 동기에 대한 본 재판소의 심사는 국가행위이론을 통해 피하려고 하는 외교적 갈등과 분규의 바로 그 원인이 될 것이다."(inquiries by this court into the authenticity and motivation of the acts of foreign sovereigns would be the very sources of diplomatic friction and complication that the Act of State doctrine aims to avert)라고 언급한 바 있다. Neale/Stephens, *op. cit.*, p. 89.

요컨대, 미국법의 국가행위이론은 사법부도 때로는 자신의 행위가 외국 또는 외교관계에 미치는 영향을 의식한다는 것을 보여주고 있다. Donald T. Wilson (저), 이상돈·정상조 (역), 《國際去來法論》(서울 : 아세아문화사, 1984), p. 87. 국제정치적인 면에서 본다면, 국가행위이론은, 사실상, 20세기 기간 중 발생한 혁명들 이후 자본주의 진영과 공산주의 진영간에 '잠정적인 법적 타협'(legal *modus vivendi*)이 형성되는 것을 가능케 하는 것이었다. William Blair QC, *op. cit.*, p. 398.

55) Wallace, p. 49.

56) 376 U.S. 398 (1964), at 428 : "the Judicial Branch will not examine the validity of a taking of property within its own territory by a foreign sovereign government, extant and recognized by this country at the time of suit, in the absence of a treaty or other unambiguous agreement regarding controlling legal principles, even if the complaint alleges that the taking violates customary international law."

는 것이어서는 안된다.[57)]

이 판결에 대한 비판이 고조되자 미국 의회는 1964년에 대외원조법(Foreign Assistance Act)을 개정하였는데, 이것이 이른바 제2차 Hickenlooper 수정(Second Hickenlooper Amendment 혹은 Sabbatino Amendment)으로, 그 핵심을 요약하면 "미국의 그 어떤 재판소도 보상원칙을 포함한 국제법의 원칙들을 위반한, 1959년 1월 1일 이후에 이루어진 외국 정부의 수용 행위에 대해서는 국가행위란 이름의 연방이론을 근거로(on the ground of the federal act of state doctrine) 재판을 거절해서는 안된다"는 것이다. 다만, "대통령이 외교정책의 목적상 국가행위 이론의 적용을 요구해 오는 경우에는 예외로 한다"고 구정하였다.[58)]

연방지방재판소로 반송된 *Sabbatino* 판결은 Sabbatino Amendment에 의하여 파기되고, 원고의 소송은 기각되었다.[59)] Sabbatino Amendment는 미국인의 해외에서의 모든 종류의 금전적 손실에 대해 적용되는 것이 아니라, 단지 미국인이 해외에서 재산을 박탈당한 경우에만 적용되는 규정이다. 그러므로 *French* v. *Banco Nacional de Cuba* (1968)[60)]에서 뉴욕 항소재판소는 외국 정부의 계약 위반을 이유로 한 청구를 배척하기 위해 여전히 국가행위이론을 적용하였다. Sabbatino Amendment는 이런 사건에는 적용되지 않는다는 것이었다.

---

57) *Menzel* v. *List*, 267 N.Y.S. 2d 804 (February 10, 1966) 사건이 이들 네 요건의 의미를 잘 보여주고 있는데, 사건 개요는 다음과 같다. 1941년 독일의 벨기에 침공이 임박해 오자 브뤼셀에 살던 Menzel 부부는 아파트를 비워 둔 채 미국으로 피신하였으며, 그 후 벨기에가 함락되고 나서 -독일 정부에 속하는 기관이 아닌- 단지 나치당 소속의 한 예술부서가 이들 부부의 아파트에서 프랑스 화가 마르크 샤갈(Marc Chagall)의 그림을 절취해 갔다. 전쟁이 끝나고, 미국에서 살고 있던 원고 Menzel 부인(남편은 이미 사망)은 우연히 List가 이 그림을 보유하고 있는 사실을 알고 뉴욕재판소에 replevin(부당압류동산 회복 소송)을 제기하였다. 피고 List는 이 그림을 뉴욕에서 화랑을 운영하는 Perls 부부로부터 산 것이었고, Perls 부부는 이것을 파리의 한 화랑으로부터 구매한 것이었다. 그 이전의 유통 경로에 대해서는 알려진 바 없었다. 뉴욕재판소는 국가행위이론이 적용될 수 있는지의 문제와 관련하여, -연방최고재판소가 *Banco Nacional de Cuba* v. *Sabbatino*, 376 U.S. 398 (1964), 428에서 제시한- 국가행위이론의 네 가지 요건에 비추어 이 문제에 접근해 들어갔다. 즉, 첫째, "재산의 취득은 '외국의 주권정부'에 의한 것이어야 하는데", 본 사건에서 문제의 절취행위는 독일 정부를 대표하는 것이 아닌, 단지 나치당 소속의 한 기관이 행한 것에 불과하다 ; 둘째, "재산의 취득은 이를 행하는 외국정부의 '영토적 경계' 내에서 이루어진 것이어야 하는데", 압류 당시 브뤼셀은 벨기에의 영토로서, 벨기에는 독일에 정복(conquest) 당한 것이 아니라 단지 독일의 전시점령(military occupation) 하에 있었을 뿐이고, 벨기에 망명정부가 벨기에의 승인받은 정부로서 계속 존재하고 있었기 때문에, 벨기에에서의 압류는 -설사 그것을 독일 정부의 행위로 보아 준다 하더라도- 독일 정부 자신의 영토 내에서 이루어진 것이 아니다 ; 셋째, "외국정부는 '제소 당시' '현존하고 또 미국의 승인을 받았어야' 하는데", 히틀러의 제3제국(The Third Reich)은 1945년 항복과 함께 붕괴되었다 ; 넷째, "재산취득이 -국제관습법을 위반할 수 있는지는 몰라도- '조약'상의 의무를 위반하는 것이어서는 안되는데". 독일의 벨기에 침략은 (벨기에, 독일, 미국이 모두 당사자인) 1927년의 부전조약을 위반한 것이고, 또 특히 독일 점령기간 중의 예술품 압류는 (역시 이들 3개국이 모두 당사자인) 1907년 "육전의 법규 및 관습에 관한 헤이그협약"(Hague Convention Ⅳ Respecting the Laws and Customs of War on Land) 제56조를 위반한 것이었다. 뉴욕재판소는 본 사건에서는 국가행위이론이 원용될 수 있는 요건을 어느 하나도 충족시키지 못하였다고 판시하면서, 원고가 "이 그림의 유일하고도 적법한 소유주"라고 판시하였다. Akehurst, *op. cit.*, (1972~1973) 46 BYIL 145 at 244, fn. 9 ; 김형만, 《문화재반환과 국제법》 (서울 : 삼우사, 2001), pp. 185~186 참조.

58) Sweeney et al., p. 390 ; Keitner, p. 328. 1976년의 외국주권면제법은 외국 정부의 수용과 관련하여 일정 조건 하에서 국가면제도 부인하고 있다.

59) Henkin et al., pp. 188, 196.

60) 23 N.Y. 2d 46 at 57~58 ; Henkin et al., p. 196.

1959년 1월 1일 이후 전개된 카스트로 정부의 미국인 재산권 박탈과 관련하여 또 다시 국가행위이론의 적용을 금지하는 연방법률이 채택된 바 있는데, 1996년의 Helms-Burton Act[61]의 Title Ⅲ가 바로 그것이다. 위 Sabbatino Amendment를 미국인이 해외에서 몰수당한 재산이나 그 수익이 '미국 내에 있게 된' 경우에만 적용되는 것으로 좁게 해석할 것인지, 아니면 이 경우에 국한되지 않는 것으로 넓게 해석할 것인지에 관해서는 연방재판소들간에 견해가 갈리고 있다.[62] Sabbatino Amendment를 제정한 의회의 의도가 전자에 있다고 보게 되면, 거래가 완전히 미국 밖에서 이루어지고 또 문제의 재산 또는 그 수익이 미국 내에 있지 아니한 경우의 (민사)소송에서는 이 Amendment를 원용할 수 없다는 결론에 이르게 된다. 피해 미국인들이 쿠바와 거래하는 제3국인을 상대로 바로 그같은 유형의 소송을 제기할 권리를 창설하고 있는 Helms-Burton Act, Title Ⅲ로서는 그같은 가능성을 간과할 수 없었다. 따라서 Title Ⅲ, § 302(a)(6)에서 "미국의 그 어떤 재판소도 (이 법에 의거하여 제기되는 소송에서) 국가행위 이론에 기초하여 소송 본안에 대한 결정을 거부하여서는 아니된다."라고 명시하게 된 것이다.[63]

국가행위이론과 관련하여 연방재판소들이 생각을 바꾸게 된 두 번째 계기는 이른바 '번스타인 예외'(Bernstein exception)로서, 이는 행정부(즉, 국무부)가 국가행위이론을 적용하지 않을 것을 요청해 오면 이 이론을 적용하지 않는다는 것을 말한다. *Sabbatino* 사건에서 연방최고재판소도 인식하고 있는 바와 같이, 기껏해야 특정인의 권리 구제를 목표로 하는 사법부가 외국정부와 관련된 사건에 개입하게 되면 당해 외국과의 분쟁을 일괄 해결하려는 행정부의 외교적 노력에 찬물을 끼얹는 결과를 초래할 수도 있다. 그래서 사법부는 바로 이러한 상황 하에서 국가행위이론의 이름으로 하는 행동을 자제하는 것이다. 따라서 만약 국무부가 국가행위이론을 적용하지 말도록 재판소에 요청해 온다면 재판소로서는 이를 굳이 적용할 이유가 없고 또 적용하지 않는 것이 논리적인 태도이다. 바로 이 예외는 *Bernstein* v. *N.V. Nederlandsche Amerikaansche S.M.* (1954)[64]에서 한 연방항소재판소에 의하여 수립되었는데, 전개 과정은 다음과 같다.

---

61) 동 법률의 핵심은 Title Ⅲ와 Title Ⅳ 부분이다. Title Ⅲ, § 302 (a)(1)은 "... any person that, after the end of the 3-month period beginning on the effective date of this title, traffics in property which was confiscated by the Cuban Government on or after January 1, 1959, shall be liable to any United States national who owns the claim to such property for money damages ..."라고 규정하고 있다. 또한 Title Ⅳ, § 401은 동 법률이 발효한 1996년 3월 12일 이후에 그같은 재산을 거래하는 외국인, 외국회사의 임직원과 주주 및 그 가족의 입국거부와 추방을 규정하고 있으며(§ 401(a)), 다만 국무장관은 '의학적 이유 또는 Title Ⅲ에 따른 소송의 목적을 위해' 필요한 경우 사안별로 그들의 입국을 허락할 수 있다(§ 401(c)). 클린턴 대통령은 Helms-Burton Act에 대해 원래는 반대 의사를 분명히 하였으나, 1996년 2월 24일 쿠바 전투기가 쿠바 영해 밖에서 (미국 내 반카스트로 단체인) Brothers to the Rescue 소속의 민간항공기 두 대를 연속 격추시키는 사건이 발생한 후(§ 116) 즉각 동 법률에 서명하였다. 다만, 동 법률의 핵심부분인, 말썽많은 Title Ⅲ에 대해서는 우선 발효일자를 동 년 7월 말까지 늦추었고, 그 후 다시 6개월을 초과하지 않는 범위 내에서 계속 그 적용을 중지할 수 있는 권한이 대통령에게 부여되었다(§ 306). 본서, 제9장(국가관할권), "Ⅱ. 입법관할권의 이론적 기초, 1. 속지주의" 참조.

62) Clagett, *op. cit.*, (1996) 90 AJIL 434 at 439, fn. 30.

63) Lowenfeld, *op. cit.*, (1996) 90 AJIL 419 at 427.

64) 210 F.2d 375 (2nd Cir. 1954), 20 ILR 24, 〈https://cases.justia.com/us-court-of-appeals/F2/210/375/393262/〉; Ott, p. 159.

뉴욕 연방남부지방재판소는 1947년의 *Bernstein* v. *Van Heyghen Frères*에서 국가행위이론을 적용하여, 독일 나치 정부의 행위를 재판할 수 없다고 판결하였다. 나치 정부는 원고가 유대인이라는 이유로 그의 해운회사 소유권을 빼앗아 제3자에게 양도하였으며, 이 양수인은 다시 소유 선박의 일부를 벨기에 회사인 피고에게 양도하였던 것이다. 그러므로 번스타인은 자신의 재산 양도는 강박에 의하여 이루어진 것으로서 당시의 독일법에 의하더라도 당연무효라고 주장하였다. 그러나 이 사건에서 재판부는 나치 정부의 행위가 가증스럽다는 것을 인정하면서도 그것을 무효로 간주하기를 거부한 것이었다. 연방항소재판소도 2 대 1의 다수결로 이 판결을 확인하면서, 다만 행정부가 국가행위이론의 적용을 배제할 수 있는 최종적 권한을 가지고 있다고 덧붙였다.[65] 이에 번스타인의 변호사는 이 문제에 관하여 미국 국무부에 질의서를 제출하였는데, 이에 대해 국무부 법률고문대리 Tate는 1949년 4월 13일 "나치 정부의 강압적 행위에 대해서는 국가행위이론을 적용하는 것이 요구되지 않는다"는 취지의 답변서[66]를 보내왔다. 그 후 이것에 용기를 얻은 번스타인이 과거 자신이 소유하던 선박 중 또 다른 한 척을 구입한 네덜란드 회사를 상대로 제기한 *Bernstein* v. *N.V. Nederlandsche Amerikaansche S.M.*에서, 연방항소재판소는 국무부의 정책에 따라 나치 정부의 재산박탈 행위에 대해 재판관할권을 행사하였던 것이다. 미국법에서는 이것을 국가행위이론에 대한 '번스타인 예외'라고 부르고 있다.

세 번째 예외는 이른바 '제한적' 국가행위이론(limited act of state doctrine)의 등장이다. 이것은 제한적 국가면제이론과 맥을 같이 하는 것으로서, 외국정부가 그 영토 내에서 행한 행위라 하더라도 그것이 상업적·사법적 행위에 해당하는 경우에는 국가행위이론이 적용되지 않는다는 것이다.[67] 예컨대, *Alfred Dunhill of London, Inc.* v. *Republic of Cuba*[68]에서 미국 연방최고재판소는 착오로 지급받은 돈을 반환하기를 거부하는 외국 정부의 상업적 기관의 행위는 ―당해 정부기관이

---

65) 163 F. 2d 246 (2nd Cir, 1947), 〈https://law.justia.com/cases/federal/appellate-courts/F2/163/246/1498457/〉.

66) "The policy of the Executive, with respect to claims asserted in the United States for the restitution of identifiable property (or compensation in lieu thereof) lost through force, coercion, or duress as a result of Nazi persecution in Germany, is to relieve American courts from any restraint upon the exercise of their jurisdiction to pass upon the validity of the acts of Nazi officials.".

67) Shaw, pp. 132~133.

68) 425 US 682 (1976), 705~706, (avaliable at https://supreme.justia.com/us/425/682/case.html) : "For all the reasons which led the Executive Branch to adopt the restrictive theory of sovereign immunity, we hold that the mere assertion of sovereignty as a defense to a claim arising out of purely commercial acts by a foreign sovereign is no more effective if given the label "Act of State" than if it is given the label "sovereign immunity." In describing the act of state doctrine in the past, we have said that it "precludes the courts of this country from inquiring into the validity of the public acts a recognized foreign sovereign power committed within its own territory." *Banco Nacional de Cuba v. Sabbatino*, *supra* at 376 U.S. 401 (emphasis added), and that it applies to "acts done within their own States, in the exercise of governmental authority." *Underhill v. Hernandez*, 168 U.S. at 168 U.S. 252 (emphasis added). We decline to extend the act of state doctrine to acts committed by foreign sovereigns in the course of their purely commercial operations. Because the act relied on by respondents in this case was an act arising out of the conduct by Cuba's agents in the operation of cigar business for profit, the act was not an act of state."

국가면제를 향유할 권리가 이제는 없는 것과 마찬가지로- 사법심사가 불가능한 국가의 행위가 아니라고 판결한 바 있다.[69)]

전체적으로 보아 *Sabbatino* 사건[70)]에서 연방최고재판소도 명백히 언급한 바와 같이, 국가행위이론은 국제법과 미국헌법 그 어느 것에 의해서도 요구되는 것이 아니기 때문에 동 이론의 적용 영역은 -의회나 행정부의 요청에 의하여, 혹은 연방재판소들에 의하여 자발적으로- 점차 축소되어 갈 것으로 예상해 볼 수 있다.[71)] 특히, -'*Kirkpatrick* 예외'(*Kirkpatrick* exception)로 불리고 있는- 1990년 연방최고재판소의 *W.S. Kirkpatrick & Co.* v. *Environmental Tectonics Corp., Int'l* 결정[72)]은 국가행위

69) Ott, p. 160 ; (1985) 79 AJIL 68 ; Brownlie, p. 508 ; Janis, 3rd, p. 365. Bankas, pp. 248~249는 *Alfred Dunhill of London, Inc.* v. *Republic of Cuba* 판결에 대해, "국가면제와 (미국법의) 국가행위 이론은 다소간 서로 연관은 되어 있지만 각기 다른 차원에서 작동한다는 것이기 때문에, (특히) 국가행위 이론은 국제공법 보다는 국제사법 쪽으로 경사되어 있기 때문에, 국가면제이론을 국가행위 이론에 접목하려는 시도는 잘못된 발상"이라고 비판하고 있다. 그러나 영국 항소재판소도 제한적 국가행위이론을 지지하고 있다 : *Yukos Capital Sarl* v *OJSC Rosneft Oil Company*, England and Wales Court of Appeal (Civil Division), [2012] EWCA Civ 855, paras 92~94.

70) 376 US at 421~423.

71) Clagett, *op. cit.*, (1996) 90 AJIL 434 at 440 ; Janis, 3rd, pp. 366~367.

72) 493 US 400 (1990). 사건 개요는 다음과 같다. 나이지리아 정부가 그 영토 내에 군사시설을 축조하기 위한 도급을 Kirkpatrick에게 주었는데, 여기서 도급계약을 따내지 못한 Environmental Tectonics는 Kirkpatrick이 나이지리아 정부관료들에게 뇌물을 주고 도급을 따내었고 이것은 미국의 RICO법(Racketeer Influenced and Corrupt Organizations Act) 등을 위반한 것이라고 주장하였다. 그러나 소송당사자 어느 쪽도 나이지리아의 Kirkpatrick에 대한 도급 부여가 무효인지 아닌지에 대한 결정을 얻어 내려고 하지는 않았다. 그 대신, Environmental Tectonics는 도급을 따내는 과정에서 자행된 Kirkpatrick의 행위에 기초하여 단지 Kirkpatrick으로부터 손해배상을 받아내려 하였다. 그러므로 본 사건의 핵심쟁점은, 국가행위 이론은 미국 재판소가 외국의 공적 행위가 무효라는 주장을 다루는 것이 아니고 단지 그러한 공적 행위의 수행에 있어 외국공무원에게 (뇌물수수라는) 위법한 동기부여가 있었음을 인정하게 될 소송까지도 다루지 못하게 하는지를 결정하는 일이었다. 연방지방재판소(뉴저지)는 "사법적 결정을 위해 제기된 조사가 외국을 곤경에 처하게 하거나 미국의 외교정책 수행에 대한 간섭을 구성하게 될 (외국의) 주권적 행위의 동기부여를 포함하고 있다면" 국가행위이론이 적용된다고 결론지으며 원고의 청구를 기각하였다. 그러나 이 결정은 항소재판소(제3순회)에서 파기되었다. 항소재판소는 "군사적 성격의 도급계약의 부여도 일정 상황에서는 어떤 (외국)정부의 공적 이익에 대한 충분히 공식적인 표현으로서 국가행위 이론의 적용을 유발할 수 있다."는 지방재판소의 견해에 동의를 하면서도, 본 사건의 사실에 대해서는 국가행위 이론의 적용이 정당화되지 않는다고 보았다. 항소재판소는 이같은 결론을 내림에 있어 국무부 법률고문관이 지방재판소에 보냈던 편지를 특별히 고려에 넣었는데, 이 편지에서 국무부는 외국의 행위의 배후에 있는 목적(혹은 동기)에 대한 사법적 조사만으로는 "사법부가 외국의 행위를 무효라고 결정할 때에 초래될 수 있는 바의, 특유의 난처함과 대외업무 수행에 대한 특별한 간섭"을 초래하지는 않을 것이라는 견해를 피력하였었다. 연방최고재판소는 항소재판소의 판결을 인용하면서 다음과 같이 언급하였다 : "Act of state issues only arise when a court *must decide* -that is, when the outcome of the case turns upon- the effect of official action by a foreign sovereign. When that question is not in the case, neither is the act of state doctrine. That is the situation here. Regardless of what the court's factual findings may suggest as to the legality of the Nigerian contract, its legality is simply not a question to be decided in the present suit, and there is thus no occasion to apply the rule of decision that the act of state doctrine requires."(*Ibid.*, at 406) ; "The short of the matter is this: Courts in the United States have the power, and ordinarily the obligation, to decide cases and controversies properly presented to them. The act of state doctrine does not establish an exception for cases and controversies that may embarrass foreign governments, but merely requires that, in the process of deciding, the acts of foreign sovereigns taken within their own jurisdictions shall be deemed valid. That doctrine has no application to the present case because the validity of no foreign sovereign act is at issue." (*ibid.*, at 409). 요컨대, 국가행위이론이 적용되기 위해서는 외국의 그 영토 내에서의 주권적

이론의 적용 한계를 더욱 분명히 하는데 기여하였는데, 여기서 동 재판소는 "국가행위의 쟁점들은 재판소가 외국의 공적 행위의 효력을 결정해야만 할 때, 다시 말해서 사건의 결과가 외국의 공적 행위의 효력에 달려있을 때에만 발생한다."[73]고 판결하였다. '*Kirkpatrick* 예외'는 2012년 *Yukos Capital Sarl* v *OJSC Rosneft Oil Company* 사건[74]에서 영국 항소재판소도 채택하였다.

국가행위이론은 외국의 '입법부'와 '행정부' 행위뿐만 아니라 '재판소'의 행위(결정, 판결)에 대해서도 적용되는가? 다시 말해서 '재판소'의 결정도 국가행위에 속하는가? 이 문제에 대해서는 미국과 영국의 판례가 상반되는 것으로 보인다. 즉, 영국 항소재판소는 상기 *Yukos Capital Sarl* v *OJSC Rosneft Oil Company* 사건[75]에서 처음으로 "국가행위 이론의 목적상 재판소의 결정은 국가행위를 구성하는 것이 아니기" 때문에 외국 판결의 승인과 집행을 요구받았을 때 외국 재판소의 결정을 검토하고 판단할 수 있다고 판시한 바 있다. 이와는 대조적으로 *Philippine National Bank* v. *United States District Court for the District of Hawaii* 사건[76]에서 미국 연방항소재판소는 국

행위가 단지 소송에 관련되는 것이 아니라 미국재판소에 의한 '재판의 실제적 주제'(actual subject of judgment)가 되어야 한다는 것이다. *Kirkpatrick* 결정의 주된 효과는 -국가행위 이론은 직접 외국정부의 행위를 다투는 경우가 아니고 단지 '외국정부의 행위동기에 대한 조사'(inquiry into the motivations of foreign sovereigns)를 필요로 하는 청구에 대한 재판까지도 가로막는다고 판시했던- *Hunt* v. *Mobil Oil Corp.*, 550 F. 2d 68 (2d Cir. 1977)을 비롯한 일련의 하급심 결정을 뒤집는 것이었다. 이것은 재판에서 외국정부의 눈치를 그만큼 덜 보겠다는 의지의 한 표현으로도 보인다. See Ramsey, *op. cit.*, (1998) 39 Harvard International Law Journal 1 at 15~16 ; Fox, p. 485 ; Keitner, pp. 328~329.

73) 493 US 400 (1990) at 406.

74) *Yukos Capital Sarl* v *OJSC Rosneft Oil Company*, England and Wales Court of Appeal (Civil Division)(on appeal from the Queen's Bench Division Commercial Court), 27 June 2012, [2012] EWCA Civ 855, paras. 102, 109 ("102. ... For the reasons stated above, it was pertinent for this court to cite *Kirkpatrick* in support of its own conclusion that *the act of state doctrine was not involved where the only issue was whether certain acts had occurred, not whether they were invalid or wrongful.* ; 109. Now in our judgment we would agree that *challenges to foreign acts of state, in order to invoke the act of state doctrine, must, ... , lie at "the heart" of a case, and not be a matter of merely ancillary or collateral aspersion: and that a test of necessity to a decision may therefore be a useful test. ...*") (italics added). 〈https://www.casemine.com/judgement/uk/ 5a8ff7b760d03e7f57eb171f〉 ; 〈file:/// C:/Users/admin/Downloads/Yukos%20v%20Rosneft.pdf〉 ; 〈https://www.oeclaw.co.uk/news/view/yukos-capital-sarl-v-ojsc-rosneft-oil-company-2012-ewca -civ-855〉 ; Webb in Evans, *International Law*, 5th, p. 342.

75) Paras. 42, 86, 91("there is no rule against passing judgment on the judiciary of a foreign country").

76) US Court of Appeals for the Ninth Circuit, 397 F.3d 768 (9th Cir. 2005), paras. 1, 15, 〈https://www.courtlistener.com/opinion/789206/in-re-philippine-national-bank-philippine-national-bank-v-united-states/〉 : "1. The Philippine National Bank petitions this court for a writ of mandamus to prevent the district court from pursuing contempt and discovery proceedings against the Bank because of the Bank's transfer of funds to the Republic of the Philippines pursuant to a judgment of the Philippine Supreme Court. We conclude that the district court's orders violated the act of state doctrine, and we accordingly issue the writ." ; "15. The class plaintiffs in the district court argue that the act of state doctrine is directed at the executive and legislative branches of foreign governments, and does not apply to judicial decisions. Although the act of state doctrine is normally inapplicable to court judgments arising from private litigation, there is no inflexible rule preventing a judgment sought by a foreign government from qualifying as an act of state. See *Liu v. Republic of China*, 892 F.2d 1419, 1433-34 & n. 2 (9th Cir.1989) (citing RESTATEMENT (SECOND) OF FOREIGN RELATIONS OF THE UNITED STATES § 41 cmt. d (1965)) ("A judgment of a court may be an act of state."). There is no question that the judgment of the Philippine Supreme Court gave effect to the public interest of the

가행위이론의 목적상 "재판소의 판결도 국가행위가 될 수 있다"고 판시하였다.

국가행위이론은 소송에서 재판부적격(non-justiciability) 항변과 함께 원용되는 경우가 많지만, 양자는 반드시 동일하지는 않다. 즉, 재판부적격 항변은 주권적 행위가 그 국가의 영토 안에서 행해졌느냐 밖에서 행해졌느냐에 관계없이 재판의 주제가 사법부에서 판단하기에 적합하지 않다는 이유로 재판소에 관할권이 없다고 주장하는 항변을 말하는데, 국가행위이론은 재판부적격을 구성하는 한 개의 부분집합(subset) 개념으로 보기도 한다.[77)]

한편, 미국 이외의 다른 국가의 재판소들도 외국 정부의 수용행위를 승인해 주는 것이 보통인데, 이 경우 영국의 재판관들은 미국식 국가행위 이론과 국제사법의 통상적 규칙을 혼용하기도 하지만,[78)] 프랑스와 독일을 포함하여 대륙법계 국가의 재판관들은 대체로 후자의 접근방법(즉, 국제사법)을 택하고 있는 것으로 보인다. 그러나 어느 쪽 접근방법을 택하든 간에 이들 국가의 재판소는 외국 정부의 행위가 법정지국가의 공공정책(public policy) 혹은 공공질서(ordre public)에 위배되면 그 효력을 부인하고 있다.[79)] 외국 정부의 어떠한 행위가 법정지국가의 공공정책에 위배되는가는 재판

Philippine government. The forfeiture action was not a mere dispute between private parties; it was an action initiated by the Philippine government pursuant to its "statutory mandate to recover property allegedly stolen from the treasury." *In re Estate of Ferdinand Marcos Human Rights Litig.*, 94 F.3d at 546. We have earlier characterized the collection efforts of the Republic to be governmental. *Id.* The subject matter of the forfeiture action thus qualifies for treatment as an act of state."

77) 본서, 제5장 (국제법과 국내법의 관계), "Ⅲ. 국내법의 국제법에 대한 태도, 1. 일원론적 국가와 이원론적 국가"; *Kuwait Airways Corporation* v. *Iraqi Airways Company*, England and Wales Court of Appeal (Civil Division), 10. Nov. 2000, [2000] EWCA Civ 284, 〈https://www.casemine.com/ judgement/uk/5a938b4060d03e5f6b82bcec〉, para. 319 ("The second insight, however, is that, whether the sovereign acts within his own territory or outside it, there is a certain class of sovereign act which calls for judicial restraint on the part of our municipal courts. This is the principle of non-justiciability. It is or leads to a form of immunity ratione materiae. ... ... In essence the principle of non-justiciability seeks to distinguish disputes involving sovereign authority which can only be resolved on a state to state level from disputes which can be resolved by judicial means."), quoted in *Yukos Capital Sarl* v *OJSC Rosneft Oil Company*, England and Wales Court of Appeal (Civil Division), [2012] EWCA Civ 855, para. 113; Kaczorowska-Ireland, pp. 395, 396.

78) *Yukos Capital SARL* v. *OJSC Rosneft Oil Company*, England and Wales Court of Appeal (Civil Division), 27 June 2012, [2012] EWCA CIV 855, para. 40 (noted by Kaczorowska-Ireland, p. 396): "The act of state doctrine is a long-standing doctrine of Anglo-American jurisprudence (Hamblen J commented that there is nothing similar in the civil law)." 다만, 이 사건에서 재판소는 국가의 행위는 일반적으로는 외국 자신의 영토 내에서 발생해야 하지만, *Buttes Gas* v. *Hammer*, [1982] AC 888와 같은 예외적 상황에서는 일국의 영토 밖에서 발생할 수 있다고 하였다(para. 49): "... we are of the view, expressed in the judgment of this court in *Kuwait Airways Corporation* v. *Iraqi Airways Co* (Nos 4 and 5) [2002] 2 AC 883 at [287] and [319], that *the principle[of act of state] may even extend to extra-territorial* (*or perhaps one might speak of transnational*) *acts*, as in Buttes Gas itself, with its international boundary disputes. However, in the present case, we are concerned only with what has occurred within Russia itself."(italics added) 재판소는 또한 "국가행위 이론은 한 개의 단일 공식으로 축약할 수 없으며", "현대세계에서는 갈수록 실루엣처럼 그 제한들에 의해 정의되어지고 있다"고 언급하기도 하였다(paras. 113, 115): "the act of state doctrines cannot be reduced to a single formula."; "The important thing is to recognise that increasingly in the modern world the doctrine is being defined, like a silhouette, by its limitations, rather than to regard it as occupying the whole ground save to the extent that an exception can be imposed." 영국법에서의 국가행위 이론에 대해 자세한 것은 Fatima, Chapter 12 (Judicial Restraint and Act of State) 참조.

소가 자국의 국제사법에 의거하여 판단할 문제이지만, 재산 수용에 있어 보상을 동반하지 않거나 국적에 따른 차별적 보상을 지급하는 것은 대체로 공공정책에 위배된다고 간주되고 있다.[80)]

---

79) 1966년 "시민적 · 정치적 권리에 관한 국제규약" 제19조 3항(b)의 "public order(*ordre public*)"에서 보는 것처럼 영어 표현인 'public order'는 흔히 불어의 'ordre public'와 동의어로 사용되기도 한다. 그러나 이들 두 술어는 완전히 동일한 의미가 아니다. 즉, *ordre public*은 "공개된 장소에서의 (단순한) 무질서의 부재 그 이상의 것(more than the absence of disorder in public places)을 함축하고 있으며, 기본가치에 대한 일정한 수준의 존중(a certain level of respect for basic values)을 포함하고 있다." 그런 의미에서 이것은 영어의 public policy에 가깝다. Hartley, *European Union Law in a Global Context*, p. 104, fn. 36 ; https://en.wikipedia.org/wiki/Public_policy_doctrine. 그리고 국내재판소는 제기되어 온 사건이 외국과 강한 -심지어는 더 강한- 관련성을 갖고 있더라도, 자국의 국제사법(법의 충돌) 규칙에 의거하여 외국법을 적용하게 되면 자국의 정치적, 도덕적 혹은 경제적 질서의 기본원칙들에 부합하지 아니하는 결과가 도출될 때, 그처럼 바람직하지 아니한 외국법을 준거법에서 배제하고 국내법(법정지법)을 적용하기 위해 자국의 공공정책/공공질서를 원용하는 것이다. 이렇게 해서 공공정책/공공질서는 외국법의 법정지국 내로의 역외적용을 막는 사법 도구로 기능하게 된다. 따라서 국제사법에서의 공공정책 혹은 공공질서 관념은 모든 국가에서 반드시 동일하지가 않다. 상기 *Yukos Capital Sarl* v *OJSC Rosneft Oil Company* 사건에서 영국 항소재판소(para. 151)도 "공공정책은 불가피하게 나라마다 다르다"("public order" or "public policy" is inevitably different in each country) 고 언급한 바 있다. MAX-EUP (Max Planck Encyclopedia of European Private Law), "Public Policy", 〈https://max-eup2012.mpipriv.de/index.php/Public_Policy〉 ; George A. Bermann, "Introduction: Mandatory Rules of Law in International Arbitration", (2007) 18 The American Review of International Arbitration 1 ; Martin Gebauer/Felix Berner, "Ordre Public (Public Policy)", Oxford Public International Law, 〈https://opil.ouplaw.com/〉 ; Kent Murphy, "The Traditional View of Public Policy and Ordre Public in Private International Law", (1981) 11 The Georgia Journal of International and Comparative Law 591 ; https://fr.wikipedia.org/wiki/Ordre_public_international ; Ryngaert, *Jurisdiction in International Law*, pp. 171~172.

80) *Anglo Iranian Oil Co., Ltd.* v. *Jaffrate* (*The Rose Mary* case), Aden Supreme Court, [1953] 1 WLR 246, (1957) 20 ILR 316 사건이 이를 잘 보여주고 있는데, 사건 개요는 다음과 같다. 1952년 이란에서 원유를 선적한 온두라스 국적의 로즈마리 호가 영국의 식민지 아덴 항구에 입항하였다. 원고는 원유의 인도를 요청하는 소를 제기하면서, 원유는 원고의 재산이라는 선언이라도 해 달라고 요구하였다. 피고는 선장(Jaffrate)과 선주들, 로즈마리 호를 용선한 스위스회사였다. 재판소는 원고 측의 요구를 수용하면서 세 가지를 설시하였다. 첫째, 1951년의 이란의 국유화법은 국제법상 무효이다. 왜냐하면 이 법률에 의해 원고 회사의 재산이 어떤 보상도 없이 수용되었기 때문이다. 둘째, 국제법은 영국법의 일부이다. 셋째, 영국재판소도 (영국의 승인을 받은) 외국 정부가 자국 영토 내에서 행한 수용행위의 적법성을 심사하지 않는다는 판례(*Luther* v. *Sagor*)는 문제의 재산이 그 외국정부의 국민인 경우에만 적용된다.

그러나 *Anglo-Iranion Oil Co., Ltd.* v. *S.U.P.O.R. Co.*, Italy, Court of Venice, 1953, (1958) 22 ILR 19 에서 이 영국 회사는 이탈리아 재판소를 통해 원유를 회복하는 데에는 실패하였는데, 사건 개요는 다음과 같다. 피고가 이란에서 원유를 구입하여 베니스로 가져오자, 원고는 1951년의 이란의 석유 국유화법은 자신의 소유권에 영향을 주지 않는다고 주장하면서 이란의 국유화법은 이탈리아의 public order에 위배되므로 집행되어서는 안 된다고 주장하였다. 그러나 이탈리아 재판소는 이란 국유화법은 원고에 대한 보상을 배제하지 않았으며, 오히려 분명히 보상의 권리를 인정하고 있으며, 보상액수와 신속성을 규정하지 않은 것은 문제되지 않는다고 판시하였다.

See also *Kuwait Airways Corporation* v. *Iraqi Airways Company and Others*, UK, House of Lords, 16 May 2002, [2002] UKHL 19, *per* Lord Nicholls of Birkenhead, paras. 15~29, available at https://www.publications.parliament.uk/pa/ld200102/ldjudgmt/jd020516/kuwait-1.htm ; *Kuwait Airways Corp.* v. *Iraqi Airways Co.* UK, English Court of Appeal, [2001] 1 Lloyd's Rep 161 ; Martin Davies, "Kuwait Airways Corp v Iraqi Airways Co: The Effect in Private International Law of Breach of Public International Law by a State Actor", (2001) 2(2) Melbourne Journal of International Law 523 (available at https://www.austlii.edu.au/au/journals/MelbJIL/2001/19.html ; Akehurst, *op. cit.*, (1972 ~1973) 46 BYIL 145 at 246~249 ; Malanczuk, p. 123 ; Sweeney et al., pp. 415~420 ; Denza in Evans (ed.), *International Law*, 5th, pp. 404~405 ; Kaczorowska-Ireland, pp. 396~397.

해외에서의 이상한(변칙) 인도(extraordinary rendition)와 고문 등의 불법행위로 피해를 입었다고 주장하는 *Belhaj* v *Straw*, 17 Jan 2017, [2017] UKSC 3에서 영국 최고재판소(7인 대법관 참여)는 국가행위 이론에 대

그러면 국가행위이론과 국제사법의 차이는 무엇인가? 첫째, 재판소가 외국정부의 수용 행위를 합법으로 수락하면서 그 근거를 문제의 행위가 문제의 재산 소재지법(즉, 수용국의 국내법)에 의거하여 합법이라는 데서 구하면 이것은 국제사법의 논리이고, 그같은 수용행위가 '외국'에 의하여 수행되었다는 사실에서 구하면 이것은 미국식 국가행위이론의 접근방식이다. 둘째, 국가행위이론은 외국정부의 행위가 그 국가의 국내법에 위배되는 경우에도 원용될 수 있지만, 국제사법은 문제의 외국행위가 그 국가의 국내법상 합법인 경우에만 적용되기 시작한다. 이 점에서 국가행위이론은 국제사법보다 그 적용범위가 넓다고 할 수 있다. 셋째, 국가행위이론은 다른 측면에서는 국제사법보다 그 적용범위가 좁다. 국가행위이론은 단지 '국가'의 행위에 대해서만 적용되는데 반해 국제사법은 개인의 행위에 대해서도 적용되기 때문이다.[81)]

러시아에서 재산을 수용당하고 보상도 받지 못한 러시아 회사가 문제의 재산을 영국으로 수입한 영국회사를 상대로 영국재판소에 제소한 *Luther* v. *Sagor*[82)]에서 보는 것처럼, 국가가 자국민의 재산을 보상없이 수용하더라도 이것은 기본적으로 국제법의 문제가 아니므로, 타국 재판소가 그 합법성에 이의를 제기할 필요성은 발생하지 않는다. 다만, 재판소의 승인(recognition) 정책과 관련하여 문제가 야기될 수는 있다. 즉, 위 사건의 제1심 판결에서 보는 것처럼 재판소가 승인에 대해 창설적 효과설을 취하는 경우, 미승인정부로부터 상품을 수입한 회사의 계약행위는 존재하지 않는 것으로 간주되어 수입회사가 곤경에 빠질 수 있다.

그러나 일국의 재판소가 외국인의 재산을 보상없이 혹은 차별적으로 수용한 타국 정부의 행위에 대해 그 효력을 부인하는 것은 그 타국의 주권을 침해하는 것이 아닌가? 국가들은 서로 독립되어 있기 때문에 일국 재판소가 타국에 명령을 내리거나 혹은 타국의 행위를 취소하는 것은 물론 주권 침해로서 국제법 위반이 될 것이다. 그러므로 예컨대, *Buck* v. *Attorney-General*[83)]에서 영국 항소재판소는 -독립할 때 추밀원령(Order in Council)에 의해 제정된-시에라레온 헌법이 무효라는 선언을 구하기 위해 제기된 소송에서 자신은 그러한 선언을 할 수 있는 권한이 없다고 판시한 바 있다. 그러나 외국정부의 수용령을 승인하기를 거부하는 재판소는 실제로는 그것을 취소하려는 것이 아니다. 판결문의 표현이 미숙하여 오해가 있을 수는 있지만, 어쨌든 재판소는 실제로는 단지 문제의 재산을 원소유주가 회복할 수 있다고 판결내리는 것뿐이다. 요컨대, 단지 외국정부 행위의 법정지국 내에서의 효력을 부인하는 것이므로 이것이 국가주권을 침해하는 것으로는 되지 아니한다.[84)]

해 종합적인 검토를 행한 바 있는데, 특히 Lord Mance는 현재의 영국판례법 하에서의 국가행위[(foreign) act of state]를 3개 유형으로 구분하였다(*per* Lord Mance, paras. 35, 38, 40). 그러나 이 사건에서도 대법관들은 중대한 기본권 침해에 대해서는 공공정책의 제한이 적용된다는 데 대해 견해를 같이 하였다(*per* Lord Mance, paras. 97~99 ; *per* Lord Neuberger, para. 168 ; *per* Lord Sumpton, paras. 268, 278, 285). https://www.supremecourt.uk/cases/docs/uksc-2014-0264-judgment.pdf ; https://www.blackstonechambers.com/news/belhaj-and-another-v-straw-and-others/ ; Webb in Evans (ed.), *International Law*, 5th, pp. 340~344 ; Denza in Evans (ed.), *International Law*, 5th, pp. 405~406.

81) Akehurst, p. 51.

82) *Aksionairnoye Obschestvo A M Luther* v *James Sagor and Co*, Great Britain, King's Bench Division, [1921] 1 K.B. 456 ; Court of Appeal, [1921] 3 K.B. 532 ; Harris, 5th, p. 169 ; Akehurst, p. 68 (& 3rd ed., 1977, p. 96) ; von Glahn, p. 104 ; Hamid, pp. 97~98. 사건 개요는 본서, 제8장 (국가 및 정부 승인). "Ⅳ. 승인의 국내법상의 효과" 참조.

83) [1965] Ch. 745.

Ⅲ. 영국 헌법상의 국가행위이론

-상기 국가행위와 구분하기 위해 "Crown act of state"로 불리기도 하는[85]- 주로 영국 헌법·행정법 교과서에 등장하는 국가행위이론에 의하면, 국왕(즉, 영국정부)의 사전 재가 혹은 사후 추인을 받은 행위로 인하여 영국 '밖'에서(outside the realm) 피해를 입은 외국인은 영국재판소에서 어떤 구제 방법도 갖지 못한다.[86] 다시 말해서, 국왕의 관리(King's Officer)가 해외에서 직무수행과 관련하여 외국인에게 가한 불법행위(tort)를 이유로 영국재판소에서 제소당할 때, 그는 자신이 국왕의 명령에 따라 행동했노라고 변명함으로써 자신을 방어할 수 있다. 피해 외국인은 그렇다고 해서 영국 국왕(즉, 영국 정부)을 상대로 제소할 수도 없다. "왕은 악을 행할 수 없다."(The King can do no wrong.)는 원칙이 이 경우에 여전히 적용되고 있기 때문이다. 이런 상황 하에서 피해 외국인의 유일한 구제방법은 자국 정부로 하여금 외교보호권을 행사하도록 만드는 일뿐이다.[87]

영국 헌법에서 '국가의 행위'(Act of State)와 '국왕의 대권'(royal prerogatives)은 때로 교환가능한 용어로 사용되기도 하지만 양자는 이론상 구분하여야 한다. 즉, '국가의 행위' 항변은 문제의 행위가 적법하다는 항변이 아니라 (영국)재판소의 관할권 밖에 있다는 항변인데 반해, '국왕의 대권' 항변은 하원 또는 상원의 동의 없이 문제의 행위를 채택할 국왕의 적법한 권한이 존재한다는 주장이다.[88]

---

84) Akehurst, *op. cit.*, (1972~1973) 46 BYIL 145 at 250.

85) *Belhaj* v. *Straw*, UK Supreme Court, 17 January 2017, [2017] UKSC 3, para. 199 (*per* Lord Sumption).

86) *Buron* v. *Denman*, (1848) 154 E.R. 450. 다만, *R* v. *Bottrill*, *ex p. Kuechenmeister*, [1947] KB 41에서는 전시 적국민의 왕국 '내'에서의 억류(detention in wartime of an enemy alien within the realm)도 국가의 행위(Act of State)로서 제소의 대상이 안 된다고 판결하였다. J.F. Garner and B.L. Jones, *Garner's Administrative Law*, 6th ed. (London : Butterworths, 1985), p. 208, fn. 5.

87) Akehurst, p. 47. 영국 최고재판소는 2004년 2월 이라크에서 영국 군대에게 나포되어 아프가니스탄 내 미국 구금시설로 이송된 파키스탄인이 영국 정부를 상대로 제기한 불법행위 청구소송 *Rahmatullah (No 2)* v. *Ministry of Defence*, [2017] UKSC 1에서 Crown Act of State 이론을 만장일치로 지지하였다. 동 판결의 요약, 분석에 대해서는 다음을 참조 : Human Rights Law Centre, "UK Supreme Court finds that the 'Crown act of state' doctrine bars certain international claims: Rahmatullah (No 2) v. Ministry of Defence [2017] UKSC 1 (17 January 2017)", 〈https://www.hrlc.org.au/human-rights-case-summaries/2017/4/24/uk-supreme-court-finds-that-the-crown-act-of-state-doctrine-bars-certain-claims-against-the-government-relating-to-foreign-policy-and-international-affairs〉; Quentin Decleve, "U.K. Supreme Court Rules on State Immunity and (Crown) Act of State Doctrines", International Litigation Blog, February 24, 2017, 〈https://international-litigation-blog.com/uksc-rules-on-state-immunity-and-crown-act-of-state-doctrines/〉.

88) 그리고 국왕의 대권에 대해서는 세 가지 기본 원칙이 존재한다 : 첫째, 국왕의 대권과 의회제정법이 충돌하는 경우 제정법이 우선한다 ; 둘째, 국왕의 대권 사용에 대해서는 그 적법성 여부에 대한 사법심사가 가능하다 ; 셋째, 국왕의 대권은 제정법에 의해 폐지될 수는 있으나 확대될 수는 없다 : https://www.parliament.uk/site-information/glossary/crown-prerogative/ ; Gail Bartlett & Michael Everett, *The Royal Prerogative*, House of Lords Library, Briefing Paper(Number 03861, 17 August 2017), 〈https://commonslibrary.parliament.uk/research-briefings/sn03861/〉. '국가의 행위'와 '국왕의 대권'의 구분에 대해 좀 더 자세한 것은, Michael T Molan (ed.), *Constitutional and Administrative Law - Textbook*, 14th ed. (London : HLT Publications, 1992), p. 193 참조.

제 12 장
외교면제 및 특권

Ⅰ. 외교관계에 관한 비엔나협약

국가 간의 외교관계는 그간 국제관습법에 의하여 규율되어 왔으나 1961년 3월 2일부터 4월 14일까지 비엔나에서 개최된 UN외교회의(UN Conference on Diplomatic Intercourse and Immunities)에서 "외교관계에 관한 비엔나협약"(Vienna Convention on Diplomatic Relations)(이하 비엔나협약 혹은 외교관계 비엔나협약)이 채택되었다.[1] 비엔나협약은 그 제목이 시사하는 바와 같이 –16세기부터 시작된– 상주외교사절단의 교환과 그 특권·면제에 관한 국가들의 권리와 의무를 다루고 있다. 비엔나협약은 2015년 5월 30일 현재 190개 국가가 당사자로 되어 있는 사실상의 보편조약이다. 한편, 위 비엔나회의에서는 같은 날 이 협약과 관련하여 "국적취득에 관한 선택의정서"(Optional Protocol to the Vienna Convention on Diplomatic Relations, concerning Acquisition of Nationality)[2]와 "분쟁의 강제적 해결에 관한 선택의정서"(Optional Protocol to the Vienna Convention on Diplomatic Relations, concerning the Compulsory Settlement of Disputes)[3]도 채택하였는데, 후자는 비엔나협약의 해석 또는 적용으로부터 발생하는 분쟁에 관하여 ICJ에 강제관할권을 부여하기 위한 것이다.[4]

---

1) 1961년 4월 18일 채택, 1964년 4월 24일 발효, 1971년 1월 27일 한국 발효.
2) 1964년 4월 24일 발효, 1977년 4월 6일 한국 발효.
3) 1964년 4월 24일 발효, 1977년 2월 24일 한국 발효.
4) 비엔나협약과 두 선택의정서의 원문은 Watts, Vol. I, p. 206 이하 ; https://treaties.un.org/〉Depositary of Treaties 참조.

Ⅱ. 외교면제의 이론적 근거

외교관과 외교공관은 접수국(receiving state) 영토 내에서 특별한 지위를 향유하는데, 국제법의 아버지라 불리우는 Hugo Grotius(1583~1645)는 일찍이 다음과 같이 설명하였다.

> "결과적으로 ... 대사들은 그들이 파견된 국가의 범위 밖에 있는 것으로 인정되었다. 이러한 이유로 그들은 그들이 살고 있는 국가의 국내법에 종속되지 아니한다."(In consequence, ... ambassadors were held to be outside of the limits of the country to which they were accredited. For this reason they are not subject to the municipal law of the state within which they are living.)[5)]

이것이 바로 이른바 영토외(領土外)설 혹은 치외법권(治外法權)설(extraterritoriality, exterritoriality)이다.[6)] 그러나 치외법권설은 영토주권 원칙상 이제 그 의미를 상실하게 되었다. 왜냐하면 이 견해에 의하면 외교관은 접수국에 와 있으면서도 법상 여전히 파견국(sending state)에 있으며, 또한 외교공관도 법상 접수국의 영토가 아니라 파견국의 영토로 간주된다는 잘못된 결론에 도달하기 때문이다. 그리고 그 결과 치외법권설은 "왜 파견국과 외교관이 접수국의 법령을 존중할 의무 하에 놓이게 되는지, 왜 그 양자가 외교공관 건물 밖에서 계속되는 면제를 향유하는지, 그리고 왜 접수국은 공관을 보호할 적극적 의무를 지게 되는지"를 설명하지 못하였던 것이다.[7)] 이를테면, 한국인이 한국 내의 외교공관을 출입할 때 여권을 휴대하여야 하는가? 물론 아니다. 기껏해야 주민등록증만 휴대하면 되는데 이것은 그곳도 우리 영토 내의 부동산에 지나지 않기 때문이다. 같은 논리로, 외교공관으로 사용하기 위해 부동산을 구입하거나 임차할 때에도 접수국의 현지법에 따라야 하고, 이 밖에 외교공관 내에서 이루어지는 결혼, 계약체결, 범죄행위 등등도 법상 접수국의 영토에서 발생한 것으로 간주될 따름이다.[8)] 이같은 논리에 기초하여 스위스 정부는 스위스 베른 주재 폴란드대사관 인질사건[9)]에서 폴란드 정부의 치외법권설적 주장을 명백하고도 정당하게 부인하였다. 그런가 하면

---

5) Hugo Grotius, *De Jure Belli Ac Pacis Libri Tres*, Vol. Two, Book Ⅱ (Oxford : Clarendon Press, 1925), Chapter ⅩⅧ, p. 443.

6) Thomas Erskine Holland, (edited by Thomas Alfred Walker and Wyndham Legh Walker), *Lectures on International Law* (London : Sweet & Maxwell, Limited, 1933), p. 149는 과거 유럽의 군주가 타국을 방문하는 중에 현지에서 자신의 수행원에 대해 형사재판권을 행사한 사례를 소개하고 있다. 치외법권의 관념을 받아들인다면, 이것은 일국의 군주가 단순히 타국 재판관할권으로부터 면제된 사례가 아니라 타국에서 자신의 형사재판권을 행사하였다는 점에서 일종의 '적극적' 치외법권의 사례가 아닐 수 없다.

7) Fox, p. 449 ; Sen, pp. 96~97.

8) Gore-Booth (ed.), p. 107 ; Aust, *Handbook of International Law*, p. 125 ; Lewis, pp. 61, 63, 187 ; Sweeney et al., p. 844.

9) The New York Times, World, September 16, 1982, "Swiss Refusing to Extradite 4 Who Seized Polish Embassy", 〈https://www.nytimes.com/1982/09/16/world/swiss-refusing-to-extradite-4-who-seized-polish-embassy.html〉 ; https://en.wikipedia.org/wiki/Martial_law_in_Poland ; 조선일보, 1982년 9월 11일(토).

영국의 한 재판소는 *Radwan* v. *Radwan*[10)]에서, 런던 주재 통일아랍공화국 총영사관 내에서 선고된 '딸락 이혼' (*talaq* divorce)[11)]을 "영국 제도(諸島) 밖의 국가에서"(in a country outside the British Isles) 획득한 이혼으로 취급하기를 거부하였다.

이와는 대조적으로 한국 대법원은 서울 을지로 소재 미국문화원 점거농성 사건(1985)에 대한 1986년 6월 24일의 판결[12)]에서 다음과 같이 언급한 바 있다.

> "국제협정이나 관행에 의하여 서울에 있는 미국문화원이 치외법권지역이고 그곳을 미국영토의 연장으로 본다 하더라도 그곳에서 죄를 범한 피고인들에 대하여 우리 법원에 먼저 공소가 제기되고 미국이 자국의 재판권을 지금까지도 주장하지 않고 있는 바에야 속인주의를 함께 채택하고 있는 우리나라의 재판권은 피고인들에게도 당연히 미친다 할 것이다."

조심스럽게 가정적인 표현을 쓰고 있긴 하지만 그럼에도 불구하고 위 판결은 대체로 다음 네 가지를 시사하고 있다. 첫째, 국제협정이나 관행은 미국문화원을 치외법권지역으로, 즉 미국영토의 연장으로 보고 있다. 둘째, 한국법원에 먼저 공소가 제기되지 않고 미국이 먼저 재판권을 주장하였다면 한국법원의 재판권이 영향받았을 수도 있다. 셋째, 문제의 행위를 한국인의 미국 영토 내에서의 범죄로 보더라도 한국형법의 속인주의에 의거하여 한국이 처벌할 수 있다. 넷째, 미국문화원은 당연히 미국 외교공관의 일부를 구성한다. 대법원이 이상과 같은 의도로 판결한 것이라면 이는 다음과 같은 이유로 모두 잘못된 것이다.

첫째, 외교공관을 그 파견국의 영토로 간주하는 국제협정이나 국제관행은 존재하지 않는다. 즉, 국제법상 외교공관은 접수국영토 내의 부동산으로서 불가침성(inviolability)을 향유할 뿐 치외법권지역은 아니다. 그리고 국내법의 관점에서 한국 헌법과 법률 어디에도 한반도 내에 외국영토가 존재한다는 규정은 없다.

둘째, 국가관할권이 경합하는 경우, 국제법은 그 중 어느 한 국가에게 우선권을 부여하지 않는다. 이는 결국 현실적으로 범인을 먼저 체포한 국가가 먼저 재판하는 결과로 이어질 것이다. 그러나 일반국제법상 한 범죄에 대해 어느 한 국가가 재판권을 행사했다고 해서 그 범죄에 대해 재판권이 있는 다른 국가의 재판권행사가 영향을 받지는 않는다.

셋째, 이 사건은 한국인의 한국영토 내에서의 범죄에 불과하기 때문에 속인주의 적용의 가능성을 언급한 것은 넌센스이다.

넷째, 일반인의 출입이 자유로운 미국문화원이 외교공관의 일부를 형성하는가, 다시 말해서 불가침성을 향유하는 지역인가의 문제는 아직 국제법상 불분명하다. 그럼에도 불구하고 대법원이 이 문

10) England, Family Division, [1972] 3 All ER 1026 ; (1972) P [1972] 3 WLR 735 ; [1973] Fam. 24 ; (1972) 55 ILR 579 ; Fox, p. 449, fn. 91 ; Shaw, 5th, p. 670, fn. 270.

11) 남편이 이른바 triple talaq을 통해, 즉, '딸락'(talaq)("나는 당신과 이혼합니다")을 세 번 말함으로써 아내와 이혼을 할 수 있는 수니 이슬람의 절차. https://en.wikipedia.org /wiki/Triple_talaq.

12) 86도403, 대법원 판례집, 제34권 2집(1986), 법원행정처, p. 387 ; https://glaw.scourt.go.kr/jbsonw/jbson.do ; 金大淳/金民瑞/朴芝炫, pp. 214~215.

제에 관해 아무런 고찰도 하지 않고 미국문화원을 당연히 이른바 '치외법권'을 향유하는 미국공관의 일부로 간주해 버린 것은 문제이다.

그 밖에, 종래 한국 민사소송법 제3조는 "대사 · 공사 · 기타 외국에서 치외법권 있는 대한민국 국민이 전조의 규정에 의하여 보통재판적이 없는 때에는 그 보통재판적은 대법원 소재지로 한다"고 규정하고 있었으나, 국제법상 '치외법권'을 향유하는 대한민국인은 존재하지 않는다. 따라서 이 표현은 '국제법상의 면제를 향유하는'으로 바꾸는 것이 좋을 것이라는 지적을 한 바 있었다. 2002년 1월 26일 전면개정된 민사소송법[13]은 (구 제3조를 개정한)제4조에서 "치외법권 있는"이란 표현을 "외국의 재판권 행사대상에서 제외되는"이란 표현으로 대체함으로써 비판을 수용한 것으로 보인다. 역으로, 외국 국가원수와 외교관 등의 한국 내에서의 특수 신분과 관련하여 일부 형법 교과서에서 그들에게는 "(한국)형법의 효력이 미치지 않는다"고 기술하고 있으나, Grotius 식의 이런 표현도 개정 민사소송법의 표현을 빌려 "국제법(관습법과 조약)상 한국의 형사재판권 행사 대상에서 제외되는 자들이 있다"로 수정하는 것이 좋을 것이다. 제10장 (국가면제)에서 언급한 바와 같이 면제는 실체법인 형법 자체로부터의 면제를 의미하는 것은 아니기 때문이다.

비엔나협약은 치외법권이라는 개념조차 사용하고 있지 않으며, 그 전문에서 "...이러한 특권과 면제의 목적은 개인의 이익을 위함이 아니라, '국가를 대표'하는 외교사절단의 '직무의 효율적 수행'을 보장하기 위한 것임을 인식하고 ... "라고 규정하고 있다.[14] 이같은 접근방법의 결과, 외교사절단 자체(즉, 외교공관과 특히 사절단의 통신)에 대해서는 관습법 하에서 보다 더 큰 보호가 부여되고 있는데 반해, 외교관과 하급직원들의 개인적 특권 · 면제는 관습법 하에서 부여되던 것 이하로 제한되고 있다. 국가의 행위(act of state)에 해당되지 아니하는 행위, 즉 '개인적' 행위에 대한 특권 · 면제를 제한하려는 이같은 태도는 특히 외교직무 밖의 문제들(예컨대, 상업활동 또는 접수국 부동산의 개인적 소유)에서 잘 나타나고 있다.[15]

요컨대, 외교공관이든 -아래에서 설명할- 영사공관 혹은 국제기구 공관이든 구분없이 그것은 접수국 영토 내의 부동산일 뿐이다. 한국 대법원은 2006년의 한 판결[16]에서 "중국 북경시에 소재한 대한민국 영사관 내부는 여전히 중국의 영토에 속할 뿐 이를 대한민국의 영토로서 그 영역에 해당한다고 볼 수 없[다]"고 언급함으로써 위 판례의 오류를 간접 시인한 것으로 보인다.

---

13) 전개(全改)법률 제6626호 (2002년 7월 1일부터 시행).

14) ILC는 그 초안규정에 대한 주석에서, 외교특권과 면제의 발전에 영향을 미쳐온 이론 중에 치외법권설 ("exterritoriality" theory)과 국가대표설("representative character" theory)이라는 것이 있지만, 지금은 직무필요설("functional necessity' theory)이라 불리는 제3의 이론이 지지를 얻고 있는 것으로 보인다고 하면서, 동 위원회는 관행이 분명한 지침을 제시해 주지 못한 문제들을 해결함에 있어서는 직무필요설의 지도를 받되, 국가대표설도 염두에 두었다고 밝히고 있다. Yearbook of the ILC, 1958, Ⅱ, pp. 94~95 ; Harris, 5th, p. 357 ; Sen, pp. 96~99 ; Barker in Orakhelashvili (ed.), pp. 186~189.

15) Gore-Booth (ed.), pp. 108~109.

16) 2006. 9. 22. 선고 2006도5010 판결.

Ⅲ. 국가면제와 외교면제의 관계[17)]

외교면제는 엄격한 의미에서의 국가면제를 규율하는 규칙과는 관계없이 그 훨씬 이전부터 발전되어 온 별개의 규칙으로 무장되어 있다. 그 결과 외교관의 행위라 하더라도 상황에 따라서는 국가면제와 외교면제 중에서 어느 하나만이 문제되는 경우도 있으며, 때로는 국가면제와 외교면제 양자 모두 관련이 있을 수도 있다.

예컨대, 한국에 파견된 X국의 외교관이 개인적인 일로 지인과 다투다가 살인을 하였다면, 이것은 외교관의 개인적 면제만이 문제되며 국가면제의 문제로는 되지 아니한다. 따라서 유가족은 X국 정부를 상대로 한국의 관할재판소에 제소할 수 없다. 같은 논리로, 외교관에 동반되어 외교면제를 향유하는 가족 구성원의 개인적 불법행위에 대해서도 파견국을 피고로 하여 제소하는 것은 해당 외교관과 문제의 가족을 상대로 제소하는 것만큼이나 무익한 일이 될 것이다.[18)]

그러나 반대로, 한국에서 파견국을 대리하여 행동하는 외교관과 한국인 사이에 민상사 계약이 체결되었다면, 이것은 국가면제와 외교면제 모두와 관련이 있다. 즉, 이 경우 외교관은 비엔나협약에 의하여 '영원히'(즉, 직무종료 후에도) 면제를 향유하지만,[19)] 파견국 정부는 이제 제한적 면제이론에 따라 면제를 향유할 수 없다. 즉, 외교관에게 면제가 인정되는 행위라 하여 곧 그의 파견국에게도 면제가 인정되는 것은 아니다. 이런 종류의 혼란을 피하기 위해서는, 외교관이 그의 공적 직무의 일부로서 임대차 계약서 등에 서명할 때 파견국을 위하여/대리하여 행동하고 있다는 것을 분명히 하고, 계약서에는 오직 그의 국가만이 당사자로 언급되는 것이 좋을 것이다. 이렇게 하면 타방당사자가 나중에 계약과 관련하여 (민사)소송을 제기하면서 외교관 개인을 상대로 함으로써 소송비용과 시간만 낭비하는 일을 막을 수 있을 것이다.[20)]

국가면제와 외교면제가 모두 관련될 수 있는 또 하나의 가정적 예로서, X국 정부가 서울의 한 주택을 임대하여 그것을 자국 외교관에게 거주하도록 허락하였다고 하자. 소유주가 임대계약위반을 이유로 손해배상청구소송을 제기하거나 계약만기를 이유로 명도를 청구하는 경우, 이것은 부동산 관련 소송이므로 당연히 한국재판소는 재판관할권을 갖게 되지만, 문제의 주택은 비엔나협약 제30조에 의해 불가침성(inviolability)을 향유하기 때문에 외교관으로 하여금 소유주가 그 집에 들어가

---

17) See C.A. Whomersley, "Some Reflections on the Immunity of Individuals for Official Acts", (1992) 41 ICLQ 848 at p. 852 ; Badr, p. 90 ; Bankas, pp. 40~41 ; Currie, pp. 345~348.

18) United States District Court, District of Columbia, *Skeen* v. *Federated Republic of Brazil*, 7 July 1983, (1983) 566 F. Supp. 1414, (2002) 121 ILR 481 (noted by Bankas, p. 185)가 그 좋은 예이다. 이 사건에서, 미국 주재 브라질 대사의 손자가 개인적으로 자행한 불법행위(나이트클럽 밖에서 폭행 및 총기발사)는 미국 영토 내에서의 불법행위라 하더라도 그 성격이 순전히 개인적인 것으로서 파견국에 귀속될 수 없으므로 파견국은 FSIA 섹션 1605(a)(5)에 의거하여 국가면제를 향유한다고 판시되었다. 원고 미국인은 미국재판소에 브라질 대사와 그의 손자를 상대로 한 소송도 제기하였으나 이것들도 미국이 당사자인 1961년 외교관계 비엔나협약에 의해 각하되었다.

19) 물론 이 경우의 면제도 그 파견국정부에 의하여 포기될 수 있다.

20) Aust, *Handbook of International Law*, p. 139.

는 것을 허락하도록 강제할 수는 없다.[21]

위 가정적 사례들은 일견 이상해 보일지 모르지만 동일 상황에 적용되는 두 개의 서로 다른 체제(즉, 국가면제와 외교면제)가 존재하는데서 오는 불가피한 결과이다. 요컨대, 외교면제는 아래에서 보는 바와 같이 기술적인 의미에서의 외국행위(acts of a foreign state)의 보호범위를 훨씬 넘어서고 있으며, 외교재산도 단지 국가면제가 제공하는 보호보다 훨씬 더 큰 보호를 향유하고 있다.

Ⅳ. 외교관계 및 상주외교사절단의 수립 ; 외교사절단의 직무

'외교관계' 및 '상주외교사절단'(permanent diplomatic missions)의 수립/설치를 위해서는 두 국가 간에 '상호동의'가 필요하다.[22] 외교관계 수립은 법상 '승인'을 전제로 하는 것이기 때문에 승인이 외교관계의 수립에 대한 합의를 통해 묵시적/우회적 형태로 표현될 수도 있다. 또한 외교관계의 수립이 곧 (상호간에 파견국과 접수국으로 지칭되는) 두 국가 간에 상주외교사절단을 교환하거나 적어도 어느 한쪽 국가에 상주외교사절단이 설치됨을 의미하는 것은 아니다.[23] 양자는 별개의 합의를 필요로 한다. 그리고 파견국은 "접수국들의 명시적 반대가 없으면" 복수의 국가에 1인의 외교사절(즉, 사절단장 혹은 공관장)을 파견하거나 외교직원을 할당할 수 있다. 이 경우 파견국은 외교사절이 상주하지 아니하는 국가에는 대사(공사)대리(*chargé d'affaires ad interim*)[24]를 장으로 하는 외교사절단을 설치할 수 있다.[25]

외교사절단의 직무는, '특히', "(a) 접수국에서 파견국을 대표하고, (b) 접수국에서 국제법이 허용하는 범위 내에서 파견국과 그 국민의 이익을 보호하고, (c) 접수국 정부와 교섭하고, (d) 모든 적법한 수단에 의하여 접수국에서의 사정과 발전을 확인하고, 이것에 관해 파견국정부에 보고하고, (e) 접수국과 파견국간의 우호관계를 증진하고, 양국간 경제·문화·과학관계를 발전시키는 일"로 구성된다.[26] 비엔나협약 제3조 1항은 "외교사절단의 직무는 특히(*inter alia*) 다음의 것들로 구성된다"고 규정함으로써 여기에 언급된 것만이 외교사절단의 직무에 해당하는 것은 아님을 시사하고 있다.[27] 이로 인해 외교사절단의 직무의 한계를 분명히 하기 어려운 문제가 생긴다. 예컨대, 외교사절단이 파견국을 위해 대량의 식료품을 구입한다면 이것은 외교사절단의 직무에 속하는가? 그러나 이

---

21) See e.g. UK, *Intpro Properties Ltd* v. *Sauvel*, [1983] Q.B. 1019 ; Whomersley, *op. cit.*, (1992) 41 ICLQ 848 at 852 ; Lewis, p. 71.

22) 비엔나협약 제2조. 과거에는 사절권(right of legation, riht of diplomatic intercourse)의 이름으로 외교사절을 파견하는 것을 국가의 고유한 권리로 파악하려는 경향도 있었으나(see, e.g., pp. Oppenheim, pp. 772~773), 비엔나협약은 '상호동의'를 규정함으로써 이를 명백히 부인하고 있는 것이다. 朴觀淑, p. 99.

23) Aust, *Handbook of International Law*, p. 118.

24) 비엔나협약 제19조.

25) 비엔나협약 제5조 1~2항.

26) 비엔나협약 제3조 1항.

27) Aust, *Handbook of International Law*, p. 119.

를 긍정하더라도 제한적 면제이론에 따르면 파견국의 국가면제는 인정되지 아니할 것이다. 이 밖에 항공권을 판매한다든지, 수업료를 받고 언어교습을 한다든지 하는 따위는 일반적으로 외교직무로 간주되지 아니한다. 다만, 비엔나협약 제47조 2항(b)에 의하면 "관습이나 합의에 의하여 각국이 서로에게 본 협약의 규정이 요구하는 것보다 더욱 유리한 대우를 부여하는 것은 (동 조 1항에 의하여 금지된) 국가 간 차별을 두는 것으로 간주되지 아니한다."[28] 한편, 북한이 2016년 9월 9일 제5차 핵실험을 실시하자 UN 안전보장이사회가 헌장 제7장에 의거하여 "모든 회원국은 북한이 그들 국가 내에서 소유하거나 임대차하고 있는 부동산을 외교 또는 영사 활동 이외의 목적을 위하여 사용하는 것을 금지해야 한다(shall prohibit)"고 결정한 바 있는데,[29] 이것은 북한이 해외 (외교 및 영사)공관에 관한 한 이를 상업적 목적으로 사용하는 것을 막기 위한 조치로 풀이되고 있다.

비엔나협약 제3조 2항은 "본 협약의 어떠한 규정도 외교사절단의 영사직무 수행을 방해하는 것으로 해석되지 아니한다."고 규정하고 있는데, 사실 오늘날 영사직무는 대부분의 외교사절단에서 통합적으로 수행하고 있다. 이에 상응하여 "영사관계에 관한 비엔나협약"도 제2조 2항에서 "... 외교관계 수립에 부여된 동의는, 달리 의사를 표시하지 않는 한, 영사관계의 수립에 대한 동의를 포함한다." 고 규정하면서, 제3조에서는 "영사직무는 영사기관에 의해 행사된다. (그러나) 영사직무는 이 협약의 규정에 따라 외교사절단에 의해서도 수행된다."고 규정하고 있고, 이어서 제70조 1항에서는 "이 협약의 규정들은 문맥이 허용하는 한 외교사절단의 영사직무 수행에도 적용된다."고 규정하고 있다. 요컨대, 외교관이 영사직무를 수행하는 경우 그는 영사관계 비엔나협약에 따라 행동하게 되지만, 이 경우 그의 외교면제 · 특권은 그대로 유지한다.[30] 외교관으로서 영사부서에 배속되거나 영사직무를 수행하는 자의 명단은 접수국 외무부(또는 외무부가 지정하는 당국)에 통고되어야 한다.[31] 외교관이 영사직무를 수행하는 경우, 그는 중앙정부보다는 지방당국과 경찰을 상대하게 될 것이다.[32] 이런 경우 그의 직무에 대한 오해를 피하기 위해서는 -"1등 서기관 겸 영사"(First Secretary and Consul)처럼 - 외교관 직책 이외에 영사 임명을 같이 하는 것이 좋을 것이다.[33] 반대로, 접수국에 자국 외교사절단이 없어서 불가피하게 영사가 (접수국의 동의를 받아) 외교직무를 수행하더라도 외교면제 · 특권을 요구할 수 없다.[34]

외교관계 수립을 위해서는 두 국가 간 합의가 요구되지만, 일단 수립된 외교관계는 어느 한 국가에 의해 일방적으로 단절될 수 있다. 이 경우 두 국가는 서로 상대방 국가에 파견한 자국의 외교사절단을 철수시키게 된다.[35] 조약 당사국 간의 외교 또는 영사 관계의 단절은 -외교 또는 영사 관계의

28) *Ibid.*, pp. 119~120, 154~155.
29) UN안보리결의 2321 (2016년 11월 30일), para. 18 : "Decides that all Member States shall prohibit the DPRK from using real property that it owns or leases in their territory for any purpose other than diplomatic or consular activities".
30) 영사관계 비엔나협약 제70조 4항.
31) 영사관계 비엔나협약 제70조 2항.
32) 영사관계 비엔나협약 제70조 3항.
33) Aust, *Handbook of International Law*, p. 119.
34) 영사관계 비엔나협약 제17조 1항.

존재가 그 조약의 적용에 불가결한 경우를 제외하고는– 그 조약에 의하여 당사국 간에 확립된 법적 관계에 영향을 주지 아니한다.[36]

V. 외교사절단의 면제·특권(immunities and privileges of diplomatic missions)

'불가침성'(inviolability)은 외교면제의 초석으로서 비엔나협약의 여러 곳에서 이에 대한 언급이 발견되며, ICJ는 *US Diplomatic and Consular Staff in Tehran* 사건[37]에서 외교관의 신체와 외교공관에 적용되는 이 원칙을 "근본적 성격"(the fundamental character)의 것으로 지칭한 바도 있다.[38] 그러나 이 개념은 그 자체 그리 명확하지 않으며, 비엔나협약에서도 이에 대한 획일적인 정의를 제공하고 있지는 않다. 다만, 불가침성은 일체의 간섭으로부터의 자유와 접수국측의 특별보호 의무를 함축하고 있다.[39] 또한, 비엔나협약은 그 전문과 본문의 여러 규정에서 "특권과 면제"(privileges and immunities)라는 한 쌍의 표현을 반복적으로 사용하고 있으나 그 개념 정의를 내려놓지는 않았다. 따라서 특권과 면제를 별개의 것으로 볼 것인지, 아니면 사실상 동의어로 사용할 것인지가 문제로 될 수 있다. 언어적인 관점에서 보면 면제도 일종의 특권이 아닐 수 없다. 그러나 비엔나협약의 목적상 (그리고 국가면제를 포함해서 다른 면제의 경우에도 마찬가지로), 면제가 접수국에서 법의 강제적 집행으로부터의 절차적 보호, 특히 접수국의 재판관할권으로부터의 면제를 의미한다면, 특권이란 조세·사회보장 등, 대체로 재정적 성격의 분야에서 접수국의 일정 법규정으로부터의 실체적 면제를 의미하는 것으로 새기는 것이 타당할 것이다.[40] 여기서는 외교관 개인의 면제·특권을 논하기 앞서 외교공관의 불가침성을 포함한, 외교사절단 자체의 면제·특권에 관하여 설명한다.

1. 외교공관의 정의

비엔나협약은 '사절단의 건물과 부속토지'(premises of the mission), 즉 '외교공관'에 관해 정의하고 있으나 오늘날 일반적으로 사용되는 술어는 '대사관' (embassy)이다.[41] 미국의 한 연방항소

---

35) Akehurst, p. 114. 관련 사건으로는, Malaysia, Minister of Foreign Affairs, 19 March 2021, "Malaysia deeply regrets the DPRK's decision to sever ties 19 March 2021", 〈https://www.kln.gov.my/〉; 김명진/조선일보, 2021.03.19., "北, 말레이시아와 단교 선언 "우리 공민 美에 넘겨"", & 김명성/조선일보, "말레이 "北대사관 48시간 이내 떠나라"... 북한 단교 선언에 대응"; 추부길, "Why Times 정세분석 736 : 말레이와 단교 선언한 북한, 왜 그랬을까?" (2021.3.23) 참조.

36) 1969년 비엔나 조약법협약 제63조; 본서, 제4장 (조약법), "Ⅳ. 조약의 종료", 서론 부분.

37) US v. Iran, ICJ Reports (1980), p. 3 at 40 (para. 86).

38) 본서, 제3장 (일반국제법의 강행규범), "I. 강행규범 이론의 역사적 전개과정" 참조.

39) Brownlie, p. 356; Currie, p. 348.

40) Brownlie, 5th, p. 362; Gore-Booth (ed.), p. 120; Currie, p. 351; Schermers & Blokker, §323.

재판소는 *United States* v. *Kostadinov*[42]에서 "비엔나협약 하에서 'mission'(사절단/使節團)은 한 국가가 다른 국가에 파견한 '일단의 사람들'(a group of people)로 구성된다. 그것은 그들이 접수국에서 차지하고 있는 '건물과 부속토지'(premises)를 지칭하는 것이 아니다"라고 언급한 바 있다. 요컨대, "외교공관과 사절단 자체는 서로 독립된 개념"으로서, "외교면제를 주장하는 자의 사무실이 외교공관(대사관)의 일부로 간주되는 건물 내에 위치하고 있다는 사실 그 자체만으로는 그 자가 사절단의 일부를 구성하는 자들 중의 하나임을 입증하지는 못한다"[43]는 것이다. 이런 의미에서 비엔나협약의 mission을 (건물을 연상시키는)'공관'(公館)으로 번역하는 것은 어색하다.[44]

(1) 외교공관의 공간적 정의

비엔나협약의 목적상 외교공관이라 함은 "소유자를 불문하고, 사절단장(외교공관장)(head of the mission)의 주거를 포함하여 사절단의 목적을 위해 사용되는 건물과 건물의 부분 및 부속토지"를 말한다.[45] 이처럼 비엔나협약은 전통관행을 고려하여 －흔히 대사 관저(관사)로 불리는－ 사절단장의 개인적 주거(private residence)도 외교공관에 포함시키고 있다.

파견국과 접수국 그 어느 쪽도 어떤 건물이 대사관 부지의 일부를 구성하는지의 여부를 일방적으

41) 외교공관의 공식명칭은 과거 가다피 치하의 '리비아 인민국'(Libyan People's Bureau) 처럼 국가에 따라 다른 술어를 사용하는 경우가 있다. Aust, *Handbook of International Law*, p. 118. 그러나 2011년 가다피 정권 붕괴 이후 현재는 "Embassy of Libya"로 칭하고 있다 : https://www.libyausaembassy.com/ ; https://libyanembassy.org/ ; https://libyanembassy.ca/. 국명도 2013년 1월 "리비아국"(State of Libya)으로 바뀌었다 : https://en.wikipedia.org/wiki/Libya.

42) 734 F.2d 905 (2d Cir. 1984), 908 ; 99 ILR 103, 107 (noted by Shaw, 5th, p. 670, fn. 270).

43) 99 ILR 103, 109~110. 사건 개요는 다음과 같다. 1963년 불가리아는 뉴욕에 무역사무소(trade office)를 개설하였는데, 미국은 이것이 워싱턴 주재 불가리아 대사관의 일부를 구성하는 것으로 인정하였다. 그러나 미국은 이 무역사무소에 소속된 그 어떤 사람도 무역참사관(Commercial Counsellor)을 제외하고는 외교면제가 부여되지 않는다고 -무역사무소 개설을 위한 교섭 기간 중, 그리고 그 후 여러 차례- 불가리아정부에 통고한 바 있었다. 1983년 뉴욕 주재 불가리아 무역사무소에서 참사관보(Assistant Counsellor)로 근무하는 Penyu Kostadinov가 간첩행위로 기소되었다. 그는 자신은 1961년 외교관계 비엔나협약에 의해 외교면제를 향유한다고 주장하였다. 연방지방재판소는 Kostadinov가 뉴욕주재 불가리아 무역사무소에서 참사관보로 근무하고 있고 이 무역사무소는 불가리아 대사관의 일부를 구성하므로, 그는 사실상 대사관 직원으로서 외교면제를 주장할 권리가 있다고 판시하였고, 미국정부는 항소하였다. 이에 연방항소재판소는 위 본문에서 언급한 이유를 들어 "Kostadinov는 형사소추로부터의 면제를 향유하는 불가리아 '사절단'의 구성원이 아니라고" 결론지었으며, 기소를 각하한 지방재판소의 명령을 파기하고 기소를 복원시켰다. 참고로 역사적 이유로 해서 53개 (영국)코먼웰스 국가(Commonwealth states) 상호간에는 (외교)사절단은 고등판무단(high commission)으로, 대사는 고등판무관(high commissioner)으로 불린다. Aust, *Handbook of International Law*, p. 118.

44) (외교)사절단과 비슷한 표현으로 외교단(外交團)(diplomatic corps, corps diplomatique)이 있는데, 이것은 접수국 내에서 모든 파견국의 외교관 혹은 외교사절을 총칭하는 개념이다. 외교단장(dean, or doyen, of the diplomatic corps)은 접수국에 주재 중인 외교사절 중에서 가장 오래 근무 중인 대사가 맡는 것이 보통이다. https://en.wikipedia.org/wiki/Diplomatic_corps ; https://www.state.gov/s/ cpr/rls/93591.htm.

45) 비엔나협약 제1조(i). 당연히 국내법들도 외교공관에 대한 비엔나협약의 정의를 따르고 있다. 이를테면 미국의 "1995년 예루살렘 대사관법"(Jerusalem Embassy Act of 1995) 섹션 8은 "본 법률에서 사용되는 '미국 대사관'이란 술어는 미국 외교사절단의 사무실과 미국 사절단장의 주거를 지칭한다."(As used in this Act, the term "United States Embassy" means the offices of the United States Diplomatic mission and the residence of the United States chief of mission.)라고 규정하고 있다. https://en.wikisource.org/wiki/Jerusalem_Embassy_Act_of_1995.

로 규정할 권리를 갖고 있지 않다. 특히, 일반인에게 개방되어 있는 문화원이나 대사관 홍보실과 같은 경계선상의 지역의 경우에는 이것도 불가침성을 향유하는 외교공관의 일부를 구성하는가에 관하여 접수국과 파견국이 합의를 보지 않으면 안된다.[46] *Immunities and Criminal Proceedings* 사건[47]에서 ICJ도 "파견국은 접수국의 반대에도 불구하고 일방적으로 외교공관을 지정할 수 없는데, 왜냐하면 이것을 인정하면 접수국은 자기 의사에 반하여 비엔나협약 제22조 2항에 의거하여 공관의 불가침성을 보호할 '특별한 의무'(special duty)를 지게 되고, 또 나중에 혹시라도 외교관계가 단절되어도 접수국은 비엔나협약 제45조에 의거하여 빈 공관을 계속 '존중하고 보호할' 의무를 부담하게 되어 있기 때문이다. 다만. 파견국의 외교공관 지정에 대해 반대할 수 있는 접수국의 권한은 무제한한 것이 아니며, 타이밍이 적절해야 하고, 또 자의적이어서는 안 된다."고 판시한 바 있다.

파견국은 접수국의 '사전 명시적인' 동의 없이는 사절단 자체가 설치된 지역 이외의 지역에 사절단의 일부를 구성하는 사무소를 설치할 수 없다.[48] 비엔나협약은 외교사절단이 접수국의 정부 소재지(seat of government)에 위치할 것을 요구하지는 않지만 보통은 그러하며, 이를 요구하는 접수국들도 있다.[49]

(2) 외교공관의 시간적 정의(즉, 공관 불가침성의 시간적 범위)

비엔나협약은 외교관의 개인적 특권·면제의 시작과 종료 시점에 관해서는 명시적 규정을 두고 있으면서도, 외교공관에 관해서는 그러하지 못하다.

먼 후일 외교공관으로 사용하려고 미리 건물과 토지를 임대해 두거나 사두는 것만으로는 공관의 불가침성을 주장할 수 없다. 그러나 관습법상, 파견국이 외교공관으로 사용하기 위해 부동산을 취득한 사실을 접수국에 통고하여 국내법상 건축에 필요한 동의를 얻었을 경우, 그 부동산은 입주를 위해 준비작업을 하고 있는 동안에도 일반적으로 외교공관으로 간주된다.[50]

외교관계가 단절되거나 외교사절단이 소환되어 더 이상 사용되지 않고 있는 공관은 '외교공관'으로서의 성격을 상실하여, 협약 제22조에 규정된 불가침성을 상실하게 된다. 다만, 이 경우에도 접수국은 협약 제45조(a)에 의하여, 설사 무력충돌이 있는 경우라 할지라도 사절단의 재산 및 문서와 더불어 외교공관을 '존중하고 보호하여야 한다'(respect and protect).[51] 제22조의 '불가침성'과 제45조(a)의 '존중·보호'의 한 가지 차이점은, 후자의 경우에는 외교사절단이 철수한 후 파견국정부의 동의없이 공관의 수색이 가능하다는 점이다.[52]

---

46) Gore-Booth (ed.), pp. 111~112.

47) Equatorial Guinea v. France, 11 December 2020, ICJ Reports (2020), p. 300, paras. 65, 67, 73.

48) 비엔나협약 제12조.

49) Aust, *Handbook of IL*, 2nd, p. 114.

50) Gore-Booth (ed.), p. 112.

51) "영사관계에 관한 비엔나협약" 제27조도 외교관계 비언나협약 제45조에 상응하는 규정을 두고 있다.

52) Gore-Booth (ed.), p. 112, 다음 사건이 그 한 예가 될 것이다. 즉, 1984년 4월 17일 런던 St. James's Square 소재 리비아대사관(Libyan People's Bureau) 밖에서 평화적인 집회가 있었는데, 갑자기 대사관에서 외부를 향해 총격이 시작되어 여자경찰관 한 명이 사망하였다. 영국정부는 먼저 리비아외교관들을 모두 추방하고 건

2. 외교공관의 불가침성

외교공관의 불가침성은 다음 세 가지 요소로 구성된다. 첫째, 접수국은 "어떠한 침입이나 손해로부터도 외교공관을 보호하고, 사절단의 평화에 대한 교란이나 그 품위의 손상을 방지하기 위하여 적절한 모든 조치를 취할 특별한 의무"를 진다.[53] 수백 명의 학생과 시위대가 이란 주재 미국 대사관과 영사관들을 점거한 *United States Diplomatic and Consular Staff in Tehran* 사건[54]에서 ICJ는, 이란은 사건 당시 접수국으로서 이들 미국 공관과 직원, 공문서, 통신수단, 직원들의 이동의 자유를 보호하기 위한 적절한 조치를 취할 '아주 절대적인(예외없는) 의무'(the most categorical obligations)[55]를 지고 있었으며, 특히 비엔나협약 제22조, 제27조, 제29조를 위반하였다고 판시하였다. 그리고 *Armed Activities on the Territory of the Congo* 사건[56]에서 ICJ는 콩고(민주공화국)의 수도 킨사샤 주재 우간다 대사관과 -국적을 불문하고- 대사관 내의 사람들에 대한 콩고 군대의 공격은 비엔나협약 제22조의 중대한 위반을 구성한다고 하면서, 공격받은 사람들이 실제로 외교관들인 경우 콩고는 추가적으로 비엔나협약 제29조를 위반한 것이 된다고 하였다. 재판소는 나아가 상기 *United States Diplomatic and Consular Staff in Tehran* 사건을 원용하면서 "외교관계 비엔나협약은 접수국 자신이 사절단의 불가침성을 침해하는 것을 금지하고 있을 뿐만 아니라 다른 사람들-이를테면 무장시민군-이 사절단의 불가침성을 침해하는 것을 방지할 의무도 접수국에 지우고 있다"[57]고 하였다.

둘째, 외교공관, 공관 내의 설비 및 기타 재산, 그리고 공관의 수송수단은 "수색·징발·압류 또는 강제집행"으로부터 면제된다.[58] 이 규칙의 적용대상은 "외교공관, 공관 내의 설비와 재산, 그리고 공관의 수송수단"(premises of the mission, their furnishings and other property thereon and the means of transport)이다. 따라서 이 규정은 수송수단을 제외하고는 공관 밖의 재산에는 적용되지 아니한다. 바꾸어 말하면, 사절단의 수송수단만은 '접수국 내에서 어디에 있건' "수색, 징발, 압류 또는 강제집행"으로부터 면제된다. 따라서 경찰이 대사관 차량의 운전자를 도로 밖으로 강제로 끌어내는 것은 허용되지 아니한다. 차량바퀴에 족쇄를 채우는 것(wheel clamping)도 금지되는 것으로 보이지만, 교통에 중대한 장애를 야기하는 경우에는 차량을 견인(towing away)할 수는 있다. 그러나 차량의 견인 및 보관 비용은 부과할 수 없으며, 불편함이 유일의 형벌이다.[59] 공관 밖의 재산(특히, 외교사절단의 은행예금)이 국가면제 규칙에 의해 보호받는 것은 별개의 문제이다.[60] 한편,

---

물을 폐쇄한 뒤에야 수색을 개시하였다.

53) 비엔나협약 제22조 2항.

54) ICJ Reports (1980), p 3 at 30~32 (paras. 61~67).

55) *Ibid.*, at 30 (para. 61).

56) Democratic Republic of the Congo v. Uganda, ICJ Reports (2005), p. 168 at 277~278 (paras. 337~338, 340).

57) *Ibid.*, at 278~279 (para. 342).

58) 비엔나협약 제22조 3항.

59) 외교관의 개인 차량에 대해서도 같은 말을 할 수 있는데, 이것은 비엔나협약 제30조 하에서 발생하는 문제이다.

60) Aust, *Handbook of IL*, 2nd, pp. 116~117, 120.

비엔나협약은 외교공관의 상기 재산이 단지 "수색 · 징발 · 압류 또는 강제집행"(search, requisition, attachment or execution)으로부터 면제된다고 말하고 있을 뿐이다. 따라서 집행적 조치인 "수색 · 징발 · 압류 또는 강제집행"에 이르지 아니하는 행동은 협약 하에서 허용된다는 해석이 도출되며, 접수국은 파견국의 공관점유를 방해하지 않는 한 소유권 · 집세 · 지역권 및 기타 유사한 문제들에 관해 '재판'할 수 있는 권리는 계속 보유한다는 결론에 이른다.[61)]

셋째, 접수국의 관리는 사절단장(공관장)의 동의 없이는 외교공관에 들어갈 수 없다.[62)] 과거 일부 국가의 관행을 보면 때때로 국가들은 아주 극단적인 경우(예컨대, 불가침성이 남용되는 경우) 외교공관에 들어갈 권리를 주장하기도 하였다. 예컨대, 1896년 런던 주재 청국 공사관이 *Sun Yat-Sen*(孫逸仙/孫文)[63)]을 불법감금한 사건에서 영국 재판소는 외교공관의 불가침성을 이유로 청국 공사관에 인신보호영장(writ of *habeas corpus*)을 발부하는 것을 거절하였다. 그러나 그 후 영국 정부는 청국 공사관의 자국민 체포 · 감금 행위를 외교특권의 남용으로 비난하면서, "그같은 억류 행위는 체포된 사람의 방면을 위하여 필요할지도 모르는 '일체의' 조치의 사용을 정당화할 것이다"라고 말한 바 있다. 청국 공사관이 이 압력에 굴복하여 Sun Yat-Sen을 풀어주었으므로 실제로 영국 정부는 어떠한 강제행동도 취하지는 않았다.[64)] 비슷한 예로서, 1973년 파키스탄 경찰은 이라크 대사의 반대에도 불구하고 대사관을 수색하여 다량의 불법 무기를 적발하였으며, 이를 근거로 하여 대사와 외교관

61) Badr, pp. 125~126. See also West Germany, Decision of Second Chamber of Federal Constitutional Court, 30 October 1962, 15 Entscheidungen des Bundesver-fassungsgerichts 25 ; (1965) 59 AJIL 653 ; Badr, p. 164, fn. 90 ; United States Court of Appeals, Second Circuit. *767 Third Avenue Associates* v. *Permanent Mission of the Republic of Zaire to the United Nations*, 988 F.2d 295 (2d Cir. 1993), 〈https://casetext.com/case/767-third-ave-associates-v-permanent-mission〉 ; David F. Bartlett, "767 Third Avenue Associates v. Permanent Mission of the Republic of Zaire: An Uncompensated Governmental Taking", 45 DePaul L. Rev. 165 (1995), 〈https://via.library.depaul.edu/law-review/vol45/iss1/6〉; Keitner, p. 324.

외교공관에 대한 재판권 행사와 강제집행이 구분되어 다루어진 사례가 한국에서도 발생한 바 있는데, 사건 개요는 이러하다. 먼저, 한국인 두 사람이 주한 자이레(현 콩고민주공화국) 대사관에 서울 강남구 논현동 소재 집을 빌려준 후 임대료를 받지 못하자 (대사 관저로 사용 중인) 동 주택의 명도 및 임대료지급을 구하는 소송을 서울민사지법에 제기하여 민사소송법상의 의제자백(현 자백간주) 절차를 통해 원하는 바의 판결을 얻어 냈으며, 대사관 측은 항소하지 않았다. 그러나 그 후 집달관(집행관)이 강제집행을 거부하자 이번에는 국가를 상대로 보상 내지 배상 책임을 구하는 소송을 제기하였다. 이 사건(대법원 1997. 4. 25. 96다16940, 판공 35호 1565)에서 한국 대법원은 다음과 같이 언급하고 있다. "외교관계에 관한 비엔나협약이 대사관저에 대한 명도 집행뿐만 아니라 공관 내의 재산에 대한 강제집행을 직접적으로 금하고 있다고 하더라도, 협약규정 자체가 직접적으로 외국대사관과 어떠한 법률행위를 강제하는 등으로 국민의 재산권을 침해하는 것은 아니고, 협약규정의 적용을 받는 외국대사관과 어떠한 법률행위를 할 것인지의 여부는 전적으로 국민의 자유의사에 맡겨져 있다고 할 것이므로 협약규정의 적용에 의하여 어떠한 손해가 발생하였다고 하여 그것이 국가의 공권력 행사로 말미암은 것이라고 볼 수 없고, 나아가 외국대사관이 사전에 승소판결에 기한 강제집행을 거부할 의사를 명시적으로 표시하였으므로 손해가 집달관의 강제집행 거부를 직접적인 원인으로 하여 발생한 것이라고 볼 수 없으므로 손실보상의 대상이 되지 아니하고, 또한 국가가 보상입법을 하지 아니하였다거나 집달관이 협약의 관계규정을 내세워 강제집행을 거부하였다고 하여 이로써 불법행위가 되는 것은 아니다." 《오늘의 法律》, 1997년 9월 15일(통권 제104호) ; 鄭印燮, 《韓國判例國際法》, pp. 191~194.

62) 비엔나협약 제22조 1항 ; United States Court of Appeals, Second Circuit. *767 Third Avenue Associates* v. *Permanent Mission of the Republic of Zaire to the United Nations*, 988 F.2d 295 (2d Cir. 1993).

63) https://en.wikipedia.org/wiki/Sun_Yat_Sen ; https://ko.wikipedia.org/wiki/쑨원.

64) Gore-Booth (ed.), p. 110.

한 명을 기피인물(반갑지 않은 인물)(*persona non grata*)[65]로 선언하여 추방하고 이라크 주재 자국 대사를 소환하였었다.[66] 2015년 9월, 인도에서 한 사우디 고위 외교관의 집에서 두 명의 네팔 출신 가사노동자가 감금되어 여러 학대를 당하고 있다는 주장이 터져 나오자 경찰이 그자의 집을 급습하여 구조한 적도 있었다.[67] 2024년 4월 5일에는 에콰도르 경찰이 멕시코 대사관 내로 강제 진입하여 부정부패 혐의로 수배 중인 자국의 전직 부통령을 체포하여 끌어가는 일도 발생하였다.[68]

---

65) 특정 외교관을 '기피인물'로 선언한다는 것은 접수국이 파견국에 대해 그의 외교관 신분을 종료시키고 본국으로 소환할 것, 그리고 만약 '합리적인/적당한 기일 내에'(within a reasonable period) 이 요구에 응하지 않으면 그때부터는 그를 더 이상 외교관으로 대우하지 않을 것임을 통보하는 조치를 말한다. 상황이 아주 예외적인 경우가 아닌 한 48시간이 최소한의 적당한/합리적인 기일이며, 보통은 7일에서 14일이 주어진다. 외교관 이외의 직원에 대해서는 '받아들일 수 없는 자'(non-acceptable person)라는 표현이 사용된다. 접수국은 이들이 도착하기 전에 미리 '기피인물'이나 '받아들일 수 없는 자'로 선언할 수도 있다. 비엔나협약 제9조 ; Aust, *Handbook of International Law*, pp. 122~123 ; Currie, p. 349. 북한 해외공관의 대사들이 2017년에 들어와 줄줄이 '기피인물'로 선언된 바도 있다. 먼저, 2월 13일 말레이시아 공항에서 발생한 김정남 암살과 관련하여 말레이시아 정부는 자국 주재 북한 대사를 '기피인물'로 선언하고 그에게 48 시간 내에 떠날 것을 명령하였다 : the guardian, 5 March 2017, "Malaysia expels North Korea ambassador over Kim Jong-nam killing", 〈https://www.theguardian.com/world/2017/mar/05/malaysia-expels-north-korea-ambassador-over-kim-jong-nam〉. 그 후 9월 3일 북한이 6차 핵실험을 감행하자 그로 부터 보름 사이에 멕시코, 페루, 쿠웨이드, 스페인 정부가 차례로 자국 주재 북한 대사를 '기피인물'로 선언하고 각기 일정 시간 내에 떠날 것을 명령하였다 : https://en.wikipedia.org/ wiki/Mexico-North_Korea_relations ; Kate Linthicum, "Mexico expels North Korean ambassador over nuclear tests", Los Angeles Times, September 7, 2017, 〈https://www.latimes.com/world/mexico-americas/la-fg-mexico-north-korea-20170907-story.html〉 ; 연합뉴스, 2017/09/08, "핵실험이유 北대사 추방명령…유엔 회원국 중 첫 조치인듯", 〈https://www.yonhapnews.co.kr/international/〉 ; The New York Times, Sept. 11, 2017, "Peru Expels North Korea Ambassador Over Nuclear Test Blast", 〈https://www.nytimes.com/〉 ; Jon Gambrell, "Kuwait to expel North Korean ambassador, other diplomats", Fox News, Sept 11, 2017, 〈https://www.foxnews.com/world/2017/09/17/kuwait-to-expel-north-korean-ambassador-other-diplomats.html〉 ; David Burke, "Spain EXPELS North Korean ambassador after declaring top diplomat 'persona non grata' as tensions rise between Kim Jong-un and West", Mirror, 18 Sep 2017, 〈https://www.mirror.co.uk/news/world-news/spain-expels-north-korean-ambassador-11197189〉. 이 밖에도, 2023년 7월 발생한 쿠데타의 결과로 구성된 니제르 신정부는 8월 프랑스 대사를 기피인물로 선언하고 그에게 48시간 내로 출국하라는 최후통첩을 내린 바 있다. 니제르 군사정부를 승인하지 않는 프랑스 마크롱 정부는 자국 대사의 귀국을 허락하지 않다가 9월 결국 대사를 철수시키기로 결정하였다. North Africa Post, August 26, 2023, "Niger declares French ambassador persona non grata; refutes similar measures against German, Nigerian, US envoys", 〈https://northafricapost.com/〉 ; Africanews, Sep 16, 2023, "Macron accuses ruling military in Niger of holding ambassador "hostage"", 〈https://www.africanews.com/2023/09/16/macron-accuses-ruling-military-in-niger-of-holding-ambassador-hostage/〉 ; Al Jazeera, 24 Sep 2023, "France to withdraw ambassador, troops from Niger after coup: Macron", 〈https://www.aljazeera.com/news/〉.

66) Gore-Booth (ed.), p. 110.

67) 문제의 사우디 외교관은 무사히, 자유롭게 출국하였다. Reuters, September 10, 2015, "India in diplomatic row over rape case ahead of Modi's Saudi visit", 〈https://www.reuters.com/article/cnews-us-india-saudi-rape-idCAKCN0RA1GG20150910〉 ; Jason Burke/The Guardian, 17 Sep 2015, "Saudi diplomat accused of raping two maids uses immunity to leave India", 〈https://www.theguardian.com/world/2015/sep/17/saudi-diplomat-accused-of-raping-two-maids-uses-immunity-to-leave-india〉 ; Omar Waraich/Al Jazeera America, September 29, 2015, "How diplomatic immunity protects accused criminals", 〈https://america.aljazeera.com/articles/2015/9/29/how-diplomats-accused-of-crimes-abuse-immunity.html〉 ; Keitner, p. 324.

68) https://en.wikipedia.org/wiki/Ecuador-Mexico_relations ; Al Jazeera, 7 Apr 2024, "Mexico withdraws diplomats from its embassy in Ecuador after raid", 〈https://www.aljazeera.com/〉 ; Reuters, April 7, 2024, "Explainer: Why did Ecuador raid Mexico's Quito embassy?", 〈https://www.reuters.com/〉 ; Le

비엔나회의에서도 "화재, 전염병, 기타 극단적인 긴급사태(other extreme emergency)의 경우 외교사절단장은 접수국 당국과 협력할 것이 요구된다"는 제안이 있었으나, 이들 예외 사유가 특정 상황에 적용되는가에 대한 판단의 권한이 결국은 접수국에 속하게 될 것이라는 이유로 압도적으로 거부되었다. 이것으로 보아 비엔나협약의 입장은 '어떤' 상황 하에서도 접수국 당국은 외교공관에 강제로(즉, 공관장의 동의 없이) 진입할 수 없다는 것으로 생각된다.[69] 비엔나협약의 이같은 입장은 *U.S. Diplomatic and Consular Staff in Tehran* 사건[70]에서 ICJ에 의하여 확인된 바 있다. ICJ는 외교공관의 불가침성이 남용되는 경우 접수국 당국은 문제의 외교관을 기피인물로 선언하거나 외교관계를 단절하는 등의 대응책을 갖고 있음을 그 이유로 들고 있다.

1984년 4월 17일 런던 주재 리비아 대사관(당시의 Libyan People's Bureau) 내부에 있던 사람들이 대사관 '밖'에서 평화적 시위를 하고 있던 사람들을 향해 총을 발사하여 여자 경찰 한 명이 사망하였다. *St. James's Square Incident*[71]로 불리게 된 이 사건에 직면하여 일부 법률가들은, 영국 경찰은 더 이상의 범죄를 막기 위해 즉각 리비아 대사관으로 진입할 국제법상의 권리가 있다고 권고하였다.[72] 그러나 결국 영국 정부는 그 대신에 상황을 억제하기 위해 대사관 건물을 포위하였으며, 리비아 측이 무기와 폭발물 수색 요청에 응하지 않자 결국 외교관계 단절을 선언하고 리비아 대사관의 모든 직원의 출국을 요구하였다. 그런 후 리비아의 이익을 대표하는 사우디아라비아 외교관 한 명이 입회한 가운데 리비아 대사관을 수색하였다. 위 ICJ의 판결에 비추어 볼 때, 영국 정부의 이같은 조치는 국제법상 허용되는 최선의 조치였던 것으로 생각된다.[73]

그러나 이 사건 이후 영국 의회는 "외교 및 영사 공관법 1987"(Diplomatic and Consular

---

Monde with AFP, 8 April 2024, "Mexico to take Ecuador embassy raid to the International Court of Justice", 〈https://www.lemonde.fr/en/〉.

4월 11일, 멕시코는 사건을 신속히 ICJ로 가져갔다 : *Application of the Vienna Convention on Diplomatic Relations* (Mexico v. Ecuador) ; ICJ Press Release, No. 2024/30, 11 April 2024, "Mexico institutes proceedings against Ecuador and requests the Court to indicate provisional measures", 〈https://www.icj-cij.org/case/194〉.

같은 달 29일, 이번에는 에콰도르가 멕시코를 상대로 ICJ에 소장을 제출하였다. 에콰도르는 신청서에서 멕시코가 외교사절단 부지를 노골적으로 오용하였으며, 접수국 에콰도르의 전직 부통령에게 정치적 비호를 허용함으로써 국내문제에 간섭하였다고 비난하였다. ICJ Press Release, No. 2024/36, 29 April 2024, "Ecuador institutes proceedings against Mexico", 〈https://www.icj-cij.org/case/195〉.

69) *Ibid.* ; Ott, pp. 162~163 ; Aust, *Handbook of International Law*, p. 125 ; Wickremasinghe in Evans (ed.), *International Law*, 3rd, p. 385.

70) ICJ Reports (1980) (Judgment), p. 3 at 38~40 (paras. 83~86). ICJ는 특히 이 판결(para. 86)에서 "외교법의 규칙들은 ... 한 개의 자기완비적 체제(a self-contained regime)를 구성하고 있다."고 언급하고 있는데, ICJ가 여기서 사용한 "자기완비적 체제"에 대한 자세한 논의는, 본서, 제14장 (국가책임) 참조.

71) https://en.wikipedia.org/wiki/Murder_of_Yvonne_Fletcher ; https://hansard.millbanksystems.com/commons/1984/apr/25/libyan-peoples-bureau-shooting-incident.

72) Aust, *Handbook of International Law*, p. 126도 공관 불가침성에 대한 유일의 예외적 상황으로서 "공관 점거자가 (그가 외교관이든 테러리스트든 관계없이) 공관 '밖'의 인명에 대해 실제적이고 즉각적인 위험(a real and immediate danger to human life *outside* the premises)을 명백히 야기하는 경우에 경찰이 동의 없이 공관에 진입할 수도 있을 매우 예외적인 상황의 가능성"을 인정하고 있다.

73) Jennings & Watts (eds.), p. 1080, fn. 30 ; Shaw, p. 466 ; Ott, pp. 163~164 ; Wickremasinghe in Evans (ed.), *International Law*, 3rd, pp. 385~386.

Premises Act 1987)[74]을 제정하였는데, 기본 내용은 다음과 같다. 첫째, 부동산을 외교공관이나 영사공관으로 사용하기를 바라는 국가들은 영국 외무장관의 동의를 얻을 것이 요구된다(다만, 이 법이 발효하기 전에 외교공관 혹은 영사공관의 지위를 획득한 부동산의 경우에는 동의를 얻을 필요가 없다).[75] 둘째, 외무장관은 '국제법에 의해 허용된다고 확신하는 경우에는'(if he is satisfied that to do so is permissible under international law) 자신의 동의를 철회할 수 있다.[76] 셋째, 외무장관은 '국제법에 의해 허용된다고 확신하는 경우에는' 동의가 철회된 부동산(구 외교 혹은 영사 공관)에 대한 권리를 자신에게 귀속시키는 행정명령(statutory instrument)을 발할 권한을 갖는다.[77] 넷째, 외무장관은 공관 부지를 매각하여 일정 비용을 공제하고 나머지는 이익을 박탈당한 자에게 이전할 수 있다.[78] 다섯째, "외교 및 영사 공관법 1987"은 공관 지역(즉, 외교/영사공관과 외교공관장의 거주지)에만 적용되며, 외교관/영사의 거주지에까지 적용되는 것은 아니다.[79] 이 법률은 전체적으로 영국 정부가 영국 주재 외국대사관(및 영사관)의 외교적 지위를 박탈하는 것을 허용하기 위하여 제정한 것이긴 하지만,[80] 그렇게 하기 위해서는 여러 조건들, 특히 "외무장관은 그렇게 하는 것이 국제법에 의해 허용된다고 확신할 것"이란 재량적 판단을 충족할 것을 요구하고 있다. 이 법률은 지금까지 한번 사용된 바 있었다. 1975년 4월 -폴 포트(Pol Pot)가 이끄는- 크메르 루주(Khmer Rouge) 집단이 캄보디아를 접수하자 런던 주재 캄보디아 대사관 직원들은 건물을 폐쇄하고 영국 외무부에 열쇠를 인계하였다. 그러나 건물이 즉각 불법점거자들의 차지가 되자 외무장관은 1988년 "외교 및 영사 공관(캄보디아) 명령"[Diplomatic and Consular Premises (Cambodia) Order 1988][81]을 발하여 부지를 자신에게 귀속시키고 그들을 쫓아내었다. 무단점거자들의 시효취득(adverse possession) 주장은 받아들여지지 않았다.[82]

접수국 당국에 의한 외교공관의 도청(bugging)은 비엔나협약에 명시적으로 언급되어 있지는 않으나 접수국의 외교공관 보호 의무(제22조 2항)와 협약의 정신에 반하는 것으로 생각된다. 그럼에도 불구하고 도청은 널리 행해지고 있는 것으로 보인다.[83]

미국 국무부의 견해에 의하면, 외교공관의 불가침성으로 인하여 우편에 의한 영장송달(service of process by mail)도 금지된다.[84]

---

74) https://www.legislation.gov.uk/ukpga/1987/46.
75) "외교 · 영사 공관법 1987" 섹션 1(1)(2).
76) "외교 · 영사 공관법 1987" 섹션 1(4).
77) "외교 · 영사 공관법 1987" 섹션 2.
78) "외교 · 영사 공관법 1987" 섹션 3.
79) Carl Islam, "The inviolability of diplomatic and consular premises", 〈https://newsite.diplomaticlawguide.com/wp-content/uploads/2016/02/DiplomaticLaw.pdf〉.
80) BBC News, 16 August 2012, "Julian Assange: UK 'threat' to arrest Wikileaks founder", 〈https://www.bbc.com/news/world-19259623〉.
81) https://www.legislation.gov.uk/uksi/1988/30/introduction/made.
82) The Times, 10 September 1988 ; *R* v *Secretary of State for Foreign and Commonwealth Affairs, ex parte Samuel*, England, Court of Appeal, 28 July 1989 ; 83 ILR, p. 232 ; The Times, 17 August 1989 ; Dixon, pp. 112~113 ; Shaw, 7th, p. 550 ; https://en.wikipedia.org/wiki/Diplomatic_and_Consular_Premises_Act_1987.
83) Malanczuk, p. 126 ; Orakhelashvili/Akehurst. 9th, p. 265.

3. 외교비호(diplomatic asylum)

국가가 개인(자연인)에게 피난처를 제공하는 것은 흔히 비호(asylum)로 불리는데, 비호는 크게는 영토비호(territorial asylum)와 외교비호(diplomatic asylum)로 구분된다. 여기서 영토비호라 함은 국가가 해당 외국 정부의 반대에도 불구하고 특정 외국인에게 입국과 체류를 허락하는 것을 지칭한다. 영토비호는 국가의 영토주권 원칙에 기초한 것으로, 이것을 제공하거나 거절하는 것은 일반국제법상 국가의 권리에 속한다. 이에 반해 외교비호라 함은 외교사절단이 –대체로 접수국 당국을 피해– 공관 내로 들어온 자에게 피난처를 제공하는 것을 지칭한다. 비엔나협약은 외교비호 문제에 대해 아무런 언급을 하고 있지 않다. 그러나 일반국제법상 외교비호는 접수국의 영토주권과 양립하기 어렵고 따라서 '법적 권리'는 아니지만[85] 때로 '인도적 관행'의 문제로 간주되고 있다.[86]

'인도적 동기'에서 외교비호가 부여되는 경우, 문제된 범죄가 정치범죄인가 아니면 보통범죄인가

84) Sweeney et al., p. 849. See also Aust, *Handbook of International Law*, p. 126.

85) ICJ는 *Asylum* case (Colombia/Peru), ICJ Reports (1950), p. 266 at 274~275에서 다음과 같이 언급한 바 있다 : "In the case of diplomatic asylum, the refugee is within the territory of the State where the offence was committed. A decision to grant diplomatic asylum involves a derogation from the sovereignty of that State. It withdraws the offender from the jurisdiction of the territorial State and constitutes an intervention in matters which are exclusively within the competence of that State. Such a derogation from territorial sovereignty cannot be recognized unless its legal basis is established in each particular case."

국가들의 인식도 비슷하다. 2012년 8월 16일 에콰도르 정부가 –아래에서 언급할– 줄리안 어산지(Julian Assange)에게 정치(영토)비호를 제공키로 했다는 소식을 접한 영국 정부는 곧바로 영국으로서는 스웨덴에 대한 인도 의무를 이행할 것이고 따라서 그에게 '안전한 출국'(safe passage out of the UK)을 허용하지 않을 것임을 천명하면서, 에콰도르 대사관의 외교비호에 대해서도 다음과 같이 언급한 바 있었다 : "The UK does not accept the principle of diplomatic asylum. It is far from a universally accepted concept: the United Kingdom is not a party to any legal instruments which require us to recognise the grant of diplomatic asylum by a foreign embassy in this country. Moreover, it is well established that, even for those countries which do recognise diplomatic asylum, it should not be used for the purposes of escaping the regular processes of the courts. And in this case that is clearly what is happening." "Foreign Secretary statement on Ecuadorian Government's decision to offer political asylum to Julian Assange", Foreign & Commonwealth Office and The Rt Hon William Hague, 16 August 2012, 〈https://www.gov.uk/government/news/foreign-secretary-statement-on-ecuadorian-government-s-decision-to-offer-political-asylum-to-julian-assange〉.

86) "외교비호"란 표현은 광의로는 –그것을 제공하는 것이 구체적인 경우에 적법한가의 문제와는 별개로– 국가가 자국 영토 밖에서 제공하는 일체의 비호를 의미하기도 한다. 따라서 이 경우에는 엄격한 의미에서의 외교비호뿐만 아니라 국가가 해외 영사관, 외국영토 내의 자국 선박, 항공기 혹은 군사시설 등에서 제공하는 비호를 포함한다. 용어 사용의 문제를 포함하여 외교비호에 관한 자세한 역사적 고찰은 UNHCR의 다음 사이트를 참조 : (i) UN High Commissioner for Refugees, *Question of Diplomatic Asylum*. Report of the Secretary-General, 2 September 1975. A/10139 (Part I). Online. UNHCR Refworld, available at https://www.unhcr.org/refworld/docid/ 3ae68bee0.html ; (ii) UN High Commissioner for Refugees, *Question of Diplomatic Asylum*. Report of the Secretary-General, 22 September 1975. A/10139 (Part Ⅱ). Online. UNHCR Refworld, available at https://www.unhcr.org/refworld/docid/ 3ae68bf10.html ; (iii) UN High Commissioner for Refugees, *Question of Diplomatic Asylum*. Report of the Secretary-General Addendum, 9 October 1975. A/10139 (Part I)/Add.1. Online. UNHCR Refworld, available at https://www.unhcr.org/refworld/docid/ 3ae68bed18.html ; (iv) https://www.unhcr.org/protect/ PROTECTION/3ae68bf10.html [all accessed 22 January 2009].

는 이론상으로는 문제되지 않는다. 또한 그가 현지 국민인지, 파견국의 국민인지, 아니면 제3국인인지도 문제되지 않는다. 그러나 관행상 외교비호를 허락받는 자들은 거의 언제나 현지의(즉, 접수국의) 정치범들이다. 예컨대, 1989년 중국의 천안문(톈안먼, 天安門) 민주화 시위(Tiananmen Square Protests)[87]에 대해 중국 계엄군이 6월 4일(이른바 피의 일요일) 무자비한 진압작전을 개시하자, 그 다음 날 중국의 반체제 물리학자 팡리즈(方勵之)가 북경 주재 미국대사관으로 피신한 바 있다.[88] 이로 인해 미국과 중국 간에 외교분쟁이 야기되었으나, 결국 1990년 6월 25일 중국 정부는 팡리즈 부부의 출국을 허용하였다.[89]

외교비호는 그것이 부여되더라도 단지 일시적으로만 부여되는 것이 통례이다. 그러나 위 팡리즈의 경우에는 1년이 넘는 기간 동안 비호가 제공되었고, 1956년 헝가리 사태 때 부다페스트 주재 미국 대사관은 1956년부터 1970년까지 무려 15년 동안이나 *Jozsef Mindszenty* 추기경을 비호해 주었다.[90] 2012년 4월 27일에도 중국의 인권변호사 천광청(陳光誠)이 북경 주재 미국 대사관에 진입하였다가 며칠 뒤 대사관을 나와 미국으로 출국한 일이 있었다.[91]

외교비호를 구하는 자는 난민(refugee)의 지위를 주장할 수 없다. 난민에게 제공되는 비호는 영토비호의 하나인 데 반해, 외교공관은 해당 파견국의 영토가 아니기 때문이다.[92] 예컨대, 2010년 폭로 전문 사이트인 위키리크스(WikiLeaks)의 창설자이자 편집장인 오스트레일리아 국적의 어산지(Julian Paul Assange)에게 스웨덴으로부터 유럽체포영장(European Arrest Warrant)이 발부되었는 바, 이는 ―그 자체 정치범죄에 해당하지 않는 것이 분명한― 스웨덴에서의 2명의 여성에 대한 성범죄 혐의를 조사하기 위한 것이었다. 그러나 2012년 6월 19일부터 런던 주재 에콰도르 대사관은 그에게 외교비호를 제공하고 있으며, 8월 16일 에콰도르 정부는 "그의 망명 요청을 받아들이기로(즉, 영토비호를 제공키로) 했다"고 천명하였다. 그러나 대사관은 파견국의 영토가 아니며 따라서 어산지는 영국 내에서는 아직 에콰도르의 영토비호를 향유할 수 없다. 영국 외무부도 에콰도르 정부가 곧 그에게 영토비호를 제공하는 결정을 채택할 것이라는 소식을 접한 즉시 에콰도르 정부에 서한을 보내어 스웨덴에 대한 인도 의무를 이행하기 위해 -위에서 언급한- "외교 및 영사 공관법 1987"(Diplomatic and Consular Premises Act 1987)을 발동할 수도 있을 것이라고 위협한 바 있었다.[93].

---

87) https://en.wikipedia.org/wiki/Tiananmen_Square_protests_of_1989.

88) 중앙일보, 1989년 6월 7일(수), 4면.

89) 중앙일보, 1990년 6월 25일(화), 5면 ; https://en.wikipedia.org/wiki/Fang-Lizhi.

90) Sweeney et al., p. 850 ; https://en.wikipedia.org/wiki/József_Mindszenty.

91) https://en.wikipedia.org/wiki/Chen_Guangcheng.

92) Aust, *Handbook of IL*, 2nd, p. 175 ; Shaw, 7th, p. 550 ; 본서, 제18장 (국제난민법).

93) BBC News, 16 August 2012, "Julian Assange: UK 'threat' to arrest Wikileaks founder", 〈https://www.bbc.com/news/world-19259623〉 ; https://en.wikipedia.org/wiki/Diplomatic_and_Consular_Premises_Act_1987. ; Joanne Foakes, "Assange Case: What are the Legal Options?", 20 August 2012, 〈https://www.chathamhouse.org/media/comment/view/185399〉 ; Carl Gardner, "Julian Assange: can Ecuador's embassy be stripped of its diplomatic status?", 〈https://www.theguardian.com/ commentisfree/2012/aug/16/julian-assange-diplomatic-status-ecuador-embassy〉. 그리고 인도 여부에 대한 재판절차를 완료한 영국 정부는 그가 대사관에서 나오면 유럽체포영장에 의거하여 스웨덴으로 인도할 예정이었다. 그러나 2017년 5월 19일 스웨덴 당국은 그의 범죄 혐의에 대한 수사를 중단하였다고 발표하였다. 19일의 언론 브리핑

비엔나협약 제41조 3항은 공관사용에 관하여 특별협정(special agreements)을 체결할 수 있음을

에서 스웨덴 검찰당국은 어산지가 런던 주재 외국대사관에 머물면서 유럽체포영장의 집행을 회피하였다고 말하였다. 스웨덴 검찰당국은 스웨덴법상 범죄수사는 "가능하면 신속히" 수행할 필요가 있는데, -이 사건을 진행함에 있어 필수적인 조치인- 그에게 불리한 진술을 공식적으로 통지하는 문제와 관련하여 에콰도르의 협조를 기대하지 못 한다고 말하였다. 그러나 2020년 8월 이 사건의 공소시효가 만료되기 전에 그가 스웨덴으로 온다면 예비수사가 재개될 것이라고 말하였다. 스웨덴 검찰의 그 같은 결정에도 불구하고, 런던 경찰당국은 보석 조건을 위반하고 영국 재판소에 출두하지 않은 -최대 징역 1년이나 벌금에 처할 수 있는- 영국법상의 죄가 존재한다는 이유로 어산지가 에콰도르 대사관을 떠나면 여전히 그를 체포할 것이라고 말하였다. 영국은 미국으로부터 어산지 인도 요청이 있었는지에 대해서는 언급하지 않았는데, 사실 그가 스웨덴으로 인도되는 것에 극력 저항하는 것도 다시 스웨덴에서 미국으로의 인도가능성 때문이다. 그는 미국의 군사 및 외교 문서를 누설한 죄로 미국 당국에 의해 지명수배된 상태이다. 에콰도르 정부는 유럽체포영장이 더 이상 유효하지 않으므로 어산지가 "에콰도르에서 비호를 향유할"(enjoy his aslyum in Ecuador) 수 있도록 하기 위해 이제 영국과 외교노력을 강화할 것이라고 말하였다. BBC News, Europe, 19 May 2017, "Julian Assange defiant as Sweden drops rape investigation", 〈https://www.bbc.com/news/world-europe-39979343〉 https://en.wikipedia.org/wiki/ Assange_v_Swedish_Prosecution_Authority ; https://en.wikipedia.org/wiki/Julian_Assange ; BBC News, UK, 12 October 2015, 'Julian Assange : Police end guard at Wikileaks founder's embassy refuge", 〈https://www.bbc.com/news/uk-34508500〉. 그러나 에콰도르 정부와 어산지 사이에 불화가 생기자 에콰도르 대통령은 어산지에 대한 비호를 철회한다고 발표하였고, 2019년 4월 11일 영국 경찰은 에콰도르 대사의 요청에 따라 대사관 내로 진입하여 그를 체포하였다. 런던 경찰청은 그가 재판소에 출두하지 않았고, 또 미국 측의 인도 요청도 있어 체포되었다고 말하였다. BBC News/UK, 11 April 2017, "Julian Assange: Wikileaks co-founder arrested in London", 〈https://www.bbc.com/news/uk-47891737〉. 5월 1일 그에게 보석석방 조건 위반에 대해 50주(fifty weeks) 징역형이 선고되었다. 5월 2일, 미국 측의 인도 요청에 대한 심리절차가 개시되었다. BBC News, 1 May 2019, "Julian Assange: Wikileaks co-founder jailed over bail breach", 〈https://www.bbc.com/news/uk-48118908〉 ; Ben Quinn/The Guardian, "Julian Assange legal team begin 'big fight' over extradition: Supporters of WikiLeaks founder ready for long battle after he is jailed for bail breach", 〈https://www.theguardian.com/media/2019/may/01/julian-assange-jailed-for-50-weeks-for-breaching-bail-in-2012〉 ; BBC News/UK, 2 May 2019, "Julian Assange doesn't consent to US extradition, court hears", 〈https://www.bbc.com/news/uk-48134901〉. 2021년 1월 4일, 런던의 1심 재판관은 어산지의 정신건강과 미국에서 생길지도 모를 자살에 대한 우려를 이유로 미국 측의 인도 요청을 거절하였다 : BBC News, "Julian Assange: UK judge blocks extradition of Wikileaks founder to US", 〈https://www.bbc.com/news/ uk-55528241〉 ; https://en.wikipedia.org/wiki/Julian_Assange#Denial_of_extradition. 그러나 그 해 12월 10일, 고등재판소(High Court)는 미국 측의 여러 외교적 보장 (diplomatic assurances)을 받고 어산지의 인도를 승인하였다 : Becky Morton/BBC News, 10 December 2021, "Julian Assange can be extradited to the US, court rules", 〈https://www.bbc.com/news/uk-59608641〉. 해를 넘겨 2022년 3월, 영국 최고재판소(Supreme Court)는 그의 상소를 거부하였다 : Haroon Siddique and Ben Quinn/The Guardian, 14 Mar 2022, "Julian Assange denied permission to appeal against US extradition", 〈https://www.theguardian.com/media/2022/mar/14/julian-assange-denied-permission-to-appeal-against-us-extradition〉 ; Victoria Lindrea/BBC Nerws, 14 March 2022, "Julian Assange denied permission to appeal against extradition", 〈https://www.bbc.com/news/uk-60743322〉. 이어서 4월 20일, 범죄인 인도를 감독하는 런던 치안재판소(Magistrates' Court)는 어산지를 미국에 인도하라는 명령을 발하였다 : Dominic Casciani/BBC News, 21 April 2022, "Julian Assange's US extradition order sent to Priti Patel for final approval", 〈https://www.bbc.com/news/uk-61162908〉 ; Ben Quinn/The Guardian, 20 Apr 2022, "UK court approves extradition of Julian Assange to US - Home secretary to decide whether WikiLeaks founder will be extradited to US on espionage charges", 〈https://www.theguardian.com/media/2022/apr/20/uk-court-approves-extradition-of-julian-assange-to-us〉. 6월 17일, 프리티 파텔(Priti Patel) 내무장관은 인도명령서에 서명하였다 : ABC/Wires, 17 June 2022, "Britain orders extradition of Julian Assange to United States", 〈https://www.abc.net.au/news/2022-06-17/julian-assange-extradition-ordered-uk-united-states/101115392〉 ; Charley Adams/BBC News, 7 June 2022, "Julian Assange can be extradited, says UK home secretary", 〈https://www.bbc.com/news/uk-61839256〉. 2024년 5월 20일, 고등재판소는 어산지가 다시 항소를 제기함을 허락하였다 : Ian Aikman/BBC News, 26 Mar 2024, "Julian Assange faces further wait over extradition ruling", 〈https://www.bbc.com/news/uk-68662881〉 ; Ben Quinn/The Guardian, 20

시사함으로써, 파견국과 접수국간의 양자조약에 의하여 외교비호권을 인정할 여지를 남겨 놓고 있다.[94)]

4. 외교공관의 조세 면제[95)]

파견국과 사절단장은 소유든 임차든 불문하고 외교공관에 대한 접수국 중앙 또는 지방 차원의 일체의 세금이 면제된다. 다만, 수도요금이나 전기요금처럼, 제공된 역무에 대한 대가는 지불하여야

May 2024, "Julian Assange has been granted leave to mount a fresh appeal against his extradition to the US", 〈https://www.theguardian.com/〉. 동년 6월 24일, Assange와 미국 정부는 그가 즉시 석방되는 대가로 간첩법 위반 혐의 중 한 건에 대해 유죄를 인정하기로 하는 유죄협상(plea bargain)에 합의하였는데, 이 합의에는 미국 법무부가 그가 인도를 기다리는 동안 영국 교도소에서 복역했던 기간인 62개월의 형을 구형하는 내용이 포함되었다. 이로 인해 Assange는 영국에서 즉시 석방되어 미국에서의 심리에 참석할 수 있었다. 6월 26일 사이판 연방재판소에서 열린 오전 심리에서 어산지는 국방정보 입수 및 공개 공모에 대해 유죄를 인정하고, 판사는 그의 유죄 인정을 받아들여 계획된 바의 형을 선고하였다. 어산지는 당일 저녁 주미 호주 대사와 함께 본국으로 돌아갔다. https://en.wikipedia.org/wiki/Julian_Assange.

이 사건에서 자국민이 타 국가들 간에 인도되는 것에 대해 오스트레일리아 정부가 취한 태도에 대해서는 다음을 참조 : NPR, June 20, 2022, "Australia's leader refuses to publicly intervene for Julian Assange", 〈https://www.npr.org/2022/06/20/1106188780/australias-leader-refuses-to-publicly-intervene-for-julian-assange〉 ; Tass (Russian News Agency), 20 Jun 2022, "Australian Prime Minister promises to take up Julian Assange's extradition case to US – Anthony Albanese intends to "engage appropriately" with the case", 〈https://tass.com/society/1468363〉 ; Daniel Hurst, "Julian Assange: what is Australia's position on his extradition, and what options does it have?", The Guardian, 20 Jun 2022, 〈https://www.theguardian.com/media/2022/jun/20/julian-assange-what-is-australias-position-on-his-extradition-and-what-options-does-it-have〉 ; Al Jazeera, 11 Apr 2024, "Biden 'considering' Australian request to drop case against Assange", 〈https://www.aljazeera.com/news/2024/4/11/biden-considering-australian-request-to-drop-case-against-assange〉.

94) 라틴 아메리카 지역적 차원에서의 외교비호권 문제에 관해서는 다음의 두 연속적인 사건 참조 : *Asylum* case (Colombia/Peru), ICJ Reports (1950), p. 266 ; *Haya de la Torre* case (Colombia/ Peru), ICJ Reports (1951), p. 71. 사건 개요는 다음과 같다. 1948년 페루에서 Haya de la Torre가 군사반란을 시도하다 실패하자 페루 리마 주재 콜롬비아 대사관에 정치적 비호를 구하였다. 페루는 그가 국가를 떠나도록 허락하기를 거부하면서, 군사반란죄로 재판하기 위해 인도해 줄 것을 요구하였다. 두 국가는 이로 인하여 야기된 분쟁을 합의에 의해 ICJ로 들고 갔다. 이 사건의 두 당사자가 체약국인 1928년의 "비호에 관한 아바나협약"(Havana Convention on Asylum)은 외교비호에 관한 일정 규칙을 수립하고는 있었지만, 영토국가에 대해 확정적이고도 구속적인 힘을 가지고 범죄의 성격을 정의할 일방적 권한(unilateral competence)을 비호부여국에 부여하는 그 어떤 조항도 담고 있지는 않았다. 그럼에도 불구하고 이 사건에서 외교비호를 부여한 체약국, 즉 콜롬비아 정부는 "그같은 권한이 동 협약에 묵시/함축되어 있으며 또한 비호 제도에 내재되어 있다"고 주장하였으나, ICJ는 조약해석의 문제로서 이같은 주장을 배척하였다. 이에 콜롬비아는 미주국제법(American international law), 즉 그 같은 내용의 지역관습법규가 있다고도 주장해 보았으나 이를 입증하는데 실패하였다. 이것이 *Asylum* 사건이다. 그러나 이 판결은 부적절하게 부여된 비호를 끝내기 위해 문제의 도망자 Torre를 페루에 인도할 의무가 콜롬비아 측에 있는지에 대해서는 언급이 없었음으로 콜롬비아는 판결해석 절차를 통해 이 문제에 대한 답을 구하려 하였으나, 재판소는 이 문제는 판결해석에 관한 규정 제60조 및 재판소규칙 제79조 2항(현 제98조 2항)의 요건을 충족하지 못하여 판결해석의 대상이 될 수 없다고 판시하였다. 이것이 *Request for Interpretation of the Judgment of November 20th, 1950, in the Asylum case (Colombia/Peru)*, Judgment of November 27th, 1950, ICJ Reports (1950), p. 395이다. 이리하여 정식으로 다시 제기된 사건이 *Haya de la Torre* 사건인데, 여기서 재판소는 첫째, 비호는 *Asylum* 판결이 내려진 후에 정지되었어야 하므로 종료되어야 하며, 둘째, 콜롬비아는 Haya de la Torre를 페루 당국에 인도할 의무는 없으며, 셋째, 비호를 끝낼 수 있는 여러 방식들 중에서 하나를 선택하는 것은 동 재판소의 사법기능의 일부가 아니라고 판시하였다. 본서, 제2장 (국제법의 연원), "Ⅱ. 관습, 5. 지역관습" 참조.

95) 비엔나협약 제23조 ; Gore-Booth (ed.), p. 115. 조세면제는 엄격히 말하면 '특권'의 일종이다.

한다. 이같은 세금면제는 접수국의 국내법 규정에 의거하여 파견국 혹은 사절단장 자신이 납세자가 되는 경우에 적용된다. 따라서 자신의 집을 외교공관용으로 세놓은 지주(地主)는 접수국의 국내법상 자신에게 부과되는 세금의 면제를 주장할 수 없다.

5. 외교사절단의 문서 · 서류의 불가침성[96)]

외교사절단의 공문서는 불가침성을 향유하기 때문에 압수의 대상이 될 수 없고, 소송에서 증거자료로 제출하도록 강제할 수도 없다. 그리고 불법으로 취득한 공문서는 증거능력이 없으므로, 유죄의 증거로 채택될 수도 없다.

과거에는 공문서가 외교공관 내 또는 외교행낭 속에 있지 않을 경우 그 불가침성 여부가 불확실하였다. 그러나 비엔나협약 제24조에 의하여 이제 공문서는 "언제 어디서나"(at any time and wherever they may be) 불가침성을 향유하게 되었다. 따라서 우연히 길에서 공문서를 주웠더라도, 그것은 소송에서 증거로 원용될 수 없으며, 유죄의 증거로도 사용될 수 없다.[97)] 그러나 만약 사절단의 구성원이 그의 직무의 일부로서 문서를 제3자에게 전달했다면 해당문서는 불가침성을 상실한다.[98)]

비엔나협약은 '문서'(archives)에 대한 개념 정의를 두고 있지 않다. 그러나 대체로 이것은 모든 형태의 정보저장장치를 포함하는 것으로 이해되고 있으며, 따라서 테이프 · 필름 · 컴퓨터자료 등도 여기에 해당된다.[99)]

6. 통신의 불가침성[100)]

접수국은 모든 공적 목적을 위한 사절단의 자유로운 통신을 허가하고 보호할 의무를 진다. 사절단은 (단지) '파견국의 정부와 타공관 및 영사관들'과 통신을 함에 있어 외교신서사 및 (암호 또는 부호로 된) 메시지를 포함한 '모든 적절한 방법'을 사용할 수 있으며,[101)] 이들에 의해 전달되는 공용통신문(official correspondence), 즉 '사절단과 그 직무에 관련된 모든 통신문'은 불가침성을 향유한다.[102)] 다만, 무선송신기(wireless transmitter)와 외교행낭(行囊)(diplomatic bag)의 남용가능성 때문에 비엔나회의에서 제27조는 가장 큰 논란대상의 하나였는데, 그 결과는 다음과 같다.

첫째, 무선송신기는 접수국의 동의를 얻어야만 설치 · 사용할 수 있다.[103)]

---

96) 비엔나협약 제24조.

97) Gore-Booth (ed.), p. 116.

98) Aust, *Handbook of IL*, 2nd, p. 120.

99) Gore-Booth (ed.), p. 116. 영사관계에 관한 비엔나협약 제1조 1항(k)는 'consular archives'에 대한 정의를 내려두고 있다.

100) 비엔나협약 제27조.

101) 비엔나협약 제27조 1항. 따라서 사절단은 -자국민을 포함하여- "파견국의 정부와 타공관 및 영사관들"이 아닌 자들과 통신을 함에 있어서는 이같은 수단을 사용해서는 안된다. Aust, *Handbook of IL*, 2nd, p. 121.

102) 비엔나협약 제27조 2항.

둘째, 외교행낭이란 “오로지 외교문서 혹은 공무상의 사용을 위한 것으로 의도된 물품을 넣은 포장물”을 말한다.[104] 비엔나협약은 외교행낭의 형태에 관해서는 언급이 없다. 비엔나협약은 외교행낭을 diplomatic bag으로 표현하고 있지만, 여기에는 bag 이외에도 crate, sack, pouch, envelope 등등이 모두 포함되는 것으로 이해되고 있다.

이들 외교행낭은 ‘개봉’(open)하거나 ‘유치’(detain)할 수 없다.[105] 과거에는 대체로 외교행낭을 개봉하든지 아니면 발송지로 반송할 것을 요구할 수 있었다. 특히, 영사행낭(consular bag)의 경우에는 이것이 아직도 인정되고 있다.[106] 그러나 이제 비엔나협약은 이것을 허용하지 않으므로, 외교행낭에 대해서도 이 권리를 주장한 일부 국가는 문제의 제27조 3항에 유보를 가하였다.[107] 개봉·유치할 수 없는 것에 대한 대안으로서 훈련된 개를 이용하는 것은 법상 문제가 없는 것으로 보인다. 다만, 감식장치를 통한 전자투시(electronic screening)가 허용되느냐에 관해서는 국가에 따라 견해가 갈리고 있다. ‘개봉’을 문언적으로 해석하는 대다수 서구진영국가들은 개봉을 요하지 않는 감식장치로 외교행낭의 내용물을 점검하여, 국내법상 반출입이 허용되지 않는 물품이 들어 있음이 확인되는 경우에는 통관을 거절할 수 있다고 보고 있다. 이에 대해 일부 제3세계국가들은 감식장치의 사용은 개봉에 상응하는 효과를 동반할 수 있기 때문에, 개봉을 동반하지 않는 감식장치의 사용도 금지되는 것으로 보고 있다. 1989년 ILC에서 최종 채택된 “외교신서사(외교전령) 및 외교행낭에 관한 규정 초안”(Draft Articles on the Diplomatic Courier and the Diplomatic Bag)[108] 제28조는 그 1항에서 외교행낭의 완전한 불가침성을 규정하고 있으며, 특히 동의가 없는 한 모든 종류의 전자 및 기계 장치에 의한 검사를 금지하고 있다.[109]

외교행낭은 외부에 그것이 외교행낭임을 나타내는 적절한 표시가 있어야 하는데,[110] *Umaru Dikko* 사건[111]이 이 점을 잘 보여 주고 있다. 1984년 7월 5일 전직 나이지리아 장관인 Umaru Dikko가 런던에서 납치되어 나무상자에 실려 나이지리아로 실려갈 참이었다. 이 나무상자에는 어떤 공식적인 도장도 찍혀 있지 않았으므로 분명히 외교행낭이 아니었다. 즉, 법상 외교관 개인의 수하물에 해당되어 당해 외교관의 입회 하에 개봉이 가능하다. 그러므로 이 나무상자는 외교면제를

---

103) 비엔나협약 제27조 1항.
104) 비엔나협약 제27조 4항 ; Aust, *Handbook of IL*, 2nd, pp. 122~123.
105) 비엔나협약 제27조 3항.
106) 영사관계에 관한 비엔나협약 제35조 3항.
107) Shaw, p. 469.
108) 초안규정과 그에 대한 해설은, Watts, Vol. Ⅲ, p. 1917 ff ; https://untreaty.un.org/ilc/guide/9_5.htm ; https://untreaty.un.org/ilc/texts/instruments/english/commentaries/9_5_1989.pdf 참조.
109) Shaw, p. 470.
110) 비엔나협약 제27조 4항.
111) Shaw, p. 468 ; Keitner, p. 324 ; https://en.wikipedia.org/wiki/Dikko_Affair ; “The Kidnap of Umaru Dikko : The Full Story” (part 1), https://www.nigeriavillagesquare.com/articles/max-siollun/the-kidnap-of umaru-dikko -the-full-story-pa-3.html ; “The Mosssad Affair: The Kidnap of Umaru Dikko” (Part 2), https://www.nigeriavillagesquare.com/articles/max-siollun/the-mossad-affair-the-kidnap-of-umaru-dikko-pa -3.html ; “The Kidnap of Umaru Dikko” (Conclusion), 〈https://www.nigeriavillagesquare.com/articles /max-siollun/the-kidnap-of-umaru-dikko-conclusion-21.html.〉

주장하는 자에 의해 휴대되고 있었음에도 불구하고 런던의 스탄스테드(Stansted) 공항에서 개봉되었다.

이 사건에서 만일 Dikko를 숨긴 나무상자(crate)가 외교행낭의 요건을 갖추었다면 영국당국은 이를 열 수 있었겠는가의 문제가 제기되었다. 영국정부는 이에 대해, 설사 문제의 상자가 외교행낭을 구성하는 것이었다 하더라도 "그 무엇보다도 우선적인 정당방위의 권리 또는 인간의 생명을 보호할 의무"(the overriding right of self-defence or the duty to protect human life)를 고려에 넣어 행동하였을 것이라고 대답하였다.[112] 실제로 1964년 11월 17일 로마공항 당국은 이집트 카이로로 가는 대형 외교행낭에서 신음소리가 나자 강제로 이를 개봉하여 현장에서 한 이스라엘인을 구출한 바 있다.[113] 이상의 예들은 외교면제보다 인권보호가 우선해야 함을 시사하는 중요한 대목이다.

비엔나협약은 외교행낭(diplomatic bag)의 '크기'에 관해서도 언급이 없다. 그러면 예컨대 로리(lorry) 같은 것도 외교행낭으로 간주될 수 있을 것인가? 1984년 7월 로리 자체는 행낭(bag)이 될 수 없다는 이유로 서독 당국은 검사를 위해 소련의 로리 한 대를 열었으나, 로리 내부의 상자들은 외교행낭으로 간주하여 개봉하지 않았다.[114]

끝으로, 외교신서사(diplomatic courier 혹은 full-time diplomatic courier)는 신체의 불가침성을 향유하며, 그에 대해서는 어떠한 형태의 체포 또는 구금도 허용되지 아니한다.[115] 그러나 외교신서사의 개인수하물(personal baggage)은 특별한 지위를 향유하지 못하므로 수색, 압수될 수도 있다.[116] 임시외교신서사(*ad hoc*/casual diplomatic courier)는 외교행낭을 수취인에게 인도할 때까지만 불가침성을 향유한다.[117] 상업항공기의 기장(captain of a commercial aircraft)을 통해서도 외교행낭을 수송할 수 있지만, 이 경우에 기장은 외교신서사로 간주되지 아니한다. 그러므로 외교사절단은 공관직원 한 명을 보내 기장으로부터 '직접 그리고 자유롭게' 외교행낭을 인수할 수 있다.[118]

7. 이동의 자유[119]

18·19세기 서구국가에서는 접수국 내에서 외교사절단의 모든 구성원에게 여행(이동)의 자유가 제한없이 인정되었다. 그러나 제2차 세계대전 후 소련은 모스크바 주재 외교관들이 모스크바로부터 반경 40km 이상을 벗어날 때에는 사전허가를 얻을 것을 요구하였고, 동유럽국가와 중공도 소련의 예를 따랐으며, 이에 대해 서방진영도 이들에게 동등한 조치를 취하였다. 그 후 비엔나협약 제26조에

112) Francisco Orrego Vicuna, "Diplomatic and Consular Immunities and Human Rights", (1991) 40 ICLQ 34 at 48, fn. 75.
113) 그리고 이집트대사관의 관련자들은 기피인물로 선언되었다. Shaw, p. 468, fn. 193 ; Gore-Booth (ed.), p. 117.
114) Shaw, p. 468, fn. 193 ; Aust, *Handbook of IL*, 2nd, p. 122 ; Keitner, p. 324.
115) 비엔나협약 제27조 5항 ; Aust, *Handbook of International Law*, pp. 135~136.
116) Aust, *Handbook of IL*, 2nd, p. 124.
117) 비엔나협약 제27조 6항.
118) 비엔나협약 제27조 7항.
119) 비엔나협약 제26조.

'국가안보'(national security)를 이유로 이동을 제한할 수 있다는 단서가 삽입되자 공산국가들은 이 단서를 계속하여 남용하였으며, 이에 서방진영은 그것의 합법성 여부를 문제삼는 대신 상호주의에 입각하여 보복하였었다.[120)]

8. 사절단을 위한 편의 제공[121)]

비엔나협약 제21조는 "접수국은 파견국이 자국 사절단을 위해 필요한 접수국 영토 내 부동산을 '접수국의 법에 따라' 취득함을 용이하게 하거나, 기타 방법으로 파견국이 시설을 획득하는 것을 원조하여야 한다. 접수국은 또한 '필요한 경우' 사절단이 그들의 구성원을 위하여 적당한 시설을 획득함을 원조하여야 한다."고 규정하고 있다. 따라서 접수국은 행정적 원조는 제공하여야 하지만, 실제로 부동산을 제공할 필요까지는 없다. 또한, 접수국은 외국인의 부동산 소유를 금지하거나 사절단이 소재할 수 있는 지역의 선택을 제한하는 법률을 변경할 필요도 없다. 때로 국가들은 사절단을 위해 필요한 부지의 상호적인 제공을 규정한 조약을 체결하기도 한다.[122)]

비엔나협약 제25조는 "사절단의 직무수행을 위하여 최대한의 편의(full facilities)를 제공할" 의무를 접수국에 부과하고 있는데, 이 의무에 실질적 내용이 있는지는 의문이다. 사절단 구성원들의 안전을 생각하여, 혹은 상호주의에 기초한 편의제공을 기대하여, 공관 입구 가까이에 주차공간을 제공하는 따위가 여기에 해당한다. 그러나 주차공간 제공은 예양이지 의무가 아니다. 그리고 무엇보다 제25조의 규정은 -외교면제를 향유하는 모든 사람에게 접수국의 법령을 존중할 의무를 부과하고 있는- 제41조와 관련지어 생각하여야 한다. 즉, 제25조는 제41조를 비켜가기 위한 수단이 될 수 없다. 예컨대, 사절단이 공관건물을 증개축하고자 한다면 접수국의 관련 법령에 따라야 한다. 또한, 접수국에게는 사절단이 전기, 가스, 수도, 전화 등의 사용요금을 내지 않는데도 이들 역무를 계속 제공받도록 해줄 의무가 없다. 제25조는 비엔나협약 내의 특정규정에 기초한 사절단의 요청이나 불만을 지지하거나 보강하기 위해 원용되는 것이 보통이다.[123)]

Ⅵ. 외교관의 임명 ; 불가침성과 면제

1. 외교관의 임명

비엔나협약상 외교관(diplomat, diplomatic agent)이라 함은 사절단장(외교사절/공관장)(head of the mission)[124)]과 외교관 직급을 가진 외교직원(diplomatic staff)을 포함하는 개념이다. 그러나

120) 동아일보, 1990년 7월 2일(월), 2면, "소련 영사처에 잇단 경고 : 여행제한구역 멋대로 벗어나" 참조.
121) 비엔나협약 제21조, 제25조.
122) Aust, *Handbook of IL*, 2nd, p. 114.
123) Aust, *Handbook of International Law*, pp. 124~125.

특권・면제의 목적상 양자는 구분의 실익이 없다. 이 밖에 '사절단의 구성원'(공관원) (members of the mission)이라 함은 공관장과 공관직원(members of the staff of the mission)을 지칭하며, 공관직원이라 함은 외교직원, 행정・기술직원 및 역무직원을 총칭하는 표현이다.[125]

사절단의 크기에 관하여 특별한 합의가 없는 경우에는 접수국은 자국의 사정과 조건 및 당해 사절단의 필요성을 감안하여 "합리적이며 정상적"이라고 생각하는 범위 내에서 사절단의 크기를 유지할 것을 요구할 수 있다. 접수국은 또한 특정 범주에 속하는 직원(이를테면 무관)의 접수를 거부할 수도 있는데, 다만 이 거부는 접수국 내의 모든 사절단에게 똑같이 적용되어야 한다.[126] 한편, UN 안전보장이사회는 –헌장 제7장에 의거하여 채택한– 2016년의 상기 결의[127]에서 모든 회원국에 북한 외교사절단과 영사기관의 직원 수를 줄일 것을 요청한(calls upon) 바 있다.

파견국은 공관장으로 파견하려는 사람에 대하여는 먼저 접수국의 명시적인 동의를 받아야만 하는데, 이것은 접수국의 '아그레망'(agrément)을 받는 것으로 행해진다.[128] 아그레망의 양식은 규정된 바 없지만, 이것은 서면에 의한 것이 보통이고 또 그것이 바람직하다.[129] 접수국은 아그레망을 거절하는 경우 파견국에 그 이유를 제시할 필요가 없으며,[130] 또 이유를 제시하더라도 파견국정부보다는 당해 개인과 관련된 이유를 제시하는 것이 좋다.[131] 기타 공관직원은 파견국이 '자유로이 임명'할 수 있지만, 다만 육・해・공군의 무관(military, naval or air attachés)의 경우에는 접수국은 (아그레망이 아닌) '사전 승인'(prior approval)을 요구할 수 있다.[132]

외교'직원'은 파견국의 국적을 가지는 것이 원칙이지만, 접수국이 동의하면 접수국의 국민 중에서도 외교직원을 임명할 수 있다. 그러나 접수국은 이 동의를 언제든지 철회할 수 있다. 접수국은 제3국의 국민에 대해서도 동일한 규칙을 적용할 수 있다.[133]

공관원의 임명, 그들의 도착 및 최종출발, 혹은 직무의 종료는 접수국의 외무부에 –가능하면 사전에– 통고되어야 한다. 가족이나 개인적 사용인의 경우에도 마찬가지이며, 공관원이나 개인적 사용인으로서 접수국에 거주하고 있는 사람의 고용 및 해고의 경우에도 그러하다.[134] 그러나 '이같은 통

---

124) 사절단장(공관장)은 (i) 대사(ambassador), 교황청대사(nuncio), 혹은 이와 동등한 계급을 갖는 기타의 공관장, (ii) 공사(envoy, minister) 혹은 교황청공사(internuncio), (iii) 대리공사(*chargé d'affaires*) 등의 3개 계급으로 구분되는데, (i)과 (ii)의 계급은 '국가원수'에게 파견되는데 반해, (iii)의 대리공사는 '외무장관'에게 파견된다(비엔나협약 제14조). 사절단장에게 부여되는 계급은 국가 간의 합의로 정한다(비엔나협약 제15조). 사절단장 유고 시에 잠정적으로 그를 대행하는 사람은 대사(혹은 공사)대리(*chargé d'affaires ad interim*)라 칭한다(비엔나협약 제19조).

125) 비엔나협약 제1조.

126) 비엔나협약 제11조 ; Aust, *Handbook of IL*, 2nd, p. 113.

127) UN안보리결의 2321 (2016년 11월 30일), para. 14 ; 본장, Ⅳ.

128) 비엔나협약 제4조 1항.

129) Aust, *Handbook of International Law*, p. 120.

130) 비엔나협약 제4조 2항.

131) Aust, *Handbook of International Law*, p. 120.

132) 비엔나협약 제7조 ; Aust, *Handbook of International Law*, pp. 120~121.

133) 비엔나협약 제8조.

134) 비엔나협약 제10조.

고'와 '외교면제의 시작 및 종료'는 별개의 문제이며, 후자는 제39조에서 규정하고 있다.[135)]

2. 신체의 불가침성[136)]

신체의 불가침성은 다음의 세 가지 내용으로 구성된다. 첫째, 외교관은 어떠한 형태의 체포 또는 구금도 당하지 않는다. 둘째, 접수국은 상당한 경의로써 외교관을 대우하여야 한다. 셋째, 접수국은 외교관의 신체 · 자유 · 품위에 대한 어떠한 침해도 방지하기 위해 '적절한 모든 조치'(all appropriate steps)를 취해야 한다.

U.S. Diplomatic and Consular Staff in Tehran 사건[137)]에서 ICJ는 접수국 경찰이 외교관의 범죄 수행을 방지하기 위해 필요에 따라 그를 "단시간(짧게)" (briefly) 체포하는 것은 가능한 것으로 보고 있다.[138)] 경찰 또는 피해자가 외교관에 대해 정당방위(self-defence)를 하는 것도 물론 가능하다. 외교관이 체포 · 구금으로부터 면제된다고 해서 피해자측의 정당한 방위권행사로부터 면제되는 것은 아니기 때문이다.

1969년 과테말라 주재 서독 대사 *Count Karl von Spreti*가 납치되었을 때 서독 정부는 접수국이 적절한 조치를 다한 것으로 인정받기 위해서는 범인들의 불법적인 요구를 들어주어야 한다고 주장하였으나 과테말라 정부는 이를 부인하였고, 결국 그는 살해당하고 말았다. 이후 납치범들이 외교관을 납치하여 동료죄수의 석방이나 몸값을 요구하더라도 접수국은 '적절한 모든 조치'를 다하기 위해 납치범들의 이같은 불법적 요구에 응할 의무까지는 없는 것으로 이해되고 있다.[139)] 결국, 외교관을 포함해서 국제적 인물들에 대한 테러가 빈발함에 따라 이들을 보호하기 위한 다자조약이 별도로 채택되고 있다.[140)]

---

135) Aust, *Handbook of International Law*, p. 121.

136) 비엔나협약 제29조. *Certain Questions of Mutual Assistance in Criminal Matters* (Djibouti v. France), Judgment, ICJ Reports 2008, p. 177, 238 (para. 174)에서 ICJ는 "비엔나협약 제29조에 반영되어 있는 관습법규는 외교관들을 대상으로 한 것이긴 하지만 필연적으로 국가원수들에게도 적용됨"(the rule of customary international law reflected in Article 29 of the Vienna Convention on Diplomatic Relations, while addressed to diplomatic agents, is necessarily applicable to Heads of State)을 상기시키고 있다. 영국 국가면제법(SIA 1978) 섹션 20도 본질적으로 외국의 국가원수를 외교사절단장(외교공관장)과 동일시하고 있다. 다만, 일국의 현직 국가원수(그리고 정부수반, 외무장관 및 ICJ의 2002년 *Arrest Warrant* 판결이 시사하는 바에 따르면 기타 이에 상응하는 고위 정부각료)는 전세계 다른 모든 국가에서 면제를 향유하지만, 외교관은 원칙적으로 접수국에서만 면제를 향유한다는 차이점을 기억해둘 필요가 있다. Wickremasinghe in Evans (ed.), *International Law*, 5th, p. 365 ; 본서, 제10장 (국가면제), "Ⅲ. 국가대표자(공무원)의 면제".

137) ICJ Reports (1980), p. 3 at 40 (para. 86).

138) 종종 그럴 일이 발생한다. 2023년 7월 25일 한국 주재 우크라이나 대사관의 한 외교관(1급 서기관)이 -본국은 한창 러시아와 전쟁 중인 이때- 서울의 한 주점에서 직원과 경찰을 폭행하는 일이 발생했다. 경찰은 그를 현행범으로 체포하였다가 외교부를 통해 신분을 확인한 후 풀어주었다. 우크라이나 정부는 그를 즉각 소환하기로 결정하였다. 김지성/머니투데이, 2023,07.26., "우크라이나 외교관, 만취해 경찰관 폭행…"면책 특권 확인 중"" ; 최혜림/KBS 뉴스, 2023.07.28., "우크라이나 외교부 "만취 폭행 외교관, 본국 송환" 공식 성명".

139) Gore-Booth (ed.), p. 122.

140) 예컨대, "외교관을 포함해서 국제적으로 보호받는 사람에 대한 범죄의 방지 및 처벌에 관한 협약" (Convention on the Prevention and Punishment of Crimes against Internationally Protected Persons, including

3. 주거 및 재산의 불가침성[141)]

외교공관장의 개인적 주거는 외교공관 자체의 일부로 간주된다. 외교직원의 개인적 주거도 공관과 동일한 불가침성과 보호를 향유한다. 외교관의 개인적 서류와 통신문도 불가침성을 향유한다. 따라서 외교관이 면제를 인정받지 못하는 직업적·상업적 활동과 관련하여 제소당하더라도 접수국 재판소는 그의 개인 서류와 통신문을 제출하도록 강제할 수는 없다.[142)] (면제가 인정되지 않는 경우를 제외한) 재산[143)]도 동일하게 불가침성을 향유한다.

4. 재판관할권 등으로부터의 면제[144)]

(1) 면제의 의의

외교관의 면제는 '접수국'의 '재판관할권'으로부터의 면제를 의미할 따름이다. 따라서 면제는, 첫째, 재판권 면제(immunity from the jurisdiction of the local courts)를 의미하는 것이지 실체법으로부터의 (혹은 입법관할권 자체로부터의) 면제(exemption from the substantive law) 내지는 책임의 면제를 의미하는 것이 아니다. 비엔나협약 제41조 1항도 "접수국의 법령을 존중하는 것은 특권과 면제를 향유하는 모든 사람의 의무이다."라고 규정하고 있다.[145)]

둘째, 비엔나협약 제31조 4항은 면제란 외교관이 '파견국'의 재판관할권으로부터도 면제됨을 의미하는 것이 아님을 분명히 하고 있다.[146)] 다시 말해서, 외교면제는 파견국이 외교관에 대해 민형사재판권을 가지고 있으며, 따라서 외교관이 접수국에서 범죄를 행하면 그는 파견국의 재판소에서 소추될 것이라는 가정을 전제로 하고 있다.[147)] 1978년 오스트리아 재판소는 사냥여행에서 돌아오던

Diplomatic Agents)(1973년 12월 14일 채택, 1977년 2월 20일 발효, 1983년 6월 24일 한국 발효) ; 그리고 인질방지협약(Convention against the Taking of Hostages)(1979년 12월 17일 UN총회 채택, 1983년 6월 3일 발효, 1983년 6월 3일 한국 발효). 이같은 노력은 '지역적' 차원에서도 이루어지고 있다. 예컨대, "OAS : Convention to Prevent and Punish the Acts of Terrorism Taking the Form of Crimes against Persons and Related Extortion That Are of International Significance"(1971년 2월 2일 채택) ; "Council of Europe : European Convention on the Suppression of Terrorism"(1976년 11월 10일 채택, 1977년 1월 27일 서명을 위해 개방, 1978년 8월 4일 발효). Hevener (ed.), *Diplomacy in a Dangerous World : Protection for Diplomats under International Law* (London : Westview Press, 1986), pp. 237~245 ; Gore-Booth (ed.), pp. 122, 203 ; Watts, Vol. Ⅰ, p. 415 ff.

141) 비엔나협약 제30조.

142) Aust, *Handbook of IL*, 2nd, p. 126.

143) 비엔나협약 제30조에 규정된 외교관 '재산'(property)의 불가침성과 관련하여 (재산의 일종인) 차량을 견인해가는 것(towing away)이 불가침성을 침해하는 것은 아닌지의 문제가 제기된다. 영국정부의 경우, 협약 제30조가 교통에 장애를 야기하는 외교관의 차량을 견인해가는 것을 막는 것은 아니라고 보고 있다 ; 다만, 차량 바퀴에 족쇄를 채우는 것(wheel-clamping)은 협약 제31조 1항에 위배되는 형벌적 조치(penal measure)라는 이유로 중단되었다. Harris, 5th, p. 343, fn. 99.

144) 비엔나협약 제31조 ; Akehurst, pp. 115~116 ; Orakhelashvili/Akehurst, pp. 244~245.

145) Fox, p. 450 ; Wickremasinghe in Evans (ed.), *International Law*, 3rd, p. 388.

146) 비엔나협약 제31조 4항.

147) Currie, p. 350.

중 프랑스 대사를 과실로 쏴 죽인 유고 주재 자국 대사에게 비엔나협약 제31조 4항을 원용하면서 벌금형을 선고한 바 있다.[148] 요컨대, 외교관에게는 집행관할권의 측면에 있어 속지주의가 배제되고 속인주의가 적용된다.

셋째, 외교관은 '접수국' 내에서의 (공적·사적) 행위와 관련하여 '파견국'뿐만 아니라 '제3국'에 대해서도 면제를 원용할 수 없는 것인지 묻지 않을 수 없는데, 비엔나협약은 이 문제에 관하여 명시적인 지침을 제공하고 있지 않다. 다만, 단지 '접수국' 관할권으로부터의 면제를 규정한 협약 제31조 1항은 외교관이 '제3국'의 관할권으로부터는 면제되지 않음을 시사하는 것으로 해석될 여지를 안고 있다. *S.* v. *Berlin Court of Appeal and District Court of Berlin-Tiergarten* [일명, *former Ambassador of Syria to the GDR*) case][149]에 대한 1997년 6월 10일의 결정에서 독일 연방헌법재판소가 바로 이같은 해석을 채택하였는데, 그 근거로서는 대체로 다음의 세 가지를 들고 있다. 첫째, 외교면제는 오로지 접수국 내에서만 효력을 가지는데, 왜냐하면 제3국은 외교관의 활동에 동의한 바 없기 때문이다. 그리고 제3국은 외교면제의 남용으로부터 자신을 보호할 수단(예컨대, 아그레망의 거절, 기피인물 선언, 외교관계의 단절 등)을 갖고 있지 아니한 반면, 접수국의 경우에는 이러한 수단들이 면제부여 의무를 보상하고 있다. 둘째, 비엔나협약 제39조 2항에 규정된 공적 행위에 대한 외교면제 계속의 원칙도 '대세적' 효력(*erga omnes* effect), 즉 제3국에 대한 구속력을 보장해 주지는 못한다. 셋째, 비엔나협약은 그 제40조에서 단지 '외교관이 제3국을 통과 중이거나 혹은 불가항력으로 제3국에 들어간 경우', 즉 이른바 통과외교관(diplomat in transit)과 관련해서만 일정 면제를 부여할 의무를 제3국에 지우고 있다. 요컨대, 독일 연방헌법재판소의 이같은 견해를 따르게 되면, -비엔나협약 제40조에 의하여 규율되는 경우를 제외하고는- 제3국은 외교관에 대해 그의 임기 중이나 직무종료 후에 재판관할권(특히, 형사재판권)을 행사할 자유가 있다는 결론에 이르게 된다. 그리고 이 목적을 위해 객관적 속지주의, 수동적 속인주의, 보호주의 또는 보편관할권이 원용될 수 있을

148) Sweeney et al., p. 849.

149) BVerfGE 96, 68, paras. 58~69, at https://www.oefre.unibe.ch/law/dfr/bv096068.html ; 24 Europäische Grundrechte-Zeitschrift 436, noted by Bardo Fassbender, (1998) 92 AJIL 74. 사건 개요는 이러하다. 1983년 8월 'Carlos'라 불리우는 한 테러조직이 서베를린의 한 예술센터인 Maison de France에 폭탄을 투척하여 1명이 죽고 23명이 다치는 사건이 발생하였다. 주검찰관의 수사결과에 따르면, 이 공격에 사용된 폭발물은 동베를린 주재 시리아 대사관에 잠시 맡겨진 바 있었다. 시리아 정부가 현지 자국 대사에게 "그 단체를 돕기 위해 가능한 모든 것을 다 하라"는 전보훈령을 내린 후, 8월 중순에 이 단체의 한 회원이 대사관에 나타났다. 대사가 부재한 상태에서 그는 3등 서기관에게 가방 한 개를 대사관에 맡길 수 있겠는지를 물었다. 본국에서 전보를 보내온 사실을 알고 있던 그 서기관은 이 요청을 수락하였다. 그 후 그 자는 대사관에 다시 나타나, 그 3등 서기관에게 대사관 차를 타고 경계선을 넘어 서베를린 내로 문제의 가방을 옮겨 줄 것을 요청하였다. 이때 그 자는 가방 속에 든 것이 폭발물이라고 일러주었다. 그 서기관은 대사에게 이 사실을 알렸고, 대사는 자국 정부의 전문을 다시 읽어 보고는 가방 수송을 거절하기로 결정하였다. 테러단원은 대사의 이 결정을 통보받고는 가방을 가지고 대사관을 떠났다. 폭발물이 어떤 경로로 서베를린 내로 반입되었는지는 알려져 있지 않다. 독일 통일 후, 1994년 7월 21일 Berlin- Tiergarten 지방재판소는 1983년 8월 서베를린에서 발생한 폭발물 투척과 그로 인한 살인을 방조하였다는 혐의로 동독 주재 전(前)시리아대사 S.의 체포영장을 발부하였다. 베를린 고등지방재판소가 이 영장을 취소하였으나 상소재판소는 이를 다시 허락하였다. 독일 연방헌법재판소는 독일기본법(연방헌법)에 보장된 기본권 중 그 어느 것도 침해된 바 없다고 판시하면서 하급재판소들의 결정에 대한 본건 헌법소원을 기각하였다.

것이다. 그러나 외교면제를 오로지 외교관과 접수국만의 관계로 국한시켜 생각하는 이같은 견해에 대해서는 비판이 제기되고 있으며,[150] 또 이 문제에 관해 일관성있는 국가관행이 수립된 것 같지도 않다.[151]

(2) 형사재판권의 면제[152]

외교관은 접수국의 '일체의' 형사재판권으로부터 면제된다. 이 원칙에는 어떠한 예외도 인정되고 있지 않으며, 접수국은 어떠한 경우에도 외교관을 형사소추할 수 없다. 다만, 다음의 비사법적(非司法的) 대응방안을 강구해 볼 수는 있을 것이다. 예컨대, 경미한 범죄(minor offences)의 경우에는 해당 외교사절단의 장이나 파견국 정부에 통고하여 시정을 요구할 수 있으며, 중대한 범죄(serious crimes)의 경우에는 면제를 포기해 줄 것을 요구하여 보고, 만일 파견국이 이에 응하지 않으면 문제의 외교관을 소환할 것을 요구하거나 아니면 직접 기피인물(*persona non grata*)로 선언하여 추방할 수 있을 것이다. 외교관의 '개인적' 범죄에 대해서는 외교관 신분 종료 후 소추가 가능하다.[153]

---

150) See e.g. Bardo Fassbender, (1998) 92 AIJL 74 at 76~78. 이 사건에서 독일 연방헌법재판소는 외교면제법을 "a self-contained regime", 즉 "(한 개의) 자기완비적(독립적인) 체제"로 표현하였는데, 이에 대해 Fassbender, (1998) 92 AJIL 74 at 78은 다음과 같이 비판하고 있다 : "The idea that the law of diplomatic relations constitutes a "self-contained regime" does not support the conclusions reached by the Court. The concept was introduced by the International Court of Justice to explain that the rules of diplomatic law are the sole means at the disposal of a receiving state to counter an abuse of diplomatic privileges and immunities. The ICJ did not assert a closed relationship between a sending and a receiving state, and it did not even mention the legal position of states *vis-à-vis* diplomatic agents accredited to a third state."

151) *Ibid.* Cassese, *International Law*, 2nd, p. 116은 외교관의 개인적 행위에 대한 면제는 오로지 파견국과 접수국(및 통과국)간의 문제인데 반해, 외교관의 공적 행위에 대한 면제는 (그의 직무가 종료된 후에도 계속되는) 파견국 자신의 물적 면제로서 이것은 파견국이 (접수국/통과국을 포함한) 다른 모든 국가들에게 (즉, 대세적으로) 원용할 수 있는 것으로 보고 있다. 이같은 시각에 비추어 보면, 위 사건에서는 문제의 행위가 공적 행위인지의 여부를 판단하는 것이 핵심쟁점이 되어야 했을 것이다.

152) 비엔나협약 제31조 1항 첫 번째 문장.

153) Newshub Nation, 25/07/2020, "Korean govt protects diplomat accused of sexual assault in NZ", 〈https://www.newshub.co.nz/home/shows/2020/07/korean-govt-protects-diplomat-accused-of-sexual-assault-in-nz.html〉; 이재호/프레시안, 2020.07.28., "뉴질랜드 성추행 외교관에 정부 "특정인 보호 안해...면책특권 없어""; 노석조/조선일보, 2020.07.28., "뉴질랜드서 성추행 한국외교관 실명 · 얼굴 공개, 국제망신 코리아"; 안준용/조선일보, 2020.07.29., ""외교관 성추행 문제는…" 뉴질랜드 총리, 결국 文에 전화 했다"; 김승현/조선일보, 2020.07.29., "논란의 외교관 "어떻게 나보다 힘센 백인 남성을 성추행하겠나"" 참조. 사건 개요는 다음과 같다. 뉴질랜드 주재 한국 대사관의 부대사가 2017년 대사관의 현지 남성 직원을 세 차례 성추행하였다는 혐의를 받게 되었는데, 한국 외교부는 2018년 귀임한 그에게 1개월 감봉 처분을 내리고 사건을 종결했다. 보도에 의하면, 그는 신체 접촉은 있었지만 "성추행 의도는 전혀 없었다"고 주장하고 있다. 그는 그후 필리핀 주재 총영사로 파견되었다. 그러나 그가 뉴질랜드를 떠난 뒤에도 현지 수사는 계속되었고, 2020년 2월 웰링턴 지방재판소는 그에 대한 체포영장을 발부하였다. 7월 28일에는 뉴질랜드 수상이 한국 대통령에게 전화까지 하는 형국에 이르렀다. "외교부는 면책특권을 내세워 뉴질랜드의 수사 협조 요청에 응할 수 없다는 입장"이라거나, 혹은 이와는 반대로 "외교부 대변인이 '외교부가 특권 면제를 거론하면서 특정인을 보호하고 있지는 않다'"고 말한 것으로 보도되면서 일반인들이 이해하기 어려워 하였다. 법적으로 말하자면, '전직' 외교관의 재임 당시의 '개인적' 범죄에 대해서는 전(前)파견국은 그의 전(前)접수국에 대해 외교면제를 거론할 자격 내지는 권리가 없다는 것이다. 참고로, 양국 간에는 2000년 3월 30일 형사사법공조조약(treaty on mutual legal assistance in criminal matters)이 발효하였고, 이어서 2002년 4월 17일 범죄인인도조약(treaty on extradition)이 발효한 바 있다. 그리고 동 범죄인인도조약 제6조에 의하면, 인도청구된 자가 피청구국의 국민인 경우에는 인도를 '거절할 수' 있으며, 이 경우 피청구국은 타방 당사국이 요청하면 사건을 권한있는 당국에 회부하여야 한다.

그리고 외교관의 개인적 범죄냐 아니냐를 불문하고 직무를 수행하는 경찰관이나 피해자는 정당방위를 할 수 있으며,[154] 피해자가 접수국 경찰에 신고하면 경찰은 외교관과 외교공관의 불가침성을 침해하지 않는 선에서 수사를 하여야 한다. 피해자는 또한 파견국의 법이 허용한다면 파견국 검찰에 고소·고발도 할 수 있겠지만, 실제로 이것은 용이한 방법이 아니다.[155]

(3) 민사 및 행정재판권의 면제[156]

외교관은 '원칙적으로' 접수국의 민사·행정재판권으로부터도 면제된다. 이 경우에도 피해자는 여러 가지 대응방안을 생각해 볼 수 있다. 예컨대, 파견국의 법이 허용한다면 파견국 재판소에 제소해 볼 수 있을 것이며,[157] 그 밖에 외교공관장에게 호소하거나(공관장 자신이 관련된 경우에는 실효성이 적다), 접수국 외무부에 외교적 간섭을 요청할 수도 있다. 또한 외교관의 공적 불법행위(예컨대, 지령에 따른 암살)인 경우에는 접수국 재판소에 파견국 정부를 상대로 제소할 수도 있으며, 외교관의 사적 불법행위인 경우에는 그 직무종료 후 접수국 재판소에 당해 개인(전직 외교관)을 상대로 제소할 수 있다.

예외적으로 외교관은 다음 세 가지 사적·개인적 사항에 대해서는 면제를 향유하지 못한다. 첫 번째 예외는 '접수국영역 내에 있는' '사유'부동산에 관한 '물적(즉, 대물)'소송(real action relating to private immovable property)으로서, 외교관이 "사절단의 목적을 위해 파견국을 대신해서 보유하는 것이 아닌"[158] 경우이다. 부동산 관련 소송에 대해서는 국가면제도 인정되지 않는 점을 고려하면 이것은 당연한 규칙이다.[159] 그러나 이 경우 승소하더라도 외교관이 문제의 집에 계속 살고 있는 한 판결을 집행할 수는 없다.[160] 외교관의 사유부동산이라 하더라도 "사절단의 목적을 위해 파견국을 대신해서 보유하는" 것인 경우에는 외교관 자신은 면제를 향유한다는 해석이 도출되며, 이 경우에는 비엔나협약 제22조(외교공관의 불가침성)의 3항이 적용되는 것으로 생각된다.

두 번째 예외는 외교관이 '개인 자격으로' 관여한 상속(succession)에 관한 소송이다. 외교관이 특히 영사직무를 수행할 때 공적 자격으로 상속 문제에 관여하는 경우는 흔하다. 예컨대, 자국민이

154) Grotius, *op. cit.*, p. 444. *The Schooner Exchange* v. *McFaddon*, 11 U.S. 116 (1812), 132에서 미국 법무장관(Attorney General) Pinkney도 프랑스 국가선박의 면제를 옹호하는 과정에서 다음과 같이 언급하고 있다 : "An ambassador is unquestionably exempt from the ordinary jurisdiction ; but if he commit violence it may be lawfully repelled by the injured individual - so if he commit public violence he may be opposed by the nation. This right arises from the necessity of the case. But as to ordinary cases he is to be referred to the tribunals of his own country. In cases where those tribunals cannot interfere to prevent the injury, the jurisdiction of the country, for that purpose, may interfere ; but when the act is done, and prevention is too late, he must be referred to his own tribunals."

155) Gore-Booth (ed.), p. 124.

156) 비엔나협약 제31조 1항 두 번째 문장.

157) 비엔나협약 제31조 4항 참조.

158) 영국, *Intpro Properties Ltd* v. *Sauvel*, [1983] Q.B. 1019에서는 부동산 관련 대물소송에서 공관장(사절단장) 이외의 외교관의 개인적 주거는 '사절단의 목적을 위해' 보유하는 것이 아니라고 판시되었다. Harris, 5th, p. 343, fn. 1 ; Lewis, p. 71.

159) B. Sen, *A Diplomat's Handbook of International Law and Practice*, 2nd ed. (The Hague : Martinus Nijhoff Publishers, 1979), p. 111.

160) Gore-Booth (ed.), pp. 125~126.

접수국에서 사망하면서 파견국(즉, 본국)의 다른 국민에게 돈을 남기는 경우 외교관은 재산 분배에 관계할 수도 있고, 자국 정부를 대신해서 상속 관련 세금을 청구하거나, 유언에 의해서 아니면 유언을 남기지 않고 죽음으로써 상속인이 없게 된 재산을 무주물(*bona vacantia*)로 주장할 수도 있다. 그와 같은 경우 외교관은 본국을 대신해서 직무를 수행하는 것이므로 국가행위(act of state)로서 이것은 국가면제의 문제로 대체되며,[161] 외교관 자신은 면제를 향유한다.

세 번째 예외는 외교관의 '직무 밖의' 직업적·상업적 활동에 관한 소송이다. 비엔나협약 제42조는 외교관이 개인적 이익을 위해 직업적·상업적 활동을 하는 것을 금지하고 있다. 따라서 외교관이 직무 밖의 직업적·상업적 활동과 관련하여 소송을 제기당할 수 있는 상황은 첫째, 외교관이 제42조를 무시하고 영리 활동을 하는 경우, 둘째, 접수국과 파견국이 상호 합의에 의하여 제42조의 금지를 배제하는 경우, 셋째, 접수국이 제42조에 대한 예외를 일방적으로 허용하고 있는 경우, 넷째, 외교관의 '가족'이 영리활동을 수행하는 경우 등이다. 이 예외는 특히 외교관 가족의 영리활동과 관련하여 중요성을 갖는다. 왜냐하면 이들은 직업적·상업적 활동을 하지 않을 의무를 부담하고 있지 않기 때문이다. 만약 외교관이 '직무상', 즉 '본국을 대신해서' 상업적 활동을 수행하는 경우 이것은 국가행위로서 국가면제의 문제로 대체되며,[162] 외교관 자신은 면제를 향유한다.

(4) 판결 집행의 면제[163]

외교관은 원칙적으로 내려진 판결의 집행조치로부터도 면제된다. 설사 파견국정부가 그의 재판권 면제를 포기했더라도, 별도의 포기가 없는 한 그 판결을 집행할 수 없다.[164] 그러나 민사·행정재판권의 면제가 인정되지 않는 위 세 경우에 대해서는 그 판결의 집행이 면제되지 않는다. 다만, 이로 인하여 외교관의 신체와 주거의 불가침성이 침해되어서는 안된다. 따라서 그의 영업재산은 압류할 수 있지만 그의 집에는 동의 없이 들어갈 수 없다.

(5) 증인으로서의 증언 의무 면제[165]

외교관은 접수국 내의 '어떤' 소송에서도(즉, 민·형사를 불문하고) '증인'으로서 증언할 의무를 지

161) 국가면제에 관한 UN협약 제13조에 의하면 관련국간에 달리 합의가 없으면 "상속·증여 또는 *bona vacantia*(무주물)에 의하여 파생되는 동산 또는 부동산에 대한 권리 또는 이익"에 대해서는 국가면제가 인정되지 않는다.

162) 제한적 면제이론과 이에 기초한 UN협약 제10조에 따르면 이 경우에는 국가면제가 인정되지 않는다.

163) 비엔나협약 제31조 3항, 제32조 4항 : Gore-Booth (ed.), p. 127 ; Currie, p. 351.

164) 비엔나협약 제32조 4항은 판결의 집행을 위해 별도의 포기가 필요하다는 점을 단지 민사·행정재판권과 관련해서만 말하고 있지만, 이것은 형사판결의 경우에도 마찬가지로 보는 것이 타당할 것이다. Gore-Booth (ed.), p. 129. Denza, p. 343에 의하면 제32조에서 형사재판에 대한 언급이 빠진 것은 ILC 기초 과정에서의 "아마도 우발적인" (probably accidental) 일이 빚어낸 결과이다 ; 이 문제에 대한 자세한 논의는 Denza, p. 343 이하 참조. 반대견해도 있다. 즉, Aust (*Handbook of IL*, 2nd, p. 131)는 형사재판에서 형벌은 유죄의 인정과는 불가분하다는 논리로 제32조 4항은 형사재판에는 적용되지 않는 것으로 보고 있다. 그는 국가관행도 이를 지지하는 것으로 생각하고 있다.

165) 비엔나협약 제31조 2항.

지 않는다. '사건당사자'로서 증언할 의무로부터는 면제되지 아니한다. 1856년 워싱턴 주재 네덜란드 공사는 미국 국무장관으로부터 자신이 목격한 살인사건에 관한 증언을 요청받고 이를 거절하였는데, 미국은 이를 이유로 그를 기피인물로 선언하였다. 그러나 이제는 외교관의 증인으로서의 증언거부를 기피인물 선언사유로 사용하는 것은 정당화되지 않을 것이다.[166]

(6) 면제의 포기[167]

외교면제는 접수국의 영토관할권으로부터의 면제를 의미하는 것도 아니고 외교면제가 강행규범에 속하는 것도 아니다. 따라서 외교면제는 포기할 수 있다. 다만, 외교관(또는 그의 가족)의 면제는 –인적(*ratione personae*)인 것이건 물적(*ratione materiae*)인 것이건– 실질적으로는 파견국에 속하는 것이기 때문에 면제를 포기할 수 있는 자는 외교관(또는 그의 가족)이 아니고 파견국이다.[168] 따라서 외교관은 물론이고 가족의 면제 포기에도 파견국 정부의 포기 결정이 요구된다.[169] 이같은 논리는 면제를 향유하는 하급직원과 그 가족에 대해서도 타당하다. 면제의 포기는 그에 기초하여 소송이 진행되고 있는 도중에 철회할 수 없다.[170]

관습법상 국가면제의 묵시적 포기가 허용되는 것과는 대조적으로 외교면제의 포기는 언제나 '명시적'이어야 한다. 따라서 외교관이 단지 책임보험에 가입하는 것은 면제의 명시적 포기로 간주되기에 충분하지 않다.[171] 명시적 포기방법으로서는, 재판관 앞에서의 명시적 포기뿐만 아니라 당사자간의 사전 포기 합의도 (그것이 파견국에 의하여 수권된 것이면) 가능하다. 다만, '사전' 포기는 민사소송에 국한된다고 보아야 할 것이다. 형사절차를 위한 사전포기는 가능할 것 같지 않다. 민사거래와는 달리 형사소송으로 이어질 수 있는 상황을 미리 예견하기는 어려울 것이기 때문이다.[172]

외교관은 자신이 제기한 본소와 직접적으로 관련있는 반소(counterclaim directly connected with the principal claim)에 대해서는 면제를 주장할 수 없다. 외교관이 원고로서 제소하여 1심에서 승소한 경우 피고가 제기하는 상소에 대하여 면제를 주장할 수 없다. 마찬가지로 외교관이 1심에서 피고로서 면제를 포기하여 응소한 결과 승소한 경우 원고가 제기하는 상소에 대하여 면제를 주장할 수 없다.

앞에서 언급한 바와 같이 면제가 인정되는데도 면제를 포기하고 소송에 응한 경우 당해 민사판결의

166) Gore-Booth (ed.), pp. 127~128.
167) 비엔나협약 제32조.
168) See *Certain Questions of Mutual Assistance in Criminal Matters* (Djibouti v. France), ICJ Reports (2008), p. 177 at 242 (para. 188).
169) 한상용/연합뉴스, 2021-05-28, "벨기에 "대사부인 면책특권 포기" … 외교부 "조사만 받겠다는 것"(종합)" ; 한상용/연합뉴스, 2021-07-06, "'부인 또 폭행 연루' 주한벨기에대사 이달 귀임" ; BBC News/Asia, 31 May 2021, "Belgian ambassador loses South Korea posting after wife slaps worker", 〈https://www.bbc.com/news/world-asia-57307857〉.
170) Gore-Booth (ed.), p. 130.
171) See Ghana, Court of Appeal of Accra, *Armour* v. *Katz*, [1976] 2 Ghana Law Reports 115, noted by Sweeney et al., p. 855.
172) Aust, *Handbook of IL*, 2nd, p. 131.

강제집행 또는 유죄판결의 형집행을 의해서는 별도의 도기가 요구된다.

비엔나회의에서 채택된 "민사청구의 고려에 관한 결의 Ⅱ"(Resolution Ⅱ on Consideration of Civil Claims)는 민사청구와 관련한 면제는 가능한 한 포기하고, 포기하지 않는 경우에도 정당한 해결을 위해 최선의 노력을 다할 것을 권고하고 있다.[173]

5. 외교면제의 시작과 종료 시점[174]

(1) 면제의 시작

외교관은 부임차 접수국의 영역에 '들어가는 순간'부터, 또는 임명 당시에 이미 접수국의 영토 내에 있는 경우에는 그의 임명이 '외무부(또는 합의되는 기타 부처)에 통고된 때'로부터 면제와 특권을 향유한다.

이미 형사소송이나 민사소송을 제기당한 자가 외교관으로 임명되면, 그는 외교면제를 내세워 소송을 중단시킬 수 있다. 이것은 면제도기 의사를 소송 도중에 철회하여 소송을 중단시킬 수 없는 것과는 대조적이다. 특별히 특정 개인을 구제하기 위해 형사 또는 민사 소송 도중에 그를 외교관으로 임명한다고 판단되는 경우, 접수국은 파견국에 대해 외교관 임명통고를 철회하도록 요구해 볼 수 있을 것이며, 이 요구에 응하지 않을 경우 문제의 외교관을 기피인물로 선언할 수 있을 것이고, 한 걸음 더 나아가 그같은 임명행위를 외교면제의 남용으로 인정하여 당해 외교관이 무사히 출국할 수 있는 통상의 기간을 부여하지 않을 수도 있다.[175] 실제로, 줄리안 어산지(Julian Assange) 사건에서, 에콰도르 정부는 영국 경찰의 체포를 피해 2012년부터 줄곧 런던 주재 에콰도르 대사관에서 외교비호를 받고 있던 그에게 2017년 12월 12일 그의 신청에 따라 에콰도르 시민권을 부여하였으며, 그후 그를 에콰도르 외교관으로 임명하면 이를 인정해 줄 것을 영국 정부에 요청하였다. 영국이 이 요청을 받아들인다는 것은 곧 그에게 외교면제가 부여됨을 의미하는 것이었다. 그러나 영국 정부는 이 요청을 거절하면서 에콰도르 대사관에 피신 중인 어산지에게 대사관 밖으로 나와 "재판을 받아야"(face justice) 한다고 말하였다.[176]

(2) 면제의 종료

비엔나협약 제43조에 의하면, 외교관의 직무는 '특히'(*inter alia*) "(a) 파견국이 당해 외교관의

---

173) (1961) 55 AJIL 1081~1082 ; Brownlie, p. 358, fn. 72.

174) 비엔나협약 제39조.

175) Gore-Booth (ed.), p. 130.

176) BBC News, 11 January 2018, "WikiLeaks's Julian Assange becomes Ecuadorean citizen", 〈https://www.bbc.com/news/uk-42648171〉 ; Ana Melgar, Jamie Grey and Kara Fox, CNN, January 11, 2018, "WikiLeaks founder Julian Assange granted Ecuadorian citizenship", 〈https://edition.cnn.com/2018/01/11/europe/wikileaks-julian-assange-given-ecuadorian-citizenship/index.html〉 ; Owen Bowcott, The Guardian, 11 Jan 2018, "Julian Assange is made an Ecuadorian citizen in effort to resolve impasse", 〈https://www.theguardian.com/media/2018/jan/11/julian-assange-is-made-ecuadorian-citizen-in-effort-to-resolve-impasse〉.

직무가 종료되었음을 접수국에 통고한 때, (b) 접수국이 제9조 2항에 따라 당해 외교관을 사절단의 구성원으로서 인정하기를 거부함을 파견국에 통고한 때"에 종료한다. 따라서 외교관의 직무는 여타 다른 사유로도 종료할 수 있다.[177] 그러나 외교관의 직무가 종료함과 동시에 (외교관 본인 혹은 그 가족의) 외교면제에 대한 권리가 종료되는 것은 아니기 때문에 직무종료와 면제가 끝나는 시기는 구분하여 생각하여야 한다.

먼저, 외교관의 '개인적' 행위에 관한 면제·특권, 즉 그의 인적 면제에 불과한 경우라 해도 그것은 그의 직무종료와 동시에 종료하지는 아니하며, 접수국을 떠나는 순간 또는 접수국을 떠나는데 필요한 '합리적인 기간'(reasonable period)이 만료되었을 때 소멸한다. 무력충돌 시에도 동일하다. 비엔나협약은 '합리적인 기간'의 구체적 내용에 관하여 어떤 기준도 제시하고 있지 않다. 국내법에서 그 기간을 명시하거나 아니면 상황에 따라 탄력적인 적용이 가능할 것이다.[178] 외교관이 '사망'하는 경우에 그의 가족도 접수국을 퇴거하는 데 요하는 상당한 기간이 만료할 때까지는 면제와 특권을 계속 향유한다.[179]

다음으로 외교관(및 기타 공관직원)의 '공적' 행위에 관련한 면제는 그 직무종료 후에도 계속된다. 이것은 국가행위(act of state)로서 파견국의 면제, 즉 물적 면제의 문제이기 때문이다. 그러나 이 공적 행위에 대한 외교관의 면제도 파견국에 의하여 포기될 수 있다.

비엔나협약 제39조 2항은 외교관의 공적 행위(official acts)를 "사절단의 구성원으로서 직무를 수행함에 있어 행한 행위"(acts performed ... in the exercise of his functions as a member of the mission)로 정의하고 있다. 그러나 이 정의는 결코 분명한 것은 못된다.[180] 영국 최고재판소는 개인적 사용인의 고용은 직무수행에 도움이 되긴(condusive) 하지만 외교관의 공적 직무에 들지 않는다고 판시한 바 있다.[181] 한편, 칠레 최고재판소는 1988년 7월 19일의 한 사건[182]에서 외

177) 그 예로는, 소환(즉, 파견국의 명령에 의한 귀환), 사망, 외교관계의 단절[특히, UN안전보장이사회는 헌장 제7장(제41조)에 의거하여 국가들에게 제재 대상 국가의 접수국 내 외교사절의 규모를 줄이거나, 외교관계 자체를 단절할 것을 요구할 수 있다], 전면적 무력충돌(전쟁)의 개시, 파견국이나 접수국의 소멸, 강제퇴거(추방) 등을 들 수 있다. 파견국 정부의 합헌적 교체는 그 외교관들의 직무에 영향을 미치지 아니한다. 다만, 외교사절, 즉 대사는 파견국이 접수국에 파견하였다기 보다는 파견국 원수가 접수국 원수에게 (대리공사의 경우에는 외무장관 사이에) 보낸 성격이 강하기 때문에 (비엔나협약 제14조) 파견국이나 접수국의 국가원수가 합헌적으로 변경하여도 새로운 신임장을 제출하여야 한다. 신임장이 갱신되지 아니하면 외교사절의 직무는 완전히 종료된다. 비엔나협약 제44조는 출국 편의 제공에 대해 규정하고 있는데, 즉, "접수국은 무력충돌의 경우에라도, 접수국의 국민이 아닌 자로서 특권과 면제를 향유하는 자와 국적에 관계없이 이러한 자의 가족이 가능한 한 조속히 퇴거할 수 있도록 편의를 제공하여야 한다. 특히, 필요한 경우에는, 그들 자신과 그들의 재산을 위하여 필요한 수송수단을 마음대로(at their disposal) 사용할 수 있도록 제공하여야 한다." 朴觀淑, pp. 265~267 ; Aust, *Handbook of IL*, 2nd, p. 139.

178) Gore-Booth (ed.), pp. 130~131.

179) 비엔나협약 제39조 3항. 그러나 -외교관의 배우자가 이혼이나 별거의 결과로 면제와 특권에 대한 권리를 상실하는 경우에서 보는 것처럼- 가족구성원이 외교관 사망 이외의 사유로 면제·특권에 대한 권리를 상실하는 경우에는 면제·특권은 사유 발생 즉시 정지되는 것으로 보는 견해가 있다. Aust, *Handbook of IL*, 2nd, p. 137.

180) Brownlie, 5th, p. 361.

181) *Reyes* v. *Al-Malki*, [2017] UKSC 61, para. 48, 〈https://www.supremecourt.uk/cases/docs/uksc-2016-0023-judgment.pdf〉.

182) *Diplomatic case*, noted by Vicuna, *op. cit.*, (1991) 40 ICLQ 34 at 39.

교관의 공적 행위는 비엔나협약 제3조에 열거된 것에 국한된다고 언급한 바 있다. 그러나 협약 제3조 1항은 "외교사절단의 직무는 '특히' 다음의 행위들로 구성된다."(the functions of a diplomatic mission consist *inter alia* in : ...)고 규정하고 있기 때문에 협약해석상 칠레 최고재판소의 제한적 해석이 타당한지는 의문이다. 사실상 테러 등의 위법한 목적을 가지고 들어온 외교관들의 직무종료 후 소추를 확보하기 위해서는 그같은 제한적 해석이 소망스럽기는 하나 현 비엔나협약 체제하에서의 해석론으로서는 무리인 것으로 보인다. 외교면제의 범위를 축소하기 위해서는 아무래도 협약을 개정하는 것이 요망된다.

6. 외교면제의 입증

외교면제의 추정은 없다. 즉, 외교면제를 향유할 권리가 있다고 주장하는 자는 그것을 입증할 것이 요구된다. 일부 국가에서는 외국에서의 입국 및 세관심사를 원활하게 하려는 의도에서 자국의 정부관리들이나 국회의원들, 심지어 공적 직책을 갖지 아니한 사람들에게도 외교여권을 발급해 주는 경우가 있지만, 외교여권(diplomatic passport)이나 외교비자(diplomatic visa)를 가졌다는 사실 자체는 결코 외교관 신분이나 외교면제의 증명이 되지 못한다.[183] 어떤 자가 그의 외교면제를 입증하기 위해서는, (i) 자신은 특정국의 외교사절단에 속하며(이것은 본질적으로 '사실'의 문제이다), 또한 (ii) 문제의 상황에서 면제가 자신에게 적용된다는 것을 입증하여야 한다(이것은 본질적으로 '법'의 문제이다).[184] 이러한 문제들이 어떻게 입증되어야 하는가의 문제는 각국의 법과 관행에 달려있다. 이런 문제와 관련하여 미국 같은 국가에서는 자국 재판소들에게 때로 '사실'과 '법'의 문제에 대해 의견을 제시하기도 하지만, 영국 같은 국가에서는 단지 '사실' 문제에 대해서만 인증을 해준다. 외무부가 특정인 X가 특정국의 대사관에서 근무하는 외교관이라고 통고받은 바 있다는 사실을 확인해 주더라도, 이것만으로는 면제를 주장하는 자가 바로 그 외교관 X라고 입증하여 주는 것은 아니며, 이 또한 입증되어야만 한다. 또 설사 외무부에서 특정국의 외교관이라고 확인해 준 자와 면제를 주장하는 자가 동일인이라 하더라도, 문제의 상황에서 그에게 면제가 적용되는가의 여부는 사실의 문제가 아니라 법의 문제로서 이에 대한 판단은 사법부의 몫이다.[185]

183) 이영준, 이범수/서울신문, 2015.04.22, ""외교관 여권 달라" 특권 찾는 의원들" ; 인현우/한국일보, 2021.09.15., "국회의원도 못 받는 외교관 여권, BTS 손에 가게 된 근거는", 〈https://www.hankookilbo.com/〉 ; Val M, Sep 14, 2021, "BTS get diplomatic passports, to join South Korean prez as special envoys at UNGA", 〈https://meaww.com/bts-special-envoy-diplomatic-passports-unga-speech〉 참조.

184) 이것은 전현직 국가원수, 영사, 특별사절단의 구성원, 혹은 국제기구와 관련된 자의 자격으로 면제를 주장하는 사람들에게도 똑같이 적용된다. Aust, *Handbook of International Law*, p. 141, fn. 47.

185) Aust, *Handbook of International Law*, pp. 121~122, 141~142 ; *Raymond Davis* case (available at https://www.google.com/search and https://www.aolnews.com/2011/02/21/accused-killer-raymond-davis-us-diplomat-in-paskistan-or-cia-spy/).

7. 외교관의 의무[186)]

일찍이 그로티우스(Grotius)는 외교관은 "접수국의 국내법에 종속되지 않는다."는 결론을 내린 바 있지만, 면제란 외교관이 접수국의 입법관할권, 즉 접수국의 법령 위 또는 밖에 있음을 의미하는 것이 아니다. 따라서 외교관은 −자신의 특권과 면제를 침해받지 않는 한− 접수국의 법령을 존중하여야 한다. 예컨대, 자동차보험(제3자보험)이 의무적인 경우에는 보험에 들어야 한다. 면제 때문에 보험가입을 강제할 수 없는 것은 별개의 문제이다. 그리고 외교관이 접수국의 보험회사에 책임보험을 든 경우, 보험회사는 외교관의 면제를 내세워 피해자에게 보험금지급을 거절할 수 없다. 외교관이 법적 책임 자체로부터 면제되는 것이 아니기 때문이다. 따라서 보험회사가 보험금지급을 거부하면, 피해자는 보험회사를 상대로 제소할 수 있다.[187)] 접수국법령을 준수할 의무는 외교관의 개인적 활동에 대해서 뿐만 아니라 공적 활동에 대해서도 적용된다. 예컨대, 외교관은 접수국의 국내법이 허용하는 경우에만 공관에서 영사직무를 수행할 수 있다.

외교관은 접수국의 국내문제에 간섭해서도 안된다. 이 의무를 심하게 위반하면 기피인물로 선언되기 쉽다. 접수국과의 공식적인 접촉은 접수국의 외무부 또는 합의되는 기타 부처를 통하여야 한다. 그리고 외교공관은 "비엔나협약, 일반국제법의 기타 규칙 또는 파견국과 접수국간에 발효 중인 특별협정에 규정된 바의 사절단의 직무와 양립하지 않는 방식으로 사용되어서는 아니된다." 이를테면, 외교공관 내에서라 할지라도 접수국의 동의 없이는 증언을 듣거나 증거를 수집하는 등의 법집행 활동을 할 수 없다. 외교공관은 파견국의 영토가 아니라 여전히 접수국의 영토이기 때문이다.[188)]

Ⅶ. 외교관의 특권(privileges of diplomatic agents)

비엔나협약에서는 특별히 네 가지 특권, 즉 ① 세금 면제, ② 관세 및 수하물검사 면제, ③ 사회보장 의무 면제, ④ 인적·공적 역무 면제에 관하여 규정하고 있다. 국적문제는 선택의정서에서 따로 다루고 있다. 사절단의 면제·특권 중에서 이미 언급한 이동의 자유도 개인적 특권으로 볼 수 있을 것이다. 이 밖에도 접수국법령에 의하여 특별한 특권을 부여받을 수 있다. 예컨대, 비엔나협약에는 언급이 없지만, 정식입국절차의 면제, 외국인등록규정으로부터의 면제 등은 일반적으로 부여되는 특권이다.[189)]

---

186) 비엔나협약 제41조.

187) See *Dickinson* v. *Del Solar*, [1930] 1 K.B. 376 ; Gore-Booth (ed.), p. 133 ; Brownlie, p. 356.

188) Aust, *Handbook of IL*, 2nd, p. 43.

189) Gore-Booth (ed.), p. 135.

1. 세금 면제[190)]

외교관은 (접수국 중앙 또는 지방 차원의) 모든 세금이 면제되지만 다음의 여러 경우에는 면제받지 못한다.

첫째는 "상품 또는 용역의 가격에 통상 포함되는 종류의" '간접세'인데, 주된 간접세는 부가가치세(value added tax)와 판매세(sales tax)이다. 이 예외는 국가들간에 달리 해석되고 있다. 즉, 일부 국가는, 특히 영국은 VAT 액수가 판매 장소에서 확인이 가능해도 일반적으로 면제를 인정하지 않는다. 반대로, 많은 국가들은 세금면제 카드를 제공하거나 세금을 상환해 주는 절차를 갖고 있다. 영국을 포함한 다른 국가들은 −비록 양보 차원에서라 해도− 고가의 물건(high-value goods)에 대해서는 일정 한도 상환을 허락하고 있다.[191)] 2021년 4월 27일, 일본 외무성은 5월부터는 주차 위반 과태료를 납부하지 않는 외교차량에 대해 -경찰이 압류를 할 수는 없겠지만- 주유 시 유류세(gasoline taxes) 면제 혜택을 더 이상 주지 않겠다고 발표하였다.[192)]

둘째는 외교관이 사절단의 목적을 위하여 파견국을 대신해서 보유(hold)하는 것이 아닌 개인부동산에 대한 과세이다. 따라서 외교관이 사절단의 목적을 위하여 보유하는 '외교공관'에 대해서는 과세할 수 없다. 세금면제의 목적상 외교관의 '개인주택'도 "사절단의 목적을 위하여 파견국을 대신해서 보유하는 것"으로 볼 것인지는 분명하지 않은데, 영국은 외교관의 주택을 (그것이 소유이건 임대이건 관계없이) "사절단의 목적을 위하여 파견국을 대신해서 보유하는" 것으로 간주하고 있다. 생각건대, 외교관의 주택 보유는 외교직무를 수행하는데 필수적이므로 세금을 면제해 주는 것이 타당하다. 단, 별장과 세를 받는 주택에 대해서는 세금부과가 가능하다.[193)]

셋째는 재산세 · 상속세 · 유산세이다.[194)]

넷째는 접수국 내에 원천이 있는 개인적 소득에 대한 조세 및 접수국 내의 상업상 투자에 대한 자본세이다.

다섯째는 특별한 용역의 제공에 부과되는 요금(전기 · 가스 · 수도 · 전화요금 등), 그리고 (제23조의 규정에 따를 것을 조건으로) "부동산에 관하여 부과되는" '등기세, 재판소수수료 또는 기록수수료, 담보세 및 인지세'[195)]이다. 이들은 세금이 아니고 사실은 제공된 역무에 대한 부과금이다.

---

190) 비엔나협약 제34조.

191) Aust, *Handbook of IL*, 2nd, p. 132.

192) The Asahi Shimbun, April 28, 2021, "Diplomats told to settle parking tickets now or pay at the pump", 〈https://www.asahi.com/ajw/articles/14339525〉; Go Kobayashi/The Asahi Shimbun, March 13, 2021, "Embassies of Russia, China worst in unpaid parking fines", 〈https://www.asahi.com /ajw/articles/14265925〉.

193) Gore-Booth (ed.), p. 136.

194) 단, 외교관의 '사망'시 '동산'(movable property)에 적용되는 제39조 4항의 단서에 유의할 것. 즉, "사망자가 사절단의 구성원이나 그의 가족으로서 접수국에 체재하였음에 전적으로 연유하여 동 접수국에 존재하는 동산에 대해서는 재산세, 상속세 및 유산세가 부과되어서는 안된다."

195) 즉, 여기서 '등기세, 재판소수수료 또는 기록수수료, 담보세 및 인지세'는 모두 "부동산에 관하여 부과되는" 경우에 관련한 것이다. Aust, *Handbook of IL*, 2nd, p. 132.

2. 관세 및 수하물검사 면제[196)]

공관의 공용을 위한 물품, 그리고 외교관의 거주용 물품을 포함하여 외교관이나 그의 세대를 구성하는 가족의 개인적 사용을 위한 물품은 '접수국이 제정하는 법령에 따라서' 반입(entry)이 허용되며, 모든 관세와 조세가 면제된다. 다만, 보관, 운반 및 이와 유사한 역무에 대한 과징금은 그러하지 아니하다.

외교관의 개인수하물(personal baggage)은 검사(inspection)에서 면제된다. 다만, 위에 언급된 면제에 포함되지 아니하는 물품이 들어 있거나 또는 접수국의 법률에 의하여 수입 또는 수출이 금지되어 있거나, 접수국의 검역규정에 의하여 통제되는 물품을 포함하고 있다고 추정할만한 '중대한' 이유(serious grounds)가 있는 경우에는, 당해 외교관이나 또는 그로부터 권한을 위임받은 대표자가 입회한 가운데 개봉하여 검사할 수 있다.[197)] 외교관의 개인수하물 검사를 허용하는 이 단서규정은 접수국은 그러한 위법한 물품의 반입·반출을 허용할 의무가 없음을 함축하고 있다.[198)]

3. 사회보장규정으로부터의 면제[199)]

오늘날 대부분의 국가는 의료보험·재해보험 등의 사회보장입법을 갖추고 있을 뿐만 아니라, 자국민(과 때로는 외국인)의 보험가입을 강제하는 경우가 있다. 그러나 외교관은 접수국의 이같은 사회보장규정으로부터 면제된다. 다만, 접수국의 법령에 의하여 허용되는 경우, 외교관은 접수국의 사회보장제도에 자발적으로 참여할 수 있다.

4. 인적·공적 역무의 면제[200)]

외교관은 일체의 인적 역무(personal services)와 (배심재판 참여와 같은) 공적 역무(public services), 그리고 징발·군사상의 기부·숙사할당과 같은 군사적 의무로부터 면제된다.

5. 외교관 자녀의 국적 취득 문제

외교관 자녀의 출생시 그 국적취득 문제는 대체로 국적취득에 대해 출생지주의(*jus soli*)를 원칙으로 삼고 있는 국가들이 직면하게 되는 문제이다. 따라서 일반적으로 이들 국가(예컨대, 미국·영국)는 자국에 주재하고 있는 외국외교관의 자녀에 대해서는 출생지주의에 대한 예외를 인정하고 있으며,

196) 비엔나협약 제36조.
197) See *Umaru Dikko* (1984).
198) Gore-Booth (ed.), pp. 138~139.
199) 비엔나협약 제33조.
200) 비엔나협약 제35조.

또한 해외에 근무 중인 자국의 외교관에게서 태어나는 자녀들이 부모의 국적을 취득하도록 보장하기 위한 규정을 두고 있다.[201] 혈통주의(*jus sanguinis*)를 채택하고 있는 국가의 경우에는 이같은 특별규정을 둘 필요가 없다.

1961년의 비엔나회의는 외교관 자녀를 포함한 외교사절단 구성원의 국적취득 문제에 관하여 의견통일을 보지 못하여 이 문제를 비엔나협약에서 규정하지 못하고, 그 대신 이 문제를 규율하기 위해 "외교관계에 관한 비엔나협약 : 국적취득에 관한 선택의정서"를 따로 채택하였다. 이 선택의정서의 핵심규정은 다음의 제2조이다.

> "접수국의 국민이 아닌 사절단의 구성원(members of the mission) 및 그 세대의 일부를 구성하는 가족구성원은 접수국의 법의 시행만으로는 접수국의 국적을 취득하지 아니한다."

요컨대, 사절단 구성원의 국적문제에 관한 한 접수국 국내법의 자동적인 적용을 배제한다는 것이다. 그러나 선택의정서 제2조는 태어나는 아기와 접수국간의 관련성의 정도를 고려에 넣고 있지 않다는 점에서 비판의 대상이 되고 있다. 예컨대, 어머니는 접수국의 국민이 아니지만 외교사절단의 구성원으로서 접수국에서 '영주'하고 있고, 아버지는 접수국의 국민인 경우에도 그 사이에서 태어나는 아이는 접수국의 국적을 자동적으로는 취득하지 못한다. 선택의정서는 물론 귀화에 의한 국적취득을 배제하고 있지는 않다. 선택의정서의 당사자가 되지 않는 국가들은 물론 계속해서 국내 국적법을 적용한다.[202]

Ⅷ. 외교면제 · 특권을 향유하는 자의 인적 범위

지금까지는 "접수국의 국민 또는 영주자가 아닌"[203] "외교관들"이 향유하는 면제와 특권에 대해 개관하였다. 따라서 이제는 —외교사절단과 인적 혹은 물적 관계를 맺고 있긴 하지만— 이들 두 조건의 하나 혹은 모두를 충족하지 못함으로 인하여 외교면제와 특권이 제한되는 유형의 사람들에 대하여 언급할 차례다.

1. 외교관의 가족[204]

외교관의 가족은 '접수국의 국민이 아닌 한' —신체의 불가침성을 포함하여— 외교관 본인과 동일한 면제 · 특권을 향유한다. 따라서 가족이 단지 접수국의 '영주자'(permanently resident)인 경우는

201) Gore-Booth (ed.), p. 141 (§ 16.18).
202) *Ibid.*, pp. 141~142 (§ 16.19).
203) 외교관은 대부분의 경우 파견국의 국민일 것이다.
204) 비엔나협약 제37조 1항.

외교관 본인과 동일한 면제 · 특권을 향유하며,[205] 가족이 접수국의 '국민' (nationals)인 경우에만 어떤 특권 · 면제도 향유하지 못한다. 물론, 외교관은 가족의 개인적 사용을 위하여 자신의 관세면제 특권을 이용할 수 있을 것이다. 그리고 공적 행위에 관한 면제계속의 원칙은 공적 행위를 수행하지 않는 가족의 경우에는 관련이 없다.

"외교관의 세대에 속하는 가족"(members of the family of a diplomatic agent forming part of his household)에 대한 정의가 내려져 있지 않다. 비엔나회의에서 가족의 개념정의가 시도되었으나 실패하고 말았다. 이 문제는 결국 접수국과 파견국의 교섭에 의하여 또는 접수국의 양해에 의하여 결정할 문제이다. 외교관의 배우자,[206] 외교관의 미성년자녀가 '가족'에 속한다는 사실에 대해 의문을 제기하는 국가는 없다. 일부다처제 국가의 외교관이 동반하는 여러 명의 부인 모두를 가족으로 볼 것인지는 분명하지 않다.[207]

2. 행정 · 기술직원 및 그들의 가족[208]

행정 · 기술직원(administrative and technical staff)이 수행하는 기능이 구체적으로 어떤 것이며 역무직원이 수행하는 기능이 구체적으로 무엇인지는 '관행상' 그리고 '비엔나협약상' 모두 분명치 않다. 결국 이것은 파견국이 결정할 문제이지만, 파견국이 권한을 남용하면 접수국은 문제의 인물을 '받아들일 수 없는 자'(non-acceptable person)로 선언하거나 혹은 협약 제11조에 의거하여 사절단의 규모축소를 요구할 수 있을 것이다.

행정 · 기술직원의 면제와 특권, (신체, 주거 및 재산의) 불가침성은 두 가지 점을 제외하고는 외교관의 면제 · 특권과 동일하다. 먼저, '면제'에 있어, 그들의 민사 · 행정재판권 면제는 "근무 중에 행한 행위"(acts performed in the course of their duties)에 대해서만 적용된다. 따라서 행정 · 기술직원의 '가족'은 민사 · 행정재판권으로부터 면제되지 않는다. 가족이 "근무 중에 행한 행위"를 하는 경우는 거의 생각할 수 없기 때문이다. 형사관할권의 면제는 외교관 및 그의 가족의 경우와 동일하다.

다음, '특권'과 관련하여 그들의 관세 면제는 최초 부임 시 가져오는 물품에 대해서만 적용된다. 행정 · 기술직원의 이 제한된 특권을 가리켜 '최초 부임 특권'(first arrival privilege)이라 부른다.[209] '최초' 부임의 개념은 국가에 따라 다르다.[210]

---

205) Aust, *Handbook of IL*, 2nd, p. 136.

206) 동성(同性) 간의 혼인을 허용하는 국가들이 생기면서 이런 국가에서 동성애자인 외교관을 파견하려 하거나 파견해 오는 경우, 이를 허용하지 아니하는 접수국이 그(녀)와 그 배우자를 어떻게 대우할 것인지의 문제가 제기되고 있다. 한국의 경우 아직 동성혼을 인정하지 않고 있지만, 정부는 2019년 '본국에서 합법적으로 결혼하고 부임한 외국 공관원의 배우자'를 '합법적 배우자'로 인정하기로 결정하였다. 이 방침에 따라 2018년 3월 한국에 부임한 필립 터너(Philip Turner) 뉴질랜드 대사(주북한 뉴질랜드 대사 겸임)가 이듬해 10월 18일 외교관으로는 처음으로 그의 동성 배우자와 함께 청와대 리셉션에 초청된 바 있다. 양진하 · 신은별/한국일보, 2019.10.21., "[단독] 주한 외교관 '동성배우자' 지위 인정한 청와대" ; 김종훈/네이버 법률, 2019.10.21., "청와대 행사에 공식 초청된 '男-男부부'…동성혼은 불법 아니냐고?".

207) Gore-Booth (ed.), pp. 143~144 ; Aust, *Handbook of IL*, 2nd, p. 134.

208) 비엔나협약 제37조 2항.

"근무 중에 행한 행위"라 함은 직무종료 후에도 면제가 지속되는 "직무를 수행함에 있어 행한 행위"보다 더욱 넓은 개념이다. 즉, 전자는 대사관근무에 합리적으로 수반되는 행위, 예컨대 공적 약속장소로 가기 위한 운전행위를 포함할 수 있을 것이다. 이에 반해, 후자는 오로지 파견국을 대리하여 수행하는 행위만을 포함하며, 그같은 운전행위는 여기에 포함되지 아니한다.[211] 가족과 관련하여 또 하나의 차이가 발견된다. 외교관의 가족이든 행정기술직원의 가족이든 접수국의 '국민'인 경우에는 아무런 면제·특권도 향유하지 못한다는 점은 같다. 그러나 외교관의 가족은 −위에서 언급한 바와 같이− 접수국의 '영주자'라도 외교관과 동일한 면제·특권을 향유하는 데 반해, 행정·기술직원의 가족의 경우에는 접수국의 '영주자'이기만 해도 아무런 면제·특권을 향유하지 못한다.[212]

3. 역무직원[213]

역무직원(service staff)과 아래의 개인적 사용인(private servant)은 그 업무는 비슷하지만, 전자는 파견국에 의해 임명되는데 반해, 후자는 사절단의 구성원에 의해 개인적으로 임명된다는 점에서 구분된다.

접수국의 국민이나 영주자가 아닌 역무직원은 단지 "근무 중에 행한 행위"(acts performed in the course of their duties)에 대해서만 면제가 인정된다. 따라서 역무직원의 가족은 어떠한 면제도 향유하지 못한다. 특권도 봉급에 대한 세금 면제와 사회보장규정으로부터의 면제뿐이다.

4. 개인적 사용인[214]

전통적인 외교관행에서는 대사의 개인적 사용인도 사절단의 구성원으로 보고 약간의 면제와 특권을 부여하였다. 그러나 비엔나협약은 대사의 개인적 사용인과 대사 이외의 사절단 구성원의 개인적 사용인을 더 이상 차별대우하고 있지 않다. 그 대신 위에서 언급한 바와 같이, '파견국에 의하여' 고용된 역무직원과 '사절단의 구성원에 의하여' 고용된 개인적 사용인으로 구분하고 있다.

접수국의 국민이나 영주자가 아닌 개인적 사용인은 봉급에 대한 세금으로부터만 면제된다. 그 밖의 다른 면에서는 접수국이 허용하는 범위 내에서만 특권·면제를 향유할 수 있다. 그러나 접수국은 사절단의 직무수행을 부당하게 간섭하지 않는 방법으로 개인적 사용인에 대해 관할권을 행사하여야 한다. 이것은 예컨대, 개인적 사용인이 대사의 만찬준비를 하고 있는 중에는 그를 체포하지 않고 만찬이 끝날 때까지 기다려야 함을 의미한다.[215]

---

209) Gore-Booth (ed.), p. 146.
210) 대체로 도착 후 3개월에서 12개월까지의 기간이 허락된다. Aust, *Handbook of IL*, 2nd, p. 135.
211) Gore-Booth(ed.), pp. 145, 149.
212) Aust, *Handbook of IL*, 2nd, p. 136.
213) 비엔나협약 제37조 3항.
214) 비엔나협약 제37조 4항.
215) Gore-Booth (ed.), p. 148.

이 밖에도, "외교관에게 전적으로 고용된" 개인적 사용인은 "(a) 접수국의 국민이거나 또는 영주자가 아닐 것, 그리고 (b) 파견국이나 또는 제3국에서 시행되는 사회보장규정의 적용을 받고 있을 것을 조건으로" 접수국에서 시행되는 '사회보장규정'으로부터 면제된다.[216]

5. 사절단의 구성원과 개인적 사용인이 접수국의 국민(또는 영주자)인 경우[217]

위 사항들은 사절단의 구성원이 접수국의 국민(또는 영주자)이 아님을 전제로 한 것이다. (접수국이 추가로 면제·특권을 부여하는 경우를 제외하고는) 접수국의 국민 또는 영주자인 외교관(즉, 공관장 및 외교직원)은 "직무를 수행함에 있어 행한 공적 행위"(official acts performed in the exercise of his functions)에 대해서만 면제 및 불가침성을 향유한다. 따라서 그러한 외교관의 가족은 어떤 면제·특권도 향유하지 못한다.

접수국의 국민 또는 영주자인 기타 직원(즉, 행정·기술·역무직원)은 접수국이 특별히 인정하지 않는 한 어떠한 면제·특권도 향유하지 못하며, "근무 중에 행한 행위"(acts performed in the course of their duties)에 대해서도 면제가 인정되지 않는다 ; 개인적 사용인의 경우도 접수국이 특별히 부여하지 않는 한 어떠한 면제·특권도 향유하지 못한다. 그러나 이 경우에도 접수국은 사절단의 직무 수행을 부당하게 간섭하지 않는 방법으로 이들에 대해 관할권을 행사하여야 한다.

Ⅸ. 통과외교관

특정 국가에 파견된 외교관이 제3국을 통과할 경우 자동적 통과권(automatic right of passage)이 국제법상 인정되는가, 그리고 면제·특권이 인정되는가 등 두 가지 문제가 제기된다.

1. 자동적 통과권의 문제[218]

19세기 이전까지는 대사의 제3국 통과권, 즉 일종의 무해통과권(right of innocent passage)이 인정되었다. 그러나 19세기 말·20세기 초에 와서는 다시금 여행에 대한 통제가 강화되었고, 이에 따라 외국 외교관의 통과에 대해서도 비자를 요구하게 되었다. 비엔나협약도 외교관이라고 해서 제3국 통과시 비자가 당연히 면제되지는 않는다는 것을 전제로 하고 있다. 또한 실제에 있어서도, 항공기 여행의 발달로 인하여 외교관이 임지(任地)로 가거나 귀국하기 위해 제3국의 영토를 통과할 필

216) 비엔나협약 제33조 2항.
217) 비엔나협약 제38조.
218) 비엔나협약 제40조 1항.

요성이 없어짐에 따라 고전적인 통과권 개념은 빛을 바랬다.[219]

2. 통과외교관(diplomat in transit)의 불가침성과 면제[220]

비엔나협약은 부임을 위해, 임지로 돌아가기 위해, 또는 본국으로 돌아가기 위해 제3국을 '통과 중인 외교관'의 면제문제에 대하여 엄격히 '기능적 접근방법'을 택하고 있다. 즉, 제3국은 통과 중인 외교관에게 단지 "불가침성과 그의 통과나 귀국을 보장하는데 필요한 기타 면제"를 부여할 의무가 있을 따름이다. 그리고 외교관과 동행하고 있거나 또는 외교관과 합류하거나 귀국하기 위해 별도로 여행하고 있는 외교관의 가족에게도 외교관의 경우와 동일한 불가침성 및 면제가 인정된다. 그러므로 통과 중인 외교관과 그의 가족은 그 불가침성에 내포되어 있는 '체포·구금으로부터의 자유'를 포함해서 특별한 보호를 받을 권리가 있다. 그러나 체포 등 신체의 자유가 제한되지 않는 한 그에게 대해 '민사'소송이 제기될 수는 있다.

'통과 중인' 외교관으로 인정되기 위해서는 두 가지 요건을 구비해야 한다. 첫째, 특정한 접수국에 파견된 외교관이어야 한다. 단순히 본국 외무부에서 근무하고 있는 것만으로는 통과 중인 외교관이 될 수 없다. 둘째, 통과의 목적이 '부임을 위한' 것이거나, '임지로 돌아가기 위한' 것이거나, 아니면 '본국으로 돌아가기 위한' 것이어야 한다. 즉, 통과는 공무의 연장이어야 한다. 따라서 휴양 또는 그 밖의 개인적 목적으로 제3국을 통과하는 외교관에게는 어떤 면제도 인정되지 않는다.[221]

통과 중인 외교관은 세관검사의 면제와 같은 '특권'은 전혀 향유하지 못한다. 1972년 네덜란드

---

219) Gore-Booth (ed.), pp. 151~152.

220) 비엔나협약 제40조 1항.

221) 벨기에 주재 과테말라 대사의 마약밀수와 관련한 *U.S.* v. *Rosal*, 191 F. Supp. 663 (1960), (1961) 55 AJIL 986에서 미국재판소는 대사의 면제항변을 배척하였다. 피고는 개인적인 일로 뉴욕에 왔으며, 그의 목적지는 과테말라가 아니라 프랑스였던 것으로 입증되었다. 그러므로 재판소는 피고는 '통과 중인 외교관'(diplomat in transit)이 아니라고 판결하였다. Francis Deák in Sørensen, pp. 412~413.

유사한 사례로, 스웨덴 재판소도 러시아 주재 북한외교관의 밀수행위에 대해 유죄를 선고한 바 있는데, 사건 개요는 이러하다. 2009년 11월 13일, 러시아 상트 페테르부르크(Saint Petersburg) 주재 북한 무역대표부 소속 외교관 박응식(Ung Sik Pak)과 부인 강선희(Son Hui Kang)가 러시아에 등록된 자동차를 타고 핀란드, 헬싱키를 경유한 다음 페리를 이용하여 스웨덴으로 왔는데, 스톡홀름 세관은 그들이 타고 온 자동차에서 담배 23만 200 개비를 발견하고 두 사람을 체포하였다. 이 두 사람은 비엔나협약에 따른 통과외교관의 면제를 원용하였다. 그러나 12월 16일 스톡홀름 지방재판소는 이들의 주장을 배척하고 8개월 징역형을 선고하였다. 구금당한 상태에서 이들은 2010년 1월 7일 스톡홀름 스베아 항소재판소(Svea Court of Appeal)에 항소하였다. 2월 3일 항소 심리에서 부인에 대해서는 보석이 허락되었다. 이어서 동월 12일의 항소심 판결에서, 자신은 남편과 같은 자동차를 타고 입국했을 뿐 남편의 담배 구입, 운송과는 아무런 관련이 없다고 주장한 부인에게는 무죄가 선고되고, 박씨에게는 원심과 동일한 형이 선고되었다. https://www.iclklamberg.com/files/nordkorea.pdf ; https://www.swedishwire.com/politics/2092-nkorean-diplomat-convicted-in-Sweden ; https://www.digitaljournal.com/article/283950 ; https://newsinfo.inquirer.net/breakingnews/world/view/20091217-242437/N-Korean-diplomat-convicted-of-smuggling-cigarettes-to-Sweden ; Sveriges Domstolar (Swedish Courts), https://www.domstol.se/ ; VOA News (https://www.voanews.com/korean/), "북한, 담배 밀수 외교관 부부 관련 스웨덴에 항의" (2010-01-13), "담배 밀수 북한 외교관 부부, 항소심리 2월 3일 예정" (2010-01-14), "스웨덴 법원, 담배 밀수 북한 외교관 부인 보석 석방" (2010-02-03), "북외교관, 스웨덴 항소심에서 유죄확정" (2010-02-12).

세관은 브라질로 귀임 중이던 알제리 외교관의 개인수하물에서 다량의 폭발물과 무기를 발견하였다. 네덜란드 당국[222]은 수하물을 압수하였으나 수하물의 내용을 전혀 몰랐다는 그의 주장을 받아들여 그가 남미로 돌아가도록 출국을 허용하였다. 위 무기들을 브라질 주재 이스라엘대사관 공격용으로 간주한 이스라엘 정부는 외교면제는 단지 외교관의 접수국에서만 적용되며 통과 중인 제3국에서는 적용되지 않는다고 주장하였다. 그러나 이 주장은 비엔나협약 제40조에 배치된다. 그러면 네덜란드 당국의 조치는 적절한 것이었는가? 문제의 행위는 공적 직무 밖의 범죄이기 때문에 통과 중인 외교관으로 볼 수 없었다는 견해가 있다.[223]

'접수국' 또는 '통과 중인 제3국'의 국민 또는 영주자인 외교관도 제40조의 적용대상으로부터 특별히 배제되어 있지 않다.[224]

3. 행정 · 기술직원, 역무직원 및 그 가족의 제3국 통과[225]

이들은 어떤 면제도 향유하지 않지만, 제3국은 이유없이 이들의 통과를 불편하게 하거나 지연시켜서는 안된다.

4. 통과 중인 통신문 · 외교신서사 · 외교행낭의 불가침성[226]

이들은 접수국에서와 동일한 불가침성을 향유한다.

5. 불가항력(*force majeure*)으로 제3국에 들어간 경우[227]

제40조 1 · 2 · 3항에 따른 제3국의 의무가 이 경우에도 그대로 적용된다.

6. 전시통과(passage in time of war)

국제관습법상 국가는 전쟁기간 중 적국의 외교관을 체포하여 전쟁포로로 대우할 수 있었으며, 이 때문에 안도권(safe-conduct) 제도가 활용되었다. 그러나 전쟁이 금지된 오늘날, 무력충돌(armed conflict)에 대해서도 위 전통전쟁법규를 적용할 수 있는지는 명확하지 않다.[228]

---

222) 네덜란드는 당시 아직 비엔나협약의 당사자가 아니었으나 협약 대부분의 규정을 적용하고 있었다. 네덜란드는 1984년 9월 7일 가입.

223) *Seizure of Arms in Baggage of Diplomat in Transit* case of 1972 ; Gore-Booth (ed.), p. 153 ; Sweeney et al., p. 859.

224) Gore-Booth (ed.), p. 154.

225) 비엔나협약 제40조 2항.

226) 비엔나협약 제40조 3항.

227) 비엔나협약 제40조 4항.

7. 통과외교관의 의무

비엔나협약에는 이 문제에 관하여 아무런 규정도 두고 있지 않다. 그러나 통과국가의 국내문제에 간섭하지 않을 의무, 통과국가의 법령을 존중할 의무 등이 이 경우에도 당연히 적용된다.[229)]

228) Gore-Booth (ed.), pp. 154~155.
229) *Ibid.*, p. 155.

제 13 장
기타 면제 · 특권

본장에서는 영사, 특별사절, 국제기구에 파견된 국가대표, 국제기구(및 소속공무원) 그리고 군대의 면제에 관하여 살펴본다.

Ⅰ. 영사면제 · 특권

영사(consul)의 기원은 외교관의 그것과는 다르다. 유럽 지역에 있어 중세 초기 '콘설'이라 불리던 자는 해외에 나가있는 자국 상인(商人) 상호간의 분쟁을 해결하기 위해 우선 그들 중에서 선거에 의하여 선출되었다. 법이 사람(유럽인)을 따르는 속인법(personal laws)의 시절, 즉 해외로 여행하는 각 사람이 여전히 그의 국내법 또는 종교법의 적용을 받아서 자기 동포(compatriots)나 같은 신자(co-religionists)에 의해서만 심리될 수 있었던 당시에는 자국 상인 상호간의 분쟁해결이 영사의 일차적 임무였던 것이다.[1)]

웨스트팔리아조약 이후 영토주권에 기초한 민족(국민)국가(nation-state)의 창설과 더불어 속지법(territorial laws)의 관념이 발전하자 영사의 기능은 변경되었다. 이제 영토의 군주들은 영사가 그의 자국민 사이에서 재판을 하도록 허용하기를 거부하였다. 그러나 18세기 말경에 이르러 유럽의 국제관계에서 영사의 중요성이 소생하였다. 유럽국가들 상호간에 있어서 영사는 이제는 외교관처럼 본국에서 파견되는 국가대표자로서 재판관할권을 행사하지는 못하게 되었지만,[2)] 그 대신 타국에서

1) De Lupis, p. 120 ; Stephen C Neff in Evans (ed.), *International Law*, 3rd, pp. 7~8 ; Subedi in Evans (ed.), *International Law*, 5th, pp. 718~719 ; Ryngaert, *Jurisdiction in International Law*, pp. 49~51, 54, & *Unilateral Jurisdiction and Global Values*, pp. 66~74.

2) 그러나 그들은 제국주의 기간 중 영사의 이 기능을 capitulation에 담아 아시아 · 아프리카 국가에서 계속하였다. 본서, 제1장 (국제공동체의 역사적 전개과정) ; Ryngaert, *Jurisdiction in International Law*, p. 61 참조.

−통상, 산업, 해운 등− 본국의 상업적 이익을 대변하게 되었다. 이와 같이 오늘날 영사는 외교관과는 달리 행정적·기술적 문제에만 관여하며 두 국가 간의 정치적 문제에는 관여하지 않는다.[3]

전통적으로 영사관계는 양자조약에 의해 규율되었고, 조약마다 그 내용도 매우 달랐다.[4] 1963년 UN은 "영사관계에 관한 비엔나협약"(Vienna Convention on Consular Relations)(이하 영사관계 비엔나협약)을 채택하였는데,[5] 같은 날 이 협약과 관련하여 "국적취득에 관한 선택의정서"(Optional Protocol to the Vienna Convention on Consular Relations concerning Acquisition of Nationality)와 "분쟁의 강제적 해결에 관한 선택의정서"(Optional Protocol to the Vienna Convention on Consular Relations concerning the Compulsory Settlement of Disputes)도 채택하였다.[6] ICJ는 동 비엔나협약이 −1961년의 비엔나협약과 함께− 국제관습법규를 성문화한 것으로 보고 있다.[7] 2015년 5월 30일 현재 당사자의 수도 177개 국가에 이른다. 다만, 영사관계 비엔나협약은 국가 간 기존 영사조약에 영향을 미치지 아니하며,[8] 미래 영사조약에서 비엔나협약의 규정을 '확인, 보충, 확대, 확장'하는 것을 막지도 아니한다.[9]

영사관계 비엔나협약에서 '영사관원'(consular officer)이라 함은 영사기관의 장(長)(head of consular post)을 포함하여 영사 직무의 수행을 위임받은 자를 말하며,[10] 영사기관장은 총영사(consul−general), 영사(consul), 부영사(vice−consul) 및 영사대리(consular agent)의 네 계급으로 구분되고 있다.[11] 영사기관장은 (양식이야 어떠하든) '인가장'(*exequatur*)으로 불리는 접수국의 허가서가 있어야만 직무 수행에 들어갈 수 있다.[12] 다만, 비엔나협약 당사국은 "영사기관장이 아닌 영사관원의 직명을 지정할 수 있는 권리를 향유하며,"[13] 또한 영사기관장과 기관장이 아닌 영사관원은 그 특권과 면제에 있어 차이가 없기 때문에 '편의상' 본서에서 '영사'라 함은 −영사기관장의 한 계급을 지칭하는 것이 아니라− 영사기관장을 포함한 영사관원 일반을 지칭한다. 그리고 비엔나협약에서 영사기관[14]은 영사직무의 수행을 위해 파견된 일단의 사람들을 지칭하는 개념으로서, 영사들이

---

3) Akehurst, p. 118 ; De Lupis, p. 120 ; Barker in Orakhelashvili (ed.), p. 191.
4) Wickremasinghe in Evans (ed.), *International Law*, p. 389.
5) 1963년 4월 24일 채택, 1967년 3월 19일 발효. 1977년 4월 6일 한국 발효. https://untreaty.un.org/english/sample.asp.
6) 이 두 의정서 모두 1967년 3월 19일 발효하였으며, 한국에 대해서는 1977년 4월 6일 발효. 영사관계 비엔나협약과 두 선택의정서의 원문은, Watts, Vol. Ⅰ, p. 310 이하 ; https://untreaty.un.org/ilc/guide/ 9-2.htm 참조.
7) *US Diplomatic and Consular Staff in Tehran* (*Iran Hostages* case), USA v. Iran, ICJ Reports (1980), p. 3 at 24 (para. 45), 31 (para. 62)
8) 영사관계 비엔나협약 제73조 1항.
9) 영사관계 비엔나협약 제73조 2항 ; *Jadhav Case* (India v. Pakistan), ICJ Judgment of 17 July 2019, paras. 96~97.
10) 영사관계 비엔나협약 제1조 1항(d).
11) 영사관계 비엔나협약 제9조 1항 ; Lee, p. 35.
12) 영사관계 비엔나협약 제12조 1항. 이에 앞서 파견국은 영사기관의 장에게 영사위임장(consular commission) 혹은 이와 유사한 문서를 발부하고, 이를 접수국에 전달하여야 한다 (영사관계 비엔나협약 제11조).
13) 영사관계 비엔나협약 제9조 2항 ; Lee, pp. 35~36.
14) 영사관계 비엔나협약 제1조 1항 (g).

사무를 보는 '건물과 부속토지' 개념인 영사공관(consular premises)[15]과는 구분하여야 한다.

영사관계 비엔나협약은 영사특권 · 면제의 근거를 외교관의 경우와 동일하게 직무필요설과 국가대표설에서 구하면서[16] 영사의 지위를 외교관의 지위에 근접시키고 있는데, 오늘날 국가들이 영사업무와 외교업무를 통합하여 운영하는 것이 보통이라는 점을 감안한다면 이는 놀라운 일이 아니다.[17] 이 경우, 외교관이 영사직무를 수행하더라도 외교면제 · 특권을 그대로 향유한다.[18] 반대로 영사가 외교행위(diplomatic acts)를 수행하더라도 외교면제 · 특권을 주장할 수 없다.[19] 다만, 영사가 접수국에 통고한 후 국제기구에서 파견국의 대표로 행동하는 경우에는 국제관습법 또는 조약에서 그같은 대표자에게 부여하고 있는 일체의 면제 · 특권을 향유한다.[20] 외교면제와 영사면제의 주요 차이점은 다음과 같다.

첫째, 외교관의 경우와는 달리 영사의 면제는 물적 면제, 즉 공적 행위에 대해서만 인정된다.[21] 뿐만 아니라, 공적 행위의 정의방식에 있어서도 두 협약의 관련 규정은 대조적이다. 즉, 외교관계 비엔나협약 제39조 2항은 공적 행위를 "사절단의 구성원으로서 직무를 수행함에 있어 행한 행위" (acts performed in the exercise of his functions as a member of the mission)라고 정의하고 있는데, 동 협약 제3조는 "외교사절단의 직무는 '특히' 다음의 것들로 구성된다."(the functions of a diplomatic mission consist *inter alia* in ...)라고 규정함으로써 외교직무(diplomatic functions)의 범위를 완벽하게 제시하고 있지는 않다. 그 결과, 외교관의 공적 행위는 그 범위를 한정짓기가 매우 어렵다. 이에 반하여 영사관계 비엔나협약 제43조 1항은 영사의 공적 행위를 "'영사'직무를 수행함에 있어 행한 행위"(acts performed in the exercise of *consular* functions)라고 정의내리고 있는데,[22] 무엇이 '영사'직무(consular functions)를 구성하는가에 관해서는 영사관계 비엔나협약 제5조에서 규정하고 있다. 그런데 이 제5조는 외교관계 비엔나협약 제3조 1항과는 달리 영사직무에 관한 완벽한 목록(exhaustive list)으로 해석된다.[23] 비엔나회의 기간 중 브라질 대표는 협약 제43조의 적용범위를 넓히기 위해 '영사'직무(consular functions)를 '공적' 직무(official functions)로

15) 영사관계 비엔나협약 제1조 1항 (j).
16) 다만, 외교관계 비엔나협약은 전문 4단에서 "...the functions of diplomatic missions *as representing* States"로, 영사관계 비엔나협약은 전문 5단에서 "...functions by consular posts *on behalf of* their respective States"로 표현하고 있다.
17) Akehurst, p. 119.
18) 외교관계 비엔나협약 제3조 2항 ; 영사관계 비엔나 협약 제70조 4항.
19) 영사관계 비엔나협약 제17조 1항.
20) 영사관계 비엔나협약 제17조 2항.
21) 영사관계 비엔나협약 제43조 1항.
22) 이는 명예영사(honorary consul)의 경우에도 마찬가지이다. 영사관계 비엔나협약 제58조 2항 ; C.A. Whomersley, "Some Reflections on the Immunity of Individuals for Official Acts", (1992) 41 ICLQ 848 at 853.
23) "The functions of a diplomatic mission consist '*inter alia*' in ... "이라고 규정하고 있는 외교관계 비엔나협약 제3조 1항과 "consular functions consist in ... "이라고 규정하고 있는 영사관계 비엔나협약 제5조를 비교해 보면 이같은 해석이 가능하다. Francisco Orrego Vicuna, "Diplomatic and Consular Immunities and Human Rights", (1991) 40 ICLQ 34 at 39.

수정하자는 제안을 하였으나 실패하였다.[24] 요컨대, 영사는 파견국을 대리하여 수행하는 모든 공적 행위에 대해 면제를 향유하는 것이 아니라 공적 행위 중에서도 단지 '영사'직무에 관해서만 면제를 향유한다.[25] 다만, 협약 제5조는 그 마지막 (m)호에서 "파견국이 영사에게 위임한 기타의 직무로서, 접수국의 법령에 의하여 금지된 것이 아니거나, 접수국이 이의를 제기하지 않거나, 파견국과 접수국 간에 발효 중인 국제협정에 언급된 것을 수행하는 경우"를 영사직무로 언급함으로써 비엔나협약 하에서 영사의 직무가 상당히 확대 해석될 여지를 안고 있다.

따라서 영사로서의 공적 행위와 기타 행위를 구별하는 일은 반드시 용이하지만은 않다. *Bigelow* v. *Princess Zizianoff* 사건[26]에서 보는 바와 같이, 두 행위가 상호연관되어 있을 수 있기 때문이다. 이 사건에서 파리 주재 미국영사인 Bigelow는 백러시아계 이주민인 Zizianoff 왕녀에게 미국여행 비자를 발급하기를 거부하였다. 그 후 그는 파리의 각 신문사에 전화를 걸어 자기가 비자발급을 거부한 이유는 그녀가 소련의 첩자이기 때문이라고 해명하였다. 파리 항소재판소는 비자발급 거부행위에 대해서는 재판관할권이 없지만 그 뒤에 행해진 명예훼손(libel)에 대해서는 재판관할권을 가진다고 판결하였다.[27]

Tae Sook Park v. *Shin & Shin*[28]도 비엔나협약 하에서 영사면제의 가능한 범위에 대해 시사를 던져주고 있다. 이 사건에서 원고는 미국 샌프란시스코 주재 한국 총영사관의 부총영사와 그의 부인을 상대로 미국 재판소에 제소하면서, 그들을 위해 가사노동자(domestic servant)로 일하면서 최소임금 혹은 초과근무수당을 지급받지 못했으며, 몸이 아픈데도 수차례 병원에도 가지 못했고, 자신의 여권도 몰수당하였다고 주장하였다. 원고는 중국인으로서 한국 영사가 중국 주재 한국대사관에 근무할 때 그의 집에서 가사노동을 시작하였는데, 그 후 그가 미국으로 근무지를 옮기면서 그를 따라 갔던 것이다. 이 사건에서 두 피고는 비엔나협약 하의 영사면제와 외국주권면제법(FSIA) 하의 국가면제를 원용하였다. 연방지방재판소가 영사 부부의 면제를 인정하자 원고는 항소하였다. 그리고 항소재판소는 이들 부부의 주장을 모두 배척하면서 그 이유를 다음과 같이 설명하고 있다. 첫째, 원고를 고용하고 감독한 행위는 영사직무가 아닌데, 왜냐하면 원고가 때로 공관의 행사준비에 관여하긴 하였지만 그는 일차적으로 영사 가족의 개인적 사용인으로서 고용된 것에 불과하기 때문이다. 게다가 원고가 주장하는 바의 피고들의 고용 관련 행위는 영사직무를 수행함에 있어 행한 것이 아니다. 따라서 영사관계 비엔나협약은 그들에게 면제를 제공해 주지 못한다. 둘째, 영사와 그의 부인은 FSIA 하의 국가면제도 향유할 수 없다. 왜냐하면, 우선, 영사의 부인은 정부관리가 아니므로 FSIA의 목적상 "외국"이 아니다. 그리고 한국영사는 원고를 고용함에 있어 직무범위 내에서 행동하고 있었던 것이 아니다. 설사 그가 "외국"으로 간주될 수 있다고 하더라도 그의 행위는 주권면제의

24) Whomersley, *op. cit.*, (1992) 41 ICLQ 848 at 854.
25) Akehurst, *op. cit.*, (1972~1973) 46 BYIL 145 at 244.
26) France, Court of Appeal of Paris, 1928.
27) De Lupis, p. 120 ; von Glahn, p. 547 ; Jennings & Watts (eds.), p. 1145.
28) United States Court of Appeals for the Ninth Circuit, Argued and Submitted November 7, 2002 and Filed December 17, 2002, at https://www.ilw.com/lawyers/immigdaily/cases/2002,1218-park.pdf.

예외인 “상업적 활동”(commercial activities)에 속한다.

둘째, 영사관계 비엔나협약 제43조 2항[29]에 의하면, 영사는 특별히 (a) 영사가 명시적으로 또는 묵시적으로 파견국의 대리인으로서(as an agent of the sending state) 체결한 것이 아닌 계약으로부터 제기되는 민사소송, 그리고 (b) 접수국 내에서 차량·선박·항공기에 의하여 야기된 사고로부터 발생하는 손해에 대하여 제3자가 제기하는 민사소송 등, 두 민사소송에 관해서는 면제를 향유하지 못한다. 이 두 가지 사항은 약간의 설명을 필요로 한다. (a)의 경우는 영사가 파견국을 (명시적으로 또는 묵시적으로) 대리하여 계약을 체결하였다면, 영사 자신은 민사면제를 향유하지만 파견국정부는 제한적 면제이론에 따르는 한 면제를 향유하지 못할 수도 있음을 시사하고 있다. 반면에, (b)의 경우가 “‘영사’직무를 수행함에 있어 행한 행위”(an act performed in the exercise of a consular function)에 관련될 수 있을지는 의문이며, 그렇다면 이 규정은 굳이 삽입하지 않아도 되는 자명한 경우라고 할 수 있을 것이다. 그러므로 비엔나회의에서 우크라이나 대표는 “국제법위원회(ILC)의 문언으로 보아 영사가 예컨대 도로사고에 관해 면제를 향유하지 못한다는 것은 분명하기 때문에 (영국측이 제시한) 수정안은 불필요한 것으로 보인다.”고 지적하였다. 이에 대해 영국 대표 Vincent Evans는 “자동차 운전행위는 면제를 주장하기 위한 목적상 영사직무(consular function)의 수행을 구성하는 것으로 간주되어서는 안된다.”는 점에 대해 동의하면서, 자신의 수정안은 “이 문제를 의심의 여지가 없도록 만들기 위해 필요하다.”고 대답하였다.[30]

이와 관련하여 주의할 점이 하나 있다. 위 협약 제43조 2항(b)는 단지 특별히 ‘민사’소송에 대해서만 적용되는 규정이긴 하지만, 그렇다고 해서 교통사고로부터 야기되는 형사소송은 협약 제43조 1항의 범주에 들 수 있고 따라서 면제가 인정될 수도 있다는 반대해석을 끌어내서는 안된다. 즉, 영사가 도로교통범죄를 범했다면 운전 당시 공무수행 중이었다고 하더라도 형사재판관할권의 면제를 향유하지 못한다. 자동차 운전행위 그 자체는 확실히 ‘영사’직무(consular function)가 아니기 때문이다.[31] 요컨대, 협약 제43조 2항(b)는 문제의 행위(불법행위 또는 범죄)가 영사직무를 수행 중이거나 수행해야 하는 시간 동안에 벌어졌다는 이유만으로 협약 제43조 1항의 면제가 인정되는 것은 아님을 잘 보여주고 있다. 이같은 논리에 기초하여 뉴질랜드 항소재판소는 *L.* v. *The Crown*[32]에서 여권발급 행위는 협약 제5조(d)에 영사직무의 하나로 언급되고 있음에도 불구하고 여권을 발급받기 위해 자신을 찾아온 사람에게 성적 가해행위를 한 혐의로 기소된 영사에게 면제를 인정하지 않았다. 미국의 *Gerritsen* v. *de la Madrid Hurtado*[33]에서도 영사관 밖에서 시위를 벌이고 있는 사람에게 폭행을 가한 혐의로 기소된 영사에게 면제를 인정하지 않았다.

---

29) 제43조 2항은 비엔나회의에서 영국측의 제안으로 추가된 것이다. Whomersley, *op. cit.*, (1992) 41 ICLQ 848 at 854.

30) *Ibid.*

31) 고석현/진창일/중앙일보, 2021.06.23., “새벽 음주운전 걸린 中영사…“공무중이었다” 면책특권 주장”, & 한지혜/동아닷컴, 2021-07-12, “음주운전 적발된 中영사, 면책특권 요구… 경찰 “공무 아냐”” 참조.

32) (1977) 68 ILR 715 ; Whomersley, *op. cit.*, (1992) 41 ICLQ 848 at 856.

33) (1987) 819 F. 2d 1511 ; Whomersley, *op. cit.*, (1992) 41 ICLQ 848 at 856.

셋째, 영사에게는 사법절차 또는 행정절차의 과정에서 증인으로 출두하도록 요구할 수 있다. 그러나 영사가 증언을 거부한 경우, 그에 대하여 어떠한 강제조치나 형벌도 가할 수 없다. 그리고 영사는 자신의 영사임무 수행에 관련되는 사항에 관해서는 증언을 하거나 또는 그 사항에 관한 공적 서한과 서류를 제출할 의무를 지지 않는다.[34)]

넷째, 신체의 불가침성에도 중대한 제한이 있다. 즉, 영사가 중대한 범죄를 범하고 '그리고' 권한 있는 사법당국의 결정이 있는 경우에는 그를 체포하거나 미결구금(detention pending trial)할 수 있다.[35)]

다섯째, 영사공관(영사관)(consular premises)은 "소유자를 불문하고, '오로지 영사기관의 목적을 위해서만 사용되는'(used *exclusively* for the purposes of the consular post) 건물 또는 건물의 일부와 부속토지"로 정의되며,[36)] 따라서 -외교공관의 경우와는 달리- 영사기관장(head of consular post)의 개인적 주거는 영사공관에 포함되지 아니한다.

여섯째, 영사의 주거와 개인적 서류에 대해서는 불가침성이 인정되지 않는다.[37)]

일곱째, 영사공관의 불가침성과 관련하여, 공관은 단지 "본조에 규정된 범위 내에서"(to the extent provided in this Article) 불가침이며, "화재 및 기타 신속한 보호조치를 필요로 하는 재해(disaster)가 발생한 경우에는 영사기관장의 동의가 있는 것으로 추정될 수 있다(may be assumed)."는 단서가 삽입되어 있다.[38)]

---

34) 영사관계 비엔나협약 제44조.

35) 영사관계 비엔나협약 제41조 1항.

36) 영사관계 비엔나협약 제1조 1항(j) ; Lee, p. 393.

37) 외교관계 비엔나협약 제30조에 상응하는 조항이 영사관계 비엔나협약에서는 발견 되지 않는다.

38) 영사관계 비엔나협약 제31조 1·2항. 2020년 7월 21일 저녁 8시경, 미국 텍사스 휴스턴의 소방차와 경찰차들이 이곳의 중국 총영사관으로 달려갔다. 영사관 안뜰에서 연기와 함께 종이 타는 냄새가 난다는 신고를 받았기 때문이다. 그러나 영사관 측이 동의하지 않아 진입하지는 못 하였다. 이 사건은 21일(화) 미국 정부가 중국 정부에게 휴스턴 주재 총영사관을 72시간 이내, 즉 24일(금) 오후 4시까지 폐쇄할 것을 명령한 뒤 퇴거 전 기밀문서를 급히 태우는 과정에서 빚어진 일로 보인다. Click2Houston, July 21/23, 2020, "US orders China to close Houston consulate amid swirling accusations of espionage, theft" ; James Griffiths and Nicole Gaouette / CNN, July 23, 2020, "US orders closure of Chinese consulate in Houston" ; abc13, July 23, 2020, "Documents burned on the grounds of the Chinese Consulate in Houston". 7월 24일 중국 정부는 이에 대한 보복으로 72 시간 내 쓰촨성(四川省) 청두(成都) 주재 미국 총영사관의 폐쇄를 명령하였으며, 7월 27일 10시 이 영사관은 폐쇄되었다. BBC News, 24 July 2020, "US consulate: China orders US consulate closure in tit-for-tat move", 〈https://www.bbc.com/news/world-asia-china-53522640〉 ; Lily Kuo in Beijing / The Guardian, 27 Jul 2020, "Flag lowered at US consulate in Chengdu as China takes control", 〈https://www.theguardian.com/world/ 2020/jul/27/crowds-wave-chinese-flags-and-take-selfies-as-us-consulate-closes-in-chengdu〉. 이 사건에 대한 국제법적 논평은, 김성원, "미국의 휴스턴 주재 중국 총영사관 폐쇄 무엇이 문제인가?", 대한국제법학회,《국제법으로 세상 보기》(서울 : 박영사, 2023), pp. 47~54 참조.

그런가 하면, 2022년 10월 16일에는 영국 맨체스터 주재 중국 총영사관 앞에서 30 내지 40명의 사람들이 "天滅中共" 등의 게시물을 내걸고 시위하던 중 총영사를 포함한 영사관 직원들이 홍콩 출신 사람을 영사관 내로 끌고 들어가 집단 폭행하자 경찰이 영사관 내로 진입하여 구출하는 사건도 있었다. France 24, 17/10/2022, "UK police investigate beating of protester on Chinese consulate grounds", 〈https://www.france24.com/en/asia-pacific/20221017-uk-police-investigate-beating-of-protester-on-chinese-consulate-grounds〉 ; George Bowden & Tessa Wong/BBC News, 21 Oct 2022, "I was dragged into China consulate, protester Bob Chan says", 〈https://www.bbc.com/news/world-asia-china-63318285〉.

여덟째, 영사공관의 수용(expropriation)과 관련하여, 접수국은 영사직무의 수행에 방해가 되는 것을 피하며 또한 '신속·충분하고 실효적인 보상'(prompt, adequate and effective compensation)을 지급할 것을 조건으로 영사기관의 공관이나 비품·재산 및 수송수단을 국방(national defence) 또는 공익목적(public utility)을 위해 수용할 수 있다.[39]

아홉째, 영사행낭(consular bag)의 불가침성과 관련하여, 접수국당국은 중대한 이유가 있는 경우 영사행낭을 개봉하든지 아니면 발송지로 반송할 것을 요구할 수 있다.[40]

열째, 영사는 –"특별한 사정 하에서 접수국의 동의를 받는 경우"를 제외하고는– 그의 영사관할구역 밖에서(outside his consular district) 직무를 수행할 수 없다.[41]

열 한째, 접수국에 의해 영사(관원)도 기피인물(*persona non grata*)로, 기타 (행정/기술 및 역무)직원은 '받아들일 수 없는 자'(non-acceptable person)로 언제든지 선언될 수 있다.[42] 다만, 영사기관의 구성원으로 임명된 자는 누구든지[즉, 영사(관원)이든, 행정/기술직원이든, 역무직원이든 계급에 관계없이] "아직 접수국의 영역에 도착하기 전에는, 또는 이미 접수국내에 있을 경우에는 영사기관에서의 그의 임무를 개시하기 전에는" 모두 단지 '받아들일 수 없는 자'로 선언될 수 있다.[43]

끝으로, 영사의 한 가지 중요한 기능은 영사관계 비엔나협약 제36조에서 보장하고 있는 "영사와 파견국 국민간의 상호 통신 및 접촉의 자유", 곧 영사원조(영사지원 : consular assistance)이다. 즉, 영사는 접수국 내에서 자국 국민과 자유로이 통신하며 접촉할 수 있고, 이에 상응하여 (영사)파견국의 국민은 자국 영사와 자유로이 통신하고 접촉할 수 있어야 하는데, 이 자유는 특히 외국인이 "체포, 구금, 유치 또는 구속"되는 경우에 대비한 것이다. ICJ는 일련의 사건[44]에서 접수국이 구금

---

39) 영사관계 비엔나협약 제31조 4항.

40) 영사관계 비엔나협약 제35조 3항.

41) 영사관계 비엔나협약 제6조 ; Aust, *Handbook of IL*, 2nd, p. 142.

42) 영사관계 비엔나협약 제23조 1항 ; Kyodo News, Sep 27, 2022, "Japan consul to be expelled from Russia for alleged espionage" 〈https://english.kyodonews.net/news/2022/09/c5ff89796a8b-update1-japan-consul-held-in-vladivostok-for-having-classified-info-report.html〉.

43) 영사관계 비엔나협약 제23조 3항 ; 외교관계 비엔나협약 제9조 1항 ; 본서, 제12장 (외교면제 및 특권), "V. 외교사절단의 면제·특권, 2. 외교공관의 불가침성".

44) *LaGrand* case (Germany v. United States of America), Judgment of 27 June 2001, ICJ Reports (2001), p. 466 ; *Avena and Other Mexican Nationals* (Mexico v. United States of America), Judgment of 31 March 2004, ICJ Reports (2004), p. 12 ; *Jadhav Case* (India v. Pakistan), ICJ Judgment of 17 July 2019. ICJ는 특히 *LaGrand* case, para. 125에서, 구금된 외국인에게 그의 국적국 영사를 접촉할 권리를 통보하지 아니함으로써 제36조를 위반한 경우에 있어 "관련 개인이 구금이 연장되었거나 중대한 형벌에 처해진 경우에는 사과(apology)만으로는 부족할 것이며," 이같은 경우 의무위반국은 "동 협약에 명시된 권리의 위반을 고려하여 유죄판결과 형의 선고에 대한 재심리 및 재검토(review and reconsideration)를 허락하여야 한다." 고 판시한 바 있다. *LaGrand* case의 사건 개요는 본서, 제26장 (분쟁의 평화적 해결수단), "Ⅶ. 사법심사 : ICJ를 중심으로, 14. 부수적 관할권, (3) 임시조치" 참조.

ICJ는 그 후 *Avena and Other Mexican Nationals* case (paras. 113, 138~143)에서 "미국법의 절차해태규칙(procedural default rule)이 아직 개정되지 않았음에 주목한" 다음, *LaGrand* case에서 자신이 명령한 "재심리와 재검토"는 "실효적이어야 함"(should be effective)을 강조하면서, -(미국에서 사법절차가 아닌)사면(executive clemency)이 '재심리와 재검토'를 제공하는 데 아주 적합한 절차라는 미국의 주장에 대해서는- "'재심리와 재검토'에 적합한 것은 사법(재판)절차(judicial process)"이며, 다만 "적절한 사면절차는 사법부의 재심리와 재검토를 (단지) 보충할 수는 있다"(appropriate clemency procedures can *supplement* judicial

된 외국인들에게 파견국 영사를 접촉할 권리가 있음을 지체없이 통보하지 아니함으로써 '특히' 협약 제36조 1항(b) 하의 의무를 위반하였다고 판시한 바 있다.[45] 그러면 접수국은 외국인을 체포 혹은

---

review and reconsideration)고 응답하였다 ; 그리고 ICJ는 para. 122에서는, 영사접촉의 권리를 통보를 하지 않은 것과 최종 유죄판결 사이의 인과관계 결정은 -ICJ가 할 일이 아니라- 재심리와 재검토 과정에서 미국의 국내재판소가 해야 할 일이라고 언급하였다 ("The question of whether the violations of Article 36, paragraph 1, are to be regarded as having, in the causal sequence of events, ultimately led to convictions and severe penalties is an integral part of criminal proceedings before the courts of the United States and is for them to determine in the process of review and reconsideration. In so doing, it is for the courts of the United States to examine the facts, and in particular the prejudice and its causes, taking account of the violation of the rights set forth in the Convention.") (cited in Nollkaemper, p. 166, fn 4).

유죄 선고에 대해 실효적인 재심리와 재검토를 제공할 의무는 *Jadhav Case* (paras. 125~148)에서도 반복해서 강조된 바 있다.

한편, 역시 제36조 위반 여부와 관련하여 상기 LaGrand 및 Avena 사건에 앞서 파라과이가 역시 미국을 상대로 제소한 바 있는데(Case concerning *the Vienna Convention on Consular Relations*), 사건 개요는 다음과 같다. 파라과이인 Angel Francisco Breard는 버지니아주에서 살인죄로 사형선고를 받고 1998년 4월 14일 사형이 집행될 예정이었다. 이에 파라과이는 4월 3일 미국이 특히 비엔나협약 제36조 1항(b)를 위반하였다는 이유로 제소하면서, 동시에 사형집행 정지를 위한 임시조치의 지시를 요청하였다. 그리고 4월 9일 ICJ는 임시조치를 발하였다. 미국 국무부는 집행정지를 구하였으나 연방최고재판소는 개입을 거부하였다. 그 결과 4월 14일 사형은 예정대로 집행되었으며, ICJ는 1998년 11월 10일 파라과이의 요청에 따라 사건을 소송명부에서 삭제하였다. Aust, 2nd, pp. 209~210 ; Kaczorowska-Ireland, p. 660.

45) 상기 *Avena and Other Mexican Nationals* 판결 후 2005년 3월, 미국 국무부는 "분쟁의 강제적 해결을 위한" 영사관계 비엔나협약 '선택의정서'에서 탈퇴한다고 선언하였다. 이는 물론 미국이 영사관계 비엔나협약의 해석 또는 적용과 관련하여 더 이상 ICJ에 일방적으로 제소당하는 것을 막기 위한 의도에서 비롯된 것이다 (미국은 이 밖에도 -1946년에 행하고 1984년에 수정한 바 있는- ICJ규정 제36조 2항의 이른바 선택(임의)조항에 대한 수락선언을 1985년 10월 7일 완전히 철회하였었다). Keitner, p. 286 ; Louis Klarevas and Howard S. Schiffman, "The Supreme Court Considers the Rights of Foreign Citizens Arrested in the United States : Examining a Case That Could Dramatically Affect the Way Americans Are Treated When Arrested Abroad", at https://writ.news.findlaw.com/commentary/ 20050321_schiffman. html ; Barbara H. Bean, "Guide to Research on Vienna Convention on Consular Relations Notification Requirements", at https://www.nyulawglobal.org/globalex/Vienna_Convention_Consular_Relations.htm ; https://en.wikipedia.org/wiki/Vienna_Convention_on_Consular_Relations.

See also Supreme Court of the United States, *Sanchez-Llamas* v. *Oregon*, 126 S. Ct. 2669 (2005) (available at https://www.supremecourtus.gov/opinions/05pdf/04-10566.pdf ; https://www.law.cornell.edu/supct/html/4-10566.ZO.html). 2006년의 이 판결에서 미국 연방최고재판소(Roberts 소장을 비롯한 다수의견)는 "... we find it unnecessary to resolve the question whether the Vienna Convention grants individuals enforceable rights. Therefore, for purposes of addressing petitioners' claims, we assume, without deciding, that Article 36 does grant Bustillo and Sanchez- Llamas such rights."라고 언급함으로써 영사관계 비엔나협약 제35조의 사법집행성(직접효력) 여부에 대해 '본 소송의 목적상' 그렇다고 "판결(결정)함이 없이" 단지 강하게 "추정(가정)"만 하는 조심성을 보여 주었다. 이것에 대한 논평은 다음의 논문을 참조 : Mark J. Kadish and Charles C. Olson, "*Sanchez-Llamas* v. *Oregon* and Article 36 of the Vienna Convention on Consular Relations: the Supreme Court, the Right to Consul, and Remediation", (2006) 27 Michigan Journal of International Law 1185 at 1196 (available at https://students.law.umich.edu/mjil/27.4/ KadishOlson.pdf) ; Janet Koven Levit, "*Sanchez-Llamas* v. *Oregon* : the glass is half full", (2007) 11 Lews & Clark L. Rev. 29 at 30 (available at https://law.lclark.edu/org/lclr).

이 밖에도 상기 *Sanchez-Llamas* v. *Oregon*에서 미국 연방최고재판소는 ICJ 판결의 국내적 지위를 정면으로 검토함으로써 관심을 끌었는데, 여기서 청구인들은 연방최고재판소가 미국의 조약상의 의무에 대해 ICJ가 채택한 해석에 따를 것을 요구하였고, *amicus brief* (전문가 의견서)를 제출한 학자들 중에는 이에서 한 걸음 더 나아가 연방최고재판소는 설사 ICJ의 판결이 연방최고재판소의 선례나 미국행정부의 견해와 충돌하더라도 그것에 따를 의무가 있다고 주장하는 이들도 있었다. 그러나 연방최고재판소는 이같은 사고를 배척하

구금/유치한 경우 그에게 파견국 영사를 접촉할 권리가 있음을 지체없이 통보하면서 동시에 파견국 영사에게도 지체없이 그같은 사실을 통보할 이중적 의무를 지는가? 그러나 제36조 1항(b) 첫째 문

면서 ICJ가 채택한 문제의 조약(즉, 영사관계 비엔나협약)에 대한 해석도 배척하였으며(126 S. Ct. at 2680), 다만 반대의견에서 ICJ의 의견이 단지 좀 더 존중받아야 한다고 주장한 재판관은 있었다(Breyer, J., dissenting, 126 S. Ct. at 2697). 이 부분에 대한 비판적 고찰로는 다음의 논문을 참조 : Julian G. Ku, "*Sanchez-Llamas* v. *Oregon* : Stepping back from the New World Court Order", (2007) 11 Lews & Clark L. Rev. 17 (available at https://law.lclark.edu/org/lclr).

ICJ판결의 미국법 내에서의 지위 내지는 이행과 관련하여 연방최고재판소 내에서 Roberts 소장을 비롯한 다수 재판관이 채택한 바 있는 보수적 견해는 *Medellin* v. *Texas*, decision of March 25, 2008, 552 U.S.__(2008)(No. 06-984)에서도 그대로 유지되고 있는데, 사건 개요는 다음과 같다. 1993년 6월 24일 멕시코시민 Jose Ernesto Medellin(당시 18세)과 몇몇의 다른 갱들은 텍사스 휴스턴에서 14세 및 16세의 소녀를 강간하고 살해하였는데, 특히 Medellin은 두 소녀 중 한 명을 그녀의 신발끈으로 목졸라 죽였다. 그는 5일 뒤 체포되었으며, Miranda 경고를 받은 뒤 자백서에 서명하였다. 그러나 텍사스당국은 그에게 비엔나 영사협약에 의거하여 영사관과 접촉할 수 있는 권리가 있음을 통지하지는 않았다. 그는 강간 및 살해죄로 기소되어 1997년 사형을 언도받았다. 그는 2심에 항소하고 나서야 비엔나협약 하의 자신의 권리가 무시되었음을 문제삼고 나섰지만, 텍사스 형사항소재판소(Texas Court of Criminal Appeals)는 심리(1심)재판소의 판결을 지지하였다. 2003년 Medellin은 미국 연방지방재판소에 인신보호(출정)영장(*habeas corpus*)을 청구하였으나, 동 재판소는 비엔나협약에 기초한 그의 청구는 항소심에 올라오기 전 1심에서 이미 제기되었어야 한다는 이유를 들어 청구를 각하하였다. 2003년에는 또한 멕시코정부가 미국을 상대로 ICJ에 제소하였는데, 여기서 멕시코는 미국에서 범죄를 저지른 뒤 미국의 여러 주의 재판소들에서 재판받은 (Medellin을 포함한) 51명의 멕시코인들이 비엔나협약 하의 영사 접촉의 권리를 고지받지 못하였다고 주장하였다. 이것이 위에서 언급한 *Avena and Other Mexican Nationals* 사건인데, ICJ는 2004년 3월 31일의 판결에서 그들에게 - 미국 자신이 선택하는 수단에 의한 - "재심리 및 재검토"가 허락되어야 한다고 판시하였던 것이다.

Medellin은 이제 제5순회(연방)항소재판소(Fifth Circuit Court of Appeals)에 항소하여 ICJ의 *Avena* 판결을 원용하였으나 실패하였다. 이에 Medellin은 연방최고재판소에 호소하였으며, 동 재판소는 사건이송영장(writ of *certiorari*)을 발부하였다. 그런데 연방최고재판소가 이 사건을 심리할 수 있게 되기 전에 George W. Bush 대통령이 법무장관에게 각서(Memorandum)를 발송하였는데, 여기서 그는 미국의 헌법과 여러 법률에 의거하여 자신에게는 "주(州)재판소들에게 ICJ의 *Avena* 판결에서 문제된 51명의 멕시코인들이 제기한 소송들에서 예양의 일반원칙에 따라 이 *Avena* 판결을 이행할 것을 명령할 수 있는" 권한이 있다고 주장하였다 : Memorandum for the Attorney General, February 28, 2005, (Subject: Compliance with the Decision of the International Court of Justice in *Avena*) : "...I have determined, pursuant to the authority vested in me as President by the Constitution and the laws of the United States of America, that the United States will discharge its international obligations under the decision of the International Court of Justice in the *Case Concerning Avena and Other Mexican Nationals (Mexico v. United States of America) (Avena)*, 2004 ICJ 128 (Mar. 31), by having State courts give effect to the decision in accordance with general principles of comity in cases filed by the 51 Mexican nationals addressed in that decision." https://georgewbush-whitehouse.archives.gov/news/releases/2005/02/20050228-18.html ; https://www.refworld.org/docid/429c2fd94.html ; Keitner, p. 286. 대통령의 각서 때문에 Medellin은 주재판소에 인신보호(출정)영장을 위한 두 번째 사건을 제출하였다. 이에 연방최고재판소는 그후 사건이송영장에 대한 그의 청구를 각하하였다. 텍사스 형사항소재판소는 Medellin의 두 번째 항소를 각하하였고, 이에 연방최고재판소는 두 번째 사건이송영장을 부여하였다.

한편, Medellin의 두 번째 항소가 텍사스에서 검토 중일 때 연방최고재판소는 2006년 (위에서 언급한) *Sanchez-Llamas* v. *Oregon* 사건에 대해 판결하였는데, 이 사건은 *Avena and Other Mexican Nationals* 판결에서 거명된 사람들과 관련이 있는 것이 아니었음에도 불구하고 연방최고재판소는 동 *Avena* 사건에 대한 ICJ의 판결이 잘못된 것이라고 판시하였다 ; 또한 연방최고재판소는 동 *Sanchez -Llamas* 판결에서, 비엔나협약이나 그 선택의정서에 반대되는 분명하고도 명시적인 언급이 없으므로 각국의 절차규칙이 조약의 이행을 규율한다고 판시하였다 ; 그리고 *Sanchez-Llamas*의 권리가 주법과 연방법 그리고 연방최고재판소의 여러 판결에 의하여 준수되었다고 하면서 그에 대한 유죄선고를 지지하였다.

이제 다시 *Medellin* v. *Texas* 사건으로 돌아와, 연방최고재판소는 2008년 3월 25일의 판결에서, 우선, 본건에서 제기된 문제는 ICJ의 *Avena* 판결이 비엔나협약의 선택의정서, ICJ규정(특히 제59조) 그리고 UN헌

장에 의하면 접수국은 체포 혹은 구금/유치된 외국인이 "그같이 요청하는 경우에"(if he so requests) 한하여 파견국 영사에게 지체없이 통보할 의무를 질 따름이다. 이것은 결국 영사에게 지체없이 통보할 것인지의 여부에 대한 결정권이 체포 혹은 구금/유치된 외국인에게 있음을 의미하는 것으로 해석된다.[46] 물론 이것은 파견국 영사가 자국민이 구속/구금된 사실을 통보에 의하지 아니

장(제94조)에 의거하여 국내재판소에서 구속력이 있는가의 여부이며, 따라서 비엔나협약이 그 자체 자기집행적인 것인지 혹은 비엔나협약이 Medellin에게 개인적으로 집행가능한 권리를 부여하는지의 여부를 해결하는 것은 필요하지 않다고 전제하면서, 비엔나협약 제36조의 자기집행성과 관련하여 *Sanchez-Llamas* v. *Oregon*에서 피력하였던 상기 견해를 반복하였다(p. 10, fn. 4). 이어서 Medellin과 연방정부가 제기한 주장들을 검토, 반박하고 있는데, 우선 "비엔나협약의 선택의정서, ICJ규정 그리고 UN헌장, 그 어느 것도 이행입법이 없는 한 구속력있는 연방법을 창설할 수 없고, 그러한 이행입법이 존재하지 않는다는 것은 다툼의 여지가 없으므로, *Avena* 판결은 자동적으로 구속력있는 국내법이 아니다(the *Avena* judgment is not automatically binding domestic law)"라고 결론지었다(p. 10). 이어서 대통령의 상기 주장에 대해서는 "대통령의 행동 권한은 다른 정부권력의 행사의 경우와 마찬가지로 의회의 입법이나 헌법 자체로부터 나와야 한다"고 전제한 뒤(p. 28), 특히 다음과 같이 언급하고 있다 : "The President has an array of political and diplomatic means available to enforce international obligations, but unilaterally converting a non-self-executing treaty into a self-executing one is not among them. The responsibility for transforming an international obligation arising from a non-self-executing treaty into domestic law falls to Congress."(p. 30) 이상의 여러 이유에 따라 연방최고재판소는 텍사스 형사항소재판소의 판결을 지지하였다.

이같은 다수파의 의견에 대해 Breyer 재판관은 (다른 두 명의 재판관이 동조한) 반대의견에서, 미국 헌법 제6조 2항에 대한 그간의 해석에 비추어 보아 ICJ판결은 "적어도 때로는" 사법부 집행성(직접효력)을 인정받아야 한다고 주장하였다 : "The upshot is that treaty language says that an ICJ decision is legally binding, but it leaves the implementation of that binding legal obligation to the domestic law of each signatory nation. In this Nation, the Supremacy Clause, as along and consistently interpreted, indicates that ICJ decisions rendered pursuant to provisions for binding adjudication must be domestically legally binding and enforceable in domestic courts *at least sometimes*." (dissenting, p. 19). 판결문은 https://en.wikipedia.org/wiki/Medellin_v._Texas에서 쉽게 접근할 수 있다.

그 후 ICJ는 *Request for Interpretation of the Judgment of 31 March 2004 in the Case concerning Avena and Other Mexican Nationals* (Mexico v. United States of America), Judgment of 19 January 2009 (para. 44)에서 멕시코가 국제법의 문제로서 미국 최고재판소는 ICJ의 *Avena* 판결[para. 153 (9)]의 이행을 입법부에 맡기기보다는 이것에 직접효력을 부여했어야 한다고 시사한 데 대해 다음과 같이 반응하였다 : "The *Avena* Judgment nowhere lays down or implies that the courts in the United States are required to give direct effect to paragraph 153 (9). The obligation laid down in that paragraph is indeed an obligation of result which clearly must be performed unconditionally; non-performance of it constitutes internationally wrongful conduct. However, the Judgment leaves it to the United States to choose the means of implementation, not excluding the introduction within a reasonable time of appropriate legislation, if deemed necessary under domestic constitutional law. Nor moreover does the *Avena* Judgment prevent direct enforceability of the obligation in question, if such an effect is permitted by domestic law." 요컨대 ICJ는, 국제법은 단지 결과의무(obligation of result)를 부과한 동 재판소 판결의 국내적 이행방법에 대해서는 중립(neutral)이기 때문에 국가들이 이 판결을 이행하기 위해 입법을 하든 국내사법부가 직접효력을 부여하든 그것은 국내법이 결정할 사항임을 적시한 것으로 보인다 : see Nollkaemper, pp. 118~119, 124~125.

미국 연방최고재판소의 *Sanchez-Llamas* 및 *Medellin* 판결에 대한 미국 내 학자들의 찬반 논평에 대해서는, Lori F. Damrosch, "*Medellin* and *Sanchez-Llamas*: Treaties from John Jay to John Roberts", Julian Ku, "The Benefits of Avoiding Conflicts between the Constitution and International Law", & Davis L. Sloss, "*Medellin* and the Passive Vices", in Davis L. Sloss, Michael D. Ramsey, and William S. Dodge (eds.), *International Law in the U.S. Supreme Court* (New York : Cambridge University Press, 2011), pp. 451~478 참조.

46) 영사관계 비엔나협약 제36조 1항(b)의 통보 의무는 억류된 외국인이 "요청하는 경우에" 발생한다는 것에 대

한 방법으로 알고 그와 접촉하는 것을 막는 것은 아니다.[47] 다만, 협약 제36조 1항(c) 셋째 문장에 의하면 "구금, 유치 또는 구속되어 있는 자국민을 대신하여 영사가 조치를 취하는 것을 동 국민이 명시적으로 반대하는 경우에는 동 영사는 그러한 조치를 삼가야 한다(shall refrain)." 제36조에 의해 보호받는 범죄 유형에 제한이 있는 것으로 보이지는 아니하며, 따라서 간첩행위(espionage)라 하여 제36조의 적용 밖에 있는 것은 아니다.[48]

여기서 영사지원 혹은 영사원조(consular assistance)와 외교보호(diplomatic protection)의 차이에 관해서도 언급해 두는 것이 좋겠다. 즉, 영사원조는 대체로 자국민이 국제위법행위에 노출되지 않도록 사전에 방지하는 것을 목표로 하기 때문에 이른바 '국내(현지)구제수단 완료'의 원칙(principle of exhaustion of local remedies)이 적용될 여지가 없는데 반해, 외교보호는 이미 발생한 국제위법행위를 교정하는 것이 그 목표로서 여기에는 국가책임법의 차원에서 동 원칙이 적용

해서는 ICJ도 상기 *LaGrand*, para. 77, 그리고 *Avena and Other Mexican Nationals*, para. 61에서 적시한 바 있다. ILC가 준비한 제36조 1항(b)의 원래 텍스트에는 "그같이 요청하는 경우에"(if he so requests)에 상응하는 표현이 없었다 : ILC Draft Articles on Consular Relations, with commentaries 1961, 〈https://legal.un.org/ilc/texts/instruments/english/commentaries/9_2_1961.pdf〉 ; *Jadhav Case* (India v. Pakistan), ICJ Judgment of 17 July 2019, para. 108.

물론 관련 국가 간의 특별 · 양자조약을 통해 외국인의 체포 혹은 구금 · 유치시 '개인의 요청에 관계없이' 파견국 영사에게 지체없이 그같은 사실을 통보할 의무를 창설할 수 있을 것이다(영사관계 비엔나협약 제73조 2항 참조). 특히, 미국은 많은 국가들과의 양자간 영사조약을 통해 개인의 요청에 의하지 아니한 통보의무를 창설하고 있는데, 미국법에서는 그같은 조약을 "의무적 통보협정"(mandatory notification agreements)으로, 해당국가들은 "의무적 통보국가"(mandatory notification countries)로 부르고 있다 ; 이에 관해 자세한 것은, U.S. Department of State, Bureau of Consular Affairs, "Consular Notification and Access, Part 5 : Legal Material (Bilateral Agreements)", at https://travel.state.gov/law/consular/consular_744.html#ba 참조. 그러나 한국은 이 경우에 해당하지 아니한다. 즉, 한국과 미국간의 영사협약(Consular Convention between the Republic of Korea and the United States of America)(1963년 1월 8일 서울에서 서명, 1963년 12월 19일 발효) 제5조(국민의 보호) 2항은 영사관계 비엔나협약 제36조 1항(b)와 다르지 않게 "접수국의 관계관헌은 체포되거나 억류되어 있는 파견국의 국민의 요청에 의하여 지체없이 파견국의 영사관에게 통지하여야 한다"(The appropriate authorities of the receiving state shall, *at the request of* any national of the sending state who is under arrest or otherwise detained in custody, immediately inform a consular officer of the sending state...)라고 규정하고 있다 : https://www.mofat.go.kr/mofat/index.jsp ; 한국일보, 미주판, New York, 제11464호, 2007년 1월 25일(목요일), A 1면/6면, "한국인 억류 통보 안한다 : 미, 통보 의무국가서 한국 제외" 참조. 물론 이 조약은 상호주의에 기초하고 있다.

한미영사협약과는 대조적으로 "대한민국과 러시아연방 간의 영사협약"(Consular Convention between the Republic of Korea and the Russian Federation)(1992년 3월 18일 서명, 7월 29일 발효)은 의무적 통보협정으로 보인다. 즉. 한러영사협약 제39조(1항, 6항)에 의하면 "파견국 국민이 영사관할 구역 안에서 구속(체포 및 복역이나 재판을 위한 구금 등을 포함)된 경우, 접수국의 권한있는 당국은 지체없이 파견국의 영사기관에 통보하여야 한다." 2014년 7월 3일 박근혜-시진핑 한중정상회담 당시 양국 외교장관 간에 체결되고 2015년 4월 12일 발효한 "대한민국과 중화인민공화국 간의 영사협정"(Consular Agreement between the Republic of Korea and the People's Republic of China)은 이 협정이 의무적 통보협정임을 더욱 분명하게 밝히고 있는데, 즉 그 제7조 1항에 의하면 접수국 당국은 "파견국 국민이 요청하든 안하든" '지체없이 그리고 구속 또는 체포한 날로부터 4일 이내에 파견국 영사기관에 통고하여야 한다.'

참고로, 한국 정부는 영사관계 비엔나협약과 한미영사협약의 경우 국회의 비준동의를 받아 체결하였지만 한러영사협약과 한중영사협약에 대해서는 그러하지 않았는데, 조약의 제목이 아니라 조약에 담긴 내용을 기초로 국회의 비준동의 여부가 결정되기 때문으로 보인다. 〈https://www.mofa.go.kr/trade/ treatylaw/treatyinformation/bilateral〉.

47) 영사관계 비엔나협약 제36조 1항(c) 첫째 및 둘째 문장.

48) *Jadhav Case* (India v. Pakistan), ICJ Judgment of 17 July 2019, paras. 69~86.

된다.[49)]

영사는 -"본국 정부로부터 파견되며, 영사의 사무에 전적으로 종사하고, 본국으로부터 봉급을 받는"- 직업(전임, 본무, 파견)영사(career consul)와 -"대체로 접수국의 주민 중에서 선임되고, 영사의 사무를 명예직으로 위촉받고, 상업이나 기타의 영업에 종사할 수 있으며, 봉급은 받지 않고 수당의 성질을 가진 보수를 받을 뿐인"- 명예(선임)영사(honorary consul)로 구분되는데,[50)] 위 설명은 전자를 중심으로 한 것이다. 명예영사도 영사로서 전임영사와 동일한 직무를 수행할 수 있고, 또 전임영사에 적용되는 많은 규정은 명예영사에게도 적용된다.[51)] 가장 큰 차이는, 명예영사의 공관(premises)과 그의 신체(person)는 불가침성이 없다는 점이다. 특히 명예영사의 공관은 영사관계 비엔나협약에 의해 최소한의 보호만을 제공받고 있는데, 즉 "침입(intrusion), 손괴(damage), 평온에 대한 교란(disturbance of the peace), 그리고 그 위엄의 손상(impairment of its dignity)으로부터"만 보호받을 따름이다.[52)]

Ⅱ. 특별(임시)사절(special or *ad hoc* mission)의 면제·특권

16세기에 이르러서야 상주외교사절의 파견이 시작되었으며, 이 당시에는 유럽의 수도에 임시외교사절과 상주외교사절이 공존하였고 또한 그 지위에 있어 어떤 차이가 있는 것으로 생각되지 않았다. 그러나 점차적으로 상주외교사절(permanent diplomatic mission)이 원칙으로 되고, 특별사절(특사)은 대체로 매우 고위급에서 의례적 행사를 위해서만 사용되게 되었다. 그러나 20세기에 들어와서 다시 특별사절의 파견·접수가 빈번하게 이루어지고 있다.

부자 나라들은 특별사절에 대해 기능적 태도를 취하는데 반해, 가난한 나라들은 외국에 상주외교사절을 설치·운영할 재정적 여유가 없으므로, 특별사절의 필요성을 절실하게 느끼며 상주사절과 임시사절간의 차별대우를 반대하는 경향이 있다. UN총회는 1969년 12월 8일 뉴욕에서 "특별사절에 관한 협약"(Convention on Special Missions)(이하 뉴욕협약)을 채택하였으며, 1985년 6월 21일 발효하였다.[53)] UN총회는 동 협약과 관련하여 "분쟁의 강제적 해결에 관한 선택의정서"(Optional Protocol concerning the Compulsory Settlement of Disputes)도 채택하였는데, 이 의정서는 협약과 같은 일자에 발효되었다.[54)]

뉴욕협약 제1조는 특별사절(special mission)을 "한 국가가 타국과 특별한 문제에 관하여 거래를

49) 2006년 ILC "외교보호에 관한 규정초안"(Draft articles on Diplomatic Protection), 제1조 및 동 규정에 대한 주석 (9)(10), https://www.un.org/law/ilc.

50) 그러나 영사관계 비엔나협약은 명예영사에 대해 적극적으로 정의하고 있지는 아니하다. 영사관계 비엔나협약 제1조 2항; 朴觀淑, p. 269; Aust, *Handbook of IL*, 2nd, p. 144.

51) 영사관계 비엔나협약 제58조~제63조.

52) 영사관계 비엔나협약 제59조; Lee, p. 414.

53) 2021년 6월 18일 현재 39개 당사국. https://treaties.un.org.

54) 뉴욕협약과 그 선택의정서의 원문은, Watts, Vol. I, p. 394 이하; https://legal.un.org/ilc/texts/instruments/english/conventions/9_3_1969.pdf 참조.

하거나 혹은 타국과의 관계에 있어 특별한 임무를 수행할 목적으로, 타국의 동의를 얻어 그 국가에 파견하는 국가를 대표하는 임시사절"(a temporary mission, representing the State, which is sent by one State to another State with the consent of the latter for the purpose of dealing with it on specific questions or of performing in relation to it a specific task)로 정의하고 있다. 이 정의에 의하면, 특별사절은 '임시'사절이라는 점에서 상주사절과 구분되며, 국가를 대표한다는 점에서 국가대표성이 없는 국회의원사절단이나 축구팀 혹은 오케스트라 등과 구분되며, 구체적인 특정 문제를 다루기 위해 파견된다는 점에서 파견국을 포괄적으로 대표하는 상주사절과 구분된다.[55)]

제1조에서 이미 접수국의 동의에 의한 특사의 파견이 언급되고 있지만, 뉴욕협약은 다시 제2조에서 "국가는 외교채널 또는 기타 합의되거나 상호 수락가능한 채널을 통해 미리 타국의 동의를 얻어 그 국가에 특별사절을 파견할 수 있다."라고 규정함으로써, 접수국의 사전동의에 의한 특사의 입국을 강조하고 있다.[56)] 판례에서도 특별사절이 되기 위한 요건으로 접수국의 사전동의가 강조되고 있다.[57)]

외교관계나 영사관계가 없는 국가 상호간에도 특별사절을 파견할 수 있다.[58)] 특별사절은 (상주사절단의 경우와 마찬가지로) 접수국의 외무부 또는 상호합의한 기타 관련 부처를 통하여 공식접촉을 갖는다.[59)] 둘 이상의 국가는 모두에게 공동의 이해관계가 있는 문제를 다루기 위해, 타국의 동의를 얻

---

55) Gore-Booth (ed.), p. 158.

56) *Ibid.*

57) See, e.g., UK, England and Wales, High Court(Queen's Bench Division, Administrative Court), Appeal decision of 29 July 2011, *Khurts Bat and Mongolia (intervening)* v *Investigating Judge of the German Federal Court and Secretary of State for Foreign and Commonwealth Affairs (intervening)*, [2011] EWHC 2029 (Admin), para. 29 ("It is vital to bear in mind that the consent which must be previously obtained is consent to a Special Mission. A State which gives such consent recognises the special nature of the mission and the status of inviolability and immunity which participation in that Special Mission confers on the visitors. Not every official visit is a Special Mission. Not everyone representing their State on a visit of mutual interest is entitled to the inviolability and immunity afforded to participants in a Special Mission."). 사건 개요는 이러하다. 몽골안보국장 Khurts Bat가 영국에서 체포되었다. 그와 몽골비밀정보국 요원들이 몽골인 1인을 프랑스에서 납치하여, 독일로 데려온 다음, 몽골로 보냈다는 혐의로 독일 정부가 범죄인인도를 요청해 왔기 때문이다. 납치된 몽골인은 몽골 정부의 한 장관의 암살에 연루된 혐의로 수배 중이었다. Khurts Bat는 자신은 특별사절로서, 또 몽골의 고위공직자["몽골 국가안보국장"(head of the Office of National Security of Mongolia)]로서 인적 면제를 향유한다고 주장하였다. 영국은 1969년 뉴욕협약에 서명만 하였을 뿐 비준은 하지 않고 있고, 몽골은 서명도 하지 않은 상태에서, 뉴욕협약은 영국과 몽골 간에 적용될 수 없는 상황이었다. 그러므로 고등재판소(High Court)는 영국법의 일부를 구성하는 국제관습법을 준거법으로 하여 다음과 같이 결론지었다 : (i) 영국 외무부(Foreign and Commonwealth Office)는 Khurts Bat가 특별사절의 자격으로 입국하는 것에 대해 사전동의를 한 바 없다는 사실확인서(certificate)를 법원에 보내왔다. 고로, 그는 특별사절이 아니다 ; (ii) Khurts Bat는 그의 카운터파트가 영국 외무부 국장 정도의 중간계급으로서 이는 몽골정부 내에서 충분히 고위급 공무원이 아니고, 또 ICJ가 *Arrest Warrant* 사건에서 말한 정도의 높은 계급이 아니므로, 국가원수나 정부수반이 향유하는 인적 면제를 주장할 수 없다. 결국 그는 독일로 인도되었으나, 고소가 취하되어 본국으로 돌아가는 것이 허락되었다. https://opil.ouplaw.com/view/10.1093/law:ildc/1779uk11.case.1/law-ildc-1779uk11 ; Wickremasinghe in Evans (ed.), *International Law*, 5th, pp. 361, 366 (fn, 61), 369 ; Franey in Orakhelashvili (ed.), pp. 219~220 ; 본서, 제10장 (국가면제), "Ⅲ. 국가대표자(공무원)의 면제" 참조.

58) 뉴욕협약 제7조.

59) 뉴욕협약 제15조.

어 그 국가로 각기 동시에 특사를 파견할 수 있다.[60] 둘 이상의 국가에서 파견된 특사는 먼저 제3국의 명시적 동의를 얻는 경우에는 그 제3국의 영토에서 회합을 가질 수 있다. 이 경우 제3국은 이 동의를 언제든지 철회할 수 있으며, 또한 조건을 부과하고 접수국으로서 부담하는 의무의 범위를 제한할 수 있다.[61]

국가원수가 특별사절단을 이끄는 경우, 그는 접수국이나 제3국에서 국제법이 국가원수의 공식방문시 부여하는 특권과 면제를 향유한다. 정부수반, 외무장관 그리고 '기타 높은 직급의 인물들'(other persons of high rank)이 파견국의 특별사절단에 참가하는 경우, 그들은 접수국 또는 제3국에서 본 뉴욕협약이 부여하고 있는 것 이외에 국제법이 부여하는 편의와 특권·면제를 향유한다.[62]

특권·면제에 있어 특별사절단과 상주외교사절단의 주요 차이는 다음과 같다.[63] 특별사절단의 구성원은 공적 직무 밖에서의 자동차사용으로부터 야기된(caused by a vehicle used outside the official functions of the person concerned) 손해배상청구소송에 대해서는 면제를 향유하지 못한다.[64] 이동의 자유는 특별사절단의 '임무수행을 위해 필요한 범위 내에서만' 허용된다.[65] 특별사절단 공관의 불가침성 문제에 있어, 화재 혹은 기타 재난이 발생하였는데도 특별사절단의 장과의 연락이 불가능한 경우 '그의 동의가 있는 것으로 추정하여' 임시공관 내로 들어갈 수 있다.[66] 조세면제는 '특별사절단의 성격 및 체류필요기간과 양립하는 범위 내에서만' 인정된다.[67] 접수국은 특별사절단의 관세면제를 제한하는 법률을 제정할 수 있다.[68] 특별사절단의 공문서도 불가침을 향유한다. 그러나 접수국을 돕기 위하여, "이들 공문서는 필요하다면 그 외부에 가시적인 확인표시를 부착하여야 한다."는 조건이 부가되어 있다.[69] 통신의 자유에 있어서도 상주외교사절단의 경우와 비슷한 통신의 자유가 특별사절단에게 부여되고 있지만, 여기에도 "가능한 한 특별사절단은 파견국(즉, 자국)의 상주외교사절단의 -행낭과 신서사를 포함한- 통신수단을 사용해야 한다."는 조건이 부가되어 있다.[70] 특별사절단 구성원들의 제3국 통과와 관련하여, 1961년 외교관계 비엔나협약상의 의무와 동일한 의무가 통과국에게 부과되어 있다. 그러나 이 경우의 의무는 통과국이 -비자신청 또는 통고에 의하여- 사전에 특별사절단 구성원의 통과에 관하여 통고를 받고 그것에 대해 이의를 제기하지 않은 경우에만 발생한다.[71] 이것은 두 가지 사실을 강조하고 있다. 첫째, 외교사절단 구성원의 경우와 마찬가지로 특별사절단의 제3국 통과권(automatic right of passage)이란 존재하지 않는다. 둘째,

60) 뉴욕협약 제6조.
61) 뉴욕협약 제18조.
62) 뉴욕협약 제21조 ; Gore-Booth (ed.), p. 159.
63) Gore-Booth (ed.), pp. 156~160.
64) 뉴욕협약 제31조 2항(d).
65) 뉴욕협약 제27조.
66) 뉴욕협약 제25조.
67) 뉴욕협약 제24조.
68) 뉴욕협약 제35조 1항.
69) 뉴욕협약 제26조.
70) 뉴욕협약 제28조.
71) 뉴욕협약 제42조 4항.

제3국이 통과국으로서의 의무를 지기 위해서는 특별사절단의 통과에 동의를 했어야 한다.[72)]

Ⅲ. 국제기구에 파견된 국가대표의 면제·특권

국제기구에 파견되는 국가대표의 특권·면제를 규율하기 위해 1975년 3월 13일의 UN회의에서 "보편적 성격의 국제기구와의 관계에 있어 국가대표에 관한 비엔나협약"(Vienna Convention on the Representation of States in their Relations with International Organizations of a Universal Character)이 채택되었다.[73)] 그러나 이 협약은 파견국과 국제기구의 소재지국(수용국)(host state) 간에 외교관계가 수립되어 있느냐의 여부에 관계없이 '보편적 성격'의 국제기구에 파견된 (회원국 또는 비회원국의) '상주사절단'(permanent mission)과 그러한 국제기구나 기구의 기관이 주관하는 국제회의에 참석하는 '국가대표단' (delegation)에게만 적용된다.[74)] 본 협약의 목적상 '보편적 성격의 국제기구'(international organization of a universal character)라 함은 "UN과 그 전문기구, 국제원자력기구, 그리고 세계적 규모의 회원과 책임을 지닌 일체의 유사기구"(the United Nations, its specialized agencies, the International Atomic Energy Agency and any similar organization whose membership and responsibilities are on a worldwide scale)를 의미한다.[75)] 이 비엔나협약과 1961년의 외교관계 비엔나협약 사이에는 많은 유사점이 있다. 즉, 상주사절단의 경우 사절단장과 그의 외교직원들은 소재지국의 형사재판관할권으로부터 완전한 면제를 향유하며, 1961년의 비엔나협약 제31조에 언급되어 있는 것과 동일한 예외를 조건으로 민사·행정재판관할권으로부터도 면제된다.[76)] 행정·기술직원과 역무직원도 1961년의 비엔나협약에서와 동일한 대우를 받는다.[77)] 사절단의 공관은 외교공관과 동일하게 불가침이며,[78)] 소재지국의 조세로부터 면제된다.[79)] 그 공문서도 언제 어디서나 불가침성을 향유한다.[80)]

---

72) Gore-Booth (ed.), p. 160.

73) 35개국이 비준 또는 가입하여야 발효하는데(비엔나협약 제89조 1항), 2018년 8월 24일 현재 34개국이 비준, 가입 혹은 승계하였다 : https://treaties.un.org/pages/ParticipationStatus.aspx. 이 협약의 비준을 거부하고 있는 국가들은 다름 아닌 중요 국제기구의 수용국들(미국, 스위스, 오스트리아, 캐나다, 프랑스, 영국)인데, 반대의 주된 근거는 통상적인 기능적(직무) 면제를 벗어나 지나치게 과다한 면제와 특권을 부여하고 있기 때문이다. Rosenne, *The Perplexities of Modern International Law*, p. 435, fn. 72 ; Wolfrum/Philipp (eds.), p. 583. 이 비엔나협약의 원문은, Watts, Vol. I, p. 571 이하 ; https://untreaty.un.org/ilc/guide/5-1.htm 참조.

74) 비엔나협약 제2조, 제5조.

75) 비엔나협약 제1조 1항(2).

76) 비엔나협약 제30조.

77) 비엔나협약 제36조 2항.

78) 비엔나협약 제23조.

79) 비엔나협약 제24조.

80) 비엔나협약 제25조.

Ⅳ. 국제기구의 면제 · 특권

국제기구는 국가와는 달리 영토나 인구를 가지고 있지 않기 때문에 특정 국가의 영토에서 특정 국가의 국적을 가진 사람들을 통해 직무를 수행할 수 있을 따름이며, 그 결과 국제기구는 국가들, 특히 소재지국가로부터 간섭받기 쉽다. 또한, 국제기구는 국가가 아니므로 그것이 향유하는 면제의 근거를 주권평등의 원칙, 곧 "*par in parem non habet imperium*(*jurisdictionem*)"에서 구할 수는 없다. 국가면제와 구분되는 국제기구의 면제의 특징도 이같은 조건에서 비롯된다고 할 수 있다.[81)]

첫째, 국제기구가 국제법의 주체로서 등장한 것은 비교적 새로운 현상이기 때문에 국제기구의 면제와 관련한 관습법규를 말하기는 어려우며, 이 문제는 대체로 국제기구의 설립조약이나 별도 이행조약에 의하여 규율되고 있다. 이것은 국제기구가 비회원국에 대해서는 면제를 권리로서 주장하기 어려울 것임을 시사한다.[82)] 그러나 아래에서 언급하는 스위스 판례 *ZM* v. *Permanent Delegation of the League of Arab States to the United Nations*[83)]를 포함하여 몇몇 국가의 재판소들은 국제기구에게 면제를 부여하는 국제법의 일반원칙이 존재한다는 견해를 피력하고 있기도 하다.[84)]

둘째, 국제기구에 고용된 공무원은 국가원수와 외교관을 비롯한 국가대표자들과는 달리 출신국가의 이익을 대변하거나 대표하는 자가 아니다. 즉, 그들은 소속 기구에 대해 충성의 의무를 지고 국제임무를 수행하는 자로서, -국제기구 소재지국에 대해서 뿐만 아니라- 출신국가(즉, 국적국가)에 대해서도 면제를 원용할 수 있다는 점에서 국가대표자들과는 다르다.[85)]

셋째, 스위스 노동재판소는 *ZM* v. *Permanent Delegation of the League of Arab States to the UN*[86)]에서 "국제관습법은 국제기구가 -보편적 기구든 지역적 기구든 간에- 절대적인 관할권 면제를 향유한다는 것을 인정하였다. ... 국제기구의 이 특권은 그들에게 할당된 목적과 직무로부터 나온다. 그들은 회원국이나 본부 소재지국의 재판소의 질책에서 벗어나 있어야만 그 임무를 수행할 수 있다."라고 판시한 바 있다. 이것은 국가면제에서 출현한 권력적/공법적 행위와 상업적/사법적 행위의 구분은 국제기구의 면제 범위를 결정함에 있어서는 직접적인 관련성이 거의 없음을 뜻한다. 즉, 어떤 활동이 조약에서 부여받은 직무를 수행하기 위한 것이라면 그것은 면제의 보호를 받을 권

81) Fox, pp. 467~468.

82) *Ibid*., pp. 468~469 ; Amerasinghe, p. 348 ; Orakhelashvili in Orakhelashvili (ed.), pp. 498~499.

83) Labour Court of Geneva, Judgment of 17 November 1993, 116 ILR 643, 647 (noted by Shaw, 5th, p. 1208).

84) ILC Report (2006), "Annex B : Jurisdictional immunity of international organizations (Mr. Giorgio Gaja)", paras. 4~6 (available at https://untreaty.un.org/ilc/reports/2006/english/annexes.pdf)에서는 이같은 견해를 지지하는 몇몇 국내판례들을 소개하면서, 결론에 이르기 전에 국가관행에 대한 철저한 조사가 필요함을 언급하고 있다.

85) Fox, p. 473 ; Maria Aristodemou, "Applicability of Article Ⅵ, Section 22, of the Convention on the Privileges and Immunities of the U.N. (Advisory Opinion, ICJ Rep. 1989, 177)", (1992) 41 ICLQ 695 at 699~701 ; ICJ Reports (1989), p. 177, at para. 51 ; Shaw, 5th, pp. 1210~1211.

86) 116 ILR 643, 647.

리가 있을 것이고, 반대로 활동이 "기구의 목적과 직무에서 벗어난"(*ultra vires* the purpose and functions of the organization) 것이라면 그것은 면제의 적용대상이 되지 못한다는 것이 일반적인 인식이다.[87] 그러나 기구의 영리활동(profit-making activities)의 경우, 어느 범위까지 그 직무 범위 내의 것으로서 조세를 부과하거나 상업적 활동을 규제할 소재지국의 관할권 행사로부터 면제되는지는 분명하지 않다. 독일과 "유럽분자생물학연구소(European Molecular Biology Laboratory)[88] 간의" 분쟁인 *European Molecular Biology Laboratory* v. *Germany*[89]에서 이것이 문제된 바 있는데, 중재재판소는 기구의 활동이 직무와 관련되어 면제되는 것으로 규정함에 있어 '목적'이 그 출발점이라고 선언하였다. 이 사건에서 기구의 목적은 분자생물학의 연구를 수행하는 것이었다. 카페테리아의 운영과 방문객의 수용을 포함한 과학회의의 조직은 적어도 영리 지향적이 아닌 범위 내에서는 이 목적에 부수되는 것으로 간주되어야 한다고 판시되었다. 국가면제의 경우에는 원고가 자국 재판소에 소를 제기하기 전 또는 후에 피고국이나 제3국의 재판소에 소를 제기하는 것이 이론상 불가능하지 않은데 반해, 국제기구의 경우에는 이같은 대안이 존재하지 않는다는 점에서 국제기구에 부여되는 거의 절대적인 면제에 대해 비판이 제기되고 있기도 하다.[90] 그러나 반대로, 국가면제

87) Amerasinghe, p. 322. 아마도 비슷한 관점에서 한국 헌법재판소도 2001년 9월 27일, 2000헌바20 결정[국제통화기금조약 제9조(지위, 면제 및 특권) 제3항 등 위헌소원]에서 다음과 같이 판시한 바 있다 : "... 국제통화기금협정 제9조 제3항은 동 기금 및 그 자신과 재산에 대하여 "모든 형태의 사법절차로부터" 면제된다고 규정하지만, 동 협정의 다른 조항(제9조 제1항)을 함께 참조할 때, 국제통화기금은 그 목적범위 내에서 자신에게 부여된 임무를 수행하기 위하여 행하는 공식적인 행위에만 재판권 면제의 대상이 된다고 해석될 여지가 있고, 따라서 위 문구에도 불구하고 여전히 법원의 해석 여하에 따라서 그 적용범위가 제한될 수 있는 것이다. 이 사건 심판대상인 국제통화기금협정에 관한 위와 같은 관점은 전문기구협약 제4 절 본문의 경우에서도 마찬가지라고 볼 것이다."

88) 1974년 설립된, 유럽 차원의 비영리 정부간기구이다. 자세한 것은, https://www.embl.org/ ; https://en.wikipedia.org/wiki/European_Molecular_Biology_Laboratory 참조.

89) Arbitration Award of 29 June 1990, 105 ILR 1 (noted by Fox, p. 470).

90) 소수 판례이긴 하지만 국가면제법상의 *jure imperii*, *jure gestioni* 구분 발상을 국제기구의 행위에 적용한 판례들도 보고되고 있다 ; 이에 대해 자세한 것은, Amerasinghe, pp. 321~323 참조. 또한, 미국의 경우, 1945년 "국제기구면제법"(International Organizations Immunities Act) (December 29, 1945) 제2조(Section 2), (b)에서 "국제기구는 ... 소송 및 모든 형태의 사법절차에서 외국정부들이 향유하는 것과 동일한 면제를 향유한다."(International organizations, their property and their assets, wherever located and by whomsoever held, shall enjoy the same immunity from suit and every form of judicial process as is enjoyed by foreign governments, except to the extent that such organizations may expressly waive their immunity for the purpose of any proceedings or by the terms of any contract.)고 규정하고 있는데, 미국은 외국에 대해 "외국주권면제법"(FSIA)에 의해 제한적 면제를 도입했으므로 미국법 하에서의 국제기구의 면제도 절대적 면제에서 제한적 면제로 이행하였다는 해석이 가능하며(Fox, pp. 470, 473), 연방최고재판소도 국제금융공사(IFC)의 면제 여부가 다투어진 *Budha Ismail Jam, et al., Petitioners* v. *International Finance Corporation*, decision of February 27, 2019, 586 U.S.___(2019), 〈https://www.supremecourt.gov/opinions/18pdf/17-1011_mkhn.pdf〉에서 이 견해를 채택하였다: "The International Organizations Immunities Act grants international organizations the "same immunity" from suit "as is enjoyed by foreign governments" at any given time. Today, that means that the Foreign Sovereign Immunities Act governs the immunity of international organizations. The International Finance Corporation is therefore not absolutely immune from suit." 그러나 재판소는 이 결론에 몇 가지 단서를 달고 있다. 첫째, "국제기구면제법은 기구설립헌장에 다른 수준의 면제가 규정되어 있지 아니한 경우에 적용되는 (강행규정이 아닌) 임의규정"이라고 말하면서 IFC가 아직 자신의 절대적 면제를 명시하지 아니한 설립헌장을 전략적으로 개정하여 소망하는 바의 절대적 면제를 주장할 수 있을 것임을 시사하였다: "... the privileges and immunities

나 외교면제는 상호주의(reciprocity, *quid pro quo*)의 적용을 통해 확보되는 데 반해, 국제기구에게는 그같은 실효적인 제재수단이 없다.[91]

넷째, 20세기 말로 오면서 나타난 특징 중의 하나는 이런 저런 종류의 국제재판소가 많이 생겨나고 있다는 것이다. 그리고 이로 인해 이들 국제재판소의 국제 및 국내 인격과 함께 그들의 면제도 문제되고 있다. 그러나 그 자체 기구로 설립된 국제재판소이건 어떤 국제기구의 사법기관의 자격으로 태어난 국제재판소이건 불문하고, 국제재판소의 존재는 조약에 기초하고 있으므로 그들에게 국제 및 국내 법인격이 인정되는지, 그리고 그 연장선상에서 면제를 향유하는지에 관한 논의에 대해서도 이들 주제에 대한 일반국제법의 논리가 그대로 적용된다고 보아야 할 것이다. 실제로, *AS* v. *Iran-United States Claims Tribunal* 사건[92]의 1심 재판에서 네덜란드 재판소는, 피고 '미국-이란 청구재판소'는 국제법으로부터 나오는 법인격을 가진 국제기구로서, 국제법과 네덜란드 법률로부터 나오는 준거법의 결과로 동 피고재판소는 국제기구들이 향유하는 재판관할권 면제를 주장할 권리가 있다고 판시하였다. 이 결론은 2심[93]과 3심[94]에서 모두 지지되었다.

---

accorded by the IOIA are only default rules. If the work of a given international organization would be impaired by restrictive immunity, the organization's charter can always specify a different level of immunity. The charters of many international organizations do just that. See, e.g., Convention on Privileges and Immunities of the United Nations, Art. II, §2, Feb. 13, 1946, 21 U. S. T. 1422, T. I. A. S. No. 6900 ("The United Nations ... shall enjoy immunity from every form of legal process except insofar as in any particular case it has expressly waived its immunity"); Articles of Agreement of the International Monetary Fund, Art. IX, §3, Dec. 27, 1945, 60 Stat. 1413, T.I.A.S. No. 1501 (IMF enjoys "immunity from every form of judicial process except to the extent that it expressly waives its immunity"). Notably, the IFC's own charter does not state that the IFC is absolutely immune from suit." 둘째, 재판소는 모든 국제개발은행들의 대부활동이 FSIA에 규정된 상업적 활동에 해당하는지는 분명하지 않으며, 각국 정부에 조건부 대부를 해주는 일부 개발은행의 대부활동은 FSIA에서 말하는 "상업적" 활동에 해당하지 아니할 수 있다고 하였다: "it is not clear that the lending activity of all development banks qualifies as commercial activity within the meaning of the FSIA. To be considered "commercial," an activity must be "the type" of activity "by which a private party engages in" trade or commerce. Republic of Argentina v. Weltover, Inc., 504 U.S. 607, 614 (1992); see 28 U.S.C. §1603(d). As the Government suggested at oral argument, the lending activity of at least some development banks, such as those that make conditional loans to governments, may not qualify as "commercial" under the FSIA." 셋째, 재판소는 이어서, "설령 특정 국제개발은행의 대부활동이 (FSIA의)상업적 활동에 해당한다 하더라도 이로써 그 국제기구가 자동적으로 소송에 복종하게 됨을 의미하는 것은 아니다. 왜냐하면 FSIA의 다른 요건들도 충족하여야 하기 때문이다"라고 하였다: "And even if an international development bank's lending activity does qualify as commercial, that does not mean the organization is automatically subject to suit. The FSIA includes other requirements that must also be met. For one thing, the commercial activity must have a sufficient nexus to the United States. See 28 U.S.C. §§1603, 1605(a)(2). For another, a lawsuit must be "based upon" either the commercial activity itself or acts performed in connection with the commercial activity." See Diane Desierto, "COTUS Decision in Jam et al v. International Finance Corporation (IFC) Denies Absolute Immunity to IFC…With Caveats", EJIL: *Talk!*, February 28, 2019, <https://www.ejiltalk.org/scotus-decision-in-jam-et-al-v-international-finance-corporation-ifc-denies-absolute-immunity-to-ifc-with-caveats/>.

91) Fox, p. 473. 다만, 한 국가가 국제기구에 특권과 면제를 부여하면 다른 국가들도 그렇게 행동할 것이 요구된다는 점에서 '국가 간'에 "더욱 미묘한 종류의 상호주의"(a reciprocity of a more subtle kind)가 작동하고 있다 : Amerasinghe, p. 317 참조.

92) (1983), Local Court, The Hague, 94 ILR 323 (noted by Amerasinghe, pp. 85~86).

93) (1984), District Court, The Hague, 94 ILR 326.

다섯째, 국제기구는 소재지 국가에 대해서 뿐만 아니라 자신의 모든 회원국에 대해 면제를 향유하지만,[95] 현실적으로 가장 흔히 발생할 수 있는 사건은 국제공무원이 자신의 고용주인 기구를 상대로 소재지 국가의 재판소에 고용 관련 소송을 제기하는 것이다. 국제기구를 많이 수용하고 있는 국가들의 경우에는 이런 사건들이 많이 접수될 수 있을 것이다. 그러나 고용 관련 사건에서는 국제기구의 면제를 인정하는 판례가 절대 다수인 것으로 보인다.[96] *Beer and Regan* v. *Germany* 사건[97]은 유럽인권재판소가 유럽인권협약의 측면에서 이 문제에 어떻게 접근하고 있는지를 잘 보여주고 있는데, 사건 개요는 다음과 같다. 독일인 Beer와 영국인 Regan은 각기 프랑스 회사와 이탈리아 회사에 고용되어 유럽우주국(European Space Agency : ESA)[98]이 독일 Darmstadt에 설립한 한 독립회사(즉, European Space Operations Centre)에 파견된 후 그 곳에서 상당기간 업무를 수행한 기술자인데, 독일 노동법에 따라 자신들은 ESA의 고용인의 지위를 획득하였다고 주장하면서 각기 다름슈타트 노동재판소에 ESA를 상대로 제소하였다. 이 두 소송에서 ESA는 ESA설립협약(Convention for the Establishment of a European Space Agency)[99]의 관련 규정(협약 제15조 및 협약부속서 I)에 따라 면제를 원용하였으며, 다름슈타트 노동재판소는 ESA의 면제를 인정하였다. 그 후 이 사건은 유럽인권위원회를 거쳐 유럽인권재판소로 오게 되었다. 신청자들은 독일 노동재판소가 ESA의 면제를 인정하여 소를 각하함으로써 유럽인권협약 제6조(공정한 재판을 받을 권리)의 1항을 위반하였다고 주장하였으나, 유럽인권재판소는 만장일치로 유럽인권협약 제6조 1항의 위반은 없다고 결론지었다. 여기서 유럽인권재판소는 "본 재판소의 관점에서는, (국제기구)ESA에 독일 재판관할권으로부터의 면제를 부여하는 것이 유럽인권협약 하에서 허용될 수 있는가의 여부를 결정함에 있어 한 개의 중요한 요소는 신청자들이 협약 하의 자신들의 권리를 실효적으로 보호하는데 이용할 수 있는 합리적인 대안수단을 가지고 있었는지의 여부이다."라고 언급하면서,[100] 그런데 본 사건에서 신청자들은 기구 내부의 기관(즉, ESA Appeals Board)을 이용하려면 할 수 있었고,[101] 더

---

94) (1985), Supreme Court, The Hague, 94 ILR 327.

95) Amerasinghe, p. 316.

96) 그러나 최근, 고용도 국제기구의 사법적(私法的) 활동으로 보고, 여기에 제한적 면제를 적용한 판례가 보고되고 있다. 이에 관한 자세한 논의는, Amerasinghe, pp. 323~327, 495 참조.

97) Application no. 28934/95, Judgment of 18 February 1999, [1999] ECHR 6, available at https://worldlii.org/eu/cases/ECHR/1999/6.html. See also Fox, pp. 471~472 ; Pavoni in de Wet and Vidmar, p. 79 (fn. 36) ; Kaczorowska-Ireland, pp. 441~443.

98) 우주 개발을 위해 1975년에 수립된, 유럽 차원의 정부간기구. 자세한 것은, https://www.esa.int/ ; https://en.wikipedia.org/wiki/European_Space_Agency 참조.

99) https://www.esa.int/convention/.

100) Para. 58 of the Judgment : "For the Court, a material factor in determining whether granting ESA immunity from German jurisdiction is permissible under the Convention is whether the applicants had available to them *reasonable alternative means* to protect *effectively* their rights under the Convention."(italics added) 유럽인권재판소는 역시 ESA와 관련된 유사한 사건으로 상기 *Beer and Regan* v. *Germany* 사건과 같은 날 판결한 *Waite and Kennedy* v. *Germany*, Application no. 26083/94, Judgment of 18 February 1999, [1999] ECHR 13, para. 68 (available at https://worldlii.org/eu/cases/ECHR/1999/13.html)에서도 동일한 말을 하면서 동일한 판결을 내렸다. See Shaw, 5th, p. 1208 ; Pavoni in de Wet and Vidmar (eds.), pp. 79 (fn, 36), 103 ff ; Garnett in Orakhelashvili (ed.), p. 309.

군다나 자신들을 고용한 회사들을 상대로 국내재판소에 제소할 수도 있었을 것이라는 점을 지적하였다.[102] 따라서 이 판결은 거꾸로 국제기구 내부에 직원과의 고용 분쟁을 심리할 자체 행정재판소가 없는 경우에는 국내재판소들이 고용주 국제기구를 상대로 제기된 소송에서 재판관할권을 인수할 가능성이 존재함을 시사하는 것이다.[103]

실제로, 이탈리아 파기원(최고재판소)(Court of Cassation)은 *Drago* v. *International Plant Genetic Resources Institute* (*IPGRI*) [104]에서 이탈리아 시민과 피고 IPGRI 사이의 고용 분쟁에 대해 재판관할권이 있음을 확인한 바 있다. 이 사건에서 피고 국제기구의 전 직원이었던 원고는 부당해고를 이유로 이탈리아 재판소에 제소하였지만, 로마 1심재판소와 항소재판소는 피고의 면제를 이유로 소를 각하하였다. 그러나 하급심의 판결은 파기원에서 뒤집혔다. 파기원은 피고 기구는 고용 관련 분쟁을 해결하기 위한 독립적이고 공평한 사법구제수단을 제공할 본부협정(headquarters agreement) 하의 의무를 이행하지 않았기 때문에, 이탈리아와의 본부협정에서 피고 기구에게 부여한 관할권면제는 −이탈리아 헌법 제24조에 담겨 있는− 개인의 권리를 보호하기 위하여 소송을 제기할 기본적 권리와 양립될 수 없다고 판시하였던 것이다. 사실 IPGRI는 ILO 행정재판소의 관할권에 복종하였었지만, 이 복종은 분쟁 발생 후에 발생하였기 때문에 동 행정재판소는 관할권이 결여되었고, 이로써 원고는 사실상 그 어떤 대안의 분쟁해결수단(alternative means of dispute settlement)도 가지지 못하였던 것이다. 행정재판소를 설립하지 아니한 아프리카 개발은행(African Development Bank)의 면제를 거부한 프랑스 판례도 보고되고 있다.[105]

'국제기구'의 면제에 대한 유럽인권재판소와 일부 국내재판소의 이같은 태도는, ICJ가 *Jurisdictional Immunities of the State* 사건[106]에서 '국가면제'의 경우에는 "대안의 실효적 구제수단의 존재 여부에 따라 결정되는 문제가 아님"을 지적한 것과 일견 대조된다.[107] 그러나 유럽인권재판소도 후일

101) Para. 59 of the Judgment.
102) Para. 60 of the Judgment.
103) Amerasinghe, p. 495.
104) Italy, Court of Cassation, Case No 3718, 19 February 2007, ILDC 827 (IT 2007) (noted by Nollkaemper, pp. 289~290 ; August Reinish, "The Immunity of International Organizations and the Jurisdiction of their Administrative Tribunals", (2008) 7 (2) Chinese Journal of International Law 285~306, available at https://chinesejil.oxfordjournals.org/content/7/2/285.full).
105) France, Court of Appeals of Orlèans, 7 October 2003, and Court of Cassation, *African Development Bank* v. *Mr X*, Case No 04-41012, ILDC 778 (FR 2005), noted by Nollkaemper, p. 29[illegible].
106) Germany v. Italy ; Greece intervening, ICJ Reports (2012), para. 101 : "...the Court cannot accept Italy's contention that the alleged shortcomings in Germany's provisions for reparation to Italian victims entitled the Italian courts to deprive Germany of jurisdictional immunity. The Court can find no basis in the State practice from which customary international law is derived that international law makes the entitlement of a State to immunity dependent upon the existence of effective alternative means of securing redress. Neither in the national legislation on the subject, nor in the jurisprudence of the national courts which have been faced with objections based on immunity, is there any evidence that entitlement to immunity is subjected to such a precondition. States also did not include any such condition in either the European Convention or the United Nations Convention." 사건 개요는 본서, 제10장 (국가면제) 참조.
107) See Pavoni in de Wet and Vidmar (eds.), pp. 71~113.

Stichting Mothers of Srebrenica and Others v. *The Netherlands* 사건[108]에서 대안의 구제수단이 없다는 이유만으로 "UN"의 면제가 부인되지는 않는다고 판시하였다.

국가들은 자신들이 설립하는 기구에 면제를 거의 부여하지 않기로 합의하기도 하는데, 상업적 세계에서 활동하는 국제금융기구들의 경우에 대체로 그러하다.[109] 이를테면, 국제부흥개발은행(IBRD)이나 유럽부흥개발은행(EBRD)의 경우 사실상 소송으로부터 면제를 향유하지 못하며, 최종 판결이 전달된 후에는 은행의 재산 및 자산은 압류, 집행의 대상이 될 수 있다.[110]

이상의 일반론을 배경으로 아래에서는 보편적 기구인 UN(과 UN공무원)의 면제 · 특권에 관하여 개관하겠는데, 이 문제는 UN헌장 제105조의 이행을 위해 UN회원국 간에 체결된 "UN의 특권과 면제에 관한 협약" (Convention on the Privileges and Immunities of the United Nations)(이하 UN특권면제협약)[111]에 의해 규율되고 있다. UN 자신은 UN특권면제협약의 당사자가 아니지만,

---

108) European Court of Human Rights, Case No. 65542/12, Judgment of 27 June 2013 : "121. The applicants complained that the recognition of immunity from domestic jurisdiction of the United Nations by the Netherlands courts violated their right of access to a court." ; "163. As the applicants rightly pointed out, in *Waite and Kennedy* (cited above, § 68) - as in *Beer and Regan* (cited above, § 58) - the Court considered it a "material factor", in determining whether granting an international organisation immunity from domestic jurisdiction was permissible under the Convention, whether the applicants had available to them reasonable alternative means to protect effectively their rights under the Convention. In the present case it is beyond doubt that no such alternative means existed either under Netherlands domestic law or under the law of the United Nations." ; "164. It does not follow, however, that in the absence of an alternative remedy the recognition of immunity is *ipso facto* constitutive of a violation of the right of access to a court. In respect of the sovereign immunity of foreign States, the ICJ has explicitly denied the existence of such a rule (*Jurisdictional Immunities of the State* (*Germany v. Italy: Greece intervening*), § 101). As regards international organisations, this Court's judgments in *Waite and Kennedy* and *Beer and Regan* cannot be interpreted in such absolute terms either." ; "169. The above findings lead the Court to find that in the present case the grant of immunity to the United Nations served a legitimate purpose and was not disproportionate.".

109) Amerasinghe, pp. 320~321 ; Akande in Evans (ed.), *International Law*, 3rd, p. 274 ; Orakhelashvili in Orakhelashvili (ed.), pp. 502~503.

110) IBRD 설립협정(Articles of Agreement of the International Bank for Reconstruction and Development) 제7조 § 3 ; 유럽부흥개발은행 설립협정(Agreement establishing the European Bank for Reconstruction and Development)(1990년 5월 29일 서명, 1991년 3월 28일 발효) 제46조. 은행 자체의 면제와는 별도로 은행의 임직원은 "공적 자격으로 수행하는 행위"에 대해 면제를 부여받고 있다 : IRBD 설립협정 제7조 §8 ; 유럽부흥개발은행 설립협정 제51조. Official Journal of the European Communities, No L 372/4, 31. 12. 90, available at https://ec.europa.eu/world/agreements/downloadFile.do?fullText=yes&treatyTransId=1357 ; Aust, *Handbook of IL*, 2nd, p. 182. 이들 두 국제은행과는 대조적으로 국제통화기금(IMF)과 그 자산은 절대적 면제를 부여받고 있다 ; 다만 그 임직원들은 -아래 *Dominique Strauss-Khan* 사례에서 보는 것처럼, 그리고 두 은행의 경우와 동일하게- "공적 자격으로 수행하는 행위"에 대하서만 면제를 부여받고 있다 : IMF설립협정 제9조, §3, §8.

111) 1946년 2월 13일 UN총회 결의 22(I) "UN의 특권과 면제"에 의하여 채택, 승인됨. UN 회원국은 자동적으로 이 협약의 당사국이 되는 것은 아니다. 즉 협약은 단지 "가입을 위하여 모든 UN회원국에게 제출"될 따름이며(§ 31) ; "UN사무총장에게 가입문서를 기탁한 각 UN회원국에 대해 기탁일로부터 발효한다."(§ 32) 1946년 9월 17일 영국이 가입함으로써 § 32에 의거하여 최초 발효.

UN전문기구에게도 비슷한 특권, 면제를 부여하기 위해 UN총회는 1947년 11월 21일 결의 179(Ⅱ) "UN과 전문기구의 특권과 면제 일치(조정)"(Co-ordination of the privileges and immunities of the United Nations and of the specialized agencies)에 의거하여 "전문기구의 특권과 면제에 관한 협약" (Convention on Privileges and Immunities of the Specialized Agencies)을 승인한 바 있다. 1948년 12월 2일 동 협약 §

ICJ는 *Reparation for Injuries Suffered in the Service of the United Nations* 사건[112)]에서 "UN특권면제협약은 각 체약국과 UN 간에 권리와 의무를 창설한다(creates rights and duties between each of the signatories and the Organization)"고 말한 바 있다.

UN헌장 제105조 1항은 "[UN은] '목적 달성에 필요한' 특권과 면제(such privileges and immunities as are necessary for the fulfilment of its purposes)를 각 회원국의 영역 안에서 향유한다"고 규정하고 있는데, 이는 직무면제(functional immunity)의 관점에서 UN에게 절대적 면제를 부여하지는 않으려는 의도를 나타낸 것으로 새길 수 있다.[113)] 그러나 –UN헌장 제105조 1항을 구체화한– UN특권면제협약 § 2에 의하면 UN과 (어디에 소재하든 그리고 누가 보유하고 있든 관계없이) 그 재산 및 자산은 '모든' 형식의 소송으로부터 면제된다.[114)] 실제로도 UN 자신과 그 재산에 대해서는 절대적 면제가 부여되고 있으며,[115)] 국가와 국가재산에 대해 형성되고 있는 제한적 면제이론은

44의 규정에 따라 네덜란드에 대해 최초 발효. 이 협약에는 각 전문기구별 부속서(Annex)가 첨부되어 있다. 이들 두 협약의 가입국 현황에 대해서는 다음을 참조 : https://treaties.un.org/Home.aspx ; https://en.wikipedia.org/wiki/Convention_on_the_Privileges_and_Immunities_of_the_Specialized_Agencies.

2011년 세인들의 입에 오르내린 *The People of the State of New York* v. *Dominique Strauss-Kahn* 사건의 개요는 이러하다. 동년 5월 14일 UN전문기구의 하나인 국제통화기금(IMF) 총재(managing director) Dominique Strauss-Kahn이 뉴욕 존에프케네디 공항에서 파리행 에어프랑스 항공기에 탑승하였으나 "항공기 문이 닫히기 직전" 경찰에 체포되었다. 이 체포는 그가 같은 날 뉴욕 Sofitel 호텔 객실청소부에게 강간을 시도하였다는 혐의로 단행된 것이었다. 미국은 "전문기구의 특권과 면제에 관한 협약"의 당사국이 아니며, 미국도 당사국인 IMF설립조약(Articles of Agreement of the IMF) 제9조(지위, 면제, 특권), § 8은 총재를 포함한 IMF 직원들에게 (IMF에 의해 포기될 수도 있는) 직무면제(즉, "immune from legal process with respect to acts performed by them in their official capacity")만을 인정하고 있다. 여성에 대한 성적 공격 행위가 "공적 자격으로 행한 행위", 즉 직무와 관련된 행위가 아님은 자명하다. 사정이 이러하였으므로 그는 일단 면제를 주장할 수 있는 처지가 아니었다. 그는 2011년 5월 18일 IMF총재 직에서 사임하였다. 이제 남은 것은 사실관계 규명이었다. 스트로스칸은 성관계는 있었지만 폭력이나 강제는 없었다고 주장하였다. 뉴욕 검찰은 수사 결과 여러 정황으로 보아 피해 주장 여성의 진술이 합리적 의심(reasonable doubt)의 문턱을 넘을 수 없다고 판단하여 8월 22일 기소 철회를 법원에 신청하였다. 기소 철회 결정은 법원에 의해 승인될 필요가 있는데, 법원은 이 신청을 검토한 결과 이에 동의하였다. 9월 3일 그는 프랑스로 돌아 갔다. https://en.wikipedia.org/wiki/New_York_v._Strauss-Kahn ; BBC News US & Canada, "New York prosecutors seek to drop Strauss-Kahn charges", 22 August 2011, 〈https://www.bbc.co.uk/news/ world-us-canada-14619921〉 ; Susan Candiotti and Ross Levitt, "Hearing set after DA seeks to drop case against Strauss-Kahn", 〈https://edition.cnn.com/2011/CRIME/08/23/new.york.dsk.case/index.html?hpt=hp_c2〉 ; "Dominique Strauss-Kahn lands in France", 〈https://www.bbc.co.uk/news/world-us-canada-14777793〉.

112) Advisory Opinion, ICJ Reports (1949), p. 174 at 179.

113) Orakhelashvili in Orakhelashvili (ed.), p. 503 ; Kaczorowska-Ireland, p. 443.

114) 다만, UN은 면제를 '명시적으로' '포기'할 수 있다 ; 그러나 이 포기는 강제집행 조치로부터의 면제에는 영향을 미치지 아니한다.

115) *Mothers of Srebrenica et al* v. *State of The Netherlands and the United Nations*, Supreme Court of The Netherlands, Judgment of 13 April 2012, para. 4.2 ["The immunity of the United Nations, which should be distinguished from the immunity of its functionaries and of experts performing missions for it, is based on Article 105 of the Charter of the United Nations and Article Ⅱ, section 2, of the Convention [on the Privileges and Immunities of the United Nations]. The latter provision, which elaborates on Article 105 § 1 [of the Charter], has rightly been construed by the Court of Appeal – applying Article 31 of the Vienna Convention on the Law of Treaties – as granting the United Nations the most far-reaching immunity from jurisdiction, in the sense that it cannot be summoned before any domestic court of the countries that are party to the Convention [on the Privileges and Immunities of the United Nations]. The basis and scope of this immunity, which is intended to ensure the functioning

적용되지 않고 있다.[116] UN의 공관(premises)은 불가침이다. 그리고 UN의 재산과 자산은 어디에 소재하든 그리고 누가 보유(held)하고 있건 관계없이 －집행적, 행정적, 사법적 또는 입법적 조치를 통한 － 수색, 징발, 몰수, 수용 및 기타 모든 형태의 간섭으로부터 면제된다.[117] "UN의 문서(archives of the UN)"는 어디에 소재하든 불가침이다 ; 그리고 "UN에 속하거나 UN이 보유하고 있는 모든 서류(all documents belonging to [the UN] or held by [the UN])"는 "대부분의 경우"(in general) 어디에 소재하든 불가침이다.[118] UN은 "그 종류에 관계없이 재정적 통제나 규정 또는 지불유예의 제약을 받지 아니하면서 (a) 기금, 금 또는 어떠한 종류의 통화도 보유할 수 있고, 어느 통화로도 계정을 운영할 수 있으며, (b) 기금, 금 또는 통화를 한 나라에서 다른 나라로 혹은 한 나라 안에서 자유롭게 이동할 수 있고, 보유하고 있는 어떤 통화를 다른 어떤 통화로도 자유롭게 환전할 수 있다.[119] UN의 공적 서한(official correspondence)과 다른 공적 통신(official communications)은 검열대상이 되지 아니한다.[120] UN은 직접세와 관세로부터 면제되며,[121] UN

---

of the United Nations in complete independence and which for that reason alone serves a legitimate purpose, are thus different from the immunity from jurisdiction afforded to foreign States. As expressed in section 13a of the Act containing General Provisions on the Legislation of the Kingdom (*Wet Algemene Bepalingen*), the latter immunity derives from general international law (*par in parem non habet imperium*), and concerns only actions of a foreign State performed by the latter in the exercise of its governmental duty (*acta iure imperii*)."] ; *Stichting Mothers of Srebrenica and Others* v. *The Netherlands*, European Court of Human Rights, Case No. 65542/12, Judgment of 27 June 2013, paras. 156~158 ["156. The applicants argued that since their claim was based on an act of genocide for which they held the United Nations (and the Netherlands) accountable, and since the prohibition of genocide was a rule of *ius cogens*, the cloak of immunity protecting the United Nations should be removed. ; 157. The Court recognised the prohibition of genocide as a rule of *ius cogens* in *Jorgić v. Germany* (no. 74613/01, § 68, ECHR 2007-Ⅲ). In that case it found, based on the Genocide Convention, that Germany could claim jurisdiction to put the applicant on trial (loc. cit., §§ 68-70). ; 158. However, unlike *Jorgić*, the present case does not concern criminal liability but immunity from domestic civil jurisdiction. International law does not support the position that a civil claim should override immunity from suit for the sole reason that it is based on an allegation of a particularly grave violation of a norm of international law, even a norm of *ius cogens*. In respect of the sovereign immunity of foreign States this has been clearly stated by the ICJ in *Jurisdictional Immunities of the State* (*Germany v. Italy: Greece intervening*), judgment of 3 February 2012, §§ 81-97. In the Court's opinion this also holds true as regards the immunity enjoyed by the United Nations."].

위 두 사건의 개요는 다음을 참조 : ICD (International Crimes Database), "Mothers of Srebrenica et al v. State of The Netherlands and the United Nations", 〈https://www.internationalcrimesdatabase.org/Case/769/Mothers-of-Srebrenica-v-the-Netherlands-and-the-UN/〉 ; Bella Murati, "UN immunity overrides ius cogens norms of international law", Strasbourg Observers, July 23, 2013, 〈https://strasbourgobservers.com/category/cases/stichting-mothers-of-srebrenica-v-netherlands/〉 ; Orakhelashvili in Orakhelashvili (ed.), pp. 505~506 ; Kaczorowska-Ireland, pp. 443~444 ; https://en.wikipedia.org/wiki/Mothers_of_Srebrenica.

116) Wolfrum/Philipp (eds.), pp. 1094~1095.
117) UN특권면제협약 § 3 ; Amerasinghe, pp. 330~331 ; Akande in Evans (ed.), *International Law*, 3rd, p. 275.
118) UN특권면제협약 § 4 ; Amerasinghe, pp. 331~335 ; Akande in Evans (ed.), *International Law*, 3rd, p. 275.
119) UN특권면제협약 § 5 ; Akande in Evans (ed.), *International Law*, 3rd, p. 275.
120) UN특권면제협약 § 9 ; Akande in Evans (ed.), *International Law*, 3rd, pp. 275~276.
121) UN특권면제협약 § 7.

직원은 봉급에 대한 과세, 국민적 역무의무들(national service obligations) 등으로부터 면제된다.[122)]

UN사무총장과 사무차장들(Assistant Secretaries-General)은 국제법에 따라 외교사절에게 주어지는 재판관할권의 면제를 향유한다. 그들의 배우자와 미성년의 자녀도 마찬가지이다.[123)] 이에 반해, 다른 UN직원(officials)은 물적 면제만을 향유하는데, 즉 이들은 "공적 자격으로 행한 구두 또는 서면에 의한 진술 및 모든 행동"(words spoken or written and all acts performed by them in their official capacity)에 관해서만 소송으로부터 면제된다.[124)] 그리고 UN을 위한 임무를 수행하는 (직원 이외의) 전문가(experts)에게는 "그 임무에 관련되는 여행에 드는 시간을 포함하여, 임무기간 중 직무를 독립적으로 수행하기 위하여 필요한 ... 면제"(such ... immunities as are necessary for the independent exercise of their functions during the period of their missions, including the time spent on journeys in connection with their missions)가 주어지며, 특히 "임무수행 중에 행한 구두 또는 서면에 의한 진술 및 행동"(words spoken or written and acts done by them in the course of the performance of their mission)에 관한 면제는 그 자가 UN의 임무에 더 이상 종사하지 않게 된 경우에도 계속해서 주어진다.[125)]

---

122) UN특권면제협약 § 18.

123) UN특권면제협약 § 19.

124) UN특권면제협약 § 18(a). UN특권면제협약 섹션 18을 우시하여 관련 협약들에서 "직원"(official)이라 함은 "현지에서 채용되어 시급으로 지급받는 자들은 제외하고, UN의 모든 직원 구성원"(all members of the staff of the United Nations, with the exception of those who are recruited locally *and* are assigned to hourly rates)을 포함한다 : A/RES/76(1)(Privileges and immunities of the staff of the Secretariat of the United Nations), 7 December 1946, 〈https://research.un.org/en/docs/ga/quick/regular/1〉, & 〈https://www.refworld.org/docid/3b00f1e08.html〉 [accessed 15 May 2022] ; Orakhelashvili in Orakhelashvili (ed.), p. 508.

125) UN특권면제협약 § 22. UN평화유지활동도 총회 또는 주로 안보리에 의해 설립되는 UN의 보조기관(subsidiary organ)으로서, 원칙적으로 UN특권면제협약의 적용대상이 된다 : "Regulations for the United Nations Emergency Force"(issued by the Secretary-General), para. 10, UN Doc. ST/SGB/UNEF/1 (20 February 1957), 〈file:///C:/Users/DSK/Downloads/ST_SGB_UNEF_1-EN.pdf〉 ; Sari in Orakhelashvili (ed.), p. 366. 그러나 1957년 UN과 이집트 간에 체결된 "UNEF 군대지위협정"을 필두로 실제관행을 보면, UN작전에 참여하기 위해 파견된 군인들에 관한 한 UN은 이들을 UN특권면제협약 § 22가 적용되는 '전문가들'(experts)로 대우하지 않고 수용국(접수국)과 SOFA를 따로 체결하고 있다 : see, e.g., "Exchange of Letters constituting an agreement between the United Nations and the Government of Egypt concerning the status of the United Nations Emergency Force in Egypt", 8 February 1957, 260 UNTS 61, paras. 11, 12 ; UN A/RES/1126 (XI) of 22 February 1957 ; https://peacekeeping.un.org/en/mission/past/unef1backgr2.html. 이들 SOFA 및 이들을 기초로 UN사무총장이 작성한 UN모델군대지위협정(UN Model SOFA)(para. 46)에 의하면, "군인을 포함하여, 그리고 현지에서 채용된 인원을 포함하여, UN평화유지활동에 참여하는 모든 인원은 임무 수행 중에 행한 구두 또는 서면에 의한 진술 및 행동에 대해 (민사, 형사)면제를 향유하며, 이 면제는 신분이나 고용이 종료된 후에도 계속된다." UN평화유지활동을 위해 파견된 군인이 수용국 내에서 행한 범죄에 대한 형사관할권은 오로지 그 파견국에게 부여된다[UN모델군대지위협정 para. 47(b), para. 48]. UN평화유지활동에 참여한 인원에 대한 민사소송이 수용국에서 제기되는 경우에는 (UN사무총장)특별대표/사령관(Special Representative/Commander)에게 즉각 통고하여야 하며, 특별대표/사령관이 사건이 공적 임무와 관련한 것이라고 인증하는 경우에는 소는 중단되어야 하고, 특별 분쟁해결절차가 적용된다[UN모델군대지위협정, para. 49(a)]. "Model Status-of-Forces Agreement for Peace-keeping Operations", Report of the Secretary-General, UN Doc. A/45/594 (9 October 1990), 〈https://digitallibrary.un.org/record/101559〉 ; Sari in Orakhelashvili (ed.), pp. 366~367 ; United Nations Peacekeeping, "Forming a New Operation", 'Appointment of senior officials', 〈https://peacekeeping.un.org/en/forming-new-operation〉 ; 본서, 제27장 (국가의 무력사용), "Ⅵ. UN평화유지활동" 참조.

일반 UN공무원에게 부여되는 물적 면제와 관련하여 어떤 행위가 공적 행위인지에 대해 누가 판단하여야 하는가의 문제가 제기된다. 보통의 형사범죄는 공적 행위가 아니기 때문에 면제는 발생하지 않는다고 말할 수 있을 것이다.[126] 그러나 그렇지 아니한 경우에는 행위의 성질과 관련하여 법정지국과 기구 간에 의견이 다를 수 있는데, ICJ는 *Difference Relating to Immunity from Legal Process of a Special Rapporteur of the Commission on Human Rights* (Mr. Cumaraswamy case) 사건[127]에서 UN사무총장이 발행하는 면제 여부 판정서는 "가장 강력한 이유가 있을 때에만 무시될 수 있는, 따라서 국내재판소들에 의하여 가장 큰 중요성이 부여되어야 하는 한 개의 추정을 창설한다"고 언급한 바 있다. 그러나 동시에, UN사무총장은 직원 및 전문가에게 주어지는 면제가 사법의 진행(course of justice)을 저해하고 있으며 또한 UN의 이익을 침해하지 않고 포기될 수 있다고 '생각하면'(in his opinion) 그들의 면제를 포기할 '권리'뿐만 아니라 '의무'를 갖는다.[128] 사무총장의 경우에는 안전보장이사회가 그 면제를 포기할 '권리'를 갖는다.[129] UN을 포함하여 국제기구 소속 공무원의 경우에는 '파견국'(sending state) 자체가 없기 때문에 각 기구 내에서 징계와 면제 포기에 관련한 적절한 절차를 마련해 두어야 할 것이다.[130]

ICJ규정 제19조에 의하면 ICJ재판관도 '재판소 직무에 종사하는 동안' (when engaged on the business of the Court) 외교 면제 및 특권을 향유한다.

(소송)면제는 UN에 의해 수행되거나, 혹은 공적 자격으로 행동하는 UN의 대리인들에 의해 수행된 행위의 결과로 초래된 손해의 배상 문제와는 물론 별개이다. 그러므로 UN은 자신을 당사자로 하는 계약으로부터 발생하는 분쟁이나 기타 사법적(私法的) 성격을 갖는 분쟁의 경우, 그리고 면제를 향유하는 UN직원에 관한 분쟁으로서 사무총장이 그의 면제를 포기하지 않는 경우의 적절한 해결방법을

---

126) 이를테면 냉전 기간 중 다수의 국제공무원들이 미국에서 간첩죄로 기소되었지만 그들은 면제를 주장할 수 없었다. Wickremasinghe in Evans (ed.), *International Law*, 3rd, p. 399.

127) Advisory Opinion, ICJ Reports (1999), p. 62 at 87 (para. 61) : "When national courts are seised of a case in which the immunity of a United Nations agent is in issue, they should immediately be notified of any finding by the Secretary-General concerning that immunity. That finding, and its documentary expression, creates a presumption which can only be set aside for the most compelling reasons and is thus to be given the greatest weight by national courts." See Hamid, pp. 71~72 ; Orakhelashvili in Orakhelashvili (ed.), pp. 509~511 ; Barbara Crossette / The New York Times, Aug. 19, 1998, "Repression In Malaysia Highlighted In U.N. Case", 〈https://www.nytimes.com/1998/08/ 19/world/repression-in-malaysia-highlighted-in-un-case.html〉.

참고로, UN특권면제협약 §22의 해석 내지는 적용에 관한한 이 사건은 UN경제사회이사회가 동 협약 §30에 의거하여 ICJ에 권고적 의견을 요청한 경우인데, §30의 첫 번째 문장은 UN특권면제협약 체약국들 간에 분쟁(또는 이견) (differences)이 생긴 경우 ICJ에 강제관할권을 부여하는 내용을 담고 있는데 반해, 그 두 번째 문장은 UN 자신과 UN회원국 간에 분쟁이 생긴 경우 "UN헌장 제96조와 ICJ규정 제65조에 따라" ICJ에 권고적 의견을 요청해야 함을 규정하고 있다. 그리고 §30의 세 번째 문장에 의하면 이 의견은 분쟁당사자인 UN과 UN회원국에 의하여 '최종적인'(decisive) 것으로 수락된다. 이처럼 UN이 분쟁의 일방 당사자인 경우 ICJ의 권고적 의견을 통한 변형된 해결방식이 도입되고 있는 이유는, ICJ규정 제34조에 의하면 ICJ에서는 국가만이 쟁송사건의 당사자가 될 수 있기 때문이다. Roberto Ago, "Binding" Advisory Opinions of the International Court of Justice", (1991) 85 AJIL 439 at 446 ; 본서, 제26장 (분쟁의 평화적 해결수단).

128) UN특권면제협약 §20 및 §23.

129) UN특권면제협약 §20.

130) Wickremasinghe in Evans (ed.), 3rd, *International Law*, p. 398.

위한 규정을 만들어야 하는데(shall make provisions for appropriate modes of settlement),[131] 실제로 UN은 불법행위 책임에 대하여 보험에 들거나 계약에 중재조항을 삽입하거나 배상협정을 체결함으로써 이 규정을 이행하고 있다.[132] 만약 UN의 면제가 인정되는 상황에서 적절한 피해 배상이 강구되지 않는 경우, 피해자의 본국 정부는 가해자인 UN을 상대로 외교보호권을 행사할 수 있을 것이다.[133]

UN회의에 참석하는 회원국 대표들은 외교관과 거의 동일한 면제·특권을 향유한다. 단, 소송으로부터의 면제는 단지 공적 행위, 즉 "그 임무수행 중 및 회합장소로의 왕복여행 중에 대표자의 자격으로 행한 구두 또는 서면에 의한 진술 및 모든 행동"에 대해서만 적용되며, 개인수하물에 관해서는 관세가 면제된다.[134] 앞에서 언급한 바와 같이, 특별히 '보편적' 성격의 국제기구에 파견되는 국

---

131) UN특권면제협약 § 29.

132) 예를 들면, UN평화유지군이 현지작전 중 개인들에게 입힌 손해와 관련하여, UN은 문제해결을 위해 관계국과 손해배상 협정을 체결하고 있다. 山本草二(朴培根 譯), p. 187. ICJ는 *Difference Relating to Immunity from Legal Process of a Special Rapporteur of the Commission on Human Rights,* ICJ Reports (1999), para. 66 of the Advisory Opinion에서 다음과 같이 언급하고 있다: "... the question of immunity from legal process is distinct from the issue of compensation for any damages incurred as a result of acts performed by the United Nations or by its agents acting in their official capacity. The United Nations may be required to bear responsibility for the damage arising from such acts. However, as is clear from Article Ⅷ, Section 29, of the General Convention, any such claims against the United Nations shall not be dealt with by national courts but shall be settled in accordance with the appropriate modes of settlement that "[t]he United Nations shall make provisions for" pursuant to Section 29. Furthermore, it need hardly be said that all agents of the United Nations, in whatever official capacity they act, must take care not to exceed the scope of their functions, and should so comport themselves as to avoid claims against the United Nations."

133) Amerasinghe, p. 505.

134) UN특권면제협약 §§ 11~16. UN의 비회원 옵서버 국가(non-member observer states)가 UN에 파견한 대표들도 공적 행위가 아닌 행위에 대해서는 면제를 주장할 수 없을 터인데, 1982년의 오남철(O Nam Chol) 사건이 이를 잘 보여주고 있다. 때는 1982년 미국의 노동절(Labor Day) 주말. 뉴욕주 웨체스터 카운티(Westchester County)의 어느 큰 공원에서 43세의 미국 여성이 숲속을 산책 하던 중 뒤따라온 괴한의 습격을 받았다. 그는 돌을 집어 여성을 치겠다고 위협하며 강간을 시도하였으나, 여성은 필사적인 저항으로 도망을 쳤다. 그녀는 경찰과 함께 다시 현장에 갔으나 괴한의 모습은 보이지 않았다. 여성과 경찰은 문제의 괴한을 찾으러 다니다 한 무리의 북한 소풍객들을 보게 되었는데, 그들은 UN 주재 북한 옵서버 사절단에 소속된 사람들이었다. 그러나 피해 여성은 아직 너무 놀란 상태여서 그 자리에서는 자신을 공격한 자를 당장 지목할 수 없었다. 그 여성은 그후 정신적·육체적 충격에서 회복된 다음 북한 사절단 구성원의 사진들 속에서 범인을 지목할 수 있었다. 그리고 1982년 9월 21일 38세의 오남철에게 체포영장이 발부되었다. 북한 사절단은 면제를 주장하였으나, 미국 정부는 미국의 1945년 "국제기구면제법"(International Organizations Immunities Act)에 따라 직무면제만을 인정한다는 입장이었다. 오남철은 공관에서 두문불출하고, 경찰은 24시간 감시에 들어갔다. 그 후 미국 국무부가 나서서 북한인들과 교섭을 시작하였다. 그러나 해가 바뀌어도 오남철이 공관에서 모습을 드러내지 않자 1983년 2월 미국 국무부는 압력을 행사하였다. 즉, 북한 사절단 구성원들의 재입국 비자를 금지시켜, 한번 출국하면 미국에 못 들어오게 하였다. 그래도 오남철은 두문불출하였다. 1983년 7월 미국 국무부는 오남철이 공관 밖으로 나와 수사에 응하지 않으면 북한 사절단의 1등서기관을 추방하겠다고 위협하였다. 북한인들은 별 선택권이 없었지만 오남철에 대한 혐의를 낮추는데 성공하였다. 유죄를 인정하는 대신, 강간미수(attempted rape)가 아닌 성폭행(sexual abuse)으로 혐의를 낮추고, 48시간 출국시간을 허락받기로 거래가 이루어졌던 것이다. 1983년 7월 26일, 사건발생 10개월 이상이 지난 시점에서 오남철은 재판소에 출두하여 죄를 인정하고, 약속받은 대로 출국이 허락되었다. 오남철이 북한으로 사실상 도망간 후 북한 정부의 입장이 금방 바뀌었다. 북한의 공영방송(K.C.N.A.)은 보도자료에서, 미국이 범죄혐의를 생으로 날조하였으며, 이 사건은 미국의 대 북한 적대정책의 일부라고 비난하였다. 이어서 케야르(Javier Pérez de

가대표의 특권 · 면제와 관련하여 1975년 비엔나협약("Vienna Convention on the Representation of States in their Relations with International Organizations of a Universal Character")이 채택된 바 있는데, 이 비엔나협약 하에서는 국가대표들이 UN특권면제협약 하에서 보다 더 넓은 면제를 향유하고 있다.

국제기구에 파견된 국가대표들은 어디까지나 파견국을 대표하는 자들이지 국제기구를 위해 일하는 국제공무원이 아니기 때문에, 그들의 면제는 외교관의 경우와 마찬가지로 그들 본국(즉, 파견국)에 대해서는 인정되지 않는다.[135]

UN회원국도 –상기 UN 사무총장, 직원, 전문가의 면제 포기에 상응하여[136]– 자국 대표의 면제를 포기할 권리 및 의무를 갖는다.[137]

UN은 비회원국의 영토 내에서 면제 · 특권을 향유하기 위하여 그간 관련 국가들과 별도의 개별협정을 체결하여 왔다. 예컨대, 1978년 6월 6일 한국정부와 UN은 한국 내에서의 UN의 특권 · 면제를 위한 새로운 합의에 도달하였으며, 이 새로운 교환서한(exchange of letters)은 1978년 7월 6일 발효하였다. 이 교환서한에서 한국은 1946년의 "UN의 특권 · 면제에 관한 협약"의 규정을 UN과 UN기관, UN의 재산 · 자금 · 자산, 그리고 UN직원들에게 적용하기로 약속하였다. 한국은 UN 가입과 함께 1992년 4월 9일부로 1978년의 교환서한을 종료시키고, 동시에 동 일자에 "UN의 특권 · 면제에 관한 협약"의 당사자가 되었다.[138]

V. 군대의 면제

군대(armed forces)도 국가의 분신으로서 국가면제를 향유하는 국가의 개념에 포함되지만,[139] 무력충돌(armed conflicts)이나 군대 활동(military activities)은 국가면제에 관한 유럽협약이나

Cuéllar) UN사무총장에게 보낸 서한에서 북한 사절단 대사 한시해(Han Si Hae)는 "미국의 불법행동으로 오남철 동무의 건강이 악화되었다"고 주장하였다. 그리고 오남철은 북한에서 미국의 한 TV와 가진 인터뷰에서 자신의 결백을 천명하며, 북한에 돌아올 때 영웅적 환대를 받았다고 말하였다. Chuck Ashman & Pamela Trescott, *Diplomatic Crime : Drugs · Killings · Thefts · Rapes · Slavery & Other Outrageous Crimes!* (Washington, D.C. : Acropolis Books Ltd., 1987), pp. 228~234 ; MK(매일경제 MBN), 1982.10.04., "오남철 피신중 사복경찰 잠복", 〈https://www.mk.co.kr/sitemap/onews_view/ 1982/663765/〉 ; 중앙일보, 1983.03.09., "「오남철사건」 결말 때까지 미, 미소전략을 보류", 〈https:// news.joins.com/article/1683601〉 ; 중앙일보, 1983.07.27., "북괴오남철, 미여인 추행시인", 〈https:// news.joins.com/article/1704549〉 ; 중앙일보, 1983.07.27., "면책특권 내세워 계속 출두거부하다 미서 북괴직원 추방 비치자 굴복", 〈https://news.joins.com/article/1704595〉.

135) UN특권면제협약 § 15도 이 점을 분명히 하고 있다.
136) UN특권면제협약 §§ 20, 23.
137) UN특권면제협약 § 14.
138) 《법제》(법제처, 1992년 4월 30일)(통권 제372호), pp. 8~10.
139) ILC 국가면제초안 제2조에 대한 주석 (10), 〈https://legal.un.org/ilc/texts/instruments/english/commentaries/4_1_1991.pdf〉 ; Sari in Orakhelashvili (ed.), pp. 345~346.

UN협약의 적용으로부터 명시적으로 혹은 암묵적으로 배제되어 있으며,[140] 일국의 군대가 타국의 영토에 들어감으로써 면제 문제가 제기되는 상황도 다양하다. 즉, 군함이 조난을 피하기 위해, 수리 혹은 친선방문을 위해 타국에 입항하는 경우 등에서 보는 것처럼 일국의 군대가 (명시적 혹은 묵시적) 허가를 얻어 타 국가의 영토에 일시 들어갈 수도 있고,[141] 전시에 점령을 목적으로 국경선을 침파하여 적국 영토 내로 강제 진입할 수도 있다.[142] 제2차 세계대전 후에는 상호방위조약과 그에 기초한 군대지위협정(status of force agreement : SOFA)을 체결하여 일국의 군대가 동맹국의 영토에 장기 주둔하고 있기도 하다. 또한 UN(안보리 혹은 총회)의 수권에 따라 각국의 군대가 평화유지군의 모자를 쓰고 분쟁지역에 들어가기도 하는데, 이 경우 UN과 접수국(수용국) 사이에 SOFA가 체결되고 있지만, 미처 SOFA가 체결되기 전에 진입한 경우에는 정식 SOFA가 체결될 때까지 어느 범위 내에서 면제를 인정할 것인지의 문제가 제기된다.[143] 그리고 해양법상, 영해 내에서 외국 군함(및 비상업적 목적의 정부선박)은 -외교관처럼- 연안국의 법령을 존중할 의무를 부담하면서도 면제를 향유하며, 연안국의 법령준수 요구를 무시하더라도 연안국은 원칙적으로 단지 그 군함에 대해 영해에서 즉시 퇴거해 줄 것을 요구할 수 있을 따름이다.[144] 이처럼 군대의 면제 문제를 규율하는, 한 지붕 밑의 완비된 규칙은 없어 보이며, 이 문제는 각 상황별로 나누어 고찰하는 것이 타당하다.[145]

그러나 한 가지 공통되는 기본원칙은 -전쟁법과 해양법, 그리고 UN헌장 제7장이 발동되는 경우를 제외하면- 일국의 군대는 허가 없이는 타 국가의 영수, 영토 또는 영공을 통과할 수 없다는 것이다. 그리고 영토국가는 그와 같은 허가와 관련하여 어떠한 조건 또는 제한도 부과할 수 있으며, 이 때문에 군대의 장기적인 체류는 불분명한 국제관습법 대신 언제나 조약에 의하여 규율되고 있는 것이다.[146] 그러면 외국 군대는 조약이 없는 경우에는 국제관습법상 어떤 면제를 향유하는가? *Girard* 사건[147]에서 미국 연방최고재판소는 "주권국가는 명시적으로 또는 묵시적으로 자신의 재판관할권을 넘겨주는 데 동의하지 않는 이상, 그 국경선 내에서 행해진 법률 위반의 범죄를 처벌할 배타적 재판관할권을 가지고 있다"고 판결한 바 있다.[148] 생각건대, 일면 조약에 의하여 달리 규정되지 않는 한 통상 영토국이 갖게 되는 형사재판관할권과 타면 주둔 허가를 받을 때 방문군대에게 묵시적으로 허용된 것이 분명한 군대 내부행정(internal administration) 및 징계(규율)(discipline)에 대한 관할

140) 본서, 제10장 (국가면제), "Ⅵ. 면제의 범위, 3. 강행규범 위반과 국가의 민사재판권 면제" 참조.
141) *The Schooner Exchange* v. *McFaddon*, US, Supreme Court, 11 US 116 (1812) ; *The "ARA Libertad"* Case (Argentina v. Ghana)(Request for the prescription of provisional measures), ITLOS, Case No. 20, Order of 15 December 2012 ; 본서, 제10장 (국가면제), "Ⅵ. 면제의 범위, 4. 면제의 범위" ; 본서, 제21장 (해양법), "Ⅱ. 영해 및 접속수역, 5. 내수 내의 외국 선박에 대한 연안국의 민 · 형사관할권."
142) 본서, 제11장 (국가행위이론), "Ⅰ. 피고가 외국의 공무원 또는 대리인인 경우, 1. 국가행위이론과 전쟁행위" ; 본서, 제28장 (전쟁법), "Ⅲ. 적전투원의 대우."
143) 본장, "Ⅳ. 국제기구의 면제 · 특권" ; 본서, 제27장 (국가의 무력사용), "Ⅵ. UN평화유지활동".
144) UN해양법협약 제30조~제32조 ; 본서, 제21장 (해양법), "Ⅱ. 영해 및 접속수역, 8. 군함(및 비상업적 목적으로 운용되는 기타 정부선박)의 외국영해 내에서의 법적 지위."
145) See Sari in Orakhelashvili (ed.), pp. 319~371.
146) Brownlie, 5th, p. 372 ff (& 6th, p. 362 ff).
147) 354 US 524 (1957).
148) De Lupis, pp. 105~106.

권을 구분하는 것이 필요하다.[149] 민사재판관할권도 역시 영토국이 보유하나, 영토국은 조약을 체결하여 이 분야의 관할권을 행사하지 않을 의무를 부담할 수 있다. 아래에서는 한국에 주둔하고 있는 미군의 지위와 면제에 대한 관련 조약규정을 개관한다.

1. 주한미군의 지위에 관한 협정체결 약사[150]

해방 후 미군의 한반도 주둔은 다음의 세 단계로 나누어지는데, 우선 각 단계별로 미군의 지위에 관한 협정체결 상황을 개관하자.

제1단계는 제2차 세계대전 후 미군이 한반도에 최초로 진주한 1945년 9월 9일부터 1948년 8월 14일까지의 기간이다. 그러나 제1단계 기간 중 미군은 제2차 세계대전의 전승국으로서, 일본군의 무장 해제와 한반도 남부에 대한 군사점령, 즉 군정 실시를 위하여 들어온 것이기 때문에 국가 대 국가 차원의 군대지위협정의 체결문제는 이론상 제기될 여지가 없었다.

제2단계는 1948년 8월 15일부터 1949년 9월 9일 미군이 철수하기까지의 기간이다. 1948년 8월 15일 주권국가로서의 대한민국이 탄생하자 한국 주둔 미군의 법적 지위 문제가 야기되었다. 그 결과 1948년 8월 24일 서울에서 한국 대통령과 합중국 군대 사령관 사이에 "과도기에 시행될 잠정적 군사안전에 관한 협정"(약칭 잠정군사협정)이 체결되었는데, 이 잠정군사협정에서는 미군사령관이 군정 때와 마찬가지로 한국군의 작전통제권을 계속 보유하며(제2조), 또한 미군당국이 미군·군속 및 그 가족에 대해 배타적 재판권을 갖는다고(제3조) 규정하고 있었다. 그러나 1948년 12월 12일 UN총회에서 "점령국은 그들의 점령군을 한반도에서 가능한 한 실제적으로 빠른 시기에 철수시켜야 한다"는 결의가 통과됨에 따라 미군은 1949년 9월 9일부로 한반도에서 철수하였으며, 그 결과 잠정군사협정은 그 효력이 종료되었다.

제3단계는 한국전쟁이 발발한 때로부터 현재까지이다. 우선 전쟁 중이라는 긴박한 상황 하에서 1950년 7월 12일 임시수도인 대전에서 한국 정부와 미국 대사 간에 교환서한 형식으로 "주한 미국 군대의 형사재판권에 관한 한미협정"(이른바 대전협정)이 체결되었는데, 주요내용은 "미군 군법회의가 주한 미군의 구성원에 대하여 배타적 형사관할권을 행사한다. 한국인이 미군 또는 그 구성원에 대하여 가해행위를 했을 때 미군이 그 한국인을 구속할 수 있으며, 이 경우 가급적 속히 한국에 인도한다. 주한 미군은 미국 이외의 어떠한 기관에도 복종하지 않는다. 미군 재판소는 지방(현지)재판소의 부존재로 인한 요청이 있지 않는 한 한국인을 재판하지 않는다."라고 되어 있었다. 그리고 1952년 5월 24일 부산에서 서명되고 발효한 "대한민국과 통합사령부의 자격으로 행동하는 미합중국 간의 경제 조정에 관한 협정"(Agreement on Economic Coordination between the Republic

149) Sari in Orakhelashvili (ed.), pp. 343, 363.

150) 黃聖秀, "韓美行政協定의 問題點", 《韓國安全保障論叢》 (1968년 12월 20일), pp. 306~310 ; 李長熙, "한미주둔군 지위에 관한 협정상 형사관할권행사의 문제점과 개정방향", 《국제법학회논총》 제40권 제2호 (1995년 12월), pp. 119~124 ; 安國鉉, "韓美駐屯軍地位協定(SOFA)에 관한 硏究 : 2001년 개정내용을 중심으로", 연세대학교 대학원 석사학위논문, 2001년 6월.

of Korea and the Unified Command)(일명 Meyer협정)[151] 제3조 13항은 미군을 포함한 통합사령부 산하의 개인과 기관에게 임무수행상 필요한 특권 · 면제 및 편의를 제공한다고 규정하였다.[152]

1953년 7월 27일의 휴전에 이어, 1953년 10월 1일 한 · 미 양국은 워싱턴에서 "대한민국과 미합중국 간의 상호방위조약"(Mutual Defense Treaty between the Republic of Korea and the United States of America)(이하 '방위조약' 또는 '한미상호방위조약')을 체결하여 군사동맹을 형성하였으며, 이 조약은 -각자의 헌법상의 비준절차를 거쳐- 비준서가 교환된 1954년 11월 18일 발효하였다(제5조). 방위조약 제3조에서 한국과 미국은 "태평양 지역에서, 현재 각 당사국의 행정지배 하에 있는 영토와 각 당사국이 타 당사국의 행정지배 하에 합법적으로 들어갔다고 인정하는 금후의 영토에 대한 무력공격"(an armed attack in the *Pacific area* on either of the Parties in territories *now* under their respective administrative control, or *hereafter* recognized by one of the Parties as lawfully brought under the administrative control of the other)이 있는 경우 이를 공동의 위험으로 보고 "'각자의 헌법상의 절차에 따라' 행동할 것을 선언"하였다. 이어서 방위조약 제4조는 "상호합의에 의하여 미합중국의 육 · 해 · 공군을 대한민국의 영토 내와 그 부근에 배치하는 권리를 대한민국은 허락하고, 미합중국은 수락한다."고 규정하고 있다.

이처럼 한미상호방위조약은 "무력공격"에 대항하기 위해 체결한 조약이지만 -조약의 목적을 위한- 무력공격의 정의에 대해서는 언급이 없다. 조약은 제2조에서 "당사국 중 어느 1국의 정치적 독립 또는 안전이 외부로부터의 무력공격에 의하여 위협을 받고 있다고 어느 당사국이든지 인정할 때에는 언제든지 당사국은 서로 협의한다."(The Parties will consult together whenever, in the opinion of either of them, the political independence or security of either of the Parties is threatened by external armed attack.)라고 규정하고 있을 따름이다. 따라서 무력공격이 발생했는지에 대한 판단이 상호 다를 수가 있으며, 의견의 합치가 없는 한 조약의 발동은 불가능한 구조이다. 물론 이런 경우에도 양 국가는 각기 자위권 개념에 의존할 수는 있을 것이다. 한미상호방위조약이 국가의 고유한 권리인 (개별적, 집단적)자위권을 제거하는 것은 아니기 때문이다.

한미상호방위조약은 그 제6조에 의하면 "무기한으로 유효"하지만 "어느 당사국이든지 타 당사국에 통고한 후 1년 후에 조약을 종지(종료)시킬 수 있다."[153] 일단 방위조약의 체결로 미군의 한국 내 장기 주둔이 명백해졌고, 이에 따라 임시적 성격의 대전협정을 정상적인 군대지위협정으로 대체해

151) https://www.usfk.mil/Portals/105/Documents/SOFA/F_Meyer%20Agreement.pdf ; https://www.mofa.go.kr/www/wpge/m_3834/contents.do.

152) 'Meyer협정'은 1961년 2월 8일 서울에서 서명되고 동월 28일 발효한 "대한민국과 미합중국간의 경제기술원조협정"(Comprehensive Agreement regarding Economic, Technical Assistance between the Government of the Republic of Korea and the Government of the United States of America)(각서교환)으로 대체되었으나, 후자의 합의의사록(Agreed Minute)에 "[Meyer협정] 제3조 13항에 대하여는 별도로 약정할 것임을 양해한다"는 단서가 첨부되어 있었다. https://www.mofa.go.kr/www/wpge/m_3834/contents.do.

153) 이와는 대조적으로, 1961년 7월 11일 북한과 중국 사이에 체결된 북중상호방위조약("중조 우호협력 상호원조조약", "中朝友好合作互助条约")은 그 제7조에 의하면 "...양국이 조약의 개정 또는 효력의 상실에 대해 합의하지 않는 이상 효력이 유지된다."

야 할 필요성이 제기되었다. 그리하여 늦게나마 1966년 7월 9일 서울에서 "한미상호방위조약 제4조에 의한 시설과 구역 및 대한민국에서의 합중국 군대의 지위에 관한 협정"(Agreement under Article 4 of the Mutual Defense Treaty between the Republic of Korea and the United States of America, regarding Facilities and Areas and the Status of United States Armed Forces in the Republic of Korea)(약칭 Korea-US SOFA)(이하 '한미주둔군지위협정' 혹은 '협정')이 체결되어 1967년 2월 9일 발효하였다.[154] 한미주둔군지위협정은 본협정문과 합의의사록(Agreed Minutes), 협정과 합의의사록에 관한 양해사항(Understandings) 그리고 교환서한(Exchange of Letters)으로 구성되고 있었다. 특히, '자동포기 조항'으로도 불리운 교환서한은 한국의 제1차 형사재판권에 속하는 미군·군속·가족의 범죄라 하더라도, 범죄발생 15일 내에 미군당국에 통고하지 않으면 한국의 재판권은 자동 포기되는 것으로 규정함으로써, 계속해서 '불평등 조약'이라는 비판을 듣지 않을 수 없었다.

이에 한미주둔군지위협정은 1991년 1월 4일 개정되어 1991년 2월 1일부터 발효하였다. 그러나 이 개정에서는 본협정문과 합의의사록은 손대지 않은 채, 종래의 양해사항과 교환서한을 종료시키고, 새로운 양해사항을 도출해 내었다.[155] 따라서 본협정문과 합의의사록에 규정되어 있는 문제점은 계속 논쟁의 대상으로 남아 있었다. 계속되는 여론의 비판에 직면한 한국과 미국 정부는 2001년 1월 18일 다시금 협정개정안에 공식 서명하기에 이르렀으며, 개정안은 한국 국회의 비준동의를 거쳐 동년 4월 2일 발효하였다. 2001년의 개정 대상에는 본협정문과 합의의사록도 포함되었으며,[156] 협정과 합의의사록에 관한 새로운 '양해사항'과 두 개의 특별양해각서, 즉 "한국인 고용원의 우선고용 및 가족구성원의 취업에 관한 양해각서"(Memorandum of Understanding : Preferential Hiring of Korean Employees and Employment of Family Members)와 "환경보호에 관한 특별양해각서"(Memorandum of Special Understandings of Environmental Protection), 그리고 "민사재판절차(non-criminal jurisdiction)에 관한 합동위원회 합의사항" 도출에도 성공하였다.[157]

2. 시설과 구역의 사용과 반환

한미상호방위조약의 규정 중에서 '시설과 구역'(즉, 기지)의 사용과 반환에 관한 주요내용은 다음과 같다. 먼저, 기지사용의 근거조항은 한미상호방위조약 제4조 및 한미주둔군지위협정 제2조 1항인데, 후자는 "합중국은 상호방위조약 제4조에 따라 대한민국 내의 시설·구역의 사용을 공여받는

154) 단, 민사재판권은 서울 지역에서는 본 협정 발효 후 6개월만에, 기타 지역에서는 1년만에 효력발생. 제23조에 대한 합의의사록 1항.

155) 이 양해사항은 정식조약이 아닌 약식조약(행정부협정)으로서 우리의 경우에도 국회의 비준동의를 거치지 않았다.

156) 각기 '협정개정협정'과 '개정합의의사록' 참조. 다만, 본협정문의 개정은 오로지 협정 제22조 5항(다)(피의자의 구금과 인도)를 대상으로 한 것이다.

157) 2001년 협정개정에서는 이 밖에도, 협정적용대상으로서의 가족의 범위, 노동쟁의시 냉각기간의 단축, 기소시 구금인도절차, 대물교통사고처리에 관한 합동위원회 합의사항이 승인되었다.

다. 개개의 시설과 구역에 관한 모든 협정은 본 협정 제28조에 규정된 합동위원회를 통하여 양국정부가 이를 체결하여야 한다. ... "고 구정하고 있다.

미국은 기지사용료를 전혀 내지 않고 있는데, 근거 조항은 한미주둔군지위협정 제5조 2항이다. 즉, "대한민국은 합중국에 부담을 과하지 아니하고, 본 협정의 유효기간 동안 제2조 및 제3조에 규정된 비행장과 항구에 있는 시설 · 구역처럼 공동으로 사용하는 시설 · 구역을 포함한 모든 시설 · 구역 및 통행권을 제공하고, 상당한 경우에는 그들의 소유자와 제공자에게 보상하기로 합의한다. 대한민국 정부는 이러한 시설 · 구역에 대한 합중국 정부의 사용을 보장하고, 또한 합중국 정부 및 기관과 직원이 이러한 사용과 관련하여 제기될 수 있는 제3자의 청구권으로부터 해를 받지 아니하도록 한다."

미군 당국은 공익사업과 용역의 이용 및 저렴한 사용료의 지불을 보장받고 있는데, 그 근거 조항은 한미주둔군지위협정 제6조이다. 즉, "1. 합중국 군대는 대한민국 정부 또는 그 지방행정기관이 소유 · 관리 또는 규제하는 모든 공익사업과 용역을 이용한다. 공익사업과 용역이라 함은 수송 · 통신시설 및 기관, 전기, 가스, 수도, 스팀, 전열, 전등, 동력 및 하수오물처리를 포함하되, 이것에만 한정하는 것은 아니다. ... 2. 합중국에 의한 이러한 공익사업과 용역의 이용은 어느 다른 이용자에게 부여된 것보다 불리하지 아니한 우선권, 조건 및 사용료나 요금에 따라야 한다."

미군 구성원의 출입국(Entry and Exit)과 관련해서는 한미주둔군지위협정 제8조는 1항에서 "... 합중국은 합중국 군대의 구성원, 군속 및 그들의 가족인 자를 대한민국에 입국시킬 수 있다. 대한민국 정부는 양 정부 간에 합의될 절차에 따라 입국자와 출국자의 수 및 종별을 정기적으로 통고받는다." 고 규정하고 있으며, 6항에서는 "대한민국 정부가 ...합중국 군대의 구성원 또는 군속을 대한민국 영역으로부터 이송시킬 것을 요청하였거나, 합중국 군대의 전(前)구성원 또는 전(前)군속에 대하여 또는 이러한 군대구성원/군속/전구성원/전군속들의 가족에 대하여 추방명령을 내린 경우에는, 합중국 당국은 그 자를 합중국 영역 안으로 받아들이거나, 그러하지 아니하면 그 자를 대한민국 영역 밖으로 내보내는 책임을 진다..."라고 규정하고 있다.

미군 당국의 선박과 항공기의 기착에 관해서는 한미주둔군지위협정 제10조에서 "1. 합중국에 의하여, 합중국을 위하여 또는 합중국의 관리 하에서 공용을 위하여 운항되는 '합중국' 및 '외국'의 선박과 항공기는 대한민국의 어떠한 항구 또는 비행장에도 입항금 또는 착륙료를 부담하지 않고 출입할 수 있다. ... 2. 제1항에 규정된 선박과 항공기는 ... 합중국 군대가 사용하고 있는 시설과 구역에 출입하고, 이들 시설과 구역 간을 이동하고, 또한 이러한 시설과 구역 및 대한민국의 항구 또는 비행장 간을 이동할 수 있다. 합중국 군용 차량의 시설과 구역에의 출입 및 이들 시설과 구역 간의 이동에는 도로 사용료 및 기타의 과징금을 과하지 아니한다."라고 규정하고 있다. 요컨대, 한국의 하늘과 땅이 안팎으로 완전히 무료로 개방되어 있다.

운항보조시설과 관련하여 한미주둔군지위협정 제12조 2항은 "합중국은 대한민국 전역과 그 영해에 선박 및 항공기의 운항보조시설을 설치, 건립 및 유지할 권한을 가진다. ... "고 규정하고 있다.

기지(즉, 시설 · 구역) 반환시 원상회복 또는 보상의무가 존재하지 아니한다. 근거조항은 한미주둔군지위협정 제4조 1항으로, "합중국 정부는 본 협정의 종료시나 그 이전에 대한민국에 시설 · 구역을 반환할 때에, 이들 시설·구역이 합중국 군대에 제공되었던 당시의 상태로 동 시설·구역을 원상회복하여야 할 의무를 지지 아니하며, 또한 이러한 원상회복 대신으로 한국 정부에 보상하여야 할 의무도 지지 아니한다"라고 되어 있다.[158] 역으로, 동조 2항에 의하면 "대한민국 정부는 본 협정의 종료 시나 그 이전의 시설과 구역의 반환에 있어서, 동 시설과 구역에 가하여진 어떠한 개량에 대하여 또는 시설과 구역에 잔유한 건물 및 공작물에 대하여 합중국 정부에 어떠한 보상도 행할 의무를 지지 아니한다."

기지를 반환받을 권리가 한미주둔군지위협정 제2조 2~4항에 명시되어 있지만, -'개개의' 시설과 구역에 대한 공여협정 체결을 규정하고 있는 동조 1항의 논리적 귀결로서- 기지 하나 하나를 반환받을 때마다 양국 정부의 '합의'가 필요하다.[159]

협정 제2조에 대한 양해사항에 의하면, 한국은 재사용권 유보 하에 반환된 시설과 구역에 대하여 이 유보의 포기를 미군당국에 요청할 수 있으며, 양국은 더 이상 필요하지 아니한 시설과 구역의 반환을 위해 공여된 모든 시설과 구역을 매년 1회 이상 검토하게 된다. 한편, 이에 관한 2001년 양해사항에서는 시설과 구역의 반환 근거를 '공여 당시 최초의 취득문서에 명시된 용도상' 또는 '장래의 사용계획상' 불필요한 경우로 구체화하였고, 미국은 용도가 변경된 시설과 구역이 있을 때마다 한국에 이를 통보하고 협의하며, 시설이나 구역의 사용이 침해(예컨대, 미군훈련장 내에서의 경작)와 같은 제약으로 인하여 손상되는 사례가 보고되는 경우 즉시 협의에 착수하도록 규정하고 있다. 또한 협정 제3조에 대한 2001년 양해사항에 의하면, 미국은 시설과 구역 안에서의 신축 또는 개축을 한국 정부에 적시에 통보하고 협의하며, 미국은 한국이 지방정부와의 조정을 거쳐 표명한 견해를 적절히 고려한다. 미군 당국은 원한다면 지방정부와 직접 조정에 나설 수도 있다.

미국 군대의 구성원, 군속 및 그들의 가족도 주권자인 한국 영토 내에 있는 한 한국법을 존중할 의무가 있다.[160] 이것은 바꾸어 말하면 그들도 접수국인 한국의 입법관할권 하에 놓임을 표현한 것이다.[161] 그러나 그럼에도 불구하고 그들이 한국법을 위반하여 민형사책임이 문제되는 경우, 한국은 어느 범위까지 집행관할권, 특히 민형사재판권을 행사할 수 있을 것인지를 분명히 해둘 필요가 있는데, 이 문제는 협정 제22조와 제23조에서 규율하고 있다.

---

158) 한편, 2001년 개정에서는 이와 관련하여 개정합의의사록에 환경보호의 중요성과 한국환경법령에 대한 존중의무를 규정한 환경조항을 신설하고, 별도로 환경보호에 관한 특별양해각서를 체결하여 환경관리기준, 정보공유 및 출입, 환경이행실적 및 환경협의에 관해 규정하고 있다. 기지반환시 파견국의 환경정화책임 문제에 관해서는, 채영근, "駐韓美軍基地의 返還과 美國의 環境淨化責任", 《저스티스》, 2004/10 (통권 제81호), pp. 240~264 참조.

159) 협정 제2조 1항(가) 두 번째 문장 참조.

160) 협정 제7조. 협정의 적용대상인 미국군대의 "구성원과 군속" 및 "그들의 가족"에 대한 정의는 협정 제1조에 나타나 있다. 군속의 정의와 관련해서는 2006년 5월 11일 한국 대법원 판결 2005도798 참조.

161) 이것은 또한 치외법권(exterritoriality)의 법리를 배척함을 나타내는 것이기도 하다. Sari in Orekhelashvili (ed.), pp. 329~330, 338.

3. 형사재판권[162)]

우선, 한미주둔군지위협정 제22조 11항은 "(한미)상호방위조약 제2조가 적용되는 적대행위가 발생한 경우에는, 형사재판권에 관한 본 협정의 규정은 즉시 그 적용이 정지되고, 합중국 군당국은 합중국 군대의 구성원·군속 및 그들의 가족에 대한 전속적 재판권을 행사할 권리를 가진다."고 명시하고 있음을 언급해 두는 것이 좋겠다.

협정 제22조는 1항에서 형사재판권의 일반원칙에 관하여 다음과 같이 규정하고 있다.

> "(가) 파견국, 즉 미합중국 군당국은 미군의 구성원·군속 및 그 가족에 대하여 미국법이 부여한 모든 형사재판권 및 징계권을 접수국, 즉 대한민국 안에서 행사할 수 있다. (나) 접수국, 즉 대한민국당국은 미군의 구성원·군속 및 그 가족이 대한민국의 영역 안에서 범한 범죄로서 대한민국법에 의하여 처벌할 수 있는 범죄에 대하여 재판권을 갖는다."

제22조 1항은 두 가지 점을 분명히 하고 있다. 첫째, 파견국의 군당국은 접수국의 영역 안에서 파견국의 법에 따라 형사재판권(및 징계권)을 행사하는 것이 허락된다. 파견국 당국이 접수국 내에서 파견국의 법에 따라 형사재판권을 행사한다는 측면에서 보면 이는 마치 과거 영사재판의 한 장면을 보는 것 같다.[163)] 둘째, 협정은 파견국 군대의 구성원, 군속 혹은 그들 가족이 '접수국 영역 안에서' 범한 범죄와 관련하여 '파견국의 영역 안에서'(즉, 미국에 돌아가서) 재판받는 문제와는 관련이 없다.[164)]
이어서 제22조 2항은 전속(즉, 배타적)(exclusive)재판권에 관하여 다음과 같이 규정하고 있다.

> "(가) 미국 군당국은 미군의 구성원·군속 및 그 가족에 대하여 미국법에 의해서는 처벌할 수 있으나 대한민국법에 의해서는 처벌할 수 없는 범죄(특히, 미합중국의 안전에 관한 범죄)에 관하여 전속적 재판권을 갖는다. (나) 한국 당국은 미군의 구성원·군속 및 그 가족에 대하여 한국법에 의해서는 처벌할 수 있으나 미국법에 의해서는 처벌할 수 없는 범죄(특히, 대한민국의 안전에 관한 범죄)에 관하여 전속적 재판권을 갖는다."

미군의 구성원, 군속 및 그 가족의 행위가 미국법에 의해서도 처벌할 수 있고 또 한국법에 의해서도 처벌할 수 있어서 재판권이 경합하는(concurrent) 경우 어느 쪽에 우선권을 부여할 것인지가 문제인데, 동조 3항은 이것에 관하여 다음과 같이 규정하고 있다.

---

162) 협정 제22조 ; 黃聖秀, 전게논문, pp. 312~327 ; 李長熙, 전게논문, pp. 124~134.

163) Keitner, p. 299.

164) 이 문제와 관련해서는 다음 문헌을 참조 : 金民瑞, "주한미군지위협정과 전속적 관할권", 《國際法學會論叢》, 제51권 제2호 (2006년 10월), pp. 45~62 ; Public Law 106-523—Nov. 22, 2000, Military Extraterritorial Jurisdiction Act of 2000, https://www.pubklaw.com/hi/pl106-523.pdf ; Captain Glehn R. Schmitt, "The Military Extraterritorial Jurisdiction Act : The Continuing Problem of Criminal Jurisdiction over Civilians Accompanying the Armed Forces Abroad—Problem Solved?", *The Army Lawyer*, December 2000 (Department of the Army Pamphlet 27-50-337), pp. 1~10, https://www.loc.gov/rr/frd/Military_Law/pdf/12-2000.pdf ; Wayne Specht, "New law closes civilians' legal loophole on crimes committed abroad", *Stars and Stripes*, Monday, June 25, 2001, https:// www2.pstripes.osd.mil/01/jun01/ed062501a.html ; https://en.wikipedia.org/wiki/2000_Military_Extraterritorial_Jurisdiction_Act.

"(가) 미국 군당국은 다음의 범죄에 관해서는 미군 구성원·군속 및 그 가족에 대하여 제1차적 (즉, 우선적)(primary) 재판권을 갖는다.

(i) 오로지 미국의 재산이나 안전에 대한 범죄, 또는 오로지 미군의 다른 구성원·군속·그 가족의 신체 또는 재산에 대한 범죄,

(ii) 공무집행 중의 작위 또는 부작위에 의한 범죄(offenses arising out of any act or omission done in the performance of official duty).

(나) 그 밖의 범죄에 대해서는 한국 당국이 제1차적 형사재판권을 갖는다."

2000년 2월 미국 국적의 미군속이 서울 용산구 소재 미8군 영안실에서 유독물을 씽크대에 그대로 버려 수질환경보전법 위반으로 기소된 "미8군 영안실 유독물질 방류" 사건[165]에서 검찰측은 "한국과 미군 당국 간에 1차적 관할권이라는 개념이 성립되는 것은 관할권이 경합할 수 있는 형사재판권에만 한정되며, 미군 당국의 전속적 관할권이 인정되는 징계권과는 무관하여 결국 미군 당국이 피고인에 대하여 징계권을 행사하였다 하더라도 이는 한국의 형사재판권 행사 문제에는 영향을 미치지 아니하는 별개의 문제"라고 주장하였는데, 이는 타당한 해석이다. 이 사건의 1심 및 항소심 법원도 모두 이 견해를 수용하였다. 요컨대, 협정 제22조, 특히 상기 3항의 규정은 형사'재판권'의 배분에 관한 규정으로서 '징계권'은 배분의 대상이 아니다.

상기 협정 제22조 2항과 3항의 적용상 '국가의 안전에 관한 범죄'라 함은 (i) 당해국에 대한 반역, (ii) 방해행위(사보타지), 간첩행위 또는 당해국의 공무상 또는 국방상의 비밀에 관한 법령의 위반을 포함한다.[166] 그리고 재판권의 '경합' 혹은 '제1차적' 재판권이란 표현은 '전속'재판권의 경우와는 달리 일방 당사국에 의하여 재판을 받은 자를 타방 당사국이 자신의 국내법에 의거하여 다시 재판할 수 있음을 시사하고 있다. 제22조 8항은 "대한민국의 영역 안에서"는 이것을 봉쇄하기 위하여 다음과 같이 '이중위험금지 내지는 일사부재리'의 원칙을 도입하고 있다.

"피고인이 본조의 규정에 따라 대한민국 당국이나 합중국 군당국 중의 어느 일방 당국에 의하여 재판을 받은 경우에 있어서 무죄 판결을 받았을 때, 또는 유죄 판결을 받고 복역 중에 있거나 복역을 종료하였을 때, 또는 그의 형이 감형되었거나 집행정지되었을 때, 또는 사면되었을 때에는 그 피고인은 타방 국가당국에 의하여 대한민국의 영역 안에서 동일한 범죄에 대하여 이중으로 재판받지 아니한다. 그러나 본 항의 어떠한 규정도 합중국 군당국이 합중국 군대의 구성원을, 그 자가 대한민국 당국에 의하여 재판을 받은 범죄를 구성한 작위나 부작위에 의한 군기 위반에 대하여 재판하는 것을 막는 것은 아니다."

1991년 개정의 가장 큰 성과는 역시 교환서한(속칭, 자동포기조항)의 종료이다. 그리고 1991년의 양해사항에 의하면, 이제 재판권 포기 요청은 미군 당국이 해당범죄 발생을 통고받거나 달리 알게 된 후 21일 내에 우리측에 서면으로 제출하여야 한다. 이 경우 한국 당국은 서면 요청을 접수한 날

165) 서울지방법원, 2004. 1. 9. 선고, 2001고단3598 ; 서울중앙지방법원 (제1 형사부)(항소심), 2005. 1. 18. 선고, 2004노875.

166) 협정 제22조 2항(다).

로부터 28일 이내에 그 수락 여부를 미군당국에 통보하여야 한다. 한국은 14일을 넘지 않는 특정기간의 연장을 요구할 수 있다(따라서 최고 42일 이내에 통보 가능). 한국측이 정해진 기간 내에 통보하지 않으면 미군당국이 경합적 관할권을 행사할 수 있다. 그리고 1991년 이전의 양해사항에서는 한국이 제1차적 재판권을 행사할 '중요한 범죄'로서 대한민국의 안전에 대한 범죄 · 살인 · 강도 · 강간을 예시하고 있었는데,[167] 1991년의 양해사항에서는 이같은 예시규정을 삭제하였다.

이같은 몇 가지 개선에도 불구하고 규정의 모호함 내지는 조약 불평등성의 문제점이 계속 거론되고 있는데, 이 중에는 기본적으로 양국 국내법체계의 차이에서 기인하는 것도 있다. 첫째, 협정 제22조 1항(가)는 미군 당국은 미군의 구성원뿐만 아니라 민간인 신분의 군속 및 (군인 · 군속의) 가족에 대해서도 합중국 법령이 부여한 모든 형사재판권 및 징계권을 한국 내에서 행사할 권리를 갖는다고 규정하고 있다. 그러나 제22조 1항(가)에 관한 합의의사록에서 "합중국 법률의 현 상태 하에서 합중국 군당국은 '평화'시에는 군속 및 가족에 대하여 유효한 형사재판권을 가지지 아니한다. 추후의 입법 · 헌법개정 또는 합중국 관계당국에 의한 결정의 결과로서 합중국 군사재판권의 범위가 변경된다면 합중국 정부는 외교경로를 통하여 대한민국에 통고하여야 한다."고 규정하고 있다. 그리고 제22조 1항(가)에 관한 합의의사록에 대한 양해사항은 "대한민국 정부는 제1항(가)에 관한 합의의사록의 후단에 의한 통보가 있으면 합중국 군당국이 형사재판권 조항의 규정에 의하여 그러한 자에 대하여 재판권을 행사할 수 있음에 합의한다."고 규정하고 있다. 그럼에도 불구하고 문제는 여전히 남는다. 즉, 현재 미국은 북한과 전쟁 중인가 평화관계인가? 바로 이 질문이 상기 "미8군 영안실 유독물질 방류" 사건에서 제기되었는데, 1심 법원은 협정 제22조 1항(가)에 관한 합의의사록에 근거하여 한국의 재판권을 인정하였다.[168]

---

167) 물론 이 네 가지에 국한되는 것은 아니라는 양해가 붙어있긴 하였다.

168) 이 사건에서 법원은 "현재 대한민국이 평화 시냐 하는 문제에 대해 검토를 해 보아야 한다"고 전제하면서 "(1953년 7월 27일 발효된) 정전협정은 보통 휴전협정으로 인식되고 있는데, 휴전은 그것이 지닌 본래 의미에 있어서 전쟁의 중지가 아니라 전투의 일시적 중지라 할 것이고, 지금의 남·북한의 상태는 평화협정이 체결되어 있는 상태는 아니지만", 여러 사실에 비추어 "정전협정은 전쟁종료방식의 하나로도 볼 수 있을 것"이므로 "이 사건 범행 당시는 물론 현재까지도 미군속 및 가족에 대한 형사재판권은 여전히 대한민국에 있다고 봄이 타당하다"고 결론짓고 있다. 항소심 판결도 이 결론을 지지하면서 "현재 대한민국의 상황은 원심이 판시한대로 평화 시라고 할 것이므로, 피고인에 대한 형사재판권은 대한민국에 있다"고 판시하였다. 항소심에서 지지된 1심판결의 관련 부분에 대해서는 다음과 같은 문제 제기가 가능할 것이다.

먼저, 협정 제22조 1항(가)에 대한 합의의사록에 언급된 "... 합중국 군당국은 평화시에는 ..."(under the present state of United States law, the military authorities of the United States have no effective criminal jurisdiction in peace time ...)이란 대목은 '합중국(미국)'이 북한을 비롯한 제3자와 평화시에 있는지를 지칭하는 것으로 해석되는데, 그렇다면 법원은 "'대한민국'이 아니라 '미국'이 현재 북한 등에 대한 관계에 있어 평화 시에 있는지"를 물었어야 했다. 그런데 "(한미)상호방위조약 제2조가 적용되는 적대행위가 발생한 경우에는, 형사재판권에 관한 본 협정의 규정은 즉시 그 적용이 정지되고, 합중국 군 당국은 합중국 군대의 구성원 군속 및 그들의 가족에 대한 전속적 재판권을 행사할 권리를 가진다"고 규정한 협정 제22조 11항은 한국 정전(휴전)협정 발효 이후의 한반도 정세는 미국에게 있어서 한미상호방위조약 제2조가 적용되는 적대행위가 발생하기 '전'의 상황임을 전제로 한 것으로 이해되므로 이 규정을 근거로 미국은 북한에 대한 관계에 있어 '협정의 목적상' 평화 시에 있다고 볼 수 있을 것이다. "평화 시"란 표현은 "상호방위조약 제2조가 적용되는 적대행위"가 발생하지 아니한 경우로 해석함으로써 형식적인 평화(강화)조약의 체결보다 넓은 의미로 새길 수 있을 것이기 때문이다. 따라서 협정 제22조 1항(가)에 대한 합의의사록에 언급된 "평화 시"의 개념은 동 규정의 목적상 평화조약의 체결을 전제로 한 좁은 해석을 배제할 여지가 있어 보인다.

둘째, 협정 제1조(다)항은 '가족' 개념에 배우자 및 21세 미만의 자녀뿐만 아니라 "그 생계비의 반액 이상을 미국군대의 구성원 또는 군속에 의존하는 부모 및 21세 이상의 자녀 또는 기타 친척"까지 포함시키고 있다.[169)]

셋째, 협정 제22조 1항(나)에 관한 합의의사록에서 "한국이 계엄령을 선포한 경우 본 조의 규정은 계엄령 하에 있는 한국 지역에 있어서는 그 적용이 즉시 정지되며, 미군 당국은 계엄령이 해제될 때까지 이러한 지역에서 미국 군대의 '구성원·군속 및 그들의 가족'에 대하여 전속적 재판권을 행사할 권리를 갖는다."고 규정하고 있다. 다만, 이 규정에 대한 양해사항은 "대한민국의 계엄령으로 인하여 (한국과 미국) 어느 국가도 평시 대한민국의 민간법원에서 처벌할 수 있는 (단지) 합중국 '군속과 가족'의 범죄에 대하여 관할권을 행사할 수 없는 경우를 방지하고 동시에 이들에게 공정한 재판의 권리를 보장하기 위하여, 주한 미군은 대한민국이 이들을 주한미군지위협정의 일반적인 안전기준에 따라 정상적으로 구성된 민간법원에서 재판할 것을 보장하면 합중국 '군속 및 가족'에 대한 대한민국의 재판권 행사 요청을 호의적으로 고려한다."고 규정하고 있다.

넷째, 한국이 재판권을 행사할 미군 구성원·군속·가족의 '미결'구금을 위한 인도 문제와 관련하여, 2001년의 협정개정협정에 의하여 개정된 협정 제22조 5항(다)는 "... 피의자의 구금은 그 피의자가 대한민국에 의하여 기소될 때까지 합중국 군당국이 계속 이를 행한다."고 규정하고 있는데, 이것은 '재판 종결 후 한국이 구금을 요청할 때까지' 미군 당국의 구금 하에 두는 것을 원칙으로 하

1심판결처럼 협정 제22조 1항(가)에 대한 합의의사록에 언급된 "평화 시에는"의 개념을 '남북한' 사이의 평화시로 해석하는 경우, 이는 "남과 북은 ... 평화상태가 이룩될 때까지 현 군사정전협정을 준수한다"고 규정함으로써 한국과 북한의 관계는 여전히 평화(평시)상태에 있지 않음을 분명히 한 (1992년 2월 19일 발효한) 남북기본합의서 제5조와 정면 충돌하는 것이 아닌가? 거듭되는 북한의 갖가지 적대행위가 남북간 평시관계에서 나오는 행위들인가? 반대로, 한국 군형법은 제2조 6항에서 "'전시'라 함은 상대국이나 교전단체에 대하여 선전포고나 대적(對敵)행위를 한 때부터 그 상대국이나 교전단체와 휴전협정이 성립된 때까지의 기간을 말한다."라고 규정하고 있는 바, 이 정의에 따르면 한국 정전(휴전)협정 발효 이후부터 현재까지 대한민국은 북한과의 관계에서 적어도 전시에 있지 아니하며, 전시가 아니라면 평화시라고 할 수도 있을 것이다. 그리고 이는 우리 법원의 해석과도 결과적으로 일치한다. 그러나 군형법의 '전시' 정의는 어디까지나 단지 한국 국내법, 특히 군형법의 목적을 위한 것에 불과하다 : 제성호, p. 61 참조.

다음으로, 판결은 "정전은 보통 휴전협정으로 인식되고" 있다고 하였는데, 국제법 학계에서는 전투의 국지적·일시적 정지인 정전(suspension of hostilities, suspension of arms, truce)과 휴전(armistice)을 구분하는 것이 일반적이다. 다만, 한국 '정전'협정의 영어본에서는 'armistice'로 표현하고 있고, 한국전쟁의 정전은 그 내용상 휴전, 그것도 일반적 휴전(general armistice)에 해당하므로 판결에서 정전을 휴전으로 이해한 것은 결론에 있어서는 타당하다. 이처럼 국문과 영문 제목간에 용어의 불일치가 생긴 이유는 분명치 않은데, 제성호, pp. 74~75는 "그것은 아마 한국이 정전협정의 체결과정에서 배제되어 있었던 반면, 북한측이 정전협정의 국문 정본 작성을 주도했기 때문인 것으로 추정"하고 있다.

참고로, 1907년 "육전의 법규 및 관습에 관한 헤이그 규칙"[Hague Convention (Ⅳ) respecting the Laws and Customs of War on Land and its annex: Regulations respecting the Laws and Customs of War on Land] 제40조는 "당사자 일방에 의한 휴전의 중대한 위반은 타방 당사자에게 휴전을 폐기할 권리를 부여하며, 긴급(절박)한 경우에는 적대행위를 즉각 재개할 권리까지도 부여한다."(Any serious violation of the armistice by one of the parties gives the other party the right of denouncing it, and even, in cases of urgency, of recommencing hostilities immediately.)고 규정하고 있다. von Glahn, 3rd ed (1976), p. 575 ; https://avalon.law.yale.edu/subject_menus/lawwar.asp 참조.

169) 카투사(KATUSA : Korean Augmentation Troops to United States Army), 즉 "미8군에 증강된 한국군 육군요원"은 형사관할권의 목적상 미군구성원이 아니다. 다만, 한미주둔군지위협정 제23조(민사청구권)의 목적을 위해서는 미군의 '구성원'으로 간주된다. 협정 제23조 12항.

던 종래의 협정규정을 크게 수정한 것이다. 그러나 협정 제22조 5항(다)에 관한 개정합의의사록에 의하면 '기소시 또는 기소 이후' 한국의 구금인도 요청에 따라 미군 당국이 구금을 인도하는 범죄는 12개 주요범죄[170]에 국한된다. 다만, 동 개정합의의사록에 의하면 "합중국 군 당국은 특정한 사건에 있어서 대한민국 당국이 구금 인도를 요청하면 어떠한 경우에도 호의적인 고려를 하여야 한다(shall give sympathetic consideration)." 또한, 동 개정합의의사록은 "살인과 같은 흉악범죄와 죄질이 나쁜 강간"(a heinous crime of murder[171] or an egregious rape[172])의 경우에는 일정 조건 하에서 한국측의 체포 후 계속적인 구금을 허용하기 위해 다음과 같이 규정하고 있다.

> "대한민국 당국이 합중국 군대의 구성원 · 군속 또는 그들의 가족인 피의자를 범행현장에서, 또는 동 현장에서의 도주 직후나 합중국 통제구역으로의 복귀 전에 체포한 경우, 그가 살인과 같은 흉악범죄 또는 죄질이 나쁜 강간죄를 범하였다고 믿을 상당한 이유가 있고, 증거인멸 · 도주 또는 피해자나 잠재적 증인의 생명 · 신체 또는 재산에 대한 가해 가능성을 이유로 구속하여야 할 필요가 있는 때에는, 합중국 군당국은 그 피의자의 구금인도를 요청하지 아니하면 공정한 재판을 받을 피의자의 권리가 침해될 우려가 있다고 믿을 적법한 사유가 없는 한 구금 인도를 요청하지 아니하기로 합의한다."

또한 협정 제22조 5항(라)는 "오로지 대한민국의 안전에 대한 범죄에 관한 피의자는 대한민국 당국의 구금 하에 두어야 한다."고 규정하고 있는데, 2001년의 양해사항은 이에 대해 "안전에 관한 범죄와 관련하여 대한민국 당국의 수중에 있는 피의자의 구금에 관하여는 그러한 구금을 하기에 적절한 환경에 대한 대한민국과 합중국 간의 상호합의(mutual agreement)가 있어야 한다."고 언급하고 있다.

다섯째, 협정 제22조 9항(사)에 대한 합의의사록은 "합중국의 정부대표와 접견교통하는 권리는 체포 또는 구금하는 때로부터 존재하며, 동 대표가 참여하지 아니한 때에 피의자 또는 피고인이 한 진술은 피의자 또는 피고인에 대한 유죄의 증거로서 채택되지 아니한다."고 규정함으로써 신문조서의 증거능력을 심히 제한하고 있다. 뿐만 아니라, "동 대표는 피의자 또는 피고인이 출석하는 모든 예비수사, 조사, 재판 전의 심리, 재판 자체 및 재판 후의 절차에 참여할 수 있는 권리를 가진다.'고

170) 즉, 살인, 강간(준강간 및 13세 미만의 미성년자에 대한 간음을 포함), 석방대가금 취득목적의 약취 · 유인, 불법마약거래, 유통목적의 불법마약제조, 방화, 흉기강도, 상기 7개 범죄의 미수, 폭행치사 및 상해치사, 음주운전으로 인한 교통사고로 사망초래, 교통사고로 사망초래 후 도주, 상기 범죄의 하나 이상을 포함하는 보다 중한 범죄.

171) 이것은 국문 협정문에 '살인과 같은 흉악범죄'라고 되어 있어 마치 살인 이외에 다른 범죄를 포함하는 것처럼 이해될 수 있다. 그러나 이것은 한미 양국의 법체계의 차이에 따른 것으로 실제로는 '살해의사를 가지고 살인한 경우'를 말한다. 즉, 미국에서는 살인에 관한 조가 우리나라에서와는 달리 죄질별로 단계적으로 나뉘어져 있기 때문에 이 모든 경우를 체포시 계속구금에 해당하는 살인의 범주에 넣을 수 없으므로 그 범위를 한정하려고 하다보니까 나오게 된 표현이다. 제218회 국회 통일외교통상위원회 회의록 제3호 (2001년 2월 27일) 참조.

172) 이 역시 한미 양국의 법체계의 차이에 따른 것으르, 우리나라는 강간을 폭행 또는 협박에 의한 것으로 보고 있는 반면, 미국에서는 이보다 더 넓게 보고 있기 때문에 단순히 'rape'라는 표현을 쓰기 곤란하다는 미국측의 주장에 따라 일단 'egregious rape'로 합의된 것이다. *Ibid.*

함으로써, 미국 정부대표의 협력이 없으면 일련의 형사절차개시 자체가 지연될 수 있는 소지를 안고 있었다. 여기에 2001년의 개정합의의사록은 "합중국 당국은 요청이 있을 때에는 예비수사 또는 어떠한 후속절차에도 불필요한 지연을 초래하지 아니하도록 합중국 정부대표의 신속한 출석을 보장한다."고 추가함으로써, 이 두 번째 문제는 해소하였다.

여섯째, 형집행을 위한 인도문제와 관련하여 동조 7항(나)는 "한국은 한국법원이 선고한 구금형에 복무하고 있는 미군 구성원·군속·가족의 구금인도를 합중국 당국이 요청하면 이 요청에 대하여 호의적 고려를 하여야 한다."고 규정하고 있다.

일곱째, 협정 제22조 3항(가)에 관한 합의의사록 ①항 두 번째 문장에 의하면, 미군당국이 우선적인(1차적인) 재판권을 갖는 한 가지 사유인 '공무'의 판단기준과 관련하여 "협정 및 합의의사록에서 사용된 '공무'라 함은 합중국 군대의 구성원 및 군속이 공무집행 기간 중에 행한 모든 행위를 포함하는 것을 말하는 것이 아니고, 그 자가 집행하고 있는 공무의 기능으로서 행하여질 것이 요구되는 행위에만 적용되는 것을 말하는데", 양해사항은 "어떤 자가 특정한 임무수행을 요구하는 행위로부터 실질적으로 이탈한 경우, 이는 통상 그 자의 '공무' 밖의 행위를 뜻한다."고 설명하고 있다. 그러나 동 합의의사록 ①항 첫 번째 문장에 의하면, "미군 당국이 발행한 증명서가 1차적 재판권을 결정짓기 위한 사실의 충분한 증거가 된다."고 규정하고 있다. 그리고 양해사항도 여전히 "수정이 합의되지 아니하는 한, 증명서는 결정적임"을 확인하고 있을 따름이다. 다만, 2001년의 양해사항은 이 문제에 대한 기존의 양해사항에 대체로 두 가지를 추가하고 있다. 첫째, "대한민국 당국은 합중국 군대의 어떠한 공무증명서에 대하여도 토의(discuss), 질문(question) 또는 거부(object to)할 수 있다." 둘째, "공무증명서가 최초로 제출된 후 30 일 이내에 상호 합의에 도달하지 못할 경우에는 동 협의의 계속과는 관계 없이 합중국 군당국은 피의사실에 대하여 군법회의에 의한 재판(trial by court-martial), 비사법적 징벌 부과 또는 기타의 적절한 조치를 취할 수 있다." 상기 "미8군 영안실 유독물질 방류" 사건에서 검찰 측은 협정 제22조 1항(가)에 관한 합의의사록에 근거하여 한국에 1차적 재판권이 있음을 확인하였으면 더 이상 피고인 미군속의 행위가 공무에 속하는지의 여부에 대한 판단은 불필요하다고 주장하였는데도 1심법원은 이 문제에 대해 자세히 논함으로써 논리적 모순을 드러냈다. 항소심 판결은 피고인의 행위가 공무에 해당하는지에 대해 언급하지 않았다.

여덟째, 협정 제22조 10항(가)에 의하면 미군 시설·구역 안에서는 미군 당국이 한국인에 대하여 경찰권을 포괄적으로 행사할 수 있다. 또한 동 조 10항 (가) 및 (나)에 관한 합의의사록은 "미군 당국은 미군이 사용하는 시설·구역 안에서 통상 모든 체포를 행한다. 이 규정은 미군 당국이 동의한 경우 또는 중대한 범죄를 범한 현행범을 추적하는 경우에 한국 당국이 시설과 구역 안에서 체포를 행하는 것을 막는 것은 아니다."라고 규정하고 있지만 실제로 한국 경찰이 현행범을 좇아 시설·구역 내로 들어갈 수 있을지 의문이다. 그리고 현행범 이외의 경우에는 미군 당국의 동의가 필요하다.

아홉째, 협정 제22조 9항에 관한 합의의사록에서 "본 조에 의하여 한국 당국이 소추하는 어떤 경우에도 유죄가 아니거나 무죄석방의 판결에 대하여 한국검찰은 상소하지 못하며, 피고인이 상소하지 아니한 판결에 대하여 상소하지 못한다. 다만, 법령의 착오를 이유로 하는 경우에는 그러하지 아니하다."라고 규정함으로써 미국법의 이중위험 금지원칙(Double Jeopardy Clause)을 수용하고 있는데, 이것은 1심무죄 판결에 불복하는 검사측의 항소를 금지하지 않는 한국법의 관점에서는 문제로 지적되고 있다.

끝으로, 협정 제22조 9항에 관한 합의의사록에 의하면 미국의 구성원, 군속 또는 가족에 대한 사형의 집행 또는 구금, 금고나 징역형의 집행기간 중 또는 유치를 위하여 이용되는 시설은 합동위원회에서 합의된 최소한도의 수준을 충족시켜야 한다. 이에 따라 1967년 합의된 합동위원회 합의사항 제13호는 구금시설에 대한 최저기준을 규정하고 있다.

4. 민사청구권[173)]

민사청구권은 크게 세 부류로 나누어 규율되고 있는데, 이 부분은 1991년과 그 후 2001년의 개정에서 전혀 손을 대지 않았다.

(1) 공무 집행 중 군대재산, 군대구성원 그리고 (군대재산 이외의)정부재산에 손해가 발생한 경우

공무 집행 중의 군대구성원이나 고용원에 의하여 타방 군대재산에 끼친 손해, 그리고 공용을 위하여 사용되고 있던 군대차량·선박·항공기에 의하여 타방 군대재산에 끼친 손해에 대해서는 각기 청구권을 포기한다.[174)] 군대의 구성원이 공무 집행 중 입은 부상이나 사망에 관해서도 상호 청구권을 포기한다.[175)] 공무 집행 중의 군대구성원이나 고용원에 의하여, 혹은 공용을 위하여 사용되고 있던 군대차량, 선박, 항공기에 의하여 타방 군대재산 '이외의' 정부재산에 끼친 손해에 관해서는 각기 청구권을 포기하지 아니하고 중재를 통해 해결한다. 즉, 1인의 중재인이 타방 당사국의 책임문제를 결정하고 손해액을 사정하는데, 이 중재인은 양 정부 간의 합의에 의하여 대한민국 국민 중에서 선정한다. 다만, 손해배상액이 $1,400 이하인 경우에는 각기 청구권을 포기한다. 그리고 중재인이 재정하는 배상금은 아래(공무 중 제3자에게 끼친 손해)에서 설명하는 분담 비율에 따라 양국 정부가 나누어 부담하게 된다.[176)]

(2) 공무 집행 중 미군의 구성원이나 고용원(대한민국 국민이거나 대한민국에 통상적으로 거주하는 고용원 포함)의 불법행위로 한국 정부 이외의 제3자에게 손해가 발생한 경우

미국만이 책임이 있는 경우에는 배상금의 25%를 한국이 부담하고 미국은 그 75%를 부담하며, 한국과 미국이 다같이 책임이 있거나 책임 소재가 불분명한 경우에는 양국 정부가 균등히 이를 분담한다.[177)] 다만, 이 경우 피해자는 마치 한국 군대의 행위로부터 청구권이 발생하기라도 한 것처럼

173) 근거조항은 한미주둔군지위협정 제23조이며, 국내이행법률로서 "주둔군지위협정의 시행에 관한 민사특별법"(1967년 3월 3일 제정)과 "동 민사특별법 시행령"(1970년 2월 16일 제정, 1980년 2월 4일 개정)이 있다.
174) 협정 제23조 1항.
175) 협정 제23조 4항.
176) 협정 제23조 2항.
177) 협정 제23조 5항(마).

한국 국가배상법에 따라 한국 정부에 대해 손해배상을 신청하거나 한국 정부를 피고로 하여 손해배상 소송을 제기하도록 규정하고 있다.[178)]

협정 제23조를 구성하는 규정들 중에서 2항과 5항의 규정(즉, 정부재산에 대한 손해와 공무집행 중 발생한 손해)은 비전투행위에 수반하여 발생한 청구에 대해서만 적용되고 전투행위에 대해서는 적용되지 않는다.[179)]

(3) 공무 집행 중에 행하여진 것이 아닌 미군의 구성원이나 고용원(대한민국국민이거나 대한민국에 통상적으로 거주하는 고용원은 제외)의 불법행위로 (민간인이나 한국 정부에게) 손해가 발생한 경우의 배상청구절차는 다음과 같다.

한국 당국(국가배상심의회)이 피해자의 배상금을 사정하여 보고서를 작성한 뒤 이를 미군 당국에 송부한다. 미군 당국은 지체없이 배상금 지급의 제의 여부를 결정하고, 또 제의를 하는 경우에는 그 금액까지 제시하여야 한다. 배상금 지급의 제의가 행해진 경우, 청구인(피해자)이 이를 수락하면 미군 당국은 직접 지급하여야 한다. 청구를 완전히 충족시키는 지급이 행하여지지 않는 한 미군의 구성원과 고용원을 상대로 한국 재판소에 민사소송을 제기할 수 있다.[180)] 협정 제23조 9항(나)는 "합중국 군대가 사용하고 있는 시설과 구역 안에 대한민국 법률에 의거한 강제집행에 따를 사유동산(합중국군대가 사용하고 있는 동산을 제외한다)이 있을 때에는, 합중국 당국은 대한민국 법원의 요청에 따라 이러한 재산이 대한민국 당국에 인도되도록 그의 권한 내의 모든 원조를 제공한다."고 규정하고 있다.

이론상 '공무집행'을 할 수 없는 미군·군속의 '가족'은 협정 제23조의 보호를 받지 못한다. KATUSA는 '민사'청구권의 목적을 위해서는 미국 군대의 '구성원'으로 간주된다.[181)] 미군 당국과의 군납 관련 분쟁은 위 세 번째 경우와 마찬가지로 한국의 민사재판권으로부터 면제되지 않는다.[182)] '민사'청구권의 목적상 '공무집행' 여부에 관하여 분쟁이 발생하면, 이 문제는 한국인 중재인에게 회부되며, 중재인의 재정은 최종적이며 확정적이다.[183)]

5. 언어문제

협정은 제31조 3단에서 "한국어본과 영어본 2통을 작성하며, 양 본은 동등히 정본이나 해석에 상위가 있을 때에는 영어본에 따른다"고 규정하고 있으며, 이번 2001년 본협정개정협정(제2조 3단)과 개정합의의사록(제25조 4단), 2001년 양해사항도 모두 "서로 차이가 있을 경우에는 영어본이 우선한

178) 협정 제23조 5항(가). 종전에는 배상신청이 기각되거나 배상금액에 불복하는 경우에만 소송을 제기할 수 있었으나, 2000년 12월 29일 국가배상법이 배상신청 필요적 전치주의에서 임의적 전치주의로 개정되었으므로, 이제는 배상신청을 거치지 않고도 소를 제기할 수 있게 되었다.
179) 협정 제23조 11항.
180) 협정 제23조 6항.
181) 협정 제23조 12항.
182) 협정 제23조 10항.
183) 협정 제23조 8항.

다"고 규정하고 있다. 이는 1951년 NATO 군대지위에 관한 London협정 제16조가 이럴 경우 당사국 간의 교섭에 의하여 해결하도록 하고 있는 점에 비추어 문제점으로 지적되고 있다.

상기 "미8군 영안실 유독물질 방류" 사건에서 1심법원은 공무 여부에 대한 판단을 하는 과정에서, 2001년의 양해사항이 "대한민국 당국은 합중국 군대의 어떠한 공무증명서에 대하여도 ... 거부할 수 있다"고 규정한 것을 "대한민국 당국에 (미군 측의)공무증명서에 대한 ... 거부권을 부여"하고 있는 것으로 새긴 바 있다. 그러나 양해사항 영어본에는 "거부"가 "object to"로 표현되어 있는데, 우리말의 거부와 영어의 object to가 완전히 동일 의미로 생각되지는 아니한다. 즉, object to의 사전적 의미는 "이의를 제기하다" 내지는 "반대하다" 정도의 의미로서, 미국 측은 이를 "거부권"(배척)(reject, veto)의 뜻으로 보지 않을 가능성이 있다. 그도 그럴 것이, 한국 당국이 "거부권"을 행사하였으면 협의절차는 그걸로 종결된다고 보는 것이 논리적인데도, 동 규정은 계속하여 "협의의 계속과는 관계 없이 합중국 군당국은 ... 군법회의에 의한 재판 ... 조치를 취할 수 있다"고 규정하고 있기 때문이다. 실제로 한국 검찰도 "거부" 대신 "이의제기"란 술어를 사용한 바 있다. 즉, 2012년 7월 평택에서 미국 공군헌병대 소속 미군 7명이 한국인 3명의 손목에 수갑을 채운 것과 관련하여 2013년 6월 21일 미군 당국이 공무집행 증명서를 제출하자, 검찰은 미군 측에 "이의제기서를 제출해 협의를 진행할 계획"이라고 밝혔었다.[184)]

184) 조선일보 (평택 권상은 기자), 2013년 6월 22일 (토), A10면, ""권한없이 한국인 수갑채워" 檢, 미군 헌병들 기소키로".

Part 3

국가책임과 개인의 지위

제 14 장
국 가 책 임

국제책임(international legal responsibility)은 국제법 위반에 대한 법적 비난이므로 그 정의에 의하여 국제법의 주체만이 부담할 수 있다. 그런 의미에서 국제책임의 주체는 곧 국제법의 주체이므로, 국제책임의 일차적 주체는 국가이다. 동시에, 국제기구가 국가 또는 타 국제기구와 체결한 조약을 이행하지 않는 경우 등에서 보는 것처럼 국제기구도 국제책임을 부담할 수 있다. 아직 일반적인 현상은 아니지만 개인의 국제책임도 발생할 수 있다. 예컨대, 전쟁범죄, 평화에 대한 죄, 인도에 대한 죄 등에 대해서는 직접 국제법의 이름으로 개인의 (형사)책임(individual responsibility)을 묻는 것이 승인되고 있다. 그러나 이것은 주체의 유형에 따라 국제법 위반의 법적 결과도 달라질 수 있음을 시사한다. 예컨대, 개인은 형사책임의 주체로서 교도소에 보낼 수도 있지만, 국가나 국제기구는 그럴 수가 없다. ICJ는 *Elettronica Sicula* 사건[1]에서 "국내법의 준수와 조약규정의 준수는 서로 다른 문제들이다. 조약 위반인 것이 국내법에서는 합법일 수 있고, 국내법에서는 위법인 것이 전혀 조약규정의 위반이 아닐 수도 있다."고 하였는데, 이 말은 국제관습법에 대해서도 그대로 타당하다. 국제법과 국내법이 법체계로서 서로 분리되어 존재하는 결과 전통적으로 국제책임의 영역과 국내책임의 영역도 서로 분리되어 있는 것으로 인식되고 있는 것이다.[2]

본장에서는 UN국제법위원회(ILC)가 1949년에 연구를 시작하여 2001년 제53차 회기에서 채택

---

1) *Elettronica Sicula S.p.A* (*ELSI*) (USA v. Itlay), Judgment, ICJ Reports (1989), p. 15 at 51 (para. 73) : "Compliance with municipal law and compliance with the provisions of a treaty are different questions. What is a breach of treaty may be lawful in the municipal law and what is unlawful in the municipal law may be wholly innocent of violation of a treaty provision."

2) 이것은 물론 국가(및 비국가적 실체)의 국제책임 문제가 국제재판소에서만 다룰 수 있음을 의미하는 것은 아니다. 즉, 국내재판소도 국제위법행위가 있었다는 판결을 내려 줄 것을 요구받거나, 국제위법행위가 있었음을 인정한 국제재판소의 판결을 이행하도록 요구받기도 한다. 국내재판소가 "국제법의 국내적 수호자"(national defender of international law)로 등장하여 법정지국가나 타국가 혹은 비국가적 실체의 국제책임과 관련한 문제를 검토하고 적절한 구제 내지는 손해배상을 제공하고 있는 것이다. 이 주제의 개관을 위해서는, Matthias Hartwig, "The German Federal Constitutional Court and the Extradition of Alleged Terrorists to the United States", German Law Journal, Vol. 5 No. 3 (1 March 2004), pp. 185~195, available at https://www.germanlawjournal.com/pdfs/Vol05/pdf_vol_05_no_03.pdf ; Nollkaemper, pp. 166~213 (Chapter 8 Reparation) 참조.

한 "국제위법행위에 대한 국가책임에 관한 규정초안"(Draft articles on Responsibility of States for Internationally Wrongful Acts)(이하 ILC초안)[3]을 중심으로, 국제책임의 기본이론을 구성하고 있는 국가의 국제책임, 즉 국가책임(state responsibility)에 관하여 개관한다. ILC초안은 -그것을 위반하면 국제책임이 초래되는- (행위의) 1차규칙(primary rules of conduct), 즉 국제의무의 범위를 한정하고 법전화하기보다는(사실 이 작업은 국제법의 실체규범 모두를 법전화해야 하는 일이므로 실제로 가능하지도 않을 것이다), 1차규칙을 위반했을 때 적용되기 시작하는 (행위의) 2차규칙(secondary rules of conduct, second level rules), 그것도 특정분야에만 적용되는 세부적인 2차규칙들보다는 일반적이고 추상적인 2차규칙의 법전화를 시도하고 있을 따름이다.[4] 따라서 ILC초안규정은 국

3) ILC Report, Fifty-third session (23 April~1 June and 2 July~10 August 2001), General Assembly, Official Records, Fifty-sixth session, Suppl. No. 10 (A/56/10), 〈https://www.un.org/documents/ga/docs/56/a5610.pdf〉; Yearbook of the International Law Commission, 2001, Vol. Ⅱ, Part Two, 〈https://legal.un.org/ilc/publications/yearbooks/english/ilc_2001_v2_p2.pdf〉. UN총회는 2001년 12월 12일의 결의 56/83을 통해 "ILC의 국가책임초안 채택을 축하"하며, "각국 정부에게 -그들의 미래 채택이나 다른 적절한 행동의 문제를 침해함이 없이- 이 초안에 주목할 것을 권고"하였고, 이후 이 주제는 UN총회 차원에서 계속 다루어지고 있다. 한편, ICJ는 이미 *Gabčíkovo-Nagymaros* case (Hungary/ Slovakia), ICJ Reports (1997), p. 7 at 38(para. 47)에서 ILC가 제1독회(1980년)에서 잠정 채택했던 ILC초안을 인용한 바 있으며, 이와 함께 ILC 국가책임초안은 대체로 환영을 받고 있다. https://en.wikipedia.org/wiki/State_responsibility ; Hamid, p. 216, fn. 5.

4) ILC는 2001년 초안에 대한 일반주석(General commentary) (1)항에서 1차규칙과 2차규칙의 구분 및 초안의 의도에 대해 다음과 같이 밝히고 있다 : "... The emphasis is on the secondary rules of State responsibility : that is to say, the general conditions under international law for the State to be considered responsible for wrongful actions or omissions, and the legal consequences which flow therefrom. The articles do not attempt to define the content of the international obligations, the breach of which gives rise to responsibility. This is the function of the primary rules, whose codification would involve restating most of substantive customary and conventional international law." ILC의 국가책임초안이 2차규칙, 그것도 일반적인 2차규칙을 작성하는 것으로 귀결된 역사적 과정은 다음과 같다. ILC가 1949년에 착수하기로 결정했던 조약초안의 원래 주제는 "외국인과 그들 재산에 대한 침해"로 인한 국가책임이었다. 전통국제법은 국가가 (단순히 여행 중일 수도 있고 아니면 현지에서 기업을 설립하여 운영하고 있을 수도 있을) 타국의 국민에게 침해를 가하면 가해국이 피해 외국인의 본국에 대해 침해를 가한 것으로 보았다. 그리고 이러한 유형의 이른바 간접침해는 수없이 많은 국가 간 분쟁과 수많은 국가 간 중재재판의 주제가 되었었기 때문에 ILC와 UN회원국들은 이 문제에 대한 영토국의 의무를 정교하게 마련하면 미래에는 그같은 간접침해로 인한 사건들을 방지할 수 있을 것으로 믿었던 것이다. 그러나 1960년대 초반에 ILC는 이들 의무의 실체에 대하여 내부 의견일치를 볼 수가 없었다. 주된 의견대립은 "외국인 재산의 보호"에 관한 국가들의 의무에 관한 것이었는데, 이 주제에 대한 견해의 불일치는 제3세계가 신국제경제질서(NIEO)를 건설하려는 노력을 하는 기간 동안에는 더욱 더 심화될 따름이었다. 원래의 위임에서 좌절한 ILC는 결국 논의의 초점을 "국제위법행위에 대한 국가책임에 적용되는 원칙들"(principles which govern the responsibility of States for internationally wrongful acts)로 이동시키기로 결정하면서, "이 과제와 국가들에게 의무를 지우는 규칙들을 정의하는 과제 사이의 엄격한 구분을 유지"(maintaining a strict distinction between this task and the task of defining the rules that place obligations on States)하기로 하였다 : Report of the Special Rapporteur, [1970] 2 Year Book of ILC 306, UN Doc. A/8010/Rev.1 (특별보고자 Robert Ago는 "it is one thing to define a rule and the content of the obligation it imposes, and another to determine whether that obligation has been violated and what should be the consequence of the violation."이라고 적고 있다). 여기서 "국가들에게 의무를 지우는 규칙들"이 바로 이른바 국제법의 1차규칙으로 불리는 것으로서 (ILC가 원래 초안주제로 삼았던 외국인의 대우를 비롯하여, 각종 면제, 해양법, 인권법, 환경법, 무력사용, 국가관할권 등등) 국제법에 의하여 규율되는 무수히 많은 영역에서 국가들에게 부과된 국제의무들을 지칭한다. 이에 대해, "국제위법행위에 대한 국가책임에 적용되는 원칙들"이 국제법의 2차규칙으로 불리는 것으로서, "국가가 이들 국제의무의 위반에 대해 법적으로 책임을 진다는 것이 무엇을 의미하는지를 분명히 하는 규칙"을 말한

제위법행위의 존재를 위한 조건 또는 국가책임의 내용 내지 이행이 국제법의 특별규칙(*lex specialis*)에 의해 규율되는 경우에는 그 범위 내에서 적용되지 아니한다.[5] 그리고 적용가능한 국제법규는 국가책임에 관한 문제들이 이 초안규정에 의하여 규율되지 않는 범위 내에서 그같은 문제들에 계속 적용된다.[6] 이 밖에도, 초안규정은 국제기구의 국제책임 또는 국제기구의 행위에 대한 국가의 국제책임 문제를 해하지 아니하며,[7] 국가를 위하여 행동하는 사람의 개인적 국제책임 문제를 해하지 아니하며,[8] UN헌장을 해하지 아니한다.[9]

다. 아래에서 설명할 귀속성과 위법성조각사유 등이 바로 여기에 속한다. 요컨대, ILC는 국제법의 규율을 필요로 하는 새로운 주제들이 계속 나타남에 따라 국제법의 1차규칙도 계속 확대될 것이므로 1차규칙의 법전화는 단념할 수밖에 없었던 것이다. Steven R. Ratner, "Corporations and Human Rights : A Theory of Legal Responsibility", (2001) 111 The Yale Law Journal 443 at 489~491 ; Malanczuk, p. 255 ; Catherine Tinker, "Responsibility for Biological Diversity Conservation under International Law", in Ku & Diehl (eds.), p. 419. 국제연맹 시절부터 ILC 2001년 초안에 이르는 국제법의 법전화 작업의 역사적 개관을 위해서는, Rosenne, *The Perplexities of Modern International Law*, "Chapter XI Responsibility and Remedies", pp. 365~398 참조. "2차규칙"의 개념은 때로 국가책임법의 영역을 넘어 좀 더 넓게 사용되기도 하는데, 이를테면 Nollkaemper는 "2차규칙은 1차규칙 위반의 결과뿐만 아니라 1차규칙의 존재, 해석 및 종료를 결정한다." (Secondary rules determine the existence, interpretation, and termination of primary rules as well as the consequences of their breach.)고 하거나 (Nollkaemper, p. 185), 혹은 "2차규칙은 해석규칙, 변경규칙(즉, 1차규칙이 어떻게 변경되는지를 명시한 규칙), 그리고 책임규칙을 포함한다." (Secondary rules include rules of interpretation, rules of change [that is, rules specifying how primary rules are changed], and rules of responsibility.")라고 언급하고 있다 (*ibid.*, pp. 224~225, 230).

5) ILC초안 제55조(특별법 우선의 원칙). ILC는 제55조에 대한 주석에서 다음과 같이 언급하고 있다. "For the *lex specialis* principle to apply it is not enough that the same subject matter is dealt with by two provisions ; there must be some actual inconsistency between them, or else a discernible intention that one provision is to exclude the other. Thus the question is essentially one of interpretation. ... ... Article 55 is designed to cover both "strong" forms of *lex specialis*, including what are often referred to as self-contained regimes, as well as "weaker" forms such as specific treaty provisions on a single point, for example, a specific treaty provision excluding restitution. The Permanent Court of International Justice referred to the notion of a self- contained regime in *The S.S. Wimbledon* with respect to the transit provisions concerning the Kiel Canal in the Treaty of Versailles, as did the International Court of Justice in the *Diplomatic and Consular Staff* case with respect to remedies for abuse of diplomatic and consular privileges." : ILC Report 2001, pp. 358~359.

6) ILC초안 제56조.

7) ILC초안 제57조.

8) ILC초안 제58조. 이것은 거꾸로 이야기 하면, ICC 로마규정 제25조 4항에서 보는 것처럼 국제범죄에 대한 개인책임이 국가책임 문제에 영향을 미치지 아니함을 의미하는 것이기도 하다. 그런 의미에서 ILC 국가책임 초안 제58조와 ICC 로마규정 제25조 4항은 한 동전의 양면과도 같다. ILC는 제58조("individual responsibility")에 대한 주석에서 양자의 관계에 대해 다음과 같이 설명하고 있다. "Where crimes against international law are committed by State officials, it will often be the case that the State itself is responsible for the acts in question or for failure to prevent or punish them. In certain cases, in particular aggression, the State will by definition be involved. Even so, the question of individual responsibility is in principle distinct from the question of State responsibility. The State is not exempted from its own responsibility for internationally wrongful conduct by the prosecution and punishment of the State officials who carried it out. Nor may those officials hide behind the State in respect of their own responsibility for conduct of theirs which is contrary to rules of international law which are applicable to them. The former principle is reflected, for example, in article 25(4) of the Rome Statute, which provides that "no provision in this Statute relating to individual criminal responsibility shall affect the responsibility of States under international law." The latter is reflected, for example, in the well-established principle that official position does not excuse a person from

ILC초안은 제33조 2항에서 "국가 이외의 사람 혹은 실체에게 생길 수 있는, 국가의 국제책임에서 발생하는 그 어떤 권리도 해하지 아니한다."라고 규정하고 있을 뿐이며, 단지 '국가'가 타국의 국제의무 위반에 대하여 책임을 물을 때 원용할 수 있는 준거규칙들에 집중되어 있다. 그러나 국제공동체는 ILC가 국가책임 문제를 검토하기 시작한 이래 지난 4~50년 동안 상당한 발전을 이루었고, -개인이나 국제기구를 비롯한- 비국가적 실체들에게 국제분쟁해결기관에서 국가를 상대로 책임을 원용할 수 있는 지위를 부여하는 조약들이 누적되어 가고 있는데, 인권, 외국인투자보호, 환경보호 분야에서 특히 그러하다. 이런 점에서 2001년의 ILC초안은 21세기의 국제공동체 상황을 반영하지 못하고 있다는 비판을 받고 있기도 하다. 물론, 국가책임의 원용과 관련한 해당조약들의 규정은 ILC초안 제55조에 의하여 '특별법'의 지위를 향유하며, 그 범위 내에서 ILC초안의 규정에 우선할 것이다.[10]

ILC초안은 제1독회 때 채택된 초안과는 달리 분쟁해결장치에 관한 규정을 담고 있지 아니하다. 이에 따라 UN총회는 후일 초안규정을 조약으로 성문화하기로 결정할 때 이에 관한 규정을 삽입할 것인지, 삽입한다면 어떤 형식의 규정을 삽입할 것인지를 검토하게 될 것이다.[11]

다같이 국가책임으로 번역되는 state responsibility와 state liability는 같은 의미로 사용하기도 하지만, 전자는 위법행위에 대한 책임을, 후자는 적법행위(liability *sine delicto*)에 대한 책임을 지칭하기 위해 때로 구분하기도 하기 때문에 주의를 요한다.[12]

---

individual criminal responsibility under international law." 요컨대, 개인책임과 국가책임은 별개의 문제이고, 따라서 ICJ에서 국가책임을 입증하기 위해서는 그 전에 먼저 국제형사재판소나 국내재판소에서 개인책임이 입증될 필요는 없다. *Application of the Convention on the Prevention and Punishment of the Crime of Genocide* (Bosnia and Herzegovina v. Serbia and Montenegro) (Jurisdiction and Merits), judgment of 26 Feb. 2007, paras. 173, 180~182에서 ICJ도 이같은 점들을 지적한 바 있다. ICJ는 *Application of the Convention on the Prevention and Punishment of the Crime of Genocide* (Croatia v. Serbia), ICJ Reports (2015), p. 3, para. 129에서 "국가책임과 개인의 (국제 및 국내)형사책임이 별개의 체제에 의해 규율된다"는 점을 거듭 확인하면서, 다만 "국가책임을 결정하기 위해 필요하면 개인의 형사책임에 관한 국제형사재판소들의 결정을 고려할 것"이라고 하였다.

9) ILC초안 제59조. 제59조의 목적은, ILC 초안은 위법행위 국가가 부담해야 할 손해배상에 관련한 UN의 행동·조치를 침해하지 않을 것임을 분명히 하는 데 있다. ILC 초안 제59조에 대한 주석 (1), (2) ; Aust, *Handbook of IL*, 2nd, p. 378.

10) Edith Brown Weiss, "Invoking State Responsibility in the Twenty-First Century", (2002) 96 AJIL 798 at 798~799, 809.

11) ILC Report on the work of its Fifty-third session (2001), Chapter Ⅳ-State Responsibility, paras. 56~60, 67 ; James Crawford, *The International Law Commission's Articles on State Responsibility : Introduction, Text and Commentaries*, Cambridge : Cambridge University Press, 2002 ; 李基汎, "國家責任에 관한 硏究", 연세대학교 석사학위논문, 2002년 6월 참조.

12) See *Legal Consequences for States of the Continued Presence of South Africa in Namibia (South West Africa) notwithstanding Security Council Resolution 276 (1970)*, Advisory Opinion, ICJ Reports (1971), p. 16 at 54 (para. 118) ; Wallace, 3rd, pp. 173, 203 ; Orakhelashvili/Akehurst, 9th, p. 298.

Ⅰ. 국가책임의 의의

ILC초안 제1조는 "국가의 모든 국제위법행위(internationally wrongful act)는 그 국가의 국제책임을 수반한다."고 규정하고 있다. *Chorzów Factory* 사건[13]에서 PCIJ는 "약속위반이 배상의무를 동반한다는 것은 국제법의 일반원칙이자 법의 일반개념이기도 하다."라는 말로써 이 국가책임의 원칙을 확인하고 있다. 다만, 국가의 행위는 반대로 입증되기까지는 국제법에 부합한다는 '추정'(presumption)을 받는데, 이것은 절차법의 차원에서 타국의 행위가 위법하다고 주장하는 국가에게 입증책임(burden of proof)이 돌아감을 의미한다.[14]

국가책임은 타 국가에 대한 직접침해(direct injury, direct State-to-State wrongdoing)에 의해서도 발생할 수 있고, 타 국가에 대한 간접침해(indirect injury, indirect international wrongs), 즉 외국인에 대하여 손해를 야기하는 위법한 행위(작위 또는 부작위)(injury to aliens or their property)에 의해서도 발생할 수 있다. 직접침해의 경우와 마찬가지로 간접침해의 경우에도 국가책임은 피해를 입은 외국인이 아니라 그 소속국(즉, 국적국가)에 대해 지는 것이긴 하지만, 다만 간접침해의 경우에는 국가책임을 추궁함에 있어 외교보호(diplomatic protection)의 이름 아래 형성되어 온 두 개의 특별한 선행요건이 추가로 요구되고 있다. 청구국적의 원칙(principle of nationality of claims)과 국내(현지)구제수단 완료의 원칙(rule of exhaustion of local/domestic remedies)이 바로 그것인데 이들에 관해서는 아래에서 별도로 설명한다.

Ⅱ. 국제위법행위의 정의

ILC초안 제2조에 의하면 국가의 국제위법행위(internationally wrongful act of a State)는 (작위 또는 부작위로 구성되는) 행위가 국제법상 당해 국가에게로 귀속될 수 있고, 문제의 행위가 그 국가의 국제의무의 위반을 구성할 때 성립하게 된다. 국제위법행위에 대한 이 정의는 국제관습법규를 옮겨담은 것으로 여러 국제판례에서도 확인되고 있다.[15] 여기서, '국가의 행위'일 것, 즉 국가로의

13) (Indemnity)(Merits), PCIJ (1928), Series A, No. 17, p. 29 ; Harris, pp. 461~462.

14) Pauwelyn, pp. 241, 291. 예컨대, WTO, *EC-Hormones* case - Original Complaint by the United States - Recourse to Arbitration by the European Communities under Article 22.6 of the DSU - Decision by the Arbitrators [1999] WTOARB 7 (12 July 1999)(available at https://www.worldlii.org/int/cases/WTOARB/1999/7.html), para. 9에서 중재인들은 다음과 같이 언급한 바 있다 : "WTO Members, as sovereign entities, can be *presumed* to act in conformity with their WTO obligations. A party claiming that a Member has acted *inconsistently* with WTO rules bears the burden of proving that inconsistency."

15) 이를테면 *United States Diplomatic and Consular Staff in Tehran* (US v. Iran), ICJ Reports (1980), p. 3. at 28~29 (para. 56)에서 ICJ는 다음과 같이 언급하였었다 : "The principal facts material for the Court's decision on the merits of the present case have been set out earlier in this Judgment. Those facts have to be looked at by the Court from two points of view. First, it must determine how far,

귀속성이 국제위법행위의 '주관적' 요소(subjective element)라면, 국제의무의 위반은 동 행위의 '객관적' 요소(objective element)라고 할 수 있다.[16] 다만, ILC는 초안규정 자체에서는 '주관적', '객관적'이란 용어의 사용을 피하였다. 왜냐하면 -후술하는 바와 같이- 국제위법행위 성립의 두 번째 요건인 국제의무(1차규칙 혹은 1차의무)의 위반이 국가를 대리하여 행동하는 자의 심리적 요소(고의나 과실)에 달려 있는 경우에는 위반의 기준이 '주관적'이라고 말할 수 있고, 그렇지 아니한 경우에는 위반의 기준이 '객관적'이라고 표현할 수 있을 것이기 때문이다.[17] 이 밖에도, '국제위법행위'는 국가책임의 본질적 요소인데, ILC초안은 이와 유사한 국내법 용어의 사용을 고의적으로 회피하고 있다.[18]

초안 제2조에도 명시적으로 언급되고 있는 바와 같이, 국제의무의 위반은 작위(action, positive act)뿐만 아니라 부작위(omission)에 의해서도 야기될 수 있는데, *Corfu Channel* 사건[19]이 이 점을 잘 보여주고 있다. 알바니아 당국이 자국 영해에 속하는 코르퓨 해협에 정체 불명의 기뢰가 떠다니고 있음을 알 수 있었음에도 불구하고 그 곳을 통항하는 영국군함에게 이 사실을 통고해 주지 않음으로 인하여 영국 군함이 기뢰와 부딪히는 사고가 발생하였으며, 이로 인하여 알바니아의 국가책임이 성립한 사건이었다.[20]

국제법의 눈으로 보면 국내법은 법이 아닌 사실(fact)에 불과하다. 따라서 어떤 국가행위가 국제위법행위인가의 여부를 결정짓는 준거법은 국내법이 아니라 국제법이다. ILC초안 제3조는 "국가의

---

legally, the acts in question may be regarded as imputable to the Iranian State. Secondly, it must consider their compatibility or incompatibility with the obligations of Iran under treaties in force or under any other rules of international law that may be applicable."

16) Harris, p. 462 ; Yearbook of the ILC (1973), Vol. Ⅱ, p. 179, Commentary, para. (1), to Article 3 (Elements of an internationally wrongful act of a State) of Draft articles on State responsibility.

17) ILC초안 제2조에 대한 주석 (3)항.

18) 즉, ILC는 2001년 초안 제1조에 대한 주석(Commentary) (8)에서 술어사용과 관련하여 다음과 같이 언급하고 있다 : "As to terminology, the French term "fait internationalement illicite" is preferable to "délit" or other similar expressions which may have a special meaning in internal law. For the same reason, it is best to avoid, in English, such terms as "tort", "delict" or "delinquency", or in Spanish the term "delito". The French term "fait internationalement illicite" is better than "acte internationalement illicite", since wrongfulness often results from omissions which are hardly indicated by the term "acte". Moreover, the latter term appears to imply that the legal consequencies are intended by its author. For the same reason, the term "hecho internacionalmente ilícito" is adopted in the Spanish text. In the English text, it is necessary to maintain the expression "internationally wrongful act", since the French "fait" has no exact equivalent; nonetheless, the term "act" is intended to encompass omissions, and this is made clear in article 2."

19) Albania/UK, (Merits), ICJ Reports (1949), p. 4 at 22~23 : "The obligations incumbent upon the Albanian authorities consisted in notifying, for the benefit of shipping in general, the existence of a minefield in Albanian territorial waters and in warning the approaching British warships of the imminent danger to which the minefield exposed them. Such obligations are based, not on the Hague Convention of 1907, No. Ⅷ, which is applicable in time of war, but on certain general and well-recognized principles, namely : elementary considerations of humanity, even more exacting in peace than in war ; the principle of the freedom of maritime communication ; and every State's obligation not to allow knowingly its territory to be used for acts contrary to the rights of other States. ... ... In fact, nothing was attempted by the Albanian authorities to prevent the disaster. These *grave omissions* involve the international responsibility of Albania."(italics added) See also Harris, p. 470.

20) See also *Trail Smelter* Arbitration (USA v. Canada) (1941), (1938~1941) 3 RIAA 1905 ; *US Diplomatic and Consular Staff in Tehran* (US v. Iran), ICJ Reports (1980), p. 3.

행위를 국제위법으로 규정하는 것은 국제법에 의하여 규율된다. 그러한 규정은 국내법이 문제의 행위를 합법으로 규정하더라도 그에 영향받지 아니한다."라고 규정함으로써 이 점을 분명히 하고 있다.[21] 역으로 그러나 같은 논리로, 국가의 행위가 국내법상 위법한 것이라고 해서 반드시 이것이 국제법상으로도 위법한 것임을 의미하지는 아니한다.[22]

국제법에서의 책임의 개념은 국내법에서의 책임의 개념과는 근본적으로 다르다. 국제법은 국제법의 모든 규칙의 위반들을 이들 규칙의 연원과 내용에 관계 없이 단일한 2차규칙들에 종속시키고 있다. 즉, 국내법과는 달리 국제법은 계약 책임(contractual liability)과 불법행위 책임(tortious/delictual liability)을 구분하거나, 민사, 형사, 공법(행정) 책임을 구분하지 아니 한다.[23] 또한, 국가책임의 전체적인 구조는 국가들이 −국제공동체 전체에 대해 지고 있다기보다는− 각기 서로에 대해 지고 있는 2차의무, 즉 손해배상(reparation)에 기초하고 있다.[24] 이 때문에 국가의 국제위법행위를 국제범죄(international crime)와 국제불법행위(international delict)로 구분하려던 ILC의 원래의 구상은 결국 폐기되었으며,[25] 그 대신 "일반국제법의 강행규범 하의 의무의 중대한 위반"에 관한 특별규정이 삽입되는 것에 그치고 말았다.[26] 그러나 ILC초안은 국가책임을 원용할(invoke) 자격이 있는 국가의 범위를 확대하기 위해 대세적 의무(duties *erga omnes*) 내지는 당사자간 대세적 의무(duties *erga omnes partes/ contractantes*)의 관념을 도입하고 있다.[27]

ILC초안은 '국제위법행위'와 그것이 타국가 혹은 타국 국민에게 주는 효과를 구분하여 후자는 '침해'(injury) 또는 '손해'(damage)로 표현하고 있다.[28]

---

21) Yearbook of the International Law Commission, 2001, Vol. Ⅱ, Part Two, p. 36 ; ICSID, *Noble Ventures, Inc* v. *Romania*, ARB/01/11, Award (12 October 2005), para. 53 ("the clear distinction between municipal law on the one hand and international law on the other, two separate legal systems (or orders) the second of which treats the rules contained in the first as facts, as is reflected in *inter alia* Article Three of the International Law Commission's Articles on State Responsibility adopted in 2001").

22) *Elettronica Sicula S.P.A.* (*ELSI*) (United States of America v. Italy), ICJ Reports (1989), p. 15 at 74 (para. 124).

23) *The Rainbow Warrior* (France/New Zealand), France-New Zealand Arbitration Tribunal, (1990) 20 RIAA 215 at 251 (para. 75), available at https://legal.un.org/riaa/cases/vol_XX/215-284.pdf ; Crawford and Olleson in Evans (ed.), *International Law*, 3rd, p. 448 ; Nollkaemper, p. 193.

24) Currie, p. 388.

25) ILC의 잠정초안에 나타났던 국제위법행위의 이 두 유형에 대해서는 본서, 제6판, pp. 367~370 참조. ICJ도 *Application of the Convention on the Prevention and Punishment of the Crime of Genocide* (Bosnia and Herzegovina v. Serbia and Montenegro), ICJ Reports (2007), p. 43, 115 (para. 170)에서 '국가의 형사책임' (criminal responsibility of the State)이란 관념을 부인하였었다. Crawford and Olleson in Evans (ed.), *International Law*, 3rd, p. 450.

26) ILC초안 제40조~제41조 ; Currie, pp. 389~390.

27) ILC초안 제48조.

28) ILC초안 제31조 ; Aust, *Handbook of IL*, 2nd, pp. 377, 385.

Ⅲ. 국제법상 국가의 행위일 것 : 행위의 국가 귀속

모든 국제위법행위는 기본적으로 그것의 주관적 요소와 객관적 요소의 결합으로 성립되는데, 여기서는 먼저 국제위법행위의 주관적 요소, 즉 귀속성에 관하여 살펴보기로 한다.[29]

국가는 그 자신에게로 귀속될 수 있는 공무원 또는 기관의 행위(작위 또는 부작위)에 대해서만 책임을 지기 때문에, 귀속성(attributability 또는 imputability)[30]의 개념을 검토할 필요가 있다. 다시 말해서, 귀속성이란 국가공무원 혹은 일정한 자의 행위를 국가 자체의 행위로 간주하기 위한 법적 의제이다. 국가는 국제법상 정부기관 또는 그 대리인들과 동일시되는 것이지 국민 개개인 혹은 전체와 동일시되는 것은 아니기 때문이다.[31] ILC의 표현을 빌리면, "국제법상 국가는 단일의 법인격체로서 대우되지만," "이것은 국가가 그 스스로 행동할 수 없다는 기본적인 사실을 부인하는 것이 아니다. 즉, 국가의 행위(act of State)는 인간이나 인간의 집단에 의한 어떤 작위 또는 부작위와 관련을 맺어야 한다. 국가는 오로지 그 대리인들과 대표자에 의해서만 그리고 그들을 통해서만 행동할 수 있는 것이다."[32]

1. 귀속성에 관한 일반원칙

–국가를 위하여 행동하지 않는– 사인(私人)의 행위는 국가에게로 귀속되지 않는다.[33] 개인의 행위로 말미암아 국가책임이 발생하는 것처럼 보이는 경우에 있어서도 그러한 개인의 행위는 국가책임 발생의 유인(incentive)에 불과하며, 그 책임 발생의 이론적 기초는 어디까지나 법상 상당한 주의(due diligence, reasonable care)를 다할 것이 요구됨에도 불구하고 이를 다하지 않았다는 국가기관의 부작위에 있다. 그러므로 위법행위를 방지하거나 또는 사후 범인을 체포·처벌하기 위해 상황이 허락하는 모든 조치를 취했다면 국가에게 책임을 물을 수 없다.

무엇이 '상당한 주의'를 구성하는가는 상황에 따라 가변적일 수밖에 없다. *Janes* 사건[34]에서 멕

29) 이것은 국가책임 소송에서 재판소가 귀속성 문제부터 다루어야 함을 의미하는 것은 아니다. 재판은 절차이고 기술(技術)이기 때문이다. 이를테면 (본소에 대한 반소가 수락되어 두 개의 청구가 병합심리된) *Application of the Convention on the Prevention and Punishment of the Crime of Genocide* (Croatia v. Serbia), judgment of 3 February 2015, paras. 441~442에서 ICJ는 세르비아 측에 제노사이드협약 위반의 책임을 묻는 크로아티아 측의 주장과 관련하여, 제노사이드 성립을 위해 요구되는 추가적 요건, 즉 "민족적, 종족적, 인종적 혹은 종교적 집단의 전부 또는 일부를 파괴하려" 했다는 특별한 의사(의도)(special or specific intent, *dolus specialis*)가 결여되어 제노사이드가 성립되지 않는다고 결론내리고 소를 각하하면서, 소의 허용성이나 귀속성 혹은 책임승계 문제 따위는 그 결과 다룰 필요가 없다고 하였다.

30) 귀속성을 지칭하는 술어로서는 판례 등에서 imputation이 자주 사용되고 있으나 ILC초안(제2조 (a), 제10조 3항, 제11조)에서는 attribution이라는 좀 더 중립적인 표현을 채택하였다. ILC초안 제2조에 대한 주석 (12).

31) Wallace, p. 157 ; Shaw, pp. 488~489.

32) ILC초안 제2조에 대한 주석 (5).

33) Shaw, p. 492 ; Dixon, p. 261 ; *Noyes Claim* (United States v. Panama), 22 May 1933, (1933) 6 RIAA 308, 〈https://legal.un.org/riaa/cases/vol_VI/308-312_Walter.pdf〉.

34) US v. Mexico, US-Mexico General Claims Commission, 1926 ; Briggs, p. 605.

시코 당국은 미국인을 살해한 범인을 체포하기 위해 적절한 조치를 취하지 못하였으므로 자신의 부작위에 대해 국가책임을 지게 되었다. 그러나 역시 멕시코 내에서 미국인 살해와 관련된 *Neer* 사건[35]에서 멕시코의 국가책임은 부인되었다. 비록 범인들을 체포하지는 못했지만 사건 발생 즉시 당해 지역의 멕시코 보안관이 밤을 새워 용의자들을 수사하는 등 범인체포에 진력하였기 때문이다. '상당한 주의' 개념의 가변성에 대해서는 *Responsibilities and obligations of States with respect to activities in the Area* 사건[36]에서 국제해양법재판소 해저분쟁재판부도 언급한 바 있다.

국가가 사인의 행위에 대해 책임을 지지 않는다는 것은 어디까지나 일반국제법상의 원칙이며, 따라서 필요하다면 국가들은 개인의 행위에 대해서도 책임을 부담하기로 합의할 수 있다. 예컨대, 1967년의 우주조약 제6조는 "비정부실체"의 우주활동에 대해서도 국가가 직접 책임을 진다고 규정하고 있다. 또한 ILC초안(제8조~제11조)은 여러 유형의 비국가기관의 행위가 국가로 귀속되는 경우를 예상하고 있는데, 이 문제에 대해서는 아래에서 따로 논한다.

'일체의' 국가'기관'(any State organ)의 행위는 국가책임법상 당해 국가 자체의 행위로 간주된다. ICJ도 *Difference Relating to Immunity from Legal Process of a Special Rapporteur of the Commission on Human Rights* 사건[37]에서 "한 국가의 일체의 기관의 행위가 그 국가의 행위로서 간주되어야 한다"(the conduct of any organ of a State must be regarded as an act of that State)는 것은 한 개의 확립된 국제관습법규에 속한다고 언급한 바 있다. 따라서 여기에는 우선, 행정부 이외에 입법부나 사법부 또는 기타 어떤 다른 부처의 행위도 당연히 포함된다.[38] 행정

---

35) US v. Mexico, US-Mexico General Claims Commission, 1926 ; Briggs, p. 613.

36) Seabed Disputes Chamber of the ITLOS, Advisory Opinion, 1 February 2011, ITLOS Reports 2011, p. 10, 43 (para. 117) : "The content of "due diligence" obligations may not easily be described in precise terms. Among the factors that make such a description difficult is the fact that "due diligence" is a variable concept. It may change over time as measures considered sufficiently diligent at a certain moment may become not diligent enough in light, for instance, of new scientific or technological knowledge. It may also change in relation to the risks involved in the activity. As regards activities in the Area, it seems reasonable to state that prospecting is, generally speaking, less risky than exploration activities which, in turn, entail less risk than exploitation. Moreover, activities in the Area concerning different kinds of minerals, for example, polymetallic nodules on the one hand and polymetallic sulphides or cobalt rich ferromanganese crusts on the other, may require different standards of diligence. The standard of due diligence has to be more severe for the riskier activities." 국제해양법재판소는 *Request for Advisory Opinion submitted by the Sub-Regional Fisheries Commission*, Advisory Opinion, 2 April 2015, ITLOS Reports 2015, p. 4, 41 (para. 132)에서 이를 인용하고 있다.

37) Advisory Opinion, ICJ Reports (1999), p. 62 at 87 (para. 62).

38) ILC초안 제4조 1항. *United States - Import Prohibition of Certain Shrimp and Shrimp Products*, 12 October 1998, doc. WT/DS58/AB/R (available at https://www. wto.int/), para. 173에서 WTO 상소기관(Appellate Body)도 "미국은 ... 사법부를 포함하여, 정부의 모든 부처의 행위에 대해 책임을 진다." (The United States, like all other Members of the WTO and of the general community of states, bears responsibility for acts of all its departments of government, including the judiciary.)라고 언급한 바 있다. *Jurisdictional Immunities of the State* (Germany v. Italy ; Greece Intervening), Judgment of 3 February 2012, para. 107에서 ICJ도, 독일에 국가면제를 부여하기를 거부한 이탈리아 재판소들의 행위는 이 분야의 국제관습법규를 위반하는 것이며, 이로 인해 이탈리아는 독일에 대해 지고 있는 의무를 위반하였다고 판시한 바 있다. 국제사법(법의 충돌) 사건에서 국내재판소가 국제법의 귀속성 원칙에 의존한 판례도 발견된다. 이를테면, 미국 제2순회 연방항소재판소는 *Compagnie Noga D'Importation et D'Exportation* v. *The Russian Federation*, 361 F3d 676 (2d Cir 2004) (available at

부가 국제관계에서 국가를 대표하므로 그의 행위만이 국가책임을 발생시킨다고 생각해서는 안된다. 국가기관을 나누는 것은 국제법의 눈으로 보면 단지 국내법의 편의의 문제일 따름이고,[39] 또한 국제의무를 담고 있는 국제법은 행정부뿐만 아니라 입법부나 사법부에 의해서도 적용될 수 있기 때문이다.[40]

---

https://caselaw.findlaw.com/us-2nd-circuit/1241558.html)(noted by Nollkaemper, p. 186, fn. 102)에서 국제법상 러시아 연방과 러시아 정부는 "동일 당사자"(the same party)라고 판시하였다. 이 사건에서 원고는 러시아 연방을 상대로 한 스웨덴 중재판정의 확인과 집행을 구하였다. 러시아 연방은 중재합의 및 스웨덴 중재절차의 당사자는 러시아 연방 자체가 아니고 러시아 연방의 정부였다는 것을 근거로 이 확인소송에 반대하였다. 하급재판소는 이 주장을 수락하였으나, 항소재판소는 이를 배척한 것이었다.

39) 朴觀淑, p. 115.

40) 특별히 국가의 사법(司法)작용과 관련하여 국가책임이 성립하는 경우를 지칭하기 위해 "재판의 거절"(denial of justice)이란 술어를 사용하는 경우가 있다. 이를테면 1929년의 하버드 국가책임 리서치초안(Harvard Research Draft on Responsibility of States)은 다음과 같이 규정하고 있다 : "Article 9. A State is responsible if an injury to an alien results from a denial of justice. Denial of justice exists when there is a denial, unwarranted delay or obstruction of access to courts, gross deficiency in the administration of judicial or remedial process, failure to provide those guarantees which are generally considered indispensable to the proper administration of justice or a manisfestly unjust judgment. An error of a national court which does not produce manifest injustice is not a denial of justice."(quoted by Briggs, p. 679) 그러나 "재판의 거절"의 정의 내지는 그 내용에 대해 학자들간에 혹은 지역적으로 컨센서스가 존재하는 것으로 보이지는 아니한다. Fox(p. 321, fn. 183)는 "It was pointed that the concept of 'denial of justice' was unknown under certain legal systems."라고 언급하고 있기도 하다. 심지어 "재판의 거절"이란 술어가 국가의 외국인에 대한 침해 곧 간접침해로 인하여 국가책임을 지게 되는 경우 일반을 지칭하기 위해 사용되는 경우조차도 있다. 다시 말해서 이 술어는 사법부의 행위에 대해서만 적용되는 것으로 좁은 의미로 사용할 수도 있고, 사법부의 행위뿐만 아니라 행정부와 입법부의 행위에 대해서도 적용되는 것으로 넓게 새길 수도 있다는 것이다(그리고 denial of justice가 이처럼 광의로 사용되는 경우라면 이는 '재판'의 거절로 번역하기보다는 '공평한 대우'의 거절로 번역하는 것이 더욱 타당할 것이다. justice에 '재판'이란 의미만 담겨 있는 것은 아니기 때문이다) : *Neer Claim* (USA v. Mexico), (1926) 4 RIAA 60, para. 4 ; *Chattin Claim* (USA v. Mexico), (1927) 4 RIAA 282, paras. 8~11. 그렇다면 국가의 사법작용과 관련하여 국가책임이 성립하는 경우를 논함에 있어서도 특별히 "재판의 거절"이란 술어에 집착할 필요는 없다. 문제의 본질은 국가가 -어떤 형식의 분신을 통해 행동하건- 자신에게 적법하게 부과된 '국제의무'를 위반하였는가의 여부에 있다. 이런 관점에서 1930년의 헤이그 법전화회의(Hague Codification Conference) 제3위원회에서 시험적으로 채택한 문안에서는 "재판의 거절"이란 술어를 사용하고 있지 않은데, 문제의 규정은 다음과 같다 : "Art. 9. International responsibility is incurred by a State if damage is sustained by a foreigner as a result of the fact : (1) That a judicial decision, *which is not subject to appeal*, is clearly incompatible with the international obligations of the State ; (2) That, in a manner incompatible with the said obligations, the foreigner has been hindered by the judicial authorities in the exercise of his right to pursue judicial remedies or has encountered in the proceedings unjustifiable obstacles or delays implying a refusal to do justice. ..."(동 위원회는 그러나 작업을 완료하지 못하였다 : Briggs, p. 679 ; Brownlie, 6th, p. 507, fn. 52). 자세한 것은, Eduardo Jiménez de Aréchaga, "International Responsibility", in Sørensen, pp. 553~557 ; Briggs, pp. 677~680 ; Brownlie, 6th, pp. 506~508 ; OECD, *International Investment Law : A Changing Law* (OECD Publishing, 2005), pp. 108~109 (available online at https://books.google.com/) ; 김석현, "재판의 거부의 개념과 그 현대적 재검토", 《國際法學會論叢》, 제51권 제1호 (2006년 6월), pp. 213~ 243 ; 徐哲源, "투자자-국가 중재를 이용하기 위한 절차적 요건에 관한 연구", 《國際法學會論叢》, 제52권 제1호 (통권 제107호)(2007년 6월), p. 129, pp. 142~ 146 참조.

NAFTA 중재재판소 관련 판례로는 다음을 참조 : *Azinian* v. *United Mexican States*, (before the Arbitral Tribunal constituted under Chapter Eleven of NAFTA), November 1, 1999, 〈https://www.italaw.com/sites/default/files/case-documents/ita0057.pdf〉, paras. 102~103 ("102. A denial of justice could be pleaded if the relevant courts refuse to entertain a suit, if they subject it to undue delay, or if they administer justice in a seriously inadequate way··· ; 103. There is a fourth type of denial of justice, namely the clear

그리고 국가는 지위의 높고 낮음에 관계없이, 그리고 국가면제(물적 면제)를 향유하는 공무원을 포함하여, 자국의 모든 개별 공무원의 행위에 대해 책임을 진다. 바꾸어 말하면 말단공무원도 당연히 국제의무를 위반할 수 있다.[41] 예컨대, *Massey* 사건[42]은 멕시코인이 미국인 Massey를 살해한 뒤 투옥되었다가 간수의 실수로 탈출한 사건인데, 여기서 멕시코정부는 간수란 최말단 공무원직이므로 국가책임을 야기하지 않는다고 주장하였으나 수락되지 않았다. *Rainbow Warrior*호 사건도 이 점을 잘 보여주고 있다. 즉, 1985년 –네덜란드에 등록된– 그린피스 소속의 이 선박이 남태평양에서의 프랑스의 대기권 핵실험에 반대하기 위해 뉴질랜드 북(北)섬의 오클랜드 항구를 떠나려 하자 프랑스 대외안보총국의 비밀요원들이 이를 폭파한 바 있는데, 프랑스는 이 국가테러행위가 정부 내 고위급에서 지시된 것인지의 여부에 관계없이 국제책임을 지지 않을 수 없었다.[43] 다만, ICJ는 *Nicaragua*

---

and malicious misapplication of the law. This type of wrong doubtless overlaps with the notion of 'pretence of form' to mask a violation of international law. In the present case, not only has no such wrongdoing been pleaded, but the Arbitral Tribunal wishes to record that it views the evidence as sufficient to dispel any shadow over the bona fides of the Mexican judgments. Their findings cannot possibly be said to have been arbitrary, let alone malicious."). *Azinian* v. *United Mexican States* 판결의 위 단락은 *Mondev* v. *United States of America*, (before the Arbitral Tribunal constituted under Chapter Eleven of NAFTA), October 11, 2002, para. 126에서 인용된 바 있다 : https://www.italaw.com/sites/default/files/case-documents/ita1076.pdf.

41) ILC초안 제4조 1항 ; Franey in Orakhelashvili (ed.), p. 211.

42) US v. Mexico, US-Mexico General Claims Commission, 1927.

43) 작전에 참여한 일단의 비밀요원들 중 두 명은 뉴질랜드에서 체포되어 재판에서 유죄를 인정하였으며, 10년형을 선고받고 투옥되었다. 프랑스는 뉴질랜드 재판에 개입하여 그들의 국가면제를 주장하지는 않았다. 그러나 이들의 석방을 요구하는 프랑스와 손해배상을 요구하는 뉴질랜드 사이에 분쟁이 발생하였다. "The Sinking of the Rainbow Warrior", 〈https://www.lawteacher.net/free-law-essays/international-law/the-sinking-of-the-rainbow-warrior-international-law-essay.php〉 ; Franey in Orakhelashvili (ed.), pp. 225~226 ; 본서, 제11장 (국가행위이론), "I. 피고가 외국의 공무원(국가대표자) 또는 대리인인 경우, 2. 국가행위이론과 전쟁행위 이외의 행위". 결국, 뉴질랜드와 프랑스는 Javier Pérez de Cuéllar 당시 UN사무총장에게 중개인(mediator)으로 행동해 줄 것을 부탁하면서, 그의 판정을 준수하겠다고 합의하였다. 그리고 그는 프랑스가 뉴질랜드에 7백만달러를 지급하고, 선박 격침에 연루되어 뉴질랜드에 투옥 중인 두 명의 프랑스 요원은 적어도 3년간 남태평양에 위치한 프랑스의 한 섬에 유폐시켜야 한다고 판정하였다. Case concerning the *differences between New Zealand and France arising from the Rainbow Warrior affair*, Ruling of 6 July 1986 by the Secretary-General of the United Nations, (1986) 19 RIAA 199~221, available at https://legal.un.org/riaa/cases/vol_XIX/199-221.pdf ; 본서, 제26장 (분쟁의 평화적 해결수단), XII. 기타 평화적 수단, "1. 잘 알려진 수단의 각색 또는 변형".

그러나 프랑스 정부는 1987년 후반부에 그리고 1988년 초에 그 두 명의 요원을 조기에 석방하여 본국으로 돌아오게 하였다. 프랑스는 이렇게 함에 있어 뉴질랜드에 어떤 통고도 하지 않았다. 이에 뉴질랜드는 1986년의 양국간 협정에 포함되어 있던 중재재판조항(arbitration clause)을 원용하여 3명의 재판관으로 구성되는 중재재판소가 구성되게 하였다. 이 소송에서 프랑스는 불가항력(*force majeure*) 내지는 절대적이고 실질적인 불가능(absolute and material impossibility) 그리고 조난(distress) 내지는 극단의 긴급상황(extreme urgency)을 원용함으로써 두 요원의 본국 송환을 정당화하려 하였는데, 그 근거로서 한 명(Major Alain Mafart)은 병이 들었고, 다른 한 명(Captain Dominique Prieur)은 임신중인 데다가 아버지가 임종을 앞두고 있었다는 점을 인용하였다. 1990년의 판정에서, 중재재판소는 Mafart 소령의 경우에는 그를 본국으로 송환한 것이 UN사무총장의 판정을 어긴 것은 아니지만, 병세가 완화되고 나서 그를 다시 섬으로 돌려 보내지 않았을 때 사무총장의 판정 위반이 있었다고 판시하였다. 그리고 Prieur 대령의 경우에는 본국으로 송환하기 전에 뉴질랜드의 동의를 구하지 않고, 또 그녀를 본국으로 송환하여 다시 섬으로 돌려 보내지 않음으로써 자신의 의무들을 위반하였다고 결론지었다. 그리고 중재재판관들은 물질적 · 비물질적 손해에 대한 손해배상으로 금전배상을 이용할 수 있다고 언급하면서, 양국 시민들간의 긴밀하고 우호적인 관계증진을 위한 기금

사건[44]에서 "고위직, 특히 최고위 정치인"의 입에서 나오는 발언 내지는 진술은 그가 대표하는 국가에게 불리한 사실이나 행위가 존재함을 인정하는'특별한 증거력'(of particular probative value)을 갖는다고 언급한 바 있다.

중앙정부의 기관뿐만 아니라 한 국가 내의 '영토적 단위' (territorial unit)의 기관도 역시 국가기관으로 간주된다.[45] '영토적 단위'는 단일국가의 지방자치단체와 연방국가의 구성단위를 포함하는 개념이다.[46] 1891년 폭도들이 뉴올리언즈에서 몇몇 이탈리아 시민을 구타하는 사건이 발생하였다.

(fund)을 수립하고, 여기에 먼저 프랑스가 미화 2백만 달러 상당액을 기부할 것을 '권고'하였다. Case concerning the *difference between New Zealand and France concerning the interpretation or application of two agreements, concluded on 9 July 1986 between the two States and which related to the problems arising from the Rainbow Warrior Affair*, Decision of 30 April 1990, (1990) 20 RIAA 215~284, available at https://legal.un.org/riaa/cases/vol_XX/215-284.pdf ; (1990) 82 ILR 500 ; Janis, 3rd, p. 121 ; Ott, p. 169 ; Shaw, 4th, pp. 543, 555~556 ; Sherri L. Burr, *Sum & Substance Quick Review of International Law* (St. Paul, MN : Thomson/west, 2006), pp. 87, 99 ; ILC초안 제24조에 대한 주석 (4), (6).

44) Case concerning *Military and Paramilitary Activities in and against Nicaragua* (Nicaragua v. United States of America), ICJ Reports (1986), p. 14 at 41 (para. 64) : "The material before the Court also includes statements by representatives of States, sometimes at the highest political level. Some of these statements were made before official organs of the State or of an international or regional organization, and appear in the official records of those bodies. Others, made during press conferences or interviews, were reported by the local or international press. The Court takes the view that statements of this kind, emanating from high-ranking official political figures, sometimes indeed of the highest rank, are of particular probative value when they acknowledge facts or conduct unfavourable to the State represented by the person who made them. They may then be construed as a form of admission." ICJ는 국가책임법의 관점에서 특히 고위 정치인들은 언제, 어디서든 언행에 조심하여야 함을 시사하고 있는 것이다. ICJ는 특별히 "high-ranking official political figures, sometimes indeed of the highest rank"라고 하였지만, 사법부의 판결도 여기에 유추적용될 수 있을 것이다. 그런 관점에서 보면, 한국 헌법재판소가 같은 날 선고한 "대한민국과 일본국간의 재산 및 청구권에 관한 문제의 해결과 경제협력에 관한 협정 제3조 부작위 위헌확인"(일본군 위안부)(2006헌마788, 2011.08.30) 및 "대한민국과 일본국간의 재산 및 청구권에 관한 문제의 해결과 경제협력에 관한 협정 제3조 부작위 위헌확인"(원폭 피해자)(2008헌마648, 2011. 08. 30)에서 "우리 정부가 직접 일본군위안부 피해자들의 기본권을 침해하는 행위를 한 것은 아니지만, ... '모든 청구권'이라는 포괄적인 개념을 사용하여 이 사건 협정을 체결한 우리 정부에도 책임이 있다는 점에 주목한다"고 천명한 것은 행정부에 의해 대표되는 국가의 대외관계를 도외시한 사려깊지 못한 언급이었다.

45) ILC초안 제4조 1항.

46) Harris, pp. 476~477 ; Shaw, p. 489, fn. 44 ; Currie, p. 394. 특별히, 한국이 당사자인 BIT와 FTA 체제 하에서 각 지방자치단체의 무분별한 해외투자 유치가 초래할 수 있는 국가책임 문제에 대해서는, 이재민, "지방자치단체의 국제투자 유치와 투자분쟁", 《國際法學會論叢》, 제55권 제2호 (통권 제117호)(2010년 6월), pp. 99~137 참조. 다만, ICSID, *Vivendi* v. *Argentine Republic* (Decision on Annulment), Case No. ARB/97/3, (2002) 41 ILM 1135, paras. 95~96 (noted by Nollkaemper, p. 185)에서, 취소위원회(Annulment Committee)는 (국내법의 귀속 규칙이 적용되는) 국내법에 의거한 청구와 (국제법의 귀속 규칙이 적용되는) 조약에 기초한 청구를 구분하면서 다음과 같이 지적한 바 있다. "95. As to the relation between breach of contract and breach of treaty in the present case, it must be stressed that Articles 3 and 5 of the BIT do not relate directly to breach of a municipal contract. Rather they set an independent standard. A state may breach a treaty without breaching a contract, and *vice versa*, and this is certainly true of these provisions of the BIT. The point is made clear in Article 3 of the ILC Articles, which is entitled "Characterization of an act of a State as internationally wrongful":

> The characterization of an act of a State as internationally wrongful is governed by international law. Such characterization is not affected by the characterization of the same act as lawful by internal law.

미국법상 당해 범죄의 예방과 처벌은 오로지 루이지애나주의 권한에 속하여 연방당국이 통제할 수 없는 것이었음에도 불구하고, 결국 미국 연방정부는 이탈리아 정부에게 배상금을 지급한 바 있다.[47)] *LaGrand* 사건[48)]에서 ICJ가 미국에 임시(잠정)조치를 지시할 때에도 같은 논리가 적용되었다. 일부 연방국가의 헌법에서는 그 구성국가들에게 일정 조약체결 권한을 부여하고 있는데, 이런 경우에도 그 이행에 대한 책임은 궁극적으로 연방정부에게 귀속된다고 보는 것이 타당할 것이다.[49)] 통상조약에서 내국민대우 의무는 –중앙정부와 연방정부뿐만 아니라– 지방정부와 연방구성국(州)에도 적용되는 것이 원칙이지만,[50)] 특별히 연방국가인 당사자에게는 연방 차원의 내국민대우 대신 각 구성국 차원의 내국민대우를 적용하기도 하는데,[51)] 이런 경우에도 구성국들의 내국민대우 의무 위반에 대해서는 소속 연방이 책임을 지게 된다.[52)] 다만, ILC는 그 주석(Commentary)에서,[53)] 연방의

---

96. In accordance with this general principle (which is undoubtedly declaratory of general international law), whether there has been a breach of the BIT and whether there has been a breach of contract are different questions. Each of these claims will be determined by reference to its own proper or applicable law—in the case of the BIT, by international law; in the case of the Concession Contract, by the proper law of the contract, in other words, the law of Tucumán. For example, in the case of a claim based on a treaty, international law rules of attribution apply, with the result that the state of Argentina is internationally responsible for the acts of its provincial authorities. By contrast, the state of Argentina is not liable for the performance of contracts entered into by Tucumán, which possesses separate legal personality under its own law and is responsible for the performance of its own contracts."

그러나 국가들은 상대방 국가의 국민에 대해 부담한 단순한 계약상의 의무 위반에 대해서도 국제책임을 지기로 합의할 수도 있는데, 이 문제에 대한 논의는 투자협정들에 삽입되고 있는 이른바 "우산(포괄)조항"(umbrella clause)을 중심으로 전개되고 있다. 자세한 것은, 본서, 제16장 (외국인의 대우), "국가계약의 위반과 국가책임" 참조.

47) Akehurst, p. 55.

48) Germany v. United States of America, Provisional Measures, Order of 3 March 1999, ICJ Reports (1999), p. 9. 다만, ICJ는 여기서 미국(연방)에 대해 LaGrand의 사형집행을 막기 위하여 뜻대로 할 수 있는 모든 조치를 취할 것을 명령하면서도, "본 임시조치의 이행은 애리조나 주지사의 관할에 속하므로 미국(연방) 정부는 본 명령을 당해 주지사에게 전달할 의무가 있으며, 애리조나 주지사는 미국의 국제의무에 합치하게 행동할 의무가 있다."(para. 28)고 판시하였는데, 보는 시각에 따라서는 ICJ가 국내문제에 개입하였다고 볼 수 있다. 국제재판소의 결정을 국내적으로 어떻게 수용하고 이행할 것인가는 국내법의 문제이기 때문이다. ICJ는 *Difference Relating to Immunity from Legal Process of a Special Rapporteur of the Commission on Human Rights* (*Mr. Cumaraswamy* case), Advisory Opinion, ICJ Reports (1999), p. 62 at 87 (para. 61)에서도 이와 비슷하게 "UN직원의 면제에 대한 사건이 국내재판소에 계류중인 경우, 정부당국은 이 문제에 관한 UN사무총장의 결정을 관련 국내재판소에 전달할 의무가 있는데, 왜냐하면 국내재판소에서의 UN특권면제협약의 적용이 그러한 정보에 의존하고 있기 때문이다."라고 판시하였다. 다만, 이 사건은 한 국가(특히, 연방) 내에서 중앙정부에 의한 정보전달의 대상이 주정부가 아닌 재판소인 경우였다.

49) Aust, 3rd, pp. 61, 62~63 ; Orakhelashvili/Akehurst, p. 83 ; 본서, 제6장 (국제법의 주체), "Ⅱ. 국가" 참조.

50) 이를테면, GATT 제3조의 내국민대우 의무는 지방정부와 연방의 구성국에게도 적용된다 : GTT 제24조 12항 ; "1994년도 관세 및 무역에 관한 일반협정 제24조의 해석에 관한 양해" ; Matsushita et al., pp. 165~166 ; 金大淳·金民瑞, 《WTO法論》, p. 79.

51) 이것은 타방 당사국의 상품이나 투자에 대한 대우에 있어 연방의 구성국 간에 차이가 있을 수 있음을 의미한다. 이를테면, 한미자유무역협정(KORUS FTA) 제1.4조(정의), 제2.2조 2항(상품에 대한 내국민대우), 제11.3조(투자에 대한 내국민대우) ; 북미자유무역협정(NAFTA) 제301조 2항(상품에 대한 내국민대우). 문병철, 《한·미 FTA의 쟁점과 이해》, (서울 : 오름, 2014), pp. 124, 214 ; https://ustr.gov/trade-agreements/free-trade-agreements.

52) Lawrence L. Herman, "Federalism and international investment disputes", IISD, Investment Treaty

구성국이 '자기 책임으로'(on its own account) 국제협정을 체결할 수 있는 경우라면 당해 국제협정의 타방당사국은 협정위반에 대한 책임을 그 연방의 그 구성국에게만 묻기로 합의했을 수도 있고, 이러한 경우라면 연방의 책임은 관련이 없을 것이라는 점을 언급하고 있다. 또한 국제협정들의 연방조항(federal clause)[54]에 의해 연방의 책임이 제한되는 경우도 있음을 언급하면서, 그 예로서 "세계의 문화유산과 자연유산 보호협약"(Paris Convention for the Protection of the World Cultural and Natural Heritage) 제34조[55]를 들고 있다. ILC초안 제4조 1항의 범위를 넘어서는 이러한 경우들은 ILC초안 제55조에서 다루는 '특별법 우선'의 원칙(principle of *lex specialis*)에 따라 효력을 갖게 된다.

이 밖에, '기관'은 '그 국가의 국내법에 따라' 기관의 지위를 갖는 일체의 사람(person) 또는 실체(entity)를 '포함한다.'[56] 일부 국가에서는 어떤 사람 혹은 실체가 관행이나 전통에 의해 공적 권한을 행사할 수 있고 법에서는 그 자의 존재에 대해 침묵할 수 있는데, ILC는 초안 제4조 2항에서 "포함한다"라는 표현이 이런 경우를 포함하기 위한 것이라고 설명하고 있다.[57] ICJ는 그러한 존재

News, July 12, 2011, 〈https://www.iisd.org/itn/2011/07/12/federalism-and-international-investment-disputes/〉.

53) ILC초안 제4조에 대한 주석 (10).

54) '연방조항'에 대해서는, 본서, 제5장 (국제법과 국내법의 관계), Ⅲ. 국내법의 국제법에 대한 태도, "3. 조약에 대한 국내법의 태도" ; Aust, 2nd, pp. 211~213 참조.

55) "Article 34
The following provisions shall apply to those States Parties to this Convention which have a federal or non-unitary constitutional system :
a. with regard to the provisions of this Convention, the implementation of which comes under the legal jurisdiction of the federal or central legislative power, the obligations of the federal or central government shall be the same as for those States parties which are not federal States ;
b. with regard to the provisions of this Convention, the implementation of which comes under the legal jurisdiction of individual constituent States, countries, provinces or cantons that are not obliged by the constitutional system of the federation to take legislative measures, the federal government shall inform the competent authorities of such States, countries, provinces or cantons of the said provisions, with its recommendation for their adoption."

56) ILC초안 제4조 2항 ; ICTY Appeals Chamber, *Prosecutor* v. *Blaškić* (subpoena issue), *Judgment on the Request of the Republic of Croatia for Review of the Decision of Trial Chamber II of 18 July 1997*, 29 October 1997, para. 41 ("It is well known that customary international law protects the internal organization of each sovereign State: it leaves it to each sovereign State to determine its internal structure and in particular to designate the individuals acting as State agents or organs."), 〈https://www.icty.org/x/cases/blaskic/acdec/en/71029JT3.html〉.

57) ILC초안 제4조에 대한 주석 (11) : "Paragraph 2 [of Article 4] explains the relevance of internal law in determining the status of a State organ. Where the law of a State characterizes an entity as an organ, no difficulty will arise. On the other hand, it is not sufficient to refer to internal law for the status of State organs. In some systems the status and functions of various entities are determined not only by law but also by practice, and reference exclusively to internal law would be misleading. The internal law of a State may not classify, exhaustively or at all, which entities have the status of "organs". In such cases, while the powers of an entity and its relation to other bodies under internal law will be relevant to its classification as an "organ", internal law will not itself perform the task of classification. Even if it does so, the term "organ" used in internal law may have a special meaning, and not the very broad meaning it has under article 4. For example, under some legal systems the term "government" refers only to bodies at the highest level such as the Head of State and the cabinet

의 국가에 대한 "완전한 종속성"을 전제로 이같은 해석을 지지하고 있다.[58]

이상에서 언급된 국가의 기관은 아니지만 그 국가의 법에 의하여 정부권한의 요소를 행사하도록 권한을 부여받은(empowered to exercise elements of the governmental authority) 사람 또는 실체의 행위로서, 그 사람이나 실체가 특별한 경우에 그같은 자격으로 행동하고 있다면 국제법상 그 국가의 행위로 간주된다.[59] 무엇이 정부권한의 행사를 구성하는지에 대해 국제적으로 합치된 의견은 없다.[60] 그러나 전투에 참여하거나 구금과 심문을 행하는 민간군사회사, 교도소를 운영하는 보안회사, 경찰권을 행사하는 경우의 철도회사, 입국통제 혹은 검역 권한을 위임받은 (사적 혹은 국가소유) 항공사가 그같은 실체에 해당될 수 있다.[61]

---

of ministers. In others, the police have a special status, independent of the executive; this cannot mean that for international law purposes they are not organs of the State. Accordingly, a State cannot avoid responsibility for the conduct of a body which does in truth act as one of its organs merely by denying it that status under its own law. This result is achieved by the use of the word "includes" in paragraph 2."

58) *Application of the Convention on the Prevention and Punishment of the Crime of Genocide* (Bosnia and Herzegovina v. Serbia and Montenegro), ICJ Reports (2007), p. 43 at 205 (paras. 392~393) : "392. ... according to the Court's jurisprudence, persons, groups of persons or entities may, for purposes of international responsibility, be equated with State organs even if that status does not follow from internal law, provided that in fact the persons, groups or entities act in "complete dependence" on the State, of which they are ultimately merely the instrument. ...
393. However, so to equate persons or entities with State organs when they do not have that status under internal law must be exceptional, for it requires proof of a particularly great degree of State control over them, a relationship which the Court's Judgment quoted above expressly described as "complete dependence". ...."

59) ILC초안 제5조.

60) Chia Lehnardt, "State Responsibility and Private Military Companies" in Szabó (ed.), pp. 66, 68, 69 ; ILC초안 제5조에 대한 주석 (6)("Article 5 does not attempt to identify precisely the scope of "governmental authority" for the purpose of attribution of the conduct of an entity to the State. Beyond a certain limit, what is regarded as "governmental" depends on the particular society, its history and traditions. Of particular importance will be not just the content of the powers, but the way they are conferred on an entity, the purposes for which they are to be exercised and the extent to which the entity is accountable to government for their exercise. These are essentially questions of the application of a general standard to varied circumstances.").
ILC는 '제5조'와 '제8조 및 제9조'의 구분에 대해 다음과 같이 설명하고 있다[초안 제5조에 대한 주석 (7)] : "The formulation of article 5 clearly limits it to entities which are empowered by internal law to exercise governmental authority. This is to be distinguished from situations where an entity acts under the direction or control of the State, which are covered by article 8, and those where an entity or group seizes power in the absence of State organs but in situations where the exercise of governmental authority is called for: these are dealt with in article 9. For the purposes of article 5, an entity is covered even if its exercise of authority involves an independent discretion or power to act; there is no need to show that the conduct was in fact carried out under the control of the State." 이어서, 법에 의하여 누구에게나 부여된 권한의 행사는 정부권한의 행사가 아니라는 점도 지적하고 있다 : "On the other hand, article 5 does not extend to cover, for example, situations where internal law authorizes or justifies certain conduct by way of self-help or self-defence; i.e. where it confers powers upon or authorizes conduct by citizens or residents generally. The internal law in question must specifically authorize the conduct as involving the exercise of public authority; it is not enough that it permits activity as part of the general regulation of the affairs of the community. It is accordingly a narrow category."

61) ILC초안 제5조에 대한 주석 (2).

ILC는 "국가기관의 행위가 비권력적 · 상업적 행위(*acta iure gestionis*)로 분류될 수 있다는 것은 (국가책임법의) 귀속성의 문제와는 관련이 없다"고 언급한 바 있다.[62] 이같은 논리에 기초한 국제판례도 발견된다. 즉, 미국-루마니아 BIT(bilateral investment treaty)에 기초하여 제기된 *Noble Ventures, Inc* v. *Romania*[63]에서 미국 회사 Noble Ventures는 루마니아가 기업의 민영화 합의(privatization agreement)를 위반하였고 이것은 당해 BIT 내의 우산조항(umbrella clause)[64] 위반이라는 이유로 사건을 ICSID 중재재판에 회부하였다. 이 사건에서 문제의 민영화계약은 Noble Ventures와 (루마니아 국유기업의 민영화를 추진하기 위해 1992년에 설립된 루마니아 공익기관으로서, 법에 의해 루마니아를 대표할 권리가 있는) 루마니아 국유기금(Romanian State Ownership Fund : "SOF") 사이에 체결된 것이었다. 루마니아 정부는 권력적 행위와 상업적 행위를 구분하여 상업적 행위는 자신에게 귀속될 수 없다는 주장도 해보았으나, 재판소는 이 같은 구분은 국가면제법 분야에서는 중요하나 국가책임법 분야에서는 타당하지 않다고 하였다.[65]

---

62) ILC초안 제4조에 대한 주석 (6) : "It is irrelevant for the purposes of attribution that the conduct of a State organ may be classified as "commercial" or as *acta iure gestionis*. Of course, the breach by a State of a contract does not as such entail a breach of international law. Something further is required before international law becomes relevant, such as a denial of justice by the courts of the State in proceedings brought by the other contracting party. But the entry into or breach of a contract by a State organ is nonetheless an act of the State for the purposes of article 4, and it might in certain circumstances amount to an internationally wrongful act."

63) ICSID, Case No. ARB/01/11, Award, 12 October 2005, para. 82 (available at https://italaw.com/documents/Noble.pdf) : "With regard to the argument of the Respondent that a distinction has to be drawn between attribution of governmental and commercial conduct, the latter not being attributable, the following has to be said. The distinction plays an important role in the field of sovereign immunity when one comes to the question of whether a State can claim immunity before the courts of another State. However, in the context of responsibility, it is difficult to see why commercial acts, so called *acta iure gestionis*, should by definition not be attributable while governmental acts, so called *acta iure imperii*, should be attributable. The ILC-Draft does not maintain or support such a distinction. Apart from the fact that there is no reason why one should not regard commercial acts as being in principle also attributable, it is difficult to define whether a particular act is governmental. There is a widespread consensus in international law, as in particular expressed in the discussions in the ILC regarding attribution, that there is no common understanding in international law of what constitutes a governmental or public act. Otherwise there would not be a need for specified rules such as those enunciated by the ILC in its Draft Articles, according to which, in principle, a certain factual link between the State and the actor is required in order to attribute to the State acts of that actor."

64) "우산조항"은 투자협정들에 많이 삽입되는 특정 조항을 일반적으로 지칭하는 술어인데, 그 의미에 대해 자세한 것은, 본서, 제16장 (외국인의 대우), "Ⅵ. 국가계약의 위반과 국가책임의 성립" 참조.

65) 이와는 대조적으로 EU를 피고로 하는 불법행위 소송(tort action)에서는 권력적 행위와 상업적 행위의 구분이 적용되고 있다. 즉, EU기관으로부터 권한을 위임받은 외부 종속기관의 경우, 그가 수행하는 행위를 권력적(정부적) 행위와 상업적 행위로 구분하여, 권력적 행위는 EU로 귀속되지만, 순전히 상업적인 행위는 권한을 위임한 EU기관으로 -따라서 종국적으로 EU로- 귀속될 수 없다는 판례가 있다 : Case 18/60, *Worms* v. *High Authority*, [1962] ECR 195 at 204 ; Hartley, 7th, p. 457 (& 8th, pp. 456~457).

2. 타 국가의 처분 하에 놓여진 기관의 행위

국가가 다른 국가에게 기관을 빌려 준 경우 당해 기관의 행위는 빌린 국가에게로 귀속된다. 초안 제6조는 이 점을 다음과 같이 표현하고 있다.

> "국가에 의해 타 국가의 처분 하에 놓여진 기관의 행위는, 그 기관이 그 처분 하에 놓여진 국가의 정부권한의 요소를 행사하기 위해 행동하는 경우, 국제법상 그 타 국가의 행위로 간주된다."

제6조는 일정 긴급사태가 발생하여 경찰, 정부방역반, 정부소방대 등을 타국가에게 빌려주는 흔하지 않은 경우를 상정하고 있다.[66] 재판소나 재판관을 빌려주는 경우도 발생할 수 있다. 이를테면, 일부 코먼웰스(Commonwealth) 국가의 최고법원으로 기능하고 있는 영국의 추밀원 법사위원회(Judicial Committee of the Privy Council)가 그 좋은 예이다.[67] 또한, 외교관계 단절시 혹은 전쟁 발발시 상대방 국가 내에서 자국의 이익을 보호해 줄 국가, 즉 이른바 이익보호국(protecting power)을 지명하는 관행이 있는데,[68] 피이익보호국(protected state)(즉, 이익보호국을 지명한 국가)을 위하여 행동하는 이익보호국의 국가기관(예컨대, 특정외교관)의 행위는 피이익보호국의 책임으로 된다.[69]

제6조에서 타 국가의 "처분 하에 놓여진" 기관(an organ placed at the disposal of a State by another State)이라 함은 문제의 국가기관이 "빌린 국가의 동의 하에, 그 권한 하에서, 그리고 빌린 국가의 목적을 위해 행동하고 있음"을 의미한다.[70] 따라서 일국의 기관이 타국의 영토에서 그 타국에 제공하는 단순한 원조나 조력은 제6조의 규율 범위에 들지 않는다. 이를테면, 집단방위 등의 목적을 위해 타국에 군대를 파견하는 경우, 군대에 대한 통제권은 접수국에 있지 않고 여전히 파견국에 있으므로 이것은 제6조가 적용될 수 있는 상황이 아니다.[71] 일국의 기관이 자국과 타국의 공동의 지시에 따라 행동하거나, 두 국가가 공동으로 설립한 단일 실체의 경우에는 두 국가 모두에게 귀속성이 인정된다.[72]

아래 초안 제7조(월권행위)의 규정은 제4조와 제5조에 대해서 뿐만 아니라 제6조에도 적용된다.[73]

---

66) ILC초안 제6조에 대한 주석 (3) ; Hall, p. 248.
67) ILC초안 제6조에 대한 주석 (8) ; Harris, p. 478 ; Shaw, pp. 489~490 ; Hamid, p. 62 ; Hall, p. 248 ; https://www.jcpc.uk ; https://en.wikipedia.org/wiki/Judicial_Committee_of_the-Privy-Ccuncil.
68) "외교관계에 관한 비엔나협약" 제45조(b)(c) ; Turns in Evans (ed.), *International Law*, 5th, pp. 872~873 참조.
69) Green, p. 234.
70) ILC초안 제6조에 대한 주석 (2) : "... The notion of an organ "placed at the disposal of" the receiving State is a specialized one, implying that the organ is acting with the consent, under the authority of and for the purposes of the receiving State. Not only must the organ be appointed to perform functions appertaining to the State at whose disposal it is placed, but in performing the functions entrusted to it by the beneficiary State, the organ must also act in conjunction with the machinery of that State and under its exclusive direction and control, rather than on instructions from the sending State. Thus article 6 is not concerned with ordinary situations of inter-State cooperation or collaboration, pursuant to treaty or otherwise."
71) ILC초안 제6조에 대한 주석 (3).
72) ILC초안 제6조에 대한 주석 (3).
73) ILC초안 제7조에 대한 주석 (9).

3. 월권행위(*ultra vires* or unauthorised acts)

"문제의 사건에서 국가기관의 자격으로 행동한 것이 아닌", 다시 말해서 직무수행과 관련하지 아니한, 국가기관(즉, 공무원)의 위법행위는 -설사 그가 근무시간 중에 입고 있던 제복을 벗지 않고 행한 행위라 하더라도- 단지 사인의 행위로 간주되므로 월권행위의 문제로는 다루어지지 않는다.[74] 그러면 국가기관이 직무수행과 관련하여 국내법에서 부여받은 권한을 넘거나 지시를 위반하는 경우에도 이를 단순한 그의 개인적 행위로 간주할 것인가 아니면 국가로의 귀속을 인정할 것인가? 고문(torture) 같은 것이 그 전형적인 예가 될 것이다.[75]

이 문제에 관한 고전적 견해에 의하면, 국가기관이 국내법상의 권한을 일탈하거나 상급기관의 합법적인 지시를 위반한 경우에는 국가로의 귀속성이 전혀 인정되지 않는다. 국가기관의 권한 밖의 행위는 이론적으로는 '국가의 행위'를 구성하지 않는다고 보기 때문이다. 그러나 국가기관이 불법행위를 하도록 지시받거나 그런 권한을 위임받는 경우는 별로 없을 것이므로 그같은 논리에 따르게 되면 국가책임이란 거의 모두가 상상 속에서만 존재하게 될 것이다. 그러므로 권한을 벗어난 행위라 할지라도 일정 범위 내에서는 국가로의 귀속을 인정하지 않을 수 없다. 문제는 국가귀속(따라서 국가책임)이 인정되는 월권행위의 범위를 어디까지로 할 것인가 하는 점이다. 이 문제에 관해서는 두 개의 견해가 대립하고 있다.

먼저 '외견상'(apparently) 그 권한 내에서 행해지는 것으로 보이는 공무원의 월권행위에 대해서만 국가책임이 발생한다는 견해가 있다. 따라서 문제의 행위가 월권행위임이 명백한 경우, 즉 '외견

74) Aust, *Handbook of IL*, 2nd, p. 379. (월권행위의 귀속성 여부에 대해 규정하고 있는) ILC초안 제7조에 대한 주석 (7). ILC는 제7조에 대한 주석 (8)에서 국가기관의 월권행위와 사적 행위의 구분기준에 대해 다음과 같이 언급하고 있다 : "The problem of drawing the line between unauthorized but still "official" conduct, on the one hand, and "private" conduct on the other, may be avoided if the conduct complained of is systematic or recurrent, such that the State knew or ought to have known of it and should have taken steps to prevent it. However, the distinction between the two situations still needs to be made in some cases, for example when considering isolated instances of outrageous conduct on the part of persons who are officials. That distinction is reflected in the expression "if the organ, person or entity acts in that capacity" in article 7. This indicates that the conduct referred to comprises only the actions and omissions of organs purportedly or apparently carrying out their official functions, and not the private actions or omissions of individuals who happen to be organs or agents of the State. In short, the question is whether they were acting with apparent authority."

Francisco Mallén Claim (United Mexican States v. USA), (1927) 4 RIAA 173 (available at https://legal.un.org/riaa/cases/vol_IV/173-190.pdf) 사건이 공무원의 월권행위와 개인적(사적) 행위의 구분에 대해 잘 보여주고 있다. 미국 텍사스주 엘파소(El Paso)에서 평소 멕시코 영사에게 깊은 혐오감을 가지고 있던 미국 경찰관이 그를 심하게 폭행·구타 하였는데, 폭행은 두 차례에 걸친 것으로 첫 번째 폭행은 1907년 8월 25일에, 두 번째 폭행은 1907년 10월 13일에 발생하였다. 중재재판소는 두 개의 폭행을 구분하여, 증거로 판단하건대 사복 차림으로 노상에서 자행된 첫 번째 폭행은 '우연히도 공무원인' 사적 개인의 방자한 행위이므로 그의 행위는 미국으로 귀속되지 않는다고 보았다. 그러나 두 번째 폭행에서 그 미국 경찰관은 자신의 '공적 지위'(official capacity)를 과시하기 위해 멕시코 영사에게 경찰배지를 보여주고 리볼버 권총으로 때린 후 권총을 들이대고 카운티 구치소로 끌고갔다. 미국은 이 두 번째 폭행에 대해서는 책임이 있다고 판시되었다.

75) Aust, *Handbook of IL*, 2nd, p. 380.

상으로도' 월권행위로 보이는 경우에는 국가책임이 성립하지 않는다고 한다. 공무원의 행위가 월권인 것이 명백한 경우에는 피해자가 그것을 알 수 있고 또 알았어야 하므로 위법행위가 발생함을 방지할 수 있었을 것이기 때문이라는 점을 그 이론적 근거로 내세우고 있다. 이같은 견해에 동조하는 판례가 없지 않다. 예컨대, *Tinoco* 사건[76]에서 중재재판관은 코스타리카의 Tinoco 대통령이 합법적인 정부지출을 위해서가 아니라 개인적 용도로 돈을 인출한다는 것을 알았음이 분명한 시점에서 이루어진 영국은행의 대출에 대해서는 영국 정부가 코스타리카 정부에게 그 반환을 요구할 수 없다고 판결하였다.[77] *Caire* 사건[78]에서도 비슷한 언급이 있었다. 즉, 이 사건은 1914년 12월 11일 두 명의 멕시코 군인이 한 프랑스인에게 돈을 요구하다가 거절당하자 그를 군대막사로 끌고가서 총을 쏴 살해한 사건으로, 결국 살해당한 프랑스인의 미망인을 위한 일정 금전배상 판정이 내려졌다. 그런데 이 사건에서 프랑스-멕시코 청구위원회의 의장을 맡은 Verzijl는, "객관적 책임 이론에 따르면, 국가가 자국의 공무원 혹은 기관의 월권행위에 대해 책임을 지기 위해서는 공무원 혹은 국가기관이 '적어도 외관상' (at least to all appearances) 권한있는 공무원 혹은 기관으로 행동하였거나, 행동을 함에 있어 그들의 공적 지위에 맞는 권한이나 방법을 사용하였어야 한다."고 언급하였던 것이다.

그러나 피해자로서는 국가기관의 행위가 월권행위임을 알면서도 그냥 당할 수밖에 없는 강압적 상황들이 얼마든지 있을 수 있다. 상황이 이러한데도 외견상으로 월권행위임이 명백했었다는 이유만으로 국가책임을 면제하게 되면 사실상 피해자들이 자신을 방어할 능력이 없는, 특히 중대한 경우들에 있어서 가해국에게 쉽게 빠져 나갈 여지를 제공할 위험이 있다.[79] 그러므로 초안 제7조는 국가기관, 또는 정부권한의 요소를 행사하도록 권한을 부여받은 사람이나 실체가 월권을 하거나 지시를 위반하는 모든 경우에 귀속성을 인정하고 있다. 공무원의 월권 또는 지시위반 행위라 하더라도 그것은 국가로부터 부여받은 권한에 기초하여 행동한 것인 만큼 국가가 그에 대해 직접적으로 책임을 져야 할 뿐만 아니라 국가가 국내법규정을 빙자하여 피난처를 찾는 것을 막기 위한 취지이기도 하다.[80]

초안 제7조의 규정은 대부분의 기존 판례와도 부합하는데, *Youmans* 사건[81]이 그 좋은 예이다. 이 사건은 멕시코의 한 지방에서 폭도로 변한 현지인들이 3명의 미국인을 살해한 것과 관련한 배상청구소송인데, 살인이 있기 전에 그 지방자치단체장은 미국인들을 보호하기 위해 지방군대에게 폭동을 진압하도록 명령한 바 있었다. 그러나 군인들은 현장에 도착하는 즉시 폭도측에 가담하여 살

---

76) Great Britain v. Costa Rica (1923).
77) Aréchaga in Sørensen, p. 550.
78) *Jean-Baptiste Caire* Claim (France v. Mexico)(French-Mexican Claims Commission), (1929) 5 RIAA 516 at 530, (available at https://legal.un.org/riaa/cases/vol_V/516-534_Caire.pdf) : "... pour pouvoir admettre cette responsabilité, dite objective, de l'Etat pour les actes commis par ses fonctionnaires ou organes en dehors des limites de leur compétence, il faut qu'ils aient agi *au moins apparemment* comme des fonctionnaires ou organes compétents, ou que, en agissant, ils aient usé de pouvoirs ou de moyens propres à leur qualité officielle." (italics added)
79) Harris, p. 481.
80) *Ibid.* ; Ott, p. 169.
81) US v. Mexico (1926) ; Briggs, p. 705.

인에 참여하였던 것이다. 멕시코 정부는 지방자치단체장의 지시를 어긴 군인들의 행위에 대해 멕시코가 국제책임을 져서는 안 된다고 주장하였다. 그러나 (미국-멕시코)일반청구위원회는 이같은 주장을 수락하게 되면 (위법행위가 언제나 상부지시에 위배된다고 가정하는 경우) 공무원의 그 어떤 위법행위도 국가책임을 수반하지 않게 될 것이라고 반박하였다. 멕시코는 문제의 살인은 군인들이 '사적' 자격으로 행한 것이라는 주장도 제기해 보았으나 수락되지 않았다. 그들은 행위 당시 "지휘관의 직접적인 감독 하에서 그리고 그가 보는 앞에서 근무 중이었기"(on duty under the immediate supervision and in the presence of a commanding officer) 때문이다.[82)]

4. 비(非)국가기관의 행위

ILC초안 제8조~제11조는 특정 국가의 공식적인 기관의 지위를 갖지 아니한 자들의 행위임에도 불구하고 그 국가에게 귀속될 수 있는 특수한 상황들을 예견하고 있는데,[83)] 설명의 편의상 제10조(반란단체의 행위)에 대해서는 마지막에 언급하겠다.

> "제8조 (국가에 의하여 지도되거나 지배(통제)되는 행위)
> 사람 또는 일단의 사람들이 그 행위를 수행함에 있어(in carrying out the conduct) 사실상 국가의 지시(instructions)에 따라 또는 그 지도 내지 지배(통제)(direction or control) 하에서 행동하고 있는 경우, 그러한 자의 행위는 국제법상 그 국가의 행위로 간주된다."
> "제9조 (공공당국의 부재 또는 마비 속에 수행되는 행위)
> 사람 또는 일단의 사람들이 공공당국의 부재 또는 마비 속에서 그리고 정부권한의 요소의 행사를 요구하는(call for) 그러한 상황 속에서 사실상 정부권한의 요소를 행사하고 있는 경우, 그러한 자의 행위는 국제법상 그 국가의 행위로 간주된다."
> "제11조(국가가 자신의 행위로 인정하고 채택한 행위)
> 전기 조항들(즉, 제4조~제10조)에 의거하여 어떤 국가에게로 귀속될 수 없는 행위라 하더라도 그 국가가 문제의 행위를 자신의 행위로 인정하고 채택하는 경우에는 그리고 그 범위 내에서 (if and to the extent that the State acknowledges and adopts the conduct in question as its own) 그 행위는 국제법상 그 국가의 행위로 간주된다."

(1) '국가의 지시에 따라' 혹은 '국가의 지도 내지 지배(통제) 하에서' 행동하는 경우(제8조)

제8조는 사람 또는 일단의 사람들이 사실상 "국가의 지시에 따라 행동하는"(acting on the instruction of the State) 경우와 "국가의 지도 내지 지배 하에서 행동하는"(acting under the direction or control of the State) 경우의 두 가지 상황을 하나로 묶어 다루고 있다. 그러나 -국가기관이 사인을 보조원(auxiliary) 혹은 끄나풀(stool pigeon)로 이용하는 경우에서 보는 것처럼[84)]- 국가의

---

82) Harris, p. 484 ; Ott, p. 170 ; 金大淳/金民瑞/朴芝炫, pp. 253~255.
83) Aust, *Handbook of IL*, 2nd, p. 381.
84) ILC초안 제8조에 대한 주석 (2) ; Hamid, p. 222.

'지시'에 따른 개인의 행위가 그 국가로 귀속되는 것은 이론의 여지가 없는 것이지만, 국가귀속을 초래하는데 필요한 '지도 혹은 통제'의 범위를 분명히 하는 것은 다소간 어려워 보인다. '지도 혹은 통제'는 '지시'에 비해 "좀 더 일반적인 상황"(a more general situation)과 관련한 것이기 때문이다.[85] 그러나 ILC는 제8조에 대한 주석에서 "그러한 행위는 국가가 그 특정 작전을 지도 혹은 통제하였고, 문제된 행위가 그 작전의 불가분의 일부였던 경우에만 그 국가로 귀속될 것"[86]임을 강조하고 있고, 그 결과 ILC초안 제8조는 "그 행위를 수행함에 있어"라는 단서를 달고 있다. 이것은 ICJ가 *Military and Paramilitary Activities in and against Nicaragua* (Merits)[87]에서 제시한 공식에 의존한 결과로 보이는데, 이 사건에서 ICJ는 콘트라 반군의 행위가 (돈과 장비를 제공한) 미국에 귀속될 수 있기 위해서는 "위반 혐의의 행위가 행해지는 동안 그 국가(즉, 미국)가 군사적 혹은 준군사적 작전에 대하여 실효적 통제(지배)(effective control)를 가지고 있었음을 입증하는 것이 원칙일 것이다."라고 선언하였던 것이다. 이것은 반군에 대한 "전반적인" 통제(지배) (general overall control)만으로는 국가귀속을 초래하기에 불충분할 것임을 뜻한다.[88] ICJ는 이 사건에서, 니카라과 콘트라 반군을 미국이 창설했다고 볼 수는 없고[89] 또한 미국의 원조가 반군의 활동에 "결정적인"(crucial) 것이긴 하였지만 그들이 "미국의 원조에 완전히 의존하는"(complete dependence on United States aid) 위치에 있지는 않기 때문에[90] 법적 목적상 콘트라 군대를 미국의 군대와 동일시 할 수는 없다고 판단하면서도, 콘트라 반군의 행위가 미국에 귀속될 수 있는 기준(threshold)을 수립하려고 시도하였던 것이다.[91] 이와는 대조적으로 구유고국제형사재판소는 좀 더 탄력적인 접근방법을 채택하고 있는데, *Duško Tadić* 사건 (Appeal)[92]에서 동 재판소(항소부)는 위 *Nicaragua*

---

85) ILC초안 제8조에 대한 주석 (1).

86) ILC초안 제8조에 대한 주석 (3) : "Such conduct will be attributable to the State only if it directed or controlled the *specific operation* and the conduct complained of was an *integral part of the operation*." (emphasis added)

87) ICJ Reports (1986), p. 4 at 64~65(paras. 115~116) : "... For this conduct to give rise to legal responsibility of the United States, it would in principle have to be proved that that State had *effective control* of the military or paramilitary operation *in the course of which* the alleged violations were committed. The Court dose not consider that the assistance given by the United States to the *contras* warrants the conclusion that these forces are subject to the United States to such an extent that any acts they have committed are imputable to that State. ..." (emphasis added)

88) Orakhelashvili, pp. 138~140 ; Shaw, 5th, p. 704.

89) ICJ Reports (1986), p. 14 at 61 (para. 108).

90) *Ibid.*, at 62 (paras. 109~110).

91) *Ibid.*, at 62 (para. 110).

92) *Prosecutor* v. *Duško Tadić*, ICTY Appeals Chamber, Case No. : IT-94-1-A, Judgment of 15 July 1999, para. 137 : "... international rules do not always require the same degree of control over armed groups or private individuals for the purpose of determining whether an individual not having the status of a State official under internal legislation can be regarded as a *de facto* organ of the State. The extent of the requisite State control varies. Where the question at issue is whether a *single* private individual or a *group that is not militarily organised* has acted as a *de facto* State organ when performing a specific act, it is necessary to ascertain whether specific instructions concerning the commission of that particular act had been issued by that State to the individual or group in question; alternatively, it must be established whether the unlawful act had been publicly endorsed or approved

공식을 비판하면서, 통제(지배)의 정도는 상황에 따라 달라질 수 있으며, 언제나 높은 기준이 요구될 수는 없다고 하였던 것이다. *Tadić* 사건은 '개인'의 극제형사책임을, *Nicaragua* 사건은 '국가'의 국제책임을 묻는 재판이었다는 점에서 양자는 차원을 달리하지만, 두 사건 모두 국제법상 개인이 '사실상의' 국가기관으로서 행동하고 있다고 판단할 수 있는 조건을 수립하려 했다는 점에서는 같았다.[93] 즉, ICJ와 ILC의 기준에 의하면 국가기관의 지위를 갖지 않은 개인의 경우 국제법에 반하는 그의 '모든 개개' 행동이 관련국가의 '특정(구체적) 지도 혹은 통제(지배)'의 대상이 되었음을 입증하는 것이 필요하게 되는데 반해, 구유고국제형사재판소의 기준에 따르면 개인이 특별히 '군사조직'에 속해 있을 경우에는 언제나 국가가 그 조직에 대해 "전반적인 통제(지배)"를 행사하고 있었음을 입증하는 것만으로도 그 국가는 그 조직의 구성원들이 행한 위법한 행동에 대해 국제책임을 지게 된다. 그리고 후자의 기준은 국가책임의 상당한 확대를 가져 올 것이다.[94] ICJ는 그후 *Application of the Convention on the Prevention and Punishment of the Crime of Genocide* (일명 *Bosnia* 혹은 *Bosnian Genocide* 사건)[95]에서도 "실효적 통제(지배)" (effective control)의 기준을 고수하면서,[96] *Tadić* 사건에서 제시된 "전반적인 통제(지배)" (overall control)의 기준을 수락할 수 없는 이

---

ex post facto by the State at issue. By contrast, control by a State over subordinate *armed forces or militias or paramilitary units* may be of an overall character (and must comprise more than the mere provision of financial assistance or military equipment or training). This requirement, however, does not go so far as to include the issuing of specific orders by the State, or its direction of each individual operation. Under international law it is by no means necessary that the controlling authorities should plan all the operations of the units dependent on them, choose their targets, or give specific instructions concerning the conduct of military operations and any alleged violations of international humanitarian law. The control required by international law may be deemed to exist when a State (or, in the context of an armed conflict, the Party to the conflict) *has a role in organising, coordinating or planning the military actions* of the military group, in addition to financing, training and equipping or providing operational support to that group. Acts performed by the group or members thereof may be regarded as acts of *de facto* State organs regardless of any specific instruction by the controlling State concerning the commission of each of those acts.". 이 사건에 대해 좀 더 자세한 내용은 본서, 제28장 (전쟁법) 참조.

93) Shaw, 5th, p. 704 ; Cassese, *International Law*, 2nd, p. 249.

94) Cassese, *International Law*, 2nd, p. 250 ; Koskenniemi in Evans (ed.), *International Law*, 3rd, p. 51.

95) Bosnia and Herzegovina v. Serbia and Montenegro, (Jurisdiction and Merits), Judgment of 26 Feb. 2007. ICJ는 이 사건에서 국가로의 귀속 문제를 다룸에 있어 상기 *Nicaragua* 사건(1986)에서와 동일한 접근법을 보여주었다. 즉, 재판소는 보스니아-헤르체코비나 동부의 작은 산악마을 스레브레니차(Srebrenica)에서 자행된 제노사이드의 범인들의 행위를 유고연방공화국에 귀속시킬 수 있겠는지를 판단함에 있어 먼저 그들이 유고에 "완전히 의존하고"(completely dependent) 있었는지의 여부를 검토하지 않으면 안 되었는데, "완전한 의존"(complete dependence)은 귀속과 책임의 독적상 그들의 행위를 유고의 국가기관들의 행위와 동일시 할 수 있는 유일의 전제조건이었다 (para. 393). 그러나 ICJ는 제노사이드 주범들과 유고 사이의 구조적 관계를 발견할 수 없었고, 또한 그들의 행동이 유고에 완전히 의존하고 있다는 것도 인정할 수 없었으므로 (paras. 394~395), 이제 그 다음 단계로 "지도 혹은 통제" (direction or control)의 문제를 검토하였던 것이다(paras. 396~412). 그리고 재판소는 스레브레니차에서 자행된 제노사이드 행위는 유고에게로 귀속될 수 없다고 결론지었다(para. 415). See Orakhelashvili, p. 139 ; https://en.wikipedia.org/wiki/Bosnian_genocide_case.

96) Para. 400 of the Judgment : "... It must however be shown that this "effective control" was exercised, or that the State's instructions were given, in respect of each operation in which the alleged violations occurred, not generally in respect of the overall actions taken by the persons or groups of persons having committed the violations."

유로서 역시 위 두 가지를 반복하고 있다. 첫째, "구유고국제형사재판소는 *Tadić* 사건에서도 그랬던 것처럼 일반적으로 국가책임의 문제들에 대해 판단하도록 요청받지는 아니하는데, 왜냐하면 동 재판소의 관할권은 형사적인 것이고 또 그것은 단지 개인에게만 미치기 때문이다."[97] 둘째, "전반적인 통제(지배)의 기준은 국가책임의 범위를 국가책임법의 기본원칙을 너무 벗어나게 확대하는 주요 결함을 갖고 있다."[98]

(2) 국가가 자신의 행위로 인정하고 채택한 행위(제11조)

ICJ는 *US Diplomatic and Consular Staff in Tehran* 사건[99]에서는 상기 *Nicaragua* 사건에서 제시된 "실효적 통제(지배)" 대신에 "승인"(approval) 또는 "시인"(endorsement)의 기준에 따라 접근해 들어갔는데, –재판소가 "독특한"(unique)[100] 사건으로 표현한– 본 사건의 개요는 다음과 같다. 미국의 긴밀한 동맹인 팔레비왕(Shah Reza Pahlevi)이 해외로 도망가고 회교 지도자 호메이니(Ayatollah Khomeini)의 지도 하에 이란 이슬람공화국(Islamic Republic of Iran)이란 이름의 신정부가 들어선 후, 1979년 11월 4일 일단의 시위 참가자들이 테헤란 주재 미국 대사관과 영사관을 공격하였다. 보안군대는 미국의 요청에도 불구하고 개입하지 않았다. 미국 대사관은 점거당하였고, 직원과 방문객들은 인질로 잡혔으며, 모든 문서는 수색을 당하였다. 그리고 대부분의 인질은 1981년 1월 20일까지 무려 444일 간 풀려나지 못하였는데, 이것은 외교관계 역사에 있어 전례없는 일이었다. ICJ는 이 사건을 두 단계로 구분하여 접근해 들어갔다. 우선, 그 첫 단계로서 미국 대사관과 영사관에 대한 공격은 그 자체로는 이란에게 귀속될 수 없다. 왜냐하면 공격을 감행한 시위자들은 "이란의 승인된 대리인 혹은 기관으로서의 그 어떤 공적인 지위"(any form of official status as recognized "agents" or organs of the Iranian State)도 갖고 있지 않았기 때문이다. 그러나 이 첫 단계에 있어서도 이란의 국가책임은 성립하는데, 왜냐하면 이란은 국제법이 요구하는 바에 따라 미국의 대사관과 영사관을 보호하기 위한 "적절한 조치"(appropriate steps)를 –사전·사후에– 취하지 않았기 때문이다.[101] 두 번째 단계는 미국 대사관에 대한 점거가 완료된 때로부터 시작하였다. 즉, 이후 시위자들의 행위를 당시 이란의 정신적 지도자이자 사실상의 지도자인 아야톨라 호메이니(Ayatollah Khomeini)와 이란의 기타 국가기관들이 승인하고 대사관 점령을 유지시키기로 한 결정은 문제의 공격행위를 국가의 행위로 전환시켰고, 이로써 시위대원들은 사실상 이란이란 국가의 대리인이 되었으므로 그 행위에 대하여 이란의 국가책임이 성립하였다.[102] ILC초안 제11조는 바로

97) Para. 403 of the Judgment.
98) Para. 406 of the Judgment.
99) *Tehran Hostages* case (US v. Iran)(Judgment), ICJ Reports (1980), p. 3, at paras. 59, 70, 71, 73, 91.
100) Para. 92 of the Judgment.
101) Paras. 59~68 of the Judgment.
102) Para. 74 of the Judgment. See Cassese, *International Law*, 2nd, p. 250 ; Shaw, pp. 491~492. 1980년 4월 24~25일 미국의 카터(Jimmy Carter)정부는 1976년 이스라엘에 의해 성공적으로 단행되었던 엔테베공항 인질구출작전을 모방하여 특공대원들을 실은 헬리콥터를 파견하였으나 (작전명 Operation Eagle Claw, Operation Evening Light, 혹은 Operation Rice Bowl) 이란의 사막에서 추락하고 말았다. ICJ는 사건이 재판소에 계류

이 사건에서 ICJ가 제시한 공식에 기초하여 작성된 것이다.[103] 다만, ILC는 –ICJ가 상기 사건에서 '승인' 혹은 '시인' 등의 표현을 사용하긴 하였지만– "국가가 문제의 행위를 자신의 행위로 인정하고 채택한" 것이 되기 위해서는 단순히 지지, 시인 혹은 승인을 피력하는 것 이상의 행위를 해야 한다고 말하고 있다.[104] 1960년의 *Adolf Eichmann* 납치 및 재판 사건에서 납치범들이 이스라엘 국가요원들이었는지 아니면 이스라엘 당국의 주장대로 애국심에 불타는 일단의 이스라엘 시민들이었는지가 불분명한 상황에서 ILC는 그 납치범들의 행위도 제11조에 해당하는 사례로 언급하고 있다.[105] '인정과 채택'은 *US Diplomatic and Consular Staff in Tehran* 사건에서 보는 것처럼 명시적일 수도 있고, 문제된 국가의 행위로부터 추론될 수도 있다.[106] '인정과 채택'을 통한 추인은 소급효를 동반할 것이다.[107] 한편, 이란–미국 청구재판소는 이란혁명이 고조되던 시기에 이란을 떠난 미국인들이 제기한 배상 요구 사건들에서, 이 시기 이란 내 반미 분위기로 이란을 떠날 수밖에 없었다는 사정만으로는 이란의 책임을 물을 수 없으며,[108] 또한 '기존 정부의 지지자들'의 행위에 대해 국가책임이 없는 것처럼 이란 혁명정부는 단순 '혁명의 지지자들'의 행동에 대해 책임이 없다고 하였다.[109]

중인 가운데 시도된 미국의 무력간섭에 대해 이는 "그 동기가 무엇이건 국제관계에서 사법절차에 대한 존중을 해칠 수 있다"(from whatever motive, is of a kind calculated to undermine respect for the judicial process in international relations)고 비판하였다 (para. 93 of the judgment) ; Tams, p. 297.

103) ILC초안 제11조에 대한 주석 (4) ; Aust, *Handbook of International Law*, 2nd, pp. 381~382 ; Currie, p. 399.

104) ILC초안 제11조에 대한 주석 (6) : "The phrase "acknowledges and adopts the conduct in question as its own" is intended to distinguish cases of acknowledgement and adoption from cases of mere support or endorsement. ICJ in the *United States Diplomatic and Consular Staff in Tehran* case used phrases such as "approval", "endorsement", "the seal of official governmental approval" and "the decision to perpetuate [the situation]". These were sufficient in the context of that case, but as a general matter, conduct will not be attributable to a State under article 11 where a State merely acknowledges the factual existence of conduct or expresses its verbal approval of it. In international controversies, States often take positions which amount to "approval" or "endorsement" of conduct in some general sense but do not involve any assumption of responsibility. The language of "adoption", on the other hand, carries with it the idea that the conduct is acknowledged by the State as, in effect, its own conduct. Indeed, provided the State's intention to accept responsibility for otherwise non-attributable conduct is clearly indicated, article 11 may cover cases where a State has accepted responsibility for conduct of which it did not approve, which it had sought to prevent and which it deeply regretted. However such acceptance may be phrased in the particular case, the term "acknowledges and adopts" in article 11 makes it clear that what is required is something more than a general acknowledgement of a factual situation, but rather that the State identifies the conduct in question and makes it its own."

105) ILC초안 제11조에 대한 주석 (5).

106) ILC초안 제11조에 대한 주석 (9).

107) ILC초안 제11조에 대한 주석 (4) ; Aust, *Handbook of IL*, 2nd, p. 382 ; Cassese, *International Law*, 2nd, p. 250.

108) *Jack Rankin* v. *The Islamic Republic of Iran*, Iran-US Claims Tribunal, Award No. 326-10913-2, 3 November 1987, para. 30 ("... the Tribunal notes the significance of the general turmoil and disorder which ensued after the return of Ayatollah Khomeini as competing groups vied for power in the revolutionary environment which existed in Iran at that time. The Tribunal considers this a factor which could have caused an individual's decision to leave and which could not be attributed to the State or its agents or organs. . ."), 〈https://jusmundi.com/en/document/decision/en-jack-rankin-v-the-islamic-republic-of-iran-award-award-no-326-10913-2-tuesday-3rd-november-1987〉.

109) *Alfred L.W. Short* v. *The Islamic Republic of Iran*, Iran-US Claims Tribunal, Award No. 312-

(3) 공공당국의 부재 또는 마비 속에서 수행되는 행위(제9조)

제9조는 매우 예외적인 상황의 발생을 전제로 하고 있음이 분명하다. 왜냐하면 동 규정이 적용되기 위해서는, 국가가 (i) "정부권한의 요소의 행사를 요구하는 상황에"(in circumstances such as to call for the exercise of those elements of the governmental authority) 처해 있는데도 (ii) "공공당국이 부재하거나 마비된"(in the absence or default of the official authorities) 상황에 빠져 있어야 하기 때문이다. 여기서 공공당국의 "부재"뿐만 아니라 "마비(결핍, 부족, 결여)"를 언급한 이유는 (i) 국가장치가 완전히 붕괴된 경우뿐만 아니라 (ii) (여전히 존재하는) 공공당국이 특별한 경우에 자신들의 직무를 수행하고 있지 아니한 경우(이를테면 국가의 부분적 붕괴 혹은 일정 지역에 대한 국가의 통제력 상실)를 포함하기 위한 의도에서 이다.[110] 제9조에 해당하는 예로서는 자연재해 발생시 혹은 국토방위를 위한 비상사태(내란, 무력충돌 혹은 외국의 군사점령) 발생시 자발적으로 행동하는 사인의 행동을 들 수 있다.[111]

11135-3, 14 July 1987, para. 34 ["The Claimant relies on acts committed by revolutionaries and seeks to attribute responsibility for their acts to the government that was established following the success of the Revolution. He is unable, however, to identify any agent of the revolutionary movement, the actions of which compelled him to leave Iran. The acts of supporters of a revolution cannot be attributed to the government following the success of the revolution just as the acts of supporters of an existing government are not attributable to the government. This was clearly recalled by the International Court of Justice in United States Diplomatic and Consular Staff in Tehran (United States v. Iran), 1980 I.C.J. 3, 29, para. 58 (Judgment of 24 May 1980). The Court found that the conduct of the militants when they executed their attack on the U.S. Embassy and seized its personnel as hostages "might be considered as itself directly imputable to the Iranian State only if it were established that, in fact, on the occasion in question, the militants acted on behalf of the State, having been charged by some competent organ of the Iranian State to carry out a specific operation."], 〈https://jusmundi.com/en/document/opinion/en-alfred-l-w-short-v-the-islamic-republic-of-iran-dissenting-opinion-of-judge-brower-tuesday-14th-july-1987〉.

110) ILC초안 제9조에 대한 주석 (5).

111) ILC초안 제9조에 대한 주석 (1), (2) ; Harris, pp. 477~478 ; Shaw, pp. 491~492. ; Hall, pp. 253, 272 ; Teresa Andersson, "State Responsibility during State Failure – A Question of Attribution and State Definition", Master thesis (Spring 2005, Faculty of Law, University of Lund), pp. 24~25. ILC는 초안 제9조가 1907년 헤이그 육전(陸戰)규칙의 민중봉기[혹은 군민병(群民兵), levée en masse, mass uprising]에서 착안한 것이라고 언급하고 있다. ILC는 관련 사건으로 *Yeager* v. *The Islamic Republic of Iran*, Iran-United States Claims Tribunal, Award of 2 November 1987, (1987) 17 Iran-US CTR 92를 들고 있는데, 사건 개요는 다음과 같다. 청구인은 이란에서 미국 회사에 근무하고 있었다. 그런데 1979년 혁명이 일어나 샤(Shah) 정부가 전복되고 호메이니(Ayatollah Khomeini)를 수반으로 하는 정부가 들어섰다. 신 정부가 권력을 장악한 후 이틀 뒤, 그러나 아직 소요가 광범위하게 남아있던 상황에서, 무장 "혁명수비대"(Revolutionary Guards, 일명 "Komitehs")가 청구인을 그의 아파트에서 체포하고, 30분 내로 가방을 싸라고 명령한 뒤 테헤란 힐튼호텔로 데려가 구금하였으며, 이튿날 비행기에 태워 추방하였다. 이란-미국청구재판소는 청구인의 주장에 따라 '특히' 청구인의 이란에서의 추방이 국제관습법에 위배되는 것인지의 문제를 다루었다. 이란 정부는 혁명수비대원들은 이란 정부로부터 행동을 허가받지 아니한 사인들의 집단이므로 국가책임이 성립하지 않는다고 주장하였다. 그러나 재판소는 청구인에 대한 혁명수비대원들의 추방 행위가 이란으로 귀속됨을 인정하였는데, 그 논거는 부분적으로 다음과 같았다 : "42. ... attributability of acts to the State is not limited to acts of organs formally recognized under internal law. Otherwise a State could avoid responsibility under international law merely by invoking its internal law. It is generally accepted in international law that a State is also responsible for acts of persons, if it is established that those persons were in fact acting on behalf of the State. ...An act is attributable even if a person

(4) 반란단체 혹은 기타 저항단체의 행위(제10조)

정부를 전복하거나 국가로부터 분리・독립하려는 목적을 가진 반란/저항단체는 그 국가를 위하여 혹은 대리하여 행동하는 것이 아니므로 그들의 행위는 국가로 귀속되지 않는다는 것이 일반원칙이다.[112] 그러나 반란단체가 본래의 목적을 달성한 경우, 그 결과로 생겨난 신정부 혹은 신국가는 반란단체 시절 자신의 행위에 대해 소급하여 책임을 부담하는 것이 타당하다. 양자간에는 계속성이 유지되고 있기 때문이다.[113] 그 결과, -민족해방단체를 포함하여- '정권장악'에 성공한 '반란단체'(insurrectional movement)의 행위는 당해 국가의 행위로 간주된다.[114] 비슷한 논리로, 기존 국가의 영토의 일부에서 혹은 그 시정(施政) 하에 있는 영토(이를테면 식민지)에서 '신국가수립'에 성공한 "반란단체나 기타 운동(저항)단체" (insurrectional or other movement)의 행위는 그 신국가의 행위로 간주된다.[115] 다만, 후자(제10조 2항)의 경우 -전자(제10조 1항)의 경우와는 달리- '반란단체 혹은 기타 (분리주의 혹은 반식민주의)운동단체'의 행위가 신국가에게로 귀속되기 전에 이들 단체가 그 신국가의 정부가 되었어야 할 것이 명시적으로 요구되고 있지는 않다.[116] 이 밖에도 이들 실체의 행위와 관련하여 -상기 제4조~제9조에 의거하여- 국가로의 귀속성이 인정되는 경우가 물론 있을 수 있다.[117]

Ⅳ. 국제의무의 위반

국제의무의 위반은 '국제의무'의 연원이 무엇인지, 그리고 국제의무의 '위반'이 언제 존재하게 되는지의 두 가지 쟁점으로 구성되고 있다. 술어의 문제로서, '책임'과 '의무'는 일상적으로 혼용되기도 하지만 적어도 국가책임법의 독적상 양자를 구분하여 사용하는 것이 좋겠다.

---

or group of persons was in fact merely exercising elements of governmental authority in the absence of the official authorities and in circumstances which justified the exercise of those elements of authority. ...

43. The Tribunal finds sufficient evidence in the record to establish a presumption that revolutionary 'Komitehs' or 'Guards' ... were acting in fact on behalf of the new Government, or at least exercising elements of governmental authority in the absence of official authorities, in operations of which the new Government must have had knowledge and to which it did not specifically object. ..."

112) See *Home Frontier and Foreign Missionary Society of the United Brethren in Christ* (United States v. Great Britain), (1920) 6 RIAA 42 at 44 (available at https://legal.un.org/riaa/cases/vol_VI/42-44_Brethren.pdf) : "It is a well-established principle of international law that no government can be held responsible for the act of rebellious bodies of men committed in violation of its authority, where it is itself guilty of no breach of good faith, or of no negligence in suppressing insurrection."

113) ILC초안 제10조에 대한 주석 (4) ; Hamid, p. 92.

114) ILC초안 제10조 1항 ; Hamid, pp. 224~225.

115) ILC초안 제10조 2항 ; ILC초안 제10조에 대한 주석 (8)~(10) ; Rosenne, *The Perplexities of Modern International Law*, pp. 262, 265, 383~384.

116) Hall, p. 256.

117) ILC초안 제10조 3항.

1. 국제의무의 연원

국제의무의 연원에는 "(권한있는 국제기구의 기관의 결정, ICJ나 타재판소가 두 국가 간에 내린 판결 등등을 포함한)조약규정, 국제관습법규, 국제법질서 내에서 적용되는 일반원칙, 일방적 행위"가 모두 포함된다.[118)]

국제(1차)의무는 흔히 행위의무(obligations of conduct)와 결과의무(obligations of result)로 구분되며,[119)] 또한 그 내용상 절차적인 것과 실체적인 것으로 구분될 수 있다.[120)]

위에 언급된 국제의무의 여러 연원들 중에서 가장 논의가 많은 것은 국가의 –구두 혹은 서면에 의한– 일방적 선언(행위 혹은 약속)(unilateral declarations/acts/promises)도 그 자신에게 법적 의무를 창설할 수 있느냐 하는 것인데, 판례는 이것을 긍정하고 있다. 먼저, *Nuclear Tests* 사건[121)]에서

---

118) ILC초안 제12조에 대한 주석 (3).

119) ILC초안 제12조에 대한 주석 (11). See also Article 20 (Breach of an international obligation requiring the adoption of a *particular course of conduct*) and Article 21 (Breach of an international obligation requiring the achievement of a *specified result*) with commentaries thereto, of the Draft articles on State responsibility, provisionally adopted by the ILC at its twenty-ninth session, 9 May-29 July 1977, (1977) Yearbook of the ILC, Vol Ⅱ (2), pp. 11~30 ; ILC는 그러나 나중 제2독회 때 이 두 조항을 포함시키지 않기로 결정하였다 (Nollkaemper, p. 194, fn. 147). ICJ는 *Gabcikovo-Nagymaros Project* (Hungary/Slovakia), ICJ Reports (1997), p. 7 at 77 (para. 135)에서 "행위의무(obligations of conduct), 이행의무(obligations of performance), 그리고 결과의무(obligations of result)"를 언급하기도 하였다. 이 밖에 ICJ가 과거 자신의 한 판결이 단지 "결과의무"를 부과한 것임을 지적한 판결로는, *Request for Interpretation of the Judgment of 31 March 2004 in the Case concerning Avena and Other Mexican Nationals* (Mexico v. United States of America), Judgment of 19 January 2009 (para. 44) ; 본서 제5장 (국제법과 국내법의 관계) 및 제13장 (기타 특권 · 면제) 참조.

120) 조약에 이 두 유형의 의무가 모두 담겨 있는 경우 양자 간에 어떤 관계가 형성되어 있는지는 조약 해석의 문제로 귀결된다. 이를테면, Case concerning *Pulp Mills on the River Uruguay* (Argentina v. Uruguay), Judgment of 20 April 2010, para. 79에서 ICJ는 이 사건에서 그 위반 여부가 문제된 조약[즉, 1975년 체결되고 1976년 발효한 아르헨티나와 우루과이간 "우루과이강 규정"(Statute of the River Uruguay)] 내의 절차적 의무(procedural obligations)와 실체적 의무(substantive obligations)는 불가분이기 때문에 전자의 위반은 자동적으로 후자의 위반을 초래한다"는 원고측 주장을 배척하면서 다음과 같이 언급한 바 있다 : "...there is indeed a functional link, in regard to prevention, between the two categories of obligations laid down by the 1975 Statute, but that link does not prevent the States parties from being required to answer for those obligations separately, according to their specific content, and to assume, if necessary, the responsibility resulting from the breach of them, according to the circumstances."

121) Australia v. France, ICJ Reports (1974), p. 253, at paras. 50~51 ; New Zealand v. France, ICJ Reports (1974), p. 457, at paras. 52~53. 사건 개요는 다음과 같다. 1973년 오스트레일리아와 뉴질랜드는 각기 따로 ICJ에 프랑스를 상대로 제소하였다. 남태평양에서 실시한 프랑스의 대기권 핵무기실험이 문제가 되었던 것이다. 소장에 기재된 두 원고국가의 주장에 의하면, 1966년 7월부터 1972년 7월까지 프랑스는 (프랑스령)폴리네시아에서 거의 30 차례나 대기권 핵무기 실험을 수행하였으며, 이에 그들 두 국가는 거듭 항의하였다. 이런 항의에도 불구하고 프랑스는, 그같은 실험은 프랑스가 대기권 실험을 포기하고 전적으로 지하 실험에 의존할 수 있는 단계에 이르기 위해 불가피하다고 주장하면서 남태평양에서의 핵실험 계획을 수정하기를 거부하였다. 프랑스가 1973년부터 일련의 새로운 핵실험을 계획하자 오스트레일리아와 뉴질랜드는 각기 분쟁을 ICJ로 가져가기로 결정하였다. 프랑스는 ICJ가 이 사건을 심리할 재판관할권이 없다고 생각하고 심리에 참여하기를 거부하였다. ICJ는 재판관할권이나 소의 허용성 그리고 사건의 본안에 대해 판단하지는 않았다. 즉, 1974년 12월 20일 두 개의 별개 판결에서 재판소는, 원고국가들의 '원래의 그리고 궁극적인 목표'는 핵실험이 국제법상 위법하다는 선언을 구하는 것이 아니라 프랑스가 남태평양에서 "더 이상 핵실험을 하지 않게 하는" 것이라고 결론지었다. 그리고 이 점에 있어, 재판소는, (ICJ 앞에서 행한 것이 아니라 공개적으로 행한)

오스트레일리아와 뉴질랜드가 남태평양에서의 프랑스에 의한 더 이상의 대기권 핵무기실험은 국제법에 저촉된다고 판결해 줄 것을 요청하는 소송을 ICJ에 제기하자 프랑스 정부는 이 지역의 대기권에서는 더 이상 핵실험을 하지 않겠다는 선언을 몇 차례 '공개적으로' (publicly) 천명한 바 있었는데, ICJ는 프랑스 정부의 이같은 선언들을 '대세적으로' (*erga omnes*), 즉 "'전 세계/국제공동체 전체에 대하여' 전달된/행한"(conveyed to the world at large ; addressed to the international community as a whole) '법적 약속'(legal undertaking)이라고 보았던 것이다. 그리고 이같은 일방적 선언이 법적 효력을 가짐에 있어서는 그 어떤 대가나 추후수락, 심지어는 그 어떤 대답이나 반응도 필요하지 않다고 하였다.[122] 그런가 하면 ICJ는 *Nicaragua* 사건[123]과 *Frontier Dispute* (Burkina Faso/Mali)사건[124]에서는 국가의 일방적 약속이 (*Nuclear Tests* 사건에서처럼 세계 전체에 대해서가 아니라) 다른 특정 국제기구 혹은 국가와의 관계에서도 후자가 수락한다면 전자에게 법적 의무를 초래할 수 있음을 인정하면서, 그러나 이들 두 사건에서는 관련 상황을 검토하건대 그 같은 법적 약속이 존재하지 않는다고 결론지었다. 이 모든 경우에 공통적으로 적용되는 논리는 두 가지이다. 첫째, '일방적' 행위가 '수신자(addresses)가 없는' 행위라는 의미는 아니며, 다만 수신자는 국제공동체 전체일 수도 있고 특정 국가(혹은 국제기구)(들)일 수도 있다. 둘째, ICJ가 *Nuclear Tests* 사건[125]에서 언급한 바와 같이 "일방적 선언이기만 하면 모두가 법적 의무를 수반하는 것은

프랑스 대통령과 정부 구성원들의 성명서들은 프랑스가 더 이상 핵실험을 하지 않겠다는 "대세적인 일방적 약속"을 구성한다고 판시하였다. 이에 근거하여, ICJ는 당사자들 간에 더 이상의 분쟁은 없으므로 판결을 내려야 할 문제가 없다고 결론지었던 것이다. See Janis, 3rd, pp. 15, 135 ; Ragazzi, p. 173 ff ; Shaw, p. 563 ; Tams, pp. 112~115, 180~182 ; Thirlway. pp. 45~48.

122) 프랑스는 1949년 3월 1일 ICJ규정 第36조 2항의 임의(선택)조항(optional clause)을 수락한다는 선언을 한 바 있으나, *Certain Norwegian Loans* case (France v. Norway), ICJ Reports (1957), p. 9에서 자국의 국내관할권 자동유보 때문에 제소에 실패하자 문제의 자동유보를 철회하고 1959년 보통의 국내관할권 유보로 대체하는 새로운 임의조항 수락 선언을 제출한 바 있었다 : 본서, 제26장 (분쟁의 평화적 해결수단), Ⅷ. 도전받는 ICJ의 권위, "1. ICJ 관할권에의 불복종" 참조. 그러나 ICJ가 1973년 *Nuclear Tests* 사건에서 일견 관할권이 성립함을 인정한 후 1974년 1월 10일 이 수락선언을 완전히 철회하였다 : Mark W. Janis (ed.), *International Courts for the Twenty-First Century* (Dordrecht : Marninus Nijhoff Publishers, 1992), p. 23 ; Ram Prakash Anand, "Enhancing the Acceptability of Compulsory Procedures of International Dispute Settlement', *Max Planck UNYB* 5 (2001), p. 8 (available at https://www.mpil.de/shared/data/pdf/pdfmpunyb/anand_5.pdf) ; https://www.amun.org/final/03/ICJ_France_Memorial.pdf.

123) *Military and Paramilitary Activities in and against Nicaragua* (Nicaragua v. United States) (Merits), ICJ Reports (1986), p. 14 at 130~132 (paras. 257~261). 이 사건에서 미국은 니카라과 정부가 OAS (Organization of American States)에 대해 행한 -자유선거를 포함한- 엄숙한 약속들을 위반하였다고 주장하였다. 그러나 ICJ는 니카라과가 OAS의 권고가 있고 나서 자유선거를 실시하겠다는 계획을 세우긴 하였지만, 이것은 본질적으로 OAS에 대한 정치적 약속에 불과하였다고 결론지었다.

124) ICJ Reports (1986), p. 554 at 571~574 (paras. 36~40) ; noted by Thirlway, p. 48. 이 사건에서 부르키나 파소와 말리가 양국간 국경선 결정을 OAU(Organization of African Unity)의 중개위원회(Mediation Commission)에 맡기기로 한 후 말리의 대통령이 프랑스의 한 통신사와의 기자회견에서 "OAU 중개위원회가 국경선이 (말리의 수도) 바마코(Bamako)를 관통한다는 객관적 결정을 내리더라도 우리 정부는 이 결정을 따를 것"이라고 말한 바 있었다 (para. 36). 부르키나 파소는 말리 국가원수의 이 말은 구속력있는 일방적 약속이라고 주장하였으나, 말리는 이것은 "기자회견에서 통상 내뱉는 종류의 농담"(une boutade du type de celles que l'on lance dans une conférence de presse / witticism of the kind regularly uttered at press conferences)이라고 응수하였다 (para. 38). ICJ는 말리의 주장을 받아들였다 (paras. 39~40).

125) Australia v. France, ICJ Reports (1974), p. 253 at 267 (para. 44) ; New Zealand v. France, ICJ Reports

아니다." 즉, 조약이 해석을 필요로 하는 것처럼 일방적 선언도 그것을 행한 국가의 의도를 밝히기 위해 해석을 필요로 하며, 게다가 국가들이 자신의 행동의 자유를 제한하는 선언을 할 때에는 제한적 해석이 요구된다.[126] UN국제법위원회(ILC)는 2006년 UN총회에 제출한 "법적 의무를 창설할 수 있는 국가의 일방적 선언에 적용되는 지도원칙"(Guiding Principles applicable to unilateral declarations of States capable of creating legal obligations)[127]에서 -주로 ICJ의 판례를 기초로- 관련 쟁점에 대한 견해를 제시하고 있다.[128]

(1974), p. 457 at 472 (para. 47) : "Of course, not all unilateral acts imply obligation; but a State may choose to take up a certain position in relation to a particular matter with the intention of being bound-the intention is to be ascertained by interpretation of the act. When States make statements by which their freedom of action is to be limited, a restrictive interpretation is called for." .

126) See Case concerning *Obligation to Negotiate Access to the Pacific Ocean* (Bolivia v. Chile), ICJ Reports (2018), p. 507, paras. 146~148.

127) https://www.un.org/law/ilc.

128) 다만, (i) ICJ규정 제36조 하에서 동 재판소의 강제관할권을 수락하기 위해 행하는 일방적 선언, (ii) 국가가 자신에게 대해서가 아니라 타국에게 의무를 부과하는 일방적 선언을 행하고 이에 상응하여 그 타국이 문제의 의무를 수락하기 위해 행하는 일방적 선언, 그리고 (iii) 조약의 유보(reservation)도 모두 형식상 일방적 선언이긴 하지만 이것은 본 "지도원칙"의 범위 밖에 있다 (각기, 원칙 7에 대한 ILC주석, 각주 970 ; 원칙 8에 대한 ILC주석, 각주 974 ; 원칙 9에 대한 ILC주석, 각주 977 참조) ; Thirlway, pp. 48~49.

ILC가 제시한 "지도원칙"의 주요내용은 다음과 같다. 국가를 법적으로 구속할 수 있는 행태(behaviours capable of legally binding States)는 공식적 선언(formal declarations)의 형식을 취할 수도 있고, -상황에 따라서는 침묵(silence)을 포함한- 단순한 비공식적 행위(mere informal conduct)의 형식을 취할 수도 있다 ; 그러나 본 지도원칙은 오로지 '엄격한 의미에서의 일방적 행위'(unilateral acts *stricto sensu*), 즉 "국가가 국제법 하의 의무를 생산할 의도로써 천명한 공식적 선언의 형식을 취하는 일방적 행위"(those taking the form of formal declarations formulated by a State with the intent to produce obligations under international law)에 대해서만 적용된다(전문). "공개적으로 행하고, 구속받겠다는 의사를 명백히 하는 선언" (declarations publicly made and manifesting the will to be bound)은 법적 의무를 창설하는 효과를 가질 수 있다(원칙 1). 어떤 국가든지(Any State) 일방적 선언을 통하여 법적 의무를 부담할 자격이 있다(원칙 2). 그러한 선언의 법적 효과를 결정함에 있어서는 그것의 내용(content), 그것이 행하진 모든 사실상황(all the factual circumstances), 그리고 그것이 야기한 반작용/반응(reactions)을 고려하는 것이 필요하다(원칙 3). 일방적 선언은 그렇게 할 수 있는 권한을 부여받은 당국이 행하는 경우에만 그 국가를 국제적으로 구속한다 ; 그 직무에 의해(By virtue of their functions) 국가원수와 정부수반, 외교장관은 그러한 선언을 천명할 권한이 있다 ; 지정된 분야에서 국가를 대표하는 다른 사람들(Other persons representing the State in specified areas)은 각자의 권한 내에 속하는 분야에서 선언을 통하여 그 국가를 구속하는 권한을 부여받을 수 있다(원칙 4). 일방적 선언은 구두로도 천명할 수 있고, 서면으로도 천명할 수 있다(원칙 5). 일방적 선언은 국제공동체 전체(international community as a whole)를 상대로 행할 수도 있고, 한 개 국가나 여러 국가를 상대로 행할 수도 있으며, 또한 다른 실체(other entities)를 상대로 행할 수도 있다(원칙 6). 일방적 선언은 그것이 "분명하고 구체적인 조건으로"(in clear and specific terms) 진술되는 경우에만 천명국에 의무를 초래한다 ; 그러한 선언에서 유래하는 의무의 범위에 관하여 의심이 있는 경우에는, 그들 의무는 '제한적으로'(in a restrictive manner) 해석되어야 한다 ; 그러한 의무의 내용을 해석함에 있어서는, 그것이 천명된 문맥(context)과 상황(circumstances)과 더불어 맨 먼저 선언의 텍스트(text)에 비중을 두어야 한다(원칙 7). 일반국제법의 강행규범과 충돌하는 일방적 선언은 (당연)무효(void)이다(원칙 8). 한 국가의 일방적 선언으로부터 나오는 의무가 다른 국가에게 돌아가지는 아니한다 ; 다만, 그 다른 관련 국가(들)도 그러한 선언을 '분명히(의심할 여지 없이) 수락한'(clearly accepted) 범위 내에서는 그같은 일방적 선언에 관하여 의무를 부담할 수 있다(원칙 9). 선언국에 대하여 법적 의무를 창설한 일방적 선언은 "자의적으로 취소/철회될 수 없다"(cannot be revoked arbitrarily) ; 취소/철회가 자의적일지를 판단함에 있어서는, (i) 취소/철회에 관련된 선언의 구체적 조건들, (ii) 그러한 의무의 상대방 국가들이 그들 의무를 원용한 범위, 그리고/또는 (iii) 사정에 근본적 변경이 있은 범위를 고려하는 것이 좋다(원칙 10).

UN총회는 2006년 12월 18일 결의 61/34 (para. 3)에서 상기 지도원칙에 (단지) "주목한다"(takes note of)

'일방적' 행위란 명칭은 이것이 단지 '한 개의' 국가로부터 나오는 행위임을 시사하며, ILC 지도원칙에서도 'a State'란 단수 표현을 사용하고 있다. 그러나 일방적 행위는 둘 이상의 '복수'국가로부터도 나올 수 있다는 견해가 있으며, 이론상 이를 부인하기는 어려워 보인다. 다만 이를 인정하는 경우에도 그것을 '국가들의 집단'(a group of States)에서 나오는 것으로 볼 것인지, 아니면 '그들의 수신자에 대한 일방적 성격의 혼합행위'(mixed acts of a unilateral nature in respect of their addresses)로 볼 것인지가 문제이다. ILC는 이들 문제에 대해 논의하였으나 합의를 보지 못하고 지도원칙에서 언급하지 않기로 하였다.[129]

ILC초안 제12조는 국제책임 성립에 있어 위반한 국제의무의 '연원' 또는 '성격'이 무엇인가는 관련이 없음을 명백히 하고 있다. 예컨대, 조약상의 의무를 위반하는 것이 타 연원(관습법규 또는 일방적 선언)으로부터 나오는 의무를 위반할 때보다 책임이 더 무거워지거나 가벼워지는 것은 아니다.

2. 국제의무의 위반은 언제 존재하는가?

국가의 행위가 국제의무에 의하여 요구되는 바와 일치하지 않을 때에 국제의무의 위반이 발생한다.[130] 물론 이 국제의무는 행위 당시 당해 의무위반국에 대하여 발효 혹은 실시 중인(in force) 것이어야 한다.[131] 행위 당시 발효중인 (구속력 있는)의무였다면 이 의무가 종료된 후라 하더라도 의무 유효기간 중 발생한 의무위반에 따른 책임의 문제는 영향받지 않는다는 의미에서 제13조는 시제법(intertemporal rule)의 문제이기도 하다.[132] ICJ는 *Gabčíkovo-Nagymaros Project* 사건[133]에서 단지 준비적 행위는 아직 국제위법행위가 아니라고 하였다.

계속적 성격을 갖지 아니하는 국가의 행위에 의한 국제의무의 위반은 그 행위가 이행되는 순간에 발생한다. 국가의 행위의 효력이 설사 그 후에 계속되더라도 위반을 저지른 시간은 이 순간을 넘어

고 하면서도 이것의 "보급(선전)을 권고한 바"(commends their dissemination) 있다. UN총회의 관행에 의하면 '주목한다'(takes note of 혹은 notes)란 술어는 찬성도 반대도 아닌 중립적 술어이다 : 2001년 9월 7일 UN총회결정(Decision) 55/488, https://www.un.org/ga/56/general/abur561a1.pdf.

129) See Christian Eckart, *Promises of States under International Law* (Oxford/Portland, Oregon : Hart Publishing, 2012), p. 40 ff.

130) ILC초안 제12조. 이를테면, *LaGrand* (Germany v. United States of America), ICJ Reports (2001), p. 466, 497 (paras. 90~91)(noted by Nollkaemper, p. 175)에서 ICJ는 -주 재판소에서 제기하지 아니한 절차상의 하자를 연방재판소에서 제기하지 못한다는- 미국법의 절차해태(節次懈怠) 규칙(procedural default rule)이 '언제' 영사관계 비엔나협약을 위반하였는가의 문제와 관련하여, (i) 절차해태 규칙 자체와 동 규칙의 적용은 구분되어야 함을 강조한 다음, (ii) 절차해태 규칙 그 자체는 영사관계 비엔나협약 제36조를 위반하는 것이 아니며, (iii) 미국의 협약 위반은 LaGrand 형제의 변호인이 그들 형제에게 내려진 유죄인정과 선고를 미국헌법상의 근거가 아닌 사유로 문제삼는 것이 절차해태 규칙 때문에 방해받는 순간에 발생하였다고 판시하였다.

131) ILC초안 제13조.

132) Aust, *Handbook of IL*, 2nd, p. 382 ; Hamid, p. 228.

133) Hungary/Slovakia, ICJ Reports (1997), p. 7 at 54 (para. 79) : "A wrongful act or offence is frequently preceded by preparatory actions which are not to be confused with the act or offence itself. It is as well to distinguish between the actual commission of a wrongful act (whether instantaneous or continuous) and the conduct prior to that act which is of a preparatory character and which "does not qualify as a wrongful act" ... "

계속되지 아니한다.[134] 반대로, 계속적 성격을 갖는 국가의 행위(act of the state having a continuing character)에 의한 국제의무의 위반은 그 행위가 계속되어 국제의무에 부합되지 않는 채로 남아 있는 전체 기간 동안 계속된다.[135] 특정 사건을 방지할 것을 요구하는 국제의무의 위반은 그 사건이 개시될 때 발생하며, 그 사건이 계속되어 그 의무에 부합되지 않는 채로 남아 있는 전체 기간 동안 계속된다.[136]

"집합적으로 위법으로 규정되는 일련의 작위 또는 부작위"(a series of actions or omissions defined in aggregate as wrongful), 즉 '복합행위'(composite act)를 통한 국제의무의 위반은 타 작위 또는 부작위들과 결부되어 위법행위를 구성하기에 충분한 작위 또는 부작위가 발생한 때에 발생한다.[137] 이런 경우, 위반은 일련의 작위 또는 부작위 중에서 최초의 것과 함께 시작하여 전체 기간 동안 계속되며, 이들 작위 또는 부작위가 반복되고 국제의무에 부합되지 않는 채로 남아 있는 동안 지속된다.[138]

V. 고의 · 과실의 문제

국제위법행위가 성립하기 위해서는 위에서 살펴본 두 가지 요소 이외에 국가기관의 고의 또는 과실도 필요한가? 입증책임은 원칙적으로 피해국가(원고국가)가 부담하게 되므로 이 문제는 배상의 현실적 가능성을 높이느냐 낮추느냐 하는 정책적 고려와도 관련이 있다.[139]

국가는 추상적 법실체이기 때문에 실제로는 스스로 행동할 수 없으며 단지 권한을 부여받은 관리와 대표들을 통해서만 행동할 수 있다.[140] 따라서 국제위법행위가 성립하기 위해서는 국가기관(주관

134) ILC초안 제14조 1항.

135) ILC초안 제14조 2항. ILC는 "계속적 성격을 갖는" 위법한 국가행위의 예로서, 조약의무와 일치하지 않는 입법규정의 효력 유지, 외국공무원의 불법억류나 대사관저의 불법점거, 힘에 의한 식민지배의 유지, 타국영토 일부에 대한 불법점령이나 영토국의 동의를 얻지 아니하고 군대를 주둔시키는 것을 들고 있다. ILC초안 제14조에 대한 주석 (3). ICJ는 *Legal consequences of the separation of the Chagos Archipelago from Mauritius in 1965*, Advisory Opinion, 25 February 2019, paras. 177~ 178에서 "(영국에 의해 위법하게 분리된) 차고스 군도에 대한 영국의 통치는 계속적 성격을 갖는 위법행위로서, 영국의 국제책임을 동반한다"고 판시한 바 있다 ; 차고스 군도의 역사에 대해서는 본서 제21장 (해양법), "XVII. 분쟁해결, 3. 구속력있는 결정을 수반하는 강제절차 적용의 제한과 예외" 참조.

136) ILC초안 제14조 3항. 특정사건을 방지할 것을 요구하는 국제의무의 위반은 계속적 성격을 가질 수도 있고 그렇지 아니할 수도 있다. 예컨대, 미국과 캐나다 간의 *Trail Smelter* 사건에서 보는 것처럼 대기오염에 의한 국경간 손해를 방지할 의무는 그 오염물질이 계속 분출되는 동안 위반이 계속된다. 그러나 문제의 의무가 일차적으로 사건의 발생(happening)을 방지하는 데에만 관심이 있는 것이라면 계속되는 의무의 위반이란 없을 것이다. 특정 정보의 공개를 방지할 국가의 의무가 그 한 예가 될 것이다. ILC초안 제14조에 대한 주석 (14).

137) ILC초안 제15조 1항. 제노사이드, 인종분리정책(apartheid), 인도에 대한 죄(crimes against humanity), 제도적인 인종차별행위, 무역협정에 의해 금지된 제도적인 차별행위 등이 위법한 복합행위의 좋은 예이다. ILC초안 제15조에 대한 주석 (2).

138) ILC초안 제15조 2항.

139) Aréchaga in Sørensen, p. 535.

140) Shaw, p. 488 ; Aréchaga in Sørensen, p. 534.

적 요소)의 국제의무 위반(객관적 요소)만으로 족하다고 볼 것인가, 아니면 이에 추가하여 관련 국가기관(공무원)의 고의(*dolus*) 또는 과실(*culpa*)이라는 심리적 태도가 동반되어야만 하는가에 관해서는 견해가 대립하고 있는데, 전자는 객관적 책임이론(objective theory of responsibility),[141] 후자는 주관적 책임이론(subjective theory of responsi- bility)[142]으로 불린다. 이 밖에도 한때 국제위법행위의 원인이 되는 행위를 작위와 부작위로 구분하여 작위에 대해서는 객관적 책임이론을, 부작위에 대해서는 주관적 책임이론을 적용하려는 절충적 견해가 있었지만, 이론상 작위와 부작위를 구분할 하등의 이유가 없다. 따라서 문제는 객관적 책임이론과 과실책임이론 중에서 어느 하나를 선택하는 것이다.[143]

이 문제에 관한 국제관습법의 입장은 분명치가 않다. 두 이론 모두 판례의 지지를 받고 있는 반면, 그 중 어느 한 이론이 결정적인 지지를 받고 있다는 결론은 내릴 수 없는 것으로 보인다. 그러나 대부분의 국가에서 국가기관이 확대되는 경향을 고려한다면 객관적 책임이론이 타당할 것으로 보인다. 과실책임이론은 국가활동의 팽창 때문에 실제로 적용되기에는 너무 복잡하기 때문이다. 뿐만 아니라, 국가공무원이 관련된 경우 언제든지 그 국가에게 절대적 책임을 지우게 되면 국가들은 자신의 여러 정부 부처와 기관들에 대해 국제법을 위반하지 않도록 더 많은 통제를 행사하게 될 것이다.[144]

ILC도 이같은 입장에서, 다만 1차의무의 한 구성요소로서 심리적 요소가 요구될 수 있음을 고려하여, "1차의무에서 특별히 정신적 요소를 요구하는 경우가 아니라면, 문제가 되는 것은 오로지 국가의 행위이며, 그 어떤 의사도 관계가 없다.(In the absence of any specific requirement of a mental element in terms of the primary obligation, it is only the act of a State that matters, independently of any intention.)"[145]고 말하고 있다. 요컨대, 주관적 책임이론을 완전히 배척하는 것은 아니지만 객관적 책임이론에 대한 선호를 표명한 것이다.[146]

특정 1차의무에 이미 심리적 요소가 포함되어 있다고 본 대표적인 사례로는 -위에서도 잠시 언급한 바 있는- *Corfu Channel* 사건[147]을 들 수 있다. 영국 군함들이 알바니아의 영해를 관통하는 국제해

---

141) 국가책임성립에 있어 fault 또는 *culpa*를 요구하지 않는다는 점에서 절대책임(absolute responsibility) 혹은 무과실책임이론(no-fault theory)이라고도 부르며, 결과에 의한 의무위반과 인과관계의 입증만 있으면 국가책임을 지우는데 충분하다는 의미에서 인과관계책임이론(causal liability theory)이라고도 부른다. Mansour Jabbari-Gharabagh, "Type of State Responsibility for Environmental Matters in International Law", (1999) 33 Revue Juridique Thémis (Faculté de Droit, Université de Montréal) 59 at 65~66; David M. Walker, *The Oxford Companion to Law* (Oxford : Clarendon Press, 1980), p. 6.

142) 과실책임이론(fault theory)이라고도 부른다. 주관적 책임이론을 지지했던 Oppenheim은 "an act of a State injurious to another State is nevertheless not an international delinquency if committed neither willfully and maliciously nor with culpable negligence."라고 말하였다 : Lassa Oppenheim, *International Law : A Treatise*, Vol. I, 7th ed., (London : Longmans, 1944), p. 343.

143) Aréchaga in Sørensen, pp. 534~537.

144) Shaw, pp. 485~487 ; Wallace, p. 157 ; Currie, pp. 390~393.

145) ILC초안 제2조에 대한 주석 (10).

146) Kaczorowska-Ireland, p. 449.

147) United Kingdom v. Albania, ICJ Reports (1949), p. 4 at 22 ; Currie, pp. 391~392. Brownlie, p. 442는 이 사건이 주관적 책임이론을 확인한 것이라고 보는 일부의 견해를 비판하고 있다.

협인 문제의 코르퓨 채널을 통과하던 중 여러 개의 기뢰에 부딪쳐 몇 명의 수병들이 죽고 배들도 큰 피해를 입었는데, 알바니아가 기뢰를 부설하였다는 직접적인 증거는 발견되지 않았다. 따라서 그 다음의 쟁점은 알바니아가 기뢰를 부설하지는 않았다 하더라도 이것의 존재를 알고 있었는지, 알고 있었다면 지나가는 선박들에게 그 위험을 알려주었어야 하는게 아닌가 하는 점이었다. ICJ는 기뢰 부설이 알바니아 정부도 모르는 상태에서 이루어질 수는 없었을 것이라고 결론지으면서, 이로써 알바니아는 "자국의 영토가 타국의 권리에 위배되는 행위를 위하여 사용되는 것을 알면서도 이를 허용해서는 안 될 모든 국가의 의무"(every State's obligation not to allow *knowingly* its territory to be used for acts contrary to the rights of other States)를 위반하였다고 판결하였다.

이 밖에도, "수행되면 위법임을 알면서도" (i) '타국의 국제위법행위 수행을 원조'하거나, (ii) '타국의 국제위법행위 수행을 지도 및 통제'하거나, (iii) '국제위법행위를 하도록 타국을 강박'함으로써 야기되는 국가책임은 그 성립에 고의/인식을 필요로 하는 전형적인 사례인데, 이것은 ILC초안 제16조, 제17조 및 제18조에 각기 이미 명시되어 있다.[148)]

Ⅵ. 손해의 발생

손해(damage)는 물질적인 것일 수도 있고 비물질적 · 정신적인 것일 수도 있다. 어쨌든, 국제의무위반으로 국가책임이 발생하려면 실제로 특정국가에게 손해가 발생해야만 하는가? 고전(전통)국제법에서 일부 학자들은 국가책임이 성립하기 위해서는 손해발생이 필요하다고 생각하였다. 조약 체결이나 관습법규 형성에 얼마나 많은 국가가 참여하였는가와는 관계없이 모든 국제관계를 종국적으로는 가해국 대 피해국의 양자간 관계로 전환시켜 생각하는 전통국제법 하에서, 손해를 실제로 입지 않은 국가는 청구를 제기할 수 없다는 점에서 손해는 사실상 원고적격(standing to sue)의 문제이기도 하였다.

그러나 이제 구체적인 손해발생은 모든 경우에 요구되지는 않는 것으로 보인다. 국제법의 일부 제한된 분야에 대세적 의무(duties *erga omnes*) 내지는 당사자간 대세적 의무(duties *erga omnes partes*)의 관념이 도입되고 있기 때문이다. 즉, 이 개념에 의하면 실제로 손해를 입지 않은 국가도 조약규정에 의거하여 혹은 국제관습법상 국제적 청구 내지 간섭을 제기할 수 있기 때문이다. 특히, 인권 분야에서 이같은 현상이 나타나고 있다.[149)] 그러나 실제로 손해가 발생하지 않는 한 국가책임이 성립하지 않는 경우들도 여전히 존재한다. 예컨대, 외교관계에 있어 접수국은 외교공관을 보호하기 위해 적절한 모든 조치를 취할 특별한 의무를 지지만, 설사 이 의무의 이행을 태만히 하더라도 외교공관에 침해가 발생하지 않는 한 국가책임은 성립하지 않는다.[150)] 전통국제법으로부터 도출되

148) Cassese, *International Law*, 2nd, p. 251.
149) Cassese, *Human Rights in a Changing World*, p. 175 ; Ott, p. 166.
150) Henkin et al., pp. 553~554 ; Dixon, p. 95.

는 의무들은 대체로 실제적인 손해발생을 여전히 국가책임발생의 한 요소로 보고 있다.[151)]

ILC초안 제2조는 이같은 사실들을 고려하여 국제위법행위의 정의에 손해발생을 포함시키고 있지 않다. 그리고 이에 대해 아래의 주석을 제공하고 있다.

> "그러나 (손해와 같은 추가)요소가 요구되는지의 여부는 1차의무의 내용(content of the primary obligation)에 달려있으며, 이 문제에 있어 일반규칙은 존재하지 않는다. 예컨대, 획일적인 법을 제정할 조약 하의 의무는 그 법을 제정하지 않으면 위반한 것이 되며, 타 체약국이 그 불이행에 의하여 입은 구체적 손해를 적시하는 것은 필요하지 않다. 어떤 특별한 의무가 책임있는 국가측에서 행동하지 않는 즉시 위반한 것이 되는지, 아니면 어떤 추가적인 사건이 발생해야 하는지는 1차의무의 내용과 해석(content and interpretation of the primary obligation)에 달려있으며, 따라서 추상적으로 결정할 수 있는 것이 아니다."[152)]

요컨대, ILC는 국제의무 위반에 있어 손해의 발생이 요구되는가는 1차규칙의 내용과 그 해석의 문제이므로 이에 관해서는 (국제의무의 2차규칙을 담고 있는) 초안에서 언급할 일이 아니라고 느꼈던 것이다.

Ⅶ. 타국의 국제위법행위에 대한 일국의 관여

일국이 타국의 국제위법행위 수행에 관여한 경우에는 관여 그 자체로 그리고 관여의 범위 내에서 책임 문제가 제기될 수 있는데, ILC초안은 관련 상황을 세 가지로 구분하여 규정하고 있다.

첫째, 타국의 국제위법행위 수행을 원조하는(돕는)(aids or assists) 국가는, 국제위법행위의 상황을 알면서도 그같이 행동하고 또 그 행위가 그 국가에 의해 수행되면 국제적으로 위법이 될 경우, 그같은 원조행위에 대해 국제책임이 있다.[153)]

---

151) Cassese, *Internatioal Law*, 2nd, pp. 251~253.

152) ILC초안 제2조에 대한 주석 (9).

153) ILC초안 제16조. 초안 제16조는 제목에서 "aid or assistance", 그리고 본문에서 "... aids or assists..."란 표현을 쓰고 있는데, ILC는 주석에서 특별히 두 단어를 구분하고 있지는 않다. 이를테면, 동 제16조에 대한 주석 (1)에서 ILC는 "Under article 16, *aid or assistance* by the *assisting State* is not to be confused with the responsibility of the acting State. In such a case, the *assisting State* will only be responsible to the extent that its own conduct has caused or contributed to the internationally wrongful act."라고 표현하고 있다. 또한, ILC는 동 주석 (10)에서 "원조국은 자국과 다른 국가를 함께 구속하고 있는 어떤 국제의무를 위반하도록 그 다른 국가를 의도적으로 원조한 자신의 행위에 대해 책임을 지는 것이지, 그 자신이 피원조국의 행위에 대해 책임을 지는 것은 아님"(In accordance with article 16, the assisting State is responsible for its own act in deliberately assisting another State to breach an international obligation by which they are both bound. It is not responsible, as such, for the act of the assisted State.)을 분명히 하고 있다. See Pauwelyn, p. 429 ff ; Hall, pp. 257~259.

ICJ는 *Application of the Convention on the Prevention and Punishmant of the Crime of Genocide* (Bosnia and Herzegovina v. Serbia and Montenegro) (Jurisdiction and Merits), judgment of 26 February 2007, para. 420에서, ILC초안 제16조는 "관습법규를 반영하고"(reflecting a customary rule) 있다고

둘째, 타국의 국제위법행위 수행을 지도하고 통제(지배)하는(directs and controls) 국가는, 국제위법행위의 상황을 알면서도 그같이 행동하고 또 그 국가에 의해 수행되면 국제적으로 위법이 될 경우, 그같은 지도·통제행위에 대해 국제책임이 있다.[154]

셋째, 어떤 행위를 하도록 타국을 강박하는(coerces) 국가는, 그 행위가 강박만 없었다면 피강박국의 국제위법행위가 되고 또 강박국이 그 행위의 상황을 알면서 그같이 행동하는 경우, 그 행위에 대해 국제책임이 있다.[155]

문제의 위법행위를 직접 수행하는 국가의 국제책임은 위 규칙들과는 별개로 논할 문제이다.[156] 이 문제와 관련하여 ILC는 주석에서 두 가지를 언급하고 있다. 첫째, (제17조가 적용되는 상황에서) 타국의 지도 및 통제에 따라 행동했다는 사실만으로는 위법행위국의 (피해국에 대한) 책임이 조각되지 아니한다. "상급자 명령"의 항변(defence of superior orders)은 국제법에서 국가들을 위해 존재하는 것이 아니기 때문이다.[157] 둘째, 그러나 (제18조가 적용되는 상황에서) 강박에 의한 행위는 불가항력(*force majeure*)에 해당한다고 보아 위법행위국, 즉 피강박국의 (피해국에 대한) 책임이 조각될 수 있다.[158]

Ⅷ. 위법성조각사유

단독으로는 위법인 행위라도 당해 행위를 위법으로 규정하는 법규의 외부 사정에 의하여 정당화될 수 있는데, 이들 사정은 국가책임법 산하의 2차 규칙에 속한다.[159] 다만, ILC초안에 사용된 "위

언급한 바 있다. 독일 연방헌법재판소도 그와 같이 언급한 바 있다 : Germany, Bundesverfassungsgericht (Federal Constitutional Court), *Yemeni Citizens Extradition* Case, Decision of 5 November 2003, 2 BvR 1506/03, 109 BverGE 13, para. 47 (available at https://www.bverfg.de/entscheidungen/rs20031105_2bvr150603en.html) ; 사건 개요는, 본서, 제9장 (국가관할권) 참조.

원조(aiding and assisting)와 공범(co-perpetrating)의 차이는 기껏해야 상대적이며, 따라서 원조를 독자적인 위법행위로 구성한 제16조는 원칙적으로 잘못된 생각이라는 비판이 있다(이를테면, Orakhelashvili/Akehurst, 9th, pp. 309~311).

154) ILC초안 제17조. 제17조가 예견하고 있는 상황은 과거 일방 '보호국 혹은 종주국'과 타방 '피보호국 내지는 보호령 혹은 속국' 사이의 관계에서 쉽게 찾아 볼 수 있는데, 예컨대, Case concerning *Rights of Nationals of the United States of America in Morocco* (France v. United States of America), ICJ Reports (1952), p. 176 ; ILC초안 제17조에 대한 주석 (2) 참조. '단순한 영향력'(mere influence)과 '단순한 격려(고무, 선동)와 제안'(mere incitement and suggestion)은 제17조의 '지도 및 통제'에 해당되지 아니한다 : ILC초안 제4장(타국의 행위와 관련한 국가의 책임)(제16조~제19조)에 대한 일반주석 (9) ; ILC초안 제17조에 대한 주석 (7).

155) ILC초안 제18조.

156) ILC초안 제19조.

157) ILC초안 제17조에 대한 주석 (9).

158) ILC초안 제18조에 대한 주석 "(2) Coercion for the purpose of article 18 has the same essential character as *force majeure* under article 23. Nothing less than conduct which forces the will of the coerced State will suffice, giving it no effective choice but to comply with the wishes of the coercing State. ... ; (4) The equation of coercion with *force majeure* means that in most cases where article 18 is applicable, the responsibility of the coerced State will be precluded *vis-à-vis* the injured third State. ..." ; ILC초안 제23조에 대한 주석 (3) 참조.

법성조각(阻却)(배제/탈락)사유"(circumstances precluding wrongfulness)란 표현은 이러한 사유가 존재하면 위법행위가 그냥 정당화되거나 용서된다기보다는 어떤 위법행위도 행해지지 않았던 것이 된다는 관념을 전달하고 있다.[160] ILC초안은 "일반국제법에 의하여 현재 인정된 위법성조각사유"(circumstances precluding wrongfulness presently recognized under general international law)[161]로서 6개를 제시하고 있는데, 하나씩 살펴보자.

첫째, 피해국의 유효한 동의(valid consent)[162]에 기초한 행위는 동의의 범위 내에서 위법성이 조각된다. 이를테면 타국의 요청을 받아 군대를 파견하는 경우가 바로 이 경우에 해당된다. 다만, 피해국의 동의는 '유효한' 동의여야 함을 유념하여야 한다. 예컨대, (외국군대가 민간인들이나 특정인종 집단을 학살하기 위해 영토 내로 진입하는 것에 동의하는 경우처럼) 피해국의 동의가 강행규범(*jus cogens*)에 위배되는 행위를 하도록 허락하는 경우라면 이 동의는 유효하지 않다.[163]

둘째, 'UN헌장에 따른' 합법적인 자위 조치[164]는 위법성이 조각된다. ILC초안은 위법성조각사유의 하나로서의 자위를 UN헌장상의 그것으로 제한함으로써 헌장상의 자위권 정의가 국제관습법의 문제로서 완전한 것인지에 대한 의문을 다시금 제기하고 있다.[165]

셋째, -전통국제법 하에서 복구(復仇)(reprisal)로 불리던- 타국의 국제위법행위에 대한 대항조치(countermeasures)[166] 역시 위법성이 조각된다. 대항조치는 "국가책임의 이행"에 관련한 문제로서, 자세한 것은 아래에서 따로 다룬다.[167]

넷째, 불가항력[168]에 기인한 행위(act *due to force majeure*)는 위법성이 조각된다. 다만, 불가항력 사태가 (단독으로 혹은 다른 요소와 결합하여) 그것을 원용하는 국가의 행위에 기인하거나(*due to* the conduct of the State invoking it),[169] 그 국가가 그러한 사태발생의 위험을 부담한(has

159) Orakhelashvili, pp. 198~199.
160) Currie, pp. 399~400.
161) ILC초안 제5장 (위법성조각사유) 서두 주석 (9).
162) ILC초안 제20조.
163) Cassese, *International Law*, 2nd, pp. 253~254.
164) ILC초안 제21조.
165) Currie, p. 405. 자위는 국가의 무력 사용에 관한 법(law on the use of force, *jus ad bellum*)의 영역에 속하는 문제이다. 무력 사용이 자위권에 기초한 합법적 행위라 하더라도 무력충돌법(전쟁법)(*jus in bello*)의 위반에 대해 책임이 발생하는 것은 별개의 문제이다. Aust, *Handbook of IL*, 2nd, p. 384.
166) ILC초안 제22조.
167) ILC초안 제49조~제54조 ; Shaw, 4th, pp. 558~559.
168) ILC초안 제23조. 불가항력은 "법의 일반원칙"(a general principle of law)으로 널리 인정되고 있다 : ILC초안 제23조에 대한 주석 (7),(8) ; Christina Binder, "Does the Difference Make a Difference? - A Comparison between the Mechanisms of the Law of Treaties and of State Responsibility as Means to Derogate from Treaty Obligations in Cases of Subsequent Changes of Circumstances" in Szabó (ed.), p. 7. 불가항력에 의한 행위를 위법성 조각사유로 명시한 조약들도 있는데, 이를테면 1958년 "영해 및 접속수역에 관한 제네바협약" 제14조 3항과 1982년 "UN해양법협약" 제18조 2항에 의하면 "불가항력(과 조난)에 의해 필요한 경우에는" '정선 및 투묘'도 무해통항의 목적을 위한 '통항'에 포함된다고 규정하고 있다.
169) ILC초안 제23조 2항(a). ILC는 여기서 '기인'(*due to*)은 단순한 기여(a mere contribution) 이상의 것을 요구하는 것으로 설명하고 있다. "For paragraph 2 (*a*) to apply it is not enough that the State invoking *force majeure* has contributed to the situation of material impossibility; the situation of *force majeure* must

assumed the risk of that situation occurring)[170] 경우에는 그러하지 아니하다. 여기서 불가항력이라 함은 국가의 통제 밖에 있어서 그 상황에서 의무이행을 실질적으로(materially) 불가능하게 만드는, 저항할 수 없는 힘 또는 예측하지 못한 사건의 발생을 말한다.[171] 불가항력이 자연현상에서 비롯될 수 있는 것은 물론이다.[172] 중앙정부의 실효적 통제를 완전히 벗어난 반란이나 내란도 의무의 이행을 불가능하게 만들 수 있겠지만, 그러한 사태를 막기 위한 이용가능한 조치를 충분히 취하지 않는 경우라면 불가항력을 원용하여 의무위반을 정당화할 수 없을 것이다.[173] 국가에게 가해지는 힘(force)을 수반하는 강박도 요건을 충족하면 불가항력에 해당할 수 있다.[174] PCIJ는 *Serbian Loans* 사건[175]에서, 제1차 세계대전 때문에 세르비아가 공채를 상환하는 것이 불가능했었다는 주장을 받아들이지 않았다. 또한, 상기 *Rainbow Warrior* 호 사건(1990)[176]에서 프랑스는 (UN사무총장의 판정에 따라 섬에 유폐 중이던) 두 요원을 뉴질랜드 정부에 알리지도 않고 본국으로 송환한 것은 그 중 한 명이 병이 들었고 다른 한 명은 임신 중인데다가 아버지의 임종이 가까워지고 있었기 때문인데, 이것은 불가항력에 해당하는 것이었다고 주장하였다. 그러나 양국간 중재재판소는 의무 이행을 더 어렵고 부담스럽게 만드는 상황이 불가항력의 사정을 구성하지는 않으며, 그 같은 변명은 본 사건과 관련이 없다고 결론지었다.[177]

---

be "due" to the conduct of the State invoking it. This allows for *force majeure* to be invoked in situations in which a State may have unwittingly contributed to the occurrence of material impossibility by something which, in hindsight, might have been done differently but which was done in good faith and did not itself make the event any less unforeseen. Paragraph 2 (*a*) requires that the State's role in the occurrence of *force majeure* must be substantial.": ILC초안 제23조에 대한 주석 (9).

170) ILC초안 제23조 2항(b). 이것은 국가가 불가항력 발생의 위험을 이미 수락한 상황을 다루기 위한 것인데, 국가의 이같은 사전 수락은 의무 자체의 측면에서 그렇게 한 것일 수도 있고, 자신의 행위에 의해, 혹은 어떤 일방적 행위에 의한 것일 수도 있다 : ILC초안 제23조에 대한 주석 (10).

171) ILC초안 제23조 1항.

172) ILC초안 제23조에 대한 주석 (5) : "In practice, many of the cases where "impossibility" has been relied upon have not involved actual impossibility as distinct from increased difficulty of performance and the plea of *force majeure* has accordingly failed. But cases of material impossibility have occurred, e.g. where a State aircraft is forced, due to damage or loss of control of the aircraft owing to weather, into the airspace of another State without the latter's authorization. In such cases the principle that wrongfulness is precluded has been accepted." ILC는 초안 제23조에 대한 주석 (5)의 각주에서 여기에 해당하는 사례로 1946년 미군수송기들의 유고슬라비아 영공 침범 사례를 언급하고 있다. 그러나 ILC는 이 사건을 제24조(조난)에 대한 주석 (2)에서 재차 언급하고 있는데, 이것은 불가항력의 상황과 조난의 상황이 비슷할 수 있음을 시사한다. Orakhelashvili/Akehurst, pp. 290~291.

173) ILC초안 제23조에 대한 주석 (3) ; Currie, p. 402.

174) ILC초안 제23조에 대한 주석 (3)("Certain situations of duress or coercion involving force imposed on the State may also amount to *force majeure* if they meet the various requirements of article 23. In particular, the situation must be irresistible, so that the State concerned has no real possibility of escaping its effects."), 제18조에 대한 주석 (2)/(4).

175) Case concerning the *Payment of Various Serbian Loans Issued in France*, PCIJ (1929), Series A, No. 20, p. 39 ; Cassese, *International Law*, 2nd, p. 254 ; Shaw, 5th, p. 710.

176) Case concerning the *difference between New Zealand and France concerning the interpretation or application of two agreements, concluded on 9 July 1986 between the two States and which related to the problems arising from the Rainbow Warrior Affair*, Decision of 30 April 1990, (1990) 20 RIAA 215 at 252~253 (para. 77), available at https://legal.un.org/riaa/cases/vol_XX/215-284.pdf.

특별히 불가항력과 후발적 이행불능은 외견상 비슷해 보이고 또 동일한 사실이 양자 모두에 해당할 수도 있다. 그러나 불가항력은 -국제법의 1차규칙 위반의 결과를 규율하는 2차규칙들(secondary rules)로 구성되는- 국가책임법 영역의 주제인데 반해 후발적 이행불능은 -원칙적으로 1차규칙들(primary rules)을 수립하고 있는- 조약법 영역의 주제라는 기본적 차이와 함께[178] 양자는 몇 가지 점에서 구분을 요한다. 첫째, 불가항력은 '사정이 존재하는 동안 의무의 불이행'을 정당화하는데 반해,[179] 후발적 이행불능은 '조약의 종료(혹은 정지)'를 정당화한다. 둘째, 불가항력은 특정 의무에 작용하는 데 반해, 후발적 이행불능은 그 의무의 연원인 조약에 대해 작용한다. 셋째, 이 두 법리는 적용범위가 다른 것처럼 적용방식도 다르다. 즉, 불가항력은 '사정이 존재하는 동안' -즉, '당분간'- 의무의 불이행을 용서하는 데 반해, 조약은 후발적 이행불능에 의해 자동적으로 종료되는 것이 아니고 적어도 그 당사자 일방이 해당 조약을 종료하기로 결정하여야 한다. 넷째, 위법성조각사유로서의 불가항력과 결부되어 있는 난관의 정도는 그것이 아무리 상당하다고 해도 조약의 종료사유인 후발적 이행불능의 경우보다는 약하다.[180]

다섯째, 국가의 행위를 수행하는 자(즉, 국가기관)가 조난(distress)[181]을 당하여 '자기 또는 보호를 위탁받은 타인의 생명을 구하기 위한' 다른 합리적 방법이 없는 경우에는 문제의 행위가 그 국가의 국제의무에 부합되지 않더라도 위법성이 조각된다. 다만, 조난사태가 (단독으로 혹은 다른 요소와 결합하여) 그것을 원용하는 국가의 행위에 기인하거나(*due to* the conduct of the state invoking it),[182] 문제의 행위가 그에 필적하거나 더 큰 위험을 만들 우려가 있는 경우에는 그러하지 아니하다.[183] 1946년 미군 수송기들이 유고슬라비아 영공을 침범하였다가 격추된 두 건의 사건과 관련하여 유고는 조난·악천후와 같은 긴급사태에서는 군용기도 동의없이 타국 영공에 들어갈 수 있음을 인정한 바 있다.[184] 한편, 상기 *Rainbow Warrior* 호 사건(1990)에서 프랑스 정부가 위법성조각사유로서 불가항력 이외에 조난을 원용한 것과 관련하여 중재재판소는, Mafart 소령을 뉴질랜드 정부의 동의도 얻지 않고 본국으로 데려 온 것은 극단적인 위급상황과 인도적 고려의 이유로 정당화

177) *Ibid.*, at 252~253 (para. 77 : "... the excuse of *force majeure* is not of relevance in this case because the test of its applicability is of absolute and material impossibility, and because a circumstance rendering performance more difficult or burdensome does not constitute a case of *force majeure*. Consequently, this excuse is of no relevance in the present case."). ILC도 초안 제23조에 대한 주석 (3)에서 이 점을 상기시키고 있다 : '*Force majeure* does not include circumstances in which performance of an obligation has become more difficult, for example due to some political or economic crisis."). See Burr, *op. cit.*, pp. 87, 89.

178) 국가책임법과 조약법의 병존 관계에 대해서는 본서, 제4장 (조약법), "Ⅳ. 조약의 종료" 서두 부분 참조.

179) ILC초안 제27조(a).

180) ILC초안, 제5장(위법성조각사유)에 대한 서두 주석 (4) 및 제23조에 대한 주석 (4) ; Binder in Szabó (ed.), pp. 15~27.

181) ILC초안 제24조.

182) 제24조 2항(a)의 공식은 제23조 2항(a)의 공식과 동일하다 : ILC초안 제24조에 대한 주석 (9).

183) ILC는 조난은 "보호하고자 하는 이익(예컨대, 승객 또는 승무원의 생명)이 해당 상황에서 위태로운 다른 이익을 분명히 능가하는(clearly outweigh) 경우에만" 위법성을 조각(배제)할 수 있음을 적시하고 있다 : ILC초안 제24조에 대한 주석 (10).

184) Shaw, p. 501 ; ILC초안 제24조에 대한 주석 (2).

되지만, 그의 병세가 호전되고 나서도 그를 섬으로 돌려 보내지 않은 것은 그러하지 않다고 결론지었다.[185] 불가항력의 상황과는 달리, 조난의 상황 하에서 행동하는 자는 (비록 그같이 위험한 상황 하에서 사실상 다른 선택이 있을 수 없다 하더라도) 비자발적으로(involuntarily) 행동하고 있는 것이 아니다. 여하간, 조난의 관심사는 절박한 상황을 당하여 국적에 관계없이 사람들의 '생명'을 구하는데 있다.[186]

여섯째, 긴급피난(necessity)[187]의 경우에도 위법성이 조각되는데, 이것의 기본 논리는 법이 준수됨으로 해서 "법의 절정은 부정의 절정이다"(혹은 "가장 엄정한 법은 가장 부정한 법이다") (*summum jus summa injuria*)[188]의 격언으로 표현되는 상황이 초래되어서는 안된다는 것이다.[189] 그 대신 두 개의 엄격한 조건이 따라 붙는다. 첫째, 문제의 피난행위는 –자국, 타국 혹은 국제공동체 전체에 대한– '중대하고도 절박한' 위험(a grave and imminent peril)에 대항하여 '본질적' 이익(an essential interest)을 수호하기 위한 '유일의' 방법(the only way)이어야 한다.[190] 둘째, 피해국가 또는 국제공동체 전체의 '본질적' 이익이 문제의 피난행위로 인하여 '중대한' 침해를 받지 않아야 한다.[191] 긴급피난은 단지 "위험"에 대처하기 위한 행위이지 "(위법하거나 적법한) 다른 국가의 행위"에

---

185) Burr, *op. cit.*, pp. 87, 99 ; Hamid, p. 230 ; Hall, pp. 266~267 ; ILC초안 제24조에 대한 주석 (4), (6).

186) ILC초안 제24조에 대한 주석 (1) ; Cassese, *International Law*, 2nd, p. 255. 1954년 "유류에 의한 해양오염 방지를 위한 국제협약"(International Convention for the Prevention of Pollution of the Sea by Oil) 제4조 (a), 1958년 "영해 및 접속수역에 관한 제네바협약" 제14조 3항, 1982년 "UN해양법협약" 제18조 2항 등, 조난의 항변을 위법성 조각사유로 명시한 조약을 찾는 것은 그리 어려운 일이 아니다 : ILC초안 제24조에 대한 주석 (5).

187) ILC초안 제25조. necessity란 단어는 국제법의 여러 분야에서 '약방에 감초'처럼 등장한다. 그러나 일방, 국가책임법(즉, 2차규칙)에 기거하는 위법성조각사유의 하나인 necessity와, 타방, 국제법의 여러 분야(특히, 인권법, 인도법, 안보조약, 자위권을 포함한 무력사용법 ; 그리고 GATT 제XX조 및 GATS 제XIV조를 중심으로 한 WTO법)에서 1차규칙의 한 요건으로 등장하는 necessity(혹은 necessary)는 구분하여야 한다. 전자는 국내법에서도 위법성조각사유의 하나로 잘 알려진 '긴급피난'으로 번역하되, 후자는 사전에 나타난 통상적 의미에 따라 '필요성' 정도로 번역할 수 있을 것이다. 다만, 후자의 경우에도 동 단어(즉, necessity 혹은 necessary)가 모든 분야에 걸쳐 고정된 의미를 갖는 것은 아니다. Orakhelashvili, p. 208, fn. 39.

188) "The rigor or height of law is the height of wrong" : https://legal-dictionary.thefreedictionary.com/Summum+jus.

189) Yearbook of the International Law Commission, 1980, Vol. II, Part 2, p. 49, para. 31 ; *Gabčíkovo-Nagymaros Project* (Hungary/Slovakia), ICJ Reports (1997), p. 7 at 45 (para. 57) ; Orakhelashvili, p. 177.

190) ILC초안 제25조 1항은 긴급피난을 위한 첫 번째 요건으로서 "(긴급피난에 호소하는) 국가가 '중대하고도 절박한 위험에 대항하여 본질적 이익을 수호하기 위한'(to safeguard an essential interest against a grave and imminent peril) 유일의 방법일 것"이라고 규정하고 있는데, 여기서 피난하려는 위험이 누구에 대한 것이어야 하는지(즉, 여기서 위험은 오직 피난국 자신을 향한 것에 국한되는지, 아니면 타국 혹은 국제공동체 전체에 대한 것 까지도 포함되는지), 바꾸어 말하면 피난행위가 누구의 본질적 이익을 수호하려는 것이어야 하는지가 분명하지 않아 보인다. 이 문제에 대해 ILC는 제25조에 대한 주석 (2)에서 "necessity consists ...in a grave danger either to the essential interests of the State or of the international community as a whole"이라고 간단히 설명하고 있는데, 여기서 다시 "the State"가 "피난국 자신"만을 지칭하는지 아니면 "타국(들)"을 포함하는지는 불분명해 보인다. 다만, 긴급피난이 "국제공동체 전체"에 대한 중대하고도 절박한 위험 내지는 "국제공동체 전체"의 본질적 이익을 수호하기 위해서도 원용할 수 있다면, 국가가 타국가(들)을 위해서도 긴급피난에 호소하는 것이 가능하다고 보는 것이 논리적인 해석이 될 것이다.

191) ILC초안 제25조 1항(b)에서 사용된 "국제공동체 전체의 본질적 이익"(an essential interest of the international community as a whole)은 그 표현의 유사성에도 불구하고 "일반국제법의 강행규범" (*jus cogens*)을 지칭하는 것이 아니다. 제26조에서 명시하고 있는 바와 같이, 긴급피난의 항변은 강행규범의 영역에서는 통하지 아니하기 때문이다. ILC초안 제25조에 대한 주석 (18) ; Orakhelashvili, p. 178.

대응한 사후 반응이 아니라는 점에서 동의에 의한 행우, 자위를 위한 조치 및 대항조치와는 구분된다. 또한 긴급피난은 불가항력과는 달리 비자발적이거나 강요된 행위가 아니다. 그리고 긴급피난도 조난처럼 위험 상황을 전제로 한 것이지만, 조난에서 위험에 처한 것은 국가기관(공무원) 혹은 그에게 위탁된 사람의 생명인데 반해, 긴급피난에서 위험에 처한 것은 국가 혹은 국제공동체 자신이라는 점에서 우선 구분됨을 알 수 있다.[192] 한편, 초안 제25조 1항은 "이상의 두 요건을 충족하지 않는 한 긴급피난을 원용할 수 없다."고 부정적 표현을 사용함으로써 긴급피난의 요건을 충족시키는 것이 매우 어려울 것임을 시사하고 있다.[193] 또한 동조 2항에 의하면, 문제의 국제의무가 (명시적으로 혹은 묵시적으로) 긴급피난을 원용할 수 있는 가능성을 배제하고 있거나,[194] 피난국이 긴급피난 사태에 '기여'한(has *contributed* to the situation of necessity)[195] 경우에는 위법성조각사유로서 긴급피난을 원용하는 것은 어떤 경우에도 허용되지 아니한다. ICJ는 *Gabčíkovo-Nagymaros Project* 사건[196]에서 -ILC가 제1독회에서 채택한 국가책임초안 제33조(긴급피난)와 그에 대한 주석을 인용하면서- "긴급피난상태는 국제의무에 부합되지 않는 행위의 위법성을 배제하기 위해 국제관습법에 의하여 승인된 한 개의 사유"로서 이것은 "단지 예외적인 기초 위에서만 수락될 수 있다"고 하면서, 이것은 "누적적으로 충족되어야만 하는 일정 엄격하게 정의된 조건들 하에서만 원용될 수 있다. 그리고 관련 국가는 이들 조건이 충족되었는지의 여부에 대한 유일의 판단자가 아니다."라고 언급한 바 있다. ICJ는 또한, *Legal Consequences of the Construction of a Wall in the Occupied Palestinian Territory* 사건[197]에서 "이스라엘이 자국 민간인들에 대한 다수의 무차별적이고 치명적인 폭력행위에 직면하고 있다"[198]는 사실을 인정하면서도, 위 *Gabčíkovo-Nagymaros Project* 판결을 상기시키면서 "점령지 장벽 건설은 위험으로부터 이스라엘의 이익을 보호하기 위한 '유일의 수단'은 아니었다"[199]고 판단함으로써 이스라엘의 긴급피난 원용을 배척하였다.

---

192) Cassese, *International Law*, 2nd, p. 255 ; ILC초안 제25조에 대한 주석 (2).

193) ILC초안 제25조에 대한 주석 (2) : "[Necessity] arises where there is an *irreconcilable* conflict between an essential interest on the one hand and an obligation of the State invoking necessity on the other. These special features mean that necessity will only rarely be available to excuse non-performance of an obligation and that it is subject to strict limitations to safeguard against possible abuse."(italics added)

194) 정확히 국가에 대해 중대하고도 절박한 위험을 구성하는 예외적 상황에서 적용되는 국제인도법 하의 의무가 그 좋은 예이다. Cassese, *International Law*, 2nd, pp. 255~256.

195) ILC초안 제23조 2항(a)와 제24조 2항(a)에 나타난 "기인"(due to)과 제25조 2항(b)의 "기여"(has contributed to)의 의미에 대해서는 제23조에 대한 주석 (9), 제24조에 대한 주석 (9), 그리고 제25조에 대한 주석 (20) 참조.

196) Hungary/Slovakia, ICJ Reports (1997), p. 7 at 40 (para. 51). 사건 개요는 이러하다. 헝가리와 슬로바키아(원래는 체코슬로바키아)는 다뉴브 강에 공동으로 댐을 건설하는 조약을 체결하였다. 그런데 1989년 헝가리는 "생태적 긴급피난 상태"(a state of ecological necessity) 때문에 조약상의 의무를 중단한다고 선언하고, 1992년 조약의 종료를 통고하였다. 슬로바키아는 항의하였으며, 재판소도 헝가리의 긴급피난 주장을 배척하였다. 본서, 제20장 (국가승계), "Ⅱ. 조약의 승계, 1 처분적 조약, (2) 지역권 설정조약" 참조.

197) Advisory Opinion, ICJ Reports (2004), p. 136.

198) *Ibid.*, p. 195 (para. 141).

199) *Ibid.*, p. 195 (para. 140).

긴급피난의 전형적인 사례로서 *Torrey Canyon* 호 사건[200]을 들 수 있다. 1967년 라이베리아 유조선인 이 선박이 영국해협(English Channel) 공해 상에서 암초에 걸려 수송 중이던 기름이 대규모로 유출되었다. 영국 정부는 몇 차례 해난구조를 시도하였으나 거친 바다로 인해 성공하지 못하자 영국과 프랑스 연안에 대한 추가 피해와 해양환경 오염을 방지하기 위해 문제의 선박을 폭격하여 선박 내의 기름을 태워버렸다. 영국 정부는 긴급피난을 원용하였고, 다른 어떤 국가도 항의를 제기하지 않았다. 흔히들 1837년의 *Caroline*호 사건에서 자위권의 최초 공식을 구하곤 하지만[201], ILC는 초안 제25조(긴급피난)에 대한 주석 (5)에서 긴급피난의 한 사례로 이 사건을 설명하고 있는데, 이 사건은 "실제로는 긴급피난의 항변과 관련한" 것이었기 때문이다.

상기 여섯 개의 위법성조각사유에 관한 규정은 '일반국제법의 강행규범에 의거하여 발생하는 의무' (an obligation arising under a peremptory norm of general international law)에 부합되지 않는 국가의 행위의 위법성을 배제하지 않는다.[202]

위법성조각사유의 적법한 원용도 "그러한 사유가 더 이상 존재하지 않게 된 경우에 있어 문제의 의무를 준수하는 일을 해하지 아니한다."[203] 다시 말해서 일시 존재했던 의무 이행의 장애물이 사라지면 그 의무에 따를 의무가 되살아난다.[204]

또한, 위법성조각사유의 적법한 원용도 "문제의 행위에 의하여 야기된 실질적(혹은 물적) 손실(material loss)에 대한 보상(compensation) 문제를 해하지 아니한다."[205] ILC초안 제27조에서 "실질적 손실에 대한 보상"을 언급한 (b)호는 다소간의 설명을 요한다.

첫째, ILC는 초안 제27조(b)에 의거하여 보상을 청구할 수 있는 국가를 -"피해국"(injured State)이 아닌- "영향받는 국가"(affected States)로 표현하고 있으며,[206] 또한 제27조(b)가 "손실의 조정에만"(only the adjustment of losses) 관계된다"고 언급하고 있다.[207]

둘째, ILC초안에서 compensation은 손해배상(reparation) 이행의 한 가지 방법인 금전배상(제

200) 이 유조선은 라이베리아에 등록되고 라이베리아 국기를 게양하고 있었지만, 미국 회사에 의해 통제되는 어느 버뮤다 회사가 소유주였고, 승무원은 이탈리아인들이었으며, 영국 정부가 소유권 일부를 갖고 있는 영국 석유회사 BP가 용선한 선박으로서, 영국과 미국에 있는 회사들에 보험을 들고 있었다. 따라서 국제법뿐만 아니라 여러 국가의 국내법이 관련된, 해양오염 관련 최초의 대형 유조선 사건이었다. https://en.wikipedia.org/wiki/SS_Torrey_Canyon ; https://en.wikipedia.org/wiki/Torrey_Canyon_oil_spill ; Akehurst, pp. 186~187 ; Cassese, *International Law*, 2nd, p. 256 ; Shaw, 4th, p. 561 ; Nanda/Pring, p. 310 ; Hamid, p. 231 ; ILC초안 제25조에 대한 주석 (9) 참조. 이 사건으로 인해 1969년 11월 29일 "유류오염 손해에 대한 민사책임에 관한 국제협약"(International Convention on Civil Liability for Oil Pollution Damage)과 "유류오염 재난 시 공해상 개입에 관한 국제협약"(Intervention Convention Relating to Intervention on the High Seas in Cases of oil Pollution Casualties)이 채택되게 되었다. Orakhelashvili/Akehurst, p. 195.

201) 본서 제7장 (국제법의 기본원칙) 참조.

202) ILC초안 제26조 ; ILC강행규범위반결론초안, 결론 18.

203) ILC초안 제27조(a).

204) *Gabčíkovo-Nagymaros Project* case, ICJ Reports (1997), p. 7 at 63 (para. 101) ; Binder in Szabó (ed.), pp. 23, 29, 32 ; 본서, 제4장 (조약법), "Ⅳ. 조약의 종료" 도입 부분.

205) ILC초안 제27조(b).

206) ILC초안 제27조에 대한 주석 (6).

207) ILC초안 제27조에 대한 주석 (4).

36조)을 지칭하기도 하므로 주의를 요한다.

셋째, 초안 제27조(b)의 규정은 위법성이 조각되더라도 손해배상 아닌 보상의 문제가 제기될 수 있음을 시사하고 있지만, 위법성조각사유 중에서도 '피해국의 동의'에 기초하여 행동하였거나 '자위권' 혹은 '대항조치'를 발동한 국가에게 보상 의무를 부과하는 것은 (바꾸어 말하면, 동의를 부여했던 국가, 혹은 자위권/대항조치 발동의 대상국가에게 보상받을 권리를 부여하는 것은) 논리적으로 적절치 않아 보인다. 동의국은 그로 인해 자국에 피해가 발생할 것임을 알았거나 알 수 있었을 것이고, 또 자위권이나 대항조치는 바로 상대방 국가의 국제의무 위반에 대처하기 위한 것이기 때문이다.[208] 반대로, 불가항력, 조난, 긴급피난으로 인해 발생할 수 있는 무고한 제3국의 피해에 대해서는 보상을 하는 것이 형평에 맞는 일이 될 것이다. 특히 긴급피난에 관련한 판례들이 상대적으로 많은 편인데, 이를테면 *Gabčíkovo-Nagymaros Project* 사건[209]에서 ICJ는 "긴급피난 사태가 자국의 보상의무를 면제해 주지 않을 것임을 헝가리 스스로 인정한 바 있음을 지적"하였으며, ILC도 초안 제27조에 대한 주석[210]에서 이 판례를 인용하면서 무고한 제3국에 대한 보상을 지지하고 있다. ICSID 중재재판소도 *CMS Gas Transmission Company* v. *Argentina* 사건[211]에서 "긴급피난의 항변이 행위의 위법성을 조각할 수는 있겠지만, 그것은 희생을 감수해야 했던 권리 소유자에 대한 보상 의무를 배제하지는 않는다"라고 언급한 바 있다. 다만, '실질적' 손실이란 표현은 간접손해(indirect/consequential damages)는 설사 입증된다고 해도 제27조(b)의 범주에 포함되지 않을 것임을 시사하고 있다. 동 중재재판소는 또한, 국가도 개인을 상대로 긴급피난을 원용할 수 있다는 데 대해 전혀 의문을 제기하지 않았다.[212] 그러나 국가와 개인 간에 적용되는 2차규칙이 국가 간에 적용되는 2차규칙과 동일하다고 추정할 수 없다는 견해도 있다.[213] 이 사건에서 중재재판소가 아르헨티나의

---

208) Cassese, *International Law*, 2nd, pp. 257~258.

209) Hungary/Slovakia, ICJ Reports (1997), p. 7, para. 48 ("the Court points out that Hungary expressly acknowledged that, in any event, such a state of necessity would not exempt it from its duty to compensate its partner.") ; Binder in Szabó (ed.), p. 25 (fn. 123).

210) ILC초안 제27조에 대한 주석(5) : "Without the possibility of such recourse [of the compensation], the State whose conduct would otherwise be unlawful might seek to shift the burden of the defence of its own interests or concerns onto an innocent third State. This principle was accepted by Hungary in invoking the plea of necessity in the *Gabčíkovo-Nagymaros Project* case. As ICJ noted, "Hungary expressly acknowledged that, in any event, such a state of necessity would not exempt it from its duty to compensate its partner"".

211) ICSID, Case No ARB/01/8, Award of 12 May 2005, paras. 388, 390, 〈itlaw.com/cases/288〉.

212) *Ibid.*, paras. 304~394.

213) 이를테면, 독일 연방헌법재판소는 *Argentine Bondholder* Case, Order of the Second Senate, 2 BvM 1/03, Decision of 8 May 2007, para. 29 (available at https://www.bverfg.de/entscheidungen/ms20070508_2bvm000103.html)에서, 긴급피난이 국제법 위반의 위법성 배제사유로 수락되고 있음을 인정하면서도, "현재로는 국가가 개인에 대하여 지급불능에 기초한 긴급피난을 원용함으로써 사법(私法)에 근거하여 발생하는 정당한 지급의무의 이행을 중단할 권리를 부여하는 일반국제법규를 확인할 수 없다." (Eine allgemeine Regel des Völkerrechts, die einen Staat gegenüber Privatpersonen berechtigt, die Erfüllung fälliger privatrechtlicher Zahlungsansprüche unter Berufung auf den wegen Zahlungsunfähigkeit erklärten Staatsnotstand zeitweise zu verweigern, ist gegenwärtig nicht feststellbar.)고 판시하였다. Stephan W. Schill, "German Constitutional Court Rules on Necessity in Argentine Bondholder Case", ASIL Insights, Volume 11, Issue 20 (July 31, 2007), available at https://www.asil.org/insights070731.cfm#_edn1 ;

긴급피난 항변을 수락하지 않으면서 CMS를 위한 배상 판정을 내리자 아르헨티나 정부는 판정의 취소를 구하였다.[214] ICSID 임시(취소)위원회는 중재재판소가 미국-아르헨티나 BIT 제11조[215]를 긴급피난에 관한 국제관습법규에 비추어 해석한 부분은 부적절하다고 말하면서,[216] 중재재판소가 위법성배제사유의 하나인 긴급피난과 조약에 기초한 권리를 혼동한 것을 지적하였다.[217]

Nollkaemper, pp. 185 (fn. 97), 192 ; Sergey Ripinsky, "State of Necessity : Effect on Compenation," https://papers.ssm.com/sol3/papers.cfm?abstract_id=1546992 ; 拙稿, "국제법상 긴급피난과 보상의무 : 미국-아르헨티나간 ICSID 사건을 중심으로", 《國際法學會論叢》, 제55권 제3호(2010. 9), pp. 13~35 참조.

214) *CMS Gas Transmission Company* v. *Argentina*, ICSID Case No ARB/01/8, Annulment Proceeding, Decision of the *Ad Hoc* Committee on the Application for the Annulment of the Argentine Republic, 25 September 2007, 〈https://www.italaw.com/cases/288〉.

215) "This Treaty shall not preclude the application by either Party of measures necessary for the maintenance of public order, the fulfillment of its obligations with respect to the maintenance or restoration of international peace or security, or the protection of its own essential security interests."

216) Paras. 124~125 of the Decision.

217) Paras. 129~131 of the Decision : "129. The Committee observes first that there is some analogy in the language used in Article XI of the BIT and in Article 25 of the ILC's Articles on State Responsibility. The first text mentions "necessary" measures and the second relates to the "state of necessity". However Article XI specifies the conditions under which the Treaty may be applied, whereas Article 25 is drafted in a negative way: it excludes the application of the state of necessity on the merits, unless certain stringent conditions are met. Moreover, Article XI is a threshold requirement: if it applies, the substantive obligations under the Treaty do not apply. By contrast, Article 25 is an excuse which is only relevant once it has been decided that there has otherwise been a breach of those substantive obligations.

130. Furthermore Article XI and Article 25 are substantively different. The first covers measures necessary for the maintenance of public order or the protection of each Party's own essential security interests, without qualifying such measures. The second subordinates the state of necessity to four conditions. It requires for instance that the action taken "does not seriously impair an essential interest of the State or States towards which the obligation exists, or of the international community as a whole", a condition which is foreign to Article XI. In other terms the requirements under Article XI are not the same as those under customary international law as codified by Article 25, as the Parties in fact recognized during the hearing before the Committee. On that point, the Tribunal made a manifest error of law.

131. Those two texts having a different operation and content, it was necessary for the Tribunal to take a position on their relationship and to decide whether they were both applicable in the present case. The Tribunal did not enter into such an analysis, simply assuming that Article XI and Article 25 are on the same footing."

그러나 취소위원회는 중재재판소가 모로 가도 BIT 제11조에 기초하여 문제를 풀었기 때문에 (취소사유의 하나인) 권한의 명백한 일탈은 없었다고 결론지었다(para. 136). 취소위원회로서는 자신의 제한된 관할권 때문에(ICSID협약 제52조) 중재판정의 이 부분을 취소할 수 없었던 것이다. Investment Treaty News, October 18, 2018, *CMS* v. *Argentina*, 〈https://www.iisd.org/itn/2018/10/18/cms-v-argentina/〉 ; Orakhelashvili/Akehurst, pp. 292~293 ; Penelope Nevill, "Treaty Interpretation and Troubled Treaty Regimes: the Case of International Investment Law", in Szabó (ed.), pp. 163~166. .

Ⅸ. 국제위법행위의 법적 결과

1. 일반원칙

ICJ는 *Jurisdictional Immunities of the State* 사건[218]에서 판결 주문에 피고 국가의 책임을 인정하는 명시적 선언을 포함해 달라는 독일의 요구에 대해, 책임은 의무 위반의 인정으로부터 "자동적으로 추론되기"(automatically inferred) 때문에 그 같이 하는 것은 "완전히 쓸데없는 반복"(entirely redundant)이 될 것이라는 이유로 거절하였다.

국제위법행위에 의하여 초래되는 국가책임은 아래에서 설명하는 법적 결과들(legal consequences)을 수반한다.[219] 그러나 이같은 법적 결과에도 불구하고 의무위반국은 위반한 의무를 이행할 계속되는 의무를 부담한다.[220] 즉, 위반은 그 자체로는 의무를 종료시키지 아니한다.[221] 의무위반국은 위법행위가 계속되고 있다면 그것을 중지하고, 또 ―상황이 이것을 요구하는 경우에는― 재발방지를 위한 적절한 확약과 보장(appropriate assurances and guarantees of non-repetition)을 제공할 의무를 진다.[222] 의무위반국은 위법행위에 의하여 야기된 침해(injury)에 대해 '완전한 손해배상'(full reparation)을 해 줄 의무가 있다.[223] 침해는 물질적인(material) 것과 정신적인(moral) 것을 가리지 아니하고 '일체의 손해' (any damage)를 포함한다.[224] 의무위반국은 중지 또는 배상의무를 이행하지 못한 것에 대한 정당화의 사유로서 자국의 국내법규정을 원용할 수 없다.[225] 의무

218) Germany v. Italy ; Greece Intervening, Judgment of 3 February 2012, para. 136.
219) ILC초안 제28조.
220) ILC초안 제29조.
221) Aust, *Handbook of IL*, 2nd, p. 385.
222) ILC초안 제30조. ICJ는 *Dispute regarding Navigational and Related Rights* (Costa Rica v. Nicaragua), Judgment of 13 July 2009, paras. 147~150에서 위법행위의 중단 및 재발방지 확약/보장의 성격에 관해 자세히 언급하고 있는데, 특히 "일반적으로는 의무위반국이 미래에도 위반행위를 반복할 것이라고 생각할 이유가 없기 때문에 재판소는 재발방지의 확약과 보장은 상황이 이를 요구하는 경우에만 명령할 것"이라고 밝혔다 : "150. Finally, while the Court may order, as it has done in the past, a State responsible for internationally wrongful conduct to provide the injured State with assurances and guarantees of non-repetition, it will only do so if the circumstances so warrant, which it is for the Court to assess. As a general rule, there is no reason to suppose that a State whose act or conduct has been declared wrongful by the Court will repeat that act or conduct in the future, since its good faith must be presumed ..." 동 판시는 *Application of the Interim Accord of 13 September 1995* (The Former Yugoslav Republic of Macedonia v. Greece), Judgment of 5 December 2011, para. 168 ; *Jurisdictional Immunities of the State* (Germany v. Italy ; Greece Intervening), Judgment of 3 February 2012, para. 138에서도 인용되고 있다.
223) ILC초안 제31조 1항.
224) ILC초안 제31조 2항.
225) ILC초안 제32조. 단, 제32조의 일반원칙은 관련 1차규칙 혹은 특별법에 의해 수정될 수 있는데, 이 점에 대해 ILC는 제32조에 대한 주석에서 다음과 같이 언급하고 있다 : "The principle [of Article 32. Irrelevance of internal law] may be qualified by the relevant primary rule, or by a *lex specialis*, such as article 50 of the European Convention on Human Rights, which provides for just satisfaction in lieu of full reparation "if the internal law of the High Contracting Party concerned allows only partial reparation

위반국의 중지 또는 배상 의무는 타국가, 여러 국가, 또는 –특히, 국제의무의 성격과 내용 그리고 위반의 상황에 따라– 국제공동체 전체에 대해 부담할 수 있다.[226] 아래의 규칙은 직접적으로 국가 이외의 사람 또는 실체에게 생길 수 있는, 국가의 국제책임에서 발생하는 그 어떤 권리도 해하지 아니한다.[227]

2. 손해배상(reparation for injury)

가해국은 피해국에 손해배상(reparation)을 해 줌으로써 국제의무위반으로 초래된 자신의 책임을 이행하게 된다. 여기서 '손해배상'이란 의무위반국이 자신의 책임을 이행하는데 사용할 수 있는 여러 방법을 나타내는 일반적 술어이다. 이 술어는 ICJ규정(및 그 전임자인 PCIJ규정) 제36조 2항에서도 사용되고 있는데, PCIJ는 *Chorzów Factory* 사건[228]에서 "손해배상은 가능하면 위법행위의 모든 결과를 제거하고, 그 행위를 하지 않았다면 십중팔구 존재했을 상황을 재수립하여야 한다."고 언급한 바 있다. 손해배상은 원상회복, 금전배상 또는 사죄의 형식으로 이행된다. PCIJ는 위 사건에서 손해배상의 구체적인 방법으로서 '원상회복'과 '금전배상'에 대해서만 언급하고, 비물질적 성격의 침해에 적합한 제3의 손해배상 방식인 '사죄'에 대해서는 언급하지 않았는데, 그것은 이 사건이 물질적 손해와 관련된 것이었기 때문이다.[229] 이들 3개 형식의 손해배상은 각기 '단독으로'(singly) 행해질 수도 있고, –원상회복에 금전배상이, 혹은 금전배상에 사죄가 수반되는 경우처럼– '서로 결합하여'(in combination) 행해질 수도 있다.[230]

---

to be made." ILC는 제32조가 "조약당사자는 조약을 이행하지 않은 데 대한 정당화의 사유로서 국내법규정을 원용할 수 없다. 그러나 이 규칙은 제46조를 침해하지 아니한다."고 규정한 1969년 비엔나 조약법협약 제27조를 모델로 한 것이라고 말하고 있다.

226) ILC초안 제33조 1항.

227) ILC초안 제33조 2항.

228) PCIJ (1928), Series A, No. 17, p. 47 : "... reparation must, so far as possible, wipe out all the consequences of the illegal act and reestablish the situation which would, in all probability, have existed if that act had not been committed." 사건 개요는 이러하다. 제1차 세계대전 후 베르사유 조약에 의거하여 독일의 상부 실레시아 지역이 폴란드로 넘어갔는데, 이 지역에 위치한 –한 질산염 공장을 포함한– 구독일 자산의 소유권과 관련하여 양국 간에 분쟁이 발생하였다. PCIJ는 (i) 주권이 '실제로 폴란드로 이전되기 전까지는'(until the actual transfer of sovereignty) –의심할 바 없이– 독일이 이 지역 내의 자신의 자산을 처분할 권리를 보유하고 있었고, (ii) 독일이 단지 이 권리를 '남용'(misuse) 하였을 경우에만 베르사유 조약의 위반 될 수 있으며, (iii) "그같은 권리 남용은 추정될 수 없는"(such misuse cannot be presumed) 것이기 때문에 이를 입증할 책임은 폴란드에게 있다고 하였다. 이것이 *Certain German Interests in Upper Silesia* (Germany v. Poland), PCIJ (1926), Ser. A, No. 7 사건이다(at p. 30). 이 사건의 후속으로 제기된 사건이 *Chorzów Factory* (Germany v. Poland), PCIJ (1928), Ser. A, No. 17인데, 여기서 PCIJ는 폴란드가 문제의 공장을 불법적으로 수용한 것에 대해 독일에게 부담하는 배상액을 결정함에 있어 "부당이득"(unjust enrichment) 금지의 법리를 원용하였다. 이에 따라 재판소는 폴란드는 독일에게 '收用 당시가 아니라, 배상금 지급 당시의' 재산의 가치를 배상해야 할 의무가 있다고 판시하였는데, 이 같은 결론은 "손해배상은 가능하면 위법행위의 모든 결과를 제거하고, 그 행위를 하지 않았다면 십중팔구 존재했을 상황을 재수립하여야 한다"는 원칙에 근거한 것이었다(at p. 47).

229) Aréchaga in Sørensen, p. 565 ; Hall, p. 260.

230) ILC초안 제34조. 이를테면, 북대서양조약기구(NATO)는 코소보에서의 인종청소적 인권 탄압을 저지한다는 명분으로 유고연방공화국에 공습을 감행하였는데, 이것은 나토가 UN안보리의 허가 없이 군사력을 사용한 최초의 사례였다. 공습은 1999년 3월 24일부터 6월 10일까지 지속되었으며, 결국 유고 군대는 코소보 자치주로부터 철수하고, UNMIK(UN Mission in Kosovo)가 설치되었다. 그런데 이 과정에서 5월 8일 벨그라드 주재

(1) 원상회복(restitution, *restitio in integrum*)

원상회복이란 "위법행위가 행해지기 이전에 존재했던 상태를 재수립하는" 것을 지칭한다.[231] 따라서 손해배상은 일차적으로 위법행위가 발생하기 이전의 상황(*status quo ante*)을 회복하는 것을 목표로 하여야 한다.[232]

영토의 불법점령과 그 기간 중의 문화재약탈과 같은 경우에는 원상회복을 포함하지 않는 배상방식은 적절치 않다고 생각된다.[233] 사람의 불법납치에 대해서도 같은 말을 할 수 있다. 그러나 원상회복이 불가능한 경우에는 다른 배상방식에 의존할 수밖에 없다. 그리고 원상회복이 불가능하지는 않아도 그것이 실제로 곤란한 경우에는 금전배상 등 다른 배상방식을 택하는 것이 보통이다.

원상회복이 불가능하다 함은 무엇을 의미하는가? 우선, 원상회복이 물리적으로(physically) 불가능한 경우를 들 수 있다. 불법공격으로 사람을 살해하였거나 선박을 격침시킨 경우 등이 여기에 해당된다.

원상회복이 법적으로(legally) 불가능할 수 있음을 명문화한 경우도 발견된다. 예컨대, 1921년 12월 3일의 독일-스위스 중재재판조약(Swiss-German Treaty of Arbitration)[234] 제10조는 바로 이같은 상황을 예상하여

> "조약당사국 일방의 재판소 또는 기타 관헌의 결정 또는 조치의 전부 또는 일부가 국제법을 위반하고 있음이 중재재판에서 입증되고, 그 당사국의 헌법이 문제의 결정이나 행위 또는 조치의 결과를 행정적 조치로써 무효화할 것을 허용하지 않거나 단지 부분적으로만 허용하고 있는 경우에는, 중재재판소는 피해당사국에 대하여 다른 종류의 공정한 배상을 부여하여야 한다."[235]

중국대사관이 미국 공군 폭격기로부터 공습을 받는 일이 발생하였다. 미국은 중국 정부에 공식 사과하고, 중국 정부에 대해서는 2,800만 달러를, 그리고 사망자의 가족과 부상자들에게는 4,500만 달러를 지급하기로 합의하였다. 본서, 제27장 (국가의 무력사용), "Ⅱ. 국가의 무력사용, 5. 인도적 간섭과 보호책임" ; Digest of US Practice in International Law (2000), pp. 412~428 ; https://en.wikipedia.org/wiki/NATO_bombing_of_Yugoslavia ; https://en.wikipedia.org/wiki/United_States_bombing_of_the_Chinese_embassy_in_Belgrade.

231) ILC초안 제35조.

232) 원상회복은 넓은 의미에서는 "위법행위가 행해지지 않았다면 존재했을 상황의 수립 혹은 재수립"으로 정의되는데, ILC는 이를 배척하였다 : ILC초안 제35조에 대한 주석 (2)("The concept of restitution is not uniformly defined. According to one definition, restitution consists in reestablishing the *status quo ante*, i.e. the situation that existed prior to the occurrence of the wrongful act. Under another definition, restitution is the establishment or reestablishment of the situation that would have existed if the wrongful act had not been committed. The former definition is the narrower one; it does not extend to the compensation which may be due to the injured party for loss suffered, for example for loss of the use of goods wrongfully detained but subsequently returned. The latter definition absorbs into the concept of restitution other elements of full reparation and tends to conflate restitution as a form of reparation and the underlying obligation of reparation itself. Article 35 adopts the narrower definition which has the advantage of focusing on the assessment of a factual situation and of not requiring a hypothetical inquiry into what the situation would have been if the wrongful act had not been committed. Restitution in this narrow sense may of course have to be completed by compensation in order to ensure full reparation for the damage caused, as article 36 makes clear.").

233) 관련 판례로, ICJ는 *Temple of Preah Vihear* (Cambodia v. Thailand), ICJ Reports (1962), p. 6, 37에서 태국에 대해 문제의 사원과 사원지역에서 불법적으로 떼어간 인공유물들을 캄보디아로 반환할 것을 요구한 바 있다.

234) See https://en.wikipedia.org/wiki/1921_in_Germany.

235) Aréchaga in Sørensen, p. 565.

라고 규정하고 있다. 그러나 ICJ는 *Jurisdictional Immunities of the State* 사건[236]에서 -ILC초안 제35조(와 제30조(a))를 원용하여- 사법부의 국제의무 위반의 경우에도 판결을 파기하는 등 원상회복 의무가 부과될 수 있음을 시사하면서, 다만 본 사건에서 결과를 달성할 최선의 방법은 피고 국가에게 선택할 권리가 있다고 하였다.

외국인 재산의 위법한 수용과 관련한 최근의 일부 판례에서는 원상회복이 '정치적으로'(politically) 어렵거나 불가능한 경우도 인정하고 있다. 즉, 영토국이 불법으로 수용한 재산을 해외 다국적기업에게 반환하는 것이 정치적으로 불가능할 수 있다는 것이다. 예컨대, 리비아가 영국의 석유다국적기업 BP(British Petroleum)와 체결한 컨세션계약을 파기하고 석유회사를 국유화한 것과 관련하여 제기된 *BP* v. *Libya* 사건[237]에서 중재재판관은

> "국가가 주권적 권한(sovereign power)을 행사하여, 종국성을 함축하는 방식으로 ... 기업을 국유화함으로써 컨세션계약을 근본적으로 위반하고 부인하는 경우, 컨세션을 부여받은 기업은 원상회복을 함축하는 원계약의 구체적인 이행을 요구할 권리가 없다. ... 그의 유일한 구제수단은 손해배상소송이다."

라고 언급한 바 있다. 그러나 이러한 경우에도 원상회복이 원칙임을 강조한 판례도 없지 않다.[238]

ILC초안 제35조에 의하면, 의무위반국은 "원상회복이 실질적으로(materially) 불가능하지 아니하고 또한 금전배상 대신 원상회복으로부터 나오는 이익에 전혀 비례하지 않는 부담을 수반하지 아니하는 경우에만, 그리고 그 범위 내에서만" 원상회복의 의무를 진다.

(2) 금전배상(compensation)

피해국은 손해가 원상회복에 의하여 회복되지 못하는 경우에는 의무위반국에 대해 손해를 경제적으로 평가하는 금전배상을 요구할 권리가 있다.[239] ILC초안 제36조 1항에 의하면 금전배상은 손해의 원상회복이 -전부 혹은 일부- 이루어질 수 없는 경우에만 행해질 수 있다는 의미에서 이것은 원상

---

236) Germany v. Italy ; Greece Intervening, Judgment of 3 February 2012, para. 137.

237) Award (Merits)(Arbitrator Lagergren), 10 Oct 1973, 〈https://jusmundi.com/en/document/decision/en-bp-exploration-company-libya-limited-v-government-of-the-libyan-arab-republic-award-wednesday-10th-october-1973#decision_5069〉, para. 200 ("A rule of reason therefore dictates a result which conforms both to international law, as evidenced by State practice and the law of treaties, and to the governing principle of English and American contract law. This is that, when by the exercise of sovereign power a State has committed a fundamental breach of a concession agreement by repudiating it through a nationalisation of the enterprise and its assets in a manner which implies finality, the concessionaire is not entitled to call for specific performance by the Government of the agreement and reinstatement of his contractual rights, but his sole remedy is an action for damages.") ; (1974) 53 ILR 297 ; Ott, p. 174 ; Keitner, p. 78.

238) *Texaco* v. *Libya* Arbitration, *Ad Hoc* Award of January 19, 1977 (Arbitrator Dupuy), 〈https://www.trans-lex.org/261700/_/texaco-overseas-petroleum-company-v-the-government-of-the-libyan-arab-republic-yca-1979-at-177-et-seq-/〉 ; (1977) 53 ILR 389 ; Shaw, p. 499 ; Ott, p. 174 ; Kaczorowska- Ireland, p. 508 ; Keitner, p. 78.

239) ILC초안 제36조 1항.

회복에 부차적인 손해배상 방식이다. 실제로, 원상회복은 -PCIJ가 *Chorzów Factory* 사건에서 언급한 바- "위법행위의 모든 결과를 제거하고, 그 행위를 하지 않았다면 십중팔구 존재했을 상황을 재수립하는" 것에는 좀처럼 미치지 못한다. 따라서 금전배상은 원상회복에 수반되는 것이 보통이고, 또 원상회복 대신 금전배상이 지급되는 일도 빈번하다.[240)]

ICJ는 *Certain Activities* 사건[241)]에서 국가 간 환경적 손해(environmental damage)에 대한 금전배상도 가능하다고 판시하였다. ILC초안 제36조 2항에 의하면, 금전배상은 "재정적으로 평가될 수 있는" 손해(any *financially assessable* damage)에만 적용되는데, ILC는 이 표현을 통해 두 가지를 의도하고 있다. 첫째, "국가에 대한 정신적 손해", 즉 "재산이나 사람에 대한 실제 손해와 연관이 없는 권리에 대한 침해에 의하여 야기된 모욕이나 피해"에 대한 금전배상은 제외된다.[242)] 이 경우의 손해에 대해서는 제37조(사죄)가 적용된다.[243)] 둘째, 그러나 '외교보호'의 분야에서 사람이 입은 정신적·비물질적 손해는 "재정적으로 평가될 수 있는" 손해에 해당할 수 있으므로 이런 경우의 정신적 손해라면 금전배상의 대상이 될 수 있다.[244)] 기존 판례는 배상액 산정과 관련하여 다음의 몇 가지 기준을 제공하고 있다.

첫째, 목적물의 가치는 침해 시가 아니라 배상 지급 시를 기준으로 산정하는 것이 합리적이다.[245)]

둘째, 외국인에 대한 -정신적(비물질적)(moral, non-material) 혹은 물질적(material)- 침해로 인하여 국가책임이 발생한 경우, 배상익 산정의 기준은 가해국의 주의의무 결여의 정도 또는 그 종류가 아니라 당해 외국인이 입은 손해의 정도이다.[246)]

셋째, 금전배상의 대상이 되는 손해의 범위를 어디까지 잡을 것인지가 문제이다. PCIJ가 *Chorzów Factory* 사건에서 언급한 바와 같이 손해배상의 목적이 "위법행위의 모든 결과를 제거하는데" 있는 것이라면, 금전배상은 문제의 위법행위로부터 초래되었거나 또는 그로부터 초래될 것이 분명한 모든 손해를 포함하여야 한다. 따라서 직접손해(direct damage) 이외의 간접손해(indirect/consequential/ special damage), 이를테면 기대이익의 상실(loss of expected profits), 영업권[신용, 성가(聲價)] (good will), 소득상실(lost earnings) 등도 입증될 수 있으면 이 기준에 따라 배상받을 수 있는 손해의 범위에 들 수 있다. ILC초안 제36조 2항도 "금전배상은 입증이 되는 한에

240) Hall, p. 261.

241) *Certain Activities Carried Out by Nicaragua in the Border Area* (Costa Rica v. Nicaragua), (Compensation Owed by the Republic of Nicaragua to the Republic of Costa Rica), Judgment of 2 February 2018, paras. 41~43.

242) 따라서 "재정적으로 평가될 수 있는 손해를 입증할 수 있는 증거"가 없으면 국제재판소는 금전배상 청구를 지지하지 않을 것이다 : *Alleged Violations of Sovereign Rights and Maritime Spaces in the Caribbean Sea* (Nicaragua v. Colombia)(Merits), ICJ Judgment of 21 April 2022, para. 198.

243) ILC초안 제36조에 대한 주석 (1).

244) ILC초안 제36조에 대한 주석 (16).

245) *Chorzów Factory* case, PCIJ (1928), Series A, No. 17, pp. 47~48 ; Aréchaga in Sørensen, pp. 567~568.

246) *Chorzów Factory* case, PCIJ (1928), Series A, No. 17, pp. 27~28 ; *Ahmadou Sadio Diallo* (Republic of Guinea v. Democratic Republic of the Congo), (Compensation owed by the Democratic Republic of the Congo to the Republic of Guinea), Judgment of 19 June 2012, paras. 18, 26.

있어서 기대이익의 상실을 포함하여, 재정적으로 평가될 수 있는 일체의 손해를 포함하는 것이어야 한다."라고 규정하고 있다. 그러나 먼 손해(remote damage) 또는 순전히 추측에 입각한 손해(purely speculative damage)는 배상의 범위에 들 수 없다.[247] 또한, 이른바 징벌적 금전배상(punitive/exemplary damages)은 손해배상의 기본관념을 넘는 것으로, 국제판례는 이를 수락하고 있지 않다.[248] 손해발생에 있어 피해국 혹은 피해 개인에게도 고의・과실이 있는 경우에는 과실상계의 원칙이 적용되며,[249] 위법행위에 의하여 손해와 함께 이익도 발생한 경우에는 손익상계의 원칙이 적용된다.

이자도 그에 대한 청구가 있었으면 배상의 한 요소로 간주되어야 한다. 왜냐하면 '완전한' 배상(full reparation)의 개념에는 마땅히 지급되어야 하는 금액뿐만 아니라 이것이 지급되지 않고 있는 기간 동안에 그 금액을 사용하지 못한데 대한 배상도 포함되기 때문이다. ILC초안 제38조 1항도 이 점을 분명히 하고 있다. 이자 진행의 시작 및 종료 시점과 관련해서는 초안 제38조 2항은 "이자는 '원금이 지급되었어야 하는' 일자로부터 지급의무가 이행되는 일자까지 진행된다."(Interest runs from the date when *the principal sum should have been paid* until the date the obligation to pay is fulfilled.)고 규정하고 있다. 배상금이 침해 일자를 기준으로 산정이 된다면 이자는 대개는 그때부터 진행할 것이다. 그러나 "원금이 지급되었어야 하는 일자"를 결정하는 확립된 관행이나 규칙은 없다. 결국 이 문제는 사건을 맡은 재판소들이 모든 상황에 비추어 결정할 문제로 남는다.[250] 이를테면 *S.S. Wimbledon*호 사건[251]에서 이자율에 관하여 PCIJ는 '세계의 재정상태'(financial situation of the world)와 '당시의 공채사정'(conditions prevailing for the public loans)을 고려하여 연리 6퍼센트의 이자청구를 정당한 것으로 받아들였다. 다만, 이 이자는 원고국가들이 주장한 것처럼 Wimbledon호가 Kiel운하 입구에 도착한 날로부터 진행되어서는 아니되며, 본 판결일자로부터 진행되어야 한다고 결정하였다.[252] 그런가 하면, ICJ는 *Ahmadou Sadio Diallo* 사건에 대한 2012년 6월 19일의 배상액 산정 판결[253]에서 "판결 후 이자 판정은 여타 국제재판소들의 관행과도 일치한다"고 전제한 뒤, 피고국은 원고국에게 동 년 8월 31일까지 미화 95,000불을 지급해야 하며, 9월 1일부터는 "국제시장에서의 일반적인 이자율과 신속이행의 중요성을 고려하여"(taking into account the prevailing interest rates on the international market and the importance of prompt compliance) 원금에 연리 6퍼센트의 이자가 발생한다고 판시하

247) Ott, p. 174 ; Aréchaga in Sørensen, pp. 568~570 ; *Ahmadou Sadio Diallo* (Republic of Guinea v. Democratic Republic of the Congo), (Compensation owed by the Democratic Republic of the Congo to the Republic of Guinea), Judgment of 19 June 2012, para. 49.

248) Aréchaga in Sørensen, pp. 571~572 ; Crawford and Olleson in Evans (ed.), *International Law*, 5th, p. 423 (fn. 29).

249) ILC초안 제39조.

250) Aust, *Handbook of IL*, 2nd, p. 388.

251) PCIJ (1923), Series A, No. 1, pp. 31~32.

252) O'Connell, p. 589.

253) Republic of Guinea v. Democratic Republic of the Congo, (Compensation owed by the Democratic Republic of the Congo to the Republic of Guinea), Judgment of 19 June 2012, para. 56.

였다.[254] 복리(compound interest) 요구는 여러 판결에서 거부된 바 있다.[255]

(3) 사죄(satisfaction)

사죄는 국제위법행위에 의하여 국가의 인격에 가해진 비물질적 손해 내지는 정신적 침해에 적합한 손해배상 방식이다. 이것은 상황에 따라 다양하게 표현될 수 있는데, 가장 흔한 방식은 (구두 또는 서면에 의한) 사과(apology)이다.[256] 이 밖에도 사죄는 징계 혹은 형사 절차의 개시로 나타나거나, 때로 "상징적(명목상의/아주 적은) 금전배상"(symbolic or nominal damages)의 형태로 나타나기도 한다.[257] 또한 (사건이 제기된) 국제재판소는 분쟁당사국 일방의 행위가 위법함을 확인하는 자신의 선언적 판결이 "그 자체로 적절한 사죄"(in itself appropriate satisfaction ; *per se* a measure of satisfaction) 내지는 "충분한 손해배상" (adequate reparation)을 구성한다고 천명하기도 하는데,[258] 그러나 이것은 사죄가 "책임있는 국가"로부터 나오는 것이 아니라는 점에서 제37조의 사죄

254) See also *Certain Activities Carried Out by Nicaragua in the Border Area* (Costa Rica v. Nicaragua), (Compensation Owed by the Republic of Nicaragua to the Republic of Costa Rica), Judgment of 2 February 2018. ICJ는 이 판결(para. 154)에서 "판결후 이자 판정은 여타 국제재판소들의 관행과도 일치한다"고 했던 *Ahmadou Sadio Diallo* (Republic of Guinea v. Democratic Republic of the Congo), (Compensation Judgment, ICJ Reports 2012), para. 56을 인용하면서, 이 사건에서 이와 다른 접근방식을 채택할 이유가 브이지 않는다고 하였다. 다만, 이 사건에서 재판소는 (i) 니카라과의 불법행위로 인한 '환경피해'에 대한 배상과 (ii) 니카라과의 불법행위와 관련하여 원고국이 직접 부담한 '비용'(costs and expenses)(이를테면 인공위성사진 구입비, 감시용 경찰항공기 연료와 유지비 등)에 대한 배상을 구분하여 논하였다(para. 152) 그 결과로 (i)에 대해서는 재판소는 코스타리카에게 판결전 이자가 인정될 수 없다고 하면서(para. 152), 피해액은 미화 122,708.39 달러로 결정하였다. 그러나 (ii)에 대해서는 미화 236,032.16달러로 결정하면서, 본안판결이 내려진 2015년 12월 16일부터 본 판결이 내려진 2018년 2월 2일까지 연리 4퍼센트의 판결전 이자로서 미화 20,150.04 달러가 발생하였다고 판시하였다. 그리고 이 셋을 합친 배상금을 2018년 4월 2일까지 지급해야 하고, 4월 3일부터 연리 6퍼센트의 이자가 발생한다고 판시하였다.

255) *Spanish Zone of Morocco* (1925), 2 R.I.A.A., 617 at 650~651 ; *French Claims against Peru* (1920), 1 R.I.A.A., 216 at 220 ; *Norwegian Shipowners' Claim* (1922), 1 R.I.A.A., 309 at 341. See Aréchaga in Sørensen, pp. 570~571.

256) 'satisfaction'은 흔히 '만족'으로 번역되고 있으나 국가책임 해제 방법으로서의 번역으로는 이것은 왠지 어색하다. Sherri L. Burr, *International Law: Quick Review* (St. Paul, MN : Thomson/West, 2006), p. 90은 satisfaction의 의미에 대해 다음과 같이 설명하고 있다 : ""I demand satisfaction," was a common refrain heard from the individuals who felt they had suffered a spirit or physical injury in the 1700s and 1800s. The demand was sometimes accompanied by a threat to duel if satisfaction was not forthcoming. From the context, it is clear that satisfaction corresponds to an apology."

257) Aust, *Handbook of IL*, 2nd, p. 388 ; Cassese, *International Law*, 2nd, p. 260 ; Orakhelashvili/Akehurst, 9th, p. 316. 국가책임법에서 "satisfaction"의 의미는 법체계에 따라 달라질 수 있다. 특히, 유럽인권협약 제41조는 유럽인권재판소가 "just satisfaction"을 명령할 수 있는 것으로 규정하고 있는데, 동 재판소는 이것을 "상당한 배상금"(extensive damages) 판정을 포함하는 것으로 넓게 해석하고 있다. 본서, 제17장 (국제인권법) 참조.

258) 여기에 해당하는 국제중재판결에는 *The Rainbow Warrior* (France/New Zealand), Decision of 30 April 1990, XX R.I.A.A., 217 at 272 (para. 121 ff)(https://untreaty.un.org/cod/riaa/cases/vol_XX/215-284.pdf)가 있다. 관련 국제해양법재판소 판결로는 *The M/V "Saiga"* (No. 2), Judgment of 1 July 1999, para. 176 참조. 그리고 관련 ICJ판결에는 *Corfu Channel* (UK v. Albania) (Merits), ICJ Reports (1949), p. 4 at 35 ; *Application of the Convention on the Prevention and Punishment of the Crime of Genocide* (Bosnia and Herzegovina v. Serbia and Montenegro), Judgment of 26 Feb. 2007, paras. 462~463 ; *Certain Questions of Mutual Assistance in Criminal Matters* (Djibouti v. France), Judgment of 4 June

와는 구분을 요한다.[259] 과거에는 사죄를 위하여 진사사절(陳謝使節)의 파견[260]이나 국기에 대한 경례를 요구한 경우도 있었으나 오늘날 이런 방식은 의무위반국에게 모욕감을 주는 것으로 인식되고 있다. ILC초안 제37조는 이상의 국가관행에 기초하여 사죄에 관해 다음과 같이 규정하고 있다.

> "1. 국제위법행위에 대해 책임있는 국가는 그 행위가 원상회복이나 금전배상에 의하여 배상될 수 없는 한에 있어서 그것에 의해 야기된 침해에 대해 사죄할 의무가 있다.
> 2. 사죄는 위반인정, 유감표시, 정식사과, 또는 다른 적절한 방식으로 이루어질 수 있다.
> 3. 사죄는 침해에 대한 비례를 넘어서는 안되고, 또 책임있는 국가에게 굴욕감을 주는 형식을 취해서는 안된다."

제37조 1항은 사죄가 원상회복과 금전배상의 보조적인 손해배상 방식임을 적시하고 있다.[261] 그리고 제37조 2항은 사죄의 형식 속에 "다른 적절한 방법"(another appropriate modality)을 포함함으로써 동 항에 언급된 사죄의 방식이 전부가 아님을 시사하고 있다.[262]

3. 강행규범의 중대한 위반의 특별한 결과

ILC는 (국가의)국제범죄(internaptional crime) 개념의 도입을 포기하는 대신 강행규범의 중대한 위반에 관한 특별규칙을 도입하였다.[263] 즉, '각 국가'는 타국에 의해 야기된 "일반국제법의 강행규범 하의 의무의 중대한 위반"을 합법적인 수단을 통해 종료시키기 위해 협력하여야 한다.[264] 그리고

2008, para. 204 ; *Pulp Mills on the River Uruguay* (Argentina v. Uruguay), Judgment of 20 April 2010, para. 269 ; *Application of the Interim Accord of 13 September 1995* (The Former Yugoslav Republic of Macedonia v. Greece), Judgment of 5 December 2011, para. 169 ; *Construction of a Road in Costa Rica along the San Juan River* (Nicaragua v. Costa Rica), Judgment of 16 December 2015, para. 224 등이 있다. See also Aréchaga in Sørensen, p. 572 ; Currie, pp. 411~412 ; Rosenne, *The Perplexities of Modern International Law*, p. 391 ; Aust, *Handbook of IL*, 2nd, p. 387.

259) ILC초안 제37조에 대한 주석 (6).

260) 이를테면, 중국에서 1899년 부청멸양(扶清滅洋)의 구호를 내건 의화단(義和團)이 외국인들을 공격하고 1900년 6월에는 북경 주재 외국공관들을 포위 공격하자[이른바 '의화단운동'(혹은 '의화단의 난', 'Boxer Rebellion')], 서태후도 열강에 선전 포고하였다. 그러나 결국 패배하였는데, 1901년 9월 7일 중국 정부가 일본을 포함한 서구열강 11개국과 체결한 강화조약[신축(辛丑)조약, 북경의정서, Boxer Protocol]에는 거액의 배상금 지급과 함께 "청나라 황제와 대신을 독일제국과 일본제국에 파견하여 독일 공사와 일본 서기관의 피살 사건에 대해 사죄한다."는 내용이 들어 있었다. https://en.wikipedia.org/wiki/Boxer_Rebellion ; Orakhelashvili/Akehurst, 9th, pp. 22~23 ; https://ko.wikipedia.org/wiki/의화단운동.

261) Hall, p. 263.

262) 고로 ICJ는 -위에서 언급한 바와 같이- 국제위법행위를 야기하는 행동을 한 개인들에 대한 징계적 혹은 형벌적 조치가 사죄에 포함될 수 있다고 하였다 : *Armed Activities on the Territory of the Congo* (Democratic Republic of the Congo v. Uganda), (Reparations, Determination of the amount of reparation by the Court following failure by the Parties to settle this question by agreement — 2005 Judgment and elements on which it was based), 9 February 2022, paras. 389~390. 이 사건에서 재판소는 여러 항목의 금전배상 이외에 다시 큰 금액을 사죄의 일부로 요구한 원고의 요구는 배척하였다(para. 392).

263) 그러나 이 둘의 차이는 실제로는 단지 "표면적인"(cosmetic) 것에 불과한 것으로 보는 견해가 있다 : e.g. Eric Wyler, "From 'State Crime' to Responsibility for 'Serious Breaches of Obligations under Peremptory Norms of International Law'", (2002) 13 EJIL 1147 at 1159.

'그 어떤 국가'도 그러한 중대한 위반에 의하여 창설된 사태를 합법으로 승인하거나, 그러한 사태를 유지하는 데 원조를 제공해서는 안된다.[265] 여기서 일반국제법의 강행규범 하의 의무의 '중대한' 위반(serious breach)이라 함은 책임있는 국가가 "이 의무를 중대하게 또는 조직적으로 이행하지 않는 것"(a gross or systematic failure by the responsible State to fulfil the obligation)을 지칭한다.[266] 강행규범 하의 의무의 중대한 위반이 위에서 논한 국제위법행위의 모든 법적 결과를 수반함은 물론이다.[267]

한편, 강행규범 하의 의무는 언제나 대세적 의무를 창설한다고 본다면 그같은 의무의 중대한 위반에 대해서도 상기 규정들이 그대로 타당할 것이다. 실제로 ICJ는 *Legal Consequences of the Construction of a Wall in the Occupied Palestinian Territory* 사건[268]에서, 이스라엘이 팔레스타인 민족의 자결권을 존중할 대세적 의무 및 국제인도법 하의 일정 대세적 의무를 위반하였다고 하면서, "모든 국가는 ... 팔레스타인 점령지에서의 장벽의 건설에서 비롯되는 위법한 사태를 승인하지 아니할 의무를 지고 있다. 그들은 또한 그같은 건설에 의해 창설된 사태를 유지하는 데 원조를 제공하지 아니할 의무를 지고 있다."라고 하였는데, 이것은 ILC초안 제41조의 표현과 흡사하다. ICJ는 여기서 이스라엘의 대세적 의무 위반이 '중대한' 것임을 명시적으로 언급하지는 않았지만, 불승인의 의무를 창설할 정도라면 이 위반은 이미 '중대한' 것임이 함축되어 있다고 볼 수 있다.[269] ICJ는 그 후 *Jurisdictional Immunities of the State* 사건[270]에서는 드러내 놓고 ILC초안 제41

---

264) ILC초안 제41조 1항 ; ILC강행규범결론초안, 결론 19(1). 이같은 '협력'은 권한있는 국제기구, 특히 UN의 틀 내에서 조직될 수 있을 것이며, 국제기구를 통하지 아니한 협력의 가능성도 예견되고 있다. 또한 이 협력은 '합법적인 수단을 통한' 것이어야 한다. 구체적으로는, UN안보리의 헌장 제7장에 기초한 행동, 혹은 국가들의 일방적 행동[이를테면 보복(retorsion)이나 대항조치(countermeasure)] 등을 생각해 볼 수 있다. ILC초안 제41조에 대한 주석 (2)(3) ; Crawford and Olleson in Evans (ed.), *International Law*, 3rd, p. 450.

265) ILC초안 제41조 2항 ; ILC강행규범결론초안, 결론 19(2). 여기서 금지되는 승인은 공식적 승인뿐만 아니라 승인을 함축하는 행동(즉, 묵시적 승인)까지를 포함한다 : ILC초안 제41조에 대한 주석 (5)("The obligation [of non-recognition] applies to "situations" created by these breaches, such as, for example, attempted acquisition of sovereignty over territory through the denial of the right of self-determination of peoples. It not only refers to the formal recognition of these situations, but also prohibits acts which would imply such recognition.") ; Vidmar in de Wet and Vidmar (eds.), p 31.

266) ILC초안 제40조 2항 ; ILC강행규범결론초안, 결론 19(3).

267) ILC초안 제41조 3항. 제41조 3항은 "This article is without prejudice to the other consequences referred to in this part and to *such further consequences* that a breach to which this chapter applies may entail under international law."라고 규정함으로써 위반이 그 이상의(추가적인) 결과를 초래할 수도 있다고 보는데, Aust (*Handbook of IL*, 2nd, p. 389)는 '징벌적' 손해배상(punitive damages)의 가능성을 그 한 예로 제시하고 있다. ILC초안 제41조 3항에 상응하는 ILC강행규범결론초안, 결론 19(4)는 "such further consequences"에 대해서는 언급함이 없이 "other consequences"만을 언급하고 있다.

268) ICJ Advisory Opinion of 9 July 2004, paras. 155, 159. ICJ는 *Legal Consequences arising from the Policies and Practices of Israel in the Occupied Palestinian Territory, including East Jerusalem* (Advisory Opinion, 19 July 2024, para. 280)에서 "국제법 하의 대세적 의무의 중대한 위반에 대한 불승인의 의무는 UN을 포함한 국제기구들에게도 적용된다."는 점을 적시하였다.

269) Giorgio Gaja, "Do States Have a Duty to Ensure Compliance with Obligations *Erga Omnes* by Other States", in Ragazzi (ed.), p. 33.

270) Germany v. Italy; Greece intervening, ICJ Reports (2012), p. 99 at 140 (para. 93) : "recognizing the immunity of a foreign State in accordance with customary international law does not amount to

조를 지칭하면서 "국제관습법에 따라 외국의 면제를 인정하는 것은 강행규범 위반에 의하여 창설된 사태를 합법으로 승인하는 것에 해당하지 않으며, 따라서 이는 ILC초안 제41조를 위반하는 것이 아니다"라고 언급하기도 하였다.

X. 국가책임의 이행

국가책임의 "이행", 즉 "의무 위반국에게 발생하는 위법행위 중지 및 손해배상 의무를 실행에 옮기는 문제"는 ILC초안 제3부에서 다루고 있는데, 제3부는 "제1장 국가책임의 원용"과 "제2장 대항조치"로 구성된다. ILC는 제3부에 대한 서두 주석에서 다음과 같이 언급하고 있다.

> "국가책임은 타국의 원용과는 관계없이 발생하긴 하지만 여전히 국제의무의 위반에 직면한 타국가들이 무엇을 할 수 있고, 그들이 책임있는 국가 측의 (위법행위)중지 및 손해배상 의무의 이행을 확보하기 위하여 무슨 행동을 취할 수 있는 지를 자세히 말하는 것이 필요하다. 때로 국가책임의 실행(추궁)이라고도 부르는 이 문제가 제3부의 주제이다."[271)]

달리 표현하면 지금까지는 의무위반국, 즉 가해국이 되기 위한 요건과 더불어 그같은 국가가 직면하게 될 법적 결과에 관하여 살펴보았으므로, 이제는 의무위반국의 책임을 추궁 내지는 원용(invoke)할 수 있는 피해국은 어떤 국가를 지칭하며, 또한 피해국이 아닌데도 의무위반국에게 책임을 추궁할 수 있는 경우가 있는지에 관하여 알아볼 차례다.

1. 국가책임의 원용

국가책임법의 목적상 타국의 책임을 '원용(추궁)'한다(invoke) 함은 타국에 대하여 청구를 제기 혹은 제출하거나 국제재판소에서 소송을 개시하는 등, 비교적 공식적 성격의 조치를 취하는 것을 의미한다. 비공식적 외교접촉이나 항의 그 자체는 책임의 원용이 아니다.[272)]

---

recognizing as lawful a situation created by the breach of a *jus cogens* rule, or rendering aid and assistance in maintaining that situation, and so cannot contravene the principle in Article 41 of the International Law Commission's Articles on State Responsibility."

271) "Although *State responsibility arises under international law independently of its invocation by another State*, it is still necessary to specify what other States faced with a breach of an international obligation may do, what action they may take in order to secure the performance of the obligations of cessation and reparation on the part of the responsible State. This, sometimes referred to as the *mise-en-oeuvre* of State responsibility, is the subject matter of Part Three." Crawford 교수도 국가책임에 관한 3차 보고서에서 다음과 같이 언급하고 있다 : "... *the general obligation of reparation arises automatically upon the commission of the internationally wrongful act.* That obligation is not, as such, contingent upon a demand or protest by any injured State, even if the form which reparation should take in the circumstances may be contingent." : Mr. James Crawford, Special Rapporteur, *Third report on State responsibility*, 15 March 2000, UN Doc A/CN.4/507, para. 26, available at https://untreaty.un.org/ilc/documentation/english/a_cn4_507.pdf.

(1) 국가책임의 고전적 양자주의 : 피해국 대 의무위반국

-비엔나 조약법협약 제60조를 단단히 모델로 삼은[273]- ILC초안 제42조에 의하면 타국의 국제책임을 원용할 권리가 있는 '피해국'(injured State)의 유형은 크게 두 가지로 구분된다. 첫째는 어떤 국가가 타국가에 대하여 '개별적으로'(individually) 지고 있는 국제의무를 위반한 경우로서, 그 타국가는 '피해국'으로서 국제책임을 원용할 수 있다.[274] 둘째는 '집단적 의무'(collective obligations), 즉 2개국보다 많은(즉, 3개국 이상의) 국가 간에 적용되고, 특정한 경우에 그 이행이 특정 국가에 대해 개별적으로 지고 있는 것이 아니라 '국가들의 집단'(a group of States), 심지어는 '국제공동체 전체'(international community as a whole)에 대하여 지고 있는 의무를 위반하는 경우인데,[275] 이는 다시 두 경우로 세분되고 있다. 즉, (i) 어떤 국가가 '(책임을 원용하는 국가를 포함한) 국가들의 집단'(a group of States) 또는 '국제공동체 전체'(international community as a whole)에 대하여 지고 있는 국제의무를 위반한 경우, 이 의무위반에 의하여 '특별히 영향을 받은'(specially affected) 국가는 '피해국'으로서 국제책임을 원용할 수 있다.[276] 그리고 (ii) 어떤 국가가 '(책임을 원용하는 국가를 포함한) 국가들의 집단' 또는 '국제공동체 전체'에 대하여 지고 있는 국제의무를 위반하였고, 이 의무 위반의 성격이 의무의 계속적 이행과 관련하여 (의무위반국이 의무를 지고 있는) '다른 모든' 국가들의 지위를 '근본적으로 변경'(radically change) 시키는 경우, 다른 모든 국가들은 각기 '피해국'으로서 국제책임을 원용할 수 있다.[277] 제48조에 의하면 '피해국 이외의 국가'(a State other than

---

272) ILC초안 제42조에 대한 주석 (2).

273) 물론 두 규정의 목적과 범위는 다르다. ILC초안 제42조에 대한 주석 (4), (5) ; Tams, pp. 53~54 ; 본서, 제4장 (조약법) "Ⅳ. 조약의 종료, 5. 조약의 중대한 위반".

274) ILC초안 제42조(a). 이 경우에 해당하는 예는 보통 '양자조약'에서 찾아볼 수 있다. 물론 이 밖에도 한 국가가 타국에 대하여 의무를 부담한 구속력있는 일방적 행위(binding unilateral acts), 혹은 조약의 당사자가 아닌 제3국에 대하여 권리를 부여하는 조약, 혹은 소송의 일방당사국에 대하여 의무를 부과하는 국제재판소의 구속력있는 판결에서도 이같은 양자관계를 찾을 수 있다. 또한 다자조약이나 국제관습법 하의 의무의 이행과 관련해서도 이같은 양자관계가 성립할 수 있는데, 예컨대 외교관계나 영사관계를 규율하는 일반국제법규는 접수국과 파견국간의 양자관계를 수립하는 경우이며, 외교/영사관계 비엔나협약을 포함해서 "양자화 할 수 있는 의무"(bilateralisable obligations) 즉 "여러 다발의 양자관계"(bundles of bilateral relations)를 발생시키는 다자조약들도 존재한다. ILC초안 제42조에 대한 주석 (6), (7), (8) ; Tams, p. 45.

275) ILC초안 제42조(b) ; ILC초안 제42조에 대한 주석 (11).

276) ILC초안 제42조(b)(i). 예컨대, "UN해양법협약 제194조를 위반한 공해의 오염은 특별히 1개국 혹은 몇몇 국가들에게만 영향을 미칠 수 있는데, 그로 인해 이들 국가의 해변이 유독한 잔존물에 의하여 오염될 수도 있고 연안어업이 폐쇄될 수도 있기 때문이다. 이 경우 해양환경보존에 관한 UN해양법협약 당사국들의 일반적 이해관계와는 별도로, 이들 연안 당사국은 그 위반에 의하여 침해를 받은 것으로 간주되어야 한다." ILC초안 제42조에 대한 주석 (12).

277) ILC초안 제42조(b)(ii). 제42조(b)(ii) 하의 의무는 "전부가 아니면 포기"(all or nothing)의 기초 위에서, 즉 모든 국가 혹은 조약의 모든 당사국들이 예외 없이 각자의 의무를 이행할 때에만 그 목적을 달성할 수 있다는 의미에서 흔히 '상호의존적' 의무(interdependent obligations)로 불린다. 상호의존적 의무는 -상호주의를 제42조 (a)나 (b)(i)처럼 한 쌍의 국가들(pairs of states) 사이에만 도입하는 것이 아니라- "모든 국가 사이에" 도입한다는 점에서, 이 경우의 상호주의를 "전체적(포괄적) 상호주의"(global reciprocity)로 칭하기도 한다. ILC는 상호의존적 의무의 범위는 좁은 것이 바람직하다고 강조하고 있다. 군축조약, 비핵지대조약, 국제화된 지역에서 주권적 권리의 행사를 금지하는 규칙(남극조약 제1조, 우주조약 제2조) 등이 특별히 이 같은 의무를 창설하는 경우에 해당되는 것으로 언급되고 있다. ILC초안 제42조에 대한 주석 (5), (13), (14), (15) ; Tams, pp. 57, 61.

an injured State)도 의무위반국의 국제책임을 원용할 수 있는 경우가 있는데, 이것에 대해서는 아래에서 언급하겠다.

타국의 책임을 원용하려는 피해국은 자신의 청구를 그 타국에 통고하여야 한다.[278] 피해국은 특히 "위법행위가 계속되고 있는 경우, 의무위반국이 그것을 중지하기 위해 취해야 할 행위"와 "손해배상은 무슨 형식을 취해야 할 것인지"를 적시할 수 있다.[279]

청구의 허용성(admissibility of claims)이 수락되기 위해서는 청구국적(nationality of claims)과 국내구제수단완료(exhaustion of local remedies)의 두 원칙을 준수하여야 한다. 즉, ① '청구가 청구국적에 관한 원칙에 따라 제기되지 않거나', ② '청구가 국내구제수단완료의 원칙이 적용되는 경우이고 또 이용가능하고 실효적인 국내구제가 완료되지 않은' 경우에는 국가책임을 원용할 수 없다.[280] 이 두 원칙에 관해서는 '외교보호'의 제목 하에 아래에서 따로 다룬다.

또한 피해국이 청구를 유효하게 포기하였거나, 피해국이 그 행위에 의하여 청구의 소멸에 대해 유효하게 묵인한 것으로 간주될 수 있는 경우에는 국가책임을 원용할 수 없다.[281] 청구의 포기 문제에 관해서도 아래에서 따로 언급하겠다.

여러 국가가 동일한 국제위법행위에 의하여 피해를 입는 경우, 각 피해국은 개별적으로(단독으로)(separately) 의무위반국의 책임을 원용할 수 있다.[282]

반대로, 여러 국가가 동일 위법행위에 대해 책임이 있는 경우, 그 각 국가에게 책임을 물을 수 있다.[283] 다만, 피해국은 자신이 입은 손해보다 많은 것을 금전배상을 통해 회복할 수 없으며,[284] 위

278) ILC초안 제43조 1항.
279) ILC초안 제43조 2항.
280) ILC초안 제44조.
281) ILC초안 제45조.
282) ILC초안 제46조.
283) ILC초안 제47조 1항 ; 제47조에 대한 주석 (6)("According to paragraph 1 of article 47, where several States are responsible for the same internationally wrongful act, the responsibility of each State may be invoked in relation to that act. The general rule in international law is that of separate responsibility of a State for its own wrongful acts and paragraph 1 reflects this general rule. Paragraph 1 neither recognizes a general rule of joint and several responsibility, nor does it exclude the possibility that two or more States will be responsible for the same internationally wrongful act. Whether this is so will depend on the circumstances and on the international obligations of each of the States concerned."), 및 주석 (7)("Under paragraph 1 of article 47, where several States are each responsible for the same internationally wrongful act, the responsibility of each may be separately invoked by an injured State in the sense of article 42."). ILC초안 제47조에 대한 비판적 견해로는 다음을 참조 : Andre Nollkaemper & Dov Jacobs, "Shared Responsibility in International Law: A Conceptual Framework", (2013) 34 Michigan Journal of International Law 359 at 392~393 ("...although this [Article 47] is a welcome acknowledgement of situations of multiple wrongdoers, it raises as many questions as it answers. The ILC declined to express a clear opinion on whether responsibility shared by multiple actors is joint or joint and several, and it provided few answers as to whether and how any responsibility between multiple responsible parties should be allocated. As a consequence, the principle of individual responsibility and the accompanying procedures may undermine the main functions of responsibility, in particular the restoration of legality and the protection of the rights of injured parties. If states can effectively shift blame to others and avoid being held responsible, it is unlikely that they will be required to change their (wrongful) conduct. Similarly, injured parties, as a result of jurisdictional limitations, may be unable to bring successful claims against one or more of the

반국 상호간의 상환청구권은 침해받지 아니한다.[285]

(2) 국가책임의 객관화 : 비피해국 대 의무위반국

ILC초안 제48조는 제42조에서 말하는 피해국의 정의에 부합되지 아니하는 국가, 즉 "피해국 이외의 그 어떤 국가라도"(any State other than an injured State) 의무위반국의 책임을 원용하는 것을 허용하고 있는데, 이것은 ① 위반의무가 (책임을 원용하는 국가를 포함한) 국가들의 집단(a group of States)에 대한 것으로서 그 집단의 집단적 이익(collective interest)의 보호를 위해 수립된 경우,[286] 또는 ② 위반의무가 국제공동체 전체(international community as a whole)에 대한 것인 경우[287]에 국한된다.

ICJ는 *Barcelona Traction Co.* 사건[288]에서, '대세적 의무들'(obligations *erga omnes*) 중에서 그 일부는 "이미 일반국제법체계로 진입"하였고, 다른 일부는 "보편적 내지 준보편적 성격의 국제문서에 의하여 부여되고 있다"라고 언급하였는데, 이는 외견상 대세적 의무가 '일반국제법'뿐만 아니라 (보편적 혹은 준보편적 성격의) '조약'으로부터도 나올 수 있음을 시사하는 것처럼 보인다. 그러나 이같은 해석은 이 사건에서 ICJ가 대세적 의무의 본질적 특성으로서 "'모든 국가'(all States)가 그들의 보호에 법적 이익(소의 이익, 원고적격)을 갖는 것으로 인정될 수 있다"라고 한 말과는 어울리지 아니한다.[289] 그러므로 국가책임초안을 작성하는 과정에서 ILC는 (i) ICJ가 이 사건에서 언급한 대세적 의무(obligations *erga omnes*)와 (ii) "모든 당사자에 대한" 의무(혹은 "당사자간" 대세적 의무)(obligations *erga omnes partes/ contractantes*)를 개념상 구분하였는데,[290] 전자가 각 국가

---

responsible parties.").

284) ILC초안 제47조 2항(a).

285) ILC초안 제47조 2항(b).

286) ILC초안 제48조 1항(a). '집단적 이익'의 예로서는 특정지역의 환경이나 안전(예컨대, 지역적 비핵지대조약 또는 지역적 인권보호체제)을 들 수 있다. ILC초안 제48조에 대한 주석 (7).

287) ILC초안 제48조 1항(b). 이것은 ICJ가 *Barcelona Traction Co.*, ICJ Reports (1970), p. 3 at 32 (paras. 33~34)에서 말한 이른바 대세적 의무(obligations *erga omnes*)를 말한다. ILC초안 제48조에 대한 주석 (8)~(10). 1969년 비엔나 조약법협약 제53조와 (국제기구와 관련된 조약법을 규율하기 위한) 1986년 비엔나 조약법협약 제53조가 강행규범(*jus cogens*)을 정의하면서 "international community of States as a whole" 이란 표현을 쓰고 있는데 반해, ILC는 국가책임법과 관련하여 대세적 의무에 대해서는 'of States' 부분을 언급함이 없이 ICJ를 따라 단지 "international community as a whole"이란 더욱 넓은 표현을 쓰고 있는데, 이것은 오늘날 국제공동체가 국가들로만 구성되는 것은 아니라는 사실을 고려한 결과이다. Weiss, *op. cit.*, (2002) 96 AJIL 798 at 804 ; Ragazzi, p. 55.

288) ICJ Reports (1970), p. 3 ; 본서, 제17장 (국제인권법).

289) Tams, pp. 121~123.

290) Yearbook of the International Law Commission, 1992, Vol. Ⅱ, Part Two, p. 39, para. 269. 이같은 구분은 특별보고자(Special Rapporteur) G. Arangio-Ruiz가 "국가책임에 관한" 그의 세 번째 "보고서"에서 처음으로 주장하였었다 : Yearbook of the International Law Commission, 1991, Vol. Ⅱ, Part One, p. 35, para. 121. Arangio-Ruiz의 네 번째 보고서도 참조할 것 : Yearbook of the International Law Commission, 1992, Vol. Ⅱ, Part One, p. 34, para. 92. 이 밖에도 Cassese, *International Law*, 2nd, pp. 262~277 ; Pauwelyn, pp. 61~64 참조. Cassese, *International Law*, 2nd, pp. 17~21은 "당사자간 대세적 의무"를 부과하고 있는 전형적인 예로서 (전쟁/국제적 무력충돌의 희생자보호에 관한) 1949년 4개 제네바협약의 공통 제1조와 1977년 제네바 제1추가의정서의 제1조 1항을 들면서 이 체제의 결함을 지적하고 있는데, 전자는 "The High Contracting Parties undertake to respect and to *ensure respect for* the present Convention *in all*

의 "국제공동체 전체(혹은 모든 국가)에 대한" 의무를 지칭한다면, 후자는 국가가 "국제공동체 전체에 대해서가 아니라 (단지) 특정 체제(예컨대, 다자조약)의 모든 당사자에 대하여 지고 있는"[owed not to all states, but to all the parties to a particular regime (e.g., a multilateral treaty)] 의무, 바꾸어 말하면 "조약에 기초한 의무로서, 그 이행에 모든 체약당사자가 법적 이익(소의 이익)을 갖는 것으로 일컬어지는 경우"(treaty-based obligations in whose performance all contracting parties are said to have a legal interest)[291]를 지칭한다. ILC초안에서 '대세적 의무'와 '당사자

---

circumstances."라고 규정하고 있으며, 후자도 ("the present Convention" 대신에 "this Protocol"이란 표현을 쓰고 있는 것을 제외하면) 이와 동일하게 규정하고 있다; 이 문제에 대해서는 Ragazzi, p. 152도 참조할 것. 그러나 어떤 다자조약이 "당사자간 대세적 의무"를 창설하는 것인지를 확인하는 것이 반드시 용이한 문제는 아닌데, 이 점에 대해 Tams, pp. 120~121은 대세적 의무의 연원 문제와 연관시켜 다음과 같이 언급하고 있다: "The first point to be addressed relates to the sources of law from which obligations *erga omnes* derive. The question has prompted considerable discussion, often with particular regard to notions such as *erga omnes partes* or *erga omnes contractantes*, used to describe treaty-based obligations in whose performance all contracting parties are said to have a legal interest. The circle of obligations so labelled is broad, heterogeneous and by no means universally agreed. In *Blaskić*, the ICTY [International Criminal Tribunal for the Former Yugoslavia] expressly stated that article 29 of the ICTY Statute, imposing upon States a duty to cooperate with the Tribunal, was valid *erga omnes partes*. As for academic debates, obligations *erga omnes partes* are notably said to arise under: human rights treaties, such as the ECHR[European Convention of Human Rights and Fundamental Freedoms] or the CCPR[International Covenant on Civil and Political Rights]; the 1949 Geneva Conventions and 1977 Protocols, or international humanitarian law in its entirety; international environmental law, notably under the Biodiversity Convention or the Ozone Protocol; more specifically, marine environmental law (as evidenced by broad implementation clauses such as article 218 LOSC[UN Convention on the Law of the Sea]); the WTO agreements (as evidenced by the broad approach to questions of standing adopted by Panels and Appellate Body); treaties imposing interdependent obligations."

이 밖에도, *The Arctic Sunrise Arbitration* (Netherlands v. Russia), Award on the Merits, 14 August 2015, paras. 180~186, 〈https://www.pcacases.com/web/view/21〉에서 네덜란드는 ILC국가책임초안 제48조 1항(a)를 원용하면서, (i) '항행의 자유'(freedom of navigation)는 대세적 내지는 당사자간 대세적 성격을 가지며 (ii) 항행의 자유를 존중할 의무는 러시아가 EEZ에서 모든 국가들에게 부담하는 의무이기 때문에 (iii) 러시아의 네덜란드에 대한 직접 및 간접 침해에 기초한 원고적격뿐만 아니라 러시아의 국제책임을 물음에 있어 대세적 혹은 당사자간 대세적 원고적격[standing *erga omnes* (*partes*)]까지 갖고 있다고 주장한 바 있다. 그러나 중재재판소는 이 사건에서 네덜란드가 러시아의 UN해양법협약 위반에 대해 원고적격을 갖는 것이 인정된 이상 이 문제까지 검토할 필요는 없다고 반응하였다.

Tams, p. 123에서 언급하고 있는 바와 같이, *Legal Consequences of the Construction of a Wall in the Occupied Palestinian Territory*, Advisory Opinion of 9 July 2004, paras. 157~160에서 ICJ는 "1949년 제네바협약 하의 당사자간 대세적 의무"와 "국제인도법 분야에서의 대세적 의무"를 "조심스럽게 구분"하고 있다.

한편, Aust (2nd, pp. 163~164, & 3rd, p. 146)는 1949년의 제네바협약과 1977년의 두 추가의정서, 기타 인도법조약들의 최초 발효 요건이 단지 2개국의 비준이라는 점을 들어 "인도법조약은 그러므로 사실상 그 당사자들 간에 양자조약의 망을 창설한다."(A humanitarian law treaty therefore creates, in effect, a network of bilaterla treaties between its parties.)고 논평하고 있다. 그러나 다자조약의 최초발효 요건과 그것에 의해 창설되는 의무의 성격은 별개의 문제이다.

291) Tams, p. 120. See also "Fragmentation of International Law: Difficulties arising from the Diversification and Expansion of International Law", Report of the Study Group of the International Law Commission Finalized by Martti Koskenniemi (2006), para. 390: "[Article 48(1)(a) of the ILC's Draft Articles on State Responsibility (2001)], in particular, deals with what the commentary addresses as "obligations *erga omnes partes*" - that is to say, obligations arising out of a treaty and designed to protect the "collective interests" of the treaty parties. The second paragraph deals with obligations *erga omnes* proper, that is, obligations in the general law whose implementation is the concern of

간 대세적 의무'란 용어를 직접 사용하고 있지는 않으나 초안 제42조(b)와 제48조 1항은 바로 양자의 구분을 반영한 결과이다.[292] 국제재판소들도 이제는 "대세적 의무"와는 구분하여 "당사자 간 대세적 의무"의 개념을 사용하고 있다.[293] 어쨌든, 많은 국가 혹은 심지어 모든 국가가 제48조에 의거하여 책임을 원용할 수 있겠지만, "그 어떤 국가"(any State)라는 표현은 이들 국가가 '다함께 혹은 똑같이'(together or in unison) 행동해야 하는 것은 아님을 함축하고 있다. 게다가 동일 위법행위에 대해 제42조의 '피해국'과 제48조의 '피해국 이외의 국가'가 동시에 책임을 원용하는 일도 있을 수 있다.[294]

그러나 '피해국 이외의 국가'가 의무 위반국에 청구할 수 있는 것은 ① (초안 제30조에 따른) 위법행위의 중지 및 재발방지의 확약·보장, ② 피해국 또는 위반의무의 수혜자를 위한 손해배상 의무의 이행뿐이다.[295] '피해국 이외의 국가'가 의무 위반국의 책임을 원용함에 있어서도 초안 제43조(피해국에 의한 청구의 통고), 제44조(청구의 허용성), 제45조(청구권의 상실)의 규정이 적용된다.[296]

"the international community as a whole". 여기서 보는 바와 같이, Koskenniemi는 '당사자간' 대세적 의무와 구분하는 차원에서 대세적 의무를 '엄격한(본래적) 의미에서의' 대세적 의무(obligations *erga omnes* proper)로 표현하고 있기도 하다. 그러나 ILC초안 제48조에 대한 주석 (6)에서 ILC 자신은 당사자간 대세적 의무가 다자조약뿐만 아니라 국제관습법으로부터도 나올 수 있다고 언급하고 있다 : "[Paragraph 1(a) of Article 48] does not distinguish between different sources of international law; obligations protecting a collective interest of the group may derive from multilateral treaties or customary international law. Such obligations have sometimes been referred to as "obligations *erga omnes partes*".

292) Marco Longobardo, "The Contribution of International Humanitarian Law to the Development of the Law of International Responsibility Regarding Obligations *Erga Omnes* and *Erga Omnes Partes*", Journal of Conflict and Security Law, Volume 23, Issue 3, Winter 2018, pages 383-404, 〈https://doi.org/10.1093/jcsl/kry026〉. Cassese는 "대세적 의무"나 "당사자간 대세적 의무"를 위반함으로써 발생하는 책임은 '악화된/가중된' 국가책임(aggravated state responsibility)으로 부르고, 여기에 해당하지 아니하는 기타 국가책임은 '보통의' 국가책임(ordinary state responsibility)으로 부르면서 ILC초안과는 다소 다른 이론을 전개하고 있다 : Cassese, *International Law*, 2nd, pp. 245 ff, 262 ff. 한편, 여기서 '악화된/가중된'이란 용어는 이미 *Corfu Channel* case, ICJ Reports (1949), p. 4에서 영국이 그의 진술서(Memorial)에서 사용한 바 있다. 즉, 이 사건에서 영국은 알바니아의 행위를 "international delinquency" 그리고 "offence against humanity which most seriously aggravates the breach of international law and the international delinquency committed by that state"로 표현한 바 있다 (ICJ Pleadings, Oral Arguments, Documents (1949), UK Memorial, pp. 19, 40 ; Jørgensen, pp. 192~193). 특별히 "일반국제법의 강행규범 하의 의무의 중대한 위반의 특별한 결과"를 규정한 ILC초안 제41조에서 보는 것처럼, 논리적으로 국제법의 "악화된 위반"(aggravated breach of international law)은 "악화된 책임" (aggravated responsibility)을 초래할 것이다. See Tzanakopoulos in de Wet and Vidmar (eds.), pp. 47~48.

293) *Prosecutor* v. *Tihomir Blaškić*, ICTY Appeals Chamber, Judgment of 29 October 1997 on the Request of the Republic of Croatia for Review of the Decision of Trial Chamber Ⅱ of 18 July 1997, para. 26, 〈https://www.icty.org/x/cases/blaskic/acdec/en/71029JT3.html〉 ; *Questions relating to the Obligation to Prosecute or Extradite* (Belgium v. Senegal), ICJ Judgment of 20 July 2012, para. 68~69, & *Application of the Convention on the Prevention and Punishment of the Crime of Genocide* (The Gambia v. Myanmar)(Request for the indication of provisional measures), ICJ Order of 23 January 2020, para. 41 [본서, 제17장 (국제인권법), "Ⅵ. 인권존중과 대세적 의무"].

294) ILC초안 제48조에 대한 주석 (4). 2006년 ILC의 한 보고서도 이같은 생각을 확인하고 있는 것으로 보인다 : Report of the Study Group of the International Law Commission (Finalized by Martti Koskenniemi) on "Fragmentation of International Law : Difficulties arising from the Diversification and Expansion of International Law" (2006), paras. 395~396 (available online at https://www.un.org /law/ilc).

295) ILC초안 제48조 2항.

2. 대항조치

ILC초안(제49조~제54조)은 무력사용을 동반하지 아니하는 복구(non-forcible reprisal), 이른바 대항(대응)조치(countermeasures)에 관하여 별도로 규정하고 있는데, 여기서 대항조치라 함은 '피해국이 타국의 위법행위를 중지시키고 또 이미 발생한 위법행위에 대한 완전한 손해배상을 얻어내기 위하여 의무 위반국에 대해 부담하고 있는 국제의무를 이행하지 아니하는 것'을 의미한다. 이것은 전통적으로 복구(復仇)(reprisals)라는 이름으로 알려져 있지만,[297] ILC는 종래 복구가 평시에도 (현대국제법에 의하여 금지된) 무력사용을 수반하는 경우가 많았던 점을 고려하여 대항조치란 이름의 좀 더 중립적인 술어를 채택하였으며,[298] 국제재판소들도 이미 이 술어를 사용하고 있었다.[299] 그러나 아래에서 보는 바와 같이 국제인도법(전쟁법) 분야에 관련한 ILC초안 제50조 1항(c)에서는 여전히 '복구'가 언급되고 있기도 하다.[300] 여하간에, 대항조치는 자조(自助) 혹은 자력구제(self-help)의 한 형태로서, 일반국제법상 강제관할권을 향유하는 분쟁의 평화적 해결수단이 여전히 결여된 현 국제공동체의 분권적·수평적 체제를 반영하고 있다.[301]

그러나 대항조치 혹은 복구의 이름으로 행하는 일체의 행위가 정당화되는 것은 아니다. ILC초안 제50조 1항은 대항조치에 의해 결코 영향받아서는 안되는 의무로서, (a) UN헌장에 구현되어 있는 무력의 위협 또는 사용을 자제할 의무, (b) 기본적 인권의 보호 의무, (c) 복구를 금지하는 인도적 성격의 의무,[302] (d) 일반국제법의 강행규범 하의 기타 의무를 들고 있다. 이 밖에, 대항조치를 취하는 국가라도 (a) 자국과 의무위반국 사이에 적용되는 분쟁해결절차 하의 의무, (b) 외교관과 영사 및 그들의 공관과 문서의 불가침성을 존중할 의무 등의 이행으로부터 해방되지 아니한다.[303] 여기서, 특히, 대항조치를 취할 때라도 "외교관과 영사, 그들의 공관과 문서의 불가침성"을 침해해서는 안 된다고 규정한 것은 -ICJ가 *U.S. Diplomatic and Consular Staff in Tehran* 사건[304]에서 확인한 바와 같이- 이들 체제는 자기완비적 체제로서 불가침 남용시 이용가능한 대처방법을 이미 내장하고 있다

---

296) ILC초안 제48조 3항.

297) Akehurst, pp. 6, 277 ; Malanczuk, p. 271.

298) ILC초안 제3부, 제2장 (대항조치)에 대한 일반주석 (3) ; 김석현, "국가책임(제2부)", 《국제법평론》, 창간호 93-Ⅰ/Ⅱ, p. 251.

299) "countermeasure"란 술어는 Case concerning the *Air Services Agreement of 27 March 1946 between the United States of America and France* (United States / France), Decision of 9 December 1978, (1978) 18 R.I.A.A. 416, paras. 81~98에서 중재재판소가 처음 사용하였으며, 그후 ICJ도 *Gabčíkovo-Nagymaros Project* (Hungary/Slovakia), ICJ Reports (1997), paras. 83~87에서 이 술어를 사용한 바 있었다. See White and Abass in Evans (ed.), *International Law*, 2nd, p. 512 (& 3rd, p. 533) ; https://www.iilj.org/wp-content/uploads/2016/08/Air-Services-Arbitration-France-v.-US.pdf.

300) 제50조 1항(c)는 1969년 비엔나 조약법협약 제60조 5항을 모델로 한 것으로, 국제인도법상 개인들에 대한 복구의 금지를 반영하고 있다. ILC초안 제50조에 대한 주석 (8).

301) Currie, p. 142 ; Orakhelashvili/Akehurst, p. 9.

302) 예컨대, 1949년 제네바 제1협약(제46조), 제2협약(제47조), 제3협약(제13조), 제4협약(제33조) 및 1977년 제네바 제1추가의정서(제20조, 제51조~제56조). 본서, 제28장(전쟁법), "Ⅶ. 전시 복구" 참조.

303) ILC초안 제50조 2항.

304) ICJ Reports (1980), p. 3 at 40 (para. 86).

는 것을 반영하고 있다.[305)]

대항조치는 기본적으로 '주관적'(subjective) 내지는 '자기평가적 혹은 자기해석적'(self-assessed, self-appreciated, self-interpreted) 과정이다.[306)] 즉, 대항조치를 취하기 전에 그 대상(표적)국가가 실제로 위법행위를 행하였는지에 대하여 먼저 제3자의 판단이나 평가가 받을 것이 요구되지는 않는다. 대항조치의 이같은 일방적 성격 때문에 이를 행함에 있어서는 여러 실체적, 절차적 요건이 따라 붙는다. 또한, 책임이 조각되기 위해서는 대항조치를 취하기 전에 실제로 대상이 되는 위법행위가 있었어야 한다. 대상국가 측의 위법행위가 없는데도 존재하는 것으로 잘못 믿고 대응조치를 취하면 이는 대항조치로서 정당화되지 아니한다.[307)]

대항조치는 국제위법행위의 중대성과 문제의 권리를 고려하여, 피해국이 입은 '침해에 비례'하여야(commensurate with the injury suffered) 한다.[308)] 대항조치가 지나치면 피해국 자신이 국제위법행위를 행한 게 될 것이다. 대항조치는 반드시 위법행위와 동일하거나 가까운 분야에서 취해야 하는 것은 아니지만, 그렇게 하는 것이 이 요건을 충족하고 또 제3자(국제재판소)가 판단하기도 쉬울 것인데, 이런 경우의 대항조치를 '상호적 대항조치'(reciprocal countermeasures)로 부르기도 한다.[309)] 그리고 비례는 위법행위와 대항조치 사이에 어느 정도의 등가(some degree of equivalence) 내지는 대강의 근접(rough approximation)만 있으면 되며, 양자간에 정확한 등가(exact equivalence)가 요구되지는 아니한다.[310)]

대항조치에 호소하기 위해서는 상기 실체적 요건 외에 일정 절차적 요건도 충족하여야 한다. 즉, 피해국은 대항조치를 취하기 전에, ① 의무위반국에게 위법행위를 중지하고 또 이미 발생한 위법행위에 대해서는 손해배상을 해주도록 요구하고,[311)] 또한 ② 의무위반국에게 대항조치를 취하기로 한

---

305) Wickremasinghe in Evans (ed.), *International Law*, 3rd, p. 384.

306) See Case concerning the *Air Services Agreement of 27 March 1946 between the United States of America and France*, Decision of 9 December 1978, (1978) 18 R.I.A.A. 416, para. 81("Under the rules of present-day international law, and unless the contrary results from special obligations arising under particular treaties, notably from mechanisms created within the framework of international organisations, each State establishes for itself its legal situation vis-à-vis other States. If a situation arises which, in one State's view, results in the violation of an international obligation by another State, the first State is entitled, within the limits set by the general rules of international law pertaining to the use of armed force, to affirm its rights through "counter-measures".") ; White and Abass in Evans (ed.), *International Law*, 3rd, pp. 533, 535 (& 5th, pp. 523, 525) ; Keitner, p. 236.

307) *Gabčíkovo-Nagymaros Project* (Hungary/Slovakia), ICJ Reports (1997), p. 7 at 55~56 (para. 83) ; Tams, p. 20 (fn. 3).

308) ILC초안 제51조. ICJ도 *Gabčíkovo-Nagymaros Project*, ICJ Reports (1997), p. 7 at 56 (para. 85)에서 대항조치의 비례요건을 지적한 바 있다 : "... an important consideration is that the effects of a countermeasure must be commensurate with the injury suffered, taking account of the rights in question.".

309) White and Abass in Evans (ed.), *International Law*, 5th, p. 525 ; Aust, 3rd, p. 318.

310) Case concerning the *Air Services Agreement of 27 March 1946 between the United States of America and France*, Decision of 9 December 1978, (1978) 18 R.I.A.A. 416, para. 83 ; *Gabčíkovo-Nagymaros Project* (Hungary/Slovakia), ICJ Reports (1997), p. 7 at 56 (paras. 85, 87) ; Aust, *Handbook of IL*, 2nd, pp. 392~393 ; Aust, 2nd, pp. 364~365.

311) ILC초안 제52조 1항(a) ; *Gabčíkovo-Nagymaros Project* (Hungary/Slovakia), ICJ Reports (1997), p. 7 at 56 (para. 84)("... the injured State must have called upon the State committing the wrongful act to

결정을 통고하고 교섭을 '제의'하여야 한다.[312] 다만, 피해국은 자신의 '권리'를 보존하는데 필요한 긴급한 대항조치는 그같은 통고나 교섭 제의 이전에라도 할 수 있다.[313] 여기서 '권리'(rights)는 '대항조치를 취할 권리'와 '분쟁의 대상이 된 일차적 권리', 두 가지 모두를 지칭한다.[314]

국제위법행위가 중지되고 또한 분쟁이 당사국들에게 구속력있는 결정을 할 수 있는 재판소에 '계류중'인 경우에는 대항조치를 취해서는 안되며, 이미 대항조치를 취했다면 그것은 부당하게 지체함이 없이 중단되어야 한다.[315] 다만, 의무위반국이 분쟁해결절차를 성실히 이행하지 않는 경우에는 그러하지 아니하다.[316] 여기서 (국제)재판소에 '계류중'(pending, *sub judice*)이라 함은 오로지 "재판소가 사건을 다룰 처지(상태)에 있는 경우"만을 지칭한다. 따라서 조약에 의해 임시(특별)재판소가 '수립'되는 경우라면 재판소가 실제로 '구성'이 되어야 비로소 분쟁이 재판소에 '계류중'이라고 말할 수 있을 것이다.[317]

---

discontinue its wrongful conduct or to make reparation for it.").

312) ILC초안 제52조 1항(b). 피해국이 '교섭'을, 그것도 단지 '제의'(*offer* to negotiate) 하는 것으로 족하다. 따라서 교섭 중에 대항조치를 취하는 것까지 봉쇄되는 것은 아니다 : see e.g. Case *concerning the Air Services Agreement of 27 March 1946 between the United States of America and France*, Decision of 9 December 1978, (1978) 18 R.I.A.A. 416, para. 91 ("the Arbitral Tribunal does not believe that it is possible, in the present state of international relations, to lay down a rule prohibiting the use of counter-measures during negotiations, especially where such counter-measures are accompanied by an offer for a procedure affording the possibility of accelerating the solution of the dispute.). 원칙적으로 "일반국제법, UN헌장 혹은 피해국이 당사자인 기타 일체의 분쟁해결문서 하의 이용가능한 '모든' 우호적 해결절차를, 그것도 '완료한'"(*exhaustion* of *all the amicable settlement procedures* available under general international law, the Charter of the United Nations or any other dispute settlement instrument to which it is a party) 뒤에라야 피해국이 대항조치를 취하는 것을 허용하려던 초기 보고자 Arangio-Ruiz의 노력은 포기되었다 : *Fourth report on State responsibility*, by Mr. Gaetano Arangio-Ruiz, Special Rapporteur, Proposed draft Article 12 (Conditions of resort to countermeasures), Yearbook of the International Law Commission, 1992, Volume Ⅱ, Part One, p. 1 at 22, available at https://untreaty.un.org/ilc/publications/yearbooks/Ybkvolumes(e)/ILC_1992_v2_p1_e.pdf ; noted by Tams, p. 287.

313) ILC초안 제52조 2항.

314) Aust, 2nd, p. 365.

315) ILC초안 제52조 3항.

316) ILC초안 제52조 4항. See Rosenne, *The Perplexities of Modern International Law*, p. 451.

317) Case concerning the *Air Services Agreement of 27 March 1946 between the United States of America and France*, Decision of 9 December 1978, (1978) 18 R.I.A.A. 416, para. 98 ("Even if arbitration under Article X of the [US-France Air Services] Agreement is set in motion unilaterally, implementation may take time, and during this period [i.e. before a *compromis* is concluded], counter-measures are not excluded; a State resorting to such measures, however, must do everything in its power to expedite the arbitration.") ; Aust, 2nd, p. 365 ; Keitner, pp. 237~238. 사건 개요는 이러하다. 1946년 미국과 프랑스는 양국간 정기 상업항공노선을 규율하는 항공서비스협정을 체결한 바 있었는데, 1960년 양국간 각서교환(Exchange of Notes)에서는 미국 항공사들이 미국 서해안에서 런던을 경유하여 파리로 비행하는 것도 허용하였다. 그런데 프랑스 정부가 자국의 에어프랑스에게 보조금을 공세적으로 제공하자 미국의 팬암사는 파리-런던 노선에서 기존의 보잉 747보다 작은 기종으로 이른바 기종변경(change of gauge)을 하기를 원하였다. 프랑스 정부는 이를 허가해 주지 않다가, 결국에는 팬암기의 파리 비행을 중단시켰다. 미국은 중재재판으로 해결하자는 자국의 제안에 프랑스가 근 2년간 응하지 않자 에어프랑스의 오래된 파리-로스앤젤레스 노선을 중단하는 대항조치를 취하였다. 그제서야 프랑스는 즉각 중재에 가기로 동의하는 중재부탁협정(*compromis*)에 서명하였으며, *compromis* 서명 후 미국의 대항조치는 실행에 옮겨지지 않았다. 따라서 주요 쟁점은 팬암이 기종변경을 할 수 있는가, 그리고 미국은 일방적으로 에어프랑스의 로스앤젤레스 노선을 중단할 수가 있는가 하는 것이었다. 먼저, 기종변경 문제와 관련, 1946년 협정은 두 당사국 영토 내에서의 기종변경은 금지하고 있지만 제3국 영토 내에서

대항조치는 의무 위반국이 위법행위를 중지하고 손해배상의무를 이행하는 즉시 종료되어야 한다.[318] 대항조치의 목적은 의무 위반국으로 하여금 "국제의무를 준수하도록 유도하는" 데 있는 것이지 "복수하는"(wreak vengeance) 데 있는 것이 아니기 때문이다.[319]

그런데 ILC초안 제49조 1항에 의하면 대항조치는 (제42조에서 말하는)'피해국'만이 취할 수 있는 조치이다. 그러면 대세적 의무 혹은 당사자간 대세적 의무 위반의 경우라도 피해국이 아닌 국가는 대항조치를 취할 수 없는가? ILC초안은 이 문제에 대해 입장을 명백히 하는 대신에 단지 제54조에서 "(대항조치에 관한) 이 챕터는 피해국 혹은 위반 의무의 수익자를 위하여 위반의 중지 및 손해배상을 확보하기 위해 타 국가(의무위반국)에 대해 적법한 조치(lawful measures)를 취할 ... 제48조 1항 하의 그 어떤 국가의 권리도 해하지 아니한다."고 규정하고 있다. 따라서 여기에 언급된 "적법한 조치"의 개념에 대세적 의무(혹은 당사자간 대세적 의무)를 보호하기 위한 대항조치가 포함되는 것으로 새길 수 있겠는지가 문제이다. 학자들의 견해는 갈리고 있다. ILC는 제54조에 대한 주석(6항)에서 이 문제에 대한 현재의 국제법 상황은 "불확실" (uncertain)하며, "국가관행도 빈약하고, 제한된 수의 국가들과 관련되어 있다"고 하면서, 그러나 제54조를 "법의 미래발전"을 해하지 않는 "유보(단서)조항"(saving clause)으로 설명하고 있다. 그러나 Tams는 국가들의 관행을 실증적으로 검토 한 뒤 "현재의 국제법은 대세적 의무의 '대규모적인 혹은 체계적(제도적, 조직적) 위반'에 관한 한, 개별적 침해와는 무관하게 그에 대응하여 대항조치를 취할 모든 국가의 권리(right of all States, irrespective of individual injury, to take countermeasures in response to *large-scale or systematic* breaches of obligations *erga omnes*)를 인정하고 있다고 결론지어도 정당화되는 것으로 보인다."[320]고 결론짓고 있다. 이 같은 견해는 지지를 얻어가고 있는 것으로 보인다.[321] 다만, 비피해국이 가담하는 집단적 대항조치의 경우 비례성 요건을 어떻게 판단할 것인가의 문제가 제기된다.[322]

제49조는 각기 2항과 3항에서 대항조치의 범위/한계와 관련하여 두 가지를 언급하고 있다. 첫째, 대항조치는 책임있는 국가를 향해 조치를 취하는 국가의 국제의무를 '당분간'(for the time being) 이행하지 않는 것에 국한된다.[323] 여기서 '당분간'이라 표현은 대항조치의 "일시적 내지는 잠정적 성격"(temporary or provisional character of countermeasures)을 가리킨다.[324] 둘째, 대항조

의 기종변경에 대해서는 아무런 구정이 없었다. 중재재판소는 1946년 협정 하에서 미국의 항공사들은 런던에서 기종변경을 하여 운항할 권리가 있다고 판시하였다. 둘째, 에어프랑스의 로스앤젤레스 운행을 중지키로 한 미국 측의 조치와 관련, 중재재판소는 이는 1946년 협정에 위배되긴 하지만 프랑스 측이 팬암의 기종변경을 허가하지 않은 데 대한 허용되는 그리고 비례에 맞는 대응이었다고 판시하였다.

318) ILC초안 제53조.

319) ILC초안 제49조 (대항조치의 객체와 범위) 1항 ; *Gabčíkovo-Nagymaros Project* (Hungary / Slovakia), ICJ Reports (1997), p. 7 at 56 (paras. 85, 87) ; Aust, *Handbook of IL*, 2nd, pp. 240, 392~393 ; Tams, p. 20.

320) Tams, p. 250.

321) See, e.g., Crawford and Olleson in Evans (ed.), *International Law*, 5th, p. 424 (fn. 36).

322) See White and Abass in Evans (ed.), *International Law*, 5th, p. 531.

323) ILC초안 제49조 2항.

324) ILC초안 제49조에 대한 주석 (7).

치는 가능하면 문제된 의무의 이행이 재개되는 것을 허락하는 방향으로 취해야 한다.[325] 다시 말하면, 대항조치는 '가능하면'(as far as possible) '되돌릴 수 있는(취소가능한)'(reversible) 것이어야 한다.[326]

국가는 너무 오랜 기간 대항조치를 취할 권리를 행사하지 않음으로써 이 권리를 포기한 것으로 간주될 수도 있다.[327]

대항조치는 일반관습법상의 제도이며, 따라서 국가들은 상호간에 이것의 적용을 수정 혹은 배제하기로 합의할 수도 있다.[328] 이 때문에 대항조치는 '잔여적' 구제책(residual remedies)으로 일컫기도 한다.[329] 이를테면, 국가들은 대항조치를 아주 금지하거나, 아니면 대항조치를 취할 때 국제기구로부터 먼저 사전허가를 받기로 합의하기도 하는데, -기구 내 '분쟁해결기관'(Dispute Settlement Body : DSB)의 허가를 얻어야 하는- WTO 체제가 그 대표적 사례이다.[330] 조약규정(특히 제3자분쟁해결절차의 도입)에 의해 대항조치의 발동이 '암묵적으로'(by implication) 배제될 수도 있는데, 이는 결국 조약 해석의 문제로 귀착된다.[331]

대항조치는 오로지 적법하게 대항조치를 취하는 국가와 '의무위반국' 간의 관계에서만 위법성을 조각할 수 있다. 따라서 대항조치로 인하여 발생한 '타국(제3국)'의 권리에 대한 침해는 정당화되지 아니한다.[332]

상기 대항조치 외에, 국제법상 국가가 자력구제의 목적으로 이용할 수 있는 또 하나의 행동양식으로 이른바 보복(報復)행위(acts of retorsion)란 것이 있는데, 이것은 타국의 '위법한 행위' 또는 '적법하지만 비우호적인 행위'에 대응하기 위한 일국의 '비우호적이지만 적법한 행위'를 지칭한다. 그리고 이것은 그 자체 위법한 행위가 아니기 때문에 대항조치와는 달리 '비례'의 요건이 적용되지 아니한다. 보복행위의 예로서는 외교관계의 단절, 대사관 규모의 축소, 여러 종류의 금수조치, 자발적인 원조 계획의 철회 등을 들 수 있다.[333] 보복행위의 정의 내지는 범위와 관련하여, 이를 단지 타국의 "위법한 행위"에 대응하기 위한 비우호적이지만 적법한 행위에 국한하여 사용하는 것이 바람직하다는 견해도 있다.[334] 그러나 어느 견해에 의하든 보복은 그 자체 정당화를 필요로 하지 않는

325) ILC초안 제49조 3항.
326) ILC초안 제49조에 대한 주석 (9).
327) Aust, 2nd, p. 366.
328) Tams, p. 21.
329) White and Abass in Evans (ed.), *International Law*, 3rd, p. 541.
330) 자세한 것은 WTO(세계무역기구)설립협정, 부속서 2 ("분쟁해결규칙 및 절차에 관한 양해")(Understanding on Rules and Procedures Governing the Settlement of Disputes : DSU), 제3조 7항, 제22조. 다만, WTO-DSU에서는 countermeasure 대신 좀 더 중립적 술어인 "suspension of concessions or other obligations")(양허 혹은 그 밖의 의무의 정지)를 사용하고 있으며, 이 분야의 학자들은 주로 retaliation 혹은 retaliatory action 이란 술어를 사용하고 있다. Aust, 2nd, p. 364 ; Aust, *Handbook of IL*, 2nd, 357~358 ; Kym Anderson, *Peculiarities of Retaliation in WTO Dispute Settlement*, Adelaide University, Centre for International Economic Studies, Discussion Paper No. 0207, March 2002, 〈https://www.adelaide.edu.au/cies/papers/0207.pdf〉.
331) 이 문제는 특히 *U.S. Diplomatic and Consular Staff in Tehran* case, ICJ Reports (1980), p. 3에 나타난 "자기완비적 체제"(self-contained regime)의 개념과 관련하여 논의된 바 있다. 본장, "XVI. 자기완비적 체제" 참조.
332) ILC초안 제22조 및 이에 대한 주석 (5) ; Tams, p. 21.
333) Cassese, *International Law*, 2nd, p. 310 ; Harris, 5th, p. 14.

적법한 행위이다.

얼핏 대항조치와 유사해 보이는 개념으로 '제재'(sanctions)란 표현이 있는데, 국제기구가 집단적 차원에서, 특히 UN안전보장이사회가 "평화에 대한 위협, 평화의 파괴 혹은 침략행위"를 자행한 국가를 상대로 헌장 제7장에 의거하여 채택하는 '조치'(measures)를 '제재'로 부른다. 그러나 UN헌장 제7장(제39조, 제40조, 제41조, 제42조, 제45조)에서는 '조치'라는 단어를 사용하고 있지, '제재'라는 단어를 사용하고 있지는 아니하다. 게다가, 국제법상 적법한 행동에 의해 초래된 상황이 안보리가 보기에 '평화에 대한 위협' 혹은 '평화의 파괴'에 해당하는 것도 가능한 일이고,[335] 따라서 UN안보리는 국제법 위반을 기초로 해서 제재를 부과하기보다는 국제평화와 안전을 회복할 목적으로 제재를 부과할 수도 있다.[336] ILC는 '제재'란 술어는 "애매모호하다"(imprecise)고 언급하고 있다.[337] 대항조치와 보복행위를 합쳐서 '제재'로 칭하는 이도 있다.[338]

ILC의 2011년 "국제기구의 책임에 관한 규정초안"(Draft articles on the responsibility of international organizations)은 피해 국가 혹은 피해 국제기구가 국제위법행위에 대해 책임있는 국제기구를 상대로 대항조치를 취하는 것도 예견하고 있는데,[339] 이것은 국제기구의 국제법인격이 그만큼 성숙했음을 반영한 것이다.[340]

대항조치는 조약상의 의무 위반에 대항해서만 취할 수 있는 조치는 물론 아니다. 다만, 본서 제4장(조약법, "Ⅳ. 조약의 종료" 서두)에서 언급한 바와 같이 조약법과 국가책임법은 병존하는 것이기 때문에 특별히 조약의 선행 위반이 문제되는 경우에는 그에 대응하는 조치가 일면 대항조치이면서, 타면 –비엔나조약법협약 제60조에 규정된– 조약의 중대한 위반을 이유로 한 조약의 종료를 구성할 가능성도 있다. 다만, 전자는 국가책임법(그 중에서도 위법성조각사유)의 영역에 속하는 문제이고 후자는 조약법(그 중에서도 조약의 종료)의 영역에 속하는 것이기 때문에 이 두개의 법이 요구하는 요건을 별개로 충족해야만 한다. 구유고가 해체된 후 1995년 마케도니아와 그리스 사이에 체결된 잠정협정의 위반과 관련한 사건인 *Application of the Interim Accord of 13 September 1995* (the former Yugoslav Republic of Macedonia v. Greece)[341]에서 바로 이런 주장이 검토된 바 있다. ICJ는 그리스가 마케도니아의 NATO 가입에 반대함으로써 이 협정(제11조 1항)을 위반하였다고 보았다.[342]

---

334) e.g. Tams, p. 8 ; Keitner, p. 236.
335) Tams, pp. 7 (fn. 23), 261.
336) White and Abass in Evans (ed.), *International Law*, 3rd, p. 553.
337) ILC초안 대항조치에 대한 일반주석 (3).
338) 즉, Tams (p. 8)는 "실제로 종종 대항조치와 보복을 구분하기는 어렵다. 둘 다 국가들이 타국가들에게 압력을 행사하려고 노력하는 제재로 볼 수 있다."(the distinction between countermeasures and retorsions is often difficult to draw in practice. Both can be qualified as sanctions by which States seek to exercise pressure on other States.)고 언급하고 있다.
339) 2011년 ILC "국제기구의 책임에 관한 규정초안", 제51조~제57조.
340) White and Abass in Evans (ed.), *International Law*, 3rd, p. 536.
341) ICJ Reports (2011), p. 644 at 690~692 (paras. 160, 162~164) ; noted by White and Abass in Evans (ed.), *International Law*, 5th, pp. 525~526.
342) Para. 113 of the Judgment.

이에 대해 그리스는 (i) 자신의 행동은 잠정협정에 대한 마케도니아의 중대한 위반에 대한 대응으로, 그리고 (ii) 동일 위반행위에 대한 대항조치로서 취한 것이라고 항변하였다. 재판소는 마케도니아가 잠정협정(제7조 2항)[343]에서 사용을 금지한 "베르기나의 태양"(Sun of Vergina)[344]이란 상징을 사용함으로써 잠정협정을 위반하였다고 판단하였다.[345] 그럼에도 재판소는 그리스의 (i)의 항변을 배척하였다. 마케도니아의 행동은 비엔나조약법협약 제60조에 규정된 충분히 중대한 위반에 해당하는 것이 아니고, 게다가 마케도니아 측의 위반행위는 2004년에 이미 중단되었기 때문에 2008년의 그리스의 행동은 마케도니아의 위반행위에 대한 대응으로 볼 수 없기 때문이었다.[346] 재판소는 그리스의 (ii)의 항변도 배척하였다. 마케도니아의 위법행위는 2004년에 이미 중단되었기 때문이다.[347]

XI. 외교보호

외교보호(diplomatic protection)란 전문용어는 한 국가의 국제위법행위로 인해 외국인(사인)이 침해를 입은 경우 배상을 청구할 수 있는 국적국가의 권리를 지칭한다.[348] 종종 외교보호를 재외국민 보호권으로 이해하여 개인(자연인 혹은 법인)이 '외국에서'(abroad) '현지(재류)국가'로부터 침해를 입은 경우 그의 국적국가가 가해국의 책임을 추궁하는 것으로 정의하곤 하지만, 이것은 부분적으로는 타당하지 않다. 외교보호의 핵심은 '국가의 국제위법행위'로 인해 '간접침해'가 발생한 경우 피해자의 국적국가가 그것을 자기가 입은 침해로 간주하여 가해국에게 국제책임을 물을 수 있다는 것이며, 여기서 침해 발생의 장소는 문제되지 않기 때문이다. 즉, 국제위법행위를 구성하는 개인에 대한 외국의 침해는 그가 외국에 머무는 동안 현지국가에 의해서뿐만 아니라 제3국에 의해서도 발생할 수 있고, 피해자의 국적국가의 영토 안에서도, 국가들의 관할권 하에 있지 아니한 공해, 공해의 상공, 무주지 혹은 우주(외기권)에서도 발생할 수 있다. 아마도 '외교보호'라는 표현이 풍기는 막연한 뉘앙스 때문에 그리고 종래 외교보호가 영토 내에 거주하는 외국인 대우의 차원에서 거론된 경우가 많았기 때문에 위 정의가 별 의심 없이 행해진 것으로 생각되지만, PCIJ도 *Mavrommatis Palestine Concessions* 사건[349]에서 외교보호를 침해의 장소에 기초하여 설명하지는 않았으며, –

343) "Upon entry into force of this Interim Accord, the Party of the Second Part shall cease to use in any way the symbol[the Sun or Star of Vergina] in all its forms displayed on its national flag prior to such entry into force."

344) https://en.wikipedia.org/wiki/Vergina_Sun.

345) Para. 160 of the Judgment.

346) Paras. 162~163 of the Judgment.

347) Para. 164 of the Judgment.

348) Ott, p. 175.

349) (Jurisdiction) (Greece v. UK), PCIJ (1924), Series A, No. 2, p. 12 : "It is an elementary principle of international law that a State is entitled to protect its subjects, when injured by acts contrary to international law committed by another State, from whom they have been unable to obtain satisfaction

아래에서 설명의 준거규칙으로 삼을- 2006년 ILC외교보호초안 제1조(정의와 범위)[350]도 외교보호를 침해의 장소와 결부시켜 말하고 있지는 않다.

이 밖에도, 외교보호는 피해자의 국적국가가 가해국과 외교관계를 수립, 유지하거나 가해국에 상주외교사절을 파견, 유지함을 전제로 하는 것이 아니며, 또한 국적국가의 배상청구가 가해국 영토 안에서 제기되어야 함을 의미하는 것도 아니다. 실제로, 국가를 대리하여 외교보호권을 행사하는 국가기관, 통상적으로 외교부는 그 국가의 영토 내에 소재할 터이다. 또한 -EU기능조약 제20조 2항(c) 및 제23조 1단에서 보는 것처럼- 때로 "외교관헌에 의한 보호"(protection by diplomatic authorities)란 표현이 사용되기도 하는데, 이것은 일반국제법에서 말하는 '국가'가 행사하는 외교보호와 동일 개념이 아니다. 게다가, "외교관헌에 의한 보호"는 영사지원(영사보호)(consular assistance/ protection)의 형태로 제공될 수도 있다.[351]

국가가 외교보호를 행사함에 있어서는 필연적으로 피해자를 위하여 '어느 국가'가 '언제' 국제청구를 제기할 수 있는가의 문제가 제기된다. 일반국제법의 확립된 원칙에 따르면 전자에 대해서는 청구국적의 원칙(principle of nationality of claims)이, 후자에 대해서는 국내구제수단 완료의 원칙(principle of exhaustion of local remedies)이 적용되는데, ILC초안은 제44조에서 "청구의 허용성"(admissibility of claims)의 측면에서 이 두 가지 규칙에 대해 언급하고 있다. ILC(제58차 회기)는 2006년 이들 두 원칙에 대해 자세한 규정을 담은 "외교보호에 관한 규정초안"(Draft articles on Diplomatic Protection)(이하 ILC외교보호초안)[352]을 채택하여 UN총회에 제출하였는데, 이런 의미에서 ILC외교보호초안은 ILC(국가책임)초안 제44조의 이행입법에 해당한다.[353] ILC의 설명을 빌

---

through the ordinary channels. By taking up the case of one of its subjects and by resorting to diplomatic action or international judicial proceedings on his behalf, a State is in reality asserting its own rights - its right to ensure, in the person of its subjects, respect for the rules of international law.
The question, therefore, whether the present dispute originates in an injury to a private interest, which in point of fact is the case in many international disputes, is irrelevant from this standpoint. Once a State has taken up a case on behalf of one of its subjects before an international tribunal, in the eyes of the latter the State is sole claimant."

350) "For the purposes of the present draft articles, diplomatic protection consists of the invocation by a State, through diplomatic action or other means of peaceful settlement, of the responsibility of another State for an injury caused by an internationally wrongful act of that State to a natural or legal person that is a national of the former State with a view to the implementation of such responsibility."

351) 외교관계 비엔나협약 제3조 2항 ; 영사관계 비엔나협약 제2조 2항, 제3조, 제70조 ; Patrizia Vigni, "The Right of EU Citizens to Diplomatic and Consular Protection: A Step Towards Recognition of EU Citizenship in Third Countries", in Dimitry Kochenov (ed.), *EU Citizenship and Federalism* (Cambridge : Cambridge University Press, 2017), p. 588 ; Stefan Kadelbach, "Union Citizenship", (Jean Monnet Working Paper 9/03) (New York University School of Law and Max Planck Institute for Comparative Public Law and International Law, 2003), pp. 29~30 (available at https://centers.law.nyu.edu/jeanmonnet/papers/03/030901-04.pdf). 그럼에도 불구하고 EU기본권헌장(Charter of Fundamental Rights of the European Union) 제46조는 "diplomatic and consular protection"의 제목으로 EU시민이 제3국 영토에서 EU 타회원국 외교 및 영사 관헌의 보호를 받을 권리를 담고 있어 조문의 제목과 내용 간에 불일치가 발견된다.

352) https://legal.un.org.ilc/.

353) ILC외교보호초안, 일반주석 (2).

리면, "외교보호는 '외국인의 대우'(treatment of aliens) 주제에 속하는 것이긴 하지만, 이 주제의 1차규칙(즉, 외국인의 신체와 재산의 대우에 적용되는 것으로서, 위반하면 피해자의 국적국가에게 책임을 지게 만드는 실체적 규칙들)을 다루려는 시도를 한 것이 아니다. 그대신 ILC외교보호초안은 단지 2차규칙, 즉 외교보호를 위한 청구를 제기하기 위해 충족해야 하는 조건에 관한 규칙들에 국한되어 있다. 그러니까 전반적으로 이들 규칙은 '청구의 허용성'에 적용되는 것들이다."[354)]

ICJ는 2007년의 *Ahmadou Sadio Diallo* 사건[355)]에서 "국제법이 최근 수십년간 개인에게 권리를 부여하는 방향으로 크게 발전하여 옴으로 인하여 원래는 외국인 대우의 최소기준의 위반으로 주장되는 행위에 국한된 외교보호의 물적 범위도 그 후 '특히' 국제적으로 보장되는 인권을 포함하도록 확대되었다."고 언급하고 있다. 그러나 ICJ는 이 사건에서 오늘날 외국인 투자를 보호하기 위한 조약들이 체결됨으로 인하여 '이 (외국인 투자 보호)분야'에서는 외교보호의 역할이 '얼마간 쇠퇴'(somewhat faded)하고 있다고 언급하기도 하였다.[356)]

1. 청구국적의 원칙

청구국적의 원칙은 '피해자'의 '국적''국가'가 국제청구를 제기할 '권리'를 가진다는 점을 일러주고 있다. 따라서 이 원칙은 다음의 세 가지 요건으로 구성되고 있다. 첫째, 피해를 실제로 입은 것은 개인이라 하더라도 국제청구는 '국가'에 의해 제기되어야 한다. 둘째, 청구국가는 외국인의 '국적'국가여야 한다. 셋째, 손해배상액 산정의 기준은 당해 '피해자'가 입은 손해이다.

(1) 국가에 의한 사적 청구의 제기

국가가 자국민을 위하여 국제청구를 제기하는 경우, 국제법상 국가는 자신의 권리를 주장하는 것이지 자국민을 대리하는 것이 아니다. 세계재판소의 표현을 빌리면, "일단 국가가 국제재판소에서 자국민을 위하여 사건을 떠맡게 되면, 국제재판소의 눈으로 보면 그 국가가 유일의 청구인(sole claimant)이다."[357)] 요컨대, 국가는 자국민을 위하여 청구를 제기할 권리를 갖는 것이지, 국제법상

354) *Ibid.*

355) Republic of Guinea v. Democratic Republic of the Congo, (Preliminary Objections), Judgment of 24 May 2007, para. 39.

356) *Ibid.*, para. 88 ; 본서, 제16장 (외국인의 대우), "Ⅶ. 투자보호방법, 1. 양자간투자협정, (6) 분쟁해결" 참조.

357) *Mavrommatis Palestine Concessions* case (Jurisdiction) (Greece v. UK), PCIJ (1924), Series A, No. 2, p. 12. 외교적 보호의 이같은 측면은 *Panevezys-Saldutiskis Railway* case (Estonia v. Lithuania), PCIJ (1939), Series A/B, No. 76, p. 16, 그리고 *Nottebohm* case, ICJ Reports (1955), p. 4 at 24에서도 확인되고 있으며, 특히 *Barcelona Traction Co.* case, ICJ Reports (1970), p. 3 at 44 (paras. 78~79)에서 다음과 같이 명백히 확인되고 있다 : "78. The Court would here observe that, within the limits prescribed by international law, a State may exercise diplomatic protection *by whatever means* and *to whatever extent* it thinks fit, for it is its own right that the State is asserting. Should the natural or legal persons on whose behalf it is acting consider that their rights are not adequately protected, they have *no remedy in international law.* All they can do is to *resort to municipal law, if means are available*, with a view to furthering their cause or obtaining redress. The municipal legislator may

청구를 제기할 의무를 갖는 것은 아니므로 청구를 제기하고 주장함에 있어 정부는 완전한 재량권을 향유한다.[358)]

동일한 논리에 의하여, 가해국이 청구국에게 배상금을 지급하는 경우, 그 배상금은 국제법상 청구국의 것이며, 청구국이 그에 대해 완전한 통제권을 갖는다. 배상금을 피해자들에게 배분할 것인지의 여부 그리고 그 배분기준을 정하는 문제는 청구국의 국내법에 의하여 결정되어야 한다.[359)] ICJ도 *Jurisdictional Immunities of the State* 사건[360)]에서, 무력충돌 후 국가 간에 일괄해결(lump-

---

lay upon the State an obligation to protect its citizens abroad, and may also confer upon the national a right to demand the performance of that obligation, and clothe the right with corresponding sanctions. However, all these questions remain within the province of municipal law and do not affect the position internationally.

79. The State must be viewed as the sole judge to decide whether its protection will be granted, to what extent it is granted, and when it will cease. It retains in this respect a *discretionary power* the exercise of which may be determined by considerations of a political or other nature, unrelated to the particular case. Since the claim of the State is not identical with that of the individual or corporate person whose cause is espoused, the State enjoys *complete freedom of action.* ..." (italics added). 본서, 제6장 (국제법의 주체), "Ⅶ. 개인" 참조.

358) Aréchaga in Sørensen, pp. 573~575 ; Daillier/Pellet, p. 814 ; 동아일보, 2017-09-14, "靑, 중국 사드 보복 WTO 제소 않기로 "북핵 공조 집중"", 〈https://news.donga.com/3/00/20170914/86329869/1〉. 상기 *Barcelona Traction Co.* case, ICJ Reports (1970), para. 78에서 ICJ도 언급한 것처럼, 국가가 국내법에 의거하여 자국민을 보호할 의무를 부담하는 것은 별개 차원의 문제이다. 한국 헌법 제2조 2항은 "국가는 법률이 정하는 바에 의하여 재외국민을 보호할 의무를 진다."라고 규정하고 있는데, 이 규정은 모호한 면이 없지 않다. 첫째, 여기서 '보호'는 국제청구를 동반하는 '외교'보호와 그 이전 단계의 '영사'원조(영사지원, consular assistance)를 포함하는 넓은 의미로 새길 수 있을 것이다. 둘째, '재외국민'은 그 사전적 의미로 미루어 볼 때 '외국에 있는 국민'을 지칭하는 것으로 보인다. 그런데 이것이 영사원조를 염두에 둔 것이라면 하자는 없는데, 왜냐하면 국가가 영사원조를 제공할 필요성은 거의 '재외'국민에게 발생하는 것이기 때문이다. 이에 반해 외교보호는 국민이 외국/해외에서 침해를 입는 것을 전제로 한다는 의미에서의 영토와 결부된 개념이 아니다. 바꾸어 말하면 사람의 납치 등에서 보는 것처럼 침해는 개인이 자국 영토 안에 있는 동안에도 발생할 수 있다. 그런 점에서 제2조 2항의 '보호'가 '외교'보호를 지칭하는 상황이라면 '재외'국민이란 표현은 적절하지 않아 보인다. 한국은 그 영토 내에서 국민이 외국정부로부터 침해를 입는 경우에 헌법상 보호의 '권리'는 몰라도 그 '의무'는 지지 않는다는 문언적 반대해석이 가능하기 때문이다. 이같은 해석은 역설적으로 이 문제에 대한 전통국제법의 입장과 궤를 같이 하는 것이긴 하지만, 이것은 헌법이 제2조 2항을 통해 의도한 바는 아닐 것이다. 다만, 이 정도의 모순은 헌법의 '해석'을 통해 해소하지 못할 정도의 것은 아닌 것으로 생각된다. 헌법 제2조 2항의 모호한 표현은 판례에도 그대로 반영되고 있다. 즉, 헌법재판소는 "1980년 해직공무원의 보상 등에 관한 특별조치법에 대한 헌법소원", 헌재 1993.12.23, 89헌마189, 판례집 제5권 2집, 622, 646에서 "헌법 제2조 제2항에서 규정한 재외국민을 보호할 국가의 의무에 의하여 재외국민이 거류국에 있는 동안 받는 보호는 ...조약 기타 일반적으로 승인된 국제법규와 당해 거류국의 법령에 의하여 누릴 수 있는 모든 분야에서의 정당한 대우를 받도록 거류국과의 관계에서 국가가 하는 외교적 보호와 국외 거주 국민에 대하여 정치적인 고려에서 특별히 법률로써 정하여 베푸는 법률·문화·교육 기타 제반영역에서의 지원을 뜻하는 것이다."라고 판시함으로써 헌법 제2조 2항의 "재외국민보호"를 국가가 제공하는 "외교적 보호"와 기타 "(국내)법률에 의거한 지원"으로 새기고 있다. 그러나 동 재판소가 말하는 "외교적 보호"가 국제법상의 외교(적)보호를 염두에 둔 것인지, 아니면 영사원조(지원)를 염두에 둔 것인지, 아니면 양자 모두를 염두에 둔 것인지는 심히 불분명하다.

359) Aréchaga in Sørensen, p. 575.

360) Germany v. Italy ; Greece Intervening, Judgment of 3 February 2012, para. 102 : "Where the State receiving funds as part of what was intended as a comprehensive settlement in the aftermath of an armed conflict has elected to use those funds to rebuild its national economy and infrastructure, rather than distributing them to individual victims amongst its nationals, it is difficult to see why the

sum/comprehensive settlement)에 합의한 경우 피해자의 본국이 배상금을 받아 다른 용도(이를테면 국가경제 재건)로 사용함으로써 자기 몫을 받지 못한 피해자 개인이 다시 가해국을 상대로 청구를 제기할 권리가 있다고 보기는 어려울 것임을 시사한 바 있다. ICJ는 이 사건이 무력충돌과 관련한 것이었기 때문에 특별히 이것과 연관시켜 이같이 언급하였지만 다른 상황에서의 일괄해결 합의에 대해서도 같은 논리가 적용된다고 할 것이다.

ILC외교보호초안 제2조도 상기 전통적 관념에 따라 "국가는 ... 외교보호를 행사할 (의무 아닌) '권리'를 가지고 있다."라고 규정하고 있다. 다만, 외교보호초안은 제19조에서 "관행의 권고"(recommended practice)란 제목으로 외교보호를 행사할 권리가 있는 국가에게 세 가지를 권고하고 있다. 첫째, "중대한 침해가 발생한 경우에는 특별히"(especially when a significant injury has occurred) 외교보호의 행사를 응당 고려하여야 한다(should). 둘째, 외교보호를 받기를 원하는지 그리고 원하는 손해배상(reparation)은 무엇인지에 대한 피해자의 견해를 가능하면 고려에 넣어야 한다(should). 셋째, 침해에 대해 책임있는 국가로부터 획득한 배상금(compensation)은 적당한(합리적인) 공제를 조건으로(subject to any reasonable deductions) 피해자에게 양도하여야 한다(should). 제19조에 언급된 이상의 권고는, 국가는 자국민이 해외에서 인권을 중대하게 침해당했을 경우에는 그들을 보호할 국내법이나 국제법상의 약간의 의무가 있다는 최근의 일부 국내입법이나 판례를 반영한 결과이다.[361] 그러나 이상의 세 가지 '관행'의 '권고'는 이들 규칙이 아직 국제관습법규로 응고된 것은 아님을 시사하고 있다.[362]

ILC는 외교보호초안 제1조[363]에 대한 주석에서, 오늘날 개인의 국제법상의 지위가 전통국제법

---

fact that those individuals had not received a share in the money should be a reason for entitling them to claim against the State that had transferred money to their State of nationality."

361) ILC외교보호초안 제2조에 대한 주석 (3)(fn. 37) 및 제19조에 대한 주석 (3)(fn. 265)은 그러한 국내판례의 하나로 UK, England and Wales, Court of Appeal, *R.* [*on the application of Abbasi* (*Feroz Ali*) *and Abbasi*] v *Secretary of State for Foreign and Commonwealth Affairs and Secretary of State for the Home Department*, Original application for judicial review, [2002] EWCA Civ 1598, ILDC 246 (UK 2002), 6th November 2002를 들고 있는데, 사건 개요는 다음과 같다. 제1청구인은 영국인으로서 아프가니스탄에서 미군에 나포되어 적전투원(enemy combatant)의 신분으로 관타나모베이에 억류되었다. 그는 재판절차와 법적 자문에 접근할 기회를 차단당하자 외무장관이 미국 정부에 항의를 하거나, 그렇게 하지 못 한다면 못 하는 이유를 설명해 달라면서 그의 어머니가 그를 대신하여 사법심사를 청구하였다. 제1쟁점은, 영국 재판소는 영국 외무장관이 개입하지 않기로 한 결정을 심사할 관할권을 가지고 있는가의 여부였다. 제2쟁점은, 영국 정부는 청구인을 자국 시민으로서 보호할 법적 의무를 부담하는가의 여부였다. 제1쟁점에 대해 영국 항소재판소는 (i) 사법부가 심사하지 않으려 하는 -외교정책 분야를 포함하여- "금지된 영역"(forbidden area)이 존재하며, (ii) 따라서 외교부의 이 재량은 아주 넓으며, (iii) 그럼에도 불구하고 합리성(rationality)과 합법적 기대(legitimate expectation)에 비추어 이 재량적 결정을 심사할 수 있다고 결론지었다. 제2쟁점에 대해서는 (i) 위와 같은 사정에서 국가에게 자국 시민을 보호할 의무가 없다고 판시하면서, (ii) 다만 청구인이 관타나모 억류 이후 그 어떤 재판소에서도 자신의 억류 건에 대해 이의를 제기할 수 없는 "법적 블랙홀"(legal black hole)에 빠졌음을 깨닫고 있는 사실에 중대한 우려를 피력하였다. Okowa in Evans, *International Law*, 5th, p. 455 ; https://swarb.co.uk/regina-abbasi-v-secretary-of-state-for-foreign-affairs-ca-6-nov-2002/ ; https://www.lccsa.org.uk/r-v-1-secretary-of-state-for-foreign-commonwealth-affairs-2-secretary-of-state-for-the-home-department-ex-parte-feroz-ali-abbasi-anor-2002/.

362) ILC외교보호초안 제2조에 대한 주석 (3), (4) 및 제19조에 대한 주석.

363) "Article 1 (Definition and scope) For the purposes of the present draft articles, diplomatic protection

하에서의 그것과는 근본적으로 변화하고 있고, 외교보호 그 자체의 본질을 정의하기가 어렵게 되었음을 시사하고 있다. 개인에 대한 침해가 국제법상으로는 그의 소속국가에 대한 침해에 불과한 것으로 보던 시각은 이제는 한 개의 '허구/의제'(fiction)에 지나지 않는다는 것이다. 오늘날에는 개인은 본국 정부로부터 혹은 외국 정부로부터 그를 보호하는 -관습법이나 조약 하의- 국제법의 많은 1차 규칙의 주체(subject)이다. 요컨대, "오늘날에는 상황이 극적으로 바뀌었다." 그러나 이처럼 개인이 국제법에 의거하여 권리를 가지고는 있지만 구제수단(remedies)은 별로 없다. 따라서 외국 정부로부터 인권을 침해당한 개인을 보호함에 있어서는 국가 간 차원에서 행사되는 외교보호가 여전히 중요한 구제수단으로 남아 있는 것 또한 사실이다. 따라서 초안 제2조에서 보는 것처럼 국가가 외교보호를 행사할 (의무 아닌) 권리를 갖는 것은 여전히 유효한 규칙이지만, 외교보호가 그 자체(본질적으로) 국가 자신의 권리인지, 국가가 단지 국민의 권리를 행사할 권리를 갖는 것인지, 아니면 양자 모두인지에 대한 해답은 고의적으로 회피되고 있다.[364] ILC의 이같은 입장은 외교보호초안 제1조에 반영되어 있는데, '정의와 범위'란 제목을 달고 있는 동 제1조는 외교보호의 본질에 접근하는 대신에 '본 초안규정의 목적상' 외교보호를 단지 국가책임법의 차원에서 절차적으로 정의하고 있을 따름이다. ICJ는 *Ahmadou Sadio Diallo* 사건[365]에서 ILC외교보호초안 제1조는 "국제관습법을 반영하고" 있다고 언급하고 있다.

---

consists of the invocation by a State, through diplomatic action or other means of peaceful settlement, of the responsibility of another State for an injury caused by an internationally wrongful act of that State to a natural or legal person that is a national of the former State with a view to the implementation of such responsibility."

364) ILC는 특히 외교보호초안 제1조에 대한 주석 (3)에서 다음과 같이 언급하고 있다 : "Diplomatic protection has traditionally been seen as an exclusive State right in the sense that a State exercises diplomatic protection in its own right because an injury to a national is deemed to be an injury to the State itself. This approach has its roots, first in a statement by the Swiss jurist Emmerich de Vattel in 1758 that "whoever ill-treats a citizen indirectly injures the State, which must protect that citizen," and, secondly in a dictum of the Permanent Court of International Justice in 1924 in the *Mavrommatis Palestine Concessions* case that "by taking up the case of one of its subjects and by resorting to diplomatic action or international judicial proceedings on his behalf, a State is in reality asserting its own right, the right to ensure, in the person of its subjects, respect for the rules of international law". Obviously it is a fiction - and an exaggeration - to say that an injury to a national is an injury to the State itself. Many of the rules of diplomatic protection contradict the correctness of this fiction, notably the rule of continuous nationality which requires a State to prove that the injured national remained its national after the injury itself and up to the date of the presentation of the claim. A State does not "in reality" - to quote *Mavrommatis* - assert its own right only. "In reality" it also asserts the right of its injured national."

Government of the State of Eritrea and Government of the Republic of Yemen (*Phase Two* : *Maritime Delimitation*) 사건의 중재재판소도 1999년 12월 17일의 판결(para. 101)(https://pca-cpa.org) 에서 "모든 법적 권리는, 실제로는 개인이 갖고 있는 것조차도 국가의 것으로 간주하였던 서양의 법적 의제는 이제는 중요성을 상실해 가고 있다"(the western legal fiction -which is in any event losing its importance- whereby all legal rights, even those in reality held by individuals, were deemed to be those of the State)고 언급한 바 있다.

365) Republic of Guinea v. Democratic Republic of The Congo, (Preliminary Objections), Judgment of 24 May 2007, para. 39.

(2) 청구국적

청구국(state of claims)은 외국인(자연인 또는 법인)의 국적국가(state of nationality)여야 한다.[366] 국적은 국가가 자국민을 위하여 사건을 떠맡는 것을 가능케 하는 국제적 연결고리이다. 다만, *Nottebohm* 사건[367]에서 ICJ는 －피해자가 피해 당시 청구국의 국적 한 개만을 갖고 있었다 해도－ 청구국과 그 국민 사이에 '진정한 관련'(genuine connection)이 존재하는 경우에만 외교보호권(즉, 국제청구권)이 발생한다고 판결한 바 있는데, 그러나 이 사건에서 제시된 진정한 관련성의 요건은 '자연인'이 국적의 '변경'(change of nationality), 특히 '귀화'(naturalisation)를 통하여 국적을 취득하는 경우를 전제로 한 것이었다. 따라서 자연인의 국적이 출생과 관련하여 일반적으로 수락된 연결요소인 혈통주의(descent, *jus sanguinis*)나 출생지주의(birth, *jus soli*)에 기초하고 있는 경우에는 국제청구를 제기함에 있어 진정한 관련과 같은 추가적인 요건은 요구되지 않는다.[368]

ILC외교보호초안 제4조는 '외교보호의 목적상' 자연인의 국적국가를 －'국제법에 부합되지 않는 것이 아닌'(not inconsistent with international law)－ 출생, 혈통, 귀화, 국가승계 혹은 기타 다른 방법으로 그 국가의 법에 따라 취득한 국적의 국가"로 정의하고 있다. 이것은 다음의 몇 가지를 시사하고 있다. 첫째, 자연인의 국적에 대한 외교보호초안의 정의는 "외교보호의 목적을 위한"(for the purposes of the diplomatic protection) 것이다. 이것은 국제법의 다른 목적을 위해서는 국적의 개념에 달리 접근할 수 있음을 시사하고 있다.[369] 둘째, 누가 자국민인가를 결정하는 것은 각국이

---

366) ILC외교보호초안 제3조 1항.

367) Liechtenstein v. Guatemala, ICJ Reports (1955), p. 4 at 23. 사건 개요는 다음과 같다. Nottebohm은 독일에서 태어난 독일인으로서 1905년 과테말라로 가서 그 곳에서 거주하며 사업을 하고 부동산도 소유하고 있었다. 그러던 중 만약 과테말라가 제2차 세계대전에서 연합국측에 가담하게 되면 자신의 독일국적이 불편할 것임을 깨닫고 -과테말라에서 산 지 34년이나 되는 시점인- 1939년에 리히텐슈타인으로 가서 몇 주 체류하면서 리히텐슈타인 국적을 취득하였으며, 이로써 당시의 독일법에 따라 자신의 독일국적을 자동적으로 상실하였다. 그 후 그는 리히텐슈타인 여권(passport)을 발급받고, 또 취리히주재 과테말라 총영사로부터 이 여권에 비자(visa)를 받은 뒤 1940년 초에 과테말라로 돌아왔다. 그리고 과테말라 정부는 그의 요청에 의하여 외국인명부와 그의 신분증의 관련 기재사항을 변경해 주었다. 그러나 미국과 과테말라가 독일에 대해 선전포고를 한 후, 그는 독일인으로 간주되어 체포된 뒤 미국으로 인도되었고 그의 재산은 몰수되었다. 그는 '귀화 후, ICJ 판결시까지' 리히텐슈탄인에서 9년, 과테말라에서 4년, 미국에서 2년을 보냈다(Dissenting Opinion of Judge Read, ICJ Reports (1955), p. 34 at 44~45). 외견상의 상황이 이러하였으므로 국적국 리히텐슈타인은 그를 위하여 ICJ에 제소하였으나 실패하였다. 우선, ICJ는 리히텐슈타인 여권에 대한 비자발급, 외국인명부와 신분증의 기재사항변경 등은 과테말라 내의 외국인 통제와 관련한 것이기 때문에 이것은 외교보호권의 승인과는 관계가 없다고 보았다. 이어서 ICJ는 외교보호권은 청구국과 그의 국민 사이에 '진정한 관련'(genuine connection/ link)이 있는 경우에만 발생하는데 '귀화 당시' Nottebohm과 리히텐슈타인 사이에는 진정한 관련이 없었다고 판결하였던 것이다. 이 판결의 효과는 아주 확실하지만은 않다. ICJ는 Nottebohm의 리히텐슈타인 국적이 모든 목적을 위해 무효라고 말하지는 않았으며, 단지 그의 리히텐슈타인 국적은 리히텐슈타인에게 과테말라를 상대로 Nottebohm을 보호할 권리를 부여하지 못한다고 말하였을 뿐이다. Akehurst, pp. 99~100 ; Brownlie, pp. 407~420.

368) Georges Abi-Saab, "The International Law of Multinational Corporations : A Critique of American Legal Doctrines", in Frederick E. Snyder and Surakiart Sathirathai (eds.), *Third World Attitudes Toward International Law* (Dordrecht : Martinus Nijhoff Publishers, 1987), p. 549 at 565.

369) 실제로 구유고국제형사재판소는 일련의 사건에서 제네바 제4협약 제4조의 보호대상을 정의함에 있어 외교보호의 목적을 위한 형식적인 국적 정의에 의존하지 않았다. 이 문제에 대해 자세한 것은, 본서 제28장 (전쟁법), Ⅳ. 민간인의 대우, "3. 제네바 제4협약의 "보호대상"(protected persons)의 판단기준 : 국적인가, 인종적

자신의 법에 따라 결정할 문제이다.[370] 셋째, 국적은 극제법에 부합되는 방법으로 부여/획득하여야 한다. 넷째, 국가는 국적부여를 결정함에 있어 '판단(평가)의 여유' (margin of appreciation)를 부여받아야 하며, 그 결과 국가의 국적부여는 유효한 것으로 추정된다. 따라서 국적이 국제법을 위반하여 취득한 것이라는 것을 입증할 책임은 피해자의 국적에 이의를 제기하는 국가측에 있음을 강조하기 위해 '국제법에 부합되지 않는 것이 아닌'이란 이중부정의 표현이 동원되고 있다.[371] 다섯째, 제4조에 언급된 국적부여를 위한 연결요소들은 단지 예시적인 것이다. 그러나 이들 중 '출생, 혈통, 귀화'는 국가들이 국적을 부여하기 위해 가장 흔히 사용하는 방법이기도 하다. 여섯째, 그러나 제4조에는 *Nottebohm* 사건에서 언급된 '진정한 관련성'에 대한 언급이 없다.[372] 끝으로, ILC는 그의 주석에서, －여성이 혼인을 이유로 자동적으로 남편의 국적을 취득하는 경우를 포함하여－ 개인이 국제법에 부합되지 않는 비자발적 방법으로 국적을 취득하는 경우, 그런 사람은 원칙적으로 그의 구 국적국가의 외교보호를 받는 것이 허락되어야 한다고 언급하고 있다. 그러나 만약 이런 상황에서의 국적취득이 구 국적의 상실을 초래한다면, 형평한 고려의 관점에서 볼 때 신 국적국가가 외교보호를 행사할 권리가 있어야 한다고 언급하고 있다.[373]

회사들이 세금 등의 문제로 설립지 국가와 본점 소재지 국가를 따로 하는 경우가 있고, 이 때문에 외교보호의 목적상 회사의 국적을 결정짓기 위해 일반적으로 사용되고 있는 연결요소는 설립지(incorporation)와 본점 소재지(principal seat, seat of management, siège social)이다.[374] 즉, 회사의 국적국가는 그 국내법에 의거하여 설립이 허용된 국가 또는 그 영역 내에 영업의 본거지를 두고 대부분의 중요한 결정이 그 곳에서 내려지는 국가이다. 다만, ILC외교보호초안 제9조는 회사의 국적국가로 간주되기 위한 요건에 있어 설립지 국가와 본점 소재지 국가를 차별적으로 대우하고 있다.[375] 즉, 동 규정에 의하면, 일차적으로 설립지 국가가 회사의 국적국가로 되는 것은 의문의 여지가 없다. 그러나 설립지 국가 이외의 타국가가 외교보호의 목적상 회사의 국적국가로 간주되기 위해서는, "회사가 타국가(들)의 '국민'(자연인 또는 법인)에 의하여 지배(통제)될 것," "설립지 국가에서는 실질적인 영업활동이 없을 것," "회사의 '본점 소재지'(seat of management)와 '재무지배 스

충성인가?" 참조.

370) 이것은 투자자-국가 소송(Investor-State dispute)을 담당하는 ICSID 중재재판에서도 확인되고 있다. 이를테면, ICSID, *Waguih Elie George Siag and Clorinda Vecchi* v. *The Arab Republic of Egypt*, Case No. ARB/05/15, Decision on Jurisdiction (11 April 2007), para. 143 (https://italaw.com/documents/Siagv.Egypt.pdf)에서 중재재판소는 다음과 같이 전제하고 있다 : "It is well established that the domestic laws of each Contracting State determine nationality. This has been accepted in ICSID practice."

371) ILC외교보호초안 제4조에 대한 주석 (7).

372) 그 이유에 대해서는, ILC외교노호초안 제4조에 대한 주석 (5) 참조.

373) ILC외교보호초안 제4조에 대한 주석 (8).

374) Case concerning *the Barcelona Traction Co.* (Belgium v. Spain), ICJ Reports (1970), p. 3 at 42 (para. 70).

375) ILC외교보호초안 제9조와 제10조에서 말하는 'corporation', 즉, 회사는 영리를 추구하는 주식회사를 염두에 둔 것이며, 바로 이 때문에 회사에 대한 규정(제9조와 제10조)에 이어서 '주주'(shareholders)에 대한 규정(제11조와 제12조)이 나오는 것이다. 그러나 초안 제13조에 의하면, 회사 관련 규정(즉, 제9조에서 제12조까지)은 "적당한 경우"(as appropriate) 회사 이외의 법인의 외교보호에 대해서도 적용된다. ILC외교보호초안 제9조에 대한 주석 (2), 및 제13조에 대한 주석.

재지'(seat of financial control) 양자 모두 그 타국가에 위치할 것" 등의 세 요건을 누적적으로 충족하여야 한다. 요컨대, 이 초안에 의하면 "본점 소재지"(seat of management) 공식은 "본점 및 재무지배 소재지"(seat of management and financial control) 공식으로 더욱 구체화되고 있다. 또한 이것은 상황이 이런 경우라면 설립지 국가는 회사의 국적국가로서 외교보호권을 행사할 수 없음을 의미하는 것이기도 하다. 그러나 초안 제9조는 설립지 국가가 아닌 국가가 회사의 국적국가로 간주되기 위해서는 회사의 '본점 소재지'와 '재무지배 소재지' 둘 다 모두 동일 국가에 위치할 것을 요구하고 있다는 점에 유의할 필요가 있다. 따라서 만약 회사의 '본점 소재지'와 '재무지배 소재지'가 각기 다른 국가에 위치하고 있다면 설립지 국가는 여전히 외교보호를 행사할 권리가 있는 국가로 남는다는 것이 ILC의 설명이다.[376] 그러나 다시금 일정한 경우 회사의 외교적 보호를 위해서도 '진정한 관련'의 존재가 요구되느냐의 문제도 제기될 수 있는데, ICJ는 *Barcelona Traction Company* 사건[377]에서 "법인체의 외교적 보호라는 특별한 분야에 있어서는 진정한 관련성의 그 어떤 절대적 기준도 일반적으로 수락된 바 없다."고 언급한 바 있다.[378]

(3) 사적 청구에 있어 배상액 산정

국가가 제기하는 청구의 연원은 개인(자연인) 또는 회사가 입은 손실 또는 손해에 있는 것이기 때문에 배상액 산정의 기준은 관련 개인 또는 회사가 입은 손해이다.[379]

(4) 청구국적 계속의 원칙

일련의 중재판례에 의하여 확립된 이른바 청구국적 '계속'의 원칙(rule of continuous nationality of claims)에 의하면 피해를 입은 개인 또는 회사가 다음의 두 요건을 충족시키지 못하면 배상 판정이 내려질 수 없다. 첫째, 개인 또는 회사는 피해를 입을 당시 청구국의 국적을 가지고 있었어야 한다. 둘째, 개인 또는 회사는 피해 시점으로부터 이 청구에 관한 판결 시점까지(혹은 최소한 국제청구를 공식 제출하는 시점까지는) 청구국의 국적을 그대로 유지하여야 한다.[380] 다만, ILC

376) ILC외교보호초안 제9조에 대한 주석 (5), (6).

377) Belgium v. Spain, ICJ Reports (1970), p. 3 at 42 (para. 70) : "...in the particular field of the diplomatic protection of corporate entities, no absolute test of the "genuine connection" has found general acceptance. Such tests as have been applied are of a relative nature, and sometimes links with one State have had to be weighed against those with another. In this connection reference has been made to the *Nottebohm* case. ... However, given both the legal and factual aspects of protection in the present case the Court is of the opinion that there can be no analogy with the issues raised or the decision given in that case."

378) 이어서 재판소는, 회사가 자유로운 선택에 의해 캐나다에서 설립되었고, 등록된 사무소와 주주명부 등이 여기에 있고, 또 여러 해 동안 이사회도 여기서 개최되는 등, 지난 50년이 넘는 세월 동안 "긴밀하고 항구적인 관련성"(a close and permanent connection)이 성립되었다고 말하면서, 이같은 관련성은 회사가 설립 목표에 따라 처음부터 해외에서 사업을 하였다는 사실에 의해 전혀 약화되지 않는다고 하였다 : ICJ Reports (1970), p. 3 at 41 (para. 71).

379) See *Chorzów Factory* case, PCIJ (1928), Series A, No. 17, pp. 27~28 ; Aréchaga in Sørensen, pp. 574~575.

380) Aréchaga in Sørensen, p. 576. ILC는 외교보호초안 제5조에 대한 주석 (2)에서 조금 다른 견해를 피력하고

외교보호초안 제5조 1항(첫 번째 문장)(개인/자연인의 경우)과 제10조 1항(첫 번째 문장)(회사의 경우)은 청구국적이 계속되어야 하는 기간을 피해일자로부터 "청구를 공식 제기하는 일자"까지로 명시하고 있다.[381] 어쨌든 청구국적이 이 두 일자 모두에 존재했으면 국적은 이 두 기간 중 계속된 것으로 추정된다.[382]

청구국적 계속의 원칙이 요구되는 이유는, 개인 또는 회사가 좀 더 강력한 외교적 보호를 구하기 위해 피해를 입은 후 국적을 고의로 변경하는 것을 막는데 있다. 따라서 국가승계로 인한 국적변경의 경우처럼 국적의 변경이 "국제청구의 제기와는 관련이 없는 이유로" 발생한 경우에는 이 원칙은 적용되지 않는다.[383] 즉, 이런 경우 국가는 침해 당시에는 자국민이 아니었으나 공식청구 제기시에는 자국민인 사람(개인 또는 회사)을 위해 외교보호를 행사할 수 있다.[384] 이 규칙과는 별개로, '개인'의 현 국적국가는 그가 구 국적국가의 국민인 때에 입은 피해와 관련하여 그 구 국적국가를 상대로 해서는 외교보호를 행사할 수 없다.[385] 그리고 국가는 청구제기 후에 피청구국의 국적을 취득한 자(개인 또는 회사)를 위해서도 더 이상 외교보호를 행사할 수 없다.[386] 그러나 다른 한편, 국가는 침해시에 자국민이었고 '그 침해의 결과'로 설립지국가의 법에 따라 소멸한 -따라서 이제는 자국민이 아닌

있다. 즉, '전통원칙'에 따르면 국가는 '침해 시'에 그리고 '공식청구 제기 일자에' 자국민인 사람을 위해 외교보호를 행사할 권리가 있는데, 그러나 이 두 일자 '사이에' 피해자가 청구국의 국적을 유지해야 하는지에 대해서는 국가관행과 학설이 분명하지 않다고 하면서, 그런 의미에서 이들 두 일자 '사이에' 청구국 국적의 유지를 요구하는 제5조 1항의 규칙은 "법의 점진적 발전의 행사의 일환으로"(in an exercise in progressive development of the law) 기초된 것이라고 설명하고 있다.

381) 제5조 및 제10조의 "청구의 공식 제기"(official presentation of the claim)에서, '청구'라 함은 "외교경로를 통해 제출되는 청구"와 "사법기구에 제출되는 청구"를 모두 포함한다 : ILC외교보호초안 제5조에 대한 주석 (6) 및 제10조에 대한 주석 (4). 그리고 '공식'(official) 제기라 함은 -이 문제에 대한 비공식 외교접촉 및 조사와는 대조되는 의미에서- 외교보호행사국이 최초로 제기하는 공식 혹은 정식의 요구(first official or formal demand)를 의미한다 : ILC외교보호초안 제5조에 대한 주석 (4) 및 제10조에 대한 주석 (2). See also Case concerning *Ahmadou Sadio Diallo* (Republic of Guinea v. Democratic Republic of The Congo) (Preliminary Objections), ICJ Judgment of 24 May 2007, para. 41 ; Zachary Douglas, *The International Law of Investment Claims* (Cambridge : Cambridge University Press, 2009), pp. 209~297, 'Rule 31' ("The claimant must have had the relevant nationality at the time of the alleged breach of the obligation forming the basis of its claim and continuously thereafter until the time the arbitral proceedings are commenced.").

반대로, NAFTA 재판소는 *Loewen* 사건에서, NAFTA(제1116조 및 제1117조)는 청구국적이 언제까지 계속되어야 하느냐에 대해서는 침묵하고 있으므로 이 문제는 국제관습법에 의거하여 풀어야 하며, 국제관습법에 의하면 청구국적은 청구가 허결되는 시점까지 계속되어야 하는데, 본 사건에서 원고는 이 요건을 충족하지 못하였다고 판시한 바 있다 : International Centre for Settlement of Investment Disputes (Washington, D.C.), *The Loewen Group, Inc. and Raymond L. Loewen (Claimants) and United States of America (Respondent)*, Case No. ARB(AF) /98/3, Award of June, 2003, para. 225 ("In international law parlance, there must be continuous national identity from the date of the events giving rise to the claim, which date is known as the *dies a quo*, through the date of the resolution of the claim, which date is known as the *dies ad quem*."), available at https://www.state.gov/documents/organization/22094.pdf.

382) ILC외교보호초안 제5조 1항 두 번째 문장 및 제10조 1항 두 번째 문장.

383) Aréchaga in Sørensen, p. 576.

384) ILC외교보호초안 제5조 2항 및 제10조 1항 ; 제5조에 대한 주석 (7)~(11) 및 제10조에 대한 주석 (3).

385) ILC외교보호초안 제5조 3항 ; 제5조에 대한 주석 (12).

386) ILC외교보호초안 제5조 4항 및 제10조 2항 ; 제5조에 대한 주석 (13) 및 제10조에 대한 주석 (2), (5).

– '회사'에 대해 외교보호를 행사할 권리를 계속 갖는다.[387]

(5) 주주의 보호

다국적기업에서 흔히 보는 것처럼 회사의 국적과 주주의 국적이 다른 경우, 주주의 국적국가들은 어떤 상황 하에서 외교보호를 위해 간섭할 수 있는가의 질문이 이어지는데, 이 문제는 우선 침해행위가 직접적으로 회사 자체에 대한 것인지 아니면 주주에 대한 것인지를 구분하는 것으로부터 출발하여야 한다. 예컨대, 주주들의 주식을 몰수한다든지 혹은 주주의 배당금 수령을 제한하는 법을 제정하는 경우, 이것은 직접적으로 주주에 대한 침해이기 때문에 개개 주주의 국적국가는 회사의 국적에 관계없이 자국민을 위하여 개입할 수 있다. 반대로, 국가가 회사의 재산을 몰수하는 경우에서 보는 것처럼, 문제의 행위가 회사 자체를 대상으로 하고 있고 주주의 권리를 대상으로 삼고 있지는 않는 경우에는 회사의 국적국가만이 국제청구를 제기할 수 있다. 그러나 회사에 대한 침해의 경우에도 회사의 법인격이란 독립된 존재 때문에 주주의 국적국가가 간섭을 못하는 것이므로, 회사가 법인격을 상실하면 주주의 국적국가가 전면에 나설 수 있다. 예컨대, 청산 중인 회사의 잉여 자산에 대하여 주주가 전면에 나서서 자신의 몫을 주장할 수 있으며, 이 경우 그의 본국 정부가 외교적 간섭을 할 수 있다.[388]

1970년의 *Barcelona Traction Company* 판결[389]이 이 점을 잘 보여주고 있다. Barcelona Traction은 1911년 스페인 내의 전력공급을 위해 캐나다법에 의거하여 토론토에서 설립되어 그 곳에 본점을 둔 지주회사(holding company)로서 스페인 현지에 자(子)회사들을 두고 있었다.[390] 그리고 Barcelona Traction은 대체로 파운드화(貨)로 표시된 사채(社債)를 발행하였는 바, 그 이자는 스페인 자회사들의 송금으로 메꾸고 있었다. 그러나 스페인 정부는 국가가 내란에 휩싸이면서 1936년 외환송금을 금지시켰으며, 그로 인해 Barcelona Traction은 더 이상 이자를 지급할 수 없게 되었다. 1948년 몇몇 스페인 사채권자들의 신청으로 스페인 카탈로니아 지방재판소가 자회사들에게 파산선고를 내렸으며, 비슷한 시기에 회사를 침해하는 일련의 조치(회사 자산의 압류, 내국법인으로의

---

387) ILC외교보호초안 제10조 3항 ; 제10조에 대한 주석 (6).

388) Abi-Saab, *op. cit.*, at 564.

389) Belgium v. Spain, ICJ Reports (1970), p. 3. 이 사건의 전체적인 전개과정에 대한 간단한 설명은, Ragazzi, pp. 3~4 ; 金大淳/金民瑞/朴芝炫, pp. 282~283 ; 베른하르트 그로스펠트 (著), 鄭熙喆 (譯), 《多國籍企業의 法律問題 – 涉外私法・經濟法의 實例를 중심으로–》(서울 : 삼영사, 1981), pp. 244~245 참조.

390) Para. 71 of the Judgment ; "In the present case, it is not disputed that the company was incorporated in Canada and has its registered office in that country. The incorporation of the company under the law of Canada was an act of free choice. Not only did the founders of the company seek its incorporation under Canadian law but it has remained under that law for a period of over 50 years. It has maintained in Canada its registered office, its accounts and its share registers. Board meetings were held there for many years; it has been listed in the records of the Canadian tax authorities. Thus a close and permanent connection has been established, fortified by the passage of over half a century. This connection is in no way weakened by the fact that the company engaged from the very outset in commercial activities outside Canada, for that was its declared object. Barcelona Traction's links with Canada are thus manifold."

조직변경 등)가 스페인 당국에 의해 취해졌다. 그리고 스페인의 한 경쟁회사가 자회사들의 자산을 인수하였다. 캐나다가 먼저 외교적 간섭을 시도하였으나 곧 철회하였다. 그러자 1958년 벨기에가 ICJ에 제소하여 스페인의 국가기관들이 이 '회사'에 가한 손해에 대한 배상을 구하였다. 그러나 3년 후 벨기에는 당사자들이 분쟁을 재판소 밖에서 해결할 수 있도록 소를 취하해 줄 것을 신청하였고, 스페인도 이에 반대하지 않자 ICJ는 사건을 소송목록에서 삭제하였다.[391] 양국간의 교섭이 결렬되자 벨기에는 1962년 새로운 소를 제출하였다. 그러나 벨기에는 첫 번째 제소 때 그에 대항해서 스페인이 제기했던 선결적 항변을 이미 알고 있었기 때문에 이번에는 그때의 주장을 수정하였다. 즉, 이번에는 '회사'가 입은 손해가 아니라, 이 회사에 대한 스페인 당국의 침해로 인해 '벨기에 주주들'이 입은 피해에 대한 배상을 구하였다. 피해 당시 이 회사 주식의 88%를 벨기에인들이 보유하고 있었던 것이다. 이에 대해 스페인은 네 개의 선결적 항변을 제기하였는데, 그 중 두 개는 ICJ의 재판관할권(jurisdiction)에 관한 것이고 다른 두 개는 소의 허용성(admissibility of the Belgian application)에 관한 것이었다. 1964년의 판결[392]에서 ICJ는 재판관할권에 관한 항변들은 배척하고, 소의 허용성에 관한 두 개의 항변은 본안 심리에서 함께 검토하기로 결정하였다. 그리고 그 후 1970년의 판결에서 ICJ는 스페인의 주장을 받아들여, 문제의 침해행위는 회사 자체에 대한 것이지 주주를 대상으로 한 것은 아니기 때문에 벨기에 정부의 원고적격이 인정되지 않는다고 결론지었다.

이 사건에서 ICJ가 "회사와 주주는 별개의 실체"임을 전제로 전개한 논리는 다음의 몇 가지이다.[393] 우선, ICJ는 권리(right)와 (여기에 미치지 못하는) 이익(interest)을 구분하여, "국가책임을 동반하는 것은 권리의 침해이며, 따라서 회사의 권리를 침해하는 행위는 그로 인해 단지 자신의 이익이 영향을 받는 주주에 대한 책임까지 초래하지는 않는다"[394]고 하였다. 이어서, ICJ는 침해가 회사를 상대로 한 것인데도 불구하고 주주를 위한 외교보호권을 인정하게 되면 혼란을 초래하게 되는데, 왜냐하면 "그 활동이 국제적인 회사들의 주식은 넓게 산재되어 있고 또 빈번하게 소유주가 바뀌기 때문"(the shares of companies whose activity is international are widely scattered and frequently change hands)[395]이라고 설명하였다. ICJ는 또한, 문제의 회사가 스페인에서 파산선고를 받고 또 설립지국가에서는 재산관리(receivership) 상태에 놓여 있긴 하지만, 설사 그렇다 하더라도 청산(liquidation)이 뒤따르지 않는 한 회사는 계속 존재한다고 언급하였다.[396] 다시 말해서, 중요한 것은 회사의 '법적 소멸'(legal demise), 즉 최종적인 청산이지 '사실상의 소멸'(practically

---

391) ICJ Order of 10 April 1961, ICJ Reports (1961), p. 9.

392) *Barcelona Traction Company* case (Preliminary Objections), ICJ Reports (1964), p. 6.

393) ICJ Reports (1970), p. 3 at 34 (para. 41) : "... Separated from the company by numerous barriers, the shareholder cannot be identified with it. The concept and structure of the company are founded on and determined by a firm distinction between the separate entity of the company and that of the shareholder, each with a distinct set of rights. The separation of property rights as between company and shareholder is an important manifestation of this distinction. So long as the company is in existence the shareholder has no right to the corporate assets."

394) *Ibid.*, at 36 (para. 46) (noted by Orakhelashvili, p. 169).

395) *Ibid.*, at 49 (para. 96).

396) *Ibid.*, at 41 (para. 67).

defunct), 즉 파산선고 또는 재산관리인이 임명됨으로써, '경제적' 관점에서 회사가 완전히 마비되었다는 사실이 아님을 강조하였던 것이다.[397] 이 밖에도, ICJ는 "외교보호의 목적을 위해 국가들에게 법인체를 할당함에 있어서 국제법은 개인의 국적을 규율하는 규칙들과의 유추에 기초하고 있긴 하지만, 이것은 단지 '제한된 범위에서만'(but only to a limited extent) 그러하며",[398] "법인체의 외교적 보호라는 특별한 분야에 있어서 진정한 관련성의 그 어떤 절대적 기준도 일반적으로 수락된 바 없다(no absolute test of the "genuine connection" has found general acceptance)."[399]고 언급하기도 하였다.

ICJ의 이 판결에 대해서는 즉각 일부 비판이 제기되었다. 예컨대, 첫째로, *Barcelona Traction Company* 사건에서는 피해회사의 국적국가와 가해국이 달랐으므로 회사의 국적국가가 국제청구를 제기할 가능성이 존재하였지만, 만약 회사가 바로 다름아닌 자신의 설립지국가(따라서 국적국가)로부터 침해를 입는 경우에 있어서는 회사의 국적국가가 국제청구를 제기한다는 일은 발생하지 않을 것이다. 따라서 이런 경우에는 주주의 국적국가가 회사의 국적국가를 상대로 국제청구를 제기할 수 있어야 한다는 것이다. ICJ도 이 문제를 검토하긴 하였으나 해답을 주지 않고 미해결로 남겨두었다.[400] ICJ는, 다만, 회사가 법적으로 소멸한 경우에 주주의 국적국가가 나설 가능성은 열어두었다.[401]

위 판결에 대한 두 번째 비판은, 회사는 편의상 특정국가에 설립될 수 있는데, 이런 경우에는 회사의 국적국가보다는 그 주주들의 국적국가가 국제청구를 제기함에 있어 더 큰 이해관계를 가진다는 것이다.[402] ICJ도 이 판결에서 "국내법에서 예외적으로 허용되고 있는 장막(즉, 법인격) 제거의 과정은 국제법에서도 똑같이 어떤 역할을 하는 것이 허용된다"[403]고 언급하긴 하였으나, 회사의 법

---

397) *Ibid* (para. 66).

398) *Ibid.*, at 42 (para. 70).

399) *Ibid.*

400) 즉, ICJ는 이 문제에 대해 단지 다음과 같이 언급하였을 뿐이다 (*ibid.*, at 48, para. 92) : "It is quite true that it has been maintained that, for reasons of equity, a State should be able, in certain cases, to take up the protection of its nationals, shareholders in a company which has been the victim of a violation of international law. Thus a theory has been developed to the effect that the State of the shareholders has a right of diplomatic protection when the State whose responsibility is invoked is the national State of the company. Whatever the validity of this theory may be, it is certainly not applicable to the present case, since Spain is not the national State of Barcelona Traction." 개별 재판관의 부수적 의견은 찬반으로 갈렸다(*ibid.*, at 72~75, 191~192, 240~241, 257). See also Akehurst, p. 101. ICJ는 그 후 *Elettronica Sicula S.p.A.* (*ELSI*), ICJ Reports (1989), p. 15 at 64 (para. 106), 79 (para. 132)에서, 두 미국 회사가 주식 모두를 갖고 있는 한 이탈리아 회사가 이탈리아 국내에서 입은 손해에 대해 미국이 이탈리아를 상대로 청구를 제기하는 것을 허락한 바 있지만, 이 사건은 미국인 주주의 해외 보호를 규정한 미국-이탈리아 양자간 우호통상항해조약(Treaty of Friendship, Commerce and Navigation)의 관련 규정의 해석과 관련한 것으로서, 재판소가 위 문제에 대한 국제관습법규를 평가한 것은 아니었다 : ILC외교보호초안 제11조에 대한 주석 (11) (12) ; ICJ Case concerning *Ahmadou Sadio Diallo* (Republic of Guinea v. Democratic Republic of The Congo) (Preliminary Objections), ICJ Judgment of 24 May 2007, para. 87.

401) *Ibid.*, at 41 (para. 66) : "... Only in the event of the legal demise of the company are the shareholders deprived of the possibility of a remedy available through the company; it is only if they became deprived of all such possibility that an independent right of action for them and their government could arise."

402) Wallace, p. 172 ; Arzt/Lukashuk, *op. cit.*, in Ku & Diehl (eds.), p. 173.

인격 부인을 위한 어떤 일반원칙도 제시하지 않았던 것이다.

1985년 영국 외무부에서 발간한 "국제청구에 관한 규칙"은 이같은 관점에 기초하여 다음과 같이 천명하고 있다. 첫째, "영국 국민이 타국가에서 설립된 회사에 주주로서 혹은 기타 방법으로 이익을 가지고 있고, 이 회사가 '제3국'의 행위에 의하여 침해를 받는 경우, 영국 정부는 통상적으로는 그 회사 설립지국가의 정부와 협력해서만 그의 청구를 떠맡을 수 있다. 다만, 회사가 소멸하는 경우에는 예외적으로 영국 정부 단독으로 간섭할 수 있다"(규칙 V). 둘째, "영국국민이 타국에서 설립된 회사에 주주로서 혹은 다른 방법으로 이익을 가지고 있고, 그 '설립지국가'(즉, 회사의 국적국가)가 회사를 침해하는 경우, 영국 정부는 영국국민의 이익을 보호하기 위해 간섭할 수 있다"(규칙 VI). 셋째, "외국회사의 자본이 영국 국민을 포함하여 여러 국적의 주주들에 의하여 서로 다른 비율로 소유되고 있는 경우에, 영국은 자본의 대부분을 점유하고 있는 자들의 국적국가가 영국 정부의 항의를 지지해 주지 않는 한 가해국에게 항의를 제기하는 일은 거의 없을 것이다"(코멘트).[404] 요컨대, 영국 정부는 크게 두 가지 측면에서 ICJ의 *Barcelona Traction Company* 판결과 견해를 달리 하고 있다. 첫째, 회사가 '제3국'에 의하여 침해를 받는 경우 주주의 국적국가인 영국은 회사의 국적국가와 협력할 것을 조건으로 주주의 청구를 떠맡을 수 있다. 둘째, 회사가 자신의 '설립지국가'로부터 침해를 받는 경우 주주의 국적국가인 영국 정부는 국제청구를 제기할 수 있다.

ILC외교보호초안 제11조[405]와 제12조[406]는 주주와 관련된 이상의 논의를 다음과 같이 정리하고 있다. 먼저, 제11조에 의하면 회사가 침해를 입은 경우 주주의 국적국가는 다음의 두 예외를 제외하고는 자국민 주주를 위해 외교보호를 행사할 권리가 없다.

제11조(a)에 명시된 첫 번째 예외는 회사가 '회사에 대한 침해와 관련없는 이유로' '설립지국의 법에 따라' '없어진(소멸한)' 경우이다.[407] 여기서 '소멸'은 *Barcelona Traction Company* 사건에서 언급한 것처럼 사실상의 소멸(practically defunct)이나 마비(paralysis) 혹은 불확실한 재무상태(precarious financial situation)를 지칭하는 것이 아니라 법적 소멸(legal demise)을 지칭한

403) ICJ Reports (1970), p. 3 at 39 (para. 58) : "...the process of *lifting the veil*, being an exceptional one admitted by municipal law in respect of an institution of its own making, is equally admissible to play a similar role in international law. It follows that on the international plane also there may in principle be special circumstances which justify the lifting of the veil in the interest of shareholders."(italics added)

404) Harris, pp. 590, 592.

405) "Article 11 (Protection of shareholders) A State of nationality of shareholders in a corporation shall not be entitled to exercise diplomatic protection in respect of such shareholders in the case of an injury to the corporation unless : (a) The corporation has ceased to exist according to the law of the State of incorporation for a reason unrelated to the injury ; or (b) The corporation had, at the date of injury, the nationality of the State alleged to be responsible for causing the injury, and incorporation in that State was required by it as a precondition for doing business there."

406) "Article 12 (Direct injury to shareholders) To the extent that an internationally wrongful act of a State causes direct injury to the rights of shareholders as such, as distinct from those of the corporation itself, the State of nationality of any such shareholders is entitled to exercise diplomatic protection in respect of its nationals."

407) ILC외교보호초안 제11조(a).

다.[408] 그리고 ICJ는 *Barcelona Traction Company* 사건에서 주주 개입의 전제조건으로서 회사가 (피해지가 아닌) '설립지에서'(in the place of incorporation) 소멸하였어야 한다는 것을 명시적으로 언급하지는 않았으나, 외교보호초안을 마련한 ILC는 이 사건의 전후문맥을 볼 때 ICJ도 이것을 전제로 하였다고 보고 있다. 회사가 법적으로 설립지에서 태어난다면 법적으로 죽었는지를 판단하는 기준도 설립지의 법에 따라 판단하는 것이 논리적이라는 것이다.[409] 또한 '회사에 대한 침해와 관련없는 이유로'란 표현은 "회사소멸의 원인인 '회사'에 대한 침해에 대해서는 주주의 국적국가는 청구를 제기하는 것이 허용되지 않을 것임을 분명히 하기 위한 것이다. 이것은 초안 제10조에 따르면 회사의 국적국가의 계속되는 권리이다. 그러므로 주주의 국적국가는, 회사의 소멸을 야기했을 침해와는 관련이 없는, 회사에 대한 침해의 결과로서 피해를 입은 주주에 대해서만 외교보호를 행사할 수 있을 것이다. 이 제한의 목적은 주주의 국적국가가 회사에 대한 침해 발생시 그들 주주를 위하여 간섭할 수 있는 상황을 제한하는 데 있다."[410]

제11조(b)에 담겨 있는 두 번째 예외는 설립지국가 자신이 회사에 침해를 가한 경우로서, 이런 경우 주주의 국적국가는 그들을 위해 외교보호를 행사하는 것이 허용된다. 그러나 이 예외는 침해국에서의 회사설립이 그 곳에서 영업을 하기 위한 전제조건의 하나로 그 국가에 의해 요구된 경우들에 국한되어 있다. 또한 회사는 '침해'시에 가해국가의 국적을 가졌어야 한다.[411] 한편, ICJ는 *Barcelona Traction Company* 사건 이후 "회사의 외교보호권은 그의 국적국가에게 속한다"는 일반원칙에 '관습법'상의 예외가 존재하는지에 관해 판단할 기회가 없었다. 그러나 동 재판소는 2007년의 *Ahmadou Sadio Diallo* 사건[412]에서 바로 이 문제에 대해 다소간 분명한 입장을 천명할 수

---

408) ICJ Reports (1970), p. 3 at 40~41 ; ILC외교보호초안 제11조에 대한 주석 (5).

409) ILC외교보호초안 제11조에 대한 주석 (6).

410) ILC외교보호초안 제11조에 대한 주석 (7).

411) ILC외교보호초안 제11조에 대한 주석 (8), (11), (12).

412) Republic of Guinea v. Democratic Republic of The Congo, (Preliminary Objections), Judgment of 24 May 2007, paras. 86~94. 사건 개요는 다음과 같다. Ahmadou Sadio Diallo는 기니 시민으로서 1964년 콩고민주공화국(DRC)(이 국가는 벨기에 식민지에서 독립한 뒤 1971~1997년 기간에는 자이레로 불린바 있다)에 정착하였다. 그곳에서 1974년 그는 수입/수출회사인 유한회사(*société privée à responsabilité limitée*, private limited liability company) Africom-Zaire를 설립하고 자신이 지배인(사장)(*gérant*)이 되었다. 1979년에는 다른 파트너들과 함께 컨테이너운송업을 전문으로 하는 또 다른 유한회사 Africontainers-Zaire를 설립하고 이번에도 지배인이 되었다. 물론 이들 두 회사 모두 현지 자이레법에 의거하여 설립되었다. 그러나 그 후, 일방 이들 각 회사와 타방 다른 회사들 및 자이레 정부 사이에 여러 분쟁이 발생하였다. 한편, 1995년 10월 31일 자이레 수상은 "Diallo의 존재와 행동이 자이레의 공공질서를 께뜨려 왔고, 계속해서 그렇게 하고 있다"라는 이유를 들어 그에 대한 "추방령"(expulsion order)을 발하였다. 이미 구금 중이던 Diallo는 1996년 1월 31일 자이레에서 추방되어 항공편으로 기니로 돌아왔다. 그러나 Diallo의 추방령은 -같은 날 킨사샤 공항에서 작성된, "불법체류"(illegal residence, *séjour irrégulier*)를 이유로 한- "입국거절 통지"[notice of refusal of entry (*refoulement*)]의 형식으로 작성되어 그에게 송달된 것이었다. 기니는 (i) Diallo가 체포, 구금, 추방 등을 통해 개인적으로 입은 손해에 대한 외교적 보호, (ii) 그가 두 회사의 사원(*associé*)의 자격으로 직접 침해당한 권리에 대한 외교적 보호, 그리고 (iii) 그의 두 회사가 자이레 국적의 회사로서 자이레 정부로부터 입은 손해에 자이레 자신이 외교적 보호를 행사하는 일은 있을 수 없으므로 이 두 회사가 입은 손해에 대한 '외교보호권의 대리행사'(diplomatic protection by substitution)를 주장하였다. 특히 이 세 번째 주장은, 회사의 형태를 불문하고 국내법에 의해 구성원(주주 혹은 사원 등)으로부터 독립된 법인격을 부여받은 법인의 경우, 그 국적국가에 의한 침해시 그 구성원의 국적국가에 의한 외교보호

있는 기회를 잡았는데, 재판소의 의견은 두 가지로 요약된다. 첫째, "사원(*associés*) 혹은 주주(share-holders)의 외교보호에 관한 국가관행과 국제재판소들의 결정을 면밀히 검토해 보았으나, 적어도 현시점에서는 -기니가 주장하는 것과 같은- 외교보호권의 대리행사(diplomatic protection by substitution)를 허용하는 국제관습법상의 예외가 존재한다고 생각되지 아니한다."413) 둘째, "이 사건에서 자이레에서 영업하기 위해서는 회사를 현지에 설립할 것이 요구되었을 것이라는 점에 대한 입증이 충분치 않았으며," 따라서 (회사 설립이 현지에서 영업하기 위한 전제조건의 하나인 경우에만 주주의 국적국가가 회사 설립지국가에 대해 외교보호를 행사할 수 있다고 규정한) "ILC외교보호초안 제11조(b)의 제한적인 규정은 본 사건의 사실관계에는 해당되지 아니하므로, 초안의 이 규정이 국제관습법을 반영하는지의 문제는 이 사건에서는 발생하지 않는다."414)

다음, ILC외교보호초안 제12조는 국가가 회사와는 별개로 주주 자체의 권리에 직접적인 침해를 가하는 경우에 관한 규정으로서, 이런 경우에는 물론 주주의 국적국가들은 자국민 주주를 위해 외교보호를 행사할 권리가 있다. 그러나 제12조는 어떤 권리들이 회사와는 별개로 주주에게 속하는지를 결정지어야 하는 법체계에 대해서는 침묵하고 있다. ILC에 의하면, "대부분의 경우 이것은 설립지국가의 국내법에 의해 결정지을 문제이다. 그러나 회사가 가해국에서 설립된 경우, 외국 주주의 권리가 차별대우를 받지 않도록 하기 위해 '회사법의 일반원칙'(general principles of company

---

가 가능할 수 있겠는가의 문제를 제기하는 것이었다. 기니와 DRC 모두 ICJ의 임의조항을 수락하고 있으므로 일견 ICJ의 재판관할권(jurisdiction) 성립에는 이상이 없어 보였다. 그러나 DRC는 외교보호를 위한 두 요건의 관점에서 소의 허용성(admissibility)에 이의를 제기하였다. 즉, DRC는 (i) 기니는 자국의 국적을 갖지 아니한 회사들을 위해 외교보호권을 행사할 수 없으며, (ii) 이 문제가 어떠하든 문제의 두 회사나 Diallo 개인 모두 DRC의 이용가능한 실효적 국내구제수단을 완료하지 않았으므로 기니는 이들을 위해 외교보호권을 행사할 수 없다고 주장하였다. ICJ는 이들 쟁점에 대해 다음과 같이 결론지었다. 첫째, 청구국적과 관련하여, 개인으로서의 Diallo의 권리를 보호하기 위한 기니의 소 제기는 허용된다. 둘째, 역시 청구국적과 관련하여, 기니가 Africom-Zaire와 Africontainers-Zaire의 사원(*associé*)으로서의 Diallo의 권리를 보호하는 문제에 대한 DRC의 항변도 배척한다; 그러나 Africom-Zaire와 Africontainers-Zaire의 권리 침해에 대한 기니의 Diallo를 위한 외교보호(즉, "외교보호의 대리행사")에 대한 DRC의 항변은 지지한다. 셋째, 국내구제수단 완료의 원칙과 관련하여, 특히 DRC의 관련법에서 "입국거절(refusal of entry, *refoulement*)은 (추방과는 달리) 상소의 대상이 되지 아니한다(shall not be subject to appeal)"고 명시하고 있는 것을 고려하면, ('추방'이 '입국거절'로 바뀐 것은 착오였다는 DRC의 주장에도 불구하고) Diallo가 이 결정과 관련하여 국내구제수단을 완료하지 않았다는 DRC의 항변은 배척한다; 동시에, 이것이 입국거절이 아니고 DRC의 주장대로 추방이라고 해도 DRC는 이 결정에 대한 이용가능한 실효적 구제수단의 존재를 입증하지 못했다; 또한, Diallo가 Africom-Zaire와 Africontainers-Zaire의 사원(*associé*)으로서 입은 침해와 관련하여 국내적 구제수단을 완료하지 않았다는 DRC의 주장과 관련해서는, DRC는 추방에 대한 결정과는 별개의 구제수단이 존재하다고 주장한 바 없으므로 이 측면에서의 DRC의 항변도 배척한다.

413) Para. 89 of the Judgment.

414) Paras. 91~93 of the Judgment. ICJ는 그 후 2010년 11월 30일의 본안(Merits) 판결에서, Diallo 추방과 추방 전 체포 및 구금 상황과 관련하여 DRC는 기니에 대해 (i) 시민적 정치적 권리 국제규약 제13조, 제9조 1~2항, (ii) 아프리카인권헌장 제12조 4항, 제6조, (iii) 영사관계 비엔나협약 제36조 1항(b)을 위반하였으므로 -(iii)을 제외한- (i) (ii)의 의무 위반에 대해 "금전배상 형태의 적절한 손해배상"(appropriate reparation, in the form of compensation)을 할 의무가 있다고 판시하였다. 그러나 재판소가 지정한 기간 내에 금전배상액에 관한 합의가 이루어지지 않자 2012년 6월 19일 판결(Compensation owed by the Democratic Republic of the Congo to the Republic of Guinea)에서 배상액수에 대해 판시하였다. 본 장, Ⅸ. 국제위법행위의 법적 결과〉 2. 손해배상〉 (2) 금전배상(compensation) 참조.

law)을 원용해야 할 경우가 있을 수 있다."[415]

국가들은 법인(회사)이나 자연인을 위한 외교보호권 행사와 관련하여 유연한 규칙에 합의하기도 한다. 이를테면 1981년 이란-미국청구재판소(Iran-U.S. Claims Tribunal)를 창설한 '알제 협정'(Algiers Accords)[416]에 의하면, 미국과 이란은 자국의 자연인을 위해서 뿐만 아니라 자국의 자연인이 전체적으로(collectively) 주식 50퍼센트 이상을 소유한 회사를 위하여도 타방에게 청구를 제기할 수 있었으며, 또한 회사가 여기에 해당하지 않더라도 자국민(자연인과 회사)이 주식이나 기타 재산적 이익을 소유하고 또 그 소유가 청구 발생 당시 전체적으로 회사/법인을 통제하기에 충분했던(collectively, were sufficient at the time the claim arose to control the corporation or other entity) 경우에는 개개 주주들도 청구를 제기할 수 있게 하였다.[417]

(6) 복수국적자의 청구국적

복수국적자의 청구국적 문제는 그가 제3국으로부터 침해를 입는 경우와 자신의 어느 한 국적국으로부터 침해를 입는 경우로 나누어 생각하여야 한다.

먼저, 복수국적자가 -자신의 어느 국적국도 아닌- 제3국으로부터 침해를 받는 경우, 그의 국적국가들은 각기 당해 제3국에 대하여 외교적 보호권을 행사할 수 있다. 이같은 보호권의 병행은 국제공무원이 직무수행과 관련하여 제3국으로부터 침해를 입는 경우에도 적용된다.[418] 이 경우 제3국은 복수국적자의 국적국가 모두(국제공무원의 경우에는 국적국가와 소속 국제기구 모두)에게 배상할 의무는 없으며, 어느 한 쪽에 배상을 해 줌으로써 배상책임을 다하는 것이 된다. 다만, 1930년의 "국적법 충돌의 일정 문제에 관한 헤이그협약"(Hague Convention on Certain Questions Relating to the Conflict of Nationality Laws) 제5조[419]에 의하면 이런 경우에도 제3국은 복수국적자의 국적 중에서 그가 통상 거주하는 국가의 국적이나 아니면 그가 사실상 가장 긴밀한 관련을 맺고 있는 것으로 보이는 국가의 국적, ICJ의 표현을 빌리면[420] "실제상황(factual situation)과 부합하는 국적"

---

415) ILC외교보호초안 제12조에 대한 주석 (4).

416) https://en.wikipedia.org/wiki/Algiers_Accords.

417) Algiers Accords (between the United States and Iran)(January 19, 1981), "Declaration of the Government of the Democratic and Popular Republic of Algeria concerning the Settlement of Claims by the Government of the United States of America and the Government of the Islamic Republic of Iran", Article Ⅶ, 〈https://www.parstimes.com/history/algiers_accords.pdf〉; Keitner, p. 107.

418) See ICJ Advisory Opinion on *Reparation for Injuries Suffered in the Service of the United Nations*, ICJ Reports (1949), p. 174.

419) "Within a third State, a person having more than one nationality shall be treated as if he had only one. Without prejudice to the application of its law in matters of personal status and of any conventions in force, a third State shall, of the nationalities which any such person possesses, recognise exclusively in its territory either the nationality of the country in which he is habitually and principally resident, or the nationality of the country with which in the circumstances he appears to be in fact most closely connected." 동 헤이그협약 제1조~제3조의 규정은, 본서, 제15장 (국적), "I. 국적의 의의" 참조.

420) *Nottebohm* case, ICJ Reports (1955), p. 4 at 22: "International arbitrators have decided in the same way numerous cases of dual nationality, where the question arose with regard to the exercise of

내지는 "진정하고 실효적인 국적" (real and effective nationality)을 승인해야 한다. 그러나 ILC의 지적에 따르면 이 문제에 대한 중재판례의 태도는 일관되지 못하다.[421] 즉, 헤이그협약의 노선에 따라 복수국적자의 국적국가 중에서도 실효적 국적의 국가만이 가해국에게 청구를 제기할 수 있다고 보는 판례가 있는가 하면, 반대로 그같은 관련성이 요구되지 않는다고 본 판례도 보고되고 있다.[422] ILC외교보호초안 제6조 1항[423]은 후자의 입장을 채택하였다. 이어서 2항은 복수국적자의 국적국가들이 제3국에 대해 "공동으로 외교보호를 행사할 수 있다"(may jointly exercise diplomatic protection)라고 규정하고 있다.

다음 문제는 복수국적자의 국적국가 상호간에도 국제청구의 제기가 가능한가 하는 점이다. 위 헤이그협약 제4조는 "국가는 자국민의 타 국적국에 대해서는 외교보호를 행사할 수 없다"고 규정하고 있다. ICJ도 *Reparation* 사건[424]에서 -부수적 의견의 일환으로(in *obiter*)- 개인이 이중국적을 가지고 있는 경우 "그 한 국적국가가 타 국적국가에 대해 외교보호권을 행사하지 않는 보통의 관행"([t]he ordinary practice whereby a State does not exercise protection on behalf of one of its nationals against a State which regards him as its own national)을 언급함으로써 이 견해를 지지한 바 있다. 과거 중재재판소 판례는 일관되지 못하다.[425] 그러나 최근 판례에 의하면, 이 경우

---

protection. They have given their preference to the real and effective nationality, that which accorded with the facts, that based on stronger factual ties between the person concerned and one of the States whose nationality is involved."

421) ILC외교보호초안 제6조에 대한 주석 (3).

422) 후자의 견해를 채택한 판례로 *Salem* case (Egypt/United States)가 자주 인용된다. 이 사건에서 살렘은 미국과 페르샤(현 이란)의 이중국적자였는데, 그가 이집트로부터 받은 부당한 대우와 관련하여 미국이 이집트를 상대로 제소하였다. 이집트는 오르지 페르샤만이 살렘을 위하여 청구를 제기할 자격이 있다고 주장하였으나 중재재판소는 이 주장을 배척하면서 다음과 같이 언급하였다. "Indeed from the circumstances it must be assumed that Salem was not an Egyptian subject but a Persian subject when he acquired American nationality. ... ... It is beside the point to ask whether Salem lost his Persian nationality or not by the acquisition of American nationality. Paragraph 7 of the Persian law relating to nationality is interpreted differently by both contending parties. According to the Egyptian version it would appear that, in virtue of Persian law, a Persian subject can only acquire a foreign nationality with the consent of his own Government; according to the American version paragraph 7 says that a Persian subject loses his nationality by unauthorized emigration, but that, in case of his return to Persia, he will be regarded as a Persian subject and will be punished for his emigration. Whatever may be the true interpretation, the Egyptian Government cannot set forth against the United States the eventual continuation of the Persian nationality of George Salem ; the rule of international law being that in a case of dual nationality a third power is not entitled to contest the claim of one of the two powers whose national is interested in the case by referring to the nationality of the other power. (Cf. *MacKenzie* v. *Germany*, 1922, Opinions of the Mixed Claims Commission. United States and Germany, p. 628.)" : (1932) 2 RIAA 1161 at 1187, 1188 (noted by Hall, p. 284), 〈https://legal.un.org/riaa/cases/vol_II/1161-1237.pdf〉.

423) "Any State of which a dual or multiple national is a national may exercise diplomatic protection in respect of that national against a State of which that person is not a national."

424) *Reparation for Injuries Suffered in the Service of the UN*, Advisory Opinion, ICJ Reports (1949), p. 174 at 186 ; Hall, p. 282 ; 본서, 제6장 (국제법의 주체), "Ⅳ. 국제기구".

425) 자주 대비 인용되는 두 중재판례가 있다. 먼저, Permanent Court of Arbitration, *Canevaro Claim* (Italy v. Peru), (1912) 11 RIAA 397은 이탈리아 국적의 3인 형제의 청구가 페루를 상대로 제기된 것인데, 중재재판

에도 복수국적자와 더욱 실효적 관련을 맺고 있는 한 국적국이 그렇지 아니한 타국적국을 상대로 그를 위한 청구를 제기할 수 있는 것으로 보고 있다. 예컨대, *Mergé Claim* 사건[426]에서 이탈리아-미국 조정위원회는 실효적 국적(effective nationality)과 지배적 국적(dominant nationality)을 같은 개념으로 사용하면서, "복수국적자의 국적국 상호간에 외교보호권의 행사를 배제하는 주권평등의 원칙은 실효적 국적의 원칙(principle of effective nationality)에 양보하여야 한다"고 하면서, "그러나 그러한 우세함이 입증되지 않으면 양보는 사라진다"는 의견을 제시한 바 있다. 이같은 논리는 *Iran-United States Case No A/18*[427]에서 이란-미국 청구재판소(Iran-US Claims Tribunal)의 전원재판정에서도 채택된 바 있다. 즉, 동 재판소는 이란 국적과 미국 국적을 동시에 가지고 있던 -거의 모두 이란의 구 샤(Shah)체제와 연관이 있는- 다수 개인들의 청구와 관련하여 미국이 이란을 상대로 제소할 자격이 있는지에 대해 판단하지 않으면 안 되었는데, 관련 기간 중 개인의 "지배적이고 실효적인 국적"(dominant and effective nationality)이 미국이었던 경우 그 같은 청구들을 허락할 것이라고 판시하였던 것이다. 재판소는 개인의 '지배적이고 실효적인' 국적 여부를 결정함에 있어 "상주거소, 이해관계의 중심, 가족관계, 공적 생활에의 참여, 기타 결합증거를 포함하여 모든 관련 요소를 고려할"[428] 것이라고 말하였다.

ILC도 기본적으로 이같은 노선을 따르고 있다. 다만, ILC외교보호초안 제7조[429]는 "외교보호를 행사하고자 하는 국가의 국적이 침해시에 그리고 공식청구 제기시에 모두 '우세하지'(predominant)

소는 그들 중에서 혈통에 의해 이탈리아 국적을 가졌으며 동시에 출생에 의해 페루 국적을 가진 1인의 청구에 대해서는 그가 페루와 가진 더욱 긴밀한 관계를 고려하여 이탈리아의 원고적격을 부인하였던 것이다 : 〈https://pcacases.com/web/sendAttach/516〉, 〈https://archive.org/stream/jstor-2187071/2187071_djvu.txt〉 ; Hall, p. 282. 반대로, *Salem* case (Egypt/United States), (1932) 2 RIAA 1161, 1187 (noted by Hall, p. 282)에서 중재재판소는 -부수적 의견을 통해(in *orbiter*)- *Canevaro* 사건의 '실효적 국적' 논리를 배척한 바 있다 : "The principle of the so-called "effective nationality" the Egyptian Government referred to does not seem to be sufficiently established in international law. It was used in the famous *Canevaro* case; but the decision of the Arbitral Tribunal appointed at that time has remained isolated. In spite of the *Canevaro* case, the practice of several governments, for instance the German, is that if two powers are both entitled by international law to treat a person as their national, neither of these powers can raise a claim against the other in the name of such person... Accordingly, the Egyptian Government need not refer to the rule of "effective nationality" to oppose the American claim if they can only bring evidence that Salem was an Egyptian subject and that he acquired the American nationality without the express consent of the Egyptian Government. ..."

426) Italian-United States Conciliation Commission, (1955) 14 R.I.A.A. 236 at 247 (available at https://legal.un.org/riaa/cases/vol_XIV/236-248.pdf) : "The principle, based on the sovereign equality of States, which excludes diplomatic protection in the case of dual nationality, must yield before the principle of effective nationality whenever such nationality is that of the claiming State. But it must not yield when such predominance is not proved ... "

427) Islamic Republic of Iran v. USA, *Case No. A/18*, concerning *the Question of Jurisdiction over Claims of Persons with Dual Nationality*, (1984) 5 Iran-US CTR 251 ; Harris, p. 576 ; (1984) 78 AJIL 912 ; Shaw, pp. 507, 585 ; Hall, p. 283 ; Keitner, p. 106.

428) (1984) 5 Iran-US CTR 251 at 265.

429) "A State of nationality may not exercise diplomatic protection in respect of a person against a State of which that person is also a national unless the nationality of the former State is predominant, both at the date of injury and at the date of the official presentation of the claim."

않는 한, 그 국적국가는 타국적국가를 상대로 외교보호를 행사할 수 없다"라고 부정적 어법을 사용하고 있는데, 이것은 세 가지를 시사하고 있다. 첫째, 제7조에서 예견하고 있는 상황은 예외적인 것으로 간주되어야 한다. 둘째, 입증책임은 청구국가에게 있다. 즉, 청구국은 자신의 국적이 '우세한' 것임을 입증하여야 한다.[430] 셋째, 종래 많이 사용되던 '지배적'(dominant)이나 '실효적'(effective) 대신 '우세한'(predominant)이라는 용어가 사용되고 있는데, 이것은 우세의 상대성/비교형량을 나타내기 위한 의도이다.[431] 제7조는 이 밖에도 우세한 국적을 결정짓는 시점을 '침해시에 그리고 공식청구 제기시에 모두'로 규정하고 있는데, 이것도 다음 세 가지를 시사하고 있다. 첫째, 우세한 국적이 침해 '후'에 수립되어서는 아니된다. 둘째, 공식청구 제기시에도 당해 국적의 우세함이 존재하여야 한다. 셋째, 그러나 청구국적계속의 원칙의 경우와는 달리, 국적의 우세함이 '침해시'와 '공식청구 제기시' 사이에 계속되었음을 입증하는 것은 필요하지 않다.[432]

(7) 청구국적 원칙의 예외

Reparation 사건[433]에서 ICJ도 언급한 바와 같이, 일국이 타국의 국민을 위하여 외교보호권을 행사하는 것이 허용되는 예외적인 경우도 일부 인정되고 있다. 우선, 이같은 권리가 조약으로부터 발생할 수 있는데, 보호국과 피보호국 국민의 관계가 그 좋은 예이다. 피보호국의 국민은 '국제적으로는' 보호국의 국민으로서의 지위를 갖게 되는데, 왜냐하면 그들 자신의 직접적인 주권자는 국제무대에서 청구를 제기하는데 필요한 완전한 국제인격을 갖고 있지 못하므로, 그들이 국제적 차원에서 보호받을 수 있는 것은 보호국정부에 의존하는 방법뿐이기 때문이다.[434]

이 밖에, 일반적으로 수락된 예외는 일국 상선에 근무하는 외국인 승무원과 일국 군대 내의 외국인 구성원이다. 이들이 청구국을 위하여 근무하던 중 피해를 입었다면, 청구국은 희생자가 외국인이라 하더라도 자신의 법적 이익을 침해당했다고 말할 수 있기 때문이다.[435] 외교공관과 영사공관에 고용된 외국인에 대해서도 위와 동일한 논리가 적용될 수 있다.[436] 조약에 의하여 청구국적원칙의

---

430) ILC외교보호초안 제7조에 대한 주석 (6).

431) ILC외교보호초안 제7조에 대한 주석 (4). 외교보호초안 제7조는 국적의 '우세함'(predominance)에 대해 정의하고 있지는 않다. 다만, ILC는 외교보호초안 제7조에 대한 주석 (5)에서, 국적의 상대적 우세함(predominance)을 결정함에 있어 고려에 넣을 수 있는 요소들과 관련하여 다음과 같이 언급하고 있다 : "No attempt is made to describe the factors to be taken into account in deciding which nationality is predominant. The authorities indicate that such factors include habitual residence, the amount of time spent in each country of nationality, date of naturalization (i.e., the length of the period spent as a national of the protecting State before the claim arose); place, curricula and language of education; employment and financial interests; place of family life; family ties in each country; participation in social and public life; use of language; taxation, bank account, social security insurance; visits to the other State of nationality; possession and use of passport of the other State; and military service. None of these factors is decisive and the weight attributed to each factor will vary according to the circumstances of each case."

432) ILC외교보호초안 제7조에 대한 주석 (7).

433) Advisory Opinion, ICJ Reports (1949), p. 174 at 181.

434) Fitzmaurice, (1950) 27 BYIL 24

435) Harris, p. 129, fn. 17.

적용을 배제하는 것도 물론 가능하다.[437]

그러나 '선박 승무원'의 보호(protection of ship's crews)에 관한 한, ILC외교보호초안의 규정은 미묘하다. 이 문제에 대해 초안 제18조는 세 가지 내용을 제시하고 있다. 첫째, '승무원'의 국적국가는 국적을 매개로 당연히 '외교보호'를 행사할 권리를 갖는다. 둘째, '선박'의 국적국가는 "승무원이 국제위법행위로부터 초래된 '선박'에 대한 침해와 관련하여 피해를 당했을 때" 그들의 국적에 관계없이 그들을 위하여 '배상/구제를 구할' 권리(right to seek redress)가 있다. 즉, 선박의 국적국가가 "선박에 대한 침해와 관련한" 것임을 조건으로 외국인 승무원을 위하여 행사하는 권리는 '외교보호'가 아니라 '배상/구제를 구할 권리'로 표현되고 있다.[438] 셋째, 승무원의 국적국가가 행사할 수 있는 외교보호권과 선박의 국적국가가 외국인 승무원을 위하여 행사할 수 있는 '배상/구제를 구할 권리' 양자 모두 인정되어야 하며, 또한 이들 사이에 우열관계는 없다.[439]

무국적자(stateless person)의 지위는 *Dickson Car Wheel Company* 사건[440]에서 "국가는 무국적자에게 침해를 가하더라도 국제위법행위를 저지르는 것이 아니다. 따라서 그 어떤 국가도 침해 전이나 후에 그를 위하여 개입하거나 이의를 제기할 권한이 없다."라고 지적된 바 있다. 그러나 개인의 지위는 극적으로 변화하고 있어, ILC외교보호초안 제8조 1항은 "국가는 '피해시에 또한 공식적인 청구제기시에 그 국가에서 합법적으로 상주하고 있는' 무국적자(a stateless person who, at the date of injury and at the date of the official presentation of the claim, is lawfully and habitually resident in that State)에 대해서는 이들을 위해 '외교보호'를 행사할 수 있다."라고 규정하고 있다. ILC외교보호초안 제8조 2항은 무국적자의 경우와 일부 동일 조건을 충족하는 난민(refugees)에 대해서도 국가가 '외교보호'를 행사할 수 있다고 규정하고 있다. 즉, 국가는 "국제적으로 수락된 기준에 따라 그 국가에 의해 난민으로 인정되고" 또한 –무국적자의 경우와 동일하게– "그 자가 '피해시에 또한 공식적인 청구제기 시에 그 국가에서 합법적으로 상주하고 있는' 경우" 그

436) Fitzmaurice, (1950) 27 BYIL 25 ; 《국적업무편람》(법무부, 1992), p. 10.

437) Harris, p. 129, fn. 17.

438) ILC외교보호초안 제18조에 대한 주석 (8). 네덜란드에 등록된 선박이 러시아 당국에 의해 나포되면서 발생한 *Arctic Sunrise* 호 사건에서 네덜란드 정부도 국적을 달리하는 승선자들을 위해 제소함에 있어 자국민들에 대해서는 '외교보호'란 용어를 사용하면서도, 자국민이 아닌 사람들에 대해서는 '배상/구제를 구할 권리'(right to seek redress)란 표현을 사용한 바 있다 : ITLOS, *The Arctic Sunrise* case (Netherlands v. Russia)(Request for provisional measures), Order of 22 November 2013, para. 33(1)(c).

439) ILC외교보호초안 제18조에 대한 주석 (8). 관련 판례로는 국제해양법재판소에 제기된 *The M/V Saiga* (No. 2) case (Saint Vincent and the Grenadines v. Guinea), Judgment of 1 July 1999 (available at https://www.itlos.org/start2_en.html)를 들 수 있다. 이 사건에서 동 재판소는, UN해양법협약의 관련규정을 해석하건대, 선박과 그 화물, 승무원은 "그 기국에 연결된 한 개의 실체"(an entity linked to the flag State)로서 다루어지며, 따라서 피해선박의 기국은 선박뿐만 아니라 당해 선박의 외국인 승무원들이 입은 피해에 대해서도 "손해배상을 구할 권리"(the right of a flag State to seek reparation)가 있다고 전제한 뒤(paras. 103~109), 결국 문제의 선박에 가한 손해와 그 승무원들이 입은 피해에 대하여 일정 손해배상금을 원고국에 지급할 것을 가해국 기니에게 명령하였다. ILC외교보호초안 제18조에 대한 주석 (5)~(9) ; Orakhelashvili, p 174 ; 본서, 제21장 (해양법), "Ⅴ. 배타적 경제수역, 1. EEZ의 법적 성격", "Ⅶ. 공해, 7. 기국주의의 예외, (3) 추적권" 참조.

440) United States – Mexican General Claims Commission, (1931) 4 R.I.A.A. 669 at 678 ; Harris, p. 571.

를 위해 '외교보호'를 행사할 수 있다.[441] 그렇다면 이들 두 경우는 청구국적원칙의 진정한 예외로 추가될 것이다. 그러나 ILC는 제8조의 두 규칙은 "법의 점진적 발달을 행사한(an exercise in progressive development of the law)" 것으로서, "오로지 국민들만이 외교보호의 행사를 향유할 수 있다는 전통규칙에서 이탈한 것"이라고 솔직히 밝히고 있다.[442] 따라서 두 규칙을 국제관습법규로 보는 것은 시기상조이다.[443]

2. 국내(현지)구제수단 완료의 원칙

국내구제수단 완료의 원칙에 따르면 만일 피해자가 가해국 현지의 이용가능한 실효성있는 구제수단을 다 밟지 않으면, 그의 국적국가는 국제청구를 제기하는 등의 외교보호권을 행사할 수 없다. ICJ는 이 원칙을 *Interhandel* 사건[444]에서는 "확립된 국제관습법규"(a well-established rule of customary international law)로, *Elettronica Sicula S.p.A.* (*ELSI*) 사건[445]에서는 "국제관습법의 중요한 원칙"(an important principle of customary international law)으로 인정한 바 있다. 이 원칙은 물론 자연인뿐만 아니라 회사/법인에게도 적용된다. 또한 국가는 자국민(national)을 위해 국제청구를 제기할 때 뿐만 아니라 (ILC외교보호초안 제8조에서 언급하고 있는 바와 같이) 예외적으로 외국인을 위해 외교보호를 행사하고자 할 때에도 이 원칙을 준수하여야 한다.[446]

(1) 원칙의 적용범위

국내구제수단 완료의 원칙은 국가의 국제위법행위로 사인 자격의 외국인(자연인 또는 법인)이 손해를 입는 경우, 즉 간접침해(indirect injury)에만 적용된다. 따라서 (군함을 포함한) 국가재산,[447] 정부관리,[448] 외교관[449] 등에 대한 공격과 같이 침해가 직접 국가 자체에 대하여 가해진 것으로 간주

441) 다만, 제8조 3항에 의하면 2항의 난민규정은 난민의 국적국가의 국제위법행위에 의해 난민에게 야기된 침해에 대해서는 적용되지 아니한다. 즉, 피난처 국가는 난민의 국적국가에 대해서는 난민과 관련하여 외교보호를 행사할 수 없다. ILC는 외교보호초안 제8조에 대한 주석 (10)에서 그 이유로 두 가지를 들고 있다. 첫째, 이것을 허락했다면 국적을 주된 기초로 하여 외교보호의 행사를 논하는 본 초안의 기본입장과 모순되었을 것이다. 둘째, 정책적 차원에서도 이를 불허하는 것이 타당하다. 왜냐하면 대부분의 난민은 국적국가의 학대를 피해 도주를 하였을 터인데, 이런 상황에서 외교보호를 허락하게 되면 국제소송의 수문을 개방하는(open the floodgates for international litigation) 꼴이 될 것이고, 나아가 난민들의 그러한 요구가 무서워 국가들이 난민 수용을 꺼리게 될 것이다.

442) ILC외교보호초안 제8조에 대한 주석 (2).

443) Hall, p. 280.

444) Switzerland v. United States of America (Preliminary Objections), ICJ Reports (1959), p. 6 at 27.

445) United States v. Italy, ICJ Reports (1989), p. 15 at 42 (para. 50).

446) ILC외교보호초안 제14조 1항 및 동 규정에 대한 주석 (2).

447) *Corfu Channel* case (United Kingdom v. Albania), ICJ Reports (1949), p. 4.

448) Case concerning *the Arrest Warrant of 11 April 2000* (Democratic Republic of Congo v. Belgium), Judgment of 14 February 2002, para. 40 of the judgment.

449) Case concerning *United States Diplomatic and Consular Staff in Tehran* (United States v. Iran), ICJ Reports (1980), p. 3.

되는 직접침해(direct injury)의 경우에는 이 원칙은 적용되지 않는다.[450] 이같은 구분을 하는 이유는, 주권평등 원칙상 국가는 외국재판소의 재판관할권에 복종하지 않을 권리가 있고,[451] 따라서 피해국이 가해국의 국내재판소에 자발적으로 소를 제기하지 않는 한 국가에 대한 직접적인 침해는 가해국의 국내재판소에서 심리의 대상이 될 수 없기 때문이다.[452]

이와 관련하여 이른바 혼합청구(mixed claim), 즉 국가가 (자국민을 통하여) '간접적으로' 침해를 입은 요소와 (그 자신이) '직접' 침해를 입은 요소가 혼합되어 있는 청구가 제기되어 오는 경우, 국내구제완료 원칙의 적용 여부를 결정하기 위한 기준을 어디에서 구할 것인지의 문제가 제기된다. ICJ는 *Avena* 사건[453]에서 "국가의 권리와 개인의 권리가 상호의존적인 특별한 사정"(special circumstances of interdependence of the rights of the State and of individual rights)에서는 국내구제 완료의 의무는 적용되지 않는다고 판시한 바 있다. ILC외교보호초안 제14조 3항[454]은 '압도적 우세' 기준(preponderance test)을 제시하고 있다. 즉, "국가 간 청구가 '압도적으로'(preponderantly) 사인에 대한 침해에 기초하여 제기되는 경우에는 국내적 구제를 완료하여야 한다." 이른바 '필수조건' 기준(*sine qua non* or "but for" test)에 의하면, "피해를 입은 국민을 위한 청구가 없으면"(were it not for the claim on behalf of the injured national) 혼합청구가 제기되지 않았을 경우, 그 청구는 간접청구로서 국내적 구제수단이 완료되어야 한다. '압도적 우세' 기준과 '필수조건' 기준은 거의 구분하기 어렵지만, ILC외교보호초안 제14조 3항은 전자를 채택하고 있다.[455]

또한, 국가가 타국의 국제위법행위에 의해 피해를 입은 자국민을 위하여 손해배상을 청구하는 것이 아니라 개인을 위법하게 대우하는 과정에서 혹은 그에 수반하여 피고 국가가 위반한 것으로 주장되는 조약의 해석과 적용에 관한 결정(즉, 선언적 판결)만을 구하는 경우에도 국내적 구제를 완료할

---

450) ILC외교보호초안 제14조에 대한 주석 (10), (12).

451) 즉, "*par in parem non habet imperium, non habet jurisdictionem*"의 원칙.

452) Aréchaga in Sørensen, p. 582. 사실, 일반국제법은 직접침해라고 해서 피해국이 반드시 국제청구를 제기할 것을 요구하는 것은 아니기 때문에, 상황에 따라서는 그리고 피해국의 국내법이 허용한다면 직접침해의 경우에도 피해국이 가해국의 국내구제수단을 이용하는 것이 더 편리할 수 있다. Okowa in Evans (ed.), *International Law*, 3rd, p. 495.

453) *Avena and Other Mexican Nationals* (Mexico v. United States of America), ICJ Reports (2004), p. 12 at 36 (para. 40) : "It would further observe that violations of the rights of the individual under Article 36 [of the Vienna Convention on Consular Relations of 1963] may entail a violation of the rights of the sending State, and that violations of the rights of the latter may entail a violation of the rights of the individual. In these special circumstances of interdependence of the rights of the State and of individual rights, Mexico may, in submitting a claim in its own name, request the Court to rule on the violation of rights which it claims to have suffered both directly and through the violation of individual rights conferred on Mexican nationals under Article 36, paragraph 1 (*b*). The duty to exhaust local remedies does not apply to such a request." ; noted by ILC Commentary, para. (10) to Article 14 of the Draft Articles on Diplomatic Protection (2006).

454) "Local remedies shall be exhausted where an international claim, or request for a declaratory judgment related to the claim, is brought preponderantly on the basis of an injury to a national or other person referred to in draft article 8."

455) ILC외교보호초안 제14조에 대한 주석 (11).

필요가 있는지에 대해서는 견해가 갈리는데, ICJ는 바로 이런 상황에 해당하는 *Elettronica Sicula S.p.A. (ELSI)* 사건[456]에서 국내구제 완료의 원칙이 적용된다고 하였고, ILC외교보호초안 제14조 3항도 이 경우 국내구제 완료의 원칙이 적용됨을 명백히 하고 있다.[457]

(2) 원칙의 성격과 이론적 근거

국내구제수단 완료의 원칙이 실체 규칙(substantive rule)인지, 아니면 절차 규칙(procedural rule)인지에 대해서는 이론적인 논정이 있다. 즉, 피해를 입은 개인이 가해국에서 국내구제수단을 다 밟기 전에는 국가책임이 발생하지 않는다고 보는 견해가 있는가 하면,[458] 국가가 외국인에게 국제의무를 위반하여 침해를 가하는 즉시 국가책임은 성립하되 국내구제절차가 완료되기 전에는 국가간에 청구권(외교보호권) 행사가 허용되지 않는다고 생각하는 견해도 있다.[459] 이 밖에 제3의 혼합견해도 제시된 바 있는데, 이 견해는 외국인에 대한 침해를 단지 국내법 하의 침해와 국제법(또는 국제법과 국내법) 하의 침해로 구분하여, 전자의 경우에는 국내구제 완료를 실체 규칙으로, 후자의 경우에는 절차 규칙으로 이해하자는 것이다.[460] 다만, 위에서 언급한 바와 같이, ILC 국가책임초안 제44조는 국내구제수단 완료의 원칙을 -국제위법행위의 한 조건으로서가 아니라- 청구의 "허용성"(소적격)의 한 조건으로 명시하고 있으나, ILC 외교보호초안에서 이 문제를 명시적으로 다루지는 않

---

456) USA v. Italy, ICJ Reports (1989), p. 15 at 42~43 (paras. 51~52). 사건 개요는 다음과 같다. ELSI는 이탈리아에서 설립된 회사이긴 하지만 미국의 두 회사가 주식 모두를 소유하고 있었다. 그런데 회사의 경영이 악화되던 중 시장이 공장시설에 대해 징발령을 내렸는데, 이로 인해 ELSI는 결국 파산하였다. 그 후 이 사건은 미국-이탈리아간 우호통상항해조약의 재판조항(제26조)에 의거하여 ICJ 특별재판부(*ad hoc* Chamber)에 회부되었다. 미국은 "이탈리아가 조약을 위반"하였고 또한 "그 위반의 결과로 미국 국민에게 끼친 손해에 대해 배상책임이 있다"는 판결을 내려줄 것을 청구하였다. 그러면서 미국은 "이탈리아가 조약을 위반하였음을 확인하는 선언적 판결을 구하는 부분에 관한 한" 이것은 직접침해에 해당하며 따라서 여기에는 국내구제수단완료의 원칙이 처음부터 적용의 여지가 없다고 주장하였으나, 재판부는 이를 배척하면서 para. 52에서 다음과 같이 판단하였다 : "In the present case, ...the matter *which colours and pervades the United States claim as a whole*, is the alleged damage to Raytheon and Machlett [United States corporations], said to have resulted from the actions of the Respondent. Accordingly, the Chamber rejects the argument that in the present case there is a part of the Applicant's claim which can be severed so as to render the local remedies rule inapplicable to that part."(italics added) 다만, 재판부는 미국의 두 회사가 (ELSI나 동 회사의 파산관재인과는 별개로) 추구하고 완료했어야 할 일부 국내구제수단이 확실히 남아 있었다는 점에 대해 이탈리아가 재판부를 납득시키지 못했기 때문에 사건의 본안심리로 들어갈 것이라고 판시하였다(para. 63). 그리고 심리결과 최종적으로 이탈리아가 미국과의 우호통상항해조약 (제3조 2항)을 위반하지 않았다고 판단하였다 (para. 101).

457) ILC외교보호초안 제14조에 대한 주석 (13).

458) See e.g. *per* Roberto Ago (Special Rapporteur), *Sixth report on State Responsibility*, Yearbook of the International Law Commission (1977), Vol. Ⅱ (1), para. 52, available at https://untreaty.un.org/ilc/documentation/english/a_cn4_302.pdf.

459) See e.g. *per* John Dugard (Special Rapporteur on Diplomatic Protection), in Report of the International Law Commission, Chapter V. Diplomatic Protection, Fifty-fourth session (29 April-7 June and 22 July-16 August 2002), UN Doc A/57/10, para. 151, available at https://untreaty.un.org/ilc/reports/2002/2002report.htm ; 그러나 그는 여기서 국내구제수단 완료의 원칙이 절차규칙인지 실체규칙인지의 문제를 회피하고, 이 문제에 대해 ILC 위원들이 자신들의 견해를 유지하도록 내버려 두도록 제안하였다 (para. 176).

460) e.g. *per* Fawcett, noted in *ibid.*, para. 154.

았다.[461)]

국내구제수단 완료 원칙의 "성격"에 대한 이상의 논쟁과는 별개로, 동 원칙의 '목적' 내지는 '이론적 근거'는 자신의 사법기관을 통하여 문제를 해결할 권한을 가진 국가의 주권과 재판관할권을 존중하는 데 있다.[462)] 이 원칙이 인정되지 않는다면 외국인에 대해서는 영토국의 국내법과 국내재판소가 존재하지 않는 것이 될 것이고, 또 외국인은 영토국과의 관계에서 발생하는 사소한 문제에 대해서까지도 자국 정부의 정치적 영향력을 즉각 끌어들일 수 있게 될 것이다. 그와 같은 시기상조의 외교적 간섭은 영토국의 독립에 대한 모욕이 되며, 또한 영토국의 법질서와 그 재판소의 권위에 대한 모독이기도 하다.[463)] 인권조약 분야에서 인권침해 문제를 국제적인 절차에 회부할 때에도 동일한 논리가 적용되고 있다.[464)] 국내구제수단 완료의 원칙은 제기될 수 있는 국제청구의 건수를 줄여주는 효과도 동반할 것이다.[465)]

(3) 국제소송에서 이 원칙의 기능 : 선결적 항변(preliminary objections)의 한 사유

외국인이 가해국 내에서 그 국내법상의 구제수단을 다 밟지 않았는데도 그의 국적국가가 국제소송을 제기하는 경우, 피고 국가는 소(청구)의 허용성이 결여되어 있음을 이유로 국제재판소의 관할권 흠결을 주장함으로써 재판소의 사건 심리를 봉쇄할 수 있다. 국제소송에서 이것은, 완료되지 아니한 국내구제수단이 존재한다는 것을 입증할 책임은 피고국가에게 지워지고, 반대로 그것을 완료했음을 입증할 책임은 원고국가에게 지워짐을 의미하는 것이기도 하다.[466)]

---

461) Okowa in Evans (ed.), *International Law*, 3rd, pp. 498~499 ; Nollkaemper, p. 174, fn. 42

462) *Interhandel*, ICJ Reports (1959), p. 6 at 27 : "the State where the violation occurred should have an opportunity to redress it by its own means, within the framework of its own domestic system." See also Dissenting Opinion of Judge Anderson, at International Tribunal for the Law of the Sea, *The Camouco* Case (Panama v. France), 7 February 2000, 〈https://www.worldcourts.com/itlos/eng/decisions/2000.02.07._Panama_v_France.pdf〉 : "Moreover, the owners have subsequently exercised a second right of appeal to another court in Réunion. No decision on this second appeal has been reported to the Tribunal. In other words, shortly after the appeal was filed and whilst it was still under consideration, an application was made to this Tribunal on the same point. It must be unprecedented for the same issue to be submitted in quick succession first to a national court of appeal and then to an international tribunal, and for the issue to be actually pending before the two instances at the same time. This situation is surely undesirable and not to be encouraged. It smacks of "*forum hopping*" and hardly makes for the efficient administration of justice. *An international tribunal can best adjudicate when the national legal system has been used not partially, as here, but completely and exhaustively.*"

463) Aréchaga in Sørensen, pp. 583~584.

464) 예컨대, "시민적 · 정치적 권리에 관한 국제규약" 제41조 1항(c), 동 규약의 선택의정서 제5조 2항(b) ; 유럽인권협약 제35조 1항 ; "장애자의 권리에 관한 협약 선택의정서"(Optional Protocol to the Convention on the Rights of Persons with Disabilities) 제2조(d) ; "모든 사람을 강제실종으로부터 보호하기 위한 국제협약"(International Convention for the Protection of All Persons from Enforced Disappearance) 제31조 2항(d) 참조. See also Cassese, *International Law*, 2nd, p. 123.

465) Shaw, 6th, p. 819.

466) *Ahmadou Sadio Diallo* (Republic of Guinea v. Democratic Republic of the Congo), (Preliminary Objections), ICJ Reports (2007), p. 582 at 600 (para. 44) : "In matters of diplomatic protection, it is incumbent on the applicant to prove that local remedies were indeed exhausted or to establish that exceptional circumstances relieved the allegedly injured person whom the applicant seeks to protect of

(4) 원칙의 적용한계 : '자발적' 관련성의 존재

국내구제수단 완료의 원칙은 일체의 간접침해 사건에 적용되는가? 1955년 이스라엘의 한 상업항공기가 불가리아 상공에서 격추된 *Aerial Incident* 사건에서 불가리아 정부는, 이스라엘 정부가 ICJ에 제소하기 전에 피해를 입은 이스라엘 국민들이 먼저 그의 수도 소피아로 와서 국내구제수단을 완료해야 한다고 주장하였다. 이에 대해 이스라엘은 이 사건은 직접침해이기 때문에 국내구제수단 완료의 원칙이 적용되지 아니하며, 설사 이 사건이 간접침해라 하더라도 국내구제수단 완료의 원칙에는 일정한 한계가 있다고 주장하면서 다음과 같이 자발적 관련성(voluntary link)의 이론을 원용하였다.

> "이 원칙이 적용되기 전에, 피해를 입은 개인과 비난받을 행동을 한 국가 사이에 어떤 관련성이 존재하는 것이 필수적이다. ... 이 원칙은 오로지 외국인이 그 자신과 외국 사이에 자발적이고 의식적이고 의도적인 관련성(a voluntary, conscious and deliberate connection)을 창설했거나 또는 창설한 것으로 간주되는 경우에만 적용된다. 개인이 외국에 거주한다든지, 외국과 무역활동에 종사하거나 그 곳에 재산을 갖고 있거나 또는 외국정부의 공채를 보유함으로써 그와 일정 접촉을 가진 경우 등이 여기에 속한다."[467]

ICJ는 이 사건을 다른 근거에 입각하여 각하하였기 때문에,[468] 여기서 국내구제수단 완료의 원칙을 검토하지는 않았지만 이스라엘의 이같은 주장은 올바른 것으로 받아들여지고 있다. 요컨대, 국내구제수단 완료의 원칙은 사건 당시 피해자가 가해국의 영토 내에 있었거나 또는 위법행위가 가해국영토 내에서 발생한 경우에 적용되는 것이 아니라, 피해자와 가해국 사이에 '자발적' 관련성이 존재하고 있었던 경우에 적용되는 원칙이다. 국내구제수단 완료 원칙의 적용한계로서 제시된 자발적 관련성은 이처럼 영토와 결부된 개념이 아님을 유념할 필요가 있다. 자발적 관련성의 요건은 ILC외교보호초안 제15조(c)[469]에서는 그것이 존재하지 않는 경우 국내구제를 완료할 필요가 없는 '예외'의 하나로 언급되고 있는데, 다만 동 규정에서는 '자발적 관련성'(voluntary link) 대신 '적절한 관련성'(relevant connection)이란 다소 객관적인 술어를 사용하고 있으며, 또한 '적절한 관련성'이 존재해야 하는 시점은 '침해시'(at the date of injury)임을 분명히 하고 있다.[470]

---

the obligation to exhaust available local remedies (see *Elettronica Sicula S.p.A. (ELSI) (United States of America v. Italy), I.C.J. Reports 1989*, pp. 43-44, para. 53). It is for the respondent to convince the Court that there were effective remedies in its domestic legal system that were not exhausted. ..."

467) Case concerning the *Aerial Incident of 27 July 1955* (Israel v. Bulgaria) (Preliminary Objections), Oral Pleadings of Israel, ICJ Pleading 1959, pp. 531~532 ; Aréchaga in Sørensen, p. 583 ; Meron, (1959) 35 BYIL 93~94.

468) 즉, ICJ는 불가리아가 1921년에 행한 PCIJ 강제관할권 수락 선언은 ICJ 강제관할권 수락 선언을 구성하는 것으로 볼 수 없다고 하였다. 이 문제에 대해서는 본서, 제26장 (분쟁의 평화적 해결수단), "Ⅶ. 사법심사, 10. 계쟁사건에서 ICJ의 당사자관할권, (3) 일방적 선언에 의한 일반강제관할권의 창설" 참조.

469) "Local remedies do not need to be exhausted where : ...(c) There was no relevant connection between the injured person and the State alleged to be responsible at the date of injury ; ..."

470) ILC외교보호초안 제15조에 대한 주석 (10) 참조.

자발적(혹은 적절한) 관련성이 존재하는 것으로 볼 수 없는 경우들, 다시 말해서 간접침해라 하더라도 피해자가 가해국의 국내구제수단을 거칠 필요없이 그의 본국 정부에 의한 국제청구가 가능한 경우는 크게 (i) 불가항력(*force majeure*)으로 외국영토에 들어간 경우와 (ii) 관련성(link)이 가해국 정부의 위법행위에 의하여 창설되는 경우로 구분해 볼 수 있다. 그리고 후자의 예로서는 강제납치, 자국에 주둔하고 있는 외국 군대로부터 피해를 입는 경우, 외국의 우주물체에 의하여 자국 내에서 피해를 입는 경우, 어선이나 상선이 공해상에서 외국 군함으로부터 공격을 받는 경우,[471] 자국 내에서 외국의 방사능 누출로 손해를 입는 경우[472] 등을 들 수 있다.[473]

(5) 피해자가 밟아야 할 국내구제수단의 범위

Ambatielos Claim 판결[474]에 의하면 국내구제수단은 "재판소와 심판소에 대한 부탁뿐만 아니라 국내법상 제소자들이 그러한 재판소와 심판소에서 이용할 수 있는 절차적 편익의 사용"을 지칭하는 것으로서 "그것은 국내법이 제공하는 법적 보호의 전(全)체계(the whole system of legal protection, as provided by municipal law)이다." 그러므로 여기에는 통상적인 재판소뿐만 아니라 행정구제수단(administrative remedies)(즉, 행정기관과 행정심판소)이 포함되며, 또한 그것이 존재하고 이용가능한 경우에는 헌법재판소도 포함된다.[475] 이것은 구제수단이 당해 국가의 국내법상 통상적인(ordinary) 구제방법이냐 특별한(extraordinary) 구제방법이냐 하는 것은 문제가 되지 않음을 의미한다. 중요한 것은 피해자에게 '실효성있는' 충분한 구제의 가능성을 제공하는 구제수단인지의 여부이다. 다만, 그 목적이 권리를 구제하는 데 있는 것이 아니라 '순전히 재량적 혹은 은혜적 구제'(purely discretionary or *ex gratia* remedies)를 베푸는 기관은 국내구제수단의 개념에 포함되지 않는다.[476] ILC외교보호초안 제14조 2항[477]도 국내구제를 정의함에 있어 이상의 사항을 그

471) 1958년 공해협약 제20조 ; 1982년 UN해양법협약 제106조, 제110조 3항 참조.

472) 예컨대, 1986년의 체르노빌사건.

473) Aréchaga in Sørensen, p. 583.

474) Greece v. UK, (1956) 12 RIAA 83.

475) Greig, pp. 583~584. 예컨대, 1965년 "국가와 타국국민간의 투자분쟁해결에 관한 협약"(Convention on the Settlement of Investment Disputes between States and Nationals of Other States) 제26조는 그 두 번째 문장에서 "국내 행정적 또는 사법적 구제수단의 완료"(exhaustion of local *administrative or judicial* remedies)를 언급하고 있다. https://icsid.worldbank.org/ICSID/Index.jsp.

476) *Ahmadou Sadio Diallo* (Republic of Guinea v. Democratic Republic of The Congo) (Preliminary Objections), ICJ Reports (2007), p. 582, para. 47 ("The DRC did, it is true, cite the possibility of requesting reconsideration by the competent administrative authority. ... The Court nevertheless recalls that, while the local remedies that must be exhausted include all remedies of a legal nature, judicial redress as well as redress before administrative bodies, administrative remedies can only be taken into consideration for purposes of the local remedies rule if they are aimed at vindicating a right and not at obtaining a favour, unless they constitute an essential prerequisite for the admissibility of subsequent contentious proceedings. Thus, the possibility open to Mr. Diallo of submitting a request for reconsideration of the expulsion decision to the administrative authority having taken it, that is to say the Prime Minister, in the hope that he would retract his decision as a matter of grace cannot be deemed a local

대로 반영하고 있다. 동 규정에서도 국내구제를 구체적으로 열거하고 있지는 아니한데, 이것은 국내구제란 것이 필연적으로 국가마다 모두 다를 것이기 때문이다.[478]

위 원칙의 한 적용결과로서, 외국인이 위법행위가 발생한 후 규정된 시한 내에 절차를 개시하지 않거나 또는 차상급기관에 상소를 하지 않음으로 인하여 그에게 불리한 절차적 결정이 내려지는 경우, 그는 가해국으로부터 구제를 받기 위해 최선을 다하지 않은 것이 된다. 따라서 이 경우 그를 위한 배상청구는 국제재판소의 심리대상이 되지 못한다.[479]

마찬가지로, 여러 개의 가능한 상소절차를 모두 다 밟지 않는 경우에도 국내구제수단을 완료하지 않은 것이 되는데, *Interhandel* 사건[480]이 이 점을 잘 보여주고 있다. 스위스회사인 Interhandel은 독일의 한 회사와 관련이 있다는 이유로 적성(敵性)(enemy character)이 인정되어 제2차 세계대전 기간 중 미국 정부에 의해 미국 내의 자산을 압류당하였다. 미국 재판소들에 재산반환청구소송을 제기한 지 9년이 흘러도 진척이 없자 스위스 정부가 미국을 상대로 ICJ에 제소하였다. 그러나 사건이 ICJ에 계류 중일 때 미국 연방최고재판소는 이 사건에 대한 새로운 심리를 명하였다. 그러자 ICJ는 국내구제수단이 아직 완료되지 않았다는 이유로 스위스의 청구를 각하하였다. 다만, 이 판결에 대해서는 국내구제절차가 지나치게 느린 경우에는 완료할 필요가 없다는 비판이 제기되었다.[481] "시민적 · 정치적 권리에 관한 국제규약"의 선택의정서 제5조 2항(b)도 "국내구제수단의 적용이 부당하게 지연되는 경우"에는 국내구제수단 완료의 원칙은 적용되지 않는다고 규정하고 있으며,[482] ILC외교보호초안 제15조도 그 (b)항에서 "피고국가에게 귀속되는 구제절차상의 부당한 지연"(undue delay in the remedial process which is attributable to the State alleged to be responsible)을 국내구제원칙의 예외의 하나로 언급하고 있다.[483]

(6) 국내구제수단을 밟음에 있어 유의해야 할 절차적 사항들

피해외국인은 국내소송에서 이기기 위해 '필수적'일지도 모르는 자료를 국내재판소에 제시했어야

---

remedy to be exhausted.") ; *Heathrow Airport User Charges Arbitration* (United States-United Kingdom), Award on the First Question, 30 November 1992 (revised 18 June 1993), "Chapter 3. The Failure to Exhaust Domestic Remedies", para. 6.43 (... "[The] remedies to be exhausted are those of a legal nature. Purely discretionary or *ex gratia* remedies do not require to be exhausted"...), RIAA, Vol. XXIV p. 67, 〈https://legal.un.org/riaa/cases/vol_XXIV/1-359.pdf〉 ; Aréchaga in Sørensen, pp. 584~585 ; Hall, p. 296.

477) ""Local remedies" means legal remedies which are open to an injured person before the judicial or administrative courts or bodies, whether ordinary or special, of the State alleged to be responsible for causing the injury."

478) ILC외교보호초안 제14조에 대한 주석 (4), (5).

479) Aréchaga in Sørensen, p. 585.

480) Switzerland v. US, ICJ Reports (1959), p. 6.

481) See Dissenting Opinion of Judge Armand-Ugon, ICJ Reports (1959), p. 87.

482) "장애자의 권리에 관한 협약 선택의정서"(Optional Protocol to the Convention on the Rights of Persons with Disabilities) 제2조(d), "모든 사람을 강제실종으로부터 보호하기 위한 국제협약"(International Convention for the Protection of All Persons from Enforced Disappearance) 제31조 2항(d) 등도 그러하다.

483) ILC외교보호초안 제15조에 대한 주석 (5), (6) 참조.

만 국내구제수단을 다한 것으로 인정받을 수 있다. 따라서 만일 외국인이 필요한 주장 또는 필수적인 증거를 제시하지 않은 경우 국제소송에서 피고국가는 국내구제수단이 완료되지 않았음을 주장할 수 있다. 이같은 규칙이 요구되는 까닭은, 외국인이 자신의 사건을 가능하면 빨리 국제무대로 끌어내기 위하여 국내구제수단을 형식적으로 밟는 것을 막기 위해서이다.[484)]

위 *Ambatielos Claim* 사건[485)]이 이 점을 잘 보여주고 있다. 그리스의 선박소유주인 Ambatielos는 영국 정부로부터 몇 척의 선박을 구매하기로 계약을 체결하였으나, 그 후 영국 정부를 고등(중앙제1심)재판소(High Court)에 계약위반으로 제소하였다. 그러나 그는 중요한 증인을 부르지 않아 패소하였으며, 그의 상소도 항소재판소(Court of Appeal)에서 기각되었다. 이에 그리스 정부가 그를 위하여 국제청구를 제기하였으나, 중재재판관들은 그가 매우 중요한 증인을 부르는 것을 막는 법상의 혹은 사실상의 이유가 없음에도 불구하고 부르지 않았었다는 이유로 [또, 부분적으로는, 영국의 당시 최고재판소인 상원(House of Lords)에 상소하지 않았었다는 이유로] 국내구제수단을 완료하지 않았다고 판결하였다.

(7) 원칙이 적용되지 않는 경우

가해국에 완료해야 할 국내구제수단이 사실상 존재하지 않는다면 국내구제수단 완료의 원칙은 처음부터 적용될 수가 없다. 예컨대, 국내법상 주권자의 소송으로부터의 면제, 외국인의 청구와 관련된 사항에 대해서는 정부에 대한 소송을 금지하는 국내법규정, 당해 사건에 대해 더 이상 상소가 허용되지 않는 재판소[486)]에서 발생한 재판의 거절(denial of justice) 등등으로 인하여 국내구제수단이 없는 경우가 있을 수 있다.[487)]

(8) 원칙에 대한 예외

국내구제수단이 존재하고 이용가능함에도 불구하고 그것을 완료할 필요가 없는 경우가 있는데, 바로 이러한 경우가 이 원칙의 진정한 예외에 속한다. 즉, 기존의 구제수단이 명백히 쓸모없거나(obviously futile) 혹은 명백히 실효성이 없는(manifestly ineffective) 경우에는 국내구제수단 완료의 원칙이 적용되지 않는다. 다만, ILC외교보호초안 제15조(a)는 "가해국의 국내구제수단이 '명백히' 쓸모없거나, '명백히' 실효성이 없어야 한다"는 기준은 너무 높다는 이유로 이를 "실효적 구제를 제공할 '합리적으로(상당히)' 이용가능한 국내구제수단이 없거나, 혹은 국내구제수단이 실효적 구제의 '합리적인(상당한)' 가능성을 제공하지 아니하는 경우"(where there are no reasonably available local remedies to provide effective redress, or the local remedies provide no

---

484) Aréchaga in Sørensen, p. 586.

485) Greece v. UK, (1956) 12 RIAA 83 ; Akehurst, pp. 101~102 ; Hall, p. 295.

486) 즉, 여기서 재판소는 관련 '국가'의 최고재판소가 아니라 관련 '사건'의 최고재판소를 지칭한다. 대부분의 경우 국내 최고(파기)재판소가 그러한 경우에 해당되겠지만, 적은 소송가액 등의 이유로 하급심에서 사건을 최종적으로 종결시키고 그 결정에 기판력을 부여하는 국내법체계도 있기 때문이다.

487) Aréchaga in Sørensen, pp. 587~588.

reasonable possibility of such redress)로 완화하고 있다.[488] 국내구제수단이 실효성이 없는 것으로 간주될 수 있는 사유로는 국내법상의 장애물과 사실상황 두 가지를 들 수 있다.[489]

1) 국내법상의 장애물

피고국가 내에 외국인이 이용할 수 있는 구제수단이 있긴 하지만 그 국내법규정에 따르면 그러한 구제수단이 명백히 구제를 부여할 수 없는 상황 하에서는 이를 밟을 의무가 면제된다.

예컨대, 첫째로, 상급재판소가 법률심이어서 하급심의 사실 인정을 재조사할 권한이 없는 결과 하급심의 판결을 파기하는 것이 불가능한 경우에는, 상소는 명백히 쓸모가 없으므로 국내구제수단은 하급심에서 완료된 것으로 간주된다.[490]

둘째로, 충분하거나 적절한 배상을 부여할 수 없는 국내구제수단도 밟을 필요가 없다. 예컨대, 단지 조사의 권한만 있고 손해배상을 판정할 권한이 없는 기관에는 호소할 의무가 없다. 이를테면 행정과오(maladministration)가 있었는지를 단지 "조사, 보고"하는 기능을 수행하는 여러 국가의 옴부즈만(Ombudsman, parliamentary commissioner) 제도는 국내구제수단 완료 원칙이 요구하는

---

488) ILC외교보호초안 제15조에 대한 주석 (2)~(4) 참조. 다만, ILC외교보호초안 제15조는 그 (d)항에서 "피해자가 국내구제수단을 밟는 것이 '명백히' 방해받는 경우" (where the injured person is *manifestly* precluded from pursuing local remedies)를 (a)항과는 별개의 예외로 규정하고 있는데, ILC는 주석에서 "이 (d)항은 한 개의 점진적 발전의 행사(an exercise in progressive development)로서 좁게 해석되어야 한다."라고 언급하고 있다. 그 결과 입증책임은 피해자에게 돌아간다. 그리고 (d)항에 속할 수 있는 예로서는, (i) 가해국이 -법에 의하여 혹은 피해자의 신체의 안전에 대한 위협을 통하여- 그가 자국 영토에 들어오지 못하게 막음으로써 국내재판소에 소를 제기할 기회를 부인하는 경우, (ii) 가해국의 범죄조직이 피해자가 소를 제기하지 못하도록 막는 경우를 들고 있다. 그리고 피해자가 가해국에 소를 제기할 때 본인이 그 비용을 부담할 것이 기대되지만, 그러나 그 비용이 '소송을 하지 못하게 할 정도로 너무 높아서'(prohibitively high) 국내구제수단완료의 원칙의 준수가 "명백히 배제되는" (manifestly preclude) 상황도 있을 수 있다고 언급하고 있다. ILC외교보호초안 제15조에 대한 주석 (11) 참조.

489) Aréchaga in Sørensen, pp. 588~590.

490) *Finnish shipowners* Arbitration (Finland v. Great Britain), 1934 3 R.I.A.A. 1479, available at https://legal.un.org/riaa/cases/vol_III/1479-1550.pdf ; Aréchaga in Sørensen, p. 588 ; Hamid, p. 250 ; Dixon, p. 273 ; Hall, p. 295. 사건 개요는 이러하다. 영국 정부는 제1차 세계대전 기간 중 핀란드인들이 소유하는 13척의 선박을 사용한 바 있었는데, 이들 중 4척은 소실되었다. 핀란드의 선박소유권자들이 선박 사용에 대한 배상을 받기 위해 영국의 해사중재위원회(Admiralty Arbitration Board)에 제소하였다. 영국의 해사중재위원회는 '사실'의 문제로서 영국이 전쟁 기간 중 이들 선박을 사용한 것은 맞지만 이들 선박은 당시 핀란드에 대해 주권을 갖고 있던 러시아에 의해 이미 징발되었던 것으로, 배상 문제에 대한 영국법의 요건에 따라 영국에 의해 징발된 것이 아니기 때문에 배상을 지급할 수 없다고 심판하였다. 원고들은 영국 내에서 더 이상 상소하지 않았다. 그후 핀란드는 이 문제를 국제중재재판소로 가져갔다. 영국은 핀란드의 선박소유권자들이 영국 내에서 국내적 구제를 완료하지 않았다고 주장하였다. 그러나 중재재판관은 영국 정부의 주장을 배척하면서, 핀란드인들이 영국의 항소재판소에 상소하지 않았다 하여 이것이 곧 국내적 구제를 완료하지 않았음을 의미하는 것은 아니라고 판시하였다. 왜냐하면 영국 내에서 항소재판소(Court of Appeal)는 해사중재위원회가 내린 '사실' 문제에 대한 결론은 뒤집을 수 없었을 것이고, 단지 '법률' 문제만을 검토할 수 있었을 것이기 때문에 그러한 상소는 명백히 쓸모가 없는 것이었을 것이기 때문이다. See also *Ambatielos Claim* (Greece v. United Kingdom), (1956) 12 RIAA 83 at 119 (noted by Hall, p. 295) : "The ineffectiveness of local remedies may result clearly from the municipal law itself. That is the case, for example, when a Court of Appeal is not competent to reconsider the judgment given by a Court of first instance on matters of fact, and when, failing such reconsideration, no redress can be obtained. In such a case there is no doubt that local remedies are ineffective."

바의 '구제수단'이라고 보기 어렵다.[491]

셋째, 국내법규정상 재판소가 외국인에게 불리한 판결을 내릴 수밖에 없거나, 기존의 확립된 판례로 인하여 외국인이 승소할 가능성이 없는 경우에도 국내구제수단완료의 원칙은 적용되지 않는다. 그러나 선례구속의 원칙이 인정되지 않는 경우에는 이론상 선례가 언제나 파기될 수 있고, 또 선례구속의 원칙을 갖고 있는 국내법의 경우에도 선례가 파기될 가능성이 없지 않을 뿐만 아니라, 이른바 사실식별 기술(fact-distinguishing skill)에 의하여 재판소가 선례의 구속으로부터 벗어날 수 있는 가능성이 있다는 점 등을 고려하면, 이 세 번째 예외 인정에는 신중을 요한다.

넷째, 조약의 국내적 도입에 엄격한 변형 방식을 채택하고 있는 국가(이를테면 영국)에 의한 조약 위반의 경우, 피해자가 먼저 그러한 국가의 재판소에 소를 제기하여 문제의 조약을 원용하지 않았다 하여 국내적 구제수단을 완료하지 않은 것으로 되지는 아니한다.[492]

끝으로, 구제방법이 실효성이 있는 것인지 없는 것인지 의문이 있는 경우에는, 그것이 실효성이 없음을 명백히 밝히기 위해서라도 관련 국내 구제수단을 밟아야 한다.[493] 다만, ICJ는 *Elettronica Sicula S.p.A.* (*ELSI*) 사건[494]에서, "국내구제완료 원칙은 청구가 당사자를 달리하고 준거법을 달리하는 국제재판소에 적합한 방식으로 또 그러한 주장을 담아 국내재판소에 제기될 것을 요구하지도 않고, 실제로 이것을 요구할 수도 없다. 즉, 국제청구가 소의 허용성을 갖기 위해서는 국내법과 국내절차가 허용하는 범위 내에서 권한있는 국내재판소에 청구가 제기되었으나 성공하지 못한 것으로 족하다."고 판시한 바 있다.

2) 사실상황

이용가능한 구제수단이 사실상황(circumstances of fact) 때문에 실효성이 없는 것으로 간주되는 경우는 다음과 같다. 첫째, 정치기관에 완전히 굴종하는 등, 사법행정에 하자가 있는 사법부는 실효성이 없는 것으로 간주된다.[495] 둘째, 외국인이 특정 기관에 호소하지 못하도록 정부가 불법적

---

491) Greig, p. 585.

492) *Heathrow Airport User Charges Arbitration* (United States-United Kingdom): Award on the First Question, 30 November 1992 (revised 18 June 1993), "Chapter 3. The Alleged Failure to Exhaust Domestic Remedies", paras. 6.40~6.42, 〈https://legal.un.org/riaa/cases/vol_XXIV/1-359〉; Orakhelashvili/Akehurst, p. 559.

493) See *Panevezys-Saldutiskis Railway* case (Estonia v. Lithuania), PCIJ (1939), Series A/B, No. 76, p. 19; Dixon, p. 273.

494) United States v. Italy, (Judgment), ICJ Reports (1989), p. 15 at 46 (para. 59): "... the local remedies rule does not, indeed cannot, require that a claim be presented to the municipal courts in a form, and with arguments, suited to an international tribunal, applying different law to different parties: for an international claim to be admissible, it is sufficient if the essence of the claim has been brought before the competent tribunals and pursued as far as permitted by local law and procedures, and without success."; noted by Nollkaemper, p. 260.

495) *Robert E Brown* Arbitration (US v. UK), (1923) 6 RIAA 120 at 129 (available at https://legal.un.org/riaa/cases/vol_VI/120-131_Brown.pdf): "We can not overlook the broad facts in the history of this controversy. All three branches of the Government [of the South African Republic] conspired to ruin his enterprise. The Executive Department issued proclamations for which no warrant could be found in the Constitution and laws of the country. The Volksraad enacted

인 조치를 취한 경우, 당해 수단은 실효성이 없는 것으로 간주된다. 셋째, 위에서도 언급한 바와 같이, 일부 견해에 의하면 구제수단의 운영이 부당하게 지연되는 경우에도 그 구제수단은 실효성이 없는 것으로 간주된다. 이 밖에도, 미주인권재판소는 -국내적 구제수단의 완료를 요구하고, 또 그에 대한 예외를 규정한 미주인권협약 제46조의 해석과 관련하여- 청구인이 '극도로 가난하여'(indigent) 변호사의 조력을 받을 수 없거나, 변호사들이 겁을 먹고 사건을 기피하는 '일반적 공포'(general fear in the legal community)가 존재하는 경우에는 국내적 구제를 완료할 필요가 없다는 견해를 제시한 바 있다.[496]

(9) 국내구제수단 완료 요건의 포기[497]

국내구제수단 완료 원칙의 목적은 외국인을 잘못 대우한 국가를 보호하는데 있기 때문에 국가는 자신에게 제공되는 이 보호를 스스로 포기할 수 있다는 결론에 이른다. 이 요건의 포기가 가능하다는 점에 대해서는 판례도 이를 인정하고 있다.[498] 이에 따라 ILC외교보호초안 제15조도 그 (e)항[499]에서 피고국가에 의한 포기를 동 원칙의 '예외'의 하나로 허용하고 있다. 이 요건의 포기를 규정하고 있는 조약규정을 발견하기는 어렵지 않다. 예컨대, 1972년의 "우주물체에 의하여 야기된 손해에 대한 국제책임에 관한 협약" 제11조 1항은 "발사국에 대한 청구의 제출에 대하여는 국내구제수단의 사전완료가 요구되지 아니한다."고 규정하고 있으며, 1981년 이란-미국청구재판소(Iran-United States Claims Tribunal)를 설치할 때 이들 두 국가는 동 원칙의 적용을 포기하기로 합의하였다.[500] 이 밖에도 양자간투자협정들(BITs), "국가와 타국 국민간의 투자분쟁해결에 관한 협약"(Convention on the Settlement of Investment Disputes between States and Nationals of Other States),[501] WTO/DSU[502] 등 투자 내지 통상/교역 관련 (양자 및 다자)조약에서는 국내구제수단 완료의 적용을 배제하기 위한 (국가 대 국가 간, 혹은 개인 대 국가 간) 분쟁해결수단을 내장하고 있는 경우가 많다.[503] 국가는 외국인과의 계약을 통해서도 국내구제완료 원칙을 포기할 수 있다. 이

---

legislation which, on its face, does violence to fundamental principles of justice recognized in every enlightened community. The judiciary, at first recalcitrant, was at length reduced to submission and brought into line with a determined policy of the Executive to reach the desired result regardless of Constitutional guarantees and inhibitions."

496) Inter-American Court of Human Rights, *Exceptions to the Exhaustion of Domestic Remedies [ART. 46(1), 46(2)(a) and 46(2)(b) American Convention on Human Rights]*, Advisory Opinion OC-11/90 of August 10, 1990, (Requested by the Inter-American Commission on Human Rights), 〈https://www.corteidh.or.cr/docs/opiniones/seriea_11_ing.pdf〉; Orakhelashvili/Akehurst, 9th, pp. 602~603.

497) ILC외교보호초안 제15조에 대한 주석 (12)~(17) 참조.

498) 예컨대, 유럽인권재판소(European Court of Human Rights), *De Wilde, Ooms and Versyp* cases ("Belgian Vagrancy" cases), judgment of 18th June 1971, 56 ILR 337 at 370 (para. 55); 미주인권재판소(Inter-American Court of Human Rights), *Government of Costa Rica* case (in the matter of Viviana Gallardo et al.), decision of 13 November 1981, 67 ILR 578 at 587 (para. 26).

499) "Article 15 (Exceptions to the local remedies rule) Local remedies do not need to be exhausted where ... (e) The State alleged to be responsible has waived the requirement that local remedies be exhausted."

500) Dixon & McCorquodale, pp. 431~432; Keitner, p. 107.

501) 동 협약 제26조 첫 번째 문장; Nollkaemper, pp. 31~32; 본서, 제16장 (외국인의 대우).

502) WTO/DSU 제23조 1항; Nollkaemper, p. 33; 金大淳/金民瑞, 《WTO法論》(서울 : 삼영사, 2006), p. 31 이하.

503) 여전히 조약에 기초한 현상이긴 하지만, 특히 투자 분야에서 분쟁이 발생한 경우 현지투자국에서 지루한 국

원칙을 포기할 수 있는 시점은 분쟁이 발생하기 전이든 후든, 국제절차가 진행되고 있는 도중이든 문제되지 않는다. 포기는 마음대로 취소/철회할 수 없다. 그리고 포기는 반드시 명시적일 필요는 없으며, 묵시적으로 표현되거나 피고국가의 행동으로부터 추론될 수도 있다. 다만, ICJ는 *Elettronica Sicula S.p.A.(ELSI)* 사건[504]에서, 국내구제수단 완료는 "국제관습법의 중요한 원칙"이기 때문에 그것의 포기가 쉽게(readily) 추정/묵시되어서는 안된다는 점을 지적한 바 있다.[505] 포기의 의도가 분명한지를 확인하는 것은 결국 국제재판소가 관련 합의에 사용된 언어와 채택상황을 고려하여 결정할 사항으로 남는다. 다만, 피고국가가 장래 원고국가와 발생할 수 있는 분쟁을 국제재판에 회부하기로 동의하는 것은 체약국 일방이 자국민을 위하여 청구를 제기하는 경우 국내구제의 원칙을 포기한 것으로 볼 수 없다는 주장이 있다. 이것은 *ELSI* 사건[506]에서 ICJ에 의해서도 확인되었다. PCIJ규정 제36조 2항(임의조항)을 유보없이 수락한 국가들간에는 국내구제의 원칙이 묵시적으로 포기되고 있다는 견해도 제기된 바 있으나,[507] 이는 수락되지 않고 있다. ICJ규정 하에서도 같은 말을 할 수 있을 것이다. 반대로, 개인에게 침해가 발생한 후 피고국가가 원고국가와 피해자의 대우에 관한 분쟁을 다루는 재판부탁협정을 체결했다면, 협정에서 국내구제 원칙의 유지에 대해 침묵하고 있더라도 동 원칙의 묵시적 포기가 존재한다는 주장이 제기될 수 있다.[508]

XII. 국제청구의 포기

피해국은 -국제청구의 기초가 직접침해이든 간접침해이든- 일방적 행위나 합의를 통해, 혹은 행위로부터 추론되는 묵인에 의해 청구권을 포기할 수 있다. 그리고 청구권을 한 번 포기하면 나중에 마음을

내적 구제를 거친 뒤 다시 자국의 외교보호에 의존해야 하는 전통방식을 벗어나, 국내적 구제를 거치지 아니하고 또한 외교보호에 의존함이 없이 현지투자국을 상대로 자신의 이름으로 국제적 분쟁해결절차(예컨대, BIT의 ISDS절차, ICSID의 국제중재)에 호소할 수 있는 한에 있어서 개인은 -Petersmann 교수의 표현을 빌리면- "국제투자법의 주체로서 승인"(recognition of individuals as subjects of international investment law)되고 있는 것이다 : Ernst-Ulrich Petersmann, "Dispute Settlement in International Economic Law - Lessons for Strengthening International Dispute Settlement in Non-Economic Areas", (1999) Journal of International Economic Law 189 at 224. ILC외교보호초안 제17조 (국제법의 특별규칙)도 바로 이러한 경우를 염두에 두고 있다.

504) USA v. Italy, ICJ Reports (1989), p. 15 at 42 (para. 50) : "The Chamber has no doubt that the parties to a treaty can therein either agree that the local remedies rule shall not apply to claims based on alleged breaches of that treaty ; or confirm that it shall apply. Yet the Chamber finds itself unable to accept that an important principle of customary international law should be held to have been tacitly dispensed with, in the absence of any words making clear an intention to do so."

505) Martin Dixon, "Case concerning Elettronica Sicula S.p.A.(ELSI)", (1992) 41 ICLQ 701 at 702 ; Shaw, pp. 510~511.

506) ICJ Reports (1989), p. 15 at 42~43 (paras. 51~52).

507) See *per* Judge Jonkheer van Eysinga (dissenting opinion) in *Panevezys-Saldutiskis Railway* case, PCIJ (1939), Series A/B, No. 76, at pp. 35~36.

508) ILC외교보호초안 제15조에 대한 주석 (16) 참조.

바꾸어 다시 청구를 제기할 수 없다.[509] 국가들은 때로 미래에 발생할지도 모르는 책임과 관련된 청구권을 '미리' 포기하기로 약속하기도 한다. 예컨대, 한·미주둔군지위협정은 일정 민사청구권의 상호포기를 규정하고 있으며,[510] 1988년에 미국, 유럽우주국(European Space Agency)의 회원국들, 일본 그리고 캐나다 사이에 체결된 "영구적 유인 민간우주정거장에 관한 협정"(Agreement on the Permanently Manned Civil Space Station) 제16조는 "우주정거장을 통한 외기권의 탐사, 개발 및 사용에 참여하는 것을 장려하기 위하여 파트너 국가들과 관련 실체들에 의한 책임의 교차포기"를 규정하고 있다.[511] 이 밖에, 불필요하거나 절제되지 않은 외교보호권의 행사를 봉쇄하기 위한 규정이 조약에 삽입되기도 하는데, 예컨대 1965년의 "국가와 타국 국민 간의 투자분쟁해결에 관한 협약"(Convention on the Settlement of Investment Disputes between States and Nationals of Other States) 제27조는 "체약국은 자국 국민과 타 체약국이 본 협약에 따라 중재에 회부하기로 동의하였거나 회부하였던 분쟁에 관하여는 그 타 체약국이 중재판정을 따르는 한 외교보호를 부여하거나 국제청구를 제기하여서는 아니된다."라고 규정하고 있다.

이처럼 국제청구는 사전 혹은 사후에 포기될 수 있는 것이지만 청구가 간접침해에 기초한 경우라 하더라도 이것은 국가의 권리이기 때문에 개인이 스스로 포기할 수 있는 것이 아님을 기억할 필요가 있다. 칼보조항(Calvo clause) 사례가 이 점을 잘 보여주고 있다. 아르헨티나 외교관 Carlos Calvo (1824~1906)에 의하여 주창된 칼보조항은 라틴아메리카국가들이 19세기 중엽부터 (주로 천연자원 개발을 위한) 외국인들과의 컨세션계약에 삽입한 것으로서, 그 주요 내용은 −재산을 수용당하는 등− 계약과 관련하여 분쟁이 발생하더라도 외국인은 본국 정부의 외교적·사법적 보호를 요청할 권리를 포기하며, 계약당사국의 국내재판소에 분쟁을 부탁할 것에 동의한다는 것이다. 라틴아메리카 국가들이 외국인들과의 계약에 칼보조항을 삽입하게 된 이유는 강대국의 기업들이 국내구제절차를 밟지도 않고 본국 정부의 보호간섭을 끌어들이는 경우가 많았기 때문이다.[512]

이같은 칼보조항은 다수의 국제중재판결에서 당연무효(null and void)로 판결받았다. 외교보호권 혹은 국제청구를 제기할 권리는 국제법상 국가의 권리이므로 개인이 국가계약을 통해 포기할 수 있는 성질의 것이 아니기 때문이다. 그러나 이 조항의 유효를 인정하여 소송을 각하한 판례도 없지 않다. 예컨대, 1926년의 *North American Dredging Company* 사건[513]에서 미국−멕시코 일반청구위원회(US−Mexico General Claims Commission)는 이 조항에 의하면 멕시코 국내법상의 구제수단을 이용하는 것이 원고 회사의 의무인데도 그렇게 하지 않았다는 이유로 청구를 각하한 바

509) ILC(국가책임)초안 제45조 ; Brownlie, 6th, p. 482. ; von Glahn and Taulbee, p. 278.

510) 한미주둔군지위협정 제23조.

511) Malanczuk, pp. 268~269.

512) International Law Association Toronto Conference (2006), "Diplomatic Protection of Persons and Property", Final Report, para. 13. 칼보조항을 헌법에 직접, 그것도 여전히 매우 엄격한 형식으로 담고 있는 남미국가들이 있다. 멕시코 헌법(2010년) 제27조, 볼리비아 헌법(2009년) 제366조가 여기에 속한다. 조금 완화된 형식의 칼보 조항을 담고 있는 경우로는, 에콰도르 헌법(2008년) 제307조, 페루 헌법(1993년) 제63조 참조.

513) *United States (North American Dredging Company Co. Claim)* v. *United Mexican States*, United States−Mexico, General Claims Commission, 31 March 1926, (1926) 4 R.I.A.A. 26 (available at https://untreaty.un.org/cod/riaa/cases/vol_IV/26-35.pdf) ; Briggs, p. 640.

있다. 일반청구위원회를 설치한 1923년의 미국-멕시코간 일반청구협약에서는 국내구제수단 완료의 원칙을 배제하고 있었으나[514] 계약당사자 간의 합의를 존중한 것이었다.[515]

그러므로 칼보조항에 관해서는 전체적으로 다음과 같이 요약해 볼 수 있을 것이다. 첫째, 칼보조항이 자국민을 보호할 국가의 주권적 권리를 포기하거나 부인하려고 시도하는 것이라면 그것은 그 한도 내에서 당연무효이다. 둘째, 칼보조항은 종종 국내구제의 사전 완료를 요구하는 불필요한 단서조항으로 귀결된다. 왜냐하면 사법상의 계약 위반은 국제위법행위가 아니므로 외교보호권은 피해자가 가해국의 국내구제수단을 완료하는 과정에서 재판의 거절(denial of justice)이 있는 경우에만 발생할 것이기 때문이다. 셋째, 국제재판에서 칼보조항은 재판의 거절이 없는데도 계약상의 분쟁이 외교적 보호 내지 국가 간 소송의 대상이 되는 것을 방지하는 실제적 효력을 발휘한다. 넷째, 위 *North American Dredging Company* 사건에서 보는 것처럼, 국제재판소에 재판관할권을 부여하는 조약에서 국내구제수단 완료의 원칙을 배제하고 있더라도 계약당사자들이 합의에 의하여 칼보조항을 계약에 편입시킨 경우에는 칼보조항은 무용지물이 아니다. 한편, ILC는 "만약 외교보호의 테두리 내에서 보호받는 권리가 보호받는 개인의 것이지 보호하는 국가의 그것이 아니라는 것을 수락한다면 일반국제법의 관점에서 칼보조항의 유효(타당)성에 대한 반대는 확실히 설득력이 떨어진다."[516] 라고 언급하고 있다.[517]

XIII. 국제기구의 국제책임과 국제청구권

국제기구가 일반국제법에 의하여 또는 조약규정에 기초하여 국제인격을 향유하는 범위 내에서는

514) General Claims Convention between Mexico and United States, September 8, 1923, 〈https://legal.un.org/riaa/cases/vol_IV/7-320.pdf〉, Article V ("The High Contracting Parties, being desirous of effecting an equitable settlement of the claims of their respective citizens thereby affording them just and adequate compensation for their losses or damages, agree that no claim shall be disallowed or rejected by the Commission by the application of the general principle of international law that the legal remedies must be exhausted as a condition precedent to the validity or allowance of any claim.).

515) Para 23 of the Award : "Even so, each case involving application of a valid clause partaking of the nature of the Calvo clause will be considered and decided on its merits. Where a claim is based on an alleged violation of any rule or principle of international law, the Commission will take jurisdiction notwithstanding the existence of such a clause in a contract subscribed by such claimant. But where a claimant has expressly agreed in writing, attested by his signature, that in all matters pertaining to the execution, fulfilment, and interpretation of the contract he will have resort to local tribunals, remedies, and authorities and then wilfully ignores them by applying in such matters to his Government, he will be held bound by his contract and the Commission will not take jurisdiction of such claim."

516) "The objection to the validity of the "Calvo Clause" in respect of general international law are [*sic*] certainly less convincing if one accepts that the right [*sic*] protected within the framework of diplomatic protection are those of the individual protected and not those of the protecting State." : ILC외교보호초안 제14조에 대한 주석 (8).

517) ILC외교보호초안 제1조에 대한 주석 (3)~(5).

국가 간의 관계에서 적용되는 국제책임에 관한 원칙들이 (국제기구의 본질적 특성상 필요한 변경을 가하여) 국제기구에 대해서도 적용된다. ILC가 2011년 제63차 회기에서 채택한 –전문 없이 67개 조로 구성된– "국제기구의 책임에 관한 규정초안"(Draft articles on the responsibility of international organizations)도 이같은 노선에 따른 것으로 보인다.[518]

첫째, 국제책임이 직접침해로부터 발생하는 경우에는 국제기구가 피해자이든 아니면 국제기구의 국제책임이 문제되든 간에(즉, 국제기구가 원고이건 피고이건 관계없이) 국가 간에 적용되는 일반원칙이 그대로 적용된다. 따라서 국제책임이 국가 간 직접침해와 관련하여 발생하는 경우와 마찬가지로 이 경우 국내구제수단 완료의 원칙은 적용의 여지가 없다.[519]

둘째, 국제기구가 기구 밖의 개인에게 손해를 끼친 경우, 그의 국적국가는 가해 국제기구를 상대로 외교보호권을 행사할 수 있다. 이 경우 피해를 입은 개인이 먼저 국제기구 내의 구제수단을 완료해야 하는가? 국제기구 내에 외부의 개인이 접근할 수 있는 '이용가능하고 실효적인 구제수단'(any available and effective remedy)이 없는 한 국내구제수단완료의 원칙은 준용의 여지가 없다. 이와는 반대로, EU의 경우처럼 국제기구 내에 외국인이 당해 기구를 상대로 소송을 제기할 수 있는 제도적 장치가 존재하면 그 범위 내에서 국내구제수단완료의 원칙이 준용된다.[520]

셋째, 위 두 번째 질문의 연장으로서, 국제기구가 자신의 직원에게 가한 피해와 관련하여서도 그의 국적국가가 국제기구를 상대로 외교보호권을 행사할 수 있을 것인가? 직원이 소속기구 내에 호소할 수 있는 –흔히 국제기구의 '내부법'(internal or domestic law of international organisations)[521]으로 불리는– 고용관련 구제법규가 있다면 먼저 이 내부의 절차를 완료하여야 한다. 따라서 기구 내부에 구제수단이 없거나, 내부구제절차를 거쳤어도 기구가 그 결과를 이행하지 않는 경우(이를테면 국제행정재판소의 배상판결을 이행하지 않는 경우), 직원의 국적국가는 기구를 상대로 외교보호권을 행사할 수 있을 것인지가 문제이다. *Reparation for Injuries Suffered in the Service of the UN* 사건[522]에서 ICJ가 언급한 것처럼, 기구의 직무보호권은 국적에 기초한 것이 아니기 때문에, 이 경우 복수국적자의 국적국가 상호간에는 통상 배상청구가 허용되지 아니한다는 일반원칙을 적용하는 것은 적절하지 않다. 그렇다면, 이 경우에도 기구에 대한 국적국가의 외교보호권 행사가 배제되지 않는다고 보아야 할 것이다.[523]

넷째, 상기 *Reparation* 사건을 위한 ICJ의 권고적 의견에 의하면, 국가가 '직무수행' 중인 UN공무원에게 손해를 끼친 경우, UN은 '객관적' 법인격(objective legal personality)을 가지고 있기 때문에 가해국이 기구의 회원국인 경우는 물론이고 비회원국이라 하더라도 당해 공무원을 위하여 '직

518) 김대순 · 김민서(편), 《국영문대역 국제조약집》, pp. 320~327; https://legal.un.org/ilc/guide/9_11.shtml.
519) See *Applicability of the Obligation to Arbitrate under Section 21 of the United Nations Headquarters Agreement of 26 June 1947*, Advisory Opinion, ICJ Reports (1988), p. 12 at 29 (para. 41) ; Amerasinghe, p. 482.
520) 2011년 ILC 국제기구책임초안 제45조 2항 ; Amerasinghe, p. 486.
521) Amerasinghe, Chapter 9 (The internal law: employment relations), pp. 271~314.
522) ICJ Reports (1949), p. 174.
523) Amerasinghe, pp. 487, 489 ff.

무'보호권(right of functional protection)을 행사할 수 있다. 다만, 이처럼 UN의 직무보호권을 인정하더라도 여기에는 UN이 ICJ에 제소할 수 있는 자격은 포함되지 않는다. ICJ규정 제34조 1항이 "국가만이 이 재판소에 제기된 사건에서 당사자가 될 수 있다."라고 규정하고 있기 때문이다. ICJ의 위 의견은 UN의 경우를 염두에 둔 것이었으며, UN의 직무보호를 인정하는 기초를 대체로 UN의 '보편적' 성격과 그 활동의 '일반적' 범위에서 구하였다. 그러므로 직무보호를 다른 국제기구에게도 인정하기 위한 조건과 범위는 계속해서 논의의 대상으로 남아 있다.[524)]

다섯째, 국가가 국제기구 공무원 혹은 대리인에게 침해를 가한 경우, 이는 일종의 간접침해로서 국내구제수단 완료의 원칙이 적용된다고 볼 것인가? 생각건대, 이에 대한 해답도 *Reparation* 사건에 대한 ICJ의 권고적 의견에서 구할 수 있다. 즉, ICJ는 이 사건에서 기구의 대리인이 "직무를 수행함에 있어"(in the performance of his duties)에 입은 손해에 대해 기구의 보호권을 인정함으로써 공적 자격으로 행동하는 UN의 직원과 사적 자격으로 행동하는 직원의 대우를 구분하였다. 고로, (i) UN직원의 사적 자격에서 비롯된 그의 피해는 그의 국적국가의 외교보호권의 문제로 귀착되고, 따라서 이 경우 국가 간의 청구에서 국내구제수단 완료의 원칙이 적용된다. (ii) 그러나 UN직원이 "직무를 수행함에 있어" 입은 피해는 법상 UN 자신의 피해로 간주되는 일종의 직접피해로서, 이는 마치 국가가 타국의 국가기관(이를테면 외교관 혹은 군함)에게 피해를 입힌 것과 마찬가지이다. ICJ도 UN이 직무를 수행하는 직원을 위해 보호권을 행사하는 것은 직원을 대리하는 것이 아니라 기구 자신의 권리를 행사하는 것이라고 하였다. 그렇다면 이 경우에는 기본적으로 국내구제수단 완료의 원칙은 적용되지 아니한다는 결론에 이르게 되는 것이다.[525)] 그러나 ICJ는 (ii)의 상황에서도 국적국가의 외교보호권이 UN의 직무보호권으로 인해 부인되는 것은 아니며, 양자는 경합한다고 하였다.[526)] 그리고 이 상황에서 국적국가가 외교보호권을 행사한다면 국내구제완료의 원칙이 적용된다. (ii)의 상황은 UN직원이 자신의 국적국가를 위하여(대리하여) 일하던 상황이 아니기 때문이다.

여섯째, 국제기구가 제3자에게 끼친 손해에 대해 그 회원국들도 기구와 연대하여, 아니면 (적어도 부차적으로) 경합적으로 책임을 져야할 것인가? 그러나 국제기구가 그 회원국들과는 별개의 법인격을 향유한다는 사실은 곧 기구의 위법행위에 대한 책임은 오로지 기구 자신에게 귀속될 것임을 함축하고 있다. 따라서 (설립조약을 포함하여)조약에서 명시적으로 혹은 묵시적으로 규정하고 있거나,[527)] 사건발생 후 달리 합의하거나, 혹은 국제기구를 만든 다음 이를 통해 책임을 회피(우회)(circumvent)하려고 의도한 경우 등이 아닌 한, 국제기구의 회원국들은 동 기구의 행위에 대해 경합적으로 혹은 연대하여 책임을 부담하지 않는다고 보아야 할 것이다.[528)]

---

524) Aréchaga in Sørensen, pp. 593~599 ; Schermers and Blokker, § 1568, at p. 990. 국제기구는 보편적 성격 여부에 관계없이 일견(*prima facie*) 객관적 인격을 갖는 것으로 보아야 한다는 견해도 없지 않다 : e.g. Amerasinghe, pp. 86~91.

525) Amerasinghe, pp. 482~485.

526) 본서, 제6장 (국제법의 주체), "Ⅳ. 국제기구" 참조.

527) 이를테면, 1967년 우주조약 제6조 ; 1972년 "우주물체에 의하여 야기된 손해에 대한 국제책임에 관한 협약" 제22조 ; 본서, 제23장 (국제우주법) 참조.

528) 영국 상원은 국제주석이사회(International Tin Council : ITC)는 영국 회사법과 국제기구법상 법인격 부인

일곱째, 국가(혹은 타국제기구)에 의하여 특정 국제기구의 처분 하에 놓여진 기관(혹은 대리인)의 행위에 대해서는 ILC국가책임초안 제6조의 논리가 원용될 수 있을 것이다. 다만, 2011년 ILC 국제기구 책임 초안 제7조에 의하면, 이 경우 국제기구가 자신의 처분 하에 놓여진 외부기관의 행위에 대해 "실효적 통제(지배)" (effective control)를 행사하는 경우에 한하여 문제의 기관의 행위는 국제법상 그 기구의 행위로 간주된다. 이 문제는 특히 UN평화유지활동에 참여하는 각국 군대의 행위와 관련하여 제기되고 있다.[529)]

(corporate veil-piercing)을 막을 수 있을 만큼 충분히 별개의 법인격을 갖고 있으므로 국제기구 ITC의 악성 채무에 대해 회원국들은 책임이 없다고 판시한 바 있다 : UK, House of Lords, *JH Rayner (Mincing Lane) Ltd* v *Department of Trade and Industry, (International Tin Council* Case), Decision on appeal, 26th October 1989, [1990] 2 AC 418, 〈https://www.uniset.ca/other/cs5/1989Ch72.html〉 ; Keitner, p. 125 참조.

그런가 하면, 아랍산업화기구(Arab Organization for Industrialization : AOI)의 회원국들이 1979년 이 기구를 해산하기로 결정한 후 영국의 항공기 제조회사인 Westland Helicopters Ltd가 AOI와 그 회원국들을 상대로 계약 불이행에 대한 손해배상을 청구하기 위해 국제상업(상공)회의소(International Chamber of Commerce : ICC)에 중재를 신청한 *Westland Helicopters Ltd* v *Arab Organization for Industrialization, United Arab Emirates, Kingdom of Saudi Arabia, State of Qatar, Arab Republic of Egypt, and Arab British Helicopter Company*, 5 March 1984, 80 ILR 600 사건에서, ICC 중재재판부는 Westland Helicopters Ltd와 AOI 간에 체결된 계약상의 중재조항(arbitration clause)은 'AOI'와 '동 기구를 창설한 4개 회원국' 양자 모두를 구속한다고 판시한 바 있다 : Keitner, p. 125. 그러나 이 판정은 스위스의 항소 및 최고 재판소에서 취소되었다 : Switzerland, Court of Justice of Geneva, *Arab Organization for Industrialization and others* v. *Westland Helicopters Ltd and others*, 23 October 1987, 80 ILR 622 ; Switzerland, Federal Supreme Court (First Civil Court), *Arab Organization for Industrialization and others* v. *Westland Helicopters Ltd*, 19 July 1988, 80 ILR 652, & 〈https://vlex.ch/vid/arab-organization-for-industrialization-868584184〉 ; Karyna Loban, "The Extension of the Arbitration Agreement to the Third Parties", (LL.M. Short Thesis, Central European University, Budapest, March 24, 2009), pp. 24~25, 〈https://www.international-arbitration-attorney.com/wp-content/uploads/arbitrationlawloban_karyna.pdf〉 ; https://en.wikipedia.org/wiki/Arab_Organization_for_Industrialization.

이 문제에 대한 자세한 논의는, Amerasinghe, pp. 404~405, pp. 407~446 ; Akande in Evans (ed.), *International Law*, 3rd, pp. 263~269, 271 ; Orakhelashvili/Akehurst, pp. 297~298 ; Aust, 3rd, pp. 352~353 ; Marcel Szabó, "International Legal Responsibility of the European Union According to the Draft Articles of the International Law Commission" in Szabó (ed.), pp. 187~208 ; 2011년 ILC 국제기구 책임초안 제61조, 제62조 참조.

529) 유럽인권재판소도 유럽인권협약에 근거한 자신의 인적 관할권(jurisdiction *ratione personae*)을 판단함에 있어 사실상 이 같은 기준을 따른 바 있다. 즉, 유럽인권재판소는 병합 심리한 두 사건 *Behrami and Behrami* v. *France, & Saramati* v. *France, Germany and Norway* (Application Nos. 71412/01, & 78166/01), Decision (Grand Chamber) as to Admissibility, 2 May 2007, paras. 128~152, 〈https://hudoc.echr.coe.int/sites/eng/pages/search.aspx?i=001-80830〉에서, UN안보리가 결의 1244 (1999년 6월 10일)에 의거하여 코소보 주재 국제평화유지군 KFOR(Kosovo Force, NATO가 주도하였지만 "통일 사령부" 하에서 행동하였다)를 허가함으로써 KFOR의 임무에 대해 "최종 권한과 통제"(ultimate authority and control)를 보유하고 있었기 때문에 KFOR의 행동은 UN에게로 귀속되며, 따라서 작전에 참여한 피고 유럽인권협약 당사국들의 협약 위반 책임을 물을 권한이 동 재판소에게는 없다고 판시하였던 것이다. 이 판결에 대해서는, 유럽인권재판소가 당시 잠정 채택된 ILC의 국제기구 책임초안 제5조(2009년 ILC 제1독회 초안에서 제6조에 위치. 2011년 초안에서는 제7조에 위치함)를 명시적으로 인용하면서도 동 조항의 "실효적 통제"를 "최종 권한과 통제"로 해석하였다는 점이 지적되었다. ILC "Draft articles on the responsibility of international organizations 2011", Commentary on Article 7 (Conduct of organs or agents of an international organization), para. (10), available at https://www.un.org/law/ilc/ ; "Legal Responsibility of International Organisations in International Law", Summary of the International Law Discussion Group meeting held at Chatham House on Thursday, 10 February 2011, Speakers: Sir Michael Wood & Maria Vicien-Milburn, Chair : Elizabeth Wilmshurst, Chatham House, 〈https://www.chathamhouse.org/publications/papers/view/109605〉 ; Aust, *Handbook of IL*, 2nd, p. 217 (fn. 6) ; https://en.wikipedia.

여덟째, 대항조치의 법리는 (가해 및 피해)국제기구에게도 적용되지만,[530] 2011년 ILC초안은 국제기구에게 대항조치를 취하는 경우 까다로운 조건을 첨부하고 있다.[531] 즉, 초안 제51조는 피해를 입은 국가 혹은 국제기구는 국제위법행위에 대해 책임있는 국제기구(즉, 가해 국제기구)에 대해 대항조치를 취할 수 있음을 인정하면서도, 특히 그 4항에서 "대항조치는 '가능하면' 책임있는 국제기구가 자신의 기능을 행사하는 데 미치는 영향을 제한하는 방식으로 취해져야 한다."[532]고 규정하고 있다. 이어서 제52조는 특별히 국제기구의 '회원'(이것은 국가일수도 있고 국제기구일 수도 있다)이 자신이 소속한 가해 국제기구에 대해 대항조치를 취하는 경우 (i) "책임있는 국제기구의 의무이행을 유도할 적절한 수단이 달리 없을 것",[533] (ii) "기구의 규칙 하의 국제의무의 위반에 대응한 경우에는 대항조치가 기구의 규칙에 규정되어 있을 것"[534] 등의 조건을 추가로 요구하고 있다.[535]

끝으로, ICJ는 *Reparation* 사건에서 UN이 국제청구를 제기할 때 기구 내의 어떤 기관이 이 직무를 수행할 것인지의 쟁점은 특별히 다루지 못하였다. 이것은 기본적으로 기구설립조약의 해석의 문제로서, 조약에 (명시적 혹은 묵시적) 근거규정이 없으면 당해 기구의 사무총장이 이 기능을 맡는다고 보는 것이 가장 합당할 것이다.[536] 실제로 위 사건에서 UN사무총장이 UN을 대신하여 이스라엘

---

org/wiki/Kosovo_Force.

그러나 7년 뒤 *Jaloud* v. *The Netherlands*, Application No. 47708/08, 20 November 2014, paras. 143~152, 〈file:///C:/Users/DSK/Downloads/001-148367.pdf〉 사건에서 유럽인권재판소(Grand Chamber)는 *Behrami* 사건과는 "거의 양립하기 어려운"(hardly reconcilable) 판결을 내렸는데, 사건 개요는 이러하다. 2004년 어느날 새벽 이라크 내의 한 차량검문소에서 이 지역 관할 네덜란드 군대가 가한 사격에 의해 차에 타고 있던 이라크인이 사망하였다. 원고(사망한 이의 아버지)는 사건 조사가 부실하였으며 따라서 네덜란드가 유럽인권협약 제2조(생명권) 하의 절차적 의무를 위반하였다고 주장하였다. 유럽인권재판소는, 네덜란드 군대가 UN안보리 결의 1483(2003)에 의거하여 이라크에 들어가 SFIR (Stabilisation Force in Iraq)에 참여하였고, 또 어느 정도는 영국 사령부의 작전 통제를 받았음에도 불구하고 네덜란드는 자국의 군대에 대해 "완전한 통제력"(full command)을 보유하고 있었고(para. 143), 따라서 사망한 Jaloud는 피고국 네덜란드의 "관할권"(jurisdiction) 내에 있었으며(para. 152. 협약 제1조의 요건 충족), 그리고 관련 사실을 검토해 보건대 협약 제2조 하의 절차적 의무를 위반하였다고 판시하였다. Orakhelashvili in Orakhelashvili (ed.), pp. 520~521 ; Aurel Sari, "Jaloud v Netherlands: New Directions in Extra-Territorial Military Operations", EJIL : Talk!, November 24, 2014, 〈https: //www.ejiltalk.org/jaloud-v-netherlands-new-directions-in-extra-territorial-military-operations/〉. 이 문제에 대해 조금 더 자세한 언급은, 본서, 제27장 (국가의 무력사용), "Ⅵ. UN평화유지활동" 참조.

530) 사실, 논리적으로는 대항조치는 국제인격을 가진 그 어떤 실체도 이용할 수 있다고 보아야 하겠지만, 현 상태의 국제법에서 대항조치를 발동할 수 있는 행위자는 국가와 국제기구에 국한되고 있다. Evans, 5th, p. 526.

531) 2011년 ILC초안 제22조, 제51조, 제52조 ; Evans, 5th, pp. 526~527.

532) 2011년 ILC초안 제51조 4항 : "Countermeasures shall, as far as possible, be taken in such a way as to limit their effects on the exercise by the responsible international organization of its functions."

533) 2011년 ILC초안 제52조 1항(c) : "no appropriate means are available for otherwise inducing compliance with the obligations of the responsible international organization concerning cessation of the breach and reparation."

534) 2011년 ILC초안 제52조 2항 "Countermeasures may not be taken by an injured State or international organization which is a member of a responsible international organization against that organization in response to a breach of an international obligation under the rules of the organization unless such countermeasures are provided for by those rules."

535) 2011년 ILC초안 제2조(b)에 의하면 '기구의 규칙'(rules of the organization)은 "특히, 설립문서, 결정, 결의, 이들 문서에 따라 채택된 기구의 기타 행위, 및 기구의 확립된 관행"을 의미한다.

536) Amerasinghe, pp. 488~489.

에 배상을 청구하였고, 이스라엘은 이 요구에 따랐다.[537]

XIV. 책임과 대항력의 구분

ICJ는 그간 일부 사건[538]에서, 명시적으로 때로는 묵시적으로, “합법(legality)이냐 위법(illegality)이냐”라는 이분법적 관점 대신에 ‘대항력’(opposability) 개념에 의존하여 사건을 해결한 바 있다. 전통적인 국가책임은 행위의 위법을 전제로 하는데 반해서 ICJ의 대항력은 반드시 그러한 것이 아니다.[539] 그렇다면 오늘날의 국제공동체에서 법적 분쟁은, 사실상 위법 여부에 관련한 분쟁과 대항력에 관련한 분쟁으로 구분된다고 할 수 있다. 국제분쟁의 핵심을 차지하고 있는 전자의 분쟁에서 재판소는 피고국가의 행위가 국제법 위반을 구성하는지의 여부를 질문받게 된다. 즉, 원고국가는 재판소에 대해 피고국가가 국제법을 위반하였고 그에 따른 책임을 진다고 판시해 줄 것을 요청하는 것이 보통이다. 이와는 대조적으로 대항력에 관련한 분쟁에서는 재판소는 엄격한 의미에서의 국가책임의 문제를 다루는 것이 아니라 일방당사자(피고국가, 혹은 때로 원고국가)가 “채택한 조치의 대외적(보통은, 단지 타방당사자에 대한) 효력”에 관하여 결정하는 것으로 만족한다.[540] ICJ는 관련 법규가 형성 중에 있거나 변화 중이어서 문제된 조치 또는 법상황이 합법인지 위법인지를 분명하게 말할 수 없는 경우에 특별히 대항력의 개념을 원용하고 있는 것으로 지적되고 있다.[541] 예컨대, *Fisheries Jurisdiction* 사건(1974)[542]에서, ICJ는 “본 재판소는, 50마일에 이르는 배타적 어업관할권 수역을 수립하는 1972년 7월 14일의 아이슬랜드 규정은 영국에 대해서는 이를 대항할 수 없다고 결론내리지 않을 수 없다.”[543]고 하면서, 그러나 “비록 본 재판소가 아이슬랜드의 어업범위 확대가 원고국가(영국)에게 대항할 수 없는 것이라고 판시한다고 하더라도, 이것이 원고는 아이슬랜드에 대해 아무런 의무가 없음을 의미하는 것은 아니다. ... 분쟁의 해결을 위한 가장 적절한 방법은 명백히 교섭하는 것이다.”[544]라고 언급하고 있다. *Nottebohm* 사건[545]도 이 점을 잘 보여주고 있는데, ICJ는

537) 본서, 제6장 (국제법의 주체), “Ⅳ. 국제기구” 참조.

538) First Report of the International Law Association (ILA) Study Group on the Law of State Responsibility, (Final) Malanczuk 08/06/00, para. 14 (fn. 5)는 그같은 예로서 다음의 사건들을 들고 있다 (available at https://www.ila-hq.org/download. cfm/docid/512330C1-3D89-4DF3-AA41E 69B3CE9D164) : *Anglo-Norwegian Fisheries*, ICJ Reports (1951), p. 116 ; *Rights of Nationals of the United States in Morocco*, ICJ Reports (1952), p. 176 ; *Nottebohm*. ICJ Reports (1955), p. 4 ; *Temple of Preah Vihear*, ICJ Reports (1962), p. 6 ; *Barcelona Traction Co.*, ICJ Reports (1970), p. 3 ; *Fisheries Jurisdiction* (UK v. Iceland), ICJ Reports (1974), p. 3 ; *US Diplomatic and Consular Staff in Tehran*, ICJ Reports (1980), p. 3 ; *Frontier Dispute* (Burkina Faso/Mali), ICJ Reports (1986), p. 554 ; *East Timor*, ICJ Reports (1995), p. 90.

539) First Report (above), para. 12 ; 山本草二 (朴培根 譯), p. 74.

540) First Report (above), paras. 13~14 ; 山本草二 (朴培根 譯), p. 74.

541) First Report (above), paras. 12, 18 ; Orakhelashvili, p. 28.

542) UK v. Iceland, ICJ Reports (1974), p. 3.

543) *Ibid.*, at 29 (para. 67).

이 사건에서 다음과 같이 언급하고 있다.

> "본 신청(제소)의 허용성에 관해 결정하기 위해서는 본 재판소는, 리히텐슈타인이 ... 귀화의 방식을 통해 노테봄에게 부여한 국적이 과테말라에 대해 유효하게 원용될 수 있는지, 즉 이 국적은 노테봄과 관련하여 과테말라를 상대로 (외교)보호를 행사할 충분한 권원을 리히텐슈타인에게 부여하며, 리히텐슈타인에게 노테봄과 관련된 청구를 재판소에 제기할 권리가 있는지의 여부를 확인하여야 한다. 이와 관련하여 리히텐슈타인측 보좌인(법률고문)은 "본질적인 문제는 노테봄 씨가 리히텐슈타인의 국적을 취득하였으므로 이 국적취득은 다른 국가들에 의하여 승인되어야(인정받아야) 하는 것이다."라고 언급하였다. 이 공식은 정확한 것이지만, 여기에는 복수의 조건이 붙어야 한다. 즉, 첫째, 관련이 있는 것은 모든 목적을 위한 승인이 아니고, 단지 본 신청의 허용성의 목적을 위한 승인뿐이다. 둘째, 관련이 있는 것은 모든 국가에 의한 승인이 아니라 단지 과테말라에 의한 승인이다.
> 본 재판소는 우리가 결정해야만 하는 문제의 제한된 범위, 즉 노테봄에게 부여된 국적이 이 재판소에 제기된 소송(절차)을 정당화하기 위해 과테말라를 상대로 원용될 수 있는지의 여부를 판단함을 벗어나지는 않을 생각이다."

요컨대, 재판소가 '대항력이 결여되어 있다'(non-opposability)는 판결을 내리는 목적은 문제의 국가행위를 "무효화"(nullify)하기 위함이 아니다. 대항력이 없음을 확인하는 판결의 규범적 효력은 "오로지 분쟁당사국 간의 양자간 관계에 국한"된다는 의미에서 그것은 "상대적"(relative)이다.[546)]

XV. 적법행위에 대한 국가책임 이론의 형성과 발전: 2001/2006년 ILC 초안의 개관

객관적 책임이론의 한 연장으로 볼 수 있는 이른바 창조된 위험의 이론(doctrine of created risk) 혹은 위험책임이론에 따르면, 국가에게 고의나 과실이 없고 또한 국가가 수행하는 문제의 활동이 국제법에 의하여 금지되지 아니한 합법적인 활동이라 하더라도 그것이 고도로 위험한 활동(ultra-hazardous activities)인 경우에는 당해 가해국이 그 결과에 대해 절대적으로 책임을 져야 한다고 한다. 예컨대, 1972년의 "우주물체에 의하여 야기된 손해에 대한 국제책임협약"(Convention on International Liability for Damage Caused by Space Objects) 제2조는 우주물체가 지구표면이나 비행 중의 항공기에 끼친 손해에 대해 발사국이 '절대적으로' 배상할 책임을 진다고 규정하고 있다.[547)] 이 경우의 국가책임은 구분의 편의상 state responsibility가 아닌 international

544) *Ibid.*, at 30~31 (paras. 72~73).
545) Liechtenstein v. Guatemala, ICJ Reports (1955), p. 4 at 16~17.
546) First Report (above), para. 18.
547) Ott, p. 168.

liability로 표현되고 있음을 알 수 있다. 이 밖에도, UN해양법협약 제110조 3항은 공해상에서 임검권을 행사할 "합리적 근거"가 있었다 하더라도 "혐의가 없는 것으로 밝혀지고, 임검받은 선박이 그 혐의를 입증할만한 어떠한 행동도 행하지 아니한" 경우에는 그 선박이 입은 모든 손실이나 피해에 대해 보상하여야 한다고 규정하고 있기도 하다.[548)]

이같은 이론의 형성에 즈음하여, 1977년 UN총회는 ILC로 하여금 "국제법에 의하여 금지되지 아니한 행위로부터 발생하는 해로운 결과에 대한 국제책임"(international liability for injurious consequences arising out of acts not prohibited by international law)이란 어려운 제목의 문제에 대해 작업을 하도록 요청하였다. 그 결과 ILC는 오랜 검토를 거쳐 2001년의 제53차 회기에서 −state responsibility 규정초안과 함께− "위험한 활동에서 야기되는 국경간 손해의 방지(예방)에 관한 규정초안"(draft articles on Prevention of Transboundary Harm from Hazardous Activities)(이하 필요에 따라 "ILC Prevention초안" 또는 그냥 "초안"으로 지칭)[549)]을 채택하여 UN총회에 제출하였는데, 이것은 앞에서 논한 state responsibility와의 구분을 위해 그 채택과정에 대한 다소간의 설명을 요한다.

먼저, UN총회로부터 그같은 요청을 받은 ILC는 1977년에 Robert Quentin−Baxter를 이 주제의 특별보고자로 임명하였다.[550)] 그는 모두 다섯 개의 보고서를 제출했는데, 가장 마지막 것은 1984년에 나왔다. 이들 보고서 중에서 가장 중요한 것은 제3 보고서에 첨부되었다가 제4 보고서에서 일부 수정제안과 함께 다시 제출된 바 있는 "Schematic Outline"[551)]인데, 그 주제는 "타국의 영토 혹은 통제 내의 사람이나 물건에 손실이나 침해를 초래하거나 초래할 수 있는 한 국가의 영토 혹은 통제 내의 활동"(activities within the territory or control of a State which give rise or may give rise to loss or injury to persons or things within the territory or control of another State)[552)]을 다루는 것이었다.[553)] 그리고 이 주제는 "그 정의에 의해 영토적 혹은 기타 통제적 관할권을 가진 국가의 행위가 위법한 것으로 입증되지 아니한 상황과만 관계"가 있다는 점에서 state responsibility와는 구분되는 것이었다.[554)] 어쨌든 Quentin−Baxter는 state responsibility 초안에서 Ago와 Riphagen이 택했던 −'1차의무'와 '2차의무'로 구성된− 이원적 의무 개념(dual obligation concept)을 포기하고 "복합1차의무"(compound primary obligation)의 이름으로 단일

---

548) See Cassese, *International law*, 2nd, p. 245.

549) https://untreaty.un.org/ilc/guide/9.htm.

550) 2001년 최종초안이 나오기까지 이 주제에 특별보고자로 참여한 사람은 Robert Q. Quentin−Baxter (1978~1984), Julio Barboza (1985~1996) 그리고 P. S. Rao (1997 ~2001) 등, 3인이었다. Johan G. Lammers, "Prevention of Transboundary Harm from Hazardous Activities : The ILC Draft Articles", (2001) 14 Hague Yearbook of International Law 3.

551) ILC Yearbook 1982, Vol. Ⅱ (Part One), p. 62 *et seq.* ; ILC Yearbook 1984, Vol. Ⅱ (Part One), p. 155 *et seq.*

552) Schematic Outline, Section 1

553) Mansour Jabbari−Gharabagh, "Type of State Responsibility for Environmental Matters in International Law", (1999) 33 Revue Juridique Thémis 59 at 83~84.

554) Lammers, *op. cit.*, (2001) 14 Hague Yearbook of International Law 3~4.

의무 개념(a single obligation concept)을 수립하려고 노력하였다. 즉, 이 복합1차의무는 일련의 4개 의무로 구성되는데, 기원국(source State)의 제1단계 의무는 "가능하면 손실 또는 침해의 위험을 피하기 위한 방지조치" (measures of prevention that, as far as possible, avoid a risk of loss or injury)를 취하는 것이다. 제2단계 의무는 "예견가능하다고 생각되는 손실 또는 침해의 종류와 정도에 대한 구체적인 적시를 포함한, 모든 이용가능한 관련정보"(all relevant and available information, including a specific indication of the kind and degree of loss or injury that it considers to be foreseeable)를 피영향국(affected State)에게 제공하는 것이다. 기원국에 지워진 제3단계 의무는, 상황을 다루기 위해 어떤 조약체제가 필요하겠는지를 검토하기 위해 피영향국의 요청이 있으면 "교섭에 들어가는"(enter into negotiations) 것이다. 그러나 이 3단계까지의 의무를 이행하지 않는 것은 제소의 권리를 발생시키지 않는다. 마지막 제4단계 의무는 손해가 발생한 경우, 배상을 하는 것이 "이들 국가의 공유기대에 합치하지"(in accordance with the shared expectations of these states) 않는다는 것이 입증되지 않는 한, 그같은 손해 혹은 침해에 대해 배상을 하는 것이다.[555]

1985년 Julio Barboza가 특별보고자로 임명되었으나 그도 일부 기본적 변경을 가하되 Schematic Outline을 가장 중요한 자료로 사용하였다.[556] 그리고 그는 1990년, 일반규정(general provisions)(제1조~제5조), 원칙(principles)(제6조~제10조), 방지(예방)(prevention)(제11조~제20조), (기원국의) 책임[liability (of the State of origin)](제21조~제27조) 그리고 민사책임(civil liability)(제28조~제33조)으로 구성된, 총 33개 조문의 완성된 초안을 제시하였다.[557]

그러나 ILC와 UN총회 제6위원회 안에서는 이 주제의 미래작업의 방향, 범위 및 접근방법과 관련하여 상당한 문제들이 계속 존재하였다. 그리하여 우선, 이 주제의 범위는 ILC의 1992년 결정에 의하여 상당히 축소되었는데, ILC는 이 결정에서 중대한 국경간 손해를 야기할 '위험'(risk)이 있는 활동에 집중하고, '실제로'(actually) 그러한 손해를 야기하는 활동은 더 이상 다루지 않기로 하였던 것이다. 상황과 조건에 따라서는 후자의 활동도 적법할 수는 있겠지만, 보통 그러한 활동은 십중팔구 위법할 것이므로 본주제의 범위 밖에 있을 것이기 때문이다. 그리고 ILC가 합의한 주제에 대한 또 하나의 제한은, 이 주제가 방지와 그 구제책(손해의 완화, 손해입은 것의 원상회복, 그리고 야기된 손해에 대한 보상) 양자 모두를 다루어야 하는 것이긴 하지만 적어도 당분간은 먼저 '방지'(prevention)를 다루고 'liability' 측면은 나중으로 미룬다는 것이었다. ILC는 또한, 이 주제의 제목이 여전히 '행위' (acts)를 지칭하고 있지만 이 주제는 '활동'(activities)을 다루는 것이라는 가정에 기초하여 작업을 계속하기로 결정하였다.[558]

ILC가 1978년 이래의 이 주제에 대한 작업을 검토하기 위하여 1997년에 설치한 실무반(working

555) Jabbari-Gharabagh, *op. cit.*, (1999) 33 Revue Juridique Thémis 59 at 83~86.
556) *Ibid.*, at 84.
557) ILC Yearbook 1990, Vol. Ⅱ (Part One), p. 83 *et seq.*
558) Lammers, *op. cit.*, (2001) 14 Hague Yearbook of International Law 3 at 4, 23.

group)은, 그러나 개념과 이론상의 난점들, 제목의 적절성 그리고 state responsibility와의 관련성 등과 같은 요소들로 인하여 주제의 범위와 내용이 계속 명료하지 않다고 결론지었다. 뿐만 아니라, 실무반은 ILC가 prevention과 international liability 두 개 모두를 다루었다고 언급하면서, 이 두 쟁점은 관련은 있지만 별개로 다루어야 한다고 권고하였다. 이에 근거하여 ILC는 "위험한 활동에서 야기되는 국경간 손해의 방지" (Prevention of transboundary damage from hazardous activities)라는 소제목을 가지고 주제를 진행시키기로 결정하였다. 동시에 Rao가 주제의 이 부분을 위한 특별보고자로 임명되었다.[559)]

이 후 작업은 신속히 진행되었다. 1998년 ILC는 제1독회에서 초안규정 17개 조문 한 세트를 채택하였으며, 이것은 그 후 의견제시를 위해 각 정부에 회람되었다. 그리고 2001년 8월 ILC는 제2독회에서 초안전문이 붙은 (개정된) 19개 초안규정 한 세트를 UN총회에 제출하면서, 총회가 이를 협약으로 만들어 줄 것을 권고하였다.[560)] "위험한 활동에서 야기되는 국경간 손해의 방지에 관한 규정초안"(draft articles on Prevention of Transboundary Harm from Hazardous Activities)(이하 ILC Prevention초안)이라는 제목에서 보는 것처럼 이 초안은 liability 측면은 다루지 않았다. 그러나 ILC Prevention초안은 international liability 주제의 일부로서 일차로 진행된 것이었다. 그러므로 UN총회는 ILC의 제53차 회기 작업보고서에 대한 2002년 1월의 결의[561)]에서, ILC에 대해 "그 제54차 회기 중에, prevention과 liability간의 상호연관성을 염두에 두면서, 이 주제의 liability 관련 측면들에 대한 검토를 재개해 줄 것"을 요청하였다. 이에 따라 ILC는 2002년 이 주제의 남은 문제를 연구·검토하는 작업에 들어갔는데,[562)] ILC는 크게 두 개의 문제를 검토해야 할 것으로 지적되었다. 즉, 그 하나는 원칙적으로 적법하지만 위험한(혹은 고도로 위험한) 활동의 경우에 -국가의 international liability 차원에서, 그리고 개인의 민사책임(civil liability) 차원에서- 적용될 liability의 원칙 내지 규칙을 발전적인 입장에서 마련하는 일이고, 다른 하나는 그같이 위법하지 아니한 활동으로부터 이익을 보는 것도 없이 국경을 넘어 손해를 입게 되는 사람들이 적절한 보상을 얻을 수 있는 충분한 수단에 관하여 규정하는 것이었다.[563)] 드디어 ILC는 2006년 제58차 회기에서 "위험한 활동에서 야기되는 국경간 손해의 경우에 있어 손실의 배분(할당)에 관한 원칙 초안"(Draft principles on the allocation of loss in the case of transboundary harm arising out of hazardous activities)(이하 ILC Allocation of Loss초안)을 채택하여 이를 UN총회에 제출하였다.[564)]

prevention을 포함한 international liability의 목표는 문제의 활동이 위험하다는 이유로 금지시키는데 있는 것이 아니라 관련국들 즉 일방 기원국(State of origin)과 타방 영향받을 가능성이

559) *Ibid.*
560) ILC Report, Fifty-third session (23 April~1 June and 2 July~10 August 2001), General Assembly, Official Records, Fifty-sixth session, Suppl. No. 10 (A/56/10), p. 370 *et seq.*
561) UN총회결의 56/82 (2002년 1월 18일).
562) See https://legal.un.org/ilc/reports/2002/.
563) Lammers, *op. cit.*, (2001) 14 Hague Yearbook of International Law 3 at 4, 23~24.
564) https://legal.un.org/ilc/reports/2006/.

있는 국가(State likely to be affected) 내지는 영향받은 국가(피영향국) (affected State) 사이에 '이익의 형평한 균형'(equitable balance of interests)을 가져오는 것이다.[565] 이 점을 기억하면서 ILC Prevention초안을 개관하는 것이 좋을 것이다. 그리고 초안은 그 구성과 내용에 있어 1997년의 "국제수로의 비항행적 사용에 관한 법을 위한 협약"(Convention on the Law of Non-navigational Uses of International Watercourses)(이하 UN국제수로협약)[566]을 많이 참조한 것으로 보이므로 필요한 경우 특히 이것과 비교를 해 보는 것도 유익하다. 그리고 초안이 주로 국경간 환경침해의 방지를 염두에 두고 작성된 것이라는 점에서, 필요하면 국제환경법의 기본헌장인 1972년의 스톡홀름선언(Stockholm Declaration of the UN Conference on the Human Environment)과 1992년의 리우선언(Rio Declaration of the UN Conference on Environment and Development)에서 천명된 환경관련 원칙과도 연계하여 생각하는 것이 필요하다.

아래에서는 먼저 2001년의 Prevention초안을 먼저 살펴보고, 이어서 2006년의 Allocation of Loss초안에 대해 언급하기로 한다.

1. 2001년 ILC Prevention 초안

(1) 초안규정의 적용범위

초안은 "국제법에 의하여 금지되지 아니한 활동으로서, 그것의 물리적 결과를 통하여 중대한 국경간(초국경적, 월경적) 손해를 야기할 위험을 수반하고"(*activities not prohibited by international law* which involve a *risk* of causing *significant transboundary harm* through their *physical* consequences),[567] "한 국가의 영토에서 혹은 달리 한 국가의 관할권이나 통제 하에서" "계획되거나 수행되는"(planned or … carried out *in the territory or otherwise under the jurisdiction or control of a State*)[568] 경우에 적용된다. ILC Prevention초안 성립에 이르기까지의 과정에서 보는 것처럼 초안의 적용범위는 매우 제한적으로 표현되어 있으므로 이를 조심해서 읽을 필요가 있다.

565) ILC Prevention초안 제9조, 제10조. Quentin-Baxter는 Schematic Outline에서, 자신이 제안하는 몇 개 조문의 목적과 목표는 오히려 "to ensure to acting States as much freedom of choice, in relation to activities within their territory or control, as is compatible with adequate protection of the interests of affected States" (Section 5(1))라고 하였다. 다만, "Adequate protection requires measures of prevention that as far as possible avoid a risk of loss or injury and, in so far as that is not possible, measures of reparation … "(Section 5(2))라고 언급하면서, 또한 "In so far as may be consistent with the preceding articles, an innocent victim should not be left to bear his loss or injury ; the costs of adequate protection should be distributed … "(Section 5(3))라고 언급하였었다. Lammers, *op. cit.*, (2001) 14 Hague Yearbook of International Law 3.

566) 1997년 5월 21일 UN총회에서 다수결로 채택. 2000년 5월 20일까지 서명을 위하여 개방되었고, 35번째 비준, 수락, 승인 또는 가입문서가 UN사무총장에게 기탁된 날로부터 90일째 되는 날 발효. (1997) 36 ILM 700~720.

567) ILC Prevention초안 제1조.

568) ILC Prevention초안 제2조(d).

우선, 초안규정은 "국제법에 의하여 금지되지 아니한 활동"에만 적용된다는 요건은, 물론 international liability의 주제를 state responsibility의 주제와 분리시키기 위함이다. ILC의 state responsibility 초안규정은 국제법의 1차규칙(primary rules of international law)이 위반되었을 때 적용되기 시작한다는 점에서 흔히 2차규칙(secondary rules)이라 불리는데 반해, international liability는 국제법규를 위반해서 야기되는 책임이 아니기 때문에 이 제목의 우산 아래 결집되는 규칙들은 국제법의 1차규칙으로 여겨지고 있다. 바꾸어 말하면, ILC Prevention초안은 1963년의 부분핵실험금지조약의 당사국이 대기권에서 핵폭발실험을 하는 경우처럼 아무리 "그것의 물리적 결과를 통하여 중대한 국경간 손해를 야기할 위험을 수반"하더라도 그 자체 위법한 활동에 대해서는 적용되지 않는다.[569)]

초안은 중대한 국경간 손해를 야기할 '위험'(risk)을 수반하는 활동에 대해서만 적용된다. 이미 서두에서 언급한 바와 같이, 단지 중대한 손해를 야기할 '위험'이 있는 것이 아니라 '실제로' 그러한 손해를 야기하는 활동은 ILC의 1992년 결정에 의하여 결국 초안의 적용범위에서 제외되고 말았던 것이다. 그러한 활동은 대체로 위법할 것이고, 그렇다면 이것은 state responsibility 체제 하에서 다루어야 할 것이기 때문이다.[570)]

'손해'(harm)는 "사람, 재산 혹은 환경에 야기된 손해"(harm caused to persons, property or the environment)로 정의되었다.[571)]

'국경간 손해'(*transboundary* harm)는 "관련 국가들이 국경선을 맞대고 있는가에 관계없이, 기원국 이외의 국가의 영토에서 혹은 기원국 이외의 국가의 관할권이나 통제 하에 있는 기타 장소에서 야기된 손해"(harm caused *in the territory of or in other places under the jurisdiction or control of a State other than the State of origin*, whether or not the States concerned share a common border)로 정의되었다.[572)] 따라서 초안은 외국의 영토 밖에서, 혹은 외국의 관할권이나 통제 하에 있는 장소가 아닌 곳에서, 야기된 손해에 대해서는 적용되지 아니한다. ILC의 항변은, 그런 유형의 손해는 다른 취급을 요할 것이고, 또 방지에 관한 초안규정을 합리적인 시간 내에 마무리 짓기 위해서는 주제의 범위를 제한할 수밖에 없었다는 것이다.[573)]

국경간 손해는 '중대한'(significant) 것이어야 한다는 요건도 본 초안의 목적상 매우 중요한데, 왜냐하면 이 기준에 이르지 않는 손해를 야기할 위험, 즉 최소한의 위험(*de minimis,* i.e. minimal risks)을 수반하는 활동은 본 초안의 적용대상이 아니기 때문이다. 오히려 이러한 최소한

569) Lammers, *op. cit.*, (2001) 14 Hague Yearbook of International Law 3 at 5. 이를 두고 Quentin-Baxter는 -1980년의 예비보고서에서- state responsibility와 liability 체제는 서로 다른 차원에서 존재한다("the two regimes exist upon different planes")고 표현하였었다 : *Preliminary report on international liability for injurious consequences arising out of acts not prohibited by international law*, by Mr. Robert Q. Quentin-Baxter, Special Rapporteur, [24 and 27 June and 4 July 1980], para. 21, 〈https://legal.un.org/ilc/publications/yearbooks/english/ilc_1980_v2_p1.pdf〉.

570) Lammers, *op. cit.*, (2001) 14 Hague Yearbook of International Law 3 at 4, 7, 23.

571) ILC Prevention초안 제2조(b).

572) ILC Prevention초안 제2조(c).

573) Lammers, *op. cit.*, (2001) 14 Hague Yearbook of International Law 3 at 7~8.

의 위험은 이웃국가들이 인용을 하여야 하고, 기원국은 그것을 줄이거나 제거하려고 노력할 의무가 없다. 그렇지 않으면 초안규정 전문에서 상기시키고 있는 바와 같이, "제한이 없는 것은 아니지만", "영토, 관할권 혹은 통제 내에 있는 천연자원에 대한 국가들의 영구주권" 또는 "영토, 관할권 혹은 통제 내에서 활동을 수행하거나 허가할 국가들의 자유"는 부당하게 제약당하게 될 것이기 때문이다.[574] 다만, significant라는 수식어에 대해서는 언제나 비판이 붙어 다닌다. 이를 삭제하기를 바랬던 측에서는 이것이 너무 모호하거나 혹은 초안규정의 적용을 너무 많이 제한하는 것으로 생각하였고, 반면에 significant 보다는 serious나 substantial이란 수식어를 선호한 측에서는 이것이 초안규정의 적용을 너무 쉽게 만드는 것으로 생각하였던 것이다. 어떤 손해가 significant한 것인가에 대한 평가에는 여러 내재적인 어려움이 수반되기 마련이겠지만, 이 수식어는 오늘날 국제환경조약들에서 일반적으로 수락되고 있어 적절한 균형을 잡은 것으로 보인다. ILC에 따르면, significant는 특정 상황에서 detectable한 것 이상의 어떤 것에 해당하지만 그러나 반드시 serious하거나 substantial한 것에는 이르지 않는 수준을 지칭한다.[575]

'중대한 국경간 손해를 야기할 위험'(risk of causing *significant* transboundary harm)에는 "중대한 국경간 손해를 야기할 높은 개연성의 형식을 취하는 위험과 재앙적인 국경간 손해를 야기할 낮은 개연성의 형식을 취하는 위험이 포함된다"(includes risks taking the form of a *high* probability of causing *significant* transboundary harm and a *low* probability of causing *disastrous* transboundary harm).[576] 전자의 위험이 단지 '위험한' 산업활동(hazardous industrial activity)과 관련이 있는 것이라면 후자의 위험은 '극도로 위험한' 산업활동(ultrahazardous industrial activity)[577]과 관련이 있다. 여기서 disastrous는 significant 이상의 것을 말하기 때문이다. 그리고 이 위험공식은 초안규정이 적용되기 시작하는 최저기준으로 의도된 것이기 때문에 "재앙적인 국경간 손해를 야기할 (낮지 않고 오히려) '높은' 개연성의 형식을 취하는 위험"(risk taking the form of a *high* probability of causing *disastrous* transboundary harm)을 수반하는 활동[578]도 당연히 초안규정의 적용대상이 된다고 해석된다.[579]

초안규정의 적용범위에 들기 위한 마지막 요건은 국경간 손해는 활동의 "물리적 결과" (*physical* consequences)의 소산이어야 한다는 점이다. 따라서 '통화, 사회경제 혹은 기타 유사한 분야'에서의 국가정책에 의하여 야기될 수 있는, 물리적인 것이 아닌 국경간 손해에 대해서는 초안규정이 적용되지 아니한다.[580]

---

574) *Ibid.*, at 6.
575) *Ibid.*, at 7.
576) ILC Prevention초안 제2조(a).
577) 예컨대, 엄격한 사전주의 조치를 취했고 따라서 수반되는 손해의 개연성이 아주 낮다고 하더라도 사고가 나면 재앙적인 손해를 야기할 수 있는 핵발전소의 개발. Lammers, *op. cit.*, (2001) 14 Hague Yearbook of International Law 3 at 6~7.
578) 예컨대, 원칙적으로 안전한 핵발전 시설의 부주의한 조작 또는 원칙적으로 매우 불안전한 핵발전시설의 신중한 조작. *Ibid.*, at 7.
579) *Ibid.*, at 6~7.

(2) 기본원칙 : 예방과 협력

스톡홀름선언 제24원칙과 리우선언 제7원칙도 환경보호와 관련하여 국가 간의 협력을 강조하고 있는데, 초안도 그 기본원칙으로서 예방(혹은 방지)(제3조)과 협력(제4조)을 내세우고 있다. 초안의 다른 규정들은 대부분 이 두 기본원칙을 이행하거나 실시하기 위한 것으로 생각할 수 있다.[581)]

먼저, '예방/방지'(prevention)를 다루고 있는 제3조는 "기원국은 중대한 국경간 손해를 방지하거나 또는 어떠한 경우에도 그것의 위험을 최소화하기 위한 모든 적절한 조치(all appropriate measures)를 취해야 한다."고 규정하고 있다. ILC[582)]가 "비록 완전한 과학적 확실성이 존재하지 않더라도 중대한 혹은 돌이킬 수 없는 손해를 회피 또는 방지하기 위한 조치를 취해야 할 의무"[583)]를 "중대한 국경간 손해를 방지하거나 또는 어떠한 경우에도 그것의 위험을 최소화하기 위한 모든 적절한 조치를 취할 의무"의 일부라고 보고 있는 점이 주목할만 하다. 그러나 제3조의 예방 혹은 방지 의무는 절대적인 것이 아니다. 우선, 이 의무는 앞에서 전제한 바와 같이, 중대한 국경간 손해를 야기할 '위험'을 수반하는 활동과만 관련이 있기 때문이다. '실제' 중대한 손해를 야기하는 활동이나 혹은 단지 '매우 낮은' 국경간 손해의 위험을 야기하는 활동은 초안규정의 범위 밖에 있다. 또한 이 의무는, 기원국은 중대한 국경간 손해가 방지될 것을 보장할 의무를 지고 있는 것이 아니라, 단지 그러한 손해를 방지하기 위한 "모든 적절한 조치"를 취할 의무만을 지고 있을 따름이라는 사실에 의하여 더욱 제한된다. 이것은 기원국이 어떤 활동을 수행할 때 그것의 중대한 국경간 손해에 대해 적절히 통고받은 관측자조차도 눈치채지 못했고 또 눈치챌 수도 없었을 활동의 결과를 방지할 것이 기대되지 않는다는 것을 의미한다. "모든 적절한 조치를 취할 의무"는 사실상 '상당한 주의'(due care, due diligence) 의무로서, 환경보호에 있어 일반적으로 수락된 기준이다. 어쨌든 여기서 "모든 적절한 조치" 혹은 "상당한 주의"는 중대한 국경간 손해 또는 그 위험을 방지할 의무를 "이행하기 위한 적절한 감시장치의 수립을 포함하여, 필요한 입법적, 행정적 또는 다른 행동을 취할" 기원국의 의무를 함축하고 있는데, 이 의무는 제5조에 별개로 규정되어 있다. 그리고 여기서 '상당한 주의'는 단지 어떤 정부가 일정 조치를 취했느냐 하는 것만 문제삼는 것이 아니라 '선량한' 정부(good government)가 그 상황에서 무엇을 했어야 하는가도 문제삼는 것이다. 따라서 주의의 정도는 관련된 위험의 정도에 비례해야 하며, 고도로 위험한 활동의 경우에는 주의의 정도가 훨씬 높아야 한다. 기술변화와 과학의 발전과 함께 시간이 흐르면서 주의의 정도 또한 변화할 수 있다. 또한, (발전된 경제와 인적·물적 자원 그리고 고도로 발전된 사회체제와 통치구조를 갖춘) 선진국가에게서 요구되는 주의의 정도와 개발도상국이나 사회주의에서 자본주의로의 변화를 겪고 있는 국가에게서 기대되는 주의의 정도가 객관적으로 같을 수는 없을 것이다.[584)]

'협력'(co-operation)을 다루고 있는 초안 제4조는 "관련국들(즉, 기원국과 영향을 받을 가능성이 있

580) *Ibid.*, at 8.
581) *Ibid.*
582) ILC Report 2001, pp. 394~395 [para. (14) of the Commentary on Article 3].
583) 즉, "사전주의조치를 취할 의무"(duty to take *precautionary* measures).
584) Lammers, *op. cit.*, (2001) 14 Hague Yearbook of International Law 3 at 9~10.

는 국가)은 신의성실로써 협력하여야 하며, 또한 필요한 경우(as necessary) 중대한 국경간 손해를 방지하거나 또는 어떠한 경우에도 그것의 위험을 최소화함에 있어 하나 이상의 권한있는 국제기구의 도움을 구해야 한다."고 규정하고 있다. 제4조의 '국제기구'와 관련하여 비판이 제기되고 있다. 즉, 제4조의 원문이나 이에 대한 ILC의 코멘터리[585)]에 의하면 이것이 국제공기구만을 지칭하는지 아니면 비정부국제기구(즉, 국제민간단체)도 포함하는지가 분명하지 않기 때문이다. 그러나 오늘날 국제환경문제에 있어 비정부국제기구들이 더욱 더 중요한 역할을 담당하고 있는 점을 생각한다면, 제4조나 ILC 코멘터리에서 비정부기구의 역할을 좀 더 명시적으로 인정했으면 더 좋았을 것이라는 지적이 있다.[586)] 또한 국제기구의 도움을 구할 의무와 관련하여 "as necessary"보다 "where appropriate" 같은, 다소 덜 제한적인 문구가 더 나을뻔 했다는 점도 지적되고 있다.[587)] 이 밖에도 초안 제4조는 단지 "관련국들은 신의성실로써 협력하여야 한다"라고만 규정하고 있다는 점에서 표현이 다소 직접적이고 직선적이라는 느낌을 준다. 이에 비해 UN국제수로협약은 일반적 협력의무를 규정한 그 제8조에서 '상호이익'(mutual benefit)과 '적정이용'(optimal utilization), 그리고 '공동장치 혹은 공동위원회의 수립' (establishment of joint mechanisms or commissions)을 언급하고 있는 점이 돋보인다. 다만, UN국제수로협약은 공동천연자원의 사용과 공유에 관한 것인데 반해, "ILC Prevention초안"은 −공간(space) 자체가 공동천연자원으로 간주되지 않는 한− 반드시 이같은 경우에 해당하는 것은 아니라는 점에서 그에 대한 비판은 감소된다.[588)]

(3) 이 행

초안의 나머지 규정들은 상기 두 기본원칙을 이행하고 구체화하기 위한 것으로 생각되는데, 특히 제9조에 의하면 관련국들은 "중대한 국경 간 손해를 방지하거나 어떠한 경우에도 그 위험을 최소화하기 위하여 채택될 조치에 관한 수락가능한 해결을 달성할 목적으로, 어느 한 국가의 요청이 있으면 협의에 들어가야 하며," 특히 "초안규정 제10조에 비추어 이익의 형평한 균형에 기초한 해결(solutions based on an equitable balance of interests)을 구해야 한다." 초안규정들이 대개 정보제공이나 통고 등 절차적 성격의 의무를 담고 있는데 반해, 제10조는 관련 국가들이 이익의 충돌을 피하기 위한 해결책에 합의하기 위해 노력할 때 기초로 삼아야 하는 여러 실체적 요소를 열거하고 있다. 제10조가 초안규정 내에서 중심적 위치를 차지하고 있음을 고려하여 제10조를 전체적으로 인용하여 보자.

> "제10조(이익의 형평한 균형에 수반되는 요소들)
> 제9조 2항에서 언급된 이익의 형평한 균형을 달성하기 위해, 관련 국가들은 모든 관련 요소와 사정을 고려에 넣어야 하며, 여기에는 다음의 것들이 포함된다 :

585) ILC Report 2001, p. 397 [para. (5) of the Commentary on Article 4].
586) Lammers, *op. cit.*, (2001) 14 Hague Yearbook of International Law 3 at 8.
587) *Ibid.*, at 9.
588) *Ibid.*

(a) 중대한 국경 간 손해의 위험의 정도, 그리고 그러한 손해를 방지하거나 그 위험을 최소화하거나 그 손해를 교정하기 위한 수단의 이용가능성의 정도 ;
(b) 활동의 중요성. 단, 그 활동이 영향받을 가능성이 있는 국가에 대해서는 잠재적 손해를 주지만 기원국에 대해서는 전반적으로 사회적 · 경제적 · 기술적 성격의 여러 이익을 줄 수 있음을 고려에 넣을 것 ;
(c) 환경에 대한 중대한 손해의 위험, 그리고 그러한 손해를 방지하거나 그 위험을 최소화하거나 환경을 원상회복하기 위한 수단의 이용가능성 ;
(d) 기원국과 또 적절한 경우(as appropriate) 영향받을 가능성이 있는 국가가 방지비용에 기여할 용의가 있는 정도 ;
(e) 방지비용을 생각하고 또 다른 곳 혹은 다른 수단에 의해 그 활동을 수행하거나 그것을 대체활동으로 교체할 수 있는 가능성을 생각했을 때, 그 활동의 경제적 실행가능성 ;
(f) 영향받을 가능성이 있는 국가가 동일하거나 유사한 활동에 적용하는 방지의 기준, 그리고 유사한 지역적 혹은 국제적 관행에서 적용되는 기준."

제10조의 목적은 이익의 형평한 균형에 기초한 해결을 달성하기 위해 협의에 참여하는 국가들을 위하여 지침을 제공하는데 있다. 이익의 형평한 균형에 도달하려면 사실이 입증되어야 할 것이고 또 모든 관련 요소가 비교검토 되어야 하겠는데, 제10조에 언급된 요소와 사정은 완벽한 목록이 아니며, 이들 요소와 사정들간에 우선순위가 있는 것도 아니다. 일반적으로 관련당사자들은 관련 요소와 사정에 비추어 특정 사건에서 발생할 수 있는 비용과 이익을 비교해 볼 수 있을 것이다.

제10조는 –국제수로의 형평하고 합리적인 이용에 관련되는 다수의 요소를 열거하고 있는– UN국제수로협약 제6조에서 영감을 받은 것으로 보인다. 그러나 양자 사이에는 중요한 차이가 있음을 유념하여야 한다. 즉, UN국제수로협약은 타 수로국가의 국제수로의 물 사용에 중대한 간섭의 '위험'(risk)을 수반하는 활동뿐만 아니라, 그러한 간섭을 '실제로'(actually) 야기할 활동과도 관련이 있다. 이와는 반대로, ILC Prevention초안의 적용범위에는 '실제로' 중대한 손해를 야기하는 활동이 포함되지 아니하며, 위에서 언급한 바와 같이 단지 중대한 손해를 야기할 '위험'을 수반하는 활동에 국한된다. 게다가 ILC Prevention초안은 방지와 협력에만 적용되는 것으로 의도되어 있으며, –UN국제수로협약(제7조 2항)과는 달리– 야기된 중대한 국경간 손해 보상의 문제를 다루지 않고 있다. 또한, "관련국가들이 이익의 형평한 균형에 기초한 해결을 구할" 초안 제9조 2항의 의무와 제10조에 예시된 "이익의 형평한 균형에 수반된 요소들"의 목록도 초안의 이같은 제한된 적용범위에 비추어 판단되어야 한다. ILC초안규정이 '실제로' 중대한 국경간 손해를 야기하는 활동과는 관계가 없다는 사실은, 물론 그 제10조의 이익형량 과정이 UN국제수로협약에서와는 달리 왜 자유로운 여지를 부여받고 있는지를 설명해 주고 있다. 그같은 사실은 또한 제10조에 언급된 그 어떤 요소도 왜 '영향받을 가능성이 있는 국가'나 혹은 '기원국에서 수행된 활동의 위험이 구체화될 때 초래된 중대한 국경간 손해 때문에, 그같은(즉, 영향받을 가능성이 있는) 국가 내의 사람들'에게 보상이 지급되어야 할지도 모를 가능성을 언급하고 있지 않는지를 설명해 주고 있다.[589] 오히려 제10조(d)는 –기원국뿐만 아니라– 적

589) Lammers, *op. cit.*, (2001) 14 Hague Yearbook of International Law 3 at 18.

절한 경우 '영향받을 가능성이 있는 국가'도 방지비용에 기여할 용의가 있는 정도를 한 개의 고려요소로 언급하고 있기도 하다. 제10조(d)의 요소에 대한 ILC 코멘터리에서는 "영향받을 가능성이 있는 국가가 방지조치의 비용에 기여할 용의가 있다면, 다른 요소를 고려하되, 기원국은 '비용이 더 들지만 더욱 실효적인 방지조치를 취할' 것으로 기대하는 것이 합리적일 수 있다"[590]고 언급함으로써 이 (d)의 요소와 이른바 오염자 부담의 원칙을 조화시키려고 시도하고 있다. 게다가 "(d)의 요소에 언급된 '적절한 경우'(as appropriate)란 표현은 기원국과 영향받을 가능성이 있는 국가가 방지비용의 기여와 관련해 동일한 차원에 올려지는 것은 아님을 시사하고 있다."[591] 또한, "그렇게 함에 있어(즉, 방지조치를 위한 비용의 배분에 관한 교섭을 시작할 때), 그들은(즉, 관련국들은) 이들 비용은 '사업자나 기원국'이 인수해야 한다는 '제3조로부터 도출되는 기본원칙'으로부터 앞으로 나아간다."[592] "이들 교섭은 대개가 방지조치의 범위에 관한 합의가 없고, 영향받을 가능성이 있는 국가가 기원국이 필수적으로 확보해야 하는 바를 넘어서 소망하는 더욱 높은 정도의 보호를 확보하기 위하여 방지조치의 비용에 기여하는 경우에 발생한다."[593] ILC가 주는 메시지는 분명하다. 즉, 영향받을 가능성이 있는 국가가 방지비용을 분담하는 것은, 이 국가가 어떤 특정활동과 관련하여 기원국에게 합리적으로 기대할 수 있는 것보다 더욱 엄격한 (따라서 대개 비용이 더 들어갈) 방지조치를 가지고 싶을 때에만 요구될 수 있다.[594]

제10조에 언급된 다른 요소들에 대해서도 언급하여야겠다. 먼저, (a)의 요소는 그 자체 정당한 것으로 보이지만, 누가 그 손해를 교정하고 또 그같은 교정비용을 맡을 것인가의 문제는 논의되지 않은 채 남아 있다. 환경의 원상회복에 관한 (c)의 요소에 대해서도 같은 말을 할 수 있다. (c)의 요소에 대한 ILC 코멘터리[595]는 특히 리우선언 제15원칙에 따라 사전주의 원칙의 중요성을 강조하고 있다. ILC 코멘터리[596]는 (b)의 요소를 지지하는 일부 국가관행을 언급하고 있지만, 이들 예는 모두 단지 '위험'이 아니라 '실제로' 중대한 국경간 손해를 야기하는 활동에 관련된 것이기 때문에 적절치 않은 것으로 보인다.[597] (e)의 요소는 '특히' 방지비용과 활동의 경제적 실행가능성 사이의 관계를 다루고 있는데, 이것은 확실히 방지조치의 비용은 문제의 활동을 경제적으로 실행불가능하게 만들 정도로 높아서는 안된다는 것을 함축하고 있다. 그런데 이것이 원칙적으로 옳은 말이긴 하겠지만, 관련 활동의 경제적 실행가능성은 객관적 기준에 따라야 한다는 점도 기억할 필요가 있다.[598] 끝으로 (f)의 요소도 문제를 안고 있는데, 왜냐하면 "유사한 지역적 혹은 국제적 관행에서 적용되는 기준"은 객관적 기준을 제공할 수 있지만 "영향받을 가능성이 있는 국가가 동일하거나 유사한 활동에

---

590) ILC Report 2001, p. 416 [para. (9) of the Commentary on Article 10].
591) *Ibid.*, p. 417 [para. (11) of the Commentary on Article 10].
592) *Ibid.*
593) *Ibid.*
594) Lammers, *op. cit.*, (2001) 14 Hague Yearbook of International Law 3 at 19.
595) ILC Report 2001, p. 414 [para. (5) of the Commentary on Article 10].
596) *Ibid.*, p. 413 [para. (4) of the Commentary on Article 10].
597) Lammers, *op. cit.*, (2001) 14 Hague Yearbook of International Law 3 at 20.
598) *Ibid.*

적용하는 방지의 기준"은 반드시 그러하지 않기 때문이다.[599)]

(4) 다른 국제법규와의 관계

초안은 "부담한 일체의 의무"(any obligation incurred)에 관한 제18조에서 "본 규정들은 국가들이 관련 조약이나 관습법규에 의거하여 부담한 그 어떤 의무도 침해하지 아니한다."고 규정함으로써 '기존' 조약이나 '기존' 관습법규에 대한 자신의 완전한 종속성을 천명하고 있다.

그렇다면 우선 조약과 관련하여, 제18조는 국가 간에 미래에 체결될 조약에 대해서도 적용되는지는 분명하지 않다. 이 문제와 관련하여 UN국제수로협약은 미래 또는 과거의 조약에 대해 일정 우위를 요구하고 있어 대조를 이룬다. 즉, 동 협약은 제3조 3항에서, 수로국가들이 동 협약의 규정을 특정 국제수로나 그 일부의 특징과 사용에 맞게 "적용하고 조정하는"(apply and adjust) '새로운' 협정을 체결할 수 있다고 규정하고 있는데, 이것은 UN국제수로협약으로부터의 이탈의 자유를 그만큼 제한하는 효과를 가질 것이다. 뿐만 아니라 동 구정은, '기존' 수로협정의 당사국들은 필요하면 그같은 기존협정을 본 UN국제수로협약의 기본원칙과 조화시키는 것을 고려할 수 있다고도 규정하고 있다.[600)]

둘째로, 초안은 기존의 조약에 대해서는 그렇다손 치더라도 기존 관습법규에 대해서까지 자신의 종속성을 천명한 것은 이해하기 어렵다는 비판이 있다. 이 초안은 ILC가 UN총회에 제출하면서 협약의 기초로 삼아달라고 권고한 것을 고려하면 더욱 그러하다. 왜냐하면 국가들이 조약을 체결할 때는 당사국간에 기존관습법의 구속으로부터 벗어나려는 의도를 갖는 것이 보통이기 때문이다.[601)]

2. 2006년 ILC Allocation of Loss 초안[602)]

2006년의 Allocation of Loss 초안, 즉 "위험한 활동에서 야기되는 국경간 손해의 경우에 있어 손실의 배분(할당)에 관한 원칙초안"(Draft principles on the allocation of loss in the case of transboundary harm arising out of hazardous activities)은 전문과 더불어, 제1원칙(적용범위), 제2원칙(술어용어), 제3원칙(목적), 제4원칙(신속하고도 충분한 보상), 제5원칙(대응조치), 제6원칙(국제 및 국내적 구제수단), 제7원칙(특별국제체제의 발전), 제8원칙(이행) 등 모두 8개 원칙을 제시하고 있는데, 동 초안은 전체적으로 다음의 몇 가지로 요약해 볼 수 있다.

첫째, Allocation of Loss 초안은 그 전문 1단에서 언급하고 있는 것처럼 1992년의 "환경과 개발에 관한 리우선언"(Rio Declaration on Environment and Development)의 제13원칙(국제법과 국내법을 발전시켜 나갈 의무)과 제16원칙(오염자 부담의 원칙)을 염두에 두고 작성된 것이다.[603)]

---

599) *Ibid.*
600) *Ibid.*, at 22.
601) *Ibid.*, at 22~23.
602) https://legal.un.org/ilc/reports/2006/english/chp5.pdf.
603) ILC Allocation of Loss 초안 제3원칙에 대한 주석 (5) 및 (11) 이하 참조.

둘째, Allocation of Loss 초안은 국가가 Prevention초안에서 규정하고 있는, 국제법에 의하여 금지되지 아니한 위험한 활동에서 야기되는 국경간 손해의 방지에 관한 자신의 의무를 '준수하였음에도' 불구하고 발생할 수 있는 사고에 수반되는 '손실'의 '배분'에 관하여 원칙을 제공하는데 그 목적이 있다.[604)]

셋째, 국가가 Prevention초안에 규정된 방지의무를 다하지 않았다면 이것은 1차규칙(primary rules)의 위반으로서, 이 경우에는 국가책임(state responsibility)의 문제가 제기된다.[605)] 문제의 활동 자체가 국제법에 의하여 금지되었다는 것은 반드시 책임발생의 요건이 아니다. 또한 Allocation of Loss 초안도 Prevention초안과 마찬가지로 1차규칙과 관련된 것이다.[606)]

넷째, Prevention초안은 "중대한 국경간 손해를 야기할 (단지) 위험을 수반하는" 활동에 적용되며[607)] 그 결과 이것은 '기원국'과 '영향받을 가능성이 있는 국가'간에 적용됨을 염두에 둔 것이다. 이에 반해 Allocation of Loss 초안은 "국제법에 의하여 금지되지 아니한 활동에 의하여 '야기된' 국경간 손해에 적용"되며,[608)] 따라서 동 초안에서 "관련 국가"(States concerned)라 함은 '기원국'과 '영향받을 가능성이 있는 국가'뿐만 아니라 실제로 '영향받은 국가'를 포함한다.[609)]

다섯째, Allocation of Loss 초안은 그 제목에서 보는 것처럼 단지 여러 원칙을 제시하고 있는데, 이것은 동 초안이 -이 분야의 구속력있는 법규를 법전화하기 위한 것이라기보다는- "특별협정에 의하여 규율되지 않고 있는 해로운 활동에 대해 국가들에게 적절한 지침을 제공하고, 그러한 특별협정에서 다루어야 할 문제들을 적시함으로써" 기본적으로 "이 분야의 국제법의 발전에 기여"함을 의도하고 있기 때문이다.[610)]

끝으로, Allocation of Loss 초안에서 핵심적 위치를 차지하는 것은 제3원칙[611)]과 제4원칙[612)]으

---

604) ILC Allocation of Loss 초안 전문 3단 ; Allocation of Loss 초안에 대한 일반주석(General Commentary) (2) ; Allocation of Loss 초안 제1원칙에 대한 주석 (8).

605) ILC Allocation of Loss 초안 전문 7단 ; Allocation of Loss 초안에 대한 일반주석(General Commentary) (6) ; Allocation of Loss 초안 제1원칙에 대한 주석 (6).

606) Allocation of Loss 초안 제1원칙에 대한 주석 (6).

607) ILC Prevention초안 제1조.

608) ILC Allocation of Loss 초안 제1원칙.

609) ILC Allocation of Loss 초안 제5원칙(e).

610) ILC Allocation of Loss 초안 전문 마지막 단락 ; Allocation of Loss 초안에 대한 일반주석(General Commentary) (5), (11)~(13) ; Allocation of Loss 초안 제2원칙에 대한 주석 (25).

611) "Principle 3 *Purposes*

The purposes of the present draft principles are : (a) to ensure prompt and adequate compensation to victims of transboundary damage ; and (b) to preserve and protect the environment in the event of transboundary damage, especially with respect to mitigation of damage to the environment and its restoration or reinstatement."

612) "Principle 4 *Prompt and adequate compensation*

1. Each State should take all necessary measures to ensure that prompt and adequate compensation is available for victims of transboundary damage caused by hazardous activities located within its territory or otherwise under its jurisdiction or control.

2. These measures should include the imposition of liability on the operator or, where appropriate, other person or entity. Such liability should not require proof of fault. Any conditions, limitations or exceptions to such liability shall be consistent with draft principle 3.

로 생각되는데, 특히 제4원칙 1항은 반드시 국가 자신이 보상을 지급할 의무를 지지는 않음을 함축하고 있으며,[613] 그 2항은 운영자(operator)[614]에게 무과실책임(liability without fault, responsabilité sans faute)[615]을 지울 것을 권고하고 있다.

XVI. 자기완비적 체제

일정 공동의 목표 내지는 상호이익을 달성하기 위하여 체결되는 거의 대부분의 다자조약은 그 당사자들(대체로 국가들)이 무엇을 해야 하고 무엇을 해서는 안되는지를 결정하는 여러 기본적인 원칙, 규범 및 규칙을 담고 있고, 또 어느 당사국의 조약 위반에 대해 타 당사국들이 취할 수 있는 절차에 관하여 규정하고 있는 것이 보통이다. 그러면 이같은 다자조약에 내장되어 있는 분쟁해결절차들, 즉 특별2차규칙들(special secondary rules)은 일반국제법으로부터 완전히, 혹은 적어도 어느 정도는 독립하여 존재할 수 있을 것인가? 다시 말해서, 다자조약에 내장된 2차규칙들은 일반국제법의 적용을 완전히 배제하는가? 이 문제는 "자기완비적 체제/레짐" 혹은 "그 자체로 완비된(자족적 혹은 독립적인) 체제"로 번역될 수 있는 "self-contained regimes"의 개념을 중심으로 논의가 되고 있다.[616]

세계재판소 역사상 최초의 계쟁사건인 *Wimbledon* 호 사건[617]에서 PCIJ는 -'체제'(regime)란 개념과 '자기완비적' 개념을 분리하여 사용하긴 했지만- 이미 "자기완비적 체제"의 개념에 의거하여 사건을 해결한 바 있었다. 즉, 이 사건에서 PCIJ는 1919년의 베르사유조약 제380조는 독일의 키일운하(Kiel Canal)에 적용될 한 개의 '체제'(regime) 혹은 '국제체제' (international regime)를 수립하고 있으며, 또한 이들 규정은 "독일 내륙의 가항수로에 적용되는 (베르사유조약 내의) 다른 규정의 도

---

3. These measures should also include the requirement on the operator or, where appropriate, other person or entity, to establish and maintain financial security such as insurance, bonds or other financial guarantees to cover claims of compensation.
4. In appropriate cases, these measures should include the requirement for the establishment of industry-wide funds at the national level.
5. In the event that the measures under the preceding paragraphs are insufficient to provide adequate compensation, the State of origin should also ensure that additional financial resources are made available."

613) Allocation of Loss 초안 제4원칙에 대한 주석 (3).

614) ILC Allocation of Loss 초안 제2원칙(g)에 의하면 '운영자'(operator)는 "국경간 손해를 야기하는 사고가 발생할 당시 그 활동을 지휘 또는 통제하는 일체의 사람"(any person in command or control of the activity at the time the incident causing the transboundary damage occurs)으로 정의되고 있다. Allocation of Loss 초안 제4원칙에 대한 주석 (10), (11) 참조.

615) 엄격책임(strict liability)이라고도 칭한다. Allocation of Loss 초안 제4원칙에 대한 주석 (12) 참조.

616) Compact Oxford English Dictionary (available online at https://www.askoxford.com)에 의하면 "self-contained"는 "complete, or having all that is needed, in itself, or; not depending on or influenced by others"의 의미를 담고 있다. 본서에서는 이하 이를 간단히 "자기완비적"으로 번역하겠다.

617) France, Italy, Japan and the UK, v. Germany, PCIJ (1923), Series A, No. 1.

움을 받아 '보충하거나 해석'될 수는 없다"는 의미에서 "자기완비적"이라고 판시하였다.[618]

그러나 국제법학에서 "자기완비적 체제" 개념과 관련한 논의를 실질적으로 처음 촉발시킨 것은 *U.S. Diplomatic and Consular Staff in Tehran* 사건[619]이었다. 1979년 11월 4일 일단의 과격한 이란 학생들이 테헤란 주재 미국대사관에 난입하여 내부에 있던 외교/영사직원들과 일부 다른 미국인들을 인질로 잡는 사건이 발생하였다.[620] 이란 정부는 이런 불법행위를 묵인하다가 나중에는 이를 격려하기도 하였다. 이에 미국 정부는 1979년 11월 29일 이란 정부가 특히 외교관계 비엔나협약과 영사관계 비엔나협약을 위반하였다고 주장하는 소송을 ICJ에 제기하면서, 우선 이란 정부에 대해 임시조치(provisional measures)를 지시해 줄 것을 청구하였다. 이란 정부는 재판소에 두 번 서한을 보내왔을 뿐, 이 사건의 처음부터 끝까지 재판소에 출두하지는 않았다. 이란 정부는 1979년 12월 9일의 서한에서, 이 사건은 미국이 신청(제소)의 기초로 삼은 조약들의 해석과 적용의 문제가 아니고, —특히 CIA가 선동한 쿠데타를 비롯하여— 미국이 지난 25년간에 걸쳐 이란에 대해 자행하였고 지금도 자행되고 있는 '국제규범의 중대하고 극악무도한 위반'에서 비롯된 것이기 때문에, ICJ는 이 사건을 이같은 양국간의 정치관계와 분리하여 심리할 수도 없고 심리해서도 안된다고 주장하였다.[621] 지난 세월 미국이 이란에 대해 자행한 여러 범죄적 행위들에 비추어 보면 인질 문제는 "(이들과) 분리하여 고찰해서는 안 되는 어떤 종합적인 문제의 변두리에 위치한 한 개의 부차적인 측면"(a marginal and secondary aspect of an overall problem, one such that it cannot be studied separately)에 불과하다는 것이었다.[622] 이란 정부의 이같은 주장은 1980년 3월 16일의 두 번째 서한에서도 반복되었다.[623] 이에 대해 ICJ는 "외교법은 그 자체, 외교 혹은 영사 사절단의 구성원들에 의한 불법적 활동에 대한 방어와 그에 대한 제재를 위한 필요한 수단을 제공하고 있기 때문에" 미국이 이란에서 설사 그같은 범죄활동을 수행했었다 하더라도 이란 정부의 그같은 주장은 수락될 수 없다고 답변하였다.[624] 그리고 문제의 인물을 기피인물(마음에 안 드는 사람 : *persona non grata*)로 선언하거나, 더 나아가 외교관계를 일방적으로 단절하는 것을 접수국이 취할 수 있는 방어적 수단으로 인용한 후,[625] 다음과 같이 언급하였다.

> "외교법의 규칙들은 요컨대, 일면 외교사절단에 부여되어야 할 편의, 특권 및 면제에 관련된 접수국의 모든 의무를 규정하면서, 타면 사절단의 구성원들이 그것들을 남용하는 경우를 예상하여 접수국이 그같은 남용에 대처할 수 있는 수단들을 지정하고 있는, 한 개의 자기완비적 체

618) PCIJ (1923), Series A, No. 1, pp. 22~24, 26. See Pauwelyn, p. 35.
619) ICJ Reports (1980) (judgment), p. 3.
620) 카터(Carter) 대통령 재임기간 중 발생한 이 사건은 1981년 1월 20일 후임자 레이건(Reagan) 대통령이 취임연설을 마치던 바로 그 순간 남아 있던 인질 52명이 석방됨으로써 막을 내렸다. https://en.wikipedia.org/wiki/Iran_hostage_crisis.
621) ICJ Reports (1979) (provisional measures), p. 7 at 11.
622) *Ibid.*
623) ICJ Reports (1980) (judgment), p. 3 at 37 (para. 81).
624) *Ibid.*, at 38 (para. 83).
625) *Ibid.*, at 39 (para. 85).

제(a self-contained regime)를 구성하고 있다. 이들 수단은 본질적으로 완전히 효과적이다(entirely efficacious). 왜냐하면 접수국측에서 반대하는 사절단의 구성원을 파견국이 즉각 소환하지 않으면 접수국은 그를 사절단의 구성원으로 승인한 것을 철회할 것이고, 그러면 그는 특권과 면제를 거의 즉시 상실당할 것이라는 전망 때문에, 실제로 그는 자신의 이익을 위해서라도 즉각 떠나지 않을 수 없을 것이기 때문이다."[626]

이 사건에서 ICJ의 기본논리는, 외교 및 영사관계에 관한 두 비엔나협약은 한 개의 "자기완비적 체제"를 구성하고 있으므로 설사 미국의 대사관과 영사관이 이란에서 어떤 불법을 자행했다 하더라도 이란 정부는 이들 협약 밖에서 대항조치(countermeasures)를 강구해서는 안된다는 것이다. 다만, ICJ는 접수국은 외교관의 특정 범죄의 수행을 방지하기 위해 필요하면 그를 단시간(짧게) 체포하는 것은 가능하다고 봄으로써[627] "자기완비적 체제"에 더하여 다소간의 유연성을 발휘하고 있다.

위 두 사건에서 두 세계재판소가 시사하고 있는 바를 종합해 보면, "체제", 즉 "레짐" (regime)은 '조약', 특히 '다자'조약에 의하여 수립되며, "자기완비적" (self-contained) 체제 내의 모든 문제는 '당해 체제를 수립한 조약의 틀 속에서' 다루어져야 한다는 것으로 요약될 수 있다. 그러나 레짐/체제를 수립하는 조약에는 우선 당해 조약의 목적을 달성하기 위한 실체적 의무(substantive obligations) 내지는 당사자간의 1차규칙들(primary rules)이 담길 것이고, 또 오늘날 대부분의 조약에는 당해 조약과 관련된 당사자 간의 분쟁을 해결하고 조약을 강제(혹은 집행)할 수 있는 장치, 즉 1차규칙의 운용을 확보하기 위한 2차규칙들(secondary rules)이 추가되는 것이 보통이다. 특히, *Wimbledon* 호 사건에서 PCIJ의 "자기완비적 체제"에 대한 언급은 특정 1차규칙의 배타적 적용을 염두에 둔 것으로 보이는데 반해, *U.S. Diplomatic and Consular Staff in Tehran* 사건에서 ICJ의 "자기완비적 체제"에 대한 언급은 주로 2차규칙과 관련된 것으로 보인다. 그렇다면 "자기완비적 체제"는 일정 1차규칙을 그것의 운용을 확보하기 위한 일단의 2차규칙과 결부시킨 조약에 의해 성립되는 것이라고 정의할 수 있을 것이다. 그러나 논쟁의 초점은 다자조약 체제의 '분쟁해결 및 집행', 다시 말해서 다자조약들에 담긴 특별2차규칙들(special secondary rules)은 보통의 일반국제법으로부터 완전히 독립하여 존재하는가 하는 데로 모아지고 있다. 즉, "자기완비적 체제"는 레짐 자체에 분쟁해결절차가 내장되어 있다는 이유에서 –통상적으로 피해국이 일반국제법에 의거하여 적용할 수 있는 대항조치와 같은– 위법행위의 일반적 법적 결과를 전적으로 배제하는가 하는 의문이다. 만약 이런 논리대로라면 일반국제법의 2차규칙을 집대성한 ILC의 국가책임초안은 그 실질적인 의의 내지는 기능의 상당부분을 상실하고 말 것이기 때문이다.

"자기완비적 체제"의 개념은 *U.S. Diplomatic and Consular Staff in Tehran* 사건 후 ILC가 국가책임초안을 작성하는 과정에서 부각되었다. 이 주제의 두 번째 특별보고자였던 네덜란드의 Willem Riphagen 교수[628]가 이 개념을 광범위하게 언급하였기 때문이다. Riphagen에 따르면, 국

626) *Ibid.*, at 40 (para. 86).
627) *Ibid.*, at 40 (para. 86).
628) Yearbook of the International Law Commission 1982, Vol. 1, p. 202 (para. 16).

가들은 그들 간에 조약을 체결하여 의무 위반에 대해 특별한 책임체제를 수립할 수 있다. 즉, 이 체제는 미리 당사자 간의 분쟁에 대비하여 특별규정을 마련하기 위한 것이다. 그는 이것을 "하부체제"(subsystems)로 불렀지만, 이것은 사실상 "자기완비적 체제"와 같은 뜻이었다. 즉, 어떤 체제에 속하는 한 국가가 이 체제 하의 의무를 이행하지 않는 경우, 타 국가(즉, 피해국)는 일반국제법 하의 구제방법에 호소할 수 없게 된다. 피해국가는 그 대신 체제에 규정되어 있는 절차에 따라서만 분쟁을 해결할 것이 요구된다. 예컨대, 미국과 타 국가 사이에 무역분쟁이 생겼다고 가정하자. 두 국가 모두 GATT의 체약국이라면 GATT의 분쟁해결절차는 "자기완비적 체제"의 전형적인 예의 하나이다. 그러므로 미국은 GATT 체제를 통해서만 이 분쟁을 해결할 것이 요구되며, GATT 체제 밖에서 미국 통상법 제301조(§ 301 of Trade Law)와 같은 대항조치를 일방적으로 사용할 수 없다. 요컨대, "자기완비적 체제"는 국제법의 분쟁해결과 집행을 위한 "방수체제"(a watertight system) 내지는 "법적 폐쇄회로"(a closed legal circuit)인 셈이다. 이상이 실질적으로 Riphagen이 ILC에서의 논의과정에서 말하려고 하였던 것이다.

그러나 실정국제법에 기초한 국제관계의 현실에서 그같은 완전한 방수체제가 존재하는가에 대해서는 부정적 견해가 지배적인 것으로 보인다. 예컨대, 실질적으로 GATT(1947)를 승계한 현 WTO의 분쟁해결체제는 매우 발달된 사법적 분쟁해결장치를 갖고 있긴 하지만, 일부 인사들은 WTO의 분쟁해결체제 하에서도 국가들의 일방적 조치를 위한 여지가 어느 정도 남아 있다고 보고 있다. 실제로, ILC의 많은 위원들은 "자기완비적 체제"에 대한 Riphagen의 이해를 비판하였으며, 그의 후임자인 이탈리아의 Arangio-Ruiz는 결국 "자기완비적 체제" 개념을 포기하였었다.[629]

이와 함께 "자기완비적 체제" 개념은 -학자들간에 정도의 차이는 있어도- 다소 탄력적으로 이해되고 있다.[630] 다시 말해서, 어떤 조약이 타 당사자의 규칙 위반에 대처할 수 있는 수단 내지는 집행체제에 관해 규정하고 있다면, 그 같은 조약은 일단 "자기완비적 체제"를 창설한 조약으로 불리울 수 있다는 것이다. 그러나 그렇다고 해서 이들이 일반국제법의 체제로부터 완전히 분리된다고 보지는 아니한다.[631] 즉, 다자조약에 내장되어 있는 분쟁해결절차가 피해국들의 보호자(guardian) 구실을 못하는 경우 그들은 대항조치를 취할 수 있다는 것이다. 물론, 이같은 경우에도 국가들은 일차적으로 당해 레짐에 내장되어 있는 분쟁해결절차에 의거하여 조치를 취하지 않으면 안 된다. 피해국들은 그같은 분쟁해결절차가 전혀 무익한 것이 되기 전에는 '조약 위반의 일반적인 법적 결과'(특히, 대항조치)에 의존할 수 없다. 요컨대, 종국적으로 "자기완비적 체제"는 일반국제법에 -완전히는 아니라 하더라도- 다소간 의존하고 있다는 것이다.

---

629) 岩沢雄司(저)/최홍배(역), 《WTO분쟁처리》(서울 : 법경사, 2000), p. 224 ; Pauwelyn, p. 39.

630) Bruno Simma, "Self-contained Regimes", (1985) XVI Netherlands Yearbook of International Law 111, p. 118은 이 문제를 다음과 같이 표현하고 있다 : "The main question posed by the thus-conceived "self-contained regimes" is as to their relationship with the general rules : *Under what circumstances, if any, can there be a fall-back on the general legal consequences of internationally wrongful acts?*"

631) See e.g. Joost Pauwelyn, "The Role of Public International Law in the WTO : How Far Can We Go?", (2001) 95 AJIL 535 at 539, 577.

"자기완비적 체제"를 이렇게 이해한다면 현재 어떤 조약들이 이것을 수립하고 있다고 할 수 있을까?[632] 우선, WTO협정과 EU조약이 그 대표적인 후보자로 거론되고 있다. 먼저, WTO/DSU (Understanding on Rules and Procedures Governing the Settlement of Disputes)는 그 제23조(다자간 체제의 강화) 1항에서 "회원국들은 대상협정들 하의 의무 위반이나 이익의 무효화 내지 침해 또는 대상협정들의 목적 달성에 대한 장애의 교정을 추구하는 경우, 이 양해의 규칙 및 절차에 호소하고 또한 이를 준수한다"라고 규정함으로써 WTO/DSU의 규정에 의거하지 아니한 피해국의 대항조치(countermeasures)는 배제됨을 명백히 선언하고 있는 것으로 보인다. 따라서 현 WTO의 사법적 분쟁해결체제는 "자기완비적 체제"의 성격을 강하게 가지고 있다고 할 수 있다.[633]

다음, EU기능조약 제344조(구 EC 제292조)는 "회원국들은 이 조약의 해석이나 적용에 관한 분쟁을 조약에 규정된 해결방법들 이외에 다른 어떤 것에도 부탁하지 않을 것을 약속한다"라고 규정하고 있는데, EU 역시 "자기완비적 체제"의 성격을 강하게 가지고 있다고 할 수 있다. 실제로 EU는 연방법과 거의 다름없는 여러 사법보호장치를 갖추고 있고, 특히 이 문제에 대한 유럽재판소의 태도 또한 완고하다. 유럽재판소는 EU법이 국제법도 국내법도 아닌 "한 개의 새로운 법질서"(a new legal order)로서, 회원국은 "그 어떤 상황 하에서도" 타 회원국의 조약 하의 의무 위반에 대해 일방적인 대항조치를 취할 수 없다고 보고 있다. 예컨대, 유럽재판소는 *Commission* v. *France* (*Mutton and Lamb* case)[634]에서 다음과 같이 언급한 바 있다.

---

632) 이에 관한 국내논문으로는, 심영규, "UN 국제법위원회의 '국제불법행위에 대한 국가책임에 관한 규정초안'의 채택에 따른 '자기완비규범체제'(Self-contained Regimes) 개념의 재검토", 《국제법의 동향과 실무》, 2003, Vol. 2, No. 4 (통권 제6호), pp. 152~166 참조.

633) WTO 상소기관도 *US – Certain EC Products*, Appellate Body Report, para. 111에서 다음과 같이 언급한 바 있다 : "the DSU imposes a general obligation of Members to redress a violation of obligations or other nullification or impairment of benefits under the covered agreements only by recourse to the rules and procedures of the DSU, and not through unilateral action." : WT/DS165/AB/R (11 December 2000), available at https://www.worldtradelaw.net/reports/wtoab/us-ecproducts(ab).pdf ; Pauwelyn, pp. 230 ff, 235 ; 岩沢雄司(저)/최홍배(역), 전게서, p. 220 이하.

WTO 패널도 *US — Sections 301-310 of the Trade Act of 1974*, Report of the Panel, para. 7.43에서 같은 취지로 언급한 바 있었다 : "Article 23.1 is not concerned only with specific instances of violation. It prescribes a general duty of a dual nature. First, it imposes on all Members to "have recourse to" the multilateral process set out in the DSU when they seek the redress of a WTO inconsistency. In these circumstances, Members have to have recourse to the DSU dispute settlement system to the exclusion of any other system, in particular a system of unilateral enforcement of WTO rights and obligations. This, what one could call "exclusive dispute resolution clause", is an important new element of Members' rights and obligations under the DSU. Second, Article 23.1 also prescribes that Members, when they have recourse to the dispute settlement system in the DSU, have to "abide by" the rules and procedures set out in the DSU. This second obligation under Article 23.1 is of a confirmatory nature: when having recourse to the DSU Members must abide by all DSU rules and procedures." : WT/DS152/R (22 December 1999), available at https://www.worldtradelaw.net/reports/wtopanels/us-section301(panel).pdf ; noted by Nollkaemper, p. 33, fn. 57.

634) Case 232/78, *Commission* v. *France*, (*Mutton and Lamb case*), [1979] ECR 2729 at 2739 [noted by Simma, *op. cit.*, (1985) XVI Netherlands Yearbook of International Law 111 at 126 (fn. 60)] : "A Member State cannot under any circumstances unilaterally adopt, on its own authority, corrective measures or measures to protect trade designed to prevent any failure on the part of another Member

> "(유럽공동체)회원국은 타 회원국이 공동체설립조약에 의하여 수립된 규칙을 이행하지 않는 것을 방지하기 위한 의도로써 독단적인 교정적 조치나 무역보호조치를 일방적으로 채택하는 그런 일은 어떤 상황 하에서도 할 수 없다."

또한 유럽재판소는 2006년 *Commission* v. *Ireland* (*MOX Plant* Dispute) 판결[635]에서는 "아일랜드는 (영국)Sellafield에 위치한 MOX 공장과 관련하여 UN해양법협약에 의거하여 영국을 상대로 분쟁해결절차를 발동함으로써 EC 제10조[636]와 제292조 및 (이 두 조항에 상응하는) Euratom 제192조 및 제193조 하의 의무를 이행하지 않았다"고 선언함으로써 지난 50년간 거의 묻혀 지내던 구 EC 제292조(및 Euratom 제193조)를 세상에 드러내었다.[637] 그러나 다른 한편, EU법체계가 여전히 회원국 간의 조약에 기초하고 있음에도 불구하고 일반국제법으로부터 '완전히' 분리되어 독립적으로 존재한다는 이같은 EU 내부의 견해에 대해서는 비판이 없지 않다.[638]

세 번째 예로서, 인권조약들에 대해서는 의견이 다소 갈린다. 인권조약은 그 당사국들에 대해 특별한 성격을 갖고 있다. 즉, 인권조약 하의 의무는 전통국제법의 기초인 상호주의(reciprocity)를 떠나 인권의 보편성(universality of human rights)에 기초하고 있고, 이 의무는 흔히 '당사자간 대세적 의무'(obligations *erga omnes partes*)로 간주되고 있다. 따라서 어느 당사국의 인권조약 위반행위에 대해 타 당사국들은 동일 성격의 의무에 영향을 미치는 복구적 조치로 받아쳐서는 안 되는데, 이것은 ILC 국가책임초안 제50조 1항에서도 명시적으로 언급되고 있다. Riphagen[639]은 이같은 인권조약 체제를 "객관적 체제"(objective regimes)로 칭하였었다. 게다가, 1966년의 "시민적·정치적 권리에 관한 국제규약"에서 보는 것처럼, 대부분의 인권조약은 인권을 보호하기 위한 감독 내지는 이행강제 장치들을 담고 있다. 이들 두 특징으로부터, 인권조약들도 -대항조치의 배제를 골자로 하는- "자기완비적 체제"를 수립하고 있다는 주장을 도출할 수 있을 것인가? 그러나 이같은 주장에는 무리가 따른다. 첫째, UN이나 기타 보편적 차원에서 성립된 인권조약에 구현되어 있는 절차들의 대부분은 구속력있는 결정에는 미치지 못하고 있다. 둘째, 설사 그러한 절차들이 구속력있

State to comply with the rules laid down by the Treaty." 사실, 유럽재판소는 이미 그 초기 사건인 Cases 90, 91/63, *Commission* v. *Luxembourg and Belgium*, [1964] ECR 625 at 631에서 "In fact the (EEC)Treaty ... establishes a new legal order which governs ... the necessary procedures for taking cognizance of and penalizing any breach of it"이라고 언급함으로써 그 점을 시사한 것으로 보인다. See also Case 26/62, *Van Gend en Loos* v. *Nederlandse Administratie der Belastingen*, [1963] ECR 1 at 12 ; Case 6/64, *Costa* v. *Enel*, [1964] ECR 585 at 593 ; Hartley, *European Union Law in a Global Context*, pp. 134~135.

635) Case C-459/03, *Commission* v. *Ireland* (*Mox Plant* Dispute), Grand Chamber decision of 30 May 2006 (available at https://www.curia.europa.eu/en/index.htm).

636) 구 EC 제10조는 리스본조약에 의하여 폐지되었으나, 실질적으로는 EU조약 제4조 3항으로 대체되었다.

637) Nikolaos Lavranos, "Mox Plant Dispute - Court of Justice of the European Communities", European Constitutional Law Review (EuConst)(Cambridge University Press) (2006), Vol. 2, pp. 456~469 ; Martti Koskenniemi, "International Law : Constitutionalism, Managerialism and the Ethos of Legal Education", European Journal of Legal Studies, April 2007, Vol. 1, available at https://www.ejls.eu/index.php?.

638) See, e.g. Simma, *op. cit.*, (1985) XVI Netherlands Yearbook of International Law 111 at 123~129.

639) Yearbook of the International Law Commission 1982, Vol. 1, p. 202 (para. 16).

는 결정의 채택에 이른다 하더라도 이들 절차는 대체로 조약 자체로부터 분리되어 있으며, 그 결과 그들은 당사국들이 구속력있는 결정을 동반하는 절차에 대한 추가적인 동의를 피력하는 경우에만 실효성이 생긴다. 예컨대, "시민적 · 정치적 권리에 관한 국제규약"의 경우, 규약 제41조에 규정된 국가 간 고발(optional interstate complaint)도 수락하지 않고, 개인의 국가 고발을 허용하는 그 선택의정서(Optional Protocol)도 수락하지 않는, 그런 당사국의 규약위반에 대해 적용될 수 있는 규약상의 제재는 존재하지 않는다. 이런 경우, 조약의 목적인 인권의 보호를 달성하기는 거의 불가능하다. 그러므로 인권조약들은 모든 대항조치를 배제하는 것은 아니라고 보는 것이 타당할 것이다. 유럽인권협약조차도 체약국들이 동 협약에 규정된 분쟁해결수단을 배제하기 위한 특별협정을 체결하는 것을 허용하고 있다는 점에서 온전히 자기완비적인 것은 아니라고 할 수 있다.[640)]

문자 그대로 완전한 "자기완비적 체제"의 존재를 어렵게 하는 또 하나의 추가적 요인은 특정 조약에 규정된 (1차 혹은 2차)규칙의 "해석"과 관련된 문제이다. 즉, 조약규정을 해석함에 있어 외부규칙(즉, 다른 조약, 일반관습법규, 법의 일반원칙, 심지어는 *Wimbledon* 호 사건에서 보는 것처럼 동일 조약 내의 타 규정들 등)의 도움을 전혀 필요로 하지 않는다는 의미에서 "자기완비적인" 그런 조약이 존재할 수 있는가? PCIJ는 *Wimbledon* 호 사건[641)]에서 이같은 가능성을 열어 둔 것으로 보인다. 그러나 조약은 언어로 기술되고 언어는 필연적/최종적으로 해석을 필요로 하는데, 이 해석을 위해 다른 조약이나 관습 등 외부규칙의 도움을 받을 가능성은 거의 모든 경우에 제기될 수 있다. 비엔나조약법협약 제31조 3항이 조약 해석에 있어 반드시 고려에 넣어야 할 사항으로서 "당사자 간 관계에 적용될 수 있는 관련 국제법규"를 제시하고 있는 점을 기억하면 더욱더 그러하다.[642)]

ILC는 "국제법의 분열(파편화) : 국제법의 다양화와 확대에서 발생하는 난제들"(Fragmentation of International Law : Difficulties Arising from the Diversification and Expansion of International Law)에 관한 스터디그룹의 그간의 연구결과[643)]를 2006년 제58차 회기에서 채택하고

640) 유럽인권협약 제55조 (다른 분쟁해결 수단의 배제) : "체약국은 특별협정에 의한 경우를 제외하고는 이 협약의 해석 또는 적용으로부터 발생하는 분쟁을 이 협약에 규정된 것 이외의 분쟁해결 수단에 일방적 신청을 통하여 회부할 목적으로 체약국간에 발효 중인 조약, 협약 또는 선언을 이용하지 아니할 것에 합의한다." https://hrlibrary.umn.edu/instree/K-z17euroco.html.

641) PCIJ (1923), Series A, No. 1, p. 24.

642) 이 점에 있어 WTO가 자기완비적 체제인가의 문제가 제기되고 있다. 그러나 WTO/DSU의 경우, 그 대상협정들(covered agreements)을 해석함에 있어 WTO패널과 상소기관은 "국제관습법상의 해석규칙"(customary rules of interpretation of public international law)에 따를 것이 요구되는데(DSU 제3조 2항), WTO상소기관은 이들 해석규칙은 바로 1969년 비엔나 조약법협약의 제31조(해석의 일반규칙)와 제32조(해석의 보충적 수단)를 지칭하는 것으로 보고 있다 (Appellate Body Report, *United States-Reformulated Gasoline*, at Part Ⅳ, para. 4). 그러므로 Matsushita et al.은 WTO는 자기완비적 체제가 아니라고 결론짓고 있다(pp. 23~24, 74, 76). 이것은 예컨대, WTO의 분쟁해결 기관에서 GATT 제20조(일반적 예외)를 해석함에 있어 관련 환경조약이나 국제관습법상의 관련 원칙[예컨대, precautionary principle(사전주의 원칙)]을 고려에 넣을 것인지의 문제가 논의될 수 있음을 시사하는 것이다. 이 문제에 대한 체계적인 논의는 Pauwelyn, p. 253 ff 참조. 다만, WTO 상소기관은 *US-Hot-Rolled Steel*, Appellate Body Report, para. 60, '각주 40'에서 특정 조약의 당사국들이 명시적 합의에 의해 비엔나협약의 해석규칙으로부터 빠져 나갈 수 있음을 시사하고 있다 : WT/DS184/AB/R, at www.wto.org.

643) "Conclusions of the work of the Study Group on the Fragmentation of International Law : Difficulties arising from the Diversification and Expansion of International Law" (2006) : https://legal.

이를 UN총회에 제출하였는데, 자기완비적 체제에 대한 ILC의 견해는 다음의 몇 가지로 요약할 수 있다.[644)]

첫째, 특정 주제에 관련된 일단의 규칙과 원칙은 '자기완비적 체제' 혹은 '특별체제' (special regimes)를 구성할 수 있으며, 이것은 '특별법'(*lex specialis*)으로 적용될 수 있다. 그리고 그러한 특별체제들은 종종 관련 규칙을 집행할 자신의 기관들을 가지고 있다.[645)]

둘째, 특별/자기완비적 체제는 세 유형으로 구분할 수 있다. (i) 일단의 특정 1차규칙의 위반은 때로 위반과 그에 대한 반응에 관한 "일단의 특별 2차규칙"을 동반하기도 하는데, 이것은 국제위법행위에 대한 국가책임초안 제55조(특별법 우선의 원칙)에서 규율하는 바의 주된 경우이다. (ii) 때로 특별체제는 특정 하천의 보호에 관한 조약이나 특정 무기의 사용을 규제하기 위한 조약에서 보는 것처럼 "특별 주제에 관한 -권리/의무를 포함한- 일단의 특별규칙"(a set of special rules, including rights and obligations, relating to a special subject matter)에 의해 형성되기도 하는데, 이같은 특별체제는 단일 조약, 수 개의 조약, 혹은 조약과 조약 밖의 발전(사후관행 혹은 관습법)의 결합에 의해 출현할 수 있다. (iii) 때로 어떤 문제의 분야를 규율하는 모든 규칙과 원칙을 모두 수집하여 이를 "특별체제"로 표현하기도 하는데, 해양법, 인도법, 환경법, 통상법 등이 그같은 체제를 나타내고 있다. "해석의 목적상" 이같은 체제는 종종 전체로서 검토될 수 있다.[646)]

셋째, 특별/자기완비적 체제와 일반국제법의 관계와 관련하여, 특별체제는 "특별법 일반과 동일 조건 하에서"(under the same conditions as *lex specialis* generally) 일반법에 우선할 수 있다. 즉, 특별법이 일반법에 우선할 수는 있지만 모든 경우에 그러한 것은 아니다. 예컨대, 일반국제법의 강행규범은 특별법에 의하여도 훼손할 수 없다.[647)]

넷째, 일반법은 특별체제들 내에서 두 가지 역할을 수행할 수 있다. (i) 그 하나는 "흠결 보충" (gap-filling)[648)]인데, 이것의 논리는 다음과 같다. 즉, 특별법들의 (적용/규율)범위는 정의에 의해 일반법들의 그것보다는 좁다. 따라서 특별법에 의해 규율되지 않는 문제가 그것을 관리할 책임을 진 (조약)기관들 내에서 빈번하게 발생할 수 있다. 그리고 이런 경우에는 관련 일반법이 적용될 것이다. (ii) 일반법이 특별체제들 내에서 수행할 수 있는 다른 한 가지 역할은 "특별체제의 기능정지"(failure of special regimes)[649)]와 관련이 있다. 즉, 특별체제 혹은 그들에 의해 수립된 기관들이 기능을 정지할 수가 있는데, 이런 경우에는 관련 일반법이 적용되게 된다.[650)]

---

un.org/ilc/texts/instruments/english/draft_articles/1_9_2006.pdf.

644) 상기 "Conclusions of the work of the Study Group", paras. (11)~(16)(special/ self-contained regimes).

645) *Ibid.*, para. (11).

646) *Ibid.*, para. (12).

647) *Ibid.*, para. (14).

648) *Ibid.*, para. (15).

649) *Ibid.*, para. (16).

650) 그러나 특별체제의 기능이 정지되었는지를 누가 어떻게 판단할 것인지의 문제가 제기되는데, 이에 대해 ILC는 다음과 같이 언급하고 있다. "Failure might be inferred when the special laws have no reasonable prospect of appropriately addressing the objectives for which they were enacted. It could be manifested, for example, by the failure of the regime's institutions to fulfil the purposes allotted

결론적으로, 특별법이나 자기완비적 체제 개념의 중요성이 자주 과장되고 있지만, 어떤 조약을 자기완비적 체제로 표현하더라도 이는 당해 조약이 '포괄적' 의미에서 자기완비적임을 뜻하는 것은 아니다. 모든 면에서 자기완비적인 그런 조약은 존재하지 아니하며, 조약의 자기완비는 특정 조약이 단지 어떤 특정 측면에서 자기완비적(배타적)임을 의미할 따름이다.[651] Koskenniemi[652]는 "국제법의 분열"은 국제법의 각 특수분야에 종사하는 학자들이나 국제기관들 간의 "헤게모니 투쟁의 한 측면"(an aspect of hegemonic struggle)으로서, "'포스트모던적' 사회 상황의 어쩔 수 없는 반영"(an avoidable reflection of a 'postmodern' social condition)으로 평가하고 있기도 하다. 게다가 이제는 국제법의 수렴/집중(ccnvergence of international law)이 국제법의 분열을 훨씬 능가하고 있다는 주장이 제기되고 있다.[653]

---

to them, persistent non-compliance by one or several of the parties, desuetude, withdrawal by parties instrumental for the regime, among other causes. Whether a regime has "failed" in this sense, however, would have to be assessed above all by an interpretation of its constitutional instruments." : *ibid.*

651) Tams, pp. 253~254.

652) Koskenniemi in Evans (ed.), *International Law*, 3rd, p. 52.

653) Mads Andenas and Eirik Bjorge, *A Farewell to Fragmentation – Reassertion and Convergence in International Law* (Cambridge : Cambridge University Press, 2015).

제 15 장
국 적

I. 국적의 의의

국적이란 "국제법의 일정 목적상 특정 국가에 소속되는 개인의 지위"로 정의할 수 있다.[1] 국적의 부여와 박탈에 관한 국제법의 시각은 1930년의 "국적법 충돌의 일정 문제에 관한 헤이그협약"(Convention on Certain Questions relating to the Conflict of Nationality Laws)에 다음과 같이 집약되어 있다.

> "제1조 누가 자기 나라 국민인가는 각 국가가 자국법에 의거하여 결정한다. 이 법은 국제조약, 국제관습 그리고 국적에 관하여 일반적으로 인정된 법의 원칙들과 일치하는 한에서만 다른 국가들의 인정을 받는다.
> 제2조 개인이 특정국가의 국적을 보유하고 있는가의 문제는 그 국가의 법에 따라 결정된다.
> 제3조 본 협약의 규정을 조건으로, 둘 이상의 국적을 가진 개인은 그 각각의 국적국에 의하여 자국민으로 간주될 수 있다."[2]

위 규정에 의하면 국적의 부여 · 박탈은 국내법에 유보되어 있는 사항이긴 하지만, 그렇다고 해서 국적을 부여할 수 있는 국가의 권리가 무제한인 것은 아니며 국제법과 법의 일반원칙의 제한을 받는다는 것이다. 그러나 그 한계가 분명하지만은 않다.[3] PCIJ도 *Nationality Decrees issued in Tunis and Morocco* 사건[4]에 대한 권고적 의견에서 비슷한 견해를 피력한 바 있다. 이 사건에서 국

---

1) Maximilian Koessler, "'Subject', 'Citizen', 'National' and 'Permanent Allegiance'", (1946~47) 56 Yale L.J. 58.

2) 동 헤이그협약 제4조, 제5조의 규정은, 본서, 제14장 (국가책임), "XI. 외교보호, 1. 청구국적의 원칙, (6) 복수국적자의 청구국적" 참조.

3) Henkin et al., pp. 396~397 ; von Glahn, pp. 204~205.

제연맹 이사회는 프랑스가 그의 보호령 튀니지와 모로코에서 행한 국적포고령들을 영국 국민에게 적용하는 것이 (현재의 UN헌장 제2조 7항에 상응하는) 당시의 국제연맹규약 제15조 8항에서 말하는 국내관할권에 속하는지를 질문하였는데, 이 문제에 대하여 재판소는 부정적인 해답을 제시하면서 다음과 같이 언급한 바 있다.

> "어떤 문제가 전적으로(solely) 한 국가의 관할권 내에 있는지 그렇지 아니한지의 문제는 본질적으로 상대적 문제(an essentially relative question)이다. 즉, 그것은 국제관계의 발전에 달려 있다. 이와 같이 국제법의 현재 상태에서 국적 문제는, 재판소의 견해로는 원칙적으로 (한 국가의 국내관할권에) 유보된 영역에 속한다.
>
> 이 의견의 목적상, 국적 문제처럼 원칙적으로 국제법에 의하여 규율되지 아니하는 문제에 있어, 그의 재량권을 행사할 국가의 권리는 그럼에도 불구하고 그 국가가 타국가들에 대해 부담했을지도 모르는 의무들에 의하여 제한되는 일이 얼마든지 발생할 수 있다는 점을 언급하는 것으로 족하다. 그같은 경우에는 원칙적으로 그 국가에게 전적으로 속하는 관할권도 국제법의 규칙들에 의하여 제한된다. 따라서 (연맹규약) 제15조 8항은 그러한 규칙을 원용할 권리가 있는 국가들에 대해서는 더 이상 적용되지 아니하며, 또한 어떤 국가가 일정 조치를 취할 권리가 있는지 없는지의 문제에 관한 분쟁은 이같은 상황에서는 국제적 성격의 분쟁으로 되어 동항(즉, 규약 제15조 8항)에 담겨 있는 그 예외의 범위 밖에 놓인다."[5]

국제법에서 국적은 주로 다음의 두 측면에서 중요성을 갖는다. 첫째, 국가는 원칙적으로 자국민에 대해서만 외교보호(diplomatic protection)를 제공할 수 있다. 제14장 (국가책임)에서 살펴본 바와 같이, 2006년 ILC 외교보호초안도 제3조 1항에서 "외교보호를 행사할 권리가 있는 국가는 국적국가이다."라고 규정한 뒤, 제4조에서 '외교보호의 목적상' 자연인의 국적국가를 "그 자가 '국제법에 부합되지 않는 것이 아닌' 출생, 혈통, 귀화, 국가승계 혹은 기타 다른 방법으로, 그 국가의 법에 따라 취득한 국적의 국가"로 정의하고 있다. 둘째, 국가는 해외에 나가 있는 자국민의 행위를 규율하기 위한 법을 제정할 수 있다. 다시 말해서, 국적은 국가의 역외입법관할권(extraterritorial legislative jurisdiction) 행사를 위한 기초로서 기능할 수 있다.[6] 이것은 국적이 국가주권과 불가분의 관계에 있음을 의미한다. 개인에게 있어 국적은 보호막이자 질곡이 아닐 수 없다. 국제인권법은 바로 이것을 교정하기 위한 노력의 일환이다.[7]

---

4) PCIJ (1923), Series B, No. 4.

5) *Ibid.*, p. 24.

6) Henkin et al., p. 394 ; Louis Henkin, "'Nationality' at the Turn of the Century", in Ulrich Beyerlin, Michael Bothe, Rainer Hofmann and Ernst-Ulrich Petersmann (eds.), *Recht zwischen Umbruch und Bewahrung* (Festschrift für Rudolf Bernhardt) (Berlin : Springer-Verlag, 1995), p. 89 at 90, 97~98.

7) Henkin, *op. cit.*, pp. 93~94. 다시 말해서, 국제인권법은 사람이 피해 당시 어느 국가의 국적을 가지고 있었느냐를 문제삼는 것이 아니라(만일 이것을 문제삼는다면 이것은 국가책임법의 인식을 벗어나지 못하는 것이 된다) 그가 보호받아야 할 인간이라는 사실을 문제삼는 것이다. 물론 개인이 국적을 보유하거나 버리는 것 자체가 인권의 한 종류가 될 수는 있을 것이다. 예컨대, 1948년의 세계인권선언 제15조는 "모든 사람은 국적을 가질 권리를 가지고 있으며, 국적을 자의적으로 박탈당해서는 안되며, 국적을 변경할 수 있는 권리가 거부되어서도 안된다."고 규정하고 있다. 1966년의 두 국제인권규약에는 이같은 권리들이 포함되어 있지 않으나, 다만 그

Ⅱ. 국적과 유사한 개념들

1. 시민권

ICJ는 *Nottebohm* 사건[8]에서 국적을 개인과 국가 간의 "법적 연결고리"(legal bond)로 정의한 바 있지만, 이 법적 연결고리를 표현하는 술어에 있어 국내법에 따라 차이가 있고,[9] 또 국적(nationality)과 시민권(citizenship)이 교체가능한(interchangeable) 것으로 사용되는 국가도 있다.[10] 그런가 하면, 일부 국가에서는 국내법의 일정 목적상 국적과 시민권을 구분하기도 하는데, 이런 경우 시민권은 본질적으로 특정 국내법 안에서 '완전한 정치적 권리' (full political rights)를 보유하고 있는 사람들의 특별한 혹은 배타적인 지위를 나타내는 개념이다.[11] 예컨대, 1940년의 미국 국적법에서는 '국민'(national)을 '한 국가에게 항구적인 충성의 의무를 지는 사람'(a person owing permanent allegiance to a State)으로 정의한 뒤, '미국 국민'(national of the United States)을 '미국 시민'(citizen of the United States)과 '미국 시민은 아니지만 미국에 대해 항구적인 충성의 의무를 지는 사람'(a person who, though not a citizen of the United States, owes permanent allegiance to the United States)으로 구분하고 있다. 요컨대, 미국 국내법의 목적상

B규약(즉, 시민적・정치적 권리에 관한 국제규약) 제24조 3항은 "모든 어린이는 국적을 취득할 권리를 가지고 있다."고 규정하고 있다. 이 같은 규정들은 국제인권법이 국가주권으로부터 완전히 벗어나지 못하고 있음을 보여주고 있다. 국적 없는 사람은 인권을 향유하는데 있어 지장이 있을 수 있음이 시사되어 있기 때문이다.

8) ICJ Reports (1955), p. 4 at 23 : "Nationality is a legal bond having as its basis a social fact of attachment, a genuine connection of existence, interests and sentiments, together with the existence of reciprocal rights and duties." 국적의 취득과 상실, 복수국적, 국가승계와 국적, 다국적자의 군사의무를 포함하여 국적에 관련된 여러 문제를 포괄적으로 다루고 있는 1997년 "국적에 관한 유럽협약"(European Convention on Nationality)(2000년 발효)도 제2조에서 국적을 "the legal bond between a person and a State"로 정의하고 있다 : https://www.coe.int/en/web/conventions/full-list/-/conventions/treaty/166 ; https://en.wikipedia.org/wiki/European_Convention_on_Nationality.

9) 예컨대, 독일에서는 개인과 국가 간의 법적 연결고리를 의미하는 국적을 Staatsangehörigkeit로 표현하며, Nationalität라고 하면 개인의 종족성(ethnicity), 즉 인종적 혈통(ethnic origin)을 지칭하기 위해 사용되는 경우가 많다. 이에 반해, 같은 독어권인 오스트리아에서는 국적을 Staatsbürgerschaft로 표현하는데, 이것은 사실은 영어의 citizenship에 해당하는 것이다. Gerard-René de Groot, "The European Convention on Nationality : a step towards a *ius commune* in the field of nationality law", (2000) 7 Maastricht Journal of European and Comparative Law 117 at 123~124.

10) 영국이 이런 경우에 해당하는데, 영국국적의 취득과 상실 사유를 규율하는 의회제정법의 제목은 "British *Nationality* Act 1981"이지만, 동 법률의 본문에서는 영국국민을 British *Citizenship*, British Dependent Territories *Citizenship*, British Overseas *Citizenship* 그리고 British *Subjects* 등 4가지로 구분하고 있다. *Ibid.*, at 124 ; Albert P. Blaustein & Gisbert H. Flanz (Editors), *Constitutions of the Countries of the World,* United Kingdom, Booklet 2, Release 92-4, Issued July 1992, Oceana Publications, Inc. (Dobbs Ferry, New York).

11) Henkin et al., p. 396. Andrew Evans, "Nationality Law and European Integration", (1991) 16 E.L. Rev. 190 at 198~199는 시민권을 "한정된 부류의 개인들이 한 국가의 생활에 참여함을 보장하기 위해 마련된 헌법적 장치"(constitutional arrangements made for participation by a defined category of individuals in the life of a state)로 정의하고 있다.

국민을 '시민'과 '시민 아닌 국민'(non-citizen national)으로 구분하겠다는 것이다.[12] 이 밖에도, 이를테면 2017년 12월 20일 도널드 트럼프 대통령이 서명한 행정부명령[13]은 동 명령의 목적상 '미국 사람'(United States person)을 "모든 미국 시민과 영주권자, 미국법 혹은 미국 내 관할권 하에서 설립된 실체(외국 지사 포함), 혹은 미국에 있는 모든 사람"으로 정의하고 있기도 하다.

2. EU시민권

1992년 2월 7일 네덜란드 마스트리히트에서 서명되고 1993년 11월 1일 발효한 유럽동맹(혹은 유럽연합)조약(Treaty on European Union : TEU)은 EU법에 EU시민권(citizenship of the Union) 개념을 도입하였는데, 현 EU기능조약 제20조(구 EC 제17조) 1항은 'EU시민권'에 관한 기본개념을 다음과 같이 밝히고 있다.

> "EU의 시민권이 이로써 창설된다. 회원국의 국적을 보유한 모든 사람은 EU의 시민이 된다. EU의 시민권은 국내시민권에 추가(첨가)되는(additional to) 것이지 이를 대신하는(replace) 것이 아니다."

EU기능조약 제20조 2항~제24조(구 EC 제18조~제21조)는 EU의 시민으로서 향유하게 될 일단의 권리로서, (ⅰ) 회원국들 영토 내에서의 자유로운 이동과 거주의 권리, (ⅱ) 타회원국 지방선거에서의 선거권과 피선거권, (ⅲ) 타회원국에서 실시되는 유럽의회선거에서의 선거권과 피선거권, (ⅳ) 해외에서 타회원국 외교 및 영사 관헌의 보호(protection of the diplomatic and consular authorities)를 받을 권리, (ⅴ) 유럽의회에 청원을 제기하거나 유럽옴부즈만(European Ombudsman)에게 소원을 제출할 수 있는 권리, 그리고 (ⅵ) EU의 기관이나 보조기관에 편지를 쓰고 동일한 언어로 답장을 받을 수 있는 권리를 명시하고 있다.[14] 그러나 위 규정에서 보는 것처럼, EU시민권은

---

12) 미국 국적법의 개관을 위해서는, Briggs, p. 459 ; 《국적업무편람》(법무부, 1992), p. 6 ; Keitner, pp. 131~132 ; https://en.wikipedia.org/wiki/Citizenship_of_the_United_States ; https://en.wikipedia.org/wiki/United_States_nationality_law ; *United States* v. *Wong Kim Ark*, 169 U.S. 649 (1898), https://laws.findlaw.com/us/169/649.html (& https://en.wikipedia.org/wiki/United_States_v._Wong_Kim_Ark) ; *Afroyim* v. *Rusk*, 387 U.S. 253 (1967), https://caselaw.1p.findlaw.com/scripts/getcase.p1?navby= CASE&court=US& vol=387& page=253 (& https://en.wikipedia.org/wiki/Afroyim_v._Rusk) 참조.

13) "Executive Order (13818-) Blocking the Property of Persons Involved in Serious Human Rights Abuse or Corruption"(December 20, 2017)(Issued on December 21, 2017), Section 6 (c)["the term "United States person" means any United States citizen, permanent resident alien, entity organized under the laws of the United States or any jurisdiction within the United States (including foreign branches), or any person in the United States"], 〈https://www.govinfo.gov/app/details/DCPD-201700923〉 ; https://www.whitehouse.gov/presidential-actions/executive-order-blocking-property-persons-involved-serious-human-rights-abuse-corruption/.

14) EU기능조약 제20조(구 EC 제17조) 2항은 "EU시민은 '본 조약'에 의하여 부과된 의무에 종속된다"고 규정하고 있지만, 위 권리의 경우와는 달리 EU시민의 자격으로 부담하게 될 의무를 목록화한 조항은 두고 있지 않다. 그 결과, EU기능조약 제25조(구 EC 제22조) 2단은 이사회가 상기 "권리들을 강화하거나 추가하는 입법"(provisions to strengthen or to add to the rights)을 채택할 수 있다고 규정하면서도 EU시민의 의무에 관

단지 각 회원국의 시민권 내지 국적에 '추가되는' 것이지 이를 '대신하는' 것이 아니다.[15)]

EU시민권의 이같은 상황은 1868년 이전의 미국의 시민권을 연상케 하는데, 왜냐하면 당시의 미국시민권은 주시민권을 매개로 하여 비로소 보유하게 되는 종속적 개념이었기 때문이다. 이것은 당시의 미국법상 국적 문제는 연방법이 아닌 각 주법에 의하여 규율되고 있었음을 의미한다. 그러나 1868년의 미국 수정헌법 제14조[16)]는 연방시민권의 주시민권에 대한 우위를 확보하였으며, 그 결과 주시민권은 연방시민권(및 국적)의 한 부속물로서 이제 그것은 절대적으로 연방시민권에 종속되어 있다. 요컨대, 연방은 시민권의 취득과 상실의 규율을 통하여 누가 연방의 시민인가를 결정할 권한을 행사한다. 동시에 연방체제는 그 누구도 연방시민권 없이 주시민권을 보유하는 것을 허락하지 않는다. 이와는 거꾸로, EU시민권은 EU회원국의 국적 내지 시민권에 대한 '추가' 개념일 따름이기 때문에, 그 당연한 논리적 귀결로서 EU회원국 국민들에게는 단지 자신의 EU시민권을 원용하여 현재의 국적이나 시민권을 타회원국으로 이전하는 것이 허용되지 아니한다.[17)]

3. 여 권

국가는 보통 자국민에게만 여권(passport)을 발행한다. 그리고 국적이 있음으로 해서 여권이 발부되는 것이지, 여권이 국적을 창설하는 것은 아니다.[18)] 한국 대법원도 부정하게 발급된 중국여권을 소지하고 입국한 북한사람을 대한민국 국민으로 볼 것인가의 문제와 관련된 1996년 11월 12일의 판결[19)]에서 국적과 여권의 관계를 다음과 같이 설명하고 있다.

"출입국관리법 소정의 외국인으로서 대한민국 밖으로 강제퇴거를 시키기 위하여는 상대방이 대한민국의 국적을 가지지 아니한 외국인이라고 단정할 수 있어야 하고, 따라서 재외국민이 다른

해서는 그에 상응하는 규정을 두고 있지 않다.

15) 그러나 유럽재판소는 Case C-184/99, *Grzelczyk* v. *Centre Public d'Aide Sociale d'Ottignes-Louvain-la-Neuve*, [2001] ECR I-6193, para. 31에서 EU시민권의 장래에 관해 다음과 같이 예견하고 있다 : "Union citizenship is destined to be the fundamental status of nationals of the Member States, enabling those who find themselves in the same situation to enjoy the same treatment in law irrespective of their nationality, subject to such exceptions as are expressly provided for." 유럽재판소는 Case C-369/90, *Micheletti* v. *Delegación del Gobierno en Cantabria*, [1992] ECR I-4239, paras. 10, 15에서, "국제법 아래에서, 국적의 취득과 상실의 조건을 수립하는 것은 당연히 공동체법을 존중하여 각 회원국이 할 문제"(Under international law, it is for each member state, having due regard to Community law, to lay down the conditions for the acquisition and loss of nationality)로서, 단지 한 EU회원국의 국적만을 가진 복수국적자(즉, 1개 EU회원국의 국적과 비회원국의 국적을 가진 경우. 본 사건에서 원고는 아르헨티나와 이탈리아 복수국적자)도 EU시민권의 요건을 충족하기에 충분하다고 판시하였다. 자세한 것은 拙著, 《EU法論》, pp. 16~18 ; 拙稿, "EU시민권 개념에 관한 연구", 《유럽연구》, 1996년 가을호(통권 제4호), pp. 163~191 ; 권재원, "EU시민권에 관한 연구" (박사학위 논문, 연세대학교 대학원, 2016) 참조.

16) "All persons born or naturalized in the United States, and subject to the jurisdiction thereof, are citizens of the United States and of the State where they reside."

17) Carlos Closa, "The Concept of Citizenship in the Treaty on European Union", (1992) 29 C.M.L.Rev. 1137 at 1140~1141.

18) Akehurst, p. 84, fn. 5.

19) 대법원 1996. 11. 12. 선고 96누1221 판공24호 3602 ; 《오늘의 法律》, 1997년 4월 15일(통권 제99호), p. 3148.

나라의 여권을 소지하고 대한민국에 입국하였다 하더라도 그가 당초에 대한민국의 국민이었던 점이 인정되는 이상 다른 나라의 여권을 소지한 사실 자체만으로는 그 나라의 국적을 취득하였다거나 대한민국의 국적을 상실한 것으로 추정·의제되는 것이 아니므로 다른 특별한 사정이 없는 한 그와 같은 재외국민을 외국인으로 볼 것은 아니고, 다른 나라의 여권을 소지하고 입국한 재외국민이 그 나라의 국적을 취득하였다거나 대한민국의 국적을 상실한 외국인이라는 점에 대하여는 관할 외국인보호소장 등 처분청이 이를 입증하여야 한다."

ICJ는 *Nottebohm* 사건[20]에서 과테말라정부가 노테봄의 리히텐슈타인 여권에 비자(visa)를 부여하고, 또 그의 요청에 따라 외국인명부와 그의 신분증 관련 기재사항을 변경해 준 것은 단지 과테말라 내의 외국인통제와 관련한 것이므로, 그같은 행위는 외교보호권의 승인과는 관계가 없다고 판시한 바 있다.

Ⅲ. 국적 취득 및 상실 사유

각국의 국내법에서 일반적으로 인정되는 개인의 국적취득 사유 내지는 국가의 개인에 대한 국적부여 사유는 아래와 같다.

첫째는 출생인데, 이를 이유로 하여 국적을 부여하는 방식에는 출생지주의(*ius soli*)와 혈통주의(*ius sanguinis*)의 두 가지가 있다. 혈통주의는 다시 '부계'혈통주의와 '부모양계'혈통주의로 나누어지는데, 후자는 남녀평등사상을 기초로 한 것이다. 1979년 12월 18일 UN에서 채택된 여성차별철폐협약(Convention on the Elimination of All Forms of Discrimination against Women) 제9조 2항은 물론 부모양계혈통주의에 입각하여 "체약국은 자의 국적에 관하여, 여자에 대하여 남자와 평등한 대우를 부여한다."고 규정하고 있다. 동 협약은 1985년 한국에 대해서도 발효하였다.

둘째는 혼인인데, 그러나 종래 혼인을 이유로 하여 아내에게 자동적으로(즉, 비자발적으로) 남편의 국적을 부여하던 '부(夫)중심'주의(부부국적동일주의)는 '부부국적독립'주의로 대체되었다. 이를테면 여성차별철폐협약 제9조 1항 두 번째 문장은 "특히 ... 외국인과의 혼인 또는 혼인 중의 남편의 국적변경은 자동적으로 아내의 국적을 변경시키거나, 그녀를 무국적자로 만들거나, 그녀에게 남편의 국적을 강요하지 아니한다."고 규정하고 있다. 요컨대, 처의 국적은 남편의 국적 혹은 국적변경에 의하여 당연히 영향받아서는 아니된다.[21]

셋째는 국가가 외국인의 요청에 따라 그에게 국적을 부여하는 이른바 귀화(naturalisation)이다. *Nottebohm* 사건[22]에서 ICJ는 국적국가가 귀화인을 위해 원국적국가를 상대로 외교보호권을 행사할 수 있기 위해서는 귀화 당시 국적국가와 귀화인 사이에 '진정한 관련성'(genuine link)이 존재했어

20) ICJ Reports (1955), p. 4 at 18.
21) 1957년 1월 29일 UN총회에서 채택되고 1958년 8월 11일 발효한 "기혼여성의 국적에 관한 협약"(Convention on the Nationality of Married Women) 제1조와 제2조도 비슷한 취지의 규정을 담고 있다.
22) Liechtenstein v. Guatemala, ICJ Reports (1955), p. 4.

야 한다고 판결한 바 있다. 그러나 귀화 당시의 관련성의 흠결이 나중 사건들에 의하여 치유될 수 있는가의 문제는 검토되지 않았다.[23)]

넷째는 일국이 타국의 영토 전부 또는 일부를 획득하여 그 곳 주민 모두에게 강제하는 이른바 집단적 귀화(collective naturalisation)인데,[24)] 이 경우 조약에 의하여 당해 지역의 주민들에게 국적선택권(option of nationality)이 부여되기도 한다.[25)]

다섯째는 입양(adoption)이다. 다만, 입양을 이유로 국적을 부여하는 방식도 국가에 따라 차이가 있다.[26)]

이 밖에, 국적회복(혹은 복적)(redintegration), 인지(즉, 적출화)(legitimation) 등의 국적취득방법이 있다.

개인이 국적을 상실하게 되는 사유에도 외국인과의 혼인, 국가영토의 이전, 외국국적의 취득(즉, 외국에로의 귀화), 외국입양, 외국인의 인지 등 여러 가지가 있다. 개인은 자국법에 규정된 경우를 제외하고는 국적이탈(expatriation, renunciation of nationality)의 자유를 향유하지 못한다. 다시 말해서, 일반국제법상 국적은 개인이 임의로 포기할 수 있는 것이 아니다.[27)] 국가는 국민에 대하여 대인주권을 갖고 있기 때문이다.

넓은 의미에서 본다면 위 여러 사유에 기초한 개인의 국적상실도 국가에 의한 국적박탈(denationalisation, denaturalisation, deprivation)에 해당한다고 볼 수 있다. 그러나 이같은 합리적 사유가 존재하지 않는데도 불구하고 국가는 정책적 차원에서 국적박탈을 일방적으로 단행할 수 있는 것인지가 문제된다. 세계인권선언 제15조 2항은 "그 누구도 '자의적으로'(arbitrarily) 국적을 박탈당하지 아니하며..."라고 규정하고 있지만, 이 짧은 선언적 규정에 '자의적' 국적박탈 여부를 판단하는 기준에 대해서는 언급이 없다.[28)] 그러나 1961년의 "무국적 감소에 관한 협약"(Convention

---

23) Brownlie, p. 414.

24) See Orakhelashvili/Akehurst, 9th, p. 354(fn. 29).

25) 이를테면, 1867년 체결된 미국-러시아 간 알래스카할양조약("Treaty between Russia and the United States, for the Cession by Russia to the United States of All Territory and Dominion Possessed by Russia, on the Continent of America, and the Adjacent Islands")은 제3조에서 "할양된 영토의 주민들은, 그들의 선택에 따라, 타고난 충성을 유보하고, 3년 이내에 러시아로 돌아갈 수 있다. 그러나 그들이 할양된 영토에 남아 있기를 원할 경우, 그들은 미개한 원주민 부족을 제외하고는 미국 시민의 모든 권리, 이점 및 면제를 향유할 수 있으며, 그들의 자유, 재산 및 종교의 자유로운 향유가 유지되고 보호된다. ..."고 규정하였다. *The Alaska Boundary Case* (Great Britain, United States), 20 October 1903, RIAA, Vol. XV, p. 481 at 540 ; Orakhelashvili/Akehurst, 9th, p. 356.

26) Greig, p. 382.

27) 세계인권선언 제15조 2항은 "그 누구도 … 자신의 국적을 변경할 권리를 거부당하지 아니한다."고 규정하고 있으나, 이것은 아직은 비현실적인 규정이다.

28) 1969년 미주인권협약(American Convention on Human Rights) 제20조(Right to Nationality)도 세계인권선언 제15조와 비슷하게 규정하고 있다 : "1. Every person has the right to a nationality. ; 2. Every person has the right to the nationality of the state in whose territory he was born if he does not have the right to any other nationality. ; 3. No one shall be arbitrarily deprived of his nationality or of the right to change it." 동 제20조 관련 판례로는 다음을 참조 : (Translation) Inter-American Court of Human Rights, Advisory Opinion OC-4/84 of January 19, 1984, *Proposed Amendments to the Naturalization Provision of the Constitution of Costa Rica*, (Requested by the Government of Costa Rica), 〈https://www.corteidh.or.cr/docs/

on the Reduction of Statelessness)[29] 제8조에서 보는 것처럼, 특정 개인이 외국 정부에 대해 충성을 맹세하고 본국의 사활적 이익을 중대하게 침해하는 경우 등이라면 국가가 당해 개인의 국적을 박탈하더라도 국제법의 문제가 야기될 것으로 생각되지는 않는다.[30] 대체로 문제가 되는 것은 과거 독일 나치당국에 의한 유태인들의 국적 박탈,[31] 그리고 1952년 4월 28일 샌프란시스코 강화조약 발효와 함께 "조선인(한인)과 대만인"의 일본국적 박탈[32]과 같은 집단적인 국적박탈의 경우이다. 국

---

opiniones/seriea_04_ing.pdf〉, para. 34 ("The right of every human being to a nationality has been recognized as such by international law. Two aspects of this right are reflected in Article 20 of the [American Convention on Human Rights]: first, the right to a nationality established therein provides the individual with a minimal measure of legal protection in international relations through the link his nationality establishes between him and the state in question; and, second, the protection therein accorded the individual against the arbitrary deprivation of his nationality, without which he would be deprived for all practical purposes of all of his political rights as well as of those civil rights that are tied to the nationality of the individual.")(italics added) ; Keitner, p. 133.

Eritrea's Damages Claims (Eritrea v. Ethiopia), Eritrea-Ethiopia Claims Commission, PCA Case No.: 2001-02, Partial Award (December 17, 2004), Civilians Claims (Eritrea's Claims 15, 16, 23 & 27-32), 〈https://pca-cpa.org/en/cases/71/〉에서는 에티오피아-에리트리아 간 무력충돌 과정에서 에티오피아-에리트리아 이중국적자들에 대한 에티오피아 정부의 국적박탈이 자의적인 것에 해당하는가의 문제가 쟁점의 하나로 제기되었는데, 청구위원회는 "국적박탈이 자의적이었는지를 평가함에 있어 -(i) 조치가 법적 근거가 있었는지, (ii) 그로 인해 사람들이 무국적이 되었는지, 그리고 (iii) 전체 상황을 고려할 때 그러한 조치를 취할 정당한 이유가 있었는지를 포함하여- 몇 가지 요소를 고려하였다."(para. 60)고 전제한 뒤, 에티오피아 국적을 박탈당한 이중국적자의 유형을 몇 가지로 구분하여 검토하였다 ; 국적박탈 건에 대한 손해배상 판정은, Final Award on *Eritrea's Damages Claims* (August 17, 2009), paras. 252~288 참조.

29) 아래 "Ⅳ. 국적법의 충돌과 무국적 …" 참조.

30) 영국의 경우, 영국에서 태어나고 다른 국적이 없는 사람은 어떤 경우에도 영국 시민권을 박탈당하지 않는다. 그러나 귀화인의 경우, "영국국적법 1981"(섹션 40) 개정 전에도 영국 시민권 취득이 사기, 허위진술 또는 중요사실의 은폐에 의한 것인 경우에는 내무장관은 귀화자의 시민권을 박탈할 수 있었다. 이 밖에도, 내무장관은 귀화인의 시민권 박탈이 "공익에 이바지하는"(condusive to the public good) 것으로 판단하는 경우 시민권을 박탈할 수 있었지만, 귀화자가 그로 인해 무국적이 되는 경우에는 시민권 박탈이 허용되지 않았었다 ; 이것을 잘 보여주는 판례로는 다음을 참조 : *Hilal Al-Jedda* v *Secretary of State for the Home Department*, Court of Appeal (Civil Division), [2012] EWCA Civ 358, 〈https://www.judiciary.uk/wp-content/uploads/JCO/Documents/Judgments/al-jedda-judgment-29032012.pdf〉 ; *Secretary of State for the Home Department (Appellant)* v *Al-Jedda (Respondent)*, [2013] UKSC 62, On appeal from: [2012] EWCA Civ 358, 〈https://www.supremecourt.uk/cases/uksc-2012-0129.html〉 ; Orakhelashvili/Akehurst, 9th, pp. 360~361. 그후 개정된 영국법에 의하면, 귀화인의 경우, "시민권 박탈이 공익에 이바지하는 것으로 판단되고, 또한 그가 제3국의 국적을 취득할 수 있다고 믿을만한 합리적 사유가 있으면" '무국적이 되더라도' 내무장관은 그의 시민권을 박탈할 수 있게 되었다 : "British Nationality Act 1981", Section 40(as amended)(2)(3)(4)(4A), 〈https://www.legislation.gov.uk/ukpga/1981/61/section/40〉 ; Colin Yeo/Free Movement, 9th August 2018, "How is the government using its increased powers to strip British people of their citizenship?", 〈https://freemovement.org.uk/british-nationals-citizenship-deprivation/〉 ; UK Parliament, House of Commons Library, Research Briefing, "Deprivation of British citizenship and withdrawal of passports", 25 January, 2023, p. 6, 〈https://commonslibrary.parliament.uk/research-briefings/sn06820/〉.

31) https://en.wikipedia.org/wiki/German_Citizenship_Project ; City of Vienna, "Deprivation of citizenship and removal from educational establishments during the Nazi era", 〈https://www.wien.gv.at/english/administration/restitution/assets/education.html〉.

32) 金玉烈, 《韓國과 美日關係論》(서울 : 一潮閣, 1973), pp. 136~137, 184~189 ; 정인섭, 《재일교포의 법적 지위》(서울 : 서울대학교출판부, 1996), p. 89 ff ; 大沼保昭(著), 朴椿浩(監修)/金顯球/魯在化(共譯), 《單一民族社會의 神話를 넘어서 : 재일 한국・조선인과 출입국관리 체제》(고려대학교 아세아문제연구소, 1993), pp. 119~121, 213, 315; 조준형/연합뉴스, 2018-01-23, "외교부, '조선적 재일동포' 방한 모호한 불허규정 없애" ; 강성철/

제법은 아직까지 이같은 국적박탈의 가능성을 제거하지 못하고 있다.

1997년 12월 13일 전면 개정된 한국 국적법[33]은 종래의 남녀차별적 요소를 제거하여 국제법의 발전방향과 보조를 맞춘 것으로 평가된다. 특히, 종래에는 출생 당시에 아버지가 한국국민인 경우에 한하여 국적을 부여하는 부계혈통주의를 원칙으로 하고 있었으나, 동 개정에서는 출생 당시 아버지 또는 어머니 어느 한쪽이 한국 국민이면 국적을 부여하는 부모양계혈통주의를 채택하였다.[34]

Ⅳ. 국적법의 충돌과 무국적 또는 복수국적의 발생

국적의 부여와 박탈은 기본적으로 국가의 국내관할권(domestic jurisdiction)에 속하며, 이를 규율하는 각국 국적법의 충돌로 인하여 무국적 혹은 복수국적의 문제가 파생되고 있다.

개인에게 있어서는 복수국적보다는 무국적이 더 큰 문제이다. 따라서 이를 감소 내지 제거하기 위한 국제적 노력이 행해지고 있는데, 1961년 '장래 무국적의 제거 또는 감소에 관한 UN회의'(UN Conference on the Elimination or Reduction of Future Statelessness)에서 채택된 "무국적 감소에 관한 협약"(Convention on the Reduction of Statelessness),[35] ILC가 1999년에 채택한 "국가승계와 관련하여 자연인의 국적에 관한 규정초안"(Draft articles on nationality of natural persons in relation to the succession of states),[36] 2006년 유럽심의회에서 채택된 "국가승계로 인한 무국적을 피하기 위한 협약"(Council of Europe Convention on the avoidance of statelessness in relation to state succession)[37] 등을 들 수 있다. -국적법과 관련하여 유럽심의회가 채택한 포괄적 조약인- 1997년 "국적에 관한 유럽협약"(European Convention on Nationality)[38]은 특별히 기아(棄兒)와 관련하여 "각 당사국은 그렇지 않으면 무국적자가 될 자국 영토에서 발견된 기아(foundlings found in its territory who would otherwise be stateless)가 법에 의하여 국적을 획득하도록 국내법에 규정하여야 한다"[39]고 규정하고 있기도 하다.

그리고 복수국적은 국가와 개인 모두에게 어려움을 줄 수 있어 이를 감소시키기 위한 협약도 체

연합뉴스, 2019-09-01, "일본내 '조선적' 급감…"조총련계 중 귀화·韓국적 취득 증가"" ; https://ko.wikipedia.org/wiki/조선적 ; https://namu.wiki/w/조선적.

33) 법률 제5431호. 국적법은 그 후로도 빈번히 개정되고 있는데, 자세한 것은 국가법령정보센터〉국적법〉연혁 참조.

34) 한국 국적법 제2조.

35) 1975년 12월 13일 발효. 이 UN회의에서는 사실상의 무국적자(*de facto* stateless person)도 실효적 국적을 취득할 수 있도록 가능하면 법률상의 무국적자(*de jure* stateless person)로 대우할 것을 권고하는 결의가 채택되었다. '사실상의 무국적자'라 함은 국적을 보유하고 있기는 하나 사실상 본국과의 관계가 단절되어 본국의 외교적 보호를 기대할 수 없는 처지의 사람을 말한다. Brownlie, pp. 557~558 ; 본서, 제20장 (국가승계), Ⅳ. 국적 ; https://en.wikipedia.org/wiki/Convention_on_the_Reduction_of_Statelessness.

36) 본서, 제20장 (국가승계), "Ⅳ. 국적" ; https://legal.un.org/ilc/guide/3_4.shtml.

37) 상동 ; https://www.coe.int/en/web/conventions/full-list/-/conventions/treaty/200.

38) 1997년 11월 6일 서명, 2000년 3월 1일 발효, 〈https://en.wikipedia.org/wiki/European_Convention_on_Nationality〉.

39) 제6조(국적 취득) 1항(b).

결되고 있는데, 1963년 유럽심의회에서 채택된 "복수국적 감소 및 복수국적자의 군사적 의무에 관한 협약"(Council of Europe Convention on the Reduction of Cases of Multiple Nationality and on Military Obligations in Cases of Multiple Nationality)[40]이 대표적인 사례이다.

Steinvorth 사건[41]은 개인이 자기 의사와 관계없이 갑자기 무국적자로 되는 경우를 잘 보여주고 있는데, 사건 개요는 다음과 같다. Steinvorth는 코스타리카에서 독일인 부모로부터 출생하여, 1901년 부모를 따라 독일로 돌아왔으며, 제1차 세계대전 때는 독일군에 복무하기도 하였다. 그는 그 후 1920년 영주권자로서 코스타리카로 돌아갔으며, 1941년에는 코스타리카 국적을 취득하였다. 이와 동시에 그는 당시의 독일 국적법에 의거해 독일 국적을 자동 상실하였다. 1944년 9월 23일 코스타리카 대통령은 Steinvorth의 코스타리카 국적을 취소하였으며, 그는 그 다음날 체포되어 미국에 인도되었다. 미국에서 적국민(enemy alien)으로 억류된 그는 인신보호영장(*habeas corpus*)을 신청했으나, 하급심에서 모두 거절되자 연방항소재판소에 항소하였다. Steinvorth는 적국민(즉, 독일 국민)으로서 그의 구금은 합법인가, 아니면 무국적자(stateless)로서 석방되어야 하는가 하는 것이 그 쟁점이었다. 재판소는 코스타리카 정부가 Steinvorth의 코스타리카 국적을 박탈한 행위는 코스타리카의 국가행위(act of state)이므로 이를 그대로 수락하여야 하며, Steinvorth가 코스타리카 시민권을 박탈당했다고 해서 구 국적을 자동 회복하게 된다는 규정이 독일 국적법에는 없으므로 그는 1944년 9월 23일부터 무국적자가 되었다고 판결하였다.

Ⅴ. 법인(회사)의 국적결정

회사나 기타 법인의 국적을 결정짓기 위해 일반적으로 사용되는 기준은 설립지(incorporation)와 본점소재지(principal seat, seat of management, siége social)이다.[42] 법인의 외교보호를 위해서도 진정한 관련성(genuine link)의 존재가 요구되는지가 문제될 수 있는데, 1970년의 *Barcelona Traction Co.* 사건[43]에서 ICJ는 법인의 경우에는 이것이 요구되지 않음을 시사하고 있다. 그러나 경쟁법(competition law)의 목적상 '경제'의 관점에서 단일경제실체이론(economic unit, or single economic entity theory)과 효과이론(effects doctrine) 등이 등장하여 회사에 대한 국가관할권의 확대가 시도되고 있다.

---

40) https://www.coe.int/en/web/conventions/full-list/-/conventions/treaty/043 ; 본서, 제16장 (외국인의 대우), "Ⅲ. 외국인과 복수국적자의 강제징집." 단, 사회의 진화를 반영하여 원국적을 유지할 수 있는 몇 가지 상황을 추가한 1993년 협약 개정 제2의정서(Second Protocol amending the Convention on the Reduction of Cases of Multiple Nationality and on Military Obligations in Cases of Multiple Nationality)에 유의할 것 : https://www.coe.int/en/web/conventions/full-list/-/conventions/treaty/149.

41) United States, Court of Appeals, 2nd Circuit, 1947, 159 F. 2d 50 ; von Glahn, p. 217.

42) Henkin, *op. cit.*, pp. 95~97. 다만, ILC 2006년 외교보호초안 제9조에 의하면 '본점소재지' 공식의 경우 '본점 및 재무지배 소재지' 공식으로 대체되고 있다. 자세한 것은, 본서, 제14장 (국가책임), "XI. 외교보호" 참조.

43) Belgium v. Spain, ICJ Reports (1970), para. 70 of the judgment ; Wallace, p. 171.

Ⅵ. 세계시민권을 향하여?

지난 수십년간 무역과 해외여행이 자유화되고, 인권과 환경의 보호에 있어 국제적 연대가 강조되고, 또 특히 인터넷의 발전으로 국가 간에 가로놓여 있던 물리적인 통신장벽이 제거되면서 우리는 이제 국경선이 없는 세계에 살고 있는 것이 아닌가 하는 생각에 잠기기도 한다. 그리고 그 결과 우리는 이제 어느 특정 국가의 국민 혹은 특정 도시의 시민으로 살기보다는 '지구촌'(global village)의 '세계시민'(world citizen)으로 살고 싶어하는 것이다. 이에 따라 이제는 '세계시민' 혹은 '세계시민권'(world citizenship)이란 표현이 더 이상 낯설지 않게 되었는데, 이들 표현은 개인이 국경선을 넘어 향유할 수 있는 지위 혹은 신분을 함축하고 있다. 이 점에 있어, 비록 지역적 차원에 국한된 운동이긴 하지만 주권의 점진적 포기를 감내하면서 하나의 합중국을 향해 나아가고 있는 것으로 인식되고 있는 EU는 좋은 본보기가 될 것이다. 이들은 당해 지역 내의 국민들에게 공동의 권리를 부여하고 특히 EU시민권이란 개념을 도입함으로써 국제공동체의 진행방향에 좋은 시사점을 던져주고 있다. 또 하나 우리가 주목해야 할 현상은 UN헌장으로부터 시작되는 국제인권법이다. 인권법은 개인을 국가의 소유물로 보는 전통국제법의 시각으로부터 벗어나서 국적을 문제삼지 아니하며 따라서 국가는 자국민이라 할지라도 자의적으로 대할 수 없다는 인식에 기초하고 있는 것이다. 그러나 국제인권법은 아직 형성 중에 있어, 이것이 국적과 이것에 기초한 전통적인 국가책임법을 완전히 대체하였다고 볼 수 있는 단계에 와 있지는 않다. 특히, 인권법 분야에서 중요성을 더해 가고 있는, 각 국가가 국제공동체의 모든 국가(혹은 다자조약의 경우에는 다른 모든 체약국)에 대해 부담한다는 이른바 대세적 의무의 개념도 약점이 있기는 마찬가지이다. 최근에 등장한 이른바 제3 세대인권은 개인이 국경선을 초월하여 국제공동체의 모든 국가들에게 요구할 수 있다는 점에서 국가의 쇠퇴 내지는 소멸을 예시하는 중요한 개념이다. 그러나 국가들이 이 개념의 발전에 얼마나 협조적일지는 여전히 의문으로 남아 있다. 이러한 여러 가지 점을 고려해 보면, 아직까지는 개인에게 있어 국적 없이 산다는 것은 대체로 고통을 의미할 따름이다. 그러므로 1948년의 세계인권선언 제15조는 "모든 사람은 국적을 가질 권리를 가지고 있다. 그 누구도 자의적으로 국적을 박탈당하지 아니하며, 국적을 변경할 권리를 거부당하지 아니한다."라고 선언하고 있는 것이다.[44] 우리는 그 자체 한 개의 인

44) 미국 연방최고재판소는 *Trop* v. *Dulles*, (1958) 356 U.S. 86 at 101~102에서, 국적박탈(denationalization)은 신체적 학대나 원시적인 고문을 동반하는 것은 아닐지 모르지만, 그대신 "조직된 사회 속에서 개인의 지위를 완전히 파괴"(the total destruction of the individual's status in organized society)하는 것이며, 국적을 박탈당한 사람은 "권리를 가질 수 있는 권리를 상실하였다"(has lost the right to have rights)고 언급한 바 있다. 요컨대, 국적은 "(여타의) 모든 권리를 가질 수 있는 권리"(a right to have rights), 즉 '권리 중의 권리'라는 것이다. 이 사건은 해외에서 전시 탈영의 이유로 군법회의에서 유죄선고를 받아 불명예제대를 당하고 미국으로 돌아온 한 미국인이 나중에 미국여권을 신청하였으나, 이것을 국적상실의 한 사유로 규정하고 있는 1940년 미국국적법의 관련규정에 의거하여 여권발급을 거부당하자 미국국무장관과 국무부를 상대로 제소한 것인데, 연방최고재판소는 "시민권은 행실이 나쁘면 기한이 만료되는 면허증 같은 것이 아니며"(citizenship is not a license that expires upon misbehaviour)(*ibid.*, at 92), "처벌의 한 수단으로 국적박탈을 사용하는 것은 ("cruel and unusual punishment"를 금지한) 수정헌법 제8조에 의하여 금지된

권으로서의 혹은 인권의 전제조건으로서의 '국적'과 국가주권의 일부로서의 '국적의 부여와 박탈권'이 공존하는 미묘한 세계에 살고 있다.[45] 그 결과 법적 의미에서의 세계시민권 창설의 가능성은 현재로는 요원해 보인다.[46] UN총회가 2015년 채택한 결의 70/1[47]를 통해 2030년까지 달성하기를 소망하여 수립한 17개 '지속가능한 발전/개발 목표'(Sustainable Development Goals) 중에서 교육과 관련된 제4목표(즉, '포용적이고 공평한 양질의 교육 보장'과 '모두를 위한 평생학습 기회 증진')에 담겨 있는 'global citizenship' 개념도 법적 의미에서의 시민권과는 거리가 멀며, 단지 '세계시민이라는 의식' 내지는 '세계시민으로서의 품성'을 지칭하는 것으로 이해되고 있다.[48]

다"(use of denationalization as a punishment is barred by the Eighth Amendment)(*ibid.*, at 101)고 판시하였다. *Trop* v. *Dulles*는 아직 사형제도가 일반적으로 "cruel and unusual punishment"에 해당되지 않는다고 보고 있는 미국 연방최고재판소의 기존판례와 묘한 대조를 이룬다. 다만, 참고로 동 재판소는 2002년 6월 20일의 결정인 *Atkins* v. *Virginia*, (2002) 153 L. Ed. 2d. 335에서 '지능지체 범죄인'(mentally retarded criminals)에 대한 사형집행은 수정헌법 제8조에 위배된다고 판시한 바 있고, 또 *Thomson* v. *Oklahoma*, (1988) 487 U.S. 815에서는 범행당시 16세 미만의 자에 대한 사형집행은 수정헌법 제8조에 위배된다고 판시한 바 있다. 그러나 *Stanford* v. *Kentucky* ; *Wilkins* v. *Missouri*, (1989) 492 U.S. 361에서는 범행당시 각기 16세 그리고 17세가 넘은 자들에 대한 사형집행은 수정헌법 제8조에 위배되는 "cruel and unusual punishment"를 구성하지 않는다고 판시하였다. 한편, 미주인권위원회(American Commission on Human Rights)는 *Roach and Pinkerton* case, Resolution No. 3/87-Case 9647 (United States) (September 22, 1987), para. 62에서, "이 가장 기본적 권리인 생명권 문제(이 사건에서는 청소년에 대한 사형적용 문제)를 연방 차원에서 획일적으로 규율하지 않고 각주에 일임하고 있는 미국 연방정부의 행태는 미국 전체를 통해 자의적 입법의 습성을 초래하며, 이는 결국 미주인권선언 제1조(생명권)에 반하는 생명의 자의적 박탈과 제2조(법 앞에서의 평등권)에 반하는 법 앞에서의 불평등으로 끝나게 된다."(The failure of the federal government to preempt the states as regards this most fundamental right -the right to life- results in a pattern of legislative arbitrariness throughout the United States which results in the arbitrary deprivation of life and inequality before the law, contrary to Articles I and II of the American Declaration of the Rights and Duties of Man, respectively.)는 견해를 제시한 바 있다 : https://www.wcl.american.edu/humright/digest/1986/res0387.cfm ; Ragazzi, pp. 67~72, 124~131, 191, 198.

45) 이같은 상황은 1989년 "어린이의 권리에 관한 협약"(Convention on the Rights of the Child)이 잘 보여주고 있다. 즉, 협약은 제7조 1항에서 "... The child shall have ... the right to acquire a nationality ..."라고 규정하면서도, 곧 그 2항에서 "States Parties shall ensure the implementation of these rights *in accordance with their national law and their obligations under the relevant international instruments in this field, in particular where the child would otherwise be stateless.*"라고 규정하고 있다. 이것은, 일방, 국적을 가질 사람의 일반적 권리를 선언하는 것과, 타방, 특정한 상황에서 자국의 국적을 부여하거나 혹은 국적을 철회하지 않을 의무를 어떤 국가에게 부과하는 것은 별개의 일임을 의미하는 것이기도 하다. See Stephen Hall, "The European Convention on Nationality and the right to have rights", (1999) 24 E.L.Rev. 586 at 588, 593.

46) L.C. Green, "World Citizenship and International Law", in Young Seek Choue (ed.), *Textbook on World Citizenship* (Seoul : Kyung Hee University Press, 1986), p. 195 at 255.

47) A/RES/70/1 (25 September 2015), "Transforming our world: the 2030 Agenda for Sustainable Development".

48) The United Nations Academic Impact, "Global Citizenship", 〈https://www.un.org/en/academic-impact/global-citizenship〉 ; https://en.wikipedia.org/wiki/Sustainable_Development_Goals ; 환경부, 지속가능발전 포털, 〈https://ncsd.go.kr/unsdgs〉.

제 16 장
외국인의 대우

일반국제법상 국가는 –외국 회사를 포함하여– 외국인을 국제법이 요구하는 일정 기준에 미달되지 않게 대우할 의무를 그 외국인의 국적국가에 대하여 부담하고 있다. 바꾸어 말하면, 국가는 국제법이 제공하는 바의 일정 최소한의 대우를 자국민에게 부여할 것을 해당 외국정부에 요구할 권리가 있다. 그리고 개인은 국가 간에 부담하고 있는 이들 상호적 의무에 의해 국제법상 반사적 이익을 향유한다.[1] 국제인권법의 출현에도 불구하고 외국인의 대우에 관한 전통법규는 아직 지워지지 않았다.[2] 국제인권법이 '공법' 체계로서의 현대국제법을 대변하는 것이라면, 외국인의 대우 문제는 '사법' 체계로서의 전통국제법을 이어가는 것이라는 점에서 양자는 본질을 달리하고 있다고 말할 수 있을 것이다. 그 결과, 국가는 자국민을 위하여 타국 정부를 상대로 국제청구를 제기할 자신의 권리를 포기할 수 있지만, 국제인권법(과 국제인도법)에 대한 중대한 침해가 발생할 시에는 그 피해자에게 "충분하고 실효적이고 신속한 손해배상"(adequate, effective and prompt reparation for harm suffered)이 제공될 것이 요구되며 이 권리는 누가 대신 포기할 수 있는 것이 아니라는 논리가 성립된다. 후자는 국제법에 의하여 '국가' 아닌 '인간'에게 부여된 권리이기 때문이다.[3] 인권법의 논리에 대해서는 다음 장에서 살펴보고 여기서는 전통국제법의 주제인 외국인의 대우 문제에 관하여 개관한다.

Ⅰ. 외국인의 입국

일반국제법상 국가는 –무국적자를 포함하여– 외국인의 입국과 재류를 허용할 의무가 없다. 외국인의 입국허용 여부는 국가 영토주권의 한 속성이기 때문이다. 따라서 국가가 외국인의 입국을 거부

1) Cassese, *International Law*, 2nd, p. 120.
2) *Ibid.*, p. 123.
3) See UN Commission on Human Rights Resolution 2005/35, 56th meeting, 19 April 2005, Annex : "Basic Principles and Guidelines on the Right to a Remedy and Reparation for Victims of Gross Violations of International Human Rights Law and Serious Violations of International Humanitarian Law."

하거나 또는 조건부로 허용할 수 있다는 점에 관해서는 의문의 여지가 없다.[4] 다만, 실제에 있어서 국가들은 조약을 통하여 국민의 상호입국을 허용할 의무를 창설하고 있다. 예컨대, 한미우호통상항해조약[5] 제2조 1항은 "일방체약국의 국민은 타방체약국의 영역에 들어가고 또한 그 영역에 재류하는 것이 허락된다."고 규정하고 있다.

일반국제법상 국가가 외국인의 입국을 허용할 의무가 없는 것과 같은 논리로 국가는 외국인의 입국과 재류를 거부할 의무를 지고 있지도 않다. 바꾸어 말하면 국가는 영토주권에 의거하여 외국인에게 비호(asylum)를 제공할 권리가 있다. 이것이 이른바 영토비호(territorial asylum)인데, 이 문제는 특히 난민(refugees)과 관련하여 다루어지고 있다.[6]

상륙(혹은 착륙)(landing)과 입국(entry)은 구분된다. 공항에서 입국이 거부되어 공항 터미널에 갇혀 장기간 오도가도 못하는 일이 생길 수 있다.[7]

Ⅱ. 외국인 대우의 기준

외국인은 방문국의 국내법을 존중할 일반적 의무 하에 놓이게 되는데, 이는 영토주권의 원칙상 당연해 보인다.[8] 그러나 이에 상응하여, 영토국가는 일단 외국인의 입국을 허용하였다면 '국제법이 요구하는 일정기준'에 따라 대우할 것이 일반국제관습법상 요구되고 있다. 그런데 '국제법이 요구하는 일정기준'의 구체적 내용이 무엇이냐에 관해서는 국제최소기준(international minimum standard)과 내국민대우기준(즉, 내외국인 평등주의)(national treatment standard)이 대립하여 오고 있다. 국가가 자국민이야 어떻게 대우하든 간에 외국인만은 최소한의 문명된 기준을 가지고 대하여야 한다는 이른바 국제최소기준은, 19세기 제국주의 기간 동안 발전하였으며 중재판례에서 광범위한 지지를 받았다.[9] 그런데 19세기 기간 중 국제최소기준이 강대국의 약소국들에 대한 간섭의 수단으로 원

4) See *Chae Chan Ping* v. *United States* (*Chinese Exclusion* case), 130 U.S. 581, 606-607 (1889), 〈https://supreme.justia.com/cases/federal/us/130/581/case.html〉: "The power of the government to exclude foreigners from the country whenever in its judgment the public interests require such exclusion has been asserted in repeated instances, and never denied by the executive or legislative departments. In a communication made in December, 1852, to Mr. A. Dudley Mann at one time a special agent of the Department of State in Europe, Mr. Everett, then Secretary of State under President Fillmore, writes:

> "This government could never give up the right of excluding foreigners whose presence it might deem a source of danger to the United States. ... Nor will this government consider such exclusion of American citizens from Russia necessarily a matter of diplomatic complaint to that country.""

See also European Court of Human Rights, *Chahal* v. *United Kingdom*, Application no. 22414/93, judgment of 15 November 1996, para. 73: "As the Court has observed in the past, Contracting States have the right, as a matter of well-established international law and subject to their treaty obligations including the Convention, to control the entry, residence and expulsion of aliens."

5) 1956년 11월 28일 서명, 1957년 11월 7일 발효.

6) Skubiszewski in Sørensen, p. 490; 본서, 제18장 (국제난민법), "Ⅵ. 난민의 입국, 추방, 강제송환 그리고 비호".

7) https://namu.wiki/w/출입국; https://en.wikipedia.org/wiki/Port_of_entry; 한국 출입국관리법 참조.

8) Currie, p. 310.

용되는 경향이 있었으므로, 이같은 간섭에 대항하기 위한 한 수단으로서 내국민대우기준이 주로 라틴아메리카국가들에 의하여 고안되었다. 칼보독트린(Calvo doctrine)[10]이 바로 그같은 노력의 전형적인 사례이다. 그러나 내국민대우 기준에 대해서는 "국내의 법체계와 기준이 국가마다 다르기 때문에 일반국제법의 문제로서 공식화하여 적용하기가 어렵다"[11]는 비판이 제기된다.

한국 헌법 제6조 2항은 "외국인은 '국제법'과 조약이 정하는 바에 의하여 그 지위가 보장된다."고 규정하고 있으며, 한미우호통상항해조약 제3조 1항은 "일방체약국의 국민은 타방체약국의 영역 내에서 ... 어떠한 경우에도 '국제법'에 의하여 요구되는 보호와 보장보다 적지 않은 부단의 보호와 보장을 받는다."라고 규정하고 있다. 그러면 위 규정에 명시된 '국제법'의 기준은 당연히 국제최소기준을 지칭하는 것으로 보아야 할 것인가? 생각건대, 논쟁의 핵심은 외국인도 '국제법'에 규정된 보호를 받아야 하지만 그 '국제법'의 기준이라는 것이 내국민대우냐 아니면 국제최소기준이냐에 관하여 의견의 차이가 있는 것이기 때문에, '국제법'이란 표현이 곧바로 '국제최소'기준을 지칭하는 것으로 해석되어서는 안될 것이다.

위 일반적 논쟁과는 관계없이, 일정 권리·의무에 관해서는 내·외국인 사이에 차이가 있어야 한다는 점은 물론 인정되고 있다. 다시 말해서, '인간'의 자격으로 향유하는 이른바 기본적 인권은 국

9) See e.g. *Roberts* Claim (USA v. Mexico)(General Claims Commission), (1926) 4 RIAA 77 at 80 (para. 8), available at https://legal.un.org/riaa/cases/vol_IV/77-81.pdf : "Facts with respect to equality of treatment of aliens and nationals may be important in determining the merits of a complaint of mistreatment of an alien. But such equality is not the ultimate test of the propriety of the acts of authorities in the light of international law. That test is, broadly speaking, whether aliens are treated in accordance with *ordinary standards of civilization*."(italics added).

위 *Robets* 사건은 행형시설에 관하여 국제최소기준을 적용하여 멕시코의 국가책임을 인정한 판례이다. 그러나 외국인 대우의 국제최소기준을 수립한 선도적 판례로 자주 인용되는 것은 *Neer* Claim (USA v. Mexico) (General Claims Commission, 1926)인데, 여기서 제시된 공식은 다음과 같다[(1926) 4 RIAA 60 at 61~62 (para. 4), available at https://legal.un.org/riaa/cases/vol_IV/60-66.pdf ; Briggs, pp. 613~614] : "Without attempting to announce a precise formula, it is in the opinion of the Commission possible ... to hold (first) that the propriety of governmental acts should be put to the test of international standards, and (second) that the treatment of an alien, in order to constitute an international delinquency, should amount to an outrage, to bad faith, to wilful neglect of duty, or to an insufficiency of governmental action so far short of international standards that every reasonable and impartial man would readily recognize its insufficiency. Whether the insufficiency proceeds from deficient execution of an intelligent law or from the fact that the laws of the country do not empower the authorities to measure up to international standards, is immaterial."

10) 아르헨티나 외교관 Carlos Calvo는 1896년의 한 논문에서 "한 국가에 정착하는 외국인이 내국인과 동일한 보호를 받을 권리를 가지고 있는 것은 분명하지만, 그들은 그보다 더 확대된 보호를 주장해서는 안된다."고 주장하였는데, 이를 가리켜 칼보독트린이라 부른다. 칼보독트린과 (앞에서 논한) 칼보조항(Calvo clause)은 같은 학자에 의해 고안된, 외견상 비슷한 이론이긴 하지만 본질적인 차이가 있다. 즉, 칼보조항은 외교보호라는 제도 자체를 삭제해 버리는 것을 목표로 하고 있다는 점에서 단지 외교보호권의 남용에 대처하기 위해 고안된 칼보 독트린과는 대조된다. *Encyclopedia of Public International Law*, Vol. 8, p. 62 ff ; F.V. Garcia-Amador, *The Changing Law of International Claims* (New York London Rome : Oceana Publications, Inc., 1984), Volume Ⅱ, p. 482 ; International Law Association Toronto Conference (2006), "Diplomatic Protection of Persons and Property", Final Report, para. 13 ; Subedi in Evans (ed.), *International Law*, 5th, pp. 720~721.

11) Orakhelashvili/Akehurst, p. 341(9th, p. 365).

적 혹은 시민권에 관계없이 영토 내의 모든 사람에게 인정되어야 하겠지만, 외국인에게는 국가주권에 직접 영향을 미치는 '정치적' 권리를 주지 않을 수 있으며, 또한 일정 직업의 향유를 배제할 수 있다.[12] 이 밖에, 내란 또는 전시와 같은 국가위기 시에는 국제최소기준은 적용의 여지가 없고 내외국인 평등 원칙이 적용된다는 점도 판례에서 확인되고 있다.[13]

Ⅲ. 외국인과 복수국적자의 징집

정치적 권리를 향유하지 못하는 외국인에 대해 국가주권의 수호를 위한 병역의무를 부과한다는 것은 논리적으로 모순이다. 뿐만 아니라, 그같은 의무의 부과는 외국인 소속국(국적국가)의 대인주권을 침해하는 것으로 간주된다. 그럼에도 불구하고 제2차 세계대전 후 일부 국가에서 외국인의 징집을 시도하고 있어 문제가 되고 있다. *United States* v. *Rumsa* 사건[14]이 그 좋은 예인데, 사건 개요는 다음과 같다. 피고 Rumsa는 1929년 10월 9일 리투아니아에서 출생하였는데, 1944년 소련이 침략해오자 독일로 피신하였다. 독일에서 노동캠프(labour camp)에 억류되어 있다가 미군의 진주로 석방되었으며, 1950년 피난민(실향민) (displaced person)으로 인정되어 미국 이민을 허락받았다. 그런데 미국이민 후 1951년 1월 29일 징병신체검사를 위해 출두하라는 명령을 받고서도 이를 기피하여 기소되었다. 연방지방재판소가 그의 유죄를 인정하자 다시 항소한 사건이었는데, 요컨대 쟁점은 미국이 외국인 Rumsa를 징병할 수 있는가 하는 것이었다. 연방항소재판소는 1심의 판결을 지지하면서 그 이유로서 두 가지를 제시하였다. 첫째, 1951년 당시의 미국 징병법[15]은 "영주를 목적으로 입국이 허락된 모든 외국남성은 미국 군대에서의 훈련과 봉사의 의무를 진다."(every male alien admitted for permanent residence ... shall be liable for training and service in the

12) EU기능조약 제22조(구 EC 제19조) 1항은 "타회원국에 거주하는 EU의 모든 시민은 거주국의 국민과 동등한 조건 하에서 거주국의 지방선거(municipal elections)에서 선거권과 피선거권을 갖는다."고 규정하고 있고, 또 유럽심의회(Council of Europe) 차원에서 체결된 1992년 2월 5일의 "지방 차원에서의 외국인의 공공생활 참여에 관한 협약"(Convention on the Participation of Foreigners in Public Life at Local Level)도 5년 이상 거주한 외국인에게 지방선거 참여권을 허용하고 있는데, 이같은 결단은 지방선거는 더 이상 국가주권을 침해하는 것이 아니라는 인식에 기초하고 있다. 拙稿, "EU시민권 개념에 관한 연구", 《유럽연구》(1996년 가을호, 통권 제4호), pp. 171~174. 한국의 경우, 공직선거법 제15조(선거권) 2항에 의하면 "「출입국관리법」 제10조에 따른 영주의 체류자격 취득일 후 3년이 경과한 외국인으로서 같은 법 제34조에 따라 해당 지방자치단체의 외국인등록대장에 올라 있는 사람"은 "그 구역에서 선거하는 지방자치단체의 의회의원 및 장의 '선거권'이 있다." 그러나 '피선거권'은 인정되지 않고 있다(공직선거법 제16조 3항). https://www.law.go.kr/법령/공직선거법.

13) See, e.g., *Rosa Gelbtrunk* Claim (USA v. Salvador), Arbitral Tribunal, 1902(*U.S. Foreign Relations*, 1902, p. 876).

14) 212 F.2d 927, US Court of Appeals, Seventh Circuit, 1954 ; Sweeney et al., p. 535.

15) 1951년의 미국징병법은 비판을 수용하여 1971년에 다소 개정되었는데, 이에 관해 자세한 것은 Sweeney et al., pp. 538~540 참조. 미국 징병법의 현재 상황에 대해서는 https://en.wikipedia.org/wiki/Conscription_in_the_United_States 참조.

Armed Forces of the U.S.)라고 규정하고 있다. 둘째, 외국인이 징집의 대상이 되어야 하는가의 문제는 정책의 문제(question of policy), 즉 정부 내의 행정부와 입법부가 해결해야 할 정치문제(political question)로서, 이러한 문제는 전적으로 사법부의 영역 밖에 놓여 있다.

위 '외국인'의 징집과는 달리 '복수국적자'의 징집은 일반국제법상 문제가 없는 것으로 보이는데, *Tellech* 사건[16]이 이 점을 잘 보여주고 있다. Tellech는 1895년 5월 14일 오스트리아 부모로부터 미국에서 출생하였으나, 그 후 1914년 8월 오스트리아에서 거주하는 동안 체포되어 오스트리아황제 겸 헝가리왕에게 충성을 맹세하고 오스트리아-헝가리 군대에 징집되었던 것이다. 그러나 이 사건에서 3국 청구위원회는 오스트리아 · 헝가리는 자신의 합법적 권리를 행사한 것뿐이라고 판결하였다.

1963년 5월 6일의 "복수국적 감소 및 복수국적자의 군사적 의무에 관한 유럽심의회 협약"(Council of Europe Convention on the Reduction of Cases of Multiple Nationality and on Military Obligations in Cases of Multiple Nationality)(제5조 1항)은 둘 이상의 국적을 가진 자가 체약국 중의 어느 한 국가에서 병역을 필하였으면 다른 체약국에서 재차 징집당하지 않도록 규정하고 있으며,[17] 다시 유럽심의회가 1997년 11월 6일 국적법에 관한 종합적인 협약으로 채택한 "국적에 관한 유럽협약"(European Convention on Nationality)도 -Contracting Parties가 States Parties로 표현되어 있는 것을 제외하면- 동일하게 규정하고 있다.[18] 개인의 복수 내지 다중 징집을 막기 위한 비슷한 유형의 조약으로서, 1930년 4월 12일 헤이그에서 체결된 "복수국적의 일정 경우에 있어서의 군사적 의무에 관한 의정서"(Protocol Relating to Military Obligations in Certain Cases of Double Nationality) 제1조는 "국적을 두 개 이상 보유하고 있는 자로서 자신의 어느 한 국적국가에서 상주하고 있고, 사실상 그 국적국가와 가장 긴밀한 연고를 가지고 있는 경우에는 다른 국가 또는 국가들에서는 모든 군사적 의무가 면제된다. (다만) 이 면제는 다른 국가 또는 국가들의 국적 상실을 수반할 수 있다."라고 규정하고 있다.[19]

Ⅳ. 외국인의 추방

ILC는 2014년 제66차 회기에서 "외국인 추방에 관한 규정 초안"(Draft articles on the expulsion of aliens)을 채택하여 UN총회에 제출한 바 있는데,[20] -ILC 자신도 밝힌 바와 같이- 이 규정초안은

16) US v. Austria and Hungary, Tripartite Claims Commission, 1928 ; Sweeney et al., p. 541. See also *in re M.M. and X.M.*, Greece, Conseil d'Etat, 1934 ; Sweeney et al., pp. 543~544.
17) 동 협약 제5조 1항("Persons possessing the nationality of two or more Contracting Parties shall be required to fulfil their military obligations in relation to one of those Parties only.") ; Sweeney et al., p. 544.
18) 동 협약 제21조(군사적 의무의 이행) 1항. 2000년 3월 1일 협약 발효. https://en.wikipedia.org/wiki/European_Convention_on_Nationality.
19) 그러나 이 헤이그 의정서의 당사국은 그리 많지 않다. See Sweeney et al., p. 544.
20) ILC Report on the work of the sixty-sixth session (2014), 〈https://legal.un.org/ilc/texts/instruments/english/commentaries/9_12_2014.pdf〉.

외국인 추방 문제에 대한 법전화와 함께 점진적 발전을 담고 있다.[21] 제2조[22]에 의하면 본 초안의 목적상 추방이라 함은 "외국인에게 국가를 떠나도록 강제하는, 그 국가에게 귀속되는 공식적인 행위 또는 행동"을 말하며, "타 국가나 국제재판소로의 범죄인인도 혹은 외국인의 입국 거부는 포함하지 아니한다." 그리고 여기서 외국인은 "그가 현재 들어가 있는 영토국가의 국적을 갖고 있지 아니한 개인"을 말한다.[23]

국가에게는 자신의 영토에서 외국인을 추방할 권리가 있지만,[24] 국가의 외국인 추방(expulsion of aliens)에는 몇 가지 쟁점이 내포되어 있다. 첫째르, 외국인을 추방하고자 할 때에는 추방의 이유를 제시해야만 하는가? 많은 국내법에서는 그럴 필요가 없다고 규정하고 있으나 이 문제에 관한 일반국제법의 입장은 모호하다.[25] 그러나 1966년 "시민적·정치적 권리에 관한 국제규약" 제13조는 원칙적으로 자기변호의 기회를 제공하도록 규정하고 있다.

> "합법적으로 본 규약의 당사국의 영토 내에 있는 외국인은 법률에 따라서 내려진 결정에 의해서만 그 영토에서 추방될 수 있다. 그리고 그에게는, 국가의 안전을 위하여 어쩔 수 없는 이유에 의해 별단의 취급을 할 필요가 있는 경우를 제외하고는, 자기의 추방에 반대하는 이유를 제출하여 권한있는 기관이나 또는 권한있는 기관이 특히 지명한 1인 또는 2인 이상의 자로 하여금 자기 사건을 심사하게 하는 것이 허용되어야 하며, 이 목적을 위하여 전기의 기관 또는 사람 앞에서 다른 사람이 그를 대리하여야 한다."

그러나 상기 규정은 단지 "합법적으로 시민적·정치적 권리규약 당사국의 영토 내에 있는 외국인"에 대해서만 의견진술의 기회를 부여할 것을 요구하고 있는데, 이에 상응하여 유럽인권협약 제7의정서(1984년) 제1조도 "한 국가에 합법적으로 거주하는 외국인"(an alien lawfully resident in the territory of a State)에게만 추방시 변명의 기회를 제공할 것을 요구하고 있다. 또한 이들 두 규정 모두 외국인의 추방이 국가의 안전(national security)[26]에 의해 필요한 경우에는 그가 의견진술의 권리를 행사하기 전에 추방하는 것을 허용하고 있기도 하다. 한편, 2014년 ILC초안 제5조

21) 초안에 대한 ILC 일반주석(general commentary), para. (1).

22) "For the purposes of the present draft articles: (a) "expulsion" means a formal act or conduct attributable to a State by which an alien is compelled to leave the territory of that State; it does not include extradition to another State, surrender to an international criminal court or tribunal, or the non-admission of an alien to a State; (b) "alien" means an individual who does not have the nationality of the State in whose territory that individual is present."

23) '추방'(expulsion) 개념에 대한 자세한 설명은, 이재강, '국제법상 외국인 추방의 한계" (박사학위 논문, 연세대학교 대학원, 2018) ; 이재강, "추방 대상 외국인 구금의 국제법상 한계 -구금기간 제한 논의를 중심으로-", 《국제법평론》, 2019-I (통권 제52호), pp. 27~62 참조.

24) ILC초안 제3조. 제3조는 그러나 "추방은 국제법의 다른 적용가능한 규칙, 특히 인권과 관련된 규칙을 침해하지 않아야 한다"는 조건을 붙임으로써 외국인의 추방은 인권법에 부합하는 방식으로 행해져야 함을 시사하고 있다. Orakhelashvili/Akehurst, 9th, p. 363.

25) Shaw, p. 515.

26) 유럽인권협약 제7의정서 제1조 (2항)의 경우에는 "국가의 안전"과 함께 "공공질서"(public order)도 언급하고 있다.

1항은 -거주의 합법성을 전제함이 없이- "그 어떤 추방결정도 기초된 이유를 말하여야 한다."(Any expulsion decision shall state the ground on which it is based)고 규정하고 있는데, ILC는 "추방이유를 적시할 추방국의 의무는 국제법에서 확립된 것"이라고 말하고 있다.[27)]

둘째로, 추방은 합법적으로 거주하고 있는 외국인이 국가안보(national security), 공공질서(public order) 또는 공중도덕(public morality)을 해치는 경우에만 가능한가, 아니면 외국인의 본국 정부에 대한 복구의 수단으로서도 사용될 수 있는가? 1956년 "정주(定住)에 관한 유럽협약"(European Convention on Establishment) 제3조는 전자의 경우를 규정하고 있지만, 이것이 일반국제법의 태도인지는 의문스럽다.[28)]

셋째로, 일반국제법은 외국인의 '집단적' 추방(collective expulsion of aliens)을 금지하지 않는 것으로 보인다.[29)] 다만, 유럽인권협약 제4의정서(1963) 제4조, 그리고 -특별히 이주노동자의 경우 그와 그 가족의 집단추방을 금지하고 있는- "모든 이주노동자와 그들의 가족구성원의 권리보호에 관한 국제협약"(International Convention on the Protection of the Rights of All Migrant Workers and Members of Their Families)(1990년) 제22조(1항) 등에서 보는 것처럼 관련 국가 간에 조약을 통하여 이를 금지시킬 수 있음은 물론이다.[30)] 2014년 ILC초안 제9조는 "외국인의 집단적 추방은 금지된다"고 하면서, 다만 "본 규정은 추방국가가 연루된 무력충돌의 경우에 외국인 추방에 적용되는 국제법규를 침해하지 아니한다."라고 규정하고 있다.

넷째로, 국가가 외국인을 추방하는 경우, 본국 정부는 그들을 받아들일 의무가 있다는 것이 일반적 견해이며,[31)] 이는 유럽인권협약 제4의정서 제3조 2항[32)]의 입장이기도 하다. 다만, "시민적·정치적 권리에 관한 국제규약" 제12조 4항은 "그 누구도 자신의 국가에 들어갈 권리를 '자의적으로' 박탈당하지 않는다."(No one shall be *arbitrarily* deprived of the right to enter his own country)라고 규정함으로써 자의적이 아닌 합리적인 사유가 있으면 자국민에 대해서도 입국을 거절할 수 있음을 시사하고 있다.

다섯째, 2014년 ILC초안 제29조 1항은 "타국의 영토에서 합법적으로 존재하다가(lawfully present in the territory of a State) 위법하게 추방된 외국인은 '추방이 위법하였다는 것이 권한 있는 당국에 의해 입증되는 경우' -그의 귀환이 국가안보 혹은 공공질서에 대한 위협을 구성하거나, 추방국의 법에 따라 더 이상 입국조건을 충족시키지 못하는 경우를 제외하고는- 추방국으로 재입국할 권리를 갖는다(shall have the right to be readmitted to the expelling State)."고 규정하고 있다. 여기서 '위법하게' 추방되었다 함은 '국제법규나 추방국의 국내법'을 위반한 추방을 지칭하며,[33)] '권한있

---

27) 2014년 ILC초안 제5조에 대한 주석 (2).
28) Shaw, p. 515.
29) Guy S. Goodwin-Gill, *International Law and the Movement of Persons Between States* (Oxford : Clarendon Press, 1978), p. 212.
30) Shaw, p. 515.
31) *Ibid.*, pp. 515~516.
32) "No one shall be deprived of the right to enter the territory of the State of which he is a national."
33) 2014년 ILC초안 제29조에 대한 주석 (3).

는 당국'의 개념에는 '추방국의 당국이나 (권한있는 국제재판소 등)국제적 기구'가 포함된다.[34] 그러나 ILC는 이 권리가 국제법의 '점진적 발전'의 차원에서 들어간 것이라고 말하고 있다.[35]

V. 외국인 재산의 수용

모든 국가는 외국인 재산을 수용(收用)할 수 있는 주권적 권한을 갖고 있다. 다만, 첫째, 일반적으로 수락된 견해에 의하면 국가는 자국 영토 내에 있는 재산만을 수용할 수 있다.[36] 즉, 수용은 영토외적 효과를 갖지 아니하므로 해외에 소재하는 재산에는 영향을 미치지 못한다. 주식・저작권・상표・특허와 같은 무체재산(intangible assets)이 수용국의 영토에 위치하고 있는가의 문제가 때로 발생하는데, 그렇지 않으면 수용은 그들에게 효력을 미치지 않기 때문이다. 또한 선박과 화물이 수용 순간에 어디에 있었는지를 아는 것도 중요하다. 수용국 내에 합법적으로 소재하는 재산만이 수용될 수 있기 때문이다. 그러나 수용은 여전히 영토 밖에서 간접적인 효력을 미칠 수 있다. 예컨대, 지주회사가 그 소재지 국가에서 수용되는 경우, 그 해외 자회사에 대한 통제도 영향을 받게 된다.[37] 둘째로, 국가가 외국인의 재산을 수용하기 위해서는 국제관습법상 아래의 몇 가지 조건을 충족할 것이 요구된다. 따라서 이들 요건 중 어느 하나라도 충족하지 못하는 경우에는 국가책임의 문제가 제기될 것이다.

1. 재산(property)의 범위

수용의 대상이 될 수 있는 '재산'의 개념에는 동산・부동산・무체재산(즉, 특허・저작권 등의 지적재산권) 등이 모두 포함된다. 계약상의 권리(contractual rights)도 재산의 개념에 포함되는가에 관해서는 의견의 다툼이 있으나 실제로 수용은 국가계약의 파기를 동반하는 경우가 많다.[38]

2. 수용의 정의

이란-미국 청구재판소[39]는 "국제법상 재산의 박탈 혹은 취득은, 설사 그 재산에 대한 법적 권원

34) 2014년 ILC초안 제29조에 대한 주석 (4).
35) 2014년 ILC초안 제29조에 대한 주석 (1),(2).
36) Harris, 5th, p. 558, fn. 79.
37) van Houtte, p. 246.
38) 이란-미국 청구재판소는 *Amoco International Finance Corporation* v. *Government of the Islamic Republic of Iran*, (1987) 15 Iran-US CTR 189, para. 108에서 수용은 "상업적 거래의 대상이 될 수 있기 때문에 자유롭게 사고 팔 수 있고, 이렇게 해서 금전적 가치를 갖고 있는 일체의 권리에 미칠 수 있다"(may extend to any right which can be the object of a commercial transaction, ie, freely sold and bought, and thus has monetary value)고 언급한 바 있다. Ott, p. 186 ; Shaw, p. 518 ; Akehurst, p. 96 ; Dixon, p. 281 ; Hall, p. 276.
39) Iran-US Claims Tribunal, *Tippets, Abbett, McCartny, Stratton* v. *TAMS-AFFA Consulting Engineers of Iran* (Case No. 7), (1984) 6 Iran-US Claims Tribunal Reports 219 at 225 (cited at https://www.

이 영향받지는 않는 경우라 해도, 국가가 그 재산의 사용이나 이익의 향유에 간섭함을 통해 발생할 수 있다"고 판시한 바 있다. 즉, 국제법에서 수용이라 함은 재산의 강제적 취득(즉, 강제적 명의 이전)뿐만 아니라, 이에 이르지 아니하는 "사용, 수익, 처분의 부당한 방해"를 포함하는데, 후자는 "간접/위장된/잠행성/사실상의" 수용(indirect, disguised, creeping, or *de facto* expropriation), 규제적 수용(regulatory expropriation), 준(準)수용(constructive expropriation), 수용에 상당하는 조치(measures tantamount to expropriation), 수용의 효과를 갖는 조치(measures having the effect of expropriation) 등 다양하게 불리운다.[40)]

간접수용에 해당할 수 있는 사례로는, 재산의 강요된 매각, 투자 운용에 대한 통제권 행사, 외국회사가 사업을 운용하는데 필요한 면허와 허가를 취소하는 행정부 결정, 과다한 조세 부과 등을 들 수 있다. 그러나 일반적으로 수락된 국제법규에 따르면, 일반적으로 허락되는 국가의 경찰권력 내에서 이루어지는 "진실된/선의의 규제"(*bona fide* regulation)의 결과인 경제적 침해에 대해서는 국가책임이 성립하지 않는다.[41)] 따라서 비몰수적 과세, 외환통제, 통화 재평가와 같은 경제적 조치들은 대체로 수용으로 간주되지 않는다.[42)]

국가경제정책을 이행하기 위한 일반적·비인격적 성격의 수용(expropriation of a general and impersonal character)은 국유화(nationalisation)로 부르기도 한다.[43)]

3. 공공목적

공공목적(public purpose)의 요건은 수용의 합법성을 위한 필수요건인가? 대체로 전통국제법의 입장은 공공목적 또는 공익을 합법적 수용의 한 요건으로 보고 있다. 그러나 제2차 세계대전 후에는 이것이 수용의 합법성을 위한 필수조건인가에 관하여 의문이 제기되고 있다. 예컨대, *Libyan American Oil Company* (*LIAMCO*) v. *Libya* 사건[44)]에서 레바논의 법률가인 중재재판관 Mahmassani

---

biicl.org/files/3948_tippets_synopsis.pdf) : "... deprivation or taking of property may occur under international law through interference by a state in the use of that property or with the enjoyment of its benefits, even where legal title to the property is not affected."

40) Akehurst, pp. 95~96 ; ; Orakhelashvili/Akehurst, 9th, p. 370 ; Ott, p. 186 ; Shaw, pp. 519~520 ; Subedi in Evans (ed.), *International Law*, 5th, p. 738 ; Dinara Batyrova, "Regulatory Expropriation in the Jurisprudence of ICSID Arbitral Tribunal", LL.M. Thesis (Central European Univ., 2017), 〈C:/Users/admin/Downloads/batyrova_dinara.pdf〉.

41) See *Sedco, Inc* v. *National Iranian Oil Co*, Interlocutory Award No ITL 55-129-3 (Oct 28, 1985), (1985) 9 Iran-US CTR 248 at 275 (noted by Hamid, p. 237).

42) Hamid, p. 237 ; Orakhelashvili/Akehurst, pp. 345~347(9th, p. 370) ; OECD, Directorate for Financial and Enterprise Affairs, Working Papers on International Investment, Number 2004/4, ""Indirect Expropriation" and the "Right to Regulate" in International Investment Law", September 2004, available online at https://www.oecd.org/dataoecd/22/54/33776546.pdf ; Ondrej Poništiak and Robert Porubský, "Exact Boundary Between Indirect Expropriation and Legitimate State Measures in Context of interpretation of BITs and Arbitration Practice", Czech Yearbook of International Law, Vol. Ⅷ (2017)(Application and Interpretation of International Treaties), pp. 281~305.

43) Ott, p. 186 ; van Houtte, p. 235.

박사는 "공익의 원칙은 국유화의 합법성을 위한 필수요건이 아니라는 것이 국제이론에서의 일반적 견해이다."(it is the general opinion in international theory that the public utility principle is not a necessary requisite for the legality of a nationalisation.)라고 판시한 바 있다. 그런가 하면, *Amoco International Finance Corporation* v. *Iran* 사건[45]에서 이란-미국 청구재판소는 "수용을 합법적으로 결정할 수 있는 '공공목적'에 대한 정확한 정의는 국제법에서 합의된 바 없으며 제시조차 된 일이 없기 때문에 이 술어는 넓게 해석되고는 있지만, 그럼에도 불구하고 수용의 유일한 목적이 계약상의 의무를 회피하기 위한 것이었다면 그러한 수용은 국제법상 합법적인 것으로 볼 수 없을 것이다."라고 언급하기도 하였다. UN총회의 결의도 일관성이 결여되고 있다. 예컨대, 1962년에 채택한 "천연자원에 대한 영구주권결의"에서는 -"공익, 안보 혹은 국가적 이익"(public utility, security or the national interest)의 이름으로- 이 요건이 언급되고 있으나, 개발도상국들의 견해를 채택한 1974년의 "국가의 경제적 권리·의무헌장"에서는 그렇지가 않다.[46]

4. 비차별

내외국인 간의 또는 외국인 상호간의 비차별(non-discrimination)은 여전히 합법적인 수용의 한 요건으로 간주되고 있다. 1962년의 영구주권결의와 1974년의 국가의 경제적 권리·의무헌장에서는 이 요건이 언급되고 있지 않으나, 상기 *LIAMCO* 사건[47]에서 중재재판관은 차별적 국유화는 위법한 것임을 강력하게 주장하였다. 그는 그럼에도 불구하고 이 사건에서 일부 석유회사에 대한 리비아의 행동은 리비아의 석유 소유권을 보존하려는 것이었기 때문에 차별적인 것이 아니라고 판결하였다. 중재재판관의 견해에 의하면, 정치적 동기(political motive) 그 자체는 국유화의 주된 동기가 아니며 따라서 차별적 조치에 대한 충분한 증거를 구성하는 것이 아니라고 한다. 이처럼 차별 여부는 구체적인 경우에 실제로 입증하기가 매우 어려울 것이다.[48]

5. 보 상

수용 내지는 국유화가 환경보호 등 그 어떤 종류의 선량한 공공목적을 위해 단행된다고 해도 보상(compensation) 의무가 면제되는 것은 아니다.[49] 이런 의미에서 보상 요건은 외국인 재산의 수용

44) (1981) 20 ILM 1 at 58~59 ; ILR 62, 140 at 194 ; Harris, pp. 539~540 ; Dixon, p. 276.

45) (1987) 15 Iran-US CTR 189, para. 145 ("A precise definition of the 'public purpose' for which an expropriation may be lawfully decided has neither been agreed upon in international law nor even suggested. It is clear that, as a result of the modern acceptance of the right to nationalize, this term is broadly interpreted, and that States, in practice, are granted extensive discretion. An expropriation, the only purpose of which would have been to avoid contractual obligations of the State or of an entity controlled by it, could not, nevertheless, be considered as lawful under international law.") ; Hall, p. 275.

46) Shaw, p. 521 ; Hamid, p. 238 ; Dixon, p. 276.

47) ILR 62, 140 at 194~195.

48) Harris, p. 540 ; Shaw, p. 528 ; Ott, pp. 187~188 ; Dixon, p. 276.

과 관련한 논쟁의 핵심에 위치하고 있는데, 이 문제에 대한 국가 간 논의는 그간 대체로 다음과 같이 전개되어 오고 있다. 먼저, 제1차 세계대전 이전, 자본수출국인 선진강대국들은 자국민의 해외재산과 투자를 보호하기 위해 후진국들을 상대로 하나의 통일전선을 형성하였었다. 다시 말해서, 그들 국가 내에서 확고하게 지지되고 있던 사유재산 신성의 원칙을 국제관계에 연장·적용함에 있어 의견의 통일을 보았던 것이다. 그 결과 외국인의 재산은 존중되어야 하며, 만약 그것을 수용할 때에는 일정 요건(즉, 수용이 공공목적을 위한 것일 것, 차별대우를 하지 말 것, 그리고 특히 적절한 보상을 지급할 것)을 준수해야 한다는 내용의 국제관습법규가 형성되었다.[50]

이같은 관습법규는 제1차 세계대전 이후 일부 국가들로부터 도전을 받게 되었다. 먼저, 1917년에 탄생한 소련 정부는 즉각 외국인의 모든 재산을 국유화하고 이에 대한 보상 의무를 부인하였다. 그러나 소련은 결국 서구열강의 경제적·정치적 압력에 굴복하여 1918~1925년의 기간 중 국유화에 따른 보상을 규정한 일련의 조약을 그들과 체결하였다. 다음, 멕시코정부는 1927년의 토지개혁(Agrarian Reform)을 통하여 멕시코인들의 농지뿐만 아니라 미국인들의 농지도 국유화하였다. 이어서 1938년 3월 18일의 포고령을 통하여 이번에는 주로 미국인·영국인·네덜란드인 소유의 석유회사 재산을 수용하였다. 이로 인해 멕시코와 이들 세 국가 간에 외교분쟁이 야기되었으나, 그로부터 몇년 후, 제2차 세계대전이 서반구로 확산되기 직전, 멕시코는 이들에게 이자와 함께 보상금을 지급하기로 동의하지 않을 수 없었다.[51] 그러나 이 과정에서 멕시코는 그 당시로서는 다소 급진적인 견해를 피력하였다. 즉, 멕시코 외무장관 Eduardo Hay는 미국에 보낸 1938년 8월 3일자 서한에서 다음과 같이 주장하였다.

> "일반적이고 비인격적인 성격의 수용에 대해 충분한 보상을 지급하는 것을 의무적인 것으로 만드는, 국가들에 의하여 혹은 이 주제에 관한 논문의 필자들에 의하여 보편적으로 수락된 그 어떤 원칙도 국제법에는 존재하지 않는다. 그럼에도 불구하고 멕시코는 우리 자신의 법에 따라 충분한 방법으로 보상할 의무가 있음을 인정한다. 그러나 국제법에 관한 논문 필자들의 가장 유권적인 견해에 기초하고 있고 멕시코도 지지하는 바의 이론에 의하면, 그러한 지급의 시기와 방법은 멕시코 자신의 법에 의해 결정되어야 한다."[52]

위 멕시코 정부의 주장은 세 가지로 요약할 수 있다. 첫째, '일반적이고 비인격적' 성격의 수용

49) See, e.g., ICSID, *Compañía del Desarrollo de Santa Elena, S.A.* and *The Republic of Costa Rica*, Case No. ARB/96/1, Award of 17 February 2000, paras. 71~72 (available at https://icsid.worldbank.org/ICSID/FrontServlet) : "71. ... the purpose of protecting the environment for which the Property was taken does not alter the legal character of the taking for which adequate compensation must be paid. The international source of the obligation to protect the environment makes no difference.
72. Expropriatory environmental measures – no matter how laudable and beneficial to society as a whole – are, in this respect, similar to any other expropriatory measures that a state may take in order to implement its policies: where property is expropriated, even for environmental purposes, whether domestic or international, the state's obligation to pay compensation remains."

50) Cassese, pp. 319~320.

51) Subedi in Evans (ed.), *International Law*, 5th, p. 722.

52) Briggs. pp. 558~559 ; Hackworth, vol. 3, p. 658.

(expropriations of a general and impersonal character)의 경우에는 '충분한' 보상을 지급할 국제법상의 의무는 존재하지 않는다. 둘째, 멕시코 '국내법'에 의하면 멕시코 정부는 '충분하게' 보상해 줄 의무가 있다. 셋째, 보상의 시기와 방법은 오로지 멕시코 국내법에서 결정지을 문제이다.

멕시코 정부의 주장은 아래에서 보는 바와 같이 1970년대 제3세계국가들이 UN총회에서 피력한 주장과 대체로 동일한 것이었는데, 어쨌든 미국은 멕시코의 이같은 주장에 격노하였다. 미국 국무장관 Cordell Hull은 1938년 8월 22일자 서한에서 "그 어떤 정부도 신속하고 충분하고 실효적인 보상의 지급(prompt, adequate and effective payment) 없이는 그 목적이 무엇이건 외국인의 사유재산을 수용할 권리가 없다."고 반박하였다.[53] 이 유명한 Hull 공식은 그 후 서구국가들에 의해 합법적 수용의 기본요건, 즉 수용에 관한 '국제최소기준'을 표명한 것으로 간주되었다. 여기서 신속성은 보상의 시기를 지칭하는 것이며, 충분성은 보상액을 지칭하는 것이다. 보상액은 수용이 공식적으로 공표되거나 알려지기 직전의 대상 재산의 시장가치(market value)를 반영해야 한다.[54] 그리고 실효성은 보상수단과 관련한 요건으로서, 피해외국인이 즉각 이용할 수 있는 통화(currency)로 보상금이 지급되어야 함을 의미한다. 지급수단은 청구국의 통화, 국유화국의 통화 그리고 제3국의 통화로 나누어 볼 수 있는데, 당해 외국인에게는 청구국의 통화(즉, 외국인 본국의 통화)가 대체로 가장 실효적인 지급수단이 될 것이다.

제2차 세계대전 후에는 외국인재산의 국유화 사례가 급증하였으며,[55] 이와 함께 이 문제에 관련한 기존의 관습법규가 혼미해지고 말았다. 보상기준에 관한 갈등은 UN총회결의에서 잘 반영되고 있다. 1962년 12월 14일 채택된 "천연자원에 대한 영구주권 결의"(Resolution on Permanent Sovereignty over Natural Resources)[56]의 I(4)항은 이 문제에 관하여 다음과 같이 규정하고 있다.

> "국유화, 수용 혹은 징발은 국내 및 국외의 순전히 개인적이거나 사적인 이익에 우선하는 것으로 승인되고 있는 공공의 유용성, 안보 혹은 국가이익에 기초하여야 한다. 그러한 경우, 소유주는 주권 행사의 일환으로 그러한 조치를 취하는 국가에서 발효 중인 규칙에 따라 그리고 국제법에 따라 적절한 보상을 지급받아야 한다. 보상 문제로 분쟁이 야기되는 경우에는 그러한

53) Briggs, pp. 559~561.

54) Aust, *Handbook of IL*, 2nd, p. 169 ; *Starrett Housing Corporation* v. *Iran*, Iran-United States Claims Tribunal 21 Final Award (Award No. 314-24-1), 14 Aug 1987, para. 277 ("[The Expert] correctly defined fair market value as the price that a willing buyer would pay to a willing seller in circumstances in which each had good information, each desired to maximize his financial gain, and neither was under duress or threat.") ; Orakhelashvili/Akehurst, 9th, pp. 371~372.

55) 1946~48년의 기간 중에는 동유럽의 새로운 사회주의국가들(폴란드 · 체코 · 유고 · 헝가리 · 불가리아 · 루마니아)이 외국인의 재산과 기업을 몰수하였다. 그 후에는 개발도상국들이 계속해서 국유화를 단행하였다(1951년 이란의 Anglo-Iranian Oil Company 국유화, 1956년 이집트의 수에즈운하회사 국유화, 1959~60년 쿠바의 미국인재산 국유화, 1963년 스리랑카의 국유화, 1965년 인도네시아의 국유화, 1966년 탄자니아의 국유화, 1969년 볼리비아의 국유화, 1971년 알제리의 국유화, 1970~72년 소말리아의 국유화, 1972년 칠레의 국유화, 1978년 리비아의 국유화). Cassese, p. 346. 서두에서 언급한 바와 같이, 사후의 보상 문제와는 별개로 수용 혹은 국유화 자체는 영토국가의 주권적 권리에 속하는 일이기 때문에 외국인재산에 대한 이 같은 조치는 언제든지 발생할 수 있다는 점을 염두에 두는 것이 좋을 것이다.

56) UN총회결의 1803 (XVII).

조치를 취하는 국가의 국내구제수단을 완료하여야 한다. 그러나 주권국가들과 관련 타방당사자들의 합의가 있으면 분쟁의 해결은 중재 또는 국제재판을 통해서 이루어져야 한다."

위 규정에서 "'적절한' 보상"(appropriate compensation)과 "'국제법'에 따라"(in accordance with international law)의 의미는 모호하다. 그럼에도 불구하고 이 규정은 대체로 자본수출국인 서구진영의 전통적 견해(즉, Hull 공식)를 반영하는 것이었다.[57]

그러나 1970년대에 들어와 제3세계진영이 사회주의진영의 지원을 받아 공격을 시작하였다. 그 결과 (1962년의 결의와 같은 명칭으로) 1973년 12월 17일에 채택된 "천연자원에 대한 영구주권 결의"[58] 제3항은 "각국은 가능한 보상금액과 지급방법을 결정할 권리가 있다. ... 발생할 수 있는 일체의 분쟁은 그러한 조치를 수행하는 각국의 국내입법에 따라 해결하여야 한다."라고 규정하고 있다. 그리고 1974년 12월 12일에 채택된 "국가의 경제적 권리 · 의무 헌장"(Charter of Economic Rights and Duties of States)[59] 제2조 2항(c)는 다음과 같이 규정하고 있다.

"각국은 외국인 재산의 소유권을 국유화하거나 수용하거나 이전할 권리를 갖는다. 이 경우 그러한 조치를 취하는 국가는 자국의 관련 법령과 적절하다고 생각되는 모든 상황을 고려하여 적절한 보상을 지급하여야 한다. 보상 문제로 분쟁이 야기되는 경우, 관련된 모든 국가가 국가들의 주권평등에 기초하여 그리고 해결수단의 자유선택 원칙에 따라 다른 평화적 수단을 찾기로 상호간에 자유롭게 합의하지 않는 한, 그같은 분쟁은 국유화국의 국내법에 의거하여 그리고 그 재판소에서 해결하여야 한다."

제3세계의 입장을 종합해 보면, 적절한 보상 의무는 존재하지만 보상기준은 국내법이 결정할 문제이며, 수용에 따른 분쟁도 당사국 간에 합의가 이루어지지 않는 한 수용국의 국내법에 따라 국내재판소에서 해결해야 한다는 것이다.

대부분의 서구국가들은 위 조항이 기존관습법규에 위배된다는 이유로 이에 반대투표하거나 기권하였다. 이와는 대조적으로 제3세계와 사회주의진영의 국가들은 기존관습법규의 구속력을 더 이상 인정치 않고 위 규정이 새로운 관습법임을 주장하였다. 결국, 이 문제에 관한 전통관습법규(즉, Hull 공식)는 이제 서구진영의 국가들에 대해서만 구속력이 있는 '특별'국제법의 지위로 강등되었으며, 그 대신 다른 두 진영에 대해서는 위 규정에 담긴 '일반'관습법규가 형성되고 있었다고 말할 수 있을 것이다. 그러나 실제로 보상 문제에 관한 갈등은 기본입장을 달리하는 진영 간에 발생할 것이므로

57) 세계은행 가이드라인도 "적절한" 보상(appropriate compensation)을 Hull 공식에 따라 "충분하고, 실효적이고, 신속한"(adequate, effective and prompt) 보상으로 정의하고 있다 : World Bank Guidelines on the Treatment of Foreign Direct Investment, "Ⅳ Expropriation and Unilateral Alterations or Termination of Contracts" (available at https://ita.law.uvic.ca/documents/WorldBank.pdf). 1994년 에너지 헌장조약(Energy Charter Treaty)[제13조 1항(d)]도 국유화 혹은 수용에 따른 보상에 대해 Hull 공식을 채택하고 있다 : https://www.encharter.org/fileadmin/user_upload/document/EN.pdf.

58) UN총회결의 3171 (XXVIII).

59) UN총회결의 3281 (XXIX).

현재의 법상황은 매우 불만족스럽다.[60)]

미국법의 경우, Hull 공식은 더 이상 모든 수용 관련 사건에 적용될 수 있는 국제법규는 아니라는 미국 내부의 다수 비판에도 불구하고 이 공식은 여전히 미국 대외관계법 리스테이트먼트(Restatement of Foreign Relations Law of the U.S.)(Third)(1987) § 712에서 그 모습을 유지하고 있다. 물론 리스테이트먼트는 Hull공식에 대해서는 제3세계국가들의 강한 저항이 있음을 인정하고 있다. ICJ의 몇몇 재판관들도 저술을 통해 전통적인 국제최소기준에 반대하는 견해를 피력한 바 있다. 예컨대, 1976~79년의 기간 동안 ICJ 소장을 지낸 우루과이 출신의 Jiménez de Aréchaga 재판관은 전통기준은 "국가의 경제적 권리 · 의무 헌장"에 의해 변경되었으며, 실제관행을 보면 보상문제는 이제 원상회복의 권리(right of restitution)보다는 부당이득 반환의 원리(doctrine of unjust enrichment)에 의해 규율되고 있다고 주장하고 있다.[61)] 알제리 출신의 재판관 Mohammed Bedjaoui도 외국인재산 보호에 관한 국제법은 부분적으로는 서구의 식민지배를 정당화하기 위해 형성된 것이기 때문에 변경되어야 한다고 주장한 바 있다.[62)] 일부 ICJ재판관의 이같은 사적 견해들은 만약 ICJ가 투자분쟁을 심리한다면 어떤 견해를 취할지를 시사케 한다. 그러나 *Texaco* v. *Libya* 사건[63)]에서 단독 중재재판관 René-Jean Dupuy 교수는 1962년 "천연자원에 대한 영구주권 결의"는 당시의 국제관습법을 반영하고 있지만,[64)] 1974년 "국가의 경제적 권리 의무 헌장"은 그렇지 않다고 보았다.[65)]

특별히 '국유화'와 관련하여 선진국과 후진국 사이에 보상 문제가 제기되는 경우 대체로 일괄해결협정(lump-sum or global settlement agreement)을 체결하여 '절충적인' 선에서 해결하고 있다. 여기서 일괄해결이라 함은 각 피해자의 청구를 개별적으로 처리하지 않고 특정국 피해자 모두의 피해를 일괄 산정하는 방식으로서, 보상액 배분은 수령국이 국내법 절차에 따라 행한다. 따라서 이 경우 국내구제수단 완료의 원칙은 배제될 수밖에 없다.[66)] 전통국제법에 의하면 수용으로 인하여

---

60) Cassese, pp. 346~347 ; Dixon, p. 278 ; Keitner, p. 230.

61) Eduardo Jiménez de Aréchaga, "State Responsibility for the Nationalization of Foreign-Owned Property", (1978) 11 N.Y.U. J. Int'l L. & Pol. 179.

62) M. Bedjaoui, *Towards a New International Economic Order* (1979), pp. 98~115.

63) *Texaco Overseas Petroleum Co* v *Libyan Arab Republic*, Arbitral Award (1977), 53 ILR 389 ; Subedi in Evans (ed.), International Law, 5th, pp. 725 (fn. 10), 726 (fn. 14).

64) Para. 87.

65) Para. 88.

66) 일괄해결협정에서는 대체로 국내적 구제의 배제 여부에 대해 명문의 규정을 두고 있지는 않다. "이 문제에 대해서는 두 견해가 제시되고 있다. 즉, 일괄해결협정에 의해 해결된 대부분의 청구의 경우 국내적 구제의 원칙은 전혀 적용의 여지가 없다고 보는 견해가 있는가 하면, 국유화국이 이 요건을 묵시적으로 포기한 것으로 해석하는 견해가 있다. 어느 쪽 견해를 취하든 결과는 마찬가지인데, 실제로 국내적 구제수단 완료의 원칙은 일괄해결협정에 의거한 청구에 아무런 영향을 주지 못하였다." : Richard B. Lillich and Burns H. Weston, *International Claims : Their Settlement by Lump Sum Agreement*, Part I (The Commentary) & Part Ⅱ (The Agreements), (Charlottesville : University Press of Virginia, 1975), pp. 5~6. See also *Elettronica Sicula S.p.A.*(USA v. Italy), ICJ Reports (1989), p. 15 at 42 (para. 50). 한편, 1967년 이탈리아-튀니지 협정(Italian-Tunisian Agreement) 제1조에 의하면, 일괄해결협정에 따라 이탈리아 정부가 분배하는 액수에 불만이 있는 이탈리아 청구인들은 이의 수령을 거부하고 "튀니지에서 발효 중인 법률에 따라 튀니지정부에 그들의 청구를 제기할 자유가 있다." 그러나 이것은 위 문제와는 다른 차원의 문제이다. Lillich and Weston,

침해받은 개인별로 한 개의 청구사건이 발생하는 것이 되며, 따라서 대규모의 수용(즉, 국유화)의 경우 피해자의 본국 정부는 피해를 입은 자국민의 수에 해당하는 만큼의 국제적 청구를 제기하여야 한다는 결론에 이른다. 그러나 이것은 매우 번거롭고 큰 비용이 들뿐만 아니라 개개 사건별로 입증을 해야 하는 소송절차상의 부담도 따른다. 이러한 불편을 덜기 위한 방식이 바로 일괄해결방식이다. 일괄해결협정들을 보면, 보상은 신속하지 못하고 충분하지도 못하다. 다만, 대다수 일괄해결협정에서는 청구국 통화에 의한 보상금 지급을 명시함으로써 실효성의 요건은 잘 준수되고 있다.[67]

6. 정당한 법절차

많은 투자 관련 조약에서는 정당한 법절차(due process of law)를 적법한 수용을 위한 한 개의 조건으로 규정하고 있는데, 이 원칙에 따르면 (i) 수용은 국내법과 국제적으로 승인된 관련 기본규칙에서 확립된 절차를 따라야 하고, (ii) 수용으로 영향받는 투자자는 독립되고 공정한 기관에서 자신의 주장을 개진할 수 있는 기회를 부여받아야 하며, 또한 (iii) 수용절차는 자의적이지 않아야 한다(free from arbitrariness).[68]

Ⅵ. 국가계약의 위반과 국가책임의 성립

국가계약의 준거법으로서는 크게 세 가지, 즉 국내법(투자기업체 본국의 국내법, 계약당사국 정부의 국내법 혹은 제3국의 국내법), 국제법 그리고 법의 일반원칙(general principles of law)을 생각할 수 있다.[69] 특히, 석유컨세션계약(oil concession contract)의 경우, 석유산유국들의 힘이 약하던 1973년 이전까지는 국제법 또는 법의 일반원칙이 준거법으로 삽입되곤 하였다.[70] 그리고 이와 결부된 문제로서, 국가계약의 준거법을 국제법 또는 법의 일반원칙으로 하면 당해 계약은 국내적 차원을 벗어나서 국제화된다는 견해가 제시되고 있다. 즉, 당해 준거법조항에 의해 문제의 국가계약은 준조약(quasi-treaty) 내지 국제화된 계약(internationalised contract)이 되고, 따라서 그러한 국가계약의 위반은 곧 국가책임을 동반한다는 것이다. 그러나 이같은 견해는 올바른 것이 될 수 없다. 국가계약은 결코 조약이 아니기 때문이다. 국가계약의 국제화 이론에 반대하는 개발도상국들(특히, 아랍의 석유산유국들)은 석유가격이 폭등하여 계약의 주도권을 잡은 1973년 이후부터는 국가계약의

---

op. cit., Part I, p. 6 (fn. 33) & Part Ⅱ (The Agreements), p. 346.

67) Lillich and Weston, *op. cit.*, Part Ⅰ, pp. 208~247. See also Harris, 5th, p. 572 ; Dixon, pp. 279 ~281 ; Orakhelashvili/Akehurst, pp. 347~348.

68) 정당한 법절차 요건에 대한 자세한 설명은 다음을 참조 : UNCTAD(United Nations Conference on Trade and Development), *Expropriation-Series on Issues in International Investment Agreements Ⅱ* (New York and Geneva, 2012), pp. 36~40, 〈https://unctad.org/system/files/official-document/unctaddiaeia 2011d7_en.pdf〉.

69) Akehurst, pp. 74~75.

70) *Ibid.*, p. 74.

준거법을 자국의 국내법으로 고집하고 있다.[71] 생각건대, 이 문제도 외국인의 대우에 관한 일반원칙에 의해 규율된다.

첫째, −국가가 사인과 상품 공급 계약을 체결하고 저질 상품을 배달하는 경우에서 보는 것처럼− 정부 측의 계약 위반이 사인도 할 수 있는 그런 성질의 위반인 경우에는, 이것 자체는 국가책임을 야기하지 아니한다.[72]

둘째, 국가계약의 위반 또는 파기가 정부권력의 자의적 혹은 차별적 남용(arbitrary or discriminatory abuse of governmental power)으로 평가되는 경우, 즉 사인 자격으로는 범할 수 없는 그런 성질의 계약 위반인 경우(예컨대, 계약을 취소하는 악의의 입법적 조치, 재판의 거절, 조약 위반 등)에는, 국가 공권력이 직접 외국인에게 가해행위를 한 것이 된다.[73] 그리고 이 경우에는 전통국제법의 규칙에 따라 원칙적으로 피해자가 가해국의 국내구제수단을 완료한 후에라야 피해자의 본국정부가 외교보호권을 행사할 수 있다.

셋째, 국가계약의 위반이 정부의 권력적 행위에 의하여 단행되더라도 그 목적이 수용(내지 국유화)에 있고 동시에 수용의 요건을 충족시키는 한 국가책임이 발생하지 않는다.[74]

넷째, 이 모든 일반원칙에도 불구하고 국가가 타국 국민(투자자)에 대해 부담한 단지 계약상의 의무를 위반하더라도 조약 위반의 책임을 지기로 국가들은 상호간에 합의할 수 있다. 특히 영국의 Anglo−Iranian Oil Company사가 이란 정부로부터 석유 산업을 국유화당하여 분쟁이 발생한 1950년대 이후 (국가 간)투자조약(특히, 아래에서 설명할 다수 BIT)에 도입되기 시작한 이른바 "우산(포괄)조항"(umbrella clause)[75]이 이 같은 예외를 창설한다는 것이 다수 학자들의 견해로 보인다.

---

71) *Ibid.* ; Brownlie, p. 550 ; Dixon, p. 281.

72) Orakhelashvili/Akehurst, 9th, p. 372.

73) *Ibid.*

74) Brownlie, pp. 547~551.

75) "우산"이란 표현이 특정 상황에만 사용될 수 있는 전문술어는 물론 아니다. 그러나 특별히 투자 관련 조약에 흔히 "우산조항"으로 불리우는 조항이 삽입된 경우, 투자계약의 위반은 우산조항(따라서 조약)의 위반으로도 된다. 다시 말해서 우산조항은 계약상의 약속을 조약(국제법)의 의무로 변형시킴으로써 국가가 외국인(외국기업)과 체결한 "계약상의 의무를 위반"하면 이를 피고 국가(투자 수용국)의 "투자조약 위반"으로 만드는 조항을 일컫는다. 우산조항은 오늘날 다수의 BIT와 (1994년 서명되고 1998년 발효한 다자조약인) "에너지 헌장 조약"(Energy Charter Treaty)(제10조 1항 마지막 문장)에서 발견되며, 한국이 당사자인 투자조약들(예를 들면 한국-덴마크 BIT 제3조, 한국-르완다 BIT 제12조 2항, 한국-미국 FTA 제11.16조)에서도 발견된다. 조약에 삽입된 우산조항의 공식들은 대체로 아주 비슷하긴 하지만 조약마다 조금씩은 다르며, 이 차이는 해석에서 중대한 차이를 야기할 수 있다. 따라서 문제는 관련 조약규정의 해석을 통해 이것이 진정한 우산조항인지의 여부를 가려내는 일이다. 가장 포괄적인(진정한) (comprehensive, real, proper) 버전의 우산조항은 다음과 같다 : "Each Contracting Party shall observe any obligation it may have assumed with regard to investments." 여기서 "의무"는, 특정 투자에 대한 국가(혹은 국가가 유일의 주주인 회사를 포함한 국가의 분신)의 의무임이 명백히 확인 가능하다면, 계약에서 나올 수도 있고, 법령에서 나올 수도 있으며, 또 명시적이거나 묵시적일 수 있고, 서면의 것이거나 구두의 것일 수도 있다. "에너지 헌장 조약" 제10조 1항 마지막 문장도 "Each Contracting Party shall observe any obligations it has entered into with an Investor or an Investment of an Investor of any other Contracting Party."라고 포괄적으로 규정하고 있다. 2016년 4월 22일 서명된 오스트리아-키르기스스탄 BIT 제11조 1항의 경우, 그 첫 번째 문장에서 우산조항을 도입하면서, 그 두 번째 문장에서 "[우산조항]은 특히(무엇보다) [국가계약]의 위반은 본 조약의 위반에 해당될 것임을 의미한다."고 규정하고 있기도 하다 : "Each Contracting Party shall observe any obligation it may have entered into with regard to specific investments by investors of the other Contracting Party. This means, *inter alia*, that the breach of a contract between the investor and the host State will amount to

Ⅶ. 투자보호방법

외국인 투자자는 피해 발생시 물론 '가해국'의 국내재판소에 호소할 수 있겠지만, 이 밖에 투자를

---

a violation of this treaty. See 〈https://investmentpolicyhub.unctad.org/IIA/mappedContent#iiaInnerMenu〉; 〈https://investmentpolicyhub.unctad.org/IIA/treaty/3688〉.

우산조항은 BIT 체결 관행을 통해 (외국 투자자가 현지 국가를 상대로 국제중지재판에 호소하는 것을 허락하는) "투자자-국가 절차"(investor-State procedures)가 도입되기 오래 전에 실체적 내용으로 먼저 도입되었었다. 그러나 "투자자-국가 절차"가 조약에 의해 도입되지 않는다면 투자자는 종국적으로 자국의 외교보호에 의존해야 하는데, 왜냐하면 위에서 언급한 바와 같이 국가가 외국인과의 계약을 위반하더라도 그 자체로는 국제법 위반이 아니라는 것이 국제관습법의 태도이기 때문이다. 다시 말해서, 국가가 타국의 국민과 체결한 계약을 위반하더라도 이것만으로는 국가의 국제책임을 초래하지는 않는다. 전통국제법의 이런 상황 하에서 우산조항은 외교보호를 국제법의 위반에 대해서 뿐만 아니라 단순한 국가의 계약 위반에 대해서도 발동가능하게 하는 것을 주된 목적으로 발전되었다. 이른바 우산조약(umbrella treaties), 즉 우산조항을 담은 조약을 체결함으로써, 국가들은 타국 국민의 투자와 관련하여 체결한 모든 약속을 준수하기로 하는 의무를 서로에게 부과하였다. 그리고 이로써 이 같은 약속을 준수하지 않는 것은 이제 조약(국제법) 위반을 구성하게 되어 '즉각' 외교보호를 행사할 수 있는 길을 열어 주는 결과를 가져 온다.

그러나 이미 학자들의 수십 년에 걸친 논의에도 불구하고 국가들이 실제로는 국가 간 차원에서의 외교보호의 행사를 꺼리는 상황에서, 우산조항의 실제 중요성은 매우 제한되어 오랜 기간 휴면상태에 놓이게 되었다. 그러나 절차적인 면에서의 법 발전을 통해, 즉 BIT에 "투자자-국가 절차"가 도입되면서 상황은 근본적으로 변경되었다. 즉, 이때부터 투자자들은 자국이 우산조항을 삽입한 BIT를 체결한 경우 상대방 체약국과 체결한 계약상의 권리를 침해당하였을 때 우산조항에 의거하여 자신이 직접 그 체약국을 상대로 국제중재재판을 걸 수 있게 된 것이다.

그러나 그 이유는 알 수 없지만, ICSID에서는 이 문제가 뒤늦게 2000년대에 들어와서야 본격적으로 다루어지기 시작하였다. ICSID에서 우산조항의 범위를 처음 평가하게 된 사건은 스위스 회사 SGS가 파키스탄-스위스 BIT에 기초하여 제소한 2003년의 *SGS* v. *Pakistan* (Case No. ARB/01/13, Decision on Objections to Jurisdiction, Case No. ARB/01/13, 6 August 2003)이었다. SGS가 이 사건과 동시에 청구하였던 또 하나의 사건, 즉 필리핀-스위스 BIT에 기초한 *SGS* v. *Philippines* (Case No. ARB/02/6, Decision on Objections to Jurisdiction, 29 January 2004)에 대한 판정은 몇 달 뒤, 그러나 해가 바뀌어 내려졌다. 그런데 이 두 사건의 결론은 -묵시적으로 일치하는 측면이 없지 않지만- 외견상 완전히 상반되는 것이었다.

전자, 즉 *SGS* v. *Pakistan* 사건의 판정에서 중재재판소는, 우산조항은 투자자-국가 간 계약 하의 모든 위반을 BIT 위반으로 자동 승격시킨다는 원고의 주장을 배척하였다. 이 과정에서 재판소는 SGS와 파키스탄 간 국가계약에는 -계약과 관련된 일체의 분쟁은 파키스탄 중재법에 따른 중재에 의거하여 해결한다는- 분쟁해결 조항이 담겨 있었는데, 재판소는 우산조항을 넓게 해석하면 투자자가 국가계약에서 자유로이 교섭한 분쟁해결(법정)조항을 마음대로 무효화시킬 수 있게 된다는 점을 언급하기도 하였다(paras. 161, 168).

이와는 대조적으로 후자, 즉 *SGS* v. *Philippines* 사건에서 중재재판소는 (i) 우산조항은 이론상 모든 국가계약 위반에도 적용되지만, (ii) 우산조항은 계약에 명시된 일체의 배타적 법정 선택 조항(exclusive forum selection clause in the contract)에 우선하지는 못하며, 따라서 국가계약이 BIT에 규정된 법정 이외에 다른 법정을 지정하고 있는 경우에는 우산조항은 적용되어서는 안된다고 판시하였다 (para. 155). 요컨대, *SGS* v. *Philippines* 사건의 중재재판소는 우산조항에 의거하여 일체의 국가계약의 위반을 국제법(조약)의 위반으로 승격시키면서도 우산조항이 국가계약 내의 배타적 법정지 선택 조항에는 이길 수 없다고 결론지었던 것이다.

상기 두 *SGS* 사건 이후 다수의 ICSID 중재재판소가 우산조항을 해석하게 되었다. 그리고 차후 토론에서 형성된 복수의 문제는 (i) 투자자-국가 계약의 일체의(모든) 위반은 동시에 우산조항 하의 BIT 위반이기도 한 것인지, (ii) 만약 그렇다면, 재판소 관할권 성립과 관련한 문제로서, BIT 중재재판소는 계약 내에 (분쟁해결을 위한 다른 법정을 지정하는) 배타적 법정 선택 조항이 있는 경우 이 법정 선택 조항에도 불구하고 국가계약 위반에 관련한 청구에 대해 관할권을 행사할 수 있겠는가 하는 것이다. 이 두 주제에 대한 논의는 계속될 것이다. 다만, 여기서 지적할 수 있는 것은, 국가들은 상호합의에 의해 국가계약의 위반을 조약 위반으로 승격시킬 수 있다는 사실이다. 그러나 조약 해석의 문제로서 그 범위는 조약에 따라 다를 수 있다는 점도 유의해야 할 것으로 보인다.

보호하기 위한 사전 혹은 사후의 방법에는 어떤 것들이 있는지에 관해서도 한 번 생각해 보는 것이

우산조항의 이해를 위해 ICSID 판정 하나를 더 소개하면, *Noble Ventures, Inc* v. *Romania* (ARB/01/11, Award, 12 October 2005) (available at https://italaw.com/documents/Noble.pdf ; noted by Nollkaemper, p. 255, fn. 50)에서 이 문제가 상세히 다루어진 바 있다. 이 사건은 미국 회사 Noble Ventures, Inc.(청구인)와 루마니아 (피고)간의 분쟁으로서, 한 루마니아 제철소(CSR 사)(및 기타 관련 자산)의 취득, 관리, 운영에 관한 민영화 합의(privatization agreement)에서 발생한 사건이었다. 주된 쟁점은, 조약 해석의 문제로서, "Each Party shall observe any obligation it may have entered into with regard to investments."라고 규정한 미국-루마니아 BIT 제2조(2)(c)가 우산조항(umbrella clause)에 해당하느냐 하는 것이었다. 중재재판소는 동 조항에 대한 철저한 검토를 통하여 BIT 제2조(2)(c)에 사용된 표현들을 보건대 동 규정은 "진정한 우산조항"(a real umbrella clause)으로 해석된다고 인정하였다 (para. 51). 이어서 중재재판소는 이런 경우의 국가의 계약 위반은 "국제화된 위반"으로서 "조약 위반에 준한다"고 언급하고 있다 (paras. 53~54) : "53. An umbrella clause is usually seen as transforming municipal law obligations into obligations directly cognizable in international law. The Tribunal recalls the well established rule of general international law that in normal circumstances *per se* a breach of a contract by the State does not give rise to direct international responsibility on the part of the State. This derives from the clear distinction between municipal law on the one hand and international law on the other, two separate legal systems (or orders) the second of which treats the rules contained in the first as facts, as is reflected in *inter alia* Article Three of the International Law Commission's Articles on State Responsibility adopted in 2001. As stated by Judge Schwebel, former President of the International Court of Justice, "it is generally accepted that, so long as it affords remedies in its Courts, a State is only directly responsible, on the international plane, for acts involving breaches of contract, where the breach is not a simple breach ... but involves an obviously arbitrary or tortious element ..." (in International Arbitration : Three Salient Problems (1987), at 111). It may be further added that, inasmuch as a breach of contract at the municipal level creates at the same time the violation of one of the principles existing either in customary international law or in treaty law applicable between the host State and the State of the nationality of the investor, it will give rise to the international responsibility of the host State. But that responsibility will co-exist with the responsibility created in municipal law and each of them will remain valid independently of the other, a situation that further reflects the respective autonomy of the two legal systems (municipal and international) each one with regard to the other.

54. That being said, none of the above mentioned general rules is peremptory in nature. This means that, when negotiating a bilateral investment treaty, two States may create within the scope of their mutual agreement an exception to the rules deriving from the autonomy of municipal law, on the one hand and public international law, on the other hand. In other words, two States may include in a bilateral investment treaty a provision to the effect that, *in the interest of achieving the objects and goals of the treaty, the host State may incur international responsibility by reason of a breach of its contractual obligations towards the private investor of the other Party, the breach of contract being thus "internationalized", i.e. assimilated to a breach of the treaty. ...*" (italics added)

"우산조항"은 parallel protection/effect clause, elevator clause, *pacta sunt servanda* clause, mirror effect clause, respect clause, observation of commitments clause, observance of undertakings clause, sanctity of contract clause 등, 다양하게 불리고 있다. "우산(포괄)조항"은 Anglo-Iranian Oil Company가 이란 정부와 석유 국유화 분쟁을 해결하려고 노력할 때 영국의 학자 Sir Elihu Lauterpacht가 제공한 조언에서 기원하는 것으로 알려져 있다. "우산조항"에 대한 개관을 위해서는 다음 자료를 참조 : OECD Working Papers on International Investment, Number 2006/3, "Interpretation of the Umbrella Clause in Investment Agreements" (October 2006) (prepared by Katia Yannaca-Small, Legal Advisor, Investment Division, Directorate for Financial and Enterprise Affairs, OECD), 〈https://www.oecd.org/dataoecd/3/20/37579220.pdf〉; August Reinisch, "Umbrella Clauses", Seminar on International Investment Protection, Winter Semester 2006/2007 (Axel Weissenfels, Register Number 0100220), 〈https://intlaw.univie.ac.at/fileadmin/user_upload/int_beziehungen/Internetpubl/weissenfels.pdf〉 ; BGConsulting Linking two worlds, March 2004, "ICSID Decision on Jurisdiction SGS Societé Générale de Surveillance S.A. v. Republic of the Philippines", 〈https://www.bg-consulting.com/docs/icsid_042004.pdf〉 ; Jarrod Wong,

좋을 것이다. 우선, 피해자는 자신의 본국재판소나 제3국재판소에 제소하는 것을 고려해 볼 수 있다. 그러나 이들 재판소에서 직접 수용국을 피고로 지명하여 제소할 수는 없다. 수용은 권력적·주권적 행위이기 때문에 제한적 면제이론에 의하더라도 이것은 여전히 불가능하다.[76] 그러나 피해 외국인은 수용당한 자신의 물건을 수용국으로부터 수입한 개인(수입상)을 상대로 제소할 수는 있다. 외국 정부를 대리하여 행동하는 것이 아닌 개인에게는 면제(immunity)가 인정되지 않기 때문이다. 그러나 이 경우에도 국내재판소가 본안 심리 과정에서 외국의 수용행위가 합법인지의 여부에 관하여 적극적으로 판단해 줄 것인지,[77] 아니면 이것이 국가행위(act of state)임을 내세워 판단을 기피할 것인지[78]의 문제가 남는다.[79] 이도 저도 여의치 않으면 본국 정부의 외교적 보호에 호소할 수는 있다. 그러나 외교적 보호는 사인과 외국정부 간의 투자 관련 분쟁을 국가 간 협상에 의존케 만든다. 그래서 국가들은 1960년대부터 체결되는 양자간투자협정(BIT)에 투자자가 외교보호에 의존함이 없

"Umbrella Clauses in Bilateral Investment Treaties : Of Breaches of Contract, Treaty Violations, and the Divide between Developing and Developed Countries in Foreign Investment Disputes", (2006) 14 George Mason Law Review 135~177, 〈https://www.georgemasonlawreview.org/doc/14-1_Wong.pdf〉; 〈https://cms-arbitration.com/wiki/index.php?title= International_Investment_Arbitration〉; United Nations Conference on Trade and Development, *State Contracts*, (UNCTAD Series on issues in international investment agreements), United Nations (New York and Geneva, 2004), 〈https://www.unctad.org/en/docs/iteiit200411_en.pdf〉.

76) See Bankas, pp. 97~100. 다만, 미국의 외국주권면제법(Foreign Sovereign Immunities Act of 1976) §1605 (a)(3)은 이 경우 일정 영토관련성 요건 하에서 국가면제를 부인하고 있다:
"§1605. *General exceptions to the jurisdictional immunity of a foreign state*
(a) A foreign state shall not be immune from the jurisdiction of courts of the United States in any case : ... ...
(3) in which rights in property taken in violation of international law are in issue and that property or any property exchanged for such property is present in the United States in connection with a commercial activity carried on in the United States by the foreign state ; or that property or any property exchanged for such property is owned or operated by an agency or instrumentality of the foreign state and that agency or instrumentality is engaged in a commercial activity in the United States ; ..." 미국 연방최고재판소는 *Federal Republic of Germany* v. *Philipp*, 592 U.S.__ (2021), 〈https://www.supremecourt.gov/opinions/20pdf/19-351_o7jp.pdf〉에서 재산몰수가 독일 나치 정부에 의한 제노사이드의 일부로서 홀로코스트 기간 중 행해졌다고 해도 국가가 자국민의 재산을 불법적으로 취득하는 것은 -흔히 '수용 예외'(expropriation exception)로 지칭되는- 상기 FSIA §1605(a)(3)에 들지 않는다고 재판관 전원일치의 판결을 내렸다. 이렇게 해서 §1605(a)(3)의 "international law"를 외국인 재산의 수용에 대한 국제법뿐만 아니라 국제인권법을 포함한 일체의 국제규범을 도입한 것으로 확대 해석하려던 원고 측의 시도는 실패하였다 : 〈https://en.wikipedia.org/wiki/Germany_v._Philipp〉; 〈https://en.wikipedia.org/wiki/Guelph_Treasure〉; Keitner, p. 317 ; Shutts & Bowen LLP, "Federal Republic of Germany v. Philipp: Supreme Court Narrows the Scope of the FSIA's Expropriation Exception to Sovereign Immunity", JD Supra, March 25, 2021, 〈https://www.jdsupra.com/legalnews/federal-republic-of-germany-v-philipp-1460322/〉. 이와 관련하여, §1610 (exceptions to the immunity from attachment or execution) (a)(3)의 규정도 참조해 볼 필요가 있다 ; 그리고 여기서 언급된 "taken in violation of international law"의 의미에 관해서는 Congressional Report, (1976) 15 ILM 1408 ; Lewis, p. 112 ; Bankas, p. 83 참조.

77) 이란 측의 동일 행위에서 비롯된 다음의 두 사건을 비교해 보라 : *Anglo-Iranian Oil Co., Ltd.* v. *Jaffrate* (*The Rose Mary* case), Aden Supreme Court, 1953, (1957) 20 ILR 316 ; *Anglo-Iranian Oil Co., Ltd.* v. *S.U.P.O.R. Co.*, Italy, Court of Venice, 1953, (1958) 22 ILR 19. See also Sweeney et al., pp. 415~420.

78) See, e.g., *Banco Nacional de Cuba* v. *Sabbatino*, US Supreme Court, 1964 ; Sweeney et al., p. 372.

79) 본서, 제11장 (국가행위이론) 참조.

이 직접 투자유치국을 상대로 제소하는 방식을 도입함으로써 투자 분쟁의 '탈정치화'를 이루었다.[80]

1. 양자간 투자조약(BIT)

많은 개발도상국들은 일정 기간 동안 수용이 없을 것임을 보장하거나 수용시 보상지급을 약속하는 내용의 법령을 통과시키기도 하고, 때로 헌법에 이런 조항을 삽입하기도 한다. 그러나 투자유치국의 국내법을 통한 보장은 외국인으로서는 믿음직스럽지 못하다. 국내법은 언제든지 일방적으로 개폐될 수 있기 때문이다.[81] 그 결과 국가계약에 -계약의 일방당사자인 정부 측이 입법적 혹은 행정적 조치를 통하여 동 계약을 취소하거나 계약조건을 수정하지 않을 것임을 약속하는- 이른바 안정화 조항(stabilization clause)이 삽입되기도 하지만, 안정화 조항을 바라보는 시각이 통일되어 있지 않은 상황에서, 이 조항이 국가의 수용권 발동을 모두 혹은 훌륭히 막아 주리라 기대하기는 곤란하다.[82] 이 때문에 관련 국가들이 양자간 차원에서 투자보호협정을 체결하는 경우가 증가하고 있다. 수용에 관련한 관습법규가 불확실해짐에 따라 자본수출국들로서는 점점 더 투자보호협정 체결의 필요성을

---

80) Subedi in Evans (ed.), *International Law*, 5th, p. 736.

81) Akehurst, p. 97.

82) Brownlie, 5th, pp. 553, 554~555 ; Dixon, pp. 282, 283 ; 張孝相, 《新稿 國際經濟法》(서울 : 법영사, 1996), pp. 851~856 ; *Stabilization Clauses and Human Rights*, A research project conducted for International Finance Corporation and the United Nations Special Representative to the Secretary General on Business and Human Rights, March 11, 2008 ; *State Contracts*, UNCTAD Series on issues in international investment agreements, United Nations (New York and geneva, 2004), https://www.unctad.org/en/docs/iteiit200411_en.pdf. 예컨대, 안정화 조항이 포함된 양허계약의 종료를 동반한 국유화가 문제된 *Libyan American Oil Company* (*LIAMCO*) v. *Libya*, 12 April 1977, ILR 62, 140 at 196~197에서 단독중재재판관 Mahmassani는 "The right of a State to nationalize its wealth and natural resources is sovereign, subject to the obligation of indemnification for premature termination of concession agreements. Nationalization of concession rights, if not discriminatory and not accompanied by a wrongful act or conduct, is not unlawful as such, and constitutes not a tort ... , but a source of liability to compensate the concessionaire for said premature termination of the concession agreements."라고 판시하였다. 이와는 대조적으로, 역시 안정화 조항이 삽입된, 기한 '60년'의 양허계약의 종료를 동반한 국유화가 문제된 *Government of Kuwait* v. *American Independent Oil Company* (*Aminoil*), 24 March 1982, ILR 66, 518에서 3인의 중재재판관 중 Sir Gerald Fitzmaurice는 국유화 조치는 문제의 안정화 조항 때문에 위법하다는 개별의견을 제시하였다(separate opinion, paras. 19~20). 그러나 이 사건에서 과반수 의견(즉, 재판장 Reuter와 Hamed Sultan)은 "No doubt contractual limitations on the State's right to nationalize are juridically possible, but what that would involve would be a particularly serious undertaking which would have to be expressly stipulated for, and be within the regulations governing the conclusion of State contracts ; and it is to be expected that it should cover *only a relatively limited period*."라는 다소 절충적이고 조심스런 접근을 채택하고 있다(*ibid.*, at 589, para. 95).

안정화 조항에도 여러 유형이 있는데, *LIAMCO* 사건에서 문제된 각 양허계약에는 "the contractual rights expressly created by this Concession shall not be altered except by mutual consent of the parties."라고 규정되어 있었다(ILR 62, 140 at 154). 그리고 *Aminoil* 사건에서 문제된 양허계약의 안정화 조항은 다음과 같았다 : "The Shaikh shall not by general or special legislation or by administrative measures or by any other act whatever annul this Agreement except as provided in Article 11. No alteration shall be made in the terms of this Agreement by either the Shaikh or the Company except in the event of the Shaikh and the Company jointly agreeing that it is desirable in the interest of both parties to make certain alterations, deletions or additions to this Agreement."(ILR 66, 518 at 586).

느끼고 있다.[83]

특히, 미국은 19세기 이후 일반적으로 '우호통상항해조약'(treaties of friendship, commerce and navigation : FCN treaties)으로 불리는 상당수의 그같은 협정을 체결하여 왔는데, 이들 조약은 무역과 해운을 촉진하는 것을 그 1차적 목적으로 하였으며, 때로 외국인 투자에 영향을 미치는 규정들을 담고 있었다.[84] 그러나 여전히 이들 조약은 외국인 투자의 모든 측면을 규율하지는 않았다. 1960년대에 들어와 일부 유럽국가들은 우호통상항해조약과는 다른 유형의 이른바 양자간 투자조약(bilateral investment treaties : BITs)을 체결하기 시작하였는데, 독일은 1959년 11월 25일 파키스탄과 BIT를 체결한 최초의 유럽국가였다.[85] BIT는 오로지 외국인투자 문제만을 다루었으며, 또한 일국 국민의 타국에서의 투자를 장려하고 보호하기 위한 한 개의 기본적인 법적 틀을 창설하려고 노력하였다. 이제는 미국도 종래의 우호통상항해조약 방식을 버리고 유럽의 BIT 방식을 채택하고 있다. 그리고 미국을 위시한 대부분의 투자 수출 국가들은 모델 BIT를 가지고 있으면서 실제 BIT 체결시 상대 투자유치국의 교섭력에 맞추어 이를 수정하는 방식을 택하고 있다.[86] 투자 관련 조항이 담기지 않았던 자유무역협정들(free trade agreements : FTAs)도 지금은 투자 관련 챕터나 조항을 담기 시작했다.[87]

외국인 투자에 관해 지구적 차원의 포괄적 조약을 체결하려던 두 번의 시도는 실패하였다. 먼저, OECD(Organization for Economic Cooperation and Development : 경제협력개발기구)는 1995년 9월부터 BIT를 확대발전시킨 다자간투자협정(Multilateral Agreement on Investment : MAI)의 체결을 추진하여 왔으나, 1998년 12월에 이르러 더 이상 교섭을 진행하지 않을 것임을 천명함으로써 이 시도는 좌초하고 말았다.[88] 다음으로, WTO 내에서 외국인 직접투자에 관해 다자간 협정을 짜보려던 2001년 도하 선언의 구상도 2004년 7월 31일 WTO 일반이사회 결정에 의해 도하 라운드 의제에서 삭제되었는데,[89] 이것은 외국인 투자 보호는 WTO로서도 다루기 힘든 의제였음을 의미하

83) Jackson et al., pp. 273~274.

84) 실로, 미국의 초기 외교관들의 주된 임무의 하나는 가능하면 많은 우호통상항해조약의 체결을 교섭하는 일이었다. 1794년 영국과 체결하였던 Jay Treaty가 그 좋은 예이다. Janis, 3rd, p. 289.

85) Brand, p. 1056 ; Rudolf Dolzer and Margrete Stevens, *Bilateral Investment Treaties* (The Hague : Martinus Nijhoff Publishers, 1995), p. 1.

86) Aust, *Handbook of IL*, 2nd, p. 346.

87) 그 한 예로 규율의 범위가 원래는 상품교역에 국한되었던 1960년의 "유럽자유무역연합 설립 협약"(Convention Establishing the European Free Trade Association)을 들 수 있는데, 이 EFTA협약도 -2001년 리히텐슈타인의 수도 파두츠에서 서명되고 2002년 발효한- 파두츠 협약(Vaduz Convention)에 의해 개정되면서 투자 챕터("Chapter Ⅸ: Investment")가 삽입되었다. 〈https://www.efta.int/legal-texts/efta-convention〉; 〈https://www.fma-li.li/en/international/bilateral-cooperation/switzerland.html〉; USA International Business Publications, *Liechtenstein Country Study Guide* (Washington DC : International Business Publications, 2013), p. 99 ; Subedi in Evans (ed.), *International Law*, p. 736.

88) Brand, pp. 1061~1062 ; 김관호, "다자간 투자협정의 난제", 《國際通商硏究》(한국국제통상학회), 제5권 제1호(2000년 6월), pp. 69~70 ; Subedi in Evans (ed.), *International Law*, 5th, p. 728.

89) "Singapore WTO Ministerial Declaration", 13 December 1996, para. 20, 〈https://www.wto.org/english/thewto_e/minist_e/min96_e/wtodec_e.htm〉; "Doha WTO Ministerial Declaration 2001", 20 November 2001, paras. 20~22, 〈https://www.wto.org/english/thewto_e/minist_e/min01_e/mindecl_e.htm〉; WTO, "The Doha Declaration explained - Relationship between trade and investment (pars 20-22)", 〈https://www.

는 것이다.[90)]

아래에서는 BIT에서 공통적으로 발견되는 기본 내용에 관하여 알아 보자.

(1) BIT의 적용범위

BIT의 적용범위는 체약국의 '투자'(investment), '국민'(nationals), '회사'(companies) 그리고 '영토'(territory)를 정의하는 조약규정에 의하여 결정된다. 특히 '투자'의 의미는 고정되어 있지 아니하고 계속 확대, 발전하는 경향이 있다.[91)] 그리고 BIT에 의하여 보호되는 투자는 조약체결 후에 이루어진 것에 국한될 것인지 아니면 그 전에 이루어진 것까지도 포함할 것인지가 문제되는데, 최근 대부분의 BIT는 투자 시점에 관계없이 모든 투자를 보호하고 있다. 또한 대부분의 BIT에서는 조약이 종료하는 경우에도 그 이전에 이미 이루어진 투자에 대해서는 -보통 10년 내지 15~20년의 기간 동안- 계속해서 조약상의 보호를 약속하고 있다.[92)] (투자유치국 정부권력의 자의적, 차별적 남용이 개입되지 아니한) 단순한 계약 위반은 -문제의 계약이 국가계약이든 사인간 계약이든 관계없이- BIT의 적용대상이 아니지만, BIT에 우산조항(umbrella clause)[93)]이 삽입되어 있는 경우에는 해답이 달라질 수 있다.

---

wto.org/english/tratop_e/dda_e/dohaexplained_e.htm〉 ; IISD, "Investment, Doha and the WTO Background Paper to the Chatham House Meeting convened by RIIA and IISD Trade and Sustainable Development Priorities Post-Doha", London, April 7-8, 2003, 〈https://www.iisd.org/sites/default/files/publications/investment_riia_iisd.pdf〉 ; Subedi in Evans (ed.), *International Law*, 5th, p. 729.

90) The WTO Agreement on Investment, 〈https://www.actionaid.org.uk/sites/default/files/doc_lib/52_1_agreement_investment.pdf〉 ; Subedi in Evans (ed.), *International Law*, 5th, p. 718.

91) Subedi in Evans (ed.), *International Law*, 5th, pp. 733~734. 투자 및 투자자의 범위에 관련된 한국 관련 사건으로는 다음을 참조 : *Dayyani* v. *Korea* (Mohammad Reza Dayyani and others v. Republic of Korea), PCA Case No. 2015-38, Award dated 6 June 2018, [Investment treaty: Iran-Korea BIT (1998), Applicable arbitration rules: UNCITRAL], 〈https://www.italaw.com/cases/6741〉, 〈https://investmentpolicy.unctad.org/investment-dispute-settlement/cases/679/dayyani-v-korea〉 ; *Korea* v *Dayyani*, UK, High Court Queen's Bench Division (Commercial Court), 20 December 2019, [2019] EWHC 3580 (Comm), 〈https://www.italaw.com/sites/default/files/case-documents/italaw11031.pdf〉 ; "English Commercial Court rejects section 67 challenge to investment treaty award", 30-Dec-2019, 〈https://uk.practicallaw.thomsonreuters.com/〉 ; 금융위원회, 보도자료, 2018.7.4., "이란 다야니家와의 ISD 중재판정에 대한 취소소송" ; 금융위원회, 보도참고자료, 2019.12.21., "이란 다야니家와의 중재판정 취소소송 결과" ; 김강래/매일경제,2019.12.22., "韓, ISD 첫 패소확정…이란기업에 730억원 물어준다" ; 최형석/조선일보, 2019.12.23., "이란기업 얕보다가…국제소송 완패한 정부 - ISD 첫 재판인 '대우일렉 사건' 최종 패소…730억 물어줘야" ; 김은정/조선일보, 2019.02.20., "투자자 · 국가 간 소송 승소한 이란 다야니家, 해외 한국기업 자산압류 - 네덜란드 주재 삼성 · LG 등에 통보" ; 주진열, "이란 다야니 일가와 한국 정부간 투자자국가분쟁(ISD) 사건에 대한 고찰", 《서울국제법연구》, 2020, vol.27, no.1, pp. 317-356 ; 이유정/중앙일보, 2020.01.06., "정부, 이란에 줄 750억 'ISD 패소금'...미국 제재 탓에 방법이 없네" ; Republic of Korea, Ministry of Foreign Affairs, Press Releases, 2022-01-22, "Issuance of Specific License by U.S. Office of Foreign Assets Control (OFAC) related to Compensation in Investor State Dispute Settlement (ISDS) with Dayyani Family" ; Maryam Sinaee, 1/13/2022, "US Allows Seoul To Pay $63m In Overdue Damages To Iranian Investor", 〈https://www.iranintl.com/en/202201131442〉.

92) Dolzer/Stevens, *op. cit.*, pp. 19~47 ; Aust, *Handbook of IL*, 2nd, p. 350.

93) BIT 우산조항에 관해서는, 본장, 위 "Ⅵ. 국가계약의 위반과 국가책임의 성립" 참조.

(2) 대우의 최소기준

많은 BIT에서는 당해 조약에 의하여 규율되는 투자에 대해 "공정하고 형평한 대우"(fair and equitable treatment)를 부여할 것을 규정하고 있다.[94] 동시에, 투자자의 신체와 재산에 대해 "완

94) 그러나 "공정하고 형평한 대우"에 대한 투자 관련 조약의 규정들은 획일적이지 않다. 즉, 이 기준의 정의를 제공하지 않는 조약들도 많고, 특히 이 기준을 표현함에 있어 '국제법' 혹은 '국제관습법'을 언급하는 경우도 있고 그러하지 아니한 경우도 있다. 결국 "공정하고 형평한 대우" 기준의 내용이 무엇인가는 -1969년 비엔나 조약법협약에 따른- 관련 조약 해석의 문제로 귀착된다. 그리고 이 과정에서 병렬적으로 존재하는 다수의 국제재판소들이 외견상 동일 개념에 대해서 서로 다른 판결을 내릴 가능성이 다분하다. 중재판결은 크게 (i) "공정하고 형평한 대우"의 적용범위를 권한남용과 차별대우, 그리고 재판거절을 하지 않을 것을 요구하는 고전국제법의 요건들로 국한시켜 생각하는 제한적 시각과 (ii) 반대로, 이 기준을 조약 내의 독립적 혹은 자기완비적 개념으로 봄으로써 적용범위를 확대하는 것들로 구분된다. 두 개의 조류를 비교해 보면, "공정하고 형평한 대우"가 전자의 제한적 접근 하에서는 상대적으로 일관성 있고, 투명하고, 예측가능한 기준으로 기능하는데 반해, 후자의 접근법 하에서는 그러하지 않는 것으로 귀결된다. 즉, 후자의 접근법에 의존하면, "공정하고 형평한 대우"는 일관성 있거나 예측가능한 내용이 없고, 잠재적으로 -문제의 행동들이 국제법의 기준에 위배된다는 점을 입증할 필요도 없이- 정부가 하는 일 중에 투자자가 혐오하는 일은 어떤 것이든 이 기준의 위반에 포함될 개연성이 높다. 그리고 이렇게 되면 재판이 "'공정'과 '형평'에 대한 중재재판관 자신들의 관념에 기초한 재판, 즉, '형평과 선에 의한 재판'을 닮아"(resembles decisions *ex aequo et bono*, i.e. based on the arbitrators' notions of "fairness" and "equity") 가게 될 것이다.

특히 국제중재판소들은 "공정하고 형평한 대우"의 하부 원리로 "합법적 기대"(legitimate expectations)의 법리를 도입하고 있기도 한데, 이 원칙을 명시적으로 정의한 최초의 판례로 일컬어지는 *Técnicas Medioambientales Tecmed, S.A.* v. *The United Mexican States* (*Tecmed* v. *Mexico*), ICSID Case No. ARB (AF)/00/2, Award (29 May 2003), para. p. 154, 〈https://www.italaw.com/cases/documents/1088〉에서 중재재판소는 다음과 같이 언급하였다 : "The foreign investor expects the host State to act in a consistent manner, free from ambiguity and totally transparently in its relations with the foreign investor, so that it may know beforehand any and all rules and regulations that will govern its investments, as well as the goals of the relevant policies and administrative practices or directives, to be able to plan its investment and comply with such regulations. ... The foreign investor also expects the host State to act consistently, i.e. without arbitrarily revoking any preexisting decisions or permits issued by the State that were relied upon by the investor to assume its commitments as well as to plan and launch its commercial and business activities." 그 뒤, *Saluka Investments BV* (*The Netherlands*) v. *The Czech Republic*, UNCITRAL, PCA, Partial Award (17 March 2006), para. 302, 〈https://www.italaw.com/cases/961〉에서 중재재판소는 합법적 기대는 공정하고 형평한 대우 기준의 "지배적 요소"("The standard of "fair and equitable treatment" is therefore closely tied to the notion of legitimate expectations which is the *dominant element* of that standard")라고 언급하였으며, *El Paso Energy International Company* v. *The Argentine Republic*, ICSID Case No. ARB/03/15, Award (31 October 2011), para. 348, 〈https://www.italaw.com/cases/382〉에서 중재재판소는 이것이 중재판례의 "압도적 경향"("the legitimate expectations of the investors have generally been considered central in the definition of FET, whatever its scope. There is *an overwhelming trend* to consider the touchstone of fair and equitable treatment to be found in the legitimate and reasonable expectations of the Parties, which derive from the obligation of good faith.")이라고 하였다. See Hillman and Horlick, pp. 290~291, 324~325. 그러나 투자자의 합법적 기대는 절대적인 것이 아니다. 이 문제에 대해 상기 *Saluka Investments BV* (*The Netherlands*) v. *The Czech Republic*, para. 305에서 중재재판소는 다음과 같이 언급한 바 있다 : "No investor may reasonably expect that the circumstances prevailing at the time the investment is made remain totally unchanged. In order to determine whether frustration of the foreign investor's expectations was justified and reasonable, the host State's legitimate right subsequently to regulate domestic matters in the public interest must be taken into consideration as well." See Hillman and Horlick, pp. 294~297.

이제 판례가 축적, 비교, 분석되는 과정을 거치면서 새로 체결되는 투자조약들은 "공정하고 형평한 대우"를 좀더 분명한 개념으로 만들어 가고 있다. 예컨대, 2005년 11월 4일 서명되고, 2006년 11월 1일 발효한 미국-우루과이 BIT (공식명칭 : Treaty between the United States of America and the Oriental Republic of Uruguay concerning the Encouragement and Reciprocal Protection of Investment) 제5조는 다음과

전한 보호와 안전"(full protection and security)을 제공할 것을 요구하는 것이 보통이다.[95] 또한 많은 BIT에서는 내국민대우(national treatment)를 규정하고 있는데, 이 규정에 따라 투자유치국(투자유입국 : host country)은 자국의 국민 또는 회사의 투자와 타방 체약국 국민 또는 회사의 투자를

같다 (https://www.ustr.gov/trade-agreements/bilateral-investment-treaties/bit-documents ; https//www.ustr.gov/sites/default/files/uploads/agreements/bit/asset_upload_file748_9005.pdf : https://www.bilaterals.org/article.php3?id_article=4337) : "Article 5: Minimum Standard of Treatment

1. Each Party shall accord to covered investments treatment in accordance with customary international law, including fair and equitable treatment and full protection and security.

2. For greater certainty, paragraph 1 prescribes the customary international law minimum standard of treatment of aliens as the minimum standard of treatment to be afforded to covered investments. The concepts of "fair and equitable treatment" and "full protection and security" do not require treatment in addition to or beyond that which is required by that standard, and do not create additional substantive rights. The obligation in paragraph 1 to provide:

(a) "fair and equitable treatment" includes the obligation not to deny justice in criminal, civil, or administrative adjudicatory proceedings in accordance with the principle of due process embodied in the principal legal systems of the world; and

(b) "full protection and security" requires each Party to provide the level of police protection required under customary international law.

3. A determination that there has been a breach of another provision of this Treaty, or of a separate international agreement does not establish that there has been a breach of this Article. ..."

2008년 2월 19일 서명된 미국-르완다 BIT (공식명칭 : Treaty between the Government of the United States of America and the Government of the Republic of Rwanda concerning the Encouragement and Reciprocal Protection of Investment), 제5조도 동일하게 규정하고 있다 (https://www.ustr.gov/trade-agreements/bilateral-investment-treaties/bit-documents ; https://www.ustr.gov /sites/default/files/uploads/agreements/bit/asset_upload_file743_14523.pdf ; https://www.bilaterals.org/article.php3?id_article=11556). (2007년 6월 30일 서명하고 2012년 3월 15일 0시 발효한) 한국-미국 FTA(Free Trade Agreement between the Republic of Korea and the United States of America) 제11.5조 (1)~(3)항도 (조약 제목 때문에 3항의 'Treaty'가 'Agreement'로 바뀐 것 말고는 미국-우루과이 BIT 제5조 (1)~(3)항과 동일하다 (https://www.fta.go.kr/new/pds/fta_korea/us/pdf_eng/e22.pdf). See OECD, *Fair and Equitable Treatment Standard in International Investment Law*, Working Papers on International Investment, Number 2004/3, September 2004 (available online at https://www.oecd.org/dataoecd/22/53/33776498.pdf) ; OECD, *International Investment Law : A Changing Law* (OECD Publishing, 2005) (available online at https://books.google.com/), Chapter 3, pp. 73~125 ; Orakhelashvili, pp. 254~266, 560~582.

2016년 10월 30일 서명되고 2017년 9월 21일 잠정적용에 들어간 "EU-캐나다간 포괄 경제 및 무역 협정"[Comprehensive Economic and Trade Agreement(CETA) between Canada, of the One Part, and the European Union and Its Member States, of the Other Part], 제8장(투자), 제8.10조(Treatment of investors and of covered investments) 제4항은 "재판소는 공정하고 형평한 대우의 의무를 적용할 때 투자자에 대한 구체적 의사표시가 합법적 기대를 창설하였는지의 여부를 고려에 넣을 수 있다."(When applying the above fair and equitable treatment obligation, the Tribunal may take into account whether a Party made a specific representation to an investor to induce a covered investment, that created a *legitimate expectation*, and upon which the investor relied in deciding to make or maintain the covered investment, but that the Party subsequently frustrated.)고 규정함으로써 '합법적 기대'의 보호를 명시하고 있기도 하다. https://ec.europa.eu/trade/policy/in-focus/ceta/ceta-chapter-by-chapter/ ; https://eur-lex.europa.eu/content/news/eu_canada_trade_agreement-ceta.html.

ICJ는 Case concerning *Obligation to Negotiate Access to the Pacific Ocean* (Bolivia v. Chile), Judgment of 1 October 2018, para. 162에서 "외국인 투자에 대해 공정하고 형평한 대우를 규정한 조약규정을 적용하는 중재판결들에서 발견되는 '합법적 기대'는 일반국제법에는 존재하지 않는 원칙"이라고 하였다.

95) See *Elettronica Sicula S.P.A. (ELSI)*(United States of America v. Italy), ICJ Reports (1989), p. 15 at 65 (para. 108) ; Orakhelashvili/Akehurst, 9th, p. 374.

동일하게 대우하여야 한다. 역시 많은 BIT에서는 최혜국대우(most-favoured nation treatment) 조항을 담고 있는데, 그 결과 조약에 의하여 보호받는 투자는 투자유치국이 다른 BIT 등에 의거하여 제3국의 국민이나 회사의 투자에 대해 부여하는 대우보다 불리하지 아니한 대우를 받게 된다.[96] 실제에 있어, 많은 BIT는 내국민대우와 최혜국대우 양자를 결합함으로써 외국의 투자자가 이 두 기준 중에서 자기에게 더 유리한 기준을 선별적으로 이용하는 것을 허용하고 있다. 특히, 자본수출국들은 이 결합된 기준을 확보하려고 노력하고 있는데, 이렇게 하면 투자유치국 국민과의 평등한 대우뿐만 아니라 제3국 투자자들과의 평등한 대우까지도 보장받을 수 있기 때문이다.[97]

(3) 송금(monetary transfers)

대표적 예로서 미국의 모델 BIT는, 투자에 관련된 송금은 '자유로이 그리고 지체없이' 그리고 '송금일자 시의 일반적 시장환율로 자유로이 태환할 수 있는 통화로' 행해져야 한다고 규정하고 있다.[98] 여기서 '송금'(transfer)이란 술어는 BIT에서 단지 이윤(profits)뿐만 아니라 -판매 또는 청산으로부터 나오는 과실, 계약에 의거한 지급, 그리고 수용에 따른 보상금과 같은- 기타 지급까지도 포함하도록 대체로 넓게 정의되고 있다.

외국에 투자를 하기보다는 외국의 투자를 많이 끌어들여야 하는 개도국들은 BIT교섭과정에서 투자자금의 자유로운 송금을 허용할 의무에 대해 약간의 예외를 얻어내려고 애쓰는 것이 보통이다. 왜냐하면 이들 국가는 대체로 국제수지(balance of payments)에 문제가 많거나 외환적립금(foreign exchange reserves)이 부족하기 때문이다. 개도국들의 이런 노력이 거의 성공을 거두지는 못하였지만, 최근의 다수 BIT에서는 큰 액수의 돈이 국가 밖으로 이전, 즉 송금되는 경우에는 예외를 인정하고 있다. 즉, 이 특수한 경우에는 대체로 3년 내지 5년의 기간에 걸친 분할지급(payment in installments)이 허용될 수 있다.[99]

(4) 수용으로부터의 보호

거의 모든 BIT에서는 외국인 투자자에게 속하는 재산을 수용하는 경우에 준수해야 하는, 본질적으로 동일한 네 가지 조건을 제시하고 있다. 즉, 수용은 그것이 '공적인 목적을 위하여' '비차별적 방식으로' '보상을 지급하고' '일정 형식의 사법심사를 규정하면서' 행해지는 경우에만 허용된다. 이들 네 가지 조건 중에서 수용 시에 지급해야 하는 보상의 '정도', 즉 보상 '액수'에 관해서는 대다수 BIT는 이른바 Hull공식을 채택하고 있으나, 많은 BIT에서는 이제 이 공식 대신에 보상액을 결정하는 구체적인 방법을 명기하거나 또는 이 두 가지 방식을 결합하는 경향을 보여 주고 있다.[100]

---

96) Orakhelashvili/Akehurst, pp. 343~344(9th, p. 367).

97) Dolzer/Stevens, *op. cit.*, pp. 49~95.

98) *Ibid.*, p. 246.

99) *Ibid.*, pp. 85~95.

100) *Ibid.*, pp. 97~117 ; Harris, 5th, p. 572 ; Aust, *Handbook of IL*, 2nd, pp. 348~349 ; "대한민국 정부와 벨기에-룩셈부르크 경제동맹간의 투자의 상호증진 및 보호에 관한 협정"(Agreement between the Government

(5) 무력충돌 또는 국내소요로 야기된 손실에 대한 보상

오늘날 대부분의 BIT는 국가 간 무력충돌이나 국내소요로 야기된 손실에 대한 규정을 포함하고 있다. 그러나 여기서 외국인 투자자들에게 절대적인 브상의 권리를 주는 것은 아니며, 다만 내국민 대우 또는 최혜국대우, 또는 양자 모두를 보장하고 있을 따름이다.[101)]

(6) 분쟁해결

BIT의 가장 큰 장점의 하나는 아주 실효적인 분쟁해결 장치를 내장하고 있다는 점이다. 대체로 BIT는 두 가지 분쟁해결장치를 명백히 구분하고 있는데, 그 하나는 BIT 조약규정의 해석 또는 적용과 관련하여 야기될 수 있는 두 조약 당사국간의 분쟁을 해결하기 위한 절차(State-State dispute settlement procedures)이고, 다른 하나는 투자자와 투자유치국 사이의 분쟁해결을 위한 절차(Investor-State dispute settlement procedures : ISDS)이다.

'국가 간' 분쟁에 관해서는, BIT는 보통 국가들이 우선 협의 또는 기타 외교적 채널을 통하여 분쟁을 평화적으로 해결하려고 시도해야 한다고 규정하고 있다. 오로지 이러한 시도가 실패한 경우에만, 분쟁은 구속력있는 결정을 위하여 임시(특별)중재재판(*ad hoc* arbitration)에 회부된다.

'투자자와 국가 간' 분쟁(ISD)에 관한 한, 대부분의 BIT는 투자자에게 우선 협의와 교섭을 통해 분쟁을 해결하려고 시도할 것을 요구하고 있다. 이것으로 분쟁이 해결되지 않는 경우, 투자자는 최종적으로 의무적 중재(compulsory arbitration)를 원용함으로써 분쟁을 해결할 권한을 부여받고 있다.[102)] BIT의 당사자는 오직 국가들이며, 이에 따라 국가들만이 BIT 하에서 의무를 부담하고 있다.

---

of the Republic of Korea and the Belgium-Luxembourg Economic Union for the Reciprocal Promotion and Protection of Investments)(2006년 12월 12일 브뤼셀에서 서명, 2011년 3월 27일 발효) 제5조 ; 2012년 한·중·일 투자보호협정 (2014년 5월 17일 발효) 제11조("수용과 보상") 참조.

101) Dolzer/Stevens, *op. cit.*, pp. 83~84 ; Aust, *Handbook of IL*, 2nd, p. 349.

102) 게다가 투자자는 BIT에 규정된 바에 따라 복수의 분쟁해결기관 중에서 하나를 선택할 수 있다. See, e.g., "Agreement between the Government of the Republic of Korea and the Government of the Islamic Republic of Iran for the Promotion and Protection of Investments"(Korea-Iran BIT), (signature: 31/10/1998, entry into force: 31/03/2006), Article 12 [Settlement of Disputes between a Contracting Party and Investor(s) of the Other Contracting Party] : "1. Any legal dispute arising directly out of an investment between an investor of one Contracting Party and the other Contracting Party shall be settled amicably between the two parties concerned.
2. If this dispute has not been settled within a period of six (6) months from the date at which it was notified in writing by one party to the other, it shall be submitted, *at the request and choice of investors* for settlement to: (a) The competent court of the Contracting Party in the territory of which the investment has been made; or (b) an ad hoc arbitral tribunal; or (c) the International Center for Settlement of Investment Disputes established by the Convention on the Settlement of Investment Disputes between States and Nationals of other States, if both Contracting Parties are signatories to the Convention.
... ..."
'한국-이란 BIT' 관련 사건으로는 -위 "(1) BIT의 적용범위"에서 언급한- 다음 사건 참조 : *Dayyani* v. *Korea*, PCA Case No. 2015-38, [Investment treaty : Iran-Korea BIT (1998), Applicable arbitration rules: UNCITRAL] ; *Korea* v. *Dayyani*, High Court Commercial Court(QBD), England and Wales, 20/12/2019, [2019] EWHC 3580 (Comm).

그 결과 BIT에 내장된 ISDS 하에서 국가는 언제나 방어하는 입장에 선다는 점에서 이것은 “일방통행로”(one-way street)이다. 즉, 투자자가 아무리 나쁘게 행동해도 국가는 ISDS를 발동할 수 없다.[103] 1960년대 중반에 -아래에서 설명하는 바의- ICSID(투자분쟁 해결을 위한 국제본부)가 수립되고 나서 체결되는 BIT들은 ISDS를 처음으로 가능하게 만들었다.[104]

Ahmadou Sadio Diallo 사건[105]에서 ICJ도 지적한 바와 같이, BIT를 포함한 투자/무역조약에 투자자-국가 분쟁해결(ISDS) 절차가 내장되고 있다는 사실은 이 분야에서의 국가의 외교보호(diplomatic protection)의 역할이 “얼마간 쇠퇴”하고 있음을 의미하는 것이기도 하다. 그러나 ISDS 절차의 확산에 대한 반발(backlash)로서 두 가지 역방향의 경향이 나타나고 있기도 하다. 첫째는 ISDS 조항은 넣지 않고 국가 간 중재(State-State arbitration) 절차만을 담은 투자조약을 체결하는 것이다.[106] 2011년 4월, 오스트레일리아 정부(당시 수상 Julia Gillard)는 “무역협정에

---

103) Stockholm Chamber of Commerce, ISDS Blog, “When States file claims against investors in ISDS”, 〈https://isdsblog.com/2016/04/04/when-states-file-claims-against-investors-in-isds/〉; Claire Provost, “Taxes on trial: How trade deals threaten tax justice”, Transnational Institute (15 February 2016), p. 2, 〈https://www.tni.org/files/publication-downloads/taxes-on-trial.pdf〉. 그러나 예외가 있다. 먼저, ISDS 절차에 의거하여 제소당한 국가가 반소(counterclaim)를 제기할 수는 있다. 그러나 반소의 조건과 허용성 여부는 각 BIT에 따라 해석을 필요로 하는데, 이에 대한 분석적 고찰을 위해서는 다음 논문을 참조하라 : Dafina Atanasova, Carlos Adrián Martínez Benoit, and Josef Ostřanský, “Counterclaims in Investor-State Dispute Settlement (ISDS) under International Investment Agreements (IIAS)”, Trade and Investment Law Clinic Papers 2012, Graduate Institute of International and Development Studies (IHEID) in Geneva. 〈https://www.tradelab.org/single-post/2018/02/12/Counterclaims-in-Investor-State-Dispute-Settlement-ISDS-under-International-Investment-Agreements-IIAS〉. 둘째, 차원을 달리하여, -아래에서 설명할- ICSID 중재규칙에 의거하여 국가가 외국투자자의 계약 위반을 이유로 그를 상대로 직접 제소할 수 있다.

104) Subedi in Evans (ed.), *International Law*, 5th, p. 736.

105) Republic of Guinea v. Democratic Republic of the Congo, (Preliminary Objections), Judgment of 24 May 2007, para. 88 : “The Court is bound to note that, in contemporary international law, the protection of the rights of companies and the rights of their shareholders, and the settlement of the associated disputes, are essentially governed by bilateral or multilateral agreements for the protection of foreign investments, such as the treaties for the promotion and protection of foreign investments, and the Washington Convention of 18 March 1965 on the Settlement of Investment Disputes between States and Nationals of Other States, which created an International Centre for Settlement of Investment Disputes (ICSID), and also by contracts between States and foreign investors. In that context, the role of diplomatic protection *somewhat faded, as in practice recourse is only made to it in rare cases where treaty régimes do not exist or have proved inoperative.*” (italics added)

106) ISDS 조항을 담고 있지 않은 투자협정의 최근 예로는 2004년 오스트레일리아-미국 자유무역협정(Australia-United States FTA), 2006년 일본-필리핀 경제동반자협정(Japan-Philippines Economic Partnership Agreement), 2012년 오스트레일리아-말레이시아 자유무역협정(Australia-Malaysia FTA) 등을 들 수 있다. UNCTAD, International Investment Agreements - Issues Notes, Issue No. 2 (26 June 2013), *Reform of Investor-State Dispute Settlement: In Search of A Roadmap*, p. 7 (fn. 27), available at https://unctad.org/en/PublicationsLibrary/webdiaepcb2013d4_en.pdf. 이밖에, 북미자유무역협정(NAFTA)을 대체하여 2020년 7월 1일 발효한 ‘미국-멕시코-캐나다 협정(United States-Mexico-Canada Agreement, USMCA)도 미국과 캐나다 간에는 투자자-국가 중재를 폐지하되, 미국과 멕시코 간에는 투자자-국가 중재를 제한적으로 유지하는 방안을 담고 있다; 다만, NAFTA가 적용될 당시에 행해진 투자로서 USMCA가 발효할 당시 아직 남아 구 NAFTA 하의 청구는 2023년 7월까지는 여전히 투자자-국가 중재에 호소할 수 있다(이른바 ‘legacy’ investment) : USMCA 2020, Annex 14-C(Legacy Investment Claims and Pending Claims), & Annex 14-D (Mexico-United States Investment Disputes) ; Orakhelashvili/Akehurst, p. 127.

ISDS 절차를 삽입하는 관행을 중단할" 것이라는 정책선언을 발표한 바도 있다.[107] 둘째는 투자/무역조약에 ISDS 절차를 유지하되 절차의 이용범위를 줄이는 방식인데, 구체적으로는 (i) ISDS 청구의 대상 범위를 줄이거나, (ii) ISDS 절차를 발동할 자격이 있는 '투자자'의 범위를 제한하거나, 혹은 (iii) 국내구제수단 완료의 요건을 −전통국제법의 요구대로 혹은 조금 현대화된 방식으로 개선하여− 다시 도입하는 것이다.[108] EU가 체결하는 FTA에는 -임시중재재판 체제인- ISDS를 대신하여 항소재판소를 갖춘 상설투자재판소 체제(Investment Court System : ICS)가 도입되고 있기도 하다.[109] 다

107) Australia, *Gillard Government Trade Policy Statement: Trading Our Way to More Jobs and Prosperity*, April 2011, p. 14 ("Some countries have sought to insert investor-state dispute resolution clauses into trade agreements. Typically these clauses empower businesses from one country to take international legal action against the government of another country for alleged breaches of the agreement, such as for policies that allegedly discriminate against those businesses and in favour of the country's domestic businesses. The Gillard Government supports the principle of national treatment − that foreign and domestic businesses are treated equally under the law. However, the Government does not support provisions that would confer greater legal rights on foreign businesses than those available to domestic businesses. Nor will the Government support provisions that would constrain the ability of Australian governments to make laws on social, environmental and economic matters in circumstances where those laws do not discriminate between domestic and foreign businesses. The Government has not and will not accept provisions that limit its capacity to put health warnings or plain packaging requirements on tobacco products or its ability to continue the Pharmaceutical Benefits Scheme.

In the past, Australian Governments have sought the inclusion of investor-state dispute resolution procedures in trade agreements with developing countries at the behest of Australian businesses. The Gillard Government will discontinue this practice. If Australian businesses are concerned about sovereign risk in Australian trading partner countries, they will need to make their own assessments about whether they want to commit to investing in those countries."), available at https://www.dfat.gov.au/publications/trade/trading-our-way-to-more-jobs-and- prosperity.pdf ; noted at UNCTAD, IIA Issue No. 2 (26 June 2013), *Reform of Investor-State Dispute Settlement : In Search of A Roadmap*, p. 7 (fn. 27).

그러나 Gillard 수상이 2013년 6월 27일 물러난 후, 2014년 4월 8일 서울에서 서명된 한국-오스트레일리아 자유무역협정(Korea-Australia Free Trade Agreement : KAFTA), 제11장(Chapter 11), Section B에는 ISDS 절차가 담겨 있다. Australian Government Department of Foreign Affairs and Trade, "Korea-Australia Free Trade Agreement", 〈https://dfat.gov.au/fta/kafta/〉 ; Allens (law firm), News & Publications, 6 March 2014, "Focus: Investor-State Dispute Settlement under the Korea- Australia Free Trade Agreement", 〈https://www.allens.com.au/pubs/ibo/foibo6mar14.htm〉, & 23 April 2014, "Focus: Korea-Australia Free Trade Agreement : Strengthening Cross-Border Investment", 〈https://www.allens.com.au/pubs/asia/foasia23apr14.htm#An_in〉.

108) See UNCTAD, IIA Issue Note No. 2 (26 June 2013), *Reform of Investor-State Dispute Settlement: In Search of A Roadmap*, pp. 7~8 ; Daniel Kalderimis, "Back to the Future: Contemplating a Return to the Exhaustion Rule", TDM (Transnational Dispute Management) 1 (2014), available at www.transnational-dispute-management.com/article.asp?key=2055.

109) 예컨대, 2016년 "EU-캐나다 간 포괄적 경제 및 무역 협정"[Comprehensive Economic and Trade Agreement (CETA) between Canada, of the One Part, and the European Union and Its Member States, of the Other Part], 제8장(투자), 제8.27조(재판소 구성)(Constitution of the Tribunal), 제8.28조(항소재판소)(Appellate Tribunal). See https://en.wikipedia.org/wiki/Comprehensive_Economic_and_Trade_Agreement ; Mark Mangan, "The EU succeeds in establishing a permanent investment court in its trade treaties with Canada and Vietnam", A Legal Update from Dechert's International Arbitration Group, March 2016, 〈https://www.dechert.com/〉 ; YANG Hyoeun, *The EU's Investment Court System and Prospects for a New Multilateral Investment Dispute Settlement System*, KIEP(Korea Institute for International Economic Policy)(2017).

른 한편에서는 ISDS 중재절차의 투명성을 제고하기 위한 중재법 분야의 노력도 병행되고 있다.110)

BIT 체결의 확산과 함께, 투자자가 분쟁 발생시 자신의 청구에 이용가능한 가장 적절한 BIT를 찾아내는 이른바 "조약 물색(조약 고르기)"(treaty shopping, BIT shopping)을 통한 조약의 무임승차(free riders) 현상이 발생하고 있다.111) 특히, 해외에 많은 자회사를 포진시킨 다국적기업들은

110) "조약에 근거한 투자자-국가 간 중재에서의 투명성에 관한 UNCITRAL규칙"(Rules on Transparency in Treaty-based Investor-State Arbitration)(2013년 7월 채택, 2014년 4월 1일부터 시행) 및 동일 주제에 대한 UN협약("United Nations Convention on Transparency in Treaty-based Investor-State Arbitration")(일명 'Mauritius Convention on Transparency', 2014년 12월 10일 채택, 2017년 10월 18일 발효) ; 〈https://uncitral.un.org/en/texts/arbitration/contractualtexts/transparency〉 ; 〈https://uncitral.un.org/en/texts/arbitration/conventions/transparency〉 ; Marta Requejo, "The UNCITRAL Rules on Transparency in Investor-State Treaty-based Arbitration", February 28, 2014, 〈https://conflictoflaws.net/2014/the-uncitral-rules-on-transparency-in-investor-state-treaty-based-arbitration/〉 ; Herbert Smith Freehills, 26 October 2015, "UNCITRAL Transparency Rules applied for the first time in investor-State arbitration", 〈https://hsfnotes.com/publicinternationallaw/2015/10/26/uncitral-transparency-rules-applied-for-the-first-time-in-investor-state-arbitration/〉 ; Kenneth Beal & Nathalie Allen Prince, 12/12/2017, "Transparency takes a step forward", 〈https://iclg.com/alb/7810-transparency-takes-a-step-forward〉 ; IISD (international Institute for Sustainable Development), "Transparency and the UNCITRAL Arbitration Rules", 〈https://www.iisd.org/projects/transparency-and-uncitral-arbitration-rules〉 ; 김지환/경향신문, 2019.08.07., "한국정부, 'ISDS 투명성 강화' 국제흐름에 역행하나" 참조.

111) "조약 물색"의 가장 발전된 형식은 속칭 "국적 기획"(nationality planning)으로서, 이는 투자자(개인 혹은 회사)가 투자하고자 하는 국가와 유리한 BIT를 체결한 국가에 회사를 설립한 다음 이 회사를 이용하여 전자의 국가(즉, 투자유치국) 내로 자본을 반입하는 방식을 지칭한다. 이 경우, 투자자가 타국에 설립하는 회사는 단지 '서류상 회사'(paper company, letter-box company)일 수도 있다. Cf. Matthew Webb, "Treaty Shopping: How Philip-Morris Cherry-Picked Worst Case Bits", infojustice, December 2, 2012, 〈https://infojustice.org/archives/28044〉.

이 밖에도, *LSF-KEB Holdings SCA and others* v. *Republic of Korea*, ICSID Case No. ARB/12/37, Registered December 10, 2013, 〈https://icsid.worldbank.org/ICSID/Index.jsp〉 참조. 이 사건은 ISDS 사건으로 ICSID 중재재판에 회부된 것인데, 원고는 론스타 미국 본사가 벨기에에 설립한 자회사들이다, 론스타는 2003년 한국의 외환은행 인수를 위해 이들 자회사를 설립하였었는데, 그 후 외환은행 매각 과정에서 한국 정부가 승인을 미뤄 손해를 보았다고 주장하며 한국-벨기에 간 조세협약에 근거해 납부한 세금의 반환과 손해배상 등을 요구하였다. 2022년 8월 31일 중재재판부는 원고의 요구를 일부만 수용하였다. 임혜연, "[심층진단] 론스타 자회사 페이퍼컴퍼니 여부, 여전히 중요한 까닭--ISD 논란, 한-벨기에 협정만 의식 포기 일러… 영미 과세 추적 엄격 추세", 프라임경제, 2012.06.08. ; 정미자, "[국감] 박병석 의원 "페이퍼컴퍼니 ISD 제소 가능한 모든 협정 전면 개정해야--론스타(Lone Star) ISD 소송은 한국정부의 협상 잘못 탓", 아시아투데이 뉴스, 2012-10-05 ; 전재호, "'론스타 소송' 중재재판부 구성 완료 … 서면공방 개시", ChosunBiz, 2013. 5. 14 ; 남기현/이현정, "한국정부-론스타 5월 美서 '운명의 재판'", MK뉴스, 2015.03.29. ; 이인혁/안대규, "7년 끈 '5조 론스타 ISD' 판정 또 해 넘길 듯", 한국경제, 2019.07.19. ; 박기호/박승희, "론스타 ISD 판결 내년 이후로 미뤄졌다…의장중재인 사임", news1, 2020-03-06 ; 이승현/이데일리, 2020-06-29, "론스타 돌연 타협 제의… 1년 전 'ICC 판결' 재조명" ; 송명희/KBS News, 2020.11.24., "론스타, 9천 7백억 원 협상 제안…ISD 전망은?" ; 김지환/조선일보, 2022.06.29., "10년 끈 '론스타 사건' 중재절차 종료... 120일 내 5조 결과 나온다" ; 하남현 · 정유진/중앙일보, 2022.06.29., "10년 끈 론스타 '6조 국제소송' 종료…120일내 선고만 남았다" ; 송원형 · 표태준/조선일보, 2022년 9월 1일, A1, "2890억+이자(8월 31일 기준 185억) 론스타에 배상" ; 송원형/조선일보, 2022년 9월 1일, A8, "'론스타 (외환카드)주가조작 유죄'가 배상금 확 줄였다" ; 표태준/조선일보, 2022년 9월 1일, A8, "정부, 판정 취소신청 검토 '이길 가능성 있다'" ; 법무부, 보도자료, 2022.09.02., "론스타 국제투자분쟁 사건 판정문 공개 관련", & 2022.09.06., "론스타 국제투자분쟁(ISDS) 사건 판정요지서 공개, 〈https://www.moj.go.kr/moj/index.do〉 ; 표태준/조선일보, 2022년 9월 7일, A10, "국제중재 판정부 '론스타, 속이고 튀어(cheat and run)' - 법무부, 소송 판정요지서 공개".

2015년 5월 20일 한국을 피고로 하는 두 번째 ISDS 사건이 ICSID에 회부되었다 : 즉, *Hanocal Holding B.V. and IPIC International B.V.* v. *Republic of Korea* (ICSID Case No. ARB/15/17), Date registered:

분쟁 발생시 "조약 물색자"(treaty/BIT shopper)가 되어 동일 국가를 상대로 여러 번 투자자-국가 분쟁해결절차(ISDS)의 발동을 시도할 수 있는 것이다. 특히, BIT를 많이 체결한 네덜란드는 "조약 물색의 관문"(Gateway to Treaty Shopping)으로 불리고 있다.[112] 그러나 중재재판에서 투자자의 "조약 물색"이 늘 성공하는 것은 아니다.[113] 그리고 "조약 물색"에 대항하여 국가들은 -ISDS 절차를 발동할 자격이 있는 '투자자'의 범위를 제한하는 방안의 하나로서- 이른바 "혜택의 부인 조항"(denial of benefits clause)을 삽입하고 있는데, 이 조항에 의하면 각 조약당사국은 "설립지 본국(체약국 X)에서는 실질적인 영업활동(substantial business activities)을 하고 있지 않고, 그리고 '투자유치국(체약국 Y)이나 (조약당사국이 아닌)제3국'의 국민에 의해 소유되거나 통제되는 투자자들"-이를테면 서류상 회사-에게는 조약의 보호를 거부할 권리를 갖는다.[114]

May 20, 2015, 〈https://icsid.worldbank.org/apps/ICSIDWEB/cases/Pages/casedetail.aspx?caseno= ARB/15/17〉. 원고는 아랍에미레이트연합(UAE)의 국영회사 '국제석유투자회사'(International Petroleum Investment Company, IPIC)가 네덜란드에 설립한 자회사들로서, 한국에서의 주식투자 이익과 관련하여 한국 국세청의 과세가 한국-네덜란드 간 조세협정 위반임을 주장하였다. 이에 대해 한국 당국은 "원고 회사들은 일종의 페이퍼컴퍼니여서 한국-네덜란드 간 조세조약을 적용하지 않고 한국-UAE 간 조세조약에 따라 과세하였다"는 입장이었다 : 윤주헌, "론스타 이어...(UAE 왕족)마수르도 한국정부 상대 투자자 소송", 조선일보, 2015년 5월 22일 (금), A12면 ; https://en.wikipedia.org/wiki/International_Petroleum_Investment_Company. 결국 2016년 6월 원고 측은 소를 취하하였다 : BC Yoon, Liz (Kyo-Hwa) Chung and Joel Richardson (Kim & Chang), Arbitration-Korea (52 answers published on 2 March 2017), 〈https://gettingthedealthrough.com/area/3/jurisdiction/35/arbitration-korea/〉 (accessed 27 July 2017).

112) Nathalie Bernasconi-Osterwalder, "The Draft Investment Chapter of the Canada-EU Comprehensive Economic and Trade Agreement : A Step Backwards for the EU and Canada?", International Institute for Sustainable Development, Investment Treaty News Quarterly, Issue 4, Volume 3, feature 4, June 26, 2013, 〈https://www.iisd.org/pdf/2013/iisd_itn_june_2013_en.pdf〉.

113) See, e.g., *Phoenix Action Ltd* v *The Czech Republic*, ICSID Case No. ARB/06/5, Award of April 15, 2009, 〈https://icsid.worldbank.org/ICSID/Index.jsp〉. 사건 개요는 다음과 같다. 사건은 이스라엘 회사 Phoenix Action Ltd (이하 Phoenix)가 체크공화국(이하 체크)의 두 금속 회사 BP(Benet Praha)와 BG(Benet Group)를 인수하면서 발생하였는데, BP와 BG 모두 체코 사람 Vladimir Beno가 지배하는 회사였다. 그러나 양국 회사들 간에 이같은 인수 거래가 있기 전에 이미 BP와 BG는 체크 내에서 국내송사에 휘말린 상태였는데, 즉 BP는 세금과 관세 포탈로 소추되어 자산이 동결, 압류된 상황이었고, BG는 체크 내 다른 3개 회사의 소유권과 관련된 소송에 연루되었다. 상황이 이렇게 돌아가자 Beno 씨는 BP와 BG를 Phoenix에 매각하였던 것인데, Phoenix는 이스라엘 법에 의거하여 설립되긴 하였지만 사실은 Beno 씨의 가족들이 지배하고 있었다. Phoenix는 BP와 BG 인수 2개월 후 자신의 투자국 체크에게 투자와 관련하여 분쟁이 존재한다고 통지하였다. 그리고 이 통지 11개월 후인 2004년 2월, Phoenix는 1997년의 이스라엘-체코 BIT에 의거하여 체크를 상대로 ICSID 중재절차를 개시하였다. 체크 재판소들이 BP와 BG 관련 소송들을 신속하게 해결하지 아니한 것은 Phoenix 자산의 수용(收用)에 상응하는 조치이고, 또한 이는 BIT의 "공정하고 형평한 대우"(fair and equitable treatment)와 "완전한 보호 및 안전"(full protection and security) 기준을 위반한 것이라는 게 ICSID에서의 절차개시의 이유였다 그러나 원고의 이 주장에 대해 3인의 중재재판소는, 원고는 오로지 체크를 상대로 국제소송을 제기할 목적으로 국내투자인 것을 국제투자로 위장(disguised)하였고, 이는 "권리 남용"(abuse of rights)에 해당하는 것으로 여기서는 "절차의 남용"(détournement de procédure)으로 부를 수 있을 것이며, 따라서 동 재판소에게는 Phoenix의 BIT청구 본안을 심리할 관할권이 결여되어 있다고 결론지었다. "이 사건은 사실관계가 극단적인 사례에 해당하기 때문에 이 결정이 미래 BIT shopping의 장애물로 작용하지는 않을 것"으로 보는 견해가 있다 : e.g. Allens (law firm), Arbitration publications, 4 December 2009, "Focus: Abuse of process in investment treaty arbitration", 〈https://www.allens.com.au/pubs/arb/foarb4dec09.htm〉.

114) UNCTAD, IIA Issue Note No. 2 (26 June 2013), *Reform of Investor-State Dispute Settlement: In Search of A Roadmap*, p. 7 (fn. 30). "혜택의 부인 조항"의 예로는, 북미자유무역협정(NAFTA) 제1113조,

2. ICSID

1960년대에 들어와 수용과 보상에 대한 전통국제법규가 천연자원에 대한 영구주권 이론으로부터 위협을 받게 되자 개발도상국들에 대한 투자 유입이 고갈되는 징후가 보였다. 바로 그 무렵인 1965년 3월 18일 IBRD(국제부흥개발은행, 일명 World Bank)는 "국가와 타국 국민 간의 투자분쟁 해결에 관한 협약"(Convention on the Settlement of Investment Disputes between States and Nationals of Other States)(이하 협약)[115]을 채택하였으며, 이 협약에 의거하여 '정부 간' 혹은 '사인 간' 분쟁이 아니라 '개인과 타국 정부 사이의' 투자분쟁을 심리하기 위한 "투자분쟁 해결을 위한 국제본부"(International Centre for Settlement of Investment Disputes)(이하 본부 혹은 ICSID)가 설치되었다.[116] 그러나 −상설중재재판소(Permanent Court of Arbitration)의 경우처럼− 본부 자신이 직접 조정자나 중재자로 활동하는 것은 아니고, '체약국'과 '타 체약국의 투자자' 사이의 분쟁을 해결할 수 있는 능력을 갖춘 두 개의 패널, 즉 조정인패널(Panel of Conciliators)과 중재인패널(Panel of Arbitrators)을 설치하여 유지시키고 있다.[117]

(1) 기구론

본부는 상설기관으로서 행정이사회(Administrative Council)와 사무국(Secretariat)을 두고 있다. 행정이사회(혹은 운영이사회)는 각 체약국의 한 명의 대표로 구성된다.[118] IBRD총재(President)는 직권으로(*ex officio*) 행정이사회의 '의장'(Chairman)이 되나 투표권은 갖지 못한다.[119] 행정이사회는 본부의 행정규칙과 재정규칙을 채택하는 일, 조정 및 중재의 절차규칙을 채택하는 일, 사무총장과 사무차장의 복무조건을 결정하는 일, 그리고 본부의 수입·지출의 연간보고서를 승인하는 일 등의 임무를 맡고 있으며 이상의 결정을 내림에 있어 행정이사회는 그 구성원의 2/3 이상의 다수결로 행동한다.[120] 사무국은 1명의 사무총장(Secretary−General)과 1명 이상의 사무차장(Deputy Secretaries−General), 그리고 직원을 둔다.[121] 사무총장은 본부의 법적 대표이자 수석직원이며, 직원임명을 포함한 본부 운영에 대하여 책임을 진다.

조정인패널과 중재인패널을 구성하기 위해, 각 체약국은 각 패널에 4명을 지명할 수 있는데, 이

에너지헌장조약(Energy Charter Treaty) 제17조 등 참조. 자세한 설명은, Loukas A. Mistelis and Crina Mihaela Baltag, "Denial of Benefits and Article 17 of the Energy Charter Treaty", Penn State Law Review (2009), Vol. 113:4, 1301~1321, 〈https://pennstatelawreview.org/articles/113%20Penn%20St.%20L.%20Rev.%201301.pdf〉 참조.

115) 1966년 10월 14일 발효, 1967년 3월 23일 한국 발효. 협약은 'IBRD회원국'과 'ICJ규정당사국 중에서 ICSID 행정이사회가 2/3 이상의 찬성으로 초청하는 기타 국가들'에게만 개방된다. 협약 제67조.

116) 협약 제1조 ; Aust, *Handbook of IL*, 2nd, p. 351.

117) 협약 제3조.

118) 협약 제4조.

119) 협약 제5조.

120) 협약 제6조.

121) 협약 제9조.

들은 반드시 자국민일 필요는 없다. 그리고 의장은 각 패널에 10인을 지명할 수 있는데, 각 패널에 지명된 자들은 각기 다른 국적을 가져야 한다.[122] 패널구성원(panel members)의 임기는 6년이며 연임할 수 있다.[123] 그리고 한 사람이 양 패널에 복무할 수 있다. 모든 지명은 사무총장에게 이를 통고하여야 하며, 통고가 접수된 일자부로 효력이 발생한다.[124]

본부는 완전한 국제법인격을 가지며, 특히 계약체결, 동산과 부동산의 취득・처분, 소송제기 등의 법적 능력을 갖는다.[125] 본부 및 그의 재산과 본부 운영에 참가하는 여러 구성원들에게는 체약국 내에서 여러 가지 특권・면제가 부여되고 있다.[126] 본부는 Washington D.C.에 소재하고 있다.[127]

(2) 본부의 관할권[128]

투자자(자연인 또는 법인)와 외국정부는 다음의 조건이 충족되어야만 본부에 분쟁을 부탁할 수 있다.

첫째, 분쟁은 직접적으로 '투자'(investment)에 관련된 것이어야 하지만, 협약은 '투자'가 무엇인지에 대한 정의를 두고 있지는 않다. 그러므로 전통적인 형태의 투자뿐만 아니라 서비스계약이나 기술이전과 같은 좀 더 새로운 형태의 투자방식도 본부에 부탁될 수 있다.[129] 사건이 BIT에 기초하여 본부에 회부되는 경우라면 분쟁대상이 협약 하의 투자 개념과 해당 BIT 하의 투자 개념 양자 모두에 부합해야만 본부의 관할권이 성립한다. 따라서 만약 BIT 하의 투자 정의가 협약 하의 그것보다 좁은 경우에는 본부의 관할권이 성립하지만, 반대로 전자가 후자보다 넓은 경우에는 본부의 관할권이 성립하지 않는다.[130]

둘째, 본부의 관할권은 '한 체약국'(혹은 당해 체약국이 지정한 동 체약국의 하부조직이나 기관)과 -분쟁을 ICSID의 조정이나 중재에 회부하기로 동의한 일자를 기준으로- '타방체약국의 국민' 간의 투자 관련 분쟁에 대해서만 미친다. 따라서 투자자는 자신이 투자한 국가의 국적을 가져서는 안된다. 그러나 협약 제25조 2항(b)에 의하면, 국내회사들이 외국투자자의 통제(foreign control) 하에 있는 경우 투자자와 투자유치국 정부는 ICSID의 목적상 그 같은 회사를 '타방 체약국의 국민'으로 간주하기로 합의할 수 있다. 이런 경우 투자유치국의 국적을 가진 회사는 자국 정부(즉, 투자유치국)를 상대로 본부에 제소할 수 있다.[131] 협약 제25조 2항(a)의 '자연인'의 국적 요건을 충족하지 못하여 개인 투자

122) 협약 제13조.
123) 협약 제15조.
124) 협약 제16조.
125) 협약 제18조.
126) 협약 제19조~제24조.
127) 협약 제2조.
128) 협약 제25조.
129) van Houtte, p. 247.
130) *Ambiente Ufficio s.p.a. and others* v. *the Argentine Republic*, ICSID Case No. ARB/08/9, Decision on Jurisdiction and Admissibility (February 8, 2014), paras. 356, 383, 420, 435 ff, 520, 〈https://www.italaw.com/sites/default/files/case-documents/italaw1276.pdf〉; 김석호, "ICSID 중재상 '투자'의 개념 -〈Ambiente Ufficio s.p.a. 회사 외 對 아르헨티나 사건〉 관할판정을 중심으로-", 《통상법률》, 통권 제119호 (2014.10), pp. 76, 90, 102, 105~106, 115~116; 신흐택, "국제투자협정상 투자자의 정의와 정책적 고려사항", 《통상법률》, 2017/2 (통권 제133호), pp. 15~16.

자의 제소가 거부된 중재사건도 나오고 있다.[132)]

셋째, 분쟁당사자들이 분쟁을 본부에 부탁하기로 서면으로 동의하여야 한다. 그러나 일단 당사자들이 이같이 동의한 경우에는 어떤 당사자도 자신의 동의를 일방적으로 철회할 수 없다. 이같은 서면 동의는 언제든지 발생할 수 있다. 그러나 투자자로서는 외국정부와 체결하는 투자계약에서 이같은 합의를 미리 해두는 것이 좋을 것이다. 외국투자자들과의 투자분쟁은 본부에 부탁하여야 한다고 규정한 국내법을 가진 개발도상국들도 있다. 체약국 간의 조약에서 본부의 관할권을 무조건적으로 수락하기로 합의할 수도 있다. 이런 경우 사적 투자자가 본부관할권을 일방적으로 수락하는 것만으로 본부관할권이 성립하는데, 대부분의 투자협정에서는 그같은 조항을 명문으로 두고 있다.[133)]

(3) 조정절차

투자자나 체약국은 사무총장을 통하여 투자분쟁을 조정위원회(Conciliation Commission)에 부탁할 수 있다.[134)] 조정위원회는 한 명 혹은 홀수의 조정인(conciliators)으로 구성된다. 분쟁당사자들이 조정인의 수와 그 임명방법에 관하여 합의하지 않으면, 조정위원회는 각 당사자가 임명하는 한 명의 조정인과 당사자들의 합의에 의하여 임명되는 제3의 조정인으로 구성되며, 이 제3의 조정인은 위원회의 의장이 된다.[135)] 일정 기간 내에 위원회가 구성되지 않으면, (행정이사회)의장은 일방당사자의 요청에 의하여 가능하면 양 당사자의 의견을 구한 뒤 아직 임명되지 아니한 조정인들을 임명하여야 한다.[136)] 조정인은 조정인패널의 외부로부터 임명될 수도 있지만, 다만 의장이 임명하는 경우에는 그럴 수 없다.[137)]

조정위원회는 분쟁당사자들의 의견과 진술을 청취하여야 한다. 위원회의 임무는 분쟁의 쟁점을

131) Van Houtte, p. 247 ; Aust, *Handbook of IL*, 2nd, p. 351.

132) *Hussein Nuaman Soufraki* v. *The United Arab Emirates*, ICSID Case No. ARB/C2/7, Award of 7 July 2004, 〈https://www.italaw.com/cases/1041〉 ; Anthony C. Sinclair (Associate, International Arbitration Group, Allen & Overy LLP), "Nationality Requirements for Investors in ICSID Arbitration—The Award in *Soufraki* v. *The United Arab Emirates*", 12 August 2004. 사건 개요는 이러하다. 원고 Soufraki는 UAE가 양허계약을 위반하였다고 주장하며 이탈리아-UAE간 BIT에 의거 UAE를 상대로 ICSID에 중재를 신청하였다. 양허계약에는 Soufraki가 캐나다인으로 기재되어 있었지만 원고는 자신이 이탈리아 국적도 보유하고 있다고 주장하였다. 중재재판소는 "국적이 국가의 국내관할권 내에 있다는 것은 국제법에서 인정되고 있다. 그러나 그에 못지 않게, 국제적인 중재 또는 사법 절차에서 개인의 국적에 대하여 이의가 제기될 때 국제재판소는 그 이의 제기에 대해 판단할 권한이 있다는 것 또한 인정되고 있다."(para. 55)고 전제하였다. 그리고 재판소 조사 결과, ICSID 중재 신청 당시 원고는 과거 이탈리아 국적을 가지고 있다가 캐나다 국적을 취득함으로 인하여 이탈리아 법에 의거하여 이탈리아 국적이 소멸된 상태이며, 이탈리아 법에 따라 국적을 회복할 수 있는 절차가 있었지만 이 절차를 제대로 밟지 않았던 것으로 확인되었다. 중재재판소는 이런 상황에서 지배적 혹은 실효적 국적의 문제(the question of dominant or effective nationality)에 대해 판단할 필요는 없다고 보았다. 결국, 중재재판소는 Soufraki가 이탈리아 국적자가 아니며, 따라서 동 재판소에게는 이탈리아-UAE간 BIT에 의거하여 분쟁을 심리할 관할권이 없다고 판시하였다.

133) van Houtte, p. 248.

134) 협약 제28조.

135) 협약 제29조.

136) 협약 제30조.

137) 협약 제31조.

명백히 하고, 상호 수락가능한 조건으로 당사자들간에 합의를 도출해 내는 것이다. 합의에 이르면 위원회는 당사자들이 수락한 합의를 기록한 보고서를 작성하여야 한다. 조정이 성공하지 못하더라도 위원회는 실패를 기록한 보고서를 작성하여야 한다.[138] 분쟁당사자들은 그 후 분쟁을 중재재판소로 가져갈 수도 있을 것이다. 그러나 실패한 조정절차에서 행한 타방당사자의 진술은 중재절차에서 원용할 수 없다.[139]

지금까지 분쟁이 조정을 위하여 본부에 부탁된 예는 별로 없다. 결과가 불확실하고 또 완전히 분쟁당사자들의 협력에 의존하므로 당사자들이 조정절차에 호소하기를 꺼리기 때문인 것으로 생각된다.[140]

(4) 중재절차

투자자나 체약국은 사무총장을 통하여 분쟁을 본부 후원 하의 중재재판소(Arbitral Tribunal)에 부탁할 수 있다.[141] 중재재판소의 구성방법은 상기 조정위원회의 구성방법과 대체로 동일하다.[142] 중재절차(arbitration proceedings)는 본 협약규정에 따라 수행되어야 하며, 또한 분쟁당사자들이 달리 합의하지 않는 한, 중재인(들)은 본부가 작성한 중재규칙(Arbitration Rules)을 따라야 한다. 협약, 본부 중재규칙 혹은 분쟁당사자들의 합의에 포함되지 아니한 절차문제(procedural questions)는 모두 중재재판소가 해결한다.[143] 본부 중재재판소는 "자신의 권한에 대한 판단자"(judge of its own competence)로서,[144] "당사자 일방이 본부의 관할권 혹은 중재재판소의 권한에 대해 이의를 제기하는 경우 재판소는 이를 선결적 문제(preliminary question)로 다룰 수도 있고, 사건 본안(merits of the dispute)에서 다룰 수도 있다."[145]

(5) 본부 중재재판의 준거법

본부 중재의 가장 큰 매력 중의 하나는 협약에 중재인들이 분쟁해결을 위해 적용해야 할 준거법(applicable law)을 명시하고 있다는 사실인데, 협약 제42조는 이 문제에 관해 다음과 같이 규정하고 있다.

> "① 재판소는 당사자들이 합의하는 법규칙에 따라 분쟁을 해결한다. 이러한 합의가 없으면 분쟁 체약당사국의 법(법의 충돌에 관한 동 국가의 규칙을 포함)과 적용가능한 국제법규[the law of

---

138) 협약 제34조.
139) 협약 제35조.
140) van Houtte, p. 249.
141) 협약 제36조.
142) 협약 제37조~제39조.
143) 협약 제44조.
144) 협약 제41조 1항.
145) 협약 제41조 2항 ; *Ambiente Ufficio s.p.a. and others* v. *the Argentine Republic*, ICSID Case No ARB/08/9, Decision on Jurisdiction and Admissibility (February 8, 2014), para. 443 ; Christoph H. Schreuer, "Belated Jurisdictional Objections in ICSID Arbitration", *TDM* (Transnational Dispute Management) 1 (2010), 〈https://www.univie.ac.at/intlaw/wordpress/pdf/belated_jurisdic_object.pdf〉.

the Contracting State Party to the dispute(including its rules on the conflict of laws) *and* such rules of international law as may be applicable]를 적용한다.
② 재판소는 법의 부존재나 모호함을 이유로 재판불능(*non liquet*)의 결정을 내려서는 안된다.
③ 제①항과 제②항의 규정은 분쟁당사자들이 합의하는 경우 형평과 선에 따라(*ex aequo et bono*) 분쟁을 해결할 재판소의 권한을 침해하지 아니한다."

위 규정에서 보는 바와 같이, 중재재판소는 우선 당사자들이 선택하는 법규칙을 적용하여야 한다. 그러나 그같은 선택이 없는 경우에는 재판소는 '분쟁 체약당사국의 국내법'과 '국제법규'를 모두 적용하여야 하는데, 이것은 중요한 의미를 갖는다. 즉, 국내법은 국제법의 기준을 충족하는 경우에만 적용될 수 있으며, 국제법에 위배되는 수용을 허용하는 국내법은 중재인들에 의하여 무시되어야 한다.[146]

(6) 하자있는 본부 중재판정에 대한 구제책 : '임시(특별)위원회'

본부 중재재판의 또 한 가지 장점은 국내재판소가 그 판정을 배제 혹은 파기할 수 없다는 점이다.[147] 중재절차에 명백히 하자가 있더라도 판정은 이 특별한 목적을 위해 (의장이 중재인 패널로부터 임명하는 3인으로 구성되는) '임시(특별)위원회'(*ad hoc* Committee)에 의해서만 무효로 될 수 있다. 무효사유는 중재재판소가 적절히 구성되지 못한 경우, 중재재판소가 명백히 권한을 일탈한 경우, 재판소 구성원이 부패(corruption)한 경우, 기본적인 절차규칙을 중대하게 이탈한 경우, 판정서에 판정의 기초가 된 이유를 명시하지 아니한 경우 등 모두 다섯 가지이다.[148] 판정이 임시위원회에서 취소되는 경우, 분쟁당사자들은 당해 분쟁을 새로이 구성되는 중재재판소에 회부하여야 한다.[149] 이 신 재판소는 처음의 중재인들의 판정이나 임시위원회 판정의 구속을 받지 아니하고 분쟁을 다시 한 번 완전히 검토한다.[150]

---

146) van Houtte, pp. 249~250 ; Orakhelashvili/Akehurst, p. 59(9th, pp. 62~63) ; Annulment Decision in *Klöckner* v. *Cameroon* (ICSID Case No. ARB/81/2), 3 May 1985, para. 69 ("... Article 42 of the Washington Convention certainly provides that "in the absence of agreement between the parties, the Tribunal shall apply the law of the Contracting State party to the dispute ... and *such principles of international law* as may be applicable." This gives these principles (perhaps omitting cases in which it should be ascertained whether the domestic law conforms to international law) a dual role, that is, *complementary* (in the case of a "lacuna" in the law of the State), or *corrective*, should the State's law not conform on all points to the principles of international law. *In both cases*, the arbitrators may have recourse to the "principles of international law" only *after* having inquired into and established the content of the law of the State party to the dispute (which cannot be reduced to *one* principle, even a basic one) and *after* having applied the relevant rules of the State's law. Article 42(1) therefore clearly does not allow the arbitrator to base his decision solely on the "rules" or "principles of international law."") ; Award in *LG* v. *Argentina* (ICSID Case No ARB/02/1), Decision on Liability, 3 October 2006, para. 94 ("International law overrides domestic law when there is a contradiction since a State cannot justify non-compliance of its international obligations by asserting the provisions of its domestic law.").

147) 협약 제53조.

148) 협약 제52조 1항.

149) 협약 제52조 6항.

150) See e.g. *Amco* v. *Indonesia,* (1988) 27 ILM 1281 at 1284 ; van Houtte, p. 250.

(7) 본부 중재재판소의 배타적 관할권

본부 중재재판의 세 번째 장점은 그 관할권의 배타성에 있다. 즉, 분쟁당사자들이 협약 하의 중재재판에 동의하면 이것은 달리 규정한 바가 없는 한 '일체의 다른 구제수단을 배제하는'(to the exclusion of any other remedy) 것으로 간주된다.[151] 따라서 일단 본부 중재재판이 선택되면 국내재판소는 더 이상 투자분쟁을 심리할 권한이 없다. 그들은 압류나 기타 임시적 조치조차도 명령할 수 없다. 뿐만 아니라, 투자자의 본국 정부는 국제청구를 제기하는 등의 외교보호권을 행사할 수 없다.[152] 투자자의 본국정부가 투자유치국을 상대로 ICJ에 제소하는 것도 허용되지 아니한다. 요컨대, 분쟁은 투자유치국과 투자자 자신 사이의 본부 중재재판에 의해서만 법적으로 해결될 수 있다.[153]

(8) 본부 중재판정의 승인과 집행

중재재판에서 위법행위를 한 것으로 선언된 당사자는 −판정의 무효·해석 혹은 개정이 청구되어 판정 집행이 유예된 경우를 제외하고는− 판정을 준수하여야 한다.[154] 각 체약국은 판정을 구속력있는 것으로 승인하고, 그것이 당해 국가 재판소의 최종판결인 것과 같이 자국 영토 내에서의 집행을 보장하여야 한다.[155] 다만, 재판소가 자국의 법률규정에 따라 자국 또는 외국에게 강제집행의 면제(immunity from execution)를 부여하는 경우에는, 당해 국가는 특수 물건에 대한 집행을 여전히 모면할 수 있다.[156] 그러나 이같은 면제를 허락하지 않는 국내재판관할권이나 혹은 면제가 인정되지 아니하는 물건이 있을 수 있을 것이다. 게다가 중재판정 집행을 거부하는 투자유치국은 IBRD와 국제금융시장의 눈 밖에 날 수 있고, 이것은 장기적으로 당해 국가에게 좋지 않은 영향을 끼치게 될 것이다.[157]

---

151) 협약 제26조 첫 번째 문장. 다만, 체약국은 중재재판에 동의하는 조건으로서 행정적 또는 사법적 국내구제수단의 완료(exhaustion of local administrative or judicial remedies)를 요구할 수 있다 : 협약 제26조 두 번째 문장. 협약을 준비할 때 나온 한 보고서도 이 드 가지를 지적한 바 있다 : "It may be presumed that when a State and an investor agree to have recourse to arbitration, and do not reserve the right to have recourse to other remedies or require the prior exhaustion of other remedies, the intention of the parties is to have recourse to arbitration to the exclusion of any other remedy. This rule of interpretation is embodied in the first sentence of Article 26. In order to make clear that it was not intended thereby to modify the rules of international law regarding the exhaustion of local remedies, the second sentence explicitly recognizes the right of a State to require the prior exhaustion of local remedies." : Report of the Executive Directors on the Convention on the Settlement of Investment Disputes Between States and Nationals of Other States, para. 32, International Bank for Reconstructon and Development, March 18, 1965, available at https://icsid.worldbank.org/ICSID/StaticFiles/basicdoc/partB.htm ; noted by Nollkaemper, pp. 31~32 (fn. 52).

152) 다만, 관련 체약국이 판정을 이행하지 못하는 경우에는 그러하지 아니하다. 그리고 이 목적을 위한 외교보호의 개념에는 "분쟁해결을 촉진하는 것만을 목적으로 하는 비공식적인 외교교섭"은 포함되지 아니한다. 협약 제27조.

153) van Houtte, pp. 250~251.

154) 협약 제53조.

155) 협약 제54조.

156) 협약 제55조 ; Fox, p. 78.

157) van Houtte, p. 251 ; Aust, Handbook of IL, 2nd, p. 346.

(9) 본부의 '부가적 편의'

본부는 협약의 규율대상에 포함되지 아니하는 일정 절차도 제공할 수 있는데, 이것은 이른바 '부가적 편의'(Additional Facility)라고 불린다. 예컨대, 본부는 (i) 협약당사국의 국민이 아닌 투자자를 위해서, 혹은 (ii) 분쟁이 투자에 관련된 것이 아니라 해도 "그 기초된 거래가 보통의 상업적 거래와는 구분되는 특징을 갖고 있는"(the underlying transaction has features which distinguish it from an ordinary commercial transaction) 경우에는 조정이나 중재 절차를 제공할 수 있다.[158] '부가적 편의'는 보통의 중재법에 따라서만 집행될 수 있으며, 협약의 집행관련 규정은 적용되지 아니한다. 본부는 사실조사절차(fact-finding procedures)를 개시할 수도 있다. 그러나 이 절차는 국내법과 국내재판소로부터의 독립과 같은 본부 중재의 장점을 향유하지는 못한다. '부가적 편의'는 1978년 9월 27일 창설되었는데, 본부 행정이사회(Administrative Council)는 1984년 9월 26일 이 부가적 편의를 무기한 제공하기로 결정한 바 있다.[159]

3. MIGA

1960년대 ICSID를 설립한 IBRD는 1985년 10월 11일에는 IMF-IBRD 서울 총회에서 "다국간투자보증기구 설립협약"(Convention Establishing the Multilateral Investment Guarantee Agency)[160]을 채택하였는데, 1988년 4월 12일 협약 발효와 함께 다국간투자보증기구(MIGA)가 운영되고 있다.

(1) MIGA의 목적

MIGA의 목적은 외국인의 대(對) 개도국 투자를 증대하는 것이다.[161] 이를 위해 MIGA는 투자기회에 대한 연구를 수행하여 그 결과를 홍보하거나, 개발도상국에서 국제회의를 조직하기도 한다. 그러나 MIGA의 가장 중요한 임무는 평소 일정 수수료를 받는 대신 사인의 대 개도국 투자가 '비상업적 위험'(non- commercial risks)에 처하면 일종의 보험을 제공하는 것이다.[162] 요컨대 MIGA는 사보험회사들과 경쟁하려는 것이 아니라, 상업적 위험은 오히려 그들에게 맡겨둠으로써 보완적 역할을 수행할 따름이다.[163]

---

158) "Rules Governing the Additional Facility for the Administration of Proceedings by the Secretariat of the ICSID" (Additional Facility Rules), 제2조 및 제4조 3항, 〈http://icsid.worldbank.org/ICSID/ICSID/AdditionalFacilityRules.jsp〉.

159) van Houtte, p. 251 ; Aust, *Handbook of IL*, 2nd, p. 353 Hartley, *European Union Law in a Global Context*, p. 86, fn. 61 ; Oellers-Frahm/Wühler, pp. 602~603 ; https://en.wikipedia.org/wiki/ICSID.

160) (1985) 24 ILM 1598 ; https://www.miga.org/. 협약 제4조의 규정에 의하면 MIGA의 회원국지위는 'IBRD의 모든 회원국과 스위스'에게 개방되어 있다. 그러나 스위스도 이제는 IBRD회원국이다.

161) 협약 제2조 ; Shaw, pp. 528~529.

162) 1969년 미국정부가 설치한 OPIC(Overseas Private Investment Corporation)도 미국기업들을 위하여 이와 비슷한 기능을 수행하고 있다. Akehurst, p. 97 ; Cassese, p. 348 ; Brand, pp. 1022~1024.

163) van Houtte, p. 255.

(2) 기구론

MIGA는 총회(Council of Governors), 이사회(Board of Directors), 한 명의 사무총장(President)과 직원(Staff)으로 구성된다.[164]

총회는 각 회원국이 임명하는 한 명의 대표위원(Governor)과 한 명의 교체위원(Alternate)으로 구성된다. 총회는 대표위원들 중에서 1인을 의장(Chairman)으로 선출한다. 총회는 신회원국의 가입, 회원국지위의 정지, 자본금의 증가 혹은 감소 등등의 권한을 행사하는 기구의 최고기관이다.[165] 자본금 출자액수에 따라 회원국별로 투표수가 달리 할당되고 있으며, 협약에 달리 규정된 경우를 제외하고는 총회는 각 대표위원이 던지는 투표수의 과반수로 행동한다.[166]

기구의 일반운영에 대해 책임을 지는 이사회는 최소 12명의 이사(Directors)로 구성하되, 총회는 회원국 수의 변화를 고려하여 이사의 수를 조정할 수 있다. 각 이사는 한 명의 교체위원을 임명한다. 그리고 IBRD총재(President)는 이사회의 당연직 의장(Chairman)이 되지만, 가부동수인 경우 결정투표권을 행사하는 경우를 제외하고는 투표권이 없다. 이사의 임기·보수 등은 총회에서 정한다.[167] 각 이사는 그를 선출할 때 그에게 표를 던진 회원국들의 투표수를 던질 자격이 있으며, 이 투표는 분할하여 행사할 수 없다. 본 협약에 달리 명시된 경우를 제외하고는 이사회의 결정은 던져진 투표수의 과반수로 채택한다.[168]

사무총장은 의장(Chairman)의 지명에 기초하여 이사회에서 임명한다. 그의 임기와 근무조건은 총회에서 정한다.[169]

MIGA본부는 총회에서 달리 결정하지 않는 한 Washington D.C.에 소재하며, 필요에 따라 다른 사무소를 설치할 수도 있다.[170]

MIGA는 완전한 법인격을 가지며, 특히 계약을 체결하고, 동산·부동산을 취득·처분하고, 소송을 제기할 법적 능력을 갖는다.[171] MIGA 역시 각 회원국의 영토 내에서 업무 수행에 필요한 여러 가지 특권·면제를 향유한다.[172]

(3) 보증대상 투자자

MIGA는 단지 MIGA회원국의 국민인 자연인, 혹은 회원국에서 설립되었거나 그 곳에 주영업소를 가지고 있는 법인, 혹은 자본의 대부분이 회원국의 회사나 국민의 손에 있는 법인만을 보호 대상으로 한다. 또한 이들 자연인 또는 법인은 투자유치국의 국민이 아니어야 한다.[173]

---

164) 협약 제30조.
165) 협약 제31조.
166) 협약 제40조.
167) 협약 제32조.
168) 협약 제42조.
169) 협약 제33조.
170) 협약 제36조.
171) 협약 제1조(b).
172) 협약 제43조~제50조.

(4) 보증대상 투자

MIGA협약은 여러 형태의 투자를 보호하고 있다. 즉, 그것의 주된 목표는 물론 외국인의 직접투자이지만, '주식투자'와 '주식보유자가 기업체에 제공하거나 보증하는 중장기 대부'도 포함된다. 자금 투입이 반드시 요구되는 것은 아니다. 즉, 노하우, 특허, 경영계약, 프랜차이징 합의, 합작투자약정 그리고 다른 유형의 협력과 같은 자산들도 MIGA의 보호를 받을 수 있다.[174]

어쨌든, '새로운' 투자(new investments)만이 보증받을 수 있는데, 이것은 투자자가 MIGA에 보증신청서를 제출한 후에 개시되는 투자를 의미한다.[175]

투자는 MIGA회원국인 '개발도상국'의 영토에서 이루어지는 것이어야 한다.[176] 또한 MIGA는 투자유치국정부가 MIGA의 보증을 승인하기 전에는 투자자와 보증계약(contract of guarantee)을 체결할 수 없다.[177]

투자가 투자유치국의 발전에 기여할 것임이 분명해 보이는 경우에만 보증이 발부된다. 그리고 MIGA 역시 자신의 위험을 제한한다.[178] 즉, MIGA는 투자유치국의 투자조건들(현재의 대우와 법적 보호)을 점검한다. 또한 필요하다면 보증을 선 투자의 대우와 법적 보호를 위해 투자유치국과 협정을 체결할 수도 있다. 예컨대, MIGA는 방글라데시, 가나, 헝가리, 폴란드 등과 투자협정을 체결한 바 있다. 이같은 협정에서 MIGA는 최혜국지위를 향유하며, 이 경우 투자유치국은 투자협정에서 제3자에게 부여한 것과 동일한 특혜를 MIGA에게도 허용해야 한다.[179]

(5) 보증대상 위험

MIGA협약은 송금의 제약, 수용 및 유사조치, 정부계약의 위반, 전쟁이나 내란으로 인한 손실 등 네 가지 중요한 '비상업적 위험'을 규정하고 있다. 이 밖에도 MIGA이사회(Board of Directors)는 투자자와 그의 투자유치국의 공동요청이 있는 경우 다른 비상업적 위험도 보증의 대상으로 할 수 있다.[180]

(6) 보증계약

MIGA와 투자자 사이에 체결되는 보증계약(contract of guarantee)에는 계약조건을 구체적으로 명시한다. 지급해야 할 보험료(premium)의 크기는 보증대상에 따라 달라진다.[181]

---

173) 협약 제13조.
174) 협약 제12조 ; MIGA Operational Regulations, 1.02~1.08, (1988) 27 ILM 1227 at 1232~1233.
175) 협약 제12조(c).
176) 협약 제14조. MIGA협약의 목적상 '개도국'은 협약 Schedule A의 Category Two에 명기된 국가들이다 : (1985) 24 ILM 1598 at 1635.
177) 협약 제15조.
178) 협약 제22조.
179) 협약 제23조(b)(ii) ; van Houtte, pp. 252~253.
180) 협약 제11조.
181) 협약 제16조.

MIGA는 투자자가 투자유치국의 모든 구제수단을 완료한 후에 그에게 보험금을 지급할 것임을 보증계약에 명시해야 한다.[182)]

(7) 분쟁해결

보증계약에서는 MIGA와 투자자 사이의 일체의 분쟁을 최종해결을 위해 중재(arbitration)에 부탁할 것을 명시하는데, 대체로 ICSID중재가 선택된다. 중재인들은 보증계약, MIGA협약 그리고 분쟁해결을 위한 법의 일반원칙에 구속된다.[183)]

MIGA협약의 해석과 적용에 관한 MIGA회원국간의 분쟁은 MIGA이사회에 부탁되어야 한다.[184)]

MIGA와 회원국 간의(예컨대, MIGA가 지급한 보험금의 투자유치국정부로부터의 회수에 관한) 분쟁은 우선 교섭을 통해 해결하여야 하고, 이것이 결과가 없으면 조정에 의하여, 그리고 필요하다면 중재에 의하여 해결하여야 한다.[185)]

182) 협약 제17조.
183) van Houtte, p. 254.
184) 협약 제56조.
185) 협약 제57조 ; van Houtte, pp. 254~255.

제 17 장
국제인권법

Ⅰ. 서 론 : 인권의 국제적 보호

국제인권법(international law of human rights, international human rights law)[1]은 문자 그대로 국경선을 넘어, 즉 국적에 관계없이 '인간', 즉 자연인의 불가양의 기본적 권리를 보호·증진함을 목표로 하고 있다.[2] 아직까지 법인, 즉 회사에 대해서는 별 관심을 두고 있지 아니한데, 회사는 '인간'이 아니기 때문이다.[3] 국가들은 자국의 국적을 가진 회사를 넘어 회사 일반을 보호해 주어야 한다는 신념을 발전시켜 나가고 있지는 않는 것이다.[4] 오히려 반대로, 국제법적 차원에서 인권을 존중할 회사의 책임 문제가 부상하고 있는 실정이다.[5]

전통국제법 하에서 개개의 인간, 즉 구체적 혹은 실제적 개인(individu réel)은 단지 특정 국가의

1) 국제인권법과 국제인도법(international humanitarian law)의 관계 내지는 차이에 관해서는, 본서, 제28장(전쟁법) 참조. 술어의 문제로서 인권(human rights)은 때로 혹은 문서에 따라서는 기본권(fundamental rights)으로 지칭되기도 한다. 그리고 유럽인권협약은 그 공식명칭인 "Convention for the Protection of Human Rights and Fundamental Freedoms"에서 '인권'과 '기본적 자유'를 나란히 쓰고 있고, 아프리카인권헌장은 그 공식명칭인 "African Charter on Human and Peoples' Rights"에서 '인권'과 함께 '민족의 권리'를 내세우고 있다. 그런가 하면, 미국에서는 '시민권/민권'(civil rights)과 '시민적 자유' (civil liberties)란 술어가 자주 쓰인다. Hartley, *European Union Law in a Global Context*, p. 265, fn. 1.

2) 예컨대, 세계인권선언(1948) 제1조는 "모든 인간"(all human beings)이란 말로 시작하고 있다.

3) 예외가 없지는 않다. 예컨대, 유럽인권협약 제1의정서 제1조 첫 번째 문장은 "모든 자연인 또는 법인은 자신의 소유물을 평화롭게 향유할 권리가 있다."(Every natural or legal person is entitled to the peaceful enjoyment of his possessions.)라고 규정하고 있다. 그리고 동협약 제10조에 규정된 표현의 자유(freedom of expression)는 "방송, TV 혹은 영화기업들"(broadcasting, television or cinema enterprises)에 대해서도 적용되는 것으로 보인다. 이와 함께, 유럽인권재판소에 제소할 수 있는 주체들 중의 하나를 단지 person(사람)으로 표현함으로써 *natural* person(자연인)뿐만 아니라 *legal* person(법인)의 제소능력을 인정하고 있다 : 제11의정서에 의하여 개정된 유럽인권협약 제34조.

4) Louis Henkin, "'Nationality' at the Turn of the Century", in Ulrich Beyerlin, Michael Bothe, Rainer Hofmann and Ernst-Ulrich Petersmann (eds.), *Recht zwischen Umbruch und Bewahrung* (Festschrift für Rudolf Bernhardt) (Berlin : Springer-Verlag, 1995), p. 89 at 95~97.

5) 본장, "Ⅹ. 인권 분야에서 활동하는 UN기관들, 2. UN인권이사회" 참조.

시민으로서만 고려의 대상이 되었다. 예컨대, 개인이 외국정부로부터 손해를 입는 경우 그의 이익은 그의 본국(즉, 국적국가)이 외교보호권을 행사하기로 결정하는 범위 내에서만 보호받을 수 있었으며, 이같은 이론은 지금까지도 대체로 타당하다. 뿐만 아니라, 국가의 자국민에 대한 대우는 순전히 국내문제로 인식되었으므로, 국제법은 여기에 관여하지 않았다. 요컨대, 개인은 그들이 속한 국가의 단순한 부속물, 다시 말해서 국가이익(state interests)이 명령하는 바에 따라 사용되거나 보호되거나 희생될 수 있는 국가 수중의 단순한 볼모였던 것이다.[6] 그러므로 Akehurst는 "19세기에는 국가가 국제법의 유일한 법인격자였다. 국제법은 국내법이 동물을 바라보듯 개인을 바라보았다."[7]고 언급하고 있다. 그런 점에서 제2차 세계대전 후 국제공동체에 인권존중원칙이 도입된 것은 국가주권을 강조하는 전통국제법에 대한 중대한 도전이다.

제2차 세계대전 이전에도 물론 인권 문제에 대해 국제적 관심이 전혀 없었던 바는 아니다. 예컨대, 19세기에 들어와 늦게나마 노예'무역'을 금지하는 조약들[8]이 체결되기 시작하였으며, 20세기에 들어와서는 노예'제도' 자체를 추방하기 위한 조약들,[9] 노동자의 획일적 대우를 위한 ILO(International Labour Organization)협약들, 그리고 동유럽의 소수민족 보호를 위한 조약들이 체결되기도 하였다.[10] 그러나 19세기와 제1차 세계대전 후의 이같은 인권 관련 조약들은 인도적 고려(humanitarian considerations)뿐만 아니라 체약국들의 이기주의(self-interest)에도 기초하고 있었던 것이다. 즉, 노예무역(및 노예제도)금지조약은 아메리카에서 더 이상 식민지를 갖지 못하게 된 영국을 위시한 유럽국가들이 값싼 인력의 타국에로의 이전을 종결시키려는 의도 하에 마련한 것이었으며, 노동자의 획일적 대우에 관련한 ILO협약들도 일부 국가들이 자국의 값싼 노동력을 이용해서 국제시장에서 경쟁력을 높이는 것을 막기 위한 제도적 장치이기도 하였다. 그리고 (체코, 그리스, 폴란드, 루마니아, 유고와 체결한) 소수민족보호조약들과 (오스트리아, 불가리아, 터키, 헝가리와 체결한) 소수민족에 관한 조항을 포함하고 있는 강화조약들은 소수민족문제가 제1차 세계대전의 도화선이 된 오스트리아 황태자 암살사건의 계기가 되었다는 점에 비추어 이 문제로 인한 국제관계의 악화를 방지하고 국제평화를 유지하려는 정치적 동기를 기초로 한 것이었다.[11]

위 19세기 및 20세기 초의 인권 관련 조약들과는 대조적으로, 제2차 세계대전 후의 인권 문제는

---

6) Cassese, p. 288.

7) Akehurst, p. 70.

8) 예컨대, 1890년 7월 2일 "노예무역 진압에 관한 브뤼셀일반의정서"(Brussels General Act for the Repression of the Slave Trade). Jennings & Watts (eds.), p. 979.

9) 예컨대, 1926년 9월 25일 "노예제도폐지협약"(Slavery Convention). Jennings & Watts (eds.), p. 980.

10) 자세한 것은 Kaczorowska-Ireland, p. 521 참조.

11) Cassese, pp. 288~289. 이러한 견고로 *Certain Questions Relating to Settlers of German Origin in the Territory Ceded by Germany to Poland*, Advisory Opinion, PCIJ (1923), Series B, No. 6 ; *Certain German Interests in Polish Upper Silesia* (Germany v. Poland), PCIJ (1926), Series A, No. 7 ; *Rights of Minorities in Upper Silesia* (*Minority Schools*)(Germany v. Poland), PCIJ (1928), Series A, No. 15 ; *Treatment of Polish Nationals and Other Persons of Polish Origin or Speech in the Danzig Territory*, Advisory Opinion, PCIJ (1932), Series A/B, No. 44 ; *Minority Schools in Albania*, Advisory Opinion, PCIJ (1935), Series A/B, No. 64 등, PCIJ도 소수민족에 관련된 사건을 많이 다루었다. See Keitner, p. 150.

때때로 '정치적' 고려가 선행되기는 하였어도 더 이상 '경제적' 이해관계의 측면에서 다루어지지는 않게 되었다. 그리고 사람은 이제 '국가나 그 어떤 집단의 구성원'으로서가 아니라 "개개 인간의 자격으로"(*qua* single human beings) 보호받아야 한다는 관념이 형성되기 시작한 것이다. 이처럼 상황이 근본적으로 변경된 주요 이유는, 일본·독일의 침략과 잔학행위가 인간의 존엄성에 대한 극단적인 경시를 기초로 하는 사악한 전체주의 철학의 결과였다는 점에 대해 모든 승전국이 인식을 같이하였기 때문이다. 특히, 미국의 강력한 주장이 있었다.[12)]

제2차 세계대전 후 승전국들은 두 가지 측면에서 인권문제에 접근해 들어갔다. 첫째는 전통전쟁법규로는 규율하지 못하는 비인도적 행위를 저지른 독일·일본의 전범자를 처벌하기 위한 즉각적인 필요성을 충족시키기 위해 국제형법(international criminal law)의 발전을 추구하는 일이었으며, 둘째는 UN과 UN회원국들을 위한 행동지침으로서 인권에 관한 일단의 일반원칙을 고안해 내는 일이었다.[13)]

국제법을 전통(고전)국제법과 현대국제법으로 구분한다면 일차적 구분기준은 단연 인권법의 존재 여부이다. 인권법도 국제법의 한 분과로서 이것의 국제적 구속력 역시 관습과 조약(내지는 법의 일반원칙)에 기초하고 있긴 하지만, 인권법은 인간의 도덕과 양심, 정의, 그리고 무엇보다 인간 개개인의 존엄성에서 그 영감을 받는다는 점에서 이것이 결여된 전통국제법의 여러 분과와는 생각하는 차원이 다르기 때문이다.[14)] 인권법은 국제법이 혹은 국제공동체가 야만에서 문명으로 넘어가는 분수령이다.

국제인권법에서 개인은 −인권을 향유할 권리를 갖고 있는− 권리보유자(human rights−holders)이며, 국가는 −인권을 존중할 의무를 지며, 이 의무를 위반하면 인권침해자가 되는− 의무부담자(human rights duty−bearers)의 지위에 놓인다. 국제인권법상의 직접적인 의무부담자를 국제기구와 기타 비국가행위자들, 이를테면 무장단체, 회사(특히, 다국적기업), 나아가 개인에게까지 연장할 수 있을 것인지, 만일 그렇다면 어느 정도까지 연장할 수 있을 것인지에 대한 논의가 진행 중이다.[15)]

Ⅱ. 국제형법의 발전

국제적인 차원의 상설형사재판소의 설치를 목표로 진행되어 온 국제형법의 성공적인 출발점은 아무래도 제2차 세계대전 직후 설립된 뉴른베르그 국제군사재판소에서 찾아야 할 것 같다. 1899년과 1907년의 헤이그 만국평화회의는 마르텐스 조항(Martens Clause)[16)]의 도입에는 성공하였지만 개

12) Cassese, p. 289. 요컨대, 인권은 무엇보다 '개인'의 존재를 인정함을 전제로 한다. 인구의 다과를 떠나 '개인'이 없는 국가에서는 인권이 발붙이기 힘들다. 그러기 위해서는 개인의 자기 존재에 대한 각성이 필요하다 : 본서, 제20판, 머리말 참조.
13) *Ibid.*, p. 290.
14) Dixon, p. 354.
15) Rodley in Evans (ed.), *International Law*, 5th, pp. 785~788, 807.
16) 본서, 제28장 (전쟁법) 참조.

인, 그것도 주권자로 자처하는 국가원수들에 대하여 국제형사책임을 부과할 수 있어야 한다는 관념이 비집고 들어올 여지는 여전히 없어 보였다. 그러나 제1차 세계대전의 참화를 겪고난 뒤 개전과 전쟁법 위반에 대해 국제적인 차원에서 형사책임을 부과할 수도 있을 것이라는 생각이 표면화되었다. 1919년 예비평화회의(Preliminary Peace Conference)의 전체회의에서 설치된 "전쟁주동자들의 책임과 형벌집행에 관한 위원회"(Commission on the Responsibility of the Authors of the War and on the Enforcement of Penalties)는 미국의 반대에도 불구하고 "전쟁의 법과 관습 그리고 인도의 법에 대한 범죄를 저지른 혐의가 있는 모든 적국인"(all enemy persons alleged to have been guilty of offenses against the laws and customs of war and the laws of humanity)의 재판을 위한 한 개의 국제적인 "고등재관소"(high tribunal)의 설립을 제안하였다.[17] 그리고 어려운 협상의 결과, 1919년 6월 28일의 베르사유조약(Treaty of Versailles)[18]은 특히 "국제도덕과 조약의 신성에 대한 최고의 범죄"(supreme offence against international morality and the sanctity of treaties)를 이유로 독일황제 빌헬름 2세를 재판하게 될 한 개의 "특별재판소"(special tribunal)를 규정하였다.[19] 그러나 빌헬름 2세는 그의 사촌이 군주인 네덜란드로 피신하였고, 네덜란드는 그의 인도를 거절하였다. 베르사유조약의 시도는 이로써 대실패로 기록되고 말았다.[20] 그러나 1934년 유고슬라비아의 알렉산더 왕이 프랑스 마르세유에서 암살당한 후 국제연맹 내에서 논의가 재개되었고, 1937년 11월 16일 제네바에서 서명된 "테러리즘의 방지 및 처벌을 위한 협약"(Convention for the Prevention and Punishment of Terrorism)에 규정된 범죄로 기소된 자들을 재판하게 될 한 개의 상설적인 "국제형사재판소의 창설을 위한 협약"(Convention for the Creation of an International Criminal Court)이 같은 날 같은 곳에서 서명되었다.[21] 재판소의 사물관할이 매우 제한되어 있었고 비교적 정의가 분명하였기 때문에 그 이전의 여러 제안에 대해 제기되었던 반대의 많은 부분을 피할 수 있었다. 그러나 이것도 단지 13개국이 서명하였을

---

17) Commission on the Responsibility of the Authors of the War and on the Enforcement of Penalties : Report presented to the Preliminary Peace Conference, (1920) 14 AJIL 95 at 123 ; Leila Nadya Sadat, "The Establishment of the International Criminal Court : From the Hague to Rome and Back Again", (1999) 8 Journal of International Law and Practice (Detroit College of Law at Michigan State University) 97 at 102~103.

18) i.e. Treaty of Peace between the Allied and Associated Powers and Germany. https://www.loc.gov/law/help/us-treaties/bevans/m-ust000002-0043.pdf ; https://net.lib.byu.edu/~rdh7/wwi/versa/versa6.html ; https://www.history.com/news/treaty-of-versailles-provisions.

19) 베르사유조약 제227조. "특별재판소"는 미국, 영국, 프랑스, 이탈리아, 일본이 각기 한 명씩 임명하여, 모두 다섯 명의 재판관으로 구성되도록 되어 있었다. 베르사유조약 제227조에 규정된 이 "특별재판소"는 오로지 독일황제를 재판하기 위한 것이었다. "전쟁법규를 위반한" '다른 자들'에 대한 재판은 베르사유조약 제228조와 제229조에서 규율하고 있었다. 그러나 제228조와 제229조의 적용대상자들에 대한 재판도 결국은 사실상 실패로 끝나고 말았다. 이에 관해 좀 더 구체적인 것은 Herman von Hebel, "An International Criminal Court-A Historical Perspective", in Herman A.M. von Hebel, Johan G. Lammers and Jolien Schukking (eds.), *Reflections on the International Criminal Court* (The Hague : T.M.C. Asser Press, 1999), pp. 15~16 참조.

20) *Ibid.*

21) (1938) 19 BYIL 214~217.

뿐, 발효에 이르지 못하고 말았다.[22] 그러나 제2차 세계대전에서 승리한 연합국들은 이같은 과오를 되풀이 하지 않았다. 국제법은 국가 간의 관계만을 규율한다는 관념도 저물고 있었다.

제2차 세계대전기간 중 연합국들은 독일 당국의 잔학행위 중 그 일부는 전통국제법에 의해 금지되지 않는다는 사실을 알게 되었다. 즉, 전통전쟁법규에서는 단지 '전쟁기간 중' '적국 또는 적국민 혹은 점령지 하의 민간인'에 대한 일정 행위만을 금지하고 있었다. 이에 반해 독일(과 일본)은 이 밖에도 '전쟁기간 중에는 물론이고 사전 전쟁 준비를 위하여', '자국민'에 대해서,[23] '동맹국'의 시민에 대해서,[24] 그리고 형식상 독일 점령 하에 있는 것이 아니기 때문에 점령지의 민간인 보호에 관한 국제규칙에 의해 보호받지 못하는 국가의 국민들[25]에 대해서 정치적·인종적 이유로 비인간적 행위를 자행하였다. 독일 당국은 또한 무국적의 유태인(Jews)과 집시들(Roma)을 박해하고 살해하기도 하였다. 게다가 1945년 당시에는 정치적·인종적 목적을 위한 단순한 박해(persecution)와 같은 행위들은 점령지의 민간인들에 대해서 조차도 금지되지 않았다.[26] 그러므로 연합국들은 이들의 이같은 가증스런 행위를 처벌하기 위하여 새로운 범죄를 창설하였는데, 인도에 대한 죄(crimes against humanity)가 바로 그것이다.

1945년 8월 8일 체결된 "유럽추축국 주요 전범자의 소추 및 처벌을 위한 런던협정"(London Agreement for the Prosecution and Punishment of the Major War Criminals of the European Axis)에 부속되어 있는 뉴른베르그 국제군사재판소헌장(Charter of the International Military Tribunal) 제6조[27]는 인도에 대한 죄를 "전쟁 '전' 또는 전쟁 '중'에 '그 어떤 민간인' (any

---

22) von Hebel, *op. cit.*, fn. 27.

23) 독일의 경우, 노동조합에 가입한 사람들, 사회민주당, 공산당, 유태인, 집시, 그리고 교회구성원의 인권유린 ; 일본의 경우에는 조선인학살, 일본군 731부대에서의 생체실험 그리고 흔히 (종군)위안부(comfort women)로 불리는 강제 성노예 제도 운영(피해 여성들은 조선인을 비롯해 네덜란드인, 중국인, 필리핀인 등 다국적이다) 등을 들 수 있다. 특별히 일본군 위안부 문제에 대해서는, 都時煥, "일본군 '위안부' 문제의 현황과 국제인권법적 재조명", 《國際法學會論叢》, 제53권 제3호 (2008. 12), pp. 41~68 ; 박정훈, "조선인 위안부 '사냥'을 고백한 일본인", 조선일보, 2012년 9월 6일(목), A39면 참조. 일본군 위안부를 성노예로 규정하는 것에 대한 유보적 견해로는, 이영훈 외, 《반일종족주의 反日種族主義》, (서울 : 미래사, 2019), "3부 종족주의의 아성, 위안부" 참조.

24) 예컨대, 1943년 이탈리아가 항복하기 이전의 기간에 있어 이탈리아 유태인들 그리고 비시정권(Vichy regime) (1940~1944) 하의 프랑스 유태인들.

25) 예컨대, 1938년 독일에 병합당한 오스트리아 ; 그리고 체코의 경우, 1938년의 뮌헨조약(Munich Treaty) 이후 Sudeten 지역은 독일에 병합되었고, 나머지 영토는 1939년에 이른바 'protectorate of Bohemia and Moravia'가 되었다.

26) Cassese, pp. 290~291.

27) "The following acts, or any of them, are crimes coming within the jurisdiction of the Tribunal for which there shall be individual responsibility :

(a) Crimes Against Peace : namely, planning, preparation, initiation or waging of a war of aggression, or a war in violation of international treaties, agreements or assurances, or participation in a common plan or conspiracy for the accomplishment of any of the foregoing ;

(b) War Crimes : namely, violations of the laws or customs of war. Such violations shall include, but not be limited to, murder, ill-treatment or deportation to slave labor or for any other purpose of civilian population of or in occupied territory, murder or ill-treatment of prisoners of war or persons on the seas, killing of hostages, plunder of public or private property, wanton destruction of cities, towns or villages, or devastation not justified by military necessity ;

(c) Crimes Against Humanity : namely, murder, extermination, enslavement, deportation, and other

civilian population)에 대해서라도 행하여진 살육 · 섬멸 · 노예적 혹사 · 추방 및 기타 비인도적 행위, 혹은 범죄가 행하여진 국가의 국내법을 위반하였는가 아닌가를 불문하고 '이 재판소의 관할권에 속하는 일체의 범죄'(any crime within the jurisdiction of the Tribunal)의 실행을 위하여 또는 그러한 범죄와 관련하여 행하여진 정치적 · 인종적 혹은 종교적 이유에 기인하는 '박해'행위"로 정의하고 있다.

전쟁 자체의 합법성을 심사하기 위한 개념으로 고안된 평화에 대한 죄(crimes against peace)와는 달리 전쟁범죄(war crimes)와 인도에 대한 죄(crimes against humanity)는 양자 모두 전쟁 실행방법의 합법성을 심사하기 위한 척도로서 고안된 개념이다. 또한 평화에 대한 죄의 책임은 오로지 국가 지도자들(leaders of the state)에게만 부과되며 침략전쟁에 참여하는 보통 군인들에게는 부과되지 않는데 반해, 전쟁범죄와 인도에 대한 죄의 경우는 그러하지 아니하다.

그러나 인도에 대한 죄는 다음의 두 가지 점에서는 전쟁범죄보다 넓은 개념이다. 첫째, 인도에 대한 죄는 전쟁기간 중 뿐만 아니라 전쟁 전에도 범할 수 있다. 둘째, 인도에 대한 죄는 위법행위국 자신의 국민을 포함해서 '그 어떤 민간인 주민'에 대하여도 자행될 수 있다. 이처럼 인도에 대한 죄의 금지는 국가는 자국민을 마음대로 대우할 권리를 가진다는 전통국제법규에 대한 한 개의 예외를 구성하였으며,[28] 이로써 인권의 초국가화 · 국제화에 크게 기여하였다.

뉴른베르그 재판소는 그러나 "이 재판소의 관할권에 속하는 일체의 범죄(any crime within the jurisdiction of the Tribunal)의 실행을 위하여 또는 그러한 범죄와 관련하여"란 대목을 강조함으로써, 그리고 여기서 '일체의 범죄'를 '이 재판소의 관할권에 속하는 일체의 다른 범죄'(any *other* crime within the jurisdiction of the tribunal)(즉, 평화에 대한 죄와 전쟁범죄)로 해석함으로써 인도에 대한 죄의 범위를 제한하였다. 다시 말해서, '평화에 대한 죄 혹은 전쟁범죄'의 실행을 위하여 또는 그러한 범죄와 관련하여 행해진 행위만이 인도에 대한 범죄를 구성하게 되었는 바, 이처럼 인도에 대한 죄를 재판소의 다른 두 관할범죄와 연계시켰다는 것은 결국 —범죄행위가 침략전쟁 혹은 그 같은 범죄 수행을 위한 공모와 관련이 있기 때문에, 혹은 적국 교전자 혹은 적국민을 대상으로 한 범죄로서의 전쟁범죄와 밀접한 관계가 있기 때문에— 타 국가들의 이익에 직접 영향을 미친 범죄행위들만이 처벌받음을 뜻하는 것이었다.[29)]

---

inhumane acts committed against any civilian population, before or during the war, or persecutions on political, racial or religious grounds in execution of or in connection with any crime within the jurisdiction of the Tribunal, whether or not in violation of the domestic law of the country where perpetrated."

1946년 1월 19일 맥아더가 공표한 연합국최고사령관 포고령(Proclamation by the Supreme Commander for the Allied Powers)에 의거하여 동년 4월 26일 제정된 극동국제군사재판소 헌장(Charter of the International Military Tribunal for the Far East) 제5조도 뉴른베르그 국제군사재판소 헌장 제6조와 실질적으로 동일한데, 다만 차이가 없지 않다 ; 특히, (a)호, "평화에 대한 죄"의 정의에 있어 "... waging of a war of aggression ..." 부분이 극동국제군사재판소 헌장에서는 "... waging of a declared or undeclared war of aggression ..."으로 표현되어 있다. 김영석, 《국제법》, p. 224 ; Richard H. Minear, *Victors' Justice : The Tokyo War Crimes Trial* (Princeton, New Jersey : Princeton University Press, 1973), pp. 183, 185 ; https://en.wikipedia.org/wiki/International_Military_Tribunal_for_the_Far_East.

28) Akehurst, p. 279.

이 밖에, 동 재판소헌장 제7조는 "피고인의 공적 지위는 국가원수이든 아니면 정부 내의 책임있는 관리이든 그들의 책임을 면제시켜 주거나 처벌을 완화하는 것으로 간주되지 아니한다."라고 규정함으로써 피고인들이 자신들의 인도에 대한 죄(와 전쟁범죄 및 평화에 대한 죄)와 관련하여 국가행위(act of state)의 항변을 제기하는 것을 봉쇄해 버렸다.[30)]

---

29) Judgement of the International Military Tribunal, "The Law Relating to War Crimes and Crimes Against Humanity" : "With regard to crimes against humanity, there is no doubt whatever that political opponents were murdered in Germany before the war, and that many of them were kept in concentration camps in circumstances of great horror and cruelty. The policy of terror was certainly carried out on a vast scale, and in many cases was organised and systematic. The policy of persecution, repression and murder of civilians in Germany before the war of 1939, who were likely to be hostile to the Government, was most ruthlessly carried out. The persecution of Jews during the same period is established beyond all doubt. To constitute crimes against humanity, the acts relied on before the outbreak of war must have been in execution of, or in connection with, any crime within the jurisdiction of the Tribunal. The Tribunal is of the opinion that revolting and horrible as many of these crimes were, it has not been satisfactorily proved that they were done in execution of, or in connection with, any such crime. The Tribunal therefore cannot make a general declaration that the acts before 1939 were crimes against humanity within the meaning of the Charter, but from the beginning of the war in 1939 war crimes were committed on a vast scale, which were also crimes against humanity; and insofar as the inhumane acts charged in the Indictment, and committed after the beginning of the war, did not constitute war crimes, they were all committed in execution of, or in connection with, the aggressive war, and therefore constituted crimes against humanity." Avalon Project archive, Yale Law School, 〈https://avalon.law.yale.edu/subject_menus/judcont.asp〉; Akehurst, pp. 279~280 ; Cassese, p. 291 ; Green, p. 286 ; https://en.wikipedia.org/wiki/Crimes_against_humanity.

30) International Military Tribunal (Nuremberg), Judgement of 1 October 1946, pp. 55~56, 〈https://crimeofaggression.info/documents/6/1946_Nuremberg_Judgement.pdf〉; 본서, 제11장 (국가행위이론), "국가행위 이론과 전쟁행위". 재판 과정에서 인도에 대한 죄의 창설은 소급입법(retroactive legislation)이 아닌가의 문제가 제기되었다. 이에 대해 국제군사재판소는 첫째, 인도에 대한 죄는 "그 창설 당시에 존재하던 국제법의 표현"에 불과하며, 둘째, "법률 없으면 범죄 없다는 격언은 주권의 제한이 아니라 그것은 일반적으로 재판의 한 원칙"에 불과하다고 주장하였다. 그러나 첫 번째 주장에 대해서는 인도에 대한 죄에 관한 한 이것은 소급입법임이 분명하다는 비판이 가해지고 있다. 그리고 두 번째 주장에 대해서 이것은 중대한 비인도적 잔학행위에 대해서는 의심할 바 없이 타당하지만, 그러나 새로이 창설되는 범죄의 경우 재판소들은 그같이 새로운 범죄만을 저지른 피고인에 대해 사형이라는 최고의 형벌을 부과하지는 않는다는 비판도 가해지고 있다. 인도에 대한 죄가 지나친 소급입법이라는 비판에 대하여 Akehurst, p. 280은 다음과 같이 응수하고 있다. "Even if certain provisions in the Charter of the Nuremberg Tribunal constituted retroactive legislation, there is no rule in international law against retroactive legislation. It is true that retroactive legislation can lead to injustice in certain cases, but anyone who thinks that justice demanded the acquittal of the men convicted at Nuremberg has a very peculiar idea of justice. In any case, there can be no complaint about retroactive legislation in future cases ; the judgment of the Nuremberg Tribunal constitutes a precedent for the future, and the principles laid down in the Charter and judgment of the Tribunal were later approved by the General Assembly and by the International Law Commission." Aust (*Handbook of IL*, 2nd, p. 255)도 "(제2차 세계대전의 전범재판을) '승자들의 재판'(victors' justice)이라고 하는 것은 넌센스"라고 언급하고 있다. 어쨌든, 뉴른베르그 국제군사재판소에서 오로지 인도에 대한 죄로 유죄선고를 받은 피고는 Streicher와 von Schirach 단 2명뿐이었다. Cassese, p. 292. 2010년 유럽인권재판소는 '전쟁범죄'(war crimes)에 대한 뉴른베르그 국제군사재판소헌장은 사후(소급)형사입법이 아니라고 결론지었다 : *Kononov* v. *Latvia*, Application no. 36376/04, Grand Chamber Judgment, 17 May 2010, para. 207.

뉴른베르그 국제군사재판소에 대한 그 밖의 비판으로서는 다음의 몇 가지를 들 수 있다. 첫째는 당시 판사들 모두가 연합국의 현역군인이었다는 점이다. 즉, "누구도 자기 사건의 재판관이 될 수 없다."(*nemo judex in re sua*)는 명제를 위반하였다는 것이다. 둘째는 재판절차의 대부분이 영미법체계의 소송절차를 따랐다는 점

제2차 세계대전 직후 인도에 대한 죄의 금지를 구체화하는 많은 국제문서가 채택되었다. 예컨대, 이탈리아·루마니아·헝가리·불가리아·핀란드 등과의 강화조약에도 인도에 대한 죄의 처벌을 규정한 조항이 포함되었다. 그리고 1946년 12월 11일 UN총회는 뉴른베르그 국제군사재판소 헌장의 원칙과 그 판결을 '확인'(affirmation)하는 결의 95(I)을 만장일치로 채택하였으며, 이로써 개인은 이제 새로이 평화에 대한 죄와 인도에 대한 죄의 직접적인 주체가 되었음이 UN에서 확인된 셈이다.[31] 또한 같은 날 UN총회는 특별히 '제노사이드'(genocide : 집단살해)를, "인간집단 전체의 생존권에 대한 부인" (denial of the right of existence of entire human groups)으로서 "도덕법과 UN의 정신 및 목표에 반하는"(contrary to moral law and to the spirit and aims of the United Nations) "국제법 하의 범죄(개인의 국제범죄)"(crime under international law)로 비난하는 결의 96(I)을 만장일치로 채택하였다.[32] 결의 96(I)은 1948년 12월 9일 "제노사이드 방지 및 처벌에 관한 협약"(Convention on the Prevention and Punishment of the Crime of Genocide)의 채택으로 이어졌는데,[33] 이는 UN총회가 채택한 최초의 인권조약이자, 인도에 대한 죄의 한 유

이다. 셋째는 연합군, 특히 미군이 범한 전쟁범죄는 심리대상에서 완전히 제외되었다는 점이다.

뉴른베르그 국제군사재판소와는 달리, 극동국제군사재판소는 평화에 대한 죄와 전쟁범죄에만 관심을 -그것도 단지 부분적으로만- 기울였을 뿐, 인도에 대한 죄에 대해서는 전혀 관심을 기울이지 않았다. 그들이 저지른 만행으로는 특히 종군위안부, 만주에서의 한국인학살, 인체(일명, 마루타)실험 등을 그 예로 들 수 있다. 이들 중에서 마루타의 경우를 보면, 일본군은 1931년 이후 한국인, 중국인, 소련인 포로들을 상대로 세균 및 독가스의 인체실험을 대규모적이고 조직적으로 지속하였다. 특히, 세균인체실험을 전담했던 당시 일본군 731부대(부대장 : 石井四郎)의 만행은 널리 알려진 사실이다. 그럼에도 불구하고 세균전에 관한 정보를 얻으려는 미국과 소련은 그 대가로 이들의 죄를 불문에 부치기로 밀약하였던 것이다. 그 결과 일본군 731부대 등등의 만행은 극동군사재판소에서 거론조차 되지 않았다. 林德圭, "Nuremberg 및 東京國際軍事裁判의 再照明", 國際法學會論叢, 제34권 1호 (1989년 6월), pp. 200~202.

재판부의 구성을 보면, 극동국제군사재판소 재판부는 맥아더 사령관이 11명의 재판관(미국, 영국, 소련, 오스트레일리아, 캐나다, 중국, 인도, 프랑스, 네덜란드, 뉴질랜드, 필리핀에서 각기 1인)을 임명함으로써 구성되었다(미국 출신 재판관은 한번 교체됨) ; 그리고 동 재판소의 판결은 과반수로 행해졌고, 실제로 재판부는 판결이유나 그 결과에 있어 결코 만장일치에 이르지 못하였었다 : Cryer in Evans (ed.), *International Law*, 3rd, pp. 771~772 ; https://en.wikipedia.org/wiki/International_Military_Tribunal_for_the_Far_East. 뉴른베르그 국제군사재판소 재판부는 미국과 영국, 소련, 프랑스가 각기 한 명의 주 재판관과 교체 재판관을 임명함으로써 구성되었다 : Cryer in Evans (ed.), *International Law*, 3rd, p. 770 ; Kaczorowska-Ireland, p. 196 ; https://en.wikipedia.org/wiki/Nuremberg_trials.

31) 다만, 동 결의는 이들 원칙이 무엇인지를 상술하지는 않았는데, 이 공백은 1950년에 국제법위원회(International Law Commission)가 "뉴른베르그 국제군사재판소헌장과 그 판결에서 승인된 국제법의 원칙"(Principles of International Law Recognized in the Charter of the Nürnberg Tribunal and in the Judgment of the Tribunal)을 채택함으로써 제거되었다. ILC는 여기서, 국제법 하의 범죄를 저지른 자는 누구든지 개인적으로 책임을 지고 처벌받아야 하며(제1원칙), 그러나 그는 모든 경우에 사실과 법에 관하여 공정한 재판을 받을 권리가 있으며(제5원칙), 기소된 행위가 국내법상 합법이라고 항변하는 것은 허용되지 아니하며(제2원칙), 국가원수건 아니건 지위는 면제를 부여하지 않으며(제3원칙), 상급자의 명령은 '도덕적 선택(moral choice)이 피고인에게 사실상 가능했다면' 항변사유가 되지 않음(제4원칙)을 분명히 하고 있다. Yearbook of the International Law Commission (1950), Vol. Ⅱ, pp. 374~378 ; Green, p. 296.

32) von Glahn, p. 354 ; Ragazzi, p. 93.

33) 1951년 1월 12일 발효 ; https://en.wikipedia.org/wiki/Genocide_Convention. UN 비회원국이 제노사이드협약이 서명을 위해 개방된 기간 동안(즉, 1949년 12월 31일까지) 서명을 하거나, 그후 가입하려는 경우에는 UN총회의 초청을 받아야 한다(제11조) ; *Reservations to the Convention on Genocide*, Advisory Opinion, ICJ Reports (1951), p. 15 at 17~18.

형인 제노사이드를 전시뿐만 아니라 평시에도 금지한 최초의 국제협정이었다.[34)]

이같은 거대한 규범적 발전에도 불구하고 관련 국제법규의 이행이 뒤따르지 않고 있다는 점은 매우 유감스런 사실이다. 1945년 이후 전개된 여러 무력충돌에서 그리고 평시에 인도에 대한 잔학한 행위, 특히 제노사이드 행위가 자행되었지만, 국제공동체는 대체로 침묵을 지키는 편이다. 각국 정부는 이해관계와 국가 간 역학관계를 고려하여 그같은 범죄행위의 중단과 범법자의 처벌을 요구할 수 있는 자신의 권리를 행사하지 않고 중립을 지키고 있는 것이다.[35)]

그러나 1990년대 초반 구유고 내전에서 나타난 제노사이드, 강간 그리고 이들 방법을 이용한 인종청소(ethnic cleansing)의 참상은 국제공동체의 침묵을 더 이상 허용하지 않았다. 그러므로 UN 안전보장이사회는 1993년 5월 25일 UN헌장 제7장을 발동하여 구유고국제형사재판소(International Criminal Tribunal for the former Yugoslavia)(정식명칭 : International Tribunal for the Prosecution of Persons Responsible for Serious Violations of International Humanitarian Law Committed in the Territory of the Former Yugoslavia since 1991)를 설치하였으며,[36)] 이어서 1994년 11월 8일에는 르완다 내전에서 자행된 –제노사이드를 포함한– 갖가지 중대한 인권침해행위를 처벌하기 위하여 르완다국제형사재판소(International Criminal Tribunal for Rwanda)(정식명칭 : International Criminal Tribunal for the Prosecution of Persons Responsible for Genocide and Other Serious Violations of International Humanitarian Law Committed in the Territory of Rwanda and Rwandan Citizens Responsible for Genocide and Other Such Violations Committed in the Territory of Neighbouring States, between January 1, 1994 and December 31, 1994)[37)]를 설치하였었다.[38)]

---

34) 제노사이드협약 제1조 ; *Jorgic* v. *Germany*, European Court of Human Rights, Application No. 35763/97, Judgment of 12 Nov. 2001, para. 68 ; 본서, 제9장 (국가관할권), "Ⅱ. 입법관할권의 이론적 기초, 5. 보편관할권" 참조. 참고로, genocide란 술어는 폴란드 법률가 Raphael Lemkin이 나치의 홀로코스트를 지칭하기 위해 1944년의 그의 저서 *Axis Rule in Occupied Europe* (Washington Carnegie Endowment for World Peace, 1944), pp. 75~95에서 민족 혹은 인종을 뜻하는 그리스어 genos와 살해하다를 뜻하는 라틴어 cide를 결합하여 만들어 낸 것으로 인용되고 있다 : Cassese, *Human Rights in a Changing World*, p. 71 ; Ragazzi, p. 93 ; Cryer in Evans (ed.), *International law*, 3rd, p. 755 ; Richard Overy, "The Nuremberg trials : international law in the making", in Sands (ed.), pp. 20~21 ; United Nations, Office on Genocide Prevention and the Responsibility to Protect, "Genocide", 〈https://www.un.org/en/genocideprevention/genocide.shtml〉 ; https://en.wikipedia.org/wiki/Raphael_Lemkin. 제노사이드란 술어가 나치의 집단살해 행위를 지칭하기 위해 1944년에 만들어졌다 하여 그 이전의 인간들의 역사에서는 이런 범죄가 자행되지 않았다는 말은 물론 아니다. 동일한 인종적·민족적 혹은 종교적 배경을 가진 집단 전체를 섬멸하는 것은 과거 수많은 정복전쟁에서, 종교전쟁에서, 혹은 라틴 아메리카, 아시아, 아프리카 지역에서의 유럽인들의 식민지 지배과정에서 항다반사였다. Cassese, *Human Rights in a Changing World*, p. 71.

35) Cassese, p. 293. 특히 20세기, 자국민에 대한 제도적이고 반복적인 잔혹행위가 구소련의 스탈린 체제 하에서(https://en.wikipedia.org/wiki/Joseph_Stalin ; https://en.wikipedia.org/wiki/Great_Purge),, 중공의 모택동 치하에서(https://en.wikipedia.org/wiki/Mao_Zedong ; https://en.wikipedia.org/wiki/Great_Leap_Forward ; https://en.wikipedia.org/wiki/Great_Chinese_Famine ; https://en.wikipedia.org/wiki/Cultural_Revolution) 자행되었고, 또 그같은 악행이 북한의 3대에 걸친 세습독재 체제 하에서(https://en.wikipedia.org/wiki/North_Korean_famine ; https://en.wikipedia.org/wiki/Human_rights_in_North_Korea) 현재도 진행 중이다.

36) 안보리결의 827(1993), (1993) 32 ILM 1203 참조.

37) 안보리결의 955(1994), (1994) 33 ILM 1600 참조.

38) 르완다국제형사재판소는 2015년 12월 31일에, 구유고국제형사재판소는 2017년 12월 31일에 문을 닫고, 현재는 이들 두 재판소의 잔여업무를 처리하기 위한 재판소가 가동 중인데, 폐쇄 과정은 다음과 같다 : https://

위에서 언급한 바와 같이 과거 국제연맹도 1937년에 "테러리즘의 방지 및 처벌을 위한 협약"과 (그 성격상 거의 이 협약의 부속서 내지는 보충문서라고 할 수 있는)[39] "국제형사재판소의 창설을 위한 협약"을 발의한 바 있으나, 전자에 대해서는 단지 한 개의 비준이 있었을 뿐이고, 후자를 비준한 국가는 하나도 없었다.[40] 이같은 시도를 승계한 UN총회는 1998년 7월 17일 로마에서 개최된 외교전권

en.wikipedia.org/wiki/International_Criminal_Tribunal_for_Rwanda ; https://www.un.org/press/en/2015/sc12188.doc.htm ; https://www.state.gov/secretary/remarks/2017/12/276745.htm. 먼저, 구유고국제형사재판소와 르완다국제형사재판소는 7명의 재판관으로 구성되는 단일의 상소부(Appeals Chamber)를 공유하였는데, 여기서 5명은 구유고국제형사재판소 소속이고, 2명은 르완다국제형사재판소 소속이었다 : Rosenne, *The Perplexities of Modern International Law*, p. 180 ; https://www.mofat.go.kr/index.html. 한편, UN안전보장이사회는 2003년 8월 23일의 결의 1503을 통해 이들 두 재판소에게 "2004년 말까지 수사를 완료하고, 2008년 말까지는 제1심에서의 모든 심리활동을 완료하고, 2010년에는 모든 업무를 완료하기 위해 가능한 모든 조치를 취할 것을 요청"하였었다. 그러나 이것이 여의치 않자 안보리는 UN헌장 제7장에 의거하여 채택한 2010년 12월 22일의 결의 1966에서 다시 다음과 같이 결정하였다. 첫째, "형사재판소들을 위한 국제잔류기구"(International Residual Mechanism for Criminal Tribunals)(이하 "잔류기구")를 설치한다 ; "잔류기구"는 2개 분과(branch)로 구성되며, 구유고재판소 분과는 2013년 7월 1일에, 르완다재판소 분과는 2012년 7월 1일에 기능을 시작한다 (결의 1966, para. 1). 둘째, 구유고재판소와 르완다재판소는 2014년 12월 31일까지는 -본 결의에서 규정하는 바의- 남아있는 모든 업무를 신속히 완료하기 위해 가능한 모든 조치를 취하고, 자신들의 폐쇄를 준비하고, "잔류기구"로의 원활한 이행을 보장한다 (결의 1966, para. 3) ; 다만, 결의 1966에 첨부된 "경과규정" (Transitional Arrangements) 제1조 1항에 의하면, 구유고재판소와 르완다재판소는 "잔류기구"의 각 분과 업무 개시일 현재 자신들에게 계류 중인 모든 재판 혹은 회부절차를 완료할 권한을 갖는다. 셋째, "잔류기구"는 결의 1966, para. 1에 명시된 각 분과의 업무 개시 일자부로 각기 구유고재판소와 르완다재판소의 "관할권, 권리와 의무, 본질적 기능을 계속"한다 (결의 1966, para. 4). 넷째, "잔류기구"는 결의 1966, para. 1에 명시된 최초 개시일로부터 처음 4년간 활동한다 ; 그리고 최초 기간 종료 전에, 그리고 그 후에는 2년마다 업무진전 상황을 검토하며, 안보리가 달리 결정하지 않는 한 각 검토 후 2년간 활동한다 (결의 1966, para. 17). 다섯째, 3개 재판소(즉, 구유고재판소, 르완다재판소, "잔류기구")는 최고위지도자들(the most senior leaders) 중에서 범죄에 가장 책임이 있다는 혐의를 받고 있는 자들과 관련되지 아니한 사건들은 권한있는 국내관할권에로 회부하기 위해 모든 노력을 다 하여야 한다 (결의 1966, para. 11). 안보리결의 1966에는 "형사재판소들을 위한 국제잔류기구 규정"(Statute of the International Residual Mechanism for Criminal Tribunals)이 첨부되어 있는데, 동 규정에 의하면 잔류기구는 ICTY규정 제1조~제8조 및 ICTR규정 제1조~제7조에 명시된 대로 ICTY 및 ICTR의 물적, 영토적, 시간적 및 인적 관할권을 계속 유지한다 (잔류기구 규정 제1조 1항) ; 최고위지도자들 중에서 "범죄에 가장 책임이 있다는 혐의를 받고 있는" 자들은 어떤 경우에도 잔류기구에서 재판하며 (규정 제1조 2항), 여기에 해당되지 아니하는 최고위지도자들은 "사건을 권한있는 국내당국에 회부하기 위한 모든 합리적 노력을 다한 후"에만 잔류기구가 재판할 수 있다 (규정 제1조 3항) ; 잔류기구는 "25명의 독립된 재판관의 명부"(a roster of 25 independent judges)를 가지며 (잔류기구 규정 제8조 1항), 재판관은 안보리가 제출한 목록에서 총회가 선출한다 (잔류기구 규정 제10조 1항) ; 임기는 4년이고, 사무총장이 안보리 의장 및 총회 의장과 협의한 뒤 재임명할 수 있다 (잔류기구 규정 제10조 3항). 잔류기구 검사는 UN사무총장의 지명에 따라 안보리가 임명하는데 (잔류기구 규정 제14조 4항), 안보리는 2012년 2월 29일 결의 2038을 통해 "Mr. Hassan Bubacar Jallow를 2012년 3월 1일부터 임기 4년의 잔류기구 검사로 임명한다고 결정"하였었다. 그후 안보리는 2016년 2월 29일 UN헌장 제7장에 의거하여 채택한 결의 2269를 통해 다시 다음과 같이 결정하였다 : (i) Mr. Serge Brammertz를 2016년 3월 1일부터 2018년 6월 30일까지 잔류기구 검사로 임명하며, 그 후에는 잔류기구 규정 제14조 4항에도 불구하고 임기 2년으로 검사를 임명 혹은 재임명할 수 있다 ; (ii) 잔류기구 규정 제10조 3항에도 불구하고 잔류기구 재판관은 임기 2년으로 임명 혹은 재임명될 수 있다 ; (iii) 잔류기구 규정 제15조 3항에도 불구하고 잔류기구 행정처장(Registrar)은 임기 2년으로 임명 혹은 재임명될 수 있다. UNITED NATIONS International Residual Mechanism for Criminal Tribunals, 〈https://www.irmct.org/en〉 ; https://en.wikipedia.org/wiki/International_Residual_Mechanism_for_Criminal_Tribunals ; https://en.wikipedia.org/wiki/United_Nations_Security_Council_Resolution_1966 ; Orakhelashvili/Akehurst, 9th, p. 470.

39) (1938) 19 BYIL 216.

40) Wallace, 3rd, p. 619.

대표회의에서 "국제형사재판소 로마규정"(Rome Statute of the International Criminal Court)을 채택하는데 성공하였는데,[41] 로마규정은 2002년 7월 1일 발효하였다.[42] 한편, 로마규정이 채택되고 나서 3개월 후, 1998년 10월 16일, 칠레의 전직 대통령이면서 종신 상원의원인 피노체트(August Ugarte Pinochet)는 그가 국가원수로 재직하는 동안 자행한 고문 등의 범죄 혐의에 기초한 스페인 정부의 범죄인인도 요청에 따라 런던에서 체포되었다. 그로부터 다시 7개월 후, 1999년 5월 27일 유고연방공화국의 현직 대통령 밀로세비치(Slobodan Milošević)가 코소보(Kosovo)에서 자행된 잔혹행위와 관련하여 구유고국제형사재판소 검사에 의해 소추되었는데, 이로써 현직 국가원수가 국제재판소에 기소되는 첫 번째 사례가 된 것이다.[43] 국제형법(international criminal law)은 1998년과 1999년 사이 1년도 못 되는 기간에 발생한 이들 일련의 사건을 통해 자신이 지금 어디까지 와 있는지를 여실히 보여주었다.[44]

2000년대에 들어와 그 '물적 관할권', '재판소의 인적 구성' 혹은 '적용규범'에 있어 국제적 요소와 국내적 요소가 혼합되어 있어서 '혼합/혼혈'형사재판소(mixed/hybrid criminal courts/tribunals) 혹은 '국제화된' 형사재판소(internationalized criminal courts/tribunals)로 불리는 다양한 유형의 임시 형사재판소가 설치되고 있는 것도 주목을 요한다.[45] 즉, 시에라레온(Sierra Leone),[46] 동

41) 찬성 120, 반대 7, 기권 21개국의 표결로 채택되었다. 미국 측의 요청으로, 투표는 '기록되지 않는 투표'(non-recorded vote), 즉 손을 들거나 기립함이 없이 전자투표장치에 의존하되 각국이 찬성, 반대, 기권 중에서 어떤 입장을 취했는지 알 수 없는 방식으로 이루어졌다. 다만, 각국 대표단의 투표설명에 비추어 보면, 반대표를 던진 국가들 중에 미국, 중국, 이스라엘이 포함되는 것은 분명해 보인다. Herman von Hebel, "An International Criminal Court-A Historical Perspective", in Herman A. M. von Hebel, Johan G. Lammers and Jolien Schukking, *Reflections on the International Criminal Court* (The Hague : T.M.C. Asser Press, 1999), p. 38. 참고로, UN총회에서 행해지는 '기록되는 투표'(recorded vote)와 '기록되지 않는 투표'(non-recorded vote)의 의미에 대해 좀 더 자세한 것은, https://www.un.org/Depts/dhl/resguide/gavote.htm ; Rosenne, *The Perplexities of Modern International Law*, pp. 409~410 ; UN총회 절차규칙, Rule 87 참조.

42) 두 임시UN형사재판소(즉, 구유고국제형사재판소와 르완다국제형사재판소)는 "UN헌장 제7장에 의거하여" 채택된, 그 결과로 "모든 UN회원국에게 구속력이 있는" 안보리결의에 기초하고 있는 반면, 국제형사재판소(International Criminal Court)는 다자조약 체결의 산물일 따름이다. 그리고 이같은 설립기초의 차이는 당연히 재판소에 부여되는 관할권에 영향을 미칠 것이다. UN헌장 제24조 1항, 제25조 ; Antonio Cassese, "International Criminal Law", in Evans (ed.), p. 719 at 725 참조.

43) 그후 그는 2000년 대통령직에서 물러난 뒤 2001년 유고연방당국에 체포되어 구유고국제형사재판소로 인도되었다. 그러나 2006년 헤이그 옥중에서 사망하는 바람에 그에 대한 5년간의 심리는 평결 없이 끝나고 말았다. https://en.wikipedia.org/wiki/Milosevic.

44) Philippe Sands, Ben Barkow and Katharine Klinger, *Preface*, in Sands (ed.), pp. ix~x.

45) See Cesare P. R. Romano, André Nollkaemper, and Jann K. Kleffner (eds.), *Internationalized Criminal Courts : Sierra Leone, East Timor, Kosovo and Cambodia*, Oxford : Oxford University Press, 2004 ; Cassese, *International Law*, 2nd, pp. 458~459 ; Shaw, 6th, p. 417 ff ; Steiner in Evans (ed.), *International Law*, 3rd, p. 796 ; Cryer in Evans (ed.), *International Law*, 5th, p. 765.

46) "Special Court for Sierra Leone". 2002년 1월 16일의 "시에라레온 특별재판소 설치에 관한 UN과 시에라레온 정부 간의 협정"(Agreement between the United Nations and the Government of Sierra Leone on the Establishment of a Special Court for Sierra Leone)에 의하여 설치됨. 동 협정에는 동 재판소의 구체적인 업무 수행을 위한 "시에라레온 특별재판소 규정"(Statute of the Special Court for Sierra Leone)이 부속되어 있다 : "시에라레온 특별재판소 설치에 관한 UN과 시에라레온 정부간의 협정" 제1조 2항. See also UN S/RES/1315 (2000), Distr. : General 14 August 2000 ; Report of the Secretary-General on the establishment of a Special Court for Sierra Leone, Distr. : General 4 October 2000, S/2000/915 ; Headquarters Agreement

티모르(East Timor),[47] 코소보(Kosovo),[48] 캄보디아,[49] 그리고 세네갈[50]을 위해 각기 독특한 형태

between the Republic of Sierra Leone and the Special Court for Sierra Leone (done at Freetown on 21 October 2003).

"시에라레온 특별재판소"는 다음의 몇 가지 특색을 갖고 있다. 첫째, UN 산하의 기관이 아니다. 이것은 "UN과 (동 특별재판소의 설치를 간청하는) 시에라레온 정부 간의 조약에 의하여 공동으로 설립된" "그 자신 한 개의 독립된 국제기구"(an international organization in its own right)이다. 둘째, "1996년 11월 30일 이후 시에라레온 영토에서 행해진 국제인도법과 시에라레온 (국내)법의 중대한 위반에 대해 가장 큰 책임이 있는 자들을 소추하기 위하여"(to prosecute persons who bear the greatest responsibility for serious violations of international humanitarian law and Sierra Leonean law committed in the territory of Sierra Leone since 30 November 1996) 설치되었다("시에라레온 특별재판소 설치에 관한 UN과 시에라레온 정부간의 협정" 전문 제2단 및 제1조 1항). 그 결과 일정 "국제인도법 위반"에 대해서 뿐만 아니라 일정 "시에라레온 (국내)법 하의 범죄"(crimes under Sierra Leonean law)에 대해서도 형사재판권을 갖는다("시에라레온 특별재판소 규정" 제2조~제5조). 셋째, 재판소의 인적 '구성'과 그 '방법'에 있어서도 혼합적이다. 즉, 재판관의 일부는 UN사무총장이 임명하고 다른 일부는 시에라레온 정부가 임명한다. 재판관의 국적에는 제한이 없으며, 따라서 시에라레온 정부는 반드시 자국민을 재판관으로 임명할 것이 요구되지는 않는다("시에라레온 특별재판소 설치에 관한 UN과 시에라레온 정부간의 협정" 제2조 ; "시에라레온 특별재판소 규정" 제12조). 검사(Prosecutor)는 UN사무총장이 임명하고, 검사대리(Deputy Prosecutor)는 시에라레온 정부가 자국민 중에서 임명한다("시에라레온 특별재판소 설치에 관한 UN과 시에라레온 정부간의 협정" 제3조 ; "시에라레온 특별재판소 규정" 제15조). 그리고 재판소 행정처장(Registrar)은 UN사무총장이 임명한다("시에라레온 특별재판소 설치에 관한 UN과 시에라레온 정부간의 협정" 제4조 ; "시에라레온 특별재판소 규정" 제16조). 넷째, 재판소 경비는 "국제공동체로부터의 자발적 기부금"(voluntary contributions from the international communtiy)으로 충당한다("시에라레온 특별재판소 설치에 관한 UN과 시에라레온 정부간의 협정" 제6조). 다섯째, 시에라레온 특별재판소와 시에라레온의 국내재판소들은 경합적 관할권을 갖는다. 다만, 전자는 후자에 대해 우위(primacy)를 가지며, 따라서 절차의 어떤 단계에서도 후자에 대해 양보할 것을 요청할 수 있다("시에라레온 특별재판소 설치에 관한 UN과 시에라레온 정부간의 협정" 제17조 ; "시에라레온 특별재판소 규정" 제8조). 여섯째, 시에라레온에 배치된 '평화유지 인력'에 의한 일체의 범죄(any transgressions by peacekeepers and related personnel present in Sierra Leone)에 대해서는 파견국이 일차 관할권(primary jurisdiction)을 가지며, 다만 파견국이 수사 또는 소추할 의사 또는 능력이 없는 경우 특별재판소가 안보리의 허가를 얻어 그들에 대해 관할권을 행사할 수 있다("시에라레온 특별재판소 규정" 제1조 2~3항).

2012년 4월 26일 시에라레온 특별재판소, 1심(심리)재판부(Trial Chamber)는 라이베리아 전직 대통령 찰스 테일러(Charles Taylor)에게 유죄 평결을 내렸는데, 재판소는 그가 세계최대 다이아몬드 산지인 인접국가 시에라레온의 내전에 개입, 이른바 '피의 다이아몬드'(blood diamond)를 제공받는 대가로 시에라레온 반군 혁명연합전선(Revolutionary United Front : RUF)에게 무기, 탄약 등을 제공하고, 인도에 대한 죄, 살인, 강간, 테러 등을 방조한(aid and abet) 것이 인정된다고 판시하였다. 5월 30일, 그에게 50년의 형이 선고되었다. RUF는 소년·소녀병을 모집하여 잔혹행위를 교사하고, 사람들의 손발을 자르는 등 만행을 저지른 단체이다. BBC News Africa, "Taylor Sierra Leone war crimes trial verdict welcomed" 〈https://www.bbc.co.uk/news/world-africa-17864387〉, "Charles Taylor verdict: As it happened" 〈https://www.bbc.co.uk/news/world-africa-17852257〉, "Q&A: Charles Taylor on trial" 〈https://www.bbc.co.uk/news/world-africa-10878424〉, "Charles Taylor guilty: Judgment excerpts" 〈https://www.bbc.co.uk/news/world-africa-17862598〉 ; https://en.wikipedia.org/wiki/Revolutionary_United_Front.

2013년 9월 26일 항소재판부는 1심재판부의 판결을 지지하고 그의 항소를 기각하였다. 찰스 테일러는 이로써 제2차 세계대전과 관련한 전쟁범죄 재판 이래 유죄가 확정된 최초의 전직 대통령이 되었다. A Project of the Open Society Justice Initiative, The Trial of Charles Taylor, September 26 2013 : "Charles Taylor's Conviction and Sentence Upheld: What next for him?", 〈https://www.charlestaylortrial.org/〉 ; BBC News Africa, "Charles Taylor war crimes convictions upheld", 26 September 2013, 〈https://www.bbc.co.uk/news/world-africa-24279323〉.

찰스 테일러에 대한 재판이 마무리되고 재판소는 문을 닫고, 2010년 UN과 시에라레온 정부 간에 체결된 협정에 의해 잔여특별재판소(Residual Special Court for Sierra Leone)가 가동중이다. https://www.un.org/press/en/2012/sc10787.doc.htm ; https://www.rscsl.org/residual.html.

47) "Special Panels for Serious Crimes of the District Court of Dili", https://en.wikipedia.org/wiki/Special_Panels_of_the_Dili_District_Court.

의 혼합재판소가 설치되어 가동 중에 있다.[51] 다만, 시에라레온을 위해 설립된 '특별재판소'는 UN

48) "Regulation 64" Panels in the Courts of Kosovo, https://www.irinnews.org/indepthmain.aspx?InDepthId=7&ReportId=59472 ; https://iwpr.net/programme/international-justice-icty/introduction-balkan-war-crimes-courts.

49) "Extraordinary Chambers in the Courts of Cambodia for the Prosecution of Crimes Committed During the Period of Democratic Kampuchea", at https://www.eccc.gov.kh/ ; "Law on the Establishment of Extraordinary Chambers in the Courts of Cambodia for the Prosecution of Crimes Committed During the Period of Democratic Kampuchea", as adopted by National Assembly on 02 January, 2001, https://www.khmersenate.org/06-01-01.htm ; 크메르 루즈 재판(Khmer Rouge trials)에 관한 UN총회결의 57/228A (2002년 12월 18일) 및 (Draft Agreement between the United Nations and the Royal Government of Cambodia concerning the Prosecution under Cambodian Law of Crimes Committed during the Period of Democratic Kampuchia가 첨부된) UN총회결의 57/228B (2003년 5월 13일), https://www.un.org/Depts/dhl/resguide/r57.htm ; 강경모, 《유엔캄보디아 특별재판부 연구》(서울 : 전환기정의연구원(TJM), 2015). 재판 진행 상황에 대해서는 https://en.wikipedia.org/wiki/Khmer_Rouge_Tribunal 참조.

50) 약칭 "아프리카 특별재판부"(Chambres africaines extraordinaires)(영어: Extraordinary African Chambers). 이 재판부는 -'아프리카의 피노체트'(Africa's Pinochet)로 불리는- 차드(Chad)의 전직 대통령 Hissène Habré와 그의 철권통치를 도운 핵심인사들의 재판을 위해 특별히 구성된 것인데, 사건의 진행경과는 다음과 같다. Habré는 유혈구데타로 집권한 1982년부터 1990년 실각할 때까지 차드를 통치하였는데, 집권 후 비밀경찰국("Documentation and Security Directorate")을 창설하여 정적(政敵) 수 만명을 여러 잔혹한 방법으로 고문하고 살해하였다는 혐의를 받고 있다. 그는 1990년 타도되어 세네갈로 피신하였다. 한편, 1993년과 2003년 사이에 벨기에는 가장 중대한 범죄들에 대해 벨기에 국내재판소가 가장 확장된 보편관할권을 행사하는 것을 허용하는 입법을 갖추고 있었다. 그 후 이 입법의 폐지에도 불구하고 Habré에 대한 수사는 진행되어 2005년 9월 그는 인도에 대한 죄, 전쟁범죄, 기타 인권침해로 기소되었다. 2005년, 벨기에에서의 상황이 이렇게 돌아가자 세네갈은 Habré를 체포하여 가택연금 하에 두었으나, 2011년 초반까지 입장을 바꾸어 가면서 재판에 들어가기를 주저하였다. 2010년 11월, 서아프리카 경제공동체(Communauté économique des États de l'Afrique de l'Ouest, CEDEAO)(영어 : Economic Community of West African States, ECOWAS)의 사법재판소는 세네갈이 Habré를 단지 국내재판소를 통해 재판할 수는 없으며 그의 소추를 위해 특별재판소를 창설할 것을 요구하였다. 2011년 7월 8일, 세네갈 정부관리들은 Habré를 7월 11일 차드로 인도할 것이라고 천명하였으나 실행에 옮기지는 못하였다. 차드로 인도되면 고문을 당하게 될 염려가 큰데, 세네갈은 고문반대협약의 당사자로서 고문의 염려가 있는 국가로 사람을 인도해서는 안 될 의무를 지고 있다는 법적 고려사항이 제기되었던 것이다. Habré는 이미 2008년 차드재판소에서 차드정부 전복기도 혐의로 궐석 재판을 통해 사형을 선고받은 처지였다. 한편, 고문반대협약은 "인도 아니면 소추", 즉 강제적 보편관할권을 도입하고 있다. 2012년 7월 20일 ICJ는 만장일치로 "세네갈은 Hissène Habré 씨를 벨기에로 인도하지 않는 경우, 더 이상 지체하지 말고(without further delay) 소추의 목적을 위해 자국의 권한있는 당국으로 그의 사건을 회부하여야 한다"고 판시하였다 : *Questions relating to the Obligation to Prosecute or Extradite* (Belgium v. Senegal), Judgment of 20 July 2012.

ICJ 판결이 나온지 4일 뒤인 7월 24일 "세네갈 사법부 내 아프리카 특별재판부 설치에 관한 아프리카연합과 세네갈 정부간 협약"(Accord entre l'UA et le Gouvernement de la République du Sénégal sur la création de chambres africaines extraordinaires au sein des juridictions sénégalaises)(영어: Agreement between the African Union and the Government of the Republic of the Senegal on the creation of extraordinary African chambers within Senegalese jurisdiction)이 체결되었고, 이어서 2012년 12월 세네갈 의회는 세네갈 내에서 Habré를 위시하여 관련 범죄인들을 재판하기 위한 아프리카 특별재판부의 창설을 허락하는 이행법률을 통과시켰다. 아프리카 특별재판부는 2013년 2월 8일 공식 발족하였다. 아프리카 특별재판부는 세네갈 사법부 내에서 모두 4개 재판부(수사, 기소, 심리, 항소)로 구성된다. 재판관은 세네갈 국적의 재판관 중에서 세네갈 법무장관의 제안에 기초하여 아프리카연합 위원회 의장이 임명하는 방식을 채택하였는데, 다만 두 개 재판부(심리부와 항소부)의 경우 부장판사(President)는 아프리카연합 타 회원국의 국민이어야 한다. 검찰총장 1인과 3인의 검사도 세네갈 국적자 중에서 세네갈 법무장관의 제안에 기초하여 아프리카연합 위원회 의장이 임명한다. 아프리카 특별재판부의 관할 범죄는 Habré 집권 기간 중(즉, 1982년 6월 7일과 1990년 12월 1일 사이에) 자행된 제노사이드, 인도에 대한 죄, 전쟁범죄, 그리고 고문 등 4개 국제범죄이다.

Habré는 2013년 6월 30일 세네갈 경찰에 체포되어, 7월 2일 (전직 비밀경찰 수장 2인을 포함) 다른 5인과 함께 아프리카 특별재판부에 기소되었다. 그리고 2016년 5월 30일 그에게 종신형이 선고되었다.

과 시에라레온 정부 간의 '조약'에 의하여 설립된 "그 자신 한 개의 독립된 국제기구"인데 반해, 동티모르와 코소보, 캄보디아, 세네갈을 위해 설치된 재판소들은 각기 당해 국가의 기존 사법부의 일부를 구성하는 기관이라는 점에서 대조를 이룬다. 시에라레온 특별재판소[52]도 전직 라이베리아 대통령 찰스 테일러에 대한 재판에서 "자신은 시에라레온 사법부의 일부가 아니라 한 개의 국제형사재판소(an international criminal court)"라고 결론내린 바 있다. 이 밖에 "UN과 레바논 간 협정"[53]에 기초하여 그리고 "UN헌장 제7장에 의거하여 행동하는 안보리의 결의"[54]에 의지하여 2007

범죄 발생지국인 차드는 ICC 로마규정의 당사국이긴 하지만, ICC는 로마규정이 발효한 2002년 7월 1일 이전에 행해진 범죄에 대해서는 재판할 권한이 없을 뿐만 아니라, 차드는 2006년 11월 1일에야 로마규정을 비준했기 때문에 이 일자 전에 차드 국민에 의해 혹은 차드 영토 내에서 행해진 관할 범죄에 대해서는 ICC의 시간적 관할권이 성립하지 아니한다는 점도 이 사건의 경과를 이해하는 한 요소이다.

"아프리카 특별재판부 규정(規程)"(Statut des Chambres africaines extraordinaires au sein des juridictions sénégalaises pour la poursuite des crimes internationaux commis au Tchad durant la période du 7 juin 1982 au 1er décembre 1990)의 불어 원문과 비공식 영어 번역문은 Chambres Africaines Extraordinaires 〉 Présentation 〉 Accord UA SENEGAL & Statut des Chambres, 〈https://www.chambresafricaines.org/〉; Human Rights Watch, "Statute of the Extraordinary African Chambers", 〈https://www.hrw.org/news/2013/09/02/statute-extraordinary-african-chambers〉 참조. 기타 사건의 전개에 대해 자세한 것은 다음 사이트를 참조: https://en.wikipedia.org/wiki/Hissène_Habré; BBC News Africa, 20 July 2012, "Profile: Chad's Hissene Habre", 〈https://www.bbc.co.uk/news/world-africa-18927845〉; France 24, 22/08/2012, "Création d'un tribunal spécial pour juger l'ex- président Hissène Habré", 〈https://www.france24.com/fr/20120822〉; BBC News Africa, 23 August 2012, "Hissene Habre: Senegal and AU agree on special tribunal", 〈https://www.bbc.co.uk/news/world-africa-19351938〉; Jeune Afrique, 23/08/2012, "Procès Habré : accord historique entre l'UA et le Sénégal pour la création d'un tribunal spécial", 〈https://www.jeuneafrique.com/Article/ARTJAWEB20120823084421/〉; BBC News Africa, 19 December 2012, "Hissene Habre: Senegal MPs pass law to form tribunal", 〈https://www.bbc.co.uk/news/world-africa-20791090〉; Ama, "Inauguration des chambres africaines extraordinaires pour juger Habré : L'administrateur promet un procès équitable", le soleil, 9 February 2013, 〈https://www.lesoleil.sn/index.php?option= com_content & view=article&id=25586:inauguration-des-chambres-africaines-extraordinaires-pour-juger-habre-ladministrateur-promet-un-proces-equitable&catid=78:a-la-une&Itemid=255〉; International Justice Resource Center, February 13, 2013, "Extraordinary African Chambers: Hybrid Court to Try Former Chad Dictator Hissène Habré", 〈https://www.ijrcenter.org/2013/02/13/extraordinary-african-chambers-hybrid-court-to-try-former-chad-dictator-hissene-habre/〉; FIDH (178 Human Rights Organizations Throughout the World), 22 July 2013, "Hissène Habré Case: Questions & Answers on Hissene Habré's case", 〈https://www.fidh.org/en/africa/Chad/〉.

51) 1990년 이래 일정 기간 콩고민주공화국(DRC) 내에서 발생한 "가장 중대한 국제범죄"의 소추와 관련해서도 혼합재판소를 설치하는 문제가 논의 중이다. Richard Lee, "Plans for a hybrid court in Congo - Pascale Kambale", Open Society Initiative for Southern Africa, March 6, 2012, 〈https://www.osisa.org/openspace/drc/plans-hybrid-court-congo-pascale-kambale〉; "Human Rights Watch Letter to DR Congo President Joseph Kabila on Ending Impunity for Grave Human Rights Abuses", dated 8 May 2013, International Coalition for the Responsibility to Protect, 〈https://responsibilitytoprotect.org/index.php/crises/151-the-crisis-in-drc/4814-human-rights-watch-letter-to-dr-congo-president-joseph-kabila-on-ending-impunity-for-grave-human-rights-abuses〉.

52) Special Court for Sierra Leone, Appeals Chamber, *Prosecutor against Charles Ghankay Taylor*, Case Number SCSL-2003-01-I, Decision on Immunity from Jurisdiction, 31 May 2004, para. 42, https://www.sc-sl.org/; 본서, 제10장 (국가면제), "I. 국가면제의 의의" 참조.

53) "Agreement between the United Nations and the Lebanese Republic on the establishment of a Special Tribunal for Lebanon": 2007년 1월 23일 및 2월 6일 레바논정부와 UN에 의해 각기 서명됨. 동 협정에는 "레바논 특별재판소규정"(Statute of the Special Tribunal for Lebanon)이 첨부(Attachment)되어 있는데, 동 규정은 동 협정의 불가분의 일부를 구성한다 (협정 제1조 2항).

년 6월 설치된 "레바논 특별재판소"(Special Tribunal for Lebanon)는 그 인적 구성에 있어서는 혼혈적이긴 하지만,[55] 이것은 일차적으로 "전 레바논수상 Rafiq Hariri의 사망과 다른 사람들의 사망 혹은 상해를 초래한 2005년 2월 14일의 (테러)공격에 책임있는 자들"[56]을 (재판소규정을 조건으로) 단지 '레바논의 관련 국내 형법규정'[57]에 따라 재판할 권한을 부여받고 있을 따름이다. 레바논 특별재판소의 관할권과 레바논 국내재판소의 그것은 경합하지만, 전자는 후자에 대해 우위를 가진다.[58]

뉴른베르그·동경 국제군사재판소를 제1세대 국제형사재판소로, 구유고국제형사재판소·르완다 국제형사재판소·ICC를 제2세대 국제형사재판소로, 그리고 여러 유형의 상기 혼합재판소를 제3세대 국제형사재판소로 칭하기도 한다.[59] 혼합재판소는 비인도적 악행을 저지른 자들에게는 새로운 경고의 모델이 될 수 있을 것이다.

Ⅲ. UN과 인권: 내재된 갈등

1941년 1월 6일 미국 루스벨트(Franklin D. Roosevelt) 대통령은 의회에 대한 그의 메시지[60]에서 표현의 자유, 종교의 자유, 결핍으로부터의 자유,[61] 공포로부터의 자유 등 네 가지 기본적인 자

54) 안보리결의 1757 (2007년 5월 30일 채택), 1항: "Decides, acting under Chapter Ⅶ of the Charter of the United Nations, that: (a) The provisions of the annexed document, including its attachment, on the establishment of a Special Tribunal for Lebanon shall enter into force on 10 June 2007, unless the Government of Lebanon has provided notification under Article 19(1) of the annexed document before that date; ...". 여기서 '부속문서'(annexed document)는 위 "UN과 레바논간 협정"을 지칭하는데, 협정은 제19조 1항에서 "이 협정은 레바논 정부가 발효를 위한 법적 요건이 충족되었음을 UN에 서면으로 통고한 뒤 그 다음 날 발효한다."고 규정하고 있다. 그럼에도 불구하고 안보리는 레바논이 2007년 6월 10일 이전까지 이 통고를 해 오지 않으면 "첨부를 포함한 부속문서의 모든 규정"은 동 일자에 발효한다는 결정을 헌장 제7장에 의거하여 채택한 것이다. 이처럼 UN 안보리결의에 의해 2007년 창설된 레바논 특별재판소는 드디어 2009년 3월 1일 일요일, 공식적인 의식과 함께 개정하였다; 3월 24일에는 Antonio Cassese가 소장에 임명됨; 동 재판소는 안전, 행정의 효율 및 공정성 등의 이유로 레바논 내에 소재하지 않고, 네덜란드, Leidschendam에 소재한다; 2014년까지 운영하되, 수사의 범위에 따라 이 시한을 넘을 수 있다: BBC News, "Hariri court opens at the Hague", https://news.bbc.co.uk/go/pr/fr/-/2/hi/middle_east/7917294.stm; "Hariri tribunal to seek handover of Lebanese generals", https://www.guardian.co.uk/world/2009/mar/01/hariri-tribunal-lebanon-generals; https://www.rhariri.com/; https://www.stl-tsl.org/; https://en.wikipedia.org/wiki/Special_Tribunal _for_Lebanan. 레바논 특별재판소에 관련된 여러 쟁점의 개관을 위해서는 다음의 논문을 참조: 김형구, "레바논 특별재판소의 설립과 관련 법적 쟁점", 《國際法學會論叢》, 제53권 제3호 (2008년 12월), pp. 11~40. 동 재판소의 최근 상황에 대해서는, Special Tribunal for Lebanon, "STL Publishes Tenth Annual Report", 11 March 2019, 〈https://www.stl-tsl.org/en/media/press-releases/6306-stl-publishes-tenth-annual-report〉 참조.

55) https://www.stl-tsl.org/en/about-the-stl/structure-of-the-stl/chambers.

56) 레바논 특별재판소규정 제1조 (특별재판소의 관할권).

57) 레바논 특별재판소규정 제2조 (적용형법).

58) 레바논 특별재판소규정 제4조 1항.

59) https://www.pict-pcti.org/courts/hybrid.html.

60) https://www.fdrlibrary.marist.edu/4free.html.

61) 이 '결핍으로부터의 자유'(freedom from want)는 오늘날에는 흔히 '경제적·사회적 권리'를 지칭하는 것으로 이해되고 있지만, 루즈벨트는 원래는 이것이 "일차적으로는 문화 방면의 그리고 이차적으로는 통상 방면에서

유에 기반을 둔 세계질서를 제창한 바 있었다. 그러나 인권원칙을 막상 UN헌장에 삽입하는 과정에서 미국은 소극적 규정을 지지하였는데, 이는 미국이 여전히 법률에 의한 인종차별 정책을 지속하고 있었기 때문이다. 사실 미국의 인종차별 법률(racist laws)은 1960년대 후반까지 지속되었다. 소극적 입장을 취하기는 다른 주요 전승국들도 마찬가지였다. 소련은 굴라그(Gulag : 사상범 강제수용소)를 가지고 있었고, 영국과 프랑스는 식민지를 통치하고 있었던 것이다.[62)]

샌프란시스코 회의에서, 라틴아메리카 국가들, 일부 서방국가들(즉, 오스트레일리아 · 뉴질랜드 · 노르웨이), 그리고 인도를 포함한 제3세계국가들은 UN헌장에 인권존중 의무를 규정하자는 적극적 시각을 견지하였다. 이에 반해, 주요 서방국가들은 인권향상에 찬성은 하지만 UN의 행동범위를 확장하고 인권 존중의 구체적 의무를 수립하는데에는 반대하였다. 특히, 미국은 UN헌장 제56조의 확대에 강력히 반대하고, 또한 (나중에 국내관할권에 관한 제2조 7항이 된)국가의 주권보호를 위한 보장조항(safeguard clause)을 삽입할 필요성을 주장하였다. 사회주의 국가들은 실질적으로 서구 진영의 시각에 찬동하면서도, 자결권의 중요성을 강조함으로써 서구 진영과의 시각차를 분명히 하였다. 물론, 주요 서방 국가들과 벨기에 같은 식민세력들은 민족자결권의 도입에 강력히 반대하였다.

샌프란시스코에서의 지리한 토의의 결과, 위 첫 번째 그룹의 입장은 배제된 채, 다른 두 그룹 간에 절충이 이루어졌다. 그 결과, 첫째, 인권의 '보호'는 말할 것도 없고, 그 '증진'을 위해 회원국들이 별도의 행동을 취할 특별한 의무는 지지되지 않았다.[63)] 둘째, 민족자결 원칙이 천명은 되었지만,[64)] 단지 UN의 지도원리로서, 그것도 대체로 자치(self-government)라는 거세된 형태로만 천명되었다.[65)] 셋째, 인권 분야에서 권고와 연구만을 할 수 있는 UN총회와 경제사회이사회의 매우 약한 권한[66)]이 제2조 7항의 국내관할권 유보 조항에 의하여 더욱 더 제한을 받게 되었다. 넷째, 인권 존중은 여전히 국제무력충돌을 방지하고 평화를 유지하는 하나의 '수단'으로만 인식되었다.[67)]

UN에서 인권 문제의 전개는 UN총회에서 누가 다수파였는가에 따라 세 단계로 구분하기도 한다. 제1단계는 1945년부터 1950년대 말까지의 기간으로, 이 기간 중에는 국가 간섭으로부터의 자유를 본질로 하는 이른바 제1세대 인권(first-generation human rights)으로서의 시민적 · 정치적 권리(civil and political rights)가 강조되었다. 제2단계는 대체로 1960년부터 1970년대 중반까지의 기간으로, 이 기간 중에는 국가에 대해 복지이익(welfare benefits)을 청구할 수 있는 개인의 권리, 즉 이른바 제2세대 인권(second-generation human rights)으로 불리는 경제적 · 사회적 · 문화적 권리(economic, social and cultural rights)가 강조되었다. 제3단계는 1970년대 중반부터 대체

의 국가 간 일부 장벽의 제거"(the removal of certain barriers between nations, cultural in the first place and commercial in the second place)를 의미하는 것으로 생각하였었다. Cassese, *Human Rights in a Changing World*, pp. 29~30.

62) Cassese, p. 294.

63) UN헌장 제56조.

64) UN헌장 제1조, 제55조.

65) UN헌장 제73조, 제76조.

66) UN헌장 제13조 1항, 제62조 2항.

67) Cassese, pp. 295~296.

로 1980년대 말까지의 기간으로, 결속과 형제애에 기초한 이른바 제3세대 인권(third-generation human rights)이 강조되던 시기이다.[68]

Ⅳ. UN세계인권선언

제1단계에 있어 UN총회는 이념적 · 문화적 벽을 넘어서 모든 UN회원국들에게 수락가능한 최소공통분모를 찾아내어 이를 국제문서화하는데 주력하였는데, 그같은 노력의 결과 탄생한 것이 (제노사이드협약이 채택되고 나서 바로 그 다음 날) 1948년 12월 10일에 채택된 세계인권선언(Universal Declaration of Human Rights)이다.[69] 세계인권선언의 특징으로서는 두 가지를 들 수 있다. 첫째, 이것은 그 형식에 있어 법적 구속력이 없는 단순한 정치적 · 도덕적 문서이다. 즉, 세계인권선언은 그 자체 단지 UN회원국들에 대한 권고사항에 불과하였다.[70] 또한, 세계인권선언은 권리의 종류

---

68) *Ibid.*, pp. 296~311 ; Ott, pp. 238~245. 인권을 맨처음 3개 세대로 나누어 설명한 이는 체코계 프랑스 국제법학자 Karel Vasak 교수였다 : Karel Vasak, "Human Rights: A Thirty-Year Struggle: the Sustained Efforts to give Force of Law to the Universal Declaration of Human Rights", UNESCO Courier 30(11), Paris : United Nations Educational, Scientific, and Cultural Organization, November 1977 ; https://en.wikipedia.org/wiki/Three_generations_of_human_rights ; Richard Pierre Claude and Burns H. Weston (eds.), *Human Rights in the World Community: Issues and Action*, 3rd. ed. (Philadelphia : University of Pennsylvania Press, 2006), p. 21. 한편, EU법에서는 EU기본권헌장(Charter of Fundamental Rights of the European Union)에 담겨있는 생명윤리에 관한 보장(제3조 : right to the integrity of the person), 개인 데이터 보호(제8조 : protection of personal data), 투명한 행정(제41조 : right to good administration) 등, 아주 최근에 등장한 개인의 권리를 "제3세대 기본권"(third generation fundamental rights)으로 부르기도 한다 : European Commission, "Why do we need the Charter?", 〈https://commission.europa.eu/aid-development-cooperation-fundamental-rights/your-rights-eu/eu-charter-fundamental-rights/why-do-we-need-charter_en〉.

69) UN Human Rights Office of the High Commissioner, "Fact Sheet No.2 (Rev.1), The International Bill of Human Rights", 〈https://www.ohchr.org/documents/Publications/FactSheet2rev.1en.pdf〉. 당시 58개 UN회원국 중에서 48개국이 찬성, 반대는 없고, 8개국(소련, 백러시아, 우크라이나, 체코슬로바키아, 폴란드, 유고슬라비아, 사우디아라비아, 남아프리카)은 기권하고, 온두라스와 예멘은 표결에 불참하였다. 그리고 8개 기권국가 중에서 6개국은 소비에트 진영에 속하던 국가들이었고, 남아프리카는 아파트헤이트(*apartheid*) 체제에 기초하고 있었으며, 사우디아라비아는 세계인권선언이 부분적으로 이슬람의 기본원리들과 화해될 수 없다고 보았던 것이다. Rosenne, *The Perplexities of Modern International Law*, pp. 205, 213 ; Cassese, *Human Rights in a Changing World*, pp. 32~33, 44, 110 ; https://opil.ouplaw.com.

70) 개별 조문을 하나씩 검토해 보아야 할 문제이긴 하지만, 이제 세계인권선언의 내용은 거의 모두 구속력있는 국제관습법규로 전환되었다. 예컨대, 1968년 테헤란에서 열린 UN인권회의(UN Conference on Human Rights)에서는 특히 "세계인권선언은 ... 국제공동체 구성원들에 대하여 한 개의 의무를 구성한다."고 천명하는 한 개의 결의를 채택한 바 있다. (1969) 63 AJIL 674 ; Malanczuk, p. 213. See also *Filartiga* v. *Peña-Irala*, US Circuit Court of Appeal, 2nd Circuit, 1980, 630 F.2D 876 ; Ott, p. 243 ; *Encyclopedia of Public International Law*, Vol. 8, p. 512 ; von Glahn, pp. 359~360 ; Malanczuk, p. 114 ; Janis, 3rd, pp. 103~104, 329 ; Harris, 5th, pp. 731~734 ; Hamid, p. 336. 한국 헌법재판소는 사립학교법 제55조, 제58조 제1항 제4호에 관한 위헌심판(전원재판부 1991. 7. 22. 89헌가106)에서 "국제연합(UN)의 "인권에 관한 세계선언"은 ... 선언적인 의미를 가지고 있을 뿐 법적 구속력을 가진 것은 아니고 ..."라고 언급한 바 있다. 생각건대, 이것은 세계인권선언이 그 자체로 법적 구속력 있는 문서는 아님을 말하려고 한 것으로 보인다.

를 불문하고 대부분 'has' 혹은 'is entitled to'(즉, 이러 이러한 권리를 이미 '가지고 있다')라는 선언적 현재시제(declaratory present tense)를 사용하고 있으며, 'shall be'의 명령적 형식을 빌려 표현한 권리는 상대적으로 소수이다. 공동체에 대한 의무를 규정한 제29조에서조차도 'has'의 표현을 쓰고 있다. 이것은 이들 인권의 자연법적 성격을 강조하려는 데서 비롯된 것으로 보이는 바, 세계인권선언의 이 같은 의도는 그 전문 첫 문장에서 "인간 가족 모든 구성원의 타고난 존엄성과 평등하고 양도할 수 없는 권리의 승인"(recognition of the *inherent* dignity and of the equal and *inalienable* rights of all members of the human family)을 언급한 데서도 시사되고 있다.[71] 둘째, 세계인권선언은 그 내용에 있어 경제적 · 사회적 · 문화적 권리보다는 대체로 서구적 인권인 시민적 · 정치적 권리에 더 많은 지면과 중요성을 할당하고 있다.[72] 게다가 민족자결권에 관해서는 전혀 언급이 없다.[73] 국가 간의 경제적 불평등에 관해서도 언급이 없다. 즉, 일부 UN회원국은 저개발 상태여서 일할 권리, 교육받을 권리, 주거의 권리 등의 일정 기본권을 보장해 줄 수 있는 위치에 있지 않다는 사실을 고려에 넣고 있지 않다.[74]

세계인권선언의 내용이 대체로 서구적인데도 불구하고 그것이 UN총회에서 채택될 수 있었던 배경은 무엇인가? 사회주의국가들은 경제적 · 사회적 · 문화적 권리에 대해서는 별 중요성이 부여되지 않은 사실에 크게 저항은 하였지만 당시 UN 내에서 소수파였기 때문에 그들이 할 수 있는 일은 기권(abstain)하는 일뿐이었다. 게다가 그들은 인권문제에 관한 그들 자신의 명확한 전략을 아직 충분히 고안해내지 못하고 있었다. 제3세계에 관해서 말하면, 그들은 이 당시 대체로 서구적 시각을 가진 라틴아메리카국가들로 구성되고 있었다. 그리고 그 밖의 나머지 국가들은 서구국가들에 대항할 수 있는 힘이나 권위를 갖고 있지 못하였다. 이같은 한계에도 불구하고 세계인권선언은 진영에 관계없이 '모든' 국가가 자국법질서 내에서 어떤 가치를 수호해야 하는가에 관하여 일단의 보편타당한 단일개념을 공식화하였다는 점에서 중요성을 갖는다. 그러므로 사회주의 국가들과 제3세계 국가들도 세계인권선언을 폐기처분하기보다는 그것의 부족한 면을 채우는 방향으로 노력을 기울이게 되었다.[75]

세계인권선언은 ICJ에 의해서도 해석, 적용되고 있는데, 이를테면 동 재판소는 *United States Diplomatic and Consular Staff in Tehran* 사건[76]에서 "사람들로부터 자유를 불법적으로 박탈하

71) 국가주권의 다른 표현인 동의이론(theory of consent)에 기초한 근대국제법과 기본적으로 자연법이론에 바탕한 국제인권법간의 갈등은 -아래에서 보는 바와 같이- 인권조약들의 이행강제장치를 국가들이 수락할 수 있는 적절한 수준에서 타협하는 것으로 마무리 되고 있는 것이 현실이다. 그러나 일부 지역적 차원, 특히 유럽에서는 전자가 후자에 크게 양보하는 것으로 보인다. Currie, pp. 370~371.

72) 즉, 총 30개 조문 중에서 제1조~제21조는 시민적 · 정치적 권리를, 제22조~제27조는 경제적 · 사회적 · 문화적 권리를 다루고 있으며, 제28조는 형제애와 결속의 권리(rights of brotherhood and solidarity)를 시사하고 있다. Ott, p. 248.

73) Tunkin, p. 66.

74) Cassese, p. 299 ; Cassese, *International Law*, 2nd, p. 381.

75) Cassese, p. 299 ; Cassese, *International Law*, 2nd, pp. 381~382. 유럽의 사회주의 국가들은 1975년 헬싱키 최종의정서(Helsinki Final Act of the Conference on Security and Cooperation in Europe)에서 세계인권선언을 '명시적으로' '수락'하였다. Henkin et al., p. 606.

76) ICJ Reports (1980), p. 3 at 42 (para. 91).

고 그들을 신체적으로 속박하여 학대하는 것은 그 자체 명백히 UN헌장의 원칙들과 양립하지 아니할 뿐만 아니라 세계인권선언에 천명된 근본원칙들과도 양립하지 아니한다."고 언급한 바 있다.

V. 두 개의 국제인권규약

국제공동체의 세 진영은 세계인권선언의 일반원칙들을 법적 구속력있는 문서에 담을 필요성에 관하여 기본적으로 동의하였다. UN인권위원회(Commission on Human Rights)[77]는 '시민적·정치적 권리'와 '경제적·사회적·문화적 권리'를 구분하여 각기 별개의 조약안을 작성하기로 결정하였으며, 이미 1954년에 예비초안을 완성하여 최종 기초를 위하여 UN총회 제3위원회(Social, Humanitarian and Cultural Committee)로 넘겼다. 그러나 UN총회의 승인은 미국 정부의 지지 철회와 냉전으로 인하여 계속 지연되다가, 결국 1966년 12월 16일에 "경제적·사회적·문화적 권리에 관한 국제규약"(International Covenant on Economic, Social and Cultural Rights)과 "시민적·정치적 권리에 관한 국제규약"(International Covenant on Civil and Political Rights) (및 그 선택의정서)[78]이 UN총회에서 채택되었다. 이어서 경제적·사회적·문화적 권리규약은 -그 제27조의 발효요건에 따라- 1976년 1월 3일 발효하였다. 시민적·정치적 권리규약은 제41조(국가 간 고발)를 제외한 모든 규정에 대해서는 -제49조의 발효요건에 따라- 1976년 3월 23일 발효하였으며, 제41조는 -동 조 2항의 규정에 따라- 1979년 3월 28일 발효하였다 ; 동 규약의 선택의정서도 -그 제9조의 발효요건에 따라 - 1976년 3월 23일 발효였다.[79] 한국은 1990년 4월 10일 이들 세 문서 모두(즉, 두 규약 및 후자의 선택의정서)에 가입하였고, 그 해 7월 10일 발효하였다.[80] 이들 두 규약과 세계인권선언을 합쳐 국제권리(인권)장전[International Bill of (Human) Rights]으로 칭하기도 하는데,[81] 중국은 "시민적·정치적 권리에 관한 국제규약"에는 서명만 하고 비준은 하지 않았으며, 반대로 미국은 "경제적·사회적·문화적 권리에 관한 국제규약"에는 서명만 하고 비준은 하지 않고 있다.[82]

---

77) 본장, "X. 인권 분야에서 활동하는 UN기관들, 2. UN인권이사회" 참조.

78) 1989년 12월 15일에는 UN총회에서 "사형 폐지를 목적으로 하는" 제2선택의정서(Second Optional Protocol to the International Covenant on Civil and Political Rights, Aiming at the Abolition of the Death Penalty)가 채택되었다. 1991년 7월 11일 발효함. https://en.wikipedia.org/wiki/Second_Optional_Protocol_to_the_International_Covenant_on_Civil_and_Political_Rights.

79) United Nations Treaty Collection 〉 Depositary 〉 Status of Treaties, 〈https://treaties.un.org/〉 ; Christine Loh, "The United Nations and Human Rights", in Jong-Yil Ra (ed.), *The New World Order and the Role of the UN* (Seoul : Kyunghee University Press, 1994), pp. 482~484.

80) 《法律新聞》, 1990년 4월 19일(목), 1면.

81) https://en.wikipedia.org/wiki/International_Bill_of_Human_Rights ; Keitner, p. 152.

82) https://en.wikipedia.org/wiki/International_Covenant_on_Civil_and_Political_Rights ; https://en.wikipedia.org/wiki/International_Covenant_on_Economic,_Social_and_Cultural_Rights ; Keitner, pp. 152~153.

1. 두 인권규약의 성격

"경제적 · 사회적 · 문화적 권리에 관한 국제규약"(이하 경제적 · 사회적 · 문화적 권리규약)에는 노동의 권리(제6조), 공정하고 유리한 노동조건의 보장(제7조), 노동조합의 결성 · 가입 및 파업(strike)의 권리(제8조), 사회보장을 받을 권리(제9조), 가정과 임산부 및 아동의 보호받을 권리(제10조), 적당한 생활수준을 유지할 권리(제11조), 육체적 · 정신적 건강을 향유할 권리(제12조), 교육받을 권리(제13조), 초등교육의 무상의무화 계획수립(제14조), 문화생활에 참가할 권리(제15조), 그리고 이상의 권리를 보장함에 있어 일체의 차별금지(제2조 2항)와 남녀평등(제3조)과 민족자결(제1조)이 규정되어 있다.

그리고 "시민적 · 정치적 권리에 관한 국제규약"(이하 시민적 · 정치적 권리규약)에는 생명권보장(제6조), 고문과 잔혹한 형벌 또는 대우의 금지(제7조), 노예무역 · 노예제도 · 강제노동의 금지(제8조), 신체의 자유와 안전에 대한 권리(제9조), 피구금자에 대한 인도적 대우(제10조), 계약상의 의무를 이행할 능력이 없음을 이유로 한 투옥의 금지(제11조), 거주 · 이전의 권리와 자기 나라를 포함해서 어떤 나라든지 떠날 권리 및 자기 나라에 돌아갈 권리(제12조), 합법적으로 체류하고 있는 외국인에 대한 추방은 '법률에 의거한 결정'에 의해서만 가능(제13조), 공정한 재판을 받을 권리(제14조), 형벌불소급의 원칙(제15조), 인격권(제16조), 사생활 · 가족 · 가정 및 통신에 대한 자의적 또는 불법적 간섭금지(제17조), 사상 · 양심 · 종교의 자우(제18조), 표현의 자유(제19조), 전쟁을 선전하고 민족적 · 인종적 또는 종교적 증오를 옹호하는 행위의 금지(제20조), 평화적 집회의 권리(제21조), 노동조합의 결성을 포함한 결사의 자유(제22조), 가족의 보호와 혼인의 권리(제23조), 아동의 보호받을 권리(제24조), 참정권(제25조), 법의 평등한 보호를 받을 권리(제26조), 소수자 구성원의 보호(제27조), 그리고 이상의 권리를 보장함에 있어 일체의 차별금지(제2조)와 남녀평등(제3조)과 민족자결(제1조)이 담겨 있다.

먼저 주목할 사실은 두 인권규약 제1조에 자결권에 관한 동일한 규정이 삽입되어 있다는 점이다.

> "1. 모든 민족(all peoples)은 자결권(right of self-determination)을 가지고 있다. 그들은 이 권리에 의하여 그들의 정치적 지위를 자유로이 결정하며, 그들의 경제적 · 사회적 · 문화적 발전을 자유로이 추구한다.
> 2. 모든 민족은 호혜의 원칙과 국제법에 기초하여, 국제 경제 협력에서 발생하는 그 어떤 의무도 침해함이 없이, 그들의 천연의 부와 자원을 그들 자신의 목적을 위하여 자유로이 처분할 수 있다. 어떠한 경우에도 민족은 자신의 생존수단을 박탈당하지 않는다.
> 3. 비자치지역과 신탁통치지역의 시정 책임을 지고 있는 국가를 포함하여 본규약의 체약국은 UN헌장의 규정에 따라 자결권의 실현을 촉진하여야 하며, 또한 본 권리를 존중하여야 한다."

집단적 인권(collective human rights)인 민족자결권이 제1조에 위치하고 있다는 것은 이 권리가 개별적 인권의 기초임을 함축하고 있다. 또한, 상기 제1조 1항은 모든 민족은 자결권을 "갖는다"(All peoples *shall have* the right of self-determination)라고 명령적으로 규정하는 대신에 "가지고 있다"(All peoples *have* the right of self-determination)라는 선언적 현재시제

(declaratory present tense)를 사용하고 있는데, 이것은 민족자결권의 자연법적 기초를 확고하게 뒷받침하려는 의도인 것으로 보인다.[83] 이처럼 제2차 세계대전 후 자결권과 인권원칙은 상호 융합하여 국가주권에 기초한 기존의 국제질서를 점진적으로 잠식하고, 새로운 행위자들(즉, '개인' 그리고 '자결을 위하여 투쟁하는 민족')의 국제공동체 진입을 합법화시켰던 것이다.

세계인권선언이 제17조에서 "모든 사람은 단독으로 또는 타인들과 공동으로 재산을 소유할 권리를 가지고 있다. 그 누구도 자신의 재산을 자의적으로 빼앗기지 아니한다."고 규정하고 있는데도 두 인권규약에는 –경제적 · 사회적 · 문화적 권리규약 제15조 1항(c)[84]가 지적(지식)재산권(특히, 저작권) 보호의 초보적 관념을 전달하도록 기초된 것을 제외하면– 재산권(right to property)에 관해서는 언급이 없는데, 이것은 그 당시 외국인 재산의 수용에 관한 전통 보상법규(신속 · 충분 · 실효성)의 침식 · 개정 경향과 궤를 같이한 것이었다.[85]

2. 두 인권규약의 차이점

두 인권규약 간에 본질적인 차이점도 발견된다. 첫째로, 경제적 · 사회적 · 문화적 권리규약은 "이 규약에서 인정된 권리의 완전한 실현을 점진적으로(progressively) 달성함"을 목표로 하고 있으며, 동 규약의 각 당사국은 이 목표 달성을 위해 "개별적으로 그리고 –특히 경제적, 기술적인– 국제적 지원과 협력을 통하여, 자국의 가용 자원이 허용하는 최대한도까지의" '조치를 취할 것을 약속'하였을 따름이다.[86] 이에 반해 시민적 · 정치적 권리규약은 각 당사국에게 "... 본 규약에서 인정된 권리들

83) 시민적 · 정치적 권리규약은 유독 그 제1조(자결권), 제6조(생명권), 제9조(신체의 자유와 안전에 대한 권리), 제17조 2항(간섭 또는 공격으로부터의 법의 보호를 받을 권리), 제24조 3항(아동의 국적취득권), 제26조(법 앞의 평등)에서는 'have', 'has', 'are' 등의 현재시제를 쓰고 있지만, 대부분은 'shall be' 혹은 'shall have'의 명령적 형식을 빌어 모든 사람의 시민적, 정치적 권리를 표현하고 있다. See George Zdenkowski, "The International Covenant on Civil and Political Rights and Euthanasia", (1997) 20 The University of New South Wales Law Journal 170 at 182. 그 결과, 1948년의 UN세계인권선언에서는 'has', 'is' 등의 현재시제로 되어 있는 같은 종류의 권리가 시민적 · 정치적 권리규약에서는 'shall have'의 형식으로 되어 있는 것도 발견된다(예컨대, 사상과 양심과 종교의 자유에 대한 권리를 규정한 세계인권선언 제18조와 시민적 · 정치적 권리규약 제18조를 비교해 보라). 한편, 경제적 · 사회적 · 문화적 권리규약은 "본 규약의 당사국들은 모든 사람의 (이러이러한 것에 대한) 권리를 승인한다"(*The States Parties to the present Covenant recognize* the right of everyone to ...)라는 표현을 사용함으로써 동 인권의 실현에 있어 시간을 벌려고 한 것으로 보인다.

84) "1. 본 규약의 당사국은 모든 사람이 다음의 권리를 갖고 있음을 인정한다 : ... ; (c) 작자인 사람은 자기의 과학적 · 문학적 또는 예술적 작품에서 생긴 정신적 · 물질적 이익의 보호에 의하여 이익을 향유할 권리."

85) Cassese, p. 303 ; Cassese, *International Law*, 2nd, p. 382. 1950년의 유럽인권협약조차도 1952년 (제1)의정서(제1조)를 통해 재산권 보호를 추가하면서 국가들에게 아주 넓은 '판단의 재량/여우' (margin of appreciation)를 허락하고 있다. Jacob Mchangama/Cato Institute, Cato Policy Report, May/June 2011, "The Right to Property in Global Human Rights Law", 〈https://www.cato.org/policy-report/mayjune-2011/right-property-global-human-rights-law〉.

86) 경제적 · 사회적 · 문화적 권리규약 제2조 1항. 그러나 동 규약의 이행감독기관인 "경제적 · 사회적 · 문화적 권리에 관한 위원회"(Committee on Economic, Social and Cultural Rights)는 1990년의 일반논평(general comment), paras. 2, 9, 11에서 제2조 1항에 대해 다음과 같이 적극적인 견해를 피력한 바 있다. UN Committee on Economic, Social and Cultural Rights (CESCR), General Comment No. 3: The Nature of States Parties' Obligations (Art. 2, Para. 1, of the Covenant), 14 December 1990, E/1991/23, 〈https://www.refworld.org/docid/4538838e10.html〉 : "2. ... while the full realization of the relevant

을 '존중'하고, 또 자국 영토 내에 있으며 그 관할권 하에 있는 모든 개인에 대하여 이들 권리를 '확보'할" 것을 요구하고 있는데,[87] 이것은 동 규약의 경우 발효 또는 가입 즉시 규약상의 모든 권리가 즉각 완전히 실현됨을 목표로 하고 있음을 시사하는 것이다. 시민적 · 정치적 권리를 보장하는 데에는 일차적으로 정부 당국의 의지가 중요한 관건인데 반해, 경제적 · 사회적 · 문화적 권리를 보장하기 위해서는 무엇보다 경제력이 요구되고 이를 위해 필요하면 외부세계의 지원과 협력을 구하여야 하기 때문이다.[88] 제3세계의 낙후된 경제 여건을 고려할 때, 경제적 · 사회적 · 문화적 권리규약상의 인권을 프로그램 식으로 규정한 것은 타당한 것으로 생각된다.[89] 다만, 그렇다고 해서 경제적 · 사회적 · 문화적 권리가 시민적 · 정치적 권리만 못하다는 것을 의미하는 것은 아니다. "모든 인권은 보편적이고 불가분의 것이며, 또한 상호의존적이고 서로 연관되어 있다."[90]

둘째로, 경제적 · 사회적 · 문화적 권리규약 제2조 3항은 '경제적' 권리(economic rights)에 관한 한 개발도상국들(developing countries)이 외국인을 차별대우할 권리가 있음을 인정하고 있다.

셋째로, 조약의 이행감독 장치의 측면에 있어 경제적 · 사회적 · 문화적 권리규약은 원래는 시민적 · 정치적 권리규약과는 달리 국가 간 고발 제도와 개인의 국가고발 제도를 도입하지 않았었다. 그러나 UN총회는 2008년 12월 10일 결의 63/117[91]에 의거하여 "경제적 · 사회적 · 문화적 권리에

---

rights may be achieved progressively, steps towards that goal must be taken within a reasonably short time after the Covenant's entry into force for the States concerned. Such steps should be deliberate, concrete and targeted as clearly as possible towards meeting the obligations recognized in the Covenant." ; "9. ... the phrase ("with a view to achieving progressively the full realization of the rights recognized" in the Covenant) must be read in the light of the overall objective, indeed the raison d'être, of the Covenant which is to establish clear obligations for States parties in respect of the full realization of the rights in question. It thus imposes an obligation to move as expeditiously and effectively as possible towards that goal. Moreover, any deliberately retrogressive measures in that regard would require the most careful consideration and would need to be fully justified by reference to the totality of the rights provided for in the Covenant and in the context of the full use of the maximum available resources." ; "11. ... even where the available resources are demonstrably inadequate, the obligation remains for a State party to strive to ensure the widest possible enjoyment of the relevant rights under the prevailing circumstances. ... "

동 위원회는 규약상의 모든 권리에 대하여 퇴보적(후진적) 조치는 허용되지 아니한다는 강한 추정이 존재하며, 따라서 원칙적으로 그러한 조치는 취해서는 안 된다고 강조한 바도 있다 : Committee on Economic, Social and Cultural Rights, General Comment, No. 14 (2000): The right to the highest attainable standard of health (Article 12 of the Covenant), para. 32("As with all other rights in the Covenant, there is a strong presumption that retrogressive measures taken in relation to the right to health are not permissible."), 〈https://digitallibrary.un.org/record/425041〉, & General Comment No. 18(2005): The Right to Work (Art. 6 of the Covenant), para. 21("As with all other rights in the Covenant, retrogressive measures should in principle not be taken in relation to the right to work"), 〈https://www.refworld.org/docid/4415453b4.html〉.

87) 시민적 · 정치적 권리규약 제2조 1항.

88) 물론, 시민적 · 정치적 권리의 경우에도 현실적으로 조약의 모든 당사국이 이들 권리를 즉각 실현에 옮길 것을 기대할 수는 없을 것이다. 이것은 "규약의 각 당사국이 규약에서 인정된 권리를 실현하기 위하여 채택한 조치와 그러한 권리를 향유함에 있어 성취된 진전사항에 관하여 보고서를 제출할 것을 약속한" 시민적 · 정치적 권리규약 제40조 1항에서도 잘 드러나고 있다. Steiner in Evans (ed.), *International Law*, 3rd, p. 806.

89) Thomas Buergenthal (저), 김재원 · 양건(공역), 《국제인권법개론》(서울 : 교육과학사, 1992), pp. 46~47.

90) 1993년 6월 25일 UN세계인권회의(UN World Conference on Human Rights)에서 채택된 "비엔나선언과 행동계획"(Vienna Declaration and Programme of Action), I, 제5항 ; (1993) 32 ILM 1661 at 1665.

관한 국제규약에 대한 선택의정서"(Optional Protocol to the International Covenant on Economic, Social and Cultural Rights)를 채택하였는데, 그 기본내용은 –시민적 · 정치적 권리규약과 그 (제1)선택의정서에 각각 담겨 있는– 국가 간 고발 제도와 개인의 국가고발 제도를 경제적 · 사회적 · 문화적 권리규약에도 도입하는 것이다.[92] 이로써 그간 조약의 이행감독 장치와 관련하여 존재하던 두 규약 간의 질적 차이는 소멸하였다고 볼 수 있다.[93] 동 선택의정서의 채택은, 경제적 · 사회적 · 문화적 권리규약은 단지 "프로그램적 성격"을 가진 조약으로서, 경제적 · 사회적 · 문화적 권리는 시민적 · 정치적 권리와는 달리 국내재판소에서 직접효력(자기집행성)을 인정받지 못하거나 사법심사의 대상이 될 수 없다고 보던 기존 인식으로부터의 전환을 의미하는 것이기도 하다.[94] 동 선

---

91) https://www.un.org/ga/63/resolutions.shtml.

92) 경제적 · 사회적 · 문화적 권리규약 선택의정서 제2조, 제10조 ; https://en.wikipedia.org/wiki/Optional_Protocol_to_the_International_Covenant_on _Economic,_Social_and_Cultural_Rights.

93) 경제적 · 사회적 · 문화적 권리규약 선택의정서(제11조)가 이 두 절차 외에도 사실심사절차(inquiry procedure)를 도입하고 있다는 점에서 오히려 시민적 · 정치적 권리규약의 이행감독장치를 능가한다고도 볼 수 있다.

94) 이를테면, 스위스 연방최고재판소는 *A and B* v. *Government of the Canton of Zurich*, Appeal Judgment, Case No 2P.273/1999 (22 September 2000), para. 2c에서 경제적·사회적·문화적 권리규약의 프로그램적 성격에 대해 언급한 바 있다 : "Die von der Schweiz mit diesem Pakt eingegangenen völkerrechtlichen Verpflichtungen haben ... programmatischen Charakter; die Vorschriften des Paktes richten sich – anders als die direkt anwendbaren Garantien des Internationalen Paktes vom 16. Dezember 1966 über bürgerliche und politische Rechte..., dem die Schweiz gleichzeitig ebenfalls beigetreten ist – nicht an den Einzelnen, sondern (primär) an die Gesetzgeber der Vertragsstaaten, welche sie als Richtlinien für ihre Tätigkeit zu beachten haben." [quoted in Gernot Biehler, *Procedures in International Law* (Berlin/Heidelberg : Springer-Verlag, 2008), p. 227, and also noted by Nollkaemper, p. 129]. 이와는 대조적으로, 네덜란드 중앙항소재판소는 1986년의 한 결정에서 경제적·사회적·문화적 권리규약 내의 권리들은 일반적으로는 직접효력을 가질 수 없겠지만 그 중 일부 –이 사건에서는 "동일 가치의 노동에 대해 동일 임금을 받을 권리"(right to equal remuneration for work of equal value)– 는 직접효력을 가질 수 있을 것이라고 언급한 바 있다 : The Netherlands, Central Appeals Court for the Public Service and for Social Security Matters, *Board of the Teaching Hospital at the University of Amsterdam* v. *FW and Others*, 3 July 1986, (1986) 96 ILR 339, noted by Andrew Byrnes, *Second-Class Rights yet Again? Economic, Social and Cultural Rights in the Report of the National Human Rights Consultation*, University of New South Wales Faculty of Law Research Series, Year 2010, Paper 26, & (2010) 33(1) UNSW Law Journal 193 at 208 (available at https://law.bepress.com/unswwps/flrps10/art26). 그리고 "경제적 · 사회적 · 문화적 권리에 관한 위원회"는 이미 1998년의 일반의견에서 동 권리의 "점진적 달성"이 이들 권리가 반드시 자기집행성이 없거나 재판부적격함을 의미하는 것은 아니며, 동 규약의 많은 규정이 즉각적인 이행이 가능하다고 강조한 바 있었다. UN CESCR, General Comment No. 9: The domestic application of the Covenant, 3 December 1998, E/C.12/1998/24, 〈https://www.refworld.org/docid/47a7079d6.html〉 :

"Justiciability

10. In relation to civil and political rights, it is generally taken for granted that judicial remedies for violations are essential. Regrettably, the contrary assumption is too often made in relation to economic, social and cultural rights. This discrepancy is not warranted either by the nature of the rights or by the relevant Covenant provisions. The Committee has already made clear that it considers many of the provisions in the Covenant to be capable of immediate implementation. Thus, in General Comment No. 3 it cited, by way of example, articles 3, 7(a)(i), 8, 10.3, 13.2(a), 13.3, 13.4 and 15.3. It is important in this regard to distinguish between justiciability (which refers to those matters which are appropriately resolved by the courts) and norms which are self-executing (capable of being applied by courts without further elaboration). While the general approach of each legal system needs to be taken into account, there is no Covenant right which could not, in the great majority of

택의정서는 2009년 9월 24일 뉴욕의 UN 본부에서 서명을 위해 개방되었는데, 그 제18조의 발효요건에 따라 2013년 5월 5일 발효하였다.[95)]

끝으로, 시민적·정치적 권리규약 제4조는 "국가의 생존을 위협하는 공공의 비상사태(public emergency which threatens the life of the nation)가 선포되는 경우" 당사국이 규약 하의 의무를 '이탈(훼손)하는'(derogating from) −다시 말해서 그 기간 중 인권을 잠시 정지시키는− 조치를 취하는 것을 허용하면서도,[96)] 그같은 비상사태 하에서조차도 '이탈'조치가 허용되지 아니하는 인권[97)]을

---

systems, be considered to possess at least some significant justiciable dimensions. It is sometimes suggested that matters involving the allocation of resources should be left to the political authorities rather than the courts. While the respective competences of the various branches of government must be respected, it is appropriate to acknowledge that courts are generally already involved in a considerable range of matters which have important resource implications. The adoption of a rigid classification of economic, social and cultural rights which puts them, by definition, beyond the reach of the courts would thus be arbitrary and incompatible with the principle that the two sets of human rights are indivisible and interdependent. It would also drastically curtail the capacity of the courts to protect the rights of the most vulnerable and disadvantaged groups in society.

Self-executing

11. The Covenant does not negate the possibility that the rights it contains may be considered self-executing in systems where that option is provided for. Indeed, when it was being drafted, attempts to include a specific provision in the Covenant to the effect that it be considered "non-self-executing" were strongly rejected. In most States, the determination of whether or not a treaty provision is self-executing will be a matter for the courts, not the executive or the legislature. In order to perform that function effectively, the relevant courts and tribunals must be made aware of the nature and implications of the Covenant and of the important role of judicial remedies in its implementation. Thus, for example, when Governments are involved in court proceedings, they should promote interpretations of domestic laws which give effect to their Covenant obligations. Similarly, judicial training should take full account of the justiciability of the Covenant. It is especially important to avoid any a priori assumption that the norms should be considered to be non-self-executing. In fact, many of them are stated in terms which are at least as clear and specific as those in other human rights treaties, the provisions of which are regularly deemed by courts to be self-executing."

95) https://treaties.un.org/Pages/ParticipationStatus.aspx ; https://en.wikipedia.org/wiki/Optional_Protocol_to_the_International_Covenant_on_Economic,_Social_and_Cultural_Rights.

96) 시민적·정치적 권리규약 제4조 1항. 인권조약에 규정된 이같은 (의무)이탈(derogation)은 형식상 (조약의) 유보(reservation)와는 구분되어야 한다 : Aust, *Handbook of International Law*, 2nd,, p. 64. 다만, 유럽인권재판소 사건인 *Brannigan and McBride* v. *The United Kingdom*, Application Nos. 14553/89, 14554/89, Judgment of 25 May 1993에서, 유럽인권협약(제15조)에 담긴 derogation과 관련하여 두 재판관은 개별의견(즉, Concurring Opinion of Judge Matscher, joined by Judge Morenilla)을 통해 "derogation은 그 실제 효과 면에서는 일시적 유보로 분류될 수 있다"는 견해를 밝힌 바 있다.

97) 즉, 제6조(생명권보장), 제7조(고문과 잔혹한 형벌 또는 대우의 금지), 제8조(노예무역·노예제도·강제노동의 금지) 1~2항, 제11조(계약상의 의무를 이행할 능력이 없음을 이유로 한 투옥의 금지), 제15조(형벌불소급의 원칙), 제16조(인격권), 그리고 제18조(사상·양심·종교의 자유). 1984년의 약칭 '고문반대협약' 제2조 2항도 고문의 절대적 금지를 규정하고 있는데, 즉, "전쟁상태나 전쟁의 위협, 국내의 정치불안정 또는 기타 사회적 긴급상황 등 그 어떤 예외적인 상황도 고문을 정당화하기 위해 원용될 수 없다." 동 협약과 관련한 2006년 5월 17일~18일의 미국에 대한 보고서에서 고문반대위원회(Committee Against Torture)도 고문반대협약은 "평시, 전쟁 혹은 무력충돌시를 불문하고 언제나"(at all times, whether in peace, war or armed conflict) 적용된다는 점을 지적한 바 있다 : Conclusions and recommendations of the Committee against Torture : USA, at para. 14, CAT/C/USA/CO/2, 18 May 2006, https://www.ohchr.org/english/bodies/cat/cats36.htm.

적시하고 있다.[98] 시민적 · 정치적 권리규약 영역 내의 인권 사이에 서열이 있음을 인정한 것인데, 전자의 경우는 "보통의/표준적인 인권"(normal human rights)으로, 후자의 경우는 "훼손할 수 없는 인권"(non-derogable human rights)으로 부르기도 한다.[99] 시민적 · 정치적 권리규약 제4조에 상응하는 경제적 · 사회적 · 문화적 권리규약 제4조는 이같은 구분을 알지 못하며, 당사국이 일정 조건 하에서[100] 구분 없이 동 규약 하의 권리를 제한할 수 있음을 인정하고 있을 따름이다.[101] 또한, 시민적 · 정치적 권리규약의 경우, 제4조 하의 의무 이탈(derogation)의 권리를 이용하는 당사국은 UN사무총장을 통하여 타 당사국들에게 이를 즉각 통지하여야 하고, 또한 종료하는 날 -이번에도 UN사무총장을 통하여- 이 사실을 통지하여야 한다.[102] 그리고 -동 규약 제4조 2항에 명시된- 이탈이 허용되지 아니하는 인권 조항의 목록은 특정 인권이 강행규범의 성격을 지니는지의 여부와 관련은 있지만 이것과 동일하지는 않다. 즉, 제4조 2항의 목록에 들어있는 인권 모두가 강행규범에 속하는 것은 아니며, 그 목록에 들어있지 않지만 강행규범에 해당하는 인권들도 있다.[103] 그리고 이 이탈은 시민적 · 정치적 권리규약의 당사국이 채택하는 단지 일시적 조치로서, 비엔나 조약법협약 제53조(강행규범에 위배되는 조약)에 의해 허용되지 아니하는 완전한 이탈과는 반대되는 것이다.[104]

3. 두 인권규약의 이행감독장치

UN총회의 후원으로 채택된 초기의 인권조약들은 인권 보호를 위한 일정 기준을 수립하는데 전념하였을 뿐, 조약의 이행을 지속적으로 감독할 장치를 도입하려고 시도하지는 않았다.[105] 예컨대, 1948년의 제노사이드 협약은 제노사이드를 '국제법 하의 범죄'(a crime under international law)로 지칭하고,[106] 또 동 범죄를 상당히 명확하게 정의하고 있기는 하지만,[107] 체약국들에게 대해서는 본 협약을 실시하는데 필요한 이행입법을 제정할 의무를 지우고 있을 따름이다.[108] 이처럼

98) 시민적 · 정치적 권리규약 제4조 2항.
99) Pauwelyn, p. 21.
100) 즉, "단지 권리의 본질과 양립할 수 있는 범위 내에서, 그리고 오로지 민주사회에서의 공공복리 증진의 목적으로, 법률로 정하는 범위 내에서".
101) 1948년의 세계인권선언의 경우에는 그 자체 구속력있는 문서도 아니긴 하지만 예외적인 상황 하에서 기본권의 침해를 허용하는 이탈(derogation) 규정을 담고 있지 않다. 그러나 Rosenne, *The Perplexities of Modern International Law*, p. 234는 이 경우에도 "고유의 자위권"(inherent right of self-defence)을 규정한 UN헌장 제51조로부터 예외를 추론해 낼 수 있을 것으로 보고 있다.
derogation에 상응하거나 이것과 비슷한 각국 국내법상의 규정들에 대한 개관을 위해서는, Venice Commission (Council of Europe, European Commission for Democracy through Law) - Observatory on emergency situations, 〈https://www.venice.coe.int/files/EmergencyPowersObservatory//T09-E.htm〉; Keitner, pp. 161~162 참조.
102) 시민적 · 정치적 권리규약 제4조 3항. 이 규정은 유럽인권협약(제15조 3항)을 모델로 한 것이다.
103) Human Rights Committee General comment no. 29, States of emergency (article 4) : International Covenant on Civil and Political Rights, CCPR/C/21/Rev.1/Add.11, 〈https://digitallibrary.un.org/record/451555〉, para. 11.
104) Orakhelashvili/Akehurst, 9th, p. 377.
105) White, *The Law of International Organisations*, p. 227.
106) 제노사이드협약 제1조.
107) 제노사이드협약 제2조.

제노사이드협약은 체약국들의 협약 이행을 감독하기 위한 그 어떤 상설적인 장치도 수립하지 않았으며, 다만 "제노사이드에 대한 국가의 책임에 관한 분쟁을 포함한" 체약국 간의 협약 관련 분쟁은 분쟁당사국 일방의 요청에 따라 ICJ에 부탁된다고 규정함으로써 본 협약에 관련된 체약국 간의 분쟁에 대하여 ICJ의 강제관할권을 창설하고 있다.[109]

제2단계 기간 중에 채택된 인권조약들에서는 그 이행을 확보하기 위한 국제감독장치가 다수 도입되긴 하였으나, 이것은 국가주권 원칙과 인권존중 원칙이 절충된 결과 국제재판(international adjudication)보다 훨씬 약한 감독장치들에 국한되고 있다.[110] 게다가, "인권은 추상(abstraction)의 단계에서는 보편적이지만, 적용(application)의 단계에서는 국내적이다."[111] 이런 사실 때문에 조약을 통한 인권보장 체제는 국내 제도를 통한 인권보장을 단지 "보충"하는 역할을 담당하는 것으로 의도되어 있는데, 이것은 인권침해와 관련하여 국제절차를 발동하기 전에 "국내구제를 완료"할 것을 요구하는 조약규정들에서도 잘 나타나고 있으며,[112] 또한 유럽인권재판소나 시민적 · 정치적 권리규약 인권위원회 같은 국제인권기구가 −인권조약 적용에 있어 국가의 일정 재량적 판단을 허용하는− 이른바 "판단의 여유(재량)" 이론(margin of appreciation doctrine)을 인정하고 있는 데서도 잘 나타나고 있다.[113] 여기서는 위 두 인권규약을 위해 고안된 이행감독장치에 관해서만 살펴본다.

(1) 시민적 · 정치적 권리규약의 이행감독장치 : 인권위원회(Human Rights Committee)[114]의 설치

동 규약은 보고서의 검토, 국가 간 고발제도, 개인의 국가고발제도 등 세 가지 이행감독장치를 갖고 있는데, 여기서는 체약국들에 의하여 개인 자격으로 선출되고, 각기 다른 국적의 18명의 위원으

108) 제노사이드협약 제5조.

109) 제노사이드협약 제9조.

110) 아래에서 언급하는 바와 같이, 유럽심의회(Council of Europe) 차원에서 체결된 유럽인권협약의 경우 이제 개인의 유럽인권재판소에의 제소를 허락하고 있다.

111) Lord Hoffmann, "The Universality of Human Rights", para. 27 ("while human rights are universal at the level of abstraction, they are national at the level of application"), *Judicial Studies Board Annual Lecture*, 19 March 2009, 〈https://www.judiciary.gov.uk/Resources/JCO/Documents/Speeches /Hoffmann_2009_JSB_Annual_Lecture_Universality_of_Human_Rights.pdf〉.

112) 이것은 국가주권 원칙이 인권존중 원칙에 크게 양보하고 있는 지역적 차원의 인권보장체제들(특히, 유럽인권협약) 하에서도 그러하다. 이 점에 대해서는 경제적 · 사회적 · 문화적 권리규약 위원회도 다음과 같이 언급한 바 있다. "In general, legally binding international human rights standards should operate directly and immediately within the domestic legal system of each State party, thereby enabling individuals to seek enforcement of their rights before national courts and tribunals. The rule requiring the exhaustion of domestic remedies reinforces the primacy of national remedies in this respect. The existence and further development of international procedures for the pursuit of individual claims is important, but such procedures are ultimately only supplementary to effective national remedies." : Committee on Economic, Social and Cultural Rights, General Comment 9, "The domestic application of the Covenant", 3 December 1998, UN Doc E/C.12/1998/24, para. 4, available at https://www2.ohchr.org/english/bodies/cescr/.

113) "판단의 여유(재량)" 이론에 대해 다소 자세한 설명은, 아래 "Ⅸ. 인권의 보편성과 문화상대주의" 참조.

114) 시민적 · 정치적 권리규약 제28조~제39조 참조. UN경제사회이사회(ECOSOC)의 보조기관으로서 1946년에 설치되었다가 2006년 UN총회 산하의 UN인권이사회(Human Rights Council)로 대체된 바 있는 UN인권위원회(Commission on Human Rights)와 구분을 요한다.

로 구성되는 인권위원회가 중심적 역할을 담당하고 있다. 임기는 4년이며, 재선도 가능하다. 시민적·정치적 권리규약과 그 선택의정서, 그 어느 것도 인권위원회의 견해(views)의 구속력을 시사하는 규정을 담고 있지 아니하다.[115] 국내법에서 인권위원회의 견해/의견에 일정 법적 결과를 부여할 수는 있겠지만, 이것은 당해 국내법의 결단에 따른 결과일 따름이다.[116]

1) 보고서 검토[117]

모든 체약국은 규약상의 권리를 실시하기 위해 채택한 조치와 진보상황에 관하여, 규약이 발효한 후 1년 내에,[118] 그리고 그 후에는 인권위원회의 요청이 있으면 언제든지, UN사무총장에게 보고서(reports)를 제출하여야 한다. UN사무총장은 체약국들의 보고서를 인권위원회로 보낸다. 그러면 인권위원회는 (1) 체약국들이 제출한 보고서들을 검토하고, (2) '동 위원회 자체의 보고서'와 함께 '동 위원회가 적당하다고 생각하는 일반적 논평'(such general comments as it may consider appropriate)을 체약국들에게 송부'하며', (3) '체약국들로부터 접수한 보고서들의 사본'과 함께 '자신의 일반적 논평'을 경제사회이사회에 송부할 '수' 있다. 여기서 '일반적' 논평이라 함은 그것이 "특정 국가에 대한 것이 아님"(non-country-specific)을 의미한다. 인권위원회는 실제로 그같은 일반적 논평을 채택하고 있다.[119] 그러나 1992년 인권위원회는 앞으로 각 체약국의 보고서를 검토한 뒤에 문제된 국가를 지칭하는 '특정 국가에 대한 논평' (country-specific comments)도 채택할 것이라고 결정하였으며, 실제로 이같은 논평들이 나오고 있다.[120]

시민적·정치적 권리규약 인권위원회는 2004년의 한 일반논평[121]에서 -"이 규약의 각 당사국은 …

---

115) See e.g. Ireland, Supreme Court, *Kavanagh* v. *The Governor of Mountjoy Prison and the Attorney General*, [2002] IESC 13 (1st March, 2002)(available at https://www.bailii.org/ie/cases/IESC/2002/13.html), para. 36 : "The notion that the "views" of a Committee even of admittedly distinguished experts on international human rights experts, though not necessarily lawyers, could prevail against the concluded decision of a properly constituted court is patently unacceptable. To be fair, even in international law, neither the Covenant [on Civil and Political Rights] nor the Protocol make such a claim. Neither the Covenant nor the Protocol at any point purports to give any binding effect to the views expressed by the Committee. The Committee does not formulate any form of judgment or declare any entitlement to relief."

116) Nollkaemper, p. 178, fn. 60.

117) 시민적·정치적 권리규약 제40조.

118) 한국은 1991년 7월 31일 첫 보고서 제출.

119) 예컨대, 1984년 시민적·정치적 권리규약 제6조(생명권)에 대한 일반적 논평에서 "핵무기의 설계, 실험, 제조, 보유 및 개발은 생명권에 대한 최대의 위협에 속하며(the designing, testing, manufacture, possession and development of nuclear weapons are among the greatest threats to the right to life)" "핵무기의 생산, 실험, 보유 및 배치 그리고 사용은 금지되어야 하고 또 인도에 대한 죄로 인정되어야 한다(production, testing, possession and deployment and use of nuclear weapons should be prohibited and recognised as crimes against humanity)"는 견해를 밝힌 바 있다 : Shaw, 5th, p. 295. 또한, 1997년의 한 일반적 논평에서는 시민적·정치적 권리규약의 폐기나 탈퇴는 허용되지 않는다는 견해를 밝힌 바도 있다 : Cassese, *International Law*, 2nd, pp. 181~182 ; Shaw, 5th, p. 296.

120) Shaw, 5th, p. 294 ff.

121) Human Rights Committee, General Comment No. 31, "The Nature of the General Legal Obligation Imposed on States Parties to the Covenant", 26 May 2004, CCPR/C/21/Rev.1/Add.13, para. 8, (available at: https://www.refworld.org/docid/478b26ae2.html ; noted by Rodley in Evans, *International Law*,

이 규약에서 인정되는 권리들을 존중하고 확보할 것을 약속한다"고 규정한– 시민적 · 정치적 권리규약 제2조 1항의 의무는 "(체약)국가들에 대하여 구속력을 갖는 것이며, 국제법의 문제로서 그 자체로 '직접적인' 수평적 직접효력을 갖지는 아니한다"고 하면서도, "규약상의 권리들을 확보할 각 체약국의 '적극적' 의무는 국가가 개인을 단지 국가 자신의 대리인들에 의한 규약상의 권리 침해로부터뿐만 아니라, '사인 혹은 사적 실체 간에도 적용될 수 있는 한에서는' 규약상의 권리 향유를 해치는 사인 혹은 사적 실체들이 행하는 행위들로부터도 보호해주어야만 완전히 이행될 것"이라는 견해를 피력한 바 있다.

2) 국가 간 고발 제도(inter-state complaint machinery)[122)]

이 절차의 골자는 시민적 · 정치적 권리규약을 비준하는 것 외에, 이 절차를 규정한 특별조항(즉, 제41조)을 수락한[123)] 체약국 상호간에는 한 체약국이 전통적인 외교보호권의 논리를 넘어 타 체약국의 규약 위반을 인권위원회에 제기할 수 있으며,[124)] 이 경우 인권위원회는 문제해결을 위하여 두 단계에 걸쳐 개입할 수 있다는 것이다. 그러나 인권위원회의 권한은 구속력있는 결정을 채택하는 것에는 미치지 못한다.

먼저, 제1단계는 인권위원회 자신이 주선을 제공하는 것인데, 이것은 다음과 같이 진행된다. 타당사국이 본 규약을 실시하지 않는다고 생각하는 당사국은 서면통보(written com- munication)에 의하여 그 타당사국의 주의를 환기할 수 있다. 통보를 수령한 국가는 접수일로부터 3개월 이내에 문제를 제기한 국가에 해명서(written explanation)를 보내야 한다. 통보수령일로부터 6개월 이내

5th, pp. 784~785) : "The article 2, paragraph 1, obligations are binding on States [Parties] and do not, as such, have direct horizontal effect as a matter of international law. The Covenant cannot be viewed as a substitute for domestic criminal or civil law. However the positive obligations on States Parties to ensure Covenant rights will only be fully discharged if individuals are protected by the State, not just against violations of Covenant rights by its agents, but also against acts committed by private persons or entities that would impair the enjoyment of Covenant rights in so far as they are amenable to application between private persons or entities. There may be circumstances in which a failure to ensure Covenant rights as required by article 2 would give rise to violations by States Parties of those rights, as a result of States Parties' permitting or failing to take appropriate measures or to exercise due diligence to prevent, punish, investigate or redress the harm caused by such acts by private persons or entities. States are reminded of the interrelationship between the positive obligations imposed under article 2 and the need to provide effective remedies in the event of breach under article 2, paragraph 3. The Covenant itself envisages in some articles certain areas where there are positive obligations on States Parties to address the activities of private persons or entities. For example, the privacy-related guarantees of article 17 must be protected by law. It is also implicit in article 7 that States Parties have to take positive measures to ensure that private persons or entities do not inflict torture or cruel, inhuman or degrading treatment or punishment on others within their power. In fields affecting basic aspects of ordinary life such as work or housing, individuals are to be protected from discrimination within the meaning of article 26."

122) 시민적 · 정치적 권리규약 제4부, 제41조~제42조.

123) 제41조 수락선언은 언제든지 철회할 수 있다 : 시민적 · 정치적 권리규약 제41조 2항 세 번째 문장.

124) 요컨대, 시민적 · 정치적 권리규약은 당사자간 대세적 의무(duties *erga omnes partes*)를 창설하고 있다 : Tams, pp. 120~121 ; 본서, 제14장 (국가책임).

에 그 문제가 양 당사국이 만족하도록 조정되지 못하는 경우에는 어느 측도 문제를 일방적으로 인권위원회에 부탁할 수 있다. 인권위원회는 일반적으로 승인된 국제법규에 따라 모든 국내구제수단이 완료되었음을 확인한 후에야 자신에게 부탁되어온 문제를 다룰 수 있다. 다만, 구제수단의 운용이 부당하게 지연되는(unreasonably prolonged) 경우에는 그러하지 아니하다. 인권위원회는 통보를 검토하기 위해 '비공개'회의를 개최하며, 본 규약에 승인된 바의 인권과 기본적 자유의 존중을 기초로 하여 문제의 우호적 해결(friendly solution)을 목적으로 분쟁당사국들에게 주선(good offices)을 제공한다. 인권위원회는 분쟁당사국들에게 관련 정보를 제공할 것을 요구할 수 있으며, 또한 분쟁당사국들은 인권위원회에서 구두 또는 문서로 의견을 제시할 수 있다. 인권위원회는 통보 접수일로부터 12개월 이내에 보고서(report)를 제출하여야 하는데, 우호적 해결에 도달한 경우에는 그 보고서의 내용을 사실과 도달한 해결의 간단한 기술에 국한하여야 하며, 그렇지 못한 경우에는 보고서를 사실의 간단한 기술에 국한하되 당사자들에 의해 제시된 (문서 혹은 구두에 의한) 의견을 보고서에 첨부하여야 한다. 그리고 이 보고서는 분쟁당사국들에게 전달되어야 한다.[125]

다음, 제2단계는 분쟁해결을 위해 인권위원회가 임시(특별)조정위원회(*ad hoc* Conciliation Commission)를 구성하는 것이다. 즉, 문제가 상기 제1단계 절차에 따라 양 당사국이 만족할만하게 해결되지 못하면, 인권위원회는 '그들의 사전동의를 얻어' 임시조정위원회를 임명할 수 있다. 임시조정위원회는 당사국들이 수락하는 5인으로 구성된다. 당사국들이 임시조정위원회의 구성(의 일부 또는 전부)에 관하여 3개월 이내에 합의하지 못하면, 구성원은 인권위원회의 위원들 중에서 비밀투표를 통해 재적 2/3 다수결로 선출된다. 임시조정위원회의 구성원은 제41조를 수락한 국가의 국민이어야 하되, 분쟁당사국의 국민이어서는 안된다. 임시조정위원회는 인권위원회가 수집한 정보를 이용할 수 있으며, 분쟁당사국들에게 관련 정보의 제공을 요구할 수 있다. 임시조정위원회는 문제를 완전히 검토하되 사건을 접수한 후 늦어도 12개월 이내에 인권위원회의 위원장에게 보고서(report)를 제출해야 하며, 동 위원장은 이를 분쟁당사국들에게 전달하여야 한다. 보고서에 담길 내용은 검토결과에 따라 달라진다. 첫째, 임시조정위원회가 12개월 이내에 문제검토를 완료할 수 없었던 경우, 보고서 내용은 문제검토의 상황에 대한 간단한 기술에 국한되어야 한다. 둘째, 우호적 해결(amicable solution)에 도달한 경우, 임시조정위원회는 그 보고서를 사실과 도달에 이른 해결책의 간단한 기술에 국한하여야 한다. 셋째, 문제검토는 완료하였으나 우호적 해결에는 도달하지 못한 경우, 임시조정위원회의 보고서에는 논쟁에 관련된 모든 사실문제에 대한 자신의 인정(findings)과 문제의 우호적 해결가능성에 관한 자신의 의견이 포함되어야 하며, 또한 분쟁당사국들의 (문서 혹은 구두에 의한) 의견이 담겨야 한다. 분쟁당사국들은 이 세 번째 보고서를 수령한 날로부터 3개월 이내에 인권위원회 위원장에게 보고서 내용을 수락하는지 않는지를 통보하여야 한다.[126]

시민적 · 정치적 권리규약의 체약국들은 국가 간의 우호관계를 해칠지도 모르는 이 국가 간 고발절차를 선호하고 있지 않으며, 그 결과 이 절차는 별다른 성과를 거두고 있지 못하다.[127]

---

125) 시민적 · 정치적 권리규약 제41조.
126) 시민적 · 정치적 권리규약 제42조.

3) 개인의 국가고발 제도(시민적 · 정치적 권리규약 선택의정서)

'선택의정서를 수락한 체약국'의 '관할권 하에 있는 개인'(individuals *subject to its jurisdiction*)은 그러한 체약국의 규약 위반에 관하여 인권위원회에 '서면통보'(written communication)로 명명된 진정서를 제출할 수 있다.[128] 그러한 개인의 국적은 문제되지 아니한다. 단, 이렇게 할 수 있기 위해서는 두 가지 조건을 충족시켜야 한다. 첫째, 시민적 · 정치적 권리규약에 열거되어 있는 특정 권리를 '침해'당했다고 주장하는 경우여야 한다.[129] 둘째, 국가 간 고발의 경우와 마찬가지로, 부당하게 지연되지 않는 한 이용가능한 국내구제수단을 완료했어야 한다.[130] 그 밖에도 인권위원회는 동일 문제가 타국제조사 또는 타해결절차에 의거하여 '조사되고 있는'(is being examined) 동안에는 개인의 진정서를 검토하지 아니한다.[131] 인권위원회는 제출된 진정서에 관하여 관련 체약국의

---

127) Currie, p. 378 ; Keitner, p. 165. 유럽인권협약 체제 하에서는 국가 간 소송도 때로 제기되고 있다. Keitner. pp. 167~168.

128) "체약국의 ('영토'가 아니라) '관할권' 하에 있는 개인"이란 표현은 시민적 · 정치적 권리규약 당사국은 자국 영토 밖에서도 동 조약에 구속됨을 시사하고 있는데, 이 문제에 대해서는 "인권조약의 역외적용성"이란 제목으로 아래에서 별도로 논한다.

129) 시민적 · 정치적 권리규약 선택의정서 제1조. *Shirin Aumeeruddy-Cziffra and 19 other Mauritian women* v. *Mauritius*, HRC Communication No. R.9/35, U.N. Doc. Supp. No. 40 (A/36/40) at 134 (1981), para. 9.2 (available at https://www1.umn.edu/humanrts/undocs/session36/9-35.htm)는 피해자(victim)의 의미를 다음과 같이 정의하고 있다 : "A person can only claim to be a victim in the sense of article 1 of the Optional Protocol if he or she is actually affected. It is a matter of degree how concretely this requirement should be taken. However, no individual can in the abstract, by way of an *actio popularis*, challenge a law or practice claimed to be contrary to the Covenant. If the law or practice has not already been concretely applied to the detriment of that individual, it must in any event be applicable in such a way that the alleged victim's risk of being affected is more than a theoretical possibility." 그러므로 시민단체(NGO)는 피해자로부터 서면통보 제출 권한을 부여받지 아니하면 서면통보를 제출할 자격이 인정되지 아니한다 : *U. R.* v. *Uruguay*, HRC Communication No. 128/1982, U.N. Doc. CCPR/C/OP/2 at 40 (1990), para. 4, (available at https://www1.umn.edu/humanrts/undocs/html/128-1982.htm) ; *Erkki Hartikainen* v. *Finland*, HRC Communication No. 40/1978, U.N. Doc. CCPR/C/OP/1 at 74 (1984), paras. 3~4 (available at https://www1.umn.edu/humanrts/undocs/html/40_1978.htm).

130) 시민적 · 정치적 권리규약 선택의정서 제2조, 제5조 2항(b).

131) 시민적 · 정치적 권리규약 선택의정서 제5조 2항(a) : 이 규정은 '동일 문제'(same matter) [즉, 동일 당사자(same parties) 및 동일 쟁점(same issues)]에 대한 '병행'소송/절차(parallel proceedings)를 금지하는 이른바 *lis alibi pendens* 규칙을 도입한 것으로 해석되고 있다. 즉, 동 규정은 "다른 국제조사절차에 의해 이미 검토가 된" 문제에 대한 개인의 진정서를 인권위원회가 다시 검토하는 것까지 막고 있지는 않은 것으로 보인다. 그러므로 일부 체약국(거의 유럽국가들)은 제5조 2항(a)를 *electa una via* 규정으로 변형시키는 유보를 가하였는데, *electa una via* 원칙은 타국제절차에서 "현재 조사/심리 중인" 동일 문제에 대한 청구[즉, 병행소송/절차(parallel proceedings)]뿐만 아니라, "이미 조사/심리된" 동일 문제에 대한 청구[즉, 후속소송/절차(subsequent proceedings)]까지도 그에 대한 조사/심리를 배제한다. 예컨대, 프랑스는 동 규정에 대해 "인권위원회는 동일 문제가 다른 국제조사/해결절차에 의거하여 조사 중이거나 이미 검토된 경우에는 개인의 진정서를 검토할 권한을 갖지 아니한다"(the Human Rights Committee shall not have competence to consider a communication from an individual if the same matter is being examined or *has already been considered* under another procedure of international investigation or settlement)라는 유보를 첨가하였다. 이런 의미에서 *electa una via*는 대체로 *lis alibi pendens*와 *res judicata*를 합친 것으로 볼 수 있지만, 그 적용범위는 이 보다 넓다. 자세한 것은, L.G.P. Specker, "Remedying the Normative Impacts of Forum Shopping in International Human Rights Tribunals", The New Zealand Postgraduate Law E-Journal Issue 2/2005, p. 9 ff, p. 12 (fn. 76), pp. 17~19, available at https://www.nzpostgraduatelawejournal.aukland.ac.nz/PDF%20Articles/Issue%202%20 (2005)/6%20Leontine's% 20Final.pdf ; https://www.

주의를 환기시켜야 한다.[132] 진정서를 전달받은 당해 체약국은 6개월 이내에 인권위원회에 해명서(written explanation)를 제출하여야 한다.[133] 인권위원회는 개인과 당해 체약국으로부터 취득한 모든 서면정보를 토대로 하여 비공개로 진정서를 검토하여,[134] 최종적으로 자신의 견해(views)를 관련 체약국과 개인에게 전달하여야 한다.[135] 이 방식은 이론적으로는 상기 국가 간 고발 제도와 마찬가지로 매우 제한된 비사법적 구제방법이지만, 국가 간 고발 제도와는 달리 개인들이 빈번하게 이용하고 있고, 또 국가들에 대한 정치적 압박수단으로서 그 실효성이 입증되고 있다.[136] 다만, 인권위원회는 개인은 시민적 · 정치적 권리규약 제1조의 "peoples"가 아니기 때문에 동 제1조 자결권 침해의 피해자라고 주장할 자격이 없다고 보았다.[137]

인권위원회는 규약 위반행위로 주장되는 행위의 피해자에게 '회복할 수 없는 피해'(irreparable damage)가 생기는 것을 막기 위하여 해당 체약국에게 가보전조치(임시조치) (interim or provisional measures of protection)를 전달하는 절차도 도입하였다.[138] 인권위원회는 자신이 발하는 견해는 "사법부 결정(판결)의 일부 중요 특징들을 보이며", "사법부적 정신에서(in a judicial spirit) 도달하는" 것이라고 말하고 있으며,[139] *Ahmadou Sadio Diallo* 사건[140]에서 ICJ도 이 의견에 동의한 것

---

ohchr.org/english/countries/ratification/5.htm ; 본서, 제26장 (분쟁의 평화적 해결수단) 참조.

132) 시민적 · 정치적 권리규약 선택의정서 제4조 1항.

133) 시민적 · 정치적 권리규약 선택의정서 제4조 2항.

134) 시민적 · 정치적 권리규약 선택의정서 제5조 1 · 3항.

135) 시민적 · 정치적 권리규약 선택의정서 제5조 4항. 인권위원회는 관련 당사국에게 자신의 최종 의견을 전달하기 전에 임시보호조치(interim or provisional measures of protection)를 요청할 수도 있는데. 이 권한은 Rules of Procedure of the Human Rights Committee, UN DOC. CCPR/C/3/Rev.8, 22 September 2005, Rule 92 (previously Rule 86)에 기초한 것이다 : https://www.ccprcentre.org/en/rules-of-the-procedure-of-the-human-rights-committee.

136) Currie, p. 379 ; Keitner, pp. 166~167.

137) *Kitok* v. *Sweden*, Human Rights Committee [CCPR], Communication No. 197/1985, UN Doc CCPR/C/33/D/197/1985, 27th July 1988, para. 6.3, 〈https://hrlibrary.umn.edu/undocs/197-1985.html〉 : "... the Committee observed that the author, as an individual, could not claim to be the victim of a violation of the right of self-determination enshrined in article 1 of the Covenant. Whereas the Optional Protocol provides a recourse procedure for individuals claiming that their rights have been violated, article 1 of the Covenant deals with rights conferred upon peoples, as such. ..."

한편, 인권위원회는 규약 제1조의 주체를 글자 그대로 해석하고 있다 : Human Rights Committee, 51th session, Consideration of Reports Submitted by States Parties under Article 40 of the Covenant, *Comments on Azerbaijan*, UN Doc. CCPR/C/79/Add.38, 3 August 1994, para. 6 ("...[The Committee] recalls that, under article 1 of the Covenant, [the principle of self-determination] applies to all peoples and not merely to colonialized peoples."). file:///C:/Users/admin/Downloads/G9418213.pdf ; Kaczorowska-Ireland, p. 596.

138) Rules of Procedure of the Human Rights Committee, UN Doc. CCPR/C/3/Rev.8, 22 September 2005, Rule 92 [previously Rule 86, UN Doc. CCPR/C/3/Rev.3 (1994)] ; UN Human Rights Committee, General Comment No. 33, "Obligations of States Parties under the Optional Protocol to the International Covenant on Civil and Political Rights", 25 June 2009, CCPR/C/GC/33, para. 19 (fn. 6), available at: https://www.refworld.org/docid/4ed34e0f2.html ; Rodley in Evans (ed.), *International Law*, 5th, pp. 801~802.

139) UN Human Rights Committee, General Comment No. 33, para. 11 ; Rodley in Evans (ed.), *International Law*, 5th, p. 801.

140) Republic of Guinea v. Democratic Republic of The Congo, Judgment of 30 November 2010, para. 66

으로 보인다.

한국은 시민적·정치적 권리규약의 국가 간 고발 제도와 개인의 국가 고발 제도 양자 모두를 수락하였다.[141] 동 규약 인권위원회는 1995년 7월 19일 한국 노동쟁의조정법상의 제3자 개입금지조항을 위반하여 대법원으로부터 유죄가 확정된 (전금호노동조합장) 손종규 사건[142]에 대해, "손종규 씨의 행위를 제3자 개입금지조항으로 처벌한 것은 규약 제19조 2항이 보장한 표현의 자유를 침해"하는 것이라는 견해를 제시한 바 있다.

4) 규약 이행감독장치의 비배타성

시민적·정치적 권리규약 제44조는 "본 규약의 이행에 관한 제규정은 본 규약의 체약국들이 그들 간에 발효 중인 일반 또는 특별 국제협정에 따라 다른 분쟁해결 절차들을 이용하는 것을 막지 아니한다."[143]고 규정하고 있다. —시민적·정치적 권리규약보다 근 1년 앞서 1965년 12월 21일에 채택된— 인종차별철폐협약(International Convention on the Elimination of All Forms of Racial Discrimination) 제16조[144]도 거의 동일하게 규정하고 있다. 시민적·정치적 권리규약 제44조의 '다른 분쟁해결 절차들'에는 ICJ규정 제36조에 의거하여 제기되는 ICJ절차가 포함됨은 물론이다. 인종차별철폐협약 제22조는 분쟁이 최종적으로 ICJ에 회부될 수 있음을 명시하고 있기도 하다. 이들 조약과는 대조적으로 유럽인권협약 제55조[145]는 "특별협정에 의한 경우를 제외하고는" 협약 밖의 분쟁해결절차를 이용하지 않을 것을 약속하고 있다.[146]

("... Since it was created, the Human Rights Committee has built up a considerable body of interpretative case law, in particular through its findings in response to the individual communications which may be submitted to it in respect of States parties to the first Optional Protocol, and in the form of its "General Comments". Although the Court is in no way obliged, in the exercise of its judicial functions, to model its own interpretation of the Covenant on that of the Committee, it believes that it should ascribe great weight to the interpretation adopted by this independent body that was established specifically to supervise the application of that treaty. ...") ; Rodley in Evans (ed.), *International Law*, 5th, p. 803.

141) 《법률신문》, 1990년 4월 19일(목), 1면.

142) *Jong-Kyu Sohn* v. *Republic of Korea*, Communication No. 518/1992, U.N. Doc. CCPR/C/54/D/518/1992 (1995), available at https://www1.umn.edu/humanrts/undocs/html/vws518.htm ; 金泰川, "제3자 개입금지조항위반사건", 《국제법평론》, 1995-Ⅱ(통권 제5호), pp. 147~156.

143) "The provisions for the implementation of the present Covenant ...shall not prevent the States Parties to the present Covenant from having recourse to other procedures for settling a dispute in accordance with general or special international agreements in force between them."

144) "The provisions of this Convention concerning the settlement of disputes or complaints ... shall not prevent the States Parties from having recourse to other procedures for settling a dispute in accordance with general or special international agreements in force between them."

145) "Article 55 (Exclusion of other means of dispute settlement) : The High Contracting Parties agree that, except by special agreement, they will not avail themselves of treaties, conventions or declarations in force between them for the purpose of submitting, by way of petition, a dispute arising out of the interpretation or application of this Convention to a means of settlement other than those provided for in this Convention."

146) See Tams, pp. 279~286.

(2) 경제적 · 사회적 · 문화적 권리규약의 이행감독장치

먼저, 체약국은 규약상의 권리를 보장하기 위하여 채택한 조치와 진전상황에 관하여 '정기적으로' UN사무총장에게 '보고서'(reports)를 제출하여야 한다. 그러면 보고서 사본은 UN경제사회이사회로 보내져서 '검토'(consideration)된다.[147] 이 방식은 물론 가장 약한 이행감독절차이므로 모든 체약국이 이 의무를 부담하고 있다. 한편, UN경제사회이사회는 1985년의 한 결의[148]에 의거하여 국가들이 제출하는 보고서를 검토할 상설보조기구로서 "경제적 · 사회적 · 문화적 권리에 관한 위원회"(Committee on Economic, Social and Cultural Rights)를 설치하였다. 동 위원회는 개인자격으로 선출되는 18인의 전문가로 구성되며, 1987년 3월에 첫 회의를 가졌다. 임기는 4년이며, 재선도 가능하다.[149]

다음으로, 위에서 언급한 바와 같이 경제적 · 사회적 · 문화적 권리규약도 2008년의 선택의정서에 의거하여 국가 간 고발 제도[150]와 개인의 국가 고발 제도[151]를 도입하고 있다. 여기서도 물론 국내구제수단 완료의 원칙은 적용된다.[152] 체약국의 "중대하고 체계(제도)적인 위반"(grave and systematic violations)에 대해서는 -당해 국가가 동의하는 경우에는 영토에 대한 방문까지도 포함될 수 있는- 사실심사 절차(inquiry procedure)[153]도 도입하고 있다. 다만, 국가 간 고발 제도와 사실심사 절차는 선택의정서 체약국으로서, 이들 절차에 대한 경제적 · 사회적 · 문화적 권리위원회의 권한을 인정한다고 선언한 국가들에 대해서만 발동이 가능하다. 체약국은 언제든지(at any time) 그같이 선언할 수 있고,[154] 또 언제든지 철회할 수 있다.[155] 이것은 마치 시민적 · 정치적 권리규약 자체에 대해서는 체약국의 탈퇴나 폐기를 허용하는 규정이 없지만,[156] 동 규약 제41조의 수락 선언의 철회[157]와 (제1)선택의정서의 폐기[158]는 명시적으로 허용되고 있는 것과 궤를 같이 하고 있다.

선택의정서는 이상의 목적을 위해 경제적 · 사회적 · 문화적 권리위원회에 필요한 권한을 부여하고 있다.[159]

---

147) 경제적 · 사회적 · 문화적 권리규약 제16조 1항, 2항(a). 제16조 2항 (b)에 의하면, UN사무총장은 관련 UN전문기구들에게도 보고서 사본(또는 사본의 관련 부분)을 송부해야 하는 경우가 있다.

148) 1985년 5월 28일, 경제사회이사회 결의 1985/17.

149) https://en.wikipedia.org/wiki/Committee_on_Economic,_Social_and_Cultural_Rights ; Malanczuk, p. 216.

150) 경제적 · 사회적 · 문화적 권리규약 선택의정서 제10조.

151) 경제적 · 사회적 · 문화적 권리규약 선택의정서 제2조~제9조.

152) 경제적 · 사회적 · 문화적 권리규약 선택의정서 제3조 (소의 허용성 : Admissibility) 2항(a), 제10조 (국가 간 고발 : Inter-State Communications) 1항(c).

153) 경제적 · 사회적 · 문화적 권리규약 선택의정서 제11조

154) 경제적 · 사회적 · 문화적 권리규약 선택의정서 제10조 1항, 제11조 1항.

155) 경제적 · 사회적 · 문화적 권리규약 선택의정서 제10조 2항, 제11조 8항.

156) 시민적 · 정치적 권리규약의 제2선택의정서(사형폐지)도 동 규약과 마찬가지로 폐기 혹은 탈퇴를 허용하는 규정을 두고 있지 않다.

157) 시민적 · 정치적 권리규약 제41조 2항.

158) 시민적 · 정치적 권리규약 선택의정서 제12조.

159) 경제적 · 사회적 · 문화적 권리규약 선택의정서 제1조.

Ⅵ. 인권존중과 대세적 의무 : *Barcelona Traction Co.*

그 연원이 조약(특히, 다자조약)이냐 관습이냐를 불문하고, 외견상 국제법규는 마치 각 국가 또는 각 당사국이 다른 모든 국가 혹은 다른 모든 당사국에 대해 권리를 가지거나 의무를 부담하는 듯한, 하나 대 전체의 모습을 취하고 있다. 이를테면, 주권평등의 원칙 하에서 각 국가는 "다른 모든 국가들에게" 자신의 주권평등을 주장할 수 있다는 점에서 이것은 '대세적' 권리(rights *erga omnes*)이다. 그러나 이 '대세적' 권리는 각 국가 혹은 각 당사국이 국제공동체 전체 혹은 조약당사국들로 구성된 공동체를 위하여(대리하여) 갖는 것이 아니고 단지 자기 자신을 위하여 갖는 것이라는 점에서, 이것은 '공동체'권리(community rights)는 아니다. 국제법은 때로 국제'공'법이라는 이름으로 불리긴 하지만 이것은 공법적이라기보다는 사법적(私法的) 논리 즉 상호주의로 무장되어 있고, 그 결과 국제법은 궁극적으로는 단지 한 쌍의 국가들에게만(on pairs of states only) 권리를 부여하거나 의무를 부과할 따름이다. 이것은 각 국가는 국제법의 구체적인 적용 단계에 가서는 단지 특정한 다른 한 국가에 대한 관계에 있어서만 권리 또는 의무를 가짐을 의미한다. 양자조약의 경우에 자명한 이같은 특징은 다자조약이나 일반국제법규에 대해서도 마찬가지로 적용된다. 예컨대, 한 국가가 다자조약을 위반하는 경우에도 분쟁은 조약위반국과 그로 인한 직접적인 피해당사국간의 1 대 1의 분쟁에 지나지 않으며, 그 결과 각 체약국은 타 체약국의 수만큼이나 많은 -동일한 내용의- 양자조약의 구속을 받는 것과 동일한 결론에 이르게 되는 것이다.[160)]

South West Africa 사건[161)]은 전통국제법의 이같은 개인주의적 경향(individualistic trends)을 잘 보여주고 있다. 이 사건에서 라이베리아와 에티오피아는 남아프리카 정부가 그의 위임통치 지역인

160) Cassese, p. 28 ; Ott, p. 245 ; Ragazzi, p. 191. Tams, p. 45는 일반조약이나 관습법규에서 발생하는 다자간 의무의 이같은 특징을 다음과 같이 적절히 표현하고 있다 : "Multilateral obligations that are required to be performed in relation to one particular State are the first, and most important, case in point. Although the *legal rules* apply between a plurality of States, the *obligations* arising under them are owed to one State in particular. In the case of a breach, that State therefore is specially affected and entitled to respond. A brief reference to obligations in the field of diplomatic or consular relations may illustrate the point. Despite their multilateral (customary or conventional) character, these obligations have to be performed between pairs of receiving and sending States. ... Since all of these rules are required to be performed between pairs of States, they are frequently referred to as 'bilateralisable' obligations, or 'bundles of bilateral relationships'."

161) Ethiopia v. South Africa ; Liberia v. South Africa, (Second Phase), ICJ Reports (1966), p. 6. ICJ의 이 판결은 지금도 큰 비판을 받고 있다. 소송의 첫 단계에서는 두 원고국가의 원고적격에 대해 의문을 제기한 피고국가의 선결적 항변을 배척하고 본안을 심리할 관할권이 있음을 선언해 놓고는[Preliminary Objections, ICJ Reports (1962), p. 319], 1966년의 두 번째 판결에서는 국제공동체에는 민중의 소(*actio popularis*) 같은 것은 없다는 이유로 원고국가들의 원고적격을 인정하지 않았기 때문이다[Second Phase, ICJ Reports (1966), p. 6]. 본서, 제27장 (국가의 무력사용), "Ⅶ. UN정치기관과 ICJ 사법심사" 참조. Kaczorowska-Ireland (p. 674)는 "개발도상국들이 ICJ의 이 같은 태도 급변(*volte-face*)을 보고 동 재판소에 환멸을 가지기 시작하였다"고 언급하고 있다. 그러나 사실은, 첫 번째 판결도 재판관 8 대 7의 과반수로 간신히 내린 것이었고, 두 번째 판결도 의견이 7 대 7로 갈리자 ICJ소장이 결정투표권을 행사하여 내린 것이었다. 재판소의 첫 번째 결정과 두 번째 결정 사이에 재판소의 인적 구성에 약간의 변경이 있기도 하였다.

서남아프리카[162]에서 인종차별정책을 사용함으로써 국제연맹규약을 위반하고 있다고 주장하였다. 국제연맹은 소멸하였지만 당시 남아프리카는 이 지역에 대한 위임통치를 계속하고 있었던 것이다. 라이베리아와 에티오피아는 자신들은 국제연맹의 전(前)구성원으로서 소멸한 국제연맹이나 그 구성원들을 대리할 법적 이익을 가지고 있다고 주장하였다. 그러나 ICJ는 이들 두 국가는 남아프리카의 행동으로부터 직접 피해를 입은 바가 없기 때문에 남아프리카가 그의 위임통치 지역에서 행하고 있는 인종차별 정책에 관하여 남아프리카를 상대로 소송을 제기할 당사자적격이 없다고 판결하였다. 그러면서 ICJ는 부수적 의견(*obiter dictum*)을 통해 라이베리아와 에티오피아의 주장은 공동체의 어떤 구성원이라도 공익(public interest)을 옹호하기 위하여 소를 제기하는 것을 허용하는 일부 국내법상의 민중의 소(*actio popularis*)와 비슷하다고 언급하면서, 그러나 민중의 소는 "현재의 국제법에는 알려져 있지 않으며, ICJ규정 제38조 1항(c)에 언급된 법의 일반원칙에 의해 도입된 것으로도 볼 수 없다."고 말하였다.[163] 이같은 구조 하에서 피해국은 가해국만큼이나 강하거나 그보다 훨씬 강할 때에만 위법행위에 대처할 수 있다는 결론에 이르게 된다.

전통국제법의 이러한 개인주의적 견해는 그러나 대세적 의무 개념의 도입을 통하여 특히 인권분야에서 변화를 보여주고 있다. 위 시민적·정치적 권리규약의 국가 간 고발 제도에서 보는 것처럼, 이 방식에 따르면 다자조약의 경우에 있어 체약국은 다른 체약국의 조약위반으로 직접 피해를 입었느냐에 관계없이 그 조약 위반국에 대해 조약상의 의무를 이행할 것을 요구할 수 있다. ICJ는 *Barcelona Traction Co.* 사건[164]에서 이 개념에 관하여 다음과 같이 설명하고 있다.

---

162) 제1차 세계대전 이전에는 독일의 식민지였음.

163) ICJ Reports (1966), p. 6 at 47 (para. 88) : "Looked at in another way moreover, the argument amounts to a plea that the Court should allow the equivalent of an "*actio popularis*", or right resident in any member of a community to take legal action in vindication of a public interest. But although a right of this kind may be known to certain municipal systems of law, it is not known to international law as it stands at present; nor is the Court able to regard it as imported by the "general principles of law" referred to in Article 38, paragraph 1 (c), of its Statute."

164) Belgium v. Spain, ICJ Reports (1970), p. 3 at 32 (paras. 33~34). ICJ는 이어서 para. 91에서 "With regard more particularly to human rights, to which reference has already been made in paragraph 34 of this Judgment, it should be noted that these also include protection against denial of justice. *However, on the universal level, the instruments which embody human rights do not confer on States the capacity to protect the victims of infringements of such rights irrespective of their nationality.* It is therefore still on the regional level that a solution to this problem has had to be sought; thus, within the Council of Europe, of which Spain is not a member, the problem of admissibility encountered by the claim in the present case has been resolved by the European Convention on Human Rights, which entitles each State which is a party to the Convention to lodge a complaint against any other contracting State for violation of the Convention, irrespective of the nationality of the victim."(italics added)이라고 언급한 바 있다. 그러나 식별을 위해 이탤릭체로 표시한 상기 문장은 사실과 달라 오류라는 비판을 받고 있다. 즉, 이 판결이 나올 당시 이미, 국가가 국적에 관계 없이 피해자를 보호하는 것을 허용하는 전(全) 지구적/보편적 차원의 인권조약들이 이미 존재했다는 것이다. 그 예로서, (당시 아직 발효는 되지 아니한) 1966년의 시민적·정치적 권리규약 제41조를 비롯하여, 1948년 "제노사이드 방지 및 처벌에 관한 협약"(Convention on the Prevention and Punishment of the Crime of Genocide) 제9조("Disputes between the Contracting Parties relating to the interpretation, application or fulfilment of the present Convention, including those relating to the responsibility of a State for genocide or any of the other acts enumerated in Article 3, shall be submitted to the International Court of Justice at the request of any of the parties to the

"자연인이냐 법인이냐를 불문하고 외국인 혹은 외국투자가 자국 영토 내로 들어오는 것을 허락하는 경우, 국가는 그들에게도 법의 보호를 베풀어야 하며, 그들에게 제공되어야 할 대우에 관한 의무들을 부담한다. 그러나 이들 의무는 절대적인 것도 아니고 무제한의 것도 아니다. 특히, 한 국가의 국제공동체 전체에 대한 의무와 외교보호의 분야에서 타국에 대해 발생하는 의무는 본질적으로 구분하여야 한다. 그 본질상 전자는 모든 국가들의 관심사이다. 관련된 권리들의 중요성을 고려하면, 모든 국가가 그들의 보호에 법적 이익(소의 이익)을 갖는 것으로 인정될 수 있다. 그들은 대세적 의무이다. 그러한 의무는 현대국제법에서, 예컨대 침략행위와 제노사이드의 불법화에서 도출되며, 또한 노예제도 및 인종차별로부터의 보호를 포함하여 인간의 기본적 권리들에 관한 원칙과 규칙으로부터도 도출된다. 이러한 권리의 일부는 이미 일반국제법체계로 진입하였다 … . 다른 것들은 보편적 내지 준보편적 성격의 국제문서들에 의하여 부여되고 있다."

위 판결문에는 침략행위의 불법화, 제노사이드의 불법화, 노예제도로부터의 보호, 인종차별로부터의 보호 등 네 가지 대세적 의무가 예시되고 있는데,[165] ICJ는 그 후 *East Timor* 사건[166]과 *Legal Consequences of the Separation of the Chagos Archipelago from Mauritius in 1965*[167]에서 민족자결권을, *Legal Consequences of the Construction of a Wall in the Occupied Palestinian Territory* 사건[168]에서는 국제인도법 분야의 많은 규칙을 대세적 의무의 목록에 추가한 바 있고, 또 *Application of the Convention on the Prevention and Punishment of the Crime of Genocide* (즉, *Bosnia*) 사건[169]과 *Armed Activities on the Territory of the Congo* (New Application : 2002) 사건[170], *Application of the Convention on the Prevention and Punishment of the Crime of Genocide* (Croatia v. Serbia)[171] 등에서는 제노사이드 금지를 대세적 의무로 언급하고 있기도 하다.[172]

---

dispute."), 1926년 노예제도폐지협약("Slavery, Servitude, Forced Labour and Similar Institutions and Practices Convention") 제8조("The High Contracting Parties agree that disputes arising between them relating to the interpretation or application of this Convention shall, if they cannot be settled by direct negotiation, be referred for decision to the Permanent Court of International Justice. In case either or both of the States Parties to such a dispute should not be Parties to the Protocol of December 16th, 1920, relating to the Permanent Court of International Justice, the dispute shall be referred, at the choice of the Parties and in accordance with the constitutional procedure of each State, either to the Permanent Court of International Justice or to a court of arbitration constituted in accordance with the Convention of October 18th, 1907, for the Pacific Settlement of International Disputes, or to some other court of arbitration.") 등을 들 수 있다. Tams, pp. 176~179 ; 본서, 제3장 (일반국제법의 강행규범), Ⅲ. 강행규범 이론의 확장, "2. 강행규범, 대세적 의무, (국가의)국제범죄 그리고 민중의 소" 참조.

165) 이들 네 가지 대세적 의무에 대한 고찰은, Ragazzi, pp. 74~131 참조.
166) Portugal v. Australia, ICJ Reports (1995), p. 90 at 102 (para. 29). See Pauwelyn, p. 62.
167) Advisory Opinion, 25 February 2019, para. 180.
168) Advisory Opinion, 9 July 2004, para. 157 ; Tams, p. 123.
169) Bosnia-Herzegovina v. Yugoslavia, (Prelimenary Objections), Judgment of 1996, para. 31.
170) Democratic Republic of the Congo v. Rwanda, (Jurisdiction and Admissibility), Judgment of 3 February 2006, para. 64.
171) Judgment of 3 February 2015, para. 87.
172) ILC "Conclusions of the work of the Study Group on the Fragmentation of International Law : Difficulties arising from the Diversification and Expansion of International Law" (2006), para. (38), fn. 27.

ICJ는 *Barcelona Traction* 판결에서 -그리고 그 이후 관련 판결에서도- 국가들이 대세적 의무 위반에 대응할 수 있는 구체적인 방법과 수단, 이를테면 모든 국가들이 대항조치(countermeasures)를 취하는 것은 가능한지,[173] 그리고 ICJ에 제소하는 것도 가능하겠는지 등에 분명히 설명하지를 않았다. 대세적 의무인지 아닌지를 확인하는 방법에 대해서도 구체적으로 말하지 않았다. 재판소는 다만 지나가는 말로 대세적 의무의 '성격'에 대해 언급하였을 뿐이다. 즉 외교보호 분야에서의 의무와 대세적 의무의 구분을 이야기 하면서 "관련된 권리들의 중요성을 고려하면"(in view of the importance of the rights involved)[174]이라고 언급함으로써 대세적 의무는 일반국제법의 다른 의무들과 그 중요도에서 구분됨을 시사하였다. 그러나 문제의 권리(즉, 의무)가 대세적 의무로 평가받기 위해 어느 정도 중요해야 하는 지에 대해서는 직접적인 언급이 없었다. 다만, '인간의 "기본적인" 권리들'을 언급함으로써 모든 인권이 대세적 의무를 창설하지는 않음을 시사하였다.[175] 한편 Tams[176]는 "*Barcelona Traction Co.* 사건에서 ICJ가 '모든 국가의 법적 이익'을 언급한 것을 보면 재판소는 1차의무(*primary* obligation)의 범위에 관심을 가진 것이 아니라, '대세적인' 것으로 불리는 의무의 위반에 대한 책임을 원용할 때 적용되는 2차규칙(*secondary* rules)의 특징을 지칭하려 한 것으로 보인다. 즉, 대세적 의무에서 국가가 대세적으로(다른 모든 국가에 대해) 지고 있는 것은 의무 그 자체가 아니라 그것의 이행이다"라고 언급하면서 "재판소의 의도가 이러했다면 라틴어를 사용하여 모호하게 표현할 것이 아니라 '위반하면 대세적 책임을 야기하는 의무'(obligation the breach of which gives rise to responsibility *erga omnes*)라고 했으면 그 의도가 더 분명했을 것"이라고 논평하고 있다.

어쨌거나 대세적 의무는 각 국가가 국제공동체 전체의 기본가치를 수호하기 위해 부담하고 있다는 점에서 이것은 일종의 '공동체 의무'(community obligations)이다.[177] 동시에 타 국가가 특정 대세적 의무를 위반하였다고 주장하는 국가는 일차적으로 자기 자신을 위해서가 아니라 국제공동체 전체를 대리하여/위하여 행동하고 있다는 점에서 대세적 의무는 모든 국가들의 '공동체 권리'(community rights)를 동반한다.[178] 이처럼 대세적 의무의 개념은 상호주의와의 절연을 통해

---

173) 이 문제에 대한 금일의 논의 방향에 대해서는, 본서, 제14장 (국가책임), "X. 국가책임의 이행, 2, 대항조치" 참조.

174) ICJ가 "대세적 의무"를 말하면서 여기서 "권리"를 언급한 것은 문제되지 않는다. 의무는 곧 다른 누군가의 권리를 의미하기 때문이다.

175) Tams, pp. 97~98, 117, 128~157.

176) *Ibid.*, p. 102.

177) Institut de Droit International, Krakow Session-2005, Resolution: Obligations *Erga Omnes* in International Law, preamble : "*Considering* that under international law, certain obligations bind all subjects of international law for the purposes of maintaining the *fundamental values of the international community* ..."

178) Cassese, *International Law*, 2nd, pp. 16, 64. 구유고국제형사재판소는 이 '공동체 권리'를 "상관 권리"(correlative right)로 표현한 바 있다 : ICTY, *Prosecutor* v. *Furundzija*, Case No.: IT-95-17/1-T, Trial Chamber, Judgment of 10 December 1998, para. 151 ("... the prohibition of torture imposes upon States obligations *erga omnes*, that is, obligations owed towards all the other members of the international community, each of which then has a correlative right. In addition, the violation of such an obligation simultaneously constitutes a breach of the correlative right of all members of the international community and gives rise to a claim for compliance accruing to each and every member, which then has the right to insist on fulfilment of the obligation or in any case to call for the breach to be

국제공동체의 발전 방향을 제시하고 있긴 하지만, 현 단계의 국제공동체에서 지나치게 강조되어서는 안된다. 이같은 의무를 수립하고 있는 조약 또는 관습법규는 여전히 드물고, 이를 실천에 옮기기 위한 강제장치도 거의 없거나[179] 있어도 준사법적(準司法的)인 것에 불과하기 때문이다. 특히, 대세적 의무의 도입이 곧 당해 분야에서의 ICJ 강제관할권의 도입을 의미하는 것은 아니다.[180] ICJ를 포함한 국제공동체의 그 어떤 평화적 해결수단도 국가들의 조약을 통한 명시적 동의가 없는 한 강제관할권을 향유하지 못하고 있다. 이것은 대세적 의무와 민중의 소가 서로 연관된 측면이 있음에도 불구하고 별개의 개념임을 의미하는 것이기도 하다. 대세적 의무의 도입에도 불구하고 국가들이 여전히 자국의 이익과 '직접' 관련이 없는 그러한 문제에는 개입하기를 꺼리는 것도 문제이다.[181] 특히, 인권 분야에서 그러하다. 그러므로 ICJ는 *Legal Consequences of the Construction of a Wall in the Occupied Palestinian Territory* 사건[182]에서 "장벽 건설로 초래되는 팔레스타인 민족의 자결권 행사에 대한 방해가 종료되도록 배려하는 것은 모든 국가가 −UN 헌장과 국제법을 존중하면서도− 해야만 하는 일이다"라고 하면서도, "재판소가 생각하기에, UN, 특히 총회와 안보리는 −본 권고적 의견을 적절히 고려하여− 장벽 건설 및 관련 체제로부터 초래되는 위법한 상황을 종료시키기 위해 어떤 추가적인 행동이 필요한 지를 검토해야 한다"라고 언급함으로써, 이 사건에 관한 한 특히 "UN 총회와 안보리"가 나설 것을 촉구한 바 있다.

ICJ는 *Barcelona Traction Co.* 사건에서 국가의 대세적 의무를 "국제공동체 전체(즉, 모든 국가)

---

discontinued."), ⟨https://www.icty.org/x/cases/furundzija/tjug/en/fur-tj981210e.pdf⟩. Ottavio Quirico, "*Ius Cogens*: A Puzzle", p. 112 in Szabó (ed.), p. 112 ; 본서, 제3장 (일반국제법의 강행규범), "I. 강행규범 이론의 역사적 전개과정" 참조.

179) 평화에 대한 위협, 평화의 파괴, 혹은 침략행위에 관한 한 UN헌장 제7장은 한 가지 실효성있는 강제장치가 될 수 있다.

180) See *East Timor* (Portugal v. Australia), ICJ Reports (1995), p. 90 at para. 29. ICJ는 Case concerning *Armed Activities on the Territory of the Congo* (New Application : 2002)(Democratic Republic of the Congo v. Rwanda)(Jurisdiction and Admissibility), Judgment of 2006, para. 64에서 강행규범(*jus cogens*)에 대해서도 같은 논리가 적용된다고 언급하고 있다. 본서, 제26장 (분쟁의 평화적 해결수단), "Ⅶ. 사법심사 : ICJ를 중심"으로 참조.

181) Cassese, p. 30 ; Ryngaert, *Universal Jurisdiction and Global Values*, pp. 43~45. 최근 들어 외국에서의 중대한 인권침해에 대항하기 위한 국내 입법이 제정되기도 하는데, 미국의 경우 "Russia and Moldova Jackson-Vanik Repeal and Sergei Magnitsky Rule of Law Accountability Act of 2012", "Global Magnitsky Human Rights Accountability Act of 2016", "Executive Order (13818) Blocking the Property of Persons Involved in Serious Human Rights Abuse or Corruption (December 20, 2017)" 등 참조. https://en.wikipedia.org/wiki/Magnitsky_Act ; https://www.treasury.gov/resource-center/sanctions/Programs/Documents/glomag_pl_114-328.pdf ; https://www.whitehouse.gov/presidential-actions/executive-order-blocking-property-persons-involved-serious-human-rights-abuse-corruption/ ; Ewelina U. Ochab, "The Magnitsky Law Is Taking Over The European Union", Forbes, Dec 10, 2018, ⟨https://www.forbes.com/sites/ewelinaochab/2018/12/10/the-magnitsky-law-is-taking-over-the-european-union/#63d0f7a71eca⟩.

182) Advisory Opinion of 9 July 2004, paras. 159~160 : "It is ... for all States, while respecting the United Nations Charter and international law, to see to it that any impediment, resulting from the construction of the wall, to the exercise by the Palestinian people of its right to self-determination is brought to an end. ... the Court is of the view that the United Nations, and especially the General Assembly and the Security Council, should consider what further action is required to bring to an end the illegal situation resulting from the construction of the wall and the associated régime, taking due account of the present Advisory Opinion."

에 대한" (towards the international community as a whole) 의무로만 표현하였지만, ILC는 그 후 국가책임초안을 작성하는 과정에서 (i) 이 사건에서 확인된 대세적 의무(obligations *erga omnes*)와 (ii) '모든 조약당사자에 대한'(따라서 '당사자 간') 대세적 의무(obligations *erga omnes partes/ contractantes*)를 구분하였다.[183] *Blaškić* 사건[184]에서 구유고국제형사재판소도 "UN회원국들에게 동 재판소의 수사와 소추에 협력할 의무를 부과하고 있는 재판소규정 제29조는 당사자들 간에 대세적으로(*erga omnes partes*) 유효하다"고 천명함으로써 조약에 기초한 대세적 의무, 즉 당사자간 대세적 의무의 개념을 도입하였다. 그리고 ICJ도 이제는 이 구분을 따르고 있다.[185]

---

183) ILC 국가책임초안 제48조 1항(a)/(b) ; 본서, 제3장 (일반국제법의 강행규범), 제14장 (국가책임) 참조.

184) *Prosecutor* v. *Tihomir Blaškić*, ICTY Appeals Chamber, Judgment of 29 October 1997 on the Request of the Republic of Croatia for Review of the Decision of Trial Chamber Ⅱ of 18 July 1997, para. 26, 〈https://www.icty.org/x/cases/blaskic/acdec/en/71029JT3.html〉 (noted by Tams, p. 120) : "The exceptional legal basis of Article 29 [of the Statute] accounts for the novel and indeed unique power granted to the International Tribunal to issue orders to sovereign States (under customary international law, States, as a matter of principle, cannot be "ordered" either by other States or by international bodies). Furthermore, the obligation set out – in the clearest of terms – in Article 29 is an obligation which is incumbent on every Member State of the United Nations *vis-à-vis* all other Member States. The Security Council, the body entrusted with primary responsibility for the maintenance of international peace and security, has solemnly enjoined all Member States to comply with orders and requests of the International Tribunal. The nature and content of this obligation, as well as the source from which it originates, make it clear that Article 29 does not create bilateral relations. Article 29 imposes an obligation on Member States towards all other Members or, in other words, an "obligation *erga omnes partes*". By the same token, Article 29 posits a community interest in its observance. In other words, every Member State of the United Nations has a legal interest in the fulfilment of the obligation laid down in Article 29 ..."

185) 예컨대, ICJ는 *Questions relating to the Obligation to Prosecute or Extradite* (Belgium v. Senegal), Judgment of 20 July 2012, paras. 68~70에서 고문반대협약이 당사자간 대세적 의무를 창설하고 있다고 판시하였다 : "68. As stated in its Preamble, the object and purpose of the Convention [against Torture and Other Cruel, Inhuman or Degrading Treatment or Punishment of 10 December 1984] is "to make more effective the struggle against torture ... throughout the world." The States parties to the Convention have a common interest to ensure, in view of their shared values, that acts of torture are prevented and that, if they occur, their authors do not enjoy impunity. The obligations of a State party to conduct a preliminary inquiry into the facts and to submit the case to its competent authorities for prosecution are triggered by the presence of the alleged offender in its territory, regardless of the nationality of the offender or the victims, or of the place where the alleged offences occurred. All the other States parties have a common interest in compliance with these obligations by the State in whose territory the alleged offender is present. That common interest implies that the obligations in question are owed by any State party to all the other States parties to the Convention. All the States parties "have a legal interest" in the protection of the rights involved (*Barcelona Traction, Light and Power Company, Limited, Judgment, I.C.J. Reports 1970*, p. 32, para. 33). These obligations may be defined as "obligations *erga omnes partes*" in the sense that each State party has an interest in compliance with them in any given case. In this respect, the relevant provisions of the Convention against Torture are similar to those of the Convention on the Prevention and Punishment of the Crime of Genocide, with regard to which the Court observed that "In such a convention the contracting States do not have any interests of their own ; they merely have, one and all, a common interest, namely, the accomplishment of those high purposes which are the *raison d'être* of the Convention." (*Reservations to the Convention on the Prevention and Punishment of the Crime of Genocide, Advisory Opinion, I.C.J. Reports 1951*, p. 23.).

Ⅶ. 제3세대 인권

제3세계의 인권 전략은 형제애(brotherhood)와 결속(solidarity)에 기초한 새로운 유형의 인권,

---

69. The common interest in compliance with the relevant obligations under the Convention against Torture implies the entitlement of each State party to the Convention to make a claim concerning the cessation of an alleged breach by another State party. If a special interest were required for that purpose, in many cases no State would be in the position to make such a claim. It follows that any State party to the Convention may invoke the responsibility of another State party with a view to ascertaining the alleged failure to comply with its obligations *erga omnes partes*, such as those under Article 6, paragraph 2, and Article 7, paragraph 1, of the Convention, and to bring that failure to an end

70. For these reasons, the Court concludes that Belgium, as a State party to the Convention against Torture, has standing to invoke the responsibility of Senegal for the alleged breaches of its obligations under Article 6, paragraph 2, and Article 7, paragraph 1, of the Convention in the present proceedings. Therefore, the claims of Belgium based on these provisions are admissible.

As a consequence, there is no need for the Court to pronounce on whether Belgium also has a special interest with respect to Senegal's compliance with the relevant provisions of the Convention in the case of Mr. Habré."

ICJ는, 이어서, *Application of the Convention on the Prevention and Punishment of the Crime of Genocide* (The Gambia v. Myanmar)(Request for the indication of provisional measures), Order of 23 January 2020, paras. 41~42에서 제노사이드협약에 더해서도 당사자간 대세적 의무의 논리가 적용됨을 분명히 하였다 : "41. ... In view of their shared values, all the States parties to the Genocide Convention have a common interest to ensure that acts of genocide are prevented and that, if they occur, their authors do not enjoy impunity. That common interest implies that the obligations in question are owed by any State party to all the other States parties to the Convention. In its Judgment in the case concerning *Questions relating to the Obligation to Prosecute or Extradite* (*Belgium v. Senegal*), the Court observed that the relevant provisions in the Convention against Torture were "similar" to those in the Genocide Convention. The Court held that these provisions generated "obligations [which] may be defined as 'obligations *erga omnes partes*' in the sense that each State party has an interest in compliance with them in any given case" (*Judgment, I.C.J. Reports 2012* (*Ⅱ*), p. 449, para. 68). It follows that any State party to the Genocide Convention, and not only a specially affected State, may invoke the responsibility of another State party with a view to ascertaining the alleged failure to comply with its obligations *erga omnes partes*, and to bring that failure to an end.

42. The Court concludes that The Gambia has prima facie standing to submit to it the dispute with Myanmar on the basis of alleged violations of obligations under the Genocide Convention."

ICJ의 당사자간 대세적 의무의 논리는 위 사건에 대한 2022년 7월 22일 선결적 항변에 대한 판결에서도 그대로 계속되었다 : *Application of the Convention on the Prevention and Punishment of the Crime of Genocide* (The Gambia v. Myanmar)(Preliminary Objections), Judgment of 22 July 2022, para. 112("...any State party to the Genocide Convention may invoke the responsibility of another State party, including through the institution of proceedings before the Court, with a view to determining the alleged failure to comply with its obligations *erga omnes partes* under the Convention and to bringing that failure to an end."), & para. 113("The Court acknowledges that Bangladesh, which borders Myanmar, has faced a large influx of members of the Rohingya group who have fled Myanmar. However, this fact does not affect the right of all other Contracting Parties to assert the common interest in compliance with the obligations *erga omnes partes* under the Convention and therefore does not preclude The Gambia's standing in the present case.").

제노사이드협약 하의 당사자간 대세적 의무의 논리는 그 후에도 확인되고 있다 : *Application of the Convention on the Prevention and Punishment of the Crime of Genocide in the Gaza Strip* (South Africa v. Israel)(Request for the Indication of Provisional Measures), ICJ Order of 26 January 2024, para. 33.

ICJ는 이미 *Legal Consequences of the Construction of a Wall in the Occupied Palestinian Territory*,

즉 이른바 제3세대 인권(third-generation human rights)의 형성을 자극하였다.[186] 제1세대와 제2세대 인권은 본질적으로 개인이 그가 속해 있는 국가와 사회에 대해 주장할 수 있는 권리인데 반해, 제3세대 인권은 국경선을 초월하는 것으로서 개인이 국가들의 국제공동체 전체에 대해 주장할 수 있는 권리로 생각될 수 있다.[187]

이미 1948년의 세계인권선언은 제3세대 인권의 한 가지를 시사하고 있었다. 즉, 동 선언은 먼저 제1조에서 "모든 사람은 ... 서로를 형제애의 정신으로 대해야 한다"(All human beings ... should act towards one another in a spirit of brotherhood)고 천명한 다음, 제28조에서 "모든 사람은 이 선언에 명시된 권리와 자유가 완전히 실현될 수 있는 하나의 사회적 그리고 '국제적' 질서를 향유할 권리가 있다."(Everyone is entitled to a social and international order in which the rights and freedoms set forth in this Declaration can be fully realised.)라고 규정함으로써, 요컨대 '형제애'에 기반한 '정의롭고 형평한 국제질서를 향유할 권리'(right to a just and fair international order)를 예시하고 있었던 것이다. 확실히 이 권리는 단지 개인의 소속국가에 의한 적절한 행동 이상의 것을 요구하고 있다. 제시된 바의 국제질서를 창조하기 위해서는 모든 혹은 적어도 대부분의 국가들이 협력하여야 하는데, 이것은 결국 개인은 국가들에게 이러한 협력을 달성하기 위해 성실한 노력을 하도록 요구할 권리가 있음을 시사하고 있는 것이다. 그러므로 기본적으로 제3세대 인권은 개인과 국가의 상호의존(interdependence)을 함축하고 있으며, 한 걸음 더 나아가 모든 국가 내 개인들의 상호의존을 함축하고 있기도 하다. 이 정의롭고 형평한 국제질서를 건설함에 있어 개인들은 상호 의무와 권리를 갖게 되며, 이 포괄적인 상호의존은 곧 형제애와 결속을 뜻하는 것이다. 제3세대 인권이란 이처럼 각 개인이 갖는 권리이기는 하지만 각자가 국경선을 초월하여 다른 모든 사람들과 연대하여 협력함으로써만이 그 달성을 확보할 수 있는 인권들을 지칭하는 것이다.[188]

제3세대 인권의 대상에 어떤 것들이 있는지에 관해서는 이론이 있지만, 일반적으로 평화(peace),[189] 발전(development),[190] 건강한 환경(healthy environment free from pollution), 인류의 공동유

Advisory Opinion, ICJ Reports (2004), 136 at 199~200 (paras. 157~160)에서 1949년 제네바협약 하의 당사자간 대세적 의무와 국제인도법 분야에서의 대세적 의무를 "조심스럽게" 구분한 바 있었다 : Tams, p. 123 ; 본서, 제14장 (국가책임).

186) Cassese, p. 310.

187) Ott, p. 244.

188) *Ibid.*

189) Rosenne, *The Perplexities of Modern International Law*, pp. 215~216은 "사람들의 평화에 대한 권리 선언"(Declaration on the Right of Peoples to Peace)을 승인한 1984년 11월 12일의 UN총회결의 39/11이 시간적으로 다소 늦게 나왔음을 시사하면서, "평화에 대한(평화를 향유할) 권리"야 말로 "가장 중요한 인권"으로서, "언젠가는 이것이 구속력있는 계율로서 강행규범이 되어야 마땅하다"고 언급하고 있다.

190) "발전에 대한(발전을 향유할) 권리"(right to development)의 세부내용에 관해서는 UN총회가 1986년 12월 4일 결의 41/128을 통해 채택한 "발전에 대한 권리 선언" (Declaration on the Right to Development)을 참조할 것. 동 선언은 그 전문에서 '발전'을 "경제, 사회, 문화, 정치 분야를 포괄하는 한 개의 광범위한(포괄적인) 과정"(a comprehensive economic, social, cultural and political process)으로 인식하고 있다. 이 권리의 모호한 성격에 관해서는 Cassese, *International Law*, 2nd, p. 508, fn. 4 ; Ragazzi, pp. 145~153 참조.

산(common heritage of mankind), 국경을 넘는 교신(communication across borders), 인도적 원조 혹은 지원(humanitarian assistance or aid),[191] 자결(self-determination) 등이 여기에 속하는 것으로 언급되고 있다.[192] 특히, 1981년의 아프리카 인권헌장에서는 이들 대부분의 제3세대 인권에 관한 규정을 두고 있다.

제3세대 인권 개념의 출현은 이제 개인이 특정 국가의 국민으로서의 지위를 벗어나 세계시민(world citizen)으로서의 지위를 향해 나아가고 있음을 법적으로 표현한 것으로 생각된다. 달리 표현하면, 제3세대 인권은 국가체제의 붕괴를 시사하는 것으로 보인다. 다만, 자결권은 그 본질상 우선 국가의 성립을 지향하고 있다는 점에서 구분된다.[193]

제3세대 인권 중 일부는 국가와 민족집단에 관한 한 국제법상 확립된 것으로 볼 수 있겠지만, 개인의 권리로서는 이들 모두 비교적 최근에 출현한 것이다. 이들 인권을 국가 혹은 집단의 차원을 넘어 인간 개인의 차원으로 끌어내리는 중요성은, 이들의 증진과 진전이 정치지도자들의 손으로부터 벗어나서 그 대신 그 궁극적인 수혜자인 개인들에게 맡겨질 수 있다는 점에 있다.[194]

---

191) 일방 인도적 원조 혹은 지원과 타방 인도적 간섭(humanitarian intervention)은 구분하여야 한다. ICJ는 *Military and Paramilitary Activities in and against Nicaragua* case, ICJ Reports (1986), p. 14, at paras. 242~243에서 인도적 원조라 함은 "인간의 고통을 방지하고 완화하며" "생명과 건강을 보호하고 인간에 대한 존중을 확보"하는데 목적이 있는 것으로서 "그 어떤 차별도 없이" 제공되는 것을 본질로 한다고 정의하면서, 미국의 니카라과에 대한 인도적 지원 부분이 콘트라반군과 그 부양가족뿐만 아니라 니카라과 내의 모든 어려운 사람들에게 대한 지원이었다면 이것은 위법한 간섭이 아니라고 판결한 바 있다. 2014년 2월 17일 발표된 UN북한인권조사위원회의 보고서(Report of the commission of inquiry on human rights in the Democratic People's Republic of Korea), para. 94 (i)도 인도적 원조/지원의 본질을 잘 지적하고 있다 : "States should not use the provision of food and other essential humanitarian assistance to impose economic or political pressure on the Democratic People's Republic of Korea. Humanitarian assistance should be provided *in accordance with humanitarian and human rights principles, including the principle of non-discrimination*. Aid should only be curbed to the extent that unimpeded international humanitarian access and related monitoring is not adequately guaranteed. ..." https://www.ohchr.org/EN/HRBodies/HRC/CoIDPRK/Pages/ReportoftheCommissionofInquiryDPRK.aspx ; 본서, 제27장 (국가의 무력사용) 참조.

세계국제법학술원(IDI)도 2003년 브뤼쥬 회의(Bruges Session)에서 채택한 "인도적 원조"(Humanitarian Assistance) 결의에서 이것을 "all acts, activities and the human and material resources for the provision of goods and services of an exclusively humanitarian character, indispensable for the survival and the fulfillment of the essential needs of the victims of disasters"로 정의하고 있다. 그리고 동 결의에 의하면 인도적 지원 개념의 구성요소는 특히 다음과 같다. 첫째, 재난 피해자(희생자)들을 인도적 지원 없이 방치하는 것은 인간생명에 대한 위협과 인간의 품위에 대한 모욕을 구성하므로 기본적 인권의 침해를 구성한다 ; 둘째, 재난 피해자들은 인도적 지원을 요청하고 받을(request and receive) 권리가 있다 ; 셋째, 각 국가와 국제기구는 영향받은 국가(affected State)에게 인도적 지원을 제안할(offer) 권리가 있다 ; 넷째, 각 국가와 국제기구는 영향받은 국가들의 동의를 조건으로(subject to the consent of [affected States]) 그들 국가 내의 피해자들에게 인도적 지원을 제공할(provide) 권리가 있다 : https://www.idi-iil.org.

2016년 UN국제법위원회(ILC)도 "재난 시 사람의 보호"(protection of persons in the event of disasters)란 제목으로 인도적 원조에 대해 초안규정을 채택하고 이를 UN총회에 제출하였다 : https://legal.un.org/ilc/texts/instruments/english/draft_articles/6_3_2016.pdf.

인도적 간섭에 대해서는 본서, 제27장 (국가의 무력사용) 참조.

192) Ott, p. 257 ; Cassese, p. 310 ; Buergenthal, 전게서(역서), pp. 144, 147.

193) Ott, p. 245.

194) *Ibid.*, p. 257 ; Claude and Weston (eds.), *op. cit.*, pp. 22~23.

Ⅷ. UN의 기타 업적

위에서는 UN의 가장 대표적인 활동에 관하여 살펴보았지만, 인권 증진을 위한 UN의 노력은 부단히 지속되고 있다. 두 개의 국제인권규약 채택이 시간을 끌자 먼저 1965년에 "모든 형태의 인종차별 철폐에 관한 협약"(International Convention on the Elimination of All Forms of Racial Discrimination)[195]이란 이름의 주제가 특정된 인권조약이 제3세계의 선동으로 채택된 바 있는데, 동 협약은 1969년 발효하였다. 1968년에는 "전쟁범죄와 인도에 대한 죄의 공소시효 부적용에 관한 협약"(Convention on the Non-Applicability of Statutory Limitations to War Crimes and Crimes against Humanity)[196]이 채택되었는데, 동 협약에서는 이들 두 범죄에 대해서는 공소시효를 적용하지 않는다고 규정하고 있으며, 다만 동 협약을 실천에 옮길 국제형사재판소가 존재하지 않던 상황을 고려하여 체포·처벌은 국내법에 맡기고 있다. 그리고 1973년에는 인종분리정책(apartheid)을 인도에 대한 죄로 규정한 "아파트헤이트 범죄의 억제 및 처벌에 관한 협약"(International Convention on the Suppression and Punishment of the Crime of Apartheid)이 채택되었으며 1976년 발효하였다. 그러나 아시아·아프리카 국가들과 사회주의 국가들의 제안으로 채택된 위 협약들은 서구 진영의 적극적인 찬성을 얻어내지는 못하였다.

UN총회는 그 후로도 인권 관련 국제문서를 작성함에 있어 큰 진전을 이루었다. 1979년 "여성에 대한 모든 형태의 차별 철폐에 관한 협약"(Convention on the Elimination of All Forms of Discrimination against Women),[197] 1984년 "고문과 기타 잔혹하거나 비인도적이거나 모욕적인 대우 혹은 처벌에 반대하는 협약"(Convention against Torture and Other Cruel, Inhuman or Degrading Treatment or Punishment),[198] 1985년 (약칭) "외국인의 인권에 관한 선언" (Declaration

195) 1965년 12월 21일 UN총회결의 2106(XX)에 의하여 채택, 1969년 1월 4일 발효, 1978년 12월 5일 한국 발효. 이 협약[제12조(임시조정위원회), 제22조(ICJ)]에 의거하여 국가 간에 제기된 사건들에 대해서는 Keitner, pp. 165~166 참조.

196) 1968년 11월 26일 UN총회결의 2391(XXIII)에 의하여 채택, 1970년 11월 11일 발효.

197) 1979년 12월 18일 UN총회결의 34/180에 의하여 채택, 1981년 9월 3일 발효, 1985년 1월 26일 한국 발효. 총회는 1999년 10월 6일 결의 54/4에 의하여 이 협약의 선택의정서(Optional Protocol to the Convention on the Elimination of All Forms of Discrimination against Women)를 채택한 바 있는데, 주된 내용은 여성차별철폐위원회(Committee on the Elimination of Discrimination against Women)에 개인의 국가고발(individual communications)을 검토하고, 사실조사(inquiry)를 행할 권한을 부여하는 것이다. Hamid, p. 330. 동 의정서는 2000년 12월 22일 발효, 2007년 1월 18일 한국 발효.

198) 1984년 12월 10일 UN총회결의 39/46에 의하여 채택, 1987년 6월 26일 발효, 1995년 1월 9일 한국 발효. https://www.umn.edu/humanrts/index.html. 고문반대협약의 주요 내용은 다음과 같다. (i) 사인에 의한 고문은 협약의 범위에서 제외된다(제1조 1항). (ii) 고문은 국가비상시를 포함한 그 어떤 경우에도 절대적으로(예외없이) 금지된다(제2조 2항). (iii) 상관의 명령에 대한 복종은 고문의 항변사유가 될 수 없다(제2조 3항). (iv) 사람을 고문의 위험이 있는 국가로 '추방, 송환 또는 인도'[expel, return ('*refouler*') or extradite]해서는 안된다(제3조 1항). (v) 고문에 대한 강제적(의무적) 보편관할권(compulsory universal jurisdiction)이 창설되어, 고문을 한 자는 재판을 위하여 (속지주의, 속인주의 혹은 수동적 속인주의가 적용되는) 관련국가로 인도되거나 그렇지 않으면 '그의 국적 또는 고문장소에 관계없이' 소추되어야 한다(제5조 2항). (vi) 10인의 고문반대위원회(Committe *against* Torture)가 수립되어, 고문관행을 조사하며, 관련국가들이 동의하는 경우 개

on the Human Rights of Individuals Who are not Nationals of the Country in which They Live),[199] 1986년 "발전을 향유할 권리에 관한 선언" (Declaration on the Right to Development),[200] 1989년 "어린이의 권리에 관한 협약"(Convention on the Rights of the Child),[201] 1990년 "모든 이주노동자와 그들의 가족구성원의 권리보호에 관한 국제협약"(International Convention on the Protection of the Rights of All Migrant Workers and Members of Their Families),[202] 1992년 "노령화에 관한 포고"(Proclamation on Ageing),[203] 1992년 "민족적 혹은 인종적, 종교적 그리고 언어적 소수자에 속하는 사람들의 권리에 관한 선언"(Declaration on the Rights of Persons Belonging to National or Ethnic, Religious and Linguistic Minorities),[204] 1994년 "여성에 대한 폭행 철폐에 관한 선언" (Declaration on the Elimination of Violence against Women),[205] 2000년 "인신, 특히 여성과 어린이 매매를 방지, 억제 및 처벌하기 위한 -국제조직범죄 대상 UN협약을 보충하는- 의정서"(Protocol to Prevent, Suppress and Punish Trafficking in Persons, especially Women and Children, supplementing the United Nations Convention against Transnational Organized Crime),[206] 2006년 "장애인의 권리에

인과 국가들로부터 소원을 접수한다(협약 제2부, 제17조~제24조). See Peter Burns QC and Obiora Okafor, "The United Nations Convention against Torture and Other Cruel, Inhuman or Degrading Treatment or Punishment or How It Is Still Better to Light a Candle than to Curse the Darkness", (1998) 2 Otago Law Review 399~432.

한편, UN총회는 2002년 12월 18일의 결의 57/199를 통해 "고문반대협약 선택의정서"를 채택하였는데, 2006년 6월 22일 발효하였다. 이 의정서의 목적은 두 가지이다. 첫째, 고문'방지' 소위원회(Sub-Committee on *Prevention* of Torture)를 설치하며, 동 소위원회는 현장을 방문하고 체약국에게 권고할 수 있다. 둘째, 각 체약국은 국내적 차원에서 고문'방지'를 위한 한 개 이상의 제도적 장치를 유지, 지명 혹은 수립하여야 한다.

199) 1985년 12월 13일 UN총회결의 40/144에 의하여 채택.

200) 1986년 12월 4일 UN총회결의 41/128에 의하여 채택.

201) 1989년 11월 20일 UN총회결의 44/25에 의하여 채택, 1990년 9월 2일 발효, 한국 1991년 11월 20일 비준. 어린이 권리 협약은 2015년 2월 현재 195개국이 비준한 보편적 성격의 조약이다 : https://en.wikipedia.org/wiki/Convention_on_the_Rights_of_the_Child.

총회는 2000년 5월 25일 결의 54/263에 의하여 이 협약에 대한 두 개의 선택의정서(즉, Optional Protocol to the Convention on the Rights of the Child on the involvement of children in armed conflict 및 Optional Protocol to the Convention on the Rights of the Child on the sale of children, child prostitution and child pornography)를 채택한 바 있는데, 이 중 첫 번째 의정서는 2002년 2월 12일 발효하였으며(한국 2004년 9월 24일 비준), 두 번째 의정서는 2002년 1월 18일 발효(한국 2004년 9월 24일 비준). 그 후 UN총회는 2011년 12월 19일 결의 66/138에 의하여 세 번째 선택의정서(즉, Optional Protocol to the Convention on the Rights of the Child on a communications procedure)를 채택하였는데, 2014년 4월 14일 발효하였다. 이는 어린이권리위원회(Committee on the Rights of the Child)의 관할권에 개인의 국가고발(individual communications), 국가 간 고발(inter-State communications) 및 사실조사(inquiry procedure) 절차를 도입하기 위한 것이다.

202) 1990년 12월 18일 UN총회결의 45/158에 의하여 채택, 2003년 4월 1일 발효 (동 협약 제87조). Wallace, *International Human Rights : Text and Materials*, p. 367 ; Shaw, 5th, p. 309, fn. 353.

203) 1992년 12월 16일 UN총회결의 47/5에 의하여 채택.

204) 1992년 12월 18일 UN총회결의 47/135에 의하여 채택. Ghandhi (ed.), p. 116 ; (1993) 32 ILM 911 ; Malanczuk, p. 339.

205) 1994년 2월 23일 UN총회결의 48/104에 의하여 채택. Wallace, *International Human Rights : Text and Materials*, p. 33.

관한 협약"(Convention on the Rights of Persons with Disabilities) 및 그 "선택의정서"(Optional Protocol),[207] 2006년 "모든 사람을 강제실종으로부터 보호하기 위한 국제협약"(International Convention for the Protection of All Persons from Enforced Disappearance),[208] 2007년 "토착민들의 권리에 관한 UN선언"(United Nations Declaration on the Rights of Indigenous People),[209] 2018년 "지구이주협정"(Global Compact for Safe, Orderly and Regular Migration)[210] 등이 그 대표적인 예이다.

1989년 12월 15일 사형의 폐지를 목표로 하는, 시민적 · 정치적 권리규약의 제2선택의정서(Second Optional Protocol to the International Covenant on Civil and Political Rights, Aiming at the Abolition of the Death Penalty)가 채택된 것도 주목을 요한다. 이 의정서는 시민적 · 정치적 권리규약 제6조(생명권보장)를 구체화한 것으로서, 사형의 폐지를 명시적 목표로 삼는 '보편적 · 지구적' 차원의 조약으로서는 최초의 문서이다.[211] 다만, "전시에 자행된 군사적 성격의 매우 중대한 범죄"(a most serious crime of a military nature committed during wartime)에 대하여 전시에 부과하는 사형에 대해서는 비준 또는 가입시 유보를 허용하고 있다. 이 의정서는 1991년 7월 11일 발효하였다.[212]

---

206) 2000년 11월 15일 UN총회 결의 55/25에 의하여 채택, 2003년 12월 25일 발효.

207) 2006년 12월 13일 UN총회결의 61/106에 의하여 채택. 장애자권리협약과 그 선택의정서는 '모든 국가'뿐만 아니라 (동 협약이 규율하는 문제에 대해 그 회원국들로부터 권한을 이전받은) '지역통합기구'에게도 서명과 가입이 개방되어 있다(협약 제42조~제43조 ; 선택의정서 제10조). 실제로 EC(현 EU)는 동 협약이 서명을 위해 개방되던 첫날인 2007년 3월 30일 서명에 참여하였다. 협약과 선택의정서 2008년 5월 3일 동시 발효 ; 한국 2008년 12월 11일 협약 비준. https://en.wikipedia.org/wiki/Convention_on_the_Rights_of_Persons_with_Disabilities ; https://en.wikipedia.org/wiki/Optional_Protocol_to_the_Convention_on_the_Rights_of_Persons_with_Disabilities.

208) 2006년 12월 20일 UN총회결의 61/177에 의하여 채택, 2007년 2월 6일 서명을 위해 개방됨 : https://www.un.org/apps/news.printnewsAr.asp?nid=21474. 강제실종국제협약은 그 이행감독기관으로 강제실종위원회(Committee on Enforced Disappearances)를 수립하고 있으며, 이행감독방식은 대체로 고문반대협약과 그 선택의정서를 합친 모델을 따르고 있다(제26조~제33조) ; 게다가 강제실종위원회는, "강제실종이 당사국의 관할 하에 있는 영토에서 '광범위하고 체계적으로' 실행되고 있음"을 나타내는 충분히 근거있는 정보를 받는 경우, 관련 당사국으로부터 정보를 구한 뒤 UN사무총장을 통해 긴급히 UN총회의 주의를 환기할 수 있는 권한도 부여받고 있다(제34조). 강제실종국제협약은 단지 'UN회원국'에게만 서명과 가입이 개방되어 있다(제38조). https://en.wikipedia.org/wiki/International_Convention _for_the_Protection_of_All_Persons_from_Enforced_Disappearance ; https://en.wikipedia.org/wiki /Enforced_disappearance.

209) 2007년 9월 13일 UN총회결의 61/295에 의하여 채택.

210) 2018년 12월 10~11일 모로코 마라케시에서 개최된 정부간회의에서 채택, 동월 19일 UN총회결의 73/195에 부속되어 인준되었다. 그러나 이는 조약으로 의도된 문서는 아니다. https://undocs.org/en/A/RES/73/195 ; https://en.wikipedia.org/wiki/Global_Compact_for_Migration.

211) 다만, "18세 미만의 사람이 범한 범죄"에 관한 한, 이미 1989년 11월 20일의 "어린이의 권리에 관한 협약" 제37조(a)는 '사형'(과 '석방의 가능성이 없는 종신형')을 부과하지 않을 것을 요구하고 있었다.

212) Gino J. Naldi, "United Nations Seeks to Abolish the Death Penalty", (1991) 40 ICLQ 948~952. Rosenne, *The Perplexities of Modern International Law*, p. 234는 동 선택의정서에서 허용하고 있는 유보와 관련하여 "UN헌장체제 하에서 '전시'(wartime)란 단어의 의도가 무엇인지 전혀 분명하지 않으며, 이 단어가 무차별적인 테러리즘으로부터 자기를 보호하기 위한 상황(situations of self-protection against indiscriminate terrorism)에까지 연장 적용되어서는 안될 이유는 없다."고 보고 있다.

이상의 여러 인권 관련 국제문서들은 설사 그것이 구속력있는 조약이라 하더라도 여전히 국제법의 기초인 의사주의(consensualism)에 의하여 제한을 받지 않을 수 없다. 즉, 각 조약은 그것에 구속받기를 원하는 국가들, 즉 조약당사국들에 대해서간 법적 구속력이 있다는 본래의 약점을 안고 있는 것이다. 다만, 국제공동체의 이같은 왕성한 입법적 활동의 결과, 인권에 대한 중대하고 반복적이고 체계적인 위반을 금지하는 인권존중의 원칙, 집단살해(genocide)와 인종차별을 추방하는 규칙, 민족자결권의 부인을 금지하는 규범, 고문금지규칙 등과 같은 몇몇 중요한 관습법규가 인권 분야에서 점진적으로 출현하게 되었다. 이같은 규칙들은 이제 일반관습법규로서, 당해 문제에 관한 협약을 비준했건 안했건 관계없이 국제공동체의 '모든' 국가들에게 구속력이 있을 뿐만 아니라, ICJ가 강조한 바와 같이 각 국가에게 '대세적' 의무(obligations *erga omnes*)를 부과하고 있으며, 이로써 그들은 강행규범(*jus cogens*)의 지위를 획득하였다. UN은 국가기관과 개인의 관계는 오로지 국가주권의 범위 내에 있으며 따라서 외부당국은 거기에 간섭해서 안된다는 구원칙을 무너뜨리는데 성공한 것이다. 그럼에도 불구하고 국가들로 하여금 인권위반을 중단하게끔 유도하기 위한 기존의 국제감독장치는 법적으로 구속력도 없고 강제적이지도 않다. 따라서 그들은 도덕적·심리적·정치적 압력을 발휘함으로써 그리고 여론을 동원함으로써만 실효성을 가질 수 있을 것이다. 미국의 경우, 2019년 11월 27일 -'홍콩의 기븐적 자유와 자치'(fundamental freedoms and autonomy in Hong Kong)를 침해하는 중국 및 홍콩 관리들에 대해 제재를 부과할 것을 미국 정부에 요구하는- "홍콩 인권 및 민주주의 법"(Hong Kong Human Rights and Democracy Act of 2019)을 제정하고,[213] 2020년 5월 27일에는 중국 신장자치국의 위구르족 탄압에 관여한 중국 인사들에게 제재를 가하는 입법(Uyghur Human Rights Policy Act of 2020)도 하였는데,[214] 그러나 특정 국가의 대규모 인권침해를 표적으로 하는 이같은 국내법의 제정은 현실적으로 아무 국가나 실행에 옮길 수 있는 방식은 아닐 것이다.

1997년 11월 11일 UNESCO 총회에서 만장일치와 박수갈채로 채택된 "인간게놈과 인권에 관한 세계선언"(Universal Declaration on the Human Genome and Human Rights)[215]은 생명공학과 인권의 미묘한 갈등관계를 잘 보여주고 있는데, 이 선언은 특히 인간게놈은 "상징적 의미에서 인류의 유산"(in a *symbolic* sense, ... the heritage of humanity)이며,[216] "그 자연상태에서의 인간게놈은 금전적 이득을 가져오지 아니하며"(The human genome *in its natural state* shall not give rise to financial gains),[217] "그 누구도 유전적 특성을 근거로 인권, 기본적 자유 및 인간의 존엄성을 침해할 의도가 있거나 그러한 결과를 초래하는 차별대우를 받지 아니한다."[218]라고 천명하고 있다. UNESCO 차원에서 이루어진 이 세계선언과 관련하여 UN총회는 1998년 12월 9일의 결의 53/152 "인간게놈과 인권"(The human genome and human rights)을 통해 이를 '승인'

213) https://en.wikipedia.org/wiki/Hong_Kong_Human_Rights_and_Democracy_Act.
214) https://en.wikipedia.org/wiki/Uyghur_Human_Rights_Policy_Act.
215) https://www.unesco.org/shs/human_rights/hrbc.htm.
216) 동 선언 제1조.
217) 동 선언 제4조.
218) 동 선언 제6조.

(endorses)하였다. 그 후 UN총회는 2005년 3월 8일의 결의 59/280을 통해 "인간 복제에 관한 UN선언"(United Nations Declaration on Human Cloning)으로 명명된 UN 차원의 선언을 채택하였는데, 동 선언은 UN'회원국들'에게 "(a) 생명과학(life sciences)의 적용에 있어 인간의 생명을 충분히 보호하는데 필요한 모든 조치를 채택할 것", "(b) 모든 형태의 인간복제(all forms of human cloning)는 인간의 존엄성 및 인간생명의 보호와 양립할 수 없으므로 이를 금지시킬 것", "(c) 인간의 존엄성에 배치될 수 있는 유전자 공학기술(genetic engineering techniques)의 적용을 금지하는데 필요한 조치를 채택할 것", "(d) 생명과학의 적용에 있어 여성의 이용(exploitation of women)을 방지하기 위한 조치를 취할 것", "(e) 이상의 네 가지 사항을 실행에 옮기기 위한 국내입법을 지체없이 채택하고 이행할 것", 그리고 "(f) 생명과학을 포함한 의학연구에 대한 재정지원에 있어, 특히 개발도상국들에게 영향을 미치는 HIV/AIDS, 결핵 및 말라리아와 같은 절박한 지구적(세계적) 문제들(pressing global issues)을 고려에 넣을 것"을 요청하고 있다. 인간 복제의 가능성을 우려하는 이상의 선언들은 그 내용이 다시 법적·과학적 해석을 필요로 할 뿐만 아니라, 그 자체 기껏해야 '연성법'(soft law)으로서의 성격을 갖는 국제문서에 불과하다. 또한 인간 복제의 문제는 반드시 지구 전체의 차원에서 접근하지 않으면 안될 문제이기도 하다. 이 분야에 있어서도 구속력있는 보편적인 규범의 수립이 시급히 요구된다 할 것이다.[219)]

인간의 삶의 방식이 진화함에 따라 인간으로서 마땅히 존중받아야 할 보편적 권리들도 계속 추가되거나 진화되어 나갈 것이다. 특히 최근, 인터넷이 인간 활동의 불가결한 일부가 되면서 −정보주체가 자신에 관련한 정보가 검색엔진에서 더이상 나타나지 않도록 삭제해 줄 것을 요구할 수 있는− 이른바 "잊혀질 권리"(right to be forgotten)가 −EU를 위시하여− 일부 국가에서 일정 조건 하에서나마 인정되고 있는 추세이다.[220)] 그러나 현재로는 몇몇 소수 국가에서만 인정되고 있는 이 권리는 그 내재적

---

219) 지역적 차원에서는 생명윤리(bioethics)의 여러 측면을 규율하기 위한 다자조약이 이미 체결되고 있다. 약칭 "인권과 생물의학(생체임상의학)에 관한 (유럽)협약"[(European) Convention on Human Rights and Biomedicine]이 그것인데, 정식명칭은 "Convention for the Protection of Human Rights and Dignity of the Human Being with regard to the Application of Biology and Medicine"이다. 최초 서명된 스페인의 지명을 따 "Oviedo Convention"이라고도 부른다. 이 협약은 1997년 4월 4일 유럽심의회(Council of Europe) 회원국, 그 기초 과정에 참여한 비회원국 그리고 EC(현 EU)의 서명을 위해 개방되었으며, 1999년 12월 1일 발효하였다(제33조). 발효 후에는 일정 조건 하에서 유럽심의회 비회원국에게도 가입이 개방되고 있다(제34조). 조약 원문은 https://www.coe.int/t/dg3/healthbioethic/default_en.asp ; https://conventions.coe.int/Treaty/en/Treaties/Html/164.htm 참조. 이후 여러 추가의정서가 채택되고 있다 : 즉, (i) "Additional Protocol (No. 1) to the Convention for the Protection of Human Rights and Dignity of the Human Being with regard to the Application of Biology and Medicine, on the Prohibition of Cloning Human Beings" (1998년 1월 12일) (https://conventions.coe.int/Treaty/en/Treaties/Html/168.htm) ; (ii) "Additional Protocol (No. 2) to the Convention on Human Rights and Biomedicine, on Transplantation of Organs and Tissues of Human Origin" (2002년 1월 24일)(https://conventions.coe.int/Treaty/en/Treaties/Html/186.htm) ; (iii) "Additional Protocol (No. 3) to the Convention on Human Rights and Biomedicine, concerning Biomedical Research" (2005년 1월 25일)(https://conventions.coe.int/Treaty/en/Treaties/Html/195.htm) ; (iv) "Additional Protocol (No. 4) to the Convention on Human Rights and Biomedicine, concerning Genetic Testing for Health Purposes" (2008년 11월 27일) (https://conventions.coe.int/Treaty/en/Treaties/Html/203.htm).

220) 이를테면 유럽재판소는 개인정보 보호에 관한 1995년의 준칙(즉, "Directive 95/46/EC of the European

모호함과 더불어 아직 국제인권의 반열에 오르지는 못한 것으로 보인다.[221)]

1948년 세계인권선언이 제16조(1,3항)와 제26조(3항)에서 "성인 남자와 여자는 가정을 이룰 권리를 가지고 있으며, ... 가정은 사회의 자연적이고 기초적인 단위이며", "부모는 자녀에게 제공되는 교육의 종류를 선택할 우선권을 가지고 있다"고 천명할 때 진영을 불문하고 여기에 반대를 표명한 국가는 없었다. 그러나 세월이 흐르면서 이른바 성소수자(sexual minority) 내지는 LGBTQ[222)]의 성적 지향(sexual orientation)과 성(젠더) 정체성(gender identity)을 평등의 관점에서 전세계적 차원에서 보호해야 한다는 견해와 이에 대항하여 종교적 신념과 전통가치, 특히 전통적 가족의 보호란 관점에서 이에 저항하는 견해가 갈등을 빚고 있다.[223)] 먼저, UN 인권이사회는 2011년 6월 채택한 "인권, 성적 지향성과 성 정체성"에 관한 UN 차원의 최초의 결의[224)]에서 "성적 지향과 성 정체성을 이유로 개인들에게 가해지는, 전세계 모든 지역에서의 폭력과 차별 행위에 심각한 우려(grave concern)를 피력"한 바 있으며, 2015년 9월 25일 UN정상회의에서 채택된 '지속가능한 개발(발전)을 위한 2030 어젠더'(2030 Agenda for Sustainable Development)는 17개 목표(goals) 중 다섯 번째 목표로 "성평등을 달성하고, 모든 여성과 소녀들에게 권한을 줄 것"(Achieve gender equality and empower all women and girls)을 제시한 바 있다.[225)] 이같은 흐름 속에서 일부 미국 대학들에서는 'father'와 'mother'는 'supporter'로, 'boyfriend'와 'girlfriend'는 'partner',

Parliament and of the Council of 24 October 1995 on the protection of individuals with regard to the processing of personal data and on the free movement of such data")의 해석과 관련하여 스페인 재판소의 선결적 부탁으로 제기된 Case C-131/12, *Google Spain SL, Google Inc* v *Agencia Española de Protección de Datos (AEPD), Mario Costeja González*, judgment of 13 May 2014에서, 문제의 준칙은 '잊혀질 권리'를 포함한다고 보면서도 "일반 대중의 우세한/압도적 이익"(preponderant interest of the general public)이란 기준을 적용하여 토를 달고 있다(para. 99). 그후 2016년의 EU명령 2016/679 [Regulation (EU) 2016/679 of the European Parliament and of the Council of 27 April 2016 on the protection of natural persons with regard to the processing of personal data and on the free movement of such data, and repealing Directive 95/46/EC](약칭 General Data Protection Regulation, GDPR)는 제17조에서 '잊혀질 권리'[Right to erasure ('right to be forgotten')]에 대해 규정하고 있다. Official Journal of the European Union, L 119/1, 4.5.2016 ; Hillman and Horlick (eds.), pp. 274~275.

221) See https://en.wikipedia.org/wiki/Right_to_be_forgotten.

222) "lesbians, gays, bisexuals, transgenders, queers".

223) See European Court of Human Rights, *Bayev and Others* v. *Russia*, Application Nos. 67667/09, 44092/12, and 56717/12, Judgment of 20 June 2017 (& Dissenting Opinion of Judge Dedov) ; https://en.wikipedia.org/wiki/Bayev_and_Others_v._Russia ; United Nations Human Rights Office of the High Commissioner, *Born Free and Equal : Sexual Orientation and Gender Identity in International Human Rights Law*, New York and Geneve, 2012, 〈https://www.ohchr.org/documents/publications/bornfreeandequallowres.pdf〉 ; Nataliya S. Semenova, Ekaterina V. Kiseleva, Marianna V. Ilyashevich, Ekaterina S. Alisievich, "Traditional Values and Human Rights of LGBT under the Contemporary International Law", Mediterranean Journal of Social Sciences, September 2015, 〈https://www.richtmann.org/journal/index.php/mjss/article/view/7492〉.

224) Human Rights Council Resolution 17/19 (Human rights, sexual orientation and gender identity), 17 June 2011, 〈https://ap.ohchr.org/documents/dpage_e.aspx?si=A/HRC/RES/17/19〉.

225) A/Res/70/1 ("Transforming our world: the 2030 Agenda for Sustainable Development"), 〈https://sustainabledevelopment.un.org/post2015/summit〉 ; 본서, 제24장 (국제환경법), "Ⅳ. 국제환경법의 일반원칙" 서두 부분.

'beloved' 또는 'lover' 식으로 표현하기를 장려하고 있다 하고, 바이든 행정부는 2022년 예산안에서 'mothers'를 'birthing people'로 지칭했다는 소식도 들린다.[226] 그즈음 대서양 건너 편에서 영국 비밀정보국(MI6) 수장 리처드 무어(Richard Moore)는 "우크라이나에서 비극과 파괴가 너무나 참혹하게 펼쳐지고 있는 가운데, 우리는 우리를 푸틴과 구별하는 가치들과 힘들게 얻은 자유들을 기억해야 합니다. 그것은 다름 아닌 LGBT플러스 권리들입니다. 이제 #LGBTHM2022를 기념하는 우리들의 일련의 트윗을 재개합시다."[227]라고 트윗을 날려 유명세를 탔다. 2023년 6월 10일 바이든 미국 대통령은 성소수자 행사를 기념하는 백악관 연설에서 "여기뿐만 아니라 전 세계의 LGBTQ 사람들을 위한 인권을 내 외교정책의 최우선 과제로 삼고 [있다]"고 역설하기도 하였다.[228] 그즈음 제정된 미국 캘리포니아주 AB665 법률은 "…미성년자의 정신건강 치료 또는 상담에는 '미성년자를 치료하거나 상담하는 전문가의 의견으로 해당 미성년자의 부모 또는 보호자의 참여가 부적절할 것이라고 생각되지 않는 한' 그들 부모 또는 보호자의 참여가 포함되어야 한다."[229]고 규정하고 있는데, 여기서 정신건강 치료에는 '성 정체성'(gender identity)과 관련된 상담이 포함될 수 있다.[230] 2023년 12월 18일 프란치스코 로마교황(Pope Francis)이 가톨릭 사제들의 동성 커플 축복을 허용하는 교리선언문을 승인하였다는 소식도 전해졌다.[231] 이 밖에도, 각국에서 여성의 낙태권(right to

---

226) Susannah Luthi/The Washington Free Beacon, December 20, 2022, "Bad Words: California Colleges Push Students To Purge 'Harmful' Phrases Like 'Brown Bag Lunch' – Stanford University and California Polytechnic State University also discourage 'gender-based' terms like 'mother and father'", 〈https://freebeacon.com/campus/bad-words-california-colleges-push-students-to-purge/〉.

227) 26 February 2022, 〈https://twitter.com/ChiefMI6/status/1497287654441984007〉.

228) White House, Briefing Room, Speeches and Remarks, June 10, 2023, "Remarks by President Biden and First Lady Jill Biden at Pride Celebration", 〈https://www.whitehouse.gov/briefing-room/speeches-remarks/2023/06/10/〉. See also Rich Berdan/Modern Diplomacy, May 19, 2021, "The Neo-Marxist Insurgency in America", 〈https://moderndiplomacy.eu/2021/05/19/the-neo-marxist-insurgency-in-america/〉; The White House, Statements and Releases, June 01, 2021, "Fact Sheet: The Biden-Harris Administration Champions LGBTQ+ Equality and Marks Pride Month", 〈https://www.whitehouse.gov/briefing-room/statements-releases/2021/06/01/fact-sheet-the-biden-harris-administration-champions-lgbtq-equality-and-marks-pride-month/〉; The White House, Briefing Room 〉 Presidential Actions, May 31, 2022, "A Proclamation on Lesbian, Gay, Bisexual, Transgender, Queer, And Intersex Pride Month, 2022", 〈https://www.whitehouse.gov/briefing-room/presidential-actions/2022/05/31/a-proclamation-on-lesbian-gay-bisexual-transgender-queer-and-intersex-pride-month-2022/〉.

229) "The mental health treatment or counseling of a minor authorized by this section shall include involvement of the minor's parent or guardian *unless, in the opinion of the professional person who is treating or counseling the minor, the involvement would be inappropriate.*"(italics added) : California Family Code Section 6924(d) (operative on July 1, 2024), as added by California Assembly Bill 665 ("Minors: consent to mental health services"), Section 3, 〈https://legiscan.com/CA/text/AB665/〉.

230) Cf. Karena Phan/AP Fact Check, April 15, 2023, "California bill on youth mental health services distorted on social media", 〈https://apnews.com/article/fact-check-california-bill-mental-health-youth-custody-628928834873〉; NTD Tonight, 'Undetermining Parents's Rights', The New California's Assembly Bill 665, 〈https://www.youtube.com/watch?v=I-1zz5vUDKM〉; KUSI News, AB 665 will allow the removal of children age 12 and up from their parents' home w/out a court order, 〈https://www.youtube.com/watch?v=zSK4QSyb3y0〉.

231) 다만, "이 축복은 결코 혼인을 의미하는 예식과 동시에 주어져서는 안 되며, 심지어 그것과 관련해서도 주어져서는 안 되고, 결혼식에 어울리는 복장이나 몸짓, 말이 동반되어서도 할 수 없다."는 단서를 달았다(para. 39).

an abortion)이 주요 쟁점이 되고 있는 가운데,[232] 2022년 미국 연방최고재판소가 -일정 제한된- 낙태권을 보장했던 거의 반세기 전의 판결[233]을 뒤집고 주정부가 낙태를 금지하거나 축소할 수 있도록 허용하자,[234] 2024년 3월 대서양 건너 프랑스에서는 이에 반발하여 -1975년 1월 17일 공포된 법률(베일법, la loi Veil)에 의해 이미 합법화된[235]- 낙태권을 아예 헌법에 명시하는 헌법 개정 법안이 채택되었는데,[236] -입법 권한에 관한 조항인- 헌법 제34조에 삽입된 문제의 규정[237]은 낙태를 "여성에게 보장된 자유"(la liberté garantie à la femme)로 표현하고 있다. 그런가 하면, 2024년 4월 12일, 독일 의회는 공문서에 입력된 개인 성별 항목의 변경을 더욱 용이하게 하는 "자기결정법"(Selbstbestimmungsgesetz, Self-Determination Act)을 채택하기도 하였다.[238]

Vatican Dicastery for the Doctrine of the Faith, "Declaration *Fiducia Supplicans* On the Pastoral Meaning of Blessings", 18 December 2023, 〈https://www.vatican.va/roman_curia/congregations/cfaith/documents/rc_ddf_doc_20231218_fiducia-supplicans_en.html〉 ; Ido Vock/BBC, 18 December 2023, "Pope says Roman Catholic priests can bless same-sex couples", 〈https://www.bbc.com/news/world-europe-67751600〉.

232) https://en.wikipedia.org/wiki/Abortion_law.

233) *Roe* v. *Wade*, Decided Jan 22, 1973, 410 U.S. 113 (1973), 〈https://supreme.justia.com/cases/federal/us/410/113/〉.

234) *Dobbs* v. *Jackson Women's Health Organization*, US Supreme Court, Decided June 24, 2022, 〈https://www.supremecourt.gov/opinions/21pdf/19-1392_6j37.pdf〉 ; Planned Parenthood Action Fund, "Roe v. Wade Overturned: How the Supreme Court Let Politicians Outlaw Abortion", 〈https://www.plannedparenthoodaction.org/issues/abortion/roe-v-wade〉.

235) Rose Amélie Becel/Public Senat, 04/03/2024, "De la loi Veil à la constitutionnalisation, les huit dates clés de la conquête du droit à l'avortement", 〈https://www.publicsenat.fr/actualites/societe/de-la-loi-veil-a-la-constitutionnalisation-les-huit-dates-cles-de-la-conquete-du-droit-a-lavortement〉.

236) 동 법안은 의회 하원과 상원에서 차례로 채택되고, 이어서 3월 4일 베르사유 궁전에서 개최된 의회(상하 양원) 합동회의에서 채택된 다음, '세계(국제) 여성의 날'(International Women's Day)인 3월 8일 마크롱(Emmanuel Macron) 대통령의 공식 재가를 얻어 확정되었다. 대통령의 연설과 함께 서명식이 공개적으로 거행된 것은 제5공화국 역사상 처음 있는 역사적인 순간이었다. https://en.wikipedia.org/wiki/Abortion_in_France ; Al Jazeera, 4 Mar 2024, "France becomes world's first country to enshrine abortion in constitution - French lawmakers approve bill in a 780-72 vote at an exceptional joint session of Parliament.", 〈https://www.aljazeera.com/〉 ; France 24, 08/03/2024, "France seals constitutional right to abortion on International Women's Day", 〈https://www.france24.com/en/live-news/20240308-france-s-macron-to-seal-abortion-becoming-constitutional-right〉 ; Le Monde with AP and AFP, March 4, 2024, "France enshrines 'freedom' to abortion in Constitution, in world first", 〈https://www.lemonde.fr/en/politics/article/2024/03/04/france-enshrines-freedom-to-abortion-in-constitution-in-world-first_6584252_5.html〉 ; Eleonora Bottini, Margaux Bouaziz, & Stéphanie Hennette-Vauchez/Verfassungsblog, 9 March 2024, "Enshrining Abortion Rights in the French Constitution - A Global Statement with Little Domestic Substance?", 〈https://verfassungsblog.de/enshrining-abortion-rights-in-the-french-constitution/〉.

237) "La loi détermine les conditions dans lesquelles s'exerce *la liberté garantie à la femme* d'avoir recours à une interruption volontaire de grossesse"(The law determines the conditions under which *the freedom guaranteed to a woman* to have recourse to a voluntary termination of pregnancy is exercised).

238) 2024년 11월 1일부로 발효. 기존의 법에 따르면 성별 입력 변경은 법원의 명령을 통해서만 가능하고 전문가 2명의 평가가 필요한데, 앞으로는 성별 항목이 "남성", "여성" 또는 "다양성"이어야 하는지 여부를 등기소에 신고하는 것으로 충분하다. Deutscher Bundestag, 12.04.2024, "Änderungen beim Geschlechtseintrag werden einfacher", 〈https://www.bundestag.de/dokumente/textarchiv/2024/kw15-de-geschlechtseintrag-997406〉 ; Pierre Emmanuel Ngendakumana/Politico, April 12, 2024, "Germany makes changing legal gender easier", 〈https://www.politico.eu/article/germany-moves-closer-gender-change-easier-sel-determination-act-law/〉 ; RT, 15 Apr, 2024, "Germans can now change gender every year", 〈https://www.rt.com/news/595997-german-parliament-sex-change-once-year-law/〉 ; Oliver Marquart/Sonntagsblatt, 15. April 2024, "Das

그러나 2022년 8월 빅토르 오르반 헝가리 총리가 미국 보수정치행동회의(Conservative Political Action Conference, CPAC)에서 행한 강렬한 연설을 듣노라면 이들 논쟁도 쉽게 끝나지는 않을 듯 하다 : "헝가리에서 우리는 우리의 국경에 물리적인 장벽을 세우고 우리 가족 주위에 재정적 장벽을 세워야 했을 뿐만 아니라, 우리의 자녀를 표적으로 삼는 젠더 이데올로기로부터 그들을 보호하기 위해 법적 장벽도 세워야 했습니다. … … 요약하자면, 어머니는 여자이고, 아버지는 남자이며, 그리고 우리 아이들만은 내버려두세요."[239] 곧이어 이탈리아에서는 "이탈리아의 형제들"(Fratelli d'Italia) 당의 대표 조르자 멜로니(Giorgia Meloni)가 2022년 9월 총선 승리 연설에서 "우리를 定義하는 모든 것이 요즘은 적입니다. 그들은 국가적 정체성(正體性)을 공격하고, 종교적 정체성을 공격하며, 젠더 정체성을 공격하고, 가족의 정체성을 공격합니다. 그들에 따르면 저는 제 자신을 이탈리아인으로, 크리스천으로, 여성으로, 엄마로 정의할 수 없다는 것이지요."[240]라고 열변을 토했다.[241] 같은 달 30일, 푸틴 러시아 대통령도 비슷한 견해를 피력하였다.[242] 이들을 겨냥한 듯, 2022년 10월 10일의 한 회의에서 조셉 보렐(Josep Borrell) EU외교안보정책 고등대표(스페인 사회주의노동당 소속)는 유럽정치에 "급진 우파"의 영향력이 증가하는 것에 대해 우려를 표명하였다.[243]

Selbstbestimmungsgesetz ist da: Was sich jetzt ändert – und was die Kirchen dazu sagen", ⟨https://www.sonntagsblatt.de/⟩.

239) "In Hungary we had to build not just a physical wall on our borders and a financial wall around our families, but a legal wall around our children to protect them from the gender ideology that targets them. … … To sum up: the mother is a woman, the father is a man, and leave our kids alone. Full stop! End of discussion!" : Hungary, Cabinet Office of the Prime Minister, 4 August 2022, Dallas, "Speech by Prime Minister Viktor Orbán at the opening of CPAC Texas", ⟨https://miniszterelnok.hu/speech-by-prime-minister-viktor-orban-at-the-opening-of-cpac-texas/⟩,

240) David Covucci, "'The one we have been waiting for': Conservatives swoon over resurfaced speech from Italy's new nationalist prime minister", daily dot, Sep 26, 2022, ⟨https://www.dailydot.com/debug/giorgia-meloni-resurfaced-speech-italy-far-right/⟩ ; The Next News Network, "Liberals MELTDOWN After First Female Prime Minister Elected in Italy – Here's Why they HATE Her", youtube, Sep. 28, 2022.

241) 그녀는 10월 22일 이탈리아 최초 여성 수상 직에 올랐다 : Virginia Pietromarchi/Al Jazzera, 22 Oct 2022, "Giorgia Meloni sworn in as Italy's first female prime minister", ⟨https://www.aljazeera.com/news/2022/10/22/italy-sworns-in-first-female-prime-minister-giorgia-meloni⟩.

242) 즉, 그는 우크라이나 측 4개 점령지역 병합을 선언하면서 "이제 그들은 도덕적 규범, 종교, 가족을 근본적으로 부정하는 방향으로 완전히 나아갔습니다. …서구 엘리트의 독재는 서구 국가 자신들의 국민을 포함한 모든 사회에 대한 것입니다. …여기 우리 나라 러시아에서 '엄마', '아빠' 대신에 '부모 1번', '부모 2번', '3번'이 있기를 정말 원합니까? 그들은 완전히 미쳤습니까? 우리가 정말로 원합니까 … 우리 학교의 어린이들에게 …여성과 남성 외에 성별이 있다고 가정하고 아이들이 성전환 수술을 받을 기회를 제공받길 원합니까? …우리에게는 다른 미래, 우리만의 미래가 있습니다."라고 역설하였고, 곧이어 이를 위한 법률을 제정하였다. https://www.aljazeera.com/news/2022/9/30/russia-ukraine-war-putins-annexation-speech-what-did-he-say ; Reuters, November 25, 2022, "Russian parliament passes law banning 'LGBT propaganda' among adults", ⟨https://www.reuters.com/world/russias-parliament-passes-law-banning-lgbt-propaganda-among-adults-2022-11-24/ ; Emma Bubola/The New York Times, Dec. 5, 2022, "Putin Signs Law Banning Expressions of L.G.B.T.Q. Identity in Russia", ⟨https://www.nytimes.com/2022/12/05/world/europe/russia-ban-lgbtq-propaganda.html⟩.

243) "The radical right is increasing their grasp in European politics", "So, we have a difficult cocktail—internal and external—and the old recipes do not work anymore. We have mounting security challenges, and our internal cohesion is under threat." : Tristan Bove/Fortune, October 13, 2022, "'Our prosperity was based on China and Russia': EU foreign policy chief says the old world is gone and security is no

Ⅸ. 인권의 보편성과 문화상대주의

문화는 본래 다양성을 본질로 하지만 이 차원을 넘어 일방 '인권이 갖고 있는 보편성(universality)'과 타방 '인권 문제도 문화의 관점에서 바라보고 이해하여야 한다는 –'우리식 인권' 혹은 '내재적 접근법'의 이름으로 포장되기도 하는– 문화상대주의(cultural relativism)' 간의 갈등에 대해서도 언급하지 않을 수 없다. 세계인권선언이나 두 인권규약의 경우 '모든 사람'('all human beings', 'everyone', 'no one', 'all', 'anyone', 'all persons')의 권리에 대해 규정하고 있는데, 이는 인권이 각 국가 혹은 지역의 문화적 차이에 관계없이 보편적으로 적용되는 것임을 전제로 한 것으로 보인다.[244] 그러나 이슬람 진영을 포함한 제3세계국가들과 사회주의 진영에서는 세계인권선언을 비롯하여 다자간 인권문서의 채택에 일단 동의는 하면서도 보편적 인권의 개념은 지방의 전통과 문화적 규범에 맞게 해석되고 적용되어야 한다고 주장하는 경향이 있다.[245] 인권조약에 유보가 많이 허용되거나 첨부되고, 또 이들 유보에 대해 반대가 많은 것도 인권과 문화상대주의 내지는 문화적 다양성 사이의 갈등을 보여 주는 것이라고 할 수 있다.[246] 세계인권선언이 유대교와 기독교적 전통에 대한 세속적 이해를 바탕으로 한 것으로 생각하는 이슬람 진영에서는 자신들만의 세계인권선언을 채택하기도 하는데, 1981년의 "이슬람 세계인권선언"(Universal Islamic Declaration of Human Rights)[247]이나 1990년의 "카이로 이슬람 인권선언"(Cairo Declaration on Human Rights in Islam)[248] 등이 바로 그 것이다.[249]

특히, 종교는 미묘한 문제이다. 이를테면, 세계인권선언 제18조가 "자신의 종교를 바꿀 자유"(freedom to change his religion)를 담고 있는데, 이 표현은 시민적·정치적 권리규약(제18조 1항)에서는 "자신이 선택하는 종교를 가지거나 받아들일 자유"(freedom to have or to adopt a religion … of his choice)로 대체되었다. 이렇게 표현이 바뀐 주된 이유는 –이슬람의 종교율법 샤리아(Shari'ah)를 국가의 근본규범으로 삼는– 일부 무슬림 국가들의 반대 때문이었다고 한다.[250] 다수 무

---

longer a guarantee", 〈https://finance.yahoo.com/news/prosperity-based-china-russia-eu-173255560.html〉.
그는 2022년 10월 13일 한 행사의 개회식 연설에서 유럽을 외부의 "정글"로부터 보호되어야 할 "정원(庭園)"에 비유하기도 하였다 : OpIndia, 14 October, 2022, "'Europe is garden, rest of the world is jungle', says EU foreign policy chief, Russia responds by saying 'garden was built by plundering jungle'", 〈https://www.opindia.com/2022/10/eu-foreign-policy-chief-says-europe-is-a-garden-rest-all-is-a-jungle/〉. 비판이 일자 그는 어정쩡한 사과문을 올리기도 하였다 : Suzanne Lynch/Politico, October 19, 2022, "Sorry, not sorry: EU's top diplomat stands firm amid racism backlash – 'I am sorry if some have felt offended,' Josep Borrell writes after his 'garden' vs 'jungle' analogy prompt cries of colonialism and racism.", 〈https://www.politico.eu/article/josep-borrell-faux-pas-latest-in-long-line-of-ill-judged-comments/〉.

244) Hamid, p. 301.

245) Currie, pp. 366~367 ; Dixon & McCorguodale, pp. 184~188.

246) Rosenne, *The Perplexities of Modern International Law*, pp. 213 ; Hamid, p. 300~302, 330~331.

247) https://www1.umn.edu/humanrts/instree/islamic_declaration_HR.html ; https://en.wikipedia.org/wiki/Universal_Islamic_Declaration_of_Human_Rights.

248) https://en.wikipedia.org/wiki/Cairo_Declaration_on_Human_Rights_in_Islam.

249) Hamid, p. 302.

슬림 국가들은 지금도 이른바 배교(背教)(apostasy)를 인정하지 않는 정책을 고수하고 있다.[251] 그러나 시민적·정치적 권리규약 인권위원회는 사람은 자신의 종교를 바꿀 절대적 권리를 가지고 있다는 의견을 계속해서 피력하고 있다.[252] 여성의 인권 또한 문화의 문제와 깊은 관련이 있는데, 1979년의 여성차별철폐협약은 가장 많은 수의 유보가 첨부된 인권조약으로 일컬어지고 있다.[253] 세계국제법협회(ILA) '이슬람법과 국제법 분과위원회'는 2012년의 보고서[254]에서, 샤리아 옹호자들은 샤리아의 신성한 성격으로 인해 국제강행규범을 포함하여 인간이 만든 법의 샤리아에 대한 우위를 허용할 수 없을 것이라고 하면서, 그러나 국제법의 관점에서 보면 샤리아는 그것을 채택한 국가의 국내법으로 간주되며 따라서 양자간 충돌 시 국제법 우위의 원칙이 적용된다고 결론지었다.

인권과 문화 사이의 미묘한 관계는 1993년의 UN세계인권회의(UN World Conference on Human Rights)에서 채택된 "비엔나선언과 행동계획"(Vienna Declaration and Programme of Action)에서도 감지할 수 있는데, 동 선언은 제I부, 제5항에서 다음과 같이 천명하고 있다.

> "모든 인권은 보편적이고(universal) 불가분의 것이며, 또한 상호의존적이고 서로 연관되어 있다. 국제공동체는 각 인권을 형평하고 평등한 방식으로, 동일한 기초 위에서, 동일한 중점을 부여하면서, 세계적으로(globally) 대우하여야 한다. 국가적·지역적 특수성들과 다양한 역사적·문화적·종교적 배경의 중요성을 염두에 두면서도, 정치적·경제적·문화적 체제에 관계없이 모든 인권과 기본적 자유를 증진하고 보호하는 것은 각국의 의무이다.(While the significance of national and regional particularities and various historical, cultural

---

250) Hamid, p. 322.

251) See https://en.wikipedia.org/wiki/Apostasy.

252) See, e.g., *Concluding Observations of the Human Rights Committee : Iran*, 03/08/1993, CCPR/C/79/Add.25, para. 16 ; *Concluding Observations of the Human Rights Committee : Jordan*, 10/8/1994, CCPR/C/79/Add.35, para. 10 ; *Concluding Observations of the Human Rights Committee : Libyan Arab Jamahiriya*, 23/11/1994, CCPR/C/79/Add.45, para. 13 (available at https://www.ohchr.org/EN/HRBodies/CCPR/Pages/CCPRIndex.aspx) ; noted by Hamid, p. 322.

253) Hamid, p. 330.

254) International Law Association, Sofia Conference (2012), Islamic Law & International Law, pp. 15~16, (available at https://www.ila-hq.org/index.php/committees) : "In terms of how any conflicting norms or legal orders should be resolved through an Islamic paradigm, the position appears to be that Islamic Shari'ah advocates its own primacy and, due to the divine and quasi-divine nature of its sources, cannot permit any man-made law (which by implication includes international law) to have priority over its principles and rules in the event of any issues of conflict or incompatibility. Presumably, this would even include its supremacy over an international peremptory norm if a conflict were to arise. Certainly, the supremacy of Islamic norms over some international law norms regarded as being incompatible with the precepts of Islamic Shari'ah is suggested by the examples of state practice considered earlier with respect to reservations entered by some OIC Member States regarding Article 18 ICCPR. It is further suggested by the fact that a number of OIC Member States are not even parties to the ICCPR, for example Saudi Arabia as an example of a state whose national constitution and concept of the rule of law is founded upon the Qur'an itself as the rule of the Law. From an international law perspective, the solution is different. Shari'ah here is considered to be "national law" if and to the extent that it is endorsed by a State in its constitution or otherwise as a (or the) source of law. If there is a conflict of norms between international law and national law, international prevails. ..."

and religious backgrounds must be borne in mind, it is the duty of States, regardless of their political, economic and cultural systems, to promote and protect all human rights and fundamental freedoms.)"[255)]

여기에서도 서로간의 입장이 모호하게 절충되어 나타나 있긴 하지만 문화적 다양성에 대한 인권의 우위가 우회적으로 시사되어 있다. 문화적 다양성은 그 중요성을 단지 "염두에 둘" 것이 요구되고 있는 반면, 인권은 "보편적인" 것으로서 "세계적으로" 대우되어야 하고 따라서 "정치적 · 경제적 · 문화적 체제에 관계없이" 이를 증진하고 보호하는 것은 국가의 "의무"로 표현되어 있기 때문이다. 이밖에도, 특별히 "어린이의 권리에 관한 UN협약"은 아무리 전통관행(traditional practices)이라 하더라도 어린이의 건강에 해로운 것은 폐지해야 한다고 지적함으로써 이 문제에 대한 문화상대주의적 접근을 배척하고 있다. 즉, 협약은 제24조 3항에서 "각 당사국은 어린이들의 건강에 해로운 전통관행을 폐지하기 위해 모든 실효적이고 적절한 조치를 취해야 한다(States Parties shall take all effective and appropriate measures with a view to *abolishing traditional practices prejudicial to the health of children*)."라고 규정하고 있다. 교섭과정에서 세네갈 대표단은 여자아이들의 할례(female genital mutilation, female circumcision)가 건강에 나쁜 전통관행(unhealthy traditional practices)에 포함되는 것에 반대하였으나, 협약의 준비문서는 이것이 위 규정에 의해 금지되었음을 명백하게 보여주고 있다.[256)] 이같은 시각은 2003년 10월 17일 UNESCO 총회에서 채택된 "무형문화 유산의 보호를 위한 협약"(Convention for the Safeguarding of Intangible Cultural Heritage)에도 반영된 것으로 보이는데, 동 협약 제2조 1항 세 번째 문장은 "본 협약의 목적상 중요성/가치는 존재하는 국제인권문서와 양립하는 무형문화재에 대해서만 부여될 것이다."라고 규정하고 있다. 요컨대, 문화가 상대적 선(善)이라면 인권은 절대적 선이다.

인권법의 생각과 논리가 이러함에도 개인의 인권을 국가 주권의 하부개념으로, 그리고 단지 국가간 협력의 대상으로 전락시키려는 시도는 계속되고 있다. 2018년 3월 23일 제네바 37차 UN인권이사회에서 중국이 주도하여 채택된 "인권 분야에서의 호혜협력 증진"(Promoting mutually beneficial coopearation in the field of human rights)이란 제목의 결의[257)]가 그 좋은 예인데,

---

255) (1993) 32 ILM 1661 at 1665. "2005 World Summit Outcome"(A/Res/60/1)(2005년 9월 16일)(para. 121)과 UN인권이사회(Human Rights Council)를 창설하기 위한 2006년 3월 15일의 UN총회결의(A/Res/60/251)(전문 3~4단)에서도 이와 동일한 패턴의 표현이 재천명되고 있는 것을 볼 수 있다 : https://www.un.org/Depts/dhl/resguide/r60.htm ; https://www.un.org/summit2005. 또한 2001년 11월 2일 UNESCO 총회가 채택한 "세계 문화적 다양성 선언"(Universal Declaration on Cultural Diversity) 제4조는 "그 누구도 국제법이 보장하는 인권을 침해하거나 그 범위를 제한하기 위해 문화적 다양성을 원용할 수 없다"라고 규정하고 있는데 UN총회는 2021년 12월 16일의 결의 76/162(인권과 문화적 다양성)에서 이를 그대로 인용하고 있기도 하다. 그러나 UNESCO의 "세계 문화적 다양성 선언" 제1조는 문화적 다양성을 "인류의 공동유산"(the common heritage of humanity)으로 승격시키고 있다.

256) Thomas W. Simon, "United Nations Convention on Wrongs to the Child", (2000) 8 The International Journal of Children's Rights 1 at 8 ; Robert Spencer, "England : New female genital mutilation case every two hours, still not a single conviction", JIHAD WATCH, Jul 9, 2018, 〈https://www.jihadwatch.org/2018/07/england-new-female-genital-mutilation-case-every-two-hours-still-not-a-single-conviction〉.

-기존 문헌의 복사판인 긴 전문과 짧은 5개 항으로 구성되는- 두 페이지에 불과한 이 결의에 "호혜협력"이란 표현이 -제목을 포함해서- 모두 9번이 나오지만 이 개념에 대한 정의는 제시하고 있지 않으며, 오히려 동 결의 5항에서 인권이사회 자문위원회(Advisory Committee)에 대해 "인권의 증진과 보호에 있어 호혜협력의 중요성에 대한 연구를 수행하여 43차 인권이사회에 보고서를 제출할 것을 요청"하고 있다.[258] 2021년 1월 20일 미국의 제46대 대통령에 취임한 조 바이든조차도 2월 CNN의 한 앵커와의 대담에서 중국 정부가 자행하고 있는 대규모 인권 침해에 대해 이를 단지 문화상대주의적 관점에서 접근하는 인식을 드러내었다.[259]

---

257) https://undocs.org/A/HRC/37/L.36. 기록투표(recorded vote)로 채택되었는데, 결과는 찬성 28 (중국, 필리핀, 앙골라, 브라질, 부룬디, 칠레, 코트디부아르, 쿠바, 콩고민주공화국, 에콰도르, 이집트, 에티오피아, 이라크, 케냐, 키르기스스탄, 멕시코, 몽골, 네팔, 나이지리아, 파키스탄, 파나마, 카타르, 사우디아라비아, 세네갈, 남아프리카, 토고, 통일아랍에미레이트, 베네수엘라) 대 반대 1, 기권 17이었다. 미국이 유일하게 반대하였으며, 아프가니스탄, 오스트레일리아, 벨기에, 크로아티아, 조지아, 독일, 헝가리, 일본, 페루, 대한민국, 르완다, 슬로바키아, 슬로베니아, 스페인, 스위스, 우크라이나, 영국은 기권하였다. 미국 정부는 "호혜협력이란 표현이 듣기만 좋은 언어(feel-good language)를 사용해서 국가들이 존중해야 할 인권을 희생시키면서 독재국가들을 이롭게 하기 위한 것"으로 "자국 국가원수의 사상을 국제인권사전에 삽입함으로써 그를 찬미하려고 애쓴다"고 폄하하였고, 중국 정부는 미국의 오만이라고 공격하였다. See John Fisher, "China's 'Win-Win' Resolution Is Anything But", Human Rights Watch, March 5, 2018, 〈https://www.hrw.org/news/2018/03/05/chinas-win-win-resolution-anything〉; Nick Cumming-Bruce, "China Brings Warm Words to U.N., and Rights Activists Feel a Chill", The New York Times, March 23, 2018, 〈https://www.nytimes.com/2018/03/23/world/asia/china-human-rights-united-nations.html〉.

258) Miloon Kothari, "China's Trojan Horse Human Rights Resolution", The Diplomat, March 22, 2018, 〈https://thediplomat.com/2018/03/chinas-trojan-horse-human-rights-resolution/〉는 이는 주객이 전도된 발상이라고 비판하고 있다 : "the current resolution urges that experts should recognize the importance of "mutually beneficial cooperation" in the protection of promotion of human rights – while simultaneously failing to define that cooperation, and indeed asking for the Council's Advisory Committee to conduct research. In short, it puts the cart before the horse, and risks treading on the experts' independence."

259) The White House, Briefing Room, February 17, 2021, "Remarks by President Biden in a CNN Town Hall with Anderson Cooper, Pabst Theater, Milwaukee, Wisconsin, February 16, 2021" 〈https://www.whitehouse.gov/briefing-room/speeches-remarks/2021/02/17/remarks-by-president-biden-in-a-cnn-town-hall-with-anderson-cooper/〉 : "I point out to [Xi Jinping]: No American President can be sustained as a President if he doesn't reflect the values of the United States. And so the idea I'm not going to speak out against what he's doing in Hong Kong, what he's doing with the Uyghurs in western mountains of China and Taiwan, trying to end the One China policy by making it forceful — I said — and by the — he said he — he gets it. Culturally, there are different norms that each country and they — their leaders — are expected to follow." 이 발언에 대한 비판적 기사는 다음을 참조 : Keoni Everington, Taiwan News, 2021/02/18, "Biden chalks up China's aggression toward Taiwan to 'different norms' – US president says 'different norms' explain China's policy toward Taiwan, Hong Kong, Uighurs", 〈https://www.taiwannews.com.tw/en/news/4130018〉.

조 바이든 정부는 러시아에 대해서는 대조적인 태도를 보였다. 그가 대통령에 취임한 후 불과 며칠 뒤 미국 국무부는 러시아 반정부 시위자들에 대한 푸틴 정부의 대규모 체포를 강하게 비난하였던 것이다 : ABC, January 24, 2021, "State Dept. condemns arrests, repression in Russia – It called for the release of protesters and opposition leader Alexey Navalny" 〈https://abcnews.go.com/Politics/live-updates/biden-trump-2020-election-transition-inauguration/?id=75311140#75447823〉. 그러자 2월 러시아 외무부는 미국에서 대통령 선거 결과에 동의하지 않는 사람들에 대한 대대적인 수색과 박해를 비난하면서, 트럼프 지지자들의 "기본적 인권"을 존중하라고 요구하였다 : Eduardo Rivero, February 17, 2021, "Russia Blasts Biden Regime For 'Persecution' Of Trump Supporters, Political Dissidents – Russia calls on the United States to observe

인권조약의 해석과 집행에 있어 문화가 전혀 영향을 미치지 않는 것은 아니다. 오히려, 유럽인권재판소는 유럽인권협약 체약국들의 협약 위반 여부을 해석, 심사함에 있어 재판소 자신의 '보충적' 역할과 각국의 문화적 다양성을 고려하여 이른바 "판단의 여유(재량) 이론"(margin of appreciation doctrine)을 발전시켜 오고 있으며, 그 결과로 비슷한 사안이지만 피고국에 따라 다른 결론에 도달하기도 한다.[260] 일례로, 유럽인권재판소는 종교적 상징물의 전시 내지는 표시와 관련하여 *Aktas*

---

the human rights of political opponents.", 〈https://nationalfile.com/russia-blasts-biden-regime-for-persecution-of-trump-supporters-political-dissidents/〉.

260) "판단의 여유"(margin of appreciation)라 함은 공공의 안전과 개인의 인권 사이에 충돌이 있을 때 인권침해(따라서 협약위반)의 책임을 짐이 없이 개인의 인권을 침해할 수 있다고 판단할 수 있는 일정 재량적 권한이 일차로 각 회원국 당국에게 있다고 보는 것을 말한다. "판단의 여유"의 특성은, 그것이 적용되는 제한된 상황 속에서 국가(조약당사국)의 법과 사실에 대한 최초의 평가가 준거점으로 채택될 것이라는 점이다 ; 그리고 이를 기초로 하여 관련 행위의 적법성에 대한 심층적인 분석이 진행된다. 유럽인권협약에서 원래는 명문으로 언급된 것은 아니고 (과거 유럽인권위원회와 더불어) 유럽인권재판소의 판례법을 통해 전개되어 나온 이 이론은, 인권협약의 법적 구조를 지탱하면서도 동시에 법과 질서를 확보할 임무를 지닌 국가에 대한 존중(deference)과 이로 인한 국제재판소의 사법자제(judicial self- restraint)에 기초하고 있는 것으로 설명되고 있다. 쉽게 말하면, 국제재판소보다는 국내 당국이 국내적 필요성을 결정하는데 더 적합한 위치에 있음을 인정하자는 것이다. 拙稿, "유럽인권재판소의 "판단의 재량" 독트린 : 법의 지배에 대한 위협인가?", 《國際法學會論叢》, 제58권 제2호 (2013년 6월), pp. 11~43 ; UK, Department for Constitutional Affairs, *A Guide to the Human Rights Act 1998 : Third Edition* (October 2006), para. 3.6("In relation to some [European Human Rights] Convention rights, particularly those requiring a balance to be struck between competing considerations, the European Court of Human Rights allows a margin of appreciation to the domestic authorities. [Margin of appreciation] recognises that domestic authorities are better placed to make decisions about the merits of a case, at least in the first instance.") ; Starmer, §§ 4.88~4.97 ; Peter Halstead, *Human Rights*, 2008-2009 Edition (London : Hodder Education, 2008), p. 105 ; Steven Greer, *The margin of appreciation: interpretation and discretion under the European Convention*, Human Rights files No. 17, Council of Europe Publishing (2005), 〈https://book.coe.int〉 ; Orakhelashvili, pp. 198~199 ; Robyn Briese and Stephan Schill, "'If the State Considers' : Self-Judging Clauses in International Dispute Settlement", p. 10, 〈https://law.anu.edu.au/anzsil/Conferences/2008/Robyn% 20Briese.pdf〉 ; Paul Mahoney, "Judicial Activism and Judicial Self-Restraint in the European Court of Human Rights: Two Sides of the Same Coin", 11 Human Rights Law Journal 57 (1990) ; William W. Burke-White and Andreas von Staden, "Investment Protection in Extraordinary Times : the Interpretation and Application of Non- Precluded Measures Provisions in Bilateral Investment Treaties", (2008) Virginia Journal of International Law 307 at 369.

다시 말하면, "판단의 여유" 이론은 국내법체계가 고장 나지 않는 한 국제인권재판소는 그 어떤 역할도 수행할 게 없으며, 이런 의미에서 국제재판소는 국내 당국의 역할을 보충하는 기능만을 담당한다고 보는 점에서 "보충성 원칙"(principle of subsidiarity)으로 직결된다 : Paolo G. Carozza, "Subsidiarity as a Structural Principle of International Human Rights Law", (2003) 97 AJIL 38 at 40 ; Starmer, §§ 4.88~4.90, 4.94 ; Nollkaemper, p. 26 fn. 24. 그러나 큰 실체는 자기를 구성하는 상대적으로 작은 실체를 단지 보충하는 기능에 만족해야 한다는 일반적 관념을 전하는 보충성 원칙은 분야에 따라 좀 더 특화된 의미를 전달하기 위해 사용되기도 한다. 그 한 예로, EU법에서는 EU 중앙정부가 향유하는 일정 입법권(즉, '경합적' 권한)의 '행사'에 대한 제약조건으로서 "보충성 원칙"을 도입하고 있다. 이에 관해서는, 拙著, 《EU法論》, pp. 210~234 ; 본서, 제30장 (EU법) ; *Halstead, op. cit.*, p. 105 참조.

종래 "판단의 여유" 이론에 대해서는 사실상 유럽인권재판소의 임무 포기를 표현하는 것이라고 비판하는 학자들도 있었다 : 예컨대, Fionnuala Ni Aolain, "The Emergence of Diversity : Differences in Human Rights Jurisprudence", 19 Fordham International Law Journal, 101, 115. 그러나 유럽인권협약 체약국들은 2013년 6월 24일 서명을 위해 개방된 유럽인권협약 제15의정서(Protocol No. 15 amending the Convention on the Protection of Human Rights and Fundamental Freedoms) 제1조에 의해 삽입된 협약 전문의 마지막 리사이틀(recital)을 통해 '보충성의 원칙'과 '판단의 여유 이론'에 대한 지지를 표명하고 있는데, 협약 전문에 추가된 해당 단락은 다음과 같다 : "Affirming that the High Contracting Parties, in accordance with the

사건[261)]과 *Lautsi* 사건[262)]에서 외견상 서로 상반되는 판결을 내린 바 있다.[263)] 즉, *Aktas* 사건에서는 공적인 공간에서 개인이 종교적 상징물을 나타내 보이는 것은 타인의 종교의 자유를 반드시 해친다는 프랑스 정부의 주장을 수락한 데 반해, *Lautsi* 사건에서는 공적인 공간에서 국가당국이 '십자 고상'(苦像)(십자가에 못박힌 예수상)을 전시하는 것은 그것에 노출된 타인의 종교의 자유를 해치지 않는다는 이탈리아 정부의 주장을 받아들였던 것이다. 주지하다시피, 프랑스는 −국가와 교회의 엄격한 분리를 강조하는− 국가세속주의(laïcité, state secularism)가 지배하는 나라이고, 이탈리아는 라테란조약들(Lateran Pacts)에 의해 교회에 특별 대우를 부여하고 있다.[264)] 유럽인권재판소가 체약국들의 "판단의 여유(재량)"에 의존한다는 것은, 동 재판소는 −국내당국들이 취한 행동이 유럽인권협약에

---

principle of *subsidiarity*, have the primary responsibility to secure the rights and freedoms defined in this Convention and the Protocols thereto, and that in doing so they enjoy a *margin of appreciation*, subject to the supervisory jurisdiction of the European Court of Human Rights established by this Convention," 〈https://www.echr.coe.int/Documents/Protocol_15_ENG.pdf〉.

유럽인권재판소가 "판단의 여유(재량)" 이론의 적용과 관련하여 가장 유명한 국제재판소이긴 하지만, 이 이론이 동 재판소에서만 적용될 수 있는 것은 물론 아니다. 즉, 이 발상은 그 속성상 ICJ, EU사법재판소, WTO 분쟁해결기구, 국제해양법재판소, NAFTA 중재재판소 등을 포함하여 다른 국제재판소들에서도 적용될 수 있다. 그러나 각 재판소별로 어느 범위까지 이 독트린의 수용이 가능한지는 그리 분명하지 않다. 이 문제에 대한 자세한 논의는 다음 논문을 참조 : Yuval Shany, "Toward a General Margin of Appreciation Doctrine in International Law?", *EJIL* (2005), Vol. 16 No. 5, pp. 907~940. 시민적 · 정치적 권리규약 인권위원회는 다음 사건에서 암묵적으로나마 유럽인권재판소의 "판단의 여유(재량)" 이론을 사용하였었다 : Human Rights Committee of the International Covenant on Civil and Political Rights, *Shirin Aumeeruddy-Cziffra and 19 Other Mauritian Women* v. *Mauritius*, Communication No. 35/1978, CCPR/C/12/D/35/1978, 9 April 1981, para. 9.2(b)2(ii)1 ("The Committee is of the opinion that the legal protection or measures a society or a State can afford to the family may vary from country to country and depend on different social, economic, political and cultural conditions and traditions."), 〈https://www.unhcr.org/refworld/docid/3f520c562.html〉, and cited in Onder Bakircioglu, "The Application of the Margin of Appreciation Doctrine in Freedom of Expression and Public Morality Cases", German Law Journal, Vol. 08 No. 07 2007, p. 711 at 713 (fn. 6).

심급체제를 갖춘 국제재판소에서 사실 판단 문제에 대해 상급재판부와 하급심 사이에 비슷한 논리가 적용되고 있다. 이를테면, *Prosecutor* v. *Kupreškić et al.* (Appeals Judgment), ICTY-95-16-T, 23 October 2001, para. 30, 〈https://www.icty.org/en/case/kupreskic〉에서 구유고국제형사재판소(ICTY) 항소부(Appeals Chamber)는 "일반원칙"(General principles)의 제목 하에서 다음과 같이 언급한 바 있다 : "Pursuant to the jurisprudence of the Tribunal, the task of hearing, assessing and weighing the evidence presented at trial is left primarily to the Trial Chamber. Thus, the Appeals Chamber must give a margin of deference to a finding of fact reached by a Trial Chamber. Only where the evidence relied on by the Trial Chamber could not have been accepted by any reasonable tribunal of fact or where the evaluation of the evidence is "wholly erroneous" may the Appeals Chamber substitute its own finding for that of the Trial Chamber. It must be borne in mind that two judges, both acting reasonably, can come to different conclusions on the basis of the same evidence."

261) *Aktas* v. *France,* Application no. 43563/08, Judgment of 25 May 2010 (available only in French), 〈https://hudoc.echr.coe.int/sites/eng/pages/search.aspx?i=001-93697#{"itemid":["001-93697"]}〉.

262) *Lautsi and others* v. *Italy,* Application no. 30814/06, Judgment of 18 March 2011, 〈https://www.echr.coe.int/echr/resources/hudoc/lautsi_and_others_v_italy.pdf〉.

263) Elena Butti, "The Strategic Use of the Margin of Appreciation Doctrine in the European Court of Human Rights", *Jurist*, Sunday, July 01, 2012, 〈https://jurist.org/dateline/2012/07/elena-butti-human-rights.php〉(retrieved 29 December 2012).

264) 다만, 1984년에 체결된 신 콩코르다트에 의해 교회의 특권은 많이 축소되었다. 본서, 제6장 (국제법의 주체), "Ⅷ. 특별한 실체들, 1. 바티칸 시국" 참조.

담겨 있는 그 어떤 권리와 자유도 침해하지 않는 한– 유럽인권협약의 내용을 각국의 국내적 상황에 어떻게 적용할 것인지의 문제를 해당 국가의 재량에 맡기기로 결정한다는 것을 의미한다. 이로써 유럽인권재판소는 협약의 내용이 국가에 따라 달리 해석될 수 있고, 그 결과 동일한 권리와 자유라 하더라도 이행방법은 국가별로 달라진다는 것을 인정하는 것이다.[265] 그러나 "판단의 재량" 독트린은 국내당국의 재량이 무제한함을 인정하는 것은 아니다. 얼마나 많은 재량이 국내당국에 부여되어야 할 것인가에 대한 최종 결정은 유럽인권재판소가 유럽 차원의 컨센서스, 권리의 성격, 문제된 조치가 추구하는 목적 등에 부여하는 비중에 달려 있는데,[266] 유럽인권재판소는 동 재판소 역사상 처음으로 "판단의 재량" 독트린을 적용하였던 *Handyside* 사건[267]에서 이 점을 분명히 하였었다.

X. 인권 분야에서 활동하는 UN기관들

UN의 후원 하에 채택된 인권조약들은 그것의 효과적인 이행을 확보하기 위하여 대체로 각기 독자적인 전문가 위원회[268]를 설치하고 있는데, 이들 위원회는 'UN조약기관들'(UN Treaty Organs)

265) See, *supra*, Elena Butti.

266) Council of Europe, *Judicial Professions, The Lisbon Network*, "The Margin of Appreciation", 〈https://www.coe.int/t/dghl/cooperation/lisbonnetwork/themis/echr/paper2_en.asp〉.

267) *Handyside* v. *The United Kingdom,* Application no. 5493/72, Judgment (Plenary Court) of 7 December 1976, para. 49, 〈https://hudoc.echr.coe.int/eng?i=001-57499〉. *Handyside* 사건은 노골적으로 성행위에 대한 이야기를 담은, 10대 학생들을 독자로 하는 책의 출간에 관련된 사건이다. Handyside는 출판사를 소유한 영국인으로서, 1971년 이미 많은 나라에서 출간된 덴마크 책의 영역본인 "The Little Red Schoolbook"이란 책을 광고하고 王 곧 출간할 예정이었다. 이 책은 어린 학생들을 위한 참고서로 기획되었다. 이 책은 내용의 대부분이 교육과 수업에 관한 것이었지만, 책의 10 퍼센트 정도는 성(sex)과 관련된 여러 문제들을 교육적인 방식으로 다루었다. 학교, 교회, 학부모들은 이 책을 비난하였다. 영국 정부는 외설출간물 방지에 관련한 법률들에 의거하여 사본이 발견되는 대로 모두 압수하였다. 그리고 Handyside는 관련 법률 위반으로 유죄선고를 받고, 벌금형에 처해졌으며, 모든 책을 파기하라는 법원명령을 받았다. 1972년 그는 모든 국내구제수단을 완료한 뒤 영국을 상대로 유럽인권위원회에 제소하였다. 유럽인권위원회는 협약 위반이 없다고 결론지었으면서도 1976년 사건을 유럽인권재판소에 회부하였다. 이미 위에서 언급한 것처럼 문제의 책은 영국 이외의 다른 당사국에서는 성공적으로 출간되었었다. 그러나 유럽인권재판소는 문제의 책과 영국 재판소에 제시된 증거들을 검토한 뒤, 영국 재판관들이 이 책이 12세에서 18세 사이의 독자들의 도덕에 부정적 영향을 끼칠 것이라고 판단한 것에는 이유가 있다고 결론지었다. 따라서 협약 위반은 없다고 판시하였다 유럽인권재판소는 공중도덕의 보호를 위해서는 표현의 자유를 제한하는 것을 허락하였던 것이다. 또한 이 사건은 국내재판소들을 대신하는 것은 결코 유럽인권재판소의 임무가 아니며, 유럽인권재판소의 임무는 국내재판소들이 평가의 권한을 행사하여 내린 결정을 단지 재검토하는 것임을 시사하고 있다. H. J. Steiner and P. Alston, *International Human Rights in Context : Law, Politics, Morals* (Oxford : Clarendon Press, 1996), pp. 615-617. See also *Otto-Preminger-Institut* v. *Austria,* Application No. 13470/87, Judgment of 20 September 1994, para. 50, 〈https://hudoc.echr.coe.int/sites/eng/pages/search.aspx?i=001-57897#{"itemid": ["001-57897"]}〉.

268) 예컨대, 시민적 · 정치적 권리규약의 '인권위원회'(Human Rights Committee), 경제적 · 사회적 · 문화적 권리규약의 '경제적 · 사회적 · 문화적 권리의원회'(Committee on Economic, Social and Cultural Rights), 인종차별철폐협약의 '인종차별철폐위원회'(Committee on the Elimination of Racial Discrimination), 여성차별철폐협약의 '여성차별철폐위원회'(Committee on the Elimination of Discrimination against Women), 어린이권리협약의 '어린이권리위원회'(Committee on the Rights of the Child), 고문반대협약의 '고문반대위원회'(Committee

로 불리기도 한다.[269] 그러나 이들은 UN 자체에 소속된 보조기관은 아니며, 개별조약에 기초하고 있다는 의미에서 자율적인 존재들이다. 아래에서는 인권분야에서 활동하는 UN 자체의 일부 중요 기관들에 관하여 개관한다.

1. UN총회와 경제사회이사회

UN헌장 제13조 1항(b)에 의하면, UN총회는 "인종·성·언어 또는 종교에 의한 차별없이 모든 인간을 위하여 인권과 기본적 자유를 실현하도록 원조할 목적으로" 연구(혹은 조사)를 시작하고 권고를 할 수 있다. 이것과 관련하여 중요한 기관은 —총회에서 선출되는 54개 회원국으로 구성되는— 경제사회이사회(Economic and Social Council)인데,[270] 동 이사회는 "인권과 기본적 자유의 존중과 준수를 촉진하기" 위하여 권고를 하고, 총회에 제출하기 위한 조약초안을 작성하며, 또한 국제회의를 소집할 수 있다.[271]

2. UN인권이사회

1946년 —UN헌장 제68조에 의거하여— 경제사회이사회의 보조기관[272]으로 인권위원회(Commission on Human Rights : CHR)가 설립된 바 있는데, 이것은 동 이사회가 형평한 지리적 배분에 기초하여 선출하는 53개[273]의 UN회원국 대표들로 구성되어 있었다. 임기는 3년이었다. 주된 임무는 인권 분야에서 조사를 수행하고, 권고를 준비하며, 인권에 관한 국제문서를 기초하는 것이었다.[274] 한편, 1947년 인권위원회 제1차 회기에서 그 산하에 "차별방지 및 소수자보호에 관한 소위원회"(Sub-Commission on Prevention of Discrimination and Protection of Minorities)가 설치된 바 있는데, 1999년 경제사회이사회는 이것의 이름을 "인권 증진과 보호에 관한 소위원회"(Sub-Commission on the Promotion and Protection of Human Rights)(이하 소위원회)[275]로 바꾸었다. 소위원회는 UN회원국들의 지명을 기초로 하여 인권위원회가 선출하는 26명의 위원으로 구성되어 있었으며, 임기는 4년이고 재선될 수 있었다. 그러나 소위원회 위원들은 인권위원회의 경우와는

---

against Torture), 이주노동자권리보호협약의 '이주노동자보호위원회' (Committee on the Protection of Migrant Workers), 장애자협약의 '장애자권리위원회'(Committee on the Rights of Persons with Disabilities), 강제실종국제협약의 '강제실종위원회'(Committee on Enforced Disappearances) 등. Cassese, *International Law*, 2nd, pp. 386~387 ; Shaw, 5th, pp. 289~310.

269) Shaw, 5th, p. 289 ; Akande in Evans (ed.), *International Law*, 3rd, p. 278.

270) UN헌장 제61조.

271) UN헌장 제62조.

272) UN헌장 제68조.

273) https://en.wikipedia.org/wiki/United_Nations_Commission_on_Human_Rights. 1990년 5월 경제사회이사회 결의 1990/48에 의하여 53개국 대표로 늘어나기 전까지는 43개국 대표로 구성되고 있었다. Shaw, 5th, p. 283 ; White, *The Law of International Organisations*, p. 229 ; Wolfrum/Philipp (eds.), pp. 116~117.

274) Malanczuk, p. 214 ; Wolfrum/Philipp (eds.), p. 118 ; Shaw, 5th, p. 283.

275) https://en.wikipedia.org/wiki/Sub-Commission_on_the_Promotion_and_Protection_of_Human_Rights.

반대로 오로지 그들의 개인적 자격 때문에 임명되는 독립된 전문가들로서 자국의 지시를 받지 아니하였다. 소위원회는 매년 여름에 제네바에서 3주간[276] 개최되었다. 소위원회는 인권위원회를 위하여 조사를 수행하고 권고문을 작성하는데, 이들 조사와 권고는 소위원회의 원래 창설의도인 '차별' 문제를 뛰어 넘어 인권위원회의 활동영역 전반을 다루었다. 게다가 경제사회이사회는 조사 과제를 직접 소위원회에 할당할 권한을 가지고 있었다.[277]

이상의 UN인권위원회는 지난 60년간의 많은 활동과 업적에도 불구하고 그간 다수 국가들로부터 점차 비판의 대상이 되었다. 이를테면 미국은 인권을 유린하는 국가들이 인권위원회 국가로 선출되는 것에 불만을 표시하였으며, 제3세계 국가들은 미국을 위시한 서구국가들이 인권 문제를 정치적이고 선별적으로 다룬다고 항의하였다. 이에 UN총회는 2006년 3월 15일 결의 60/251[278]을 채택함으로써 '경제사회이사회' 산하의 인권위원회를 '총회' 산하의 인권이사회(Human Rights Council)로 "대체"[279]하였으며, 이에 의거하여 2006년 5월 9일 총회에서 최초이사국 선출이 있었고,[280] 6월 19일 인권이사회 개회식을 가졌다.[281] 인권이사회는 −UN헌장 체제 하에서 '이사회'라는 이름이 시사하는 지위와는 달리− 단지 UN총회의 '보조기관'에 불과하다.[282] 동시에, 인권이사회가 경제사회이사회의 품을 떠나 '총회'의 보조기관으로 되었다는 것은 곧 종래의 인권위원회와는 달리 UN회원국 전체에 대해 직접 책임져야 함을 시사하는 것이기도 하다.[283]

인권이사회는 특히 "중대하고 체계적인 침해를 포함하여 인권침해의 사태를 다루고, 그것에 관해 권고한다(*should* address *situations* of violations of human rights, including *gross and systematic* violations, and make recommendations thereon)."[284] 또한, 인권이사회는 "모든

---

276) 1999년까지는 4주간 개최되던 것이 2000년부터 3주간으로 줄어들었다. *Ibid.*

277) Wolfrum/Philipp (eds.), p. 118 ; Shaw, 5th, pp. 285~286 ; Rodley in Evans (ed.), *International Law*, 5th, pp. 795~797.

278) 한국을 포함하여 170개국이 찬성, 반대 4개국(미국, 이스라엘, 마샬군도, 팔라우), 기권 3개국(베네주엘라, 이란, 벨라루스). 북한은 UN분담금 미납으로 인해 표결에 참여하지 못하였다. 미국은 인권이사국의 수를 30개국 이내로 제한하고, UN구성국의 2/3 이상이 찬성해야만 인권이사국이 될 수 있게 해야 한다고 주장하였으며, 또 인권이사회 구성안이 인권 유린 국가들의 동 이사회 진출을 막는데 충분하지 않다고 생각하여 반대표를 던진 것으로 전해졌다. https://www2.ohchr.org/english/bodies/hrcouncil/docs/a.res.60.251_en.pdf ; UN Press Release, 15 March 2006, "General Assembly Establishes New Rights Council by vote of 170 in favour to 4 against, with 3 abstentions", 〈https://press.un.org/en/2006/ga10449.doc.htm〉 ; UN News, 15 March 2006, "In 'historic' vote, General Assembly creates new UN Human Rights Council", 〈https://news.un.org/en/story/2006/03/172222〉 ; US Congressional Research Service, "The United Nations Human Rights Council: Background and Policy Issues", Updated January 26, 2022, 〈https://sgp.fas.org/crs/row/RL33608.pdf〉.

279) A/Res/60/251, 1항.

280) UN News, 9 May 2006, "General Assembly elects first members to new Human Rights Council", 〈https://news.un.org/en/story/2006/05/178052〉.

281) A/Res/60/251, 15항. 한편, UN총회는 동 결의 13항에서, 2006년 6월 16일부로 UN경제사회이사회가 인권위원회를 폐지해 줄 것을 권고하였다.

282) 따라서 총회가 인권이사회를 창설하기 위해 UN헌장을 개정할 필요까지는 없었다. 왜냐하면 UN헌장은 이미 제22조에서 총회에 대해 "그 임무수행에 필요하다고 인정되는 보조기관(subsidiary organs)을 설치할 수 있는 권한"을 부여하고 있기 때문이다.

283) https://en.wikipedia.org/wiki/United_Nations_Human_Rights_Council.

284) A/Res/60/251, 3항.

국가"의 인권 의무 이행과 관련하여 "보편적 정례 검토"(universal periodic review : UPR)를 행하며,[285] "인권 비상사태(human rights emergencies)에 신속하게 반응한다."[286]

인권이사회는 총회에서 그 '구성국가'의 과반수(즉, UN회원국의 재적과반수)에 의한 비밀투표를 통해 직접적이고 개별적으로 선출되는 47개 UN회원국으로 구성된다. 다만, 형평한 지리적 배분이 규정되어 있는데, 즉 아프리카 그룹 13, 아시아-태평양 그룹 13, 동유럽 그룹 6, 라틴아메리카 및 카리브 그룹 8, 서유럽 및 기타 그룹 7개 의석이다. 인권이사국의 임기는 3년이며, 두 번 연속 이사국이 된 경우에는 즉각 재선출 될 수는 없다.[287] 다만, 최초이사국 선출시 추첨을 통해 임기에 시차제(staggering)를 도입한다.[288]

이사국으로 선출된 국가는 인권의 증진과 보호에 있어 "가장 높은 기준을 지지"해야 하며, '임기 중' 전술한 "보편적 정례 검토" 메커니즘에 의거하여 자국의 인권 상황에 대해 검토를 받아야 한다.[289] 여기서 '보편적' '정례' (인권)검토란 '모든' UN회원국의 인권 상황을 '주기적으로' 검토해 보자는 것으로, UN인권이사회의 핵심 요소로 인식되고 있다.[290] 또한 인권이사국이 "인권에 대한 중대하고 체계적인 침해"를 범하는 경우, UN총회는 '출석하여 투표'하는 회원국의 2/3 다수결로 동 국가의 인권이사국으로서의 권리를 정지시킬 수 있다.[291]

---

285) A/Res/60/251, 5항(e).

286) A/Res/60/251, 5항(f).

287) A/Res/60/251, 7항. 한국은 2022년 10월 연임에 실패한 바 있다 : The International Service for Human Rights, 11 October 2022, "HRC elections: 14 members with mixed records join the Human Rights Council - States at the UN General Assembly voted to elect 14 new members of the Human Rights Council for the term 2023 to 2025, with 17 candidates running.", 〈https://ishr.ch/latest-updates/hrc-elections-14-members-with-mixed-records-join-the-human-rights-council/〉.

288) A/Res/60/251, 14항. 최초 선거에서 임기 1년의 이사국은 14개국, 2년의 이사국은 15개국, 3년의 이사국은 18개국으로 결정되었다. https://www.un.org/ga/60/elect/hrc.

289) A/Res/60/251, 9항.

290) 제1기 UPR은 매년 48개국씩 2008년부터 시작하여 2011년까지 진행되었다. UPR은 일종의 "동료(에 의한) 검토"(peer review) 장치로서, 해당국가가 제출하는 20 페이지 분량의 보고서, UN이 수집한 정보를 요약한 UN인권고등판무관실의 10 페이지 분량의 보고서, 그리고 (NGO, 국내인권단체와 기타 시민사회단체를 포함한)이해관계자들의 입장을 열거한 동 판무관실의 또 다른 10 페이지 분량의 보고서 등 세 개의 문서를 기초로 행해진다. UPR은 각국당 "3시간 토론"(three-hour debate)의 형식을 취한다. 그런데 실제 UPR 회의는 "인권탄압국들이 서로를 칭찬하고 비호하는 장으로 변질"되고 있다는 지적이 있다. https://en.wikipedia.org/wiki/Universal_Periodic_Review.

291) A/Res/60/251, 8항. 실제로 UN총회는 2011년 3월 1일 -그것도 2월 25일자 인권이사회 자체의 권고에 기초하여- 리비아의 인권이사국 지위를 정지시키는 결정을 박수갈채로(by acclamation) 채택한 바 있다. 리비아의 국가원수 가다피(Muammar Al-Qadhafi)가 그의 퇴위를 요구하는 시위대를 진압하려고 시도하는 과정에서 "인권에 대한 중대하고 체계적인 침해"를 자행하였기 때문이다. UN News Centre (https://www.un.org/news/), "UN rights council recommends suspending Libya, orders inquiry into abuses", 25 February 2011 ; UN News Centre, "General Assembly suspends Libya from rights body; Ban says regional change must come 'from within'", 1 March 2011.

2022년 4월 7일 UN(긴급특별)총회는 동년 2월 개시된 러시아 군대의 우크라이나 침공 후 자행된 '중대하고 체계적인 인권침해'와 관련하여 러시아에 대해서도 인권이사국 자격정지 결정을 채택한 바 있는데, 미국이 주도한 이 결의는 (한국 포함) 93개국 찬성, (러시아, 중국, 북한 포함) 24개국 반대, 58개국 기권, 18개국 불참으로 이루어진 것이었다. 찬성 국가가 193개 UN 전체 회원국의 절반에 못 미치는 상황에서 (인도와 브라질 포함) 58개국이나 기권하였지만, 기권은 투표로 간주되지 아니한다. UNGA Resolution ES-11/3 (Suspension of the

인권이사회는 1년에 -본회의(main session)를 포함하여- 최소 3회, 최소 10주간의 회의를 예정하여야 하며, 전체 이사국 1/3의 지지를 받는 어느 이사국의 요청이 있어 필요할 때에는 특별회의(special sessions)를 개최할 수도 있어야 한다.[292] 인권이사회는 2007년 6월의 결의[293]를 통해 "인권이사회의 두뇌집단(think-tank)으로 기능하고, 재량에 따라 일할" "인권이사회 자문위원회"(Human Rights Council Advisory Committee)를 설치하였는 바, 이로써 구 "인권 증진과 보호에 관한 소위원회"(Sub-Commission on the Promotion and Protection of Human Rights)는 동 자문위원회로 대체되었다.[294] 인권이사회 자문위원회는 개인 자격으로 봉사하는 18인의 전문가로 구성된다.[295] 초대 18인 위원은 2008년 3월 26일 선출되었는데, 임기는 3년이고, 한번 재선될 수 있다. 임기에 시차제가 도입되어, 초대 위원의 경우 1/3은 1년, 다른 1/3은 2년만 봉사하였다.[296] 2007년 6월의 인권이사회 결의는 이 밖에도, -원칙적으로 국내구제 완료를 조건으로 '사람' 또는 '사람의 집단'에 의해 제기되는- '제소절차' (Complaint Procedure)[297]와 -주제별 쟁점(thematic mandate) 혹은 특정 국가의 문제(country mandate)를 특별보고관(special rapporteur)이나 독립전문가(independent expert)에게 회부하여 조사, 권고, 보고케 하는- '특별절차'(Special Procedures)[298]를 도입하였다.

인권이사회는 제네바에 본부를 둔다.[299] 미국 트럼프 정부는 3년 임기의 중간 시점인 2018년 6월 19일 인권이사회 탈퇴를 공식 선언한 바 있었는데,[300] 그러나 2021년 1월 바이든 정부가 들어

---

rights of membership of the Russian Federation in the Human Rights Council), 〈https://digitallibrary.un.org/record/3967950?ln=en〉 ; https://en.wikipedia.org/wiki/United_Nations_General_Assembly_Resolution_ES-11/3 ; UN News, 7 April 2022, "UN General Assembly votes to suspend Russia from the Human Rights Council", 〈https://news.un.org/en/story/2022/04/1115782〉 ; Al Jazeera, 7 Apr 2022, "UN suspends Russia from human rights body over Ukraine abuses", 〈https://www.aljazeera.com/news/2022/4/7/un-to-vote-on-suspending-russia-from-rights-council〉 ; 본서, 제25장 (UN), "V. UN의 주요기관, 1. 총회, (3) 표결 & (4) 절차". 친러시아 국가인 세르비아의 알렉산드르 부치치(Alexander Vucic) 대통령은 공영방송국에 출연하여 "사람들은 왜 우리가 반대표를 던지든지 아니면 기권이라도 하지 찬성표를 던졌느냐고 묻는데, 기권이라도 했으면 다른 국가들의 압박이 더욱 증가할 것"이라고 말하면서, "특히, 세르비아 석유산업의 대주주인 러시아의 가즈프롬(Gazprom Neft)이 현재 EU의 제재에 직면하고 있다"고도 하였다 : Nikita Bishay, "'Increasing pressures' | Serbia Claims It Voted To Revoke Russia's UNHRC Status Under Duress Amid Sanctions Threat", Republic World, 8th April, 2022, 〈https://www.republicworld.com/world-news/russia-ukraine-crisis/serbia-claims-it-voted-to-revoke-russias-unhrc-status-under-duress-amid-sanctions-threat-articleshow.html〉.

292) A/Res/60/251, 10항. 이것은 기존의 UN인권위원회가 1년에 단 한 번, 6주간 열린 것과 대조를 이룬다.

293) HRC Resolution 5/1 of 18 June 2007, "Institution-building of the United Nations Human Rights Council", Annex : "United Nations Human Rights Council : Institution-Building", para. 65, 〈https://www2.ohchr.org/english/bodies/hrcouncil/〉. See also HRC Decision 6/102 of 27 September 2007, "Follow-up to Human Rights Council resolution 5/1", Ⅲ. Advisory Committee of the Human Rights Council, 〈https://ap.ohchr.org/documents/E/HRC/decisions/A_HRC_DEC_6_102.pdf〉.

294) https://en.wikipedia.org/wiki/Sub-Commission_on_the_Promotion_and_Protection_of_Human_Rights.

295) https://www2.ohchr.org/english/bodies/hrcouncil/advisorycommittee.htm.

296) https://www2.ohchr.org/english/bodies/hrcouncil/advisorycommittee/members.htm.

297) HRC Resolution 5/1, Annex: "United Nations Human Rights Council : Institution-Building", paras. 85~109.

298) *Ibid.*, paras. 39~64.

299) A/Res/60/251, 1항.

300) 본서, 제1장, Ⅳ. 국제공동체의 역사적 전개과정, "5. 제5단계" ; Adam Shaw | Fox News, October 14,

서고 나서 2월 8일 블링컨(Antony Blinken) 국무장관은 인권이사회에 일단 옵서버(observer) 자격으로 복귀하겠다고 선언하였고,[301] 결국 10월 14일 UN총회에서 선출된 18개 인권이사국에 미국도 포함되었다.[302]

인권이사회는 인권위원회의 뒤를 이어 기업과 인권의 상관관계에 대해서도 관심을 갖기 시작했다. 2005년 UN인권위원회는 UN사무총장에게 "인권과 초국가(다국적)기업, 기타 기업들의 쟁점에 관해 특별대표를 임명할 것을"(to appoint a special representative on the issue of human rights and transnational corporations and other business enterprises) 요청하는 결의[303]를 채택하였다. 이 결의에 의거하여 임명된 특별대표는 2011년 3월 인권이사회에 자신의 최종보고서[304]를 제출하였는데, 여기에는 "기업과 인권에 관한 지도원칙 : UN의 '보호, 존중, 구제'의 틀 이행"(Guiding Principles on Business and Human Rights: Implementing the United Nations "Protect, Respect and Remedy" Framework)이란 제목의 문서가 첨부되었다. 그리고 2011년 6월 인권이사회는 이 지도원칙을 만장일치로 인준하였다.[305] UN사무총장 특별대표가 확인한 세 개의 핵심원칙은 (i) 인권을 존중할 국가의 의무(State duty to protect human rights), (ii) 인권을 존중할 회사의 책임(corporate responsibility to respect human rights), 및 (iii) 구제수단에의 접근(access to remedy)이다.[306] 이어서 2014년 6월 26일 인권이사회는 "인권과 관련하여 다국적 기업과 기타 기업들에게 법적 구속력있는 국제적 문서의 작성"(Elaboration of an international legally binding instrument on transnational corporations and other business enterprises

---

2020, "Cuba, China, Russia elected to UN Human Rights Council; US brands it a 'mockery' : Secretary of State Pompeo said the move validates the decision by the U.S. to leave the body.", <https://www.foxnews.com/politics/cuba-china-russia-un-human-rights-council>.

301) VOA News, Feb. 8, 2021, "US to Rejoin UN Human Rights Council", <https://www.voanews.com/usa/us-rejoin-un-human-rights-council> ; The Guardian, 8 Feb 2021, "US moves to re-engage with UN human rights council in reversal of Trump", <https://www.theguardian.com/us-news/2021/feb/08/us-un-human-rights-council-biden-administration-trump>.

302) 미국을 포함한 이들 18개 이사국의 임기 3년은 2022년 1월 1일부터 시작한다. UN, Meetings Coverage and Press Releases, 14 October 2021, "General Assembly Elects 18 Member States to Human Rights Council, Authorizes Dates of Conference for Establishing Nuclear-Weapon-Free Zone in Middle East", <https://www.un.org/press/en/2021/ga12373.doc.htm> ; Margaret Besheer, "US to Return to Controversial UN Human Rights Council", VOA, October 14, 2021, <https://www.voanews.com/a/us-to-return-to-controversial-un-human-rights-council-/6270926.html> ; Michelle Nichols, "U.S. elected back to U.N. Human Rights Council that Trump quit", Reuters, October 15, 2021, <https://www.reuters.com/world/us/us-elected-back-un-human-rights-council-after-trump-era-2021-10-14/>.

303) E/CN.4/RES/2005/69 ; UN Human Rights Office of the High Commissioner, "Special Representative of the Secretary-General on human rights and transnational corporations and other business enterprises, Overview, 2005-2008", <https://www.ohchr.org/en/issues/business/pages/srsgtranscorpindex.aspx>.

304) UN Doc A/HRC/17/31 (21 March 2011), "Report of the Special Representative of the Secretary General on the issue of human rights and transnational corporations and other business enterprises, John Ruggie".

305) UN Doc A/HRC/17/4 (16 June 2011), "Human rights and transnational corporations and other business enterprises", para. 1.

306) https://www.ohchr.org/Documents/Publications/GuidingPrinciplesBusinessHR_EN.pdf ; Subedi in Evans (ed.), *International Law*, pp. 729~730.

with respect to human rights)이란 제목의 결의[307]를 채택하였으며, 이에 의거하여 결의 제목에 명기된 취지의 문서를 기초하기 위한 개방된 정부간 작업반이 설치되어 가동 중이다.[308]

3. UN인권고등판무관

UN총회는 인권고등판무관(High Commissioner for Human Rights) 직제의 도입문제를 우선적으로 검토해 달라는 "비엔나선언과 행동계획"의 권고[309]에 따라 1993년 12월 컨센서스로 이 직제를 창설하였다.[310] 인권고등판무관은 UN사무총장이 총회의 승인을 받아 임명한다.[311]

XI. 인권 보호를 위한 지역적 차원의 노력 : 유럽인권협약

위에서는 UN에 의하여 지구적 차원에서 성립한 인권 관련 일부 중요 국제문서와 사건에 관하여 살펴보았다. 지역적 차원에서는 이같이 느슨한 체제를 훌쩍 뛰어 넘는 발전된 인권보장체제가 구축되고 있다. 그 중에서도 유럽심(평)의회(Council of Europe) 국가들 간에 1950년 11월 4일 로마에서 서명을 위해 개방되고 1953년 9월 3일 발효한 "인권과 기본적 자유의 보호를 위한 협약"(Convention for the Protection of Human Rights and Fundamental Freedoms)(약칭 : European Convention on Human Rights, 유럽인권협약)의 인권보호 체제는 인권의 국제적 보호를 위한 현대의 모든 국제장치들 중에서 가장 정교한 것으로 꼽힌다.[312] 이 협약은 '시민적 · 정치적' 권리를 다루고

---

307) A/HRC/RES/26/9 (26 June 2014), 〈https://www.ohchr.org/EN/HRBodies/HRC/RegularSessions/Session26/Pages/ResDecStat.aspx〉.

308) United Nations Human Rights Council, "Open-ended intergovernmental working group on transnational corporations and other business enterprises with respect to human rights", 〈https://www.ohchr.org/en/hr-bodies/hrc/wg-trans-corp/igwg-on-tnc〉 ; Kaczorowska-Ireland, p. 519.

309) "비엔나선언과 행동계획"(1993), Ⅱ, A, 제18항.

310) 총회결의 48/141(1993년 12월 20일), (1994) 33 ILM 303. 한편, UN사무국이 종래 제네바에 유지하고 있던 인권센터(Centre for Human Rights)는 UN개혁프로그램의 일환으로 1997년 9월 15일부로 UN인권고등판무관사무소(OHCHR)로 통합되었다. A/51/950, para.79 ; https://en.wikipedia.org/wiki/Office_of_the_United_Nations_High_Commissioner_for_Human_Rights.

311) Malanczuk, pp. 214~215 ; Kaczorowska-Ireland, p. 546.

312) Janis, 3rd, pp. 257~260 ; Keitner, p. 168. 유럽인권재판소는 *Loizidou* v. *Turkey* (Preliminary Objections), Judgment of 23 March 1995, Application no. 15318/89, para. 75 (available at https://www.coe.int)에서, 유럽인권협약을 "유럽의 공공질서를 위한 한 개의 헌법적 문서"[a constitutional instrument of European public order (ordre public)]로 지칭한 바 있다. 적용분야를 불문하고 유럽심의회 차원에서 체결된 모든 조약의 목록과 발효현황에 대해서는 https://conventions.coe.int/ 참조. EU의 기본권 보호와 EU 자신의 유럽인권협약 가입 문제에 대해서는 본서, 제30장 (EU법), "Ⅶ. EU의 기본권과 유럽인권협약 가입" 참조.
　유럽 밖에서 운영되고 있는 지역적 차원의 인권보장 조약에는 다음의 것들이 있다 : (i) 1969년 "미주인권협약" (American Convention on Human Rights)(1978년 7월 18일 발효)과 두 개의 추가의정서, -즉, 1988년 San Salvador 의정서("Additional Protocol to the American Convention on Human Rights in the area of Economic, Social, and Cultural Rights")(1999년 11월 16일 발효) 및 1990년 사형폐지 의정서("Protocol to

있으며, 그런 의미에서 이것은 1966년 시민적·정치적 권리규약의 지역적 대응물에 해당한다.[313)]

협약은 전문에서 "생각이 같고 정치전통·이상·자유·법의 지배에 있어 공동의 유산을 가진 유럽국가들의 정부로서, 세계인권선언에 천명된 권리의 일부를 집단적으로 강제하기 위한 최초의 조치를 취하기로 결의하였음"을 천명하고 있다. 유럽인권협약은 제2차 세계대전 후 유럽에서 나치 독

---

the American Convention on Human Rights to Abolish the Death Penalty"); (ii) 1981년 "사람과 민족들의 권리에 관한 아프리카헌장" (African Charter on Human and Peoples' Rights)(일명 Banjul Charter)(1986년 10월 21일 발효)과 1998년 (약칭) 아프리카 인권재판소 설립 의정서("Protocol to the African Charter on Human and Peoples' Rights on the Establishment of an African Court on Human and Peoples' Rights") (2004년 1월 25일 발효). [아프리카 인권재판소(African Court on Human and People's Rights)와 아프리카 동맹 사법재판소(Court of Justice of the African Union)는 2008년 채택된 "아프리카 사법 및 인권 재판소 규정에 관한 의정서"(Protocol on the Statute of the African Court of Justice and Human Rights)(미발효)에 의해 한 개의 재판소로 통합되며, 다시 2014년 채택된 동 의정서 개정 의정서("Protocol on Amendments to the Protocol on the Statute of the African Court of Justice and Human Rights")(일명 Malabo Protocol)(미발효)에 의하면 "African Court of Justice and Human Rights"는 "African Court of Justice and Human and People's Rights"로 개명된다: https://www.african-court.org/wpafc/basic-information/; https://au.int/sites/default/files/treaties/36396-treaty-0035_-_protocol_on_the_statute_of_the_african_court_of_justice_and_human_rights_e.pdf; Jessie Chella, "A Review of the Malabo Protocol on the Statute of the African Court of Justice and Human Rights – Part I: Jurisdiction over International Crimes" on ILA Reporter (4 January 2021), 〈https://ilareporter.org.au/2021/01/a-review-of-the-malabo-protocol-on-the-statute-of-the-african-court-of-justice-and-human-rights-part-i-jurisdiction-over-international-crimes-jessie-chella/〉; (iii) 2004년 아랍인권헌장(Arab Charter on Human Rights) (2008년 3월 16일 발효) (1994년판 아랍인권헌장은 발효에 실패함); 그리고 (iv) –"확립된 것이라기 보다는 아직은 초기단계의 것"으로 평가받는– 2009년 "아세안 정부간 인권위원회"(ASEAN Intergovernmental Commission on Human Rights) (Rodley in Evans (ed.), *International Law*, 5th, p. 806; https://asean.org/asean-political-security-community/asean-intergovernmental-commission-on-human-rights-aichr/). 이들 지역적 차원의 인권 증진/보호 체제에 대한 자세한 설명은 Kaczorowska-Ireland, pp. 547~573 참조.

313) 유럽심의회는 또한 '경제적·사회적' 권리를 보호하기 위해 1961년에 유럽사회헌장(European Social Charter)을 채택하였는데, 이것은 1965년에 발효하였다. 유럽사회헌장은 경제적·사회적·문화적 권리규약(1966)의 지역적 대응물이다. 유럽사회헌장도 유럽인권협약의 발전에 상응하여 계속 발전해 오고 있다. 즉, 동 헌장에 실체적 권리들이 추가되고(First Protocol-Additional Protocol to the European Social Charter, 1988), 그 감독체제도 개정되고(Second Protocol-Protocol Amending the European Social Charter, 1991), 집단제소절차(collective complaints procedure)가 추가되고(Third Protocol- Additional Protocol to the European Social Charter Providing for a System of Collective Complaints, 1995), 집단제소절차를 합친 유럽사회헌장 수정판이 채택되었다(Revised European Social Charter, 1996): Council of Europe 〉 Treaty Office 〉 Details of Treaty No. 163, "European Social Charter(revised)(ETS No. 163)", 〈https://www.coe.int/en/web/conventions/full-list〉. 이들 중, 주로 노동조합이나 관련 NGO가 이 절차를 수락한 국가의 유럽사회헌장 불이행과 관련하여 유럽사회적권리위원회(European Committee of Social Rights)에 불만을 제기할 수 있도록 하는 집단제소절차는 국가보고서 검토라는 기존의 감독절차와는 물론 별개의 것이다. 그리고 국가보고서 검토절차와는 달리, 집단제소절차는 –제한된 범위 내에서나마– 당사자절차(adversarial procedure), 즉 계쟁절차(contentious procedure)의 일종일 뿐만 아니라, 이 절차의 운영과정에서 유럽사회적권리위원회는 특히 청구의 허용성(admissibility) 결정에 대해서는 준사법적인 방식으로 행동한다. 그러나 집단제소절차는 국가보고(state reporting)를 통한 기존감독장치의 대안이라기보다는 이것을 단지 보충하는 것으로 의도되어 있다. 집단제소(제3)의정서는 구제책(remedies)을 제공하는 것을 지향하고 있지는 않다. 그 결과, 현재의 집단제소절차는 경제적·사회적 권리의 완전한 사법심사 가능성(full justiciability of economic and social rights)을 확보하기 위한 한 개의 미약한 조치에 불과하다는 평가를 받고 있다. 유럽사회헌장의 계속되는 발전에 관해서는, Holly Cullen, "The Collective Complaints Mechanism of the European Social Charter", (2000) 25 E.L.Rev., Human Rights Survey, HR/18~ HR/30; Council of Europe, 27/09/2022, "The Committee of Ministers adopts changes to the European Social Charter system", 〈https://www.coe.int/en/web/european-social-charter〉 참조.

일의 그림자를 지우기 위해서 뿐만 아니라 당시 소비에트진영의 위협으로부터 서유럽의 가치를 지키기 위해서도 필요한 것으로 생각되었던 것이다.

협약에는 생명권(제2조), 고문과 비인도적 대우 및 처벌의 금지(제3조), 노예제도와 강제노동의 금지(제4조), 자유와 안전을 향유할 권리(제5조), 법률에 의하여 설립된 독립적이고 공평한 재판소에서 공정하고 공개적인 재판을 받을 권리)(제6조),[314] 소급형법의 금지(제7조), 가족과 사생활의 존중을 받을 권리(제8조), 사상·양심·종교의 자유(제9조), 표현의 자유(제10조), 집회·결사의 자유(제11조), 혼인의 권리(제12조), 실효성있는 구제를 받을 권리(제13조), 차별대우의 금지(제14조) 등이 열거되고 있다. 그러나 협약 제15조에 의하면 "전쟁 또는 국가의 존립을 위협하는 기타 공적 긴급사태 시에"(in times of war or other public emergency threatening the life of the nation) 체약국은 협약 하의 의무를 '이탈(훼손)하는' (derogating from) 조치를 취할 수 있다. 다만, 이 경우에도 (적법한 전쟁행위로부터 초래되는 사망의 경우를 제외한) 제2조, 제3조, 제4조 1항 그리고 제7조의 의무는 이탈할 수 없다. 이같은 예외적 조치를 취하는 체약국은 유럽심의회 사무총장에게 자신이 채택한 조치와 그 이유를 충분히 통지하여야 하며, 문제의 예외적 조치를 중단한 경우에는 그 사실 또한 사무총장에게 통지하여야 한다. 협약 제16조에 의하면 제10조, 제11조, 제14조 등의 규정에 관계없이 체약국들은 "외국인의 정치적 활동"(political activity of aliens)에 제한을 부과할 수 있다. 정치적 활동은 국가주권의 본질적 부분으로서, 그것은 당해 국가의 국민이나 시민에게 유보되어야 할 영역으로 남아 있기 때문이다. 협약 제53조에 의하면, "협약의 그 어떤 규정도 체약당사자의 국내법 하에서, 혹은 체약당사자가 당사자인 기타 다른 협정 하에서, 보장될 수 있는 권리와 기본적 자유를 제한하거나 훼손하는 것으로 해석되지 아니한다."[315]

유럽인권협약 체제 하에서의 "판단의 여유" 독트린은 이탈(derogation)이 허용되는 조항인지에 관계없이 적용된다. 무엇보다 "판단의 여유" 독트린은 일정 상황 하에서 유럽인권협약 하의 의무 자

314) 특별히, "In the determination of his *civil* rights and obligations or of any criminal charge against him"으로 시작하는 유럽인권협약 제6조 1항에서 "civil"(민사) 개념의 의미 및 이와 관련한 사법과 공법의 구분에 대해서는 European Court of Human Rights, *Ferrazzini* v. *Italy*, Application no. 44759/98, Judgment of 12 July 2001, paras. 20~31 (available at https://echr.coe.int/echr/Homepage_En ; noted by Nollkaemper, p. 61, fn. 88) 참조. 유럽인권재판소는 이 사건에서 진화적 해석을 채택하여, "유럽인권협약이 채택되고 나서 50년이 지나는 기간 동안 사법관계(private-law relations)에 대한 국가규제가 증가하였으며", 그 결과 "국내법에서 공법의 일부인 것으로 분류된 절차라 하더라도 그 결과가 개인의 권리와 의무에 결정적인 경우에는 제6조 1항의 '민사' 개념의 범주에 들 수 있으며"(para. 27), "반대로 한 개인을 위하여 존재하는 권리와 의무라도 그 성격상 반드시 '민사'적인 것은 아니며, 이를테면 '정치적' 권리와 의무는 그 성격상 '민사'적인 것이 아니기 때문에 제6조 1항이 적용되지 아니한다"(para. 28)고 판시하였다.

제6조에서 공정한 재판을 받을 권리는 독립적이고 공평한 재판소의 설립을 전제로 한다. 특별히, 독립적이고 공평한 재판소의 구성을 돕기 위해 "재판관들을 위한 규정에 관한 유럽헌장"(European Charter on the Statute for Judges)이 1998년 7월 8~10일 유럽심의회에서 채택된 바 있는데, 이는 구속력있는 문서는 아니다 : "European Charter on the Statute for Judges and Explanatory Memorandum", 〈https://independence-judges-lawyers.org/international-standards/〉 (noted by Nollkaemper, p. 62, fn. 94). 이 지역적 차원의 문서가 나오기 이전, UN총회에서는 이미 (1985년 11월 29일) 결의 40/32와 (12월 13일) 결의 40/146을 통해 "사법부의 독립에 관한 UN기본원칙"(United Nations Basic Principles on the Independence of the Judiciary)을 인준한 바 있었다 : https://www.ohchr.org/en/instruments-mechanisms/instruments/basic-principles-independence-judiciary.

315) See Nollkaemper, pp. 294~295.

체로부터 이탈하는 것을 인정하는 것이 아님을 명심할 필요가 있다. "판단의 여유" 독트린은 오히려 각 체약국에 유럽인권협약을 이탈함이 없이 일정 조치를 취할 재량이 있음을 인정하는 이론이다.[316] 유럽인권협약 제15의정서[317](제1조)에 의하여 삽입된 협약 전문의 마지막 리사이틀은 '판단의 여유' 및 이와 불가분의 관계에 있는 '보충성의 원칙'을 명시적으로 지지하고 있다.[318]

유럽인권협약은 그 성립 후 현재까지 16개의 의정서(protocols)에 의해 보완되어 오고 있는데, 이들 의정서는 크게 두 부류로 구분된다. 즉, 그 하나는 협약에 의하여 보호되는 권리에 실체적 권리(substantive rights)를 추가하기 위한 것으로서, 이들 의정서는 협약의 본문 자체를 개정하는 방식이 아니며, 또 각 의정서에 명시된 일정 수의 (협약체약국인) 유럽심의회 회원국이 비준하면 발효시키되 이를 비준한 국가에 대해서만 구속력을 갖는 선택의정서(facultative/optional protocols)이다. 제1의정서, 제4의정서, 제6의정서, 제7의정서, 제12의정서, 제13의정서가 바로 이 부류에 속한다. 다른 부류의 의정서는 협약에 부속되어 협약의 본문 자체에 개정을 가져온 경우로서, 이들은 협약의 장치(machinery)를 변경하기 위한 것이기 때문에 기구의 통일성을 유지하기 위해 유럽인권협약의 기존 체약국 모두가 비준해야 발효하는 방식으로 되어 있다. 제3의정서, 제5의정서, 제8의정서, 제9의정서, 제10의정서, 제11의정서, 제14의정서 및 제15의정서가 이 부류에 속한다.[319] 2013년 10월 2일 서명을 위해 개방된 제16의정서[320]는 체약국의 '가장 높은' 재판소들(highest courts and tribunals)이 유럽인권재판소에 권고적 의견을 요청하는 것을 허락하기 위한 것이긴 하지만, 동 의정서는 10개 체약국의 비준 없는 서명 혹은 비준이 있으면 최초 발효하는 선택의정서(facultative/opt-in/ optional protocol)로 만들어졌다.[321]

그럼 먼저, 협약에 의하여 보호되는 권리에 실체적 권리를 추가한, 상기 첫 번째 부류의 의정서들의 주요 내용을 개관하면 다음과 같다. 1952년에 체결된 제1의정서는 개인의 재산권, 자유롭게 교육받을 권리 그리고 비밀투표를 통하여 자유선거에 참여할 권리를 보호하고 있다. 1963년에 체결된 제4의정서는 한 국가 내에서의 이동의 자유와 국가를 떠날 자유를 보장하고 있으며, 또한 국가가 자국민을 추방하거나 자국민의 입국을 거절하는 것을 금지하고 있다. 1983년에 체결된 제6의정서는 사형제도의 원칙적인 철폐를 규정하고 있다. 1984년에 체결된 제7의정서는, 특히 "한 국가에 합법적으로 거주하는 외국인은 법률에 따른 결정에 의한 경우를 제외하고는 거주국으로부터 추방당하지 아니하며, 유죄선고를 받은 자는 상급재판소에서 재심사받을 권리를 가지며, 이미 최종적으로 유

316) 拙稿, "유럽인권재판소의 "판단의 재량" 독트린 : 법의 지배에 대한 위협인가?", 《國際法學會論叢》, 제58권 제2호 (2013년 6월), pp. 11, 21~22 참조.

317) 2013년 6월 24일 서명을 위해 개방, 2021년 8월 1일 발효. 뒤에서 자세히 설명함.

318) 유럽인권협약 전문의 해당 부분은 본장, "IX. 인권의 보편성과 문화상대주의" 부분을 볼 것.

319) 단, (1963년 5월 6일 채택된) 제2의정서는 협약의 본문 자체를 개정하는 것은 아니지만, 협약의 불가결한 부분(an integral part of the Convention)으로서 대우되어야 한다고 규정하고 있으며, 이제는 제11의정서 내로 편입되었다. https://en.wikipedia.org/wiki/European_Convention_on_Human_Rights.

320) "Protocol No. 16 to the Convention on the Protection of Human Rights and Fundamental Freedoms", 〈https://www.echr.coe.int/documents/protocol_16_eng.pdf〉. 2018년 8월 1일 발효. 뒤에서 자세히 설명함.

321) 제16의정서 제6조, 제8조 ; 제16의정서 해설보고서(Explanatory Report), para. 28, 〈https://www.echr.coe.int/Documents/Protocol_16_explanatory_report_ENG.pdf〉.

죄선고를 받았거나 무죄석방된 범죄에 대해서는 같은 국가 내에서 다시 형사소추되거나 처벌받지 아니한다"[322]고 규정하고 있다. 2000년에는 제12의정서(Protocol No. 12)[323]가 채택되었는데, 이것은 협약 제14조(차별금지)가 더 이상 "협약에 명시된 권리와 자유"(the rights and freedoms set forth in *this Convention*)에 국한되지 아니하고 "법에 명시된 일체의 권리"(any right set forth by *law*)에까지 연장적용됨을 보장하기 위한 것이다. 그리고 종래 제6의정서는 사형을 폐지하면서도 "전시에 혹은 전쟁의 절박한 위협이 있는 경우에 행해진 행위"(acts committed in time of war or of imminent threat of war)에 대해서는 사형을 규정할 수 있도록 예외를 허용하고 있었는데, 2002년 5월 3일 리투아니아의 수도 빌뉴스(Vilnius)에서 서명을 위하여 개방된 제13의정서[324]는 이들 예외를 포함하여 "모든 경우에"(in all circumstances) 사형의 선고 또는 집행이 폐지됨을 규정하고 있다. 제13의정서는 2003년 7월 1일 발효하였다.

한편, 1987년 11월 26일 유럽심의회 회원국들의 서명을 위해 개방되고 1989년 2월 1일 발효한 "고문 및 비인도적이거나 모욕적인 대우 혹은 처벌의 방지를 위한 유럽협약"(European Convention for the Prevention of Torture and Inhuman or Degrading Treatment or Punishment)[325]도 주목을 요한다. 이 협약은 유럽인권협약 제3조의 이행을 위해 비사법적 성격의 국제사찰단인 "고문 및 비인도적이거나 모욕적인 대우 혹은 처벌의 방지를 위한 유럽위원회"(European Committee for the Prevention of Torture and Inhuman or Degrading Treatment or Punishment)를 설치하였는데, 동 유럽위원회는 협약당사국 관할 내의 각종 수형 및 구금시설에서 고문 등이 행해지고 있는지를 확인하기 위해 관련시설을 "방문" (visit)할 수 있고, 필요하면 "개선" (improvement)을 제안할 수 있는 권한을 부여받았다. 이 협약은 어떤 의미에서는 "혁명적인"(revolutionary)[326] 것인데, 왜냐하면 －비록 지역적 차원의 것이긴 하지만－ 국가들이 '인권'분야에서 "예방적 감독"(preventive supervision)을 규정한 국제조약문에 합의를 본 것은 이것이 처음이기 때문이다.[327]

유럽인권협약의 발전 중에서 두드러져 보이는 것은 아마도 집행장치의 개선에 관련한 의정서들인데, 그 중에서도 특히 1994년 5월 11일 스트라스부르그에서 서명을 위하여 개방된 제11의정서(Protocol No. 11)는 종래 유럽인권위원회(European Commission of Human Rights)와 유럽인권재판소(European Court of Human Rights)의 2층 구조(two-tier system)를 대신하여 －이제

322) 제7의정서 제4조 1항. 그러나 제4조는 2항에서 "전기 1항의 규정은 새로운 혹은 새로이 발견된 사실의 증거가 존재하는 경우, 혹은 이전 절차에서 사건의 결과에 영향을 미칠 수 있었던 근본적 결함이 있었던 경우, 관련 국가의 법과 형사절차에 따라 사건을 다시 조사하는 것을 막지 아니한다."(The provisions of the preceding paragraph shall not prevent the reopening of the case in accordance with the law and penal procedure of the State concerned, if there is evidence of new or newly discovered facts, or if there has been a fundamental defect in the previous proceedings, which could affect the outcome of the case.)라고 규정하고 있다.

323) https://conventions.coe.int/Treaty/en/Treaties/Html/177.htm ; Evans (ed.), 5th, pp. 59~60.

324) https://conventions.coe.int/Treaty/en/Treaties/Html/187.htm.

325) (1988) 27 ILM 1152.

326) Cassese, *Human Rights in a Changing World*, p. 101.

327) *Ibid.* UN총회도 2002년 "(1984년)고문반대협약 선택의정서"를 채택하였는데, 동 선택의정서의 목적 역시 현장을 방문할 수 있는 국제사찰단, 즉 "고문방지소위원회"(Sub-Committee on Prevention)를 설치하기 위한 것이다.

는 협약당사국들의 재판관할권 수락 선언을 더 이상 필요로 하지 않는, 다시 말하면 강제관할권을 행사하는[328] – 하나의 단일 상설재판소(a single permanent Court)를 수립하기 위한 것이다. 원래의 체제에 의하면 협약당사국과 유럽인권위원회만이 –비상근 재판관(part-time judges)으로 구성되는[329] – 유럽인권재판소에 소를 제기할 수 있었고, "사람, 비정부기구 혹은 개인의 집단"(any person, non-governmental organization or group of individuals)은 단지 유럽인권위원회에 청원(petition)을 제기할 수 있는데 지나지 않았다. 이것을 개선하기 위해 1990년 11월 6일 로마에서 제9의정서(Protocol No. 9)가 채택되어 1994년 10월 1일 발효하였는데, 이 제9의정서에 의하여 위 사적 주체들도 유럽인권위원회에 청원을 제기한 뒤 유럽인권재판소에 제소할 수 있게 되었다. 제11의정서는 이 제9의정서마저도 폐지하고[330] 제소절차를 더욱 간소화하였다. 즉, 제11의정서에 의하면 이제 "사람, 비정부기구 혹은 개인의 집단"도 –물론 계속해서, "일반적으로 승인된 국제법규에 따라" 모든 국내구제수단을 완료한 뒤, 그리고 최종결정이 내려진 날로부터 6개월 내에[331]– 이제는 곧장 상근 재판관(full-time judges)으로 구성되는[332] 이 새로운 유럽인권재판소에 제소할 수 있다.[333] 원고(신청자)

---

328) '개정 전의 유럽인권협약 제46조, 제48조'와 '제11의정서에 의하여 개정된 동 협약 제19조' 비교. White, *The Law of International Organisations*, p. 240.

329) Hartley, *European Union Law in a Global Context*, p. 276.

330) 유럽인권협약 제11의정서 제2조 8항.

331) 제11의정서에 의하여 개정된 유럽인권협약 제35조 1항 참조. 한편, "관련 새로운 정보가 없는 한, 유럽재판소는 '이미 다른 국제(조사/해결)절차에 회부된' '동일문제'에 대한 개인의 청구를 다룰 수 없다"고 규정하고 있는 유럽인권협약 제35조 2항(b)는 유럽인권재판소와 타국제절차간에 *res judicata* 원칙을 도입한 규정으로 해석되고 있는데, 그 결과 외부 국제절차에서 이미 다루어진 동일문제는 유럽재판소가 다시 검토하지 못한다. *res judicata* 원칙에 관해서는, Specker, *op. cit.*, pp. 12, 16 ff ; https://www.answers.com ; https://www.lectlaw.com ; https://en.wikipedia.org ; https://dictionary.law.com ; https://www.law.cornell.edu/wex/index.php/Res_judicata 참조.

332) Hartley, *European Union Law in a Global Context*, p. 276.

333) 제11의정서에 의하여 개정된 유럽인권협약 제34조 첫 번째 문장에 의하면, "어느 당사국에 의한 협약 또는 그 의정서 상의 권리 침해로 인한 피해자(victim)임을 주장하는 사람, 비정부기구 혹은 개인의 집단은 스트라스부르그에 제소할 수 있다." 또한 사람은 권리를 침해당한 사람으로부터 제소권한을 부여받을 수 있다. 유럽인권협약은 '사람'이 제소를 함에 있어 행위능력을 가질 것을 요구하고 있지 않다. 따라서 예컨대, 어린이와 정신병자도 제소할 수 있다. 부모는 '이익의 충돌이 있거나, 아이를 대리하는데 필요한 법적 지위를 결여하고 있지 않는 한' 자기 아이를 대리하여 제소할 수 있다 : *Hokkanen* v. *Finland*, (1995) 19 EHRR 139 ; Starmer, p. 699. 유럽인권협약은 회사같은 '법인'(legal *persons*)의 제소도 막고 있지 않다. 같은 사실로 인권을 침해당한 개인의 집단도 '그들이 독립하여 피해자의 자격이 있는 한' 제소할 수 있다. 그러나 '비정부'기구는 그 성격상 사적 기구여야 하며 공적 기구는 여기에 해당되지 아니한다.

미주인권협약(American Convention on Human Rights)은 제44조에서 "*Any* person or group of persons, or *any* nongovernmental entity legally recognized in one or more member states of the Organization, may lodge petitions with the Commission containing denunciations or complaints of violation of this Convention by a State Party."라고 규정함으로써 제3자, 즉 협약위반의 영향을 직접 받지 않은 개인, 개인의 집단 혹은 (OAS 회원국 1개국 이상에서 승인된) NGO도 피해자를 대신하여 "미대륙간 인권위원회"(Inter-American Commission on Human Rights)에 청원서를 제출하는 것을 허용하고 있다 ; 다만, 국내구제완료의 원칙은 여기서도 적용된다 (협약 제46조 1항(a)). Shaw, 4th, p. 288 ; Richard Pierre Claude and Burns H. Weston (eds.), *Human Rights in the World Community : Issues and Action*, 2nd ed. (Philadelphia : University of Pennsylvania Press, 1992), p. 195, fn. 22 ; Francisco Forrest Martin, Stephen J. Schnably, Richard J. Wilson, Jonathan S. Simon, and Mark V. Tushnet, *International Human Rights & Humanitarian Law : Treaties, Cases, & Analysis* (Cambridge : Cambridge University, 2006), pp. 286~287 ; https://en.wikipedia.org/wiki/American_convention_on_human_rights 참조.

의 국적은 문제되지 아니하여 실제로 상당수의 소송은 유럽인권협약 비당사국의 국민이나 무국적자에 의하여 제기되고 있다.[334] 그러나 이들에 의한 제소는 -장래에 EU가 유럽인권협약에 가입하는 경우 EU를 포함하여- 단지 국가(체약국정부)를 상대로 해서만 할 수 있다는 점도 언급해 두는 것이 좋겠다.[335] 유럽인권재판소는 또한 국가 간 사건(inter-State cases)을 -그리고 EU가 유럽인권협약의 정식 회원이 될 경우 국가(EU비회원국)-EU 간 사건을-[336] 심리한다.[337] 그리고 제11의정서에 의하면 종래 사법적 기능을 담당하던 유럽심의회 장관위원회(Committee of Ministers of the Council of Europe)[338]는 이제 더 이상 사건을 심리하지 못한다. 그러나 협약당사국 정부들의 판결이행을 감독하기 위한 종래의 역할은 유지한다.[339] 제11의정서는 유럽인권협약의 모든 체약국의 비준을 거쳐 1998년 11월 1일 발효하였다.[340] 이로써 새로운 유럽인권재판소가 가동을 시작하였으며, 옛 재판소는 1998년 10월 31일부로 기능을 정지하였다. 다만, 제11의정서 발효 전에 소의 허용성이 있는 것으로 선언된 사건들은 유럽인권위원회가 그로부터 1년 동안(즉, 1999년 10월 31일까지) 계속해서 처리하여야 하며, 이 기간 동안 심리가 완료되지 않은 것은 이제 이 새로운 재판소로 이관되어 심리된다.[341]

제11의정서 체제 하에서 유럽인권재판소는 체약국 당 (그리고 통상적으로 당해 체약국 출신의) 1인의 재판관으로 구성되는데,[342] 재판관은 유럽심의회 의원총회(Parliamentary Assembly)에서 임기 6년으로 선출되고 재선출될 수 있었으나, 이 부분은 아래에서 언급하는 바와 같이 제14의정서에 의해 임기 9년의 단임으로 변경되었다.[343] '사건을 심리하기 위한' 목적의 재판소는 3인의 재판관으로

---

334) Hartley, *European Union Law in a Global Context*, p. 281.

335) 따라서 설사 위반이 유럽인권협약 당사국의 영토 내에서 발생하였다 해도 협약 비당사국이나 (현재로서는 EU를 포함한) 국제기구, 개인 혹은 사적 단체 등을 상대로 해서는 제소가 허용되지 아니한다. *Ibid.*, pp. 281, 293.

336) 2013년 "EU의 유럽인권협약 가입협정 초안" 제4조. 이렇게 되면 종래 '국가 간' 사건(inter-State cases)은 '당사자간' 소송(inter-party cases)으로 불리게 될 것이다.

337) 제11의정서에 의하여 개정된 유럽인권협약 제33조 참조. 협약 제33조는 "어떤 체약당사자든지(*any* High Contracting Party) 타 체약당사자의 협약 및 부속의정서 규정의 위반 혐의를 (유럽인권)재판소에 회부할 수 있다."고 규정함으로써 국가는 자국민만을 보호할 수 있다는 (거꾸로 말하면, 개인은 그 개인의 국적국가에 의해서만 보호받을 수 있다는) 전통국제법상의 외교보호권의 논리를 배제하고, 이른바 "모든 당사자에 대한 의무", 곧 "당사자간 대세적 의무"(obligations *erga omnes partes*)의 논리와 민중의 소(*actio popularis*) 관념을 도입하고 있다. *Barcelona Traction Co.*, ICJ Reports (1970), p. 3 at 47 (para. 91) ; ILC 국가책임초안 제48조 1항(a) ; Janis, 3rd, p. 262 ; Pauwelyn, pp. 62~63 ; Ragazzi, pp. 211~212 ; Tams, p. 120 참조. 국내구제완료의 원칙은 국가 간 사건에서도 물론 적용된다 : 유럽인권협약 제35조 1항.

338) 장관위원회는 유럽인권협약에 의하여 수립된 기관이 아니라, 1949년에 설립된 유럽심의회 자체의 집행기구이다. 따라서 이것은 유럽인권협약 이전부터 이미 존재하고 있었으며, 그 활동의 대부분은 유럽인권협약 또는 인권과 관련한 것이 아니다. 그럼에도 불구하고 장관위원회는 그간 유럽인권협약의 체제 내에서 감독적 기능과 더불어 일종의 사법적 역할도 수행하였었다. 즉, 우호적인 해결에 도달하지 못했음을 인정하는 유럽인권위원회의 보고서가 장관위원회로 송부된 날로부터 3개월 내에 '협약당사국 혹은 유럽인권위원회'에 의하여 유럽인권재판소에 소가 제기되지 않으면 장관위원회는 협약위반이 있었는가에 관하여 재적 2/3에 의하여 최종결정을 내리는데, 장관위원회의 이같은 결정은 체약국들에게 구속력이 있었다.

339) 제11의정서에 의하여 개정된 유럽인권협약 제46조 2항 참조.

340) 유럽인권협약 제11의정서 제3조~제4조.

341) 유럽인권협약 제11의정서 제5조 3항.

342) 제11의정서에 의하여 개정된 유럽인권협약 제20조, 제22조 ; Janis, 3rd, p. 263.

343) 동 협약 제22조, 제14의정서 제2조에 의해 개정된 유럽인권협약 제23조 1항.

구성되는 위원회들(Committees), 7인의 재판관으로 구성되는 소재판부들(Chambers), 그리고 17인의 재판관으로 구성되는 한 개의 대재판부(a Grand Chamber)의 형태로 개정되는데,[344] 대체로 위원회는 청구의 허용성(admissibility) 문제를 다루고,[345] 소재판부는 보통재판소가 되고,[346] 대재판부는 일종의 상급재판소로 기능한다.[347] 단, 국가 간 사건(inter-State cases)은 청구의 허용성 단계에서부터 소재판부가 다룬다.[348] 그리고 소재판부와 대재판부에는 해당 국가당사자 몫으로 선출된 재판관이 당연직 구성원(*ex officio* member)으로 참여하며, 만약 그같은 재판관이 없거나 참여가 불가능하면 그 국가가 선택하는 자가 재판관의 자격으로 참여한다.[349] 한편, 전원재판소(plenary Court)는 임기 3년의 재판소장과 (1인 또는 2인의) 부소장을 선출하고, 소재판부들을 설치하고, 재판소의 절차규칙을 채택하는 일 등을 담당한다.[350] 재판소는 그 판결에서 협약위반이 있었는지의 여부를 결정할 수 있을 뿐만 아니라, 피해당사자에게 (협약에서 *just satisfaction*으로 칭하고 있는) 손해배상금(damages)도 판정할 수 있다.[351]

한편, 제11의정서 체제 하에서 유럽인권재판소는 곧 과다한 소송업무로 지치게 되었는데, 소의 허용성이 없는 것으로 선언되는 사건이 차지하는 비율이 너무 높고,[352] 또 이미 시험적 사건을 통해 판례가 수립된 분야에서 동일한 위반이 반복되는 비율도 상당히 높게 나타났기 때문이다.[353] 유럽심의회 회원국들은 2004년 5월 13일 제14의정서(Protocol No. 14 to the Convention for the Protection of Human Rights and Fundamental Freedoms)[354]를 채택하였는데, 이것은 이처럼 명백히 소의 허용성이 없거나 반복적인 신청에 소비되는 유럽인권재판소의 시간을 줄이는 것을 주요

---

344) 동 협약 제27조.

345) 동 협약 제28조.

346) 동 협약 제29조 1항.

347) 동 협약 제30조, 제31조, 제43조, 제44조.

348) 동 협약 제29조 2항.

349) 동 협약 제27조 2항.

350) 동 협약 제26조.

351) 동 협약 제41조("If the Court finds that there has been a violation of the Convention or the Protocols thereto, and if the internal law of the High Contracting Party concerned allows only partial reparation to be made, the Court shall, if necessary, afford just satisfaction to the injured party."). 제41조는 유럽인권재판소가 단지 "just satisfaction"을 명령할 수 있는 것으로 표현하고 있지만, 재판소 실행상 이것은 "상당한 배상금"(extensive damages) 판정을 포함하는 것으로 넓게 해석되고 있는 것이다. Tams, p. 292 ; Cassese, *International Law*, 2nd, pp. 389~390 ; Janis, 3rd, pp. 265~266.
유럽인권재판소는 2014년에는 최초로 '국가 대 국가' 간 소송에서 "금전적 성격의 just satisfaction"(즉, 손해배상금)을 판정하였는데, 왜냐하면 이 사건은 그 성격이 피해자의 본국 정부에 의한 외교보호권의 행사였기 때문이다. 그러므로 유럽인권재판소는 원고국 정부가 배상금을 받아서 개인 피해자들에게 나누어 주라고("to be distributed by the applicant Government to the individual victims") 판시하였다 : *Cyprus* v. *Turkey* (Just Satisfaction), Application no. 25781/94, 12 May 2014, paras. 39, 44~47, 58~59 ; Keitner, pp. 79~80.

352) 2003년의 경우 신청(제소) 건수의 96%가 소의 허용성이 없는 것으로 선언되었다. UK House of Lords/House of Commons, Joint Committee on Human Rights, "Protocol No. 14 to the European Convention on Human Rights", First Report of Session 2004-05, HL Paper 8/HC 106, Published on 8 December 2004 by authority of the House of Lords and the House of Commons London: The Stationery Office Limited, available at https://www.publications.parliament.uk/pa/jt200405/jtselect/jtrights/8/8.pdf, p. 9.

353) 2003년의 경우 재판소가 내린 703건의 판결 중 약 60%가 그같이 반복적인 사건들이었다. *Ibid.*

354) https://conventions.coe.int/Treaty/en/Treaties/html/194.htm.

목표로 하고 있다.[355] 제14의정서는 유럽인권협약의 모든 당사국이 동 의정서의 구속을 받겠다는 의사(서명 혹은 비준/수락/승인)를 표시한 날로부터 3개월 경과한 날의 다음 달 첫째 날 발효하는데, 러시아가 2010년 2월 마지막으로 비준하여 6월 1일 발효하였다.[356]

제14의정서의 내용은 크게 다섯 분야로 나눌 수 있다. 첫째는 심리가 불필요한 사건들을 걸러내는 능력을 높이기 위한 조치로서, 유럽인권재판소는 "단독재판관"으로도 개정(single-judge formation)할 수 있다.[357] 단독재판관은 "더 이상의 검토 없이도 그러한 결정을 할 수 있는 경우"(where such a decision can be taken without further examination) 신청이 허용성이 없다고 선언하거나 이를 재판소의 사건목록에서 삭제할 수 있다.[358] "더 이상의 검토 없이도 그러한 결정을 할 수 있는 경우"라 함은 단독재판관은 소의 허용성이 없음이 처음부터 명백한 사건에서만 그같은 결정을 취할 것임을 뜻한다. 단독재판관의 결정은 최종적(final)이다.[359] 단독재판관이 신청이 허용성이 없음을 선언하지 않거나 그것을 삭제하지 않는 경우, 그 재판관은 사건을 계속적인 검토를 위해 위원회(Committee)나 소재판부(Chamber)로 보내야 한다.[360] 재판소가 단독재판관으로 구성되는 경우 그 재판관은 자신의 출신국에 대한 신청은 검토할 수 없다.[361] 단독재판관들은 재판소 소장의 권능 하에서 기능할 보고자들(rapporteurs)의 조력을 받는데, 이들 보고자는 재판소 행정처(Court's registry)의 일부를 구성한다.[362] 즉, 그들은 사법적 직원은 아니다.

둘째는 소의 허용성에 관한 조치로서, 제14의정서 제12조는 유럽인권협약 제35조 3항을 다음과 같이 개정하였다 : "The Court shall declare inadmissible any individual application submitted under Article 34 if it considers that : a. the application is incompatible with the provisions of the Convention or the Protocols thereto, manifestly ill-founded, or an

---

355) UK Report (2004), p. 9.

356) 제14의정서 제19조. 한편, 그간 유럽인권협약 당사국들은 제14의정서의 발효가 지체됨에 따라 원하는 국가들에게는 동 의정서 일부 규정(즉, '단독재판관에 의한 개정'과 '(3인재판관) 위원회의 권한확대')의 잠정적용을 허용하는 내용의 "마드리드 합의"(Agreement of Madrid on the provisional application of certain provisions of Protocol No. 14 pending its entry into force)를 2009년 5월 12일 컨센서스로 채택한 바 있었다 : https://conventions.coe.int/Treaty/EN/Treaties/Html/194-1.htm. 또한 곧 이어 5월 27일에는 제14의 2의정서(Protocol No. 14 *bis* to the Convention for the Protection of Human Rights and Fundamental Freedoms)가 스트라스부르그에서 서명을 위해 개방되고, 3개국 비준과 함께 10월 1일 발효하였었는데, 동 의정서 역시 제14의정서에 의하여 개정된 유럽인권협약 체제 하에서 새로이 도입되는 유럽인권재판소의 상기 두 개의 주요 절차적 권한, 즉, 단독재판관에 의한 개정과 (3인재판관)위원회의 권한 확대를 -단지 이를 수락하는 국가에 대해- 미리 허용하기 위해 고안된 것이었다 (제14의 2의정서 제3조 및 제4조) ; 제14의 2의정서의 '발효전 잠정적용'도 허용되고 있었다 (제14의 2의정서 제7조) ; 그러나 제14의정서가 발효하는 날로부터 제14의 2의정서는 그 '발효'나 '발효전 잠정적용'이 중지되었는데(제 14의 2의정서 제9조), 제14의 2의정서는 단지 잠정적인 조치로만 의도된 것이었기 때문이다 : https://en.wikipedia.org/wiki/European_convention_on_human_rights.

357) 제14의정서 제6조에 의해 개정된 유럽인권협약 제26조 1항

358) 제14의정서 제7조에 의해 개정된 유럽인권협약 제27조 1항

359) 제14의정서 제7조에 의해 개정된 유럽인권협약 제27조 2항

360) 제14의정서 제7조에 의해 개정된 유럽인권협약 제27조 3항

361) 제14의정서 제6조에 의해 개정된 유럽인권협약 제26조 3항

362) 제14의정서 제4조에 의해 개정된 유럽인권협약 제24조 2항

abuse of the right of individual application ; or b. *the applicant has not suffered a significant disadvantage, unless respect for human rights as defined in the Convention and the Protocols thereto requires an examination of the application on the merits and provided that no case may be rejected on this ground which has not been duly considered by a domestic tribunal.*" 그 내용에 있어 개정 전 협약 제35조 3항에 b호(이탤릭체 부분)가 추가된 것인데, 이로써 사람/개인의 신청(제소)이 허용성이 없는 것으로 선언될 수 있는 사유가 하나 더 늘어나게 되었다. 즉, 신청자가 "중대한 손해/불이익(significant disadvantage)을 입지 않은 경우"에도 유럽인권재판소는 소의 허용성이 없음을 선언하여야 한다. 무엇이 "중대한 손해"인지는 정의되어 있지 않으므로 재판소가 사건별로 관련기준을 수립하여야 한다. 그리고 위 b호의 규정에서 보는 바와 같이 여기에는 두 가지 안전장치가 첨부되어 있다 : 즉, 신청자 개인이 "중대한 손해"를 입지 않았다 하더라도, (i) 협약 또는 부속의정서에 정의된 인권을 존중할 필요성 때문에 본안에 대한 검토가 요구되는 경우, 그리고 (ii) "중대한 손해"가 국내재판소에서 충분히 고려되지 않은 경우에는, 재판소가 소의 허용성이 없다고 선언할 수 없다. 이 밖에도, 본 의정서 발효 후 2년 동안에는 단지 소재판부(Chambers)와 대재판부(Grand Chamber)만이 이 새로운 소의 (불)허용성 기준을 적용할 수 있다.[363] 따라서 이 기간 동안에는 단독재판관과 위원회는 이 새로운 기준을 적용할 수 없다.

제14의정서의 세 번째 개혁은 반복적인 사건(repetitive cases)을 다루기 위한 조치들이다. 개정 전 협약 제28조에 의하면, 위원회(Committee)는 "더 이상의 검토 없이도 그러한 결정을 할 수 있는 경우"(where such a decision can be taken without further examination) −전원일치의 투표에 의해− 사람/개인의 신청을 '허용성이 없는 것으로 선언'하거나 '사건목록에서 삭제'할 권한을 부여받고 있다. 그런데 제14의정서 제8조에 의하여 개정된 협약 제28조의 1항 b호에 의하면, 거꾸로 위원회는 "협약과 부속의정서들의 해석 혹은 적용에 관한, 사건의 기초되는 문제가 이미 재판소의 잘 확립된 판례법의 주제인 경우, 신청이 허용성이 있다고 선언하고 '동시에' 그 본안에 대해 판결을 내릴 수 있는(declare it admissible and render at the same time a judgment on the merits, if the underlying question in the case, concerning the interpretation or the application of the Convention or the Protocols thereto, is already the subject of the well-established case-law of the Court)" 권한도 아울러 부여받고 있다. 관련국가는 이를테면 판례법의 "잘 확립된" 성격을 다투거나 현재의 사건과 과거사건을 식별(distinguish)하려고 시도함으로써 위원회의 이 새로운 권한행사에 이의를 제시할 수 있을 것이다. 그러나 국가가 위원회의 입장에 동의하면 위원회는 사건의 모든 측면(즉, 허용성, 본안 및 정당한 배상)에 대해 매우 신속하게 판결을 내릴 것이다.

제14의정서의 네 번째 개혁은 유럽인권재판소 판결의 집행에 관한 것이다. 의정서는 장관위원회

---

363) 제14의정서 제20조 2항 두 번째 문장

(Committee of Ministers)에 부여된 임무를 강화함으로써 재판소판결의 집행을 위한 과정을 개선하려는 것이다. 첫째, 장관위원회는 최종판결의 집행에 대한 감독이 판결의 해석문제로 방해받는 경우, 유럽재판소에 그 판결해석에 대한 판결을 요청할 수 있다.[364] 둘째, 장관위원회는 일종의 이행강제소송(enforcement action) 내지는 위반소송(infringement proceedings)을 제기할 권한을 부여받고 있다. 즉, 피고국가가 재판소의 최종판결을 준수하기를 거부하고 있다고 생각하는 경우, 협약 제46조 1항(판결준수) 하의 의무위반 여부를 재판소에 부탁할 수 있다. 재판소가 이 의무의 위반을 인정하면 장관위원회는 대응조치를 검토한다.[365]

다섯째, 제14의정서는 이 밖에도 여러 가지 잡다한 개혁을 도입하고 있다. 즉, 재판관의 독립성과 공정성을 강화하기 위해 재판관의 임기를 9년 단임제로 하였다.[366] 소재판부와 대재판부의 임시재판관(*ad hoc* judge) 임명 방식을 변경하였는데, 개정전에는 관련국가가 이를 지명하였지만, 개정된 방식에 의하면 재판소 소장이 체약국이 사전에 제출한 명단에서 이를 지명한다.[367] 그리고 EU의 유럽인권협약 가입을 위해 이를 허락하는 규정을 삽입하였다.[368]

제14의정서 이후에도 유럽인권협약은 진화를 거듭하고 있다. 2012년 4월 19~20일 유럽의 정부지도자들은 영국 브라이턴에서 "유럽인권재판소의 미래에 관한 고위급 회의"(High Level Conference on the Future of the European Court of Human Rights)를 개최하여 유럽인권협약의 미래를 논의하고 한 개의 "고위급 선언"(High Level Declaration)[369]을 채택한 바 있는데, 이 선언에서 그들은 협약과 유럽인권재판소에 대한 지지를 표명하였을 뿐만 아니라 협약체제의 실효성을 높이기 위해 추가적인 조치를 취하기로 결의하였다. 그리고 그 결과로 이듬해 2013년에 들어와 유럽인권협약 체약국들은 제15의정서[370]와 제16의정서[371]를 연이어 채택하고 서명을 위해 개방하였다. 발효에 유럽인권협약 10개 체약국의 비준을 요하는 제16의정서는 2018년 4월 프랑스가 10번째로 비준함에 따라 2018년 8월 1일부로 발효하였다.[372] 발효에 유럽인권협약 체약국 모두의 비준을 요하는 제15의정서는 이탈리아가 2021년 4월 21일 마지막으로 비준하면서 동년 8월 1일 발효하였다.[373]

364) 제14의정서 제16조에 의해 개정된 유럽인권협약 제46조 3항
365) 제14의정서 제16조에 의해 개정된 유럽인권협약 제46조 4항~5항
366) 제14의정서 제2조에 의해 개정된 유럽인권협약 제23조 1항
367) 제14의정서 제6조에 의해 개정된 유럽인권협약 제26조 4항
368) 제14의정서 제17조에 의해 개정된 유럽인권협약 제59조 2항
369) https://www.echr.coe.int/Documents/2012_Brighton_FinalDeclaration_ENG.pdf.
370) "Protocol No. 15 amending the Convention on the Protection of Human Rights and Fundamental Freedoms", 〈https://www.echr.coe.int/Documents/Protocol_15_ENG.pdf〉.
371) "Protocol No. 16 to the Convention on the Protection of Human Rights and Fundamental Freedoms", 〈https://www.echr.coe.int/Documents/Protocol_16_ENG.pdf〉.
372) 제16의정서 제8조 ; ECHR Blog, Thursday, 12 April 2018, "Protocol 16 Enters into Force on 1 August 2018", 〈https://echrblog.blogspot.com/2018/04/protocol-16-enters-into-force-on-1.html〉.
373) 제15의정서 제7조 ; https://www.coe.int/en/web/conventions/search-on-treaties/-/conventions/treaty/results/subject/3 ; Finland, Ministry of Foreign Affairs, Press releases, 21.4.2021., "New Protocol No. 15 to the European Convention on Human Rights changes the criteria for submitting applications to the European Court of Human Rights", 〈https://um.fi/press-releases〉.

제15의정서가 의도하는 협약의 개정사항은 다음의 다섯 가지이다.[374] (i) 그간 유럽인권재판소가 판례를 통해 동 재판소 역할의 한계를 결정지어온 보충성의 원칙(principle of subsidiarity)과 판단의 여유 이론(doctrine of the margin of appreciation)을 협약 전문 말미에 삽입하는 것이다.[375] (ii) 유럽인권재판소 재판관의 나이 제한에 관한 규칙을 완화한 것으로, 협약 제23조 2항에서 70세 정년 규칙을 제거하고 제21조에 새로이 2항을 추가하였다.[376] 이 개혁에 따르면 재판관 후보자는 유럽심의회 의원총회가 체약국의 후보자 지명을 수령한 일자를 기준으로 65세보다 적어야 한다. 유럽인권재판소의 임기는 9년이므로, 이 개혁으로 재판관의 최대 퇴직연령은 사실상 74세로 연장되게 되었다. 그러나 이 개혁은 제15의정서가 발효한 후에 실시되는 선거에서만 적용될 것이다.[377] (iii) 협약 제30조에서 "unless one of the parties to the case objects"란 구절을 삭제함으로써 소재판부(Chamber)가 대재판부로 사건을 넘기는 것(relinquishment of jurisdiction to the Grand Chamber)에 대해 소송당사자 일방이 거부권을 행사할 수 없게 하였다.[378] (iv) 협약 제35조 1항에서 제소시한 6개월을 4개월로 단축하였다.[379] (v) 협약 제35조 3항(b)는 유럽인권재판소가 사소한 문제, 즉 "신청자가 중대한 손해/불이익(significant disadvantage)을 입지 않은 경우"에는 관여하지 말아야 한다는 원칙을 표현한 것인데, 제14의정서 하에서는 그런 문제라 해도 국내재판소에서 충분히 검토되지(duly considered) 않았으면 소의 허용성이 없음을 선언할 수 없다. 그런데 이제 이것을 가능하게 하기 위해 협약 제35조 3항 (b)에서 "and provided that no case may be rejected on this ground which has not been duly considered by a domestic tribunal"이란 구절을 삭제하였다.[380]

-"dialogue protocol"로도 불리는- 제16의정서는 전문과 11개 조항으로 구성되어 있는데, 전문에서는 특히 "유럽인권재판소에 권고적 의견을 부여하게 되면 유럽인권재판소와 국내당국 간의 상호작용을 더욱 고양시키게 될(will further enhance the interaction between the Court and national authorities) 것이고, 이로써 보충성의 원칙에 따라 협약의 이행도 강화될 것으로 생각한다"고 언급하고 있다. 의정서의 핵심내용은, 체약국의 '가장 높은 재판소들'(highest courts and tribunals of a High Contracting Party)은 '자신에게 계류 중인 사건과 관련하여'(in the context of a case pending before it) 유럽인권재판소에 '유럽인권협약 혹은 그 의정서들에 정의된 권리와 자유의 해석 또는 적용에 관련되는 원칙의 문제들' (questions of principle relating to

374) https://www.gov.uk/government/uploads/system/uploads/attachment_data/file/367916/No._17_Cm_8951_-_Protocol_No_15_amending_the_Convention_-_HR_FF.pdf.

375) 제15의정서 제1조.

376) 제15의정서 제2조 1항.

377) Noreen O'Meara, "Reforming the European Court of Human Rights through Dialogue? Progress on Protocols 15 and 16 ECHR", UK Constitutional Law Blog (31st May 2013), available at https://ukconstitutionallaw.org.

378) 제15의정서 제3조.

379) 제15의정서 제4조.

380) 제15의정서 제5조.

the interpretation or application of the rights and freedoms defined in the Convention or the protocols thereto)에 대해 권고적 의견(advisory opinion)을 주도록 요청할 '수' 있다(may request)는 것이다.[381] 이를 분설하면 다음과 같다. 첫째, 국내재판소가 권고적 의견을 구할 수 있는 주제는 "유럽인권협약 혹은 그 의정서들에 정의된 권리와 자유의 해석 또는 적용에 관련되는 원칙의 문제들"이다. 권고적 의견의 주제에 대한 이 정의는 쟁송사건에서 대재판부로의 사건이송을 규정한 유럽인권협약 제43조 제2항의 영감을 받은 것이다.[382] 이 때문에 제16의정서 제1조 제1항과 유럽인권협약 제43조 2항 사이에는 일부 비슷한 표현이 발견되며, 또한 제16의정서 제2조에 의하면 권고적 의견을 발하는 주체도 판결의 경우와 마찬가지로 유럽인권재판소 '대재판부'라는 점에서 비슷하게 느껴지는 것은 사실이다. 다만, 두 절차의 목적이 서로 다르다는 점을 고려하면 권고적 의견 청구의 주제로 정의된 "유럽인권협약 혹은 그 의정서들에 정의된 권리와 자유의 해석 또는 적용에 관련되는 원칙의 문제들"에 대한 해석은 앞으로 유럽인권재판소가 결정할 문제로 남아 있다.[383] 둘째, 유럽인권재판소에 권고적 의견을 요청할 수 있는 권한을 부여받은 재판소는 "체약국의 가장 높은 재판소들"이다. 각 체약국은 서명 시에 혹은 비준(수락 혹은 승인)문서 기탁 시에 유럽심의회 사무총장에게 제출하는 선언을 통해 이 의정서의 목적을 위한 "가장 높은 재판소"를 지명해야 하는데, 이 선언은 그러나 후일 같은 방법으로 언제든지 수정될 수 있다.[384] 의정서 제1조에서 'the highest courts and tribunals' 대신 'highest courts and tribunals'란 표현을 사용한 것은 이것이 기계적으로 체약국의 국내 사법체계 내에서 최정상에 있는 헌법재판소(constitutional court)나 최고재판소(supreme court)를 지칭하는 것이 아님을 의미하기 위한 것이다. 즉, 위계상 헌법재판소나 최고재판소 아래에 위치하는 재판소라도 특정 부류의 사건에 대해서는 '가장 높은' 재판소에 해당할 수 있으며, 이러한 의도는 가장 높은 재판소를 체약국이 지명하도록 한 데서도 시사되고 있다.[385] 셋째, "계류 중인 사건과 관련하여"란 표현은 사건이 가장 높은 재판소에 계류 중이더라도 이 사건에서 적용될 수 없는 추상적, 이론적 혹은 가정적 성격의 문제는 권고적 의견의 주제가 되지 못함을 의미한다.[386] 넷째, "권고적 의견을 주도록 요청할 '수' 있다"란 표현은 체약국의 가장 높은 재판소가 유럽인권재판소에 권고적 의견을 구할 의무를 부담하는 것이 아니라 단지 선택의 권리를 부여받고 있음을 의미하며, 이에 따라 국내 가장 높은 재판소는 이 요청을 했다가 도중에 철

---

381) 제16의정서 제1조.

382) 유럽인권협약 제43조 : "Referral to the Grand Chamber

1. Within a period of three months from the date of the judgment of the Chamber, any party to the case may, in exceptional cases, request that the case be referred to the Grand Chamber.
2. A panel of five judges of the Grand Chamber shall accept the request if the case raises a serious question affecting the interpretation or application of the Convention or the Protocols thereto, or a serious issue of general importance.
3. If the panel accepts the request, the Grand Chamber shall decide the case by means of a judgment."

383) 제16의정서 해설보고서, para. 9.

384) 제16의정서 제10조.

385) 제16의정서 해설보고서(Explanatory Report), para. 3.

386) 제16의정서 해설보고서, para. 10 ; O'Meara, *supra*.

회할 수 있는 것으로 이해되고 있다.[387] 다섯째, 이에 상응하여 유럽인권재판소도 국내 가장 높은 재판소의 요청을 수락할 의무를 지는 것은 아니다. 즉, 권고적 의견을 달라는 요청에 대해서는 대재판부의 5인의 재판관으로 구성되는 패널이 수락 여부를 결정한다. 그리고 패널이 이 요청을 수락하면 대재판부는 권고적 의견을 전달해야 한다.[388] 패널이 권고적 의견 요청을 수락하거나 거절할 수 있는 사유에 대해서는 아무런 언급이 없으므로 청구 수락 여부를 결정함에 있어 패널은 넓은 재량을 부여받은 것으로 생각되지만, 패널은 제1조 제1항~제3항의 기준을 모두 충족하는 청구에 대해서는 거절을 주저할 것으로 기대된다.[389] 제16의정서의 권고적 의견 절차는 EU 유럽재판소의 선결적 부탁절차(preliminary reference procedure)를 연상시키지만 여러 측면에서 후자에 미치지는 못한다.[390]

유럽인권협약에는 이미 또 한 개의 권고적 의견 절차가 내장되어 있지만, 이것은 유럽인권재판소와 국내재판소간의 상호작용을 고양하기 위한 것이 아니다. 즉, 협약 제47조에 의하면 "유럽인권재판소는 장관위원회의 요청에 따라 협약과 그 의정서들의 해석에 관한 법적 문제들에 대해 권고적 의견을 부여할 수 있다." 그러나 "이 권고적 의견에서는 협약 섹션 I에 명시된 권리 혹은 자유의 내용이나 범위에 관련한 문제, 혹은 유럽인권재판소나 장관위원회가 협약에 따라 개시될 수 있는 소송의 결과로 검토해야 할지도 모를 기타 다른 어떤 문제도 다룰 수 없다." 협약 제47조에 의거하여 권고적 의견을 요청할 수 있는 주체는 유럽심의회 장관위원회이고, 또한 협약에 정의된 권리와 자유에 관련한 문제 혹은 미래 소송에서 유럽인권재판소나 장관위원회가 다루게 될지도 모를 문제는 이 절차 하에서 다룰 수 없다는 점에서 제16의정서의 권고적 관할권과는 대조됨을 알 수 있다.[391]

유럽인권재판소의 사법행동(적극)주의(judicial activism)도 논의의 대상이 되기에 충분하다.[392] 예컨대, 1989년의 *Soering* 사건[393]에서 재판소는 미국의 버지니아주로 인도되면 사형선고가 내려

387) 제16의정서 해설보고서, para. 7.

388) 제16의정서 제2조.

389) 제16의정서 해설보고서, para. 14.

390) Janneke Gerards, "Advisory Opinions, Preliminary Rulings and the New Protocol No. 16 to the European Convention of Human Rights : A Comparative and Critical Appraisal", Maastricht journal of European and comparative law, Vol. 21, Nº. 4, 2014, pp. 630~651 ; 拙稿, "유럽인권협약 제16의정서에 담긴 유럽인권재판소의 권고적 관할권: EU사법재판소의 선결적 부탁절차와의 비교를 중심으로", 《國際法學會論叢》, 제61권 1호 (2016. 3), pp. 17~38.

391) 유럽인권재판소는 2008년 2월 12일 협약 제47조에 의거하여 최초의 권고적 의견을 발한 바 있다 : European Court of Human Rights, Advisory Opinion on *certain legal questions concerning the lists of candidates submitted with a view to the election of judges to the European Court of Human Rights*, 12 February 2008, available at https://wunrn.com/news/2008/02_08/02_11_08/021108_european.htm.

392) 다른 재판소들과 마찬가지로 유럽인권재판소가 오로지 행동(적극)주의로 일관하는 것은 물론 아니다. 이른바 margin of appreciation doctrine(판단의 여유/재량 이론)은 유럽인권재판소의 사법자제(judicial restraint)의 한 표현이다.

393) Application No 14038/88, Judgment of 7 July 1989, https://www.echr.coe.int/echr/ ; https://www.worldlii.org/eu/cases/ECHR/1989/14.html ; (1989) 28 ILM 1063 ; Shaw, p. 227 ; Janis, 3rd, p. 184 ; Susan Nash and Mark Furse (eds.), *Essential Human Rights Cases* (Bristol : Jordans, 1999), pp. 155~ 156 ; Dina Maslow, "*Extradition from Israel* : *The Samuel Sheinbein Case*", (1999) 7 Cardozo Journal of International and Comparative Law 387 at 407~409 ; Cassese, *Human Rights in a Changing World*, pp. 96~97 ; https://eji.org/eji/files/Soering%20v.%20United%20Kingdom.pdf ; https://en.wikipedia.org/wiki/Jens_Söring.

질 것을 두려워하는 한 독일인을 영국이 (유럽인권협약의 당사국도 아닌) 미국으로 인도하는 것은 "잔

사건 개요는 이러하다. Jens Soering은 1966년 서독에서 출생하여 11살 때 외교관인 아버지를 따라 미국으로 건너온 뒤 계속 미국에서 거주하던 중 버지니아 대학교에 입학하였다. 그리고 그는 캐나다에서 부모와 함께 미국으로 건너와 살면서 1984년 같은 대학교에 다니던 Elizabeth Haysom을 만나 사랑에 빠졌다. 그러나 그녀의 부모가 헤어져 줄 것을 고집하자 둘은 부모를 살해하기로 공모하고, 1985년 3월 30일 Soering이 그녀의 집으로 찾아가 부모를 칼로 찔러 살해하였다. 범행 당시 그는 18살이었다. 1985년 10월 둘은 영국으로 도망갔으나 1986년 4월 수표사기죄로 현지에서 체포되었는데, 8월에 미국은 양국간 범죄인인도조약에 따라 영국에 그들의 인도를 요청하였다. 1987년 3월 독일 정부도 영국과의 범죄인인도조약에 따라 Soering을 인도해 줄 것을 요구하고 나섰으나 영국 정부는 미국이 먼저 인도를 청구하였다는 이유를 들어 이를 거절하였다. 한편, Haysom은 인도에 저항하지 않고 미국으로 돌아가 범행에 종범으로 가담했음을 인정하고, 1987년 10월 6일, 90년의 징역형을 선고받았다. 그러나 Soering은 미국으로 인도되는 것에 저항하였다. 그는 영국 정부가 버지니아주 검사들로부터 그들이 사형을 청구하지 않을 것이라는 보증(보장)을 구하지 않은 것은 인도조약 제Ⅳ조의 위반이라고 주장하였다. 그러나 이 주장은 성공하지 못하였고, 영국 내무장관은 Soering의 인도를 명령하였다. 영국 내에서의 모든 구제수단을 완료한 그는 자기 사건을 유럽인권위원회로 가져갔고, 1989년 1월 25일 유럽인권위원회와 영국 및 독일 정부는 사건을 유럽인권재판소에 회부하였다. 영국은 당시 사형을 원칙적으로 금지하는 제6의정서의 당사국이 아니었다. 그러므로 Soering은 유럽인권협약 제3조를 원용하기로 마음먹었다. 즉, 그는 자신이 미국으로 인도되면 사형수 감방에 들어가 수년간 상소결과를 기다리거나 집행되기만을 기다려야 할 개연성이 높은데(이른바 'death row phenomenon/ syndrome', 즉 사형수 수감동 증세), 이것은 "잔혹하거나 모욕적인 대우 또는 처벌"(inhuman or degrading treatment or punishment)을 금지한 유럽인권협약 제3조의 위반이라고 주장하였다. 1989년 7월 7일 유럽인권재판소는 이 주장을 받아들여, Soering을 미국에 인도한다는 "영국 장관의 결정은 '만약 이행이 된다면'(if implemented) 협약 제3조의 위반을 야기할 것"이라고 판시하였는데(para. 111), 동 규정에 대한 유럽재판소의 적극적, 실효적 내지는 목적론적 해석은 판결 para. 88에 잘 나타나 있다 : "The question remains whether the extradition of a fugitive to another State where he would be subjected or be likely to be subjected to torture or to inhuman or degrading treatment or punishment would itself engage the responsibility of a Contracting State under Article 3 (art. 3). That the abhorrence of torture has such implications is recognised in Article 3 of the United Nations Convention Against Torture and Other Cruel, Inhuman or Degrading Treatment or Punishment, which provides that "no State Party shall ... extradite a person where there are substantial grounds for believing that he would be in danger of being subjected to torture". The fact that a specialised treaty should spell out in detail a specific obligation attaching to the prohibition of torture does not mean that an essentially similar obligation is not already inherent in the general terms of Article 3 (art. 3) of the European Convention. It would hardly be compatible with the underlying values of the Convention, that "common heritage of political traditions, ideals, freedom and the rule of law" to which the Preamble refers, were a Contracting State knowingly to surrender a fugitive to another State where there were substantial grounds for believing that he would be in danger of being subjected to torture, however heinous the crime allegedly committed. Extradition in such circumstances, while not explicitly referred to in the brief and general wording of Article 3 (art. 3), would plainly be contrary to the spirit and intendment of the Article, and in the Court's view this inherent obligation not to extradite also extends to cases in which the fugitive would be faced in the receiving State by a real risk of exposure to inhuman or degrading treatment or punishment proscribed by that Article (art. 3)."

이 판결의 특징적 내용은 다음의 네 가지로 요약될 수 있다 : 첫째, 동 재판소는 "유럽인권협약의 '잠재적' 위반(potential violations)에 대해서는 판결하지 않는다"는 원칙을 이탈하였다 ; 둘째, 유럽인권협약은 '역외적' 효과(extra-territorial effects)를 가질 수 있다(즉, 유럽인권재판소는 문제의 살인사건이 협약의 비당사국에서 발생하였고 또 사형이 부과되더라도 그 비당사국에서 집행될 것이라는 사실은 문제삼지 않았다) ; 셋째, 사형 그 자체는 (본 판결 당시에 존재하던) 유럽인권협약의 위반이 아니다 ; 넷째, 그러나 사형을 둘러싼 환경(circumstances around the death penalty)은 협약 제3조의 위반을 야기할 수 있다.

이 판결의 결과, 영국은 미국과의 인도조약 하의 의무를 존중할 것인지 아니면 유럽인권재판소의 판결을 존중할 것인지를 놓고 양자택일의 기로에 서게 되었는데, 결국 유럽인권재판소의 판결에 따라 그의 인도를 거절하였다. 범죄인인도와 인권의 갈등에서 결국 후자를 택한 것이다. 그러나 그 후 버지니아주 검사들이 연방정부에 Soering을 capital murder(사형에 처할 살인죄)보다는 first-degree murder (1급 살인죄)로 재판에 회부하

혹하거나 모욕적인 대우 또는 처벌"(inhuman or degrading treatment or punishment)을 금지한 협약 제3조의 위반을 구성할 것이라는 판결을 만장일치로 내린바 있다. 또한, 동 재판소는 1999년 *Matthews* v. *United Kingdom* 사건[394]에서는 자신의 모태가 전혀 아닌, 따라서 일견 그 관할

겠다고 동의하자 영국은 그를 미국으로 인도하였다. 이렇게 해서 미국의 사법정의(司法正義)도 일정 한도 충족되었다. Soering은 그 후 버지니아주에서 재판을 받았으며, 1급살인죄의 두 개의 소인에 대해 유죄가 인정되어 종신형에 처해졌다. 게다가 배심은 그가 종신형을 두 번 살 것을 권고하기도 하였다 : Janis and Noyes, 3rd (2006), p. 417. 한편, 여기서 영국은 미국 연방정부의 동의가 아니라 왜 버지니아주 주당국의 동의를 필요로 했는지의 의문도 생기는데, '미국법'상 조약체결을 포함한 대외 교섭은 연방정부의 관할이지만 대부분의 형사소추는 각주의 관할에 속하기 때문에, 이런 경우라면 연방정부는 외국이 내거는 인드조건을 스스로 수락할 권한이 없는 것이다. 상황이 이러하였으므로 미국 정부는 버지니아주 당국으로부터 약속을 받아 영국에 전달하고, 영국이 이를 수락하는 방법을 택한 것이다 : https://en.wikipedia.org/wiki/Extradition. 참고로, 2003년 3월 31일 미국과 영국은 (1985년 6월 25일의 보충조약에 의해 약간 개정된 바 있는) 1972년 6월 8일의 양국 간 범죄인 인도조약을 대체하기 위해 새로 범죄인인도조약에 서명하였다 : https://www.statewatch.org/news/2003/jul/UK_USA_extradition.pdf#search ; https://en.wikipedia.prg/wiki/Extradition.

그 후, 2010년의 판결, 즉 *Al-Saadoon and Mufdhi* v. *the United Kingdom*, Application No 61498/08, Judgment of 2 March 2010, para. 120에서 유럽인권재판소는 사형을 허락하는 유럽인권협약 제2조는 이미 사실상 개정되었다고 판시한 바 있다 : "It can be seen, therefore, that the Grand Chamber in *Öcalan* did not exclude that Article 2 had already been amended so as to remove the exception permitting the death penalty. Moreover, as noted above, the position has evolved since then. All but two of the member States have now signed Protocol No. 13 and all but three of the States which have signed it have ratified it. These figures, together with consistent State practice in observing the moratorium on capital punishment, are strongly indicative that Article 2 has been amended so as to prohibit the death penalty in all circumstances. Against this background, the Court does not consider that the wording of the second sentence of Article 2 § 1 continues to act as a bar to its interpreting the words "inhuman or degrading treatment or punishment" in Article 3 as including the death penalty (compare *Soering*, cited above, §§ 102-04)." See Keitner, p. 52.

한편, Soering은 2019년 11월 가석방되어 독일로 추방되었고 차후 미국 입국이 금지되었다. 미국은 연방 차원에서는 여전히 사형을 허용하고 있으나 이제는 -버지니아주를 포함하여- 23개 주가 사형을 폐지하였다. Keitner, pp. 157~158 ; https://en.wikipedia.org/wiki/Jens_Söring ; https://en.wikipedia.org/wiki/Capital_punishment_in_the_United_States.

394) (1999) 28 E.H.R.R. 361, noted by Kieran St C. Bradley, "The Institutional Law of the European Union in 1999", (1999~2000) 19 Yearbook of European Law 547 at 569~571 ; Trevor C. Hartley, "International Law and the Law of the European Union-A Reassessment", (2001) 72 BYIL 1 at 26~35 ; Hartley, *European Union Law in a Global Context*, pp. 344~352. 사건 개요는 이러하다. 지브롤터(Gibraltar)는 Great Britain과 Northern Ireland로 구성되는 "United Kingdom"에는 속하지 않는 영국의 종속지역(dependent territory)이지만, 영국은 - 10월 23일의 선언에 의해 유럽인권 협약의 적용을 지브롤터에까지 확대하였다. 그리고 유럽인권협약 제1의정서 역시 영국이 1988년 2월 25일 동 의정서 제4조에 의거하여 행한 선언에 의하여 지브롤터에도 적용되게 되었다. 그러나 지브롤터에 거주하는 Matthews라는 여성은 1994년의 유럽의회 선거에서 투표를 할 수 있는 기회를 부여받지 못하였다. 그 이유는 유럽의회 직접선거에 관한 1976년의 의정서(Act), 제2부속서(Annex Ⅱ)의 조건에 따라 영국은 이 의정서를 U.K., 즉 그레이트 브리튼과 북아일랜드에 대해서만 적용하였기 때문이다. [참고로 말하면, 유럽공동체가 늦게나마 유럽의회 의원을 직접 보통선거에 의하여 선출하기로 결정한 것은 1976년 9월 20일의 "이사회결정(Council Decision) 76/787"과 여기에 부속된 "직접보통선거에 의한 의회대표선거에 관한 의정서"(Act concerning the Election of the Representatives of the Assembly by Direct Universal Suffrage)([1976] OJ L 278/1, 8 October 1976)에 의거한 것이다 ; 동 의정서는 직접보통선거에 관한 모든 세부사항을 담고 있다 : (1999) 28 E.H.R.R. 361 at 372 (para. 18) ; 이 의정서는 공동체 회원국들에 의하여 한 개의 조약으로 비준되었으며, 따라서 그 법적 지위를 둘러싸고 이론이 없는 것은 아니지만 이것은 대체로 관련 공동체설립조약들을 개정하는 조약으로 간주되고 있다 : Hartley, *op. cit.*, (2001) 72 BYIL 1 at 30 ; 拙著, 《EU法論》, pp. 51~52.] 이에 Matthews는 자신이 특히 유럽인권협약 제1의정서 제3조(right to free elections)의 권리를 침해당하였다고 생각하였는데, 동 규정은 "The High Contracting Parties undertake to hold free elections at reasonable intervals by secret

권 밖에 있는 것으로 보이는 EC법, 그것도 그 1차 연원의 규정을 심사할 관할권을 행사할 것인가의 문제를 놓고 15 대 2의 압도적 다수로 이를 완전히 긍정함으로써 유럽공동체법에로의 진군을 강행하여 충격을 주었다.

---

ballot, under conditions which ensure the free expression of the opinion of the people in the choice of the legislature"라고 규정하고 있다. 그러므로 논쟁의 핵심은, (1) 유럽의회가 협약 제1의정서 제3조에서 말하는 '입법부'(legislature)에 부합하는가, (2) 만일 그렇다면, 제3조의 목적상 유럽의회가 '지브롤터'의 의회로 볼 수 있겠는가, (3) 만일 그렇다면, 영국이 지브롤터에서는 유럽의회 선거를 실시하지 않음으로써 제3조의 의무를 위반했다고 볼 것인가 하는 것이었다. 그녀는 유럽인권위원회에 제소하였으나 위원회는 (소의 허용성은 인정하였지만) 권리침해 여부에 대해서는 다수결의 결정으로 그녀의 주장을 수락하지는 않았다. 위원회는 유럽의회와 같은 "초국가적 대표기관에 (유럽인권협약) 제1의정서 제3조가 적용된다고 보는 것은, '제3조의 적용범위를 협약기초자들이 의도하였던 바를 넘어서, 그리고 당해 규정의 객체와 목적을 넘어서' (beyond what was intended by the drafters of the Convention and beyond the object and purpose of the provision) 확대하는 것이 될 것"이라고 보았던 것이다; 다시 말하면, 유럽인권협약 제1의정서 제3조는 국가나 지방의 의회에나 적용될 뿐이라는 것이다[Opinion of the European Commission of Human Rights, para. 63, quoted in (1999) 28 E.H.R.R. 361 at 380~381]. 이에 대해, 유럽인권재판소는 지브롤터가 영국의 종속지역이며, 영국의 공동체 가입조약에 의하여 EC조약으로부터 배제되는 분야가 있긴 하지만 EC조약의 관련규정에 의거하여 영국이 대외관계를 책임지고 있는 지브롤터에도 EC법이 적용되고 있다는 점, 그리고 -"영국 국적법 1981" 발효 당시 영국정부가 행한 선언에 따라- EC조약에 나오는 '국민' (nationals)이라는 술어는 특히 영국의 종속지역 시민(British Dependent Territories Citizens)을 포함한다는 점을 지적하였다[Judgment of the European Court of Human Rights, (1999) 28 E.H.R.R. 361 at paras. 8~14]. 이어서, 재판소는 "EC는 (유럽인권협약과 제1의정서의) 체약당사자가 아니기 때문에 'EC 자체의 행위'(acts of the E.C. as such)는 동 재판소에서 심사의 대상이 될 수 없다"고 말하면서도 "유럽인권협약은 협약상의 권리가 계속 확보된다면 국제기구로 권한을 이전하는 것을 배제하고 있지 않으며, 따라서 회원국의 책임은 그 같은 이전 후에도 계속된다"고 언급하면서 (para. 32), 1976년의 이사회결정과 그 부속의정서, 그리고 (유럽의회의 권한을 강화시킨) 마스트리히트조약은 영국이 자유롭게 체결한 국제문서라는 점을 지적하였다(para. 33). 이것은 협약의 어떤 체약국이 어떤 특별한 문제가 유럽공동체 차원에서 규율되어야 한다는 데 동의함으로써 자신의 협약상의 의무를 회피할 수 없음을 묵시적으로 인정한 것이다. 그리고 재판소는, "제3조의 객체와 목적"을 언급하면서도 "협약기초자들이 의도하였던 바"를 더 의식하였던 유럽인권위원회와는 대조적으로, "That the Convention is *a living instrument which must be interpreted in the light of present-day conditions* is firmly rooted in the Court's case law. The mere fact that a body was not envisaged by the drafters of the Convention cannot prevent that body from falling within the scope of the Convention. To the extent that Contracting States organise common constitutional or parliamentary structures by international treaties, the Court must take these mutually agreed structural changes into account in interpreting the Convention and its Protocols."라고 천명하였다(para. 39). 그리고 제1의정서 제3조에서 말하는 '입법부'는 반드시 국내의회만을 지칭하는 것은 아니며(para. 40), 제3조는 "실효적 정치민주주의의 특징 하나를 간직"(enshrines a characteristic of an effective political democracy)하고 있는 바, "유럽의회의 활동이 제3조의 범위 밖에 놓인다는 영국정부의 주장을 수락하게 되면 '실효적 정치민주주의'를 유지할 수 있는 기본도구의 하나를 약화시킬 위험이 있을 것"이며(paras. 42~44), 마스트리히트조약은 유럽의회의 권한을 더 이상 "권고적이고 자문적"인 것으로 표현하고 있지 않는 바 이것은 유럽의회가 순전히 자문기구로부터 유럽공동체의 입법과정에서 결정적 역할을 담당할 기구로 이행했음을 시사하는 것으로 새겨야 하는데(paras. 49~50), 실제로도 유럽의회는 이른바 협력절차와 공동결정절차에 의해 EC입법의 통과에 이르는 구체적인 입법과정에 충분히 관련하고 있고 또 유럽공동체활동의 일반적인 민주적 감독에도 충분히 관련하고 있어서 제3조의 목적상 지브롤터의 '입법부'의 일부를 구성한다고 결론지었다(paras. 51~54). 따라서 재판소는 영국은 제3조를 위반하였으며, 신청자(원고)가 협약 제41조에 의거하여 손해배상을 청구하지는 않았지만 소송비용(costs and expenses)은 청구하였기 때문에 영국은 이 비용으로서 3개월 내에 45,000 파운드와 이에 수반되는 VAT를 지급하라고 판결하였다. 그러나 유럽인권재판소의 이 판결이 EC법의 관점에서도 수락될 수 있을 것인지는 별개의 문제이다. 즉, 영국 정부가 이 판결을 이행하면 이것은 다시 EC법의 위반이 아닌가 하는 문제가 제기되었던 것이다. 이 문제에 대해서는 다음의 사건과 의견을 참조: Case C-145/04, *Spain* v. *United Kingdom*, [2006] ECR I-7917; Hartley, 7th, pp. 99~101; Hartley, *op. cit.*, (2001) 72 BYIL 1 at 32~35.

냉전종식 이후 러시아를 비롯한 동유럽 구사회주의국가들도 거의 모두 유럽심의회와 유럽인권협약에 가입하였다.[395] 그리고 유럽인권협약은 각국의 국내법 방식에 따라 대다수 체약국들의 국내법으로 편입되었다. 그러나 일부 국가는 여전히 동 협약을 완전히 혹은 부분적으로 국내법 내로 편입하지 않고 있다.[396] 유럽인권협약은 "국내적 편입을 요구하지 않는" 것으로 해석되고 있기 때문이

---

395) Malanczuk, p. 217 ; Janis, 3rd, p. 260 ; https://www.coe.int.

396) 예컨대, 1951년 3월 유럽인권협약을 가장 먼저 비준한 영국의 경우를 보면 종래 영국 정부의 일관된 입장은, 인권은 영국 내에서 법에 의하여 이미 충분히 보호받고 있다는 것이었다. 1966년 영국 정부는 개인이 스트라스부르그(즉, 당시 유럽인권위원회)에 청원을 제출할 수 있는 권리를 수락하였지만, 협약 자체를 영국법 내로 도입하지는 않았으며, 따라서 영국재판소는 직접 협약을 적용하여 재판할 수 없었다. 다만, 영국재판소들은 때로 의회제정법을 해석함에 있어 협약규정을 원용하기도 하였는데, 왜냐하면 재판소는 의회입법은 영국의 조약상의 의무를 위반하려는 의도가 없었다고 추정할 수 있기 때문이다. 예컨대, *Waddington* v. *Miah*, [1974] 2 All ER 377에서 상원(House of Lords)은 "이민법 1971" (Immigration Act 1971)의 형벌규정은 소급효를 갖지 않는다고 판결하면서 특히 협약 제7조를 언급한 바 있다. Lord Denning MR(Master of Rolls)은 *R* v. *House Secretary, ex p. Bhajan Singh*, [1976] QB 198에서 유럽인권협약과 영국법의 관계를 다음과 같이 쉽게 설명한 바 있다. "There are many cases in which it has been said, as plainly as can be, that a treaty does not become part of our English law except and insofar as it is made so by Parliament. If an Act of Parliament contained any provisions contrary to the convention, the Act of Parliament must prevail. But I hope that no Act ever will be contrary to the convention. So the point should not arise. I would repeat that when anyone is considering a problem concerning human rights, we should seek to solve it in the light of the convention and in conformity with it." 문제는 협약 하의 인권보호가 영국법의 그것보다 훨씬 넓다는데 있었다. 결국 1998년 11월 9일 영국의회는 유럽인권협약의 국내적 도입을 위해 "인권법 1998"(Human Rights Act 1998)을 제정하였다. "인권법 1998"은 선례구속의 원칙에 기초한 영국법체계의 운영에 심대한 영향을 미치고 있다. 동 법률 § 2에 의하여 이제 영국의 재판소들은 유럽인권협약 하의 기관들, 특히 유럽인권재판소의 "판결, 결정, 선언 혹은 권고적 의견"을 "고려에 넣어야"(must take into account) 하기 때문이다 [영국재판소들에게 부과된 이 의무는 그러나 유럽인권재판소의 판결, 결정, 선언 혹은 권고적 의견을 단지 "고려" 즉, "참작 혹은 생각(think about)"하는 것으로서, 유럽인권재판소의 특정 해석을 따르지 아니할 영국재판소들의 권한은 그대로 보존되고 있다는 견해가 있다(예컨대, Nollkaemper, p. 238). 그러나 이 문구를 해석함에 있어서는 이제 제14의정서에 의해 개정된 유럽인권협약 제46조 1항이 "체약국들은 자국이 당사자인 그 어떤 사건에서도 유럽인권재판소의 최종판결에 따를 것을 약속한다."고 규정하고 있다는 점도 염두에 둘 필요가 있을 것이다(Aust, *Handbook of IL*, 2nd p. 232, fn. 82 참조)]. 또한 § 6은 (재판소를 포함한) 공공당국(public authority)이 유럽인권협약상의 권리와 양립하지 않는 방식으로 행동하는 것은 위법(unlawful)임을 선언하고 있다. 그리고 § 7은 위법행위의 피해자가 협약을 위반한 공공당국을 상대로 재판소에 제소하는 것을 허용하고 있다. 이어서 § 8은 동 법률을 위반한 공공당국을 상대로 정당하고 또 적절하다고 생각되는 구제를 부여할 권한을 재판소에 부여하고 있다.

"인권법 1998"은 영국법의 의회주권원칙에 어떤 수정을 가하고 있는가? 다시 말해서, 동 법률로 인해 의회와 사법부의 헌법상의 관계에 어느 정도의 변화가 도입되었는지를 묻지 않을 수 없는데, 그 결론은 그같은 변화를 최소화함으로써 의회주권원칙을 훼손하지 않는 것으로 낙착되었다. 즉, 우선 동 법률 § 3(1)에 의하면 "영국의 1차입법과 종속입법은 그렇게 하는 것이 가능한 범위 내에서(만) 유럽인권협약 상의 권리들과 양립하는 방법으로 해석되고 실시되어야 한다"(So far as it is possible to do so, primary legislation and subordinate legislation must be read and given effect in a way which is compatible with the Convention rights). 게다가 § 4에 의하면, 영국의 재판소는 유럽인권협약과 '양립하지 아니하는'(incompatible) 것으로 인정된 '1차입법', 즉 의회법률에 관한 한 이를 무효화시킬 수 없다(1차입법 때문에 양립불가능이 제거될 수 없는 종속입법도 동일한 대접을 받고 있다). 재판소로서는 그러한 '양립불가'를 선언할 수 있을 뿐이고(양립불가를 선언할 수 있는 재판소도 상급재판소들에 국한되어 있다), 새로운 입법을 통해 그러한 상황을 교정하는 것은 여전히 의회에 맡겨져 있을 따름이다. 요컨대, '양립불가' 선언 그 자체만으로는 문제된 법률조항의 유효성이나, 그것의 계속적인 운용 혹은 집행에 영향이 없는 것이다. 게다가, *R* v. *A*, [2001] UKHL 25, para. 44 (*per* Lord Steyn)에서 상원은 "양립불가 선언은 마지막 카드이다. 양립불가 선언을 피하는 것이 명백히 불가능하지 않는 한 이 선언은 피해야만 한다"(A declaration of incompatibility is a measure of last resort. It must be avoided unless it is plainly impossible to do so. If a clear limitation on convention rights is stated in terms, such an impossibility will arise...)고까지 하였다 : https://learninglink.oup.com/static/

다. 즉, 유럽인권협약이 요구하는 것은 다른 인권조약들이 대체로 그러하듯, 각 체약국이 자국 관할권 내의 모든 사람들에게 -어떤 수단을 강구하든, 즉 직접효력을 인정하든지 말든지- 협약에 규정된 모든 권리에 대한 존중을 "확보/보장"(ensure)하는 것뿐이다.[397] 또한 유럽인권재판소의 종국판결은

5c0e79ef50eddf00160 f35ad/casebook_212.htm ; Kaczcrowska-Ireland, p. 151. 그리고 § 6에 의하면, 공공당국이 유럽인권협약과 그 자체 양립하지 아니하는 1차입법의 규정 때문에 달리 행동하는 것이 불가능했을 경우에는 그 공공당국은 책임을 지지 않는다. 다만, § 10은 명령(order)을 통해 문제의 1차입법을 변경할 수 있는 권한을 해당 장관(Minister of the Crown)에게 부여하는 일종의 신속입법절차(fast track procedure)에 관하여 규정하고 있다.

"인권법 1998"은 2000년 10월 2일 발효하였다. "인권법 1998"은 스코틀랜드에서는 "스코틀랜드법 1998"(Scotland Act 1998)이 1999년에 발효한 이래 스코틀랜드 행정부(Scottish Executive)와 스코틀랜드 의회(Scottish Parliament)에 대해서도 구속력을 갖고 있다. Hartley, *European Union Law in a Global Context*, p. 283, fn. 58.

끝으로, "인권법 1998"은 유럽인권협약상의 모든 권리를 수용하지는 않았다는 점도 언급해 두는 것이 좋겠다. 동 법률의 원문은 https://www.legislation.gov.uk/ukpga/1998/42/contents ; Evans (ed.), 4th (1999), p. 503 참조. 그리고 동 법률에 대한 개괄적인 설명은, *A Parliamentarian's Guide to the Human Rights Act*, Published September 2010 by The National Council for Civil Liberties, London, p. 11, 〈https://www.refworld.org/pdfid/4ed640552.pdf〉 ; Gary Slapper & David Kelly, *English Law* (London / Sydney : Cavendish Publishing Limited, 2000), pp. 14~18 ; Dominic McGoldrick, "The United Kingdom's Human Rights Act 1998 in Theory and Practice", (2001) 50 ICLQ 901~953 ; James Strachan, "The Human Rights Act 1998 and Commercial Law in the United Kingdom", in Stephen Bottomley and David Kinley (eds.), *Commercial Law and Human Rights* (Aldershot, England : Dartmouth, 2000), pp. 161~185 ; Sir Peter North, 'The United Kingdom - An Era of Constitutional Change", Saint Louis-Warsaw Transatlantic Law Journal, Vol. 2000, pp. 99~118 ; Nollkaemper, pp. 45~46, 188, 204~205, 238 ; 拙稿, "영국의 '인권법 1998'과 의회주권원칙의 동요", 《國際法學會論叢》, 제47권 3호(2002. 12), pp. 1~20 참조.

2022년 영국 하원은 "인권법 1998"을 폐지하고 이를 "권리장전"(Bill of Rights 2022)이란 이름의 법률로 대체하기 위한 법안(Bill of Rights Bill)을 발의하였으나, 이 법안은 지지를 얻지 못하여 2회독도 하지 못하고 2023년 6월 27일 철회되었다 : https://commonslibrary.parliament.uk/research-briefings/cbp-9581/ ; https://bills.parliament.uk/bills/3227 ; https://en.wikipedia.org/wiki/Bill_of_Rights_Bill ; https://ukandeu.ac.uk/explainers/the-bill-of-rights-bill/ ; https://en.wikipedia.org/wiki/Human_Rights_Act_1998#Planned_replacement ; https://bills.parliament.uk/bills/3227.

397) 유럽인권협약 제1조는 단지 "The High Contracting Parties shall *secure* to everyone within their jurisdiction the rights and freedoms defined in Section I of this Convention."이라고 규정하고 있으며, 유럽인권재판소도 *Swedish Engine Drivers' Union* v. *Sweden*, Application No. 5614/72, judgment of 6 February 1976, at https://www.echr.coe.int/echr, para. 50 of the judgment에서 "... neither Article 13 (art. 13) nor the Convention in general lays down for the Contracting States any given manner for ensuring within their internal law the effective implementation of any of the provisions of the Convention."이라고 언급한 바 있다. 네덜란드에서는 협약이 직접효력이 있는 것으로 판결된 바 있다. See Hartley, *European Union Law in a Global Context*, pp. 149, 276, 283. 한편, 영국의 의회주권원칙의 관점에서 보면 영국의 유럽공동체 가입을 위해 제정된 (그리고 그 후 개정된) "유럽공동체법 1972"(European Communities Act 1972)나 유럽인권협약의 국내적 편입을 위한 "인권법 1998" 양자 모두 주권자인 의회에 의하여 언제든지 폐지될 수도 있다는 것이 영국 내의 일반적 견해이다. 다만, 그같은 입법적 폐지의 국제적 효과는 달리 나타나게 될 것이다. 즉, 영국의 EU 탈퇴가 전제되지 않는 상태에서의 "유럽공동체법 1972"의 폐지는 필연적으로 EU설립조약과 이에 기초한 EU법의 직접효력 및 우위 원칙의 위반으로 통하게 될 것이다. 그러므로 영국 의회의 "EU(탈퇴)법 2018" [European Union (Withdrawal) Act 2018] 섹션 1(Repeal of the European Communities Act 1972)은 "EC법 1972는 (영국의 EU)탈퇴일부로 폐지된다"고 규정하였다 : 이 문제에 대해 자세한 것은 본서, 제30장 (EU법), "I. EU의 역사적 전개과정, 5. Brexit" 참조. 이와는 대조적으로 "인권법 1998"의 폐지 그 자체는 유럽인권협약의 국제적 위반을 동반하지 않을 것이다. 왜냐하면 이 협약은 본문에서 언급한 바와 같이, "국내적 편입을 요구하지 않는 것으로"(not requiring domestic incorporation) 해석되고 있기 때문이다. McGoldrick, *op. cit.*, (2001) 50 ICLQ 901 at 946, fn. 296.

국내결정을 파기하거나 국내입법을 무효로 하는 효과를 가지지 않는다. 동 재판소는 단지 체약국의 어떤 결정이나 법규정이 협약에 위배된다고 선언할 뿐이고, 그러한 국내 결정이나 법규정을 적절히 개정하는 것은 여전히 체약국 정부와 의회의 몫이다.

다만, 협약당사국들은 자국이 당사자인 소송의 종국판결에 따르기로 약속하였으며,[398] 유럽심의회 장관위원회는 판결의 이행을 감독하게 되어 있고,[399] 또한 제14의정서 체제 하에서 유럽인권재판소에 판결해석을 요청하거나,[400] 이행강제소송(위반소송)을 제기할 수도 있다.[401] 종국적으로 장관위원회는 유럽심의회규정(Statute of the Council of Europe)에 의거하여, 중대한 인권침해의 혐의가 인정된 당사국을 유럽심의회에서 축출(제명)하거나 회원국자격을 정지시킬 수 있는 권한을 가지고 있다.[402] 이처럼 유럽인권재판소와 유럽심의회가 관련을 맺고 있고, 유럽심의회 홈페이지[403]도 유럽인권재판소가 마치 동 기구의 기관인 것처럼 표시하고 있지만, 유럽인권재판소는 유럽인권협약에 의해 설립된 독립된 사법재판소로서 법상 유럽심의회 소속의 사법'기관'은 아니다.[404] 유럽인권협약이 지구상에서 가장 성공적인 인권보호체제를 창설한 것은 분명하지만, 그 어떤 의미에서도 EU와 같은 초국가적(supranational) 체제를 도입한 것은 아니다.[405]

2020년, 협약 제33조(국가 간 제소) 사건인 *Slovenia* v. *Croatia*[406]에서 유럽인권재판소는 동 제

---

398) 제11의정서에 의하여 개정된 유럽인권협약 제46조 1항.
399) 제11의정서에 의하여 개정된 유럽인권협약 제46조 2항.
400) 제14의정서 제16조에 의해 개정된 유럽인권협약 제46조 3항
401) 상기 동 조 4~5항.
402) 유럽심의회규정 제8조. See Cassese, *International Law*, 2nd, p. 390 ; Starmer, pp. 712~713.
403) https://www.conventions.coe.int/.
404) 유럽심의회규정(Statute of the Council of Europe) 제10조 ; Amerasinghe, pp. 217~218.
405) White, *The Law of International Organisations*, pp. 240~241.
406) Application no. 54155/16, Grand Chamber Judgment, 18 November 2020. 이 사건은 구 유고사회주의연방공화국이 붕괴하고 나서 크로아티아 회사들이 슬로베니아의 류블랸스카 은행(Ljubljanska banka)(이하 '류블랸스카')에게 지고 있는 미상환 부채에서 비롯된 것이었다. 류블랸스카는 크로아티아의 국내 사법부를 통한 집행이 더이상 불가능하다고 판단하여 유럽인권재판소에 호소하였다. 은행은 크로아티아의 협약 제6조 1항(공정한 재판을 받을 권리), 제1의정서 제1조(재산 보호), 협약 제14조(차별 금지)의 위반을 주장하였다. 그런데 유럽인권협약 제34조에 따르면 체약국에 의한 협약 위반의 피해자임을 주장하는 '사람, 비정부기구 또는 개인의 집단'만이 제소할 수 있기 때문에, 동 은행과 같은 법인은 '비정부'기구인 경우에만 제소가 허용될 수 있다는 결론에 이른다. 그런데 유럽인권재판소는, 류블랸스카가 '별도의 법인'이기는 하지만 국가로부터 "제도적 및 운영적 독립성"이 충분하지 않으므로 '정부'조직으로 간주되어야 한다고 판결하였다. 이것은 류블랸스카에게는 제34조를 발동할 원고적격(*locus standi*)이 없음을 의미하는 것이었다. 이것이 *Ljubljanska Banka d.d.* v. *Croatia*, Application no. 29003/07, 12 May 2015이다. 이에 2016년 은행의 국적국가인 슬로베니아가 크로아티아를 상대로 제소하였는데, 이것이 *Slovenia* v. *Croatia*, Application no. 54155/16이다. 여기서 슬로베니아는 류블랸스카가 크로아티아에서 시작한 국내절차와 관련하여 크로아티아의 사법부와 행정부가 취한 여러 조치들이 유럽인권협약 제6조 1항(공정한 재판을 받을 권리)을 위반하는 것이었다고 주장하였다. 이에 대해 유럽인권재판소는 "개인, 개인의 집단, 그리고 제34조에서 말하는 '비정부기구'로서의 자격이 있는 법인만이 협약 하의 권리의 보유자가 될 수 있으며, '체약국'이나 '정부기구로 간주되어야 하는 법인'은 협약 하의 권리의 보유자가 될 수 없다. 이와 다르게 말하는 것은 제1조와 전문 모두에 표현된 협약의 기본 목표에 위배될 것이다."(only individuals, groups of individuals and legal entities which qualify as "non-governmental organisations" within the meaning of Article 34 can be bearers of rights under the Convention, but not a Contracting State or any legal entity which has to be regarded as a governmental organisation... To state otherwise would be to contradict the fundamental underlying objective of the Convention expressed in both its

33조와 제34조(개인 제소) 간의 상관성을 분명히 하여 주목을 받았다. 즉, 재판소는 제33조는 제34조의 요건을 우회하기 위해 사용될 수 없으며, 협약 하의 권리를 향유하는 사람이나 법인을 보호하기 위해서만 사용될 수 있다고 판시하였다. 또한 2022년 가을, *Liu* v. *Poland* 사건[407]에서는 앞으로 유럽국가에서 중국으로의 범죄인 인도를 어렵게 만들 것으로 보이는 판결을 내리기도 하였다.

2022년 3월 16일 러시아는 우크라이나 침략의 결과로 유럽심의회 회원국의 지위를 박탈당하였고, 그로부터 6개월 뒤인 9월 16일 유럽인권협약 당사국의 지위로부터도 벗어났다.[408] 이에 앞서 1969년 그리스가 유럽심의회에서 탈퇴하면서 유럽인권협약을 이탈한 적이 있었으나, 1974년에 재

Article 1 and its Preamble)(para. 66)라고 전제하였다. 그런데 류블랸스카는 슬로베니아법상 '별도 법인체'이긴 하지만, 슬로베니아로부터 "충분한 제도적, 운영적 독립성"을 향유하지 못하므로 제34조의 '비정부'기구로 간주될 수 없으며, 따라서 재판소에게는 제33조에 의거한 이 국가 간 제소를 검토할 관할권이 없다고 결론지었다(paras. 77~79). See European Court of Human Rights, Press Release, ECHR 183(2015), 04.06.2015, "Case brought by Slovenian bank against Croatia declared inadmissible as the bank is government-controlled and has no standing to lodge an application" ; Myrto Stavridi, "Slovenia v. Croatia: A New Admissibility Criterion for Inter-State Applications under the ECHR?", EJIL:Talk!(Blog of the European Journal of International Law), January 6, 2021, 〈https://www.ejiltalk.org/slovenia-v-croatia-a-new-admissibility-criterion-for-inter-state-applications-under-the-echr/〉.

407) Application no. 37610/18, Chamber Judgment of 6 October 2022. 사건 개요는 이러하다. Hung Tao Liu는 스페인에서 활동하는 근 260명의 거대 온라인(통신)사기 집단의 일원으로, 구성원들은 그를 포함하여 주로 대만인들이었다. 이들은 수년 동안 대만과 중국에서 수많은 사람들을 희생시켰는데, 2016~17년 스페인-중국 합동경찰 작전으로 체포되었다. 그리고 2017~18년, 스페인 재판소들은 약 200명의 대만인을 중국으로 인도하는 것을 승인하였다. 그들을 대리하는 변호사들은 유럽인권재판소에 사건을 제기하려 했으나 거절당했고, 인도가 이루어졌다. 송환된 이들 중 몇몇은 변호사와의 연락이 완전히 끊겼고, 그들이 어디에서 어떤 조건으로 구금되어 있는지 알 수 없었다. 이런 상황에서 인터폴은 2016년 12월 8일 Liu에게 적색수배령(red notice)을 내렸고, 그는 2017년 8월 6일 폴란드에서 체포, 구금되었다. 동년 9월 1일 중국은 그의 인도를 요청하였다. 폴란드 당국은 중국에 추가 정보를 요청하였고, 중국은 2018년 1월 3일 이를 제공하였다. 동년 2월 27일 와르샤바 지방재판소는 '범죄인인도가 진행될 수 있으며, 제공된 정보와 보증(보장)이 검토 결과 충분하다'고 결론지었고, 7월 26일 바르샤바 항소재판소도 이 판결을 지지하였다. Liu는 폴란드 최고재판소에 항소하였으나 2020년 10월 1일 여기서도 기각당하였다. 결국, 그는 중국이란 나라로 "인도되어 그곳에서 재판받게 된다면"(if extradited and tried) 이는 유럽인권협약 제3조(고문금지)와 6조(공정한 재판을 받을 권리)를 위반하는 것이 될 것이라며 유럽인권재판소에 제소하였다. 이에 대해 유럽인권재판소는, 폴란드 정부가 중국에 정식 외교보증(보장)(diplomatic assurances)을 요청하는 대신 중국 당국으로부터 인권이 존중될 시설에 Liu가 구금될 것이라는 비공식 보장/선언들만을 받았고(para 82), 또 중국의 열악한 인권 상황에 관련한 국제/국내 주요 보고서들을 감안할 때(para. 83), "신청인의 중국으로의 인도는 유럽인권협약 제3조[고문금지]의 위반이 될 것"이라고 판시하였다(para. 84). 그러나 유럽인권재판소는 중국에서 재판받게 되면 "명백한 재판 거절의 실제적 위험"(real risk of a flagrant denial of justice)에 처하게 될 것이고, 이는 협약 제6조(1항)(공정한 재판을 받을 권리)의 위반에 해당할 것이라는 Liu의 주장은 검토하기를 거부하였다(paras. 105~106). 이 소재판부(Chamber) 판결은 -협약 제44조(2항)에 의거하여- 2023년 1월 30일 유럽인권재판소의 판결로 확정되었다. "판결, para. 82는 앞으로 발생할 사건들에서 중국 당국이 충분한 외교보증을 제공하면 중국으로의 범죄인 인도가 가능함을 시사"하고 있다면서 우려하는 이들도 있다 : Vivianne Yen-Ching Weng and Yu-Jie Chen, "Liu v. Poland: A Game Changer for the Extradition Agendas of Autocracies (like China)?", EJIL:TALK!, November 17, 2022, 〈https://www.ejiltalk.org/liu-v-poland-a-game-changer-for-the-extradition-agendas-of-autocracies-like-china/〉. 사건 요약은 다음을 참조 : Harris Kyriakides 〉 Insights, 07 December 2023, "Case of Liu v. Poland", 〈https://www.harriskyriakides.law/insights/news/case-of-liu-v-poland〉.

408) 유럽심의회규정(Statute of the Council of Europe) 제8조 : 유럽인권협약 제58조 ; Dmitry Kurnosov/Strasbourg Observers, September 20, 2022, "Russia without Strasbourg and Strasbourg without Russia: A Preliminary Outlook", 〈https://strasbourgobservers.com/2022/09/20/russia-without-strasbourg-and-strasbourg-without-russia-a-preliminary-outlook/〉 ; 본서, 제1장, Ⅳ. '7. 제6단계' 참조.

가입하였었다.[409] 현재는 의회주권의 나라 영국에서 유럽인권협약을 탈퇴하자는 의견이 형성 중이다.[410]

유럽인권협약 체제에서 현재 가장 기대되는 사건은 –그 자체 분명히 국가가 아닌–EU의 유럽인권협약 가입이다. 2007년의 리스본조약에 의해 개정된 TEU 제6조 2항은 EU로 하여금 유럽인권협약에 가입할 법적 의무를 부과하였고, 이에 부응하여 유럽인권협약 제14의정서에는 이를 허락하는 규정이 삽입되었다. 이에 근거 근 3년의 교섭 끝에 2013년 4월 5일, 유럽심의회 47개 회원국과 EU측 교섭자들은 "EU의 유럽인권협약 가입협정 초안"(Draft Agreement on the Accession of the European Union to the Convention for the Protection of Human Rights and Fundamental Freedoms)에 최종 합의하였다.[411] 그러나 유럽재판소는 2014년 12월 18일의 의견[412]에서 이 가입협정 초안에 대해 부정적 의견(adverse opinion)을 제시하였다.[413] 이로 인한 수년간의 중단 끝에 2020년 가입 협상이 재개되었다.[414]

XII. 인권조약의 역외적용성

일련의 사건을 통해 인권조약은 체약국의 영토 안에서만 적용되는지 아니면 그 영토 밖에서도 준

409) Joshua Askew/Euronews, 15/06/2022, "What is the European Court of Human Rights?", 〈https://www.euronews.com/my-europe/2022/06/15/what-is-the-european-court-of-human-rights〉.

410) UK Parliament 〉 Parliamentary Bills, "British Bill of Rights and Withdrawal from the European Convention on Human Rights Bill", Private Members' Bill (Presentation Bill), Originated in the House of Commons, Session 2022-23, 〈https://bills.parliament.uk/bills/3242〉.

411) Council of Europe, Newsroom, 05/04/2013, "Milestone reached in negotiations on accession of EU to the European Convention on Human Rights", 〈www.coe.int〉 ; Stian Øby Johansen, "Draft EU-ECHR Accession Agreement finalized", Øby-kanalen, posted on 8 April 2013, 〈https://obykanalen.wordpress.com/2013/04/08/eu-echr-accession-agreement-finalized/〉 ; Antoine Buyse, "Accession of EU to ECHR Draft Agreement: Finally Finalised", ECHR Blog, Monday, 8 April 2013, 〈https://echrblog.blogspot.kr/2013/04/accession-of-eu-to-echr-draft-agreement.html〉 ; Tobias Lock, "Shared responsibility after EU accession to the ECHR revisited", Shares-Research Project on Shared Responsibility in International Law, Blog, 15 April 2013, 〈https://www.sharesproject.nl/shared-responsibility-after-eu-accession-to-the-echr-revisited/〉.

412) EU Court of Justice, Opinion 2/13 on *Accession of the European Union to the European Convention for the Protection of Human Rights and Fundamental Freedoms*, 18 December 2014.

413) 이 문제에 대해 조금 더 자세한 것은, 본서, 제30장 (EU법) 참조.

414) https://en.wikipedia.org/wiki/European_Union_and_the_European_Convention_on_Human_Rights ; European Parliament, Legislative Train Schedule, "Completion of EU accession to the European Convention on Human Rights - In "A New Push for European Democracy"", 20/06/2023, 〈https://www.europarl.europa.eu/legislative-train/theme-a-new-push-for-european-democracy/file-completion-of-eu-accession-to-the-echr〉 ; Prof. Dr. iur. Johan Callewaert, 11/11/2019, "EU accession to the European Convention on Human Rights", 〈https://johan-callewaert.eu/eu-accession-to-the-european-convention-on-human-rights/〉 ; Delegation of the European Union to the Council of Europe, 31.03.2023, "Major progress on the path to EU accession to the ECHR: Negotiations concluded at technical level in Strasbourg", 〈https://www.eeas.europa.eu/delegations/council-europe_en〉.

수하여야 하는지, 영토 밖에서도 준수해야 한다면 그 한계 내지는 조건은 무엇인지의 문제가 부각되고 있다.[415] 예컨대, ICJ는 *Legal Consequences of the Construction of a Wall in the Occupied Palestinian Territory*[416]에서 두 개의 인권규약과 "어린이의 권리에 관한 협약"이 각 체약국의 영토 내에서만 적용되는지, 그 영토 밖에서도 적용되는지의 문제를 검토한 바 있다. 이들 중 시민적 · 정치적 권리규약은 그 제2조 1항에서 "이 규약의 각 체약국은 ... 자국 영토 내의 그리고 그 관할권 하에 있는 모든 개인에 대하여(to all individuals within its territory and subject to its jurisdiction) ... 이 규약에서 인정된 권리들을 존중하고 확보할 것을 약속한다."고 규정하고 있는데, 여기서 "자국 영토 내의 그리고 그 관할권 하에 있는 모든 개인"이라 함은 (i) 단지 "체약국의 영토 내에 있고 그리고(동시에) 그 관할권 하에 있는 개인"(individuals who are both present within a State Party's territory and subject to that State's jurisdiction)만을 지칭하는 것으로 해석할 수도 있을 것이고, 아니면 (ii) "체약국의 영토 내에 있는 개인들"(individuals present within a State Party's territory)과 "체약국의 영토 밖에 있지만 그 관할권 하에 있는 개인들"(individuals outside a State Party's territory but subject to that State's jurisdiction) 양자 모두를 지칭하는 것으로 해석할 수도 있을 것이다. ICJ는 위 사건에서 "(시민적 · 정치적 권리규약은) 국가가 자국 영토 밖에서 자신의 관할권을 행사함에 있어 행한 행위에 대해 적용될 수 있다."[417] 라고 판시함으로써 후자의 해석을 택하였다. 이 사건에서 ICJ는 "각 체약국은 '그 관할권 내의 각 어린이에게' (to each child within their jurisdiction) 이 협약에 명시된 권리들을 존중하고 확보한다"고 규정하고 있는 "어린이의 권리에 관한 협약"에 대해서는 물론이고,[418] "그 지리적 적용범위에 관해 아무런 언급이 없고" 그리고 "본질적으로 영토적인 권리를 보장하고 있는" 경제적 · 사회적 · 문화적 권리규약에 대해서도 동일하게 판시하였다.[419] ICJ의 이같은 견해는 이미 다른 국제기관들로부터 승인되고 있었던 것인데, 한 두 관련 사건을 개관해 보자.

아르헨티나에 살고 있는 한 우루과이 시민이 우루과이 보안정보군대에 의해 본국으로 납치되어 와서 고문당하자 (오스트리아에 거주하고 있는) 그의 부인이 남편(Sergio Ruben Lopez Burgos)을 대리하여 진정서를 제출한 *Delia Saldias de Lopez v. Uruguay* 사건[420]에서 시민적 · 정치적 권리규약 인권위원회는 다음과 같이 판시하고 있다.

> "... Lopez Burgos에 대한 체포와 최초 구금 및 학대가 주장하는 바와 같이 외국 영토에서 발생했다 하더라도, 이들 행위가 외국 땅에서 우루과이 에이전트에 의해 행해진 한에 있어서는,

415) 이 문제에 대한 자세한 고찰을 위해서는, Lubell, Chapter 8 : Extraterritorial Applicability of Human Rights Law, pp. 193~235 참조.
416) ICJ Advisory Opinion of 9 July 2004, paras. 107~113.
417) Para. 111 of the Opinion.
418) para. 113.
419) para. 112.
420) Communication No. 52/1979, U.N. Doc. CCPR/C/OP/1 at 88 (1984), 〈https://www1.umn.edu/humanrts/undocs/html/52_1979.htm〉.

본 위원회가 선택의정서 제1조("… individuals subject to its jurisdiction … ") 혹은 규약 제2조 1항("… individuals within its territory and subject to its jurisdiction … ")에 의거하여 –그 후 우루과이 영토로 납치되었다는 주장을 포함해서– (본 사건에서의) 신청인의 주장을 검토하는 것이 방해받지는 아니한다.

선택의정서가 제1조에서 "그 관할권 하에 있는 개인"을 언급하고 있다고 해서 위 결론에 영향을 미치지는 못한다. 왜냐하면 동 규정은 위반이 발생한 장소보다는 규약에 명시된 어떤 권리의 침해에 관하여 –그것이 어디서 발생했건 간에– 개인과 국가 간의 관계에 대해 언급하고 있는 것이기 때문이다.

규약 제2조 1항은 "자국 영토 내의 그리고 그 관할권 하에 있는 모든 개인에 대하여" 권리를 존중하고 확보할 의무를 체약국에게 부과하고 있는데, 이것은 관련 당사국이 –그 국가의 정부가 묵인을 했건 아니면 반대를 했건 간에– 그의 에이전트가 타국의 영토에서 범하는 규약 하의 권리 침해에 대해 책임질 수 없음을 함축하는 것은 아니다. 규약 제5조 1항에 따르면, "이 규약의 어떠한 규정도 그 어떤 국가, 집단 또는 사람에 대해서도 이 규약에서 인정하는 권리 및 자유를 파괴하거나, 이 규약에 규정된 것보다 더 넓게 제한하는 것을 목적으로 하는 활동에 종사하거나 그 같은 행위를 수행할 수 있는 권리를 함축하는 것으로 해석되지 아니한다." 이에 부합하여, 체약국이 자국 영토에서는 범할 수 없는 규약 위반을 타국의 영토에서 범하는 것을 허용하는 식으로 규약 제2조 하의 책임을 해석하는 것은 비양심적인 일이 될 것이다."[421]

시민적·정치적 권리규약 인권위원회는 결국 우루과이가 동 규약 제7조(고문금지)와 제9조(신체의 자유와 안전) 1항/3항, 제14조(공정한 재판을 받을 권리) 3항(d)/(g)를 위시한 규정들을 위반하였다고 인정하면서,[422] 우루과이는 규약 제2조 3항에 의거하여 Lopez Burgos에 대해 –그의 즉각적인 석방, 출국허용 및 피해보상을 포함한– 실효적 구제를 제공하고, 미래 유사한 위반이 발생하지 않도록 확보할 조치를 취할 의무가 있다는 견해를 제시하였다.[423] 한 우루과이 여성이 브라질에서 자국으로 강제 납치당하여 와서 기소된 것과 관련하여 이것은 시민적·정치적 권리규약 제9조, 제10조(피구금자에 대한 인도적 대우) 및 제14조 위반이라는 주장이 제기된 *Lilian Celiberti de Casariego* v. *Uruguay*[424]에서도 규약인권위원회는 동일한 논리를 제시하고 있음을 볼 수 있다.

1995년 시민적·정치적 권리규약 인권위원회[425]는 미국이 제출한 보고서에 대해 논평(comment)하면서, 동 규약의 영토외적(역외) 적용성을 부인하는 미국 정부의 견해에 반대하고 있다 : "본 위원회는 규약은 모든 경우에 영토외적 적용성이 결여되어 있다고 보는 미국 정부와 견해를 같이 하지 아니한다. 그러한 견해는 특별한 경우에 사람들이 당사국의 영토 밖에 있을 때조차도 그 국가의 사

421) Paras. 12.1~12.3 of the Opinion.
422) Para. 13 of the Opinion.
423) Para. 14 of the Opinion.
424) Communication No. 56/1979, U.N. Doc. CCPR/C/OP/1 at 92 (1984), at https://www1.umn.edu/humanrts/undocs/html/56_1979.htm.
425) Concluding Observations of the Human Rights Committee, United States of America, U.N. Doc. A/50/40, paras. 266~304 (1995), at https://www1.umn.edu /humanrts/hrcommittee/usa1995.html.

물관할권 하에 놓일 수 있다는 이 주제에 대한 위원회의 일관된 해석에 배치되는 바이다."[426]

시민적 · 정치적 권리규약 인권위원회는 2004년의 한 '일반적 논평'(general comment)[427]에서는, 규약 제2조 1항에 의해 각 체약국은 "비록 당해 국가의 영토 내에 위치하고 있지 않다 하더라도 그 국가의 권력(power) 내지는 실효적 통제(지배)(effective control) 내에 있는 그 누구에 대해서도" 규약에 규정된 모든 권리를 존중하고 확보하여야 하며, "이 원칙은 영토 밖에서 행동하는 체약국 군대의 권력이나 실효적 통제(지배) 내에 있는 사람들에게도 적용되며, 어떻게 해서 그러한 권력이나 실효적 통제(지배)를 획득하게 되었는지는 문제되지 않는다"는 점을 적시하고 있다.[428] "고문반대위원회"(Committee against Torture)도 2006년 5월 17~18일 미국에 대한 보고서에서 고문반대협약의 역외적용성에 대해 비슷한 견해를 제시하고 있다.[429] 요컨대, 인권조약의 역외적용성은 피해자의 국적을 묻지 아니하며, 인권침해가 발생한 지역의 국가(외국)가 문제의 인권조약의 공동당사국인가를 묻지도 아니한다.

인권조약의 역외적용성에 대해서는 다소간에 정도의 차이는 있을지 몰라도 유럽인권재판소[430]

---

426) Para. 284.

427) Human Rights Committee, General Comment 31, Nature of the General Legal Obligation on States Parties to the Covenant, para. 10, U.N. Doc. CCPR/C/21/Rev.1/Add.13 (2004), at https://www1.umn.edu/humanrts/genoomm/hroomms.htm.

428) 무력충돌 상황에서 인권법이 인도법과 결부되어 동시에 적용되는 경우가 있음을 고려하면 더욱 더 그러하다.

429) Conclusions and Recommendations of the Committee against Torture : USA, para. 15, CAT/C/USA/CO/2, 18 May 2006, at https://www.ohchr.org/english/bodies/cat/cats36.htm.

430) See e.g. European Court of Human Rights, *Loizidou* v. *Turkey* (Preliminary Objections), Judgment of 23/03/1995, Application no. 15318/89, paras. 61~64, at https://www.coe.int. 북싸이프러스에 관련한 이 사건의 개요는 다음과 같다. 싸이프러스는 원래는 영국의 식민지였으나 터키 소수민족에게 폭넓은 권리를 보장하는 헌법 하에서 1960년에 독립을 부여받았고, 이어서 1961년 5월 24일 유럽심의회의 16번째 회원국이 되고, 1962년 10월 6일에는 유럽인권협약을 비준하였다 : https://en.wikipedia.org/wiki/Cyprus ; https://www.coe.int/T/e/com/about_coe/member_states/default.asp. 1974년 이 헌법이 그리스계 싸이프러스인들의 쿠데타로 전복되자, 터키 군대가 이 섬을 침략하여 북싸이프러스를 점령하였다. 터키는 (영국 및 그리스와 함께) 싸이프러스 공화국의 3개 보장국가의 하나로서, 이렇게 할 권리가 있다고 주장하였다. 그리스계 싸이프러스인들은 터키 지배 하의 영토로부터 축출되고, 터키계 싸이프러스인들이 섬의 다른 지역들로부터 이주하여 들어왔다. 터키계 싸이프러스인들은 터키군대가 주둔하고 있는 동안 자신들의 행정부를 구성하였으며, 1983년에는 "북싸이프러스 터키공화국"(Turkish Republic of Northern Cyprus : TRNC)을 선포하였다. 이 국가는 스스로 독립국가임을 참칭하였지만 터키만이 이를 국가로 승인하였으며, 다른 국가들은 이 지역을 싸이프러스공화국의 일부로 간주하였다. Mrs. Titina Loizidou는 TRNC에 부동산을 소유하고 있었으나 TRNC는 그녀가 이를 이용하는 것을 허락하지 않았다. 그녀는 이것이 유럽인권협약 하의 여러 권리, 특히 제1의정서의 제1조(재산의 보호)를 침해하는 것으로서 이는 터키의 책임이라고 주장하면서 터키를 상대로 (원래는 1989년 7월 22일 유럽인권위원회에) 제소하였다. 터키는 소의 허용성이 없다고 주장하였으나, 유럽인권재판소 대재판부(Grand Chamber)는 이에 동조하지 않았다. 유럽인권재판소의 견해에 의하면 요컨대, 협약의 지리적 적용범위인 "관할권"의 개념은 체약국의 '영토'에 국한되는 것이 아니며, 체약국이 -적법한 것이든 불법적인 것이든- 군사행동의 결과로서 영토 밖에서 "실효적 통제/지배"(effective control)을 행사하면 유럽인권협약 제1조에서 말하는 "관할권"의 요건을 충족시킨다는 것이다.

그러나 이 판결이 있고 나서 6년 뒤인 *Bankovic* v. *Belgium, Czech Republic, Denmark, France, Germany, Greece, Hungary, Iceland, Italy, Luxembourg, Netherlands, Norway, Poland, Portugal, Spain, Turkey and United Kingdom* (*Bombing of Serbian TV Station case*), Grand Chamber decision (12 December 2001) on admissibility, Application No. 52207/99, (at https://www.coe.int ; Hartley, *European Union Law in a Global Context*, pp. 284~291)에서는 유럽인권재판소(대재판부)는 외견상 다소 후퇴하는 입장을 보여주었는데, 사건 개요는 다음과 같다. Kosovo 내의 다수파 알바니아인들이 세르비아로부터의 독립 내지는 적

와 미주인권위원회[431)]도 견해를 함께 하고 있는데, 유럽인권협약 제1조는 협약에 명시된 권리와

어도 자치를 요구하면서 내전이 촉발되자 이들에 대한 인종청소가 자행되었다. 1999년 결국 NATO가 이들을 위해 간섭하기로 결심하고 세르비아에 대해 군대철수를 요구하였으나 응하지 않자 세르비아에 대해 공습(aerial bombardment)을 단행하였다. 이 과정에서, 1999년 4월 23일, NATO의 미사일 한 발이 세르비아 라디오/TV 네트워크(RTS)에 의해 운영되는, 벨그라드의 한 TV 방송국을 명중시켰다. 이 공격은 고의적인 것이었는데, NATO는 RTS가 세르비아 정부를 위해 선전방송을 하고 있다고 생각하였다. 이 과정에서 Bankovic 부부의 딸을 포함해서 많은 사람들이 죽었다. Bankovic 부부는 다른 희생자의 부모 및 부인들과 함께 유럽인권협약의 당사자로서 NATO회원국인, 모두 17개국을 상대로 제소하였던 것이다. 피고 국가들은 공격이 그들의 영토 밖에서 이루어졌기 때문에 소의 허용성이 없다고 주장하였으며, 사건은 이 문제에 대한 결정을 위해 대재판부로 갔다. 유럽인권재판소 대재판부는 그러나 이번에는 체약국의 영토외적 관할권의 행사에 대한 동 재판소의 승인은 예외적인 것이라고 하면서(para. 71) 본 사건에서 소의 허용성을 부인하고 말았다.

그 후 유럽인권재판소는 1995년 터키 군대가 이라크 북부에서 군사작전을 수행하는 과정에서 이라크 쿠르드사람들(Iraqi Kurds)을 불법 체포, 감금, 살해하였다는 주장과 관련하여 제기된 사건인 *Issa and Others* v. *Turkey*, Application no. 31821/96, Judgment of 16 November 2004, paras. 67~71에서 유럽인권협약의 역외적용성에 대한 기존의 입장을 종합하여 다음과 같이 언급하고 있다 : "67. The established case-law in this area indicates that the concept of "jurisdiction" for the purposes of Article 1 of the Convention must be considered to reflect the term's meaning in public international law ... From the standpoint of public international law, the words "within their jurisdiction" in Article 1 of the Convention must be understood to mean that a State's jurisdictional competence is primarily territorial (see *Bankovic and Others*, ...), but also that jurisdiction is presumed to be exercised normally throughout the State's territory.

68. However, the concept of "jurisdiction" within the meaning of Article 1 of the Convention is not necessarily restricted to the national territory of the High Contracting Parties (see *Loizidou* v. *Turkey*, ...). In exceptional circumstances the acts of Contracting States performed outside their territory or which produce effects there ("extra-territorial act") may amount to exercise by them of their jurisdiction within the meaning of Article 1 of the Convention.

69. According to the relevant principles of international law, a State's responsibility may be engaged where, as a consequence of military action - whether lawful or unlawful - that State in practice exercises effective control of an area situated outside its national territory. The obligation to secure, in such an area, the rights and freedoms set out in the Convention derives from the fact of such control, whether it be exercised directly, through its armed forces, or through a subordinate local administration ...

70. It is not necessary to determine whether a Contracting Party actually exercises detailed control over the policies and actions of the authorities in the area situated outside its national territory, since even overall control of the area may engage the responsibility of the Contracting Party concerned ...

71. Moreover, a State may also be held accountable for violation of the Convention rights and freedoms of persons who are in the territory of another State but who are found to be under the former State's authority and control through its agents operating - whether lawfully or unlawfully - in the latter State ... Accountability in such situations stems from the fact that Article 1 of the Convention cannot be interpreted so as to allow a State party to perpetrate violations of the Convention on the territory of another State, which it could not perpetrate on its own territory ... " 그러나 본 사건에서 원고들은 사실 입증에 실패함으로써 결국 소를 각하당하고 말았는데, 이에 대해서는 재판소가 증거 기준을 너무 높게 요구하였다는 비판이 있다 : see Tarik Abdel-Monem, "The Long Arm of the European Convention on Human Rights and the Recent Development of *Issa* v. *Turkey*", Human Rights Brief (American University Washington College of Law), Volume 12, Issue 2 (Winter 2005), pp. 9~11 (available at https://www.wcl. american.edu/hrbrief/12/122.pdf?rd=1). 이라크는 유럽인권협약의 당사국이 아니었지만 이것은 협약적용의 장애물이 되지 않았다 : "74. The Court does not exclude the possibility that, as a consequence of this military action, the respondent State could be considered to have exercised, temporarily, effective overall control of a particular portion of the territory of northern Iraq. Accordingly, if there is a sufficient factual basis for holding that, at the relevant time, the victims were within that specific area, it would follow logically that they were within the jurisdiction of Turkey (and not that of Iraq, which is not a Contracting State and clearly does not fall within the

자유를 보장해야 하는 대상을 "체약국 관할권 안에 있는 모든 이"(everyone within their jurisdiction)

---

legal space (*espace juridique*) of the Contracting States (see the above-cited *Bankovic* decision, § 80)." 흥미롭게도, 유럽인권재판소는 *Bankovic*, para. 80에서 유럽인권협약의 지역성(regionality)을 언급한 바 있는데, *Issa*, para. 74에서는 이 논리가 사실상 거세되고 있음을 느낄 수 있다. 유럽인권재판소는 *Kalogeropoulou and Others* v. *Greece and Germany*, Application No. 59021/00, Judgment on Admissibility, 12 December 2002에서 유럽인권협약 제1조의 "(체약국의) 관할권" 요건에 대한 자신의 판례를 다음과 같이 설명하고 있다 : "The Court considers that, from the standpoint of public international law, the jurisdictional competence of a State is primarily territorial. The case-law of the Court shows that it has only exceptionally acknowledged that a Contracting State has exercised its jurisdiction extraterritorially : it has done so when the respondent State, through the effective control of the relevant territory and its inhabitants abroad as a consequence of military occupation or through the consent, invitation or acquiescence of the government of that territory, exercises some or all of the public powers normally to be exercised by that government ... "

유럽인권협약 제1조의 "관할권" 해석에 대한 유럽인권재판소의 판례는 외견상 일관성이 없어 몹시 혼란스러워 보이는데, 특히 *Ilascu and Others* v. *Moldova and Russia*, Application No. 48787/99, Judgment of 8 July 2004에서 그러하였다. 인권침해가 발생한 곳은 Moldova 영토 내에서 1991년 독립을 선언한 (그러나 국제적으로 승인을 받지 못한) Moldavian Republic of Transdniestria (이하 MRT) 지역이었고, 협약 위반도 MRT 당국에 의해 자행된 행위들이었다. 재판소는 이 MRT 지역은 정치, 군사, 경제적으로 러시아의 지원을 받아 존재하고 있기 때문에 침해 당시 원고들은 협약 제1조에 따라 러시아의 관할권 하에 있었다고 판시하였다. 문제는, 원고들이 협약 제1조의 규정에 따라 침해 당시 몰도바의 관할권 하에도 있었다고 볼 것인가 하는 점이었다. 몰도바는 MRT의 실효적 지배(통제) 하에 있는 자국의 영토부분에 대해 권한을 행사하지 못하고 있었고, 원고들의 권리를 침해하기 위한 어떤 실제 행동도 한 바 없었다. 재판소는 그럼에도 불구하고, 몰도바는 협약에 규정된 원고들의 권리를 보장하기 위해 자국의 힘이 미치는 범위 내에서 (국제법에 일치하는) 외교, 경제, 사법적 혹은 기타의 조치를 취해야 할 '적극적 의무'가 있는데도 이 적극적 의무를 다하지 않은 것으로 판단되므로 몰도바에 대한 제1조의 관할권 요건은 충족된다고 판시하였던 것이다(paras. 330~331, 333~335) : "330. On the basis of all the material in its possession, the Court considers that the Moldovan Government, the only legitimate government of the Republic of Moldova under international law, does not exercise authority over part of its territory, namely that part which is under the effective control of the "MRT". Moreover, that point is not disputed by any of the parties or by the Romanian Government.

331. However, even in the absence of effective control over the Transdniestrian region, Moldova still has a positive obligation under Article 1 of the Convention to take the diplomatic, economic, judicial or other measures that it is in its power to take and are in accordance with international law to secure to the applicants the rights guaranteed by the Convention." 그리고 최종판결에서 재판소는 러시아와 몰도바, 두 국가 모두에게 협약 제3조 및 제5조의 위반을 인정하고, 3인의 원고에게 일정 배상금과 소송비용 및 경비를 지급할 것을 명령하였다. 이 판결에 대한 논평은, Orakhelashvili, pp. 143~144 참조.

이 밖에도 유럽인권재판소는, 유럽인권협약 제1조의 해석상 공해(公海)에서 선박에 타고 있는 사람은 국가선박을 통하여 동 선박과 충돌(collide)하거나 동 선박을 가로채는(intercept) 유럽인권협약 체약국의 관할권 내에 있었던 것으로 간주한 바 있고(*Xhavara* v. *Italy and Albania*, Application No 39473/98, Decision of 11 January 2001 ; *Medvedyev* v. *France*, Application No 3394/03, Judgment of 10 July 2008, para. 50, and Grand Chamber Judgment of 29 March 2010, paras. 62~67), 유럽인권협약 체약국의 보안군에 의해 해외에서 체포된 사람은 그 국가의 관할권 내에 있었던 것으로 보았다(*Öcalan* v. *Turkey*, Application No 46221/99, Judgment of 12 May 2005, para. 91). See Ryngaert, *Jurisdiction in International Law*, pp. 24~25.

끝으로, 유럽인권재판소는 유럽인권협약 체약국의 행위라 하더라도 UN의 "최종 권한과 통제"(ultimate authority and control) 하에서 행해진 행위에 대해서는 그 책임이 UN으로 귀속됨으로 유럽인권협약이 적용되지 아니한다고 판시한 바 있다 : *Behrami and Behrami* v. *France*, & *Saramati* v. *France*, *Germany and Norway* (Application Nos. 71412/01, & 78166/01), Decision as to Admissibility, 2 May 2007, 〈https://hudoc.echr.coe.int/sites/eng/pages/search.aspx?i=001-80830〉. 그러나 7년 뒤 *Jaloud* v. *The Netherlands*, Application No. 47708/08, 20 November 2014, paras. 143~151, 〈file:///C:/Users/DSK/Downloads/001-148367.pdf〉 사건에서 유럽인권재판소는 *Behrami* 사건과는 "거의 양립하기 어려운"(hardly reconcilable) 판결을 내렸다. 본서, 제14장 (국가책임) 참조.

431) Inter-American Commission on Human Rights, *Coard et al. v. United States*, Case 10.951, Report No. 109/99, September 29, 1999, especially para. 37 of the Report, Inter-Am.C.H.R., at https://www1.

로 표현하고 있고, 미주인권협약 제1조는 이것을 "당사국 관할권 하에 있는 모든 사람들"(all persons subject to their jurisdiction)로 표현하고 있다. 여러 인권 관련 국제위원회나 판례를 보면, 인권조약 적용의 전제인 '관할권' 개념은 대체로 실효적 통제(지배)'로 해석되고 있지만, 언제나 그런 것은 아니다.[432] 이상의 논의는 모두 특정 인권조약의 영토적 적용범위와 관련하여 조약 해석의 문제로서 제기된 것이지만, 이제 이같은 논의와 결론은 조약 해석의 차원을 떠나 일반국제법의 관점에서도 그대로 수용될 수 있는 것으로 보인다. Cassese[433]는 이 주제에 대해 다음과 같이 결론짓고 있다.

> "…국가는 자국 영토에서 뿐만 아니라 해외에서도 어떤 종류의 권한(authority)이나 권력(power)을 행사할 때 인권을 존중할 의무를 부담한다. 이 권한이나 권력 하에 있는 개인들이 그 국가의 국적을 가졌는지 아니면 외국인인지는 문제되지 아니한다. 게다가, 여기서 권한의 행사라 함은 주권적 권한(입법, 법집행, 행정적 권한 등등)의 표시뿐만 아니라 시간적으로 아무리 제한된 것이라 하더라도 권력의 일체의 행사(예컨대, 무력충돌에 있어 군대의 사용)도 포함되어야 할 것이다."

끝으로 유념할 사항이 하나 있다. 위에서 살펴본 바의 인권조약이 국가들에게 부과한 실체적 의무의 지리적 적용범위와 인권조약을 침해한 개인들을 소추할 의무의 지리적 범위(혹은 누가 그들을 재판할 수 있는가의 문제)는 구분되어야 한다. 예컨대, ICJ는 *Application of the Convention on the Prevention and Punishment of the Crime of Genocide* (일명 *Bosnia* 사건)[434]에서 "제노사이드협약 제I조와 제Ⅲ조에서 나오는 실체적 의무는 외견상 영토에 의하여 제한되지 아니하지만", "제Ⅵ조에 의하여 부과된 소추의무는 이와는 대조적으로 명시적인 영토적 제한을 받고 있다. 즉, 제노사이드로 기소된 자에 대한 재판은 그 영토에서 그 행위가 행해진 국가의 권한있는 재판소에서 수행하거나, 아니면 관할권을 가진 국제형사재판소에서 수행하여야 한다."라고 언급한 바 있다.

---

umn.edu/humanrts/cases/us109-99.html.

432) 이를테면 Orakhelashvili, p. 144는 "(상기) *Ilascu and Others* v. *Moldova and Russia*에서 실효적 통제(지배)의 요건은 신비롭게도 사라져 버린다(the requirement of effective control mysteriously disappears)."고 꼬집고 있다.

433) Cassese, *International Law*, 2nd, p. 386. 인권조약의 역외적용성에 관한 더욱 포괄적인 논의는 다음의 논문을 참조 : John Cerone, "Out of Bonds? – Considering the Reach of International Human Rights Law", Center for Human Rights and Global Justice Working Paper Number 5, 2006, NYU School of Law, available at https://www.chrgj.org/docs/WPS_NYU_CHRGJ_Cerone_Final.pdf.

434) Bosnia and Herzegovina v. Serbia and Montenegro, (Jurisdiction and Merits), judgment of 26 Feb. 2007, paras. 183~184. 1995년 보스니아, 스레브레니차(Srebrenica) 지역에서 세르비아계 군대에 의해 자행된 무슬림 학살에 유고(세르비아-몬테네그로)의 군대나 국가기관이 참여한 것은 아니었고, 또 유고의 정치지도자들이 이 학살을 준비, 수행, 공모 혹은 사주한 것도 아니었다. 따라서 핵심쟁점은, 당시 유고 정부가 문제의 학살에 대해 알면서도 이를 방지하지 않은 데 대해 책임을 물을 수 있겠는가 하는 것이었다. ICJ는 여기서 '실효적 통제(지배)'(effective control) 대신에 '영향력'(influence)의 기준에 의거하여 피고국이 제노사이드협약 하의 방지 의무를 위반한 것으로 판시하였는데(paras. 425~450), 이 판결에 대해서는 '영향력'은 너무 '주관적 개념'(a highly subjective notion)이라는 관점에서 비판이 제기되고 있다(Declaration of Judge Skotnikov, p. 10 ; Orakhelashvili, pp. 147~148).

XIII. "human rightism"

국제법이 개인의 인권 문제에 관심을 가지게 된 것은 인류 역사에서 혁명적인 일이다. 이로써 개인도 국제공동체에서 자기 이름으로 말하고 행동할 수 있는 자격을 부여받게 되었고, 나아가 국가들이 합의에 의해 허락하는 범위 내에서는 자국 정부까지도 국제적 절차에 불러낼 수 있게 되었다. 그리고 무엇보다 국제공동체는 인권법의 발달을 통하 '일반국제법의 강행규범'과 '대세적 의무'의 관념을 도입하는 데 성공하였다. 이같은 국제인권법의 발달에 용기를 얻은 일부 논자들은 인권법에 일반국제법과는 분리된 자율성(autonomy) 내지는 독립성(independence)을 부여하려는 태도 혹은 자세를 드러내고 있는데, 이러한 태도는 흔히 "human rightism"(인권주의)으로, 이러한 태도를 가진 자들은 "human rightists"(인권주의자)로 지칭되고 있다.[435] 이같은 좁은 의미에서의 human rightism은 개인의 인권 보호를 위한 적극적인 노력과 활동을 지칭하는 "human rights activism"(인권 행동주의)과는 구분하는 것이 좋겠다. 어쨌든 human rightism의 발상은 특히 세계무역기구(WTO)의 등장을 전후하여 일반국제법과는 완전히 혹은 어느 정도 구분되는 국제경제법(international economic law)의 존재를 주장했던 논자들의 논리를 연상시킨다. 그러나 국제인권법과 국제경제법 이외에도 제2차 세계대전 후 국제법이 여러 전문분야로 특화되어 발전을 거듭하고 있지만, 이들 전문화된 분야의 연원도 결국은 국제법의 연원으로 귀결된다는 점을 생각하면 현대국제법의 전문화된 영역들이 일반국제법 안에서 자율적으로 존재한다거나, 이에서 더 나아가 일반국제법과는 아주 별개의 학문으로 존재한다고 생각하고 싶어하는 이른바 "자치론자"(autonomists) 내지는 "분리론자들"(secessionists)의 생각은 이론적으로도 실제적으로도 지나친 것이다.[436] Alain Pellet 교수는 "학자들이 국제법의 특수분야를 전문적으로 연구하는 것을 말리는 것은 아무 것도 없지만, 나무에서 가지를 쳐내지는 말아야 한다. 그러면 나무가 죽을 것이기 때문이다."[437]라고 말하면서 국제인권법에 대해서도 동일한 태도를 취할 것을 역설하고 있다. 사실은, 이 경우 나무만 죽는 것이 아니라 쳐내진 가지가 먼저 죽을 것이다. 이런 점에서 human rightism은 결국은 -본서, 제14장 (국가책임)에서 설명한- "자기완비적 체제"의 문제로 귀결된다.[438]

---

435) 특히 Alain Pellet 교수는 human rightism에 대해 이를 ""posture" which consists in wanting at all costs to confer "autonomy" (which, in my opinion, it does not possess) to a "discipline" (which, in my opinion, does not exist as such): the protection of human rights."로 정의함과 동시에 이러한 '태도 혹은 자세'를 비판하고 있다 : Alain Pellet, "'Human Rightism' and International Law", in B. Conforti et al. (eds.), The Italian Yearbook of International Law, Volume X (2000), pp. 3~16.

436) *Ibid.*, p. 13.

437) *Ibid.*, p. 14.

438) See Thirlway, p. 175.

XIV. 트랜스휴머니즘 : 무엇이 인간인가?

가까운 미래에 "유전자 이식 기술이 발전을 거듭해 ... 사람, 동물, 식물이 서로 유전자를 주고받[고], ... 인간의 몸이 기계로 바뀌어 갈 뿐만 아니라 기계는 생물처럼 자기증식하는 능력과 사람처럼 생각하고 느끼는 능력을 갖게 된다."[439]는 예측이 나오고 있다. 그러니까 인간은 기계화하고, 기계는 인간화하게 된다는 것이다. 이처럼 고도의 인공지능(AI)[440]과 트랜스휴머니즘(초인간주의)(transhumanism)[441]의 결합 가능성은 인권법의 대전제인 인간(human)이란 무엇인가, 누가 혹은 무엇이 인간을 구성하는가의 질문으로 이어지고 있다.[442] 이는 형법이나 민법의 목적상 사람의 출생 시점을 언제로 볼 것인가와는 전혀 다른 차원의 문제임이 분명하다. 인권 관련 조약이나 국내법에서 보는 것처럼, 그간 '사람' 혹은 '개인' 자체에 대한 법적 정의는 불필요하였으며, 그 대신 인간의 '권리'가 무엇인가에 초점이 두어져 왔다. 인간인지 유사인간인지는 그냥 보면 알 수 있기 때문이다. 그런데 이제는 그냥 봐서 알 수 없는 세상이 오고 있는 것이다. 법이 해답을 준비하지 않으면 기술이 해답을 제시할 것이다. 국가의 지배가 기술의 지배로 대체되는 신세계(New World)가 열릴지도 모른다.

---

439) 李仁植, "자기증식하는 나노기계가 지구 뒤덮어 인류 최후의 날을 맞을 수도", 月刊朝鮮 · 삼성경제연구소 공동기획, 《2030년의 대한민국》(2009년 1월호 별책부록), p. 79, 82, 88.

440) https://en.wikipedia.org/wiki/Artificial_intelligence.

441) https://en.wikipedia.org/wiki/Transhumanism.

442) A. Kayum Ahmed/Open Global Rights, April 10, 2019, "Delinking the "human" from human rights: artificial intelligence and transhumanism - The development of artificial intelligence and transhumanism are challenging what it means to be human—and who (or what) constitutes the "human" in human rights.", 〈https://www.openglobalrights.org/〉. 이와 관련하여 사적 차원에서 많은 의견이 나오고 있다. 이를테면, '사이보그 권리 장전'(Cyborg Bill of Rights)이란 제목의 어느 개인적 제안에 의하면 "사람은 정당한 절차에 의하지 아니하고는 불필요한 분해로부터 자유로우며", "법적으로 승인된 뮤턴트는 자연인에게 인정되는 모든 권리, 이익, 책임을 향유한다" : https://hpluspedia.org/wiki/Cyborg_Bill_of_Rights. 그리고 역시 '세계 사이보그 권리 선언'(Universal Declaration of Cyborg Rights)이란 제목의 어느 개인적 제안에 의하면 "디지털 시대의 인간은 사이보그이다" : https://biohackinfo.com/cyborg-rights/ ; https://cyborgrights.eu/. 이와 함께 AI에게 법인격을 부여하는 것에 대한 논의도 진행되고 있다 : 박혜섭/Ai타임스, 2021.09.23., "미래AI에게 어떻게 법인격 부여할까... 과기부, AI 법적지위 논하는 세미나 개최", 〈http://www.aitimes.com/news/articleView.html?idxno=140702〉 ; Vagelis Papakonstantinou and Paul de Hert, "Refusing to award legal personality to AI: Why the European Parliament got it wrong", European Law Blog, 25 November 2020, 〈https://europeanlawblog.eu/2020/11/25/refusing-to-award-legal-personality-to-ai-why-the-european-parliament-got-it-wrong/〉 ; Simon Chesterman, "Artificial Intelligence and the Limits of Legal Personality", (2020) 69 (4) ICLQ 819~844, 〈https://doi.org/10.1017/S0020589320000366〉 ; Karolina Ziemianin, "Civil legal personality of artificial intelligence. Future or utopia?", Internet Policy Review (Volume 10, Issue 2), 7 Apr 2021, 〈https://policyreview.info/articles/analysis/civil-legal-personality-artificial-intelligence-future-or-utopia〉 참조.

XV. 금단의 열매에서 인권으로?

–전 세계 60명의 법률가들로 구성된, 인권 분야 국제민간단체인– 국제법률가위원회(International Commission of Jurists, ICJ)[443]는 2023년 3월 8일 "성, 생식, 약물사용, HIV, 노숙자 및 빈곤과 관련된 행위를 금지하는 형법에 대한 인권 기반 접근을 위한 3월 8일 제원칙"[444]이란 제목의 보고서를 발간하여 UN인권이사회에 제출하였는데, 주요 내용은 다음과 같다.

"그 누구도 자신의 행동이 –알코올이나 약물의 소비, HIV 감염, 임신 중 태아에게로의 전염과 같은– 그들 자신의 임신에 해롭다는 주장을 근거로, 또는 그들 자신의 임신 손실에 대해, 형사책임을 져서는 안 된다(제14원칙)." "형법은 낙태를 금지할 수 없다. 낙태는 ... 형법의 범위에서 완전히 벗어나야 한다(제15원칙)." "형법의 집행과 관련하여 (법에)규정된 성에 대한 동의(consent to sex)에 적용되는 최소 나이는 비차별적 방식으로 적용되어야 한다. ... 더욱이, 각 국내법에 규정된 성 동의 최소연령 미만인 사람과 관련된 성적 행위는 법적으로는 아니라 해도 사실상 합의에 의한 것일 수 있다. 이러한 맥락에서, 형법을 집행함에 있어서는, 18세 미만의 사람들이 합의에 의한 성행위에 대한 결정을 내릴 수 있는 권리와 능력, 그리고 그들과 관련된 문제에 대해 의견을 개진할 권리가 반영되어야 한다. 18세 미만의 사람들은 그들의 진화하는 능력과 점진적인 자율성에 따라 ... 자신에게 영향을 미치는 결정에 참여해야 한다(제16원칙)." '돈이나 상품, 서비스를 댓가로 동의하는 성인간의 성적 서비스의 교환은 ... 강요, 폭력, 권한의 남용 혹은 사기가 없는 한 범죄로 규정되어서는 안 된다(제17원칙)." "폭력, 강요, 사기 또는 의료과실이 있거나 자유롭고 또한 사전설명에 기초한 의사결정이 결여된 경우를 제외하고는, 그 누구도 성적 지향 또는 성 정체성의 탐색, 자유로운 개발 및/또는 확인을 위해 다른 사람을 돕는 것을 목표로 하는 합의관행에 대해 형사책임을 져서는 안 된다(제18원칙)." "형법은 HIV 상태를 비공개하거나, HIV에 노출되거나, 또는 HIV의 전파 자체를 금지해서는 안 된다. 형법의 사용은 HIV를 고의적으로 전파하는 경우에 국한되어야 한다(제19원칙)." "형법은 18세 미만이거나 임신 중인 사람을 포함하여, 약물을 사용하거나, 또는 개인적인 사용을 위해 약물을 소지, 구매 또는 배양하는 행위...를 금지해서는 안 된다(제20원칙)." "그 누구도 공공장소(public places)에서 (a) 구걸, 행상... 등 생명유지를 위한 경제활동을 하고, (b) 수면, 식사, 음식준비, 빨래와 같은 생명유지 활동을 하는 것에 대해 형사책임을 져서는 안 된다(제21원칙)."

---

443) https://en.wikipedia.org/wiki/International_Commission_of_Jurists.

444) "The 8 March Principles for a Human Rights-Based Approach to Criminal Law Proscribing Conduct Associated with Sex, Reproduction, Drug Use, HIV, Homelessness and Poverty", Published in March 2023 ; International Commission of Jurists, 08/03/2023, "ICJ publishes a new set of legal principles to address the harmful human rights impact of unjustified criminalization of individuals and entire communities", ⟨https://www.icj.org/⟩.

"형법에 대한 인권 기반 접근을 위한 제원칙"의 이름으로 제시된 내용들이 지금까지의 법과 이성과 상식을 초월하고 있지만,[445] 이미 일부 국가에서 그런 징조가 발생하고 있음이 목격된다.[446]

---

445) Ansh Pandey/TFIGlobal, April 18, 2023, "UN authorizes pedophilia", 〈https://tfiglobalnews.com/2023/04/18/un-authorizes-pedophilia/〉; Elizabeth Elkind/Fox News, April 21, 2023, "GOP senators urge UN ambassador to denounce report they say is supportive of pedophiles", 〈https://www.foxnews.com/politics/gop-senators-un-ambassador-report-pedophiles〉; Marco Rubio (US Senator for Florida), Press Releases, Apr 21, 2023, "Rubio, Republicans Question Biden Administration on UN Support for Efforts to Promote Underage Sex", 〈https://www.rubio.senate.gov/public/index.cfm/press-releases?id=88E194F8-E83D-4FBE-8412-C07A557F2A0A〉. 이같은 비판에 대해 얄팍한 말장난이 가해지고 있기도 하다 : see, e.g., AP, April 21, 2023, "UN report did not call for decriminalizing sex between adults and minors", 〈https://apnews.com/article/fact-check-united-nations-report-consent-772818741019〉.

446) See, e.g., John Fenoglio, Marc Sternfield/KTLA, Apr 14, 2023, "Were homeless people told to move to the Beverly Hills area?", 〈https://ktla.com/news/local-news/were-homeless-people-told-to-move-to-the-beverly-hills-area/〉; Harriet Alexander/DailyMail, 18 April 2023, "Homeless people who set up encampments on the border of Beverly Hills claim they were TOLD to move there by cops - as residents complain they 'fight all hours of the day' and sell drugs", 〈https://www.dailymail.co.uk/news/article-11984231/Homeless-people-set-encampments-near-Beverly-Hills-claim-TOLD-cops.html〉.

제 18 장
국제난민법

제1차 세계대전과 함께 난민 문제가 국제공동체의 주요 관심사로 등장한 이래, 오늘날에도 인종, 종교, 국적, 정치적 의견 또는 특정사회집단의 구성원신분 등의 불합리한 이유로 박해받는 사람의 수는 오히려 늘고 있고, 이들은 박해를 피해 결국 자신의 국적국이나 지금까지 살던 국가 밖에서 머무르지 않을 수 없다. 우리는 흔히 이들을 난민이라 부르는데, 난민 문제는 그것이 내포하고 있는 국제적 성격으로 인하여 국가적·지역적 혹은 국제적 안전을 중대하게 위협하는 결과로 이어지고 있다. 난민도 사람이라는 의미에서 난민의 국제적 보호 문제도 크게는 국제인권법의 범주에 넣어 설명할 수 있겠지만,[1] 특별히 난민 문제를 다루는 조약과 관습법규가 형성되고 있으므로 이를 국제난민법의 이름으로 국제인권법과는 분리하여 논하는 것이 좋겠다. 특히, 난민의 정의에 해당하지 않아 난민법의 보호는 받지 못하게 되더라도 다시 인권법에 의존할 수 있는 여지는 남아있음을 생각하면 난민법과 인권법은 상호작용하는 별개의 분과로 보는 것이 타당할 것이다.[2] 그러면 이제 UN난민고등판무관과 제네바난민협약을 중심으로 국제난민법(international refugee law)을 개관하여 보자.

Ⅰ. 국제연맹과 난민보호

제1차 세계대전 과정에서 제정 러시아에서 혁명이 발발하고 오스트로-헝가리 제국과 오토만 제국이 붕괴되면서 이들 지역에서 대량 난민이 발생하자 이들을 보호하는 문제가 제기되었다. 이에 1920년에 성립한 국제연맹은 그 이듬해인 1921년부터 난민의 운명을 개선하기 위한 노력에 착수하였다. 즉, 1921년 6월 21일 국제연맹 이사회는 난민고등판무관사무소(High Commission for

---

1) Von Glahn and Taulbee, pp. 404, 423 ff.
2) See Gilbert in de Wet and Vidmar (eds.), "Chapter 7 (Human Rights, Refugees, and Other Displaced Persons in International Law)", pp. 176~205.

Refugees)를 설치하였으며, 이어서 그 해 8월 20일 노르웨이 극지탐험가 프리요프 난센(Fridtjof Nansen)이 고등판무관(High Commissioner)에 임명되었다. 이 고등판무관의 주된 임무는 난민들에게 여권에 갈음할 신분증명서를 발급해 주고, 적절한 일자리와 주택을 제공하고, 그리고 여러 정부와 민간단체(즉, 사적 기구)의 구호활동을 조정하는 것이었다. 국제연맹은 고등판무관의 행정비용만을 부담하였기 때문에 그의 여러 직무수행에 소요되는 비용은 정부와 민간단체들의 자발적 기부금으로 충당되지 않으면 안되었다.

일반적으로 난센여권(Nansen passport)으로 더욱 알려진[3] 난센신분증명서(Nansen certificate)는 러시아의 난민들에게 일정 이동의 자유를 제공하기 위해 고안된 것인데, 이 여권은 1922년 7월 5일의 "러시아 난민들에게 신분증명서를 발급하는 것에 관한 협정"(Arrangement relatif à la délivrance des certificats d'identité aux réfugiés russes)에 근거하여 발급되었다. 1924년 5월 31일의 협정은 상기 1922년 7월 5일의 협정 규정을 확대하여 [오토만 제국 말기(1915~1922)에 발생한] 아르메니아[4] 난민도 적용대상에 포함시켰다. 1928년 6월 30일의 한 협정은 또 다시 상기 규칙을 확대하여 터키, 앗시리아, 앗시리아-칼데아 등의 일부 중동 지역 난민들에게까지 적용되도록 하였다.

1930년 9월 30일 국제연맹 총회는 난민들을 위하여 국제난센사무소(International Nansen Office)를 수립하는 결의를 채택하였다. 국제난센사무소는 인도와 법적 보호에 관련된 문제들을 다루었다. 국제난센사무소는 독립된 기구이긴 했지만 그것의 행정비용을 부담한 국제연맹의 관할 하에 있었다. 1933년 10월 28일에는 "난민의 국제적 지위에 관한 협약"(Convention Relating to the International Status of Refugees)이 체결되었다. 이 협약은 난민의 '법적 지위'를 다루기 위한 최초의 국제협정으로서, 난민의 입국, 체류 및 이동의 권리에 관련된 문제들과 난센여권의 발급 문제를 규율하였으나, 단지 8개국의 비준을 얻는데 그치고 말았다. 1936년 7월 4일의 "독일 난민의 지위에 관한 잠정협정"(Provisional Arrangement concerning the Status of Refugees Coming from Germany)은 국제난민의 권리에 관한 그 이전의 유효한 규칙을 독일 난민에게로 확대적용하였다. 그리고 "독일 난민의 지위에 관한 협약" (Convention concerning the Status of Refugees Coming from Germany)이 1933년 협약의 모든 원칙에 따라 1938년 2월 10일에 서명되었다. 이 1938년의 협약과 1936년의 잠정협정은 1939년 9월 14일의 한 보충의정서에 의하여 오스트리아 난민들에게 적용되도록 확대되었고, 또한 1939년 1월 17일의 국제연맹 총회의 한 결의에 의하여 주데텐(Sudetenland) 난민들에게 적용되도록 확대되었다.

1938년에 Lake Geneva의 에비앙 회의(Evian Conference)에서 미국 루스벨트(Roosevelt) 대통령의 발의로 정부간 난민위원회(Intergovernmental Committee for Refugees)가 수립되었다.

---

3) UNHCR *Handbook*, para. 33 ; The Conversation, November 6, 2017, "The Nansen passport: the innovative response to the refugee crisis that followed the Russian Revolution", 〈https://theconversation.com/the-nansen-passport-the-innovative-response-to-the-refugee-crisis-that-followed-the-russian-revolution-85487〉.

4) https://en.wikipedia.org/wiki/Armenia.

이 위원회는 31개국 대표로 구성되었으며, 1946년에는 난민들에게 더 나은 이동의 자유를 허용하기 위하여 국제 런던여행문서(London Travel Document)의 창설을 위한 한 개의 결의를 채택하기도 하였다. 국제연맹 난민고등판무관사무소의 활동은 1946년 12월 31일 종료되었으며, 이 고등판무관사무소 권한 내의 난민에 대한 모든 책임은 정부간 난민위원회로 이전되었다. 정부간 난민위원회는 UN이 난민에 대한 책임을 접수한 1947년 6월 30일 해산하였다.[5)]

Ⅱ. UN과 난민보호 : UNHCR

1943년 11월 9일 연합국 구호복구행정청(United Nations Relief and Rehabilitation Administration : UNRRA)이 난민(refugees)과 실향민(피난민) (displaced persons)을 위한 활동을 개시하였다. UNRRA는 추축국(Axis Powers)의 영향권 내에 놓여 있던 실향민들의 본국 귀환(repatriation)을 책임졌는데, 1947년까지 7백만이 넘는 사람들이 본국으로 돌아갔다.

1946년 2월 12일의 결의 8(I)에서 UN총회는 난민문제를 해결하기 위한 국제기구의 설립을 경제사회이사회에 위임하였다. 그 후 경제사회이사회의 한 위원회가 국제난민기구(International Refugee Organization : IRO)의 헌장을 위한 초안을 작성하였다. 국제난민기구헌장(Constitution of the IRO)은 1946년 12월 15일 UN총회에서 채택되었다. IRO의 활동개시일은 1947년 7월 1일로 잡혔고, 이로써 UNRRA와 정부간난민위원회가 해산하였다. IRO는 난민들에게 의료구호와 법적보호를 포함한 여러 가지 도움을 제공하는 일뿐만 아니라, 그들을 재훈련시키거나 본국으로 돌려보내거나 혹은 제3국에 정착시키는 문제 등을 떠안았다. 그러나 난민들이 대체로 본국귀환을 원하지 않는 이유로 IRO가 1951년 12월 31일까지 본국으로 송환할 수 있었던 인원은 약 72,834명에 불과하였다. 반면에 동일자까지 제3국정착(재정착)(resettlement)이 이루어진 인원은 1,038,750명에 달하였다. 1백만명이 넘는 인원 중에서 328,851명이 미국에, 182,159명이 오스트레일리아에, 123,479명이 캐나다에, 123,109명이 이스라엘에, 86,455명이 프랑스에, 그리고 86,346명이 영국에 정착하였다. IRO는 UN의 비항구적인 전문기구였다. 출범당시부터 IRO의 임무는 1950년 6월 30일까지로 국한되어 있었고, 그 뒤 약간 연장되었을 뿐이다. 1951년 12월 31일 IRO는 결국 활동을 중단하였다.[6)]

IRO가 창설된 후 곧 명백해진 사실은, 전세계적인 난민 문제가 1951년 말까지 해결될 수는 없으며, IRO헌장에 정의된 바의 '난민' 개념은 충분하거나 적절하지 못하며, 또한 국제적인 난민기구의 주요임무가 본국송환일 수는 없다는 점 등이었다. 1949년 12월 3일 UN총회는 난민고등판무관 사무소(High Commissioner's Office for Refugees)의 창설을 위한 결의[7)]를 통과시켰다. 1950년

---

5) Wolfrum/Philipp (eds.), pp. 1025~1026 ; Brownlie, 5th (1998), pp. 562~563.

6) Wolfrum/Philipp (eds.), pp. 1026~1027.

7) UN총회결의 319(Ⅳ).

12월 14일에 채택된 총회결의 428(V)에 부속된 'UN난민고등판무관 사무소 규정' (Statute of the Office of the United Nations High Commissioner for Refugees)(이하 'UNHCR사무소규정')은 1951년 1월 1일 발효하였다.[8)]

UNHCR사무소는 UN헌장 제22조에 따라 총회의 보조기관(subsidiary organ of the General Assembly)으로 수립된 것이다. UNHCR사무소규정 제13조는 "고등판무관은 사무총장의 지명에 따라 총회에서 선출된다. 고등판무관의 임명조건(terms of appointment)은 사무총장이 제안하고 총회가 이를 승인한다. 고등판무관은 1951년 1월 1일부터 3년의 임기로 선출된다."라고 규정하고 있다. 이 규정에 따라 UN총회는 1950년 네덜란드의 G. J. van Heuven Goedhart를 임기 3년의 UNHCR로 임명하였다. 그러나 동 규정 제5조는 "총회는 제8차 정기회기 이전에, 고등판무관사무소가 - 12월 31일 이후에도 계속되어야 하는지의 여부를 결정짓기 위하여 이 사무소를 위한 모든 협정을 재검토한다."라고 규정하고 있고, 실제로 이 초대 UNHCR의 3년의 기간 동안 UN이 미래에도 난민문제를 다루지 않으면 안될 것이라는 점이 분명해졌다. 이에 따라 총회는 UNHCR에게 부여된 권한(mandate)을 1954년 1월 1일부로 5년 더 갱신하고 또 그 이후에도 계속 갱신될 수 있게 하기 위한 결의를 채택하였으며, 실제로 이같은 권한위임의 연장이 뒤따랐다.[9)]

UNHCR은 "UN총회의 권능 하에서"(under the authority of the General Assembly) 행동하며,[10)] 총회나 경제사회이사회가 그에게 내리는 정책지령(policy directives)을 따라야 한다.[11)] 이와 더불어 UNHCR은 UN총회, 경제사회이사회 및 그 보조기관들에 출석하여 자신의 견해를 진술할 권리가 있다. 또한 UNHCR은 1년에 한 번 경제사회이사회를 통하여 총회에 보고해야 하는데, 그의 이 연차보고서는 총회의제에서 독립항목으로 간주된다.[12)] 1970년 이후, 경제사회이사회는 UNHCR의 요청이 있거나 그 이사국들 중 어느 한 국가의 요청이 있는 경우에만 UNHCR의 연차보고서를 직접 다루었으며, 그렇지 않으면 동 보고서를 토론없이 총회로 넘기고 있다.[13)]

UNHCR의 임무는 "전적으로 비정치적 성격"(of an entirely non-political character)을 가지며, 또한 "인도적이고 사회적인"(humanitarian and social) 목적에 봉사하여야 한다.[14)] 규정 제2조는 UNHCR의 업무는 "'일반적으로(대체로)', 난민의 '집단과 부류'에 관련된다."(shall relate, *as a rule*, to *groups and categories* of refugees)고 규정함으로써 두 가지 사항을 분명히 하고 있다. 첫째, 그의 업무는 난민의 '집단과 부류'에 관련되어야 하므로 개별 난민을 돌보는 문제에 대해서는 일차적인 책임을 지고 있지 않다. 둘째, 그러나 이것은 어디까지나 '일반적으로'(혹은 '대체로') 그렇다는 것일 뿐, UNHCR이 필요한 경우 특정개인을 위하여 관련 정부의 의사결정에 개입할 권리를

8) Wolfrum/Philipp (eds.), p. 1027.
9) *Ibid.* ; https://www.unhcr.org/about-unhcr/who-we-are/high-commissioner.
10) UNHCR사무소규정 제1조.
11) UNHCR사무소규정 제3조.
12) UNHCR사무소규정 제11조.
13) Wolfrum/Philipp (eds.), p. 1032.
14) UNHCR사무소규정 제2조.

갖고 있지 않음을 의미하는 것은 아니다.[15)]

UNHCR사무소규정 제8조에 의하면 UNHCR의 기본 임무는 다음과 같다.

> "(a) 난민보호를 위한 국제협약의 체결과 비준을 장려하고, 협약의 적용을 감독하고, 또한 협약의 개정을 제안하는 일;
> (b) 각국 정부와의 특별협정을 통하여, 난민의 상태를 개선하고 보호를 요하는 인원수를 줄이려고 계획된 각 조치의 이행을 장려하는 일;
> (c) 자발적 본국귀환(voluntary repatriation)이나 새로운 국내공동체 내에서의 동화(assimilation within new national communities)를 장려하기 위한, 정부 및 민간 차원의 노력에 조력하는 일;
> (d) 가장 가난한 부류의 난민들을 배제함이 없이, 각국 영토로의 난민의 입국(admission)을 장려하는 일;
> (e) 난민들이 그들의 자산, 특히 그들의 재정착(제3국정착)(resettlement)에 필요한 자산을 이전하기 위한 허가를 얻어 내기 위해 노력하는 일;
> (f) 각국 정부로부터, 각국 영토 내에 있는 난민의 인원수와 건강상태 그리고 난민관련 법령에 관한 정보를 얻어내는 일;
> (g) 각국 정부 및 관련 정부간기구와 긴밀한 접촉을 유지하는 일;
> (h) 난민문제를 다루는 민간단체들과 -고등판무관이 가장 좋다고 생각되는 방식으로- 접촉을 수립하는 일;
> (i) 난민복지에 관여하는 민간단체들의 노력의 조정을 촉진하는 일."

UNHCR사무소규정 제4조는 "경제사회이사회는 이 문제에 관하여 고등판무관의 견해를 들은 뒤, 난민에 관한 자문위원회(an advisory committee on refugees)를 설치하기로 결정할 수 있다. 이 위원회는 경제사회이사회가 난민문제해결에 보인 관심과 헌신을 기초로 하여 선출하는 UN회원국과 비회원국의 대표들로 구성된다."라고 규정하고 있다. 1951년 경제사회이사회는 이 제4조의 규정에 따라, UNHCR이 그의 직무수행과 관련하여 요청하는 자문에 응할 난민위원회를 설치한 바 있으며, 이 위원회는 1955년 초에 UN난민기금(United Nations Refugees Fund : UNREF)이 설치되면서 -1954년 10월 21일의 총회결의 332(IX)와 1955년 3월 31일의 경제사회이사회 결의 565(XIX)에 따라- UNREF집행위원회(Executive Committee)로 개편되었다. UNREF집행위원회는 전임자의 자문적 기능을 유지하였다. 이 집행위원회는 UNHCR구호사업(Relief Programme)의 이행을 감독하고 연간 활동예산과 계획을 결정짓는 일도 책임졌다. 1957년 11월 26일 채택된 총회결의 1166(XII)에 의하여 UNREF사업은 1958년 12월 31일부로 중단되고, UNREF집행위원회는 '고등판무관사업 집행위원회'(Executive Committee of the High Commissioner's Programme)로 대체되었다. '고등판무관사업 집행위원회'는 매년 가을에 만나, 그 다음 해의 구호사업 계획을 승인하고 그 이행비용을 결정한다. 그리고 요청이 있으면 UNHCR의 자문에도 응한다. 상기 총회결의 1166(XII)에서 제

15) Wolfrum/Philipp (eds.), p. 1028.

시된 지침에 따르면 집행위원회는 경제사회이사회가 난민문제 해결에 관심을 보이고 헌신적으로 노력한 국가들 중에서 가능한 한 가장 넓은 지리적 기초에 근거하여 선출하는 20 내지 25개 UN회원국 또는 UN전문기구회원국의 대표들로 구성되었는데, 그러나 이 집행위원회에 참여하는 국가의 수는 그 후 여러 차례 총회결의를 거치면서 꾸준히 증가하고 있다.[16)]

UNHCR사무소는 UN예산으로 재정을 충당한다. 그러나 UN총회에서 이후 달리 결정하지 않는 한, UNHCR사무소의 활동에 관련된 행정비용(administrative expenditures) 이외의 어떤 지출도 UN예산에서 부담하지 아니하며, UNHCR의 활동과 관련한 다른 모든 비용은 –UN회원국, 민간단체(NGO) 또는 개인들이 제공하는– 자발적 기부금(voluntary contributions)으로 충당한다.[17)] UNHCR사무소(본부)는 스위스 제네바에 소재한다.[18)]

다른 모든 난민을 다루는 UNHCR과는 별개로, 1949년에 설립된 (약칭)"UN 팔레스타인난민 구호청"(UNRWA : United Nations Relief and Works Agency for Palestine Refugees in the Near East)은 1948년 제1차 중동전쟁(이스라엘 독립전쟁)으로 파생된 팔레스타인 난민과 그 후손만을 전담하는 UN총회의 보조기관으로, 그 임무는 3년마다 갱신되고 있다. UNRWA는 3만 명 넘게 고용하고 있는데, 대부분이 팔레스타인 난민이다. 원래는 고용과 직접적인 구호를 제공하기 위한 목적이었으나, 대상 인구에게 교육, 의료, 사회서비스 제공을 포함하도록 임무가 확대되었다.[19)]

Ⅲ. 1951년 제네바난민협약과 1967년 난민의정서

구 UN인권위원회(Commission on Human Rights)는 이미 1947년에 난민협약의 채택을 제안하였었고, 경제사회이사회도 이 제안을 수락하고 협약 초안을 작성하였다. 그러나 총회는 외교회의를 개최하여 여기서 협약을 작성하기로 결정하였다. 1951년 7월 2일부터 28일까지 제네바에서 개최된 "난민과 무국적자의 지위에 관한 UN전권대표회의"(United Naticns Conference of Plenipotentiaries on the Status of Refugees and Stateless Persons)[20)]에서 "난민의 지위에 관한 협약"(Convention Relating to the Status of Refugees)(이하 제네바난민협약)이 작성되었고, 28일 회의에 참석한 26개국 정부대표가 여기에 서명하였다. UNHCR은 이 회의에 투표권 없이 자문적 자격으로 참여하였다. 이 협약은 그 제43조의 규정에 따라 1954년 4월 22일 발효하였다. 제네바난민협약이 UN의 테두리 내에서 성립하였다는 사실은 협약체약국과 UN(특히, UNHCR) 사이에

16) *Ibid.*, p. 1032.
17) UNHCR사무소규정 제20조.
18) UNHCR사무소규정 제19조.
19) A/RES/302(Ⅳ)(Assistance to Palestine Refugees), 8 December 1949, 〈https://www.unrwa.org/content/general-assembly-resolution-302〉; https://en.wikipedia.org/wiki/UNRWA ; 본서, 제1장, "Ⅳ. 7".
20) 1950년 12월 14일의 UN총회결의 429(V)에 의하여 소집됨. *Human Rights : A Compilation of International Instruments*, Vol. I/Part 2 (United Nations : New York and Geneva, 1994), p. 638.

협력이 수반되어야 함을 시사하는 것인데, 양자간의 협력관계는 협약 제35조와 제36조에 의해 제도적으로 보장되고 있다.

원래 제네바난민협약은 그 적용대상이 오로지 (i) 이른바 법정난민(statutory refugees)(즉, 제네바난민협약이 발효하기 이전의 여러 국저문서에 의거하여 이미 국제난민으로서의 지위를 인정받은 사람들)[21]과 (ii) (법정난민을 제외한 일반적 정의로서) 1951년 1월 1일 이전에 유럽에서(혹은 체약국의 선택에 따라서는 유럽 이외의 곳에서) 발생한 사건의 결과로서 타국에서 도피처를 찾는 사람들[22]에 국한되었다.[23] 협약의 이 난민 정의는, 난민 문제는 시간적으로 일시적이고 또 지역적으로 고립된 것이라는 국가들의 잘못된 인식에서 비롯된 것이었다. 1967년 1월 31일에 체결된 "난민의 지위에 관한 의정서"(Protocol Relating to the Status of Refugees)는 제네바난민협약의 실체적 규정을 "1951년 1월 1일 이전에 유럽에서 발생한 사건의 결과로서"란 조건을 떼어낸 채 적용하기 위하여 고안된 것이다.[24] 그러나 이 의정서는 협약과는 별개의 독립된 문서이기 때문에 의정서 가입은 협약당사국에 국한되지 않는다.[25] 이 의정서는 그 제8조의 규정에 따라 1967년 10월 4일 발효하였다.

한편, 제네바난민협약은 그 후 다른 조약의 성립에도 영향을 미쳤다. 예컨대, 1954년 4월 26일의 UN경제사회이사회 결의 526A(XVII)에 의하여 소집된 전권대표회의에서 그 해 9월 28일 채택된 "무국적자의 지위에 관한 협약"(Convention Relating to the Status of Stateless Persons)[26]은 제네바난민협약의 관할에 속하지 아니하는 무국적자들을 보호하고 있다. 그리고 아래에서 언급하는 바와 같이, 1969년 "아프리카 난민 문제의 특별한 측면들에 적용되는 아프리카단결기구협약"(OAU Convention Governing the Specific Aspects of Refugee Problems in Africa)은 그 제목이 시사하는 바와 같이 아프리카 난민 문제의 특수한 측면을 규율하고 있다.[27]

Ⅳ. 난민의 정의

난민의 개념 정의는 이미 제1차 세계대전 이후의 여러 국제협정에서부터 시도되었다. 1943년판 정부간위원회 규정은 난민을 "유럽에서 발생한 사건의 결과로서, 그들의 인종, 종교 또는 정치적 견

---

21) 협약 제1조 A(1).

22) 협약 제1조 A(2), B(1).

23) Office of the United Nations High Commissioner for Refugees, *Handbook on Procedures and Criteria for Determining Refugee Status under the 1951 Convention and the 1967 Protocol relating to the Status of Refugees* (1979) (이하 UNHCR *Handbook*), (Reissued, Geneva, February 2019), paras. 32~34, 〈https://www.unhcr.org/media/handbook-procedures-and-criteria-determining-refugee-status-under-1951-convention-and-1967〉.

24) "난민의 지위에 관한 의정서" 제1조.

25) UNHCR *Handbook*, para. 9 ; Aust, 2nd, pp. 273~274 ; 본서, 제4장 (조약법).

26) 동 협약 제39조의 규정에 따라 1960년 6월 6일 발효. *Human Rights : A Compilation of International Instruments*, Vol. I/Part 2, p. 625.

27) Wolfrum/Philipp (eds.), p. 1038.

해로 인하여 생명이나 자유를 상실할 우려 때문에 거주국을 떠나지 않을 수 없었던 모든 사람들"로 서술하고 있다. IRO헌장에 의하면 난민이란 (i) 국적국이나 상주국 밖에 있는 자로서, 국가사회주의나 파시스트체제 혹은 이들에게 동조하는 체제의 희생자들, 또는 (ii) 국적국이나 상주국 밖에 있는 자로서, 제2차 세계대전이 발발한 후에 발생한 사건의 결과로서 그들이 태어난 국가의 보호를 받을 의사가 없거나 이를 받을 수 없는 사람들이었다.

그러면 난민의 현대적 정의를 개관하기 위해 먼저, UNHCR사무소규정 제6조와 제7조의 규정을 읽어 보자. 이 두 규정은 외견상 (1) UNHCR의 권한이 미치거나, (중도에) 권한의 적용이 정지되거나(제6조), 혹은 (2) (처음부터) 그의 권한이 미치지 않는(제7조) 사람을 정의하고 있지만, UNHCR은 "난민에게 국제적 보호를 제공하는 것을 임무로 하고"(assume the function of providing international protection ... to *refugees*)[28] 있기 때문에 그의 권한이 미치는 자라 함은 곧 UNHCR 사무소규정의 목적상 '난민'을 의미하는 것이다.

"**제6조** 고등판무관의 권한은 다음의 사람들에게 미친다(shall extend):

A. (i) 1926년 5월 12일 및 1928년 6월 30일의 협정 또는 1933년 10월 28일과 1938년 2월 10일의 협약들, 1939년 9월 14일의 의정서, 또는 국제난민기구헌장(Constitution of the International Refugee Organization)에 의하여 난민으로 간주되었던 자;

(ii) 1951년 1월 1일 이전에 발생한 사건의 결과로서, 그리고 인종, 종교, 국적 또는 정치적 의견을 이유로 박해를 받는다는 충분히 근거있는 우려로 인하여 자신의 국적국 밖에 있고, 그리고 국적국의 보호를 받을 수 없거나 또는 그러한 우려로 인하여 혹은 개인적인 사정 이외의 이유로 인하여(for reasons other than personal convenience) 국적국의 보호를 받기를 원하지 아니하는 자; 또는 국적이 없고 또한 종전에 상주하던 국가 밖에 있는 자로서, 그 상주국으로 돌아갈 수 없거나, 또는 그러한 우려로 인하여 혹은 개인적인 사정 이외의 이유로 인하여 그 상주국으로 돌아가기를 원하지 아니하는 경우.

국제난민기구가 그 활동기간 동안 취한 난민 적격성에 대한 결정은 이 조항의 요건을 충족하는 자에게 난민의 지위가 부여되는 것을 방해하지 아니한다.

고등판무관의 권한은 아래의 경우에는 A섹션에 정의된 자에 대하여 더 이상 적용되지 아니한다(shall cease to apply):

(a) 자발적으로 국적국의 보호를 다시 받고 있는 경우; 또는

(b) 국적을 상실한 후 자발적으로 국적을 회복한 경우; 또는

(c) 새로운 국적을 취득하고 또한 새로운 국적국의 보호를 받는 경우; 또는

(d) 박해받을 우려 때문에 국가를 떠났었거나 국가 밖에서 체류하고 있다가 자발적으로 그 국가에 다시 정착한 경우; 또는

(e) 난민으로 인정되게 된 관련 사정이 소멸되었기 때문에, 개인적인 사정 이외에 국적국의 보호를 받는 것을 계속 거부하기 위한 다른 근거를 더 이상 주장할 수 없을 경우 (순전히 경제적인 성격의 이유는 원용될 수 없다); 또는

28) UNHCR사무소규정 제1조.

(f) 국적이 없는 자로서, 난민으로 인정되게 된 관련 사정이 소멸되어 종전에 상주하던 국가로 돌아갈 수 있기 때문에, 개인적인 사정 이외에 그 국가로 돌아가는 것을 계속 거부하기 위한 다른 근거를 더 이상 주장할 수 없는 경우.

B. 인종, 종교, 국적 또는 정치적 의견을 이유로 박해받을 충분한 우려가 있거나 있었기 때문에 국적국 밖에 있거나 혹은 국적이 없는 경우에는 종전에 상주하던 국가 밖에 있는 자로서, 국적국의 보호를 받을 수 없거나 또는 그러한 우려로 인하여 국적국의 보호를 받기를 원하지 아니하는 경우, 또는 국적이 없는 경우에는 종전의 상주국으로 돌아갈 수 없거나 또는 그러한 우려로 인하여 그곳으로 돌아가기를 원하지 아니하는 경우."

"**제7조** 상기 제6조에 정의된 고등판무관의 권한은 다음과 같은 자에게는 미치지 아니한다(shall not extend):

(a) 2개국 이상의 국적을 가진 자로서, 그가 국민인 각 국가에 대한 관계에 있어(in relation to *each of the countries* of which he is a national) 상기 조항의 규정을 충족시키지 못하는 경우; 또는

(b) 그가 거주지를 잡은 국가의 권한있는 당국에 의하여 그 국가의 국적보유에 수반되는 권리와 의무를 가지는 것으로 인정된 자; 또는

(c) UN의 다른 기관이나 기구로부터 보호나 원조를 계속해서 받고 있는 자; 또는

(d) 범죄인인도조약들의 구정이 적용되는 범죄, 뉴른베르그 국제군사재판소헌장 제6조에 언급된 범죄, 또는 세계인권선언 제14조 2항이 적용되는 범죄를 저질렀다고 여길만한 중대한 이유가 있는 경우."

위 정의에 의하면 난민은 현재 국적국이나 상주국 밖에 있는 사람이긴 하지만 그러나 이들이 국가를 떠날 때 이미 난민이 되는 것(즉, 이미 정치적 박해를 받고 있었을 것)이 요구되지는 않는데, 이처럼 개인이 -이를테면, 취업 또는 유학의 목적으로- 국적국/상주국을 떠난 뒤 외국땅에서 '나중에' 난민이 되는 경우를 특별히 현장난민(refugees sur place)으로 부르기도 한다.[29)]

다음, 제네바난민협약도 -상기 UNHCR사무소규정에 상응하여- 동 협약의 목적상 난민에 대한 정의와 함께, 협약의 적용이 (중도에) 정지되거나, 협약이 (처음부터) 적용되지 않는 경우에 관하여 다음과 같이 규정하고 있다.

"**제1조 "난민"의 용어 정의**

A. 이 협약의 목적상, "난민"이란 용어는 다음의 사람들에게 적용된다:

(1) 1926년 5월 12일 및 1928년 6월 30일의 협정 또는 1933년 10월 28일과 1938년 2월 10일의 협약들, 1939년 9월 14일의 의정서, 또는 국제난민기구헌장(Constitution of the

29) Ms. Elisa Massimino, "Examining the Plight of Refugees : The Case of North Korea", Testimony (June 21, 2002), United States Senate Committee on the Judiciary, 〈https://www.judiciary.senate.gov/committee-activity/hearings/examining-the-plight-of-refugees-the-case-of-north-korea〉

International Refugee Organization)에 의하여 난민으로 간주되었던 자; 국제난민기구가 그 활동기간 동안 취한 난민적격성에 대한 결정은 이 A섹션 2항의 요건을 충족하는 자에게 난민의 지위가 부여되는 것을 방해하지 아니한다;

(2) 1951년 1월 1일 이전에 발생한 사건의 결과로서, 그리고 인종, 종교, 국적, 특정사회집단의 구성원 신분(membership of a particular social group) 또는 정치적 의견을 이유로 박해를 받는다는 충분히 근거있는 우려로 인하여, 자신의 국적국 밖에 있고, 국적국의 보호를 받을 수 없거나, 또는 그러한 우려로 인하여 국적국의 보호를 받기를 원하지 아니하는 자; 또는 국적이 없고 또한 그러한 사건의 결과로서 종전에 상주하던 국가 밖에 있는 자로서, 그 상주국으로 돌아갈 수 없거나, 또는 그러한 우려로 인하여 그 상주국으로 돌아가기를 원하지 아니하는 경우.

둘 이상의 국적을 가진 자의 경우, "그의 국적국"이란 용어는 그가 국민인 각각의 국가를 의미하며, 또한 충분히 근거있는 우려에 기초한 정당한 이유 없이 그가 국민인 국가 중 어느 한 국가의 보호를 받고 있지 않다면 그 자는 국적국의 보호가 없는 것으로 인정되지 아니한다.

B. (1) 이 협약의 목적상, 제1조 A섹션에서 "1951년 1월 1일 이전에 발생한 사건"이란 술어는 (a) "1951년 1월 1일 이전에 유럽에서 발생한 사건"; 또는 (b) "1951년 1월 1일 이전에 유럽이나 기타 지역에서 발생한 사건"을 지칭하는 것으로 이해되며; 또한 각 체약국은 서명, 비준 또는 가입시에 이 협약 하의 의무를 이행함에 있어서 상기 두 가지 의미 중 어느 것을 적용할 것인지를 명백히 하는 선언을 한다.

(2) 대안 (a)를 채택한 체약국이라 하더라도 UN사무총장에게 대안 (b)를 채택하겠다고 통고함으로써 언제든지 자국의 의무를 확대할 수 있다.

C. 이 협약은 아래의 경우에는 A섹션의 조건에 들게 되는 자에 대하여 더 이상 적용되지 아니한다(shall cease to apply):

(1) 자발적으로 국적국의 보호를 다시 받고 있는 경우; 또는

(2) 국적을 상실한 후 자발적으로 국적을 회복한 경우; 또는

(3) 새로운 국적을 취득하고 또한 새로운 국적국의 보호를 받는 경우; 또는

(4) 박해받을 우려 때문에 국가를 떠났었거나 국가 밖에서 체류하고 있다가 자발적으로 그 국가에 다시 정착한 경우; 또는

(5) 난민으로 인정되게 된 관련 사정이 소멸되었기 때문에 더 이상 국적국의 보호를 받는 것을 거부할 수 없게 된 경우. 다만, 이 조항은 본 조문의 A섹션 1항에 해당되는 난민으로서 국적국의 보호를 거부하기 위하여 과거의 박해로부터 발생한 불가피한 이유를 원용할 수 있는 자에게는 적용되지 아니한다;

(6) 국적이 없는 자로서, 난민으로 인정되게 된 관련 사정이 소멸되어 종전에 상주하던 국가로 돌아갈 수 있는 경우. 다만, 이 조항은 본 조문의 A섹션 1항에 해당하는 난민으로서 종전에 상주하던 국가로 돌아가기를 거부하기 위하여 과거의 박해로부터 발생한 불가피한 이유를 원용할 수 있는 자에게는 적용되지 아니한다.

D. 이 협약은 현재 UN난민고등판무관 외에 UN의 다른 기관이나 기구로부터 보호나 원조를 받고 있는 자에게는 적용되지 아니한다(shall not apply). 그러한 보호 또는 원조가 -그러한 자

의 지위가 UN총회에 의하여 채택된 관련 결의들에 따라 최종적으로 해결됨이 없이– 어떠한 이유로든 중지되는 경우, 그러한 자는 바로 그 사실에 의하여 이 협약의 이익을 향유할 자격이 있다.

E. 이 협약은 그가 거주지를 잡은 국가의 권한있는 당국에 의하여 그 국가의 국적보유에 수반되는 권리와 의무를 가지는 것으로 인정된 자에게는 적용되지 아니한다(shall not apply).

F. 이 협약의 규정은 아래의 사유에 해당된다고 여길만한 중대한 이유가 있는 자에게는 적용되지 아니한다(shall not apply):

(a) 평화에 대한 죄, 전쟁범죄, 또는 인도에 대한 죄에 관하여 규정하기 위해 작성된 국제문서들에 정하여진 바의 범죄를 범한 경우;

(b) 난민으로서 피난국에 입국하는 것이 허가되기 이전에 그 국가 밖에서 중대한 비정치적 범죄를 범한 자;

(c) UN의 목적과 원칙에 반하는 행위를 한 자."

상기 F섹션의 경우는 –UNHCR 핸드북[30]의 표현을 빌리면– "국제적 보호를 받을 가치가 없는 것으로 생각되는 자들"(persons who are not considered to be deserving of international protection)이라는 점에서, 난민 보호를 필요로 하지 않는 C~E섹션의 경우와는 구분된다. 그리고 F섹션에 열거된 세 부류 중에서 (c)호의 "UN의 목적과 원칙에 반하는 행위를 한 자"의 개념은 다소 모호해 보이지만, 이것은 특히 테러(terrorism)에 관여한 자들이 여기에 해당하는 것으로 해석·적용되고 있다.[31] 그리고 (b)호의 범죄는 (b)호 자체에 명시된 바 피난국 입국 전에 행해진 것을 지칭하는데 반해, 약칭 '2003년 UNHCR Exclusion Guidelines'[32]의 설명에 따르면 (a)호와 (c)호의 범죄는 입국 전뿐만 아니라 협약 제1조A(2)에 의거하여 난민 지위를 부여받은 후에도 발생할 수 있다.

난민 개념의 중심에 위치하고 있는 박해(persecution)는 "국가가 엄밀히 말하여 박해의 공모자가 아니라 단지 자국 시민을 보호할 수 없는 상황을 포함하는" 넓은 개념으로 해석되고 있으며, 따라서 박해는 국가뿐만 아니라 비국가행위자들로부터도 나올 수 있다.[33]

한편, 위에서 이미 언급한 바와 같이, "난민의 지위에 관한 의정서"는 제1조에서 다음과 같이 규정함으로써 협약에 나타난 난민 정의의 시간적·지리적 제약을 제거하고 있다. 다만, 주의할 것은

30) UNHCR *Handbook*, para. 140.

31) 이를테면, 1996년 12월 17일 UN총회는 결의 51/210 (Measures to eliminate international terrorism), 부속 선언, paras. 2~3에서 "테러행위인줄 알면서도 자금지원, 기획, 선동하는 것을 포함하여 테러는 UN의 목적과 원칙에 반하며," "국가들은 비호를 구하는 자에게 난민 지위를 부여하기 전에 그가 테러에 참여한 바 없음을 확실히 할 것을" 재확인한 바 있다. UN총회의 이 선언은 UN헌장의 해석에 대한 추후합의로 간주할 수도 있을 것이다. Aust, *Handbook of IL*, 2nd, pp. 175~176, 274 ; *Canada (Attorney General)* v. *Ward*, Supreme Court of Canada, [1993] 2 SCR 689.

32) UNHCR *Guidelines on International Protection No. 5: Application of the Exclusion Clauses: Article 1F of the 1951 Convention relating to the Status of Refugees*, 4 September 2003, HCR/GIP/03/05, para. 6, available at: https://www.refworld.org/docid/3f5857684.html [accessed 10 April 2019] ; Gilbert and Rüsch in Evans (ed.), *International Law*, 5th, pp. 824, 829.

33) *Canada (Attorney General)* v. *Ward*, Supreme Court of Canada, 3 June 1993, [1993] 2 SCR 689, 〈https://scc-csc.lexum.com/scc-csc/scc-csc/en/item/1023/index.do〉 ; Gilbert and Rüsch in Evans (ed.), *International Law*, 5th, pp. 815, 818 ; https://en.wikipedia.org/wiki/Canada_(AG)_v_Ward.

제1조 3항의 단서에서 보는 것처럼, 의정서 하에서도 제네바난민협약의 기존 당사국은 협약 제1조 B섹션 1항(a)에 따른 기존의 선언에 의하여 여전히 '유럽'이라는 지리적 제한을 유지하는 것이 허락되고 있다는 점이다.

"제1조 일반규정

1. 이 의정서의 당사국들은 아래에 정의된 바의 난민에 대하여 (제네바)협약 제2조에서 제34조까지의 규정을 적용할 것을 약속한다.

2. 이 의정서의 목적상 '난민'이란 용어는 본 조문 제3항의 적용에 관한 것을 제외하고는, 협약 제1조 A섹션 2항에 규정된 "1951년 1월 1일 이전에 발생한 사건의 결과로서, 그리고 ..."란 문언과 "그러한 사건의 결과로서 ..."라는 문언이 삭제된다면 협약 제1조의 정의에 들게 되는 모든 사람을 지칭한다.

3. 이 의정서는 의정서 당사국들에 의하여 어떠한 지리적 제한도 없이 적용된다. 다만, 이미 협약의 체약국인 국가가 협약 제1조 B섹션 1항(a)에 따라 행한 기존의 선언은, 협약의 제1조 B섹션 2항에 의하여 확대되지 아니하는 한, 이 의정서 하에서도 적용된다."

난민의 정의에 있어 1950년의 UNHCR사무소규정과 1951년 제네바난민협약은 거의 동일한데, 이것은 협약이 규정을 모델로 하여 작성되었음을 보여주는 것이다. 그러나 몇 가지 차이점이 눈에 띈다. 예컨대, 제네바난민협약 제1조 A섹션에는 박해(persecution)의 사유로서 '특정 사회집단의 구성원 신분'(membership of a particular social group)이 추가되어 있다.[34] 이와는 반대로, 규정에는 언급되어 있는 것이 협약에서는 보이지 않는 대목도 있다. 즉, '개인적 사정'(personal convenience)을 이유로 국적국의 외교적 보호나 상주국에로의 귀환을 거부할 수 없다는 규정 제6조 A섹션, 1단(ii)과 3단(f)의 단서조항이 협약에는 빠져 있다. 그러나 양자 간의 본질적인 차이점은, UNHCR의 권한이 미치는 난민은 규정 제6조 B섹션의 덕분으로 1951년 1월 1일이라는 특정시점(dateline)이나 유럽이라는 지리적 제한(geographical limitation)에 관계없이 발생할 수 있다는 점일 것이다. 그리고 또 협약의 이같은 약점이 1967년 "난민의 지위에 관한 의정서"의 성립을 초래하였음은 물론이다.

UNHCR사무소규정의 난민기준을 충족하는 자는, 그가 1951년 협약이나 1967년 의정서의 당사국인 국가 내에 있는지에 관계없이, 또는 그가 피난국당국에 의하여 이들 두 조약 중에서 어느 하나에 의거하여 난민으로 인정되었느냐에 관계없이, UNHCR이 제공하는 UN의 보호를 받을 자격이 있다. UNHCR이 규정에 의거하여 UN으로부터 위임받은 권한, 즉 그의 mandate 내에 들게 되는 난민을 가리켜 흔히 'mandate refugees'라고 부른다.[35]

난민을 보호하기 위한 이상의 국제문서들은 법상 서로 별개의 것이다. 따라서 어떤 사람이

---

34) See *Canada* (*Attorney General*) v. *Ward*, Supreme Court of Canada, [1993] 2 SCR 689 ; Gilbert and Rüsch in Evans (ed.), *International Law*, 5th, p. 817.

35) UNHCR *Handbook*, para. 16.

mandate refugee이면서 동시에 1951년 협약이나 1967년 의정서 하의 난민이 될 수도 있는 것이다. 그러나 그는 1951년 협약이나 1967년 의정서의 그 어느 것에도 구속받지 않는 국가 내에 있을 수도 있고, 1951년 협약상의 시점이나 지리적 제한의 적용으로 동 협약 하의 난민으로 인정받지 못할 수도 있다. 바로 이런 경우에도 그는 UNHCR사무소규정의 조건이 충족되면 여전히 UNHCR의 보호를 받을 자격을 가지게 된다.[36]

보편적 문서인 1951년 협약과 1967년 의정서 그리고 UNHCR사무소규정 이외에도, 난민의 보호를 위한 또는 난민에 관련된 지역문서들이 다수 존재하고 있다. 1969년 9월 10일 아프리카단결기구(Organization of African Unity : OAU)에서 채택되어 1974년 6월 20일 발효한 "아프리카 난민 문제의 특별한 측면들에 적용되는 협약"(Convention Governing the Specific Aspects of Refugee Problems in Africa)(이하 아프리카난민협약)이 그 좋은 예인데,[37] 이 협약 제1조에 명시된 난민의 정의는 두 부분으로 구성되고 있다. 이 정의의 첫째 부분은 1967년 의정서의 난민 정의(즉, 시점과 지리적 제한이 붙지 않은 1951년 협약상의 난민정의)와 동일하지만,[38] 그 둘째 부분은 "외부침략, 점령, 외국의 지배, 또는 출신국이나 국적국의 일부 혹은 전역에서 공공질서를 중대하게 문란케 하는 사건 때문에, 출신국이나 국적국 밖의 다른 장소에서 피난처를 구하기 위해 자신의 상주지역을 떠나지 않을 수 없게 된 모든 사람"(every person who, owing to external aggression, occupation, foreign domination or events seriously disturbing public order in either part or the whole of his country of origin or nationality, is compelled to leave his place of habitual residence in order to seek refuge in another place outside his country of origin or nationality)[39]에게도 '난민'이란 술어를 적용하고 있다.

난민의 정의를 확대하려는 이같은 시도는 다른 지역에서도 행해지고 있다. 예컨대, 1984년 콜롬비아의 카타헤나에서 채택된 "카타헤나 난민선언"[40]은 아프리카협약상의 난민정의의 상기 둘째부분에 "대규모적인 인권침해"(massive violations of human rights)를 추가하였다. 카타헤나 선언은 그 자체 법적 구속력있는 문서가 아님에도 불구하고 중남미 지역의 여러 국가에서 국내입법이나 행정부관행에 편입되는 등 그 중요성을 더해가고 있다.[41] 이 밖에도, 1992년 11월 16~19일 이집트

---

36) *Ibid.*, para. 17.

37) 〈https://au.int/sites/default/files/treaties/36400-treaty-36400-treaty-oau_convention_1963.pdf〉; https://en.wikipedia.org/wiki/Convention_Governing_the_Specific_Aspects_of_Refugee_Problems_in_Africa.

38) 아프리카난민협약 제1조 1항.

39) 아프리카난민협약 제1조 2항.

40) "Cartagena Declaration on Refugees", adopted by the Colloquium on the International Protection of Refugees in Central America, Mexico and Panama, held at Cartagena, Colombia from 19-22 November 1984, 〈https://www.oas.org/dil/1984_Cartagena_Declaration_on_Refugees.pdf〉.

41) 1994년 12월 5~7일, 카타헤나 선언 10주년을 기념하기 위해 코스타리카 산호세에서 미주 지역 정부관료와 전문가들이 참여한 국제세미나가 개최된 바 있는데, 여기서 채택된 '산호세선언'(San Jose Declaration on Refugees and Displaced Persons)은 지난 10년간의 중앙아메리카 지역의 분쟁으로 야기된 난민사태에 대처함에 있어 카타헤나선언이 '최고의 중요성'(overriding importance)을 가지게 되었음을 인정하고 있다: https://www.refworld.org/docid/4a54bc3fd.html.

카이로에서 개최된 국제세미나에서 아랍전문가그룹에 의해 채택된 "아랍세계에서 난민과 피난민의 보호에 관한 선언"(Declaration on the Protection of Refugees and Displaced Persons in the Arab World)은 그 제5조에서 "1951년 협약, 1967년 의정서, 또는 발효 중인 타 관련문서나 UN총회결의들이 적용될 수 없는 상황이라 하더라도, 난민(refugees), 비호를 구하는 사람(asylum seekers) 그리고 피난민(실향민)(displaced persons)은 (a) 이슬람법과 아랍의 가치에 담겨있는 인도적인 비호원칙들(the humanitarian principles of asylum in Islamic law and Arab values) ... 에 의하여 보호되어야 한다."고 규정하면서, 이어서 그 제6조에서는 "난민에 관한 아랍의 협약이 만들어질 때까지, 아랍국가들은 인권과 난민에 관한 UN문서들의 규정과 관련 지역문서의 지도를 받아, 난민과 피난민에 대해 넓은 개념(a broad concept of 'refugee' and 'displaced person') ... 을 채택할 것을 권고"하고 있다.[42] 2001년에는 아시아-아프리카 법률자문기구(Asian-African Legal Consultative Organization)가 뉴델리에서 "난민의 지위와 대우에 관한 1966년 방콕 제원칙"[43]을 최종 채택한 바 있는데, 그러나 방콕 제원칙도 그 자체 "선언적이며, 법적 구속력이 없는" 문서이다.[44]

한편, EU의 경우, 약칭 "EU 난민자격 준칙"(Qualification Directive)(개작본)[45]은 난민의 실체적 정의에 관한 한 1951년 제네바 난민협약을 사실상 그대로 옮겨 놓은 것으로 보이는데,[46] 이에 더하여 난민의 정의에 들지는 못하지만 그럼에도 "보충적(부차적) 보호"(subsidiary protection)를 받을 자격이 있는 범주를 설정해 놓았다.[47]

---

42) https://www.refworld.org/docid/452675944.html.

43) Asian-African Legal Consultative Organization (AALCO), *Bangkok Principles on the Status and Treatment of Refugees*, 31 December 1966 (final text adopted 24 June 2001 at the AALCO's 40th Session, New Delhi), 〈https://www.unhcr.org/5aa290937.pdf〉; 〈https://www.refworld.org/docid/3de5f2d52.html〉; 〈https://www.aalco.int/39thsession/strcairoIV.pdf〉; Gilbert and Rüsch in Evans (ed.), *International Law*, 5th, p. 819.

44) *Notes, Comments and Reservations made by the Member States of AALCO*, Introductory Remarks, para. 2.

45) Directive 2011/95/EU of the European Parliament and of the Council of 13 December 2011 on standards for the qualification of third-country nationals or stateless persons as beneficiaries of international protection, for a uniform status for refugees or for persons eligible for subsidiary protection, and for the content of the protection granted, (recast), OJ L 337, 20.12.2011, pp. 9~26.

46) 동 준칙 제2조 (d).

47) 동 준칙 제2조 (f): "'person eligible for subsidiary protection' means a third-country national or a stateless person who does not qualify as a refugee but in respect of whom substantial grounds have been shown for believing that the person concerned, if returned to his or her country of origin, or in the case of a stateless person, to his or her country of former habitual residence, would face a real risk of suffering serious harm as defined in Article 15, and to whom Article 17(1) and (2) does not apply, and is unable, or, owing to such risk, unwilling to avail himself or herself of the protection of that country." 근거규정은 TFEU 제78조 1항이다.

V. 피난민(실향민)과 국내피난민(국내실향민)

국제문서에서 말하는 난민의 정의에 부합되는지에 관계없이 본국 밖에서 보호를 구하는 사람들을 가리켜 흔히 피난민(혹은 실향민)(displaced persons)이라 부르는데, 난민 개념의 확대경향으로 인하여 난민과 피난민의 전통적인 개념 구분이 점차 모호해져 가고 있다.[48] 그러므로 1951년 제네바난민협약을 채택한 전권대표회의의 최종의정서(Final Act of the Conference of Plenipotentiaries)에 포함된 '권고 E'(Recommendation E)는 '모든 국가들'(all nations)이 이 협약상의 난민의 정의기준을 완전히 충족시키지 못하는 사람에 대해서도 가능하면 난민으로 취급해 줄 것을 희망하고 있다.[49] 국내판례도 제네바 난민협약을 "살아있는 문서"(living instrument)로 인식함으로써 새로이 제기되는 상황에 부응하고 있다.[50] 이를테면, *Islam and Shah* 사건[51]에서 두 명의 파키스탄 여성이 폭행을 일삼는 남편들과 주변 사람들을 피해 영국에서 비호를 구하였는데, 영국 상원은 그들은 파키스탄에서 실효적 보호를 받을 수 없었으며, 그들에 대한 박해는 성차별을 금지한 파키스탄 헌법 규정과는 달리 사실상 여성차별이 만연한 파키스탄 사회에서 "특정 사회집단의 구성원 신분"에 기초하고 있다는 이유로 그들에게 난민의 지위를 인정하였다. UNHCR도 1979년에 최초 출간한 Handbook은 개정하지 않으면서도 가이드라인 발표를 통해 박해의 외연을 넓히려 노력하고 있다.[52]

---

48) "displaced persons"는 아래에서 언급하는 "*internally* displaced persons"('국내' 피난민)와 구분하기 위해 굳이 "*externally* displaced persons"('국외' 피난민)로 표현하기도 한다. Rainer Hofman, "Internally Displaced Persons und das Völkerrecht", in Ulrich Beyerlin, Michael Bothe, Rainer Hofman and Ernst-Ulrich Petersmann (eds.), *Recht zwischen Umbruch und Bewahrung* (Berlin : Springer-Verlag, 1995), pp. 417~418.

49) UNHCR *Handbook*, para. 26.

50) See, e.g., *Sepet and Another* v. *Secretary of State for the Home Department*, 20 March 2003, [2003] UKHL 15, para 6, *per* Lord Bingham of Cornhill : "It is plain that the Convention has a single autonomous meaning, to which effect should be given in and by all member states, regardless of where a decision falls to be made... It is also, I think, plain that the Convention must be seen as a living instrument in the sense that while its meaning does not change over time its application will." https://www.refworld.org/cases,GBR_HL,3e92d4a44.html [accessed 9 April 2019].

51) *Islam* v. *Secretary of State for the Home Department, Regina v. Immigration Appeal Tribunal and Another, ex parte Shah*, (Conjoined Appeals), 25 March 1999, [1992] 2 AC 629, 〈https://www.refworld.org/pdfid/3dec8abe4.pdf〉 ; Gilbert and Rüsch in Evans (ed.), *International Law*, 5th, p. 820.

52) (i) Guidelines on International Protection No. 9 ("Claims to Refugee Status based on *Sexual Orientation and/or Gender Identity* within the context of Article 1A(2) of the 1951 Convention and/or its 1967 Protocol relating to the Status of Refugees")(23 October 2012) ; (ii) Guidelines on International Protection No. 10 ("Claims to Refugee Status related to *Military Service* within the context of Article 1A (2) of the 1951 Convention and/or the 1967 Protocol relating to the Status of Refugees(12 November 2014") ; (iii) Guidelines on International Protection No. 11 ("*Prima Facie Recognition* of Refugee Status")(24 June 2015) ; (iv) Guidelines on International Protection No. 12 ("Claims for refugee status related to *situations of armed conflict and violence* under Article 1A(2) of the 1951 Convention and/or 1967 Protocol relating to the Status of Refugees and the regional refugee definitions")(2 Dec 2016). https://www.refworld.org/docid/4f33c8d92.html ; Gilbert and Rüsch in Evans (ed.), *International Law*, 5th, pp. 820~822.

이른바 국내피난민(혹은 국내실향민)(internally displaced persons)의 보호 문제에 대해서도 국제공동체의 관심과 염려가 고조되고 있다. 난민과 피난민 개념은 일단 자신이 살던 국적국이나 상주국을 떠난 것을 전제로 하는데 반해서, 국내피난민 혹은 국내실향민은 지금까지 자신이 살던 거주지에서 쫓겨나긴 했지만 "국제적으로 승인된 국경선을 넘지는 않은"(who have not crossed an internationally recognized State border) 사람들을 지칭하기 위해 고안된 개념이다.[53] 전세계적으로 국제난민보다 국내피난민의 수가 더 많은 것으로 전해지고 있다.[54] UNHCR은 국내피난민들에게 보호와 지원을 제공할 일반적 권한(general mandate)은 갖고 있지 않으나 국내피난민의 일부 집단에 대해서는 제한된 범위 내에서 점차 책임을 떠맡고 있다. 그리고 그의 이같은 활동은 UN 사무총장이나 총회의 요청에 따라, 관련 국가의 동의를 얻어 개시된다.

2005년 9월 14~16일 뉴욕의 UN본부에서 개최된 세계정상회담(World Summit)에서 국가/정부 수반들은 "국내피난에 관한 지도원칙들을 국내피난민의 보호를 위한 한 개의 중요한 틀로서 인정"(recognize the Guiding Principles on Internal Displacement as an important international framework for the protection of internally displaced persons)하면서, "국내피난민에 대한 보호를 높이기 위한 실효적 조치를 취할 것을 결의"한 바 있는데,[55] 여기에 언급된 "국내피난에 관한

---

53) 이를테면, (아래에서 언급하는) 1998년의 "국내피난에 관한 지도원칙"(Guiding Principles on Internal Displacement) 2항은 국내피난민을 다음과 같이 정의하고 있다 : "For the purposes of these Principles, internally displaced persons are persons or groups of persons who have been forced or obliged to flee or to leave their homes or places of habitual residence, in particular as a result of or in order to avoid the effects of armed conflict, situations of generalized violence, violations of human rights or natural or human-made disasters, and who have not crossed an internationally recognized State border." 그 후, 2000년 7월 25~29일 영국 런던에서 개최된 세계국제법협회(ILA) 제69차 회의에서 검토된 "국내피난민에 관한 국제법원칙 선언 초안"(Draft Declaration of International Law Principles on Internally Displaced Persons) 제1조도 거의 동일하게 정의하고 있다.

"1. For the purpose of this Declaration, the term "internally displaced persons" refers to "persons or groups of persons who have been forced to flee or leave their homes or places of habitual residence as a result of armed conflicts, internal strife or systematic violations of human rights, and who have not crossed an internationally recognized State border."

2. This Declaration applies also to persons internally displaced by whatever causes, such as natural or man-made disasters or large-scale developmental projects, whenever the responsible State or *de facto* authority fails, for reasons that violate fundamental human rights, to protect and assist those victims.

3. By "*de facto* authorities" are meant any non-State entities in effective control of part(s) of a State's territory which are parties to an armed conflict and/or internal strife or have generated or hosted internally displaced persons."

The International Law Association, *Report of the Sixty-ninth Conference*, held in London, 25~2 9th July 2000 (London, 2000), p. 795.

54) 우크라이나의 경우, 2022년 2월 24일 러시아 측의 침략 이후 10월 27일까지 8개월 동안 654만의 사람들이 국내실향민이 된 것으로 추정되고 있다 : DTM understanding displacement, "Ukraine — Internal Displacement Report — General Population Survey Round 10 (17 - 27 October 2022)", 〈https://displacement.iom.int/reports/ukraine-internal-displacement-report-general-population-survey-round-10-17-27-october-2022〉. 우크라이나 난민 현황에 대해서는, Statista, "Estimated number of refugees from Ukraine recorded in Europe and Asia since February 2022 as of December 13, 2022, by selected country", 〈https://www.statista.com/statistics/1312584/ukrainian-refugees-by-country/〉 참조 .

55) "2005 World Summit Outcome" (A/Res/60/1), para. 132, 〈https://www.refworld.org/docid/44168a910.html〉.

지도원칙”(Guiding Principles on Internal Displacement)[56]은 모두 30개의 원칙으로 구성된 그 자체 구속력없는 문서로서, 1998년 Francis M. Deng이 ‘국내피난민에 관한 UN사무총장의 (특별) 대리인’의 자격으로 작성, 제출한 보고서를 지칭한다.[57]

앞서 언급한 현장난민(refugees sur place)의 논리는 당연히 피난민(실향민)에게도 적용될 수 있다. 즉, 거주지를 떠난 뒤 후일 상황변화에 따라 국외현장피난민(externally displaced persons sur place)이나 국내현장피난민(internally displaced persons sur place)이 되는 사람들이 생길 수 있을 것이다.

Ⅵ. 난민의 입국, 추방, 강제송환 그리고 비호

국가가 영토주권을 갖는다는 것은, 조약에 달리 규정이 없는 한 외국인의 입국을 허용해야 하거나 그들에게 체류 혹은 거주의 권리를 인정해야 할 의무가 있는 것이 아님을 의미한다. 다시 말해서 일반국제법에 의하면, 각 국가는 어떤 외국인이 그들 영토에 들어오고 또 그곳에서 머무를 수 있는지를 결정할 자유가 있다. 그러므로 국가가 국경선에서 외국인의 입국을 거부하거나, 그들을 영토에서 추방하는 것을 법적으로 비난할 수는 없다. 제네바난민협약도 난민에게 입국의 권리(right of entry)를 보장하고 있지는 않으며,[58] 그 제31조 1항에서 단지 “각 체약국은 난민이 당국에 지체없이 출석하여 불법적인 입국 혹은 존재(illegal entry or presence)에 대해 상당한 이유(good cause)를 제시하는 경우에는 그에게 불법입국을 이유로 하여 형벌(penalties)을 부과할 수 없다.”라고 규정하고 있을 따름이다.

이처럼 국경에서의 입국 거부(denial of entry, or rejection, at the border)는 당연히 허용되는 행위이지만, 추방(expulsion)에 대해서는 이것이 자의적이어서는 안되는 것으로 보는 견해가 많다. 특히, 제네바난민협약 제32조 1항은 난민은 “국가안보 또는 공공질서를 이유로 하는 경우를 제외하고는” 추방할 수 없다고 규정하고 있다. 그러나 협약 제32조 1항의 추방 금지 원칙은 “합법적으로 체약국 영토에 있는 난민”(refugee *lawfully in [the Contracting States'] territory*)[59]에 대해서만

---

56) *The Guiding Principles on Internal Displacement*, United Nations Commission on Human Rights, Addendum to the Report of the Representative of the Secretary-General, Mr. Francis M. Deng, UN Doc. E/CN.4/1998/53/Add. 2, February 11, 1998, 〈https://www.unhcr.org/media/guiding-principles-internal-displacement〉. 이들 지도원칙 중 특히 ‘원칙 15’(Principle 15)는 다음과 같이 규정하고 있다 : “Internally displaced persons have: (a) The right to seek safety in another part of the country; (b) The right to leave their country; (c) The right to seek asylum in another country; and (d) The right to be protected against forcible return to or resettlement in any place where their life, safety, liberty and/or health would be at risk.”

57) https://en.wikipedia.org/wiki/Internally_displaced_person ; Brownlie/Goodwin-Gill, p. 82.

58) The ILA, *Report of the Sixth-eighth Conference*, held at Taipei, Taiwan, Republic of China, 24~30th May 1998 (London, 1998), p. 408.

59) “합법적으로 체약국 영토에 있는 난민”(a refugee *lawfully in their territory*)의 의미에 관해서는 본장, “Ⅶ.

적용된다. 다만, 동 조 2항에 의하면, 공공질서나 국가안보를 이유로 하는 이같은 난민의 추방은 적법절차(due process of law)에 따라 내려진 결정에 의하여서만 이루어져야 하며, 국가안보상의 불가피한 이유가 있는 경우를 제외하고는 난민에게 자기변호의 기회를 주어야 한다.[60)]

입국거부와 추방은 당해 영토국을 위한 행정조치인데 반해 범죄인인도(extradition)는 범죄인을 인도받기를 원하는 외국을 위한 법집행조치이다. 일반국제법상 범죄인인도의 의무는 존재하지 않기 때문에 국가들은 상호간에 조약체결을 통해 그같은 의무를 창설하고 있다. 그러나 대부분의 인도조약에 삽입되고 있는 이른바 정치범 불인도원칙은 난민들에 대해서도 광범위한 보호의 기능을 담당하는데, 왜냐하면 인도청구의 기초된 행위가 정치범죄인지의 여부를 결정할 권한은 범죄인인도를 요청받는 국가나 그러한 국가의 사법부에 있는 것으로 규정하고 있는 것이 보통이기 때문이다.[61)]

이상의 국경에서의 입국거부, 추방 그리고 범죄인인도 등은 국제난민법상의 이른바 강제송환 금지원칙(principle of *non-refoulement*)에 의하여 제약을 당하게 된다.[62)] 즉, 제네바난민협약은 제33조 1항에서 체약국들이 "난민을 어떠한 방법으로도 인종, 종교, 국적, 특정사회집단의 구성원 신분 또는 정치적 의견 때문에 그의 생명 혹은 자유가 위협받을 우려가 있는 영토의 국경으로 추방하거나 송환하는(push back, expel or return : *refouler*) 것"을 금지하고 있다.[63)] 제33조 1항에 언급된 강제송환 금지 사유는 제1조A(2)에 열거된 –난민이 되기 위한– 다섯 가지 사유(즉, 인종, 종교, 국적, 특정사회집단의 구성원신분, 정치적 의견)와 동일하지만, 제1조A(2)의 "박해를 받는다는 충분히 근거있는 우려" (well-founded fear of being persecuted) 대신에 "생명 혹은 자유가 위협받을 우려"(his life or freedom would be threaten)란 표현이 들어가 있다는 차이가 발견된다.[64)] 그리고 협약 제33조 1항의 이 강제송환 금지원칙은 –제32조의 추방 금지원칙과는 달리– 난민이 불법적으로 피난국 내에 있는 경우에도 적용될 뿐만 아니라 국경에서의 입국 거부에 대해서도 적용된다.[65)] 그

난민의 단계별 지위" 참조.

60) 1966년 시민적·정치적 권리규약 제13조는 합법적으로 살고있는 일반 외국인을 추방하는 경우에 있어서도 이와 유사하게 규정하고 있다.

61) Wolfrum/Philipp (eds.), p. 1035.

62) *Ibid.* ; *The ILA Report 1998*, p. 408.

63) 1984년 12월 10일의 고문반대협약(Convention against Torture and Other Cruel, Inhuman or Degrading Treatment or Punishment) 제3조 1항도 고문당할 염려가 있는 국가로의 "추방, 송환 또는 인도"[expel, return (*'refouler'*) or extradite]를 금지하고 있으며, 2006년 12월 20일 UN총회결의 61/177에 의하여 채택된 "모든 사람을 강제실종으로부터 보호하기 위한 국제협약"(International Convention for the Protection of All Persons from Enforced Disappearance) 제16조도 "강제실종을 당할 위험이 있는 것으로 믿을만한 상당한 근거가 있는" 국가로의 "추방, 송환 또는 인도"를 금지하고 있다. 한편, 고문반대협약 제3조는 단지 "고문"에 대해서만 강제송환금지원칙을 적용하고 있으나, 고문방지위원회는 2007년의 '일반논평 2'에서 고문에 대해 규정한 협약 제3조에서 제15조까지의 규정이 "학대행위"(ill-treatment), 즉 –고문에 미치지 아니하는– "기타 잔혹하거나, 비인도적이거나 모욕적인 대우 혹은 처벌"에 대해서도 그대로 적용된다는 견해를 피력한 바 있다 : Committee against Torture, "General Comment No. 2: Implementation of article 2 by States Parties", CAT/C/GC/2 (24 January 2008), para. 6, available at https://www2.ohchr.org/english/bodies/cat/comments.htm.

64) Gilbert and Rüsch in Evans (ed.), *International Law*, 5th, p. 826.

65) *The ILA Report 1998*, p. 408 ; Wolfrum/Philipp (eds.), p. 1035 ; Guy S. Goodwin-Gill, *International Law and the Movement of Persons between States* (Oxford : Clarendon Press, 1978), p. 140.

러나 협약 제1조 F섹션과 제33조 2항은 강제송환 금지원칙에 대한 예외를 명시하고 있다. 물론, 제1조 F섹션은 제네바난민협약이 처음부터 적용되지 않는 유형의 사람들을 적시하고 있는데 반해, 제33조 2항은 오로지 협약 제33조 1항에 대한 예외를 구성하고 있다. 어쨌든, 이 제33조 2항은 체약국들이 동 조 1항의 금지규정에도 불구하고 "현재 있는 국가(the country in which he *is*)의 안전을 위협하는 인물로 볼만한 합리적인 사유가 있거나", "특히 중대한 범죄를 저질러 최종적으로 유죄판결을 받아 그 국가(즉, 현재 있는 국가)의 공동체에 대하여 위험한 존재가 되는" 난민을 그의 추적국으로 강제송환하는 것을 허용하고 있다.[66] 뿐만 아니라 제33조 '1항'의 강제송환 금지원칙 하에서도 영토국가가 난민을 그의 생명이나 자유가 위협받을 우려가 없는 타 국가, 즉 '안전한 제3국'(a safe third state)으로 보내는 것은 금지되지 아니한다.[67] 2019년 11월 2일 목선을 타고 한국으로 내려와 귀순 의사를 밝힌 22세와 23세의 북한 어민 두명이 불과 닷새만에 강제 북송된 사건과 관련하여, 한국 통일부 대변인은 "정부는 이들이 살인 등 중대한 비정치적 범죄로 북한이탈주민법상 보호대상이 아니며, 우리 사회 편입 시 국민의 생명과 안전에 위협이 되고 흉악범죄자로서 국제법상 난민으로도 인정할 수 없다고 판단했다"고 하였다. 그러나 정부의 이같은 주장에 대해, -한국 헌법 제3조를 위시한 국내법 위반임과 더불어- 강제송환금지 원칙을 담은 고문반대협약 제3조 및 제네바난민협약 제33조을 비롯하여 관련 인권조약을 위반한 것이라는 비판이 국내외에서 제기된 바 있다.[68]

---

66) Gilbert in de Wet and Vidmar (eds.), p. 190 ; Gilbert and Rüsch in Evans (ed.), *International Law*, 5th. pp. 828~829. 고문반대협약 제3조는 "고문받을 위험이 있다고 믿을만한 상당한 근거가 있는 다른 나라로 사람을 추방 · 송환 또는 인도하는" 것을 금지하면서도 강제송환을 허용하는 제네바난민협약 제33조 2항에 상응하는 예외적 규정을 담고 있지 않은데, 동 협약의 이 부분에 대한 침묵을 어떻게 볼 것인지에 대해서는 견해가 갈리고 있다. 그러나 서두에서 언급한 바와 같이, 난민법의 보호는 받지 못하게 되더라도 다시 인권법에 문의하는 것은 별개의 문제이다. 이를테면, 유럽인권재판소는 유럽인권협약 제3조의 고문 금지는 절대적 의무를 부과하고 있으며, 따라서 동 제3조의 보호 범위는 제네바난민협약(1951) 제32조, 제33조보다 더 넓다고 판시한 바 있다 : *Saadi* v. *Italy*, Application no. 37201/06, judgment of 28 February 2008, paras. 138~139, 〈https://hudoc.echr.coe.int/fre?i=001-85276〉, ("138. ...Since protection against the treatment prohibited by Article 3 is absolute, that provision imposes an obligation not to extradite or expel any person who, in the receiving country, would run the real risk of being subjected to such treatment. ...As the Court has repeatedly held, there can be no derogation from that rule... It must therefore reaffirm the principle stated in *Chahal* ... that it is not possible to weigh the risk of ill-treatment against the reasons put forward for the expulsion in order to determine whether the responsibility of a State is engaged under Article 3, even where such treatment is inflicted by another State. In that connection, the conduct of the person concerned, however undesirable or dangerous, cannot be taken into account, with the consequence that the protection afforded by Article 3 is broader than that provided for in Articles 32 and 33 of the 1951 United Nations Convention relating to the Status of Refugees... ... ; 139. The Court considers that the argument based on the balancing of the risk of harm if the person is sent back against the dangerousness he or she represents to the community if not sent back is misconceived. The concepts of "risk" and "dangerousness" in this context do not lend themselves to a balancing test because they are notions that can only be assessed independently of each other. Either the evidence adduced before the Court reveals that there is a substantial risk if the person is sent back or it does not. The prospect that he may pose a serious threat to the community if not returned does not reduce in any way the degree of risk of ill-treatment that the person may be subject to on return. ...").

67) 다만 이 경우에도 '안전한 제3국' 자신은 난민의 생명이나 자유를 위협하지 않겠지만 우선 이런 국가가 난민을 받아줄 것인지, 그리고 나중에 어떤 이유로든 안전하지 아니한 다른 국가로 난민을 보내려 하지 않을지 등의 우려가 제기된다. Gilbert in de Wet and Vidmar (eds.), p. 182.

이른바 비호권(right of asylum)은 외국인에게 그 영토 내에서 보호와 피난처를 제공할 '국가'의 '권리 혹은 특권'(right of a state to *grant* asylum)에 머무르고 있을 뿐, "(외국에서) 비호를 부여(제공)받을 —다시 말해서 이를 요구할— 개인의 권리"(the right to *be granted* or *demand* asylum)란 관념은 국제적으로 여전히 인정되지 않고 있다.[69] 1948년의 세계인권선언 제14조 1항이 "모든

68) 조선일보/윤희훈 · 변지희, 2019.11.7., "오징어배 16명 죽이고 도피한 北 선원 2명 추방" ; 조선일보/김민우, 2019.11.7., "김연철 "北 선원 3명이 16명 살해… 1명은 김책항서 체포되고 2명 월남"" ; 조선일보/윤희훈, 2019.11.8., "美 인권전문가들 "北 주민 추방 조치, 韓 헌법 · 국제 협약 위반"" ; 조선일보/김진명, 2019.11.15., "유엔, 정부의 北 선원 추방 조사한다" ; 조선일보/김진명 · 박국희, 2019.11.15., ""인권정부라면서 反인권"… 유엔 · 앰네스티 · 변협도 선원北送 난타" ; 조선일보/윤희윤, 2019.11.17., "사상 초유의 '北 주민 추방' 사건…전문가들 "법치주의 제대로 지켰나" 의문 제기" ; Liberty Korea Post/문성휘, 2019.11.21., "北 소식통들, "강제북송 탈북어민 살인 하지 않았다" 주장 ; 조선일보/윤희훈, 2019.11.22., "유엔北인권보고관 "한국 정부 北 선원 추방 우려…문제 제기하겠다""; 조선일보/김명지, 2019.11.22., "靑 '김정은 방한' 초청 친서 보낸 날, 정부는 北 주민 2명 북송 통보" ; 조선일보/원선우 · 류재민, 2019.11.25., "현직 부장판사 "탈북선원 북송 위법""; 자유아시아방송(RFA)/정영, 2019.11.27., "미국 탈북자들, 북한어민 강제 북송은 인권 침해", 〈https://www.rfa.org/korean/weekly_program/defector_view_hr/defectornkhr-11272019091730.html〉 ; VOA/William Gallo, November 8, 2019, "Deportation of North Koreans Suspected in 16 Deaths Raises Questions in South", 〈https://www.voanews.com/east-asia-pacific/deportation-north-koreans-suspected-16-deaths-raises-questions-south〉 ; 조선일보/김형원 · 김은중, 2022.06.27., "北요청도 전에… 文정부가 먼저 "귀순어민 인계하고 싶다" 통지" ; 최우석/월간조선 뉴스룸, 2022.07.08., "[단독] 문재인이 북송한 2명, 김정은 독재 비판 격문 내걸고 탈출한 사람들이었다 - 원산지역 주민들 사이에 퍼진 내용...사실이라면 독재 피해 온 탈북자를 죽으라며 北으로 다시 돌려보낸 것" ; 조선일보/김형원, 2022.07.11., "강제 북송 어민들, 당시 자필로 귀순 의향서 썼다" ; 조선일보/김명성, 2022년 7월 12일, A5, "통일부 '탈북어민은 헌법상 대한민국 국민. 북송은 분명히 잘못'" - "2019년엔 '보호대상 아니다', '당시 靑 요구로 브리핑한 것'" ; 조선일보, 2022.07.12. "[사설] 귀순 의향서 쓴 어민 북송해 놓고 국민 속여 온 文 정부" ; 조선일보/김형원, 2022년 7월 13일, A1&5, "자해하며 발버둥쳤지만… 귀순어민 北으로 끌려가", "눈가리고 손묶고… 저항하면 경찰특공대가 제압" ; 조선일보/김승현, 2022년 7월 13일, A5, "北, 어민사건을 주민 정신교육 활용… 탈북해봤자 南서 다 돌려보낸다" ; 조선일보 社說, 2022년 7월 13일, A35, "탈북 어민 강제 북송 현장의 충격적 사진" ; 조선일보/김명성, 2022년 7월 14일, A8, "북송어민 반역죄로 처형 … 北도 귀순 확인해준셈" ; 조선일보/양승식/이민석, 2022년 7월 15일, A3, "유엔사, 文정부의 북송 협조요청 5회 거부… '안대 · 결박 말라' 경고" ; 조선일보/김명성 · 양승식, 2022년 7월 19일, A1/5, "귀순어민이 머리 쿵쿵 찧자… '야야야' '잡아' - 포승줄도 모자라… 테러진압용 '케이블'로 추가 결박" ; 조선일보/김명성, 2022년 7월 19일, A5, "文정부 '선박에 혈흔' 말했지만… 당시 검역관 '혈흔 없었다'" ; 조선일보/박상기, 2022년 7월 19일, A5, "민주당 연일 '어민은 흉악범' … 北 인권단체 '진보정당 맞나'" ; 조선일보/김명일, 2022.09.15., "北인권총회 참석 의원들 '북한, 북송 청년 2인 생사 공개하라'" ; 조선일보/김정환, 2023년 3월 10일, A1/3, "文정부, 탈북어민 나포 전부터 북송계획".

2022년 3월 8일은 대통령 선거가 있기 하루 전이었는데, 이날 북한 군인 6명이 탄 배가 서해 NLL을 넘어왔을 때에도 문재인 정부는 이튿날 9일 북으로 송환한 것으로 보도되었다 : 조선일보/양승식, 2022년 7월 20일, A1/4, "(2022년)대선 전날 넘어온 北선박, 군인 6명 탔는데 대선날 돌려보내", "유엔사 '조사 참석' 통보했는데 국방부는 무시하고 北선박 북송" ; 조선일보/김민서, 2022년 7월 20일, A4, "거리낄 것 없다던 野, 북송영상 공개되자 '감성팔이'" ; 조선일보/김명일, 2022.07.22., "흉악범이라 북송했다더니... 文정부, 그 해 다른 살인혐의자 정착허가".

69) Akehurst, p. 107, fn. 5 ; *The ILA Report 1998*, p. 408. 국내법의 차원에서, 종래 독일은 그 기본법(Grundgesetz) 제16조 2항 두 번째 문장에서 "정치적 이유로 박해받는 사람은 비호권(Asylrecht, right of asylum)을 향유한다"고 규정함으로써 비호권을 개인의 권리로서 보장하고 있었으나, 통일 후 1993년 6월 28일의 제39차 기본법(헌법) 개정에서 이 규정을 삭제하였다. 이를 대신하여 새로 제16a조(Article 16a)가 삽입되었는데, 그 내용은 다음과 같다. 먼저 동조 1항에서는 "정치적 이유로 박해받는 사람은 누구든지 비호권을 갖는다"고 재확인하고 있다. 그러나 2항에서는 이른바 "안전한 제3국" 원칙(safe third state/country principle)를 도입하여 "'유럽공동체 회원국'이나 '난민의 지위에 관한 협약 또는 인권과 기본적 자유의 보호를 위한 협약(즉, 유럽인권협약)의 적용이 보장되는 다른 제3국'으로부터 이 국가로 들어오는" 사람들에 대해서는 비호권을 부인하고 있다. 3항에서는 사람을 정치적으로 박해하지 않는 것으로 추정되는 국가를 추가로 결정지을 권한을 연방상원(Bundesrat)에 부여하고 있다. 4항에서는 사법부가 어떤 사람의 독일 내에서의 정

사람은 박해를 피해 타국에서 비호를 구하고, 이를 향유할 권리를 가지고 있다."(Everyone has the right to *seek* and to *enjoy* in other countries asylum from persecution.)[70]라고 규정하고 있긴 하지만, 여기서 "비호를 '구할' 권리"라 함은 "다른 나라로 달아날 권리"(the right to flee) 이상의 어떤 것을 의미하지는 않으며, "비호를 '향유할' 권리"라 함도 "국가가 난민에게 부여하는 비호는 타국가들에 의하여 존중되어야 함"을 의미할 따름이다.[71] 이 선언이 그 자체 법적 구속력있는 문서가 아니라는 사실은 차치하고라도, 그 제14조 1항의 규정 역시 비호권을 개인의 주관적 권리, 즉 비호를 부여'받을' 권리로 표현하는 선에는 이르지 못하였던 것이다. 1967년 UN총회가 결의 2312(XXII)로써 채택한 "영토비호에 관한 선언"(Declaration on Territorial Asylum)도 제1조에서 "국가가 자신의 주권을 행사하여 부여하는 비호"와 "비호를 구하고 그리고 이를 향유할 (개인의) 권리"를 구분하고 있다. 제네바난민협약도 체약국들에게 난민을 비호할 의무를 지우고 있지는 않다.[72] 요컨대, 굳이 표현한다면 국제법의 차원에서 국가가 갖는 "비호의 권리"(right *of* asylum)와 개인이 갖는 "비호에 대한 권리"(right *to* asylum)는 구분하는 것이 좋을 것이다.[73]

난민의 지위는 국적국(혹은 상주국)이 아닌 국가가 제공하는 영토비호(territorial asylum)이기 때문에 개인은 자국 영토 안에서는 난민의 지위를 구할 수 없다. 따라서 개인이 자국 주재 외교공관에 진입하여 외교비호(diplomatic asylum)를 제공받고 있는 경우라 해도 그는 접수국이나 파견국에

치적 보호의 종료를 정지시킬 수 있는 제사정을 서술하고 있다. 끝으로, 5항에서는 "제1항에서 제4항까지의 규정은 유럽공동체 회원국들이 상호간에 체결했거나 제3국과 체결한 국제협정들과 충돌하지 않는다"고 선언하고 있다. 제39차 기본법 개정에서는 이와 함께 기본법 제18조도 새롭게 하지 않으면 안되었다. 즉, 구 제18조는 정치적 비호에 대해서는 제16조를 참조하라고 규정하고 있었으나, 개정된 현 제18조는 이 문제에 대해서는 제16a조를 보라고 말하고 있다. 제39차 기본법 개정은 독일의 정치비호법이 근본적으로 변했음을 보여주고 있다. 개정 전까지 독일의 기본법은 난민에게 정치적 비호를 개인의 권리로서 부여한 세계 유일의 헌법이었다. 그러나 동유럽으로부터 난민이 밀려 오는 것에 대처하기 위해 이제 그같이 엄격한 제한과 조건을 달게 되었고, 독일 연방헌법재판소도 1996년 5월 14일의 결정에서 제39차 기본법 개정의 합헌성을 지지하였다(94 BVerfGE 49, 52). 제16a조의 자세한 이해를 위해서는 다음 논문을 참조 : Kay Hailbronner, "Asylum Law Reform in the German Constitution," (1994) 9 (No. 4) American University International Law Review 159~179, 〈https://digitalcommons.wcl.american.edu/auilr/vol9/iss4/9/〉. 제16a조의 이행법률은 다음을 참조 : Asylum Procedure Act (Asylverfahrensgesetz, AsylVfG)(In the version promulgated on on 27 July 1993 (Federal Law Gazette I, p. 1361), last amended by Article 3 of the Act to Implement Residence-and Asylum-Related Directives of the European Union of 19 August 2007 (Federal Law Gazette I, p. 1970), available at https://www.iuscomp.org/gla/statutes/AsylVfG.htm.

70) 동조 2항은 "This right may not be invoked in the case of prosecutions genuinely arising from non-political crimes or from acts contrary to the purposes and principles of the United Nations."라고 규정함으로써 단지 "비호를 구하고 그리고 이를 향유할 권리"(the right to *seek* and to *enjoy*... asylum)가 저 다시 제한하고 있다.

71) *The ILA Report 1998*, p. 408 ; Wolfrum/Philipp (eds.), p. 1036.

72) Wolfrum/Philipp (eds.), p. 1036. "국내피난에 관한 지도원칙"의 제15원칙(c)도 난민의 경우에 상응하여 "국내피난민들은 타국가에서 비호를 구할 권리를 가지고 있다(have the right to *seek* asylum in another country)"라고 천명하고 있다.

73) EU기본권헌장(Charter of Fundamental Rights of the European Union) 제18조도 "Right to asylum"이란 표현을 사용하고 있다 : OJ of the European Communities, 2000/C 364/01 (18.12.2000). 독일기본법 제16a조에서 보는 것처럼 국내법의 차원에서 비호를 개인의 권리(right of asylum)로 보장하는 것은 별개의 문제이다 : https://en.wikipedia.org/wiki/German_constitution ; https://www.bundestag.de/htdocs_e/parliament/function/legal/germanbasiclaw.pdf.

대하여 난민의 지위를 주장할 수 없다. 외교공관은 국제법상 그리고 국내법상 접수국의 영토이고 그는 여전히 자국 영토 안에 있기 때문이다.[74)]

'비호권'과 (협약 제32조 및 제33조의) '추방금지 및 강제송환금지'는 일견 비슷해 보일지 모르지만, 양측의 개념은 그 구성요소가 오히려 서로 정반대임에 유념할 필요가 있다. 첫째, 비호권은 영토주권에 기초한 국가의 특권으로서 일반국제법상 난민의 출신국을 포함해서 그 어떤 다른 국가도 비호부여국을 법적으로 비난할 자격이 없는데 반해서, 협약상 추방금지와 강제송환금지는 국가의 주권적 권리에 오히려 일정 제약 · 금지를 부과하기 위해 고안된 원리이기 때문에, 이 원칙들을 위반하는 체약국은 다른 체약국들로부터 법적 비난을 받을 것을 각오해야 한다.[75)] 게다가 협약 제32조와 제33조의 두 원칙은 동 협약 성립 당시에 이미 일반관습법규가 되어 있었다고 주장되고 있으며, 그렇다면 −이론상 이른바 '완강한 반대국가'(persistent objectors)를 제외하고는− 지구상의 '모든 국가'(all nations)가 이 두 원칙을 준수할 의무가 있다는 결론에 이르게 된다.[76)] 둘째, 국제비호법이 개인에게 비호를 부여받을 권리(the right to *be granted* asylum)를 부여하고 있지는 않는 것과는 대조적으로, 한 개의 인권으로서의 강제송환 금지원칙은 추적국으로 송환당하지 아니할 개인의 권리를 내포하고 있다. 셋째, 강제송환 금지원칙은 기본적으로 개인에게 있어서는 기껏해야 그가 도망온 국가에서 잠시 체류할 허락을 받는 것을 의미하는데 지나지 않지만, 비호를 부여받은 난민은 비호국 내에서 체류뿐만 아니라 개인적 · 직업적 발전(personal and professional development)도 향유하게 된다.[77)]

Ⅶ. 난민의 단계별 지위

제네바난민협약의 각 규정은 협약 난민이 체약국 내에서 향유할 수 있는 권리를 그의 단계별 지위에 따라 구분하고 있는데, 이것은 일반국제법뿐만 아니라 협약상으로도 각국이 난민에게 입국을

---

74) Aust, *Handbook of IL*, 2nd, p. 175 ; Gilbert in de Wet and Vidmar (eds.), p. 182 (fn. 25).

75) Wolfrum/Philipp (eds.), p. 1036.

76) *Ibid.* ; Goodwin-Gill, *op. cit.*, p. 141 ; *The ILA Report 1998*, p. 408. 1984년의 "카타헤나 난민선언"(Ⅲ.5)은 제33조의 강제송환금지를 일반국제법의 강행규범으로 인정하고 준수할 것을 권고하고 있기도 하다 : "Ⅲ. The Colloquium adopted the following conclusions : ... 5. To reiterate the importance and meaning of the principle of *non-refoulement* (including the prohibition of rejection at the frontier) as a corner-stone of the international protection of refugees. This principle is imperative in regard to refugees and in the present state of international law should be acknowledged and observed as a rule of *jus cogens*." See Geoff Gilbert in de Wet and Vidmar, pp. 183, 185~189. 이에 반해 홍콩 제1심재판소는 강제송환금지를 강행규범의 지위에는 이르지 못했지만 관습법규로는 보면서도 그러나 홍콩은 '처음부터 일관되게 반대'(consistent and long-standing objection)하여 왔기 때문에 이 원칙에 구속되지 아니한다고 판시하였다 : Hong Kong High Court as Court of First Instance, *C* v *Director of Immigration*, judgment of 18th February 2008, [2008] 2 HKC 165, [2008] HKCFI 109, ILDC 1119 (HK 2008) ; 〈https://www.crin.org/en/library/legal-database/c-v-director-immigration〉 ; Gilbert in de Wet and Vidmar (eds.), p. 189, fn. 46.

77) Wolfrum/Philipp (eds.), p. 1036.

허락하거나 비호를 부여할 의무는 없는 데서 오는 논리적 귀결로 볼 수 있다.

먼저, 협약 제3조(비차별: non-discrimination), 제4조(종교: religion), 제13조(동산과 부동산: movable and immovable property), 제16조(재판받을 권리: access to courts) 1항, 제20조(배급: rationing), 제22조(공교육: public education), 제27조(신분증명서: identity papers), 제29조(재정공과금: fiscal charges), 제30조(자산의 이전: transfer of assets), 특히 제33조[추방 또는 송환(강제송환)의 금지: prohibition of expulsion or return ("*refoulement*")] 등은 단지 "난민" (refugees), "체약국영토 내의 난민"(refugees within their territories), 혹은 "체약국 영토에 있는 일체의 난민"(any refugee in their territory)에게 적용되는데, 이것은 이들 조항이 난민이 체약국에 합법적으로 있는지 불법적으로 있는지를 묻지 아니하고 모든 난민에게 적용됨을 의미한다. 뿐만 아니라, (위에서 일부 언급한 바 있는) 협약 제31조는 특별히 "불법적으로 피난국에 있는 난민" (refugees *unlawfully* in the country of refuge)에 관하여 규정하고 있다.[78)]

둘째, 협약 제18조(자영업: self-employment), 제26조(이동의 자유: freedom of movement), 제32조(추방: expulsion) 등은 "합법적으로 체약국영토에 있는" 난민(refugees *lawfully in their territory*)에게 적용되는데, 이것은 "거주에는 이르지 아니하는, (체약국의) 법에 의하여 허가된 존재" (presence authorized by law which must not amount to residence but may be of a temporary nature)를 지칭한다.[79)]

셋째, 제15조(결사의 권리: right of association), 제17조(임금을 받는 고용: wage-earning employment) 1항, 제19조(자유업: liberal professions), 제21조(주택: housing), 제23조(공적 구호: public relief), 제24조(노동입법과 사회보장: labour legislation and social security), 제28조(여행증명서: travel documents) 등, 협약에서 보장하고 있는 대부분의 권리는 "합법적으로 체약국영토에 체류하고 있는" 난민(refugees *lawfully staying in their territory*)에게 적용되는데, 여기서 "합법적 체류"(lawful stay)라 함은 항구적인 정착(permanent settlement)을 필요로 하지는 않지만, 이 경우 난민은 '단순한 합법적 존재'(mere lawful presence)를 넘어 '일정 기간 피난국에 정착하여 거주'(a certain length of residence)하고 있음을 보여주어야 한다.[80)]

끝으로, 제12조(개인적 지위: personal status)와 제14조(저작권 및 산업재산: artistic rights and industrial property), 제16조(재판받을 권리: access to courts) 2~3항 등, 협약의 일부 조항은 "주소"(domicile) 혹은 "상주거소" (habitual residence) 등의 항구적 지위를 가진 난민(refugees with a permanent status)에게 적용된다.[81)]

요컨대, 협약에 의하면 난민은 피난국영토에 합법적으로 더욱 오래 존재하고 있고, 또 피난국과 관계가 깊으면 깊을수록 더 나은 대우를 기대할 수 있다.[82)] 한편, 협약 제2조(일반의무: general

78) *The ILA Report 1998*, p. 415
79) *Ibid.*
80) *Ibid.*, pp. 415~416.
81) *Ibid.*, p. 416.
82) *Ibid.*

obligations)에 의하면, '모든' 난민(*every* refugee)은 "현재 그가 있는 국가에 대하여"(to the country in which he *finds himself*) 특히 그 국가의 법령과 공공질서의 유지를 위해 취해진 조치에 따를 의무를 진다.

Ⅷ. 난민 지위의 결정절차

UNHCR Handbook[83]이 지적하는 바에 따르면 "난민은 난민으로 인정을 받아서 난민이 되는 것이 아니라 이미 난민이기 때문에 난민으로 인정받는 것"이라는 의미에서 난민 지위는 "선언적인 것이지, 창설적인 것이 아니다."[84] 그러나 체약국들이 조약규정을 이행하기 위해서는 '누가' '어떤 유형'의 난민인지를 확인·결정하는 절차를 거치지 않으면 안되는데, 그럼에도 불구하고 상기 두 조약은 이 중대한 절차문제를 직접 규율하고 있지 않다. 제네바난민협약 제9조에서 "체약국에 의한 (난민지위)결정"(a determination by the Contracting State)이라는 표현이 잠깐 언급되고 있을 뿐, 난민 지위 결정을 위한 구체적인 절차를 담은 실체적 규정은 발견되지 않는다. 이것은 난민 지위의 결정을 위해 어떤 절차를 도입할 것인지의 문제가 각 체약국의 국내법에 맡겨져 있음을 의미하며, 실제로 협약이나 의정서의 각 체약국이 채택한 절차는 크게 다르다.[85] EU는 "유럽공동비호시스템"(Common European Asylum System)을 수립, 운영하고 있다.[86] 한편, UNHCR은 많은 국가의 난민 지위 결정 과정에 여러 형태로 참여하고 있는데, 이같은 참여는 –체약국과 UNHCR사무소간의 협력을 규정한– 협약 제35조와 (협약 제35조에 상응하는)의정서 제2조에 근거하고 있다.[87]

Ⅸ. 분쟁해결

제네바난민협약은 제38조(분쟁해결)에서 "협약의 해석 또는 적용에 관한 협약당사국간의 분쟁으로

83) UNHCR *Handbook*, para. 28 : "A person is a refugee within the meaning of the 1951 Convention as soon as he fulfils the criteria contained in the definition. This would necessarily occur prior to the time at which his refugee status is formally determined. Recognition of his refugee status does not therefore make him a refugee but declares him to be one. He does not become a refugee because of recognition, but is recognized because he is a refugee."

84) Gilbert in de Wet and Vidmar (eds.), pp. 180~181.

85) Cf. UNHCR, Help Republic of Korea, Applying for Asylum, 〈https://help.unhcr.org/southkorea/asylum/〉; Arturo Castellanos-Canales/National Immigration Forum, Mar 15, 2023, "Mexico's Asylum System: Good in Theory, Insufficient in Practice", 〈https://immigrationforum.org/article/mexicos-asylum-system-good-in-theory-insufficient-in-practice/〉.

86) https://home-affairs.ec.europa.eu/policies/migration-and-asylum/common-european-asylum-system_en ; https://en.wikipedia.org/wiki/European_Union_Agency_for_Asylum.

87) UNHCR *Handbook*, paras. 189~194.

서 다른 수단에 의하여 해결될 수 없는 것은 분쟁당사국 중 어느 일방의 요청에 의해 ICJ에 회부된다."고 규정함으로써 협약당사국간의 협약 하의 분쟁에 대해 ICJ에 강제관할권을 부여하고 있다. 제38조에 대한 유보는 허용되지 아니한다.[88] 이와는 대조적으로 1967년 의정서는 -제네바난민협약 제38조에 상응하는- 제Ⅳ조(분쟁해결)의 규정에 대한 유보를 허용하고 있다.[89]

다른 한편, UNHCR과 국가 간에 체결되는 조약에서도 분쟁의 해결수단을 명시해 두기도 한다. 예컨대, 1995년 12월 1일 제네바에서 양 당사자의 서명과 동시에 발효한 UNHCR과 중국 정부간의 협정[90]은 "중국 정부와의 협의 및 협조 아래, 난민에 대한 방해받지 않는 상시 접근"[91]과 "특권/면제"[92]를 비롯하여 주재국 영토 내에서의 UNHCR의 임무 수행을 위한 조건들을 담고 있는데, 동 협정 제XⅥ조(분쟁해결)에 의하면 "본 협정 하에서 혹은 본 협정과 관련하여 발생하는 중국 정부와 UNHCR간의 일체의 분쟁"은 교섭 또는 기타 합의하는 해결방식에 의해 해결을 하되, 이것이 실패하면 의무적 중재재판(complusory arbitration)[93]의 방식이 적용된다. 그러나 동 협정은 6개월 전 어느 일방의 서면통보에 의해 종료될 수 있다.[94]

국가들이 난민 문제를 자신의 아픔으로 받아들이지 않는 상황에서 ICJ의 강제관할권이든 의무적 중재재판이든 국제난민법 체제 하에서 이것들이 실제로 발동되기를 기대하는 것은 거의 불가능에 가까워 보인다.[95]

X. 보충적 보호

일부 국가에서는 난민의 정의에 부합하지는 않지만 진정으로 중대한 위험에 직면한 비호 신청자들(asylum seekers)이 인권법을 기초로 보호를 청구하는 것을 허용하고 있는데, 이는 흔히 '보충적 보호'(complementary/subsidiary protection)로 불린다. 그러나 보충적 보호는 그 어떤 국제문서에서 정의된 바 있는 전문용어는 아니며, 다만 -EU를 포함하여-[96] 국가들이 제네바협약 상의 난민 요건을 충족하지 못하는 비호 신청자들에게 제공하는 보호로서, '인도적 보호'(humanitarian protection),

---

88) 제네바난민협약 제42조 1항.

89) 의정서 제Ⅶ조 1항.

90) 공식명칭 : "Agreement on the upgrading of the UNHCR Mission in the People's Republic of China to UNHCR branch office in the People's Republic of China". UN Treaty Series (1995) No. 3237, https://www.nkfreedom.org/UploadedDocuments/UNHCR-China1995Treaty.pdf.

91) 동 협정 제Ⅲ조 5항 : "In consultation and cooperation with the Government, UNHCR personnel may at all times have unimpeded access to refugees and to the sites of UNHCR projects in order to monitor all phases of their implementation."

92) 동 협정 제Ⅶ조~제XV조.

93) '의무적' 중재재판의 의미에 관해서는, 본서, 제26장 (분쟁의 평화적 해결수단) 참조.

94) 동 협정 제XⅦ조 4항.

95) Gilbert in de Wet and Vidmar (eds.), pp. 183~184.

96) 즉, TFEU 제78조 1항은 "비호, 보충적 보호 및 임시보호"(asylum, subsidiary protection and temporary protection)에 관해 규정하고 있다. 이행입법인 난민자격 준칙에 대해서는 위 각주 47) 참조.

'임시비호'(temporary asylum) 등 여러 가지 다른 이름으로 불리기도 한다.[97] 한국도 난민법(제2조, 제3조, 제39조)과 그 시행령(제2조)을 통해 '인도적 체류 허가'(humanitarian stay permit)의 이름으로 보충적 보호를 제공하고 있다.

97) 자세한 것은 Ruma Mandal, "Protection Mechanisms Outside of the 1951 Convention ("Complementary Protection")", UNHCR, Legal and Protection Policy Research Series, June 2005, 〈https://www.unhcr.org/protect/PROTECTION/435df0aa2.pdf〉 참조.

Part 4

국가의 관할영역

제 19 장
영토의 취득

I. 영토 취득의 의의

영토의 취득(acquisition of territory)이란 영토주권의 취득(acquisition of territorial sovereignty)을 줄인 말이다. 영토는 국가의 공권력이 행사되는 테두리 내지 뼈대(framework)이다.[1] 따라서 특정 영토의 주권 변동은 원칙적으로 그 지역 주민의 국적과 법률제도의 변경을 초래한다. 영토주권은 흔히 "영유권"으로 표현되기도 하는데, 이것은 사전적으로 "점령하여 소유한다"는 의미를 담고 있다. 국제소송에서 영토주권을 지칭하기 위해 '소유권'(ownership)이란 표현이 사용되기도 한다.[2] *Island of Palmas* 사건[3]에서 Huber 재판관은 "영토주권의 표현은 시간과 장소의 조건(상황)에 따라 다른 형태를 취한다"는 점을 지적한 바 있다.

지구상의(혹은 우주의) 모든 영토가 현재 특정 국가의 주권 하에 있거나 혹은 있어야 하는 것은 아니다. 즉, 국제법은 특정 국가의 주권 하에 있지 않은 영토도 인정하는데, 언제든지 선점이 될 수 있는 무주지(*terra nullius*), (UN해양법체제 하에서) 심해저를 제외한 공해처럼 선점의 대상이 될 수는 없지만 모든 국가에게 원칙적으로 자유로운 접근과 이용이 허락되는 공공물(*res communis omnium*), 심해저처럼 그 천연자원 개발에 있어 국가의 자유로운 접근을 배제하는 인류의 공동유산(common

---

1) Akehurst, p. 143 ; Harris, p. 181. 현존하는 영토 관련 분쟁의 목록은 다음 사이트를 참조 : https://en.wikipedia.org/wiki/List_of_territorial_disputes.

2) *Sovereignty over Pedra Branca/Pulau Batu Puteh, Middle Rocks and South Ledge* (Malaysia/Singapore), ICJ Reports (2008), p. 12, para. 222 ; Orakhelashvili/Akehurst, 9th, pp. 131~132.

3) *Per* Judge Huber in the *Island of Palmas* case (United States and the Netherlands). (1928) 2RIAA 829 at 839 : "Manifestations of territorial sovereignty assume, it is true, different forms, according to conditions of time and place. Although continuous in principle, sovereignty cannot be exercised in fact at every moment on every point of a territory. The intermittence and discontinuity compatible with the maintenance of the right necessarily differ according as inhabited or uninhabited regions are involved, or regions enclosed within territories in which sovereignty is incontestably displayed or again regions accessible from, for instance, the high seas."

heritage of mankind)이 바로 그것이다.

흔히 "육지가 바다를 지배한다"(the land dominates the sea)고 말하는 경우가 있는데, 이것은 바다에 대한 여러 권리는 −본토, 섬, 바위섬(암석), 간출지로 구성되는[4]− 육지(마른 땅, 굳은 땅)(*terra firma*)에 대한 연안국의 주권으로부터 나온다는 사실을 표현하고 있다. 이것은 바꾸어 말하면 바다는 −영공과 마찬가지로− 단지 육지영토의 종물(從物)(accessories to the land territory)이며, 따라서 해안(연안, 해변), 즉 바다에 접한 육지가 동시에 적법하게 취득되지 않는 한 인접 바다는 그 자체로는 점령, 할양, 매매 혹은 국가승계의 대상이 될 수 없음을 의미하는 것이기도 하다. 요컨대, "육지가 바다를 지배한다"는 명제는 해안을 통해 현실화되며, 따라서 해안에 대한 권리가 없다면 인접 바다에 대한 유효한 권원은 없다.[5] 그 결과 해양경계획정은 분쟁국들의 해안 배후 육지 넓이의 비교가 아니라 관련 연안국 해안선 간의 관계에 대한 판단의 문제로 귀착되며, 그 결과 육지 면적이 작은 국가가 육지 면적이 넓은 국가보다 훨씬 더 큰 해양영토를 주장할 수도 있게 되는 것이다.[6]

---

4) 이들 중 간출지도 "자연적으로 형성된 육지지역"(naturally formed area of land)이긴 하지만 "만조 시에는 모습을 숨기고 간조 시에만 모습을 드러내기" 때문에 해양법에서 이것이 갖는 법적 효과는 매우 제한되어 있다. 이것에 대해서는 UN해양법협약 제13조 ; *Maritime Delimitation and Territorial Questions between Qatar and Bahrain*, ICJ Judgment of 16 March 2001, para. 206 ("... It has never been disputed that islands constitute *terra firma*, and are subject to the rules and principles of territorial acquisition; the difference in effects which the law of the sea attributes to islands and low-tide elevations is considerable. ...") ; Orakhelashvili/Akehurst, pp. 162~163 ; 본서, 제21장 (해양법), "Ⅱ. 영해 및 접속수역, 2. 영해의 폭과 기선" 참조.

5) 바다가 육지영토의 종물이라는 것은 중재재판소가 이미 오래 전 *Grisbadarna* case (Norway v. Sweden), Award of 23 October 1909, 11 RIAA 147 (1909), 159 <https://arbitrationlaw.com/library/grisbadarna-case-norway-v-sweden-award>에서 지적한 바 있다 : "principes fondamentaux du droit des gens, tant ancien que moderne, d'après lesquels le territoire maritime est une dépendance nécessaire d'un territoire terrestre" (Unofficial English Translation : "the fundamental principles of the law of nations, both ancient and modern, according to which maritime territory is an essential appurtenance of land territory"). ICJ도 이를 강조하고 있다 : see, e.g., *Fisheries* case (UK v. Norway), ICJ Reports (1951), p. 116 at 133 ("It is the land which confers upon the coastal State a right to the waters off its coasts") ; *North Sea Continental Shelf* Cases (Federal Republic of Germany/Denmark ; Federal Republic of Germany/Netherlands), ICJ Reports (1969), para. 96 ; *Aegean Sea Continental Shelf* Case (Greece v. Turkey)(Jurisdiction), ICJ Reports (1978), para. 86 ; Case concerning *Maritime Delimitation in the Area between Greenland and Jan Mayen* (Denmark v. Norway), ICJ Reports (1993), p. 38 at 74 (para. 80 : "...the attribution of maritime areas to the territory of a State, which, by its nature, is destined to be permanent, is a legal process based solely on the possession by the territory concerned of a coastline") ; Case concerning *Maritime Delimitation and Territorial Questions between Qatar and Bahrain* (Qatar v. Bahrain), ICJ Reports (2001), para. 185. ; Case concerning *Territorial and Maritime Dispute between Nicaragua and Honduras in the Caribbean Sea* (Nicaragua v. Honduras), Judgment of 8 October 2007, para. 113; *Maritime Delimitation in the Black Sea* (Romania v. Ukraine), ICJ Judgment of 3 February 2009, para. 77 ("The title of a State to the continental shelf and to the exclusive economic zone is based on the principle that the land dominates the sea through the projection of the coasts or the coastal fronts. ... In the *Continental Shelf* (*Tunisia/Libyan Arab Jamahiriya*) case, the Court observed that "the coast of the territory of the State is the decisive factor for title to submarine areas adjacent to it. ..." (*Judgment, I.C.J. Reports 1982*, p. 61, para. 73)." See Vladimir-Djuro Degan, "Consolidation of Legal Principles on Maritime Delimitation: Implications for the Dispute between Slovenia and Croatia in the North Adriatic", Chinese Journal of International Law, Volume 6, Issue 3, pp. 601~634, para. 72, <https://chinesejil.oxfordjournals.org/content/6/3/601.full>.

따라서 국제재판소가 형평하고 객관적인 기초 위에서 해양경계 획정을 하기 위해서는 무엇보다 경계획정에 관계되는 분쟁당사국의 해안선을 정의하는 것이 중요하다.[7)]

Ⅱ. 영토 취득의 방법

국가가 영토를 추가로 획득하는 방법에는 자연작용, 선점, (취득)시효, 할양, 정복 등이 있다. 자연작용과 선점이 타국의 영토를 승계하는 것이 아니라는 의미에서 이를 시원적 취득방법(original modes of acquisition)이라고 부른다면, 시효, 할양 그리고 정복은 타국의 영토를 승계한다는 점에서 파생적 취득방법(derivative modes of acquisition)이라고 부를 수 있을 것이다.

그런데 재산취득에 관한 로마법의 규칙으로부터 빌려온 위 전통적 분류방식은 영토의 취득 또는 이전이 기존국가에 의하여 이루어짐을 전제로 하고 있다. 그러나 제2차 세계대전 후에 이루어진 가장 빈번한 영토이전은 식민지가 독립을 획득하는 경우에 발생하였다. 즉, 영토는 국가성립의 필수요건이기 때문에 무주지 위에 신국가가 건설되지 않는 한 국가의 탄생은 영토의 이전을 동반한다. 이처럼 식민지가 (점진적으로 또는 일시에) 국가로서 독립하는 경우에 발생하는 영토이전(즉, 영토취득)의 문제는 위 전통적 분류방식에 따라 설명하기가 곤란하다. 기존국가에 의한 영토취득이 아니기 때문이다. 즉, 영토는 국가자격의 한 구성요소임에도 불구하고 신생독립국이 탄생하기 전까지는 영토주권을 획득할 수 있는(즉, 영토주권을 넘겨받을 수 있는) 실체(주권국가)가 없다는 이론적 딜레마가 발생한다. 그러므로 민족자결원칙의 확립과 더불어, 단지 국가만이 영토주권을 획득할 수 있다는 고전적 규칙은 (식민지의) 민족이 특정 국가를 수립하는 기간 동안 영토주권을 획득함을 허용하는 현대적 국제법규로 대체되어야 한다는 견해가 제시되고 있는데, 이 견해는 1970년의 우호관계선언에서 다음과 같이 지지를 얻고 있다.

> “(UN)헌장 하에서 식민지영토(territory of a colony)나 기타 비자치영토(other non-self governing territory)는 그것을 다스리는 국가의 영토와는 별개의 지위(a status separate and distinct from the territory of the State administering it)를 갖는다. 그리고 헌장 하에서의 그러한 별개의 지위는 식민지나 비자치영토의 인민이 헌장과 특히 그것의 목적과 원칙에 따라 그들의 자결권을 행사할 때까지 존재한다.”

---

6) *Affaire de la délimitation de la frontière maritime entre la Guinée et la Guinée-Bissau* (Case concerning the delimitation of the maritime boundary between Guinea and Guinea-Bissau), Decision of 14 February 1985, 〈https://legal.un.org/riaa/cases/vol_XIX/149-196.pdf〉, para. 119 ; Orakhelashvili/Akehurst, p. 164 (9th, p. 176).

7) *Affaire de la délimitation de la frontière maritime entre la Guinée et la Guinée-Bissau*, paras. 92, 98 ; Orakhelashvili/Akehurst, 9th, p. 191.

요컨대, 위 선언은 식민지는 식민지 본국 영토의 일부로 간주되므로 본국 정부가 그에 대해 영토주권을 갖는다는 전통국제법의 시각을 배제하고 있다.[8]

이 밖에, UN안전보장이사회가 UN헌장 제7장을 발동하여 국경선을 획정할 수 있는지가 문제되고 있는데, 안보리는 이라크의 쿠웨이트 침공으로 야기된 제2차 걸프전 후 헌장 제7장을 발동하여 이라크-쿠웨이트 국경선획정위원회를 설치하고 동 위원회로 하여금 이미 존재하는 양국간의 국경선을 결정하게 하였다.[9]

Ⅲ. 자연작용

자연작용(operation of nature)에 의하여 영토가 추가되기도 하는데, 이것은 그 상황에 따라 점진적 증가(accretion, gradual increase)와 급격한 전위(avulsion, violent change)로 구분된다. 강의 진로가 점진적으로 이동함으로써 충적퇴적물(alluvial deposits)이 형성되어 영토가 추가로 생

---

8) Shaw, pp. 280~284.

9) UN안보리결의 687 (1991) ; Final Report on the Demarcation of the International Boundary Between the Republic of Iraq and the State of Kuwait by the United Nations Iraq-Kuwait Boundary Demarcation Commission, (1993) 32 ILM 1425 ; Malanczuk, pp. 151, 398 ; Orakhelashvili/Akehurst, p. 145. 안보리는 1993년 5월 27일 채택한 결의 833을 통해 이라크-쿠웨이트 국경선획정위원회의 작업 결과를 인준하고, 두 국가에게 동 위원회가 확정한 국경선의 불가침성을 존중할 것을 요구하였다 : https://digitallibrary.un.org/record/166603 ; Land Boundary Demarcated by the United Nations Iraq-Kuwait Boundary Demarcation Commission (July 1992), 〈https://reliefweb.int/map/kuwait/land-boundary-demarcated-united-nations-iraq-kuwait-boundary-demarcation-commission-july〉.

참고로, "경계획정"을 지칭하는 두 술어인 demarcation과 delimitation의 사전적 구분은 분명하지 않지만, '육지영토'의 경계획정과 관련해서는 그것의 특성상 구분하여 사용되기도 한다. 즉, 위도와 경도의 지리적 좌표를 통해 경계를 분명히 하고 이를 지도에 표시하는 것은 delimitation으로, -여기서 한 걸음 더 나아가 그리고 이것과는 별개의 절차로서- 땅 위에 물리적으로 경계선을 표시하는 것은 demarcation으로 지칭되고 있는 것이다. 예컨대, Case concerning *the Territorial Dispute* (Libyan Arab Jamahiriya/Chad), ICJ Reports (1994), para. 56에서 ICJ는 "... demarcation', which presupposes the prior delimitation -in other words definition- of the frontier. Use of the term 'demarcation' creates a presumption that the parties considered the definition of the frontiers ..."라고 한 바 있다. ICJ는 그 후 Case concerning *the Land and Maritime Boundary between Cameroon and Nigeria* (Cameroon v. Nigeria; Equatorial Guinea Intervening), ICJ Reports (2002), para. 84에서도 위 판례를 이어받아 "... the delimitation of a boundary consists in its 'definition', whereas the demarcation of a boundary, which presupposes its prior delimitation, consists of operations marking it out on the ground."라고 언급하면서, 그러나 본 사건에서 부탁받은 재판소의 임무는 delimitation도 demarcation도 아니며, 그것은 "(이미) 관련 delimitation 문서에 의하여 고정된 육지경계의 진로를 '결정적으로 자세히 말하는 것'(to specify definitively)"이라고 하였다. 그리고 이 두 번째 사건에서 임시재판관 Ajibola는 반대의견(para. 46)을 통해 "*Oppenheim's International Law*, 9th Ed., Vol. 1 (Peace), Parts 2-4, edited by Sir Robert Jennings and Sir Arthur Watts, p. 662"에 나타난 두 용어의 정의를 소개하고 있기도 하다. Aust, *Handbook of International Law*, pp. 34~35도 두 용어의 구분에 대해 명쾌하게 설명하고 있다. delimitation은 "국경선의 획정", demarcation은 "국경선의 표시"로 번역되고 있기도 하다 : 이근관, "통일 후 한-중 국경 문제에 관한 국제법적 고찰", 《國際法學會論叢》, 제55권 제4호(통권 제119호)(2010년 12월), pp. 117, 119. 육지경계 획정에서 19세기 말까지 이들 두 용어가 -fixation, delineation, definition 등과 함께- 차별없이 사용되다가 분화하게 된 과정에 대한 자세한 설명은 Dennis Rushworth, "Mapping in Support of Frontier Arbitration: Delimitation and Demarcation", IBRU Boundary and Security Bulletin Spring 1997, 〈file:///C:/Users/DSK/Downloads/bsb5-1_rushworth.pdf〉 참조

기는 경우는 전자에 해당된다.[10)] 이와는 대조적으로 강진로의 갑작스런 변경, 또는 화산활동에 의하여 한 국가의 내수 또는 영해에 섬이 생기는 경우 등은 후자에 속한다.

영토의 점진적 증가와 급격한 전위를 구분하는 실익은 대체로 국경(또는 접속)하천(boundary river, contiguous river)과 관련해서 논의되고 있다.[11)] 즉, 두 국가 간에 국경을 형성하고 있는 강에서 점진적 증가가 발생하는 경우에는 국경선도 그에 따라 변경된다. 이 경우 문제의 강이 항행이 가능한 것이면 국경선은 –흔히 탈베크(thalweg)[12)]로 불리는– 선박의 항행이 가능한 수로의 중앙(centre of navigable channel)을 따른다. 이런 의미에서 탈베크는 "해석적으로 번역한다면 항해로(航海路)라고 할 수 있다."[13)] 그러나 문제의 강이 항행 불가능한 것이면 강의 중앙이 국경선을 이룬다.[14)] 반대로 그같은 국경하천에서 급격한 전위가 발생한 경우에는 원래의 국경선이 그대로 유지된다.[15)] 그리고 강의 경계선 결정은 강 안의 섬들에 대한 권원도 결정한다.[16)]

---

10) 이와는 반대로 자연작용에 의하여 토지가 서서히 점진적으로 쓸려나가기도 하는데, 이것은 흔히 침식(erosion)으로 불린다. 사실, 자연작용으로부터 자유로운 토지는 존재하지 아니한다. Currie, p. 245 ; Kaczorowska-Ireland, p. 264.

11) Sharma, pp. 141~142.

12) thalweg란 영어표현은 골짜기(valley)를 의미하는 Thal(현재의 철자는 Tal)과 길(way)을 의미하는 Weg를 합성한 독일어 표현에서 유래한다. https://en.wikipedia.org/wiki/Thalweg.

13) 洪性化, 《大陸棚法》(서울 : 삼화출판사, 1973), p. 125.

14) ICJ도 Case concerning *Kasikili/Sedudu Island* (Botswana/Namibia), Judgment of 13 December 1999, paras. 24, 37에서 다음과 같이 언급한 바 있다 : "24. The Court notes that various definitions of the term "thalweg" are found in treaties delimiting boundaries and that the concepts of the thalweg of a watercourse and the centre of a watercourse are not equivalent. The word "thalweg" has variously been taken to mean "the most suitable channel for navigation" on the river, the line "determined by the line of deepest soundings", or "the median line of the main channel followed by boatmen travelling downstream". Treaties or conventions which define boundaries in watercourses nowadays usually refer to the thalweg as the boundary when the watercourse is navigable and to the median line between the two banks when it is not, although it cannot be said that practice has been fully consistent." ; 37. The Court is of the opinion that the determination of the main channel must be made according to the low water baseline and not the floodline ..."

그 후 ICJ는 Case concerning the *Frontier Dispute* (Benin/Niger), Judgment of 12 July 2005, para. 144에서 –"Treaties or conventions"로 시작되는– 상기 *Kasikili/Sedudu Island*, para. 24의 마지막 문장을 인용하면서 다음과 같이 말하였다 : "... the Parties did not provide the Chamber with any documents that would enable the exact course of the thalweg of the Mekrou to be identified. The Chamber notes that in all likelihood there is a negligible difference between the course of the thalweg and the course of the median line of the River Mekrou, but considers that, in view of the circumstances, including the fact that the river is not navigable, a boundary following the median line of the Mekrou would more satisfactorily meet the requirement of legal security inherent in the determination of an international boundary." 이상의 이유로 재판소는 메크루강 지역에서의 베냉-니제르 간 경계는 강의 중간선에 의하여 구성된다고 결론지었다(para. 145).

15) *Chamizal Arbitration* (Mexico, United States), (1911) 11 RIAA 309 ; Wallace, p. 87. See also Case concerning the *Land, Island and Maritime Frontier Dispute* (El Salvador/Honduras; Nicaragua intervening), ICJ Reports (1992), p. 351 at 546 (para. 308). 미국 연방최고재판소는 *Louisiana* v. *Mississippi*, 282 U.S. 458 (1931)에서 하천의 avulsion(급격한 전위)과 accretion(점진적 증가)을 구분하는 국제법의 원칙을 주간(州間) 경계 분쟁에 적용한 바 있다 ; Sharma, p. 141, fn. 442 ; Kaczorowska- Ireland, p. 265.

16) Case concerning the *Frontier Dispute* (Benin/Niger), ICJ Reports 2005, Judgment of 12 July 2005, paras. 98, 103 ; Orakhelashvili/Akehurst, p. 154.

국경하천 위에 세워진 다리의 경계를 어떻게 정할 것인지도 문제이다. 우선, 다리의 경계는 단지 그 중간지점으로 하여야 된다는 견해가 제기될 수 있는데, 그 건설 및 보수비용을 두 하안국이 절반씩 부담하여 다리가 그들 국가의 공동재산으로 되어 있는 경우에는 더욱 더 그러하다. 반대로, 다리의 경계는 하천의 경계와 수직으로 일치시키는 것이 바람직하다는 견해도 있을 수 있는데, 만일 그렇지 않으면 탈베크를 하천의 경계로 삼은 경우 강폭이 더 넓은 쪽의 하안국 수로를 따라 항해하는 선박이 자국 수역을 항해하는 중에 타방 하안국의 다리와 충돌하는 등의 불편한 문제가 발생할 수 있기 때문이다. ICJ는 이 두 견해 중에서 후자를 채택한 바 있다.[17)]

영토가 자연작용에 의하여 자연적으로 확대되는 경우는 이로 인해 확대되기 전의 영토에 대해 이미 주권을 갖고 있던 국가 측의 공식적인 선점행위를 요하지 않는 것으로 생각되고 있다. 국가의 영토주권이 새로 창설된 영토에까지 자동 확장되는 것으로 추정되기 때문이다.[18)] 이에 반해, 많은 국가들이 바다를 매립(reclamation)하여 영토의 범위를 인위적으로 확대시키기도 하는데, 이처럼 인위적인 과정을 통해 영토주권을 추가로 획득하는 경우의 법적 기초는 매립국가가 새로 창설된 영토에 대해 실효적 점유를 통해 국가적 권한을 표시함에 있는 것으로 보인다.[19)]

국가들은 국경선 표시 이후 발생하는 자연작용의 효과에 대해 미리 합의를 하기도 한다. 이를테면, 2007년 3월 27일 서명된 러시아-라트비아 국경조약(The Republic of Latvia and the Russian Federation Treaty on the State Border of Latvia and Russia) 제4조[20)]는 "국경에 인접한 하천, 시내, 수로에서 발생할 수 있는 그 어떤 자연적 변경도 -당사자들이 달리 합의하지 않는 한- 원위치에 (물리적으로) 경계가 표시된 라트비아-러시아 국경선 혹은 섬들의 소유권을 변경하지 않는다."고 규정하고 있다.[21)]

Ⅳ. 선 점

선점(occupation)이란 국가가 취득 직전 아무 국가에게도 속하지 않았던 땅, 즉 무주지(*terra*

17) Case concerning *the Frontier Dispute* (Benin/Niger), Judgment of 12 July 2005, para. 124.

18) Currie, p. 245.

19) *Ibid.*, pp. 245~246.

20) "Any natural changes which may occur in rivers, streams and ditches adjacent to the Border shall not alter the Latvia-Russia State border line demarcated *in situ*, or the ownership of islands, unless the Parties shall have agreed otherwise.

Following border demarcation, the ownership of islands formed in rivers adjacent to the border shall be determined in accordance with the demarcated border line, but the ownership of islands formed exactly on the demarcated border line shall be determined by means of consultations between the Parties, based on justice and the principle of equality." : https://peacemaker.un.org/latviarussia-treatystateborder2007.

21) The Baltic Times, 2007-11-29, "So long, Abrene", https://m.baltictimes.com/article/jcms/id/118822/ ; eng.lsm.lv (Latvian Public Broadcasting), April 21, 2018, "Latvia-Russia border demarcation comes into force." ; Orakhelashvili/Akehurst, p. 145.

nullius)[22]를 취득하는 것을 말한다. 무주지에는 처음부터 어떤 국가에도 귀속되어 본 일이 없는 땅도 있을 수 있고, 반대로 어떤 국가가 버린 땅[23]도 있을 수 있다. 그런데 후자의 경우, 즉 어떤 땅이 국가에 의해 버려진 이른바 유기(*derelictio*, dereliction, abandonment)로 인정되기 위해서는 당해 지역에 대해 국가가 주권을 행사하지 않는다는 객관적 요건 이외에 당해 지역을 버린다는 의사(*animus relinquendi*), 즉 심리적 · 주관적 요건이 추가로 요구된다. 이것은 국내법상 단지 물건을 잃어버리는 것과 물건을 던져버리는 것이 다른 것과도 같다. 구유고 해체의 결과로 크로아티아와 세르비아 간에 파생된 국경분쟁의 일부로서, 이들 두 국가가 양국 사이에 위치한 다뉴브강의 서쪽 연안에 위치한 몇몇 지역들에 대해서는 서로 자기 영토에 속하지 않는다고 주장함으로써 적어도 당분간은 무주지가 발생하는 상황도 생겨났다.[24]

ICJ는 *Western Sahara* 사건[25]에서, 무주지 선점은 스페인이 사하라를 식민지로 만들었던 19세기 후반부 당시 (이미) "영토주권을 획득하기 위한 일반적으로 인정된 법적 방법의 하나였었다"(was one of the accepted legal methods of acquiring sovereignty over territory)고 인정하면서도, 서유럽국가들의 아프리카 식민지화 기간 중에도 국가 단계에까지 이르지는 못했지만 사회 · 정치 조직을 갖춘 종족 또는 민족이 살고 있는 땅은 무주지로 간주되지 않았었다고 확인하였다. 외견상으로는 이같은 확인이 맞는지도 모르겠다. 서유럽국가들은 필요하다면 아프리카의 왕이나 추장들

22) https://en.wikipedia.org/wiki/Terra_nullius.

23) *Legal Status of Eastern Greenland* (Denmark v. Norway), PCIJ (1933), Series A/B, No. 53, p. 47 참조.

24) 이에 체코의 한 정치인이 2015년 4월 13일 그 중 -시가(Gornja Siga)로 알려진- 가장 큰 지역에 "리버랜드 자유공화국"(Free Republic of Liberland)을 선포하였다. 그러나 면적은 약 7 평방 킬로미터에 불과한 -대부분 숲으로 둘러싸인- 습지대로서, 거주자도 없는 상태이다. 게다가 2022년 현재 임시정부만을 구성한 상태이고, 헌법도 초안 상태에 머무르고 있으며, 온라인으로 시민권 신청을 받고 있다. 현재 이 땅을 관리하고 있는 크로아티아는 문제의 땅은 국제중재재판을 통해 크로아티아와 세르비아 중 어느 한 쪽에 귀속되어야 하며 제3자에게 귀속되어서는 안 된다는 입장이고, 세르비아는 "신국가"는 -다뉴브강을 경계로 하는- 세르비아 국경을 침범하지 않는다는 입장이다. https://liberland.org/en/; https://en.wikipedia.org/wiki/Liberland ; BBC News, 16 April 2015, "Balkans: Czech man claims to establish 'new state'", 〈https://www.bbc.com/news/blogs-news-from-elsewhere-32332473〉 ; Jolyon Jenkins, "The man who created a tiny country he can no longer enter", BBC News, 14 November 2016, 〈https://www.bbc.com/news/magazine-37941931〉.

25) Advisory Opinion, ICJ Reports (1975), p. 12 at 39 (para. 80 : "...such agreements with local rulers, whether or not considered as an actual "cession" of the territory, were regarded as derivative roots of title, and not original titles obtained by occupation of *terrae nullius*.") ; Shaw, p. 289 ; Harris, pp. 190~192 ; Janis, 3rd, p. 145 ; Brownlie, 5th, p. 136 ; Sharma, pp. 62, 141. 사건 개요는 다음과 같다. 서부 사하라는 1884년 스페인에 의해 식민지화되어 1976년까지 스페인의 식민지로 남아있었다. 1966년 UN총회는 민족자결권에 기초하여 이 영토의 탈식민지화가 이루어져야 한다고 적시하였다. 상당히 지체되긴 하였지만 스페인은 서부 사하라에서 인민들의 주민투표(referendum)를 실시하는 데 동의하였다. 그런데 이 시점에서 모로코는 이 영토에 대한 스페인의 식민지화에 앞서는 '역사적 권원'(historic title)을 내세워 서부 사하라에 대한 영토주권을 주장하였다. 1974년 12월 UN총회는 ICJ에 (i) 서부 사하라는 스페인이 이를 식민지화할 당시에 무주지(*terra nullius*)였는가, 그리고 (ii) 첫 번째 질문에 대한 해답이 부정적이라면 스페인이 식민지화할 당시에 서부 사하라와 모로코 간의 법적 연결고리는 무엇이었는가 등의 두 개 질문에 대해 권고적 의견을 요청하였다. ICJ는 1975년의 의견에서, (i) 스페인이 식민지로 만들 당시에 서부 사하라에는 이미 비록 유목을 하긴 하지만 사회적으로, 정치적으로 조직된 종족들이 자신들을 대표할 권한이 있는 족장들 하에서 살고 있었기 때문에 그 당시 무주지였다고 볼 수 없으며, (ii) 스페인이 서부 사하라를 식민지로 만들 당시에 모로코의 군주와 서부 사하라의 단지 일부 종족 간에 '충성의 법적 연계'(a legal tie of allegiance)가 존재한 것은 사실이지만 모로코가 서부 사하라에 대해 영토주권을 행사하였다는 증거는 발견되지 않는다고 판단하였다.

과 조약을 체결하기도 하였기 때문이다. 그러나 이들 조약은 "조약은 준수되어야 한다"는 규칙에 의하여 규율되는 것이 아닌, 기껏해야 도덕적 의무만을 부과하는 것으로 생각되었으며, 유럽국가들은 자신들의 필요에 따라 강제하기도 하고 무시하기도 하였던 것이다.[26] *Island of Palmas* case[27]에서 Huber 재판관은, 일방 국가 혹은 네덜란드 동인도회사 같은 회사와 타방 원주민 추장들과의 합의("계약")는 "국제법에서 말하는 조약은 아니지만", "국제법이 적용되는 상황에 대한 간접 효력이 전혀 없지는 아니하며", "그러한 계약에 의하여 창설된 법적 관계는 십중팔구 영주(領主)와 가신(家臣) 내지는 이른바 식민지보호령의 형식이다"라고 언급한 바도 있다.

무주지에 대한 '선점'이 성립하기 위해서는 국가의 "주권자로서 행동하려는 의사(영유의 의사)" (intention to act as sovereign, intention to act *à titre de souverain, animus occupandi, animus possidendi*)를 가지고 "실효적(물리적) 지배(통제)"(effective/physical control, *effectivités*)를 할 것이 요구된다.[28] 실효적 지배(통제)의 요건은 국제정치환경의 변화에 따라 점점 엄격해져 가고 있다. 그러나 현대에 있어서도 실효적 지배(통제)는 상황에 따라 요구되는 정도가 다를 수 있다. 이 밖에, 선점을 위한 제3의 요건으로서 '이해관계국에 대한 통고'가 요구되는가의 문제가 제기되기도 하는데, 다음의 사건에서 보는 것처럼 그런 실례가 없는 것은 아니지만 그러나 일반국제법상의 확립된 요건으로 보기는 어렵다.[29]

Clipperton Island 사건[30]은 선점을 인정한 고전적인 판례로 많이 인용되고 있는데, 사건 개요는 다음과 같다. 이 섬은 멕시코 서남쪽 670마일에 위치한, 사람이 살지 않는 작은 산호초였다. 스페인의 법적 승계자인 멕시코(1821년 독립선언)는 스페인이 이 섬을 발견했었다는 것을 근거로 이 섬에 대한 영유권을 주장하였다. 그러나 중재재판관(이탈리아 왕 Victor Emmanuel 3세)은 스페인이 이 섬

---

26) U. O. Umozurike, *International Law and Colonialism in Africa* (Enugu, Nigeria : Nwamife Publishers Limited, 1979), pp. 43~50.

27) Netherlands/USA, (1928) 2 RIAA 829 at 858 : "As regards contracts between a State or a Company such as the Dutch East India Company and native princes or chiefs of peoples not recognized as members of the community of nations, they are not, in the international law sense, treaties or conventions capable of creating rights and obligations such as may, in international law, arise out of treaties. But, on the other hand, contracts of this nature are not wholly void of indirect effects on situations governed by international law; if they do not constitute titles in international law, they are none the less facts of which that law must in certain circumstances take account. From the time of the discoveries until recent times, colonial territory has very often been acquired, especially in the East Indies, by means of contracts with the native authorities, which contracts leave the existing organisation more or less intact as regards the native population, whilst granting to the colonizing Power, besides economic advantages such as monopolies or navigation and commercial privileges, also the exclusive direction of relations with other Powers, and the right to exercise public authority in regard to their own nationals and to foreigners. The form of the legal relations created by such contracts is most generally that of suzerain and vassal, or of the so-called colonial protectorate. ... And thus suzerainty over the native State becomes the basis of territorial sovereignly as towards other members of the community of nations."

28) Cassese, p. 376 ; Brownlie, 5th, pp. 137~138 ; Shaw, 6th, p. 502 ff.

29) 朴觀淑, "獨島의 法的 地位에 관한 硏究"(박사학위논문, 연세대학교 대학원, 1968), pp. 47~48, 75~77 참조.

30) *Clipperton Island Arbitration* (France and Mexico, 1931), (1932) 26 AJIL 390 ; Briggs, pp. 247~250 ; Harris, pp. 183~186 ; https://en.wikipedia.org/wiki/Clipperton_Island..

을 발견했었다는 증거가 없으며, 또 설사 스페인이 이 섬을 발견했다 하더라도 그러한 발견은 실효적인 점유를 동반해야 하는데 이 점 또한 입증되지 않는다고 판결하였다. 그러므로 이 섬은 1858년 프랑스의 한 해군 장교가 정부의 지시를 받고 섬의 연안을 따라 항해하고 이것에 대해 프랑스의 주권을 천명할 때까지 무주지였다. 그 후 호놀룰루 주재 프랑스 영사관은 하와이 정부에 이러한 사실을 통고하였으며, 이에 관한 고시가 하와이의 한 신문에 공표되었다. 1897년 그곳에서 허가없이 구아노(guano)[31]를 채집하다가 적발된 세 명의 미국인에 대한 관할권을 각기 주장함으로써, 양국 간에 분쟁이 야기될 때까지 다른 어떤 국가도 주권을 주장하지 않았다. 그러므로 프랑스의 이 섬에 대한 권원이 입증되어야 하는 결정적 시점(critical date)은 1897년이었다. 그런데 이 일자 이전에 이 섬과 관련한 프랑스의 행동은 1858년의 주권 천명뿐이었으므로, 핵심적인 문제는 이 천명만으로 프랑스가 주권을 취득하기에 충분한가 하는 점이었다. 중재재판관은 그렇다고 판결하였다. 무주지 선점을 위해서는 실제적인 점유가 필요하고, 그리고 보통의 경우에는 영토취득국의 법이 그곳에서 존중되도록 강제할 수 있는 기구를 문제의 영토에 수립해야 한다. 그러나 Clipperton은 완전히 무인도였기 때문에 프랑스 행정기구를 그곳에 설치할 필요는 없었다. 요컨대, 단순한 주권의 천명만으로도 이 섬을 프랑스의 실효적인 지배 하에 두기에 충분하였다는 것이다. 그리고 그후 프랑스가 이 섬을 포기하려는 '의사'가 없었기 때문에 유기(*derelicto*)가 발생하지도 않았다고 보았다. 무인도의 실효적인 점유를 위해 어떠한 실제적인 정주와 통치행위도 요구되지 않는다는 이 견해는 "작고, 본토로부터 멀리 떨어져있고, 사람이 살지 않는"(small, isolated, uninhabited) Clipperton섬 같은 상황에 대해서는 이론 없이 적용될 수 있을 것이다.[32]

그러면 기후나 기타 이유로 사람이 실제로 거주하기가 불가능한 남극대륙에 대해서도 단지 형식적인 점유취득만으로 선점을 주장할 수 있을 것인가? 실제로 1920년대 초반 노르웨이정부는 자국의 탐험가 아문젠(Roald Amundsen)이 남극에서 발견한 모든 지역에 대해 영토주권을 선언할 의도가 있음을 선언한 바 있다. 그러나 1924년 미국 국무장관 Charles Evans Hughes는 실제적인 정착과 통치행위 없이 단지 형식적인 점유취득만을 수반하는 이른바 발견은 기후나 기타 이유로 정착이 불가능하다고 해도 '합리적인 주권주장에 대한 빈약한 근거를 제공할' 따름이라고 항의하였다. 요컨대, 작은 섬들과는 대조적으로 실효적인 지배가 사실상 불가능한 커다란 영토는 그 어떤 국가도 취득할 수가 없다는 것이다. 따라서 미국은 남극에 대해 그같은 주장을 인정한 일도 없고, 선점주장을 한 일도 없다. 이것은 이러한 경우에 대해서는 상대적 권원(relative title)의 개념을 배척함을 의미하는 것이기도 하다. 즉, 한 국가가 다른 국가들보다 그같은 영토와 약간 더 많은 접촉을 갖고 있다는 사실만으로 당해 국가에게 권원이 부여되지는 않는다는 것이 미국측의 견해이다. 그러나

31) 바다새들과 박쥐의 배설물이 쌓인 것으로, 비료나 화약원료로 쓰임. https://en.wikipedia.org/wiki/Guano.

32) 중재재판관은 1885년의 베를린 의정서(General Act of the Berlin Conference)는 제34에서 선점에 관하여 체약국 간에 통고를 요한다고 규정하고 있으나, 동 의정서는 아프리카대륙 연안에만 적용되고 또 가입국에게만 구속력이 있고(멕시코는 당사국이 아니다), 의정서는 이미 발생했고 또 이미 유효한 선점을 전제로 하여 의무를 부과한 것이고, 또한 의정서는 프랑스에 의한 섬의 선점 이후에 체결된 것이기 때문에 제34조의 규정은 이 사건에 대하여는 적용되지 아니한다고도 하였다.

노르웨이 정부는 발견만으로는 주권의 기초가 될 수 없지만 발견은 나중에 정착이나 '국제법이 인정하는 기타 절차에 의하여' 권원을 획득함에 있어 노르웨이에게 우선권(priority)을 부여할 것이라고 주장함으로써 사실상 상대적 권원의 가능성을 주장한 바 있다.[33)]

V. 시 효

(취득)시효[(acquisitive) prescription]란 타국 영토의 일부를 시간의 경과에 의해 취득하게 되는 경우를 말한다. 시효제도 역시 사실상황을 존중하는 전통국제법의 한 표현이다.[34)] 오스트레일리아 · 캐나다 · 뉴질랜드의 경우처럼, 식민지가 점진적인 헌법발전의 과정을 통하여 독립을 획득하는 것은 일종의 준시효(quasi-prescription)로 간주할 수 있다는 견해가 있다.[35)]

국가의 영유의사(내지는 주권자로서 행동하려는 의사)와 실효적 지배(통제)가 요구된다는 점에서는 선점과 시효는 동일하다. 그러나 양자 사이에는 본질적인 차이가 있다. 첫째, 선점의 대상은 무주지인데 반하여, 시효점유의 대상은 주인국가가 있는 영토이다. 둘째, 그 결과 선점의 경우와 비교해서 시효의 경우에는 실효적 지배(통제)가 더 엄격하게, 특히 '오랜 기간' 요구된다. 다만, 관습법상 확립된 시효완성 기간은 없으며, 이것은 사건의 상황에 따라 달라질 수 있다. 셋째, 시효의 완성에는 금반언(estoppel)의 효과를 갖는 원소유국의 묵인(acquiescence)이 필요하다. 즉, 이미 주인이 있는 영토를 취득하려는 시효의 경우, 그것이 완성되는 동안 점유는 주인국가로부터 이의를 제기받지 않고 평온할 것이 요구된다. 이런 점에서 시효는 "거의 합의에 의한 권원의 이전"이다.[36)] 이에 반해, 이론상 선점에 의한 영토 취득 시에는 국가권능의 행사가 평온할 필요가 없다. 무주지를 취득하려고 하는데 타국가들이 항의한다는 것은 논리적으로 성립할 수 없기 때문이다.[37)] 넷째, 그러나 시효는 실효적 지배, 즉 점유 개시 시에 선의(*bona fides*, good faith)일 것이 요구되지 아니한다. 즉 최초의 점유에 기망이나 폭력이 섞여 있었더라도 이는 시효의 진행과 성립을 방해하지 아니한다.[38)]

시효를 차단하기 위한 항의(protest)의 형식에는 단순한 외교적 항의로부터, 해당 영토에 적용되는 국내법을 제정하거나, 문제를 권한있는 국제재판소나 UN에 가져가는 방법까지 여러 가지를 생각할 수 있다.[39)] 그리고 고전국제법 하에서는 무력사용도 가능했을 것이지만, 현대국제법 하에서는

---

33) Ott, p. 117.

34) *Grisbadarna* case [between Norway and Sweden, decided October 23, 1909, 11 RIAA 147 (1909) ; (1910) 4 AJIL 226 ; noted by Shaw, 6th, p. 504, fn. 90]에서 중재재판소는 "it is a settled principle of the law of nations that a state of things which actually exists and has existed for a long time should be changed as little as possible"이라고 언급한 바 있다.

35) Akehurst, p. 147.

36) Orakhelashvili/Akehurst, p. 140(9th, p. 150).

37) Hall, p. 355.

38) Sharma, p. 114.

39) Dixon, p. 166.

이것은 더 이상 허용되지 않는다. 피해국은 시효를 차단하기 위한 항의를 제기할 때 어느 정도의 항의를 제기해야만 하는가? 미국과 멕시코 간의 *Chamizal* 사건[40]은 바로 이것이 중심되는 문제였는데, 사건 개요는 대충 이러하다. 두 국가의 경계선을 이루고 있는 리오그란데 강이 홍수로 갑자기 진로를 바꾸는 바람에 전에는 강의 멕시코 측에 있던 문제의 샤미잘 지역이 미국 측으로 넘어가 버렸다. 그러자 미국인들이 몰려가 개척을 하였고 미국 정부도 이 곳에서 공권력을 행사하였다. 미국은 일정 기간 지배력을 행사하였으므로 시효에 의하여 문제의 영토를 취득하였다고 주장하였다. 이에 대해 중재위원회는 이같은 상황에서 시효가 작용하기 위해서는 미국의 점유는 "방해받지 않고, 차단되지 않고, 이의를 제기받지 않았어야 하고"(undisturbed, uninterrupted and unchallenged) 또한 '평온했어야'(peaceable) 한다고 판결하였다. 그런데 멕시코는 여러 해에 걸쳐 반복하여 항의를 제기하였으므로 샤미잘에 대한 미국의 행동은 이의를 제기받지 않은 것이 아니었다. 게다가 멕시코가 여기서 한 걸음 더 나아가 영토를 탈환하려고 시도한다면 미국 측의 폭력을 만나게 될 것인데, 이것은 미국 측의 점유가 무력의 위협 또는 사용에 의존하고 있으므로 평온하지 못하다는 것을 뜻하는 것이었다. 이같은 상황에서 멕시코가 단지 외교적 항의에만 의존한 것은 비난받을 수 없었으며, 미국의 시효취득을 막는데 충분한 것으로 수락되지 않을 수 없었다.[41]

Temple of Preah Vihear[42]는 시효에 의한 영토 취득을 인정한 고전적 판례로 간주되고 있는데, 사건 개요는 다음과 같다. 1904년 캄보디아를 포함하여 인도차이나를 지배하고 있던 프랑스는 문제의 '프레아 비헤아르' 힌두 사원이 위치한 지역에서 샴(Siam)(1939년 Thailand로 개명)과의 국경선을 결정짓기 위한 조약을 체결하였다. 이 조약에 따르면 프랑스-샴 공동위원회에서 달리 결정하지 않는 한 국경선은 양국간 단그렉 산맥(Dângrêk Mountains)의 분수령을 따르는 것으로 되어 있었다. 공동위원회는 모임을 갖고 네 명의 프랑스 장교에게 적절한 지도를 작성하도록 명령하였다. 그런데 사원 지역의 지도는 분수령을 따르지 않았고, 그 결과 양국간 합의에 따르면 샴 측에 가 있어야 할 문제의 사원이 캄보디아 측에 들어가 있었다. 지도 전체의 사본이 샴 정부에 전달되었을 때 샴 정부는 잘못된 부분에 대해 항의를 제기하기는 커녕 사본을 추가로 요구함으로써 지도를 승인한 것처럼 보이기까지 하였다. 뿐만 아니라 1930년 샴의 왕자가 사원을 방문했을 때 그를 접견한 프랑스 당국

---

40) *Chamizal Arbitration* (Mexico, United States), (1911) 11 RIAA 309, 〈https://www.internationalwaterlaw.org/cases/Chamizal_Arbitration.pdf〉.

41) *Ibid.*, at 329 : "It is quite clear from the circumstances related in this affidavit that however much the Mexicans may have desired to take physical possession of the district, the result of any attempt to do so would have provoked scenes of violence and the Republic of Mexico cannot be blamed for resorting to the milder forms of protest contained in its diplomatic correspondence." See Harris, pp. 193~194 ; Ott, pp. 121~122. 미국 정부는 이 사건의 (3인)중재재판소가 중재부탁협정(*compromis*)에서 명시한 지시사항을 지키지 않았다는 이유로 판결을 배척하였다. 근 반세기의 시간이 흐른 뒤, 1963년 8월 29일 양국은 대체로 1911년의 중재판정의 권고를 담은 조약("USA-Mexico Convention for the Solution of the Problem of the Chamizal")에 서명하였으며, 동 조약이 양국에서 비준 절차를 거쳐 1964년 1월 14일 발효함으로써 이 분쟁은 최종 해결되었다. https://ibwc.gov/Files/ChamizalConvention1963.pdf ; Keitner, pp. 65~66 ; https://en.wikipedia.org/wiki/Chamizal_dispute.

42) Cambodia v. Thailand, ICJ Reports (1962), p. 6 at 22~23, 24, 32 ; Brownlie, 6th. p. 616 ; Currie, pp. 234~235 ; Ott, p. 121 ; https://en.wikipedia.org/wiki/Temple_of_Preah_Vihear_(Cambodia_v._Thailand).

은 사원에 프랑스 국기를 게양했었는데, 이것은 분명히 상대방 측의 "반응을 요구"하는 행동이었지만 "태국은 아무일도 하지 않았다." 50년 동안이나 지도에 이의를 제기하지 않던 샴/태국 당국은 1954년 프랑스 군대가 캄보디아(1953년 독립)에서 철수하자 군대를 파견하여 이 사원을 점령하였고, 캄보디아는 1959년 사건을 ICJ로 가져갔다. 이 사건에서 태국은 지도가 원래 잘못된 것이라고 주장하였지만, ICJ는 적절한 시한 내에 이의를 제기하지 않았기 때문에 50년의 세월이 지난 지금에 와서 문제의 지도를 수락하지 않았다고 주장할 수 없다고 보았다.[43)]

Kasikili/Sedudu Island (Botswana/Namibia)[44)]에서도 시효 주장이 제기된 바 있는데, 이 사건에서 나미비아는 분쟁 지역에 대한 자국의 권원이 1890년의 영국과 독일 간 조약에 근거하고 있다고 주장하면서, 추가로 시효에 의한 취득을 원용하였다. 보츠와나는 이 사건에서는 시효이론이 적용될 수 없다고 하면서도 나미비아가 제시한 취득시효의 요건에는 동의하였다. ICJ는 "두 당사자가 취득시효가 국제법에서 인정되고 있는 것에 동의하고 있고, 나아가 취득시효의 조건에 대해서도 동의하고 있다"는 점에 주목하면서도,[45)] "나마비아가 인용한 조건들이 충족되지 않았으므로 취득시효의 국제법상의 지위나 그 조건 문제에는 관여할 필요가 없다"면서 사건을 문제의 조약에 근거해서만 해결하였다.[46)]

---

43) ICJ Reports (1962), p. 6 at 30~31 ("The explanations regarding Prince Damrong's visit given on behalf of Thailand have not been found convincing by the Court. Looking at the incident as a whole, it appears to have amounted to a tacit recognition by Siam of the sovereignty of Cambodia (under French Protectorate) over Preah Vihear, through a failure to react in any way, on an occasion that called for a reaction in order to affirm or preserve title in the face of an obvious rival claim. What seems clear is that either Siam did not in fact believe she had any title—and this would be wholly consistent with her attitude all along, and thereafter, to the Annex 1 map and line—or else she decided not to assert it, which again means that she accepted the French claim, or accepted the frontier at Preah Vihear as it was drawn on the map."), and at 32 ("Thailand is now precluded by her conduct from asserting that she did not accept it. She has, for fifty years, enjoyed such benefits as the Treaty of 1904 conferred on her, if only the benefit of a stable frontier.").

참고로, 이 사원은 2008년 7월 7일 '문화'유산(cultural heritage)의 자격으로 "UNESCO 세계유산 목록" (World Heritage List)에도 올랐다. https://en.wikipedia.org/wiki/Temple_of_Preah_Vihear ; https://whc.unesco.org/ ; https://www.unesco.or.kr/whc/#. 그러나 1962년의 판결에서 ICJ는 "문제의 사원과 그 부근(its vicinity)"을 캄보디아의 영토주권이 미치는 지역으로 표현하였는데, 여기서 '부근(근처)'의 지리적 범위는 사실 애매모호하였다. 이 때문에 양국간에 군사적 충돌이 빈발하였고, 캄보디아는 2011년 판결해석을 신청하였다. ICJ는 2013년 11월의 판결해석에서, 1962년의 판결에 언급된 '부근(근처)'라 함은 사원과 사원이 서 있는 언덕(promontory)을 지칭하며, 그 인근의 다른 한 언덕(즉, 'Phnom Trap')의 주권자에 대해서는 그때 판결에서 다룬 바 없었다고 판시하였다 : *Request for Interpretation of the Judgment of 15 June 1962 in the Case concerning the Temple of Preah Vihear* (*Cambodia v. Thailand*) (Cambodia v. Thailand), Judgment of 11 November 2013. 이 판결은, 일방, 사원이 서 있는 작은 땅에 대해서만 캄보디아의 주권을 인정하려는 태국의 입장과, 타방, 사원을 포함하여 사원이 서 있는 언덕의 나머지 부분은 물론이고 그 인근의 다른 한 언덕('Phnom Trap')에 대해서도 주권을 주장하는 캄보디아 입장의 중간을 가는 것이었으며, 따라서 양국 정부는 ICJ의 해석판결을 다 같이 환영하였다 : BBC News Asia, 11 November 2013, "Preah Vihear temple: Disputed land Cambodian, court rules", 〈https://www.bbc.co.uk/news/world-asia-24897805〉.

44) ICJ Reports (1999), p. 1045.

45) *Ibid.*, para. 96.

46) *Ibid.*, para. 97 ; Shaw, 8th, p. 374 ; Kaczorowska-Ireland, p. 263.

Ⅵ. 할 양

할양(cession)이란 통례적으로 조약에 의거하여 한 국가의 영토 '일부'가 타국으로 이전되는 것을 말한다. 영토 할양은 국가 간 매매의 결과일 수도 있고,[47] 영토 교환의 결과일 수도 있다.[48] 영토이전 조약에서 영토의 실제 이전에 정지조건(suspensive condition)을 첨부하는 경우도 있다.[49] 그리고 조약에 의하여 한 국가가 타국의 영토 '전부'를 이전받는 것을 특히 병합(annexation)이라고 부르는데, 이로써 후자는 그 존재를 상실한다. 식민지에 독립을 부여하는 것은 그 독립부여가 점진적인 과정이 아닌 단일행위를 구성하는 경우 준할양(quasi-cession)[50] 또는 포기(renunciation)[51]의 일종으로 간주할 수 있다는 견해가 있다.

과거의 역사를 돌이켜 보면, 약소국이 강대국의 무력위협에 의하여 혹은 전쟁이 끝난 후 패전국이 전승국의 군사적 압력에 의하여 할양조약을 체결하는 경우들이 있었는데, 이것은 겉으로는 국가간의 합의에 기초한 영토이전이었으나 그 실제내용은 위장된 정복(conquest disguised as a cession)에 지나지 않았다.[52] 그러나 오늘날 무력의 위협 또는 사용에 기초한 영토할양 조약은 당연무효이다.

---

47) 실제로, 1867년 러시아는 미화 720만을 받고 알라스카를 미국에 양도하였으며, 덴마크령 서인도제도(Danish West Indies)는 1917년 미화 2500만을 받고 미국에 양도되었다. Aust, *Handbook of IL*, 2nd, p. 37 ; https://en.wikipedia.org/wiki/Alaska ; https://en.wikipedia.org/wiki/Danish_West_Indies.

48) Hamid, p. 112 ; José López Baralt, *The Policy of the United States Towards Its Territories With Special Reference to Puerto Rico* (San Juan, Puerto Rico : Editorial de La Universidad de Puerto Rico, 1999), p. 164.

49) 이를테면 1956년 10월 19일 "소련-일본간 공동선언"(Joint Declaration by the Union of Soviet Socialist Republics and Japan) 제9항에서 소련은 Habomai Islands(歯舞群島)와 Island of Shikotan(色丹島)을 일본에 이전할 것에 동의하면서, 그러나 이들 섬의 실제 이전은 양국간 평화조약 체결 후에 발생하는 것으로 규정하였다. 이 평화조약은 아직 체결되지 않고 있다. https://worldjpn.grips.ac.jp/documents/texts/docs/19561019.D1E.html ; https://en.wikipedia.org/wiki/Kuril_Islands_dispute ; https://en.wikipedia.org/wiki/Shikotan ; https://en.wikipedia.org/wiki/Habomai_Islands ; Orakhelashvili/Akehurst, 9th, p. 140. 국민투표(plebiscite)에 의한 주민의 의사확인을 할양의 정지조건으로 하기로 합의할 수도 있을 것이다. Orakhelashvili/Akehurst, p. 132. 그러나 할양국이 영토 할양 전에 그로 인해 영향받는 주민들의 동의를 구하거나 의사를 확인하는 절차(이를테면 국민투표)를 실시하는 것은 일반국제법의 요건은 아니다. José López Baralt, *op. cit.*, p. 165 ; Kaczorowska-Ireland, p. 266.

50) Akehurst, p. 144.

51) Currie, p. 244. Currie 교수는 renunciation은 한 국가가 다른 국가를 위해 영토주권을 포기한다는 점에서 그 어떤 특정국가를 위하여 주권을 철회하는 것이 아닌, 그 결과 무주지의 출현을 초래하는 abandonment (즉, *derelictio*)와 구분하고 있다. 그리고 할양은 할양국가와 취득국가 간의 명시적 합의에 의존하는데 반해, renunciation은 포기하는 국가 측의 일방적 행위에 의존한다. 그러나 renunciation은 그것이 실효성이 있기 위해서는 승계국이 실제로 주권을 인수하여야 한다는 점에서 할양과 유사하다.

52) 1984년의 홍콩반환협정에 의거하여 영국이 1997년 중국으로 할양한 홍콩섬과 구룡반도의 경우가 이러한 경우에 해당된다. 아래에서 보는 바와 같이, 이들 두 지역은 과거 19세기에 영국이 중국으로부터 할양받은 것인데, 1984년의 협정에 의해 조계지(조차지)(leased territory)인 신계지(New Territories)와 함께 홍콩 전체가 중국으로 반환되었다. 마카오도 비슷한 예인데, 홍콩에서 서쪽으로 64km 거리에 있는 이 지역은 1887년 중국이 포르투갈에 할양하였었다. 그러나 1979년 중국-포르투갈 간에 외교관계가 수립된 후 반환교섭이 이루어져 1987년 3월에 합의를 보았는데, 마카오는 이 합의에 따라 1999년 12월 20일부로 다시 중국에 귀속되었다.

Ⅶ. 상대적 권원(relative title)

위에서 살펴 본 권원들, 특히 선점과 시효는 이론상으로는 그 구분이 절대적으로 명백하지만 실제 분쟁에 있어서는 반드시 그러하지 아니하다. 문제의 영토가 원래 무주지였는지를 판단하기가 쉽지 않고, 세월이 흘러 법이 변경되는 경우에는 더욱 그러하다. 국제공동체에는 각 국가에게 영토주권을 부여할 권한을 가진 중앙집권적인 기구나 조직도 없다. 이런 상황 하에서는 결국 영토분쟁의 어느 쪽 당사자가 '상대적으로' 더욱 실효적인 지배(통제)를 행사하여 왔는가를 기준으로 주권자를 판단할 수밖에 없을 것이다.[53] 아래의 사건들이 이 점을 잘 보여주고 있다. 다만, 실효적 지배는 특정 분쟁지역에 관련된 것이어야 하며, 단순히 국가의 일반적 권한의 행사를 구성하는 것이어서는 안된다.[54] 또한 특정 분쟁지역에서 일국의 실효적 지배가 입증될 수 없다고 해서 그곳에서 타국의 실효적 지배가 존재하여 왔다는 추정이 반드시 동반되는 것은 아니다.[55] 주권자의 자격으로 행한 것으로 간주될 수 있는 국가의 행위를 목록화하는 것은 거의 불가능하다.[56]

1. *Island of Palmas* 사건[57]

문제의 팔마스섬은 필리핀의 민다나오섬 동남쪽으로 약 60마일 지점에 위치한 태평양의 작은 섬으로서, 1500년대 중반에 스페인 탐험가들에 의하여 발견되었다. 쿠바의 독립 문제로 촉발된 미국과의 전쟁에서 패한 스페인은 1898년 필리핀 군도를 미국에 할양하는 평화조약을 체결하였는데, 팔

53) Currie, p. 234 ; *Legal Status of Eastern Greenland* (Denmark v. Norway), PCIJ (1933), Series A/B, No. 53, p. 46 ("In most of the cases involving claims to territorial sovereignty which have come before an international tribunal, there have been two competing claims to the sovereignty, and the tribunal has had to decide which of the two is the stronger.").

54) *Sovereignty over Pulau Ligitan and Pulau Sipadan* (Indonesia/Malaysia), ICJ Reports (2002), p. 625 at 682 (para. 136)(noted by Orakhelashvili, p. 122) : "The Court finally observes that it can only consider those acts as constituting a relevant display of authority which leave no doubt as to their specific reference to the islands in dispute as such. Regulations or administrative acts of a general nature can therefore be taken as *effectivités* with regard to Ligitan and Sipadan only if it is clear from their terms or their effects that they pertained to these two islands."

55) *Land, Island and Maritime Frontier* (El Salvador/Honduras; Nicaragua intervening), ICJ Reports (1992), p. 351 at 436 (para. 125)(noted by Orakhelashvili, p. 122) : "in a remote and mountainous region like this, the absence of Honduran *effectivités* does not necessarily imply the presence, throughout the region, of Salvadorian *effectivités*."

56) See *Territorial and Maritime Dispute* (Nicaragua v. Colombia), ICJ Judgment of 19 November 2012, para. 80 : "... acts and activities considered to be performed *à titre de souverain* are in particular, but not limited to, legislative acts or acts of administrative control, acts relating to the application and enforcement of criminal or civil law, acts regulating immigration, acts regulating fishing and other economic activities, naval patrols as well as search and rescue operations (see *Territorial and Maritime Dispute between Nicaragua and Honduras in the Caribbean Sea* (*Nicaragua* v. *Honduras*), *Judgment, I.C.J. Reports 2007* (*Ⅱ*), pp. 713-722, paras. 176-208)."

57) U.S. and The Netherlands, 4 April 1928, (1928) 2 RIAA 829, (1928) 22 AJIL 867 ; Harris, pp. 173~180.

마스섬은 이 조약에서 표시한 필리핀 군도의 경계선 내에 위치하고 있었기 때문에 미국은 이 섬도 당연히 할양받은 것으로 생각하고 있었다. 그런데 1906년 1월 21일 미국 정부의 한 관리가 군도를 시찰하던 중 이 섬에 네덜란드 국기가 게양되어 있는 것을 발견하고 미국 정부에 보고함으로써 양국간에 분쟁이 야기되었다. 네덜란드는 이 섬은 동인도회사 시절부터 자국의 영토주권 하에 있는 동인도제도의 한 구성부분으로서, 지금까지 이 섬에 대해 계속적이고 평온하게 주권을 행사하여 왔다고 주장하였다. 약 20년 동안 이같은 외교적 논쟁이 계속되다가 1925년 합의에 의하여 헤이그에 소재한 상설중재재판소(Permanent Court of Arbitration)에 회부되었다. 일차적인 문제는 이 섬이 미국과 스페인 간의 파리평화조약 체결 및 발효 당시 스페인의 영토주권 하에 있었느냐 아니면 네덜란드의 영토주권 하에 있었느냐를 결정짓는 일이었으므로, 이 사건의 결정적 시점(critical date)은 1898년이었다.

소 제기 당시에는 PCIJ소장으로서, 본 사건의 단독 중재재판관으로 선임된 Max Huber[58]는 1928년 4월 4일의 판결에서 "법적 사실은 그것과 같은 시대의 법에 비추어 평가되어야 하며, 관련 분쟁이 발생하거나 해결될 당시에 발효중인 법에 비추어 평가되어서는 안된다."(a juridical fact must be appreciated in the light of the law contemporary with it, and not of the law in force at the time when a dispute in regard to it arises or falls to be settled.)고 전제하면서도, 이른바 시제법이론(doctrine of intertemporal law)에 따르면 "권리의 창설과 권리의 존재는 구분하여야 하며"(a distinction must be made between the creation of rights and the existence of rights), "권리의 존재, 다시 말해서 권리의 계속적 표현은 법의 발전에 의하여 요구되는 조건을 따를 것이 요구된다."(demands that the existence of right, in other words its continued manifestation, shall follow the conditions required by the evolution of law)고 언급하였다. 그런데 "19세기 이후 지배적인 견해에 따르면 발견[59]은 불완전한 권원(an inchoate title of discovery)으로서 합리적인 기간 내에 실효적인 점유(effective occupation)에 의하여 완성되어야 하는데, 스페인은 팔마스를 실제로 점유하거나 그곳에서 주권을 행사한 적이 없었다." 그리고 "설사 이 섬에 대한 스페인의 권원이 1898년에 불완전한 것으로서 존재했었고 따라서 평화조약에 의하여 할양대상에 포함된 것으로 간주되어야 함을 인정한다고 하더라도, 불완전한 권원은 타국의 계속적이고 평온한 권능행사에 우선할 수 없다(an inchoate title could not prevail over the continuous and peaceful display of authority by another State). 왜냐하면 그러한 권능의 행사는 타국에 의하여 제시되는 그 이전의 확정적 권원에 대해서까지도 우선할 수 있기 때문이다(for such display may prevail even over a prior, definitive title put forward by another

58) https://www.indiana.edu/~league/pcijorgjudges.htm.

59) Max Huber 재판관은 "발견"(discovery)을 "점유 취득을 위한 그 어떤 상징적 행위조차도 없이 단지 육지가 보였다는 사실"(the mere fact of seeing land, without any act, even symbolical, of taking possession) 혹은 "섬이 목격되었었다는 사실(the fact that the island had been sighted)"로 정의하고 있다 : (1928) 2 RIAA 829 at 845, 848. 여기서 상징적 행위(혹은 활동)(symbolic activities)에는 실제 상륙, 국기 게양, 예포 발사, 십자가 등 기념물(상징물) 건설 등이 포함된다. Sharma, pp. 40, 47 ; Orakhelashvili/Akehurst, 9th, p. 139.

State).” 중재재판관은 이상의 논리에 의거하여 문제의 섬은 완전히 네덜란드 영토에 속한다고 판결하였다.[60)]

2. *Legal Status of Eastern Greenland* 사건[61)]

상대적 권원에 부여되는 중요성은 동그린랜드에 대한 덴마크와 노르웨이 간 분쟁에서 PCIJ가 내린 결정에서도 읽을 수 있다. 이 사건의 결정적 시점은 1931년이었다. 즉, 노르웨이는 동그린랜드를 몇 차례 탐험하고 그곳에 라디오 방송국을 설립한 뒤 1931년 7월 10일 이 지역이 무주지라는 이유로 선점을 선언하였다. 덴마크는 그린랜드의 다른 지역에서는 식민을 하면서도 그 동부 지역에서는 실제로 식민을 하지는 않았지만, 1931년에 이르기까지 이 지역에 대해서도 이미 오랜 동안 주권적 권리를 주장해 오고 있었다. 덴마크의 이러한 권리 주장은 −덴마크 왕이 자신의 노르웨이 왕국을 스웨덴 왕에게 할양하면서도 그린랜드[및 패로스제(the Faroes)와 아이슬랜드]는 계속 자신이 보유키로 규정한− 1814년의 킬조약(Treaty of Kiel) 이후[62)] 타국들과 체결한 조약에서 이곳을 덴마크 영토의 일부로 언급하고, 그곳에서의 무역을 허락하고, 덴마크의 일부 입법적 · 행정적 규정을 그곳에 대해서도 적용하고, 그리고 이러한 주장에 대해 국제적 승인을 얻으려고 시도하는 등 여러 활동을 동반하는 것이었다.

PCIJ는 “노르웨이의 1931년 선적 선언과 그에 따른 조치들은 기존의 법상황을 침해하는 것으로, 그것들은 위법하고 무효이다”라고 결론지었는데, 재판소가 의존한 기본 논리는 다음과 같았다.[63)] 첫째, 할양조약과 같은 어떤 특정한 행위나 권원에 기초한 것이 아니라 단지 권능의 계속된 표현에 기초한 주권의 주장은 두 가지 요소, 즉 ‘주권자로서 행동하려는 의사와 의지’ 그리고 ‘그러한 권능의 일정 실제적인 행사 또는 표현’을 동반하는 것이어야 한다.[64)] 둘째, 두 국가가 각기 특정 영토에 대하여 주권을 주장하는 경우, 국제재판소는 어느 쪽 주장이 상대적으로 강한 것인지를 결정하여야 한다. 셋째, 특히 인구가 별로 없거나 살지 않는 지역에 대하여 주권이 주장되는 경우에는 “타 국가가 상대적으로 우월한 주장을 입증하지 못하는 한” 주권적 권리의 실제적 행사가 크게 요구되지 아

---

60) 팔마스는 지금은 Miangas로 불리며 네덜란드로부터 독립한 인도네시아에 속한다 : https://en.wikipedia.org/wiki/Island_of_Palmas_Case.

61) Denmark v. Norway, PCIJ (1933), Series A/B, No. 53 ; Ott, p. 118 ; Currie, pp. 244~245 ; Dixon, p. 59 ; Orakhelashvili/Akehurst, 9th, p. 138.

62) https://en.wikipedia.org/wiki/History_of_Norway.

63) PCIJ (1933), Series A/B, No. 53. pp. 45~46.

64) “a claim to sovereignty based not upon some particular act or title such as a treaty of cession but merely upon continued display of authority, involves two elements each of which must be shown to exist : *the intention and will to act as sovereign*, and *some actual exercise or display of such authority*.” ICJ는 이 두 개의 요소를 합쳐서 *effectivités*로 표현하곤 하는데, 그렇다면 이것은 “특정 국가가 일정 영토 상에서 주권적 의사를 가지고 수행하는 공적인 행동들”(public actions carried out with sovereign intent by a state on a certain territory)을 지칭하는 것으로 이해된다 : Alberto Alvarez-Jimenez, “Boundary Agreements in the International Court of Justice's Case Law, 2000-2010”, (2012) 23(2) European Journal of International Law 494~515, 〈https://doi.org/10.1093/ejil/chs015〉.

니한다. 이 밖에도, 노르웨이는 덴마크가 주권행사의 증거로서 원용하고 있는 18세기의 입법적·행정적 행위에서 '그린랜드'란 단어는 지리적 의미로 사용되고 있는 것이 아니라 단지 서부 해안의 식민지들이나 식민된 지역만을 지칭한다고 주장하였으나 재판소는 이를 배척하면서, 오히려 지리적 술어로서의 '그린랜드'가 서부 해안보다는 동부 해안과 관련하여 훨씬 더 많이 사용되었다는 점을 지적하기도 하였다.[65] 재판소는 그린랜드가 식민된 지역과 그렇지 아니한 동부 지역을 포괄하는 한 개의 지리적 단일체로 보았던 것이다. 여기에 더하여 재판소는 1919년 7월 노르웨이 외무장관이 덴마크 장관에게 구두로 답변한 이른바 '일렌 선언'(Ihlen Declaration)[66]은 "무조건적이며 확고한"(unconditional and definitive) 약속을 구성한다고 보았다.[67] 이 판결도 *Island of Palmas* 사건과 마찬가지로 선점과 시효를 엄격히 구분하려고 하지 않은 것으로 생각된다.

3. *Minquiers and Ecrehos* 사건[68]

이 사건은 영국해협(English Channel) 내의 맹끼에 및 에끄레오 제도에 대한 영국과 프랑스 간의 분쟁으로서 양국 간의 부탁합의에 의하여 ICJ에 제기된 사건이었다. 재판소는 우선 1066년 정복자 윌리엄(William the Conqueror)까지 거슬러 올라가는 프랑스의 옛 중세시대의 권원에 기초한 주장을 배척하였다. 왜냐하면 시제법 이론에 따라, "이러한 권원은 대체시의 법에 따라 다른 유효한 권원(another title valid according to the law of the time of replacement)으로 대체되지 않는 한 지금에 와서는 아무런 법적 효과가 없기 때문이다." 그러므로 "결정적 중요성(decisive importance)을 갖는 것은 중세에 있었던 사건으로부터 추출되는 간접적 추정이 아니고 이 섬들의 점유에 직접 관계되는 증거(evidence which relates directly to the possession)이다."

이와 관련하여 어떤 증거가 관련이 있는지를 알기 위해서 재판소는 적절한 결정적 시점을 결정지어야 했는데, 영국은 본 사건을 ICJ에 부탁하기 위한 특별협정을 체결한 1950년 12월 29일을, 그리고 프랑스는 양국간에 어업협약이 체결된 1839년 8월 2일을 제시하였다. 결정적 일자를 옛날로 잡을수록 영국에게는 불리하고 프랑스에게는 유리한 그런 상황이었다. 재판소는 실제적인 영토분쟁이 1886년 이전에는 발생하지 않은 것으로 보고 이것을 결정적 일자로 잡았다. 다만, 이 섬에 관한 활동은 여러 측면에서 분쟁이 발생하기 훨씬 이전부터 점차로 전개되어 왔고 그 후에도 중단되지 않고 동일한 방법으로 계속되어 왔으므로, 1886년 이후의 행위라도 그것이 당사자의 법적 지위를 개선할 목적으로 행해진 것이 아니라면 재판소가 고려할 수 있다고 언급하였다.[69]

---

65) PCIJ Series (1933), Series A/B, No. 53, pp. 45~52 (esp. at 49, 50).

66) "...the plans of the Royal [Danish] Government respecting Danish sovereignty over the whole of Greenland .... would meet with no difficulties on the part of Norway" : *ibid.*, pp. 36, 58.

67) *Ibid.*, p. 72 ; https://en.wikipedia.org/wiki/Ihlen_Declaration ; https://www.lawteacher.net/free-law-essays/english-legal-system/legal-status-of-eastern-greenland.php.

68) France / UK, ICJ Reports (1953), p. 47 ; (1954) 48 AJIL 316 ; Ott, p. 119 ; Janis, 3rd, pp. 129~130 ; Harris, 5th, pp. 204~207 ; Brownlie, 5th, p. 137.

그런데 영국은 19세기 초 이 제도에서 수차례 형사재판권을 행사하였고, 이 곳에 지은 가옥을 과세대상으로 삼았으며, 이 지역에서의 부동산 매매계약은 지방행정당국의 통제를 받았다. 이러한 사실은 영국이 이들 섬에 대해 '국가적 기능'(state functions)을 행사함으로써, 19~20세기에도 이 섬들과의 중세적 연결을 지속하였음을 보여주는 것이었다. 이에 반해, 프랑스는 이와 비슷한 주권의 표현을 입증하지 못하였다. 재판소가 부탁받은 임무는 "반대되는 주장들의 상대적인 힘을 평가하는 것"(to appraise the relative strength of the opposing claims)이었으므로 재판소는 (영국 출신의 McNair와 프랑스 출신의 Basdevant 재판관을 포함하여) 만장일치로 영국의 영토주권을 인정하였다.

이 밖에도 이 사건에서는 멩끼에/에끄레오 제도가 영국과 프랑스 간에 합의된 바 있는 공동어업수역(common fishery zone) 내에 위치하고 있다는 것이 육지영토의 주권자를 결정함에 있어 일정 역할을 할 수 있는지가 문제되었다. 프랑스는 자국과 영국 간의 1839년 8월 2일 어업협약에 의하면 멩끼에/에끄레오 제도 내의 소도와 바위들은 양국 공동어업수역 내에 위치하며, 따라서 이 일자 이후 어느 일방이 이들 섬에서 행한 행위는 "타방에 대해 영토주권의 표현으로서 제시될 수 없다"고 주장하였다. 영국은 영국제도 연안 전체에 걸쳐 저조선으로부터 3마일 내에서는 영국 국민들에게 배타적 어업권을 보장하고 있는 협약규정을 들어 프랑스의 그같은 주장에 반대하였다. ICJ는 "멩끼에/에끄레오 제도의 수역이 문제의 공동어업수역 내에 있는지 밖에 있는지를 결정하는 것이 본 사건의 해결을 위해 필요하다고 생각되지는 않지만, 설사 이들 섬이 공동어업수역 내에 위치하고 있다고 가정하더라도 그같은 공동어업수역이 소도와 바위의 육지영토의 공동사용권 체제를 수반할 것이라는 점을 인정할 수는 없다. 왜냐하면 원용된 조약규정들은 단지 어업만을 언급하고 있지, 그 어떤 종류의 육지영토의 사용권에 대해서도 언급이 없기 때문이다"[70]라고 판시하였다.

4. *Sovereignty over Pulau Ligitan and Pulau Sipadan* 사건[71]

이것은 보르네오 섬 동북지역 앞바다 셀레베스海(Celebes Sea)에 위치한 두 개의 작은 섬 Ligitan과 Sipadan에 대한 인도네시아와 말레이시아간의 영유권 분쟁이다. 두 국가는 1997년의 재판부탁협정을 통해 ICJ에 "조약, 협정 그리고 당사자들이 제공하는 기타 일체의 증거에 기초하여, Pulau Ligitan과 Pulau Sipadan에 대한 주권이 인도네시아 공화국에게 속하는지 아니면 말레이시아에 속하는지를 결정하여 줄 것을 요청"하였다. 이에 따라 ICJ는 이 문제에 다음과 같이 접근하였다.

우선, 이들 두 섬에 대한 인도네시아의 영유권 주장은 일차적으로 대브리튼과 네덜란드가 1891년 "보르네오 섬 내의 네덜란드 속령들과 영국보호 하의 그 섬 내의 국가들 간의 경계를 정하기"(defining the boundaries between the Netherland possessions in the Island of Borneo

69) ICJ Reports (1953), p. 47 at 59~60.
70) *Ibid.*, at 58.
71) Indonesia/Malaysia, ICJ Judgment of 17 December 2002.

and the States in that Island which were under British protection) 위하여 1891년에 체결한 조약(특히 그 제4조)에 기초하였는데, 재판소는 동 조약에 규정된 경계획정은 이들 두 섬에까지 미치는 것으로 해석될 수 없다고 결론지었다.

이어서, 말레이시아는 "권원의 사슬"(chain of title)을 통해, 즉 원래의 주권자인 Sultan of Sulu가 가지고 있던 권원이 그 후 승계에 의하여 스페인, 미국, 북보르네오국(State of North Borneo)을 대신한 대브리튼(Great Britain), 영국(UK), 그리고 마지막으로 말레이시아로 넘어왔다고 주장하였으나, 재판소는 -말레이시아가 주장하는 바의- 일련의 중단되지 아니한 권원의 이전을 인정할 수 없다고 결론지었다.

이제 남은 쟁점은 문제의 섬들에 대해 어느 쪽이 상대적으로 더 많은 주권적 권한을 행사하였는지(즉, *effectivités*)를 확인하는 일이 남았다.[72] 재판소는 당사자 어느 쪽도 조약에 기초한 권원을 갖고 있지 아니하므로 주권적 권한의 행사를 "독립된 별개의 쟁점"으로 간주하였다.[73] 그리고 재판소는 *Legal Status of Eastern Greenland* 판결의 관련 부분[74]을 인용하면서, "특히, -(적어도 최근까지) 경제적 중요성이 거의 없었던 Ligitan이나 Sipadan처럼- 사람이 살지 않거나 상주인구가 없는 매우 작은 섬의 경우에는 *effectivités*는 대개는 정말 부족할 것"이라는 점을 지적하였다.[75] 또한 이 분쟁은 1969년 양국간에 대륙붕 경계획정에 대한 논의과정에서 촉발된 것이었기 때문에 재판소는 1969년을 결정적 시점으로 잡았다.[76]

재판소는 인도네시아가 원용한 *effectivités* 중에서 그 어느 것도 "입법적 혹은 규제적 성격의"(of a legislative or regulatory character) 것이 없다는 점을 지적하였다.[77] 특히, 인도네시아는 자국의 어부들이 전통적으로 문제의 두 섬 주위를 사용하였다고 주장하였으나, 재판소는 "사인의 행위는 그것이 공적 규제에 기초하여 혹은 정부권한 하에서 발생하지 않으면 주권적 권한의 행사로 볼 수 없다"고 하였다.[78] 결국 재판소는 인도네시아가 원용한 활동들은 "주권자의 자격으로 행한 행위"(acts *à titre de souverain*)를 구성하지 아니한다고 결론지었다.[79]

다음으로, 말레이시아는 북보르네오 당국이 당시 Ligitan과 Sipadan 섬에서는 일정 경제적 중요성이 있는 활동이었던 거북알의 채취를 규율하고 통제하기 위하여 채택한 조치들, 특히 1917년의 거북보존포고령(Turtle Preservation Ordinance)을 인용하였다.[80] 말레이시아는 또한 1933년에는 Sipadan섬이 부동산포고령(Land Ordinance)의 관련 규정에 의거하여 "조류보호지구"(a reserve

72) Para. 126 of the Judgment.
73) Para. 127.
74) 즉, PCIJ, Series A/B, No. 53, pp. 45~46.
75) Para. 134 of the Judgment.
76) Para. 135.
77) Para. 137.
78) Para. 139 : "... activities by private persons cannot be seen as *effectivités* if they do not take place on the basis of official regulations or under governmental authority."
79) Para. 141.
80) Para. 143.

for the purpose of bird sanctuaries)로 지정되었던 사실도 언급하였다.[81] 재판소는 이들 조치는 "이름이 명시된 영토에 대한 권한의 규제적 · 행정적 주장으로 보아야 한다"(must be seen as regulatory and administrative assertions of authority over territory which is specified by name)고 판시하였다.[82] 요컨대, ICJ는 환경 관련 국내입법을 영토에 대한 주권적 권한의 실효적 행사로 인정한 것이다. 이어서 재판소는 "말레이시아가 자신의 이름으로 그리고 영국의 승계국으로서 원용하는 활동들이 수는 적지만, 성격이 다양하고 입법적, 행정적, 준사법적 행위(legislative, administrative and quasi-judicial acts)를 포함한다는 점에 주목"하면서, "이들 활동은 상당한 기간에 걸친 것으로서, 더욱 넓은 범위의 섬들을 관리하는 맥락에서 이들 두 섬에 대한 국가기능을 행사하려는 의도를 나타내는 패턴을 보여주며", "게다가 이러한 활동이 수행된 당시에 인도네시아나 그의 전임국가인 네덜란드가 반대나 항의를 표명한 적이 없다는 사실을 무시할 수 없다"고 하였다.[83] 그리고 그 결과 "말레이시아는 상기 *effectivités*를 기초로 Ligitan과 Sipadan에 대해 (이미) 권원을 가지고 있다"(Malaysia has title to Ligitan and Sipadan on the basis of the *effectivités* referred to above)고 결론지었다.[84]

Ⅷ. 승인, 묵인, 금반언, 근접성, 역사적 응고

상기 *Temple of Preah Vihear* 사건[85]에서 보는 것처럼 일국이 특정 영토에 대한 주권을 수립함에 있어 경쟁국의 승인(recognition), −반대를 뜻하는 적극적 반응을 요구하는 상황에서 침묵하거나 항의를 하지 않는− 묵인(acquiescence), 금반언(禁反言)(estoppel) 등은 엄격히 말하면 영토 취득의 방식은 아님에도 불구하고 결정적인 역할을 수행할 수 있다.[86] ICJ는 *Sovereignty over Pedra*

81) Para. 144.
82) Para. 145.
83) Para. 148.
84) Para. 149. 그러나 ICJ는 이 사건에서 두 섬의 영유권 문제에 대해서만 판단하였을 뿐이며, 따라서 Celebes해 수역에서의 양국간 해양(영해, EEZ, 대륙붕)경계는 여전히 미해결로 남아 있다. 이것은 앞으로 관련 수역에서의 양국간 해양경계획정 과정에서 상기 두 섬이 어느 정도의 역할을 할 것인지를 결정하는 문제가 남아 있음을 의미하는 것이기도 하다. I Made Andi Arsana/GeoPolitical Boundaries, April 9, 2005, "Ambalat: A Spatial Perspective", 〈https://geoboundaries.wordpress.com/2005/04/09/ambalat-a-spatial-perspective1/〉; Resty Woro Yuniar/This Week in Asia, 12 January, 2022, "Indonesia's land and maritime border disputes with Malaysia, the Philippines and Vietnam", 〈https://www.scmp.com/week-asia/explained/article/3163035/indonesias-land-and-maritime-border-disputes-malaysia〉; https://en.wikipedia.org/wiki/Indonesia-Malaysia_border; https://en.wikipedia.org/wiki/List_of_territorial_disputes.
85) ICJ Reports (1962), p. 6 at 22 ff, 32; Brownlie, 6th, p. 616; Currie, pp. 234~235.
86) Hamid, p. 120. 승인과 묵인이 상황에 따라 금반언의 효과를 창설할 수 있다고들 하지만, 양자 간의 차이를 분명히 말하기는 다소 힘들다. 다만, 묵인과 금반언, 이들 양자의 의미와 상호관련성에 대해 ICJ는 Case concerning *Delimitation of the Maritime Boundary in the Gulf of Maine Area* (Canada /United States of America), ICJ Reports (1984), p. 246 at 305 (para. 130)에서 다음과 같이 설명하고 있다: "... the concepts of acquiescence and estoppel, irrespective of the status accorded to them by international law,

Branca/Pulau Batu Puteh, Middle Rocks and South Ledge 사건[87]에서도 Pedra Branca/Pulau Batu Puteh 섬의 경우 19세기 초반에는 말레이시아(당시에는 Johore 왕국)가 분명히 "고래의 시원적 권원"(ancient original title)을 가지고 있었으나 싱가포르 당국이 -특히 1953년 조호르 정부

---

both follow from the fundamental principles of good faith and equity. They are, however, based on different legal reasoning, since acquiescence is equivalent to tacit recognition manifested by unilateral conduct which the other party may interpret as consent, while estoppel is linked to the idea of preclusion. According to one view, preclusion is in fact the procedural aspect and estoppel the substantive aspect of the same principle. ... since the same facts are relevant to both acquiescence and estoppel, ... [the Chamber] is able to take the two concepts into consideration as different aspects of one and the same institution."

묵인 개념과 관련하여 ICJ는 Case concerning *Sovereignty over Pedra Branca/Pulau Batu Puteh, Middle Rocks and South Ledge* (Malaysia/Singapore), Judgment of 23 May 2008, para. 121에서 상기 *Gulf of Maine* 판결을 인용하면서 다음과 같이 덧붙이고 있다 : "That is to say, silence may also speak, but only if the conduct of the other State calls for a response." 요컨대, 일국의 행동이 타국의 반응을 요하는 것이 아니라면 그런 경우의 그 타국의 침묵은 묵인으로 간주되지 않을 것이다. 그후 ICJ는 Case concerning *Obligation to Negotiate Access to the Pacific Ocean* (Bolivia v. Chile), Judgment of 1 October 2018, para. 152에서 -*Sovereignty over Pedra Branca/Pulau Batu Puteh, Middle Rocks and South Ledge*, para. 121을 인용하면서- "Bolivia has not identified any declaration which required a response or reaction on the part of Chile in order to prevent an obligation from arising."라고 판시한 바 있다. ICJ는 *Elettronica Sicula S.P.A. (ELSI)*, ICJ Reports (1989), p. 15 at 44 (para. 54)에서는 다음과 같이 언급한 바도 있다 : "although it cannot be excluded that *an estoppel could in certain circumstances arise from a silence when something ought to have been said*, there are obvious difficulties in constructing an estoppel from a mere failure to mention a matter at a particular point in somewhat desultory diplomatic exchanges."(italics added)

Chagos Marine Protected Area Arbitration (Mauritius v. United Kingdom), Award of 18 March 2015, para. 438, 〈https://www.pca-cpa.org/showpage.asp?pag_id=1429〉에서 중재재판소는 과거 ICJ 판례를 검토한 후 금반언을 원용하기 위한 네 가지 누적적 요건을 수립한 바 있다 : "Further to this jurisprudence, estoppel may be invoked where (a) a State has made clear and consistent representations, by word, conduct, or silence; (b) such representations were made through an agent authorized to speak for the State with respect to the matter in question; (c) the State invoking estoppel was induced by such representations to act to its detriment, to suffer a prejudice, or to convey a benefit upon the representing State; and (d) such reliance was legitimate, as the representation was one on which that State was entitled to rely." 이 사건에서 재판소는 영국이 모리셔스에게 제공한 '랭카스터 하우스 약속'(Lancaster House Undertakings)은 금반언을 원용하기 위한 상기 네 개의 요건을 모두 충족한다고 결론지었다 (para. 448).

Chagos Marine Protected Area Arbitration, para. 435에서 중재재판소는 "에스토펠은 '법의 일반원칙'이다"(Estoppel is a *general principle of law*)라고 언급하였다. 그러나 국제법의 금반언과 국내법(보통법)의 금반언이 동일한 것은 아니다 : *Temple of Preah Vihear* (Cambodia v. Thailand), Separate Opinion of Vice President Alfaro, ICJ Reports (1962), p. 39, and Separate Opinion of Sir Gerald Fitzmaurice, *ibid.*, p. 52 at 62 [noted in *Chagos Marine Protected Area Arbitration*, para. 436].

Chagos Marine Protected Area Arbitration, para. 446에서 중재재판소는 금반언의 성립에 필요한 (국가의) 의사표시는 (국가의)구속력있는 일방적 선언/약속과는 구분해야 함을 적절히 지적하기도 하였다 : "The sphere of estoppel ... is not that of unequivocally binding commitments (for which a finding of estoppel would in any event be unnecessary (see *Temple of Preah Vihear (Cambodia v. Thailand), Judgment of 15 June 1962*, Separate Opinion of Sir Gerald Fitzmaurice, I.C.J. Reports 1962, p. 52 at p. 63)), but is instead concerned with the *grey area of representations and commitments whose original legal intent may be ambiguous or obscure, but which, in light of the reliance placed upon them, warrant recognition in international law.*"(italics added)

87) Malaysia/Singapore, Judgment of 23 May 2008, paras. 33~34, 117, 120~121, 276.

로부터 "Pedra Branca에 대한 소유권을 주장하지 않는다"는 답신을 받은 후- 주권자의 자격으로 행한 행위들에 대해 반응을 보이지 않음으로 인하여 분쟁이 구체화된 1980년에 이르러서는 이 섬은 "(이미) 싱가포르로 넘어간 뒤였다(had passed to Singapore)"고 판시한 바 있다. 경쟁국의 그같은 반응들은 -문제의 권원이 상대적인 것이든 절대적인 것이든 불문하고, 그리고 아마도 상대적 권원의 경우에는 더욱 더- 특정 영토에 대한 일국의 주권 주장을 공고히 하는 데 결정적으로 기여하게 될 것이다. 특히, 시효의 경우에는 원소유국의 묵인이 필수적인 요건으로 되어 있다.[88)]

문제의 영토가 일방 분쟁당사국의 본토나 섬 등의 기타 영토로부터 지리적으로 가까이에 혹은 접속하여 위치하고 있다는 사실, 즉 근접성(contiguity, proximity, adjacency)[89)]도 당해 국가가 그 영토에 대하여 권원을 수립함에 있어 결정적 역할을 담당할 수 있는가? 실제로 일부 국가들은 선형(扇形, 부채꼴)이론(sector theory)이라는 이름으로 자국 영토에 인접한 두 극 지역(즉, 남극대륙과 북극지방)에 대해 영토주권을 주장하고 있다. 국제소송에서 근접성이 분쟁의 일방 당사자에 의하여 원용되는 경우도 드물지 않다. 지리적 근접성이 주권자를 결정함에 있어 전혀 아무런 역할도 하지 않는다고 말할 수는 없는 것으로 보인다. 즉, 상기 *Legal Status of Eastern Greenland* 사건[90)]에서 보는 것처럼, 근접성은 상황에 따라서는 문제의 영토에 근접한 국가에게 유리한 '추정'(presumption)을 불러 일으킬 수는 있다. 그러나 이같은 추정은 상기 여러 사건들에서 보는 것처럼 (상대적 혹은 절대적) 권원들에 기초한 더욱 강력한 주장에는 당할 수 없음을 유념하여야 한다. 따라서 군도(archipelago)라 할지라도 보통은 자연적 단일체로 간주되지 아니하며, 각 섬마다 권원의 입증이 요구될 수 있다.[91)]

다른 한편, ICJ는 *Land and Maritime Boundary between Cameroon and Nigeria* 사건[92)]에서, 이른바 "(권원의) 역사적 응고"(historical consolidation of title)의 이론은 대단한 논쟁의 여지가 있고, 따라서 이것이 -사실과 법에 있어 다른 많은 중요한 변수를 고려에 넣는- 국제법 하의 확립된 권원취득의 방식들을 대신할 수는 없다."[93)]고 하면서, "권원과 실효적 지배(주권의 사실상의 행사) 사

---

88) Brownlie, 5th, pp. 156~159 ; Currie, pp. 234~235 ; Malanczuk, pp. 154~155 ; Ott, pp. 107~108.

89) 이것은 지리적 단일성(geographical unity), 연속성(continuity), 종물(appurtenance) 등 상황에 따라 다양하게 표현된다. Currie, p. 236 ; Dixon, p. 169.

90) PCIJ (1933), Series A/B, No. 53.

91) Brownlie, 5th, pp. 147~149 ; Currie, p. 236 ; Ott, pp. 108~109 ; Orakhelashvili/Akehurst, 9th, p. 137. *Island of Palmas* 사건에서 Huber 중재재판관도 "it is impossible to show the existence of a rule of positive international law to the effect that islands situated outside territorial waters should belong to a state from the mere fact that its territory forms the *terra firma* (nearest continent or island of considerable size). ... ... The title of contiguity, understood as a basis of territorial sovereignty, has no foundation in international law."라고 언급한 바 있다 : (1928) 2 RIAA 829. 이 밖에도 ICJ, Case concerning *Maritime Delimitation and Territorial Questions between Qatar and Bahrain* (Qatar v. Bahrain), Judgment of 16 March 2001, paras. 99~100 ; Case concerning *Territorial and Maritime Dispute between Nicaragua and Honduras in the Caribbean Sea* (Nicaragua v. Honduras), Judgment of 8 October 2007, para. 161("proximity as such is not necessarily determinative of legal title") ; *Territorial and Maritime Dispute* (Nicaragua v. Colombia), ICJ Reports (2012), p. 624 at 648ff (para. 52 ff) ; 본서, 제21장 (해양법), "IX. 섬" 참조.

92) Cameroon v. Nigeria (Equatorial Guinea intervening), Judgment of 10 October 2002.

이에 충돌이 있는 경우, 전자에게 우선권이 부여될 것이다"[94]라고 지적하기도 하였다.

---

93) *Ibid.*, para. 65 : "The Court will now examine Nigeria's argument based on historical consolidation of title.
The Court observes in this respect that in the *Fisheries* case (United Kingdom v. Norway)(*I.C.J. Reports 1951*, p. 134) it had referred to certain maritime delimitation decrees promulgated by Norway almost a century earlier which had been adopted and applied for decades without any opposition. These decrees were said by the Court to represent "a well-defined and uniform system ... which would reap the benefit of general toleration, the basis of an historical consolidation which would make it enforceable as against all States"(*ibid.*, p. 137). The Court notes, however, that the notion of historical consolidation has never been used as a basis of title in other territorial disputes, whether in its own or in other case law.
Nigeria contends that the notion of historical consolidation has been developed by academic writers, and relies on that theory, associating it with the maxim *quieta non movere*.
The Court notes that the theory of historical consolidation is highly controversial and cannot replace the established modes of acquisition of title under international law, which take into account many other important variables of fact and law. It further observes that nothing in the *Fisheries* Judgment suggests that the "historical consolidation" referred to, in connection with the external boundaries of the territorial sea, allows land occupation to prevail over an established treaty title. Moreover, the facts and circumstances put forward by Nigeria with respect to the Lake Chad villages concern a period of some 20 years, which is in any event far too short, even according to the theory relied on by it. ..." 참고로, 판결, para. 65에서 언급되고 있는 *quieta non movere*는 "do not move that which is quiet"에 상응하는 라틴어 술어이다 : https://en. wikipedia.org/wiki/Stare_decisis.
ICJ는 위 판결, para. 220에서는 다른 한 분쟁대상 지역에 대해서도 다시 다음과 같이 언급하고 있다 : "... invocation of historical consolidation cannot in any event vest title to Bakassi in Nigeria, where its "occupation" of the peninsula is adverse to Cameroon's prior treaty title and where, moreover, the possession has been for a limited period."
그러나 ICJ는 위 판결 바로 1년 전, Case concerning *Maritime Delimitation and Territorial Questions between Qatar and Bahrain* (Qatar v. Bahrain), Judgment of 16 March 2001, para. 96에서는 "In the period after 1868, the authority of the Sheikh of Qatar over the territory of Zubarah was gradually consolidated ; it was acknowledged in the 1913 Anglo-Ottoman Convention and was definitively established in 1937."이라고 하면서, 카타르 반도 내 북서쪽의 Zubarah 지역에 대한 영토주권이 바다 건너 바레인에게 있지 않고 카타르에게 있다고 결정지은 바 있었다.
요컨대, ICJ가 모두가 동의하는 정의를 갖지 못한 '역사적 응고'의 개념을 완전히 폐기한 것으로 보이지는 않지만, 그렇다고 이 이론에 대해 확신을 갖고 있는 것으로도 보이지는 아니한다. ICJ의 말을 종합해 보면 다음과 같다 ; 동 이론은 국제법 하의 확립된 권원취득의 방식들을 대신할 수는 없다 ; 특히, 역사적 응고는 조약에 의하여 확립된 권원에는 우선할 수 없다 ; 그리고 이 이론에 의하더라도 20년의 점유기간은 응고를 위해 너무 짧다. 한편, Sir Robert Yewdall Jennings, *The Acquisition of Territory in International Law* (Manchester: Manchester University ; New York : Oceana Publications, 1963), pp. 23~27은 역사적 응고 이론에 대한 권위있는 설명의 하나로 자주 인용되고 있다. Brownlie, 5th, pp. 162~163도 참조할 것.

94) Judgment of 10 October 2002, para. 223 : "... The legal question of whether *effectivités* suggest that title lies with one country rather than another is not the same legal question as whether such *effectivités* can serve to displace an established treaty title. As the Chamber of the Court made clear in the *Frontier Dispute* (*Burkina Faso/Republic of Mali*), where there is a conflict between title and *effectivités*, preference will be given to the former (*I.C.J. Reports 1986, Judgment*, pp. 586-587, para. 63).
In the view of the Court the more relevant legal question in this case is whether the conduct of Cameroon, as the title holder, can be viewed as an acquiescence in the loss of the treaty title that it inherited upon independence."
여기서 인용된 *Frontier Dispute* (Burkina Faso/Republic of Mali), ICJ Reports (1986), Judgment of 22 December 1986, para. 63에서 ICJ는 법적 권원(이 사건에서는 *uti possidetis juris*)과 *effectivités* 사이에 형성될 수 있는 네 가지 관계에 대해 다음과 같이 설명한 바 있다 : "Apart from the texts and maps listed above, the Parties have invoked in support of their respective contentions the "colonial *effectivités*", in other words, the conduct of the administrative authorities as proof of the effective exercise of

영토주권자를 결정함에 있어 -분쟁과는 무관한- 제3국들의 태도(승인 혹은 묵인)가 어느 정도의 역할을 할 수 있는지는 명확하지 않지만 국제재판소의 판단에 전혀 영향을 미치지 않는 것은 아니다.[95)]

Ⅸ. 역사적 권원

영토 분쟁에서 국가들은 자국 혹은 자국의 선조들이 옛날부터 문제의 영토에 대해 주권자로서 행동하여 왔으며 남들도 일반적으로 그렇게 인식하고 있다는 것, 즉 태고적 소유(immemorial

---

territorial jurisdiction in the region during the colonial period. For Burkina Faso, the *effectivités* can support an existing title, whether written or cartographical, but when their probative value has to be assessed they must be systematically compared with the title in question ; in no circumstances can they be substituted for the title. For its part, Mali admits that in principle the *effectivités* cannot be brought into operation where they are contrary to the text of a treaty, but argues that in a situation where there is no boundary described in conventional or legislative form, it is necessary to ascertain the boundary by other methods, and an investigation of the *effectivités* then becomes essential. The role played in this case by such *effectivités* is complex, and the Chamber will have to weigh carefully the legal force of these in each particular instance. It must however state forthwith, in general terms, what legal relationship exists between such acts and the titles on which the implementation of the principle of *uti possidetis* is grounded. For this purpose, a distinction must be drawn among several eventualities. Where the act corresponds exactly to law, where effective administration is additional to the *uti possidetis juris,* the only role of *effectivité* is to confirm the exercise of the right derived from a legal title. Where the act does not correspond to the law, where the territory which is the subject of the dispute is effectively administered by a State other than the one possessing the legal title, preference should be given to the holder of the title. In the event that the *effectivité* does not co-exist with any legal title, it must invariably be taken into consideration. Finally, there are cases where the legal title is not capable of showing exactly the territorial expanse to which it relates. The *effectivité* can then play an essential role in showing how the title is interpreted in practice." 판결의 이 대목에 대한 설명은, Milano, pp. 111~114 참조.

ICJ Judgment of 22 December 1986, para. 63은 *Frontier Dispute* (Benin/ Niger), Judgment of 12 July 2005, para. 47에서도 인용되고 있는데, ICJ는 이 판결, para. 141에서 다시 다음과 같이 강조하고 있기도 하다 : "it is unnecessary to look for any *effectivités* in order to apply the *uti possidetis* principle, since *effectivités* can only be of interest in a case in order to complete or make good doubtful or absent legal titles, but can never prevail over titles with which they are at variance." ICJ는 *Certain Activities Carried Out by Nicaragua in the Border Area* (Costa Rica v. Nicaragua) and *Construction of a Road in Costa Rica along the San Juan River* (Nicaragua v. Costa Rica), ICJ Reports (2015), p. 665, 703 (paras. 89~93)에서도 (조약에 기초한)권원의 *effectivité*에 대한 우위를 확인하고 있다.

95) 이를테면, *Legal Status of Eastern Greenland* case, PCIJ (1933), Series A/B, No. 53, pp. 55~56, 68 (noted by Sharma, p. 119)에서 PCIJ는 그린랜드 전체에 대한 덴마크의 권원의 뿌리로서 상대국 노르웨이의 승인을 지적하면서, 타 국가들의 승인도 고려에 넣었다. See also *Territorial and Maritime Dispute* (Nicaragua v. Colombia), Judgment of 19 November 2012, para. 95 : "Treaties concluded by Colombia with neighbouring States are compatible with Colombia's claims to islands east of the 82nd meridian but cannot be said to amount to clear recognition of those claims by the other parties to the treaties. In any event these treaties are *res inter alios acta* with regard to Nicaragua.

Taking the evidence of third State practice as a whole, the Court considers that, although this practice cannot be regarded as recognition by third States of Colombia's sovereignty over the maritime features in dispute, it affords some measure of support to Colombia's argument."

possession)를 사실로서 원용하는 경우가 있는데,[96] 이를 '역사적/고래의/시원적' 권원(historic, ancient or original title)[97]이라고 칭한다. 지역이나 상황에 따라서는 이 개념이 중요한 역할을 할 수 있다.[98] *Government of the State of Eritrea and Government of the Republic of Yemen (Phase One: Territorial Sovereignty and Scope of the Dispute)*[99]에서 중재재판소는

96) 예컨대, 김찬규, (시론)"일본의 계산", 조선일보, 1996-02-12, 5면에 의하면 "독도가 우리 영토인 까닭은 조상 대대로 우리가 이곳을 지배해 왔기 때문이다. 국제법에서는 이를 영토에 대한 역사적 권원이라고 한다. 독도는 우산국을 정복한 신라 지증왕 13년(서기 512년)때부터 우리 땅이었다 ..." 이는 한국 정부가 독도를 한국의 "고유"영토(inherent territory)라고 말하는 것과 동일한 취지이다. 참고로, 1950년대 독도영유권과 관련하여 한국과 일본의 주장이 충돌하는 가운데 한국 측에서 "일본이 독도를 17세기 초엽에 발견하여 계속 하여 영유하여 왔다고 주장하면서 1905년에 이 섬을 島根縣告示 제40호에 의하여 (무주지)선점취득하였다고 하는 것은 전후가 맞지 않는다"면서 일본측의 자기모순을 지적하자[예컨대, 朴觀淑, "獨島의 法的 地位에 관한 硏究"(연세대학교 법학박사 학위논문, 1968), p. 50] 일본 정부는 이제 무주지선점 법리를 버리고 고유영토론에만 의존하는 것으로 보인다. 즉, 2019년 현재 일본 외무성은 "竹島 : 다케시마 문제에 관한 10개의 포인트", point 6에서 "일본정부는 1905년에 각의결정에 따라 다케시마를 시마네 현에 편입하여 다케시마 영유의사를 재확인했습니다"라고 하면서 "17세기에 이미 확립되어 있던 다케시마에 대한 우리나라 일본의 영유권이 근대 국제법상으로도 다른 외국에 대해 보다 명확하게 주장할 수 있게 되었던 것"이라고 주장하고 있다 : https://www.kr.emb-japan.go.jp/territory/takeshima/pdfs/takeshima_point.pdf (2019년 10월 19일 검색). 이에 따라 일본이 독도에 대해 영토권을 주장하는 법적 근거에 대한 한국 정부의 설명도 변화를 보이고 있다. 즉, 종래 외교통상부는 "일본은 러일전쟁 시기에... 무주지선점 법리에 근거하여 「시마네현 고시 제40호」(1905)로 독도를 침탈했다."고 설명하였었는데[외교통상부, 언론/홍보, 핫이슈, 독도, "대한민국정부의 독도에 대한 기본입장", 제5항, "일본의 불법적인 독도 영토 편입", https://www.mofat.go.kr/press/hotissue/dokdo/index.jsp (2010년 1월 24일 검색)], 지금은 일본 측의 무주지선점 법리 주장에 대한 언급이 없다 : 외교부, 독도, 〈https://dokdo.mofa.go.kr/kor/dokdo/government_position.jsp〉 (2019년 10월 19일 검색) 참조. 이제 독도 영유권과 관련하여 한국의 고유영토론과 일본의 고유영토론이 정면 충돌하게 된 것이다. 독도 영유권에 대한 한국 측의 비판적 인식과 관련해서는 다음을 참조 : 이영훈, "[위기 한국의 근원 : 반일 종족주의 (27)] 독도, 반일 종족주의의 최고 상징", 이승만TV, 2019.3.6. ; 이영훈, "이어지는 독도 논쟁 - 우산도와 석도의 실체!", 이승만TV, 2019.11.4.

97) 여기서 original title은 영토취득의 방식을 original title과 derivative title로 구분할 때의 그 original title과는 구분하여야 한다. Brownlie, 5th, pp. 130, 146.

98) Brownlie, 5th, p. 146은 이 문제에 대해 다음과 같이 언급하고 있다 : "It may happen that a contemporary dispute involves not only reliance upon the exercise of state authority but the invocation of an ancient, original, or historic title. The concept also informs the principle of 'immemorial possession' and reliance upon evidence of general repute or opinion as to matters of historical fact. Particularly in Asia traditional boundaries play a significant role. International tribunals have recognized the concept of ancient or original title, but will require appropriate evidence thereof." Brownlie 교수가 여기서 인용하고 있는 국제판례 중에 ICJ와 관련한 것으로는 다음의 것들이 있다 : (i) *The Minquiers and Ecrehos* case (France/United Kingdom), ICJ Reports (1953), p. 47 at 53~57 ; (ii) *Western Sahara*, Advisory Opinion of 16 October 1975, ICJ Reports (1975), p. 12 at 42~43 (paras. 90~93) ; (iii) Case concerning *Land, Island and Maritime Frontier Dispute* (El Salvador/Honduras ; Nicaragua intervening), ICJ Reports (1992), p. 351 at 564~565 (paras. 343~345). 이 밖에도 ICJ는 2008년 5월 23일 *Sovereignty over Pedra Branca/Pulau Batu Puteh, Middle Rocks and South Ledge* (Malaysia/ Singapore) 판결에서, Pedra Branca/Pulau Batu Puteh 섬의 경우 말레이시아(즉, 19세기 당시 Johore 왕국)가 '고래의 시원적 권원'(ancient original title)을 가지고 있었음을 인정한 바 있다(paras. 46~80)(그러나 그 후의 여러 사정에 의하여 결국 싱가포르로 영토주권이 넘어갔다고 결론지었다).

99) Arbitration Tribunal, 9 October 1998, (1999) 114 ILR 1 at 35 (para. 106), 〈https://pca-cpa.org/en/cases/81〉 : "The notion of an historic title is well known in international law, not least in respect of "historic bays", which are governed by rules exceptional to the normal rules about bays. Historic bays again rely upon a kind of "ancient title": a title that has so long been established by common repute that this common knowledge is itself a sufficient title. But an historic title has also another and

"'역사적' 권원"의 개념과 "권원의 '역사적' 응고"를 구분하면서도 둘 다 '역사적'인 것이라는 측면에서 공통점이 있다고 언급하고 있다.

한편, 해양법에서도 '역사적' 권리의 존재가 확인되는데, –UN해양법협약이 아직 초안 단계에 머물고 있던– *Continental Shelf* (Tunisia/Libya) 사건[100]에서 ICJ는 "역사적 권원들은 오랜 관행에 의해 늘 그래왔던 것처럼 존중받고 보전되어야 한다"고 언급한 바 있다. 그리고 UN해양법협약도 제10조(만) 6항에서 "역사적 만"(historic bay)에 대해, 제15조(대향국간 또는 인접국간 영해경계획정) 두 번째 문장에서 "역사적 권원"(historic title)에 대해 언급하고 있으며,[101] 제51조 1항의 군도수역에서의 '전통적 어업권'(traditional fishing rights)도 일종의 '역사적' 권리로 볼 수 있을 것이다. 그러나 UN해양법협약은 EEZ와 대륙붕, 공해에 관해서는 '역사적' 권리 주장을 위한 예외를 담고 있지 않으며, 따라서 현대 해양국제법은 상기 세 개의 예외를 제외하고는 역사를 해양관할권(maritime jurisdiction)의 기초로 인정하지 않는다고 할 수 있다. 이와 관련하여, 중국이 남중국해에 대한 해양관할권 주장의 기초로 제시하고 있는 –남중국해의 약 90퍼센트를 둘러싸는– 이른바 구단선(九段線)(nine-dash line, dotted line, cow's tongue, U-shaped line)은 역대 중국 정부가 지난 수십년간 이 선의 의미를 구체적으로 밝히지 않는 이른바 전략적 모호성 정책(policy of strategic/deliberate/purposeful ambiguity/uncertainty)에 기초한 것으로, 중국 정부는 구단선에 무엇이 포함되거나 아니면 배제되는지를 명확히 한 적이 없다.[102] *South China Sea Arbitration*[103]에서

different meaning in international law as a title that has been created, or consolidated, by a process of prescription, or acquiescence, or by possession so long continued as to have become accepted by the law as a title. These titles too are historic in the sense that continuity and the lapse of a period of time is of the essence. Eritrea pleads various forms of this kind of title, and so also does Yemen, which relies upon this latter kind of title as "confirmation" of its "ancient title"."

100) ICJ Reports (1982), p. 18 at 73 (para. 100) : "Historic titles must enjoy respect and be preserved as they have always been by long usage."

101) 1958년 영해 및 접속수역에 관한 (제네바)협약 제7조 6항 및 제12조 1항 두 번째 문장도 각기 여기에 상응하는 규정을 두고 있다.

102) 2014년 미국 국무부는 구단선에 대해 해양법의 관점에서 비판적 평가를 내놓은 바 있다 : U.S. Department of State, Limits in the Seas No 143 (December 5, 2014), "China: Maritime Claims in the South China Sea", 〈https://www.state.gov/e/oes/ocns/opa/c16065.htm〉. 국제법을 내세운 미국의 입장에는 변함이 없다. 이를테면, 2021년 7월 27일 싱가폴에서 행한 한 연설에서 로이드 오스틴(Lloyd Austin) 미국 국방장관은 '사실상 남중국해 전체에 대한 중국의 요구'는 "국제법상 아무런 근거가 없으며"(has no basis in international law) "이 지역 국가들의 주권을 침해하는"(treads on the sovereignty of states in the region) 것이라고 말하였다 : AP, July 29, 2021, "US defense secretary visits Vietnam, vows support for region", 〈https://apnews.com〉. 2021년 12월 7일 독일에서 앙겔라 메르켈(Angela Dorothea Merkel) 총리가 물러난 후, 동월 15일 독일 군함이 근 20만에 처음으로 남중국해 안으로 항행하기도 하였다 : Reuters, December 15, 2021, "First German warship in almost two decades enters South China Sea", 〈https://www.reuters.com/world/first-german-warship-almost-two-decades-enters-south-china-sea-2021-12-15/〉. 이에 대해, 중국 학자 Zheng Zhihua는 "전 세계에서 가장 오래된 문명의 하나인 중국의 관점에서 보면, 남중국해는 전통 아시아 질서의 일부로서, 구단선을 오로지 웨스트팔리아적 민족국가 시스템에 의존해서 파악하려는 것은 적절하지 못할 것이다"라고 주장하고 있다 : Zheng Zhihua, "Why Does China's Maritime Claim Remain Ambiguous?", Asia Maritime Transparency Initiative, June 12, 2015, 〈https://amti.csis.org/why-does-chinas-maritime-claim-remain-ambiguous/〉. 현재의 국제해양법에 의해 수락되기 어려워 보이는 남중국해에 대한 자국 정부의 주장을 과거 중국이 향유했던 아시아에서의 패권적 역사로 보완하려는 의도가 드러나 보인다.

중재재판소는 다음과 같이 결론지었다.

> "필리핀과 중국 간의 관계에 있어, 구단선에 둘러싸인 남중국해의 해양지역들에 대한 역사적 권리 혹은 기타 주권적 권리 혹은 관할권에 대한 중국의 주장은 (UN해양법)협약 하에서의 중국의 해양권원의 지리적 그리고 실체적 범위를 넘는 범위 내에서는 동 협약에 위배되는 것으로, 법적 효력이 없다. 게다가, 협약은 동 협약에서 부과한 범위를 넘어선 모든 역사적 권리 혹은 기타 주권적 권리 혹은 관할권을 대체하였다."

X. 사인의 행위

영토에 대한 국가의 주권적 권한의 행사, 즉 effectivité는 국가가 행하는 공법적[입법적, 행정적 혹은 사법적(司法的)] 행위를 통해 이루어진다. 위 사건들에서도 보는 것처럼 *effectivités*의 양상은 사건의 상황에 따라 당연히 달라질 수 있겠지만,[104] ICJ가 *Sovereignty over Pulau Ligitan and Pulau Sipadan* 사건[105]에서 지적한 바와 같이 −회사를 포함한− 사인의 행위는 그것이 공적 규제에 기초하여 혹은 정부권한 하에서 발생하지 않으면 *effectivités*로 볼 수 없다. 이 점에 대해서는 이미 *Anglo-Norwegian Fisheries* 사건[106]에서 McNair 재판관이 반대의견을 통해 언급한 바도 있

즉, 이 중국 학자는 국가 간의 관계를 주권평등의 원칙에서 바라보고자 하는 것이 아니라 -중국이 서양에 제압당하기 전에 아시아 지역에서 향유하였던- 중국을 정점으로 하는 수직적 위계의 관점에서 바라보고 싶어하는 것이다. 구단선의 법적 지위에 대한 중국 내부의 견해는 대체로 국경선설, 역사적 수역설, 역사적 권리선설, 도서범위설 등 네 가지로 갈려지고 있는데, 이에 관해 자세한 것은 김용환, "중국의 해양경계선과 그 획정방법에 관한 국제법적 검토", 《해양정책연구》(한국해양수산개발원), 제23권 1호(2008.6.30.), pp. 27~63 ; 丁鐸, "국제해양법상 中國의 九段線에 관한 硏究" (박사학위 논문, 연세대학교 대학원, 2016년 6월) 참조.

103) the Philippines v. China, Arbitral Tribunal constituted under Annex Ⅶ of the 1982 UNCLOS, PCA Case No 2013-19, Award on Jurisdiction and Merits, 12 July 2016, para. 246("...The Convention does not include any express provisions preserving or protecting historic rights that are at variance with the Convention. On the contrary, the Convention supersedes earlier rights and agreements to the extent of any incompatibility. The Convention is comprehensive in setting out the nature of the exclusive economic zone and continental shelf and the rights of other States within those zones. China's claim to historic rights is not compatible with these provisions.), & para. 1203B(2)("DECLARES that, as between the Philippines and China, China's claims to historic rights, or other sovereign rights or jurisdiction, with respect to the maritime areas of the South China Sea encompassed by the relevant part of the 'nine-dash line' are contrary to the Convention and without lawful effect to the extent that they exceed the geographic and substantive limits of China's maritime entitlements under the Convention; and further DECLARES that the Convention superseded any historic rights, or other sovereign rights or jurisdiction, in excess of the limits imposed therein".).

104) Hamid, pp. 116~118.

105) Indonesia/Malaysia, ICJ Judgment of 17 December 2002, para. 139. See also *per* Judge McNair (Dissenting Opinion) in *Anglo-Norwegian Fisheries* case, ICJ Reports (1951), p. 158 at 184 : "...the independent activity of private individuals is of little value unless it can be shown that they have acted in pursuance of a licence or some other authority received from their Governments or that in some other way their Governments have asserted jurisdiction through them."

106) Judge Sir Arnold McNair (dissenting opinion), in *Fisheries* case (United Kingdom v. Norway), ICJ

었다.

한편, *Sovereignty over Pedra Branca/Pulau Batu Puteh, Middle Rocks and South Ledge* 사건[107]을 보면, 1824년 8월 2일 일방 영국의 동인도회사(East India Company)와 타방 조호르 술탄 및 조호르 Temenggong[108] 사이에 체결된 우호동맹조약[109]에 의하여 싱가포르가 주변 10마일 내의 모든 섬들과 함께 동인도회사로 완전히 할양되었다는 역사 속의 이야기가 나오는데, 이것은 동인도회사가 외견상 회사이긴 하지만 영국 국왕의 수권에 따라 그를 대리하여 조약을 체결하였음을 시사하고 있다. 사실, 영국의 "동인도회사법 1773년" (East India Company Act 1773)은 동인도회사의 '정치적' 기능을 승인하면서, "국왕의 신민에 의한 주권의 취득은 국왕을 대리한 것이며, 그 자신의 권리로 하는 것이 아님" (acquisition of sovereignty by the subjects of the Crown is on behalf of the Crown and not in its own right)을 분명히 하였었다.[110]

XI. 지도의 증거력

영토분쟁에서는 각 당사자가 자신의 입장을 강화하기 위해 증거자료를 제출하게 되는데, 그 중에서 빈번히 문제되는 것 중의 하나가 과거에 작성된 지도의 증거로서의 가치(evidentiary value)이다. 우선, *Island of Palmas* 사건[111]에서 Max Huber 중재재판관은 지도의 증거력, 그리고 일반지도와 특수지도 간의 우열에 대해 "여하튼, 지도는 단지 지시(암시), 그것도 매우 간접적인 지시(only an indication—and that a very indirect one)를 제공할 따름이며, 또한 그것은 법적 문서에 부속된 경우를 제외하고는 권리의 승인 혹은 포기를 동반하는 법적 문서로서의 가치를 가지지 않는다. ...(그리고) 특별지도는 일반지도에 우선해야 하며, 후자가 3개월 뒤에 출간되었다 해도 그러해야 한다는 것은 의문의 여지가 없어 보인다."[112]라고 언급한 바 있다. 그런가 하면 1931년의 *Clipperton Island* 중재판결[113]에서 멕시코가 제출한 지도는 "국가의 명령에 의거하여 그리고 국가의 감독 하에서 작성되었다는 것이 확실하지 않기 때문에 공적 성격(caractère officiel, official character)을 확인할 수 없다"는 이유로 배척되었다. 이들과 비슷하게 ICJ도 *Frontier Dispute* 사

Reports (1951) 116, 158 at 184 : "the independent activity of private individuals is of little value unless it can be shown that they have acted in pursuance of a licence or some other authority received from their Governments or that in some other way their Governments have asserted jurisdiction through them."

107) Malaysia/Singapore, ICJ Judgment of 23 May 2008, paras. 22, 102.

108) 말레이국들의 고위관료직 : *ibid.*, para. 21, fn. 1.

109) 당시 영국의 싱가포르 주재관(Resident)의 이름을 따 흔히 "the Crawfurd Treaty"로 지칭.

110) 영국의 동인도회사를 포함하여, 과거 유럽 각국이 식민지 지배를 위해 운영하였던 동인도회사에 관해 자세한 것은, https://en.wikipedia.org/wiki/East_India_Company_(disambiguation) 참조.

111) U.S. and The Netherlands, (1928) 2 RIAA 829 (available online at https://untreaty.un.org/cod/riaa/cases/vol_II/829-871.pdf) ; (1928) 22 AJIL 867.

112) (1928) 2 RIAA 829 at 854.

113) France and Mexico, (1932) 26 AJIL 390 at 393.

건[114]에서 지도의 증거력에 대해 다음과 같이 언급하고 있다.

> "…국경획정에서건 국제적 영토분쟁에서건, 지도는 단지 사건마다 정확성을 달리하는 정보를 구성할 따름이다. 그리고 지도는 자기 스스로 그리고 존재 그 자체만으로는, 한 개의 영토적 권원, 즉 국제법에 의하여 영토적 권리를 수립하기 위한 목적의 고유의 법적 힘을 부여받은 문서를 구성할 수 없다. 물론, 경우에 따라서는 지도는 그같은 법적 힘을 획득할 수 있지만, 그러나 이런 경우라 해도 그 법적 힘은 오로지 그들의 고유한 가치로부터 나오는 게 아니다. 즉, 이것은 그같은 지도가 관련 국가 혹은 국가들의 의사의 물리적 표현의 범주에 속하기 때문에 그러한 것이다. 이를테면, 지도가 공식적인 문서에 부속되어 그것의 불가분의 일부를 구성하는 경우가 바로 그러한 경우에 해당한다. 이처럼 분명히 한정된 경우를 제외하고는, 지도는 실제 사실을 입증하거나 재구성하기 위해 상황(간접)적 성격의 다른 증거와 함께 사용될 수 있는, 단지 신뢰도 혹은 비신뢰도가 각기 다른 비본질적(외부적) 증거에 불과하다."

ICJ는 그후 일련의 사건[115]에서 상기 *Frontier Dispute* (Burkina Faso/Republic of Mali) 판결(para. 54)을 인용하고 있다.

XII. 정복 : 무력에 의한 영토 취득

1936년 이탈리아의 에티오피아 정복에서 보는 것처럼[116] 정복(conquest)이란 '국가 간'의 오로지 '무력사용에 의한' 영토취득을 말한다.[117] 전통국제법은 전쟁에 호소할 수 있는 국가의 권리에 제한을 가하지 않았고 그 결과 국가가 정복을 통하여 타국의 영토(일부 또는 전부)를 취득하는 것을

114) Burkina Faso/Republic of Mali, Judgment of 22 December 1986, para. 54.

115) See e.g. Case concerning *Kasikili/Sedudu Island* (Botswana/Namibia), Judgment of 13 December 1999, para. 84 ; Case concerning *Sovereignty over Pulau Ligitan and Pulau Sipadan* (Indonesia/ Malaysia), Judgment of 17 December 2002, para. 88 ; Case concerning *the Frontier Dispute* (Benin/Niger), Judgment of 12 July 2005, para. 44 ; Case concerning *Territorial and Maritime Dispute between Nicaragua and Honduras in the Caribbean Sea* (Nicaragua v. Honduras), Judgment of 8 October 2007, para. 215 ; *Territorial and Maritime Dispute* (Nicaragua v. Colombia), Judgment of 19 November 2012, para. 100.

116) https://en.wikipedia.org/wiki/Second_Italo-Ethiopian_War ; https://en.wikipedia.org/wiki/History_of_Ethiopia ; https://en.wikipedia.org/wiki/Adua.

117) *Legal Status of Eastern Greenland* (Denmark v. Norway), PCIJ (1933), Series A/B, No. 53, p. 47에서 재판소는 정복이란 '국가들' 간의 전쟁의 결과임을 상기시키고 있다 : "It has been argued on behalf of Norway that after the disappearance of the two Nordic settlements, Norwegian sovereignty was lost and Greenland became a *terra nullius*. Conquest and voluntary abandonment are the grounds on which this view is put forward. The word "conquest" is not an appropriate phrase, even if it is assumed that it was fighting with the Eskimos which led to the downfall of the settlements. Conquest only operates as a cause of loss of sovereignty when there is war between two States and by reason of the defeat of one of them sovereignty over territory passes from the loser to the victorious State. The principle does not apply in a case where a settlement has been established in a distant country and its inhabitants are massacred by the aboriginal population. ..."

허용할 수밖에 없었는데,[118] 다만 정복이 성립되기 위해서는 두 가지 요건이 충족될 것을 요구하였다. 첫째, (동맹국을 포함해서) 적국의 모든 저항세력이 소멸되어 전쟁이 끝났어야 한다. 따라서 제2차 세계대전시 독일의 폴란드 병합 선언은 무효였다. 폴란드의 동맹국들이 독일을 상대로 싸움을 계속했기 때문이다. 타국 영토의 일부만을 정복하는 경우에는 패배국의 저항이 중단되었음을 입증하는 게 어려울 수 있다.[119] 둘째, 공식적인 병합 또는 편입조치의 공포 등으로 정복의 의사가 표시되어야 한다. 예컨대, 1945년 연합국측은 독일의 모든 영토를 점령하고 그 동맹국들을 격퇴시켰지만 독일병합의 의사를 명시적으로 부인하였다. '전시점령'은 특히 정복의 의사가 결여되어 있다는 점에서 정복과 구별된다.[120]

전통국제법 하에서 정복에 의한 영토취득이 유효하기 위해서는 타국의 승인을 받아야 했는가? 즉, 승인은 영토취득의 창설적 효과를 가졌는가? 그렇지 않았다. 무력사용이 합법인 체제 하에서 그같은 규칙이 도입될 여지는 없었다.[121]

그러나 오늘날 침략, 즉 UN헌장 제2조 4항에 위배되는 무력사용에 의한 정복은 불법이며 또한 무효이다.[122] 그러면 UN헌장에 의하여 금지되지 아니하는 무력사용에 의한 정복은 여전히 허용되는가? 이 문제에 관한 해답은 1970년의 우호관계선언에서 다음과 같이 제시되고 있다.

> "국가의 영토는 '헌장규정에 위배되는' 무력사용으로부터 초래되는 군사적 점령의 대상이 되지 않는다. 국가의 영토는 무력의 위협 또는 사용으로부터 초래되는 타국에 의한 취득의 대상이 되지 아니한다. 무력의 위협 또는 사용으로부터 초래되는 어떠한 영토취득도 합법으로 승인되어서는 안된다."

위 귀절로부터 몇 가지 결론을 도출해 낼 수 있다. 첫째, 군사점령(military occupation), 즉 전시점령(belligerent occupation)은 그것이 UN헌장에 위배되는 무력사용에 의하여 초래되는 경우에만 불법이다. 따라서 UN헌장에 위배되지 아니하는 무력사용에 의한 군사점령은 여전히 합법이다. 둘째, UN헌장에 위배되는지의 여부에 관계없이, 즉 설사 합법적인 무력의 위협 또는 사용이라고 하더라도, 일체의 무력의 위협 또는 사용은 영토의 취득을 무효로 만든다. 셋째, 아마도 희생국을 포함해서 어떠한 국가도 일체의 무력의 위협 또는 사용에 의한 영토취득을 합법으로 승인하지 않을 '법적 의무'를 부담한다. 따라서 이 의무를 위반하는 것은 그 자체 불법이며, 승인국은 정복국의 공모자의 위치에 놓이게 된다. 이것은 1 대 1의 문제가 아니라 1 대 전체의 문제이기 때문이다.[123]

---

118) 적국의 영토 '전부'를 정복하는 경우는 '*debellatio*' 혹은 'subjugation'으로 표현하기도 한다 : *Encyclopedia of Public International Law*, 3: Use of Force · War and Neutrality Peace Treaties (A-M)(1982), p. 120 ; Orakhelashvili/Akehurst, 9th, p. 134.

119) Akehurst, 3rd ed. (1977), p. 144 (fn. 1).

120) See *Brunell* v. *United States*, US District Court, S.D. of New York, 1948, 77 F. Supp. 68 ; von Glahn, p. 381.

121) Harris, p. 205.

122) Ott, p. 111.

123) *Ibid.* ; Cassese, *International Law*, 2nd, p. 57. 이 같은 결론들은 다른 국제문서들과 판례로부터도 확인할

이상의 정복에 의한 영토취득 금지 규칙은 오로지 국가 간의 전쟁에만 관련되는 규칙이며, 따라

수 있다. 첫째, 만장일치로 채택된 1967년 11월 22일의 UN안보리결의 242는 "전쟁에 의한 영토취득의 불가(inadmissibility of the acquisition of territory by war)를 강조"하고 있는데, 동 결의는 1967년 6월의 아랍-이스라엘 전쟁에서 정당한 자위권의 행사를 주장하는 이스라엘이 이집트의 시나이반도와 가자지구(Gaza strip), 요르단의 수도인 동예루살렘과 강서안(West Bank), 그리고 시리아의 골란고원(Golan Heights)을 점령한 후의 상황을 다룬 것이었다. Ott, p. 111 ; Aust, Handbook of IL, 2nd, p. 27.

둘째, 1974년 12월 14일 UN총회의 침략정의(Definition of Aggression)(총회결의 3314-XXIX)는 제3조(a)에서 '힘에 의한 타국 영토의 일부 또는 전부의 그 어떤 병합'(any annexation by the use of force of the territory of another state or part thereof)도 침략(즉, UN헌장에 위배되는 무력사용)의 한 유형으로 열거하고 있다. 위 침략정의는 또한 제5조 3항에서 "침략으로부터 초래되는 그 어떤 영토취득이나 특별한 이익도 합법으로 승인되어서는 안 됨"을 강조하고 있다.

셋째, 안전보장이사회는 -미국이 기권한 가운데 찬성 14로 채택한- 1980년 8월 20일의 결의 478에서 예루살렘의 지위를 변경시키기 위한 이스라엘의 조치는 '무효'(null and void)라고 선언하였으며, 만장일치로 채택된 1981년 12월 17일의 결의 497에서는 이스라엘의 골란고원 병합은 '무효이며, 국제법적 효력이 없다'(null and void and without international legal effect)라고 선언한 바 있다. Ott, p. 122 ; https://en.wikipedia.org/wiki/Golan_Heights.

넷째, 1990년 1월 31일 EC 12개 회원국은 이스라엘당국의 점령지 이주정책과 관련하여 다음과 같이 강도 높은 공동선언문을 공표한 바 있다 : "유럽공동체 12개 회원국은 이스라엘 이주민들이 점령지영토에 정착할지도 모른다는 최근의 시사에 대해 몹시 염려하는 바이다. 이와 관련하여 우리 12개국은 동예루살렘을 포함한 점령지영토 내 유태인정착은 불법이라는 우리들의 오래된 견해를 상기하는 바이다. 우리 12개국은, 소련 유태인들이 이스라엘과 그 밖의 그 어떤 곳으로든 이주할 수 있는 자유를 포함하여, 소련의 이민 통제의 자유화를 진심으로 환영하는 바이다. 그러나 우리는 이스라엘정부가 유태계 이주민들이 점령지영토에 정착하는 것을 허락하거나 장려함으로써 이 지역에 평화를 가져올 전망을 위태롭게 하지 않을 것을 희망하는 바이다." Bull. EC 1/2-1990, p. 98.

다섯째, 이라크가 쿠웨이트를 침공하자 UN안전보장이사회는 1990년 8월 9일 만장일치로 채택한 결의 662를 통해 "이라크의 쿠웨이트 병합은 아무런 법적 효력(no legal validity)도 없으며, 무효(null and void)로 간주된다"고 결정하면서, "모든 국가와 국제기구 그리고 전문기구들에 대해 이 병합을 승인하지 말 것과 병합의 간접적인 승인으로 해석될지도 모르는 일체의 행동이나 거래도 하지말 것을 요청"하였다. 이어서 8월 18일의 결의 664에서는 "이라크의 쿠웨이트 병합이 당연무효임을 재확인" 하였다. 본서, 제27장 (국가의 무력사용), "V. 냉전 종식 이후 헌장 제7장의 관행" ; Hamid, p. 111 ; Kaczorowska-Ireland, pp. 268~269.

여섯째, ICJ는 *Legal Consequences of the Construction of a Wall in the Occupied Palestinian Territory*, Advisory Opinion of 9 July 2004에서, "전쟁(무력의 위협 또는 사용)에 의한 영토취득이 불가하다는 것"은 '국제관습법규'라고 판시하면서(paras. 74, 87, 117), 이스라엘의 그같은 정착촌들은 국제법을 위반하여 수립된 것이라고 하였다(para. 120). 결국 샤론 총리가 이끄는 이스라엘 정부는 '가자 지구'(Gaza Strip)에 대해서는 2005년 8월 15~23일 21개 유태인 정착촌을 모두 철거하고, 9월 12일 이 지역에서의 38년에 걸친 군사점령을 종료한다고 선언하였다. https://en.wikipedia.org/wiki/Gaza_Strip ; https://en.wikipedia.org/wiki/West_Bank ; Aust, Handbook of IL, 2nd, pp. 26~28.

일곱째, 안전보장이사회는 -미국이 기권한 가운데 찬성 14로 채택한- 2016년 12월 23일의 결의 2334에서 "이스라엘이 -동예루살렘을 포함하여- 1967년 이래 점령하고 있는 팔레스타인 영토 내에 정착촌들을 건설한 것은 법적 효력이 없으며, 국제법을 노골적으로 위반하는 것임을 재확인"(Reaffirms that the establishment by Israel of settlements in the Palestinian territory occupied since 1967, including East Jerusalem, has no legal validity and constitutes a flagrant violation under international law ...) 하였다 : https://www.un.org/webcast/pdfs/SRES2334-2016.pdf.

여덟째, 2017년 12월 6일 미국의 트럼프(Donald J. Trump) 대통령이 예루살렘을 이스라엘의 수도로 인정하는 결정을 하자, UN총회는 12월 21일(목) 재개된 10차 긴급특별총회(Tenth emergency special session)에서 "모든 국가들이 예루살렘의 지위에 관한 안보리의 결의들을 준수하고, 이들 결의에 위배되는 행동이나 조치를 인정하지 않을 것을 요구하는" 결의(A/Res/Es-10/19)를 찬성 128, 반대 9, 기권 35의 다수결로 채택한 바 있다. U.S. White House, "Presidential Proclamation Recognizing Jerusalem as the Capital of the State of Israel and Relocating the United States Embassy to Israel to Jerusalem, 〈https://www.whitehouse.gov/briefings-statements/statement-president-trump-jerusalem/〉 ; https://research.un.org/en/docs/ga/quick/emergency ; UN News Centre, 21 December 2017, "General Assembly demands all States

서 내전과는 관계가 없다.

XIII. 시 제 법

영토 획득에 관한 규칙은 여러 세기를 거치면서 변경되어 왔다. 그러면 영토에 대한 권원(title to territory)의 유효 여부를 결정짓기 위해서는 어느 세기의 법을 적용해야 하는가? 바로 시제법(時際法)(intertemporal law/rule)의 문제이다.

일반적으로 수락된 견해에 의하면, 법은 소급하여 적용될 수 없으며 따라서 영토 획득의 유효성은 그 획득 -혹은 국제재판에서라면 아래에서 설명하는 결정적 시점- 당시의 법에 따라 판단해야 한다고 한다.[124] 예컨대, Max Huber는 상기 *Island of Palmas* 사건(1928)에서 "법적 사실은 그것과 동 시대의 법에 비추어 평가되어야 하며", "따라서 스페인에 의한 발견의 효과는 16세기에 발효 중이던 국제법규에 의하여 결정되어야 한다"고 말한 바 있다.

그러나 이 사건에서 Max Huber는 유감스럽게도 이 일반원칙을 다소 확대하여 "권리의 존재, 다시 말해서 권리의 계속적 표현은 법의 발전에 의하여 요구되는 조건을 따라야 한다"(the existence of right, in other words its continued manifestation, shall follow the conditions required

comply with UN resolutions regarding status of Jerusalem"; 본서, 제25장 (UN), "V. UN의 주요기관, 1. 총회, (2) 임무와 권한". 미국대사관은 2018년 5월 14일 텔아비브에서 예루살렘으로 이전하였으며, 2018년 7월 4일 팔레스타인은 미국을 상대로 ICJ에 제소하였다: *Relocation of the United States Embassy to Jerusalem* (Palestine v. United States of America), ICJ Press Release, No. 2018/47, 28 September 2018; 본서, 제26장 (분쟁의 평화적 해결수단), "VII. 사법심사, 10. 계쟁사건에서 ICJ의 당사자관할권, (1) ICJ는 누구에게 개방되어 있나?".

아홉째, 2019년 3월 25일 트럼프 대통령은 골란고원에 대한 이스라엘의 주권을 공식 승인하는 포고령에도 서명하였다: BBC News/Middle East, "Golan Heights: Trump signs order recognising occupied area as Israeli", 25 March 2019, 〈https://www.bbc.com/news/world-middle-east-47697717〉; Joshua Leifer/The Guardian, 27 March 2019, "Trump's Golan Heights proclamation is a cynical, dangerous move", 〈https://www.theguardian.com/commentisfree/2019/mar/27/trumps-golan-heights-proclamation-dangerous〉. 그러자 UN총회는 그해 12월 3일 재차 이스라엘의 골란고원 철수를 요구하였다: A/RES/74/14 (The Syrian Golan), 3 December 2019, para. 6. 이어서 동월 19일, 총회는 "동예루살렘을 포함한 점령지 팔레스타인 영토의 팔레스타인 민족과 점령지 시리아 골란고원의 아랍 주민들의 그들의 천연자원에 대한 영구주권을 확인하고, 이스라엘에게 이들 점령지에서의 천연자원에 대한 착취, 침해, 손실, 고갈을 중단할 것을 요구하고, 또 원상회복을 요구할 수 있는 팔레스타인 민족의 권리를 승인"하는 결의를 채택하였다: A/RES/74/243 ("Permanent sovereignty of the Palestinian people in the Occupied Palestinian Territory, including East Jerusalem, and of the Arab population in the occupied Syrian Golan over their natural resources"), 19 December 2019, paras. 1~3. 2022년 12월 30일, UN총회는 이스라엘의 팔레스타인 점령지 정책과 실행의 법적 결과들이 무엇인지에 관해 ICJ에 권고적 의견을 요청하는 A/RES/77/247 ("Israeli practices affecting the human rights of the Palestinian people in the Occupied Palestinian Territory, including East Jerusalem")을 채택하였으며, ICJ는 2024년 7월 19일 의견을 제시하였다: *Legal Consequences arising from the Policies and Practices of Israel in the Occupied Palestinian Territory, including East Jerusalem* (Request for Advisory Opinion submitted by the UN General Assembly), 〈https://www.icj-cij.org/case/186〉; ICJ Advisory Opinion, 19 July 2024; 본서, 제1장, V. 제6단계.

124) Dixon, p. 166.

by the evolution of law)라고 말하였다. Huber의 시제법 이론은 권리의 창설과 그 권리의 유지를 구분함으로써 국가는 당대의 국제법이 인정하는 방법에 따라 항상 영토에 대한 자신의 권원을 재수립해야 함을 시사하고 있다. 예컨대, 정복에 의한 영토의 취득은 이제 더 이상 허용되지 않으므로 과거 정복에 기초하여 취득한 권원은 현대국제법이 허용하는 평화적인 방법으로 갱신되어야 한다는 결론으로 이어질 수도 있다. 정태적 요소와 진화적 요소를 결합한 Huber의 이론은 이미 확립된 많은 권원을 몹시 혼란스럽게 할 것이다.[125)]

그러므로 1970년의 우호관계선언은 국가는 무력의 위협 또는 사용에 의하여 타국의 영토를 취득할 수 없음을 천명하면서도, "상기의 그 어떤 규정도 '헌장체제 이전의 그리고 국제법상 유효한' 일체의 국제협정에 영향을 미치는 것으로 해석되지 아니한다"라는 단서를 붙이고 있음을 발견할 수 있다. 이 단서에서는 UN헌장체제 이전에 유효하게 체결된 '조약'(할양조약을 포함)에 관해서만 언급하고 있으나, 전통국제법체제 하에서 이루어진 정복에 대해서도 같은 논리가 적용된다.

그러나 경우에 따라서는, 특히 과거 무력사용이 합법이었던 시절의 정복에 의하여 영토를 취득한 국가와 그것을 상실한 국가 간에 있어서는 영토 분쟁이 시제법의 일반원칙에 따라 합법적으로 해결될 것을 기대하기는 심리적으로 어려운 측면도 없지 않다. 예컨대, 인도 내 *Goa*는 포르투갈이 16세기 정복을 통하여 취득한 고립영토, 즉 엑스클라베(exclave)[126)]로서 인도 자신도 1947년 독립 후 이 지역에 대한 포르투갈의 권원을 승인한 바 있었다. 그럼에도 불구하고 1961년 인도가 고아를 침략하여 병합하였을 때 UN의 대다수 회원국은 인도를 동정하는 편이었으며, 총회도 안보리도 인도의 행동을 비난하는데 성공하지 못하였다. 포르투갈은 UN을 통한 침략비난이 실패한 후 1974년 이 지역에 대한 인도의 권원을 승인하였다. 그러나 침략이란 '불법행위국 대 국제공동체 전체'의 문제이므로 피해국의 승인에 의하여 불법이 합법으로 전환되지는 못한다는 것이 현대국제법의 태도이다. 이론과 현실이 괴리하는 경우라 아니할 수 없다.[127)]

영토 관련 분쟁은 종종 조약의 해석에서 비롯되는데, *Land and Maritime Boundary between Cameroon and Nigeria* 사건[128)]에서 Al-Khasawneh 재판관은 시제법의 관념은 혼란스러워 비엔

---

125) Ott, pp. 116~117 ; Harris, p. 182 ; Dixon, p. 167 ; 朴培根, "국제법상 시제법의 이론과 실제", 《國際法學會論叢》, 제53권 제1호 (2008년 4월), pp. 18~22.

126) 정치지리학에서는 한 국가의 복수(複數)영토 중에서 "작은 영토 부분이 타국에 의해서 완전히 포위되어 있거나 차단되어 있을 때, 그 포위되거나 차단되어 고립되어 있는 영토"를 엑스클라베(exclave, exclavé, Exklave)라고 부른다. 이때 "엑스클라베를 포위하고 있는 나라 측에서는 그 엑스클라베를 엔클라베(enclave, Enklave)라고 부른다." 그리고 이탈리아 영토 내의 산마리노, 로마 내 바티칸시국, 남아프리카 영토 내의 레소토(Lesotho)처럼 "어느 한 나라가 어느 일개의 타국 영토만으로 완전히 포위되어 있을 때"에는 '엔클라베국(혹은 엔클라베 내륙국)'(enclaved countries, enclaved landlocked countries)이라고 부른다. 任德淳, 《政治地理學 原論》(서울 : 一志社, 1973), pp. 47~49 ; https://en.wikipedia.org/wiki/Enclave_and_exclave.

127) Akehurst, pp. 153~154 ; Harris, pp. 202~205 ; Aust, *Handbook of IL*, 2nd, p. 38 ; Kaczorowska-Ireland, pp. 267~268 ; https://en.wikipedia.org/India-Portugal_relations.

128) Cameroon v. Nigeria : Equatorial Guineu intervening, ICJ Reports (2002), p. 303, Separate Opinion of Judge Al-Khasawneh, paras. 13~15 : "13. At any rate, intertemporal law as formulated by Max Huber is not as static as some would like to think, for it should not be forgotten that its elusiveness is further increased by his immediately following statement that "the existence of the right, in other words, its continued manifestation, shall follow the conditions required by the evolution of law" (RIAA, Vol. Ⅱ,

나조약법협약에서 조약의 해석 기준으로 명문화되지 못하였고, 판례에서도 지지를 받지 못하고 있다고 지적하면서, 시제법의 관점에서 접근하는 대신에 —"조약당사자들의 의도를 뒤늦게 발견하거나", "현대국제법의 규정을 대상 조약에 불어넣는" 방식의— 진화적 해석[129]에 의존한 ICJ의 두 판례를 언급한 바 있다.[130]

XIV. 결정적 시점

결정적 시점(기일)(critical date/moment)이 고정된 의미를 가진 전문술어인 것 같지는 않고 또 그럴 필요도 없겠지만,[131] 영토의 주권자를 결정짓는 국제소송에서 이것은 십중팔구 영토주권의 소재가 결정적으로 확인되는 시점을 지칭한다. 즉, 결정적 시점 직전의 기간에 실효적 권원을 가지고 있었음을 입증할 수 있는 당사국에게 우월한 권리가 인정되며, 결정적 시점 이후의 당사국의 행동들은 증거능력을 인정받지 못한다. 그 결과 첫째, 결정적 시점의 이론은 제시된 증거를 허용하거나 배척하는 절차규칙(procedural rule)처럼 작용한다. 그런 의미에서 결정적 시점은 '증거로 채택될

---

p. 845).

14. It is beyond the scope of this separate opinion to enter into the well-known and legitimate debate on the scope of the rule or principle of intertemporal law arising out of the combination by Max Huber of evolutionary and static elements in his formulation of the concept. Suffice it to say that the confusion was such that neither the International Law Commission, guided by its distinguished and learned Special Rapporteur on the topic Sir Humphrey Waldock, nor the Vienna Conference itself, were able to resolve the issue, with the consequence that the concept of intertemporal law was dropped from the 1969 Vienna Convention on the Law of Treaties, Article 31 of that instrument containing no expressly temporal element and merely speaking "of relevant rules of law" and Article 64 in fact following an opposite direction in the case of a subsequently emerging rule of *jus cogens*.

15. In other words, we are not faced with a simple well-defined rule capable of automatic application, but rather with a perplexing idea that was incapable of finding a place in the 1969 Vienna Convention. Nor has the concept of intertemporal law found support in judicial decisions, where it has been often overcome with the aid of a belated discovery of the intention of the parties as was the case in the *Aegean Sea* case, or by reading the provisions of modern law into the treaty, which was the approach that the Court took in its Advisory Opinion on Namibia when it stated that: "an international instrument must be interpreted and applied within the overall framework of the juridical system in force at the time of interpretation" (*Legal Consequence for States of the Continued Presence of South Africa in Namibia (South West Africa), notwithstanding Security Council Resolution 276 (1970), I.C.J. Reports 1971*, p. 31)."

129) 진화적 해석의 개념에 대해서는, 본서, 제4장 (조약법), "Ⅷ. 조약의 해석" 참조.

130) Kaczorowska-Ireland, pp. 254~255.

131) See e.g. *Government of the State of Eritrea and Government of the Republic of Yemen (Phase One : Territorial Sovereignty and Scope of the Dispute)*, Arbitration Tribunal, 9 October 1998, paras. 86 and 95, available at 114 ILR (1999) & https://pca-cpa.org ; *the Arrest Warrant of 11 April 2000* (Democratic Republic of the Congo v. Belgium), ICJ Reports (2002), p. 3 at 17 (para. 40) ; *Certain Property* (Liechtenstein v. Germany), ICJ Reports (2005), p. 6 at 20 (para. 30) ; *Alleged Violations of Sovereign Rights and Maritime Spaces in the Caribbean Sea* (Nicaragua v. Colombia), Counter-Claims, Order of 15 November 2017, ICJ Reports (2017), p. 289 at 307, 308 (paras. 57, 60).

수 있는 행위의 시간적 경계', 즉 "권원을 구성하는 법적 사실의 시간적 종점"을 의미하는 것이기도 하다.[132] 둘째, 결정적 시점 바로 직전의 기간에 대해 유효한 권원을 입증하는 것만으로 족하며, 그 이전의 모든 관련 기간에 걸쳐 주권의 존재를 입증할 필요는 없다는 점에서도 결정적 시점은 소송에서 중요성을 갖는다.[133]

결정적 시점이 언제인가를 결정하는 책임은 당해 영토분쟁의 해결을 부탁받은 재판소에게 있다. 결정적 시점의 선택을 규율하는 일반원칙은 없으며, 따라서 실제로 결정적 시점을 결정하고자 하는 경우 그 시점의 구체적인 선택은 각 사건에 특유한 관련 상황을 고려하여 이루어진다. 특히, 분쟁당사자 간에 결정적 시점의 연도(year)에 관해 합의가 있으면 재판소는 이를 고려에 넣어 동 시점의 연월일(date)을 결정할 것이다.[134] 나아가 분쟁당사자국들이 결정적 시점의 연월일에 대해 합의를 보는 경우도 있다.[135] 그러나 이 같은 합의가 없는 상황에서 결정적 시점의 이론은 그 적용이 전혀 용이하지 아니하다.[136] 위에서 살펴본 바와 같이, *Island of Palmas* 사건의 경우, 미국과 네덜란드 간에 분쟁은 1906년에 발생하였으나, Max Huber 재판관은 미국과 스페인 간의 영토할양조약이 체결되고 발효한 1898년을 결정적 시점으로 설정하였다.[137] 그러나 *Legal Status of Eastern Greenland* 사건에서는 1931년 7월 10일 노르웨이가 문제의 지역에 대해 무주지 선점을 선언함으로써 분쟁이 발생하였는데, PCIJ는 이 일자를 결정적 시점으로 채택하였다. 그런가 하면 *Minquiers*

---

132) 申珏秀, "決定的 時點의 理論", 《國際法學會論叢》, 제32권 제2호 (1987년 12월), pp. 95~97 ; Sir Gerald Fitzmaurice, "The Law and Procedure of the International Court of Justice, 1951-4: Points of Substantive Law. Part Ⅱ", (1955-6) 32 BYIL 20 at 20~44 참조.

133) 이 점에 대해, PCIJ는 *Legal Status of Eastern Greenland*, PCIJ (1933), Series A/B, No. 53, p. 45에서 다음과 같이 언급하고 있다 : "It must be borne in mind, however, that as the critical date is July 10th 1931, it is not necessary that sovereignty over Greenland should have existed throughout the period during which the Danish Government maintains that it was in being. Even if the material submitted to the Court might be thought insufficient to establish the existence of that sovereignty during the earlier periods, this would not exclude a finding that it is sufficient to establish a valid title in the period immediately preceding the occupation."

134) See e.g. Case concerning *Sovereignty over Pedra Branca/Pulau Batu Puteh, Middle Rocks and South Ledge* (Malaysia/Singapore), Judgment of 23 May 2008, paras. 32~34.

135) 예컨대, 2009년 11월 4일 크로아티아와 슬로베니아는 양국간 영토 및 해양 분쟁을 중재재판에 회부하는 특별협정에 서명하였는데(2010년 11월 29일 발효), 동 협정은 제5조에서 "결정적 시점"(critical date)의 제목 하에 다음과 같이 규정하고 있다 : "No document or action undertaken unilaterally by either side after 25 June 1991 shall be accorded legal significance for the tasks of the Arbitral Tribunal or commit either side of the dispute and cannot, in any way, prejudge the award." https://pcacases.com/web/sendAttach/2165 ; https://www.pcacases.com/web/sendAttach/2175 ; Arbitration concerning *Croatia-Slovenia Land and Maritime Border Disputes* (Croatia/Slovenia), PCA Case No. 2012-04, Final Award, 29 June 2017, paras. 131, 142, 144, 〈https://www.pcacases.com/web/sendAttach/2172〉 ; https://en.wikipedia.org/wiki/Croatia-Slovenia_border_disputes.

136) Aust, *Handbook of International Law*, p. 35는 결정적 시점의 이론은 (그리스 신화의 괴물)"키메라와도 같은 것(something of a chimera)일 수 있다."고 언급하고 있다.

137) 다만, 이 사건에서 Max Huber 재판관은 "분쟁 발생 이후의 사건들은 그 어떤 경우에도 배제되어야 하지만 ..., 결정적 시점과 분쟁 발생 사이의 사건들의 경우 그 자체로 결정적 시점 당시의 섬의 법적 지위를 지적하는데 도움이 될 수는 없어도, 그것들도 결정적 시점 직전의 기간에 던질 수 있는 빛 때문에 간접적으로 일정 부분 흥미를 끈다"라고 언급하고 있다 : (1928) 22 AJIL 867 at 907.

and Ecrehos 사건에서는 영국은 1950년을, 프랑스는 1839년을 결정적 시점으로 주장함으로써 이 문제에 대한 인식에 있어 현격한 차이를 보였는데, ICJ는 실제적인 영토분쟁이 발생한 1886년을 일단 결정적 시점으로 잡되 그 이후의 상황도 고려의 대상으로 삼았다. 그리고 Fitzmaurice[138]는 이 *Minquiers and Ecrehos* 사건을 검토한 결과 결정적 시점을 "일견 주권 문제에 관한 분쟁이 '구체화되는' 일자" (*prima facie* the date at which the dispute on the issue of sovereignty 'crystallizes')로 설명한 바 있는데, ICJ도 *Sovereignty over Pulau Ligitan and Pulau Sipadan* 사건[139]에서 "당사자 간의 분쟁이 구체화된 일자(the date on which the dispute between the Parties crystallized) 이후에 발생한 행위는 -그것이 그 이전 행위의 통상적인 계속이고 또한 그것을 원용하는 당사자의 법적 입장을 개선하기 위한 목적에서 착수한 것이 아닌 경우를 제외하고는- 고려에 넣을 수 없다."고 언급한 바 있다.

결정적 시점의 개념을 불필요한 것으로 본 판례도 없지 않다. 예컨대, *Argentine-Chile Frontier* 사건[140]에서 중재재판소는 "본 소송에서는 결정적 시점의 개념이 별 가치가 없다고 보았으며, 증거에 관련되는 행위의 일자에 관계없이 재판소에 제출된 모든 증거를 검토하였다."고 보고하였다.

XV. 영토에 대한 제한적 권리의 취득

위에서는 국가가 영토에 대해 '완전한 배타적' 주권을 획득하는 경우들을 고찰하였다. 그러나 국가가 영토에 대해 제한된 권리(관할권)만을 행사하는 경우도 있는데, 아래에서는 이들에 관하여 살펴본다.

---

138) Fitzmaurice, *op. cit.*, (1955-6) 32 BYIL 20 at 39.

139) Case concerning *Sovereignty over Pulau Ligitan and Pulau Sipadan* (Indonesia/ Malaysia), Judgment of 17 December 2002, para. 135 : "The Court further observes that it cannot take into consideration acts having taken place after the date on which the dispute between the Parties *crystallized* unless such acts are a normal continuation of prior acts and are not undertaken for the purpose of improving the legal position of the Party which relies on them."
결정적 시점에 대한 *Sovereignty over Pulau Ligitan and Pulau Sipadan* 판결의 공식은 Case concerning *Territorial and Maritime Dispute between Nicaragua and Honduras in the Caribbean Sea* (Nicaragua v. Honduras), Judgment of 8 October 2007, para. 117 ; Case concerning *Sovereignty over Pedra Branca/Pulau Batu Puteh, Middle Rocks and South Ledge* (Malaysia/Singapore), Judgment of 23 May 2008, para. 32 ; *Territorial and Maritime Dispute* (Nicaragua v. Colombia), Judgment of 19 November 2012, para. 68 등에서 다시 인용되고 있다.

140) Award, 1966 ; (1969) 38 ILR 16 at 80 : "It is agreed by both Parties that the notion of the critical date is not a rigid one and that a good deal is left to the appreciation of the Court, and moreover that the critical date is not necessarily the same for all purposes. ... For these reasons, the Court has considered the notion of the critical date to be of little value in the present litigation and has examined all the evidence submitted to it, irrespective of the date of the acts to which such evidence relates."

1. 공동영유(condominium)

이는 국내법상의 공유(co-ownership)에 해당하는 개념으로서,[141] 두 국가가 일정 영토에 대해 공동으로 주권을 행사하는 지역을 말한다. 현재로선 그 마지막 사례로, 태평양의 뉴헤브리디즈제도(New Hebrides Islands)(현 Vanuatu : 1981년 UN가입)는 1980년 독립할 때까지 영국과 프랑스의 공동영유였다.[142]

2. 조차지(leased territory)

조차지란 조약에 의해 한 국가가 차용한 타국 영토의 일부 지역을 말한다. 조차국은 조차기간 동안 당해 영토에 대해 (그 처분을 제외한) 완전한 주권을 행사할 수 있으므로, 조차는 사실상 주권의 일시적 이전 또는 양도라고 할 수 있다. 역사적으로 조차는 위장된 영토할양(disguised cession)의 한 방법으로서, 특히 과거 서구열강의 중국 지배방법의 하나로 이용되었었다.[143] 예컨대, 홍콩은 홍콩섬, 구룡반도(Kowloon) 그리고 신계지(New Territories)로 구성되는데, 홍콩섬은 1842년의 남경조약에 의하여 영국이 중국으로부터 할양받은 것이었고, 구룡반도는 1860년의 북경조약으로 역시 할양받은 것이었고, 다만 신계지는 1898년 제2차 북경조약에 의거하여 99년의 기간으로 조차한 것이었다. 그러나 1984년 12월 19일 북경에서 체결된 홍콩반환협정[144]에 의거하여 1997년 7월 1일이 시작하는 밤 12시부로 홍콩 전역(즉, 홍콩섬, 구룡반도, 신계지)이 중국에 반환되었고, 그 대신 중국은 이를 특별행정구역(Special Administrative Region)으로 하며, 향후 최소 50년 동안 홍콩의 기존 경제 · 사회 체제를 유지하며, 외교 · 국방을 제외하고는 홍콩주민의 자치를 인정할 의무를 부담하였다.[145]

---

141) *Land, Island and Maritime Frontier Dispute* (El Salvador/Honduras; Nicaragua intervening), ICJ Reports (1992), p. 351 at 605 (para. 412).

142) Akehurst, p. 156 ; Aust, *Handbook of IL*, 2nd, p. 31 ; Dixon, p. 125.

143) 19세기 말 중국의 힘이 쇠약해지면서 조차의 형식으로 영토주권을 침탈당한 과정을 간략하게 요약하면 다음과 같다. 1883~85년 청불전쟁(안남을 프랑스가 뺏으려고 기도. 결국 프랑스 승리) ; 1894년 동학혁명 ; 1894~95년 청일전쟁(대만, 팽호도, 요동반도를 일본에게 할양. 요동반도는 삼국간섭에 의해 다시 반환) ; 중국의 무력함이 입증됨 ; 1895년 프랑스가 안남철도의 운남연장권 및 운남 · 광동 · 광서의 광산채굴 우선권 획득 ; 1896년 러시아는 시베리아철도의 만주횡단부설권 획득 ; 1897년 영국은 버마철도의 운남연장권 획득 ; 1898년 독일은 선교사가 살해당한 것을 구실로 산동반도의 교주만 조차(기간 99년. 1919년 일본이 승계. 1922년 반환) ; 1898년 러시아가 여순과 대련항 조차(기간 25년. 일본이 1905년에 99년으로 연장승계. 1945년 소멸) ; 1898년 영국이 위해위(여순을 러시아가 점유하는 기간 동안)와 신계지(기간 99년)를 조차 ; 1900년 6월 의화단은 여러 외국에 대해 전쟁선언 ; 1902년 영일동맹 ; 1904~ 1905년 러일전쟁(포츠머스조약 체결. 여순과 대련을 러시아로부터 빼앗아 일본이 조차. 사할린 남부도 획득).

144) 협정의 정식 명칭 : "Joint Declaration of the Government of the United Kingdom of Great Britain and Northern Ireland and the Government of the People's Republic of China on the Question of Hong Kong." 비준서 교환을 통해 1985년 5월 27일 발효 : https://en.wikipedia.org/wiki/Sino-British_Joint_Declaration.

145) 홍콩반환협정에 상응하여 중국 정부가 제정한 "중화인민공화국 홍콩특별행정구 기본법"(The Basic Law of the Hong Kong Special Administrative Region of the People's Republic of China)(약칭 '홍콩 기본법', 1997년 7월 1일 발효)은 "홍콩특별행정구에서는 사회주의 제도와 정책을 시행하지 아니하고, 기존의 자본주의

홍콩의 일국양제(one country, two systems)가 시험대에 올랐다. 홍콩에서 중국 본토로의 범죄인 송환을 허용하는 홍콩 당국의 입법안에 항의하는 자유화 시위가 진행되고 있던 2019년 7월 2일, 제레미 헌트(Jeremy Hunt) 영국 외무장관은 "이 국제적으로 구속력있는 협정(홍콩반환협정)이 존중되지 않는다면 중대한 결과를 초래할 것이다"(There will be serious consequences if that internationally binding legal agreement were not to be honoured)라고 말한 바 있다.[146] 2020년 5월 들어 중국 정부 차원에서 직접 '홍콩 국가안전법'(Hong Kong national security law)을 제정하려는 기도와 관련해서도 영국 정부는 이를 협정 위반 시도로 보았으며,[147] 미국도 동일한 시각을 표출하였다.[148]

제2차 세계대전 후, 식민지 지배의 한 유형으로서의 조차제도는 거의 자취를 감추었다. 조차의 특수한 예로는 과거 미국에 의한 파나마 운하지대의 운영을 들 수 있는데, 파나마 운하지대의 조차는 1999년에 종료하고, 파나마가 운하지대에 대한 완전한 주권을 회복하였다.[149] 이 밖에도, 미국은 1903년에 체결한 두 개의 조약에 의거하여 쿠바의 관타나모 만(Guantánamo Bay)을 조차하여

제도 및 생활양식은 50년간 변경되지 아니하며"(제5조), "홍콩에서 발효중인 기존의 법들, 즉, 보통법, 형평법의 규칙들, 조례, 부속입법 및 관습법은 유지된다. 단, 기본법에 위배되는 경우는 그러하지 아니하며, 홍콩특별행정구는 기존의 법들을 개정할 수 있다"(제8조)고 규정하고 있다. Harris, p. 235 ; Aust, 2nd, 68 ; Aust, *Handbook of IL*, 2nd, p. 39 ; https://en.wikipedia.org/wiki/Politics_of_Hong_Kong ; https://en.wikipedia.org/wiki/Foreign_relations_of_Hong_Kong ; https://en.wikipedia.org/wiki/Hong_Kong_Basic_Law ; https://www.basiclaw.gov.hk/en/basiclawtext/images/basiclaw_full_text_en.pdf ; https://www.basiclaw.gov.hk/tc/basiclawtext/chapter_1.html. Suzanne Pepper는 홍콩기본법 제5조를 "이솝우화의 표현"(Aesopian language)으로 칭하고 있다 : Suzanne Pepper/HKFP (Hong Kong Free Press), 24 March 2019, "What will be left of Hong Kong's autonomy in 2047?", 〈https://www.hongkongfp.com/2019/03/24/will-left-hong-kongs-autonomy-2047/〉.

146) Reuters (London), July 2, 2019, "UK warns China of serious consequences if Hong Kong rights not honoured", 〈https://af.reuters.com/article/worldNews/idAFKCN1TX0XQ〉.

147) Nectar Gan, CNN, May 28, 2020, "China approves controversial national security law for Hong Kong", 〈https://edition.cnn.com/2020/05/28/asia/china-npc-hk-security-law-intl-hnk/index.html〉 ; The Guardian, 28 May 2020, "UK says it will extend Hongkongers' visa rights if China pursues security laws", 〈https://www.theguardian.com/world/2020/may/28/uk-will-extend-visas-for-300000-hong-kong-residents-says-raab〉 ; 유진우/조선비즈, 2020.5.29., "英, 홍콩인 31만명에 시민권 제공 추진...'하나의 중국'에 정면 도전", 〈https://biz.chosun.com〉.

148) Rev, May 29, 2020, "Donald Trump Press Conference Transcript on China, Hong Kong, and the WHO", 〈https://www.rev.com/blog/transcripts/donald-trump-press-conference-transcript-on-china-hong-kong-and-the-who〉 ; BBC, 29 May 2020, "Trump targets China over Hong Kong security law", 〈ttps://www.bbc.com/news/world-us-canada-52856876〉 ; "United States-Hong Kong Policy Act", 〈https://en.wikipedia.org/wiki/United_States-Hong_Kong_Policy_Act〉.

2020년 6월 30일 중국 정부는 결국 동 법률을 제정하였다 : 본서, 제9장 (국가관할권), "Ⅱ. 입법관할권의 이론적 기초, 4. 보호주의" 참조. 7월 14일, 트럼프 대통령은 홍콩의 특별지위를 종료하는 행정명령에 서명하였다 : White House, Executive Orders, "The President's Executive Order on Hong Kong Normalization", July 14, 2020, 〈https://www whitehouse.gov/presidential-actions/presidents-executive-order-hong-kong-normalization/〉 ; BBC News, 15 July 2020. "Trump ends preferential economic treatment for Hong Kong", 〈https://www.bbc.com/news/world-us-canada-53412598〉 ; BBC News 코리아, 2020년 7월 15일, "트럼프 홍콩 특별지위 박탈하는 행정명령에 서명", 〈https://www.bbc.com/korean/news-53413851〉.

149) Kaczorowska-Ireland, p. 280 ; 2001-2009 Archive for the U.S. Deparment of State, 〈https://2001-2009.state.gov/p/wha/rlnks/11936.htm〉.

지금까지 해군기지로 사용하고 있다.[150] 미국은 또한 영국의 해외영토인 차고스 군도에서 가장 큰 섬인 디에고 가르시아(Diego Garcia)를 조차하여 군사기지로 사용 중이다.[151] 러시아는 구 소련에 속했던 일부 독립국가에 조차지를 갖고 있는데, 이를테면 카자흐스탄으로부터는 바이코누르 우주선 발사기지(Baikonur cosmodrome)를 2050년까지 조차하였다.[152]

3. 지역권(servitude, easement)

(1) 정 의

지역권이란 타 국가의 이익을 위하여 '특정' 국가의 영토에 부과된 '특별한' 부담으로 정의할 수 있다.[153] 첫째, 지역권은 '특별한' 부담이라는 점에서, 즉 '특정의' 통치작용이 제한되는 점에서, 조대국의 통치작용이 포괄적으로 배제되는 조차지와 다르다. 둘째, 지역권은 '특정'국가의 영토에 부과되는 부담이라는 점에서, 일반국제법에 의하여 '모든' 국가에게 부과되는 일반적 의무(예컨대, 무해통항)와는 구별하여야 한다.

(2) 지역권의 대물적 성격 여부에 관한 논쟁

로마재산법에서 지역권이라 함은, 갑에게 속하는 땅이 그 땅에 대한 을의 권리(예컨대, 공공도로에 이르기 위하여 을이 갑의 땅을 가로지르는 통로를 이용할 권리)에 의하여 부담을 지는 경우를 지칭하였다. 그리고 이 지역권은 소유주 개인에 대한(즉, 대인적인)(*in personam*) 것이라기보다는 물건 자체에 대한(즉, 대물적인)(*in rem*) 것으로 이해되었다. 즉, 승역지(servient land) 소유주의 모든 권리승계인은

---

150) "Agreement Between the United States and Cuba for the Lease of Lands for Coaling and Naval stations" (signed by the President of Cuba, February 16, 1903; signed by the President of the United States, February 23, 1903), 〈https://avalon.law.yale.edu/20th_century/dip_cuba002.asp〉; "Lease to the United States by the Government of Cuba of Certain Areas of Land and Water for Naval or Coaling Stations in Guantanamo and Bahia Honda" (signed at Havana, July 2, 1903), 〈https://www.yale.edu/lawweb/avalon/diplomacy/cuba/cuba003.htm〉; "Treaty of Relations between the United States and the Republic of Cuba" (signed at Washington, May 29, 1934), 〈https://www.yale.edu/lawweb/avalon/diplomacy/cuba/cuba001.htm〉; Aust, *Handbook of IL*, 2nd, p. 39; Kaczorowska-Ireland, p. 280; https://en.wikipedia.org/wiki/Cuban-American_Treaty_of_Relations_(1903); https://en.wikipedia.org/wiki/Guantanamo_Bay_Naval_Base.

1996년의 헬름즈버튼법(Helms-Burton Act)은 "관타나모의 미국 해군기지를 쿠바에 반환하거나 상호 동의가 능한 조건에 따라 현재 협정을 재협상하기 위해 쿠바에서 '민주적으로 선출된 정부'와 협상을 시작할 준비가 되어 있는 것"을 미국의 정책의 하나로 명시하고 있는데, 이것은 본질적으로 관타나모 기지의 반환 내지는 지위변경은 쿠바의 정권 교체(regime change)를 조건으로 하겠다는 의도를 드러낸 것이다: "Cuban Liberty and Democratic Solidarity (LIBERTAD) Act of 1996", Sec. 201 (Policy toward a Transition Government and a Democratically Elected Government in Cuba), 〈https://1997-2001.state.gov/regions/wha/cuba/helms-burton-act.html〉; Orakhelashvili/Akehurst, 9th, p. 133.

151) 본서, 제21장 (해양법), "XVII. 분쟁해결, 3. 구속력있는 결정을 수반하는 강제(의무)절차 적용의 제한과 예외" 참조.

152) Kaczorowska-Ireland, p. 279; https://spacewatch.global/2020/01/kazakh-parliament-approves-baikonur-cosmodrome-amendments-with-russia-land-return/; https://ko.wikipedia.org/wiki/바이코누르_우주_기지.

153) Akehurst, p. 156.

지역권의 부담 하에 놓이며, 요역지(dominant land) 소유주의 모든 권리승계인은 지역권의 이익을 주장할 수 있었다. 현대의 국내민법들도 이러한 지역권 개념을 인정하고 있다.

이러한 대물적 성격의 지역권이 국제법에서 존재할 수 있는가에 관해서는 의견의 다툼이 있다. 일부 견해(특히, 법실증주의자들)에 의하면, (국제법에 의하여 '모든' 국가들에게 일반적으로 부과되어 있는 의무들과는 별개의) 어떤 국가의 특별한 의무는 당해 국가의 명시적 또는 묵시적 동의로부터 발생한다는 것이다. 따라서 이들 의무는 대인적인 것이며, 그 국가의 영토에 물적으로 관련되는 것은 아니다. 다른 견해에 의하면, 국제관계의 안정을 위하여 일정한 경우에는 '대물적' 지역권의 개념을 인정할 필요가 있다고 한다.[154]

실제로 승계국(successor state)이 전임국가(피승계국, 선행국)(predecessor state)가 부담한 영토적 의무에 의하여 구속된 사례는 많다. 예컨대, *Free Zones of Upper Savoy and the District of Gex* 사건[155]에서 PCIJ는, 프랑스는 사르디니아(Sardinia)로부터 획득한 사보이 지역에서 무관세지역(customs-free zone)을 유지키로 했던 사르디니아의 스위스에 대한 과거 약속을 이행할 의무가 있다고 판결하였다. 스웨덴과 핀란드 간의 *Aaland Islands* 사건[156] 역시 비슷한 유형의 사례에 속한다. 그리고 이집트 정부는 수에즈운하의 개방과 관련하여 과거 오토만제국이 체결한 콘스탄티노플 협약의 준수를 약속한 바 있다. 1978년 "조약에 대한 국가승계에 관한 비엔나협약" 제12조는 다른 국가(들)의 이익을 위하여 수립된 영토에 관련한 조약상의 권리·의무(즉, 지역권 설정조약)는 국가승

---

154) *Ibid.*; Ott, p. 129; Brierly, pp. 190~194.

155) Switzerland v. France, PCIJ (1932), Series A/B, No. 46, at 172; Akehurst, pp. 156~157. 사건 개요는 다음과 같다. 나폴레옹 패배 후 1815년의 비엔나회의에서는 많은 영토문제를 다루어야만 했는데 이 사건도 그 중의 하나와 관련한 것이다. 1815년 3월 20일, 비엔나회의에 참석한 열강들은 "스위스가 본 문서에 담긴 조건에 동의하면 스위스의 영구중립에 대한 모든 열강들의 승인과 보장을 담은 한 개의 Act가 준비될 것임"을 천명한 한 개의 선언을 채택하였다. 프랑스는 비엔나회의에 참석하였지만 스위스는 참석하지 않았다. 그런데 위 선언에 명기된 조건들 중의 하나는, 프랑스 측의 젝스 지역은 스위스의 제네바와 단일경제단위로서 연결되어야 한다는 것이었다. 이 목적을 위해, 동 선언은 프랑스는 젝스 지역에서 스위스로 들어가는 상품에 대해서는 관세를 부과하지 않을 것이라고 천명하였다. 스위스는 이 선언에 동의하였으며, 이에 따라 열강들은 1815년 11월 20일 스위스의 영구중립을 인정하는 두 번째 선언을 채택하였다. 당시 사르디니아(Sardinia) 왕국에 속했던(그러나 나중에 프랑스에 귀속되게 된) 사보이 지역에 대해서도 비슷한 조정이 이루어졌다. 세월이 흘러 제1차 세계대전 후 프랑스는 사정의 변경을 내세워 이제 이들 자유지역을 끝장내고 싶었으며, 이에 베르사유조약 제435조는 "본 조약의 당사자들은 이들 지역은 이제 더 이상 현재의 조건에 부합되지 않는다는 데 동의하며, 프랑스와 스위스는 상호간에 이들 지역의 지위를 해결할 목적으로 함께 합의에 도달하여야 한다."고 규정하였다. 프랑스는 베르사유조약의 당사자였으나 스위스는 아니었다. 그 후 두 국가는 이 문제에 관하여 조약을 교섭하였으나, 문제의 조약은 스위스 의회의 승인은 받았으나 스위스의 국민투표에서 배척되어 실패로 돌아가고 말았다. 그러자 프랑스는 이들 무관세지역을 일방적으로 폐지하려고 하였다. 본 사건에서 PCIJ는 베르사유조약 제435조가 이들 지역을 폐지하였는지, 아니면 스위스에 대해 그것들을 폐지할 의무를 창설하였는지를 결정해 주도록 요청받았다. 재판소는 6 대 5의 다수결로, 제435조의 해석의 문제로서 그 어느 쪽도 아니라고 판시하였다. 이 두 자유지역은 지금도 존재하고 있다. Harris, 5th, pp. 822~823.

156) 이 사건에서 국제법률가 위원회는 그러나 "술어의 진정한 기술적 의미에서의 국제지역권의 존재는 일반적으로 인정되지 아니한다"고 전제하였었다. "Report of the International Committee of Jurists Entrusted by the Council of the League of Nations, with the Task of Giving an Advisory Opinion Upon the Legal Aspects of the Aaland Islands Question", *Official Journal of the League of Nations*, Special Supplement No 3 (October 1920), p. 3 at 16; Harris, 5th, p. 256; 본서, 제2장 (국제법의 연원), "Ⅲ. 조약, 3. 입법부적 조약, (1) Aaland islands 사건."

계의 영향을 받지 않으며, 다만 외국군대기지 설정조약만은 승계되지 않는다고 규정하고 있는데, 이 규정은 국제법상의 지역권도 원칙적으로 대물적 성격을 갖지만 예외적으로 대인적인 경우도 있을 수 있음을 시사하고 있다.

(3) 지역권 설정방법

지역권은 대체로 조약에 의하여 설정된다. 그러나 지역관습(local custom)으로부터도 도출될 수 있는데, *Right of Passage over Indian Territory* 사건[157]이 이것을 잘 보여주고 있다. 인도 영토 내 포르투갈 식민지들, 즉 포르투갈 엑스클라베들(exclaves) 간의 통과와 관련한 본 사건에서 ICJ는, 포르투갈은 이들 고립영토 사이를 이동함에 있어 오랜 동안 지속되고 일관성있고 획일적인 관행에 의하여 당사국들에게 법으로 수락된 지역관습에 기초하여 인도영토에 대한 일정 통과권을 가지고 있다고 판결하면서, 다만 군대·경찰·군수품의 통과에 대해서는 이를 허용하는 관습이 발견되지 않는다고 판결하였다. 이 밖에도, ICJ는 *Dispute regarding Navigational and Related Rights* (Costa Rica v. Nicaragua) 사건[158]에서, 니카라과에게 주권이 있는 산후안 강(San Juan River)의 코스타리카 강둑 거주민들이 생계 목적으로 해당 강둑에서 고기를 잡는 것은 코스타리카의 관습적 권리(customary right)라고 판시하였다.

(4) 지역권의 분류

지역권은 그 내용에 따라 적극적 지역권(positive servitude)과 소극적 지역권(negative servitude)으로 구분해 볼 수 있다. 적극적 지역권이란 요역국이 승역지에서 일정 행동을 할 권리가 있는 경우로서, -위 *Right of Passage* 사건이나 (내륙국의 해양출입권을 규정한)UN해양법협약 제125조에서 보는 것처럼- 해양으로 출입하기 위하여 타국 영토를 통과하거나, 군사기지를 건설하거나 또는 관개를 위하여 이웃 국가에서 물을 끌어오는 경우 등이 여기에 해당된다. 소극적 지역권이란 승역국이 승역지에서 일정 행동을 하지 않을 (부작위)의무를 부담하는 경우로서, *Aaland Islands* 사건에서 보는 것처럼 문제의 영토에 축성을 하지 않을 것을 약속하거나, 그 곳에 군대를 주둔시키지 않을 의무를 부담하는 경우 등이 여기에 속한다.

지역권은 요역국의 수를 기준으로, *Right of Passage* 사건에서 보는 것처럼 지역권이 어느 한 국가만을 위해 존재하는 특별지역권(special servitude), *Aaland Islands* 사건과 Kiel운하에서 보는 것처럼 지역권이 많은 국가를 위해 존재하는 일반지역권(general servitude), 그리고 Suez운하와 Panama운하에서 보는 것처럼 지역권이 세계 모든 국가를 위해 존재하는 보편지역권(universal servitude)으로 구분해 볼 수 있다.

지역권은 운하 및 담수자원과 관련하여 특히 중요성을 갖는다. 먼저 국제운하에 관하여 살펴보

157) Portugal v. India, ICJ Reports (1960), p. 6.

158) ICJ Reports (2009), p. 213 at 266 (para. 144). 본서, 제2장 (국제법의 연원), "Ⅱ. 관습, 5. 지역관습", & 제6장 (국제법의 주체), "Ⅶ. 개인, 1. 개인의 권리" 참조.

고, 이어서 국제담수자원에 관하여 언급한다.

4. 대양간 운하(interoceanic canals)

국제해양을 연결하는 세 개의 주요운하는 수에즈, 파나마 그리고 키일운하이다. 이들 운하는 모두 완전히 한 국가의 영토 내에 위치하고 있음에도 불구하고 다른 국가들을 위하여 국제적 부담을 안고 있다. 이들 세 운하에 적용되는 법체제의 유사성으로 인하여 일반원칙 내지 관습에 기초한 국제운하법(international law of canals)이 형성되었다고 주장하는 학자들도 있긴 하지만, 운하에 관한 국제법규는 보호할 특별한 이익을 가진 해양강대국들이 영토국에게 부과한 조약규정에 여전히 기초하고 있다고 보는 것이 더욱 타당한 것으로 보인다.[159)]

(1) 수에즈운하

지중해와 홍해를 연결하는 수에즈운하는 주로 프랑스인들이 자금을 댄 수에즈운하회사(Suez Canal Company)에 의해 건설되어 1869년 개통되었다. 수에즈운하는 그 후 1888년 오토만제국(터키)과 (영국, 독일, 프랑스를 위시한) 다른 9개국간에 체결된 콘스탄티노플 협약(Convention of Constantinople)에 의하여 규율되고 있다. 이집트는 콘스탄티노플 협약 하의 터키의 의무를 승계했음을 수락하고 있으며, 이러한 의사는 Nasser 대통령이 1956년 그간 수에즈운하를 관리해 온 영・불 수에즈운하 회사를 국유화한 뒤에도 이집트정부에 의하여 재확인되었다. 즉, 1957년 이집트정부는 콘스탄티노플 협약의 조건과 정신을 존중할 의사를 재확인하고, 협약과 관련하여 발생하는 이집트와 타 협약당사국 간의 모든 분쟁에서 ICJ의 관할권을 수락할 것에 동의하는 선언서를 UN사무국에 기탁한 바 있다.[160)] 동 협약 제1조는 다음과 같이 규정하고 있다.

> "수에즈 해양운하는 평시에나 전시에나 국기의 구별없이 모든 상선과 전함에게 언제나 자유롭게 개방된다. 따라서 체약국들은 평시에나 전시에나 운하의 자유로운 사용을 결코 방해하지 않을 것에 동의한다. 운하는 봉쇄권의 행사에 결코 종속되지 아니한다."

그러나 이 포괄적 규정은 항상 완전히 준수되지는 못하였다. 예컨대, 영국은 제1・2차 세계대전 때 독일 선박의 운하 통과를 방해하기 위한 조치들을 취하였고, 이스라엘은 1967년 이후 운하의 동안을 점령하고 있는 동안 운하의 개방을 거부하였으며, 이집트는 1948~1979년의 기간 동안 이스라엘 선박들이 운하에 들어오지 못하게 하였다. 그러나 1979년 이집트-이스라엘 평화조약 제5조 1항에서 이집트는 이스라엘 선박 및 이스라엘로 향하거나 이스라엘에서 오는 화물도 콘스탄티노플 협약에 따라 타 국가들과 똑같이 운하 통과의 자유를 향유한다는 것을 확인하였다.[161)]

---

159) Ott, p. 133.
160) (1957) 51 AJIL 673 ; Aust, 2nd, p. 340 ; Orakhelashvili/Akehurst, p. 152.

(2) 파나마운하

위와 동일한 규칙이 미국이 영국과 파나마와 1901년 및 1903년에 각기 체결한 조약들에 의하여 -태평양과 대서양을 열결하는- 파나마운하에도 적용되었다. 먼저, 1901년의 Hay- Pauncefote조약에서 미국은 운하가 모든 국가의 선박의 자유항행을 위해 개방될 것을 영국에게 약속하였고, 그 대가로 영국은 이 운하의 경영 및 안전확보권을 미국에 인정하였다. 이어서 파나마가 콜롬비아로부터 독립을 선포한 직후 체결된 1903년의 Hay-Banau-Varilla 조약에서 미국은 파나마로부터 미국이 마치 주권자인 것처럼 무기한으로 운하를 사용·점령 및 통제할 권리를 얻어냄으로써, 파나마는 단지 운하에 대하여 껍데기 잔여주권(residual sovereignty)만을 갖게 되었다.[162] 미국의 운하건설은 1914년에 완성되었다.

파나마와 미국간에 체결된 1977년의 파나마운하조약(Panama Canal Treaty)에 의하여 1903년의 조약은 종료되고, 파나마운하지대(Panama Canal Zone)에 대한 주권은 미국으로부터 파나마로 이전되었다. 다만, '1999년 12월 31일 파나마 시각으로 정오에 파나마운하조약이 종료'할 때까지는 "파나마운하의 선박통과를 규율하고, 운하를 관리·운영·보존·개량·보호 및 방어하는데 필요한 권리"(the rights necessary to regulate the transit of ships through the Panama Canal, and to manage, operate, maintain, improve, protect and defend the Canal)를 파나마의 점진적 관여와 함께 미국이 갖기로 하였고, 그 결과 1999년 12월 31일 정오(파나마 시각)부터 파나마가 운하의 운영과 방어를 위한 완전한 책임을 부담하게 되었다.[163]

양국 간에 별개로 체결된 "파나마운하의 영구중립과 운용에 관한 조약"(Treaty concerning the Permanent Neutrality and Operation of the Panama Canal) 제1조는 "파나마공화국은 이 운하가 국제적 통과수로로서 이 조약에서 수립된 체제에 따라 항구적으로 중립(permanently neutral)임을 선언한다."라고 규정하고 있다. 이어서 제2조에서는 "파나마공화국은 운하가 평시에나 전시에나 완전한 평등의 조건 위에서 모든 국가의 선박의 평화로운 통과를 위해 안전하고 개방된 채 남도록 하기 위해 운하의 중립을 선언한다."라고 규정하고 있다.

(3) 키일운하

해상통로를 확보하기 위해 강대국이 약소국을 위협하여 운하를 만든 위 두 경우와는 대조적으로, 키일(Kiel)운하는 1895년 유럽의 강국인 독일이 오로지 발트해와 북해간의 독일선박의 항행을 위하여 완공한 것이었다. 따라서 수년 동안 그것이 국제법에 의하여 규율되는가의 문제가 발생할 여지는 없었다. 그러나 독일이 제1차 세계대전에서 패전하여 1919년의 베르사유조약(Treaty of Versailles)을 수락하지 않을 수 없게 됨으로써, 키일운하의 운명도 변화를 맞게 되었다. 이 조약 제380조에서 "키일운하는 완전한 평등의 조건 위에서 독일과 평화관계에 있는(at peace with

---

161) https://en.wikipedia.org/wiki/Egypt-Israel_peace_treaty ; Aust, *Handbook of IL*, 2nd, p. 336.
162) Ott, p. 133.
163) 파나마운하조약 제1조~제2조 ; von Glahn, pp. 395~396 ; Harris, 5th, p. 263.

Germany) 모든 국가의 상선과 전함에게 자유롭게 개방된다."라고 규정하였기 때문이다. 이 규정은 독일과 "평화관계에 있지" 아니한 국가의 선박에 대해서는 운하의 봉쇄를 허용하고 있다는 점에서, 파나마 및 수에즈운하의 경우만큼 독일주권에 대한 침해가 크지는 않다. 1936년 독일 히틀러정부는 제380조를 포함하여 베르사유조약의 모든 규정을 일방적으로 폐기함으로써 타국가들의 강력한 항의를 야기하였다.[164] 그러나 제2차 세계대전 이후부터 키일운하에서의 항행의 자유는 또 다시 존중되고 있다.[165]

5. 국제담수자원(international freshwater resources)

물은 생명의 근원으로, 모든 생명은 물에 의존하고 있다. 그리고 지구는 그 표면의 70퍼센트 이상이 물로 둘러싸여 있기 때문에, 우주에서 본다면 지구는 확실히 "물의 행성"(water planet)이다.[166] 그러나 지구 물의 97퍼센트는 소금물(salt water), 곧 바다의 짠물이며, 나머지 3퍼센트의 담수(淡水, 민물)조차도 그 대부분은 (극지의) 만년설(icecap), 빙하(glacier) 그리고 지하 깊은 곳의 대수층(함수층, 함수대)(aquifer)에 갇혀 있다.[167] 그런데 우리 인간이 먹고, 씻고, 작물을 재배하고, 가축을 키우는데 필요한 물은 소금물이 아니라 담수라는 의미에서 담수는 인간의 생존에 반드시 필요한 것이다.[168] 그러나 전세계의 담수는 여러 가지 요인으로 감소하거나 오염되고 있으며, 이에 따라 특히 국경을 관통하는 담수자원을 합리적으로 이용하고 보존하는 일이 새로운 과제로 부상하고

164) 베르사유조약 제380조의 해석과 관련한 판례로는 *The S.S. Wimbledon* case, France, Italy, Japan and the UK v. Germany, PCIJ (1923), Series A, No. 1이 있는데, 사건 개요는 이러하다. 1921년, 폴란드는 프랑스의 지원을 받아 소비에트 러시아를 상대로 전쟁을 벌이고 있었다. 이때 한 프랑스 회사가 영국선박 Wimbledon호를 용선하여 폴란드 정부를 위한 군수물자를 싣고 (폴란드의) 단치히를 향하고 있었는데, 단치히로 가기 위해 키일운하를 통과하려 하였다. 그러나 이 전쟁에서 이미 중립을 선언하였던 독일 정부는 베르사유평화조약 제380조의 규정에도 불구하고 중립국으로서의 의무가 우선함을 내세워 동 선박의 통과를 허락하지 않았다. 이에 "영국, 프랑스, 이탈리아, 일본" 등 4개국은 독일이 Wimbledon호의 키일운하 통과를 거부한 것은 위법하며 동 선박이 입은 손해를 배상해야 한다며 PCIJ에 제소하였다. 이들 4개국에 의한 제소는, 베르사유조약 제380조~제386조의 위반에 대해서는 "이해관계 있는 어떤 국가든지" PCIJ에 제소할 수 있다고 규정한 동 조약 제386조("In the event of violation of any of the conditions of Articles 380 to 386, or of disputes as to the interpretation of these Articles, any interested Power can appeal to the jurisdiction instituted for the purpose by the League of Nations. ...")에 근거한 것이었다. PCIJ는 이들 4개국의 원고적격을 인정하면서 다음과 같이 언급하였다 : "each of the four Applicant Powers has a clear interest in the execution of the provisions relating to the Kiel Canal, since they all possessed fleets and merchant vessels flying their flags."(PCIJ 1923, Series A, No. 1, p. 20) 그리고 실체적 쟁점에 대해서는, 키일운하는 "전세계의 사용을 위해 항구적으로 바쳐진"(permanently dedicated to the use of the whole world) 것이기 때문에 키일운하에서의 항행의 자유는 영토주권자가 제시하는 그 어떤 고려사항에도 우선해야 한다고 결론지었다(*ibid.*, p. 28). Harris, pp. 239~240 ; Ott, pp. 52, 134 ; Ragazzi, pp. 24 ~27 ; Tams, pp. 76~79 참조.

165) https://en.wikipedia.org/wiki/Kiel_canal.

166) Nanda/Pring, p. 183.

167) *Ibid.*

168) ILC Report, Sixtieth session (5 May-6 June and 7 July-8 August 2008), "Chapter Ⅳ. Shared Natural Resources : Draft articles on the law of transboundary aquifers", Commentary to Preamble, para. (2).

있다.[169] 여기에서는 이미 ILC에서 초안이 나온 바 있고 그 중 한 개는 이미 조약으로 만들어진, 국제담수자원에 관련된 두 가지 문제(즉, '국제하천'과 '국제지하수'의 이용과 보존)에 대해 언급한다. 참고로, ILC에 앞서 민간차원에서 이들 두 주제에 대해 이미 의견이 제시된 바 있다는 점도 언급해 두는 것이 좋겠다.[170] 예컨대, 세계국제법학술원(Instut de Droit International)[171]의 경우 1911년 "항행 이외의 목적을 위한 국제수로의 사용에 관한 국제적 규율에 관한 마드리드 선언"(Madrid Declaration on the International Regulation regarding the Use of International Watercourses for Purposes other than Navigation)과 1961년 "항행 이외의 목적을 위한, 해수가 아닌 물의 이용에 관한 결의"(Resolution concerning the Utilization of Non-Maritime Waters for Purposes Other than Navigation)를 채택한 바 있다. 그리고 ILA(세계국제법협회)는 1966년 "국제하천수의 사용에 관한 헬싱키 규칙"(Helsinki Rules on the Uses of the Waters of International Rivers),[172] 1986년 "국제지하수에 관한 서울 규칙" (Seoul Rules on International Groundwaters),[173] 그리고 2004년 "수자원에 관한 베를린 규칙"(Berlin Rules on Water Resources)[174]을 채택한 바 있다.

(1) 국제하천(international river)

국제하천은 접속하천(contiguous river)[175]과 관통하천(successive river)으로 구분된다. 한 하안국(riparian state)의 일방적 행위가 타 하안국의 하천 사용에 영향을 미치는 경우, 국제법은 관습 또는 조약을 통하여 그 국가의 일방적 행동의 범위에 종종 제한을 가한다. 국제하천의 사용은 항행적 사용과 비항행적 사용으로 구분해서 생각할 수 있다.

국제하천의 '항행적' 사용(navigational uses), 즉 선박의 항행과 관련한 규칙은 주로 관련국간의 조약을 통하여 발전되어 오고 있다. 예컨대, 1921년 체결된 "국제하천의 가항수로 체제에 관한 바르셀로나협약과 규정"(Barcelona Convention and Statute on the Regime of Navigable Waterways of International Rivers)은 평등에 기초하여 서로의 국제수로에서 체약국상선의 항행의 자유를 규정하고 있다. 그러나 하안국은 자국 하천 내 항구 사이의 운송(즉, 연안운송)은 자국 선박에게만 유보할 수 있으며, 또한 공선·경찰선·행정선박에게는 항행의 자유를 보장하지 않고 있다.

국제하천의 '비항행적' 사용(non-navigational uses)이란 동력·홍수방지·관개·폐기물처리 등등 선박 항행 이외의 목적으로 하천을 사용하는 것을 말한다. 이른바 하몬 독트린(Harmon doctrine)에 의하면, 국가는 자국 영토 내의 하천에 대하여 절대적 주권을 가지며, 따라서 인접국이나 하류국

169) 이 문제에 대한 다소 자세한 논의를 위해서는, Nanda/Pring, pp. 183~219 참조.
170) https://www.internationalwaterlaw.org/internatinal.html.
171) https://www.idi-iil.org/.
172) https://www.internationalwaterlaw.org/intldocs/helsinki_rules.html ; https://en.wikipedia.org/wiki/Helsinki_Rules.
173) https://www.internationalwaterlaw.org/intldocs/seoul_rules.html.
174) https://en.wikipedia.org/wiki/Berlin_Rules_on_Water_Resources.
175) 즉, 국경하천(boundary river).

의 물공급이나 사용에 끼치는 영향을 생각함이 없이 수질을 변경시키거나 필요한 만큼 취수하는 등 물을 가지고 자신이 원하는 대로 할 자유가 있다는 것이다. 1895년 미국과 멕시코간의 국경을 이루고 있는 리오그란데강의 취수와 관련하여 미국의 당시 법무장관 Judson Harmon[176]에 의하여 제시된 이 이론은 그러나 오늘날 형평한 배분의 원칙으로 대체되었다. 따라서 상류하안국은 하류하안국의 이익을 고려하지 않고 국제하천의 물줄기를 전환시키거나 중대하게 오염시킬 권리가 없으며, 각 하안국의 하천 물사용은 하안국들간에 '형평한 이용'(equitable utilization)에 따라 이루어져야 한다.[177] 그러나 이 원칙은 *Lac Lanoux* 중재재판[178]에서 보는 것처럼 상류국이 물을 사용하기 위해서는 하류국의 사전동의를 구해야 함을 의미하는 것은 아니다.

UN총회는 1970년 국제법위원회(ILC)에 대해 "국제수로의 비항행적 사용에 관한 법"의 점진적 발전과 법전화를 위해 이 분야의 연구를 개시하도록 권고하였으며,[179] 이같은 노력의 결과 1997년 5월 21일 "국제수로의 비항행적 사용에 관한 법을 위한 협약"(Convention on the Law of the Non-Navigational Uses of International Watercourses)을 채택하였다.[180] 협약은 2000년 5월 20일까지 서명을 위하여 개방되었고,[181] 35번째 비준·수락·승인 또는 가입 문서가 UN사무총

176) "The fact that the Rio Grande lacks sufficient water to permit its use by the inhabitants of both countries does not entitle Mexico to impose restrictions on the United States which would hamper the development of the latter's territory or deprive its inhabitants of an advantage with which nature had endowed it and which is entirely within its territory. To admit such a principle would be completely contrary to the principle that the United States exercises full sovereignty over its national territory." Birnie/Boyle, p. 218, fn. 25.

177) *Ibid.*, pp. 218~224.

178) Spain v. France, (1957) 24 ILR 101 ; Birnie/Boyle, p. 220 ; Cassese, *International Law*, 2nd, p. 485 ; Brownlie, 6th, p. 260 ; Nanda/Pring, p. 190. 이 사건은 스페인과 프랑스 사이 피레네 산맥에 위치한 Lanoux 호수의 물 사용과 관련한 것이다. 중재판정의 주제는 두 국가 간 조약의 해석에 관한 것이지만, 중재재판소는 관습법에 기초한 스페인측 주장에 대해 언급하고 있고 바로 이 부분이 자주 인용되고 있다. 사건 개요는 이러하다. 이 호수에서 나오는 물은 프랑스를 경유하여 스페인으로 흘러드는데, 상류의 프랑스는 이 호수에서 나오는 물을 이용하는 프로젝트를 추진하였다. 프랑스의 계획에 따르면 그로 인해 하천의 자연적인 흐름이 변경되기는 하겠지만, 스페인으로 유입되기 전에 강물의 양과 질이 종전과 다르지 않도록 고안되어 있었다. 그러므로 스페인은 물의 양이나 질에 있어 실제로 피해를 입을 것은 없었다. 때문에 스페인은 절차적 침해(procedural injury)를 들고 나왔는데, 관습법에 의하면 한 하안국이 국경을 관통하는 물의 진로를 실질적으로 바꾸기 위해서는 다른 하안국들의 사전합의(prior agreement)를 요구한다고 주장한 것이다. 중재재판소는 이 주장을 배척하면서, 관습법상 상류국은 공유하천의 개발계획과 관련하여 이를 하류국에 통고할(notify) 것이 요구되기는 하지만, "국가는 이해관계국과의 사전합의가 있어야만 국제수역의 수력을 이용할 수 있다는 규칙은 관습법으로 볼 수 없고 법의 일반원칙은 더더욱 아니다"(the rule according to which States may utilize the hydraulic force of international waters only on condition of a prior agreement between the interested States cannot be established as a custom, or even less as a general principle of law)라고 하였다. 다만, 재판소는 이같은 결론을 다소간 완화하기 위해 "상류국이 하류국의 이익을 합리적으로 고려한다면" (provided it takes into consideration in a reasonable manner the interests of the downstream State)이란 조건을 첨가하였다.

179) Brownlie, 5th, p. 270.

180) 찬성 103, 반대 3, 기권 27. 협약의 원문과 그 기초가 된 ILC초안은, Watts, Vol. Ⅱ, p. 1331 ff. ; (1997) 36 ILM 700~720 참조. 이 협약에 대한 몇몇 국가들의 부정적 반응에 관해서는 《국제법평론》, 1998-Ⅰ/Ⅱ(통권 제10호), p. 227 참조. 이 주제에 대한 개관을 위해서는, 소병천, "국제하천의 비항행적 사용에 관한 국제법적 소고", 《國際法學會論叢》, 제54권 제3호 (2009년 12월), pp. 217~243 참조.

181) 동 협약 제34조 ; (1997) 36 ILM 700.

장에게 기탁된 날로부터 90일째 되던 2014년 8월 17일 발효하였다.[182] 협약은 이 분야에 관한 법의 일반원칙[183]으로서, '형평하고 합리적인 이용과 참여', '형평하고 합리적인 이용에 관련된 모든 요소', '중대한 손해를 야기하지 않을 의무', '일반적 협력의무', '자료와 정보의 규칙적인 교환', '서로 다른 종류의 사용간의 관계'에 관하여 규정하고 있다. ICJ는 이미 *Gabčíkovo-Nagymaros Project* 사건[184]에서 동 협약에 지지를 보낸 바 있다.

(2) 월경지하수(transboundary groundwaters)

상기 1997년 국제수로협약에서 '수로'(watercourse)라 함은 "그들의 물리적 관계에 의하여 한 개의 단일한 전체를 구성하며, 보통은 공동의 목적지로 흘러가는 지표수와 지하수 체제(a system of surface waters and groundwaters constituting by virtue of their physical relationship a unitary whole and normally flowing into a common terminus)"를 의미하는 것으로 정의되고 있고,[185] 따라서 국제수로협약은 이 정의의 범위 내에서 지하수와 전혀 관련이 없는 것은 아니다. 그러나 즉시 이용가능한 담수의 97퍼센트는 지하 대수층에 저장되어 있는데, 이것이 지질학적으로 국경을 관통하여 연결되어 있는 경우 관련국가들이 이것을 이용, 보존하기 위한 기준을 마련하는 일은 별개의 일이 되었다. 이에 따라 ILC는 2008년 -전문과 19개 조문으로 구성된- "월경대수층법에 관한 규정초안"(Draft articles on the law of transboundary aquifers)[186]을 채택하고, 이를 코멘터리와 함께 UN총회에 제출하였다.[187] 이어서 동년 12월 11일, UN총회는 "ILC가 제출한 월경대수층법에 관한 규정초안에 주목하고" "관련 국가들이 초안규정들을 고려하여 월경대수층의 적절한 운영을 위하여 양자간 혹은 지역적 약정을 체결할 것을 장려하는" 결의 63/124[188]를 채택하였는데, 여기에 ILC규정초안이 첨부되어 있다.

XVI. 인류의 공동유산

인류의 공동유산은 국제공동체(혹은 태양계 내 천체)의 천연자원의 합리적 배분을 위해 제시된 비교적 새로운 개념이다. 그리고 이 개념은 현재까지는 일부 조약(즉, UN해양법협약과 달조약)에서 비생물

182) 동 협약 제36조 ; https://en.wikipedia.org/wiki/United_Nations_Convention_on_the_Law_of_Non-Navigational_Uses_of_International_Watercourses.

183) 동 협약 제2부, 제5조~제10조 ; Aust, *Handbook of IL*, 2nd, p. 338.

184) Hungary/Slovakia, Judgment of 25 September 1997, ICJ Reports (1997), p. 7 at 56 (para. 85).

185) UN국제수로협약 제2조 (a).

186) ILC Report, Sixtieth session (5 May-6 June and 7 July-8 August 2008), "Chapter Ⅳ. Shared Natural Resources."

187) 월경대수층 초안이 협약으로 성문화될 경우 이것과 국제수로협약이 부분적으로 중복되는 측면이 있을 것인지, 그리고 전자가 후자에 우선하는지에 대해서는 의견의 일치를 보지 못하였다 : *ibid.*, paras. 42~44.

188) https://undocs.org/en/A/RES/63/124. 이후에도 총회는 -결의 66/104(2011), 68/118(2013), 71/150(2016) 등- 같은 취지를 담은 결의를 수차 채택한 바 있다. https://www.unescwa.org/sites/www.unescwa.org/files/events/files/1_4_stephan_draft_articles_transboundary_aquifers_escwa.pdf.

자원(non-living resources)과 관련해서만 사용되고 있다.[189]

1970년 UN총회에서 채택된 심해저원칙선언(Declaration of Principles Governing the Seabed and Ocean Floor)은 공해의 해저지대와 그 천연자원이 '인류의 공동유산'(common heritage of mankind)임을 천명하였으며, 1974년 12월 12일 역시 UN총회에서 채택된 "국가의 경제적 권리·의무헌장"(Charter of Economic Rights and Duties of States) 제29조도 "국가관할권의 범위를 넘는 심해저 및 그 하층토와 자원은 인류의 공동유산이다."라고 규정하였다. 1982년의 UN해양법협약은 이 원칙을 조약화하여, 심해저와 심해저의 천연자원은 인류의 공동유산이며, 따라서 이들에 대해서는 어떠한 주권 혹은 주권적 주장도 인정되지 않으며, 심해저의 개발을 위해 국제기구를 설립한다고 규정하고 있다.[190] 1979년의 달조약 제11조는 1967년의 우주조약 제1조와 제2조를 보충하여 "달과 달의 천연자원은 인류의 공동유산이기 때문에 국가영유의 대상이 되지 않으며, 그 개발을 위해 국제체제를 수립한다."고 규정하고 있다. 1980년대 초반부터 남극에 대해서도 인류의 공동유산 개념을 적용하려는 시도가 말레이시아 정부의 주도로 일부 국가들에 의해 제기되고 있으나, 남극은 (인류의 공동유산 관념에 내포되어 있는) 천연자원의 개발보다는 환경보호가 우선해야 한다는 여론을 이기지 못하고 있다.[191]

공공물(*res communis omnium*)과 인류의 공동유산(common heritage of mankind)은 둘 다 국가영유의 대상이 되지 아니한다는 점에서 동일하고, 또 양자는 이 점에 있어 무주지(*terra nullius*)와 다르다. 그러나 공공물 체제는 개개 국가의 이기심에 기초한 접근·탐사·개발의 자유를 허용하는데 반해, 인류의 공동유산 체제는 국제공동체의 상호의존과 결속을 기초로 하여 탐사와 개발을 엄격히 규율하고, 그 운영을 위한 기구를 수립하며, 그러한 활동의 이익을 배분함에 있어 형평(equity)의 기준을 사용한다.[192]

XVII. 극지(polar regions)

1. 남극대륙(Antarctica, the Antarctic Continent)

남극은 얼음에 덮힌 거대한 대륙[193]으로 구성되어 있어 인접국가들의 영토적 욕망을 자극하기에 충분하다. 특히, 아르헨티나, 칠레, 오스트레일리아, 뉴질랜드, 영국, 프랑스, 노르웨이 등 7개국은 남극대륙에 대해 －근접성이론(contiguity theory)의 수정판이라고 할 수 있는－ 이른바 선형(扇形)(부채꼴)

189) Birnie/Boyle, p. 120.
190) UN해양법협약 제XI부, 특히 제136조 및 제137조 참조.
191) Nanda/Pring, p. 167.
192) Cassese, p. 377.
193) 면적은 약 14,000,000km^2. https://en.wikipedia.org/wiki/Antarctica ; Hall, p. 345.

이론(sector theory)에 의거하여 정식으로 영토주권을 주장하고 있다. 선형이론이란 극지방에 인접한 국가의 동서 양 끝을 극점과 연결하여 생기는 삼각형 속에 들게 되는 모든 육지는 타국이 이미 확립된 권원을 갖고 있지 않는 한 당해 국가의 영토가 되어야 한다는 주장을 말한다.[194] 공식적으로 영유권이 주장되지 아니한 유일의 주요 섹터는 Marie Byrd Land이다. 미국 해군제독 Byrd가 이것을 발견하여 미국을 대신해서 영유권을 주장하였지만, 미국 정부는 이를 수락하지 않았다.[195]

1959년 12월 1일 워싱턴에서 남극조약(Antarctic Treaty)이 체결되어 1961년 6월 23일 발효하였다.[196] 남극조약은 "남위 60도 이남의 지역(모든 빙붕을 포함)"(area south of 60° South Latitude, including all ice shelves)[197]에 적용된다 ; 다만, 이 조약의 어떠한 규정도 이 지역 내의 공해에 대한 국가의 권리나 그 행사에 해를 주거나 영향을 미치지 아니한다.[198]

남극조약은 모든 국가를 위한 것이 될 수 있는 내용(특히, 비군사화 규정)을 담고 있기 때문에 이른바 "객관적 체제를 창설하는" 조약의 범주에 든다는 견해가 있다.[199] 그러나 남극조약은 제4조에 의하면 특히, 체약국이 종전에 내세운 바 있는 남극지역에서의 영토주권의 권리 또는 영토주권에 대한 요구(previously asserted rights of or claims to territorial sovereignty in Antarctica)를 포기하는 것으로 해석되어서는 안 되며,[200] 남극지역에서의 체약국 혹은 그 국민의 활동의 결과로서 혹은 다른 방법으로 가지고 있을 수 있는 남극지역에서의 영토주권에 대한 요구의 기초(any *basis* of claim to territorial sovereignty in Antarctica) 까지도 이를 포기 혹은 감소시키는 것으로 해석되어서는 안 된다.[201] 다만, 남극조약 발효 중에 발생하는 그 어떤 행위나 활동도 남극지역에서의 영토주권에 대한 요구를 주장, 지지 혹은 부인하기 위한 기초를 구성하지 못하며, 남극지역에서의 주권의 권리를 창설하지도 못한다 ; 그리고 남극조약 발효 중에는 남극지역에서의 영토주권에 대한 새로운 요구 혹은 기존 요구의 확대를 주장할 수 없다.[202] 요컨대, 남극조약 당사국들은 제4조를 통해 "이 지역에 대한 그들의 서로 다른 입장을 보전하면서", 다만 조약 유효기간 중 "그들 상호간 주권 분쟁을 사실상 동결한" 것이다.[203]

남극은 '평화적 목적'을 위해서만 이용되어야 하며, 군사기지의 설치, 군사연습 및 무기실험은 금지된다.[204] 또한 남극에서는 모든 핵폭발 및 방사능폐기물의 처분이 금지된다.[205] 남극에서 과학조

194) Harris, p. 213 ; Wallace, p. 88 ; Ott, p. 125.
195) Currie, p. 281.
196) 원회원국은 영토주권을 주장하는 상기 7개국과 미국, 소련, 벨기에, 남아프리카, 일본 등 12개국인데, 조약전문에 이들 나라가 명시되어 있다. 한국은 1986년 11월 28일 발효.
197) 빙붕이라 함은 (육지를 덮고 있는) 빙하(glacier)가 바다로 흘러 들어 형성되는 약 100 내지 1000 미터 두께의 평평한 얼음 덩어리로서, 남극과 그린랜드, 캐나다에서만 발견된다. https://en.wikipedia.org/wiki/ice_shelf ; https://ko.wikipedia.org.
198) 남극조약 제6조.
199) 본서, 제2장 (국제법의 연원), "Ⅲ. 조약" 참조.
200) 남극조약 제4조 1항(a).
201) 남극조약 제4조 1항(b).
202) 남극조약 제4조 2항.
203) Aust, *Handbook of IL*, 2nd, pp. 329, 396. Currie, p. 282는 제4조의 규정이 남극대륙의 무주지로서의 성격을 보존하고 있는 것으로 보고 있기도 하다.

사의 자유와 이를 위한 협력은 조약규정에 따를 것을 조건으로 계속된다.[206]

남극조약 당사국 중에서 협의당사국(Antarctic Treaty Consultative Parties : ATCPs)은 자국민 중에서 사찰을 행할 감시원(observers)을 지명하는 권리를 가진다. 이렇게 지명된 감시원은 남극의 모든 지역에 출입하는 완전한 자유를 가지며, 남극의 모든 지역(이들 지역 내의 모든 기지 · 시설 · 장비, 그리고 남극대륙에 화물이나 인원을 싣고 내리는 지점에 있는 선박 · 항공기를 포함)은 언제나 감시원의 사찰을 위해 개방된다. 그리고 협의당사국은 남극 모든 지역의 공중감시를 언제나 행할 수 있다.[207]

감시원과 과학요원 그리고 기타 직원은 남극지역에서 행한 임무수행과 관련된 행위에 대해 소속국의 재판권에만 복종한다.[208]

남극조약 협의당사국이라 함은 남극조약 당사국 중에서 12개 원회원국과 그 밖에 가입국 중에서 "과학기지의 설치 또는 과학탐험대의 파견과 같은 남극에서의 실질적인 과학연구활동을 통해 남극에 대해 관심을 표시하고 있는" 국가를 지칭한다.[209] 남극에 관련한 중요한 결정은 이들 국가로 구성되는 남극조약 협의회의에서 결정하고 있다.[210]

남극조약은 공식적인 존속기한을 담고 있지 않다. 그 대신, 남극조약 협의당사국의 만장일치 합의로 언제든지 수정 또는 개정될 수 있으며, 30년간 발효 후에는 언제든지 '재검토'될 수 있다.[211] 남극조약 채택 50주년이 되는 2009년 4월 제32차 남극조약 협의당사국회의에서 협의당사국들은 공식선언을 통해 "모든 인류의 이익을 위하여 지난 50년간 남극조약과 남극조약체제에서 수립된 그들의 협력을 계속하고, 확대하기로 결정"한 바 있다.[212]

남극 생물자원의 보호와 관련하여, 1972년 6월 1일 남극물개 보존협약(Convention for the Conservation of Antarctic Seals)[213]이 체결되었고, 1980년 5월 20일 "남극 해양생물자원 보존협약"(Convention on the Conservation of Antarctic Marine Living Resources)[214]이 체결되었다.

남극 광물자원의 개발을 허용하고 또 규제하기 위해 1988년 6월 2일 뉴질랜드 웰링턴에서 "남극광물자원활동의 규제에 관한 협약"(Convention on the Regulation of Antarctic Mineral Resource

---

204) 남극조약 제1조.
205) 남극조약 제5조.
206) 남극조약 제2조.
207) 남극조약 제7조.
208) 남극조약 제8조 1항.
209) 한국은 1989년 10월 9일 25번째 남극조약 협의당사국에 선출되었다. https://en.wikipedia.org/wiki/Antarctic_Treaty.
210) 남극조약 제9조.
211) 남극조약 제12조 제1항~제2항.
212) "Antarctic Treaty Consultative Meeting XXXII Washington Ministerial Declaration on the Fiftieth Anniversary of the Antarctic Treaty", Adopted at Washington, April 6, 2009, 〈https://www.ats.aq/documents/ATCM32/fr/ATCM32_fr002_e.pdf〉 ; Dixon p. 177.
213) 1978년 3월 11일 발효.
214) 1982년 4월 7일 발효, 1985년 4월 28일 한국 발효. 본서, 제5장 (국제법과 국내법의 관계), "Ⅲ. 국내법의 국제법에 대한 태도, 4. 국제기구 결의의 국내적 도입" 참조.

Activities)이 채택된 바 있다.[215] 이 협약은 남극에 대해 영유권을 주장하는 7개국을 포함하여 16개국이 비준해야 발효하는데, 환경 보호의 관점에서 격렬한 비난에 직면하였다. 1989년 5월 오스트레일리아 외무장관은 남극 자원개발을 승인하기 위해 엄격한 절차를 설정하고 있고 또 환경지침을 수립하고 있는 이 협약이 남극을 보호하는 유일한 방법일지도 모른다고 항변하였으나, 이 협약에 대해 거부권을 가지고 있는 프랑스는 비준거부 의사를 천명하면서 환경보존책을 더욱 강화할 새로운 교섭을 요구하였다.[216] 그 결과 이 협약을 대신하여 "남극조약 환경보호 의정서" (Protocol on Environmental Protection to the Antarctic Treaty)[217]가 1991년 10월 4일 마드리드에서 채택되었는데, 남극조약 지역에서 (과학적 연구를 제외하고는) 광물자원과 관련된 일체의 활동을 전면 금지하고 남극 환경 보호를 위해 상호협력하는 것을 주요내용으로 하고 있다.[218] 이 협약은 발효를 위하여 당시 26개 모든 협의당사국(ATCPs)의 비준을 필요로 하였는데, 1998년 1월 14일 발효하였다.[219] "남극조약 환경보호 의정서"는 남극조약(제12조 1항)의 수정 혹은 개정 절차에 따라 '언제든지' 수정 혹은 개정될 수 있으며,[220] 의정서 발효 후 50년이 지나 재검토회의(review conference)를 통해서도 수정 혹은 개정될 수 있다[221] ; 다만, 특별히 의정서 제7조에 규정된 남극광물자원활동의 금지는 "남극광물자원활동에 관한 구속력있는 법적 체제(a binding legal regime on Antarctic mineral resource activities)가 발효하지 않는 한" 계속된다.[222]

남극조약과 상기 관련 조약들을 합쳐서 남극조약체제(Antartic Treaty System)로 부르고 있다.[223]

2. 북극지방(the Arctic)

북극은 대체로 육지보다는 얼음으로 구성되어 있다. 그린랜드는 덴마크령이며, Svalbard(또는 Spitsbergen)군도[224]는 노르웨이령이다. 소련(현 러시아)과 캐나다는 명시적으로 혹은 묵시적으로 선형이론에 근거하여 북극지방에 산재하고 있는 섬들에 대해 주권을 주장하여 오고 있으나, 역시 선

215) https://en.wikipedia.org/wiki/Convention_on_the_Regulation_of_Antarctic_Mineral_Resource_Activities.

216) The Korea Herald, May 10, 1989, Wednesday, p. 4.

217) 때로 "Protocol to the Antarctic Treaty on Environmental Protection"으로 표기하기도 하지만 이 제목은 다소 어색하다. 왜냐하면 환경보호를 다루는 것은 의정서이지 남극조약이 아니기 때문이다. Aust, *Handbook of IL*, 2nd, p. 305, fn. 8. 약칭 Antartic-Environmental Protocol.

218) 동 의정서 제6조, 제7조 참조.

219) (1991) 30 ILM 1455 ; Harris, 5th, p. 234 ; Birnie/Boyle, pp. 161~162, 165, 173 ; Birnie/Boyle, *Basic Documents on International Law and the Environment*, pp. 468~469. 한국은 1996년 1월 2일 미국정부에 비준서를 기탁한 바 있으며, 그 결과 동 의정서는 한국에 대해서도 1998년 1월 14일자로 발효. 관보 제13875호 (1998. 4. 8.).

220) 동 의정서 제25조 1항.

221) 동 의정서 제25조 2항~4항.

222) 동 의정서 제25조 5항 ; Dixon, p. 177.

223) https://en.wikipedia.org/wiki/Antarctic_Treaty_System ; https://www.scar.org/policy/antarctic-treaty-system/.

224) Aust, *Handbook of International Law*, p. 362 ; https://en.wikipedia.org/wiki/Svalbard.

형이론을 주장할 수도 있는 미국, 노르웨이, 덴마크, 핀란드 등의 다른 북극지방 국가들은 이 이론을 원용하지 않고 있다.[225)]

북극의 얼음(ice)에 대해서도 영토주권을 주장할 수 있는가에 관해서는 의견의 다툼이 없지 않지만, 얼음은 계절에 따라 얼었다 녹았다 하며, 게다가 얼음 밑은 공해이지 육지가 아니며 따라서 국가영유의 대상이 될 수 없다고 보는 것이 타당하다.[226)] 캐나다와 소련(현 러시아) 정부도 지금까지 공식적으로 얼음에 대해 주권을 주장한 일은 없다.[227)] 게다가 현재의 고민은 북극지역에서 새로이 어는 얼음보다 녹는 얼음이 더 많다는 것인데, 이 지역의 얼음이 전체적으로 줄어들고 있다면 그 이유는 무엇인지, 그리고 이 해빙이 지구 온난화에 기여할지 아니면 냉각화에 기여할지에 대해 논쟁이 계속되고 있다.[228)]

북극지역 영토에 대해 주권을 가지고 있는 자칭 "북극국가"(Arctic States) 8개국[229)]은 1996년의 일명 '오타와 선언'[230)]을 통해 북극이사회(Arctic Council)란 것을 설립하였는데, 이것이 추구하는 일차적인 목표는 북극의 '환경보호'와 '지속가능한 개발'에 있다.[231)] 그러나 북극이사회는 북극국가들 간의 협력을 위한 단지 "한 거의 높은 차원의 포럼으로 설립된" (established as *a high level forum*)[232)] 것이며, 따라서 ―그 자체 회원국들과는 별개의 법인격을 가진― 국제기구로 의도된 것은 아니다. 북극이사회의 또 하나의 특징은 토착민(원주민)공동체가 국가들과 함께 동 포럼의 업무에 참여하고 있다는 점이다. 즉, 북극지역의 원주민을 대표하는 일부 민간단체(비정부기구 : NGO)는 "영구참여자" (Permanent Participants)의 자격으로 북극이사회의 모든 업무에 참여한다.[233)] 비정부기구가 국가들로 구성되는 기구의 업무에 이런 정도로 통합되어 있다는 것은 보기 드문 일로서, 북극지역의 원주민들이 이 지역의 문제들에 대해 담당하고 있는 중대한 역할을 반영한 것이다.[234)] 다만, 북극이사회의 의사결정은 회원국들의 컨센서스에 의하여 이루어지며, 영구참여자들은 투표권이 없다.[235)] 게다가, 오타와 선언은 ―제2항의 '토착민들' (indigenous peoples)에 대한 각주에서― "본 선언에서 '민족들'이란 술어의 사용은 국제법 하에서 이 술어에 부수될 수 있는 권리들에 관하여 그 어떤

225) Currie, pp. 278~279 ; Wallace, 3rd, pp. 101~102.
226) O'Connell, Vol. 1, p. 450.
227) Currie, pp. 279~280 ; Harris, 5th, 234 (fn. 45) ; Wallace, 3rd, p. 102 ; Aust, *Handbook of IL*, 2nd, p. 334.
228) See e.g. https://en.wikipedia.org/wiki/Arctic ; https://news.nationalgeographic.com/news/2004/11/1109_041109_polar_ice.html ; https://co2insanity.com/2010/08/15/the-arctic-is-not-melting/ ; https://themigrantmind.blogspot.com/2009/09/co2-is-not-melting-arctic.html.
229) 즉, 캐나다, 핀란드, 아이슬란드, 노르웨이, 러시아, 스웨덴, 미국 그리고 (Greenland와 Faroe Islands를 대표하는) 덴마크.
230) "Declaration on the Establishment of the Arctic Council." 1996년 9월 19일 캐나다 Ottawa에서 서명. 35 ILM 1382 ; https://www.arctic-council.org/index.php/en/about/documents/file/13-ottawa-declaration ; Aust, *Handbook of IL*, 2nd, p. 334.
231) 오타와선언 제1항.
232) 상동.
233) 오타와선언 제2항.
234) https://www.state.gov/g/oes/ocns/arc/ac/.
235) 오타와선언 제7항.

관련을 갖는 것으로도 해석되지 아니한다."[236]라고 천명하고 있다. 이것은 2007년 9월 13일 UN총회에서 "토착민들의 권리에 관한 UN선언"(United Nations Declaration on the Rights of Indigenous Peoples)이 채택될 때 특히 미국과 캐나다가 반대표를 던지고 러시아가 기권한 것과 궤를 같이 하고 있다.[237]

"비북극국가들(non-Arctic states), 세계적 및 지역적 차원의 정부간 및 의회간 기구(inter-governmental and inter-parliamentary organizations, global and regional), 그리고 비정부기구(non-governmental organization)"는 북극이사회로부터 '옵서버'의 지위를 부여받을 수 있다.[238] 북극이사회 안에서 '북극국가' 상호간에도 이해가 충돌되고 있는 중에,[239] 옵서버로 참여중인 중국이 자신을 -'비북극국가'가 아닌- '북극 근접국가'(near-Arctic state)로 칭하면서 북극권 진출에 열망을 보이자[240] 북극국가들이 경계하고 있다.[241]

2011년 5월 12일, 북극이사회 8개 회원국은 약칭 "북극지방 수색과 구조 협정"(Artic Search and Rescue Agreement)[242]에 서명하였는데, 이 협정은 북극이사회 후원 하에 교섭된 최초의 구속력있는 조약이다.[243] 또한 이날 각료들은 (상설)사무국을 수립함으로써 북극이사회를 강화하기로 결정하였는데, 사무국은 노르웨이, 트롬서(Tromsø) 시에 소재하게 되었다.[244]

3. Polar Code

지구가 더워지면서 얼어붙어 있던 남극과 북극 주변의 해로가 열리거나 확대되고 있다. 그리고 이로 인해 해저자원 개발이나 선박의 항로개설 등 이러저러한 이익이 생기긴 하겠지만, 특히 선박의 안전한 운항과 해양의 오염 방지를 도모하는 일이 긴급현안으로 떠올랐다. 국제해사기구(International Maritime Organization : IMO)는 2014년과 2015년 이들 문제에 대처하기 위해

236) "The use of the term "peoples" in this declaration shall not be construed as having any implications as regard the rights which may attach to the term under international law." https://www.arctic-council.org/index.php/en/about/documents/file/13-ottawa-declaration.

237) 본서, 제6장 (국제법의 주체) ; https://en.wikipedia.org/wiki/Arctic_Council.

238) 오타와선언 제3항. 옵서버 지위는 다시 영구옵서버(permanent observers)와 임시옵서버(*ad-hoc* observers) 로 구분되어 부여되고 있다. 2013년 5월 15일 한국은 중국, 일본, 인도, 싱가포르, 이탈리아와 함께 비북극국가로서 영구옵서버의 지위를 획득하였다. https://en.wikipedia.org/wiki/Arctic_Council ; 외교부, 보도자료(2013-05-15), "한국, 북극이사회 정식옵서버 지위 획득 - 박근혜 정부 유라시아 외교의 지평 확대".

239) Ankur Kundu, The Maritime Executive, Apr 18, 2021, "NATO Keeps Wary Eye on Russia's Military Buildup in the Arctic", 〈https://www.maritime-executive.com〉.

240) Andrew Wong/CNBC, Feb 14 2018, "China: We are a 'Near-Arctic State' and we want a 'Polar Silk Road.'"

241) Reuters, May 3, 2019, "U.S. rejects interference by non-Arctic countries in polar region: official."

242) 공식명칭 : "북극지방에서의 항공 및 해양 수색과 구조에 관한 협력협정"(Agreement on Cooperation on Aeronautical and Maritime Search and Rescue in the Arctic).

243) https://en.wikipedia.org/wiki/Arctic_Search_and_Rescue_Agreement. 북극이사회를 설립한 오타와 선언도 그 자체 (법적 구속력 있는) 조약으로 의도된 것이 아니다. Aust, *Handbook of IL*, 2nd, p. 234.

244) https://en.wikipedia.org/wiki/Arctic_Council.

-단지 권고에 그치는 것이 아닌- 의무적 성격의 이른바 'Polar Code' 즉 "극지해역 운항선박 국제기준"(International Code for Ships Operating in Polar Waters)을 채택하고, 그 내용을 "해상인명안전 국제협약" (International Convention for the Safety of Life at Sea : SOLAS)[245]과 "선박오염방지 국제협약"(International Convention for the Prevention of Pollution from Ships : MARPOL 1973/78)[246]에 나누어 담았다. 이것은 물론 두 조약의 개정을 의미하는 것인데, 두 개정 모두 2017년 1월 1일 발효하였다.[247]

4. 결빙해역 : UN해양법협약 제234조

UN해양법협약은 특별히 결빙해역(ice-covered areas)과 관련하여 제234조 1항에서 "연안국은 … EEZ 구역 안에 있는 결빙해역에서 선박으로부터의 해양오염을 방지, 경감 및 통제하기 위한 비차별적 법령을 제정하고 집행할 권리를 가지고 있다(have)"고 규정하고 있다.[248] 1985년 캐나다의 (약칭)'북극수역 오염방지법'(Arctic Waters Pollution Prevention Act)[249] 제정과 시행 같은 것이 제234조에 의해 정당화될 수 있는 사례이다. 제234조는 남극해[250]나 북극해[251]에서 결빙해역을 안고 있는 연안국의 권위를 높여주는 결과를 동반하겠지만, 타 국가들의 무해통항이나 통과통항의 권리를 폐지하려는 것은 아니다.[252]

---

245) Mike Schuler, "IMO Adopts Landmark Polar Code", gCaptain, November 22, 2014, 〈https://gcaptain.com/imo-adopts-landmark-polar-code/〉. SOLAS는 1912년의 타이타닉 호 침몰(sinking of the RMS *Titanic*) 사고를 배경으로 1914년에 채택된 이래 계속 개정되어 오고 있다 : https://en.wikipedia.org/wiki/SOLAS_Convention.

246) Mike Schuler, "IMO Adopts Landmark 'Polar Code' MARPOL Rules", gCaptain, May 15, 2015, 〈https://gcaptain.com/imo-adopts-landmark-polar-code-into-marpol/〉 ; https://en.wikipedia.org/wiki/MARPOL_73/78 ; 본서, 제24장 (국제환경법), "Ⅳ. 국제환경법의 일반원칙, 8. 예방(방지) 및 사전주의 원칙."

247) https://www.imo.org/en/About/Conventions/Pages/Action-Dates.aspx ; "Draft Polar Code approved by IMO's Marine Environment Protection Committee", Marine Environment Protection Committee (MEPC), 67thh session, 13 to 17 October 2014, Briefing : 32, October 20, 2014, 〈https://www.imo.org/en/MediaCentre/PressBriefings/Pages/Home.aspx〉 ; Dr. H. Deggim (IMO, Marine Technology Section), "Development of a Mandatory Polar Code-Update on Progress", 〈https://www.imo.org/en/MediaCentre/HotTopics/polar/Documents/polarcodePPT2011.pdf〉.

248) 다만, 제234조 2항은 그 1항의 선언적 현재시제와는 반대로 "이러한 법령은 이용가능한 최선의 과학적 증거에 근거하여 항행과 해양환경의 보호와 보전을 적절히 고려(하여야)한다(shall have due regard)"고 명령적으로 규정하고 있다.

249) 정식명칭: "An Act to prevent pollution of areas of the arctic waters adjacent to the mainland and islands of the Canadian arctic", 〈https://faolex.fac.org/docs/pdf/can23168.pdf〉 ; https://www.tc.gc.ca/eng/acts-regulations/acts-1985ca-12.htm.

250) https://en.wikipedia.org/wiki/Southern_Ocean(Antarctic_Ocean).

251) https://en.wikipedia.org/wiki/Arctic_Ocean.

252) https://www.arcticgovernance.org/unclos-article-234.4668244-142904.html.

제 20 장
국가승계 : 영토주권의 변경과 그 법적 결과

Ⅰ. 국가승계의 의의

1978년 8월 23일 채택된 "조약에 대한 국가승계에 관한 비엔나협약"(Vienna Convention on Succession of States in Respect of Treaties)[1] 제2조 1항(b)와 1983년 4월 8일 채택된 "국가재산 · 국가문서 및 국가부채에 대한 국가승계에 관한 비엔나협약"(Vienna Convention on Succession of States in Respect of State Property, Archives and Debts)[2] 제2조 1항(a)에서는 국가승계를 "영토의 국제관계에 대한 책임에 있어 한 국가가 다른 국가를 대체하는 것"(replacement of one state by another in the responsibility for the international relations of territory)으로 정의하고 있다.[3] 한 국가의 영토(일부 또는 전부)가 타국으로 이전될 때 당해 영토를 상실하는 국가, 즉 전임국가(피승계국, 선임국가 또는 선행국)(predecessor state)가 당해 영토와 관련하여 가지고 있던 권리와 의무들(예컨대, 조약 · 국유재산 · 국가문서 · 국가부채 · 국민의 국적 · 개인의 권리 · 국제기구의 회원국 지위 · 국제위법행위에 대한 국가책임 등등)이 어느 범위 내에서 당해 영토를 새로 획득하는 국가, 즉 승계국(successor state)에게로 이전되는가의 문제가 이른바 국가승계의 이름 하에 다루어지고 있는 것이다. 요컨대, 국가승계란 영토주권의 변경이 어떤 법적 결과를 초래하게 되는가를 다루는 국제법의 한 분야이다.[4] 국가가 타국의 영토를 조차하거나, 반대로 조차한 영토를 후일 조대국(租貸國)으로 반환하는 경우가 엄격한 의미에서 국가승계의 사례에 해당되는 지는 분명하지 않다. 조차는 주권 자체의 이전을 동반하는 것은 아니기 때문에, 조차 혹은 조차지반환이 주권자의 변경을 동반

1) 동 비엔나협약의 원문과 그 기초가 된 ILC초안은, Watts, Ⅱ, p. 987 ff ; https://untreaty.un.org/ilc/guide/3_2.htm 참조.

2) Watts, Ⅱ, p. 1209 ff ; https://untreaty.un.org/ilc/guide/3_3.htm.

3) 국가승계에 대한 두 비엔나협약의 정의는 2006년 5월 18~19일 스트라스부르그에서 서명을 위해 개방된 "국가승계로 인한 무국적을 피하기 위한 유럽심의회 협약"(Council of Europe Convention on the avoidance of statelessness in relation to state succession) 제1조에서도 그대로 수용되고 있다.

4) Akehurst, p. 159.

하는 것은 아니기 때문이다. 그러나 조차국은 조차지의 "국제관계에 대해 책임"을 지기 때문에, 상기 비엔나협약의 정의에 따르면 조차- 혹은 조차지반환도 국가승계의 영역에 포함시킬 수 있을 것이다.[5] 이 경우 특히 조약의 승계가 문제된다.[6]

국가승계란 이 표현은 국내 사법(私法)상의 상속 개념을 연상케 하지만, 상속은 오로지 피상속인의 사망을 전제로 하는데 반해 국가승계는 반드시 전임국가의 소멸을 전제로 하지 아니한다.[7] 다시 말해서, 국가승계가 발생할 수 있는 상황에는 여러 가지가 있는데, 1978년의 비엔나협약에서는 이것을 영토 일부의 이전(succession in respect of part of territory), 신생독립국(newly independent state), 국가통합(합병과 병합)(uniting of states) 그리고 국가분리(separation of a part or parts of a state) 등 네 가지로 나누어 놓고 있다. 여기서 국가분리는 분리독립(secession)과 분열(혹은 해체)(dissolution, disintegration)[8] 양자 모두를 포괄한 개념으로, 이것은 문제가 있다. 그러므로 1983년의 비엔나협약에서는 분리독립과 분열을 각기 별개의 상황으로 구분하여, 영토 일부의 이전(transfer of part of the territory of a state), 신생독립국, 국가통합, 분리독립(separation of part or parts of the territory of a state) 그리고 분열(dissolution of a state) 등 모두 다섯 가지 상황을 설정하고 있다. 요컨대, 'separation'은 1978년의 협약에서는 분리독립(secession)과 분열(dissolution) 모두를 지칭하는 개념인데 반해, 1983년의 협약에서는 분리독립(secession)의 경우만을 지칭함에 유의할 필요가 있다. ICJ는 *Accordance with international law of the unilateral declaration of independence in respect of Kosovo* 사건[9]에서 "일반국제법"의 차원

---

5) Akbar Rasulov, "Revisiting State Succession to Humaniatarian Treaties : Is There a Case for Automaticity?", (2003) 13 EJIL 141 at 146~147.

6) See Aust, 2nd, pp. 386~391 ; Wallace, 3rd, pp. 244~246.

7) 이 밖에도 상속은 피상속인과 상속인 사이의 법적 계속성을 당연한 전제로 하여 권리와 의무의 포괄승계를 원칙으로 함에 반해, 국가승계에서는 국가의 주권평등원칙 때문에 전임국가와 승계국 사이의 법적 연속성과 포괄승계가 부인되며 승계국은 이전영토에 대한 새로운 주권자이다. Shaw, 4th, pp. 674~675 ; 山本草二(朴培根 譯), p. 330.

8) 학자들이 동일한 국가승계 발생상황에 대해 서로 다른 술어를 사용하거나, 같은 술어를 서로 다른 의미로 사용하는 경우들이 빈번하기 때문에, 경우에 따라서는 전후 문맥을 통해 그 정확한 의미를 확인하지 않으면 안 된다. 예컨대, 한 국가가 둘 이상의 신국가로 쪼개지는 '분열'(해체)의 경우, dissolution /disintegration 대신 dismemberment를 사용하는 학자들도 있는데(Malanczuk, p. 166 ; Currie, p. 38 ; Cassese, *International Law*, 2nd, p. 77), dismemberment는 한 국가가 분열되어 (보통은, 쪼개지는 국가를 지리적으로 둘러싸고 있는) 다른 국가들에게 흡수(병합)당하는 '분할'을 지칭하기도 한다. 18세기 말엽에 폴란드가 오스트리아, 프러시아, 러시아에게 분할된 것이 대표적 사례이다(朴觀淑, p. 124). Jennings and Watts, §63 (p. 219)는 dismemberment를 '분열'과 '분할' 양자 모두를 지칭하는 의미로 사용하고 있기도 하다. 아래에서 언급하는 바와 같이 특히 separation의 경우, 1978년의 비엔나협약과 1983년의 비엔나협약은 이를 각기 다소 다른 의미로 사용하고 있다.

9) Advisory Opinion, ICJ Reports (2010), p. 403. 사건 개요는 다음과 같다. 코소보 거주 알바니아인들(알바니아계 코소보인들)이 세르비아의 슬르보단 밀로세비치(Slobodan Milosevic) 대통령 치하의 유고슬라비아 공화국(FRY)이 자행하는 대규모적인 인권침해의 희생자들이 되었다. 가혹행위가 심해지자 1999년 3월 24일부터 NATO가 인도적 간섭을 단행하였다[본서, 제27장 (국가의 무력사용), "Ⅱ. 국가의 무력사용, 5. 인도적 간섭과 보호책임"]. 이 무력 간섭이 성공하여 FRY군대는 코소보에서 철수하고, 동년 6월 10일 UN안보리는 코소보를 UN코소보임시행정부(UN Interim Administration Mission in Kosovo, UNMIK) 통제 하에 두기 위한 결의 1244를 채택하였다. 그 후 UNMIK에 의해 코소보 내에 임시자치기관들(Provisional Institutions of Self-Government of Kosovo)이 수립되면서 UNMIK는 자신의 책임을 점차 이들에게 이양하고 있었다. 2008년 2

에서는 독립선언을 금지하는 규칙이 발견되지 않는다고 확인하면서, -UN헌장 제2조 4항과 1970년 UN총회 우호관계선언, 헬싱키 의정서 등에 담겨 있는- '국가의 영토보전'(에 대한 무력의 위협 혹은 사용 금지)원칙은 '국가들 간의' 관계에 국한되는 것으로 이는 분리독립운동에 적용되는 것이 아니라고 언급한 바 있다.[10)]

월 17일 코소보 의회가 세르비아로부터 독립을 선언하고, 이어서 코소보공화국 헌법을 채택하였는데, 헌법은 동년 6월 15일 발효하였다. 미국과 주요 유럽국가들이 코소보를 독립국가로 승인하였다. 2008년 10월 8일 UN 총회는 세르비아의 요청을 받아들여 코소보의 분리독립 선언이 국제법에 부합하는 것인지에 대해 권고적 의견을 줄 것을 ICJ에 요청하였다(UN총회결의 63/3). ICJ의 답변은 다음과 같았다 : "79. During the eighteenth, nineteenth and early twentieth centuries, there were numerous instances of declarations of independence, often strenuously opposed by the State from which independence was being declared. Sometimes a declaration resulted in the creation of a new State, at others it did not. In no case, however, does the practice of States as a whole suggest that the act of promulgating the declaration was regarded as contrary to international law. On the contrary, State practice during this period points clearly to the conclusion that international law contained no prohibition of declarations of independence. During the second half of the twentieth century, the international law of self-determination developed in such a way as to create a right to independence for the peoples of non-self-governing territories and peoples subject to alien subjugation, domination and exploitation (cf. *Legal Consequences for States of the Continued Presence of South Africa in Namibia* (*South West Africa*) *notwithstanding Security Council Resolution 276* (*1970*), *Advisory Opinion, I.C.J. Reports 1971*, pp. 31-32, paras. 52-53; *East Timor* (*Portugal v. Australia*), *Judgment, I.C.J. Reports 1995*, p. 102, para. 29; *Legal Consequences of the Construction of a Wall in the Occupied Palestinian Territory, Advisory Opinion, I.C.J. Reports 2004* (*I*), pp. 171-172, para. 88). A great many new States have come into existence as a result of the exercise of this right. There were, however, also instances of declarations of independence outside this context. The practice of States in these latter cases does not point to the emergence in international law of a new rule prohibiting the making of a declaration of independence in such cases.

80. Several participants in the proceedings before the Court have contended that a prohibition of unilateral declarations of independence is implicit in the principle of territorial integrity. The Court recalls that the principle of territorial integrity is an important part of the international legal order and is enshrined in the Charter of the United Nations, in particular in Article 2, paragraph 4, which provides that: "All Members shall refrain in their international relations from the threat or use of force against the territorial integrity or political independence of any State, or in any other manner inconsistent with the Purposes of the United Nations." In General Assembly resolution 2625 (XXV), entitled "Declaration on Principles of International Law concerning Friendly Relations and Co-operation among States in Accordance with the Charter of the United Nations", which reflects customary international law (*Military and Paramilitary Activities in and against Nicaragua* (*Nicaragua v. United States of America*), *Merits, Judgment, I.C.J. Reports 1986*, pp. 101-103, paras. 191-193), the General Assembly reiterated "[t]he principle that States shall refrain in their international relations from the threat or use of force against the territorial integrity or political independence of any State". This resolution then enumerated various obligations incumbent upon States to refrain from violating the territorial integrity of other sovereign States. In the same vein, the Final Act of the Helsinki Conference on Security and Co-operation in Europe of 1 August 1975 (the Helsinki Conference) stipulated that "[t]he participating States will respect the territorial integrity of each of the participating States" (Art. IV). Thus, the scope of the principle of territorial integrity is confined to the sphere of relations between States."

10) 이 사건에서 UN총회는 '코소보의 일방적 독립 선언이 국제법에 "부합하는지"(*in accordance with* international law)'의 여부에 대해 권고적 의견을 줄 것을 요청하였는데, 이 질문에 대해 ICJ는 -분리독립 선언을 허용하는 국제법규가 존재하는지의 관점 대신에- 독립 선언을 금지하는 국제법규가 존재하는가의 관점에서 접근하였다(pp. 425~426, para. 56). 그러나 재판소는 이로써 코소보가 독립국가임을 인정하거나, 혹은 이 독립선

위 두 협약에서 '신생독립국'이라 함은 "국가승계 일자 직전에 그 국제관계에 대해서 전임국가가 책임을 지고 있었던 종속영토(dependent territory)의 승계국", 예컨대 식민지 상태에서 독립한 국가를 지칭한다.[11] 두 비엔나협약의 태도는 신생독립국은 분리독립의 일종으로 다룰 수 없다는 것이다. 그러나 비엔나협약은 '종속영토'에 대한 정의를 두고 있지 않다.

국가승계의 발생 상황을 구분하는 것이 중요한 까닭은 상황에 따라 다소 다른 규칙이 적용되기 때문이다. 그러나 승계 발생의 상황을 구분하는 일조차도 언제나 용이하지만은 않다. 예컨대, 한국 혹은 북한은 대한제국과는 별개의 국가인가(따라서 국가승계 문제가 야기되는가), 아니면 대한제국의 연장인가(즉, 단순한 정권변경인가)? 제3자적 · 국제적 시각에서 한반도 상황을 고려한다면, 한국과 북한은 다음의 두 측면에서 '국가'승계의 측면도 아울러 갖고 있는 것으로 보인다. 첫째, 남 · 북한은 식민지 상태로부터 독립하였다는 점에서는 '신생독립국'으로서의 성격을 가지며, 그 범위 내에서 전임국가인 '일본과의 관계에 있어' 국가승계 문제가 발생한다. 둘째, 대한제국은 남한과 북한으로 분열(dissolution)되었다고도 볼 수 있으며, 이 경우 전임국가인 '대한제국과의 관계에 있어' 국가승계 문제가 발생한다.[12] 그러나 1986년 한국정부는 과거 대한제국에 의해 체결된 일부 다자조약의 한국에 대한 구속력을 '확인'함으로써 한국이 대한제국의 계속(continuation)임을 분명히 하였다.[13] 따라서 이같은 시각에 따르면, 한국은 대한제국과의 관계에 있어 단순한 '정부'승계에 해당하며, '국가'승계는 아니라는 결론에 이르게 된다. 그러나 국가의 '계속성'(및 '동일성')과 국가'승계'는 실제로는 그 구분이 용이하지 않다는 점도 지적되고 있다. 특히, 외국의 통제가 장기간 지속된 경우, 그같은 계속성은 제한된 것임을 주장하는 학자도 있다. 예컨대, Brownlie는 이러한 경우 기껏해야 "제한된 계속성"(qualified continuity)이 있을 뿐이라고 주장하고 있다.[14] 이것은 이런 경우 완전한 원상회복이 사실상 불가능함을 의미하는 것이기도 하다.[15]

'국가승계'는 일반국제법 하의 국가의 통상적인 권리 · 의무를 침해하지 않는다. 이같은 권리 · 의무는 국가주권 원칙의 한 결과로서 국제법의 기본원칙들에 의거하여 존재하는 것이지, 전임국가로부터의 이전의 한 결과로서 존재하는 것은 아니기 때문이다.[16]

상기 두 비엔나협약은 "국제법에 부합되게, 특히 UN헌장에 수록된 국제법의 원칙들에 부합되게 발생하는" 국가승계의 효과에만 적용된다.[17] 1978년의 협약은 1996년 11월 6일부로 발효하였으

언에서 어떤 결과가 파생되는가를 결정하려는 것은 아니었다. See Dixon, pp. 316~317 ; Keitner, p. 95.

11) 1978년 협약 제2조 1항(f) 및 1983년 협약 제2조 1항(e).

12) 분단국(divided states)에 관해서는 *Encyclopedia of Public International Law*, Vol. 10, p. 126 참조.

13) 중앙일보, 1986년 8월 5일(화), 6면.

14) Brownlie, p. 82.

15) See R. Müllerson, "The Continuity and Succession of States, by Reference to the Former USSR and Yugoslavia", (1993) 42 ICLQ 473 at 483 ; Joanne Skolnick, "Grappling with the Legacy of Soviet Rule : Citizenship and Human Rights in the Baltic States", (1996) 54 University of Toronto Faculty of Law Review 387 at 401.

16) Shaw, p. 605.

17) 1978년 협약 제6조 ; 1983년 협약 제3조.

나[18] 여기에 담긴 규칙 모두가 관습법규를 반영한 것으로 생각되지는 않고 있다.[19] 1983년의 협약은 발효와는 거리가 멀어보인다.[20] 아래에서는 우선 이 두 협약의 규정을 개관하기로 한다. 다만, 관련 분야에서 앞으로 국가들의 실제 관행이 이 협약들에서 제시하고 있는 정형화된 규정에 부합할 것인지는 두고 볼 일이다.[21] 국가승계는 "대단히 불확실하고 논쟁의 여지가 많은 분야"[22]로서, 이 분야의 "확립된 법규는 많지 않기"[23] 때문이다.

Ⅱ. 조약의 승계 : 1978년 비엔나협약을 중심으로

비엔나협약은 1969년 비엔나 조약법협약의 예에 따라 '국가들 간에' '서면으로' 체결되는 조약에 대해서만 적용된다.[24] 따라서 국가와 국제법의 타 주체 간에 체결되는 조약과 구두로 체결되는 조약은 비엔나협약의 적용대상에서 제외된다. 다만, 비엔나협약상의 규칙이 국제관습법의 자격으로 이들 두 부류의 조약에 적용될 수 있음은 물론이며,[25] 또한 국가와 국제법의 타주체가 함께 참여하여 만든 조약의 경우에도 문제된 조약의 '국가'당사자들 상호간에는 비엔나협약이 적용된다.[26] 마찬가지 논리에 의해, 어떤 조약이 비엔나협약 적용의 결과로서 어떤 국가에 대해 구속력이 인정되지 않더라도 이로 인하여 당해 국가가 당해 조약에 담겨진 국제관습법상의 의무를 이행해야 할 의무는 훼손되지 않는다.[27]

비엔나협약은 국제기구창설조약에도 적용되지만, 다만 이로 인하여 당해 기구 회원국지위(membership)의 취득에 관한 규칙 혹은 당해 기구의 기타 관련 규칙은 침해당하지 않는다.[28] 마찬가지로, 비엔나협약은 국제기구 내에서 채택되는 조약에 대해서도 적용되지만 이로 인하여 당해 기구의 기타 관련규칙은 침해당하지 않는다.[29]

---

18) 이 협약은 15번째 비준 혹은 가입 문서가 기탁된 일자로부터 30일째 되는 날에 발효한다. 15번째 비준 혹은 가입 문서가 기탁된 후 비준 혹은 가입하는 국가에 대해서는 비준 혹은 가입 문서를 기탁한 후 30일째 되는 날에 발효한다. 동 협약 제49조. 협약의 늦장 발효는 그나마 당시 7개 신생국(보스니아-헤르체코비나, 크로아티아, 마케도니아, 슬로베니아, 슬로바키아, 에스토니아, 우크라이나)의 조약승계 혹은 가입 덕분이었다. Aust, *Handbook of IL*, 2nd, p. 364 ; Aust, 2nd, p. 368.
19) Malgosia Fitzmaurice in Evans (ed.), *International Law*, 3rd, p. 174 ; Orakhelashvili/Akehurst, 9th, p. 321.
20) 1983년의 협약 제50조는 발효 문제에 대해 1978년의 협약 제49조와 동일하게 규정하고 있다. See https://treaties.un.org ; Aust, *Handbook of IL*, 2nd, p. 371.
21) 이근관, "국가승계법 분야의 새로운 경향과 발전 : 조약의 승계를 중심으로 하여", 《서울국제법연구》, 제6권 2호 (1999. 12.), pp. 185~218 참조.
22) Brownlie, 5th (1998), p. 650.
23) *Ibid.*
24) 협약 제1조, 제2조 1항(a), 제3조.
25) 협약 제3조(a).
26) 협약 제3조(b).
27) 협약 제5조.
28) 협약 제4조(a).
29) 협약 제4조(b).

비엔나협약은 국제법에 부합되게, 특히 UN헌장에 구정된 국제법원칙에 부합되게 발생하는 국가승계에 대해서만 적용된다.[30]

비엔나협약상의 규칙이 국제관습법의 자격으로 적용되는 경우를 제외하고는 비엔나협약은 시간적으로 동 협약 발효 후에 발생하는 국가승계에 대해서만 적용된다. 다만, 관련 국가들은 달리 합의할 수 있으며,[31] 또한 비엔나협약 발효 '전'의 국가승계에 대해서도 동 협약을 확정적으로 혹은 잠정적으로 적용하겠다는 일방적 선언을 일정 조건 하에서(즉, 승계국의 그같은 선언을 수락한다는 선언을 하는 비엔나협약의 타 체약국, 당사국 혹은 서명국에 대해) 행할 수 있다.[32]

전임국가와 승계국 사이에 전자의 조약상의 권리·의무를 후자에게 이전하는 내용의 이른바 이전조약(devolution treaty)이 체결되었다는 사실만으로 전임국가의 권리 또는 의무가 이전조약의 대상이 된 관련 조약의 타방 당사국들에 대한 관계에 있어 승계국의 권리 또는 의무가 되지는 않는다. 즉, 조약승계의 제3국에 대한 효력은 본 비엔나협약에 의하여 규율되어야 한다.[33] 승계국이 전임국가의 조약상의 권리·의무를 승계한다는 일방적 선언(unilateral declaration of succession)을 하는 경우에도 같은 논리가 적용된다.[34]

국가승계가 발생할 경우 승계국의 참여를 예정하는 조항이 조약에 미리 삽입되어 있을 수 있다. 이런 경우에 승계국은 관련 조약의 문제의 조항에 따라 자신의 조약승계를 타방당사국들에게 통고하거나 또는 서면으로 조약승계를 수락할 수 있다. 이 경우 승계국은 관련 조약에서 달리 규정하거나 달리 합의가 없는 한 국가승계가 발생한 일자로부터 당해 조약의 당사자로 간주된다.[35]

비엔나협약은 천연자원과 부에 대한 모든 민족과 모든 국가의 영구주권을 확인하는 국제법의 원칙에 영향을 미치지 못한다.[36]

---

30) 협약 제6조.
31) 협약 제7조 1항.
32) 협약 제7조 2~3항.
33) 협약 제8조. 이를테면 1955년부터 서아프리카의 모든 구 영국식민지들은 -감비아(Gambia)를 제외하고는- 영국과 이전조약을 체결하였는데, 그 주된 내용은 독립일로부터 영국의 당해 식민지 관련 모든 조약상의 의무와 책임은 적용가능한 범위 내에서 신생국이 부담한다는 것이었다. 조약법상, 이전협정은 제3국이 동의하지 않는 한 그 국가를 구속할 수는 없다. 물론, 이 동의는 행동에 의해 표시될 수도 있을 것이다. Aust, *Handbook of IL*, 2nd, p. 367 ; Aust, 2nd, p. 368.
34) 협약 제9조. 이를테면 1960년대 영국 식민지였던 다수 국가는 일방적 선언을 통하여, (합의에 의하여 폐지되거나 수정되지 않는 한) 과거 영국이 유효하게 체결한 모든 양자조약을 일정 기간 동안 계속 적용하겠으며, 이 기간이 지난 후에는 국제관습법규의 적용에 의하여 달리 존속하는 것으로 간주될 수 없는 조약들은 종료된 것으로 간주하겠다고 천명하였다. 이 방식은 1961년 탕가니카(Tanganyika)가 독립하면서 채택했던 정책이었는데, 당시 이 국가의 수상 이름을 따 '니에레레 주의'(Nyerere doctrine)로 불린다. 탕가니카는 1964년에 그 전년에 독립한 잔지바르(Zanzibar)와 통합하여 탄자니아(United Republic of Tanzania)가 되었다. Aust, *Handbook of IL*, 2nd, pp. 367, 369 ; Aust, 2nd, pp. 368, 373 ; https://en.wikipedia.org/wiki/Tanzania ; Daniel C. Turack, "International Law and the New States of Africa, by Yilma Makonnen", (1984) 8 Maryland Journal of International Law 303, available at https://digitalcommons.law.umaryland.edu/mjil/vol8/iss2/7 ; O'Connell, Volume One, p. 370.
35) 협약 제10조.
36) 협약 제13조.

1. 처분적 조약

'영토'에 대한 권리 혹은 의무를 다루는 조약(treaties which deal with rights or obligations over territory, treaties of a territorial character), 즉 이른바 처분적(물적 혹은 지방화된) 조약(dispositive/real/localized treaties)[37]은 주권자의 변경에 의하여 영향을 받지 아니하며, 승계 발생 유형(사유)에 관계없이[38] 승계국에게 자동적으로 -따라서 의사에 반하더라도- 이전되는 것으로 인식되고 있다. 즉, 영토에 관련된 조약, 더 정확히 말하면 그러한 조약에 의하여 창설된 법적 상황(권리·의무)은 "영토(자체)에 부착된"(attaching to the territory) 것으로서, 이것은 일단 유효하게 성립되면 그것을 만든 국가와 운명을 같이 하지 않는다는 점에서 이것은 일종의 '객관적' 체제(objective regime)를 창설한다는 것이다.[39] 여기서 영토에 관련된 권리/의무로는 국경선체제, 비무장지대, 통과, 항행, 어업을 비롯한 경제적 이용, 군사적 사용 등등이 언급되고 있다. 또한, 여기서 '영토'란 표현은 오해의 여지가 있는데, 왜냐하면 이것은 육지영토(land territory) 뿐만 아니라 강, 호수 및 기타 비슷한 유형의 영토를 포함하는 것이기 때문이다.[40] 한편, 처분적 조약의 자동승계 원칙은 그같은 조약의 효력이 영원한 것임을 의미하는 것은 아니다. 즉, 처분적 조약도 그 당사자들 간의 자유로운 합의에 의해 대체(개정 혹은 종료)될 수 있다.[41] 비엔나협약[42]은 "국가승계는 그 자체로는(A succession of States ... as such)" 조약에 의해 수립된 국경선을 위시한 기타 권리/의무에 영향을 미치지 아니한다고 규정함으로써 이것을 시사하고 있다. 비엔나협약은 처분적 조약을 크게 아래의 두 가지로 구분하고 있다.

(1) 국경선 관련 조약

협약 제11조에 의하면, '조약에 의하여 수립된 국경선' 그리고 '국경선 체제(boundary regime)와 관련하여 조약에 의하여 수립된 권리·의무'는 승계의 영향을 받지 않는다. 제11조는 국경선은 당사국 간에 합의가 없는 한 변경되지 않는다는 이른바 국경선 신성의 원칙(principle of sanctity of frontiers)에 기초한 국제관행을 확인하고 있다.[43] 또한 제11조는 사정의 근본적 변경은 국경선

---

37) Cassese, *International Law*, 2nd, p. 78.

38) 즉, 처분적 조약의 경우에는 국가승계 발생상황을 나누어 고찰해야 하는 번거로움이 뒤따르지 않는다.

39) 이 점에 대해 Eritrea/Yemen 중재재판소는 *Government of the State of Eritrea and Government of the Republic of Yemen* (*Phase One : Territorial Sovereignty and Scope of the Dispute*), 9 October 1998, (1999) 114 ILR 1, 47 (para. 153)에서 다음과 같이 표현한 바 있다 : "Boundary and territorial treaties made between two parties are *res inter alios acta* vis-à-vis third parties. But this special category of treaties also represents a legal reality which necessarily impinges upon third states, because they have effect *erga omnes*. If State A has title to territory and passes it to State B, then it is legally without purpose for State C to invoke the principle of *res inter alios acta*, unless its title is better than that of A (rather than of B). In the absence of such better title, a claim of *res inter alios acta* is without legal import."

40) Currie, p. 43.

41) Malanczuk, p. 163.

42) 협약 제11조, 제12조.

수립조약의 종료 또는 탈퇴를 위한 근거로서 원용될 수 없다고 규정한 1969년의 "비엔나 조약법협약" 제62조 2항과 그 맥을 같이 하는 것이다.[44] (승계국 또는 제3국의 주장과는 관계없는) '객관적 구속력을 갖는'[45] 국경선 체제(*objectively* binding boundary regime)를 창설하는 상기의 규칙을 인정하지 않는다면 국제관계는 늘상 위태롭게 될 것이다.[46]

국경조약 자동승계 원칙은 –경계선이 조약에 의해 설정된 것이건, 아니면 영토권원과 영토취득에 관한 관습법규의 적용에 의해 설정된 것이건 불문하고– 영토를 취득하는 국가는 그 영토의 경계도 자동 승계한다는 더 넓은 원칙의 일부이다.[47] 그 결과 특히 '신생독립국들'도 과거 식민세력에 의해 혹은 식민세력들 간에 해당 지역에 살고 있는 사람들의 인종적 또는 역사적 전통에 대한 고려없이 자의적으로 설정된 경계선을 승계해야 한다는 결론에 이르며, 또 실제로 그렇게 하고 있다. 예컨대, 아프리카단결기구(OAU)는 1964년 7월 기구 창설 후 처음 소집된 카이로 정상회의에서 "모든 회원국은 국가독립을 달성할 당시의 경계선을 존중할 것을 약속한다"(all Member States pledge themselves to respect the borders existing on their achievement of national independence)는 결의[48]를 채택한 바 있다. 이 규칙을 가리켜 흔히 *uti possidetis*[49] principle, 즉 현상유지(혹은 현상승인)

---

43) ICJ도 *Territorial Dispute* (Libya/Chad), Judgment, ICJ Reports (1994), p. 6에서 이 원칙을 지적한 바 있는데, 사건 개요는 다음과 같다. 1955년 리비아와 프랑스 간에 선린우호조약이 체결되었는데, 여기에는 리비아와 (차드를 포함한) 프랑스의 아프리카 식민지들 간 국경선에 관련된 규정이 담겨 있었다 (리비아는 1951년 United Kingdom of Libya란 이름의 입헌세습군주국가로 독립 선언. 다만, 1969년 가다피의 쿠데타가 성공하여 공화정으로 변경되고, 국명도 변경됨 ; 차드는 1960년 독립함으로써 상기 조약 승계). 문제는 "The present Treaty is concluded for a period of 20 years. The High Contracting Parties shall be able at all times to enter into consultations with a view to its revision. Such consultations shall be compulsory at the end of the ten-year period following its entry into force. The present Treaty can be terminated by either Party 20 years after its entry into force, or at any later time, provided that one year's notice is given to the other Party."라고 규정한 이 조약 제11조의 해석이었는데, 재판소의 해석은 다음과 같았다 (paras. 45, 72~73) : "첫째, 이 조약은 '잠정적/임시적' (provisional or temporary)이 아닌, '항구적' 국경선(a permanent frontier)을 결정한 것으로 새겨야 한다. 둘째, 국경선은 일단 합의되면 그대로 지속된다 ; 이렇게 보지 않으면 –재판소가 *Temple of Preah Vihear*, ICJ Reports (1962), p. 34 및 *Aegean Sea Continental Shelf*, ICJ Reportss (1978), p. 36에서 강조한 바와 같이– "국경선 안정의 근본원칙" (fundamental principle of the stability of boundaries)은 손상될 것이다. 셋째, 본 사건에서 각 당사국이 조약 종료의 선택권을 행사한다고 가정해도 국경선은 그대로 유지된다. 넷째, 국경선은 상호 합의에 의해 변경될 수 없는 것은 아니다." 요컨대, ICJ는 –달리 합의가 없는 한– 조약에 의하여 설정된 국경선과 그런 조약의 운명은 별개라는 것이다.

44) Shaw, p. 607.

45) Sinclair, pp. 104~107.

46) Shaw, p. 607.

47) Malanczuk, p. 162.

48) OAU, Resolutions adopted by the First Ordinary Session of the Assembly of Heads of State and Government held in Cairo, UAR, from 17 to 21 July 1964, "AHG/Res. 16(I), Border Disputes among African States", 〈https://au.int/sites/default/files/decisions/9514-1964_ahg_res_1-24_i_e.pdf〉 ; Hamid, p. 114 ; Akehurst, p. 160, fn. 1. 기존의 "아프리카 단결기구 헌장"(Charter of the Organization of African Unity)을 대체하기 위해 2000년 7월 11일 토고의 로메에서 서명되고, 2001년 5월 26일 발효한 "아프리카 동맹(연합) 창설 조약"(Constitutive Act of African Union)도 제4조(b)에서 "The Union shall function in accordance with the following principles : ... ; (b) Respect of borders existing on achievement of independence; ..."라고 규정하고 있다. https://en.wikipedia.org/wiki/Constitutive_Act_of_the_African_Union.

49) 라틴어 술어 "*uti possidetis, ita possideatis*" (as you possess, so may you possess)에서 따온 말이다 : Paul

의 원칙이라 칭하는데, 이 원칙은 원래 19세기 초반에 남미에서 스페인의 식민지들이 독립할 때 식민통치 당시의 행정경계선을 국경선으로 채택함으로써 적용되었던 것이다.[50] 그러나 ICJ는 아프리카 국가들인 부르키나파소와 말리 간의 *Frontier Dispute* 사건[51]에서 "특히 식민지 건설로부터 물려

R. Hensel, Michael E. Allison and Ahmed Khanani, "The Colonial Legacy and Border Stability : *Uti Possidetis* and Territorial Claims in the Americas", p. 2, at https://mailer.fsu.edu/~phensel/garnet-phensel/Research/io05.pdf.

50) Case concerning the *Frontier Dispute* (Burkina Faso/Republic of Mali), ICJ Reports (1986), p. 554 at 565 (para. 20) ; Case concerning the *Land, Island and Maritime Frontier Dispute* (El Salvador /Honduras ; Nicaragua intervening), ICJ Reports (1992), p. 351 at 380 (para. 28) ; Malanczuk, p. 162 ; Arbitration concerning *Croatia-Slovenia Land and Maritime Border Disputes* (Croatia/ Slovenia), PCA Case No. 2012-04, Final Award, 29 June 2017, para. 256, 〈https://www.pcacases.com/web/sendAttach/2172〉. *uti possidetis* 원칙에 관해 자세한 것은, Malcolm N. Shaw, "The Heritage of States : The Principle of *Uti Possidetis Juris* Today", (1997) 67 BYIL 75 ; Milano, pp. 108~114 ; Sharma, pp. 119~129 참조.

51) Case concerning the *Frontier Dispute* (Burkina Faso/Republic of Mali), ICJ Reports (1986), p. 554 at 565~566, 568 (paras. 20, 23, 24, 29~30): "20. ... the principle of *uti possidetis* seems to have been first invoked and applied in Spanish America, inasmuch as this was the continent which first witnessed the phenomenon of decolonization involving the formation of a number of sovereign States on territory formerly belonging to a single metropolitan State. Nevertheless the principle is not a special rule which pertains solely to one specific system of international law. It is a general principle, which is logically connected with the phenomenon of the obtaining of independence, wherever it occurs. Its obvious purpose is to prevent the independence and stability of new States being endangered by fratricidal struggles provoked by the challenging of frontiers following the withdrawal of the administering power.

23. ... The essence of the principle lies in its primary aim of securing respect for the territorial boundaries at the moment when independence is achieved. Such territorial boundaries might be no more than delimitations between different administrative divisions or colonies all subject to the same sovereign. In that case, the application of the principle of *uti possidetis* resulted in administrative boundaries being transformed into international frontiers in the full sense of the term. ...

24. ... There is no doubt that the obligation to respect pre-existing international frontiers in the event of a State succession derives from a general rule of international law, whether or not the rule is expressed in the formula *uti possidetis*. Hence the numerous solemn affirmations of the intangibility of the frontiers existing at the time of the independence of African States, whether made by senior African statesmen or by organs of the Organization of African Unity itself, are evidently declaratory rather than constitutive : they recognize and confirm an existing principle, and do not seek to consecrate a new principle or the extension to Africa of a rule previously applied only in another continent.

29. The determination of a frontier line between two States is obviously a matter of international law, but the Parties both recognize also that the question has here to be appraised in the light of French colonial law, "droit d'outre-mer". Since the territories of the two States had been part of French West Africa, the former boundary between them became an international frontier only at the moment when they became independent. The line which the Chamber is required to determine as being that which existed in 1959-1960, was at that time merely the administrative boundary dividing two former French colonies, called *territoires d'outre-mer* from 1946 ; as such it had to be defined not according to international law, but according to the French legislation which was applicable to such territoires.

30. One clarification is, however, necessary as concerns the application of French *droit d'outre-mer*. By becoming independent, a new State acquires sovereignty with the territorial base and boundaries left to it by the colonial power. This is part of the ordinary operation of the machinery of State succession. International law - and consequently the principle of *uti possidetis* - applies to the new

받은 국경선의 불가침성 원칙에 대한 존중을 기초로"(based in particular on respect for the principle of the intangibility of frontiers inherited from colonization) 분쟁을 해결해 줄 것을 요청받은 후 "이 규칙이 *uti possidetis*의 공식으로 표현되건 아니건 간에 국가승계 시에 국가 간의 기존 경계선을 존중할 의무가 일반국제법규로부터 도출된다는 것은 의심의 여지가 없다"고 천명하였다. 또한 ICJ는 "*uti possidetis* 원칙과 민족자결원칙이 일견(at first sight) 정면으로 충돌한다"고도 언급하면서, 그러나 "아프리카 국가들은 투쟁을 통해 얻은 것을 보존하기 위해 식민지 경계선을 존중하는데 동의"하였으며, "민족자결 원칙을 해석함에 있어 *uti possidetis* 원칙을 고려에 넣은 것"(to take account of [the principle of *uti possidetis*] in the interpretation of the principle of self-determination of peoples)은 "사려있는"(judiciously) 행동이었다고 평가하였다. ICJ는 요컨대, *uti possidetis*는 민족자결 원칙과 외견상 모순되는 것처럼 보이지만 사실은 민족자결권의 행사를 통해 탄생한 국가들의 국경선의 안정성을 보장하여 그들이 생존하는 것을 가능하게 함으로써 민족자결 원칙과 정확히 동일한 목표에 봉사하였고, 민족자결이란 더 넓은 원칙의 해석에도 영향을 미쳤다고 본 것이다.[52] ICJ는 그러나 후일 부르키나파소와 니제르 간의 *Frontier Dispute* 사건[53]에서 "*uti possidetis* 원칙에 기초해서 국경선을 결정하되, 이로 인해 관련 주민들, 특히 유목민이나 반유목민들에게 발생할 수 있는 필요와 어려움을 각 분쟁당사국이 충분히 고려할 것"을 당부하기도 하였다.

uti possidetis 원칙은 경계선의 위치만큼이나 영토에 대한 권원과도 관계가 있으며, 그 결과 동 원칙은 무주지(*terra nullius*)의 가능성을 부인하는 결과로도 이어진다.[54] 이것은 *uti possidetis*

State (as a State) not with retroactive effect, but immediately and from that moment onwards. It applies to the State *as it is*, i.e., to the "photograph" of the territorial situation then existing. The principle of *uti possidetis* freezes the territorial title ; it stops the clock, but does not put back the hands. Hence international law does not effect any renvoi to the law established by the colonizing State, nor indeed to any legal rule unilaterally established by any State whatever ; French law - especially legislation enacted by France for its colonies and *territoires d'outre-mer* - may play a role not in itself (as if there were a sort of continuum juris, a legal relay between such law and international law), but only as one factual element among others, or as evidence indicative of what has been called the "colonial heritage", i.e., the "photograph of the territory" at the critical date."

52) *Ibid.*, at 566~567 (para. 25) (noted by Orakhelashvili, pp. 91, 504~505).

53) *Frontier Dispute* (Burkina Faso/Niger), ICJ Reports (2013), p. 44 at 90 (para. 112) : "Having determined the course of the frontier between the two countries..., as the Parties requested of it, the Court expresses its wish that each Party, in exercising its authority over the portion of the territory under its sovereignty, should have due regard to the needs of the populations concerned, in particular those of the nomadic or semi-nomadic populations, and to the necessity to overcome difficulties that may arise for them because of the frontier. The Court notes the co-operation that has already been established on a regional and bilateral basis between the Parties in this regard, in particular under Chapter Ⅲ of the 1987 Protocol of Agreement, and encourages them to develop it further."

54) *Land, Island and Maritime Frontier Dispute* (El Salvador/Honduras; Nicaragua intervening), ICJ Reports (1992), p. 351 at 387 (para. 42 : "... the principle of *uti possidetis juris* is concerned as much with title to territory as with the location of boundaries; certainly a key aspect of the principle is the denial of the possibility of *terra nullius*.") ; *Territorial and Maritime Dispute between Nicaragua and Honduras in the Caribbean Sea* (Nicaragua v. Honduras), Judgment of 8 October 2007, para. 133

원칙이 적용되는 지역 내에는 이제 더이상 외부 열강에 의한 영토 침탈을 위한 공간이 없다는 방어적·항의적 의미를 담고 있기도 하다.

그러나 *uti possidetis* 원칙이 식민지 독립국가들간에 경계획정과 관련하여 분쟁이 발생하는 것을 모두 막아 주지는 못한다. 왜냐하면 *uti possidetis* 원칙을 적용하기로 합의하더라도 그 다음 문제로서 경계선이 실제로 어디에 있는지를 결정하는 것, 즉 경계획정(demarcation)은 별개의 문제일 뿐만 아니라 어려운 문제가 아닐 수 없는데, 우선 식민지 시대의 부정확한 지도 등을 포함해서 신뢰할 수 있는 정보가 부족할 수 있기 때문이다.[55] 뿐만 아니라 동 원칙을 적용함에 있어서는 법적 권원의 기초되는 문서(예컨대, 식민지당국의 식민지간 경계에 관한 법령)에 의존해야 하는 것 말고도 식민지당국이 실제로 이들 법적 권원을 어떻게 해석하고 적용하였는지도 고려에 넣어야 하기 때문이다.[56]

*uti possidetis*의 '상태'도 영구불변의 것은 아니다. 즉, 그것은 "재판이나 조약에 의해" 혹은 "묵인이나 승인에 의해" 변경될 수 있다.[57] *uti possidetis* 원칙은 해양경계획정(maritime delimitation)에서도 일정 역할을 할 수 있다.[58] 다만, ICJ는 *Land, Island and Maritime Frontier Dispute*

("It is commonly recognized that when the Central American States became independent in 1821, none of the islands adjacent to these States was *terra nullius*; the new States asserted sovereign titles over all the territories that had been under Spanish dominion. Their title was based on succession to all former Spanish colonial possessions.").

ICJ는 그러나 *Territorial and Maritime Dispute between Nicaragua and Honduras in the Caribbean Sea* (Nicaragua v. Honduras), Judgment of 8 October 2007, para. 157에서 다음의 점을 지적하고 있기도 하다 : "It is well-established that "a key aspect of the principle [of *uti possidetis juris*] is the denial of the possibility of *terra nullius*" ... However, that claim cannot bring within the territory of successor States islands not shown to be subject to Spanish colonial rule, nor *ipso facto* render as "attributed", islands which have no connection with the mainland coast concerned. Even if both Parties in this case agree that there is no question of the islands concerned being *res nullius*, necessary legal questions remain to be answered."

55) *Land, Island and Maritime Frontier Dispute* (El Salvador/Honduras; Nicaragua intervening), ICJ Reports (1992), p. 351 at 380 (para. 28 : "...While it was from the outset accepted that the new international boundaries should be determined by the application of the principle generally accepted in Spanish America of the *uti possidetis juris*, whereby the boundaries were to follow the colonial administrative boundaries, the problem, as in the case of many other boundaries in the region, was to determine where those boundaries actually lay. ..."), & 386 (para. 41 : "... It can indeed almost be assumed that boundaries which, like the ones in this case, have remained unsettled since independence, are ones for which the *uti possidetis juris* arguments are themselves the subject of dispute. ...") ; *Territorial and Maritime Dispute between Nicaragua and Honduras in the Caribbean Sea* (Nicaragua v. Honduras), Judgment of 8 October 2007, paras. 37, 134.

56) See e.g. ICJ(*ad hoc* Chamber) Case concerning *the Frontier Dispute* (Benin/ Niger), Judgment of 12 July 2005, para. 140 : " ... the *uti possidetis juris* principle requires not only that reliance be placed on existing legal titles, but also that account be taken of the manner in which those titles were interpreted and applied by the competent public authorities of the colonial Power, in particular in the exercise of their law-making power."

57) *Land, Island and Maritime Frontier Dispute* (El Salvador/Honduras; Nicaragua intervening), ICJ Reports (1992), p. 351 at 401 (para. 67) & 408 (para. 80).

58) *Land, Island and Maritime Frontier Dispute* (El Salvador/Honduras ; Nicaragua intervening), ICJ Reports (1992), p. 351 at 589 (para. 386 : "it is necessary to enquire into the legal situation of the waters of the Gulf in 1821 at the time of succession from Spain; for the principle of the *uti possidetis juris* should apply to the waters of the Gulf as well as to the land."), 599~600 (para. 401) ; *Territorial and Maritime*

(El Salvador/Honduras; Nicaragua intervening) 사건[59]에서 *uti possidetis* 원칙을 적용함에 있어 인구압박(demographic pressures)이나 천연자원의 불평등(inequality of natural resources)은 고려의 대상이 아님을 분명히 하였다.[60]

이상의 *uti possidetis* 원칙은 남미의 스페인 식민지와 유럽제국의 아프리카 식민지가 독립할 때 적용되었던 *uti possidetis juris* (*de jure*) 원칙('법적 현재상태' 유지의 원칙)을 염두에 둔 것인데, 이것의 한 변형으로서 *uti possidetis de facto* 원칙('사실상의 현재상태' 유지의 원칙)이 언급되기도 한다. 즉, 전자의 *uti possidetis juris* 원칙이 식민지 독립 당시 구식민국가의 (조약을 포함한) 법률문서를 기초로 법적 권리에 따라 경계선을 정하는 것이라면, 후자는 −구 식민지 경계선의 법적 정의에 관계 없이− 독립 혹은 조약체결 당시에 각 당사국이 실제로 점유하고 통치하던 영토에 기초하여 경계선을 정하는 것이다. 예컨대, 남미에서 스페인의 식민지였던 국가들과 포르투갈의 식민지였던 브라질 간에 경계선을 획정함에 있어, 전자의 국가들은 *uti possidetis juris* 원칙의 사용을 주장하였는데, 즉 그들은 스페인과 포르투갈 간에 체결되었던 관련조약들이 경계획정의 기준이 되어야 한다고 주장한 것이다. 이에 반해 브라질은 *uti possidetis de facto* 원칙의 사용을 주장하였는데, 이것은 브라질 독립 당시 혹은 조약 체결시에 브라질의 실효적 점유 하에 있었던 영토는 과거 구식민국가들간의 조약에서 달리 규정하고 있더라도 브라질의 영토로 남아야 한다는 것을 의미하는 것이었다. 결국 페루, 베네수엘라, 볼리비아는 각기 브라질과 *uti possidetis de facto* 원칙에 기초하여 국경조약을 체결하였다.[61]

uti possidetis juris 원칙은 그간 주로 식민지가 독립할 때의 상황을 전제로 하여 전개되어 나온 원칙이지만, 동유럽 공산권의 연방이 해체되는 과정에서도 이 원칙이 원용되었다. 즉, 1992년 구유고 평화회의 중재위원회(Arbitration Commission of the Peace Conference on the former Yugoslavia, 일명 Badinter Arbitration Committee)[62]는 ICJ가 상기 *Frontier Dispute* 사건에서 *uti possidetis* 원칙을 "한 개의 일반원칙"(a general principle)으로 지칭하였음을 언급하면서, "크로아티아와 세르비아 간에, 보스니아−헤르체고비나와 세르비아 간에, 그리고 아마도 타 인접국

Dispute between Nicaragua and Honduras in the Caribbean Sea (Nicaragua v. Honduras), Judgment of 8 October 2007, para. 232 ("the *uti possidetis juris* principle might in certain circumstances, such as in connection with historic bays and territorial seas, play a role in a maritime delimitation."); *Territorial and Maritime Dispute* (Nicaragua v. Colombia), Judgment of 19 November 2012, para. 64; *Territorial and Maritime Dispute* (Croatia/Slovenia), PCA Case No. 2012-04, Award of 29 June 2017, para. 886 ("In the absence of any provision on the delimitation of internal waters in the Conventions concerning the law of the sea, such delimitations are to be made on the basis of the same principles as are applicable to the delimitation of land territories. In the present case, that delimitation must thus be made on the basis of *uti possidetis*."), 〈https://pca-cpa.org/en/cases/3/〉.

59) ICJ Reports (1992), p. 351 at 396 (para. 58).

60) See Orakhelashvili, p. 172.

61) Suzanne Lalonde, *Determining boundaries in a conflicted world: the role of uti possidetis* (McGill-Queen's University Press, 2002), pp. 34, 51; Hensel, Allison and Khanani, *op. cit.*, p. 2, fn. 1.

62) https://en.wikipedia.org/wiki/Arbitration_Commission_of_the_Peace_Conference_on_the_former_Yugoslavia; Craven and Parfitt in Evans (ed.), *International Law*, 5th, pp. 214~215.

립국가들 간에" *uti possidetis* 원칙이 적용되며, 따라서 이들 경계선은 "자유롭게 도달한 합의에 의한 경우를 제외하고는" 변경될 수 없다는 견해를 제시한 바 있다.[63] 또한, 역시 구유고에서 분리된 크로아티아와 슬로베니아 간의 *Croatia-Slovenia Land and Maritime Border Disputes* 사건[64]에서 중재재판소는 해양법협약들에 내수(internal waters)의 경계획정에 대한 규정은 없는 상황에서 내수[65]의 경계획정에도 육지영토에 적용되는 *uti possidetis*가 동일하게 적용된다고 판시한 바 있다.

한편, 소련의 15개 구성공화국이 해체될 때 그들은 '영토보전(territorial integrity)과 국경의 불가역성(intangibility of borders)'을 주장함으로써 단지 암묵적으로만 *uti possidetis*에 의존하였었다.[66] 그리고 그 후 실제 모습을 보면, "러시아는 *uti possidetis* 원칙을 선택적으로(selectively) 적용하고 있으며, 또한 명시적으로 반대되는 언급을 하지는 않았지만 마치 *uti possidetis*가 포스트

---

63) Badinter Arbitration Committee, Opinion No. 2 (11 January 1992), at https://www. ejil.org/journal/Vol3/No1/art13.html : "1. The Committee considers that, whatever the circumstances, the right to self-determination must not involve changes to existing frontiers at the time of independence (*uti possidetis juris*) except where the states concerned agree otherwise." ; Opinion No. 3 (11 January 1992) : "1. In its Opinion No. 1 of 29 November, published on 7 December, the Committee found that 'the Socialist Federal Republic of Yugoslavia is in the process of breaking up'. ... 2. The Committee therefore takes the view that once the process in the SFRY leads to the creation of one or more independent states, the issue of frontiers, in particular those of the Republics referred to in the question before it, must be resolved in accordance with the following principles: … … …

Third - Except where otherwise agreed, the former boundaries become frontiers protected by international law. This conclusion follows from the principle of respect for the territorial *status quo* and, in particular, from the principle of *uti possidetis*. *Uti possidetis*, though initially applied in settling decolonisation issues in America and Africa, is today recognized as a general principle, as stated by the International Court of Justice in its Judgment of 22 December 1986 in the case between Burkina Faso and Mali (*Frontier Dispute*, (1986) Law Reports 554 at 565) : Nevertheless the principle is not a special rule which pertains solely to one specific system of international law. It is a general principle, which is logically connected with the phenomenon of the obtaining of independence, wherever it occurs. Its obvious purpose is to prevent the independence and stability of new states being endangered by fratricidal struggles ... The principle applies all the more readily to the Republic since the second and fourth paragraphs of Article 5 of the Constitution of the SFRY stipulated that the Republics' territories and boundaries could not be altered without their consent."

64) Arbitration concerning *Croatia-Slovenia Land and Maritime Border Disputes* (Croatia/Slovenia), PCA Case No. 2012-04, Final Award, 29 June 2017, para. 886, 〈https://www.pcacases.com/web/sendAttach/2172〉 : "In the absence of any provision on the delimitation of internal waters in the Conventions concerning the law of the sea, such delimitations are to be made on the basis of the same principles as are applicable to the delimitation of land territories. In the present case, that delimitation must thus be made on the basis of *uti possidetis*."

65) 이 사건에서 문제된 내수는 구유고 시절에 경계선이 명확하게 그려지지 않은 결과로 구유고의 두 승계국인 슬로베니아와 크로아티아 간 해상과 육상 국경 분쟁의 공연장이 되어온 '피란 만'(Bay/Gulf of Piran)이다. 중재재판소는 피란 만은 구유고의 내수였고 구유고의 분열 후에도 기존 범위 내에서 내수로 남아있다고 전제한 뒤, 피란 만 내에서의 슬로베니아와 크로아티아 간 경계를 effectivités에 따라 결정지었다(paras. 880, 885, 912 of the Award).

66) Anne Peters, "The Principle of *Uti Possidetis Juris*: How Relevant Is It for Issues of Secession", in Christian Walter, Antje von Ungern-Sternberg, and Kavus Abushov (eds.), *Self-Determination and Session in International Law*, Chapter 5 (Oxford : Oxford University Press, 2014), p. 95 at 104.

–소비에트 공간에서 항상 법적 구속력이 있는 것은 아닌 것처럼 행동하고 있다"는 지적이 있다.[67)]

(2) 지역권(servitude) 설정조약

다른 국가(들)의 특정한 이익을 위하여 수립되고, "영토에 부착된" 조약(즉, 지역권 설정조약)상의 권리·의무는 국가승계의 영향을 받지 않는다.[68)] 그러나 지역권 설정조약 중에서도 외국 군대기지(foreign military bases) 설정조약은 승계되지 않는다.[69)] 위 규정에 비추어 보아, 국제법상의 지역권은 원칙적으로 대물적이며, 예외적으로 대인적인 경우도 있다고 말할 수 있을 것이다. 다만, "영토에 부착된" 조약상의 권리/의무와 그렇지 아니한 권리/의무를 구분하는 것이 어려울 수 있는데, *Gabčíkovo–Nagymaros* 사건[70)]이 이를 잘 보여주고 있다. 이 사건은 1977년 헝가리와 체코슬로바키아 사이에 체결된 조약과 관련한 것인데, 이 조약에서는 양국 사이를 흐르는 다뉴브 강에 공동으로 수문 장치를 건설, 운영할 것을 규정하고 있었다. 그러나 1989년 헝가리는 "생태적 긴급피난 상태"(state of ecological necessity)를 내세워 이 프로젝트의 이행을 중단한다고 선언하고, 1992년 5월에 조약의 종료를 체코슬로바키아에 통고하였다. 그런데 1993년 1월 1일부로 체코슬로바키아가 체크 공화국(Czech Republic)과 슬로바키아(Slovakia)로 분열되었고, 이에 따라 헝가리에 의해 버려진 이 프로젝트는 슬로바키아의 영토 내에 위치하게 되었다. 그리고 이 프로젝트의 이행과 관련한 헝가리와 슬로바키아 간의 분쟁이 특별협정에 의해 ICJ에 제기된 것이다. 그러므로 이 사건에서 ICJ는, 특히 슬로바키아가 1977년 조약 하의 체코슬로바키아의 권리를 승계하였는지의 여부를 결정짓지 않으면 안 되었는데, 재판소는 "이 조약은 그것의 적용대상인 다뉴브강 지역에 '부착되는'(attaching to) 권리와 의무를 창설하였으며", "따라서 이 조약 자체는 (체코슬로바키아와 슬로바키아 간의)국가승계에 의해 영향받을 수 없으며", "그러므로 1977년의 조약은 1993년 1월 1일부로 슬로바키아에 대해 구속력을 갖게 되었다"고 결론지었다. 이같은 결론에 이름에 있어 ICJ는 "하천의 용수권 혹은 항행에 관한 조약은 통상적으로 영토적 조약의 범주에 포함될 수 있는 후보로 간주된다."(treaties concerning water rights or navigation on rivers are commonly regarded as candidates for inclusion in the category of terrirorial treaties)고 언급했던 ILC의 견해를 인용하면서, ILC초안규정을 그대로 채택한 비엔나협약 제12조는 "국제관습법규를 반영하는"(reflects a rule of customary international law) 것으로 생각된다고 언급한 뒤, 1977년의 조약은 "비엔나협약 제12조에서 말하는 영토적 체제를 수립하는"(establishing a territorial régime within the meaning of Article 12 of the 1978 Vienna Convention) 것으로 보아야 한다고 언급하였다. ICJ는 또한 문제의 조약이 양국 간의 일정 영토에 걸쳐 시설물의 건설을 예상하고 있고, 국제수

67) Lauri Mälksoo, "Post-Soviet Eurasia, *Uti Possidetis* and the Clash between Universal and Russian-Led Regional Understandings of International Law", (2021) 53 International Law and Politics (New York Univ.) 787 at 819~820.
68) 협약 제12조 1~2항.
69) 협약 제12조 3항.
70) Hungary/Slovakia, ICJ Reports (1997), p. 7, at para. 123.

로의 중요 부분을 위한 항행 체제를 수립하고 있으며, 제3국들의 이해관계에도 영향을 미친다는 점을 언급하기도 하였다.

2. 비처분적 조약

비처분적(지방화되지 아니한, 혹은 인적) 조약(non-dispositive/non-localized/personal treaties)의 경우에는 승계 발생 상황에 따라 각기 다른 규칙이 적용된다.

(1) 영토 일부의 이전(succession in respect of part of territory)

할양, 시효 등의 사유로 한 국가의 영토의 일부가 타 국가의 영토의 일부로 되는 경우에는 조약의 승계는 발생하지 아니할 것이며, 다만 이른바 '조약경계 이동의 원칙'(moving treaty-frontiers rule)에 따라 다음의 두 규칙이 적용된다.[71] 첫째, 승계 시에 발효 중이던 전임국가의 조약들은 상실한 영토부분에 대해서는 더 이상 효력이 없다(cease to be in force).[72] 둘째, 승계 시에 발효 중이던 승계국의 조약들은 새로이 취득한 영토에까지 연장 적용된다. 다만, 조약의 신 영토에 대한 적용이 조약의 객체·목적과 양립할 수 없거나 또는 그 운용조건을 근본적으로 변경시키게 됨이 그 조약으로부터 혹은 다른 방법으로 입증되는 경우에는 그러하지 아니하다.[73] 조약경계 이동의 원칙이 적용된 사례로, 제1차 세계대전 후 알자스로렌(Alsace-Lorraine)이 프랑스에 반환되었을 때 이 지역에 독일의 조약들은 적용이 정지되고, 프랑스의 조약들이 다시 적용되게 되었다.[74]

비엔나 조약승계협약 제15조는 비엔나 조약법협약 제29조(조약의 영토적 범위)의 논리적 귀결이다.[75] 조약경계이동의 원칙은 그러나 홍콩반환에는 적용되지 않았으며, 사실상 정반대의 해결책이 채택되었었다.[76]

(2) 신생독립국(newly independent state)

비엔나협약 제2조(1)(f)에 의하면 본 협약의 목적상 신생독립국이라 함은 "국가승계 일자 직전 종

---

71) Shaw, p. 608 ; Kay Hailbronner, "Legal Aspects of the Unification of the Two German States", (1991) 2 EJIL 18 at 37 ; Aust, 2nd, p. 372 (& 3rd, p. 324) ; Orakhelashvili/Akehurst, 9th, pp. 329~330.

72) 협약 제15조(a).

73) 협약 제15조(b).

74) Aust, 2nd, p. 372 (& 3rd, p. 324).

75) *Sanum Investments Limited* v. *Lao People's Democratic Republic*, UNCITRAL Arbitration (PCA Case No. 2013-13), Award on Jurisdiction, 13 December 2013, paras. 227~228, 〈https://www.italaw.com/sites/default/files/case-documents/italaw3322.pdf〉 ; Orakhelashvili/Akehurst, 9th, p. 330.

76) Sino-British Joint Declaration on the Question of Hong Kong (1984), Annex I, Section XI ("The application to the Hong Kong Special Administrative Region of international agreements to which the People's Republic of China is or becomes a party shall be decided by the Central People's Government, ... International agreements to which the People's Republic of China is not a party but which are implemented in Hong Kong [i.e. the UK's treaties] may remain implemented in the Hong Kong Special Administrative Region.") ; Orakhelashvili/Akehurst, 9th, p. 330.

속적 영토였던 경우로서, 해당 영토의 국제관계에 대해 전임국가가 책임을 지고 있었던 승계국"을 지칭한다.[77] 요컨대, 구 위임통치지역, 비자치영토, 신탁통치지역 등을 포함하여 식민지 상태에서 독립을 달성한 국가들이 모두 여기에 해당된다.[78]

비엔나협약 제16조는 법실증주의(positivism)의 전성시대였던 19세기에 등장하여 1945년 이전에 이미 국제관습법규로 확립된 바 있는 백지출발주의(clean slate principle)를 재확인하고 있다. "승계의 부재"(lack of succession)를 의미하는[79] 이 원칙에 의하면 해외영토 내지는 식민지 상태에서 독립을 획득한 신생독립국은 전임국가(식민세력)가 만들어 놓은 어떤 장애물로부터도, 특히 식민지에 관련된 그 어떤 조약으로부터도 자유로이 주권을 획득한다.[80]

비엔나협약은 위 일반원칙을 천명한 뒤, 신생독립극의 조약승계 '방식'을 다자조약과 양자조약의 두 경우로 나누어 규정하고 있다. 첫째, 신생독립국은 조약승계의 취지를 문제된 조약의 기탁소(depositary)에 '통고'함으로써 전임국가가 체결해 놓은 식민지 관련 '다자'조약을 승계할 '수' 있다.[81] 즉, 'opt in' 방식을 도입한 것이다. 다만, 신생독립국의 다자조약승계가 조약의 객체 및 목적과 양립될 수 없거나(incompatible with the object and purpose of the treaty), 혹은 그 승계로 인하여 조약운용의 조건이 근본적으로 변경된다는 것이 그 조약으로부터 혹은 다른 방법으로 입증되는 경우에는 신생독립국은 그같은 다자조약을 승계할 수 없다. 또한 조약의 조건에 의하여 또는 교섭국의 제한된 수 및 조약의 객체 · 목적으로 인하여 조약에 다른 어떤 국가가 참여하기 위해서는 '모든 당사국의 동의'를 요하는 것으로 간주되어야 하는 경우, 신생독립국은 그같은 '동의'를 얻어야만 당해 다자조약을 승계할 수 있다. 둘째, 전임국가가 타국가와 체결해 놓은 식민지 관련 '양자'조약을 신생독립국이 승계하기 위해서는, 신생독립국과 그 타국 사이에 합의가 있어야 한다. 그러나 이 합의는 명시적 합의임을 요하지 아니하므로 행동으로부터 추론될 수도 있다.[82]

때때로 식민지가 그 독립 전에 제한된 조약체결권을 부여받기도 한다. 그와 같은 권한에 의거하여 체결한 조약은 독립으로 인하여 영향을 받지 않는다. 예컨대, 인도는 1945년에 UN의 원회원국이 되었지만 1947년에야 독립이 되었다. 그리고 그 독립은 인도의 UN회원국으로서의 지위에 영향을 미치지 않았다.

---

77) 1983년 비엔나협약 제2조(1)(e)의 신생독립국 정의도 이것과 동일하다.

78) Andreas Zimmermann, "Secession and the law of State succession" in Kohen (ed.), p. 210 ; "ILC Draft articles on Succession of States in respect of Treaties with commentaries 1974", Yearbook of the International Law Commission, 1974, Vol. Ⅱ, Part One, p. 176, 〈https://legal.un.org/ilc/texts/instruments/english/commentaries/3_2_1974.pdf〉.

79) Orakhelashvili/Akehurtst, p. 301(9th, p. 322).

80) Shaw, pp. 608~609 ; Akehurst p. 162 ; Harris, p. 816, fn. 71 ; O'Connell, p. 370. 물론, 이 원칙은 이미 위에서 언급한 바와 같이 처분적 조약에 대해서는 적용되지 않는다. 즉, 신생독립국도 전임국가가 식민지와 관련하여 체결한 '처분적' 조약(군사기지설정조약은 제외)은 승계한다.

81) 협약 제17조.

82) 협약 제24조.

(3) 국가들의 통합(uniting of states)

둘 이상의 국가가 통합하여 한 개의 승계국을 형성하는 경우에는 다음의 규칙이 적용된다.

먼저, 승계시에 발효 중이던 전임국가들의 '일체의' 조약은 승계국에게로 승계되어 효력을 지속한다. 다만, 승계국과 조약의 타방당사국(들)이 달리 합의하거나, 또는 승계국에 대한 조약의 적용이 조약의 객체·목적과 양립할 수 없거나 또는 그 운용을 위한 조건을 근본적으로 변경시킨다는 것이 그 조약으로부터 혹은 다른 방법으로 입증되는 경우에는 승계되지 아니한다.[83)]

다음, 위 규정에 따라 승계가 인정되는 경우라 할지라도, 조약이 승계국의 영토 전체에 대해 효력을 지속하는지, 아니면 기존에 적용되었던 영토부분에 대해서만 그러한지의 문제가 파생되는데, 비엔나협약은 후자의 입장을 채택하고 있다. 비엔나협약은 다자조약과 양자조약으로 나누어 다음과 같이 규정하고 있다.

'다자'조약의 경우에는, 승계국이 당해 조약이 그 영토 전체에 대하여 적용될 것임을 기탁소에 '통고'(notification)하지 않는 한, 통합 전에 적용되었던 영토 부분에 대해서만 효력을 지속한다.[84)] 다만, 승계국의 영토 전체에 대한 조약의 적용이 조약의 객체·목적과 양립될 수 없거나 또는 조약의 운용을 위한 조건을 근본적으로 변경시킨다는 것이 그 조약으로부터 혹은 다른 방법으로 입증되는 경우에는 '통고'에 의하여 조약의 적용을 승계국의 영토 전체로 확대시킬 수 없다.[85)] 또한 다자조약 중에서도 조약의 조건, 교섭국의 제한된 수, 조약의 객체·목적에 비추어 다른 국가의 참여를 위해서는 '모든 당사국의 동의'를 요하는 것으로 간주되어야 하는 다자조약의 경우에는, 승계국의 영토 전체에 대한 당해 다자조약의 적용을 위하여 승계국과 타당사국들이 합의하여야 한다.[86)]

'양자'조약의 경우에는 승계국과 타방당사국이 달리 '합의'하지 않는 한, 통합 전에 적용되었던 영토 부분에 대해서만 효력을 지속한다.[87)]

ILC는 1978년 협약 제31조의 "국가들의 통합"(uniting of States)이 합병(merger)뿐만 아니라 병합(흡수)(annexation, absorption)도 포함하는 것으로 설명하고 있다.[88)] 학자에 따라서는 협약 제31조의 규정이 합병과 병합 모두에 적용되는 것으로 설명하는 경우가 있는가 하면,[89)] 오로지 합병과만 관련지어 설명하는 경우도 있다.[90)] 생각건대, 조약의 승계에 관한 한, 성격이 다른 이 두 경우를 구분하지 않는 것은 문제이다. 여기서 합병은 "두 개 이상의 국가가 결합하여 하나의 새로운 국가를 형성"하는 것으로서, 이때 "종래의 국가들은 소멸하고, 그 대신 하나의 신국가가 성립"한다.

83) 협약 제31조 1항.
84) 협약 제31조 2항(a).
85) 협약 제31조 3항.
86) 협약 제31조 2항(b).
87) 협약 제31조 2항(c).
88) ILC Report on the work of its twenty-sixth session (6 May~26 July 1974), [1974] Ⅱ(Ⅰ) Yearbook of ILC 157, at 253 : "They cover the case where one State merges with another State even if the international personality of the latter continues after they have united." See also Henkin et al., p. 540.
89) 金楨鍵, p. 167 ; 金正均/成宰豪, p. 229.
90) Malanczuk, p. 165 (Akehurst, p. 162) ; 李漢基, pp. 236~237 ; 山本草二 (朴培根 譯), p. 341.

이에 반해 병합은 "한 국가가 다른 국가에게 결합되는" 것으로서, 이때 "피병합국은 병합국에게 흡수되어 소멸하고, 병합국은 종전대르 동일한 국가로서 존속"한다.[91] 이 때문에 병합의 경우, 원칙적으로 피병합국의 조약들은 소멸하고 병합국의 조약들이 피병합국의 지역에까지 연장 적용된다고 보는 것이 일반적인 견해이다.[92] 이것은 '조약경계 이동의 원칙'이 병합의 경우에도 적용됨을 의미하는 것이다. 예컨대, 1898년 미국이 하와이를 병합하였을 때, 미국의 조약들은 하와이섬들로 연장 적용되었으며, 특히 당시 벨기에 정부는 미국-벨기에간의 통상협정들이 앞으로 하와이에 대해서도 적용될 것이라는 통고를 미국 정부로부터 받은 바 있다.[93] 1990년 8월 31일의 독일통일조약 제11조도 "서독측 조약은 (부속서 I에 언급된 예외조약을 제외하고는) 구동독지역에도 적용된다. … "라고 규정하고 있다.[94] 이같은 사례들을 고려하면 협약 제31조의 규정은 합병에 대해서는 설득력을 가지게 되겠지만, 병합에 대해서는 적용하기가 어려울 것이다.[95] 다시 말해서, 제31조의 '승계국'이 '신국가'뿐만 아니라 '병합국'을 포함한다고 보는 ILC의 견해는 -조약의 승계에 관한 한- 국가들의 관행과는 거리가 멀어 보인다.

(4) 국가의 분리(separation of a part or parts of a state) : 분리독립(secession)과 분열(dissolution)

한 국가의 영토의 한 부분 또는 부분들이 분리하여 하나 이상의 국가를 구성하는 경우, 전임국가가 계속해서 존재하는가의 여부와는 관계없이(즉, 분리독립과 분열의 경우에 모두 다) 다음의 규칙이 적용된다. 즉, 승계시에 전임국가의 영토 '전체'에 대하여 발효 중이던 조약은 신국가(들)에게 효력을 지속한다.[96] 그리고 '신국가로 된 영토 부분'에 대하서만 발효 중이던 전임국가의 조약은 오로지 당해 신국가에 대해서만 효력을 지속한다.[97] 다만, 관련 당사국들이 달리 합의하거나 또는 신국가에 대한 조약의 적용이 조약의 객체 · 목적과 양립할 수 없거나 또는 그 운용을 위한 조건을 근본적으로 변경시킨다는 것이 그 조약으로부터 혹은 다른 방법으로 입증되는 경우에는 그러하지 아니하다.[98]

협약 제34조는 분리독립(secession)과 분열(dissolution)을 구분하지 아니하고 하나로 묶어서 규정하고 있다. 그러나 분리독립에 관련한 이 규정은 국제관습법과 충돌되는 것으로 보인다. 종래 국제관습법은 분리독립국(secessionary state)에게 백지출발주의의 원용을 허용하였던 것으로 생각되기 때문이다.[99]

한 국가의 영토의 어떤 부분이 분리된 뒤에도 전임국가가 계속해서 존재하는 경우, 즉 분리독립

91) Cassese, *International Law*, 2nd, p. 77 ; 朴觀淑, p. 123.
92) See e.g. American Law Institute, *Restatement* (Third), § 210 (2), at p. 108.
93) Shaw, 5th, p. 878.
94) 다만, 동독측 조약은 타방 당사자들과 논의를 거쳐 그 운명을 결정하거나 확인한다고 규정하고 있다.
95) Shaw, 5th, pp. 875~878.
96) 협약 제34조 1항(a).
97) 협약 제34조 1항(b).
98) 협약 제34조 2항.
99) Malanczuk, p. 165 ; Cassese, *International Law*, 2nd, p. 78.

(secession)의 경우, 승계발생시 전임국가에 대하여 발효 중이던 일체의 조약은 그의 잔존 영토에 대하여 계속해서 효력을 갖는다. 다만, 관련 당사국들이 달리 합의하거나, 문제의 조약이 분리되어 나간 영토에만 관련되는 것이었음이 입증되거나 또는 전임국가에 대한 조약의 적용이 조약의 객체 및 목적과 양립하지 않거나 혹은 그 운용조건을 근본적으로 변경시키게 됨이 조약에 의하여 혹은 다른 방법으로 입증되는 경우에는 그러하지 아니하다.[100)]

(5) 결 어

비처분적 조약의 승계문제에 있어 영토 일부의 이전과 신생독립국의 경우에는 불승계가 원칙이며, 국가통합과 국가분리의 경우에는 승계가 원칙이다.

3. 인권조약

홍콩반환 당시 영국은 '경제적·사회적·문화적 권리규약'과 '시민적·정치적 권리규약' 모두의 당사국이지만 중국은 그 어느 규약의 당사국도 아닌 상황에서, 중국은 두 규약 모두 홍콩에 대해 효력을 지속하는 것에 동의하였었다.[101)] 그러나 이러한 합의가 없더라도, 처분적 조약은 영토 자체에 '부착되어'(attach) 당해 조약을 뛰어 넘는 특별한 레짐을 수립한다는 점 때문에 승계국을 자동 구속하는 것으로 인식되면서 비슷한 논리를 다자간 인권조약에 적용하려는 견해가 제시되고 있다. 즉, 처분적 조약이 '영토에 부착'되는 것이라면 인권조약은 전임국가의 영토 내의 '사람들에게 부착'되는 것이다. 또한, 인권조약은 단지 주관적이고 상호적인 권리를 창설하는 것이 아니라, 인권을 보호할 객관적 의무를 동반하는 특별한 법질서 내지는 "당사자간 대세적 의무"(obligations *erga omnes partes*)를 창설한다. 그리고 이같은 사실들을 고려하면 인권조약(혹은 그러한 조약이 제공하는 법적 보호)은 국가승계에도 불구하고 승계국으로 넘어온 전임국가의 영토 내에서 계속 적용되는 것으로 보아야 한다는 것이다.[102)] 이같은 견해가 한 개의 일반원칙으로 수립될지는 두고 볼 일이다.[103)]

---

100) 협약 제35조.

101) Sino-British Joint Declaration on the Question of Hong Kong, Annex I, Section XIII ("The provisions of the International Covenant on Civil and Political Rights and the International Covenant on Economic, Social and Cultural Rights as applied to Hong Kong shall remain in force.") ; Orakhelashvili/Akehurst, 9th, p. 330.

102) 이를테면, *Application of the Convention on the Prevention and Punishment of the Crime of Genocide* (Bosnia and Herzegovina v. Yugoslavia)(Preliminary Objections), ICJ Reports (1996), p. 595에서 Weeramantry 재판관은 개별의견(p. 640 at 654)을 통해 "제노사이드협약과 같은 사활적인 인권조약의 경우 자동적인 국가승계(automatic State succession to so vital a human rights convention as the Genocide Convention)가 발생한다는 것은 현대국제법의 한 원칙으로 생각된다."는 견해를 밝힌 바 있고, 비슷하게 Shahabuddeen 재판관도 역시 개별의견(p. 634 at 636)을 통해 "제노사이드협약의 객체와 목적을 달성하기 위해, 동 협약은 전임국가가 협약의 당사자로서 가졌던 모든 지위를 독립과 동시에 계속하는 것으로 승계국을 대우하려는 각 협약당사국의 일방적 약속의 표현을 함축하고 있는 것으로 해석될 수 있을 것이다."라는 견해를 피력하였었다. 그러나 이 사건에서 재판소 자신은 보스니아가 주장하는 제노사이드협약의 자동승계 문제를 논할 필요가 없다고 보았다. 그것과 관련없이 재판소에 관할권이 있다고 판단했기 때문이다 : ICJ Reports (1996), p. 595 at 611~612 (paras. 21, 23).

Ⅲ. 국가재산 · 국가문서 · 국가부채의 승계 : 1983년 비엔나협약을 중심으로

1983년의 비엔나협약에 대해 서구제국은 서명 또는 비준을 거부하고 있다. 그 주된 이유는 동 협약이 '부채' 문제에 있어 전임국가가 "국제법에 따라 타국가, 국제기구 또는 기타 국제법의 주체"에게 지고 있는 국가부채의 승계만을 다루고 있을 뿐이며, (회사를 포함한) 사인들에 대한 국가부채의 승계에 관해서는 아무런 실체적 기준도 제공하고 있지 않기 때문이다.[104] 협약은 제6조에서 "본 협약의 어떤 규정도 자연인 또는 법인의 권리와 의무에 관련된 그 어떤 문제의 그 어떤 측면도 미리 판단하는 것으로 간주되지 아니한다."고 표현함으로써 이 문제를 회피하고 있을 따름이다.

비엔나협약은 국제법에 따라, 특히 UN헌장에 규정된 국제법의 원칙들에 따라 발생하는 국가승계에 대해서만 적용된다.[105] 동 협약의 시간적 적용에 관해서도 1978년 협약 제7조와 동일한 규정을 두고 있으며, 원칙적으로 동 협약 발효 후에 발생하는 국가승계에 대해서만 적용된다.[106]

1. 국가재산[107]

비엔나협약 제8조에 의하면 비엔나협약의 목적상 국가재산(state property)이란 "국가승계 당시의 전임국가의 국내법에 따르면 당해 전임국가의 소유로 인정되는 재산, 권리 및 이익"을 말한다.[108]

국제관습법에 의하면 국가재산은 동산 · 부동산 가릴 것 없이 승계국으로 이전(양도)되는 것이 원칙이다. 그러나 전임국가의 영토 내에 있던 '제3국'의 국가재산은 국가승계의 영향을 받지 않는다.[109]

관련 국가들이 달리 합의하거나 혹은 적절한 국제기구가 달리 결정하지 않는 한, 전임국가의 극

시민적 · 정치적 권리규약 인권위원회(Human Rights Committee)도 1997년 그 "일반논평 제26" (General Comment No. 26)에서 다음과 같이 언급한 바 있다 : "... once the people are accorded the protection of the rights under the Covenant, such protection devolves with territory and continues to belong to them, notwithstanding change in government of the State party, including dismemberment in more than one State or State succession or any subsequent action of the State party designed to divest them of the rights guaranteed by the Covenant." : Human Rights Committee, General Comment 26 (61), UN Doc. A/53/40, Annex Ⅶ, 8 December 1997, para. 4 ; Cassese, *International Law*, 2nd, p. 79, fn. 4. 유럽인권재판소도 동일한 생각을 하고 있다 : *Bijelić* v. *Montenegro and Serbia*, Application no. 11890/05, Judgment of 28 April 2009, paras. 53~56, 58, 68, 69 ; Shaw (7th), p. 713 ; Orakhelashvili/Akehurst (9th), p. 335.

103) Cassese, *International Law*, 2nd, pp. 78~79 ; Shaw, 5th, pp. 885~889 ; Aust, *Handbook of IL*, 2nd, p. 366 ; Orakhelashvili/Akehurst pp. 312~313(9th, pp. 333~335) ; Keitner, p. 97.

104) 협약 제33조 ; Akehurst, pp. 166~167 ; Shaw, p. 617.

105) 협약 제3조.

106) 협약 제4조.

107) 愼鏞鎬, "국가재산의 국가승계에 관한 관행 연구", 《國際法學會論叢》, 제53권 제3호 (2008년 12월), pp. 95~122 참조 ; Aust, *Handbook of IL*, 2nd, p. 366.

108) 협약 제8조. 그러나 PCIJ는 *Peter Pazmany University*, PCIJ (1933), Series A/B, No. 61, p. 236에서, 문제의 재산이 국유 또는 공공 재산인가의 여부를 결정짓기 위해 전임국가의 국내법에 의지할 필요는 없는 것으로 생각하였다. Shaw, p. 613, fn. 35.

109) 협약 제12조.

가재산은 '보상없이'(without compensation) 승계국으로 이전된다.[110)]

관련 국가들이 달리 합의하거나 혹은 적절한 국제기구가 달리 결정하지 않는 한, 전임국가의 국가재산은 '국가승계가 이루어진 일자부로' 승계국으로 이전된다.[111)] 전임국가는 승계국으로 이전되는 국가재산에 대한 피해 또는 파괴를 방지하기 위한 모든 조치를 취할 의무를 진다.[112)]

(1) 영토 일부의 이전(transfer of part of the territory of a state)

할양, 시효 등의 사유로 한 국가의 영토 일부가 타국가로 이전되는 경우, 전임국가로부터 승계국에로의 국가재산의 이전은 상호간의 합의에 의하여 해결한다. 그러한 합의가 없으면, 이전된 영토내에 위치하고 있는 전임국가의 국유부동산(immovable state property)과 '이전된 영토에 대한 전임국가의 활동과 관련된'(connected with the activity of the predecessor state in respect of the territory to which the succession of states related) 전임국가의 국유동산[113)]은 승계국으로 이전된다.[114)] 요컨대, 부동산의 경우와는 달리, 동산의 경우에는 그 위치나 소재지가 중요한 것이 아니라 '이전된 영토에 대한 전임국가의 활동과 관련이 있는' 동산인가의 여부가 중요하다.

(2) 신생독립국(newly independent state)

승계가 발생하는 영토(즉, 식민지) 안에 위치하고 있던 전임국가의 국유부동산은 신생독립국에게로 이전된다.[115)] 승계영토 밖에 위치한 것으로서, 식민지가 되기 이전에는 그 영토에 속했었으나[116)] 식민지기간 중에 전임국가의 국유재산으로 된 부동산은 신생독립국에게로 이전된다.[117)] 그 밖에 역시 승계영토 밖에 위치한 것으로서, 그 창설에 식민지영토가 기여한 전임국가의 부동산은 식민지영토가 기여한 바에 비례하여 신생독립국에게로 이전된다.[118)]

승계영토(즉, 식민지)에 대한 전임국가의 활동과 관련한 국유동산은 신생독립국에게로 이전된다.[119)] 원래 승계영토에 속했던 것으로서, 식민지기간 중 전임국가의 국유재산이 된 동산은 신생독립국에게로 이전된다.[120)] 그 밖에 그 창설에 식민지영토가 기여한 전임국가의 국유동산은 식민지영토가 기여한 바에 비례하여 신생독립국에게로 이전된다.[121)]

신생독립국에 의한 국유재산승계를 다루고 있는 협약 제15조는 다른 승계상황들과는 달리 전임

110) 협약 제11조.
111) 협약 제10조.
112) 협약 제13조.
113) 예컨대, 통화(currency) 또는 국가공공자금(state public funds). Shaw, p. 613, fn. 38.
114) 협약 제14조.
115) 협약 제15조 1항(a).
116) 그 당시 그 부동산이 중앙정부의 것이었건 지방정부의 것이었건 회사나 개인의 것이었건 관계없다.
117) 협약 제15조 1항(b).
118) 협약 제15조 1항(c).
119) 협약 제15조 1항(d).
120) 협약 제15조 1항(e).
121) 협약 제15조 1항(f).

국가와 승계국(즉, 신생독립국)간의 합의에 관하여 언급하고 있지 않다.[122] ILC는 의도적으로 그렇게 하였는데, 왜냐하면 그와 같은 많은 협정이 신생독립국들에게 불리하다는 사실과 탈식민지화의 특수상황을 고려에 넣었기 때문이다. 그러나 제15조가 그와 같은 협정을 금지하거나 무효로 만드는 것으로 생각할 수는 없다.[123]

(3) 국가들의 통합(uniting of states)

둘 이상의 국가가 통합하여 한 개의 승계국을 형성할 때, 전임국가들의 국유재산은 동산·부동산 가릴 것 없이 승계국에게로 이전된다.[124]

(4) 국가의 분리(separation of part or parts of the territory of a state) : 분리독립(secession)

한 국가 영토의 한 부분 또는 부분들이 그 국가로부터 분리되어 하나의 신국가를 형성하는 경우, 전임국가와 신국가 간에 달리 합의가 없으면, 분리된 영토 내에 위치한 국유부동산은 신국가에게로 이전되며, 또한 승계영토에 대한 전임국가의 활동과 관련한 국유동산도 신국가에게로 승계된다. 그 밖의 동산은 형평한 비율로 신국가에게로 이전된다.[125]

(5) 국가의 분열(dissolution of a state)

한 국가가 분열하여 소멸하고 그 대신 전임국가의 부분들이 둘 이상의 신국가를 형성하는 경우, 관련 신국가들간에 달리 합의가 없으면 다음의 규칙이 적용된다. 첫째, 전임국가의 국유부동산은 그 소재지 신국가에게로 이전된다. 둘째, 전임국가의 영토 밖에 위치한 국유부동산은 형평한 비율로 신국가들에게로 이전된다. 셋째, 특정 영토 부분에 대한 전임국가의 활동과 관련한 전임국가의 국유동산은 당해 영토를 승계한 신국가에게로 이전된다. 넷째, 전임국가의 그 밖의 국유동산은 형평한 비율로 신국가들에게로 이전된다.[126]

(6) 결 어

국유재산의 승계문제는 영토 일부의 이전, 국가의 분리(분리독립) 그리고 분열의 경우에는 관련국간의 합의에 의하여 해결하는 것이 원칙이며, 신생독립국과 통합의 경우에는 국유재산은 신국가에게로 자동 승계된다.

---

122) 협약 제28조 1항에 규정된 (국가재산의 한 유형인) 국가문서의 이전의 경우에도 그러하다. 제38조에 규정된 국가부채의 경우에는 전임국가와 신생독립국간의 합의에 관하여 언급하고 있다.
123) Shaw, p. 613.
124) 협약 제16조.
125) 협약 제17조.
126) 협약 제18조.

2. 국가문서

국가문서(state archives)는 특별한 성격의 국가재산이다. 왜냐하면 많은 국가문서는 그 성격상 분할하기는 곤란하지만, 그 대신 비교적 쉽게 복제할 수 있기 때문이다.[127)]

협약 제20조에 의하면 비엔나협약의 목적상 국가문서란 "국가승계시 전임국가의 국내법에 따르면 그 국가에 속했고, 그 목적에 관계없이 전임국가가 직접 또는 그 통제 하에 보존했던 문서로서, 전임국가가 그 직무를 수행함에 있어 작성하였거나 수령한 일자와 종류를 불문한 모든 문서"를 말한다.

관련 국가들이 달리 합의하거나 혹은 적절한 국제기구가 달리 결정하지 않는 한, 국가문서는 승계시에 '보상없이' 이전된다.[128)] 관련 국가들이 달리 합의하거나 혹은 적절한 국제기구가 달리 결정하지 않는 한, 전임국가의 국가문서는 '국가승계가 이루어진 일자부로' 승계국으로 이전된다.[129)] 다만, 제3국이 승계영토 내에 소유하고 있는 국가문서는 국가승계의 영향을 받지 않는다.[130)]

(1) 영토 일부의 이전(transfer of part of the territory of a state)

한 국가의 영토 일부가 타국가에게로 이전되는 경우, 전임국가의 문서를 승계국에게로 이전하는 문제는 그들 상호간의 합의에 의하여 해결되어야 한다. 그러나 그러한 합의가 없으면, 이전되는 영토의 '통상적' 행정(normal administration)을 위하여 승계국의 처분 하에 두어져야 하는 전임국가의 국가문서는 승계국에게로 이전되며, 오로지(exclusively) 또는 일차적으로(principally) 승계영토에 관련되는 국가문서도 승계국에게로 이전된다.[131)]

(2) 신생독립국(newly independent state)

원칙적으로 위 영토 일부 이전의 경우와 동일한 규정이 적용되지만 약간의 변경이 있다. 첫째, 신생독립국의 경우에는 전임국가와 신생독립국 간의 합의에 관하여 언급하고 있지 않다.[132)]

둘째, 원래 식민지영토에 속했으나 식민지기간 중 전임국가의 국가문서가 된 문서는 신생독립국에게로 이전된다.[133)] 식민지가 되기 전에 관련 문서가 중앙정부·지방정부·종족·회사·개인 그 누구에 의해 보관(소유)되고 있었는가는 문제되지 않는다.[134)] 1947년의 대 이탈리아 강화조약이 그 좋은 예이다. 동 조약은 1935년 10월 이후 이탈리아가 이디오피아로부터 가져간, 이디오피아 또는 그 원주민에게 속하는 역사적 가치있는 모든 문서와 물건을 반환해야 한다고 규정하였다. 베트남의 경우, 1950년 프랑스와 베트남간 협정에서 모든 역사문서의 반환을 규정하였다.[135)]

---

127) Shaw, p. 614.
128) 협약 제23조.
129) 협약 제22조.
130) 협약 제24조.
131) 협약 제27조.
132) 협약 제28조 1항(b)·(c).
133) 협약 제28조 1항(a).
134) Shaw, p. 616.

셋째, 비엔나협약은 위에서 논한 국가문서에 포함되지는 않지만 신생독립국에게 '이해관계가 있는'(of interest) 전임국가의 국가문서의 이전 또는 복제에 관해서도 배려하고 있다. 즉, 그같은 국가문서의 이전(passing) 또는 적절한 복제(appropriate reproduction)는 '전임국가와 신생독립국 모두 그같은 국가문서로부터 가능한 한 폭넓고 형평하게 이익을 볼 수 있는 방법으로' '합의에 의하여' 결정되어야 한다.[136] 여기서 말하는 국가문서는 주로 식민지화(colonisation)와 식민지통치기간(colonial period)에 관련한 자료를 지칭한다.

넷째, 전임국가는 영토권(territorial title)과 국경선 문제(boundary issues)에 관련한 자국의 국가문서로부터 이용가능한 최선의 증거자료를 신생독립국에게 제공할 의무가 있다.[137] 식민지독립 후의 많은 영토분쟁은 식민지통치기간 중에 체결된 국경선획정조약의 해석과, 분쟁지역에 관련한 식민지시대의 통치관행을 중심으로 전개된다는 점에서 이 규정은 중요성을 갖는다.[138]

(3) 국가들의 통합(uniting of states)

둘 이상의 국가가 통합하여 한 개의 승계국을 형성하는 경우, 전임국가들의 국가문서는 승계국에게로 이전된다.[139]

(4) 국가의 분리(separation of part or parts of the territory of a state) : 분리독립(secession)

한 국가 영토의 한 부분 또는 부분들이 그 국가로부터 분리하여 하나의 국가를 형성하는 경우, 전임국가와 신국가 간에 달리 합의가 없으면, 분리된 영토의 통상적 행정을 위하여 당해 영토 내에 있어야만 하는 전임국가의 국가문서는 신국가에게로 이전되며, 또한 분리된 영토와 직접적으로(directly) 관계있는 전임국가의 국가문서도 신국가에게로 이전된다.[140] 그리고 신생독립국의 경우에서와 동일하게, 전임국가는 영토권과 국경선 문제에 관련한 자국의 국가문서로부터 이용가능한 최선의 증거자료를 분리독립국에게 제공할 의무가 있다.

(5) 분열(dissolution of a state)

한 국가가 분열하여 소멸하고 그 대신 전임국가 영토의 부분들이 둘 이상의 국가를 형성하는 경우, 신국가들간에 달리 합의가 없으면, 위 국가분리의 경우와 동일한 규칙이 적용된다.[141] 당해 영토의 통상적 행정을 위하여 신국가의 영토 내에 있어야만 하는 것이 아니거나 또는 신국가의 영토와 직접적으로 관련이 있는 것이 아닌 국가문서들은 모든 관련 상황을 고려하여, 형평한 방법으로

135) *Ibid.*
136) 협약 제28조 2항.
137) 협약 제28조 3항.
138) Shaw, p. 616.
139) 협약 제29조.
140) 협약 제30조 1항.
141) 협약 제31조 1항(a) · (b).

(in an equitable manner) 신국가들에게로 이전되어야 한다.[142)]

(6) 결 어

제28조(신생독립국), 제30조(분리독립), 제31조(분열)는 특별히 '민족'(peoples)의 권리를 언급한 동일규정을 두고 있다. 즉, (신생독립국과 분리독립의 경우) 전임국가와 승계국간에 혹은 (분열의 경우) 승계국들 상호간에 체결되는 전임국가의 국가문서에 관한 조약은 "그 국가들의 민족들이 향유하는 개발, 그들의 역사에 관한 정보, 문화적 유산에 대한 권리를 침해해서는 안된다"(shall not infringe the right of the peoples of those states to development, to information about their history and to their cultural heritage).[143)]

국가문서의 승계에 있어서도, (대체로 국가재산의 승계와 동일하게) 영토 일부의 이전, 국가의 분리(분리독립) 그리고 분열의 경우에는 관련 국가 간의 합의에 의하여 해결하는 것이 원칙이며, 신생독립국과 통합의 경우에는 자동 승계된다. 다만, 신생독립국에게 '이해관계 있는' 전임국가의 국가문서의 이전 · 복제는 합의에 의하여 결정해야 한다.

3. 국가부채[144)]

협약 제33조에 의하면 비엔나협약의 목적상 국가부채(state debt)란 "전임국가가 국제법에 따라 타국가, 국제기구 또는 기타 국제법의 주체에 대해서 지고 있는 일체의 재정적 의무"를 의미한다.

(1) 영토 일부의 이전(transfer of part of the territory of a state)

한 국가의 영토 일부가 타국가에게로 이전되는 경우, 전임국가의 국가부채가 승계국에게로 이전되는가의 문제는 그들간의 합의에 의하여 해결되어야 한다. 그러나 달리 합의가 없으면, 전임국가의 국가부채는 형평한 비율로, 특히 그 국가부채와 관련하여 승계국에게로 이전되는 재산 · 권리 · 이익을 고려하여 승계국에게로 이전된다.[145)]

(2) 신생독립국(newly independent state)

'식민지영토에서의 전임국가의 활동과 관련있는 국가부채'와 '신생독립국에게로 이전되는 재산 · 권리 · 이익' 사이의 관련성(link)을 고려하여 그들간의 합의에서 달리 규정하지 않는 한 전임국가의 어떤 국가부채도 신생독립국에게 이전되지 않는다.[146)]

---

142) 협약 제31조 2항.

143) 협약 제28조 7항, 제30조 3항, 제31조 4항 참조.

144) 愼鏞鎬, "국가부채의 국가승계에 관한 관행 연구", 《國際法學會論叢》, 제54권 제2호 (2009년 8월), pp. 143~181 참조; Orakhelashvili/Akehurst, pp. 322~323.

145) 협약 제37조.

146) 협약 제38조.

(3) 국가들의 통합(uniting of states)

둘 이상의 국가가 통합하여 한 개의 승계국을 형성하는 경우, 전임국가들의 국가부채는 승계국에게로 이전된다.[147]

(4) 국가의 분리(separation of part or parts of the territory of a state)

한 국가 영토의 한 부분 또는 부분들이 그 국가로부터 분리하여 하나의 국가를 형성하는 경우, 전임국가와 신국가 간에 달리 합의가 없으면 전임국가의 국가부채는 형평한 비율로, 특히 그 국가부채와 관련하여 신국가에게로 이전되는 재산·권리·이익을 고려하여 신국가에게로 이전된다.[148] 한 국가의 영토 일부가 그 국가로부터 분리하여 타국가와 통합하는 경우에도 이 규칙이 적용된다.[149]

(5) 분열(dissolution of a state)

한 국가가 분열하여 소멸하고 그 대신 전임국가의 영토의 부분들이 둘 이상의 신국가를 형성하는 경우, 신국가들간에 달리 합의가 없으면 국가의 분리와 동일한 규칙이 적용된다.[150]

Ⅳ. 국 적

개인의 국적은 영토주권의 변경과 더불어 자동으로 변경되는 것이 일반원칙으로 생각되고 있다. 즉, 영토주권의 변경이 있으면 집단적 귀화(collective naturalisation)가 발생한다는 것이다.[151] 그러나 국적 부여는 원칙적으로 국내관할권에 속하는 일이기 때문에 이 문제 역시 그리 간단치만은 않다. 대체로, 새로이 영토를 취득한 국가는 그곳에서 태어났거나, 그곳에 거주하고 있거나 또는 전임국가의 국민인 부모로부터 해외에서 출생한 사람들의 신국적취득 '여부'와 관련하여 세부적인 입법조치를 마련할 것이다. 마찬가지로, 영토의 일부를 떼내어 준 할양국도 당해 지역 내에서 거주하고 있는 자국의 옛 시민들이 원래의 국적을 자동으로 상실하도록, 아니면 그것을 그대로 보유하도록 규정할 수 있을 것이다. 할양국이 완전히 소멸하는 경우라면 물론 이같은 일은 불가능하다. 이렇게 되면 결국 이중국적 또는 무국적이 야기될 수 있다. 특히, 국가승계가 있는 것인지의 여부가 논쟁의 대상이 되고, 또 국가승계가 발생했다고 보더라도 어떤 유형의 승계가 발생한 것인지가 불분명한 경우, 특수 계층의 개인들은 관련 국가의 일방적인 신국적법 제정 혹은 구국적법 회복선언으로 큰 혼란에 빠질 수도 있다.[152] 그러므로 무엇보다 1961년의 "무국적 감소에 관한 협약"

147) 협약 제39조.
148) 협약 제40조 1항.
149) 협약 제40조 2항.
150) 협약 제41조.
151) See Hailbronner, *op. cit.*, (1991) 2 EJIL 18 at 26~28.

(Convention on the Reduction of Statelessness)[153]은 영토이전의 결과 무국적자가 발생하지 않도록 할 의무를 체약국들에게 지우고 있다.[154] 국가승계가 개인(자연인)의 국적에 미치는 효과에 대해서는 ILC가 1999년에 최종 초안[155]을 채택한 바 있는데, 초안의 기본 원칙은 국가승계 일자 당시 전임국가의 국적을 가졌던 사람이 국가승계의 결과로 무국적이 되어서는 안된다는 것이다.[156] 이들 규정은 2000년 12월 12일 UN총회에서 그대로 승인된 바 있다.[157]

국가승계와 국적(특히, 무국적) 사이의 함수관계는 지역적 차원에서도 논의되고 있다. 즉, 2006년 체결된 "국가승계로 인한 무국적을 피하기 위한 유럽심의회 협약"(Council of Europe Convention on the avoidance of statelessness in relation to state succession)[158]은 전문에서, 특히, "국가승계는 무국적 사례의 주요 연원으로 남아 있고", "1997년 11월 6일 스트라스부르그에서 서명을 위해 개방된 국적에 관한 유럽협약(European Convention on Nationality)[159]은 국가승계 시의 국적에 대해 구체적인 규칙이 아닌, 단지 일반원칙들만을 담고 있으며", "국가승계로 인한 무국적에 대해서는 다른 국제문서들이 구속적 성격이 없거나 일부 중요한 문제를 다루고 있지 않다"는 점을 언급하고 있다.

---

152) 1940년 구 소련에 (적어도 사실상) 병합되었던 발트 3국(라트비아, 에스토니아, 리투아니아)이 1991년 독립을 선언하고 나서 채택한 국적법과 관련한 논쟁이 그 좋은 예이다. 미국을 위시한 대부분의 서유럽국가들은 발트 3국이 독립을 회복할 때까지 오랜 기간 동안 구 소련에 의한 발트 3국 병합을 결코 승인하지 않았었다. 그러나 외국에 의한 통제가 오랜 기간 지속된 경우에는 옛 국가와 복구된 국가 간의 계속성이 제한될 수밖에 없다는 견해도 있다(See e.g. Brownlie, p. 87). 하여간, 발트 3국 중 리투아니아는 1989년 11월 모든 영주자들에게 자동적으로 시민권을 선택할 수 있는 권리를 부여함으로써 갈등을 피해 나갔다. 논쟁의 대상이 된 것은 라트비아(1994년 7월 22일 신국적법 제정)와 에스토니아(에스토니아의회는 1991년에 1938년의 국적법을 회복시켰다가 1995년 1월 19일 신국적법 제정)가 제정한 (대체로 혈통주의에 기초한) 국적법인데, 논쟁의 대상이 된 부분은 구 소련 체제의 러시아화(Russification) 정책의 일환으로 이들 국가에 들어갔던 "러시아어를 사용하는" 사람들 대부분의 자동적인 귀화를 막는 규정이다(참고로, 소련에 병합된 후 스탈린과 브레즈네프 시절, 수십만의 라트비아, 에스토니아 그리고 리투아니아인들은 처형되거나 소련 내의 타지역으로 추방되었었다). 러시아연방은 이 두 국가의 국적법이 인권을 침해하는 것이라고 강하게 비난하였다. 그러나 이에 대해 국제법상 문제는 없다는 옹호도 제기되고 있다. 이들 문제에 대한 자세한 논의는 Joanne Skolnick, *op. cit.*, (1996) 54 University of Toronto Faculty of Law Review 387~417.

153) 1961년 8월 30일 서명, 1975년 12월 13일 발효 : https://treaties.un.org/ ; https://en.wikipedia.org/wiki/Convention_on_the_Reduction_of_Statelessness.

154) "무국적 감소에 관한 협약" 제10조. Shaw, pp. 622~623 참조.

155) "Draft articles on nationality of natural persons in relation to the succession of states", adopted by the ILC on second reading 1999, 〈https://legal.un.org/ilc/publications/yearbooks/english/ilc_1999_v2_p2.pdf〉 ; 박기갑, "UN국제법위원회 작업현황 : 국가승계와 관련한 자연인의 국적문제", 《국제법평론》, 2000-I(통권 제13호), pp. 221~239 ; Aust, *Handbook of IL*, 2nd, pp. 374~375. 이 초안은 그 제목에서 보는 바와 같이 국가승계가 '법인'의 국적에 미치는 효과는 규율대상으로 하고 있지 않다.

156) ILC 초안 제4조.

157) See Annex to A/Res/55/153(12 Dec. 2000), "Articles on Nationality of natural persons in relation to the succession of States" ; https://www.un.org/Depts/dhl/resguide/resins.htm (2001-03-08) ; 朴基甲, "국가승계가 자연인의 국적에 미치는 영향", 《國際法學會論叢》, 제46권 제3호 (2001년 12월), pp. 51~75. 이 문제에 대한 UN총회의 계속적인 관심에 관해서는, https://untreaty.un.org/ilc/guide/3_4.htm. 참조.

158) 2006년 5월 19일 서명, 2009년 5월 1일 발효. https://en.wikipedia.org/wiki/Council_of_Europe_Convention_on_the_Avoidance_of_Statelessness_in_Relation_to_State_Succession.

159) 본서, 제15장 (국적), "Ⅱ. 국적과 유사한 개념들, 1. 시민권" 참조.

V. 사적 권리

국가승계가 사적 권리(private rights)에 어떤 영향을 미치는가의 문제를 논함에 있어서는 국가주권 원칙과 기득권존중 원칙의 상관관계가 문제된다. 국가승계로 인하여 승계국의 국민이 되는 거주인들에 관한 한, 그들은 완전히 승계국의 법하에 놓이며 따라서 국가주권의 원칙상 (국제인권법의 적용과는 별도로) 국제법의 문제가 발생할 여지는 거의 없다. 그러므로 논의의 초점은 국가승계가 '외국인'(즉, 전임국가 또는 제3국의 국민)의 권리에 어떤 영향을 미치는가 하는데 있다.

이른바 기득권 존중의 원칙(principle of respect for acquired/vested rights)에 의하면 주권의 변경은 외국인의 기득권에 영향을 주지 못한다고 한다.[160] 그러나 이 원칙이 국제법의 확립된 원칙이냐에 관해서는 의견의 다툼이 있다. 그리고 이 원칙의 적용범위에 관해서도 의견이 일치되고 있지 않다. 즉, 주권의 변경은 외국인의 권리에 '아무런' 영향도 주지 못한다는 견해가 있는가 하면, 주권의 변경은 '가능한 한' 외국인의 권리에 영향을 주어서는 안된다는 견해도 있다. 국가주권 원칙을 고려에 넣는다면 후자의 견해가 타당하다고 하지 않을 수 없다. 전자의 견해는 외국인의 기득권을 신성불가침의 것으로 여기고 있다는 점에서 법적·정치적으로, 특히 식민지상태에서 독립한 국가에 대해서는 문제가 있다. 생각건대, 국가주권의 원칙상 승계국은 국제법이 요구하는 일정 기준을 조건으로 외국인의 기득권에 변경을 가할 수 있다. 예컨대, 국제법상 요구되는 일정 요건을 충족한다면, 승계국은 외국인의 재산을 합법적으로 수용하거나 또는 국유화도 할 수 있다. 물론, 승계국이 그같은 조치를 취하지 않고 있는 동안에는 외국인의 기득권은 존속한다. 이렇게 본다면, 기득권존중의 원칙이란 것이 어떤 특별한 의미나 중요성을 갖는다고는 생각되지 않는다.[161] 특히, 대부분의 아시아·아프리카 국가들은 독립 '후'에 이루어진 외국인의 투자는 국제법의 관련 규칙에 따라 보호받아야 하겠지만, 독립 '전'에 외국인들(전임국가 또는 제3국의 국민)이 가지고 있던 재산 및 투자에 대해서는 그것이 식민지 착취의 한 형태였다는 이유로 독립 후 그것을 수용하더라도 보상해 줄 의무가 없다고까지 주장하고 있다. 그러나 그들의 이같은 전략은 서구자본의 유입을 감소시켜 장기적으로 그들의 국가경제에 악영향을 끼치는 결과를 초래할 수 있다.[162]

외국인의 '계약상의' 권리는 어떠한가? 예컨대, 전임국가가 부여한 컨세션(concession)을 승계국이 취소하는 경우, 승계국은 그에 대한 보상을 하여야 하는가? 서구진영의 국가들은 이를 긍정하는

160) See, e.g., Advisory Opinion on *Certain questions relating to settlers of German origin in the territory ceded by Germany to Poland* (*German Settlers in Poland*), PCIJ (1923), Series B, No. 6, p. 36 ("Private rights acquired under existing law do not cease on a change of sovereignty.") ; *Certain German interests in Polish Upper Silesia* (Germany v. Poland)(Merits), PCIJ (1926), Series A, No. 7, p. 42 ("the principle of respect for vested rights ... forms part of generally accepted international law..."). See Orakhelashvili/Akehurst, 9th, pp. 364~365.

161) O'Connell, p. 266.

162) Akehurst, pp. 164~165 ; Orakhelashvili/Akehurst, 9th, p. 343.

데 반해, 대부분의 아시아·아프리카 국가들은 이를 부정하고 있다.[163)]

외국인에 대한 부채는 전임국가의 '외국'에 대한 부채에 준한다. 따라서 신생독립국의 경우를 제외하고는 대체로 승계국에게로 이전된다.

국가승계시 외국인의 권리가 어느 범위 내에서 존속할 것인가의 문제는 국민적 감정(특히, 식민지 인민들이 무력투쟁을 통하여 주권을 회복한 경우), 국가 간 힘의 우열 및 이념적 차이와 밀접한 관련을 맺고 있다. 예컨대, 사유재산을 신성시하는 경향이 있는 서구진영의 국가들은 타진영의 국가들에 비해 기득권존중의 원칙을 강하게 지지하고 있다. 그 밖에 이 문제는 국가책임의 문제와도 밀접한 관련이 있다.[164)]

Ⅵ. 국제기구 회원국의 지위 : UN의 경우를 중심으로

국제기구 설립조약들은 회원국의 지위와 가입에 대해 규정하고 있을 뿐, 국가승계로부터 파생되는 문제들, 특히 회원국 지위의 승계에 대해서까지 언급하고 있지는 않다. 일반원칙을 제시한다면, 국가승계 상황이 발생하여도 -그로 인해 국호의 변경이 있다 하더라도- 기존 회원국을 계속하는 국가(continuator state)가 있다는 것이 확인될 수 있다면 그 국가는 관련 국제기구의 회원국 지위를 계속하며, 따라서 이 국가에게는 회원국 지위 승계의 문제는 발생하지 아니한다.[165)] 반대로, 기존 회원국을 계속하지 아니하는 국가는 전임국가의 회원국 지위를 승계할 수 없으며, 관련 기구에 새로 가입하여야 한다. 아래에서는 이 문제에 대한 UN의 관행을 살펴보기로 한다.

(1) 영토 일부의 이전 또는 상실

영토의 일부 이전은 전임국가의 UN회원국 지위에 하등의 영향도 미치지 않는다. 즉, 영토의 일부 상실로 인하여 국가의 동일성이 파괴되는 것은 아니다.[166)] 그리고 승계국이 아직 UN회원국이 아니라면 UN헌장 규정에 따라 별도의 UN가입절차를 밟지 않을 수 없다.

(2) 신생독립국

UN관행을 보면 신생독립국들 역시 독립 후 UN헌장규정에 따라 별도로 UN에 가입하였다. 백지출발주의의 관점에서 보더라도 전임국가의 UN회원국 지위가 신생독립국에게로 연장될 수는 없는 것이다. 다만, 인도는 UN 원회원국이지만 정식 독립은 영국 의회의 "인도독립법 1947"(Indian Independence Act)[167)]에 의거하여 1947년에 와서야 달성하였는데,[168)] 독립 후 인도의 UN회원국

163) See *Mavrommatis Palestine Concessions* case, PCIJ (1924), Series A, No. 2, p. 28 ; Akehurst, p. 166.
164) Shaw, p. 622.
165) Amerasinghe, p. 111.
166) Shaw, p. 612, fn. 31.

지위에는 변화가 없었다. 인도 독립시 파키스탄이 분리되어 나갔으나, UN총회는 기존의 인도는 계속되는 것으로 보고 파키스탄만 신국가로 간주하였다.[169]

(3) 합 병

합병은 이론상 신국가의 창설을 초래하므로 전임국가들이 모두 UN회원국이라 하더라도 새로 가입절차를 밟아야 한다는 논리가 성립될 수 있겠지만 UN의 관행은 그렇게 경직되어 있지 않다. 예컨대, 이집트와 시리아는 모두 UN원회원국이었는데, 1958년 2월 21일의 국민투표 결과에 따라 두 국가가 합병하여 통일아랍공화국(United Arab Republic)을 형성한 적이 있었다. 이때 통일아랍공화국은 계속해서 −물론 이제는 단일의− 회원국으로 인정받았다.[170] 또한, 예멘인민민주공화국(People's Democratic Republic of Yemen : 남예멘) (1967년 12월 14일 UN가입)과 예멘아랍공화국(Arab Republic of Yemen : 북예멘)(1947년 9월 30일 UN가입)은 1990년 5월 22일 예멘공화국(Republic of Yemen)의 이름으로 통일을 이루었는데, 이때에드 별도의 가입절차 없이 계속해서, 그러나 하나의 국가로서 UN회원국의 지위를 향유하였다.[171]

합병의 일방 당사자는 UN회원국인데 타방 당사자는 그렇지 아니한 경우, 전자의 UN회원국 지위가 신국가에게로 승계되는지는 분명치 않다.

합병의 양 당사자 모두 UN회원국이 아니라면 신국가는 당연히 UN가입절차를 별개로 밟지 않을 수 없다.

(4) 병 합

구 동·서독의 경우, 양국은 1972년 기본조약을 체결한 뒤 1973년 동독은 133번째로, 서독은 134번째로 UN에 가입하였다. 그 후 1990년 10월 3일 서독(Federal Republic of Germany)이 동독(German Democratic Republic)을 병합함으로써 통일을 달성하였는데, 이때부터 전자는 UN에서 단지 독일(Germany)이란 명칭으로 행동하고 있다.[172] 병합국은 UN회원국인데 피병합국은 UN회원국이 아닌 경우에도 승계국인 병합국의 UN회원국 지위는 그대로 유지된다.

---

167) https://www.legislation.gov.uk/ ; https://en.wikipedia.org/wiki/Indian_Independence Act_1947.

168) Patrick Dumberry, *State Succession to International Responsibility* (Leiden/ Boston : Martinus Nijhoff Publishers, 2007), p. 172. UN의 원회원국이긴 하지만 완전한 독립은 나중에 가서야 달성한 국가의 예로서는 인도 이외에도 필리핀, 뉴질랜드를 들 수 있다. 해체된 구소련의 구성공화국이었던 백러시아(Byelorussia)(현 벨라루스)와 우크라이나(Ukraine)도 이론상 이 경우에 속한다. https://en.wikipedia.org/wiki/Member_states_of_the_United_Nations.

169) *ILC Draft articles on Succession of States in respect of Treaties with commentaries* (1974), Commentary to draft Article 4, para. 2, 〈https://legal.un.org/ilc/texts/instruments/english/commentaries/3_2_1974.pdf〉 ; Shaw, pp. 611~612 ; Dumberry, *op. cit.*, pp. 172~173.

170) 그러나 아래에서 언급하는 바와 같이 이 두 국가는 1961년에 헤어졌다. Shaw, p. 612 ; Cassese, *International Law*, 2nd, p. 79.

171) Cassese, *International Law*, 2nd, p. 79.

172) Malanczuk, p. 168.

(5) 분리독립과 분열

분리독립과 분열(해체)은 때로 그 구분이 용이하지 않다. 1958년 이집트(당시 공식 국명은 Republic of Egypt)와 합병하여 통일아랍공화국(United Arab Republic)을 형성했던 시리아는 1961년 10월 13일 분리독립(secession)하였으며, 재가입 절차를 밟지 아니하고 UN회원국의 지위를 회복하였다.[173] 그러나 이것은 시리아가 과거 UN의 원회원국이었기 때문에 가능한 일이었다. 만일 이같은 특별한 사정이 개입하지 않는다면 분리독립하는 국가는 신생독립국의 경우와 마찬가지로 전임국가의 UN회원국 지위에 관계없이 별도로 UN가입절차를 밟아야 할 것이다. 예컨대, 1947년 8월 15일 인도 독립시 인도로부터 분리독립한 파키스탄은 UN 원회원국인 인도와는 별개로 취급되어 1947년 9월 30일 UN에 가입하였다.[174] 에리트리아(Eritrea)도 이디오피아로부터 분리독립하여 1993년 5월 28일 UN에 가입하였다.[175]

1991년 12월 26일 최종 해체된 것으로 보이는 구소련(Union of Soviet Socialist Republics : USSR)[176]의 구성공화국 중에서 UN 원회원국인 우크라이나 소비에트 사회주의 공화국(Ukrainian Soviet Socialist Republic)[177]과 백러시아 소비에트 사회주의 공화국(Byelorussian Soviet Socialist Republic)[178]은 물론 계속해서 −다만 국명을 바꾸어− UN회원국의 지위를 보유하고 있다. 그들 중에서 가장 큰 러시아연방(Russian Federation)도 보리스 옐친 대통령이 1991년 12월 24일자 서한에서 "안전보장이사회와 기타 모든 UN기관에서의 소련의 UN회원국 지위는 CIS 11개 회원국의 지지를 얻어 러시아연방에 의해 '계속'되고 있음"을 UN사무총장에게 통고함으로써 구소련의 UN회원국 지위와 더불어 안전보장이사회 상임이사국의 지위를 계속해서 향유하고 있다.[179] 그

173) 이에 따라 통일아랍공화국은 1971년 9월 2일 국명을 이집트아랍공화국(Arab Republic of Egypt)으로 바꾸었다. 통일아랍공화국으로부터의 시리아의 분리가 분리독립(secession)에 해당하는지 아니면 분열(dissolution)에 해당하는지가 문제되는데, 통합과정이 합병(merger)이었던 점을 고려한다면 이는 분열에 해당한다고 보는 것이 타당한 것 같기도 하다. 그러나 실제로는 분리독립으로 취급되고 있다. See *Handbook on the Peaceful Settlement of Disputes between States*, § 275 at pp. 92~93 ; Shaw, p. 612, fn. 32 ; Jennings & Watts (eds.), p. 220, fn. 6 ; https://en.wikipedia.org/wiki/Republic_of_Egypt ; https://en.wikipedia.org/wiki/Egypt.

174) 파키스탄은 1949년부터 8월 14일을 독립기념일로 하고 있다. UK Parliament, "Indian Independence Act, 1947", 〈https://www.legislation.gov.uk/ukpga/1947/30/pdfs/ukpga_19470030_en.pdf〉 ; https://en.wikipedia.org/wiki/Indian_Independence_Act_1947 ; https://en.wikipedia.org/wiki/Independence_Day_(India) ; https://en.wikipedia.org/wiki/Independence_Day_(Pakistan) ; https://en.wikipedia.org/wiki/Pakistan_and_the_United_Nations.

175) "Admission of Eritrea to membership in the United Nations", G.A. Res. 47/230, 〈https://hrlibrary.umn.edu/resolutions/47/230GA1992.html〉.

176) https://en.wikipedia.org/wiki/Dissolution_of_the_Soviet_Union#Fall:_August_to_December ; 본서, 제1장 (국제공동체의 역사적 전개과정), "Ⅳ. 국제공동체의 전개과정, 6. 제5단계".

177) 1991년 8월 24일, 우크라이나 소비에트 사회주의 공화국은 국명을 우크라이나(Ukraine)로 변경하였다 : https://www.un.org/en/about-us/member-states/ukraine.

178) 1991년 9월 19일, 백러시아는 국명을 벨라루스로 바꾸었다고 UN에 통보하였다 : https://www.un.org/en/about-us/member-states/belarus.

179) *Summary of Practice of the Secretary-General as Depositary of Multilateral Treaties* (1999), ST/LEG/7/Rev.l, para. 297 ["the Union of Soviet Socialist Republics (as the Russian Federation) continued to exist as a predecessor State"], 〈https://treaties.un.org/doc/source/publications/practice/summary_english.pdf〉 ; Malanczuk, pp. 166~167, 373 ; White, *Keeping the Peace*, pp. 24~25 ; 본서, 제6장 (국제법의 주체), "Ⅱ. 국

밖의 12개 구성공화국들은 각기 별도의 가입절차를 거쳐 UN에 가입하였다.

UN 원회원국이었던 체코슬로바키아(Czechoslovakia)는 1990년 4월 20일 국명을 The Czech and Slovak Federal Republic으로 바꾼 뒤, 결국 1993년 1월 1일부로 체크공화국(Czech Republic)과 슬로바키아공화국(Slovak Republic)으로 분열되었으며, 1993년 1월 19일부로 각기 UN에 가입하였다.[180]

역시 UN 원회원국이던 구 유고사회주의 연방공화국(Socialist Federal Republic of Yugoslavia)의 경우, 이것을 구성하고 있던 보스니아-헤르체고비나(The Republic of Bosnia and Herzegovina), 크로아티아(Republic of Croatia), 슬로베니아(Republic of Slovenia)는 1992년 5월 22일에, 그리고 마케도니아(Republic of Macedonia)는 잠정적으로 'the former Yugoslav Republic of Macedonia'의 이름으로 1993년 4월 8일 UN에 가입하였다.[181] 나머지 세르비아와 몬테네그로는 1992년 4월 27일 "유고연방공화국'(Federal Republic of Yugoslavia)을 구성하여 스스로 구 유고와의 '계속성'을 주장하였지만 UN에서 이것을 인정하지 아니함에 따라 2000년 11월 1일 UN에 신회원국으로 가입하였다.[182] 그렇다면 구 유고는 법적으로 분열되었다고 보는 것이 타당할 것이다. 보스니아-헤르체고비나, 크로아티아, 마케도니아, 슬로베니아 그리고 유고연방공화국은 2001년 6월 29일 비엔나에서 "승계 문제들에 관한 협정"(Agreement on Succession Issues)[183]을 체결하였는데, 여기서 그들은 자신들을 "구 유고사회주의 연방공화국의 5개 승계국"(five successor States to the former Socialist Federal Republic of Yugoslavia)으로 표현하였다. 유고 의회는 2003년 2월 4일 "세르비아-몬테네그로 국가동맹 헌법 장전"(Constitutional Charter of the State Union of Serbia and Montenegro)이란 이름의 신헌법을 채택하여 국명을 "세르비아-몬테네그로" (Serbia and Montenegro)로 바꾸었다.[184] 그러나 이 신헌법에 따르면 세르비아와 몬테네그로는 3년 후 국민투표에 기초하여 국가동맹을 일방적으로 떠나는 것이 허용되고 있었는데,[185] 실제로 세르비아보다 훨씬 작은 몬테네그로가 2006년 5월 21일의 국민투표에서 분리, 독립하기로 먼

가", & 제25장 (UN), "V. UN의 주요기관, 2. 안전보장이사회".

180) Aust, 2nd, pp. 381~383 ; Aust, *Handbook of IL*, 2nd, pp. 370~371.

181) 마케도니아는 그리스와의 국호 분쟁이 타결되어 2019년 2월 14일부로 "북마케도니아 공화국"(Republic of North Macedonia)으로 국호가 변경되었다. https://www.un.org/en/about-us/member-states/yugoslavia ; VOA, 2019.1.26., "그리스 의회, 마케도니아 국호 변경안 비준", 〈https://www.voakorea.com/a/4759015.html〉.

182) UN총회결의 55/12 (2000년 11월 1일) ; https://www.un.org/en/about-us/member-states/yugoslavia ; Aust, 2nd, pp. 378~381 ; Aust, *Handbook of International Law*, 2nd, pp. 21, 370, 372, 373~374 ; Malanczuk, pp. 167, 372.

183) 2004년 6월 2일 발효. "구유고사회주의 연방공화국의 권리, 의무, 자산 및 부채의 형평한 배분(할당)" (equitable distribution of rights, obligations, assets and liabilities of the former Socialist Federal Republic of Yugoslavia)을 다루었으며, 조약의 승계 문제는 다루지 않았다. https://www.ohr.int/laws-of-bih/succession-of-the-former-socialist-federal-republic-of-yugoslavia/ ; Ana Stanič, "Financial Aspects of State Succession : The Case of Yugoslavia", EJIL (2001), Vol. 12 No. 4, pp. 751~779.

184) "세르비아-몬테네그로 국가동맹 헌법장전" 제1조. 동 헌법장전 영문본은 https://www.worldstatesmen.org/SerbMont_Const_2003.pdf ; https://www.refworld.org/docid/43e7547d4.html 참조.

185) 상기 헌법장전 제60조.

저 결정하고, 세르비아 국민의회도 6월 5일 세르비아-몬테네그로 국가동맹의 승계국으로서 자신의 독립을 천명함으로써 구유고의 마지막 남은 두 공화국간에도 이별을 고하였다.[186] 이어서 몬테네그로(Republic of Montenegro)는 그 해 6월 28일 UN에도 가입하였다.[187]

Ⅶ. 독일 통일과 국가승계

독일 통일은 "잠정 분단된 국가의 두 개의 절반들"(two halves of a temporarily divided country)[188]이 자신들의 통일과 국가승계 문제를 어떻게 완결지었는지를 보여주는 모범 사례이다. 독일 분단에서 그 통일에 이르기까지의 전개과정을 보여주는 주요사건을 요약하면 다음과 같다.[189]

먼저, 4개 전승국은 1945년 6월 5일의 베를린 선언, 즉 "독일 패배 및 독일에 대한 최고통치권의 접수에 관한 선언"[190]에서 "(1) 미국, 영국, 소련, 프랑스 임시정부는 지방당국을 포함하여 독일에 대한 최고권력(supreme authority)을 장악한다. (2) 그러나 이것은 독일의 병합을 가져오는 것은 아니다. (3) 미국, 영국, 소련, 프랑스 임시정부는 앞으로 독일 영토의 지위를 결정한다"고 천명하였다. 또한, 이들 국가는 같은 날, "독일 점령지대에 관한 성명"을 통해서는 "(1) 점령의 목적상 독일은 4개 지대로 나누어 각 전승국에게 배정한다. (2) 대베를린(Great Berlin) 지역은 4개 전승국의 각국의 병력에 의하여 점령한다. 연합국 통치당국은 4개 전승국의 사령관에 의하여 임명된 4명의 위수사령관으로 구성되어 베를린의 행정을 합동으로 행사한다"고 천명하였다. 요컨대, 전승국은 독일 전체에 대한 공동통치(co-imperium)를 시작하였으나 주권 이양의 의사는 없음을 분명히 하였다.[191] 1949년 5월 23일 미국, 영국, 프랑스 점령지역에서 독일연방공화국(서독)(Bundesrepublik Deutschland, Federal Republic of Germany)이 수립되자, 소련 점령지역에서는 10월 7일 독일

---

186) https://en.wikipedia.org/wiki/Serbia_and_Montenegro.

187) UN총회결의 60/264, 〈https://www.un.org/en/about-us/member-states/yugoslavia〉.

188) Jon Van Dyke, "The Maritime Boundary between North & South Korea in the Yellow (West) Sea", 38 North, July 29, 2010, 〈https://www.38north.org/2010/07/the-maritime-boundary-between-north-south-korea-in-the-yellow-west-sea/〉.

189) 법제처, 《獨逸統一關係法硏究》(법제자료 제156집)(1991) ; 신용호, "독일 통일과정에서 제기된 국제법적 문제들", 《국제법동향과 실무》(외교통상부 조약국), 2003, Vol. 2, No. 4 (통권 제6호), pp. 7~28 ; 신용호, "구 동독 체결 조약의 처리와 협력의 국제법", 《국제법평론》, 2012-I(통권 제35호), pp. 83~ 112 ; 신용호, "동ㆍ서독간 교역의 법적 근거", 《국제법평론》, 2015-Ⅰ(통권 제41호), pp. 99~126 ; 통일원, 《법률로 본 독일 통일》, 1995.11., 〈https://unibook.unikorea.go.kr/libeka/elec/WebBook_data1/00047858/ebook/media/src.pdf〉 ; Jennings and Watts, pp. 135~14 ; Shaw, 4th, pp. 163~164 참조.

190) "Declaration regarding the defeat of Germany and the assumption of supreme authority with respect to Germany by the Governments of the United States of America, the Union of Soviet Socialist Republics, the United Kingdom and the Provisional Government of the French Republic", 〈https://avalon.law.yale.edu/wwii/ger01.asp〉.

191) Leo Gross (ed.), *International law in the twentieth century* (New York : Appleton-Century-Crofts, 1969), p. 294 ; Orakhelashvili/Akehurst, p. 90.

민주공화국(동독)(Deutsche Demokratische Republik, German Democratic Republic)이 수립되었다.[192]

그 후 미국과 소련 간의 냉전이 격화되는 시점에서, 1952년 5월 26일 체결되고, 1955년 5월 5일 발효한 "3개 점령국과 독일연방공화국(서독)간의 관계에 관한 협약"은 "(1) 미국, 영국, 프랑스 등 3개 점령국은 독일연방공화국상의 점령체제를 종료시킨다. 연방공화국은 이에 주권국가로서의 완전한 권한을 가진다. 그러나 (2) 독일통일 및 강화조약 체결을 가로막고 있는 작금의 국제상황을 고려하여, 3개 점령국은 '베를린과 독일 전체에 대하여' −독일통일 및 강화조약체결을 포함하여− '이제까지 행사하고 보유한 권리 및 책임'을 가진다"고 규정하였다.

−1969년 10월 28일 서독 하원에서 행한 수상 취임사의 제목 "한 민족, 두 국가"(zwei Staaten, eine Nation)로 요약되는− 빌리 브란트(Willy Brandt)의 동방정책(Neue Ostpolitik)[193]의 전개와 함께 1970년대에 들어와 동서독 간 접촉을 보장하기 위한 양국 정부 차원의 노력이 결실을 맺게 되었다. 즉, 1972년 5월 26일 체결된 "독일연방공화국과 독일민주공화국(동독) 간의 통행에 관한 조약"[194]을 통해 두 국가는 "(1) 양국간의 인적 · 물적 통행 문제를 규율하는데 합의하였는데, (2) 조약의 대상은 도로, 철도, 운하에서 이루어지는 양국간의 교환통행 및 통과통행"이었다. 또한, 동서독 정부는 1972년 12월 21일 체결된 "동서독간 상호관계에 관한 조약"(동서독기본조약)에서 "(1) 동서독은 UN헌장에 명시된 제반 목표와 원칙, 특히 모든 국가의 주권, 평등, 독립, 자주, 영토보전의 존중, 인권보호 및 차별대우금지 등을 지향한다. (2) 동서독은 어느 일방이 타방을 국제적으로 대표할 수 없다. (3) 동서독은 상주대표부를 교환한다"고 합의하였다. 동서독기본조약은 각자의 비준절차를 거쳐 1973년 6월 21일 발효하였으며, 이어서 동독과 서독은 1973년 9월 18일 UN에 함께 가입하였다. 그러나 동서독기본조약의 체결과 UN 동시가입이 서독의 동독에 대한 국가승인을 의미하는 것은 아니었다. 동서독은 두 개의 서로 다른 주권독립국가라는 것이 동독 정부의 주장이었지만, 동독을 "독일"의 다른 한 부분이라고 생각한 서독측은 1990년 분단이 해소될 때까지 동독을 한 개의 주권독립국가(외국)로서 완전히 승인하지는 않는 정책을 지속하였다.[195] 독일(서독)연방헌법재판소도 1973년[196]과 1974년[197]의 두 결정에서 "동독은 서독에 대한 관계에 있어 외국으로 간주되고 대우되어서는 안 된다."

192) Orakhelashvili/Akehurst, p. 90 ; https://en.wikipedia.org/wiki/West_Germany ; https://en.wikipedia.org/wiki/East_Germany.

193) German History in Documents and Images (GHDI), Documents – The New Ostpolitik and German-German Relations, "Two States, One Nation (October 28, 1969)", https://ghdi.ghi-dc.org/sub_document.cfm?document_id=168 ; https://en.wikipedia.org/wiki/Ostpolitik. 이로써 동독을 승인하는 국가와는 외교관계를 설립하거나 유지하지 않는다는 서독 정부의 할슈타인 독트린(Hallstein Doctrine)도 더 이상 유지할 수 없게 되었다. https://en.wikipedia.org/wiki/Hallstein_Doctrine

194) (1973) 12 ILM 16.

195) 나인균, pp. 303~304 ; Orakhelashvili/Akehurst, pp. 335~336.

196) German Bundesverfassungsgericht, BVerfGE 36, 1 – "Grundlagenvertrag", Decision of July 31, 1973 : "Die Deutsche Demokratische Republik gehört zu Deutschland und kann im Verhältnis zur Bundesrepublik Deutschland nicht als Ausland angesehen werden ... ; Deshalb war z.B. der Interzonenhandel und ist der ihm entsprechende innerdeutsche Handel nicht Auβenhandel ..." 〈https://www.oefre.unibe.ch/law/dfr/bv036001.html〉 (2005년 3월 6일 검색).

197) German Bundesverfassungsgericht, BVerfGE 37, 57 – "Haftbefehl in Berlin", Decision of March 27,

고 판시하였다.

1990년에 들어서자 이제 통일이 그들을 맞이하고 있었다. 우선, 1990년 5월 18일 체결되고 6월 30일 발효한 "동서독간 통화 · 경제 · 사회보장동맹 창설조약"(Treaty between the Federal Republic of Germany and the German Democratic Republic Establishing a Monetary, Economic and Social Union)[198]에서 양국 정부는 "(1) 동서독은 통화, 경제, 사회보장동맹을 설립한다. (2) 동서독은 1990년 7월 1일부터 통일된 통화영역을 지닌 통화동맹, 즉 독일마르크(서독마르크)를 공동통화로 하는 지역을 형성한다. 동독마르크에 기초한 채권, 채무는 이 조약에 따라 독일마르크로 대체된다. (3) 1990년 7월 1일부터 독일(서독)마르크(DM)를 동독에 유일의 법정통화로 도입한다. (4) 임금, 급여, 보조금, 연금, 지대, 차임 그리고 기타 정기적 지급은 1:1의 비율로 교환한다. (5) 동독마르크로 된 다른 채권과 채무는 원칙적으로 1 서독마르크 대 2 동독마르크의 비율로 교환한다"고 합의하였다.

당시 독일(서독)기본법(헌법) 제23조는 기본법이 (단지) "당분간"(For the time being) 적용되는 독일의 주들을 명시하면서 "독일의 다른 부분들에서 기본법은 그들이 연방에 가입(Beitritt, accession)할 시에 효력을 갖는다 ... "라고 규정하고 있었다. 이에 따라 먼저 1990년 8월 23일 동독 최고인민회의는 독일연방 가입 결정을 채택하였다. 곧 이어, 1990년 8월 31일 체결되고 1991년 9월 29일 발효한 "독일통일조약"(Treaty between the Federal Republic of Germany and the German Democratic Republic on the Establishment of German Unity)(제2국가조약)[199]은 "(1) 브란덴부르크(Brandenburg), 맥클랜부르크-포어폼머른(Mecklenburg-Western Pomerania), 작센(Saxony), 작센-안할트(Saxony-Anhalt), 튜링겐(Thuringia) 주는 기본법 제23조[200]에 의거하여 1990년 10월 3일부로 독일연방공화국의 주들이 된다. 베를린의 23개 구역들은 베를린주를 형성한다. (2) 독일의 수도는 베를린이다. 의회와 행정부의 소재지는 독일통일이 이루어진 후에 결정한다. (3) 10월 3일은 독일통일의 날로서 법정공휴일로 한다. (4) EC(現 EU)법은 구동독 지역에도 적용된다. (5) 서독측 조약은 부속서 I에 언급된 예외조약을 제외하고는 구동독지역에도 적용된다. 개별적으로 조정이 필요한 경우에는 통일독일 정부가 해당 조약 상대자와 협의를 한다. (6) 동독측 조약은 당해조

1974 : "Im Urteil des Bundesverfassungsgerichts vom 31, Juli 1973 ... ist klargestellt, daβ die Deutsche Demokratische Republik im Verhältnis zur Bundesrepublik Deutschland auch nach Abschluβ des Grundlagenvertrages nicht als Ausland angesehen un behandelt werden darf ; sie ist ein "anderer Teil Deutschlands", ihre Gerichte sind deutsche Gerichte ... " 〈https://www.oefre.unibe.ch/law/dfr/bv037057.html〉(2005년 3월 6일 검색).

198) (1990) 29 ILM 1108.

199) (1991) 30 ILM 457.

200) 독일통일조약은 동독의 서독에로의 흡수(편입)의 절차/방식을 독일 기본법 제23조에 두면서(제1조 1항), 이어서 "기본법 제23조는 폐지된다."라고 규정하였는데[제4조 (가입에 따른 기본법의 개정), 2항], 이것은 더 이상 새로운 주를 독일연방에 가입시킬 수 있는 헌법적 근거가 삭제됨을 의미하는 것이었다. 1990년 9월 23일의 연방법률은 기본법 제23조 폐지 약속을 이행하였다. 현재의 기본법 제23조는 -1992년 12월 21일의 연방법률에 의해- "EU발전에의 참여"란 제목 하에 1992년의 마스트리히트조약에 의해 새로이 창설된 EU의 활동에 대한 연방과 주의 참여 방식에 관한 내용을 담고 있다. S. E. Finer, Vernon Bogdanor and Bernard Rudden, *Comparing Constitutions* (Oxford : Clarendon Press, 1995), p. 138.

약 당사자와 논의를 거쳐 계속 유효, 조정 또는 효력상실 여부 등을 결정 또는 확인한다. (7) EC의 권한과 관련이 있는 경우에는 EC와 협의를 한다"고 구정하였다.

독일은 이렇게 내부적 차원에서의 통일을 마무리하면서도 대외적으로 남아 있는 두 가지 문제도 동시에 해결하지 않으면 안 되었다. 그것은 독일에 대한 4개 전승국의 남아 있는 권리와 책임을 해제하고, 대 폴란드 국경을 확정짓는 문제였다. 그리하여 1990년 9월 12일 체결된 "독일 문제의 최종 결정에 관한 조약"(Treaty on the Final Settlement with Respect to Germany)(일명 'Two-plus-Four Agreement')[201]에서 4개 전승국과 동서독은 "(1) 서독, 동독, 미국, 영국, 프랑스, 소련은 베를린과 독일 전체에 대한 전승 4개국의 권리와 책임이 효력을 상실함을 인식한다. (2) 통일독일의 국경은 동독과 서독의 국경으로 한다. 국경은 이 통독협정의 발효일에 최종적으로 확정된다. (3) 통일독일과 폴란드는 조약에 의해 양국 간의 국경을 확인한다. (4) 동독 주둔 소련군의 철수는 1994년 말까지 완료될 것을 선언한다.[202] 미국, 영국, 프랑스는 이 선언에 유의한다.[203] (5) 미국, 영국, 프랑스, 소련은 이로써 '베를린과 독일 전체에 대한 권리와 책임을 종결'한다. 그 결과 거기에 관련된 4개국의 협정, 결정, 실시사항은 종결되고, 4개국의 모든 관련 기관은 해체된다. (6) 통일독일은 이에 따라 대내외 관계에서 완전한 주권을 갖는다"는 데 합의하였다. 이 조약은 1991년 통일독일에 의하여 비준되었다.[204]

'2+4협정'에 이어 1990년 11월 14일 체결된 "독일-폴란드간 국경 확정에 관한 조약" (Treaty between the Federal Republic of Germany and the Republic of Poland on the Confirmation of the Frontier between Them)[205]에서 독일과 폴란드는 "(1) 현존하는 국경선을 확정한다. (2) 양국간 현존하는 국경선이 현재 및 미래에도 불가침의 것임을 천명한다. (3) 서로 상대방에게 영토에 대한 요구를 하지 않으며, 향후에도 더 이상의 요구가 없을 것임을 약속한다"고 합의하였다. 동 조약은 1992년 1월 16일 발효하였다. 독일 통일의 법적 틀이 대내외적으로 완료되는 순간이었다.

---

201) (1990) 29 ILM 1186 ; (1991) 30 ILM 445 ; https://en.wikipedia.org/wiki/Treaty_on_the_Final_Settlement_with_Respect_to_Germany ; 본서, 제7장 (국제법의 기본원칙), "Ⅵ. 민족자결원칙".

202) 실제로 1994년 8월 3일 러시아군 완전 철수.

203) 실제로 1994년 9월 8일에는 베를린에서 미국 · 영국 · 프랑스 '점령'군도 철수.

204) https://en.wikipedia.org/wiki/Territorial_evolution_of_Germany.

205) https://en.wikipedia.org/wiki/Oder-Neisse_line ; https://en.wikipedia.org/wiki/German-Polish_Border_Treaty.

제 21 장
해 양 법

Ⅰ. 서 론

해양법은 지구 표면적의 약 71%를 차지하는 소금물 바다에 관련된 국가의 행위를 규율하기 위한 국제법의 한 분과이다.[1] 해양법의 적용공간인 바다에는 전통적으로 자유의 바람과 주권의 바람이 대립하여 왔다. 먼저 15~16세기에 스페인과 포르투갈은 폐쇄해(closed seas) 개념을 천명함으로써 사실상 공해를 영유의 대상으로 삼으려고 기도하였으며, 로마교황도 1493년과 1506년의 칙서(Papal Bulls)를 통해 이를 지지하였다. 그리고 1609년 네덜란드 법학자 휴고 그로티우스(Hugo Grotius)가 바다는 모두에게 개방되어 있다는 취지의 "자유해론"(*Mare Liberum*)[2]을 출간하자, 당시 해양강국 스페인과 포르투갈뿐만 아니라 아직 국력이 이 두 국가에 못 미치던 영국까지도 그로티우스의 생각에 반대하였다. 그리고 잉글랜드인 존 셀던(John Selden)은 '영국제도(諸島)는 타 국가들에게는 폐쇄된다'는 영국의 해양정책을 지지하기 위해 1635년 "폐쇄해론"(*Mare Clausum*)[3]을

---

1) *Fisheries Jurisdiction* (United Kingdom v. Iceland), ICJ Reports (1974), p. 3 at 31 (para. 72)에서 보는 것처럼, ICJ는 해양법(law of the sea)을 때로 "maritime international law"(국제해법)로 표현하기도 한다. 그러나 일반적으로 해양법(law of the sea)과 해사법(해법, 해상법)(maritime law, admiralty law)은 표현의 유사성에도 불구하고 같은 것이 아니다. 전자는 국제(공)법의 일부인 데 반해, 후자는 "선박과 해양운송에 적용되는 일단의 법규"(body of legal rules that governs ships and shipping)"를 지칭하는 것으로서 기본적으로 -계약과 불법행위를 포함한- 사인간의 관계를 규율하고 있다. 해사법은 -19세기 철도와 대로가 발달하기 이전-중세시대 지중해에서 국경을 넘는 상관습법의 형태로 일시 발전하였으나, 각국은 영토주권을 확립하면서 별도의 국내법을 제정하기 시작하였다. 그 결과 현재 해사법의 제정은 국가주권에 속하며, 그 내용은 대체로 상법과 국제사법의 혼합물이다. 다만, UN전문기구의 하나인 국제해사기구(International Maritime Organization) 내에서 이 분야의 규칙을 통일하기 위한 다자조약이 체결되고 있다. 사람과 선박이 바다를 통해 이 국가에서 저 국가로 이동하는 과정에서 생기는 법률문제들은 통일적으로 규율될 필요성이 절실하기 때문이다. 박찬호/김한택, 《국제해양법》(서울 : 지인북스, 2009), p. 15 ; Nussbaum (서석순 譯), p. 56 ff ; https://www.answers.com/maritime-law.

2) https://en.wikipedia.org/wiki/Mare_Liberum ; Kaczorowska-Ireland, p. 291 ; Keitner, pp. 189~190.

3) https://en.wikipedia.org/wiki/Mare_clausum.

출간하기도 하였다. 그러나 네덜란드 법학자 바인카스후크(Cornelius van Bynkershoek)[4]가 1702년 출간한 "영해론"(*De Dominio Maris Dissertatio*)에서 일방 공해의 자유와 타방 인접해양에 대한 연안국의 주권을 명확히 구분하여 "국토의 권력은 무기의 힘이 그치는 곳에서 그친다"[5]고 주장한 이후 18세기에는 공해와 영해가 더욱 구분되고, 인접해양에 대한 연안국의 '주권' 이론이 확립되었다. 그리고 이른바 착탄거리설(cannon-shot rule)로 불리게 된 바인카스후크의 견해는 무기의 발전에도 불구하고 영해 3해리설로 구체화되었다. 그러나 20세기에 들어와, 특히 제2차 세계대전 이후에는 -주제에 따라 그것을 주장하는 국가가 제3세계국가냐 아니냐의 상대적 차이는 있지만- 연안국의 주권을 확대하려는 일련의 시도들이 행해졌고, 이러한 시도들은 결국 영해 자체의 확대는 물론이고 대륙붕·어업보존수역·배타적 어업수역·배타적 경제수역(EEZ)·군도수역 등의 새로운 관할권을 창출하는 데 성공하였다. 1960년대 말부터는 제3의 새로운 바람이 바다를 강타하였다. 제3세계 진영이 제시한 '인류의 공동유산'(common heritage of mankind) 개념이 바로 그것이다. 공해자유의 원칙과 연안국의 관할권 확장 양자 모두 국가 이기주의에 기초하고 있는데 반해, '인류의 공동유산'이란 이 새로운 개념은 국가 간의 결속 혹은 연대에 기초를 두고 있다. 이 개념의 주창자인 몰타의 UN주재 대사였던 Arvid Pardo 박사에 의하면 이것은 '사회주의적 개념'(a socialist concept)이다.[6]

제2차 세계대전 후 UN은 해양법의 법전화를 위한 외교다자회의를 세 차례 소집한 바 있다. 먼저, 1958년의 제1차 제네바회의는 -분쟁의 강제적 해결에 관한 선택의정서(Optional Protocol of Signature concerning the Compulsory Settlement of Disputes)[7]와 함께- 네 개의 바다 관련 협약을 채택하는 데 성공하였다. "영해 및 접속수역에 관한 협약"(Convention on the Territorial Sea and the Contiguous Zone), "공해에 관한 협약"(Convention on the High Seas), "대륙붕에 관한 협약"(Convention on the Continental Shelf), 그리고 "어업 및 공해생물자원 보존에 관한 협약"(Convention on Fishing and Conservation of the Living Resources of the High Seas)이 바로 그것이다. 그러나 제1차 제네바회의에서는 영해의 최대가능한 폭에 관하여 합의를 보지 못하였고, 대륙붕의 정의를 비합리적으로 내렸으며, 또한 바다 관련 협약을 4개 분야로 나누어 각기 별도로 체결함으로써 선별적 가입을 허용하는 등의 잘못을 저질렀던 것이다. 1960년의 제2차 제네바회의는 영해의 폭을 결정짓기 위해 긴급히 소집되었지만 합의 도출에 실패하고 말았다.

1960년대 말에 들어와 제3세계국가들은 바다에 대한 연안국의 주권 및 관할권을 확장하면서도 심해저(deep ocean floor)에 대해서는 인류의 공동유산 개념을 도입하려는 이중전략을 구사하기 시작하였다. 이같은 분위기 속에서 UN은 1973년 제3차 해양법회의를 소집하였으며, 이 회의는 1982년까지 몇 해를 두고 계속되었다. 그 결과 1982년 12월 10일 자메이카 몬테고베이(Montego

---

4) https://en.wikipedia.org/wiki/Cornelius_van_Bynkershoek.
5) "*terrae potestas finitur ubi finitur armorum vis*"(the dominion of the land ends where the power of weapons end).
6) Cassese, p. 381.
7) https://legal.un.org/ilc/texts/instruments/english/conventions/8_1_1958_optional_protocol.pdf.

Bay) 회의에서 "UN해양법협약"(United Nations Convention on the Law of the Sea)이 채택되고, 당일 서명을 위해 개방되었는데,[8] 이 협약의 특징은 다음의 몇 가지로 요약해 볼 수 있다. 첫째, 내수 · 영해 · 공해의 전통적 삼분법을 수정하여 혼혈적 성격의 특수수역을 인정하였다(군도수역과 EEZ가 그 좋은 예이다). 둘째, 신국제경제질서(a New International Economic Order : NIEO) 개념의 비호 아래 인류의 공동유산 개념을 심해저에 도입하는 데 성공하였다. 셋째, 영해의 최대가능한 폭에 관하여 합의를 보았다. 넷째, 대륙붕의 법적 정의를 명확히 하였다. 다섯째, 바다 관련 법규를 하나의 법전으로 통괄하였다. 여섯째, 원칙적으로 바다 관련 분쟁의 평화적 해결을 위한 강제관할권을 창설하였다.

UN해양법협약은 60번째 비준서(또는 가입서)가 UN사무총장에게 기탁된 일자로부터 12개월 후에 발효하는데,[9] 1993년 11월 16일 가이아나(Guyana)가 60번째 비준서를 기탁하였기 때문에 협약은 드디어 1994년 11월 16일 발효하였다. 320개 조문과 9개 부속서(Annexes)로 구성된 UN해양법협약은 해양법의 거의 모든 측면을 다루고 있다.

그러나 문제는 (심해저개발에 관한) 협약 제11부에 대한 미국을 위시한 선진산업국들의 반대였다. 개발도상국들의 비준서 기탁이 늘어나 발효가 가시화되자 1990년부터 UN 내에서는 선진산업국들을 UN해양법협약 체제 내로 끌어들이기 위한 교섭이 진행되기 시작하였다. 그 결과 UN총회는 협약 발효를 몇 달 앞둔 1994년 7월 28일 "1982년 12월 10일의 UN해양법협약 제11부의 이행에 관한 협정"(약칭 이행협정)(Agreement relating to the Implementation of Part XI of the United Nations Convention on the Law of the Sea of 10 December 1982)을 채택하고, 이튿날 29일 서명을 위해 개방하였다.[10] 제목은 비록 '이행'에 관한 협정이지만, 이로 인해 UN해양법협약 제11부의 일부 규정은 선진국의 기술 · 자본 · 기득권을 보호하는 방향으로 사실상 개정되고 말았다. 미국을 포함한 모든 선진산업국이 여기에 즉시 서명하였으며, 1996년 7월 28일 발효하였다. 그러나 이행협정 제7조는 발효 시까지 동 협정의 잠정적용을 허용하였기 때문에 UN해양법협약의 '원래의' 제11부는 동 협약 발효일(1994년 11월 16일)과 이행협정 발효일(1996년 7월 28일 발효) 사이의 기간 동안에라도 구속력을 갖는 일은 생기지 않았다.[11] 아무튼, 이행협정의 도입으로 인하여 '인류의 공동유산'은 상당 부분 그 빛이 바래고 말았으며, 여전히 국가주권을 기초로 하는 현대국제법의 한계를 여실히 보여주고 말았다.[12]

---

8) https://cil.nus.edu.sg/databasecil/1982-united-nations-convention-on-the-law-of-the-sea/ ; https://www.un.org/depts/los/LEGISLATIONANDTREATIES/status.htm.

9) UN해양법협약 제308조 1항.

10) A/RES/48/263, 〈https://digitallibrary.un.org/record/161900〉. 121개국 찬성, 반대 무, 기권 7. See D. H. Anderson&quot, "Resolution and Agreement Relating to the Implementation of Part XI of the UN Convention on the Law of the Sea: A General Assessment", Zeitschrift für ausländisches öffentliches Recht und Völkerrecht, Volume 55 (1995), pp. 275~289, 〈https://www.zaoerv.de/55_1995/vol55.cfm〉.

11) Evans in Evans (ed.), *International Law*, 5th, p. 637 ; 본서, 제4장(조약법), "I. 조약의 체결과 효력발생, 4. 조약의 효력발생과 잠정적용".

12) 한국은 1996년 1월 29일 UN해양법협약과 이행협정을 비준하여 동년 2월 28일부로 양 조약의 당사자가 되었다. 미국은 현재 이 두 조약의 그 어느 쪽에도 가입하지 않은 상태이며, 1994년 7월 29일 이행협정에 그것도

1958년의 4개 제네바협약과 UN해양법협약은 법적으로는 별개의 것으로서, 전자의 4개 협약은 다수 국가를 당사자로 거느리며 여전히 효력을 발생하고 있지만, 바다의 법질서는 점진적으로 후자에 의해 통일적으로 규율될 것으로 전망해 볼 수 있다.[13] 특히, 2016년 *South China Sea Arbitration* 사건[14]에서 중재재판소는 "[UN해양법]협약은 바다나 해저의 그 어떤 지대도 포함할 수 있는 한 개의 포괄적인 해양구역 체제를 제공한다."고 언급한 바도 있다. 그러므로 아래에서는 UN해양법협약을 중심으로 해양법의 주요 주제들을 살펴보기로 한다.[15] 다만, 먼저 언급해 둘 말이 있다.

첫째, 협약 제309조는 '유보와 예외'(reservations and exceptions)란 제목으로 "이 협약의 다른 조항에 의하여 명시적으로 허용되지 아니하는 한 이 협약에 대한 유보와 예외는 허용되지 아니한다."라고 규정하고 있다. 협약 제298조의 '선택적 예외(배제)' (optional exceptions)가 바로 그런 예외에 속한다. 그러나 이어서 협약 제310조는 '선언' (declarations and statements)이란 제목 하에 "제309조는 국가가 이 협약에 서명, 비준 혹은 가입할 때, 특히 국내법령과 협약규정과의 조화를 목적으로, 그 표현 또는 명칭이야 어떠하든, 선언을 하는 것을 막지는 아니한다. 다만, 그러한 선언은 그 국가에 대하여 이 협약을 적용함에 있어 협약규정의 법적 효과를 배제하거나 변경할 것을 의도하는 것이어서는 아니된다."라고 규정함으로써, 각국이 UN해양법협약에 이른바 해석선언(interpretative declaration)을 첨부하는 것을 명시적으로 허용하고 있다. 이 두 규정은 협약에 대한 각국의 해석선언 중에서 '위장된 유보'(disguised reservations)를 가려내는 어려운 작업이 기다리고 있음을 시사한다.[16]

둘째, UN해양법협약은 4개 제네바협약의 경우와는 대조적으로 국가 이외의 일정 실체, 즉 "이 협약에 의하여 규율되는 사항에 관하여 권한(조약체결권 포함)을 가지는" 일정 '자치연합국'(self-governing associated States)과 '자치영토'(internally self-governing territories) 및 '국제기구들'에게도 서명 또는 가입이 허용되고 있다.[17] 따라서 UN해양법협약에서 '당사국'(States Parties)

서명만 하였을 따름이다. 그 결과 미국인은 -국제해양법재판소, 국제해저기구 및 대륙붕한계위원회를 포함하여 - UN해양법협약에 의거하여 설치된 기관들에서 봉사하지 못하고 있다 : UN해양법협약, 제2부속서(대륙붕한계위원회) 제2조, 제6부속서(국제해양법재판소규정) 제4조, 제7부속서(중재재판관 명부) 제2조 ; Robert Beckman, "Long Reads On the United States, the UN Convention on the Law of the Sea and US Freedom of Navigation Operations", Fulcrum, 5 AUG 2022, 〈https://fulcrum.sg/on-the-united-states-the-un-convention-on-the-law-of-the-sea-and-us-freedom-of-navigation-operations/〉. 두 조약의 비준과 공식확인 내지 가입 현황에 대해서는 https://treaties.un.org/ ; https://en.wikipedia.org/wiki/List_of_parties_to_the_United_Nations_Convention_on_the_Law_of_the_Sea 참조. 그리고 세계 각국의 해양관할권 주장의 현황에 대해서는 https://www.un.org/depts/los/LEGISLATIONANDTREATIES/claims.htm 참조.

13) Currie, pp. 247~249.

14) the Philippines v. China, 2016, para. 231("The Convention... provides ... a comprehensive system of maritime zones that is capable of encompassing *any* area of sea or seabed.").

15) 아래 각주에 간단히 표시된 조문은 UN해양법협약의 조문을 의미한다. 다만, 구분을 위하여 필요한 경우 'UN해양법협약' 또는 '협약'을 명기하겠다.

16) UN총회는 UN해양법협약에 대한 '위장된 유보'를 선언국들이 자진 철회해 줄 것을 요청하는 일련의 결의를 이미 수년간 채택한 바 있다. 특별히 이 문제에 대한 논의는 L. D. M. Nelson, "Declarations, Statements and 'Disguised Reservations' with Respect to the Convention on the Law of the Sea", (2001) 50 ICLQ 767~786 참조.

17) 제305조~제307조, 협약 제9부속서(국제기구의 참여) 및 이행협정 제3조. 그러한 국제기구의 경우로는 EU(구

이란 표현은 이들 실체를 포함한다.[18)]

셋째, UN해양법협약에는 골격적 성격의 조항들이 많이 담겨있는데, 그 결과 -공해 생물자원의 보존 등- 특정 분야에서 이를 실천에 옮기기 위한 다자조약들이 체결되고 있다.[19)] 또한, UN해양법협약(제207조~제222조)(해양환경오염)이 도입한 입법기술에 의하면, 협약은 자신이 구속력있는 규칙을 제시하는 대신에 "권한있는 국제기구나 일반외교회의를 통해 수립되어 일반적으로 수락된 국제 규칙과 기준(generally accepted international rules or standards)"(약칭 'GAIRS') 혹은 "권한있는 국제기구나 일반외교회의를 통해 수립된 적용가능한 국제 규칙과 기준"을 적용할 것을 요구하거나 그렇게 하는 것을 허용하고 있다. 국제기구의 이름이 거명되어 있지는 않지만 여기에 해당하는 기구로는 -UN 전문기구의 하나인- 국제해사기구(IMO)가 중요하다.[20)]

Ⅱ. 영해 및 접속수역

1. 영해의 정의 및 법적 지위

영해(territorial sea)라 함은 일방 내수(internal waters) 및 군도수역(archipelagic waters)과 타방 영해를 구분짓는 기선(baseline)으로부터 바다 쪽으로 뻗친, 연안국(coastal state)의 주권이 미치는 인접해역을 말한다.[21)] 다만, 어느 국가가 연안국인가에 대한 분쟁은 영토주권에 관한 분쟁이 될 것이며, 따라서 이는 해양법의 규율 대상이 아니다.[22)]

EC)를 들 수 있다. 그리고 UN해양법협약 제305조 1항(c)에 의거하여 "협약의 주제(대상)에 관해 조약체결 권한을 가진 자치연합국"(self-governing associated States)의 자격으로 당사자가 된 경우로는 1995년 쿡제도(Cook Islands)와 2006년 니우에(Niue)를 들 수 있다. Aust, 3rd, pp. 57(fn. 12), 69 ; Duncan B. Hollis (ed.), *The Oxford Guide to Treaties* (Oxford : Oxford University Press, 2012), p. 671.

18) 제1조 2항.

19) Evans in Evans (ed.), *International Law*, 5th, pp. 637~638.

20) *Ibid.*, p. 646 ; Yvonne Baatz (ed.), *Maritime Law*, 4th edition, (Oxon : Informa Law from Routledge, 2018), Chapter 8: Public International Law Aspects of Shipping Regulation (Andrew Serdy), pp. 346~348 ; 본서, 제2장 (국제법의 연원), Ⅷ. 연성법.

21) "수역으로 구성된 영토"란 의미에서의 영수(領水)(territorial waters)는 영해를 지칭하기도 하고, 내수와 영해를 합친 개념으로 사용되기도 하며, 나아가 연안국이 관할권을 가지는 -내수와 영해를 포함한- 모든 유형의 수역을 지칭하기 위해 사용되는 경우마저 없지 않다. 그러나 영수는 20세기 제네바영해협약이나 UN해양법협약상의 공식적인 표현이 아니므로 혼란을 피하기 위해 사용을 자제하는 것이 좋겠다. 朴觀淑, p. 178 ; https://en.wikipedia.org/wiki/Territorial_waters.

22) *Chagos Marine Protected Area Arbitration* (Mauritius v. United Kingdom), Award of 18 March 2015, para. 212 ; *Dispute Concerning Coastal State Rights in the Black Sea, Sea of Azov, and Kerch Strait* (Ukraine v. the Russian Federation)(Arbitral Tribunal Constituted under Annex Ⅶ to the 1982 UN Convention on the Law of the Sea), Award concerning the Preliminary Objections of the Russian Federation, 21 February 2020, PCA Case No. 2017-06, para. 195 ; 본장, "XVII. 분쟁해결, 3. 구속력있는 결정을 수반하는 강제(의무)절차 적용의 제한과 예외" ; 본서, 제19장 (영토의 취득), "Ⅰ. 영토 취득의 의의" ; Orakhelashvili/Akehurst, 9th, p. 173 참조.

연안국의 영해에 대한 권리가 주권 그 자체인지 아니면 그에 못 미치는 관할권인지에 관하여 종래 의견의 다툼이 있었다. 그러나 1958년의 영해협약 제1조~제2조와 UN해양법협약 제2조는 연안국이 영토·내수·군도수역·영해에 대해 갖는 권리를 '주권' (sovereignty)으로 표현하고 있다. 요컨대, 영해는 연안국이 일정 권리를 행사할 수 있음을 조건으로 하는 공공물이 아니라 영토의 일부분으로서, 영토의 할양은 자동적으로 그에 부수된 영해의 이전을 동반한다. 그리고 영해에 대한 연안국의 주권은 영해의 상공·해저 및 그 하층토에까지 미친다.[23] 다만, 영해에 대한 주권은 UN해양법협약과 '국제법의 기타 규칙' (other rules of international law)에 따라 행사되어야 하는데,[24] 이것은 협약에 명시된 제한이 전부가 아님을 명백히 하기 위한 것이다.[25]

영해를 갖는 것은 연안국의 재량이나 의사에 달린 것이 아니라 '의무적'(compulsory)이라는 견해가 있다.[26] UN해양법협약(제2조)과 1958년 제네바협약(제1조)은 −국가가 영해를 주장하는 것을 허락하는 형식 대신− 연안국의 주권은 영해에까지 '미친다'(extends)고 규정하고 있기 때문이다. 그러나 UN해양법협약과 1958년 제네바협약은 영해의 최소한의 폭에 대해서는 규정하고 있지 아니하며, 이는 "연안국이 실제로 일정 폭의 영해를 주장할 때까지는 영토주권의 범위는 어떤 점에서는 불완전한(inchoate) 것"임을 시사한다.[27]

2. 영해의 폭과 기선

이미 서두에서 언급한 바와 같이 두 차례에 걸친 제네바회의는 영해의 범위를 결정짓지 못하였다. 1958년의 회의에서 선진국들의 3마일안과 제3세계국가들의 12마일안이 대립하자, 영국이 영해 6마일, 그리고 이어서 미국이 영해 6마일 및 배타적 어업수역(exclusive fishery zone) 6마일을 제안하기도 하였다.[28] 미국의 절충안은 일견 합리적인 듯 보였으나, 연안국의 배타적 어업수역에서 과거 5년 동안 규칙적으로 고기를 잡아온 다른 국가는 기간의 제한 없이 계속해서 그 곳에서 고기를 잡을 수 있다는 단서를 달고 있었다. 그러므로 미국안도 회의규칙에 의하여 요구되는 2/3다수결

23) ICJ도 *Maritime Delimitation and Territorial Questions between Qatar and Bahrain* (Qatar v. Bahrain), ICJ Reports (2001), p. 40, 93 (para. 174)에서 이 점을 상기시킨 바 있다 : "... the rights of the coastal State in the area concerned [i.e. territorial seas] are not functional but territorial, and entail sovereignty over the sea-bed and the superjacent waters and air column."

24) UN해양법협약 제2조 3항, 1958년 영해협약 제1조 2항.

25) Brownlie, p. 181.

26) *Anglo-Norwegian Fisheries* case (United Kingdom v. Norway), ICJ Reports (1951), 116, *per* Sir McNair (dissenting opinion, p. 160) : "To every State whose land territory is at any place washed by the sea, international law attaches a corresponding portion of maritime territory consisting of what the law calls territorial waters (and in some cases national waters in addition). International law does not say to a State : "You are entitled to claim territorial waters if you want them." No maritime State can refuse them. International law imposes upon a maritime State certain obligations and confers upon it certain rights arising out of the sovereignty which it exercises over its maritime territory. The possession of this territory is not optional, not dependent upon the will of the State, but compulsory."

27) Kaczorowska-Ireland, p. 305.

28) 아래에서 마일은 바다의 마일, 즉 해리(海里)(nautical mile)를 뜻한다.

에 미치지 못하여 부결되고 말았다.[29] 1960년의 회의에서 미국은 6마일 배타적 어업수역에서의 타국의 '전통적' 어업권(traditional fishing rights)은 10년 동안만 인정한다는 수정제안을 제시해 보았으나 이 역시 아깝게 단 한 표 차이로 부결되고 말았다.[30] 그 후 연안국들, 특히 제3세계진영의 국가들은 최대 200 마일 영해를 주장하는 등 해양의 법질서는 혼란 속에 빠져 들었다.[31]

UN해양법협약 제3조는 "영해의 폭은 기선으로부터 12마일을 넘지 못한다"고 규정함으로써 이 문제를 명쾌히 해결하였다. 어쨌든, 영해 12마일 규정은 기선으로부터 12마일을 넘으면 안된다는 것이지, 모든 영해는 예외없이 12마일이어야 함을 의미하는 것은 아니다. 예컨대, 한국은 영해 12마일을 원칙으로 하되 대한해협의 영해는 3마일로 규정하고 있다.[32] 영해 12마일 규칙은 이제 일반국제관습법규가 된 것으로 보인다. 다만 아주 소수의 주로 개발도상국들이 여전히 영해를 200마일까지 주장하고 있는데,[33] 관습법의 관점에서 이들이 '완강한 반대국가'(persistent objector)로 대우를 받을지는 두고 볼 문제이다.[34]

영해의 출발선인 기선(baseline)은 통상(보통)기선(normal baseline)과 직선기선(straight baseline)으로 구분된다. 통상기선은 (연안국이 공인한 대축척해도상에 표시된) 해안에 연한 저조선(low-water line along the coast)이다. 만조선(high-water line)이 아님을 유의할 필요가 있다.[35]

특별히 환초(環礁)(atolls)[36]상에 위치한 섬 또는 거초(裾礁)(fringing reefs)[37]를 가진 섬의 경우에는 연안국에 의해 공인된 해도상에 적절한 기호로 표시된 암초(reef)의 바다쪽 저조선이 기선이 된다.[38]

---

29) 1958년 제네바회의에 한국측 수석대표로 참석한 김용우(金用雨) 초대 駐英대사가 미국안에 찬성하라는 정부의 훈령을 거부하고 반대표를 던진 일화는 지금도 인구(人口)에 회자(膾炙)되고 있다 : https://ko.wikipedia.org/wiki/김용우_(정치인).

30) Akehurst, p. 175 ; *Fisheries Jurisdiction* (United Kingdom v. Iceland), ICJ Reports (1974), p. 3 at 23 (para. 52).

31) United States Department of State, Bureau of Oceans and International Environmental and Scientific Affairs, March 9, 1992, *Limits in the Seas* (No. 112) - *United States Responses to Excessive National Maritime Claims*, pp. 36~40, 〈https://www.state.gov/documents/organization/58381.pdf〉.

32) 한국 "영해 및 접속수역법" 제1조(영해의 범위).

33) 세계 각국이 주장하고 있는 영해의 폭에 대한 현황은 https://en.wikipedia.org/wiki/Territorial_waters 참조.

34) Currie, p. 257.

35) 제5조. *Maritime Delimination* (Eritrea/Yemen), Award of 17 December 1999, 〈https://pcacases.com/web/sendAttach/518〉에서 중재재판소는 UN해양법협약 제5조의 저조선 사용은 "일반국제법규"(a general international rule)라는 에리트리아 측의 주장을 지지하였다.

36) 고리 모양으로 형성된 산호초(coral reef). https://terms.naver.com/.

37) 섬이나 육지 주변에 접하여 발달하는 산호초. 육지와는 대단히 얕은 수로(水路)로 분리되어 있으며, 안초(岸礁)라고도 한다. 산호초 중 가장 단순한 모양으로, 해수 표면에서 보면 거의 연안에 붙어 있다. https://terms.naver.com/ ; https://en.wikipedia.org/wiki/Fringing_reef.

38) 제6조. 암초(暗礁)란 1년 내내 수면 위로 거의 모습을 드러내지 않고, 해면으로부터 그다지 깊지 않은 곳에 있는 해저융기를 지칭한다. 그런데 "거초(裾礁)"와 "환초(環礁)"가 제6조의 목적을 위한 암초가 되기 위해서는 저조(低潮)시 수면 위로 노출되어야 하는 지(이하 '제1견해'), 암초 본래의 의미대로 늘 물속에 잠겨 있어도 되는 지(이하 '제2견해')에 대해서는 해석이 갈린다. 제1견해는 특히 제6조가 "암초의 바다쪽 저조선"(seaward *low-water line* of the reef)을 언급하고 있는 것을 그 근거로 드는데, 결국 이 견해는 제6조의 암초를 -아래에서 설명할- "간조노출지의 한 형태"로 보고 있다 : 예컨대, Brown, Vol. 1, p. 24 ; 박찬호/김한택, p. 39. 게다가 1976년까지는 "*seaward edge* of the reef"란 표현이 사용되다가 "seaward *low-water*

해안선의 굴곡이 심하거나 그 인근에 섬이 많은 경우에는 통상기선을 긋는 것이 이론적으로는 가능하다 해도 실제로는 여러 가지 불편을 야기할 것이다. 이런 경우 –갑(岬)에서 갑으로, 혹은 섬에서 섬으로– 적절한 기점들[appropriate (base) points]을 직선으로 연결하여 영해 측정의 기선으로 삼을 수 있겠는가의 문제가 제기되는데, ICJ는 *Anglo-Norwegian Fisheries* 사건[39]에서 영국이 노르웨이 측의 직선기선 집행에 반대하지 않았었기 때문에 노르웨이 직선기선 체제가 영국에 대항할 수 있는(opposable) 것임은 물론이고 국제법상 일반적으로 유효하다고 판시한 바 있다.

1958년의 영해협약 제4조와 UN해양법협약 제7조는 이 판례에 기초하여 직선기선에 관하여 자세한 규정을 두고 있는데, ICJ는 Case concerning *Maritime Delimitation and Territorial Questions between Qatar and Bahrain*[40]에서 "직선기선의 방식은 기선의 결정을 위한 통상(보통)의 규칙에 대한 한 개의 예외"(the method of straight baselines, which is *an exception* to

---

line of the reef"로 바뀐 것을 생각하면 이 해석이 타당해 보인다 : Marius Gjetnes, "The Legal Regime of Islands in the South China Sea", section 2.2.1 (Reefs and Atolls), Masters Thesis of Law, Fall 2000, Department of Public and International Law, University of Oslo, available at https://www.seasteading.org/wp-content/uploads/2012/02/GjetnesThesis.pdf. 그러나 다음 두 가지에 대해서도 생각하게 된다. 먼저, 제6조에서 "... 해도상에 적절한 '기호'로 표시된"(as shown by the appropriate *symbol* on charts)이란 표현은 제2견해를 지지하는 것으로 새길 여지가 있다. 金榮球 교수 (p. 301)도 제6조는 "부적절한 입법으로서 ... 수미(首尾)가 일관되어 있지 아니하다"고 비판하고 있다. 둘째로, 제6조의 암초를 "간조노출지의 한 형태"로 볼 경우 제47조 (군도기선) 1항의 '건조성 암초'(*drying* reefs)와 구분되지 않는 문제가 생긴다. Brown (Vol. 1, pp. 24, 113)도 양자를 특별히 구분하고 있지 않다. 그러나 제6조의 reef와 제47조 1항의 drying reef는 다른 것으로 의도된 게 아닌가?

ICJ는 *Territorial and Maritime Dispute* (Nicaragua v. Colombia), Judgment of 19 November 2012, para. 20에서 카리브해 지형을 설명하면서 (reef를 포함하여) 여러 유형의 바다 형성물에 대해 언급하고 있는데, 이해를 위해 여기에 인용한다 : "In the western part of the Caribbean Sea there are numerous *reefs*, some of which reach above the water surface in the form of *cays*. Cays are small, low islands composed largely of sand derived from the physical breakdown of *coral reefs* by wave action and subsequent reworking by wind. Larger cays can accumulate enough sediment to allow for colonization and fixation by vegetation. *Atolls* and *banks* are also common in this area. An atoll is a coral reef enclosing a *lagoon*. A bank is a rocky or sandy submerged elevation of the sea-floor with a summit less than 200 metres below the surface. Banks whose tops rise close enough to the sea surface (conventionally taken to be less than 10 metres below water level at low tide) are called *shoals*. Maritime features which qualify as islands or low-tide elevations may be located on a bank or shoal."(italics added)

39) UK v. Norway, ICJ Reports (1951), p. 116 at 139 : "The notoriety of the facts, the general toleration of the international community, Great Britain's position in the North Sea, her own interest in the question, and her prolonged abstention would in any case warrant Norwey's enforcement of her system against the United Kingdom. The Court is thus led to conclude that the method of straight lines, established in the Norwegian system, was imposed by the peculiar geography of the Norwegian coast ; that even before the dispute arose, this method had been consolidated by a constant and sufficiently long practice, in the face of which the attitude of governments bears witness to the fact that they did not consider it to be contrary to international law." See Currie, pp. 250~254 ; Orakhelashvili, pp. 120~122, 168 ; Dixon, p. 222 ; 본서, 제14장 (국가책임), "XIV. 책임과 대항력의 구분".

40) Qatar v. Bahrain, ICJ Judgment of 16 March 2001, para. 212. 이 para. 212는 *Alleged Violations of Sovereign Rights and Maritime Spaces in the Caribbean Sea* (Nicaragua v. Colombia), Judgment of 21 April 2022, para. 243에서 그대로 인용되고 있는데, 이 사건에서 ICJ는 니카라과의 직선기선들은 UN해양법협약 제7조 1항에 반영되어 있는 국제관습법의 요건을 충족하지 못한다고 결론지었다(para. 258).

the normal rules for the determination of baselines)로서, "다수의 조건이 충족되는 경우에만 적용될 수 있으며," 따라서 이 방식은 "제한적으로 적용되어야 한다"라고 언급한 바 있다. UN해양법협약 제7조의 주요 내용은 다음과 같다. 우선, 직선기선은 "해안선이 깊게 굴곡이 지고 잘려 들어간 지역, 혹은 해안을 따라 아주 가까이에 섬이 산재하고 있는 지역에서"(in localities where the coastline is deeply indented and cut into, *or* if there is a fringe of islands along the coast in its immediate vicinity) 채택할 수 있다. ICJ는 이 두 개의 지리적 전제조건은 양자택일적인(alternative) 것이지, 누적적인(cumulative) 것이 아님을 분명히 하였다.[41] 직선기선의 방법을 적용하는 경우, 특정한 기선을 결정함에 있어서 그 지역에 특유한 '경제적 이익'이 있다는 사실과 그 중요성이 오랜 관행에 의하여 명백히 증명된 경우 그 '경제적 이익'을 고려할 수 있다.[42] 삼각주가 있거나 그 밖의 자연조건으로 인하여 해안선이 매우 불안정한 곳에서는, 바다쪽 가장 바깥 저조선을 따라 적절한 지점을 선택할 수 있으며, 그 후 저조선이 후퇴하더라도 직선기선은 이 협약에 따라 연안국에 의하여 수정될 때까지 유효하다. 직선기선은 해안의 일반적 방향으로부터 현저히 벗어나게 설정할 수 없으며, 직선기선 안에 있는 해역은 내수제도에 의하여 규율될 수 있을 만큼 육지와 충분히 밀접하게 관련되어야 한다. 직선기선은 –자연적으로 형성된 육지지역으로서 밀물(만조)시에는

41) *Alleged Violations of Sovereign Rights and Maritime Spaces in the Caribbean Sea* (Nicaragua v. Colombia), Judgment of 21 April 2022. para. 244 ; see also para. 245("there appears to be no single test for identifying a coastline that is "deeply indented and cut into""), & para. 252("In respect of the existence of a fringe of islands, ... there are no specific rules regarding the minimum number of islands, although the phrase "fringe of islands" implies that there should not be too small a number of such islands relative to the length of the coast.").

42) 바다의 경계선 중에서 가장 중요한 것은 물론 연안국의 해양관할권이 시작하는 출발선인 기선인데, ICJ는 (노르웨이가 배타적 어업수역의 육지측 경계획정을 위해 1935년의 입법을 통해 도입한 직선기선이 국제법상 유효한가의 문제를 논한) 1951년의 *Anglo-Norwegian Fisheries* (UK v. Norway), ICJ Reports (1951), p. 116 (at 128, 133)에서 "이들 불모의 지역에서 연안지대의 거주민들은 그들의 생계를 본래 어업으로 충당하고 있으며,"(In these barren regions the inhabitants of the coastal zone derive their livelihood essentially from fishing.) 따라서 "간과해서는 안되는 한 가지 고려사항이 있는데, 이것은 순전히 지리적인 요소들을 벗어나는 것으로서, 그 지역에 특유한 일정 경제적 이익이 바로 그것이다."(... some reference must be made to the close dependence of the territorial sea upon the land domain. ... there is one consideration not to be overlooked, the scope of which extends beyond purely geographical factors: that of certain economic interests peculiar to a region, the reality and importance of which are clearly evidenced by a long usage.)라고 언급한 바 있었다. 그 후 1958년 영해 및 접속수역에 관한 협약 제4조 4항은 "직선기선의 방법을 적용하는 경우, 특정한 기선을 결정함에 있어서 그 지역에 특유한 경제적 이익이 있다는 사실과 그 중요성이 오랜 관행에 의하여 명백히 증명된 경우 그 경제적 이익을 고려할 수 있다"라고 규정함으로써 이 판결을 수용하였고, 현재는 UN해양법협약 제7조 5항이 동 규정을 그대로 도입하고 있다. 1970년대 영국과 서독(독일연방공화국)이 (1972년의 아이슬란드 어업입법의 유효성과 관련하여 제기한) *Fisheries Jurisdiction* 사건에 대한 일련의 판결에서도 ICJ는 아이슬란드 국민이 그 생계와 경제발전을 특별히 연안어업에 의존하고 있다는 점을 지적하는 데서 시작하였다 : *Re* Interim Protection, Order of 17 August 1972, United Kingdom v. Iceland, ICJ Reports (1972), p. 12 at 16~17 (paras. 23~24) & Federal Republic of Germany v. Iceland, ICJ Reports (1972), p. 30 at 34 (paras. 24~25) ; *Re* Jurisdiction, Judgment of 2 February 1973, United Kingdom v. Iceland, ICJ Reports (1973), p. 3 at 20 (para. 41) & Federal Republic of Germany v. Iceland, ICJ Reports (1973), p. 49 at 64 (para. 41) ; *Re* Merits, Judgment of 25 July 1974, United Kingdom v. Iceland, ICJ Reports (1974), p. 3 & Federal Republic of Germany v. Iceland, ICJ Reports (1974), p. 175.

모습을 숨기고 썰물(간조) 시에만 모습을 드러내는- 이른바 간출지(간조노출지)(low-tide elevations)[43)] 까지 그리고 간출지로부터는 설정할 수 없다. 다만, 영구적으로 해면 위에 있는 등대나 이와 유사한 시설이 간출지에 세워진 경우, 또는 간출지까지 그리고 간출지로부터의 기선 설정이 일반적으로 국제적인 승인을 받은 경우에는 그러하지 아니하다. 어떠한 국가도 다른 국가의 영해를 공해나 배타적 경제수역(EEZ)으로부터 격리시키는 방식으로 직선기선 제도를 적용할 수 없다. 1958년의 협약은 물론이고 UN해양법협약도 직선기선의 최대가능한 길이에 대해서는 언급이 없다. 이 때문에 여러 의견이 제시되고 있는데,[44)] UN해양법협약이 군도직선기선의 최대가능한 길이에 관해 명시적 규정을 두고 있는 것과는 대조적이다.[45)]

"(UN해양법협약) 제4부[46)]에 규정된 경우를 제외하고, 영해기선의 육지측 수역"은 내수(internal waters)를 구성하는데, 제7조에 규정된 방법에 따라 직선기선을 설정함으로 인하여 종전에 내수가 아니었던 수역이 내수에 포함되는 경우에는 무해통항권(right of innocent passage)이 그 수역에서 계속 인정된다.[47)]

강이 직접 바다로 흘러들어가는 경우, 기선은 양쪽 강둑의 저조선상의 지점을 하구를 가로질러 연결한 직선으로 한다.[48)]

만(bay)의 입구도 직선으로 연결하여 그것을 기선으로 삼을 수가 있는데, 다만 이렇게 하기 위해서는 다음의 몇 가지 요건을 충족하여야 한다.[49)] 첫째, 만의 해안이 모두 한 국가에 속해야 한다. 2개국 이상에 의하여 포위되어 있는 만은 폐쇄해(enclosed sea)로 취급된다.[50)] 둘째, 만입면적(indentation area)이 만입의 입구를 가로질러 연결한 선을 지름으로 하는 반원의 넓이에 미치지 못하는 경우, 그것은 단지 해안선의 굴곡(mere curvature of the coast)에 불과하다. 측량의 목적상 만입면적이라 함은 만입해안(shore of the indentation)의 저조선과 자연적 입구의 양쪽 저조지점을 연결하는 선 사이에 위치한 수역의 넓이를 말한다. 섬이 있어서 만이 둘 이상의 입구를 가지는 이른바 다(多)입구만(multi-mouth bay)의 경우에는 각각의 입구를 가로질러 연결하는 선의 길이의 합계와 같은 길이의 선상에 반원을 그려야 한다. 다만, 만입 안에 있는 섬은 만입수역의 일부로 본다. 셋째, 만의 자연적 입구 양쪽의 저조지점간의 거리가 24마일을 넘지 아니하는 경우, 폐쇄선(closing line)을 두 저조지점 간에 그을 수 있으며, 이 안에 포함된 수역은 내수로 본다.[51)] 넷째,

---

43) 간출지는 영어로 '건조성 암석'(drying rocks)으로 표현하기도 한다: e.g. *Fisheries* case (United Kingdom v. Norway), ICJ Reports (1951), p. 116 at 128; Brown, Vol. 1, p. 151.

44) 미국정부는 "대체로(as a general rule) 24마일"을 초과해서는 안 된다는 견해를 피력하고 있다: U.S. Department of State, "Limits in the Seas No 121, Straight Baseline and Territorial Sea Claims: South Korea (1998)", https://www.state.gov/e/oes/ocns/opa/c16065.htm.

45) 제47조 2항.

46) UN해양법협약 제4부는 군도국가에 관련한 규정을 담고 있다.

47) 제8조.

48) 제9조.

49) 제10조.

50) 제122조.

51) 결국 만의 폐쇄선은 일종의 직선기선으로 기능하게 된다. 그러나 법적으로는 양자는 다른 유형의 선이다.

만의 자연적 입구 양쪽의 저조지점 간의 거리가 24마일을 넘는 경우, 24마일의 직선으로써 가능한 최대의 수역을 둘러싸는 방식으로 만 안에 24마일 직선기선(a straight baseline)을 그어야 한다. 다섯째, 이상의 규정들은 이른바 '역사적' 만(historic bay)에 대하여 또는 직선기선제도가 적용되는 경우에는 적용하지 아니한다. 예컨대, *Land, Island and Maritime Frontier Dispute* 사건[52]에서 ICJ는 니카라과, 온두라스, 엘살바도르 등 3국에 둘러싸여 있고 또 그 입구의 폭이 약 19마일 정도 되는 '복수국가' 만(pluri-State bay) Gulf of Fonseca는 폐쇄선의 육지측 수역에 대해 3개 연안국이 스페인으로부터 승계한 이래 공동주권(joint sovereignty)을 갖고 있는 역사적 만이라고 판결한 바 있다.[53] 국제관습법에 따르면, 역사적 만으로 인정받기 위해서는 연안국이 '상당한 기간 동안'(a considerable period of time) 만을 내수로 주장하고, 그 안에서 실효적 권한을 행사하였으며, 이 기간 중 타 국가들이 연안국의 이러한 주장에 묵인하였어야 한다.[54] 연안국의 안보에 사활적

Evans in Evans (ed.), *International Law*, 5th, p. 640 (fn. 12).

52) El Salvador/Honduras ; Nicaragua intervening, ICJ Reports (1992), p. 351 at 601~602 (especially para. 404) ; Harris, 5th, p. 388 ; Cassese, *International Law*, 2nd, p. 87.

53) 이 사건에서 ICJ(*ad hoc* Chamber)는 한 국가가 동일 해안선 앞바다에 두 개의 영해를 가질 수는 없다는 전제하에, 폰세카만의 폐쇄선 육지측 수역 내에서 3국이 각기 3마일의 "단독/배타적 내수"(internal waters subject to a single, exclusive sovereignty)를 갖되, 나머지 폐쇄선 육지측 수역은 3국의 공동주권(joint sovereignty) 하에 놓이며, 다만 이 수역 전체에서 타국 선박들의 항구접근의 필요상 무해통항이 인정된다고 판시하였다 ; 그리고 해양법상 영해/대륙붕/EEZ 측정의 기선은 폰세카만의 폐쇄선이며, 3국 공동주권자들이 이들 수역을 계속 공유할 것인지 아니면 3개의 별개 수역으로 경계설정을 할 것인지는 그들 3국이 결정할 문제이며, 경계설정을 하기로 하는 경우에는 국제법을 기초로 합의에 의하게 될 것이라고 판시하였다 : ICJ Reports (1992), p. 351 at 606~609 (paras. 415~420).

Arbitration concerning *Croatia-Slovenia Land and Maritime Border Disputes* (Croatia/Slovenia), Award of 29 June 2017, PCA Case No. 2012-04, 〈https://pcacases.com/web/sendAttach/2172〉에서 중재재판소도 구 유고 해체 이전 유고의 내수였으나 해체 후 슬로베니아와 크로아티아 사이에 위치하게 된 피란만(Bay of Piran)에 대해 복수국가 만의 논리를 채택하였다. 즉, 재판소는 유고 해체 전의 피란 만의 내수로서의 법적 지위가 국가승계 발생 이후에도 그대로 유지된다고 전제하였다. 그리고 *effectivité*에 따라 만의 경계를 결정하였다(paras. 880, 881~885, 912 of the Award ; 본서, 제20장 (국가승계), Ⅱ. 조약의 승계, "1. 처분적 조약, (1) 국경선 관련 조약").

폰세카 만과 피란 만에 관련한 위 두 사건 모두 만의 해안선이 국가승계 발생 전 동일 국가에 속하였었고, 또한 만으로서의 법적 지위가 국가승계 발생 전에 확립되어 있었던 상황과 관련한 것임을 기억할 필요가 있다. Evans in Evans (ed.), *International Law*, 5th, p. 640.

54) Hamid, p. 260 ; Evans in Evans (ed.), *International Law*, 5th, p. 640. 리비아의 가다피 정부는 1973년 10월 시드라(시르테)만(Gulf of Sidra/Sirte)에 약 300 마일 길이의 폐쇄선을 긋고 이 선의 육지측 수역을 자국의 역사적 만으로 선언하였다가 이 수역을 공해로 생각하는 미국과 무력충돌을 빚기도 하였다. 시드라만은 역사적 만이 되기 위한 요건을 모두 결여한 것이었다. Commander Dennis R. Neutze, Judge Advocate General's Corps, U.S. Navy, "The Gulf of Sidra Incident: A Legal Perspective", US Naval Institute, January 1982/ Proceedings/Vol. 108/1/947, 〈https://www.usni.org/magazines/proceedings/1982/January/gulf-sidra-incident-legal-perspective〉 ; https://en.wikipedia.org/wiki/Gulf_of_Sidra_incident_(1981) ; https://en.wikipedia.org/wiki/Territorial_waters.

ICJ는 *Anglo-Norwegian Fisheries* case (UK v. Norway), ICJ Reports (1951), p. 116, 130에서 "보통, 역사적 해역이라 함은 내수로 취급되긴 하지만 역사적 권원이 존재하지 않는다면 내수로서의 성격을 갖지 못하게 될 수역을 의미한다"(By "historic waters" are usually meant waters which are treated as internal waters but which would not have that character were it not for the existence of an historic title)고 느슨하게 언급한 바 있는데, -"역사적 만"을 포함한- "역사적 해역" 개념의 현대적 관련성과 동 개념이 적용될 수 있는 해역의 종류 등에 대해서는 Clive R. Symmons, *Historic Waters in the Law of the Sea - A Modern Re-Appraisal* (Martinus Nijhoff Publishers, 2007) 참조. See also "Juridical Regime of Historic waters,

이라는 의미에서의 이른바 "사활적 만"(vital bays)의 개념이 일부 개발도상국들에 의해 옹호된 바 있지만 UN해양법협약이나 국제관습법에서 인정되지 않고 있다.[55)]

영해의 경계를 획정함에 있어서, 항만체계(harbour system)의 불가분의 일부를 구성하는 가장 바깥의 영구적인 항만시설(permanent harbour works)은 해안의 일부를 구성하는 것으로 본다. 그러나 근해의 시설(off-shore installations)과 인공섬(artificial islands)은 영구적인 항만시설로 보지 아니한다.[56)]

---

including historic bays", *Document A/CN.4/143*: Study prepared by the Secretariat, Yearbook of the ILC (1962), Vol. Ⅱ, pp. 1~26, 〈https://untreaty.un.org/ilc/publications/yearbooks/Ybkvolumes(e)/ILC_1962_v2_e.pdf〉: p. 6 (para. 33)("It is hardly necessary to go deeply into the matter of "historic waters" to realize that this is a subject where superficial agreement among authors and among practitioners conceals several controversial problems as well as some obscurity or at least lack of precision. Nobody would contest that there are cases in which a State has a valid historic title to certain waters adjacent to its coasts, but when it comes to a more precise definition of this title, its relation to the rules of international law for the delimitation of the maritime territory of a State or the question of the circumstances in which the historic title may arise, agreement is far from complete. ... ... [I]n the paper an attempt will be made to set forth, analyse and clarify a number of problems connected with the concept or theory of "historic waters", departing from the fact that it is universally recognized in the doctrine and practice of international law that States may under certain circumstances on historic grounds have valid claims to certain waters adjacent to their coasts."), and p. 25 (para. 183)("... while "historic bays" present the classic example of historic title to maritime areas, there seems to be no doubt that, in principle, a historic title may exist also to other waters than bays, such as straits or archipelagos, or in general to all those waters which can form part of the maritime domain of a State.").

55) Aust, *Handbook of IL*, 2nd, p. 281.

56) 제11조. 항구(ports)에 관련한 UN해양법협약 제11조는 두 개의 문장으로 되어 있다. 동 규정에 대응하는 1958년 영해 및 접속수역 협약 제8조는 UN해양법협약 제11조의 첫 번째 문장과 동일하고 또 그것이 전부이다.
1958년 협약 제8조와 관련하여 미국 연방최고재판소는 *United States* v. *Louisiana*, 394 U.S. 11, 36~38 (1969), 〈https://supreme.justia.com/cases/federal/us/394/11/case.html〉에서 "항만시설"(harbour works)에 대해 다음과 같이 판시한 바 있다: "The United States argues more convincingly, however, that Article 8 [of the 1958 Convention on the Territorial Sea and the Contiguous Zone] applies only to raised structures. The discussions of the Article by the 1958 Geneva Conference and the International Law Commission reveal that the term "harbour works" connoted "structures" and "installations" which were "part of the land" and which, in some sense enclosed and sheltered the waters within. It is not enough that the dredged channels may be an "integral part of the harbour system"; even raised structures which fit that description, such as lighthouses, are not considered "harbour works" unless they are "connected with the coast." Thus, Article 8 provides that "harbour works ... shall be regarded as forming part of the *coast*" (emphasis supplied), a description which hardly fits underwater channels. As part of the "coast," the breadth of the territorial sea is measured from the harbor works' low water lines, attributes not possessed by dredged channels. We must therefore conclude that Article 8 does not establish dredged channels as inland waters. (footnotes omitted)" 그리고 그 후, *United States* v. *California*, 432 U.S. 40, 41~42 (1977), 〈https://supreme.justia.com/cases/federal/us/432/40/case.html〉에서는 일부 부두(jetty), 방파제(breakwater) 및 기타 인공구조물(artificial structure)을 기선(baseline)의 목적상 해안선의 일부로 인정하였다. 그러나 *United States* v. *California*, 447 U.S. 1, 8 (1980), 〈https://supreme.justia.com/cases/federal/us/447/1/〉에서 "해안 보호시설이 아닌 부두"(piers which are not coast protective works)와 "근해 석유시설 수리를 위해 사용되는 인공섬"(artificial island used to service offshore oil facilities)을 해안선의 일부로 보기를 거절한 바 있다. See Louis B. Sohn and Kristen Gustafson, *The Law of Sea in a Nutshell* (St. Paul, Minn.: West Publishing Co., 1984), p. 50.
한편, *Maritime Delimitation in the Black Sea* (Romania v. Ukraine), ICJ Reports (2009), p. 61.

선박이 화물을 싣고, 내리고, 닻을 내리는 데 통상적으로 사용되는 정박지(roadsteads)는 그것의 전부 또는 일부가 영해의 바깥한계 밖에 있는 경우에도 영해에 포함된다.[57)]

간출지는 영토가 아니기 때문에 원칙적으로 자신의 영해를 가질 수 없다. 다만, 그것이 '본토 또는 섬의 영해 안에' 위치하는 경우에는 간출지의 저조선도 영해 측정의 기선으로 사용될 수 있다.[58)] 다만, ICJ는 *Maritime Delimitation and Territorial Questions between Qatar and Bahrain* 사건[59)]에서 이 규칙은 본토 또는 섬의 영해 안에 위치하는 간출지로부터 12 마일 내에 위치하지만 영해 밖에 위치하는 간출지에 대해서는 적용되지 아니한다고 판시하였다.

연안국은 자국 해안선의 조건에 따라 위에 언급한 여러 종류의 기선을 혼합하여 사용할 수 있다.[60)] 예컨대, 한국은 대체로 서남해안에 대해서는 직선기선방식을, 그리고 동해안에 대해서는 통상기선방식을 적용하고 있다.[61)]

영해의 기선, 범위 및 경계선은 그 위치를 확인하기에 적합한 축척의 해도에 표시되어야 하며, 측지자료를 명기한 각 지점의 좌표목록으로 이를 대체할 수도 있다. 그리고 연안국은 이러한 해도나 지리적 좌표목록을 적절히 공표하고, 그 사본을 UN사무총장에게 기탁해야 한다.[62)]

---

paras. 123, 130, 133~141, 151~153에서 ICJ는 -구조물의 성격이 항구적이긴 하지만 그 기능이 항만활동과는 직접적인 관련이 없는- 루마니아 측의 길이 7.5 km 제방의 '바다 쪽' 끝(seaward end of Sulina dyke)은 양국 간 대륙붕/EEZ 경계획정을 함에 있어 잠정등거리선을 긋기 위한 기점으로 사용할 수 없다고 하면서, 인간이 만든 끝이 아닌 이 제방의 '육지 쪽' 끝(landward end)을 잠정등거리선을 긋기 위한 기점으로 사용하겠다고 독자 결정하였었다. See Coalter G. Lathrop, "Maritime Delimitation in the Black Sea (Romania v. Ukraine), (2009) 103 AJIL 543~549, available at https://scholarship.law.duke.edu/faculty_scholarship/2542/ ; https://en.wikipedia.org/wiki/Maritime_Delimitation_in_the_Black_Sea_case.

57) 제12조 ; Hall, p. 618.

58) 제13조. ICJ는 제13조가 국제관습법을 반영하고 있다고 보고 있다 : *Maritime Delimitation and Territorial Questions between Qatar and Bahrain* (Qatar v. Bahrain), ICJ Reports (2001), para. 201 ; *Territorial and Maritime Dispute* (Nicaragua v. Colombia), Judgment of 19 November 2012, para. 182. 또한, ICJ는 Case concerning *Maritime Delimitation and Territorial Questions between Qatar and Bahrain* (Qatar v. Bahrain), Judgment of 16 March 2001, paras. 205~207에서 간출지를 '영토'로 볼 수 있겠는가의 문제를 검토하면서, '섬'은 영토취득법의 적용을 받지만, '간출지'는 섬이나 기타 영토와 동일한 권리를 발생시킬 수 없다는 점을 상기시키고 있다. 이 판결은 Case concerning *Territorial and Maritime Dispute between Nicaragua and Honduras in the Caribbean Sea* (Nicaragua v. Honduras), ICJ Judgment of 8 October 2007, para. 141 ; Case concerning *Sovereignty over Pedra Branca/ Pulau Batu Puteh, Middle Rocks and South Ledge* (Malaysia/ Singapore), ICJ Judgment of 23 May 2008, paras. 295~296 등에서 적절히 인용되고 있다. *South China Sea Arbitration* (the Philippines v. China), Award on Jurisdiction and Merits, 12 July 2016, paras. 309, 1203B(5) 〈https://pca-cpa.org/wp-content/uploads/sites/175/2016/07/PH-CN-20160712-Award.pdf〉에서 (UN해양법협약 제7부속서)중재재판소도 간출지는 육지영토가 아니기 때문에 점유 또는 기타 인공건설 등의 방법을 통해 영유의 대상이 될 수 있는 지형물이 아니라고 언급한 바 있다.

59) Qatar v. Bahrain, ICJ Reports (2001), para. 207 : "... whereas a low-tide elevation which is situated within the limits of the territorial sea may be used for the determination of its breadth, this does not hold for a low-tide elevation which is situated less than 12 nautical miles from that low-tide elevation but is beyond the limits of the territorial sea. The law of the sea does not in these circumstances allow application of the so-called "leap-frogging" method."

60) 제14조 ; Kaczorowska-Ireland, pp. 300~301.

61) 한국 "영해 및 접속수역법" 제2조(기선) 및 "영해 및 접속수역법 시행령" 제2조(직선기선의 기점).

62) 제16조.

해수면의 상승으로 저조선이 후퇴하는 경우 기선도 따라 이동하는가, 아니면 기존의 기선이 그대로 유지될 수 있는가에 대한 논의도 진행 중이며,[63] ILC도 2019년 이 문제를 작업주제로 선정하여 검토 중이다.[64]

3. 대향국 또는 인접국 간의 영해경계 획정

두 국가의 해안(연안)이 서로 마주보거나 인접한 경우[65] 국제법이 허용하는 만큼의 영해의 폭을 주장할 수 없는 상황이 발생할 수 있다. 이런 경우 양국 간에 달리 합의하지 않는 한 양국의 각각의 영해기선 상의 가장 가까운 점으로부터 등거리의(equidistant) 모든 점을 연결한 중간선 밖으로 영해를 확장할 수 없다. 다만, 역사적 권원(historic title)이나 그 밖의 특별한 사정(other special circumstances)에 의하여 이와 다른 방법으로 양국 영해의 경계를 획정할 필요가 있는 경우에는 그러하지 아니하다.[66] 요컨대, UN해양법협약 제15조의 구도에 따르면 대향국이나 인접국 간의 영해경계 획정에서 특별한 사정은 어디까지나 '예외'규칙이고, 등거리가 '일반규칙'으로 남는다.[67] ICJ는 영해경계 획정의 방법론과 관련하여 *Maritime Delimitation and Territorial Questions between Qatar and Bahrain* 사건[68]에서 다음과 같이 언급한 바 있다.

> "1982년 협약의 제15조는 영해 및 접속수역에 관한 1958년 협약의 제12조 1항과 사실상 동일하며, 관습적 성격을 가지고 있는(having a customary character) 것으로 볼 수 있다. 이것은 종종 "등거리/특별한 사정"의 규칙("equidistance/special circumstances" rule)으로 칭하기도 한다. 가장 논리적이고 광범위하게 사용되고 있는 방법은 우선 잠정적으로 등거리선을 긋고, 그

---

63) Signe Veierud Busch, "Sea Level Rise and Shifting Maritime Limits: Stable Baselines as a Response to Unstable Coastlines", Arctic Review on Law and Politics, Vol. 9, 2018, pp. 174~194, 〈https://doi.org/10.23865/arctic.v9.1162〉; Massimo Starita, "The impact of sea-level rise on baselines: A question of interpretation of the UNCLOS or evolution of customary law?", Questions of International Law, Apr 30, 2022, 〈https://www.qil-qdi.org/the-impact-of-sea-level-rise-on-baselines-a-question-of-interpretation-of-the-unclos-or-evolution-of-customary-law/〉; Roberto Virzo, "Sea-Level Rise and State of Necessity: Maintaining Current Baselines and Outer Limits of National Maritime Zones", in: The Italian Review of International and Comparative Law, Online Publication Date: 30 Sep 2022, 〈https://brill.com/view/journals/iric/2/1/article-p21_002.xml〉; 박배근, "해수면 상승과 기선의 변경 - 고정이냐 이동이냐?" 대한국제법학회,《국제법으로 세상 보기》(서울 : 박영사, 2023), pp. 175~183 참조.

64) ILC, "Sea-level rise in relation to international law", 〈https://legal.un.org/ilc/summaries/8_9.shtml〉, & 〈https://legal.un.org/ilc/reports/2023/english/a_78_10_advance.pdf〉.

65) 두 국가의 해안이 일부는 인접하고 일부는 마주보는 경우도 있을 수 있는데, 이를테면 튀니지와 리비아는 해안이 처음에는 인접하다가 나중에는 마주보고 있다. See *Affaire de la délimitation de la frontière maritime entre la Guinée et la Guinée-Bissau* (Case concerning the delimitation of the maritime boundary between Guinea and Guinea-Bissau), 14 February 1985, 〈https://legal.un.org/riaa/cases/vol_XIX/149-196.pdf〉, para. 91 ("Le Tribunal estime que rien n'empêche que deux Etats aient des côtes qui partiellement sont adjacentes et partiellement se font face."); Orakhelashvili, p. 252.

66) 제15조.

67) Case concerning *Territorial and Maritime Dispute between Nicaragua and Honduras in the Caribbean Sea* (Nicaragua v. Honduras), Judgment of 8 October 2007, para. 281.

68) Qatar v. Bahrain, Judgment of 16 March 2001, para. 176.

런 다음 이 등거리선이 특별한 사정의 존재에 비추어 조정되어야 하는지의 여부를 검토하는 것이다(The most logical and widely practised approach is first to draw provisionally an equidistant line and then to consider whether that line must be adjusted in the light of the existence of special circumstances)."

ICJ는 2018년 *Maritime Delimitation in the Caribbean Sea and the Pacific Ocean* (Costa Rica v. Nicaragua) *and Land Boundary in the Northern Part of Isla Portillos* (Costa Rica v. Nicaragua) 사건[69]에서 영해경계 획정을 위한 이 2단계 방법론을 "자신의 확립된 판례"(its established jurisprudence)로 지칭한 바 있다.

ICJ는 2012년 11월 *Territorial and Maritime Dispute* (Nicaragua v. Colombia)[70]에서 –여러 판례를 개관하면서, 특히 그해 3월에 나온 *Delimitation of the Maritime Boundary between Bangladesh and Myanmar in the Bay of Bengal* (Bangladesh/Myanmar), Judgment of 14 March 2012, ITLOS, pp. 55–56, para. 169[71]를 인용하면서– "재판소는 섬 주위에 12마일 영해를 수립할 국가의 권리가 타국의 대륙붕이나 EEZ 권원과 겹친다는 이유로 이를 (12마일 이내로) 제한한 일은 결코 없었으며" "작은 섬에게 12마일 영해보다 작은 마일이 부여된 판결이나 중재판정은 언제나 국가들의 영해에 대한 권원이 겹치거나, 역사적 혹은 합의된 경계선이 존재하는 경우들이었다"고 판시한 바 있다.[72]

UN해양법협약은 이 협약의 해석·적용과 관련하여 발생하는 분쟁에 대하여 –구속력있는 결정을 내리는– 강제관할권을 창설하고 있으나, 각국은 영해경계 획정과 관련해서는 이 같은 강제관할절차를 수락하지 않음을 언제라도 선언할 수 있으며, 이 경우에는 '의무적' '조정'(compulsory conciliation)이 적용된다.[73]

해양(영해, EEZ, 대륙붕) 경계획정에서 대향국(opposite states)과 인접국(adjacent states) 간에 '법적' 차이는 없다.[74] 그리고 모든 해안선은 동일한 법제도의 적용을 받는다. *Delimitation of the*

---

69) Judgment of 2 February 2018, para. 98 : "In accordance with its established jurisprudence, the Court will proceed in two stages: first, the Court will draw a provisional median line; second, it will consider whether any special circumstances exist which justify adjusting such a line..."

70) Judgment of 19 November 2012, paras. 178~179.

71) "Bangladesh has the right to a 12-nautical-mile territorial sea around St. Martin's Island in the area where such territorial sea no longer overlaps with Myanmar's territorial sea. A conclusion to the contrary would result in giving more weight to the sovereign rights and jurisdiction of Myanmar in its exclusive economic zone and continental shelf than to the sovereignty of Bangladesh over its territorial sea."

72) 본장, "Ⅵ. 대륙붕, 5. 대향국 또는 인접국 간의 대륙붕 경계획정" 참조.

73) 제298조.

74) *Delimitation of the Continental Shelf between the United Kingdom of Great Britain and Northern Ireland, and the French Republic* (UK, France), (1977-78) 18 RIAA 3 at 56 (para. 95 : "the relationship of "opposite" or "adjacent" States is nothing but a reflection of the geographical facts"), & 111 (para. 238 : "The emphasis placed in the *North Sea Continental Shelf* cases on the difference between the situations of "opposite" and "adjacent" States reflects not a difference in the legal légime applicable to the two situations but a difference in the geographical conditions in which the applicable legal régime

Maritime Boundary in the Gulf of Maine Area (Canada/United States of America)[75]에서 1차 해안(primary coasts)과 2차 해안(secondary coasts)을 구분하려는 미국 측의 주장은 배척되었다

해양 경계획정에 임하는 국제재판소는 "경계획정 당시의 물리적 현실"(physical reality at the time of the delimitation)에 관심을 가질 뿐, -기후변화 등으로 인한- '해안선의 미래 불안정성'(future instability of the coastline) 문제까지 다루지는 아니한다.[76]

4. 무해통항

연안국의 영해에 대한 권리가 주권 그 자체이긴 하지만 내수를 포함한 영토에 대해서는 인정되지 않는 중요한 제한이 일반관습법상 부과되어 있다. 선박의 무해통항권(right of innocent passage)이 바로 그것이다. 즉, 모든 국가의 선박(ships of all States)은 연안국의 사전허가나 연안국에 대한 사전통고 없이도 외국영해를 무해하게 통과할 권리를 향유한다.[77] *Delimitation of the Maritime Boundary between Bangladesh and Myanmar in the Bay of Bengal* 사건[78]에서 국제해양법재판소는 방글라데시가 자국령 세인트 마틴 섬(St Martin's Island)의 영해를 미얀마 선박들이 무해통항 하는 것을 허락한다고 한 (일방적) 약속(commitment)에 "주목한다"고(take note of) 하였는데, UN해양법협약 하의 무해통항 제도에 비추어 이 같은 주목이 필요했는지는 의문이다.[79]

여기서 우선 제기되는 쟁점은 군함과 같이 비상업적·권력적 목적으로 운용되는 국가(정부)선박도 무해통항권을 향유하는가 하는 점이다. 종래 이 문제에 대한 국제관습법의 태도는 부정적이었던 것으로 보인다. 실제로 연안국의 태도는 이를 허용하는 국가와 부인하는 국가로 나뉘어 대립하고 있으며, 후자는 다시 사전허가를 요구하는 국가와 단지 사전통고만을 요구하는 국가로 구분된다. ICJ는 -동 재판소의 최초 판결인- *Corfu Channel* 사건[80]에서, "공해의 두 부분 사이에서 국제항행을 위

operates."), 〈https://legal.un.org/riaa/cases/vol_XVIII/3-413.pdf〉; Orakhelashvili/Akehurst, 9th, p. 177.

75) ICJ Reports (1984), p. 246, at paras. 108, 170, 177; Orakhelashvili/Akehurst, 9th, p. 177.

76) *Maritime Delimitation in the Black Sea* (Romania v. Ukraine), ICJ Reports (2009), p. 61 at 106 (para. 131); *Bay of Bengal Maritime Boundary Arbitration between The People's Republic of Bangladesh and The Republic of India*, Award, dated 7 July 2014, paras. 215, 217, 〈https://pcacases.com/web/sendAttach/383〉; Orakhelashvili/Akehurst, 9th, p. 178.

77) 제17조.

78) ITLOS, Bangladesh/Myanmar, 14 March 2012, paras. 170~176.

79) See Irini Papanicolopulu, "From the North Sea to the Bay of Bengal: Maritime Delimitation at the International Tribunal for the Law of the Sea", EJIL: *Talk!*, Friday, March 23, 2012, 〈https://www.ejiltalk.org/from-the-north-sea-to-the-bay-of-bengal-maritime-delimitation-at-the-international-tribunal-for-the-law-of-the-sea〉.

80) UK v. Albania, ICJ Reports (1949), p. 4 at 28 ("It is, in the opinion of the Court, generally recognized and in accordance with international custom that States in time of peace have a right to send their warships through straits used for international navigation between two parts of the high seas without the previous authorization of a coastal State, provided that the passage is innocent. Unless otherwise prescribed in an international convention, there is no right for a coastal State to prohibit such

하여 사용되는 해협"에서는 '평시'에 군함도 일반관습법상 무해통항권을 향유하며, 따라서 조약에서 달리 규정하지 않는 한 연안국은 평시에 군함의 그러한 해협통과를 금지할 권리가 없다고 판결한 바 있으나, 영해 일반에서의 군함의 무해통항권에 관해서는 어떤 언질도 주지 않았다.

그러면 이 문제에 대한 1958년 영해협약과 UN해양법협약의 태도는 어떠한지 궁금하다. 전자는 (군함의 특수한 종류인) '잠수함'(submarines)에 대하여, 그리고 후자는 '잠수함과 기타 잠수(수중)항행기기'(submarines and other underwater vehicles)에 대해서만 영해에서 물위로 떠올라 국기를 게양할 것을 조건으로 무해통항을 허용하고 있을 뿐,[81] 이 문제를 명시적으로 다루지 않아 '조약해석'의 문제로서 찬·반견해가 대립하고 있다. 이 두 협약에 군함(과 비상업용 정부선박)의 무해통항권을 시사하는 여러 표현과 규정이 존재하는 것은 사실이지만,[82] 이 문제는 계속해서 논의의 대상으로 남아 있다.[83] 이 문제에 대한 해답이 무엇이든, 국제관습법상으로나 1958년 영해협약상 그리

---

passage through straits in time of peace."), 30 ("In these circumstances, it is unnecessary to consider the more general question, much debated by the Parties, whether States under international law have a right to send warships in time of peace through territorial waters not included in a strait."); Currie, pp. 250~261; Kaczorowska-Ireland, p. 308. 이 사건에서 영국은 소해(掃海) 작업은 무해통항에 포함되지 않는다는 것을 인정하면서도, 증거인멸을 막고 국제재판소에 증거로 제출하기 위해 간섭할 권리를 갖는다고 주장하였으나, ICJ는 영국이 주장하는 간섭의 권리는 무력정책의 표현(the manifestation of a policy of force)에 불과하다고 판시하였다. 재판소는 영국의 '자기보호'(self-protection)와 '자조'(selp-help)에 기초한 항변도 배척하면서, "주권국가들 사이에서 영토주권에 대한 존중은 국제관계의 본질적 기초이다"라고 하였다: ICJ Reports (1949), p. 4 at 33~35.

81) 1958년 영해협약 제14조 6항, UN해양법협약 제20조.

82) 예컨대, 영해 무해통항을 '모든' 선박들에게 적용되는 규칙으로 표현하고 있는 UN해양법협약 제2부 제3절 제1관의 제목, 제19조 2항, 제20조, 제22조 2항, 제23조, 제30조 등.

83) 1975년의 비공식 단일교섭초안(Informal Single Negotiating Text) 중에서 제2위원회 위원장이 작성한 초안의 제29조 2항에서는 군함의 무해통항을 명문으로 인정하고 있었다. 金楨鍵,《國際條約集》(서울: 박영사, 1981), p. 99.

한편, 1989년 9월 23일 미국과 소련은 "1982년 UN해양법협약의 규정의 지도를 받아"(guided by the provisions of the 1982 United Nations Convention on the Law of the Sea) "군함을 포함한 모든 선박이 무해통항을 향유하며, ... 이를 위해 사전통고를 하거나 허락을 받는 것 그 어떤 것도 필요하지 않다"는 데 합의한 바 있다: Union of Soviet Socialist Republics-United States: Joint Statement with Attached Uniform Interpretation of Rules of International Law Governing Innocent Passage [Done at Jackson Hole, Wyoming, September 23, 1989], (1989) 28 ILM 1444. 1989년의 이 합의(이른바 'Jackson Hole statement')는 그러나 그 자체 법적 구속력있는 것으로 의도된 것은 아니었다. 그러나 소련 해체 후 1998년 제정된 러시아연방 법률은 제12조 1항에서 "외국 선박, 외국 군함 및 기타 정부선박"의 무해통항권을 적시하고 있다; 다만, 제13조 2항에 의하면, "조약에서 달리 규정하고 있거나 러시아 정부의 특별 결정이 없는 한, 동일 외국의 3척이 넘는 외국의 군함 또는 기타 정부선박이 러시아 연방의 항구에 기항하기 위해 동시에 영해를 통과할 수 없다": "러시아연방의 내해수, 영해 및 접속수역에 관한 연방법률"(Federal Act on the internal maritime waters, territorial sea and contiguous zone of the Russian Federation)[1998년 7월 16일 러시아 연방의회 하원(국가두마, State Duma) 채택, 7월 17일 연방의회 상원(연방회의, Federal Council) 승인, 8월 31일 발효], 제12조~제13조, 〈https://www.un.org/depts/los/LEGISLATIONANDTREATIES/PDFFILES/RUS_1998_Act_TS.pdf〉. 러시아의 실행에 대해서는 다음 논문 참조: Alexander Lott, "The (In)applicability of the Right of Innocent Passage in the Gulf of Finland – Russia's Return to a *Mare Clausum*?", The International Journal of Marine and Coastal Law. 2021;36(2):241-262; https://munin.uit.no/bitstream/handle/10037/23853/article.pdf?sequence=4.

한국의 "영해 및 접속수역법"(제5조 1항)은 "...외국의 군함 또는 비상업용 정부선박이 영해를 통항하고자 할 때에는 대통령령이 정하는 바에 따라 관계당국에 사전통고 하여야 한다."고 규정하고 있으며, 동 법률 시행령 제4조에서는 통고기일(공휴일 제외 3일 전까지), 통고사항(선박의 이름과 종류 및 번호; 통항목적; 통

고 UN해양법협약상 무해통항은 오로지 '선박'(ships)에 적용되는 개념임을 유의하여야 한다.

무해통항(innocent passage) 개념 중에서 '통항'의 의미부터 살펴보자. 통항이라 함은 "(a) 내수에 들어가거나 내수 밖의 정박지나 항구시설에 기항함이 없이 (단지) 영해를 횡단하는 것, 또는 (b) 내수를 향하여 또는 내수로부터 항진하거나, 내수 밖의 정박지나 항구시설에 기항하는 것"을 '목적'으로 영해를 지나서 항행함을 말한다. 그리고 통항은 그 방법에 있어 계속적이고 신속하여야(continuous and expeditious) 하며, 따라서 영해 내에서 정선(stopping) 또는 투묘(닻을 내리는 행위)(anchoring)하거나 배회하는(hover or cruise around) 것은 통항이 아니다. 다만, 정선·투묘가 통상적인 항행(ordinary navigation)에 부수되는 경우, 불가항력이나 조난으로 인하여 필요하게 된 경우, 또는 위험에 빠졌거나 조난을 당한 인명·선박·항공기 등을 구조하기 위한 경우에는 통항으로 간주된다.[84] 통항은 목적과 방법 이 두 측면에서의 요건을 모두 충족시켜야만 통항 중인 것으로 인정된다.[85]

'무해'라 함은 연안국의 평화, 공공질서 또는 안전을 해치지 아니하는 것을 말한다. 이같은 통항은 "UN해양법협약과 기타 국제법규"에 따라 이루어져야 한다.[86] 여기서 '기타 국제법규'는 무력충돌(armed conflict)과 관련된 규칙들을 포함하는 것으로 보인다.[87] 영해에서 다음의 어느 활동에 종사하는 외국선박의 통항은 연안국의 평화, 공공질서 또는 안전을 해치는 것으로 본다.[88]

"(a) 연안국의 주권, 영토보전 또는 정치적 독립에 반하거나, 또는 UN헌장에 구현된 국제법의 원칙에 위반되는 그 밖의 방식에 의한 무력의 위협이나 무력의 행사,
(b) 무기를 사용하는 훈련이나 연습,
(c) 연안국의 국방이나 안전에 해가 되는 정보수집을 목적으로 하는 행위,
(d) 연안국의 국방이나 안전에 해로운 영향을 미칠 것을 목적으로 하는 선전행위,
(e) 항공기의 선상발진·착륙 또는 탑재,
(f) 군사기기의 선상발진·착륙 또는 탑재,
(g) 연안국의 관세·재정·출입국관리 또는 위생에 관한 법령에 위반되는 물품이나 통화를 신

항항로와 일정), 관계당국(외교통상부장관) 등의 세부사항에 대해 규정하고 있다. 다만, 시행령 제4조 단서에 의하면 "국제항행에 이용되는 해협으로서 동 수역에 공해대가 없을 경우에는"(즉, 제주해협, 흑산해협, 매물수도에서는) 사전통고 의무가 면제된다.

군함을 비롯한 비상업용 정부선박의 영해 통과 시 통고는 물론이고 허락까지 받을 것을 요구하는 국가들도 여전히 상당수 있는데, 이를테면 1992년 "중국의 영해 및 접속수역에 관한 법률"(Law of the People's Republic of China on the Territorial Sea and the Contiguous Zone)은 제6조에서 "군사적 목적의 외국선박은 중국 영해에 진입하기 전에 중국 정부의 허가를 받아야 한다"고 규정하고 있다 : https://www.asianlii.org/cn/legis/cen/laws/lotprocottsatcz739/. Cassese, *International Law*, 2nd, p. 85 ; J. Ashley Roach and Robert W. Smith, *Excessive Maritime Claims* (Publications on Ocean Development), 3rd ed. (Netherlands : Martinus Nijhoff Publishers, 2012), Chapter Ten-In the Territorial Sea ; Evans in Evans (ed.), *International Law*, 5th, pp. 646~647 ; Orakhelashvili/Akehurst, pp. 168~169.

84) 제18조.
85) Churchill/Lowe, p. 74 : Hamid, p. 262.
86) 제19조 1항.
87) Green, p. 156.
88) 제19조 2항.

고 내리는 행위 또는 사람의 승선이나 하선,

(h) 이 협약에 위배되는 고의적이고도 중대한(wilful and serious) 오염행위,

(i) 어로활동,

(j) 조사활동이나 측량활동의 수행,

(k) 연안국의 통신체계 또는 그 밖의 설비 · 시설물에 대한 방해를 목적으로 하는 행위,

(l) 통항과 직접 관련이 없는 그 밖의 활동."

무해하더라도 '통항'(passage)하고 있지 않거나[89]통항을 하더라도 '무해'(innocent)하지 않음으로써, 전체적으로 무해통항을 하는 것이 아닌 외국 선박은 내수에 들어간 경우와 마찬가지로 연안국의 일체의 법에 종속된다.[90]

군함의 무해통항 여부를 판단함에 있어 선상(船上) 무기의 위치와 군함 측의 반응/태도도 문제될 수 있다.[91] 외국의 잠수함 또는 잠수항행기기가 물위로 떠오르지 않거나 국기를 게양하지 않는 경우 연안국은 어떤 대응조치를 취할 수 있을 것인가? 과거 소련은 이 요건을 위반하는 잠수함은 파괴의 대상이 되는 것으로 보고 있었으며,[92] 1982년 스웨덴도 영해 안의 소련 잠수함에 대해 수중폭탄을 사용한 바 있다.[93]

UN해양법협약 제21조 1항은 연안국은 '항행의 안전과 해상교통의 규제'를 포함한 여덟 가지 사항에 대하여 영해의 무해통항에 관한 '법령을 제정'할 수 있다고 규정하고 있다. 문제는 연안국이 무해통항과 관련하여 행사할 수 있는 (집행관할권과는 대조되는 의미에서의) 입법관할권이 이들 여덟 가지 사항에 국한되느냐 하는 것인데, 협약 제2조에서 연안국의 영해에 대한 권한을 그 영토에 대한 것과 동일하게 '주권'으로 명시하고 있는 것으로 보아 제21조 1항은 단지 예시적 규정으로 보아야 할 것이다.[94] 다만, 동 제21조 2항은 그러한 입법관할권은 "일반적으로 수락된 국제 규칙이나 기준

89) See The Netherlands Supreme Court (Hoge Raad), *The Attican Unity* case, decision of 7 February 1986, 101 ILR 436, [noted by Erik Franckx (ed.), *The Work of the ILA Committee on Coastal State Jurisdiction Relating to Marine Pollution* (1991-2000)(The Hague : Kluwer Law International, 2001), "XIV. The Netherlands"(by Erik Jaap Molenaar and Harm M. Dotinga), p. 303 at 311 ; Marc Huybrechts et al. (eds.), *Marine Insurance at the turn of the Millennium*, Volume 2 (Antwerpen-Groningen-Oxford : Intersentia, 2000), "Some Remarks on Financial Securities Imposed by Public Authorities on Casualty Ships as a Condition for Entry into Ports"(by Professor Eric Van Hooydonk), p. 117 at 119~120) ; Aldo Chircop & Olof Linden (eds.), *Places of Refuge for Ships : Emerging Environmental Concerns of a Maritime Custom* (Leiden : Martinus Nijhoff Publishers 2006), "Chapter 15 Places of Refuge : The Belgian Experience"(by Eric Van Hooydonk), p. 415 at 419].

90) Churchill/Lowe, p. 74 ; Hamid, p. 262.

91) *Corfu Channel* case (Albania/UK)(Merits), ICJ Reports (1949), p. 4 at 31, 32 ; Orakhelashvili/Akehurst, 9th, p. 182.

92) Bryan Ranft and Geoffrey Till, *The Sea in Soviet Strategy* (London : Macmillan, 1983), p. 55.

93) Churchill/Lowe, p. 70. 그 근거 규정으로서는 1958년 영해협약 제16조, 제23조, 그리고 UN해양법협약 제25조, 제30조를 들 수 있을 것이다. 1982년 9월 30일~10월 30일에 있었던 이 사건은 그러나 현재 뜨거운 논쟁을 불러일으키고 있으며, 일부에서는 스웨덴의 해안 방어의 효율성을 테스트하려는 나토(NATO)(아마도 미국과 영국)의 잠수함 작전에서 유래했을 수도 있다고 주장하고 있다 : https://en.wikipedia.org/wiki/Swedish_submarine_incidents. ; https://en.wikipedia.org/wiki/Hårsfjärden_incident.

94) See Churchill/Lowe, pp. 71~78 ; Harris, p. 384 ; Hamid, p. 264.

을 실시하는 것이 아닌 한 외국 선박의 설계, 구조, 승무원배치 혹은 장비에는 적용되지 아니한다"고 규정하고 있다. 연안국은 이러한 모든 법령을 적절히 공표하여야 한다.[95] 그리고 무해통항하는 외국 선박은 '이러한 모든 법령'과 '해상충돌 방지에 관하여 일반적으로 수락된 모든 국제규칙'을 준수하여야 한다.[96]

연안국은 항행의 안전을 위하여 필요한 경우 자국의 영해에서 무해통항권을 행사하는 외국 선박에 대하여, 선박통항을 규제하기 위하여 지정된 항로대(sea lanes)와 규정된 통항분리방식(traffic separation schemes)을 이용하도록 요구할 수 있다. 특히, 유조선, 핵추진선박 그리고 핵물질 또는 본래 위험하거나 유독한 그 밖의 물질이나 재료를 운반 중인 선박에 대하여서는 이러한 항로대만을 통항하도록 요구할 수 있다. 연안국은 항로대를 지정하고 통항분리방식을 규정함에 있어 '권한 있는 국제기구의 권고'를 비롯하여 국제항행에 관습적으로 이용되고 있는 수로, 특정한 선박과 수로의 특성 및 선박교통량을 고려에 넣어야 한다.[97]

영해에서 무해통항권을 행사하는 '핵추진' 선박이나 '핵물질 또는 본래 위험하거나 유독한 그 밖의 물질을 운반 중인' 선박은, 국제협정이 이러한 선박에 대하여 정한 서류를 휴대하고 또한 국제협정에 의하여 확립된 특별사전주의 조치(special precautionary measures)를 준수하여야 한다.[98] 요컨대, 이들 위험한 선박에 대해서도 무해통항 자체가 거부되지는 않는다.

연안국은 무해통항을 방해하거나 혹은 선박의 국적에 따라 차별대우를 해서는 안된다. 또한 *Corfu Channel* 사건[99]에서 보는 바와 같이, 연안국은 자국이 인지하고 있는 영해에서의 통항에 관한 위험을 적절히 공시하여야 한다.[100]

UN해양법협약 제25조에 의하면 연안국은 "무해하지 아니한 통항을 방지하기 위하여 필요한 조치"를 영해 내에서 취할 수 있다. 구체적으로 어디까지가 무해하지 아니한 통항을 방지하기 위한 '필요한 조치'의 범위에 들게 되는지는 불확실하지만, 일반국제법상 연안국은 자국 관할 하의 수역에서 (민 · 형사)집행관할권을 행사함에 있어 '필요성과 비례성'으로 구성되는 '합리성'의 요건을 준수하여야 한다.[101] 위에서 언급한 바와 같이 스웨덴은 소련 잠수함들이 자국 영해에서 잠행을 하자 스

95) 제21조 3항.
96) 제21조 4항.
97) 제22조.
98) 제23조.
99) UK v. Albania, ICJ Reports (1949), p. 4.
100) 제24조.
101) *The Arctic Sunrise Arbitration* (Netherlands v. Russia)(Award on Merits), 14 August 2015, para. 222 ("To assess the lawfulness of measures taken by a coastal State in response to protest actions within its EEZ, the Tribunal considers it necessary to determine whether: (i) the measures had a basis in international law; and (ii) the measures were carried out in accordance with international law, including with the principle of *reasonableness*. Where such measures involve enforcement measures they are subject to the general principles of *necessity and proportionality*.") ; *The Duzgit Integrity Arbitration* (Malta v. São Tomé and Príncipe), Award of 5 September 2016, para. 209 ("The exercise of enforcement powers by a (coastal) State in situations where the State derives these powers from provisions of the Convention is also governed by certain rules and principles of general international law, in particular the principle of

중폭탄(depth charges)을 사용한 바 있다.[102] 다만, 협약 제30조의 규정으로 보아 (잠수함을 포함한) 군함의 경우에는 먼저 즉각 떠날 것을 요구한 다음에야 무력행사가 가능할 것이다. 물론, 자위권(self-defence)의 행사가 요구되는 상황이라면 떠날 것을 요구할 필요없이 즉각 자위를 위한 무력을 사용할 수 있다.[103] 그러나 군함의 면제(immunity)는 인정하여야 한다.[104]

연안국은 무기를 사용하는 훈련을 포함하여 자국의 안전보호상 긴요한 경우에는 영해의 '지정된' 수역에서 외국선박을 형식상 또는 실질상 차별하지 아니하고 무해통항을 '일시적으로' 정지시킬 수 있다. 이러한 정지조치는 적절히 공표된 후에만 효력을 가진다.[105]

외국 선박에 대하여 영해의 통항만을 이유로 한 어떠한 수수료(charges)도 부과할 수 없다. 수수료는 영해를 통항하는 외국선박에 제공된 특별한 용역에 대한 대가로서만 그 선박에 대하여 부과할 수 있다. 이러한 수수료는 차별없이 부과되어야 한다.[106]

5. 내수 내의 외국 선박에 대한 연안국의 민·형사관할권

기선 육지 측의 물 부분, 즉 내수(internal waters)[107]는 만, 항구, 항만, 하천, 운하, 그리고 호수[108]를 포함하는데, 내수에서는 무엇보다 외국 선박의 무해통항이 허용되지 아니한다. 다만, 이미

---

reasonableness. This principle encompasses the principles of *necessity and proportionality*. These principles do not only apply in cases where States resort to force, but to all measures of law enforcement. Article 293(1) requires the application of these principles. They are not incompatible with the Convention."), & para. 254 ("As the Tribunal has noted in paragraph 209, under international law, enforcement measures taken by a coastal State in response to activity within its archipelagic waters are subject to the requirement of *reasonableness*, which encompasses the general principles of *necessity and proportionality*.").

102) Churchill/Lowe, p. 70.

103) *Ibid.*, p. 78 ; Harris, p. 385 ; Hamid, pp. 266~267 ; Kaczorowska-Ireland, p. 306 ; Miyoshi Masahiro, "The Submerged Passage of a Submarine through the Territorial Sea: The Incident of a Chinese Atomic-Powered Submarine", (2006) 10 Singapore Year Book of International Law 243-250, 〈https://www.asianlii.org/sg/journals/SGYrBkIntLaw/2006/13.pdf〉.

104) 제32조.

105) 제25조 3항.

106) 제26조.

107) 제8조 1항 ; C. John Colombos, *The International Law of the Sea*, 6th ed. (London : Longmans Green & Co. Ltd., 1967), p. 175.

108) 바다로 직접 통하는 하류(河流)가 없어 호수인데도 큰 면적과 염분 함유 때문에 내해, 즉 내지의 바다(inland sea)로 불리는 경우가 있다. 이런 경우 이를 법상 호수로 볼 것이지, 아니면 바다로 보고 해양법의 관점에서 접근할 것인지에 대해 하안국 간에 견해의 차이를 보이기도 하는데, 카스피해(Caspian Sea)가 그런 경우이다. 소련 붕괴 후 카스피해를 둘러싸게 된 5개국(러시아, 아제르바이잔, 이란, 투르크메니스탄, 카자흐스탄)은 2018년 8월 12일 카자흐스탄, 악타우(Aktau)에서 "카스피해의 법적 지위에 관한 협약"(Convention on the legal status of the Caspian Sea)에 서명하였는데, 협약은 제5조에서 "카스피해 수역은 내수, 영해, 어업수역 및 공동해양공간으로 구분된다"(The water area of the Caspian Sea shall be divided into internal waters, territorial waters, fishery zones and the common maritime space)라고 규정함으로써 기본적으로 해양법의 관점에서 접근하였음을 보여주고 있다. '공동해양공간'은 "어업수역 외측 한계 밖에 위치하고 당사국 모두의 사용을 위해 개방된 수역(a water area located outside the outer limits of fishery zones and open for use by all the Parties)으로 정의되고 있다(제1조). 협약은 다섯 번째 비준서가 카자흐스탄에 기탁되는 날 발

언급한 바와 같이 직선기선의 채택으로 인하여 과거에는 내수가 아니었던 수역이 내수로 편입된 수역에서는 계속해서 무해통항이 허용된다.[109] 엄격히 말하면, 내수 중에서도 호수·하천·운하를 비롯하여 완전히 육지에 갇힌 내수는 해양법의 관심사가 아니다.

UN해양법협약은 연안국이 외국 선박들의 항구 입항을 제한할 권리를 가지는가의 문제에 대해서는 침묵하고 있는데, 이는 전통적으로 그렇게 여겨지고 있다. ICJ는 *Military and Paramilitary Activities in and against Nicaragua* 사건[110]에서 외국 선박들의 입항의 자유문제를 다룬 것은 아니지만, "국가는 주권을 가지고 있기 때문에 자국 항구에의 접근을 규율할 수 있다"고 하면서, 항구 접근의 권리가 타국의 기뢰 부설로 방해받게 되면 이는 연안국의 내수에 대한 주권과 외국 선박들이 향유하는 자유로운 입항의 권리를 침해하는 것이 된다고 언급한 바 있다.[111]

연안국은 내수 내의 외국 상선에 대해 자국의 민·형사(입법 및 집행)관할권을 완전하게 행사할 수 있다. 예컨대, X국 민사재판소는 A국 선박회사의 제소에 따라 내수 내의 B국 선박을 억류할 수 있다. 내수에 정박 중인 외국상선 내에서 범죄가 발생한 경우도 마찬가지이다. 다만, 연안국이 판단하기에 당해 범죄가 연안국의 질서 또는 연안국 국민에게 영향을 미치지 않는 한 '은혜와 편의의 문제로서', 즉 국제예양상 연안국이 기국을 위하여 재판관할권 행사를 자제하는 것이 보통이다. 미국 뉴저지 항구 내의 벨기에 기선 안에서 한 벨기에인이 동료 벨기에 승무원을 살해한 것과 관련한 일명 *Wildenhus* 사건[112]에서 벨기에 영사는 벨기에가 재판관할권을 갖는다고 주장하였으나 수락되지 않았다. 그러나 프랑스 내수 내의 영국 선박에서 미국인 *Anderson*이 살인을 저지른 사건[113]에서 프랑스는 재판권을 행사하지 않았으며, 그 후 이 선박이 영국에 입항한 뒤 영국이 재판을 한 바 있

효한다(제22조). 협약은 아제르바이잔어(語), 현대 페르시아어, 카자흐어, 러시아어, 투르크멘어 및 영어로 된 것이 모두 평등한 조약정본이지만, 불일치가 있는 경우에는 영어본에 따른다(제24조). "Convention on the Legal Status of the Caspian Sea", August 12, 2018. 〈https://en.kremlin.ru/supplement/5328〉; https://en.wikipedia.org/wiki/Convention_on_the_legal_status_of_the_Caspian_Sea; The Economist, Aug 16th 2011, "Is the Caspian a sea or a lake?", 〈https://www.economist.com/the-economist-explains/2018/08/16/is-the-caspian-a-sea-or-a-lake〉; Aust, *Handbook of International Law*, 2nd, p. 279.

109) 제8조 2항.

110) Nicaragua v. United States of America, ICJ Reports (1986), p. 14, para. 213 ("...It is also by virtue of its sovereignty that the coastal State may regulate access to its ports."), para. 214.

111) Kaczorowska-Ireland, pp. 301~302.

112) *Mali, Consul of His Majesty the King of the Belgians, and others* v. *Keeper of the Common Jail of Hudson County, New Jersey*, Supreme Court of United States, [1887] 120 U.S. 1, 12: "... by comity it came to be generally understood among civilized nations that all matters of discipline, and all things done on board, which affected only the vessel, or those belonging to her, and did not involve the peace or dignity of the country, or the tranquillity of the port, should be left by the local government to be dealt with by the authorities of the nation to which the vessel belonged as the laws of that nation, or the interests of its commerce should require. But, if crimes are committed on board of a character to disturb the peace and tranquillity of the country to which the vessel has been brought, the offenders have never, by comity or usage, been entitled to any exemption from the operation of the local laws for their punishment, if the local tribunals see fit to assert their authority." https://www.law.cornell.edu/supremecourt/text/120/1; Ott, p. 209; Tanaka in Orakhelashvili (ed.), p. 117; Kaczorowska-Ireland, p. 304.

113) *Regina* v. *Anderson*, Great Britain, Court of Criminal Appeal, 1868; Shaw, p. 295.

다. 그리고 A국에서 죄를 저지른 범인이 B국 상선을 타고 C국 내수에 들어온 경우, C국(즉, 연안국)은 A국의 범인인도요청이 있는 경우 B국 상선에 진입하여 범인을 체포할 수 있다.[114)]

위 사건들은 모두 상선이 '자발적으로'(voluntarily) 외국 내수에 들어간 경우이다. 이와는 반대로, 상선이 조난(distress) 또는 불가항력(*force majeure*) 등 통제 밖의 강제적 상황으로 인하여 타국의 내수에 들어간 경우에는 연안국의 관할권 행사는 허용되지 않는다. 즉, 이러한 경우에는 기국만이 관할권을 행사할 수 있는데, 고전적 사건으로서 *Creole* 호 사건(1855)을 들 수 있다. 미국의 노예선인 이 선박에서 승무원 반란이 일어난 뒤 영국 지배 하에 있는 바하마제도의 한 항구로 들어갔다. 영국 당국이 선박화물인 노예들을 위하여 개입하려고 시도하였으나, 이 사건을 맡은 중재재판관은 이런 종류의 불가항력 상황에서는 연안국은 자국법에서 노예제도를 금지하고 있더라도 관할권을 행사할 수 없다고 판결하였다.[115)] 그러나 오늘날 노예무역·노예제도 같은 극악한 행위들이 인도주의를 본질로 하는 조난 규칙에 의해 보호된다고 볼 수는 없을 것이다.[116)]

군함을 포함한 (비상업적 용도의) 정부선박은 상선 혹은 사선박과는 다른 대우를 받는다. 즉, 외국의 국가선박은 내수 내에 합법적으로 존재하는 경우 연안국의 재판관할권으로부터 면제된다. 이것은 국가면제의 논리적 귀결이다.[117)]

정부선박 혹은 공선은 면제로부터 한 걸음 더 나아가 기국 영토의 일부로 대우받을 권리, 즉 이른바 치외법권을 향유하는가? 일부 학자들은 이를 긍정하기도 하지만, 영국의 *Chung Chi Cheung* v. *The King* 사건[118)]에서 추밀원(Privy Council)은 이같은 견해를 배척한 바 있다. 사건 개요는 대충 이러하다. 중국 세관선에 고용된 영국인이 이 선박이 영국 관할 하의 홍콩 내수에 있는 동안 선장을 살해하였고, 이어 선박 일등항해사의 요청에 따라 영국 관헌이 그를 체포하여 홍콩재판소에 기소하였다. 그는 문제의 선박은 중국 영토로 간주되므로 영국의 재판관할권 행사가 허용되지 않는다고 주장하였다. 그러나 추밀원은 중국 공선은 '객관적 치외법권'(objective extraterritoriality)

---

114) Ott, p. 210 ; (1949) 43 AJIL 487~491.

115) Ott, p. 210 ; https://en.wikipedia.org/wiki/Creole.case.

116) Churchill/Lowe, p. 51 ; Kaczorowska-Ireland, pp. 304~305.

117) *The Schooner Exchange* v. *McFaddon*, US, Supreme Court, 11 US 116 (1812) ; 본서, 제10장 (국가면제), "Ⅵ. 면제의 범위, 4. 절대적 면제이론 대 제한적 면제이론, (1) 구법" 참조. *The "ARA Libertad"* Case (Argentina v. Ghana)(Request for the prescription of provisional measures), ITLOS, Case No. 20, Order of 15 December 2012도 그 같은 상황에서의 군함의 면제를 잘 보여주고 있다. 아르헨티나 군함(frigate)이 가나 정부의 공식 방문초청을 받고 가나 항국에 정박하자, 아르헨티나 정부의 공채 불이행과 관련한 개인소송에서 발부된 가나 법원의 명령을 이행코자 가나 해양당국이 동 군함을 억류하였다. 국제해양법재판소는 "즉각 그리고 무조건적으로 석방"할 것을 명령하면서 다음과 같이 말하였다(paras. 94~95, 97~98) : "... a warship is an expression of the sovereignty of the State whose flag it flies ; ... in accordance with general international law, a warship enjoys immunity, including in internal waters, and... this is not disputed by Ghana ; ... any act which prevents by force a warship from discharging its mission and duties is a source of conflict that may endanger friendly relations among States ; ... actions taken by the Ghanaian authorities that prevent the *ARA Libertad*, a warship belonging to the Argentine Navy, from discharging its mission and duties affect the immunity enjoyed by this warship under general international law."

118) [1939] AC 160 ; von Glahn, pp. 456~457.

을 향유하는 것이 아니라, 단지 외국의 자격있는 대표자에 의해 포기될 수도 있는 '일정 면제'(certain immunities)만을 향유하는 것이라고 판결하였다.

6. 외국의 상선과 상업적 목적으로 운용되는 정부선박에 대한 연안국의 형사집행관할권의 제한

연안국은 자국 영해 내의 외국 상선(및 상업적 목적으로 운용되는 외국 정부선박)에 승선하여 범인을 체포하는 등 형사관할권을 행사할 수 있는가? 이 질문에 대한 해답은 다음과 같이 상황에 따라 달라진다.[119)]

첫째, 단지 '연안국의 영해를 통과 중인' 외국 상선 내에서 범죄가 발생하는 경우, 당해 선박이 내수에 들어오지 않는 한, 연안국은 "(a) 범죄의 결과가 연안국에 미치는 경우, (b) 범죄가 연안국의 평화나 영해의 공공질서를 교란하는 종류인 경우, (c) 그 선박의 선장이나 기국의 외교관 또는 영사가 현지 당국에 지원을 요청한 경우, 그리고 (d) 마약이나 향정신성물질의 불법거래를 진압하기 위하여 필요한 경우" 등의 네 가지 경우를 제외하고는 외국선박 내에서 체포·수사 등 형사관할권을 행사할 수 없다.[120)] 그러나 이 경우의 형사관할권 행사의 제한은 '국제예양'(international comity)에 기초한 것이므로 연안국은 원한다면 이 네 가지 이외의 사항에 대해서도 형법을 강제할 수 있는 궁극적인 법적 권리를 보유하고 있다.[121)] 연안국의 영해에 대한 권리는 '주권' 그 자체이기 때문이다.

둘째로, '연안국의 내수를 떠나 영해를 통과 중인' 외국 상선에서 범죄가 발생한 경우에는 연안국은 형사관할권의 행사를 위해 어떠한 조치도 취할 수 있다.[122)] 요컨대, 이 경우는 범죄가 내수 내의 상선에서 발생한 것과 동등하게 취급된다. 불가항력 등 합리적 사유 없이 '영해에 정박 중인' 외국 상선 내에서 범죄가 발생한 경우에 관해서는 명시적 규정이 없으나, 이 경우도 마찬가지로 취급된다.[123)]

셋째로, 외국의 항구를 출발하여 연안국의 영해에 들어오기 전에 이미 외국 상선 내에서 범죄가 발생한 경우에는, 당해 선박이 내수에 들어오지 않는 한, 연안국은 외국 선박 내에서 형사관할권을 행사하지 않을 '법적' 의무를 부담한다.[124)]

---

119) Henkin et al., pp. 1338~1339 ; Churchill/Lowe, p. 75.

120) 제27조 1항.

121) Churchill/Lowe, p. 76 ; Evans in Evans (ed.), *International Law*, 5th, p. 644. 영어의 'should'는 법적 의무를 부과하는 것에는 이르지 않는, 충고 혹은 권고를 위한 표현으로 사용되는 것이 보통이다. 1958년 영해협약 제19조 1항과 5항 그리고 UN해양법협약 제27조 1항과 5항에 각기 나타난 'should not'과 'may not'의 차이에 관해서는 Churchill/Lowe, p. 75 ; Harris, pp. 388~390 ; Brown, Vol. Ⅰ, p. 64 ; Dixon, p. 221 : 山本草二(朴培根 譯), p. 388 참조.

122) 제27조 2항.

123) Churchill/Lowe, p. 76.

124) 다만, UN해양법협약 제12부의 해양환경 보호법규 위반의 경우와 제5부의 EEZ법규 위반의 경우에는 예외이다. 제27조 5항.

7. 외국의 상선과 상업적 목적으로 운용되는 정부선박에 대한 연안국의 민사집행관할권의 제한

민사집행관할권의 경우에도 형사집행관할권의 경우와 비슷한 논리가 적용된다. 그 결과, 첫째, 단지 '예양의 문제'로서, 연안국은 외국상선에 타고 있는 '사람'에 대해 (영장송달이나 강제집행 등의) 민사관할권을 행사할 목적으로 단지 영해를 통과 중인 외국 상선을 정지시키거나 항로를 변경시킬 수 없다.[125)]

둘째로, 영해를 통과 중인 '외국 상선 자체'에 대해서는 연안국은 민사소송의 목적을 위해 나포 또는 강제집행을 하는 등의 민사관할권을 행사하지 않을 '법적' 의무를 부담한다. 다만, 선박충돌 혹은 해난구조 등 영해통과 중에 책임이 발생한 경우에는 선박에 대한 민사관할권의 행사도 가능하다.[126)]

셋째로, 불가항력 등 합리적 사유 없이 영해에 정박하고 있거나, 혹은 내수를 떠난 후 영해를 통과 중인 외국상선에 대해서는 연안국은 민사관할권을 얼마든지 행사할 수 있다. 이 두 경우는 상선이 내수 내에 있는 경우와 동일하게 취급되기 때문이다.[127)]

8. 군함(및 비상업적 목적으로 운용되는 기타 정부선박)의 외국 영해 내에서의 법적 지위

UN해양법협약의 목적상 '군함'이라 함은 "일국의 군대에 속한 선박으로서, 그 국적을 식별할 수 있는 외부표지가 있으며, 그 국가의 정부에 의하여 정식으로 임명되고 그 성명이 그 국가의 적절한 군대 명부에 등재되어 있는 장교의 지휘 아래 있으며, 정규군 군율에 따르는 승무원이 배치된 선박"을 말한다.[128)] 이 정의에 따르면, 군함은 '선박'(ship)이어야 하는데, UN해양법협약에는 선박('ship' 혹은 'vessel')에 대한 정의는 보이지 않는다. 또한, 군함은 '승무원이 배치된'(승무원을 태운) (manned by a crew) 선박이므로 여기에 '승무원이 배치되지 아니한', 즉 '무인' 군함(unmanned warship)을 포함시키기는 어려울 것으로 보인다. 다만, 원격통제 기술의 발달과 함께 배치 개념에 원격배치(manned remotely)를 포함하도록 확대 해석하는 국가관행이 성립하여 법적 확신을 획득할 것인지는 두고 볼 일이다.[129)] 그리고 군함의 정의에서 '일국의 군대에 "속한" 선박'(a ship *belonging* to the armed forces of a State)이라 함은 군함의 기국이 선박을 '소유'(own)까지 할 필요는 없음을 의미한다.[130)]

---

125) 제28조 1항 ; Churchill/Lowe, p. 76 ; Currie, p. 259 ; Evans in Evans (ed.), *International Law*, 5th, p. 644.
126) 제28조 2항 ; Churchill/Lowe, p. 76.
127) 제28조 3항 ; Churchill/Lowe, p. 76.
128) 제29조.
129) 무인선박을 포함한 무인해양체계에 관련한 여러 쟁점에 대한 일별을 위해서는 다음 논문을 참조 : Michael N. Schmitt and David S. Goddard, "International law and the military use of unmanned maritime systems", *International Review of the Red Cross* (2016), 98(2), 567-592. 〈https://international-review.icrc.org/sites/default/files/irc98_10.pdf〉.
130) 따라서 전세 낸 선박(용선/傭船, chartered ship)도 제29조의 요건을 모두 갖추면 군함이다. Aust, *Handbook*

영해 내에서 외국 군함은 외교관처럼 연안국의 법령을 존중할 의무를 부담한다. 외국군함이라 하여 결코 연안국의 입법관할권 밖에 놓이는 것이 아니다. 그러나 외국군함은 면제(immunity)를 향유하므로[131] 연안국의 재판관할권에 복종하지 않을 특권이 있다. 그러므로 외국 군함이 영해통항에 관한 연안국의 법령을 준수하지 아니하고 나아가 연안국의 법령준수 요구를 무시하더라도 연안국은 단지 그 군함에 대해 영해에서 즉시 퇴거해 줄 것을 요구할 수 있을 따름이다.[132]

그러나 면제는 책임의 면제, 즉 면책을 의미하는 것은 아니다. 그러므로 기국은 군함이나 그 밖의 비상업용 정부선박이 영해통항에 관한 연안국의 법령 또는 이 협약이나 그 밖의 국제법규칙을 준수하지 아니함으로써 연안국에게 입힌 어떠한 손실이나 손해에 대하여도 국제책임을 진다.[133] 또한 면제는 연안국의 재판관할권으로부터의 면제를 의미하는 것이지, 연안국이 "무해하지 아니한 통항을 방지하기 위하여" 영해 내에서 채택하는 "필요한 조치"로부터의 면제를 의미하는 것이 아니다.[134] 따라서 연안국은 UN헌장 제51조의 요건에 다라 영해 내의 외국 군함에 대해 자위권(self-defence)을 발동할 수 있으며, 상황이 여기에 이르지 아니한다 하여도 그 통과가 무해하지 아니한 외국군함을 내쫓기 위해 최종적으로 합리적인 범위 내에서 무력을 사용할 수 있다. 이것 역시 국가영토에 대한 침입으로서 육지영토에 대한 침입과 궁극적으로 다르게 대우할 이유가 없기 때문이다.[135]

영해 내에서의 외국 군함의 지위가 크게 문제된 사건으로는 1968년 1월 23일 북한 해군이 미국의 정보수집함정 푸에블로(U.S.S. Pueblo)호를 원산 앞바다에서 나포한 사건을 들 수 있다. 승무원들은 그해 12월 석방되었으나, 선박은 여전히 북한 당국의 선전물이 되어 억류 중이다. 푸에블로함은 미국 해군 소속으로, 나포 장소가 북한의 영해 내인가 밖인가에 따라 법적 평가가 달라지게 된다. 미국 정부는 북한이 주장하는 영해의 폭에 대해 몰랐으며, 당시 다른 사회주의 국가들이 12마일을 주장하고 있었으므로 북한도 그럴 것이라고 추정하였다. 그리고 자국 군함은 북한 연안으로부터 15마일 지점에서 끌려갔다고 주장하였다. 그러나 북한은 미국 군함이 자국의 영해를 침범하였다고 주장하였다. 결국 미국 정부는 영해 침범을 인정하고 재발 방지를 약속하는 문서에 서명한 뒤에야 승조원들을 미국으로 송환할 수 있었다. 이 사건의 평가에 관련되는 바다조약 규정을 보면, 먼저 1958년 "공해에 관한 제네바협약" 제8조 1항은 UN해양법협약 제95조와 동일하게 "공해에서 군함은 기국 이외의 다른 어떤 국가의 관할권으로부터도 완전한 면제를 가지고 있다(have)"고 규정하고 있는데, 이 규칙은 당시에도 국제관습법규로 인정되던 것이었다. 다음, 1958년 "영해 및 접속수역에 관한 제네바협약" 제23조는 UN해양법협약 제30조와 실질적으로 동일하게 규정하고 있으며, 또한 전자 제16조 1항은 후자 제25조 1항과 동일하게 규정하고 있다. 그러나 미국은 동 제네바협약

of International Law, 2nd, p. 296.

131) 제32조 : 2004년 "국가 및 그 재산의 관할권 면제에 관한 UN협약" 제16조.

132) 제30조 ; Churchill/Lowe, p. 77.

133) 제31조.

134) 제25조 1항.

135) Ingrid Delupis, "Foreign Warships and Immunity for Espionage", (1984) 78 AJIL 53 ; Churchill/Lowe, p. 78 ; Harris, p. 385 ; Hamid, pp. 266~267.

의 당사자였지만 북한은 아니었다. 또 한 가지, 미국과 북한은 법적으로 끝나지 아니한 한국전쟁의 당사자들로서 푸에블로 함은 북한에 의해 전시 적국의 군함으로 분류되었을 수 있다. 그렇다 하더라도 승조원들이 끌려가 고문 등 학대를 받은 것에 대한 북한의 국가책임 문제는 별개로 남는다.[136]

9. 접속수역

접속수역(contiguous zone)이라 함은 표현 그대로 영해에 접속되어 있는 일정 바다지역(공해 또는 EEZ)에서 연안국이 관세, 위생 등의 일정 제한된 목적을 위해 집행관할권을 행사할 수 있는 수역을 말한다. 접속수역의 기원은 18세기 초로 거슬러 올라가는데, 이것이 출현하게 된 근본원인은 영해만으로는 연안국의 법질서 준수를 확보하기가 어려웠기 때문이다.[137] UN해양법협약 제33조는 접속수역에 관하여 다음과 같이 규정하고 있다.

> "1. 연안국은 접속수역으로 불리우는 영해에 접속해 있는 수역에서 다음을 위하여 필요한 통제를 행사할 수 있다 : (a) 연안국의 관세·재정·출입국관리 또는 위생에 관한 법령의 영토 또는 영해 내에서의 위반을 방지하는 일, (b) 연안국의 영토 또는 영해 내에서 발생한 위 법령 위반을 처벌하는 일.
> 2. 접속수역은 영해기선으로부터 24마일을 벗어날 수 없다."

1958년의 "영해 및 접속수역에 관한 협약" 제24조가 접속수역을 '영해에 접속해 있는 공해수역'(a zone of the high seas contiguous to its territorial sea)으로 표현하고 있는 것과는 대조적으로, UN해양법협약 제33조는 접속수역을 단지 '영해에 접속해 있는 수역'(a zone contiguous to its territorial sea)으로 표현하고 있다. UN해양법협약은 공해에 포함되지 아니하는 EEZ 제도를 수용하고 있고, 따라서 연안국이 EEZ를 선포하는 경우에는 접속수역이 EEZ 내에 속하게 될 것이기 때문이다. 이렇게 하지 않고 있는 동안의 접속수역은 물론 공해에 속한다. 접속수역은 연안국이 당연히 갖게 되는 수역이 아니라 EEZ처럼 연안국의 주장, 즉 선포를 요한다.[138]

위 규정에 의하면 접속수역은 '관세·재정·이민·위생'의 네 가지 목적을 위해 설정될 수 있다. 접속수역은 그 밖에 다른 목적을 위해서는 선포될 수 없는가? 제33조(및 1958년 제네바협약 제24조)의 네 가지 목적은 단지 허용적·예시적인 것이라는 미국의 판례가 있고,[139] 또 실제로 다른 종류의

---

136) von Glahn, pp. 455~456 ; https://en.wikipedia.org/wiki/USS_Pueblo_(AGER-2) ; https://namu.wiki/w/푸에블로호_피랍사건.

137) 그같은 목적의 초기 입법례로는 -18세기 선박들이 영해 밖에서 밀수를 하기 위해 닻을 내리는 것을 막기 위해 만들었던- 영국의 이른바 배회법률들(hovering laws)과 -연안으로부터 4리그(12마일)에 걸쳐 관세법을 집행하기 위해 만든, 여전히 발효중인- 미국의 1930년 관세법(Tariff Act of 1930)이 인용되고 있다. Kaczorowska-Ireland, p. 313 ; Alan M. Frommer, "The British Hovering Acts: A Contribution to the Study of the Contiguous Zone", RBDII (Revue belge de droit international) 1981/1982.2-pp. 434 à 458, 〈https://rbdi.bruylant.be/public/index.php〉 ; https://www.law.cornell.edu/uscode/text/19/chapter-4 ; 세계법제정보센터, 법령정보, 미국, 관세법(Tariff Act of 1930).

138) Shaw, p. 358 ; Currie, pp. 264, 265

접속수역들도 선포되고 있다. 예컨대, 캐나다는 1970년의 "북극해 오염 방지법"(Arctic Waters Pollution Prevention Act 1970)을 통하여 북극해의 일정수역에 대해 오염수역(pollution zone)을 선포한 바 있는데, 미국은 이에 반대하였으나 캐나다는 1985년 9월에도 이 주장을 되풀이하였다. 북한은 1977년 6월 21일 선포한 EEZ선언[140]에서 안보수역의 일종인 군사수역(military boundary zone)을 동시에 선포하였다. 북한의 군사수역은 동해에서는 기선으로부터 50마일까지이며, 서해에서는 배타적 경제수역의 한계선까지이다.[141] 그러나 접속수역의 남용을 방지한다는 차원에서, 그리고 조약규정 해석의 문제로서, 접속수역은 위 규정에 명시된 네 가지 목적을 위해서만 설정될 수 있는 것으로 보아야 할 것이다. ICJ도 두 분정당사국 중 한 국가(콜롬비아)는 UN해양법협약의 당사국이 아니어서 국제관습법을 준거법으로 삼은 *Alleged Violations of Sovereign Rights and Maritime Spaces in the Caribbean Sea* 사건[142]에서 "제33조는 연안국이 행사할 수 있는 권한과 폭 24마일 제한의 두 측면에서 접속수역에 관한 현대국제관습법을 반영하고 있다(reflects contemporary customary international law)"[143]그 판시하면서, 이 사건에서 콜롬비아가 니카라과 연안에 더 가까이 위치한 자국 섬들 주변에 안보, 해양환경보호 등을 위해 −그것도 일부 수역에서 24마일을 넘는− 이른바 "integral contiguous zone"(통합 접속수역)[144]을 선포한 것은 국제관습법에 부합하지 아니한다고 결론지었다. ICJ는 특히, UN해양법협약 채택 이후 현재에도 안보(security)를 위한 접속수역 선포는 관습법에 부합하지 아니하며[145], '의생'(sanitary) 개념도 해양환경보호(protection of the marine environment)를 포함하는 넓은 개념으로 해석할 수 없다고 하였다.[146]

제33조 1항 (a)호의 '방지'는 접속수역에서 나가는 선박에 대해서는 발생할 수 없기 때문에 이는 들어오는 선박에 대해서만 적용될 수 있다. 반대로, 들어오는 선박은 영해 경계선을 넘을 때까지는 연안국의 법령을 위반할 수 없기 때문에 1항 (b)호는 나가는 선박에 대해서만 적용될 수 있는 것으로 보인다.[147] 영토 또는 영해 내에서의 법령 위반을 방지 혹은 처벌하기 위해 연안국이 접속수역 내에서 할 수 있는 "필요한 통제"의 내용은 분명하지 않다. 물론, 연안국은 −제111조에 따라− 접속수역 내의 외국선박에 대해 추적권(hot pursuit)을 행사할 수 있다.[148]

제33조 1항을 문언적으로 해석하면 연안국 국내법의 접속수역 내에서의 위반은 이 규정의 범위 밖에 있다는 결론에 이른다. 이것은 연안국은 접속수역 내에서 단지 집행관할권만을 행사할 수 있고 입법관할권은 행사할 수 없음을 의미한다. 그러나 연안국은 접속수역 내에서의 국내법 위반을

139) *The Taiyo Maru* (1974), 395 F. Supp. 413 ; (1976) 70 AJIL 138 ; Churchill/Lowe, p. 106.
140) 동년 8월 1일부터 발효.
141) Churchill/Lowe, pp. 105~106 ; 金楨鍵(全訂增補版, 1998), pp. 314~317 ; 외교통상국 조약국 편, 《동북아 해양법령과 유엔해양법협약집》(서울 : 일조각, 2006), p. 499.
142) Nicaragua v. Colombia, Judgment of 21 April 2022.
143) Para. 155.
144) p. 63 of the Judgment (Map showing Colombia's "Integral Contiguous Zone" according to Colombia).
145) Para. 177.
146) Para. 180.
147) Tanaka in Orakhelashvili (ed.), p. 127.
148) *Ibid.*, pp. 127~128.

규율하는 일정 입법을 할 수 있다는 의견도 있다.[149]

제네바협약 제24조는 접속수역의 최대가능한 폭을 기선으로부터 12마일로 규정하고 있는데, 바로 이 규정을 근거로 하여 동 협약 하에서는 '영해'도 기선으로부터 12마일을 벗어날 수 없다는 결론에 도달하기도 하였던 것이다. 그러나 UN해양법협약은 영해의 최대가능한 폭을 12마일로 명시하면서, 접속수역의 그것을 기선으로부터 24마일로 확대하였다.[150]

제네바협약 제24조 3항은 인접국 또는 대안국 간의 접속수역 경계획정에 관하여 (영해경계획정에 관한) 제12조 1항 첫 번째 문장과 동일한 규칙(즉, 중간선원칙)을 제공하고 있다. 그러나 UN해양법협약은 이 문제에 관해 침묵하고 있다.[151]

ICJ는 상기 *Alleged Violations of Sovereign Rights and Maritime Spaces in the Caribbean Sea* 사건[152]에서 −국제관습법상 그리고 이를 반영한 UN해양법협약상− 접속수역과 EEZ는 별개의 제도이기 때문에 일국의 접속수역과 타국의 EEZ가 겹칠 수 있음을 인정하였다. 이 경우에도 물론 행사할 수 있는 권한과 지리적 범위는 동일하지 않다.

Ⅲ. 국제해협의 통과

바다의 골목길인 국제해협은 선박 통항의 목을 죄는 지점이라는 의미에서 종종 'choke point'로 불리우기도 한다. 그러나 해협 개념에 대한 분명한 법적 정의는 없으며, UN해양법협약에서도 이에 대한 정의를 도입하지는 않았다.[153] 문제는 UN해양법협약이 영해 12마일 규칙을 도입함으로 인하여 −중동석유 수송로로 인도양과 남중국해를 연결하는 말라카(Malacca) 해협[154]을 위시하여− 폭이 24마일에 못 미치는 200개가 넘는 세계 대부분의 국제해협이 영해에 포섭될 수 있게 되었다는 사실이다.[155] 이에 제3국의 통과권을 계속 보장하기 위해 통과통항이라는 새로운 해협통과 방식을 도입하

149) *Ibid.*, pp. 128~129.

150) See *Alleged Violations of Sovereign Rights and Maritime Spaces in the Caribbean Sea* (Nicaragua v. Colombia), Judgment of 21 April 2022, paras. 154~155.

151) Akehurst, p. 193.

152) Nicaragua v. Colombia, Judgment of 21 April 2022, paras. 160~161("... the establishment by one State of a contiguous zone in a specific area is not, as a general matter, incompatible with the existence of the exclusive economic zone of another State in the same area. ... The two zones may overlap, but the powers that may be exercised therein and the geographical extent are not the same. The contiguous zone is based on an extension of control by the coastal State for the purposes of prevention and punishment of certain conduct that is illegal under its national laws and regulations, while the exclusive economic zone, on the other hand, is established to safeguard the coastal State's sovereign rights over natural resources and jurisdiction with regard to the protection of the marine environment."), para. 164("...the provisions of Article 33 of UNCLOS reflect customary international law and ... a coastal State is entitled to a contiguous zone which may overlap with the exclusive economic zone of another State...").

153) 박찬호/김한택, p. 96.

154) 대향국은 인도네시아, 말레이시아.

였는데, 그 결과 UN해양법협약 하에서의 국제해협의 통과방식은 통과통항(transit passage), 무해통항(innocent passage), 자유통항(free passage) 등 모두 세 가지이다. 무해통항은 영해에서, 자유통항은 공해와 EEZ에서 인정되는 통과방식이므로 여기서는 통과통항이라는 이름의 이 새로운 해협통과 방식에 대해서만 살펴보면 될 것이다.[156]

통과통항이라 함은 공해 또는 EEZ의 일부와 공해 또는 EEZ의 다른 부분간의 해협을 오직 계속적이고 신속히 통과할 목적으로 항행과 상공비행의 자유를 행사함을 말한다. 다만, 계속적이고 신속한 통과의 요건은 해협연안국의 입국조건에 따라 그 국가에 들어가거나, 그 국가로부터 나오거나, 되돌아가는 것을 목적으로 하는 해협통항을 배제하지 아니한다.[157] 통과통항 제도의 특징은 다음의 몇 가지로 요약해 볼 수 있다.

첫째, 통과통항은 통항로의 양 입구가 모두 공해 또는 EEZ로 연결되고,[158] 오로지 −한 국가 혹은 그보다 많은 국가의− 영해로 구성되는 국제해협에서만 허용된다.[159] 따라서 통항로의 한 쪽 입구가 외국 영해로 연결되는 해협에서는 당해 해협이 오로지 영해로 구성되더라도 무해통항만이 인정되며, 이 무해통항은 정지시킬 수 없다.[160] 또한, 가장 좁은 수로의 폭이 93마일 정도되는 미국과 쿠바 사이의 플로리다 해협(Florida Strait)처럼 국제해협을 관통하여 −항행 · 수로상 유사한 편의의− 공해 또는 EEZ가 있는 경우에는, 당해 수역에서 항행 및 상공비행의 자유가 정상적으로 인정된다.[161] 그러므로 이런 해협의 영해 부분에서는 통과통항이 인정되지 않는다. 무해통항은 인정되는데,[162] −이 경우는 UN해양법협약 제45조 1항이 규정하고 있는 경우에 해당하지 아니하므로− 이 무해통항은 정지시킬 수 있다.[163] 대한해협(Korea Strait)도 현재로는 여기에 해당한다. 즉, 한국 거제도와 일본 대마도(쓰시마 섬) 사이에 위치한 대한해협(西수로)의 경우 가장 좁은 수로의 폭이 약 23마일 정도이지만, 현재 두 대안국이 공히 영해 3마일을 적용하고 있어 중간에 양국의 EEZ가 존재하고 있다.[164] 일본의 경우, −본섬 혼슈와 북섬 호카이도 사이에 위치한− 쓰가루해협(Tsugaru Strait)과 −큐수 남쪽 끝단과 오수미군도를 가르는− 오수미해협(Osumi Strait)의 영해를 3마일로 지정하고 항행의 자유를 위한 국제수로를 터놓고 있다.[165] 중국 대륙과 대만 사이에 위치한 대만해협(Taiwan Strait)의 경우, 대

155) Kaczorowska-Ireland, p. 309 ; https://en.wikipedia.crg/wiki/List_of_straits.
156) Brown, Vol. I, pp. 86~92.
157) 제38조 2항.
158) 제37조.
159) 제36조 첫 번째 문장.
160) 제45조 1항(b) 및 2항 ; Brown, Vol. I, p. 92 ; 박찬호/김한택, pp. 99, 108.
161) 제36조 두 번째 문장.
162) Brown, Vol. I, p. 88; Kaczorowska-Ireland, p. 311 ; https://en.wikipedia.org/wiki/Straits_of_Florida.
163) Brown, Vol. I, p. 88.
164) 박찬호/김한택, pp. 109, 111 ; 조선일보, 1996.04.22., "대한해협 12해리 확대 철회배경", 〈https://www.chosun.com/site/data/html_dir/1996/04/22/1996042270076.html〉.
165) 관련 기사로는 다음을 참조 : Nikkei Asia, October 19, 2021, "Chinese, Russian warships jointly pass Japan chokepoint for 1st time - Tsugaru Strait, between Honshu and Hokkaido, includes international waters", 〈https://asia.nikkei.com/Politics/International-relations/Chinese-Russian-warships-jointly-pass-Japan-chokepoint-for-1st-time〉 ; NHK World-Japan, Oct. 24, 2021, "China, Russia warships pass through

만을 독립국가로 인정하든 안 하든, 가장 좁은 수로의 폭이 70마일에 달하여[166] 통과통항은 적용될 수 없다.[167]

둘째, 통과통항은 '모든 선박과 항공기'(all ships and aircrafts)가 향유할 수 있다.[168] '모든 선박'이 향유하는 권리이므로 군함도 통과통항을 할 수 있다. 그리고 전투기를 포함한 '모든 항공기'도 통과통항을 할 수 있다는 점에서 무해통항과 본질적으로 구분되며, (아래에서 설명할) 군도항로대통항과 동일하다.

셋째, 통과는 무해통항의 경우와 마찬가지로 '계속적이고 신속'(continuous and expeditious)하여야 한다.[169] 이미 언급한 바와 같이 UN해양법협약은 특별히 잠수함과 기타 잠수항행기기의 무해통항에 대해서는 일정 요건을 준수할 것을 명시적으로 요구하고 있으나 잠수함의 통과통항에 대해서는 이같은 제한을 부과하고 있지 않은 것으로 보아, 통과통항의 경우 잠수항행이 가능한 것으로 해석될 여지가 없지 않다.[170]

넷째, 제주해협이나 -이탈리아와 시실리 사이의- 메시나 해협(Strait of Messina)처럼 해협연안국의 본토와 그의 섬 사이에 형성되어 있는 국제해협으로서 당해 섬 외측으로 -항행·수로상 유사한 편의의- 공해 또는 EEZ 통과항로가 존재하는 경우, 당해 해협에서는 통과통항이 인정되지 않는다.[171] 무해통항은 물론 인정된다.[172] 그리고 이 무해통항은 정지시킬 수 없다.[173]

다섯째, 통과통항은 정지시킬 수 없다.[174]

여섯째, 해협 내의 내수에서는 무해통항과 통과통항이 인정되지 않지만, 종래 내수가 아니었던 수역이 직선기선의 채택으로 내수로 된 수역에서는 통과통항과 무해통항이 보장된다.[175]

일곱째, 연안국은 통과통항을 방해해서는 안되며, 자국이 알고 있는 해협 또는 해협상공 내의 위험사실을 적절히 공시하여야 한다.[176]

여덟째, 특정 국제해협의 통항이 조약에 의해 이미 오랫동안 규율되어 온 경우에는 당해 조약에 따른다.[177] 요컨대, 이 문제에 관한 한 구조약이 우선함을 명문화한 것이다. 1936년 7월 20일에 체

Osumi Strait", 〈https://www3.nhk.or.jp/nhkworld/en/news/20211024_02/〉.

166) https://en.wikipedia.org/wiki/Taiwan_Strait.

167) Raul (Pete) Pedrozo/CIMSEC, May 3, 2022, "Naval Operations and the Right to Operate freely in the Taiwan Strait", 〈https://cimsec.org/naval-operations-and-the-right-to-operate-freely-in-the-taiwan-strait/〉; Lynn Kuok/IISS, 13th July 2022, "Narrowing the differences between China and the US over the Taiwan Strait", 〈https://www.iiss.org/online-analysis/online-analysis/2022/07/narrowing-the-differences-between-china-and-the-us-over-the-taiwan-strait/〉.

168) 제38조 1항.

169) 제38조 2항.

170) Brown, Vol. I, p. 93.

171) 제38조 1항 단서; Kaczorowska-Ireland, p. 311; https://en.wikipedia.org/wiki/Strait_of_Messina.

172) 제45조 1항(a).

173) 제45조 2항; Brown, Vol. Ⅰ, p. 92; Ott, p. 218; 박찬호/김한택, pp. 99, 108, 111.

174) 제44조.

175) 제35조(a). 이것은 제8조 2항 적용의 한 결과에 불과하다.

176) 제44조.

177) 제35조(c); 박찬호/김한택, p. 100.

결된 "해협제도에 관한 협약"(Convention regarding the Regime of the Straits)[178]에 의하여 규율되고 있는 터키해협들(Turkish Straits)(다르다넬스, 보스포러스)이 그 좋은 예이다.

아홉째, UN해양법협약은 통과통항으로 볼 수 없는 행위에 관한 열거규정을 두고 있지 않다. 그러나 통과통항 중 금지되는 행위는 협약 제39조(선박과 항공기의 의무), 제40조(조사 및 측량활동), 제42조(통과통항에 관한 해협연안국의 법령)에서 추론될 수 있으며, 또한 무해통항에 관한 제19조 2항이 준용될 수 있을 것이다.

열째, 해협연안국은 '선박'의 안전통항을 촉진하기 위하여 필요한 경우, 해협 내에 항로대(sea lanes)를 지정하고, 또한 통항분리방식(traffic separation schemes)을 설정할 수 있다.[179] 이 경우 선박은 항로대와 통항분리방식을 준수하여야 한다.[180] 그러나 통과통항 체제 하에서 해협연안국은 항로대나 통항분리방식을 일방적으로 지정하거나 설정할 수 있는 것이 아니다. 즉, 연안국은 자신의 제안이 권한있는 국제기구에 의하여 채택된 이후라야 항로대나 통항분리방식을 지정 혹은 설정할 수 있다.[181] 무해통항 체제 하에서 연안국에게 권한있는 국제기구의 권고를 단지 '고려에 넣을' 것이 요구되고 있는 것과는 대조를 이룬다.[182]

연안국은 '항행의 안전과 해상교통의 규제'를 포함한 일정 사항에 관하여 해협의 통과통항에 관한 법령을 제정할 수 있으며, 통과통항의 권리를 행사하는 외국 선박들은 이를 준수하여야 한다.[183] 면제(immunity)를 향유하는 정부선박의 기국 또는 국가항공기의 등록국은 이러한 선박·항공기가 연안국의 법령을 위반하거나 UN해양법협약을 위반함으로써 해협연안국에 끼친 손실·손해에 대해 국제책임을 진다.[184] 해협 내 항행 및 안전보조 시설을 설치하고 유지함에 있어, 그리고 선박에 의한 오염을 방지·경감·통제하기 의하여, 해협이용국과 해협연안국은 합의에 의하여 서로 협력해야 한다(should).[185] 통과통항에 관한 UN해양법협약의 관련 규정이 일반관습법규가 되었는지는 아직 불분명해 보인다.[186]

---

178) 일명 Montreux Convention. See Brown, Vol. I, pp. 84, 86.
179) 제41조 1항.
180) 제41조 7항.
181) 제41조 4항.
182) Brown, Vol. I, p. 93.
183) 제42조 1~4항.
184) 제42조 5항.
185) 제43조.
186) 특히 오만과 이란 사이에 위치한 호르무즈 해협(Strait of Hormuz) 통과와 관련하여 이 문제가 제기되고 있는데, 2018년 4월 3일 현재 오만은 UN해양법협약의 당사국이지만 이란은 비준을 요하는 이 조약에 서명만 한 상태이고, 미국은 서명도 하지 않은 상태로 있다. 흐르무즈 해협은 좌측의 페르샤만(Persian Gulf)과 우측의 오만만(Gulf of Oman) 및 아라비아해(Arabian Sea)를 연결하며, 해협의 가장 좁은 구간은 폭이 21 마일이다. See Mark J. Valencia, "Legal battle over transiting the Strait of Hormuz", The Japan Times Online: Monday, Jan. 9, 2012, https://www.japantimes.co.jp/text/eo20120109a5.html ; Radio Free Europe/Radio Liberty, "Explainer : Iran's Threat to Blockade The Strait of Hormuz", December 13, 2011, https://www.rferl.org/content/iran_strait_of_hormuz/24421087.html.

Ⅳ. 군도국가

UN해양법협약 제4부는 군도국가들(특히, 인도네시아·필리핀·파푸아뉴기니·피지·바하마)이 그간 줄기차게 요구해 온 군도직선기선 제도를 드디어 수용하였다. 그러나 기존의 통과권은 그대로 보장하기 위해 군도항로대통항권을 도입하였다.

1. 군도국가의 정의

군도국가(archipelagic state)란 '전체적으로 하나 이상의 군도로 구성된'(constituted wholly by one or more archipelagos) 국가를 뜻하며, 다른 섬들을 포함할 수도 있다. 그리고 군도(archipelago)란 섬과 바다와 기타 자연조건이 상호 밀접히 연관되어 고유의 지리적·경제적·정치적 단일체를 형성하거나 또는 역사적으로 그렇게 간주되어온 –섬들의 일부를 포함한– 도서군(a group of islands)을 뜻한다.[187] UN해양법협약 제4부는 (제46조에 정의된) 군도국가들에게만 적용되며, 독립국가를 구성하지 못하는 군도들과는 아무 관련이 없음을 기억해 둘 필요가 있다. 이처럼 비(非)국가 군도(non-State archipelagos)에 대해서는 협약은 어떠한 특별 규정도 두고 있지 않다.[188]

2. 군도기선

군도국가를 구성하는 '각' 군도의 영해, 접속수역, EEZ 그리고 대륙붕은 이른바 군도(직선)기선(straight archipelagic baselines)으로부터 측정되는데,[189] 군도기선을 적용하려는 국가는 논리적으로 먼저 자신이 (UN해양법협약 제4부 하의) 군도국가임을 선언하여야 할 것이다.[190] 현재 22개국이 그같은 선언을 하였다.[191] 협약 제47조는 군도기선을 긋기 위한 요건을 다음과 같이 규정하고 있다.

---

187) 제46조.

188) Brown, Vol. I, pp. 107, 123~124; *South China Sea Arbitration* (Philippines v. China), Arbitral Tribunal constituted under Annex Ⅶ of the 1982 UNCLOS, Award of 12 July 2016, para. 573 ("... The Philippines is an archipelagic State (being constituted wholly by an archipelago), is entitled to employ archipelagic baselines, and does so in promulgating the baselines for its territorial sea. China, however, is constituted principally by territory on the mainland of Asia and cannot meet the definition of an archipelagic State.") ; *The Duzgit Integrity Arbitration* (Malta v. São Tomé and Príncipe), Arbitral Tribunal constituted under Annex Ⅶ of the 1982 UNCLOS, Award of 5 September 2016, para. 51 ("São Tomé is an archipelagic State within the meaning of Article 46 of the Convention, and consists of two main islands, "São Tomé" and "Príncipe", and some rocky islets."), & paras. 234~235, 〈https://pca-cpa.org/en/cases/53/〉.

189) 제48조.

190) *Maritime Delimitation and Territorial Questions between Qatar and Bahrain* (Qatar v. Bahrain), ICJ Reports (2001), p. 40. 이 사건에서 바레인은 –군도국가임을 선언하지 아니한– '사실상의' 군도국가(a *de facto* archipelagic State)로서 직선기선 방식을 적용할 권리가 있다고 주장하였지만, 재판소는 이 주장을 수락하지 않았다(paras. 181, 210~215).

191) Kaczorowska-Ireland, p. 312 ; https://en.wikipedia.org/wiki/Archipelagic_state.

"1. 군도국가는 군도의 가장 바깥쪽 섬들과 건조성 암초[192]의 가장 바깥쪽 점들을 연결한 군도직선기선을 그을 수 있다. 다만, 이러한 기선 안에는 주요한 섬(主島)들(main islands)을 포함하며, 수역의 면적과 육지면적(환초 포함)의 비율이 1 대 1에서 9 대 1 사이여야 한다.[193]
2. 이러한 기선의 길이는 100마일을 넘을 수 없다. 다만, 군도를 둘러싼 기선 총수의 3퍼센트까지는 그 길이가 100마일을 넘어 최장 125마일까지 될 수 있다.
3. 이러한 기선은 군도의 일반적 윤곽으로부터 현저히 벗어날 수 없다.
4. 이러한 기선은 간출지와 연결하여 설정할 수 없다. 다만, 영구적으로 해면 위에 있는 등대나 이와 유사한 시설이 간출지에 설치되어 있거나, 전체적 또는 부분적으로 간출지가 가장 가까운 섬으로부터 영해폭을 넘지 아니하는 거리에 있는 경우에는 그러하지 아니하다.
5. 군도국가는 다른 국가의 영해를 공해나 EEZ로부터 격리시키는 방식으로 이러한 기선제도를 적용할 수 없다.
6. 군도국가의 군도수역의 어느 일부가 바로 이웃한 한 국가의 두 부분 사이에 있는 경우, 이 이웃한 국가가 이러한 수역에서 전통적으로 행사하여 온 기존의 권리와 그 밖의 모든 합법적인 이익 및 관련국간의 합의에 의하여 규정된 모든 권리는 계속하여 존중된다.
7. 기선 안의 수역과 육지의 비율을 산정함에 있어서 육지면적은 섬을 둘러싸고 있는 암초와 환초 안쪽에 있는 수역을 포함할 수 있으며, 또한 급경사가 있는 해양고원에 있어서는 그 주변에 있는 일련의 석회암 섬과 드러난 암초에 의하여 둘러싸여 있거나 거의 둘러싸인 수역도 포함할 수 있다.
8. 이 조에 따라 그은 기선은 그 위치를 확인하기에 적절한 축척의 해도에 표시한다. 이는 측지자료를 명기한 각 지점의 지리적 좌표목록으로 대체할 수 있다.
9. 군도국가는 이러한 해도나 지리적 좌표목록을 적절히 공표하고, 그 사본을 UN사무총장에게 기탁한다."

제47조 1항에 의하면 "군도국가는 ... 군도직선기선을 그을 수 있다." 즉, 군도국가에게 군도직선기선을 그을 '의무'가 있는 것은 아니다.[194] 본토(mainland)가 있어 UN해양법협약상 군도국가가

---

192) '건조성 암초'(drying reefs)는 제47조 1항에서 정의되고 있지는 않지만, 흔히 보통 때에는 물 밑에 완전히 잠겨 있다가 저조(低潮)시에는 수면 위로 모습을 나타내는 암초, 즉 간조노출암초(간출암초, 干礁)를 지칭한다 : *A Manual On Technical Aspects of the United Nations on the Law of the Sea-1982*, [Prepared by the IHO, IAG, IOC Advisory Board on Law of the Sea (ABLOS)], Special Publication No. 51, 4th Edition - March 2006, Published by the International Hydrographic Bureau, Monaco, Appendix 1 (Glossary), no. 74 ("DRYING REEF. That part of a reef which is above water at low tide but submerged at high tide"), 〈https://www.gc.noaa.gov/documents/gcil_iho_tech_aspects_los.pdf〉. 따라서 건조성 암초는 간출지(low-tide elevation)의 한 형태로 보인다. 그러나 간출지에 대해서는 제7조 4항과 제13조에서 별도 규정을 두고 있고, 제47조 4항에서 군도기선은 간출지와 연결하여서는 설정할 수 없다고 규정하고 있는 것으로 보아 UN해양법협약은 간출지와 건조성 암초를 구분하는 것으로 보인다. 그런데 제13조는 간출지가 '육지'(land)로 구성된다고 정의하고 있기 때문에, 결국 건조성 암초는 '육지'로 구성되는 것이 아니라는 견해가 있다. 이를테면, L. L. Herman, "The modern concept of the off-lying archipelago in international law", (1985) 23 Canadian Yearbook of International Law, (1985) 23 The Canadian Yearbook of International Law 172 at 187~193 참조.

193) Kaczorowska-Ireland, p. 299.

194) Rosenne, *The Perplexities of Modern International Law*, p. 285.

아닌데도 외양(外洋)군도(non-coastal dependent archipelagos) 주변에 직선기선을 긋는 국가들이 보고되고 있는데[195] UN해양법협약 해석의 문제로서 이같은 행위가 정당화될 수 있을 지는 의문이며, 군도국가라 하더라도 군도의 정의에 포함되지 않는 외양군도에 군도기선을 긋는 것도 마찬가지로 허용되지 않는다고 보아야 할 것이다. 이 두 개의 결론은 *South China Sea Arbitration* (Philippines v. China) 사건[196]에서도 분명히 지적되었다. 그러나 덴마크의 자치령 페로 제도(Faroe Islands) 주변에 그은 직선기선은 몇몇 국가로부터 승인을 받았다.[197]

군도기선에 의하여 둘러싸인 수역을 군도수역(archipelagic waters)이라고 부르는데, 군도국가의 주권은 당연히 군도수역의 상공·해저와 하층토 및 이에 포함된 자원에까지 미친다.[198] 그러나 군도국가는 다른 국가와의 현행 협정을 존중하고, 군도수역의 일정 수역에서 바로 이웃한 국가의 전통적 어업권과 그 밖의 적법한 활동을 인정해야 한다. 이러한 권리와 활동의 성질·범위와 적용지역뿐만 아니라 그 행사의 조건은 관련국의 요청에 따라 그들 서로간의 양자협정으로 규율한다. 권리는 그 소유주가 제3자에게 이전(양도)하거나 그들과 공유할 수 있는 것이 원칙이지만 군도수역에 대한 관련국가의 모든 권리는 제3국이나 제3국의 국민에게 이전하거나 그들과 공유할 수 없다.[199] 또한 군도국가는 다른 국가가 부설한 기존 해저전선(existing submarine cables)이 육지에 닿지 아니하고 자국 수역을 통과하는 경우 이를 존중해야 하며, 이러한 전선의 위치 및 이에 대한 수리 또는 교체의사를 적절히 통지받은 경우 그 전선의 유지와 교체를 허용해야 한다.[200]

군도수역이란 이름의 이 법적 개념은 (하구, 만 및 항구에서의 기선수립을 다루고 있는) 제9조, 제10조 및 제11조의 규정에 따라 군도수역 내에서 다시 내수의 경계를 획정하기 위한 선을 그을 수 있는 군도국가의 권리를 침해하지 아니한다.[201] 다만, 이 경계획정선은 기선(baseline)이 아닌 폐쇄선(closing line)으로 불리운다. 왜냐하면 이것은 완전히 UN해양법협약의 관할 밖에 있는 수역(내수)을 위한 경계선으로서만 기능할 뿐이며, 영해를 포함한 군도국가의 바다수역을 수립하기 위한 출발선으로서 기능하는 것이 아니기 때문이다.[202] 그리고 군도수역 내의 이 내수에서는 물론 무해통항

---

195) 이를테면 덴마크 해외영토 Faroes군도, 에콰도르령 Galapagos군도, 중국-일본 간 영유권 분쟁 중인 센카쿠군도(尖閣群島)(중국명 댜오위다오·釣魚島)에 대한 중국측 군도직선기선 선포.

196) Arbitral Tribunal constituted under Annex Ⅶ of the 1982 UNCLOS, Award of 12 July 2016, paras. 573~576.

197) 金榮球, pp. 273, 280~281 ; Aust, *Handbook of IL*, 2nd, p. 286 ; Churchill and Lowe, 2nd, p. 100 ; 김찬규, [테마진단] "중·일 영토갈등에 숨은 의도", 매일경제, 2012.09.20., 〈https://www.mk.co.kr/opinion/contributors/view/2012/09/607953/〉; Ministry of Foreign Affairs of the People's Republic of China, "Statement of the Government of the People's Republic of China on the Baselines of the Territorial Sea of Diaoyu Dao and Its Affiliated Islands", 10 September 2012, available at 〈https://www.fmprc.gov.cn/eng/zxxx/t968769.htm〉 & 〈https://www.un.org/Depts/los/LEGISLATIONANDTREATIES/PDFFILES/DEPOSIT/chn_mzn89_2012_e.pdf〉 ; https://en.wikipedia.org/wiki/Senkaku_islands.

198) 제49조.

199) 제51조 1항.

200) 제51조 2항. 동 규정은 단지 '기존' 해저전선에 대해서만 적용되며, 관선(pipelines)에 대해서는 언급이 없다. 따라서 타 국가가 새로이 전선이나 관선을 부설하려면 군도국가의 동의를 받아야 한다는 해석이 도출된다. Tanaka in Orakhelashvili (ed.), p. 125.

201) 제50조.

과 (아래에서 설명하는) 군도항로대통항 그 어느 것도 허용되지 않는다.[203]

3. 군도수역의 통과

군도수역의 통과방법에는 두 가지가 있다. 하나는 구해통항이다. 즉, 종래 내수가 아니었던 지역이 군도직선기선의 채택으로 군도수역이라는 이름의 특별한 내수가 되었으므로 당해 군도수역에서는 무해통항이 인정된다.[204] 물론 '무해'통항이므로 선박만이 이 권리를 향유한다. 군도국가는 자국의 안전을 보장하기 위하여 불가피한 경우에는 외국선박들을 형식상 또는 실질상 차별하지 않을 것을 조건으로, 군도수역의 특정수역에서 외국선박의 무해통항을 일시적으로 정지시킬 수 있다. 이러한 정지조치는 적절히 공표된 후에만 효력을 가진다.[205]

다른 하나는 군도항로대통항(archipelagic sea lanes passage)이다. 이것은 군도수역과 그에 접속되어 있는 영해 내의 지정된 수로 및 항공로에서 '선박과 항공기'의 방해받지 않는 통과를 허용하기 위한 제도인데, 그 구체적인 요건은 협약 제53조에서 다음과 같이 규정하고 있다.

> "1. 군도국가는 자국의 군도수역과 이와 인접한 영해나 그 상공을 통과하는 외국선박과 항공기의 '계속적이고 신속한' 통항에 적합한 항로대와 항공로를 지정할 수 있다.
> 2. 모든 선박과 항공기는 이러한 항로대와 항공로에서 군도항로대통항권을 향유한다.
> 3. 군도항로대통항이라 함은 '공해나 EEZ의 어느 한 부분과 공해나 EEZ의 다른 부분과의 사이에서' 오로지 '계속적이고 신속하게' 방해받지 아니하고 통과하기 위한 목적으로 통상적 방식의 항행권과 비행권을 이 협약에 따라 행사함을 말한다.
> 4. 이러한 항로대와 항공로는 군도수역 및 이와 인접한 영해를 횡단하는 것으로서 군도수역의 국제항행로 또는 그 상공비행로로 사용되는 모든 통상적인 통항로를 포함하며, 선박에 관하여서는 이러한 통항로 안의 모든 통상적인 항행수로를 포함한다. 다만, 동일한 입구지점과 출구지점 사이에 유사한 편의가 있는 통로를 중복하여 둘 필요는 없다.
> 5. 이러한 항로대와 항공로는 통항로의 입구지점으로부터 출구지점까지의 일련의 연속축선(axis lines)에 의하여 정한다. 군도항로대를 통항 중인 선박과 항공기는 통항 중 이러한 축선의 어느 쪽으로나 25마일 이상을 벗어날 수 없다. 다만, 이러한 선박과 항공기는 항로대에 접하고 있는 섬과 섬 사이의 가장 가까운 지점을 연결한 거리의 10퍼센트 지점보다 해안에 접근하여 항행할 수 없다.
> 6. 이 조에 따라 항로대를 지정하는 군도국가는 그러한 항로대 안의 좁은 수로에서 선박의 안전통항을 위하여 통항분리방식을 설정할 수 있다.
> 7. 군도국가는 필요한 경우, 적절히 공표한 후 이미 지정되거나 설정된 항로대나 통항분리방식을 다른 항로대나 통항분리방식으로 대체할 수있다.

---

202) Bernaerts, p. 34.
203) Brown, Vol. I, pp. 115, 117.
204) 제52조 1항, 제8조 2항.
205) 제52조 2항.

8. 이러한 항로대와 통항분리방식은 일반적으로 수락된 국제규칙을 따른다.
9. 항로대를 지정・대체하거나 통항분리방식을 설정・대체함에 있어 군도국가는 권한있는 국제기구에 제안을 회부하여 채택되도록 한다. 그 국제기구는 군도국가가 동의한 항로대와 통항분리방식만을 채택할 수 있으며, 그 후 군도국가는 이를 지정・설정 또는 대체할 수 있다.[206]
10. 군도국가는 자국이 지정하거나 설정한 항로대와 통항분리방식의 축을 해도에 명시하고 이를 적절히 공표한다.
11. 군도항로대를 통항 중인 선박은 이 조에 따라 수립되고 적용되는 항로대와 통항분리방식을 존중한다.
12. 군도국가가 항로대나 항공로를 지정하지 아니한 경우, 군도항로대통항권은 국제항행에 통상적으로 사용되는 통로를 통하여 행사될 수 있다."

군도항로대통항은 정지시킬 수 없다는 점을 포함해서, 통과통항에 관한 일부 규정[207]은 군도항로대통항에도 준용되는데,[208] 이것은 군도항로대통항이 통과통항과 유사한 지위를 갖는 것으로 의도되었음을 시사하고 있다.[209]

V. 배타적 경제수역(EEZ)

제2차 세계대전 후 미국[210]을 위시한 일부 국가들이 공해의 어족자원 '보존・관리'를 목적으로 이른바 어업'보존'수역(fisheries conservation zone)을 선언한 이후, 1958년의 제네바회의에서 미국이 6마일 '배타적 어업'수역(exclusive fisheries zone) 안을 들고 나온 바 있으나 수락되지 않았다는 것은 이미 언급한 바와 같다. 그 결과 1958년의 제네바협약 그 어디에도 배타적 어업수역에 관해서는 언급이 없으나 그 후 연안국들은 점차 12 내지 50마일 배타적 어업수역을 선포하기 시작하였다. 그러므로 ICJ는 1974년의 *Fisheries Jurisdiction* 사건[211]에서 기선으로부터 12마일까지의 배타적 어업수역이 관습법화 되었음을 인정하였다. 따라서 이 12마일은 영해가 포함된 것이며, 만약에 영해 3마일을 주장하는 국가라면 나머지 9마일을 넘지 않는 범위 내에서 배타적 어업수역을 가질 권리가 있다는 것이었다. 재판소는 또한, (이 사건의 아이슬란드처럼) 연안국이 연안 어업에 경제적으로 의존하고 있다면 12마일 이원의 인접해역에서 우선적 어업권(preferential fishing rights)

---

206) 이 점에 있어 통과통항과 동일하고 무해통항과 다르다.
207) 즉, 제39조(통과통항 중인 선박과 항공기의 의무), 제40조(조사 및 측량활동), 제42조(통과통항에 관한 해협연안국의 법령), 제44조(해협연안국의 의무).
208) 제54조.
209) Bernaerts, p. 34.
210) 즉, 1945년 9월 28일 미국의 트루만 선언(Presidential Proclamation No. 2668 concerning the Policy of the United States with respect to Coastal Fishery in Certain Areas of the High Seas).
211) UK v. Iceland, (Merits), ICJ Reports (1974), p. 3 at 23 (para. 52).

을 가지며, 그러나 연안국은 (이 사건의 영국처럼) 타 국가들이 그러한 해역에서 어업에 종사하는 것을 전적으로 배제할 수는 없으며, 그들이 여러 해 동안 그곳에서 어업에 종사하여 왔고 그곳에서의 어업에 경제적으로 의존하는 경우에는 특히 그러하다고 판시하였다.[212] 그러나 일부 국가들은 이 정도에 만족하지 아니하고 일찍부터 영해 200마일을 주장하고 있었다. 이같은 양극단 속에서 일부 국가들은 200마일 배타적 어업수역을 주장하기 시작하였고, 다른 일부 국가들은 여기서 한 걸음 더 나아가 어업뿐만 아니라 해저지대의 천연자원에 대해서도 연안국이 배타적 권리를 갖는 200마일 배타적 경제수역(exclusive economic zone : EEZ)을 선포하였다.[213] UN해양법협약은 그간 대체로 아프리카 및 라틴아메리카 국가들에 의해 주창되어온 이 새로운 개념을 도입하였다.[214] ICJ는 1982년 *Continental Shelf* (Tunisia/Libyan Arab Jamahiriya) 사건[215]에서 "EEZ 개념은 현대 국제법의 일부로 볼 수 있다"고 언급한 바 있고, 2022년 *Alleged Violations of Sovereign Rights and Maritime Spaces in the Caribbean Sea* (Nicaragua v. Colombia) 사건[216]에서는 "제56조, 제58조, 제61조, 제62조 및 제73조를 포함하여 EEZ에 관련한 UN해양법협약의 여러 조항이 관습법규를 반영하고" 있다고도 하였다.

---

212) *Ibid.*, at 23 (para. 53), 27 (para. 62).

213) '배타적 경제수역'(EEZ)이란 용어는 맨 처음 아프리카 국가들이 사용하였다 : Yaoundé Seminar of African States, Recommendations, June 30, 1972 ; Hamid, p. 267. 그리고 당시 라틴아메리카 국가들은 세습해(patrimonial sea)라는 용어를 사용하였었다 : Declaration of Santo Domingo, 9 June 1972, (1972) 11 ILM 892 ; Hamid, p. 267.

214) 한국도 1996년 8월 8일 "배타적 경제수역법"과 "배타적 경제수역에서의 외국인어업 등에 대한 주권적 권리의 행사에 관한 법률"을 공포하고 동년 9월 10일부터 시행하고 있다. 제2차 세계대전 후 일본을 점령하고 있던 UN군 사령부는 일본 열도 주위에 이른바 맥아더 라인(McArthur Line)을 설정하여 일본의 어로활동을 제한하였다. 그러나 1951년 샌프란시스코 평화조약의 체결로 맥아더 라인의 철폐가 목전에 닥쳤는데, 이는 일본 어선들의 무제한적인 진출을 예고하는 것이었다. 1952년 4월 28일 샌프란시스코 평화조약의 발효를 앞두고 대한민국 초대 대통령 이승만은 미래 국익과 관련된 중대한 결정을 내렸다. 대통령은 1952년 1월 18일 "대한민국 인접해양의 주권에 대한 대통령의 선언"(1952년 1월 18일 국무원 고시 제14호로 발효)을 통해 이른바 평화선(Peace Line)을 선포하였는데, 평화선은 단지 남한 통제 하의 영토에 대해서 뿐만 아니라 한반도 전체 외곽을 둘러싸는 것이었다. 이것은 물론 대한민국이 한반도 전체의 유일합법정부라는 한국의 입장을 반영하는 것이었다. 평화선은 이승만 라인(Syngman Rhee Line)으로 불리기도 하였다. Stuart Kaye 교수는 "이승만 라인이 UN해양법협약 제56조 1항(a)에서 사용하고 있는 "주권적 권리"라는 표현 대신 "주권"이라는 술어를 사용한 것을 제외하면, 대한민국이 이승만 라인 내에서 주장한 권리들은 오늘날 사실상 세계 모든 연안국이 주장하는 권리들과 완전히 일치하는 것이었다.'고 논평하고 있다 : Stuart Kaye (The University of Western Australia), "The Relevance of the Syngman Rhee Line in the Development of the Law of the Sea", 평화선 선언 60주년 국제세미나 (International Seminar on 60 Years after the Declaration of the Peace Line by R.O.K. Government: Legal Retrospects) (2011년 11월 25일(금), 서울국제법연구원/서울대학교 법학연구소 주최, 장소 : 서울대학교 근대법학 100주년 기념관), 발표논문집, p. 32. 그러나 평화선은 1965년 6월 22일의 한일어업협정에 의하여 사실상 폐지되었다.

215) ICJ Reports (1982), p. 18 at 74 (para. 100 : "...the concept of the exclusive economic zone, which may be regarded as part of modern international law...").

216) Merits, Judgment of 21 April 2022, para. 56.

1. EEZ의 법적 성격 : 연안국의 권리

UN해양법협약 제55조는 EEZ를 '특별한 법제도'(specific, i.e. *sui generis,* legal regime)로 규정함으로써 이것이 영해와 공해의 성격을 함께 가진, 즉 그 어느 한 쪽으로 편입시킬 수 없는 혼혈적 성격의 수역임을 시사하고 있다.[217] EEZ는 "영해 밖에 인접한 수역"(an area beyond and adjacent to the territorial sea)으로서,[218] 기선으로부터 200마일을 넘을 수 없다.[219] EEZ에 대한 연안국의 권리는 연안국이 실제로 EEZ를 주장 혹은 선포했을 때에만 존재한다는 의미에서, 그것은 선택적인(optional) 것이다. 그러나 선포의 시한은 없다. 즉, 연안국이 EEZ를 늦게 선포하거나 아직 선포하지 않았다 하여 언제든지 EEZ를 선포할 권리가 훼손되는 것은 아니다.[220] 이에 반해 대륙붕에 대한 연안국의 권리는 "점유 또는 선포에 의존함이 없이"[221] 단지 법의 작용에 의하여(by operation of law) 갖는 것이라는 점에서 그것은 "타고난/고유의 권리"(inherent right)이다.[222]

Continental Shelf (Libyan Arab Jarnahiriya/Malta) 사건[223]에서 ICJ는 "EEZ 없는 대륙붕은 있을 수 있지만, 대륙붕 없는 EEZ는 있을 수 없다"고 한 바도 있는데, 연안국 입장에서 본다면 EEZ는 대체로 어업수역과 대륙붕을 포괄한 넓은 개념이다. 즉, EEZ에서 연안국은 (a) 해저의 상부수역, 해저 및 그 하층토의 생물이나 무생물 등 천연자원의 탐사, 개발, 보존 및 관리를 목적으로 하는 '주권적' 권리(sovereign rights)와 해수·해류 및 해풍을 이용한 에너지 생산과 같은 이 수역의 경제적 개발과 탐사를 위한 그 밖의 활동에 관한 '주권적' 권리(sovereign rights)를 가지고, (b) 인공섬·시설 및 구조물의 설치와 사용, 해양과학조사 그리고 해양환경의 보호와 보존에 관하여 '관할권'(jurisdiction)을 가지며, 또한 (c) 협약에 규정된 '기타의 권리와 의무'(other rights and duties provided for in this Convention)를 갖는다.[224] UN해양법협약 하의 EEZ(배타적 경제수역)에 대한 연안국의 모든 권리가 배타적인 것은 아니라는 점에서 EEZ의 이름에서 '배타적'이란 부분은 약간 에누리하여 새길 필요가 있다.[225] 즉, EEZ 생물자원에 대한 연안국의 '주권적 권리'는 -일정 조건 하에서- 타국의 입어를 허용해야 할 의무에 종속되어 있다는 점에서 -UN해양법협약에는 담기지 아니한 배타적 어업수역의 개념과는 달리- 배타적인 것이 아니며,[226] EEZ에서의 해양과학조사에 대한 연안국의 '관할권'도 전혀 배타적인 것이 아니기 때문이다.[227] 게다가, 일반원칙의 문제로서, 연

217) Brown, Vol. 1, pp. 218~220 ; Hamid, p. 267.
218) 제55조.
219) 제57조.
220) Orakhelashvili/Akehurst, p. 175(9th, p. 187).
221) 제77조 3항.
222) Ragazzi, p. 160 ; Dixon, pp. 228, 235.
223) ICJ Reports (1985), p. 13 at 33 (para. 34 : "Although there can be a continental shelf where there is no exclusive economic zone, there cannot be an exclusive economic zone without a corresponding continental shelf.").
224) 제56조 1항.
225) Brown, Vol. 1, p. 220.
226) 제62조.

안국은 EEZ에서 협약 하의 자국의 권리를 행사하고 의무를 이행함에 있어 "다른 국가들의 권리와 의무를 적절히 고려하고(have due regard), 이 협약의 규정에 합치하는 방식으로 행동할" 것이 요구된다.[228] 또한, EEZ의 '해저와 하층토'에 대한 연안국의 주권적 권리는 협약 제6부(대륙붕)에 따라 행사해야 한다.[229]

다른 국가들에 관한 한 EEZ는 부분적으로 공해로서의 성격도 갖는다. 즉, '모든 국가' ('모든 체약국'이 아니다)는 EEZ에서 (공해의 자유를 규정한 제87조에 언급되어 있는) "항행·상공비행의 자유, 해저 전선 및 관선 부설의 자유"와 더불어 "이들 자유와 관련된 기타 국제적으로 합법적인 바다의 사용"을 향유한다.[230] 뿐만 아니라, "(공해 관련 총칙규정에 속하는) '제88조에서 제115조까지의 규정'[231]과 '기타 국제법의 적절한 규칙'은, 협약 제5부(EEZ)에 배치되지 아니하는 한, EEZ에 대해서도 적용된다"[232]는 점을 기억해 둘 필요가 있다.[233] 제58조의 해석과 관련하여, 특히 EEZ에서 타국의 해군연습(naval exercises)이 허용되는지, 허용된다면 어느 범위까지인지가 논의되고 있다.[234]

1986년 *Franco-Canadian Fisheries Arbitration* 사건[235]에서 프랑스-캐나다 중재재판소는, EEZ 내에서 고기 가공(fish processing)에 종사하는 선박은 연안국의 관할권에 종속되지 않는데, 왜냐하면 고기 가공은 연안국이 EEZ 내에서 향유하는 관할권에 속하지 않기 때문이라고 판시한 바 있다.

1997년 기니(Guinea) 정부는 자국 EEZ에서 어선들에게 벙커링(bunkering), 즉 해상 연료공급을 위하여 대기하고 있던 세인트빈센트-그레나딘(St. Vincent and the Grenadines) 국기를 게양한 Saiga호를 나포하고 선장을 소추하였는데, 이 유조선이 기니의 관세법률을 위반하고 관세납부를 회피하였다는 것이 그 이유였다. 이에 대해 세인트빈센트-그레나딘은 벙커링은 EEZ에서 항행의 자유를 행사하는 일에 속한다고 주장하였다. 이 *M/V "Saiga"*호 (No. 2) 사건[236]에서 국제해양법재

227) 제246조~제255조.

228) 제56조 2항.

229) 제56조 3항.

230) 제58조 1항 ; *The M/V "Norstar"* Case (Panama v. Italy), Judgment of 10 April 2019, para. 220.

231) ICJ는 *Alleged Violations of Sovereign Rights and Maritime Spaces in the Caribbean Sea* (Nicaragua v. Colombia)(Merits), Judgment of 21 April 2022, para. 61에서, 제88조에서 제115조까지의 규정은 관습법을 반영하고 있다고 하였다.

232) 제58조 2항.

233) 다만, 제58조 3항은 다른 국가들이 EEZ에서 이 협약 하의 권리를 행사하고 의무를 이행함에 있어 "연안국의 권리와 의무를 '적절하게 고려하고'(have due regard), 제5부의 규정과 배치되는 것이 아닌 한 연안국이 이 협약의 규정과 기타 국제법규에 따라 채택한 법령을 준수할" 의무를 부과하고 있다.

234) 공해의 자유를 예시하고 있는 제87조도 해군연습에 대해서는 명시적인 언급이 없는 마당에 EEZ에서의 타국의 권리(와 의무)를 규정한 제58조 역시 이 문제에 대해 직접적이고 분명한 언급이 없어 국가들 간에 그리고 학자들 간에 견해가 갈리고 있는 것이다. See Orakhelashvili, pp. 17, 176 ; Dixon, p. 226 ; Hamid, p. 292 (fn. 138) ; Kaczorowska-Ireland, p. 318 ; *The Regime of the Exclusive Economic Zone : Issues and Responses*, A Report of the Tokyo Meeting 19-20 February 2003 (available at https://www.eastwestcenter.org/fileadmin/stored/pdfs/EEZTokyoMeeting.pdf) ; Moritaka Hayashi (School of Law, Waseda University), "Military and intelligence gathering activities in the EEZ: definition of key terms", Marine Policy, Volume 29, Issue 2, March 2005, pp. 123~137 (esp. at para. 6.1).

235) Award of 17 July 1986, ILR, Vol. 82, p. 591 et seq ; Cassese, *International Law*, 2nd, p. 88.

판소는 "EEZ에서 연안국은 인공섬과 시설 및 구조물에 대해(in respect of artificial islands, installations and structures) 세관법령을 적용할 관할권이 있다(협약 제60조 2항). 재판소가 보기에, (UN해양법)협약은 연안국에게 위에 언급되지 아니한 EEZ의 다른 부분들에 대해서는 그 국가의 관세법률을 적용할 권한을 부여하지 않고 있다."[237]고 하면서 기니가 협약을 위반하였다고 판결하였다. 이 사건에서 두 당사국 모두 EEZ 내에서의 벙커링이 항행의 자유에 속하는지의 여부에 대해 판단을 해 줄 것을 요청하였으나, 재판소는 이 문제에 대한 판단은 분쟁을 해결하는 데 필요없다고 하면서 입장 표명을 거절하였다.[238]

그러나 그 후 *M/V "Virginia G"* 호 사건[239]에서 국제해양법재판소는 EEZ 내에서의 벙커링에 대해 분명한 −그리고 사실상 변경된− 해답을 제시하였다. 파나마 국기를 게양한 유조선이 2009년 기니비사우의 EEZ에서 모리타니아 국기를 게양한 어선들에게 경유를 공급한 후 나포되어 몰수된 이 사건에서, 우선 재판소는 EEZ 내에서의 벙커링은 UN해양법협약 제58조 1항에 규정된 항행의 자유에 속한다는 기국 파나마의 주장[240]을 배척하였다. 이어서 재판소는 EEZ 내 '어선'에 대한 벙커링의 규제는 제56조 및 제62조 4항에 의거하여 연안국의 '어업'관할권에 속한다고 하면서,[241] 나아가 선박의 몰수와 관련하여서는 불법적으로 벙커링하는 선박의 몰수 관련 국내법 규정 자체는 제73조 1항의 위반이 아니라고 하였다.[242] 다만 재판소는 실제 몰수는 제73조 1항에 의거한 연안국의 규제에 대한 준수를 확보하는데 필요한 범위 내에서만 허용된다고 하면서, 이 사건에서 몰수까지 한 것은 제사정에 비추어 보아 제73조 1항을 위반하는 조치였다고 판시하였다.[243] 그리고 재판소는 EEZ 내에서 어업에 종사하지 않는 선박에 대한 벙커링에 대해서는 −UN해양법협약에 따라 달리 결정되지 않는 한− 연안국에게 규제할 권한이 없다고 하였다.[244] *M/V "Virginia G"* 호 판결에 비추어 볼 때, 상기 *Franco-Canadian Fisheries Arbitration* 사건도 지금 제기된다면 달리 판단될지 모른다.[245]

---

236) International Tribunal for the Law of the Sea, *The M/V "Saiga"* (No. 2) case (Saint Vincent and the Grenadines v. Guinea), Decision of 1 July 1999, https://www.itlos.org/start2_en.html.

237) Para. 127 of the decision. 이 사건에서 문제된 선박과 기국 간의 "진정한 관련"(genuine link)의 개념에 대해서는 아래, "Ⅶ. 공해, 3. 선박의 국적" 참조.

238) Paras. 137~138 ; Kaczorowska-Ireland, p. 318.

239) *The M/V "Virginia G"* case (Panama/Guinea-Bissau), Judgment of 14 April 2014, 〈https://www.itlos.org/cases/list-of-cases/case-no-19/〉.

240) Para. 165.

241) Paras. 217, 264.

242) Para. 257.

243) Paras. 270~271.

244) Para. 223 : "The Tribunal emphasizes that the bunkering of foreign vessels engaged in fishing in the exclusive economic zone is an activity which may be regulated by the coastal State concerned. The coastal State, however, does not have such competence with regard to other bunkering activities, unless otherwise determined in accordance with the Convention." See Evans in Evans (ed.), *International Law*, 5th, p. 659 ; Yvonne Baatz (ed.), *Maritime Law*, 4th edition, (Oxon : Informa Law from Routledge, 2018), Chapter 8: Public International Law Aspects of Shipping Regulation (Andrew Serdy), p. 227 ; Tanaka in Orakhelashvili (ed.), pp. 132~133.

EEZ에서의 항행의 자유와 관련한 또 하나의 주요 사건으로 *The Arctic Sunrise Arbitration*[246] 이 있는데, 사건 개요는 다음과 같다. 2013년 9월 18일 러시아의 북극해 석유 생산에 항의하는 그린피스 소속의 환경보호 운동가들이 네덜란드 국기를 단 쇄빙선 'Arctic Sunrise 호'에서 4척의 고속고무보트(rigid hull inflatable boats : RHIB)를 내려 –러시아의 세계최대 가스 생산업체–가즈프롬(Gazprom)의 석유시추 플랫폼(유정 굴착 장치) 프리라즈롬나야(Prirazlomnaya)에 올라가 시위를 벌이려 시도하다 러시아 해안경비대에 의해 프리라즈롬나야의 500 미터 안전수역(500–metre safety zone) 밖으로 쫓겨났다. 그리고 러시아는 Arctic Sunrise 호의 자선들이 프리라즈롬나야의 500 미터 안전수역 내에 있었으므로 안전수역 밖 EEZ의 모선에 대한 추적을 단행하였다.[247] 프리라즈롬나야는 "일년에 2/3 기간 동안 빙하로 뒤덮여 있고, 기온이 최저 –50°C까지 떨어지는" 러시아 EEZ 내의 페초라해(Pechora Sea)에 위치한 "북극해 최초의 석유 시추 플랫폼"으로서 그린피스가 안전에 의문을 제기하는 시설이다. 이튿날, 9월 19일, (눈만 내놓고 귀까지 덮는)발라클라바 모자(balaclavas)를 쓰고 총과 칼로 무장한 15인의 러시아연방 보안기관 요원들은 헬리콥터를 통해 실시한 강제 임검을 통해 Arctic Sunrise 호와 30명의 승선자[248]를 나포, 억류하였다. 러시아 당국은 그들을 해적행위(piracy)로 소추하였다가 나중에는 죄목을 폭력행위(hooliganism)로 완화시켰다. Arctic Sunrise 호의 기국인 네덜란드 정부는 러시아에 대해 선박과 탑승자들의 즉각적인 석방을 요구하였다. 2013년 10월 4일 네덜란드는 자국과 러시아가 협약 하에서 동일한 분쟁해결절차를 수락하지 않았기 때문에 러시아 EEZ 내에서의 러시아 당국에 의한 Arctic Sunrise 호의 임검과 억류 및 거기에 타고 있던 사람들의 억류 사건과 관련하여 협약 제287조에 따라 협약 제7부속서 하의 중재재판을 개시한다고 러시아에 통지하였다. 10월 21일 네덜란드는 협약 제7부속서 하의 중재재판소가 구성되는 동안 국제해양법재판소에 이 사건과 관련하여 일정 잠정조치의 명령을 요청하였다. 네덜란드는 국제해양법재판소에 자국 국적의 재판관이 없기 때문에 국제해양법재판소규정(협약 제6부속서) 제17조 3항에 따라 임시재판관(judge *ad hoc*) 1인을 선정하기도 하였다. 국제해양법재판소는 11월 22일 러시아에 대해 네덜란드가 3,600,000 유로의 보석금 혹은 금융보증을 기탁하는 즉시 선박과 모든 억류된 사람들을 석방할 것을 명하는 잠정조치를 발하였다.[249] 러시아는 자국의 불출정(non–appearance)에도 불구하고 내려진 국제해양법재판소의 잠정조치를 이행하지 않을 것이라고 선언하였지만, 그후 '북극 30인'은 11월 말에 보석으로 감옥에서 풀려났으며, 12월 18일 러시아

245) Evans in Evans (ed.), *International Law*, 5th, p. 659 (fn. 68).

246) ITLOS, *The Arctic Sunrise* Case (Netherlands v. Russia)(Provisional Measures), Order of 22 November 2013, ⟨https://www.itlos.org/en/cases/list-of-cases/case-no-22/⟩ ; *The Arctic Sunrise Arbitration* (Netherlands v. Russia)(Jurisdiction), 26 November 2014 ; *The Arctic Sunrise Arbitration* (Netherlands v. Russia)(Merits), 14 August 2015, ⟨https://www.pcacases.com/web/view/21⟩.

247) *The Arctic Sunrise Arbitration* (Netherlands v. Russia)(Merits), 14 August 2015, para. 253.

248) 이들 30명은 4인의 러시아인을 포함하여 18개국 국적자로 구성되었다. 그리고 28명은 그린피스 소속의 활동가이고, 다른 2명은 프리랜서 기자였다. 그린피스와 언론에서는 이들에게 '북극 30인'(Arctic 30)이란 별명을 붙여주었다.

249) ITLOS, *The Arctic Sunrise* Case (Netherlands v. Russia)(Provisional Measures), Order of 22 November 2013, ⟨https://www.itlos.org/en/cases/list-of-cases/case-no-22/⟩.

의회에서 사면법률이 통과되면서 기소가 철회되었고, 러시아인들을 제외하고는 곧장 러시아를 떠나는 것이 허락되었다. Arctic Sunrise 호는 이듬해 2014년 6월 6일 나포가 해제되었고, 8월 1일 무르만스크를 떠나 8월 9일 암스테르담에 도착하였다. 다만, 러시아 당국은 이러한 석방조치들이 국제해양법재판소의 명령에 의한 것이 아니라 자국법에 따른 것이라고 주장하였다.[250] 한편, 러시아가 5인의 중재재판소 구성에 협조하지 않아 네덜란드의 요청으로 국제해양법판소 소장이 개입하여 2014년 1월 10일 중재재판소 구성이 완료되었다.[251] 중재재판소는 네덜란드측의 요청으로 먼저 재판관할권 문제에 대해 별도로 검토하였다. 그리고 2014년 11월 26일 심리 결과 러시아가 1997년에 UN해양법협약을 비준하면서 첨부한 선언[252]은 "협약 제298조 1항(b)의 언어를 정확히 추적하지 않은" (엉성한) 것으로서, 본 사건에 대한 재판소의 관할권 성립에 영향을 주지 못 한다고 판시하였다.[253] 그에 앞서 10월 8일 법정의 조언자(*amicus curiae*)로서의 의견 제출의 기회를 달라는 그린피스의 신청을 만장일치로 거절하기도 하였다.[254] 러시아가 불참한 가운데 본안 심리가 이어졌다.[255] 네덜란드 정부는, 선박이 나포 당시 러시아 영해 밖에 있었고, 유정 굴착 장치 주변의 500미터 안전수역(safety zone) 밖에 있었으며, 러시아의 EEZ 내에 있긴 하였지만 UN해양법협약에 의해 항행의 자유가 인정되기 때문에 Arctic Sunrise 호는 러시아의 주권적 권리와 관할권 밖에 있었다고 주장하였다.[256] 2015년 8월 14일 중재재판소는 만장일치의 결정을 통해, 러시아가 UN해양법협약을 위반하여 행동하였으며, 피해 선박의 기국인 네덜란드는 "Arctic Sunrise 호에 가해진 중대한 손해에 대해 (이자와 함께) 금전배상을 받을 권리가 있다"고 판시하면서, 다만 손해배상액은 차후 결정하겠다고 말하였다.[257] 이같은 결론의 근거로서 중재재판소는 특히 첫째, 러시아 EEZ 내의 석유시추 플랫폼 프리라즈롬나야(Prirazlomnaya)는 선박이 아닌 '고정된 플랫폼'(fixed platform)이기 때문에 해적행위가 성립하기 위한 '타 선박'의 요건에 해당하지 않으며,[258] 둘째, 국제해양법재판소가 M/V Saiga 호 사건(No. 2)에서 지적한 바와 같이 UN해양법협약 제111조에 명시된 추적권 행사를 위한 요건은 '누적적'인 것으로 각 요건이 모두 충족되어야 하는데 사실 검토 결과 러시아의 추적은 도중에 '중단되었기'(interrupted) 때문에 추적권 행사를 위한 누적적 요건을 충족시키지 못하였다고 판단하였다.[259]

---

250) *The Arctic Sunrise Arbitration* (Netherlands v. Russia)(Jurisdiction), 26 November 2014, para. 3, 〈https://www.pcacases.com/web/view/21〉.

251) *Ibid.*, paras. 12~16.

252) 즉, "in accordance with article 298 of the [Convention], it does not accept the procedures provided for in section 2 of Part XV of the Convention, entailing binding decisions with respect to ... disputes concerning law-enforcement activities in regard to the exercise of sovereign rights or jurisdiction."

253) *The Arctic Sunrise Arbitration* (Netherlands v. Russia)(Jurisdiction), 26 November 2014, paras. 51, 72, 76.

254) *Ibid.*, para. 39.

255) *The Arctic Sunrise Arbitration*, Award on Merits, 14 August 2015, 〈https://www.pcacases.com/web/view/21〉.

256) *Ibid.*, paras. 140~141.

257) *Ibid.*, para. 393.

258) *Ibid.*, paras. 236~241.

259) *Ibid.*, paras. 242~275.

UN해양법 협약에 의하여 EEZ에서의 권리나 관할권이 연안국이나 다른 국가에 귀속되지 아니하고 또한 연안국과 다른 국가 간 이해관계를 둘러싼 마찰이 발생한 경우,[260] 그 마찰은 당사자의 이익과 국제공동체 전체 이익의 중요성을 각각 고려하면서 형평(equity)에 입각하여 그리고 모든 관련 상황에 비추어 해결해야 한다.[261]

연안국은 －일반적으로 수락된 국제기준에 의하여 허용되거나 권한있는 국제기구가 권고한 경우를 제외하고는－ EEZ 내에 건설된 인공섬, 시설 혹은 구조물의 주위에 그 바깥쪽 끝의 각 점으로부터 측정하여 500 미터 거리를 넘지 않는 －다시 말해서 각 시설물 주위에 반경(radius) 500 미터까지[262]－ 안전수역(safety zones)을 설치할 '수' 있다(may). 즉, 이 안전수역은 자동적으로 설치되는 것이 아니고, 연안국이 이것을 설치하기 위한 국내법 절차에 따른 조치를 취해야 하며, 또한 설치 사실을 적절히 공시하여야 한다.[263] 모든 선박은 안전수역을 존중하여야 한다.[264] 인공섬, 시설 및 구조물은 섬의 지위를 갖지 아니한다. 따라서 이들은 자체의 영해를 갖지 아니하며, 이들의 존재가 영해, EEZ 또는 대륙붕의 경계획정에 영향을 미치지 아니한다.[265]

2. 생물자원의 보존과 이용 : 연안국의 의무

연안국은 종래 공해에 속하던 일정 지역에 대해 EEZ의 이름으로 경제적 권리를 광범위하게 승인받은 만큼 여기에 상응하는 의무 내지는 책임을 지지 않을 수 없다.[266] 특히, 생물자원은 적절한 보존조치만 취하면 재생이 가능하다는 점에서 비생물자원과 구분될 뿐만 아니라, 해양생물자원의 약 80~90퍼센트가 플랑크톤(plankton)이 풍부한 연안으로부터 200마일 이내의 수역에서 포획되고 있기 때문에,[267] EEZ 내에서의 생물자원의 보존과 이용은 일정한 규칙에 따라 이루어질 것이 요구된다. 핵심적인 규칙은 다음과 같다.

먼저, 연안국은 자국 EEZ에서의 '생물자원 허용어획량'(allowed catch of the living resources)을 결정한다. 연안국은 자국이 이용가능한 최선의 과학적 증거를 고려하여, 남획으로 인하여 EEZ에서 생물자원의 유지가 위태롭게 되지 아니하도록 적절한 보존·관리조치를 채택해야 한다. 이러한 조치는 '최대지속적 생산'(maximum sustainable yield)을 가져올 수 있는 수준으로 어획대상 어종의 자원량이 유지·회복되도록 계획해야 한다.[268] '최대지속적 생산'은 수산자원학상의 개념으

260) 위에서 언급한 EEZ에서의 타국의 해군연습(naval exercises)과 고고학적 조치(archaeological measures) 등이 이러한 경우에 해당할 것이다 : Crakhelashvili, p. 176.

261) 제59조. See Brown, Vol. I, pp. 219~220, 239~244 ; Bernaerts, p. 36.

262) Orakhelashvil/Akehurst, 9th, p. 189.

263) 제60조 4~5항 ; *The Arctic Sunrise Arbitration* (Netherlands v. Russia)(Merits), 14 August 2015, para. 248.

264) 제60조 6항.

265) 제60조 8항.

266) Currie, p. 266 ; Evans in Evans (ed.), *International Law*, 3rd, p. 681.

267) Malanczuk, p. 183 ; Evans in Evans (ed.), *International Law*, 5th, p. 666

268) 제61조.

로서, 어업조정에 의하여 각종 어족을 최적상태의 밀도로 유지하고, 그 이후로부터 매년 기대되는 자연증대량을 어획량으로 전환하여 영구적으로 최대의 어획량을 유지시켜 나가는 것을 말한다.[269)]

연안국이 EEZ에서의 허용어획량을 결정하였으면, 다음으로 EEZ에서의 자국의 어획능력(capacity to harvest)을 결정하여야 한다. 연안국이 전체 허용어획량을 어획할 능력이 없는 경우, 협정이나 그 밖의 약정을 통하여 그리고 제62조 4항에 언급된 조건과 법령에 따라 허용어획량의 잉여량에 관한 다른 국가의 입어를 허용해야 한다. 이 경우 연안국은 제69조(내륙국) 및 제70조(지리적 불리국)의 규정, 특히 이러한 규정이 언급한 개발도상국들에 대해 특별히 고려해야 한다.[270)]

EEZ에서 다른 국가의 입어를 허용함에 있어 연안국은 모든 관련 요소를 고려해야 한다. 특히, 그 수역의 생물자원이 연안국의 경제와 그 밖의 국가이익에 미치는 중요성, 제69조 및 제70조의 규정, 잉여자원어획에 관한 소지역 내 또는 지역 내 개발도상국들의 요구, 그리고 소속국민이 그 수역에서 관습적으로 어로행위를 해왔거나 어족의 조사와 식별을 위하여 실질적인 노력을 기울여 온 국가의 경제적 혼란을 극소화할 필요성을 고려해야 한다. EEZ에서 어로행위를 하는 다른 국가의 국민은 연안국의 법령에 의하여 수립된 보존조치와 그 밖의 조건을 준수해야 한다.[271)]

동일 어족이나 연관된 종의 어족들이 2개국 이상의 연안국의 EEZ에 출현하는 경우, 이러한 연안국들은 직접 또는 적절한 소지역기구나 지역기구를 통하여 이러한 어족의 보존과 개발을 조정하고 보장하는 데 필요한 조치에 합의하도록 노력해야 한다. 또한 동일어족이나 연관된 종의 어족들이 EEZ뿐만 아니라 그 바깥의 인접수역에서도 출현하는 경우, 연안국과 인접수역에서 이러한 어족을 어획하는 국가는 직접 또는 적절한 소지역기구나 지역기구를 통하여 인접수역에서 이러한 어족의 보존에 필요한 조치에 합의하도록 노력해야 한다.[272)] 요컨대, EEZ의 경계선을 넘나드는 이른바 '경계왕래 어종' (straddling species)의 관리를 위해 관련 국가들 간에 합의를 볼 것이 요청되고 있다.

또한 연안국과 (협약 제1부속서에 열거된) 고도회유성어종(highly migratory species)[273)]을 어획하는 국민이 있는 그 밖의 국가는 EEZ와 그 바깥의 인접수역에서 그러한 어종의 보존을 보장하고 최적이용목표를 달성하기 위하여 직접 또는 적절한 국제기구를 통하여 협력해야 한다.[274)] 즉, 이 경우에도 위 '경계왕래 어종'의 경우와 마찬가지로 관련 국가들간에 합의를 볼 것이 요망되고 있다.

---

269) Birnie/Boyle, pp. 437~438.

270) 제62조 1~2항 ; Dixon, p. 225.

271) 제62조 3~4항.

272) 제63조.

273) 즉, 참치, 고등어, 병어, 청새치류, 돛새치, 황새치, 꽁치, 돌고래, 상어, 고래. UN해양법협약 제1부속서(Annex I)에 첨부된 고도회유성어종의 목록은 충분하지 못할 수 있다. 2000년 9월 5일 호놀룰루에서 채택된 "중서부 태평양의 고도회유성어족자원의 보존과 관리에 관한 협약"(Convention on the Conservation and Management of Highly Migratory Fish Stocks in the Western and Central Pacific Ocean) 제1조(f)는 동 협약의 목적상 '고도회유성어족자원'을 UN해양법협약 제1부속서에 의거하여 정의하면서도, 여기에 "(동 협약에 의하여 설립되는, '중서부 태평양의 고도회유성어족자원의 보존과 관리를 위한')위원회가 결정할 수 있는 그 밖의 어종"을 추가하고 있다. https://www.wcpfc.int/ ; Rosenne, *The Perplexities of Modern International Law*, p. 289, fn. 39.

274) 제64조.

특별히 '해양포유동물'(marine mammals)에 관해서는, 연안국 또는 국제기구는 UN해양법협약 제5부(EEZ)에 규정된 것보다 더 엄격하게 그것의 포획을 금지, 제한 또는 규제할 수 있다. 그리고 각국은 해양포유동물의 보존을 위하여 협력할 의무를 지며, 특히 고래류(cetaceans)의 경우에는 적절한 국제기구를 통하여 그것의 보존, 관리 및 연구를 위한 노력에 임할 것이 요구된다.[275]

연어나 송어처럼 바닷물고기 중에서 산란을 위하여 강물을 거슬러 올라가는 이른바 소하성어족(anadromous stocks)이 기원하는 하천의 국가는 이 어족에 대한 '일차적' 이익과 책임을 가진다.[276] 반면에, 뱀장어나 숭어처럼 담수에 살다가 산란을 위하여 바다로 가는 이른바 강하성어종(catadromous species)이 그 생존기간의 대부분을 보내는 수역의 연안국은 그 어종 관리에 책임을 지며 회유어의 출입을 보장해야 한다. 또한, 그같은 어종의 포획은 EEZ 외측한계의 육지 쪽 수역에서만 해야 한다.[277]

내륙국(land-locked states)과 지리적 불리국(geographically disadvantaged states)은 모든 관련국의 경제적·지리적 상황을 고려하고 형평에 기초하여, 동일한 소지역(subregion)이나 지역(region) 내 연안국 EEZ의 생물자원잉여량 중 적절한 양의 개발에 참여할 권리를 갖는다. 다만, 연안국의 경제가 EEZ의 생물자원 개발에 '압도적으로'(overwhelmingly) 의존하고 있는 경우에는 그러하지 아니하다. 또한 일반적으로 권리는 제3자에게 이전 혹은 양도가 가능한 것이지만 내륙국과 지리적 불리국의 상기 권리는 이전(양도)할 수 없다.[278] EEZ 비연안국 배려 규정들(제62조, 제69조, 제70조)은 연안국에게 별 어려움을 주지 않는다는 점에서 거의 상징적 의미만을 갖는다는 비판을 받기도 한다. EEZ 내에서의 허용어획량과 어획능력 양자 모두 그 결정권이 연안국에게 부여되어 있기 때문이다.[279]

생물자원 중에서도 정착성어종(sedentary species)은 -아래에서 언급하는 바와 같이- 대륙붕의 천연자원의 일부를 구성하기 때문에 연안국은 이를 보존하거나 외국 어선의 입어를 허용할 의무를 지지 아니한다.[280]

3. 연안국 법령의 집행[281]

연안국은 EEZ의 생물자원을 탐사·개발·보존 및 관리하는 주권적 권리를 행사함에 있어서, UN해양법협약에 부합되게 채택한 자국 법령을 집행하기 위하여 승선, 검색, 나포 및 사법절차를 포함한 필요한 조치를 취할 수 있다.[282] 다만, 연안국의 이같은 권한은 영해에서는 인정되지 아니하

275) 제65조 ; Aust, *Handbook of IL*, 2nd, p. 300.
276) 제66조.
277) 제67조.
278) 제69조~제72조. '지리적 불리국'의 정의는 제70조 2항에 담겨 있다.
279) Evans in Evans (ed.), *International Law*, 5th, p. 666.
280) Aust, *Handbook of IL*, 2nd, p. 299.
281) 제73조.
282) 제73조 1항. 제73조 1항은 EEZ 내에서의 연안국의 집행관할권에 대해 규정하고 있는 것이지만, "연안국의 법

는 다음의 세 가지 제한을 받는다. 첫째, 나포된 선박과 승무원은 적정한 보석금이나 그 밖의 보증금을 예치한 뒤에는 신속히 석방되어야 한다.[283] 둘째, EEZ에서의 '어업법령' 위반에 대한 연안국의 처벌에는, 관련국 간에 달리 합의되지 않는 한 "금고(imprisonment) 또는 다른 형태의 체형(corporal punishment)"이 포함되어서는 아니 된다.[284] 따라서 연안국의 어업법령 위반에 대한 처벌로서 (포획물과 선박, 장비의)'몰수'(confiscation of the catch, the vessel and the equipment)는 허용되는 것으로 보이는데, 일본과 러시아 간 *Tomimaru* 호 사건[285]에서도 일본은 몰수의 권리 자체에 이의를 제기하지는 않았다.[286] 셋째, 외국선박을 나포하거나 억류한 경우, 그 연안국은 적절한 경로를 통하여 취하여진 조치와 그 후에 부과된 처벌에 관하여 기국에 신속히 통고해 주어야 한다.[287]

4. 대향국 또는 인접국 간의 EEZ 경계획정[288]

서로 마주보고 있거나 인접한 연안을 가진 국가 간의 EEZ 경계획정은 '형평한 해결' (equitable solution)에 이르기 위하여, ICJ규정 제38조에 언급된 국제법을 기초로 하여 합의에 의하여 이루어져야 한다. 합의에 이르는 동안 관련국들은 이해와 상호협력의 정신으로 실천적 성격의 잠정약정(provisional arrangements of a practical nature)을 체결할 수 있도록 모든 노력을 다해야 하며, 과도적인 기간 동안 최종합의에 이르는 것을 위태롭게 하거나 방해해서는 안 된다. 그리고 이러한 잠정약정은 최종 경계획정에 영향을 미치지 아니한다. 상당한 기간 내에 최종합의에 이르지 못할 경우 관련국들은 제15부(분쟁해결)에 규정된 강제절차에 회부한다. 다만, 제298조에 의하면 각국은 EEZ 경계획정 분쟁을 (협약 제15부 제2절에 규정된) 구속력있는 결정을 수반하는 강제관할 절차에 맡기지 않겠다는 선언을 언제든지 할 수 있으며, 이 경우에는 의무적 조정(compulsory conciliation)이 적용된다. 관련국 간에 이미 발효 중인 협정이 있는 경우, EEZ의 경계획정에 관련된 문제는 그 협정의 규정에 따라 결정한다. 요컨대, 영해경계획정의 경우와는 달리, 합의가 없는 경우를 대비한 중간선(median line) 기준은 언급조차 되어 있지 않음을 유념할 필요가 있다.

ICJ는 *Territorial and Maritime Dispute between Nicaragua and Honduras in the Caribbean Sea* 사건[289]에서 "(영해, 대륙붕 혹은 EEZ 해양경계 설정을 위한) 법적 합의가 묵시적으로

령"이란 표현은 EEZ와 관련하여 연안국이 입법관할권도 가짐을 전제로 한 것으로 해석된다. Tanaka in Orakhelashvili (ed.), p. 129.

283) 제73조 2항.

284) 제73조 3항.

285) ITLOS, *The "Tomimaru"* case (Japan v. Russian Federation), Case No. 15, Judgment of 6 August 2007 (available at https://www.itlos.org/). 사건 개요는 본장, 제21장 (해양법), "XVII. 분쟁해결", "2. 분쟁의 강제적 해결 : '의무적' 중재재판과 사법재판" 참조.

286) Hamid, p. 271.

287) 제73조 4항.

288) 제74조.

289) Nicaragua v. Honduras, ICJ Reports (2007), p. 659 at 735 (para. 253) : "The Court must now determine whether there was a tacit agreement sufficient to establish a boundary. **Evidence of a**

성립하려면 그 증거는 강력하여야 하며", "영속적인 해양경계의 설정은 중대한 문제이기 때문에 합의가 쉽게 추정되어서는 안 되며", "설사 일정 기간 동안 편리하게 사용된 잠정적 선이 있었다 하여도 국제적 경계와는 구분하여야 하다"고 언급한 바 있다. 재판소는 −당사자 일방(콜롬비아)이 UN해양법협약의 당사국이 아니어서 국제관습법을 준거법으로 채택한− *Territorial and Maritime Dispute* (Nicaragua v. Colombia) 사건[290]에서는 EEZ경계획정에 관한 제74조는 −대륙붕 경계획정에 관하여 이것과 동일하게 규정하고 있는 제83조와 더불어− 이제 "국제관습법을 반영하고" 있다고도 하였다.[291]

Ⅵ. 대 륙 붕

대륙붕(continental shelf) 제도는 1945년 9월 28일 미국 트루먼 대통령이 행한 다음의 선언[292]으로부터 비롯되었다.

> "천연자원을 보존하고 신중히 이용해야 할 긴급성을 고려하여, 미국 정부는 공해 밑에 있지만 미국 연안에 접속되어 있는 대륙붕의 하층토와 해저의 천연자원이 미국에 귀속되며, 미국의 관할권과 통제 하에 있는 것으로 간주한다. 대륙붕이 타국 연안에 이르거나 인접국과 공유하는 경우, 그 경계선은 미국과 관련국이 형평한 원칙들에 따라 결정해야 한다. 대륙붕 상부수역의 공해로서의 성격과 당해 수역에서의 자유롭고 방해받지 않는 항행의 권리는 이로 인하여 결코 영향을 받지 아니한다."

대륙붕에 매장되어 있는 광물자원의 경제적 가치는 다른 국가들로 하여금 미국의 조치를 공해자유원칙의 위반으로 비난하기 보다는 즉각 이에 따르도록 만들었으며, 그 결과 대륙붕제도는 매우 빠른 기간 내에 관습법규로 정착되었다. 이같은 상황 하에서 지질학적 의미에서의 대륙붕을 갖지 못

---

tacit legal agreement must be compelling. The establishment of a permanent maritime boundary is a matter of grave importance and agreement is not easily to be presumed. A *de facto* line might in certain circumstances correspond to the existence of an agreed legal boundary or might be more in the nature of a provisional line or of a line for a specific, limited purpose, such as sharing a scarce resource. Even if there had been a provisional line found convenient for a period of time, this is to be distinguished from an international boundary."여기서 진한 활자로 표시된 판결부분은 해양경계 획정에 대한 묵시적 법적 합의의 존재 여부가 부분적으로 문제된 *Maritime Dispute* (Peru v. Chile), ICJ Judgment of 27 January 2014, para. 91에서 다시 인용되고 있기도 하다.

290) ICJ Judgment of 19 November 2012, para. 139.

291) 또한 ICJ는 칠레는 UN해양법협약을 비준하였으나 페루는 당사자가 아닌 *Maritime Dispute* (Peru v. Chile), ICJ Reports (2014), p. 3에서 해양수역들에 관한 협약 규정의 구속을 받겠다는 페루 정부의 공식 약속에 "주목하면서"(take note of)(para. 178), 사건을 협약 제74조 1항 및 제83조 1항에 따라 진행하였다(para. 179). Orakhelashvili/Akehurst, p. 158.

292) Presidential Proclamation No. 2667 concerning the Policy of the United States with respect to the Natural Resources of the Subsoil and Seabed of the Continental Shelf, available at https://cil.nus.edu.sg/1945/.

한 칠레와 페루 같은 국가는 1947년 각기 영해 200마일을 선언하기도 하였던 것이다.[293)]

1. 대륙붕의 정의

육지에서 바다로 뻗친 해저지대는 대체로 수심 200미터까지는 완만한 경사를 이루다가, 이어서 급경사를 이루며, 다시 완만한 경사를 이루다가, 심해저(deep-ocean floor)가 드러나게 된다. 지질학에서는 첫 번째 해저지대를 대륙붕(continental shelf), 두 번째를 대륙사면(continental slope), 세 번째를 대륙융기(continental rise)라고 부른다. 그리고 이들 셋을 합쳐서 대륙변계(continental margin)라고 하는데, 이 대륙변계의 바깥 끝까지가 "육지영토의 자연적 연장"(natural prolongation of land territory)[294)] 내지는 "연안국 땅덩어리의 물밑으로의 연장"(the submerged prolongation of the land mass of the coastal State)[295)]을 구성한다.

문제는 대륙붕의 '법적' 정의를 명확히 하는 일이다. 이 점에 있어 1958년의 제네바 대륙붕협약 제1조는 대체로 실패작이었다. 왜냐하면 '육지영토의 자연적 연장'에 대한 언급없이 대륙붕을 단지 (육지영토 또는 섬의)"연안에 인접하되 영해지역 밖으로 뻗친 해저지대의 해상과 하층토로서 수심 200미터까지의 것, 또는 이 한도를 넘더라도 상부 수역의 수심이 해저 천연자원의 개발을 허용하는 곳까지"로 정의함으로써 바다 위에서 해저를 개발하는 연안국의 기술이 발달하면 연안국의 대륙붕도 그에 따라 자동 확대된다는 해석을 가능하게 하였기 때문이다.[296)] 물론 수심 200미터까지란 첫째 기준은 법적 정의의 관점에서는 만족스러운 것이지만, 대륙붕을 가능하면 많이 가지려는 대다수 연안국들, 특히 지질학적 관점에서 대륙붕을 거의 갖지 못한 일부 연안국들에게는 이것도 여전히 불만족스러운 것이었다. 다만, 제네바협약체제 하에서도 대륙붕이 공해의 심해저에까지 연장된다는 결론은 나오기 어려웠다. 상기 규정에서 보는 것처럼 대륙붕은 "연안에 '인접'한 해저지대의 해상과 하층토"(seabed and subsoil of the submarine areas *adjacent* to the coast)인데, 대양 한가운데의 해저지대를 연안에 '인접'하고 있다고 볼 수는 없기 때문이다. 그리고 ICJ는 *North Sea Continental Shelf* 사건들[297)]에서 대륙붕은 육지영토의 자연적 연장(natural prolongation of land

---

293) Declaration of President Tomka, paras 5, 23, in *Maritime Dispute* (Peru v. Chile), ICJ Reports (2014), p. 3 ; https://www.cia.gov/library/readingroom/docs/CIA-RDP08C01297R000700080004-5.pdf ; Orakhelashvili/ Akehurst, pp. 175~176.

294) 제76조 1항.

295) 제76조 3항.

296) 洪性化, 《大陸棚法》(서울 : 삼화출판사, 1973), p. 39.

297) Federal Republic of Germany/Denmark ; Federal Republic of Germany / The Netherlands, ICJ Reports (1969), p. 3 at 31 (para. 43)에서 ICJ는 '자연적 연장' 개념에 대해 다음과 같이 정의한 바 있다 : "More fundamental than the notion of proximity appears to be the principle-constantly relied upon by all the Parties-of the natural prolongation or continuation of the land territory or domain, or land sovereignty of the coastal State, into and under the high seas, via the bed of its territorial sea which is under the full sovereignty of that State. There are various ways of formulating this principle, but the underlying idea, namely of an extension of something already possessed, is the same, and it is this idea of extension which is, in the Court's opinion, determinant. Submarine areas

territory)임을 처음 언급하였는데,[298] 이것은 심해저는 너무 깊고 연안에서 너무 멀어 육지영토의 자연적 연장으로 볼 수 없음을 시사하고 있다. 또한 대륙붕은 법적 개념일 뿐만 아니라 지질학적 개념이기도 한데, 후자의 관점에서 보면 심해저는 결코 대륙붕에 속할 수가 없다.[299]

UN해양법협약에 나타난 대륙붕의 정의는 지질학적 관점에서 보면 매우 자의적인 것으로 보이지만, 어쨌든 법적 확실성의 관점에서는 만족스러운 것으로 보인다. 동 협약 제76조 1항은 1958년 협약의 수심 및 개발가능성의 기준을 모두 폐기하고, 그 대신 "육지영토의 자연적 연장을 따라 영해 밖으로 뻗친 대륙변계의 바깥 끝까지, 또는 이것이 200 마일에 미치지 아니하는 경우에는 기선으로부터 200마일까지의 해저지대의 해상과 하층토"를 대륙붕으로 정의하고 있다. 따라서 지질학적 관점에서 영해 바깥의 해저지대가 막바로 심해저로 떨어지는 연안국도 최소 200마일의 대륙붕을 갖게 된다. 이 대륙붕 최소범위 200마일 규칙은 이제 신국제관습법규로 간주되고 있다.[300] 나아가, ICJ는 *Territorial and Maritime Dispute* (Nicaragua v. Colombia) 사건[301]에서 "협약 제76조 1항의 대륙붕 정의는 국제관습법의 일부를 이루고 있다"고 판시하였다.

접속수역이나 EEZ의 경우에도 그러하지만, 여기서 200마일이라 함은 '영해 측정 기선으로부터'

---

do not really appertain to the coastal State because-or not only because-they are near it. They are near it of course; but this would not suffice to confer title, any more than, according to a well-established principle of law recognized by both sides in the present case, mere proximity confers *per se* title to land territory. What confers the *ipso jure* title which international law attributes to the coastal State in respect of its continental shelf, is the fact that the submarine areas concerned may be deemed to be actually part of the territory over which the coastal State already has dominion, -in the sense that, although covered with water, they are a prolongation or continuation of that territory, an extension of it under the sea From this it would follow that whenever a given submarine area does not constitute a natural-or the most natural-extension of the land territory of a coastal State, even though that area may be closer to it than it is to the territory of any other State, it cannot be regarded as appertaining to that State ; - or at least it cannot be so regarded in the face of a competing claim by a State of whose land territory the submarine area concerned is to be regarded as a natural extension, even if it is less close to it." ICJ의 이 판결은 당시 서독(독일)이 1958년의 대륙붕협약의 당사자가 아닌 상황에서 동 협약 제6조에 언급된 등거리 원칙이 국제관습법규로도 볼 수 없다는 전제에서 내려진 것이었다. 이 판결에 자극받은 UN총회는 1969년 12월 15일 채택한 결의 2574(XXIV)에서 "that the definition of the continental shelf contained in the Convention on the Continental Shelf of 29 April 1958 does not define with sufficient precision the limits of the area over which a coastal State exercises sovereign rights for the purpose of exploration and exploitation of natural resources, and that customary international law on the subject is inconclusive"라는 견해를 피력한 바 있다. Rosenne, *The Perplexities of Modern International Law*, p. 292.

298) Orakhelashvili/Akehurst, 9th, p. 192.

299) Malanczuk, pp. 192~193.

300) Akehurst, p. 191 ; (1985) BYIL 184. 이와 함께 *Maritime Delimitation in the Area between Greenland and Jan Mayen* (Denmark v. Norway), ICJ Reports (1993), p. 38에서 Shahabuddeen 재판관은 개별의견(separate opinion)(p. 130 at 166)을 통해, UN해양법협약의 채택과 함께 "폭 200마일의 보통의 대륙붕 안에서 자연적 연장은 이제는 -거리에 의하여 측정되는 기하학적이고 더욱 중립적인(모호한)- 인접성의 원칙으로 대체되었다"(within the normal continental shelf of 200 miles' width, natural prolongation has now been replaced by the geometric and more neutral principle of adjacency measured by distance)는 견해를 피력한 바 있다.

301) Judgment of 19 November 2012, para. 118 ; ICJ는 제76조의 다른 규정들도 국제관습법의 일부를 이루는 것인지에 대해서는 판단을 유보하였다.

측정함을 전제로 한 것이다. 따라서 어떤 연안국이 대륙붕의 최소범위 200 마일을 가진다고 하더라도 법적 의미에서의 대륙붕은 당해 연안국의 영해의 폭을 제외한 나머지 부분이다. 영해의 해저지대는 법상 연안국의 주권 자체가 미치는 곳이므로, 설사 이곳이 지질학적 의미에서는 대륙붕이라 하더라도 법적 의미에서의 대륙붕 개념에서는 당연히 제외되어야 하는 것이다. 대륙붕을 정의함에 있어 제네바협약이 이를 '영해 지역 밖의'(outside the area of territorial sea) 해저지대로 표현하고, 또 UN해양법협약도 사실상 이와 동일하게 '(연안국의) 영해 밖의'(beyond its territorial sea) 해저지대로 표현함으로써 이 점을 분명히 하고 있다.

대륙변계(continental margin)가 기선으로부터 200 마일을 넘는 경우에는 그것이 어디까지 지속되는지를 결정짓기 위한 획일적인 기준을 마련해야 할 것이다. UN해양법협약 제76조 4항은 이 목적을 위해 ① 퇴적암의 두께가 그 가장 바깥 고정점으로부터 대륙사면의 끝(즉, 대륙사면단 : foot of the continental slope)까지를 연결한 가장 가까운 거리의 최소한 1퍼센트가 되는 가장 바깥 고정점을 연결한 선, 혹은 ② 대륙사면의 끝으로부터 60 마일을 넘지 아니하는 고정점을 연결한 선의 두 가지 기준을 제시하고 있다. 국제해양법재판소는 *Delimitation of the Maritime Boundary between Bangladesh and Myanmar in the Bay of Bengal* 사건[302)]에서 "자연적 연장"에 대한 정의를 시도하였다. 즉, 동 재판소는 UN해양법협약 제76조의 목적상 1항의 "자연적 연장"과 4항의 "대륙변계"를 거의 동일한 개념으로 해석하면서, "중대한 지질학적 불연속(단절)"(significant geological discontinuity)은 권리를 결정함에 있어 관련이 없으며,[303)] "대륙변계 퇴적암의 지리적 기원"(geographic origin of the sedimentary rocks of the continental margin)도 마찬가지로 관련이 없다고 하였다.[304)] 국제해양법재판소의 이 판단은 본질적으로 "자연적 연장"을 지질학적 개

---

302) ITLOS, Bangladesh/Myanmar, Judgment of 14 March 2012, paras. 431~435 : "431. By applying article 76, paragraph 4, of the Convention, which requires scientific and technical expertise, a coastal State will be able to identify the precise location of the outer edge of the continental margin.

432. By contrast, no elaboration of the notion of natural prolongation referred to in article 76, paragraph 1, is to be found in the subsequent paragraphs. In this respect, the Tribunal recalls that, while the reference to natural prolongation was first introduced as a fundamental notion underpinning the regime of the continental shelf in the *North Sea* cases, it has never been defined.

433. The Tribunal further observes that during the Third United Nations Conference on the Law of the Sea the notion of natural prolongation was employed as a concept to lend support to the trend towards expanding national jurisdiction over the continental margin.

434. *Thus the notion of natural prolongation and that of continental margin under article 76, paragraphs 1 and 4, are closely interrelated. They refer to the same area.*

435. Furthermore, one of the principal objects and purposes of article 76 of the Convention is to define the precise outer limits of the continental shelf, beyond which lies the Area. The Tribunal therefore finds it difficult to accept that natural prolongation referred to in article 76, paragraph 1, constitutes a separate and independent criterion a coastal State must satisfy in order to be entitled to a continental shelf beyond 200 nm." (italics added)

303) Para. 438 : "The Tribunal therefore cannot accept Bangladesh's contention that, by reason of the significant geological discontinuity dividing the Burma plate from the Indian plate, Myanmar is not entitled to a continental shelf beyond 200 nm."

304) Para. 447 : "The Tribunal will now turn its attention to the significance of the origin of sedimentary rocks in the interpretation and application of article 76 of the Convention. The Tribunal observes

념으로 보는 시각을 배제하는 것이다. 즉, 권리가 중복되어 경계를 그을 필요가 있는지의 여부를 결정함에 있어 중요한 것은 (해저 아래 하층토/subsoil의 구조, 구성을 나타내는)지질학(geology)이 아니라 단지 (해저/seabed를 나타내는)지형학(geomorphology)이라는 것이다.[305]

UN해양법협약 제76조 5항은 대륙붕의 최대 허용범위에 관하여 언급하고 있다. 즉, 위 기준에 따라 대륙변계의 외측한계를 결정짓더라도 대륙붕은 기선으로부터 350마일을 넘거나, 혹은 2500미터 등심선(즉, 수심 2500미터 되는 지점을 연결한 선)으로부터 100마일을 넘을 수 없다.[306]

대륙붕이 영해기선으로부터 200다일 밖으로 확장되는 경우, 연안국은 경도와 위도 좌표로 표시된 고정점을 연결하여 그 길이가 60마일을 넘지 아니하는 직선들로 대륙붕의 외측한계를 그어야 한다.[307]

남용을 방지하기 위해, 영해기선으로부터 200마일이 넘는 대륙붕의 한계에 관한 정보는 연안국에 의하여 대륙붕한계위원회(Commission on the Limits of the Continental Shelf, CLCS)[308]에 제출되어야 하며,[309] 그 후 동 위원회는 대륙붕 외측한계 설정에 관련된 사항에 관하여 연안국에

---

that the text of article 76 of the Convention does not support the view that the geographic origin of the sedimentary rocks of the continental margin is of relevance to the question of entitlement to the continental shelf or constitutes a controlling criterion for determining whether a State is entitled to a continental shelf."

305) Papanicolopulu, *supra,* note 52). 재판관 Zhiguo Gao (중국)는 개별의견 (para. 91)에서 "자연적 연장" 개념과 관련하여 사실상 반대의견을 피력하였다 : "It is my firm view that natural prolongation retains its primacy over all other factors and that legal title to the continental shelf is based solely on geology and geomorphology, at least as far as the continental shelf beyond 200 nm is concerned. The statement to the contrary makes one wonder how the jurisdiction of a coastal State can jump so far, without geological and geomorphological continuity from its land mass, to the outer edge of the continental margin up to even 350 nm."

306) 다만, 동 조 6항의 규정에도 주목할 것.

307) 제76조 7항.

308) 대륙붕한계위원회는 UN해양법협약 제2부속서에 의하여 설립되는데, '지질학, 지구물리학 또는 수로학' 분야 전문가인 21명의 위원으로 구성된다. 위원회의 구성은 "형평한 지리적 대표성"(equitable geographical representation)에 기초하여야 한다. 제76조 8항 ; UN해양법협약 제2부속서 참조.

309) 정보제출 시한에 대해서는 UN해양법협약 제2부속서 제4조에서 "어떠한 경우에도 그 당사국에 대해 UN해양법협약이 발효한 후 10 년 이내"로 명시하고 있는데, 그러나 이 10년 기간의 시점은 2001년 제11차 당사국총회에서 "1999년 5월 13일 이전에 발효한 당사국의 경우에는 1999년 5월 13일"로 수정되었다. 1999년 5월 13일은 대륙붕한계위원회에서 채택한 과학기술지침서(Scientific and Technical Guideline)가 공표된 날짜이다. 한국의 경우 1996년 1월 29일 비준하고 동년 2월 28일부로 발효하였지만, 수정된 시한에 의거하여 "1999년 5월 13일부터" 10년 이내에 관련 정보를 제출하도록 되었다. UN Commission on the Limits of the Continental Shelf, Issues with respect to article 4 of Annex Ⅱ to the Convention (ten-year limit for submissions), available at https://www.un.org/Depts/los/clcs_new/issues_ten_years. htm ; UN Convention on the Law of the Sea, Meeting of States Parties, Eleventh Meeting (New York, 14-18 May 2001), "Decision regarding the date of commencement of the ten-year period for making submissions to the Commission on the Limits of the Continental Shelf set out in article 4 of Annex Ⅱ to the United Nations Convention on the Law of the Sea", SPLOS/72, 29 May 2001, available at https://www.un.org/Depts/los/meeting_states_parties/SPLOS_documents. htm ; 박용완, "연안국의 해양영토 전쟁은 시작됐다 - 대륙붕 한계 연장제도와 심의 현황", 《독도연구저널》(한국해양수산개발원), 제4호 (2008, 겨울), 19면.

그러나 2008년 6월, 제18차 당사국총회는 이같은 시한 연장에도 불구하고 특히 개발도상국들이 직면한 어려움을 고려하여 다시 한 개의 결정, 즉 "Decision regarding the workload of the Commission on the Limits of the Continental Shelf and the ability of States, particularly developing States, to fulfil the

권고를 해 주어야 한다.[310] 대륙붕한계위원회의 권고 그 자체는 법적 구속력이 없지만,[311] 이러한 권고를 '기초로' 연안국이 확정한 대륙붕의 한계는 최종적이며 구속력이 있다.[312] 그러나 이것은 대향국 또는 인접국 간의 대륙붕 경계획정 문제에 영향을 미치지 아니한다.[313] 국제해양법재판소도 *Delimitation of the Maritime Boundary between Bangladesh and Myanmar in the Bay of*

---

requirements of article 4 of Annex Ⅱ to the Convention, as well as the decision contained in SPLOS/72, paragraph (a)"를 채택하였는데, 그 핵심내용은 "위에 언급된 문서제출 시한은 200 마일 이원의 대륙붕 외측한계, 준비상황설명 및 (정식)문서제출 예정일자를 보여주는 (단지) 예비정보(preliminary information)를 UN사무총장에게 제출하는 것으로 충족될 수 있다"는 것이다 [para. 1 (a)] ; 그러나 예비정보는 정식문서가 아니기 때문에 위원회는 이를 검토해서는 안된다 [para. 1 (b)] ; 또한, 동 결정은 (정식)문서제출 예정일자의 시한에 대해서는 언급이 없다 : https://www.un.org/Depts/los/meeting_states_parties/documents/splos_183e_advance.pdf ; Report of the eighteenth Meeting of States Parties (New York, 13-20 June 2008, United Nations Convention on the Law of the Sea, SPLOS/184), paras. 85-99 (https://www.un.org/Depts/los/meeting_states_parties/SPLOS_documents.htm) ; 쟈위, "대륙붕한계위원회의 법적 성격과 문제점", 《독도연구저널》(한국해양수산개발원)(https://www.ilovedokdo.re.kr/), 제7호 (2009, 가을), 54~59면.

상기 결정들에 따라 한국은 2009년 5월 12일 예비정보를 제출한 바 있고, 정식정보는 2012년 12월 26일 제출하였다 : 외교통상부, 국제법규과, 2103년 1월 7일(월), "동중국해 200해리 밖 대륙붕에 대한 우리 나라의 권원천명." 그러나 2013년 1월 12일, 일본은 한국측 주장에 동의하지 않는다는 의견서를 제출하였다 : 연합뉴스, 2013/01/12, "일본, 한국 대륙붕 확대 신청에 이의 제기", 〈https://www.yonhapnews.co.kr〉. 이에 한국정부는 일본 주장을 반박하는 서한을 제출하였다 : 연합뉴스, 2013/01/24, "정부, 동중국해 대륙붕 日이의신청 반박." 아래 각주에서 언급하는 바와 같이, 대륙붕한계위원회는 (육지 혹은 해양)분쟁이 존재하는 경우 -분쟁당사국 모두의 사전 동의가 있는 경우를 제외하고는- 분쟁국가들이 제출한 문서를 검토하고 수정할 수 없다.

310) 그러나 대륙붕한계위원회 절차규칙 제1부속서에 의하면, 대륙붕외측한계 수립과 관련하여 발생할 수 있는 분쟁에 관련된 문제들에 대한 권한은 (동 위원회가 아닌) 국가들에게 남아 있다 (1항). 따라서 "육지 혹은 해양 분쟁이 존재하는 경우"(in cases where a land or maritime dispute exists), 대륙붕한계위원회는 분쟁국가들이 제출한 문서를 검토하고 수정할 수 없다 ; 다만, 분쟁당사국 모두의 사전동의가 있는 경우에는 검토할 수 있다 (5항 (a)). 그러나 위원회에 제출된 문서와 이에 대해 위원회가 승인한 권고는 각 분쟁당사국의 입장을 해하지 아니한다 (5항 (b)). Rules of Procedure of the Commission on the Limits of the Continental Shelf (as amended as at 11 April 2008 by the Commission), Annex I Submissions in case of a dispute between States with opposite or adjacent coasts or in other cases of unresolved land or maritime disputes (available at https://www.un.org/Depts/los/clcs_new/clcs_home.htm).

311) Orakhelashvili/Akehurst, p. 189.

312) 第76조 8항. 第76조 8항은 역으로, 대륙붕한계위원회의 권고를 '기초로'(on the basis of) 하지 아니한 연안국의 대륙붕 외측한계의 확정은 "최종적이며 구속력이 있는" 것이 아님을 시사하고 있다. 이 점은 "연안국은 대륙붕한계위원회의 권고에 동의하지 아니하는 경우 합리적인 기간 내에 수정되거나 새로운 문서를 제출한다(shall)."고 규정한 UN해양법협약 제2부속서 제8조에서도 시사되고 있다. 따라서 대륙붕한계위원회의 권고는 그 이름과는 달리 법적 성격이 미묘하다(쟈위, 전게논문, 56면 참조). 이와 함께, Rosenne, *The Perplexities of Modern International Law*, p. 295는 "대륙붕한계위원회의 권고가 수락되지 않는 경우에 연안국과 국제해저기구 사이에 발생할지도 모르는 경계획정 분쟁을 해결하기 위한 규정이 없다"는 점을 지적하고 있다.

313) 第76조 10항. 이 규정에 상응하여, UN해양법협약 제2부속서(대륙붕한계위원회) 제9조는 "(대륙붕한계)위원회의 행위(actions)는 대향국 혹은 인접국 간의 경계획정과 관련된 사항을 침해하지 아니한다."고 규정하고 있다. 이에 의거하여 동 위원회는 절차규칙(제46규칙 및 제1부속서)에서 자신의 행동이 경계획정과 관련된 사항을 침해하지 않도록 하기 위한 절차를 수립하였다 : Rules of Procedure of the Commission on the Limits of the Continental Shelf, Rule 46 (Submissions in case of a dispute between States with opposite or adjacent coasts or in other cases of unresolved land or maritime disputes), & Annex I (Submissions in case of a dispute between States with opposite or adjacent coasts or in other cases of unresolved land or maritime disputes), 〈https://documents-dds-ny.un.org/doc/UNDOC/GEN/N08/309/23/PDF/N0830923.pdf?OpenElement〉.

Bengal 사건[314]에서 제76조 하의 (200 마일 밖) 대륙붕 외측한계 설정 문제와 제83조 하의 (대향국 또는 인접국간) 대륙붕 경계획정 문제는 명백히 구분해야 한다고 언급한 바 있는데, 양자의 관계에 대해서는 아래 '대륙붕 경계획정' 부분에서 자세히 언급한다.

대륙붕 제도는 바다 수심에 관계없이 굴착(tunnelling)에 의하여 해저 하층토를 개발하는 연안국의 권리를 침해하지 않는다.[315]

2. 대륙붕에 대한 연안국의 권리

연안국은 대륙붕을 탐사하고 그 '천연자원'(natural resources)을 개발할 수 있는 '주권적 권리'를 갖는다.[316] 이 권리는 연안국이 대륙붕을 탐사하지 않거나 그 천연자원을 개발하지 않더라도 다른 국가는 연안국의 명시적인 동의 없이는 이러한 활동을 할 수 없다는 의미에서 '배타적' 권리이다.[317] 이같은 주권적/배타적 권리의 한 결과로서 "연안국은 대륙붕에서 모든 목적의 시추(試錐)(drilling)를 허가하고 규제할 배타적 권리를 갖는다."[318] 또한 대륙붕은 연안국 육지 영토의 자연적 연장으로서 점유 또는 선포 등의 국가행위를 전제로 하지 않는다.[319] 1945년의 트루먼 선언은

---

314) ITLOS, Bangladesh/Myanmar, Judgment of 14 March 2012, para. 376 : "There is a clear distinction between the delimitation of the continental shelf under article 83 and the delineation of its outer limits under article 76. Under the latter article, the Commission is assigned the function of making recommendations to coastal States on matters relating to the establishment of the outer limits of the continental shelf, but it does so without prejudice to delimitation of maritime boundaries. The function of settling disputes with respect to delimitation of maritime boundaries is entrusted to dispute settlement procedures under article 83 and Part XV of the Convention, which include international courts and tribunals."

315) 제85조 ; 山本草二 (朴培根 譯), pp. 421~422.

316) 제77조 1항.

317) 제77조 2항.

318) 제81조.

319) 제77조 3항 ; Currie, pp. 268~269 ; Orakhelashvili, p. 133. 대륙붕에 대한 연안국의 권리의 성격과 관련하여 ICJ는 *North Sea Continental Shelf* cases (Federal Republic of Germany/Denmark ; Federal Republic of Germany/The Netherlands), ICJ Reports (1969), p. 3 at 22 (para. 19)에서 다음과 같이 언급한 바 있다 : "the rights of the coastal State in respect of the area of continental shelf that constitutes a natural prolongation of its land territory into and under the sea exist *ipso facto* and *ab initio*, by virtue of its sovereignty over the land, and as an extension of it in an exercise of sovereign rights for the purpose of exploring the seabed and exploiting its natural resources. In short, there is here an inherent right."

국제해양법재판소도 *Delimitation of the Maritime Boundary between Bangladesh and Myanmar in the Bay of Bengal* (Bangladesh/Myanmar), Judgment of 14 March 2012, paras. 408~410에서 UN해양법협약 하의 200 마일 외측 대륙붕에 대한 자신의 관할권 행사를 정당화하기 위한 논리의 일환으로 "대륙붕에 대한 권리는 절차요건에 의존하지 않는다"고 언급한 바 있다 : "408. The foregoing does not imply that entitlement to the continental shelf depends on any procedural requirements. As stated in article 77, paragraph 3, of the Convention, "[t]he rights of the coastal State over the continental shelf do not depend on occupation, effective or notional, or on any express proclamation."

409. A coastal State's entitlement to the continental shelf exists by the sole fact that the basis of entitlement, namely, sovereignty over the land territory, is present. It does not require the establishment of outer limits. Article 77, paragraph 3, of the Convention, confirms that the existence

광물자원(mineral resources)만을 대상으로 한 것이었는 데 반해, 1958년과 1982년의 두 협약에서는 '정착성 종의 생물체'(living organisms belonging to sedentary species)가 '천연자원'의 개념에 포함되었다.[320] '정착성 종의 생물체'는 "수확가능 단계에서, '해저표면 또는 그 아래에서 움직이지 아니하거나' '해저나 하층토에 항상 밀착하지 아니하고는 움직일 수 없는' 생물체"로 정의되고 있는데, 이것은 '헤엄칠 수 없는' 생물체가 '정착성 종의 생물체'에 속함을 시사한다. 산호, 해면, 진주조개, 굴, 전복 등이 여기에 포함되는 것에 대해서는 이론(異論)이 없다. 바닷가재(lobsters)와 게(crabs)에 대해서는 논쟁이 있는데, 영국 정부의 견해에 따르면 바닷가재는 헤엄칠 수 있지만 게는 헤엄을 못 치기 때문에, 게는 '정착성 종의 생물체'에 속하지만 바닷가재는 여기에 속하지 못한다는 것이다.[321] 그러나 그렇다고 하더라도 연안국은 EEZ 제도를 통해 −대륙붕 천연자원에는 해당하지 아니하는− 비정착성 생물체 바닷가재에 대해 주권적 권리를 행사할 수 있다.[322] 물론, 해저에 침몰한 선박과 항공기 혹은 그 내부의 화물은 천연자원이 아니며, 따라서 EEZ나 대륙붕 관련 규정의 적용대상이 아니다.[323]

트루먼 대통령의 1945년 선언에서는 대륙붕에 대한 미국의 권리를 "관할권과 통제"(jurisdiction and control)로 표현하였지만 UN국제법위원회(ILC)는 1956년의 보고서에서 이를 "주권적 권리"(sovereign rights)로 대체하였다. ILC는 연안국이 대륙붕의 천연자원을 탐사하고 개발할 배타적 권리를 갖되 그 상부수역의 공해로서의 성격과 그 상부공간의 법적 지위는 영향을 받지 않는다는 것을 지칭하는 데에는 '주권적 권리'란 표현이 적절할 것이라고 생각하였던 것이다.[324] 그 후 이 표현은 1958년 대륙붕협약(제2조)에 도입되었으며, UN해양법협약체제 하에서는 대륙붕뿐만 아니라 EEZ에 대한 연안국의 일정 권리에까지 확대적용되고 있는 것이다.

---

of entitlement does not depend on the establishment of the outer limits of the continental shelf by the coastal State. 410. Therefore, the fact that the outer limits of the continental shelf beyond 200 nm have not been established does not imply that the Tribunal must refrain from determining the existence of entitlement to the continental shelf and delimiting the continental shelf between the parties concerned." 국제해양법재판소의 이 의견에 대해서는 동 재판소가 대륙붕한계위원회에의 정보제출은 200 마일 이원의 대륙붕을 주장하는 데 있어 필수조건이 아니라는 의견에 암묵적 지지를 보낸 것으로 보는 견해가 있다 : Papanicolopulu, *op. cit.*

320) 1958년 대륙붕협약 제2조 4항, UN해양법협약 제77조 4항 ; 山本草二 (朴培根 譯), pp. 414~416.

321) UK, House of Commons Hansard (1964), Vol. 688, column 277, available at https://hansard.millbanksystems.com/commons/1964/jan/28/laws-applicable-to-outer-continental#column_277 (noted by Hamid, p. 275).

322) Evans in Evans (ed.), *International Law*, 5th, p. 656.

323) Kaczorowska-Ireland, p. 321. 이 문제는 부분적으로는 해양고고학(marine archaeology)에 관련되는데, 이것에 대해서는 본장, "XVII. 해양고고학" 참조.

324) ILC Report 1956, "Articles concerning the Law of the Sea with commentaries", Art. 68, Commentary, para. (2), https://www.un.org/law/ilc/. 물론 '주권적 권리'란 표현 자체는 ILC가 오로지 해양법의 영역에서만 사용하기 위해 지금까지 없던 술어를 새로 만들어 낸 것은 아니었다. 예컨대, 영토분쟁인 *Legal Status of Eastern Greenland* 사건에서 PCIJ는 "... in many cases the tribunal has been satisfied with very little in the way of the actual exercise of sovereign rights, provided that the other State could not make out a superior claim. This is particularly true in the case of claims to sovereignty over areas in thinly populated or unsettled countries"라고 언급한 바 있다 : PCIJ (1933), Series A/B, No. 53. p. 46.

그러나 연안국의 '주권적 권리'란 측면에서 EEZ는 다음 두 가지 점에서 대륙붕에는 미치지 못한다. 첫째, EEZ는 연안국에 의해 설치되어야 하며, 연안국에게 당연히 발생하는 것이 아니다. 즉, 연안국의 EEZ 설치는 이 수역의 외측한계를 확인하기 위한 해도나 지리적 좌표목록을 공표하고 그 사본을 UN사무총장에게 기탁함으로써 이루어진다.[325] 둘째, 생물자원과 관련하여 연안국은 EEZ에서 그 허용어획량 전부를 어획하지 않는 경우 잉여량에 대해 타국(특히, 내륙국과 지리적 불리국)의 입어를 허용할 의무가 있다.[326] 그리고 이 범위 내에서 EEZ 생물자원에 대한 연안국의 주권적 권리는 "'배타적'인 것이라기보다는 '기능적'인 것이라고 볼 수 있다(not 'exclusive', and may be regarded more as 'functional')."[327] 요컨대, '주권적 권리'란 표현은 UN해양법협약 제5부(EEZ)와 제6부(대륙붕)에서 각기 다른 의미를 갖고 있다.[328] *Maritime Delimitation and Territorial Questions between Qatar and Bahrain* 사건[329]에서 ICJ는 대륙붕과 EEZ를 "연안국이 단지 주권적 권리와 기능적 관할권(sovereign rights and functional jurisdiction)을 갖는 지역"으로 표현한 바 있다.

3. 상부수역과 상공의 법적 지위 및 타 국가의 권리와 자유

1958년 대륙붕협약 제3조는 "대륙붕에 대한 연안국의 권리는 그 상부수역의 '공해로서의' 법적 지위 또는 상부수역 상공의 법적 지위에 대해 영향을 주지 아니한다."라고 규정하고 있다. 그러나 UN해양법협약 체제 하에서는 연안국이 EEZ를 선포할 수 있기 때문에, 동 협약 제78조는 1항에서 대륙붕의 상부수역을 공해로 규정짓지 아니하고 단지 "대륙붕에 대한 연안국의 권리는 그 상부수역이나 상공의 법적 지위에 영향을 주지 아니한다."라고 규정하고 있다.

다른 국가는 대륙붕 상부수역에서 항행의 권리를 향유하며, 연안국은 대륙붕에 대하여 권리를 행사함에 있어 다른 국가의 항행의 권리를 침해하거나 부당한 방해(any unjustifiable interference)를 초래해서는 안 된다.[330] 비슷하게, 다른 국가는 대륙붕상에 해저전선과 관선을 부설하고 유지할 권리를 가진다. 다만, 연안국은 대륙붕을 탐사·개발하고, 관선에 의한 오염을 방지하기 위한 합리적 조치(reasonable measures)를 취할 권리를 갖는다. 대륙붕에 관선을 부설하기 위한 경로의 설정은 연안국의 동의를 받아야 한다.[331]

EEZ에서의 인공섬, 시설 및 구조물에 대한 (제60조의)규정은 대륙붕상의 그것들에 준용된다.[332]

---

325) 제75조.

326) 제62조 2항.

327) Rosenne, *The Perplexities of Modern International Law*, pp. 240 (fn. 10), 243, 287~288.

328) *Ibid.*, p. 295.

329) Qatar v. Bahrain, Merits, ICJ Reports (2001), p. 40 at 91~93 (para. 170) : "the continental shelf and exclusive economic zone ... areas in which States have only sovereign rights and functional jurisdiction."

330) 제78조 2항. '부당한' 방해라는 표현은 연안국은 대륙붕에 대한 자신의 주권적 권리를 행사함에 있어 정당화될 수 있는 방식으로 항행을 방해할 수 있음을 시사한다. Tanaka in Orakhelashvili, p. 137.

331) 제79조.

4. 200 마일 밖의 대륙붕 개발에 따른 금전납부 또는 현물공여

연안국이 기선으로부터 200 마일 밖의 대륙붕에서 개발한 '비'생물자원(고로 정착성 생물은 제외)에 대해서는 국제해저기구에 금전납부(payments) 또는 현물공여(contributions in kind)를 하여야 한다. 개발 5년간은 이같은 의무가 면제되지만, 6년째는 생산가격 또는 생산량의 1%를 납부하여야 한다. 그리고 매년 1%씩 증가하도록 되어 있다. 다만, 7%를 초과하지 않도록 되어 있어서, 개발을 시작한지 12년째부터는 언제나 매년 7%를 납부하게 된다. 그러나 자국의 대륙붕에서 생산되는 광물자원의 순수입국인 개발도상국은 그 광물자원에 대한 금전납부나 현물공여가 면제된다. 금전납부 또는 현물공여는 국제해저기구를 통하여 이루어지며, 기구는 이를 개발도상국, 특히 최저개발국 및 내륙국의 이익과 필요를 고려하고, 형평한 분배 기준에 기초하여, UN해양법협약의 당사국들에게 분배한다.[333]

5. 대향국 또는 인접국 간의 대륙붕 경계획정

ICJ는 *Anglo-Norwegian Fisheries* 사건[334]에서 해양경계획정의 국제적 성격과 관련하여 "바다 지역의 경계획정은 언제나 국제적 측면을 안고 있다. 그것은 국내법에 표시된 연안국의 의사에만 종속될 수는 없는 것이다. 즉, 경계획정 '행위'는 오직 연안국만이 할 수 있는 자격이 있다는 점에서 그것은 필연적으로 (연안국의) 일방적 행위일 수밖에 없지만, 그러나 경계획정의 타 국가들에 대한 유효성은 국제법에 달려 있다"고 지적한 바 있는데, 이 명제는 물론 (앞에서 언급한 영해 경계획정을 포함한) 모든 종류의 해양경계획정에 타당하다.

1958년의 대륙붕협약 제6조는 공유대륙붕의 경계획정은 합의에 의하여 결정하되, 만일 합의가 없고 또한 '특별한 사정'(special circumstances)에 의해 다른 경계선이 정당화되지 않는 경우에는, 대향국 간에는 중간선(median line)으로 하며, 인접국 간에는 등거리원칙(principle of equidistance)을 적용한다고 규정하고 있다. 따라서 '다른 경계선이 특별한 사정에 의해 정당화되는 경우'에는 중간선 또는 등거리 원칙은 적용되지 아니한다는 해석이 도출된다.

그러나 이 제네바협약은 무엇이 '특별한 사정'을 구성하는가에 관해서는 어떤 지침도 제공하지 않고 있다. 그런가 하면 1945년의 트루먼선언은 이미 공유대륙붕 경계획정의 두 요소로서 "상호합의"와 "형평한 원칙들"을 제시하고 있었다. 이에 따라 ICJ는 *North Sea Continental Shelf* 사건

---

332) 第80조.

333) 第82조 ; Keitner, p. 196.

334) United Kingdom v. Norway, ICJ Reports (1951), p. 116 at 132 : "The delimitation of sea areas has always an international aspect ; it cannot be dependent merely upon the will of the coastal State as expressed in its municipal law. Although it is true that the *act* of delimitation is necessarily a unilateral act, because only the coastal State is competent to undertake it, the validity of the delimitation with regard to other States depends upon international law." (italics added)

들[335]에서 "제네바협약 제6조는 기존의 또는 신생의 관습법규를 반영한 것이 아니며",[336] 따라서 관습법규에 따라 공유대륙붕의 경계획정은 "형평한 원칙들에 따라, 그리고 모든 '관련사정'을 고려하여, 합의에 의해(by agreement in accordance with *equitable principles*, and taking account of all the *relevant circumstances*) 이루어져야 한다"고 판결하였다. ICJ는 또한 대륙붕 경계획정과 관련하여 분쟁이 있으면 당사국들은 "합의에 이르기 위해 교섭에 들어갈 의무가 있으며, … 교섭이 의미있는 것이 되도록 행동할 의무를 진다."는 점을 강조하였으며,[337] "대륙붕 경계획정의 본질은 이미 관련국들에게 속하는 지역 사이의 경계선을 그리는 과정이지, −통일체로서 간주되는− 아직 경계가 획정되지 아니한 지역을 형평하게 배분(할당)(apportionment)하는 과정이 아니다"라는 점도 지적하고 있다.[338] 그런가 하면 −흔히 *English Channel Arbitration*으로 불리우는− *UK−France Delimitation of the Continental Shelf Arbitration* 사건[339]에서 중재재판관들은 제네바협약 제6조는 '등거리원칙'과 '특별한 사정'을 두 개의 별도의 규칙으로 공식화한 것이 아니라 이 양자를 결합한 하나의 규칙으로 공식화한 것이라고 판결하기도 하였다. 그 후 *Continental Shelf* (Tunisia / Libya) 사건[340]에서 ICJ는 "논쟁 중인 각 대륙붕사건은 '그것의 고유한 사정을 고려하여'(having

335) Federal Republic of Germany/Denmark ; Federal Republic of Germany/The Netherlands, ICJ Reports (1969), p. 3, at paras. 66, 101(c)(1).

336) 북해에서 독일의 해안선은 오목한데, 이런 오목한 해안선에 등거리원칙을 적용하면 오목한 해안선 쪽으로 대륙붕 경계선을 잡아당기는 것이 되고, 이로써 북해 유전자원에 대한 독일 측의 법적 요구에 아주 불리한 결과를 초래할 것이다 ; 이와는 대조적으로, 볼록한 해안선을 가진 덴마크와 네덜란드에게 등거리원칙을 적용하면 경계선을 여러 방향으로 바깥쪽으로 투사하는 결과를 가져오게 된다(para. 8). 이런 상황에서 ICJ는 1958년 협약의 등거리원칙은 기존관습법규도 아니고 짧은 기간 내에 형성된 신생관습법규도 아니라고 보았고, 등거리원칙을 지지하는 충분히 일관된 국가관행이 있다손 치더라도 법적 확신(*opinio juris*)이 결여되어 있다고 판단하였던 것이다. 그리고 이것은 공유대륙붕의 경계획정을 위한 등거리원칙은 1958년의 협약을 비준하지 아니한 서독과 같은 국가들을 구속할 수 없음을 의미하는 것이었다.

337) ICJ Reports (1969), p. 3, at para. 85.

338) *Ibid.*, para 18 ("...Delimitation is a process which involves establishing the boundaries of an area already, in principle, appertaining to the coastal State and not the determination *de novo* of such an area. Delimitation in an equitable manner is one thing, but not the same thing as awarding a just and equitable share of a previously undelimited area, even though in a number of cases the results may be comparable, or even identical."), para. 20 ("... the notion of apportioning an as yet undelimited area, considered as a whole (which underlies the doctrine of the just and equitable share), is quite foreign to, and inconsistent with, the basic concept of continental shelf entitlement, according to which the process of delimitation is essentially one of drawing a boundary line between areas which already appertain to one or other of the States affected. The delimitation itself must indeed be equitably effected, but it cannot have as its object the awarding of an equitable share, or indeed of a share, as such, at all,−for the fundamental concept involved does not admit of there being anything undivided to share out.").

339) *Delimitation of the Continental Shelf between the United Kingdom of Great Britain and Northern Ireland, and the French Republic* (*UK, France*), (1977-78) 18 RIAA 3 at 44 (para. 68), 〈https://legal.un.org/riaa/cases/vol_XVIII/3-413.pdf〉.

340) ICJ Reports (1982), p. 18 at 92 (para. 132). 한편, 이 사건(p. 77, paras. 106~107)에서, 튀니지는 대륙붕 경계획정의 기준을 결정함에 있어 (i) 튀니지는 리비아에 비해 농업과 광물과 같은 천연자원이 상대적으로 빈곤하다는 점과 (ii) 튀니지가 주장하는 바의 '역사적 권리'와 '역사적 수역'으로부터 나오는 어업자원 등, 두 개의 경제적 고려사항을 원용하였다. 이에 대해 ICJ는 이같은 사항은 대륙붕의 경계를 획정함에 있어서는 고려에 넣을 수 있는 것이 아니라고 대답하였다. 왜냐하면 그같은 사항은 언제나 가변적인 것으로서, 이

regard to its peculiar circumstances) 그 자신의 사안에 따라 검토되고 판단되어야 한다"고 주장하였으며, *Delimitation of the Maritime Boundary in the Gulf of Maine Area* (Canada/U.S.A.) 사건[341]에서는 "그 어떤 합의나 기타 상응하는 해결책도 형평한 기준(equitable criterion)의 적용을 수반하여야 한다"고 언급하였고, 이어서 *Continental Shelf* (Libyan Arab Jamahiriya/Malta)[342]에서는 대륙붕 경계획정에 적용되는 몇 가지 형평한 원칙을 제시하기도 하였다.

UN해양법협약은 국제판례의 이같은 경향과 궤를 같이 한 것으로 보인다. 즉, 동 협약 제83조는 제네바협약 제6조의 공식을 폐기하고, 그 대신 공유대륙붕의 경계획정은 "형평한 해결(equitable solution)에 이르기 위하여, ICJ규정 제38조에 언급된 국제법을 기초로 합의에 의하여" 이루어져야 한다고 규정하고 있다(1항). 합의에 이르는 동안 관련 국가들은 이해와 상호협력의 정신으로 실천적 성격의 잠정약정을 체결할 수 있도록 모든 노력을 다해야 하며, 과도적인 기간 동안 최종합의에 이르는 것을 위태롭게 하거나 방해해서는 안 된다.[343] 그리고 이러한 잠정약정은 최종 경계획정에 영향을 미치지 아니한다(3항). 상당한 기간 내에 최종합의에 이르지 못할 경우 관련국들은 협약 제15부 제2절에 규정된 (구속력있는 결정을 수반하는) 강제절차에 회부한다(2항). 다만, 제298조에 의하면 각국은 대륙붕경계획정 분쟁을 (구속력있는 결정을 수반하는) 강제절차에 맡기지 않겠다는 선언을 얼마든지 할 수 있으며, 이 경우에는 의무적 조정(compulsory conciliation)이 적용된다. –EEZ의 경우와 마찬가지로[344]– 관련국 간에 이미 발효 중인 협정이 있는 경우에는 대륙붕의 경계획정에 관련된 문제는 그 협정의 규정에 따라 결정한다.[345]

를테면 가치있는 자원의 발견과 같은 사건의 결과로 오늘 빈곤한 국가가 내일 부자가 될 수도 있기 때문이다. 다만, ICJ는 리비아의 주장대로 경계가 획정되어야 하는 대륙붕 지역 내의 유정(油井)의 존재는 형평한 결과를 얻기 위해 고려에 넣을 수 있는 한 개의 요소로 보았다. 해양경계획정을 함에 있어 분쟁당사국들의 경제상황은 고려의 대상이 아니라는 것은 *Continental Shelf* (Libyan Arab Jamahiriya/Malta) case, ICJ Reports (1985), p. 13, 41 (para. 50)에서 더욱 분명하게 표현되고 있다. 그리그 이 판결은 그후 *Maritime Delimitation in the Area between Greenland and Jan Mayen* (Denmark v. Norway), ICJ Reports (1993), p. 38, 74 (para. 80)에서 그대로 인용되고 있다.

341) ICJ Reports (1984), p. 246 at 292.

342) ICJ Reports (1985), p. 13 at 39~40 (para. 46 : "...That equitable principles are expressed in terms of general application, is immediately apparent from a glance at some well-known examples : the principle that there is to be no question of refashioning geography, or compensating for the inequalities of nature ; the related principle of non-encroachment by one party on the natural prolongation of the other, which is no more than the negative expression of the positive rule that the coastal State enjoys sovereign rights over the continental shelf off its coasts to the full extent authorized by international law in the relevant circumstances ; the principle of respect due to all such relevant circumstances ; the principle that although all States are equal before the law and are entitled to equal treatment, "equity does not necessarily imply equality" (I.C.J. Reports 1969, p. 49, para. 91), nor does it seek to make equal what nature has made unequal ; and the principle that there can be no question of distributive justice.").

343) 협약 제74조 3항 및 제83조 3항에 동일하게 규정되어 있는 이 두 가지 의무에 대한 자세한 고찰을 위해서는, 이기범, "경계미획정 수역을 규율하는 국제법적 체제에 관한 비판적 소고 - 유엔해양법협약 제74조 제3항 및 제83조 제3항에 관한 논의를 중심으로", 《國際法學會論叢》 제64권 제3호(통권 제154호) (2019년 9월), pp. 127~166 참조.

344) 제74조 4항.

345) 제83조 4항. See *Maritime Delimitation in the Black Sea* (Romania v. Ukraine), ICJ Judgment of 3 February 2009, paras. 67~76 ; *Maritime Dispute* (Peru v. Chile), ICJ Judgment of 27 January 2014,

대륙붕 경계획정이 지향해야 하는 '형평한 해결'의 개념은 앞으로 국제판례를 통하여 서서히 정립되어 갈 것이다. 다만, '형평' 개념의 속성상 어떤 지리적 상황에서는 형평한 것이 다른 지리적 상황에서는 형평한 것이 되지 못할 것이며, 따라서 각 사건은 독특한 혹은 독자적인 것이어서 다른 사건의 선례로 원용될 수 없는 위험이 도사리고 있다.[346] 그러면 "특별한 사정"과 "관련사정"은 본질적으로 다른 개념인가? 전자는 (1958년 대륙붕협약 제6조에 등거리원칙과의 관계 속에서 언급된) 조약상의 규칙이고, 후자는 일반국제법 하의 형평의 한 측면으로 제기된 기준이기 때문에 양자는 태생적으로 동일하지 않다. 그러나 국제재판소들은 이들 두 개념의 외견상의 차이를 인식하면서도 양자 사이에 본질적인 차이는 없는 것으로 보는 듯하다.[347] 이를테면, ICJ는 *Jan Mayen* 사건[348]에서 "1958년 협약의 '등거리/특별사정' 규칙이 ... 형평한 원칙들에 기초한 일반규범을 표현하는 것으로 간주될 수 있다면, 양자 사이에 실질적 차이를 발견하기는 힘들며",[349] 따라서 "영불 중재재판소도 언급한 바와 같이, 마주보고 있는 해안선의 경우에 '등거리/특별사정'의 규칙이 '형평한 원칙들/관련사정'의 원칙과 거의(대체로) 같은 결과를 가져오더라도 놀랄 일은 아니다"[350]라고 언급한 바 있다. 재판소는 이 사건[351]에서 "국제법은 형평한 해결에 도달하기 위해 해양경계획정을 요하는 모든 영역에 걸쳐 단일 방법을 채택할 것을 명령하고 있지는 아니하며, 필요하면 대상 지역의 여러 부분에 여러 방법을 적용할 수 있다"는 점도 강조하였다. 그 후, ICJ는 *Maritime Delimitation and Territorial Questions between Qatar and Bahrain* 사건[352]에서 "특히 영해의 경계획정에 적용되는 '등거리/특별사정'의 원칙(equidistance－special circumstances rule)과 1958년 이후 대륙붕과 EEZ의 경계획정과 관련하여 판례법과 국가관행에서 전개되어 온 '형평한 원칙들/관련사정'의 원칙(equitable principles－relevant circumstances rule)은 긴밀히 연관되어(closely interrelated) 있다"고 언급하고, *Land and Maritime Boundary between Cameroon and Nigeria* 사건[353]에서도 "이른바 '형평한 원칙들/관련사정' 방식(equitable principles－relevant circumstances method)은 영해의 경계획정에 적용되는 '등거리/특별사정' 방식(equidistance－special circumstances

paras. 24~151.

346) Malanczuk, p. 196 ; Orakhelashvili, p. 246, 대륙붕/EEZ 경계획정시 제기되는 몇 가지 쟁점에 대한 ICJ의 판례개관은, 이석용, "국제사법재판소의 도서영유권 및 해양경계획정 관련 분쟁해결", 《國際法學會論叢》, 제51권 제1호(2006 년 6 월), pp. 123, 135~143 참조.

347) Orakhelashvili, p. 557 ff 참조.

348) Case concerning *Maritime Delimitation in the Area between Greenland and Jan Mayen* (Denmark v. Norway), ICJ Reports (1993), p. 38.

349) *Ibid.*, at 58 (para. 46).

350) *Ibid.*, at 62 (para. 56).

351) *Ibid.*, at 77 (para. 86) (noted by Orakhelashvili, p. 249) : "In the particular case of maritime delimitation, international law does not prescribe, with a view to reaching an equitable solution, the adoption of a single method for the delimitation of the maritime spaces on all sides of an island, or for the whole of the coastal front of a particular State, rather than, if desired, varying systems of delimitation for the various parts of the Coast."

352) Qatar v. Bahrain, Judgment of 16 March 2001, para. 231.

353) Cameroon v. Nigeria (Equatorial Guinea Intervening), Judgment of 10 October 2002, para. 288.

method)과 매우 비슷하다(very similar)"고 언급한 바 있는데, 이 '형평한 원칙들/관련사정' 방식에 의하면 우선 임시로 중간선(median line)이나 등거리선(equidistance line)을 긋고, 그런 다음 '형평한 결과'(equitable result)를 달성하기 위해 중간(혹은 등거리)선을 조정하거나 이동하게 만드는 -해안선의 방향, 해안선의 길이, 해안의 형상, 섬의 존재를 포함한- 어떤 사정이 있는지의 여부를 검토하게 된다.[354)]

다소 모호하던 ICJ의 해양경계획정 방법론 내지는 표현이 그 후 명료해졌다. 즉, 2009년 *Maritime Delimitation in the Black Sea* 사건[355)]을 필두로 하여 그 후 일련의 사건[356)]에서 ICJ가 형평한 해결을 구하기 위해 일반적으로 사용하고 있는 "3단계 방법론(순서/절차)" (three-stage methodology)에 따르면, 재판소는 제1단계로 -해양경계획정에 대한 (명시적, 혹은 강력한 증거에 의해 입증되는 묵시적) 법적 합의가 이미 존재하는 경우처럼 잠정(임시)등거리선의 채택을 막는 강력한 이유(compelling reasons)가 없는 한- 우선 '잠정(임시)등거리선'(provisional equidistance line)을 긋고, 제2단계로 잠정등거리선을 조정해야 할 '관련사정'(relevant circumstances)이 있는지를 확인한 다음, 제3단계로 이렇게 조정된 선의 결과로 '각 당사국에게 할당되는 관련 해역의 몫'과 '각 당사국의 관련 해안의 길이' 사이에 "현저한(두드러진) 불균형"(marked/ significant disproportion)이 생기지는 않는지

354) Case concerning *Maritime Delimitation in the Area between Greenland and Jan Mayen* (Denmark v. Norway), Judgment of 14 June 1993, paras. 51, 55 ; Case concerning *Maritime Delimitation and Territorial Questions between Qatar and Bahrain* (Qatar v. Bahrain), Judgment of 16 March 2001, para. 230 ; Case concerning *the Land and Maritime Boundary between Cameroon and Nigeria* (Cameroon v. Nigeria; Equatorial Guinea intervening), Judgment of 10 October 2002, para. 288 ; Kaczorowska-Ireland, pp. 328~330.

1단계 잠정등거리선 방식의 대안으로, "각의 이등분선" 방식(bisector of the angle/angle-bisector method)을 채택하기도 하는데, Case concerning *Territorial and Maritime Dispute between Nicaragua and Honduras in the Caribbean Sea* (Nicaragua v. Honduras), Judgment of 8 October 2007, para. 287에서 이 방식에 관해 다음과 같이 언급한 바 있다 : "The use of a bisector -the line formed by bisecting the angle created by the linear approximations of coastlines- has proved to be a viable substitute method in certain circumstances where equidistance is not possible or appropriate. The justification for the application of the bisector method in maritime delimitation lies in the configuration of and relationship between the relevant coastal fronts and the maritime areas to be delimited. In instances where, as in the present case, any base points that could be determined by the Court are inherently unstable, the bisector method may be seen as an approximation of the equidistance method." See Orakhelashvili/Akehurst, 9th, p. 199.

355) Romania v. Ukraine, Judgment of 3 February 2009, ICJ Reports (2009), p. 61 at 103 (para. 122).

356) *Territorial and Maritime Dispute* (Nicaragua v. Colombia), Judgment of 19 November 2012, para. 199 ; *Maritime Dispute* (Peru v. Chile), Judgment of 27 January 2014, para. 180 ("The methodology which the Court usually employs in seeking an equitable solution involves three stages. In the first, it constructs a provisional equidistance line unless there are compelling reasons preventing that. At the second stage, it considers whether there are relevant circumstances which may call for an adjustment of that line to achieve an equitable result. At the third stage, the Court conducts a disproportionality test in which it assesses whether the effect of the line, as adjusted, is such that the Parties' respective shares of the relevant area are markedly disproportionate to the lengths of their relevant coasts ...") ; *Maritime Delimitation in the Caribbean Sea and the Pacific Ocean* (Costa Rica v. Nicaragua) *and Land Boundary in the Northern Part of Isla Portillos* (Costa Rica v. Nicaragua), Judgment of 2 February 2018, para. 135.

를 판단(평가)하게 된다. 재판소의 검토 결과 제2단계의 '관련사정'은 있을 수도 있고 없을 수도 있고, 제3단계의 "현저한 불균형"도 다찬가지이다. 또한 ICJ는 각각의 해역이 연안의 길이에 비례해야 함을 시사하는 것은 아니라는 점을 분명히 하고 있다.[357] 즉, 제3단계에서 이루어지는 것은 '불균형' 검사(disproportionality test)(그것도 '현저한' 불균형 테스트)이지, '균형' 검사(proportionality test)가 아니다. "불균형 검사의 목적은 결과의 형평성을 판단(평가)하는 데 있다."[358] ICJ는 *Maritime Delimitation in the Black Sea* 사건 이후 2012년 *Territorial and Maritime Dispute* (Nicaragua v. Colombia) 사건[359]에서 3단계 방법론을 "동 재판소의 표준방식"(its standard method)으로 지칭하고 있고, 2014년 *Maritime Dispute* (Peru v. Chile) 사건[360]에서는 "재판소가 보통 사용하고 있는 방법론(순서/절차)"(the methodology which the Court usually employs)으로, 2018년 *Maritime Delimitation in the Caribbean Sea and the Pacific Ocean* (Costa Rica v. Nicaragua) *and Land Boundary in the Northern Part of Isla Portillos* (Costa Rica v. Nicaragua) 사건[361]에서는 "자신의 확립된 3단계 방법론"(its established methodology in three stages)으로 표현하였다. 2021년 *Maritime Delimitation in the Indian Ocean* (Somalia v. Kenya)[362]에서도 ICJ는 3단계 방법론이 UN해양법협약에 규정된 것이 아니어서 의무적/강제적인(mandatory) 것은 아니지만 자신의 판례를 통해 발전되어 왔음을 상기시키면서, 다른 국제재판소들도 이 방법론을 사용하고 있다고 언급하였다. 그리고 −연안으로부터 등거리선을 긋는 것이 가능하지 않는 경우처럼− 등거리 방식의 적용을 부적절한 것으로 만드는 요소들이 있는 경우에는 3단계 방법론의 사용을 자제할 것이라고 하면서도, 본 사건은 등거리선을 그을 수 있는 상황이기 때문에 3단계 방법론을 사용하는 보통의 관행으로부터 이탈할 이유가 없다고 하였다.

종합하면, 대륙붕과 EEZ의 경계획정에서 '등거리/중간선'은 경계획정에 관한 '원칙'이 아닌 '방법', 그것도 단지 '임시적인' 방법에 불과하며, 형평한 결과 내지는 결과의 형평성은 ICJ가 '관련사정'의 존재 여부를 판단하고, 나아가 각 당사국에게 할당되는 관련 해역의 몫과 각 당사국의 관련 해안의 길이 사이에 "현저한 불균형"이 생기지는 않는지를 확인함으로써 달성된다고 할 수 있다.[363] 국제해양법재판소도 *Delimitation of the Maritime Boundary between Bangladesh and*

357) *Maritime Delimitation in the Black Sea* (Romania v. Ukraine), ICJ Reports (2009), p. 61 at 103 (para. 122) : "This is not to suggest that these respective areas should be proportionate to coastal lengths — as the Court has said "the sharing out of the area is therefore the consequence of the delimitation, not vice versa ..."."

358) *Maritime Dispute* (Peru v. Chile), Judgment of 27 January 2014, para. 192 : "The purpose [of the significant disproportionality test] is to assess the equitable nature of the result."

359) Judgment of 19 November 2012, para. 199.

360) Judgment of 27 January 2014, para. 180.

361) Judgment of 2 February 2018, para. 135.

362) Judgment of 12 October 2021, paras. 119~131.

363) See Ki Beom Lee, "The Demise of Equitable Principles and the Rise of Relevant Circumstances in Maritime Boundary Delimitation', Ph.D. Dissertation, School of Law, The University of Edinburgh, 2012.

Myanmar in the Bay of Bengal 사건[364]과 *Delimitation of the Maritime Boundary between Ghana and Côte d'Ivoire in the Atlantic Ocean* 사건,[365] *Dispute concerning delimitation of the maritime boundary between Mauritius and Maldives in the Indian Ocean* (Mauritius/Maldives)[366] 등에서 ICJ의 3단계 방법론을 채택하였으며, *Croatia–Slovenia Land and Maritime Border Disputes* 사건[367]의 중재재판소도 ICJ의 3단계 방법론에 의지하였다.

상기 *Maritime Delimitation in the Black Sea* 사건[368]에서 ICJ는 "대륙붕 및 EEZ의 폭을 측정하기 위하여 기선을 결정하는 일과 국제재판소가 인접국/대안국 간 대륙붕 및 EEZ 경계획정을 위하여 (1단계) 등거리/중간선을 그리기 위한 기점을 확인하는 일은 별개의 문제"임을 상기시키기도 하였다. 왜냐하면 "첫 번째 경우에는 연안국이 UN해양법협약 규정(제7조, 제9조, 제10조, 제12조 및 제15조)에 따라 관련 기점을 결정할 수 있지만(그럼에도 이것은 언제나 국제적 측면을 갖는다), 두 번째 경우의 해양경계 획정은 둘 이상의 국가와 관련되는 문제이기 때문에 ICJ로서는 일방 당사국이 정한 기점의 선택만을 기준으로 해서는 안 되기 때문이다. ICJ는 따라서 대륙붕과 EEZ의 경계를 획정할 때 관련 해안의 물리적 지리(physical geography)를 참조하여 기점을 선택하여야 한다"고 지적하였다. *Delimitation of the Maritime Boundary between Bangladesh and Myanmar in the Bay of Bengal* 사건[369]에서 국제해양법재판소도 ICJ의 이 말을 인용한 바 있다.

흥미롭게도, *Delimitation of the Maritime Boundary between Bangladesh and Myanmar in the Bay of Bengal* 사건[370]에서 방글라데시는 자국의 하천들이 벵갈만에 더 큰 퇴적물을 가라앉히기 때문에 더 많은 해역을 인정받아야 한다고 주장하였으나, 국제해양법재판소는 "200 마일

---

364) Bangladesh/Myanmar, ITLOS Judgment of 14 March 2012, para. 240.

365) Ghana/Côte d'Ivoire, ITLOS Judgment of 23 September 2017, paras. 284, 401~402, 480 : "284. To the extent that Côte d'Ivoire invokes international jurisprudence as justification for applying the angle bisector methodology, the Special Chamber disagrees with the assessment of such jurisprudence. First, it would like to emphasize that the majority of delimitation cases, in particular the ones decided in recent years, have used the equidistance/relevant circumstances methodology. As stated by the Tribunal in *Delimitation of the maritime boundary in the Bay of Bengal* (*Bangladesh/Myanmar*):

> The Tribunal notes that jurisprudence has developed in favour of the equidistance/relevant circumstances method. This is the method adopted by international courts and tribunals in the majority of the delimitation cases that have come before them.
> (Judgment, ITLOS Reports 2012, p. 4, at p. 67, para. 238)

Second, the Special Chamber takes the view that, if international courts and tribunals have made recourse to the angle bisector methodology in certain cases, this was due to particular circumstances in those cases."

366) ITLOS(special chamber) Judgment of 28 April 2023, para. 96~98.

367) Arbitration concerning *Croatia–Slovenia Land and Maritime Border Disputes* (Croatia/Slovenia), PCA Case No. 2012-04, Final Award, 29 June 2017, para. 999~1002, 〈https://www.pcacases.com/web/sendAttach/2172〉.

368) Romania v. Ukraine, Judgment of 3 February 2009, ICJ Reports (2009), p. 61 at 108 (para. 137).

369) ITLOS, Bangladesh/Myanmar, 14 March 2012, para. 264.

370) ITLOS, Bangladesh/Myanmar, 14 March 2012. See Aditya Kaul, "ITLOS ruling on Myanmar may help India's case vs Bangladesh", DNA (Daily News & Analysis), Wednesday, March 21, 2012, 2012 8:00 IST, 〈https://dnaindia.com/〉 ; Papanicolopulu, *supra*.

'내'에서의 EEZ/대륙붕 단일경계획정은 당사자들의 서로에 대한 관계에 있어서의 연안의 지리를 기초로 판단할 문제이지, 경계획정지역의 해저의 지질이나 지형학적 특질을 기초로 판단할 문제가 아니라는"(on the basis of *geography of the coasts* of the Parties in relation to each other and not on the *geology or geomorphology of the seabed of the delimitation area*) 이유로 이 주장을 배척하였다.[371] 같은 논리로, 방글라데시는 200 마일 '외측'의 대륙붕 경계획정에 있어 관련사정(relevant circumstances)에 해저와 하층토의 "지질 및 지형학적 특질"이 포함되며,[372] 특히 지질이 "가장 자연적인 연장"(the most natural prolongation)이라고 주장하였으나, 재판소는 이 주장도 수락하지 않았다.[373] 본 사건에서 국제해양법재판소는 200 마일 이내건 그 이원에서건 불문하고 EEZ/대륙붕 경계획정에 있어서의 유일의 관련사정은 "방글라데시 연안의 오목함"(concavity of the Bangladesh coast)[374]으로 한정하였다. 두꺼운 퇴적암의 존재는 석유와 가스자원이 부존할 가능성과 연관되어 있다. 그리고 벵갈만의 해저와 하층토는 수천년 동안 히말라야 산맥에서 시작된 퇴적작용에 의해 두꺼운 퇴적층으로 덮여 있다. 그럼에도 불구하고 국제해양법재판소는 이들 퇴적물의 지질학적 기원, 그리고 이들 밑의 텍토닉 플레이트들(tectonic plates)(판상을 이루어 움직이고 있는 지각의 표층) 간의 접합상태 그 어느 것도 법적으로 관련성이 없다고 결론내린 것이다.[375]

대향국 혹은 인접국 간의 200 마일 이내 대륙붕 경계와 EEZ 경계는 지도상에서 일치하여야 하는가? 그러나 대륙붕과 EEZ는 별개의 제도이고, 따라서 UN해양법협약은 경계획정에 관해 동일한 기준을 제시하면서도 대륙붕의 경계획정과 EEZ의 그것을 별개로 규정하고 있다. 이것은 지도에 나타나는 양자의 경계선이 하나로 일치되어야 할 논리적 필요는 없음을 시사하고 있다. 결국 대향국이나 인접국들은 (영해 및) 대륙붕과 EEZ 공동의 단일경계선을 선택할 수도 있을 것이고, 별개의 경계선을 선택할 수도 있을 것이다.[376]

---

371) Para. 322 of the Judgment.

372) Para. 457.

373) Para. 460.

374) Para. 292 ("The Tribunal notes that in the delimitation of the exclusive economic zone and the continental shelf, concavity *per se* is not necessarily a relevant circumstance. However, when an equidistance line drawn between two States produces a cut-off effect on the maritime entitlement of one of those States, as a result of the concavity of the coast, then an adjustment of that line may be necessary in order to reach an equitable result.") ; para. 461 ("Having considered the concavity of the Bangladesh coast to be a relevant circumstance for the purpose of delimiting the exclusive economic zone and the continental shelf within 200 nm, the Tribunal finds that this relevant circumstance has a continuing effect beyond 200 nm.").

375) University of Miami News Release, March 26, 2012, "Professor Oxman Helps Settle Claims to Bay of Bengal", 〈https://www.miami.edu/index.php/news/releases/professor_oxman_helps_settle_claims_to_bay_of_bengal/〉.

376) 金榮球, p. 363 이하 ; 山本草二(朴培根 譯), pp. 427~428 참조. ICJ는 Case concerning *Maritime Delimitation and Territorial Questions between Qatar and Bahrain* (Qatar v. Bahrain), Judgment of 16 March 2001, para. 173에서 해양단일경계에 대해 다음과 같이 언급한 바 있다 : "the concept of a single maritime boundary does not stem from multilateral treaty law but from State practice, and that it finds its explanation in the wish of States to establish one uninterrupted boundary line delimiting the

대륙붕과 EEZ가 별개의 제도라는 사실로 인해 일국의 EEZ와 타국 대륙붕의 상부수역이 겹치는 상황이 발생할 수 있는가? 다시 말해서 상부수역은 일국의 200 마일 이내 EEZ인데 그 해저지대는 타국의 200 마일 밖 대륙붕이 될 수 있는가? 이 문제는 이른바 "회색지대" (grey/gray area)의 이름으로 그간 전문가들에 의해 이미 오래전부터 제기되어 왔었다.[377] 국가들이 합의에 의해 회색지대를 창설하는 것은 문제가 없어 보인다.[378] 문제는 국제재판소가 회색지대를 창설할 수 있겠는가 하는 것인데, 국제해양법재판소는 −동 재판소 역사상 최초의 해양경계획정 사건인− *Delimitation of the Maritime Boundary between Bangladesh and Myanmar in the Bay of Bengal*[379]에서 국제재판소로서는 처음으로 정면에서 이것을 인정하였다. 즉, 재판소는 −방글라데시 EEZ의 200 마일 범위 밖에 있지만, 미얀마 EEZ의 200 마일 범위 내에 있는− 자신이 그은 방글라데시 측 해양경계의 일부 수역(즉, 판결문 지도에 회색으로 표시된 지역)[380]에 대해서는 이것의 경계를 획정하는 대신, 방글라데시는 대륙붕의 해저와 하층토에 대해 관할권을 갖고, 미얀마는 EEZ 상부수역에 대해 관할권을 가지되, 각 연안국은 "UN해양법협약 제56조, 제58조, 제78조, 제79조 및 타 규정들에 반영되어 있는 원칙에 따라 상대방 국가의 권리와 의무를 충분히 고려에 넣어" 자신의 권리를 행사하고 의무를 이행해야 한다고 결론지었다. 그리고 재판소는 당사자들이 이 제한된 지역에 대해 합의에 도달할 수 있는 많은 방법이 있다고 언급함으로써 공동개발이나 공동이용을 시사한 것으로 해석되기도 한

---

various −partially coincident− zones of maritime jurisdiction appertaining to them. In the case of coincident jurisdictional zones, the determination of a single boundary for the different objects of delimitation "can only be carried out by the application of a criterion, or combination of criteria, which does not give preferential treatment to one of these...objects to the detriment of the other, and at the same time is such as to be equally suitable to the division of either of them", as was stated by the Chamber of the Court in the *Gulf of Maine* case (I.C.J. Reports 1984, p. 327, para. 194). In that case, the Chamber was asked to draw a single line which would delimit both the continental shelf and the superjacent water column.".

최근의 ICJ 관련 판례로는 이 밖에도, *Territorial and Maritime Dispute between Nicaragua and Honduras in the Caribbean Sea* (Nicaragua v. Honduras), Judgment of 8 October 2007 ; *Maritime Delimitation in the Black Sea* (Romania v. Ukraine), Judgment of 3 February 2009 ; *Territorial and Maritime Dispute* (Nicaragua v. Colombia), Judgment of 19 November 2012 ; *Maritime Delimitation in the Indian Ocean* (Somalia v. Kenya), Judgment of 12 October 2021 참조. 국제해양법재판소도 *Delimitation of the Maritime Boundary between Bangladesh and Myanmar in the Bay of Bengal* (Bangladesh/Myanmar), Judgment of 14 March 2012, paras. 177~340에서 분쟁당사국들의 의도에 따라 200 마일 내 대륙붕과 EEZ의 단일경계를 획정한 바 있다.

377) See e.g. Donald M. McRae, "The Single Maritime Boundary: Problems in Theory and Practice", in E. D. Brown and R. R. Churchill (eds.), *The UN Convention on the Law of the Sea: Impact and Implementation* (Honolulu: The Law of the Sea Institute, University of Hawaii, 1987), pp. 225~234 ; Alex G. Oude Elferink, "Does Undisputed Title to a Maritime Zone Always Exclude its Delimitation: The Grey Area Isse", (1998) 13 The International Journal of Marine and Coastal Law, pp. 143~192 ; Alex G. Oude Elferink, "The Impact of the Law of the Sea Convention on the Delimitation of Maritime Boundaries", in Davor Vidas & Willy Østreng (eds.), *Order for oceans at the turn of the century* (The Hague : Kluwer Law International, 1999), Chapter 33, pp. 457~470.

378) Oude Elferink, *op. cit.*, (1998) 13 The International Journal of Marine and Coastal Law, p. 175.

379) Bangladesh/Myanmar, Judgment of 14 March 2012, paras. 463~476.

380) "Sketch-map No. 7: EEZ/CS Grey area" at p. 138 of the Judgment.

다.[381] *Bay of Bengal Maritime Boundary Arbitration between The People's Republic of Bangladesh and The Republic of India* 사건에 대한 2014년 판결[382]에서 (UN해양법협약 제7부속서에 따라 구성된)중재재판소도 방글라데시 연안으로부터는 200 마일이 넘지만 인도 연안으로부터는 200 마일 내의 회색지대를 인정하였다.

그러나 그 후 *Question of the Delimitation of the Continental Shelf between Nicaragua and Colombia beyond 200 nautical miles from the Nicaraguan Coast* (Nicaragua v. Colombia)[383]에서 ICJ는, 우선 니카라과는 UN해양법협약의 당사국이지만 콜롬비아는 그렇지 아니한 상황에서 국제관습법을 준거법으로 선택하고[384], 이어서 사건 식별을 통해 상기 두 *Bay of Bengal* 사건은 담당재판소(국제해양법재판소와 중재재판소)가 인접한 두 당사국 모두 200 마일 이원의 대륙붕에 대해 권리를 가지고 있다고 결정한 뒤 -잠정등거리선을 그은 다음 이를 조정하는- 조정된 등거리 방법론(adjusted equidistance methodology)을 따르는 과정에서 회색지대가 우발적으로 발생한 것으로서("grey area as an incidental result of that adjustment"), 이는 한 국가가 하나 이상의 타국가(들)의 기선으로부터 200마일 이내에 존재하는 확장된 대륙붕을 주장하는 본 사건의 상황과는 다르다고 전제한 뒤,[385] "-충분한 국가관행과 법적 확신이 존재하는-[386] 국제관습법에 따르면, 영해의 폭이 측정되는 기선으로부터 200 마일을 넘는 대륙붕에 대한 국가의 권리는 다른 국가의 기선으로부터 200 마일 내에서는 확장될 수 없고",[387] "따라서 한 국가가 확장대륙붕에 대한 권리가 있음을 입증할 수 있더라도 그 권리는 타국의 기선으로부터 200마일 이내로 확장될 수 없으며",[388] 결국 "한 국가가 권리를 가지는 확장대륙붕의 외측한계를 결정하는 기준에 관계없이, 그 국가의 확장대륙붕은 다른 국가의 기선으로부터 200마일 이내의 대륙붕 영역과 중첩될 수 없다"[389]고 판시하였다. 이같은 이유로 ICJ는 "그 어떤 과학적 그리고 기술적 고려사항과도 관계없이, 니카라과에게는 콜롬비아 본토 해안의 기선으로부터 200 마일 이내에서 확장대륙붕에 대한 권리가 주어져 있지 아니하며, 이에 따라 콜롬비아 본토 해안의 기선으로부터 200 마일 이내에서는 경계를 획정해야 할 권리중첩 지역은 없다"[390]고 결론지으면서, 관련 섬들에 대해서도 동일한 논리를 적용하였다.[391] 요

---

381) Papanicolopulu, *supra* ; University of Miami News Release, March 26, 2012, *supra* ; Herbert Smith Freehill, Public International Law Notes, 26 March, 2012, "International Tribunal for the Law of the Sea issues judgment in Bangladesh/Myanmar", 〈https://hsfnotes.com/publicinternationallaw/2012/03/26/international-tribunal-for-the-law-of-the-sea-issues-judgment-in-bangladeshmyanmar/〉.

382) Award, dated 7 July 2014, paras. 505~508, 〈https://pcacases.com/web/sendAttach/383〉.

383) ICJ Judgment of 13 July 2023.

384) Para. 44 of the Judgment.

385) Paras. 71, 72. ICJ는 *Bay of Bengal* 사건의 두 재판소가 당사자들이 이 제한된 지역에 대해 합의에 도달할 수 있는 많은 방법이 있다고 강조한 바 있음도 상기시켰다(para. 71).

386) Para. 77.

387) Para. 79 ("...under customary international law, a State's entitlement to a continental shelf beyond 200 nautical miles from the baselines from which the breadth of its territorial sea is measured may not extend within 200 nautical miles from the baselines of another State.").

388) Para. 81.

389) Para. 82.

컨대, 200 마일 이내의 대륙붕과 200 마일 이원의(확장된) 대륙붕 간의 관계에 대해 ICJ가 확인한 바의 존재하는 국제관습법규에 의하면, 전자에 대한 권리는 후자에 대한 권리보다 강하며, 따라서 한 국가의 200 마일 이내의 대륙붕에 대한 권리가 다른 국가의 역시 200 마일 이내의 대륙붕에 대한 권리와 중첩될 수는 있겠지만, 한 국가의 200 마일 이원의 대륙붕에 대한 권리는 다른 국가의 200 마일 이내의 대륙붕에 대한 권리와는 중첩될 수 없다는 것이다.[392]

대륙붕한계위원회의 권고가 아직 없는데도 국제재판소가 200 마일 '이원의' 대륙붕의 경계획정에도 관여할 관할권을 가지는지, 또 그럴 권한이 있다고 해도 실제로 이 권한을 행사하는 것이 "바람직" (advisable) 하겠는지에 대해서는 견해가 갈리고 있다. 먼저, *Delimitation of Maritime Areas between Canada and France* 사건[393]의 중재재판소는 200 마일 이원의 대륙붕에 대한 분쟁당사자들의 권리에 대해 판단하기를 거절한 바 있다.

> "본 재판소가 200 마일 이원의 대륙붕에 대한 당사자들의 권리를 인정하거나 아니면 거절하는 일체의 결정은 당사자들 사이가 아니라 그들 각 당사자와 -인류의 공동유산으로 선언된 심해저에 대한 관리와 보호를 책임지고 있는 기관들에 의하여 대표되는- 국제공동체 사이의 경계획정을 함축하는 결정을 구성하게 될 것이다.
>
> (따라서) 본 재판소는 재판소에 나타나지 아니한 당사자의 권리에 영향을 미치는 (그같은) 경계획정을 행할 권한이 없다. 이 주제에 대해서는 재판소는, 1982년 UN해양법협약 제76조 8항과 협약 제2부속서에 따라 연안국들이 제출하는 요구사항과 정보를 검토하여 그들에게 권고하는 것을 목적으로 하는 대륙붕한계위원회라 불리우는 위원회가 구성되어야 한다는 점을 지적하고자 한다. 이 규정에 따르면, 연안국이 이 권고를 기초로 하여 정하는 대륙붕의 한계만이 최종적이고 구속력있는 성격의 것이다."

---

390) Para. 86.

391) Paras. 91, 99.

392) Hilde Woker, "Preliminary reflections on the ICJ Judgment in Question of the Delimitation of the Continental Shelf between Nicaragua and Colombia beyond 200 nautical miles from the Nicaraguan Coast (Nicaragua v. Colombia) of 13 July 2023", EJIL:Talk!, July 21, 2023.

393) Case concerning the *Delimitation of Maritime Areas between Canada and France*, Decision of 10 June 1992, RIAA, Volume XXI, p. 265 at 292 (paras. 78, 79), available at https://untreaty.un.org/cod/riaa/cases/vol_XXI/265-341.pdf : "78. Toute décision par laquelle le Tribunal reconnaîtrait aux Parties des droits sur le plateau continental au-delà de 200 milles marins ou rejetterait de tels droits constituerait une décision impliquant une délimitation non pas "entre les Parties" mais entre chacune d'elles et la communauté internationale, représentée par les organes chargés de l'administration et de la protection de la zone internationale des fonds marins (les fonds marins situés au-delà de la juridiction nationale) qui a été déclarée patrimoine commun de l'humanité. 79. Le Tribunal n'est pas compétent pour procéder à une délimitation touchant aux droits d'une partie qui n'est pas présente devant lui. A ce sujet, le Tribunal relève que, conformément à l'article 76, paragraphe 8, et à l'annexe II de la convention de 1982 sur le droit de la mer, une commission appelée "Commission des limites du plateau continental" doit être constituée en vue d'examiner les revendications et les informations que lui soumettront les Etats côtiers et de leur faire des recommandations. Conformément à cette disposition, seules les "limites [du plateau continental] fixées par un Etat côtier sur la base de ces recommandations sont définitives et de caractère obligatoire"."

이 판결은 ICJ의 *Monetary Gold* 원칙[394]을 연상시키는데, 다만 재판에 참여하지 아니한 (그래서 이 때문에 재판소가 재판 거절의 사유로 삼은) 당사자가 특정 국가가 아니라 (특히 대륙붕한계위원회를 포함하여, 인류의 공동유산으로 선언된 심해저에 대한 관리와 보호를 책임지고 있는 기관들에 의하여 대표되는) 국제공동체이다. 그리고 중재재판소는 200 마일 이원의 대륙붕의 경계획정과 관련하여 UN해양법협약 제76조 8항과 협약 제2부속서를 지목하고 있지만, 위에서 언급한 제76조 10항의 추가적인 장애물도 고려하여야 한다. ICJ도 *Territorial and Maritime Dispute between Nicaragua and Honduras in the Caribbean Sea* 사건[395]에서 자신의 *Monetary Gold* 원칙에 기초하여, 그리고 200 마일 이원의 대륙붕에 대한 주장은 UN해양법협약 제76조에 따라 수립된 대륙붕한계위원회가 심사하여야 한다는 이유로, 양국 간 200 마일 이원의 대륙붕에 대한 경계획정을 거절한 바 있다.

이와는 대조적으로, 상기 *Delimitation of the Maritime Boundary between Bangladesh and Myanmar in the Bay of Bengal* 사건[396]에서 국제해양법재판소는 −상기 "회색지대" 문제와 마찬가지로 이 문제 역시 국제재판소로서는 처음으로−[397] 자신은 대륙붕한계위원회의 기능과는 별개로 200 마일 이원의 대륙붕의 경계를 획정할 권한과 의무가 있다고 판단하고 이 문제에 대해 관할권을 행사하였다. 이 사건에서 미얀마는 상기 중재재판소와 ICJ의 두 판례를 인용하면서[398] 국제해양법재판소가 200 마일 이원의 대륙붕에 대해서는 판단을 자제하거나, 판단을 하더라도 후일 대륙붕한계위원회의 권고가 있고 나서 두 당사자가 입장을 정할 때까지 연기할 것을 주장하였으나[399] 받아들여지지 않았다. 종합해 보면, 국제해양법재판소는 그 이유로 세 가지를 들고 있다.[400] 첫째, "법상 단지 하나의 대륙붕"(in law only a single continental shelf)이 존재할 따름이다. 다시 말해서, UN해양법협약은 대륙붕을 "내측" 대륙붕(inner continental shelf)과 "외측" 대륙붕(outer continental shelf)으로 구분하고 있지 않다.[401] 둘째, 재판소의 결정은 단지 당사자들(즉, 방글라데시와 미얀마)에게만 구속력이 있기 때문에 인도 같은 제3자들은 침해를 받을 수가 없다.[402] 셋째, 방글라데시와 미얀마가 각기 대륙붕의 외측 한계에 대해 제출한 주장에 대해 대륙붕한계위원회가 아직 권고를 하지 않았다는 사실은 문제가 되지 아니한다. 왜냐하면 대륙붕의 경계를 단지 "획정하는"(delimit) 해양법재판소 자신의 역할과 대륙붕의 외측 한계를 "정확하게 적시하는"(delineate) 대륙붕한계위원회의 역할은 구분해야 하기 때문이다. 다시 말해서, 국제해양법재판소로서는 대륙붕 경계의 방향(direction)을 그리는 데 관할권을 갖는 것으로 만족하며, 대륙붕 경계의 정확한 종착점

---

394) 즉, "부재 혹은 필요적 제3 당사자의 원칙"(doctrine of absent or indispensable third parties) ; 본서, 제26장 (분쟁의 평화적 해결수단), "Ⅶ. 사법심사 : ICJ를 중심으로" 참조.

395) Nicaragua v. Honduras, Judgment of 8 October 2007, para. 319.

396) ITLOS, Bangladesh/Myanmar, Judgment of 14 March 2012, para. 394.

397) University of Miami News Release, March 26, 2012, *supra*.

398) Paras. 346, 347 of the Judgment.

399) Paras. 348, 349.

400) Herbert Smith, *supra*.

401) Paras. 362~363 of the Judgment.

402) Para. 367.

(terminus)을 분명히 하려는 의도가 아니다.[403] 이렇게 보면 국제해양법재판소가 200 마일 이원의 대륙붕 경계획정에 관할권을 행사한다고 해서 이것이 대륙붕한계위원회의 기능을 "잠식(침범)"(encroachment)하는 것은 아니다.[404] 국제해양법재판소는 그러나 인도와 방글라데시 간 해양경계 분쟁을 의식하여, 자신이 그린 방글라데시-미얀마간 200 마일 내 EEZ와 대륙붕을 획정하는 조정된 등거리선은 "제3국의 권리가 영향을 받을 수 있는 지대에 도달할 때까지(만)"(until it reaches the area where the rights of third States may be affected) 방글라데시의 200 마일 한계 밖으로 동일 방향으로 지속된다고 결정하였다.[405]

ICJ도 같은 해 11월에 내린 *Territorial and Maritime Dispute* (Nicaragua v. Colombia) 판결[406]에서 "UN해양법협약 하에서의 대륙붕 경계획정(delimitation)과 대륙붕 외측한계 적시(delineation) 간의 '명백한 구분'에 대해 국제해양법재판소가 *Bay of Bengal* 사건에서 언급한 바 있음"을 상기시키고 있는데, 이것은 ICJ가 국제해양법재판소의 이 구분에 영향받았음을 시사하는 것이다. ICJ는 그후 2016년 *Question of the Delimitation of the Continental Shelf between Nicaragua and Colombia beyond 200 nautical miles from the Nicaraguan Coast* (Nicaragua v. Colombia) 사건[407]에서 다시금 UN해양법협약 제76조와 제83조를 구분하면서, "200 마일 이원 대륙붕의 경계획정은 대륙붕한계위원회의 권고와는 별개로 할 수 있으며" 따라서 "대륙붕한계위원회의 권고는 UN해양법협약 당사국이 경계획정과 관련하여 제소하기 전에 충족해야 할 선결조건이 아니다"라고 판시하였다. ICJ는 이같은 구분을 지속하고 있다.[408] 그리고 국제해양법재판소는 2017년 *Delimitation of the Maritime Boundary between Ghana and Côte d'Ivoire in the Atlantic Ocean* (Ghana/Côte d'Ivoire)[409]에서, 대륙붕한계위원회는 200 마일 이원 대륙붕의 외측한계적시(delineation)를 다루고, 재판소는 이웃국가들과의 경계획정(delimitation)을 결정한다는 점을 재차 적시하기도 하였다.

공유대륙붕의 '경계획정'과 '자원개발'은 -시간적 선후에 관계 없이- 분리되어 논의될 수 있다는 점도 언급해 두는 것이 좋겠다. 왜냐하면 해저의 천연자원은 연결되어 있고, 그 결과 한 쪽에서 자원을 빨아 올리면 다른 쪽의 자원까지 빨려들어 갈 수 있기 때문이다. 이를 두고 '광상(鑛床)의 일체성'

---

403) Paras. 367, 379. 위 '1. 대륙붕의 정의' 참조.
404) Paras. 384~394.
405) Para. 462.
406) Judgment of 19 November 2012, para. 125.
407) Preliminary Objections, Judgments of 17 March 2016, para. 114.
408) *Maritime Delimitation in the Indian Ocean* (Somalia v. Kenya). Judgment of 12 October 2021, paras. 178~197.
409) ITLOS, Judgment of 23 September 2017, para. 517 : "... the Special Chamber reiterates that the functions of the CLCS and those of the Special Chamber differ. Whereas the former deals with the delineation of the continental shelf beyond 200 nm, the latter decides on delimitation with a neighbouring State, that is to say, on the course of the lateral limits. Although those lateral limits have to intersect the outer limit, the Special Chamber would like to point out that its decision is without prejudice to the recommendations of the CLCS and the ensuing legislation as referred to in article 76, paragraph 8, of the Convention."

(unity of a deposit) 혹은 '빨대 이론'이라고 부르는데,[410] ICJ는 이미 *North Sea Continental Shelf* 사건들[411]에서 공유대륙붕의 경계획정 문제와는 별도로 공동개발이라는 해결방식을 제시한 바도 있다. 공동개발의 방식은 다양하다.[412]

ICJ는 Case concerning *Territorial and Maritime Dispute between Nicaragua and Honduras in the Caribbean Sea*[413]에서 "육지가 바다를 지배하므로" "섬에 대한 주권은 해양경계획정 이전에 그리고 그것과는 별도로 결정될 필요가 있다"고 언급한 바 있다. 그리고 국제해양법재판소는 *Delimitation of the Maritime Boundary between Bangladesh and Myanmar in the Bay of Bengal* (Bangladesh/Myanmar) 사건[414]에서 "방글라데시는 미얀마의 영해와 더 이상 겹치지 않는 수역에서 세인트 마틴 섬 주위 12마일 영해에 대한 권리를 가지고 있다"고 인정함으로써 (방글라데시의) 섬의 영해가 (미얀마의) EEZ와 대륙붕에 이길(prevail) 것임을 분명히 하였는데,[415] 국제해양법재판소의 이 언급은 *Territorial and Maritime Dispute* (Nicaragua v. Colombia)[416]에서 ICJ에 의해 그대로 인용되었다.[417]

6. "핵무기 및 기타 대량파괴무기의 해저설치금지조약"[418]

이 조약에서 체약국들은 기선으로부터 12마일 밖의 해저지대에 대량파괴무기를 부설하지 않을 것을 약속하였다. 따라서 연안국은 12마일 밖의 대륙붕 해저지대에 대량파괴무기를 부설할 수 없다.

---

410) 김찬규, "시론 : 한・중・일 해저삼국지", 경향신문, 2004년 7월 15일, 14면.

411) ICJ Reports (1969), p. 3 at 52 (para. 99) : "In a sea with the particular configuration of the North Sea, and in view of the particular geographical situation of the Parties' coastlines upon that sea, the methods chosen by them for the purpose of fixing the delimitation of their respective areas may happen in certain localities to lead *to an overlapping of the areas appertaining to them.* The Court considers that such a situation must be accepted as a given fact and resolved either by an agreed, or failing that by an equal division of the *overlapping areas*, or by agreements for joint exploitation, the latter solution appearing particularly appropriate when it is a question of preserving the *unity of a deposit.*"

412) 山本草二(朴培根 譯), p. 428 ; Ana E. Bastida, Adaeze Ifesi-Okoye, Salim Mahmud, James Ross, & Thomas Walde, "Cross-Border Unitization and Joint Development Agreements: An International Law Perspective", Houston Journal of International Law, 2007, Vol. 29, No. 2, pp. 355~422, 〈https://www.researchgate.net/publication/287209699_Cross-Border_Unitization_and_Joint_Development_Agreements_An_International_Law_Perspective〉; 김두영, "한일 대륙붕 공동개발과 해양경계 획정 문제" 아시아 브리프 (서울대학교 아시아연구소), 2권 16호 (통권 55호)(2022년 3월 7일), 〈https://snuac.snu.ac.kr/?p=35459〉.

413) Nicaragua v. Honduras, Judgment of 8 October 2007, para. 126.

414) ITLOS, Judgment of 14 March 2012, paras. 168~169 : "... the Tribunal recognizes that Bangladesh has the right to a 12 nm territorial sea around St. Martin's Island in the area where such territorial sea no longer overlaps with Myanmar's territorial sea. A conclusion to the contrary would result in giving more weight to the sovereign rights and jurisdiction of Myanmar in its exclusive economic zone and continental shelf than to the sovereignty of Bangladesh over its territorial sea."

415) Papanicolopulu, *supra.*

416) ICJ Judgment of 19 November 2012, para. 178.

417) 본장, "Ⅱ. 영해 및 접속수역, 3. 대향국 또는 인접국 간의 영해경계 획정" 참조.

418) 1971년 2월 11일 서명, 1972년 5월 18일 발효.

Ⅶ. 공 해

15~16세기 당시 해양강국 스페인과 포르투갈에 의해 천명된 폐쇄해(closed seas) 개념은 18세기 기간 중 개방해(open seas) 개념과 그에 부수되는 공해자유(freedom of the high seas) 개념으로 대체되어 지금에 이르고 있다.

1. 공해의 정의

"공해에 관한 (제네바)협약"에서 공해(high seas)[419]는 "한 국가의 영해 또는 내수에 포함되지 아니하는 바다의 모든 부분"으로 정의되었지만,[420] UN해양법협약의 목적상 공해라 함은 내수, 군도수역, 영해 또는 EEZ에 포함되지 아니하는 바다의 모든 부분을 지칭한다.[421] 전통적으로 공해라 함은 그 수면 및 수중을 포함하여, 그 해저지대와 수면 위의 상부 하늘공간으로 구성되는 것으로 생각되었다. 그러나 이제 연안국의 대륙붕에 속하는 해저 및 하층토는 공해에서 제외되며, 게다가 UN해양법협약은 대륙붕 이원의 해저지대에 대해서도 "인류의 공동유산"이란 이름의 특별한 제도를 도입함으로써 이 지역을 전통적인 공해의 개념에서 제외하였다.[422]

2. 공해의 자유

공해는 국제공동체 전체의 공공물(*res communis omnium*, common property of all)로서의 성격을 갖고 있다. 즉, 공해는 그 어떤 국가의 영토주권에도 귀속되지 않지만[423] 그 대신 '모든 국가들'의 사용을 위해 개방된다.[424] 국제관습법상 그리고 UN해양법협약상 공해의 자유를 향유하는 주체는 (모든)국가이며, 개인 등 비국가적 실체는 아니다.

UN해양법협약 제87조(1항)에 의하면 공해의 자유는 '특히'(*inter alia*) 항행의 자유,[425] 상공비행

419) Arbitration concerning *Croatia-Slovenia Land and Maritime Border Disputes* (Croatia/Slovenia), PCA Case No. 2012-04, Final Award, 29 June 2017, para. 1063에서 중재재판소는, 중재부탁협정에서 "High Sea"란 (단수)표현을 사용하면서도 이에 대해 정의하고 있지는 않지만 두 당사국은 소송 내내 이것을 "High Seas"와 동의어(同義語)로 사용하였다고 판단한 바 있다 : 〈https://www.pcacases.com/web/sendAttach/2172〉, & 〈https://www.assidmer.net/doc/Arbitration_Agreement_Croatia_Slovenia.pdf〉.

420) 1958년 "공해에 관한 (제네바)협약" 제1조.

421) 제86조 첫째 문장. 제86조 둘째 문장은 "동 조는 제58조에 따라 EEZ에서 모든 국가가 향유하는 자유에 대한 제약을 가져오지 아니한다"라고 규정하고 있는데, 이는 UN해양법협약상 공해의 정의에 EEZ가 포함되지는 않지만 그럼에도 불구하고 EEZ는 제58조에 규정된 범위 내에서 모든 국가들에게 개방되어 있음을 의미한다.

422) Currie, p. 272 ; Kaczorowska-Ireland, p. 332.

423) 제89조.

424) 제87조 ; *The Marianna Flora*, (1825) 24 US 1, 42 ("Upon the ocean, then, in time of peace, all possess an entire equality. It is the common highway of all, appropriated to the use of all; and no one can vindicate to himself a superior or exclusive prerogative there."), 〈https://caselaw.findlaw.com/us-supreme-court/24/1.html〉.

의 자유, 해저전선 및 관선 부설의 자유, 인공섬과 기타 구조물 설치의 자유, 어업의 자유, 과학조사의 자유 등 6개 자유를 포함한다. 따라서 여기에 열거되지 아니한 자유도 있을 수 있다.[426] 예컨대, 공해에서 해군연습을 하는 것도 공해의 자유에 속하는 것으로 이해되고 있다.[427] 또한 이들 중 어업의 자유는 특별한 고려를 필요로 한다. −정착성 어종(sedentary species)이 아닌 한− 고기는 해양경계선을 의식하지 않고 늘상 이동하며, 연안국이 보존/관리조치를 취한 고기가 당해 국가의 관할권(즉, EEZ) 밖에서 타국에 의해 포획되는 경우에는 연안국으로서는 자국의 이익이 침해되었다고 생각할 수 있기 때문이다.[428]

공해 상공에서의 핵실험도 자유인가? *Nuclear Tests* 사건[429]에서 오스트레일리아와 뉴질랜드는 프랑스가 남태평양에서 대기권 핵실험(atmospheric nuclear tests)을 하는 것은 국제관습법규인 공해자유원칙을 위반하는 것이라고 주장하였으나 이 쟁점은 ICJ에서 다루어지지 않았다. 프랑스 정부가 더 이상 이 곳에서 이런 종류의 핵실험을 하지 않겠다고 법적 구속력있는 약속을 함으로써 분쟁이 사라졌다고 보았기 때문이다. 1963년의 부분핵실험금지조약(Nuclear Test Ban Treaty)[430]은 특히 공해에서의 핵무기실험을 금지하고 있긴 하지만, 이것이 모든 국가들에게 구속력있는 관습법규인지는 불분명하다.[431]

UN해양법협약 제88조는 "공해는 '평화적' 목적을 위하여 유보된다."고 규정하고 있지만, '평화적' 목적이 구체적으로 무엇인지에 관해서는 언급이 없다. 이 개념을 확대해석하면 공해에서는 재래식 무기실험, 해군 기동 훈련, 나아가 전쟁도 할 수 없다는 해석에 이를 수 있지만, 이것은 국가들의 관행과는 너무 거리가 멀다.[432] 어쨌든, 공해의 자유는 'UN해양법협약'과 '기타 국제법규'에 따라 행사해야 한다.[433] 뿐만 아니라, 모든 국가는 공해의 자유를 행사함에 있어 "다른 국가의 이익"과 "심해저활동과 관련된 협약 하의 모든 권리"를 '적절히 고려하여야' 한다.[434] 공해는 공공물이기

---

425) 국제해양법재판소는 *The M/V "Norstar"* Case (Panama v. Italy), Judgment of 10 April 2019, para. 219에서, EEZ에서의 벙커링 문제를 다룬 *The M/V "Virginia G"* Case (Panama/Guinea-Bissau)(14 April 2014, para. 223)를 상기시키는 한편, 공해상에서의 벙커링(bunkering)은 협약 제87조 하의 항행의 자유에 속한다고 판시하였다 : "... bunkering on the high seas is part of the freedom of navigation to be exercised under the conditions laid down by the Convention and other rules of international law. The Tribunal, therefore, finds that the bunkering of leisure boats carried out by the *M/V "Norstar"* on the high seas falls within the freedom of navigation under article 87 of the Convention."

426) UN해양법협약 제87조(1항)에 열거된 6개 자유 중 '인공섬 설치'의 자유와 '해양과학조사'의 자유는 1958년 제네바 공해협약(제2조)에서는 언급되지 않았던 자유이다.

427) Shaw, p. 364.

428) 요컨대, 어족자원에 따라서는 공해에서의 어업의 자유는 생각처럼 그렇게 자유로울 수 없다는 문제가 생기는데, UN해양법협약은 제63조~제67조, 제116조~제120조에서 이 문제에 대처하기 위한 기본골격을 제공하고 있다. 그리고 이 문제를 세부적으로 규율하기 위해 1995년 "경계왕래 어족과 고도회유성 어족의 보존·관리협정"이 채택되었는데, 동 협정에 대해서는 아래에서 논한다.

429) Australia v. France, New Zealand v. France, ICJ Reports (1974), pp. 253 and 457.

430) 즉, "대기권·외기권 및 수중 핵무기실험금지조약"

431) Birnie/Boyle, p. 360 ; Harris, pp. 397~398 ; Kaczorowska-Ireland, p. 333.

432) Aust, *Handbook of IL*, 2nd, p. 293 ; Kaczorowska-Ireland, p. 333.

433) 제87조 1항.

434) 제87조 2항. 여기서 "적절히 고려하여야"(with *due* regard) 한다는 문구는 1958년 제네바 공해협약(제2조)에

때문이다. 따라서 핵실험의 장소 문제와는 별도로, 핵실험으로 인하여 공해에 대규모 오염을 발생시켜 타국에 피해를 초래하는 것은 국제법 위반으로 보아야 할 것이다.

3. 선박의 국적[435)]

연안국이냐 내륙국이냐를 불문하고 모든 국가는 공해에서 자국기를 게양한 선박을 항행시킬 권리를 갖는다.[436)] 선박의 국적은 등록에 의하여 결정된다. 그리고 선박은 등록된 국가의 국기를 게양할 권리를 갖는데 이 등록국가를 기국(旗國)(state of flag)이라고 칭한다. 선박이 특정 국가에 등록된다는 것은 그로써 기국의 입법관할권 하에 놓이게 되고, 또한 기국의 영해와 EEZ, 공해상에서 기국의 집행관할권 하에 놓이게 됨을 의미한다.[437)]

선박의 국적은 특히 기국만이 국제재판소에서 특정 선박을 위하여 소를 제기할 수 있다는 점에서도 특별한 중요성을 갖는다. *Grand Prince* 호 사건[438)]이 이것을 잘 보여주는데 사건 개요는 다음과 같다. 벨리즈 국기를 게양하고 있던 이 트롤어선은 허가 없이 어업을 하고 있다는 이유로 프랑스 영토인 케르겔렌 군도(Kerguelen Islands)의 EEZ에서 나포되어, 프랑스 항구에서 절차가 진행되는 동안 그곳에 억류되었다. 이에 벨리즈는 UN해양법협약 제292조에 의거하여 국제해양법재판소에 선박의 신속석방을 요청하는 소를 제기하였다. 그러나 증거로 판단하건대, 선박 억류 당시 벨리즈는 이미 선박의 등록을 박탈하기로 결정한 뒤였고, 그 선박은 국기를 고쳐달고 브라질에 등록될 참이었다. 따라서 재판소는 벨리즈는 소 제기 당시 자국이 그 선박의 기국이었음을 입증하지 못하였으므로 동 재판소에 재판관할권이 없다고 판시하였다. 한편, *M/V* "*Saiga*" 호 (No. 2) 사건[439)]에서 국제해양법재판소, 그리고 그 후 *The Arctic Sunrise Arbitration* 사건[440)]에서 중재재판소는, 선

서는 "합리적(합당한) 고려를 하여야"(with *reasonable* regard) 한다고 표현되어 있다.

435) 자세한 것은 朱東錦, "國際法上 便宜置籍에 관한 硏究" (박사학위 논문, 연세대학교 대학원, 1988) 참조.

436) 제90조.

437) Evans in Evans (ed.), *International Law*, 5th, p. 649.

438) *The Grand Prince* Case (Belize v. France), Prompt Release, ITLOS Case No. 8, Judgment of 20 April 2001, paras. 93~94.

439) ITLOS, *The M/V Saiga* (No. 2), (Saint Vincent and the Grenadines v. Guinea), Judgment of 1 July 1999, para. 106 : "... the Convention considers a ship as a unit, as regards the obligations of the flag State with respect to the ship and the right of a flag State to seek reparation for loss or damage caused to the ship by acts of other States and to institute proceedings under article 292 of the Convention. Thus the ship, every thing on it, and every person involved or interested in its operations are treated as an entity linked to the flag State. The nationalities of these persons are not relevant."

440) *The Arctic Sunrise Arbitration* (Netherlands v. Russia)(Merits), PCA Case No 2014-02, Award of 14 August 2015, para. 172 : "... the Tribunal considers the Arctic Sunrise to be a unit such that its crew, all persons and objects on board, as well as its owner and every person involved or interested in its operations, are part of an entity linked to the Netherlands as the flag State. The Tribunal finds that the Netherlands is entitled to bring claims in respect of alleged violations of its rights under the Convention which resulted in injury or damage to the ship, the crew, all persons and objects on board, as well as its owner and every person involved or interested in its operations. This conclusion applies regardless of the nationality of the person in question and equally when the person in question

박은 "한 개의 단일체"(a unit)이기 때문에 선박의 기국이 선박은 물론이고 −탑승자들의 국적을 불문하고, 또 승무원에 속하지 아니하는 사람들을 포함하여− 선박 내의 모든 물건과 사람에 대해 청구를 제기할 원고적격을 갖는다고 판시하였다.

각 국가는 "선박의 등록을 위한 조건을 설정할 의무"가 있지만, 그 구체적인 조건은 기국이 스스로 결정할 권한을 갖는다.[441] 그 결과 선박의 등록요건이 국가마다 다르게 규정되는 것을 피할 수 없다. 선박의 등록(따라서 국적부여)에 관한 국내 입법례는 크게 세 가지 유형으로 구분해 볼 수 있다.

첫째는, 선박의 등록요건을 엄격하게 규정하는 엄격주의 국가로서, 이것은 다시 선박 소유권 전부가 자국민(개인 또는 법인)에게 속하고 동시에 승무원 전체가 자국민일 것을 요구하는 국가, 선박소유권 전부가 자국민에게 속할 것을 요구하되 승무원에 관해서는 규정하지 않거나 일정 비율의 자국민 승선만을 요구하는 국가, 그리고 선박소유권의 일부가 자국민에게 속하고 아울러 승무원 전부가 자국민일 것을 요구하는 국가 등 세 유형으로 구분된다.

둘째는, 등록개방(open registry) 또는 편의치적(flag of convenience) 국가로서, 이들은 전적으로 외국인이 소유하는 선박에 대해서도 자유롭게 등록을 허가하고 있다. 물론, 이들 국가는 승무원에 대해서도 자국민일 것을 요구하지 않는다. 파나마 · 라이베리아 · 온두라스 등이 그 대표적인 경우인데 이 때문에 편의치적을 이들 국가의 머리글자를 따서 'Panlibhon flag'라고도 부른다.

셋째는, 절충주의 국가로서, 선박소유권의 일부가 자국민에게 속하고 아울러 승무원의 일정 비율이 자국민일 것을 요구하는 경우와 승무원의 국적에 관계없이 선박소유권의 일부만 자국민에 속할 것을 요구하는 경우로 구분된다.

위 세 입법례 중에서 문제가 되는 것은 편의치적이다. 이들 국가는 일정 등록수수료만을 징수할 뿐 선박의 소득에 대해 세금을 부과하지 않거나, 이를 부과하는 경우에도 매우 저율이다. 뿐만 아니라, 선박의 노동조건 · 안전관리 등을 엄격하게 규율할 수 있는 실효적 법제도를 갖고 있지 못하다. 따라서 편의치적은 해상교통사고의 한 원인이 되고 있을 뿐만 아니라 인권의 사각지대를 만들어 내고 있는 것이다. 게다가 UN안보리의 표적제재 시스템이 자주 가동되면서 대상 국가들이 편의치적을 통해 자국 선박에 대한 국제공동체의 제재를 회피하려고 시도할 수도 있다.[442]

---

is a national of the coastal State that is taking measures to enforce its laws or protect its rights and interests within the EEZ." 사건 개요는 본장, "V. 배타적 경제수역, 1. EEZ의 법적 성격" 참조.

441) 제91조.

442) 2016년 3월 2일 UN안보리는 북한에 대해 매우 포괄적인 제재를 부과하기 위해 만장일치로 결의 2270을 채택하였는데, 동 결의 부속서 Ⅲ은 2014년에 안보리 블랙리스트에 오른 북한의 '원양해운관리회사'(Ocean Maritime Management Co.) 소속의 선박 31척을 열거하고 있다. 북한 화물선 진텅(Jin Teng) 호는 동 부속서 Ⅲ의 13번에 올라 있는데, 안보리결의가 채택된 지 불과 수 시간 뒤 필리핀 수빅 만(Subic Bay)에 입항하였다가 필리핀 당국에 의해 출항을 금지당하였으며, 필리핀 당국은 선원들은 추방될 것이라고 발표하였다. 진텅 호는 시에라레온에 등록된 선박이지만, UN안보리는 이 선박의 실소유주를 '원양해운관리회사'로 보고 있다. BBC-Asia, 5 March 2016, "North Korea sanctions: Philippines to seize cargo ship", 〈https://www.bbc.com/news/world-asia-35735263〉; The Guardian, 5 March 2016, "Philippines impounds North Korean boat under new UN sanctions", 〈https://www.theguardian.com/world/2016/mar/05/philippines-impounds-north-korean-boat-under-new-un-sanctions〉; 본서, 제28장 (전쟁법), "Ⅶ. 군비축소. 1. 핵무기" 참조.

편의치적은 1958년의 제네바회의에서 "격한 쟁점"(explosive issue)[443]의 하나였는데, 이에 1958년 공해협약 제5조 1항은 *Nottebohm* 사건[444]에서 제시된 '진정한 관련'(genuine link)의 개념을 차용하여 "국가와 선박 사이에는 진정한 관련이 존재하여야 하며, 특히 국가들은 자국의 국기를 게양하는 선박에 대하여 ... 그 관할권과 통제를 실효적으로 행사하지 않으면 안된다"라고 규정하고 있다. 그러나 개념 정의는 보이지 않는다. 뿐만 아니라, '진정한 관련'과 '실효적 관할권 및 통제'(effective jurisdiction and control) 간의 상관관계도 분명치 않다. ICJ는 1960년 *Constitution of the Maritime Safety Committee of the Inter-Governmental Maritime Consultative Organization* 사건[445]에서 "정부간 해사자문기구 설립조약"(Convention for Establishment of Inter- Governmental Maritime Consultative Organization)[446] 제28조 (a)항[447]이 –동 기구의 주요 기관의 하나인– 해사안전위원회(Maritme Safety Committee)의 구성 요건의 하나로 명시하고 있는 "선박 최대소유국"(largest ship- owning nations)의 해석과 관련하여, 이에 대한 결정은 "오로지 국가들에 등록된 톤수에 달려있으며", "따라서 진정한 관련의 문제는 검토할 필요가 없다"고 결론지은 바 있다.

UN해양법협약도 진정한 관련의 개념을 정의내리지 않고 있는 점에서는 1958년의 협약과 동일하다. 다만, UN해양법협약은 '진정한 관련'과 '실효적 관할권과 통제'의 개념을 분리하여, 선박의 국적부여에 관한 제91조에서는 '진정한 관련'을, 그리고 기국의 의무에 관한 제94조에서는 기국의 '실효적 관할권과 통제'를 규정하고 있다. 이것은 전자는 선박의 등록을 위한 요건인데 반해, 후자는 선박이 일단 등록을 완료한 후에 그 기국이 부담하는 의무임을 시사하고 있다. 그러나 국제해양법재판소는 *M/V "Saiga"*호 사건[448]에서 '진정한 관련'의 요건은 선박의 국적 문제에 관련한 것이라

443) Akehurst, 6th, p. 182.

444) ICJ Reports (1955), p. 4.

445) Advisory Opinion of 8 June 1960, ICJ Reports (1960), p. 150 at 170, 171 : "The conclusion the Court reaches is that where in Article 28 (a) "ship-owning nations" are referred to, the reference is solely to registered tonnage. The largest ship-owning nations are the nations having the largest registered ship tonnage. ...
The Court having reached the conclusion that the determination of the largest ship-owning nations depends solely upon the tonnage registered in the countries in question, any further examination of the contention based on a genuine link is irrelevant for the purpose of answering the question which has been submitted to the Court for an advisory opinion."

446) 1982년 국제해사기구(International Maritime Organization : IMO)로 개명. "Brief history of IMO", at https://www.imo.org/About/Pages/Default.aspx ; https://en.wikipedia.org/wiki/International_Maritime_Organization.

447) "The Maritime Safety Committee shall consist of fourteen Members elected by the Assembly from the Members, governments of those nations having an important interest in maritime safety, of which not less than eight shall be the largest ship-owning nations, and the remainder shall be elected so as to ensure adequate representation of Members, governments of other nations with an important interest in maritime safety, such as nations interested in the supply of large numbers of crews or in the carriage of large numbers of berthed and unberthed passengers, and of major geographical areas."

448) *The M/V "Saiga"* (No. 2) case (Saint Vincent and the Grenadines v. Guinea), Judgment of 1 July 1999. 이 유조선은 세인트빈센트-그레나딘에 등록되어 있었지만, 싸이프러스에 등록된 회사의 소유였고, 운영은 스

기보다는 기국관할권의 실효적 행사에만 관련되는 것으로 본 듯한데, 조약 해석의 관점에서 이것이 타당한지는 의문이다.[449] 그러나 국제해양법재판소는 그후 *M/V "Virginia G"* 호 사건[450]에서 *"Saiga"* 호 판결을 재확인하면서, 제94조가 '진정한 관련'의 의미를 담고 있음을 분명히 하였다.

편의치적은 여전히 광범위하게 사용되고 있는 것이 현실이다. EU 유럽재판소도 1992년의 한 판결[451]에서 선박은 형식적으로 특정국가에 등록하는 것만으로 국적을 획득하기에 충분하며, 진정한 관련을 구성하기 위해 추가적으로 요구되는 것은 없는 것으로 보고 있는 듯하다. 게다가 타 국가들은 선박과 기국의 관련성이 아무리 희박하다 하더라도 그것의 국적을 승인하기를 거부할 수 없음을 시사하고 있기도 하다.[452] 그러나 회사의 국적 문제를 다룬 *Barcelona Traction Co.* 사건[453]에서 Jessup 재판관[454]은 개별의견을 통해 특별히 선박의 국적 문제에 대해서도 언급한 바 있는데, 여기서 그는 진정한 관련이 존재하지 않는 국적 부여는 타 국가들이 이를 승인할 의무까지는 없다는 견해를 제시하기도 하였다.[455]

군사적 목적의 편의치적(military flags of convenience)도 등장하고 있다. 제1차 걸프전(First Gulf War)(즉, 이란-이라크전)(1980~1988) 기간 중인 1986년 9월 이란이 이라크로 가기 위해 페르시아만을 통과하는 쿠웨이트 선박들을 공격하자 1987년 3월부터 1988년 봄까지 11척의 쿠웨이트 유조선이 미국 국내법의 편법적 조치를 통하여 등록을 미국으로 변경하였다. 그 후 이들은 미국 군

코틀랜드 회사가 하고 있었으며, 스위스 회사에 전세된 상태였다. 그리고 선장과 선원은 페인트공으로 고용된 세 명의 세네갈인을 제외하고는 모두 우크라이나인들이었다. 선박이 기니 당국에 의해 나포되자 세인트빈센트-그레나딘은 특히 선박의 석방을 요구하는 소를 제기하였다. 기니는 이 사건을 심리할 ITLOS의 관할권에 이의를 제기하였다. 즉, Saiga 호와 세인트빈센트-그레나딘 사이에 진정한 관련이 없으며, 따라서 동 국가는 Saiga 호를 위해 소를 제기할 자격이 없다고 주장하였다. 그러나 재판소(para. 83)는 이 문제에 대해 다음과 같이 답변하였다 ; "The conclusion of the Tribunal is that the purpose of the provisions of the Convention on the need for a genuine link between a ship and its flag State is to secure more effective implementation of the duties of the flag State, and not to establish criteria by reference to which the validity of the registration of ships in a flag State may be challenged by other States."

449) Robin R. Churchill, "The Meaning of the "Genuine Link" Requirement in relation to the Nationality of Ships", A Study prepared for the International Transport Workers' Federation, October 2000 ISBN:0901969508, available at https://www. oceanlaw.net/projects/pdf/ITF-Oct2000.pdf, p. 69 ; Ariella D'Anrea, "The "Genuine Link" Concept in Responsible Fisheries: Legal Aspects and Recent Developments", FAO Legal Papers Online #61, November 2006, available at https://www.fao.org/legal/prs-ol/paper-e.htm, p. 7.

450) *The M/V "Virginia G"* case (Panama/Guinea-Bissau), Judgment of 14 April 2014, para. 113 (available at https://www.itlos.org/cases/list-of-cases/case-no-19/) : "In the view of the Tribunal, once a ship is registered, the flag State is required, under article 94 of the Convention, to exercise effective jurisdiction and control over that ship in order to ensure that it operates in accordance with generally accepted international regulations, procedures and practices. This is the meaning of "genuine link"."

451) Case C-286/90. *Anklagemyndigheden* v. *Peter Michael Poulsen and Diva Navigation Corp.*, Judgment of 24 November 1992, [1992] ECR I-6019, paras. 12~16.

452) Churchill, "The Meaning of the "Genuine Link" Requirement in relation to the Nationality of Ships", *op. cit.*, pp. 30, 32 ; Kaczorowska-Ireland, p. 333.

453) ICJ Reports (1970), p. 3.

454) Separate Opinion of Judge Jessup, ICJ Reports (1970), p 161 at 188 (para. 46).

455) Churchill, "The Meaning of the "Genuine Link" Requirement in relation to the Nationality of Ships", *op. cit.*, pp. 26~27.

함의 호위를 받으며 무사히 페르시아만을 통과하였는데, 당시 언론에서는 이를 'reflagging'(국기고쳐달기 혹은 선박국적변경)이라 보도하였으며,[456] 해상에서의 무력공격과 관련한 *Oil Platforms* 사건[457]에서도 이 표현이 사용되었다.

편의치적의 국내법적 효과와 관련하여 1988년 11월 22일의 한국 대법원의 판결[458]이 흥미롭다. 울산에 소재한 현대 미포조선소에 한 척의 외국 선박이 들어와서 수리를 의뢰하면서, 수리의뢰서에 홍콩의 칩스테드를 소유주로 기재하였다. 그리고 선박수리대금 결제계약서에도 소유주를 홍콩의 칩스테드로 기재하였다. 그러므로 피고 현대측은 문제의 선박을 칩스테드 소유로 알고 수리를 해 주었다. 그런데 수리가 끝나자 칩스테드는 문제의 선박은 자신의 소유가 아니므로 수리비를 줄 수 없다고 주장하였다. 그러자 현대측이 가압류를 신청하였다. 이에 칩스테드의 라이베리아 내 편의치적 회사로서 문제 선박의 등록회사인 그랜드 하모니는 자신이 언제 수리를 부탁했느냐고 주장하면서 가압류집행 불허를 구하는 본건 소를 제기하였던 것이다. 따라서 이 사건의 주된 쟁점은, 원고 라이베리아의 그랜드 하모니는 자신이 홍콩의 칩스테드와 별개의 법인격자임을 주장할 수 있는가 하는 것이었다. 이에 대해 대법원은 "편의치적의 목적으로 설립된 원고가 자신은 칩스테드와 별개의 법인격자라고 주장하는 것은 신의성실 위반 내지 법인격 남용으로서 허용되지 아니한다."고 판결함으로써 그랜드 하모니의 주장을 일축하였다. 이 사건은 한국 대법원이 회사의 법인격 부인론을 처음으로 정면 수용했다는 점에서 특별히 주목을 받기도 하였다.[459]

끝으로, 1958년 공해협약 제7조와 UN해양법협약 제93조는 "앞의 조항들은 UN, UN전문기구 또는 국제원자력기구(International Atomic Energy Agency : IAEA)의 기를 게양하고 그 기구의 공무에 사용되는 선박에 관련된 문제에는 영향을 미치지 아니한다."고 규정함으로써 일부 보편적 성격의 국제기구도 공무와 관련하여 당해 기구의 기를 게양한 선박을 항행시킬 권리가 있음을 시사하고 있다. 그러나 이것은 이들 국제기구의 공무에 봉사하는 선박이 당해 기구에 소유권이 있거나 기구 자체에 등록되어야 함을 의미하는 것은 아니다.[460]

4. 기국주의

공해는 공공물이긴 하지만 수평적 · 분권적 구조의 국제공동체 하에서 공해의 치안유지는 일차적으로 기국주의에 의하여 확보되고 있다. 기국주의라 함은 임검, 나포 등 물리적 간섭행위와 관련하

---

456) 朱東錦, "便宜置籍과 軍事的인 문제", 《變化하는 世界와 國際法》(서울 : 박영사, 1993), pp. 345~374 ; Malanczuk, p. 351 ; ILA Report of the Sixty-Eighth Conference (Taipei Conference, 1998), "Helsinki Principles on the Law of the Maritime Neutrality", at pp. 498~499 참조.

457) Islamic Republic of Iran v. United States of America, ICJ Reports (2003), p. 161 at 175 (para. 24) and *passim*. 사건 개요는, 본서 제27장 (국가의 무력사용), Ⅱ. 국가의 무력사용 : 1945년 이후, "1. 자위권" 참조.

458) 대법원 1988. 11. 22. 87다카1671.

459) 법인격 부인론의 의의에 대해서는, 본서, "제10장 (국가면제), Ⅶ. UN협약의 개관, 1. 상업적 거래" 부분 참조.

460) Amerasinghe, p. 389.

여 공해상의 선박은 기국(旗國)의 배타적 관할권 하에 놓인다는 원칙을 말한다.[461] 그 대신 기국은 공해에서 자국의 기를 단 선박이 국내법과 국제법을 준수하게 할 의무를 부담한다.[462] 그리고 기국주의에 따라 공해상에서 일국의 군함은 외국 선박에 대하여 관할권을 행사할 수 없다. 그러나 UN 해양법협약상 이 기국주의에는 해적행위, 임검권, 추적권 등 세 가지 예외가 존재하는데(다시 말해서, 일국의 군함이 -해적행위의 경우에는 외국의 사항공기를 포함하여- 공해상의 외국 선박에 대해서도 일정 관할권을 행사할 수 있는 예외가 세 가지 있는데), 이들에 관해서는 아래에서 다시 언급한다.

선박은 어느 한 국가의 국기만을 게양하여야 한다.[463] 그리고 선박은 진정한 소유권의 이전 또는 진정한 등록변경의 경우를 제외하고는 항행 중이나 기항 중에 그 국기를 바꿀 수 없다.[464] 게양할 권리가 있는 어떤 국기도 게양하지 않거나, 어떤 국가에도 등록되지 않았거나, 혹은 2개국 이상의 국기를 동시에 또는 편의에 따라 선택적으로 게양하는 선박은 무국적선(stateless ships)으로 취급되며, 따라서 그 어떤 국가도 이를 위해 외교보호권을 행사할 수 없다.[465] 영국 추밀원의 *Molvan* v. *Attorney - General for Palestine* (The "Asya") 사건(1948)[466]이 이 점을 잘 보여주고 있다. 1946년 Molvan 소유의 Asya호가 영국의 위임통치지역인 팔레스타인으로 불법 유태인이민을 수송한다는 혐의로 팔레스타인 영해 밖 공해 지역에서 영국 해군에게 나포되었다. Asya호는 처음 조우 시에는 아무 깃발도 달지 않았고, 이어서 터키 깃발을 달다가, 또 시온기(Zionist flag)를 게양하였다. 물론 그 당시엔 아직 시온국가는 없었다. 영국의 추밀원(Privy Council)은 Asya호는 무국적선이므로, 영국 해군의 나포행위는 합법이라고 판결하였다.[467] 비슷한 사례로 북한선박 서산(*So San*)

---

461) 제92조 1항 첫 번째 문장 ; *The Lotus* case, PCIJ (1927), Series A, No. 10, p. 25 ; Currie, p. 272 ; Tanaka in Orakhelashvili (ed.), p. 139.

462) 기국의 의무는 제94조에 어느 정도 자세히 기술되어 있다. Tanaka in Orakhelashvili, pp. 139~140.

463) 제92조 1항 첫 번째 문장. 다만, UN 등의 국제기구의 공무수행에 사용되는 선박들은 자국의 국기와 당해 기구의 기를 함께 게양하는 경우가 많다. Burdick H. Brittin and Liselotte B. Watson, *International Law for Seagoing Officers*, 3rd ed. (Annapolis, Maryland : Naval Institute Press, 1972), p. 166.

464) 제92조 1항 두 번째 문장.

465) 제92조 2항, 제110조 1항(d) ; Currie, p. 273.

466) [1948] AC 351 at 369 ("...the freedom of the open sea, whatever those words may connote, is a freedom of ships which fly, and are entitled to fly, the flag of s State which is within the comity of nations. The Asya [the stateless vessel in this case] did not satisfy these elementary conditions. No question of comity nor any breach of international law can arise if there is no State under whose flag the vessel sails."), 〈https://www.refworld.org/cases,GBR_PRIVY,3ae6b6544.html〉 ; Ott, pp. 230~231 ; Akehurst, p. 183 ; D. P. O'Connell, *The International Law of the Sea*, Vol. Ⅱ (Oxford : Clarendon Press, 1984), pp. 755, 1061; Kaczorowska-Ireland, pp. 334~335.

United States v. *Marino-Garcia*, United States Court of Appeals, Eleventh Circuit, July 9, 1982, 679 F.2d 1373, 〈https://openjurist.org/679/f2d/1373/united-states-v-marino-garcia-g〉에서 미국 항소재판소도 *Molvan* v. *Attorney-General for Palestine* 사건을 인용하면서(para. 13), 다음과 같이 언급하고 있다(para. 17) : "We conclude, therefore, that international law permits any nation to subject stateless vessels on the high seas to its jurisdiction. Such jurisdiction neither violates the law of nations nor results in impermissible interference with another sovereign nation's affairs. We further conclude that there need not be proof of a nexus between the stateless vessel and the country seeking to effectuate jurisdiction. Jurisdiction exists solely as a consequence of the vessel's status as stateless. Such status makes the vessel subject to action by all nations proscribing certain activities aboard stateless vessels and subjects those persons aboard to prosecution for violating the proscriptions."

호 나포를 들 수 있다. 2002년 12월 9일 미국의 협조요청을 받은 스페인 해군은 예멘 동남쪽 600마일 인도양에서 국기를 게양하지 않고 항해 중인 동 선박을 나포, 검색하여 북한제 스커드 미사일 15기와 재래식 탄두, 드럼통 85개 분량의 화학물질을 발견하였다. 그러자 예멘 정부는 이들 무기는 바로 자신들이 북한과의 합법적인 거래를 통해 구입한 것이라고 항변하면서, 이를 제3자에게 이전하지 않겠다고 미국 측에 약속하였다. 이에 부시 대통령은 백악관 대변인 Lawrence Ari Fleischer의 입을 빌려 "예멘이 북한으로부터 미사일을 인도받는 것을 금지하는 국제법 규정은 없다. (선박을) 정선시켜 수색할 권한은 있지만, 이 사건에서 북한을 떠나 예멘으로 가는 스커드 미사일 선적을 몰수할 수 있는 명확한 권한은 없다. 그러므로 이 상선을 놓아준다"고 천명하였다.[468)]

공해상에서 군함과 기타 '비상업적' 업무에만 사용되는 정부선박은 기국 이외의 어떤 국가의 관할권으로부터도 완전한 면제를 향유한다. 다시 말해서, 이들에게는 기국주의의 그 어떤 예외도 적용되지 아니한다.[469)] '상업용' 정부선박은 상선과 동일하게 취급된다.

5. 공해상의 선박(상선) 충돌에 대한 형사집행관할권

이 문제에 대한 해양법의 태도를 이해하기 위해서는 우선 *Lotus*호 사건[470)]에 관해 언급하지 않을 수 없는데, 사건 개요는 다음과 같다. 1926년 터키 부근 지중해 공해상에서 프랑스의 우편물 운송 선박 Lotus호가 당직사령의 과실로 터키의 석탄 운송 선박과 충돌하였으며, 이로 인해 후자는 침몰하고 그 과정에서 8명의 터키인들이 익사하였다. Lotus호는 사고발생 후 자발적으로 원래의 목적지인 콘스탄티노플(현 이스탄불) 항구로 들어갔다. 그러자 터키 당국이 Lotus호의 당시 당직사령이었던 프랑스인을 형사소추하였으며, 그에게 80일 간의 투옥과 22파운드의 벌금이 선고되었다. 터키의 모든 집행적 조치는 프랑스 선박이 자발적으로 터키 영토에 들어간 뒤에 취해진 것이므로

467) See also *United States* v. *Pinto-Mejia*, 720 F.2d 248 (2nd Cir 1983)("a stateless vessel, which does not sail under the flag of one state to whose jurisdiction it has submitted, may not claim the protection of international law and does not have the right to travel the high seas with impunity.").

468) CNN.com, "U.S. lets Scud ship sail to Yemen", December 12, 2002, https://www.cnn.com/2002/WORLD/asiapcf/east/12/11/us.missile.ship/index.html ; William Safire, "Bush's Stumble: The So San Affair", The New York Times, December 19, 2002 (available online at https://www.nytimes.com/) ; Brian Whitaker, "The 'So San' affair", (Originally published in Middle East International, 20 December 2002), https://www.al-bab.com/yemen/artic/mei90.htm ; joins.com, 2002.12.20/21, "실수 연발한 미국의 서산호 처리" ; chosun.com, 2009.06.20, "WMD 의심선박 차단사례 어떤게 있나" ; 김석균, "해양레짐의 관점에서 본 PSI의 실행 과제", 《國際法學會論叢》, 제54권 제3호 (2009년 12월), p. 111. 부시 정부의 즉각적인 서산호 석방과 관련하여, 설사 (중립국) 예멘 자신은 문제의 무기를 미국과 전쟁 중인 알카에다 측에 넘기려는 의사가 없다 하더라도, 예멘에 침투한 알카에다 세력에게로 이것이 넘어갈지도 모르는 상황에서 전시금제품(contraband of war)의 논리를 적용하여 몰수할 수 있는 여지가 없지 않으며, 따라서 일단 문제의 선박을 미국으로 끌고 와 이런 문제에 경험이 많은 미국 재판소의 판단에 맡겨 보는게 좋았을 것이라는 비판적 견해가 있다 : 즉, David B. Rivkin Jr. & Lee A. Casey, "From The Bermuda to The So San - We should have kept the Scuds", National Review Online, January 2, 2003, https://nationalreview.com.

469) 제95조~제96조, 제110조.

470) PCIJ (1927), Series A, No. 10 ; 金大淳/金珉瑞/朴芝炫, pp. 155~159.

터키의 집행관할권 행사가 국제법상 허용되는 영토적 한계를 넘은 것은 아니었다. 따라서 1차 문제는 터키의 그같은 집행관할권 행사의 기초가 된 터키 형법의 관할권 규칙이 국제법상 허용될 수 있느냐 하는 것이었다. 특별협정에 의해 PCIJ에 제소된 이 사건에서 프랑스 정부는 우선, 터키의 재판은 터키 형법상의 수동적 속인주의(passive personality principle)에 기초한 것인데 이것은 '입법'관할권의 측면에서 국제법에 위배되는 것이라고 주장하였다. 뿐만 아니라 '집행'관할권의 측면에서도, 당시의 국제관습법에 의하면 공해에서 국적을 달리하는 상선이 충돌할 때 가해선의 기국이 재판관할권을 가져야 하는데 피해선의 기국인 터키가 형사재판을 했으므로, 이것 역시 국제법 위반이라고 주장하였다. 첫 번째 쟁점에 대해 PCIJ는, 터키 형사재판의 국내법적 근거가 무엇인지는 문제되지 않으며, 국제법의 관점에서 그것이 정당화될 수 있는지를 살펴보아야 하는데, 이 사건은 범죄가 프랑스와 터키 양국의 영토에서 행해진 경우에 해당하므로 프랑스도 터키도 속지주의에 입각하여 재판권을 행사할 수 있다고 판결하였다. 그리고 두 번째 쟁점에 대해서는, 프랑스가 주장하는 바의 관행이 있는 것은 사실이지만 이것이 법적 확신을 얻어 관습법화 되었다고 볼 수는 없다고 판결하였다.

PCIJ의 이 판결은 현실적으로는 당시 선주들의 이익을 크게 위협하는 것이었다. 그러므로 1952년 5월 10일의 브뤼셀 해사법외교회의에서는 공해상의 선박 충돌과 관련하여 민사 및 형사 재판권에 관한 협약[471]을 각기 체결하였으며, 이 중 형사재판권에 관한 협약의 기본원칙은 제네바공해협약과 UN해양법협약에 반영되었다. 즉, 제네바공해협약 제11조와 UN해양법협약 제97조는 공해 상의 '선박충돌을 포함한 항행사고' 시 사람에 대한 형사재판권은 '가해선의 기국' 또는 '가해자의 국적국가'가 가지며,[472] 수사 등을 위한 선박의 나포·억류 등 선박 자체에 대한 형사집행관할권은 오로지 당해 선박의 기국만이 행사할 수 있다고 규정하고 있다.[473] 선장증명서, 자격증 또는 면허증은 소지자의 국적에 관계없이 이를 발급한 국가만이 무효화할 권한이 있다.[474]

이상의 조약규정들은 물론 공해상에서의 상선 충돌 및 기타 항행 사고에 관한 한 *Lotus*호 판결의 효력을 뒤집기 위한 것이다. 그러나 *Lotus*호 판결은 ―재판소 소장의 결정투표권(casting vote) 행사에 의해 내려진 것이긴 하지만― 국가관할권 개념에 대한 설명과 관련해서는 계속되는 진실을 담고 있다. 즉, *Lotus*호 사건에서 천명된 객관적 속지주의와 관할권 일반 그리고 국제관습의 성격에 관한 일반원칙들은 계속해서 타당하다.[475] 인도의 EEZ에 진입한 이탈리아 선박에서 개시된 총격으로 인도

471) 즉, "충돌문제에 있어 민사관할권에 관련한 일정 규칙에 관한 국제협약"(International Convention on Certain Rules concerning Civil Jurisdiction in Matters of Collision), https://www.irishstatutebook.ie/gen61989a.html ; 그리고 "충돌 혹은 기타 항행사고 문제에 있어 형사관할권에 관련한 일정 규칙의 통일을 위한 국제협약"(International Convention for the Unification of Certain Rules relating to Penal Jurisdiction in Matters of Collision or Other Incidents of Navigation), https://www.legislation.gov.hk/doc/multi_909.pdf.

472) 제97조 1항.

473) 제91조 3항.

474) 제97조 2항.

475) Akehurst, p. 188.

선박에서 사망이 발생한 사건과 관련한 *The "Enrica Lexie" Incident* (Italy v. India)"[476)]에서도 중재재판소는 속지주의에 의거하여 인도와 이탈리아가 모두 관할권을 행사할 권리가 있음을 확인한 바 있다. 중재재판소는 "본 사건은 '항행 사고'로서 UN해양법협약 제97조 1항이 적용되며, 인도는 이 규정을 위반하였다"는 이탈리아의 주장에 대해서는 이를 배척하며,[477)] 제97조 1항의 '항행 사고'의 개념을 좁게 해석하였다.[478)]

6. 원조 제공 의무[479)]

'모든 국가'는 자국의 국기를 게양한 선박의 선장이 자신의 선박·선원 또는 승객에게 중대한 위험을 끼치지 않고서 할 수 있는 한, 그가 다음의 사항을 행하도록 요구해야 한다 : (a) '실종위험'에

476) PCA Case No. 2015-28, Award of 21 May 2020, paras. 367~369 : "367. In the present case, the Marines on board the "Enrica Lexie" fired at the "St. Antony", resulting in the death of two Indian fishermen on board the "St. Antony" and damage to the vessel. The incident thus involves two vessels: the alleged offence was commenced on board the Italian vessel, "Enrica Lexie", and completed on board the Indian vessel, "St. Antony". According to the territoriality principle, both Italy and India are entitled to exercise jurisdiction over the incident. ... ...
368. Furthermore, in the Arbitral Tribunal's view, India's exercise of jurisdiction over the "Enrica Lexie" incident is not only compatible with the Convention, but justified by Article 92, paragraph 1, of the Convention, which provides for the principle of exclusive flag State jurisdiction. Pursuant to this principle, India, as the flag State, has exclusive jurisdiction over the "St. Antony" and may assert its jurisdiction in respect of the offence that was allegedly completed on board its vessel in the exclusive economic zone, in the same way as Italy, as the flag State, has exclusive jurisdiction over the "Enrica Lexie" and may assert its jurisdiction in respect of the offence that was allegedly commenced on board its vessel.
369. Having found that the territoriality principle can provide a valid legal basis for India's exercise of jurisdiction over the "Enrica Lexie" incident, the Arbitral Tribunal does not find it necessary to address the validity of the second base invoked by India, the passive personality principle."

477) Para. 577 of the Award.

478) Paras. 651, 652 : "651. In order to answer the allegation that India has breached Article 97, paragraph 1, of the Convention, the Arbitral Tribunal must determine whether an "incident of navigation" occurred on 15 February 2012 and, therefore, whether Article 97, paragraph 1, is applicable in the present case. In order to constitute an "incident of navigation", in turn, *there must have occurred manoeuvring or movement of a ship that resulted in serious damage or harm, including to the ships involved, their cargo, or the individuals on board.* ; 652. The Arbitral Tribunal observes that it is undisputed between the Parties that no collision occurred between the "Enrica Lexie" and the "St. Antony" on 15 February 2012. In the view of the Arbitral Tribunal, there was a risk of collision. However, no damage resulted from the *manoeuvring or movement* of a ship. While the "St. Antony" was indeed damaged and two Indian fishermen on board lost their lives during the incident, this damage and mortal harm were not caused by the *movement or manoeuvring of either ship.*"(italics added) See Orakhelashvili/Akehurst, 9th, pp. 233~234.
이 사건에서는 여기서 더 나아가, UN해양법협약 제288조 1항에 의거하여 관할권을 행사하는 중재재판소가 가해자인 이탈리아 해병들이 '국가면제'를 향유하는지에 대해서도 판단할 수 있겠는가라는 흥미로운 문제가 제기되었는데(para. 367), 왜냐하면 이 문제는 일견 UN해양법협약의 해석 및 적용과는 관련이 없어 보이기 때문이다. 그러나 재판소는 이를 긍정하였다(para. 811). 이 문제에 대해서는, 본장, "XVII. 분쟁해결, 3. 구속력있는 결정을 수반하는 강제(의무)절차 적용의 제한과 예외" 참조.

479) 제98조.

처한, 바다에서 발견된 그 누구에게든 원조를 제공하는 일 ; (b) '조난당한 사람들'을 원조할 필요가 있다고 통보를 받는 경우, 선장이 그러한 행동을 하리라고 합리적으로 기대될 수 있는 한도 내에서 가능한 전속력으로 항진하여(with all possible speed) 그들의 구조에 착수하는 일 ; (c) '충돌' 후, 상대 선박과 그 선원 및 승객에게 원조를 제공하고 그리고 가능한 경우 자기 선박의 명칭과 등록항구 및 가장 가까운 기항예정지를 상대 선박에게 통보하는 일.[480] 또한 '모든 연안국'은 바다 위와 위쪽의 안전(safety on and over the sea)과 관련하여 적절하고도 실효적인 수색·구조 서비스의 설치와 운영 및 유지를 촉진하고, 상황이 요구하는 경우 상호간 지역협정을 통해 이 목적을 위해 인접국들과 협력하여야 한다.[481]

7. 기국주의의 예외

기국주의가 적용되지 아니하는 예외에는 세 가지가 있다. 이는 물론 UN해양법협약의 목적을 위하여 동 협약에 명시된 것들이며, 이 밖에도 국가들은 기타 조약규정에 의거하여,[482] 전시에 전쟁법에 의거하여,[483] 혹은 (역시 조약의 하나인) UN헌장 제7장에 기초한 안전보장이사회의 수권(授權)에 의거하여[484] 공해상에서 타국 선박에 대하여 관련 관할권을 행사할 수 있다.[485]

(1) 해적행위

중세시대 번성하던 해적행위는 17~18세기에 다시 횡행하다가 점차 사라졌으나 최근 일부 지역에서 다시 부활하는 모습을 보이고 있는데,[486] UN해양법협약 제101조는 해적행위(piracy)를 다음과 같이 정의하고 있다.

> "(a) 사선박 또는 사항공기의 승무원이나 승객이 사적인 목적으로 다음에 대하여 범하는 위법한 폭력행위, 억류 또는 약탈행위 :

---

480) 제98조 1항.

481) 제98조 2항.

482) 제110조 1항 ; 1995년 "경계왕래 어족과 고도회유성 어족의 보존·관리협정" 제21조, 제22조 참조.

483) 예컨대, 전통국제법에 의하면, 전시에 교전국 일방은 중립국 국민이 타방 교전국에 공급하는 전시금제품(contraband of war)을 해상에서 포획하여 몰수하는 것이 허용되며, 당해 중립국은 이에 이의를 제기할 수 없다. 자세한 것은, 박관숙, pp. 429~437 참조.

484) Kaczorowska-Ireland, p. 341.

485) Malanczuk, pp. 187~190. 제92조 1항은 "선박은 ... 국제조약이나 본 협약에 명시적으로 규정된 예외적인 경우를 제외하고는 공해에서 그 국가의 배타적 관할권에 속한다"(Ships ... save in exceptional cases expressly provided for in international treaties or in this Convention, shall be subject to its exclusive jurisdiction on the high seas)고 규정함으로써 관습법상의 기국주의에 대한 예외는 UN해양법협약 이외의 (UN헌장을 포함한) '기타 조약'에 의해서도 창설될 수 있는 것임을 분명히 하고 있다. 다만, 위 규정에 의하면 기국주의의 예외는 '명시적으로' 규정되어야 한다. 임검권에 관련하여 "간섭행위가 조약에 의해 부여된 권한에서 오는 경우는 제외하고"(Except where acts of interference derive from powers conferred by treaty)라고 규정하고 있는 제110조 1항도 기국주의의 예외가 국가 간 조약에 의하여 추가될 수 있음을 시사하고 있다.

486) Cassese, *International Law*, 2nd, p. 143 ; Kaczorowska-Ireland, p. 339 ; Nussbaum (서석순 譯), p. 58.

(i) 공해에서, 타 선박이나 타 항공기 또는 그러한 선박이나 항공기 내의 사람이나 재산 ;
(ii) 국가관할권 밖의 장소에서, 선박, 항공기, 사람 또는 재산.

(b) 어느 선박 또는 항공기가 해적선 또는 해적항공기가 되는 활동을 하고 있다는 사실을 알고서도 자발적으로 그러한 활동에 참여하는 모든 행위.

(c) (a)와 (b)에 규정된 행위를 선동하거나 또는 고의적으로 조장하는 모든 행위."

위 규정을 요약하면 해적행위라 함은, 사선박 또는 사항공기가 공해 또는 국가관할권 밖의 장소에서 타 선박 또는 타 항공기에 대하여, 사적인 목적으로 폭행 · 억류 · 약탈 행위를 하거나 이에 자발적으로 참여하거나 또는 이들 행동을 선동하거나 고의적으로 조장하는 행위를 말한다.[487)]

첫째, 해적행위의 주체는 사선박 또는 사항공기이다. 그러나 군함 등의 정부선박 혹은 정부항공기도 내부반란이 일어나 국가의 통제를 완전히 벗어나면 사선박 또는 사항공기로 간주된다.[488)]

둘째, UN해양법협약 제101조에 반영되어 있는 국제법상의 해적행위는 '공해' 또는 '국가관할권 밖의 장소'(a place outside the jurisdiction of any State)에서 행해져야 한다. 따라서 일국의 영해에서 행해지는 약탈적 행위는 국내법상의 해적행위는 될 수 있어도 국제법상의 해적행위는 아니다. 영해는 분명히 공해 또는 국가관할권 밖의 장소가 아니기 때문이다.[489)] 그리고 공해는 물론 '국가관할권 밖의 장소'이긴 하지만, 제101조 (a)(ii)에 언급된 이 개념은 공해를 제외한 기타 지역으로 보아야 할 것이다. '공해'에서 발생하는 해적행위는 이미 동조 (a)(i)에서 규율하고 있기 때문이다. 그러면 (a)(ii)에서 말하는 '국가관할권 밖의 장소'라 함은 구체적으로 어떤 지역을 지칭하는지 묻지 않을 수 없다. UN해양법협약 제101조에 상응하는 규정인 제네바공해협약 제15조 1항(b)의 초안에 대하여 ILC는 무주지(*terra nullius*)를 구성하는 섬을 그 한 예로 언급한 바 있다.[490)]

해적행위는 EEZ에서도 행해질 수 있는가? EEZ제도를 몰랐던 제네바공해협약은 그 제1조에서 공해를 "한 국가의 영해 또는 내수에 포함되지 아니하는 바다의 모든 부분"으로 정의하고 있는데 반해, UN해양법협약 제86조 첫 번째 문장(공해의 정의)에 의하면 영해와 내수는 물론이고 EEZ도 공해의 개념에서 제외된다. EEZ가 "국가관할권 '안'의 장소"인 것도 분명하다. 그 결과 UN해양법협약 체제 하에서 EEZ 내에서의 약탈적 행위는 해적행위를 구성하지 않는다는 결론에 이를 수 있지만 이같은 결론은 배척하는 것이 타당하다. 왜냐하면 다행히도 UN해양법협약 제86조는 그 두 번째 문

---

487) Akehurst, pp. 185~186.

488) 제102조.

489) 다만, 해적을 진압하기 위해 UN안보리의 수권에 의해 타국의 영해 내로 진입하는 것은 해적행위의 국제법상의 정의와는 별개의 문제이다. 예컨대, 안보리는 2008년 6월 2일 UN헌장 제7장에 의거하여 채택한 '결의 1816'에서, 소말리아 앞바다 영해 및 공해에서 자행되고 있는 해적행위와 해상 무장강도에 대항하여 싸우는 국가들에게 소말리아(과도연방)정부와 협력할 것을 조건으로 동 결의 채택일로부터 6개월간 소말리아 영해 내로 진입하여 국제법상 공해상의 해적행위에 적용되는 규칙에 따라 행동하는 것을 허락한 바 있다. 안보리는 그후 '결의 1846' (2008년 12월 2일) (para. 10)을 필두로 매년 추가결의를 통해 수권기간을 1년씩 갱신하고 있다. 그리고 이들 모든 결의는 매번 "동 결의가 국제관습법을 수립하는 것으로 간주되지 않는다는 것을 특히 강조"하고 있으며, "결의에 규정된 수권은 각 결의 때마다 소말리아 과도연방정부로부터 동의 서한을 수령한 후에야 부여되었다는 것을 확인"하고 있다.

490) Brown, Vol. I, p. 302.

장에서 "본조는 모든 국가들이 제58조(EEZ에서의 타국의 권리 · 의무)에 따라 EEZ에서 향유하는 자유의 축소를 수반하지 아니한다."고 규정하고 있고, 또 이 제58조의 2항은 (해적행위에 관한 규정인 제100조~제107조를 포함한) "제88조부터 제115조까지의 규정과 그 밖의 국제법의 적절한 규칙은 이 부(즉, 제5부 EEZ)에 배치되지 아니하는 한(in so far as they are not incompatible with this part) EEZ에 적용된다."고 명시하고 있기 때문이다. 물론 공해에 관한 총칙규정에 속하는 제88조~제115조가 EEZ에 계속해서 적용되기 위해서는 '협약 제5부와 배치되지 아니할' 것이 요구되지만, 해적행위에 관한 한 양자의 양입가능성을 방해하는 것은 아무 것도 없다. 요컨대, 국제법상의 해적행위는 EEZ 내에서 여전히 행해질 수 있다는 것이 UN해양법협약 기초자들의 의도인 것으로 보인다.491)

셋째, 제101조 (a)(i)은 '타 선박이나 타 항공기'란 표현을 사용함으로써 해적행위가 성립하기 위해서는 공격하는 선박 또는 항공기와 공격받는 선박 또는 항공기가 별개로 존재해야 함을 분명히 하고 있다. 이에 반해, 동 조 (a)(ii)는 이 표현을 사용하지 않음으로 인하여 '국가관할권 밖의 장소'에서 발생하는 해적행위는 동일 선박이나 동일 항공기 내의 승무원이나 승객에 의해서도 행해질 수 있음을 시사하는 듯이 보이지만 이같은 해석은 일반적으로 배척되고 있다. 즉, 해적행위는 그것이 공해에서 행해지건 아니면 '국가관할권 밖의 장소'에서 행해지건 불문하고 공격하는 선박 또는 항공기와 공격받는 선박 또는 항공기가 별개로 존재하여야 한다.492) 따라서 선상반란(mutiny) 자체는 국제법상의 해적행위가 아니므로 –기국의 요청에 의하거나, 타 국가의 나포를 허락하는 조약이 없는 한– 기국의 군함만이 이를 나포할 수 있다.493) 물론 반란자들의 수중에 들어간 선박 또는 항공기가 타선박 또는 타항공기에 대해 약탈 등의 행위를 하면 이것은 해적행위로 간주된다. *Arctic Sunrise* 호 사건494)에서 중재재판소는 이 네덜란드 선박을 타고 온 그린피스 환경운동가들이 항의를 하기 위해 올라가려 한 러시아 EEZ 내의 석유시추 플랫폼 프리라즈롬나야(Prirazlomnaya)는 선박이 아닌 '고정된 플랫폼'(fixed platform)이기 때문에 해적행의가 성립하기 위한 '타 선박'의 요건에 해당하지 않는다고 결론지었다.

넷째, 해적행위를 구성하기 위해서는 행위가 '사적 목적을 위하여'(for private ends) 행해진 것이어야 하며, 정치적(politcal) 혹은 공적(public) 목적을 위하여 행해진 행위는 해적행위로 간주될 수 없다.

다섯째, 해적행위란 폭행 · 억류 · 약탈 행위 및 이에 자발적으로 참여하거나 이를 선동 또는 고의적으로 조장하는 행위를 포함한다.

해적행위에 가담하는 선박 또는 항공기, 즉 해적선 또는 해적항공기의 개념에는 현재 해적행위를 하고 있는 경우뿐만 아니라, 앞으로 해적행위를 할 목적으로 선박 또는 항공기를 사용하려는 경우

---

491) *Ibid.*, p. 303 ; *The Arctic Sunrise Arbitration* (Netherlands v. Russia)(Merits), 14 August 2015, paras. 236~241.

492) Brown, Vol. 1, p. 302.

493) Orakhelashvili/Akehurst, 9th, p. 209.

494) *The Arctic Sunrise Arbitration* (Netherlands v. Russia)(Merits), 14 August 2015, paras. 236~241.

와 선박 또는 항공기가 이미 해적행위를 위하여 사용된 경우를 포함한다.[495)]

선박이나 항공기가 해적선 또는 해적항공기가 된 경우에도 자신의 국적을 보유할 수 있다. 이 경우 국적의 보유나 상실은 그 국적을 부여한 국가의 법에 의하여 결정된다.[496)]

전통적으로 해적은 공해의 자유를 방해하고 사유재산을 위협하는 '인류의 공적'(enemies of humanity, *hostes humani generis*)으로 간주되었으며,[497)] 그 결과 해적선 또는 해적항공기에 대해서는 임의적 보편관할권(facultative universal jurisdiction)이 적용된다. 즉, '모든' 국가는 공해 또는 국가관할권 밖의 어떠한 곳에서라도, 해적선 · 해적항공기 또는 해적행위에 의하여 탈취되어 해적의 지배 하에 있는 선박 · 항공기를 나포하고, 나아가서 그 선박과 항공기 내에 있는 범인들을 체포하고 재산을 압수할 '수' 있다. 나포를 행한 국가의 재판소는 부과될 형벌을 결정하며, –이른바 "*pirata non mutat dominium*"[498)]의 원칙에 따라 선의의 제3자의 권리를 존중할 것을 조건으로– 그 선박 · 항공기 또는 재산에 대하여 취할 조치를 결정할 수 있다.[499)]

그런데 UN해양법협약 제105조는 공해 상에서 "모든 국가는 해적선을 나포할 수 있지만", 소추는 "나포를 행한 국가의 재판소에서" 하도록 규정하고 있기 때문에 해적을 타국으로부터 넘겨받아 소추하는 것은 허용되지 아니한다는 해석이 자연스럽게 도출된다.[500)] 그러나 이 같은 해석에 대해서는 반론이 제기되고 있기도 하다.[501)] 실제 국가들로서는, 먼 바다에서 나포한 –자국의 이익과 별 관계도 없는– 해적을 자국 법정에 세워 보편적 정의를 실현하자면 많은 국가 재정이 투입되어야 하고, 또 소추가 실패하는 경우 해적혐의자가 이를 기화로 오히려 영토비호(territorial asylum)를 신청할 염려도 있기 때문에, 대부분의 경우 현장에서 풀어주거나("catch and release"), 잡아와도 소추를 꺼리거나, 소추되어도 판사가 석방을 명하기도 하는데, 사정이 이러하다 보니 소추를 위하여 인근

---

495) 제103조.

496) 제104조.

497) *Per* Judge Moore, dissenting opinion in *The Lotus* case, PCIJ (1927), Series A, No. 10, p. 65 at 70 ; UK Judicial Committee of the Privy Council, *In re Piracy Jure Gentium*, [1934] AC 586, available at https://www.uniset.ca/other/cs5/1934AC586.html ; Cassese, *International Law*, 2nd, pp. 435~436.

498) "A pirate does not change ownership." Oppenheim, pp. 616~617 ; B. A. Wortley, "*Pirata non mutat dominium*", (1947) 24 BYIL 258~272.

499) 제105조. 기존 국제관습법규를 법전화한 이 규정은 해적행위에 대한 나포군함 기국의 보편관할권 행사를 허용하는 것에 그치고 있으며, 실제로 그같은 재판이 국내에서 행해질 수 있기 위해서는 다시 해당 국가의 국내법이 이를 허용해야만 할 것이다. 국제법이 그 이행을 국내법에 의존하고 있는 사례의 하나이다. UK Judicial Committee of the Privy Council, *In re Piracy Jure Gentium*, [1934] AC 586 ; Tanaka in Orakhelashvili (ed.), p. 147.

500) Milena Sterio, "Fighting Piracy in Somalia (and Elsewhere): Why More Is Needed", (2009) 33 Fordham International Law Journal 372 at 391, 397.

501) Tullio Treves, "Piracy, Law of the Sea, and Use of Force: Developments off the Coast of Somalia", (2009) 20 European Journal of International Law 399 at 408 ["The language of Article 105 ('may') seems to indicate that the exercise of jurisdiction by the seizing state's courts is a possibility, not an obligation, notwithstanding the 'duty' to cooperate in the repression of piracy set out in Article 100. The rule in Article 105 does not, however, establish the exclusive jurisdiction of the seizing state's courts. Courts of other states are not precluded from exercising jurisdiction under conditions which they establish."].

연안국에 넘기기도 한다.[502] UN안보리도 2008년 12월 16일 채택한 '결의 1851'에서 소말리아 연안에서 해적행위와 싸우고 있는 모든 국가들과 지역기구들이 해적들을 구금할 의사가 있는 국가들과 그 같은 협정을 체결할 것을 권고한 바 있는데,[503] 이에 따라 장기간 정정(政情)이 불안한 소말리아와 이웃한 케냐는 미국, 영국, EU 등등과 그 같은 협정을 체결하였으며 2010년 6월에는 타 국가 해군들이 나포하여 넘기는 소말리아 해적들을 재판하기 위한 특별재판소를 설치하여 가동 중이다.[504] 해적을 나포하여 케냐에 넘기는 국가들과 넘겨받아 소추하는 케냐가 UN해양법협약 제105조에 부합되게 행동하는 것인지에 대한 유권적 해답이 필요한 시점이다.

해적행위의 혐의가 있는 선박이나 항공기의 나포가 충분한 근거 없이(without adequate grounds) 행하여진 경우, 나포를 행한 국가는 그 선박이나 항공기의 국적국에 대하여 나포로 인하여 발생한 손실 또는 손해에 대한 국제책임을 진다.[505]

해적선 또는 해적항공기의 나포는 군함, 군용항공기 또는 정부업무를 수행 중인 것으로 명백히 표시되고 식별이 가능하며 그러한 권한이 부여된 그 밖의 선박이나 항공기만이 행할 수 있다.[506]

해적행위를 연상시키는 '해상 무장강도'(armed robbery at sea)라는 용어가 사용되고 있는데, 행위 자체에 관한 한 양자 사이에는 반드시 실질적인 차이가 있는 것은 아니지만, 후자는 연안국이 배타적 (입법/집행)관할권을 갖는 수역(즉, 내수, 군도수역, 영해)에서 행해지는 것이라는 점에서 전자와 구분된다.[507]

(2) 임검권(right of visit)[508]

UN해양법협약 제110조(및 1958년 공해협약 제22조)에 규정된 right of visit는 '방문권'으로 직역

---

502) Ryngaert, *Unilateral Jurisdiction and Global Values*, pp. 91~92, 97 ; Eugene Kontorovich and Steven E. Art "An Empirical Examination of Universal Jurisdiction for Piracy", Northwestern Public Law Research Paper No. 09-26, Northwestern Law & Econ Research Paper No. 09-45, 〈Available at SSRN: https://ssrn.com/abstract=1519518〉, pp. 45~46.

503) https://unscr.com/en/resolutions/doc/1851.

504) Dapo Akande, "Anti-Piracy Court Opens in Kenya", EJIL:Talk!, June 28, 2010, 〈https://www.ejiltalk.org/anti-piracy-court-opens-in-kenya/〉 ; James Thuo Gathii, "Kenya's Piracy Prosecutions", (2010) 104(3) AJIL, pp. 416~436, 〈https://doi.org/10.5305/amerjintelaw.104.3.0416〉 ; (US)Library of Congress, Oct. 25, 2012, "Kenya: Appellate Court Rules Kenyan Courts Do Have Jurisdiction over Offenses Committed on High Seas", 〈https://www.loc.gov/item/global-legal-monitor/2012-10-25/kenya-appellate-court-rules-kenyan-courts-do-have-jurisdiction-over-offenses-committed-on-high-seas/ ; Paul Musili Wambua, "The jurisdictional challenges to the prosecution of piracy cases in Kenya: mixed fortunes for a perfect model in the global war against piracy", (2012) 11 WMU J Marit Affairs 95~113, 〈https://doi.org/10.1007/s13437-012-0021-6〉 ; Ryngaert, *Unilateral Jurisdiction and Global Values*, pp. 91~92.

505) 제106조.

506) 제107조.

507) See *Text of the draft articles on the prevention and repression of piracy and armed robbery at sea* provisionally adopted by the Commission at its seventy-fourth session (2023), 〈https://legal.un.org/ilc/reports/2023/english/a_78_10_advance.pdf〉. IMO에서는 "선박에 대한 무장강도"(armed robbery against ships)란 용어를 사용하고 있다 : 〈https://www.imo.org/en/OurWork/Security/Pages/PiracyArmedRobberydefault.aspx〉.

508) 제110조 ; Brown, Vol. I, p. 343.

하기보다는 '임검권'으로 번역하는 것이 좋을 것이다. 이 권리는 군함이 외국 선박에 대해 "(선내)임검"(boarding)을 실시하는 것을 핵심 내용으로 하고 있기 때문이다.

UN해양법협약 제110조는 "제95조와 제96조에 따라 완전한 면제를 향유하는 선박을 제외한 외국 선박을 공해에서 만난 군함은 다음과 같은 혐의를 가지고 있다는 '합리적 근거' (reasonable ground)가 없는 한 당해 선박을 임검하는 것은 정당화되지 아니한다."라고 소극적으로 규정함으로써 군함의 임검권이 남용되어서는 안 됨을 시사하고 있다. 그러나 '합리적인 근거'의 요건만으로는 이같은 특권의 남용을 방지하기 어려울 것으로 보인다. 어쨌든, 군함의 임검권은 (조약에서 달리 규정하고 있지 않는 한) 아래 다섯 가지의 혐의가 있는 경우에만 발동될 수 있으며, 임검권의 범위도 각 혐의에 따라 다르다.[509)]

첫째는 선박이 해적행위에 종사하고 있다고 판단되는 경우이다. 임검 결과 이것이 사실로 판명되면 이미 위에서 언급한 바와 같이 임검한 군함의 기국이 나포는 물론이고 재판도 할 수 있다.

둘째는 선박이 노예무역(slave trade)에 종사하고 있다고 판단되는 경우이다. 이 경우 군함은 외국선박을 임검할 수는 있지만, 사실로 판명되더라도 군함의 기국은 노예무역선의 기국에 이를 통보할 수 있을 뿐이며, -노예선의 기국이 명시적으로 허락하거나 요청하지 않는 한- 당해 선박을 나포하거나 관련자들을 소추할 수는 없다.[510)] 노예무역은 -요즘 국제공동체에서 문제가 되고 있는- 이민자 밀입국(migrant smuggling) 및 인신매매(human trafficking)와는 개념적으로 구분하여야 한다.[511)]

셋째는 선박이 무허가방송(unauthorized broadcasting)에 종사하고 있다고 판단되는 경우인데, 다만 이 경우 임검권을 행사할 수 있는 군함의 기국은 제109조 3항에 열거된 (무허가방송과 관련있는) 국가들[512)]뿐이며, 그리고 이들 국가만이 체포·압류 및 재판관할권을 가진다.

넷째는 선박이 무국적선이라는 의심이 가는 경우이다. UN해양법협약에는 의심이 사실로 판명된 경우 임검의 다음 단계에 대해서는 언급이 없으나 판례에 의하면 나포하고 소추할 수 있다.[513)] 군함

---

509) 제110조 1항. 제110조 1항에 언급된 바 임검권이 특별조약에 의거한 경우에는 물론 조약당사국의 타방 당사국 선박에 대해서만 임검권 행사가 허용된다. 이를테면, "경계왕래 어족과 고도회유성 어족의 보존·관리협정 "(Agreement for the Implementation of the Provisions of the United Nations Convention on the Law of the Sea of 10 December 1982 Relating to the Conservation and Management of Straddling Fish Stocks and Highly Migratory Stocks) 제21조 1항. Tanaka in Orakhelashvili, p. 143 ; 아래 "Ⅷ. 공해 생물자원의 보존과 관리" 참조.

510) 제99조 ; 1958년 공해협약 제13조 ; Aust, *Handbook of IL*, 2nd, p. 292 ; Shaw, 6th, p. 616 ; Evans in Evans (ed.), *International Law*, 3rd, p. 669 ; Rahim Hesenov, "Universal Jurisdiction for International Crimes - A Case Study", (2013) 19 European Journal on Criminal Policy and Research 275-283. 〈https://doi.org/10.1007/s10610-012-9189-8〉.

511) 이들의 구분에 대해서는 UNHCR, *Refugee Protection and Human Trafficking: Selected Legal Reference Materials*, First Edition - December 2008, pp. 13~15 참조.

512) 즉, 선박의 기국, 시설의 등록국, 무허가방송 종사자의 국적국, 송신이 수신될 수 있는 국가, 그리고 허가된 무선통신이 방해받는 국가.

513) *Molvan* v. *Attorney-General for Palestine*, United Kingdom Privy Council (Judicial Committee), 20 April 1948, [1948] AC 351 ; *United States* v. *Marino-Garcia*, U.S. Court of Appeals, Eleventh Circuit, July 9, 1982, 679 F.2d 1373 ; 위 "4. 기국주의" 참조. 이에 대한 비판적 견해로는 Yoshifumi Tanaka in Orakhelashvil (ed.), p. 145 ; Ann Marie Brodarick, "High Seas, High Stakes: Jurisdiction over Stateless Vessels and an Excess of Congressional Power Under the Drug Trafficking Vessel Interdiction Act",

이 자국의 기를 게양한 선박을 임검하였는데 실제로는 그것이 외국의 선박이었다면 당해 선박은 무국적선으로 간주된다.

다섯째는 선박이 외국기를 게양하고 있거나 국기 제시를 거절하였음에도 불구하고 실제로는 군함과 동일한 국적을 보유하고 있다는 의심이 가는 경우인데, 이것이 사실로 판명되면 당연히 임검한 군함의 기국(즉, 당해 선박의 기국)이 나포·재판할 것이다.

임검을 위하여 군함은 혐의선박에 대하여 장교의 지휘 아래 보조선을 파견할 수 있다. 그리고 서류를 검열한 후에도 혐의가 남아있는 경우, 가능한 한 신중하게 그 선박 내에서 계속하여 검사를 진행할 수 있다.[514)]

임검권을 행사할 '합리적 근거'가 있었다 하더라도 결국 혐의가 근거없는 것으로 밝혀지고 또한 임검을 받은 선박이 그 혐의를 입증할 만한 어떠한 행위도 행하지 아니한 경우에는 그 선박이 입은 모든 손실이나 피해에 대하여 보상하여야 한다.[515)] 적법행위에 대해 보상의무가 부과되고 있는 것이다.[516)]

군함뿐만 아니라 군용항공기 그리고 정부업무에 사용 중인 것으로 명백히 표시되어 식별이 가능하며 정당하게 권한이 부여된 기타 선박·항공기도 임검권을 행사할 수 있다.[517)] 그러나 반대로, 임검권은 법적으로 −그리고 아마도 기술적으로− 선박에 대해서만 행사될 수 있다. 예컨대, 해적 '항공기'는 UN해양법협약 제105조 및 제107조에 따르면 모든 국가가 −군함이나 군용항공기 등을 동원하여− 나포할 수 있지만, 제110조에 규정된 임검권 행사의 대상이 될 수는 없다.

(3) 추적권[518)]

추적권(right of hot pursuit)이란 내수, 군도수역, 영해, 접속수역, 대륙붕(대륙붕시설 주변의 안전수역 포함) 혹은 EEZ 내에서 외국선박이 연안국의 관련 수역 보호법규를 위반하고 도주하는 경우 연안국의 군함이 공해에까지 좇아가서 나포할 수 있는 권한을 말한다. 추적권은 연안국의 경찰관할권이 일정 조건 하에서 공해에까지 확장되는 경우르서, 항행의 자유에 대한 진정한 예외는 아니다.[519)] 1958년 제네바협약(제23조)에서는 물론 군도수역, 대륙붕, EEZ를 추적권 발동 대상수역으로 언급하고 있지 않다.

추적권은 외국선박이 연안국의 법령을 위반한 것으로 믿을만한 충분한 이유(good reason to believe)가 있어야만 행사할 수 있다. 그리고 추적권은 추적당하는 외국선박이 '그 기국 또는 제3국'의 '영해'에 들어감과 동시에 소멸한다. 영토관할권의 관점에서 보면 이것은 너무나 당연한 규정

(2012) 67 University of Miami Law Review 255 at 273~274 참조.

514) 제110조 2항.

515) 제110조 3항.

516) Cassese, *International Law*, 2nd, p. 245. 물론, 임검권을 행사할 합리적 근거가 없는데도 임검을 실시하였다면 이것은 그 자체 요건 불비의 위법행위로서 국가책임의 문제가 발생할 것이다. Orakhelashvili /Akehurst, p. 277.

517) 제110조 4~5항.

518) 제111조.

519) Aust, *Handbook of IL*, 2nd, p. 293.

이지만, 동시에 이것은 추적당하는 외국선박이 그 기국 또는 제3국의 '접속수역, 대륙붕 혹은 EEZ'에 진입하는 것만으로는 추적권이 소멸되지 않음을 의미하는 것이기도 하다.[520)]

추적을 개시하기 위해서는 외국 선박이 추적 개시 시점에 연안국이 보호하고자 하는 관련 수역(즉, 내수, 군도수역, 영해, 접속수역, 대륙붕 또는 EEZ) 내에 있어야 한다. 다만, *The Arctic Sunrise Arbitration* 사건[521)]에서 중재재판소는 러시아 측의 최초 정선 명령이 Arctic Sunrise 호의 자선들이 안전수역을 벗어나고 1분 내지 2분 뒤에 발령된 것으로 추측되었지만 500 미터 안전수역이라는 것이 너무 작은 수역이라는 사건의 특수성에 비추어 문제삼지 않았다.

추적을 개시하기 위해서는 또한 먼저 외국선박이 보거나 들을 수 있는 거리에서 시각 또는 –무선통신(radio)을 포함한– 청각 신호를 통해 정지명령을 발하여야 한다. *The Arctic Sunrise Arbitration* 사건[522)]에서도 중재재판소는 이제는 연안국들이 단속해야 할 수역이 광대할 뿐만 아니라 더욱 신뢰할 수 있는 발전된 과학기술도 이용가능한 마당에 '무선통신' (radio communications/messages)에 의한 정선명령을 보거나 들을 수 있는 거리로 국한하는 것은 이치에 맞지 않는다고 판시하면서, 어쨌든 본 사건에서 라디오 메시지에 의한 정선명령이 발해졌을 때 추적선과 피추적선 간의 거리가 대략 3 마일 이내였기 때문에 남용의 가능성도 없었다고 보았다. 다만, 정선명령을 발하는 연안국의 군함 자신은 그 순간 문제의 수역 내에 있을 필요가 없다.

추적은 계속되어야 하며 중단되어서는(interrupted) 안 된다. 바로 이 때문에 특별히 '뜨거운' 혹은 '바짝 뒤따른'(hot) 추적이란 표현이 사용되고 있다. 명시적 규정은 없지만 추적을 개시한 군함이 계속 추적해야 하는 것은 아니며, 다른 군함이 추적을 이어받을 수 있다.[523)] 또한, 추적권 행사에 여러 나라의 선박과 항공기가 동원되기도 한다.[524)]

모선(母船)은 공해상에 있고 자선(子船)(보조선)이 연안국의 관련 수역 내에 있는 경우 자선은 물론이고 모선도 추적의 대상이 될 수 있다. 마치 모선박이 직접 연안국 수역에 들어가 범죄를 행한 것으로 간주된다는 의미에서 "추정적 존재의 이론/원칙"(doctrine/principle of constructive presence)으로 불린다. 이 경우 모선박에 대해 추적을 개시하려면 정선명령은 직접 모선박에게 발해야 한다.[525)] 추정적 존재의 상황은 '단순 추정적 존재'(simple constructive presence)와 '확대 추정적 존재'(extended constructive presence)로 구분되기도 하는데, 전자는 선박이 자신의 자선을 이용하는 경우이고,[526)] 후자는 다른 선박을 이용하는 경우이다. 그리고 후자의 경우 두 선박의

520) Brown, Vol. I, pp. 135~136, 297.

521) Netherlands v. Russia, Award on Merits, 14 August 2015, paras. 252~268.

522) *Ibid.*, paras. 258~260.

523) Tanaka in Orakhelashvili (ed.), p. 143.

524) 2003년 *Viarsa 1* 호 추적 사건이 그 좋은 예이다. 이 선박은 우루과이 어선으로서 오스트레일리아의 EEZ에서 불법 어로에 종사 중인 것으로 보였다. 오스트레일리아 선박이 남아프리카 및 영국 선박의 도움을 받아 추적을 개시한 지 3900 마일을 돌아 21일 만에 Viarsa 1 호를 나포하는데 성공하였다. 그 후 Viarsa 호의 선장과 선원들은 오스트레일리아에서 기소되었다. https://www.antarctica.gov.au/magazine/2001-2005/issue-6-autumn-2004/feature/poachers-pursued-over-7-000-kilometers ; Evans in Evans (ed.), *International Law*, 5th, p. 652.

525) See *The Arctic Sunrise Arbitration* (Netherlands v. Russia)(Merits), 14 August 2015, para. 255.

국적이 다를 수 있다.[527] 추정적 존재의 이론은 UN해양법협약 제111조 1항과 4항에 의해 인정되고 있다.[528]

추적권의 행사가 정당화되지 아니하는 상황에서 선박이 영해 밖에서 정지되거나 나포된 경우, 그 선박은 이로 인하여 받은 모든 손실이나 피해를 보상받는다.

군함뿐만 아니라 군용항공기 또는 정부업무에 사용 중인 것으로, 명백히 표시되어 식별이 가능하며, 추적의 권한이 부여된 기타 선박·항공기도 추적권을 행사할 수 있다. 그러나 추적권 행사의 대상(객체)이 될 수 있는 것은 외국 '선박'에 국한된다는 점에 유의할 필요가 있다.

추적권을 행사함에 있어 연안국은 어느 정도의 무력을 사용할 수 있는가? 제네바협약이나 UN해양법협약은 이 문제에 대해서는 언급이 없다. 다만, *I'm Alone* 호 사건[529]에서 캐나다-미국 공동위원들(Joint Commissioners)은 "(추적권을 행사하는 선박은) … 혐의선박에 올라타 수색하고 나포하고 항구로 예인하는 등의 목적을 달성하기 위하여 필요하고도 합리적인 무력(necessary and reasonable force)을 사용할 수 있다 ; 그리고 침몰이 그러한 목적을 위해 필요하고도 합리적인 무력을 행사한 결과로서 우발적으로 발생한(occur incidentally, as a result of the exercise of necessary and reasonable force for such purpose) 것이라면 추적선박은 전혀 비난의 여지가 없을 것이다. 그러나 ... 혐의선박을 명백히 고의적으로 침몰시키는 것(the *admittedly intentional* sinking of th suspected vessel)은 국제법의 어떤 원칙에 의해서도 정당화되지 않는 행위였다."라고 결론지은 바 있다. 그리고 국제해양법재판소는 *M/V "Saiga"* 호 (No. 2) 사건[530]에서 추적권을 행

526) *The Arctic Sunrise Arbitration* (Netherlands v. Russia)(Merits), 14 August 2015, paras. 253~256. See also *The Araunah* case (1888), [noted by John Bassett Moore, *History and Digest of the International Arbitrations to Which the United States Has Been a Party : Together with Appendices Containing the Treaties Relating to Such Arbitrations, and Historical Legal Notes* (Washington : G.P.O., 1898), p. 824 ; Nicholas M. Poulantzas, *The Right of Hot Pursuit in International Law*, 2nd ed. (The Hague : Kluwer Law International Law, 2002), p. 71 ; Hamid, p. 288] : 이 사건은 캐나다 선박이 러시아 영해 내에서 카누를 이용하여 불법으로 물개 사냥을 하다가 러시아 영해 밖에서 나포된 사건인데, 영국 정부는 캐나다 선박의 책임을 인정하였다.

527) *R* v. *Mills*, unreported judgment of the Croydon Crown Court, Surrey, United Kingdom, Judge Devonshire, [noted by W. C. Gilmore, "Hot Pursuit : The Case of R v Mills and Others", (1995) 44 ICLQ 949~958 ; Anne T. Gallagher and Fiona David, *The International Law of Migrant Smuggling* (New York : Cambridge University Press, 2014), pp. 248~249 ; Hamid, pp. 288~289 ; 박찬호·김한택, p. 147]. 사건 개요는 이러하다. 세인트 빈센트 국적의 선박이 공해 상에서 영국 어선에 마약 마리화나(cannabis)를 전달하였다. 그러나 영국 해군 선박은 공해 상에서 레이다로 마약이 전달되는 것을 포착하였고, 이어 영국 세관선이 이들을 감시하고 있었다. 영국 땅에 마약이 도착하자 영국 당국은 영국 어선의 관련자들을 모두 체포하였다. 그 직후 세인트 빈센트 선박도 공해 상에서 영국 해군 선박에 나포되어 관련자들은 마약 밀수 공모로 소추되었는데, 영국인은 아무도 없었다. 피고인들은 자신들이 국제법을 위반하여 공해 상에서 체포되었다고 주장하였다. 그러나 영국 재판소는 추정적 존재가 있었기 때문에 체포는 합법이었다고 판시하였다.

528) Hamid, pp. 288~289.

529) Canada/USA, (1935) 3 RIAA 1609 at 1615, 1617 (available at https://legal.un.org/riaa/cases/vol_III/1609-1618.pdf) ; Akehurst, p. 184 ; Brown, Vol. I, pp. 298~299 ; Keener C. Frazer, "The I'm Alone Case and the Doctrine of Hot Pursuit", (1929) 7 North Carolina Law Review 413 ; 金大淳/金民瑞/朴芝炫, pp. 422~424..

530) International Tribunal for the Law of the Sea, *The M/V "Saiga"* (No. 2) case (Saint Vincent and the

사하기 위한 협약 제111조 하의 모든 조건은 "누적적"(cumulative)인 것이기 때문에 이들 조건을 모두 충족하지 않은 기니 당국의 추적은 정당화되지 않는다고 판시하면서,[531] —Saiga 호는 경유를 거의 가득 탑재한 비무장 유조선으로서 최대항속은 10노트에 불과한데도 기니 당국이 대구경 자동 대포에서 고체탄을 사용하여 선박에 실탄 사격을 가하였다는 세인트빈센트-그레나딘의 주장에 대해서는— 재판소도 기니 순시선이 문제의 선박을 나포할 때 사용한 무력도 과다한 것이었다고 판시하였다.[532] *The Arctic Sunrise Arbitration*[533]에서 중재재판소도 국제해양법재판소가 *M/V Saiga* 호 사건(No. 2)에서 추적권의 '누적적' 요건을 지적한 바 있음을 상기시키면서,[534] 본 사건에서 러시아 EEZ에서의 러시아 당국의 추적은 도중에 '중단된'(interrupted) 바 있기 때문에 추적권 행사가 정당화되지 않는다고 판시하였다.[535]

끝으로, 어느 국가의 '관할권 내'에서 나포되어 권한있는 당국의 심리를 받기 위하여 그 국가의 항구에 호송된 선박은 '부득이한 사정에 의하여' 그 항행 도중에 EEZ의 어느 한 부분이나 공해의 어느 한 부분을 통하여 호송되었다는 이유만으로 그 석방을 주장할 수 없다.[536]

(4) 마약불법거래

공해상에서 국제협약들을 위반하여 행하여지는 (향정신성물질을 포함한) 마약의 불법거래에 종사하는 선박에 대해서는 모든 국가는 그 진압을 위하여 협력하여야 하며, 기국은 혐의가 있는 경우 다른 국가의 협조를 요청할 수 있다.[537] 따라서 이 경우는 기국의 허가나 요청이 없는 한 임검권이 인정되지 아니한다.[538] 이 분야의 다자조약인 1988년 "마약 및 향정신성 물질의 불법거래 방지에 관한 UN협약"(United Nations Convention Against Illicit Traffic In Narcotic Drugs And

---

Grenadines v. Guinea), Decision of 1 July 1999 ; https://www.itlos.org/start2_en.html.

531) Para. 146 of the Decision.

532) Paras. 155~156 of the Decision : "In considering the force used by Guinea in the arrest of the Saiga, the Tribunal must take into account the circumstances of the arrest in the context of the applicable rules of international law. Although the Convention does not contain express provisions on the use of force in the arrest of ships, international law, which is applicable by virtue of article 293 of the Convention, requires that the use of force must be avoided as far as possible and, where force is unavoidable, it must not go beyond what is reasonable and necessary in the circumstances. Considerations of humanity must apply in the law of the sea, as they do in other areas of international law.

These principles have been followed over the years in law enforcement operations at sea. The normal practice used to stop a ship at sea is first to give an auditory or visual signal to stop, using internationally recognized signals. Where this does not succeed, a variety of actions may be taken, including the firing of shots across the bows of the ships. It is only after the appropriate actions fail that the pursuing vessel may, as a last resort, use force. Even then, appropriate warning must be issued to the ship and all efforts should be made to ensure that life is not endangered. ..."

533) *The Arctic Sunrise Arbitration* (Netherlands v. Russia)(Merits), 14 August 2015.

534) *Ibid.*, para. 246.

535) *Ibid.*, paras. 269~275.

536) Brown, Vol. I, pp. 297~298.

537) 제108조.

538) Bernaerts, pp. 46~47 ; Aust, *Handbook of IL*, 2nd, p. 292 ; Evans in Evans (ed.), *International Law*, 3rd, p. 669.

Psychotropic Substances)[539] 제17조(3항)도 마약의 해상 불법거래를 진압하기 위해 협력함에 있어 이 방식을 따르고 있다.

Ⅷ. 공해 생물자원의 보존과 관리

ICJ는 이미 1974년의 *Fisheries Jurisdiction* 판결[540]에서 "어업이 도를 더함으로 인해 초래된 국제해양법의 발전 중의 하나는, 공해에서의 해양생물자원에 대한 과거의 자유방임적 취급이 타국가들의 권리와 모두를 위한 보존의 필요성을 충분히 고려할 의무를 인정하는 것으로 대체되었다는 점이다."라고 언급한 바 있었다. 나아가, UN해양법협약 하에서도 공해에서의 모든 국가의 어업의 자유는 무제한적인 것이 아니다. 그것은 특히, 제63조 2항과 제64조~제67조에 규정된 '연안국'의 권리, 의무 및 이익을 조건으로 한다.[541] 또한, 모든 국가는 공해수역에서 생물자원의 보존 · 관리를 위하여 서로 협력하여야 한다. 그리고 동일한 생물자원이나 동일수역에서의 다른 생물자원을 이용하는 국민이 있는 모든 국가는 관련 생물자원의 보존에 필요한 조치를 취하기 위한 교섭을 시작해야 한다. 이를 위하여 적절한 경우 소지역 또는 지역의 어업기구를 설립하는데 서로 협력해야 한다.[542] 공해생물자원의 허용어획량을 결정하고 기타 보존조치를 수립함에 있어 국가들은 최대지속적 생산량(maximum sustainable yield)을 생산할 수 있는 수준에서 포획어족의 자원량을 유지 또는 회복하기 위한 조치를 취해야 한다.[543]

---

539) 1988년 12월 19일 채택, 1990년 11월 11일 발효, 한국 1999년 3월 28일 발효. https://www.refworld.org/docid/49997af90.html.

540) United Kingdom v. Iceland, ICJ Reports (1974), p. 3 at 31 (para. 72) : "It is one of the advances in maritime international law, resulting from the intensification of fishing, that the former *laissez faire* treatment of the living resources of the sea in the high seas has been replaced by a recognition of a duty to have due regard to the rights of other States and the needs of conservation for the benefit of all."

541) 제116조. 1958년 "어업 및 공해생물자원 보존에 관한 협약" 제1조도 공해에서의 모든 국가의 어업의 권리는, 특히, "동 협약에 규정된 연안국의 이익과 권리"를 조건으로 한다고 규정하고 있다. See Evans in Evans (ed.), *International Law*, 3rd, pp. 681~682.

542) 제118조. 사전에서 보호 또는 보존으로 번역되는 preservation과 conservation은 술어사용의 관점에서(특히 환경법에서) 차이점이 지적되기도 하는데, 예컨대 Nanda/ Pring, p. 149는 "Preservation should be distinguished from conservation: Preservation connotes "nonuse" while conservation connotes "wise use" by and for humans ..."라고 언급하고 있다. UN해양법협약도, 제12부 (제192조~제237조)는 "Protection and Preservation of the Marine Environment"의 제목으로 주로 해양오염 방지에 관하여 규정하고 있고, 제7부 "공해", 제2절 (제116조~제120조)은 "Conservation and Management of the Living Resources of the High Seas"의 제목으로 공해생물자원 보존에 관하여 규정하고 있다. 후자의 문제와 관련된 1995년의 "경계왕래 어족협정"에서도 conservation의 술어를 채택하고 있고, 1958년의 "어업 및 공해생물자원 보존에 관한" 제네바협약도 그러하다. 이같은 구분에 따르면, 요컨대 preservation이 그 대상에 인간이 손을 대지 않는 것에 중점이 있다면, conservation은 아껴쓰는 것에 중점이 있다. UN해양법협약 공식 국문번역본에서는 preservation은 '보전'으로, conservation은 '보존'으로 표현하여 양자를 구분하고 있다.

543) 제119조.

물고기 남획(overfishing)이 심각한 문제로 대두하면서 EEZ 연안국들은 공해 어족자원에 대한 국제적 규율을 주장하고 나섰으며, 타협의 산물로서 1995년 12월 4일 약칭 "경계왕래 어족과 고도회유성 어족의 보존·관리협정"[544)]이 뉴욕에서 서명을 위해 개방되었고, 2001년 12월 11일 발효하였다.[545)] 동 협정 채택을 위한 UN회의("UN Conference on Straddling and Highly Migratory Stocks")[546)]에서 의장으로 활약한 피지(Fiji)의 Satya N. Nandan 대사는 교섭을 마치면서 "이 협정은 국가들에게 고기를 잡을 권리뿐만 아니라 어족자원을 지속가능하게 관리할 의무도 부과하고 있으며", "공해에서의 어업의 자유는 더 이상 구(舊)해양법 하에서 그랬던 것처럼 그런 식으로 존재하는 것이 아니다. 그것은 더 이상 모두를 위한 자유재가 아니다."라고 언급하기도 하였다.[547)] 그러나 조약은 그 당사자들에만 구속력을 갖는다는 법적 한계는 여전히 남는데,[548)] *Fisheries Jurisdiction* (Spain v. Canada) 사건[549)]이 이를 잘 보여주고 있다. 전문과 전체 50개 조문으로 구성되는 본 협정의 기본내용은 다음과 같이 요약할 수 있다.

우선, 본 협정의 목표는 '경계왕래/고도회유성 어족'의 '장기 보존과 지속가능한 이용'을 확보하는 것이다.[550)] 그리고 본 협정은 원칙적으로 "국가관할권 하의 지역 밖에 있는"(즉, 공해의) 경계왕래 어족과 고도회유성 어족의 보존과 관리에 적용된다.[551)]

공해상에서 경계왕래/고도회유성 어족의 지속가능한 어업을 규제하고 강제하는 책임은 소지역/지역 어업관리기구/협정(subregional or regional fisheries management organizations or arrangements)(이하 '지역어업기구')에 맡긴다.[552)] "관련 어업에 진정한 이해관계가 있는" (having a

544) 공식명칭 : "Agreement for the Implementation of the Provisions of the United Nations Convention on the Law of the Sea of 10 December 1982 Relating to the Conservation and Management of Straddling Fish Stocks and Highly Migratory Stocks". "경계왕래어족협정"(Straddling Stocks Agreement), "어족자원협정"(Fish Stocks Agreement), 혹은 "공해어업협정"(Agreement on High Seas Fishing)으로도 약칭된다 : Aust, p. 321 (fn. 57). 이 협정은 UN해양법협약의 관련 규정을 이행하기 위한 것이긴 하지만 동 협약의 비당사국에게도 서명 및 가입이 허용되고 있다 (제37조, 제39조).

545) 한국 2008년 2월 1일 비준, 동년 3월 2일 발효. https://www.un.org/Depts/los/convention_agreements/convention_overview_fish_stocks.htm.

546) 1993년 7월에서 1995년 12월까지 진행.

547) "The Agreement on High Seas Fishing : An Update", https://www.un.org/ecosocdev/geninfo/sustdev/fishery.htm.

548) Evans in Evans (ed.), *International Law*, 3rd, p. 683(& 5th, pp. 665, 669).

549) ICJ Reports (1998), p. 432. 사건 개요는 제26장 (분쟁의 평화적 해결수단), "Ⅷ. 도전받는 ICJ의 권위, 1. ICJ 관할권에의 불복종" 편을 참조.

550) 협정 제2조.

551) 예외적으로, 제6조 및 제7조는 국가관할권 하의 지역 내의 그같은 어족자원의 보존/관리에도 적용된다(협정 제3조 1항) ; 그리고 연안국은, 국가관할권 하의 지역 내의 경계왕래/고도회유성 어족을 탐사/개발, 보존/관리하기 위하여 자국의 주권적 권리를 행사함에 있어, 제5조에 열거된 일반원칙을 '준용해서(필요한 변경을 가하여)'(*mutatis mutandis*) 적용하여야 한다(협정 제3조 2항).

552) 이 목적을 위한 가장 실효적인 지역어업기구로는, '남방참다랑어보존위원회'(Commission for the Conservation of Southern Bluefin Tuna)(CCSBT)와 '인도양참치위원회'(Commission for the Indian Ocean Tuna) (IOTC)를 꼽을 수 있다. CCSBT는 1993년 5월 10일 오스트레일리아, 뉴질랜드, 일본간에 채택되어 1994년에 발효하였는데, 현재는 한국도 회원국이다 : https://www.ccsbt.org ; Aust, p. 336. IOTC에 관해서는, https://www.iotc.org 참조.

real interest in the fisheries concerned) 국가만이 지역어업기구의 회원이 될 수 있다.[553)]

지역어업기구는 이에 따라 어획자료를 수집, 보고, 검증, 교환하여야 하며,[554)] 어족자원 상태에 대한 정기적 재검토를 기초로[555)] 공해에서 어업에 종사하는 국가들을 위해 쿼터를 배분한다.[556)]

많은 어족의 경우 자료가 존재하지 않거나 신뢰할 수 없기 때문에 협정은 국가들에게 보존체제를 강구함에 있어 "사전주의적 접근"(precautionary approach)을 사용할 것을 요구하고 있다.[557)]

지역어업기구의 회원인 국가들 혹은 그같은 기구에서 수립된 보존관리조치를 적용하는데 동의하는 국가들만이 이들 기구가 관리하는 어장에 접근할 수 있다.[558)] 협정은 공해에서의 상기 어족자원에 대한 지속가능한 어업을 규제하고 강제하는 책임을 지역어업기구들에게 맡기고 있고, 이에 따라 지역어업기구는 합의된 보존체제를 해치는 그 어떤 선박(즉, 비회원국 혹은 비동의국의 선박)에 대해서도 행동을 취할 수 있다는 것이다.

대부분의 경우 해양법은 선박의 등록국, 즉 기국에 의해 집행된다. 그러나 공해상의 선박이 기국으로부터 너무 멀리 떨어져 있어 충분히 감독될 수 없거나, 혹은 기국이 자국 선박들에 대해 경찰권을 행사할 의사가 없거나 능력이 없을 수 있다. 협정은 이같은 상황에 대처하기 위해 기국주의의 예외를 추가 도입하고 있다.[559)] 즉, 지역어업기구가 관할하는 공해지역에서 그러한 기구의 회원인 모든 '협정당사국'은 어업에 종사하고 있는 '다른 협정당사국'의 어선을 방문, 검색할 수 있다.[560)] 선박이 보존규칙을 위반하고 있다고 믿을만한 합리적 이유가 있는 경우, 검색에 임하는 국가는 기국에 신속히 위반혐의를 통고하여야 한다.[561)] 기국이 3일 내에 응답하지 않으면(이 기간 동안 검색요원은 피검색선박에 머무를 수 있다) 검석하는 국가는 추가적인 조사를 위하여 선박을 가장 가까운 적절한 항구로 데려갈 수 있다.[562)]

2009년 11월 22일 식량농업기구(FAO : Food and Agriculture Organization)는 "불법, 비보고 및 비규제 어업을 방지, 억지 및 근절하기 위한 기항국 조치에 관한 협정"(Agreement on Port State Measures to Prevent, Deter and Eliminate Illegal, Unreported and Unregulated Fishing)을 채택한 바도 있다.[563)]

553) 협정 제8조 2항~3항.
554) 협정 제10조(e).
555) 협정 제10조(d).
556) 협정 제10조(b).
557) 협정 제6조.
558) 협정 제8조 4항, 제17조, 제33조.
559) 협정 제21조, 제22조.
560) 협정 제21조 2항.
561) 협정 제21조 5항.
562) 협정 제21조 8항.
563) 협정은 2009년 11월 22일부터 2010년 11월 21일까지 FAO에서의 서명을 위해 모든 국가들과 지역경제통합기구들에게 개방되었으며(제25조), FAO 사무총장에게 25번째 비준서가 기탁된 후 30일째 되는 날에 발효하는데(제29조) 이 규정에 따라 2016년 6월 5일 발효하였다. 한국도 동 일자부로 발효. 협정은 '잠정적용'(provisional application)에 대해서도 규정하고 있다 (제32조). https://www.fao.org/port-state-measures/resources/detail/en/c/1111616/ ; https://en.wikipedia.org/wiki/Agreement_on_Port_State_Measures_to_

2023년 6월 19일 뉴욕 UN본부에서 "국가관할권 이원 지역 해양생물다양성의 보존과 지속가능한 이용에 관한 UN해양법협약 하의 협정"(Agreement under the United Nations Convention on the Law of the Sea on the conservation and sustainable use of marine biological diversity of areas beyond national jurisdiction)(약칭 '해양생물다양성협약' 혹은 'BBNJ Treaty')이 컨센서스에 의해 공식 채택되었는데,[564] 협정은 그 제목이 시사하는 바와 같이 "국가관할권 이원 지역(즉, 공해 및 심해저)의 생물다양성의 보존과 지속가능한 이용을 확보함"을 목표로 하고 있다. 1994년 UN해양법협약이 발효하기 전까지는 해양생물다양성(marine biodiversity) 개념이 확립되지 못하고 있었으며, 그런 의미에서 동 협약은 UN해양법협약의 또 하나의 빈 공간을 메우기 위한 것이라 할 수 있다. 협정은 동년 9월 20일부터 2년간 "모든 국가와 지역경제통합기구들"의 서명을 위해 개방되었는데,[565] 60번째 비준(승인, 수락, 가입)문서가 UN사무총장에게 기탁되고 120일 후 발효한다.[566] 잠정적용을 위한 규정,[567] 그리고 지역경제통합기구와 그 회원국들 간 권한 구분에 관한 규정[568]도 담겨있다.

IX. 섬[569]

UN해양법협약 제121조 1항에 의하면 섬이라 함은 "자연적으로 형성된 육지지역으로서, 물로 둘러싸여 있으며 만조 시에도 수면 위에 있는 것"(a naturally formed area of land, surrounded by water, which is above water at high tide)을 말한다. 섬은 육지지역으로서, 자연적으로 형성되었다는 점에서 인공섬과 구분되며, 물로 둘러싸여 있다는 점에서 대륙과 구분되며, 만조시에도 수면 위에 있다는 점에서 간출지와 구분된다. 섬의 명칭, 인간의 거주 여부는 문제되지 아니하며, 크기도 문제되지 아니한다. 이를테면, ICJ는 *Sovereignty over Pulau Ligitan and Pulau Sipadan* (Indonesia/ Malaysia)[570]에서 "Ligitan은 매우 작은 섬이다... 영구적으로 해수면 위에 있으며 대

Prevent,_Deter_and_Eliminate_Illegal,_Unreported_and_Unregulated_Fishing ; Evans in Evans (ed.), *International Law*, 5th, p. 668 ; Redgwell in Evans (ed.), *International Law*, 5th, p. 710.

564) Intergovernmental Conference on Marine Biodiversity of Areas Beyond National Jurisdiction, A/CONF.232/2023/4, 〈https://www.un.org/bbnj/〉 ; Christina Larson and Patrick Whittle/AP, March 6, 2023, "U.N. Members Reach an Historic Agreement to Protect Marine Life in the High Seas", 〈https://time.com/6260503/high-seas-treaty/〉 ; David Stanway/Reuters, March 7, 2023, "Nations secure U.N. global high seas biodiversity pact", 〈https://www.reuters.com/business/environment/nations-secure-un-global-high-seas-biodiversity-pact-2023-03-05/〉.

565) 동 협정 제65조.

566) 동 협정 제68조.

567) 동 협정 제69조.

568) 동 협정 제67조 ; 본서, 제6장 (국제법의 주체), "Ⅳ. 국제기구".

569) 제121조.

570) ICJ Reports (2002), p. 625 at 634 (para. 14).

부분이 모래인 Ligitan은 저지대 식물과 약간의 나무가 있는 섬이다. 사람들이 영구적으로 거주하지는 않는다."고 하였다. 이밖에도 ICJ는 *Territorial and Maritime Dispute* (Nicaragua v. Colombia) 사건[571]에서 "섬은 아무리 작아도 전유할 수 있다"면서 섬에 대해 "자연적으로 형성되고, 만조 시에도 수면 위에 있는가"의 관점에서만 접근하였다. 그 결과 '지질학적 구성'은 문제삼지 않았으며, "푸석푸석한 암석조각으로 된 것이 아닌, 하층(기층)에 부착된 고체 물질"(solid material, attached to the substrate, and not of loose debris)이면 섬이라고 판시하였다.

제121조 2항에 의하면 섬은 영해를 가질 뿐만 아니라 접속수역, 대륙붕, EEZ도 가질 수 있다.[572] ICJ는 "국제관습법을 반영한 UN해양법협약 제121조 2항에 의하여 섬도 해양에 대해 본토의 해안과 동일한 지위와 권리를 향유"하며,[573] "그 결과 불가피하게 비교적 작은 섬도 상당한 해양지역에 대한 권리를 줄 수 있다"[574]는 점을 적절히 지적한 바 있다. 반대로, "인공섬(artificial islands), 시설(installations) 및 구조물(structures)"은 섬의 지위를 갖지 않기 때문에 이들은 그

---

571) Judgment of 19 November 2012, paras. 25~38 : "26. It is well established in international law that islands, however small, are capable of appropriation (see, e.g., *Maritime Delimitation and Territorial Questions between Qatar and Bahrain* (*Qatar* v. *Bahrain*), *Merits, Judgment, I.C.J. Reports 2001*, p. 102, para. 206). ... ... ; ... ...

36. ... As the Court has already stated, even the smallest island generates a 12-nautical-mile territorial sea (see *Maritime Delimitation and Territorial Questions between Qatar and Bahrain* (*Qatar* v. *Bahrain*), *Merits, Judgment, I.C.J. Reports 2001*, pp. 101-102, para. 205; see also *Territorial and Maritime Dispute between Nicaragua and Honduras in the Caribbean Sea* (*Nicaragua* v. *Honduras*), *Judgment, I.C.J. Reports 2007* (Ⅱ), p. 751, para. 302). The Court therefore has to make sure that it has before it evidence sufficient to satisfy it that a maritime feature meets the test of being above water at high tide. ...

37. No matter which tidal model is used, it is evident that QS 32 is above water at high tide. Nicaragua's contention that QS 32 cannot be regarded as an island within the definition established in customary international law, because it is composed of coral debris, is without merit. International law defines an island by reference to whether it is "naturally formed" and whether it is above water at high tide, not by reference to its geological composition. The photographic evidence shows that QS 32 is composed of solid material, attached to the substrate, and not of loose debris. The fact that the feature is composed of coral is irrelevant. Even using Nicaragua's preferred tidal model, QS 32 is above water at high tide by some 0.7 metres. The Court recalls that in the case concerning *Maritime Delimitation and Territorial Questions between Qatar and Bahrain* (*Qatar* v. *Bahrain*) (*Merits, Judgment, I.C.J. Reports 2001*, p. 99, para. 197), it found that Qit'at Jaradah was an island, notwithstanding that it was only 0.4 metres above water at high tide. The fact that QS 32 is very small does not make any difference, since international law does not prescribe any minimum size which a feature must possess in order to be considered an island. Accordingly, the Court concludes that the feature referred to as QS 32 is capable of appropriation."

572) 정해웅, "국제법상 모든 섬 영해 인정. '독도 영해' 선포할 필요 없어", 중앙일보, 2005년 4월 29일 (금), 29면.

573) *Maritime Delimitation and Territorial Questions between Qatar and Bahrain*, ICJ Judgment of 16 March 2001, para. 185 ("In accordance with Article 121, paragraph 2, of the 1982 Convention on the Law of the Sea, which reflects customary international law, islands, regardless of their size, in this respect enjoy the same status, and therefore generate the same maritime rights, as other land territory.").

574) *Territorial and Maritime Dispute* (Nicaragua v. Colombia), ICJ Judgment of 19 November 2012, para. 176 ("It inevitably follows that a comparatively small island may give an entitlement to a considerable maritime area".).

것이 '어디에 건설되든' 그 자신의 영해를 갖지 아니하며, 또한 이들의 존재는 영해, EEZ 또는 대륙붕의 경계획정에 영향을 미치지 아니한다.[575)]

제121조 3항은 제네바 대륙붕협약 제1조에는 나타나 있지 아니한 한 가지 제한을 부가하고 있다. 즉, "인간의 거주 또는 독자적인 경제생활을 유지(지탱)할 수 없는 바위섬(암석)"(rocks which cannot sustain human habitation or economic life of their own)[576)]은 'EEZ'나 '대륙붕'을 가질 수 없다는 것인데, 국가들의 관행을 보면 바위섬이 대륙붕과 EEZ를 가질 수 있는 조건을 명시한 제121조 3항을 의식하거나 동 조 2항의 섬과 3항의 바위섬을 구분하지 않고 대륙붕과 EEZ를 주장하는 경향이 있다. 바위섬에 불과한 오키노토리시마[577)]에 대한 일본의 EEZ 주장이 그 대표적 사례이다.[578)] 이와는 대조적으로 영국 정부는 UN해양법협약을 비준하면서 사람이 살 수 없는 바위섬

575) 제60조 8항, 제80조. 중국은 남중국해 스프래틀리 군도(Spratly Islands)(중국명 南沙群島, Nansha Qundao) 내에서 여러 인공섬들을 건설 중인데, 2015년 10월 27일 미국 군함이 그들 중 하나인 수비 암초(Subi reef)의 주변 12 마일 내의 해역에서 의도적으로 수 시간 항해하였다. 수비 암초는 원래 -바위섬(rock)이나 섬(island)이라고 할 수 없는- 간출지(low-tide elevation)로 분류되는 환초였는데, 중국은 2014년 초부터 매립을 시작하여 여기에 항만과 비행기 활주로 등등을 건설하였다. 중국은 매립된 수비 암초에 대해 영토 주권을 주장하면서도 그 주변 해역에 대해 영해를 주장하지는 않다가 막상 미국 군함이 이곳 주변 12 마일 내를 지나가자 불만을 표시하였다. 그러나 미국 오바마 정부의 기본 입장은, 국제법상 인공섬은 영토가 아니며 따라서 당연히 영해를 가질 수 없기 때문에 인공섬 주변 12 마일 내에서 -무해통항이 아닌- 항행의 자유가 인정된다는 것이다. https://en.wikipedia.org/wiki/Subi_Reef ; Jim Sciutto and Katie Hunt, "China says it warned and tracked U.S. warship in South China Sea", CNN, October 28, 2015, 〈https://edition.cnn.com/2015/10/27/asia/us-china-south-china-sea/index.html〉 ; Helene Cooper, "Challenging Chinese Claims, U.S. Sends Warship Near Artificial Island Chain", The New York Times, October 26, 2015, 〈https://www.nytimes.com/2015/10/27/world/asia/challenging-chinese-claims-us-sends-warship-near-artificial-island-chain.html?_r=0〉 ; https://tanakanews.com/151105china.htm ; Harry Krejsa, "The Real Meaning Behind America's FONOPS in the South China Sea", The National Interest, October 29, 2015 〈https://nationalinterest.org/feature/the-real-meaning-behind-americas-fonops-the-south-china-sea-14195〉 ; South China Sea Monitor (Produced and Published by Observer Research Foundation), Vol Ⅳ, Issue 11-November 2015, "The Issue: US Ship Challenges China in South China Sea", 〈https://www.observerindia.com/cms/sites/orfonline/modules/southchina/attachments/SCSMonitor November_1446873634187.pdf〉. 미국의 이러한 해석과 행동은 후임자 트럼프 대통령 하에서도 그대로 지속되었다 : Ben Westcott and Barbara Starr, CNN, May 25, 2017, "South China Sea: US warship challenges China's claims with first operation under Trump", 〈https://edition.cnn.com/2017/05/24/politics/south-china-sea -us-mischief-reef/index.html〉 ; Ankit Panda, "US Navy Destroyer Conducts Freedom of Navigation Operation Near Gaven, Johnson Reefs", The Diplomat, October 1, 2018, 〈https://thediplomat.com/〉 ; Ralph Jennings, VOA, October 1, 2018, "US Bombers in South China Sea Satisfy Southeast Asia by Needling China", 〈https://www.voanews.com/a/us-south-china-sea/4594208.html〉. 조 바이든 정부도 같은 노선을 지속하고 있다.

South China Sea Arbitration (the Philippines v. China), Award of 12 July 2016, para. 1203B(5)에서 중재재판소도 만장일치로 "수비 암초 ... 는 간출지로서, 영해나 EEZ 혹은 대륙붕에 대한 권원을 만들어 내지 않으며, 영유(appropriation)의 대상이 될 수 있는 지형물이 아니다. 다만, 영해의 폭을 넘지 않는 거리에 위치한 만조지형물의 영해의 폭을 측정하기 위한 기선으로 사용될 수는 있다"고 판시하였다.

576) rock에 해당하는 한국말은 물론 '암석' 혹은 '바위'이고 한국 외교부 번역본도 '암석'이란 술어를 채택하였다. 그런데 국제법의 비전공자들이 '암석' 혹은 '바위'는 '섬'이 아니므로 영해를 갖지 못할 것이라고 잘못 예단하는 경우를 보게 된다. 박찬호/김한택(pp. 121, 126)에서처럼 제121조의 rock를 '바위섬'으로 번역하면 이런 오해는 줄어들 것이다.

577) https://en.wikipedia.org/wiki/Okinotorishima ; 이창위, "오키노토리시마(沖ノ鳥島) 문제와 일본의 해양정책", 《독도연구저널》(한국해양수산개발원, 독도·해양연구센터), 2012 Summer Vol. 18, pp. 14~18.

'로콜'(Rockall)에 대한 그간의 EEZ와 대륙붕 주장을 포기하였었다.[579] ICJ는 제121조 '3항의 바위섬' 내지는 '2항의 섬과 3항의 바위섬 구분' 문제를 정면으로 다룰 기회를 아직 포착하지 못하고 있다.

그러나 *South China Sea Arbitration* 사건[580]에서 중재재판소는 제121조 3항의 구성요건들-즉, (a) '암석', (b) '할 수 없다', (c) '유지하다', (d) '인간의 거주', (e) '또는', 그리고 (f) '독자적 경제생활'"-에 대한 정의를 제시하고 있다. 특히, 재판소는 "제121조 3항의 목적을 위한 바위섬은 반드시 암석으로 구성되지는 않을 것이다. 제121조 3항에서 바위섬이란 단어를 사용했다고 해서 이 규정이 단단한(딱딱한) 암석으로 구성된 지형에 국한되는 것은 아니며, 만조 지형의 지질학적 · 지형학적 특성은 동 지형의 제121조 3항에 따른 분류와는 관련이 없다."[581]고 판시하였다. 재판소는 또한 "간출지와 섬, 양자 모두의 정의에 '자연적으로 형성된'이란 술어가 포함되었다는 사실은 어떤 지형의 지위가 그것의 자연적 조건(natural condition)에 따라 평가되어야 함을 가리키는 것이며, (따라서) 법의 문제로서 인간들에 의한 변형을 통해 해저가 간출지로 바뀌거나 간출지가 섬으로 바뀔 수는 없다"[582]고 적시하면서, 같은 논리로 "바위섬이 토지 개간(매립)을 통해 완전한 권리를 갖는 섬으로 변형될 수는 없다"[583]고 하였다.[584] 이 밖에도, 중재재판소는 제121조 3항의 "'인간의 거주' 또는(or) '독자적인 경제생활'"을 유지할 수 없는 바위섬의 요건에서 이 두 요건을 모두 결여한 것만이 바위섬에 해당하며, 어느 한 요건만 충족하여도 EEZ와 대륙붕을 모두 가질 수 있는 완전한 섬이라고 결론지었다.[585] 또한, 중재재판소는 제121조 3항에 대한 자신의 해석을 남사(난사)군도(南沙群島)(Spratly Islands) 내의 해양지형에 적용한 결과, 판단 대상 지형들 모두가 간출지 혹은 바위섬에 해당된다고 결론지었다.[586]

---

578) 중국 정부는 오키노토리시마에 대한 일본의 영유권은 인정하면서도 이 섬은 EEZ를 가질 수 없는 바위섬이라고 보고 있다.

579) Kaczorowska-Ireland, p. 300 ; https://en.wikipedia.org/wiki/Rockall ; 이기범, "'로콜(Rockall) 섬'이 무엇인가요?", 아산정책연구원, 블로그/기고문, 2020, JUL 14.

580) the Philippines v. China, Award on Jurisdiction and Merits, 12 July 2016, paras. 478~504, 539~553.

581) Paras. 482["...rocks" for the purposes of Article 121(3) will not necessarily be composed of rock], & 540["...the use of the word "rock" does not limit the provision to features composed of solid rock. The geological and geomorphological characteristics of a high-tide feature are not relevant to its classification pursuant to Article 121(3).]".

582) Paras. 305~306 of the Award.

583) Paras. 508~511 of the Award : "... a rock cannot be transformed into a fully entitled island through land reclamation. The status of a feature must be assessed on the basis of its natural condition. ..."

584) 중재재판소의 이러한 판단은 오키노토리시마에 대한 일본 정부의 입장까지도 곤란하게 만들 것이다. 한편, 한국 정부는 공식적으로 독도가 섬인지 바위섬인지 말한 적은 없으며, 다만 일본과의 EEZ 경계 획정에 있어 독도를 기점으로 한다는 입장을 대외적으로 천명한 바는 있다.

585) Paras. 494 ("if a feature is capable of sustaining *either* human habitation *or* an economic life of its own, it will qualify as a fully entitled island."), & para. 496 [" an island that is able to sustain *either* human habitation *or* an economic life of its own is entitled to *both* an exclusive economic zone *and* a continental shelf (in accordance with the provisions of the Convention applicable to other land territory)."] of the Award.

586) 이기범, "영토 · 해양 분쟁의 심화와 새로운 국제법적 해결", ASAN Report (아산정책연구원, 2016년 12월), p. 28.

ICJ는 −당사자 일방(콜롬비아)이 UN해양법협약의 당사국이 아니어서 국제관습법을 준거법으로 채택한− *Territorial and Maritime Dispute* (Nicaragua v. Colombia)[587)]에서, 제121조 1항 및 2항과 3항은 "한 개의 불가분의 제도(an indivisible régime)를 형성하고 있으며, 이들 규정 모두 (이미) 국제관습법의 지위를 가지고 있다"고 판시한 바 있다.

ICJ를 비롯한 국제재판소 앞에서는 바위섬이 아닌 섬이라고 해서 대향국이나 인접국 간의 대륙붕과 EEZ 경계획정시 언제나 효과를 부여받지는 못한다. 즉, 섬은 이들 해양 경계획정시 고려에 넣어야 할 "관련 사정"(relevant circumstances)을 구성하며, 이에 따라 각각의 경우에 "형평한 결과" (equitable result)를 달성하기 위해 "다른 관련 사정"과의 관계 속에서 완전한 효과(full effect)를 부여받을 수도 있고, 부분 효과(partial effect) 내지는 절반의 효과(half effect)만을 부여받을 가능성도 있으며, 심지어는 아무런 효과도 부여받지 못 할 수 있다.[588)] ICJ는 "몰타의 섬들이 한 개의 독립국가를 구성하지 않고 주변 어느 국가의 영토의 일부를 형성한다면 이 지역의 해양 경계는 아마도 달라질 것이다."[589)]라고 언급한 바도 있다.

Island of Palmas 사건[590)]에서 Huber 중재재판관은 "일단의 섬은 상황에 따라서는 법상 한 개

---

587) Judgment of 19 November 2012, para. 139.

588) ICJ는 Case concerning *Maritime Delimitation in the Black Sea* (Romania v. Ukraine), Judgment of 3 February 2009, para 185에서 이 문제에 대한 판례경향을 다음과 같이 소개하고 있다 : "In determining the maritime boundary line, in default of any delimitation agreement within the meaning of UNCLOS Articles 74 and 83, the Court may, should relevant circumstances so suggest, adjust the provisional equidistance line to ensure an equitable result. In this phase the Court may be called upon to decide whether this line should be adjusted because of the presence of small islands in its vicinity. As the jurisprudence has indicated, the Court may on occasion decide not to take account of very small islands or decide not to give them their full potential entitlement to maritime zones, should such an approach have a disproportionate effect on the delimitation line under consideration (see *Continental Shelf* (*Libyan Arab Jamahiriya/Malta*), *Judgment, I.C.J. Reports 1985*, p. 48, para. 64; *Maritime Delimitation and Territorial Questions between Qatar and Bahrain* (*Qatar v. Bahrain*), *Merits, Judgment, I.C.J. Reports 2001*, p. 104, para. 219; *Territorial and Maritime Dispute between Nicaragua and Honduras in the Caribbean Sea* (*Nicaragua v. Honduras*), Judgment of 8 October 2007, paras. 302 *et seq.*)." ICJ는 이 사건(paras. 186~188)에서 문제된 우크라이나의 "뱀섬"(Serpents' Island)의 존재와 관련하여, 이 섬은 −양국간 합의에 따라 그 자신의 영해 12 마일을 갖는다는 점을 제외하고는− 두 소송 당사국간 EEZ/대륙붕 단일경계획정 과정에서 어떤 효과도 가져서는 안되며, 따라서 이 섬이 UN해양법협약 제121조의 2항에 해당하는지 아니면 3항에 해당하는지는 검토할 필요가 없다고 결론지었다.

국제해양법재판소도 *Delimitation of the Maritime Boundary between Bangladesh and Myanmar in the Bay of Bengal* (Bangladesh/Myanmar), Judgment of 14 March 2012, paras. 147, 265에서, "판례법에서도, 국가관행에서도, 해양경계획정에서 섬에 부여되는 효과에 관한 일반규칙은 존재하지 않으며, 그것은 각 경우의 특정 사정에 달려있다."고 하면서, 방글라데시와 미얀마 간 육지경계를 이루는 Naaf(Naf) 강의 입구에서 미얀마 본토 바로 앞에 위치한 방글라데시의 세인트 마틴 섬(St. Martin's Island)을 양국간 EEZ/대륙붕 경계획정을 위한 기점(base point)에서 배제한 바 있다. 동 재판소가 제시한 이유에 따르면, "이 섬을 기점으로 선택하면 미얀마 연안으로부터 해양으로의 돌출을 막는 선이 만들어질 터인데, 이는 경계획정선을 부당하게 왜곡하는 것으로서, '재판소가 지리를 개조하는 것'(a judicial refashioning of geography)에 해당할 것이기 때문이다." 여기서 '재판소가 지리를 개조하는 것'이란 표현은 ICJ가 상기 *Maritime Delimitation in the Black Sea* 사건, para. 149에서 사용한 것인데, 국제해양법재판소가 이를 인용한 것이다. 이 섬의 영해 12 마일은 인정되었다. 앞에서 언급한 바와 같이, 국제해양법재판소는 EEZ와 대륙붕이 영해에게 이길(prevail) 가능성을 배제하였다(para. 169).

589) *Continental Shelf* (Libyan Arab Jamahiriya/Malta), ICJ Reports (1985), p. 13 at 42 (para. 53).

의 단일체로 간주될 수 있으며, 그 결과 주된 부분(主島)의 운명이 나머지 부분에도 관련이 있을 수 있다."는 의견을 제시한 바 있다. 섬집단의 단일체성에 대한 Huber의 이 부수적 의견은 그러나 *Sovereignty over Pedra Branca/Pulau Batu Puteh, Middle Rocks and South Ledge* (Malaysia/Singapore)[591]에서 싱가포르가 원용해 보았으나, ICJ는 -본 사건에 관한 한- 이 주장을 수락하지 않았으며, 관련 섬들과 한 개의 간출지에 대한 주권자를 별개로 판단하였다. 군도(archipelagos) 조차도 대개는 자연적 단일체로 생각되지 아니하며 따라서 군도를 구성하는 각 섬에 대한 권원 입증이 요구될 수 있다.[592]

X. 폐쇄해(enclosed seas) 또는 반폐쇄해(semi-enclosed seas)

UN해양법협약의 목정상 폐쇄해 또는 반폐쇄해라 함은 2개국 이상의 국가들에 의하여 둘러싸이고 좁은 출구에 의하여 다른 바다나 대양에 연결되거나, 또는 전체나 그 대부분이 2개국 이상의 연안국의 영해와 EEZ로 이루어진 만(gulf), 내만(basin) 바다(sea)를 말한다.[593] 한국을 둘러싸고 있는 바다, 즉 동해, 서해, 동중국해가 모두 여기에 해당된다. 중국, 베트남, 말레이시아, 브루나이, 필리핀 그리고 대만에 둘러싸인 남중국해도 그러하다. 이같은 폐쇄해 또는 반폐쇄해의 연안국들은 해양생물자원의 관리·보존·탐사·이용 그리고 해양환경의 보호·보존을 조정하기 위해 서로 협력하여야 한다.[594]

XI. 내륙국의 해양출입권과 통과의 자유

UN해양법협약은 해안이 없는 내륙국(land-locked states)의 해양 출입을 위한 일종의 지역권(servitude) 규정(제124조~제132조)을 담고 있다.[595] 즉, 내륙국은 해양출입권(right of access to

590) Netherlands/United States of America, Award of 4 April 1928, RIAA, Vol. Ⅱ(1949), p. 855 : "As regards groups of islands, it is possible that a group may under certain circumstances be regarded as in law a unit, and that the fate of the principal part may involve the rest."

591) ICJ Reports (2008), p. 12 at 97 (para. 280).

592) *Territorial and Maritime Dispute* (Nicaragua v. Colombia), ICJ Reports (2012), p. 624 at 648~649 (paras. 49~56) ; Orakhelashvili/Akehurst, pp. 127~128 ; 본서, 제19장 (영토의 취득), "Ⅷ. 승인, 묵인, 금반언, 근접성, 역사적 응고".

593) 제122조.

594) 제123조. 다만, 흥미롭게도 제123조는 (그 첫 번째 문장에서) 폐쇄해/반폐쇄해 연안국들의 협력의무를 규정함에 있어서는 권고적 의미의 should라는 조동사를 사용하면서도, (그 두 번째 문장에서) 이 목적을 위해 노력함에 있어 채택해야 할 네 가지 행동에 대해서는 법적 의무를 부과하는 shall이라는 조동사를 사용하고 있다.

595) Orakhelashvili/Akehurst, 9th, p. 164.

and from the sea)을 가지며, 이를 위하여 모든 수송수단에 의하여 통과국(transit state)의 영토를 지나는 통과의 자유(freedom of transit)를 향유한다. 통과의 자유를 행사하기 위한 조건과 방식은 내륙국과 관련 통과국 사이의 양자협정이나 소지역적 혹은 지역적 협정을 통하여 결정해야 한다.[596] 내륙국의 해양출입에 관련한 UN해양법협약의 규정과 특별협정은 최혜국대우조항(most-favoured-nation clause)의 적용에서 제외된다.[597] 그리고 통과교통에 대하여는 -이와 관련하여 제공된 특별한 용역에 대하여 징수되는 부과금을 제외하고는- 어떠한 관세, 조세 또는 기타 부과금도 징수할 수 없다.[598]

XII. 심해저 : 인류의 공동유산

심해저 광물자원[599]의 개발을 위한 지도원리로서의 '인류의 공동유산'(common heritage of mankind) 개념은 1967년 제22차 UN총회에서 몰타(Malta) 대사 Arvid Pardo에 의하여 제시된 후 결국 UN해양법협약에 실정법의 개념으로 도입되었다.[600] 그러나 협약 제11부에 나타난 심해저 개발 체제는 시작부터 다음의 몇 가지 약점을 안고 있었다.

첫째, UN해양법협약은 심해저개발의 이익을 분배하기 위한 기준을 구체화하는 선에는 이르지 못하였다. 협약은 제160조에서 심해저기구의 최고기관인 "총회가 개발도상국 및 완전한 독립이나 자치적 지위를 얻지 못한 주민의 이익과 필요를 특별히 고려하여, 이사회의 권고에 기초하여, 심해저 활동의 재정적·경제적 이익의 형평한 배분(equitable sharing)에 관한 규칙과 절차를 검토하고 승인한다"라고 규정하고 있을 따름이다.

둘째, 인류의 공동유산에 관한 규정은 강행규범(*jus cogens*)에 속한다는 조항을 UN해양법협약에 삽입시켜야 한다는 칠레의 제안은 선진산업국들의 강력한 반대로 거부되었다. 이것은 그들이 UN해양법협약에 의하여 수립된 심해저개발체제를 훼손하는 국제협정을 체결하더라도 위법하거나 무효가 아니라고 믿고 있음을 의미하는 것이다. 그러나 이 심해저개발체제는 그것이 실효성있게 운영되기 위해서는 국제공동체 모든 구성원의 보편적 동의를 전제로 하는 것이기 때문에, 칠레 제안의 좌절

596) 제125조.
597) 제126조.
598) 제127조 1항.
599) 망간단괴(manganese nodules), 망간각(manganese crusts), 해저열수광상(submarine hydrothermal deposits) 등의 鑛種(광종)이 부존하고 있다. 국토교통부, 정책정보, 2011-10-27, "심해저 및 해저열수광상 광물자원개발" ; 외교부, 보도자료, 2016-07-20, "서태평양 공해상 망간각 독점탐사광구 확보" 참조.
600) Cassese, p. 379. 몰타의 제안에 대해 UN총회는 1970년 12월 17일 총회결의 2749(XXV)에 의해 "국가관할권의 범위를 넘는 해저와 해상 및 그 하층토에 적용되는 원칙선언"(Declaration of Principles Governing the Sea-Bed and the Ocean Floor, and the Subsoil Thereof, beyond the Limits of National Jurisdcition)을 채택하는 것으로 반응하였는데, 이 선언은 제1항에서 "국가관할권의 범위를 넘는 해저와 해상 및 그 하층토, 그리고 이 지역의 자원은 인류의 공동유산이다."라고 천명하고 있다.

은 이 제도의 미래가 순탄치 않을 것임을 예고하는 것이었다.[601)]

셋째, 많은 선진국이 심해저개발 체제에 대한 불만을 이유로 UN해양법협약이 채택되기도 전에 심해저의 일방적 개발을 결정하였다. 즉, 미국·영국·프랑스·독일·일본·소련 등은 1980년경부터 자국 회사들이 심해저 지대를 탐사·개발하는 것을 허용하는 입법조치를 채택하였다. 물론 이 모든 국가의 국내법에서는 이같은 입법조치는 단지 잠정적인 것으로서 자국에 대해 국제적 조약이 구속력을 갖는 즉시 폐지될 것이며, 1988년 1월 1일 이전까지는 탐사만 할 수 있고 개발은 시작할 수 없다고 규정하고 있었고, 또한 프랑스법을 제외한 나머지 국가들의 법에서는 개발이익의 일부는 국제기구 또는 개발도상국들의 사용을 위해 따로 떼어 놓을 것이라고 규정하고 있긴 하였으나, 문제는 그들이 인류공동유산의 본질을 수락하려 하지 않는다는 점에 있었다.[602)]

넷째, 제3세계는 자국의 해양관할권을 확대하기 위해 EEZ를 주장하던 바로 그 순간에 인류의 공동유산 개념을 들고 나와 인류 전체의 대변자로 행동함으로써 논리적 모순을 범하였다.[603)]

1982년 레이건 대통령은 미국은 UN해양법협약 제11부에 반대하기 때문에 이에 서명하지 않을 것이라고 선언하였다. 이론상으로는 미국이 UN해양법협약 제11부에 대해 포괄적 유보를 하는 것도 생각해 볼 수 있었을 것이다. 그러나 "이 협약의 다른 조항에 의하여 명시적으로 허용되지 아니하는 한 이 협약에 대한 유보와 예외는 허용되지 아니한다."라고 규정한 협약 제309조 때문에 이 또한 불가능한 일이었다. 대부분의 다른 선진국은 서명은 하였으나 준비위원회(Preparatory Commission)에서 작업이 진행되는 동안 비준을 보류하였다. 이에 반해, 대부분의 개발도상국은 협약에 서명하였고, 비준 숫자는 천천히 늘어갔다. 그러나 기술과 자본을 가진 선진국들의 참여를 확보함으로써 보편적 참여를 끌어내지 못하는 한 UN해양법협약 제11부는 가동될 수 없는 처지였다.

그러므로 1990년 7월 UN사무총장 Javier Pérez de Cuéllar는 선진산업국들의 반대를 무마하기 위한 비공식협의를 시작하였고, 그의 후임자인 Boutros Boutros-Ghali도 이 협의를 계속하였다. 이같은 노력의 결과 UN총회는 1994년 7월 28일 찬성 121, 반대 무, 기권 7개국의 표결로써 UN해양법협약 제11부를 사실상 개정하기 위한 이른바 이행협정(Implementation Agreement)을 채택하였으며,[604)] 이 협정은 그 다음날 서명을 위하여 개방되었다. 미국은 6월 30일 이같은 변화에 비추어 이행협정에 서명하겠다고 이미 천명한 바 있으며, 따라서 EC의 모든 회원국과 다수의 다른 선진산업국들과 함께 7월 29일 실제로 서명하였다.[605)] 이로써 UN해양법협약의 심해저 체제는 선진산업국들을 포함한 국제공동체 전체의 거의 보편적 참여를 확보할 수 있게 되었으나 그 원래의

601) 그 대신 타협안으로 제311조 6항이 삽입되었다 : Cassese, p. 386 ; Rosenne, *The Perplexities of Modern International Law*, p. 36.

602) Cassese, pp. 385~387 ; Orakhelashvili/Akehurst, 9th, p. 211.

603) Cassese, p. 392.

604) 이행협정은 "1982년 12월 10일의 UN해양법협약 제11부의 이행에 관련한 협정"(Agreement relating to the implementation of Part XI of the United Nations Convention on the Law of the Sea of 10 December 1982)의 제목으로 1994년 7월 28일의 UN총회결의 48/263에 부속되어 있다.

605) Bernard H. Oxman, "Law of the Sea Forum : The 1994 Agreement on Implementation of the Seabed Provisions of the Convention on the Law of the Sea", (1994) 88 AJIL 687~689.

의도는 거세되고 말았다. 게다가 미국은 이행협정에 즉각 서명은 하였지만 아직까지 UN해양법협약과 이행협정을 비준하지 않고 있다.[606] 지금에 이르러서는 심해저의 경제적 가치가 너무 과대평가 되었다는 이야기도 들리며,[607] 생태계 측면에서 심해저 광물 채굴에 대한 우려도 높아지고 있다.[608] 이행협정의 일부 내용에 관해서는 아래에서 따로 언급하겠다.

1. 심해저의 법적 지위

심해저(Area)라 함은 국가관할권 한계 밖의 해저·해상 및 그 하층토를 말한다.[609] 심해저와 그 천연자원(natural resources)은 '인류의 공동유산'(common heritage of mankind)이다.[610] 따라서 어떠한 국가(no State)도 심해저나 그 천연자원에 대하여 주권 또는 주권적 권리를 주장하거나 행사할 수 없으며, 어떠한 국가, 자연인 또는 법인도 이를 자신의 것으로 만들 수 없다. 심해저의 자원에 대한 모든 권리는 인류 전체에게 부여된 것이며, 국제해저기구는 인류 전체를 위하여 행동하여야 한다. 어떠한 국가, 자연인 또는 법인도 협약 제11부에 의하지 아니하고는 심해저로부터 채취된 광물(minerals)에 대하여 권리를 주장, 취득 또는 행사할 수 없다.[611]

2. 국제해저기구의 설립

국제해저기구(International Sea-Bed Authority)는 UN해양법협약 당사국들이 심해저활동을 조직하고 통제하기 위해 수립한 기구이다. 따라서 모든 협약당사국은 당연히 이 기구의 회원국이 된다. 기구는 자메이카에 소재하며, 임무수행에 필요한 지역사무소를 설치할 수 있다.[612] 기구는 국제법인격을 가지며,[613] 협약에 의하여 명시적으로 부여된 권한과 임무뿐만 아니라 그 권한과 임무

606) 본장, "I. 서론" ; Kaczorowska-Ireland, p. 343 ; Keitner, pp. 190~191.

607) Cassese, *International Law*, 2nd, p. 92.

608) LDAC(EU Long Distance Fleet Advisory Council) OPINION ON DEEP-SEA MINING, Discussed at LDAC WG5 meetings in October 2018 and March 2019, Adopted by consensus by the LDAC Executive Committee on 22 May 2019, 〈https://ldac.eu/images/EN_LDAC_Advice_on_Deepsea_Mining_R.04.19.WG5_May2019.pdf〉 ; Elizabeth M. De Santo, Elizabeth Mendenhall, & Elizabeth Nyman, "A rush is on to mine the deep seabed, with effects on ocean life that aren't well understood", The Conversation, August 17, 2020, 〈https://theconversation.com/a-rush-is-on-to-mine-the-deep-seabed-with-effects-on-ocean-life-that-arent-well-understood-139833〉 ; 성재용/뉴데일리경제, 2021-04-01, "삼성SDI, BMW-볼보 등과 "심해저 광물 채굴 중단" 선언."

609) 제1조 1항.

610) 제136조. ILC는 2006년에 채택한 "Conclusions of the work of the Study Group on the Fragmentation of International Law: Difficulties arising from the Diversification and Expansion of International Law", para. (38)(available at https://www.un.org/ law/ilc)에서 일반국제법의 강행규범(*jus cogens*)과 대세적 의무(obligations *erga omnes*)의 관계에 대해 언급하면서 전자에 의해 수립된 것이 아닌 후자의 예로 우주조약 제1조와 함께 UN해양법협약 제136조를 들고 있다. 본서, 제3장 (일반국제법의 강행규범) 참조.

611) 제137조.

612) 제156조.

613) 제176조.

수행에 필요한 묵시적 권한도 갖는다.[614] 그리고 각 당사국의 영토 안에서 특권 · 면제를 향유한다.[615]

3. 국제해저기구의 주요기관

국제해저기구의 '주요'기관(principal organs)은 총회(Assembly), 이사회(Council) 그리고 사무국(Secretariat)이다.[616] 심해저공사(기업)(Enterprise)는 기구의 '주요'기관은 아니지만, 기구의 국제법인격의 테두리 안에서 (제4부속서에 규정된 정관에 따른) 법적 능력을 향유하는 기관으로서, 심해저의 탐사 및 개발 그리고 심해저로부터 채취한 광물의 수송 · 가공 · 판매를 담당한다.[617]

(1) 총 회[618]

총회는 국제해저기구의 최고기관(supreme organ)으로서 모든 회원국으로 구성된다. 각 회원국은 총회에 1인의 대표를 파견하며, 총회에서 한 표의 표결권을 갖는다. 총회의 의사정족수(quorum)는 회원국의 과반수로 한다.

총회는 국제해저기구의 권한에 속하는 모든 문제 · 사항에 관하여 협약의 관련 규정에 따라 일반정책(general policies)을 수립할 권한을 가진다. 이 밖에 이사국 선출, 사무총장 선출, 보조기관의 설치, 기구의 행정예산을 위한 회원국분담금의 배정, 심해저활동에서 나오는 이익의 형평한 배분에 관한 규칙 · 규정 · 절차의 심의와 승인, 연례예산안의 심의와 승인 등등 많은 권한과 임무를 부여받고 있다.

(2) 이사회

이사회는 다음 순서에 따라 총회에서 선출되는 국제해저기구의 36개 회원국으로 구성된다.

"(a) 통계를 이용할 수 있는 최근 5년 동안 심해저에서 채취되는 광물과 같은 종류의 광물로부터 생산된 상품의 세계총소비 중 금액기준으로 2퍼센트 이상을 소비한 당사국이나, 세계총수입 중 금액기준으로 2퍼센트 이상을 순수입한 당사국 중 4개국. 다만, 이 4개국 가운데는 협약발효시 국내총생산(gross domestic product)의 관점에서 보아 동유럽 지역에서 경제규모가 가장 큰 1개국과 국내총생산의 관점에서 보아 세계에서 가장 큰 경제규모를 가진 국가가 이 그룹에 포함되기를 희망하는 경우 이러한 국가를 포함한다.

(b) 직접 또는 그 국민을 통하여 심해저활동 준비와 수행에 가장 많이 투자한 8개 당사국 중

614) 제157조 2항.
615) 제177조~제183조.
616) 제158조 1항.
617) 제158조 2항.
618) 제159조~제160조. 총회는 1994년 11월에 첫 회기(first session)를 개최하였다. 그리고 1996년에는 초대 사무총장으로 피지(Fiji) 출신의 Satya Nandan을 선출하고, 국제해양법재판소를 구성할 21명의 재판관도 선출한 바 있다. Janis, 3rd, p. 223.

4개국.

(c) 심해저에서 채취되는 광물과 같은 종류의 광물의 주요 순수출국(자국관할권 지역에서의 생산을 기준으로)인 당사국 중 4개국(그러한 광물의 수출이 자국경제에 중대한 영향을 미치는 개발도상국 중 최소한 2개국을 포함).

(d) 특별이익을 대표하는 개발도상국 중 6개 당사국(대표되는 특별이익으로는 인구다수국, 내륙국이나 지리적 불리국, 도서국, 심해저에서 나오는 광물종류의 주요수입국, 이러한 광물의 잠재생산국 및 최빈개발도상국의 이익이 포함된다).

(e) 이사회 전체 의석의 공평한 지리적 배분보장 원칙에 따라 선출되는 18개 회원국. 다만, 각 지리적 지역에는 이 호에 따라 선출되는 최소한 1개 회원국이 배정된다. 이러한 목적상, 지리적 지역은 아프리카, 아시아, 동유럽, 라틴아메리카와 카리브해, 서유럽 및 기타 지역이다."[619]

위 규정에서 (a), (b), (c)에 의하여 선출된 각 국가그룹(each group of states)(즉, 심해저광물 대소비·수입국 그룹, 심해저투자국 그룹, 심해저광물수출국 그룹)은 이사회에서 표결의 목적상 '방'(a chamber)으로 취급된다. 그리고 (d)(개도국특별이익 그룹), (e)(지역안배 그룹)에 의거하여 선출된 개발도상국들은 이사회에서 표결의 목적상 '단 한 개의 방'(a single chamber)으로 취급된다.[620]

이사국은 4년 임기로 총회의 정기회기에서 선출되는데, 다만 최초선거에서 이사국 반수의 임기는 2년으로 한다. 이사국은 재선될 수 있으나 바람직한 의석순환의 필요성을 적절히 고려한다. 이사회의 의사정족수(quorum)는 이사국의 과반수로 하며, 각 이사국은 한 표의 투표권을 가진다.[621]

이사회는 국제해저기구의 집행기관(executive organ)이다. 이사회는 협약 및 총회가 수립한 일반정책에 따라 기구의 권한에 속하는 모든 문제나 사항에 관하여 기구가 수행해야 할 개별정책(specific policies)을 수립할 권한을 가진다. 이 밖에도 이사회는 심해저관련 규정 이행의 감독·조정, 사무총장 후보자명단 총회제출, 보조기관의 설치, (총회의 승인을 조건으로) 기구를 대표하여 UN이나 타국제기구와의 협정체결 등등 많은 권한과 임무를 부여받고 있다.[622]

이사회는 그 업무수행 보조를 위해 경제기획위원회(Economic Planning Commission)와 법률·기술위원회(Legal and Technical Commission)를 설치한다. 각 위원회는 당사국들이 지명한 후보자들 중에서 이사회가 선출하는 15인의 위원으로 구성하며, 필요한 경우 이사회는 각 위원회의 규모를 확대할 것을 결정할 수 있다.[623]

(3) 의사결정[624]

국제해저기구의 '일반'정책은 총회가 '이사회와 협력하여' 수립한다. 일반적으로 국제해저기구 기관들의 의사결정은 컨센서스에 의한다.

619) 이행협정 부속서 제3절 15~16항.
620) 이행협정 부속서 제3절 9항(a). https://www.isa.org.jm/en/members/composition.council.stm 참조.
621) 제161조 3~7항.
622) 제162조.
623) 제163조~제165조.
624) 제159조, 제161조 ; 그리고 이행협정 부속서 제3절.

컨센서스에 이르기 위한 모든 노력을 다하고도 합의에 이르지 못한 경우, 총회에서의 표결에 의한 결정은 절차문제에 관하여서는 출석하여 투표한 회원국의 과반수에 의하여, 실질문제에 관하여서는 (협약 제159조 8항에 규정된 바와 같이) 출석하여 투표한 회원국의 2/3에 의하여 내려진다.

이사회도 권한을 가지고 있는 사항이거나 혹은 행정·예산·재정 사항에 관한 총회의 결정은 이사회의 권고에 기초한다. 어떠한 사항에 관하여 총회가 이사회의 권고를 받아들이지 않는 경우, 이는 이사회에 반려되어 재심의된다. 이사회는 총회가 표명한 의견에 비추어 그 사항을 재심의한다.

컨센서스에 이르기 위한 모든 노력을 다하고도 합의에 이르지 못한 경우, 이사회에서의 표결에 의한 결정은 절차문제에 관하여서는 출석하여 투표한 회원국의 과반수에 의하여, 실질문제에 관하여서는 이사회에서 컨센서스에 의하여 결정하도록 협약에 규정되어 있는 경우를 제외하고는 (그러한 결정이 이행협정 부속서 제3절 9항에 언급된 어느 한 방 내의 과반수에 의하여 반대되지 아니하는 한)(provided that such decisions are not opposed by a majority in any one of the chambers referred to in paragraph 9) 출석하여 투표한 회원국의 2/3에 의하여 내려진다. 결정을 채택함에 있어서 이사회는 국제해저기구의 모든 회원국의 이익을 증진시키도록 노력해야 한다.

이 밖에도 재정이나 예산에 관계되는 총회 또는 이사회의 결정은 재정위원회(Finance Committee)의 권고에 기초해야 한다.[625] 주요예산분담국들은 재정위원회에서 의석을 보장받고 있는데, 이 위원회는 컨센서스로 행동한다.[626]

(4) 사무국

사무국은 사무총장 및 기구가 필요로 하는 직원으로 구성된다. 사무총장은 이사회가 제안한 후보자 중에서 총회에 의하여 4년 임기로 선출되며 재선될 수 있다. 직원은 사무총장이 임명한다. 사무총장과 직원들은 직무수행에 있어 그 어떤 정부나 기구 밖의 그 어떤 출처로부터도 지시를 구하거나 받아서는 안된다.[627]

사무국은 심해저공사가 사무국으로부터 독립하여 운영을 시작할 때까지는 심해저공사의 기능을 수행한다.[628] 다만, 이사회는 심해저공사가 아닌 주체의 개발계획을 승인하였을 때, 또는 심해저공사와의 합작사업(joint-venture operation) 신청을 접수하였을 때, 심해저공사가 사무국으로부터 독립하여 기능을 수행하는 문제를 다루어야 한다(shall take up the issue).[629] 심해저공사는 아직 운영되지 못하고 있다.[630]

---

625) 이행협정 부속서 제3절 7항.

626) 이행협정 부속서 제9절 3항, 8항.

627) 제166조~제169조.

628) 이행협정 부속서 제2절 1항.

629) 이행협정 부속서 제2절 2항.

630) *A Study Related to Issues on the Operationalization of the Enterprise*, ISA Technical Report 1/2019, Prepared By Edwin Egede, Mati Pal and Eden Charles, 13 June 2019, paras. 16~24, 〈https://isa.org.jm/files/files/documents/Operationalization_of_the_Enterprise.pdf〉; Joanna Dingwall, *The Law of the Seabed*, "Chapter 7 Commercial Mining Activities in the Deep Seabed beyond National Jurisdiction: the International Legal Framework", (Brill/Nijhoff, 2020), pages 139~162, 〈https://doi.org/10.1163/

(5) 심해저공사

심해저공사(기업)도 국제해저기구의 한 기관이긴 하지만[631] 심해저자원개발을 '건전한 상업적 원칙에 따라'(in accordance with sound commercial principles) 수행하는 초국가적 광업회사(supranational mining company)라고 할 수 있다.[632]

심해저공사는 국제해저기구의 국제법인격의 테두리 안에서 임무수행과 목적달성에 필요한 법적 능력을 가지며, 특히 (국가 또는 국제기구와의 협정을 포함한) 계약 · 합작약정 또는 기타 약정체결, 동산 · 부동산의 취득 · 임대차 · 보유 및 처분, 그리고 소송당사자능력을 갖는다.[633]

심해저공사는 총회의 일반정책(general policies)과 이사회의 지시와 통제(directives and control)에 따라 행동한다. 다만, 심해저공사는 조업수행에 있어 자치권을 가진다. 그리고 국제해저기구의 행위나 의무에 대하여 심해저공사가 책임을 지거나, 혹은 거꾸로 후자의 행위나 의무에 대하여 전자가 책임을 지지 아니한다.[634]

심해저공사는 상업생산을 개시한 후 초기기간 최대 10년이 지나면 그 수입(income)을 기구로 이전해야 한다.[635]

4. 심해저활동의 주체

심해저의 탐사 · 개발은 이사회의 승인을 얻어 수행해야 하는데, 이는 심해저공사가 직접 수행할 수 있을 뿐만 아니라, 체약국, (체약국의 국적을 갖거나 체약국이나 그 국민에 의하여 실효적으로 지배되고 있는) 국영기업 · 자연인 · 법인으로서 당해 체약국이 '보증'하는(sponsored) 자들, 또는 (일정 요건을 충족하는) 이들 주체의 집합체에 의해서도 수행될 수 있다.[636] 이를 두고 병행개발 방식(parallel system)이라고 부르는데, 심해저활동을 수행할 수 있는 자본과 기술을 일부 선진국만이 보유하고 있는 현실을 고려에 넣은 결과이다.

병행개발 방식에 의하면 심해저 개발 신청자는 국제해저기구에 '사업계획'(plans of work)을 제출하여야 하는데,[637] 이때 대체로 동등한 광업가치를 갖는 두 개의 광구를 지정하여야 한다. 그리고 그 중 하나는 신청자가 채광을 하고, 나머지 하나는 국제공동체에 의한 채광을 위해 '유보'(reserved)된다. UN해양법협약의 원래 계획에 의하면 '유보된' 광구의 채광은 심해저공사가 담

9789004391567_009〉; Evans in Evans (ed.), *International Law*, 5th, p. 660. 2018년 7월 개최된 동년 2차 이사회에서 "폴란드가 심해저기업(공사)과 심해저 채광 합작사업을 실시하고자 2019년 제안서를 제출하겠다고 알려옴에 따라 많은 개발도상국들은 서둘러 심해저기업의 설립을 준비해야 한다고 주장"한 바 있다 : 외교부, 국제법률국, 2018-08-07, "제24차 국제해저기구(ISA) 이사회 · 총회 개최 결과".

631) 제170조 1항.
632) 협약 제4부속서 (심해저공사 정관) 제1조 3항.
633) 제170조 2항 ; 협약 제4부속서 제13조.
634) 제170조 2항 ; 협약 제4부속서 제2조.
635) 협약 제4부속서 제10조 1항 및 3항.
636) 제153조 2~3항.
637) UN해양법협약 제3부속서(개괄탐사, 탐사 및 개발의 기본조건) 제3조.

당하게 되어 있지만 1994년의 이행협정에 의해 그 역할이 상당히 축소되었고, 또 적어도 처음에는 합작사업(joint ventures)만을 할 수 있다.[638] 심해저공사가 15년 내에 유보된 광구를 채광하지 않으면 원신청자가 할 수 있다.[639] 게다가, 심해저공사가 채광하고자 하는 경우 원신청자는 합작사업에 참여할 수 있는 기회를 부여받게 된다.[640]

5. 이행협정

이행협정 제2조 1항은 "UN해양법협약 제11부(심해저)와 이행협정은 단일문서(a single instrument)로 해석되고 적용되며, 양자가 일치하지 아니하는 경우 이행협정이 우선한다"고 규정하고 있다. 그러므로 어떠한 국가나 실체도 UN해양법협약의 구속을 받겠다는 동의를 사전에 확정하였거나 동시에 확정하지 않는 한 이행협정의 구속을 받겠다는 동의를 확정할 수 없다.[641]

이행협정 채택(1994년 7월 28일) 후, UN해양법협약에 대한 비준서·공식확인서·가입서는 이행협정에도 구속받겠다는 동의를 포함한다.[642] 이행협정채택 이전에 이미 UN해양법협약의 비준서·공식확인서·가입서를 기탁하고 그리고 본 이행협정에 서명한 국가나 주체는, 약식절차에 따르지 아니한다는 의사를 협정채택일 이전에 서면으로 수탁자(즉, UN사무총장)에게 통고하지 않는 한, 협정채택일 후 12개월이 지나면 이행협정의 구속을 받겠다는 동의를 확정한 것으로 간주된다.[643]

이행협정은 40개국이 (본 협정 제4조 및 제5조에 따라) 본 협정의 구속을 받겠다는 동의를 확정한 날로부터 30일 후 발효한다. 다만, 이러한 국가에는 UN해양법회의의 결의 Ⅱ(선행투자규칙)[644] 제1항(a)에 언급된 국가들 중 최소한 선진 5개국을 비롯한 7개국이 포함되어야 한다. 이 협정의 발효를 위한 요건이 1994년 11월 16일 이전에 충족되는 경우에는 이 협정은 1994년 11월 16일에 UN해양법협약과 동시에 발효한다.[645] 이행협정발효 후 이 협정의 구속을 받겠다는 동의를 확정하는 국가와 실체에 대해서는 이 협정은 그같은 동의가 확정된 날로부터 30일 후 발효한다.[646]

그런데 이행협정이 1994년 11월 16일 발효하기를 기대하기는 사실상 어려웠기 때문에, 이행협정은 이 날부터 그 발효시까지의 잠정적용(provisional application)을 허용하고 있었는데,[647] 이행협정은 1996년 7월 28일 발효하였다. 다만, 1996년 11월 16일까지 UN해양법협약과 이행협정

638) UN해양법협약 제3부속서 제8조 ; 이행협정 부속서 제2절(심해저공사) 2항.
639) 이행협정 부속서 제2절(심해저공사) 5항.
640) 이행협정 부속서 제2절(심해저공사) 5항.
641) 이행협정 제4조 2항.
642) 이행협정 제4조 1항.
643) 이행협정 제5조 1항.
644) 즉, "다금속단괴에 관련한 선행(사전)투자활동에 적용되는 결의 Ⅱ"(Resolution Ⅱ Governing Preparatory Investment in Pioneer Activities relating to Polymetallic Nodules, Annex I of the Final Act of the Third United Nations Conference on the Law of the Sea), https://www.un.org/Depts/los/convention_agreements/texts/final_act_eng.pdf.
645) 이행협정 제6조 1항.
646) 이행협정 제6조 2항.
647) 이행협정 제7조.

의 당사자가 되지 아니한 국가 또는 실체라 하더라도 이 두 조약의 당사자가 되기 위하여 성실히 노력하고 있다고 판단되는 경우, 이사회는 그들이 1998년 11월 16일까지는 국제해저기구의 잠정회원 자격을 유지토록 허용할 수 있다.[648] UN해양법협약의 당사국으로서 아직 이행협정에는 가입하지 아니한 국가들도 여전히 존재한다.[649]

아래에서는 이행협정의 일부 중요 내용에 관하여 알아보겠는데,[650] 그 주된 내용은 한 마디로 심해저의 탐사와 개발에 시장경제의 원리를 도입하는 것이다.[651] 이행협정은 전문에서 "(UN해양법협약) 제11부의 이행에 영향을 미치는 -시장지향적 접근법들을 포함한(including market-oriented approaches)- 정치·경제적 변화에 유의하고, 협약에의 보편적 참여를 촉진하기를 희망하면서"라고 언급함으로써 자신의 의도를 분명히 하고 있다.

(1) 의사결정

원래의 UN해양법협약에 의하면 이사회는 "총회가 수립하는 일반정책에 따라" 개별정책을 수립하는 국제해저기구의 집행기관이다.[652] 그런데 미국은 총회가 일국일표제에 의해 운영된다는 규정에 대해 우려를 표명하였다. 그러므로 이행협정은 총회가 일반정책을 수립할 때 '이사회와 협력'할 것을 요구함으로써 총회의 일반정책수립권한을 제한하고 있다.[653] 이행협정은 또한 "이사회도 권한을 가지고 있는 사항이거나 혹은 행정·예산·재정 사항에 관한 총회의 결정은 이사회의 권고에 기초해야 한다."고 규정하고 있다. 총회는 이사회의 권고를 승인하거나 아니면 반려해야 한다.[654]

미국 정부는 원래의 UN해양법협약에 의하면 자국이 이사회에서 항구적인 의석을 보장받지 못하는 사실에 대해서도 우려를 표명하였다. 그러므로 이행협정은 "UN해양법협약발효 당시 국내총생산(GDP)의 관점에서 보아 세계에서 가장 큰 경제규모를 가진 국가"를 위해 이사회에 한 개의 의석을 보장하고 있다.[655] 이 국가는 다름 아닌 미국이다.

또한 원래의 UN해양법협약에 의하면 이사회는 협약 제11부의 개정제안 등의 일부 실질문제(questions of substance)에 대해서는 컨센서스로 행동하되, 기타 실질문제에 대해서는 출석하여 투표하는 이사국의 2/3 또는 3/4으로 행동하여야 한다.[656] 이에 대해 미국은 이렇게 되면 "자국의 경제적·정치적 이해관계에 비례하는 영향력을 이사회에서 갖지 못하게 될 것"이라고 우려를 표명

---

648) 이행협정 부속서 제1절 12항(a). 1998년 7월 13일 현재 미국 등이 바로 여기에 해당되었다.
649) https://en.wikipedia.org/wiki/List_of_parties_to_the_United_Nations_Convention_on_the_Law_of_the_Sea.
650) 이행협정 전반에 걸친 자세한 설명은 다음의 논문 참조: Oxman, *op. cit.*, (1994) 88 AJIL 687~696 ; Louis B. Sohn, "International Law Implications of the 1994 Agreement", (1994) 88 AJIL 696~705 ; Jonathan I. Charney, "U.S. Provisional Application of the 1994 Deep Seabed Agreement", (1994) 88 AJIL 705~714.
651) Currie, p. 276.
652) UN해양법협약 제162조 1항.
653) 이행협정 부속서 제3절 1항.
654) 이행협정 부속서 제3절 4항.
655) 이행협정 부속서 제3절 15항(a).
656) UN해양법협약 제161조 8항(b), (c), (d).

하면서, "의사결정 체제는 한 국가에게 가장 중요한 쟁점에 대해서는 그 국가가 그 결과에 대해 긍정적인 영향력을 가질 것을 규정해야 하며", "반대로, 주요 경제적 이해관계를 가진 국가들은 자신들의 이익에 불리한 의사결정을 봉쇄할 수 있다는 인식을 확고히 가질 수 있어야 한다."고 주장하였다. 이에 따라 이행협정은 특별한 이해관계를 가진 '국가들의 방'(chambers of states)을 수립하고 있다. 각기 4개 회원국으로 구성되는 이사회의 3개 방 중 2개 방은 (이 중 한 방에서 국내총생산의 관점에서 한 개 의석을 보장받고 있는 미국을 포함하여) 사실상 주요선진국들에 의하여 통제될 가능성이 높다. 이행협정은 또한 "실질문제에 관한 결정은, 이사회가 컨센서스로 결정하도록 협약이 규정하고 있는 경우를 제외하고는, 그러한 결정이 어느 한 방(any cne of the chambers) 내의 과반수에 의하여 반대되지 아니하는 한, 출석하여 투표한 회원국의 2/3에 의하여 내려진다."고 규정하고 있다.[657] 따라서 4개 회원국으로 구성되는 방 중 어느 한 방에서라도 세 국가가 의견을 같이 하면 (컨센서스가 요구되지 아니하는) 실질문제의 결정을 봉쇄할 수 있게 되었다.

이행협정은 이 밖에도 "재정 또는 예산에 관계되는 총회 또는 이사회의 결정은 재정위원회(Finance Committee)의 권고에 기초해야 한다."고 명시하고 있다.[658] 미국을 위시해서 행정예산의 주요분담국들은 15인의 위원으르 구성되는 재정위원회에서 의석을 보장받고 있는데, 이 위원회는 컨센서스로 행동한다.[659]

표결에 대한 이상의 접근방법은 미국을 포함한 이해관계국들이 자신에게 바람직하지 못한 결정을 봉쇄하는 것을 가능하게 해 주고 있다.

(2) 생산제한(production limitation)

미국 정부는 원래의 UN해양법협약은 심해저광물생산에 대해 인위적인 제한을 부가함으로써, 한정된 생산할당을 놓고 경쟁이 벌어지면 국제해저기구가 재량적·차별적 결정을 내리는 것을 허용하게 될 것이라고 우려하였다. 그러므로 이행협정은 생산제한에 관련한 협약의 규정들은 '적용되지 아니한다'(shall not apply)라고 규정하고 있다.[660]

(3) 기술의 강제적 이전

미국 정부는 심해저개발에 참여하는 사적 주체들이 심해저공사와 개발도상국들에게 심해저광업기술(deep seabed mining technology) 이전 의무를 부담하는 것은 지적재산권을 침해하는 것으로 간주하고 이에 대해 반대의사를 표명하였다. 그러므로 이행협정은 "UN해양법협약 제3부속서의 제5조(기술의 강제이전)는 적용되지 아니한다."고 규정하고 있다.[661] 이행협정은 그 대신 단지 일반적 협력의무를 도입하고 있다. 즉, 심해저공사와 개발도상국은 '공개시장에서 공정하고 합리적인 조건

657) 이행협정 부속서 제3절 5항.
658) 이행협정 부속서 제3절 7항.
659) 이행협정 부속서 제9절 3항, 8항.
660) 이행협정 부속서 제6절 7항.
661) 이행협정 부속서 제5절 2항.

으로' 또는 '합작투자약정을 통하여' 심해저광업기술을 획득하여야 하지만, 이렇게 할 수 없는 경우 국제해저기구는 이들이 지적재산권의 실효적인 보호와 일치하는 공정하고도 합리적인 조건에 따라 그같은 기술을 취득하는데 협력하여 줄 것을 계약자 또는 그 보증국에게 요청할 수 있다.[662]

(4) 심해저활동 신청자 선정

미국 정부는 미국이 보증하는 자격있는 사적 신청자들이 계약을 허가받는다는 보장을 UN해양법협약에서 하고 있지 않다는 점에 우려를 표시하면서, 모든 자격있는 신청자는 계약을 허가받아야 하며, 계약을 허가할 것인가의 여부에 대한 결정은 오로지 신청자가 객관적인 자격기준을 충족했는지에 기초해서만 내려져야 한다는 강력한 견해를 피력했다. 이에 따라 이행협정은 신청자 선정을 위한 UN해양법협약의 관련 규정들의 적용가능성을 제거하였다.[663] 이제 이 문제는 선착순원칙에 의하여 결정된다. 신청자의 자격기준은 이사회가 컨센서스로 채택하는 규칙·규정·절차에서 명시하되, "신청자의 재정적·기술적 능력 그리고 국제해저기구와 그 이전에 체결한 계약의 이행실적과 관련된다."[664] 신청자가 자격이 있고, 신청료를 납부하고, 절차 및 환경요건을 충족하고, 신청지역이 사전계약 또는 사전신청의 대상이 아니고, 보증국이 UN해양법협약에 명시된 최대범위를 일탈하지 않는다면 "국제해저기구는 신청을 승인하여야 한다."[665] 이렇게 하지 않으면 협약에 규정된 분쟁해결절차, 즉 중재·사법재판의 대상이 된다.[666]

(5) 심해저공사의 우대

미국 정부는 UN해양법협약이 심해저공사를 우대하고, 병행개발체제의 사적 부문에 대해서는 불리한 차별대우를 하는 특권체제를 창설하고 있다고 비판하였다. 이에 따라 이행협정은 "계약자들(즉, 사적 광업회사들)에게 적용되는 의무는 심해저공사에도 적용된다."고 규정하고 있다.[667] 이행협정은 또한 심해저공사가 '건전한 상업적 원칙과 부합하는' 합작사업(joint ventures)을 통하여 초기 심해저광업활동을 수행할 것을 요구하고 있으며, 이사회가 일정 기준을 충족시켰다고 결정할 때까지 심해저공사의 독자적 기능을 보류하고 있다.[668] 이행협정은 광업활동이 건전한 상업적 활동에 따라 이루어져야 한다는 원칙이나 보조금금지원칙으로부터 심해저공사를 제외시키고 있지 않다.[669] 이행협정은 "심해저공사의 어느 한 광구에 자금을 지원할 당사국들의 의무는 ... 적용되지 아니하며, 또한 당사국들은 심해저공사의 그 어떤 광구에서의 그 어떤 활동이나 합작사업약정에 의한 그 어떤 활동에 대해서도 자금을 지원할 의무를 지지 아니한다."라고 명시하고 있다.[670]

662) 이행협정 부속서 제5절 1항.
663) 이행협정 부속서 제6절 7항.
664) UN해양법협약 제161조 8항(d), 제162조 2항(o)(ii) ; 협약 제3부속서 제4조 1~2항, 제17조 1항(b)(xiv).
665) UN해양법협약 제162조 2항(x) ; 협약 제3부속서 제6조 1~4항 ; 이행협정 부속서 제1절 7항, 13항.
666) UN해양법협약 제187조~제188조, 제286조~제288조, 제290조 ; 이행협정 부속서 제3절 12항.
667) 이행협정 부속서 제2절 4항.
668) 이행협정 부속서 제2절 2항.
669) 이행협정 부속서 제2절 4항, 제6절 1항(a)~(c) 및 3항.

6. 국제해양법재판소 해저분쟁재판부(Sea-Bed Disputes Chamber of the International Tribunal for the Law of the Sea)

심해저활동과 관련된 분쟁에 대해서는 -UN해양법협약의 모든 당사자가 자동적으로 수락하는- 강제관할권을 창설하여 UN해양법협약 제11부(심해저) 및 관련 부속서의 해석·적용에 있어 획일성을 확보하는 것이 요구된다. 이 목적을 위해 고안된 것이 국제해양법재판소(International Tribunal for the Law of the Sea)의 한 특별재판부인 해저분쟁재판부(Sea-Bed Disputes Chamber)이다.[671]

해저분쟁재판부는 국제해양법재판소 21명의 재판관이 자신들 가운데에서 과반수로 뽑은 11인의 재판관으로 구성된다.[672] 임기는 3년이고, 1회에 한하여 재선될 수 있다.[673] 해저분쟁재판부를 구성하는데 필요한 재판관의 정족수는 7인이다.[674] 해저분쟁재판부의 절차는 국제해양법재판소에 적용되는 규정에 의하여 규율된다.[675] 해저분쟁재판부의 결정은 집행이 이루어져야 하는 당사국의 영토 내에서 그 당사국 최고재판소의 판결이나 명령과 동일한 방법으로 집행될 수 있어야 한다.[676] 해저분쟁재판부의 관할권은 아래와 같이 크게 세 가지로 분류하여 볼 수 있다.

(1) 비계약적 문제(non-contractual matters)에 대한 강제관할권

해저분쟁재판부는 UN해양법협약 제11부 및 (제11부 관련) 부속서의 해석 또는 적용에 관한 '당사국들' 사이의 분쟁(disputes between States Parties)에 대하여 관할권을 가진다.[677] 다만, '분쟁당사국들의 요청이 있을 경우에는'(at the request of the parties to the dispute) (제6부속서 제15조에 따라 3인 이상의 재판관으로 구성되는) '국제해양법재판소 특별재판부' (special chamber of the International Tribunal for the Law of the Sea)가 관할권을 가진다.[678] 그리고 '어느 한 분쟁당사국의 요청이 있는 경우에는'(at the request of any party to the dispute) (제6부속서 제36조에 따라 단지 3인의 재판관으로 구성되는) '해저분쟁재판부 임시재판정'(*ad hoc* chamber of the Sea-Bed Disputes Chamber)이 관할권을 가진다.[679]

해저분쟁재판부는 '당사국과 국제해저기구' 사이의 분쟁(disputes between a State Party and the Authority)으로서, (i) 협약 제11부, 제11부 관련 부속서 또는 이에 따라 채택된 기구의 규칙

---

670) 이행협정 부속서 제2절 3항.
671) UN해양법협약 제287조 1항(a) ; 제6부속서 (국제해양법재판소 규정) 제35조 ; Merrills in Evans (ed.), *International Law*, 5th, p. 560.
672) 제6부속서 제2조, 제35조 1항.
673) 제6부속서 제35조 3항.
674) 제6부속서 제35조 7항.
675) 협약 제15부(제289조~제296조) ; 제6부속서 제40조.
676) 제6부속서 제39조. 이 규정과 관련하여, Rosenne, *The Perplexities of Modern International Law*, p. 300은 "The operation of this provision will be watched with interest."라고 언급하고 있다.
677) 제187조(a).
678) 제188조 1항(a).
679) 제188조 1항(b).

을 위반한 것으로 주장되는 기구 또는 당사국의 행위(작위 또는 부작위), (ii) 관할권의 일탈(excess of the jurisdiction) 또는 권한남용(misuse of power)으로 주장되는 기구의 작위에 대하여 관할권을 갖는다.680) 다만, 해저분쟁재판부는 기구의 '재량권' 행사에 관해서는(with regard to the exercise by the Authority of its discretionary powers) 관할권을 가지지 아니한다. 뿐만 아니라, 해저분쟁재판부는 기구의 규칙 · 규정 · 절차가 협약과 일치하는지의 문제에 관하여 판단할 수 없으므로, 규칙 · 규정 · 절차가 무효임을 선언해서는 안된다.681)

(2) 계약적 문제(contractual matters)에 대한 강제관할권

해저분쟁재판부는 당사국, 국제해저기구 또는 심해저공사, 국영기업, 자연인과 법인 등 계약당사자들 간의 분쟁(disputes between parties to a contract)에 대하여 관할권을 갖는다.682) 특히 '자연인 또는 법인'이 분쟁당사자인 경우, 보증국(sponsoring state)683)은 이에 관하여 통지를 받고 서면진술 또는 구두진술을 통하여 소송절차에 참가할 권리를 갖는다.684)

그러나 계약 관련 분쟁이라 하더라도 다음 두 가지 사안에 대해서는 해저분쟁재판부가 관할권을 갖지 못한다. 즉, '계약 또는 사업계획서의 해석 또는 적용에 관한 분쟁'은, 당사자들이 달리 합의하지 아니하는 한, 어느 한 분쟁당사자의 요청이 있으면 구속력있는 상사중재(binding commercial arbitration)에 회부된다.685) 그리고 '계약의 재정조건의 해석 또는 적용에 관한, 기구와 계약자 사이의 분쟁'(disputes between the Authority and a contractor over the interpretation or application of the financial terms of a contract)도 두 당사자가 달리 합의하지 아니하는 한 어느 한 당사자의 요청이 있으면 구속력 있는 상사중재에 회부된다.686)

(3) 기타 관할권

해저분쟁재판부는 다음 네 가지 사항에 대해서도 관할권을 갖는다. 첫째, (구속력있는 상사중재를 담당하는) 상사중재재판소(commercial arbitral tribunal)는 '협약 제11부 및 관련 부속서의 해석' 문제를 결정할 관할권을 갖고 있지 않다.687) 이것은 일종의 헌법문제이므로 상사중재재판소의 부탁에 따라 해저분쟁재판부가 결정한다. 그러면 상사중재재판소는 해저분쟁재판부의 판결에 부합되게 판정을 내려야 한다.688)

둘째, 해저분쟁재판부는 총회의 요청이 있는 경우 총회에 제출된 제안이 협약과 일치하는지의 여

---

680) 제187조(b).
681) 제189조.
682) 제187조(c), (d), (e), (f).
683) 제153조 2항(b) ; 제3부속서 (개괄탐사, 탐사 및 개발의 기본조건) 제4조 3항.
684) 제190조 1항.
685) 제188조 2항(a).
686) 제3부속서 제13조 15항.
687) 제188조 2항(a).
688) 제188조 2항(b).

부에 관하여 권고적 의견(advisory opinion)을 제시할 '수' 있다.[689]

셋째, 총회는 '중대하고도 계속적으로 협약 제11부의 규정을 위반한' 당사국에 대하여는 이사회의 권고에 따라 회원국으로서의 권리와 특권의 행사를 정지시킬 수 있지만, 문제의 당사국이 그같이 행동하였다는 것을 해저분쟁재판부가 결정할 때까지는 어떠한 조치도 취할 수 없다.[690]

넷째, 해저분쟁재판부는 '총회나 이사회의 활동범위 안에서 발생하는 법률문제'에 관하여 총회나 이사회의 요청에 따라 권고적 의견을 제시'하여야 한다.'[691]

XIII. 해양환경의 보호와 보전[692]

1. 해양환경 보호를 위한 일반론

UN해양법협약은 해양오염 방지 내지 해양환경의 보호・보전을 위한 상세한 규정을 담고 있는데, 이 목적을 위해 우선 제1조에서 '해양환경의 오염'(pollution of the marine environment)[693]과 '투기'(dumping)[694]에 대해 정의하고 있다. 그런 다음, 협약 제192조는 "각국은 해양환경을 보호하고 보전할 의무를 진다."고 규정함으로써 모든 국가에게 해양환경 보호를 위한 '일반적' 의무(general obligation)를 부과하고 있다. 그리고 이어서 다음의 몇 가지 '특별'의무(particular obligations)가 국가들에게 부과되고 있다.

첫째, 각국은 해양환경 오염을 방지, 경감 또는 통제하기 위한 조치를 취함에 있어, 피해나 위험을 직접 또는 간접으로 어느 한 지역에서 다른 지역으로 전가(transfer)시키거나, 또는 어떤 형태의 오염을 다른 형태의 오염으로 변형시키지 아니하도록 행동하여야 한다.[695] 또한 각국은 해양환경에 중대하고도 해로운 변화를 초래할 우려가 있는, 자국의 관할권이나 통제 하에 있는 기술의 사용으로부터, 또는 해양환경의 특정한 부분에 대한 외래의 종이나 새로운 종(alien or new species)의 고의적 혹은 우발적 도입으로부터 발생하는 해양환경 오염을 방지, 경감, 통제하기 위하여 필요한 모든 조치를 취해야 한다.[696]

---

689) 제159조 10항.

690) 제185조.

691) 제191조. 실제로 해저분쟁재판부는 이사회가 UN해양법협약 제191조에 의거하여 제기한 *Responsibilities and Obligations of States sponsoring persons and entities with respect to activities in the Area* 문제(Case No. 17)에 대해 2011년 2월 1일 최초 권고적 의견을 부여한 바 있다 : https://www.itlos.org/en/cases/advisory-proceedings/.

692) 협약 제12부.

693) 제1조 1항(4). 그러나 '해양환경' 자체에 대한 정의는 보이지 않는다. Redgwell in Evans (ed.), *International Law*, 5th, p. 677.

694) 제1조 1항(5).

695) 제195조.

둘째, 각국은 해양환경 보호를 위하여 지구적·지역적 차원에서 협력할 의무를 부담한다.[697] 그 한 결과로서, 해양환경이 오염에 의하여 피해를 입을 급박한 위험에 처하거나 피해를 입은 것을 알게 된 국가는 그러한 피해의 영향을 받을 것으로 생각되는 다른 국가들과 권한있는 국제기구들에게 신속히 통고해 주어야 한다.[698]

셋째, 각국은 특별히 개발도상국들에 대해서는 과학적·기술적 원조(scientific and technical assistance)를 제공하여야 한다.[699]

넷째, 각국은 '실행가능한 범위 내에서'(as far as practicable) 해양오염의 위험이나 영향을 감시(monitoring)하고 그 결과를 권한있는 국제기구에 보고하여야 한다.[700]

다섯째, 각국은 해양환경 보호에 관한 국제의무를 이행하지 않으면 국제법에 따라 책임을 진다. 또한 각국은 자국관할권 하에 있는 '자연인 또는 법인에 의한' 해양오염으로 인한 손해에 관한 한 신속하고 적절한 배상을 위한 국내 법제도를 확보하여야 한다. 이 경우에는 국가 간 청구(inter-state claim)방식이 적절하지 못하며, 피해자가 가해자의 국내법과 국내재판소를 통해 직접 배상을 청구하는 것이 적절하기 때문이다.[701]

UN해양법협약은 해양오염 방지를 위해 국가들이 이미 체결한 특별조약상의 의무를 침해하지 아니한다. 그러나 이같은 의무는 협약의 일반원칙과 목적에 합치하는 방식으로 이행되어야 한다.[702]

UN총회는 2015년 6월 19일 채택한 결의 69/292[703]를 통해 "국가관할권 바깥 지역의 해양생물다양성의 보존과 지속가능한 사용에 관한 -UN해양법협약 하의- 국제법적 구속력있는 문서를 개발하기로 결정"하면서 이 목적을 위한 준비위원회(preparatory committee)를 설치하였다.[704] 동 준비위원회는 2016년과 2017년 각각 두 차례 회기를 가진 뒤 7월의 네번째 회기에서 조약의 그릇에 담을 실체적 권고를 담은 최종보고서를 채택하여 총회에 제출하였다.[705] 그리고 현재는 이를 기초로 정부간회의가 진행 중이다.[706]

---

696) 제196조.
697) 제197조.
698) 제198조.
699) 제202조.
700) 제204조~제206조.
701) 제235조 ; Brown, Vol. I, p. 343.
702) 제237조.
703) 총회결의 69/292의 제목 : "Development of an international legally binding instrument under the United Nations Convention on the Law of the Sea on the conservation and sustainable use of marine biological diversity of areas beyond national jurisdiction".
704) Evans in Evans (ed.), *International Law*, 5th, p. 661.
705) https://www.un.org/depts/los/biodiversity/prepcom.htm#69/292 ; Redgwell in Evans (ed.), *International Law*, 5th, p. 692.
706) UN, Meetings Coverage, 26 March 2019, "Delegates Discuss Best Ways to Share Benefits of Marine Genetic Resources in Proposed New Oceans Treaty, as Intergovernmental Conference Continues", 〈https://www.un.org/press/en/2019/sea2094.doc.htm〉 ; 2019 Draft text of an agreement under the United Nations Convention on the Law of the Sea on the conservation and sustainable use of marine biological diversity of areas beyond national jurisdiction, 〈https://digitallibrary.un.org/record/3811328〉 ;

2. 선박에 의한 오염

UN해양법협약은 육상오염원,[707] 국가관할권 하의 해저활동,[708] 심해저활동,[709] 투기,[710] 선박,[711] 대기[712] 등 모두 6가지 해양오염원(sources of marine pollution)에 관하여 개별규정을 두고 있고, 이 밖에 결빙해역(ice-covered areas)[713]에 관하여도 특별규정을 두고 있으나, 여기서는 협약에서 가장 자세히 다루고 있는 선박에 의한 오염에 관련한 규정만을 일별하고자 한다.

(1) 입법관할권

선박에 의한 오염의 방지를 위한 조치를 수립할 일차적 책임은 기국(state of flag)에게 있다. 따라서 각국은 자국기를 게양하는 선박으로부터의 해양오염을 방지, 경감 그리고 통제하기 위한 법령을 제정'하여야 한다.' 그리고 이러한 법령은 권한있는 국제기구나 일반외교회의를 통하여 수립되어 일반적으로 수락된 국제 규칙 및 기준과 적어도 동등한 효력을 가져야 한다.[714]

연안국(coastal state)은 외국선박이 "항구나 내수로 진입하거나 연안정박시설을 방문하는 것"에 대한 한 개의 조건으로서 해양오염을 방지, 경감 그리고 통제하기 위한 특별요건을 수립할 수 있다. 다만, 이러한 요건은 적절히 공표하고, 권한있는 국제기구에 통보하여야 한다.[715] 그리고 연안국은 자국영해에서 (무해통항권을 행사하는 선박을 포함한) 외국선박으로부터의 해양오염을 방지, 경감 그리고 통제하기 위하여 법령을 제정할 수 있다. 다만, 이러한 법령은 외국선박의 무해통항을 방해하는 것이어서는 안된다.[716] 또한 연안국은 자국의 EEZ에서 선박으로부터의 오염을 방지, 경감 그리고 통제하기 위하여 "권한있는 국제기구나 일반외교회의를 통하여 수립되어, 일반적으로 수락된 국제 규칙 및 기준에 합치하고 또한 이에 대하여 효력을 부여하는" 법령을 제정할 수 있다.[717]

(2) 집행관할권

집행에 관한 협약의 규정은 기국과 연안국의 상반되는 이익간에 균형을 잡기 위해 노력하고 있다.

기국은 자국 선박들에 대해 일차적인 입법관할권을 가지고 있기 때문에 자국선박들이 국제법을

UN Intergovernmental Conference on Marine Biodiversity of Areas Beyond National Jurisdiction, 〈https://www.un.org/bbnj/〉.

707) 제207조, 제213조.
708) 제208조, 제214조.
709) 제209조, 제215조.
710) 제210조, 제216조.
711) 제211조, 제217조~제221조.
712) 제212조, 제222조.
713) 제234조.
714) 제211조 2항.
715) 제211조 3항.
716) 제211조 4항.
717) 제211조 5항.

준수하도록 확보할 일차적 책임 또한 부담하고 있다.[718] 위반이 있는 경우 기국은 위반발생장소나 또는 이러한 위반으로 오염이 발생하거나 발견된 장소에 관계없이 위반혐의에 관하여 신속히 조사하고 적절한 경우 소추'하여야 한다.'[719] 기국의 법령에 규정된 형벌은 위반이 발생한 장소에 관계없이 그 위반을 억제하기에 충분할 만큼 엄격하여야 한다.[720]

연안국도 오염법령을 집행할 권한을 부여받고 있긴 하지만 이것은 매우 제한된 범위 내에서만 허용된다. 즉, 이 경우 연안국이 취할 수 있는 조치는 위반발생 장소(영해 또는 EEZ), 선박의 현위치(영해, EEZ, 자발적으로 항구에 들어온 경우) 그리고 위반의 강도(실질적인 배출, 중대한 피해 등등)에 달려있는데, 관련 규정은 협약 제219조~제221조이다.

> "제219조 [오염방지를 위한 선박내항성(seaworthiness) 관련 조치] (협약 제12부) 제7절(보장제도)에 따를 것을 조건으로, 국가들은 요청에 의하거나 자발적으로(upon request or on their own initiative) 자국 항구나 연안정박시설에 있는 어떠한 선박이, 선박의 내항성에 관하여 적용되는 국제 규칙과 기준을 위반함으로써 해양환경에 대해 피해를 입힐 위험이 있다고 확인한 경우, 실행가능한 한(as far as practicable) 그 선박의 항행을 금지시키기 위한 행정조치를 취한다. 각국은 그 선박이 가장 가까이에 있는 적절한 수리장소까지만 운항하도록 허가할 수 있고 또한 위반원인이 제거되는 즉시 항행을 계속하도록 허가한다."

> "제220조 [연안국에 의한 법령집행] 1. 선박이 어느 국가의 항구나 연안정박시설에 자발적으로(voluntarily) 들어온 경우, 그 국가는 위반이 자국의 영해나 EEZ에서 발생한 때에는 선박으로부터의 오염을 방지, 경감 및 통제하기 위하여 이 협약이나 적용가능한 국제 규칙과 기준에 따라 제정된 자국법령의 위반에 관하여 제7절(보장제도)에 따를 것을 조건으로 소송을 제기할 수 있다.
>
> 2. 어느 국가의 영해를 항행하는 선박이 운항 중에 선박으로부터의 오염을 방지, 경감 및 통제하기 위하여 이 협약 또는 적용가능한 국제 규칙과 기준에 따라 제정된 국내법령을 위반하였다고 믿을만한 명백한 근거가 있는 경우, 그 국가는 제2부 제3절(무해통항)의 관련 규정의 적용을 침해함이 없이 위반관련 선박의 물리적 조사를 행할 수 있고, 증거가 허락하는 경우 제7절에 따를 것을 조건으로 자국법률에 따라 선박의 억류를 포함한 소송을 제기할 수 있다.
>
> 3. 어느 국가의 EEZ나 영해를 항행 중인 선박이 EEZ에서 선박으로부터의 오염의 방지, 경감 및 통제를 위하여 적용가능한 국제 규칙과 기준 또는 이에 합치하고 또한 이를 시행하기 위한 그 국가의 법령을 위반하였다고 믿을만한 명백한 증거가 있는 경우, 그 국가는 그 선박에 대하여 선박식별, 등록항, 직전 및 다음 기항지에 관한 정보와 위반발생 여부를 확인하는데 필요한 그 밖의 관련 정보를 요구할 수 있다.
>
> 4. 각국은 자국기를 게양한 선박이 제3항에 따른 정보제공요구에 따르도록 법령을 제정하고 그 밖의 조치를 취한다.
>
> 5. 어느 국가의 EEZ나 영해를 항행 중인 선박이 그 국가의 EEZ에서 제3항에 언급된 위반을

---

718) 제217조 1항.
719) 제217조 4항.
720) 제217조 8항.

하여 해양환경의 중대한 오염을 야기하거나 야기할 위험이 있는 실질적인 배출(substantial discharge)이 발생하였다고 믿을만한 명백한 근거가 있는 경우, 그 국가는 그 선박이 정보제공을 거부하거나 또는 제공한 정보가 명백히 실제상황과 어긋나는 경우 및 사건의 상황이 이러한 조사를 정당화하는 경우에는 그 선박에 대한 물리적 조사(physical inspection)를 행할 수 있다.
6. 어느 국가의 EEZ나 영해를 항행하는 선박이 그 국가의 EEZ에서 제3항에 언급된 위반을 하여 연안국의 해안이나 관련 이익 또는 영해나 EEZ의 자원에 중대한 피해(major damage)를 야기하거나 야기할 위험이 있는 배출을 행하였다는 명백하고 객관적인 증거가 있는 경우, 그 국가는 제7절에 따를 것을 조건으로 증거가 허락하는 경우 자국의 법률에 따라 선박의 억류를 포함한 소송을 제기할 수 있다.
7. 제6항에도 불구하고 권한있는 국제기구를 통하여 또는 달리 합의된 바에 따라 보석금이나 그 밖의 적절한 금융담보요건을 충족할 수 있는 적절한 절차가 수립되고, 연안국이 이러한 절차의 적용을 받는 경우, 연안국은 그 선박의 출항을 허용한다.
8. 제3항, 제4항, 제5항, 제6항 및 제7항은 제211조(선박으로부터의 오염) 제6항에 따라 제정된 국내법령에도 적용된다."

"제221조 [해난사고에 의한 오염을 방지하기 위한 조치] 1. 이 부의 어떠한 규정도, 각국이 국제관습법이나 국제성문법에 따라 중대한 해로운 결과(major harmful consequences)를 초래할 것이 합리적으로 예측되는 해난사고나, 이러한 사고에 관련된 행위로 인한 오염 또는 오염의 위험으로부터 자국의 해안이나 어업을 포함한 관계이익을 보호하기 위하여, 실제상의 피해 또는 발생할 위험이 있는 피해에 상응하는 조치를 영해 밖까지 취하고 집행할 권리를 침해하지 아니한다.
2. 이 조항의 목적상 '해난사고'(maritime casualty)라 함은 선박의 충돌, 좌초나 기타 항행상의 사고 또는 선박이나 화물에 실질적인 피해(material damage)나 실질적 피해의 절박한 위협(imminent threat of material damage)을 초래하는 선상이나 선외의 그 밖의 사건을 말한다."

위 세 조항을 보면 연안국이 취할 수 있는 조치에는 정보 요구, 물리적 조사, 소송 그리고 선박 억류까지 포함된다. 그리고 연안국의 관할권은 외국 선박이 자발적으로 연안국의 항구에 들어왔을 때 가장 강하고, 위반장소가 연안으로부터 멀어질수록 약해진다.[721]

이 밖에도, UN해양법협약 제218조는 해양오염기준의 집행과 관련하여 보편관할권(universal jurisdiction)에 가까운 이른바 기항국관할권(port state jurisdiction)을 새로이 도입하고 있다.[722] 국가관할권의 일반원칙에 비추어보면 이것은 '가장 극단적인 개혁'(most radical innovations)[723]이긴 하지만, 편의치적선에 대한 기국들의 허술한 규제를 고려하면 불가피한 시도로 생각된다. 우선 문제의 제218조를 일별하자.

721) Bernaerts, p. 68.
722) *Ibid.*, p. 70 ; Birnie/Boyle, p. 209.
723) Churchill/Lowe, p. 228.

"제218조 [기항국에 의한 법령집행] 1. 선박이 어느 국가의 항구나 연안정박시설에 자발적으로 들어온 경우 그 국가는 권한있는 국제기구나 일반외교회의를 통하여 수립된 적용가능한 국제 규칙과 기준에 위반하여 자국의 내수, 영해 또는 EEZ 밖에서 행하여진 그 선박으로부터의 배출에 관하여 조사를 행하고, 증거가 허용하는 경우에는 소송을 제기할 수 있다.

2. 제1항에 따른 소송은, '자국의 내수, 영해 혹은 EEZ에서 배출위반이 발생한 다른 국가'나 '기국' 또는 '그 배출위반으로 인하여 피해를 입었거나 위협을 받는 국가'가 요청하는 경우를 제외하고는, 또는 그 위반이 소송을 제기하는 국가(즉, 기항국)의 내수, 영해 혹은 EEZ에서 오염을 초래하거나 오염을 초래할 위험이 있는 경우를 제외하고는, 그 다른 국가의 내수, 영해 혹은 EEZ에서의 배출위반에 관하여 제기할 수 없다.

3. 선박이 어느 국가의 항구나 연안정박시설에 자발적으로 들어온 경우 그 국가는, 어떤 국가가 자국의 내수, 영해 혹은 EEZ에서 발생하였거나 이들 수역에 대하여 피해를 입히거나 피해의 위협을 주었다고 판단되는 제1항에 언급된 배출위반에 관한 조사요청을 할 경우, 실행가능한 한(as far as practicable) 이에 응한다. 그 국가는 위반이 발생한 장소에 관계없이 기국이 배출위반에 관한 조사요청을 하는 경우에도 마찬가지로 실행가능한 한(as far as practicable) 응한다.

4. 이 조에 따라 기항국이 수행한 조사기록은 요청이 있으면 기국이나 연안국에 전달된다. 위반이 연안국의 내수, 영해 혹은 EEZ에서 발생한 경우 이러한 조사를 기초로 하여 기항국이 제기한 소송은 제7절(보장제도)에 따를 것을 조건으로, 연안국의 요청에 따라 중단될 수 있다. 이러한 경우 사건의 증거와 기록은 기항국의 당국에 제공된 보석금이나 그 밖의 재정적 담보와 함께 연안국에 이송된다. 이러한 이송이 행하여지는 경우 기항국에서의 소송은 계속되지 아니한다."

위 규정에 의하면, 기항국은 자국의 내수·영해·EEZ 밖에서, 즉 공해 또는 타국의 해양수역(내수, 영해 또는 EEZ)에서 외국 선박이 행한 오염물질배출에 대해 소추할 권리를 갖는다는 것이다. 그러나 기항국의 이 권리는 기본적으로 다음의 두 가지 조건에 의하여 제한된다. 첫째, 외국 선박이 '자발적으로' 기항국의 항구에 들어왔어야 한다. 둘째, 권한있는 국제기구나 일반외교회의를 통하여 수립된 적용가능한 국제 규칙과 기준을 위반했어야 한다. 이 밖에도 오염배출이 공해가 아니라 '타국의 내수, 영해 혹은 EEZ'에서 발생한 경우, 기항국은 그러한 오염배출로 자국의 내수, 영해 또는 EEZ가 오염되거나 오염될 위험이 있거나, 아니면 관련 국가들, 즉 그 타국, 기국 또는 피해(및 피해우려)국의 요청이 있어야만 소추할 수 있다.

UN해양법협약 제12부 제7절(제223조~제233조)은 연안국 또는 기항국이 외국 선박에 대하여 집행관할권을 남용하는 것을 막기 위한 여러 가지 '보장제도'(safeguards)를 규정하고 있다. 예컨대, 외국 선박에 형벌을 부과하는 소송은 위반 발생일로부터 3년이 지난 후에는 제기될 수 없다.[724] 또한, 부과할 수 있는 형벌의 종류에도 제한이 있다.[725] 즉, 외국 선박이 영해 밖에서 (국제/국내)해양

724) 제228조 2항.
725) 제230조.

오염법규를 위반한 것에 대해서는 언제나(예외 없이) 벌금만 부과할 수 있다[726] ; 그러나 외국 선박이 영해 안에서 (국제/국내)해양오염법규를 위반한 경우에는 "고의적이고 중대한 오염행위(a wilful and serious act of pollution)의 경우를 제외하고는" 벌금만 부과할 수 있다[727] ; 그리고 소송에서 형사피고인의 승인된 권리는 준수되어야 한다.[728]

해양환경보호에 관한 이상의 협약규정은 주권면제(sovereign immunity)를 향유하는 군함 또는 기타 비상업용 국가선박 및 국가항공기에 대해서는 적용되지 아니한다. 그러나 각국은 이러한 선박이나 항공기도 '합리적이고 실행가능한 범위 내에서' UN해양법협약에 합치하는 방식으로 행동하도록 보장하여야 한다.[729]

XIV. 해양과학조사[730]

일반원칙의 문제로서, 해양과학조사는 오로지 평화적 목적을 위하여 수행되어야 하며,[731] 국가와 국제기구는 이를 위하여 상호협력하여야 한다.[732] 그리고 해양과학조사활동은 해양환경이나 그 자원의 그 어떤 부분에 대한 그 어떤 요구(청구)의 법적 기초도 되어주지 못한다.[733] 해양과학조사에 대해 연안국의 권한이 미칠 수 있는 범위는 조사 수역이 영해인가, EEZ/대륙붕인가, 아니면 심해저나 공해수역인가에 따라 달라진다.

먼저, 연안국은 영해에 대해 '주권' 자체를 갖는다.[734] 그 결과, "영해에서의 해양과학조사"(marine scientific research in their territorial sea)에 있어서는, "연안국은 이 '주권'을 행사함에 있어 이를 규제하고, 허가하고, 수행할 '배타적' 권리를 갖는다." 그리고 이것은 "연안국의 '명시적' 동의와 '연안국이 정한 조건에 따라서만' 수행되어야 한다."[735]

다음으로, 모든 국가와 권한있는 국제기구는 "협약 제11부의 규정에 따라 심해저에서 해양과학조사를 수행할 권리를 가지며,"[736] 또한 "협약에 따라 EEZ 범위 밖의 수역에서 해양과학조사를 수행할 권리를 갖는다."[737]

가장 논란이 많은 것은 "EEZ와 대륙붕에서의 해양과학조사"(marine scientific research in

726) 제230조 1항.
727) 제230조 2항.
728) 제230조 3항.
729) 제236조.
730) 협약 제13부 (제238조~제265조) ; Bernaerts, pp. 72~73.
731) 제240조.
732) 제242조~제244조.
733) 제241조.
734) 제2조.
735) 제245조.
736) 제256조.
737) 제257조.

the exclusive economic zone and on the continental shelf)인데, 이 문제에 대해 연안국은 주권도 주권적 권리도 아닌, 단지 '관할권'을 가지는 데 그치기 때문이다.[738] 그리고 그 결과 협약은 이 수역에서의 해양과학조사에 있어 연안국이 갖는 권한에 대해 매우 절충되고 타협된 방식으로 규정하고 있다.[739]

첫째, "연안국은 그 '관할권'을 행사함에 있어 "이 협약의 관련규정에 다라" 자국의 EEZ와 대륙붕에서의 해양과학조사를 "규제하고, 허가하고, 수행할" (단지) '권리'를 가진다."[740] 즉, 이 권리는 '배타적' 권리는 아니므로 "이 협약의 관련 규정에 따라" 행사되어야 한다.

둘째, "EEZ와 대륙붕에서의 해양과학조사는 연안국의 (단지) '동의'를 얻어 수행"할 것이 요구될 따름이다.[741] 즉, 이 동의는 '명시적'일 필요는 없으며, 이에 따라 '묵시적' 동의를 한 것으로 간주될 수 있는 상황이 예견되어 있다.[742]

셋째, 연안국은 "통상적인 상황에서는" 다른 국가나 권한있는 국제기구가 "오로지 평화적인 목적을 위하여, 그리고 인류 모두를 위한 해양환경과학지식을 증진시키기 위하여" 협약에 따라 자국의 EEZ와 대륙붕에서 수행하려고 하는 해양과학조사사업에 "동의를 부여하여야 한다"(shall, in normal circumstances, grant their consent). "이를 위하여 연안국은 이러한 동의가 부당하게 지연되거나 거부되지 아니하도록 보장하는 규칙과 절차를 수립하여야 한다."[743]

넷째, 그러나 연안국은 –해양과학조사사업이 "생물/무생물 천연자원의 탐사와 개발에 직접적인 중요성을 갖는 경우"를 포함한– 일정 경우에는 "재량으로써 이 동의를 보류할 수 있다"(may however in their discretion withhold their consent).[744]

다섯째, "연안국의 EEZ와 대륙붕에서 해양과학조사를 수행하려는 국가와 권한있는 국제기구는 적어도 조사사업 개시 예정일 6개월 이전에 –'사업의 성질과 목적', '연안국이 그 사업에 참여하거나 대표를 파견할 수 있다고 생각되는 범위'를 비롯한– 관련 정보를 당해 연안국에 완전히 제공하여야 한다."[745] 또한, 각국과 권한있는 국제기구는 연안국의 EEZ와 대륙붕에서 해양과학조사를 수행함에 있어 –"연안국이 희망할 경우, 해양과학조사사업에 참여하고 그 대표를 파견할 연안국의 권리"를 포함하여– 몇 가지 특정조건은 반드시 준수하여야 한다.[746] 해양조사사업에 관한 통보/연락(communications)은 달리 합의되지 아니하는 한, 적절한 공식경로(appropriate official channels)를 통해 이루어진다.[747]

---

738) 제56조 1항.
739) 제246조~제255조.
740) 제246조 1항.
741) 제246조 2항 ; Tanaka in Orakhelashvili (ed.), pp. 137~138.
742) 즉, 제247조(국제기구에 의하여 혹은 국제기구의 후원 하에 실시되는 해양과학조사사업) 및 제252조(묵시적 동의).
743) 제246조 3항. 요컨대, 연안국이 이 동의를 부여하는 것은 재량이 아니라 법적 의무이다.
744) 제246조 5항. 제246조 6항은 다시, 연안국이 5항에 따라 동의를 보류할 수 있는 재량권을 행사할 수 없는 상황에 대해 규정하고 있다.
745) 제248조.
746) 제249조 1항.
747) 제250조.

-"조사활동이 연안국의 동의의 기초가 되었던 정보에 따라 수행되고 있지 아니한 경우"를 비롯한- 일정 사유가 발생하는 경우, 연안국은 현재 자국의 EEZ나 대륙붕에서 수행되고 있는 해양과학조사활동의 정지나 중지(suspension or cessation)를 요구할 권리를 가지며, 연안국의 이같은 통고/통지(notification)를 받은 국가 또는 국제기구는 통고의 대상이 된 조사활동을 "종료하여야 한다"(shall terminate).[748)]

EEZ와 대륙붕에서의 해양과학조사에 대한 협약의 상기 구도 하에서 "(연안국이 기본적으로 동의의 의무를 지는) 순수한 해양과학조사와 (연안국의 주권적 권리의 대상인) 천연자원의 탐사와 개발을 위한 정보수집을 엄밀하고도 객관적으로 구분하는 것은 극히 곤란"하며, 그 결과 "실제로는 연안국의 판단에 따라서는 이러한 타협이 무너지고 해양과학조사의 실시가 저해될 우려도 적지 않다."는 지적이 있다.[749)] 협약 제246조의 규정은 1958년 제네바 대륙붕협약의 제5조 8항을 연상시키는데, 후자는 그 1단에서 "대륙붕에 관하여 그리고 그 곳에서 수행되는 그 어떤 조사에 대해서도 연안국의 동의를 얻어야 한다."고 규정하면서도 그 2단에서는 "그럼에도 불구하고 그같은 요청이 대륙붕의 물리적이거나 생물학적인 특성에 대한 순수한 과학조사를 목적으로 자격있는 기구에 의하여 제출되는 경우에는 연안국은 통상적으로 동의를 보류해서는 안된다. 다만, 연안국은 원한다면 조사에 참여하거나 대표를 파견할 권리를 가지며, 또한 그 어떤 경우에도 그 (조사)결과는 공표될 것을 조건으로 한다."고 규정하고 있다.[750)]

해양과학조사를 위한 시설의 주위에 500미터를 넘지 아니하는 합리적인 폭의 안전수역(safety zones)을 설정할 수 있으며, 모든 국가는 자국선박들이 이러한 안전수역을 준수하도록 보장하여야 한다.[751)]

---

748) 제253조. 협약은 (i) 영해 무해통항과 관련하여 제19조 2항(j)에서 "조사 또는 측량 활동의 수행"(the carrying out of research or survey activities)을, 제21조 1항(g)에서 "해양과학조사와 수로측량"(marine scientific research and hydrographic surveys)을 언급하고 있으며, (ii) 통과통항과 관련해서는 제40조에서 "조사 및 측량 활동"(research and survey activities)을 언급하고 있고, (iii) 군도항로대통항에 대해서는 제40조를 준용하고 있는데, 이들 규정은 해양과학조사와 수로측량은 별개의 개념임을 시사하고 있다. 그러나 동시에 이 둘은 서로 연관된 개념으로서, 양자 모두 같은 규정의 적용을 받으므로 구분의 실익도 없음을 시사하고 있다. 한편, 협약은 EEZ/대륙붕에 대해 단지 연안국의 '관할권'이 미치는 경우의 하나로서 해양과학조사에 관해 규정하면서도 수로측량에 대해서는 아무런 언급을 하고 있지 않다. 생각건대, EEZ/대륙붕에서의 수로측량에 관해서는 크게 두 가지 견해가 가능할 것이다. 그 첫째는 수로측량을 해양과학조사의 범주에 포함되는 것으로 보는 견해로서, 이 경우 해양과학조사에 관한 규정들은 수로측량에 대해 그대로 적용될 따름이다. 그 둘째는 해양과학조사와 수로측량을 별개의 개념으로 보는 경우인데, 이것은 다시 두 경우로 나누어 생각해 볼 수 있다. (i) 이들 두 개념이 영해법에서 같이 붙어 다니는 동반개념임을 고려하면, EEZ/대륙붕에서의 해양과학조사에 대한 규정은 이 수역에서의 수로측량에 대해서도 그대로 적용되는 것으로 볼 수 있다. 다시 말해서, 영해에서 해양과학조사와 수로측량이 동일한 대접을 받는다면, EEZ/대륙붕에서도 이 둘을 구분하여 대우할 논리적 이유는 없는 것이다. 이같은 논리는 결국 (수로측량을 해양과학조사의 범주에 포함되는 것으로 보는) 위 견해와 그 결론에 있어서는 동일하다. 이와는 반대로, (ii) 연안국이 EEZ와 대륙붕에서 갖는 권리는 협약에 규정된 것에 국한되는데, 여기에 수토측량은 명시적 언급이 없으므로, 이 수역에서의 수로측량에 대해서는 오히려 공해자유의 원칙이 적용되어야 한다고도 볼 수 있다. See *United Nations Convention on the Law of the Sea 1982 : A Commentary*, Vol. Ⅳ, p. 429 ff.

749) 山本草二(朴培根 譯), p. 420.

750) 山本草二(朴培根 譯), p. 420은 1958년의 대륙붕협약 하에서도 순수한 과학조사와 천연자원 탐사 사이의 구분이 불분명했음을 지적하고 있다.

XV. 해양기술의 개발과 이전[752]

'해양기술'(marine technology)이라 함은 넓은 의미로는 '모든 종류의 해양기술'(all kinds of marine technology)[753]을 포함하지만, UN해양법협약에서 해양기술은 주로 해양자원의 탐사·개발·보존 및 관리, 해양환경의 보호와 보존, 해양과학조사, 해양환경에 있어서의 기타 활동의 측면에서 언급되고 있다.[754]

협약은 해양기술의 개발과 이전을 위해 국제협력과 국내연구소의 설립을 장려하고 있다.[755] 특히, 각국은 심해저활동과 관련된 해양기술을 개발도상국과 그 국민 그리고 심해저공사에 이전하도록 장려하고 촉진하기 위하여 권한있는 국제기구 및 국제해저기구와 '적극적으로'(actively) 협력하여야 한다.[756] 그러나 기술이전은 "특히(*inter alia*) 해양기술의 보유자·제공자·수혜자의 권리와 의무를 포함한 모든 합법적인 이익(all legitimate interests)을 적절히 고려하여"[757] "형평하고 합리적인 조건에 따라"(on fair and reasonable terms and conditions) 이루어져야 한다.[758]

XVI. 해양고고학

UN해양법협약 제149조와 제303조는 해양고고학(marine archaeology)의 문제를 해양법의 영역으로 편입시키고 있다. 먼저, 협약 제303조 1항은 "해양에서 발견된 고고학적/역사적 물건(archaeological and historical objects)을 보호하고, 이를 위하여 서로 협력할 의무"를 국가들에게 지우고 있다. 이어서 그 2항은 그러한 물건의 거래를 통제하기 위하여 '접속수역'의 해저에 특별한 지위를 부여하고 있는데, 즉 "연안국의 승인 없이 접속수역의 해저지대로부터 '고고학적 혹은 역사적 물건'을 반출하는 행위는 그 연안국에 의하여 '그 영토 또는 영해 내에서의' 법령 위반 행위로 추정될 수" 있으며, 이에 따라 연안국은 필요한 행동을 취할 수 있다.[759] ICJ는 *Alleged Violations of Sovereign Rights and Maritime Spaces in the Caribbean Sea* (Nicaragua v. Colombia)[760]에서, UN해양법협약이 체결되고 나서 문화재법을 접속수역에까지 확대적용하는 국가들이 늘어나고

---

751) 제260조.
752) 협약 제14부 ; Bernaerts, pp. 74~75.
753) 제269조(a).
754) 제266조 2항.
755) 제267조~제278조.
756) 제273조.
757) 제267조.
758) 제266조 1항.
759) Bernaerts, p. 30.
760) Judgment of 21 April 2022, paras. 185~186.

있고 또 수중문화재 보호를 위해 다자조약들이 체결되고 있는 점을 고려하면 "UN해양법협약 제303조 2항은 국제관습법을 반영하고 있다"는 견해를 피력하였다. 그러나 동조 3항에 의하면 이 규정은 '확인가능한 소유주의 권리' 등에 영향을 미치지 아니하며, 4항에 의하면 이 규정은 고고학적/역사적 물건의 보호에 관한 그 밖의 국제협정과 국제법규를 침해하지 아니한다. 다음, 제149조는 특별히 '심해저'에서 발견되는 고고학적·역사적 성격의 모든 물건과 관련하여 이것들은 "인류 전체의 이익을 위하여 보존하거나 처분하며, 특히 기원국, 문화적 기원국 또는 역사적/고고학적 기원국의 우선적 권리를 특별히 고려한다"라고 규정하고 있다.

"해양에서 발견된 고고학적/역사적 물건"의 보호를 위한 UN해양법협약의 규율은 빈곤하다. 특히, UN해양법협약은 −제303조 1항에서 "해양에서 발견된 고고학적/역사적 물건을 보호하고, 이를 위하여 서로 협력할" 일반적 의무를 국가들에게 부과하고 있는 것을 제외하고는− 접속수역(및 영해)과 심해저를 제외한 해저지대에서 발견되는 고고학적/역사적 물건에 대해서는 구체적인 언급이 없다. 이에 따라 2001년 11월 2일 UNESCO 총회는 "수중문화재 보호에 관한 협약"(Convention on the Protection of the Underwater Cultural Heritage)[761]을 채택하여 해양고고학의 문제를 자세히 규율하려고 시도하고 있다.[762]

XVII. 분쟁해결[763]

UN해양법협약은 의무적(강제적) 재판(compulsory adjudication)을 도입하고 있어서 외견상 중앙집권적 분쟁해결체제를 수립하고 있는 것처럼 보이지만, 이것이 발동될 수 있기 위해서는 우선 '일반원칙'[764]의 관문을 통과하여야 하며, 그 후에도 '제한과 예외(배제)'[765]의 이름으로 다시 빠져

761) 20개국 비준 후 2009년 1월 2일 발효 ; https://www.unesco.org/new/en/culture/themes/underwater-cultural-heritage/. 동 협약 제1조 1항(a)는 협약의 목적을 위해 '수중문화재'를 "최소 100년 동안, 정기적으로 혹은 계속하여, 일부 혹은 전부 수중에 있었던, 문화적, 역사적 혹은 고고학적 성격을 갖는 인간존재의 모든 흔적들"(all traces of human existence having a cultural, historical or archaeological character which have been partially or totally under water, periodically or continuously, for at least 100 years)로 정의하면서, 선박과 항공기를 포함하여 이에 해당되는 몇 가지를 예시하고 있다. 이어서 제2조 8항은 국가선박 및 국가항공기와 관련하여 "Consistent with State practice and international law, including the United Nations Convention on the Law of the Sea, nothing in this Convention shall be interpreted as modifying the rules of international law and State practice pertaining to sovereign immunities, nor any State's rights with respect to its State vessels and aircraft."라고 규정하고 있다. 특별히 침몰군함의 법적 지위에 대해서는, 鄭一永, 《韓國外交와 國際法》(파주시 : 나남, 2011), 813~820면, "57. 러시아 보물선 군함 돈스코이호 인양 문제" 참조.

762) Rosenne, *The Perplexities of Modern International Law*, pp. 283 (fn. 30), 310~312. Rosenne는 동 저서, p. 434에서, UN해양법협약의 틈새를 메우는 문제라면 UN총회가 나서는 것이 타당한데도 UNESCO 같은 전문기구가 나서서 이같은 다자조약을 채택한 행태에 대해 비판하고 있다.

763) 협약 제15부 ; Bernaerts, pp. 76~77.

764) 협약 제15부, 제1절 "일반원칙 (총칙규정)", 제279조~제285조.

765) 협약 제15부, 제3절 "제2절 (구속력있는 결정을 수반하는 강제절차) 적용의 제한과 예외", 제297조~제299조.

나갈 통로를 열어 놓고 있다. 이같은 점들을 고려하면 UN해양법협약은 그 분쟁해결의 측면에서 한 개의 "자기완비적 체제"를 수립하고 있다고 말하기는 어려울 것이다.

1. 일반원칙

UN해양법협약 제15부 제1절에 규정된 분쟁해결의 제1의 기본원칙은 분쟁의 평화적 해결 의무이다. 즉, '협약의 해석이나 적용에 관한' 협약당사국 간의 모든 분쟁은 UN헌장 제2조 3항에 따라 평화적 수단에 의해 해결하여야 하고, 이를 위하여 헌장 제33조 1항에 나타난 수단들에 의한 해결을 추구해야 한다는 것이다.[766]

분쟁해결의 제2의 기본원칙은, 각 협약당사국은 '협약의 해석이나 적용에 관한' 그들간의 분쟁을 자신들이 선택하는 평화적 수단에 의하여 해결하기로 언제든지(at any time)(즉, 분쟁발생 전 또는 후에) 합의할 수 있다는 것이다.[767] 이 분쟁해결수단 선택의 자유는 다시 세 개의 결론으로 이어지고 있다.

첫째, 분쟁의 당사자인 협약당사국들이 자신들이 선택한 평화적 수단에 의한 분쟁해결을 추구하기로 합의한 경우에는, 협약 제15부에 규정된 절차들은 "분쟁당사자들이 선택한 그 수단에 의하여 해결이 이루어지지 아니하고, 또한 당사자 간의 합의로 더 이상의 절차를 배제하지 않는 경우에만" 적용된다.[768] 둘째, 분쟁의 당사자인 협약당사국들이 어느 한 분쟁당사자만의 요청에 따라 구속력

766) 제279조.

767) 제280조.

768) 제281조 1항. 동 조 2항에 의하면, "당사자들이 시한에 관하여도 합의를 보았다면, 제1항은 그 시한이 만료하여야만 적용된다." 제281조의 잠재적 효과, 특히 동 조 1항의 '배제'가 '명시적' 배제뿐만 아니라 '묵시적' 배제도 포함하는 것으로 볼 것인가에 관해서는 *Southern Bluefin Tuna* 사건에서 다음 두 재판소의 견해가 갈린 바 있다 : (i) International Tribunal for the Law of the Sea, *Southern Bluefin Tuna* Cases (New Zealand v. Japan ; Australia v. Japan), Requests for provisional measures, 27 August 1999, at https://www.itlos.org/start2_en.html ; (ii) Arbitral Tribunal constituted under Annex Ⅶ of the United Nations Convention on the Law of the Sea, *Southern Bluefin Tuna* Case (Australia and New Zealand v. Japan), Award on Jurisdiction and Admissibility, 4 August 2000, at https://www.worldbank.org/icsid/highlights/bluefintuna/award080400.pdf#search='Southern%20 Bluefin%20Tuna%20case'.

사건 개요는 다음과 같다. 고도회유성어종인 남방참다랑어의 보존 및 관리와 관련하여 실험조업을 실시한 일본과 이에 반대하는 오스트레일리아와 뉴질랜드 간에 분쟁이 발생하였다. 오스트레일리아/뉴질랜드는 이 분쟁의 실체적 판단을 UN해양법협약 제7부속서(Annex Ⅶ)에 의해 구성된 (임시)중재재판소(Arbitral Tribunal)의 강제관할권 안으로 몰아넣으려 하였다. 이에 대해 일본은 남방참다랑어의 보존/관리는 이들 3국간의 1993년의 "남방 참다랑어 보존협약"(Convention for the Conservation of Southern Bluefin Tuna)에 의해 규율되고 있으므로 그 분쟁에 대해서도 (비강제적 분쟁해결조항을 담고 있는)"남방 참다랑어 보존협약"이 적용되어야 하고 UN해양법협약 하의 중재재판소는 관할권이 없다고 주장하였는데, 문제의 "남방 참다랑어 보존협약" 제16조는 다음과 같이 규정하고 있었다 : "1. If any dispute arises between two or more of the Parties concerning the interpretation of this Convention, those Parties shall consult among themselves with a view to having the dispute resolved by negotiation, inquiry, mediation, conciliation, arbitration, judicial settlement or other peaceful means of their own choice. 2. Any dispute of this character not so resolved shall, with the consent in each case of all parties to the dispute, be referred for settlement to the International Court of Justice or to arbitration; but failure to reach agreement on reference to the International Court of Justice or to arbitration shall not absolve parties to the dispute from the responsibility of continuing to seek to resolve it by any of the various peaceful means referred to in paragraph 1 above. 3. In cases where the dispute is referred

있는 결정을 초래하는 어떤 절차에 분쟁을 회부하기로 -일반협정이나 지역협정이나 양자협정을 통하여 또는 다른 방법으로- 합의한 경우 -그 분쟁당사자들이 달리 합의하지 아니하는 한- 협약 제15부에 규정된 절차 대신 그 절차가 적용된다.[769] 셋째, '협약의 해석 또는 적용'과 관련하여 당사국 간에 분쟁이

---

to arbitration, the arbitral tribunal shall be constituted as provided in the Annex to this Convention. The Annex forms an integral part of this Convention." 한편, UN해양법협약 제281조의 구조를 보면, 동 협약 하의 분쟁의 강제적 해결절차가 발동될 수 있기 위해서는 (i) 분쟁당사자들간의 별도협정(즉, "남방 참다랑어 보존협약"과 같은 별개의 협정)이 있으면 먼저 그것에 의거하여 분쟁해결 시도를 다하였어야 하고, '그리고/또한' (ii) 이 별도협정에서 분쟁을 UN해양법협약 하의 강제절차에 호소하는 것을 막지 않아야 한다. 그런데 본 사건에서 중재재판소는 (i)의 요건은 충족되었으나 (ii)의 요건은 충족되지 않았다고 봄으로써 소를 각하하고 말았는데, UN해양법협약 하의 분쟁의 강제적 해결절차에 대한 배제가 "명시적"일 필요는 없으며, "남방 참다랑어 보존협약" 제16조는 UN해양법협약에 따른 분쟁의 강제적 해결절차에 대한 호소를 (묵시적으로) 가로막고 있다고 보았기 때문이다. 판결의 해당 부분을 조금 인용하면 다음과 같다(paras. 56~58 of the Award) : 'The Tribunal now turns to the second requirement of Article 281(1) : that the agreement between the parties "does not exclude any further procedure". This is a requirement, it should be recalled, for applicability of "the procedures provided for in this Part," that is to say, the "compulsory procedures entaling binding decisions" dealt with in section 2 of UNCLOS Part XV. The terms of Article 16 of the 1993 Convention do not expressly and in so many words exclude the applicability of any procedure, including the procedures of section 2 of Part XV of UNCLOS. Nevertheless, in view of the Tribunal, the absence of an express exclusion of any procedure in Article 16 is not decisive. ... It is plain that the wording of Article 16(1) and (2) has its essential origins in the terms of Article XI of the Antarctic Treaty; the provisions are virtually identical. In view of the States that concluded the Antarctic Treaty - divided as they were between some States that adhered to international adjudication and arbitration and a Great Power that then ideologically opposed it - it is obvious that these provisions are meant to exclude compulsory jurisdiction."

한편, 오스트레일리아와 뉴질랜드는 본 사건에 대한 실체적 판단을 UN해양법협약 제7부속서에 따른 중재재판소에 회부하면서 동 중재재판소가 구성되는 동안 국제해양법재판소에 일정 잠정조치(provisional measures)를 신청한 바 있는데, 국제해양법재판소는 UN해양법협약 제290조 5항에 의거하여 이를 명령하면서 "본 재판소의 견해로는, 1993년의 협약이 그 당사국들간에 적용된다는 사실이 해양법협약 제XV부 제2절의 절차에의 호소를 막지는 아니하며"(... in view of the Tribunal, the fact that the Convention of 1993 applies between the parties does not preclude recourse to the procedures in Part XV, section 2, of the Convention on the Law of the Sea), "본 재판소는 중재재판소가 분쟁에 대해 외견상 관할권을 가질 것으로 판단한다."(... the Tribunal finds that the arbitral tribunal would *prima facie* have jurisdiction over the disputes)고 언급한 바 있다(paras 55 and 62). 상기 중재재판소는 국제해양법재판소의 바로 이 기대를 저버린 것이었다. 좀 더 자세한 분석은, Klein, pp. 35~43 ; 朴賢錫, "남방참다랑어(Southern Bluefin Tuna) 사건 : 排除되지 않은 節次의 排除?", 《國際法學會論叢》, 제46권 제1호 (2001년 6월), pp. 135~157 참조.

769) 제282조. 제282조에서 "'또는 다른 방법으로'(or otherwise) 합의한" 경우란 표현은 분쟁당사국들이 ICJ규정 제36조 2항(임의조항)에 따라 ICJ의 강제관할권을 수락한 경우를 포함하기 위한 것이다 : *United Nations Convention on the Law of the Sea 1982 : A Commentary*, Vol. V, pp. 26~27 ; Klein, pp. 43(fn. 53)~44 ; *Maritime Delimitation in the Indian Ocean* (Somalia v. Kenya), (Preliminary Objections), ICJ Reports (2017), p. 3 at 50~51 (paras. 129~130).

제282조의 적용범위는 EU회원국인 아일랜드와 영국 간의 *The MOX Plant* 사건에서 특히 심도있게 다루어 진 바 있는데, 사건 개요는 이러하다. 우선 여기서 MOX, 즉 복합산화물연료(mixed oxide fuel)는 사용한 핵연료를 재처리하여 만드는 새로운 연료를 지칭하는데, 영국정부가 서부지역 Sellafield에 새로운 MOX 생산설비의 가동을 허락하자, 이로 인해 특히 아일랜드해(Irish Sea)에 방사성 물질이 유입되는 것을 우려한 아일랜드는 영국이 UN해양법협약의 여러 환경 관련 규정을 위반하고 있다고 생각하며 이의를 제기하고 나선 것이다. 아일랜드와 영국은 제287조에 따라 분쟁해결을 위한 동일한 절차를 선택하지 않았었기 때문에 양국은 UN해양법협약 제VII부속서에 따라 중재재판을 수락한 것으로 생각할 수 있었고, 따라

발생하는 경우,[770] 분쟁당사자는 "교섭을 포함하여 어떤 평화적 해결수단에 호소할 것인지에 관하여

서 아일랜드는 제Ⅶ부속서 중재재판소에 제소하였다.

다만, 아일랜드는 제Ⅶ부속서 중재재판소를 구성하기에 앞서 우선 제290조 5항에 따라 "국제해양법재판소"에 임시조치를 명령해 줄 것을 청구하였다 : International Tribunal for the Law of the Sea, *The MOX Plant* case (Ireland v. United Kingdom), Request for Provisional Measures (Order of 3 December 2001), at https://www.itlos.org/start2_en.html ; Klein, pp. 44~48. 이에 대해 영국은, 아일랜드는 협약 제282조 때문에 제Ⅶ부속서 중재재판소에 호소할 수 없으며 따라서 국제해양법재판소는 아일랜드의 임시조치 청구를 거절해야 한다고 주장하였다(para. 38 of the Order). 영국은 특히, (i) 아일랜드는 이미 "동북대서양 해양환경 보호를 위한 1992년 협약"(Convention for the Protection of the Marine Environment of the North-East Atlantic: 이하 'OSPAR협약') 하의 중재재판소(이하 'OSPAR 중재재판소')에 정보접근과 관련한 소장을 제출한 상태이며(para. 40), (ii) 아일랜드의 기타 주장들은 -EC사법재판소(유럽재판소)에 배타적 관할권을 부여하고 있는- EC/Euratom 설립조약 및 이들 조약 하의 준칙들(Directives)에 의해 규율된다고 주장하였다(para. 41). 영국은 또한, 아일랜드가 영국의 EC/Euratom조약 위반과 관련하여 별도절차(즉, 이행강제소송)를 개시할 의도가 있음을 이미 공개적으로 밝힌 바 있다고도 말하였다(para. 42). 영국은 이상의 여러 이유를 들어 UN해양법협약 제Ⅶ 부속서 중재재판소는 관할권을 갖지 못할 것이며, 따라서 국제해양법재판소는 UN해양법협약 제290조 5항에 따른 임시조치를 명령할 권한이 없다고 주장하였다(para. 44). 이에 대해, 아일랜드는 (i) 이 분쟁은 "UN해양법협약의 해석 또는 적용에 관한" 것이지 "OSPAR협약이나 EC/Euratom조약의 해석이나 적용에 관한" 것이 아니며(para. 45), (ii) OSPAR 중재재판소든 유럽재판소든 "제Ⅶ부속서 중재재판소에 제기된 분쟁에서의 관련 문제 모두에 걸친"(extends to all of the matters in the dispute before the Annex Ⅶ arbitral tribunal) 관할권을 갖는 것은 아닐 것이라고 주장하였다(para. 46). 국제해양법재판소는 아일랜드의 견해를 수락하여 다음과 같이 판시하였다 : "... in the view of the Tribunal, article 282 of the Convention is concerned with general, regional or bilateral agreements which provide for the settlement of disputes concerning what the Convention refers to as "the interpretation or application of this Convention" ; ... the dispute settlement procedures under the OSPAR Convention, the EC Treaty and the Euratom Treaty deal with disputes concerning the interpretation or application of those agreements, and not with disputes arising under the Convention ; ... even if the OSPAR Convention, the EC Treaty and the Euratom Treaty contain rights or obligations similar to or identical with the rights or obligations set out in the Convention, the rights and obligations under those agreements have a separate existence from those under the Convention : ... the application of international law rules on interpretation of treaties to identical or similar provisions of different treaties may not yield the same results, having regard to, *inter alia*, differences in the respective contexts, objects and purposes, subsequent practice of parties and *travaux préparatoires* ; ... the Tribunal is of the opinion that, since the dispute before the Annex Ⅶ arbitral tribunal concerns the interpretation or application of the Convention and no other agreement, only the dispute settlement procedures under the Convention are relevant to that dispute ; ... for the reasons given above, the Tribunal considers that, for the purpose of determining whether the Annex Ⅶ arbitral tribunal would have *prima facie* jurisdiction, article 282 of the Convention is not applicable to the dispute submitted to the Annex Ⅶ arbitral tribunal."(paras. 48~50) ; "... the Tribunal finds that Annex Ⅶ arbitral tribunal would *prima facie* have jurisdiction over the dispute."(para. 62)

한편, 제Ⅶ부속서 중재재판소 앞에서 아일랜드와 영국은 제282조의 적용가능성에 대해 더욱 자세히 다투었으나 동 중재재판소는 소송중단으로 화답하였다 : Arbitral Tribunal Constituted Pursuant to Article 287, and Article 1 of Annex Ⅶ, of the United Nations Convention on the Law of the Sea for the Dispute Concerning the MOX Plant, International Movements of Radicactive Materials, and the Protection of the Marine Environment of the Irish Sea, *The MOX Plant* case (Ireland v. United Kingdom), Order No. 3 (24 June 2003), Suspension of Proceedings on Jurisdiction and Merits, and Request for Further Provisional Measures, at https://www.pca-cpa.org/ENGLISH/RPC ; Klein, pp. 48~52. 즉, 동 제Ⅶ부속서 중재재판소는 이미 자신에게 "외견상 관할권"(*prima facie* jurisdiction)이 있음을 인정한 상기 국제해양법재판소의 견해에 절대적으로 동의하면서도, UN해양법협약과 관련된 이 분쟁이 EC회원국으로부터 EC로 권한이 이전된 법의 분야에서 제기된 것이라면 (양국이 회원국으로 속해 있는 EC의 사법재판소인)유럽재판소에서 다루어질 가능성이 있음을 염려하였다. 특히, 만일 유럽재판소의 배

신속히 의견을 교환"하여야 한다.[770)] 해결수단에 관하여 합의가 이루어지지 않으면 각 분쟁당사국

타적 관할권이 UN해양법협약 자체 및 그 전체의 해석과 적용에 대해 미친다면 UN해양법협약 제282조에 의하여 제Ⅶ부속서 중재재판소의 관할권은 완전히 배제될 것이라는 점에 대해서는 아일랜드와 영국 모두 동의하고 있는 실정이다. 따라서 이런 상황 하에서는 "재판소 상호간의 존중과 예양을 생각해서라도" 유럽재판소의 태도를 잠시 지켜볼 필요가 있다는 것이다. 동 중재재판소의 견해를 일부 인용하면 다음과 같다(paras. 27~30) : "The Tribunal observes that the resolution of the essentially internal problems within the European Community legal order may involve decisions that are final and binding. The Tribunal further observes that its decision, including a decision on jurisdiction, will be final and binding on the Parties by virtue of article 296 of the Convention and article 11 of Annex Ⅶ of the Convention. In the circumstances, and bearing in mind considerations of mutual respect and comity which should prevail between judicial institutions both of which may be called upon to determine rights and obligations as between two States, the Tribunal considers that it would be inappropriate for it to proceed further with hearing the Parties on the merits of the dispute in the absence of a resolution of the problems referred to. Moreover, a procedure that might result in two conflicting decisions on the same issue would not be helpful to the resolution of the dispute between the Parties. For these reasons, the Tribunal has decided, in exercise of its powers under article 8 of the Rules of Procedure, that further proceedings on jurisdiction and the merits in this arbitration will be suspended. The Tribunal nevertheless remains seised of the dispute. Unless otherwise agreed or decided, the Tribunal will resume its proceedings not later than 1 December 2003. The Tribunal hopes that it will at that time have a clearer picture of the position regarding European Community law and possible proceedings thereunder insofar as they appertain to the present dispute."

본 사건에 대한 상기 "국제해양법재판소"의 결정과 관련하여, Treves 재판관이 개별의견(separate opinion) (para. 5)에서 UN해양법협약 제282조를 *litispendence*의 관점에서 언급한 것도 검토를 요하는 부분이다 : "It seems also useful to underline that while article 282 can be seen as a mechanism for avoiding that situations of litispendence arise, it is not a rule providing for the consequences of litispendence. It leaves completely open the question as to whether, in case a dispute concerning the interpretation of provisions of a treaty other than the Convention but equivalent or similar to provisions of the Convention has been submitted to a court or tribunal competent under the provisions of such a treaty, the dispute settlement bodies competent under the Convention would consider it fit to hear a dispute concerning equivalent or similar provisions of the Convention. The existence and content of a customary law rule or of a general principle concerning the consequences of litispendence, as well as considerations of economy of legal activity and of comity between courts and tribunals, might be discussed in such a situation." *litispendence*를 위시하여 국제재판소들간의 관할권 경합을 피하기 위한 가능한 방안에 대한 논의에 대해서는, 본서, 제26장 (분쟁의 평화적 해결수단) 참조.

2003년 6월 24일 UN해양법협약 제Ⅶ부속서 중재재판소가 유럽재판소의 있을지도 모를 결론을 지켜보자며 소송을 일시 중단하자, 그 해 10월 30일 유럽(집행)위원회는 아일랜드를 상대로 (회원국의 공동체설립조약 하의 의무불이행을 이유로 제기하는) EC 제226조(현 EU기능조약 제258조) 및 Euratom 141조 하의 이행강제소송(enforcement action)을 발동하였다. 이윽고 2006년 5월 30일의 판결에서 유럽재판소는 "아일랜드는 (영국)Sellafield에 위치한 MOX 플랜트와 관련하여 UN해양법협약에 의거하여 영국을 상대로 분쟁해결절차를 발동함으로써 EC 제10조와 제292조 및 (이 두 조항에 상응하는) Euratom 제192조 및 제193조 하의 의무를 이행하지 않았다"고 선언하였는데, 왜냐하면 *MOX Plant* 사건과 관련하여 아일랜드가 UN해양법협약 하의 중재재판소에서 원용한 동 협약의 관련규정들은 공동체법질서의 불가결한 일부(an integral part of the Community legal order)를 구성하며(paras. 121, 126), 따라서 이 사건의 분쟁은 사실은 -EC 제292조에서 말하는- EC설립조약의 해석 또는 적용에 관한 분쟁으로서(para. 127), 유럽재판소가 이 분쟁에 대해 배타적 관할권을 갖기 때문이라는 것이다(paras. 123, 136) : Case C-459/03, *Commission* v. *Ireland* (*MOX Plant* Dispute), Grand Chamber decision of 30 May 2006, available at https://www.curia.europa.eu/en/index.htm. 본 판례의 이해를 위해 관련 두 조문을 인용하면, 리스본조약에 의해 개정된 EC 제292조, 즉 현 EU기능조약 제344조는 "Member States undertake not to submit a dispute concerning the interpretation or application of the Treaties to any method of settlement other than those provided for therein."이라고 규정하고 있고, (리스본조약에 의해 이제는 폐지되었으나 실질적으로는 EU조약 제4조 3항으로 대체된) 구 EC 제10조는 "Member States shall take all appropriate measures,

은 조정(conciliation)에 의뢰할 것을 제안할 수 있다.771) 이 제안이 타방당사국에게 수락되지 않거나, 또는 분쟁당사국들이 조정에서 적용할 심리절차에 관하여 합의를 보지 못하면 조정은 종료된 것으로 간주된다.772)

이상의 일반원칙은 협약 제11부(심해저)에 의거하여 제기되는 당사국 간의 분쟁에도 적용되며, 국가가 아닌 주체가 그러한 분쟁의 당사자인 경우에 준용된다.773)

2. 분쟁의 강제적 해결 : '의무적' 중재재판과 사법재판774)

이후에는 의무적(강제적)이며,775) 또한 구속력있는 결정을 수반하는 절차가 적용된다. 즉, 어느 당

---

whether general or particular, to ensure fulfilment of the obligations arising out of this Treaty or resulting from action taken by the institutions of the Community. They shall facilitate the achievement of the Community's tasks. They shall abstain from any measure which could jeopardise the attainment of the objectives of this Treaty."라고 규정하고 있었다. 이 판례에 대한 논평은 다음을 참조 : Nikolaos Lavranos, "Mox Plant Dispute – Court of Justice of the European Communities", European Constitutional Law Review (EuConst) (Cambridge University Press) (2006), Vol. 2, pp. 456~469 ; Martti Koskenniemi, "International Law : Constitutionalism, Managerialism and the Ethos of Legal Education", European Journal of Legal Studies, April 2007, Vol. 1, available at https://www.ejls.eu/index.php?.

UN해양법협약 제Ⅶ부속서 중재재판소는 2003년 6월 24일의 명령(Order No. 3)에서 다른 합의나 결정이 없는 한 동년 12월 1일 이전에 관할권과 본안에 대한 심리를 재개하겠다고 하였었는데, 10월 유럽집행위원회가 아일랜드를 상대로 EC법 하의 이행강제절차를 발동하자 11월 14일의 명령(No. 4)을 통해 심리를 계속 중단하다가, 결국 2008년 6월 6일 상기 유럽재판소 판결과 뒤이은 아일랜드 측의 청구 철회를 고려하여 절차를 종료하였다. https://www.pca-cpa.org/showpage.asp?pag_id=1148.

770) 제283조. 제283조는 UN해양법협약에 특유한 규정으로서, 분쟁당사자들이 중재재판으로 가기 전에 교섭에 임해야 한다는 규정과는 별개의 것이다. *Chagos Marine Protected Area Arbitration* (Mauritius v. United Kingdom), Award of 18 March 2015, paras, 377~386에서 (UN해양법협약 제287조 및 제7부속서 제1조에 의거하여 구성된)중재재판소도 이 점을 지적하면서, UN해양법협약 제283조(의견교환 의무)는 분쟁당사자들에게 -교섭을 포함하여- 분쟁해결수단에 대해 의견을 교환할 의무를 부과하고 있는 것이지, 분쟁의 실제 내용과 관련하여 교섭 혹은 기타 평화적 해결수단에 호소할 것을 요구하고 있지는 않다고 새긴 바 있다. 또한 동 재판소는, 이 요건은 상대방 국가를 놀라게하지 못하도록 하기 위해 고안된 것이긴 하지만 의견이 교환되고 이해되는 방식 및 정밀성과 관련하여 너무 형식에 얽매이지 않고 적용되어야 한다고 언급하면서, 본 사건에서 양국 간에 주고받은 서한들로 보아 의견교환의 요건은 충족되었다고 판시하였다. 다만, 동 재판소는"실제로는 당사자들의 분쟁에 관한 실체적 교섭이 선호하는 분쟁해결수단에 관한 의견교환과 산뜻하게 구분되지 않으며, 따라서 제283조에 관한 일련의 판결에서 제283조의 목적을 위해 충분한 것으로 간주된 연락(교신)이 성질상 실체적인 것인지 아니면 절차적인 것인지가 분명치 않은 일이 빈번하지만 이는 놀랄 일이 아니다"라고 언급하고 있기도 하다 (para. 381).

한편, 국제해양법재판소의 경우, *The MOX Plant* case (Ireland v. United Kingdom)(Request for Provisional Measures), Order of 3 December 2001, para. 60에서 "당사국 일방이 합의에 이를 가능성이 소진되었다고 결론내리면 의견 교환을 계속할 의무는 없다"고 언급한 바 있으며, *The Arctic Sunrise* case (Netherlands v. Russia)(Request for provisional measures), Order of 22 November 2013, para. 76에서 이를 상기시키고 있다.

771) 제284조 1항.

772) 제284조 3항.

773) 제285조.

774) 협약 제15부 제2절(제286조~제296조).

775) See *Barbados* v. *Trinidad and Tobago*, Arbitral Tribunal (constituted pursuant to Article 287, and in accordance with Annex Ⅶ, of the UN Convention on the Law of the Sea), Award of 11 April 2006,

사국이든지 ICJ, (국제해양법재판소 규정을 담은 협약 제6부속서에 의거하여 설립된) 국제해양법재판소,[776] (협약 제7부속서에 의거하여 구성된) 중재재판소, (협약 제8부속서에 의거하여 구성된) 특별중재재판소[777] 등 네 개의 재판소 중에서 어느 한 재판소에 일방적으로 제소할 수 있다.[778]

다만, 협약당사국은 협약의 서명·비준·가입시 또는 그 이후 언제라도, (UN사무총장에게 기탁되는) 서면선언에 의하여 위 네 개의 재판소 중에서 어느 하나 이상을 자유롭게 선택할 수 있다. 이 선언은 취소통고가 UN사무총장에게 기탁된 후 3개월까지 효력을 가진다. 이러한 선언을 하지 아니한 국가는 (제7부속서에 따른) 중재재판을 수락한 것으로 간주된다. 분쟁의 당사국들이 그 분쟁의 해결을 위하여 동일한 절차를 수락하였으면, 달리 합의하지 않는 한 그 분쟁은 그 절차에만 회부될 수 있다. 분쟁의 당사국들이 그 분쟁의 해결을 위하여 동일한 절차를 수락하지 않았으면, 달리 합의하지 않는 한 그 분쟁은 (제7부속서에 따른) 중재재판에만 회부될 수 있다. 새로운 선언, 선언의 취소 또는 종료의 통고는 분쟁당사자들이 달리 합의하지 않는 한 계류 중인 소송에 어떠한 영향도 미치지 아니한다.[779]

UN해양법협약 제288조 1항은 상기 재판소들에게 'UN해양법협약'의 해석이나 적용에 관한 분쟁

〈https://pca-cpa.org/en/cases/104/〉, para. 208 ("...Article 286 confers a unilateral right, and its exercise unilaterally and without discussion or agreement with the other Party is a straightforward exercise of the right conferred by the treaty, in the manner there envisaged. The situation is comparable to that which exists in the International Court of Justice with reference to the commencement of proceedings as between States both of which have made "optional clause" declarations under Article 36 of the Court's Statute.").

776) 국제해양법재판소는 21명의 재판관으로 구성된다(규정 제2조 1항). 재판관의 임기는 9년이며 재선될 수 있다; 다만, 제1차 선거에서 선출된 재판관 중 7인의 임기는 3년 후에 끝나며, 다른 7인의 임기는 6년 후에 끝난다(규정 제5조 1항). 국제해양법재판소도 특별재판부들(special chambers)을 구성, 운영할 수 있다(규정 제15조).

777) 특별중재재판소는 어업, 해양환경, 해양과학조사 그리고 (선박에 의한 오염과 투기에 의한 오염을 포함한) 항행과 관련된 협약규정의 해석·적용에 관한 분쟁에 대해서만 관할권을 갖는다.

778) 제286조. 이미 본 장 서두에서 지적한 바와 같이 UN해양법협약은 국가뿐만 아니라 "이 협약에 의하여 규율되는 사항에 관하여 권한을 가지는" 반독립국(semi-independent States)(즉, 자치연합국과 자치영토)과 국제기구들(예컨대, EU)에게도 '당사국'(States Parties)이 되는 것을 허락하고 있다(제1조 2항, 제305조 1항). 그러면 이같은 실체들도 UN해양법협약 하의 분쟁과 관련하여 (원고, 피고 혹은 소송참가국 등 무슨 자격으로든지간에) UN해양법협약에 의거하여 관할권을 부여받은 4개 재판소 어디에나 갈 수 있을 것인가? 생각건대, 이들 비국가적 실체는 협약 제 286 조의 규정에도 불구하고 ICJ에만은 접근할 수 없을 것이다. 즉, 이 문제는 국제재판소 설립문서에서 동 재판소를 누구에게 개방하고 있는가를 확인하는 것으로부터 출발하여야 하는데, ICJ를 조직하는 조약으로서 UN헌장의 불가분의 일부를 구성하는, 따라서 ICJ에게 있어서는 이탈이 허용되지 아니하는 근본규범인 재판소규정(제34조)에 의하면 동 재판소는 (독립/주권)국가들에게만 그 이용/접근이 허락되기 때문이다. 이런 점에서 UN해양법협약 제9부속서(국제기구의 참여)가 제7조(분쟁해결) 1항에서 국제기구에 대해서는 제287조 1항에 열거된 선택가능한 4개 국제재판소 중에서 ICJ를 배제한 것은 불가피한 일이었다. 이에 반해 국제해양법재판소규정 제20조는 '재판소 이용/접근'(Access to the Tribunal)과 관련하여 비국가적 실체에 대해서도 이를 허용하고 있다: "1. The Tribunal shall be open to States Parties. 2. The Tribunal shall be open to entities other than States Parties in any case expressly provided for in Part XI or in any case submitted pursuant to any other agreement conferring jurisdiction on the Tribunal which is accepted by all the parties to that case." 이런 점에서 보면 국가 이외의 실체는 UN해양법협약체제 하에서 국가인 당사자들과 완전히 동등한 위치에 있지 않다고 할 수 있다. Rosenne, *The Perplexities of Modern International Law*, pp. 249, 253(fn. 37), 254.

779) 제287조.

에 대하여 관할권을 부여하고 있는데, 이것은 그들에게는 –UN해양법협약에서 달리 위임하고 있지 않는 한– 동 협약 이외의 연원(이를테면, 국제관습법 혹은 타 조약)에 근거한 청구를 심리할 권한은 없음을 의미한다.[780] 다만, 제288조 2항에 의하면, 그들은 'UN해양법협약의 목적과 관련된' '타 조약'의 해석이나 적용에 관한 분쟁으로서 그 조약에 따라 회부되는 분쟁에 대해서도 관할권을 갖는다. 따라서 이 목적상 분쟁의 당사국들은 UN해양법협약의 당사국일 필요는 없다.[781] 재판소가 관할권을 가지는지 여부에 관하여 분쟁이 있는 경우, 이 문제는 당해 재판소의 결정에 의하여 해결하는데,[782] 이것은 이른바 Kompetenz–Kompetenz 혹은 compétence de la compétence를 규정한 ICJ규정 제36조 6항에 상응하는 것이다. 상기 (협약 제15부)재판소들이 이른바 '부수적 문제'(incidental/ancillary questions)에 대하여도 관할권을 인정하고 있는 현상에 대해서는 아래에서 언급한다.

재판소는 –회부된 분쟁에 대하여 일견(*prima facie*) 관할권을 가지는 것으로 판단하는 경우– 최종 판결이 날 때까지 "각 분쟁당사자의 이익을 보전하기 위하여 또는 해양환경에 대한 중대한 손상을 방지하기 위하여" 그 상황에서 적절하다고 판단하는 잠정(임시)조치(provisional measures)를 명령할(prescribe) 수 있다. 분쟁이 회부되는 '중재'재판소가 구성되는 동안 잠정조치의 요청이 있는 경우에는 당사자가 합의하는 재판소가, 만일 잠정조치의 요청이 있은 후 2주일 이내에 이러한 합의가 이루어지지 아니하는 경우에는 국제해양법재판소(또는 심해저활동에 관하여는 해저분쟁재판부)가, 잠정조치를 명령, 변경 또는 철회할 수 있다. 다만, 이는 장차 구성될 중재재판소가 일견(*prima facie*) 관할권을 가지고 있고 상황이 긴급하여 필요하다고 인정된 경우에 한한다. 국제해양법재판소는 요청받은 잠정조치와는 완전히 혹은 부분적으로 다른 조치를 명령할 수 있다.[783] 그리고 분쟁이 회부된 중재재판소는 구성 즉시 그 잠정조치를 변경, 철회 또는 확인할 수 있다.[784]

특별히 억류된 선박·선원의 신속한 석방에 관련한 분쟁은, 억류일로부터 10일 이내에 재판소선택에 관하여 합의가 이루어지지 아니하면, 억류국이 상기 서면선언에 의하여 수락한 재판소나 아니면 국제해양법재판소에 회부할 수 있다.[785] 이것은 선박이나 선원의 석방에 관련한 분쟁에 관한 한 이들 재판소에 강제관할권이 부여됨을 의미한다. 신속석방 절차 발동의 전제조건은 "어느 한 당사국의 당국이 다른 당사국의 국기를 게양한 선박을 억류하고 있고, 적정한 보석금이나 기타 금융보증을 예치하는 즉시 선박이나 선원을 신속하게 석방하기 위한 UN해양법협약의 규정들을 억류국이 준수하지 아니하였다고 주장되는 경우"[786]이다. UN해양법협약에서 신속석방은 억류가 허용되는 5

---

780) See Valentin Schatz, "The Award concerning Preliminary Objections in *Ukraine* v. *Russia* : Observations regarding the Implicated Status of Crimea and the Sea of Azov", EJIL:Talk!, March 20, 2020, 〈https://www.ejiltalk.org/the-award-concerning-preliminary-objections-in-ukraine-v-russia-observations-regarding-the-implicated-status-of-crimea-and-the-sea-of-azov/〉.

781) 1995년의 (약칭) 경계왕래어족협정 제30조가 그 좋은 예이다. Aust, *Handbook of IL*, 2nd, p. 301.

782) 제288조 4항.

783) 국제해양법재판소 규칙(Rules) 제89조 5항.

784) 제290조.

785) 제292조.

786) 제292조 1항 전반부 ("Where the authorities of a state party have detained a vessel flying the flag of another state party and it is alleged that the detaining state has not complied with *the provisions of*

개 경우에만 명시적으로 규정되고 있는데, 이들 5개 규정은 (EEZ에서의 연안국의 법령 시행에 관련한) 제73조 2항, 그리고 (해양환경보호에 관련한) 제220조 7항과 8항 및 제226조 1항 (b)와 (c)이다.[787] 석방신청은 "선박의 기국에 의하여 또는 기국을 대리하여서만"(only by or on behalf of the flag State of the vessel) 할 수 있는데, 이것은 석방신청이 기국 자신에 의해서 뿐만 아니라 기국의 허락을 받은 제3자(특히 국제해양법재판소의 경우에는 선박소유주와 같은 사인)[788]에 의해서도 제출될 수 있음을 의미한다. 상기 재판소는 지체없이 석방신청을 처리해야 한다. 이 경우, 재판소는 단지 석방문제만을 다루어야 하며, 선박 또는 선원에 대한 국내법정의 본안심리에 영향을 미쳐서는 안된다. 억류국의 당국은 재판소가 결정한 보석금이나 기타 금융보증(bond or other financial security)이 예치되는 즉시 선박이나 선원의 석방에 관한 동 재판소의 결정을 신속히 이행하여야 한다.[789]

---

this Convention for the prompt release of the vessel or its crew upon posting of a reasonable bond or other financial security").

787) 제292조의 신속석방 절차를 선박억류가 발생할 수 있는 UN해양법협약의 타 규정들에 유추적용하는 것이 가능 혹은 타당할 것인지에 대해서는 학자들의 견해가 갈리고 있다. See Heiki Lindpere, "Prompt Release of Detained Foreign Vessels and Crews in Matters of Marine Environment Protection", (2005) 33:2 International Journal of Legal Information 240~255, available at https://scholarship.law.cornell.edu/ijli/vol33/iss2/8.

788) 국제해양법재판소 규칙(Rules) 제110조 ; https://www.itlos.org/start2_en.html. 2008년 6월 3일 서울에서의 한 특별강연(제목 : "Dispute settlement before the International Tribunal for the Law of the Sea")에서 Rüdiger Wolfrum 국제해양법재판소 소장은 사인도 동 재판소에 석방신청을 할 수 있는 것을 "중대한 혁신"으로 표현한 바 있다 : "This procedure for the prompt release of vessels and crews as well as the possibility for private parties, if properly authorized by the flag State, to appear before the Tribunal are considered significant innovations provided by the Convention to the traditional system under which only States are granted *locus standi* before international courts."

789) 국제해양법재판소를 포함하여 UN해양법협약에 의거하여 관할권을 행사하는 재판소가 제292조에 의거해서 결정할 수 있는 유일의 쟁점은 선박과 선원의 신속한 석방을 명령할 것인가의 여부에 국한된다는 것은 이 절차의 이용가능성이 제297조에 의해 배제되지 아니하며, 제298조에 의거한 이른바 선택적 예외(배제) 선언에 의해서도 배제될 수 없음을 시사하는 것이다. 요컨대, 제292조의 절차는 기초된 분쟁의 본안 결정을 포함하지 아니하며, 관련 국내재판소에서의 사건의 본안 심리를 방해하지 아니한다. 국제해양법재판소는 재판소가 문을 연 후 최초로 접수된 일방적 신청사건인 *The M/V "Saiga"* (No. 1) case (Saint Vincent and the Grenadines v. Guinea), judgment of 4 December 1997에서 협약 제292조에 의한 자신의 관할권 성립을 인정하면서 동 재판소가 결정한 합리적인 보석 혹은 보증금이 기탁되는 즉시 나포한 선박과 그 선원들을 석방하도록 명령한 바 있는데, 재판소는 para. 49에서 협약 제292조 하의 소송과 국내소송의 관계에 대해 다음과 같이 언급하고 있다 : "... [article 292, paragraph 3, of the Convention which states that the prompt release proceedings shall be 'without prejudice to the merits of any case before the appropriate domestic forum against the vessel, its owner or its crew"] means that, while the States which are parties to the proceedings before the Tribunal are bound by the judgment adopted by it as far as the release of the vessel and the bond or other security are concerned, their domestic courts, in considering the merits of the case, are not bound by any findings of fact or law that the Tribunal may have made in order to reach its conclusions." https://www.itlos.org/start2_en.html.

2007년 8월 6일 *The "Tomimaru"* case (Japan v. Russian Federation)(available at https://www.itlos.org)에 대한 국제해양법재판소의 판결(paras. 74~80)은 억류된 선박/선원의 신속석방을 위한 국제소송이 신속히 제기되어야 함을 시사하고 있는데, 사건 개요는 다음과 같다. 2006년 10월 31일 일본 트롤어선 Tomimaru호가 러시아의 EEZ에서 허가받은 어업조건을 위반하다가 러시아 순시선에 적발되었다. 이로 인해 선장이 형사소추되고, 선박은 억류되었다. 한편, 선박의 소유주인 회사에 대해서는 2006년 12월 28일 하급심에서 선박몰수 및 벌금납부 명령이 떨어졌고, 2007년 1월 24일 항소심 재판소는 이 판결을 확인하였다. 이에 선박소유주는 러시아연방 최고재판소의 재심(supervisory review procedure)에 호소하였다. 한편, 러시아정

상기 재판소들은 'UN해양법협약'뿐만 아니라 '이 협약과 상충되지 아니하는 타 국제법규'를 적용한다.[790] 따라서 이들 재판소는 이를테면, 선박의 나포가 합리적이고 비례에 맞는 것이었는지를 결정하기 위해 인권에 관한 일반국제법을 사용할 수는 있겠지만 -시민적 · 정치적 권리규약과 같은- 인권조약의 위반 여부에 대해 판단할 수는 없다.[791] 다만, 당사자가 합의하는 경우에는 "형평과 선에 따라"(*ex aequo bono*) 재판할 수도 있다.[792]

관할권을 가지는 재판소의 판결은 종국적이며 따라서 분쟁의 모든 당사자들은 이를 이행하여야 한다. 그러나 판결은 당해 분쟁과 그 당사자들 외에는 구속력을 갖지 아니한다.[793] UN해양법협약하의 분쟁해결 제도는 -적어도 이론상으로는 ICJ 판결을 UN안보리로 가져갈 수 있는- UN헌장 제94조 2항의 절차[794]에 필적하는 강제장치를 품고 있지 않다.[795]

'국제법에 의하여 국내구제수단(local remedies)을 완료할 것이 요구되는 경우'에는 이것이 완료된 후에라야 상기 강제적 해결절차에 부탁될 수 있다.[796] *M/V Saiga* 호 사건[797]에서 국내구제수단

부는 선박을 압류하고 2007년 4월 9일에는 동 선박을 러시아국에 속하는 것으로 연방재산 목록에 등재하였다. 2007년 5월 30일 선장은 벌금을 물고 일본으로 돌아갔다. 러시아연방 최고재판소는 재검토할 이유가 없다는 이유로 신청을 각하하였다. 일본과 러시아 모두 UN해양법협약의 당사자이므로 일본은 2007년 7월 6일 협약 제292조에 의거하여 러시아를 상대로 국제해양법재판소에 제소하였다. 일본은 러시아가 "(연안국은 EEZ에서) 나포된 선박과 승무원은 적정한 보석금이나 그 밖의 보증금을 예치한 뒤에는 신속히 석방되어야 한다."고 규정한 협약 제73조 2항을 위반하였다고 주장하면서, 국제해양법재판소가 러시아에 선박의 석방명령을 내려줄 것을 요청하였다. 그러나 러시아는 자국의 국내재판소들이 이미 일본선박의 몰수 문제를 검토하여 결정을 내렸고 또 재판소결정이 집행되었기 때문에, 일본의 제소는 "객체/대상이 없는" 것이 되어 버렸고, 따라서 국제해양법재판소는 일본의 신청을 심리할 관할권이 결여되었다고 주장하였다. 국제해양법재판소는 만장일치로 러시아의 손을 들어 주었다.

한편, 2009년 3월 17일 개정된 국제해양법재판소 재판소규칙 제113조 3항 및 제114조 1항/3항에 의하면 재판소는 (당사자들이 달리 합의하지 않는 한) 보석금 혹은 금융보증을 재판소행정처장(Registrar) '또는' 억류국(detaining State)에 기탁하도록 결정할 수 있는 선택권을 갖게 되었다. 개정 전의 제113조 3항은 보석금 혹은 금융보증은 (당사자들이 달리 합의하지 않는 한) 단지 억류국에만 기탁해야 하는 것으로 규정하고 있었다.

790) 제293조 1항.

791) *The Arctic Sunrise Arbitration* (Netherlands v. Russia), PCA Case No 2014-02, Award on the Merits, 14 August 2015, para. 197 : "The Tribunal considers that, if necessary, it may have regard to general international law in relation to human rights in order to determine whether law enforcement action such as the boarding, seizure, and detention of the Arctic Sunrise and the arrest and detention of those on board was reasonable and proportionate. This would be to interpret the relevant Convention provisions by reference to relevant context. This is not, however, the same as, nor does it require, a determination of whether there has been a breach of Articles 9 and 12(2) of the ICCPR as such. That treaty has its own enforcement regime and it is not for this Tribunal to act as a substitute for that regime."

792) 제293조 2항.

793) 제296조.

794) 본서, 제26장 (분쟁의 평화적 해결수단), "Ⅶ. 사법심사 : ICJ를 중심으로, 15. 판결의 강제(혹은 집행)" 참조.

795) Lan Nguyen, "South China Sea: Philippines v. China - Legal questions regarding China's non-participation in the Philippines v. China arbitration", The Diplomat, July 27, 2015, 〈https://thediplomat.com/2015/07/south-china-sea-philippines-v-china/〉.

796) 제295조.

797) *The M/V "Saiga"* (No. 2) case (Saint Vincent and the Grenadines v. Guinea), judgment of 1 July 1999, paras. 97~98 (noted by Hall, pp. 293~294) : "97. The Tribunal considers that in this case the rights which Saint Vincent and the Grenadines claims have been violated by Guinea are all rights that

완료 원칙의 적용 여부가 문제된 바 있는데, 이 부분의 사건 개요는 다음과 같다. 국제해양법재판소는 세인트 빈센트-그레나딘의 국기를 단 이 선박의 선장(우크라이나 국적)에 대한 부당한 대우와 관련하여 기니를 상대로 세인트 빈센트-그레나단이 제기한 청구의 허용성 문제를 검토하였다. 선장은 기니의 1심재판소에서 유죄선고를 받고 벌금을 부과받았다. 이어서 항소심에서 1심의 유죄선고가 지지되었고, 벌금액은 약간 증액되었으며, 6개월 징역의 집행유예가 추가되었다. 선장은 최고재판소 등으로 더 이상 항소할 수 있는 자신의 권리를 행사하지 않았다. 이에 기니는 선장이 기니법이 허락하는 모든 항소 채널을 소진하지 않았기 때문에 그를 위한 국제청구의 허용성이 결여되어 있다고 주장하였다. 그러나 국제해양법재판소는 이 사건을 -국제법상 국내구제수단 완료의 원칙이 적용되지 않는- 원고국 자신의 권리에 대한 직접적인 침해로 판단하였다. 즉, 동 재판소는 형사재판에서의 유죄선고는 -항행자유의 권리를 포함한- "세인트 빈센트-그레나딘의 제권리에 대한 직접적인 침해"를 동반한 것이며, "선박 운영에 관여하는 사람들에 대한 손해는 이들 침해에서 발생하는" 것으로, 그 결과 "그 같은 손해에 대한 청구는 국내구제가 완료되어야 한다는 원칙의 적용을 받지 않는다"고 판결하였다.

3. 구속력있는 결정을 수반하는 강제(의무)절차 적용의 제한과 예외[798)]

구속력있는 결정을 수반하는 상기 강제적(혹은 의무적) 절차(compulsory procedures)는 다음의 두 경우에는 적용되지 아니한다.

첫째는 EEZ와 대륙붕에서의 해양과학조사에 관련한 연안국의 권리나 재량권의 행사, EEZ와 대륙붕에서의 해양과학조사의 정지나 중지를 명령하는 연안국의 결정, 그리고 EEZ의 생물자원에 대한 연안국의 주권적 권리 및 그 행사(허용어획량, 자국의 어획능력, 다른 국가에 대한 잉여량할당 및 자국

---

belong to Saint Vincent and the Grenadines under the Convention (articles 33, 56, 58, 111 and 292) or under international law. The rights claimed by Saint Vincent and the Grenadines are listed in its submissions and may be enumerated as follows:

(a) the right of freedom of navigation and other internationally lawful uses of the seas;
(b) the right not to be subjected to the customs and contraband laws of Guinea;
(c) the right not to be subjected to unlawful hot pursuit;
(d) the right to obtain prompt compliance with the Judgment of the Tribunal of 4 December 1997;
(e) the right not to be cited before the criminal courts of Guinea.

98. As stated in article 22 of the Draft Articles on State Responsibility adopted on first reading by the International Law Commission, the rule that local remedies must be exhausted is applicable when "the conduct of a State has created a situation not in conformity with the result required of it by an international obligation concerning the treatment to be accorded to aliens …". None of the violations of rights claimed by Saint Vincent and the Grenadines, as listed in paragraph 97, can be described as breaches of obligations concerning the treatment to be accorded to aliens. They are all direct violations of the rights of Saint Vincent and the Grenadines. Damage to the persons involved in the operation of the ship arises from those violations. Accordingly, the claims in respect of such damage are not subject to the rule that local remedies must be exhausted."

798) 협약 제15부 제3절(제297조~제299조).

의 보존관리법에서 정하는 조건을 결정할 재량권 포함)에 관련된 분쟁으로, 이들은 흔히 '자동적 예외'(automatic exceptions)로 불린다. 연안국은 이러한 분쟁에 대해서는 상기 강제적 절차를 수락할 의무를 부담하지 아니한다. 그 대신 이들 분쟁에 대해서는 (제5부속서 제2절에 규정된) 의무적(강제적) 조정(compulsory conciliation) 절차가 적용된다.[799]

둘째는 '선택적 예외(배제)'(optional exception)[800]로 이름 붙여진 경우인데, 국가는 "해양경계획정과 역사적 만/권원과 관련된 분쟁,[801] 군사활동에 관한 분쟁,[802] 해양과학조사 및 어업에 대한 연안국의 법집행활동에 관한 분쟁,[803] 그리고 UN안전보장이사회에서 다루고 있는 분쟁[804]" 등 네 가지 사항 중 하나 이상에 관하여 UN해양법협약의 서명 · 비준 · 가입시 '또는 그 이후 어느 때라도' 상기 (구속력있는 결정을 수반하는) 강제절차들 중 하나 이상을 수락하지 아니한다는 것을 서면으로 선언할 수 있다. '선택적 예외'의 적용대상이 되는 위 네 가지 사항 중 '해양경계획정과 역사적 만/권원'에 관련된 분쟁에 대해 서면선언이 있는 경우에는 (제5부속서 제2절에 따른) 의무적 조정절차가 적용되지만, 육지 또는 섬에 대한 주권이나 기타 권리에 관한 미해결분쟁이 반드시 함께 검토되어야 하는 이른바 혼합분쟁(mixed disputes)은 의무적 조정절차로부터도 면제된다.[805] 선택적 예외를 선언한 당사국은 언제라도 이를 철회할 수 있으며, 선택적 예외 선언에 의해 배제된 분쟁이 발생한 경우 이를 협약에 명시된 절차에 회부하는데 동의할 수도 있다.[806] 그리고 선택적 예외 선언은 다른 당사국도 이를 원용할 수 있다는 점에서 상호적이다. 즉, 선언에 의해 배제된 분쟁에 대해, 선언국은 타방 당사국의 동의 없이는 그 국가를 상대로 협약의 절차를 발동할 수 없다.[807] '새로운 선언'이

---

799) 제297조 2~3항.

800) 제298조.

801) 제298조 1항(a).

802) 제298조 1항(b) 전반부. *South China Sea Arbitration* (Philippines v. China), Award of 12 July 2016, para. 1158에서 중재재판소는 "제298조 1항(b)는 '군사활동에 관한 분쟁'에 적용되는 것이지 '군사활동' 자체에 적용되는 것이 아니기 때문에 문제가 되는 것은 분쟁 자체가 군사활동에 관련한 것인지의 여부이며, 당사자 일방이 분쟁에 관련해서 군대를 동원했는지의 여부가 아니다."(Article 298(1)(b) applies to "disputes concerning military activities" and not to "military activities" as such. Accordingly, the Tribunal considers the relevant question to be whether the dispute itself concerns military activities, rather than whether a party has employed its military in some manner in relation to the dispute.)라고 언급한 바 있다. 이기범, "UN해양법협약은 수중드론(underwater drone) 운용 문제를 규율할 수 있는가?", 《국제법학회논총》, 제62권 제2호(2017년 6월), pp. 101~125 참조.

803) 제298조 1항(b) 후반부. See ITLOS, *The Arctic Sunrise* case (Netherlands v. Russia)(Provisional Measures), Order of 22 November 2013, paras. 43~45 ; *The Arctic Sunrise Arbitration* (Netherlands v. Russia), Award on Jurisdiction, 26 November 2014, paras. 72~78. 한편, *South China Sea Arbitration* (the Philippines v. China), Award of 12 July 2016, para. 929에서 중재재판소는 "[제298조 제1항(b)의] '법 집행활동' 예외는 연안국 자신의 EEZ에서의 권리에 관련되는 것으로, 영해에서의 사건에는 적용되지 아니한다."(the law enforcement activities exception concerns a coastal State's rights in its exclusive economic zone and does not apply to incidents in a territorial sea.)고 하였다. 이기범, "UN해양법협약은 수중드론(underwater drone) 운용 문제를 규율할 수 있는가?", 상게논문 참조.

804) 제298조 1항(c).

805) 제298조 1항(a)(i).

806) 제298조 2항.

807) 제298조 3항.

나 '선언의 철회'는, 당사자들이 달리 합의하지 아니하는 한, 재판소에 "(이미) 계류중인 소송절차" (proceedings pending before a court or tribunal in accordance with this article)에 어떠한 영향도 미치지 아니한다.[808] 선언이나 그 철회는 UN사무총장에게 기탁해야 한다.[809]

섬을 비롯한 육지영토의 영유권 문제는 그 자체로는 UN해양법협약의 규율대상이 아니기 때문에 기본적으로 UN해양법협약의 분쟁허결절차가 적용되지 아니한다고 보아야 하겠지만,[810] 만일 이런 문제가 선택적 예외 선언을 하지 않은 상황에서 ('해양관할'과 '육지영토에 대한 주권' 양자 모두에 관련된다는 의미에서) 상기 혼합분쟁의 형태로 제기되는 경우 협약 하의 재판소가 영유권 문제도 함께 다룰 수 있다고 볼 것인가에 관해서는 견해가 갈리고 있다.[811] 이런 경우에는 원고 측의 정교한 질문 구성과 함께 재판소의 Kompetenz-Kompetenz가 위력을 발휘할지도 모른다.

이런 학문적 논쟁 구도 하에서 제기된 *Chagos Marine Protected Area Arbitration* 사건[812]은 UN해양법협약의 분쟁해결 체제 하에서 일방 '영토 주권' 문제와 타방 'UN해양법협약의 해석 및 적용'에 관한 문제가 과연 엄격히 분리될 수 있는 것인지를 시사하고 있어 주목을 받고 있다. 사건 개요는 다음과 같다. 차고스 군도(Chagos Archipelago, Chagos islands)에 대해서는 현재 모리셔스와 영국 모두 영토주권을 주장하고 있다.[813] 1965년 런던에서 영국 정부는 식민지 모리셔스 정부 당국자들과 독립에 관해 협상을 가졌었다. 그리고 그 해 9월 23일 이른바 '랭카스터 하우스 약속' (Lancaster House Undertakings)[814]을 통해 영국은 모리셔스 독립에 관해 몇 가지 약속을 하였는데, 이 약속에는 −모리셔스의 부속영토(Dependency)인− 차고스 군도와 관련하여 그 주변 수역에서 어업의 권리, 해저 및 하층토의 광물 및 석유 자원에 대한 권리, 그리고 차고스 군도가 "방위의 목

---

808) 제298조 5항.

809) 제298조 6항.

810) See *South China Sea Arbitration* (the Philippines v. China), Award on Jurisdiction and Merits, 12 July 2016, para. 5, 〈https://pca-cpa.org/wp-content/uploads/sites/175/2016/07/PH-CN-20160712-Award.pdf〉: "[the 1982 United Nations Convention on the Law of the Sea] ... does not address the sovereignty of States over land territory. Accordingly, this Tribunal has not been asked to, and does not purport to, make any ruling as to which State enjoys sovereignty over any land territory in the South China Sea, in particular with respect to the disputes concerning sovereignty over the Spratly Islands or Scarborough Shoal. None of the Tribunal's decisions in this Award are dependent on a finding of sovereignty, nor should anything in this Award be understood to imply a view with respect to questions of land sovereignty."

811) Boyle 교수의 경우 이를 긍정하면서 다음과 같이 주장하고 있다. "In some cases the delimitation of a maritime boundary may necessarily require a decision concerning disputed sovereignty over land, for example where an island is used as a basepoint for an EEZ or continental shelf claim. While parties to the Convention do have the option of excluding such disputes from compulsory jurisdiction under Article 298(1), the implication must be that, where this option is not exercised, a tribunal, including the ITLOS, may if necessary deal with both the land and the maritime dispute.": Alan E. Boyle, "Dispute Settlement and the Law of the Sea Convention: Problems of Fragmentation and Jurisdiction," (1997) 46 ICLQ 37 at 48~49.

812) Mauritius v. United Kingdom, Award of 18 March 2015, 〈https://www.pca-cpa.org/showpage.asp?pag_id=1429〉.

813) https://en.wikipedia.org/wiki/Chagos_Archipelago_sovereignty_dispute.

814) '랭카스터 하우스 약속'에 대해서는, 본서 제2장 (국제법의 연원), "Ⅲ. 조약, 1. 조약의 정의", 참조.

적을 위해 더 이상 필요하지 아니하게 되면"(no longer required for defence purposes) 모리셔스에 반환할 것 등이 포함되어 있었다. 그리고 그 대가로 영국은 1965년 11월 8일 추밀원령(Order in Council)을 통해 차고스 군도 전체를 '영국령 인도양 지역'(British Indian Ocean Territory, 이하 BIOT)의 이름으로 모리셔스에서 분리하여 지금까지 통치하고 있다.[815] 차고스 군도, 즉 BIOT는 포클랜드(말비나스)와 지브롤터 같은 영국의 다른 해외영토와는 대조적으로 UN의 비자치영토(non-self-governing territories) 리스트에도 올라있지 않다. 뿐만 아니라 차고스 군도 분리 당시 여기에 거주하고 있던 대략 1,360명의 차고시안(Chagossians, 차고스 군도 주민들)을 영국 정부가 1968년과 1973년 사이에 모두 군도에서 강제로 몰아냈기 때문에 현재는 거주하는 차고시안이 전혀 없다.[816] 차고스 군도에서 가장 큰 섬인 디에고 가르시아(Diego Garcia)는 1966년 12월 30일 50년간 미국의 군사기지로 조차되었다.[817] 모리셔스는 1968년 3월 12일 영국의 식민통치에서 벗어나 독립국이 되었다.

2010년 4월 1일 영국은 모리셔스의 반대에도 불구하고 차고스 군도 주변에 세계에서 가장 넓은 해양보호구역(Marine Protected Area, 이하 MPA)을 선포하고 모든 어업을 금지하였다. 영국의 MPA 수립은 (모리셔스와 영국이 당사자인)UN해양법협약과 기타 국제법규를 위반한 것이라고 생각한 모리셔스는 (UN해양법협약 제287조 및 제7부속서 제1조에 의거하여 구성된)중재재판소에 다음 네 가지 주장을 인정해 달라고 요청하였다 : 첫째, 영국은 UN해양법협약(특히 제2조, 제55조, 제56조, 제76조)의 목적상 '연안국'(coastal State)이 아니기 때문에 MPA나 기타 해양수역을 선언할 권리가 없다 ; 둘째는 첫 번째 주장의 대신으로, 차고스 군도 분리시 영국이 모리셔스에 해준 약속들에 비추어 보면, UN해양법협약[특히 제56조 1항 (b)(iii) 및 제76조 8항]의 목적상 모리셔스가 '연안국'으로서의 권리를 갖고 있기 때문에, 영국은 모리셔스의 반대를 무시하고 MPA나 기타 해양 수역을 일방적으로 선언할 권리가 없다 ; 셋째, 영국은 차고스 군도와 관련하여 모리셔스가 UN해양법협약 제76조에 의거하여 대륙붕한계위원회에 제출하는 주장에 대해 동 위원회가 모리셔스에 권고를 부여하는 것을 막아서는 안 된다 ; 넷째, MPA는 UN해양법협약(특히 제2조, 제55조, 제56조, 제63조, 제64조, 제194조, 제300조)과 1995년 UN어족자원협정("경계왕래 어족과 고도회유성 어족의 보존·관리협정") 제7조 하의 영

---

815) 원래 영국은 모리셔스로부터 차고스 군도를 떼어내면서 -당시 역시 영국의 식민지였던- 세이셸(Seychelles)로부터도 3개 섬(즉, Aldabra, Farquhar, Desroches)을 떼어내어 이들로 BIOT를 구성하였지만, 후자의 3개 섬은 1976년 세이셸이 독립할 때 반환하였다 : para. 87 of the Award ; https://en.wikipedia.org/wiki/Chagos_Archipelago_sovereignty_dispute.

816) See House of Lords, *R* (*On The Application of Bancoult*) v. *Secretary of State For Foreign and Commonwealth Affairs*, Judgment of 22 October 2008, [2008] UKHL 61, 〈https://publications.parliament.uk/pa/ld200708/ldjudgmt/jd081022/banc-1.htm〉 ; BBC News, 22 October 2008, "Chagos exiles 'cannot return'"(Exiles of the Chagos Islands will not be able to return to their homeland, the House of Lords has ruled.), 〈https://news.bbc.co.uk/1/hi/uk/7683726.stm〉 ; https://en.wikipedia.org/wiki/Order_in_Council.

817) 2016년 영국 정부는 조차기간을 2036년 말까지 20년 더 연장해 주었다. Henry Mance, "Extended US lease blocks Chagossians' return home – Inhabitants and descendants of Indian Ocean islands to receive £40m in compensation", Financial Times, November 17, 2016, 〈https://www.ft.com/content/abbc879a-ac1d-11e6-ba7d-76378e4fef24〉.

국의 실체적 및 절차적 의무와 양립하지 아니한다.[818)]

모리셔스는 제소를 함에 있어 UN해양법협약 제286조와 제287조를 원용하였다. 모리셔스와 영국 모두 UN해양법협약 제298조에 따라 '선택적 예외'를 선언한 바 없고, 제297조의 자동적 예외의 어느 하나를 원용하지도 않았다. 그리고 판결의 재판소관할권 부분은 상기 네 개의 주장이 UN해양법협약 제288조(관할권) 하의 "UN해양법협약의 해석 또는 적용"에 관련되는 것인가에 집중되어 있다. 영국은 모리셔스의 제소는 차고스 군도의 주권에 관련한 분쟁을 재판소의 관할권 내로 가져오기 위하여 "해묵은 주권 분쟁을 '누가 연안국인가'의 분쟁으로 인위적으로 재구성한 것"(an artificial re-characterization of the long-standing sovereignty dispute as a 'who is the coastal State' dispute)으로, 재판소의 관할권이 모두 성립하지 않는다고 주장하였다.

모리셔스의 첫 번째 주장에 대해 재판소는 "이것은 차고스 군도에 대한 영토주권에 관련된 것으로 특징짓는 것이 정확"하며, "UN해양법협약의 목적상 '연안국'이란 술어의 의미에 대한 두 분쟁당사자 간 견해차는 영토주권에 대한 더 큰 분쟁의 한 측면에 불과하다"고 결론지었다.[819)] 재판소는 "(UN해양법)협약의 교섭기록은 영토주권에 대한 관할권과 관련하여 그 어떤 명백한 해답도 제공하고 있지 않지만" "회의참가국 중 그 어떤 국가도 영토주권에 대한 오래된 분쟁이 '협약의 해석 또는 적용에 관한' 분쟁으로 간주되리라고는 기대하지 않았을 것"이라고도 하였다.[820)] 그러면서도 재판소는 "경우에 따라서는 영토주권에 관련된 사소한 쟁점이 UN해양법협약의 해석 또는 적용에 관련한 분쟁에 부수적으로 수반될 수도 있다는 것을 단정적으로 배제하지는 않는다"고 사족을 달면서, 그러나 본 사건은 여기에 해당하지 않는다고 보았다. 그 결과 재판소는 이 분쟁은 차고스 군도에 대한 주권에 관련한 것으로, 'UN해양법협약의 해석 또는 적용'에 관련한 것은 아니므로 모리셔스의 첫 번째 주장에 대해서는 재판소의 관할권이 성립하지 않는다고 판시하였다.[821)] 모리셔스의 두 번째 주장에 대해서도 재판소는 이것은 모리셔스의 첫 번째 주장과 마찬가지로 "차고스 군도에 대한 영토주권에 관련된 것으로 특징짓는 것이 정확"하며, 따라서 재판소의 관할권이 성립하지 않는다고

---

818) Paras. 7~9, 158 of the Award.

819) Para. 212 : "...the Tribunal concludes that the Parties' dispute with respect to Mauritius' First Submission is *properly characterized as relating to land sovereignty over the Chagos Archipelago*. The Parties' differing views on the "coastal State" for the purposes of the Convention are simply *one aspect of this larger dispute*."(italics added)

820) Para. 215.

821) Para. 220 ["As a general matter, the Tribunal concludes that, where a dispute concerns the interpretation or application of the Convention, the jurisdiction of a court or tribunal pursuant to Article 288(1) extends to making such findings of fact or *ancillary determinations of law* as are *necessary to resolve the dispute presented to it* (see Certain German Interests in Polish Upper Silesia, Preliminary Objections, Judgment of 25 August 1925, P.C.I.J. Series A, No. 6, p. 4 at p. 18).] ; Para. 221 ("*The Tribunal does not categorically exclude that in some instances a minor issue of territorial sovereignty could indeed be ancillary to a dispute concerning the interpretation or application of the Convention.* That, however, is not this case, and the Tribunal therefore has no need to rule upon the issue. The Parties' dispute regarding sovereignty over the Chagos Archipelago does not concern the interpretation or application of the Convention. Accordingly, the Tribunal finds itself without jurisdiction to address Mauritius' First Submission.")(italics added).

판시하였다.[822] 그러나 재판소의 이 두 개 결론은 3 대 2의 다수결로 내린 것이었다.

모리셔스의 세 번째 주장에 대해서는 재판소는 영국과 모리셔스가 "주권 우산"(sovereignty umbrella) 하에서 행동할 의사를 분명히 하였으므로 두 당사자 간에 분쟁이 존재하지 않는다고 전원일치 결정을 보았다. 이것은 재판소가 이 세 번째 주장에 대해 관할권이 성립하는지의 여부에 대해 판단할 것이 요구되지 않으며, 이 주장의 본안에 대해서도 그러함을 의미하는 것이었다.[823]

모리셔스의 네 번째 주장과 관련해서는 재판소는 UN해양법협약 제288조 1항 및 제297조 1항(c)에 따라 MPA의 선포가 협약규정(제2조 3항, 제56조 2항, 제194조 및 제300조)에 합치하는지를 검토할 관할권이 성립한다고 전원일치 결론을 내리고 이 부분에 대해서만 실체적 검토를 진행하였다.[824] 그 결과 영국의 MPA 선포는 협약 제2조 3항과 제56조 2항, 그리고 제194조 4항을 위반한 것이라고 판시하였다.[825] 특히 재판소는 금반언(estoppel)의 법원칙에 따라 영국은 모리셔스에게 해준 '랭카스터 하우스 약속'이 자국에 구속력이 있음을 부인할 수 없다고 판시하였다.[826] 다만, 제300조 혹은 권리의 남용에 대해서는 코멘트할 필요가 없는 것으로 보았다.[827] 한편, 재판소는 최종의견(final observations)을 통해 재판소의 MPA에 대한 판단은 그것이 수립된 '방식'(manner)에 관한 것으로, MPA의 내용이나 성격 혹은 해양보호의 중요성에 대해 판단한 것은 아님을 분명히 하였다. 그리고 이 부분에 대해 앞으로 두 국가가 "주권 우산"(sovereignty umbrella) 하에서 교섭에 들어갈 것을 기대하였다.[828]

5인의 재판관 중에서 2인(Kateka와 Wolfrum)은 3인 재판관의 결정에 부분적으로 동의하지 않고 공동의 '반대 및 개별의견'(dissenting and concurring opinion)을 첨부하였다. 이들 두 재판관도 '재판소에 모리셔스의 세 번째 주장을 다룰 것을 요구하는 분쟁은 존재하지 않으며, 그러나 재판소에 모리셔스의 네 번째 주장을 다룰 관할권은 있다'는 3인 재판관의 의견에는 동의하였다. 그리고 모리셔스의 네 번째 주장의 본안에 대한 3인 재판관의 의견에도 동의하였다. 그러나 두 재판관은 재판소에 모리셔스의 첫 번째 및 두 번째 주장을 검토할 관할권은 없다는 3인 재판관의 결정에는 반대하였다. 두 재판관의 견해로는, 재판소는 모리셔스의 첫 번째 주장의 표현을 엄격하게(그대로) 따랐어야 하고, 그래서 재판소에 제기된 분쟁은 '연안국'의 본체에 관한 것으로서 주권 문제에 대한 당사자들의 서로 다른 의견은 모리셔스 측 논리의 일부를 구성할 따름이라고 결론지었어야 한다는 것이다. 두 재판관은 모리셔스의 두 번째 주장에 대해서도 비슷한 반대의견을 피력하였다. 즉, 그들은 모리셔스의 두 번째 주장을 주권에 대한 분쟁이 아니라 영국이 자신의 약속을 통해 연안국으로서 일정 권리를 양도하였는지의 여부에 대한 분쟁으로 생각하였다. 요컨대, 그들은 모리셔스의

822) Para. 230.
823) Paras. 348~350.
824) Para. 323.
825) Paras. 536, 541.
826) Para. 448.
827) Para. 543.
828) Para. 544.

첫 번째 주장과 두 번째 주장에 관련된 분쟁은 단지 주권 분쟁을 인위적으로 돌려서 표현한 것이 아니라 직접적으로 UN해양법협약과 관련한 것으로 보았던 것이다. 이밖에도 두 재판관은, 재판소가 모리셔스 독립 전 그로부터 차고스를 떼어낸 조치의 적법성을 자결권(self-determination)과 *uti possidetis*에 비추어 검토하지 않은 것을 유감으로 생각하였다. 그들의 견해로는, 1965년 런던에서 영국의 Harold Wilson 수상이 모리셔스 식민지 수상과 그 동료들에게 모리셔스로 돌아갈 때 독립을 갖고 가거나 못 갖고 가거나 둘 중의 하나를 택하라고 위협한 것은 강박(duress)에 해당하는 것이며, 그 결과 차고스 군도 분리에 대한 모리셔스의 동의는 유효한 동의가 아니었으며, 1965년 차고스 군도를 모리셔스에서 분리한 것은 식민세력이었던 영국이 모리셔스의 영토 보전을 완전히 무시하는 것이었다.[829)]

UN해양법협약 하의 분쟁의 강제적 해결절차에 끌려가고 싶지 않은 협약당사국들로서는 분쟁이 '영토주권'에 관련한 것이므로 'UN해양법협약의 해석 및 적용'의 범주에 들지 않는다고 주장하려 할 것이다. 그리고 상기 *Chagos Marine Protected Area Arbitration* 사건에서 영국은 재판관 3 대 2의 과반수 결정을 통해 아슬아슬하게 이 주장을 관철시켰다. 그러나 언제나 그런 것은 아니다. *South China Sea Arbitration* 사건[830)]에서 중국은 이 사건에 대한 중재재판소의 관할을 수락하지

829) See Michael Waibel, "Mauritius v. UK: Chagos Marine Protected Area Unlawful", April 17, 2015, 〈https://www.ejiltalk.org/author/michaelwaibel/〉.

중재재판소가 영토주권 문제에 대해 재판하기를 거절한 후 차고스 군도 분리의 위법성 문제는 ICJ로 회부되었다. 즉, UN총회는 2017년 6월 22일의 결의 71/292에 의거하여 1965년 모리셔스로부터 차고스 군도 분리의 법적 결과에 대해 ICJ에 권고적 의견을 요청하였는데, 2019년 2월 25일의 권고적 의견에서 ICJ는 -13대 1의 표결로- 영국의 입장을 전면 배척하고 다음과 같이 판단하였다. (1) "모리셔스의 탈식민지화 과정은 차고스 군도 분리 이후 ... 적법하게 완료되지 않았다" ; (2) "영국은 가능하면 빨리 차고스 군도에 대한 통치를 종료할 의무가 있다" ; (3) "모든 회원국은 모리셔스의 탈식민지화를 완성하기 위해 UN과 협력할 의무가 있다" : *Legal Consequences of the Separation of the Chagos Archipelago from Mauritius in 1965*, Advisory Opinion, ICJ Reports 2019, p. 95.

석달 후 5월 22일, UN총회는 결의 73/295를 통해 ICJ의 권고적 의견를 '환영'하면서, 특히 "영국의 차고스 군도에 대한 계속된 통치는 동 국가의 국제책임을 동반하는 위법행위를 구성함을 확인하며", "본 결의 채택일로부터 6개월 내에 무조건 차고스 군도에서 영국의 식민통치를 철수시킬 것을 요구"하였다 : 〈https://undocs.org/pdf?symbol= en/A/RES/73/295〉. 그러나 영국 정부는 ICJ의 권고적 의견을 배척하고, 차고스 군도가 1814년 이래 계속해서 자국의 주권 하에 있어 왔다고 주장하였다 : Patrick Wintour, "UN court rejects UK claim to Chagos Islands in favour of Mauritius", The Guardian, 28 Jan 2021, 〈https://www.theguardian.com/world/2021/jan/28/un-court-rejects-uk-claim-to-chagos-islands-in-favour-of-mauritius〉.

차고스 군도의 주권에 관련한 문제는 다시 Dispute concerning *delimitation of the maritime boundary between Mauritius and Maldives in the Indian Ocean* (Mauritius/Maldives), (Preliminary Objections), ITLOS Judgment of 28 January 2021에서 다루어졌는데, (재판소규정 제15조 2항에 의거하여 구성된)ITLOS 특별재판부는 "ICJ가 *Chagos* 권고적 의견에서 모리셔스의 탈식민지화 문제와 관련하여 내린 결정은 법적 효력이 있으며, 차고스 군도의 법적 지위에 명확한 영향을 미친다. (고로) 탈식민지화 과정은 아직 완료되지 않았지만 차고스 군도에 대한 모리셔스의 주권은 ICJ의 결정에서 추론할 수 있다"(para. 246)면서 "모리셔스는 모리셔스의 탈식민지화 과정이 완료되기 전에도 해상경계의 획정을 목적으로 차고스 군도와 관련하여 연안국으로 간주될 수 있으며, 모리셔스를 그러한 국가로 취급하는 것은 특히 *Chagos* 권고적 의견에 따른 UN총회결의 73/295와도 부합하는 것이다."(para. 250)라고 판시하였다. 이 사건에 대한 추가적인 설명은 본서, 제26장 (분쟁의 평화적 해결수단), "Ⅶ. 사법심사, 17 (권고적 관할권)" 참조.

830) *Arbitration between the Republic of the Philippines and the People's Republic of China*, Award on Jurisdiction and Admissibility, 29 October 2015, 〈https://www.pcacases.com/web/view/7〉.

도 않았고 또 내내 재판절차에 참여도 하지 않았지만, 소가 제기된 후 특히 2014년 12월 7일자 포지션 페이퍼(의견서)[831]를 통해 (i) 필리핀의 제소는 실제로는 남중국해 내의 섬들에 대한 주권에 관한 분쟁으로서 재판소의 관할권 밖에 있으며, (ii) 이 소송은 실제로는 분쟁당사국 간의 해양경계획정에 관한 것으로 중국이 2006년에 행한 선택적 예외(배제) 선언으로 인하여 재판소의 강제관할권으로부터 배제되며, (iii) 필리핀은 2002년의 "중국-아세안 남중국해 당사국 행동선언"(China-ASEAN Declaration on the Conduct of Parties in the South China Sea)을 통해 남중국해 관련 분쟁을 오로지 교섭에 의해 해결하기로 합의해 놓고 일방적으로 이 소송을 제기함으로써 국제법하의 의무를 위반하였다고 주장하였다. 그러나 -이번에도 UN해양법협약 제7부속서에 의거하여 구성된- 5인의 중재재판소는 만장일치로 중국의 항변을 배척하고 본안 심리로 들어가기로 결정하였다. 여기서 재판소는 중국이 원용한 문제의 "당사국 행동선언"은 법적 구속력있는 것으로 의도되지 아니한 정치(신사)협정(political agreement)으로 판단하였다. 또한 재판소는 "남중국해 내의 일부 해양지형에 대한 영토주권과 관련하여 당사자들 간에 분쟁이 존재한다는 것은 의문의 여지가 없는 일이지만,"[832] "필리핀은 재판소에 명시적으로 그리고 반복하여 주권에 대해서는 판단하지 말아줄 것을 요청하여 왔으며, 마찬가지로 재판소는 필리핀측의 주장 중 그 어떤 것도 주권에 대한 묵시적인 결정을 요구하는 것으로 보지는 않는다"[833]고 판단하고, 이어서 "해양경계획정에 관련한 분쟁은 서로 마주보고 있거나 인접한 연안을 가지고 있는 국가 간에 권원이 겹치는 경우에만 발생할 수 있는데 반해, 권원 주장에 관련한 분쟁은 그러하지 않다"[834]는 점을 지적하면서 필리핀의 질문은 후자에 관한

831) "Position Paper of the Government of the People's Republic of China on the Matter of Jurisdiction in the South China Sea Arbitration Initiated by the Republic of the Philippines."

832) Para. 152 of the Award : "There is no question that there exists a dispute between the Parties concerning land sovereignty over certain maritime features in the South China Sea. ... The Tribunal does not accept, however, that it follows from the existence of a dispute over sovereignty that sovereignty is also the appropriate characterisation of the claims the Philippines has submitted in these proceedings. ... The Tribunal agrees with the International Court of Justice in *United States Diplomatic and Consular Staff in Tehran* that there are no grounds to "decline to take cognizance of one aspect of a dispute merely because that dispute has other aspects, however important.""

833) Para. 153 of the Award : "... The Philippines has not asked the Tribunal to rule on sovereignty and, indeed, has expressly and repeatedly requested that the Tribunal refrain from so doing. ... In this respect, the present case is distinct from the recent decision in *Chagos Marine Protected Area*. The Tribunal understands the majority's decision in that case to have been based on the view both that a decision on Mauritius' first and second submissions would have required an implicit decision on sovereignty and that sovereignty was the true object of Mauritius' claims. ..."

834) Para. 156 of the Award : "In particular, the Tribunal considers that a dispute concerning the existence of an entitlement to maritime zones is distinct from a dispute concerning the delimitation of those zones in an area where the entitlements of parties overlap. While fixing the extent of parties' entitlements and the area in which they overlap will commonly be one of the first matters to be addressed in the delimitation of a maritime boundary, it is nevertheless a distinct issue. A maritime boundary may be delimited only between States with opposite or adjacent coasts and overlapping entitlements. In contrast, a dispute over claimed entitlements may exist even without overlap, where —for instance—a State claims maritime zones in an area understood by other States to form part of the high seas or the Area for the purposes of the Convention."

것, 즉 "필리핀은 본 소송에서 중국이 남중국해에서 주장하는 해양권원의 존재와 범위에 대해 이의를 제기하는 것으로 이는 해양경계에 관한 분쟁이 아니다"[835)]라고 판단하였다.

필리핀이 중재재판소에게서 구하려던 것은 '특히' (i) UN해양법협약이 중국의 이른바 '구단선'(nine-dash line) 내의 해역에 대한 '역사적 권리'(historic rights) 주장에 미치는 영향에 대한 판단과 (ii) 중국과 필리핀이 각기 자신의 것으로 주장하고 있는 일부 해양 지형들이 UN해양법협약상 섬인지, 바위섬인지, 간출지인지, 아니면 수중뱅크인지에 대한 판단이었다. 그리고 2016년 7월 12일의 본안 판결[836)]에서 재판소는 이들 문제에 대해 분명한 해답을 내놓았는데, 즉 (i) 구단선에 기초한 중국의 역사적 권리 주장은 UN해양법협약에 위배되는 것으로, 법적 효력이 없으며,[837)] (ii) 문제의 해양지형들은 모두 '간출지'가 아니면 '바위섬 내지는 만조지형물'로서, 후자의 경우에도 인간의 거주 내지는 독자적인 경제생활을 지탱할 수 있는 것이 아니며 따라서 대륙붕이나 EEZ를 가질 자격이 없다고[838)] 판시하였다.

'연안국'의 해양관할권은 그 영토로부터 오기 때문에 혼합분쟁은 계속 제기될터인데, *Coastal State Rights in the Black Sea* 사건[839)] 역시도 우크라이나가 2014년 독립을 선언하고 러시아연방에 가입하는 조약을 체결한 바 있는 크림반도를 여전히 자국의 영토로 전제하고 UN해양법협약하의 연안국으로서의 자신의 권리들이 러시아에 의해 침해되었다고 주장하면서 제기한, 따라서 위 사건들과 마찬가지로 역시 일견 혼합분쟁의 성격을 간직한 사건이다. 2020년 2월 21일, (UN해양법협약 제7부속서에 의거하여 구성된)중재판소는 러시아 측의 선결적 항변에 대한 판결을 내렸는데, 재판소는 먼저 "크림반도에 대한 영토 분쟁이 존재함을 인정한다고 해서, 이것이 이 국가에서 저 국가로 크림반도의 지위가 변경되었음을 승인하는 것은 아니며, 또한 이것이 크림반도에 대한 그리고 크림반도 내에서의 러시아 연방의 행동이 합법임을 함축하지도 않을 것"이라고 밝혔다.[840)] 이어서, 재판소는 크림반도의 영토주권을 놓고 우크라이나와 러시아 간에 분쟁이 존재함을 인정하면서도 "영토주권에 관련된 사소한 쟁점"(a minor issue of territorial sovereignty)이 UN해양법협약의 해석

835) Para. 157 of the Award : "In these proceedings, the Philippines has challenged the existence and extent of the maritime entitlements claimed by China in the South China Sea. This is not a dispute over maritime boundaries. The Philippines has not requested the Tribunal to delimit any overlapping entitlements between the two States, and the Tribunal will not effect the delimitation of any boundary. ..."

836) Award on Jurisdiction and Merits, 12 July 2016, 〈https://pca-cpa.org/wp-content/uploads/sites/175/2016/07/PH-CN-20160712-Award.pdf〉.

837) Para. 1203B(2) of the Award.

838) Para. 1203B(3)~(7) of the Award.

839) *Dispute Concerning Coastal State Rights in the Black Sea, Sea of Azov, and Kerch Strait*, Arbitration (Ukraine v. the Russian Federation), Award concerning the Preliminary Objections of the Russian Federation, 21 February 2020, PCA Case No. 2017-06, 〈https://pcacases.com/web/sendAttach/9272〉. 사건 개요는 다음을 참조 : Valentin Schatz, "The Award concerning Preliminary Objections in Ukraine v. Russia : Observations regarding the Implicated Status of Crimea and the Sea of Azov", EJIL : Talk!, March 20, 2020 ; 김원희, "크림반도 해양분쟁의 관할권 중재판정과 독도 문제에 대한 시사점", 국제법현안 Brief (대한국제법학회)(2020-제5호)(2020.08.05.).

840) Para. 178.

또는 적용에 관련한 분쟁에 단지 "부수적인"(ancillary) 성격의 것으로 판단될 경우 재판소의 관할권이 성립될 수 있음을 인정한 *Chagos Marine Protected Area Arbitration*의 논리를 채택하였다.[841] 그리하여 재판소는 "이 사건에서 크림반도에 대한 두 당사자 간 분쟁은 UN해양법협약의 해석 또는 적용에 부수되는 사소한 쟁점이 아니다. 오히려 영토주권 문제는 우크라이나가 제출한 청구사항 중 몇 개에는 필요조건이다. 이들 청구는 어느 국가가 크림반도의 주권자이며 따라서 우크라이나가 원용하는 UN해양법협약의 관련 조항들에서 말하는 '연안국'인지를 결정하지 않고서는 결코 다룰 수가 없다."[842]고 하였다. 이 같은 논리에 따라 재판소는 "분쟁의 상대적 비중이 UN해양법협약의 해석 또는 적용에 있다는 우크라이나의 주장을 수락할 수 없으며, 우크라이나가 크림반도의 주권자임을 전제로 하는 청구들에 대해서는 관할권이 없다"고 함으로써 이 부분에 대한 러시아의 선결적 항변을 수락하였다.[843]

Chagos Marine Protected Area 사건에서 중재재판소가 제시한 '부수적 문제'(incidental/ancillary questions)에 대한 관할권 인정 논리는 영토주권 문제를 넘어 다른 부수적 문제들로 확대될 수 있는 것이었다. 2020년 *Enrica Lexie* 호 사건[844]에서 바로 그런 일이 발생했는데, 사건 개요는 이러하다. 2012년 2월 15일 —개인이 소유하고 운영하는— 이탈리아 유조선 Enrica Lexie 호에 승선하여 선박 보호 임무를 수행 중이던 두 명의 무장 이탈리아 해병이 인도의 EEZ에서 인도 국기를 게양한 St. Antony 호에 발포하는 사건이 발생하였다. 그들은 미확인 선박이 유조선 쪽으로 빠르게 다가오자 이를 해적의 공격으로 판단하고 경고 사격을 하여 인도 어민 둘을 사망케 하였던 것이다. 유조선이 인도 당국의 지시에 따라 인도 항구에 들어오자 인도 당국은 살해와 관련하여 문제의 해병들을 체포, 구금하는 등 형사관할권을 행사하였다. 이탈리아는 이 사건에 대한 관할권은 기국(旗國)에게 있다고 주장하며 UN해양법협약 제7부속서에 따라 중재재판소에 제소하였다. 사건의

841) Paras. 193~194.
842) Para. 195.
843) Paras. 196~197.
844) *The "Enrica Lexie" Incident* (Italy v. India)", PCA Case No. 2015-28, Award of 21 May 2020, 〈https://pca-cpa.org/en/cases/117/〉.
본 사건은 국제해양법재판소가 1차 잠정조치를 명령한 뒤 (제7부속서)중재재판소가 2차 잠정조치를 발하여 관심의 대심이 되기도 하였다 : ITLOS (Provisional Measures), Order of 24 August 2015, 〈https://www.itlos.org/en/main/cases/list-of-cases/case-no-24/〉; Arbitral Tribunal (Provisional Measures), Order of 29 April 2016, 〈https://pcacases.com/web/sendAttach/1707〉.
본안 판결에 대한 평석은, https://en.wikipedia.org/wiki/Enrica_Lexie_case ; Valentin J. Schatz, "Incidental jurisdiction in the award in "The 'Enrica Lexie' Incident (Italy v. India)" - Part I", VÖlkerrechtsblog, 23.07.2020, 〈https://voelkerrechtsblog.org/incidental-jurisdiction-in-the-award-in-the-enrica-lexie-incident-italy-v-india-part-i/〉; Valentin J. Schatz, "Incidental jurisdiction in the award in "The 'Enrica Lexie' Incident (Italy v. India)" - Part Ⅱ", VÖlkerrechtsblog, 24.07.2020, 〈https://voelkerrechtsblog.org/incidental-jurisdiction-in-the-award-in-the-enrica-lexie-incident-italy-v-india-part-ii/〉; Yoshifumi Tanaka, "Between the Law of the Sea and Sovereign Immunity: Reflections on the Jurisdiction of the Annex Ⅶ Arbitral Tribunal in the Enrica Lexie Incident Case", Brill, Online Publication Date: 17 Aug 2021, 〈https://brill.com/view/journals/lape/20/2/article-p367_6.xml〉; 이기범, "혼합분쟁 개념의 필요성 감소와 '부수적 문제'에 대한 관할권 인정 경향에 대한 소고", 《國際法學會論叢》, 제67권 제3호(2022년 9월), pp. 117~151 참조.

핵심 쟁점의 하나는, UN해양법협약 제288조 1항에 의거하여 관할권을 행사하는 중재재판소가 일견 'UN해양법협약'의 해석 및 적용과는 관련이 없어 보이는 이탈리아 해병들의 국가면제 여부에 대해서도 이를 부수적 문제로 간주해 재판할 수 있느냐 하는 것이었다. 재판소는 이를 긍정하였다.[845)] UN해양법협약에 의거하여 관할권을 행사하는 재판소들(즉, UN해양법협약 제15부 재판소들)이 전개하고 있는 '부수적 문제'에 대한 관할권의 논리로 인해 종래 "영토주권 분쟁을 전제했던 혼합분쟁 개념 자체에 대한 논의의 필요성[이] 감소[했다]"[846)]는 평가가 나오고 있다.

4. 국제해양법재판소의 권고적 관할권

UN해양법협약은 해저분쟁재판부에게는 일정한 경우 권고적 의견을 발할 수 있는 권한을 부여하고 있으나, 정작 국제해양법재판소의 그같은 권한에 관하여는 아무런 언급이 없다. 그럼에도 불구하고 국제해양법재판소는 자신도 일정 권고적 의견을 부여할 수 있는 근거조항을 재판소규칙(Rules of the Tribunal)에 포함하였는데, 규칙 제138조가 바로 그것이다.[847)]

---

845) Para. 811 of the Award : "The Arbitral Tribunal finds that examining the issue of the immunity of the Marines is an incidental question that necessarily presents itself in the application of the Convention in respect of the dispute before it, namely which Party is entitled to exercise jurisdiction over the incident of 15 February 2012 involving the "Enrica Lexie" and the "St. Antony". The Arbitral Tribunal accordingly concludes that it has jurisdiction to deal with the question of immunity of the Marines in the present dispute."

이렇게 판단한 재판소는 UN해양법협약 제293조 1항에 의거 면제 관련 국제관습법을 준거법으로 하여 문제를 검토한 결과 두 명의 이탈리아 해병은 (물적)면제를 향유하며, 따라서 인도 당국은 이들에 대해 관할권을 행사할 수 없다고 판시하였다(paras. 873~874). 이기범, "준거법을 이용한 유엔해양법협약 제15부 국제재판소의 관할권 확대 가능성에 대한 소고 -2020년 *Enrica Lexie* 사건에 대한 중재결정을 중심으로-", 《연세법학》 제39호 (2022. 7), pp. 241~272 ; 본서, 제10장 (국가면제) 참조.

846) 이기범 교수는 상기 "혼합분쟁 개념의 필요성 감소와 '부수적 문제'에 대한 관할권 인정 경향에 대한 소고"(pp. 135~136)에서 UN해양법협약 제15부에 의거하여 관할권을 부여받은 재판소들이 행사한 '부수적 문제에 대한 관할권'을 '부수적 관할권'으로 줄여서 표현하는 것은 자제하는 것이 좋겠다는 의견을 피력하고 있다. '부수적 관할권'은 ICJ가 부여받은 권한의 하나로서, UN해양법협약 제15부 재판소들이 행사한 '부수적 문제에 대한 관할권'과는 차원이 다르기 때문이다 ICJ의 부수적 관할권에 대해서는 본서, 제26장 (분쟁의 평화적 해결수단), "Ⅶ. 사법심사, 14. 부수적 관할권" 참조.

847) 재판소규칙 제138조는 1항에서 다음과 같이 규정하고 있다 : "The Tribunal may give an advisory opinion on a legal question if an international agreement related to the purpose of the Convention specifically provides for the submission to the Tribunal of a request for such an opinion." https://www.itlos.org/ ; Rosenne, *The Perplexities of Modern International Law*, p. 98. 국제해양법재판소가 재판소규칙에 제138조를 삽입한 법적 근거가 과연 있는 것인지, 있다고 본다면 어디에서 구할 것인지에 대해서는 논의가 있고, 그 근거규정으로 재판소규정 제21조("The jurisdiction of the Tribunal comprises all disputes and all applications submitted to it in accordance with this Convention and all matters specifically provided for in any other agreement which confers jurisdiction on the Tribunal.")를 드는 견해가 있다. 이 문제에 대해서는, 박영길, "국제해양법재판소의 권고적 관할권", 《독도연구저널》(한국해양수산개발원, 독도·해양영토연구센터), 2011, Spring, Vol. 13, pp. 69~75 ; Ki-Jun You, "Advisory Opinions of the International Tribunal for the Law of the Sea : Article 138 of the Rules of the Tribunal, Revisited", (2008) 39 *Ocean Development & International Law* 360~371 참조.

실제로, 2013년 국제해양법재판소가 이 권고적 관할권을 행사하게 되었다. 지역어업기구의 하나인 "소지역어업위원회"(Sub-Regional Fisheries Commission : SFRC)의 7개 회원국, 즉 카보베르데(Cape-Verde), 감비

XVIII. UN해양법협약과 타 조약의 관계 ; 협약의 폐기

UN해양법협약 제311조는 동 협약의 타 조약에 대한 관계에 관하여 다음과 같이 규정하고 있다.

"1. 이 협약은 그 당사국 간에서는 1958년 4월 29일의 제네바해양법협약들에 우선한다.
2. 이 협약은 이 협약과 양립가능한 다른 협정으로부터 발생하며 또한 다른 당사국들이 이 협약에 의거하여 권리를 향유하거나 의무를 이행함에 영향을 미치지 아니하는 당사국의 권리와 의무를 변경하지 아니한다.
3. 2개국 이상의 당사국은 오직 그들 사이의 관계에 대해서만 적용하기 위하여 이 협약의 규정을 변경하거나 그 운용을 정지시키는 협정을 체결할 수 있다. 다만, 이러한 협정은 그로부터의 이탈이 이 협약의 객체와 목적의 효과적 이행과 양립하지 않는 조항에 관한 것이어서는 아니되며, 이 협약에 구현된 기본원칙의 적용에 영향을 미쳐서도 아니되며, 또한 이 협약에 의거한 다른 당사국의 권리향유나 의무이행에 영향을 미치지 아니하여야 한다.
4. 제3항에 언급된 협정을 체결하고자 하는 당사국은 이 협약의 수탁자를 통하여 협정체결의사 및 그 협정이 규정하고 있는 이 협약에 대한 수정이나 운용정지를 다른 모든 당사국에 통고하여야 한다.
5. 이 조는 이 협약의 다른 규정에 의하여 명시적으로 허용되거나 보장되어 있는 국제협정에 영향을 미치지 아니한다.
6. 당사국은 제136조에 규정된 인류공동유산의 기본원칙에 대해서는 어떠한 개정도 있을 수 없으며, 이 기본원칙을 일탈하는 어떠한 협정의 당사국도 되지 아니한다는 데 합의한다."

아(Gambia), 기니(Guinea)(1987년 가입), 기니비사우(Guinea-Bissau), 모리타니(Mauritania), 세네갈(Senegal) 및 시에라레온(Sierra Leone)은 2012년 "Convention on the Delimitation of the Minimum Conditions for Access and Exploitation of Marine Resources within the Maritime Zones under jurisdiction of the Member States of the Sub-Regional Fisheries Commission (SRFC)"(이하 대상협약)을 체결한 바 있는데, 동 협약 제33조(Submissions of matters to the International Tribunal for the Law of the Sea for Advisory Opinion)는 "The Conference of Ministers of the SRFC may authorize the Permanent Secretary of the SRFC to bring a given legal matter before the International Tribunal of[*sic*] the Law of the Sea for advisory opinion."이라고 규정하고 있다. 2013년 3월 SRFC는 동 제33조에 의거하여 "제3당사국의 EEZ 내에서 행해지는 위법, 미보고 및 비규제 어업활동(illegal, unreported and unregulated (IUU) fishing activities conducted within the Exclusive Economic Zone of third party States)"과 관련하여 기국의 의무와 책임을 포함한 4가지 법적 문제에 대해 권고적 의견을 주도록 국제해양법재판소에 요청하였는데, "소지역어업위원회" 사무총장(Permanent Secretary)이 국제해양법재판소 소장에게 발송한 3월 27일자 권고적 의견 요청서를 보면 요청의 법적 근거로서 -대상협약 제33조와 더불어- 국제해양법재판소규정 제21조와 재판소규칙 제138조 양자 모두를 원용하고 있다. 5월 24일 국제해양법재판소는 재판소규칙 제131조 3항에 의거하여 대상협약 당사국들, SRFC 및 관련기구들에게 SRFC가 제기한 질문들에 대해 서면의견서를 제출할 것을 부탁하는(invites) '명령'(order)을 발하였다. 이에 따라 많은 국가들이 재판소가 제시한 시한까지 의견서를 제출하였으며, 2014년 9월에는 구두변론도 행해졌고, 2015년 4월 2일 재판소는 권고적 의견을 부여하였다. 자세한 내용은, ITLOS, Case No. 21, *Request for an advisory opinion submitted by the Sub-Regional Fisheries Commission (SRFC)*, 〈https://www.itlos.org/〉; Ilias Plakokefalos, "The Sub-Regional Fisheries Commission Submits a Request for an Advisory Opinion to ITLOS", Shares- Research Project on Shared Responsibility in International Law, Blog, 19 April 2013, 〈https://www.sharesproject.nl/the-sub-regional-fisheries-commission-submits-a-request-for-an-advisory-opinion-to-itlos/〉 참조.

상기 제311조 3항, 4항은 사실상, 다자조약의 단지 그 일부 당사자 사이에서의 변경(수정) (*inter se* modification) 혹은 운용정지(*inter se* suspension)가 적법한 것이 될 수 있는 조건을 담고 있는 (1969년)비엔나조약법협약 제41조 1항, 2항 및 제58조 1항, 2항의 규정을 확인하고 있다.[848)]

그리고 제311조 6항의 규정은 "UN해양법협약 제136조에 규정된 인류공동유산의 기본원칙에 관한 한" 변경(수정)은 물론이고 (모든 당사국에 의한)개정(amendment by all states parties)까지도 금지하고 있으며, 이 협약의 당사국들이 비당사자인 제3국과 제136조의 기본원칙에서 일탈하는 협정을 체결하는 것도 금지하고 있다.[849)] 그러면 제136조는 개정이 아주 불가능한가? 비엔나조약법협약 제39조는 "조약은 그 당사국들간의 합의에 의해 개정될 수 있다."고 규정하고 있다. 따라서 제136조를 개정하고 싶으면 먼저 제311조 6항부터 개정(즉, 삭제)하여야 할 것이다.

UN해양법협약 제317조는 당사국이 협약을 폐기(denunciation)하는 것을 허용하고 있는데, 다만 폐기는 (UN사무총장에게 보낸 통고서에서 폐기일자를 더 늦게 지정하지 않는 한) 통고수령일 후 1년이 지난 날부터 발효한다.[850)]

XIX. UN해양법협약과 기후변화

바다와 기후는 불가분의 관계에 있다. 해양 산성화, 온도 변화, 해수면 상승 등 기후변화로 인한 수많은 부작용이 바다에 나타나기도 하지만, 바다는 주요 탄소흡수원(carbon sink)이기도 하다. 2024년 5월 21일, 국제해양법재판소는 기후변화에 대한 권고적 의견을 발하였는데,[851)] 이는 국제재판소가 기후변화 완화를 위한 국가들의 국제법적 의무에 대하여 권고적 의견을 개진한 최초의 사례로서 주목을 받았다.[852)]

848) 이 문제에 대해서는 본서, 제4장 (조약법) ; Pauwelyn, p. 302 ff 참조.

849) Pauwelyn, p. 303, fn. 63.

850) See Brown, Vol. I, p. 16.

851) ITLOS, Case No. 31, *Request for an Advisory Opinion submitted by the Commission of Small Island States on Climate Change and International Law* (Request for Advisory Opinion submitted to the Tribunal), 21 May 2024, 〈https://www.itlos.org/en/main/cases/advisory-proceedings/〉. 이것은 위(XVII, 4)에서 언급한 Case No. 21에 이은 ITLOS 자신의 두 번째 권고적 의견이다. Cf. ITLOS/Press 350, 21 May 2024, "Tribunal delivers unanimous advisory opinion in Case No. 31", 〈https://www.itlos.org/fileadmin/itlos/documents/press_releases_english/PR_350_EN.pdf〉 ; Korey Silverman-Roati and Maxim Bönnemann, "The ITLOS Advisory Opinion on Climate Change: An introduction into the joint blog symposium", Verfassunsblog, 2024/5/22, 〈https://verfassungsblog.de/the-itlos-advisory-opinion-on-climate-change/〉 ; Constantinos Yiallourides and Surya Deva, "A Commentary on ITLOS' Advisory Opinion on Climate Change", British Institute of International and Comparative Law, 24 May 2024, 〈https://www.biicl.org/index〉.

852) Cf. CIEL(Center for International Environmental Law), "The Inter-American Court of Human Rights Must Prioritize Corporate Accountability in Climate Opinion, April 18, 2024, 〈https://www.ciel.org/inter-american-court-hr-hearings/〉 ; ICJ Press Release, No. 2023/20, 19 April 2023, "The General Assembly of the United Nations requests an advisory opinion from the Court on the obligations of States in respect of climate change", 〈https://www.icj-cij.org/index.php/press-releases〉 ; Maria Antonia Tigre, "I-

ITLOS에 이 사건이 제출된 과정은 이러하다. 2021년 10월 31일 –각기 카리브해와 폴리네시아 지역의 두 작은 섬국가– 앤티가 바부다(Antigua and Barbuda)와 투발루(Tuvalu)가 "기후변화와 국제법에 관한 군소도서국 위원회(COSIS) 설립협정"(Agreement for the Establishment of the Commission of Small Island States on Climate Change and International Law)[853]을 체결하여 COSIS란 이름의 국제기구를 설립하고 기후변화와 UN해양법 사이의 연관성에 대해 본격 문제 제기에 나섰다. COSIS의 임무에는 "기후변화에 관한 국제법의 규칙과 원칙의 이행 및 점진적인 발전을 촉진"하는 것이 포함되어 있는데,[854] 결정적으로 COSIS는 "ITLOS 규정 제21조 및 규칙 제138조에 따라 UN해양법협약 내의 모든 법적 문제에 대해 ITLOS에 권고적 의견을 요청할 권한"을 부여받았다.[855] 2022년 12월 12일, COSIS는 재빨리 이 권한을 이용하여 ITLOS에 다음과 같이 질문하였다 : "아래 두 목적을 위한 –제12부 하의 의무를 포함하여– UN해양법협약 당사국들의 구체적인 의무는 무엇인가?: (a) 인위적인 온실가스로 인해 야기되는 해양 온난화, 해수면 상승, 해양 산성화 등의 기후 변화로 인해 발생하거나 발생할 가능성이 있는 해로운 영향과 관련하여 해양환경 오염을 방지, 경감 및 통제하는 것; (b) 해양 온난화, 해수면 상승, 해양 산성화 등 기후변화 영향과 관련하여 해양환경을 보호하고 보전하는 것."[856] ITLOS는 많은 의견을 제시하였는데, 그중 일부는 다음과 같다.

(1) UN해양법협약의 해석에 있어 협약과 외부규칙의 관계

먼저, UN해양법협약 규정들의 의미를 분명히 하고 협약이 "살아 있는 문서"(a living instrument)로서의 역할을 하도록 보장하기 위해서는 '협약과 외부규칙들 간의 조정 및 조화'(coordination and harmonization between the Convention and external rules)가 중요하다. 이 사건에서는 –"해양환경의 보호 및 보전"이라는 제목의– 협약 제12부의 규정들과 외부규칙들 간의 관계가 특히 관련이 있다.[857] 협약 제293조를 조건으로, 협약과 외부규칙들은 가능한 한 합치되게(to the extent

---

Is (Finally) Time for an Advisory Opinion on Climate Change: Challenges and Opportunities on a Trio of Initiatives", Columbia Law School Scholarship Archive, 3-2024, 〈https://scholarship.law.columbia.edu/cgi/viewcontent.cgi?article=1219&context=sabin_climate_change〉.

853) COSIS 설립협정은 UN헌장 제102조에 따라 UN사무국에 등록되었다. 협정은 군소도서국가연합(AOSIS : Alliance of Small Island States) 회원국에게 가입이 개방되어 있는데(제3조), 2022년 12월 12일 ITLOS에 본 권고적 의견이 요청되던 당시 이미 팔라우(2021년 11월), 니우에(2022년 9월), 바누아투(2022년 12월 2일), 세인트루시아(2022년 12월 7일) 등 4국이 협정에 가입한 상태였다. 그후 2023년 6월, 세인트빈센트 그레나딘, 세인트키츠 네비스, 바하마 등 3국이 가입하였다. https://www.itlos.org/fileadmin/itlos/documents/cases/31/Request_for_Advisory_Opinion_COSIS_12.12.22.pdf ; A. N. Honniball, "ITLOS: Request for an Advisory Opinion Submitted by COSIS", De Maribus (a blog on the law of the sea), 2022/12/13, 〈https://demaribus.net/2022/12/13/itlos-request-for-an-advisory-opinion-submitted-by-cosis/〉 ; Catherine Amirfar and Duncan Pickard, "Q&A: 'The Oceans Court' Issues Landmark Advisory Opinion on Climate Change", Just Security, May 21, 2024, 〈https://www.justsecurity.org/95874/itlos-advisory-opinion-climate-change/〉.

854) COSIS 설립협정 제1조 3항.

855) COSIS 설립협정 제2조 2항.

856) Para. 3 of the ITLOS Advisory Opinion.

857) Para. 130.

possible ... consistently) 해석하여야 한다.[858]

(2) 해양환경 오염의 한 형태로서의 인위적 온실가스 배출

대기로의 인위적 온실가스 배출(anthropogenic GHG emissions into the atmosphere)은 UN해양법협약 제1조 1항(4)의 의미 내에서의 "해양환경 오염"을 구성한다.[859]

(3) 해양환경 오염을 방지, 경감, 통제할 의무

협약 제194조 1항에 따라 협약당사국들은 인위적인 온실가스 배출로 인한 해양오염을 방지, 경감 및 통제하기 위해 필요한 모든 조치(all necessary measures)를 취하고, 이와 관련하여 그들의 정책을 조화시키기 위해 노력할 구체적인 의무들이 있다. 그러한 조치들은 -특히, "이용가능한 최선의 과학"(best available science)과 "UN기후변화협약(UNFCCC)과 파리협정(Paris Agreement) 등의 기후변화 조약들에 담겨있는 관련 국제적 규칙과 표준들"을 고려하여- 객관적으로(objectively) 결정되어야 한다. 필요한 조치의 범위와 내용은 당사국이 이용할 수 있는 수단과 그들의 능력에 따라 달라질 수 있다. 필요한 조치에는 특히 온실가스 배출을 줄이기 위한 조치들이 포함된다. 인위적인 온실가스 배출로 인한 해양오염을 방지, 경감 및 통제하기 위해 필요한 모든 조치를 취할 의무는 '상당한 주의'(due diligence) 의무이다. 그러한 배출로 인해 해양환경에 심각하고 돌이킬 수 없는 피해가 발생할 위험이 높기 때문에 제194조 1항 하의 상당한 주의의 기준은 '엄격하다'(stringent). 그러나 '상당한 주의' 의무의 이행은 국가들의 능력과 이용가능한 자원에 따라 달라질 수 있다.[860]

제194조 1항은 국가들에게 법적 의무를 부과하고 있으며, 따라서 국가가 이 의무를 준수하지 않으면 해당 국가는 국제책임을 지게 될 것이다.[861]

(4) 해양환경을 보호하고 보전할 의무

UN해양법협약 제192조는 당사국들에게 해양환경을 보호하고 보전할 일반적 의무를 부과하고 있다. 이 의무는 모든 해양지역에 적용되며, -해양 온난화, 해수면 상승, 해양 산성화와 같은 기후변화 영향을 포함하여- 모든 형태의 해양환경 악화에 대처하기 위해 원용될 수 있다. 이 의무도 '상당한 주의' 의무로서, 위에서 언급한 "해양환경 오염을 방지, 경감 및 통제할 의무"의 경우와 유사하게 '엄격한' 것이다.[862]

---

858) Para. 136. Cf. Joshua Paine, "The ITLOS Advisory Opinion on Climate Change: Selected Issues of Treaty Interpretation", EJIL:Talk!, June 13, 2024, 〈https://www.ejiltalk.org/〉 ; Diane Desierto, June 3, 2024, "″Stringent Due Diligence″, Duties of Cooperation and Assistance to Climate Vulnerable States, and the Selective Integration of External Rules in the ITLOS Advisory Opinion on Climate Change and International Law", EJIL:Talk!, June 3, 2024, 〈https://www.ejiltalk.org/〉.

859) Paras. 161~179.

860) Para. 243. Cf. Diane Desierto, *supra.*

861) Para. 223("If a State fails to comply with this obligation, international responsibility would be engaged for that State.").

862) Para. 400.

(5) UN해양법협약과 파리협정의 관계

ITLOS는 파리협정 하의 의무와 약속을 준수하는 것만으로 UN해양법협약 제194조 1항에 따른 의무가 충족될 수 있다고 생각하지는 않는다. 협약과 파리협정은 별개의 의무를 지닌 별개의 조약들이다. 파리협정은 인위적인 온실가스 배출로 인한 해양오염을 규제할 의무와 관련하여 협약을 보완하지만, 전자가 후자를 대체하는 것은 아니다.[863)]

863) Para. 223.

제 22 장
영 공 법

지구표면을 둘러싸고 있는 하늘공간, 즉 공중(空中) 혹은 공역(空域)(air space)은 국제법상 −국가의 영토주권이 미치는 지역(즉, 영토 및 연안국의 경우에는 영해의 외연까지)의 수직 상부공간인−영공(領空)과 −영토주권이 미치지 않는 지역(접속수역, EEZ, 공해, 무주지)의 수직 상부공간인−공공(公空)[혹은 국제공역(國際空域)] (international airspace)으로 구분해 볼 수 있다.[1] 공중(空中) 혹은 공역(空域) 너머의 하늘 '우주'(space)는 흔히 외기권(外氣圈)(outer space)으로 칭하는데, 이 분야의 국제법은 별개로 존재하므로 다음 장에서 따로 다룬다. 그리고 −국제해협 및 군도수역 상공을 포함하여− 공공(公空)에서의 항공기 비행 문제는 해양법[2]의 관할에 속하므로, 본장에서는 영공에 관련된 기본 국제법규에 관해서만 일별한다.

Ⅰ. 국가영역 상공의 법적 지위 : 영공 개념의 수립

19세기 기구를 위시한 각종 항공기가 개발되면서 국가의 그 영역(즉, 영토와 영해) 상부공간에 대한 권리를 명백히 할 필요가 생겼지만, 제1차 세계대전 이전까지는 국가영역 상공은 자유라는 견해와 국가는 영역상공에 대해 절대적·배타적 주권을 갖는다는 견해로 크게 갈리고 있었다. 그러나 1911~12년 이탈리아와 터키 간의 전쟁에서 항공기가 처음으로 이용되고,[3] 곧이어 발발한 제1차 세계대전에서 항공기를 이용한 공중전이 대규모로 전개되자 교전국들은 물론이고 자국 영토 상공에서 공중전이 전개되는 것을 우려한 중립국들은 영역 상공에 대해 즉각 완전하고도 배타적인 주권을

1) 문제는, '공역', '공공', '국제공역'을 한글로만 표시하면 이들 단어가 갑자기 암호로 변한다는 사실이다. 영어의 air space는 흔히 영공을 지칭하지만, 광의로는 공공(公空)까지도 포함한다. 사실, air space란 표현은 지구를 둘러싸고 있는 공기층을 연상시킨다. https://en.wikipedia.org/wiki/Air_space ; https://www.merriam-webster.com/.

2) 본서 제21장 ; Rosenne, *The Perplexities of Modern International Law*, pp. 315, 316.

3) Cassese, *International Law*, 2nd, p. 403.

주장하였다. 이른바 영공(領空)(national/territorial/ sovereign airspace) 개념이 도입된 것이다. 그러므로 1919년 10월 13일의 "항공 규율을 위한 파리협약"(Paris Convention for the Regulation of Aerial Navigation) 제1조와 1944년 12월 7일의 "국제민간항공에 관한 시카고협약"(Chicago Convention on International Civil Aviation)[4] 제1조는 '모든 국가'(every Power/State)('모든 체약국'이 아니다)가 '그 영토 상부공간'에 대해 '완전하고도 배타적인' 주권(complete and exclusive sovereignty over the airspace above its territory)을 갖고 있다고 표현하고 있다.[5] 그러나 영공에 대한 완전하고도 배타적인 주권의 원칙은 제2차 세계대전 후 영공의 상방한계, 조약을 통한 영공개방, 영공침범과 관련된 국제관습법상의 제한 등의 세 방향에서 제한을 받게 되었다.[6]

Ⅱ. 방공식별구역 ; 비행정보구역

국가의 공역(空域)에 대한 주권은 영해 밖의 접속수역이나 EEZ 등의 보충수역의 상공에까지는 미치지 아니한다. 그럼에도 일부 연안국은 그 같은 보충수역, 심지어는 공해 상공에 대해서까지 방공식별(확인)구역(防空識別/確認區域)(air defence identification zone, ADIZ)이란 이름의 일종의 접속공역(contiguous air space)을 설정하고, 이 곳에 진입하는 모든 항공기에 대해 연안국의 비행통제센터에 보고할 것을 요구하고 있다. 현재 상황을 보면, 1950년 미국이 캐나다와 공동으로 태평양과 대서양 연안 상공에 방공식별구역을 처음 설정한 이래 영국, 프랑스, 일본, 한국을 포함하여 20여개국이 이를 시행하고 있고, 중국도 2013년 11월 23일부로 동중국해에 방공식별구역을 선포하였다.[7] 국가들은 최초 선포한 방공식별구역을 변경 혹은 확장하기도 한다. 방공식별구역의 논리적 설득력은, 영공 주권은 항공기의 침입에 매우 취약하기 때문에 영공 밖에서의 일정 관할권 행사가 불가피하다는 데 있다. 영토주권의 수호를 위해 바다로의 관할권의 확대가 불가피하다는 논리가 예의(銳意) 여기서도 발동되고 있는 것이다. 그리고 다른 많은 국가들은 최소한 묵인의 태도를 보여주고 있는 것으로 보인다. 이런 이유들로 해서 방공식별구역은 이미 일반관습법규로 수락되었다고 보는 견해가 있는가 하면, 해양법상 EEZ · 공해 상공 비행의 자유가 인정되는 것을 이유로 하여 그것의 적법성을 부인하는 견해도 있으며, 이미 수십년간 사용되어온 구역들에 관한 한 지역관습법의 일부를 형성하는 것으로 볼 수밖에 없다는 절충적 견해도 있다.[8]

---

4) 1947년 4월 4일 발효, 1952년 12월 11일 한국 발효. Harris, 5th, p. 239.

5) 시카고협약의 목적상 일국의 '영토'라 함은 '주권' 하에 있는 육지와 그에 인접한 영해(territorial waters)뿐만 아니라 해외영토, 즉 '종주권, 보호 또는 위임통치' 하에 있는 육지와 그에 인접한 영해를 포함한다 (시카고협약 제2조). 김한택, 《국제항공우주법》, p. 37 ; Brownlie, 5th, pp. 116~117 ; Aust, *Handbook of IL*, 2nd, p. 320.

6) Greig, p. 348.

7) 김한택, 《국제항공우주법》, pp. 23~24 ; KIM Han-Taek, "International Law on the Air Defense Identification Zones over the East China Sea", Korean Yearbook of International Law, Vol. 1, 2013, pp. 141~159 ; https://en.wikipedia.org/wiki/Air_defense_identification_zone ; https://en.wikipedia.org/wiki/Air_Defense_Identification_Zone_(East_China_Sea).

생각건대, (i) 연안국이 선포할 수 있는 방공식별구역의 가능한 최대 범위는 얼마인지,[9] (ii) 방공식별구역이 연안국의 영공에 진입하려는 항공기에만 적용되는지, 영공에 진입할 의사는 없이 단지 방공식별구역을 통과만 하는 항공기에도 적용되는지, (iii) 방공식별구역은 타국의 민간항공기에만 적용되는지 아니면 군용기 등 국가항공기에도 적용되는지,[10] (iv) 연안국이 규칙 위반 항공기에 적용할 수 있는 대응조치는 무엇인지(이를테면, 요격항공기가 발진하여 방공식별구역에 위치보고 없이 침입한 항공기를 단지 시각적으로 확인만 할 수 있는 것인지, 아니면 항로를 바꾸게 하기 위해 일정 행동—이를테면 근접비행 내지는 위협비행—을 가하는 것도 수락될 수 있는지 ; 위반 항공기에 벌금을 부과하는 것은 적법하며 항공사 소속국은 이를 용인할 의무가 있는지),[11] 그리고 (v) 인근국가의 방공식별구역들이 중첩되는 것은 관련국가 간에 그리고 제3국에 대해서도 분명 바람직하지 못한데 이 문제의 해결 원칙 내지 기준은 무엇인지 등등, 여러 세부 문제들에 대한 국가들의 획일적인 관행을 확인하기 어렵다는 점을 고려하면 방공식별구역은 국내법을 넘어 국제관습법규에는 미치지 못한다고 보아야 할 것이다.[12] 게다가, -자위권 행사 등 국제법에 의하여 무력사용이 허용되는 경우를 제외하고는- 방공식별구역 내에서 연안국의 관련 법령에 따르지 않는 외국항공기에 대해 무기 내지는 무력을 사용하거나 사용하겠다고 위협하는 것은 그 어떤 국제법적 근거도 없다.[13]

한편, 방공식별구역과는 구분해야 하는 개념으로서, 이른바 비행정보구역(flight information region, FIR)이라 함은 "민간항공기의 안전하고도 효율적인 비행에 관련된 정보(flight information)를 제공하고, 항공기가 조난을 당하면 관계 당국에 경보(警報)(alerting)를 발하기 위해" 세분화한 공역(空域)을 지칭한다. 영공을 포함한 대기권의 모든 부분이 특정 비행정보구역에 속한다. 상대적으로 작은 국가의 영공은 단일 비행정보구역에 포섭되지만, 상대적으로 큰 국가의 영공은 둘 이상의 지역 비행정보구역으로 구분된다. 이 때문에 비행정보구역에는 국명을 사용하지 않으며, 이를테면 한국의 단일 비행정보구역은 인천FIR로 지칭된다. 대양(大洋)의 상공(Oceanic airspace)은 몇 개의 대양

8) De Lupis, p. 82.

9) 일부 경우에는 방공식별구역이 연안 내지는 기선에서 200해리에 달하며, 미국에 있어서는 연안으로부터 한 시간 이내의 항속거리에서 보고를 하여야 한다는 규칙에 의하여 보완되고 있는데, 후자의 경우 (세계 최초의 초음속 여객기였던) 콩코드기(Concorde)의 속도를 기준으로 하면 결국 대서양 한가운데서 보고할 의무가 발생하게 된다. *Ibid.*

10) 한국과 일본, 중국의 경우, 자국의 방공식별구역에 타국의 군용기가 허가 없이 진입하는 경우 공군기를 긴급 발진(scramble) 시키고 있다. See, e.g., South China Morning Post, 10 January, 2017, "Japan, South Korea scramble fighter jets after eight Chinese warplanes fly over Korea Strait", 〈https://www.scmp.com/news/china/diplomacy-defence/article/2060823/japan-and-south-korea-scramble-fighter-jets-8-chinese〉 ; Aljazeera News, Japan, 10 Japan 2017, "Japan, S Korea scramble jets after China flies bombers", 〈https://www.aljazeera.com/news/2017/01/japan-korea-scramble-jets-china-flies-bombers-170110090412115.html〉.

11) See Liu Xuanzun, "China publishes record of expelling foreign warplanes, 'warns risky US close-in recons'", Global Times, June 21, 2021, 〈https://www.globaltimes.cn/page/202106/1226650.shtml〉 ; Keitner, pp. 180~181.

12) See David A. Welch, "What's an ADIZ? - Why the United States, Japan, and China Get It Wrong", Foreign Affairs, December 9, 2013, 〈https://www.foreignaffairs.com/articles/east-asia/2013-12-09/whats-adiz〉.

13) 김찬규, "중국 ADIZ, 어떻게 대응할 것인가", 國民日報, 시사풍향계, 2013년 12월 5일, 26면 ; 양희철, "중국 군용기의 KADIZ 진입으로 본 ADIZ와 국제법", 《국제법으로 세상읽기》, pp. 151~160.

정보구역(Oceanic Information Regions)으로 구분되며 해당 구역에 인접한 관제당국에 위임된다. 비행정보구역의 표준 크기는 없으며, 이는 관련 국가의 행정적 편의의 문제이다. 비행정보구역의 구획은 -연안국이 일방적으로 설정하는 방공식별구역과는 달리- ICAO를 통하여 국제합의로 이루어지기 때문에 국가별로 중첩되는 일은 생기지 않는다.[14)]

Ⅲ. 영공의 상방한계

제2차 세계대전 후에도 국가들은 영역상공, 특히 우주공간(혹은 외기권)에 대한 주권을 막연히 인정하고 있었다. 파리협약과 시카고협약 각 제1조의 '그 영역 상부공간'이란 표현도 국가의 영공에는 상방한계가 없다는 것을 시사하고 있다.[15)] 그러나 영공에 대한 배타적 주권설이 영공무한대설과 결합하면 이상한 결론이 도출된다. 즉, 천체들의 자전과 공전으로 인하여 지구 위의 어떤 천체가 매순간마다 그 주인이 바뀌게 되고, 외계의 천체에 대해서는 실효적 지배(통제)(effective, *de facto* control)를 행사하지 않고도 영토주권을 갖게 된다는 불건전한 비역사적 결론에 이르게 되는 것이다. 결국, 1957년 10월 4일 소련의 Sputnik 1호를 시발로 소련과 미국이 타국들의 영토 상공 우주궤도에 허락 없이 위성을 쏘아 올리자, 모든 국가는 이 두 초강대국의 기술우위에 굴복하여 (그간 단지 이론적으로 주장되던) 자국 영토 위의 우주공간(외기권)에 대한 주권 내지는 관할권을 포기하였다.

그 다음 제기된 문제는 구체적으로 영공의 상방한계, 즉 영공과 우주의 경계를 어떻게 설정할 것인가의 문제였다. 영공을 포함한 공역(空域)의 상방 한계에 관해서는 여러 견해가 있으나, 대체로 최소한 항공기가 날 수 있는 높이를 기준으로 하여 고도 100 마일을 넘지 않는 수치들이 제시되고 있다.[16)] 특히, 캐나다 캘거리대학교(University of Calgary) 연구진이 새로운 과학적 장비를 이용하여 "우주는 지구 표면으로부터 73 마일(118 킬로미터) 상공에서 시작한다는 것을 확인하였다"는 보도가 있었다.[17)] 그러나 과학적 정의와 법적 정의는 반드시 일치할 필요가 없다. 목적이 서로 다를 수 있기 때문이다. 이를테면, 지구표면으로부터의 거리가 문제가 아니라 활동의 성질을 보아야 한다는 기능적 접근법(functional approach)도 제기되고 있다. 즉, 똑같은 높이의 상공을 지나간다 하더라도 우주선이 지구로 귀환하기 위해 타국의 영공을 지나는 것은 허용될 수 있지만, 고도비행기가 지나가는 것은 불법이라는 것이다.[18)] 이 문제는 현재 UN외기권위원회(UN Committee on the

14) https://en.wikipedia.org/wiki/Flight_information_region.

15) De Lupis, pp. 82~83 ; Wallace, 3rd, pp. 103~104.

16) Cassese, p. 387 ; Cassese, *International Law*, 2nd, pp. 82, 94~95 ; Currie, pp. 232~233 ; Harris, 5th, p. 253 ; Shaw, 5th, p. 480 (fn. 72) ; Keitner, p. 180.

17) Andrea Thompson, "Edge of Space Found", posted : 09 April 2009, 〈https://www.space.com/6564-edge-space.html〉.

18) Katherine Gorove and Elena Kamenetskaya, "Tensions in the Development of the Law of Outer Space", in Ku & Diehl (eds.), pp. 494~495.

Peaceful Uses of Outer Space)에서 검토 중이다.[19)]

Ⅳ. 조약에 의한 영공개방

조약에 의거하여 전투기 등 외국의 국가항공기에 대해서도 자국의 영공을 개방할 수 있다. 예컨대, 한미주둔군지위협정 제10조에 의하면 한국의 영공은 미국의 공용항공기들에 대하여 무료로 개방되고 있는데, 이 영공개방은 상호주의에 기초한 것이 아니다. 특별히 눈에 띄는 군사분야에서의 다자간조약은 1992년 3월 24일 유럽안보협력회의(Conference on Security and Cooperation in Europe : CSCE)[20)] 참가국 간에 헬싱키에서 서명된 "영공개방조약" (Treaty on Open Skies)[21)]인데, 이 조약은 군사분야에서의 신뢰와 안전 구축장치의 일환으로 서로간에 비무장 항공기에 의한 "관측비행"(observation flight)을 허용함을 그 목적으로 하고 있으며, 이 목적의 이행을 위한 정교한 틀을 담고 있다.[22)] 해양법 체제 하에서 영공주권이 제한되고 있기도 하다. 즉, UN해양법협약은 '통과통항'과 '군도항로대통항'의 이름으로 각기 국제해협과 (군도국가)군도의 상부 공간에 대한 연안국의 완전하고도 배타적인 주권을 제한하고 있음은 이미 앞 장에서 설명한 바와 같다.[23)]

특별히 양자간 또는 다자간 기초 위에서 민간항공기에 대하여 영공을 상호 개방하는 조약들이 많

---

19) Harris, 5th, p. 251 ; Rosenne, *The Perplexities of Modern International Law*, p. 325.

20) 1995년 1월 1일부로 유럽안보협력기구(Organisation for Security and Co-operation in Europe : OSCE)로 변경됨.

21) 2002년 1월 1일 발효. https://www.osce.org/library/14127 ; https://en.wikipedia.org/wiki/Treaty_on_Open_Skies; https://www.nti.org/learn/treaties-and-regimes/treaty-on-open-skies/.

22) 조약은 무기한이며(제15조 1항), 탈퇴코자 하는 국가는 최소 6개월 전에 수탁자로 지정된 캐나다 정부와 헝가리 정부 중 어느 한 수탁자와 다른 모든 당사국에 탈퇴 결정을 통지하여야 한다(제15조 2항). 2020년 5월 현재 미국과 러시아를 포함하여 34개국이 당사자였다. 그러나 2020년 5월 21일 미국 폼페오 국무장관은 "내일 미국은 조약 수탁자들과 다른 모든 당사국들에게 조약 탈퇴 결정을 통지하겠으며, 내일부터 6개월이 지나면 더 이상 조약의 당사국이 아니다. 다만, 우리는 러시아가 조약을 완전히 준수하면 탈퇴를 재고할 수 있다"고 선언하였다. 이로 인해 미국은 2020년 11월 22일 공식 탈퇴하였다. 2021년 1월 15일, 러시아 외교부도 조약 탈퇴를 위한 조치를 개시하겠다고 발표하였고, 6월 7일 푸틴(Vladimir Putin) 대통령이 조약 탈퇴를 공식화하는 법률에 서명하였으며, 12월에 공식 탈퇴하였다. https://www.nti.org/learn/treaties-and-regimes/treaty-on-open-skies/ ; U.S. Department of State, "On the Treaty on Open Skies", press statement. Michael R. Pompeo, Secretary of State, May 21, 2020, 〈https://www.state.gov/on-the-treaty-on-open-skies/〉 ; https://en.wikipedia.org/wiki/Treaty_on_Open_Skies ; https://www.armscontrol.org/factsheets/openskies ; Aaron Mehta, "US, Russia remain at 'impasse' over Open Skies treaty flights", DefenseNews, September 14, 2018, 〈https://www.defensenews.com/air/2018/09/14/us-russia-remain-at-impasse-over-nuclear-treaty-flights/〉 ; BBC News, 28 May 2021, "Open Skies Treaty: US tells Russia it will not rejoin key arms control deal", 〈https://www.bbc.com/news/world-us-canada-57277654〉 ; Keitner, pp. 27~27, 289 ; Orakhelashvili/Akehurst, 9th, p. 217 ; Reuters, June 7, 2021, "Putin signs law taking Russia out of Open Skies arms control treaty", 〈https://www.reuters.com/business/aerospace-defense/putin-signs-law-russian-withdrawal-open-skies-treaty-2021-06-07/〉 ; Congressional Research Service, Updated June 7, 2021, "The Open Skies Treaty: Background and Issues", 〈https://sgp.fas.org/crs/nuke/IN10502.pdf〉.

23) UN해양법협약 제38조 (통과통항권), 제53조 (군도항로대 통항권) ; 본서 제21장 (해양법).

이 체결되고 있다. 이 문제에 관한 최초의 다자조약은 1919년의 파리협약이었지만 현재 다자간체제의 기초를 이루고 있는 것은 1944년 시카고협약인데, 동 협약 제2부의 규정에 의해 국제민간항공기구(International Civil Aviation Organization : ICAO)가 설립되었다. ICAO는 UN전문기구의 하나로서, 본부는 캐나다 몬트리올에 소재하고 있다.[24] 시카고협약은 그 공식이름이 시사하는 바대로 민간항공기(civil aircraft)에만 적용되며, 국가항공기(state aircraft)에는 적용되지 아니한다.[25] 군, 세관 및 경찰 업무에 '사용'되는 항공기는 국가항공기로 간주된다.[26] 소유주가 누구인지는 이 문제의 판단기준이 아니다.[27] 흔히 "Air Force One"으로 불리는, 국가원수와 기타 고위공직자들을 위해 준비되는 항공기도 국가항공기로 간주되고 있다.[28] 공해 상공에서의 비행에도 시카고협약이 적용된다.[29] 여기서는 시카고협약의 관련 규정을 중심으로 민간항공기에 대한 영공개방체제를 개관한다.

1. 항공기의 정의

시카고협약은 민간항공기와 국가항공기를 구분하면서도 항공기(aircraft) 자체에 대한 정의를 제공하고 있지는 않다. 다만, (개정된) 협약 제7부속서(Annex 7)[30]에 의하면 항공기란 "지구표면에 대한 공기의 반동을 제외한 공기의 반동으로부터 대기부양을 얻을 수 있는 모든 기계"(any machine that can derive support in the atmosphere from the reactions of the air other than the reactions of the air against the earth's surface)를 지칭하는데, 여기에는 (i) 공기보다 무거운 기계로서, 기계로 조정되는 것(비행기, 수상비행기, 헬리콥터 등)과 기계로 조정되는 것이 아닌 것(글라이더, 연 따위), 그리고 (ii) 공기보다 가벼운 기계로서, 기계로 조정되는 것(비행선 따위)과 기계로 조정되는 것이 아닌 것(묶여 있는지를 불문하고 기구(氣球)의 경우)이 포함된다. 그리고 항공기에 사람이 타고 있는지의 여부는 항공기로서의 지위에 영향을 미치지 아니한다.[31] 이 정의에 따르면 미사일,

---

24) https://www.icao.int/icao/en/address.htm.
25) 시카고협약 제3조(a).
26) 시카고협약 제3조(b).
27) 김한택, 《국제항공우주법》, p. 29.
28) Rosenne, *The Perplexities of Modern International Law*, pp. 316~317.
29) 시카고협약 제12조 ; Aust, *Handbook of IL*, 2nd, p. 321.
30) Annex 7 to the Convention on International Civil Aviation, "Aircraft Nationality and Registration Marks", Fifty Edition, July 2003, ICAO ; Rosenne, *The Perplexities of Modern International Law*, p. 316. 시카고협약에는 현재 -제7부속서를 포함하여- "표준과 권고관행"[standards and recommended practices (SARPs)]을 담은 19개 부속서(Annexes)가 첨부되어 있다 : https://en.wikipedia.org/wiki/Chicago_Convention_on_International_Civil_Aviation. "표준과 권고관행"은 법적 구속력은 없는 것으로 해석되며, ICAO에서 정기적으로 개정되고 있다 ; '표준'과 '권고관행'에 대한 정의는, https://en.wikipedia.org/wiki/Standards_And_Recommended_Practices 참조.
31) 따라서 흔히 드론(drone)이라 불리는 무인항공기(unmanned aircraft, unmanned aerial vehicle)도 항공기에 포함된다. 시카고협약도 제8조에서 "무조종자 항공기"(pilotless aircraft)의 제목으로 드론에 대해 규정하고 있다. ICAO 이사회는 2012년 3월 7일, 시카고협약 제2부속서 및 제7부속서에 대한 개정을 만장일치로 채택하였는데, 기본 의도는 무인항공시스템(unmanned aircraft system)을 ICAO의 규율대상에 포함시키는 데 있었다. 여기서 무인항공시스템이라 함은 실제 무인항공기 외에 (지상 기지국을 포함한)관제체제와 기타 관련 요소를 포함하는 넓은 개념이다. 배종인, "국제규범의 형성과정과 그 촉진 · 장애 요인에 대한 고찰: 무인항공

로케트, 지구위성 등은 항공기의 범주에 들지 못하는데, 왜냐하면 이들은 '공기의 반동'으로부터 얻어지는 부양에 관계없이 하늘을 날 수 있기 때문이다. 일부 국내법에서는 이들까지도 항공기의 정의에 포함시키고 있으나 술어사용의 관점에서 보면 아무래도 적합하지 않다.[32] 압축한 공기를 아래로 강하게 분출하여 수면 위 등을 나는 공기부양정, 즉 호버크라프트(Hovercraft, air cushion vehicle)는 '지구 표면에 대한' 공기의 반동을 이용하는 것이기 때문에 위 항공기의 정의에 들지 못한다. 우주왕복선(space shuttle)은 착륙단계에서는 항공기로서 기능하지만 일반적으로 이것은 우주선(spacecraft)으로 간주되고 있다.[33] 미국, 러시아를 위시한 우주선진국들은 현재의 우주왕복선에서 한 걸음 더 진화한 우주항공기(aerospace plane) 개발에 박차를 가하고 있는데, 이것은 착륙단계뿐만 아니라 이륙 단계에서도 항공기처럼 행동하는 우주선를 지칭한다.[34]

2. 항공기의 국적

시카고협약에 의하면, 항공기는 그것이 등록된 국가의 국적을 갖는다.[35] 항공기는 오로지 한 국가에서만 유효하게 등록될 수 있지만, 한 국가에서 다른 국가로의 등록변경은 가능하다.[36] 항공기의 등록과 등록변경은 등록국의 국내법령에 따라 시행한다.[37]

항공기의 등록을 위해 항공기 소유주와 등록국 사이에 진정한 관련(genuine link)이 요구되는가의 질문이 제기될 수 있지만 시카고협약 제17조는 이 점에 관해서는 언급이 없다. 그러므로 프랑스 공군은 1956년 10월 22일 알제리 민족해방전선의 지도자들을 체포하기 위해 그들을 싣고 가던 항공기를 요격하여 알제(Algiers)에 강제 착륙케 하였는데, 문제의 항공기는 모로코의 한 항공회사 소속이었지만 프랑스에 등록된 것이었다.[38]

항공기가 등록국 밖에 주영업지(principal place of business)를 가지고 있는 사업자들에게 임대나 전세로 제공되는 경우도 빈번하다. 1980년 10월 6일 몬트리올에서 채택된 의정서에 의하여 새로이 삽입된 시카고협약 제83조*bis*[39]는 이제 등록국들이 등록국으로서의 자신의 권리와 의무를 사

기(無人航空機)에 대한 국제적 규제 움직임을 사례로 하여, 《국제법평론》 2012-Ⅱ(통권 제 36호), p. 61, 70~71 ; ICAO, *Unmanned Aircraft Systems* (UAS), Cir 328 AN/190(2011), para. 2.5, 〈https://www.icao.int/meetings/uas/documents/circular%20328_en.pdf〉 ; Peter van Blyenburgh, "ICAO Adopts UAS-Related Amendments", in *UAS Vision* (a global forum for the unmanned aircraft systems community), Posted on March 12, 2012, 〈https://www.uasvision.com/2012/03/12/icao-adopts-uas-related-amendments/〉 ; https://en.wikipedia.org/wiki/Unmanned_aerial_vehicle.

32) Cheng, pp. 111~112 ; Green, p. 174 ; 김정균/성재호(2006), p. 401. Cheng, p. 112는 aircraft와 spacecraft를 포괄하는 개념으로서 flight craft란 개념을 제시하고 있다.

33) 金漢澤, p. 590.

34) 우주항공기에 대한 자세한 설명은, 김한택, 《국제항공우주법》, pp. 278~279 참조.

35) 시카고협약 제17조.

36) 시카고협약 제18조.

37) 시카고협약 제19조.

38) https://en.wikipedia.org/wiki/Algerian_War ; Tom Cooper, "Algerian War, 1954-1962", Nov 12, 2003, 〈https://www.webcitation.org/getfile?fileid=0d35e787ba34d08aff75fa0ad92c45aeeead4b15〉.

업자가 주영업지를 갖고 있는 국가에게로 이전하는 것을 허용하고 있다. 이 경우 등록국은 이전된 기능과 의무에 관하여 책임이 면제된다. 물론 이러한 이전은 등록국과 사업자의 주영업지국가 사이의 합의에 의해서만 가능하다. 그리고 이러한 이전은 ICAO이사회에 등록되어 공표되거나 혹은 이 전합의의 일방당사국에 의하여 관련 제3국(들)에게 직접 통고되기 전까지지는 제3국(들)에 대하여 효력을 발생하지 않는다.

3. 부정기항공기에 대한 영공개방

시카고협약 제6조는 영토국의 사전 허가를 얻지 않은 정기국제항공업무(scheduled international air service)를 금지하고 있다. 제1조의 배타적 주권원칙, 즉 영공통과금지 원칙이 제6조에서 재강조되고 있는 것이다. 다만, 정기국제항공업무에 대한 개념 정의가 제6조에 내려져 있지 않다. 1952년 ICAO이사회가 내린 정의에 따르면 '정기' '국제' '항공업무'란 첫째, 2개국 이상의 영공을 통과할 것, 둘째, 비행이 일반인들에게 개방되는 방식으로, 항공기가 보수를 받고 승객·우편물·화물의 운송을 수행하는 것일 것, 셋째, 공표된 시간표에 따라 혹은 인식가능한 체계적 연속비행을 구성하는 정도의 규칙적인 또는 빈번한 비행을 통해, 둘 이상의 지점간의 교통에 봉사하기 위해 운영될 것 등 세 가지 특징을 갖는 '연속적인 비행'(a series of flights)을 말한다.[40)]

반대로, 시카고협약 제5조는 영토국의 사전허가를 얻지 않은 부정기국제항공업무(non-scheduled international air service)를 인정하기 위하여 다음과 같이 규정하고 있다.

> "각 체약국은 타 체약국의 모든 항공기로서 정기국제항공업무에 종사하지 아니하는 항공기가 사전의 허가를 받을 필요없이 피비행국의 착륙요구권에 따를 것을 조건으로, 체약국의 영역 내에서 비행 또는 그 영역을 무착륙으로 횡단비행하는 권리와 또 운송 외의 목적으로서 착륙하는 권리를 본 협약의 조항을 준수하는 것을 조건으로 향유하는 것에 동의한다. 단, 각 체약국은 비행의 안전을 위하여 접근하기 곤란하거나 또는 적당한 항공보안시설이 없는 지역의 상공의 비행을 희망하는 항공기에 대하여 소정의 공로(空路)를 비행할 것 또는 이러한 비행을 위하여 특별한 허가를 받을 것을 요구하는 권리를 보유한다.
>
> 전기의 항공기는 정기국제항공업무로서가 아니고 유상(remuneration) 또는 임차(hire)로서 승객·화물 또는 우편물을 운송하는 경우에도 제7조(연안항공수송)의 규정에 의할 것을 조건으로, 승객·화물 또는 우편물의 적재와 하재를 하는 권리를 향유한다. 다만, 적재 또는 하재가 실행되는 국가는 그가 필요하다고 인정하는 규칙·조건 또는 권한을 설정하는 권리를 향유한다."

이것은 일종의 무해통과권(right of innocent passage)을 인정한 것이지만, 체약국의 영공통과 이외에 운송 외의 목적을 위한 이른바 기술적 착륙(technical landing)(즉, 정비 및 연료보급을 위한 착

---

39) Ignaz Seidl-Hohenveldern, *International Economic Law* (Dordrecht : Martinus Nijhoff Publishers, 1989), p. 62 ; 관보 제13834호, 1998년 2월 19일(목), 5~7면.

40) Harris, 5th, p. 243.

륙)과, 부정기전세항공기가 승객·화물·우편물을 적재하고 하재할 수 있는 권리를 포함하는 넓은 개념이다.[41] 다만, 부정기'전세'항공업무의 발달이 정기항공회사에 큰 경제적 위협이 되자, ICAO회원국들은 전세항공기는 정기항공업무에 준하는 것으로 간주하여 사전허가 없는 전세비행(charter flight)에 결사 반대하였다. 결국 국가관행에 의하면 시카고협약 당사국간에도 제5조 2단의 부정기 '전세'항공기는 제6조의 정기국제항공기와 마찬가지로 사전허가를 얻어야 타 체약국에 들어갈 수 있다.[42]

1944년 시카고협약 제1조(와 1919년 파리협약 제1조)는 단지 체약국만이 아니라 '모든' 국가(all states)가 영공에 대해 배타적 주권을 갖고 있다고 명시함으로써 이 규정이 국제관습법규를 선언한 것임을 시사하고 있다. 반면에 영공에 대한 배타적 주권을 제한하는 시카고협약 제5조(와 파리협약 제2조)는 '각 체약국'에 대해서만 적용된다. 그러므로 시카고협약의 비당사국은 당연히 제5조에 나타난 배타적 영공원칙의 제한을 거부할 자유가 있다. 요컨대, 항공기의 무해통과권은 아직도 관습법상의 권리로서 인정되고 있지는 않다.

4. 정기국제항공기에 대한 영공개방

시카고협약 체결시 동 협약 제6조 이외에 '정기'국제항공업무를 위한 상호적인 상공비행의 권리 및 상호적인 승객·화물·우편물 수송의 권리에 대해서는 합의를 보지 못하였다. 그 결과 정기국제항공업무에 관해서는 시카고협약 자체에서 규율하지 못하고 따로 두 개의 다자조약을 채택하였는데, 국제항공업무통과협정(Chicago International Air Services Transit Agreement)과 국제항공운송협정(Chicago International Air Transport Agreement)이 바로 그것이다. 전자는 간단히 '두 개의 자유협정'(Two Freedoms Agreement) 혹은 통과협정(Transit Agreement)으로도 불리운다.[43] 그리고 후자는 앞의 두 가지 자유에 세 개의 자유를 추가한 내용을 담고 있다고 해서 흔히

---

41) 1919년 파리협약 제2조는 평시 체약국 항공기의 '무해통항'의 자유(freedom of innocent passage)를 적시하고 있었으며, 특히 제15조는 체약국의 '모든 항공기'(every aircraft)에게 '무착륙 영공 통과'의 권리를 부여하고 있었다 ; 다만, 제32조에 의하면 체약국의 군용기(military aircraft)는 특별 허가 없이는 타 체약국 영토 상공을 비행할 수 없으며, 영토에 착륙도 할 수 없었다.

42) Shaw, p. 317.

43) '두 개의 자유협정' 제1조 1항은 다음과 같다.

"Article 1

Section 1

Each contracting State grants to the other contracting States the following freedoms of the air in respect of scheduled international services :

(1) The privilege to fly across its territory without landing ;

(2) The privilege to land for non-traffic purposes.

The privileges of this section shall not be applicable with respect to airports utilised for military purposes to the exclusion of any scheduled international air services. In areas of active hostilities or of military occupation, and in time of war along the supply routes leading to such areas, the exercise of such privileges shall be subject to the approval of the competent military authorities."

이 협정의 원문은 Cheng, pp. 536~539에 수록되어 있다.

'다섯 개의 자유협정'(Five Freedoms Agreement)으로 불리우며, 운송협정(Transport Agreement)으로도 불리운다.[44] 이들 두 협정은 1944년 12월 7일 시카고에서 국제민간항공협약과 동시에 채택되었고, 두 협정 모두 1945년에 발효하였다. 그리고 두 개의 자유협정은 2009년 6월 24일 현재 129개가 국가들을 당사자로 확보하고 있다. 이와는 대조적으로 다섯 개의 자유협정은 많은 국가의 비준을 이끌어 내지 못하였고, 특히 이 협정의 가장 큰 후원자였던 미국이 –동 협정 제5조에 의거하여– 이미 1946년에 조약폐기를 선언하고 1947년부로 협정에서 정식 탈퇴한 이후로는 별다른 주목을 받지 못하였다. 그 결과 정기국제항공업무는 실제로는 국가별로 촘촘한 양자협정 그물망에 의해 규율되어 오고 있다.[45] 예컨대, 이 문제에 관한 한국과 미국 간의 관계를 보면, 1957년 4월 24일 워싱턴에서 서명과 동시에 발효한 한미항공운송협정은 불평등의 극치를 보여주는 것이었는데,[46]

---

44) '다섯 개의 자유협정' 제1조 1항은 다음과 같다.

"Article 1

Section 1

Each contracting State grants to the other contracting States the following freedoms of the air in respect of scheduled international services :

(1) The privilege to fly across its territory without landing ;

(2) The privilege to land for non-traffic purposes ;

(3) The privilege to put down passengers, mail and cargo taken on in the territory of the State whose nationality the aircraft possesses ;

(4) The privilege to take on passengers, mail and cargo destined for the territory of the State whose nationality the aircraft possesses ;

(5) The privilege to take on passengers, mail and cargo destined for the territory of any other contracting State and the privilege to put down passengers, mail and cargo coming from any such territory.

With respect to the privileges specified under paragraphs (3), (4) and (5) of this Section, the undertaking of each contracting State relates only to through services on a route constituting a reasonably direct line out from and back to the homeland of the State whose nationality the aircraft possesses.

The privileges of this section shall not be applicable with respect to airports utilised for military purposes to the exclusion of any scheduled international air services. In areas of active hostilities or of military occupation, and in time of war along the supply routes leading to such areas, the exercise of such privileges shall be subject to the approval of the competent military authorities."

협정 원문은 Cheng, pp. 539~543 참조.

45) Greig, pp. 352~353 ; Cheng, p. 25 ; Harris, 5th, pp. 243~244 ; Shaw, 4th, pp. 371 ~372 ; Jennings & Watts (eds.), pp. 655~666 ; Starke, p. 201 ; Briggs, p. 323.

46) 1957년 협정의 불평등성은 아래의 그 부속서 규정에서 확인할 수 있다.

"Schedule

1. An airline or airlines designated by the Government of the United States of America shall be entitled to operate air services on each of the air routes specified via intermediate points, in both directions, and to make scheduled landings in the Republic of Korea at the points specified in this paragraph :

From points in the United States of America to Seoul and beyond.

2. An airline or airlines designated by the Government of the Republic of Korea shall be entitled to operate air services on each of the air routes specified via intermediate points, in both directions, and to make scheduled landings in the United States at the points specified in this paragraph :

From points in the Republic of Korea to Alaska and Seattle.

3. Points on any of the specified route may at the option of the designated airline be omitted on any

1998년 6월 9일 워싱턴에서 서명과 동시에 발효한 한미항공운송협정은 그같은 불평등을 제거하였다.[47)]

이제 정기국제항공업무를 구성하는 다섯 개의 자유를 설명하면 다음과 같다. 첫 번째 자유(first freedom)란 정기국제항공기가 체약국의 영공을 무착륙(non-stop)으로 통과할 권리를 지칭한다. 두 번째 자유(second freedom)는 운송 이외의 목적(즉, 연료보급과 항공기정비)으로 체약국의 영토에 한 번 이상 착륙할 권리, 즉 이른바 기술적 착륙(technical landing)의 자유를 지칭한다. 세 번째 자유(third freedom)는 기국으로부터 허가국으로 승객·화물·우편물을 운송할 권리를 지칭한다. 네 번째 자유(fourth freedom)는 허가국으로부터 기국으로 승객·화물·우편물을 운송할 권리를 지칭한다. 다섯 번째 자유(fifth freedom)는 제3국을 경유하여 기국과 허가국 사이에서 승객·화물·우편물을 운송할 권리를 지칭한다.[48)]

이 밖에도, 기국이 두 국가로부터 각기 따로 세 번째 및 네 번째 자유를 얻어내어 사실상 허가받지 않은 다섯 번째 자유를 창설하는 경우를 여섯 번째 자유(sixth freedom)로, 전적으로 기국 밖에서 다른 두 국가 사이의 운송업무를 행하는 경우는 일곱 번째 자유(seventh freedom)로 부른다. –본토와 그 해외영토 간의 운송을 포함하여[49)]– 허가국 영토 내의 두 지역간의 운송을 담당하는 연안항공업무(air cabotage)는 여덟 번쩌 자유(eighth freedom)로 부르는데, 시카고협약 제7조는 특별히

---

or all flights."

47) 1998년 협정의 부속서 I의 아래 구정을 보면 이제 이 문제에 관해 한국과 미국간에 평등이 보장되고 있음을 확인할 수 있다.

"ANNEX I

Scheduled Air Transportation

Section 1

Routes

Airlines of each Party designated under this Annex shall, in accordance with the terms of their designation, be entitled to perform scheduled international air transportation between points on the following routes :[1)]

A. Routes for the airline or airlines designated by the Government of the Republic of Korea : From points behind the Republic of Korea via the Republic of Korea and intermediate points to a point or points in the United State and beyond.

B. Routes for the airline or airlines designated by the Government of the United States : From points behind the United States via the United States and intermediate points to a point or points in the Republic of Korea and beyond.

---

1) The provisions of Annex I shall not be construed to give U.S. designated airlines the right to operate air services to/from any point in the Republic of Korea from/to any point in the northern part of the Korean peninsula which is not under the administrative control of the Republic of Korea."

동 협정 부속서Ⅱ는 전세운항(Charter Air Transportation)에 대하여도 정기항공운송에 상응하는 일정 상호적 권리를 인정하고 있다. https://www.mofat.go.kr/main/top.html.

48) 다섯 번째 자유는 경유하는 '타국'(제3국)이 기국 이전에 위치하는 경우에는 '앞쪽 지점 다섯 번째 자유'(anterior-point fifth freedom), 기국과 허가국 사이에 위치하는 경우에는 '중간 지점 다섯 번째 자유' (intermediate-point fifth freedom), 허가국을 넘어서 위치하는 경우에는 '이원 지점 다섯 번째 자유'(beyond-point fifth freedom)로 구분하기도 한다. 다섯 번째 자유가 성립하려면 물론 타국의 동의를 요한다. Aust, *Handbook of IL*, 2nd, p. 323.

49) 시카고협약의 목적상 "일국의 영토"(territory of a State)에 대한 개념 정의는 협약 제2조 ; 본장, "Ⅰ. 국가영역상공의 법적 지위" 참조.

이 연안항공업무를 영토국에 유보하고 있다.[50] 그러나 연안항공업무, 즉 항공카보타지를 여덟 번째 자유와 아홉 번째 자유로 구분하기도 하는데, 이 경우 전자는 항공기가 기국으로의 운항을 계속하는 동안 허가국의 둘 이상의 지점 사이에서 운송에 종사하는 '연속'카보타지(consecutive cabotage)를,[51] 후자는 –항공기가 기국에서 가거나 기국으로 오지 않고– 오로지 허가국 내에서 운송에 종사하는 '독립 혹은 순수'카보타지(stand–alone or pure cabotage)를 지칭한다.[52]

5. 시카고협약 하의 분쟁해결

시카고협약은 분쟁의 강제적 해결 절차와 더불어 "상소"(appeal) 제도를 도입하고 있다. 즉, 시카고협약(및 그 부속서)의 해석 또는 적용과 관련한 체약국간 의견의 불일치가 교섭에 의하여 해결될 수 없는 경우 –총회(Assembly)에서 임기 3년으로 선출되는 36개 회원국으로 구성되는– ICAO 이사회가 관련 국가의 신청에 따라 그것에 대해 결정한다.[53] 그리고 이처럼 재판소 자격으로 행동하는 이사회의 결정에 대해서는 '분쟁당사국들이 합의하는 임시중재재판소'나 'PCIJ'(현 ICJ)에 상소할 수 있다.[54] 만약 분쟁의 당사자인 어느 체약국이 'PCIJ규정'(현 ICJ규정)을 수락하지 않았고 '또한' 분쟁당

---

50) Cheng, pp. 9~17 ; Greig, pp. 350~352 ; Jennings & Watts (eds.), p. 655 ; Starke, p. 197 ; Aust, *Handbook of IL*, 2nd, p. 321.

51) 이를테면 캐나다 항공기가 시카고-뉴욕-토론토 노선에 투입되는 경우. https://en.wikipedia.org/wiki/Freedoms_of_the_air.

52) 이를테면 이탈리아 항공기가 북경과 상해 노선에 투입되는 경우. *Ibid.* ; 조영주, "국제항공협정상 지정항공사 조항에 관한 연구", (박사학위 논문, 연세대학교 대학원, 2018), 제2장.

53) 이사국은 자국이 당사자인 분쟁에서는 투표할 수 없다. 시카고협약 제84조.

54) 시카고협약은 ICAO 이사회의 관할권(jurisdiction)에 대한 결정이 상소의 대상이 되는지에 대해서는 분명히 말하고 있지 않은데, ICJ는 *Appeal Relating to the Jurisdiction of the ICAO Council* case (India v. Pakistan), ICJ Reports (1972), p. 46(p. 60, para. 24)에서 그런 상소도 가능하다고 판시한 바 있다. ICJ는 이 사건(p. 60, para. 26)에서 외견상 국가 간 쟁송사건으로 보이지만 실은 타 국제기구의 결정을 심사하는 상소절차의 성격에 대해 다음과 같이 설명하고 있다 : "Before leaving this part of the case, and since this is the first time any matter has come to it on appeal, the Court thinks it useful to make a few observations of a general character on the subject. The case is presented to the Court in the guise of an ordinary dispute between States (and such a dispute underlies it). Yet in the proceedings before the Court, it is the act of a third entity –the Council of ICAO– which one of the Parties is impugning and the other defending. In that aspect of the matter, the appeal to the Court contemplated by the Chicago Convention and the Transit Agreement must be regarded as an element of the general régime established in respect of ICAO. In thus providing for judicial recourse by way of appeal to the Court against decisions of the Council concerning interpretation and application –a type of recourse already figuring in earlier conventions in the sphere of communications– the Chicago Treaties gave member States, and through them the Council, the possibility of ensuring a certain measure of supervision by the Court over those decisions. To this extent, these Treaties enlist the support of the Court for the good functioning of the Organization, and therefore the first reassurance for the Council lies in the knowledge that means exist for determining whether a decision as to its own competence is in conformity or not with the provisions of the treaties governing its action. If nothing in the text requires a different conclusion, an appeal against a decision of the Council as to its own jurisdiction must therefore be receivable since, from the standpoint of the supervision by the Court of the validity of the Council's acts, there is no ground for distinguishing between supervision as to jurisdiction, and

사국인 체약국들이 중재재판소 선택에 동의할 수 없는 경우에는 제85조의 규정에 따라 중재재판소가 강제로 구성된다. 'PCIJ'(현 ICJ)나 임시중재재판소의 결정은 최종적이며 구속력이 있다.[55)]

V. 배타적 영공 원칙에 대한 국제관습법상의 제한 : 영공'침범'을 중심으로

시카고협약 제89조(전쟁 및 긴급사태)는 "전쟁의 경우에(in case of war) 본 협약의 규정은 교전국 또는 중립국으로서 영향을 받는 체약국의 행동의 자유에 영향을 미치지 아니한다. 이러한 원칙은 국가긴급사태(state of national emergency)를 선언하고 그 사실을 이사회에 통고한 체약국의 경우에도 적용한다"고 규정하고 있다. 그렇다면 국가는 −전쟁이나 국가긴급사태가 아닌− 평시에도 타국 항공기의 영공 침범에 대하여 영공주권의 수호를 위하여 무력의 위협 또는 사용에 호소할 수 있는가, 아니면 국제관습법상 일정한 제한이 있는가?

1. 민간항공기의 영공침범

(1) 조난으로 인한 영공침범

시카고협약 제25조는 '조난'항공기(aircraft in distress)에 대한 원조의무를 규정하고 있다. 그렇다면 조난에 의한 영공침범의 경우에는 긴급착륙을 포함해서 무해통과권(right of innocent

---

supervision as to merits."

1989년, ICAO와 관련된 두 번째 상소 사건이 ICJ 행정처에 제출되었는데, 사건의 발단은 1988년 7월 3일 호르무즈 해협(Strait of Hormuz)에서 미국 군함 Vincennes호가 이란 여객기에 미사일을 발사하여 이를 격추시킨데 있었다. 이란은 미국을 상대로 제소하면서, 특히 ICAO 이사회가 이 사건과 관련한 1989년 3월 17일의 결정에서 잘못한 것이 있다고 주장하였다. 그러나 1996년 2월 22일 미국이 이란에 *ex gratia* 즉, 호의적 차원에서(out of good will) 배상금을 지급하기로 합의하고 그 대신 이란은 ICJ 제소를 중단하기로 합의함에 따라 본 사건은 결국 ICJ 소송목록에서 삭제되고 말았다. https://en.wikipedia.org/wiki/Iran_Air_Flight_655 ; Schermers & Blokker, § 606 ; Orakhelashvili/Akehurst, 9th, p. 217. 이밖에도, *Appeal Relating to the Jurisdiction of the ICAO Council under Article 84 of the Convention on International Civil Aviation* (Bahrain, Egypt Saudi Arabia and United Arab Emirates v. Qatar), ICJ Reports (2020), p. 81 ; *Appeal relating to the Jurisdiction of the ICAO Council under Article II, Section 2, of the 1944 International Air Services Transit Agreement* (Bahrain, Egypt and United Arab Emirates v. Qatar), ICJ Reports (2020), p. 172 ; 본서, 제26장 (분쟁의 평화적 해결수단), "VII. 사법심사, 18. ICJ 쟁송관할권 장벽의 우회" 참조.

See also the Decision of the ICAO Council on the Preliminary Objections in the Matter "United States and 15 European States (*U.S.-EU Hushkits Dispute*) (2000)", Nov. 16, 2000, noted by AJIL, April 2001, Vol. 95, No. 2 (Contemporary Practice of the United States Relating to International Law, Edited by Sean D. Murphy) ; Vanshika Sharma, "International Civil Aviation Dispute Settlement", Legal Service India E-Journal, 〈https://www.legalserviceindia.com/legal/article-334-international-civil-aviation-dispute-settlement.html〉 ; Mathieu Vaugeois, "Settlement of Disputes at ICAO and Sustainable Development", Occasional Paper Series, No. IV, June 2016 (McGill Centre for Research in Air and Space Law), 〈https://www.mcgill.ca/iasl/files/iasl/occasional_paper_iv_settlement_of_disputes.pdf〉.

55) 시카고협약 제86조.

passage)을 인정하는 것이 합리적이다. 부정기국제항공기는 시카고협약 제5조에 의거하여 이미 일종의 무해통과권을 부여받고 있으므로, 제25조는 특히 정기국제항공기에 대하여 그 의의를 갖게 될 것이다. 시카고협약 제25조는 이같은 원조의무를 체약국들에 대해서만 부과하고 있으나 이것은 조약을 넘어선 국제관습법규로 보아도 좋을 것이다.

(2) 고의 · 과실에 의한 영공침범

시카고협약 제25조는 민항기가 (조난 이외의) 고의 또는 과실로 타 체약국의 영공을 침범하는 경우, 예컨대 부정기항공기든 정기항공기든 비행금지구역에 들어오는 경우에 관해서는 어떤 해답도 제공해 주지 못한다. 그렇다면 이 문제에 관한 일반관습법규의 태도는 무엇인가를 알아보아야 할 것이다.

"각 체약국은 본 협약의 목적과 양립하지 아니하는 목적을 위해 민간항공을 사용하지 아니할 것에 동의한다."고 규정한 시카고협약 제4조의 규정으로 미루어 보아, '고의적인' 영공침범(예컨대, 밀수, 첩보수집)의 경우에는 영토국이 경고 · 착륙요구 등을 한 뒤 '최종적으로' 무력을 사용할 수 있다는 해석이 성립될 수 있다. 다만, 고의적인 영공침범의 사실을 모르는 승객이 탑승하고 있는 민간여객기의 경우에는 어떠한 상황 하에서도 무력을 사용해서는 안된다고 보아야 할 것이다. '과실에 의한' 영공침범의 경우에는 설사 조종사가 경고조치나 착륙명령에 따르지 않는다고 하더라도 결코 무력사용에 호소할 수 없으며, 착륙요구에 응하지 않고 도망친 경우의 해결책은 외교채널을 통해야 한다고 보는 것이 타당할 것이다.

1955년 7월 27일 *El Al Israel Airlines Ltd.* 소속의 한 상업항공기가 비엔나에서 이스라엘로 가던 도중 불가리아영공을 침범하여 불가리아 전투기에 의해 격추되었으며, 이로 인해 승무원과 승객 모두 사망하였다. 피격된 항공기의 국적국가인 이스라엘이 ICJ에 제소하였으나 재판관할권 흠결을 이유로 각하되고 말았다.[56] 그 후 이스라엘과 불가리아 양국은 1963년 6월 3일 협정을 체결하였는데, 그 내용은 총 195,000달러를 지급하되 항공기의 손실에 대한 배상은 제외한다는 것이었다.[57]

1973년에 리비아의 한 항공기가 길을 잃어 당시 이스라엘이 점령 중이던 시나이반도 내로 몇십 마일 들어오자 이스라엘 제트기들이 이를 격추시켰다. 이스라엘은 동 항공기에게 착륙을 명하였는데도 이에 따르지 않았다고 주장하였다. 조사 후, ICAO이사회는 이스라엘의 행동을 비난하면서, "그러한 행동은 국제민간항공의 안전에 대한 중대한 위험을 구성한다"고 선언하였다. 또한 이스라엘의 태도는 "시카고협약에 간직된 원칙들을 명백히 위반"하는 것이라고 비판받았다.[58] 결국 이스라엘은 이 사건에 대해 사과하고, 희생자들에게 배상금을 지급하였다.[59]

1983년 9월 1일(미국 시각으로는 8월 31일) 소련 전투기가 승객과 승무원을 합쳐 모두 269명(대부

56) Case concerning the *Aerial Incident of 27 July 1955* (Israel v. Bulgaria), ICJ Reports (1959), p. 127.
57) von Glahn, p. 409 ; Greig, pp. 358~359.
58) (1973) 12 ILM 1180.
59) Shaw, 4th, p. 377.

분 한국, 미국, 일본인)을 태우고 뉴욕을 떠나 앵커리지를 경유하여 서울로 오던 도중 소련 영공을 침범한 한국의 *KAL 007*편 항공기를 격추시켜 타고 있던 사람 모두의 목숨을 앗아가는 사건이 발생하였다. 이 사건에서 소련 정부는 문제의 KAL기를 미국의 군사정찰비행기로 오인했다고 말함으로써, 만약 그것이 민간항공기임을 알았다면 그와 같은 극한적인 조치는 취하지 않았을 것임을 함축하고 있다.[60]

요컨대, 시카고협약의 당사자 여부를 불문하고, 고의적인 영공침범 중에서도 매우 예외적인 상황을 제외하고는 '민간'항공기에 대한 공격은 '결코' 허용되지 않는다고 보아야 할 것이다. 그러나 *KAL*기 격추 사건을 논하는 안보리 회합에서 한국, 미국, 오스트레일리아, 토고, 에콰도르, 포르투갈은 이같은 견해를 피력하였지만, 캐나다, 자이레, 서독, 피지는 소련의 대응조치는 그 상황에서 '균형을 잃은'(disproportionate) 처사였다고 말함으로써 다소 탄력적인 견해를 제시한 바 있다.[61] 소련의 공격을 비난하는 안보리 결의안은 9표의 찬성을 얻었으나, 소련은 거부권을 행사하였다.[62]

1981년 ICAO는 "민간항공기를 유도통제하는 항공기는 모든 경우에 무기사용을 자제해야 한다."(intercepting aircraft *should refrain* from the use of weapons in all cases of interception of civil aircraft)고 회원국들에게 권고한 바 있었다.[63] 다시 *KAL*기 격추 사건의 영향으로 1984년 5월 10일 ICAO 특별총회는 시카고협약에 제3조의 2(Article 3 *bis*)[64]를 삽입하기 위한 의정서를 채택하였는데, 동 규정은 다음의 내용을 담고 있다.

> "(a) 모든 국가는 비행 중인 민간항공기에 대하여 무기의 사용을 자제해야 하며(every State *must refrain* from resorting to the use of weapons against civil aircraft in flight), 또한 민간항공기를 유도통제(interception)하는 경우에 탑승객의 생명과 항공기의 안전을 위태롭게 하여서는 아니된다는 것을 체약국들은 인정한다. 이 규정은 어떠한 경우에도 UN헌장에 명시된 국가의 권리와 의무를 수정하는 것으로 해석되지 아니한다.
> (b) 그 주권을 행사함에 있어서 모든 국가는 민간항공기가 허가 없이 그 영토 상공을 비행하거나 또는 이 협약의 목적에 합치되지 아니하는 어떠한 의도로 사용되고 있다고 믿을만한 합리적인 이유가 있는 경우, 동 민간항공기에 대하여 지정된 공항에 착륙할 것을 요구하거나, 또는 그러한 위반을 종료시키기 위하여 동 민간항공기에 대하여 기타 지시를 할 수 있음을 체약국들은 인정한다. 이 목적을 위하여 체약국들은 이 협약의 관련 규정, 특히 이 조의 (a)항을 포함한 국제법의 관련 규칙에 합치되는 그 어떤 적절한 수단(any appropriate means consistent with relevant rules of international law)에도 의지할 수 있다. 각 체약국들은 민간항공기의 유도통제에 관한 자국의 현행규정을 공표할 것에 동의한다.
> (c) 모든 민간항공기는 이 조의 (b)항에 따라 내려진 명령에 따라야 한다. 이를 위하여 각 체약

60) von Glahn, pp. 413~414 ; Shaw, 4th, p. 378, fn. 45 ; Aust, p. 261 ; Keitner, pp. 180 ; https://en.wikipedia.org/wiki/Korean_Air_Lines_Flight_007.
61) Akehurst, p. 198.
62) 이 밖에, 폴란드도 반대투표, 중국, 가이아나, 니카라과, 짐바브웨는 기권. Orakhelashvili/Akehurst, 9th, p. 215.
63) (1983) 22 ILM 1185, 1187.
64) 1998년 10월 1일 발효. 한국에 대해서도 동 일자부로 발효. 관보 제14037호, 1998년 10월 23일, 4~8면.

국은 자국에 등록되어 있거나 또는 자국에 사업의 주된 사무소나 주소를 둔 운용권자에 의하여 운용되는 어떠한 민간항공기도 그러한 명령에 따르도록 하기 위하여 모든 필요한 규정을 자국의 국내법령에 수립하여야 한다. 각 체약국은 그러한 관계법령의 어떠한 위반에 대하여도 엄중히 처벌하여야 하며, 자국의 법령에 따라 자국의 권한있는 당국에 사건을 회부하여야 한다.
(d) 각 체약국은 자국에 등록되어 있거나 또는 자국에 사업의 주된 사무소나 주소를 둔 운용권자에 의하여 운용되는 어떠한 민간항공기도 이 협약의 목적에 합치되지 아니하는 어떠한 의도로 고의적으로 사용되는 것을 금지하기 위하여 적절한 조치를 취하여야 한다. 이 규정은 이 조의 (a)항에 영향을 미치거나 또는 (b)항과 (c)항을 손상시키지 아니한다."

상기 (a)항에 의하면 비행 중인 민간항공기에 대하여 유도통제의 목적상 무기를 사용하겠다고 '위협'하는 것은 여전히 허용된다는 해석이 가능하다.[65] 그리고 그나마 사용이 자제되어야 하는 것은 '무력(힘)'(force)이 아니라 단지 '무기'이다. 그러나 동 규정의 목적상 '무기'란 무엇인가? 게다가, "UN헌장에 명시된 국가의 권리와 의무를 수정하는 것으로 해석되지 아니한다"는 표현은 특히 헌장 제51조의 자위권을 에둘러 지칭한 것으로 보인다.[66]

민항기 격추 사건은 그 후에도 간헐적으로 발생하고 있다. 이란-이라크 전쟁(Gulf War) 기간(1980년 9월 22일~1988년 8월 20일) 중인 1988년 7월 3일, 미국 군함 Vincennes호가 지대공 미사일로 이란 민항기를 격추시켜 탑승자 290명 모두를 죽인 바 있는데, 그것도 피격지점은 페르샤만의 이란 영해 내였다.[67] 1996년 2월 24일에는 쿠바 공군기가 자국 영공 밖에서 미국 경비행기 두 대를 격추시키기도 하였다.[68]

2. 국가항공기의 영공침범

시카고협약의 규율대상은 민간항공기이다.[69] 그러면 국가항공기[70]의 영공침범시 영토국은 어떤 조치를 취할 수 있을 것인가? 시카고협약 제3조 (c)항은 "어떠한 체약국의 국가항공기도 특별협정 또는 기타 방법에 의한 허가를 받고 또한 그 조건에 따르지 아니하고는 타국의 상공을 비행하거나 또는 그 영역에 착륙하여서는 아니된다."라고 규정하고 있다.[71] 여기서 '체약국'의 국가항공기란 표

---

65) Shaw, 4th, p. 378.
66) Aust, 2nd, pp. 246~247 ; Aust, *Handbook of IL*, 2nd, p. 326.
67) https://en.wikipedia.org/wiki/Iran_Air_Flight_655 ; *Aerial Incident of 3 July 1988* (Iran v. USA), Order of 22 February 1996, p. 9 ; Orakhelashvili/Akehurst, p. 201(9th, p. 217) ; 위, "Ⅳ. 5. 시카고협약 하의 분쟁해결."
68) https://en.wikipedia.org/wiki/1996_shootdown_of_Brothers_to_the_Rescue_aircraft ; Orakhelashvili/Akehurst, p. 201(9th, p. 217).
69) 시카고협약 제3조 (a).
70) 예컨대, 군, 세관 혹은 경찰업무 등에 종사하는 항공기. 시카고협약 제3조(b).
71) 이처럼 시카고협약 제3조(c)는 넓게 정의된 모든 국가항공기에 대해 상공비행과 착륙을 금지하고 있다. 이에 반해 1919년 파리협약은 '군용기' 및 '우편, 세관, 경찰과 같은 오로지 국가 업무에 종사하는 항공기'는 국가항공기(state aircraft)로 간주되지만 '군'/'세관'/'경찰' 항공기 이외의 모든 국가항공기는 민간항공기로 대우되어 파리협약의 적용대상이 된다고 명시하고 있었으며(제30조), 군용기(military aircraft)에 대해서만 특별 허가 없는

현을 쓰고 있긴 하지만 이것은 일반관습법의 태도를 천명한 것으로 보인다. 따라서 시카고협약 당사국 여부를 떠나 –군사적 목적의 드론을 포함하여[72]– 어떤 국가의 국가항공기도 사전허가 없이 타국의 영공에 고의 또는 과실로 들어가서는 안된다. 다시 말해서, 허가 없이 고의 또는 과실로 진입한 국가항공기에 대해서는 국가면제 및 불가침성이 인정되지 아니한다.

국가항공기의 고의적 영공침범에 관한 사건으로서 *U–2*기 격추 사건을 들 수 있다. 1960년 5월 1일 미국의 U-2기가 파키스탄에서 노르웨이로 비행하면서 소련 영공에서 저공비행으로 정찰작업을 수행하던 중 대공미사일에 격추되고 조종사 Francis G. Powers는 체포 · 소추되어 10년형을 선고받았다. 미국 정부는 "미국을 매장시켜버리겠다"는 소련의 비난에 대해 하등의 이의도 제기하지 않음으로써 자신의 불법행위를 인정하였다. 화가 난 흐루시초프(Nikita Khrushchev)는 아이젠하워(Dwight D. Eisenhower)와의 정상회담을 취소하기도 하였다. 조종사는 1962년 미국에서 체포된 소련의 한 거물급 간첩과 교환되어 풀려나긴 하였지만, 어쨌든 이 사건은 소련의 공격행위는 정당하며, 관련 조종사에 대한 형사소추도 정당하다는 것을 보여 주고 있다.[73] 이 밖에도, 2019년 6월 20일, 이란 정부는 이날 미군 드론기 한 대가 이란 측의 거듭된 전파 경고를 무시하고 은밀히 영공을 침범한 데 대해 항의하면서, UN헌장 제51조에 따라 이란의 영공방어 시스템이 그 항공기를 목표로 삼았었다고 말하였다.[74] 2023년 2월 4일에는 미국이 알래스카와 캐나다를 거쳐 미국 본토를 횡단하던 중국의 –거의 스쿨버스 세 대 크기의– 풍선을 동부 해안 영해 상공을 벗어나기 전 격추시킨 바도 있는데, 미국은 이 풍선이 첩보임무 수행 중이라고 판단하였다.[75]

국가항공기는 과실에 의한 영공침범의 경우에도 경고 또는 착륙요구에 불응할 시에는 격추당할

상공비행과 착륙을 금지하고 있었다(제32조).

72) 김지훈, "드론의 영공침범시 대응에 관한 법적 기준과 쟁점 – 이란의 미국 무인정찰기 격추사건을 중심으로", 《국제법으로 세상 읽기》(대한국제법학회, 2020), pp. 171~178.

73) von Glahn, p. 410 ; Kaczorowska-Ireland, p. 469 ; ; Orakhelashvili/Akehurst, 9th, p. 215 ; CNN Wire Staff, "Cold War pilot Francis Gary Powers to get Silver Star", June 9, 2012, https://edition.cnn.com/2012/06/09/us/silver-star-award/index.html.

74) *Letter dated 20 June 2019 from the Permanent Representative of the Islamic Republic of Iran to the United Nations addressed to the Secretary-General*, UN Security Council, S/2019/512, 20 June 2019. 그후 8월 서한에서 이란은 목표물 드론의 잔해를 6월 21일 자국 영해에서 수거했다면서, 미군 측의 거듭되는 영해와 영공 침범에 대해 '고유의 자위권'(inherent right to self-defence)을 보유하고 있음을 상기시켰다 : *Letter dated 9 August 2019 from the Permanent Representative of the Islamic Republic of Iran to the United Nations addressed to the Secretary-General and the President of the Security Council*, S/2019/652, 13 August 2019. Orakhelashvili/Akehurst, 9th, p. 215.

75) 중국은 이 풍선이 기상관측을 위한 무인민간비행선으로서 '불가항력'으로 들어간 것이라며 미국 측의 무력사용에 항의하였다. Peter Kasperowicz/Fox News, February 3, 2023, "US has 'absolute legal right' to shoot down Chinese spy balloon, say national security experts – U.S. officials say the balloon's altitude is about 60,000 feet.", <https://www.foxnews.com/politics/us-absolute-legal-right-shoot-down-chinese-spy-balloon-national-security-experts> ; Donald R. Rothwell/The Diplomat, February 06, 2023, "What Does International Law Say About China's Spy Balloon and the US Response?", <https://thediplomat.com/2023/02/what-does-international-law-say-about-chinas-spy-balloon-and-the-us-response/> ; Courtney Kube and Carol E. Lee/MBC News, April 3, 2023, "Chinese spy balloon gathered intelligence from sensitive U.S. military sites, despite U.S. efforts to block it", <https://www.nbcnews.com/politics/national-security/china-spy-balloon-collected-intelligence-us-military-bases-rcna77155>.

것을 각오해야 하며, 다만 이 경우에는 영토국의 균형잡힌(proportionate) 대응조치가 요구되는 것으로 생각된다.[76] 그러나 조난 또는 악천후로 인한 영공침범의 경우에는 일종의 무해통과권을 인정하는 것이 좋을 것이다. 1946년 8월 9일과 19일에 연속적으로 발생한 미군수송기 격추사건이 이것을 잘 보여주고 있는데, 사건 개요는 다음과 같다. 1946년 8월 9일 비무장 미군수송기 한 대가 비엔나에서 이탈리아의 Udine로 가던 도중 유고상공에서 전투기의 공격을 받고 불시착하였다. 수송기 탑승자들은 체포되어 몇 차례 심문을 받았으나 8월 22일 석방되었다. 미국 정부는 영공침범이 일기불순 때문이었다고 주장하였으나 유고 정부는 그 날 일기만은 매우 좋았다고 반박하였다. 미국 정부는 또한 유고 전투기가 국제적으로 인정된 착륙신호를 발하지 않았고 또 사전경고 없이 공격을 가했을 뿐만 아니라 착륙을 위하여 수송기가 하강하고 있는 동안에도 공격을 되풀이하였다고 비난하였다. 이 사건에 관련된 승무원들이 석방되기도 전인 1946년 8월 19일 같은 형의 미군수송기가 또 격추되어 승무원 5명이 사망하였다. 유고 정부는 이번에는 사격 개시 전에 미국 조종사에게 착륙을 권유하였으나 그가 이 요구를 무시하였다고 주장하였다. 그러나 미국은 당시 미군기가 그의 위치를 오스트리아의 Klagenfurt시 상공으로 보고해 왔었다고 반박하면서, 영토국은 경고를 하여 쫓아버려야지 착륙을 요구해서는 안된다고 주장하였다. 양국 간에 몇 번의 각서가 오고 간 뒤, 결국 유고 정부는 군용기가 일기불순으로 어쩔 수 없는 상황에서는 무해통과권을 가진다는 점에 동의하고, 또한 사망 승무원들에 대해 유감의 뜻을 피력하였다. 그리고 사망한 승무원의 유족들에게 각각 3만달러의 배상금을 자발적으로 지급하였다. 우리는 이 두 사건에서 몇 가지 교훈을 이끌어 낼 수 있을 것이다. 첫째, 과실에 의한 영공침범 시에는 먼저 경고를 발하여야 한다. 둘째, 과실에 의한 영공침범 시 그냥 쫓아버려야지 착륙을 요구해서는 안된다는 미국의 주장은 억지이며, 오히려 과실에 의한 영공침범 시에도 격추를 각오해야 한다. 셋째, 다만, 조난당한 군용기에게는 무해통과권을 인정해야 한다.[77]

Ⅵ. 항공테러 억제 체제를 향하여

항공테러 억제와 직·간접으로 관련있는 아래의 다자조약은 모두 "군사, 세관 또는 경찰 업무에 사용되는" 항공기에는 적용되지 아니한다.[78]

1. 동경협약

1963년 "항공기 내에서 범한 범죄 및 기타 행위에 관한 동경협약"(Tokyo Convention on Offences and Certain Other Acts Committed on Board Aircraft)[79]은 1차적으로 민항기 내에

76) Akehurst, pp. 197~199.
77) von Glahn, pp. 408~409.
78) 동경협약 제1조 4항 ; 헤이그협약 제3조 2항 ; 몬트리올협약 제4조 1항 ; 북경협약 제5조 1항.

서의 '범죄' 일반에 대한 재판관할권의 확립을 다루고 있고,[80] '항공기납치'의 방지라는 특수문제에 대해서는 일반적 협조의무만을 언급하고 있을 따름이다.[81]

(1) 협약의 적용대상 범죄

동경협약은 '형법에 위반하는 범죄,' 그리고 "범죄의 구성 여부를 불문하고, 항공기의 안전과 기내 인명·재산의 안전을 위태롭게 하거나 혹은 할 수 있는 행위, 또는 기내 질서 및 규율을 위협하는 행위"로서, "체약국에 등록된 항공기가 비행 중이거나, 공해의 표면에 있거나 또는 어느 국가의 영토에도 속하지 않는 지역의 표면에 있을 때, 동 항공기에 탑승한 자가 범한 범죄 또는 행위"에 적용된다. 동경협약의 목적상 '비행 중'이라 함은 항공기가 이륙의 목적을 위하여 시동이 된 순간부터 착륙활주가 끝난 순간까지를 말한다.[82]

(2) 형사재판관할권

항공기의 등록국은 동 항공기 내에서 발생한 범죄나 행위에 대한 재판관할권을 행사할 권한을 갖는다. 각 체약국은 자국에 등록된 항공기 내에서 행하여진 범죄에 대하여 등록국으로서의 재판관할권을 확립하기 위하여 필요한 조치를 취하여야 한다. 그러나 본 협약은 국내법에 따라 행사하는 어떠한 형사재판관할권도 배제하지 아니한다.[83]

등록국 이외의 체약국으로서 형사재판관할권의 행사를 위하여 비행 중의 타 체약국 항공기에 대해 간섭할 수 있는 경우(즉, 강제착륙을 명할 수 있는 경우)는 범죄가 자국 영역에 영향을 미칠 경우, 범죄가 자국민 또는 영주자에 의하여 또는 이들에 대하여 행하여진 경우, 범죄가 자국 안보에 영향을 주는 경우, 범죄가 비행 및 항공기의 조종에 관한 법규를 위반한 경우 그리고 다자조약에 의하여 재판관할권의 행사가 요구되는 경우 등이다.[84]

요컨대, 전체적으로 형사관할권을 행사하는 국가는 당해 범죄와 일정한 관련이 있어야 하며, 체약국들의 보편관할권(universal jurisdiction)은 창설되지 않았다.

(3) 항공기납치

'항공기 불법납치'(unlawful seizure of aircraft)라는 제목의 동경협약 제11조는 비행 중 항공기납치가 발생하는 경우 체약국들의 일반적인 협조의무를 규정하고 있다. 즉, 이 경우 체약국들은 항공기가 합법적인 기장의 통제 하에 들어가고, 그가 항공기의 통제를 유지할 수 있도록 모든 적절한 조치를 취하여야 한다. 또한 항공기가 착륙하게 되는 체약국은 승객과 승무원이 가급적 속히 여

79) 1963년 9월 14일 ICAO에서 채택, 1969년 12월 4일 발효, 1971년 5월 20일 한국 발효.
80) 동경협약 제1조, 제3조~제4조 참조.
81) 동경협약 제11조.
82) 동경협약 제1조.
83) 동경협약 제3조.
84) 동경협약 제4조.

행을 계속하도록 허가하여야 하며, 또한 항공기와 화물을 합법적인 소유자에게 반환하여야 한다. 제11조는 항공기납치에 관한 국가행동의 최소기준을 수립하기 위한 (다자조약을 통한) 최초의 시도로서 그 의의가 있다.

(4) 범죄인인도

동경협약 제16조는 "이 협약의 어떠한 규정도 범죄인인도의무를 창설하는 것으로 간주되지 아니한다."라고 규정함으로써 이 협약에 의하여 체약국간에 범죄인인도의무가 창설된 것이 아님을 분명히 하였다.

(5) 동경협약 개정 몬트리올의정서

2014년 4월 4일 몬트리올 ICAO회의에서 동경협약을 개정하기 위한 의정서("Protocol to Amend the Convention on Offences and Certain Other Acts Committed on Board Aircraft")(이하 '몬트리올의정서')[85]가 채택되었으며, 발효할 때까지 '모든 국가들'에게 서명을 위하여 개방된다.[86] 발효를 위해서는 22개국의 비준(수락, 승인 혹은 가입)이 필요하다.[87]

몬트리올의정서가 동경협약에 가한 개정 중에서 가장 주된 것은 항공기 내의 범죄에 대한 형사재판관할권을 '항공기의 등록국'(State of registration of the aircraft)[88]에서 -일정 조건 하에서- '운영자의 국가'(State of the Operator)와 '착륙국'(State of landing)으로 확대하는 내용이다.[89] 이에 상응하여, 항공기 내에서 행하여진 범죄에 대하여 재판관할권을 확립하기 위하여 필요한 조치를 취할 의무가 등록국에서 -일정 조건 하에서- 착륙국과 운영자의 국가에게로 확대되었다.[90] 국가가 착륙국의 자격으로 관할권을 행사할 때에는 문제의 범죄가 운영자의 국가에서도 범죄인지의 여부를 고려에 넣어야 한다.[91] 체약국이 협약 제3조의 관할권을 행사함에 있어 타 체약국(들)이 동일범죄 혹은 동일행위에 대하여 수사, 소추 혹은 사법절차를 수행하고 있음을 통지받았거나 달리 알게된 경우, 그 체약국은 행동을 적절히 조율하기 위해 그들 타 체약국의 의견을 구하여야 한다.[92]

이 밖에도, '비행 중'(in flight)의 정의는 -아래에서 설명할- 1970년 헤이그협약(제3조 1항)의 규정을 그대로 옮겨 놓았다.[93] 그리고 운영자의 국가와 등록국이 같지 아니한 경우, 동경협약 제4조와

---

85) https://www.icao.int/Meetings/AirLaw/Documents/Protocole_mu.pdf ; https://www.iftta.org/news/icao-tokyo-convention-amended-new-protocol ; Jennifer A. Urban, "The Protocol to Amend the Convention on Offences and Certain Other Acts Committed on Board : A Missed Opportunity or A Sufficient Modernization?", (2016) 49 Indiana Law Review 713~743.

86) 몬트리올의정서 제16조.

87) 몬트리올의정서 제18조.

88) 동경협약 제3조 1항.

89) 몬트리올의정서 제4조에 의하여 동경협약 제3조에 추가된 1항의 2(Article 3, para. 1 *bis*).

90) 몬트리올의정서 제4조에 의하여 동경협약 제3조에 추가된 2항의 2(Article 3, para. 2 *bis*).

91) 몬트리올의정서 제4조에 의하여 동경협약 제3조에 추가된 2항의 3(Article 3, para. 2 *ter*).

92) 몬트리올의정서 제5조에 의하여 추가된 동경협약 제3조의 2(Article 3 *bis*).

93) 몬트리올의정서 제2조에 의하여 개정된 동경협약 제1조 3항(a).

제5조, 제13조에 사용된 '등록국'이란 술어는 운영자의 국가로 간주된다.[94]

2. 헤이그협약

동경협약이 채택되고 나서 1960년대 후반에 들어와 항공기납치가 전세계적으로 기승을 부리자 이 문제에 직접적으로 대처할 다자조약이 시급히 요구되었으며, 그 결과 채택된 것이 1970년의 "항공기 불법납치 억제를 위한 헤이그협약"(Hague Convention for the Suppression of Unlawful Seizure of Aircraft)[95]이다.

항공기 불법납치[96]는 종종 공해상의 해적행위에 비유되곤 하지만 양자 사이에는 몇 가지 본질적인 차이점이 있다. 첫째, 동기에 있어 해적행위는 '사적인' 목적으로 행하는 약탈행위인데 반하여, 항공기납치는 그 목적이 사적인 것에서부터 정치적인 것에 이르기까지 다양하다. 둘째, 대상에 있어 해적행위가 성립하기 위해서는 공격하는 선박(또는 항공기)과 공격받는 선박(또는 항공기)이 별개로 존재해야 하는데 반해, 항공기납치는 한 항공기 내에서만 발생한다. 셋째, 발생지역에 있어 해적행위는 '공해 또는 국가관할권 밖의 장소'에서 행해지는데 반해, 항공기납치는 반드시 그러하지는 아니하다. 넷째, 재판관할권에 있어, 해적행위에 대해서는 국제관습법상의 임의적 보편관할권(optional or facultative universal jurisdiction)이 인정되고 있으나, 항공기납치는 아직 그러하지 못하다.

(1) 항공기 불법납치의 정의[97]

헤이그협약의 목적상 항공기납치가 성립하기 위해서는 다음의 몇 가지 요건을 구비하여야 한다. 첫째, 항공기의 납치 또는 점거가 '힘(force)의 불법적인 사용 또는 그 위협'으로부터 발생하여야 한다. 둘째, 항공기가 '비행 중'(while in flight) 납치되어야 한다. 따라서 지상에 '착륙 중인' 항공기의 불법납치는 이 협약의 범위에 들지 않는다. 여기서 '비행 중'이라 함은 "탑승 후 외부의 모든 문이 닫힌 순간부터 승객들이 내리기 위해 그러한 문이 열리는 순간까지"이다. 다만, 강제착륙(forced landing)의 경우에 비행은 관계당국이 항공기와 기상의 인원 및 재산에 대한 책임을 인수할 때까지 계속되는 것으로 본다.[98] 셋째, 불법행위는 기내탑승자(person on board an aircraft)에 의하여 행해져야 한다. 따라서 공항시설이나 (비행 중 · 기착 중의) 항공기에 대한 외부로부터의 공격 · 사보타지는 이 협약의 범위에 들지 않는다. 이 문제는 1971년의 몬트리올협약에서 규율하고 있다. 넷째, 항공기의 이륙장소 또는 실제의 착륙장소가 당해 항공기등록국의 영토 밖에 있는 경우에만 이 협약이 적용된다.[99] 당해 항공기가 국내선인가 국제선인가는 문제되지 않는다. 요컨대, 당해 항공기의

94) 몬트리올의정서 제2조에 의하여 개정된 동경협약 제1조 3항(b).
95) 1970년 12월 16일 ICAO에서 채택, 1971년 10월 14일 발효, 1973년 2월 17일 한국 발효.
96) 항공기 불법납치는 unlawful seizure of aircraft, aerial hijacking, skyjacking, air piracy 등 다양하게 표현되지만, 1970년의 헤이그협약은 첫 번째 표현을 사용하고 있다.
97) 헤이그협약 제1조.
98) 헤이그협약 제3조 1항.
99) 헤이그협약 제3조 3항.

등록국만이 재판관할권을 가지는 순수한 국내 항공기납치는 이 협약의 범위 밖에 있다.

(2) 재판관할권

"등록국, 착륙국, 항공기 임차인(lessee)의 주영업지 또는 주소지의 국가"[100] 그리고 "이들 중 어느 한 국가에도 범인을 인도하지 않는 경우에 있어 현재 그 영토 내에 범인이 존재하는 '일체의' 체약국"[101]은 항공기납치에 대하여 관할권을 행사할 수 있다. 요컨대, 항공기납치범죄는 헤이그협약의 모든 체약국의 적으로 선언되고 있는 것이다. 본 협약은 또한 국내법에 따라 행사하는 어떠한 형사관할권(예컨대, 속지주의, 속인주의, 수동적 속인주의, 보호주의)도 배제하지 아니한다.

(3) 범죄인의 인도 · 소추

헤이그협약 제7조는 '인도 아니면 소추'(*aut dedere, aut juricare/prosequi* : either extradite or prosecute)의 공식, 즉 강제적(의무적) 보편관할권(compulsory universal jurisdiction of all contracting states)을 창설하였다. 즉, "그 영토 내에서 범인이 발견된 체약국은 그를 관련 체약국에게로 인도하지 않는 한 예외 없이, 그리고 그 영토 내에서 범죄가 행하여진 것인지의 여부를 불문하고, 소추를 위하여 권한있는 당국에 동 사건을 회부하여야 한다(shall be obliged to submit the case to its competent authorities for the purpose of prosecution). 권한있는 당국은 그 국가의 법률상 중대한 성질의 일반적인 범죄의 경우에 있어서와 같은 방법으로 결정을 내려야 한다." 헤이그협약에 나타난 강제적 보편관할권의 약점은, 체약국들에게 단지 범죄혐의자를 국내'소추당국' 앞으로 데려갈 의무만을 부과하고 있다는 점이다. 즉, 범죄혐의자를 '재판'에 회부할 의무에는 미치지 못한다. 그 결과, 소추가 재량적인 체약국에서는 소추당국(검사)은 범죄가 중대하지 않다든지 혹은 증거 불충분 등의 다른 근거를 들어 결국 형사소추를 개시하지 않기로 결정할 수 있다.[102]

범죄는 체약국들 간에 존재하는 모든 인도조약에 인도대상 범죄로 포함되는 것으로 간주된다. 또한 체약국들은 범죄를 앞으로 그들 사이에 체결될 모든 인도조약에서 인도대상 범죄로 포함할 의무를 진다.[103]

(4) 헤이그협약의 약점

강제적 보편관할권 공식에 내재되어 있는 약점 이외에도 헤이그협약은 다음의 몇 가지 약점을 안고 있다. 첫째, 헤이그협약 제2조는 "각 체약국은 범죄를 엄중한 형벌로 처벌할 의무를 진다."고 규

100) 헤이그협약 제4조 1항.
101) 헤이그협약 제4조 2항.
102) 역시 강제적 보편관할권을 도입하고 있는 1949년의 4개 제네바협약의 경우에는 여기서 한 걸음 더 나아가고 있다(제1협약 제49조, 제2협약 제50조, 제3협약 제129조, 제4협약 제146조). 즉, 각 체약국은 협약을 중대하게 위반한 범죄혐의자를 "국적에 관계없이 자국 재판소 앞으로 데려가야(즉, 재판에 회부하여야) 한다(shall bring such persons, regardless of their nationality, before its own courts)." Aust, *Handbook of International Law*, 2nd, p. 271 ; Cassese, *International Law*, 2nd, p. 468 ; 본서, 제9장 (국가관할권) 참조.
103) 헤이그협약 제8조 1항.

정하고 있으나 이는 유명무실한 규정이다. 구체적인 형량을 정하면 국가의 주권을 해치는 결과를 초래한다는 이유로 이처럼 공허한 규정이 되고 말았다.

둘째, 항공기 납치범에게 정치적 비호(political asylum)가 부여될 가능성을 제거하지 못하였다.

셋째, 항공기 납치로 인하여 초래된 인적·물적 손해에 대해 누가 민사배상책임을 질 것인가에 관해서는 규정이 없다. 이것은 결국 항공운송인(항공회사)의 민사배상책임을 말하는 것인데, 이 문제는 국제사법의 통일과 관련된 주제로서 별도의 다자간 조약들을 통해 규율되고 있다.[104)]

3. 몬트리올협약

특별히 '비행 또는 운항 중인 항공기'나 '공항시설'에 대한 폭발물투척과 같은, 민간항공에 대한 사보타지를 규율하기 위해 1971년에 "민간항공의 안전에 대한 불법행위 억제를 위한 몬트리올협약"(Montreal Convention for the Suppression of Unlawful Acts against the Safety of Civil Aviation)[105)]이 체결된 바 있는데, 이 협약은 그 후 1988년의 몬트리올 보충의정서(Montreal Supplementary Protocol)[106)]에 의하여 '국제공항에서 상해나 사망을 야기하는 일정 폭력행위'와 '국제공항에서 운항 중에 있지 아니한 항공기를 파괴하는 행위'에 대해서도 적용되도록 개정되었다.

즉, 첫째, 몬트리올협약은 '불법적이며 고의적인'(unlawful and intentional) 행위로서, (i) '비행 중인'(in flight) 항공기에 탑승한 자에 대하여 폭력행위(act of violence)를 가하고 그 행위가 그 항공기의 안전을 위태롭게 할 가능성이 있는 경우, (ii) '운항 중인'(in service) 항공기를 파괴하거나 그러한 항공기에 침해를 가하여 비행을 불가능하게 하거나 비행의 안전을 위태롭게 할 가능성이 있는 경우, (iii) 방법을 불문하고, 항공기를 파괴할 가능성이 있거나, 비행을 불가능하게 만드는 손해를 가할 가능성이 있거나, 또는 비행의 안전을 위태롭게 할 가능성이 있는 장치나 물질(device or substance)을 운항 중인 항공기상에 설치하거나 또는 설치되도록 하는 경우, (iv) 항공시설(air navigation facilities)을 파괴 혹은 손상하거나 그 운용을 방해하여 비행 중인 항공기의 안전을 위태롭게 할 가능성이 있는 경우, (v) 허위임을 아는 정보를 교신하여 비행 중인 항공기의 안전을 위

---

104) 즉, (i) 1929년 10월 12일 바르샤바(Warsaw)에서 채택, 1933년 2월 13일 발효된 "국제항공운송에 관련된 일정 규칙의 통일을 위한 협약"(Convention for the Unification of Certain Rules relating to International Carriage by Air)(여러 협약/의정서에 의해 개정, 보충됨)과 (ii) 바르샤바협약 체제의 일부 단점을 보완하기 위해 1999년 5월 28일 ICAO 회원국들이 몬트리올 외교회의에서 채택하고, 2003년 11월 4일 발효한 "국제항공운송을 위한 일정 규칙의 통일을 위한 협약"(Convention for the Unification of Certain Rules for International Carriage by Air). See https://en.wikipedia.org/wiki /Warsaw_Convention ; https://en.wikipedia.org/wiki/Montreal_Convention.

105) 1971년 9월 23일 ICAO에서 채택, 1973년 1월 26일 발효, 1973년 9월 1일 한국 발효.

106) 정식명칭 : "1971년 9월 23일 몬트리올에서 채택된 민간항공의 안전에 대한 불법행위 억제를 위한 협약을 보충하는, 국제민간항공에 사용되는 공항에서의 불법적 폭력행위의 억제를 위한 의정서"(Protocol for the Suppression of Unlawful Acts of Violence at Airports Serving International Civil Aviation, Supplementary to the Convention for the Suppression of Unlawful Acts against the Safety of Civil Aviation). 1988년 2월 24일 몬트리올에서 채택, 1989년 8월 6일 발효, 1990년 7월 27일 한국 발효.

태롭게 하는 경우 등의 행위에 적용된다.[107)]

둘째, 협약은 '여하한 장치, 물질 또는 무기를 사용하는 불법적이며 고의적인 행위를 통해' (i) 국제민간항공에 사용되는 공항에서 사람에 대하여 중대한 상해나 사망을 야기하는 폭력행위를 행하거나, (ii) 국제민간항공에 사용되는 공항의 시설 또는 그러한 공항에 소재하고 있는 운항 중에 있지 아니한(not in service) 항공기를 파괴하거나 중대한 손상을 입히는 경우 또는 공항의 업무를 방해하는 경우로서, 그러한 행위가 동 공항에서의 안전을 위태롭게 하거나 위태롭게 할 가능성이 있는 경우에 적용된다.[108)]

몬트리올협약은 상기 범죄의 미수범과 공범에 대해서도 적용된다.[109)] 몬트리올협약의 목적상, '비행 중'의 정의는 헤이그협약의 그것과 동일하다.[110)] 그리고 항공기는 비행을 위하여 지상원 또는 승무원에 의하여 항공기의 비행전(前) 준비(preflight preparation)가 시작된 때부터 착륙 후 24시간까지 '운항 중에' 있는 것으로 본다.[111)]

몬트리올협약 제5조[112)]는 재판관할권에 관하여 헤이그협약 제4조와 대체로 비슷한 규정을 두고 있다.

몬트리올협약 제3조는 범죄의 엄중한 처벌과 관련하여 헤이그협약 제2조와 동일한 규정을 두고 있다. 그리고 동협약 제7조 및 제8조는 범죄인의 인도와 소추에 관해서도 헤이그협약 제7조 및 제8조와 동일한 규정을 두고 있다. 따라서 몬트리올협약에 대해서도 헤이그협약의 경우와 동일한 비판이 가능하다.

몬트리올협약과 보충의정서간의 관계는 다음과 같다. 첫째, 의정서당사국간에는 협약과 의정서는 한 개의 단일 문서로 함께 읽고 함께 해석된다.[113)] 둘째, 의정서의 폐기(탈퇴)는 가능하지만, 그것만으로 협약 폐기의 효과를 갖지는 아니한다.[114)] 셋째, 그러나 의정서에 의하여 보충된 협약의 체약당사국에 의한 협약 폐기는 의정서 폐기의 효과도 갖는다.[115)]

4. 북경협약과 북경의정서

운항중인 민간항공기를 무기로 사용한 2001년의 9-11 테러는 기존의 두 항공테러 협약, 즉 헤이그협약과 (개정된)몬트리올협약이 미처 예견하지 못하였던 유형의 범죄였다. 이에 ICAO 후원하에

107) 몬트리올협약 제1조 1항.
108) 몬트리올 보충의정서에 의하여 추가된 몬트리올협약 제1조 1 *bis* (1의 1)항.
109) 몬트리올 보충의정서에 의하여 개정된 몬트리올협약 제1조 2항.
110) 몬트리올협약 제2조(a).
111) 몬트리올협약 제2조(b).
112) 몬트리올 보충의정서에 의하여 협약 제1조에 1 *bis*항이 추가된 것에 상응하여 협약 제5조에도 2 *bis* (2의 1)항이 추가되었다.
113) 몬트리올 보충의정서 제1조.
114) 몬트리올 보충의정서 제8조 3항.
115) 몬트리올 보충의정서 제8조 4항.

조직된 '항공안전에 관한 외교회의'(Diplomatic Conference on Aviation Security)는 2010년 9월 10일 중국, 북경에서 항공안전을 위협하는 과거 혹은 미래의 강화된 테러에 대처하기 위해 두 개의 새 문서를 채택하였다.[116)]

그 하나는 (개정된)몬트리올협약을 대신하는 "국제민간항공에 관련된 불법행위 억제에 관한 협약"(Convention on the Suppression of Unlawful Acts Relating to International Civil Aviation)(이하 북경협약)인데, '북경협약 당사국 사이에서' 북경협약은 몬트리올협약과 몬트리올 보충의정서에 우선한다.[117)]

다른 하나는 "항공기불법납치 억제를 위한 (헤이그)협약 보충의정서"(Protocol Supplementary to the Convention for the Suppression of Unlawful Seizure of Aircraft)(이하 북경의정서)로, '북경의정서 당사국 사이에서' 헤이그협약과 북경의정서는 "2010년 북경의정서에 의해 개정된 헤이그협약"으로 지칭되며, 헤이그협약과 북경의정서는 "한 개의 단일 문서로서"(as one single instrument) 함께 읽고 함께 해석된다.[118)]

북경협약은 몬트리올협약에 새로 네 개의 주요범죄(principal offences)를 추가하고 있다.[119)] 그 첫 번째는 "사망, 중대한 육체적 침해, 혹은 재산이나 환경에 대한 중대한 손해를 초래하기 위해 민간항공기를 사용하는"[120)] 것으로, 9-11 테러에서 보는 것처럼 민간항공기를 몰고 빌딩으로 돌진하는 것과 같은 행위가 바로 여기에 해당할 것이다. 이것은 달리 말하면 민간항공기를 무기로 사용하는 것이 조약에 의해 한 개의 구체적인 범죄유형이 되었음을 의미한다.[121)] 두 번째는 "사망, 중대한 육체적 침해, 혹은 재산이나 환경에 대한 중대한 손해를 초래하거나 초래할 가능성이 있는 방식으로 '생물, 화학 혹은 핵 무기'(BCN weapon) 혹은 폭발성, 방사성 혹은 그 비슷한 물질을 운항중인 항공기로부터 방출하거나 발사하는(releases or discharges *from* an aircraft in service)"[122)] 것이다. 세 번째는 두 번째 범죄에 명시된 그같은 물질을 "운항중인 항공기에 대하여 혹은 운항중인 항공기 내에서 사용하는"(uses *against or on board* an aircraft in service) 것이다[123)] ; 이 상황이 예견하고 있는 범죄의 대상은 항공기 밖에 있는 것이 아니고 실제 항공기와 항공기에 타고 있는 사람들이다 ; 범인이 항공기 내에서 폭발물을 터뜨리려고 시도하는 경우가 여기에 해당할 것이다.[124)] 네 번째는 (i) 폭발성 혹은 방사성 무기, (ii) BCN무기, (iii) 원재료(source material) 혹은

116) Damien van der Toorn, "September 11 inspired aviation counter-terrorism convention and protocol adopted", American Society of International Law, insights, Volume 15, Issue 3, January 26, 2011, 〈https://www.asil.org/insights/volume/15/issue/3/september-11-inspired-aviation-counter-terrorism-convention-and-protocol〉.
117) 북경협약 제24조(Article 24).
118) 북경의정서 제19조(Article XIX).
119) 북경협약 제1조 1항.
120) 북경협약 제1조 1항(f).
121) Toorn, *supra*.
122) 북경협약 제1조 1항(g).
123) 북경협약 제1조 1항(h).
124) Toorn, *supra*, fn. 6.

특별핵분열물질(special fissionable material), 그리고 (iv) BCN무기와 관련된 장비 혹은 소프트웨어 등, 네 종류의 위험물질을 항공기로 운송하거나 운송되게 하거나 운송을 용이하게 하는(transports, causes to be transported, or facilitates) 것이다[125)]; 다만, 이 네 번째 범죄의 각 대상에는 '인식'(knowing) 혹은 '의도'(intention) 등의 심리적 요건이 부가되어 있다 ; 또한 NPT 조약, 생물무기협약, 화학무기협약 등의 다자비확산조약에 의거하여 당사국의 허가를 받은 자들이 각 조약에 의해 허용된 물질을 운송하는 것은 (iii)과 (iv)의 범죄로 되지 않는다는 보장이 첨부되어 있다.[126)] 이같은 조약의 당사국에 속한 자가 아니라 하더라도 IAEA와의 안전조치협정(safeguards agreement)에 따라 운송을 하는 것은 북경협약 하의 범죄를 구성하지 아니한다.[127)] IAEA안전조치협정에는 사찰대상을 지정하는 것, 대상이 포괄적인 것, 자발적인 사찰 등 여러 유형이 있다.[128)] 위험물질의 기내운송 범죄는 "해상운항의 안전에 대한 불법행위의 진압을 위한 (1988년) 협약의 2005년 의정서"[129)]에 포함된 비슷한 운송범죄에 필적하는 것이다.[130)]

북경협약과 북경의정서는 몇몇 보조적 그리고 미완성의 범죄(ancillary and inchoate offenses)도 새로 담고 있다. 이를테면, (운송을 제외한) 주요범죄를 범하겠다고 직접 혹은 간접적으로 위협(threat)하거나,[131)] 범죄수행을 조직(organize) 또는 지도/지시(direct)[132)]하는 것도 범죄이다. 범죄인(즉, 도망자)이 수사, 소추 혹은 처벌을 피하도록 돕는 것도 범죄이다.[133)] 각 당사국은 공모나 방조도 범죄로 규정해야 한다[134)] ; 이것은 UN 대테러 관련 협약에 처음으로 삽입되었는데, 테러공격이 실행에 옮겨지기 전에 범인들을 체포, 소추하는 것을 허용하기 위해 고안된 것이다.[135)]

북경협약과 북경의정서는 각 당사국이 재판관할권을 수립해야 하는 경우와 수립할 수 있는 경우로 구분하고 있으며, 전자에 범죄인의 국적국가를 추가하고 있고,[136)] 후자에는 자국민이 범죄피해자인 경우와 범죄가 자국 영토 내에 상주거소(habitual residence)를 두고 있는 무국적자에 의해 행해진 경우를 규정하고 있다.[137)]

북경협약과 북경의정서는 무력충돌 중의 군대의 활동에는 적용되지 아니한다.[138)] 군대 구성원이 국제인도법의 위반으로 처벌받는 것은 별개의 문제이다.[139)]

---

125) 북경협약 제1조 1항(i).
126) 북경협약 제1조 1항(i) 단서, 제7조.
127) 북경협약 제1조 1항(i)(3).
128) Toorn, *supra*.
129) "2005 Protocol to the (1988) Convention for the Suppression of Unlawful Acts Against the Safety of Maritime Navigation".
130) Toorn, *supra*, fn. 8.
131) 북경협약 제1조 3항 ; 북경의정서 제2조에 의해 대체된 헤이그협약 제1조 2항.
132) 북경협약 제1조 4항(b) ; 북경의정서 제2조에 의해 대체된 헤이그협약 제1조 3항(b).
133) 북경협약 제1조 4항(d) ; 북경의정서 제2조에 의해 대체된 헤이그협약 제1조 3항(d).
134) 북경협약 제1조 5항 ; 북경의정서 제2조에 의해 대체된 헤이그협약 제1조 4항.
135) Toorn, *supra*.
136) 북경협약 제8조 1항(e) ; 북경의정서 제7조에 의해 대체된 헤이그협약 제4조 1항(e).
137) 북경협약 제8조 2항 ; 북경의정서 제7조에 의해 대체된 헤이그협약 제4조 2항.
138) 북경협약 제6조 2항 ; 북경의정서 제6조에 의해 추가된 헤이그협약 제3조의 2 (Article 3 *bis*).

북경협약과 북경의정서는 적용대상 범죄들을 정치범죄(political offence)로 간주하지 아니한다고 명시하고 있는데, 이것도 헤이그협약과 (개정된)몬트리올협약에는 없는 새로운 부분이다.[140] 다만, 범죄인인도나 사법공조 요청이 -인종, 종교, 국적 등등- 차별적 사유에 근거한 소추나 처벌로 이어질 수 있다고 믿을만한 실질적인 이유들이 있는 경우에는 범죄인인도나 사법공조를 제공할 것을 강요당하지 아니한다.[141]

범죄에 적용될 수 있는 형량에 대해 구체적으로 언급함이 없이 단지 "엄중한 형벌로"(by severe penalties) 처벌해야 한다고만 규정한 것은 여전하다.[142] "인도 아니면 소추"의 공식을 도입한 것도 여전하다.[143]

북경협약과 북경의정서 양자 모두 22번째 비준서가 기탁된 일자 이후 두 번째 달의 첫째 날에 발효하는데,[144] 먼저 북경의정서가 2018년 1월 1일에 발효하였으며,[145] 북경협약은 2018년 7월 1일에 발효하였다.[146]

---

139) Toorn, *supra.*

140) 북경협약 제13조 ; 북경의정서 제12조에 의해 추가된 헤이그협약 제8조의 2 (Article 8 *bis*).

141) 북경협약 제14조 ; 북경의정서 제13조에 의해 추가된 헤이그협약 제8조의 3 (Article 8 *ter*).

142) 북경협약 제3조 ; 북경의정서 제3조에 의해 대체된 헤이그협약 제2조.

143) 북경협약 제10조. 북경의정서는 헤이그협약 제7조의 "인도 아니면 소추" 공식에 손을 대지 않았다.

144) 북경협약 제22조 ; 북경의정서 제23조 ; https://en.wikipedia.org/wiki/Beijing_Convention ; https://en.wikipedia.org/wiki/Hague_Hijacking_Convention#2010_Protocol.

145) https://www.icao.int/Newsroom/Pages/Beijing-Protocol-to-enter-into-force-following-Ugandas-ratification.aspx ; https://en.wikipedia.org/wiki/Hague_Hijacking_Convention#2010_Protocol.

146) https://en.wikipedia.org/wiki/Beijing_Convention.

제 23 장
국제우주법

Ⅰ. 국제우주법의 시작과 연원

국제우주법(international space law)은 외기권, 즉 우주(outer space)의 탐색과 이용에 '관련'된 활동을 규율하기 위한 국제법의 한 분과로 정의할 수 있다. 따라서 국제우주법은 그 이름이 시사하는 바와는 달리 외기권 자체에서의 활동에 대해서 뿐만 아니라, 그것과 관련한 '지상 및 대기권에서의' 활동에 대해서도 적용된다. 예컨대, 국제우주법에서는 우주비행사의 구조 · 귀환 및 우주물체의 회수에 관련한 모든 '지상'활동을 규율하며, 또한 지상에 떨어진 우주물체에 의하여 야기된 손해의 배상 문제도 다룬다. 이것은 마치 해양법이 EEZ, 공해, 군도수역, 국제해협 등의 상공에서의 항공기의 통과 문제를 다루는 것과도 같다.[1)]

우주법은 소련이 1957년 10월 4일 Sputnik로 명명된 인공위성을 우주공간에 쏘아 올림으로써 시작하였다. 그리고 소련의 뒤를 이은 미국과 기타 일부 국가들의 우주진입으로 인하여 다음의 두 가지 관습법규가 신속히 형성되었다. 첫째, 국가의 영토주권은 외기권에는 미치지 않는다(즉, 국가의 영공에는 상방한계가 있다). 둘째, 모든 국가는 외기권을 탐사하고 이용할 권리를 갖는다. 이처럼 1957년 이후 외기권이 국제공동체 전체의 공공물(*res communis omnium*)로 간주되어 사실상 미국과 소련의 독점적인 사용 하에 놓이게 되자 UN총회는 우주의 법적 지위를 분명히 하는 작업에 착수하였는데, 이를 위해 우선 1963년 12월 13일의 결의 1962(XVIII)를 통해 "외기권을 탐사하고 이용하는 국가의 활동에 적용되는 법원칙들의 선언"(Declaration of Legal Principles Governing the Activities of States in the Exploration and Use of Outer Space)을 채택하였다. 그리고 이를 기초로 1966년 12월 19일 결의 2222(XXI)에 의해 우주조약, 즉 "달과 기타 천체를 포함한 외기권을 탐사하고 이용하는 국가의 활동에 적용되는 원칙에 관한 조약"(Treaty on Principles

---

1) Rosenne, *The Perplexities of Modern International Law*, pp. 315, 316.

Governing the Activities of States in the Exploration and Use of Outer Space, including the Moon and Other Celestial Bodies)[2]을 채택하였다. 우주조약은 직접 우주탐사활동에 종사하는 국가들을 포함하여 100개가 넘는 국가가 당사자로 됨과 더불어 이제는 이 문제에 대한 일반관습법규를 반영하고 있는 것으로 생각되고 있다.[3] UN총회는 우주조약의 세부적 이행을 위한 다자조약도 계속해서 채택하였는데, "우주비행사의 구조, 우주비행사의 귀환 및 외기권에 발사된 물체의 회수에 관한 협정" (Agreement on the Rescue of Astronauts, the Return of Astronauts and the Return of Objects Launched into Outer Space)(이하 구조협정),[4] "우주물체에 의하여 야기된 손해에 대한 국제책임에 관한 협약"(Convention on International Liability for Damage Caused by Space Objects)(이하 책임협약),[5] "외기권에 발사된 물체의 등록에 관한 협약"(Convention on Registration of Objects Launched into Outer Space)(이하 등록협약),[6] 그리고 "달과 기타 천체에서의 국가의 활동에 적용되는 협정"(Agreement Governing the Activities of States on the Moon and Other Celestial Bodies)(이하 달조약)[7]이 바로 그들이다. 이들 다섯 조약은 국제우주법의 기본적인 연원을 형성하고 있다.[8]

Ⅱ. 외기권의 법적 지위

달과 기타 천체 그리고 우주공간으로 구성되는 외기권은 주권을 주장하거나, 이용이나 점유에 의하여, 또는 다른 어떤 수단에 의해서도 국가영유(national appropriation)의 대상이 되지 아니한다.[9] 따라서 일부 적도국가들이 1976년 12월 3일의 이른바 보고타선언(Bogota Declaration)을

2) 1967년 1월 27일 서명을 위하여 개방, 1967년 10월 10일 발효 ; 1967년 10월 13일 한국 발효.
3) Currie, p. 284 ; Aust, *Handbook of IL*, 2nd, p. 339.
4) 1968년 4월 22일 서명을 위하여 개방, 1968년 12월 3일 발효 ; 1969년 4월 4일 한국 발효. 이는 우주조약 제5조의 세부이행조약이다.
5) 1972년 3월 29일 서명을 위하여 개방, 1972년 9월 1일 발효 ; 1980년 1월 14일 한국 발효. 이는 우주조약 제6~7조의 세부이행조약이다.
6) 1975년 1월 14일 서명을 위하여 개방, 1976년 9월 15일 발효 ; 1981년 10월 15일 한국 발효. 이는 우주조약 제8조의 세부이행조약이다.
7) 1979년 12월 18일 서명을 위하여 개방, 1984년 7월 11일 발효. 미국과 옛 소련은 서명하지 않았으며, 한국도 마찬가지이다. 달조약(제19조 3항)은 우주조약(제14조 3항)이나 구조협정(제7조 3항)과는 달리 그 발효를 위하여 미국, 영국, 소련의 비준을 요하지 않았다. 발효를 위하여 이들 3국의 수락을 요하지 않기는 책임협약(제24조 3항)과 등록협약(제8조 3항)도 마찬가지이다. 어쨌든, 이 달조약은 특히 우주조약 제1조 및 제2조를 보충하기 위한 조약이다.
8) 이 밖에도, 1998년 1월 29일 유럽 국가들과 미국, 일본, 러시아, 캐나다는 저궤도 국제우주정거장의 공동 개발과 운용, 이용을 위하여 "민간국제우주정거장에 관한 협력협정"(Agreement concerning Cooperation on the Civil International Space Station)에 서명하였다(2001년 3월 27일 발효) : https://www.state.gov/wp-content/uploads/2019/02/12927-Multilateral-Space-Space-Station-1.29.1998.pdf ; https://www.esa.int/Science_Exploration/Human_and_Robotic_Exploration/International_Space_Station/International_Space_Station_legal_framework.

통하여 적도상공 약 36,000km(혹은 22,300 마일) 지점의 이른바 지구정지궤도(geostationary orbit)에 대해 주권을 주장한 것은 수락하기 어려운 요구로 생각된다. 영공의 상방한계가 50마일에서 100마일 정도로 인식되고 있는 현재의 상황을 고려하면 더욱 더 그러하다.[10)]

외기권은 이처럼 국가영유의 대상은 될 수 없지만, 그 대신 공해의 경우처럼 '모든' 국가가 '국제법에 따라' '자유로이' 탐색하고 이용할 수 있다.[11)] 다만, 외기권의 탐색과 이용, 즉 우주활동은 '모든 국가의 이익을 위하여'(for the benefit and in the interests of all countries) 행해져야 한다는 점에서 공해자유의 원칙과 다르다.[12)] 문제는 '모든 국가의 이익을 위하여'라는 문구가 매우 모호하다는 점이다. 외기권이 인류의 공동유산(common heritage of mankind)임을 의미하기 위하여 삽입된 것은 물론 아니었다. 그 결과 외기권도 결국 일종의 공공물(*res communis omnium*)로 간주되게 되었다.[13)]

그러나 1969년 미국의 아폴로(Apollo) 우주선이 달에 가서 그 암석을 가져오자, 세계 여론은 이에 충격을 받고 천체에 존재하는 자원의 개발 문제에 관심을 가지지 않을 수 없게 되었다. 그리하여 인류의 공동유산(common heritage of mankind) 개념을 달과 그 천연자원에 적용하기 위한 달조약이 특히 제3세계의 압력으로 1979년에 체결되었다.[14)] 미국과 소련은 달조약에 대한 지지를 표명했으면서도 이에 서명하지 않았다.[15)] 달조약은 5개국의 비준을 얻어 1984년 7월 11일 발효하였으나 그 당사국은 매우 소수에 머무르고 있으며, 또한 이들은 사실상 모두 우주탐사에 관여하는 국가들이 아니다.[16)] 따라서 달조약은 우주조약과는 달리 그 자체 국제관습법을 반영하고 있는 것으로 보기는 힘들다.[17)]

뿐만 아니라, 달조약에 나타난 '인류의 공동유산' 개념은 다음 두 가지 점에서 그 기본정신이 많이 약화되어 있다. 첫째, 이익의 형평한 배분에 있어 1982년의 UN해양법협약 제160조 1항(f)(i)가

---

9) 우주조약 제2조.

10) Cassese, § 221 at p. 387.

11) 우주조약 제1조 2단.

12) 우주조약 제1조 1단.

13) Currie, pp. 285~286, 287 ; Louis de Gouyon Matignon, February 28, 2019, "The Res Communis Concept in Space Law", 〈https://www.spacelegalissues.com/space-law-the-res-communis-concept-in-space-law/〉. 다만, ILC는 2006년에 채택한 "Conclusions of the work of the Study Group on the Fragmentation of International Law: Difficulties arising from the Diversification and Expansion of International Law", para. (38)에서 "모든 대세적 의무가 일반국제법의 강행규범에 의하여 수립되는 것은 아니다."라고 하면서, 강행규범에 의해 수립된 것이 아닌 대세적 의무의 예로 ("심해저와 그 자원은 인류의 공동유산"임을 선언하고 있는)UN해양법협약 제136조와 함께 우주조약 제1조를 들고 있다. 본서, 제3장 (일반국제법의 강행규범) 참조.

14) 달조약 제11조 1항: "The moon and its natural resources are the common heritage of mankind, ..."

15) International Law Association, Seoul Conference (1986), *International Committee on Legal Aspects of A New International Economic Order*, p. 12.

16) https://en.wikipedia.org/wiki/Moon_Treaty.

17) Currie, pp. 286~287 ; Aust, *Handbook of IL*, 2nd, pp. 340~341 ; Michael Listner, "The Moon Treaty: failed international law or waiting in the shadows?", The Space Review, October 24, 2011, https://www.thespacereview.com/article/1954/11.

"개발도상국과 그리고 완전한 독립 또는 기타 자치자격을 얻지 못한 민족의 이익 및 필요를 특별히 고려"하고 있는 것과는 대조적으로, 달조약 제11조 7항(d)는 "개발도상국의 이익과 필요뿐만 아니라 달의 탐사에 직접 또는 간접으로 기여한 국가들의 노력에 대해서도 특별한 고려가 부여되어야 한다."라고 규정하고 있다. 둘째, 미국의 반대로 인하여, 앞으로 달의 개발을 위한 국제체제(international regime)를 수립하는 조약을 만들 때까지 자원의 개발을 유예하기 위한 조항이 삽입되지 못하였다.[18)]

달조약은 지구는 제외하되 달을 포함한 '태양계' 내의 천체에만 적용되는 데 반해,[19)] 우주조약은 이같은 공간적 제약을 도입하고 있지 않다.

주요 국가의 실행을 보면, 우선 미국은 2015년 "상업적 우주발사 경쟁력법"(Commercial Space Launch Competitiveness Act)을 제정하여 한마디로 미국인들이 우주에서 가져오는 것은 무엇이든지 가질 수 있게 하였다.[20)] 미국을 따라 룩셈부르크도 2017년 "우주자원의 탐사와 이용에 관한 법"(Law on the exploration and use of space resources)을 제정하여 우주자원은 '전유될 수 있음을' (capable of being appropriated) 선언하였고, 2020년에는 "우주활동에 관한 법"(Law on space activities)을 제정한 바 있다.[21)] 그리고 2020년 4월 6일 미국 트럼프 대통령은 행정부명령[22)]을 통해 "미국은 외기권을 지구공유재로 보지 않으며, 외기권 자원의 공공/민간 복구 및 사용에 대한 국제적 지원을 장려하는 것이 미국의 정책이며, 우리는 달조약의 당사자가 아니다."라고 천명하였고, 그해 10월 13일 미국을 위시한 8개국은 「평화적 목적의 달·화성·혜성·소행성 탐사 및 이용에

18) Cassese, § 221 at pp. 390~391 ; Harris, 5th, pp. 250~251.

19) 다만, 이들 천체의 어느 것에 대해 특별 법규범이 발효하는 경우, 달조약은 당해 천체에는 적용되지 아니한다(달조약 제1조 1항). 또한 달조약의 목적상, 달에 대한 언급은 달 주변의 궤도(orbits)와 달을 향한 혹은 달 주변의 탄도(trajectories)를 포함한다(달조약 제1조 2항).

20) Keitner, p. 185 : https://en.wikipedia.org/wiki/Commercial_Space_Launch_Competitiveness_Act_of_2015.

21) Philip De Man, "Luxembourg Law on Space Resources Rests on Contentious Relationship with International Framework", Leuven Centre for Global Governance Studies, Working Paper No. 189 - July 2017.〈https://ghum.kuleuven.be/ggs/publications/working_papers/2017/189deman〉 ; Bob Calmes, Laurent Schummer and Blazej Gladysz-Lehmann, "The Space Law Review: Luxembourg", The Law Reviews, 9 December 2021, 〈https://thelawreviews.co.uk/title/the-space-law-review/luxembourg〉 ; Keitner, p. 185 ; 정영진, "국제법상 우주자원의 법적 성격과 관리제도", 《국제법학회논총》(2017, vol.62, no.4, 통권 147호), pp. 151~164.

22) U.S. Executive Order 13914 of April 6, 2020, "Encouraging International Support for the Recovery and Use of Space Resources", Section 1 (Policy)("...the United States does not view [outer space] as a global commons. Accordingly, it shall be the policy of the United States to encourage international support for the public and private recovery and use of resources in outer space, consistent with applicable law.") ; Sec. 2 (The Moon Agreement)("The United States is not a party to the Moon Agreement. ...Further, the United States does not consider the Moon Agreement to be an effective or necessary instrument to guide nation states regarding the promotion of commercial participation in the long-term exploration, scientific discovery, and use of the Moon, Mars, or other celestial bodies. Accordingly, the Secretary of State shall object to any attempt by any other state or international organization to treat the Moon Agreement as reflecting or otherwise expressing customary international law."), 〈https://www.federalregister.gov/documents/2020/04/10/2020-07800/encouraging-international-support-for-the-recovery-and-use-of-space-resources〉.

대한 협력의 제원칙을 담은– 아르테미스 약정(The Artemis Accords - Principles for Cooperation in the Civil Exploration and Use of the Moon, Mars, Comets, and Asteroids for Peaceful Purposes)에 서명하기도 하였다.[23] 이제 민간기업들이 달로 몰려가려 한다는 소식이 들려오고 있다.[24]

Ⅲ. 우주물체와 우주비행사의 법적 지위

1. 우주물체(space objects)

외기권에 발사된 우주물체의 '소유권'(ownership)은 동 물체가 외기권에 있느냐 지구에 귀환했느냐에 따라 영향을 받지 아니하며, 따라서 우주물체는 언제 어디서나 그것이 발사되기 전에 속했던 국가, 법인 또는 개인에게 그 소유권이 있다.[25]

그러나 우주물체(와 거기에 타고 있는 우주비행사)에 대한 '관할권'(jurisdicticn)과 '통제권'(control)은 그것이 외기권에 있는 동안에만 등록국, 즉 발사국이 보유한다. 즉, 우주물체가 타국 영역에 진입하는 경우에는 당해 영토국의 관할권 하에 놓인다.[26] 영토주권의 원칙상 이것은 당연하며, 우주물체의 타국 영공 통과를 허락하는 관습법규는 형성되지 않고 있다.[27] 다만, 우주물체가 등록국의 영토 밖에서 발견되더라도 그 소유권은 언제나 등록국에 있으므로, 이런 경우 우주물체는 '등록국'으로 반환해야 한다.[28] 그러나 우주물체는 '발사국의 요청'이 있는 경우에만 발사국에게로 반환되며,[29] 또한 우주물체를 회수・반환하는 데 소요되는 경비는 발사국이 부담하여야 한다.[30]

---

23) 한국을 비롯하여 추가 서명국들이 늘고 있다. https://www.state.gov/artemis-accords/ ; https://en.wikipedia.org/wiki/Artemis_Accords ; https://www.nasa.gov/specials/artemis-accords/index.html ; 본서, 제2장 (국제법의 연원), "Ⅲ. 조약, 1. 조약의 정의".

사우디 아라비아는 2012년 달조약에 가입하였지만, 2022년 7월 14일 아르테미스약정에 서명하고, 2023년 1월 5일 수탁자(UN사무총장)에게 달조약 탈퇴를 통고하기도 하였다. 이로써 사우디는 달조약 제20조에 따라 통고 1년 뒤인 2024년 1월 5일부로 이 조약에서 탈퇴하였다. https://en.wikipedia.org/wiki/Moon_Treaty ; https://www.state.gov/kingdom-of-saudi-arabia-signs-the-artemis-accords/.

24) Joey Roulett/Reuters, September 16, 2020, "NASA sets out to buy moon resources mined by private companies", 〈https://www.reuters.com/article/space-exploration-moon-nasa-idUSKBN26208A〉; Alexandra Witze, 18 April 2023, "Private companies are flocking to the Moon — what does that mean for science? - A raft of commercial lunar missions are taking off in 2023. The first lander is set to touch down this month, signalling a new era for Moon science and exploration.", Nature 616, 426-427 (2023), doi: https://doi.org/10.1038/d41586-023-01045-6 ; 유지한/조선일보, 2023.04.24., "달 가려는 민간 기업들 "큰 돈 된다"…뭘로 벌까 봤더니 - 본격 민간 우주시대 개막".

25) 우주조약 제8조 두 번째 문장.

26) 우주조약 제8조 첫 번째 문장.

27) Orakhelashvili/Akehurst, p. 208.

28) 우주조약 제8조 세 번째 문장.

29) 구조협정 제5조 3항.

30) 구조협정 제5조 5항.

1975년의 우주물체등록협약은 등록(registration)을 의무적인(mandatory) 사항으로 규정하고 있다. 즉, 우주물체가 외기권, 즉 "지구궤도 또는 그 이원"에 발사되면 발사국은 자국의 적절한 등록부(appropriate registry)에 동 우주물체를 등록하여야 한다.[31] 그같은 국내 등록절차를 끝낸 후 등록국(state of registry)은 UN사무총장에게 '실행가능한 한 신속히' (a) 발사국(들)의 이름, (b) 우주물체의 적절한 명칭 또는 (노들주기, 궤도경사각, 원지점, 근지점을 포함한)등록번호, (c) 발사일시 및 발사지역 또는 위치, (d) 기본궤도변수(basic orbital parameters), 그리고 (e) 우주물체의 일반적 기능[32]에 대한 정보를 제공해야 한다. UN사무총장은 제공된 정보를 UN사무국의 등록부에 기록하여야 하는데, 등록부는 UN사무국의 우주과(Outer Space Affairs Division)에서 보관하고 있다.[33] UN사무국 등록부에 기재된 정보는 완전히 개방된다.[34]

2. 우주비행사(astronauts)

우주비행사는 '외기권에서의 인류의 사절'(envoys of mankind in outer space)로 간주된다.[35] 그러나 이것은 우주비행사가 외기권에서 국제기구 공무원의 경우처럼 어떤 '초국가적' 신분(supranational status)을 가진다는 말이 아니다. 우주비행을 하는 동안 그들은 여전히 자국의 국민으로 남아 있고, 우주물체등록국의 관할권(jurisdiction) 하에 놓인다. 다만, 우주비행사는 '외기권에서의 인류의 사절'로서 인류 전체의 이익과 양립할 수 없는 활동에 가담해서는 안될 의무를 부담하며, 발사국은 그들의 생명과 건강을 보호하기 위하여 가능한 모든 조치를 취하여야 한다.[36]

또한 외기권에서 활동을 수행하는 우주비행사들은 상호간에 가능한 모든 원조를 제공하여야 한다.[37] 그리고 외기권에서 우주비행사의 생명과 건강에 위험을 조성할 수 있는 현상을 발견한 당사국은 다른 당사국과 UN사무총장에게 이를 즉시 보고하여야 한다.[38]

조난(distress)을 당하거나 발사국의 영토 밖에서 비상착륙(emergency landing)한 우주비행사에 대해서는 가능한 모든 원조를 제공하여야 하며, 또한 '안전하고도 신속하게' 발사국으로 송환하여야 한다.[39] 이 점에 있어 우주비행사의 송환은 발사국의 요청과 경비부담을 전제로 하는 우주물체의 반환과 대조된다.

---

31) 등록협약 제2조.
32) 등록협약 제4조.
33) 등록협약 제3조 1항.
34) 등록협약 제3조 2항.
35) 우주조약 제5조 1단 첫 번째 문장.
36) D. I. Feldman et al., *International Law* (Moscow : Progress Publishers, 1990), p. 264.
37) 우주조약 제5조 2단.
38) 우주조약 제5조 3단.
39) 우주조약 제5조 1단, 구조협정 제1조~제4조.

Ⅳ. 외기권의 비군사화

달과 기타 천체, '지구주변'의 궤도, 우주공간 그 어디에도 '핵무기 또는 기타 모든 종류의 대량파괴무기'를 '배치'해서는 안된다.[40] ABM(anti-ballistic missiles), ICBM(intercontinental ballistic missiles), MIRV(multiple independently-targeted reentry vehicles), SLBM(submarine-launched ballistic missiles)은 지상에서 발사하여 단지 외기권의 일부를 '통과'하는데 불과한 것이지 외기권에 '배치'되는 것은 아니기 때문에 위 금지규정의 적용대상에서 제외된다. 또한 '대량파괴무기'(weapons of mass destruction)의 배치만이 금지되는데, 여기서 대량파괴무기라 함은 ABC무기(atomic, biological, chemical weapons) 및 기타 장래 개발될 모든 종류의 대량파괴무기를 지칭한다.[41]

또한 '달과 기타 천체'는 오직 평화적 목적을 위해서만 이용되어야 한다. 따라서 천체에 군사기지·군사시설 또는 군사요새를 설치해서는 안되며, 무기실험을 하거나 군사연습도 할 수 없다. 다만, 과학적 조사 또는 기타 모든 평화적 목적을 위하여 군인을 이용하는 것은 금지되지 아니하며, 천체의 평화적 탐색에 필요한 어떠한 장비 또는 시설의 사용도 금지되지 아니한다.[42]

이처럼 완전히 비군사화되고 있는 것은 달과 기타 천체뿐이며, 우주공간의 완전한 비군사화는 규정되어 있지 않다. 따라서 우주공간의 비군사화는 위에서 언급한 바와 같이 대량파괴무기의 배치에 국한된다. 예컨대, 지구주변의 궤도를 도는 우주선은 대량파괴무기의 배치를 포함하지 아니하는 군사적 목적으로 사용될 수 있다. 특히, 우주선은 정찰의 목적을 위해 사용될 수 있다는 것이 미국의 입장이다. 소련은 정찰위성의 사용이 불법이며 조약에 의해 금지되어야 한다고 주장했으나 미국은 이를 강력히 거절하였다.[43]

1979년의 달조약도 달과 기타 천체를 오로지 평화적 목적으로만 사용해야 할 국가의 의무를 재확인하면서, '달 또는 기타 천체주변'의 궤도(orbit)에, 혹은 '달을 향한 탄도(trajectory)'상에, 대량파괴무기를 배치하지 않을 의무를 추가하고 있다.[44]

생각건대, '우주공간'의 비군사화도 단지 '대량파괴무기'의 '배치'에 국한되어서는 안될 것이다. 또 이것이 제3세계국가들의 주장이기도 하다. 그러나 현재로서는 일부 조약에 의하여 산발적으로

40) 우주조약 제4조 1단.

41) 그러나 우주조약은 '대량파괴무기'에 대한 정의를 담고 있지 않으며, 그 결과 미국 등의 일부 국가가 개발에 관심이 있는 것으로 보도되고 있는 -흔히 운동에너지무기(kinetic weapon) 혹은 신의 지팡이(Rods from God)로 불리는- '초고속 지팡이 다발'(Hypervelocity Rod Bundles)이 대량파괴무기에 해당하는지는 확실하지 않다. Aaron Kesel, "U.S. Defense Secretary Jim Mattis Weighs Using "Kinetic Weapon" On North Korea", Activist Post, September 21, 2017, 〈https://www.activistpost.com/2017/09/us-defense-secretary-jim-mattis-weighs-using-kinetic-weapon-north-korea.html〉. https://en.wikipedia.org/wiki/Kinetic_bombardment ; https://www.quora.com/Are-orbital-kinetic-weapon-systems-legal.

42) 우주조약 제4조 2단.

43) See Orakhelashvili/Akehurst, 9th, pp. 221~222.

44) 달조약 제3조, 제1조.

'우주공간'의 비군사화가 규정되고 있을 따름이다. 예컨대, 이미 우주조약 이전에 체결된 1963년의 "대기권 · 외기권 및 수중에서의 핵무기실험금지조약"(Treaty Banning Nuclear Weapon Tests in the Atmosphere, in Outer Space and under Water)[45]에 의하면 외기권에서 핵무기실험이나 기타 핵폭발을 실시할 수 없다. 또한 1976년의 "환경변경기술의 군사적 또는 기타 적대적 사용금지에 관한 협약"(Convention on the Prohibition on Military or Any Other Hostile Use of Environmental Modification Techniques)[46]은 우주에서 지구쪽을 향하여 또는 지구에서 외기권을 향하여 그러한 기술을 군사적 또는 기타 적대적인 목적으로 사용하는 것을 금지하고 있다.[47] 그리고 1996년의 포괄핵실험금지조약(Comprehensive Nuclear Test Ban Treaty)[48]은 장소를 불문하고 모든 형태의 핵무기실험을 금지하고 있다.

V. 우주활동에 대한 국제책임

달과 기타 천체를 포함한 외기권에서의 활동에 대해서는, 그것이 정부기구에 의하여 수행되건 아니면 비정부실체에 의하여 수행되건 관계없이, 소속국가가 국제책임을 진다. 다만, 비정부실체의 우주활동은 소속국의 허가(authorisation)와 계속적인 감독(continuing supervision)을 받아야 한다.[49] 원래 소련은 우주활동의 주체를 국가에만 한정코자 하였으나, 미국은 사기업의 우주활동도 인정해야 한다고 주장하였다. 결국 이 양자의 절충으로서, 사인의 우주활동을 인정하되, 그에 대해서는 국가의 허가와 계속적인 감독을 요구하고, 그 결과에 대해서는 국가가 직접 책임을 지기로 하였던 것이다. 요컨대, 사인의 행위는 국가책임을 야기시키지 않는다는 일반국제법의 원칙이 우주활동에 대해서는 수정된 것이다.[50]

국제기구가 우주활동을 수행할 경우에는 '당해 국제기구와 이 기구에 참여하고 있는 우주조약 당사국들이 공동으로'(both by the international organization and by the States Parties to the Treaty participating in such organization) 책임을 진다.[51] 국제기구의 우주활동에 대해서 이같은 이중책임 방식이 채택된 이유는, 국제기구는 우주조약의 당사자가 아니라 제3자라는 사정 때문이었다.

---

45) 1963년 8월 5일 모스크바에서 채택 ; 1963년 10월 10일 발효 ; 1967년 7월 24일 한국 발효.

46) 1976년 12월 10일. UN총회결의 31/72에 의하여 승인됨 ; 1978년 10월 5일 발효 ; 1986년 12월 2일 한국 발효.

47) Feldman et al., *op. cit.*, p. 269.

48) 자세한 것은 본서, 제28장 (전쟁법), "Ⅷ. 군비축소, 2. 핵무기실험" 참조.

49) 우주조약 제6조 첫째 및 둘째 문장. 2013년 12월 11일 채택된 UN총회 결의 68/74 ("Recommendations on national legislation relevant to the peaceful exploration and use of outer space") 3항도 "우주활동은 권한 있는 국가당국의 허가를 필요로 해야 한다"(Space activities should require authorization by a competent national authority)고 규정하고 있다.

50) Shaw, p. 539.

51) 우주조약 제6조 셋째 문장.

우주조약 제7조는 우주활동 중에서도 특히 우주발사물체에 의해 타국 또는 타국민에게 야기된 손해에 대한 배상책임에 관하여 규정하고 있다. 따라서 제7조는 제6조에 대해 특별법으로서의 지위를 갖는다고 할 수 있다. 제7조에는 명백히 나타나 있지 아니하지만, 손해발생 장소는 달과 기타 천체를 포함한 외기권, 대기권, 지구표면 등 일체의 장소를 포함하는 것으로 생각된다.

우주발사물체에 의해 야기된 손해에 대한 책임문제는 1972년의 책임협약에서 상세히 규정되고 있다. 특히, 동 책임협약에 따르면, 우주물체가 '지구표면의 사람이나 재산에 또는 비행 중의 항공기에' 끼친 손해에 대해서는 고의·과실 여부를 묻지 아니하고 '발사국'이 '절대'책임(absolute liability)을 진다.[52] 다만, 피해를 입은 국가 또는 개인의 중대한 과실로 손해가 발생했다고 입증할 수 있는 범위까지는 절대책임이 면제된다.[53] 그러나 손해가 UN헌장과 1967년의 우주조약을 포함한 국제법과 일치하지 않는 발사국의 활동의 결과로 야기된 경우에는, 설사 손해가 피해국의 과실 때문이라고 하더라도 발사국은 책임을 면제받을 수 없으며 완전한 배상책임을 부담한다.[54] 이 규정은 우주활동을 수행함에 있어 국가들이 국제법규를 엄격히 준수할 필요성을 강조하고 있다. 1978년에 소련의 위성 *Cosmos 954*호가 캐나다에 떨어졌는데, 방사능에 오염된 파편을 수색·회수하는 과정에서 발생한 비용과 관련하여 소련은 캐나다에 3백만 캐나다 달러의 손해배상을 호의로(*ex gratia*)(즉, 그렇게 할 법적 의무는 인정하지 아니하면서) 지급하였다.[55]

'지구표면 이외의 영역에서' 한 발사국의 우주물체가 다른 발사국의 우주물체(또는 동 우주물체 내의 사람 또는 재산)에 대해 손해를 끼친 경우에는, 전자는 자신에게 과실이 있거나 또는 자신이 책임져야 할 사람에게 과실이 있는 경우에만 배상책임을 진다.[56]

책임협약은 '발사국'(launching state)의 개념을 넓게 해석하여, 우주물체의 발사를 실시 또는 조직하는 국가와 우주물체가 발사되는 영토 또는 시설의 소속국으로 정의하고 있다. 발사국의 개념 정의는 여러 국가가 우주물체를 공동으로 발사하는 경우에 중요성을 갖는다. 즉, 둘 이상의 국가가 '공동으로' 우주물체를 발사할 때에는 그들은 발생한 손해에 대하여 '공동으로 그리고 개별적으로'(jointly and severally), 즉 '연대하여' 책임을 지도록 규정되어 있기 때문에, 피해국은 자신의 재량에 따라 공동발사국들 중에서 어느 한 국가에게 완전한 배상을 요구할 수도 있다.[57] 이런 경우 완전한 배상금을 지불한 국가는 타 공동발사국에 대해 구상권(right to present a claim for indemnification)을 보유한다. 물론 공동발사국들은 사전에 배상액 분담에 관한 협정을 체결할 수

52) 책임협약 제2조 ; Harris, 5th, p. 249 ; Orakhelashvili/Akehurst, p. 278.
53) 책임협약 제6조 1항.
54) 책임협약 제6조 2항.
55) Harris, pp. 227~228 ; Birnie/Boyle, pp. 147, 153, 158(fn. 110), 417 ; Cassese, *International Law*, 2nd, p. 498. 이 사건은 1992년 12월 14일 UN총회가 결의 47/68에 의거 "외기권에서의 핵에너지원 사용에 관한 원칙"(Principles Relevant to the Use of Nuclear Power Sources in Outer Space)(일명 'NPS Principles')을 채택하는 계기가 되기도 하였다 : https://www.unoosa.org/oosa/en/ourwork/spacelaw/principles/nps-principles.html.
56) 책임협약 제3조 ; Shaw, 4th, p. 593.
57) 책임협약 제5조 1항. 여기서 사용된 joint and several liability는 보통법(common law)의 술어로서, 대륙법(civil law)에서 사용하는 solidary liability, 즉 연대책임과 동일하다. *Black's Law Dictionary*, 7th ed. (1999), p. 926.

도 있지만, 이같은 협정은 본 책임협약에 의거하여 완전한 배상을 받으려는 피해국의 권리를 침해하지 못한다.[58)]

책임협약은 우주활동에 종사하는 정부간 국제기구들에게도 적용된다. 다만, 이것은 국제기구가 책임협약에 규정된 권리와 의무를 수락한다는 선언을 하고, 또한 국제기구의 과반수 회원국이 책임협약 '및' 우주조약의 당사국인 경우에 한한다. 우주활동에 종사하는 국제기구의 회원국이면서 동시에 책임협약의 당사국인 국가들은 당해 국제기구가 그같은 선언을 하도록 적절한 모든 조치를 취하여야 한다. 실제로 ESA(European Space Agency : 유럽우주기구),[59)] EUTELSAT IGO(European Telecommunications Satellite Organization : 유럽통신위성기구)[60)] 등이 그같은 선언을 한 바 있다.[61)] 국제기구가 책임협약에 의거하여 책임을 지게 될 경우, '당해 국제기구'와 '그 국제기구의 회원국이면서 동시에 책임협약의 당사국인 국가들'은 연대하여, 즉 '공동으로 그리고 개별적으로' 책임을 진다. 다만, 첫째, 그러한 손해에 대한 배상청구는 국제기구측에 먼저 제기되어야 하며, 둘째, 청구국은 국제기구가 동의했거나 결정된 배상금액을 6개월 이내에 지급하지 않는 경우에 한해서 당해 국제기구의 회원국이면서 동시에 책임협약의 당사국인 국가들에게 이 금액의 지급책임을 물을 수 있다. 거꾸로 상기 선언을 행한 국제기구에게 가해진 손해에 대한 (책임협약에 따른) 배상청구는 당해 국제기구의 회원국이면서 동시에 책임협약의 당사국인 한 국가에 의하여 제기되어야 한다.[62)]

책임협약은 우주물체가 "(a) 발사국의 국민, (b) 발사시 또는 발사 이후 어느 시기로부터 하강할 때까지의 단계에서 그 우주물체의 작동에 참여하는 동안의 외국인, 또는 (c) 발사국의 초청을 받아 발사 또는 회수예정 지역의 인접지역에 있는 동안의 외국인"에게 끼친 손해에 대해서는 적용되지 않는다.[63)] 이같은 사람들의 권리와 이익은 국제법의 일반원칙, 국내법 또는 국제사법에 의하여 보호될 것이다.[64)]

발사국에 대하여 배상을 청구할 수 있는 주체는 '손해를 입은 국가' 또는 '손해를 입은 자연인 또는 법인의 국적국'이다. 다만, 후자의 간접침해의 경우에 있어, 국적국이 청구를 제기하지 않으면 자연인 또는 법인이 피해를 입은 장소의 영토국가가 배상을 청구할 수 있다. 국적국과 손해발생지국 그 어느 쪽도 배상청구에 나서지 않으면 타국이 자국의 영주권자(permanent residents)가 입은 손해에 대하여 발사국에 배상을 청구할 수 있다.[65)]

상기 청구국이 발사국에 배상을 청구하기 전에 청구국 자신이나 자연인 또는 법인이 (발사국의) 국내적 구제절차를 거칠 필요는 없다. 그러나 이것은 청구국이나 자연인 또는 법인이 발사국의 재판

58) 책임협약 제5조 2항.

59) https://www.esa.int/esaCP/index.html ; https://en.wikipedia.org/wiki/European_Space_Agency.

60) https://www.eutelsatigo.int/en/ ; https://en.wikipedia.org/wiki/European_Telecommunications_Satellite_Organization ; https://en.wikipedia.org/wiki/Eutelsat.

61) Malanczuk, p. 205.

62) 책임협약 제22조.

63) 책임협약 제7조.

64) Feldman et al., *op. cit.*, p. 272.

65) 책임협약 제8조.

소나 행정재판소 또는 기관에 배상청구를 제기하는 것을 막는 것은 아니다. 다만, 국가는 "청구가 발사국의 재판소, 행정재판소 또는 기관에 제기되어 있거나, 또는 당해 국가에 대해 구속력있는 타 국제협정에 의거하여 제기되어 있는 동일손해에 관하여는" 책임협약에 의거하여 청구를 제기할 권리를 갖지 못한다.[66)]

배상액은 "국제법 및 정의와 형평의 원칙에 따라"(in accordance with international law and the principles of justice and equity) 결정되어야 하되, 이것은 피해를 입은 자연인 · 법인 · 국가 · 국제기구로 하여금 손해가 발생하지 않았다면 존재했을 상태를 회복하게 하는 정도의 배상이어야 한다.[67)] 배상액의 상한선은 설정되어 있지 않다.[68)]

청구절차를 보면 배상청구는 먼저 외교교섭을 통하여 해결해야 한다.[69)] 배상청구는 원칙적으로 손해발생일 또는 책임져야 할 발사국이 확인된 일자 이후 1년 이내에 제시되어야 한다.[70)] 외교교섭을 시작한지 1년 이내에 청구가 해결되지 않을 경우, 어느 한 당사국의 요청에 따라 청구위원회(claims commission)가 설치된다.[71)] 청구위원회는 3인으로 구성된다. 우선, 청구국과 발사국이 각각 1명씩 임명한다. 그리고 의장이 되는 제3인은 양 당사국이 공동으로 선정해야 하는데, 만약 청구위원회 설치요구 후 4개월 이내에 합의를 보지 못하면 UN사무총장이 임명한다.[72)] 청구위원회는 배상청구의 타당성 여부를 결정하고, 타당할 경우 지불해야 할 배상액을 확정한다.[73)] 청구위원회의 결정은 '당사국들이 동의하는 경우에 한해서'[74)] 최종적이며 구속력이 있다(final and binding). 당사국들이 동의하지 않는 경우, 청구위원회는 '최종적이며 권고적인' 판정(final and recommendatory award)을 내리되 당사국들은 이를 '성실히' 고려해야 한다(consider in good faith).[75)]

Ⅵ. 천체 및 천체시설의 개방

'천체'의 모든 '영역'(all areas of celestial bodies)에 대한 출입은 '모든 국가'에게 개방된다.[76)]

---

66) 책임협약 제11조.
67) 책임협약 제12조.
68) Harris, 5th, p. 249.
69) 책임협약 제9조.
70) 책임협약 제10조 1항.
71) 책임협약 제14조.
72) 책임협약 제15조.
73) 책임협약 제18조.
74) 중재재판소의 일종인 청구위원회의 최종결정이 분쟁당사국들이 동의하는 경우에 한해서 구속력을 갖고, 그렇지 않으면 단지 권고에 불과하다는 점에서 이는 중재재판의 변형 혹은 사실상의 조정(*de facto* conciliation)에 해당된다. *Handbook on the Peaceful Settlement of Disputes between States*, § 303 at p. 104 ; Malanczuk, pp. 205~206 ; 본서, 제26장 (분쟁의 평화적 해결수단), "Ⅻ. 기타 평화적 수단, 1. 잘 알려진 수단의 각색 또는 변형."
75) 책임협약 제19조 2항.
76) 우주조약 제1조 2단.

또한 '천체상'의 모든 '시설과 우주선'(all stations, installations, equipment and space vehicles on the Moon and other celestial bodies)은 '상호주의와 합리적인 사전예고'를 조건으로 '우주조약의 다른 당사국들'에게 개방된다.[77] 여기서 '개방'이라 함은 타국의 사찰을 허용한다는 의미이다. 다만, '천체시설'의 사찰은 천체상의 영역에 대한 사찰과는 달리 상호주의와 합리적인 사전예고를 조건으로 하기 때문에, 또 우주조약 당사국간에서만 인정되기 때문에, 그 실효성이 의심스럽다.

우주조약은 '우주공간'에 있는 물체의 개방에 관해서는 규정하고 있지 않다. 그 배후에는 우주조약에 의해 금지되지 않는 정찰위성에 대한 사찰을 피하려는 미국과 소련의 의도가 숨어 있다.

Ⅶ. 인공위성 사용과 관련한 몇 가지 논쟁

지금까지 채택된 외기권에 관한 조약들은 모두 UN외기권위원회(UN Committee on the Peaceful Uses of Outer Space : UNCOPUOS)의 작품인데, 이 기관은 (Sputnik 발사 직후인) 1958년 12월 13일 UN총회결의 1348(XⅢ)에 의해 임시로(*ad hoc*) 설치되었다가, 1959년 12월 12일 총회결의 1472(XⅣ)에 의해 상설기관이 되었다.[78] 이 위원회는 다소 기동력을 상실한 것으로 보이는데, 어쨌든 여기서 검토 중인 여러 문제들 중에서 인공위성 사용과 관련된 세 가지 주요 문제에 관하여 살펴보자.[79]

---

77) 우주조약 제12조.

78) UN외기권위원회는 1958년 출범 당시엔 18개 UN회원국으로 구성되었으나, 1959년 상설기관으로 될 때에는 24개 UN회원국이 참여하였었고, 2019년에는 -한국을 포함하여- 95개국으로 늘어났다 : UN Office for Outer Space Affairs, "Members of the Committee on the Peaceful Uses of Outer Space", 〈https://www.unoosa.org/oosa/en/members/index.html〉 ; Louis de Gouyon Matignon, "The Differences between COPUOS, UNOOSA and COSPAR", Space Legal Issues, May 27, 2020, 〈https://www.spacelegalissues.com/the-differences-between-copuos-unoosa-and-cospar/〉 ; https://en.wikipedia.org/wiki/United_Nations_Committee_on_the_Peaceful_Uses_of_Outer_Space ; Harris, 5th, p. 251 ; Malanczuk, p. 202. UN총회는 1996년 12월 13일 결의 51/122에 의거 채택한 "특히 개발도상국들의 요구를 고려한, 모든 국가의 이익을 위한 외기권의 탐색과 이용을 위한 국제협력 선언"(Declaration on International Cooperation in the Exploration and Use of Outer Space for the Benefit and in the Interest of All States, Taking into Particular Account the Needs of Developing Countries)의 (부속서)7항에서 "외기권위원회는, 특히, 외기권의 탐사와 이용에 관한 국제협력 분야에서 국내적, 국제적 활동에 관한 정보교환의 장으로서의 그 역할이 강화되어야 한다."고 언급한 바 있다.

79) UN외기권위원회는 이들 세 가지 문제 이외에도 영공과 외기권의 경계, 외기권에서의 원자력의 사용(use of nuclear power sources in outer space), 우주잔해(space debris) 등의 문제를 검토하여 왔는데, 이들 중 마지막 문제에 대해서는 제572차 회의에서 "우주잔해 경감 가이드라인"을 채택한 바 있다 (이 가이드라인은 새로운 사실의 발견에 비추어 재검토, 수정될 수 있다) : UN Report of the Committee on the Peaceful Uses of Outer Space, Official Records of the General Assembly Sixty-second session, Supplement No. 20 (A/62/20)(2007), paras. 117-118 and Annex "Space Debris Mitigation Guidelines of the Committee on the Peaceful Uses of Outer Space". UN총회는 2007년 12월 22일, 결의 62/217 (International cooperation in the peaceful uses of outer space), para. 26에서 이 가이드라인을 승인하였다. Currie, pp. 287~288 ; Harris, 5th, p. 251 ; Kelly Kizer Whitt/EarthSky, November 15, 2021, "Kessler syndrome of colliding satellites could make low-Earth orbit unusable", 〈https://earthsky.org/human-world/kessler-syndrome-colliding-satellites/〉 참조.

1. 위성직접 TV방송(satellite direct television broadcasting)

대다수 제3세계 국가들과 사회주의진영에서는 영토국에 대한 사전통고와 그 동의 없는 위성 TV방송은 금지되어야 한다고 주장하고 있다. 그렇게 하지 않으면 위성 TV방송은 국내문제에 대한 간섭과 주권침범의 수단으로 사용될 수 있기 때문이다. 요컨대, 이들은 문화제국주의(cultural imperialism)를 경계하는 것이다.[80] 이에 대해 서구진영의 국가들은 인권, 특히 정보의 자유(freedom of information)[81]라는 관점에서 이같은 견해에 강력히 반대하고 있다.

이같은 논쟁은 UN외기권위원회가 위성 직접 방송을 규율하는 원칙을 기초하는 과정에서도 그대로 재연되었다. 외기권위원회는 미국을 위시한 서방선진국의 강한 반대에드 불구하고 타국 영토에 대한 위성직접 TV방송은 방송 수신 예정국에 대한 지체 없는 통고(notification without delay)에 이은 신속한 협의(prompt consultation) 및 특별협정을 기초로 해서만(on the basis of a special agreement) 수행될 수 있다는 내용의 초안을 마련하였다.[82] 다만, '불가피한' 전파침투(unavoidable spillover) 문제에 대해서는 ITU(국제통신연합)의 관련 문서들이 전적으로 적용된다고 규정하였다.[83]

이 초안은 1982년 12월 10일 UN 총회결의 37/92에서 "국제직접 TV방송을 위한 지구 인공위성의 국가사용을 규율하는 원칙"(Principles Governing the Use by States of Artificial Earth Satellites for International Direct Television Broadcasting)의 이름으로 채택되었다. 그러나 이 결의는 서구진영[84]의 반대로 찬성 107, 반대 13, 기권 13개국 등의 다수결로 채택되었다. 총회결의가 법적 구속력있는 문서가 아니고 또 그나마 이 결의가 컨센서스(consensus)나 만장일치(unanimity)를 끌어내지 못했다는 점을 고려하면, 사전동의 원칙이 일반국제관습법규로 정착되었다고 보기는 어려울 것이다.

2. 지구원격탐사(remote sensing of the Earth)

지구원격탐사라 함은 항공기 또는 인공위성에 탑재한 감지기(sensor)를 통하여 지구를 탐지·분석하는 것을 말한다. 원격탐사를 하는 목적은 군사첩보 수집으로부터 기상관측, 해양과 육지의 관찰, 땅속 부존자원의 확인에 이르기까지 다양하다.

먼저, 항공기를 이용하여 공해 상공에서 타국가를 탐사하는 것은 합법인가에 관하여 미국을 포함한 여러 나라들은 이를 긍정하고 있다. 그러나 영토주권의 원칙에서 본다면 이것은 문제가 없지 않다.

주요 우주강국들은 외기권의 '군사적' 사용 문제는 UN외기권위원회의 권한위임 밖에 있으며, 군축과 무기통제의 영역에 속하는 것으로 보고 있다. Orakhelashvil/Akehurst, 9th, p. 222. 참조.

80) Feldman et al., *op. cit.*, pp. 265~266.

81) 예컨대, 세계인권선언 제10조, 시민적·정치적 권리에 관한 국제규약 제19조, 유럽인권협약 제10조 등 참조.

82) 제13원칙~제14원칙.

83) 제15원칙.

84) 특히 미국, 영국, 프랑스, 독일, 일본 등이 여기에 속한다. Shaw, p. 334, fn. 68.

다음으로, 외기권에서 인공위성을 통하여 타국가를 탐사하는 것은 합법인가? 공해 상공에서 정보를 수집하는 것이 합법이라면 외기권에서의 원격탐사도 합법이라는 것이 미국 등의 논리이다. 특히, 미국은 물론이고 구 소련(그리고 아다도 현재의 러시아)도 피탐사국의 동의 없이 군사첩보위성을 운영하여 오고 있으며 다른 국가들은 사실상 이를 문제삼지 못하고 있는 실정이다.

그러나 원격탐사의 문제는 이것보다도 주로 그것이 가져다 줄 수 있는 경제적 이익의 관점에서 제기되고 있다. 문제는 피탐사국(observed state)의 사전동의가 요구되는가 하는 점이다. 제3세계국가들은 대체로 피탐사국의 사전동의가 있는 경우에만 당해 국가에 대한 원격탐사와 그로부터 얻은 정보의 공표가 허용될 수 있다고 주장한다. 천연자원에 대한 영구 주권의 원칙이나 또는 배타적 영공 주권의 원칙에서 본다면 이 주장이 타당한 것으로 보인다. 그러나 실제로 제3세계국가들의 일차적 관심사는 선진국들이 원격탐사를 통해 얻은 자료에 자신들도 접근할 수 있는 권리를 확보하는 데 있다. 소련과 프랑스도 자국의 천연자원에 대한 자료가 다른 국가에 유포됨을 꺼린 나머지 '자국의 천연자원과 그에 관한 정보를 처분할 수 있는 국가의 불가양의 권리'(inalienable right of states to dispose of their natural resources and of information concerning those resources)란 개념을 1970년대에 공동으로 제안한 바 있다.[85] 그러나 미국은 원격탐사와 그로부터 얻은 정보의 자유로운 이용에 대한 그 어떤 규제에도 사실상 반대하고 있다.

1986년 4월 UN외기권위원회에서 컨센서스(consensus)로 승인되고 이어서 동년 12월 3일 만장일치로(unanimously) 채택된 총회결의 41/65 "외기권에서 지구의 원격탐사에 관한 원칙"(Principles relating to Remote Sensing of the Earth from Outer Space)은 복잡한 절충의 산물이었다. 그러나 전반적으로 제3세계의 기본입장은 수락되지 않았다. 특히, 위 원칙 중에서 제13원칙에 따르면, 원격탐사를 함에 있어 탐사국은 피탐사국의 사전동의를 구할 의무가 없으며, 다단 피탐사국의 요청이 있을 경우 '협의'(consultation)에 응할 것이 요구되고 있을 따름이다.

3. 지구정지궤도(geostationary orbit)

위성TV직접방송이나 원격탐사를 포함하여 여러 가지 목적을 위해 지구둘레의 궤도에서 인공위성의 사용이 증가함에 따라 지구정지궤도가 심한 압박을 받고 있다. 지구정지궤도라 함은 적도(equator) 상공 약 36,000km(혹은 22,300 마일) 지점의 외기권을 말하는데, 이 지점에서는 인공위성이 동력에 의존함이 없이 지구가 회전하는 속도와 동일하게(즉, 매초 약 3천m, 마하 9의 초음속으로) 회전하므로 지구에서 보면 인공위성이 움직이지 않고 마치 정지되어 있는 것처럼 보인다. 지구'정지'궤도라고 불리는 까닭도 여기에 있다.

지구정지궤도는 하나의 위성을 통하여 지상방송국들간에 계속적인 접촉을 제공할 수 있는 유일의 궤도이므로 이것은 단지 유한한 자원일 따름이다. 즉, 그 제한된 공간성 때문에 단지 소수의 위성만

85) *Ibid.*, p. 335.

이 특정 동일지점의 지구정지궤도에 배치될 수 있다.

1976년 브라질, 콜롬비아, 콩고, 에콰도르, 인도네시아, 케냐, 우간다, 자이레 등 8개 적도 국가는 보고타 선언(Bogota Declaration)에 서명하였는데, 여기서 그들은 지구정지궤도가 자신들의 주권이 미치는 영토의 일부라고 주장하였다. 지구정지궤도는 오로지 궤도 아래에 위치한 그들 국가의 영토에 의하여 생긴 중력 현상이라는 것이다. 그러나 중력의 당기는 힘은 지구 전체에 의존하고 있고, 게다가 오늘날 영공의 상방한계가 높아야 100마일 정도로 인식되고 있는 상황 하에서 지상으로부터 약 36,000km 상공의 외기권에 대해 영토주권을 주장하는 것은 수락될 수 없는 일이다. 따라서 적도국가들의 그같은 주장은 당연히 다른 국가들의 격렬한 비난을 받았다.[86]

시급한 문제는 모든 국가에게 이 유한한 자원의 이용을 보장하는 형평한 법적 기준을 마련하는 일이다. 이 문제는 현재와 같이 단지 ITU(International Telecommunication Union : 국제전기통신연합)[87]를 통하여 위성주파수(satellite frequencies)와 그 위치지정(positioning)을 규제하는 것만으로는 해결될 수 없는 일이기 때문이다. 현재 이 문제에 관한 원칙초안이 다수 국가에 의하여 UN외기권위원회에 제출되어 있다.

86) Aust, *Handbook of IL*, 2nd, p. 341.

87) https://www.itu.int ; https://en.wikipedia.org/wiki/ITU ; Aust, *Handbook of IL*, 2nd, pp. 342~343.

제 24 장
국제환경법

Ⅰ. 국제환경법의 의의

국제환경법(international environmental law)이란 환경에 관련된 국가 혹은 인간들의 행위를 규율하기 위한 국제법의 한 분과로 일단 정의해 볼 수 있을 것이다. 따라서 환경(environment)이란 무엇인가의 질문이 연속적으로 이어진다. 환경의 범위와 내용을 보편타당한 방식으로 확정하기는 어렵지만, EU의 한 준칙[1]에서는 이것을 "물, 공기, 흙 그리고 일면 이들 요소 상호간의 관계 및 타면 모든 생물유기체와 이들의 관계"(water, air and soil as well as the relationship of these elements among themselves on the one hand and with all living organisms on the other)로 정의하고 있다. 이와 비슷하게, 유럽심의회(Council of Europe)에서 채택된 "환경에 유해한 활동에서 기인한 손해에 대한 민사책임에 관한 협약"(Convention on Civil Liability for Damage Resulting from Activities Dangerous to the Environment)(일명 루가노협약)[2]도 부분적으로 환경을 관계의 측면에서 정의하고 있는데, 즉 동 협약 제2조 10항에 의하면 환경은 "공기, 물, 토양, 동물군 및 식물군과 같은 무생물 및 생물 천연자원 그리고 이들 요소간의 상호작용(interaction between the same factors)"을 포함한다. 이같은 정의에 의하면 법의 역할이 사람과 물건의 지위를 규율하는 전통적 기능으로부터 본질적으로 '관계'에 관심을 두는 것으로 이행해야 하는데, 이것이 환경법의 본질이자 어려움이기도 하다.[3] 환경법의 이같은 특징은 특히 환경영향평가절차

---

1) Directive 67/548/EEC Relating to the Classification, Packaging and Labelling of Dangerous Substances, 29 June 1967, Art. 2(1)(c).

2) 1993년 3월 8일 유럽심의회 장관위원회(Council of Europe Committee of Ministers)에서 채택되고 1993년 6월 21일 루가노(Lugano)에서 서명을 위해 개방됨. https://conventions.coe.int/Treaty/EN/Treaties /Html/150.htm ; https://conventions.coe.int/treaty/en/Reports/Html/150.htm ; https://www1.umn.edu/humanrts/euro/ets150.html.

3) Alexandre-Charles Kiss, "Will the necessity to protect the global environment transform the law of international relations?", The Josephine Onoh Memorial Lecture, 28 January 1992 (The University of

(environmental impact assessment procedures)에서 잘 나타나고 있다.[4] 다른 한편, 환경은 "천연자원과 이를 구성하는 요소간의 상호작용"에서 더 나아가 "문화재"와 "미적(美的) 가치"까지를 포함할 수 있는데, 상기 루가노협약 제2조 10항[5] 등에 규정된 환경의 정의가 그 좋은 예이다.[6]

전통국제법은 타 국가의 주권적 권리는 존중되어야 한다는 기본원칙에 근거하여 1대1의 양자적 차원에서 타국의 환경을 침해하는 것을 금지하였을 뿐, 환경 자체를 보호하지는 않았다. 예컨대, *Island of Palmas* 사건[7]에서 Huber 중재재판관은 "영토주권은 ... 국가가 자신의 활동을 과시할 배타적 권리를 수반한다. 이 권리는 그 논리적 귀결로서 한 개의 의무를 동반하는데, 그 영토 내에서 타국의 권리, 특히 영토보전과 불가침성에 대한 그들의 권리를 보호할 의무가 바로 그것이다."라고 언급한 바 있다. 이 원칙은 *Trail Smelter* 사건[8]에서 더욱 구체적으로 표현되었는데, 여기서 미국-

Hull Press, 1992), pp. 1~2.

4) 예컨대, Directive 85/337/EEC of 27 June 1985 on the Assessment of the Effects of Certain Projects on the Environment (OJ L 175, 5 July 1985, p. 40) 제3조는 다음과 같이 규정하고 있다. "The environmental impact assessment will identify, describe and assess in an appropriate manner, in the light of each individual case in accordance with Article 11, the direct and indirect effects of a project on the following factors;
-human beings, fauna and flora ;
-soil, water, air, climate and the landscape ;
-the interaction between the factors mentioned in the first and second indents;
-material assets and the cultural heritage."

5) "Article 2-Definitions
For the purpose of this Convention : ... (10) "Environment" includes: natural resources both abiotic and biotic, such as air, water, soil, fauna and flora and the interaction between the same factors ; property which forms part of the cultural heritage ; and the characteristic aspects of the landscape."

6) 이와 비슷하게, 1991년 2월 25일 핀란드 Espoo에서 채택된 "월경 차원의 환경영향평가에 관한 협약"(Convention on Environmental Impact Assessment in a Transboundary Context) 제1조 (vii)항도 환경에 '풍경과 역사적 기념물'(landscape and historical monuments) 그리고 '문화유산'(cultural heritage)이 포함되는 것으로 규정하고 있다 : https://www.unece.org/env/eia/eia.htm ; https://en.wikipedia.org/wiki/ Convention_on_Environmental_Impact_Assessment_in_a_Transboundary_Context. 1991년의 "남극조약 환경보호의정서"(Protocol on Environmental Protection to the Antarctic Treaty) (1998년 발효) 제3조 1항도 남극의 환경에 그것의 "황량함과 미적 가치"(wilderness and aesthetic values)를 포함시키고 있다. 본서, 제19장 (영토의 취득), "XVI. 극지(polar regions)" 참조. 또한, 2006년 ILC가 UN총회에 제출한 "위험한 활동에서 야기되는 국경간 손해의 경우에 있어 손실의 배분(할당)에 관한 원칙 초안"(Draft principles on the allocation of loss in the case of transboundary harm arising out of hazardous activities)도 동 원칙초안의 목적상 '환경'에 "공기, 물, 토양, 동물군 및 식물군과 같은 무생물 및 생물 천연자원, 그리고 이들 요소 간의 상호작용"뿐만 아니라 "경치의 독특한 측면들"(characteristic aspects of the landscape)이 포함되는 것으로 정의하고 있다. ILC Allocation of Loss초안 제2원칙(술어사용)(b) ; Allocation of Loss초안 제2원칙에 대한 주석 (20)~(23).

7) (1928) 2 RIAA 829 ; Harris, 5th, p. 191.

8) (1941) 3 RIAA 1938 at 1965 ; (1941) 35 AJIL 684 at 716 : "Under the principles of international law, as well as the law of the United States, no State has the right to use or permit the use of its territory in such a manner as to cause injury by fumes in or to the territory of another or the properties of persons therein, when the case is of serious consequence and the injury is established by clear and convincing evidence." See also Cassese, *International Law*, 2nd, p. 484 ; Nanda/ Pring, pp. 226~227 ; https://www.lfip.org/laws666/trailsm.htm. 사건 개요는 이러하다. 캐나다 British Columbia 주, Trail 시에 소재한 개인 소유의 거대한 제련소에서 분출된 유황 가스가 미국의 워싱턴주 동북지역에 떨어져 그 지역 농작물(사과)과 숲에 가시적인 피해를 끼쳤다. 미국 농민들과 캐나다 회사 사이에 농작물 손실에 대한 보상과 매연 감소조치에 관한 합의가 이루어지지 못하자, 결국 미국이 국가 간 차원에서 1927년 외교적 간섭에 착수

캐나다 중재재판소는 "미국법뿐만 아니라 국제법의 원칙들에 의하면, 사건이 중대한 결과를 동반하고 침해가 분명하고도 설득력있는 증거에 의하여 입증되는 경우, 국가는 연기에 의하여 타국 영토 또는 그 곳의 사람이나 재산에 대해 피해를 야기하는 방식으로 자국 영토를 사용하거나 자국 영토의 사용을 허락할 권리를 갖지 않는다."는 점을 확인한 바 있다. 요컨대, 전통국제법 하에서는 환경의 보호가 그 자체로서 추구된 것이 아님이 명백하다. 그 결과, 그 어떤 국가라도 공해처럼 국가관할권 하에 있지 아니한 지역의 환경이나 또는 (자국의 환경이 타국에 대해 해로운 결과를 초래하지만 않는다면) 당해 국가 자신의 환경을 손상시킬 자유가 있었던 것이다.[9)]

그러나 이제 환경이 수많은 조약과 국제기구의 결의에 의하여 그 자체로서 보호의 대상이 됨으로써 이 분야에 있어 한 개의 새로운 일반원칙이 형성되고 있음을 목격하게 된다. 즉, 이 일반원칙에 의하면, 이제 모든 국가는 그것이 자국의 환경이든 타국의 환경이든 아니면 국가관할권 범위 밖의 지역의 환경이든 불문하고 환경을 침해하지 않아야 하며, 또한 모든 국가는 환경에 침해를 초래하는 타국의 위법한 행동으로부터 손해를 입었느냐에 관계없이 환경에 대한 존중을 요구할 권리를 갖는다. 이같은 새로운 원칙의 태동은 국제공동체가 주권과 또 이것의 다른 표현인 상호주의 원칙으로부터 결속과 국제공동체의 가치를 지지하는 쪽으로 이행하고 있음을 보여주는 하나의 좋은 예가 아닐 수 없다.[10)] 국제환경법의 이같은 시각은 환경보호가 '국가' 아닌 '인류'의 공동관심사임을 천명하고 있는 국제문서들에서도 확인되고 있다. 즉, 1988년 12월 6일 컨센서스로 채택된 "인류의 현세대와 미래세대를 위한 지구기후의 보호"(Protection of Global Climate for Present and Future Generations of Mankind)란 제목의 UN총회결의 43/53[11)]은 "기후는 지구상의 생명을 지탱하는 하나의 본질적 조건이기 때문에 기후변화는 인류의 한 가지 공동관심사(a common concern of mankind)"임을 승인하고 있다.[12)] 이러한 생각은 1992년의 "기후변화에 관한 골격협약"(Framework Convention on Climate Change)(이하 기후변화협약)[13)]으로 구체화되었는데, 이 협약

하였다. 1935년 미국과 캐나다는 3인으로 구성되는 중재재판에 사건을 회부하기 위한 조약("Convention for Settlement of Difficulties Arising from Operation of Trail Smelter, B.C.")을 체결하였고, 이렇게 하여 구성된 중재재판소는 1938년의 판결에 이어 1941년에 최종 판결을 내 놓았다. 1935년의 조약 제4조는 준거법에 관하여 "The Tribunal shall apply the law and practice followed in dealing with cognate questions in the United States of America as well as international law and practice, and shall give due consideration to the desire of the high contracting parties to reach a solution just to all parties concerned."라고 규정하고 있었는데, 중재재판관들은 자신들의 판결을 옹호하기 위해 미국 연방최고재판소의 판례에 많이 의존하였다.

9) Cassese, pp. 400~401.

10) *Ibid.*, p. 401.

11) Birnie/Boyle, *Basic Documents on International Law and the Environment*, p. 248.

12) 몰타 정부의 최초제안은 "conservation of climate as part of the common heritage of mankind"란 제목으로 되어 있었다. 이 제목에서 보는 것처럼 원래 몰타 정부는 '인류의 공동유산' 개념을 지구기후에 대해서까지 연장하려고 시도하였으나 정치적 타협의 결과 '인류의 공동관심사'로 바뀌었다. 동 결의 전문 ; Birnie/Boyle, p. 391.

13) 1992년 5월 9일 뉴욕에서 채택되었으며, 그 해 6월의 리우회의에서 서명을 위하여 개방되었다. 1994년 3월 21일 발효. 한국은 1992년 6월 13일 서명, 1993년 12월 14일 비준. Birnie/Boyle, *Basic Documents on International Law and the Environment*, p. 252.

역시 그 전문에서 "지구기후의 변화와 그로 인한 부정적 효과는 인류의 한 가지 공동관심사(a common concern of humankind)임을 인정하면서"라는 말로 시작하고 있다.[14] 그리고 이 골격협약의 가장 최근의 이행조약인 2015년 파리협정(Paris Agreement)도 전문에서 "기후변화는 인류의 한 가지 공동관심사임을 인정"(Acknowledging that climate change is a common concern of humankind)하고 있다.

Ⅱ. 국제환경법의 공간적 · 시간적 특성

환경법의 일차적 특성은 우주법이나 해양법 등 다른 법 분야와는 달리 공간적인 측면에서 그것의 적용범위를 결정하는 것이 쉽지 않다는 것이다. 다시 말해서, 환경 그 자체를 공간적으로 정의내리는 것은 거의 가능하지 않으며, 바로 이같은 이유 때문에 우리의 환경 전체를 의미하는 생태계(ecosystem) 혹은 생물권(biosphere)이란 술어가 광범위하게 사용되고 있다.[15] 사실, 바닷물, 강물, 공기 그리고 야생동물을 포함하는 환경은 국경선을 모른다. 그 결과 일정 제한된 수준 이상에서는 환경문제는 국제화되기 마련이고 국제법이 국내법에 부과하는 규범에 의하여 해결되지 않을 수 없다. 이러한 경향은 지구상의 그 어떤 국가도 혼자서는 해결할 수 없는 전지구적 차원의 문제들이 출현하면서 점점 더 강화되고 있다. 해양오염, 오존층의 고갈, 종의 소멸, 지구기후의 변화 등이 그 좋은 예이다.

물론 국경선을 초월하는 문제라 하더라도 좀 더 동질적인 지역적 내지 소지역적 차원에서 해결을 시도하는 것이 바람직한 경우도 있다. 그리고 국제환경법이란 이름의 이 새로운 국제법 분야는 환경문제에 직접적으로 대처해온 기존의 여러 국내법으로부터 많은 것을 배우고 있는 것도 사실이다. 예컨대, 환경영향평가 제도는 원래 1969년 미국의 "국가환경정책법"(National Environmental Policy Act)[16]에서 시작한 것으로, 이것이 1976년 7월 10일 프랑스의 자연보호법에 도입된 이후 1985년 6월 27일의 EU준칙[17]에 도입되어 유럽공동체 전체에 걸쳐 적용되었으며, 또한 UN유럽경제위원회(UN Economic Commission for Europe : ECE)는 1991년 2월 25일 "월경 차원의 환경영향평가에 관한 협약"(Convention on Environmental Impact Assessment in a Transboundary Context)[18]을 채택하기도 하였다.[19]

---

14) 다만, 인류를 지칭하는 단어 *mankind*가 *humankind*로 대체되고 있음을 알 수 있다.

15) See e.g. *Man belongs to the Earth : UNESCO's Man and the Biosphere Program*, UNESCO (1988) ; Kiss, *op. cit.*, p. 2.

16) 42 U.S.C. §§ 4321~4347. Nixon 대통령의 서명으로 1970년 1월 1일 발효함. https://en.wikipedia.org/wiki/National_Environmental_Policy_Act ; Nanda/Pring, pp. 60, 135 ff.

17) Directive 85/337/EEC of 27 June 1985 on the Assessment of the Effects of Certain Projects on the Environment (OJ L 175, 5 July 1985, p. 40).

18) 이 협약은 UNECE회원국과 EC(현 EU)에 가입이 개방되어 있다. 일명 "Espoo (Finland) Convention"으로도 불리운다. Birnie/Boyle, *Basic Documents on International Law and the Environment*, p. 31 ; (1991) 30 ILM

1960년대 말 국제법에 환경법이 등장한 이래 환경에 대한 우리의 지식은 증가일로에 있다. 오존층의 구멍(ozone hole)과 같은 새로운 유형의 환경파괴가 발견되는가 하면, 매년 천 내지 이천 가지 새로운 화학물질이 생산·판매되고 있다. 이것은 일차적으로 안정성을 추구하는 보수적 성향의 지금까지의 법과는 달리 환경법은 부단히 그리고 신속한 적응을 허용하는 방식에 기초해야 함을 의미하는 것이기도 하다. 그러므로 많은 환경 관련 조약은 그 조약 본문에서는 기본원칙만을 제시하고 상세한 규칙은 부속서나 추가의정서에 포함하여 정식 조약개정 절차를 거칠 필요 없이 −특히 당사국회의를 통해− 수시로 개정이 가능하도록 하고 있다.[20] 이 때문에 그같은 국제환경조약들은 "국제규칙과 국제절차의 중간 내지는 국제협정과 국제기구의 중간 어딘가에"(somewhere on a spectrum between international rule and international process, between international agreement and international organization) 속한다는 평가를 받기도 한다.[21]

시간과 관련한 또 하나의 특징으로, 환경법은 주로 예방(혹은 방지)(prevention)에 중점을 두고 있다는 점을 들 수 있다. 오존층 파괴, 종의 소멸, 사막화 등에서 보는 것처럼 우리의 생태계는 일단 파괴되면 회복이 어렵거나 불가능하므로 그 예방이 최선이라는 결론에 이르기 때문이다. 이것은 환경조약들에서 국제공동체를 대신하여(또는 적어도 국가군을 대신하여) 행동하는 집단적 기구(혹은 기관)들에게 일차적으로 예방적 기능을 수행할 임무를 부여하는 것으로 나타나고 있다. 즉, 이들 집단적 기구의 주된 임무는 국가들의 행동을 감시(monitor)하고, 규칙을 준수하지 않는 경우 일탈국이 피해를 교정하는 것을 돕는 것으로 구성되고 있다. 제재는 단지 최후의 수단으로, 그리고 규칙위반이 반복되는 경우에만 발동되어야 하는 것이 바람직한 것으로 인식되고 있는 것이다. 물론, 이것은 환경법 분야에서 국가 간에 법적 분쟁이 발생할 수 없다거나, 그러한 분쟁이 사후적 구제수단인 중재나 사법적 절차에 의거하여 해결될 수 없음을 뜻하는 것은 아니다. *Trail Smelter* 사건[22]에서 보는

---

802. 1997년 9월 10일 발효. 2001년에 제1차 개정안이 채택되었는데, 이것은 (Espoo협약 당사국회의의 승인을 조건으로) UNECE회원국이 아닌 UN회원국들의 가입을 허용하기 위한 것이다. 2004년에는 제2차 개정안이 채택되었다. 자세한 것은, https://www.unece.org/env/eia/welcome. html ; https://www.wikipedia. org/ 참조.

19) Kiss, *op. cit.*, pp. 4~5.

20) 예를 들면, (i) 현재 8개의 의정서(protocol)를 거느린 1979년 "장거리월경대기오염협약"(Convention on Long-range Transboundary Air Pollution)(본장, "Ⅴ. 대기권의 보호, 1. 제네바 장거리월경대기오염협약" 참조) ; (ii) 현재 6개 부속서(annex)를 거느린 1973/1978년 "선박오염방지국제협약"(International Convention for the Prevention of Pollution from Ships : 일명 MARPOL 1973/78)(본장, "Ⅳ. 국제환경법의 일반원칙, 8. 예방 및 사전주의 원칙" 참조), 그리고 (iii) 현재 5개 부속서(annex)와 3개 부록(appendix)을 거느린 1992년 "동북서양 해양환경 보호를 위한 협약"(Convention for the Protection of the Marine Environment of the North-East Atlantic: 일명 'OSPAR협약')[본서, 제21장 (해양법), "ⅩⅦ. 분쟁해결, 1. 일반원칙" 참조] 등.

MARPOL 1973/78의 경우, 당사국이 되려면 최소한 부속서 Ⅰ과 Ⅱ도 채택하여야 한다(선박오염방지협약 제14조 1항) ; 그리고 동 협약의 부속서 개정은 '묵시적 수락에 의한 개정 절차'(tacit acceptance amendment procedure)를 선도하였는데, 이 방식에 의하면 "개정안 채택시 결정한 10개월 이상의 기간 내에 '당사국의 3분의 1 이상' 또는 '상선 선복량(船腹量)의 합계가 총톤수로 세계상선 선복량의 50퍼센트 이상이 되는 당사국들'이 기구에 대하여 반대 통보를 하지 아니하는 한 동 기간의 만료시에 (모든 당사국에 의하여) 수락된 것으로 간주"된다[선박오염방지국제협약 제16조 2항 (f)(ii)(iii)]. https://library.arcticportal.org/1699/1/marpol.pdf ; Redgwell in Evans (ed.), *International Law*, 5th, pp. 683, 690~691.

21) Janis, 3rd, p. 231.

것처럼 국가 간에 국제재판을 통해 분쟁을 해결한 경우도 있고, 또 실제로 (감시장치를 규정하고 있는 조약을 포함해서) 대부분의 환경조약은 중재 및 사법절차를 배제하고 있지는 않다. 즉, 그들은 중재나 사법 절차를 명시적으로 규정하기도 하는데 1985년 오존층보호협약(Convention for the Protection of the Ozone Layer) 제11조, 1992년 기후변화협약 제14조 등이 그 좋은 예이다. 그럼에도 불구하고 실제에 있어 국가들은 사법절차를 피하고 일차적으로 감시/감독절차에 의존하는 경향이 있는 것이다.[23)]

마지막으로 환경보존의 필요성과 목적은 현재보다는 미래에 있다고 할 수 있다. 이러한 미래지향적 시각을 갖지 않고서는 환경법은 그 의의가 없으며, 이러한 맥락에서 미래세대(future generations)의 권리가 존재한다. 즉, 우리는 지구를 물려받았으며, 이를 우리의 자녀와 그 다음 세대에 전해줄 의무가 있다. 그리고 현재 우리가 누리는 가능성을 그들도 똑같이 누릴 수 있게 해 주어야 한다. 이를 가리켜 '세대간 형평'(intergenerational equity)이라 부르기도 하는데, 세대간 형평은 달리 표현하면 "세대간 도덕성"(intergenerational morality)[24)]의 문제이기도 하다. 그러므로 이것에 대한 우리의 책임은 계속 천명되고 있다. 예컨대, 국제환경법 발전의 시발점이 되어 준[25)] 1972년 6월 5~16일의 UN인간환경회의(UN Conference on the Human Environment)[26)]에서

22) *Trail Smelter* Arbitration (USA v. Canada)(1941), (1938~1941) 3 RIAA 1905 ; (1941) 35 AJIL 684.

23) 다수의 환경조약을 개관해 보면, 가장 광범위하게 채택되고 있는 감독장치는 (1) 각 국가의 자기보고 절차(State's self-reporting procedures), (2) 공동기구/기관 혹은 개별체약국에 의한 현장사찰(on-site inspection by a joint organisation or body or by individual contracting States), (3) 감독기구에의 제소(non-compliance procedure), (4) 지구 차원의 예방적 감독(preventive global monitoring) 등 네 가지 부류로 구분할 수 있다. 이들 방식을 잠시 설명하면, (1) "국가의 자기보고" 절차는 '(조약에 의하여 수립된) 사무국', 또는 '사무국을 경유하여 당사국회의'에 정기적으로 보고서를 제출하고, 사두국에서 국가보고서 검토, 당사국회의에 권고초안을 제출하고, 이어서 당사국회의에서 이를 토의, 수정, 채택하는 것으로 이루어진다. 1973년 "멸종위기에 처한 야생동식물의 국제거래에 관한 협약"(Convention on International Trade in Endangered Species of Wild Fauna and Flora : CITES), 1992년 기후변화협약, 1992년 생물다양성협약(Convention on Biological Diversity) 등에서 이 방식이 도입되고 있다. (2) "현장사찰" 방식에 관해서는, 1959년 남극조약 및 1991년 환경보호의정서, 그리고 CITES를 참조하라. (3) "감독기구에의 제소" 방식은 분쟁의 사법적 해결방식과 공통되는 특징이 있다. 특히, 이 절차는 계쟁적 성격을 가질 수 있고(고발당한 국가는 감독기관에 불려가서 의견을 개진해야 하기 때문), 또 이 절차의 결과는 (실제로 제재에 상응하는 것을 부과하는) 구속력있는 결정의 채택이 될 수도 있다. 즉, 사무국에서 각국의 정기보고서를 검토한 후 당사국회의 및 이행위원회에 보고서를 제출하면, 피고국가는 이행위원회에서 의무불이행에 관한 사유를 제시한 다음, 이행위원회가 당사국회의에 보고서를 제출하고, 이어서 당사국회의에서 (i) 적절한 원조, (ii) 경고발부, (iii) 조약 하의 특정 권리와 특권의 정지를 명할 수 있다. 1987년 "오존층파괴물질에 관한 몬트리올 의정서"(Montreal Protocol on Substances that Deplete the Ozone Layer), 1992년 기후변화협약, (1979년 제네바 장거리월경대기오염협약에 추가된) 1994년 "유황배출의 추가감소에 관한 의정서"(Protocol on Further Reduction of Sulphur Emissions), 1994년 UN 사막화방지협약(UN Convention to Combat Deserfication)을 참조하라. 끝으로, (4) "지구 차원의 예방적 감독" 방식은 국가가 환경법규를 위반하였는지를 확인하는데 그 일차적 목적이 있지 않다는 점에서 상기 3가지 경우와 다르다. 즉, 이것은 환경에 대한 '자료와 정보를 수집' (collecting data and information)하여 환경에 대한 손해를 방지하는데 그 목적이 있다. UNEP에 의해 고안된 지구감시프로그램(Earth-Watch Programme)의 골격 내에서 수립된 지구환경감시체제(Global Environment Monitoring System : GEMS)가 그 좋은 예이다. Cassese, *International Law*, pp. 385~388.

24) 金鎭炫, "2008년 黙示錄", 《月間朝鮮》(2008. 12), 218~229, 226 면.

25) Malanczuk, p. 241 ; Janis, 3rd, pp. 228~229 ; Ragazzi, p. 154.

26) https://www.un.org/en/conferences/environment/stockholm1972.

채택된 스톡홀름선언(Stockholm Declaration of the UN Conference on the Human Environment)은 그 제1원칙에서 "인간은 현재와 미래의 세대를 위하여 환경을 보호하고 개선할 엄숙한 책임을 진다."라고 천명하고 있으며, 제2원칙에서는 "대기, 물, 토양, 식물과 동물을 포함한 지구의 천연자원과 특히 자연생태계의 대표적 표본들은 적절한 바의 면밀한 계획과 관리를 통해 현재와 미래의 세대를 위해 보호해야 한다."라고 천명하고 있다. 이어서, 1992년 6월 3일부터 14일까지 개최된 "환경과 개발에 관한 UN회의"(UN Conference on Environment and Development : 이하 UN환경개발회의)[27]에서 채택된 리우선언(Rio Declaration of the UN Conference on Environment and Development)도 제3원칙에서 "개발의 권리는 개발과 환경에 대한 현세대와 미래세대의 필요를 형평하게 충족시킬 수 있도록 실현되어야 한다."라고 언급하고 있다.[28] 그리고 ICJ도 그 후 *Legality of the Threat or Use of Nuclear Weapons*[29]에서 "아직 태어나지 않은 세대들"(unborn generations)의 환경권에 관하여 언급한 바 있으며, *Gabčíkovo-Nagymaros Project* 사건[30]에서 이 원칙을 다시 확인하기도 하였다.

Ⅲ. 국제환경법의 이념 : '지속가능한 개발'

지속가능한 개발(발전)(sustainable development)은 국제환경법이 전체적으로 추구하는 목표 내지는 이념 혹은 가치라고 할 수 있으며,[31] 이를 "타 규칙과 원칙에 작용하는 '상위 혹은 우산(雨傘)' 원칙"(a *meta*-principle, acting upon other rules and principles)으로 칭하는 학자도 있다.[32] 따라서 이 기본원칙을 —아래에서 설명하는— 국제환경법의 다른 일반원칙들과 동위에 놓는 것은 적절치 않아 보인다.

환경보호의 과제가 경제개발의 진전과 불가분 연계되어 있고 개발도상국들에게 있어서 특히 그러하다는 점은 1972년의 스톡홀름 회의에서도 인식된 바 있다. 그러나 1970년대 '천연자원에 대한 영구주권'을 내세우며 신국제경제질서(NIEO)를 수립하려고 시도했던 제3세계국가들은 개발의 환경에 대한 충격에 대해서는 신경을 쓸 겨를이 없었으며, 따라서 그들이 UN에서 채택한 1974년의 여

27) "Rio Summit" 혹은 "Earth Summit"로 부르기도 한다 : https://en.wikipedia.org/wiki/Earth_Summit ; Nanda/Pring, p. 79. "Earth Summit 2002"라고 하면, 이것은 2002년 남아프리카 요하네스버그에서 개최된 "지속가능한 개발에 관한 세계정상회담"(World Summit on Sustainable Development)을 지칭한다 : https://en.wikipedia.org/wiki/Earth_Summit_2002 ; Nanda/Pring, pp. 110~119.

28) Kiss, *op. cit.*, pp. 7~10.

29) ICJ Advisory Opinion of 8 July 1996, para. 29.

30) Hungary/Slovakia, ICJ Reports (1997), p. 7 at 41 (para. 53).

31) Orakhelashvili, pp. 182~184.

32) Alan Vaughan Lowe, "Sustainable Development and Unsustainable Arguments" in A. E. Boyle and D. Freestone (eds.), *International Law and Sustainable Development : Past Achievements and Future Challenges* (Oxford : Oxford University Press, 1999), p. 19 at 31.

러 결의에서도 이 문제를 언급하지는 않았다. 1980년대에 들어와 일차적으로 환경보호를 목표로 하면서도 개발 혹은 발전의 필요성을 고려에 넣는 방안이 모색되었으며, 이같은 노력은 '지속가능한 개발'이란 절충적 개념으로 구체화되었다. (UN총회에 의해 1983년에 설립된) 세계환경개발위원회(World Commission on Environment and Development)[33]가 1987년에 내린 정의에 의하면 '지속가능한 개발'이란 "그들 자신의 필요를 충족시킬 수 있는 미래세대의 능력을 위태롭게 하지 않는 범위 내에서 현재의 필요를 충족시키는 개발"(development that meets the needs of the present without compromising the ability of future generations to meet their own needs)을 의미한다.[34] 개발이 지속가능해야 한다는 이 요건은 곧 환경보호가 개발과정에 통합되어야 함을 의미하는 것이다. 환경보호와 경제개발의 필요성 사이에서 올바른 균형점을 찾으려는 이같은 시도는 1992년의 리우회의에서도 그대로 연장되고 있다. 우선 '환경과 개발에 관한 UN회의'(UN Conference on Environment and Development)라는 이 회의에 붙여진 이름 자체도 그러하지만, 여기서 채택된 모든 문서가 온통 이러한 접근방법을 반영하고 있다. 예컨대, 리우선언 제4원칙은 "지속가능한 개발을 달성하기 위하여 환경보호는 개발과정의 불가결한 부분을 구성하며, 따라서 그것과 분리시켜 생각해서는 안된다."(In order to achieve sustainable development, environmental protection shall constitute an integral part of the development process and cannot be considered in isolation from it)라고 천명하고 있다.[35]

지속가능한 개발의 법적 내용을 분명히 제시하기는 어렵지만, 정치적으로 이 개념은 환경보호를 위해서는 선진국들이 후진국들에게 기술과 자금을 지원해야 함을 함축하고 있다. 이같은 인식은 리우선언 제7원칙의 다음 규정에서도 잘 나타나고 있다.

> "... 지구환경의 악화에 대한 서로 다른 기여를 고려하여 국가들은 공동의 그러나 차별화된 책임을 갖는다. 선진국들은 그들의 사회가 지구환경에 끼친 압박과 그들이 소유하고 있는 기술

33) UN총회결의 38/161 (1983년 12월 19일).

34) World Commission on Environment and Development, *Our Common Future* (Oxford : Oxford University Press, 1987), p. 43 ; Kiss, *op. cit.*, p. 14 ; Birnie/Boyle, p. 4. *Our Common Future*란 이름의 이 보고서는 WCED의 초대 위원장을 맡고 있던 노르웨이 여수상 Gro Harlem Brundtland의 이름을 따서 흔히 Brundtland Report로 불리운다. 이와 함께 WCED는 Brundtland Commission으로 지칭되기도 하는데, 동 위원회는 1987년 보고서를 낸 뒤 공식 해산되었다. https://en.wikipedia.org/wiki/Brundtland_Commission.

35) 1992년 12월 22일 UN총회는 결의 47/191에 의거하여 UN경제사회이사회가 UN헌장 제68조에 의거하여 -Rio Summit의 실효적 이행을 감시할 책무를 진- 'UN지속가능개발위원회'(Commission on Sustainable Development : CSD)를 설치할 것을 요청하였다. 이렇게 하여 UN경제사회이사회 산하 직능위원회의 하나로 CSD가 설립되었다. 그러나 UN총회가 2012년 12월 21일 결의 67/203을 통해 CSD가 이제 그 '마지막 세션'을 개최해 줄 것을 권고한 뒤 CSD는 2013년 9월 20일 마지막 세션을 가졌으며, 9월 24일 CSD를 대체한 '지속가능개발 고위급정치포럼'(High-level Political Forum on Sustainable Development : HLPF)이 최초 모임을 가졌다. HLPF는 UN경제사회이사회 후원 하에 매년 개최되며, 이에 더하여 UN총회 후원 하에 4년마다 국가 및 정부수반 차원에서 개최된다 : 2013년 7월 9일 UN총회결의 67/290("Format and organizational aspects of the high-level political forum on sustainable development") ; https://en.wikipedia.org/wiki/Commission_on_Sustainable_Development ; https://en.wikipedia.org/wiki/High-level_Political_Forum_on_Sustainable_Development ; https://sustainabledevelopment.un.org/index.php?menu=1211 ; https://sustainabledevelopment.un.org/hlpf/2013.

적·재정적 자원을 고려하여, 지속가능한 개발을 국제적으로 추구함에 있어 그들이 부담해야 할 책임을 인정한다."

위 표현은 개발도상국은 그들의 개발을 위하여 국제적 원조가 제공되는 한에 있어서만 환경을 보호하기 위해 협력할 의무가 있음을 시사하고 있는데, 선진국의 이같은 의무는 여러 조약에서도 언급되고 있다. 예컨대, 생물다양성협약(Convention on Biological Diversity)[36] 제20조 2항은 "선진

---

36) 이 협약은 1992년 5월 22일 나이로비에서 채택되었으며, 그 해 6월 3~14일 기간 동안 리우데자네이로에서 개최된 UN환경개발회의(UN Conference on Environment and Development)에서 서명을 위하여 개방되었다. 1992년의 기후변화협약에서 기후변화가 '인류의 한 가지 공동관심사'임을 인식하고 있는 것처럼 생물다양성협약도 그 전문에서 "생물다양성의 보존은 '인류의 한 가지 공동관심사'임을 확인"(Affirming that the conservation of biological diversity is *a common concern of humankind*) 하고 있다. 1993년 12월 29일 발효. 한국은 1992년 6월 13일 서명, 1994년 12월 23일 발효. Birnie/ Boyle, *Basic Documents on International Law and the Environment*, p. 390.

그후 2001년 1월 29일 캐나다 몬트리올에서 열린 생물다양성협약 특별당사국회의에서 "생명공학안정성에 관한 생물다양성협약 카타헤나 의정서"(Cartagena Protocol on Biosafety to the Convention on Biological Diversity)가 채택되었는데, 이 의정서는 "현대생명공학을 통해 취득된 유전물질의 새로운 결합을 소유한 일체의 살아있는 생물체"로 정의된 '살아있는 (유전자)변형생물체'(living modified organisms : LMOs)의 '국가 간 이동, 통과, 취급 및 사용'을 규율하기 위한 것이다. 다만, 동 의정서는 "타 국제협정이나 기구들에서 다루고 있는 '인간을 위한 의약' (pharmaceuticals for humans)인 변형생물체의 국가 간 이동에는 적용되지 아니한다(제5조). 동 의정서는 제37조에 규정된 요건에 따라 2003년 9월 11일 발효하였다. https://en.wikipedia.org/wiki/Cartagena_Protocol_on_Biosafety ; https://www.cbd.int/biosafety/ ; Nanda /Pring, pp. 349~392. 한국은 2007년 10월 3일 비준, 2008년 1월 1일부로 동 의정서의 당사자가 되었다 : https://www.cbd.int/biosafety/signinglist.shtml. 그리고 2010년 10월 15일 카타헤나 의정서 당사국회의로 기능하는 생물다양성협약 당사국회의에서 -LMO에 관련한 책임 및 구제 분야에서의 국제 규칙과 절차를 제공하기 위한- "책임 및 구제에 관한 카타헤나 의정서 나고야-쿠알라룸푸르 보충의정서"(Nagoya-Kuala Lumpur Supplementary Protocol on Liability and Redress to the Cartagena Protocol on Biosafety)가 채택되었는데, 2018년 3월 5일 발효하였다. https://bch.cbd.int/protocol/supplementary/ ; Redgwell in Evans (ed.), *International Law*, 5th, p 702. 참고로, LMO는 대체로 GMO(genetically modified organism : 유전자변형 생물체)와 같은 뜻으로 사용되기도 하지만, 엄격히 이야기하면 LMO는 농작물처럼 "성장할 수 있는" 유전자변형 생물체를 지칭하는 것인데 반해, GMO는 LMO와 "성장할 수 없는(즉, 죽은)" 그 같은 생물체(예컨대, 통조림으로 만들어진 유전자변형 가공식품)를 포함한다 : https://en.wikipedia.org/wiki/Cartagena_Protocol_on_Biosafety.

생물다양성협약 제1조에 언급된 3가지 협약목표 중의 하나는 "유전자원의 이용에서 발생하는 이익(이득)을 공정하고 형평하게 배분(할당)하는 것"(fair and equitable sharing of the benefits arising out of the utilization of genetic resources)인데, 2010년 10월 29일 일본 나고야에서 개최된 제10차 생물다양성협약 당사국회의는 이 목표의 이행을 위해 "유전자원 접근 및 그 이용으로부터 발생하는 이익의 공정하고 형평한 배분에 관한 생물다양성협약 나고야 의정서"(Nagoya Protocol on Access to Genetic Resources and the Fair and Equitable Sharing of Benefits Arising from their Utilization to the Convention on Biological Diversity)를 채택, 2014년 10월 12일 발효하였다. 한국은 2017년 5월 19일 비준, 동년 8월 17일 발효하였다. 조약 개관은 다음 사이트를 참조 : "The Nagoya Protocol on Access and Benefit-sharing", https://www.cbd.int/abs/.

"생물다양성협약과 조화를 이루되"(in harmony with the Convention on Biological Diversity) 그러나 '식물' 유전자원의 특별한 성격을 고려하여 마련된 "식량과 농업을 위한 식물유전자원에 관한 국제조약" (International Treaty on Plant Genetic Resources for Food and Agriculture)(일명 "International Seed Treaty")도 식량/농업 식물유전자원의 '지속가능한 사용'(sustainable use)으로부터 나오는 "이익을 공정하고 형평하게 배분하는" 원칙에 기초하고 있는데(제1조), 동 조약은 FAO 후원 하에 채택된 것으로, 2004년 6월 29일 발효하였고 한국도 당사자이다. 체약국들은 동 조약 전문에서 "식량과 농업을 위한 식물유전자원은 모든 국가의 한 가지 공동관심사임을 인식하고"(Cognizant that plant genetic resources for food and agriculture are a common concern of all countries ...) 있다. 조약 개관은 다음 사이트를 참조 : https://en.wikipedia.org/

국은 개도국들이 이 협약의 의무사항을 이행하고 그 이행에 따른 이익을 얻을 수 있도록 신규의 추가적인 자금을 지원하여야 한다."고 규정하고 있다. 기후변화협약은 제4조 3·4항에서 후진국의 의무이행을 위하여 필요한 재정자금을 지원할 선진체약국(즉, 제2부속서에 명기된 선진국들)을 구체적으로 명시함으로써 이 점에 있어 훨씬 더 체계적인 접근을 시도하고 있다. 리우회의에서 채택된 의제21(Agenda 21)의 이행도 선진산업국들의 자금지원에 의존하고 있음은 명백하다.[37]

'지속가능한 개발'은 이제 국내법(및 EU법)에서 뿐만 아니라 국제법의 차원에서도 "아마도 틀림없이 환경법의 가장 중요한 일반원칙"(arguably the most important general principle of environmental law)[38]으로 생각되고 있다. ICJ도 *Gabčíkovo-Nagymaros Project* 사건[39]에서 "경제개발과 환경보호를 조화시키기 위한 이 같은 필요성은 지속가능한 개발이란 개념에서 잘 표현되고 있다."라고 언급한 바 있다.[40] 그러나 White는 이 개념의 모호성 내지는 위험성에 대해 다음과 같이 언급하고 있다.

> "… '지속가능한 개발'은 북의 환경관심과 남의 개발관심을 혼합한 남북간의 모호한 타협안으로 볼 수 있다. 아니면, 이것은 '계속적인 경제적 성장과 개발 그리고 인구성장은 생명유지장치를 너무나 손상시켜 그 목표달성을 결코 방해함이 없이 전세계의 인구가 전반적으로 받아들일 만한 정도의 삶의 수준에 도달하게 될 방식으로 이루어질 수 있다'는 믿음(belief)을 실제로 조장하는 훨씬 더 위험한 개념으로 볼 수도 있다. 이것은 과학적 증거에 기초한 것으로 보이지는 아니한다. '지속가능한 개발' 개념의 배후에는 단지 '과학과 공학(공업기술)(science and engineering)을 통해 우리의 환경문제들을 극복할 수 있고, 따라서 우리는 계속해서 자원의 추출과 사용을 확대하고, 제품을 생산하고 또한 -설사 인구가 증가한다손 치더라도- 지구 인구의 실질적인 삶의 수준을 높일 수 있다'는 믿음(belief)이 존재하고 있을 따름이다."[41]

지속가능한 개발의 목표를 추구함에 있어 또 하나 제기되는 문제는 환경과 '국제무역(통상)'의 관계를 어떻게 설정할 것인가 하는 점이다. 국제무역의 자유화를 지지하는 측에서는 환경에 초점을 맞추면 세계경제에 부정적 영향이 미칠 것이라고 우려하는 반면, 환경론자들은 무역의 자유화를 통한 경제성장은 환경에 위협이 될 것이라고 생각하는 경향이 있다. 그러나 환경과 경제개발의 관계

---

wiki/International_Treaty_on_Plant_Genetic_Resources_for _Food_and_Agriculture ; "International Seed Treaty comes into force today but will it undermine farmers efforts to conserve diversity?", https://www.ukabc.org/itpgrfa29june2004.htm.

37) Kiss, *op. cit.*, p. 14.

38) Sunkin/Ong/Wight, p. 26.

39) Hungary/Slovakia, ICJ Reports (1997), p. 7 at 78 (para. 140).

40) 그후 *United States - Import Prohibition of Certain Shrimp and Shrimp Products* (일명 *Shrimp - Turtle* case), Report of the Appellate Body (WT/DS58/AB/R, 12 October 1998), 〈https://www.wto.org/english/tratop_e/dispu_e/58abr.pdf〉, para. 129 (fn. 107)에서 WTO 상소기관은 "이 (지속가능한 개발)-개념은 '경제적·사회적 개발'과 '환경보호'를 통합하는 것으로 일반적으로 수락되었다(has been generally accepted as integrating economic and social development and environmental protection)"고 언급하기도 하였다.

41) White, *The Law of International Organisations*, pp. 262~263.

에서 보는 것처럼, 환경과 국제무역이 어떤 관계에 있는가를 묻는 것과, 양자의 관계를 어떻게 설정할 것인지를 묻는 것은 별개의 문제이다. 후자에 대한 국제공동체의 기본 시각은 "지속가능한 개발을 위하여 환경정책과 무역정책이 '상호 협력적인'(mutually supportive) 관계에 놓이도록 만들자"는 것으로 요약이 되는데, 이것은 "의제 21"에서도 분명히 천명되고 있고,[42] 1998년 "특정 유해화학물질 및 농약의 국제교역에 있어서의 사전 통보(고지)에 입각한 동의에 관한 로테르담 협약"(Rotterdam Convention on the Prior Informed Consent Procedure for Certain Hazardous Chemicals and Pesticides in International Trade)[43]과 2001년 "생명공학안전성에 관한 생물다양성협약 카타헤나 의정서"(Cartagena Protocol on Biosafety to the Convention on Biological Diversity)도 각기 조약 전문(前文)에서 동일한 견해를 피력하고 있다.

UN총회는 2015년에 채택한 "지속가능한 개발을 위한 2030 의제"에서 2016년 1월 1일부터 향후 15년간 달성해야 할 17개 목표(goals)를 제시한 바 있는데, 이들 각 목표에는 '통합적이고 불가분한' 합계 169개의 세부목표(targets)가 담겨 있다.[44]

Ⅳ. 국제환경법의 일반원칙

1992년의 UN환경개발회의는 무려 177개국이 참여하고, 이 중 114개국은 국가수반이나 정부수반에 의해 대표된 거대한 회의였다. 여기서 위에 언급된 기후변화협약과 생물다양성협약이 서명을 위하여 개방되었을 뿐만 아니라, 리우선언, 산림선언("Non-legally Binding Authoritative Statement of Principles for a Global Consensus on the Management, Conservation and Sustainable Development of All Types of Forests" : 약칭 Forest Principles), 그리고 21세기를 위한 인류의 논의과제란 뜻에서 '의제 21'로 이름 붙여진 방대한 행동계획이 채택되었다. 리우회의에서 채택되거나 승인된 이들 다섯 문서는 이미 국제환경관습법규로 승인된 일부 규칙을 확인하거나 몇몇 새로운 중요 규칙을 성문화하고 있는 것으로 보인다.[45] 그러므로 여기서는 리우회의의 결과로 나타난 이들 규칙에 관하여 살펴보기로 한다.[46]

---

42) Agenda 21, paras. 2.19~2.21 (available online at https://en.wikipedia.org/wiki/Agenda_21). 국제무역과 환경의 관계정립에 대한 자세한 고찰은, Nanda/Pring, Chapter Thirteen (International Trade and Environment), pp. 393~452 참조.

43) 1998년 9월 10일 네덜란드 로테르담 외교회의에서 채택, 2004년 2월 24일 발효. 한국은 1999년 9월 7일 서명, 2003년 8월 11일 비준. https://treaties.un.org/pages/ParticipationStatus.aspx ; https://www.pic.int/ ; https://en.wikipedia.org/wiki/Rotterdam_Convention.

44) UN총회결의 70/1 (2015년 9월 25일), "Transforming our world: the 2030 Agenda for Sustainable Development", 〈https://www.un.org/en/development/desa/population/migration/generalassembly/docs/globalcompact/A_RES_70_1_E.pdf〉 ; 지속가능발전포털, "지속가능발전목표(UN-SDGs)", 〈https://ncsd.go.kr/unsdgs〉.

45) Kiss, *op. cit.*, p. 11.

1. 협력의무

국가들은 환경을 보호하기 위하여 서로 협력할 의무가 있다.[47] 리우선언은 특히 제7원칙에서 "국가들은 지구생태계의 건강과 본래상태를 보존, 보호, 회복하기 위해 지구적 협조정신 속에서(in a spirit of global partnership) 협력하여야 한다(shall) ... "고 천명하고 있고, 스톡홀름선언 제24원칙도 "환경의 보호와 개선에 관한 국제적 사항들은 모든 국가가 협조정신 속에서(in a cooperative spirit) 다루어야 한다(should)."라고 천명하고 있다.

협력의무의 핵심은 환경에 갑작스런 해로운 효과를 야기할 가능성이 있는 긴급사태를 아는 경우 이를 즉각 다른 국가들에게 통고해 줄 의무이다. 그러므로 리우선언 제18원칙은 "국가는 타국의 환경에 급작스런 해로운 효과를 초래할 가능성이 있는 자연재해나 기타 긴급사태를 다른 국가들에게 즉각 통고하여야 한다."라고 천명하고 있다. 이미 수많은 조약이 이같은 원칙을 수용하고 있다. 예컨대, UN해양법협약 제198조는 "해양환경이 오염에 의하여 피해를 입을 급박한 위험에 처하거나 피해를 입은 것을 알게된 국가는 권한있는 국제기구뿐만 아니라, 그러한 피해에 의하여 영향을 받을 것으로 생각되는 다른 국가에 신속히 통고해야 한다."라고 규정하고 있다. 그리고 1989년의 "유해폐기물의 월경이동 및 처리의 통제에 관한 바젤협약"(Convention on the Control of Transboundary Movements of Hazardous Wastes and their Disposal)[48] 제13조는 "당사국들은 다른 국가의 인간건강과 환경에 위험을 초래할 것으로 보이는 유해폐기물 또는 기타 폐기물의 국가 간 이동 혹은 처리과정에서 사고가 발생한 경우, 이를 알게되는 즉시 그 다른 국가들에게 통보하여야 한다."라고 규정하고 있다. ICJ도 이미 *Corfu Channel* 사건[49]에서 비슷한 원칙을 지지한 바 있다. 즉, ICJ는 알바니아가 자국 영해에 속하는 이 국제해협에 기뢰가 떠다니고 있는 것을 알면서도 해협을 통과하는 영국 군함에게 알려주지 않은 것에 대해 국가책임의 성립을 인정하면서, "국가는 자국의 영토가 타국의 권리에 위배되는 행위를 위하여 사용되는 것을 알면서도 이를 허용해서는 안될 의무를 부담한다."는 원칙을 수립한 바 있다. 이 사건은 직접적으로 환경과 관련한 것은 아니지만, 이로부

---

46) UN은 2002년 8월 26일부터 9월 4일까지 남아프리카, Johannesburg에서 "지속가능한 개발에 관한 세계정상회담"(World Summit on Sustainable Development)을 개최하였는데, 리우선언 이후 10년째 되는 해라 하여 "Rio +10"이라고도 부르고, "지구정상회담 2002"(Earth Summit 2002)라고도 부른다. 이 회의의 주된 결실은 "지속가능한 개발에 관한 요하네스버그 선언"(Johannesburg Declaration on Sustainable Development)인데, 그러나 (회의 폐막식 때 Colin Powell 국무장관이 급히 연설을 한 것을 제외하고는) 미국정부가 대표단을 보내지 않고 특히 부시 대통령이 불참하는 등, 여러 이유로 인하여 어수선하고 무기력한 회의가 되고 말았다. https://www.un.org/events/wssd/ ; https://en.wikipedia.org/wiki/Earth_Summit_2002 ; Nanda/ Pring, pp. 110~119. UN 창립 제70주년을 맞아 2015년 9월 25~27일 뉴욕 UN본부에서 개최된 UN정상회의에서는 '지속가능한 개발(발전)'을 위해 차후 2030년까지 달성하기 위한 새로운 어젠더를 채택하고 특히 17개 목표(goals)와 169개 세부목표(targets)를 제시한 바 있다 : UN총회결의 70/1 ("Transforming our world: the 2030 Agenda for Sustainable Development"), 〈https://sustainabledevelopment.un.org/post2015/summit〉.

47) 리우선언 제7원칙, 제13원칙, 제14원칙, 제27원칙 ; 기후변화협약 전문, 제3조 1~2항, 제4조 ; 생물다양성협약 제5조 ; 산림선언 제1조(b), 제3조(b). 협력의무는 의제 21 전체의 기초이기도 하다.

48) 1989년 3월 22일 바젤에서 채택, 1992년 5월 5일 발효. 한국은 1994년 2월 28일 가입서 기탁, 5월 29일 발효. Birnie/Boyle, *Basic Documents on International Law and the Environment*, p. 322.

49) ICJ Reports (1949), p. 4 at 22.

터 환경과 관련하여 위험사실을 인지하는 경우 이를 타국에 통고해 줄 의무가 있다는 원칙을 추론해 낼 수 있을 것이다.[50)]

또한 리우선언 제19원칙에 의하면, 국가들은 국경을 넘어서 환경에 심각한 악영향을 초래할 수 있는 사업계획(project)과 관련하여 잠재적으로 영향받는 국가들에게 사전 적시에 통고해 주고 관련 정보를 제공하여야 하며, 이들 국가와 초기단계에서 성실하게 협의하여야 한다.[51)] 이 원칙은 물론 관련 국가의 사전 동의를 요구하는 선에는 미치지 못한다.[52)]

2. 국가관할권 또는 통제를 넘어 환경 손해를 야기하지 아니할 의무

이 두 번째 규칙은 리우선언 제2원칙에서 다음과 같이 제시되고 있다.

> "국가들은 UN헌장과 국제법의 원칙에 따라 그들 자신의 '환경 및 개발' 정책에 의거하여 그들 자신의 자원을 개발할 주권적 권리를 가지고 있으며, 또한 자국 관할권(jurisdiction)이나 통제(control) 내에서의 활동이 타국의 환경이나 국가관할권 범위 밖의 지역(areas beyond the limits of national jurisdiction)의 환경에 손해를 가하지 않도록 보장할 책임을 부담하고 있다."[53)]

이것은 스톡홀름선언 제21원칙에 '개발'이라는 단어를 하나 더 추가하여 이를 그대로 옮겨놓은 것이다. 어쨌든 앞에서 언급한 바와 같이, 이미 *Trail Smelter* 사건[54)]에서 미국-캐나다 중재재판소는 "... 국제법의 원칙에 의하면, 사건이 중대한 결과를 동반하고 침해가 분명하고도 설득력있는 증거에 의하여 입증되는 경우, 국가는 연기에 의하여 타국 영토 또는 그 곳의 사람이나 재산에 대해 피해를 야기하는 방식으로 자국 영토를 사용하거나 자국 영토의 사용을 허락할 권리를 갖지 않는다."고 결론지은 바 있다. 그러나 리우선언 제2원칙에서 국가의 '관할권 혹은 통제' 내에서의 활동은 국가의 '영토' 내에서의 활동에 국한되는 것이 아니라는 점에서, 그리고 피해대상에 '타국'의 환경뿐만 아니라 '국가관할권 범위 밖의 지역'의 환경도 언급되고 있다는 점에서, 동 원칙은 *Trail Smelter*의 초국경적 혹은 월경적(transboundary) 관심사를 훨씬 능가하고 있다.[55)] UN해양법협약 제194조 2항도 "각국은 ... 자국의 관할권이나 통제 하의 사고 혹은 활동으로부터 발생하는 오염이 이 협약에 따라 자국이 주권적 권리를 행사하는 지역 밖으로 확산되지 않도록 보장하는 데 필요한 모든 조치를 취한다."고 규정하고 있다. ICJ는 *Legality of the Threat or Use of Nuclear Weapons*[56)]에

---

50) Shaw, p. 540.

51) 생물다양성협약 제14조 1항(c)도 비슷한 규정을 두고 있다.

52) See *Lac Lanoux* Arbitration (Spain v. France), (1957) 24 ILR 101 ; Birnie/Boyle, p. 336 ; Cassese, *International Law*, 2nd, p. 485 ; Nanda/Pring, p. 190.

53) 생물다양성협약 제3조, 기후변화협약 전문 및 산림선언 제1조(a) 등도 참조.

54) (1941) 3 RIAA 1938 at 1965 ; (1941) 35 AJIL 684 at 716.

55) 金楨鍵, p. 902.

서 이상의 의무는 "이제 환경 관련 국제법체계의 일부"라고 말한 바 있다. 여기서 한 걸음 더 나아가, UN국제법위원회(ILC)는 국가책임에 관한 잠정초안에서 대기권이나 해양의 대규모 오염(massive pollution of the atmosphere or of the seas)은 모든 국가가 피해자라는 점에서 이를 국가의 국제범죄(international crimes)의 하나로 예시하기도 하였었다.[57)]

3. 국제법과 국내법을 발전시켜 나갈 의무

리우선언 제13원칙은 스톡홀름선언 제22원칙을 이어받아 다음과 같이 천명하고 있다.

> "국가들은 오염과 기타 환경피해의 희생자를 위한 책임과 배상에 관한 국내법을 발전시켜야 한다(shall). 국가들은 또한 자국 관할권이나 통제 내에서의 활동으로 자국 관할권 밖의 지역에 초래된 환경침해의 악영향에 대한 책임과 배상에 관한 국제법을 더욱 발전시키기 위하여 신속하고 확실한 방법으로 협력하여야 한다(shall)."

생물다양성협약 제14조 2항도 이와 비슷하게 "당사국회의(Conference of the Parties)는 앞으로 수행될 연구를 기초로 하여, 원상회복과 배상을 포함하여 생물다양성에 가하진 손해에 대한 책임과 구제의 문제를 검토한다."라고 규정하고 있다.

4. 분쟁의 평화적 해결 의무

리우선언 제26원칙은 분쟁의 평화적 해결 원칙을 재확인하고 있으며, 환경 관련 조약에서는 각기 구체적인 분쟁해결 절차를 명시하고 있는 것이 보통이다.[58)]

5. 환경영향평가

환경영향평가는 -위에서도 언급한 바와 같이- 1969년 미국의 한 입법으로 시작된 후 많은 국가들이 따라하면서 국제법에 도입된 제도인데, 리우선언 제17원칙은 "환경에 심각한 악영향을 초래할 가능성이 있고 권한있는 국가당국의 결정을 필요로 하는 사업계획에 대하여는 환경영향평가(environmental impact assessment)가 국가적 제도로서 실시되어야 한다(shall)."라고 규정하고

---

56) ICJ Advisory Opinion of 8 July 1996, at para. 29 : "... The existence of the general obligation of States to ensure that activities within their jurisdiction and control respect the environment of other States or of areas beyond national control is *now part of the corpus of international law relating to the environment.*" (italics added) ICJ는 1년 뒤, Case concerning the *Gabčíkovo-Nagymaros Project* case (Hungary/Slovakia), ICJ Reports (1997), p. 7 at 41 (para. 53)에서 이 원칙을 다시 확인하고 있다.

57) 국가의 '국제위법행위'를 '국제범죄'와 '국제불법행위'로 구분하려던 ILC의 초기의 시도는 그러나 결국 포기되고 말았다. 본서, 제6판 (2001), p. 367 ; Birnie/Boyle, p. 92.

58) 예컨대, 생물다양성협약 제27조 및 부속서 Ⅱ ; 기후변화협약 제14조 참조.

있다.[59] 1991년 "월경 차원의 환경영향평가에 관한 협약"(Convention on Environmental Impact Assessment in a Transboundary Context)은 특별히 '월경'환경영향평가를 위한 자세한 규칙과 절차를 수립한 최초의 조약이다. 물론 그전부터 이미 일부 조약에서는 당해 조약 내에 이를 위한 개별 조항을 두기도 하였는데, "일국의 관할권이나 통제 하에서 계획된 활동이 해양환경에 실질적인 오염이나 중대하고 해로운 변화를 가져올 것이라고 믿을만한 합리적인 근거가 있는 경우, 해양환경에 대한 이러한 활동의 잠재적 영향을 실행가능한 한 평가할" 것을 요구하고 있는 UN해양법협약 제206조가 그 좋은 예이다.[60]

Pulp Mills on the River Uruguay 사건[61]에서 ICJ는 환경영향평가에 대해 몇 가지 구체적인 설명을 제공한 바 있다. 첫째, 계획된 산업활동이 월경 차원에서, 특히 공유자원에 대해 심각한 악영향을 초래할 위험이 존재하는 경우 환경영향평가를 실시하는 것은 이제는 일반국제법의 한 요건(a requirement under general international law)으로 볼 수 있다.[62] 둘째, 일반국제법은 환경영향평가의 범위와 내용에 대해 명시하지 않고 있다. 따라서 각국은 계획된 개발의 성격과 규모 및 그것의 환경에 대한 가능한 역효과 그리고 그러한 평가를 수행함에 있어 상당한 주의를 행사할 필요성에 유념하면서 각 경우에 요구되는 환경영향평가의 구체적인 내용을 국내입법에서 혹은 사업의 허가과정에서 결정하여야 한다.[63] 셋째, 환경영향평가는 사업 시행 전에(prior to the implementation of a project) 수행되어야 한다.[64] 넷째, 게다가 일단 사업이 시작되었더라도, 그리고 필요한 경우 사업의 전 과정을 통해 사업의 환경에 대한 효과를 계속적으로 주시(continuous monitoring)하여야 한다.[65]

그후 ICJ는 –재판소규칙 제80조에 의거한 반소(counterclaim) 신청을 배척하고, 그 대신 재판소규칙 제47조에 의거한 병합심리(joinder of proceedings)를 명령하였던– *Certain Activities carried out by Nicaragua in the Border Area*와 *Construction of a Road in Costa Rica along the San Juan River* 사건들[66]에 대한 본안 판결[67]에서 *Pulp Mills on the River Uruguay* 판결을 상기시

59) 리우회의에서 서명을 위하여 개방되거나 채택된 다른 3개 문서들도 환경영향평가 제도를 도입하고 있다 : 즉, 기후변화협약 제4조 1항(f) ; 생물다양성협약 제14조 ; 산림선언 제8원칙 (h). Nanda/Pring, pp. 142~143.

60) Birnie/Boyle, *Basic Documents on International Law and the Environment*, p. 31.

61) Argentina v. Uruguay, ICJ Reports (2010), p. 14.

62) *Ibid.*, at 83 (para. 204).

63) *Ibid.*, at 83 (para. 205).

64) *Ibid.*, at 83 (para. 205).

65) *Ibid.*, at 83 (para. 205).

66) *Certain Activities Carried Out by Nicaragua in the Border Area* (Costa Rica v. Nicaragua), Joinder of Proceedings, Order of 17 April 2013, ICJ Reports 2013, p. 166 ; *Certain Activities Carried Out by Nicaragua in the Border Area* (Costa Rica v. Nicaragua) and *Construction of a Road in Costa Rica along the San Juan River* (Nicaragua v. Costa Rica), Counter-Claims, Order of 18 April 2013, ICJ Reports 2013, p. 200. 본서, 제26장 (분쟁의 평화적 해결수단), "Ⅶ. 사법심사 : ICJ를 중심으로", "13. 소송절차" 참조.

67) Merit, Judgment of 16 December 2015, paras. 65~144 (Issues in the Costa Rica v. Nicaragua Case), and paras. 145~228 (Issues in the Nicaragua v. Costa Rica Case).

키면서 다음과 같이 덧붙이고 있다. 첫째, 환경영향평가를 실시한 결과 심각한 월경침해의 위험이 존재한다는 것이 확인되면 사업을 실시하려고 계획하는 국가는 상당한 주의 의무에 따라 잠재적으로 영향받는 국가에게 이를 통지하고 또 이 국가와 성실히 협의할 것이 요구된다.[68] 둘째, 심각한 월경침해의 위험이 존재하지 않는 경우에는 환경영향평가를 실시할 것이 요구되지 아니한다.[69] 셋째, 비상사태(state of emergency)가 존재하는 경우 환경영향평가를 실시할 의무가 면제되는가의 질문에 대해 ICJ는 다음과 같이 두 가지로 답하고 있다. 첫째, 재판소는 *Pulp Mills on the River Uruguay* 사건에서 각 경우에 요구되는 환경영향평가의 구체적인 내용은 각 국가가 국내법에서 또는 사업을 허가하는 과정에서 결정할 일이라고 말한 바 있지만, 여기서 국내법에 대한 언급은 환경영향평가가 실시되어야 하는지의 문제에 관련한 것이 아니다. 다시 말해서, 국내법에 의하면 비상사태 하에서 면제가 존재할 수 있다는 사실은 환경영향평가를 실시할 국가의 국제법 하의 의무에 영향을 미치지 아니한다.[70] 그리고 둘째, 비상사태가 환경영향평가를 실시할 국제법 하의 의무를 면제시켜 주거나 비상사태가 중지될 때까지 이 의무의 실시를 연기시킬 수 있는가의 문제에 대해 재판소는 코스타리카가 자국의 주장과는 달리 비상사태의 존재를 입증하지 못했기 때문에 이 문제에 대해 결정할 필요가 없다고 말함으로써 미결로 남겨 두었다.[71]

6. 환경권

스톡홀름선언 제1원칙에 천명된 '환경권'(right to environment)은 리우회의에서 나온 문서들에서 명시적으로 확인되고 있지는 않지만,[72] 그 대신 환경권의 본질적인 요소들이 리우선언 제10원칙에서 다음과 같이 분명하게 제시되고 있다.

> "환경문제는 적절한 수준에서 모든 관련 시민들의 참여가 있을 때 가장 잘 다루어진다. 국가 차원에서, 각 개인은 그들 공동체 내에서의 유해물질과 유해활동에 관한 정보를 포함하여 공공기관이 가지고 있는 환경정보에 적절히 접근하고, 의사결정과정에 참여할 수 있는 기회를 가져야 한다(shall). 각국은 정보를 광범위하게 제공함으로써 공공의 인식과 참여를 촉진하고 증진시켜야 한다(shall). 피해의 구제와 배상 등 사법적 · 행정적 절차에 효과적으로 접근할 수 있어야 한다(shall)."[73]

68) *Ibid.*, para. 104.
69) *Ibid.*, para. 105.
70) *Ibid.*, para. 157.
71) *Ibid.*, para. 158.
72) Nanda/Pring, pp. 460~461.
73) 산림선언 제5조(b) 및 제6조(d) ; 의제 21 제8장, 제11장, 제25장~제32장 등도 참조. 스톡홀름선언 제1원칙과 리우선언 제10원칙의 이행을 위한 조약으로, UN유럽경제위원회(UN Economic Commission for Europe) 차원에서 체결된 "환경문제들에 있어 정보에의 접근, 의사결정에의 일반시민 참여 및 재판소접근에 관한 협약"(Convention on Access to Information, Public Participation in Decision-making and Access to Justice in Environmental Matters)이 있다. 1998년 6월 25일 채택, 2001년 10월 30일 발효하였는데, 덴마크

7. 공동의 그러나 차별화된 책임 원칙

새로이 제시된 원칙들 중에서 가장 중요한 것은 "'지구환경의 악화에 대한 서로 다른 기여를 고려하여' 각국은 '공동의 그러나 차별화된' 책임을 갖고 있다."(In view of the different contributions to global environmental degradation, States have common but differentiated responsibilities) 라고 규정한 리우선언 제7원칙일 것이다.[74] 제7원칙에서 계속해서 언급하고 있는 바와 같이, 선진 산업국가는 환경훼손에 더 많이 기여하였고 그 한 결과로서 현재 기술적·재정적 자원을 더 많이 보유하고 있기 때문에 '지속가능한 개발'을 국제적으로 달성함에 있어 더 많은 부담을 져야 한다는 것이다. 요컨대, '공동의 그러나 차별화된' 책임의 원칙은 '지속가능한 개발' 개념의 핵심을 구성하는 것으로 보인다.

8. 예방(방지) 및 사전주의 원칙

이미 *Trail Smelter* 사건에서 재판소는 캐나다에 대해 미래의 침해를 방지하기 위한 조치를 취할 것을 명한 바 있다. 그리고 바로 이것이 오존층보호협약(Convention for the Protection of the Ozone Layer),[75] 선박오염방지국제협약(International Convention for the Prevention of Pollution from Ships),[76] "폐기물 및 기타 물질의 투기에 의한 해양오염방지협약"(London Convention for the Prevention of Marine Pollution by Dumping of Wastes and Other Matter)[77] 그리고 육상오염원을 다루는 조약들을 포함한 대부분의 현대 환경조약의 일차적 목적이다.[78] 이 예방의

Aarhus에서 채택했다고 하여 흔히 Aahrus Convention으로도 칭한다. 2003년 5월 21일에는 우크라이나, Kiev에서 개최된 협약당사국 특별회의에서 "오염물질 배출 및 이전 등록부에 관한 의정서"(Protocol on Pollutant Release and Transfer Registers)가 채택된 바도 있는데, 그러나 의정서 당사국은 반드시 협약당사국일 필요가 없다(의정서 제24조). 이들 협약에 관하여 자세한 것은 UN Doc. ECE/CEP/43 (1998) ; https://www.unece.org/env/pp/treatytext.htm ; https://en.wikipedia.org/wiki/Aahrus_convention ; Nanda/Pring, p. 43 ff 참조.

74) 리우선언 제11원칙과 기후변화협약 전문도 참조.

75) 1985년 3월 22일 비엔나에서 채택, 1988년 9월 22일 발효 ; 한국 1992년 5월 27일 발효. "오존층파괴물질에 관한 몬트리올의정서"(Montreal Protocol on Substances that Deplete the Ozone Layer)는 1987년 9월 16일 채택되어 1989년 1월 1일 발효 ; 한국 1992년 5월 27일 발효. Birnie/Boyle, *Basic Documents on International Law and the Environment*, p. 211.

76) 보통 MARPOL 1973/78로 부른다. 이 협약은 원래 1973년 11월 2일 런던의 IMO(국제해사기구)에서 채택되었으나 발효 전 1978년 2월 17일 채택된 의정서에 의하여 개정되었다. 이 의정서는 1983년 10월 2일 발효. 한국은 1984년 10월 23일 발효. *Ibid.*, p. 189. 부속서(Annex)가 계속 추가되고 있다 : Redgwell in Evans (ed.), *International Law*, 5th, pp. 690~691 ; https://en.wikipedia.org/wiki/MARPOL_73/78. 가장 최근의 개정은 이른바 'Polar Code'의 도입으로 인한 것인데, 이것에 관해서는 본서, 제19장 (영토의 취득), "XVII. 극지(polar regions), 3. Polar Code" 참조.

77) 1972년 12월 29일 런던, 멕시코시티, 모스크바 및 워싱턴에서 채택, 1975년 8월 30일 발효. 한국 1994년 1월 20일 발효. Birnie/Boyle, *Basic Documents on International Law and the Environment*, p. 174.

78) Birnie/Boyle, p. 92.

원칙은 "각국은 개별적으로 또는 적절한 경우 공동으로, 자국이 가지고 있는 실제적인 최선의 수단을 사용하여 또한 자국의 능력에 따라 모든 오염원으로부터 해양환경오염을 방지, 경감 및 통제하는데 필요한 이 협약과 부합하는 모든 조치를 취하고, 또한 이와 관련한 자국의 정책을 조화시키도록 노력한다."고 규정한 UN해양법협약 제194조 1항에서 분명히 제시되고 있다. 1991년 "월경 차원의 환경영향평가에 관한 협약"(ECE Convention on Environmental Impact Assessment in a Transboundary Context)도 역시 예방원칙에 입각하여 "각 당사국은 개별적으로 혹은 공동으로, 사업계획으로부터 국경을 넘어선 환경에 대한 심각한 악영향을 방지, 경감 및 통제하기 위하여 모든 적절하고도 실효성있는 조치를 취해야 한다."고 규정하고 있다. 2005년 *Iron Rhine Railway* 사건[79]에서 중재재판소는 "방지의무는 이제 일반국제법의 한 원칙이 되었다"고 언급하였다.

가장 혁신적인 신규범은 −예방(방지)원칙을 확대시킨− 사전주의 원칙(precautionary principle)인데,[80] 리우선언 제15원칙은 이것에 관해 다음과 같이 규정하고 있다.

> "환경을 보호하기 위하여 각 국가의 능력에 따라(according to their capabilities) 사전주의적 접근법(precautionary approach)이 널리 실시되어야 한다(shall). 중대하거나 돌이킬 수 없는 피해의 위협이 있는 경우, 완전한 과학적 확실성의 결여가 환경 악화를 방지하기 위한 비용효과적인 조치를 연기시키는 구실로 사용되어서는 안된다(shall not be used)."[81]

국제해양법재판소(해저분쟁재판부)는 2011년의 권고적 의견[82]에서 "리우선언 제15원칙의 첫째 문장은 '사전주의 접근법'을 일반적인 표현으로 지칭하고 있는 것으로 보이지만, 두 번째 문장은 이것의 적용범위를 '중대하거나 돌이킬 수 없는 피해'의 위협, 그리고 '환경 악화'를 방지하기 위하여 채택하는 '비용효과적인' 조치에 국한시키고 있음"을 상기시키고 있다. 동 재판소는 이어서 "제15원칙

---

79) Belgium/Netherlands, Award, May 24, 2005, para. 59, 〈https://legal.un.org/riaa/cases/vol_XXVII/35-125.pdf〉: "... where development may cause significant harm to the environment there is a duty to prevent, or at least mitigate, such harm ... This duty, in the opinion of the Tribunal, has now become a principle of general international law."

80) 국제무대에서 사전주의 원칙은 1982년 10월 28일의 UN총회 결의 37/7 (111개국 찬성, 미국 1개국 반대, 18개국 기권)에 첨부된 "세계자연헌장"(World Charter for Nature), 원칙 11(b)를 통해 비로소 그 모습을 드러냈는데, 그러나 동 헌장에서 아직 사전주의(precaution)란 전문술어가 보이지는 아니한다. Nanda/Pring, p. 59 ; https://en.wikipedia.org/wiki/World_Charter_for_Nature.

81) 기후변화협약 제3조 3항과 생물다양성협약 전문 등에서도 비슷한 공식이 제시되어 있다. 다만, 이 원칙은 리우선언에서는 법적 구속력을 시사하는 '*shall* not be used'로 표현되고 있으나, 기후변화협약과 생물다양성협약에서는 법적 강제성이 완화된 '*should* not be used'로 표현되어 있다. 그러나 그 대신, 리우선언의 사전주의적 접근법에는 '각 국가의 능력에 따른' 제한이 전제되어 있으나 생물다양성협약에서는 이 문구를 언급하고 있지 않다. Catherine Tinker, "Responsibility for Biological Diversity Conservation under International Law", in Ku & Diehl (eds.), p. 424. 1995년 12월 4일 뉴욕에서 서명을 위해 개방된 "(EEZ)경계왕래 어족과 고도회유성어족의 보존·관리협정"도 그 제6조에서 '사전주의적 접근법'을 도입하고 있는데, 여기서는 '각 국가의 능력에 따른'이라는 제한적 표현을 쓰지 않으면서 동시에 '*shall* not be used'라는 명령적 표현을 사용하고 있다. Evans (ed.), 4th (1999), p. 400.

82) *Responsibilities and obligations of States sponsoring persons and entities with respect to activities in the Area*, ITLOS Seabed Disputes Chamber, Advisory Opinion of 1 February 2011, para. 128.

의 첫째 문장에서 사전주의 접근법은 '각 국가의 능력에 따라' 적용되어야 한다고 말함으로써 이 접근법이 각 국가의 능력의 차이에 따라 다르게 적용될 가능성을 도입하고 있다"[83]고 지적하였다.

리우선언에서는 사전주의를 '접근법'으로 표현하고 있으나, 이제 이 차원을 넘어섰는지에 대해서는 견해가 갈리고 있다. WTO 분쟁해결절차에 의거하여 미국과 EU 간에, 그리고 캐나다와 EU 간에 제기된 *European Communities–Beef Hormones* 사건에서, EU는 '사전주의 원칙'은 이미 국제관습법규가 되었거나 아니면 적어도 법의 일반원칙에 속한다고 주장하였으나 분쟁의 타방 당사자들은 여기에 동의하지 않았는데, 미국은 이것이 한 개의 '원칙'(principle)이라기보다는 '접근법'(approach)이라고 생각하였고, 캐나다는 이것이 장차는 문명국들에 의하여 승인된 법의 일반원칙으로 구체화될 수도 있겠지만 현재는 '한 개의 형성 중인 법원칙'(an emerging principle of law)일 뿐이라고 주장하였던 것이다. 관련 WTO패널과 항소기관(Appellate Body)은 가정법을 사용함으로써 이 문제에 대해 명쾌한 의견을 천명하지는 않았다.[84] 다만, 국제해양법재판소(해저분쟁재판부)는 상기 권고적 의견[85]에서 국제해저기구가 사전주의를 적용할 것을 요구하는 규칙을 채택한 경우 구속력없는 사전주의 접근법의 이행은 구속력있는 의무로 변형된다고 하였다. 어쨌든, 국가들에게 활동과 잠재적 피해 사이의 인과관계에 대한 절대적인 과학적 입증을 기다리지 말고 중대한 잠재적 환경위협에 대처하기 위해 먼저 행동에 나설 것을 요구한다는 점에서 사전주의(precaution)는 예방 혹은 방지(prevention)보다 일보 전진하고 있다.[86] 사전주의원칙을 가장 진보적으로 혹은 극단적으로 바라보는 시각에서는 오염자에게 유리하게 되어 있는 전통적인 입증책임(burden of

---

83) Para. 129.

84) 즉, *European Communities–Measures concerning Meat and Meat Products* (*Hormones*), WT/DS26/R/USA & WT/DS48/R/CAN, 18 August 1997, (https://www.wto.org/english/tratop_e/dispu_e/dispu_e.htm)에서, 패널은 "설사" 사전주의 원칙이 국제관습법으로 간주된다 하더라도 WTO 협정들의 명시적 규정에 우선할 수는 없을 것이라고 하였다 (Panel Report. *EC–Hormones*, Complaint by the United States, para. 8.157 ; Panel Report. *EC–Hormones*, Complaint by Canada, para. 8.160) ; 동 사건, WT/DS26/AB/R & WT/DS48/AB/R, 16 January 1998, (https://www.wto.org/english/tratop_e/dispu_e/dispu_e.htm)에서, 항소기관도 국제법에 있어 사전주의 원칙의 지위는 토론의 주제가 되고 있다고 언급하면서, 사전주의 원칙이 국제'환경'관습법의 일반원칙으로 굳어졌을지는 몰라도 이것이 '일반 혹은 관습'국제법의 원칙으로 광범위하게 수락되었는지의 여부는 상대적으로 분명하지 않다고 하였다(Appellate Body Report, *EC–Hormones*, para. 123). WTO 패널은 *European Communities–Measures Affecting the Approval and Marketing of Biotech Products*, WT/DS 291, 292, 293/ R, Reports of the Panel, 29 September 2006, para. 7.89 (https://www.wto.org/english/tratop_e/dispu_e/cases_e /ds293_e.htm)에서도 "사전주의 원칙의 법적 지위는 미해결 상태로 남아 있다(remains unsettled)"고 언급하고 있다. See Cassese, *International Law*, 2nd, p. 490 ; Matsushita et al., pp. 64~65 ; Boyle in Evans (ed.), *International Law*, 3rd, p. 133 ; Redgwell in Evans (ed.), *International Law*, 5th, p. 685.

85) *Responsibilities and obligations of States sponsoring persons and entities with respect to activities in the Area*, ITLOS Seabed Disputes Chamber, Advisory Opinion of 1 February 2011, para. 125~127.

86) 한편, "위험한 활동에서 야기되는 국경간 손해의 방지"(Prevention of transboundary damage from hazardous activities) 주제에 대한 ILC 특별보고관 Mr. Pemmaraju Sreenivasa Rao는 일방 '사전주의'와 타방 '방지(예방) 및 환경영향평가'의 관계에 대해 "사전주의 원칙은 이미 방지...원칙과 환경영향평가에 포함되어 있으며, 이들과 분리될 수 없다."(the precautionary principle [is] already included in the principles of prevention and prior authorization, and in the environmental impact assessment, and [can] not be divorced therefrom)고 언급한 바 있다 : Report of the International Law Commission, Fifty-second session (2000), A/55/10, para. 716 (available at https://www.un.org/law/ilc/index.htm).

proof)을 전환하기 위하여 동 원칙을 이용할 수 있는 것으로 보고 있다.[87] 그러나 ICJ는 *Pulp Mills on the River Uruguay* 사건[88]에서 "사전주의 접근법이 1975년 [우루과이 강]규정의 해석과 적용에 관련될 수는 있겠지만, 그렇다고 해서 이것이 입증책임의 전환으로 작용한다는 결론은 나오지 아니한다"고 언급한 바 있다.

9. 오염자 부담 원칙

리우선언 제16원칙은 또한 다음과 같이 '오염자 부담 원칙'(polluter-pays principle)이 적용되어야 함을 천명하고 있다.

> "국가당국은 원칙적으로(in principle) 오염자가 오염의 비용(cost of pollution)을 부담하여야 한다(should)는 접근방법을 고려하여 환경비용의 내부화(internalization of environmental costs)와 경제적 수단의 이용을 증진시키려고 노력하여야 한다(should). 이에 있어서 공공이익을 적절히 고려하여야 하며, 또한 국제무역과 투자를 왜곡시키지 않아야 한다."[89]

따라서 오염자 부담 원칙을 이야기하려면 먼저 오염이 무엇인지를 말해야 하는데, 이것은 환경을 정의하는 것만큼이나 어렵다. EU의 한 준칙[90]에서는 당해 준칙의 목적상 오염을 "인간활동의 결과로, 인간의 건강이나 환경의 질에 해로울 수 있는 물질, 진동, 열기 또는 소음을 공기, 물 또는 땅 속으로 직접 또는 간접 도입하는 것"(the direct or indirect introduction as a result of human activity, of substances, vibrations, heat or noise into the air, water or land which may be harmful to human health or the quality of the environment)으로 정의하고 있다. 그러나 이 정의는 너무 넓어서 이것을 오염자를 정의하는 기준으로 삼는 경우 여기서 벗어날 수 있는 사람은 아무도 없을 것이다.[91] 따라서 오염자 부담 원칙에서 문제로 삼는 오염자는 일차적으로 오염을 야기하는 기업들을 지칭하는 것이다.[92]

---

87) Sunkin/Ong/Wight, p. 30.

88) Argentina v. Uruguay, ICJ Reports (2010), p. 14 at 71 (para. 164) : "Regarding the arguments put forward by Argentina on the reversal of the burden of proof and on the existence, vis-à-vis each Party, of an equal onus to prove under the 1975 Statute [of the River Uruguay], the Court considers that while a precautionary approach may be relevant in the interpretation and application of the provisions of the Statute, it does not follow that it operates as a reversal of the burden of proof. The Court is also of the view that there is nothing in the 1975 Statute itself to indicate that it places the burden of proof equally on both Parties."

89) 의제21 제20장도 참조.

90) Council Directive 96/61/EC [1996] OJ L257/26 on integrated pollution prevention and control, article 2(2).

91) Matthew Humphreys, "The polluter pays principle in transport policy", (2001) 26 E.L.Rev. 451 at 454.

92) See Candice Stevens, "Interpreting the Polluter Pays Principle in the Trade and Environment Context", (1994) 27 Cornell International Law Journal 577~590.

오염자 부담 원칙은 본질적으로 법원칙이라기보다는 오염 비용을 배분하기 위한 경제정책의 한 원리이긴 하지만, 국제환경법의 발달에 대해서도 일정한 의미를 갖고 있다. 이 원칙에 의하면 환경이 수락가능한 상태에 있음을 보장하기 위해 공공당국이 결정하는 조치를 실시할 비용은 오염자가 부담해야 한다. 다시 말해서, 오염 처리 비용은 공적인 기관에서 부담해서는 안되고 오염자 자신이 부담해야 하므로, 그러한 비용은 그 생산 혹은 소비 과정에서 오염을 야기하는 상품과 서비스의 가격에 반영되어야 한다는 것이다. 이 원칙의 일차적 목적은 환경적인 것이 아니라 경제적인 것이다. 즉, 은폐된 환경보조금의 제거는 경제자유화와 자유무역과정의 필수적인 부분이 아닐 수 없다.[93]

'오염자 부담 원칙'이 누가 오염비용을 부담해야 하는가에 관하여 해답을 제시하기 위한 원칙이라면, '환경비용의 내부화' 개념은 환경오염 비용을 어떻게 측정하고, 그 비용을 충당하기 위해 오염자가 얼마를 부담해야 하는가에 관련한 원칙이다.

리우선언에서 오염자 부담의 원칙이 현재형 시제 'have'나 법적 구속성을 시사하는 'shall'을 사용하고 있는 다른 원칙들과는 달리 권고적 의미의 'should'를 사용하고 있다는 것은 이 원칙의 법적 규범성이 상대적으로 약함을 시사한다.[94]

V. 대기권의 보호

국경을 넘는 대기오염의 주된 원인은 화석연료의 연소로 인해 생성되는 아황산가스(sulphur dioxide : SO_2)와 질소산화물(nitrogen oxides : NO_x)이다. 그리고 1980년대에 들어와 염화불화탄소(CFC)와 할론, 기타 염소성 물질들이 오존층(ozone layer)의 점진적인 파괴와 관련이 있는 것으로 밝혀지고 있는데, 특히 염화불화탄소는 지구온난화(이른바 온실효과)의 주범으로 생각되고 있다. 성층권(stratosphere)에 위치한 오존층은 태양광선을 걸러주고 자외선으로부터 지구를 보호해 준다. 따라서 오존층의 감소는 오랜 기간 인류의 건강과 농업 및 어업 생산성에 막대한 영향을 미칠 것이고, 미래세대에게는 회복할 수 없는 피해를 유산으로 물려주게 될 것이다. 그리고 지구온난화의 효과는 전세계적인 것이지만, 그 충격이 모든 곳에서 동일한 것은 아니다. 기후변화에 따라 이익을 얻는 나라가 있는가 하면, 남태평양의 저지대 섬들은 이미 사라지기 시작했다.[95]

대기권은 끊임없이 변동하는 기단(air mass)으로 이루어져 있기 때문에 하위국가의 영토주권이

93) ILC 2006년 "위험한 활동에서 야기되는 국경간 손해의 경우에 있어 손실의 배분(할당)에 관한 원칙초안"(Draft principles on the allocation of loss in the case of transboundary harm arising out of hazardous activities), 제3원칙에 대한 주석 (11) ; Birnie/Boyle, pp. 109~111, 292. 환경보조금(environmental subsidies)에 대한 우루과이 라운드의 결론은 "보조금 및 상계조치에 관한 협정"(Agreement on Subsidies and Countervailing Measures) 제8조와 "농업에 관한 협정"(Agreement on Agriculture)에 담겨 있다. 환경상계관세(environmental countervailing duties)의 도입에 대해서는 찬반의견이 대립하고 있다. See Stevens, *op. cit.*, (1994) 27 Cornell International Law Journal 577 at 581~582, 585~586.

94) Aust, *Handbook of IL*, 2nd, p. 307.

95) Birnie/Boyle, pp. 387~389 ; 조선일보, "더워진 지구 ... 섬이 사라져간다." 1998년 11월 6일(금), 11면.

미치는 단순히 공간적 차원으로서의 영공과 동일시 할 수가 없다. 동시에 대기권은 영토주권과 중복되기도 하기 때문에 공해처럼 국가관할권 이원의 공공물로 보기도 어렵다. UN총회결의 43/53에서 지구기후를 '인류의 공동유산'으로 선언하려 했던 몰타 정부의 시도는 실패로 돌아갔으며, 따라서 이 개념은 현재로서는 여전히 심해저와 외기권의 광물자원에 대해서만 적용되고 있을 뿐이다. 그렇다면 UN총회결의 43/53과 기후변화협약에서 제시된 '인류의 공동관심사'(a common concern of mankind)가 대기권의 법적 지위를 설명하기 위해 동원될 수 있는 적절한 술어의 하나로 생각된다.[96)]

위에서 언급한 바 있는 *Trail Smelter* 사건은 아주 근접하여 있는 국경간 대기오염에서, 그것도 단 한 가지 알려진 오염원(즉, 이산화황 배출)에 관한 것이지만, 여기서 제시된 원칙은 더욱 일반화된 장거리 대기오염에도 물론 적용될 수 있다. 현대기술은 개개 국가로부터 나오는 국경간 오염의 양을 정밀하게 측정하고, 그 오염이 퇴적하는 지역을 확인할 수 있다. 따라서 *Trail Smelter* 사건에서 재판소가 요구했던 "분명하고도 설득력있는 증거"를 제공하는 일은, 더 이상 장거리 대기오염의 책임소재를 밝히는 데 있어 장애물이 되지 못한다.

UN국제법위원회(ILC)는 2013년 -스스로 부과한 몇 가지 제한 하에서- "대기권의 보호"(Protection of the atmosphere)를 업무계획에 포함시켰다.[97)]

1. 제네바 장거리월경대기오염협약

국경을 넘는 대기오염에 있어 지역적 차원의 협력은 산성비 문제가 가장 심각한 유럽지역에서 가장 잘 이루어지고 있으며, 장거리월경대기오염협약(Convention on Long-range Transboundary Air Pollution)[98)]은 그같은 노력의 결실이기도 하다. 1979년 11월 13일 제네바에서 체결된 이 협약은 UN유럽경제위원회(UN Economic Commission for Europe)의 모든 회원국에게 참여가 개방되어 있기 때문에 산업화된 북반구 대부분 지역에 적용된다.[99)] 협약은 그 전문에서 1972년의 스톡홀름선언 제21원칙을 인용하고 있다. 협약의 목적상 '대기오염'(air pollution)이란 "인간이 물질 또는 에너지를 대기 중에 직접 또는 간접으로 방출함으로써 인간건강을 위태롭게 하고, 생물자원, 생태계 및 물적 재산에 손해를 입히며, 쾌적성 및 기타 환경의 정당한 이용을 손상시키거나 이에 간섭하는 유해한 영향을 초래하는 것"을 말하며, '대기오염 물질'(air pollutants)은 이에 따라 해석된다. 그리고 '장거리월경대기오염'(long-range transboundary air pollution)이란 "그 물리적 원인의 전부 또는 일부가 한 국가의 관할 하에 있는 지역에 위치한 대기오염으로서 개별적 방출원이나 집단적 방출원의 기여를 구별하는 것이 일반적으로 가능하지 않은 거리에 위치하는 타국의 관할지역에 악영향(유해한 효과)(adverse effects)을 초래하는 것"을 말한다.[100)]

---

96) Birnie/Boyle, pp. 390~391.

97) https://legal.un.org/ilc/guide/8_8.shtml ; Redgwell in Evans (ed.), *International Law*, 5th, p. 693.

98) Birnie/Boyle, *Basic Documents on International Law and the Environment*, p. 277.

99) 1983년 3월 16일 발효. 미국, 캐나다, 옛 소련도 당사국이다.

100) 협약 제1조.

협약이 당사국들에게 부과하고 있는 의무는 매우 온건하다. 대기오염의 특정한 감소에 관한 그 어떤 구체적 공약도 조약 자체에는 들어 있지 않다. 그러므로 이 조약은 오염자와 피해자 양쪽을 다 안심시키기 위한 상징적인 승리에 불과하다는 비판을 듣기도 하였다. 당사국들에게는 단지 "장거리 월경대기오염을 포함한 대기오염을 제한하고 그리고 가능하면 이를 점진적으로 감소시키고 방지하기 위해 노력"할 것이 요구되고 있을 따름이다.[101] 이를 위해 당사국들은 최선의 정책과 전략을 개발할 의무가 있지만, 이것도 '균형개발'(balanced development) 및 '경제적으로 실행가능한 최상의 이용가능한 기술'(best available technology which is economically feasible)과 양립하는 범위에 그친다.[102] 영국이나 독일과 같은 주요 오염국에게 있어서는 이 탄력적인 의무가 협약 수락의 주요 조건이었고, 이것은 그 후 미국이 협약을 위반하지 않고서도 계속적으로 캐나다에서 오염을 야기할 수 있게 하였다.[103]

골격협약으로서의 제네바 장거리월경대기오염협약은 지금까지 8개 의정서에 의하여 구체적인 내용을 갖추어 가고 있다.[104]

2. 비엔나 오존층보호협약

UN환경계획(UN Environment Program : UNEP)은 1981년 오존층 보호를 위한 조약의 교섭을 개시했는데, 위에서 언급한 1979년 제네바 장거리월경대기오염협약의 경우와 마찬가지로 여러 그룹의 이익을 조정해야만 했다. 인도·중국·브라질 등의 개도국은 오존파괴물질의 사용억제가 자국의 산업발전을 저해한다든가 혹은 대체기술을 손에 넣을 수 없을지도 모른다는 점을 우려하였다. 이에 반해, 일찍부터 일방적으로 염화불화탄소(CFCs)의 국내 생산과 소비를 감소시켜온 미국은 다른 국가들이 계속해서 그것을 사용하는 동안 혼자 불이익을 당하게 될 것이므로 국제적인 통제체제의 수립을 열망하였다. 그런가 하면 일부 EEC국가는 해로운 효과가 판명되지 않았고, 그 위험도 추론적인 것에 불과하다는 이유로 통제에 반대하였다. 그러나 이 오존층파괴 문제는 대기오염과는 달리 전(全) 지구적으로 대처하지 않으면 성공할 수가 없다. 왜냐하면 오존파괴물질의 효과는 그것이

---

101) 협약 제2조.

102) 협약 제6조.

103) Birnie/Boyle, pp. 398~399.

104) Redgwell in Evans (ed.), *International Law*, 5th, p. 683. 이들 8개 의정서는 다음과 같다 : (1) 1984 Geneva Protocol on Long-term Financing of the Cooperative Programme for Monitoring and Evaluation of the Long-range Transmission of Air Pollutants in Europe (EMEP) ; (2) 1985 Helsinki Protocol on the Reduction of Sulphur Emissions or Their Transboundary Fluxes by at least 30 percent ; (3) 1988 Sofia Protocol concerning the Control of Emissions of Nitrogen Oxides or Their Transboundary Fluxes ; (4) 1991 Geneva Protocol concerning the Control of Emissions of Volatile Organic Compounds or Their Transboundary Fluxes ; (5) 1994 Oslo Protocol on Further Reduction of Sulphur Emissions ; (6) 1998 Aarhus Protocol on Heavy Metals ; (7) 1998 Aarhus Protocol on Persistent Organic Pollutants (POPs) ; (8) 1999 Gothenburg Protocol to Abate Acidification, Eutrophication and Ground-level Ozone. 이들 의정서의 원문과 발효일자에 관해서는, https://www.unece.org/env/lrtap/status/lrtap_s.htm 참조.

어디서 어떻게 생기든 동일하고, 모든 국가에게 영향을 미칠 것이기 때문이다.[105)]

1985년 3월 22일 비엔나에서 채택된 오존층보호협약(Convention for the Protection of the Ozone Layer)[106)]에 의하면 '오존층'이란 "지구경계층 위에 있는 대기오존층"(layer of atmospheric ozone above the planetary boundary layer)을 지칭한다.[107)] 이 정의에 의하면 오존층은 법적으로나 물리적으로 외기권에 속하지 않는다. 즉, 오존층은 대기권의 일부로 남아 있으며, 따라서 그것은 부분적으로는 공공물지역(즉, 공해 상공)에 속하며, 또 부분적으로는 국가주권 영역의 일부(즉, 영공)에 속한다. 이 정의의 또 다른 목적은 오존층보호협약은 성층권에 관심이 있는 것이지, 대기오염물질의 하나인 낮은 층의 오존(low-level ozone), 즉 지상(地上)오존과 관련한 것이 아님을 일러주는 데 있다. 그리고 이보다 더 중요한 것은, 이 정의는 성층권의 오존층 전체를 국가주권이나 공공물 개념과 결부시키지 아니하고 하나의 지구적 단일체로 취급하고 있다는 점이다. 이러한 결론은 지구기후변화를 인류의 공동관심사(a common concern of mankind)로 선언한 1988년의 UN총회결의 43/53에 의해서도 정당화될 수 있을 것이다.[108)]

오존층보호협약은 장거리월경대기오염협약의 패턴을 따라 그 전문에서 1972년의 스톡홀름선언 제21원칙을 언급하고 있지만, 구체적인 의무는 거의 부과하고 있지 않다. 당사국들은 "오존층을 변화시키거나 변화시킬 우려가 있는 사람의 활동으로부터 생기거나 생길 우려가 있는 악영향으로부터 인류의 건강 및 환경을 보호하기 위해 (입법적·행정적 조치를 포함한) 적절한 조치(appropriate measures)를 취할" 의무를 부담한다.[109)] 그러나 협약은 본문에서 이러한 조치의 대상이 되어야 할 물질을 명시하고 있지 않다. 그 대신 "오존층의 화학적 그리고 물리학적 성질을 변화시킬 가능성을 가졌다고 '생각되는' 천연·인공화학 물질들"을 제1부속서 제4호에서 열거하고 있을 따름이다. 그리고 당사국은 특히 개도국들에게로 기술과 지식, 특히 대체기술(alternative technology)을 이전하기 위해 협력할 의무가 있지만, 이것도 "자국의 법령과 관행에 따른" 협력일 따름이다.[110)] 이것은 UN해양법협약의 기술이전 규정보다 훨씬 약한 것인데,[111)] 결국 이 문제를 본질적으로 각국의 재량에 맡겨 두고 있는 것이다.

협약에 의해 당사국회의(Conference of the Parties)와 사무국이 설치되었다. 당사국회의는 필요한 계획과 정책을 수립하고, 당사국들로부터 보고를 받아 협약의 이행을 검토한다. 또한 새로운 의정서와 부속서를 채택하고, 협약을 개정하는 책임을 지고 있다.[112)]

---

105) Birnie/Boyle, pp. 404~405.
106) 1988년 9월 22일 발효, 1992년 5월 27일 한국 발효. https://www.unep.org/ozone/Treaties_and_Ratification/index.asp (2005년 10월 1일 방문).
107) 협약 제1조 1항.
108) Birnie/Boyle, pp. 390~391, 401.
109) 협약 제2조.
110) 협약 제4조 2항.
111) UN해양법협약 제14부(제266조~제278조), 제144조 및 제3부속서 제5조 참조.
다만, UN해양법협약 제3부속서 제5조(기술의 강제이전)는 이 협약의 이행협정에 의하여 적용되지 않게 되었다.
112) 협약 제6조~제7조.

비엔나협약은 대체로 공허한 골조에 불과하지만, 그럼에도 불구하고 이것은 환경법에서 폭넓은 중요성을 갖는 중요한 선례이다. 첫째, 이 조약은 명백히 지구환경 보호와 관련한 것으로서, '악영향'(유해한 효과)(adverse effects)을 "기후변화를 포함한 물리적 환경이나 생물상(biota)의 변화로서, 인간 건강, 자연생태계와 관리된 생태계의 구성 · 회복력 · 생산성, 또는 인류에게 유용한 물질에 대해 현저히 유해한 영향을 주는 것"으로 정의하고 있다.[113] 이 정의는 오존층 파괴의 기후변화에 대한 효과를 인정하고 있을 뿐만 아니라, 생태계적 접근방식을 채택함으로써 자연환경은 그것이 인간에게 직접적인 효용을 갖는 것과는 별개의 중요성을 가짐을 시사하고 있다. 둘째, 비엔나협약은 현실적인 피해가 확고하게 입증되기에 앞서 예방적 행동의 필요성을 인식한 사전주의적 접근법(precautionary approach)의 출현을 시사하고 있는 조약의 하나이다.[114]

1987년 9월 16일 몬트리올에서 체결된 "오존층파괴물질에 관한 의정서"(Protocol on Substances that Deplete the Ozone Layer)[115]는 다음의 세 가지 측면에 있어 위 비엔나협약 그 자체보다 더욱 중요하다. 첫째, 오존층파괴물질의 생산과 소비를 감소시키며, 종국적으로 완전히 제거함을 목표로 한다.[116] 이를 위해 통제물질을 열거하고 이들의 완전한 폐기 시한을 설정하고 있는데, 이것도 그 후의 개정과 조정을 통해 통제물질이 추가되거나 시한이 앞당겨지고 있다. 둘째, 모든 당사국을 평등하게 대우하는 것은 형평에 어긋나고, 특히 개도국들은 오존층 파괴에 적게 기여하였다는 점을 인식하여 의정서는 당사국들 중에서 개도국을 특별히 배려하는 규정을 두고 있다.[117] 셋째, 의정서는 비당사국들과 통제물질을 교역(수출입)하는 것을 금지함으로써 환경과 무역을 연계시키고 있다.[118]

3. 기후변화협약

1992년의 리우회의에서 서명을 위하여 개방된 "기후변화에 관한 골격협약"(Framework Convention on Climate Change)(약칭 기후변화협약)[119]은 이산화탄소(carbon dioxide : CO_2)와 몬트리올의정서에 의해 통제되지 아니하는 기타 모든 온실가스(greenhouse gases)를 규율대상으로 하는[120] 골격협약인데, 이 협약과 당사국회의에서 향후 체결할 것으로 예견되는 관련 의정서들의 궁극적인 목

113) 협약 제1조 2항.
114) Birnie/Boyle, p. 406.
115) 1989년 1월 1일 발효, 1992년 5월 27일 한국 발효. 1990년 런던, 1992년 코펜하겐, 1997년 몬트리올, 1999년 베이징에서 개정된 바 있으며, 2016년 10월 르완다 키갈리(Kigali)에서 다시 개정안이 채택되어 2019년 1월 1일 발효하였다. https://en.wikipedia.org/Montreal_Protocol ; Redgwell in Evans (ed.), *International Law*, 5th, pp. 694~695 ; Faye Leone, 8 January 2019/IISD, "Kigali Amendment Enters into Force, Bringing Promise of Reduced Global Warming", 〈https://sdg.iisd.org/news/kigali-amendment-enters-into-force-bringing-promise-of-reduced-global-warming/〉.
116) 의정서 전문.
117) 의정서 제5조.
118) 의정서 제4조.
119) 1994년 3월 21일 발효 ; https://en.wikipedia.org/wiki/United_Nations_Framework_Convention_on_Climate_Change.
120) 협약 제4조.

표는 "기후체계에 대한 위험스러운 인위적 간섭(dangerous anthropogenic interference with the climate system)을 방지할 수준에서 대기 중의 온실가스농도(greenhouse gas concentrations in the atmosphere)를 안정화시키는" 것이다.[121)]

기후변화협약은 위에서 언급한 바 있는 국제환경법의 기본원칙을 거의 모두 천명하고 있다는 점에서 중요성을 갖는다. 즉, 협약은 전문에서 "지구기후의 변화와 그로 인한 부정적 효과는 인류의 한 가지 공동관심사(a common concern of humankind)"임을 전제로 한 뒤, "인간활동으로 인해 대기 중의 온실가스농도가 급격히 증가하고 이로 인해 자연적인 온실효과가 강화되고 있고, 이것이 평균적으로 지구의 표면과 대기권의 추가적인 온난화를 초래하여 자연생태계와 인류에게 불리한 영향을 미칠 수 있음을 우려"하고 있다. 이어서 "역사적인 그리고 현재의 지구온실가스 배출의 가장 큰 몫은 선진국에서 발생했고, 개도국의 1인당 배출은 여전히 낮으나 개도국에서 나오는 지구온실가스 배출의 몫도 그들의 사회적 그리고 개발수요의 충족을 위해 높아질 것임을 주목하면서", "기후변화의 지구적 성격은 국가들의 공동의 그러나 차별화된 책임(common but differentiated responsibilities)과 각자의 능력 및 사회적·경제적 조건에 따라, 모든 국가들의 가능한 최대의 협력과 실효성있고 적절한 국제적 반응에의 그들의 참여를 필요로 함을 인식하고 있다." 또한 "각국은 UN헌장과 국제법의 원칙에 따라 그들 자신의 환경 및 개발 정책에 의거하여 그들 자신의 자원을 개발할 주권적 권리를 가지며, 자국 관할권이나 통제 내에서의 활동이 타국의 환경이나 국가관할권 범위 밖 지역(areas beyond the limits of national jurisdiction)의 환경에 손해를 가하지 않도록 보장할 책임을 부담함을 상기"시키고 있다. 그리고 '기후체계'(climate system)의 보호는 현재 세대뿐만 아니라 미래 세대를 위한 것이기도 함을 분명히 하고 있다. 기후체계란 이 표현은 기후가 지구적 단일체로서 인식되고 접근되어야 할 문제임을 시사하고 있다.

협약은 제3조에서 "각국의 공동의 그러나 차별화된 책임" 원칙을 재확인하면서, 당사국들은 '사전주의적 조치'(precautionary measures)를 취해야 하며, 중대하거나 돌이킬 수 없는 피해의 위협이 있는 경우에 완전한 과학적 확실성의 결여가 그러한 조치를 연기시키는 구실로 사용되어서는 안되며, 그러나 당사국들은 '지속가능한 개발'(sustainable development)을 증대시킬 권리를 가지기 때문에, 인간에 의해 유도된 변화로부터 기후체계를 보호하기 위한 정책과 조치는 각 당사국의 특별한 모든 조건에 상응해야 함을 강조하고 있다.

'모든' 당사국은 당사국회의(Conference of the Parties)에서 합의되는 비교가능한 방법론을 사용하여 온실가스의 인위적 배출과 흡수에 대한 국가별 목록을 개발하고, 정기적으로 새롭게 하고, 공표하고 그리고 당사국회의에 제출하여야 한다.[122)]

'협약 제1부속서에 포함된 선진국과 기타 국가(대체로 시장경제로 이행 중인 러시아를 비롯한 동유럽국가들)'는, 온실가스의 인위적 배출을 개별적 혹은 공동으로 2000년까지 1990년의 수준으로 복귀시키기 위하여, 협약 발효일로부터 6개월 이내에, 그리고 그 후 정기적으로 각국이 취한 정책 및 조치

121) 협약 제2조.
122) 협약 제4조 1항(a).

와 온실가스의 인위적 배출과 제거에 관한 상세한 정보를 전달하여야 한다. 이 정보는 당사국회의 최초회기에서 그리고 그 후 정기적으로 검토된다.[123)]

'협약 제2부속서에 포함된 선진당사국'은 개발도상당사국이 제12조 1항의 일반보고의무(즉, 국가별 목록, 일반적 대응방안, 범지구적 배출추세 계산에 필요한 정보의 가능한 제출)를 수행함에 있어 소요되는 합의된 모든 비용을 충당하기 위해 신규의 그리고 추가적인 재원을 제공하여야 한다.[124)] '협약 제2부속서에 포함된 선진당사국'은 또한 "기후변화의 악영향에 특히 노출되기 쉬운" 개도당사국들의 적응비용 충당을 지원하여야 한다.[125)] 1992년 10월 설립된 지구환경기금(Global Environment Facility)이 이 임무를 수행하고 있는데, 이 기금은 생물다양성협약의 재정기구이기도 하다.[126)]

(1) 교토의정서

1997년 12월 10일 제3차 당사국회의에서 채택된 "기후변화협약 교토의정서"(Kyoto Protocol to the United Nations Framework Convention on Climate Change)[127)]는 "(1990년도 이산화탄소 총 배출량 중 적어도 55퍼센트를 차지하는) 협약 제1부속서에 포함된 당사국들"에게 '단독으로 혹은 공동으로' (individually or jointly) 2008~2012년의 5년 동안 1990년을 기준연도로 하여 전체 온실가스배출량을 "최소한 5퍼센트"(at least 5 percent) 감소시킬 의무를 부과하고 있다.[128)] 구체적인 감축(혹은 증가)목표치는 교토의정서 '부속서 B'에 명시된 바에 따라 국가별(즉, 모두 38개국과 EC)로 다르게 할당되어 있다. 예컨대, 미국은 7퍼센트, EC(현 EU) 8퍼센트,[129)] 러시아는 0퍼센트 감축의무를 부담하는 데 반해, 아이슬랜드는 10퍼센트까지 증가시킬 수 있다. 교토의정서 '부속서 A'에 의하면 감축대상이 되는 온실가스는 여섯 가지이다.[130)]

교토의정서는 시장 지향적인 여러 가지 흥미로운 개념들을 도입하고 있다. 예컨대, 동 의정서 제3조 13항은 이른바 배출적립(banking)을 허용하고 있는데, 이 방식에 의하면 "협약 제1부속서에 포함된 국가가 이행기간 동안 실제로 배출한 온실가스의 양이 할당받은 양(쿼터)보다 적을 경우, 그

123) 협약 제4조 2항(b).

124) 협약 제4조 3항.

125) 협약 제4조 4항.

126) https://en.wikipedia.org/wiki/Global_Environment_Facility ; Redgwell in Evans (ed.), *International Law*, 5th, p. 695.

127) 교토의정서에 대한 전반적인 설경에 관해서는, 朴源華, "氣候變化協約 교토總會 結果와 우리의 省察", 《通商法律》, 1998년 4월(통권 제20호), pp. 5~59 ; 全京一, "氣候變化協約에 관한 교토議定書", 《國際法學會論叢》, 제43권 제1호(1998년 6월), pp. 307~314 ; https://unfccc.int/kyoto_protocol 참조.

128) 교토의정서 제3조 1항 ; 제25조 1항.

129) EU의 이행구조와 상황에 대해서는, European Commission 〉 Press corner 〉 Kyoto Protocol, 4 March 2004, 〈https://ec.europa.eu/commission/presscorner/detail/en/MEMO_04_43〉 ; EEA(European Environment Agency) Technical Report No 10/2006, *The European Community's initial report under the Kyoto Protocol*, 〈https://unfccc.int/files/national_reports/initial_reports_under_the_kyoto_protocol/application/pdf/ec_initial_report_new.pdf〉 ; Carbon Trust, "EU Emissions Trading Scheme (EU ETS)", 〈https://www.carbontrust.com/our-work-and-impact/guides-reports-and-tools/eu-emissions-trading-scheme-eu-ets〉 참조.

130) 즉, carbon dioxide(CO_2), methane(CH_4), nitrous oxide(N_2O), hydrofluorocarbons(HFCs), perfluorocarbons(PFCs), sulphur hexafluoride(SF_6).

차이는 당해 국가의 요청이 있으면 그 국가의 차기 이행기간의 할당량에 추가된다." 미국은 배출적립의 논리를 전도시켜, 실제배출량이 당해 기간의 할당량을 초과하였을 경우 차기 이행기간의 할당량에서 일부를 미리 당겨 사용하는 것을 허용하되 이 부분에 대해서는 이자에 해당하는 일정 할당량을 추가하는 이른바 배출차입(borrowing)의 방식도 함께 도입할 것을 주장하였으나 뜻을 이루지 못하였다.

이 밖에, 교토의정서 제17조는 '배출권 거래'(emissions trading), 즉 온실가스배출 쿼터의 국가간 거래를 허용하고 있는데, 이 제도에 의하면 목표연도(즉, 2008~2012년)에서의 배출쿼터와 그에 못미치는 실제배출량 사이의 차이를 타국에 팔 수 있다. 다만, 이 제도의 시행을 위한 구체적인 규칙은 앞으로 협약당사국회의에서 수립하여야 한다.

배출권 거래의 한 변형이라고 볼 수 있는 '공동이행'(joint implementation)도 인정되고 있는데, 이 방식은 타국에 자본과 기술을 투자하여 온실가스를 줄여준 뒤 그 감축에 상응하는 배출쿼터를 당해 국가로부터 넘겨받는 것을 허용하기 위해 고안된 것이다. 다만, '협약 제1부속서에 포함된 국가' 간의 공동이행은 교토의정서 제6조에서 규율하고 있으며,[131] '협약 제1부속서에 포함된 국가'와 '협약 제1부속서에 포함되지 아니한 국가' 간의 공동이행은 교토의정서 제12조에서 특별히 '청정개발체제'(clean development mechanism)란 다른 이름으로 규율되고 있다. 청정개발체제는 −교토의정서 당사국회의의 역할을 수행하는− 기후변화협약 당사국회의의 권한과 지도 하에서 "청정개발체제 집행위원회" (executive board of the clean development mechanism)의 감독을 받는다.[132]

교토의정서는 협약 제1부속서에 포함되지 아니한 당사국들(즉, 한국을 포함한 개도국들)에게는 감축의무를 부과하고 있지 않으며, 이 문제는 앞으로의 과제로 남게 되었다. 교토의정서는 기후변화협약의 당사자인 국가(와 지역경제통합기구)들에게만 개방된다.[133] 교토의정서는, 협약 제1부속서에 포함

131) 제1부속서 국가는 '법인'(legal entities)의 참여를 허가할 수 있다 (교토의정서 제6조 3항).

132) 교토의정서 제12조 4항. '민간 및/또는 공공 기구'(private and/or public entities)도 청정개발체제 집행위원회가 제공하는 지침에 따를 것을 조건으로 청정개발체제에 참여시킬 수 있다 (교토의정서 제12조 9항).

원래 교토의정서 제12조 하의 청정개발체제에 기초한 프로젝트는 협약 제1부속서에 포함된 국가와 제1부속서에 포함되지 아니한 국가에 의하여 공동으로(jointly) 등록된 프로젝트로 해석되었으며, 따라서 전자의 참여 없이 수행하는 프로젝트의 등록은 허용되지 않았었다. 그러나 청정개발체제 집행위원회(CDM Executive Board)는 2005년 2월, 18차 회의에서 "프로젝트 활동의 등록은 등록 단계에서 제1부속서 국가의 참여 없이도 이루어질 수 있다"(the registration of a project activity can take place without an Annex I Party being involved at the stage of registration)라고 합의한 바 있다 : Executive Board of the Clean Development Mechanism, Eighteenth Meeting (Bonn, Germany, 23~25 February 2005), Report, para. 57, available at https://cdm.unfccc.int/EB/018/eb18rep.pdf. 이처럼 제1부속서 국가의 참여 없이 등록된 청정개발체제 프로젝트는 "단독 청정개발체제 프로젝트" (unilateral clean development mechanism projects)로 불린다. "청정개발체제 집행위원회"는 10인 위원으로 구성되는데, 동 위원회의 구성과 권한에 대해서는 다음을 참조 : "Modalities and procedures for a clean development mechanism as defined in Article 12 of the Kyoto Protocol", in Report of the Conference of the Parties on its Seventh Session, held at Marrakesh from 29 October to 10 November, 2001 (https://unfccc.int/resource/docs/cop7/13a02.pdf) and Report of the Conference of the Parties serving as the meeting of the Parties to the Kyoto Protocol on its first session, held at Montreal from 28 November to 10 December 2005 (https://cdm.unfccc.int/Reference/COPMOP /08a01.pdf).

133) 교토의정서 제24조.

된 당사국들의 1990년 기준 전체 이산화탄소 배출량의 최소 55퍼센트를 차지하는 제1부속서국가들을 포함하여, 55개 협약당사국이 비준 · 수락 · 승인 혹은 가입 문서를 기탁한 후 90일째 되는 날에 발효하는데[134], 2004년 11월 18일 러시아가 UN에 비준서를 기탁함에 따라 발효의 요건이 충족되어 2005년 2월 16일 발효하였다.[135]

교토의정서의 국내적 이행도 이루어지고 있다. 예컨대, EU의 경우, 2005년 1월 1일 온실가스 배출권 거래 제도가 가동에 들어 갔다.[136] 한국도 2012년 배출권 거래 제도의 도입을 위한 기본 법률을 제정하였다.[137] 최대 산업국인 미국은 클린턴(Bill Clinton) 대통령의 민주당 정부 시절인

---

134) 교토의정서 제25조.

135) https://en.wikipedia.org/wiki/Kyoto_Protocol.

136) EU 배출권거래 제도는 2003년 10월 13일에 채택되고 23일 발효한 EC준칙 2003/87 (Directive 2003/87/EC of the European Parliament and of the Council of 13 October 2003 establishing a scheme for greenhouse gas emission allowance trading within the Community and amending Council Directive 96/61/EC)(OJ L 275/32, 25.10.2003)에 기초하고 있는데, 동 준칙은 그 후 계속 개정되고 있다. 자세한 것은 다음 사이트 참조 : https://ec.europa.eu/environment/climat/emission/index_en.htm ; https://en.wikipedia.org/wiki/European_Union_Emission_Trading_Scheme ; https://www.bmu.de/english/climate/doc/4858.php. 유럽재판소는 Case C-366/10, *Air Transport Association of America and Others* v. *Secretary of State for Energy and Climate Change*, [Reference for a preliminary ruling: High Court of Justice (England & Wales), Queen's Bench Division (Administrative Court), United Kingdom], Judgment of 21 December 2011에서, 2012년 1월 1일부로 탄소배출권 거래 제도에 항공활동을 포함시킨 EC준칙 2008/101 (Directive 2008/101/EC of the European Parliament and of the Council of 19 November 2008 amending Directive 2003/87/EC so as to include aviation activities in the scheme for greenhouse gas emission allowance trading within the Community)(OJ 2009 L 8, p. 3)은 유효하며, 관련 국제관습법규나 조약을 위반하지 않는다고 판시한 바 있다 : "... the directive is not intended to apply as such to aircraft flying over the high seas or over the territory of the Member States of the EU or of third States. It is only if the operators of such aircraft choose to operate a commercial air route arriving at or departing from an airport situated in the EU that they are subject to the emissions trading scheme. In this context, application of the emissions trading scheme to aircraft operators infringes neither the principle of territoriality nor the sovereignty of third States, since the scheme is applicable to the operators only when their aircraft are physically in the territory of one of the Member States of the EU and are thus subject to the unlimited jurisdiction of the EU. Nor can such application of EU law affect the principle of freedom to fly over the high seas since an aircraft flying over the high seas is not subject, in so far as it does so, to the emissions trading scheme. ... the uniform application of the scheme to all flights which depart from or arrive at a European airport is consistent with the provisions of the Open Skies Agreement designed to prohibit discriminatory treatment between American and European operators." 이 판결은, 2012년 1월 1일부터 제3국의 항공사를 포함하여 모든 항공사는 EU의 27개 회원국에서 출발하거나 여기에 도착하는 자사의 모든 항공기를 위해 탄소배출권 할당을 획득하거나 제출하여야 함을 의미한다. Court of Justice of the European Union, Press Release No 139/11, Luxembourg, 21 December 2011, "The directive including aviation activities in the EU's emissions trading scheme is valid", https://curia.europa.eu/jcms/upload/docs/application/pdf/2011-12/cp110139en.pdf ; https://curia.europa.eu/. 그러나 EU의 이같은 입법 및 판결에 대해 미국, 캐나다, 중국을 위시한 많은 국가는 반대의사를 분명히 하고 있다 : BBC News, "US rejects European Court ruling on airline emissions", 21 December 2011, https://www.bbc.co.uk/news/business-16282692 ; 강희찬, "EU의 항공 분야에 대한 배출권 거래제 적용과 각국의 반발", EU Brief (Yonsei-Seri EU Centre), Vol. 4 No. 1 (2012. 02), pp. 16~19.

137) "온실가스 배출권의 할당 및 거래에 관한 법률"(2012년 5월 14일 제정, 2012년 11월 15일 시행, 2013년 3월 23일 일부 개정) 및 "온실가스 배출권의 할당 및 거래에 관한 법률 시행령"(2012년 11월 15일 제정, 2012년 11월 15일 시행, 2014년 2월 13일 일부개정). 동 법률 부칙 제2조에 의하면 "이 법 시행 후 1차 계획기간은

1998년 11월 12일 교토의정서에 서명은 하였으나, 2001년 3월 29일 부시(Bush) 행정부가 비준을 거부한다고 천명한 이후 비준은 하지 않았다.[138)]

2009년 12월 7일부터 18일까지 덴마크, 코펜하겐에서 "제15차 기후변화협약 당사국회의"가 개최되었는데, 여기서는 2012년 종료되는 교토의정서를 대체할 합의안 도출이 모색되었다. 핵심 논점은 물론 온실가스 감축에 있어 "공동의 그러나 차별화된 책임 원칙"의 계속적인 이행 방안, 즉 2013년부터 적용될 새로운 감축 목표 설정과 개발도상국들에게 대한 지원 방안을 마련하는 일이었다. 여기서 가까스로 3 페이지 분량의 코펜하겐 합의문(Copenhagen Accord)[139)]이 도출되었는데, 동 합의문은 "기후변화는 우리 시대의 가장 큰 도전의 하나임을 강조"하고,[140)] "지구기온 상승은 섭씨 2도 이내로 유지되어야 한다는 과학적 견해를 인정"하였다.[141)] 코펜하겐 합의문은 교토의정서와 마찬가지로 "부속서 I 당사국들"(Annex I Parties)(즉, 의무감축당사국)과 "비부속서 I 당사국들"(Non-Annex I Parties)(즉, 개발도상국 당사국)을 구분하고 있다. "부속서 I 당사국들"은 "양으로 표시된 경제 전반에 걸친 2020년까지의 배출 목표치"(quantified economy-wide emissions targets for 2020)를 공동으로 혹은 개별적으로 이행할 것을 약속하며(commit to implement), 첨부된 부록 I (Appendix I)의 양식에 배출 목표치를 기재하여 2010년 1월 31일까지 사무국에 제출한다.[142)] 그러나 기준연도(base year)에 대한 합의는 없었다. "비부속서 I 당사국들"은 (배출)완화 조치들을 이행할 것이며(will implement mitigation actions), "국가적으로 적당한 완화조치" (nationally appropriate mitigation actions of developing country Parties)를 첨부된 부록 II (Appendix II)의 양식에 기재하여 2010년 1월 31일까지 제출한다[143)]; 이후 이들 국가가 취하거나 구상하는 배출 완화 조치들은 2년마다 통보하며,[144)] 통보된 조치들은 부록 II의 목록에 추가된다[145)]; 개도국들의 관련 프로젝트, 정책 등을 지원하기 위하여 "코펜하겐 녹색 기후 기금" (Copenhagen Green Climate Fund)을 수립한다.[146)] 한국은 여전히 "비부속서 I 당사국들"에 속한다.[147)] 코펜하겐 합의문은 선진국들의 개도국들에 대한 재정지원 총액에 대해서도 언급하고 있다.[148)] 2009년 12월 19일 이른 아침, 전체 당사국회의는 "2009년 12월 18일의 코펜하겐 합의문에

2015년 1월 1일부터 2017년 12월 31일까지로 하고, 2차 계획기간은 2018년 1월 1일부터 2020년 12월 31일까지로 한다."

138) 미국을 위시한 주요 국가의 입장과 국내적 이행현황에 관해서는, Nanda/Pring, p. 292 ff ; https://en.wikipedia.org/wiki/Kyoto_protocol ; https://www.usembassy.at/en/download/pdf/kyoto.pdf. 참조.

139) https://unfccc.int/resource/docs/2009/cop15/eng/107.pdf.

140) 코펜하겐 합의문 제1항 첫 번째 문장.

141) 코펜하겐 합의문 제1항 세 번째 문장.

142) 코펜하겐 합의문 제4항 첫 번째 문장.

143) 코펜하겐 합의문 제5항 첫 번째 문장.

144) 코펜하겐 합의문 제5항 세 번째 문장.

145) 코펜하겐 합의문 제5항 네 번째 문장.

146) 코펜하겐 합의문 제10항.

147) 이산화탄소 저감 및 처리 기술개발사업단, 기후관련 뉴스, "코펜하겐 기후변화협약 당사국총회 협상 정래권 대사 "한국 의무감축국서 빠져 성과"", 2009-12-22, https://www.cdrs.re.kr/boards/view/clinews/2745.

148) 코펜하겐 합의문 제8항.

(단지) 주목한다(takes note of the Copenhagen Accord of December 18, 2009)"는 발의를 승인하고 폐막하였다. -미국, 중국, 인도, 브라질, 남아프리카가 기초한 것으로 보도된- 코펜하겐 합의문에 단지 "주목한다"는 결정이 채택된 이우는 동 합의문을 교섭한 그룹에 속하지 않았던 많은 당사국이 합의문의 절차적 측면과 실체적 내용 모두에 대해 이의를 제기하고 나섰기 때문인데,[149] "주목한다"란 표현은 UN의 관행에 따르면 찬성도 반대도 아닌 중립적인 술어이다.[150] 이것은 두 가지를 함축하고 있다. 첫째, 코펜하겐 합의문은 기후변화협약의 절차 밖에서 일부 당사국간에 만들어진 작품으로, 제15차 기후변화협약 당사국회의의 공식적인 결과물이 아니다.[151] 둘째, 코펜하겐 합의문은 그 자체 법적 구속력이 있는 것이 아니며, 온실가스 배출을 감축하기 위한 그 어떤 법적 구속력있는 약속도 담고 있지 않다.[152] 다만, 2009년 12월 30일 의장국 덴마크는 협약당사국들에게 "기회가 있는대로 코펜하겐 합의문에 참가한다는 의사를 서면으로 UN기후변화협약 사무국에 통고해 줄 것"(to inform the UNFCCC Secretariat in a written form at their earliest convenience of their willingness to *be associated with* the Copenhagen Accord)을 권고하는 구상서(note verbale)를 뉴욕 주재 UN회원국 사절단들에게 배부하였는데, 이같은 권고에 따라 행해지는 "참가(제휴/찬성)"(association) 표시의 법적 효과는 분명하지 않지만, 이는 당해 국가에게 법적 구속력있는 의무를 부과하는 일방적 선언(unilateral declaration)을 구성할 수도 있을 것이라는 견해가 있었다.[153]

2012년 말 만료되는 교토의정서의 대를 잇기 위한 논의는 그 후에도 계속되었다. 특히 2011년 11월 28일~12월 9일 남아프리카공화국, 더반(Durban)에서 개최된 "제17차 기후변화협약 당사국회의"에서는 -원래 계획된 회의기간을 거의 36시간 초과하여 11일에 간신히- 여러 기본 합의에 도달하였는데, 기본 내용은 다음과 같다. 첫째, 가능하면 속히, 늦어도 2015년까지는 기후변화에 관한 '보편적인' 법적 합의(universal legal agreement)를 채택한다 ; 이 합의는 2020년까지는 발효한다. 둘째, 2013년 1월 1일부터 교토의정서 제2기가 시작된다. 셋째, "제17차 기후변화협약 당사국회의"는 2012년 11월 26일~12월 7일 -한국과 긴밀히 협력하여- 카타르에서 개최한다.[154] 이 같은 합의

149) South Centre (An Intergovernmental Policy Think Tank of Developing Countries), Informal Note 52, 18 January 2010, "Comments on the Copenhagen Accord : Summary", pp. 1, 4, available at https://www.southcentre.org/ ; 정서용, 《글토벌 기후변화 : 거버넌스와 국제법》(서울 : 박영사, 2011), pp. 84~85.

150) UN총회는 2001년 9월 7일 채택한 결정(Decision) 55/488, 부속서에서 "'주목한다'란 술어는 찬성도 반대도 아닌 중립적 술어임을 반복한"(reiterates that the terms 'takes note of' and 'notes' are neutral terms that constitute neither approval nor disapproval) 바 있으며(https://www.un.org/ga/56/general/abur561a1.pdf), 이 결정과 해석은 그 후로도 계속 반복되고 있다.

151) South Centre, "Comments on the Copenhagen Accord: Summary", *op. cit.*, pp. 1, 4 ; 정서용, 전게서, pp. 84~85.

152) https://www.cleanskies.com/ ; https://en.wikipedia.org/wiki/Copenhagen_Conference ; https://en.wikipedia.org/wiki/Copenhagen_Accord ; 한국화학물질관리협회, 최신뉴스, "UN기후변화협약 당사국총회, 별다른 성과 없이 종결", 2009-12-24, https://www.kcma.or.kr/sub006_02.asp.

153) South Centre, "Comments on the Copenhagen Accord: Summary", *op. cit.*, pp. 1, 4~6 ; 정서용, 전게서, pp. 85~88 참조.

154) United Nations Climate Change Secretariat, Press Release, "Durban conference delivers breakthrough in

는, 우선 교토의정서를 현 상태 그대로 연장하자는 중국, 인도의 주장과 이제는 온실가스 최대배출국이 된 이들 국가의 참여 없이는 안된다는 주장이 대립하는 가운데 나온 타협이었다. 더반 합의가 성립되고 몇 시간도 지나지 않은 시점에서 캐나다 환경장관 Peter Kent는 "캐나다는 교토의정서에서 공식 탈퇴하기 위한 법적 권리를 행사할 것"이라고 선언하였다.[155] 탈퇴는 교토의정서 제27조에서 허용하고 있는데, 동조 2항에 의하면 "탈퇴는 수탁자가 탈퇴 통고를 접수한 날부터 1년이 지난 날, 탈퇴통고서에 이보다 더 늦은 날짜가 명시된 경우에는 그 늦은 날에 발효한다."

2012년 12월 8일, -지난 해 더반에서의 합의에 따라 카타르 도하(Doha)에서 개최된- "제18차 기후변화협약 당사국회의"에서 나온 결과는 아주 복잡하지만, 그 중 한 두 가지만 언급하면 다음과 같다.[156] 우선, 교토의정서의 '개정'에 관련한 기본 합의로서, (i) "제2차 공약기간"(second commitment period)의 길이는 8년으로 하며(이로써 교토의정서의 효력은 2020년까지 연장되게 되었다. 도하에서의 기간 연장 합의가 없었다면 교토의정서는 2012년 말로 종료될 운명이었다), (ii) 교토의정서의 시장메커니즘들, 즉 청정개발체제, 공동이행, 국제배출권거래는 2013년부로 계속될 수 있다. 또한, 참가국들은 -2020년부터는 모든 국가에게 적용될- "보편적" 기후변화합의(universal climate change agreement)를 만들어 내기 위해 신속하게 움직이되, 이 보편적 기후변화합의는 2015년까지는 채택되어야 한다고 합의하였다.

특히 직접 한국이 거명된 사항으로서, 참가국들은 한국이 "녹색기후기금"(Green Climate Fund)의 소재지로 선택된 것을 인준하면서, 동 기금이 2013년 후반부에 (인천) "송도"(Songdo)에서 업무를 개시할 것을 기대하였다. 여기서 거명된 녹색기후기금은 기후변화협약 제11조(재정지원체제)(Financial Mechanism)의 운영을 위한 국제기구로서, 기후변화협약 당사국들이 제16차(멕시코, 칸쿤)[157] 및 제17차[158] 당사국회의에서의 결정을 통해 설립한 것이다.[159] 기금은 국제적으로 실효성있

---

international community's response to climate change", https://unfcc.int/2860.php.

155) Adam Vaughan, "What does Canada's withdrawal from Kyoto protocol mean?", the guardian, Tuesday 13 December 2011, https://www.guardian.co.uk/environment/2011/dec/13/canada-withdrawal-kyoto-protocol ; BBC News, US & Canada, 13 December 2011, "Canada to withdraw from Kyoto Protocol", https://www.bbc.co.uk/news/world-us-canada-16151310.

156) https://unfccc.int/files/press/news_room/press_releases_and_advisories/application/pdf/121208_final_pr_cop18_cf.pdf ; BBC News Science & Environment, "UN climate talks extend Kyoto Protocol, promise compensation", 8 December 2012, 〈https://www.bbc.co.uk/news/science-environment -20653018〉 ; Environment News Service, "Doha Outcome: Kyoto Protocol Lives, Global Climate Deal by 2015", 〈https://ens-newswire.com/2012/12/08/doha-outcome-kyoto-protocol-lives-global- climate-deal-by-2015/〉 ; Regan Doherty and Barbara Lewis, "Doha climate talks throw lifeline to Kyoto Protocol", Reuters, Sat Dec 8, 2012, 〈https://www.reuters.com/article /2012/12/08/us-climate-talks-idUSBRE8B60QU20121208〉 ; Carla Tardi, "The Kyoto Protocol Definition", Investopia, Sep 26, 2019, 〈https://www.investopedia.com/terms/k/kyoto.asp〉.

157) Conference of the Parties on its sixteenth session, held in Cancun from 29 November to 10 December 2010, Decision 1/CP.16, *The Cancun Agreements: Outcome of the work of the Ad Hoc Working Group on Long-term Cooperative Action under the Convention*, paras. 102~103, 〈https://unfccc.int/resource/docs/2010/cop16/eng/07a01.pdf#page=17〉.

158) Conference of the Parties on its seventeenth session, held in Durban from 28 November to 11 December 2011, Decision 3/CP.17, *Launching the Green Climate Fund*, Annex : *Governing instrument*

게 활동하기 위해 법인격과 특권·권제를 부여받았다.[160] 이리하여 2013년 6월 2일(독일, 본)과 10일(인천) 한국과 녹색기후기금 간 본부협정(Agreement between the Republic of Korea and the Green Climate Fund concerning the Headquarters of the Green Climate Fund)[161]이 서명되고, 8월 27일 발효하였으며, 본부협정 발효에 앞서 7월 30일 한국은 협정의 국내적 이행을 위해 "녹색기후기금의 운영지원에 관한 법률"[162]을 제정하였다. 그리고 12월 4일, 기금 본부가 송도에서 문을 열었다.[163]

(2) 파리협정

교토의정서 대체물 창출을 위한 이상의 계속된 노력이 드디어 결실을 맺었다. 즉, 2015년 11월 30일부터 12월 12일까지 프랑스 파리에서 개최된 제21차 기후변화협약 당사국회의(COP 21)에서 195개 협약당사국은 컨센서스로 "파리협정"(Paris Agreement)[164]을 채택하였는데, 그 전문에서 "기후변화는 인류의 한 가지 공동의 관심사임을 인정한"(Acknowledging that climate change is a common concern of humankind) 파리협정의 기본 내용은 다음과 같다.[165]

첫째, 지구의 평균온도 상승을 산업혁명 전의 수준(pre-industrial levels)에서 섭씨 2도보다 훨씬 낮게 유지하고, 나아가 이를 섭씨 1.5도까지 제한하기 위한 노력을 추구한다.[166] 그리고 파리협

---

for the Green Climate Fund, 〈https://unfccc.int/resource/docs/2011/cop17/eng/09a01.pdf#page=55〉.

159) https://unfccc.int/cooperation_and_support/financial_mechanism/green_climate_fund/items/5869.php.

160) "Governing instrument for the Green Climate Fund"(녹색기후기금 운영문서), paras. 7~8.

161) 조약 제2155호. 협정 원문(영어)과 한글 번역문은 외교부, 조약정보 사이트 ; https://gcfund.net/fileadmin/00_customer/documents/pdf/Signed_HQA_Final_Version_10Sep13.pdf 참조.

162) 법률 제11947호, 신규 제정.

163) https://www.greenclimate.fund/.

164) "파리협정"이란 조약의 공식명칭은 협정이 파리에서 채택되었음을 시사할 수는 있어도 협정의 객체 혹은 주제에 대해서는 어떤 전달도 못 하고 있다. 이 때문에 파리기후변화협정(Paris Climate Change Agreement, Paris Agreement on Climate Change) 혹은 파리기후협정(Paris Climate Agreement)이란 비공식 명칭이 사용되곤 한다.

165) https://unfccc.int/process-and-meetings/the-paris-agreement ; https://en.wikipedia.org/wiki/2015_United_Nations_Climate_Change_Conference.

166) 파리협정 제2조 1항(a) : "Holding the increase in the global average temperature to well below 2 °C above pre-industrial levels and to pursue efforts to limit the temperature increase to 1.5 °C above pre-industrial levels, recognizing that this would significantly reduce the risks and impacts of climate change...". 파리협정은 대비 기준시점으로 '산업혁명(산업화) 전'(pre-industrial)을 제시하면서 이에 대한 정의를 제공하고 있지는 않다. 사전적 의미에서 '산업혁명 전'이라 함은 산업혁명이 시작하기 전의 그 어떤 시점도 지칭할 수 있는 것이지만, 파리협정에서 이는 대체로 '1850~1900년'으로 설명되고 있다. 그러나 다른 비판적 의견들도 제시되고 있다. ipcc, FAQ Chapter 1, 〈https://www.ipcc.ch/sr15/faq/faq-chapter-1/〉 ; Andrew King, Ben Henley, & Ed Hawkins, "What is a pre-industrial climate and why does it matter?", The Conversation, June 8, 2017, 〈https://theconversation.com/what-is-a-pre-industrial-climate-and-why-does-it-matter-78601〉 ; Jonathan Amos, "Defining a true 'pre-industrial' climate period", BBC News, 25 January 2017, 〈https://www.bbc.com/news/science-environment-38745937〉 ; Ed Hawkins, Defining 'pre-industrial', Climate Lab Book, January 25, 2017, 〈https://www.climate-lab-book.ac.uk/2017/defining-pre-industrial/〉 ; 김금이/매일경제, 2021.08.09., ""인간이 초래한 재앙이…" 산업화 이전보다 1.09도 더워졌다", 〈https://www.mk.co.kr/news/economy/view/2021/08/771771/〉 ; 권선형/인더스트리 뉴스(Industry News), 2021.08.10., "온실가스 줄이지 않으면, 지구 온도 산업화 이전보다 1.5℃ 상승하고 극한 폭염 8.6배 폭증한다."

정은 각국의 서로 다른 상황에 비추어 '형평'과 '공동의 그러나 차별화된 책임과 각자의 능력의 원칙'을 반영하도록 이행될 것이다.[167)]

둘째, 파리협정의 각 당사국은 자신이 달성하려고 의도하는 바의 이른바 '국가결정기여'(nationally determined contributions : NDCs)를 연속하여 준비, 전달, 유지하여야 한다.[168)] 이 규정의 이행을 위해 -제9조, 제10조, 제11조에 따라- 개도국들에게 지원이 제공되어야 한다.[169)] 파리협정의 '국가결정 기여'는 -국가별 온실가스 감축 목표치를 조약에서 적시하는- 교토의정서의 top-down 방식이 -각국이 자신의 목표를 설정하는- bottom-up 방식으로 대체되었음을 지칭하기 위해 고안된 개념이다.[170)] '국가결정기여'는 '연속하여' 준비되고 전달되어야 하며, 따라서 각국은 2018년부터 시작하여 5년마다 새로운 계획을 제출해야 한다.[171)] 그리고 '국가결정기여'를 달성하기 위해 당사국 간 이전(거래)도 허용된다.[172)] bottom-up 체제 하에서 국가들이 자국의 온실가스 재고를 정직하게 작성, 제출하지 않으면 파리협정은 실패할 우려가 있다는 지적이 나오고 있다.[173)] 당사국들은 '국가결정기여'를 준비, 전달, 유지할 절차적 의무를 부담하고는 있지만 '국가결정기여'란 이름의 국가별 계획 자체는 법적 구속력있는 약속이 아닌 것으로 이해되고 있는 점을 생각하면 더욱 그러하다.[174)]

〈https://www.industrynews.co.kr/news/articleView.html?idxno=43346〉.

167) 파리협정 제2조 2항 : "This Agreement *will* be implemented to reflect equity and the principle of common but differentiated responsibilities and respective capabilities, in the light of different national circumstances."(italics added)

168) 파리협정 제4조 2항 : "Each Party shall prepare, communicate and maintain successive *nationally determined* contributions that it intends to achieve." (italics added) 파리협정 채택 이전에 제출한 것은 "의도된 국가 결정 기여"(*intended* nationally determined contributions : INDCs)로 부른다. UN Climate Change, "Intended Nationally Determined Contributions (INDCs)", 〈https://unfccc.int/process-and-meetings/the-paris-agreement/nationally-determined-contributions-ndcs/indcs〉 ; World Resources Institute, What is an INDC?, 〈https://www.wri.org/indc-definition〉 ; 에듀몬 2021. 10. 29., "의도된 국가결정기여(INDC)와 장기저탄소 발전전략(LEDS) 알아보기", 〈https://edumon.tistory.com/565〉.

169) 파리협정 제4조 5항 : "Support *shall* be provided to developing country Parties for the implemen- tation of this Article, in accordance with Articles 9, 10 and 11 ..." (italics added)

170) John D. Sutter, Joshua Berlinger and Ralph Ellis, CNN, "Obama: Climate agreement 'best chance we have' to save the planet", CNN, December 14, 2015, 〈https://edition.cnn.com/2015/12/12/world/global-climate-change-conference-vote/index.html〉 ; 최원기, "포스트-2020 新기후체제 협상 전망", 주요국제문제분석(국립외교원 외교안보연구소), No. 2015-37 (2015. 11. 20).

171) 파리협정 제4조 9항.

172) 파리협정 제6조 3항.

173) Matt McGrath, "'Dodgy' greenhouse gas data threatens Paris accord", BBC, Science & Environment, 8 August 2017, 〈https://www.bbc.com/news/science-environment-40669449〉.

174) https://www.c2es.org/content/q-and-a-understanding-paris-agreement-ndcs/ ; https://en.wikipedia.org/wiki/Nationally_determined_contribution ; LRI (Lawyers Responding to Climate Change), News, 07/06/2021, "Binding unilateral declarations on mitigation NDCs?", 〈https://legalresponse.org/binding-unilateral-declarations-on-ndc-mitigation-targets/〉 ; Keitner, p. 211.
이 때문에 NDC 수치를 국내 법령으로 명문화한 국가는 아직 아주 소수에 불과한 것으로 보도되고 있는데, 한국도 여기에 속한다. 즉, 2021년 9월 24일 제정된 "기후위기 대응을 위한 탄소중립·녹색성장 기본법"(약칭: 탄소중립기본법)(제8조 1항)은 "정부는 국가 온실가스 배출량을 2030년까지 2018년의 국가 온실가스 배출량 대비 35퍼센트 이상의 범위에서 대통령령으로 정하는 비율만큼 감축하는 것을 중장기 국가 온실가스 감축 목

셋째, 기후변화협약의 최고기관인 기후변화협약 당사국회의는 파리협정 당사국회의로서 기능한다.[175)]

넷째, 기후변화협약 당사국회의는 파리협정의 "종합적인 이행점검"(global stocktake)을 주기적으로 실시한다. 이를 위해 2023년에 최초 점검을 실시하며, 그후 달리 결정하지 않는 한 5년마다 실시한다.[176)]

다섯째, 파리협정의 이행을 용이하게 하고 그 준수를 증진하기 위한 한 개의 장치로서 전문가 위원회(Committee of Experts)를 설치한다.[177)] 그러나 동 위원회는 "투명하고, 비당사자적이고 비징벌적인 방식으로"(in a manner that is transparent, non-adversarial and non-punitive) 행동한다.[178)] 위원회는 제1차 파리협정 회기에서 -파리협정 당사국회의로서 기능하는-기후변화협약 당사국회의에서 채택하는 절차에 따라 행동하며, 매년 -파리협정 당사국회의로서 기능하는- 기후변화협약 당사국회의에 보고한다.[179)]

여섯째, 기후변화협약 사무국은 파리협정 사무국으로 봉사한다.[180)]

일곱째, 파리협정은 2016년 4월 22일부터 2017년 4월 21일까지 뉴욕 UN본부에서 기후변화협약의 당사자인 국가와 지역경제통합기구들의 서명을 위해 개방되며, 비준, 수락 혹은 승인을 요한다. 서명을 위해 개방된 기간이 지나면 가입을 위해 개방된다.[181)] 지역경제통합기구의 경우, 기구가 그 회원국들과 함께 파리협정의 당사자가 되는 경우, 기구와 그 회원국들은 파리협정 하의 의무 이행을 위한 각자의 책임 범위를 정하여야 한다 ; 이런 경우 기구와 그 회원국들은 이 협정 하의 권리를 공동으로(concurrently) 행사할 수 없다.[182)] 지역경제통합기구들은 비준, 수락, 승인 혹은 가입을 위한 문서에서 파리협정에 의해 규율되는 문제에 대한 기구의 관할권의 범위를 선언하여야 한다 ; 그리고 차후 기구의 관할권의 범위에 '실질적인 변경'(any substantial modification)이 생기면 수탁자에게 이 사실을 통고하여야 한다.[183)]

여덟째, 파리협정은 '전체 지구온난화가스 배출량'의 최소 55퍼센트를 차지하는 기후변화협약의

표...로 한다."고 규정하고 있는데 한국 정부는 동년 12월 23일 기후변화협약 사무국에 이 목표치를 40퍼센트로 보고하였고, 이에 따라 2022년 3월 25일 동 기본법 시행령(제3조 1항)은 이 비율을 40퍼센트로 정하였다. Submission under the Paris Agreement - The Republic of Korea's Enhanced Update of its First Nationally Determined Contribution, December 23, 2021, 〈https://www4.unfccc.int/sites/ndcstaging/Pages/LatestSubmissions.aspx〉 ; 조재희/조선일보, 2022년 4월 20일, A8, "2030 온실가스 감축목표 법으로 정한 나라, EU 제외하면 한국이 유일."

파리협정의 객체와 목적에 비추어 제4조 2항을 해석하면 '국가결정기여' 약속은 그 선언국에게 구속력있는 것으로 보지 못할 이유가 없다는 견해도 있다 ; 예컨대, Orakhelashvili/Akehurst, 9th, p. 417.

175) 파리협정 제16조 1항; UN Climate Change Conference-December 2019, 02 Dec, 2019-13 Dec, 2019, 〈https://unfccc.int/cop25〉 ; https://en.wikipedia.org/wiki/2019_United_Nations_Climate_Change_Conference.

176) 파리협정 제14조.

177) 파리협정 제15조 1항.

178) 파리협정 제15조 2항.

179) 파리협정 제15조 3항.

180) 파리협정 제17조 1항.

181) 파리협정 제20조 1항.

182) 파리협정 제20조 2항.

183) 파리협정 제20조 3항.

최소 55개 당사국이 비준, 수락, 승인 혹은 가입 문서를 기탁한 날로부터 30일 되는 날에 발효한다.[184] 이것은 파리협정이 2020년 교토의정서 제2차 공약기간 종료 전이라도 발효할 수 있음을 의미한다. 다만, 지역경제통합기구가 기탁하는 문서는 당해 기구 회원국들이 기탁하는 그것에 추가하여 계산하지 아니한다.[185] 그리고 오로지 파리협정 '발효의 목적'상 '전체 지구 온난화가스 배출량'이라 함은 기후변화협약 당사국들이 파리협정을 채택한 날 혹은 그 전에 통보한 가장 최근의 총량을 의미한다.[186] 파리협정은 2016년 11월 4일 신속하게 발효하였다. 최초 발효 이후 비준, 수락, 승인 혹은 가입하는 국가 혹은 지역경제통합기구에 대해서는 기탁일로부터 30일째 되는 날에 발효한다.[187]

아홉째, UN사무총장은 파리협정의 수탁자가 된다.[188]

열째, 파리협정에는 그 어떤 유보도 할 수 없다.[189]

열한 번째, 각 당사국은 파리협정이 자국에 대해 발효한 후 3년이 지나면 수탁자에게 서면으로 통고함으로써 언제든지 탈퇴할 수 있다.[190] 탈퇴의 효과는 수탁자가 탈퇴 통고를 수령한 날로부터 1년이 만료되는 날에, 혹은 탈퇴 통고에서 명시한 그 보다 더 늦은 일자에, 발생한다.[191] 기후변화협약에서 탈퇴하는 당사국은 파리협정에서도 탈퇴한 것으로 간주된다.[192] 미국은 중국, 인도 등과 함께 파리협정의 최초발효국인데, 발효 후 7개월이 채 지나지 않은 2017년 6월 1일 미국 트럼프(Trump) 대통령은 "오늘부로 미국은 구속력없는 파리협정과 이 협정이 미국에 부과하고 있는 가혹한 재정적·경제적 부담의 이행을 일체 중단하며, 여기에는 국가결정기여와 -특히 무엇보다- 미국의 엄청난 부를 희생시키고 있는 녹색기후기금의 이행을 종료하는 것이 포함된다"고 하면서, "파리협정을 탈퇴하고, 환경과 우리 회사들, 우리 시민들, 우리 국가를 보호하는 새로운 협상을 추구할 때가 되었다"고 발표하였다.[193] 이에 따라 미국이 파리협정 내지는 기후변화협약을 탈퇴하고 말 것인지, 아니면 미국의 요구에 따라 파리협정 개정협상이 전개될지는 두고볼 일이었다.[194] 파리협정

---

184) 파리협정 제21조 1항.
185) 파리협정 제21조 4항.
186) 파리협정 제21조 2항.
187) 파리협정 제21조 3항. 파리협정의 국별 발효 현황에 대해서는 https://treaties.un.org/, Depositary of Treaties, ; https://en.wikipedia.org/wiki/List_of_parties_to_the_Paris_Agreement 참조.
188) 파리협정 제26조.
189) 파리협정 제27조.
190) 파리협정 제28조 1항.
191) 파리협정 제28조 2항.
192) 파리협정 제28조 3항.
193) The White House, June 01, 2017, "Statement by President Trump on the Paris Climate Accord", 〈https://www.whitehouse.gov/the-press-office/2017/06/01/statement-president-trump-paris-climate-accord〉 : Thus, as of today, the United States will cease all implementation of the non-binding Paris Accord and the draconian financial and economic burdens the agreement imposes on our country. This includes ending the implementation of the nationally determined contribution and, very importantly, the Green Climate Fund which is costing the United States a vast fortune. ...
It is time to exit the Paris Accord -- (applause) -- and time to pursue a new deal that protects the environment, our companies, our citizens, and our country."

상 미국에 대해 협정이 발효한 지 3년이 되는 2019년 11월 4일까지는 미국은 협정의 탈퇴 절차를 공식적으로 시작할 수 없다는 점을 생각하면 더욱 그러하였다.[195] 그러나 미국은 결국 2019년 11월 5일 마이크 폼페오(Mike Pompeo) 국무장관 명의의 서한을 통해 안토니우 구테흐스(António Guterres) UN사무총장에게 탈퇴 의사를 통고하였다.[196] 그러나 –위에서 언급한 바와 같이– 탈퇴의 효과는 수탁자가 통고를 수령한 날로부터 다시 1년이 경과한 날(이 경우, 2020년 11월 4일), 혹은 탈퇴 통고에서 명시한 그보다 더 늦은 일자에 발생하므로[197] 그 전까지는 미국 정부가 탈퇴 의사를 철회할 가능성이 남아있다고 할 수 있었지만, 이런 일은 발생하지 않았다.[198] 그러나 조 바이든(Joseph R. Biden Jr.) 후임 대통령은 2021년 1월 20일 임기 개시 첫날 다시 "파리협정과 이 협정의 모든 조항을 수락"한다고 천명하면서 UN사무총장에게 가입서를 기탁하였고, 이로써 미국은 2월 19일 다시 파리협정의 당사국이 되었다.[199]

2021년 10월 31일~11월 13일 영국 글래스고에서 개최된 "제26차 기후변화협약 당사국회의"(COP 26)[200]에서는 "탄소저감장치가 없는 석탄발전소의 단계적 감축과 비효율적인 화석연료 보조금의 단계적 폐지를 향한 노력을 가속할"(accelerating efforts towards the *phasedown* of unabated coal power and *phase-out* of inefficient fossil fuel subsidies) 것 등의 가이드라인을 담은 "글래스고 기후합의"(Glasgow Climate Pact)가 채택되었다.[201] 이 합의는 "온실가스 배출에 가장 큰 영향을 끼쳐온 화석연료인 석탄의 감축을 명시한 최초의 기후협약"으로 평가받고 있지만,[202] "한 세기 이상 석유와 가스 생산을 명분으로 환경을 오염시켜온 부유한 국가들이 빠져나갈 명분을 만들어준다"는 비판을 받고 있기도 하며,[203] 그 자체 법적 구속력있는 문서로 의도된 것도

---

194) BBC News, 17 September 2017, "Paris climate deal: US denies it will stay in accord", 〈https://www.bbc.com/news/world-us-canada-41296988〉.

195) See Lisa Friedman, "U.S. to Join Climate Talks Despite Planned Withdrawal From Paris Accord", The New York Times, Aug. 4, 2017, 〈https://www.nytimes.com/2017/08/04/climate/us-to-join-climate-talks-despite-planned-withdrawal-from-paris-accord.html〉.

196) BBC, 5 November 2019, "Paris climate accords: US notifies UN of intention to withdraw", 〈https://www.bbc.com/news/world-us-canada-50297029〉.

197) UN사무총장 대변인은 "미국의 탈퇴는 2020년 11월 4일 발효할 것"이라고 말했다. UN News, 4 November 2019, "US withdrawal from Paris Agreement to take effect in November 2020", 〈https://news.un.org/en/story/2019/11/1050591〉.

198) 1969년 비엔나조약법협약 제68조 ; https://en.wikipedia.org/wiki/United_States_withdrawal_from_the_Paris_Agreement.

199) https://www.whitehouse.gov/briefing-room/statements-releases/2021/01/20/paris-climate-agreement/ ; https://www.state.gov/the-united-states-officially-rejoins-the-paris-agreement/.

200) UN Climate Change Conference UK 2021, "Uniting the World to Tackle Climate Change", 〈https://ukcop26.org/〉.

201) Decision -/CP.26, "Glasgow Climate Pact", para. 20, 〈https://unfccc.int/sites/default/files/resource/cop26_auv_2f_cover_decision.pdf〉 ; COP26: IBERDROLA AT THE 2021 CLIMATE CONFERENCE, "We are boosting climate action to meet the Paris Agreement targets", 〈https://www.iberdrola.com/sustainability/against-climate-change/cop26〉 ; 외교부, 보도자료, 2021-11-14, "제26차 유엔기후변화협약 당사국총회(COP26) 폐막", 〈https://www.mofa.go.kr/www/brd/m_4080/view.do?seq=371781〉.

202) BBC News 코리아, 2021년 11월 14일, "COP26 새 기후협약 합의 성공...'중단' 아닌 '감축' 비판도", 〈https://www.bbc.com/korean/international-59279001〉.

아니다.[204)]

해가 바뀌어, 파리협정이 2022년 2월 24일 러시아의 우크라이나 침략으로 야기된 에너지 부족의 후폭풍을 어떻게 이겨낼 지에 대해서도 관심이 집중되었다.[205)] 이런 가운데서도 2022년 11월 6일 이집트 샤름엘셰이크에서는 "제27차 기후변화협약 당사국회의"(COP27)가 개최되어 20일 '샤름엘셰이크 이행계획(Sharm El-Sheikh Implementation Plan)'[206)]을 채택하고 폐막했는데, 여기에는 특히 "기후변화의 악영향과 관련된 손실과 피해에 대응하기 위한 자금조달 문제"(matters relating to funding arrangements responding to *loss and damage associated with the adverse effects of climate change*)[207)]와 관련한 두 개의 결정이 포함되었다.

파리협정은 제2조 1항(a)에서 지구의 평균온도 상승을 산업혁명 전의 수준에서 섭씨 2도보다 훨씬 낮게 유지하고 나아가 이를 섭씨 1.5도까지 제한하기 위한 노력을 추구하면 "기후변화의 위험과 충격은 뚜렷이 감소될 것임을 인정하고" 있다. 그러나 지구온난화의 1차적 원인은 인간들의 이산화탄소 배출에 있고 따라서 인간은 지구를 식히기 위한 고비용의 노력을 계속하여야 하는지에 대해 의문을 제기하는 견해도 있다. 이를테면, 체크공화국 대통령 바츨라프 클라우스는 "위험에 처한 것은 기후가 아니라 자유이다"라고 말한 바 있다.[208)] 다시 말해서, "지금의 지구온난화는 기본적으로

---

203) *Ibid.*

204) BBC News, 15 November 2021, "COP26: What was agreed at the Glasgow climate conference?", 〈https://www.bbc.com/news/science-environment-56901261〉; Sophie Gorman, "New Glasgow Climate Pact offers some 'breakthroughs' but also 'deep disappointment'", France 24, 14/11/2021, 〈https://www.france24.com/en/europe/20211114-new-glasgow-climate-pact-offers-some-breakthroughs-but-also-deep-disappointment〉.

205) See, e.g., Katja Doose & Alexander Vorbrugg/The Conversation, May 23, 2022, "Other casualties of Putin's war in Ukraine: Russia's climate goals and science", 〈https://theconversation.com/other-casualties-of-putins-war-in-ukraine-russias-climate-goals-and-science-182995〉; Stuart Braun/DW, 23.06.2022, "Ukraine war threatens climate targets", 〈https://www.dw.com/en/ukraine-war-threatens-climate-targets/a-62185483〉; Chandra Bhushan/Heinrich BÖll Stiftung, 9 June 2022, "Russia-Ukraine conflict could derail the Climate Agenda", 〈https://www.boell.de/en/2022/06/09/russia-ukraine-conflict-could-derail-climate-agenda〉; Mirza Sadaqat Huda/CNA, 20 Jul 2022, "Commentary: Could Russia-Ukraine conflict derail Southeast Asia's decarbonisation efforts?, 〈https://www.channelnewsasia.com/commentary/russia-ukraine-southeast-asia-climate-decarbonisation-energy-commodities-2820546〉; Abhiroop Chowdhury/Hindustan Times News, Jul 20, 2022, "Russia-Ukraine war could derail a renewable energy future", 〈https://www.hindustantimes.com/ht-insight/international-affairs/russiaukraine-war-could-derail-a-renewable-energy-future-101658290751618.html〉; Wendy Tang/The Sunday Times, July 20 2022, "China orders 300 million more tonnes of coal to be mined a year", 〈https://www.thetimes.co.uk/article/china-orders-300-million-more-tons-of-coal-to-be-mined-a-year-qqj8h2r0t〉; Stuart Lau/Politico, August 5, 2022, "China suspends climate talks with US - Move comes after Beijing announced sanctions on top US Democrat Nancy Pelosi", 〈https://www.politico.eu/article/china-suspends-climate-talks-with-us/〉.

206) https://unfccc.int/documents/624444; 환경부, "COP27, 기후변화 따른 '손실과 피해' 대응 기금 설립 합의 20일 폐막…'샤름엘셰이크 이행계획' 채택", 2022.11.21., [출처] 대한민국 정책브리핑(www.korea.kr).

207) "기후변화의 악영향과 관련된 손실과 피해"는 이미 파리협정 제8조에 담겨있는 표현이다.

208) Václav Klaus, "Freedom, not climate, is at risk", Financial Times, Published: June 13 2007 17:44 (https://www.ft.com/cms/s/2/9deb730a-19ca-11dc-99c5-000b5df10621.html); https://en.wikipedia.org/wiki/Václav_Klaus.

화석 연료에 의한 이산화탄소 방출이 증가하기 훨씬 이전부터 시작된 자연현상"으로서, "대기중 이산화탄소 농도 증가와 기온변화 사이의 인과관계는 명확하지 않다"는 과학적 반론이 제기되고 있는 것이다.[209] "지구축의 기울기 변화에 따른 일조량의 높낮이가 지구 기후변화의 주원인이 된다는 밀란코비치의 이론"이 가장 설득력이 있으며, "큰 흐름으로 볼 때 지구는 서서히 빙하기를 향해 가고" 있다는 견해도 있다.[210] 논쟁은 계속될 것이다.

2023년 3월 29일, UN총회는 "기후변화에 관한 국가들의 의무"란 제목으로 ICJ에 권고적 의견을 요청하는 결의를 컨센서스로 채택하였는데,[211] 동 결의에서 총회는 "온실가스의 인위적 배출로부터 기후계(氣候界)(climate system)를 보호하기 위한 국가들의 국제법 하의 의무"와 "국가들, 특히 소도서 개발도상국들과 현재 및 미래 세대의 사람들과 관련하여 기후계에 작위와 부작위로 중대한 피해를 야기한 국가들의 의무에 따른 법적 결과"에 대해 의견을 줄 것을 요청하였다.

Ⅵ. 유해폐기물의 국제적 통제

여기서는 해양오염의 육상오염원(land-based sources of marine pollution), 해양투기(dumping at sea) 그리고 월경처리를 위한 유해폐기물의 운송(transport of hazardous wastes for transboundary disposal)에 관하여 일별한다. 1950년대부터 선박에 의한 오염(pollution from vessels)의 통제 문제에 상당한 관심이 두어졌지만, 실제는 해양오염의 비교적 사소한 부분에 지나지 않는다. 오염원의 대부분은 오히려 육지로부터 나오는 하수, 산업폐기물, 해양에서의 폐기물 투기 등이다. 그리고 화학제품이나 폐기물과 같은 유해물질의 국제적 거래는 통과국이나 해양환경에 뜻하지 않게 피해를 입힐 가능성이 있다. 뿐만 아니라, 수입국의 입장에서 보면 이같은 거래가 자신들 모르게 혹은 동의 없이 이루어질 위험이 있고, 특히 일부 개도국의 경우에는 위험물질을 관리할 수 있는 설비가 부족하거나 이같은 물질의 위험성을 잘 이해하지 못할 수도 있다. 폐기물 매립지가

---

209) 조영일, "온실가스, 기후가 아닌 자유의 위기", 자유기업원, 2009.11.23 (No. 148) ; Mark J. Perry, "There is no climate emergency, say 500 experts in letter to the United Nations", AEI(American Enterprise Institute)〉Blogs〉Carpe Diem, October 1, 2019, 〈https://www.aei.org/carpe-diem/there-is-no-climate-emergency-say-500-experts-in-letter-to-the-united-nations/〉 ; 펜앤드마이크TV, 2021.06.27., "[기후 사기 #9] 흔들리는 기후 위기론과 기후 현실주의 [박석순 교수의 진짜 환경이야기]", 〈https://www.youtube.com/watch?v=ZCRJ_mK2ZYc〉 ; 청샤오농(程曉農), "[칼럼] 어느새 사라진 '지구 온난화' … 새로 등장한 '기후변화'", 2021년 5월 23일, 에포크타임스 한글판, 〈Kr.TheEpochTimes.com〉 ; 패트릭 무어 지음/박석순 옮김, 《종말론적 환경주의-보이지 않는 가짜 재앙과 위협》(Fake Invisible Catastrophes and Threats of Doom), (서울 : 어문학사, 2021) 참조.

210) 김영일, "과연 CO2가 지구온난화의 주범인가?", 조선일보, 2009년 11월 28일, A31.

211) A/RES/77/276 ("Request for an advisory opinion of the International Court of Justice on the obligations of States in respect of climate change"), 〈https://research.un.org/en/docs/ga/quick/regular/77〉 ; UN, Meetings Coverage and Press Releases, 29 March 2023, "General Assembly Adopts Resolution Requesting International Court of Justice Provide Advisory Opinion on States' Obligations Concerning Climate Change", 〈https://press.un.org/en/2023/ga12497.doc.htm〉.

고갈되고 이로 인해 폐기물 처리비용이 상승하고 소각시설을 확보하기 어렵게 된 선진국들이 폐기물을 개도국으로 수출하는 것도 문제이다.

1. 해양오염의 육상오염원

UN해양법협약은 해양오염의 육상오염원 규제에 관한 일반적인 틀을 확립하는 데 그치지만, 그 내용은 지역적으로 또는 국내적으로 국가들의 관행과 부합함으로써 이 문제에 관한 국제관습법규의 증거로 간주할 수 있을 것이다. 협약 제207조는 국가들이 육상오염원에 의한 해양환경오염을 방지, 경감 및 통제하기 위한 법령을 제정하고, 필요한 기타 조치를 채택할 것을 요구하고 있다. 선박으로부터의 오염, 투기 혹은 해저시설을 다루는 협약규정들과는 달리, 제207조는 '국제기구들에 의해 설정된 국제최소기준'을 준수할 것을 요구하고 있지는 않다. 그러나 각국은 '국제적으로 합의된 규칙, 기준 및 권고가 있는 관행과 절차'를 고려하여야 한다. 국내법은 또한 지속성이 있는 유독・유해한 물질의 해양배출을 '가능한 최대로'(to the fullest extent possible) 최소화하여야 하지만, 무슨 조치를 취하고 그리고 지구적, 지역적, 양국간 혹은 국내적 차원 중에서 어느 차원에서 행동할 것인가를 결정하는 것은 각 국가가 결정할 문제이다. 어떤 물질이 통제를 요하는가를 결정하는 것도 각 국가에게 맡겨져 있다.[212] 제213조는 각국이 제207조에 의거하여 제정한 법령을 실제로 집행할 것을 요구하고 있다.

2. 해양투기

1972년의 스톡홀름회의는 해양투기를 규제할 국제적 체제의 수립을 요구하였으며, 그 해 12월 29일 런던에서 "폐기물 및 기타 물질의 투기에 의한 해양오염방지협약"(이하 런던덤핑협약)(Convention on the Prevention of Marine Pollution by Dumping of Wastes and Other Matter)[213]이 채택되었다. 런던덤핑협약과 기타 지역적 차원의 조약[214]에 의하여 수립된 해양투기방지체제는 육상오염원을 규제하는 체제와 비교해 볼 때 다음의 특징을 지닌다. 첫째, 런던덤핑협약이 내수를 제외한 모든 해역에 적용됨에도[215] 불구하고 광범위하게 비준되었다는 사실은 해양투기문제가 지구적

---

212) Birnie/Boyle, p. 306.

213) 1975년 8월 30일 발효 ; 협약 제1부속서 및 제2부속서 개정 1993년 11월 12일 채택, 1994년 2월 20일 발효. 한국 1994년 1월 19일 발효. Birnie/Boyle, *Basic Documents on International Law and the Environment*, p. 174.

214) 해양투기를 규제하기 위한 대표적인 지역적 차원의 조약으로서는 1972년 2월 15일 오슬로(Oslo)에서 영국과 노르웨이 등 일부 유럽국가 간에 체결된 "선박과 항공기에 의한 투기로 인한 해양오염방지를 위한 협약"(Convention for the Prevention of Marine Pollution by Dumping from Ships and Aircraft)을 들 수 있다. 1974년 4월 17일 발효. 오슬로협약은 1989년의 의정서(1989 Protocol on Dumping in Internal Waters)에 의하여 내수투기도 협약의 규율대상에 포함시켰다. Birnie/Boyle, pp. 329~330.

215) 협약 제3조 3항.

체제의 대상이지 일차적으로 지역적 규제의 대상이 아님을 시사한다. 즉, 지역적 협정들은 폐쇄해나 반폐쇄해에서 더 높은 기준을 부과하는 점에 있어서만 중요성을 가질 따름이다. 둘째, 이러한 지구적 체제는 이중기준이나 경제개발을 고려에 넣지 않는 국제최소기준(international minimum standards)에 기초한다. 특히, 런던덤핑협약이 광범위하게 비준되고 있다는 사실은 런던덤핑협약이 바로 이러한 국제최소기준을 제공하고 있음을 시사하는데, UN해양법협약 제210조(투기에 의한 오염)도 이 런던덤핑협약과 그 부속서들을 의식하고 있음이 분명하다. 이 점에 있어서 해양투기의 법체제는 육지오염원에 의한 오염보다는 선박에 의한 오염의 규제에 더욱 가깝다. 셋째, 런던덤핑협약도 아래에서 언급하는 바와 같이 오염물질을 몇 가지로 분류하고 있지만, 아주 유해하다고 생각되는 일정 물질의 투기는 절대적으로 금지하고 있다.[216] 이것은 대부분의 육지오염원에 대한 지역적 규제에서 볼 수 있는 것보다 훨씬 더 엄격한 체제이다. 넷째, 해양투기는 지역적 기구들 이외에 런던협약체약국 협의회의(Consultative Meeting of Contracting Parties)의 감독을 받는다.[217]

런던덤핑협약과 UN해양법협약에서 투기라 함은 "선박, 항공기, 플래트홈 또는 인공구조물로부터 폐기물이나 기타 물질을 바다에서(at sea) 의도적으로 처분하는 것"과 "선박, 항공기, 플래트홈 또는 인공구조물을 바다에서 의도적으로 처분하는 것"을 말한다. 이 정의는 두 가지를 시사하고 있다. 첫째, 파이프(도관)와 하수배출구 같은 육상오염원으로부터의 방출(discharges from land-based sources such as pipes and outfalls)은 투기에 해당하지 아니한다 ; 둘째, 선박 등의 통상적인 운영과정에서 발생하는 누출이나 사고에 의한 누출은 투기에 해당되지 않는다.[218] 이 정의에서는 명백하게 언급하고 있지 않지만, 바다에서의 폐기물소각(incineration at sea)도 투기로 취급되어 왔으므로 런던덤핑협약에 의하여 규제된다.[219] '해저'처리(seabed disposal)도 '바다에서의' 처리(disposal at sea)에 해당하므로 런던협약에 의하여 규율되는지는 불분명하다. 그러나 이에 대한 해답이 무엇이든, 관습법은 모든 폐기물처리가 합리적이고 해양환경을 오염으로부터 보호하는 상황에서 이루어질 것을 요구하고 있다.[220]

런던덤핑협약 제1부속서에 기재된 폐기물과 기타 물질의 투기는 절대적으로 금지되고, 제2부속서에 기재된 폐기물과 기타 물질의 투기는 사전특별허가(prior special permit)를 필요로 하며, 기타 모든 폐기물과 물질의 투기는 사전일반허가(prior general permit)를 필요로 한다.[221] 요컨대,

---

216) 협약 제4조 1항(a). 다만, 불가항력(*force majeure*), 비상사태(emergencies), 해양에서 물리적·화학적 혹은 생물학적으로 급속히 무해하게 변하는 물질, 금지물질을 미량으로 함유하는 폐기물과 기타 물질(예컨대, 하수침적물이나 준설물)의 경우에는 예외가 허용된다. 협약 제5조 및 제1부속서 제8~9항.

217) Birnie/Boyle, pp. 320~321.

218) 협약 제3조 1항 ; UN해양법협약 제1조 1항(5) ; https://en.wikipedia.org/wiki/Convention_on_the_Prevention_of_Marine_Pollution_by_Dumping_of_Wastes_and_Other_Matter.

219) 1993년의 제1부속서 개정은 이 점을 분명히 하였다. 즉, '바다에서의 산업폐기물과 하수침적물 소각'(incineration at sea of industrial waste and sewage sludge)은 금지되었고, '바다에서의 기타 폐기물 혹은 기타 물질의 소각'(incineration at sea of any other wastes or other matter)은 사전특별허가를 받아야 한다. Birnie/Boyle, *Basic Documents on International Law and the Environment*, pp. 174, 184.

220) UN해양법협약 제87조 2항, 제192조, 제194조 ; 1958년 제네바공해협약 제2조. Birnie / Boyle, pp. 322~323.

221) 협약 제4조 1항.

런던협약의 본질은 관련 정부당국의 사전허가 없이는 어떤 종류의 물질도 바다에 투기할 수 없다는 것이다.[222] 정부 당국은 허가를 함에 있어 투기되는 물질의 특성, 처리위치와 방법, 해양의 쾌적성이나 해양생물에 대한 영향, 이러한 평가를 함에 있어 과학적 기초의 충분성 그리고 대체방법으로서의 육지처리의 이용가능성 등을 고려에 넣어야 한다.[223] 최종결정권은 국내 허가당국에게 있다. 그리고 런던협약의 목적은 수락가능한 국내규제의 최소기준을 설정하는 데 있기 때문에, 국내허가당국은 추가기준이나 더욱 엄격한 기준을 채택할 수도 있고, 투기행위를 전적으로 금지할 수도 있다.[224]

런던덤핑협약체제 하에서 특별허가나 일반허가를 부여할 일차적 책임은 선박·항공기의 국적이나 투기장소에 관계없이 폐기물이 선적되는 국가에게 있다.[225] 그러나 협약당사국의 선박은 비당사국에서 선적함으로써 이 규정을 회피할 수 없다. 이 경우에는 기국이 허가당국으로서 행동할 의무를 부담하기 때문이다.[226] 게다가 기국은 모든 경우에 자국 선박에 대해 경합적인 관할권을 보유하기 때문에 그들은 런던덤핑협약에 관계없이 그리고 허가가 어디에서 부여되었는가를 불문하고 해양투기를 규율할 독립된 권리를 가진다.[227]

동의 없이 타국의 내수나 영해에서 투기를 할 수 없다는 것도 분명하다. 투기는 무해통항에 해당하지 않기 때문에 통과 중 이러한 행위를 하는 선박에 대해 연안국은 완전한 관할권을 행사할 수 있다. UN해양법협약 제210조 5항은 EEZ에서의 투기와 대륙붕상의 투기에 대해서도 영해에서의 투기와 마찬가지로 연안국의 명시적인 동의를 얻을 것을 요구하고 있다. 이 세 경우(즉, 영해, EEZ, 대륙붕) 모두에 있어 연안국은 "지리적 여건으로 인하여 불리한 영향을 받을 다른 국가와 함께 그 문제를 적절히 검토한 후" 이러한 투기를 허용, 규제 및 통제할 권리를 가진다. 이처럼 투기와 관련한 UN해양법협약의 중요성은, 런던덤핑협약에서는 명시적으로 규정하고 있지 아니한 기국관할권의 경우에서처럼, 허가가 어느 곳에서 부여되었느냐를 불문하고 원용할 수 있는 관할권을 연안국에 부여하고 있다는 점이다. 런던덤핑협약은 그 지구적인 지위에도 불구하고 해양투기 규제를 위한 완전한 법전이 아니므로 이것은 기타 조약이나 국제관습법상 연안국이나 기국에게 부여된 관할권과 연계해서 이해해야 할 것이다.[228]

1996년 11월 7일 런던에서 개최된 런던덤핑협약 체약국 특별회의는 런던덤핑협약을 현대화하고 궁극적으로 이를 대체하기 위한 의정서("1996 Protocol to the Convention on the Prevention of Marine Pollution by Dumping of Wastes and Other Matter of 29 December 1972")(이하 '1996년 의정서')[229]를 채택하였는데, 주요 내용은 다음과 같다. 첫째, 런던덤핑협약에서는 해저처리

222) Birnie/Boyle, p. 325. 다만, 예외가 없지 않다.
223) 협약 제3부속서.
224) 협약 제4조 3항, 제6조 3항 ; UN해양법협약 제210조 1항 및 6항.
225) 협약 제6조 2항(a).
226) 협약 제6조 2항(b).
227) 협약 제7조 1항(a) ; UN해양법협약 제211조 2항 ; *The Lotus* case, PCIJ (1927), Series A, No. 10.
228) Birnie/Boyle, pp. 326~327.
229) https://www.imo.org/ ; https://en.wikipedia.org/wiki/Convention_on_the_Prevention_of_Marine_Pollution_by_Dumping_of_Wastes_and_Other_Matter ; https://www.admiraltylawguide.com/conven

가 규율의 대상이 되는지가 불확실하였는데, 1996년 의정서는 투기의 정의에 이것을 반영하였다.[230] 둘째, 1996년 의정서가 의도한 가장 중요한 개혁은 UN환경개발회의(1992년)의 노선에 따라 사전주의 접근법(precautionary approach)[231]과 오염자 부담 접근법(polluter-pays approach)[232]을 법전화하였다는 사실이다. 셋째, 1996년 의정서는 이 두 원칙에 기초하여 -투기가 금지되는 물질을 부속서에 기재하는 런던덤핑협약의 방식을 거꾸로 뒤집는- 이른바 역리스트 방식(reverse list approach)을 채택하여 체약국들에게 제1부속서("Annex 1 : Wastes or Other Matter that may be considered for dumping")(역리스트)에 열거된 것을 제외하고는 일체의 폐기물이나 기타 물질의 투기를 금지시킬 의무를 지우고 있다.[233] 넷째, 제1부속서에 열거된 허용물질이라고 하여 투기가 그냥 허용되는 것이 아니다. 즉, 제1부속서에 열거된 폐기물이나 기타 물질의 투기는 여전히 허락을 요하며, 체약국들은 허가발행과 허가조건이 제2부속서("Annex 2 : Assessment of Wastes or Other Matter that may be considered for dumping")에 따르도록 행정적 혹은 입법적 조치를 채택할 의무가 있다.[234] 다섯째, 1996년 의정서는 이 밖에도 "바다에서의 소각"(incineration at sea)을 금지하고 있으며,[235] "투기나 바다에서의 소각을 목적으로 한 폐기물 혹은 기타 물질의 수출"(export of wastes or other matter to other countries for dumping or incineration at sea)도 금지하고 있다.[236] 여섯째, 다만 1996년 의정서 제8조는 제4조 1항 및 제5조와 관련하여 불가항력(*force majeure*)이나 비상사태(emergencies)의 경우 예외를 인정하고 있다. 의정서는 협약과는 별개의 조약이지만, 두 조약의 공동당사국 사이에서는 의정서가 협약을 "대체(대신)"한다(supersede).[237] 동 의정서는 2006년 3월 24일 발효하였다.[238] 런던의정서 체약국들은 2013년 10월 18일 해양지구공학활동(marine geoengineering activities)을 포함시키는 개정안을 채택하였다.[239]

/protodumping1996.html.

230) 1996년 의정서 제1조 4.1항 : ""Dumping" means:
  .1 any deliberate disposal into the sea of wastes or other matter from vessels, aircraft, platforms or other man-made structures at sea;
  .2 any deliberate disposal into the sea of vessels, aircraft, platforms or other man-made structures at sea;
  .3 any storage of wastes or other matter in the seabed and the subsoil thereof from vessels, aircraft, platforms or other man-made structures at sea; and
  .4 any abandonment or toppling at site of platforms or other man-made structures at sea, for the sole purpose of deliberate disposal."

231) 1996년 런던덤핑협약 의정서 제3조 1항.

232) 1996년 런던덤핑협약 의정서 제3조 2항.

233) 1996년 런던덤핑협약 의정서 제4조 1.1항.

234) 1996년 런던덤핑협약 의정서 제4조 1.2항.

235) 1996년 런던덤핑협약 의정서 제5조.

236) 1996년 런던덤핑협약 의정서 제6조.

237) 1996년 의정서 제23조.

238) 1996년 의정서 제25조. 한국 2009년 1월 22일 가입서 기탁, 2009년 2월 21일 발효. 울산신문, 2016. 03. 09., "해양투기, 결국 재앙으로 돌아올 수 있다", 〈https://www.ulsanpress.net/news/articleView.html?idxno=207878〉 참조.

239) 미발효. "Contracting Parties Resolution LP.4(8) on the Amendment to the London Protocol to Regulate the Placement of Matter for Ocean Fertilization and Other Marine Geoengineering Activities"(Adopted on 18 October 2013)(Annex : Amendment to Articles 4 and 5), 〈https://www.imo.org/en/OurWork/

3. 유해폐기물의 국제거래

유해폐기물의 국가 간 거래가 허용되는가에 관해서는 진영에 따라 견해가 다소 상반된다. OECD나 EU 내의 선진산업국들은 폐기물거래는 감소되어야 하고 그리고 사전통고 및 환경적으로 건전한 관리를 기초로 하여 이루어져야 한다는 점은 수락하면서도 폐기물의 월경처리를 전적으로 제거하려고 노력하지는 않았다. 이에 반해, 지역별 차원에서 개도국들은 그들 영토 내에서의 폐기물처리와 관련된 모든 무역을 비난하였다. 금지가 아닌 규제만으로는 수락할 수 없는 거래를 합법화시키게 될 따름이라는 것이 그들의 믿음이다. 특히 이 점에 있어 아프리카국가들이 강경한데, 1988년 아프리카단결기구(Organization of African Unity : OAU)는 아프리카 내에서의 핵폐기물과 산업폐기물의 투기를 아프리카와 아프리카인민에 대한 범죄로 선언하고 아프리카국가들에 대해 선진국들로부터 폐기물을 반입하지 말 것을 요구하는 결의를 채택한 바 있다. OAU의 정책은 1991년 1월 30일 말리(Mali)의 바마코에서 채택된 "아프리카 내로의 유해폐기물 수입 금지 및 아프리카 내에서의 월경(국경간)이동 통제에 관한 바마코협약"(Bamako Convention on the Ban of the Import into Africa and the Control of Transboundary Movement and Management of Hazardous Wastes within Africa)[240]에 반영되었는데, 이 협약은 —그 제목에서도 시사하고 있는 것처럼— 비당사국으로부터 아프리카 내로의 수입을 금지하고, 아프리카국가 간 폐기물거래를 규제하고 있다. UNEP의 후원 아래 채택된, 이 분야에서 전지구적 차원의 최초 시도인 1989년 3월 22일의 "유해폐기물의 월경이동 및 처리의 통제에 관한 바젤협약"(Basel Convention on the Control of Transboundary Movements of Hazardous Wastes and Their Disposal)(1992년 5월 5일 발효)은 OECD의 정책에 더욱 가깝다.[241]

수출국과 수입국간에 광범위한 공감대가 형성되지 않은 것으로 보아 유해폐기물의 모든 거래를 종료시키는 정책이 전세계적으로 통용되고 있다고 말하기는 어렵다. 그 대신 대립하는 견해의 타협을 통하여 폐기물거래에 다음의 세 가지 제한을 가져왔다. 첫째, 1991년의 아프리카 바마코협약에서 지적하고 있는 바와 같이, 각국은 개별적으로 혹은 지역적으로 폐기물수입을 금지할 주권적 권리를 보유한다. 이것은 OECD국가들에 의해서도 승인되고 있으며, 바젤협약도 전문에서 "그 어떤 국가도 외국의 유해폐기물과 기타 폐기물의 자국 영토 내 반입 혹은 처리를 금지할 수 있는 주권적 권리를 가지고 있음을 충분히 인식"한다고 천명하고 있다. 둘째, 월경(즉, 국가 간)이동은 바젤협약당사국 사이에서 혹은 아프리카 내에서 허용되지만, 재활용(recycling)을 위한 것이 아닌 한 수출국이

Environment/LCLP/EmergingIssues/geoengineering/Pages/default.aspx〉; United States Environmental Protection Agency, "Ocean Dumping: International Treaties", 〈https://www.epa.gov/ocean-dumping/ocean-dumping-international-treaties〉; https://www.imo.org/en/KnowledgeCentre/IndexofIMOResolutions/London-Convention-London-Protocol-(LDC-LC-LP)/Pages/default.aspx.

240) 1998년 4월 22일 발효. https://www.ban.org/Library/bamako_treaty.html ; https://www.africa-union.org/root/AU/Documents/Treaties/treaties.htm ; https://en.wikipedia.org/wiki/Bamako_Convention.

241) Birnie/Boyle, pp. 332~333 ; Shaw, p. 554.

문제의 폐기물을 '환경적으로 건전하고 효율적인 방법으로'(in an environmentally sound and efficient manner) 처리할 능력이나 시설을 가지지 못한 상황에서만 허용된다.[242] 셋째, 바젤협약과 바마코협약은 폐기물거래는 통고국과 수입국의 사전동의를 필요로 하며,[243] 불법거래는 방지되어야 하고 불법적으로 수입된 폐기굴은 그 수출국으로 회수되어야 하며,[244] 관리·운송·최후처리의 상태는 건강보호·환경·오염방지와 양립하여야 한다[245]는 사실 등에 대해 광범위한 합의가 있음을 보여주고 있다.[246]

화학제품처럼 처리를 위한 것이 아닌 유해물질의 거래는 바젤협약에 의하여 규제되지 않는다.[247] 그러나 UNEP의 가이드라인 등에 의하면 이 경우에도 바젤협약과 비슷한 요건이 부과되고 있다. 예컨대, 각국은 자국이 금지하고 있거나 중대하게 제한하고 있는 물질에 관해 통고하여야 하며, 수출을 위해 사전동의를 구할 것을 보장해야 한다.[248]

(1) 바젤협약의 적용범위

폐기물이란 국내법규정에 의하여 처리되거나, 처리가 의도되거나 혹은 처리가 요구되는 물질이나 대상을 말한다.[249] 폐기물은 이처럼 넓게 정의되고 있지만, 실제로 바젤협약은 단지 '가정'폐기물(house waste)과 '유해'폐기물(hazardous waste)만을 규제하고 있다.[250] 폐기물은 '제1부속서 및 제2부속서에 기재'되어 있거나, '국내법에 유해폐기물로 정의되어 있고 협약사무국에 통고된 경우'에만 유해하다.[251] 방사능폐기물은 별도의 국제적 합의들에 의하여 규제되고 있기 때문에 바젤협약의 범위에서 제외되며,[252] 선박의 통상적인 운용에서 발생하는 폐기물도 마찬가지이다.[253]

'처리'(disposal) 또한 넓게 정의되고 있는데,[254] 매립, 수로·바다·해저에서의 투기, (육상·해상)소각, 영구저장, 재활용 등을 포함한다. 그 결과 바젤협약은 연안국의 해양관할지역에서 투기를 위하여 수출되는 폐기물에도 적용되지만, 위에서 언급한 바와 같이 UN해양법협약 제210조 5항은 이 경우 이미 연안국의 동의를 요구하고 있다.

---

242) 바젤협약 제4조 9항, 전문, 제4조 2항(a)·(b)·(c)·(d); 바마코협약 전문, 제1조 5항, 제4조 3항.
243) 바젤협약 제6조; 바마코협약 제4조, 제6~7조.
244) 바젤협약 제9조; 바마코협약 제9조.
245) 바젤협약 전문, 제4조 2항(c)·(d)·(e)·(g), 제7조, 제8조; 바마코협약 제4조.
246) Birnie/Boyle, pp. 333~334.
247) 바마코협약은 이러한 물질이 금지되었거나, 등록이 거두되었거나 혹은 보건과 환경적인 이유로 제조국가에서 자발적으로 철회된 경우에 적용된다.
248) Birnie/Boyle, p. 335.
249) 협약 제2조 1항.
250) 협약 제1조, 제1부속서(Categories of Wastes to be Controlled) 및 제2부속서(Categories of Wastes Requiring Special Consideration).
251) 협약 제3조.
252) 협약 제1조 3항.
253) 협약 제1조 4항.
254) 협약 제2조 4항 및 제4부속서.

(2) 사전 통지와 동의(notification and consent)[255]의 원칙

환경적으로 유해한 활동을 하기 전에 타국의 사전동의를 얻을 것을 요구하는 국제법규는 드물다. 공유자원(shared resources)인 국제하천의 이용과 관련한 *Lac Lanoux* 중재재판[256]에서도 사전동의 원칙은 명백히 배척되었으며, 공해와 같은 공공물(*res communis omnium*, common property of all)의 오염에 대해서도 이 원칙은 통상적으로 적용되지 아니한다. 이러한 경우에는 모두 사전협의(prior consultation)를 구할 것만이 요구되고 있을 따름이다. 특이하게도 바젤협약에 의하여 수립된 국제통제 체제의 본질은 수출국이 폐기물수출을 허가하기에 앞서 '통과국'과 '수입국'의 사전 서면에 의한 동의를 구할 것을 요구하고 있다는 점이다. 다만, 수출국은 협약당사국인 통과국에 대한 관계에 있어 후자가 통고접수일로부터 60일 이내에 어떤 반응도 보이지 않으면 이를 묵시적 동의로 간주하여 당해 통과국을 경유한 수출을 허가할 수 있다.[257] 수출국은 폐기물이동계획의 성격과 보건 및 환경에 대한 영향을 평가하기에 충분한 정보를 제공하여야 한다.[258]

그런데 여기서 사전동의 요건은 실은 국가는 자국의 영토와 자원에 대해 주권을 갖는다는 사실을 의미할 따름이다. 이 점에 있어 폐기물의 국가 간 처리는 공공물 혹은 공유자원의 사용과 구분된다. 그러면 폐기물운송이 연안국의 주권 내지 주권적 권리가 미치는 바다지역을 통하여 이루어지는 경우에도 영토주권의 원칙이 적용되고 따라서 연안국의 동의를 구해야만 할 것인가? 해양법의 문제로서, EEZ에서 외국선박은 공해항행의 자유를 향유한다.[259] 그리고 영해는 연안국의 주권 그 자체가 미치는 지역이긴 하지만,[260] 외국선박은 무해통항권을 갖는다.[261] 영해에서 위험하거나 유독한 물질을 운반하는 외국선박에 대해서는 지정된 항로대를 사용하고 또 서류를 휴대하고 국제협정에 의하여 수립된 특별사전주의조치를 준수하도록 요구할 수는 있겠지만, 그렇다고 해서 그같은 선박의 무해통항권을 박탈하거나 차별대우를 할 수는 없다.[262] 요컨대, 영해나 EEZ를 통과하여 유해폐기물을 운송하는 경우에 당해 연안국을 바젤협약에서 말하는 '통과국'(state of transit)의 개념에 포함시키기는 어려울 것이다. 바젤협약 제4조 12항도 "이 협약의 어떠한 조항도 ... 모든 국가의 선박이나 항공기가 국제법에 규정된 바에 따라 그리고 관련 국제문서에 반영되어 있는 바에 따라 항행의 자유와 권리를 행사하는 것에 결코 영향을 미치지 아니한다."라고 규정함으로써 이 점을 확인하고 있는 것으로 보인다.[263]

---

255) 흔히 "prior informed consent"(통지에 기초한, 즉 알려준 후의, 사전동의) 혹은 PIC로 표현하기도 한다. https://en.wikipedia.org/wiki/Basel_Convention.
256) Spain v. France, (1957) 24 ILR 101 ; Birnie/Boyle, p. 336 ; Cassese, *International Law*, 2nd, p. 485.
257) 협약 제6조 4항.
258) 협약 제4조 2항(f), 제6조 1항, 제5A부속서.
259) UN해양법협약 제58조.
260) UN해양법협약 제2조.
261) UN해양법협약 제17조~제21조.
262) UN해양법협약 제22조~제25조.
263) Birnie/Boyle, pp. 336~337.

(3) 환경적으로 건전한 관리

바젤협약에 의하여 부과된 일차적 의무는 폐기물의 국가 간 이동을 '환경적으로 건전한 방법으로'(in an environmentally sound manner) 관리하는 것이다. 이 의무는 수출국, 통과국 그리고 수입국에게 다같이 적용되며,[264] 비당사국과의 거래에도 적용된다.[265] 요컨대, 협약당사국은 문제의 폐기물을 환경적으로 건전한 방법으로 다룰 수 없다고 믿는 경우에는 수출도 수입도 허가해서는 안된다.[266] 개도국이라고 해서 이 의무로부터 면제되지 않는다. 즉, 이 요건을 충족할 수 없는 개도국은 협약의 국제협력규정에 의거하여 원조를 구하든지 아니면 수입을 금지해야 한다.[267] 수출국도 책임을 통과국이나 수입국으로 전가함으로써 자신의 의무를 회피할 수 없다. 즉, 폐기물이 어디로 보내졌건, 수출국은 최종처리시까지 모든 단계에서 적절한 관리를 확보할 책임을 지며, 필요하면 재수입을 허가하여야 한다.[268]

'환경적으로 건전한 관리'(environmentally sound management)라 함은 "유해폐기물 또는 기타 폐기물이 그로 인해 발생할 수 있는 역효과로부터 인간건강과 환경을 보호하는 방법으로 관리됨을 확보하기 위해 실행가능한 모든 조치를 취하는 것"으로 정의되고 있다.[269] 협약 제4조 7항(b)는 "국가 간 이동의 대상이 되는 유해폐기물과 기타 폐기물은 포장·표시·운송 분야에서 일반적으로 수락되고 승인된 국제적 규칙과 기준에 따라 포장되고 표시되고 운송되어야 하며, 또한 국제적으로 승인된 관련 관행을 적절히 고려하여야 한다."고 규정하고 있는데, 이 기준을 준수하지 못하는 운송은 환경적으로 건전한 관리의 의무를 이행하는 것으로 간주될 수 없을 것이다. 다만, 여기서 보는 바와 같이 바젤협약은 이 기준의 상세한 내용을 다른 국제적 문서에 맡겨놓음으로써 계속적인 발전을 허용하고 있다. 그런 의미에서 환경적으로 건전한 관리에 관한 바젤협약의 규정은 단지 골격일 따름이며, 그 자체 완전한 법전은 아니다.[270]

(4) Basel Ban Amendment

바젤협약은 협약명칭에서 이미 시사하고 있는 바와 같이, 본질적으로 유해폐기물의 당사국간 교역을 '금지'하기보다는 이를 '규제'하기 위하여 고안된 것이다.[271] 다만, 협약 제4조 5항이 "유해폐기물을 비당사국으로 수출하거나, 비당사국으로부터 수입하는 것"을 '금지'하고 있긴 하지만, '비당사국'과의 유해폐기물교역'금지'라는 이 의무 또한 절대적인 것이 아닌 것으로 보인다. 왜냐하면 협약 제11조에 의하면, "제4조 5항의 규정에도 불구하고" "이 협약이 요구하는 바의, 유해폐기물과 기타 폐기물의 환경적으로 건전한 관리를 훼손하지 않을 것을 조건으로" 비당사국과 유해폐기물의

264) 협약 제4조.
265) 협약 제11조의 제한을 받는 제4조 5항 및 제7조.
266) 협약 제4조 2항(e)·(g), 제4조 8항.
267) 협약 제4조 2항(g), 제10조.
268) 협약 제4조 10항, 제8조.
269) 협약 제2조 8항.
270) Birnie/Boyle, pp. 338~339.
271) Sunkin/Ong/Wight, p. 295.

국가 간 이동에 관한 양자간, 다자간 혹은 지역적인 협정을 체결하는 것이 여전히 허용되고 있기 때문이다.

바젤협약의 이같은 약점은 1995년 9월 18일부터 22일까지 제네바에서 개최된 제3차 협약당사국회의에서 채택된 결정[272)]에 의해 다소간 보완되었는데, 이 결정으로 인하여 바젤협약에 다음의 세 부분이 추가되었다. 먼저, "유해폐기물의 국가 간 이동, 특히 개도국에로의 이동은 이 협약에 의하여 요구되는 바의 환경적으로 건전한 관리를 구성하지 않을 위험이 크다는 점을 인식하고"라는 문장이 협약전문에 제7항 *bis*로 삽입된다. 둘째로, 협약 본문에 새로 삽입되는 제4A조의 적용대상국가로서 "OECD회원국인 당사국과 기타 국가들, EC(현 EU), 리히텐슈타인"(Parties and other States which are members of OECD, EC, Liechtenstein)을 지명한 제7부속서(Annex Ⅶ)가 협약에 추가된다. 그리고 셋째로, 개정의 본질은 협약본문에 제4A조를 삽입하는 것인데, 동 규정에 의하면 "제7부속서에 열거된 각 당사국"(*Each Party* listed in Annex Ⅶ)은 "제7부속서에 열거되지 아니한 국가들"(*States* not listed in Annex Ⅶ)에게로 '최종처리용' 유해폐기물[273)]의 모든 국가 간 이동을 즉각 금지하여야 하며, 또한 '재활용' 유해폐기물[274)]의 모든 국가 간 이동을 1997년 12월 31일부로 금지하여야 한다. 요컨대, 대체로 선진국그룹인 제7부속서의 국가들로부터 개도국에로의 유해폐기물이동에 관한 한 이제 단지 규제 내지 통제가 아니라 금지된다는 것이다. 이 때문에 이 개정을 (Basel) Ban Amendment로 칭한다.

한편, 1998년 2월 23일~27일에 말레이시아 쿠칭(Kuching)에서 개최된 바젤협약 제4차 당사국회의에서는 유해폐기물의 리스트(List A)를 제8부속서(Annex Ⅷ)에, 그리고 무해폐기물의 리스트(List B)는 제9부속서(Annex Ⅸ)에 담는 성과를 이루었는데, 이 두 부속서는 이미 발효하였다.[275)]

(5) 바젤 책임배상의정서

1999년 12월 6일~10일 바젤에서 개최된 바젤협약 제5차 당사국회의에서는 "유해폐기물의 국가간이동 및 그 처리에 기인한 손해에 대한 책임과 배상에 관한 바젤의정서"(Basel Protocol on Liability and Compensation for Damage resulting from Transboundary Movements of Hazardous Wastes and their Disposal)[276)]를 채택하였는데, 이 의정서의 목적은 이미 그 제목에서 시사하고 있는 바와 같이 "불법거래를 포함해서 유해폐기물과 기타 폐기물의 국가 간 이동 및 그 처리에 기인한 손해에 대하여 포괄적 책임체제와 충분하고도 신속한 배상을 규정하는데" 있다.[277)]

---

272) Decision Ⅲ/1, Amendment to the Basel Convention, Third Meeting of the Conference of the Parties to the Basel Convention, Geneva, 18~22 September 1995, UNEP/CHW. 3/35.

273) 즉, "hazardous wastes which are destined for operations according to Annex Ⅳ A."

274) 즉, "hazardous wastes under Article 1(1)(a) of the Convention which are destined for operations according to Annex Ⅳ B."

275) 협약 제18조(부속서 채택과 개정). 제4차 바젤협약 당사국회의의 개관을 위해서는, 박원화, "제4차 바젤협약 당사국총회 결과와 유해폐기물교역", 《國際法學會論叢》, 제43권 제2호(1998년 12월), pp. 249~261 참조.

276) UNEP/CHW.5/29, 10 December 1999. https://untreaty.un.org ; https://www.basel.int/pub/protocol.html ; https://www.basel.int/ratif/protocol.htm.

이 목적을 위해, 바젤의정서는 유해폐기물의 국제적 이동의 각 단계에 관여하는 사람들(수출통지자, 처리자, 수입자, 재수입자)에게 (일정 면책사유[278]가 인정되는 경우를 제외하고는 책임을 지는) 이른바 엄격(혹은 무과실)책임(strict liability)을 부과하고 있으며,[279] 그 밖의 사람들에게는 과실책임(fault-based liability)을 부과하고 있다.[280] 바젤의정서는 −동 의정서 채택에 참고가 된 "핵손해에 대한 민사책임협약"(Convention on Civil Liability for Nuclear Damage)[281]과 "유류오염손해에 대한 민사책임에 관한 국제협약" (International Convention on Civil Liability for Oil Pollution Damage)[282] 등과 마찬가지로− 개인의 국내민사책임에 관련된 국제사법의 문제들(즉, 국제재판관할권, 준거법, 그리고 판결의 승인 및 집행)의 해결을 위한 명시적 규정을 담고 있다.

(6) 바젤협약 준수 기구

2002년 바젤협약 당사국회의는 −협약 제15조 5항(e)에 의거하여 당사국회의의 보조기관으로− "(바젤협약)이행 · 준수 증진기구"(Mechanism for Promoting Implementation and Compliance)와 이 기구를 관리할 위원회를 수립하였다.[283]

Ⅶ. 핵에너지와 환경

핵에너지의 초창기에는 그 이익이 위험을 보충하고도 남음이 있으며, 모든 국가가 이러한 이익을 공유할 수 있을 것으로 생각되었다. 그리고 이러한 낙관론은 1956년 핵에너지 확산의 장려를 목표로 하는 국제원자력기구(International Atomic Energy Agency : IAEA)의 창설로 나타났다. 핵에너지는 전세계의 '평화와 건강 그리고 번영'에 기여할 것으로 생각되었으며,[284] 보건과 환경에 대한 위험은 국가와 IAEA 간의 협력을 통해서 성공적으로 관리할 수 있다는 것이 그 당시의 일반적인 믿음이었다. 1977년 UN총회는 경제적 · 사회적 발전에 대한 핵에너지의 중요성을 재확인하면서,

277) 동 의정서 제1조.

278) 동 의정서 제4조 5항에 의하면, 손해가 내란과 폭동 등을 포함한 무력충돌의 결과이거나, 불가항력적인 자연재해의 결과이거나, '전적으로'(wholly) 공공당국의 강제조치의 결과이거나, 혹은 '전적으로' 제3자의 위법한 고의적 행위의 결과인 경우에는 책임이 면제된다.

279) 동 의정서 제4조.

280) 동 의정서 제5조.

281) 1063 UNTS 265. 1963년 5월 21일 IAEA의 후원 하에 비엔나에서 채택, 1977년 11월 12일 발효. 1997년 9월 개정의정서가 채택됨. 盧明濬, 《國際環境法》(서울 : 박영사, 1997), pp. 217, 219~220, 242, 247, 249~250.

282) 973 UNTS 3. 1969년 11월 29일 브뤼셀에서 채택, 1975년 6월 19일 발효. 盧明濬, 상게서, pp. 13, 249, 251, 316.

283) 바젤협약 당사국회의 결정 Ⅵ/12, 〈file:///C:/Users/admin/Downloads/UNEP-CHW-COP.6-BC-Ⅵ-12.English.pdf〉; UNEP, *The Basel Convention Mechanism for Promoting Implementation and Compliance*, 〈file:///C:/Users/admin/Downloads/UNEP-CHW-ICC-BROCH-Icc.English%20(2).pdf〉; Redgwell in Evans (ed.), *International Law*, 5th, p. 701.

284) IAEA규정 제3조.

모든 국가가 그것을 사용하고 그 기술에 접근할 권리를 갖는다고 천명하기도 하였다.[285] 핵에너지는 1970년대의 석유 위기에 대한 대안으로 더욱 더 선호되기도 하였다. 그러나 누출된 방사능물질이 사고 발생 일주일 내에 영국, 스페인, 북아프리카까지 날아갔던 1986년 4월 26일 옛 소련 우크라이나의 체르노빌(Chernobyl) 원자력발전소 폭발 사고[286]에서 보듯이, 현대 핵기술은 다른 모든 국가들에게 피할 수 없는 위험을 야기시킨다. 1988년 유럽심의회(Council of Europe)는 국제기구로서는 처음으로 핵에너지를 '잠재적으로 위험한'(potentially dangerous) 것으로 표현하면서, 새로운 핵시설의 건설을 일시적으로 중지하고 국제표준을 충족시키지 못하는 시설은 폐쇄할 것을 권고하였다.[287] 그러나 이렇게까지 하려는 국가는 거의 없다. 강력한 국제협력을 통해 핵에너지의 위험은 억제될 수 있으며, 화석연료에 대한 의존을 줄임으로써 지구온난화의 위험에 대항할 수 있다는 믿음이 여전히 지배적이다.[288]

그러나 체르노빌 사고로 인하여 IAEA의 우선순위는 핵에너지의 장려로부터 핵안전 문제로 이행하였다. 이 사고 직후인 1986년 9월 26일 IAEA총회는 비엔나에서 "핵사고 조기 통고 협약"(Convention on Early Notification of a Nuclear Accident)을 채택하였는데,[289] 이 협약은 "당사국 또는 그 관할·통제 하에 있는 자연인·법인의 핵시설이나 핵활동에 관련한 사고에서 방사능물질이 누출되거나 누출될 우려가 있고, 그리고 타국에 대해 방사능안전중대성을 미칠 수 있는 국제적 월경누출(an international transboundary release that could be of radiological safety significance for another State)을 초래하거나 그러한 우려가 있는 사고"[290]가 발생하는 경우, "물리적 영향을 받거나 받을지도 모르는 타국가 및 IAEA에 핵사고 발생과 그 성질, 발생시각 그리고 적당한 경우에는 그 정확한 장소를 즉각(forthwith) 통고하고, 그러한 타국가와 IAEA에 방사능의 영향을 최소화하기 위해 이용가능한 정보를 신속히(promptly) 제공할" 의무를 체약국들에게 지우고 있다.[291] 또한 이같은 의무에 따라 정보를 제공하는 (사고발생)체약국은 영향을 받은 타 체약국이 자국에서 방사능영향을 최소화하기 위하여 추가정보나 협의를 요구해 오는 경우 실행이 합리적으로 가능한 한(as far as is reasonably practicable) 이에 신속히 응답해야(respond) 한다.[292]

핵사고 조기 통고 협약에 대해서는 그러나 몇 가지 약점이 지적되고 있다. 첫째, 어느 시점에서 누출이 '방사능 안전 중대성'(radiological safety significance)을 획득하게 되는지 분명하지 않다.

285) UN총회결의 32/50 (1977).
286) https://en.wikipedia.org/Chernobyl_disaster.
287) Council of Europe Parliamentary Assembly Recommendation 1068 (1988).
288) Birnie/Boyle, pp. 345~348.
289) 1986년 10월 27일 발효. 한국 1990년 7월 9일 발효. Birnie/Boyle, *Basic Documents on International Law and the Environment*, p. 300.
290) 협약 제1조 1항. 그리고 여기서 핵시설과 핵활동이라 함은 "모든 원자로(소재지 불문), 모든 핵연료처리시설, 모든 방사능폐기물취급시설, 핵연료나 방사능폐기물의 수송 및 저장, 농업·공업·의료·과학·연구 등의 목적을 위한 방사성동위원소의 제조·이용·저장·폐기·수송, 우주물체에서의 발전을 위한 방사성동위원소의 이용"을 의미한다. 협약 제1조 2항.
291) 협약 제2조, 제5조.
292) 협약 제6조.

이 규정은 의도적으로 객관적인 정의를 피함으로써 사고가 일어나는 국가에게 상당한 재량을 남겨두고 있다. 또한 이 협약이 실효성을 갖기 위해서는 국가들이 방사능을 감시하고 평가할 수 있는 기본적인 능력을 보유하여야 하는데, 유럽 지역의 양자조약들과는 달리 이 협약은 국가들에게 이같은 능력을 획득할 것을 요구하고 있지 않다. 그러나 이것이 부족한 경우 국가들이 어떻게 실효성있게 대응할 것인지 이해하기 어렵다.[293] 둘째, 강대국의 반대로 인하여 협약은 핵잠수함과 같은 군사시설과 관련된 핵사고에는 적용되지 않는다. 셋째, 협약은 '국제적 월경'누출(an international transboundary release)에만 적용되기 때문에 그 결과가 국경선을 넘지 않거나 혹은 전적으로 공해상에서 발생하는 핵사고는 제외된다.[294]

이처럼 협약에 대해 비판이 없는 것은 아니지만, 이제 다른 국가에 영향을 줄 수 있는 핵사고가 발생한 경우 이 사실을 관련국가들에게 적시에 통고해 줄 관습법상의 의무가 존재한다고 말하여도 무방할 것이다.[295] 그러나 다른 국가나 환경에 침해의 위험이 있다는 이유만으로 핵기술을 획득하거나 사용하는 것을 금지하는 국제법규는 없으며, 또한 국경 가까이에 핵시설을 두는 것을 금지하는 국제법규도 없다. 즉, 협의와 관련정보 제공 등의 일정 절차적 요건을 조건으로, 각국은 여전히 자국 주권의 범위 안에서 위험에 대한 스스로의 평가에 기초하여 행동할 자유를 보유하고 있다.[296]

IAEA는 1986년 9월 26일 "핵사고 조기 통고 협약"을 채택하던 날에 같이 채택한 "핵사고 또는 방사능 긴급사태 시 원조에 관한 협약"(Convention on Assistance in the Case of a Nuclear Accident or Radiological Emergency)[297]을 비롯하여, 1994년 6월 17일 채택한 "핵안전 협약" (Convention on Nuclear Safety),[298] 1997년 9월 5일 채택한 "사용 후 핵연료 관리의 안전과 방사성폐기물 관리의 안전에 관한 공동협약"(Joint Convention on the Safety of Spent Fuel Management and on the Safety of Radioactive Waste Management)[299] 등, 핵안전 관련 협약을 추가해 나가고 있다.[300] 2011년 3월 피해자의 수와 피해액에 있어 체르노빌 사고를 훨씬 능가하는 원자력 발전소 사고가 일본 후쿠시마에서 발생하였는데, 이는 전 지구적 차원에서 핵안전을 확보하는 문제가 계속 중요함을 잘 보여주는 사례이다.[301]

---

293) 이같은 결함을 메우기 위해 1994년 6월 17일 비엔나에서 채택된 핵안전협약(Convention on Nuclear Safety)은 "핵안전에 대한 책임은 핵시설에 대해 관할권을 가지고 있는 국가에게 있음을 재확인"하면서, "각 체약국이 핵시설의 안전을 규율하기 위하여 국내적 차원에서 입법적·규제적 골격을 수립하고 유지할 것"을 요구하고 있다. 협약 전문 및 제7조.

294) Birnie/Boyle, p. 365.

295) *Ibid.*, p. 364.

296) *Ibid.*, pp. 362~363.

297) 1987년 2월 26일 발효. 한국 1990년 7월 9일 발효.

298) 1996년 10월 24일 발효. 한국도 이날 발효. "핵안전 협약"에 대한 비판적 고찰을 위해서는 다음 논문을 참조: Aleksandra Cavoski, "Revisiting the Convention on Nuclear Safety: Lessons Learned from the Fukushima", Asian Journal of International Law, 3 (2013), pp. 365-391, 〈https://pure-oai.bham.ac.uk/ws/files/17764698/Cavoski_Revisiting_Convention_Asian_Journal_International_Law_2013.pdf〉.

299) 2001년 6월 18일 발효. 한국 2002년 12월 15일 발효.

300) https://www.iaea.org/topics/nuclear-safety-conventions.

301) FAO, May 2016, "Preparing for and Responding to a Nuclear or Radiological Emergency", 〈https://www.fao.org/3/a-i5647e.pdf〉.

Ⅷ. 멸종 위기에 처한 야생동식물의 보호

1963년, “자연과 천연자원의 보존을 위한 국제연합(동맹)”(International Union for Conservation of Nature and Natural Resources : IUCN) 총회는 야생 동식물의 국제적 거래와 그같은 거래가 멸종위기에 처한 종들에게 끼치는 영향을 다룰 국제협약의 성립을 촉구하였다. 10년 후, 1973년 3월 3일, 80개국 대표들이 워싱턴 D.C.에서 만나 “멸종 위기에 처한 야생동식물의 국제거래에 관한 협약”(Convention on International Trade in Endangered Species of Wild Fauna and Flora : CITES)의 최종문안에 합의하였으며, 동 협약은 1975년 7월 1일 발효하였다.[302)]

CITES는 종(種)이 위협받는 정도에 따라 상이한 보호수준을 수립하고 있는데, 이것은 3개 부속서(Appendix)를 통해 구체화되고 있다. 최고의 보호를 받는 것은 부속서 I에 담겨있는데, 이들은 “거래로 영향을 받거나 받을 수 있는 (이미) 멸종 위기에 ‘처한’(threatened with extinction) 모든 종”이다.[303)] 부속서 Ⅱ에 담긴 것은 (a) “현재 반드시 멸종 위기에 처해 있지는 아니하나 거래를 엄격하게 규제하지 아니하면 멸종 위기에 ‘처할 수 있는’(may become threatened with extinction) 종”과 (b) “이같은 종의 거래를 실효적으로 통제하기 위해 규제가 필요한 다른 종들”이다.[304)] 부속서 I과 Ⅱ는 당사국회의(Conference of the Parties)에 출석하여 투표하는 국가의 2/3 다수결로 개정될 수 있다.[305)] 부속서 Ⅲ에 담긴 것은 가장 낮은 단계의 보호를 받는 것들로서, “각 당사국이 ‘그 국가의 관할권 안에서 현재 규제를 하고 있고’, ‘거래의 통제를 위하여 다른 당사국의 협력이 필요한 것으로’ (자발적/일방적으로) 확인하는 종”이다.[306)]

야생동식물의 멸종을 막기 위해서는 일차적으로 그 서식지(habitats)를 보호하는 것이 필요한데, CITES는 이 서식지의 보호에 대해서는 언급이 없다. 또한 CITES는 멸종 위기에 처한 종을 죽이는 것을 위법으로 규정하지도 않았다.[307)] CITES는 단지, 부속서 I의 종을 국가 간에 거래하고자 하는 자에게는 수출허가(export permit)와 수입허가(import permit)를 얻을 것을 요구하고 있고,[308)] 부속서 Ⅱ와 Ⅲ의 종을 국가 간에 거래하고자 하는 자에게는 단지 수출허가를 얻을 것을 요구하고 있을 따름이다.[309)] 이들 허가체제를 이행하기 위해 각 당사국은 관리당국(Management Authorities)과 과학당국(Scientific Authorities) 설치가 요구된다.[310)] 관리당국은 모든 CITES 허가와 증명서를

302) 한국은 1993년 10월 7일부로 당사국이 되었다(조약 제1194호). 협약 개관을 위해서는 다음을 참조 : Nanda/Pring, pp. 159~161 ; Shawn M. Dansky, “The CITES Objective Listing Criteria: Are They “Objective” Enough to Protect the African Elephant?”, (1999) 73 Tulane Law Review 961 ; https://www.cites.org/ ; https://en.wikipedia.org/wiki/CITES.

303) CITES 제2조 1항.

304) CITES 제2조 2항.

305) CITES 제15조.

306) CITES 제2조 3항.

307) Dansky, *op. cit.*, (1999) 73 Tulane Law Review 961 at 962 ; https://en.wikipedia.org/wiki/CITES.

308) CITES 제3조.

309) CITES 제4조 및 제5조.

발급하거나 거절하는 일에 대해 책임진다. 과학당국은 허가조건이 충족되었는지의 여부를 결정하고, 부속서 Ⅱ의 종들이 멸종 위기에 처하지 않도록 하기 위해 이들 종의 수출과 개체수 상황을 감시하는 일에 대해 책임진다.[311] CITES의 허가과정은 국제적인 차원에서는 사무국(Secretariat)에 의하여 감독된다.[312] 당사국들은 협약을 재검토하고 그 이행에 변경을 가하기 위해 2년마다 만날 것이 요구되는데, 부속서 I과 Ⅱ의 개정을 검토하는 것도 바로 이 당사국회의이다.[313]

310) CITES 제9조.

311) CITES 제3조~제8조 참조.

312) CITES 제12조. IUCN은 사무국의 무역거래 감시활동을 돕기 위해 1976년에 TRAFFIC(Trade Records Analysis of Flora and Fauna in Commerce)이라 불리는 기구를 설립하였다. Dansky, *op. cit.*, (1999) 73 Tulane Law Review 961 at 963 ; https://www.traffic.org ; https://en.wikipedia.org/wiki/TRAFFIC,_the_wildlife_trade_monitoring_network.

313) CITES 제11조.

Part 5

전쟁과 평화

제 25 장
UN

국가들 위에 군림하는 한 개의 (세계)정부가 존재하지 않는다는 '사실'을 강조하기 위해 때로 국제사회(혹은 국제공동체)를 무정부상태로 표현하기도 하지만,[1] 국가와 기타 실체들을 구속하는 한 개의 법체계, 즉 국제법이 존재한다는 '또 하나의 사실'이 간과되어서는 안 될 것이다. 특히 제2차 세계대전 이후 탄생한 UN은 "법의 국제적 지배"(international rule of law)를 실현함에 있어 중심적 역할을 하고 있다.

Ⅰ. 국제연맹에서 UN으로

인류 최초의 범세계적 기구로 의도된 국제연맹(League of Nations)을 창설한 베르사유조약(Treaty of Versailles)[2]은 신흥강국 미국이 단순한 체약당사자가 아니라 적극적인 집행당사자가 될 것이라는 가정 하에 기초된 것이었으나, 미국 상원은 이에 대한 비준동의를 거부하였다. 제네바에 소재한 국제연맹은 1920년부터 1930년까지 10년 동안 이처럼 미국과 또한 신생 정권 소비에트연방이 없는 가운데서도 국제법, 세계보건, 소수민족의 보호, 그리고 국제분쟁의 해결에 실질적인 기여를 하였다. 그러나 불행히도 다음 10년은 국제연맹에게는 재난의 시기였다. 이같은 전환점은

1) 예컨대, 현실주의 국제정치학자인 李春根 교수는 "국가보다 더 높은 권위를 가진 조직이 존재하지 않는 국제사회는 왕(archy)이 없다는 의미에서 무정부상태(anarchy)라 불린다"라고 언급하고 있다 : 李春根, "현실주의 국제정치학의 바이블", 《月刊朝鮮 필자들이 권하는 이 한 권의 책》(조선뉴스프레스, 2010), pp. 57~61 (p. 60). 19세기 독일의 대표적 공법학자 게오르크 옐리네크(1851~1911)도 그의 저서 "일반국가학"에서 "국제공동체는 완전히 무정부적 성격의 것이며, 따라서 국제법도 무정부상태 하의 법으로 칭하는 것이 나을 것이다"(Die Staatengemeinschaft ist ... rein anarchischer Natur, und das Völkerrecht ... kann füglich als ein anarchisches Recht bezeichnet werden...)라고 언급한 바 있다 : Georg Jellinek, *Allgemeine Staatslehre*, Dritte Auflage (Kronberg/TS. : Verlag Athenäum, 1976), S. 379.

2) 1919년 독일, 오스트리아, 불가리아 및 헝가리와의 강화조약들과 터키와의 세브르조약(Treaty of Sèvres)(이 조약은 미발효)의 제1부가 국제연맹규약이다. 이들 강화조약을 국제연맹규약으르부터 분리하기 위한 결정은 1939년 제2차 세계대전이 발발하면서 결국 비준되지 못하였다. Rosenne, *The Perplexities of Modern International Law*, pp. 402(fn. 13), 403.

아마도 1931년 9월 18일 일본의 만주침략이었는데, 연맹은 이를 저지시킬 힘이 없었다. 연맹은 마침내 1933년 2월 24일 일본의 만주점령을 정면으로 비난하였지만, 일본은 그 다음 달에 연맹탈퇴를 선언하였다. 곧이어 이탈리아가 1935년에 에티오피아를 침략하고 1937년에는 연맹탈퇴를 선언하였다. 그리고 1926년에 연맹에 가입하였으나 1933년에 탈퇴를 선언한 독일이 1936년과 1938년 사이에 라인란트(Rhineland)와 오스트리아, 체코슬로바키아로 진군하는데도 연맹은 속절없이 이를 지켜볼 뿐이었다. 연맹은 1934년 소련을 연맹에 끌어들였지만, 소련은 1939년 핀란드 침공 직후 제명당할 뿐이었다. 그리고 마침내 독일과 소련이 1939년에 폴란드를 침공하였을 때, 영국과 프랑스가 행동을 취하기는 했지만 이미 때는 늦었다. 폴란드를 잃고, 프랑스 자신도 함락되었으며, 세계 각국은 20세기의 두 번째 세계전쟁에 휘말리고 말았다.[3)]

1939년 폴란드가 침략을 당할 때쯤 연맹은 이미 잊혀진 기구나 다름없었다. 폴란드와 프랑스, 영국은 이 두 번째 세계전쟁에 연맹을 개입시키려는 어떠한 시도도 하지 않았다. 1년 동안 연맹의 직원들은 제네바에서 직무수행을 계속하였지만, 1940년 여름과 가을에는 독일 또는 이탈리아의 침략이 우려되는 제네바를 떠나지 않을 수 없었다. 사무국의 대부분은 미국 프린스턴대학으로 자리를 옮겼다. 샌프란시스코에서 1945년 4월 25일부터 6월 26일까지 개최된 “국제기구에 관한 연합국회의”(United Nations Conference on International Organization)에서 국제연합헌장(Charter of the United Nations)이 채택 · 서명되고 같은 해 10월 24일 발효하였다. 그리고 그 이듬해 1946년 4월 8일 외교관들이 제네바에 재집결하였는데, 여기서 로버트 세실 경(Lord Robert Cecil)은 “연맹은 죽었다. UN이여 영원하라.”(The League is dead, Long live the United Nations.)는 말로써 자신의 연맹총회에서의 연설을 마무리지었다. 열흘 후 연맹총회는 연맹을 해산하고 연맹의 건물과 도서관, 공문서 등을 UN에 양도키로 하는 결정을 만장일치로 채택하였다.[4)]

---

3) Janis, 3rd, pp. 202~203 ; Orakhelashvili/Akehurst, pp. 24~25 ; The Zachor Holocaust Remembrance Foundation, “Soviet Union Expelled from League of Nations”, 〈https://www.zachorfoundation.org/timeline/soviet-union-expelled-from-league-of-nations/〉.

4) Janis, 3rd, pp. 203~204 ; Rosenne, *The Perplexities of Modern International Law*, p. 403. UN헌장도 그러하지만, 국제연맹 규약은 기구해산(dissolution)에 관한 규정을 두고 있지 않았다. 그리고 연맹 총회의 기구해산 결정은 연맹 이사회(Council)의 공식 소집 없이 이루어진 것이었다. 또한 총회의 결정은 만장일치로 채택되긴 하였지만 45개 연맹국 중에서 35개만이 참석하였다. 그러나 불참국 그 누구도 나중에 기구해산 결정에 이의를 제기하지는 않았다. 오로지 기구의 여러 업무를 청산하기 위한 목적으로 청산위원회(Board of Liquidation)가 수립되었으며, 건물, 장비, 문서, 도서관 등을 포함한 물리적 자산은 UN에 양도하였고, UN은 대금을 지급하였다 : “Agreement concerning the Execution of the Transfer to the United Nations of Certain Assets of the League of Nations”, signed on July 19, 1946, and the “Protocol concerning the Execution of Various Operations in the Transfer to the United Nations of Certain Assets of the League of Nations”, signed at Geneva on 1 August 1946 ; https://treaties.un.org/doc/Publication/UNTS/Volume%201/volume-1-I-4-English.pdf ; Amerasinghe, pp. 464, 468 ; Greig, pp. 861~862. 그러나 두 기구 사이에 연맹의 위임통치 감독기능 이전(승계)에 관한 명시적 합의는 없었다. 그리고 남아프리카는 서남아프리카에 대한 자신의 위임통치를 대체하기 위하여 UN과 신탁통치협정을 체결하기를 거부하였다. 이로 인해 일련의 사건이 빚어지게 되었는데, 이 문제에 대해서는, 본서, 제27장 (국가의 무력사용), “Ⅶ. UN정치기관과 사법심사” ; Amerasinghe, pp. 472~478 ; Greig, pp. 863~866 참조. Hans Kelsen, *The Law of the United Nations : A Critical Analysis of Its Fundamental Problems : with Supplement* ((New York: Frederick A. Praeger, 1964)(Reprinted 2000 by The Lawbook Exchange), p. 335.

본래 '연합국'을 지칭하는 UN[5]은 연맹에 비하면 명백히 개선된 기구로 의도되었을 뿐만 아니라 두 강대국 미국과 소련의 적극적인 참여가 처음부터 보장되어 있었다. 그럼에도 불구하고 UN의 역사는 그간 그리 순탄하지 못하였다. 무엇보다도 이 기구의 창설과 함께 시작된 서구진영과 소연진영 간의 냉전, 그리고 그 이후 식민지배에서 벗어난 제3세계진영의 결속과 이들을 포섭하기 위한 양 진영의 신경전 등은 UN, 특히 안전보장이사회(약칭 안보리)의 순조로운 운영을 언제나 방해하였다. 동시에 제3세계진영은 미국과 소련의 대립구도를 이용하여 국제법질서의 개혁을 요구하였으며, 이같은 요구는 상당 부분 성공하였다. 그러나 미소간의 냉전이 끝나고, 특히 소련이 사실상 해체·분열되면서 미국 주도 하에 놓여진 UN은 국제평화와 안전의 유지에 있어 과거와는 다른 아주 단호한 모습으로 다가오고 있다. 하지만 UN은 이 밖에도 경제 및 사회개발, 환경보호, 인권, 인도적 원조와 난민지원, 탈식민지화, 국제법의 법전화와 점진적 발전 등의 여러 분야에서 중요한 역할을 수행하고 있다. 본장에서는 UN의 목적과 원칙, UN회원국의 지위, 그리고 UN의 기관들에 관하여 개관하고, 분쟁의 평화적 해결(헌장 제6장)과 강제행동(헌장 제7장)에 대해서는 각기 장을 달리하여 언급하기로 한다.

Ⅱ. UN의 목적과 원칙

UN헌장은 그 전문에서 '인권', '정의', '사회적 진보와 생활수준의 향상', '평화' 등 UN이 추구하는 기본가치에 관하여 언급한 뒤,[6] 제1조에서 UN의 목적을 다시 다음과 같이 천명하고 있다.

> "1. 국제평화와 안전을 유지하는 것, 그리고 –이 목적을 위하여– 평화에 대한 위협의 방지 및 제거를 위해 그리고 침략 또는 기타 평화파괴 행위를 진압하기 위하여 실효적인 집단적 조치를 취하는 것, 그리고 평화를 파괴할 우려가 있는 국제적 분쟁 또는 사태의 조정 또는 해결을 평화적 수단에 의하여 그리고 정의와 국제법의 원칙들에 따라서 실현하는 것.
> 2. 민족들의 평등권 및 자결원칙에 대한 존중에 기초하여 국가 간의 우호관계를 발전시키고, 보편적인 평화를 강화하기 위하여 적절한 조치를 취하는 것.
> 3. 경제적·사회적·문화적 또는 인도적 성질의 국제적 문제를 해결함에 있어서, 그리고 인종·성·언어 또는 종교에 관하여 차별 없이 모든 사람의 인권과 기본적 자유에 대한 존중을

5) 1941년 12월 중에 루스벨트는 추축국에 대항한 동맹국들(Allies)을 위하여 "United Nations"(연합국)란 이름을 생각해 냈으며, 이에 따라 1942년 1월 1일 워싱턴에서 –지금의 "United Nations"(국제연합)의 기초가 된– "연합국선언"(Declaration by United Nations)이 채택되었다. 샌프란시스코 회의도 위에서 보는 바와 같이 "연합국"의 이름으로 소집된 것이었다. 그리고 이 회의에서는 곧 수립될 새로운 기구의 이름으로 바로 이 United Nations를 채택하기로 결정하여, 경우에 따라서는 United Nations가 양자 중 어느 것을 지칭하는지 혼란이 야기될 수 있다. 사실, United Nations는 헌장의 전문에서부터 두 개의 서로 다른 의미로 사용되고 있는 것이다. Rosenne, *The Perplexities of Modern International Law*, pp. 162, 399~400 ; Stephen C Neff in Evans (ed.), *International Law*, 3rd, p. 24 ; https://en.wikipedia.org/wiki/Allies_of_World_War_II ; https://en.wikipedia.org/wiki/Declaration_by_United_Nations.

6) Ragazzi, p. 145.

촉진하고 장려함에 있어서 국제협력을 달성하는 것.

4. 이들 공통의 목표를 달성함에 있어서 국가들의 행동을 조화하기 위한 중심이 되는 것."

이어서 제2조는 UN과 그 회원국들이 준수해야 할 기본원칙을 다음과 같이 천명하고 있다.

"이 기구와 그 회원국들은 제1조에 명시된 목적을 수행함에 있어 다음의 원칙에 따라 행동하여야 한다.

1. 이 기구는 그 모든 회원국의 주권평등의 원칙에 기초하고 있다.

2. 모든 회원국은 회원국으로서의 지위로부터 나오는 권리와 이익을 그들 모두에게 보장하기 위하여 이 헌장에 따라 그들이 부담한 의무를 성실히 이행하여야 한다.

3. 모든 회원국은 국제평화와 안전 그리고 정의가 위태롭게 되지 않도록 평화적 수단에 의거하여 국제분쟁을 해결하여야 한다.

4. 국제관계에 있어 모든 회원국은 그 어떤 국가의 영토보전이나 정치적 독립에 대하여서도 혹은 UN의 목적에 부합하지 않는 다른 어떤 방법에 의한 것이라도 무력의 위협 또는 사용은 삼가야 한다.

5. 모든 회원국은 UN이 이 헌장에 따라 취하는 그 어떤 행동에 있어서도 동기구에게 모든 원조를 제공해야 하며, 동시에 UN이 방지행동이나 강제행동을 취하고 있는 국가에 대해서는 원조를 제공함을 삼가야 한다.

6. 이 기구는 UN회원국이 아닌 국가들도 국제평화와 안전의 유지에 필요한 한에 있어서 이들 원칙에 따라서 행동할 것을 확보하여야 한다.

7. 이 헌장에 포함되어 있는 그 어떤 규정도 본질적으로 국가의 국내관할권에 속하는 문제들에 간섭할 권한을 UN에 부여하지 않으며, 또 이러한 문제를 본 헌장에 의거한 해결에 부탁하도록 회원국들에게 요구하는 것도 아니다. 다만, 이 원칙은 헌장 제7장에 의거한 강제조치의 적용을 침해하지 아니한다."

UN헌장 제1조와 제2조가 1970년의 우호관계선언에 의하여 더욱 확대되고 발전적인 의미를 갖게 되었음은 재론을 요하지 않는다.[7]

UN헌장의 정본은 −영어, 불어, 스페인어, 러시아어, 중국어 등− 5개국 언어로 되어 있으며, 이들 모두 대등한 정본이다.[8] 이들 정본 간 상위(相違)는 도물겠지만, 상위가 발생하는 경우에는 UN헌장의 목적과 원칙에 가장 부합하는 정본이 우선시되어야 할 것이다.[9]

7) 이 문제에 대해서는 본서, 제7장 (국제법의 기본원칙) 참조.

8) UN헌장 제111조.

9) 비엔나 조약법협약 제33조 4항 ; Orakhelashvili/Akehurst, p. 505 ; 본서, 제4장 (조약법), "Ⅷ. 조약의 해석".

Ⅲ. UN과 국내관할권

국제연맹규약 제15조 8단은 "당사국들간의 분쟁(dispute)에서 어느 일방이 국제법에 의하여 전적으로 그 당사국의 국내관할권에 속하는 문제(a matter which by international law is solely within the domestic jurisdiction of that party)에서 발생한 것이라고 주장하고 이사회가 그렇게 인정할 때에는, 이사회는 그렇게 보고하고 또한 그 해결에 관하여 보고하지 않는다."라고 규정하고 있었다. 위에서 보는 바와 같이 UN헌장 제2조 7항도 이와 비슷한 규정을 통해 UN의 권한에 한 가지 중대한 제한을 가하고 있다.

그러나 헌장 제2조 7항은 몇 가지 점에서 규약 제15조 8항과 다르다. 첫째, 전자의 적용범위는 '분쟁'의 해결에 국한되어 있지 않다. 즉, 헌장은 국가 간에 분쟁이 발생했느냐에 관계없이 "본질적으로 국가의 국내관할권에 속하는 문제들"(matters which are essentially within the domestic jurisdiction of any State)을 UN의 관할권에서 제외시킴으로써 그 권한에 대하여 '일반적인' 제한을 가하고 있는 것이다. 물론 이어지는 그 단서조항에서 헌장 제7장에 의거한 강제조치의 적용에 대해서는 이 일반원칙에 대한 중대한 예외를 인정하고 있긴 하지만, 이 단서는 UN의 최근 관행에 의하면 불필요한 것이다. 왜냐하면 평화에 대한 위협, 평화의 파괴 혹은 침략행위는 오늘날 자동적으로 국내관할권의 문제를 구성하지 않는 것으로 취급되고 있기 때문이다.[10] 둘째, 헌장은 국내관할권에 속하는 문제의 결정기준으로서의 '국제법'이란 용어를 사용하고 있지 않다. 국내관할권은 국제법에서 명백한 의미를 가지고 있다. 즉, 이것은 국제법의 규율로부터 자유로운, 다시 말해서 국가의 재량이 국제법에 의하여 부과된 의무의 제한을 받지 아니하는 문제들을 지칭한다. 그럼에도 불구하고 샌프란시스코 회의는 국제법이 모호하다는 이유를 들어, 헌장의 국내관할권은 '국제법'에 의거하여 정의되어야 한다는 관념을 의도적으로 배척하였던 것이다.[11] 셋째, 헌장은 '전적으로' 국가의 국내관할권에 속하는 문제들만을 제외하고 있는 것이 아니라 '본질적으로' 국가의 국내관할권에 속하는 문제 모두를 제외하고 있다. 그러나 양 표현 사이에 어떤 실질적인 차이가 있는지는 의문이다. 넷째, 국내문제의 결정권에 관하여 규약이 명문으로 이사회를 지적하고 있는데 반해, 헌장에는 이에 관해 아무런 언급이 없다. 결국 이것은 UN의 각 기관이 모두 그같은 결정권을 독자적으로 향유하게 되는 결과로 나타난다.

결론적으로 이야기해서, 헌장기초자들이 원래 의도한 바는 국내관할권의 개념을 통해 UN의 권한을 가능하면 제한하자는 것이었다. 특히, 당시의 국내법상 인종차별을 제도적으로 허용하고 있었던 미국의 의도가 그러하였다. 그러나 그 후 UN의 관행은 그와는 정반대로 UN에 최대 행동의 자유(maximum freedom of action)를 허용하기 위해 제2조 7항을, 따라서 국내관할권을 좁게 해석하는 것이었다. 제2조 7항의 적용과 관련하여 UN 총회에서 가장 빈번하게 문제가 되었던 것은 인권,

---

10) Malanczuk, p. 369.
11) *Ibid.*

식민지배, 민족자결이었다. 그리고 그 결과 이제 이들 문제는 국내관할권의 범위를 떠나게 된 것이다. UN의 이러한 관행은 위에서 언급한 UN의 목적 달성이란 관점에 비추어 보면 지극히 당연한 결과로 받아들일 수 있을 것이다.[12] 그러나 그 어떤 것도 쉽게 얻어진 것은 아니다.

Ⅳ. UN회원국의 지위

1. UN의 원회원국과 가입국

UN의 원회원국(original Members)은 "(1945년 4월 25일부터 6월 26일까지) 샌프란시스코에서 개최된 국제기구에 관한 연합국회의에 참가하였거나 아니면 1942년 1월 1일의 연합국선언에 서명한 국가로서, 이 헌장에 서명하고 더욱이 제110조에 따라 이를 비준한 국가들"[13]로 정의되는데, 이들은 모두 51개국이었다. 그리고 UN가입(admission)은 헌장 제4조에 의하여 다음과 같이 규율되고 있다.

> "1. UN회원국의 지위는 이 헌장에 포함된 모든 의무를 수락하고 또 이 기구의 판단에 따르면 이들 의무를 이행할 능력과 의사가 있는, 평화를 사랑하는 다른 모든 국가(all other peace-loving States)에게 개방된다.
> 2. 그러한 국가의 UN가입은 안전보장이사회의 권고에 의거한 총회의 결정에 의하여 이루어진다."

국제연맹에서는 자치령(dominion)과 식민지(colony)들에게도 연맹국으로서의 지위가 부여될 수 있었지만,[14] UN회원국의 지위는 단지 '국가'들에게만 부여될 수 있다.[15] 또한 '평화를 사랑하는' '다른 모든' 국가들에게 가입이 허용되고 있는 것으로 보아 UN 원회원국은 당연히 '평화를 사랑하는' 국가들임이 전제되어 있다. UN 초창기에 일부 국가는 제2차 세계대전 때 추축국(the Axis)의

---

12) See Abdullah El Erian, "The Legal Organization of International Society", in : Sørensen, pp. 93~95 ; Rosalyn Higgins, *The Development of International Law through the Political Organs of the United Nations* (London : Oxford University Press, 1963), p. 130.

13) UN헌장 제3조.

14) LN규약 제1조 1~2항.

15) 다만, 1945년 UN의 원회원국들 중에는 법상 완전한 독립국가가 아닌 국가들도 있었는데, 소련의 두 구성국가인 '우크라이나 소비에트 사회주의 공화국'(Ukrainian Soviet Socialist Republic)과 '백러시아 소비에트 사회주의 공화국'(Byelorussian Soviet Socialist Republic)이 그러하였고, 1946년 7월 4일 미국으로부터 독립한 필리핀(Commonwealth of the Philippines)이 그러하였으며, 1947년 8월 15일 영국에서 독립한 (분할 전의) 인도가 그러하였다(파키스탄은 1947년 9월 30일 총회결의 108(Ⅱ)에 의하여 UN'가입'국이 되었다). '우크라이나 소비에트 사회주의 공화국'과 '백러시아 소비에트 사회주의 공화국'은 각기 우크라이나(Ukraine)와 벨라루스(Belarus)로 개명하였을 뿐, 소련 해체 이후에도 UN 원회원국의 지위를 그대로 유지하였다. 헌장 제4조에 의거하여 UN에 가입한 국가들 중에 그런 반독립국가는 없었다. Rosenne, *The Perplexities of Modern International Law*, pp. 240, 412, 413(fn. 36) ; https://en.wikipedia.org/wiki/Philippines ; https://en.wikipedia.org/wiki/India ; https://en.wikipedia.org/wiki/Belarus ; https://www.un.org/ga/ ; 본서, 제20장 (국가승계).

공격에 적극적으로 대항했어야만 '평화를 사랑하는' 국가로 볼 수 있다는 견해를 제시하기도 하였다. 그리고 이러한 해석은 UN의 보편성원칙(principle of universality of membership)을 부정하는 것이기도 하였다. 이에 대해 ICJ는 1948년의 *First Admissions* 사건[16]에서, UN헌장 제4조 1항에 천명된 가입조건들은 "단지 안내 내지는 예로 제시된 것이 아니라 완전한 열거(an exhaustive enumeration)를 구성"하며, 따라서 이들 가입조건은 "필요조건일 뿐만 아니라 충분조건으로 보아야 한다"는 견해를 제시하였다.

ICJ는 이어서 1950년의 *Second Admissions* 사건[17]에서는, "총회와 안보리 둘 다 UN의 주요기관으로서, 헌장은 안보리를 종속적 지위(subordinate position)에 두고 있지 아니하며", "제4조 2항에 명시된 안보리의 권고는 (가입)찬성의 권고(favourable recommendation)만을 예견한 것으로, 불찬성의 권고(unfavourable recommendation)는 여기에 해당되지 아니할 것"이라고 판시한 바 있다. 재판소는, 안보리가 가입신청을 거절했다는 것은 사실상 가입에 '반대하는 권고'를 한 것이고, 따라서 총회는 이 (반대하는)권고에 기초하여 가입을 허락하는 결정을 할 수 있을 것이라는 논리를 배척하였던 것이다. 만약 이 논리를 채택한다면 안보리는 총회에 종속되는 결과로 나타날 것이다. 반대로, 안보리가 (가입)찬성의 결정을 한다고 해도 이 결정은 총회를 구속하지 아니하는 권고에 불과하다.[18] 이것은 신회원국 가입 문제에 있어 총회가 안보리에 종속되어 있는 것도 아님을 의미한다. 또한 헌장 제4조 2항 하의 안보리 권고에는 상임이사국의 거부권(veto)이 인정된다.

1946년 UN에 최초 가입신청한 국가들 중에 아프가니스탄, 아이슬란드, 수단은 어려움이 없었지만, 제2차 세계대전 때 독일쪽 편을 든 국가들(알바니아, 아일랜드, 몽골, 포르투갈, 요르단)은 어려움에 봉착하였었다. 1947년 가입신청 때에도 교착상태에서 벗어나지 못하자, 이 문제는 권고적 의견을 구하기 위해 ICJ에 회부되었던 것이다. 그러나 이듬해 이 문제에 대한 ICJ의 첫 번째 의견이 나온 뒤에도 견해의 차이는 해소되지 않았고, 그 사이 1950년 동 재판소의 두 번째 의견까지 나오게 되었다. 1946년의 신청과 관련된 교착상태는 이처럼 ICJ의 두 차례 권고적 의견에도 불구하고 결국 1955년 일괄해결(package deal) 방식으로 대거 16개 국가의 가입을 허용함으로써 풀렸다.[19] 그러나 UN회원국이 지구상의 거의 모든 국가를 포괄하고 있는 현재에 있어서는 위 논쟁들은 이제 무의미하다. 일본·독일 등, 연합국의 구적국들이 UN에 가입한 것을 고려하면 더욱 그러하다.[20]

현재 UN에 가입하지 않거나 못한 국가는 -일종의 종교국가인- 바티칸시국(State of the Vatican City)[21]을 비롯하여 대만(臺灣, 台灣)(Taiwan),[22] 팔레스타인[23] 등 아주 소수에 지나지 않는다.[24]

---

16) *Conditions of Admission of a State to Membership in the United Nations* (*Article 4 of the Charter*), Advisory Opinion, ICJ Reports (1948), p. 57 at 62.

17) *Competence of Assembly regarding admission to the United Nations*, Advisory Opinion, ICJ Reports (1950), p. 4 at 8~9 ; Amerasinghe, pp. 143~145, 166~167 ; Rosenne, *The Perplexities of Modern International Law*, p. 412.

18) 총회가 안보리의 권고에 기초해서 행동하는 헌장 제5조(회원국의 권리/특권 정지), 제6조(회원국의 추방), 제97조(사무총장의 임명)에 대해서도 위 논리가 적용된다. Amerasinghe, p. 167, fn. 17.

19) Amerasinghe, pp. 106~109.

20) Louis B. Sohn (ed.), *Cases on United Nations Law* (Brooklyn : The Foundation Press, Inc., 1956), p. 43.

21) https://www.vaticanstate.va/content/vaticanstate/en.html ; Malanczuk, p. 76.

유권적인 기준은 없지만 대체로 인구 10만도 되지 않거나 면적이 500평방마일도 되지 않는, 혹은 대체로 이 두 조건을 모두 갖춘 이른바 극소국가들(micro-states, mini- states, diminutive states)도 보편성원칙에 따라 모두 UN에 가입하였다.[25] 특히, 스위스(Switzerland : 공식국호는 The Swiss Confederation)는 많은 중요한 UN기관을 수용하고 있으면서도 오랫동안 UN에 가입신청서를 낸 적이 없었는데, 2002년 이 문제에 대한 국민투표 결과가 긍정적으로 나옴에 따라 2002년 9월 10일 UN에 가입하였다.[26] 스위스처럼 영세중립(permanent neutrality)을 표방한 오스트리아는 이미 1955년 UN에 가입하였으며, UN의 평화유지활동을 돕기 위해 군대도 파견하고 있다.[27]

2. 권리 · 특권의 정지와 제명

안전보장이사회에 의하여 '방지행동이나 강제행동'(preventive or enforcement action)이 취해진 회원국에 대하여는 총회가 안전보장이사회의 권고에 기하여 회원국으로서의 '권리와 특권'[28]의 행사를 '정지'시킬(suspend) 수 있다.[29] 그리고 회원국이 헌장에 포함된 원칙들을 '완강하게(persistently) 위반'할 때에는 총회는 역시 안전보장이사회의 권고에 기하여 당해 회원국을 UN으로부터 '제명'할(expel) 수 있다.[30] 이 두 규정은 지금까지 적용된 적이 없다.[31] 다만, '간접적인' 형태로 제명이 이루어졌다고도 볼 수 있는 사례가 있다. 즉, 보스니아-헤르체고비나(The Republic of Bosnia and Herzegovina),[32] 크로아티아(Republic of Croatia),[33] 슬로베니아(Republic of Slovenia)[34] 그리고 마케도니아(the former Yugoslav Republic of Macedonia)[35]는 구유고(공식

---

22) 공식국호는 중화민국(中華民國 : Republic of China)이다. https://www.taiwan.gov.tw/ ; https://en.wikipedia.org/wiki/Taiwan.

23) https://en.wikipedia.org/wiki/State_of_Palestine.

24) https://www.un.org/Overview/unmember.html.

25) Crawford, pp. 182~186 ; Malanczuk, p. 370 ; Amerasinghe, p. 106, fn. 4 ; https://en.wikipedia.org/wiki/Micro-State ; 본서, 제8관, pp. 898~900 참조.

26) https://www.un.org/Overview/unmember.html.

27) Amerasinghe, pp. 108~109 ; https://en.wikipedia.org/wiki/Austria#Military.

28) 따라서 UN회원국으로서의 '의무'의 행사는 정지처분의 대상이 될 수 없다. 朴觀淑, p. 156 ; Amerasinghe, p. 117.

29) 다만, 이러한 권리와 특권의 행사를 다시 '회복'시킬(restore) 수 있는 권한은 오로지 안전보장이사회에게 있다. UN헌장 제5조.

30) UN헌장 제6조.

31) Malanczuk, p. 370.

32) 1992년 5월 22일 UN가입.

33) 1992년 5월 22일 UN가입.

34) 1992년 5월 22일 UN가입.

35) 마케도니아의 UN 및 NATO 가입은 그리스의 반대로 어려움을 겪었다. 마케도니아의 헌법상의 국호는 Republic of Macedonia인데, 역시 마케도니아라 불리는 북부 그리스의 한 지역을 신국가 마케도니아가 흡수하려고 시도할지 모른다고 의심하고 있던 그리스가 아무런 수식어가 붙지 않은 '마케도니아'란 이름에 대해 반대하였기 때문이다. 마케도니아는 그리스와의 분쟁이 해결될 때까지 임시로 "the former Yugoslav Republic of Macedonia"로 불릴 것을 조건으로 1993년 4월 8일 UN에 가입이 허용되었다 : UN, 안보리 (가입권고)결의 817(1993년 4월 7일), 및 총회 (가입)결의 47/225(1993년 4월 8일). 그리고 그리스와 마케도니아

명칭 : 유고사회주의연방공화국)(Socialist Federal Republic of Yugoslavia)에서 분리독립한 후 각기 UN가입절차를 밟았지만, 구유고의 잔류파인 세르비아(Serbia)와 몬테네그로(Montenegro)는 1992년 4월 27일 자칭 신유고, 즉 "유고연방공화국"(Federal Republic of Yugoslavia)이라 칭하면서 구유고와의 계속성을 주장하였다.[36] 이에 대해 안보리는 1992년 9월 19일 결의 777을 통해 "과거에 유고사회주의연방공화국으로 알려진 국가는 더 이상 존재하지 않으며(has ceased to exist)", "유고연방공화국(세르비아와 몬테네그로)은 UN에서 구유고사회주의연방공화국의 회원국지위를 자동적으로 계속할 수는 없다"고 생각하면서, "유고연방공화국(세르비아와 몬테네그로)은 새로이 UN가입신청을 하여야 하며(should apply), (그 동안) 총회의 업무에 참여해서는 안 된다(shall not participate)고 결정해 줄 것"을 총회에 권고하였다. 그리고 3일 뒤, 22일 총회도 안보리의 권고를 그대로 담은 결의 47/1을 채택하였다.[37] 총회는 이어서 "유고연방공화국(세르비아와 몬테네그로)은 경제사회이사회의 업무에(도) 참여해서는 안 된다고 결정"하였다.[38] 요컨대, 안보리와 총회의 판단에 따르면 구유고는 소멸하였기 때문에 유고연방공화국(세르비아와 몬테네그로)은 구유고와 동일실체가 아니며, 결국 유고연방공화국은 새로이 UN가입절차를 밟는 것이 좋겠다는 것이었다.[39] 그러나 안보리와 총회의 결의에도 불구하고 유고연방공화국의 UN 내에서의, 혹은 UN에 대한 법적 지위는 불확실한 측면들이 노정되었는데, 왜냐하면 '유고사회주의연방공화국'(구유고)의 붕괴 후 1992~2000년의 기간 동안 UN총회는 유고연방공화국의 UN분담금을 매년 책정하였고, 유고연방공화국이 이 기간 동안 자신과 구유고와의 법인격 계속을 주장하였기 때문이다. UN사무국도 유고연방공화국의 주장을 인정하는 듯한 행태를 보였다. 예컨대, UN사무총장은 1996년 출간된 "다자조약 수탁자로서의 사무총장 관행 요약서"(Summary of Practice of the Secretary-General as Depositary of Multilateral Treaties)에서 조약 승계의 문제와 관련하여 유고연방공화국에 대해 소련 해체의

는 1995년에 잠정협정(Interim Accord)을 체결하였는데, ICJ는 *Application of the Interim Accord of 13 September 1995* (The former Yugoslav Republic of Macedonia v. Greece), ICJ Reports (2011), p. 644에서 "그리스는 마케도니아의 NATO 가입에 반대함으로써 동 잠정협정을 위반하였다"고 판시하였다. 그 후 마케도니아는 국호를 북마케도니아(Republic of North Macedonia)로 변경하고, 그 대신 그리스는 자국이 회원인 국제기구에 북마케도니아가 가입하는 것에 반대하지 않을 것을 약속하는, 일명 프레스파 협정(Prespa agreement)[공식명칭 : "Final Agreement for the settlement of the differences as described in the United Nations Security Council Resolutions 817 (1993) and 845 (1993), the termination of the Interim Accord of 1995, and the establishment of a Strategic Partnership between the Parties"]이 2018년 6월 17일 서명되고, 2019년 2월 12일 발효하였다. 2019년 2월 6일에는 NATO 29개 회원국이 북마케도니아와 NATO 가입의정서에 서명함으로써 2020년 3월 27일부로 북마케도니아도 NATO의 30번째 회원국이 되었다. https://www.pappaspost.com/the-full-text-of-the-agreement-between-greece-and-the-former-yugoslav-republic-of-macedonia/ ; https://en.wikipedia.org/wiki/Macedonia_naming_dispute ; https://en.wikipedia.org/wiki/Prespa_agreement ; https://en.wikipedia.org/wiki/Accession_of_North_Macedonia_to_NATO.

36) Malanczuk, pp. 167, 372.

37) Harris, 5th, p. 129 ; Rosenne, *The Perplexities of Modern International Law*, pp. 413~414.

38) 1993년 4월 29일의 총회결의 47/229, at https://www.un.org/documents/ga/res/47/a47r229.htm.

39) Aust, *Handbook of International Law*, 2nd, pp. 21, 370, 372, 373~374 ; Malanczuk, pp. 167, 372 ; *World Reference Atlas*, p. 787.

사례가 적용된다고 기술하였다가 다수 국가들의 항의를 받고 관련 부분을 삭제하기도 하였다. 또한 유고연방공화국이 1999년 4월 25일 ICJ의 강제관할권을 수락하는 선언서를 기탁해 오자 사무국은 회원국들에게 이 사실을 통고하는 4월 30일자 수탁자통지를 발행하기도 하였다. 유고연방공화국을 UN회원국으로 보고 따라서 ICJ규정의 당사국으로서 보지 않는 한 이것은 있을 수 없는 일이었다. 후일의 사건[40]에서, ICJ는 1992~2000년에 발생한 이상의 여러 복잡한 상황을 고려하여 이 기간 중의 유고연방공화국의 UN 내에서의 지위를 "독특한 지위"(*sui generis* position)로 표현한 바 있다. 이처럼 "무정형"(amorphous)한 지위를 표현할 달리 적절한 술어가 없기 때문이다. 결국 유고연방공화국은 2000년 11월 1일 UN에 가입하였으며,[41] 2003년 2월 4일에는 국명도 "세르비아-몬테네그로"(Serbia and Montenegro)로 변경하였다.[42]

-아래에서 다시 언급하겠지만- 헌장 제19조에 의하면 일정 액수의 분담금 납부를 연체하는 회원국은 총회에서 투표권이 박탈되는데, 이것 역시 회원국의 권리정지에 속한다. 그러나 헌장 내의 권리정지와 관련하여 제19조와 -위에서 설명한- 제5조 사이에는 근본적인 차이가 있다. 첫째, 제19조에 의거한 권리정지는 요건 충족시 -총회에서 달리 결정하지 않는 한- 자동적으로(즉, 강제로) 적용되는 데 반해, 제5조의 발동을 위해서는 안보리의 권고에 의거한 총회의 결정이 필요하다. 둘째, 제19조가 총회에서의 투표권 박탈에 대해서만 규정하고 있는 데 반해, 제5조는 "UN회원국으로서의 권리와 특권"(rights and privileges of membership) 일반의 박탈을 예상한 것으로서, 이것은 UN의 모든 정치기관에서 대표권과 투표권을 박탈하는 것을 포함하는 것으로 보인다. 이 두 형태의 권리정지는 물론 회원국의 의무 이행을 확보하기 위한 것이다.[43]

3. 탈 퇴

다른 많은 국제기구 설립조약의 경우와는 달리 UN헌장은 회원국의 '탈퇴' (withdrawal)에 관해서는 아무런 언급이 없다. 이같은 침묵은 고의적인 것인데, 왜냐하면 과거 국제연맹규약에 탈퇴의

40) See e.g. Case concerning *Application for Revision of the Judgment of 11 July 1996 in the Case concerning Application of the Convention on the Prevention and Punishment of the Crime of Genocide* (Bosnia and Herzegovina v. Yugoslavia) (Preliminary Objections), ICJ Judgment of 3 February 2003, paras. 24~50 ; Case concerning *Legality of Use of Force* (Preliminary Objections) (Serbia and Montenegro v. Belgium), ICJ Judgment of 15 December 2004, paras. 54~74 ; Case concerning *Application of the Convention on the Prevention and Punishment of the Crime of Genocide* (Preliminary Objections) (Croatia v. Serbia), ICJ Judgment of 18 November 2008, paras. 43~51.

41) 총회결의 55/12 (2000년 11월 1일) ; www.un.org/en/member-states.

42) 이로부터 3년 뒤인 2006년 5월 21일 몬테네그로는 국민투표를 통해 분리, 독립하기로 결정하고, 6월 3일 국민의회가 독립선언을 채택함으로써 구유고의 마지막 남은 두 조각도 쪼개졌다. 몬테네그로는 곧이어 6월 28일 UN에 가입하였다(UN총회결의 60/264). 한편, 몬테네그로가 연방을 떠남에 따라 세르비아도 6월 5일 자신의 독립을 선언하였는데, 다만 "세르비아-몬테네그로"의 UN회원국 지위는 세르비아가 계속한다. 중앙일보, 2006년 5월 23일, 12면, '옛 유고연방 완전해체 : 몬테네그로, 세르비아와 분리 독립" ; https://edition.cnn.com/2006/WORLD/europe/05/22/montenegro.independence /index.html ; https://www.un.org.members.

43) Amerasinghe, pp. 114~117.

권리를 명시함으로 인하여 많은 연맹국의 탈퇴를 조장하였었고,[44] 이로써 연맹을 크게 약화시킨 바가 있었기 때문이다. 그러나 1945년의 샌프란시스코 회의에서는 "UN이 평화를 유지할 수 없는 것으로 드러나거나 법과 정의를 희생해야만 평화를 유지할 수 있는 경우", 혹은 "회원국의 권리와 의무 그 자체가 당해 회원국이 동의하지 아니하였고, 그 회원국이 수락할 수 없는 것으로 인정하는 헌장 개정에 의하여 변경되는 경우", 혹은 "총회나 일반회의에서 필요한 다수결에 의하여 정당하게 수락된 개정안이 그러한 개정을 발효시키는데 필요한 비준을 확보하지 못하는 경우"의 '예외적인 사정'(exceptional circumstances)에서는 UN에 계속 남아 있어야 하는 것은 아니라고 결론내린 바 있다.[45] 이 의견은 UN헌장의 준비문서(*travaux préparatoires*)의 일부를 구성하는 것이기 때문에 헌장해석을 위해 사용될 수 있을 것이다.[46]

지금까지 실제로 탈퇴 문제가 제기된 경우는 단 한 번뿐이었다. 즉, 영토 문제로 자국과 불편한 관계에 있던 말레이시아가 안보리 비상임이사국으로 선출되자 이에 불만을 품은 인도네시아 정부는 1965년 1월 20일의 서한을 통해 동년 3월 1일자로 UN에서 '탈퇴'하겠다고 사무총장에게 통고하였다. 그리고 실제로 인도네시아는 서한에서 밝힌 날에 UN과의 관계를 단절하였다. 말레이시아가 안보리 비상임이사국으로 선출된 사실은 샌프란시스코 회의에서 양해된 '예외적인 사정'으로 보기 어려움에도 불구하고 인도네시아의 탈퇴는 외견상 당시 UN사무국에 의하여 유효한 것으로 수락되었다. 그러나 1966년 9월 19일의 전문(電文)에서 인도네시아는 "UN과의 완전한 협력을 재개하고, 총회 제21차 회기부터 UN활동에의 참여를 재개한다"(to resume full cooperation with the United Nations and to resume participation in its activities starting with the twenty-first session of the General Assembly)는 결정을 UN사무총장에게 통지하였으며, 9월 28일 UN총회는 이 결정에 '주목하고', 총회 의장은 인도네시아 대표들이 총회 내 그들의 좌석에 착석할 것을 요청하였다. 만일 탈퇴가 실제로 이루어졌다고 본다면 인도네시아는 헌장 제4조에 의거하여 다시 가입절차를 밟아야 했을 것이다. 그러나 인도네시아는 마치 아무 일도 없었던 것처럼 자기 자리로 복귀하였는데, 이것은 그 탈퇴가 무효였음을 시사하는 것이다. 논리적으로 본다면 인도네시아는 1965년 3월부터 1966년 9월까지의 기간 동안 연체된 분담금 모두를 납부했어야 하지만, 이 기간 동안 UN회원국으로서의 그 어떤 이익도 보지 않았기 때문에 연체된 분담금 중에서 단지 일부만 납부하는 것으로 합의되었다.[47]

---

44) LN규약 제1조 3항, 제26조 2항.

45) United Nations Conference on International Organization, The Report of the Rapporteur of Committee I/2 on Chapter Ⅲ (Membership), June 24, 1945, Doc. 1178, I/2/76(2), p. 5 ; Amerasinghe, p. 120, fn. 55 ; Hans Kelsen, *The Law of the United Nations* (New York : Praeger, 1950), p. 123 ; Akehurst, p. 209.

46) Akehurst, p. 209 ; Malanczuk, p. 371. 물론, 준비문서가 UN헌장을 포함한 조약규정의 해석에 있어 일차적 혹은 최종적인 기준이 되는 것은 아니다. 비엔나 조약법협약 제32조에 의하면 준비문서는 단지 조약해석을 위한 '보충적' 수단(supplementary means)의 하나일 따름이기 때문이다. 준비문서에 의존하는 조약해석은 미래가 아니라 과거 지향적인데 반해, UN헌장은 계속해서 발전하는 보편적 기구의 설립조약이라는 점을 고려하면 더욱 그러하다. Akehurst, p. 204.

47) 즉, 1965년도 분은 통상적인 사정액의 10퍼센트, 1966년도 분은 25퍼센트. Amerasinghe, p. 120, fn. 56 ;

인도네시아 사례는 UN으로부터의 탈퇴가 확정적으로 발효했다고 볼 수 없는 경우이다. 만약 탈퇴가 실제로 발생한다면 회원국으로 있던 기간 중 이행하지 아니한 의무(이를테면, 분담금 납부 불이행)는 탈퇴가 확정되기 전에 다 이행하여야 한다고 볼 것인가(즉, 이행되지 아니한 기존의무의 이행이 탈퇴의 조건이 된다고 볼 것인가), 아니면 일단 탈퇴 자체는 유효한 것으로 보고 이행되지 아니한 기존의무는 탈퇴 후 이행하는 것으로 족하다고 볼 것인가? 1969년 비엔나조약법협약 제70조 1~2항은 후자의 해결책을 시사하는 것으로 보인다. 그러나 국제기구에 따라서는 탈퇴를 허용하는 명시적 규정을 두면서, 재정적 의무[48] 또는 설립조약 하의 모든 의무[49]가 이행되어야만 탈퇴의 효력이 발생하는 것으로 명시한 경우들도 있다.[50]

4. 대표권 문제

UN회원국의 지위는 물론 '국가'들이 향유하는 것이지만 국가는 정부에 의하여 대표된다. 그런데 만약 둘 이상의 집단이 각기 특정 회원국의 정부를 대표하는 합법적인 대표라고 주장하면서 UN총회장에 들어와 앉기를 원한다면, 이것은 각 기관이 자신의 절차규칙에 따라 그들이 지참한 신임장(credential)을 심사하는 것만으르는 해결될 수 없는 문제가 되고 만다. —일반적으로 다른 기구의 설립조약들도 그러하지만— UN헌장에는 회원국의 대표권(representation) 문제에 대해서는 아무런 언급이 없는데,[51] 이 문제와 관련하여 UN총회는 1950년 12월 14일의 결의 396(V) "회원국 대표권에 대한 UN의 승인" (Recognition by the United Nations of the representation of a Member State)에서 다음의 세 가지를 '권고'하였다 : 첫째, "둘 이상의 당국이 UN에서 어떤 회원국을 대표할 자격이 있는 정부라고 주장하고 이 문제가 UN에서 논쟁의 대상이 되는 경우, 이 문제는 UN의 목적과 원칙 그리고 각 경우의 상황에 비추어 검토되어야 한다" ; 둘째, "이런 문제가 발생하면, 이것은 총회에서, 총회가 회기중이 아닌 경우에는 중간위원회에서 검토되어야 한다" ; 셋째, "이런 문제에 대해 총회나 중간위원회가 채택한 태도는 UN의 타기관과 전문기구들에서도 고려되어야 한다." 총회는 이어서 "이런 문제에 대해 총회나 중간위원회가 채택한 태도는 그 자체만으로 각 회원국과 관련 국가와의 직접적인 관계에 영향을 미치지는 아니한다."고 '선언'하였다. 그리고 현 UN총회 절차규칙(Rule 29)에 의하면 "한 회원국으로부터 (총회)입장에 이의를 제기당한 대표는 신임장심사위원회(Credentials Committee)[52]가 보고하고 총회가 결정을 할 때까지 다른 대표들과 동일한 권리를 가지고 잠정적으로(임시로) 착석한다(shall be seated provisionally)."[53]

Akehurst, p. 209 ; https://en.wikipedia.org/wiki/Indonesia_and_the_United_Nations.

48) 예컨대, FAO헌장 제19조 ; ILO헌장 제1조 5항.

49) 예컨대, 국제연맹규약 제1조 3단.

50) See Amerasinghe, pp. 118~119.

51) Amerasinghe, pp. 126~127.

52) 총회 신임장심사위원회는 총회 의장의 제안에 기초하여 각 회기 시작 때 총회가 임명하는 9개 회원국으로 구성된다 : UN총회 절차규칙, Rule 28 ; https://www.un.org/ga/61/credent/credent.shtml.

53) Rosenne, *The Perplexities of Modern International Law*, p. 413, fn. 37.

대표권과 관련해서는 냉전 시절 중국의 사례가 가장 처음 발생한 대표적인 경우이다. '중국'(헌장 제23조 1항에 의하면 'The Republic of China' 즉, '중화민국')은 UN의 원회원국이면서 안보리 상임이사국인데, 1949년 중국 대륙에서는 모택동이 이끄는 "중화인민공화국"(People's Republic of China)이 권력을 장악하였지만 1971년까지 중국은 UN 내에서 대만에 근거지를 둔 장개석 국민당 정부의 중화민국(Republic of China)에 의하여 대표되고 있었다. 이것은 당시 냉전 구도 하에서 미국의 지원에 의한 것이었지만, 이러한 현상은 국가를 대표하는 정부는 실효적 지배(통제)(effective control)를 행사할 수 있어야 한다는 국제법의 일반원칙에 위배되는 것이라고 하지 않을 수 없었다.[54] 결국 1971년 10월 25일 총회는 결의 2758(XXVI)[55]에서 "PRC정부의 대표들이 UN에 대한 중국의 유일한 합법적 대표들이며, PRC는 안보리 5개 상임이사국의 하나임을 승인"하면서, "장개석(정부)의 대표들(representatives of Chiang Kai-shek)을 그들이 UN에서 그리고 UN과 관련된 모든 국제기구에서 불법적으로 점령하고 있는 자리로부터 즉각 추방하기로 결정"하였다.[56] 안보리와 UN전문기구들은 총회의 결정을 신속히 수락하였다.[57] 그리고 이것은 더 이상 이른바 중화민국 대표가 중국을 대표하여 UN(및 관련 국제기구) 건물에 들어올 자격이 없음을 의미하는 것이었다.[58]

---

54) 1960년대에 들어와 국제정치상황도 변하고 있었다. 중공은 미국보다 소련을 더 위협적인 존재로 인식하게 되었고, 1969년 미국은 동맹국들에게 자신의 안보는 자신이 책임질 것을 요구하는 닉슨 독트린(Nixon doctrine)을 천명하는 것으로 화답하였다. 실제로 한국에서는 1971년 6월까지 미국 주둔군 61,000 명 중 2만 명을 철수시키기도 하였다. https://en.wikipedia.org/wiki/China-United_States_relations ; https://en.wikipedia.org/wiki/Nixon_Doctrine ; 김용삼, "미국에게 한국은 어떤 존재인가?", 《미래한국》, Vol. 525 (2016년 6월 8일), pp. 40~46.

55) 찬성 76, 반대 35, 기권 17표로 채택. 제목 : "Restoration of the lawful rights of the People's Republic of China in the United Nations." See https://en.wikipedia.org/wiki/United_Nations_General_Assembly_Resolution_2758.

56) Rosenne, *The Perplexities of Modern International Law*, pp. 246, 413.

57) 이를테면, UN전문기구의 하나인 ICAO의 경우, 중화민국(대만)은 원회원국이었으나 1971년 회원국의 자리를 현 중국(중화인민공화국)에 넘겨주었다. 그 결과 중국 정부가 ICAO협약의 목적상 대만 내의 공항을 지정할 권리를 가지고 있다. ICAO에서 옵서버의 지위라도 얻으려는 대만의 희망은 중국의 반대로 아직 실현되지 않고 있다. Orakhelashvili/Akehurst, pp. 93(fn. 101), 203 ; David Brown, "Why Taiwan is needed in ICAO", PacNet Number 35, (Pacific Forum CSIS, Honolulu, Hawaii), May 21, 2013, 〈https://www.files.ethz.ch/isn/165719/Pac1335.pdf〉 ; Stanley Kao, "Taiwan To ICAO: Let Us In", Aviation Week Network, Sep 21, 2016, 〈https://aviationweek.com/commercial-aviation/taiwan-icao-let-us〉 ; South China Morning Post, 23 Sep, 2016, "Sorry, you're not invited: UN aviation agency snubs Taiwan in sign of pressure from Beijing", 〈https://www.scmp.com/news/china/policies-politics/article/2021950/sorry-youre-not-invited-un-aviation-agency-snubs-taiwan〉 ; Focus Taiwan, 2019/04/10, "China has no right to represent Taiwan in ICAO: MOFA", 〈https://focustaiwan.tw/news/aipl/201904100021.aspx〉. IMF, IBRD를 위시한 국제금융기구들의 경우에는 채무조정 등의 문제로 인하여 중국의 대표권 조정이 훨씬 나중에 이루어졌다. Amerasinghe, p. 127 (fn. 78).

58) Malanczuk, pp. 371~372 ; 朴觀淑, pp. 154~156 ; https://en.wikipedia.org/wiki/China_and_the_United_Nations. 대만의 공식 국호는 여전히 중화민국(Republic of China)이지만 중국(PRC)의 외교적 압력으로 인해 국제적 모임에는 주로 "Chinese Taipei"의 이름으로 참여하고 있다. WTO(세계무역기구)의 경우에는 2002년 1월 1일 "Separate Customs Territory of Taiwan, Penghu, Kinmen and Matsu (Chinese Taipei)"의 이름으로 가입하였다. 게다가 중국은 대만을 자국 영토의 일부로 보아 "Taiwan, China"로 지칭하고 있기도 하다. https://en.wikipedia.org/wiki/Chinese_Taipei ; https://en.wikipedia.org/wiki/Taiwan ; https://www.wto.org/.

총회 관행을 보면 대표권 문제는 한 국가를 대표한다고 주장하는 정부가 둘 이상인 경우에만 발생하지는 않았다. 회원국을 대표하는 －실효적 지배력을 갖춘－ 정부가 하나뿐인데도 그 국가의 어떤 정책이 마음에 들지 않는다는 이유로 대표권에 의문을 제기하면서 그 국가대표의 총회 참석을 저지하려는 시도가 때로 행해지고 있는 것이다. 이를테면, 총회는 표결을 통해 1970년 남아프리카 대표단의 신임장을 거부하기로 결정한 바 있었는데,[59] 그럼에도 불구하고 당시 총회 의장 Edvard Hambro (노르웨이)는 남아프리카 대표단이 총회에 계속 참여하는 것을 허용하였던 것이다.[60] 그러나 1974년 총회에서 다시금 표결로써 남아프리카 정부 대표단의 신임장을 거부하기로 결정하였을 때,[61] 당시 총회의장 Abdelaziz Bouteflika (알제리)는 신임장이 거부된 대표는 총회에 참석할 수 없다고 해석하였다.[62] 이로 인해 남아프리카는 그 긴 해안선으로 인해 바다 문제에 큰 이해관계가 있음에도 불구하고 제3차 UN해양법회의에 대표단을 참석시킬 수 없었다.[63] 이 밖에, 이스라엘 대표단의 신임장을 거부함으로써 총회 참석을 저지하려는 시도도 계속 행해지고 있다. 이스라엘 대표단의 신임장은 신임장심사위원회에서 언제나 수락되고 있는데, 그러나 1982년에 새로운 상황이 발생하였다. 즉, 총회 제37차 회기에서 신임장심사위원회가 다시금 이스라엘 대표단의 신임장들을 수락하자, 10월 22일 42개 회원국이 이 결정(보고서)에 이의를 제기하였다. 이 문제가 총회에 상정되었을 때 핀란드 대표는 －북유럽국가들의 이름으로－ 신임장심사위원회의 결정을 수정하려는 제안이 표결에 부쳐져서는 안 된다는 제의를 하였고, 이 제안이 74 대 9, 기권 32로 채택되었다. 그 후에도 많은 국가들이 이스라엘 대표단의 신임장에 이의를 제기하려고 노력하였지만, 이 문제가 토의될 때마다 미국정부는 이스라엘 대표단의 신임장을 옹호함에 있어 강력한 입장을 견지하였다. 그리고 상황의 전개는 1982년의 그것과 언제나 동일하였다. 즉, 북유럽국가의 한 대표가 신임장심사위원회의 보고서를 수정하려는 제안은 표결에 회부되어서는 안 된다는 제안을 하고, 그리고 지금까지 그 결과는 같았다.[64] Bouteflika의 접근법에 기초한 실제관행은 헌장 제5조에 기초한 권리와 특권의 정지에 상응하는 결과를 초래하게 된다. 이같은 접근에 대해서는, 특정 회원국의 정책에 대한 반대의 표시로 절차규칙을 이용하여 하나뿐인 정부에서 파견한 대표자의 신임장을 배척하는 것은 UN헌장 하에서의 총회권한의 정당한 행사가 아니라는 비판이 제기되고 있다.[65]

5. UN총회 상주옵서버

일부 국제기구는 외부의 일정 실체들에게 옵서버의 이름으로 제한된 범위 내에서 기구의 활동에 참여하는 것을 허락하고 있다.[66] UN의 경우, 총회는 (i) UN회원국이 아닌 국가, 그리고 (ii) 국가가

59) UN총회결의 2636(XXV)(1970년 11월 13일).
60) Amerasinghe, p. 128.
61) UN총회결의 3206(XXIX)(1974년 9월 30일).
62) Amerasinghe, p. 128.
63) Rosenne, *The Perplexities of Modern International Law*, p. 247.
64) Amerasinghe, p. 129.
65) See e.g. *ibid.*, p. 130.

아니므로 UN에 가입할 수도 없는 국제기구와 –국제적십자위원회,[67] 몰타기사단,[68] 민족해방단체를 포함한– 기타 다양한 실체들에게 상주옵서버(permanent observers) 지위를 부여하고 있는데, 흔히 전자는 "비회원 옵서버국가"(non–member observer states)로, 후자는 "비국가 옵서버"(non–state observers)로 지칭된다. 옵서버 지위는 UN총회 결의에 의해 부여되며, 결의 이행에 필요한 행동은 UN사무총장에게 일임되고 있다. 그러나 옵서버는 단지 총회관행에 기초한 것으로, 헌장에 이에 대한 명시적 규정은 없다.[69] '비회원 옵서버국가'가 되기 위해서는 UN전문기구들(specialized agencies) 중에 어느 하나의 회원일 것이 요구되고 있는데, 2015년 9월 현재 단지 로마교황청[70]과 팔레스타인국(State of Palestine)[71]이 '비회원 옵서버국가' 그룹에 속한다.[72] 남북한의 경우, 한국

66) Crawford, pp. 193~195 ; https://en.wikipedia.org/wiki/Observer_status ; https://en.wikipedia.org/wiki/United_Nations_General_Assembly_observers.

67) UN총회 결의 45/6 ("Observer status for the International Committee of the Red Cross")(1990년 10월 16일).

68) UN총회 결의 48/265 ("Observer status for the Sovereign Military Order of Malta in the General Assembly")(1994년 8월 24일).

69) 옵서버 지위를 부여하는 결의 채택에는 UN헌장 제18조 3항이 적용되어 "출석하여 투표하는 회원국의 과반수"가 요구된다.

70) UN총회 결의 58/314 ("Participation of the Holy See in the work of the United Nations")(2004년 7월 1일) 참조.

71) UN총회 결의 67/19 ("Status of Palestine in the United Nations")(2012년 11월 29일) ; https://www.un.int/wcm/content/site/palestine/. 팔레스타인은 이 결의에 의해 기존의 "비국가 옵서버"에서 "비회원 옵서버 국가"로 승격되었는데, 미국과 이스라엘은 이 결의에 강하게 반대하였었다. Tim Hume and Ashley Fantz, "Palestinian United Nations bid explained", CNN Middle East, November 30, 2012, 〈https://edition.cnn.com/2012/11/28/world/meast/un-palestinian-bid〉 ; David Ariosto and Michael Pearson, "U.N. approves Palestinian 'observer state' bid", CNN Middle East, November 30, 2012, 〈https://edition.cnn.com/2012/11/29/world/meast/palestinian-united-nations〉 ; BBC News Middle East, 30 November 2012, "Q&A: Palestinians' upgraded UN status", 〈https://www.bbc.co.uk/news/world-middle-east-13701636〉 ; UN News Centre, 29 November 2012, "General Assembly grants Palestine non-member observer State status at UN", 〈https://www.un.org/apps/news/story.asp?NewsID=43640〉 ; https://en.wikipedia.org/wiki/United_Nations_General_Assembly_resolution_67/19 ; https://en.wikipedia.org/wiki/United_Nations_General_Assembly_observers.

이에 앞서 팔레스타인은 2011년 10월 31일 역시 특히 미국과 이스라엘의 강한 반대에도 불구하고 UN의 대표적인 전문기구인 UNESCO 총회에서 107 대 14, 기권 52의 다수결로 동 기구 가입이 허락된 바 있었다. https://en.wikipedia.org/wiki/Member_states_of_UNESCO ; Steven Erlanger and Scott Sayare, "Unesco Accepts Palestinians as Full Members", The New York Times, October 31, 2011, 〈https://www.nytimes.com/2011/11/01/world/middleeast/unesco-approves-full-membership-for-palestinians.html?pagewanted=all&_r=0〉 ; Harriet Sherwood, "US pulls Unesco funding after Palestine is granted full membership", The Guardian, Monday 31 October 2011, 〈https://www.guardian.co.uk/world/2011/oct/31/unesco-backs-palestinian-membership〉 ; 본서, 제1장 (국제공동체의 역사적 전개과정), "Ⅳ. 국제공동체의 전개과정, 6. 제5단계(1990~현재)".

팔레스타인이 UN총회에서 비회원 옵서버 '국가'의 지위를 얻은 것과 관련하여 이스라엘은 앞으로 팔레스타인'국'이 ICC로마규정의 당사국이 되는 상황을 우려한 바 있었다. Patrick Martin, "Palestinians potential access to International Criminal Court worries Israel", The Globe and Mail, Nov. 30 2102, 〈https://www.theglobeandmail.com/news/world/palestinians-potential-access-to-international-criminal-court-worries-israel/article5831228/〉. 그후 실제로 Mahmoud Abbas 팔레스타인 수반은 2014년 12월 31일 Ramallah(웨스트뱅크 내에 위치한 팔레스타인국의 사실상의 행정수도)회의에서 ICC로마규정을 위시한 약 20여개의 국제조약에 서명하였다 : Turns in Evans (ed.), *International Law*, 5th, p. 849 (fn. 42) ; BBC News Middle East, "Palestinians sign up to join International Criminal Court", 31 December 2014, 〈https://www.bbc.com/news/world-middle-east-30645462〉 ; https://en.wikipedia.org/wiki/Ramallah. 그리고 곧이어

은 1949년에, 북한은 1973년에 '비회원 옵서버국가'의 지위를 인정받은 후 1991년 함께 UN회원국이 되었다.[73] 비회원 옵서버국가는 총회 홀에서 회원국들 바로 뒤에, 그리고 타 옵서버들 앞에 좌석이 마련된다.[74]

옵서버가 총회에서 향유하는 권리는 총회가 결정하기 나름인데, 단지 참관만 할 권리에서부터, 매개자 없이 자료를 배포할 권리, 일반토의에 참여할 권리 등 다양하다. 이를테면 같은 '비회원 옵서버국가' 그룹에 속하는 로마교황청과 팔레스타인국의 경우에도 양국의 허가받은 권리가 완전히 동일하지는 않다. 그러나 옵서버에게는 그것이 국가라 하더라도 총회에서 결의를 제안하거나 투표하는 것은 허락되지 아니한다.

총회결의에 의해 점차적으로 권리가 추가되기도 한다. 그 한 예로, 팔레스타인은 2012년 "비국가 옵서버"에서 "비회원 옵서버국가"로 승격되면서 총회 토론에 참여하는 것이 허락되었다.[75] 이어서 2015년 9월 10일 총회는 UN 본부 및 각 지부에서 회원국 국기들 뒤에 비회원 옵서버국가인 팔레스타인과 로마교황청의 국기를 게양해야 한다고 결정하기도 하였다.[76]

또 다른 예로, 1974년 당시 EEC의 자격으로 옵서버의 지위를 부여받은 바 있는 '초국가적 국제기구' EU는 2011년에는 EU와 그 회원국들의 입장을 개진하기 위하여 발언할 권리, EU회원국들이 구두로 합의한 제안과 개정을 제출할 권리, EU의 입장에 대해 답변할 권리 등의 권한을 추가로 부여받았다. 그리고 이들 권리는 자신의 회원국들로부터 그들을 대리하여 발언할 권리를 부여받은 다른 국제기구들에게도 개방되었는데, 이는 EU만을 특별대우하는 것에 반발한 지역기구들을 의식한 조치였다.[77]

2015년 1월 2일 UN사무총장에게 ICC로마규정 가입서를 기탁함으로써 팔레스타인국은 -로마규정 제126조 2항의 규정에 따라- 동년 4월 1일부로 123번째 로마규정 당사국이 되었다 : ICC, Press Release, 07/01/2015. "The State of Palestine accedes to the Rome Statute, 〈https://www.icc-cpi.int/〉" ; ICC, Press Release, 01/04/2015, "ICC welcomes Palestine as a new State Party", 〈https://www.icc-cpi.int/〉 ; Inna Lazareva, "Palestinian Authority formally joins ICC - but what will it mean for Israel and PA?", The Telegraph, 1 April 2015, 〈https://www.telegraph.co.uk/news/worldnews/middleeast/palestinianauthority/〉.

72) https://www.un.org/en/members/nonmembers.shtml.

73) https://en.wikipedia.org/wiki/United_Nations_General_Assembly_observers.

74) *Ibid.*

75) BBC News Middle East, 30 November 2012, "Q&A: Palestinians' upgraded UN status", 〈https://www.bbc.co.uk/news/world-middle-east-13701636〉.

76) UN총회결의 69/320. "UN 비회원 옵서버 국가의 국기 게양"(Raising the flags of non-member observer States at the United Nations)이란 제목의 이 총회 결의는 미국을 위시한 일부 국가들의 반대 속에서 다수결 투표로 채택되었다. 결의는 UN사무총장(반기문)에게 이 결의 채택일로부터 20일 내에 이행을 위한 '필요한 조치'를 취할 것을 요청하였다. UN News Centre, 10 September 2015, "Flags of non-member observer States to fly at UN offices", 〈https://www.un.org/apps/news/〉 ; Lorenzo Ferrigno, "Vote allows raising of Palestinian and Vatican flags at United Nations", CNN, September 10, 2015, 〈https://edition.cnn.com/2015/09/10/world/united-nations-palestinian-vatican-flags/〉.

77) UN총회 결의 65/276 ("Participation of the European Union in the work of the United Nations") 및 부속서 ("Participation of the European Union in the work of the United Nations") (2011년 5월 3일) ; Leigh Phillips, "EU reaches out for new powers at United Nations", 15 July 2010, 〈https://euobserver.com/foreign/30481〉, & "EU wins new powers at UN, transforming global body", 3 May 2011, 〈https://euobserver.com/foreign/32262〉.

Ⅴ. UN의 주요기관

UN을 대리하여 행동할 수 있는 '주요'기관(principal organs)은 (i) 모든 회원국들로 구성되는 총회(General Assembly), (ii) 보다 전문적인 기능을 수행하며 일정한 제한된 수의 회원국들로 구성되는 3개의 이사회, 즉 안전보장이사회(Security Council), 경제사회이사회(Economic and Social Council) 및 신탁통치이사회(Trusteeship Council), 그리고 (iii) 회원국이 아니라 개인들로 구성되는 2개의 기관, 즉 국제사법재판소(International Court of Justice : ICJ)와 사무국(Secretariat) 등 모두 6개이다.[78)]

이 밖에 이들 주요기관에 의해 설치된 '보조'기관(subsidiary organs)도 상당한 수에 이른다.[79)] 보조기관은 회원국으로 구성될 수도 있고, 사적 자격으로 행동하는 개인들로 구성될 수도 있다. 보조기관을 설립하기 위해서는 반드시 UN헌장에 명시적인 근거가 있어야 하는 것은 아니며, 여기에도 묵시적 권한의 이론이 적용된다.[80)] 일반적으로 기구 혹은 주요기관이 자신의 직무수행을 돕기 위해 만드는 보조(2차)기관은 자신이 소속한 기구 혹은 주요(1차)기관의 통제 내지는 감독 하에 있다는 의미에서 종속적(subordinate)이며, 또한 보조기관의 결정은 주요기관(특히 자신을 만든 기관)에 대해 구속력을 가질 수 없다. 그러나 보조기관의 이같은 종속적 성격은 수정이 불가능한 것이 아니며, 이것은 특히 주요기관이 사법적 기능을 수행하는 기관을 만들 때 그러하다. 즉, ICJ는 *Effect of awards of compensation made by the U.N. Administrative Tribunal* 사건[81)]에서, (i) UN

78) UN헌장 제7조 1항. 네덜란드 헤이그에 자리잡은 ICJ를 제외하고는 모든 주요기관이 미국 뉴욕 본부건물에 들어 있다. 제네바(스위스), 비엔나(오스트리아), 나이로비(케냐)에 3개 보조지역본부가 소재하고 있기도 하다. https://www.un.org/sites/un2.un.org/files/english_2019.pdf ; https://en.wikipedia.org/wiki/Headquarters_of_the_United_Nations ; https://visit.un.org/sites/visit.un.org/files/FS_UN_Headquarters_History_English_Feb_2013.pdf ; https://blogs.shu.edu/nyc-history/2016/11/14/united-nations/.

79) UN헌장 제7조 2항 ; Malanczuk, p. 373.

80) Amerasinghe, p. 140.

81) Advisory Opinion of July 13th, 1954, ICJ Reports (1954), p. 47 at 60~61 : "In the third place, the view has been put forward that the Administrative Tribunal is a *subsidiary*, *subordinate*, or *secondary* organ ; and that, accordingly, the Tribunal's judgments cannot bind the General Assembly which established it. This view assumes that, in adopting the Statute of the Administrative Tribunal, the General Assembly was establishing an organ which it deemed necessary for the performance of its own functions. But the Court cannot accept this basic assumption. The Charter does not confer judicial functions on the General Assembly and the relations between staff and Organization come within the scope of Chapter XV of the Charter. In the absence of the establishment of an Administrative Tribunal, the function of resolving disputes between staff and Organization could be discharged by the Secretary-General by virtue of the provisions of Articles 97 and 101. Accordingly, in the three years or more preceding the establishment of the Administrative Tribunal, the Secretary-General coped with this problem by means of joint administrative machinery, leading to ultimate decision by himself. By establishing the Administrative Tribunal, the General Assembly was not delegating the performance of its own functions : it was exercising a power which it had under the Charter to regulate staff relations. In regard to the Secretariat, the General Assembly is given by the Charter a power to make regulations, but not a power to adjudicate upon, or otherwise deal with, particular instances.

총회 그 자신은 기구와 직원간의 분쟁을 해결할 사법적 권한을 부여받지 못했지만 그럼에도 불구하고 이 같은 권한을 행사하는 보조기관을 설치할 수 있으며, (ii) UN행정재판소는 UN총회가 만들었으므로 창설자인 총회가 그 규정을 폐지하여 철거하거나 그 규정을 개정할 수는 있겠지만, (iii) 행정재판소는 총회에 의해 한 개의 사법기관(a judicial organ)으로 의도된 것이고, (iv) 따라서 행정재판소를 '보조적'(subsidiary), '종속적'(subordinate) 혹은 '부차적'(secondary) 기관인가 아닌가의 관점에서 보려해서는 안 된다고 판시하였다. ICJ는 이같은 논리에 기초하여 총회에는 행정재판소가 UN직원에게 유리하게 내린 배상판결의 시행을 거절할 권리가 없다고 결론지었다.[82] Rosenne[83]는 헌장 제7조에 나타난 UN의 주요기관과 보조기관의 형식적인 구분은 이제 더 이상 타당하지 않다고 보고 있다.

한편, 헌장 제8조는 "UN은 그 주요기관 및 보조기관에 남자와 여자가 그 지위가 무엇이건 평등한 조건으로 참가할 자격이 있다는 것에 대하여 어떤 제한도 두어서는 아니된다."고 규정함으로써 UN활동과 관련하여 성차별을 금지하고 있다.

UN의 정치기관들(즉, 총회, 안전보장이사회, 경제사회이사회, 신탁통치이사회)은 '결의'(resolution) 채택을 통해 헌장에서 부여받은 권한을 행사하고 있지만, '결의'라는 용어 자체는 UN헌장의 문언에 나타나지 아니한다. 헌장에서는 단지 결정(decisions)과 조치(measures)란 술어가 사용되고 있는 것이다.[84] 국제사법재판소에 대해서는 다음의 제26장에서 언급하기로 하고 여기서는 기타 주요기관들에 관해서만 살펴보겠다.

It has been argued that an authority exercising a power to make regulations is inherently incapable of creating a subordinate body competent to make decisions binding its creator. There can be no doubt that the Administrative Tribunal is *subordinate* in the sense that the General Assembly can abolish the Tribunal by repealing the Statute, that it can amend the Statute and provide for review of the future decisions of the Tribunal and that it can amend the Staff Regulations and make new ones. There is no lack of power to deal effectively with any problem that may arise. But the contention that the General Assembly is inherently incapable of creating a tribunal competent to make decisions binding on itself cannot be accepted. It cannot be justified by analogy to national laws, for it is common practice in national legislatures to create courts with the capacity to render decisions legally binding on the legislatures which brought them into being.

The question cannot be determined on the basis of the description of the relationship between the General Assembly and the Tribunal, that is, by considering whether the Tribunal is to be regarded as a *subsidiary*, a *subordinate*, or a *secondary* organ, or on the basis of the fact that it was established by the General Assembly. It depends on the intention of the General Assembly in establishing the Tribunal, and on the nature of the functions conferred upon it by its Statute. An examination of the language of the Statute of the Administrative Tribunal has shown that the General Assembly intended to establish a judicial body; moreover, it had the legal capacity under the Charter to do so." (italics added)

82) Amerasinghe, pp. 141~142, 261~270, 380 ; Akande in Evans (ed.), *International Law*, 3rd, p. 277.

83) Rosenne, *The Perplexities of Modern International Law*, p. 411.

84) https://en.wikipedia.org/wiki/United_Nations_Security_Council_resolution ; Aust, *Handbook of IL*, 2nd, p. 194, fn 30.

1. 총 회

(1) 구 성

총회는 UN 내에서 모든 회원국들로 구성되는 유일의 주요기관인데, 각 회원국은 여기에 대표자를 5인까지 참여시킬 수 있다.[85]

(2) 임무와 권한

UN의 1차적 기능인 평화와 안전의 유지에 관해서는 그 일차적 책임(primary responsibility)이 안보리에 지워져 있고,[86] 또 기타 중요한 문제의 대부분에 대해서 총회는 안보리의 권고에 기해서만 행동할 수 있지만,[87] 그대신 총회의 권한은 매우 일반적이고 광범위하다.

첫째, 총회는 헌장의 범위 내에 있거나 헌장에 규정된 기관의 권한과 임무에 관련한 그 어떤 문제 또는 사항(any questions or any matters)도 토의할 수 있으며, 아울러 -제12조에 규정된 경우를 제외하고- 이와 같은 문제 또는 사항에 대하여 UN회원국이나 안전보장이사회 또는 이 양자 모두에게 권고할 수 있다.[88]

둘째, 총회는 군비축소(disarmament) 및 군비규제(regulation of armaments)를 규율하는 원칙들을 포함하여, 국제평화와 안전의 유지를 위한 협력에 관한 일반원칙을 심의하고, 아울러 이와 같은 원칙들에 대하여 회원국이나 안전보장이사회 또는 이 양자 모두에게 권고할 수 있다. 또한 총회는 UN회원국이나 안전보장이사회에 의하여, 또는 제35조 2항에 따라 UN회원국이 아닌 국가에 의하여, 총회에 제기된 국제평화와 안전의 유지에 관한 그 어떤 문제라도 토의할 수 있으며, 아울러 -제12조에 규정된 경우를 제외하고- 이와 같은 문제에 대하여 관련국가나 안전보장이사회 혹은 이 양자 모두에게 권고할 수 있다. 다만, 이와 같은 문제로 '행동'을 필요로 하는 것(any such question, on which action is necessary)은 토의 전이나 후에 총회에 의하여 안전보장이사회에 부탁되어야 하며, 이 경우 총회는 토의는 할 수 있어도 권고는 할 수 없다. 총회는 국제평화와 안전을 위태롭게 할 우려가 있는 사태에 대하여 안전보장이사회의 주의를 촉구할 수 있다.[89]

셋째, 헌장 제12조 1항은 총회와 안보리 간에 권한 충돌이 발생하는 것을 방지하기 위해 전자의 권한에 한 가지 중대한 제한을 가하고 있다. 즉, "안전보장이사회가 어느 분쟁(dispute)이나 사태(situation)에 대하여 헌장에 의하여 부과된 임무를 수행하고 있는 동안에는 총회는 안보리가 요청하지 않는 한 당해 분쟁 또는 사태에 대하여 어떤 권고도 하여서는 아니된다." 따라서 이 경우 총회는 -안보리가 요청하지 않는 한- 토의는 할 수 있어도 권고는 할 수 없다.[90] 그리고 동 조 2항에 의하면,

---

85) UN헌장 제9조.
86) UN헌장 제24조.
87) 즉, 가입(제4조), 제명(제6조), 권리와 특권의 정지(제5조), 사무총장의 임명(제97조).
88) UN헌장 제10조.
89) UN헌장 제11조.
90) ICJ Advisory Opinion of 22 July 2010 concerning *Accordance with international law of the unilateral*

"사무총장은 국제평화와 안전의 유지에 관한 사항으로서 안전보장이사회가 취급하고 있는 것은 안보리의 동의를 얻어 회기마다 총회에 통지하여야 하며, 안전보장이사회가 그 사항의 취급을 그만둔 경우에는 그 즉시 총회 또는 -총회가 개회 중이 아닌 때에는- 회원국들에게 이를 통지하여야 한다." 실제로 제12조 1항은 총회의 권한에 중대한 제한이 되지는 않는 것으로 판명되었다. 왜냐하면 안보리에서는 상임이사국의 거부권 행사로 인하여 어떤 문제에 관해 결정을 내릴 수 없는 경우가 비일비재하였지만, 이 경우 안보리는 총회에서 당해 문제를 다룰 수 있도록 하기 위해 그것을 의제에서 삭제하는[91] 관행을 채택하고 있기 때문이다.[92] 총회가 헌장 제96조 1항에 의거하여 'ICJ에 권고적 의견을 요청'하는 것은 헌장 제12조 1항에서 말하는 '권고'가 아니다.[93]

넷째, 총회는 "정치 분야에 있어 국제협력을 촉진하고, 아울러 국제법의 점진적 발전과 그 법전화를 장려할 목적으로", 그리고 "경제·사회·문화·교육 및 보건 분야에 있어 국제협력을 촉진하고, 아울러 인종·성·언어 또는 종교에 의한 차별 없이 모든 인간을 위하여 인권과 기본적 자유를 실현하도록 원조할 목적으로" 연구(조사)를 개시하고 그리고 권고를 한다.[94]

다섯째, 상기 제12조의 규정을 조건으로, 총회는 그 기원에 관계없이 국가 간의 일반적 복지나 우호관계를 해칠 우려가 있다고 인정되는 어떤 사태에 대해서라도 이를 평화적으로 조정(peaceful adjustment of any situation)하기 위한 조치를 권고할 수 있는데, 이 '사태'에는 UN의 목적과 원칙을 정한 헌장규정의 위반에서 발생하는 사태가 포함된다.[95]

여섯째, 총회는 안전보장이사회로부터 연차보고서(annual reports)와 특별보고서(special reports)를 받아 이를 심의한다. 이 보고서에는 안전보장이사회가 국제평화와 안전을 유지하기 위하여 결정하거나 취한 조치에 대한 설명이 포함되어야 한다. 총회는 또한 UN의 타기관들로부터도 보고서를 받아 이를 심의한다.[96]

일곱째, 총회는 UN의 예산을 심의하고 승인한다. UN의 경비는 총회에서 할당하는 바에 따라 각 회원국이 부담한다. 총회는 -헌장 제57조에서 언급하고 있는- 전문기구들과의 재정 및 예산 협정(any financial and budgetary arrangements with specialized agencies)을 심의·승인하고, 관련 전문기구에 권고할 목적으로 그 전문기구의 행정예산(administrative budgets)을 검사한다.[97]

---

declaration of independence in respect of Kosovo, para. 40.

91) 의제 삭제는 절차문제이기 때문에 상임이사국의 거부권이 적용되지 않는다.

92) Malanczuk, p. 379. ; Rosenne, *The Perplexities of Modern International Law*, p. 415.

93) *Legal Consequences of the Construction of a Wall by Israel in the Occupied Palestinian Territory*, ICJ Advisory Opinion of 9 July 2004, para. 25 ; *Accordance with international law of the unilateral declaration of independence in respect of Kosovo*, ICJ Advisory Opinion of 22 July 2010, para. 24 ; 본서, 제26장 (분쟁의 평화적 해결수단), "Ⅶ. 사법심사, 17. 권고적 관할권".

94) UN헌장 제13조 1항.

95) UN헌장 제14조. 헌장 제14조에 상응하는 규정으로, 과거 국제연맹규약 제19조는 "연맹총회는 '적용할 수 없게 된 조약을 재심의'할 것과 '계속되면 세계평화를 위태롭게 할 수 있는 국제적 상황을 심의'할 것을 수시로 연맹회원국들에게 권고할 수 있다."라고 규정하고 있었다.

96) UN헌장 제15조.

97) UN헌장 제17조 ; *Certain Expenses of the United Nations*, Advisory Opinion, ICJ Reports (1962), p. 151 ; Amerasinghe, pp. 365~383 ; 본서, 제27장 (국가의 무력사용) ; https://www.globalpolicy.org/un-finance.html.

위에서 보는 바와 같이, 일반적으로 총회는 회원국들에 대하여 단지 권고할 수 있는 권한을 가지고 있을 뿐이지만, 때로는 '모든 회원국'을 넘어 '모든 국가들'에 대해, 그것도 일정 행동노선을 채택할 것을 '요구'(demand)하는 결의를 채택하기도 한다.[98] 그러나 이런다고 해서 총회 결의가 UN회원국에 대해 법적 구속력을 갖는 것은 아니며, 비회원국에 대해서는 더욱 그러하다. 다만, 총회는 UN의 내부조직 운영에 관련된 문제들에 대해서는 확정적인 결정을 할 수 있다.[99] ICJ도 *Certain Expenses of the United Nations* 사건[100]에서 총회의 이들 권한 중 일부를 지적한 바 있다. ICJ는 그 후 *Namibia* 사건[101]에서 이 입장을 설명하면서, UN헌장에서는 총회에 그같은 권한을 명시적으로 부여하고 있지 않음에도 불구하고 남아프리카의 위임통치를 종결시킬 총회의 권한을 지지한 바 있다.[102]

---

98) 이를테면, 2017년 12월 6일 미국의 트럼프(Donald J. Trump) 대통령이 예루살렘을 이스라엘의 수도로 인정한다는 포고를 발하자 UN총회는 12월 21일(목) 재개된 10차 긴급특별총회(Tenth emergency special session)에서 "모든 국가들이 예루살렘의 지위에 관한 안보리의 결의들을 준수하고, 이들 결의에 위배되는 행동이나 조치를 인정하지 않을 것을 요구하는"(*Demands* that all States comply with Security Council resolutions regarding the Holy City of Jerusalem, and not recognize any actions or measures contrary to those resolutions) 결의(A/Res/Es-10/19)를 찬성 128, 반대 9, 기권 35의 다수결로 채택한 바 있다. 이것은 비슷한 문안의 결의안이 안보리에서 미국의 거부권 행사로 채택되지 못한 데 따른 총회의 반응이었다. U.S. White House, "Presidential Proclamation Recognizing Jerusalem as the Capital of the State of Israel and Relocating the United States Embassy to Israel to Jerusalem,〈https://www.whitehouse.gov/briefings-statements/statement-president-trump-jerusalem/〉; https://research.un.org/en/docs/ga/quick/emergency ; UN News Centre, 21 December 2017, "General Assembly demands all States comply with UN resolutions regarding status of Jerusalem". 이 결의에 대한 비판적 견해로는, David Singer, "The UN breached its own Charter in vote against Trump on Jerusalem", Arutz Sheva-Israel National News, 2 January 2018, 〈https://www.israelnationalnews.com/Articles/Article.aspx/21497〉 참조.

99) 즉, UN헌장 제4조 2항 (안보리의 권고에 따른 신회원국의 가입결정), 제5조 (안보리의 권고에 따른 회원국의 권리/특권의 정지), 제6조 (안보리의 권고에 따른 회원국의 제명), 제17조 1항/3항 (기구의 예산심의/승인, 전문기구와의 재정/예산약정 심의/승인), 제21조 (절차규칙의 채택과 의장선출), 제23조 1항 (안보리 상임이사국 선출), 제61조 1항 (경제사회이사회 이사국 선출), 제85조 1항 (전략지구를 제외한 지역에 대한 신탁통치협정의 승인), 제93조 2항 (안보리의 권고에 따라, UN비회원국이 ICJ규정의 당사자가 되는 것을 허락), 제96조 (UN의 일부 기관 및 전문기구에게 ICJ 권고적 의견 요청권한 부여), 제97조 (안보리의 권고에 따른 사무총장 임명), 제98조 (사무총장에게 권한위임), 제101조 1항 (직원명령 제정) ; 그리고 ICJ규정 제4조 (안보리와 함께 재판관 선출 ; 안보리권고에 따라 UN회원국이 아니면서 규정의 당사자인 국가들의 재판관 선출에의 참여 결정), 규정 제32조 5항/6항 (재판관 봉급/수당/보상 결정 ; 재판소의 제안에 따른 행정처장의 봉급 결정), 규정 제33조 (재판소 경비 결정), 규정 제69조 (안보리권고에 따라 UN회원국이 아니면서 규정의 당사자인 국가의 규정 개정에의 참가 결정). Rosenne, *The Perplexities of Modern International Law*, pp. 415~416 참조.

100) Advisory Opinion, ICJ Reports (1962), p. 151 at 163 ; Amerasinghe, pp. 164~165.

101) ICJ Advisory Opinion of 21 June 1971 on *Legal Consequences for States of the Continued Presence of South Africa in Namibia (South-West Africa) notwithstanding Security Council Resolution 276 (1970)*, ICJ Reports (1971), p. 16 at 50 (para. 105) : "... it would not be correct to assume that, because the General Assembly is in principle vested with recommendatory powers, it is debarred from adopting, in specific cases within the framework of its competence, resolutions which make determinations or have operative design."

102) See Amerasinghe, pp. 165, 171 (fn. 23), 174~175 ; White, *Keeping the Peace*, p. 69.

(3) 표 결

총회에서 각 회원국은 1개의 투표권을 가진다.[103] 총회 의장은 우선 재적 1/3만 출석하면 개회를 선언하고 토의의 개시를 허락할 수 있다. 그러나 어떤 결정을 내리기 위해서는 재적과반수의 출석이 요구된다.[104]

그리고 이른바 '중요'문제(important questions)에 관한 총회의 결정은 '출석하여 투표하는' 회원국(members present and voting)의 2/3의 다수결로 정한다.[105] 기권(abstention)은 투표로 간주되지 않는데,[106] 이것은 투표에 참여는 하지만 ―택지투표(blank ballot)를 던지는 등― 찬성 또는 반대의 의사표시를 하지 않는 경우를 말한다. 다시 말해서 기권은 어떤 제안에 대해 찬성도 반대도 하고 싶지 않음을 나타내는 것이다.[107] 그러나 UN총회(를 비롯한 국제회의)에서 기권에 대한 이같은 표결 관행에 대해서는 비판이 있다.[108] 즉, ―회의에 출석하되 "투표에는 참여하지 않는다"고 천명하는 경우와는 달리― 기권은 분명히 "출석하여 투표하는" 경우이고,[109] 따라서 기권을 투표에 산입하지 않음으로써 UN총회에서 단지 소수의 의사만으로 회원국 전체에 영향을 미치는 결의가 통과되는 이상한 상황이 연출될 수 있으며, 이로써 '과반수'의 의미가 왜곡될 수 있다는 것이다.[110] 어쨌든, 이른바 '중요'문제에는 국제평화와 안전의 유지에 관한 권고, 안보리 비상임이사국의 선거, 경제사회이사회 이사국의 선거, 신탁통치이사회 이사국의 선거, 신회원국의 UN가입 승인, 회원국으로서의 권리와 특권의 정지, 회원국의 제명, 신탁통치제도의 운용에 관한 문제, 예산문제가 포함된다.[111]

'기타'문제(other questions)에 관한 결정은 '출석하여 투표하는' 회원국의 과반수에 의하며,[112] 2/3의 다수결을 요하는 중요문제의 추가결정도 이에 포함된다.[113]

헌장 제18조 2항과 3항은 총회의 '결정'(decisions)에 대해 규정하고 있지만, 여기서 '결정'이란 표현은 기구와 회원국들에게 구속력이 있는 경우와 그렇지 아니한 권고의 경우를 모두 포함한다.[114]

---

103) UN헌장 제18조 1항.

104) UN총회 절차규칙, Rule 67 ; Rosenne, *The Perplexities of Modern International Law*, p. 417.

105) UN헌장 제18조 2항 첫 번째 문장.

106) UN총회 절차규칙, Rule 86 ; Wolfrum/Philipp (eds.), p. 22.

107) Schermers, *International Institutional Law*, p. 410. 이 밖에도, 예컨대, 1989년의 "유해폐기물의 월경이동 및 처리의 통제에 관한 바젤협약"(Basel Convention on the Control of Transboundary Movements of Hazardous Wastes and Their Disposal) 제17조 6항은 "For the purpose of this Article, 'Parties present and voting' means Parties present and casting an affirmative or negative vote."라고 규정함으로써 'present and voting'의 의미를 분명히 하고 있다.

108) Rosenne, *The Perplexities of Modern International Law*, pp. 409~410.

109) 전자투표를 하는 경우에도 찬성은 녹색 버튼, 반대는 적색 버튼, 기권은 황색 버튼을 누르게 장치되어 있고, 의장은 기권을 하려는 국가들에게는 황색 버튼을 누르도록 안내하기도 한다. *Ibid.*

110) *Ibid.* : https://www.un.org/Depts/dhl/resguide/gavote.htm.

111) UN헌장 제18조 2항 두 번째 문장.

112) UN에서 "출석하여 투표하는 구성원(회원국)의 과반수"는 흔히 '단순과반수' 투표(a *simple majority* vote)로 표현된다 : see e.g. *South-West Africa-Voting Procedure*, Advisory Opinion, ICJ Reports (1955), p. 67 at 75. '단순과반수'는 그러나 기구에 따라서는 재적과반수를 의미하기도 한다(예컨대, EU기능조약 제238조 1항).

113) UN헌장 제18조 3항.

114) See *Certain Expenses of the United Nations*, Advisory Opinion, ICJ Reports (1962), p. 151 at 163 ;

국제연맹이 해산한 뒤에도 남아프리카가 당시의 서남아프리카 지역에 대한 위임통치(mandate)를 포기하지 않음에 따라 UN총회가 이 지역에 대한 국제연맹 이사회의 감독기능을 승계하게 되었지만, 이 업무는 UN헌장에 명시된 것이 아니었다. 이런 경우 총회는 UN헌장의 표결규칙(제18조)에 따라 행동해야만 하는가, 아니면 이것은 연맹의 업무를 승계한 것이므로 −만장일치에 의해 행동해야 했던− 연맹의 규칙을 따라야 하는가? 이 문제와 관련, ICJ는 *South−West Africa-Voting Procedure* 사건[115]에 대한 권고적 의견에서 총회는 UN의 기관이므로 −UN헌장을 개정하지 않는 한− 헌장에 규정된 표결절차에 따라야 한다는 견해를 제시한 바 있다. 그리고 실제로 총회도 이것이 '중요'문제라고 보고 헌장 제18조 3항에 의거하여 행동하였다.

헌장 제18조에 명시된 상기 총회표결 규칙에는 예외가 있다. 즉, UN헌장 개정과 관련하여서는 '출석하여 투표하는' 회원국의 '2/3' 혹은 '과반수' 규칙 대신 헌장 제108조에서는 총회 구성국(즉, 재적)의 2/3의 투표를, 그리고 제109조 1항, 2항, 3항에서는 각기 총회 구성국의 2/3, 일반회의의 2/3, 총회구성국의 과반수의 투표를 요구하고 있다.[116] −UN헌장의 불가결한 일부를 구성하는[117]− ICJ규정의 개정에 대해서도 −UN비회원국의 자격으로 ICJ규정의 당사국이 된 국가가 있는 경우를 제외하고는− 헌장 개정절차와 동일한 절차가 적용된다.[118] 또한, ICJ규정의 제10조 1항과 2항에 의하면 ICJ재판관으로 선출되기 위해서는 총회(와 안보리)에서 "an absolute majority of votes"(투표의 절대다수표)를 얻어야 하지만, 실제로 총회(와 안보리)에서는 '투표'가 아닌 '재적'의 '과반수'로 해석되고 있다.[119]

물론, 모든 경우에 반드시 투표가 요구되는 것은 아니며, 안건에 따라서는 '투표 없이' (without a vote), 즉 갈채(acclamation)나 컨센서스(consensus)의 방식으로 채택되기도 한다.

투표는 통상 "손을 들거나 기립하는" 방식에 의한다. 그러나 어떤 대표든지 −일일이 이름을 불러 의사를 확인하는− 점호(roll call)를 요청할 수 있으며, 점호는 총회의장이 추첨으로 뽑는 회원국부터 시작하여 회원국 이름의 영어 알파벳 순으로 행한다. 이름이 불리는 국가의 대표는 yes, no 혹은 abstention이라고 답해야 한다.[120] 전자투표를 하는 경우에는 각국이 취한 입장이 나타나는 방식으로 할 수도 있고 그것이 나타나지 않는 방식으로 할 수도 있는데, 전자를 '기록되는 투표'(recorded vote), 후자를 '기록되지 않는 투표'(non−recorded vote)라고 부른다.[121] 전자투표에 의한 기록투표가 이용가능한 경우에는 가능하면 점호투표(roll−call vote)는 요청하지 않을 것이 권고되고 있다.[122] 각국은 −안건이 채택되는 수단에 관계없이, 즉 투표가 기립에 의한 것이든, 전자(기계)장치에 의한 것

Amerasinghe, p. 171.

115) ICJ Reports (1955), p. 67 at 75 ; Amerasinghe, pp. 152~154, 167.

116) 본서, 본장, "Ⅶ. UN헌장의 개정" 참조.

117) UN헌장 제92조.

118) ICJ규정 제69조 ; 본서, 제26장 (분쟁의 평화적 해결수단), Ⅶ. 사법심사 : ICJ를 중심으로, "19, ICJ규정의 개정."

119) 본서, 제26장 (분쟁의 평화적 해결수단).

120) UN총회 절차규칙, Rule 87(a).

121) UN총회 절차규칙, Rule 87(b) ; https://www.un.org/Depts/dhl/resguide/gavote.htm ; Rosenne, *The Perplexities of Modern International Law*, pp. 409~410.

122) 1990년 11월 28일 UN총회결의 45/45 (Rationalization of existing United Nations procedures)에 부속된 "Conclusions of the Special Committee on the Charter of the United Nations and on the Strengthening

이든, 점호에 의한 것이든 관계없이- 투표 전이나 후에 '투표설명'(explanation of vote)을 할 수 있고, 안건이 '투표 없이' 채택된 경우에는 '입장설명'(explanation of position)을 할 수 있다. 그리고 이들 설명도 회의록에 실린다.[123)]

UN에 대한 분담금(financial contributions)[124)]의 납부를 연체하고 있는 회원국은 그 연체금의 금액이 그 당시까지의 만 2년간에 그 국가가 납부하여야 할 분담금의 금액과 동액이거나 이를 초과할 때에는 총회에서 투표권을 가지지 못한다. 이 규칙은 자동적으로 적용되며 총회의 결정을 필요로 하는 것이 아니다. 그 결과 이 규칙에 의거하여 총회에서 투표권을 행사하지 못하는 국가들이 적지 않다.[125)] 다만, 총회는 분담금납부의 불이행이 "당해 회원국이 통제할 수 없을 정도의 사정에 의한 것"(due to conditions beyond the control of the Member)이라고 인정될 때에는 그 회원국의 투표를 허용할 수 있다.[126)]

(4) 절 차

총회는 정기회기(regular sessions)와 임시회기(special sessions)의 형식으로 모이는데, 정기회기는 매년 "정기에"(in regular annual sessions), 임시회기는 "필요할 때"(in such special sessions as occasion may require) 개최된다. 임시총회는 안보리나 과반수 회원국의 요청이 있을 때 사무총장이 소집한다.[127)] 총회는 자신의 절차규칙(rules of procedure)을 채택하며, 또한 각 회기마다 의장을 선거해야 한다.[128)]

이상은 총회회기에 대한 UN헌장의 규정인데, 총회 절차규칙에 따르면 정기총회는 -최소 1 근무일(one working day)을 포함하는 첫째 주로부터 계산하여- 매년 9월 셋째 주 화요일에 개최된다.[129)] 임시총회는 사무총장이 안보리, 과반수 회원국, 혹은 과반수 회원국이 동의하는 경우 어느 한 회원국의 요청을 수령한 날로부터 '15일 내에' 소집되지만,[130)] 1950년의 '평화를 위한 단합' 결의(Uniting for Peace Resolution)[131)]에 따른 긴급특별총회(emergency special sessions)는 -상임이사국, 비

---

of the Role of the Organization concerning the rationalization of existing United Nations procedures", para. 2.

123) Rosenne, *The Perplexities of Modern International Law*, p. 410.

124) 외교통상부, "국제기구 분담금 산정방식", 2008.05.02., 연구보고서, [출처] 대한민국 정책브리핑 ; 외교부, [UN행정] "2020년 국제기구 분담금 현황", 2020-02-03 참조.

125) 이영준/서울신문, 2022-01-23, "한국에 발 묶인 이란 원유 대금… 정부, 이란 유엔분담금 두 번째 대납 - 기획재정 · 외교부 이란 유엔분담금 납부, 이란 중앙은행 미국 제재 명단 오르면서 기업은행 · 우리은행 계좌에 이란 돈 남아" 참조.

126) UN헌장 제19조. ILO헌장(Constitution of the International Labour Organization) 제13조 4항도 이에 상응하는 규정을 담고 있다.

127) UN헌장 제20조.

128) UN헌장 제21조 ; https://en.wikipedia.org/wiki/President_of_the_United_Nations_General_Assembly.

129) UN총회 절차규칙, Rule 1.

130) UN총회 절차규칙, Rule 8(a).

131) UN총회결의 377A(V)(1950년 11월 3일), para. 1 ; 본서, 제27장 (국가의 무력사용), "Ⅳ. 냉전 기간 동안 헌장 제7장의 관행, 2. 평화를 위한 단합", & "Ⅵ. UN평화유지활동, 1. UNEF".

상임이사국 구분 없이- 9개 안보리 이사국의 표결에 따른 안보리의 요청이 있거나, 과반수 회원국 혹은 과반수 회원국이 동의하는 경우 어느 한 회원국의 요청이 있으면 그 같은 요청이 사무총장에게 접수된 때로부터 '24시간 내에' 소집된다.[132]

총회는 그 임무 수행에 필요하다고 인정되는 보조기관을 설치할 수 있다.[133] 총회 보조기관의 하나인 중간위원회(Interim Committee)는 이제 역사의 저편으로 사라진 것으로 보인다. 각 회원국에게 한 좌석만이 할당되었기 때문에, 다시 말해서 각 회원국이 한 명의 대표자만을 파견할 수 있었기 때문에 일명 '소총회'(Little Assembly)라고도 불리는 이 위원회는 1947년 11월 13일의 총회결의 111(Ⅱ)에 의하여 창설된 것으로서, 총회 회기 사이의 활동 공백, 특히 '국제평화와 안전의 유지' 분야에서의 그 공백을 메우기 위하여 고안된 것이었다. 그러나 당시 소련이 중간위원회를 안보리의 권한에 대한 침해로 간주하여 그의 동맹국들과 함께 일체의 협력을 거부하는 바람에 이 위원회는 원래의 기대에 부응할 수 없었으며, 또 실제로 1961년 6월 이후로는 소집된 적이 없다.[134]

총회와 -현 6개- 주요위원회(Main Committees)[135]의 회의는 해당 기관이 예외적 상황으로 인해 회의가 비공개로 열려야 한다고 결정하지 않는 한 공개로 열린다. 여타 위원회 및 소위원회 회의도 그 해당 기관들이 달리 결정하지 않는 한 공개로 열린다.[136] 비공개회의에서 내려진 총회의 모든 결정은 가까운 장래의 총회의 공개회의에서 공표되어야 한다. 주요위원회, 여타 위원회 및 소위원회는 매 비공개회의 폐회시 위원장이 UN사무총장을 통해 코뮤니케를 발표할 수 있다.[137]

2. 안전보장이사회

(1) 구 성

안전보장이사회(이하 '안보리')는 15개 회원국으로 구성되며, 각 이사국은 안보리에서 1인의 대표를 갖는다.[138] UN헌장 제23조 1항은 여전히 "중국, 프랑스, 소련(USSR), 영국 및 미국"을 안보리의 상임이사국(permanent members)으로 지칭하고 있다. 그러나 '소련'은 이제 더 이상 존재하지 않는다. 그러므로 엄격하게 이야기한다면 안보리의 구성을 변경하기 위해서는 헌장 개정이 필요하다고 주장할 수도 있을 것이다. 그러나 러시아연방(Russian Federation)의 보리스 옐친(Boris Yeltsin)

---

132) UN총회 절차규칙, Rule 8(b). 가장 최근 소집된 긴급특별총회는 2022년 2월 러시아의 우크라이나 침공과 관련하여 소집된 11차 긴급특별총회이다 : https://www.un.org/en/ga/sessions/emergency.shtml ; https://en.wikipedia.org/wiki/Eleventh_emergency_special_session_of_the_United_Nations_General_Assembly ; 본서, 제1장, "Ⅳ. 국제공동체의 전개과정, 7. 제6단계" 참조.

133) UN헌장 제22조.

134) Wolfrum/Philipp (eds.), p. 550.

135) 즉, 제1위원회(군축 및 국제안보), 제2위원회(경제 및 금융), 제3위원회(사회적, 인도적, 문화적 문제), 제4위원회(특별정치 및 탈식민), 제5위원회(행정 및 예산), 제6위원회(법률문제). https://www.un.org/en/ga/maincommittees/index.shtml.

136) UN총회 절차규칙, Rule 60.

137) UN총회 절차규칙, Rule 61.

138) UN헌장 제23조 1항, 3항.

대통령은 1991년 12월 24일자 서한에서, 안보리와 UN의 기타 모든 기관에서의 소련의 회원국지위는 독립국가연합(Commonwealth of Independent States : CIS)의 11개 회원국의 지지를 받아 러시아연방에 의해 '계속'되고 있다고 UN사무총장에게 통고하여 왔다. 그리고 러시아의 이같은 주장에 대해 이의를 제기하는 UN회원국은 아무도 없었다.[139] 위에서 언급한 바와 같이 "유고연방공화국"(Federal Republic of Yugoslavia) (2003년 국명 Serbia and Montenegro ; 2006년 몬테네그로 분리독립)에 대하여 UN총회와 안보리가 채택한 견해와는 매우 대조적이다.[140]

기타 10개국[141]은 비상임이사국(non-permanent members)인데, 이들은 국제평화와 안전의 유지 및 UN의 기타 목적에 대한 회원국의 공헌과 형평한 지리적 배분을 특별히 고려하여 총회에서 선출되며, 임기는 2년이다. 시차제의 도입으로 매년 1월 1일 5개국씩 교체되고 있다. 퇴임하는 이사국은 계속하여 재선될 자격이 없다.[142] 사우디 아라비아는 2013년 10월 17일 총회에서 2014년 1월 1일부터 시작하는 2년 임기의 비상임이사국으로 선출되었지만 바로 그 다음 날 "안보리 내에 존재하는 이중기준(double standards existing in the Security Council)이 고쳐질 때까지 안보리 비상임이사국 자리를 수락하지 않겠다"는 UN역사상 초유의 결정을 하기도 하였다.[143]

안보리의 현재 구성은 국제공동체 내에서의 경제력의 균형을 정확하게 반영하고 있지 못하며, 따라서 안보리를 개편하는 문제가 진지하게 논의되고 있다. 세계 각국의 정상들도 2005년 뉴욕 UN본부에서 가진 세계정상회의에서 "우리는 안보리의 빠른 개혁을 지지한다"고 발표하였다.[144] 논의의 초점은 추가로 몇 개 국가를 어떤 조건 하에 상임이사국으로 받아들일 것인가 하는 점이다. 독일과 일본은 두 국가 모두 어떤 의사결정의 책임도 갖지 못하고 UN작전에 재정적으로 기여한 제2차 걸프전(즉, 이라크의 쿠웨이트 침략) 이후 상임이사국이 되기 위한 로비를 벌이고 있다. 인도, 브라질, 나이지리아 같은 국가들도 제3세계를 대표하여 상임이사국 의석을 요구하고 있다.[145] 그러나 이들 국가 중 특별히 독일의 경우에는 "유럽의 과잉대표'(overrepresentation of Europe)로 불리는 문제와 연계되어 있다. 즉, 이미 안보리에서 영국과 프랑스가 상임이사국인데 또 다시 독일이 안보리 이사국, 그것도 상임이사국이 된다는 것은 형평에 맞지 않는다는 것이다. 유럽의 과잉대표는 UN안보리에 국한되는 문제는 아닌데, 이제 유럽은 자신의 영향력을 높이기 위해서라도 EU 하나로 대표

139) Malanczuk, pp. 166~167, 373 ; White, *Keeping the Peace*, pp. 24~25 ; 본서, 제6장 (국제법의 주체), "II. 국가", & 제20장 (국가승계), "VI. 국제기구 회원국의 지위".

140) Harris, 5th, p. 129.

141) 비상임이사국의 수는 원래는 6개국이었으나 제1차 헌장개정(1963년)에서 제23조(와 제27조)를 개정한 결과 1965년 8월 31일부로 4개국이 추가되었다.

142) UN헌장 제23조 2항 ; https://www.un.org/sc/members.asp ; https://www.en.wikipedia.org/wiki/United_Nations_Security_Council.

143) UN GA A/68/599, 〈https://www.un.org/en/sc/members/elected.asp〉 ; Zachary Laub, December 6, 2013, "The UN Security Council", Council on Foreign Relations > Publications > CFR Backgrounder, https://www.cfr.org/international-organizations-and-alliances/un-security-council/p31649. 이 때문에 2013년 12월 6일 총회에서 요르단이 사우디의 빈 자리를 채우는 것으로 결정되었다. UN News Centre, 6 December 2013.

144) UNGA Res. 60/1, 16 September 2005, "2005 World Summit Outcome", para. 153.

145) Aust, *Handbook of IL*, 2nd, pp. 204~205 ; Wallace, 3rd, p. 266.

되어야 한다는 의견이 유럽 안팎에서 제시되고 있다.[146] 그러나 이것은 기본적으로 EU가 그 자체 한 개의 완전한 연방국가가 되지 못하고 있는 데서 비롯되는 문제이기 때문에 궁극적으로 유럽인들의 헌법적 결단을 요하는 문제이다. 게다가 영국은 이제 EU를 탈퇴하였다.

(2) 임무와 권한

안보리는 UN의 신속하고 실효적인 행동을 확보하기 위하여 국제평화와 안전의 유지를 위한 '1차적' 책임(primary responsibility)[147]을 지며, 이 책임에 기인하는 임무를 수행함에 있어서 회원국들을 대신하여 행동한다.[148] 따라서 회원국들은 "UN헌장에 따른 안보리의 결정을 수락하고 실시"(accept and carry out the decisions of the Security Council in accordance with the UN Charter)하여야 한다.[149] 헌장 제25조는 물론 안보리 결정의 회원국에 대한 구속력을 보장하기 위한 것이다. 다만, ICJ는 *Namibia* 사건[150]에서 (i) "제25조는 헌장 제7장 하의 강제조치에 대

146) See e.g. Stanley's blog, "EU International presence : over-represented but underwhelming", https://crossick.blogactiv.eu/tag/eu-over-representation/.

147) UN헌장 제24조 1항 전반부. ICJ는 *Competence of Assembly regarding admission to the United Nations*, Advisory Opinion, ICJ Reports (1950), p. 4 at 8~9에서 안보리와 총회의 관계에 대해 다음과 같이 언급한 바 있다 : "The General Assembly and the Security Council are both principal organs of the United Nations. The Charter does not place the Security Council in a subordinate position. Article 24 confers upon it "primary responsibility for the maintenance of international peace and security", and the Charter grants it for this purpose certain powers of decision." 그러나 안보리가 이 문제에 있어 '1차적' 책임을 진다는 것은 이 책임이 '유일의 혹은 배타적' 책임(sole or exclusive responsibility)은 아님을 의미한다.

여기서 한 걸음 더 나아가, 국제평화와 안전을 유지하는 문제에 있어 안보리가 '1차적' 책임을 부여받고 있다는 것이 곧 총회는 '2차적/부차적' 책임(secondary responsibility)만을 진다는 것을 의미하는 것은 아니며, 오히려 총회가 '최종' 책임(final responsibility)을 부여받고 있는 것으로 적극적으로 새겨야 한다는 견해도 제기되고 있다. 1950년 11월 3일 총회의 "평화를 위한 단합결의"(Uniting for Peace Resolution)가 바로 이같은 해석을 가능케 한다는 것이다. 이같은 해석은 UN헌장을 굳이 개정하지 않더라도 안보리 상임이사국의 거부권을 거세하는 효과를 초래할 것이다. 생각건대, 총회의 안보리에 대한 이념적·정치적 우위는 안보리로부터 연차 및 특별 보고서를 제출받아 이를 심의할 총회의 권한을 명시한 제15조 1항에서도 시사되고 있다. https://en.wikipedia.org/wiki/United_Nations_General_Assembly_Resolution_377 ; https://en.wikipedia.org/wiki/United_Nations_Security_Council _veto_power 참조.

148) UN헌장 제24조 1항 후반부.

149) UN헌장 제25조.

150) *Legal Consequences for States of the Continued Presence of South Africa in Namibia (South-West Africa) notwithstanding Security Council Resolution 276(1970)*, Advisory Opinion of 21 June 1971, ICJ Reports (1971), p. 16 at 52~53 (paras. 113~114) : "113. It has been contended that Article 25 of the Charter applies only to enforcement measures adopted under Chapter Ⅶ of the Charter. It is not possible to find in the Charter any support for this view. Article 25 is not confined to decisions in regard to enforcement action but applies to "the decisions of the Security Council" adopted in accordance with the Charter. Moreover, that Article is placed, not in Chapter Ⅶ, but immediately after Article 24 in that part of the Charter which deals with the functions and powers of the Security Council. If Article 25 had reference solely to decisions of the Security Council concerning enforcement action under Articles 41 and 42 of the Charter, that is to say, if it were only such decisions which had binding effect, then Article 25 would be superfluous, since this effect is secured by Articles 48 and 49 of the Charter.

114. It has also been contended that the relevant Security Council resolutions are couched in

해서만 적용되는 것은 아니며", (ii) "안보리가 제25조 하의 권한을 실제로 행사하였는지의 여부는 -각 경우에- 해석대상 결의에 사용된 용어들, 결의에 이르기까지의 토의, 원용된 헌장조항, 그리고 전체적으로 안보리결의의 법적 결과를 결정하는 데 도움이 될 수 있는 모든 상황을 고려하여 결정되어야 한다"는 견해를 제시한 바 있다.[151)]

안보리는 물론 그 임무 수행에 있어 "UN의 목적과 원칙에 따라" 행동하여야 한다. 이 임무를 수행하기 위하여 안전보장이사회에 부여된 구체적인 권한은 헌장 제6장(분쟁의 평화적 해결), 제7장(평화에 대한 위협, 평화의 파괴 및 침략행위에 관한 행동), 제8장(지역적 협정) 및 제12장(국제신탁통치제도)에 규정되어 있다. 안보리의 권한은 "요구하거나(demand), 금지하거나(prohibit), 허가하는(authorise)" 형태로 행사된다.[152)] 안보리는 총회에 심의를 위하여 연차보고서와 필요한 경우에는 특별보고서를 제출하여야 한다.[153)]

위에서 언급한 바와 같이, 헌장 제24조 1항은 안보리에 "국제평화와 안전의 유지를 위한 1차적 책임"을 부여하고 있는데, 그렇다면 안보리가 이같은 ('배타적'이 아닌) '1차적' 책임을 수행하는 경우 ICJ의 사법기능은 이로 인해 어떤 영향을 받아야만 하는가? UN헌장 제96조는 안보리를 위시한 일정 기관과 전문기구가 ICJ에 법적 문제에 대해 권고적 의견(advisory opinion)을 주도록 요청하는 것을 허용하고 있으며, ICJ규정 제65조 1항도 이에 상응하는 규정을 두고 있다. 따라서 ICJ가 이 명시적 규정에 따라 안보리나 다른 기구/기관에 권고적 의견을 부여함에 있어서는 경합/충돌의 문제는 발생하지 아니한다. 문제는 안보리에서 (헌장 제6장 혹은 제7장에 의거하여) 국제평화와 안전의 유지에 관한 문제를 다루고 있는 데도 ICJ는 이와 관련하여 제기되는 국가 간 쟁송을 다룰 권한이 있는가 하는 점이다. 안보리의 우위를 긍정하는 측에서는, 제24조 1항으로 인하여 ICJ는 안보리가 다루고 있는 분쟁에 대해서는 재판의 대상으로 삼지 못하게 된다든지,[154)] 혹은 "동일 당사자 간의 동일 문제에 관한 병행소송을 금지하는" 이른바 *litispendence* 개념이 ICJ와 안보리 간의 관계에 적용된다고 보고 있다. 그러나 사법기관 간의 충돌을 규율하기 위해 발전되어 온 *litispendence* 개

---

exhortatory rather than mandatory language and that, therefore, they do not purport to impose any legal duty on any State nor to affect legally any right of any State. The language of a resolution of the Security Council should be carefully analysed before a conclusion can be made as to its binding effect. In view of the nature of the powers under Article 25, the question whether they have been in fact exercised is to be determined in each case, having regard to the terms of the resolution to be interpreted, the discussions leading to it, the Charter provisions invoked and, in general, all circumstances that might assist in determining the legal consequences of the resolution of the Security Council."

151) See Shaw, 4th (1997), pp. 841~842 ; Rosenne, *The Perplexities of Modern International Law*, p. 424 ; Amerasinghe, pp. 169~170.

152) Aust, *Handbook of IL*, 2nd, p. 198.

153) UN헌장 제24조 2~3항.

154) 이와 비슷한 예가 있다. 즉, 분쟁의 강제적 해결장치를 마련하고 있는 UN해양법협약은 제298조 1항(c)에서 이른바 선택적 예외(배제)(optional exception)의 하나로서 "안보리에서 다루고 있는 분쟁"과 관련해서는 국가들이 (ICJ를 포함하여 구속력있는 결정을 수반하는) UN해양법협약 하의 분쟁의 강제적 해결절차의 적용을 받지 않겠다고 미리 선언하는 것을 허용하고 있다.

념을 UN의 정치기관과 사법기관 간의 충돌에 적용하는 것은 무리이다.[155] 이 문제에 대해 ICJ는 *Military and Paramilitary Activities in and against Nicaragua* 사건 (Jurisdiction and Admissibility)[156]에서, "어떤 문제가 안보리 앞에 놓여져 있다는 사실로 인해 그 문제가 본 재판소에서 다루어지는 것을 방해받아서는 안되며, 이들 두 절차는 같은 보조로(발을 맞춰) 수행될 수 있을 것으로 생각한다"고 언급한 바 있는데, 그 이유로는 4년 전의 *United States Diplomatic and Consular Staff in Tehran* 사건[157]에서 제시한 바 있는 다음의 두 가지를 인용하였다.[158] 즉, 첫째, 안보리와 ICJ 간의 관계에 대해서는, UN헌장과 ICJ규정 그 어디에도 (안보리와 총회간의 관계에 관하여 명시한) 헌장 제12조 1항에 상응하는 규정을 두고 있지 않다 ; 둘째, 오히려 헌장 제36조 3항은 안보리가 (국제평화와 안전의 유지를 위태롭게 할 우려가 있는) 분쟁이나 사태의 평화적 해결을 위한 조정의 절차/방법을 권고함에 있어 "법적 분쟁은 원칙적으로 ICJ규정에 따라 (분쟁)당사자들에 의하여 동 재판소에 부탁되어야 한다는 점도 또한 고려에 넣어야 한다."라고 규정하고 있다.

안보리는 세계의 인적·경제적 자원을 군비를 위하여 전용하는 것을 최소화하고 국제평화와 안전의 확립·유지를 촉진할 목적으로, -헌장 제47조에 언급된- 군사참모위원회(Military Staff Committee)의 도움을 받아 군비규제 체제의 수립을 위한 계획을 작성하여 회원국들에게 제출할 책임을 진다.[159]

(3) 표 결[160]

6.25 전쟁에 관련한 안보리결의들에서 보는 것처럼, 안보리결의는 차후 결의에 의해 대체되지 않는 한 효력을 지속하기 때문에 결의가 채택되는 표결 요건을 분명히 하는 것이 중요하다.[161] 안보리 각 이사국은 1개의 투표권을 가진다. '절차'사항(procedural matters)에 관한 결정은 9개 이사국의 찬성투표로 성립된다. 이에 반해, '기타 모든' 사항(all other matters), 즉 -흔히들 '실체'문제(substantive matters)로 지칭하기도 하는- '비절차'사항에 관한 결정은 "상임이사국의 동의투표를 포함하는" (including the concurring votes of the permanent members) 9개 이사국의 찬성투표로 성립되는데, 여기서 "상임이사국의 동의투표"라 함은 5개 상임이사국 모두가 동의해야 함을 의미한다.[162] 요컨대, 안보리의 표결사항은 상임이사국의 거부권(veto)이 인정되지 않는 '절차'사항과

155) Tams, p. 265.

156) ICJ Reports (1984), p. 392 at 433~434 (para. 93) : " ... the Court is of the view that the fact that a matter is before the Security Council should not prevent it being dealt with by the Court and that both proceedings could be pursued *pari passu*. ..."

157) ICJ Reports (1980), p. 3 at 21~22 (para. 40). See also Case concerning *United States Diplomatic and Consular Staff in Tehran* (USA v. Iran) (Provisional Measures), ICJ Reports (1979), p. 7 at 15 (para. 23).

158) ICJ Reports (1984), p. 392 at 433~434 (para. 93).

159) UN헌장 제26조.

160) UN헌장 제27조.

161) Orakhelashvili/Akehurst, pp. 509~510.

162) 헌장의 불어본에서는 'les voix de tous les membres permanents', 중국어본에서는 '전체 상임이사국'이라고 표현함으로써 이 점을 더욱 분명히 하고 있다. 朴觀淑, pp. 161~162.

각 상임이사국에게 거부권이 인정되는 '비절차'사항으로 구분된다.

문제는 양자의 구분 기준이 무엇인가 하는 점이다. 헌장에는 명문의 규정이 없다. 다만, 샌프란시스코 회의에서 4대 강국(미국, 소련, 영국, 중국)은 절차사항으로 간주될 문제(예컨대, 헌장 제28조~제32조에 의거한 결정, 의제에 관한 사항[163])와 비절차사항으로 간주될 문제(예컨대, 분쟁의 평화적 해결을 위한 권고, 강제행동을 취한다는 결정)를 열거하였었다. 그리고 이런 일이 드물기는 하겠지만 어쨌든 의심이 있는 경우에는, 이 선결문제(preliminary question) 즉 어떤 문제가 절차적인지 아닌지를 결정짓는 일 자체도 비절차문제로 간주하기르 양해하였다.[164] 이것은 결국 '이중 거부권'(double veto)을 초래하였다. 상임이사국은 어떤 문제를 절차문제로 취급하려는 시도를 봉쇄할 수 있고, 이어서 당해 문제를 다루는 결의안을 거부할 수 있기 때문이다.

비절차사항에 있어 회의에 참석한 상임이사국의 기권(abstention)은 거부권 행사에 해당하는가? "상임이사국의 동의투표를 포함하는"이란 문구를 문자적으로 해석하면 이같은 결론에 도달할 수 있다. 그러나 UN 초기부터 상임이사국의 기권은 안보티의 결의안 채택에 장애물을 구성하지 않는 것으로 일관되게 해석되어 왔으며,[165] *Namibia* 사건[166]에서 ICJ도 이같은 관행이 "UN회원국들에 의해 일반적으로 수락되어 왔으며(has been generally accepted), 이 기구(즉, UN)의 일반관행(a general practice of that organization)의 증거가 되고 있다"고 인정한 바 있다.[167] 결국 안보리 관행에 의하면, 헌장 제27조의 "상임이사국의 동의투표"(concurring votes)에서 '동의'라 함은 단지 '반대하지 않는'(not objecting) 것을 의미한다.[168] 따라서 비절차사항의 경우 5개 상임이사국이 모두 기권하더라도 9개 비상임이사국이 찬성하면 결의는 유효하게 채택된다고 할 것이다.[169]

기권과는 별개의 문제로서, 비절차사항에 있어 상임이사국의 불참(absence)은 안보리 결의안 채

163) 이를테면 2014년 12월 22일 안보리는 중국과 러시아의 반대에도 불구하고 "북한 상황"을 의제로 채택하였다. United Nations, Security Council Meetings Coverage and Press Releases, SC/11720, 22 December 2014, "Security Council, in Divided Vote, Puts Democratic People's Republic of Korea's Situation on Agenda following Findings of Unspeakable Human Rights Abuses", 〈https://www.un.org/press/en/2014/sc11720.doc.htm〉; 본서, 제27장 (국가의 무력사용), "Ⅱ. 국가의 무력사용: 1945년 이후, 5. 인도적 간섭과 보호책임".

164) 이 문제에 관한 중요 문서는 1945년 6월 7일 채택된 "안보리 표결절차에 관한 4개 후원국의 선언" (Statement of the Four Sponsoring Powers on Voting Procedure in the Security Council)이다. 김대순/김민서, 《국영문대역 국제조약집》, pp. 93~94.

165) 예컨대, 안보리가 5개 상임이사국을 포함하여 아직까지는 11개국으로 구성되고 있던 시절의 일로, 1965년 5월 6일 채택된 안보리결의 202("Question concerning the Situation in Southern Rhodesia")는 중국을 제외한 4개 상임이사국이 기권한 가운데 당시 요구되던 최소 가결기준인 7개국의 찬성으로 채택되었다. Amerasinghe, p. 151, fn. 70; Schermers, *International Institutional Law*, p. 409.

166) ICJ Advisory Opinion of 21 June 1971 on *Legal Consequences for States of the Continued Presence of South Africa in Namibia (South-West Africa) notwithstanding Security Council Resolution 276 (1970)*, ICJ Reports (1971), p. 16 at 22 (para. 22)

167) 기권이 만장일치를 막지는 못하지만, 그 대신 채택된 결정은 기권한 국가에 대해서는 적용되지 않는다는 규칙을 도입한 기구들도 있다: 예컨대, OECD협약(Convention on the Organisation for Economic Co-operation and Development) 제6조 2항; Amerasinghe, p. 151 참조.

168) Aust, *Handbook of IL*, 2nd, p. 194.

169) Orakhelashvili/Akehurst, p. 509.

택에 어떤 효과를 미친다고 볼 것인지는 확실하지 않다. 지금까지 이 문제는 단 한 번 발생하였기 때문이다. 1950년 소련은 안보리가 중국 대륙의 실효적 공산정권에게 자리를 주지 않는데 대한 항의의 표시로 안보리를 보이콧하고 있었다. 바로 그때 한국전쟁이 발발하였고, 소련 대표가 참석하지 않은 상태에서 안보리는 회원국들에게 남한을 돕기 위해 군대를 파견해 줄 것을 권고하는 내용의 결의[170)]를 통과시켰다. 소련은 안보리에 출석하여 기권하는 것은 적극적인 동의를 하는 것은 아니지만 피동적으로나마 수락하는 의사로 볼 수 있고, 따라서 거부가 아니지만 어느 한 상임이사국이라도 안보리에 불참하면 당해 국가의 태도를 확인할 수 없으므로 안보리는 비절차문제에 관한 결정을 내릴 수 없다고 보았다. 그러므로 소련은 상임이사국인 자신이 안보리에 불참한 가운데 채택된 한국전쟁 관련 결의는 헌장 위반이라고 주장하였던 것이다.[171)] 이에 대해 일부 견해는 소련의 안보리 보이콧은 "안보리는 계속하여 기능할 수 있도록 조직해야 한다. 이를 위하여 각 이사국은 UN소재지에 상주대표를 두어야 한다."고 규정한 헌장 제28조 1항 하의 의무를 위반한 것이라고 반박하고 있다.[172)] 이같은 추론에 따르면 상임이사국의 불참은 안보리의 결정을 방해하여서는 안되는데, 그렇지 않으면 한 국가의 위법한 행동이 안보리의 업무 전체를 정지시키게 될 것이기 때문이다. 어쨌든, 안보리가 1950년 6월에 취한 행동은 한 가지 유익한 효과를 발휘하였다. 즉, 그 이후 어떤 상임이사국도 안보리를 보이콧하려고 시도하지 않았다.[173)]

1990년 동서진영간 냉전이 끝나고 나서는 비절차사항에 대한 상임이사국들의 거부권이 별로 행사되지 않고 있다. 이는 안보리 전체 비공식회의나 5개 상임이사국 모임에서 "어느 상임이사국이 거부권을 행사할 것으로 보이면"—이를 "사실상의 거부권"(virtual veto)으로 부르기도 한다— 결의 초안을 수정하거나 아예 투표에 회부하지 않기 때문이다.[174)] 물론 언제나 그런 것은 아니다. 2014년 3월, 16일의 크림반도 국민투표는 우크라이나 정부의 지지를 받지 못하는 것으로 '아무런 효력도 가질 수 없으며'(can have no validity), '모든 국가, 국제기구, 전문기구는 이 국민투표를 기초로 크림의 지위 변경을 인정하지 말 것'을 선언하는 결의안이 15일 안보리 투표에 회부되어 13개 이사국의 찬성을 얻었지만, 크림반도 병합의 장본인인 러시아는 거부권을 행사하였던 것이다.[175)]

절차사항이든 비절차사항이든, 상임이사국이든 비상임이사국이든 불문하고, 15개 이사국 중 7개국이 기권하면 나머지 8개국만으로는 안보리는 어떤 결정도 할 수 없게 되는데, 이를 두고 "집단적

---

170) UN안보리 결의 83 (1950년 6월 27일).

171) Ott, p. 308.

172) J.L. Kunz, "Legality of the Security Council Resolutions of June 25 and 27, 1950", (1950) 44 AJIL 137 at 141 (noted by Schermers & Blokker, § 156).

173) Malanczuk, pp. 375~376 ; Keitner, p. 251.

174) Aust, *Handbook of IL*, 2nd, pp. 194~195.

175) 중국은 기권하였다. UN News, 15 March 2014, "UN Security Council action on Crimea referendum blocked" 〈https://news.un.org/en/story/2014/03/464002-un-security-council-action-crimea-referendum-blocked〉; Ben Knight/ABC News, 16 Mar 2014, "Crimea crisis: Russia vetoes US-drafted UN Security Council resolution to make referendum invalid, China abstains", 〈https://www.abc.net.au/news/2014-03-16/rally-in-moscow-against-crimea-action/5323824〉; https://en.wikipedia.org/wiki/Annexation_of_Crimea_by_the_Russian_Federation.

거부권"(collective veto)으로 칭하기도 한다.[176)]

2022년 4월 26일 UN총회는 "안보리에서 거부권이 행사된 경우, 이 사태에 대해 긴급특별총회(emergency special session)가 개최되지 않으면, 총회 의장은 토의를 위해 (근무일 기준)10일 내에 총회의 공식회합을 소집하며, 이 경우 거부권을 행사한 안보리 상임이사국(들)에게 예외적으로 가장 먼저 발언할 기회를 주기로 결정"하는 결의 76/262를 컨센서스로(따라서 안보리 상임이사국들까지도 반대함이 없이) 채택하였다.[177)] 총회는 나아가 "안보리는 -헌장 제24조 3항에 따라- 총회에서 관련 토의가 열리기 최소 72시간 전에 문제된 거부권의 사용에 관한 특별보고서(special report)를 총회에 제출할 것을 권유"하였다.[178)] 총회의 이 결의도 총회 구성원인 안보리 상임이사국들에게 법적 구속력은 없으며, 따라서 거부권을 행사한 상임이사국(들)이 총회에 출석하여 자국의 입장을 해명하기를 거부하는 것을 막을 수는 없다.[179)]

헌장 제27조 3항 단서는 상임이사국이냐 비상임이사국이냐를 불문하고 일정 상황 하에서 기권할 의무를 규정하고 있다. 즉, "제6장(분쟁의 평화적 해결) 및 제52조 3항(지역적 협정 혹은 지역적 기구에 의한 지역적 분쟁의 평화적 해결)에 의거한 결정에 있어서는 '분쟁'의 '당사국'(a party to a dispute)은 기권하여야 한다." 그러나 헌장 제6장은 '분쟁'의 평화적 해결을 다루고 있지만, 분쟁을 야기할지도 모르는 '사태'(situation)의 평화적 해결도 다루고 있는데, 분쟁과 사태의 구분은 유달리 모호하다.[180)] 게다가 특정 분쟁의 '당사국'이 누구인지를 말하기도 어려울 때가 많다. 지구상에는 비교적 소수의 국가들이 존재하고 있고 또 이들은 서로 근사적으로 혹은 기타 끈으로 긴밀히 연계되어 있기 때문에 어떤 하나의 분쟁이 정도를 달리하여 여러 국가의 이익에 동시에 영향을 미칠 수 있기 때문이다. UN 초기 몇년 동안에는 분쟁과 사태의 차이, 분쟁당사자의 정의 그리고 제6장의 정확한 범위에 관하여 여러 주장이 제기되었다. 그러나 대략 1950년부터는 그같은 법률적 주장은 줄어들었고, 많은 경우에 기권의무는 간단히 무시되었다. 즉, 국가들은 자신이 당사자인 분쟁에 관한 표결에도 참가하는 것이 보통이었고, 이에 대해 이의를 제기하는 국가도 거의 없었다. 최근의 한 예를 들면, *Lockerbie* 사건과 관련하여 안보리가 리비아를 상대로 먼저 권고 결의를 채택할 때 미국, 영국, 프랑스도 이 결정에 참여하였었다.[181)]

176) Aust, *Handbook of IL*, 2nd, p. 195.

177) A/RES/76/262 ("Standing mandate for a General Assembly debate when a veto is cast in the Security Council"), paras. 1~2, 〈https://digitallibrary.un.org/record/3969448?ln=en〉; UN News, 26 April 2022, "UN General Assembly mandates meeting in wake of any Security Council veto" 〈https://news.un.org/en/story/2022/04/1116982〉; United Nations, Meetings Coverage, 26 April 2022, "General Assembly Adopts Landmark Resolution Aimed at Holding Five Permanent Security Council Members Accountable for Use of Veto", 〈https://www.un.org/press/en/2022/ga12417.doc.htm〉.

178) Para. 3.

179) France 24, 27/04/2022, "UN raises bar for using Security Council veto", 〈https://www.france24.com/en/diplomacy/20220426-un-raises-bar-for-using-security-council-veto〉.

180) UN헌장 제33조~제34조. Merrills in Evans (ed.), *International Law*, 5th, pp 548~549는 양자의 차이에 대해 다음과 같이 언급하고 있기도 하다: "a dispute is not just any disagreement, but a disagreement about something fairly specific. So the Arab-Israeli problem, for example, is not really a dispute, but because it is so complex is better described as a 'situation.'"

UN헌장 제27조에 규정된 안보리표결 규칙에는 예외가 있다는 점도 언급해 두는 것이 좋겠다. 즉, ICJ규정의 제10조 1항과 2항에 의하면 ICJ재판관으로 선출되기 위해서는 상임이사국, 비상임이사국 구분없이 안보리(와 총회)에서 "an absolute majority of *votes*"(투표의 절대다수표)를 얻어야 하는데, 실제로 이들 두 기관 내에서 이것은 '재적'의 '과반수'로 해석되고 있다. 따라서 이 목적을 위한 안보리의 표결에서는 이 문제가 마치 절차문제인 것처럼 이사국의 상임, 비상임 여부에 관계없이, 게다가 15개 이사국 중 단지 8개 이사국의 찬성이 요구될 따름이다.[182]

(4) 절 차

단지 "정기에 그리고 필요할 때" 회합을 갖는 총회와는 달리 안보리는 "계속하여 기능"할 수 있도록 조직해야 한다(shall be so organized as to be able to function continuously). 이를 위하여 각 이사국은 "UN소재지에 상주대표를 두어야 한다"(shall ... be represented at all times at the seat of the Organization). 안보리는 정기회의(periodic meetings)를 개최해야 하는데, 이 회의에서 각 이사국은 희망한다면 각료(a member of the government) 또는 특별히 지명된 다른 대표자에 의해 대표될 수 있다. 안보리는 업무를 가장 용이하게 할 수 있다고 판단되는 다른 장소에서도 회의를 개최할 수 있다.[183] 안보리는 –제재위원회(Sanctions Committees), 구유고 국제형사재판소와 르완다 국제형사재판소 등의 수립에서 보는 것처럼– 임무수행에 필요하다고 인정되는 보조기관(subsidiary organs)을 설치할 수 있다.[184] 또한 의장 선출 방법을 포함한 자신의 절차규칙을 채택하는데,[185] 안보리 잠정절차규칙(Provisional Rules of Procedure) 제18조에 의하면 안보리 의장국(presidency)은 영어 알파벳 국명 순으로 각 이사국이 한 달씩 돌아가며 맡으며, 보통은 의장국의 UN상주대표(대사)가 안보리 의장(president)이 된다.[186]

안보리 이사국이 아닌 UN회원국도 안보리가 그 회원국의 이해가 특히 영향받는다고 인정할 때에는 안보리 토의과정에 투표권 없이 참가할 수 있다.[187] 안보리 이사국이 아닌 회원국이나 UN회원국이 아닌 국가도 안보리에서 심의중인 분쟁의 당사자인 경우에는 이 분쟁에 관한 토의에 투표권 없이 참가하도록 초청하여야 한다. 안보리는 UN회원국이 아닌 국가의 참여를 위하여 공정하다고

---

181) Malanczuk, p. 376.

182) 본서, 제26장 (분쟁의 평화적 해결수단).

183) UN헌장 제28조 ; UN안전보장이사회 잠정절차규칙(Provisional Rules of Procedure), Rule 5, 〈https://www.un.org/securitycouncil/content/repertoire/provisional-rules-procedure〉.

184) UN헌장 제29조. 구유고국제형사재판소(ICTY), 항소부(Appeals Chamber)는, *Prosecutor* v. *Dusko Tadic*, Decision of 2 October 1995, para. 15 (available at https://www.icty.org/case/tadic/4)에서, 자신은 안보리에 의하여 Kompetenz-Kompetenz 혹은 la compétence de la compétence를 갖는 재판소(tribunal)로 의도되었다는 점에서 "특별한 종류의 보조기관"(a special kind of "subsidiary organ")이라고 언급한 바 있다.

185) UN헌장 제30조.

186) 김대순/김민서, 《국영문대역 국제조약집》, p. 56 ; https://en.wikipedia.org/wiki/President_of_the_United_Nations_Security_Council.

187) UN헌장 제31조. 안보리 잠정절차규칙 (Rule 37)에 의하면, 안보리는 헌장 제35조 1항에 따라 안보리에 주의를 환기하는 회원국에게도 토의에 참가하도록 초청할 수 있다.

인정되는 조건을 정한다.[188)]

(5) 안보리 의장 성명

안보리 의장은 '안보리를 대신하여' 이른바 "의장 성명"(Presidential Statements)이란 것을 자주 발표하고 있는데,[189)] 이것은 안브리에서 컨센서스에 의해 채택되고 있다. 의장 성명은 그 자체 법적 구속력이 있는 것으로 생각되고 있지는 않다. 안보리에서 정식 결의 채택이 어려운 경우에 사용되고 있고, 또 헌장은 물론이고 안보리 임시(잠정)절차규칙에도 규정되어 있는 절차가 아니기 때문이다. 그러나 의장 성명에 따라서는 일정 법적 효과를 가질 가능성이 전혀 없지는 않다.[190)]

(6) 안보리의 세계입법부로의 진화

UN의 집단안보체제에 대한 주요 비판의 하나는 UN이 안보리를 통해 국제적 민주주의 대신 국제과두정(寡頭政)(international oligarchy)을 실시하고 있다는 것이다. 사실, 1945년 6월 10일의 샌프란시스코 회의에서 미국측 대표단의 일원인 코넬리(Tom Connally) 상원의원은 안보리 상임이사국에 거부권을 주는 제안에 반대하는 소국의 대표자들에게 "거부권이 인정되지 않으면 UN헌장도 존재하지 않을 것"이라고 협박하였고, 이 협박은 통하였다.[191)] 안보리 5개 상임이사국에 부여된 거부권은 이들 국가 혹은 이들이 배후에서 적극 지원하는 국가들에 대해서는 UN의 집단안보 체제가 가동될 수 없음을 의미하는 것이다.[192)]

냉전이 막을 내린 뒤 1990년대에 들어와 안보리는 종래에는 생각하지 않았던 새로운 권한을 행사하기 시작했다. 이라크의 쿠웨이트 침공(1990년)을 좌절시킨 후 두 국가 간 국경선획정위원회와

---

188) UN헌장 제32조. 안보리 잠정절차규칙 (Rule 37)에 따라, 또는 헌장 제32조의 적용의 결과, 안보리 토의에 참가하도록 초청받은 UN회원국은 '제안과 결의초안'(proposals and draft resolutions)을 제출할 수 있다; 다만, 이들 제안과 결의초안은 안보리에서 어느 한 이사국이 요청하는 경우에만 표결에 부쳐질 수 있다: UN안전보장이사회 잠정절차규칙, Rule 38.

189) 이를테면 2016년에 들어와 북한이 1월 6일 4차 핵실험을 감행한 뒤 2월 7일 장거리 로켓을 발사한 것과 관련하여, 2월 안보리 의장국인 베네수엘라의 카레로(Rafael Darío Ramírez Carreño) UN상주대표는 7일 11시(한국시간 8일 오전 1시) 뉴욕 유엔본부에서 소집된 안보리 긴급회의 후 발표한 의장성명에서 "안보리 회원들은 탄도 미사일 기술을 사용한 북한의 기존의 다른 발사들과 이번 발사는 비록 위성 혹은 우주 발사체의 성격을 보이긴 하지만 북한의 핵무기 운반 시스템 개발에 기여하는 것이며 따라서 유엔 안보리의 기존 결의들을 중대하게 위반한 것이라는 점을 강조했다"(The members of the Security Council underscored that this launch, as well as any other DPRK launch that uses *ballistic missile technology, even if characterized as a satellite launch or space launch vehicle*, contributes to the DPRK's development of nuclear weapon delivery systems and is a serious violation of Security Council resolutions)고 밝히면서, "안보리 회원들은 2016년 1월 6일 북한이 국제의무를 중대하게 위반하여 실시한 핵실험에 대응하여 새로이 채택할 안보리 결의에서 중대한 조치들(significant measures)을 강구하겠다는 그들의 의사를 재차 확인하였다"고 강조한 바 있다. UN News Centre, 7 Feb 2016, "Condemning DPR Korea's missile launch, Security Council to pursue 'significant measures' in response", 〈https://www.un.org/news/〉.

190) Aust, *Handbook of IL*, 2nd, p. 194; https://www.un.org/en/sc/documents/statements.

191) Miguel Marín-Bosch, *Votes in the UN General Assembly* (The Hague: Kluwer Law International, 1998), p. 6

192) Hamid, pp. 350~351.

배상위원회를 설치하였으며,[193] 두 개의 임시전범재판소(즉, 구유고 국제형사재판소, 르완다 국제형사재판소)를 설치하기도 하였던 것이다.[194] 안보리의 이러한 활동은 2001년 이전까지는 그래도 적용대상이 국가 혹은 영토적으로 제한되고 명시된 경우였기 때문에 그에 대한 논리적 혹은 실제적 반대는 심하지 않았다.

그러나 2001년 9월 11일 미국이 본토 테러를 당했을 때 안보리는 동월 28일의 결의 1373[195]을 통하여 대(對)테러 분야에서 전 세계 '모든 국가들'에게 구속력있는 포괄적 의무를 창설하였는데,[196] 문제의 안보리결의는 '모든 국가들'(all States)에게 구속력이 있으면서 -이를테면 테러에 대한 자금지원 같은- 국가들의 '활동'(activities)을 겨냥한다는 점에서, '모든 국가들'에게 구속력이 있지만 -테러를 후원하는 국가들을 포함해서- '특정 국가들'(certain States)을 표적으로 하던 종래의 제재조치와는 성격이 달랐던 것이다.[197] 이에 대해 Cassese는 "안보리가 사실상 테러리즘에 대항하기 위한 국가적 행동에 관해 입법을 하였다"[198]라고 논평한 바 있다. 2003년 영국에서의 한 강연에서 ICJ의 Guillaume 재판관도 "안보리는 자신이 부여받은 권한과 임무에 대한 확대 해석을 통해 작금에 강제행동의 권한뿐만 아니라 국제평화와 안전을 위해 입법부적 권한(legislative powers)까지도 떠맡고 있다"[199]고 언급하기도 하였다. 안보리는 2004년 4월 28일 채택한 결의 1540[200]을 통해서는 대량파괴무기(핵무기와 생화학무기)의 확산을 방지하기 위해 '모든 국가들'에게 구속력있는 의무를 창설하기도 하였다. 안보리의 이같은 확대된 권한 행사를 통한 규범 창설은 안보리가 세계입법부(world/global legislature /legislator)로 진화하고 있음을 시사한다.[201] 뿐만 아니라 안보리는 국가 이외의 행위자들에게도 일정 요구를 하기도 한다.[202] 그렇다면 안보리의 이 새로운 역할에 상응하는 통제장치가 필요하게 되는데,[203] 이 문제는 안보리의 행위에 대한 국내적 내지는 지역기구 차

---

193) 안보리결의 687 (1991) ; 본서, 제19장 (영토의 취득), "Ⅱ. 영토취득의 방법", 및 제27장 (국가의 무력사용), V. 냉전종식 이후 헌장 제7장의 관행, "1. 이라크의 쿠웨이트 침략 : 제2차 걸프전(Second Gulf War)" 참조.

194) 구유고 국제형사재판소는 안보리결의 808 (1993), 827 (1993) ; 르완다 국제형사재판소는 안보리결의 955 (1994). 두 재판소에 관해 자세한 설명은, 본서, 제17장 (국제인권법), "Ⅱ. 국제형법의 발전" 참조.

195) S/RES/1373 (2001), 〈https://www.unodc.org/pdf/crime/terrorism/res_1373_english.pdf〉.

196) 안보리결의 1373 (2001)의 자세한 내용은, 본서, 제27장 (국가의 무력사용), Ⅱ. 국가의 무력사용 : 1945년 이후, "4. 자위권의 한계" 참조.

197) White and Abass in Evans (ed.), *International Law*, 5th, p. 540.

198) Cassese, *International Law*, 2nd, p. 468("The SC thus in fact legislated on national action against terrorism.").

199) Gilbert Guillaume, "Terrorism and International Law", Grotius Lecture at the British Institute of International and Comparative Law, held on November 13, 2003, p. 8, & (2004) 53 ICLQ 537 at 543("By a broadened interpretation of its mandate, [the Security Council] is now assuming not only powers of action but also legislative powers in the interest of international peace and security.") ; noted by Hamid, p. 365.

200) S/RES/1540 (2004), 〈https://archive.ipu.org/splz-e/civ1540/1540.pdf〉.

201) Stefan Talmon, "The Security Council as World Legislature", (2005) 99 AJIL 175~193 ; Eric Rosand, "The Security Council as "Global Legislator": Ultra Vires or Ultra Innovative?", (2004) 28 Fordham International Law Journal 542~590 ; Hamid, pp. 365~366 ; Kaczorowska-Ireland, p. 728.

202) *Accordance with International Law of the Unilateral Declaration of Independence in Respect of Kosovo*, Advisory Opinion, ICJ Reports (2010), p. 403 at 450 (para. 116).

원의,[204] 그리고 ICJ 차원의 사법심사 가능성으로 이어진다.[205]

3. 경제사회이사회

UN은 국제평화와 안전의 유지 이외에도 여러 주요임무를 담당하고 있으며, 특히 헌장 제9장(제55조~제60조)에 명시된 "경제적 및 사회적 국제협력"에 커다란 관심을 기울여 왔다. 이것과 관련하여 제55조는 다음과 같이 규정하고 있다.

> "인민(혹은 민족)의 평등권과 자결원칙의 존중에 기초를 두는 국가 간의 평화적이며 우호적인 관계에 필요한 안정과 복지의 조건들을 창조하기 위하여 UN은 다음의 일을 촉진하여야 한다. (a) 더욱 높은 생활수준, 완전고용 그리고 경제적·사회적 진보와 발전의 조건, (b) 국제 경제·사회·보건 및 관련 문제의 해결과 국제 문화·교육 협력, (c) 인종·성·언어 또는 종교에 의한 차별 없이 모든 사람을 위한 인권과 기본적 자유의 보편적인 존중과 준수."

제60조에 의하면 이 분야에서의 UN의 임무를 다할 책임은 1차적으로 총회에게 있으며, 경제사회이사회는 '총회의 권능 하에서'(under the authority of the General Assembly) 행동한다.

(1) 구 성

경제사회이사회는 54개 회원국으로 구성되는데, 총회는 매년 18개 이사국을 임기 3년으로 선출한다. 퇴임 이사국은 연이어 재선될 자격이 있다. 그리고 각 이사국은 1인의 대표를 가진다.[206]

(2) 임무와 권한

경제사회이사회는 UN회원국들에게 구속력있는 결정을 채택할 권한은 없으나, 부여받은 임무의 범위는 매우 넓다. 즉, 경제사회이사회는 국제 경제·사회·문화·교육·보건 및 관련사항에 관하여 연구와 보고를 행하거나 발의하고, 아울러 이러한 사항에 관하여 총회, UN회원국, 관련 전문기구(specialized agencies)에 권고할 수 있다. 이사회는 모든 사람을 위하여 인권과 기본적 자유의 존중과 준수를 촉진하기 위한 권고를 할 수 있다. 그 권한에 속하는 사항에 관하여, 이사회는 총회

---

203) Switzerland, Federal Supreme Court, *Youssef Nada* v. *State Secretariat for Economic Affairs and Federal Department of Economic Affairs*, Administrative Appeal Judgment, BGE 133 Ⅱ 450, 1A 45/2007 ; ILDC 461 (CH 2007), 14 November 2007, para. 3 ("The Security Council is no longer merely reacting to certain situations concerning mainly states or regions, but is evolving into a world legislator. This new role necessitates corresponding control mechanisms.")[noted by Vidmar in de Wet and Vidmar (eds.), p. 21].

204) 이 문제에 대해서는 본서, 제5장 (국제법과 국내법의 관계) 참조.

205) ICJ 차원의 사법심사 가능성에 대해서는, 본서, 제27장 (국가의 무력사용), "Ⅶ. UN정치기관과 사법심사" 참조.

206) UN헌장 제61조. 개정 전 헌장 제51조에 의하면 경제사회이사회는 18개국으로 구성되었으나, 1963년 제1차 헌장개정(1965년 발효)에 의해 27개국으로 구성되다가, 1971년 제3차 헌장개정(1973년 발효)에 의해 현재와 같이 구성되게 되었다. Amerasinghe, p. 447.

에 제출하기 위한 조약초안을 작성할 수 있으며, 또한 국제회의를 소집할 수 있다.[207)]

헌장 제63조에 의하면, 경제사회이사회는 UN과 (아래에서 언급하는 바와 같이 제57조에 언급된) 전문기구들이 관계를 맺기 위한 조건을 정하는 협정을 이들 기구와 체결할 수 있으며, 이같은 제휴협정은 총회의 승인을 받아야 한다. 이사회는 전문기구와의 협의, 전문기구에 대한 권고, 총회와 UN회원국들에 대한 권고를 통하여 전문기구의 활동을 조정할 수 있다.[208)]

경제사회이사회는 전문기구들로부터 정기적 보고서(regular reports)를 받기 위한 적당한 조치를 취할 수 있다. 이사회는 그 자신의 권고와 총회가 그 권한에 속하는 사항에 관하여 행한 권고를 실시하기 위하여 취하여진 조치에 대한 보고를 받기 위하여, UN회원국들과 협정을 체결할 수 있으며 전문기구들과도 협정을 체결할 수 있다. 이사회는 이들 보고서에 대한 자신의 의견을 총회에 통보할 수 있다.[209)]

경제사회이사회는 안전보장이사회에 정보를 제공할 수 있다. 이사회는 뜨한 안보리의 요청이 있을 때에는 이를 원조하여야 한다.[210)]

경제사회이사회는 총회의 권고를 이행함에 있어 자기의 권한에 속하는 임무를 수행하여야 한다. 이사회는 UN회원국이나 전문기구의 요청이 있을 때에는 총회의 승인을 얻어 역무(services)를 제공할 수 있다. 이사회는 이 밖에도 헌장의 다른 곳에 규정되어 있거나 총회에 의해 자기에게 부여되는 기타 임무를 수행하여야 한다.[211)]

(3) 표 결

경제사회이사회에서 각 이사국은 1개의 투표권을 갖는다.[212)] 경제사회이사회 의장은 우선 재적 1/3만 출석하면 개회를 선언하고 토의의 개시를 허락할 수 있다 ; 그러나 어떤 결정을 내리기 위해서는 재적과반수의 출석이 요구된다.[213)] 이사회의 '결정'(decisions)은 −총회나 안보리의 경우와는 달리 대상문제의 구분 없이− 출석하여 투표하는 이사국의 과반수에 의하여 행한다.[214)] 여기서 '결정'이란 표현이 사용되고 있긴 하지만, 위에서 언급한 바와 같이 이사회는 단지 권고적 권한을 갖고 있을 따름이다.[215)]

(4) 절 차

경제사회이사회는 경제 및 사회 분야에 있어서의 위원회(commissions), 인권의 신장을 위한 위

207) UN헌장 제62조 ; Malanczuk, p. 382.
208) UN헌장 제63조.
209) UN헌장 제64조.
210) UN헌장 제65조.
211) UN헌장 제66조.
212) UN헌장 제67조 1항.
213) UN경제사회이사회 절차규칙, Rule 41, 〈https://www.un.org/en/ecosoc/about/pdf/rules.pdf〉.
214) UN헌장 제67조 2항.
215) Birnie/Boyle, p. 38.

원회, 자신의 임무수행에 필요한 기타 위원회를 설치한다.[216]

경제사회이사회는 어느 UN회원국에 대하여서도 당해 회원국에 특별히 관계있는 문제에 관한 심의에는 투표권 없이 참가하도록 초청하여야 한다.[217]

경제사회이사회는 전문기구의 대표자가 이사회의 심의 및 이사회가 설치하는 위원회의 심의에 투표권 없이 참가할 수 있도록 하고, 또 거꾸로 이사회의 대표자가 전문기구의 심의에 참여함을 보장하기 위한 협정(arrangements)을 체결할 수 있다.[218]

경제사회이사회는 그 권한 내에 있는 사항과 관계있는 비정부기구(혹은 민간단체)(non-governmental organizations : NGOs)와의 '협의'(consultation)를 위한 적당한 협정(suitable arrangements)을 체결할 수 있다. 이 협정은 비정부국제기구(국제민간단체)(international NGOs)와 체결할 수 있으며, 적당한 경우에는 관계있는 UN회원국과 협의(의논, consultation)한 후에 비정부국내기구(국내민간단체)(national NGOs)와도 체결할 수 있다.[219]

경제사회이사회는 의장선정의 방법을 포함한 그 절차규칙을 채택한다. 이사회는 그 절차규칙에 따라 필요할 때에 회합하는데, 다만 절차규칙에는 이사회구성원의 과반수의 요청이 있으면 회의를 소집한다는 규정이 포함되어야 한다.[220]

(5) 전문기구

경제사회이사회는 이른바 전문기구들과 긴밀한 관계를 맺고 있다. 헌장 제57조에 의하면 전문기구는 "정부간 협정에 의하여 설치되고, 경제·사회·문화·교육·보건 및 관련 모든 분야에 있어 그 기본문서가 정하는 바에 따라 광범위한 국제적 책임을 지는, 제63조의 규정에 따라 UN과 관계를 맺은" 국제기구로 정의된다.[221] UN은 전문기구의 정책과 활동을 조정하기 위한 권고를 행한

216) UN헌장 제68조.

217) UN헌장 제69조. UN경제사회이사회 절차규칙에 의하면, 경제사회이사회는 이사국이 아닌 UN회원국 뿐만 아니라 '기타 그 어떤 국가' 즉 UN비회원국이라도 해당 국가에게 특별히 관계있는 문제에 대한 심의에 참가하도록 초청하여야 한다 : UN경제사회이사회 절차규칙, Rule 71, 1항, 〈https://www.un.org/en/ecosoc/about/pdf/rules.pdf〉. 그러나 이렇게 초대된 국가는 이사회에서 투표권을 갖지는 못한다 ; 다만, 제안(proposals)을 제출할 수는 있으며, 이 제안은 어떤 이사국의 요청이 있으면 표결에 부쳐질 수 있다 : UN경제사회이사회 절차규칙, Rule 71, 3항.

218) UN헌장 제70조.

219) UN헌장 제71조. NGO가 UN경제사회이사회 협의(자문)기관으로서의 지위(consultative status)를 얻기 위한 신청절차에 관해서는 https://research.un.org/en/ngo ; https://en.wikipedia.org/wiki/United_Nations_Committee_on_Non-Governmental_Organizations ; https://en.wikipedia.org/wiki/Consultative_status 참조.

220) UN헌장 제72조.

221) 현재 17개 전문기구는 다음과 같다 : 식량농업기구(Food and Agriculture Organization: FAO), 국제민간항공기구(International Civil Aviation Organization: ICAO), 국제농업개발기금(International Fund for Agricultural Development: IFAD), 국제노동기구(International Labour Organization: ILO), 국제해사기구(International Maritime Organization: IMO), 국제통화기금(International Monetary Fund: IMF), 전기통신연합(International Telecommunications Union: ITU), UN교육과학문화기구(United Nations Educational, Scientific and Cultural Organization: UNESCO), 유엔공업개발기구(United Nations Industrial Development Organization: UNIDO), 만국우편연합(Universal Postal Union: UPU), 세계보건기구(World Health Organization: WHO), 세계지적재산기구(World Intellectual Property Organization: WIPO), 세계은행

다.[222] UN은 또한 적당한 경우에는 제55조에 명시된 목적달성에 필요한 새로운 전문기구를 설치하기 위하여 관련국들이 교섭에 들어갈 것을 발의한다.[223] ICJ는 *Legality of the Use by a State of Nuclear Weapons in Armed Conflict*[224]에서 UN과 그 전문기구들이 "UN'체제'"(United Nations system)를 형성하고 있으며, 따라서 "(전문기구)WHO는 UN체제의 다른 부분들의 책임을 침해할 수 없다"(the WHO … cannot encroach on the responsibilities of other parts of the United Nations system)고 언급한 바 있다.[225]

UN과 전문기구간의 제휴협정 조건은 전문기구마다 다르지만 일부 내용은 대부분의 협정에서 공통적으로 발견된다. 예컨대, 두 당사자(즉, UN과 당해 전문기구) 각각은 타방당사자의 일정 기관의 회합에 (물론 투표권 없이) 대표자를 파견할 권리를 부여받는 것이 보통이다. 대부분의 전문기구는 UN 총회의 권고를 심의하고 경제사회이사회에 정기적으로 보고서를 제출할 것에 동의하고 있다. 그리고 거의 모든 전문기구는 "그들의 활동범위 내에서 발생하는 법적 문제에 대하여" ICJ에 권고적 의견을 요청할 수 있는 권리를 총회로부터 부여받았다.[226] 정보교환을 위한 규정도 대체로 삽입된다.[227]

대부분의 전문기구는 그 회원국들에게 구속력있는 결정을 채택할 권한은 없지만, 그 설립조약에서 회원국들이 특정한 방향으로 행동하도록 압력을 넣는 흥미로운 수단들을 규정하고 있는 경우가 많다. 예컨대, ILO, UNESCO, WHO는 권고(recommendations)와 협약 초안(draft conventions)을 작성할 수 있는데, 이 경우 그 회원국들은 이들 권고와 협약 초안을 수락할 의무는 지지 않는다. 그러나 문제의 권고와 협약 초안에 의하여 규율되는 분야에서의 자국의 법과 실행에 관하여 당해 전문기구에 정기적으로 보고해야 하며, 또한 일부 경우에는 권고와 협약 초안을 수락하지 않는 이유를 천명하여야 한다. 그리고 WHO의 경우, 일부 주제에 대해서는 '문제의 규칙에서 자발적으로 이탈(opt out)하지 않는' 모든 회원국에 대해 구속력있는 규칙을 채택할 수 있다.[228]

그룹(World Bank Group: IBRD, IDA, IFC), 세계기상기구(World Meteorological Organization: WMO), 세계관광기구(World Tourism Organization: UNWTO 혹은 WTO). https://ask.un.org/faq/140935.

IAEA (International Atomic Energy Agency)는 공식 전문기구는 아니지만 UN의 후원을 받는 자율적 국제기구이다 : "Agreement Governing the Relationship between the United Nations and the International Atomic Energy Agency"(1957년 11월 14일 발효) 제1조 및 "Agreement for the Admission of the International Atomic Energy Agency into the United Nations Joint Staff Pension Fund" (1958년 9월 29일 발효) ; https://www.iaea.org/About/index.html ; Wolfrum /Philipp (eds.), p. 646. 세계무역기구(World Trade Organization : WTO)도 일부 UN기관들과 협력하고 있지만 아직 전문기구는 아니다.

222) UN헌장 제58조.

223) UN헌장 제59조.

224) Advisory Opinion, ICJ Reports (1996), p. 66 at 80 (para. 26).

225) Rosenne, *The Perplexities of Modern International law*, pp. 400, 433 ; Akande in Evans (ed.), *International Law*, 3rd, p. 278.

226) UN헌장 제96조 2항.

227) Malanczuk, p. 383.

228) *Ibid.*, pp. 383~384 ; ILO Constitution, 제19조 ; UNESCO Constitution, 제Ⅳ조 ; WHO Constitution, 제19조~제23조.

4. 신탁통치이사회[229)]

경제사회이사회와 마찬가지로 '총회의 권능 하에서' 행동하는[230)] 신탁통치이사회는 제2차 세계대전 이후에 창설된 신탁통치지역(trusteeship territory)을 감독하기 위하여 수립되었다. 헌장 제77조에 의하면, 신탁통치지역은 (i) 위임통치지역, (ii) 제2차 세계대전의 결과로 적국(enemy States)으로부터 분리된 지역, (iii) 그 시정에 대하여 책임을 지는 국가가 자발적으로 이 제도 하에 두는 지역 등 세 종류로 구분되고 있었다. 그러나 자신의 식민지를 자발적으로 신탁통치 하에 둔 승전국은 하나도 없었다. 그리고 서남아프리카(South-West Africa)는 마지막까지도 이 새로운 체제 하에 놓여지지 않거나 독립을 부여받지 못한 유일의 구위임통치지역으로 남아있었으나, 민족해방투쟁과 UN의 지원으로 결국 나미비아(Namibia)로 독립하였다. 1994년 5월 25일 신탁통치이사회는 매년 모임을 가져야 하는 의무를 일정 필요한 경우에만 만나는 것으로 절차규칙을 개정하였다.[231)] 이어서 마지막으로 남아있던 신탁통치지역인 팔라우(Palau)가 10월 1일 독립함으로써 신탁통치이사회도 11월 1일부로 업무를 정지하였다.[232)] 헌장에 여전히 존재하는 이 제도의 공식적인 폐지를 위해서는 헌장을 개정하여야 할 것이다.[233)]

UN헌장에는 신탁통치지역과 더불어 헌장의 규율을 받는 또 하나의 식민지 유형이 있는데, 비자치영토(non-self-governing territories)가 그것이다.[234)] 미국령 괌(Guam), 영국령 지브롤터(Gibraltar), 프랑스령 뉴칼레도니아(New Caledonia), 뉴질랜드령 토커라우(Tokelau)를 위시하여 2021년 8월 현재 17개 영토가 UN의 비자치영토 목록에 올라 있다.[235)] 반기문 사무총장은 2008년 5월 14일의 한 메시지에서 "식민주의는 오늘날의 세계에서 설 자리가 없다"고 하면서, 시정국들에

---

229) UN헌장 제13장 (제86조~제91조).

230) UN헌장 제85조, 제87조. 다만, '전략지역'(strategic areas)에 대한 UN의 모든 임무는 -신탁통치협정의 조항과 그 변경 또는 개정의 승인을 포함하여- 안전보장이사회가 행한다 : UN헌장 제83조 ; Kaczorowska-Ireland, p. 585.

231) T/RES/2200(LXI), 25 May 1994 (Amendment of the rules of procedure of the Trusteeship Council), 25 May 1994 : "(amended Rule 1) The Trusteeship Council shall meet as and where occasion may require, by decision of the Trusteeship Council, or by decision of its President, or at the request of a majority of its members, or at the request of the General Assembly, or at the request of the Security Council acting in pursuance of the relevant provisions of the Charter of the United Nations." file:///C:/Users/admin/Downloads/T_RES_2200(LXI)-EN.pdf.

232) *Repertory of Practice of United Nations Organs*, Supplement No.8, Volume V, "Article 83", para. 35, 〈https://untreaty.un.org/cod/repertory/art83/english/rep_supp8_vol5-art83_e_advance.pdf〉.

233) Shaw, 4th, p. 833 ; Harris, 5th, pp. 131~132.

234) UN헌장, 제11장 (비자치영토에 관한 선언), 제73조~제74조 ; 본서, 제7장 (국제법의 기본원칙), "Ⅵ. 민족자결원칙" 참조.

235) Radio New Zealand International, "UN puts French Polynesia back on UN decolonisation list", Posted at 22:29 on 17 May, 2013 UTC, 〈https://www.rnzi.com/pages/news.php?op=read&id =76118〉 ; The United Nations and Decolonization, 〈https://www.un.org/dppa/decolonization/en〉 ; https://en.wikipedia.org/wiki/Special_Committee_on_Decolonization ; https://en.wikipedia.org/wiki/United_Nations_list_of_Non-Self-Governing_Territories. 특정 영토가 UN헌장 제11장에서 말하는 '비자치영토'인가 아닌가의 문제에 대해 UN총회는 자신에게 일정 발언권이 있다고 보는데 반해, 일부 시정국들은 이 문제는 전적으로 관련 국가의 국내헌법 문제로서 총회가 관여할 사항이 아닌 것으로 보고 있다. 이 갈등에 대해서는 Brierly, pp. 179~181 ; Kaczorowska-Ireland, p. 587 참조.

게 "탈식민지화에 대한 UN의 소임을 다하도록 촉구"한 바 있지만,[236] 일부 비자치영토는 UN에서 자치 내지는 독립을 권유하여도 그들 스스로 이를 원하지 않는 것으로 비치고 있다.[237]

5. 사무국

UN헌장 제7조에 의하면 UN의 '주요기관'의 하나는 사무국(Secretariat)이지 사무총장(Secretary-General)이 아니다. 그러나 '사무국'을 제목으로 하는 헌장 제15장(제97조~제101조)의 구조를 보면, 사무국과 사무총장은 일면 기능적 통일성을 보여주면서도, 타면 다른 기능을 보여주고 있다. 즉, 제97조에 의하면, 사무국은 "1인의 사무총장과 기구가 필요로 하는 직원"으로 구성되지만, 사무총장은 단지 사무국만의 수석행정관이 아니라 "'기구의'(즉, UN 전체의) 수석행정관"(chief administrative officer of the organization)이기도 하다. 또한 제98조와 제99조는 사무국이 아닌 사무총장의 특별한 임무와 기능에 관해 규정하고 있다. 따라서 사무총장과 사무국은 이 범위 내에서는 분리해서 생각하여야 한다.[238] 그러나 일부 언론이나 UN 홈페이지 등에서 부르는 것처럼 UN사무총장을 "UN의 수장"(UN Chief)으로까지 지칭하는 것은 과장된 표현이다.[239]

헌장에는 제97조에서 "사무총장은 안전보장이사회의 권고에 의하여 총회가 임명한다."고 규정하고 있을 뿐 사무총장의 구체적인 임명조건에 대해서는 언급이 없다. 이에 따라 총회는 1946년 1월 24일의 결의 11(I)[240]을 통해 (i) 사무총장은 "고명하고 학식이 높은 사람"(a man of eminence and high attainment)으로서, (ii) '초대' 사무총장은 임기 5년으로 하되, 임기말에 한번 더 재임명될 수 있다고 결정하면서, 그러나 (iii) "총회와 안보리는 경험에 비추어 미래 사무총장들의 임기(term of office)를 자유로이 변경할 수 있다"는 준비위원회(Preparatory Commission)의 보고서에 주목하고 이를 승인하였다. 동 총회결의는, 이 밖에도 (준비위원회 보고서에 담겨 있는) 다음의 세 가지 내용에도 이를 주목하고 승인하였다. 첫째, 그 어떤 회원국도 사무총장에게 적어도 그가 퇴임하자마자 그의 비밀정보가 다른 회원국들을 난처하게 만들 수 있는 정부지위를 주겠다고 제의하지 않는 것이 바람직하며, 사무총장으로서도 그같은 지위를 수락하는 것을 자제하여야 한다. 둘째, 헌장 제18조와 제27조의 규정으로 보건대, 안보리의 사무총장 지명에는 "모든 상임이사국의 동의투표"가 요구된다(즉, 상임이사국의 거부권이 적용된다). 그리고 총회가 출석하여 투표하는 회원국의 2/3의 다수결이 필요하다고 결정하지 않는 한, 총회의 사무총장 임명에는 출석하여 투표하는 회원국의 과반수 찬성이 필요하다.[241] 셋째, 안보리는 총회를 위해 단 한명의 후보자만을 제안/지명하는 것이

236) UN, Secretary-General, SG/SM/11568, GA/COL/3171, United Nations press release, 14 May 2008, available at https://www.un.org/News/Press/docs/2008/sgsm11568.doc.htm.
237) https://en.wikipedia.org/wiki/United_Nations_list_of_Non-Self-Governing_Territories.
238) Wolfrum/Philipp (eds.), p. 1136 ; Rosenne, *The Perplexities of Modern International Law*, p. 255.
239) Aust, *Handbook of IL*, 2nd, p. 189.
240) https://www.un.org/documents/ga/res/1/ares1.htm ; Wolfrum/Philipp (eds.), pp. 1136~1137.
241) 실제 관행을 보면, 총회는 사무총장 임명을 위한 결의안 채택을 위해 컨센서스나 박수갈채로 행동하기도 한다.

바람직하며, 또한 총회에서 지명에 관해 토론/논쟁(debate)하는 것은 피하는 것이 바람직하다. 지명과 임명 모두 비공개회의에서 논의(discuss)되어야 하며, 안보리에서든 총회에서든 표결을 하는 경우에는 이는 비밀투표로 하여야 한다.

사무총장은 ICJ를 제외한 주요기관들, 즉 '총회, 안전보장이사회, 경제사회이사회 및 신탁통치이사회'의 모든 회합에서 그 자격으로 행동하고, 이들 기관으로부터 위탁된 타 임무를 수행한다. 그는 또한 UN의 사업에 관하여 총회에 연차보고를 해야 한다.[242)]

사무총장은 국제평화와 안전의 유지를 위협할 수 있다고 '생각하는'(in his opinion) 사항에 대하여 안전보장이사회의 주의를 환기할 수 있다.[243)] 이것은 사무총장이 단순히 행정적인 역할뿐만 아니라 정치적인 주도권도 행사할 수 있음을 의미하는 것이다. 동시에 이것은 사무총장이 헌장 내에서 '단독의 지위'(a separate standing)를 갖고 있음을 의미하는 것이기도 하다.[244)] 실제로 사무총장은 국제평화와 안전의 유지에 있어 그 역할이 점차 커지고 있다.[245)]

사무총장과 직원은 '그 직무를 수행함에 있어' 어떤 정부로부터도, 또는 UN 이외의 어떤 당국으로부터도 지시를 받거나 구하여서는 아니된다. 사무총장과 직원은 UN에 대해서만 책임을 지는 '국제공무원'(international officials)으로서의 지위를 훼손할 우려가 있는 어떠한 행동도 삼가야 한다. UN회원국은 사무총장과 직원의 책임이 전적으로 국제적인 성질을 가짐을 존중하고, 이들이 '책임을 이행함에 있어' 영향을 미치려고 노력하지 않아야 한다.[246)]

직원은 총회가 제정하는 규칙에 따라 사무총장이 임명한다. 경제사회이사회, 신탁통치이사회 및 필요에 응하여 UN의 기타 기관에 적당한 직원을 상임으로 배속한다. 이들 직원은 사무국의 일부를 구성한다. 직원의 고용과 근무조건의 결정에 있어서 가장 고려하여야 할 사항은 최고수준의 능률과 능력 및 성실을 확보하는 것이다. 다만, 직원은 "되도록 광범위한 지리적 기초에 의하여" 채용하여야 한다.[247)]

행정직원들의 근무조건은 총회가 제정하는 직원명령(Staff Regulations)과 사무총장이 직원명령에서 위임받은 권한에 의거하여 발포하는 직원규칙(Staff Rules)에 거의 모두 규정되어 있다. 근무조건을 침해받았다는 직원들의 주장은 총회가 1950년 1월 1일부로 설치한 UN행정재판소(UN Administrative Tribunal)에서 심리하여 왔는데,[248)] 동 재판소는 2008년 12월 24일의 UN총회

그러나 어떤 회원국이 표결을 요구하면 투표를 하게 된다.

242) UN헌장 제98조.

243) UN헌장 제99조.

244) Rosenne, *The Perplexities of Modern International Law*, pp. 411, 438.

245) Ott, pp. 364~365 ; Wolfrum/Philipp (eds.), p. 1138.

246) UN헌장 제100조 ; 본서, 제6장 (국제법의 주체). 일부 직원들은 중립성 의무에도 불구하고 때로 본국 정부를 위한 대리인처럼 행동한다는 비판이 제기되기도 한다. 가장 유명한 사례로는 (Mr) Arkady Shevchenko의 경우를 들 수 있는데, 그는 전직 소련 외교관으로서 나중에 UN 정치안보사무차장(Under Secretary-General for Political and Security Council Affairs)을 지냈는데, 1978년 UN사무차장을 그만둔 후, 자신이 UN에 고용되어 있는 동안 소련을 위하여 행동했었다는 것을 인정하고는 미국으로 도주하였다. Ott, p. 364.

247) UN헌장 제101조. UN의 지금까지의 관행을 보면 제101조 3항은 사무총장의 임명에는 적용되지 아니한다 : Wolfrum/Philipp (eds.), p. 1136.

248) UN총회결의 351(Ⅳ)A/B (Establishment of a United Nations Administrative Tribunal)(1949년 11월 24일).

결의 63/253에 의해 2009년 12월 31일부로 폐지되었다.[249] 총회는 그 대신 2009년 7월 1일부로 UN항소재판소(United Nations Appeals Tribunal)[250]를 설립하였는 바, 동 항소재판소는 산하에 1심 법원으로 UN분쟁재판소(United Nations Dispute Tribunal)[251]를 두고 있다.[252] UN을 위시하여 국제기구들이 자체 행정재판소를 갖는 것은 매우 중요한데, 대부분의 기구들은 국내재판소의 관할권으로부터 면제를 향유하기 때문이다.[253]

UN항소(구 행정)재판소를 필두로 하여 여러 국제기구의 행정재판소들은 기구 소속 공무원의 고용관계에 적용되는 이른바 '국제기구의 내부법'(internal law of international organisations)을 발전시켜오고 있는데, 이는 흔히 국제행정법(international administrative law)으로 지칭되기도 한다. 국제기구의 내부법의 성격에 대해서는, 이것은 법의 정의에 해당하지 않는다든지 혹은 법이긴 하지만 독특한/독자적인(*sui generis*) 법으로 보는 견해가 있지만, 결국은 국제법에 속한다고 보는 것이 타당할 것이다.[254]

Ⅵ. 헌장 제103조 : UN헌장과 기타 조약 간의 충돌 방지

UN헌장 제103조는 "이 헌장 하의 UN회원국의 의무와 다른 어떤 국제협정 하의 그들의 의무 사

249) UN총회결의 63/253, para. 43.

250) https://www.un.org/en/oaj/appeals/ ; https://en.wikipedia.org/wiki/United_Nations_Appeals_Tribunal.

251) https://www.un.org/en/oaj/dispute/ ; https://en.wikipedia.org/wiki/United_Nations_Dispute_Tribunal.

252) 총회결의 63/253에는 이들 두 재판소의 규정, 즉 "UN항소재판소 규정"(Statute of the United Nations Appeals Tribunal)과 "UN분쟁재판소 규정"(Statute of the United Nations Dispute Tribunal)이 부속되어 있는데, UN항소재판소 규정은 총회결의 66/237 (2011년 12월 24일)과 결의 69/203 (2014년 12월 18일)에 의해, UN분쟁재판소 규정은 총회결의 69/203 (2014년 12월 18일)에 의해 각기 개정된 바 있다.
UN항소재판소와 UN분쟁재판소는 UN 이외의 국제기구에 소속된 직원들이 자신이 소속한 기구를 상대로 제기하는 고용 관련 사건도 다룰 수 있는 권한을 부여받고 있다. 즉, UN분쟁재판소는 전문기구 혹은 타 국제기구와 UN사무총장 사이에 특별협정이 체결되어 있는 경우 이들 기구를 피고로 하는 직원소송도 심리한다 (UN분쟁재판소 규정 제2조 5항) ; 그리고 UN항소재판소는 전문기구 혹은 타 국제기구와 UN사무총장 사이에 특별협정이 체결되어 있는 경우 이들 기구 내의 '중립적' '1심' 재판을 거친 사건을 심리한다 (UN항소재판소 규정 제2조 10항).
이 밖에도, UN은 직원들의 고용과 관련하여 비공식 분쟁해결을 장려하기 위해(to encourage informal dispute resolution) "UN 옴부즈만 및 중개 사무소"(Office of the United Nations Ombudsman and Mediation Services)를 운영하고 있기도 한데, 이것은 2002년 코피 아난(Kofi Annan) 당시 UN사무총장이 총회 수권에 근거하여 설치한 것이다 : UNST/SGB/2002/12, 15 October 2002, "Office of the Ombudsman — appointment and terms of reference of the Ombudsman", 〈https://www.un.org/ga/search/view_doc.asp?symbol=ST/SGB/2002/12〉. ; https://www.un.org/en/ombudsman/index.shtml ; *A Guide to resolving disputes : Administration of Justice in the United Nations* (New York, 2009), 〈https://www.un.org/en/oaj/unjs/pdf/guide_to_resolving_disputes_en.pdf〉 ; Pavoni in de Wet and Vidmar (eds.), pp. 108~109.

253) Aust, 3rd, p. 355 ; 본서, 제13장 (기타 면제 · 특권), "Ⅳ. 국제기구의 면제 · 특권".

254) "국제기구의 내부법" 개념에 대해 자세한 것은, Amerasinghe, "Chapter 9, The internal law: employment relations", pp. 271~314 참조 ; 국제기구들의 행정재판소에 관련한 여러 측면에 관해서는, *ibid.*, pp. 489~504 참조.

이에 충돌이 있는 경우, 이 헌장 하의 그들의 의무가 우선한다."고 규정하고 있다. 제103조를 명시적으로 반영한 조약으로는 GATT 제XXI조(안보를 위한 예외)의 (c)호나 GATS 제XIV조의 2(*bis*) (안보를 위한 예외)의 1항(c)호를 들 수 있는데, "UN회원국에 관한 한" 이들 조약에서 이같은 예외규정을 두고 있지 아니하더라도 결과는 마찬가지일 것이다.[255] 헌장 제103조는 '최고의 조항'(clause paramount)으로 과장되어 불리기도 하지만[256] 명확한 이해를 위해 몇 가지 언급을 해 두는 것이 좋겠다.[257]

첫째, 헌장 제103조는 단지 "우선/우위"(precedence, priority)에 관해 말하고 있을 따름이다. 즉, 헌장 제103조나 비엔나 조약법협약은 제103조를 조약의 '무효'(invalidity) 사유로 언급하고 있지는 아니하다. 국제법의 분열에 관한 ILC 스터디그룹의 보고서에서도 제103조는 UN헌장 하의 의무가 실효적으로 이행될 수 있게 하기 위한 수단이지, 다른 조약 레짐들을 폐지하기 위한 수단은 아닌 것으로 보는 게 타당하다고 언급하고 있다.[258] 따라서 헌장 하의 의무와 충돌하는 의무를 담고 있는 조약이 무효가 되더라도 이것은 제103조 그 자체 때문에 무효가 되는 것은 아니다. UN헌장과의 충돌 때문에 조약의 무효가 발생할 수는 있겠지만 이것은 제103조 그 자체의 규정 때문이 아니라 문제의 헌장 하의 의무가 일반국제법의 강행규범(*jus cogens*)에 해당하기 때문일 것이다.

둘째, 제103조는 UN헌장 체제 하에서의 그 중요성에도 불구하고 -이것이 일반국제법의 강행규범으로 간주되지 않는 한- 그 자체 UN회원국들이 개정할 수 없는 조항은 아니다. 그러나 거꾸로, UN의 '모든 회원국'간에 체결되는 조약이라 하더라도, 제103조를 먼저 개정하지 않고 그같은 조약을 체결하는 한에 있어서는 UN헌장에 우선할 수 없다.

셋째, 제103조는 UN헌장이란 이름의 조약규정에 불과하므로 -일반국제법의 강행규범에 속하는 헌장 하의 의무를 제외하고는- UN회원국이 아닌 국가들에 대해서는 구속력이 없다.

넷째, 제103조는 UN회원국의 헌장 하의 의무와 '다른 국제협정' 하의 의무 사이의 충돌에 관해 언급하고 있을 따름이다. 따라서 UN회원국들 사이에서 헌장 하의 의무가 '국제관습법' 하의 의무에도 우선하는가의 문제가 제기될 수 있는데, UN국제법위원회는 헌장 하의 의무가 국제관습법에 우선할 '수' 있는 것으로 보고 있다.[259] 다만, UN도 국제인격자로서 "일반국제법의 강행규범"(*jus*

---

255) Pauwelyn, pp. 351~352.

256) See, e.g., Hamid, p. 197.

257) See Pauwelyn, pp. 337~342.

258) See International Law Commission, Fragmentation of International Law: Difficulties Arising from the Diversification and Expansion of International Law : *Report of the Study Group of the International Law Commission – Finalized by Martti Koskenniemi,* UN Doc A/CN.4/L.682 (13 April 2006), 〈https://legal.un.org/ilc/documentation/english/a_cn4_l682.pdf〉, para. 335 : "A conflict between an obligation under the Charter and some other obligation may arise in a purely ad hoc manner. This is what happened with the Montreal Convention in the *Lockerbie* case, for example. It is hard to see how the drafters could have intended that such a conflict would render null and void the conflicting treaty – in the *Lockerbie* case the whole of the Montreal Convention. This would be senseless. Also from a teleological perspective a better view is to see Article 103 as a means for securing that Charter obligations can be performed effectively and not as abolishing other treaty regimes however incidental the conflict might be."

cogens) 하에 놓이며, '헌장에 의하여 규율되지 아니하는' 문제에 있어서도 국제관습법에 구속된다고 보아야 할 것이다.[260)]

다섯째, 제103조에서 "기타 국제협정"(any other international agreement)이라 함은 과거의 조약뿐만 아니라 미래의 조약을 포함하며, 또한 이것은 다자조약, 양자조약, 지역적 협정 등을 모두 포함한다.[261)]

여섯째, 끝으로, ICJ는 제103조에서 말하는 "UN헌장 하의 의무"를 넓게 해석하고 있다. 즉, *Lockerbie* 사건[262)]에서 ICJ는 단지 UN헌장 규정 자체뿐만 아니라 이에 근거한 구속력있는 안보리 결의도 "UN헌장 하의 의무"에 속하는 것으로 판시하였다.[263)] 이에서 한 걸음 더 나아가, ICJ 판결과 타국제재판소 판결 –예컨대, WTO협정에 따라 채택된 WTO상소기관(Appellate Body)의 보고서– 사이에 충돌이 있는 경우에도 UN헌장 제103조에 기초하여 ICJ 판결에 우선적 효력을 부여할 수 있을 것으로 보는 견해도 있다.[264)] 비슷하게, 국제형사재판소(ICC)도 로마규정(Rome Statute)과 헌장 제7장에 의거한 안보리 결정이 충돌할 경우 후자의 우위를 주장하고 있다.[265)]

Ⅶ. UN헌장의 개정

헌장 개정안이 총회 구성국의 2/3의 투표(a vote of two–thirds of the members of the

259) ILC "Conclusions of the work of the Study Group on the Fragmentation of International Law : Difficulties arising from the Diversification and Expansion of International Law" (2006), para. (35) : "Given the character of some Charter provisions, the constitutional character of the Charter and the established practice of States and United Nations organs, Charter obligations may also prevail over inconsistent customary international law."

260) Rosenne, *The Perplexities of Modern International Law*, p. 405.

261) *Military and Paramilitary Activities in and against Nicaragua* (Nicaragua v. United States of America)(Jurisdiction and Admissibility), ICJ Reports (1984), p. 392 at 440 (para. 107).

262) Case concerning *Questions of Interpretation and Application of the 1971 Montreal Convention arising from the Aerial Incident at Lockerbie* (Libyan Arab Jamahiriya v. United Kingdom) (Provisional Measures), ICJ Reports (1992), para. 39 ; Case concerning *Questions of Interpretation and Application of the 1971 Montreal Convention arising from the Aerial Incident at Lockerbie* (Libyan Arab Jamahiriya v. United States of America) (Provisional Measures), ICJ Reports (1992), para. 42 ; ILC "Conclusions of the work of the Study Group on the Fragmentation of International Law : Difficulties arising from the Diversification and Expansion of International Law" (2006), para. (35), available at https://www.un.org/law/ilc.

263) 안보리(혹은 총회)가 단지 일정 조치(제재)를 '권고'하는 경우, 이것이 국가들에게 조약상의 의무를 정지할 권리를 준다고 볼 것인가? 권고적 결의에 의해서는 법적 의무가 창설되지 않기 때문에 UN헌장 제25조와 제103조가 작동하지 아니한다고 보는 것이 논리적이다. White and Abass in Evans (ed.), *International Law*, 5th, p. 541 ; Orakhelashvili/Akehurst, 9th, p. 543.

264) See e.g. Pauwelyn, p. 121.

265) *The Prosecutor* v. *Omar Hassan Ahmad Al Bashir*, ICC-02/05-01/09, 9 April 2014, ICC Pre-Trial Chamber Ⅱ, "Decision on the Cooperation of the Democratic Republic of the Congo Regarding Omar Al Bashir's Arrest and Surrender to the Court" ; 본서, 제29장 (국제형사재판소), "ⅩⅤ. 국제협력과 사법공조".

General Assembly)로 채택되고, 이어서 '안보리의 모든 상임이사국을 포함한' 전체 회원국의 2/3가 각자의 헌법상의 절차에 따라 이를 비준하면 헌장이 개정된다.[266] 뿐만 아니라, 이 개정은 UN의 모든 회원국에 대하여 효력을 발생한다. 이상이 UN헌장 제108조에 규정된 헌장 개정을 위한 통상의 절차이다.[267] 그러나 헌장 제109조는 제108조와는 별개의 재검토(review)란 이름의 특별한 개정절차를 다음과 같이 제시하고 있다.

> "1. 이 헌장을 재검토하기 위한 UN회원국들의 일반회의(a General Conference of the Members of the United Nations)가 총회 구성국의 2/3 투표(a two-thirds vote of the members of the General Assembly)에 의하여, 그리고 안전보장이사회의 9개 이사국(상임·비상임 불문) 투표에 의하여 결정되는 일자와 장소에서 개최될 수 있다. UN의 각 회원국은 이 회의에서 1개의 투표권을 갖는다.
> 2. 일반회의의 2/3투표(a two-thirds vote of the conference)에 의하여 권고된 이 헌장의 변경(alteration)은, 안전보장이사회의 모든 상임이사국을 포함한 UN회원국의 2/3에 의하여 그들 각자의 헌법절차에 따라 비준될 때 효력을 발생한다.
> 3. 그같은 회의가 이 헌장 발효 후 총회 제10차 연차회기 이전까지 개최되지 않는 경우, 그같은 회의를 소집하기 위한 제안이 동 총회회기의 의제에 올려져야 하며, 이 회의는 총회구성국의 과반수 투표와 안전보장이사회 7개 이사국(상임·비상임 불문) 투표에 의하여 결정되면 개최된다."

제109조 3항에 적시된 총회 제10차 연차회기에 이를 때까지 재검토회의에 대한 열정은 전혀 없었다. 이에 따라 UN총회는 1955년 11월 21일의 결의 992(X)를 통해 "헌장을 검토하기 위한 일반회의가 적절한 시기에(at an appropriate time) 개최되어야 하며", "일반회의의 시간, 장소, 그 조직과 절차를 정하는 문제를 -사무총장과 협의하여- 검토할, 모든 UN회원국으로 구성되는 한 개의 (준비)위원회를 임명한다"고 결정하였다. 그러나 이 헌장 재검토회의 준비위원회는 1967년까지 존재하다가 더 이상 임기를 연장받지 못했다.[268] 어쨌든, 총회 제10차 연차회기는 이미 오래 전에 지났기 때문에 제109조 3항은 이제 더 이상 적용의 여지가 없다고 말할 수 있을 것이다. 1965년 12월 20일의 총회결의 201(XX)에 의하여 제109조 1항의 안보리 7개 이사국이 9개 이사국으로 개정될 때 그 3항의 7개 이사국은 개정되지 않은 것도 그것의 과도기적 성격 때문이었다.[269]

제108조 개정절차의 주무대가 UN의 한 기관인 '총회'인데 반해 제109조 재검토절차의 그것은 UN회원국들로 구성되는 '일반회의'라는 점에서 양자는 형식상의 차이를 보인다. 그러나 그 어느 경우에도 안보리 각 상임이사국은 마지막 단계에서 비준을 거부함으로써 헌장개정을 좌절시킬 수 있

---

266) 개정안 투표 시의 총회 구성국의 수와 개정 발효 시의 회원국의 수가 일치하지 않을 수 있다. Aust. *Handbook of IL*, 2nd, p. 92.

267) 지금까지 UN헌장은 이 절차에 의해 세 번(1963년, 1965년, 1971년) 개정된 바 있다.

268) Rosenne, *The Perplexities of Modern International Law*, p. 352.

269) UN헌장 제109조 1항의 개정(제2차 헌장개정)은 1968년 6월 12일에 발효. Wolfrum/Philipp (eds.), p. 24; Amerasinghe, p. 447.

는 특권적 지위에 있다.

제108조는 다수결에 의한 개정이 'UN의 모든 회원국에 대하여'(for all Members of the United Nations) 효력을 발생함을 명시하고 있지만 제109조 2항에는 이 문구가 삽입되어 있지 않다. 그러나 이 문제는 두 경우 모두 동일한 것으로 생각되고 있다.

개정절차가 제108조와 제109조 중 어느 것에 의해 발동되었건 간에 개정안을 비준하지 아니한 회원국이 UN에서 탈퇴할 수 있는지도 묻지 않을 수 없다. 과거 국제연맹규약 제26조 2항은 동 규약의 개정에 반대의사를 표시하는 연맹회원국은 더 이상 연맹의 회원이 아니라고 규정하고 있었다. UN헌장은 이 문제에 관해 침묵하고 있으나 1945년 샌프란시스코 회의 이래 회원국에게 그같은 자유가 있는 것으로 간주되고 있다.[270)]

헌장개정안을 비준하면서 유보(reservation)를 첨부할 수 있을 것인지도 문제인데, 이를 부정함이 타당할 것이다. 유보를 인정하게 되면 헌장의 전반적인 유효성이 의심받게 될 것이기 때문이다.[271)]

상기 두 규정의 투표제도의 차이에 관해서도 언급해 두는 것이 좋겠다. 즉, 제108조와 제109조 1항에 규정된 표결요건은 '총회구성국의 2/3'인데 반해, 제109조 2항의 그것은 '일반회의의 2/3'이다. 제108조와 제109조 1항의 '총회구성국의 2/3'는 헌장 제9조에 명시된 'UN의 모든 회원국(즉, 재적회원국)의 2/3'를 지칭하는 것으로 생각된다.[272)] 그렇다면 이것은 "중요문제에 관한 총회의 결정은 '출석하여 투표하는' 회원국의 2/3의 다수결로 정한다."라고 규정한 제18조 2항에 대한 예외이다.[273)] 한편, 제109조 2항에 의하여 요구되는 '일반회의'의 2/3 다수결은 '일반회의에 참여하는' UN회원국들(Members *participating* in the General Conference)의 그것을 지칭하는 것으로 생각되며, 그렇다면 제109조에 의거한 헌장 변경(개정)은 'UN의 모든 회원국'의 2/3에 의하여 권고될 필요는 없다.[274)]

전체적으로 제109조는 원래 제108조와는 별개의 좀 더 용이한 개정절차로 의도된 것으로 보이지만, 양자간에 본질적인 차이는 찾아보기 어렵다.[275)] 왜냐하면 두 경우 모두 "안전보장이사회의 모든 상임이사국을 포함한 UN회원국의 2/3에 의하여 그들 각자의 헌법절차에 따라 비준될 때" 발효하기 때문이다.

끝으로, "UN헌장의 불가결한 일부(an integral part)"를 구성하는[276)] ICJ규정의 개정은 이 규정에서 별도로 규율하고 있다. 즉, ICJ규정의 개정은 UN헌장의 개정절차에 따르되, ICJ규정의 당사국이긴 하지만 UN회원국은 아닌 국가의 참여에 관하여 총회가 안보리의 권고에 의거하여 채택할

---

270) Wolfrum/Philipp (eds.), p. 23 ; Amerasinghe, pp. 120, 457.

271) Wolfrum/Philipp (eds.), p. 23.

272) *Ibid.*, p. 22.

273) UN헌장 제108조와 제109조 1항에 대해서도 제18조 2항의 일반규칙이 적용되어야 한다는 의견이 있다. 이 문제에 관해서는 Schermers, *International Institutional Law*, p. 409 참조.

274) Wolfrum/Philipp (eds.), p. 22.

275) See Hans Kelsen, *The Law of the United Nations* (London : Stevens & Sons Limited, 1951), pp. 816~824.

276) UN헌장 제92조.

수 있는 조항을 조건으로 한다.[277] 그리고 ICJ는 필요하다고 생각하는 바의 ICJ규정의 개정을 -UN 사무총장에게 서면으로 통보함으로써- 제안할 수 있다.[278]

Ⅷ. UN헌장의 해석

UN헌장도 조약으로서 그 해석어 대해서는 기본적으로 1969년의 "비엔나 조약법협약"에 제시되어 있는 해석원칙들이 적용되어야 할 것이다. ICJ도 *Legality of the Use by a State of Nuclear Weapons in Armed Conflict* 사건[279]에서 "형식적인 관점에서 보면, 국제기구 설립문서는 다자조약으로서, 이들에 대해서는 조약 해석을 위한 확립된 규칙이 적용된다"고 언급한 바 있다. 다만, ICJ는 특별히 UN헌장을 비롯한 국제기구 설립문서의 해석과 관련하여 몇개의 특별한 원칙을 발전시켜 오고 있음을 유념할 필요가 있다. 그 첫째는 *Reparation for Injuries Suffered in the Service of the UN* 사건[280]에서 적용한 이른바 묵시적 권한의 원칙(principle of implied powers)으로서, *Legality of the Use by a State of Nuclear Weapons in Armed Conflict* 사건[281]에서 ICJ는 국제기구 일반에 이 원칙이 적용됨을 인정하고 있다. 묵시적 권한의 원칙/이론은 조약해석 기준의 하나인 실효적 해석(effective interpretaticn)의 원칙을 국제기구에 적용한 결과로 볼 수 있다.[282]

---

277) ICJ규정 제69조.

278) ICJ규정 제70조.

279) ICJ Advisory Opinion of 8 July 1996 (Request by WHO), ICJ Reports (1996), p. 66 at 74 (para. 19) : "From a formal standpoint, the constituent instruments of international organizations are multilateral treaties, to which the well-established rules of treaty interpretation apply."

280) ICJ Reports (1949), p. 174 at 180, 182~183. 본서, 제6장 (국제법의 주체), "Ⅳ. 국제기구" 참조.

281) ICJ Advisory Opinion of 8 July 1996, para. 25. 이 의견에 대한 전체적인 논평은, Peter H. F. Bekker, (1997) 91 AJIL 134~138 참조. See also Erik Denters, "Representation of the EC in the IMF", in Mario Giovanoli (ed.), *International Monetary Law : Issues for the New Millenium* (Oxford : Oxford University Press, 2000), p. 211 at 218.

282) Orakhelashvili, pp. 395, 431 ; Amerasinghe, pp. 45, 59 ; Akande in Evans (ed.), *International Law* 3rd, p. 263. 원래, 묵시적 권한의 이론은 미국 연방최고재판소가 미국헌법을 해석할 때 주당국에 대하여 연방의 권한을 확대할 목적으로 제시한 것이었다. 즉, 1819년 Marshall 대법관이 *McCulloch* v. *The State of Maryland* 사건에서 천명한 것이었으며, 그 후 특히 1920년의 *Missouri* v. *Holland* 사건에서 재확인되었다. 그 후 두 세계재판소가 회원국에 대한 관계에서 국제기구의 권한을 확대하기 위하여 이 이론을 도입하고 있는데, 관련 ICJ 판례로는 위에서 언급한 두 사건, 즉 *Reparation for Injuries Suffered in the Service of the UN*과 *Legality of the Use by a State of Nuclear Weapons in Armed Conflict* 이외에도 다음의 것을 들 수 있다 : *Effect of awards of compensation made by the UN Administrative Tribunal*, Advisory Opinion, ICJ Reports (1954), at pp. 56~57 ; *Certain Expenses of the United Nations*, Advisory Opinion, ICJ Reports (1962), at pp. 167~168 ; *Legal Consequences for States of the Continued Presence of South Africa in Namibia (South-West Africa) notwithstanding Security Council Resolution 276 (1970)*, Advisory Opinion, ICJ Reports (1971), at pp. 47~49, 52. PCIJ의 관련 판례로는 다음의 것을 들 수 있다 : *Competence of the ILO concerning Personal Work of the Employer*, Advisory Opinion of 23 July 1926, Series B, No. 13, at p. 18 ; *Jurisdiction of the European*

둘째는 국제기구들은 그것을 창설하는 국가들로부터 부여받은 목표와 권한의 범위 내에서만 직무를 수행할 수 있다는 이른바 전문성의 원칙(principle of speciality)으로서, 이것은 바꾸어 말하면 국제기구의 권한은 그 설립조약에 기초하고 있다는 의미에서 모두 단지 파생적 권한(derived or conferred power ; compétence d'attribution)에 불과함을 의미한다. 이 '전문성' 내지는 '파생적 권한'의 원칙은 특히 UN체제 하의 그 전문기구에 관해서는 상기 묵시적 권한의 원칙을 제한하기 위해 도입되고 있다. 예컨대, ICJ는 상기 *Legality of the Use by a State of Nuclear Weapons in Armed Conflict* 사건[283]에서 "WHO에 핵무기사용의 합법성 문제를 제기할 수 있는 권한을 귀속시키는 것은, 설사 그것이 보건과 환경에 미치는 효과를 고려하더라도 전문성의 원칙을 무시하는 것과 같은 것이 되고 말 것이다."라고 언급하였다. 요컨대, 전문기구의 묵시적 권한은 UN체제 하의 타기구들의 활동을 침해하는 정도로 전개되어서는 안된다. 각 전문기구는 'UN체제'(United Nations system)의 다른 부분들의 책임을 침해할 수 없는 그 자신의 책임을 지고 있으므로, 전문기구 설립문서의 해석도 다른 전문기구의 활동과 권한에 의존한다. 게다가 전문기구는 UN헌장 제63조 2항에 의거하여 UN경제사회이사회의 조정을 받아야만 한다는 점도 강조되고 있다. 즉, UN헌장은 "그 범위가 일반적인 권한을 부여받은 UN으로 하여금 분야별 권한을 부여받은 여러 개의 독자적이면서도 보충적인 기구들과 관계를 맺게 함으로써"(by bringing the United Nations, invested with powers of general scope, into relationship with various autonomous and complementary organizations, invested with sectoral powers) 국제협력을 시종 일관되게 조직하려고 고안된 체계의 기초를 놓았다.[284]

Commission of the Danube, Advisory Opinion of 8 December 1927, Series B, No. 14, at p. 64. See Cassese, *International Law*, 2nd, pp. 179~180 ; Hartley, 7th, pp. 110~111.

283) ICJ Advisory Opinion of 8 July 1996, paras. 25~26.

284) ICJ는 전문성의 원칙을 빌려 (UN체제 하에서) UN의 권한과 전문기구들의 권한을 '서로 배타적인'(mutually exclusive) 것으로 보는 듯 한데(Pauwelyn, p. 417), 이에 대해 Weeramantry 재판관은 반대의견을 통해 다음과 같이 비판하고 있다(ICJ Reports 1996, p. 150) : "The Court has attached much importance to the principle of speciality in dealing with the question whether the present request falls within the proper sphere of activities of WHO. The Court is of course anxious to ensure that there should not be an unnecessary confusion or overlapping of functions between the different organs and agencies of the United Nations. However, the principle of speciality does not mean that there can be no overlap. It is in the nature of a complex organization like the United Nations that there will be, owing to the multiplicity and complexity of its functions, some areas of overlap between the legitimate spheres of authority of its constituent entities." 이어서 Weeramantry는, ICJ가 *Military and Paramilitary Activities in and against Nicaragua* (ICJ Reports 1984, para. 95)에서 "양 기관(즉, ICJ 자신과 안전보장이사회)은 동일 사건에 대해 별개의 그러나 보충적인 기능(separate but complementary functions with respect to the same events)을 수행할 수 있다" [Weeramantry는 이를 "UN기구의 최고위 차원에서의 보충성의 원칙"(principle of complementarity at the highest levels of the United Nations Organization)으로 칭하고 있다]라고 언급한 것에서 보는 것처럼 ICJ 자신과 안보리 사이에서도 권한의 중복이 있을 수 있음을 지적하면서 이 문제에 대해 다음과 같이 결론짓고 있다(ICJ Reports 1996, p. 151) : "The family of United Nations organizations was not set up in a fretwork pattern of neatly dovetailing components, each within a precisely carved outline of its own. These organizations deal with human activities and human interrelationships and it is of their very nature that they should have overlapping areas of concern. Their broad contours are of course defined, but different aspects

셋째, ICJ는 상기 *Legality of the Use by a State of Nuclear Weapons in Armed Conflict*[285]에서 국제기구 설립문서의 해석방향을 다음과 같이 제시한 바 있다.

> "그러나 국제기구 설립문서들은 또한 특별한 유형의 조약이기도 하다. 그들의 목표는 그 당사자들이 공동의 목표를 실현하기 위한 임무를 맡기는, 일정 자율성을 부여받는 새로운 법의 주체들을 창설하는 것이다. 그러한 조약들은 특히, 조약이면서도 동시에 기구적인 그 '성격'(character) 때문에 특별한 해석문제를 야기할 수 있다. 그리고 창설된 기구의 바로 그 성질(nature), 창설자들에 의하여 기구에 할당된 목표들(objectives), 그 직무의 실효적인 수행(effective performance)과 결부되어 있는 책무들, 그리고 기구 자신의 관행(practice)은 이들 설립조약을 해석해야 할 때에 특별히 유의하야 할 모든 요소들이다."

요컨대, ICJ는 국제기구 설립조약을 해석함에 있어서는 특히 설립조약의 성격(character of the constituent treaty), 기구의 성질과 목표(nature and objectives of the organisation), 실효성(effectiveness) 그리고 기구의 관행(practice of the organisation)을 고려에 넣어야 함을 강조함으로써, 기구설립조약의 해석이 매우 복잡한 작업임을 일러주고 있다.[286] 또한, ICJ는 *Accordance with International Law of the Unilateral Declaration of Independence in Respect of Kosovo*[287]에서는 안보리결의의 해석과 관련하여 "비엔나 조약법협약 제31조 및 제32조에 구체화되어 있는 조약 해석의 규칙이 지침을 제공할 수는 있겠지만, 안보리결의와 조약 간에 존재하는 차이점들은 안보리결의 해석시 다른 요소들도 고려될 것을 요구함을 의미한다"고 언급하기도 하였다.[288]

---

of the self-same question may well fall within the ambit of two or more organizations."

285) ICJ Advisory Opinion of 8 July 1996, ICJ Reports (1996), p. 66 at 75 (para. 19).

286) Denters, *op. cit.*, at 222.

287) Advisory Opinion, ICJ Reports 2010, p. 403 at 442 (para. 94) : "... the Court must recall several factors relevant in the interpretation of resolutions of the Security Council. While the rules on treaty interpretation embodied in Articles 31 and 32 of the Vienna Convention on the Law of Treaties may provide guidance, differences between Security Council resolutions and treaties mean that the interpretation of Security Council resolutions also require that other factors be taken into account. Security Council resolutions are issued by a single, collective body and are drafted through a very different process than that used for the conclusion of a treaty. Security Council resolutions are the product of a voting process as provided for in Article 27 of the Charter, and the final text of such resolutions represents the view of the Security Council as a body. Moreover, Security Council resolutions can be binding on all Member States (Legal Consequences for States of the Continued Presence of South Africa in Namibia (South West Africa) notwithstanding Security Council Resolution 276 (1970), Advisory Opinion, I.C.J. Reports 1971, p. 54, para. 116), irrespective of whether they played any part in their formulation. The interpretation of Security Council resolutions may require the Court to analyse statements by representatives of members of the Security Council made at the time of their adoption, other resolutions of the Security Council on the same issue, as well as the subsequent practice of relevant United Nations organs and of States affected by those given resolutions."

288) 거꾸로, 레바논특별재판소는 "안보리결의의 해석도 -ICJ가 *Kosovo* 사건에서 제시한 경고를 조건으로- 비엔나 조약법협약 제31조 1항의 해석규칙을 따라야 한다"고 판시한 바 있다 : Special Tribunal for Lebanon (Appeals Chamber), *Interlocutory Decision on the Applicable Law: Terrorism, Conspiracy, Homicide, Perpetration, Cumulative Charging*, 16 February 2011, Case No.: STL-11-01, paras. 27~28, ⟨https://www.

국제기구 설립조약의 경우, 그 해석의 실체적 원칙 내지는 기준이 무엇인가의 문제와는 별개로, 해석권한이 누구에게 있는지를 분명히 지정해 둘 필요가 있을 것이다. 실제로 일부 국제기구에서는 소속기관에 설립조약을 유권적으로 해석할 권한을 부여하고 있기도 하다.[289] 그러나 UN헌장에는 그 같은 규정이 없다. 이 때문에 ICJ는 *Certain Expenses of the United Nations* 사건[290]에서 "UN의 각 기관은 적어도 가장 먼저(in the first place at least) 자신의 관할권을 결정하여야 한다"고 언급한 바 있다. ICJ의 이 언급은 UN을 상대로 한 것이지만 UN 이외의 기구들에 대해서도 타당하다. 즉, 모든 국제기구의 관련 기관은 자기 권한 내의 사항과 관련하여 "적어도 가장 먼저" 판단할 수밖에 없다.[291]

Ⅸ. UN의 해산

유럽석탄철강공동체(ECSC)의 경우 1952년 설립 당시 자신의 수명을 50년으로 예정하였고[292] 2002년 이 약속은 그대로 실현되었다.[293] 그러나 과거 국제연맹규약은 물론이고, UN헌장은 해산에 관한 명문의 규정을 담고 있지 않다. 그러나 기구설립조약에서 해산을 허락하는 명문의 규정을 두고 있지 않다 하여 기구를 해산시킬 방법이 없는 것은 아니다. 국가들(혹은 국제기구들)은 국제기구를 만든 주인(masters)으로서, 자신의 피조물을 해체하기로 (명시적으로 혹은 묵시적으로) 언제든지 합의할 수 있는 궁극의 권능을 보유하고 있는 것이다.[294] 이를테면, 기구설립조약 내에 기구 해산에 관한 규정이 없다면 먼저 설립조약을 개정하여 해산에 관한 규정을 삽입한 다음 이 규정을 이행할 수도 있을 것이다. 또한 국제기구는 최소 두 개 국가를 회원으로 거느려야 하므로 때에 따라서는 한 회원국을 제외하고 모든 회원국이 기구를 탈퇴함으로써 사실상 기구의 운영을 종료시킬 수 있을 것

---

legal-tools.org/doc/ceebc3/pdf/〉; Orakhelashvili/Akehurst, 9th, p. 545.

289) EU기능조약 제267조(구EC 제234조)(선결적 부탁절차), IMF협정(Articles of Agreement of the International Monetary Fund) 제29조, WTO(세계무역기구)설립협정 제9조 2항 등; Aust, 2nd, p. 396 참조.

290) *Certain Expenses of the United Nations (Article 17, paragraph 2, of the Charter)*, Advisory Opinion of 20 July 1962, ICJ Reports (1962), p. 151 at 168: "In the legal systems of States, there is often some procedure for determining the validity of even a legislative or governmental act, but no analogous procedure is to be found in the structure of the United Nations. Proposals made during the drafting of the Charter to place the ultimate authority to interpret the Charter in the International Court of Justice were not accepted; the opinion which the Court is in course of rendering is an *advisory* opinion. As anticipated in 1945, therefore, each organ must, in the first place at least, determine its own jurisdiction. If the Security Council, for example, adopts a resolution purportedly for the maintenance of international peace and security and if, in accordance with a mandate or authorization in such resolution, the Secretary-General incurs financial obligations, these amounts must be presumed to constitute "expenses of the Organization"."

291) Amerasinghe, p. 25.

292) ECSC설립조약 제97조; 拙著, 《EU法論》, p. 164.

293) 본서, 제30장 (EU법).

294) 이와 관련하여 특별히 국제연맹(LN)의 해산에 관해서는 본장, 각주 4); Amerasinghe, p. 468 참조.

이다. 조약 폐지(desuetude, disuse)의 논리도 국제기구의 해산에 적용될 수 있을 것이다.

회원국들이 기구를 해산하기로 결정할 때 회원국 모두로 구성되는 전체기관이 제한된 수의 회원국들로 구성되는 타 주요정치기관을 경유하지 아니하고, 그것도 만장일치가 아니라 전체기관의 중요문제에 적용되는 다수결방식으로 해산을 결정할 수 있겠는지는 문제이다. 기구 내에서 일차적 내지는 배타적 책임을 지는 분야가 기관별로 배분되고 있는 점을 고려하면 더욱 그러하다.[295]

만장일치에 의한 해산결정 시에는 불참한 국가들의 사후반응도 해산의 적법성을 판단하는 중요한 요소가 될 것이다. 1969년 비엔나 조약법협약 제54조는 "조약의 종료는... 당해 조약의 규정에 의거하는 경우뿐만 아니라, (타 '체약국'과 협의한 후에) 모든 '당사국'의 동의를 얻어 언제든지 할 수 있다"고 규정하고 있다. 따라서 기구설립조약에 까다로운 해산절차를 담고 있더라도 모든 회원국이 이 절차를 무시하고 단지 만장일치의 합의로 기구를 해산시킬 수 있다는 주장도 가능하다.[296]

특별히 국제금융기구의 경우에는 자신의 해산에 대비하여 자산분배, 채무이행 등에 대비한 규정을 두는 경우가 많다.[297] 그러나 기구설립조약에서 해산에 관해 명시적 규정을 두고 있는 경우건 아니건, 국제기구가 해산하는 경우에는 국가가 소멸하는 경우와 유사하게 자산의 배분 혹은 승계, 남아있는 채무의 이행 혹은 승계, 사무국 직원들의 고용계약 종료, 특히 조약의 승계와 기구직무의 타 국제기구로의 승계 등의 문제에 직면하게 된다.[298]

---

295) 그러나 Amerasinghe (p. 469)은 해산 문제도 기구의 다른 문제들과 달리 대우할 이유는 없다는 전제 하에, UN의 경우 헌장 제18조 3항에 따라 -출석하여 투표하는 회원국의 과반수 결정으로- 기구 해산을 2항의 중요문제에 추가한 다음, 2항에 의거하여 -출석하여 투표하는 회원국의 2/3의 다수결로- 해산을 결정할 수 있을 것으로 보고 있다.

296) Amerasinghe, pp. 464~472 ; Greig, pp. 861~862.

297) See e.g. IBRD Articles of Agreement, Article Ⅵ (Withdrawal and Suspension of Membership: Suspension of Operations), Section 5 (Suspension of Operations and Settlement of Obligations) ; IMF Articles of Agreement, Article ⅩⅩⅦ (Emergency Provisions), and Schedule K (Administration of Liquidation) ; IDA Articles of Agreement, Article Ⅶ (Withdrawal; Suspension of Membership: Suspension of Operations), Section 5 (Suspension of Operations and Settlement of Obligations) ; IFC Articles of Agreement, Article Ⅴ (Withdrawal ; Suspension of Membership : Suspension of Operations), Section 5 (Suspension of Operations and Settlement of Obligations) ; MIGA Convention, Article 55 (Liquidation). Amerasinghe, pp. 466~468.

298) Amerasinghe, pp. 473~478 ; Greig, pp. 861~866. 특별히 국제연맹 위임통치 기능의 UN으로의 승계 문제에 대해서는, *International Status of South-West Africa*, Advisory Opinion, ICJ Reports (1950), p. 128 ; *Legal Consequences for States of the Continued Presence of South Africa in Namibia (South-West Africa) notwithstanding Security Council Resolution 276 (1970)*, Advisory Opinion, ICJ Reports (1971), p. 16 ; 본서, 제27장 (국가의 무력 사용), "Ⅶ. UN정치기관과 사법심사" 참조.

제 26 장
분쟁의 평화적 해결수단

제5부 전쟁과 평화

국내법의 경우에는 민사 및 형사관계 모두에 있어 재판소의 강제관할권이 인정되고 있다. 분쟁당사자의 합의에 의해 선출되는 제3자를 통해 분쟁을 해결하는 중재(arbitration)는 예외적 절차일 따름이다. 국제공동체의 상황은 이와는 정반대이다. 국가들은 일면 (법적 · 정치적) 분쟁을 '평화적으로' 해결할 일반적 의무를 부담하고 있으면서도, 타면 적절한 수단을 선택할 완전한 자유를 향유하고 있다. 이것은 분쟁의 평화적 해결수단들 간에 위계가 있는 것도 아니고, 또 교섭으로부터 사법심사에 이르기까지 모든 해결수단은 본질적으로 임의관할(voluntary jurisdiction)임을 의미한다. 따라서 강제(의무)관할권(compulsory jurisdiction)의 창설은 언제나 국가의 사전동의, 즉 조약에 기초하지 않을 수 없는 것이다. 이것은 당연히 국제공동체의 커다란 약점이 아닐 수 없다. 실제로, 국가들은 정치나 이념적으로 너무나 분단되어 있어서 '보편적으로' 수락가능한 분쟁해결수단의 창설에 관하여 합의에 도달할 수 없는 실정이다. 따라서 특정한 문제를 다루는 개개 조약에서 그때마다 구체적인 해결방법을 명시하는 수준을 크게 벗어나지 못하고 있다.

Ⅰ. 분쟁의 평화적 해결수단

1. '분쟁'의 '평화적' 해결

분쟁(disputes)이란 "법 또는 사실의 문제에 관하여 의견을 달리하는 것, 즉 두 사람 사이에 법적 견해 또는 이해관계가 충돌하는 것이다."[1] 그리고 분쟁의 '평화적' 해결이라 함은 무엇보다도 "무력

1) *Mavrommatis Palestine Concessions*, PCIJ (1924), Series A, No. 2, p. 11 : "A dispute is a disagreement on a point of law or fact, a conflict of legal views or of interests between two persons." See also *East Timor* case (Portugal v. Australia), ICJ Reports (1995), p. 90 at 100 (para. 22) : "Portugal has, rightly or wrongly, formulated complaints of fact and law against Australia which the latter has denied. By

의 위협 또는 사용을 동반하지 않는,"[2] 그리고 "국제평화와 안전과 정의가 위태로워지지 않는"[3] 방식으로 분쟁을 해결함을 뜻한다.

2. 해결수단

분쟁의 평화적 해결수단에는 여러 가지가 있는데, UN헌장 제33조 1항은 "그 계속이 국제평화와 안전의 유지를 위태롭게 할 우려가 있는 그 어떤 분쟁의 당사자들도(the parties to any dispute, the continuance of which is likely to endanger the maintenance of international peace and security) 먼저 교섭·사실조사(사실심사)·중개·조정·중재재판·사법적 해결·지역적 기구 또는 지역적 협정의 이용, 또는 기타 당사자들이 선택하는 평화적 수단에 의한 해결을 구하여야 한다."고 규정하고 있다. 이 규정은 1차적으로 분쟁의 평화적 해결의무를 규정하고 있는 것이긴 하지만 국가들이 호소할 수 있는 여러 가지 평화적 해결수단을 친절하게 열거하고 있다. 다만, 여기에 주선(good offices)이 명시되어 있지 아니하지만,[4] 이것이 분쟁의 평화적 해결수단 중의 하나인 것은 물론이다. 특히, 제33조 1항의 규정은 '기타 평화적 수단'(other peaceful means)에 관하여 언급하고 있는데, 이것은 여기에 열거된 여러 수단의 목록이 완벽한 것이 아니라 단지 예시적인 것임을 시사하고 있다.[5]

교섭을 제외한 나머지 방법은 도두 -개인, 타국가, 국제기구, 국제(중재 및 사법)재판 등-제3자의 관여를 수반한다는 점에서 제3자절차(third-party procedure)에 속한다. 제3자절차는 제3자의 판정이 그 자체 법적 구속력이 있는 것으로 간주되느냐의 여부를 중심으로 다시 비사법적 수단(non-judicial means)과 사법적 수단(judicial means)으로 구분해 볼 수 있다. 이 경우, 사실조사·주선·중개·조정·국제기구의 관여 등은 비사법적 수단들이며, 사법적 수단은 국제재판, 즉 사법심사방식(중재재판과 사법재판)을 지칭하는 것이다. 그러나 아래에서 보는 바와 같이 이같은 구분은 상대적인 것이다. 분쟁당사국들은 절차개시 이전의 합의에 의하여 비사법적 수단의 결과에 대해 법적 구속력을 부여할 수 있고, 반대로 사법적 수단의 결과에 대해서도 법적 구속력을 박탈할 수 있

---

virtue of this denial, there is a legal dispute."

2) 1970년 UN우호관계선언, 제1원칙(무력금지), 1단 두 번째 문장; John Merrills, "The Means of Dispute Settlement", in Evans (ed.), *International Law*, Chapter 18, p. 533.

3) UN헌장 제2조 3항; 1970년 UN우호관계선언, 제2원칙(분쟁의 평화적 해결), 1단.

4) 1970년 UN우호관계선언의 제2원칙(분쟁의 평화적 해결)도 마찬가지이다.

5) *Handbook on the Peaceful Settlement of Disputes between States*, § 288 at p. 98. UN헌장 제33조에 언급된 국가 간 분쟁의 평화적 해결수단에 '국내'재판소가 배제될 이유는 없지만, 늘 주권평등과 권위를 의식하는 국가들이 분쟁을 "상호합의 하에" 특정 국가의 국내재판소로 들고 가는 것은 거의 생각하기 어렵다. 국내재판소 고유의 강제관할권에 의존하여 일방적으로 제소하는 경우에도 그 허용가능성은 국가(외국)면제에 관한 국제법과 국내법의 규칙, 그리고 피고가 법정지국의 정부기관인 경우 이를 허용할 것인지(혹은 어느 범위까지 허용할 것인지)의 문제에 대한 동 법정지국 국내법의 강행규정(즉, 국가의 자국 재판소로부터의 면제. 이것은 달리 합의가 없는 한 여전히 국내법의 규율에 맡겨져 있다) 등에 따라 달라질 것이다. See Nollkaemper, pp. 95~97; Amerasinghe, p. 482.

기 때문이다. 요컨대, 국가들은 제3자절차의 결과에 대해 어떤 효력을 부여할 것인지에 관하여 미리 합의할 수 있는 주권적 권한을 가지고 있다.

3. 분쟁의 분류

"그 계속이 국제평화와 안전의 유지를 위태롭게 할 우려가 있는" 분쟁은 법적 분쟁(justiciable, legal disputes)과 비법적 분쟁(non-justiciable, political disputes)으로 구분하기도 한다. 법적 분쟁이란 (국제법을 적용함으로써 해결할 수 있는) 국제법의 문제를 야기한, 그 성격이 기본적으로 법적인 분쟁을 말한다. 그러므로 법적 분쟁은 국제법에 기초한 사법심사, 즉 재판에 회부할 수 있다. 비법적 분쟁이란 단지 정책 내지 법외적 문제에만 관련되는 분쟁으로서, 사법적 해결수단에 회부될 수 없는 경우를 지칭한다.

ICJ규정 제38조는 ICJ의 기능은 '재판소에 부탁되는 분쟁을 국제법에 따라 결정하는 것'이라고 규정하고 있고, 또 ICJ의 일반강제관할권을 다루고 있는 동 규정 제36조 2항에서도 '모든 법적 분쟁'(all legal disputes)에 관하여 말하고 있는데, 이것은 요컨대 국제법과 무관한 분쟁은 ICJ의 관할권에 속하지 않는다는 것이다. UN헌장 제36조 3항도 "법적 분쟁은 원칙적으로 ICJ규정의 조항들에 따라(in accordance with the provisions of the Statute of the Court) 동 재판소에 부탁되어야 한다(should)."라고 규정함으로써 법적 분쟁과 비법적 분쟁의 구분을 함축하고 있다.

그러나 이같은 분류방식을 수락한다고 하더라도 법적 분쟁과 비법적 분쟁의 명백한 구분기준은 확립된 바 없다. 법적 분쟁의 범주들을 열거하고 있는 ICJ규정 제36조 2항의 규정이 그 구별의 기준에 있어서 하나의 지침이 될 수 있겠지만, 이것 역시 하나의 예시규정일 뿐이며 법적 분쟁에 대한 개념 정의는 아니다.

Ⅱ. 교섭(negotiation)

분쟁당사국 간의 교섭은 국제분쟁 해결의 가장 초보적 수단이다. 교섭의 특징은 제3자의 관여가 전혀 없다는 점이다.

교섭의 장점으로서는 분쟁해결이 외부로부터의 일체의 부당한 압력이나 간섭 없이 분쟁당사국들에게 완전히 맡겨진다는 점, 그리고 교섭의 목표는 충돌되는 주장에 대해 '주고 받는'(give and take) 절충안에 도달함으로써 우호적인 이해를 도모하는데 있기 때문에 승자도 패자도 없게(no loser, no winner) 된다는 점을 들 수 있다. 바로 이같은 특징들 때문에 사회주의 및 일부 제3세계 국가들은 분쟁해결수단으로서 교섭을 선호하고 있다.

그러나 단점도 없지 않다. 교섭은 분쟁당사국 간의 의견차이를 좁히기 위해 '주고 받는' 절충과정이기 때문에, 분쟁사실(facts)을 심층해부하거나 또는 (법적 분쟁의 경우) 당해 사건에 적용될 법규를 확인하는 단계에까지 가는 일은 매우 드물다. 또한 분쟁당사국간에 힘의 우열이 존재하는 경우, 강한 쪽이 약한 쪽에 압력을 넣기가 쉽다.[6]

1983년 "국가재산 · 국가문서 및 국가부채에 대한 국가승계에 관한 비엔나협약" 제42조와 1978년 "조약에 대한 국가승계에 관한 비엔나협약" 제41조에 의하면, 본 협약의 해석 또는 적용과 관련하여 분쟁이 발생하는 경우, 일방당사자의 요청이 있으면 먼저 '협의와 교섭의 절차를 통해'(by a process of consultation and negotiation) 분쟁을 해결하도록 노력해야 한다고 규정함으로써 '협의'와 '교섭'이 서로 다른 수단임을 함축하고 있다. 그러나 협의도 교섭의 한 유형으로 생각된다.

ICJ는 *Aegean Sea Continental Shelf* 사건[7]에서, 교섭과 사법적 해결이 동시에(나란히) (*pari passu*) 추구된 사례들이 있었음을 지적하면서, 소송 진행 중에 교섭이 적극적으로 추구되고 있다는 사실은 법적으로 동 재판소의 사법기능 행사에 전혀 장애물이 되지 아니한다고 언급한 바 있다. *Military and Paramilitary Activities in and against Nicaragua* 사건[8]에서는 "설사 (분쟁/소송) 당사자 간에 적극적인 교섭이 행해지고 있다고 해도 (그와 동시에) 안전보장이사회와 동 재판소가 헌장과 재판소규정에 따라 그들의 별개의 직무를 수행하는 것을 방해받아서는 안된다."고 언급하기도 하였다.

많은 조약에서는 당해 조약의 해석과 적용에 관련한 분쟁에 대해 ICJ 등의 국제재판소에 강제관할권을 부여하면서 재판관할권 성립의 전제조건으로 먼저 분쟁당사국간에 교섭(혹은 외교에 의한 조정)을 거칠 것을 요구하고 있다. 이런 경우 교섭을 경유하지 않으면 해당 재판소의 관할권은 성립하지 않는다는 결론에 이르기 때문에 먼저 교섭의 진정한 의미를 밝히는 작업이 선행되어야 할 것이다. *Application of the International Convention on the Elimination of All Forms of Racial Discrimination* 사건[9]에서 바로 이것이 문제된 바 있는데, 사건 개요는 이러하다. 2008년 8월 12일 조지아는 "동 국가의 영토와 그 주변에서" 러시아가 자행한 인종청소 등이 1965년의 인종차별철폐협약을 위반하였다고 주장하면서 러시아를 상대로 ICJ에 제소하였는데, ICJ 관할권의 기초로는 두 국가 사이에 1999년 발효한 동 협약 제22조를 원용하였다. 이에 대해 러시아는 특히, ICJ로 가기 전에 먼저 '교섭'에 임할 것을 규정한 협약 제22조의 절차요건이 충족되지 않아 동 재판소의 관할권이 성립하지 않는다고 주장하였다. ICJ는 '교섭'은 단순한 '항의나 논쟁(토론)' 내지는 '분쟁'과는 다른 개념으로서, 이것은 "적어도, 분쟁을 해결할 목적으로 분쟁의 타방 당사자와 함께 토의에 임하려는 일방 당사자의 진정한 시도를 요구하며,"[10] 또한 "교섭의 주제는 분쟁의 주제에 관한 것이

---

6) Merrills in Evans (ed.), *International Law*, 5th, p. 550.
7) Greece v. Turkey, ICJ Reports (1978), p. 3 at 12 (para. 29).
8) (Nicaragua v. United States of America), Jurisdiction and Admissibility, ICJ Reports (1984), p. 392 at 440 (para. 106). See also the Case concerning *Application of the Interim Accord of 13 September 1995* (The Former Yugoslav Republic of Macedonia v. Greece), Judgment of 5 December 2011, para. 57.
9) Georgia v. Russian Federation, Preliminary Objections, Judgment of 1 April 2011.
10) Para. 157 of the Judgment.

어야 하고, 분쟁의 주제는 조약상의 의무에 관련한 것이어야 하는데,"[11] "본 사건에서 인종차별철폐 협약에 관련된 교섭은 (원고국가 조지아 측에 의해) 결코 진정으로 혹은 구체적으로 시도된 바 없었다"[12]고 판시하면서 러시아의 선결적 항변을 수락하였다.

교섭이 ICJ로 가기 위한 전제조건인 경우, 교섭 실패가 어느 쪽 귀책으로 인한 것인지는 문제되지 아니한다.[13]

분쟁당사자들에게 분쟁해결 수단에 관해 신속히 의견을 교환할 의무를 부과하고 있는 UN해양법협약 제283조는 동 협약에 특유한 규정으로서, 이는 분쟁당사자들이 다음 단계의 분쟁해결수단으로 가지 전에 실체적 교섭에 임해야 한다는 의미가 아니다.[14]

교섭이 분쟁 '해결' 수단의 차원을 넘어 분쟁 '관리'(manage) 수단으로서도 기능하는 것에서 그 중요성이 지적되고 있다.[15]

Ⅲ. 주선(good offices)

주선이란 제3자(즉, 제3국, 국제기구 혹은 저명인사)가 분쟁당사국들의 동의를 얻어 그들이 직접 접촉하거나 교섭에 임하도록 알선(intercession)하는 것,[16] 다시 말해서 분쟁당사자들이 교섭에 들어가도록 제3자가 영향력을 행사하는 경우이다.[17] 따라서 분쟁당사자들이 일단 교섭에 임하게 되면 주선의 임무는 종료한다. 2023년 3월 10일 중동의 두 라이벌 사우디 아라비아와 이란이 북경에서 만나 2016년 단절되었던 외교관계를 완전히 복원하기로 합의하였는데, 이는 중국 정부의 -최소한- 주선이 성공을 거두는 순간이었다.[18]

---

11) Para. 161.
12) Para. 180.
13) *Oil Platforms* (Islamic Republic of Iran v. United States of America), ICJ Reports (2003), p. 161 at 210, paras. 106~107.
14) *Chagos Marine Protected Area Arbitration* (Mauritius v. United Kingdom), Award of 18 March 2015, paras. 378 ; 본서, 제21장 (해양법), "XVII. 분쟁해결, 1 일반원칙" 참조.
15) Merrills in Evans (ed.), *International Law*, 5th, p. 550. 분쟁의 '관리'에 대해서는 본서 제7장 (국제법의 기본원칙), "V. 분쟁의 평화적 해결 원칙" 참조.
16) von Glahn, p. 597 ; Ott, p. 334.
17) Shaw, 5th (2003), p. 921 ; Keitner, p. 62.
18) Aya Batrawy/NPR, March 10, 2023, "Rivals Saudi Arabia and Iran restore ties, with China's help. Here's why it matters", ⟨https://www.npr.org/2023/03/10/1162562242/saudi-arabia-iran-relations-china-analysis⟩ ; 본서, 제1장, "IV. 국제공동체의 전개과정, 7. 제6단계."

Ⅳ. 중개(거중조정)(mediation)

중개란 주선으로부터 한 단계 더 나아가는 것으로서, 제3자가 분쟁당사국들의 동의를 얻어 그들 상호간의 교섭과정에 적극 참여하여 자신이 생각하는 적절한 해결책을 제시하는 것을 말한다. 주선과 중개는 결합될 수 있으며, 이런 경우 양자를 구분하는 것이 쉽지 않을 수 있다.[19] 주선과 중개가 결합된 것으로 볼 수 있는 한 예로는, 러시아와 일본이 러일전쟁을 끝내기 위한 강화조약을 체결하려 할 때 미국의 시어도어 루스벨트(Theodore Roosevelt) 대통령이 제공한 개입을 들 수 있다.[20]

중개인의 의견 제시는 권고적 성질의 것이기 때문에 분쟁당사국은 이를 수락할 의무가 없다. "국제분쟁의 평화적 해결을 위한" 1899년과 1907년의 두 헤이그협약(Hague Convention for the Pacific Settlement of International Disputes) 제6조도 중개인의 제안은 "완전히 권고의 성격을 가지며 결코 구속력을 갖지 않는다."고 규정하고 있다. 그러나 분쟁당사국들은 중개의 결과에 대해 법적 구속력을 부여하기로 사전합의를 볼 수도 있다. 예컨대, 1986년 프랑스와 뉴질랜드는 *Rainbow Warrior* 호 격침과 관련한 분쟁에서 UN사무총장에게 중개를 부탁하면서 그의 판정을 준수하겠다고 합의하였었다.[21]

상기 헤이그협약 제2조는 중대한 분쟁 또는 충돌이 발생한 경우 무력에 호소하기 전에 사정이 허

---

19) Hall, p. 374. 앞에서 언급한 바와 같이 분쟁의 평화적 해결수단들을 제시하고 있는 UN헌장 제33조 1항이나 UN우호관계선언 제2원칙에서는 우독 주선에 대해서는 침묵하고 있기도 하다. 게다가 ICJ는 Case concerning *Maritime Delimitation and Territorial Questions between Qatar and Bahrain* (Qatar v. Bahrain), Judgment of 16 March 2001, para. 66에서 "주선으로도 칭하는 중개"(mediation, also referred to as "good offices")라고 언급함으로써 주선과 중개를 교체가능한 개념으로 사용한 바도 있다. 그러나 주선과 중개는 (실제 사건에서 그 경계를 구분하는 것이 용이하지 않은 것과는 별도로) 기술적으로는 구분하는 것이 좋을 것이다. 특히, 1899년과 1907년 "국제분쟁의 평화적 해결을 위한 헤이그협약" 제2조의 "주선 또는 중개"(good offices or mediation)란 표현은 이들이 긴밀히 연관된 그러나 별개의 개념임을 시사하고 있다. UN 내에서도 분쟁의 평화적 해결수단을 열거하면서 주선을 언급하지 않은 것은 한 개의 공백(lacuna)으로 생각되었고, 이에 따라 1974년 12월 12일의 UN총회결의 3283 (XXIX) "국제분쟁의 평화적 해결"(Peaceful settlement of international disputes), para. 3을 시작으로 평화적 해결수단에 대한 일반목록에서 주선(동 결의에서는 "good offices including those of the Secretary-General"이라고 표현)을 명기하기 시작하였으며, 1982년 11월 15일의 UN총회결의 37/10에 부속된 "국제분쟁의 평화적 해결에 관한 마닐라선언"(Manila Declaration on the Peaceful Settlement of International Disputes), para. 5와 1987년 11월 18일의 UN총회결의 42/22에 부속된 약칭 "무력의 위협 혹은 사용 자제원칙에 관한 UN선언"(공식명칭 : Declaration on the Enhancement of the Effectiveness of the Principle of Refraining from the Threat or Use of Force in International Relations), para. 17에서도 다른 해결수단과 함께 주선을 명시하고 있다. 또한, 특정분쟁과 관련하여, UN총회는 1974년 11월 1일의 결의 3212 (XXIX) "싸이프러스 문제" (Question of Cyprus), para. 4 등에서는 "사무총장의 주선"을 권유(commends) 하였고, 이와 비슷하게 안보리도 1979년 12월 4일의 결의 457, para. 4 ; 1979년 12월 31일의 결의 461, para. 4 ; 1982년 5월 26일의 결의 505, para. 2 ; 1990년 9월 13일의 결의 666, para. 7 ; 1990년 10월 29일의 결의 674, para. 7 등에서 사무총장에게 주선에 나서줄 것을 요청(requests) 한 바 있다. https://www.un.org/ ; Simma (ed.), p. 590.

20) 그 결과로 1905년 9월 5일 미국 뉴햄프셔 주의 군항 도시 포츠머스에서 포츠머스조약(Treaty of Portsmouth)이 체결되었다. 루스벨트는 이 성공적인 노력으로 노벨평화상을 받기도 하였다. https://en.wikipedia.org/wiki/Theodore_Roosevelt ; 함규진, "시어도어 루스벨트", https://navercast.naver.com/>인물과 역사>인물세계사>시어도어 루스벨트.

21) *Handbook on the Peaceful Settlement of Disputes between States*, § 301 at p. 103.

락하는 한 주선 또는 중개에 호소할 의무를 체약국들에게 지우고 있다. 뿐만 아니라, 동 협약 제3조에서는 "분쟁당사국들이 주선 또는 중개를 요청해 오지 않더라도 타 체약국들은 사정이 허락하는 한 자발적으로 주선 또는 중개를 제공할 수 있는 권리를 가지며, 분쟁당사국은 타 체약국들의 그같은 권리 행사를 결코 비우호적인 행위로 간주해서는 안된다."고 규정하고 있다.

기타 성공적인 중개 사례로는, 1979년 이집트-이스라엘 평화조약(Egyptian-Israeli Peace Treaty)을 성사시킨 미국 Carter 대통령의 개입,[22] 테헤란 주재 미국대사관 점거 사건(1979년 11월 4일~1981년 1월 20일)으로 빚어진 이란과 미국 간의 분쟁을 일괄 해결하기 위한 알제리 정부의 개입,[23] 그리고 1995년 보스니아 평화협정(일명 Dayton Accords 혹은 Dayton Peace Agreement)을 이끌어낸 미국 정부의 노력[24] 등을 들 수 있다.

V. 사실 조사(enquiry, fact-finding)

사건이 발생하게 된 사실상황(points of fact)을 정확히 알지 못함으로 인하여 국가 간에 분쟁이 야기되는 경우들이 있다. 이러한 경우에는 문제의 사실상황을 객관적으로 혹은 중립적으로 확인하는 것만으로도 분쟁을 진정시킬 수 있을 것이다. 사실 조사(사실 심사)란 이처럼 제3자가 분쟁당사국들의 동의를 얻어 분쟁의 원인이 된 사실을 밝히는 작업을 말한다. 사실 조사를 위해서는 분쟁당사국 간의 합의에 의하여 '조사위원회'(inquiry commission)를 구성하는 것이 보통이다.[25]

---

22) US Department of State, Office of the Historian, Milestones: 1977-1980, *Camp David Accords and the Arab-Israeli Peace Process*, https://history.state.gov/milestones/1977-1980/camp-david ; State of Israel Ministry of Foreign Affairs, *The Camp David Accords : Documents Pertaining to the Conclusion of Peace*, April 1979, https://muqtafi.birzeit.edu/InterDocs/images/284.pdf ; https://en.wikipedia.org/wiki/Camp_David_Accords ; https://en.wikipedia.org/wiki/Egypt-Israel_Peace_Treaty.

23) Carel M. Landsberg & Hussein Solomon, "How Do Iranian Diplomats Negotiate?", American Foreign Policy Interests, Volume 32, Issue 1 (2010), pp. 13~25 (Published online: 28 Jan 2010), 〈https://www.tandfonline.com/loi/uafp20〉 ; https://en.wikipedia.org/wiki/Algiers_Accords ; https://en.wikipedia.org/wiki/Iran_hostage_crisis ; 본장, 아래, "Ⅶ. 사법심사, 2. 사법심사의 두 유형"에서 '이란-미국청구재판소' 참조.

24) Kaczorowska-Ireland, p. 619 ; https://www.britannica.com/event/Dayton-Accords ; https://hrlibrary.umn.edu/icty/dayton/daytonsum.html ; 본서, 제6장 (국제법의 주체), "Ⅱ. 국가" 참조.

25) UN을 위시한 국제기구들이 사실조사위원회를 설치하거나 기구의 사무총장에게 사실조사를 명하기도 한다. See https://en.wikipedia.org/wiki/United_Nations_fact-finding_mission ; UN Human Rights Office of the High Commissioner, *Commissions of Inquiry and Fact-Finding Missions on International Human Rights and Humanitarian Law: Guidance and Practice* (New York and Geneva, 2015), 〈https://www.ohchr.org/sites/default/files/Documents/Publications/CoI_Guidance_and_Practice.pdf〉 ; ICRC, 04/2001, "The International Humanitarian Fact-Finding Commission", 〈https://www.icrc.org/en/doc/assets/files/other/fact_finding_commission.pdf〉 ; "Destruction of Korean Air Liner Boeing 747 over Sea of Japan 31 August 1983 : Report of ICAO Fact-Finding Investigation", (1983) ICAO Doc C-WP/7764, Attachment p. 1, (1984) 23 ILM 866, 897 ; https://en.wikipedia.org/wiki/Korean_Air_Lines_Flight_007 ; https://en.wikipedia.org/wiki/Iran_Air_Flight_655 ; Oscar Schachter and Christopher C. Joyner (eds.), *United Nations Legal Order*, Volume 2 (Cambridge : Cambridge University Press, 1995), p. 849 ; Hamid, pp. 378~379.

조사위원회가 채택하는 최종조사보고서는 단순히 사실의 확인에 불과하며, 또한 분쟁당사국들에 대하여 그 자체로는 법적 구속력을 갖는 것이 아니다. 즉, 조사보고서에 어떤 효과를 부여할 것인가는 전적으로 분쟁당사국들의 자유이다.

상기 두 헤이그협약에서는 분쟁당사국들이 합의에 의하여 조사위원회를 구성하는 구체적인 절차에 관하여 자세히 규정하고 있다. 사실 조사 방식은 UN총회에 의해서도 강조된 바 있다. 즉, UN총회는 1967년 12월 18일 만장일치로 채택한 결의 2329(XXII)에서, 분쟁을 해결함에 있어 '기존의 사실확인 방법들'(existing methods of fact finding)을 더욱 실효성있게 사용할 것을 회원국들에게 촉구하면서, UN사무총장에게 사실 조사의 목적을 위해 이용할 수 있는 전문가명부(register of experts)를 작성할 것을 요청하였다.[26]

사실 조사의 드문 성공사례로 *Red Crusader* 호 사건[27]이 인용되곤 하는데, 사건 개요는 다음과 같다. 이 선박은 스코틀랜드의 트롤 어선인데, 1961년 5월 29일 덴마크 군함(프리깃함) Niels Ebbesen에게 나포되었다. 덴마크 자치령 페로제도(Faeroe Islands) 주변 6마일 어업경계선 내에서 불법 어로작업을 했다는 이유에서였다. 2명의 닐스 에베센 승무원이 레드 크루세이더에 탑승하여 동 선박을 페로제도의 항구로 유도하려 하였지만 레드 크루세이더는 그들을 태운채 계속해서 스코틀랜드 애버딘을 향해 달아났다. 그러자 닐스 에베센이 레드 크루세이더의 뱃머리 쪽으로 실탄 경고사격을 가하였다. 1961년 11월 15일 이 사건으로 야기된 법적, 정치적 혼란을 해결하기 위해 영국과 덴마크 정부는 헤이그에서 사실심사위원회를 구성하기로 합의하였다. 1962년 3월 23일 위원회는 보고서를 내놓았는데, 결론은 레드 크루세이더가 밀렵하려 했다는 확실한 증거가 없다는 것이었다. 그리고 위원회는 닐스 에베센이 국제법이 인정하는 합리적인 무력사용의 범위를 일탈하였다고 판단하였다. 그 후 영국과 덴마크 정부는 이 문제와 관련한 일체의 미해결 청구를 취하하기로 합의하였다.

사실을 확인하는 작업은 물론 당해 사실들에 대한 법적 평가 및 분쟁해결을 위한 권고와 결합될 수 있다. 다만, 이런 경우에는 일방 사실 조사와 타방 중개 및 조정을 명백하게 구분하는 것이 가능하지 않을 수도 있는데, *Dogger Bank* 사건이 바로 그러한 예에 속한다. 1904년 러시아의 발틱함대가 러일전쟁에 가담하기 위해 태평양으로 가던 도중 영국 북해(North Sea)의 유명한 어장인 도거뱅크에서 조업 중이던 영국 어선들에게 발포하였다. 러시아는 이 사건이 일본 어뢰정들(torpedo boats)에 의해 도발된 것이라고 주장하였다. 그러나 실제로 일본 전함들이 러시아 발틱함대를 격파하기 위해 영국의 북해에까지 와서 대기하고 있는 것으로 믿었다면, 이것은 당시 그들의 정보수집 능력에 문제가 있었음을 시사하는 것이다. 어쨌든, 양국은 영국, 러시아, 미국, 프랑스 그리고 오스트리아 출신의 해군 장성들로 구성된 조사위원회를 구성하였으며, 동 조사위원회는 실제로 무엇이

26) von Glahn, p. 602.

27) "Red Crusader" Incident (Great Britain/Denmark)(1962) ; https://pca-cpa.org/en/services/fact-finding-commissions-of-inquiry/ ; Merrills in Evans (ed.), *International Law*, 5th, p. 554 ; https://everything2.com/title/The+Red+Crusader+affair.

발생했는지를 확인할 뿐만 아니라 양 당사국의 관할 하에 있는 자들의 책임과 과실의 정도에 관해서도 판정을 내리도록 부탁받았다. 조사 결과 당시 북해에는 일본 선박이 전혀 없었음이 확인되었다. 조사위원회의 보고서를 기초로 하여, 영국은 문제의 러시아 해군제독을 처벌하라는 종전의 주장을 철회하였으며, 러시아는 65,000파운드의 배상금을 지급하는 데 동의하였다.[28)]

Ⅵ. 조정(conciliation)

조정이란 제3자-대체로 조정위원회(conciliation commission)-가 분쟁당사국들의 동의를 얻어 분쟁의 기초된 사실을 조사하고, 당사자의 의견을 청취한 다음 (대체로 보고서 형식의) 해결책을 제시하는 방법을 말한다. 그러므로 조정은 때로 사실조사와 중개를 결합한 것으로 설명되기도 한다. 그러나 조정은 중개보다는 공식적이고 덜 유연하다. 첫째, 중개인은 자신의 제안이 수락되지 않으면 계속해서 새로운 제안을 만들어 제시할 수 있지만, 조정자는 대체로 단 일회 최종보고서를 제출한다.[29)] 둘째, 이보다, 조정은 사실조사와 중재재판의 중간적 절차로서[30)] 준(準)사법적(quasi-judicial) 혹은 반(半)사법적(semi-judicial) 측면을 지니고 있다. 왜냐하면 조정위원회는 사실을 밝혀야 하고, 분쟁당사자들의 의견을 청취할 수 있으며, 또한 분쟁해결을 위한 제안을 내놓아야 하기 때문이다. 1928년 9월 26일 "국제분쟁의 평화적 해결을 위한 제네바 일반의정서"(Geneva General Act for the Pacific Settlement of International Disputes)[31)]에서는 조정절차에 관하여 자세히 규정하고 있다.

제3자가 최종적으로 제시하는 해결책, 즉 조정보고서(conciliation report)는 분쟁당사국들에 대한 제안에 불과하여, 그 자체는 구속력있는 결정이 아니다. 이 점에 있어 조정보고서는 중재판결(arbitration award)과 다르다. 1969년의 비엔나 조약법협약(Vienna Convention on the Law of Treaties)은 조정절차를 수립한 그 부속서(Annex) 제6항에서 이같은 관행을 법전화하여 "사실 또는 법적 문제에 관한 결론을 포함한 조정위원회의 보고서는 분쟁당사국을 구속하지 아니하며, 분쟁의 우호적 해결을 촉진하기 위하여 분쟁당사국들의 고려를 위하여 제출되는 권고 이외의 다른 성격을 갖지 아니한다."라고 규정하고 있다.

그러나 최근 일부 조약에서는 위 관행으로부터 이탈하여, 조정의 결과에 대해 변형(variation)을 도입하거나 혹은 구속력을 부여하고 있음이 목격된다. 예컨대, 1975년 "보편적 성격의 국제기구와의 관계에 있어 국가대표에 관한 비엔나협약"(Vienna Convention on the Representation of States in their Relations with International Organisations of a Universal Character)은 제85조 7항에서 조정 절차의 결과에 관하여 다음과 같이 규정하고 있다.

---

28) Malanczuk, p. 277 ; Janis, 3rd, p. 119 ; Keitner, pp. 60~61.

29) Malanczuk, p. 279.

30) Dixon, p. 291.

31) 1929년 8월 16일 발효, 1949년 4월 28일 개정. Oellers-Frahm & Wühler, pp. 51~71.

> "(조정)위원회보고서에 나타난 권고는 분쟁의 모든 당사자가 그것을 수락하지 않는 한 분쟁당사자들에 대하여 구속력이 없다. 그럼에도 불구하고 분쟁의 어떤 당사자든지 자국에 관한 한 보고서의 권고를 준수하겠다고 일방적으로 선언할 수 있다."

또 하나의 변형이 1985년 "오존층보호를 위한 비엔나협약"(Vienna Convention for the Protection of the Ozone Layer)[32] 제11조 5항의 다음 규정에서 발견된다.

> "(조정)위원회는 최종적이고 권고적인 판정을 내리며, 당사자들은 이를 성실히 고려하여야 한다."(The Commission shall render a final and recommendatory award, which the parties shall consider in good faith.)

위 두 변형에서는 조정위원회의 권고가 다소간의 법적 효력을 가짐을 시사하고 있는 것으로 보인다.

조정 결과의 성격과 관련하여 비엔나 조약법협약에 규정된 전통적 방식으로부터 완전히 이탈한 규정이 1981년 "동카리브 국가기구 설립조약"[33]에서 발견되는데, 동 조약은 조정위원회의 권고가 구속력이 있음을 규정하고 있다. 즉, 이 조약 제14조 3항은 "분쟁을 해결하기 위한 조정위원회의 일체의 결정 혹은 권고는 최종적이며 회원국들에게 구속력이 있다."라고 규정하고 있다. 이 조약은 또한 조약상의 분쟁해결의 절차로서 조정을 수립하고 있는 부속서 제6항에서 "조정위원회의 보고서는 사실 혹은 법률 문제에 관하여 거기에 기재된 일체의 결론을 포함하여 당사자들에게 구속력이 있다."고 명시하고 있다.[34]

분쟁당사국들이 조정위원회(3인)의 결론을 수락한 성공적인 조정의 사례로 아이슬랜드와 노르웨이 간 얀마옌 섬(노르웨이) 대륙붕 경계획정이 자주 언급되고 있다.[35]

Ⅶ. 사법심사 : ICJ를 중심으로

1. 의 의

사법심사 혹은 국제재판이란 —비사법적 수단(특히, 중개와 조정)의 경우와는 반대로— 국제재판소가 일차적으로 국제법에 의거하여 분쟁당사국들에게 구속력있는 결정(판결)을 내리는 경우를 총칭하기 위

32) 1985년 3월 22일 채택, 1989년 9월 22일 발효, 1992년 5월 27일 한국 가입.

33) "Treaty establishing the Organisation of Eastern Caribbean States"(with annex), concluded at Basseterre on 18 June 1981, https://www.cris.unu.edu/riks/web/treaties/constituent_treaties/46._Treaty_establishing_the_Organisation_of_Eastern_Caribbean_StatesXX18June1981.pdf.

34) *Handbook on the Peaceful Settlement of Disputes between States*, §§ 164~167 at pp. 54~55.

35) *Jan Mayen Conciliation Commission* (Iceland v. Norway), (1981) 20 ILM 797 ; (1981) 27 RIAA 1, 〈https://legal.un.org/riaa/cases/vol_XXVII/1-34.pdf〉 ; Dixon, p. 291 ; S. P. Jagota, *Maritime Boundary* (Dordrecht : Martinus Nijhoff Publishers, 1985), pp. 165~168 ; Merrills in Evans (ed.), *International Law*, 5th, p. 555.

한 개념이다. 즉, 사법심사는 국가 간의 분쟁을 일차적으로 국제법을 적용함으로써 해결함을 목적으로 하며, 사실문제와 법률문제에 대한 검토를 재판소가 담당하며, 사실문제와 법률문제에 대한 재판소의 결정이 분쟁당사국들에게 법적 구속력을 갖게 되는 가장 발달된 분쟁 해결수단이다.[36)]

2. 사법심사의 두 유형 : 중재재판과 사법재판의 차이점

사법심사는 다시 중재재판과 사법재판의 두 유형으로 구분되는데, 사법재판 혹은 사법적 해결(judicial settlement)은 다음의 세 가지 점에서 중재재판(arbitration)보다 진일보한 절차이다.

첫째, 중재재판의 경우에는 분쟁당사국들이 합의하여 재판소(재판관은 arbitrator로 불린다)를 구성하고 재판이 끝나면 재판소도 해산하는데 반해,[37)] 사법재판의 경우에는 재판소가 사전에 이미 수립되어 있어 재판소의 구성이 분쟁당사국의 통제 밖에 있다(즉, 사법재판소는 상설기구이다).[38)]

둘째, 중재재판의 경우에는 재판관이 판결을 내림에 있어 따라야 할 '법'과 '법의 해석'에 관하여 분쟁당사국들이 합의할 수 있으며, 재판관은 분쟁당사국들의 그같은 합의를 준수할 의무가 있다.[39)] 이에 반해 사법재판의 경우, 재판소가 적용하는 '법'과 '법의 해석'은 직접적으로 분쟁당사국들의 통제 하에 있지 않다.

셋째, 중재재판소의 판결(이것은 보통 'award', 즉 '판정'으로 지칭된다)도 사법재판소의 그것과 마찬가지로 분쟁당사자들에게 법적 구속력을 가지며, 그들은 이를 이행할 의무가 있는 것이 원칙이지만 예외적으로 중재재판소의 판결이 단지 권고적 효력을 갖는다고 규정한 조약들도 발견된다.[40)]

이 밖에도, (재판관들의 봉급을 포함한) 중재재판소의 비용은 소송당사자들이 부담하지만, 사법재판소의 비용은 그것을 만든 국제기구가 부담한다.[41)]

---

36) *Handbook on the Peaceful Settlement of Disputes between States*, § 169 at p. 55.

37) 분쟁당사국들 간의 중재재판에의 부탁을 위한 구체적 합의, 즉 중재부탁협정(Arbitration Agreement)은 불어 표현을 빌려 흔히 *compromis d'arbitrage*, 또는 그냥 *compromis*라고 부른다. Ott, p. 336 ; Hall, p. 375 ; Keitner, p. 64.

38) *Handbook on the Peaceful Settlement of Disputes between States*, § 170 at p. 55.

39) 국가들은 *compromis*에서 복수의 쟁점에 대해 각기 다른 준거법을 적용하도록 합의할 수도 있다. 이를테면, Arbitration concerning *Croatia-Slovenia Land and Maritime Border Disputes* (Croatia/ Slovenia), PCA Case No. 2012-04, Final Award, 29 June 2017, 〈https://www.pcacases.com/web/sendAttach/2172〉 & 〈https://www.assidmer.net/doc/Arbitration_Agreement_Croatia_Slovenia.pdf〉에서 크로아티아와 슬로베니아는 중재재판소에게 "(a) the course of the maritime and land boundary between the Republic of Slovenia and the Republic of Croatia; (b) Slovenia's junction to the High Sea ; (c) the regime for the use of the relevant maritime areas" 등 세 가지 쟁점에 대해 결정해 줄 것을 요구하면서 ("Article 3 : Task of the Arbitral Tribunal"), (a)에 대해서는 "the rules and principles of international law"를, (b)와 (c)에 대해서는 "international law, equity and the principle of good neighbourly relations in order to achieve a fair and just result by taking into account all relevant circumstances"를 적용할 것을 요구하였다 ("Article 4 : Applicable Law"). 그러나 이 사건에서 중재재판소는 중재부탁협정상의 equity가 무엇을 말하는지에 대해서는 적극적으로 논하지 않았다.

40) 본장, Ⅻ. 기타 평화적 수단, "1. 잘 알려진 수단의 각색 또는 변형" 참조.

41) 이를테면, PCIJ 비용은 국제연맹이, ICJ 비용은 UN이 부담한다 : PCIJ규정 제32조, 제33조, & ICJ규정 제32조, 제33조 ; https://www.refworld.org/docid/3b00f09518.html.

UN헌장 제95조는 "이 헌장의 어떠한 규정도 UN회원국들이 그들간의 분쟁의 해결을 이미 존재하거나 장래에 체결될 협정에 의거하여 (ICJ 이외의) 다른 재판소(other tribunals)에 맡기는 것을 방해하지 아니한다"고 규정하고 있는데, 여기서 "다른 재판소"란 "-정치적 결정(political decisions)이 아닌- 판결이나 구속력있는 중재판정을 내리는 기관"을 지칭한다.[42] 예컨대, ICJ는 *Land and Maritime Boundary between Cameroon and Nigeria* 사건(Preliminary Objections)[43]에서 "중재판정을 내리는 것도 아니고 판결을 내리는 것도 아닌" 위원회(commission)는 "중재기관도 아니고 사법기관도 아니며" 따라서 "재판소로 볼 수 없다"고 판시한 바 있다. 또한 ICJ는 *Maritime Delimitation and Territorial Questions between Qatar and Bahrain* 사건[44]에서 "국제공법의 목적상 중재재판이란 단어는 대개는 '국가들이 자기가 좋아서 고른 재판관들에 의하여 그리고 법에 대한 존중을 기초로 다툼을 해결하는 것'을 지칭한다."[45]라고 언급하면서, "관련 국가들의 요청에 따라 제3자(본 사건에서는 영국정부)가 내린 구속력있는 (행정적/정치적)결정은 중재판정에 해당하지 아니한다"[46]고 판시한 바 있다.[47]

여기서 언급한 중재재판은 -국가 간 사법재판과 대비되는- '국가 간' 중재(inter-state arbitration, public international arbitration)를 염두에 둔 것으로, '사인간'(국제상사) 중재(international commercial arbitration, private international arbitration)나 또는 이른바 '혼합'중재(mixed/hybrid arbitration, state-private arbitration)와는 구분하여야 한다. 여기서 혼합중재란 중재가 오로지 국가 간 혹은 사인간에 행해지는 것이 아니고, 일방 국가와 타방 비국가적 실체(특히, 회사를 포함한 개인) 사이에 행해지는 것으로서, 이 때문에 국가 간 중재와 사인간 중재의 특징을 겸비한 경우를 지칭하기 위해 흔히 사용되는 술어이다.[48] -아래에서 언급할 Jay Treaty를 시작으로- 국가 간 중재와 더불어 혼합중재를 제공하는 국제중재재판소가 설립되기도 한다.[49]

---

42) Rosenne, *The Perplexities of Modern International Law*, pp. 63~64, 84(fn. 51). 재판소를 지칭하는 영어의 두 표현, 'court'와 'tribunal'을 구분하려고 시도하는 것은 적어도 '국제'재판소에 관한 한 무의미해 보인다 : *ibid.*, p. 63(fn. 1) ; Amerasinghe, p. 220(fn. 10), p. 221(fn. 11).

43) Cameroon v. Nigeria, ICJ Reports (1998), p. 275 at 307 (para. 69).

44) Qatar v. Bahrain, Judgment of 16 March 2001.

45) *Ibid.*, para. 113. 예컨대, "국제분쟁의 평화적 해결을 위한" 1907년의 헤이그협약 제37조 1단이 국제중재재판을 이처럼 정의하고 있다.

46) *Ibid.*, paras. 114~146.

47) See also Rosenne, *The Perplexities of Modern International Law*, p. 63, fn. 1.

48) Stephen J. Toope, *Mixed International Arbitration: Studies in Arbitration between States and Private Persons*, Cambridge University, 1990 ; Remarks of Professor James Crawford, University of Cambridge and Matrix Chambers on the occasion of a Celebration of the Centenary of the PCA, The Hague, 18 October 2007, 〈https://docs.pca-cpa.org/2016/01/Reflections-on-the-Current-Relevance-of-the-PCA-Presentation-by-Professor-James-Crawford-SC.pdf〉. 다만, 'mixed'란 단어는 -개인이 자국의 외교보호에 의존함이 없이 직접 외국정부를 상대로 제기하는 혼합중재라는 의미가 아니라- 단지 국가 간 (양자, 다자)조약에 의거하여 '공동으로 구성된' 기관임을 뜻하기도 한다. 고로 mixed란 단어를 보고 곧바로 사인-국가 간 중재, 곧 혼합중재만을 연상해서는 안 된다. https://www.encyclopedia.com/history/dictionaries-thesauruses-pictures-and-press-releases/mixed-commissions ; Richard B. Lillich, The Jay Treaty Commissions, (1963) 37 St. John's Law Review 260-283 ; Georg Schwarzenberger, "Present-Day Relevance of the Jay Treaty Arbitrations", (1978) 53 Notre Dame L. Rev. 715-733(1978).

3. 사법재판의 본질 : 임의적 관할(facultative jurisdiction)

중재재판소뿐만 아니라 사법재판소의 경우에도 그 설치 및 재판관할권은 국가의 동의(consent)에 기초하고 있다. 현단계의 국제공동체에서 가장 진보된 형태의 사법재판소인 ICJ조차도 이 차원을 넘어서지 못하고 있다.[50] 그리고 어떤 국가가 UN회원국이 된다든지 ICJ규정의 당사자가 된다고 해서 이것이 곧바로 그 국가가 ICJ의 관할권을 수락함을 의미하지는 않는다. ICJ규정의 당사자가 되는 일과 ICJ의 관할권을 수락하는 일은 별개로 다루어지고 있는 것이다. 그 결과 국가들은 여전히 법적 분쟁(legal disputes)을 ICJ에 가져가기를 꺼리고 있으며, ICJ의 일반강제관할권(ICJ규정 제36조 2항)을 수락한다고 선언한 국가도 단지 일부에 지나지 않고 있다. 그런 의미에서 ICJ는 그 본질에 있어 여전히 하나의 중재재판소일 따름이다.[51] 이 점은 *Fisheries Jurisdiction* (Spain v. Canada) 사건[52]에서 다음과 같이 적절히 지적된 바 있다.

> "국가가 재판소(ICJ)의 관할권을 수락하는 것과 특정행위가 국제법과 양립할 수 있는가의 문제 사이에는 근본적인 차이가 있다. 전자의 것에는 동의(consent)가 요구된다. 후자의 문제에는, 재판소가 자신의 관할권을 수립하고 양 당사자의 법적 주장을 완전히 청취한 뒤에 사건의 본안(merits)을 다룰 때에만 도달할 수 있다. 국가들은 그들이 재판소의 관할권을 수락하느냐 마느냐에 관계없이, 타국의 권리를 침해하여 그들에게 귀속되는 행위에 대해 모든 경우에 책임이

49) 현재는 "이란-미국청구재판소"(Iran-United States Claims Tribunal)가 그 대표적인 경우이다. 즉, 테헤란 주재 미국외교관 인질 사건으로 야기된 미국과 이란 간 분쟁은 1981년 1월 알제리 정부의 중개로 알지에 협정(Algiers Accords)의 체결로 이어졌는데, 동 협정에서는 인질 석방과 자산동결 해제, 및 -별도의 청구해결선언들(Claims Settlement Declarations)을 통한- 이란-미국청구재판소의 설립을 규정하였던 것이다. 재판소는 다음 네 가지 청구에 대해 관할권을 부여받았다 : 첫째, 미국 국민(자연인과 법인)의 이란에 대한, 그리고 이란 국민(자연인과 법인)의 미국에 대한 청구와 반소로서, 채권, 계약, 수용(expropriation) 및 미해결 재산권에 영향을 미치는 기타 조치로 인해 발생하는 것 ; 둘째, 상품과 서비스의 구매 및 판매를 위한 두 국가 간 계약에서 발생하는 서로에 대한 '공적 청구'(official claims) ; 셋째, 미국이 구 팔레비 왕가의 재산 반환과 관련하여 인수한 의무를 이행하였는가에 관한 분쟁 ; 그리고 넷째, 알지에 협정의 해석과 적용에 관한 기타 분쟁. 역으로, 이란과 미국은 상대 체약당사자의 국민에 대해 직접 청구를 제기할 수 없으며, 다만 반소가 해당 국민의 청구의 주제를 구성하는 동일한 계약, 거래 또는 사건에서 발생하는 경우에는 그 국민에 대해 반소를 제기할 수 있다. 또한 (i) 테헤란 주재 미국대사관 점거 및 -이란 정부의 행위가 아닌- 이슬람혁명 과정에서의 민중운동들의 결과로서 미국 국민이나 그들의 재산에 가해진 침해, 그리고 (ii) 이란 국내재판소에 배타적 관할권이 있음을 규정한 계약들에서 발생하는 청구는 동 재판소의 관할권으로부터 명시적으로 배제되었다. 동 재판소는 3명의 미국인, 3명의 이란인, 3명의 제3국인 등, 모두 9명의 중재인으로 구성되며, 재판소 소장은 제3국 중재인들로부터 선출된다. 대부분의 사건은 중재인 3인으로 구성되는 재판부(chambers)에서 재판하며, 9인 전원 재판소(Full Tribunal)는 단지 두 국가 간 국제법 분쟁에 대해 그리고 일부 특별히 중요한 사건에서만 재판한다. 동 재판소는 국제중재법을 풍부하게 하였다는 평가를 받고 있는데, 현재까지 3,900건이 넘는 사건을 확정하였다. Iran-United States Claims Tribunal, 〈https://iusct.com/〉 ; *Guide to International Organisations in The Hague*, p. 33, 〈https://law.lclark.edu/live/files/15767-2013-the-hague-guidepdf〉 ; Orakhelashvili/Akehurst, 9th, pp. 590~592.

50) ICJ규정 제36조 참조.

51) Cassese, p. 207 ; Janis, 3rd, pp. 127~130. 다만, 지역적 차원에서 설립된 사법재판소 중에는 (물론, 조약에 기초하고 있긴 하지만) '국내'사법재판소와 다름없이 완전한 강제관할권을 향유하는 경우가 있다. EU사법재판소(Court of Justice of the EU)가 그 대표적 예이다. 본서, 제30장 (EU법) 참조.

52) ICJ Reports (1998), p. 432 at paras. 55~56.

있다. 그것에서 파생되는 그 어떤 분쟁도 그 선택이 UN헌장 제33조에 의하여 당사자들에게 맡겨져 있는 평화적 수단에 의하여 해결될 것이 요구된다."

4. 사법심사의 발전 : 재판소의 상설기구화

고대 그리스 도시국가들도 그들 상호간의 분쟁해결의 일차적 수단으로서 중재재판을 이용하였다. 그러나 근대에 들어와 국가 간 중재재판 방식이 부활하게 된 계기는 1794년 영국과 미국 간에 체결된 -흔히 Jay Treaty로 지칭되는- 우호통상항해조약(UK- US Treaty of Amity, Commerce and Navigation)인데, 동 조약에서는 미국 독립전쟁(1775~1783년)으로 야기된 여러 분쟁을 해결하기 위해 -분쟁해결에 관한 3개 조항(제5조, 제6조, 제7조)에 근거하여- 세 개의 중재위원회(arbitral commissions)를 설치하기로 합의하였던 것이다.[53] 그리고 1872년 영국과 미국 간의 *Alabama*호 중재재판이 성공함에 따라 분쟁해결수단으로서의 중재재판은 새로운 힘을 얻게 되었다.[54]

1899년에 체결된 "국제분쟁의 평화적 해결을 위한 헤이그협약"에 의거하여 드디어 1901년에 '상설'중재재판소(Permanent Court of Arbitration : PCA)가 설치되었으며,[55] 현재 네덜란드 헤이그 소재 평화궁(Peace Palace)이란 건물에 ICJ와 함께 입주해 있다.[56] 그러나 실제로 상설적으로 설치된 것은 '재판소'가 아니라 '중재재판관 명부'(a panel of arbitrators)이다. 즉, 헤이그협약의 각 체약국[57]은 중재재판관의 임무를 수락할 법률가를 4인까지 임명하는데, 이를 PCA의 국별재판관단(national group)이라 부른다. 그리고 이렇게 임명된 사람들이 임기 6년의 PCA 'Member'

53) 이들 3개 중재위원회 중, 제5조의 위원회는 양국 동북지역의 정확한 경계에 관한 고전적인 국가 간 분쟁해결을 목표로 하였지만, 제6조와 제7조의 위원회는 민간인이 입은 특정한 피해(즉, 1783년 평화조약 체결 전 미국 시민들이 초래한 부채로서, Jay조약 체결 당시 미해결로 남아있는 영국 상인들의 청구 ; 해상에서의 선박 압류로 인해 어느 한쪽 당사국이 상대방 국민에게 가한 손해)로 인해 발생한 혼합분쟁을 다루기 위해 구성되었다는 점에서 Jay Treaty는 "투자자-국가 분쟁 해결의 선구자"(precursors to investor-state dispute settlement)라는 평을 듣기도 한다 : José E. Alvarez/Institute for International Law and Justice, New York University School of Law, "Alexander Hamilton's Defense of Foreign Capital", ⟨https://www.iilj.org/working-papers/alexander-hamiltons-defense-foreign-capital/⟩ ; Parth Rishik, 'International Arbitration: Development and Overview", July 18, 2020, ⟨https://ssrn.com/abstract=3655064⟩ ; Charles H Brower II/Max Planck Encyclopedias of International Law, "Arbitration', From: Oxford Public International Law (https://opil.ouplaw.com) ; Janis, 3rd, pp. 114~115, 289 ; Malanczuk, pp. 20, 293~294 ; Stephen C. Neff in Evans (ed.), *International Law*, 3rd, p. 20 ; Richard B. Lillich, "The Jay Treaty Commissions", (1963) 37 St. John's Law Review 260~283, ⟨https://scholarship.law.stjohns.edu/lawreview/vol37/iss2/2/⟩. Jay Treaty의 Jay는 당시 조지 워싱턴 대통령이 런던에 미국 측의 교섭자로 파견했던 초대 연방최고재판소 소장 John Jay를 지칭한다. https://en.wikipedia.org/wiki/Jay_Treaty ; https://en.wikipedia.org/wiki/Chief_Justice_of_the_United_States.

54) Janis, 3rd, p. 116 ; Rosenne, *The Perplexities of Modern International Law*, p. 115 ; Kaczorowska- Ireland, p. 622 ; https://en.wikipedia.org/wiki/Treaty_of_Washington_(1871) ; https://en.wikipedia.org/wiki/Alabama_Claims.

55) 1899년의 헤이그협약은 1907년의 헤이그협약에 의하여 개정되고 개선되었는데, 후자는 그 체약국 간에는 전자를 "대체한다(shall replace)", 1907년 헤이그협약 제91조 ; https://pca-cpa.org/en/about/introduction/history/ ; https://en.wikipedia.org/wiki/Permanent_Court_of_Arbitration.

56) 1899년 협약 제22조 ; 1907년 협약 제43조.

57) 2023년 현재, 1899년 헤이그협약과 1907년 헤이그협약 중 어느 하나 혹은 둘 모두에 가입한 체약국의 수는 120개국이 넘는다 : https://pca-cpa.org/en/about/introduction/contracting-parties/.

로서 명부에 기입되는 것이다.[58] 따라서 그것은 '상설'임에도 불구하고 '중재'재판소의 차원에 머물러 있다.[59] 이 PCA는 지금도 존재하면서 분쟁의 평화적 해결을 위해 여러 서비스를 제공하고 있지만,[60] 진정한 '상설'재판소는 1921년에 창설된 PCIJ였으며, 이것은 1946년에 ICJ로 대체되었다.

5. 세계재판소 : PCIJ와 ICJ

1921년부터 명목상 1946년까지 존속한 PCIJ(Permanent Court of International Justice : 상설국제사법재판소)[61]와 1946년부터 지금까지 운용되고 있는 ICJ(International Court of Justice : 국제사법재판소)[62]를 흔히 '세계재판소'(World Court)로 칭하기도 하지만, 물론 이것은 이들의 공식 명칭은 아니다.[63] 두 세계재판소는 자신을 "국제법의 기관"(organ of international law)으로 지칭한 바 있다.[64]

PCIJ는 "(연맹)이사회는 한 개의 PCIJ의 수립을 위한 계획을 수립하여, 그 채택을 위하여 연맹회원국들에게 제출한다."고 규정한 국제연맹규약 제14조 첫 번째 문장에 의거하여 설치된 세계재판소로서,[65] 그 재판관들도 서로 독립하여 소집되는 국제연맹의 두 정치기관, 즉 (큰 국가들이 상임의석을

58) 1899년 협약 제23조 ; 1907년 협약 제44조.

59) '중재재판관(Members) 명부'와 함께 '집행이사회'(Administrative Council)와 '국제사무국'(International Bureau)이 PCA 조직을 구성하고 있다 : Michael Farchakh, "Permanent Court of Arbitration (PCA)", Jus Mundi, October 2021, 〈https://jusmundi.com/en/document/wiki/en-pca〉 ; https://pca-cpa.org/en/about/structure/administrative-council/ ; https://pca-cpa.org/en/about/structure/international-bureau/.

60) PCA는 관련 당사자들의 동의에 의하여 부탁되어 오는 사건을 다루는데, 다만 현재 PCA는 PCIJ/ICJ와는 달리 '국가 간' 재판소(inter-state court)로서만 기능하는 것은 아니다. 이를테면, PCA는 국가 간 사건뿐만 아니라 국제기구와 국가 간, 국가와 개인간, 혹은 국제기구와 개인간 사건도 다룬다. 분쟁당사자들은 PCA에 중재(재판), 조정, 사실심사를 의뢰할 수 있다. 중재재판의 경우, 지금은 국가 간 중재보다는 혼합중재를 훨씬 더 많이 제공하고 있다. PCA Arbitration Rules 2012, 〈https://pca-cpa.org/en/services/arbitration-services/pca-arbitration-rules-2012/〉 ; UNCTAD, Dispute Settlement, General Topics, *1.3 Permanent Court of Arbitration* (New York and Geneva 2003), 〈https://unctad.org/system/files/official-document/edmmisc232add26_en.pdf〉 ; Cassese, *International Law*, p. 215 ; Rosenne, *The Perplexities of Modern International Law*, pp. 88, p. 268 (fn. 77) ; James Crawford, "The Permanent Court of Arbitration and Mixed Arbitration", Remarks by Professor Crawford on the occasion of a Celebration of the Centenary of the PCA, The Hague, 18 October 2007, 〈https://docs.pca-cpa.org/2016/01/Reflections-on-the-Current-Relevance-of-the-PCA-Presentation-by-Professor-James-Crawford-SC.pdf〉 ; Aust, *Handbook of IL*, 2nd, pp. 408~409 ; Hall, p. 379.

61) "Statute of the Permanent Court of International Justice" (December 16th, 1920), "Resolution of the Assembly of the League of Nations" (Geneva, December 13th, 1920), "Protocol of Signatories of the Statute of the Permanent Court of International Justice" (Geneva, December 16, 1920), and "Protocol for the Revision of the Statute of the Permanent Court of International Justice" (Geneva, September 14, 1929 ; in force since February 1, 1936).

62) https://www.icj-cij.org/.

63) Ott, p. 338 ; Thirlway in Evans (ed.), *International Law*, 5th, p. 573.

64) *Certain German Interests in Polish Upper Silesia*, PCIJ (1926), Ser. A, No. 7, p. 19 ; *Corfu Channel* Case (United Kingdom v. Albania)(Merits), ICJ Reports (1949), p. 4 at 35.

65) 1920년 연맹이사회는 규약 제14조의 임무를 이행하기 위해, 먼저, PCIJ규정 초안을 작성할 법률가 자문위원회를 설립하였다. 법률가위원회가 마련한 초안은 연맹 이사회와 총회에서 만장일치의 인준을 받고, 이른바

갖고 있는) 이사회(Council)와 (연맹의 모든 회원국들로 구성되는) 총회(Assembly)에서 절대다수표(an absolute majority of votes)를 얻어 선출되었으며,[66] 규약 제14조 두 번째 및 세 번째 문장에 의하면 "분쟁당사국들이 부탁하는 국제적 성격의 일체의 분쟁(any dispute of an international character)을 심리하고 결정하며", 또한 "연맹의 이사회 또는 총회가 부탁하는 일체의 분쟁 또는 문제에 관하여 권고적 의견(advisory opinion)을 부여할 수 있는" 관할권을 부여받고 있었다.[67] 이처럼 PCIJ는 국제연맹의 작품이긴 하였지만 연맹 자체의 주요기관은 아니었으며, 그 설립조약인 PCIJ규정이 연맹규약에 부속되어 그것의 일부를 구성하지도 않았다.[68]

기본성격이 이러했던 PCIJ의 최초재판관들이 선출된 것은 1921년이지만 동 재판소가 정식으로 문을 연 것은 1922년 2월 15일이었다. 흥미롭게도 미국은 PCIJ에 국적재판관을 유지하면서도 PCIJ설립을 위한 의정서를 결코 비준하지 않았었다. 1930년대 후반, 전쟁의 먹구름이 몰려오는데도 미국의 고립주의 파고는 높아만 갈 따름이었다. 결국 PCIJ는 1939년 12월 4일 마지막으로 개정하였으며, 1945년 10월의 회동은 단지 자신의 공문서를 새 재판소 ICJ로 넘기는 것을 용이하게 하기 위한 것이었다. 재판관들은 1946년 1월 31일에 모두 사직하였으며, PCIJ는 그 해 4월에 정식 해체되었다. PCIJ는 그 존속기간 중 모두 32개의 판결과 27개의 권고적 의견을 내렸다.[69] 한편, ICJ의 최초재판관들은 1946년 2월 6일 선출되었으며, 동 재판소는 동년 4월 18일 헤이그에서 정식 개소식을 가졌다.[70]

UN헌장 제92조는 "ICJ는 UN의 주요사법기관(the principal judicial organ)이다. 이 재판소는 부속규정(annexed Statute)에 따라 활동하는데, 이 규정(規程)은 PCIJ규정을 기초로 하며(based on the Statute of the Permanent Court of International Justice) 또한 본 헌장의 불가결한 부분(an integral part of the present Charter)을 구성한다."라고 규정함으로써, ICJ의 기본성격

서명의정서(Protocol of Signature)에 담겨 1920년 12월 17일 별개 조약으로서 서명을 위해 개방되었다. 그리고 1921년 9월 1일, 22개국의 비준을 얻어 발효하였다. Kaczorowska-Ireland, p. 629 ; 본서, 제2장 (국제법의 연원), "Ⅳ. 전통입법과정을 확대하기 위한 1921년의 시도."

66) PCIJ 규정 제8조, 제10조.

67) See Manley O. Hudson, "The Twenty-fourth Year of the World Court", (1946) 40 AJIL 1.

68) 그 결과 규정(Statute)의 의미는 PCIJ와 ICJ에서 그 차원이 다소 다르다. 즉, PCIJ규정 제1조는 "A Permanent Court of International Justice is *hereby established* in accordance with Article 14 of the Covenant of the League of Nations"라고 규정하고 있는데 반해, ICJ규정 제1조는 "The International Court of Justice *established by the Charter of the United Nations* as the principal of the United Nations shall be *constituted* and shall *function in accordance with the provisions of the present Statute*."라고 규정하고 있다. Rosenne, *The Perplexities of Modern International Law*, p. 79 ; Kaczorowska-Ireland, p. 630 ; League of Nations Archives, *Permanent Court of International Justice (PCIJ) Overview*, 〈https://www.indiana.edu/~league/pcijoverview.htm〉.

69) Cassese, *International Law*, 2nd, p. 38.

70) Janis, 3rd, pp. 122~125. ICJ의 평화궁(Peace Palace) 입주에 대해서는 UN과 카네기재단 간의 다음 합의를 참조 : "Agreement between the United Nations and the Carnegie Foundation concerning the use of the premises of the Peace Palace at the Hague, and concerning the repayment of loans", 〈https://digitallibrary.un.org/record/210572〉. 이 건물의 역사적 내력에 대해서는 https://en.wikipedia.org/wiki/Peace_Palace 참조.

을 분명히 하고 있다. 첫째, ICJ는 UN 자체의 '사법'기관으로서, 6개 '주요'[71]기관 중의 하나이다. 따라서 재판관들을 포함하여, ICJ에서 근무하는 자들은 UN에 고용된 것이다.[72] 둘째, ICJ규정은 UN헌장 자체에 부속되어 있으며, 또한 UN헌장의 불가결한 부분을 구성한다. 이것은 UN의 모든 회원국은 '당연히'(*ipso facto*) 본 규정의 당사국이 되고,[73] 또한 ICJ가 이들에게 개방됨을 의미한다.[74] 다만, UN회원국이 아닌 국가도 "안보리가 정하는 조건에 따라" 재판소에 원고 혹은 피고로서 출두할 수 있고(즉, 당사자능력을 가질 수 있고),[75] 한 걸음 더 나아가 "각 경우에 총회가 안보리의 권고에 기하여 결정하는 조건에 따라" ICJ규정의 당사국이 될 수 있다.[76] 셋째, ICJ는 PCIJ와는 형식상 법적 기초를 달리하는 별개의 존재이긴 하지만, 본질적으로 전자는 후자의 계속이다. 왜냐하면 ICJ규정은 "PCIJ규정을 기초로" 하고 있기 때문이다. 즉, 두 규정이 아주 완전히 동일하지는 않지만,[77] ICJ는 PCIJ와 '사실상 동일한 규정과 재판관할권'을 부여받고 있다. 그런 의미에서 양자의 판례도 구분되지 아니하고 일련의 계속성을 지니고 있다.[78] PCIJ와 ICJ 간의 이같은 계속성은 전자로부터 후자로의 관할권 이전(transfer of jurisdiction)을 인정하고 있는 ICJ규정 제36조 5항과 제37조에서도 확인된다.[79]

6. ICJ의 구성

재판소는 "국적에 관계없이 덕망이 높으며, 자국에서 최고재판관에 임명될 자격이 있거나 국제법에 권위있는 법학자들" 중에서 선출되는, 15인[80]의 '독립적인' 재판관(independent judges)으로

71) UN헌장 제7조 및 ICJ규정 제1조.
72) Aust, *Handbook of IL*, 2nd, p. 413.
73) UN헌장 제93조 1항.
74) ICJ규정 제35조 1항.
75) ICJ규정 제35조 2항 ; 아래 "10. 계쟁사건에서 ICJ의 당사자관할권, (1) ICJ는 누구에게 개방되어있나?".
76) UN헌장 제93조 2항. 과거 한때 스위스, 일본, 리히텐슈타인, 산마리노, 나우루가 UN에 가입하기 전까지 UN헌장 제93조 2항에 의거하여 ICJ규정의 당사국이 된 바 있는데, 스위스가 규정의 당사국이 되려 할 때 총회가 제시한 조건은 다음과 같았다[1946년 12월 11일 결의 91(1)]: "(a) Acceptance of the provisions of the Statute of the International Court of Justice; (b) Acceptance of all obligations of a Member of the United Nations under Article 94 of the Charter ; (c) An undertaking to contribute to the expenses of the Court such equitable amount as the General Assembly shall assess from time to time after consultation with the Swiss Government." https://www.worldlii.org/int/other/UNGA/1946/69.pdf ; Kaczorowska-Ireland, pp. 635~636 ; https://en.wikipedia.org/wiki/Statute_of_the_International_Court_of_Justice.
77) 이들 두 규정의 차이점에 관해서는 Hudson, *op. cit.*, (1946) 40 AJIL 1 ; Aleksander W. Rudzinski, "Election Procedure in the United Nations", (1959) 53 AJIL 81 at 96 참조.
78) Shaw, 4th, pp. 745~746 ; Akehurst, p. 245 ; Janis, 3rd, p. 147.
79) Kaczorowska-Ireland, pp. 630~631.
80) UN회원국의 수가 몇 배로 불어난 지금 15인은 이제 너무 적다는 비판이 있다. 국제해양법재판소는 주지하는 바와 같이 21명의 재판관으로 구성되고 있다. 이 문제를 비롯하여 개혁이 요구되는 ICJ의 여러 측면에 관해서는 특히 ABILA(ILA's American Branch) Committee on Intergovernmental Settlement of Disputes, "Reforming the United Nations: What About the International Court of Justice?", Chinese Journal of International Law (2006), Vol. 5, No. 1, pp. 39~65 참조.

구성된다. 단, 2인의 동일 국가의 국민을 포함할 수 없다. ICJ재판관으로서 2개국 이상의 국민으로 인정될 수 있는 자는 그가 "통상적으로 시민적 · 정치적 권리를 행사하는"(ordinarily exercises civil and political rights) 국가의 국민으로 간주된다.[81)]

재판관은 '독립적'이어야 하기 때문에 자신의 독립성을 해칠 수 있는 활동에는 과거에도 현재에도 관여하여서는 안될 것이다. 그러므로 이것은 다음의 몇 가지 결과를 낳는다. 우선, 재판관은 직무를 개시하기 전에 "공평하고 양심적으로" 자기의 권한을 행사할 것을 공개된 법정에서 엄숙히 선서하여야 한다.[82)] 둘째, 재판관은 정치적 혹은 행정적인 직무를 수행해서는 안되며, 직업적 성질을 가지는 다른 업무에도 종사할 수 없다.[83)] 셋째, 재판관은 그 어떤 사건에서도 대리인(agent), 법률고문(counsel) 또는 변호인(advocate)으로서 행동할 수 없다.[84)] 뿐만 아니라, 재판관은 '일방당사자의 대리인, 법률고문 혹은 변호인의 자격으로', 아니면 '(국내 혹은 국제)재판소 혹은 조사위원회의 구성원의 자격으로', 또는 '다른 어떤 자격으로' "이미 관여한 바 있는 사건"의 재판에도 참여할 수 없다.[85)] 끝으로, 자신은 "특별한 사우로 인하여"(for some special reason) 특정 사건의 재판에 참여해서는 아니된다고 생각하는 재판관은 재판소장에게 그 취지를 통보하여야 한다.[86)] 같은 논리로

81) ICJ규정 제2조, 제3조.

82) ICJ규정 제20조.

83) 이에 관하여 의문이 있으면 재판소의 결정으로 해결한다. ICJ규정 제16조. 국제재판관의 직무상 금지활동의 범위는 물론 재판소에 따라 다르게 규정될 수 있다. 이를테면 국제해양법재판소 재판관의 경우에는 "직업적 성질을 가지는 다른 업무에 종사할 수 없다"는 조건이 명시되어 있지 아니하다 (국제해양법재판소규정 제7조 1항).

84) ICJ규정 제17조 1항. '대리인'은 소송당사국 정부를 대리하기 위해 임명된 자를 지칭한다. ICJ규정은 '법률고문'과 '변호인'을 언급하면서도 이 둘의 차이에 대해서는 아무런 말이 없는데, 저명한 국제법 교수들은 자주 '법률고문' 역할을 맡고 있다. Shabtai Rosenne, "International Court of Justice (ICJ)", paras. 54~55 (The Representation of the Parties before the Court), 2013 Max Planck Encyclopedia of Public International Law, https://opil.ouplaw.com/home/EPIL, (available at https://www.stetson.edu/law/studyabroad/netherlands/media/WEEK1.Merkel-Max-Planck-ICJ.pdf).

85) ICJ규정 제17조 2항. 제17조 1 · 2항의 문제에 관하여 의문이 있으면 재판소의 결정으로 해결한다 : ICJ규정 제17조 3항.

규정 제17조 2항에 기초한 관련국가의 특정 재판관 기피(recuse) 신청과 관련한 -그러나 수락되지 아니한- 사건으로는 다음의 두 권고적 의견 참조 : *Legal Consequences for States of the Continued Presence of South Africa in Namibia (South West Africa) notwithstanding Security Council Resolution 276 (1970)*, Advisory Opinion, ICJ Reports (1971), p. 16 at 18 (para. 9) ; *Legal Consequences of the Construction of a Wall in the Occupied Palestinian Territory*, Order of 30 January 2004, ICJ Reports (2004), p. 3, & Advisory Opinion of 9 July 2004, ICJ Reports (2004), p. 136 at 142 (para. 8). See Nollkaemper, p. 48, fn 10.

Zafrulla Khan 재판관(파키스탄, 1954~61, 1964~73 재임)의 경우, *Legal Consequences for States of the Continued Presence of South Africa in Namibia (South West Africa) Notwithstanding Security Council Resolution 276 (1970)*(Advisory Opinion)에서는 그에 대한 기피 신청이 거부되었지만, 몇해 전 계쟁사건인 *South West Africa Cases* (Second Phase)(Ethiopia v. South Africa; Liberia v. South Africa), ICJ Reports (1966), p. 6에서는 재판 참여가 거부된 바 있었다 : Kaczorowska-Ireland, pp. 633~634 ; Victor Kattan, "Decolonizing the International Court of Justice : The Experience of Judge Sir Muhammad Zafrulla Khan in the South West Africa Cases", Asian Journal of International Law, September 2014, pp. 1~46, 〈https://www.kcl.ac.uk/law/tli/events/kattan-paper.pdf〉.

86) ICJ규정 제24조 1항. 실제로, *Sovereignty over Pedra Branca/Pulau Batu Puteh, Middle Rocks and South Ledge* case (Malaysia/Singapore), Judgment of 23 May 2008에서 Higgins 재판관은 소장으로 선출되기에 앞서 이 사건에 참여하기를 스스로 회피하였었는데, 그 이유는 과거 싱가포르 당국이 자신에게 이 문제에 대

재판소장은 어떤 재판관이 "특별한 사유로 인하여" 특정 사건에 참여해서는 아니 된다고 생각할 때에는 그 재판관에게 그 취지를 통보하여야 한다.[87]

타면, 재판관의 독립성은 그가 직무를 독립적으로 수행할 수 있도록 보호받아야 함을 의미하기도 한다. 그러므로 재판관은 "다른 재판관의 전원일치의 의견에 의하여 그가 필요한 조건을 결여한다고 인정될 때를 제외하고는" 해임되지 아니한다.[88] 또한 재판관은 "재판소 직무에 종사하는 동안은"(when engaged on the business of the Court) 외교특권과 면제를 향유하며,[89] 그들이 받는 봉급과 수당 등은 일절 조세가 면제된다.[90]

재판관 선출절차는 다소간 복잡한데,[91] 기본절차는 '상설중재재판소의 각 국별재판관단'(national groups in the Permanent Court of Arbitration)과 '상설중재재판소에 가입하지 않은 UN회원국들을 위하여 특별히 구성되는 각 국별재판관단'에 의하여 지명된 후보자들을 놓고,[92] "서로 독립하여"(independently of one another)[93], 그리고 '이론상 동시에(concurrently)'[94] 소집되는 안전보장이사회와 총회의 회의(meeting)에서 '절대다수표'(an absolute majority of votes)를 얻은 후보자를 당선된 것으로 하는 것이다.[95] 그러나 실제로 재판관 임명에 관하여 양 기관 간에 의견불일치가 있는 경우 정치적 거래가 이루어지고 있다는 사실은, 안보리가 총회에서 일어나는 상황을 알고 있고 또 총회 역시 안보리에서의 상황 전개를 알고 있음을 의미한다.[96] 어쨌든, 재판관을 선출함에 있어서는 ICJ가 "조직 전체의 측면에서 주요 문명 형태와 세계 주요 법체계를 대표하도록" 배려하여야 한다.[97] 그 어떤 국가도 ICJ재판관 자리를 요구할 권리가 없다. 그러나 관행을 보면, 형평한

해 의견을 구한 적이 있었기 때문이다. 그 결과 부소장인 알카서네(Al-Khasawneh)가 재판을 주재하였으며, 임시재판관 두 명을 포함하여 모두 16명이 표결에 참여하였다. See https://www.asil.org/ilib080603.cfm ; Aust, *Handbook of IL*, 2nd, pp. 414~415.

87) ICJ규정 제24조 2항. 제24조 1·2항의 문제와 관련하여 재판소장과 재판관의 의견이 일치하지 아니하는 때에는 그 문제는 재판소의 결정에 의하여 해결한다 : ICJ규정 제24조 3항.

88) ICJ규정 제18조.

89) ICJ규정 제19조.

90) ICJ규정 제32조 8항.

91) ICJ규정 제4조~제12조 참조.

92) ICJ규정 제4조. ICJ규정 제4조는 재판관 후보자 지명과 관련하여 그 2항에서 'UN회원국으로서 1907년 헤이그협약의 체약국이 아닌' 경우에 대해 규정하면서도 반대로 '동 헤이그협약의 체약국이지만 아직 UN회원국이 아닌' 상황에 대해서는 특별한 언급이 없다. 이 때문에 2023년 현재의 코소보나 팔레스타인처럼, UN회원국도 아니고 ICJ규정의 당사국도 아니지만 헤이그협약의 체약국인 실체의 PCA 국별재판관단도 ICJ 재판관 후보자 지명 절차에는 참여할 수 있을 것인가의 질문이 생기는데, ICJ규정 제4조는 이와 관련하여 긍정적으로 해석되고 있다 : Andreas Zimmermann/EJIL:Talk!, December 16, 2022, "'Yes, they can …': PCA national groups of States that are not members of the United Nations and the nomination of ICJ judges", 〈https://www.ejiltalk.org/〉.

93) ICJ규정 제8조.

94) Wallace, 3rd, p. 286 ; Security Council, 8110th Meeting, 20 November 2017, "Security Council, General Assembly Fill Final Vacancy on International Court of Justice", 〈https://www.un.org/press/en/2017/sc13079.doc.htm〉.

95) ICJ규정 제10조 1항.

96) Aust, *Handbook of IL*, 2nd, p. 414 ; Wallace, 3rd, p. 286.

97) ICJ규정 제9조.

지리적 배분을 추구하되 안보리 5개 상임이사국은 그간 언제나 재판관을 배출하여 왔는데, 2017년 11월 영국 출신 Christopher Greenwood 재판관이 총회의 벽을 넘지 못하고 재선에 실패하는 일이 발생했다.[98] 그리고 중국의 경우 1967~1984년의 기간 중에는 자국민 재판관(national judge)을 내보내지 못하였었다.[99]

재판관 선출을 위한 ICJ규정의 관련 규정 중에서 타당한 해석과 실제관행이 일치하지 않는 부분이 발견된다. 절대다수, 즉 absolute majority가 바로 그것인데, 이 표현은 재판관 선출과 관련하여 ICJ규정 제10조(와 6인 합동협의회에 관한 제12조 1항)에서 사용되고 있는 것을 제외하면 UN헌장과 (헌장의 불가결한 부분을 구성하는) ICJ규정의 그 어느 곳에서도 눈에 띄지 않는다.[100] absolute majority가 과반수를 의미하는 것은 분명하다. 다만, 이것이 '재적' (total membership, 즉 *possible* electors or voters)의 과반수를 의미하는지, 아니면 '던져진 (유효)투표수'[(유효)투표총수][(valid) votes cast]의 과반수, 다시 말해서 '출석하여 투표한 국가들'(members present and voting)의 과반수[101]를 의미하는지가 문제인 것이다. 영어의 사전적 의미에서는 양자 모두 가능하다.[102] 그러나 ICJ규정 제10조에서 'an absolute majority of (the) *votes*'란 표현이 사용되고 있는 것을 보면, 동 조의 absolute majority는 재적과반수(an absolute majority of *the members*)가 아니라 투표 총수의 과반수(simple majority)[103]의 의미로 새기는 것이 타당할 것이다. 그럼에도 불구하고 UN총회와 안보리는 이것을 재적과반수로 해석하여 행동하고 있다.[104] 다만, ICJ재판관 선출과정에서는 안보리 상임이사국의 거부권(veto)은 인정되지 않으며,[105] 총회에서는 'UN회원국은 아니면서 ICJ규정의 당사국이 된 국가들'도 투표권을 갖는다.[106]

---

98) The Guardian, 20 November 2017, "No British judge on world court for first time in its 71-year history", 〈https://www.theguardian.com/law/2017/nov/20/no-british-judge-on-world-court-for-first-time-in-its-71-year-history〉; https://en.wikipedia.org/wiki/Christopher_Greenwood; https://en.wikipedia.org/wiki/Dalveer_Bhandari.

99) Aust, *Handbook of IL*, 2nd, p. 414; Wallace, 3rd, p. 286.

100) UN헌장 제18조 2항에서는 'a two-thirds majority of the Members present and voting', 제18조 3항과 제67조 및 제89조에서는 'a majority of the members present and voting', 제109조 3항에서는 'a majority vote of the members', 제108조에서는 'a vote of two-thirds of the members', 제109조 1항에서는 (그 의미상 제108조와 동일한) 'a two-thirds vote of the members', 제109조 2항에서는 'a two-thirds vote of the conference'와 'two-thirds of the Members of the United Nations', 그리고 제110조 3항에서는 'a majority of the other signatory states'란 표현이 사용되고 있으며, 또한 ICJ규정 제55조 1항에서는 'judges *present*'란 표현도 눈에 띈다. See Rudzinski, *op. cit.*, at 98~99, 104.

101) *Ibid.*, at 90. votes cast, 즉 members present and voting이라 함은 members present and casting an affirmative or negative vote로 해석된다.

102) Rudzinski, *op. cit.*, at 102.

103) https://en.wikipedia.org/wiki/Majority; https://en.wikipedia.org/wiki/Simple_majority.

104) See e.g. ICJ Communiqué, No. 99/47, 3 November 1999, "UN General Assembly and Security Council proceeds to the election of five members of the court." 이같이 잘못된 해석관행에 대해서는 비판이 제기된 바 있다. See e.g. Rudzinski, *op. cit.*, at 98~100; Schermers, *International Institutional Law*, pp. 406~409.

105) ICJ규정 제10조 2항. 따라서 안보리에서는 상임, 비상임을 불문하고 8개 이사국의 찬성이 필요하다: ICJ Press Release, No. 2023/63, 10 November 2023, "United Nations General Assembly and Security Council elect five Members of the Court," 〈https://www.icj-cij.org/index.php/press-releases〉.

106) ICJ규정 제4조 3항.

이 밖에 ICJ규정 제11조에서 말하는 'meeting'(회의)이 무엇인지도 묻지 않을 수 없다. 문제는 각 '회의'에서 '단 한 번의 투표'(one ballot only)만 하는 것으로 볼 것이냐, 아니면 '빈 자리가 모두 채워질 때까지 계속해서 투표를 실시하는 것'을 의미하는 것인가 하는 점이다. UN 초기에 해석상 혼란이 없지 않았으나, 그 후 총회와 안보리는 후자의 해석을 채택하고 있다.[107)]

재판관의 임기는 9년이며 재선될 수 있다. 단, 최초선거에서 선출된 재판관 중 5인의 임기는 3년, 다른 5인의 재판관 임기는 6년으로 함으로써, 재판소는 이제 3년마다 5인씩 교체되고 있다. 교체되는 재판관은 후임자가 보충될 때까지는 계속 직무를 수행하여야 하며, 또한 자신이 이미 착수한 사건은 완결지어야 한다. 재판관은 물론 사임할 수 있는데, 사표는 재판소장을 경유하여 사무총장에게 전달되며, 이 전달에 의하여 공석이 생긴다.[108)] 임기가 종료되지 아니한 재판관의 뒤를 잇기 위하여 선출된 재판관은 전임자의 잔여임기 중 재직한다.[109)]

ICJ규정 제14조에 의하면 "공석(vacancies)은 최초선거에 관하여 정한 방법과 같은 방법으로 충원된다. 다만, UN사무총장은 공석이 발생한 후 1개월 이내에 규정 제5조에 규정된 초청장을 발송하며, 선거일은 안보리가 정한다." 그런데 1981년 8월 15일, 5인의 재판관이 임기만료를 불과 몇 달 앞두고 있는 상황에서 그 중 한 명이 사망하였는데, 이로 인해 UN사무총장은 제14조의 명문의 요구에 따라 우선 그 한 개의 공석을 메우기 위한 절차에 들어가야만 하는가, 아니면 다른 4인의 재판관의 임기가 곧 만료하는 것을 이유로 특별히 당장 1인 공석을 위한 보궐선거는 필요 없는 것으로 볼 것인가의 문제가 제기되었다. 이에 대해 UN사무국은 안보리 의장에게 보낸 법적 의견서에서, 규정 제14조의 목적과 (사후)관행, 입법역사(즉, 준비문서)를 원용하여 후자의 견해를 지지하였다.[110)]

재판소는 임기 3년의 소장(President)과 부소장(Vice-President)을 선거하여야 하는데, 이들은 재선될 수 있다.[111)]

---

107) 즉, UN총회 절차규칙, Rule 151은 이 문제에 관해 다음과 같이 규정하고 있다(https://www.un.org/ga/about/background.shtml) : "Any meeting of the General Assembly held in pursuance of the Statute of the International Court of Justice for the purpose of electing members of the Court shall continue until as many candidates as are required for all the seats to be filled have obtained in one or more ballots an absolute majority of votes." 안보리 잠정절차규칙(Provisional Rules of Procedure of the Security Council), Rule 61도 (당연히, 총회절차규칙 Rule 151의 General Assembly는 Security Council로 바뀌어 ; 그리고 for the purpose of *electing* members 부분이 for the purpose of *the election of* members로 표현된 채) 동일하게 규정하고 있다(https://www.un.org/Docs/sc/scrules.htm). See Rudzinski, *op. cit.*, (1959) 53 AJIL 81 at 98.

108) ICJ규정 제13조.

109) ICJ규정 제15조.

110) 1981년 8월 15일 사망한 재판관은 영국 출신의 ICJ소장 Sir Humphrey Waldock이었다. 그의 임기는 1982년 2월 5일 종료될 예정이었다. 그리고 그의 자리는 임기 9년의 다섯 자리 중 하나였다 : United Nations Juridical Yearbook 1981, p. 145, "Provisions of the Statute of the International Court of Justice concerning the filling of casual vacancies on the Court－Question whether, notwithstanding those provisions, a special election for the filling of a casual vacancy could be dispensed with in case regular elections are scheduled to be held within a brief period from the earliest possible date at which the special election could take place" (dated 19 August 1981), available at https://www.un.org/law/UNJuridicalYearbook/index.htm ; Amerasinghe, pp. 36~38.

111) ICJ규정 제21조 1항.

재판소는 또한 재판소 행정처(Registry)의 수장인 행정처장(Registrar)을 임명하여야 한다.[112] 그는 재판관들이 추천한 후보자 중에서 비밀투표에 의하여 선출되는데, 재판관의 과반수 투표를 얻어야 한다. 임기는 7년이며, 재선될 수 있다.[113] 재판소는 한 명의 행정차장(Deputy-Registrar)도 선출하여야 하며, 그의 선출과 임기에 대해서는 행정처장과 동일한 규칙이 적용된다.[114] 재판소 행정처의 일반직원(staff-members)은 행정처장의 제안에 기초하여 재판소가 임명한다. 다만, 재판소가 정하는 일정 직책은 행정처장이 재판소장의 승인을 얻어 임명할 수 있다.[115]

재판소는 네덜란드 헤이그에 소재한다. 단, "재판소가 필요하다고 인정할 때에는" 다른 장소에서 개정하고 자기의 임무를 수행할 수 있다. 재판소장과 행정처장은 재판소 소재지에 '거주'(reside)하여야 한다.[116] 이에 반해 재판관은 휴가중이거나 질병 또는 재판소장에 대하여 정당함을 충분히 설명할 수 있는 중대한 다른 사유로 인하여 출석할 수 없는 때를 제외하고는 '항시 재판소의 명령에 응할 수 있는 상태에 있을'(to hold themselves permanently at the disposal of the Court) 의무를 질 따름이다.[117]

재판소는 그 임무를 수행하기 위하여 규칙을 제정하며, 특히 절차규칙(rules of procedure)을 정한다. 재판소규칙에서는 재판소 또는 그 소법정(chambers)에 투표권 없이 출석하는 보좌원(assessors)에 관하여도 규정할 수 있다.[118] 사건을 ICJ에 가져가기를 원한다면 재판소의 규정과 절차규칙뿐만 아니라 후자의 부가물인 "(소송)관행지도"(Practice Directions) 등도 면밀히 연구해 둘 필요가 있다.[119]

7. 전원재판소와 소법정

ICJ규정에 달리 명문의 규정이 없는 한, 전원재판소(혹은 전원재판정)(full Court)가 개정된다. 이

112) ICJ규정 제21조 2항.

113) ICJ규칙 제22조.

114) ICJ규칙 제23조.

115) ICJ규칙 제25조 1항.

116) ICJ규정 제22조. ICJ가 (i) 그 소재지 헤이그 이외의 장소에서 공식적으로 심리를 수행하는 것과 (ii) 사건에 관련된 장소에서 단지 증거를 수집하기 위해 현장을 방문하는 것은 구분하여야 한다. 전자의 문제는 규정 제22조 1항(및 규칙 제55조)에서 규율하고, 후자의 문제는 규정 제44조 2항(및 규칙 제66조)에서 규율하고 있다. Zimmermann et al. (eds), p. 397. ICJ 등이 입주해 있는 헤이그 소재 평화궁(Peace Palace)의 소유권과 관리권은 카네기재단(Carnegie Foundation)에게 있다. ICJ는 UN과 카네기재단 간 합의에 의거하여 여기에 입주하고 있는 것이다 : https://www.vredespaleis.nl/building/andrew carnegie/?lang=en ; Thirlway in Evans (ed.), *International Law*, 5th, pp. 575~576.

117) ICJ규정 제23조 3항.

118) ICJ규정 제30조. 재판소규칙 제9조에서 보좌원에 관한 이행규정을 두고 있는데, 동조 1항은 다음과 같다 : "The Court may, either *proprio motu* or upon a request made not later than the closure of the written proceedings, decide, for the purpose of a contentious case or request for advisory opinion, to appoint assessors to sit with it without the right to vote."

119) See ICJ Press Release, No. 2023/56, 24 October 2023, "Amendments to the Rules of Court, the Resolution concerning the Internal Judicial Practice of the Court and the Practice Directions", 〈https://www.icj-cij.org/press-releases〉 ; https://www.icj-cij.org/basic-documents ; Aust, *Handbook of IL*, 2nd, p. 424.

것의 정족수는 9인이며, 따라서 최소 9인의 재판관이 출석해야 개정할 수 있다. 그리고 재판소를 구성하기 위하여 명령에 응할 수 있는 재판관의 수가 11인 아래로 되지 아니할 것을 조건으로, 재판소는 사정에 따라 그리고 순번으로 1인 또는 2인 이상의 재판관의 출석을 면제해 줄 수 있다.[120]

ICJ규정은 전원재판정 이외에 소법정인 세 종류의 재판부(chambers)-즉, 특정부류재판부, 특별재판부 그리고 간이절차부-에 관해서도 규정하고 있다. 첫째, 특정부류재판부란 '특정부류의 사건' (particular categories of cases)을 다루기 위하여 (재판소가 결정하는 바에 따라) '3인 이상의' 재판관으로 구성되는 소법정으로서, 재판소는 이같은 재판부를 수시로 설치할 수 있다.[121] 예컨대, 1993년 8월 6일 ICJ는 규정 제26조 1항에 의거하여 '환경문제 전담재판부' (Chamber for Environmental Matters)를 설치하였는데, 7인의 재판관이 비밀투표로 선출되었었다.[122] 환경문제 전담재판부는 그 후 정기적으로 재구성되었으나, 여기에 제기되는 사건이 하나도 없자 2006년 ICJ는 이 재판부 구성을 위한 선거를 더 이상 하지 않기로 결정하였다.[123] ICJ규정 제26조 1항에서는 "노동사건과 통신 · 교통사건"(labour cases and cases relating to transit and communications)을 예시하고 있는데도 정작 이 목적을 위한 특정부류재판부는 아직 설치되지 않았다.[124]

둘째, 특별재판부(*ad hoc* chamber)란 '특정 사건'(a particular case)을 다루기 위하여 구성되는 소법정으로서, 재판소는 이같은 재판부를 언제든지 설치할 수 있다. "특별재판부를 구성하기 위한 재판관의 수는 당사국들의 승인을 얻어 재판소가 결정한다"고 되어 있지만, 실제로 ICJ는 특별재판부 구성에 있어 재판관의 수뿐만 아니라 인적 구성에 있어서도 분쟁당사국들의 의사를 전면적으로 수용하고 있어 문제가 되고 있는데, 이에 관해서는 아래에서 별도로 언급하겠다.[125]

상기 두 재판부의 경우, 당사국들의 요청이 있으면 사건은 반드시 재판부가 심리하고 재판하여야 한다.[126]

셋째, 간이절차부(chamber of summary procedure)란 당사국들의 요청에 의하여 간이절차로 재판을 행하는 '5인'의 재판관으로 구성되는 소법정으로서, 재판소는 업무의 신속한 처리를 위하여 '매년' 이를 설치하여야 하며, 또한 출석할 수 없는 재판관을 대리하기 위하여 2인의 재판관을 선정하여야 한다.[127]

이들 세 소법정은 "당사국들의 동의를 얻어" 헤이그 이외의 장소에서 개정하고 직무를 수행할 수 있다.[128] 또한 이들이 내린 판결도 재판소(ICJ)가 내린 것으로 간주된다.[129]

---

120) ICJ규정 제25조.
121) ICJ규정 제26조 1항.
122) Wallace, 3rd, p. 288 ; Janis, 3rd, p. 155.
123) https://www.icj-cij.org 〉 The Court 〉 Chambers and Committes ; Aust, *Handbook of IL*, 2nd, p. 415 ; Dixon, p. 295.
124) Rosenne, *The Perplexities of Modern International Law*, p. 83.
125) ICJ규정 제26조 2항.
126) ICJ규정 제26조 3항.
127) ICJ규정 제29조.
128) ICJ규정 제28조.

8. 국적재판관과 임시재판관

국가 간 계쟁(쟁송)사건에서 소송당사자 어느 일방의 국적을 가진 재판관, 즉 이른바 국적재판관(national judge)도 ICJ 심리에 참여할 수 있는데, 그 한 부류는 ICJ의 '구성원' (members),[130] 즉 그 정규재판관(titular judge)인 국적재판관이고, 다른 한 부류는 임시재판관(judge *ad hoc*)인 국적재판관이다.[131] 그리고 임시재판관 제도는 "재판소에 제기된 사건에서"(in the case before the Court) 이용되는 절차이기 때문에 ICJ가 계쟁관할권을 행사할 때에는 물론이고 부수적 관할권을 행사할 때에도 적용된다.[132] 임시재판관 제도는 ICJ가 권고적 관할권을 행사할 때에도 사용이 허락될 수 있지만, 이것은 권고적 의견이 "둘 이상의 국가 간에 실제 현안으로 남아있는 법률문제에 대해"(upon a legal question actually pending between two or more States) 요청된 경우에 한해서이다.[133]

ICJ정규재판관은 -위에서 언급한 바의 기피 내지는 회피하여야 하는 특별한 사정이 있는 경우[134]를 제외하고는- 자국 정부가 소송의 일방 당사자라고 하여 재판을 회피할 것이 요구되지 않으며, 오히려 재판소의 심리에 참여할 권리를 보장받고 있다.[135] 다만, 소장(President)이 소송당사자 일방의 국민인 경우, 그는 당해 사건에서 단지 소장의 역할을 수행할 수 없을 따름이다. 그리고 이것은 소장의 역할을 맡아줄 것을 요청받는 부소장(Vice-President)이나 선임재판관(senior judge)의 경우에도 마찬가지이다.[136]

한편, '정규국적'재판관(national titular judge) 제도와 다소간 균형을 맞추기 위해 도입된 제도가 이른바 '임시'재판관인데, 이것은 특정 사건에서 ICJ에 (정규)국적재판관이 없는 당사자 일방 혹은 쌍방이 오로지 당해 사건의 심리에 참여시킬 목적으로 선임하는 재판관을 말한다.[137] 여기서 ICJ에 정규국적재판관이 없는 경우라 함은 정규국적재판관이 회피 혹은 기피로 인하여 재판에 참여할 수 없게 된 경우를 포함한다.[138] 아무튼, 임시재판관은 비록 임시적으로나마 ICJ의 재판관임에

129) ICJ규정 제27조.

130) ICJ규정 제3조 1항은 "The Court shall consist of fifteen *members*…"라고 규정하고 있는데, 이는 임시재판관은 ICJ '재판관'이긴 하지만 ICJ '구성원'은 아님을 함축하고 있다.

131) Martin Kuijer, "Voting Behaviour and National Bias in the European Court of Human Rights and the International Court of Justice", (1997) 10 Leiden Journal of International Law 49.

132) See e.g. *Request for Interpretation of the Judgment of 15 June 1962 in the Case concerning the Temple of Preah Vihear (Cambodia v. Thailand)* (Cambodia v. Thailand), Judgment of 11 November 2013, para. 3 of the judgment.

133) ICJ규칙 제102조 3항. *Western Sahara*, Advisory Opinion, ICJ Reports (1975), p. 12 at 15~16 (para. 9) ; *Legal Consequences for States of the Continued Presence of South Africa in Namibia (South West Africa) notwithstanding Security Council Resolution 276 (1970)*, Advisory Opinion, ICJ Reports (1971), p. 16 at 26~27 (paras. 38~39) ; Eyffinger, p. 148 ; Shaw, 6th, p. 1062 ; 아래 "17. 권고적 관할권" 참조.

134) ICJ규정 제17조, 제24조.

135) ICJ규정 제31조 1항. Eyffinger, p. 166.

136) 이 규칙은 ICJ규칙(Rules of the ICJ) 제32조 1항에 담겨 있다.

137) ICJ규정 제31조 2~3항.

138) ICJ규정 제31조 3항, ICJ규칙 제37조 1항 ; *Certain Iranian Assets* (Islamic Republic of Iran v. United

도 불구하고 자신을 신뢰하여 선임한 당사자를 '대표'해야 한다는 심리적 부담을 갖게 되고, 또 실제로도 그들은 정규국적재판관보다 덜 독립적이다.[139] 그리고 분쟁당사자는 '임시국적'재판관(national *ad hoc* judge), 즉 자국민 중에서 임시재판관을 선임하는 경우가 많긴 하지만, 그러나 이것은 반드시 그래야 하는 것은 아니며, 외국인을 임시재판관으로 선임하여도 무방하다. 또한 임시재판관 선임은 의무적인 것이 아니다. 당사자 양측 모두 (정규)국적재판관이 없는 경우 각자 임시재판관을 선임하기로 합의하는 경우가 대부분이지만, 그렇지 아니한 경우도 다수 있었다.[140]

임시재판관 제도는 전원재판소뿐만 아니라 소법정들에도 마찬가지로 적용된다. 다만, '소법정'이 열리는 경우에는 재판소장은 당해 소법정을 구성하고 있는 1인 또는 필요하다면 2인의 재판관에 대하여, 관련 당사자의 국적을 가진 ICJ(정규)재판관들을 위하여, 그리고 그러한 재판관들이 없거나 출석할 수 없는 경우에는 당사자들이 특별히 선정하는 임시재판관들을 위하여 자리를 양보할 것을 요구하여야 한다.[141]

'동일 이해관계를 가진' '당사자'가 여럿인 경우, 이들은 상기 모든 규정의 목적상 단지 단일당사자로 간주된다.[142] 반대로 '동일 이해관계에 있지 아니한' 당사자들이 여럿 있는 경우에는 이론상 법정에 17명 보다 많은 재판관이 착석할 수도 있다.[143] 이 문제에 관하여 의문이 있으면 재판소의 결정으로 해결한다.[144] 임시재판관 제도로 인해 재판소의 구성은 때로 동일 사건 내에서도 단계에

States of America)(Preliminary Objections), 13 February 2019, para. 4.

139) 임시재판관이 자신을 선임한 당사자의 주장에 배치되는 재판소의 과반수 결정에 동조한 사례가 아주 없지는 않다. 그러나 자신을 선임한 당사자의 주장을 지지하는 재판소의 과반수 결정에 반대한 임시재판관은 아직 없다. 한편, (정규)국적재판관의 경우에는 이미 여러 명이 자국에 불리한 재판소의 과반수 결정에 동조한 바 있다. 그러나 자국에 유리한 과반수 결정에 반대한 (정규)국적재판관은 임시재판관의 경우처럼 아직 없다. 자세한 것은, Kuijer, *op. cit.*, at 63 ; Eyffinger, pp. 163~166 ; Wolfrum /Philipp (eds.), p. 675 ; Rosenne, pp. 1128~1129 ; Shaw, 6th, pp. 1061~1062 참조.

140) Eyffinger, p. 165.

141) ICJ규정 제31조 4항.

142) 예컨대, *South West Africa* 사건에서 에티오피아와 라이베리아는 공동으로 단일 임시재판관(a single *ad hoc* judge)을 임명할 권리가 있다고 인정되었다. ICJ Reports (1966), p. 13 ; Greig, p. 629.

143) https://www.icj-cij.org/court〉 The Court 〉 Judges *ad hoc*.

144) ICJ규정 제31조 5항. *Declaration of Intervention of New Zealand* (Australia v. Japan), ICJ Order of 6 February 2013 in *Whaling in the Artic* (Australia v. Japan ; New Zealand Intervening), Judgment of 31 March 2014 사건에서, 뉴질랜드는 일본 및 오스트레일리아와 함께 "국제포경규제협약" (International Convention for the Regulation of Whaling)의 공동당사국인데, 협약 제8조의 의미를 분명히 하기 위해 -다자조약 해석에 대해 소송참가를 규정하고 있는 ICJ규정 제63조에 의거하여- 소송참가를 신청하였다. 그런데 협약 제8조에 대한 뉴질랜드의 해석은 오스트레일리아의 해석과 같았다. 뉴질랜드의 소송참가 선언은 확실히 사건의 본안 주제에 관한 것이었지만 공정한 재판의 관점에서 문제를 야기하는 것이었다. 즉, 일본은 뉴질랜드의 소송참가에 공식적으로 반대하지는 않으면서도 뉴질랜드의 소송참가를 허락하면 '몇몇 중대한 변칙'이 생길 것("certain serious anomalies that would arise from the admission of New Zealand as an intervenor")이라고 주장하였다. 일본은, 특히, 오스트레일리아와 뉴질랜드는 ICJ규정 제31조 5항에서 말하는 "동일 이해관계를 가진 당사들"이며, 따라서 재판부에 이미 뉴질랜드 출신의 (정규)재판관이 있으므로 오스트레일리아가 임명하는 임시재판관은 재판에 참여해서는 안 된다고 주장하였다. 뉴질랜드의 소송참가가 허락되면 오스트레일리아는 결국 자기 편에 두 명의 재판관을 갖게 될 것이고, 이는 재판소에서 당사자 평등의 원칙을 해칠 것이라는 주장이었다. ICJ는 이 주장을 검토하였으나 만장일치로 배척하였다. 재판소는, 뉴질랜드가 소송에 참가하더라도 본 절차의 당사자로서의 지위가 부여되는 것은 아니기 때문에 오스트레일리아와 뉴질랜드는 "동일 이해관계를 가진 당사들"이라고 볼 수 없고, 따라서 "소송참가국의 국적을 가진 (정규)재판관의 존

따라 달라질 수 있다. 다시 말해서 재판소의 구성은 한 사건의 잠정조치, 선결적 항변 및 본안에 관하여 반드시 동일할 필요는 없다. 물론, 사건의 각 단계에서 재판소가 최종적으로 구성되면 해당 단계의 구두절차의 개시부터 그 단계에서의 판결 시까지는 재판소 구성에 변경이 없을 것이다.[145)]

임시재판관이라고 해서 분쟁당사자가 아무나 자의적으로 선임할 수는 없다. 즉, 임시재판관도 정규재판관과 마찬가지로, "국적에 관계없이, 덕망이 높으며, 자국에서 최고재판관에 임명될 자격이 있거나 국제법에 권위있는 법학자"여야 하며, "일방당사자의 대리인, 보좌인 혹은 변호인의 자격으로, 아니면 (국내 혹은 국제)재판소 혹은 사실심사위원회의 구성원의 자격으로, 또는 다른 어떤 자격으로 이미 관여한 바"가 없어야 하며, "직무를 개시하기 전에 공평하게 그리고 양심적으로 자기의 권한을 행사할 것을 공개된 법정에서 엄숙히 선서하여야 하며", 또한 "특별한 사유로 인하여 재판에 참여해서는 안된다고 생각되면 재판소장에게 그 취지를 통보하여야 하고, 또 재판소장은 그가 특별한 사유로 인하여 재판에 참여해서는 안된다고 생각되면 그에게 그 취지를 통보하여야 한다."[146)] 또한 임시재판관은 '되도록이면'(preferably) ICJ재판관후보로 지명되었던 사람들 중에서 선출하여야 한다.[147)] 그러나 임시재판관은 ICJ정규재판관들과는 달리 정치적 혹은 행정적인 직무를 수행하거나 직업적 성질을 가지는 다른 업무에 종사하는 것이 금지되고 있지 않다.[148)] 물론, 임시재판관도 자기 동료들과 완전히 평등한 위치에서 재판에 참여한다.[149)] 다만, 재판소 서열(precedence)에 있어 그들은 정규재판관 다음이며, 임시재판관 상호간에는 연장자(seniority of age) 순서로 서열을 가른다.[150)]

임시재판관은 그를 믿고 선임한 국가의 상황에 대하여 유용한 배경정보를 ICJ에 제공하거나 동 국가의 입장이 적절하게 반영되도록 함으로써 재판소 심의의 공정성을 확보하는데 기여하기도 하는 긍정적 측면이 아주 없지는 않다.[151)] 그러나 기본적으로 임시재판관 제도는 중재재판관을 임명하는 전통적 방식의 유물로서, '재판관은 불편부당하고 독립적이어야 하는 것이지 특정국가의 대표가 되어서는 안된다'는 원칙과는 조화되기 힘들다.[152)] 최근에는 특히 제3세계국가들이 자국민을 임시재판관으로 임명하기보다는 ICJ재판관을 역임했거나 기타 이름난 타국 국제법학자들을 선임하는 경향을 보여주고 있는데, 이런 관행이 일반화된다면 이 제도에 대한 비난도 그만큼 감소될 수 있을 것이다.[153)]

재는 ICJ규정 제31조 2항에 의거하여 원고(신청)국가가 지명하는 임시재판관의 권리에 영향을 미치지 아니한다"고 결론지었다 : ICJ Order of 6 February 2013 ; Kaczorowska-Ireland, pp. 655~656.

145) https://www.icj-cij.org/ 〉 The Court 〉 Judges *ad hoc*.

146) ICJ규정 제31조 6항 첫 번째 문장

147) ICJ규정 제31조 2항 두 번째 문장.

148) 즉, 임시재판관에게는 ICJ규정 제16조는 적용되지 않는다. ICJ규정 제31조 6항 첫 번째 문장 ; Wolfrum/Philipp (eds.), p. 675.

149) ICJ규정 제31조 6항 두 번째 문장.

150) ICJ규칙 제7조 3항.

151) Ott, p. 339.

152) Akehurst, p. 245.

153) Ott, p. 339.

9. '법적 분쟁'

ICJ규정은 ICJ에 계쟁(혹은 재판)관할권(contentious jurisdiction)과 권고적 관할권(advisory jurisdiction) 등 두 가지 관할권을 부여하고 있다.

계쟁(재판)관할권이란 "사건을 결정짓기 위해 재판소에 부여된 권한"(authority conferred on the Court to decide a case)을 의미하는데,[154] ICJ규정 제38조 1항의 표현을 빌리면 재판소의 임무는 "부탁되어 오는 분쟁(disputes)을 국제법에 따라 재판하는" 것이다.[155] 그리고 일반강제관할권을 다루고 있는 동 규정 제36조 2항은 "모든 법적 분쟁"(all legal disputes)이란 표현을 사용하고 있고, 또 UN헌장 제36조 3항은 "법적 분쟁은 원칙적으로 ... ICJ에 부탁되어야 한다."고 규정하고 있다.

먼저 상기 규정들은 국제법을 적용함으로써 해결될 수 있는 '법적' 분쟁에 대한 재판소의 관할권을 분명히 하고 있으며, 동시에 국제법과 무관한 분쟁은 재판소 관할에 들지 않음을 시사하고 있다. 그러나 *Serbian Loans* 사건[156]에서 PCIJ는, 이 사건이 '세르비아인-크로아티아인-슬로베니아인

---

154) Eyffinger, p. 127.

155) ICJ는 "국제법에 '따라' 재판하여야" 하므로 재판소가 법을 '만들어' 재판하면 이는 월권이다. ICJ도 *South West Africa* cases (Ethiopia v. South Africa; Liberia v. South Africa)(second phase), ICJ Reports (1966), p. 48에서 "규정 제38조 1항 서두의 문구가 시사하는 바와 같이, 본 재판소는 입법기관이 아니다. 재판소의 임무는 발견되는 바의 법을 적용하는 것이지, 그것을 만드는 것이 아니다."라고 언급한 바 있고, *Interpretation of Peace Treaties* (second phase), ICJ Reports (1950), p. 229의 권고적 의견에서는 "본 재판소의 임무는 강화조약들을 해석하는 것이지, 그것들을 개정하는 것이 아니다."라고 언급한 바 있다. 그러나 (국제재판소든 국내재판소든 간에) 재판소가 법규정 해석에 있어 "목적"(purpose) 내지는 "정책"(policy) 지향적 해석을 선호하게 되면 "자신은 결코 입법자로서 행동하려는 의지가 없다"는 재판소 자신의 립서비스에도 불구하고 해석과 입법의 구분이 사실상 어려울 수 있다. 바로 이것이 사법적극주의(judicial activism)가 안고 있는 문제이기도 하다.

156) Case Concerning the *Payment of Various Serbian Loans Issued in France* (France v. Kingdom of the Serbs, Croats and Slovenes), PCIJ (1929), Series A, No. 20, pp. 19~20 : "From a general point of view, it must be admitted that the true function of the Court is to decide disputes between States or Members of the League of Nations on the basis of international law: Article 38 of the Statute contains a clear indication to this effect.

But it would be scarcely accurate to say that only questions of international law may form the subject of a decision of the Court. It should be recalled in this respect that paragraph 2 of Article 36 of the Statute provides that States may recognize as compulsory the jurisdiction of the Court in legal disputes concerning "the existence of any fact which, if established, would constitute a breach of an international obligation". And Article 13 of the Covenant includes disputes of the sort above mentioned among those which are generally suitable for submission to arbitration or judicial settlement. Clearly, amongst others, disputes concerning pure matters of fact are contemplated, for the States concerned may agree that the fact to be established would constitute a breach of an international obligation; it is unnecessary to add that the facts the existence of which the Court has to establish may be of any kind.

Is the case altered if the point at issue between two States is a question which must be decided by application of the municipal law of a particular country? There are cases — as the Court has already had occasion to observe in Judgment No. 8 — in which an action cannot be brought before an international tribunal when there are legal remedies still open to the individuals concerned. But, apart from cases of this kind, and when the two States have agreed to have recourse to the Court, the latter's duty to exercise its jurisdiction cannot be affected, in the absence of a clause in the Statute

왕국'(이하 '세르비아')과 -세르비아 정부가 프랑스 국내에서 모집한 공채를 소지한- 프랑스 국민들 간의 세르비아 국내법에 따른 분쟁이지만 본 소송이 세르비아와 프랑스간 합의('특별협정')에 의해 제기되어 온 만큼 재판소의 관할권 성립이 방해받지 않는다고 판시한 바 있다.[157] 그리고 PCIJ는 -역시 특별협정에 의거하여 제기된- *Brazilian Loans* 사건[158]에서는 "특정 국가의 국내법을 적용하는 경우 국내 판례를 최대한 존중할 것"을 약속하기도 하였는데, 직접적으로 국내법을 적용하여 사건을 해결하면서 해당 국가 내에서 적용되는 국내법의 해석과 다른 해석을 채택하는 것은 현명한 일이 아니기 때문이다 ; 다만, PCIJ는 "국내법의 올바른 해석이 불분명한 경우에는 당해 국가의 국내법에 가장 부합되는 것으로 생각되는 해석을 선택할" 것이라고 하였다.

관련 분쟁 전체가 법적 성격을 가져야만 재판소의 관할권이 성립하는 것으로 볼 것인가 하는 질문도 제기되곤 하는데, ICJ는 여러 사건[159]에서 이를 일관되게 부인하였다. 사실, 정치적 분쟁과 법

---

on the subject, by the circumstance that the dispute relates to a question of municipal law rather than to a pure matter of fact. The very wide wording of the first paragraph of Article 36, which refers especially to cases which — like the present proceedings — are brought before the Court by Special Agreement, supports this conclusion.

Article 38 of the Statute cannot be regarded as excluding the possibility of the Court's dealing with disputes which do not require the application of international law, seeing that the Statute itself expressly provides for this possibility. All that can be said is that cases in which the Court must apply international law will, no doubt, be the more frequent, for it is international law which governs relations between those who may be subject to the Court's jurisdiction."

157) Dixon, p. 97 ; 장신, pp. 293~296.

158) Case concerning the *Payment in Gold of Brazilian Federal Loans Contracted in France* (France v. Brazil), PCIJ (1929), Series A, No. 21, (noted by Dixon, p. 97), p. 124 : "Once the Court has arrived at the conclusion that it is necessary to apply the municipal law of a particular country, there seems no doubt that it must seek to apply it as it would be applied in that country. It would not be applying the municipal law of a country if it were to apply it in a manner different from that in which that law would be applied in the country in which it is in force.

It follows that the Court must pay the utmost regard to the decisions of the municipal courts of a country, for it is with the aid of their jurisprudence that it will be enabled to decide what are the rules which, in actual fact, are applied in the country the law of which is recognized as applicable in a given case. If the Court were obliged to disregard the decisions of municipal courts, the result would be that it might in certain circumstances apply rules other than those actually applied; this would seem to be contrary to the whole theory on which the application of municipal law is based.

Of course, the Court will endeavour to make a just appreciation of the jurisprudence of municipal courts. If this is uncertain or divided, it will rest with the Court to select the interpretation which it considers most in conformity with the law. ..."

159) See e.g. Case concerning *United States Diplomatic and Consular Staff in Tehran* (US v. Iran), ICJ Reports (1980), p. 3 at 20 (para. 37). Orakhelashvili, p. 16의 표현을 빌리면, "만약 국가들이 법적 규제를 원하지 않음으로 인하여 관련 주제에 대해 법적 규제가 없다면 문제는 그걸로 끝이다. 그러나 해결책이 법규 안에 존재하는 경우에는 관련 문제의 정치적 성격은 더 이상 문제되지 않는다. 정치적 분쟁의 개념과 국제법 사이에 내재적 모순은 없다."

정치적 성격의 분쟁은 사법심사의 대상이 될 수 없는가의 문제와 관련하여, 구유고 국제형사재판소, 항소부(Appeals Chamber)도 *Prosecutor* v. *Dusko Tadic,* decision of 2 October 1995, para 24 (available https://www.iilj.org/courses/documents/Prosecutorv.Tadic.pdf)에서 ICJ의 *Certain Expenses of the United Nations*를 인용하면서 다음과 같이 언급한 바 있다 : 'The doctrines of "political questions" and "non-justiciable disputes" are remnants of the reservations of "sovereignty", "national honour", etc. in very old arbitration treaties. They have receded from the horizon of contemporary international

적 분쟁을 구분짓는 확립된 기준도 없다.[160]

이른바 조약의 자기판단조항(self-judging clauses)은 당사자들이 명시적으로 합의하여 삽입한 것이므로 그 자체 유효성에는 의문이 없다.[161] 문제는, 자기판단조항에 종속되는 의무도 분명히 법적 의무이므로 사법심사의 대상이 된다고 볼 것인가 하는 점이다.[162] 자기판단조항의 예로는 핵무기비확산조약(NPT) 제10조 1항, 한국-일본 형사사법공조조약[163] 제3조 1항, GATT (1947) 제21조, NAFTA 제2102조 1항과 한국-미국 FTA 제23.2조, 국제형사재판소 로마규정 제72조 등을 들 수 있는데,[164] 조약에서 발견되는 자기판단 조항의 가장 일반적인 형태는 특정 국제의무 혹은 조약의 이행이 자신의 "주권 혹은 (주권의 분신이라고 볼 수 있는) 안보, 공공정책, 필수적/지상 이익"을 해칠 것이라고 "(스스로) 생각/결정/판단"하는 경우에는 국가가 조약상의 일정 의무의 이행으로부터 물러날 수 있다고 규정하는 것이다. 그런데 ICJ는 *Military and Paramilitary Activities in and against Nicaragua* 사건[165]에 대한 부수적 의견(*obiter dictum*)에서 다음과 같이 언급한 바 있었다.

> "본 재판소가 당사자 일방이 취한 조치들이 그같은 예외에 해당하는지의 여부를 결정할 관할권을 가지고 있다는 것은, 역으로 문제의 (미국-니카라과간 1956년) 조약 제21조의 텍스트가 이미 GATT 제21조에서 볼 수 있는 표현을 사용하고 있지 않다는 사실로부터도 분명해진다. GATT의 정상적인 이행에 대한 예외를 예상하고 있는 후자의 규정은 핵분열, 무기 등등과 같은 분야

---

law, except for the occasional invocation of the "political question" argument before the International Court of Justice in advisory proceedings and, very rarely, in contentious proceedings as well. The Court has consistently rejected this argument as a bar to examining a case. It considered it unfounded in law."

ICJ는 Case concerning *the Armed Activities on the Territory of the Congo* (Democratic Republic of the Congo v. Uganda), 19 December 2005, para. 294에서는 국가 간 정치관계 상황이 그들의 법적 지위에 영향을 주지는 못한다는 점도 언급하고 있다.

160) Orakhelashvili, p. 34 ; Merrills in Evans (ed.), *International Law*, 5th, p. 562.

161) 다만, '조약에 첨부하는 유보'나 '국제분쟁해결기관의 강제관할권을 수락하는 일방적 선언'에 첨부하는 자기판단조항 등에 대해서는 아마도 달리 생각하여야 할 것이다. 왜냐하면 이들 경우에 삽입되는 자기판단조항은 국가 간 합의에 기초한 것이 아니기 때문이다.

162) 자기판단조항에 대해 자세한 것은, 拙稿, "조약상의 자기판단조항의 사법심사 가능성에 관한 연구 : 2008년 *Certain Questions of Mutual Assistance in Criminal Matters* 판결을 중심으로", 《國際法學會論叢》, 제54권 제3호 (2009년 12월), pp. 53~83 참조.

163) 영문명 : "Treaty between the Republic of Korea and Japan on Mutual Legal Assistance in Criminal Matters"

164) 이 밖에도 자기판단조항을 담고 있는 조약에는 다음의 것들이 있다 : "사이버범죄협약"(Convention on Cybercrime)(2001년 11월 23일 서명을 위하여 개방, 2004년 7월 1일 발효) 제30조 2항(b) ; "마약 및 향정신성 물질의 불법거래 방지 협약"(Convention against Illicit Traffic in Narcotic Drugs and Psychotropic Substances) (1988년 12월 20일 서명을 위하여 개방, 1990년 11월 11일 발효) 제7조 15항(b) ; "국경을 넘는 조직범죄 방지 UN협약"(United Nations Convention against Transnational Organized Crime)(2000년 11월 15일 서명을 위하여 개방, 2003년 9월 29일 발효) 제18조 21항(a) ; "UN부패방지협약"(United Nations Convention against Corruption) (2003년 10월 31일 서명을 위하여 개방, 2005년 12월 14일 발효) 제46조 21항(b) ; "테러리즘 자금지원 진압을 위한 국제협약"(International Convention for the Suppression of the Financing of Terrorism)(1999년 12월 9일 서명을 위하여 개방, 2002년 4월 10일 발효) 제9조 6항 ; "테러 폭탄투척 진압을 위한 국제협약"(International Convention for the Suppression of Terrorist Bombings) (1997년 12월 15일, 2001년 5월 23일 발효) 제7조 6항.

165) Merits, Judgment, ICJ Reports (1986), p. 14 at 115~116, 141 (paras. 221, 222 and 282).

> 에서 어느 체약국이 '자국의 필수적 안보이익의 보호를 위해 필요하다고 생각하는 바의' 행동을 취하는 것을 막는 것으로 해석되어서는 아니된다. 반대로, 1956년의 조약은 단지 '필요한' 조치에 대해 말하고 있을 뿐, 당사자 일방이 필요하다고 생각하는 바의 조치에 대해 말하고 있는 것이 아니다."

재판소 관할권에 대한 ICJ의 이같은 반대추론은, 만약 동 재판소가 GATT 제21조와 같은 자기판단 조항에 직면했다면 당사자 일방이 취한 조치가 그같은 예외에 해당하는지의 여부에 대해 판단할 관할권이 없다고 인정했을 수도 있음을 시사하고 있다. ICJ는 그후 *Oil Platforms* 사건[166]에서도 이를 확인한 바 있다. 그러나 ICJ의 이같은 시사는 직접 조약 내의 자기판단조항을 다루게 된 *Certain Questions of Mutual Assistance in Criminal Matters* 사건[167]에서는 채택되지 않았는데, ICJ는 "피요청국은 청구의 집행이 프랑스의 주권, ... 안보, ... 공공질서 혹은 기타 필수적 이익을 침해할 가능성이 있다고 생각하는 경우에는 상호원조 요청을 거절할 수 있다"고 규정한 지부티-프랑스 형사사법 공조협약(Convention concerning Judicial Assistance in Criminal Matters)[168] 제2조에 대해 다음과 같이 판시하였던 것이다.

> "프랑스가 주장하는 바와 같이 제2조의 조건은 원조요청을 받은 국가에게 아주 상당한 재량(a very considerable discretion)을 제공하고 있는 것은 맞지만, 이 재량의 행사는 1969년 비엔나 조약법협약 제26조에 성문화되어 있는 신의성실의 의무에 종속된다."[169]

ICJ의 견해에 따르면 조약규정이 자기판단 형식으로 되어 있는 경우 조약당사국은 매우 넓은 재량을 향유하지만, 그럼에도 불구하고 여기에는 여전히 외측 한계가 있으며, 그 외측 한계는 신의성실이다. 즉, 그 같은 조항에 기초한 국가의 결정이라도 재판소의 사법심사로부터 면제되고 따라서 재판소의 관할권이 박탈당함을 의미하는 것은 결코 아니며, 오히려 자기판단 조항의 원용도 신의성실에 근거한 심사의 대상이 된다는 것이다. 요컨대, "자기판단" 조항이 "완전히 자기판단적인"(*entirely* self-judging) 조항임을 의미하지는 않는다. ICJ가 -다른 국제재판소들과는 달리[170]- "자기판단"이

---

166) Islamic Republic of Iran v. United States of America, Judgment, ICJ Reports (2003), p. 161 at 183 (para. 43).

167) Djibouti v. France, Judgment of 4 June 2008. 이 사건에 대한 자세한 내용은, 위 拙稿, "조약상의 자기판단 조항의 사법심사 가능성에 관한 연구 : 2008년 *Certain Questions of Mutual Assistance in Criminal Matters* 판결을 중심으로" 참조.

168) 1695 UNTS 297 (No. 29220) ; https://untreaty.un.org/unts/60001_120000/27/31/00053502.pdf. 상기 Djibouti v. France, Judgment of 4 June 2008에서는 "Convention on Mutual Assistance in Criminal Matters"로 표현되어 있는데 (para. 21). 양자의 이 차이는 불어로 된 원래의 조약명을 영어로 옮기는 과정에서 발생한, 단지 번역상의 문제로 보인다.

169) Para. 145 of the Judgment.

170) See e.g. ICSID, *Sempra Energy International* (*Claimant*) *and Argentine Republic* (*Respondent*), ICSID Case No. ARB/02/16, Award of 28 September 1997, para. 388 : "In the light of this discussion, the Tribunal concludes that Article XI (of 1991 Argentina-US BIT) is not self-judging and that judicial review is not limited in its respect to an examination of whether its invocation, or the

란 표현 자체를 사용하기를 꺼리는 것도 그같은 오해가 생기는 것을 우려해서인지도 모른다. 자기판단 조항에 담긴 예외들은 국가안보를 포함하여 정치적으로 매우 민감한 주제들과 관련이 있지만, 위에서 언급한 바와 같이 분쟁의 정치적 성격이 사법심사를 배제하지는 못한다는 것은 세계재판소의 일관된 노선이기도 하다. 그러나 한미FTA의 경우, 제23.2조에는 "보다 명확히 하기 위하여 당사국이 제11장(투자) 또는 제22장(제도규정 및 분쟁해결)에 따라 개시된 중재절차에서 제23.2조를 원용하는 경우 그 사안을 심리하는 중재판정부 또는 패널은 그 예외가 적용됨을 판정한다."[171]는 각주가 붙어 있는데, 이것은 동 자기판단조항에 대한 중재재판소의 compétence de la compétence를 배제하려는 의도에서 삽입된 것으로 보인다. 만일 그렇다면 재판소가 또 이것에 어떻게 반응할지 두고볼 일이다.

다음으로, ICJ규정 제38조 1항에 의하면 재판소의 임무는 법적 '분쟁'을 재판하는 것이다. 이것은 소송당사국 간에 '분쟁'이 없다면 청구(소)의 허용성(admissibility of claims)이 성립되지 않음을 의미한다.[172] 그러면 ICJ에 부탁될 수 있는 '분쟁'이란 무엇인지를 묻지 않을 수 없다. PCIJ는 "분쟁이란 법 또는 사실의 문제에 관하여 의견을 달리하는 것, 즉 두 사람 사이에 법적 견해 또는 이해관계가 충돌하는 것이다."[173]라고 언급한 바 있다. 비슷하게 ICJ도 일련의 사건[174]에서 "분쟁

---

measures adopted, were taken in good faith. The judicial control must be a substantive one, and concerned with whether the requirements under customary law or the Treaty have been met and can thereby preclude wrongfulness. ..."

171) "For greater certainty, if a Party invokes Article 23.2 in an arbitral proceeding initiated under Chapter Eleven (Investment) or Chapter Twenty-Two (Institutional Provisions and Dispute Settlement), the tribunal or panel hearing the matter shall find that the exception applies."

172) Tams, p. 23.

173) *Mavrommatis Palestine Concessions*, PCIJ (1924), Series A, No. 2, p. 11 : "A dispute is a disagreement on a point of law or fact, a conflict of legal views or of interests between two persons."

174) ICJ는 *Questions relating to the Obligation to Prosecute or Extradite* (Belgium v. Senegal), Judgment of 20 July 2012, para. 46에서 이 문제에 대한 자신의 기존 의견을 종합, 인용한 바 있다 : "The Court recalls that, in order to establish whether a dispute exists, "[i]t must be shown that the claim of one party is positively opposed by the other" (*South West Africa* (*Ethiopia* v. *South Africa; Liberia* v. *South Africa*), *Preliminary Objections, Judgment, I.C.J. Reports 1962*, p. 328). The Court has previously stated that "[w]hether there exists an international dispute is a matter for objective determination" (*Interpretation of Peace Treaties with Bulgaria, Hungary and Romania, First Phase, Advisory Opinion, I.C.J. Reports 1950*, p. 74) and that "[t]he Court's determination must turn on an examination of the facts. The matter is one of substance, not of form." (*Application of the International Convention on the Elimination of All Forms of Racial Discrimination* (*Georgia* v. *Russian Federation*), *Preliminary Objections*, Judgment of 1 April 2011, para. 30.) The Court has also noted that the "dispute must in principle exist at the time the Application is submitted to the Court" (*ibid.*, para. 30)."

이후의 주요 관련 판례로는 다음을 참조 : *Alleged Violations of Sovereign Rights and Maritime Spaces in the Caribbean Sea* (Nicaragua v. Colombia) (Preliminary Objections), ICJ Reports (2016), p. 3 ; *Obligations concerning Negotiations relating to Cessation of the Nuclear Arms Race and to Nuclear Disarmament* (Marshall Islands v. United Kingdom)(Preliminary Objections), ICJ Reports (2016), p. 833 ; *Obligations concerning Negotiations relating to Cessation of the Nuclear Arms Race and to Nuclear Disarmament* (Marshall Islands v. India)(Jurisdiction and Admissibility), ICJ Reports (2016), p. 25 5 ; *Obligations concerning Negotiations relating to Cessation of the Nuclear Arms Race and to Nuclear Disarmament* (Marshall Islands v. Pakistan)(Jurisdiction and Admissibility), ICJ Reports (2016), p. 552 ;

의 존재를 입증하기 위해서는 일방당사자의 청구에 대하여 타방당사자가 적극적으로 반대하고 있음이 증명되어야 하며", "국제분쟁이 존재하는가의 여부는 객관적으로 결정지을 문제이며", "재판소의 결정은 사실을 검토하여 내려져야 하는 문제로서, 이것은 실체의 문제이지 형식이나 절차의 문제가 아니며", 또한 "분쟁은 원칙적으로 신청서(소장)가 재판소에 제출되는 그 시점에 존재해야 한다"고 판시한 바 있다. 요컨대, 분쟁은 제소 당시 −실제로 존재하는 것이 아닌− 단지 가정적인(hypothetical) 것이어서는 안되며,[175] 판결 시에도 여전히 존재하는 것이어야 한다.[176] 다만, "적극적 반대는 반드시 명시적으로 표시될 필요는 없으며",[177] "분쟁의 존재는 청구에 대해 반응을 보일 것이 요구되는 상황에서 반응을 보이지 않는 것으로부터 추론될 수도 있다."[178] *Obligations concerning Negotiations relating to Cessation of the Nuclear Arms Race and to Nuclear Disarmament* 사건[179]에서

Application of the Convention on the Prevention and Punishment of the Crime of Genocide (The Gambia v. Myanmar)(Preliminary Objections), Judgment of 22 July 2022, paras. 63~64 ; *Allegations of Genocide under the Convention on the Prevention and Punishment of the Crime of Genocide* (Ukraine v. Russian Federation)(Request for the Indication of Provisional Measures), Order of 16 March 2022, para. 35 ; *Application of the Convention on the Prevention and Punishment of the Crime of Genocide in the Gaza Strip* (South Africa v. Israel)(Request for the Indication of Provisional Measures), ICJ Order of 26 January 2024, para. 25.

175) *Application of the International Convention on the Elimination of All Forms of Racial Discrimination* (Georgia v. Russian Federation)(Preliminary Objections), Judgment of 1 April 2011, para. 30. 가정적 분쟁(hypothetical disputes)에 관해서는, *Northern Cameroons* case (Cameroons v. United Kingdom), ICJ Reports (1963), pp. 33~34 및 p. 117(Fitzmaurice 재판관의 개별의견) ; Tams, p. 23 참조.

176) "미해결의 문제"(moot questions), 즉, 소 개시후 가정적인 것이 되어 버린 분쟁에 관해서는, *Nuclear Tests* cases, ICJ Reports (1974), pp. 253, 457 ; Tams, p. 23 ; 본서, 제14장 (국가책임) 참조. ICJ는 이 사건, paras. 22, 24 (pp. 259~260, 463)에서 "분쟁의 존재 여부는 재판관할권이나 소의 허용성 문제에 앞서 우선적으로 검토를 요하는 문제로서, 이는 재판절차의 계속에 결정적 영향을 발휘할 수도 있다"라고 언급하고 있기도 하다 : "22. The scope of the present phase of the proceedings was defined by the Court's Order of 22 June 1973, by which the Parties were called upon to argue, in the first instance, questions of the jurisdiction of the Court and the admissibility of the Application. For this reason, as already indicated, not only the Parties but also the Court itself must refrain from entering into the merits of the claim. However, while examining these questions of a preliminary character, the Court is entitled, and in some circumstances may be required, to go into other questions which may not be strictly capable of classification as matters of jurisdiction or admissibility but are of such a nature as to require examination in priority to those matters." ; "24. ... the Court has first to examine a question which it finds to be essentially preliminary, namely the existence of a dispute, for, whether or not the Court has jurisdiction in the present case, the resolution of that question could exert a decisive influence on the continuation of the proceedings. ..."

177) *Land and Maritime Boundary between Cameroon and Nigeria* (Cameroon v. Nigeria)(Preliminary Objections), ICJ Reports (1998), p. 275 at 315 (para. 89) : "...a disagreement on a point of law or fact, a conflict of legal views or interests, or the positive opposition of the claim of one party by the other need not necessarily be stated *expressis verbis.* In the determination of the existence of a dispute, as in other matters, the position or the attitude of a party can be established by inference, whatever the professed view of that party."

178) *Application of the International Convention on the Elimination of All Forms of Racial Discrimination* (Georgia v. Russian Federation)(Preliminary Objections), Judgment of 1 April 2011, para. 30 : "the existence of a dispute may be inferred from the failure of a State to respond to a claim in circumstances where a response is called for."

179) Marshall Islands v. United Kingdom, (Preliminary Objections), ICJ Reports (2016), p. 833.

ICJ는 −ILC국가책임초안 제43조에 담겨있는 국제관습법규에 따라− 피고국가의 책임을 원용하려는 원고국가가 그 피고국가에게 '자신의 청구를 통고'하는 것은 ICJ관할권이 성립하기 위한 "'분쟁의 존재'의 전제조건"이라는 영국의 주장을 수락하지 않았다.[180]

Frontier Dispute (Burkina Faso/Niger) 사건[181]에서 ICJ는 소 제기 전 양국간에 이미 합의한 사항(따라서 이미 존재하지 않는 분쟁)[182]을 특별협정에 기재해 놓고 이를 −동 협정에 기재된 미해결 쟁점에 대한 결정과 함께− "판결 주문에 포함시켜"(to include in the operative part of the Judgment) 달라는 부르키나 파소의 요청에 대해, 이는 −재판소규정(Statute) 제38조 1항에 정의되어 있기 때문에 분쟁당사자들의 합의에 의해서도 마음대로 할 수 있는 것이 아닌− "분쟁의 재판"(deciding disputes)이라고 하는 재판소의 기능과 양립하지 않는다는 이유로 거절하였다.[183] 부르키나 파소는 과거 PCIJ가 당사자 간 합의를 판결주문에 기록하는 데 동의한 두 선례도 원용해 보았으나, ICJ는 식별을 통해 이들 선례는 본 사건과 관련이 없다고 하였다. 문제의 선례들은 분쟁이 재판소에 제기되기 전에 당사자 간에 해소된 상황이 아니라, 재판 도중에 당사자 간에 합의가 이루어진 경우를 염두에 둔 것이었기 때문이다.[184] 두 국가 간 합의("entente", not "accord")가 아직 법적 구속력있는 문서에 담기지 않았다는 부르키나 파소의 주장[185]에 대해서는, 재판소는 "재판이 이런 방식으로 국가 간 조약체결과정의 완성을 위한 대용물로 청구되어서는 안된다."[186]고 반박하였다.

중재판결(판정)의 부존재 내지는 무효를 구하는 소송이 ICJ에 제기되어 오기도 하는데, *Arbitral Award of 31 July 1989* 사건[187]에서 ICJ는 관할권의 일탈(excès de pouvoir, excess of jurisdiction), 불충분한 이유(insufficient reasoning), 중재재판소의 진정한 과반수의 결여(lack of a real majority) 등 세 가지 무효 사유를 원칙적으로 인정한 바 있다.

10. 계쟁사건에서 ICJ의 관할권

국내재판소든 국제재판소든, 재판소는 정치기관들과는 달리 "절차를(소송을) 스스로 혹은 직권으로 개시할 수는 없다"(*ne procedat judex ex officio*)[188]는 내재적 한계를 안고 있다. 이 원칙은 당

180) Paras. 27, 38. 그러나 재판소는 8 대 8로 갈린 상황에서 소장이 결정투표권을 행사함으로써 분쟁이 존재하지 않는다는 영국의 선결적 항변을 받아들여 결국 소를 각하하였다.

181) Judgment of 16 April 2013, paras. 35~59.

182) Paras. 49~50.

183) Paras. 46~48.

184) Paras. 54~57.

185) Para. 51.

186) Para. 53 : "A judicial decision may not be requested in this way as a substitute for the completion of the treaty-making process between States."

187) Guinea-Bissau v. Senegal, ICJ Reports (1991), p. 53 ; Hall, p. 377 ; Kaczorowska-Ireland, p. 627 ; Keitner, p. 66.

188) Carlo Guarnieri (University of Bologna), "Judicial Education as a Support to Judicial Independence and Major Justice Reform", (The Second International Conference on the Training of the Judiciary: Judicial Education in a World of Challenge and Change, Ottawa, November 3rd, 2004), available at https://www.

연히 ICJ에게도 적용된다. 그러나 UN이란 보편적 국제기구의 사법기관인 ICJ는 추상적으로 누가, 어떤 실체가 ICJ에 소송을 제기하고 제기당할 자격이 있는가, 그리고 특정 사건에 대한 ICJ의 재판관할권(jurisdiction)은 어떻게 성립하는가라는 두 개의 추가적인 장벽에 둘러싸여 있다. 그리고 "ICJ의 확립된 판례법에 따르면" –설사 일방적 신청 사건에서 피고 국가가 재판소의 관할권에 이의를 제기하지 않더라도– "재판소는 언제나 자신에게 관할권이 있음을 확신하여야 하며, 필요하면 자발적으로(*proprio motu*) 이 문제를 조사하여야 한다."[189] ICJ규정 제2장(제34조~제38조)은 "재판소의 권한"(Competence of the Court)이란 제목 하에 이들 두 문제와 준거법(law applicable)에 대해 규정하고 있는데, 준거법 문제는 국제법의 연원과 관련하여 이미 앞에서 다룬 바 있으므로 아래에서 간략히 언급하기로 하고, 여기서는 주로 상기 두 가지 문제에 대해 살펴보기로 한다.[190]

(1) ICJ는 누구에게 개방되어 있나? : ICJ규정 제34조와 제35조

ICJ는 –그 전임자인 PCIJ와 더불어– 흔히 '세계재판소'(World Court)로 불리우긴 하지만, 그러나 동 재판소는 UN이란 이름의 국제기구에 소속된 한 개의 사법기관으로서, 그 회원국이 아닌 실체들까지 이를 이용/출입할 것을 당연한 권리로서 주장할 수는 없다. 이것은 "ICJ가 어떤 자들에게 개방될 것인가"(즉, "누가 ICJ를 이용할 수 있나")(right of access)의 문제인데, ICJ규정 제34조와 제35조에서 이 문제를 규율하고 있다. 개개 사건에서 ICJ의 "재판관할권"(jurisdiction)이 성립하는가의 문제는 일반적인 재판소 출입의 권리와는 다른 차원의 문제로서, 이것은 ICJ규정 제36조와 제37조에서 규율하고 있다.[191] 논리적으로, 전자(제34조 및 제35조)의 관문을 통과해야만 후자(제36조 및 제37조)의 문제가 제기될 것이다.[192] 전자는 분쟁당사자의 동의에 관련되는 문제가 아니라 ICJ규정에 따라 재판소에 출두할 수 있는 권리의 문제인데 반해, 후자는 분쟁당사자의 동의에 기초하고 있기

---

nji.ca/nji/internationalforum/Guarnieri.pdf.

189) *Jurisdictional Immunities of the State* (Germany v. Italy ; Greece Intervening), Judgment of 3 February 2012, para. 40 : "Italy has raised no objection of any kind regarding the jurisdiction of the Court or the admissibility of the Application. Nevertheless, according to well-established jurisprudence, the Court "must ... always be satisfied that it has jurisdiction, and must if necessary go into the matter *proprio motu*" (*Appeal Relating to the Jurisdiction of the ICAO Council* (*India* v. *Pakistan*), *Judgment*, *I.C.J. Reports 1972*, p. 52, para. 13)."

190) Hall, p. 380. ICJ규정 하에서 jurisdiction과 competence, 이들 두 개념의 관계 내지 구분은 모호하다. 학자들에 따라서는 전자는 후자보다 더욱 엄격한 개념이라는 견해도 있고, 구분없이 혼용하기도 한다. ICJ는 이 두 용어의 구분에 대해 명백히 언급한 적은 없다. 다만, 규정과 기타 문서에 비추어 특정 사건의 본안(merits)을 검토할 권한이 자신에게 있음을 확인하는 ICJ의 모든 결정에 영어로는 jurisdiction, 그리고 불어로는 compétence란 소제목이 붙는 것을 볼 수 있다. ICJ에게 있어 이들 두 용어의 구분에 대한 좀더 자세한 개관은, Renata Szafarz, *The Compulsory Jurisdiction of the International Court of Justice* (Dordrecht/Boston/London : Martinus Nijhoff Publishers, 1993), pp. 1~2 참조. jurisdiction 개념에 대한 구유고국제형사재판소 항소부의 견해는, *Prosecutor* v. *Dusko Tadic*, Decision of 2 October 1995, para. 10 (available at https://www.icty.org/case/tadic/4) 참조.

191) ICJ규정도 궐석재판에 관한 제53조 2항에서 " ... jurisdiction in accordance with Articles 36 and 37 ... "이라고 언급함으로써 이 점을 분명히 하고 있다.

192) Case concerning *Legality of Use of Force* (Preliminary Objections)(Serbia and Montenegro v. Belgium), ICJ Judgment of 15 December 2004, para. 46.

때문이다.[193] 요컨대, ICJ는 규정에 의거하여 재판소에 접근하는 것이 허락되는 자들에 대해서만 사법적 기능을 행사할 수 있고, 또 이것이 허락되는 자들만이 ICJ에 재판관할권을 부여할 수 있다.[194]

먼저, ICJ규정 제34조에 의하면 오로지 '국가'만이 재판소의 계쟁사건에서 당사자가 될 수 있다.[195] 흥미롭게도 매년 평균 약 1,000건 정도의 신청이 개인들로부터 접수되고 있다는 보고가 있긴 하지만,[196] 제34조의 규정에 따르면 개인은 물론이고 연방국가의 구성국(州), – 자체 재판소를 거느리고 있는 UN이나 EU 등의– 국제기구들을 포함한 일체의 비국가적 실체는 당사자능력을 갖지 못한다. 다만, 재판소는 '재판소규칙이 정하는 조건에 따라'(subject to and in conformity its Rules)[197] 국제기구에 사건 관련 정보 제공을 부탁할 '수' 있으며, 또 이들 기구가 자발적으로 제공하는 정보를 '받아야 한다.'[198] 그리고 국제기구의 설립문서 또는 그에 기하여 채택된 국제협약의 해석이 재판소에 계류 중인 사건에서 문제되는 때에는, 재판소 행정처장은 당해 기구에 그 사실을 통고하여야 하며, 또 모든 서면절차의 사본을 그리로 송부하여야 한다.[199] 뿐만 아니라, (2005년 9월 29일 채택/발효된) 재판소규칙(Rules of Court) 제43조 2항과 3항에 의하면 "국제공기구[200]가 당사자인 협약의 해석이 문제된 경우" 재판소는 당해 기구가 문제의 조항에 대해 의견을 제시하는 것을 허락할 수 있다.[201]

---

193) *Ibid.*, para. 36.

194) *Ibid.*, para. 46. See also Case concerning the *Application of the Convention on the Prevention and Punishment of the Crime of Genocide* (Bosnia and Herzegovina v. Serbia and Montenegro) (Jurisdiction and Merits), judgment of 26 Feb. 2007, para. 122 : "...the question whether a State may properly come before the Court, on the basis of the provisions of the Statute, whether it be classified as a matter of capacity to be a party to the proceedings or as an aspect of jurisdiction *ratione personae*, is a matter which precedes that of jurisdiction *ratione materiae*, that is, whether that State has consented to the settlement by the Court of the specific dispute brought before it. The question is in fact one which the Court is bound to raise and examine, if necessary, *ex officio*, and if appropriate after notification to the parties. Thus if the Court considers that, in a particular case, the conditions concerning the capacity of the parties to appear before it are not satisfied, while the conditions of its jurisdiction *ratione materiae* are, it should, even if the question has not been raised by the parties, find that the former conditions are not met, and conclude that, for that reason, it could not have jurisdiction to decide the merits."

195) ICJ규정 제34조 1항. 여기서 국가는 독립국가를 지칭하는 것으로 이해되기 때문에 연방국가의 구성국가는 제외된다. 다만, '외교문제에 대해 어느 정도의 통제력을 가진' 반독립국가(semi-independent States)도 ICJ에 '제한된' 접근권(limited access)을 가져야 할 것이라고 보는 견해가 있다(예컨대, Rosenne, *The Perplexities of Modern International Law*, p. 81).

한편, PCIJ규정 제34조는 "오직 국가 혹은 국제연맹의 회원만이 동 재판소에 제기되는 사건에서 당사자가 될 수 있다."(Only States or Members of the League of Nations can be parties in cases before the Court.)라고 규정하고 있었는데, 국제연맹규약 제1조에 의하면 국제연맹은 국가뿐만 아니라 "완전자치국, 자치령, 식민지"(Any fully self-governing State, Dominion or Colony)도 회원이 될 수 있었다.

196) Aust, *Handbook of IL*, 2nd, p. 415.

197) 이것은 ICJ 재판소규칙 제69조에 규정되어 있다.

198) ICJ규정 제34조 2항.

199) ICJ규정 제34조 3항.

200) 재판소규칙 제69조 4항에 의하면, 이들 목적을 위한 '국제공기구'(public international organization)는 '국가들의 국제기구'(international organization of States)를 지칭한다.

201) See e.g. Case concerning *Territorial and Maritime Dispute between Nicaragua and Honduras in the*

원래 제34조 규정의 목적은 개인이 국가를 상대로 PCIJ에 제소하는 것을 막기 위한 것이었다. 그러므로 PCIJ의 Anzilotti 소장은 "국제연맹이 '국제법상의 집단인격'(a collective personality in international law)을 보유하고 있다면 제34조는 연맹이 본 재판소에 출두하는 것을 막지 않을 것"이라는 견해를 피력하기도 하였다. 그리고 *Reparation for Injuries Suffered in the Service of the UN*[202]에서 ICJ도 인정한 바와 같이, 특히 UN의 경우 이 '국제법인격'의 요건을 충족하는 것은 물론이다. 그러나 조약규정의 해석문제로서, 제34조의 '국가'를 UN과 같은 국제기구를 포함하도록 확대 해석하기는 어려울 것이다. 결국 이 문제는 ICJ규정을 개정함으로써만 해결될 수 있을 것이다.[203]

다음으로, ICJ규정 제35조에 의하면 ICJ는 -'UN회원국' 및 '비회원국으로서 ICJ규정의 당사자가 된 국가'로 구성되는- "규정의 당사자"인 국가뿐만 아니라,[204] "규정의 당사자가 아닌" 국가(즉, UN비회원국으로서 아직 ICJ규정의 당사자가 되지 아니한 국가)에 대해서도 개방되고 있다.[205] 그러나 후자의 경우에는 조건이 부과되는데, 이 조건은 "발효 중인 각 조약에 담겨 있는 특별규정을 조건으로 (subject to the special provisions contained in treaties in force)" "안전보장이사회가 정한다."[206] 안보리는 1946년에 이 조건을 설정한 바 있다.[207] UN 비회원국으로서 ICJ규정에 가입하-

---

Caribbean Sea (Nicaragua v. Honduras), Judgment of 8 October 2007, para. 4.

202) ICJ Reports (1949), p. 174.

203) Aréchaga in : Sørensen, pp. 593~599.

204) ICJ규정 제35조 1항, UN헌장 제93조 2항 ; 위 "5. 세계재판소 : PCIJ와 ICJ".

205) ICJ규정 제35조 2항 ; 위 "5. 세계재판소 : PCIJ와 ICJ".

206) 다만, 안보리가 정하는 조건은 어떠한 경우에도 당사자들을 재판소에서 불평등한 위치에 두게 하는 것이어서는 아니된다.

207) 즉, 안보리는 1946년 10월 15일의 '결의 9'에서 "ICJ규정 제35조 2항에 의거하여 부여받은 권한에 의거하여" 다음과 같이 결의한 바 있다 : "1. The International Court of Justice shall be open to a State which is not a party to the Statute of the International Court of Justice, upon the following condition, namely, that such State shall previously have deposited with the Registrar of the Court a declaration by which it accepts the jurisdiction of the Court, in accordance with the Charter of the United Nations and with the terms and subject to the conditions of the Statute and Rules of the Court, and undertakes to comply in good faith with the decision or decisions of the Court and to accept all the obligations of a Member of the United Nations under Article 94 of the Charter ;

2. Such declaration may be either particular or general. A particular declaration is one accepting the jurisdiction of the Court in respect only of a particular dispute or disputes which have already arisen. A general declaration is one accepting the jurisdiction generally in respect of all disputes or of a particular class or classes of disputes which have already arisen or which may arise in the future. A State, in making such a general declaration, may, in accordance with Article 36, paragraph 2, of the Statute, recognize as compulsory, *ipso facto* and without special agreement, the jurisdiction of the Court, provided, however, that such acceptance may not, without explicit agreement, be relied upon *vis-à-vis* States parties to the Statute which have made the declaration in conformity with Article 36, paragraph 2, of the Statute of the International Court of Justice ; ... ..."

안보리는 또한 이 결의 5항에서 "이 결의의 조건에 따라 행해진 선언의 유효성 내지 효력에 관한 모든 문제는 ICJ가 결정한다"(All questions as to the validity or the effect of a declaration made under the terms of this resolution shall be decided by the Court)라고 천명하고 있다. 이 안보리결의에서 말하는 특별(개별)선언(particular declaration)은 *Corfu Channel* case (UK v. Albania) (Preliminary Objection), ICJ Reports (1948), p. 15에서 알바니아가 피고 자격으로 제출한 바 있고, *Monetary Gold Removed from*

지 아니한 국가는 안보리가 설정한 이 조건에 의존하는 대신에 "발효 중인 각 조약에 담겨 있는 특별규정"에 의해서도 ICJ에 접근할 수 있는데, 문제는 (규정 제35조 2항에 언급된) "발효 중인 각 조약"의 시간적 의미가 모호하다는 점이다. 그러나 *Legality of Use of Force* 사건[208]에서 ICJ는 이것

Rome in 1943 case (Italy v. France, UK and USA), ICJ Reports (1954), p. 19에서는 이탈리아가 신청인(원고) 자격으로 제출한 바 있다. 참고로, 알바니아와 이탈리아 모두 1955년 12월 14일 UN에 가입하였다.

UN회원국이 되기 전에 서독은 일반선언(general declaration)에 기초하여 *North Sea Continental Shelf* cases (Federal Republic of Germany/Denmark ; Federal Republic of Germany/ The Netherlands), ICJ Reports (1969), p. 3에서 당사자가 되었다. 과거 서독 이외에도 일본(1951) 등 몇몇 국가가 일반선언을 제출한 바 있으나 지금은 모두 실효하였다. Harris, 5th, p. 994 ; ICJ Yearbook (2004-2005), p. 100.

그러나 2018년 5월 14일 이스라엘 주재 미국대사관이 텔아비브에서 예루살렘으로 이전하자 2018년 7월 4일 팔레스타인(State of Palestine)이 "1961년 외교관계비엔나협약 선택의정서 제1조 및 제2조" 하의 분쟁과 관련하여 ICJ행정처에 일반선언을 제출한 뒤 9월 28일 미국을 상대로 재판소에 신청서를 제출하였는데, 팔레스타인은 이미 2014년 4월 2일 외교관계 비엔나협약에 가입하고, 2018년 3월 22일 그 선택의정서에도 가입한 터였다 : *Relocation of the United States Embassy to Jerusalem* (Palestine v. United States of America), ICJ Press Release, No. 2018/47, 28 September 2018 ; 본서, 제19장 (영토의 취득), "Ⅻ. 정복".

208) Cases concerning *Legality of Use of Force* (Preliminary Objections), ICJ Judgments of 15 December 2004 (Serbia and Montenegro v. Belgium ; Serbia and Montenegro v. Canada ; Serbia and Montenegro v. France ; Serbia and Montenegro v. Germany ; Serbia and Montenegro v. Italy ; Serbia and Montenegro v. Netherlands ; Serbia and Montenegro v. Portugal ; Serbia and Montenegro v. United Kingdom). 사건 개요는 다음과 같다. 1999년 3월 NATO군이 세르비아 내 자치주인 코소보(Kosovo)를 위한 인도적 간섭을 명분으로 세르비아에 대해 공습을 단행하자, '유고연방공화국' 정부는 그해 4월 26일 ICJ규정 제36조 2항(이른바 선택/임의조항)을 수락하는 선언서를 UN사무총장에게 기탁하고, 3일 후인 29일 이 군사공격에 참여한 10개국을 상대로 ICJ에 제소하면서, 동시에 무력사용 중지를 요청하는 임시조치의 지시를 청구하였다. 1999년 6월 2일, ICJ는 10개국 중 미국과 스페인을 상대로 한 제소에 관한 한 임시조치 지시 청구를 배척함과 더불어 소를 각하하고 사건을 소송명부에서 삭제하였다. 왜냐하면 유고는 스페인에 대해서는 ICJ규정 제36조 2항에 대한 양 국가의 수락선언과 "제노사이드 방지 및 처벌에 관한 협약"의 제Ⅸ조(ICJ 강제관할권)를 원용하고, (1946년 선택조항을 수락하였다가 1985년 이를 철회해 버린)미국에 대해서는 제노사이드협약 제Ⅸ조(와 ICJ 절차규칙 제38조 5항)를 원용하였는데, 스페인이 자국의 선택조항 수락선언과 제노사이드협약 제Ⅸ조에 첨부해 놓은 적법한 유보들(reservations)과 미국이 제노사이드협약 제Ⅸ조에 첨부한 적법한 유보를 고려하면 이들 두 국가에 대해서는 ICJ의 재판관할권 흠결이 외견상으로도 명백하였기 때문이다. 그러나 ICJ는 나머지 8개국을 상대로 한 사건들에 대해서는 유고의 임시조치 지시 청구를 배척하면서도 재판관할권 성립 여부를 좀더 검토하기로 결정하면서, 다만 소송의 현 단계에서는 소의 병합이 적절치 않다고 결정하고 8개 사건을 분리 검토하기로 결정하였다 : ICJ Orders of 2 June 1999, at https://www.icj-cij.org. See also https://www.asil.org/ilib/ilib0216.htm.

이들 8개 사건에서 유고연방공화국(2003년 2월 4일부로 "세르비아-몬테네그로"로 개명. 이하 편의상 "세르비아-몬테네그로"로 칭함)은 ICJ 재판관할권의 근거로서 (i) ('ICJ규정의 당사국'만이 수락한다고 선언할 수 있는)규정 제36조 2항과 (ii) (UN 비회원국에게도 가입이 허용되는)제노사이드협약의 제Ⅸ조를 공동으로 원용하였다. 세르비아-몬테네그로는 UN회원국으로서의 지위에 기초하지 아니한 다른 방법으로 ICJ규정의 당사자가 되었다고 주장하지는 않았으며, 따라서 선결적 항변에서 제기된 첫 번째 문제는 원고국 세르비아-몬테네그로가 제소 시점에서 UN의 회원국이었는가 하는 문제였다. ICJ는 1992년부터 2000년 11월 1일 UN에 가입하기까지의 유고연방공화국의 UN 내에서의 지위 문제에 대한 UN 주요기관(안보리, 총회, 사무국)의 각기 모호하고 혼란스런 태도를 일별한 뒤, 이 기간 중의 유고연방공화국의 UN에서의 지위를 "무정형하고"(amorphous) "독특하다"(*sui generis*)고 표현하였다. ICJ는, 유고연방공화국의 UN 가입과 함께 동 국가의 "독특한" 지위는 종료되었지만, UN 가입의 효과가 유고사회주의연방공화국이 소멸하던 시점까지 소급하는 효과를 가지지는 않았으며 가질 수도 없었다고 하였다. 그리고 2000년 11월 1일 이후의 새로운 발전의 법적 결과에 비추어 볼 때 세르비아-몬테네그로는 1999년 재판소에 소장(신청서)을 제출하던 당시에는 UN회원국이 아니었으며, 따라서 UN회원국의 자격에서 나오는 ICJ규정의 당사국이 아니었다는 결론에 이르렀다. 그 결과, ICJ는 규정 제35조 1항에 의거해서는 세르비아-몬테네그로에게 개방될 수 없게 된 것이다.

다음 검토된 문제는, 규정 제35조 2항에 의거해서는 ICJ가 세르비아-몬테네그로에게 문을 열어 주어야 하는가의 문제였다. 신청국 세르비아-몬테네그로 자신은 ICJ가 제35조 2항에 의거하여 자국에 개방되어 있다

은 "ICJ규정 발효일(즉, 1945년 10월 24일) 당시에 발효 중이던 조약"만을 지칭하며,[209] 그 이후에 체결된 그 어떤 조약도 여기에 포함되지 않는다고 판시하였다. ICJ의 견해로는, 제35조 2항은 ICJ 규정의 비당사국들이 규정 발효 후에 동 재판소에 재판관할권을 부여하는 조항을 담은 조약을 아무 때나 체결하는 것만으로 재판소의 문을 열어 주겠다는 의도가 아니며, 그같이 해석하면 제35조 2항의 객체 및 목적과 전혀 양립하지 않는 결과를 초래하게 된다는 것이다.[210]

ICJ 접근권의 문제는 *Application of the Convention on the Prevention and Punishment of the Crime of Genocide*(일명 Bosnia 혹은 Bosnian Genocide 사건)에 대한 2007년의 판결[211]에 다시 등장하였는데, 이 사건과 (위에서 언급한) *Legality of Use of Force* 사건 모두 발칸반도에 관련된 사건이라는 점에서 흥미롭다.[212] 특히, 두 사건 모두 세르비아-몬테네그로가 (원고 혹은 피고로서) 소송당사자이고, 동 국가가 UN에 가입하기 전에 제기된 사건으로서 재판소에서의 심리도 비슷한 시기에 이루어졌고, 그런데도 동일 재판소가 세르비아-몬테네그로의 원고적격은 부인하면서 피고적격은 인정하였기 때문이다. 2007년 판결의 핵심적 부분은 다음과 같다. 먼저 ICJ는 본 사건에 대한 1996년의 판결(선결적 항변)[213]에서 "제노사이드협약은 구유고사회주의연방공화국이 1950년 유보 없이 비준서를 기탁한" 사실을 상기시키면서, "유고연방공화국은 1992년 4월 27일 구유고가 당자자인 모든 조약을 준수하겠다는 공식선언을 함과 동시에 이 같은 의사를 UN사무총장에게 통보함으로써 본 사건의 신청서가 제출된 1993년 3월 20일 이미 동 협약에 구속되고 있었으며," 또한 "보스니아-헤르체코비나는 1992년 12월 29일 제노사이드협약을 승계한다는 의사를 UN사무총장에게 통보하였으므로",[214] "재판소는 동 협약 제IX조에 기초하여 이 분쟁에 대한 재판관할권을 가진다."고 판시한 바 있었다.[215] 그러나 이 판결은 일견 ICJ규정 제35조 하의 문제에 대한 해답이라기

고 주장하지는 않았지만, 본건 *Legality of Use of Force* 사건들 중 일부 사건에서 피고국가가 세르비아-몬테네그로는 제35조 2항을 원용할 수 없다고 주장한 바 있기 때문에 ICJ는 이것의 가능성 여부도 검토해 들어갔다. (UN 비회원국이 ICJ를 이용하기 위해 충족해야 할) 제35조 2항에 언급된 조건은 안보리가 1946년의 '결의 9'에서 이미 수립한 바 있지만, 그러나 본 사건들에서 세르비아-몬테네그로는 이 안보리결의를 원용하지도 않았고, 동 결의에 명시된 조건을 이행하지도 않았다. 따라서 이제 유고연방공화국에게 남아 있는 가능성은 제35조 2항에 언급된 "발효 중인 각 조약에 담겨 있는 특별규정"(여기서는 제노사이드협약 제IX조)을 원용하는 것이었다. ICJ는 여기서 "발효 중인 각 조약"이란 '제소' 당시에 발효 중인 특별조약을 의미할 수도 있고, 'ICJ규정' 발효 당시에(즉, 1945년 10월 24일) 이미 발효 중이던 조약만을 지칭할 수도 있는데, 자신의 전신인 PCIJ규정의 준비문서, 제35조 2항의 "객체와 목적" 등에 비추어 보건대 이것은 후자를 의미한다고 판단하였다. 그런데 제노사이드협약은 'ICJ규정' 발효 이후인 1951년에 발효하였기 때문에 세르비아-몬테네그로가 '제소' 당시 제노사이드협약의 당사자였다고 가정하더라도 동 국가는 규정 제35조 2항의 조건도 충족하지 못하였다. 따라서 ICJ는 소를 각하하였다.

209) ICJ는 자신이 아는 한 그 같은 조약은 없는 것 같다고 말하고 있다 : see e.g. Serbia and Montenegro v. Belgium, ICJ Judgment of 15 December 2004, para. 113.

210) See e.g. *ibid.*

211) Bosnia and Herzegovina v. Serbia and Montenegro, (Jurisdiction and Merits), Judgment of 26 Feb. 2007.

212) 다만, *Bosnia* 사건은 보스니아 내전에서 발생한 학살 과정에 세르비아-몬테네그로의 관여 여부를 문제삼기 위해 제기된 사건이며, *Legality of Use of Force* 사건은 코소보 사태에서 NATO국가들의 세르비아에 대한 무력사용을 문제삼기 위해 제기된 사건이다.

213) Bosnia and Herzegovina v. Yugoslavia, (Preliminary Objections), Judgment of 11 July 1996.

214) *Ibid.*, paras. 17~20.

보다는 제36조 하의 문제에 대한 답변으로 보인다. 그런데 이 사건에 대한 본안소송 과정에서 피고측 세르비아-몬테네그로가 새삼 전자의 문제를 제기하였다. 즉, 세르비아-몬테네그로가 원고로서 제기했던 *Legality of Use of Force* 사건에 대한 2004년의 판결에서 ICJ는 동 국가가 제소 당시 ICJ에 대한 접근권을 가지지 못하였다고 판단한 바 있는데, 그렇다면 피고로서 일방적으로 제소당한 본 사건에서도 동 국가의 재판소 접근권을 부인하는 것이 논리적이라는 것이다. 그러나 ICJ는 제35조의 관문을 통과해야 제36조의 관문으로 들어선다는 것을 인정하면서도,[216] 1996년의 판결에서 이미 재판소의 물적 관할권(jurisdiction *ratione materiae*)을 인정한 바 있는데, 이것은 "필연적 암시에 의해"(by necessary implication) 피고국가가 본 소송에 참가할 자격이 있는 것으로 본 것이며,[217] 따라서 기판력(*res judicata*)에 의해 접근권(right of access) 내지 인적 관할권(jurisdiction *ratione personae*)의 문제는 더 이상 다툴 수가 없다고 판시하였다.[218] 그리고 재판 과정에서 몬테네그로가 분리·독립하였으므로 재판소는 동 국가를 제외한 세르비아에 대해 제노사이드협약 하의 일정 의무를 위반하였다고 판결하였다. 일부 재판관은 ICJ 스스로 "필연적 암시에 의해"(by necessary implication)라는 표현을 사용한 데서도 알 수 있는 바와 같이 1996년의 판결에서 실제로 다루지 아니한 핵심문제를 우회 내지는 회피하기 위해 기판력의 원칙을 동원한 것은 잘못이라는 비판을 가하고 있다.[219]

한편, 상기 *Legality of Use of Force* 사건은 (재판소 출입권을 포함한) 재판관할권의 성립 여부는 소가 제기되는 시점을 기준으로 판단됨을 시사하고 있지만, 이 원칙은 융통성있게 적용되고 있다. 이것은 이미 *Mavrommatis Palestine Concessions* 사건[220]에서 PCIJ가 언급한 바 있지만, 2008

215) *Ibid.*, para. 47(2)(a).

216) Judgment of 26 Feb. 2007, para. 122.

217) *Ibid.*, paras. 132~133.

218) *Ibid.*, para. 136.

219) 즉, Ranjeva, Shi, Koroma 등, 3인의 재판관은 공동반대의견(joint dissenting opinion)을 통해 다음과 같이 언급하고 있다(paras. 2~3 of the Joint Dissenting Opinion) : "We view these findings "by necessary implication" with serious misgivings, both in terms of the Statute of the Court and under international law, and hereby express our joint opinion. ... In our judgment, the Court's reliance in this case on *res judicata* to determine whether the Respondent had access to the Court at the time the Application was filed is untenable as a matter of law. In this regard, we would recall that whether a party has access to the Court is a matter of both constitutional and statutory requirements, whereas jurisdiction is based on consent. Moreover, in relying on *res judicata* as a basis of its jurisdiction *ratione personae*, the Judgment implies that the issue of access was considered and decided, but the issue of access was not even addressed, let alone decided, in either the reasoning or the *dispositif* of the 1996 Judgment. The issue was neither raised at any time by any of the Parties to the proceedings nor discussed directly or indirectly in the text of the 1996 Judgment. ..."

220) PCIJ (1924), Series A, No. 2, p. 34 : "it must ... be considered whether the validity of the institution of proceedings can be disputed on the ground that the application was filed before Protocol XII [annexed to the Treaty of Lausanne] had become applicable. This is not the case. Even assuming that before that time the Court had no jurisdiction because the international obligation referred to in Article 11 [of the Mandate for Palestine] was not yet effective, it would always have been possible for the applicant to re-submit his application in the same terms after the coming into force of the Treaty of Lausanne, and in that case, the argument in question could not have been advanced. Even if the

년 ICJ는 (당사자를 달리한, 따라서 이론상 기판력이 적용될 수 없고, 완전히 새로 심리될 수 있는) 또 하나의 *Application of the Convention on the Prevention and Punishment of the Crime of Genocide* 사건 (Preliminary Objections) (Croatia v. Serbia)[221]에서 *Mavrommatis* 판례를 원용하면서,[222] 소 제기 당시에는[223] 당사자 중의 일방(본 사건에서는 피고국 세르비아)이 재판소 출입을 위한 규정 제35조의 장벽을 넘지 못한 상태였다 하더라도 이 요건은 소 제기 후 UN 가입 등의 사건으로 인하여 사후에 충족될 수도 있다고 하였던 것이다. 같은 내용을 가지고 형식적으로 새로 소송을 제기할 것을 요구하는 것은 —'소송의 불필요한 확산'(the needless proliferation of proceedings)을 막는다는 의미에서의— "소송경제에 대한 배려"(concern for judicial economy)의 관점에서는 필요하지 않을 것이기 때문이다.[224] 그러나 ICJ는 세르비아—몬테네그로가 1999년 NATO 10개국을 상대로 제기했던 *Legality of Use of Force* 사건에서는 이같은 논리를 적용하지 않았었다. 즉, 이 사건에서 재판소는 2004년 판결을 내릴 때쯤에는 이미 원고국(세르비아-몬테네그로)이 UN에 가입하여 ICJ규정의 당사국이었던 점을 고려에 넣지 않고, 단지 소장이 제출된 1999년 당시 재판소 출입권이 없었다는 이유만으로 재판관할권이 성립하지 않는다고 판시하였던 것이다. ICJ는 이같은 사실을 솔직히 인정하면서도,[225] 그러나 당시 세르비아—몬테네그로는 —본 사건에서 크로아티아가 *Mavrommatis* 판례를 적용해 줄 것을 재판소에 요구하고 있는 것과는 달리— 새로 소장을 제출해서라도 자신의 청구를 속행할 의도가 없었다는 사실을 내세워 사건구분(식별) (distinguishing)을 정당화하고 있다.[226] 결국 ICJ는 이상의 여러 근거를 들어 제35조에 기초한 세르비아의 첫 번째 항변을 배척하고, 이어서 제노사이드협약 제9조에 기초하여 사건의 본안을 다룰 물적 관할권이 성립한다고 결론지었다.

(2) 합의에 의한 동의 : 규정 제36조 1항

UN헌장 제95조는 "이 헌장의 어떠한 규정도 UN회원국들이 그들 간의 분쟁(의견차이)의 해결을 이미 존재하거나 장래에 체결될 협정에 의하여 (ICJ 이외의) 다른 재판소에 맡기는 것을 막지 아니한다."라고 규정함으로써 ICJ의 관할권이 배타적인 것이 아님을 명시하고 있다.[227] 그리고 계쟁절차에서 분쟁당사자들에 대한 재판소의 관할권 문제는 규정 제36조에서 다루고 있는데, 동 제36조는

---

grounds on which the institution of proceedings was based were defective for the reason stated, this would not be an adequate reason for the dismissal of the applicant's suit. The Court, whose jurisdiction is international, is not bound to attach to matters of form the same degree of importance which they might possess in municipal law. Even, therefore, if the application were premature because the Treaty of Lausanne had not yet been ratified, this circumstance would now be covered by the subsequent deposit of the necessary ratifications."

221) Judgment of 18 November 2008, paras. 86~90.

222) *Ibid.*, para. 82.

223) 이 사건에서 크로아티아가 세르비아-몬테네그로를 상대로 ICJ에 신청서, 즉 소장을 제출한 것은 1999년 7월 2일이었다.

224) Judgment of 18 November 2008, para. 89.

225) *Ibid.*, para. 88.

226) *Ibid.*, para. 89.

227) Shany, p. 195.

-ICJ는 국가들에 대해 일반적 관할권을 행사하지 못하며, 관련 국가들이 재판소의 개입에 동의한 각 특정 사건을 결정하는데 필요한 범위 내에서 단지 제한된 관할권을 행사한다는 의미에서- 마치 이 문제를 사물(물적)관할권(subject-matter jurisdiction, jurisdiction *ratione materiae*)의 한 측면처럼 다루고 있다.[228] 제36조 1항은 "본 재판소의 관할권은 당사자들(parties)이 재판소에 부탁하는 모든 사건 및 UN헌장에 또는 발효 중인 조약과 협약에 특별히 규정된 모든 문제에 미친다."고 규정하고 있다. 여기서 '당사자들'이란 복수표현은 사건이 재판소에 부탁되기 위해서는 분쟁의 모든 당사자가 동의해야 함을 함축하고 있다. 그러나 이같은 동의가 있었는지를 찾아내는 것이 그리 간단한 문제는 아니다. 동의는 여러 가지 형태로 표현될 수 있고 또 어떤 특별한 형식을 갖추어야 하는 것은 아니기 때문이다. 어쨌든, 위 규정에 의하면 동의는 기본적으로 다음의 세 가지 방식으로 부여될 수 있다.

첫째, 국가들은 분쟁을 재판소에 부탁하기로 양자간에 합의함으로써 재판소의 관할권을 수락할 수 있다. 다시 말해서, 국가들은 그들 사이에서 분쟁이 발생한 후 이를 재판소에 부탁하기 위한 특별협정(special agreement, *compromis*)을 체결할 수 있는데, 이 특별협정에서는 분쟁의 주제와 당사자들을 명시한다.[229] 분쟁당사자들이 각기 일자를 달리하여 일방적으로 신청서를 제출하였으나 그들 스스로 이를 사실상 "특별협정의 두 개의 연속적인 통고"(two successive notifications of the Special Agreement)로 봄에 따라 재판관할권이 성립한 경우도 있다.[230]

둘째, 국가들은 상호간에 일정 분쟁이 발생하는 경우 ICJ(혹은 기타 국제재판소)에 부탁할 것을 약속하는 재판조약을 체결할 수 있다.[231] 그러나 이보다 더 흔한 경우로서, 많은 양자조약과 다자조약은 당해 조약의 해석과 적용으로부터 야기될 수 있는 문제들에 대하여 ICJ에 관할권을 부여하는 재판조항(compromissory / jurisdictional clause, *clause compromissoire*)을 포함하고 있다.[232]

---

228) 이런 의미에서 분쟁당사자들에 대한 ICJ의 관할권 문제(즉, 규정 제36조와 제37조)를 사물(물적)관할권(subject-matter jurisdiction, jurisdiction *ratione materiae*)으로 표현한다면, -이것의 전제가 되는- 누가 동 재판소를 이용할 수 있는가의 문제(즉, 규정 제34조와 제35조)는 ICJ의 인적관할권(jurisdiction *ratione personae*)으로 표현할 수 있을 것이다. 예컨대, Case concerning the *Application of the Convention on the Prevention and Punishment of the Crime of Genocide* (Bosnia and Herzegovina v. Serbia and Montenegro) (Jurisdiction and Merits), Judgment of 26 Feb. 2007, para. 122 ; Ott, p. 340 참조. 사물관할권과 인적관할권의 술어는 그러나 국제재판소(특히, 강제관할권을 부여받고 있는 경우)에 따라 그 의미가 달라질 수 있음에 유념할 필요가 있다 : see e.g. International Tribunal for the Law of the Sea, *The M/V "Louisa" Case* (Saint Vincent and the Grenadines v. Kingdom of Spain)(Merits), Judgment of 28 May 2013, para. 151.

229) 분쟁당사국간 특별협정 체결에 의해 ICJ에 부탁된 2000년대 사건으로는, *Sovereignty over Pulau Ligitan and Pulau Sipadan* (Indonesia/Malaysia), ICJ Reports (2002), p. 625와 *Sovereignty over Pedra Branca/Pulau Batu Puteh, Middle Rocks and South Ledge* (Malaysia/Singapore), ICJ Reports (2008), p. 12를 들 수 있다. 과거 PCIJ 시절에는 11개의 분쟁이 이런 방식으로 부탁된 바 있다. Eyffinger, p. 127.

230) 즉, Case concerning the *Territorial Dispute* (Libyan Arab Jamahiriya/Chad), ICJ Reports (1994), p. 6 at 11 (para. 8).

231) 예컨대, 1928년 국제연맹 총회에서 채택된 "국제분쟁의 평화적 해결을 위한 (제네바) 일반의정서" ; 1957년 4월 29일 유럽심의회에서 채택된 "분쟁의 평화적 해결을 위한 유럽협약"(European Convention for the Peaceful Settlement of Disputes). Oellers-Frahm & Wühler, pp. 61~71, 92~100 ; 朴觀淑, p. 324 참조.

232) Eyffinger, p. 127 ; Shaw, 4th, pp. 757~758 ; Hartley, *European Union in a Global Context*, p. 72, fn. 8. 조약(대부분 다자조약)을 체결하면서 조약의 해석 또는 적용과 관련하여 분쟁이 생기는 경우에 대비하여 ICJ에 강제관할권을 부여하는 내용의 선택의정서(optional protocol)를 별개로 체결하는 경우가 있다. 이 경우의 선택의정서는 그 본질은 '재판조항'이지만 그 형식이 별개의 조약이기 때문에 본 조약의 당사자들이 ICJ의

ICJ는 제36조 1항에 언급된 "발효 중인" '조약과 협약'(treaties and conventions in force)[233]이라 함은 그같은 조약이 원용되는 사건에서 "(ICJ에서) 소송절차가 개시된 일자에(혹은, ICJ에 신청서/소장 제출시에)"(at the date proceedings were instituted, on the date of the institution of proceedings, at the time of filing of the Application) 발효중인 조약을 지칭하는 것으로 보고 있다.[234] 아무튼, 이같은 재판조약이나 재판조항은 조약당사국 간에 장래에 발생할지도 모르는 일정 분쟁에 대한 재판부탁 합의를 사전에 미리 형성함으로써 나중에 상호간에 '일방적 신청 혹은 제소'(unilateral application)를 허용하기 위하여 고안된 것이다. 따라서 이것은 ICJ가 국가들의 동의에 기초하지 아니한 일반강제관할권을 갖고 있지 못한 현 단계의 국제공동체에서 ICJ에 일종의 강제관할권을 부여하는 한 가지 성공적인 방식으로 평가되고 있다.[235] 이 방식은 물론 다른 분쟁해결수단, 특히 중재재판이나 조정에 대해서도 적용될 수 있는데[236] 이 문제에 관해서는 아래에서 다시 논하겠다. 어쨌든, 재판조항에 의거하여 일방적으로 제소하는 경우에도 상기 특별협정의 경우와 마찬가지로 분쟁의 주제와 관련 당사자들을 지적하여야 하고, 또한 원고국가가 ICJ재판관할권의 기초로 삼은 관련 조약규정을 명시하여야 한다.[237]

ICJ규정 제37조는 "발효 중인 조약이나 협정에서 국제연맹이 설치한 재판소 또는 PCIJ에 문제를 부탁하기로 규정하고 있는 때에는, 언제나 그 문제는 본 규정 당사국 간에 있어서는 ICJ에 부탁해야 한다."고 규정함으로써, PCIJ와 ICJ 간에 재판조항(이나 재판조약)의 계속성을 인정하고 있다. 이를 두고 "관할권 이전"(transferred jurisdiction)으로 칭하기도 하는데,[238] 이것은 물론 분쟁당사자들이 ICJ규정 당사국인 경우에만 원용될 수 있다.[239] ICJ는 피고 국가가 ICJ규정의 당사국이 된

관할권을 수락하기 위해서는 선택의정서에 따로 가입하여야 한다. 1961년 "분쟁의 강제적 해결에 관한, 외교관계에 관한 비엔나협약 선택의정서"(Optional Protocol to the Vienna Convention on Diplomatic Relations, concerning the Compulsory Settlement of Disputes), 1963년 "분쟁의 강제적 해결에 관한 영사관계 비엔나협약 선택의정서"(Optional Protocol to the Vienna Convention on Consular Relations concerning the Compulsory Settlement of Disputes) 등이 그 좋은 예이다. Aust, 2nd, p. 360.

233) ICJ규정 제36조 1항의 "조약과 협약"이란 표현은 19세기의 조약과 외교 관행을 반영한 동의어 반복에 지나지 않는다 : Rosenne, *The Perplexities of Modern International Law*, p. 81, fn. 44.

234) See e.g. *Questions of Interpretation and Applications of the 1971 Montreal Convention arising from the Aerial Incident at Lockerbie* (Preliminary Objections) (Libyan Arab Jamahiriya v. United Kingdom), ICJ Reports (1998), para. 19 ; Case concerning *Legality of Use of Force* (Preliminary Objections) (Serbia and Montenegro v. Belgium), ICJ Judgment of 15 December 2004, para. 101.

235) Eyffinger, p. 127. ICJ는 *Nottebohm* Case (Liechtenstein v. Guatemala), Preliminary Objection, ICJ Reports (1953), p. 111 at 122에서 동 재판소의 강제관할권에 대해 다음과 같이 설명한 바 있다 : "The characteristic of this compulsory jurisdiction is that it results from a previous agreement which makes it possible to seise the Court of a dispute without a Special Agreement, and that in respect of disputes subject to it, the Court may be seised by means of an Application by one of the parties." ICJ 강제관할권에 대한 학자들의 다양한 설명에 대해서는 Szafarz, *op. cit.*, p. 3 참조.

236) Eyffinger, p. 127.

237) *Ibid.*

238) Hartley, *European Union Law in a Global Context*, p. 72, fn. 9.

239) *Barcelona Traction, Light and Power Company, Limited* (Preliminary Objections), ICJ Reports (1964), p. 32 ; Case concerning *Legality of Use of Force* (Preliminary Objections)(Serbia and Montenegro v. Belgium), ICJ Judgment of 15 December 2004, paras. 124~125.

일자는 문제되지 아니하며, 따라서 피고 국가가 UN의 원회원국이 아니고 가입국이어도 상관없다고 하였다.[240] 또한, ICJ는 제37조에 언급된 "발효 중인 조약이나 협약"(treaty or convention in force)도 제36조 1항에서와 마찬가지로 "(ICJ에서) 소송절차가 개시된 일자에(혹은, ICJ에 신청서/소장 제출시에)" 발효 중인 조약을 지칭하는 것으로 새기고 있다.[241]

상기 상황을 종합하면, 국가들이 ICJ에 관할권을 부여하는 방식은 곧 제소방식(seisin of the Court)의 차이로 나타나며, 그 결과 '특별협정'의 체결과 (사전 합의한 공식에 따른) '일방적 신청'은 외견상 뚜렷이 구분되는 것처럼 보인다. 그러나 특별협정의 체결 그 자체로는(*per se*) 일방적 신청을 통해 ICJ에 제소하는 것을 막지 아니 한다. 특별협정이 ICJ에 가기로 합의하되 세부 부탁조건에 대해 합의가 안 되면 일방적 신청을 허용하는 내용으로 구성되는 경우도 있기 때문이다.[242] *Asylum* case 사건[243]에서 바로 그런 일이 있었는데, 이 사건에서 두 국가 간 분쟁을 ICJ에 부탁한다는 동의는 1949년 8월 31일의 리마의정서(Act of Lima) 제1조에 기초한 것이었다. 그러나 리마의정서 제2조는 "당사자들은 분쟁을 ICJ에 공동으로 부탁하는 조건에 대해 합의를 볼 수 없었기 때문에 두 국가 중 누구라도 (일방적)신청의 방식으로 소를 제기할 수 있다는 데 합의한다"고 규정하였다. 그리고 특별협정의 이 규정에 따라 콜롬비아가 재판소에 일방적 신청을 제출하였고, 이에 대해 페루가 제기한 반소(counterclaim)도 수락되었다.

상황에 따라서는 국가들이 어떤 제소방식에 합의하였는지에 관해 견해가 다를 수 있고, 이런 경우 ICJ는 규정 제36조 6항에 의거하여 관할권 성립 여부에 대해 결정할 권리와 의무가 있다. *Maritime Delimitation and Territorial Questions between Qatar and Bahrain* (Jurisdiction and Admissibility)(Ⅱ)[244]에서 바로 그런 일이 발생했었다. 이 사건에서 바레인은 "두 당사자는

---

240) *Barcelona Traction, Light and Power Company, Limited* (Preliminary Objections), ICJ Reports (1964), p. 6 at 34("the date at which the Respondent became a party to the Statute is irrelevant.") & 36("... States joining the United Nations or otherwise becoming parties to the Statute, at whatever date, knew in advance (or must be taken to have known) that, by reason of Article 37, one of the results of doing so would, as between themselves and other parties to the Statute, be the reactivation in relation to the present Court, of any jurisdictional clauses referring to the Permanent Court, in treaties still in force, by which they were bound."). 이 사건에서 벨기에는 1927년 스페인과 체결한 "조정, 사법적 해결 및 중재재판 조약" 제17조에 의거하여 ICJ에 일방적으로 소를 제기하였다. 이에 대해 스페인은 선결적 항변을 제기하여, 자국은 1955년에 UN에 가입함으로 ICJ규정의 당사국이 되긴 하였지만, PCIJ 해산과 UN 가입 사이 9년간은 ICJ규정의 당사국이 아니었으며, 따라서 1927년 조약의 제17조는 운용이 중단되었다고 주장하였다. ICJ는 이 주장을 배척하였다.

241) Case concerning *Legality of Use of Force* (Preliminary Objections) (Serbia and Montenegro v. Belgium), ICJ Judgment of 15 December 2004, para. 101.

242) Constantine Antonopoulos, *Counterclaims before the International Court of Justice* (The Hague : T.M.C. Asser Press, 2011), p. 82.

243) Colombia/Peru, ICJ Reports (1950), p. 266.

244) Qatar v. Bahrain, ICJ Reports (1995), p. 6. 이 사건에서 ICJ는 "관할권과 소의 허용성"에 대해 1994년 7월 1일 [ICJ Reports (1994), p. 112]과 1995년 2월 15일 [ICJ Reports (1995), p. 6], 두 번에 걸쳐 판결하였는데, 이 부분의 사건 개요는 다음과 같다. 먼저, 1994년 판결의 개요는 다음과 같다. 1991년 7월 8일 카타르는 바레인과의 영토 및 해양경계 분쟁과 관련하여 ICJ에 단독으로 신청서를 지출하였다. 신청서에서 카타르는 ICJ 관할권의 근거를 두 개의 문서에서 찾았는데, 하나는 1987년 (분쟁해결의 중개자 역할을 하던) 사우디 아라비아 왕과 카타르 대공 사이에, 그리고 사우디 아라비아 왕과 바레인

문제를 ICJ에 제소할 수 있다"(*the two parties may* submit the matter to the International

---

대공 사이에 주고 받은 교환서한이었고[이 때문에 이 교환서한은 '이중(二重) 교환서한'(a double exchange of letters)으로 불리기도 한다], 다른 하나는 1990년 카타르의 수도 도하(Doha)에서 이들 3국 외무장관간에 서명된 -회의록(Minutes)으로 이름 붙여진- 문서였다.

1987년 교환서한의 주된 내용은 "모든 분쟁사안을 ICJ에 부탁하되(All the disputed matters shall be referred to the ICJ); 동 재판소로 가기 위해, 그리고 분쟁을 재판소에 부탁하는데 필요한 요건을 충족시키기 위해(for the purpose of approaching the ICJ, and satisfying the necessary requirements to have the dispute submitted to the Court) 삼자위원회를 구성한다"는 것이었다. 이어서 1988년 사우디의 제안에 따라 바레인의 법정추정 상속인은 카타르 방문 중에 카타르의 법정추정 상속인에게 다음의 문서를 보냈는데, 이 문서는 나중에 바레인 공식(Bahraini formula)으로 불리게 되었다 : "The Parties request the Court to decide any matter of territorial right or other title or interest which may be a matter of difference between them ; and to draw a single maritime boundary between their respective maritime areas of seabed, subsoil and superjacent waters." 그리고 2년 후, 1990년 12월에 서명된 도하회의록에는 다음의 내용이 담겨 있었다 : "두 당사국은 이미 합의된 바를 재확인한다 ; 사우디 왕의 주선은 1991년 5월까지 계속된다 ; 이 기간 후에는 두 당사국은 카타르도 이미 수락한 바 있는 바렌인공식에 따라, 그리고 이 공식에 수반하여 생기는 절차에 따라 문제를 ICJ에 회부할 수 있다(The two parties may submit the matter to the International Court of Justice in accordance with the Bahraini formula, which has been accepted by Qatar, and with the procedures consequent on it) ; 다만, 사우디의 주선은 문제가 중재재판(arbitration)에 회부된 후에도 계속된다 ; 그리고 만일 두 당사자가 상호 수락하는 형제애에 기초한 해결책에 도달하는 경우 사건을 중재재판으로부터 철회한다."(여기서, 주선은 중개를 의미하는 것으로 보이며, 중재재판은 ICJ재판을 지칭한 것으로 해석된다)

카타르는 이들 두 문서는 분쟁을 ICJ로 가져가기로 한 양국의 명시적 약속을 구성하며, 따라서 ICJ는 카타르의 신청에 기해 관할권을 행사할 수 있게 되었다고 주장하였다. 이에 대해 바레인은 두 개의 문서 중 1990년의 문서는 구속력있는 문서가 아니며, 설사 1987년의 교환서한과 1990년의 회의록을 결합해서 생각하더라도 이들 두 문서는 카타르에게 일방적 제소(unilateral seisin)를 허용하는 것이 아니므로, ICJ는 카타르의 신청서를 다룰 관할권이 없다고 주장하였다.

ICJ의 응답은 다음과 같았다 : 1990년의 회의록도 당사자들에게 권리와 의무를 창설하는 국제협정을 구성한다 ; 카타르와 바레인은 1987년의 교환서한에 의해 모든 분쟁사안(all the disputed matters)을 ICJ에 회부하고, 삼자위원회에서 사우디 왕의 도움을 받아 이 약속에 따라 재판소에 제소하는 방식을 결정한다는 약속을 체결하였다 ; 분쟁사안을 결정하는 문제는 오로지 1990년의 회의록에 의해 결정되었는데, 여기서 카타르는 바레인 공식을 수락하였고, 이로써 양 당사국은 재판소는 사건이 일단 제기되면 바레인 공식에 언급된 사안들에 대해 결정할 것이라는 점에 대해 동의하였다 ; 바레인 공식은 재판소가 다루어야 할 분쟁의 범위를 한정하기 위해 고안된 것이긴 하지만, 이 공식은 제소방식(manner of seisin)이 무엇이건 간에 각 당사자가 주어진 틀 내에서 재판소에 자신의 청구를 제기할 가능성을 열어 놓고 있다 ; 그러나 이 공식은 분쟁의 전체가 재판소에 회부될 것을 전제로 하였다 ; 그런데 카타르의 신청서에는 바레인공식에 언급된 문제의 일부 요소만이 담겨 있다 ; 그러므로 재판소는 1990년의 도하회의록과 바레인공식에 포함된 분쟁의 모든 요소를 제출할 기회를 양 당사자에게 부여한다 ; 이 목적을 위해 두 당사자들이, 공동으로 혹은 따로 따로, 행동을 취할 시한을 1994년 11월 30일로 정한다. ICJ의 이 다수결 관결에 대해, Oda 재판관은 반대의견을 통해 "ICJ가 그 역사상 처음으로 한 개의 중간판결(an interlocutory judgment)을 내린 것으로 보인다"고 비판하였다 ; Schwebel 부소장은 개별의견에서, "이 판결은 재판소의 관할권을 지지하지도 부인하지도 않은" 것으로서 "서롭고도 불안한"(novel and disquieting) 것이라고 하였다 ; 그런가 하면, Valticos 재판관은 개별의견에서, 그들 두 국가가 분쟁을 ICJ에 부탁하기로 합의했었는지, 혹은 양국간 합의가 분쟁의 주제와 제소방식과도 관련이 있는지가 참으로 분명하지 않으며, 어쨌든 재판소는 두 국가가 공동으로 혹은 따로 따로 제소해 오는 경우에만 본 사건의 본안을 다루어야 할 것이라고 언급하였다.

다음으로, 1995년 판결의 개요는 다음과 같다. 1994년 11월 30일 카타르의 대리인은 "1994년 7월 1일자 ICJ 판결 para. 41의 (3)항과 (4)항을 이행하기 위한 행위(Act)"를 재판소에 제출하였다. 이 문서에서 그는 "당사자들간에 공동으로 행동하려는 합의가 없음"을 언급하면서, 이 때문에 "1990년의 도하 회의록에서 바레인 공식으로 지칭된 구절에서 한정하고 있는 바에 따라, 카타르와 바레인 간의 분쟁 전체(the whole of the dispute)를 재판소에 부탁한다"고 선언하였다. 바레인의 대리인 역시 11월 30일 "1994년 7월 1일의 ICJ 판결을 이행하기 위한 당사자들의 시도에 관하여 바레인국이 동 재판소에 보내는 보고서(Report)"를 보내

Court of Justice)고 규정한 카타르-바레인간 합의는 특별협정에 의한 공동제소(joint seisin of the Court by means of a special agreement)만을 허용하는 것이라고 주장하였으나, ICJ는 -동 재판소의 관할권이 당사자들의 의사에 기초해서만 수립될 수 있다는 점을 인정하면서도- 문제의 공식은 일방적 제소(unilateral seisin of the Court)를 허용하고 있다고 결론지었던 것이다.[245)]

왔는데, 이 '보고서'에서 동 대리인은 "그의 정부는 1994년 7월 1일 판결을 환영하였으며 또한 이 판결이 분쟁 전체(the whole of the dispute)를 재판소에 회부하는 것은 성격상 합의에 의하여 성립되는, 즉 당사자들 간의 합의의 문제여야 함을 확인하는 것으로 이해하였다"고 진술하였다. 곧 이어 바레인은 12월 5일 재판소에 제출한 "카타르의 상기 행위(Act)에 대한 의견서"에서 다음과 같이 말하였다 : "the Court did not declare in its Judgment of 1st July, 1994 that it had jurisdiction in the case brought before it by virtue of Qatar's unilateral Application of 1991. Consequently, if the Court did not have jurisdiction at that time, then the Qatari separate Act of 30th November, even when considered in the light of the Judgment, cannot create that jurisdiction or effect a valid submission in the absence of Bahrain's consent." 그러나 ICJ는 1995년의 판결(paras. 38~40)에서 카타르의 일방적 신청에 근거한 본건 사건이 관할권과 소의 허용성을 갖추고 있다고 결론짓고 본안 심리에 들어갔다.

1995년의 이 판결에 대해서는 5명의 재판관이 반대의견을 첨부하였다. 예컨대, Schwebel 부소장의 견해에 의하면, 도하 회의록은 "참으로 불분명"(quintessentially unclear)하기 때문에 재판소는 준비문서를 숙고해야 할 의무가 있는데, 바레인이 도하 회의록에 서명하는 대가로 "either party" 부분이 "the two parties"로 수정되었다는 사실은 이 조약에 대한 두 당사자의 객체와 목적이 일방적 제소(unilateral seisin)를 허용하지 않는 것이었음을 보여주는 것이며, 따라서 재판소의 다수견해는 비엔나 조약법협약의 해석규칙에도 어긋난다는 것이다. Koroma 재판관은 문제의 합의문서들은 당사자들에 의한 특별협정과 공동제소(a special agreement and joint seisin)를 의도한 것이었는데, 본 사건에서는 이들 요건이 충족되지 않았으므로 재판소는 관할권이 결여되어 있다고 보았다. 나머지 4명의 재판관들도 대체로 이들과 비슷하게, 문제의 문서들(특히 도하 회의록)은 일방적 제소 내지는 일방적 신청을 허용하도록 의도된 것이 아니라는 이유로 재판소의 관할권이 성립하지 않는다고 보았다.

245) ICJ Reports (1995), p. 6 at 17~24 (paras. 30~43). ICJ는 이 판결(para. 43)에서 관할권과 제소방식의 관련성(links between jurisdiction and seisin)에 대해 다음과 같이 언급하고 있다 : "It is true that, as an act instituting proceedings, seisin is a procedural step independent of the basis of jurisdiction invoked and, as such, is governed by the Statute and the Rules of Court. However, the Court is unable to entertain a case so long as the relevant basis of jurisdiction has not been supplemented by the necessary act of seisin : from this point of view, the question of whether the Court was validly seised appears to be a question of jurisdiction."

그후 제노사이드협약 제8조("Any Contracting Party may call upon the competent organs of the United Nations to take such action under the Charter of the United Nations as they consider appropriate for the prevention and suppression of acts of genocide or any of the other acts enumerated in article Ⅲ.")의 해석이 문제된 *Application of the Convention on the Prevention and Punishment of the Crime of Genocide* (The Gambia v. Myanmar)(Preliminary Objections) (Judgment of 22 July 2022, paras. 78~92)에서, 미얀마는 제8조는 ICJ 제소방식(seisin of the Court)에도 관련되는 규정으로서 자국은 이 규정에 유보를 하였기 때문에 본 사건에서 원고국가의 유효한 제소를 막는다는 항변을 제기하였다. 이에 대해 재판소는 위 Quatar v. Bahrain 사건 (para. 43)을 인용한 뒤, 'competent organs of the United Nations'란 표현만 떼내어 생각하면 여기에 UN의 주요 사법기구인 ICJ가 포함되는 것으로 보일 수도 있겠지만, 동 규정을 전체적으로 판단하건대 제8조는 ICJ 제소방식에는 적용되지 아니한다고 판시하였다.

ICJ는 *Nottebohm* Case (Liechtenstein v. Guatemala), (Preliminary Objection), ICJ Reports (1953), p. 111 at 122에서는 다음과 같이 언급하기도 하였다 : "... the seising of the Court is one thing, the administration of justice is another. The latter is governed by the Statute, and by the Rules ... Once the Court has been regularly seised, the Court must exercise its powers, as these are defined in the Statute." 이 주제에 대해서는 다음 논문을 참조 : Prosper Weil, "Compétence et saisine : un nouvel aspect du principe de la juridiction consensuelle", in Jerzy Makarczyk (ed.), *Theory of International Law at the Threshold of the 21th Century : Essays in Honour of Krzysztof Skubiszewski* (The Hague : Kluwer Law International, 1996), p. 833 ; Marla C. Reichel, "Maritime delimitation and territorial

셋째, 규정 제36조 1항에 의하면 ICJ의 관할권은 "UN헌장에 특별히 규정된 문제"에 대해서도 성립된다. 그러나 "UN헌장에 특별히 규정된 문제"란 무엇을 지칭하는 것인지가 문제이다. 분쟁의 평화적 해결을 다루고 있는 UN헌장 제36조 3항은 법적 분쟁의 당사국들에게 사건을 ICJ에 부탁하도록 권고할 수 있는 권한을 안보리에 부여하고 있다. 그러므로 *Corfu Channel* (Preliminary Objections) 사건[246]에서 영국은 자국과 알바니아에게 내려진 안보리의 한 권고[247]가 영국의 알바니아에 대한 일방적 제소를 심리할 수 있는 관할권을 ICJ에 부여하기에 충분하다고 주장하였다. 만약 영국정부의 그같은 주장을 수용한다면 이것은 새로운 유형의 강제관할권을 도입하는 것이 될 것이다. 그러나 재판소는 −아래에서 언급하는 바와 같이− 알바니아가 행동을 통해 ICJ의 재판관할권을 수락하기로 이미 동의하였다고 판정하였고, 따라서 대부분의 재판관들은 안보리 권고결의의 효력에 관한 영국측 주장을 검토할 필요가 없는 것으로 보았다. 다만, 7명의 재판관은 공동개별의견(a joint separate opinion)을 통해, 안보리의 권고는 구속력이 없는 것이기 때문에 영국측 주장은 잘못된 것이라고 언급하였다. 이들의 의견은 일반적으로 타당한 것으로 수락되고 있는데, 그렇다면 "UN헌장에 특별히 규정된 문제"란 달리 존재하지 않는다는 결론에 이른다. UN헌장에 강제관할권을 위한 어떤 규정이 삽입될 것으로 기대되고 있을 대에 재판소규정 제36조 1항이 기초되었다는 사실을 기억하면 이것은 이해가 가는 일이다. 즉, 나중에 1945년 샌프란시스코 회의에서 많은 약소국이 UN헌장에 강제관할권을 위한 규정을 둘 것을 원하였지만 강대국들의 반대로 인하여 이 제안은 채택되지 못하였는데도 그에 상응하는 ICJ규정의 상기 표현을 삭제하는 것을 잊어버렸던 것이다.[248]

판례에 의하면 분쟁당사자들의 동의는 반드시 '동시에' 혹은 '명시적으로' 부여될 필요는 없다. 예컨대, PCIJ는 *Rights of Minorities in Polish Upper Silesia* (*Minorities Schools*) 사건[249]에서, 동의는 "재판관할권 문제에 대해 조건을 달지 않고 소송사안에 대하여 주장을 제출하는 등, 그것을 결정적으로 입증하는 행동으로부터 추론될 수 있다"고 보았다. 비슷하게, ICJ는 *Corfu Channel* (Preliminary Objections) 사건[250]에서, 알바니아는 영국의 일방적 제소가 있은 후 이의 수락을 암

---

questions between Qatar and Bahrain", Denver Journal of International Law and Policy, Summer, 1993, available online at https://findarticles.com.

246) ICJ Reports (1948), p. 15.

247) 즉, 안보리결의 22(1947년 4월 9일, S/324).

248) Akehurst, pp. 245~247 ; Brownlie, p. 721 ; Janis, 3rd, p. 133 ; Amerasinghe, pp. 176~177 ; Dixon, pp. 303~304.

249) PCIJ (1928), Series A, No. 15, p. 4 at 24 : "And there seems to be no doubt that the consent of a State to the submission of a dispute to the Court may not only result from an express declaration, but may also be inferred from acts conclusively establishing it. It seems hard to deny that the submission of arguments on the merits, *without making reservations in regard to the question of jurisdiction*, must be regarded as an unequivocal indication of the desire of a State to obtain a decision on the merits of a suit ..." (italics added)

250) ICJ Reports (1948), p. 15. 그러나 이 사건에서, ICJ가 1948년 재판관할권이 성립한다는 판결을 내린 직후에 영국과 알바니아가 동 재판소에 사건을 부탁하는 특별협정(Special Agreement)을 보내왔는데, 1949년 4월 9일에 내려진 ICJ의 본안 판결은 이 특별협정에 기초한 것이었다 : *Corfu Channel* (Merits), ICJ Reports (1949), pp. 6~7 ; Harris, 5th, p. 999. 두 국가가 특별협정을 통해 해결을 부탁한 문제는 두 가지였는데, 그 하나는 "알바니아는 자국 영해 내에서 발생한 폭발에 대해 책임이 있으므로 인적·물적 손해에 대해 배

시하는 편지들을 보내옴으로써 ICJ의 관할권을 수락하기로 동의하였다고 판시하였다. 이를 두고 확대(응소)관할권(*forum prorogatum*, prorogated jurisdiction, accepting the Jurisdiction of the Court after its seizure)이라 부른다.[251] 그러나 위 사건들을 포함하여 *Armed Activities on the Territory of the Congo* (New Application : 2002) 사건[252]에서 강조하고 있는 바와 같이, 확대관할권을 발생시키는 피고국가의 태도는 "자발적이고 반박의 여지가 없는 방식으로"(in a voluntary and indisputable manner) 재판소의 관할권을 수락한다는 의사를 "모호하지 않게 표시"(an unequivocal indication)한 것으로 간주될 수 있는 정도가 되어야 한다. 예컨대, 의사에 반하여 제소당한 국가가 소송의 모든 단계에서 명시적으로 그리고 반복하여 재판소의 관할권에 반대하는 등, 소송참여의 목적이 오로지 재판소의 관할권을 부인하는데 있는 경우에는 확대관할권은 성립되지 아니한다. 요컨대, 피고국가가 단지 재판소에 모습을 드러내거나 절차에 참여하였다는 사실만으로 확대관할권이 성립되는 것은 아니다. ICJ는 이 확대관할권의 관행을 1978년에 채택한 재판소규칙(Rules of Court) 제38조 5항[253]에서 제한적으로 명문화하였으며, 2003년 *Certain Criminal*

상할 의무가 있는가" 하는 문제였으며, 다른 하나는 "영국은 최초에 알바니아 영해로 군함을 파견함으로써, 그리고 폭발 직후 알바니아의 동의를 구하지 않고 알바니아의 (영해의 일부를 구성하는) 코르퓨 해협에서 기뢰제거를 위한 소해 작업을 벌림으로써, 알바니아의 주권을 침해한 것이 아니냐" 하는 문제였다. ICJ는 첫 번째 질문에 대해서는, 알바니아는 폭발에 책임이 있다고 판시하면서, 다만 손해배상액의 산정은 유보하였다. 두 번째 질문에 대해서는 ICJ는, 최초 폭발 당시 영국이 코르퓨해협을 통과한 것은 알바니아의 주권을 침해한 것이 아니지만 소해 작업은 알바니아의 주권을 침해한 것이라고 판시하였다 : ICJ Reports (1949), p. 4. ICJ는 그 세 번째 판결에서 알바니아가 영국에 부담하는 배상액을 산정하였다 : *Corfu Channel* (Assessment of the Amount of Compensation), ICJ Reports (1949), p. 244. 결국 영국과 알바니아는 동서냉전이 끝나고 1992년 5월 8일에 와서야 MOU를 통해 이 분쟁을 최종 해결하였는데, 그 내용은 (i) 알바니아는 *Corfu Channel* 사건에 대한 일정 배상금을 영국에 지급하고, (ii) 그 대신 영국은 미국과 프랑스의 동의를 얻어 *Monetary Gold Removed from Rome* 사건의 일정 금괴를 알바니아에 인도하는 것이었다. 그리고 이 합의는 *Corfu Channel* 사건 발생 50년이 지난 1996년 이행되었다 : UK-Albania Memorandum of Understanding signed in Rome, (1992) 63 BYIL 781 ; Alessandro Roselli, *Italy and Albania : Financial Relations in the Fascist Period* (London : I.B. Tauris & Co. Ltd, 2006), pp. 143~145 ; Laurence W Maher, "Half Light Between War and Peace : Herbert Vere Evatt, The Rule of International Law, and The Corfu Channel Case", 〈https://www.austlii.edu.au/au/journals/AJLH/2005/3.html〉 ; Tams, p. 293, fn. 171.

251) Brownlie, p. 729 ; Harris, 5th, p. 999 ff : Hartley, *European Union Law in a Global Context*, p. 72, fn. 7 ; Shaw, 4th, p. 755 ; Wallace, 3rd, pp. 290~291.

252) Democratic Republic of the Congo v. Rwanda, (Jurisdiction and Admissibility), Judgment of 3 February 2006, para. 21 : "The attitude of the respondent State must ... be capable of being regarded as "an unequivocal indication" of the desire of that State to accept the Court's jurisdiction in a "voluntary and indisputable" manner."

253) "When the applicant State proposes to found the jurisdiction of the Court upon a consent thereto yet to be given or manifested by the State against which such application is made, the application shall be transmitted to that State. It shall not however be entered in the General List, nor any action be taken in the proceedings, unless and until the State against which such application is made consents to the Court's jurisdiction for the purposes of the case." 1978년 이전까지는 어떤 국가가 확대관할권의 성립을 기대하면서 혹은 정치적 선전의 목적으로라도 일방적으로 신청서를 제출하면 ICJ는 이 사실을 모든 UN회원국들과 기타 관련국들에게 통고하고, 사건을 재판소의 소송목록(General List)에도 올렸었다. 그러나 1978년의 절차규칙 하에서는 이것은 더 이상 허락되지 아니하는데, 재판소규칙 제38조 5항의 특징은 세 가지이다. 첫째, 제38조 5항은 단지 ICJ가 일방적으로 신청서가 제출된 국가(아직 '피고국가'로 지칭할 단계가 아니다)에게 신청서를 송부하는 것만을 허락한다. 둘째, ICJ는 일방적으로 신청서가 제출된 국가가 재판소

Proceedings in France 사건[254]에서 제38조 5항 규칙이 처음으로 성공적으로 원용되었다.

ICJ 관할권이 ICJ규정 제36조 1항 및 제37조에 의거하여 "발효중인 조약과 협약"에 기초하고 있는 경우 재판소 관할권의 다른 가능한 법적 기초에 대한 항변을 검토하는 것은 적절하지 않게 된다.[255] 따라서 -아래에서 설명할- ICJ규정 제36조 2항('선택조항')에 의거하여 당사자들이 행한 선언에 담겨있는 유보는 그같은 "발효중인 조약과 협약"에 규정된 ICJ의 관할권을 방해할 수 없으며, 재판소는 이들 유보를 검토할 필요가 없다.[256]

(3) 일방적 선언에 의한 일반강제관할권의 창설 : 규정 제36조 2항

규정 제36조 2항 역시 분쟁발생에 앞서 미리 재판소에 관할권을 부여해 두기 위하여 고안된 방법이라는 점에서는 재판조항(compromissory clause)과 유사하지만, 이것은 좀 더 일반적 성격의 제

관할권에 동의할 때까지는 사건을 재판소 소송목록에 올리지 아니하며, 절차적 행동을 개시하지 아니한다 셋째, 일방적으로 신청서가 제출된 국가는 자신이 원하는 대로 반응할 자유가 있다. Speech by the H.E. Judge Rosalyn Higgins, President of the International Court of Justice, to the Sixth Committee of the General Assembly, 31 October 2008, 〈https://www.icj-cij.org/files/press-releases/1/14841.pdf〉 ; Vincent Pouliot, "Forum prorogatum before the International Court of Justice : The Djibouti v. France case", Hague Justice Journal/Journal Judiciare de La Haye, Vo. 3, No. 3, 2008, pp. 28~40 ; https://en.wikipedia.org/wiki/List_of_International_Court_of_Justice_cases.

254) 사건 개요는 이러하다. 2002년 12월 9일 콩고공화국(이하 콩고)은 프랑스당국이 인도에 대한 죄 및 고문과 관련하여 특히 콩고의 내무장관을 형사 소추하고 콩고의 대통령을 증인으로 소환하려고 시도함으로써 주권평등의 원칙과 외국원수의 형사재판권 면제를 침해하였다고 주장하면서 프랑스를 상대로 소를 제기하였다. 콩고는 "부여될 것이 확실한 프랑스의 동의에 기초하여"(on the consent of the French Republic, which will certainly be given) ICJ 재판소규칙 제38조 5항에서 동 재판소의 재판관할권을 구하려 시도하였다. 프랑스는 콩고의 이같은 기대에 부응하였다. 즉, 프랑스는 2003년 4월 8일자로 되어 있고 4월 11일 재판소 행정처에 도달된 편지에서, 자국은 "재판소규칙 제38조 5항에 의거하여 본 소송을 다룰 ICJ의 관할권에 동의한다"(it consent[ed] to the jurisdiction of the Court to entertain the Application pursuant to Article 38, paragraph 5)고 천명하였다. 이와 함께 ICJ는 이 사건을 "Case concerning Certain Criminal Proceedings in France (Republic of the Congo v. France)"의 이름으로 재판소 일반목록(General List)에 올리고 심리에 들어간 바 있다 : ICJ Press Release 2002/37, 2003/14 ; Sienho Yee, "*Forum Prorogatum* Returns to the International Court of Justice", (2003) 16 Leiden Journal of International Law 701 참조. 그러나 *Certain Criminal Proceedings in France* 사건은 그후 콩고측의 요청에 의하여 2010년 11월 16일부로 소송목록에서 삭제되었다 : ICJ Press Release, 2010/36, 17 November 2010.

한편, 그 사이 이 사건에 대한 본안 심리가 지연되면서 ICJ 규칙 제38조 5항에 기초하여 나중에 제기되었으나 먼저 본안판결이 내려진 사건이 있는데, Case concerning *Certain Questions of Mutual Assistance in Criminal Matters* (Djibouti v. France)가 바로 그것이다. 이 사건은 2006년 1월 9일 지부티 공화국이 재판소규칙 제38조 5항에 의거하여 프랑스를 상대로 제기하였던 것인데, 프랑스가 동년 7월 25일자 서한을 통해 여기에 동의함으로써 재판소의 관할권 성립을 가능하게 하였다 ; 이 사건에 대한 본안판결은 2008년 6월 4일에 내려졌다 : https://www.icj-cji.org/ ; Speech by H.E. Judge Rosalyn Higgins, President of the International Court of Justice, to the General Assembly of the United Nations, dated 30 October 2008, Press Release 2008/38 (30 October 2008), available online at https://www.icj-cji.org/.

255) *Appeal Relating to the Jurisdiction of the ICAO Council* (India v. Pakistan), ICJ Reports (1972), p. 46 at 60 (para. 25) ; *Territorial and Maritime Dispute* (Nicaragua v. Colombia), (Preliminary Objections), ICJ Reports (2007), p. 832 at 872 (para. 132) ; quoted in *Jadhav* Case (India v. Pakistan)(Request for the Indication of Provisional Measures), Order of 18 May 2017, para. 26.

256) *Jadhav* Case (India v. Pakistan)(Request for the Indication of Provisional Measures), Order of 18 May 2017, para. 26.

도이다. 다만, 동 규정은 그 수락 여부가 ICJ규정 각 당사국의 결정에 맡겨져 있기 때문에 '선택'조항(혹은 '임의'조항)(optional clause)으로 불리는데, 우선 규정 제36조 2항과 그에 부수된 규정을 일별하여 보자.[257)]

> "2. 본 규정의 당사국(The States Parties to the present Statute)은 아래 사항에 관한 모든 법적 분쟁에 있어서 재판소의 관할권을, 동일 의무를 수락하는 다른 국가들에 대한 관계에 있어서 당연히(*ipso facto*) 그리고 특별한 합의(special agreement) 없이도 의무적(강제적)(compulsory)이라고 인정함을 언제든지 선언할 수 있다.
> (a) 조약의 해석,
> (b) 국제법상의 문제,
> (c) 입증되면 국제의무위반을 구성하게 될 사실의 존재,
> (d) 국제의무위반에 대하여 행하여질 손해배상의 성질 또는 범위.
> 3. 상기 선언은 무조건적으로(unconditionally), 또는 다수 혹은 특정 국가들측의 상호주의를 조건으로(on condition of reciprocity on the part of several or certain States), 또는 일정 기간을 정하여(for a certain time) 할 수 있다.
> 4. 그같은 선언은 UN사무총장에게 기탁해야 하며, 사무총장은 그 사본을 본 규정 당사국들과 재판소 행정처장에게 송부해야 한다.
> 5. PCIJ규정 제36조에 의하여 행하여진 선언으로서 아직 효력을 가지는 것은 본 규정 당사국 간에 있어서는, 선언이 여전히 존속하는 기간 동안 그리고 당해 선언의 조건에 따라, ICJ의 의무적 관할권을 수락한 것으로 간주된다."

이 선택조항은 원래 옛 PCIJ 설립 당시 동 재판소의 일반강제관할권을 지지하는 측과 반대하는 측의 절충안으로 도입된 것이었다.[258)] 위 제36조 2항에 의하면, 규정당사국들은 "동일 의무를 수락하는 다른 국가들에 대한 관계에 있어서"만 선택조항을 수락하는데, 이를 두고 '상호주의''원칙'(principle of reciprocity)이라 칭한다. 즉, 선택조항의 의무를 수락하지 않는 국가는 선택조항의 이익을 향유할 수 없다. 예컨대, A국은 선택조항을 수락하였지만 B국은 이를 수락하지 않았다면, B국은 A국의 선택조항 수락에 의거하여 동 국가를 제소할 수 없다. 또한 원고국이 일정 유보를 조건으로 선택조항을 수락하였다면, 피고국은 상호주의에 의거하여 원고국의 유보를 원용할 수 있다.[259)] 따라서 유보가 반드시 유보국 자신에게만 유리하게 작용하는 것은 아니다. 같은 논리로, 피고국의 선택조항 수락 범위가 원고국의 그것보다 제한적이라면 재판소의 관할권은 피고국의 선택조항 수락선언에 기초해야 한다.[260)] 요컨대, ICJ는 두 분쟁당사국의 선언이 일치하는 범위 내에서만 제36조 2항에 의

---

257) 현재 발효 중인 ICJ규정 제36조 2항 수락국 명단은 다음을 참조 : https://www.icj-cij.org/jurisdiction/index.php?p1=5&p2=1.
258) Akehurst, p. 247 ; Merrills, p. 114 ; Thirlway in Evans (ed.), *International Law*, 5th, p. 582.
259) See e.g. *Certain Norwegian Loans* case, ICJ Reports (1957), p. 9 ; *Aerial Incident of 27 July 1955* (US v. Bulgaria), ICJ Reports (1960), p. 146. 아래 "Ⅷ. 도전받는 ICJ의 권위, 1. ICJ 관할권에의 불복종" 참조.
260) *Anglo-Iranian Oil Co.* Case (United Kingdom v. Iran) (Jurisdiction), ICJ Reports (1952), p. 93 at 103.

거하여 관할권을 갖게 된다.[261] 다만, 제36조 2항에 경시된 상호주의 원칙, 즉 "동일 의무를 수락하는 다른 국가들에 대한 관계에 있어서"란 문구의 의미는 다소 모호한데, ICJ는 *Military and Paramilitary Activities in and against Nicaragua* (Jurisdiction and Admissibility)[262]에서 (i) '상호주의' 관념은 선택조항 하에서 부담한 약속의 범위와 실질(scope and substance of commitments entered into under the Optional Clause)에 적용되는 것이지 -약속의 종료를 위한 조건과 같은- 형식적 조건(formal conditions)에는 적용되지 않으며, 또한 (ii) 상호주의란 사건의 '타방' 당사자의 선언에 담겨 있는 명시적 제약/조건을 원용함을 의미하는 것이지, 국가가 '자신'의 선언에서 부가했던 조건으로부터 벗어남을 정당화하기 위해 원용할 수 있는 것이 아니라고 언급한 바 있다.

제36조 3항은 선택조항을 수락함에 있어 -일반적으로 '유보'로 칭하는- 일정 조건을 부가함을 허용

---

261) Brownlie, 6th, p. 686은 이것을 다음과 같이 표현하고 있다 : "On the principle of reciprocity, the lowest common factor in the two declarations is the basis for jurisdiction, and thus a respondent state can take advantage of a reservation or condition in the declaration of the applicant state."

262) 미국은 1946년에 임의조항을 수락하는 선언을 하면서 동 선언의 철회/수정은 이를 통고한 날로부터 6개월이 경과한 날로부터 발효한다는 -스스로에게 불리한- 약속을 달았었다. 이에 반해 니카라과의 수락선언에는 이같은 시간적 제약이 첨부되어 있지 않았다. 상황이 이러하였으므로 미국은 상호주의를 원용하여, 니카라과는 자신의 (일방적) 선언을 지체없이(즉각) 철회/종료할 수 있으므로 미국도 "적어도 니카라과에 대해서만은" 즉각 자신의 선언을 철회할 수 있어야 한다고 주장하였다. ICJ는 미국의 이같은 주장을 배척하였다. ICJ Reports (1984), p. 392 at 419 (para. 62) : "The United States has argued that the Nicaraguan 1929 Declaration, being of undefined duration, is liable to immediate termination, without previous notice, and that therefore Nicaragua has not accepted "the same obligation" as itself for the purposes of Article 36, paragraph 2, and consequently may not rely on the six months' notice proviso against the United States. The Court does not however consider that this argument entitles the United States validly to act in non-application of the time-limit proviso included in the 1946 Declaration. The notion of reciprocity is concerned with the scope and substance of the commitments entered into, including reservations, and not with the formal conditions of their creation, duration or extinction. It appears clearly that reciprocity cannot be invoked in order to excuse departure from the terms of a State's own declaration, whatever its scope, limitations or conditions. As the Court observed in the *Interhandel* case:

> "Reciprocity enables the State whch has made the wider acceptance of the jurisdiction of the Court to rely upon the reservations to the acceptance laid down by the other party. There the effect of reciprocity ends. It cannot justify a State, in this instance, the United States, in relying upon a restriction which the other party, Switzerland, has not included in its own Declaration." (I.C.J. Reports 1959, p. 23.)

The maintenance in force of the United States Declaration for six months after notice of termination is a positive undertaking, flowing from the time-limit clause, but the Nicaraguan Declaration contains no express restriction at all. It is therefore clear that the United States is not in a position to invoke reciprocity as a basis for its action in making the 1984 notification which purported to modify the content of the 1946 Declaration. On the contrary it is Nicaragua that can invoke the six months' notice against the United States - not of course on the basis of reciprocity, but because it is an undertaking which is an integral part of the instrument that contains it." See also Mosler (Separate Opinion), pp. 465~468 ; Oda (Sep. Op.), pp. 510~512 ; Jennings (Sep. Op.), pp. 546~553 ; Schwebel (Dissenting Op.), pp. 616~618, 625~628. 유보의 상호주의가 그것의 절차적 측면에는 적용되지 아니한다는 ICJ의 판단에 대해서는 비판이 제기되기도 하였지만, ICJ는 *Land and Maritime Boundary between Cameroon and Nigeria* (Preliminary Objections), ICJ Reports (1998), p. 275 at 299 (para. 43)에서 이 원칙을 확인하였다. See Brownlie, 6th, p. 688 ; Dixon, p. 311.

하고 있다. 그러나 실제 관행을 보면, 조건 혹은 유보는 여기에 명시된 것에 국한되지 않고 여러 가지 다양한 시간적·인적·물적 유보가 첨부되고 있으나 그 유효성에 대해서는 이의가 제기되고 있지 않다.[263] 제36조 2항이 수락 선언의 대상이 되는 분쟁의 범위를 –조약의 해석을 포함하여– 사실상 국제법 전반의 것으로 '엄청나게' 넓게 규정하고 있기 때문이다.[264] 특별히 강행규범(*jus cogens*) 이론을 끌어 들여, 이 규범에 위배되는 유보는 무효로 보아야 한다는 주장이 제기된 바 있지만 ICJ는 이도 부인한 바 있다. 즉, *Armed Activities on the Territory of the Congo* 사건[265]에서

---

263) Aust, *Handbook of IL,* 2nd, 417~421 ; Kaczorowska-Ireland, pp. 649~650. 제36조 2항 하의 유보와 관련된 사건의 하나로 *Right of Passage over Indian Territory* (Portugal v. India), (Preliminary Objections), ICJ Reports (1957), p. 125, 141~144를 들 수 있는데, 이 사건에서 포르투갈은 1955년에 임의조항을 수락하는 선언을 하면서 특히 다음의 조건을 첨부한 바 있었다 : "The Portuguese Government reserves the right to exclude from the scope of the present declaration, at any time during its validity, any given category or categories of disputes, by notifying the Secretary-General of the United Nations and with effect from the moment of such notification." 피고국가 인도는, 포르투갈의 이 유보는 배제될 분쟁의 목록을 단지 UN사무총장에게 통고하는 것만으로 어떤 분쟁이든, 또 언제든 임의조항 수락 선언의 적용범위에서 '소급하여' 배제하는 것을 허락하는 것이기 때문에 임의조항의 객체 및 목적과 양립할 수 없어 무효이며, 따라서 재판소의 관할권이 성립할 수 없다는 선결적 항변을 제기하였다. 그러나 ICJ는 문제의 유보는 UN사무총장에게 통고한 날 후에 재판소에 제소되는 분쟁에 적용되는 것으로 해석함으로써 인도의 주장을 배척하였다. 재판소는, 유보가 이미 재판소에 계류중인 사건에 적용되어 소급효를 가지는 것은 안 되지만, 포르투갈이 UN사무총장에게 통고했으면 문제의 유보는 임의조항 수락 선언을 한 타당사국들에 대한 관계에서 자동적으로 적용되게 된다고 하였다.

ICJ는 *Aerial Incident of 10 August 1999* (Pakistan v. India)(Jurisdiction), ICJ Reports (2000), p. 12, 29 (para. 37)에서 국제연맹 총회가 일찍이 1928년 9월 26일의 결의에서 이들 유보는 제36조 3항에 언급된 것에 국한되지 않는다는 견해를 피력한 바 있음을 상기시키기도 하였다. Thirlway in Evans (ed.), *International Law*, 5th, p. 583. 특히, 제36조 2항에 의거하여 선언서를 제출한 국가들의 절반 이상이 동 재판소의 자신들에 대한 강제관할권을 "잔여적 성격의"(of a residual nature) 것으로 만드는 단서를 달고 있는데, 그 대표적인 예로서 (1958년 6월 17일 기탁된) 벨기에의 다음 선언을 들 수 있다 : "the Belgian Government [recognizes] as compulsory *ipso facto* and without special agreement, in relation to any other State accepting the same obligation, the jurisdiction of the International Court of Justice, in conformity with Article 36, paragraph 2 of the Statute of the Court, in legal disputes arising after 13 July 1948 concerning situations or facts subsequent to that date, *except those in regard to which the parties have agreed or may agree to have recourse to another method of pacific settlement.*"(italics added) (Declaration of the Government of Belgium under Art. 36(2) of the ICJ Statute, available at https://www.icj-cij.org/jurisdiction/). "UN헌장 제95조와 이같은 유보가 결합함으로써 ICJ는 그같은 유보국가에 대해서는 단지 최후의 수단으로만(as a last resort only) 사용될 수 있다" : Shany, p. 196.

264) Keitner, p. 71.

265) (New Application: 2002)(Democratic Republic of the Congo v. Rwanda)(Jurisdiction and Admissibility), ICJ Reports (2006), p. 6 at 29~33 (para. 55~70) : "64. ... The Court observes, however, as it has already had occasion to emphasize, that "the *erga omnes* character of a norm and the rule of consent to jurisdiction are two different things" (*East Timor* (*Portugal* v. *Australia*), *Judgment, I.C.J. Reports 1995*, p. 102, para. 29), and that the mere fact that rights and obligations *erga omnes* may be at issue in a dispute would not give the Court jurisdiction to entertain that dispute.

The same applies to the relationship between peremptory norms of general international law (*jus cogens*) and the establishment of the Court's jurisdiction : the fact that a dispute relates to compliance with a norm having such a character, which is assuredly the case with regard to the prohibition of genocide, cannot of itself provide a basis for the jurisdiction of the Court to entertain that dispute. Under the Court's Statute that jurisdiction is always based on the consent of the parties."

재판소의 이 판결에 대해, Higgins, Kooijmans, Elaraby, Owada, Simma 등 5인 재판관은 강력한 공동개별의견을 제시하였었다 (Joint Separate Opinion, para. 29 : "It is thus not self-evident that a reservation

"-ICJ에 강제관할권을 부여하는- 제노사이드협약 제9조에 대한 피고국가 르완다의 유보는 ICJ가 강행규범을 수호할 숭고한 사명을 수행하지 못하게 막기 때문에 무효"라는 원고 국가의 주장에 대해, 재판소는 "제노사이드 금지는 '단연코'(assuredly) 국제법의 강행규범임을 확인"하면서도, 이는 분쟁당사자 간의 동의에 의해 규율되는 동 재판소 관할권에 영향을 주지 못한다는 점을 강조하였다.

다만, 물적 유보의 한 유형으로, "미국이 결정하는 바에 따라(as determined by the United States) 본질적으로 미국의 국내관할권에 속하는 문제에 관해서는 ICJ의 강제관할권을 인정하지 않는다"는 내용의 과거 미국의 이른바 자동(자기판단)유보(automatic or self-judging reservation)[266]의 유효성에 관해서는 의견이 분분하다.

제36조 3항에 나타난 "다수 혹은 특정 국가들 측의 상호주의를 조건으로"란 문구는 2항의 상호주의와 중복되어 불필요한 것처럼 보일 뿐만 아니라 혼란스럽다. 실제로 양자를 동일한 것으로 보는 견해도 있고,[267] 재판소도 때로 양자를 동일한 것으로 취급하고 있다.[268] 그러나 엄격히 얘기하면, 2항의 상호주의는 한 개의 '원칙'으로서 규정 제36조 2항에 내재되어 있는 반면, 3항의 상호주의는 규정 자체의 일부가 아니라 국가가 선택하는 한 개의 '조건'으로서, 특히 이것은 정지조건(suspensive condition)을 의미한다. 준비문서에 의하면, 3항은 국가가 선택조항을 수락하면서 자국의 수락은 자신이 지명하는 특정 국가 혹은 일정 수의 국가들이 역시 선택조항을 수락할 때까지는 발효하지 않는다는 유보를 첨부할 수 있음을 의미한다. 따라서 이 경우, 그 지목된 특정국가들 혹은 일정 수의 국가가 선택조항을 수락하지 않는 한 그같이 유보한 국가는 '그 어떤' 국가에 의해서도 제소당할 수 없다.[269]

제36조 4항은 임의조항 수락 선언이 UN사무총장에게 '기탁'되면(deposit) 사무총장은 그 사본을 ICJ규정 당사국들과 재판소 행정처장에게 '송부'해야(transmit) 한다고 규정하고 있지만, 기탁의 법적 효력은 사무총장의 송부 행위에 의존하지 아니한다는 것이 ICJ의 해석이다.[270] 따라서 ICJ구

---

to Article Ⅸ could not be regarded as incompatible with the object and purpose of the Convention and we believe that this is a matter that the Court should revisit for further consideration."). 본서, 제3장 (일반국제법의 강행규범) 참조.

266) 미국의 관련 법안 제안자인 Tom Connally 상원의원의 이름을 따서 Connally amendment 혹은 Connally reservation이라고도 부른다. Shaw, 4th, p. 761. 자동(혹은 자기판단)유보의 무효 혹은 유효 여부에 대한 자세한 논의는 아래 "Ⅷ. 도전받는 ICJ의 권위" 참조.

267) Waldock, 32 BYIL 254~255.

268) See e.g. *Right of Passage over Indian Territory* (Preliminary Objections), ICJ Reports (1957), p. 145 ; Greig, pp. 648, 650.

269) Akehurst, p. 247, fn. 4 ; Brownlie, p. 727 ; Greig, pp. 648~650.

270) *Right of Passage over Indian Territory,* ICJ Reports (1957), p. 125 at 146~147 : "The Court considers that, by the deposit of its Declaration of Acceptance with the Secretary-General, the accepting State becomes a Party to the system of the Optional Clause in relation to the other declarant States, with all the rights and obligations deriving from Article 36. The contractual relation between the Parties and the compulsory jurisdiction of the Court resulting therefrom are established, "*ipso facto* and without special agreement", by the fact of the making of the Declaration. Accordingly, every State which makes a Declaration of Acceptance must be deemed to take into account the possibility that, under the Statute, it may at any time find itself subjected to the obligations of the Optional Clause in relation

정 당사국은 임의조항 수락 선언서를 사무총장에게 기탁하자마자 자국보다 먼저 임의조항 수락서를 기탁한 타당사국(들)을 상대로 제소할 수 있으며, 역으로 후자의 전자에 대한 즉각적인 제소도 가능하다.[271] 제36조 2항이 요구하는 것은, 두 소송당사국이 같은 일자에 임의조항 수락 선언을 하고 있어야 한다는 것뿐이다. 이는 결국 어떤 국가가 이를테면 월요일에 임의조항 수락 선언서를 기탁하고, 화요일에 기존의 다른 선언국을 상대로 소를 제기한 다음, 수요일에는 수락 선언을 철회하는 식의 '치고 빠지기'(hit and run)도 가능함을 시사한다. 그래서 이처럼 기습적으로 제소당하는 것을 막기 위해 임의조항 수락 선언 12개월 내에 제기해 오는 소에 대해서는 ICJ의 관할권을 배제하는 유보를 첨부하기도 한다.[272]

제36조 5항은 앞에서 언급한 제37조와는 다른 종류의 '관할권 이전'을 담고 있는데,[273] 즉 PCIJ 규정의 선택조항에 의거하여 행해진 선언으로서 아직도 발효 중인 것은 ICJ에 대해 계속되는 것으로 간주하고 있다. PCIJ로부터 ICJ로의 일반강제관할권의 이전을 허용하고 있는 것이다. 다만, 이스라엘과 불가리아 간의 *Aerial Incident* 사건[274]에서 ICJ는 이것이 사실상 1945년 "샌프란시스코

---

to a new Signatory as the result of the deposit by that Signatory of a Declaration of acceptance. A State accepting the jurisdiction of the Court must expect that an Application may be filed against it before the Court by a new declarant State on the same day on which that State deposits with the Secretary-General its Declaration of Acceptance. For it is on that very day that the consensual bond, which is the basis of the Optional Clause, comes into being between the States concerned. When India made its Declaration of Acceptance of February 28th, 1940, it stated that it accepted the jurisdiction of the Court for a specified period "from to-day's date".

It has been contended by the Government of India that as Article 36 requires not only the deposit of the Declaration of Acceptance with the Secretary-General but also the transmission by the Secretary-General of a copy of the Declaration to the Parties to the Statute, the Declaration of Acceptance does not become effective until the latter obligation has been discharged. However, it is only the first of these requirements that concerns the State making the Declaration. The latter is not concerned with the duty of the Secretary-General or the manner of its fulfilment. The legal effect of a Declaration does not depend upon subsequent action or inaction of the Secretary-General. Moreover, unlike some other instruments, Article 36 provides for no additional requirement, for instance, that the information transmitted by the Secretary-General must reach the Parties to the Statute, or that some period must elapse subsequent to the deposit of the Declaration before it can become effective. Any such requirement would introduce an element of uncertainty into the operation of the Optional Clause system. The Court cannot read into the Optional Clause any requirement of that nature."

See also *Land and Maritime Boundary between Cameroon and Nigeria*, (Preliminary Objections), ICJ Reports (1998), p. 275 at 292 (para. 26) ; *Military and Paramilitary Activities in and against Nicaragua* (Nicaragua v. United States of America) (Jurisdiction and Admissibility), ICJ Reports (1984), p. 392 at 412 (para. 45) ; Orakhelashvili/Akehurst, p. 545.

271) See, e.g., *Legality of Use of Force* (Yugoslavia v. United Kingdom)(Provisional Measures), Order of 2 June 1999, ICJ Reports (1999), p. 826 at 835 (para. 23).

272) See e.g., Declarations recognizing the jurisdiction of the Court as compulsory - United Kingdom of Great Britain and Northern Ireland, 22 February 2017, para.1(iii)("...where the acceptance of the Court's compulsory jurisdiction on behalf of any other Party to the dispute was deposited or ratified less than twelve months prior to the filing of the application bringing the dispute before the Court"), 〈https://www.icj-cij.org/en/declarations/gb〉 ; Kaczorowska-Ireland, p. 646 ; Keitner, pp. 71~72.

273) Dixon, pp. 311~312.

회의에 대표를 파견하여 UN헌장에 서명・비준함으로써 직접 그리고 그 어떤 있을법한 지체도 없이 ICJ규정을 수락한 국가들에 대해서만" 적용되며, 불가리아처럼 그로부터 몇년 후 UN가입의 결과로 규정의 당사국이 된 국가들과는 관련이 없다고 선언하였다. 이 문제는 *Military and Paramilitary Activities in and against Nicaragua* (Jurisdiction and Admissibility) 사건[275]에서도 제기되었는데, 재판소는 미국의 반대에도 불구하고 제36조 5항에 의거한 관할권 이전을 인정하였다.

선택조항 수락 선언의 법적 성격(legal nature)과 관련하여 ICJ는 상기 *Nicaragua* 사건[276]에서 "사실상 그같은 선언은 일방적 행위이긴 하지만 동일한 강제관할의무를 수락하는 타 국가들과의 일련의 양자간 약속(계약)을 수립하고 있다."(In fact, the declarations, even though they are *unilateral acts*, establish *a series of bilateral engagements* with other States accepting the same obligation of compulsory jurisdiction.)고 언급한 바 있다.[277] 선택조항 수락 선언 그 자체는 일방적 행위이지만 선언들의 만남에 의해 국가 간 양자 합의를 창설하는 효과가 생긴다는 것이다. 이 때문에 선택조항 수락 선언은 UN헌장 제102조에 의거하여 조약으로 등록되고 있기도 하다.[278] 요컨대, 일련의 선택조항 수락 선언들은 "그 형식에 있어서는 서로 다른 국가들이 서로 다른 시기에 행하는 일방적 선언으로서, 모든 면에서 조약과 정확히 동일하지는 않지만, 본질적으로는 조약"[279]이라고 볼 수 있다. ICJ는 선택조항 수락 선언은 "아직 수락 선언을 기탁하지 아니한 ICJ규

274) *Case concerning the Aerial Incident of July 27th, 1955* (Israel v. Bulgaria), (Preliminary Objections), ICJ Reports (1959), p. 127 at 141 ; Shaw, 4th, p. 760 ; Kaczorowska-Ireland, pp. 646~647 ; Dixon, pp. 311~312.

275) ICJ Reports (1984), p. 392 at 403~412 ; 본장, "Ⅷ. 도전받는 ICJ의 권위, 1. ICJ관할권에의 불복종".

276) ICJ Reports (1984), p. 392 at 418 (para. 60).

277) 이에 대해, Schwebel 재판관은 반대의견(dissenting opinion)을 통해 다음과 같이 언급하고 있다 : "Nor is the Court required to take a position on the allied question of whether declarations under the Optional Clause are subject to the provisions of the law of treaties regulating the termination of treaties or, rather, to a *sui generis* régime. The Court appears nevertheless to incline towards the view that the law of treaties governs declarations, if only by analogy. My own view is that the argument for a *sui generis* régime is much stronger. That is because of the nature of declarations under the Optional Clause-unilateral as they are, not subject to negotiation, reservations to which are not subject to agreement. Their nature differs substantially from that of treaties." *Ibid.*, at 620 (para. 99). See also Harris, 5th, pp. 1003~1004 ; Orakhelashvili, pp. 297~298.

이 밖에도 ICJ의 다음 두 판례를 참조할 것. Case concerning *Right of Passage over Indian Territory* (Portugal v. India)(Preliminary Objections), ICJ Reports (1957), p. 125 at 146 ; *Fisheries Jurisdiction* (Spain v. Canada)(Jurisdiction), ICJ Reports (1998), p. 432 at 453 (para. 46). *Fisheries Jurisdiction* 판결, para. 46, 마지막 문장에서 보는 것처럼, ICJ는 임의조항 수락선언은 그 성격이 독특한(*sui generis*) 것이기 때문에 비엔나 조약법협약에 담겨 있는 조약해석의 원칙들은 그들 선언의 독특한 성격과 양립하는 범위 내에서만 비슷하게 적용될 수 있다고 언급하고 있다 ; 그러나 ICJ는 이 판결 후반부(paras. 57~84)에서 실제로 피고국가(캐나다)의 임의조항 수락선언을 해석할 때 비엔나협약의 조약해석 규칙들로부터 일탈하거나, 거기에 비추어 정당화되지 않는 해석방식을 동원하지는 않았다. 이 문제에 대해서는 Orakhelashvili, 462~463 참조.

278) Boczek, pp. 338~339 (available at https://books.google.com/) ; Orakhelashvili, p. 298 ; Aust, *Handbook of IL*, 2nd, p. 417, fn. 101 ; 본서, 제4장 (조약법).

279) Hersch Lauterpacht, *The Development of International Law by the International Court* (New York : Praeger, 1958), pp. 345~346 (noted by Orakhelashvili, pp. 297~298). See also https://www.un.org/Depts/dhl/resguide/spectreat.htm (declarations).

정의 타당사국들에 대해서는 상비적인 제안(standing offer)"을 구성하는 것이라고도 하였다.[280]

선택조항의 그 같은 성격으로 인해, 선택조항을 수락한다고 선언한 국가는 그후 선언의 조건을 변경할 수는 있지만 이것은 그렇게 할 수 있는 권리를 미리 유보해 둔 경우에만 가능하다.[281] 만약 이 권리를 유보해 두지 않았다면, 당해 국가는 선언 전체를 먼저 철회(혹은 폐기)한 뒤 이것을 변경된 선언으로 대체해야 할 것이다.[282] 선언이 무기한으로 행해진 경우, 선언에 담겨 있는 탈퇴 혹은 종료 규정에 따라, 혹은 그런 규정이 없으면 -조약법에 따른 유추에 의하여- "철회를 위한 합리적(합당한) 시간" (reasonable time for withdrawal)이 지난 뒤에라야 철회될 수 있다.[283] 그리고 선언이 (일부 혹은 전부) 철회되거나 소멸하더라도 그 전에 이미 적법하게 제기된 사건에 대한 ICJ의 재판관할권은 영향받지 않는다.[284]

(4) *Monetary Gold* 원칙

ICJ규정 제59조는 "본 재판소의 결정은 당사자들과 당해 특정사건을 넘어서는 구속력을 갖지 않는다"고 규정함으로써 판결의 제3자에 대한 구속력을 공식적으로 배제하고 있다. 그 결과 재판소는 한때 제3국이 유효한 권원을 가지고 있을지도 모르는 지역에서의 두 국가 간의 경계선을 긋는 것을 주저하지 않았었는데, 왜냐하면 어차피 자신의 결정은 -그들 두 국가 간 경계획정 합의와 마찬가지로- 제3국에 대해서는 '타인들 간에 행해진 것'(*res inter alios acta*)이며 따라서 그 제3국의 입장을 해칠 수 없을 것이라는 논리에서였다.[285] 그러나 그 후 ICJ는 비슷한 사건을 해결함에 있어 제3국의

---

280) *Land and Maritime Boundary between Cameroon and Nigeria*, (Preliminary Objections), ICJ Reports (1998), p. 275 at 291 (para. 25).

281) *Military and Paramilitary Activities in and against Nicaragua* (Nicaragua v. United States), (Jurisdiction and Admissibility), ICJ Reports (1984), p. 392 at 417~419 (paras. 58~61) ; Aust, *Handbook of IL*, 2nd, p. 420 ; 본서, 제7장 (국제법의 기본원칙), "Ⅲ. 신의성실(good faith) 원칙."

282) Aust, *Handbook of IL*, 2nd, p. 420.

283) *Military and Paramilitary Activities in and against Nicaragua* (Nicaragua v. United States), ICJ Reports (1984), p. 392 at 420 (para. 63)("the right of immediate termination of declarations with indefinite duration is far from established. It appears from the requirements of good faith that they should be treated, by analogy, according to the law of treaties, which requires a reasonable time for withdrawal from or termination of treaties that contain no provision regarding the duration of their validity.") ; Aust, *Handbook of IL*, 2nd, pp. 420~421.

284) *Nottebohm* (Liechtenstein v. Guatemala), ICJ Reports (1953), p. 111 at 123 ; *Right of Passage over Indian Territory* (Portugal v. India), (Preliminary Objections), ICJ Reports (1957), p. 125 at 142 ; Aust, *Handbook of IL*, 2nd, p. 421 ; Kaczorowska-Ireland, p. 645.

285) See *Frontier Dispute* (Burkina Faso/Mali), ICJ Reports (1986), p. 554 at 580 (paras. 46~50)("46. The Chamber also considers that its jurisdiction is not restricted simply because the end-point of the frontier lies on the frontier of a third State not a party to the proceedings. The rights of the neighbouring State, Niger, are in any event safeguarded by the operation of Article 59 of the Statute of the Court, which provides that "The decision of the Court has no binding force except between the parties and in respect of that particular case". The Parties could at any time have concluded an agreement for the delimitation of their frontier, according to whatever perception they might have had of it, and an agreement of this kind, although legally binding upon them by virtue of the principle *pacta sunt servanda*, would not be opposable to Niger." ; "50. The Chamber therefore

권리에 영향을 미치는 입장을 채택하지 않도록 주의해야 함을 시사한 바 있었다.[286] 그렇다면 여기서 한 걸음 더 나아가, 설사 사건이 두 국가 간에 제기되었다 해도 그 '분쟁의 주제 혹은 내용'(subject-matter of the dispute)이 제3국에게도 똑같은 관심사항이거나 혹은 더 큰 관심사항인 경우라면, 재판소로서는 당해 제3국의 동의가 없는 한 사건을 결정짓기를 거절하는 것이 적절할 것이다. ICJ는 *Monetary Gold Removed from Rome in 1943* 사건[287]에서 이를 처음으로 분명히 하였는데, 사건 개요는 다음과 같다.

1943년 독일 군대가 이탈리아에서 퇴각하면서 이탈리아 국고에 있던 화폐용 금괴 2,338 킬로그램을 가져갔는데, 전쟁 말에 독일에서 연합국에게 발견되었다. 전쟁이 끝나고 1946년 9월 27일, 영국·프랑스·미국 정부는 1946년 1월 14일의 독일배상협정(Agreement on Reparation from Germany)[288]에 의거하여 독일 나치가 약탈한 금을 진정한 소유권자들에게 반환하는 것을 임무로 하는 (3국)금괴반환위원회(Tripartite Commission for the Restitution of Monetary Gold)[289]를 설치하였다. 그리고 동 위원회에서, 이탈리아는 금괴의 대부분은 원래는 이탈리아 것이었는데 알바니아 정부가 (이탈리아가 주식의 대다수를 가진) 알바니아 국립(중앙)은행에 대해 통제권을 갖고 있을 때 이를 압류한 것이라고 주장하였으며, 알바니아는 이탈리아가 1939년 알바니아를 점령하고 있을 때 문제의 금괴를 불법적으로 몰수해 갔다고 주장하였다. 그리고 영국은 문제의 금괴에 대한 소유권이

---

concludes that it has a duty to decide the whole of the petiturn entrusted to it ; that is, to indicate the line of the frontier between the Parties over the entire length of the disputed area. In so doing, it will define the location of the end-point of the frontier in the east, the point where this frontier ceases to divide the territories of Burkina Faso and Mali ; but, as explained above, this will not amount to a decision by the Chamber that this is a tripoint which affects Niger. In accordance with Article 59 of the Statute, this Judgment will also not be opposable to Niger as regards the course of that country's frontiers.") ; Thirlway in Evans (ed.), *International Law*, 5th, p. 593.

286) See e.g. Case concerning *the Land and Maritime Boundary between Cameroon and Nigeria* (Cameroon v. Nigeria; Equatorial Guinea intervening), ICJ Reports (2002), p. 303 at 412 (para. 238) : "The Court considers that, in particular in the case of maritime delimitations where the maritime areas of several States are involved, the protection afforded by Article 59 of the Statute may not always be sufficient.".

287) Italy v. France, UK and USA, (Jurisdiction), ICJ Reports (1954), p. 19 ; 21 ILR 406 ; Merrills, p. 115 ; Shaw, 4th, pp. 756~757 ; Greig, p. 678 ; Tams, pp. 87~88 ; Manooher Mofidi, "Prudential Timorousness in the *Case Concerning East Timor* (Portugal v. Australia)", (1998) 7 Journal of International Law and Practice (Detroit College of Law at Michigan State University) 35 at 47, fn. 85 ; https://en.wikipedia.org/wiki/Monetary_Gold_Removed_from_Rome_in_1943.

ICJ의 *Monetary Gold* 원칙은 흔히 "부재 (혹은 필요적) 제3 당사자의 원칙"(doctrine of absent or indispensable/ necessary third parties)으로 불린다 : David J. Bederman and Kurt R. Hilbert, "Lance Paul Larsen v. The Hawaiian Kingdom (Permanent Court of Arbitration Tribunal, February 5, 2001)", Hawaiian Journal of Law & Politics: Vol. 1 (Summer 2004), p. 82 at 85~87 (available at https://www2.hawaii.edu/~hslp/journal/vol1/Bederman_Article_(HJLP).pdf).

288) 파리에서 체결. 공식명칭 : "Agreement on Reparation from Germany, on the Establishment of an Inter-Allied Reparation Agency and on the Restitution of Monetary Gold", 〈https://www.mzv.cz/file/198469/Paris.pdf〉.

289) 1998년 9월 9일 공식 해산. https://en.wikipedia.org/wiki/Tripartite_Commission_for_the_Restitution_of_Monetary_Gold ; "U.S. and Allied Efforts To Recover and Restore Gold and Other Assets Stolen or Hidden by Germany During World War Ⅱ", Report prepared by William Z. Slany, The Historian, Department of State, May 1997, 〈https://www.ess.uwe.ac.uk/documents/asetindx.htm〉.

알바니아에게 있다고 추정하면서, ICJ가 1949년 *Corfu Channel* 사건에서 알바니아로 하여금 영국에 지급하라고 판결하였는데도 아직 알바니아에게서 지급받지 못한 손해배상 이행의 명목으로 문제의 금괴를 요구하고 나섰다. 1950년 11월 17일 금괴반환위원회는 자신을 구성한 3국 정부(영국, 프랑스, 미국)에 자신들은 이 문제를 풀 수가 없다고 통지하였다. 합의에 실패한 3국 정부는 1951년 4월 25일의 워싱턴협정(Washington Agreement)에 의거하여 문제를 중재재판을 통해 해결하기로 결정하고, 동시에 별도 워싱턴성명(Washington Statement)을 통해 만약 알바니아의 주장이 우선하는 것으로 인정하는 중재판정이 나오는 경우에는 −일정 시한 내에 알바니아나 이탈리아가 ICJ에 제소하지 않는 한− 금괴는 영국에 넘어가는 것으로 합의하였다. 그리고 중재재판관은 문제의 금괴는 알바니아에 속한다고 판시하였다.[290] 그러자 이탈리아가 중재판정을 다시 ICJ에서 다툴 수 있도록 허용한 워싱턴합의에 따라 영국·프랑스·미국 3국을 상대로 세계재판소에 금괴 인도 소송을 제기하였다. 그리고 이들 네 국가 모두 재판소의 관할권을 수락하였었다. 그런데도 원고 이탈리아는 이례적으로 재판소의 관할권에 이의를 제기하고 나서면서, 영국과 이탈리아 중에서 어느 국가가 금괴에 대해 우선권을 갖는가의 문제를 결정짓기 전에 우선 알바니아와 이탈리아 사이의 청구부터 결정지어야 한다고 주장하였다. 알바니아는 이미 중재재판관이 자국에 유리한 판정을 내렸으므로 ICJ에서 다시 당사자가 되기를 거부하였다. −"본 재판소의 결정은 당사자들과 당해 특정사건을 넘어서는 구속력을 갖지 않는다."고 규정한− ICJ규정 제59조의 규정에도 불구하고 ICJ는, 제3국의 법익(legal interests)이 "결정(판결)의 바로 그 주제를 형성한다면"(would form the very subject-matter of the decision) 그 국가의 동의 없이는 사건을 심리할 수 없다고 말하였다.[291]

---

290) *Monetary Gold arbitration*, RIAA, Vol. XII, 13 ; Tams, p. 87 ; Thirlway in Evans (ed.), *International Law*, 5th, p. 593.

291) ICJ Reports (1954), p. 19 at 33 : "It is also contended that any decision of the Court on the questions submitted by Italy in her Application will be binding only upon Italy and the three respondent States, and not upon Albania. It is true that, under Article 59 of the Statute, the decision of the Court in a given case only binds the parties to it and in respect of that particular case. This rule, however, rests on the assumption that the Court is at least able to render a binding decision. Where, as in the present case, the vital issue to be settled concerns the international responsibility of a third State, the Court cannot, without the consent of that third State, give a decision on that issue binding upon any State, either the third State, or any of the parties before it. The Court accordingly finds that, although Italy and the three respondent States have conferred jurisdiction upon the Court, it cannot exercise this jurisdiction to adjudicate on the first claim submitted by Italy." 알바니아가 소송참가를 할 수 있었는데도 하지 않았다는 주장도 제기되었는데, 이에 대해 재판소는 소송참가와 *Monetary Gold* 원칙을 구분지었다. 즉, ICJ는 부재당사국의 이익이 재판소 판결에 의해 단지 영향을 받는 경우라면 그 국가는 소송참가를 청구할 권리를 행사하지 않기로 선택할 수 있고 그러면 재판은 계속할 수 있지만, 부재당사국의 이익이 "결정의 바로 그 주제를 형성한다면" 재판소로서는 그 국가가 참여하지 않은 채 재판을 할 수 없다고 하였다. 이 밖에도, 이 사건에서 영국은, 1951년의 워싱턴 협정에 의하면 문제의 금괴는 이탈리아로 가거나 아니면 *Corfu Channel* 사건에서 ICJ가 명령한 손해배상을 이행하기 위해 영국으로 가도록 되어 있기 때문에 어차피 알바니아는 이 금괴를 가질 수 없게 되어 있고, 따라서 재판관할권에 대한 알바니아의 동의는 필요하지 않다고 주장하였다. 그러나 ICJ는 이것은 재판소에 제기된 문제를 "너무 단순화"(over-simplification)하는 것이라는 이유로 배척하였다. 그리고 알바니아는 이 소송에 참가하지(intervene) 않기로 결정하였으므로 재판소는 결국 재판을 거절하였다. ICJ Reports (1954), p. 19 at 26~27, 30~33 ; Shaw, 5th, p. 976, fn. 178 ; Hugh Thirlway, "Injured and Non-Injured States before the International Court of Justice", in Ragazzi (ed.), p. 318.

그후 *Certain Phosphate Lands in Nauru* 사건[292]에서도 같은 논리가 견지되었는데, 사건 개요는 이러하다. 나우루는 1920년에 위임통치령이 된 후, 1947년에 영국·호주·뉴질랜드 3국의 신탁통치령이 되었다가 1968년에 독립한 국가이다. 나우루는 독립하기 전에 오스트레일리아 통치하에서 채굴된 인광석 광산의 복구에 대한 분쟁과 관련하여 오스트레일리아를 상대로 ICJ에 제소하였다. 신청서(소장)에서 나우루는 오스트레일리아가 UN헌장 제76조 및 (1947년 11월 1일의)나우루 신탁통치협정에 의거하여 수락하였던 신탁통치 의무를 위반했었다고 주장하였다. 오스트레일리아는 선결적 항변을 통해 뉴질랜드와 영국이 소송의 당사자가 아니므로 소의 허용성이 인정되어서는 안된다고 주장하였다. 그러나 이들 두 국가는 오스트레일리아와 함께 신탁통치협정 상의 나우루를 위한 시정당국이긴 했었지만, 오스트레일리아는 몇 개의 협정과 관행에 의해 수립된 매우 특별한 역할을 담당하였었다. 그러므로 재판소는 뉴질랜드와 영국의 이익은 본 소송의 바로 그 주제를 형성하지 않는다는 이유로 오스트레일리아의 항변을 배척하였다. 즉, ICJ는 "국가의 동의에 의존하고 있는 그 관할권의 속성상 ICJ는 소송참가의 방식을 빌려서라도 공동소송(당사자병합)을 명령(강제)할 수 있는 힘은 없다."[293]고 전제한 뒤, 다만 "(재판소의 결정에 의하여) 영향을 받을 수도 있는 제3국의 법익이 신청된 결정의 바로 그 주제를 형성하지 않는다면, 재판소는 제3국의 소송참가 요청이 없더라도 자신에게 부탁된 청구에 관하여 재판하는 것을 결코 방해받지 않는다."[294]고 판시하였던 것이다.

ICJ는 *East Timor* 사건[295]에서도 같은 논리를 적용하였는데 사건 개요는 다음과 같다. 1524년에

---

292) Nauru v. Australia, (Preliminary Objections), ICJ Reports (1992), p. 240.

293) *Ibid.*, at 260 (para. 53) : "National courts, for their part, have more often than not the necessary power to order *proprio motu* the joinder of third parties who may be affected by the decision to be rendered; that solution makes it possible to settle a dispute in the presence of all the parties concerned. But on the international plane the Court has no such power. Its jurisdiction depends on the consent of States and, consequently, the Court may not compel a State to appear before it, even by way of intervention."

294) *Ibid.*, at 260 (para. 54). 그후 1993년 양국은 법정 밖에서 우호적으로 사건을 해결하고 합의에 의해 소를 취하하였다.

295) Portugal v. Australia, (Jurisdiction and Admissibility), ICJ Reports (1995), p. 90 ; Shaw, 4th, p. 757 ; Malanczuk, pp. 59, 286 ; Pauwelyn, pp. 425~426 ; Mofidi, *op. cit.*, (1998) 7 Journal of International Law and Practice 35~52. UN안보리는 1999년 10월 25일, 헌장 제7장에 의거하여 채택한 결의 1272에서 "동티모르에서 계속되고 있는 사태가 평화와 안전에 대한 위협을 구성한다"고 결정하고, 나아가 "동티모르 행정에 대해 전반적인 책임을 부여받고, 이에 따라 사법작용을 포함한 모든 입법적·행정적 권한을 행사할 권한을 부여받게 될"(which will be endowed with overall responsibility for the administration of East Timor and will be empowered to exercise all legislative and executive authority, including the administration of justice) "동티모르 UN과도행정부"(a United Nations Transitional Administration in East Timor : UNTAET)를 설치하기로 결정하였다. 실제로, 동티모르 UN과도행정부는 안보리로부터 부여받은 이 권한에 의거하여 동티모르에서 적용되고 있던 국내법률들을 대체, 보충하기 위한 다수 규칙을 반포한 바 있다. 드디어 2002년 5월 20일 0시, 수도 딜리(Dili)에서 열린 독립선포식에서 UN기가 내려지고 동티모르기가 게양됨으로써 섬 절반의 국가(half-island nation) 동티모르민주공화국(Democratic Republic of East Timor)이 탄생하였다. 이 자리에서 UN사무총장 Kofi Annan은 초대대통령 Xanana Gusmao에게 행정권을 이양하였다. 이로써 동티모르는 UN의 임시통치를 벗어나 독립국가가 되었지만, UN은 동티모르의 국경수비와 치안 등을 돕기 위해 2004년까지 UN평화유지군 5000명을 주둔키로 하였다. https://www.cnn.com (2002년 5월 19일 검색) ; https://www.donga.com (2002년 5월 20일 방문). 그리고 동티모르는 2002년 9월 27일 Timor-Leste란 국명으로 UN에도 가입하였다. https://www.un.org/Overview/unmember.html ; Sands and Klein, p. 285.

포르투갈의 식민지가 되어 비자치영토의 하나로 UN에 등록되어 있던 동티모르는 1975년에 인도네시아에게 점령당한 뒤 1976년에 그 27번째 주로 병합되었다. 그러나 UN은 이를 승인하지 아니하고 계속해서 동티모르 민족의 자결과 독립의 권리를 확인하였으며, 인도네시아의 철수를 요구하였다. 동티모르는 여전히 UN총회의 연차 의제에 올라 있었지만 이 문제는 1982년부터는 다루어지지 않고 있었다. 한편 1989년에 오스트레일리아는 자국 북쪽 해안과 동티모르 남쪽 해안 사이에 놓인 대륙붕의 공동 탐사 및 개발을 위한 조약[296]을 인도네시아 정부와 체결한 바 있었다. 이에 대해, UN헌장 제11장(비자치영토에 관한 선언)에 의거하여 동티모르의 시정국인 포르투갈은, 오스트레일리아가 이 조약을 교섭, 체결 및 그 이행을 개시하고, 또한 대륙붕 경계획정을 위한 교섭을 계속함으로써 동티모르 민족의 자결권과 그 천연자원에 대한 영구주권을 침해하였고 지금도 침해하고 있으며, 동티모르 시정국으로서의 포르투갈의 권한도 침해하였고 지금도 침해하고 있다고 주장하면서, 오스트레일리아를 상대로 ICJ에 제소하였다. 원고 포르투갈과 피고 오스트레일리아 모두 ICJ규정 제36조 2항 하의 강제관할권을 이미 수락하고 있었다. 그러나 ICJ는 민족자결권은 대세적(*erga omnes*) 성격을 가지고 있다는 포르투갈의 주장을 수락하면서도, 또한 "동티모르는 비자치영토로 남아 있으며, 그 민족(인민)은 자결권을 가지고 있다"[297]는 점에 대해 의문의 여지를 남기지 않으면서도, 실질적으로 영향받는 당사자인 인도네시아가 본 사건에서 ICJ의 재판관할권에 동의하지 않았다는 이유로 소를 각하하였다. ICJ의 말을 직접 들어 보자.

> "그러나 포르투갈은 추가로 재판소가 *Monetary Gold Removed from Rome in 1943* 사건에서 공식화했던 원칙이 본 사건에서는 적용될 수 없다고 주장하고 있다. 포르투갈의 주장은 사실상 오스트레일리아가 침해했다고 주장되는 바의 모든 권리는 대세적 권리이며, 따라서 포르투갈은 (제3의)타 국가도 똑같이 위법한 방식으로 행동했는가의 여부에 관계없이, 오스트레일리아에 대해 이들 권리를 존중할 것을 개별적으로 요구할 수도 있을 것이라는 것이다.
> 재판소의 견해로는, UN헌장과 그 관행으로부터 발전해온 민족자결권이 대세적 성격(an *erga omnes* character)을 가지고 있다는 포르투갈의 주장은 나무랄 데가 없다. 민족자결원칙은 UN헌장과 본 재판소의 판례에서 승인되었다. ... 이것은 현대국제법에서 없어서는 안될 원칙들 중의 하나이다. 그러나 재판소는 어떤 규범의 대세적 성격과 재판관할권에 대한 동의의 규칙은 서로 다른 것이라고 생각한다. 원용된 의무들의 성격이 무엇이건 간에(Whatever the nature of the obligations invoked), 본 재판소는 그 판결이 사건의 당사자가 아닌 타 국가의 행위의 적법성에 대한 평가를 수반하게 될 경우에는 일국의 행위의 적법성에 관해 판결할 수 없을 것이다. 사실이 이러하다면 재판소는 설사 문제의 권리가 대세적 권리라 하더라도 행동할 수 없다."[298]

---

296) 즉, 1989년 12월 11일 체결된 "Treaty between Australia and the Republic of Indonesia on the Zone of Cooperation in an Area between the Indonesian Province of East Timor and Northern Australia"(일명 Timor Gap Treaty) : (1990) 29 ILM 469~537.

297) Para. 31 of the Judgment.

298) Para. 29 of the Judgment.

이어서 ICJ는 판결이 소송당사자가 아닌 국가의 법적 이익에 영향을 미칠 가능성이 있다는 사실만으로는 사건을 해결하는 것이 방해받지 않는다고 언급하면서도 다음과 같이 판결하였다.

> “포르투갈이 청구한 판결의 효과는 인도네시아의 동티모르 진입과 그 계속적인 주둔은 위법이며, 따라서 인도네시아는 동티모르의 대륙붕자원에 관련된 문제에 대해 조약체결권을 갖지 못한다고 결정하는 것과 결국 같은 것이 되고 말 것이다. 인도네시아의 권리와 의무는 이처럼 이 국가의 동의가 없는 상태에서 내려진 그같은 판결의 바로 그 주제를 구성하게 될 것이다. 그같은 판결은 ‘본 재판소의 규정어 구체화되어 있는 국제법의 확립된 원칙, 즉 재판소는 동의하는 국가에 대해서만 관할권을 행사할 수 있다는 원칙’에 어긋나게 행동하는 것이 될 것이다.”[299]

요컨대, 이 사건의 상황에 비추어 볼 때 재판소로서는 포르투갈의 오스트레일리아에 대한 청구사건을 해결하기 위한 한 개의 전제조건으로서 인도네시아의 동티모르에 대한 행위의 합법성에 관하여 결정해야만 하는데, 이러한 결정은 ‘청구된 결정의 바로 그 주제를 구성’하는 것이어서 *Monetary Gold* 원칙에 위반될 것이다. 따라서 ICJ는 “원용된 의무들의 성격이 무엇이건 간에”(즉, 그들이 설사 자결권의 경우처럼 ‘대세적’ 의무라 할지라도) 사건의 당사자가 아닌 타국의 행위의 합법성에 관해 결정할 수 없다고 판결한 것이다.

Military and Paramilitary Activities in and against Nicaragua 사건[300]은 *Monetary Gold* 원칙의 적용범위를 더욱 자세하게 보여주고 있다. 이 사건에서 미국은 분쟁이 소송당사자가 아닌 온두라스, 코스타리카 그리고 엘살바도르의 법익에 관련되기 때문에 소의 허용성(admissibility)이 없다고 주장하였다. 그러나 ICJ는 이 주장을 배척하면서, *Monetary Gold* 원칙은 비당사자의 법익이 “결정에 의하여 단지 영향을 받을 뿐만 아니라 결정의 바로 그 주제를 형성하는”(would not only be affected by a decision, but would form the very subject-matter of the decision) 상황에 대해서만 적용된다고 판결하였다.[301]

Monetary Gold 원칙은 ICJ 소송에서만 적용되는 원리는 아니며, 국가 간 쟁송사건을 다루는 다른 국제재판소에서도 적용될 수 있다.[302] 국제형사재판소(ICC)에서도 검사 측 청구가 이해당사국인 이스라엘의 영토주권에 직접 충격을 주는 것이기 때문에 *Monetary Gold* 원칙을 적용해야 한다는

299) Para. 34 of the Judgment.

300) (Jurisdiction and Admissibility), ICJ Reports (1984), p. 392 at 431 (para. 88) ; Merrills, p. 115.

301) ILC도 2001년 국가책임 초안(본서 제14장) 제16조(국제위법행위 수행에 대한 원조)에 대한 주석 (11)에서 다음과 같이 언급하고 있다 : “The *Monetary Gold* principle is concerned with the admissibility of claims in international judicial proceedings, not with questions of responsibility as such. Moreover, that principle is not all-embracing, and the *Monetary Gold* principle may not be a barrier to judicial proceedings in every case.”

302) See, e.g., ITLOS, Dispute concerning *delimitation of the maritime boundary between Mauritius and Maldives in the Indian Ocean* (Mauritius/Maldives), (Preliminary Objections), Judgment of 28 January 2021, paras. 81~100. 이 사건에서 -ITLOS규정 제15조 2항에 의거하여 구성된- ITLOS 특별재판부(special chamber)는 영국은 본 소송의 필요적 당사자가 아니라는 이유로 몰디브의 이 부분에 대한 선결적 항변을 배척하였다(para. 248). 사건 개요는 아래 “16. 권고적 관할권” 참조

주장이 제기된 바 있는데,동 재판소는 이를 배척하였다. ICC는 오로지 자연인들에 대해서만 관할권을 행사할 뿐, ICJ와는 달리 국가 간 분쟁에 대해서는 재판할 수 없기 때문이다.[303)]

(5) *non ultra petita* (청구 초과 금지) 원칙

재판소는 소송당사자가 공식적으로 요청한 범위 내에서만 관할권을 행사할 수 있다는 일반원칙이 있는데, 이는 흔히 "*non ultra petita*[304)] rule"로 불린다. ICJ는 *Request for Interpretation of the Judgment of November 20th, 1950, in the Asylum Case*[305)]에서 "당사자들의 마지막 소답에 제시된 질문에 답변하는 것뿐만 아니라 이들 소답에 포함되지 아니한 쟁점을 해결하려고 하지 않는 것도 본 재판소의 의무이다."라고 언급함으로써 이 원칙이 동 재판소에게도 타당함을 확인하였다. 그 후 ICJ는 *Arrest Warrant of 11 April 2000* 사건[306)]에서 이 "확립된 원칙"을 상기시키면서, 그러나 "이 원칙 때문에 재판소가 필요하거나 바람직하다고 생각되어 -판결주문이 아닌- 판결이유(reasoning) 부분에서 일부 쟁점을 다루는 것을 방해받지는 않는다."고 하였다.

(6) 새로운 청구의 허용성(admissibility of new claims)

일련의 세계재판소 판례에 의하면, 특히 일방적 청구사건에서 원고국가가 소송제기 후 절차진행 중에 "새로운 청구"(new claim)를 제기하는 것은 "법의(법적) 안정성과 선량한 법의 집행이라는 관점에서"(from the point of view of legal security and the good administration of justice) 허용되지 아니하므로, 재판소는 그같은 새로운 청구 부분에 대해서는 소의 허용성이 없다는 판단을 하게 된다. 이것은 ICJ규정 제40조 1항에서 "분쟁의 주제"(subject of the dispute)를 적시할 것을 요구하고 있고, ICJ규칙 제38조 2항에서도 "청구의 정확한 성격"(precise nature of the claim)이 신청서(소장)에 명시될 것을 요구하고 있는 데서도 그 논리적 타당성이 인정되고 있다. 다만, 형식적으로 새로운 청구라 하더라도 실질적으로/사실상(in substance) 원래의 청구(original claim)에 포함된 것으로 간주될 수 있는 경우가 있을 수 있으며, 그런 경우의 새로운 청구는 청구의 허용성이 있는 것으로 간주될 수 있다. 그리고 재판소가 이같은 결정을 함에 있어 피고국의 태도도 고려의 대상이 될 수 있다.[307)]

---

303) ICC (Pre-Trial Chamber I), *Situation in the State of Palestine*, Decision on the 'Prosecution request pursuant to article 19(3) for a ruling on the Court's territorial jurisdiction in Palestine', ICC-01/18, 5 February 2021, paras. 58~59 ; Orakhelashvili/Akehurst, 9th, p. 585 (fn. 59).

304) 영어로 직역하면 "not more than was asked for"에 해당되는 라틴어 술어 : https://www.ejil.org/journal/Vol11/No4/art1-02.html ; https://en.wikipodia.org/wiki/Non_ultra_petita.

305) Colombia/Peru, Judgment of 27 November 1950, ICJ Reports (1950), p. 395 at 402.

306) Democratic Republic of the Congo v. Belgium, ICJ Reports (2002), p. 3 at 18~19 (para. 43). See also Case concerning *Sovereignty over Pedra Branca/Pulau Batu Puteh, Middle Rocks and South Ledge* (Malaysia/Singapore), Judgment of 23 May 2008, para. 298.

307) *Certain Phosphate Lands in Nauru* (Nauru v. Australia)(Preliminary Objections), ICJ Reports (1992), p. 240, at 265~267 (paras. 63~71) ; *Oil Platforms* (Islamic Republic of Iran v. United States of America), ICJ Reports (2003), p. 161 at 213~214 (paras. 116~118) ; Case concerning *Territorial and Maritime*

(7) 소취하에 이은 재소(再訴)

Barcelona Traction Company 사건(Preliminary Objections)[308]에서 피고국가 스페인은 원고국가의 일방적 통고에 의한 소의 취하(discontinuance)는 −나중에 다시 소송을 제기할 권리를 명시적으로 유보해 둔 경우 등을 포함하여 다른 특별한 사정이 없는 한− 원칙적으로 (동일 사실에 대해) 다시 제소할 권리를 포기함을 의미하는 것으로 새겨야 한다고 주장하였으나, 재판소는 이를 수락하지 않았다.

(8) 계쟁사건에서 ICJ의 시간적 관할권

ICJ 계쟁관할권이 성립하는지를 결정하기 위해 특별히 재판소의 시간적 관할권(temporal jurisdiction : jurisdiction *ratione temporis*)의 성립 여부가 문제되기도 하는데, 이 문제가 발생할 수 있는 경우는 다음과 같다.

먼저, ICJ규정 자체에는 재판소에 소가 제기되어야 하는 제소시한(limitation period)에 대한 규정이 없다. 그러나 이 경우에도 ICJ는 "사건의 상황에 따라" 그 기원이 오래된 분쟁에 개입하기를 꺼릴 수 있다.[309]

둘째, ICJ의 시간적 관할권 문제는 실제로는 국가들이 ICJ규정 제36조 2항을 수락하는 선언을 하면서 시간적 유보를 첨부한 경우에 발생하곤 한다. *Phosphates in Morocco* 사건[310]이 이를 잘 보여주는데, 사건 개요는 이러하다. 한 이탈리아 사람이 1918~19년 기간에 프랑스령 모로코에서 인산광산 시굴 면허를 할당받았다. 1920년 프랑스는 아마도 관련 조약을 위반하여 인산 채굴에 대해 독점을 수립하였으며, 이로 인해 해당 이탈리아인의 권리가 모로코 광산당국에서 인정을 받지 못하게 되었다. 1931년 4월 25일 프랑스는 "비준 후의 사태 혹은 사실과 관련하여 본 선언의 비준 이후에 발생하는 일체의 분쟁"(any disputes which may arise after the ratification of the

---

Dispute between Nicaragua and Honduras in the Caribbean Sea (Nicaragua v. Honduras), Judgment of 8 October 2007, paras. 104~116 ; Case concerning *Ahmadou Sadio Diallo* (Republic of Guinea v. Democratic Republic of The Congo), Judgment of 30 November 2010, paras. 36~47 ; *Territorial and Maritime Dispute* (Nicaragua v. Colombia), Judgment of 19 November 2012, paras. 107~112 ; *Immunities and Criminal Proceedings* (Equatorial Guinea v. France)(Preliminary Objections), Judgment of 6 June 2018, para. 137. See also International Tribunal for the Law of the Sea, *The M/V "Louisa" Case* (Saint Vincent and the Grenadines v. Kingdom of Spain)(Merits), Judgment of 28 May 2013, paras. 141~150.

308) ICJ Reports (1964), p. 6 at 17~26. 이 사건은 ICJ가 소취하의 재소에 대한 효과를 법적으로 검토한 최초의 사건이었다 (p. 18). 재판소규칙에 의하면 소의 취하에는 당사자간 상호합의에 의한 취하(구 제68조, 현 제88조)와 원고국가의 일방적 통고에 의한 취하(구 제69조, 현 제89조) 등 두 종류가 있는데, 이 사건에서 문제된 취하는 후자의 경우였다. 재판소는 두 규정의 차이에도 주목하였다(p. 20).

309) *Certain Phosphate Lands in Nauru* (Nauru v. Australia), (Preliminaty Objections), ICJ Reports (1992), p. 240 at 253 (para. 32) : "The Court recognizes that, even in the absence of any applicable treaty provision, delay on the part of a claimant State may render an application inadmissible. It notes, however, that international law does not lay down any specific time-limit in that regard. It is therefore for the Court to determine in the light of the circumstances of each case whether the passage of time renders an application inadmissible." See Kaczorowska-Ireland, pp. 616, 661~662.

310) Italy v. France, (Preliminary Objections), PCIJ (1938), Series A/B, No 74 ; Kaczorowska-Ireland, pp. 653~654.

present declaration with regard to situations or facts subsequent to such ratification)에 대해 PCIJ규정 제36조 2항을 수락하는 선언을 하였다. 몇 달 뒤인 9월 7일 이탈리아도 PCIJ의 강제관할권을 수락하는 선언을 하였지만 여기엔 프랑스가 첨부한 것과 같은 시간적 유보는 담겨있지 않았다. 양 국가 모두 PCIJ의 강제관할권을 수락하였으므로, 이에 의거하여 이탈리아는 해당 이탈리아인과 그의 상속인들을 위해 프랑스를 상대로 제소하였다. 그런데 재판소가 판단하기로, 이 사건에서 "분쟁을 야기한 사실과 사태"는 1931년 이전의 것이었다. 위법성 의혹이 1931년 프랑스의 임의조항 수락 선언 이후 계속되긴 하였지만 사건의 본질은 1920년의 독점체제 수립이었다. 이처럼 분쟁의 기원이 된 사실과 사태가 프랑스의 임의조항 수락 선언 이전의 것이었으므로(두 국가의 임의조항 수락 선언 일자가 조금 다른 것은 문제되지 않는 상황이었다) PCIJ는 관할권이 성립하지 않는다고 판시하였다.

셋째, ICJ의 시간적 관할권 문제는 분쟁해결을 위한 협약에 규정된 적용대상 분쟁의 시간적 정의와 관련해서도 발생할 수 있다. 2001년 6월 1일 리히텐슈타인이 자국민 한 사람의 과거 재산과 관련하여 야기된 분쟁에 대하여 독일을 상대로 제소한 *Certain Property* 사건[311]이 이것을 잘 보여주는데, 사건 개요는 다음과 같다. 제2차 세계대전 기간 동안 독일을 상대로 싸운 연합국의 일원이었던 체코슬로바키아는 1945년 일련의 법령(이른바 "Beneš Decrees")을 채택하였는데, 그 중 한 법령(즉, 1945년 6월 21일의 Decree No. 12)은 "국적에 관계없이 독일과 헝가리 민족에 속하는 모든 사람"의 "농업재산"(agricultural property)을 몰수한다는 내용을 담고 있었다. 이 법령의 정의에 따르면, "농업재산"이라 함은, 특히 건물, 시설, 그리고 거기에 속한 동산을 포함하였다. 법령 12에 의거하여 몰수한 재산 속에 리히텐슈타인 국민들이 소유하는 재산이 포함되었고, 특히 여기에 리히텐슈타인의 군주(Prince) Franz Josef Ⅱ가 소유하던 문제의 그림(즉, 네덜란드 화가 Pieter van Laer가 17세기에 그린 작품) 한 점이 들어 있었다. 군주는 개인 자격으로 (지금은 슬로바키아, 즉 슬로박 공화국의 수도인) Bratislava에 소재한 행정재판소에 소를 제기하여 이들 조치의 부당성을 주장하였으나, 1951년 동 재판소는 군주 소유 재산의 몰수는 체코법상 합법이라고 판시하였다. 그런데 이 그림이 1991년 체코의 한 박물관에서 독일의 한 박물관으로 전시를 위해 대여되자 리히텐슈타인의 군주 Hans-Admas Ⅱ가 이것을 자기에게 인도할 것을 요구하는 소송(일명 "Pieter Van Laer Painting" 사건)을 독일재판소들에 냈는데, 그러나 독일재판소들은 모두 그의 청구를 심리하기를 거부하였다. 그러자 그는 문제를 유럽인권재판소로 들고 갔으나 2001년 유럽인권재판소도 그의 청구를 기각하였다. 독일재판소들은 이 문제는 "전쟁과 점령에서 발생하는 문제들의 해결에 관한 협약"(Convention on the Settlement of Matters Arising out of the War and the Occupation)(이하 해결협약)에 의해 규율된다고 보았던 것이다. 1952년 5월 26일 본(Bonn)에서 미국, 영국, 프랑스, 독일에 의해 서명되고, 1955년 5월 5일 발효한 해결협약, 제6장(Chapter Six) 제3조에 의하면, 독일은 미국/영국/프랑스가 다른 국가들과 체결한 혹은 체결할 협정을 기초로, 손해배상 혹은 원상회복의 목적으

---

311) Liechtenstein v. Germany, Judgment of 10 February 2005, ICJ Reports (2005), p. 6 (noted by Orakhelashvili, pp. 111~112, and ASIL, *International Law in Brief,* https://www.asil.org/ilib050216.cfm).

로 압류한, 독일의 대외자산 혹은 기타자산에 대해 집행된 혹은 집행될 조치에 대해서는 이의를 제기하는 것이 금지되었다. 게다가, 제3조 3항은 "그 어떤 청구나 소송도 본조 1항과 2항에 언급된 조치를 기초로 하여 재산에 대한 권리를 획득했거나 이전했어야 하는 사람들에 대해서는 허용되지 아니한다"고 규정하였다. 한편, 리히텐슈타인은 제소(신청)의 기초를 1957년 4월 29일의 "분쟁의 평화적 해결을 위한 유럽협약"(European Convention for the Peaceful Settlement of Disputes) (이하 유럽협약) 제1조에서 구하였는데, 유럽협약은 리히텐슈타인과 독일 간에는 1980년 2월 18일 발효하였다. 유럽협약은 체약국 간의 모든 분쟁은 ICJ에 회부된다고 규정하였지만(제1조), 동 협약이 분쟁당사자들 사이에서 발효하기 이전의 사실이나 상황에 관련한 분쟁(disputes relating to facts or situations prior to the entry into force of this Convention as between the parties to the dispute)은 여기서 제외하였다(제27조(a)). 독일은 특히, 이 분쟁의 진정한 연원(real source)은 결정적 기일(critical date)인 1980년 이전에 존재하던 사실이나 상황(즉, Beneš Decrees와 해결협약)에 있기 때문에 ICJ의 시간적 관할권이 결여되었다고 주장하였다. 리히텐슈타인은 이 분쟁이 관련된 사실이나 상황은 독일재판소들의 판결인데, 이들 판결은 1990년대에 내려진 것들로서, 이 시점은 이미 결정적 기일인 1980년 이후의 것이라고 주장하였다. ICJ는 PCIJ와 자신의 과거 관련 판례를 인용하면서, 이 분쟁이 1990년대 독일재판소의 판결들로 인해 촉발은 되었지만(triggered), 이 분쟁이 관련한 사실 혹은 상황을 결정하기 위해서는 "분쟁이 발생한 시점"이 아니라 양국간 "분쟁의 연원 혹은 진정한 원인"(source or real cause of the dispute)이 언제였는가를 기준으로 하여야 하는데, 본 사건에서 양국간 "분쟁의 연원 혹은 진정한 원인"은 1955년의 해결협약과 Beneš Decrees에서 구해야 한다고 결론지었다. 그 결과 재판소는 독일의 선결적 항변을 인정하여 소를 각하하였다.

유럽협약 제27조(a)에 대한 ICJ의 이 같은 접근은 그 후 독일이 이탈리아를 상대로 제기한 *Jurisdictional Immunities of the State* 사건[312]에서 이탈리아 측이 제기한 –독일은 독일제국이 자행한 전쟁범죄와 인도에 대한 죄의 이탈리아 희생자들에게 지고 있는 손해배상 의무를 위반하였음을 구하는– 반소(counterclaim)의 허용성 여부에 대한 심리에서도 그대로 반복되었다.[313] 즉, 유럽협약은 이탈리아에게는 1960년 1월 29일, 독일에게는 1961년 4월 18일 발효하여 양국은 후자의 일자부로 공동당사국이 되었는데, ICJ는 이탈리아가 반소를 통해 제기하려는 분쟁은 양국 간에 유럽협약이 발효하기 전에(즉, 1961년 4월 18일 이전에) 존재하던 사실과 상황에 관련한 것이며 따라서 유럽협약의 시간적 범위 밖에 있다는 이유로 반소 요청을 거절하였다. 그 뒤 본안 심리에서는 ICJ는, 이 분쟁을 야기한 "사실 혹은 상황"은 '독일의 면제를 부인하는 이탈리아 재판소들의 결정들'과 '독일의 국가재산에 적용된 강제조치'로 구성되는데, 이들 결정과 강제조치는 양국 간에 유럽협약이 발효한지 훨씬 뒤인 2004년과 2011년에 채택된 것이므로 독일이 제기한 이 사건은 유럽협약 제27조의 시간적 적용범위 내에 든다고 판시하였다.[314]

312) ICJ Press Release, No. 2008/44, 23 December 2008.

313) ICJ Press Release, No. 2010/22, 20 July 2010.

넷째, *Alleged Violations of Sovereign Rights and Maritime Spaces in the Caribbean Sea* 사건[315)]에서는 ICJ의 관할권이 재판소의 재판관할권이 성립된 후 발생한 것으로 주장되는 사실 혹은 사건에 대해까지 연장되는가의 문제가 제기되었는데, 사건 개요는 이러하다. 니카라과가 콜롬비아를 상대로 ICJ에 강제관할권을 부여하는 미주분쟁해결조약(American Treaty on Pacific Settlement)(일명 Pact of Bogotá)[316)] 제31조에 의거하여 ICJ에 제소하였는데, 이 제소가 있기 전 콜롬비아가 동 조약을 파기(탈퇴)하였었다. 그러나 조약 파기는 통고 1년 후 발효하는 것으로 규정되어 있는 상황에서 니카라과는 콜롬비아 측의 파기 통고가 발효하는 2013년 11월 27일 전에 제소한 것이어서, 2016년 판결[317)]에서 ICJ는 자신의 관할권 성립에 아무런 문제가 없다고 하였다. 문제는 재판소의 관할권이 미주분쟁해결협약이 콜롬비아에 대해 발효를 멈춘 2013년 11월 27일 이후 발생한 것으로 주장되는 사실이나 사건에 대해서까지 연장되는가 하는 측면에서 재판소의 시간적 관할권이 문제되었다. 2016년의 판결은 이 문제에 대해 정면으로 논하지는 않았으므로 ICJ는 2022년의 본 판결에서 해답을 제시하여야 했다. 재판소는 2013년 11월 27일 이후에 발생한 것으로 주장되는 여러 사건들을 검토한 뒤, 이들 사건에 대하여 니카라과가 제시한 청구와 진술들은 본 신청(제소)의 주제인 문제에서 직접 기인하는 것이고, 이들 사건들은 재판소의 관할권에 속하는 것으로 이미 인정된 사건들에 연관되어 있고, 그리고 이들 주장에 대한 검토는 본 사건 당사자들 간의 분쟁의 성격을 변형시키는 것이 아니라는 이유로 자신의 시간적 관할권을 인정하였다.

11. 재판의 준거법

재판소는 부탁되어 오는 분쟁을 '국제법'에 따라 재판하는 것을 임무로 하기 때문에 사건해결을 위해 "조약, 국제관습, 법의 일반원칙 그리고 (법규결정을 위한 보조수단으로서) 판례와 학설"만을 적용해야 한다. 그리고 여기서 국제'법'이라 함은 '판결 당시 존재하는' 법을 지칭한다. 현재 형성중에 있거나 논의중에 있는 법은 그것이 아무리 소망스럽다고 생각되어도 재판소는 이를 적용할 수 없다. 그것은 아직은 법이 아니기 때문이다. 법은 변경될 수 있지만 이는 재판소가 할 일이 아니다.[318)] 다만,

314) *Jurisdictional Immunities of the State* (Germany v. Italy ; Greece Intervening), Judgment of 3 February 2012, para 44 : "It is true that the subject-matter of the disputes to which the judicial proceedings in question relate is reparation for the injury caused by actions of the German armed forces in 1943-1945. Germany's complaint before the Court, however, is not about the treatment of that subject-matter in the judgments of the Italian courts ; its complaint is solely that its immunities from jurisdiction and enforcement have been violated. Defined in such terms, the dispute undoubtedly relates to "facts or situations" occurring entirely after the entry into force of the Convention as between the Parties." 이 사건의 실체적 내용에 대해서는 본서, 제10장 (국가면제) 참조.

315) Nicaragua v. Colombia, Judgment of 21 April 2022, para. 33~47.

316) 1948년 4월 30일 서명, 1949년 5월 6일 발효 ; https://en.wikipedia.org/wiki/American_Treaty_on_Pacific_Settlement ; https://www.refworld.org/docid/3de4a7024.html.

317) Preliminary Objections, ICJ Reports (2016), p. 3 at 14~26 (paras. 20~49).

318) ICJ는 *Fisheries Jurisdiction* (United Kingdom v. Iceland)(Merits), ICJ Reports (1974), p. 3 at 23 (para. 53)(noted by Orakhelashvili, pp. 56~57, 167)에서 연안국들의 어업관할권 확대와 관련하여 바로 이 같은

당사국들이 합의하는 경우에는 '형평과 선에 따라'(*ex aequo et bono*) 사건을 해결할 수 있다.[319)]

실제로는 소송당사자들은 재판소가 요구하지 않더라도 각기 자기 주장의 근거가 될 법규의 존재를 입증하려고 노력하기 마련이며, 게다가 특히 지역관습법규(local customary rule)를 원용하는 국가는 이것의 존재를 입증할 것이 요구되고 있다.[320)] 그러나 이론적으로는, "재판소/재판관은 법을 알고 있다"(*jura novit curia, curia jura novit* : the court/judge knows the law)는 원칙은 ICJ에게도 적용된다. 즉, 제기되어 온 사건에서 적용가능한 법규를 검색하고 확인하는 것은 재판소의 권한이자 의무이다.[321)] 이 과정에서 국제법이 어떤 주제에 대해 단지 기본적인 법원칙만을 제공하고 있다 하더라도, ICJ는 "관련 국제법규를 이끌어 내어, 이를 명확히 제시하고, 실증함"으로써, 국제법의 범주에 드는 문제에 대해 법이 존재하지 않는다고 판단함을 피하려고 노력하고 있다.[322)] 기존의 법규칙을 명확히 하여 적용하는 것은 새로운 법규를 도입하는 것(즉, 국제입법과정)이 아니므로, 이는 재판소의 권한을 넘어서는 것이 아니다.[323)]

12. 소송절차

재판소의 공용어는 불어와 영어이다. 당사자들이 사건을 불어로 심리하기로 합의하였으면 판결도 불어로 내려지며, 반대로 사건을 영어로 심리하기로 합의하였으면 판결도 영어로 내려진다. 어떤 공용어를 사용할 것인가에 관하여 합의가 없는 때에는 각 당사자는 변론을 위해 자국이 선택하는 언어를 사용할 수 있지만, 재판소의 판결은 불어 및 영어 모두로 내린다. 아울러 이 경우 재판소는 둘 중에서 어느 것이 정본인가를 결정해야 한다. 재판소는 당사자의 요청이 있으면 당해 당사자가 불어나 영어 이외의 언어를 사용하도록 허가하여야 한다.[324)]

사건은 경우에 따라 특별협정의 통고 또는 서면신청에 의하여 행정처장을 통해 재판소에 제출된다. 재판소의 관할권 문제와는 별개로 국가들은 제소방식(seisin of the Court)과 관련해서도, 즉 "특별협정의 통고"에 의할 것인지 "(일방적) 서면신청"에 의할 것인지에 대해서도 사전에 합의할 자유가 있다.[325)] 어느 경우라도 분쟁의 주제 및 당사자들을 반드시 표시하여야 한다. 행정처장은 신청

점을 지적한 바 있다.

319) ICJ규정 제38조. 본서, 제2장 (국제법의 연원) 참조.

320) *Asylum* case (Colombia/Peru), ICJ Reports (1950), p. 266 at 276~277 ; Thirlway in Evans (ed.), *International Law*, 3rd, p. 106 ; 본서, 제2장 (국제법의 연원).

321) ICJ는 *Military and Paramilitary Activities in and against Nicaragua* (Nicaragua v. United States of America) (Merits), ICJ Reports (1986), p. 14 at 24~25 (para. 29), 97~98 (para. 184)에서 *jura novit curia* 원칙에 대해 언급한 바 있다.

322) *Continental Shelf* (Libyan Arab Jamahiriya/Malta), ICJ Reports (1985), p. 13에서, Valticose 재판관은 개별의견(seperate opinion)(p. 108, para. 13)을 통해 이 점에 관해 언급한 바 있다.

323) Orakhelashvili, p. 29.

324) ICJ규정 제39조.

325) 이에 관해서는, *Maritime Delimitation and Territorial Questions between Qatar and Bahrain*, (Jurisdiction und Admissibility)(I), ICJ Reports (1994). p. 112 & (Jurisdiction and Admissibility) (Ⅱ), ICJ Reports (1995), p. 6 ; 상기 "10. 계쟁사건에서 ICJ의 당사자관할권(jurisdiction over the parties)" 참조.

서가 ICJ규정과 규칙의 절차요건을 충족하였다고 판단되면 사건번호(case number)를 부여한다. 이어서 행정처장은 이 신청을 즉시 모든 관계자들(all concerned)(즉, 피고국정부와 ICJ 재판관들, 그리고 조약의 해석이 문제로 된 경우에는 당해 조약의 당사국들)에게 통보하여야 한다. 그는 또한 UN사무총장을 경유하여 UN회원국들에게 통고하여야 하며, ICJ에서 소송할 권리가 있는 그 밖의 국가들에게도 통고하여야 한다.[326] 그 후 아직까지 당사자들이 사건명(case name)에 관하여 합의를 보지 못하고 있으면 재판소장과 행정처장이 이것을 부여하는데, 사건에 명칭을 부여하는 것도 쉬운 문제가 아니다. 왜냐하면 사건명은 분쟁의 어느 쪽에 대해서도 '편견을 품게 하는' 것이어서는 아니되고,[327] 영어와 불어 표현이 적당히 비슷해야 하기 때문이다.[328] 사건명 아래에는 괄호 속에 당사자들의 이름이 표시된다. 사건이 어느 일방의 신청(application)에 의하여 제기된 경우에는 A v. B의 형식이 사용되는데, 이 경우 A는 원고국가, B는 피고국가를 지칭한다. 사건이 특별협정(special agreement)에 의해 제기된 경우에는, 이렇게 하는 것이 바람직하지 않은 사정이 없는 한 통상적으로 A/B의 형식이 사용되며, 각 국가명은 (영어 및 불어의) 알파벳 순서에 따라 사선의 전후에 거명된다.[329]

각 당사국은 대리인(agents)에 의하여 대표되며, 재판소에서 보좌인(법률고문)(counsels) 또는 변호인(advocates)의 조력을 받을 수 있다. 재판소에서 당사국의 대리인, 보좌인 그리고 변호인은 그들의 직무를 독립적으로 수행하는데 필요한 특권과 면제를 향유한다.[330]

재판절차는 서면과 구두의 두 부분으로 구성된다.[331] 서면절차(written proceedings)는 청구이유서(memorials), 반대이유서(counter-memorials), 답변서(replies) 등의 소답(pleading)과 이들을 지지하기 위한 모든 문서 및 서류를 재판소 및 타방당사자에게 송부하는 것으로 이루어진다.[332] 이 송부는 재판소가 정하는 순서에 따라 그리고 재판소가 정하는 기간 내에 재판소 행정처장을 통해 이루어진다.[333] 일방당사자가 제출한 모든 서류의 인증사본 1통은 타방당사자에게 송부된다.[334]

---

326) ICJ규정 제40조. Shabtai Rosenne, *The World Court : what it is and how it works*, 5th ed. (Dordrecht : Martinus Nijhoff Publishers, 1995), p. 120.

327) 미국은 1984년 4월 27일의 서한에서 *Military and Paramilitary Activities in and against Nicaragua*란 사건명칭이 '편견을 품게 하는'(prejudicial) 것이라고 주장하였으나, ICJ는 이 명칭을 변경하기 위한 어떤 행동도 취하지 않았다. *Ibid.*, p. 121.

328) ICJ 사건명이 다소 긴 경우에는 학자들이 약식 사건명을 사용하는 경우도 흔하지만, 이를 위한 일반적으로 인정된 인용방식은 없다. Thirlway in Evans (ed.), *International Law*, 5th, p. 592.

329) ICJ가 (뒤에서 설명할) 권고적 관할권을 행사하는 사건(advisory cases)의 경우에는 분쟁당사자들의 이름은 표시하지 아니한다. Rosenne, *op. cit.*, p. 121.

330) ICJ규정 제42조.

331) ICJ규정 제43조 1항.

332) ICJ규정 제43조 2항.

333) ICJ규정 제43조 3항. 소답의 교환순서에 관해 좀 더 자세히 언급하면, 사건이 일방적 신청에 의하여 개시된 경우에는 원고의 memorial과 피고의 counter-memorial 순으로 이루어지며, 당사자가 합의하거나 재판소의 결정이 있는 경우에는 원고의 reply와 피고의 rejoinder(반대답변서)가 이어질 수 있다(ICJ규칙 제45조).
사건이 특별협정에 의하여 개시된 경우에는 소답의 횟수와 순서는 동 협정의 규정에 따른다. 다만, 협정에 이에 관해 규정이 없고 또 당사자들이 나중에라도 합의하지 않으면 양 당사자가 각기 동일 시한 내에 memorial과 counter-memorial을 제출한다. 이 경우에는 엄격히 말하면 어느 쪽 당사국도 원고 혹은 피고의 위치에 있지 않기 때문이다. 그리고 재판소는 필요하다고 인정되지 않는 한 reply의 제출은 허가하지 않는다(ICJ규칙 제46조). 한편, ICJ는 "소송절차(실무) 지도 I"(Practice Direction I)을 통해 "특별협정에 의하여 일방, 재판소에 특별협정이나 신청서(소장)를 접수시키는 일과 타방, 진술서를 제출하는 일은 당연히 동일한 것이 아니다. 전자는 규정 제40조에 의해 규율되는데 반해, 후자는 제43조에 의해 규율되기 때문이다. 바꾸어 말하면 진술서는 "그 정의에 의해 '이미 진행중인' (already under way) 소송절차에 관련된"[335] 것이라는 점에서 전자와 다르다. 다만, 원고국가가 신청서를 제출한 후 규정 제35조의 조건을 충족하기 위해 다시 신청서를 제출하는 경우, 이 두 번째 신청서는 형식(form)에 있어서는 새로운 신청서이지만 내용(substance)에 있어서는 진술서에 해당할 수 있다.[336]

구두절차(oral proceedings)는 재판소가 증인, 감정인, 대리인, 보좌인 및 변호인의 의견을 듣는 변론절차이다.[337] 재판소에서의 변론(hearing, 'day in court')은 재판소가 달리 결정하거나 또는 양 당사자가 공개하지 아니할 것을 요구하지 않는 한 공개된다.[338] 재판소는 자발적으로(*proprio motu*) 또는 일방당사자의 요청에 따라 증거수집을 위해 사건에 관련된 현장을 방문할 수도 있다.[339] ICJ는 재판소가 선정하는 외부의 개인이나 단체 등에 조사를 수행하거나, 감정의견을 개진하는 일을 언제든지 맡길 수 있다.[340] 대리인, 보좌인 그리고 변호인이 재판소의 통제에 따라 사건에 관한 그들의 진술을 완료한 때에는 재판소장은 변론이 종료되었음을 선언한다.[341] 상황에 따라 서면절차나 구두절차가 종결되기 이전에 국제(공)기구가 정보를 제공하거나 의견을 제출하는 것도 일정 부분 허용되고 있다.[342]

재판소는 서면절차나 구두절차에서 언제든지 복수 소송의 병합심리(joinder)를 명령할 수 있다.

제출되는 사건에서 행해지고 있는 소답의 동시 기탁의 관행(practice of *simultaneous* deposit of pleadings)에 불찬성의 뜻을 표하면서" "미래의 특별협정들에서는 재판소규칙 제46조 2항에 따라 소답의 횟수와 순서에 대한 규정이 담길 것을 기대하고" 있다. 여기서 "소송절차(실무) 지도" (Practice Directions)란 것은 ICJ가 2001년 10월 출정하는 국가들을 위해 처음으로 채택한 것으로서, 이것은 -ICJ규정 제30조에 기초하여 동 재판소가 만든- 재판소규칙의 내용 변경을 동반하는 것이 아니며, 단지 거기에 부가되는 것이다. "소송절차(실무) 지도"는 개정되거나 새로 추가되고 있다. https://www.icj-cij.org/.

334) ICJ규정 제43조 4항.

335) Case concerning *Application of the Convention on the Prevention and Punishment of the Crime of Genocide* (Croatia v. Serbia), Preliminary Objections, Judgment of 18 November 2008, para. 90.

336) *Ibid.* 신청서(소장) 제출과 원고 측의 청구이유서가 한 개의 절차로 통합되어 진행되는 재판소도 있다. 이를테면 유럽재판소(EU)에 직접소송(direct actions)을 제기하는 경우, 원고가 재판소 행정처장에게 신청서(application)를 제출하면 피고는 1개월 내에 defence (피고의 항변/제1답변서)를 제출하여야 한다 ; 원고의 reply(원고의 답변서)와 rejoinder(피고의 반대답변서) 제출이 이어지는 것은 동일하다. EU사법재판소 규정 제21조 ; EU사법재판소 절차규칙 제120조, 제123조~제124조, 제126조 ; 拙著, 《EU法論》, pp. 107~110.

337) ICJ규정 제43조 5항.

338) ICJ규정 제46조. 공개 시 변론은 법정 개방을 통해서 뿐만 아니라 보통 ICJ 웹사이트와 UN TV채널을 통해 방송도 되고 있다. Thirlway in Evans (ed.), *International Law*, 5th, p. 578.

339) ICJ규정 제44조 2항 ; ICJ규칙 제66조. *Gabčíkovo-Nagymaros Project* case (Hungary/Slovakia), ICJ Reports (1997), p. 7에서 ICJ 역사상 처음으로 현장방문이 이루어졌었다. See ICJ Communiqué, No. 98/31, 7 October 1998.

340) ICJ규정 제50조.

341) ICJ규정 제54조 1항.

342) ICJ규정 제34조 2항~3항 ; ICJ 재판소규칙 제69조. (2005년 9월 29일 채택/발효된) 제43조 2항~3항 ; Case concerning *Territorial and Maritime Dispute between Nicaragua and Honduras in the Caribbean Sea* (Nicaragua v. Honduras), Judgment of 8 October 2007, para. 4, at https://www.icj-cij.org/ 참조.

소가 병합되면 심리가 단일화되고 판결도 단일의 판결이 내려진다.[343)]

입증책임(burden or onus of proof)에 대해 언급하면, ICJ 규정이나 규칙에는 이에 대한 규정이 없다. 그러나 원고(신청자)는 자신의 주장을 입증하여야 하며, 또한 어떤 사실을 주장하는 당사자는 그 사실을 입증해야 한다. 이것은 법의 일반원칙(a general principle/rule of law)에 속하며, 이 점은 ICJ도 여러 번 확인한 바 있다.[344)] 그리고 입증에서 요구되는 증거와 관련해서는 ICJ는 -국내재판소들과 마찬가지로- 직접증거 외에 간접(정황/상황)증거(circumstantial/indirect evidence)의 증명력도 인정하고 있다.[345)] 그러나 전문(傳聞)증거(hearsay evidence)는 증거로서의 가치를 인정받지 못 하고 있다.[346)]

이어서 재판소는 판결을 검토하기 위하여 퇴정한다. 재판소의 심의(혹은 평의)(deliberations)는 비공개이며 비밀로 한다.[347)] 모든 문제는 '출석한' 재판관의 과반수로(by a majority of the judges *present*) 결정한다. 기권(abstention)은 허락되지 않는다.[348)] 가부 동수(可否同數)인 경우에는 ICJ소장 또는 그를 대리하는 재판관이 결정투표권(casting vote)을 갖는다.[349)] 판결에는 그것의 기초되

343) See e.g. *Certain Activities Carried Out by Nicaragua in the Border Area* (Costa Rica v. Nicaragua), Joinder of Proceedings, Order of 17 April 2013, ICJ Reports 2013, p. 166, and Merit, Judgment of 16 December 2015. 본서, 제24장 (국제환경법), "Ⅳ. 국제환경법의 일반원칙", "5. 환경영향평가" 참조.

근거규정은 ICJ규칙 제47조이다. 과거 재판소규칙에 이에 대한 명시적 규정이 없을 때에도 일방적 신청에 의해 제소된 두 개의 사건 *South West Africa* cases(Ethiopia v. South Africa; Liberia v. South Africa)와 두 개의 특별협정에 의해 제소된 *North Sea Continental Shelf* cases(Federal Republic of Germany/Denmark; Federal Republic of Germany/Netherlands)에서 두 번 그렇게 한 적이 있었다. See Thirlway in Evans (ed.), *International Law*, 5th, p. 589.

ICJ 반소(counter-claim) 역시 소의 병합의 일종이지만 이것은 재판소규칙 제80조에서 재판소의 부수적 절차(incidental proceedings)의 하나로서 별개로 규정하고 있다.

재판소규칙 제47조에 의거하여 소의 병합심리가 결정된 두 사건에서 병합심리될 쟁점에 대한 반소 청구는 "객체가 없는 것이 되어"(without object) 허락되지 아니한다 : *Certain Activities Carried Out by Nicaragua in the Border Area* (Costa Rica v. Nicaragua) ; *Construction of a Road in Costa Rica along the San Juan River* (Nicaragua v. Costa Rica), Counter-Claims, Order of 18 April 2013, ICJ Reports 2013, p. 200.

344) *Military and Paramilitary Activities in and against Nicaragua* (Nicaragua v. United States of America) (Jurisdiction and Admissibility), ICJ Reports (1984), p. 392 at 437 (para. 101) ; *Avena and Other Mexican Nationals* (Mexico v. United States of America), ICJ Reports (2004), p. 12 at 41 (para. 55) ; *Application of the Convention on the Prevention and Punishment of the Crime of Genocide* (Bosnia and Herzegovina v. Serbia and Montenegro), Judgment of 26 February 2007, para. 204 ; *Sovereignty over Pedra Branca/Pulau Batu Puteh, Middle Rocks and South Ledge* (Malaysia/Singapore), Judgment of 23 May 2008, para. 45 ; *Maritime Delimitation in the Black Sea* (Romania v. Ukraine), Judgment of 3 February 2009, para. 68 ; *Alleged Violations of Sovereign Rights and Maritime Spaces in the Caribbean Sea* (Nicaragua v. Colombia), Judgment of 21 April 2022, para. 64.

345) See e.g. *Corfu Channel* case (Merits), ICJ Reports (1949), p. 4 at 18. 결국 이 사건에서 재판소는 사건의 정황증거들로 보아 1946년 10월 22일 영국군함에 피해를 입힌 폭발을 야기한 기뢰의 부설은 알바니아 정부가 알지 않고서는 수행될 수 없었을 것이라고 결론지었다(p. 22).

346) *Corfu Channel* case, ICJ Reports (1949), p. 4 at 16~17 ; *Military and Paramilitary Activities in and against Nicaragua* (Nicaragua v. United States of America), ICJ Reports (1986), p. 14 at 42 (para. 68) ; Thirlway in Evans (ed.), *International Law*, 5th, p. 578.

347) ICJ규정 제54조 2항~3항 ; Eyffinger, pp. 141~142.

348) Thirlway in Evans (ed.), *International Law*, 5th, p. 578.

349) ICJ규정 제55조.

는 이유들을 명시하여야 하며, 재단에 참여한 재판관들의 이름도 나타나야 한다.[350)]

EU의 유럽재판소에서 보는 것처럼 유럽대륙적 전통에서는 재판소는 재판관들의 개인적 견해를 첨부함이 없이 익명으로 된 단지 한 개의 판결을 채택하는 것을 선호한다.[351)] 이에 반해, 보통법(common law)의 전통에서는 모든 재판관이 자신의 견해를 표명하는 것을 허용하고 있으며, ICJ도 이 점에 있어 보통법의 전통을 따라 재판관들이 사건에 관해 혹은 결정의 일부분에 대해 개인적 견해(personal view)를 천명하는 것을 허용하고 있다.[352)] 개인적 견해는 크게 두 가지 형태, 즉 선언(declaration)이나 의견(opinion)으로 나타날 수 있다.

여기서 선언이란 개인적 견해의 가장 단순한 표현으로서, 이것은 십중팔구 (이유를 명시하지 않은) 찬성 혹은 반대의 간단한 적시에 지나지 않는다.[353)] 그리고 이것은 둘 이상의 재판관이 공동선언(joint declaration)의 형태로 함께 표명할 수도 있다.[354)]

의견도 선언처럼 간단할 수 있지만, 때로는 판결 자체보다 훨씬 더 긴 경우도 드물지 않다. 의견 역시 공동의견(joint opinion)의 형태로 나타날 수 있다. 그리고 의견을 제출하기를 희망하는 재판관은 심의단계에서 제1독회와 제2독회 사이에 이를 제출하여야 한다. 시간적으로 이렇게 해야만 판결문 기초위원회(Drafting Committee)가 재판소 판결문을 작성할 때 의견을 고려에 넣을 수 있기 때문이다. 이렇게 해서 의견도 판결문의 최종내용에 현저하게 영향을 미칠 수 있다.

의견은 다시 개별의견(separate opinion)과 반대의견(dissenting opinion)으로 구분되는데, 개별의견이란 재판관이 재판소의 과반수에 의한 결정과 판결주문에 찬성투표는 하였지만 재판소의 추론(혹은 판결이유)(reasoning)에 전부 혹은 부분적으로 찬성하지 않거나, 다른 추론과정에 의해 또는 다른 사유나 추가적인 사유에 기초하여 동일한 결론에 도달하였음을 나타내기 위한 것이다. 따라서 이들 재판관은 투표에서 과반수의 일부를 구성한다.[355)] 이에 반해, 반대의견을 첨부하는 재판관은 재판소 투표에서 과반수의 일부를 구성하지 않는다. 왜냐하면 반대의견은 과반수 의견과 판결주문에 찬성하지 아니한다는 의사를 표시하고, 왜 자신이 판결 전체에 대해 혹은 그 주문의 사활적 측면에 대해 반대투표를 하였는가를 밝히기 위한 것이기 때문이다.[356)]

---

350) ICJ규정 제56조. 1899년 "국제분쟁의 평화적 해결을 위한 헤이그협약" 제52조(및 1907년 헤이그협약 제79조)에서 (중재)판정에는 "그것의 기초된 이유를 명시"해야 한다고 규정한 이래 다른 조약들에서도 이를 추종하게 되었는데, 국제재판소의 판결/결정에 그 이유를 첨부할 것을 요구하는 것은 "그 당시로서는 한 개의 혁신(an innovation)이었다. ... 19세기 국제중재 판정 중에는 그것의 기초된 이유를 첨부하지 않는 것들이 많았다." : Rosenne, *The Perplexities of Modern International Law*, p. 72.

351) 예외적으로, 헌법을 해석하는 독일 연방헌법재판소(Bundesverfassungsgericht)의 재판관들은 -독일의 다른 재판소들과 대부분의 대륙재판소들의 경우와는 달리- 개별의견(concurring/separate opinions)과 반대의견(dissenting opinions)을 낼 수 있다. Hartley, *European Union Law in a Global Context*, pp. 78, 273.

352) ICJ규정 제57조 ; ICJ규칙 제95조 ; Eyffinger, p. 143.

353) ICJ규칙 제95조 2항.

354) Eyffinger, p. 143.

355) '개별'의견은 다른 재판소들에서는 흔히 '동의(찬성)'의견(concurring opinion)으로 칭하는데, 이런 재판소에서 개별의견은 동의의견과 반대의견을 모두 포함하는 의미로 사용된다. 그리고 이 표현방식이 개별의견의 사전적 의미에도 부합하는 것으로 생각된다. https://en.wikipedia.org/wiki/Concurring_opinion ; https://en.wikipedia.org/wiki/Separate_opinion ; https://www.collinsdictionary.com/dictionary/english/separate-opinion.

판결문에는 ICJ소장과 행정처장이 서명한다. 그리고 판결은 대리인들에게 적절히 통고한 후 공개된 법정에서 낭독한다.[357] 재판소가 달리 결정하지 아니하는 한 당사자들은 각자가 자신의 소송비용을 부담한다.[358] 소송 당사국들(실제로는 개도국 당사국들)은 "특별협정(special agreement, *compromis*)을 통해 ICJ에 회부된 분쟁" 혹은 "그러한 특별협정의 결과로 나온 ICJ판결의 이행"과 '관련하여' 부담한 비용에 대해 UN사무총장이 관리하는 신탁기금(trust fund)에서 비용 일부를 지원받을 수 있다.[359]

13. 부수적 관할권

ICJ규정은 국가 간 계쟁사건을 다룸에 있어 재판소에 이른바 부수적 관할권(incidental jurisdiction)을 부여하고 있으며, 재판소는 이것에 의거하여 −대부분 ICJ규정 제3장 (소송절차) 내의− 부차적이거나 절차적 성격의 매우 다양한 관할권을 행사할 권리가 있다.[360] 예컨대, 재판소는 재판관할권의 존재에 대한 항변을 결정짓고, 반소를 허용하고, 임시(잠정 혹은 가보전)조치를 발하고, 소송참가를 허용하고, 자신의 판결을 해석하거나, 재심할 수 있는 권한을 갖는다. 부수적 관할권은 직접 ICJ규정(및 그에 기초한 ICJ규칙) 내의 일부 조항으로부터 나오는 것이기 때문에 재판소가 이 권한을 행사함에 있어서는 당사자들의 동의를 필요로 하지 않는다.[361]

(1) '자신의 관할권을 결정지을 관할권'과 선결적 항변

재판소의 관할권(jurisdiction)이라 함은 "(소송당사자들에게)구속력있는 판결을 내릴 수 있는 힘/권한"(power to give a binding ruling)을 의미하는데, ICJ규정 제36조 6항은 "ICJ가 관할권을 가지는가에 관하여 분쟁이 있을 때에는, 이 문제는 동 재판소의 결정으로 해결한다."라고 규정하고 있다. 통상 불어 표현을 빌려 compétence de la compétence 혹은 독어 표현을 빌려 Kompetenz-Kompetenz로 불리우는 이 규정에 따르면[362] ICJ에게는 "자신의 관할권의 범위에 관하여 구속력 있는 판결을 내릴 (또 하나의) 관할권"(jurisdiction to give a binding ruling on the extent of

---

356) Eyffinger, pp. 143~145.
357) ICJ규정 第58조.
358) ICJ규정 第64조.
359) Secretary-General's Trust Fund to Assist States in the Settlement of Disputes through the International Court of Justice, 〈https://www.un.org/law/trustfund/trustfund.htm〉; Aust, 2nd, p. 359; Aust, *Handbook of IL*, 2nd, p. 413.
360) ICJ규칙, Part Ⅲ, Section D(Incidental Proceedings) 참조.
361) Greig, pp. 664~679; Merrills, p. 116; Eyffinger, pp. 137~138.
362) 불어의 compétence와 독어의 Kompetenz는 여기서 영어의 jurisdiction과 같은 의미를 갖고 있다: Hartley, *Constitutional Problems of the European Union*, p. 152. 그리고 Kompetenz-Kompetenz의 문언적 의미는 "자기 자신에게 권한을 부여할 수 있는 권한"(the power to confer power on yourself), 혹은 이와 동일한 의미로 "자기 권한의 범위를 최종적으로 결정할 권한"(the power to determine conclusively the limits of your powers)을 의미한다: Hartley, 8th, pp. 112~113.

one's jurisdiction)이 있음을 의미하는 것이다.[363] 법의 작용에 의하여 강제관할권을 갖고 있는 국내재판소들이 compétence de la compétence를 갖는 것은 자명한 일이지만 ICJ규정 제36조 6항은 관할권의 기초를 본질적으로 국가들의 동의에 두고 있는 동 국제재판소도 이 권한을 가짐을 명기한 것이다.[364] 또한 제36조 6항은 제36조 2항(임의/선택조항)에 뒤이어 나오는 규정이긴 하지만, 이것은 임의조항에 의거한 선언으로부터 야기되는 관할권 분쟁에 국한되는 것이 아니다. 즉, 이 규정은 (중재재판과 사법재판의 구분없이) 국제재판의 전 영역에 걸쳐 적용되는 한 개의 법의 일반원칙을 단지 반복한 것이기 때문에 ICJ의 재판관할권이 다투어지는 모든 경우에 적용될 수 있다. 뿐만 아니라 ICJ는 제36조 6항의 규정이 없다고 하더라도 자신의 재판관할권에 관해 결정지을 "고유의(내재적 혹은 타고난)" 권한(*inherent* powers)을 갖는다고 말할 수 있다.[365] ICJ도 *Nottebohm* 사건[366]에서, "*Alabama* 호 사건 이래의 과거의 여러 판례를 볼 때 반대되는 합의가 없는 한 국제재판소가 자신의 재판관할권에 대해 결정지을 권리를 갖는다는 점은 일반적으로 승인되어 오고 있다."고 언급하면서, "중재재판에서 일반국제법에 의하여 수락된 이 원칙은 ... 국제재판소가 그 관할권을 정하고 그 운용을 규율하는 국제문서에 의하여 사전 수립된 기관인 경우에는 특별한 힘을 갖는다."고 강조한 바 있다.[367]

---

363) Hartley, *Constitutional Problems of the European Union*, p. 152 ; Hartley, *European Union Law in a Global Context*, p. 194. 여기서 말하는 Kompetenz-Kompetenz(관할권-관할권)는 '재판소'가 자신의 관할권의 범위에 관해 구속력있는 판결을 내릴 관할권을 지칭한다는 의미에서 이것은 judicial Kompetenz-Kompetenz(재판상의 관할권-관할권)라고 칭하기도 한다. 그러나 Kompetenz- Kompetenz 이론은 사실상 다른 정부기관들에 대해서도 적용될 수 있다. 예컨대, 어떤 입법기관이 추가적인 입법을 통과시킬 권한을 자기 자신에게 부여할 수 있다면, 이 입법기관은 legislative Kompetenz-Kompetenz(입법상의 관할권-관할권)를 갖는다고 할 수 있다. Hartley, *Constitutional Problems of the European Union*, p. 156.

364) Thirlway in Evans (ed.), *International Law*, 5th, p. 586.

365) 국제재판소의 이 권한은 개념적으로 국제기구의 묵시적 권한(implied powers)과 비슷하다. Orakhelashvili, pp. 435~439.

366) *Nottebohm* case (Preliminary Objection), ICJ Reports (1953), pp. 119~120. 이 밖에도 ICJ는 *Military and Paramilitary Activities in and against Nicaragua* (Nicaragua v. United States of America) (Merits), ICJ Reports (1986), p. 14 at 142 (para. 283)에서, "일반적으로, 분쟁의 본안에 대해 결정할 재판소의 관할권은 손해배상에 대해 결정할 관할권을 동반한다."(In general, jurisdiction to determine the merits of a dispute entails jurisdiction to determine reparation.)라고 언급함으로써 국가들의 동의에 기초하지 아니한 자신의 고유권한을 천명한 바 있다. Orakhelashvili, p. 438.

구유고국제형사재판소 항소부(International Criminal Tribunal for the Former Yugoslavia, Appeals Chamber)도 *Prosecutor* v. *Duško Tadić* (jurisdiction), Decision of 2 October 1995, para 18에서 이 점을 다음과 같이 확인하고 있다. "This power, known as the principle of '*Kompetenz-Kompetenz*' in German or '*la compétence de la compétence*' in French, is part, and indeed a major part, of the incidental or inherent jurisdiction of any judicial or arbitral tribunal, consisting of its 'jurisdiction to determine its own jurisdiction.' It is a necessary component in the exercise of the judicial function and does not need to be expressly provided for in the constitutive documents of those tribunals, although this is often done (See, e.g., Statute of the International Court of Justice, Art. 36, para. 6). ... ." (1996) 35 ILM 32 at 40 ; Harris, 5th, p. 753.

367) 그러나 여전히 문제로 남는 것은, '의심이 있는 경우에' 재판소는 재판관할권이 있다고 결정해야 하는지 아니면 재판을 거절해야 하는지의 여부이다. 이것이 사실문제라면 그 존재 또는 부존재를 입증할 책임이 소송당사자 일방에게 귀속될 것이고, 이것이 법률문제라면 "재판소는 법을 알고 있다."(*jura novit curia* : the court knows the laws)라는 원칙이 적용되며 따라서 소송당사자 그 누구도 이를 입증할 것이 요구되지 않을

Application of the Convention on the Prevention and Punishment of the Crime of Genocide 사건(Croatia v. Serbia)[368]에서 ICJ는 규정 제35조(재판소 출입)의 문제와 제36조 6항(compétence de la compétence)의 관계에 대해서도 언급한 바 있다. 즉, 위에서 언급한 바와 같이 재판소 출입의 문제는 재판관할권에 대한 동의의 문제와는 달리 당사자들의 의사의 문제가 아니긴 하지만, 그러나 사건이 제35조의 조건을 충족하지 못하는 국가에 의하여 혹은 그런 국가에 대하여 제기되었다고 하여 ICJ가 compétence de la compétence를 갖지 못하는 것은 아니라는 것이다. 재판소 출입의 문제와 좁은 의미의 재판관할권 문제는 분명히 별개의 것이면서도 전자는 후자의 문제와 긴밀히 연결되어 있고, 특히 충족되지 못한 것이 재판소 출입의 조건이든 재판관할권의 조건이든 그 결과는 재판소의 관할권 흠결로 끝나기 때문이다.[369]

국가 간 합의에 의해 어떤 재판소의 compétence de la compétence가 다른 재판소로 이전될 수도 있다. 즉, 분쟁의 본안(merits)을 결정하기 위해 선택된 재판소(A)가 아닌 재판소(B)가 전자(A)의 관할권에 대해 관할권을 가지며, 그 결과 전자(A)는 사실상 자신의 compétence de la compétence를 박탈당할 수 있다. 예컨대, ICJ는 *Ambatielos* case (Greece v. United Kingdom) (Jurisdiction)[370]에서, 두 분쟁당사국 간의 합의에 의하면 동 재판소에게는 Ambatielos 청구의 본안에 대해 결정할 관할권은 없지만 피고 영국이 사건을 중재재판으로 가져갈 의무가 있는지의 여부에 대해 결정할 관할권은 있다고 판시한 바 있다. 그리고 이어서 *Ambatielos* case (Merits : obligation to arbitrate)[371]에서 ICJ는, 영국은 사건을 중재재판으로 가져갈 의무가 있다고 판시하였다. 그러나 중재재판소 역시 제한이 입증되기 전까지는 본질적으로 compétence de la compétence를 가지는 것으로 추정되기 때문에 compétence de la compétence의 이같은 이전은 이 문제에 대한 당사자 간의 명백한 합의를 전제로 한다. 또한, 이 사건에서 ICJ는 중재재판소가 갖게 될 관할권의 모든 측면에 대해 판단하도록 요청받은 것은 아니었으며, 그 남겨진 범위 내에서 중재재판소는 compétence de la compétence를 갖게 되었다. 실제로 나중에 이 사건이 중재재판에 회부되었을 때 재판소는 피고국

것이다. ICJ는 Case concerning *Border and Transborder Armed Actions* (Nicaragua v. Honduras) (Jurisdiction and Admissibility), ICJ Reports (1988), p. 69 at 75~76 (para. 15)(noted by Pauwelyn, p. 450)에서 ICJ는 "특정 사건에서 본 재판소의 관할권의 존재는 (그러나) 사실의 문제가 아니라 관련사실에 비추어 해결되어야 할 법의 문제이다."(The existence of jurisdiction of the Court in a given case is however not a question of fact, but a question of law to be resolved in the light of the relevant facts) 라고 전제한 뒤, *Chorzów Factory* (Jurisdiction), PCIJ, Series A, No. 9, p. 32를 인용/확인하면서 다음과 같이 판시한 바 있다 : "The Court will therefore in this case have to consider whether the force of the arguments militating in favour of jurisdiction is preponderant, and to "ascertain whether an intention on the part of the Parties exists to confer jurisdiction upon it."" 그후 ICJ는 *Fisheries Jurisdiction* case (Spain v. Canada) (Jurisdiction), ICJ Reports (1998), p. 432 at 450~451 (paras. 37~38)에서 *Border and Transborder Armed Actions* 판결, para. 16을 인용하고 있다. See also WTO Appellate Body Report on *Mexico – Corn Syrup* (*Article 21.5 – US*), para. 36 (noted by Pauwelyn, p. 209, fn. 118).

368) Preliminary Objections, Judgment of 18 November 2008, paras. 86~90.

369) Judgment of 18 November 2008, paras. 86~87.

370) ICJ Reports (1952), p. 28.

371) ICJ Reports (1953), p. 10.

가가 제기한 청구의 허용성(admissibility of the claim) 문제를 검토하였는데, 여기서 중재재판소는 청구의 대상이 된 원고국가의 국민이 피고국에서 국내구제를 완료하지 않았다고 결론짓고 청구를 각하하였다.[372)]

2016년 *Alleged Violations of Sovereign Rights and Maritime Spaces in the Caribbean Sea* (Nicaragua v. Colombia)(Preliminary Objections)[373)]에서도 ICJ의 '고유관할권'(inherent jurisdiction) 주장이 제기된 바 있으나, 재판소는 이 문제에 대한 판단을 회피하였다. 즉 이 사건에서 원고국 니카라과는 재판관할권 성립의 근거로서 두 가지를 제시하였는데, 그 첫 번째는 −체약국들이 ICJ규정 제36조 2항을 수락하는 내용을 담은− 일명 브고타조약(Pact of Bogotá) 즉 "평화적 해결에 관한 미주조약"(American Treaty on Pacific Settlement) 제31조였다. 그리고 이것이 여의치 않을 경우 그 대안으로 니카라과는 ICJ는 자신의 판결 불이행에 관한 분쟁을 다룰 고유권한을 가지고 있으며, 현재의 분쟁은 콜롬비아가 *Territorial and Maritime Dispute* (Nicaragua v. Colombia) 사건에 대한 2012년의 ICJ 판결을 이행하지 않음으로 인하여 발생한 것이기 때문에 본 사건에서 ICJ의 그같은 고유권한이 존재한다고 주장하였다. 이 주장에 대해 피고국 콜롬비아는 선결적 항변을 제기하여 니카라과의 주장은 ICJ 규정이나 판례에서 근거를 찾을 수 없는 것이라고 주장하였다. ICJ는 고유관할권 주장은 본 사건에서 니카라과가 재판관할권 성립의 대안으로 들고 나온 것인데, 재판소가 보고타조약 제31조에 의거하여 재판소의 관할권이 성립함을 인정하였으므로 고유관할권 문제는 다룰 필요가 없으며 따라서 콜롬비아의 선결적 항변에 대해 판결을 내릴 이유가 없다고 결론지었다.

대체로 원고국가가 피고국가의 동의 없이 일방적으로 제기하는 소송에서 피고측이 (규정 제34조~제35조 하의)재판소 출입의 문제 내지는 (제36조~제38조 하의) 재판관할권(jurisdiction of the Court)이나 청구(소)의 허용성(admissibility of the application/claim)을 다투기 위하여 제기하는 항변을 선결적 항변(preliminary objections)이라 칭하는데, PCIJ는 *The Panevezys-Saldutiskis Railway Case*[374)]에서 "수락되면 사건에서 더 이상의 질차진행을 막는 효과가 있으며, 따라서 본안 심리에 들어가기에 앞서 다루는 것이 타당한 것"으로 정의한 바 있다. 상대적으로 드물기는 하지만 사건이 특별협정에 의해 부탁된 경우에도 당사자 일방에 의해 선결적 항변이 제기될 수 있고, 흥미롭게도 원고국가가 선결적 항변을 제기한 사례도 있으며,[375)] 또 재판소는 당사자들에 의해 제기되지 아니한 선결적 쟁점들도 자발적으로(on its own initiative) 검토할 수 있다.[376)] 재판소가 부수적 관할권을 행사하는 사건에서도 선결적 항변이 제기되기도 한다.[377)] 어쨌든, 피고국가는 이같은 항변을

372) Amerasinghe, pp. 157~159.

373) Judgment of 17 March 2016, paras. 102~104.

374) Estonia v. Lithuania, PCIJ (1939), Series A/B, No 76, at p. 16 ("any objection of which the effect will be, if the objection is upheld, to interrupt further proceedings in the case, and which it will therefore be appropriate for the Court to deal with before enquiring into the merits").

375) *Monetary Gold Removed from Rome in 1943* case (Italy v. France, UK and USA), ICJ Reports (1954), p. 19.

376) Eyffinger, p. 139.

성공적으로 제기함으로써 재판소가 사건의 본안에 관하여 판단하는 것을 봉쇄할 수 있다. 이 선결적 항변절차는 ICJ규정에서는 언급되고 있지 아니하며, 동 재판소 규칙(제79조)에서 규정하고 있을 따름이다.

2019년 10월 21일 ICJ는 선결적 항변에 관한 규칙 제79조를 개정하여, (i) 재판소 자신이 확인하는 선결문제(preliminary questions)와 (ii) 사건의 어느 당사자가 제출하는 선결적 항변(preliminary objections)을 구분하였다. 그리하여 개정된 제79조는 오로지 선결문제를 다루고, 제79조의 2(bis)는 선결적 항변을 다루며, 제79조의 3(ter)은 이 두 가지 시나리오 모두에 적용되는 일반적인 절차적 쟁점에 관련한 사항을 담고 있다.[378)]

실제 관행을 보면 선결적 항변의 목적으로 제기되는 주장은 다양하다. 첫째, 피고국은 재판소의 관할권 흠결을 주장할 수 있다. 예컨대, 원고국이 제소의 기초로 삼은 조약 내 재판조항의 조건을 다투거나 원고국의 임의조항 수락선언이나 그 유보에 대한 해석에 이의를 제기할 수 있다. 둘째, 피고국은 분쟁의 존재 자체에 이의를 제기함으로써 소의 허용성이 결여되어 있음을 주장할 수 있다. 예컨대, 국내구제수단이 아직 완료되지 않았다든지,[379)] 혹은 문제의 분쟁은 법적 분쟁(legal dispute)이 아니기 때문에 재판소의 활동영역에 속하지 않는다든지, 혹은 원고국은 당해 분쟁에서 소의 이익(legal interest)[380)]이 결여되어 있다는 등의 주장이 피고국에 의하여 제기될 수 있다.[381)] 소의 허용성 여부를 결정하기 위한 결정적 시점(기일)은 신청서(소장)가 재판소에 제출된 일자이다.[382)]

피고가 제기하는 선결적 항변은 "가능하면 곧, 그리고 (원고의) 진술서가 전달된 후 3개월 이내에" 서면으로 제출하여야 한다. 피고 이외의 당사자가 제기하는 선결적 항변은 그 당사자의 제1소답 전달시한 내에 제기하여야 한다.[383)] 그러나 ICJ는 신청서가 제출된 후에 재판소장이 당사자들을 만나서 협의한 후 재판관할권 혹은 청구의 허용성에 관련된 어떤 문제라도 따로(separately) 재판하기로 결정할 수 있다.[384)]

그 후 본안에 대한 절차는 중단되고, 별개의 소송단계를 구성하는 일종의 '재판 내의 재판'이 개시된다. 그리고 이 단계에서는 선결적 항변을 제기한 당사자가 원고가 되어 자신의 주장을 입증할 책임을 부담한다.[385)] 재판소는 당사자들의 견해를 듣고, 재판소 심의(deliberation)를 거친 뒤, 선

377) See e.g. *Request for Interpretation of the Judgment of 15 June 1962 in the Case concerning the Temple of Preah Vihear* (*Cambodia v. Thailand*) (Cambodia v. Thailand), Judgment of 11 November 2013, paras. 12~13, 30~57 of the judgment.

378) 제79조를 비롯하여 이날 개정된 몇 개 규칙은 당일 발효하였다. ICJ Press Release, No. 2019/42, 21 October 2019.

379) Case concerning *the Arrest Warrant of 11 April 2000* (Democratic Republic of the Congo v. Belgium), ICJ Reports (2002), p. 3 at 17 (para. 40).

380) See Pauwelyn, pp. 81~82.

381) Eyffinger, p. 138 ; Tams, pp. 23~24.

382) Case concerning *the Arrest Warrant of 11 April 2000* (Democratic Republic of the Congo v. Belgium), ICJ Reports (2002), p. 3 at 17 (para. 40).

383) ICJ규칙 제79조의 2(bis), 1항.

384) ICJ규칙 제79조 1항 ; 재판소가 이같이 결정하는 경우에는 당사자들은 규칙 제45조 1항에 관계없이 재판소가 정하는 시한과 순서에 따라 재판관할권 혹은 청구의 허용성에 관한 소답을 제출하여야 한다(규칙 제79조 2항).

결적 쟁점에 대하여 판결을 내린다.[386] 여기서 재판소는 선결적 항변을 인정하여 사건을 소송명부에서 지우거나, 항변을 배척하고 본안심리를 재개할 수 있다. 그리고 항변이 '완전히' 선결적 성격(exclusively preliminary character)의 것이 아니고 본안과도 관련이 있는 경우에는 쟁점을 본안심리에서 함께 검토하기로 결정하기도 한다.[387] 또한 당사자들이 선결적 항변의 문제를 본안(merits)의 테두리 내에서 심리하기로 합의하면 재판소는 거기에 따른다.[388] 한편, ICJ는 *Armed Activities on the Territory of the Congo* (New Application : 2002) 사건[389]에서 "재판관할권(jurisdiction)이 있다고 인정되는 경우에만 청구의 허용성(admissibility) 문제를 다루는 것이 재판소의 확립된 판례"라고 언급한 바 있다.

(2) 반소[390]

반소(counterclaim)는 그것이 "재판소(ICJ)의 관할권에 들고" '그리고(동시에)' "타방당사자의 청구내용과 직접적인 관련이 있는 경우에만"(only if it comes within the jurisdiction of the Court and is directly connected with the subject-matter of the claim of the other party) 재판소에 의해 수락될 수 있으며,[391] 따라서 이 두 요건 중 어느 하나를 결하면 반소는 수락되지 아니한다.[392] 이 두 개의 누적적 요건은 심사 순서와는 관계가 없으며, 둘 중 어느 것을 먼저 심사할 것인지는 재판소가 판단한다.[393] 반소는 반대이유서(counter-memorial)에서 하여야 하고, 반대이유서

385) 절차법의 이 원칙은 라틴어로 "*Reus excipiendo fit actor*"(The defendant by pleading may make himself a plaintiff)로 표현하기도 한다. Thirlway in Evans (ed.), *International Law*, 5th, p. 586 ; https://legal-dictionary.thefreedictionary.com/plaintiff ; https://thelawdictionary.org/reus/.

386) ICJ규칙 제79조의 3(ter), 4항.

387) ICJ규칙 제79조의 3(ter), 4항. See Cases concerning *Questions of Interpretation and Application of the 1971 Montreal Convention Arising from the Aerial Incident at Lockerbie*, judgments of 27 Feb. 1998, Libya v. UK, paras. 47~50 and Libya v. US, paras. 47~50 ; *Certain Iranian Assets* (Islamic Republic of Iran v. United States of America)(Preliminary Objections), 13 February 2019, paras. 96~97.

388) ICJ규칙 제79조의 2(bis), 4항.

389) Democratic Republic of the Congo v. Rwanda, (Jurisdiction and Admissibility), Judgment of 3 February 2006, para. 18.

390) ICJ규칙 제80조 ; Eyffinger p. 140.

391) ICJ규칙 제80조 1항. See *Application of the Convention on the Prevention and Punishment of the Crime of Genocide* (Croatia v. Serbia), judgment of 3 February 2015, paras. 120~123.

392) 다음의 사건이 이것을 잘 보여주고 있다. 즉, 2008년 12월 23일 독일이 이탈리아를 상대로 제기한 *Jurisdictional Immunities of the State* 사건에 대해 이탈리아가 2009년 12월 23일 제출한 답변서(counter-memorial)를 통해 -독일이 나치 범죄의 이탈리아 피해자들에게 손해배상을 제공해야 할 의무를 이행하지 않았다는- 반소를 제기한 바 있는데, ICJ는 이탈리아가 반소를 위한 재판관할권의 기초로서 제시한 "분쟁의 평화적 해결을 위한 유럽협약"의 관련 규정을 분석한 결과 재판소의 시간적 관할권(jurisdiction *ratione temporis*)이 성립되지 아니함으로 이탈리아의 반소는 허용될 수 없다고 판시하였다. 그리고 재판소는 이로써 두 번째 문제(즉, 이탈리아의 반소가 독일이 제기한 청구의 내용과 직접적인 관련이 있는지의 여부)는 다룰 필요가 없다고 하였다. *Jurisdictional Immunities of the State* (Germany v. Italy), Counter-Claim, Order of 6 July 2010, ICJ Reports (2010), p. 310.

393) *Alleged Violations of Sovereign Rights and Maritime Spaces in the Caribbean Sea* (Nicaragua v. Colombia), Counter-Claims, Order of 15 November 2017, paras. 20~21.

주장의 일부로 나타나야 한다.[394] 반소 신청에 대해 이의가 제기되는 경우, 또는 재판소가 필요하다고 생각할 때에는 언제든지, 재판소는 양 당사자의 의견을 들은 후 반소 허용 여부를 결정한다.[395]

ICJ에 강제관할권을 부여하는 조약에 의거하여 소가 일방적으로 제기된 후 피고국가가 동 조약에서 탈퇴하더라도 피고국가가 동 조약에 의거하여 제기하는 반소에 대한 ICJ의 관할권은 박탈되지 아니한다.[396]

사건이 분쟁당사국 간의 특별협정(special agreement)을 통해 제기된 경우에는 반소가 허용될 여지가 없다는 견해가 한때 통용되었는데, 이 견해는 분쟁이 특별협정에 의해 제기되는 경우에는 양 당사자의 주장이 아주 상세히 기술된다는 것을 전제로 하고 있다. 즉, 분쟁이 특별협정에 의해 제기된 경우에는 반소가 아니라 상호적 청구(reciprocal claim)의 문제가 있을 뿐이라는 것이다. 그러나 국가들은 특별협정에서 일정한 경우 일방적 신청을 허락하기로 합의할 수 있고, 이 합의에 따라 일방적 제소가 있으면 이에 대해 반소가 제기될 수 있다.[397]

(3) 임시조치

임시조치(잠정조치)(provisional measures)는 그 성격상 특정 사건에서 재판소가 일회에 한하여 내릴 수 있는 것은 아닌데, ICJ규정 제41조는 이것에 관하여 다음과 같이 규정하고 있다.

> "1. 재판소는 사정상 필요하다고 생각되면 각 당사자의 각각의 권리를 보전하기 위하여 취해야 할 임시조치를 지시(지적·지목)할 권한을 가진다. (The Court shall have the power to *indicate*, if it considers that circumstances so require, any provisional measures which *ought* to be taken to preserve the respective rights of either party.)
> 2. 최종결정이 있을 때까지, 제시된 조치는 당사자들과 안전보장이사회에 즉각 통지된다. (Pending the final decision, notice of the measures *suggested* shall forthwith be given to the parties and to the Security Council.)"

—때로 가보전(중간보전)조치(interim measures of protection)로도 불리는— ICJ의 임시조치는 법적 구

394) ICJ규칙 제80조 2항.

395) ICJ규칙 제80조 3항.

396) *Alleged Violations of Sovereign Rights and Maritime Spaces in the Caribbean Sea* (Nicaragua v. Colombia), Counter-Claims, Order of 15 November 2017, paras. 19~20, 67("Once the Court has established jurisdiction to entertain a case, it has jurisdiction to deal with all its phases; the subsequent lapse of the title cannot deprive the Court of its jurisdiction. ... Although, as the Court noted above (see paragraph 18), counter-claims are autonomous legal acts the object of which is to submit new claims to the Court, they are, at the same time, linked to the principal claims, and their purpose is to react to them in the same proceedings in respect of which they are incidental. Consequently, the lapse of the jurisdictional title invoked by an applicant in support of its claims subsequent to the filing of the application does not deprive the Court of its jurisdiction to entertain counter- claims filed on the same jurisdictional basis.").

397) *Asylum* case (Colombia/Peru), ICJ Reports (1950), p. 266에서 바로 이런 일이 있었다. 이 문제에 대해서는, Antonopoulos, *op. cit.*, p. 81 ff ; 본장, 상기 "합의에 의한 동의 : 규정 제36조 1항" 항목 참조.

속력이 있는 것인가 없는 것인가? 학자들은 그간 이 문제에 대해 견해의 일치를 보지 못하고 있었고,[398] PCIJ와 ICJ를 통틀어 한동안 이 문제는 세계재판소에서 정면으로 다루어진 바가 없었다.[399] 다만 PCIJ와 ICJ는 그간 임시조치를 지시할 때 이를 예외없이 'Order', 즉 '명령'으로 표현함으로써 암묵적으로나마 이미 임시조치의 구속력을 시사하고 있었다고도 볼 수 있을 것이다.[400] 그러나 ICJ가 임시조치 관할권을 행사하려면 분쟁당사자 쌍방의 합의가 있어야 하는 것도 아니고 또 -아래에서 언급하는 바와 같이- 사건 본안에 대한 관할권의 성립을 먼저 확인해야 하는 것도 아닌 체제 하에서 ICJ규정 제41조가 임시조치의 '명령' 대신 '지시'란 표현을 사용했다는 것은 이것이 법적 구속력이 없는 것임을 시사한다고 생각되기도 하였다.[401] 드디어 ICJ는 2001년의 *LaGrand* 판결[402]에서 이 문제에 대한 해답을 부여하지 않을 수 없었는데, 왜냐하면 이 사건에서 ICJ로부터 임시조치를 얻어내었던 원고 독일정부는 잠정조치의 법적 구속력을 주장한데 반해, 피고 미국정부는 이를 부인하였기 때문이다. 미국은 이 사건에서 규정 제41조에서 order 대신 indicate, must나 shall 대신 ought, 그리고 ordered 대신 suggested 등의 술어가 사용된 것을 보면 ICJ임시조치는 강제적 효력이 없는 것으로 보아야 한다고 주장하였다. 이에 대해 ICJ는 종래 이 문제에 대해 의견이 분분하긴 했지만 규정 제41조 역시 -"조약은 조약규정의 문맥 속에서 그리고 조약(자체)의 객체와 목적에 비추어 부여되어야 할 통상적 의미에 따라 성실하게 해석되어야 한다."고 규정함으로써 이 문제에 대한 국제관습법을 반영하고 있는- 1969년 비엔나 조약법협약 제31조 1항에 의거하여 해석되어야 한다고 전제하였다. 그리고 이같은 관점에서 살펴보았을 때 규정 제41조 하의 결정, 즉 임시조치는 "구속력이 있어야 하므로"(should be binding),[403] "법적 구속력이 있다" (have binding effect)[404]고 결론지었다. 요컨대, ICJ는 규정을 제41조의 문언에 의존하기보다는 규정의 객체와 목적 그리고 제41조의 규정 안에서의 문맥에 의존함으로써 Sollen에서 Sein의 결론을 도출해 낸 것이다.[405]

---

398) See e.g. Jerome B. Elkind, *Interim Protection : A Functional Approach* (The Hague/Boston/ London : Martinus Nijhoff Publishers, 1981), Chapter 6-Are Interim Measures Binding?, pp. 153~166 ; Shaw, 4th, p. 765 ; Wallace, 3rd, p. 299 ; 본서, 6판, p. 887.

399) 이 문제에 대한 ICJ규정 제41조의 모호한 태도는 UN해양법협약에 직접적인 영향을 미친 것으로 보인다. 즉, 동 협약 제290조 1항과 6항 그리고 국제해양법재판소규정 제25조에 의하면, UN해양법협약에 의거하여 강제관할권을 행사하는 재판소들은 최종판결이 날 때까지 "임시조치를 '명령'할 수 있으며"(may *prescribe* any provisional measures), 분쟁당사자들은 "명령된 임시조치를 신속히 이행하여야 한다"(*shall comply promptly with* any provisional measures *prescribed*).

400) Elkind, *op. cit.*, p. 156.

401) Dixon, p. 299.

402) Germany v. USA, Judgment of 27 June 2001, paras. 98~109.

403) Para. 102 of the Judgment.

404) Para. 109 of the Judgment.

405) 유럽인권협약 체제 하에서도 임시조치(interim measures)의 구속력 여부가 문제된 바 있었는데, 잠시 소개하면 다음과 같다. 구체제 하에서 "유럽인권위원회규칙" (Rules of the European Commission of Human Rights)의 제36규칙(Rule 36)은 "The Commission, or when it is not in session, the President may *indicate* to the parties any interim measure the adoption of which seems desirable in the interest of the parties or the proper conduct of the proceedings before it."라고 규정하고 있었는데, 여기에 언급된 '유럽인권위원회'에 의해 '지시 되는 임시조치의 법적 구속력 여부가 *Cruz Varas and Others* v. *Sweden*, Application No. 15576/ 89, judgment of 20 March 1991에서 문제되었다. 이 사건에서 스웨덴은 청구본안

이처럼 ICJ 임시조치가 그 자체 법적 구속력이 있고 따라서 이를 위반하면 -국가책임법이 발동될 수 있는- 국제위법행위가 성립한다고 하더라도 재판소에게는 이를 강제할 수 있는 수단이 없다. *Application of the Convention on the Prevention and Punishment of the Crime of Genocide* 사건[406]이 이 같은 사정을 잘 보여주는데, 피고국가가 임시조치를 실효적으로 거부하자 ICJ는 원고국가의 재신청에 의거하여 첫 번째 임시조치를 즉각 그리고 실효적으로 이행할 것을 지시할 수 있을 따름이었다. 그러나 ICJ가 미국에 대해 본안 판결이 나올 때까지 사형을 집행하지 말아 달라는 임시조치를 지시했음에도 그로부터 몇 시간 뒤에 사형이 집행되고만 *LaGrand* 사건[407]에서 ICJ는 "집행수단의 흠결과 구속력의 결여는 두 개의 서로 다른 문제"라는 점을 지적한 바 있다.[408]

그리고 임시조치는 당연히 사건의 본안에 대한 판결로 간주되어서는 안된다.[409] 따라서 임시조치

에 대한 유럽인권위원회의 의견이 협약체약국에게 법적 구속력이 없으므로, 유럽인권위원회가 지시하는 임시조치를 이행할 법적 의무도 존재하지 않는다고 주장하였다(para 92 of the judgment). 유럽인권재판소도 10 대 9의 다수결로 동 위원회 임시조치의 구속력을 부인하였다(para. 100).

한편, "유럽인권재판소 규칙"(Rules of the European Court of Human Rights)의 제39규칙(Rule 39)은 역시 '재판소'가 임시조치를 '지시'하는 것을 허용하고 있는데, 동 규칙 1항은 "The Chamber or, where appropriate, its President may, at the request of a party or of any other person concerned, or of its own motion, *indicate* to the parties any interim measure which it considers should be adopted in the interests of the parties or of the proper conduct of the proceedings before it."라고 규정하고 있다. ICJ가 2001년의 *LaGrand* 판결에서 자신이 지시하는 임시조치의 구속력을 인정한 후, 유럽인권재판소(7인 재판관 Chamber)는 *Mamatkulov and Abdurasulovic* v. *Turkey*, Application Nos. 46827/99 and 46951/99, judgment of 6 February 2003에서 자신은 구유럽인권위원회와는 달리 -장관위원회와 더불어- 구속력있는 결정을 발할 권한이 있다고 언급하면서, ('구유럽인권위원회'가 지시하는 임시조치의 구속력에 대해 심사한) *Cruz Varas and Others* 사건과 본 사건을 구분하였다(para. 104). 그리고 '재판소'가 '지시'하는 임시조치를 준수하지 않는 것은 "유럽인권재판소에 소송을 제기할 권리의 실효적 행사를 어떤 방식으로든 방해하지 말 것을 체약국들에게 요구하고 있는 협약 제34조의 위반을 구성한다"고 (6 대 1의 다수결로) 판시함으로써 사실상 1991년의 결정을 파기하였다(para. 111). 유럽인권재판소는 이 판결(para. 39 이하)에서 ICJ를 포함한 몇몇 국제재판소와 인권관련 위원회의 임시조치 제도에 대해 개관하고 있어서 이 문제를 개관하는데 도움이 된다. 상기 두 판결은 https://www.echr.coe.int/ECHR/EN/Header/Case-Law/HUDOC/HUDOC+database/에서 검색할 수 있다.

406) *Application of the Convention on the Prevention and Punishment of the Crime of Genocide* [Bosnia and Herzegovina v. Yugoslavia (Serbia and Montenegro)](*Request for the Indication of Provisional Measures*), Order of 8 April 1993, ICJ Reports (1993), p. 3 ; *Application of the Convention on the Prevention and Punishment of the Crime of Genocide* (*Further Request for the Indication of Provisional Measures*), Order of 13 September 1993, ICJ Reports (1993), p. 325.

407) At para. 107 of the judgment.

408) 이 점은 종래 임시조치의 구속력 여부에 대한 논쟁과정에서 이미 지적된 바 있었다. 예컨대, 구속력 인정론자인 Elkind, *op. cit.*, pp. 157~158, 163은 구속력 부인론자들이 "기본적으로 임시조치의 권위(구속력)와 그것의 집행가능성을 혼동"(a basic confusion between the authority and the enforceability of interim measures)하고 있다고 지적한 바 있다.

409) Shaw, 4th, p. 765. 국제해양법재판소는 *The M/V "Louisa" Case* (Saint Vincent and the Grenadines v. Kingdom of Spain)(Request for provisional measures), Order of 23 December 2010, paras. 70~72에서 제소국의 잠정조치 신청에 대해, "분쟁에 대해 일견 관할권(*prima facie* jurisdiction)이 있다고 판단은 되나, 재판소에 제시된 현재의 상황이 잠정조치를 명령할 정도는 아니다"라고 판시한 바 있었다 : https://www.itlos.org/fileadmin/itlos/documents/cases/case_no_18_prov_meas/Order_23-12-10_final_E_elec_signed.corr_for_publication.pdf. 그러나 동 재판소는 그 후 본안에서 "제소국의 신청서 제출 당시에 UN해양법협약의 해석 또는 적용에 관련한 분쟁이 존재하지 않았으며, 따라서 물적 관할권(jurisdiction *ratione materiae*)이 성립하지 않는다"고 결론지었다 : Judgment of 28 May 2013, para. 151, 〈https://www.itlos.org/fileadmin/

청구에 관하여 결정함에 있어 재판소는 사건 본안에 관하여 관할권을 가지고 있음을 최종적으로 확인할 필요까지는 없지만, 다만 원고가 원용한 조항들이 일견 재판소 관할권(*prima facie* jurisdiction)의 기초를 제공하는 것으로 보이지 않는 한 임시조치를 지시하지 않는다.[410] 바꾸어 말하면, '관할권 흠결이 명백하다면'(manifestly lacks jurisdiction) 재판소는 임시조치를 지시하지 않을 것이다.[411] 분쟁의 일방당사자가 재판소의 이 권한을 이용하여 관할권 합의의 원칙을 우회하는 것을 막기 위해서이다.[412] 당사자간 대세적 의무(duties *erga omnes partes*)를 창설하는 조약의 위반 여부가 다투어지는 경우 '일견 재판소 관할권'이 인정되면 '일견 원고적격'(*prima facie* standing to sue)도 인정될 것이다.[413]

---

itlos/documents/cases/case_no_18_merits/judgment/C18_Judgment_28_05_13-orig.pdf〉. 이 사건은 국제재판에서 잠정조치 결정 당시의 일견 관할권과 사건 본안에 대한 관할권은 별개의 것으로서, 전자의 인정이 후자의 성립을 보장해 주지는 않음을 잘 보여준다.

410) Case concerning *Military and Paramilitary Activities in and against Nicaragua* (Nicaragua v. United States of America)(Request for the Indication of Provisional Measures), ICJ Reports (1984), p. 169 at 179 (para. 24) ; Case concerning the *Arbitral Award of 31 July 1989* (Guinea-Bissau v. Senegal) (Request for the Indication of Provisional Measures), ICJ Reports (1990), p. 64 at 68 (para. 20) ; Case concerning *Passage through the Great Belt* (Finland v. Denmark)(Request for the Indication of Provisional Measures), ICJ Reports (1991), p. 12 at 15 (para. 14) ; Case concerning *Application of the Convention on the Prevention and Punishment of the Crime of Genocide* [Bosnia and Herzegovina v. Yugoslavia (Serbia and Montenegro)](Request for the Indication of Provisional Measures), ICJ Reports (1993), p. 3 at 11 (para. 14) ; Case concerning *the Vienna Convention on Consular Relations* (*Breard* case) (Paraguay v. US), paras. 23~41, ICJ Communiqué, No. 98/17 *bis*, 9 April 1998 ; Case concerning *Questions relating to the Obligation to Prosecute or Extradite* (Belgium v. Senegal)(Request for the Indication of Provisional Measures), Order of 28 May 2009, paras. 40~55 ; *Certain Activities Carried out by Nicaragua in the Border Area* (Costa Rica v. Nicaragua)(Request for the Indication of Provisional Measures), Order of 8 March 2011, paras. 49~52. ; *Request for Interpretation of the Judgment of 15 June 1962 in the Case concerning the Temple of Preah Vihear* (*Cambodia v. Thailand*) (Cambodia v. Thailand) (Request for the Indication of Provisional Measures), Order of 18 July 2011, ICJ Reports (2011), p. 537 at 542 (para. 21) ; *Application of the Convention on the Prevention and Punishment of the Crime of Genocide* (The Gambia v. Myanmar)(Request for the indication of provisional measures), Order of 23 January 2020, "I. *Prima Facie* Jurisdiction", paras. 16~38 ; *Allegations of Genocide under the Convention on the Prevention and Punishment of the Crime of Genocide* (Ukraine v. Russian Federation)(Request for the Indication of Provisional Measures), Order of 16 March 2022, paras. 24~49 ; *Arbitral Award of 3 October 1899* (Guyana v. Venezuela)((Request for the Indication of Provisional Measures), Order of 1 December 2023, para. 17 ; *Application of the Convention on the Prevention and Punishment of the Crime of Genocide in the Gaza Strip* (South Africa v. Israel)(Request for the Indication of Provisional Measures), Order of 26 January 2024, paras. 15~32.

UN해양법협약의 경우, 그 제290조(임시조치) 1항은 재판소가 임시조치를 명령하기 위해서는 "일견 관할권을 가지고 있는 것으로 판단할"(a court or tribunal which considers that *prima facie* it has jurisdiction ...) 것을 명시적으로 요구하고 있다.

411) See, e.g., Case concerning *Legality of Use of Force* (Yugoslavia v. United States of America) (Request for the Indication of Provisional Measures), ICJ Reports (1999), p. 916 at 925 (para. 29).

412) Merrills, pp. 117~118.

413) *Application of the Convention on the Prevention and Punishment of the Crime of Genocide* (The Gambia v. Myanmar)(Request for the indication of provisional measures), Order of 23 January 2020, "Ⅱ. Question of the standing of the Gambia", paras. 39~42 ; *Application of the Convention on the Prevention and Punishment of the Crime of Genocide in the Gaza Strip* (South Africa v. Israel)(Request for the Indication of Provisional Measures), Order of 26 January 2024, paras. 33~34.

재판소가 이 권한을 행사하는 목적은 소송절차에서 분쟁의 대상인 권리를 보호하는데 있기 때문에 임시조치는 권리에 관한 분쟁이 본안 판결에 의하여 해결되면 더 이상 요구되지 않는 그런 성격의 것이어야 한다.[414] 같은 이유로 재판소는 임시조치를 청구하는 당사자가 주장하는 권리가 '적어도 그럴듯하다고'(at least plausible) 확신하는 경우에만 이 권한을 행사할 수 있으며,[415] '보호를 구하는 권리'와 '청구된 임시조치' 사이에 '연결'(link)이 존재하여야 한다.[416] 또한 임시조치는 사건

---

414) See Case concerning the *Arbitral Award of 31 July 1989* (Guinea-Bissau v. Senegal)(Request for the Indication of Provisional Measures), ICJ Reports (1990), p. 64 at 69 (para. 24) ; Case concerning *Questions relating to the Obligation to Prosecute or Extradite* (Belgium v. Senegal)(Request for the Indication of Provisional Measures), Order of 28 May 2009, paras. 56~61.

415) Case concerning *Questions relating to the Obligation to Prosecute or Extradite* (Belgium v. Senegal)(Request for the Indication of Provisional Measures), Order of 28 May 2009, para. 57 ("... the power of the Court to indicate provisional measures should be exercised only if the Court is satisfied that the rights asserted by a party are at least plausible") ; *Immunities and Criminal Proceedings* (Equatorial Guinea v. France)(Request for the Indication of Provisional Measures), Order of 7 December 2016, para. 71 ; *Application of the International Convention for the Suppression of the Financing of Terrorism and of the International Convention on the Elimination of All Forms of Racial Discrimination* (Ukraine v. Russian Federation)(Request for the Indication of Provisional Measures), Order of 19 April 2017, para. 63 ; *Jadhav* Case (India v. Pakistan)(Request for the Indication of Provisional Measures), Order of 18 May 2017, para. 35 ; *Application of the International Convention on the Elimination of All Forms of Racial Discrimination* (Qatar v. United Arab Emirates)(Request for the indication of provisional measures), Order of 23 July 2018, para. 43 ; *Application of the Convention on the Prevention and Punishment of the Crime of Genocide* (The Gambia v. Myanmar)(Request for the indication of provisional measures), Order of 23 January 2020, "Ⅲ. The rights whose protection is sought and the link between such rights and the measures requested", paras. 43~56 ; *Application of the International Convention on the Elimination of All Forms of Racial Discrimination* (Armenia v. Azerbaijan)(Request for the indication of provisional measures), Order of 6 December 2021, para. 44 ; *Application of the International Convention on the Elimination of All Forms of Racial Discrimination* (Azerbaijan v. Armenia)(Request for the indication of provisional measures), Order of 6 December 2021, para. 41 ; *Allegations of Genocide under the Convention on the Prevention and Punishment of the Crime of Genocide* (Ukraine v. Russian Federation)(Request for the indication of provisional measures), Order of 16 March 2022, para. 50 ; *Application of the Convention on the Prevention and Punishment of the Crime of Genocide in the Gaza Strip* (South Africa v. Israel), paras. 35~59.

국제해양법재판소도 *Delimitation of the Maritime Boundary in the Atlantic Ocean* (Ghana/Côte d'Ivoire), Provisional Measures, Order of 25 April 2015, ITLOS Reports 2015, p. 146, para. 58에서 "at least plausible"의 기준을 채택하였다.

416) *Immunities and Criminal Proceedings* (Equatorial Guinea v. France)(Request for the Indication of Provisional Measures), Order of 7 December 2016, para. 72 ; *Application of the International Convention for the Suppression of the Financing of Terrorism and of the International Convention on the Elimination of All Forms of Racial Discrimination* (Ukraine v. Russian Federation)(Request for the Indication of Provisional Measures), Order of 19 April 2017, para. 64 ; *Jadhav* Case (India v. Pakistan)(Request for the Indication of Provisional Measures), Order of 18 May 2017, para. 36 ; *Application of the Convention on the Prevention and Punishment of the Crime of Genocide* (The Gambia v. Myanmar)(Request for the indication of provisional measures), Order of 23 January 2020, "Ⅲ. The rights whose protection is sought and the link between such rights and the measures requested", paras. 57~63 ; *Application of the International Convention on the Elimination of All Forms of Racial Discrimination* (Armenia v. Azerbaijan)(Request for the indication of provisional measures), Order of 6 December 2021, para. 45 ; *Application of the International Convention on the Elimination of All Forms of Racial Discrimination* (Azerbaijan v. Armenia)(Request for the indication of

본안에 관한 재판소의 "최종결정이 있을 때까지" 지시되는 것이기 때문에 이것은 단지 -그같은 최종결정이 내려지기 전에 분쟁의 대상이 된 권리에 회복할 수 없는 손해(irreparable prejudice)가 야기될 실제적이고 절박한 위험(a real and imminent risk)이 존재한다는 의미에서- 긴급성(urgency)이 존재하는 경우에만 정당화된다.[417] 따라서 임시조치를 청구한 국가가 동 청구에 대한 검토를 연기해 줄 것을 요구해 오는 경우에는 재판소로서는 긴급성의 문제로서 다루어야 할 임시조치 청구란 없는 것이 되어버린다.[418]

임시조치는 원고국가뿐만 아니라 피고국가도 요청할 수 있으며,[419] 또한 재판소가 '스스로 혹은 자발적으로'(*proprio motu*, i.e. on its own motion). 즉 임시조치를 '요청받지 않고서도'(without any request for interim measures) 이를 지시할 수 있다.[420] 그리고 전자의 경우, 즉 소송당사

---

provisional measures), Order of 6 December 2021, para. 42 ; *Allegations of Genocide under the Convention on the Prevention and Punishment of the Crime of Genocide* (Ukraine v. Russian Federation) (Request for the Indication of Provisional Measures), Order of 16 March 2022, para. 64 ; *Application of the Convention on the Prevention and Punishment of the Crime of Genocide in the Gaza Strip* (South Africa v. Israel)(Request for the Indication of Provisional Measures), Order of 26 January 2024, paras. 35~59.

417) Case concerning *Passage through the Great Belt* (Finland v. Denmark) (Request for the Indication of Provisional Measures), ICJ Reports (1991), p. 12 at 17 (para. 23) ; 94 ILR 446 at 455. See also Case concerning the *Land and Maritime Boundary between Cameroon and Nigeria*, ICJ Reports (1996), p. 13 at 21~22. ; Case concerning *Questions relating to the Obligation to Prosecute or Extradite* (Belgium v. Senegal)(Request for the Indication of Provisional Measures), Order of 28 May 2009, paras. 62~73 ; *Immunities and Criminal Proceedings* (Equatorial Guinea v. France), Provisional Measures, Order of 7 December 2016, paras. 82~83) ; *Application of the International Convention for the Suppression of the Financing of Terrorism and of the International Convention on the Elimination of All Forms of Racial Discrimination* (Ukraine v. Russian Federation), Provisional Measures, Order of 19 April 2017, para. 88~89 ; *Jadhav* Case (India v. Pakistan), Provisional Measures, Order of 18 May 2017, paras. 49~50 ; *Application of the Convention on the Prevention and Punishment of the Crime of Genocide* (The Gambia v. Myanmar)(Request for the indication of provisional measures), Order of 23 January 2020, "Ⅳ. Risk of irreparable prejudice and urgency", paras. 64~75 ; *Application of the International Convention on the Elimination of All Forms of Racial Discrimination* (Armenia v. Azerbaijan)(Request for the indication of provisional measures), Order of 6 December 2021, "Ⅳ. Risk of irreparable prejudice and urgency", paras. 69~88 ; *Application of the International Convention on the Elimination of All Forms of Racial Discrimination* (Azerbaijan v. Armenia)(Request for the indication of provisional measures), Order of 6 December 2021, "Ⅳ. Risk of irreparable prejudice and urgency", paras. 59~67 ; *Allegations of Genocide under the Convention on the Prevention and Punishment of the Crime of Genocide* (Ukraine v. Russian Federation)(Request for the Indication of Provisional Measures), Order of 16 March 2022, paras. 66, 77 ; *Application of the International Convention on the Elimination of All Forms of Racial Discrimination* (Armenia v. Azerbaijan)(Request for the indication of provisional measures), Order of 22 February 2023, paras. 46, 57 ; *Application of the Convention on the Prevention and Punishment of the Crime of Genocide in the Gaza Strip* (South Africa v. Israel), paras. 60~74.

418) *Trial of Pakistani Prisoners of War* (Pakistan v. India)(Request for the Indication of Interim Measures of Protection), Order of 13 July 1973, p. 328 at 330 (para. 14).

419) ICJ규칙 제73조 1항 ; Eyffinger, p. 139.

420) ICJ규칙 제75조 1항. 국제재판소에 따라서는 임시조치를 재판소가 자발(독자)적으로(*proprio motu*) 내지는 직권으로(*ex officio*) 발할 수는 없고, "분쟁당사자 일방의 요청이 있는 경우에만"(only at the request of a party to the dispute) 이를 발할 수 있는 경우도 있는데, 국제해양법재판소가 바로 그러하다 (UN해양법협약 제290조 3항). 한편, 1999년 3월 3일 Case concerning *the Vienna Convention on Consular Relations*

자 일방으로부터 임시조치를 요청받은 경우에도 재판소는 그것과 -전적으로 혹은 부분적으로- 다른 조치를 지시할 수 있다.[421] 임시조치는 ICJ가 부수적 관할권을 행사하는 사건에서도 적용된다.[422]

이 제도는 국내소송에서 흔히 보는 것이지만 국가 간 소송에서는 더욱 필요하다고 할 수 있다. 왜냐하면 소송이 오래 가는 경우가 흔하고(특히, 우선 재판소의 관할권문제를 결정해야 하는 경우에는 더욱 그러하다), 또 분쟁으로 인하여 국제위기가 계속 커져 온 경우에는 그 당사자들은 분쟁의 평화적 해결의 가능성을 파괴할 우려가 있는 방식으로 행동하는 경우가 있을 수 있기 때문이다. 예컨대, *Frontier Dispute* 사건[423]에서 국경선 문제로 10년 가까이 전쟁을 끌어 온 부르키나파소(옛 Upper Volta)와 말리는, 이 문제를 해결해 주도록 ICJ에 요청하였다. 그러나 재판소의 결정(판결)을 기다리지 못하고 분쟁이 격화되어 다시금 전투가 발생하였다. 이어 정전이 이루어졌고, 그리고 종국판결에 손상을 주지 않기 위하여 양측은 재판소에 임시조치를 지시해 줄 것을 요청하였다. 다소 달리 표현된 양측의 청구서를 검토한 뒤, 재판소는 있을지도 모를 증거의 파괴를 방지하고 또 분쟁의 확대 내지 악화를 방지하기 위하여 임시조치가 필요하다고 판단하였다. 그러므로 재판소는 그들에 대해 정전을 존중할 것, 군대를 국경선에서 철수시킬 것, 무력행동 이전에 분쟁지역에서 시행되고 있던 행정을 변경시키지 말 것, 분쟁을 강화하거나 혹은 서로의 권리에 간섭할 수 있는 어떤 행동도 하지말 것 등의 임시조치를 지시하였다. 임시조치는 이 *Frontier Dispute* 사건에서처럼 양 당사자가 재판

(*LaGrand* case) (Germany v. USA)에서 ICJ는 처음으로 ICJ규칙 제75조 1항에 의거한 권한을 행사한 바 있는데, 사건 개요는 이러하다. 아이 때부터 미국에서 자란 독일 국적의 LaGrand 형제는 미국 애리조나 주에서 은행을 털던 중 은행원 한 명을 살해한 혐의로 사형선고를 받고, 그 중 동생은 1999년 2월 24일 이미 처형되었으며, 형은 같은 범죄로 3월 3일 처형될 운명이었다. 이에 독일은 이 두 사람이 영사의 원조를 받을 권리가 있음을 통고받지 못한 상태에서 재판을 받고 또 사형선고를 받았는데 이것은 1963년의 "영사관계에 관한 비엔나협약" 위반이라고 주장하면서, ICJ의 강제관할권을 인정한 동 협약의 "분쟁의 강제적 해결에 관한 선택의정서"(독일과 미국 모두 비엔나협약과 동 선택의정서의 당사국이다) 제1조에 의거하여 미국을 상대로 국가책임을 묻는 소송을 3월 2일 야간에 제기하였다. 이와 동시에 독일은 내일이면 나머지 독일인 한 명도 처형되는 급박한 상황을 생각하여 사형집행 연기를 위한 임시조치를 지시해 줄 것을 재판소에 요청하였다. 그리고 그 이튿날, 즉 3월 3일 ICJ는 미국에 대해 이 사건에 대한 최종결정이 있을 때까지 그의 사형집행을 막기 위한 "그 처분 하의 모든 조치를 취할 것"(take all measures at its disposal)을 그 규칙 제75조 1항에 의거하여 요청한 것이다. 그러나 ICJ규칙 제74조는 소송당사자 일방이 임시조치의 지시를 요청해 오는 경우 재판소는 양 당사자에게 진술의 기회를 주기 위해 변론기일을 정하도록 규정하고 있다. 그러므로 ICJ 소장 Schwebel은 그의 개별의견에서, 소송당사자 일방이 임시조치를 요청한 상태에서 타방당사자의 의견을 듣지 않고 규칙 제75조 1항이 발동되었다는 점에서 이것이 동 조항에 언급된 "*proprio motu*"의 원래 의미에 부합되느냐에 대해 유보적 견해를 표시하고 있다. ICJ Communiqué, No. 99/9, 3 March 1999. See also Eyffinger, pp. 139~140 ; Wallace, 3rd, p. 299. 어쨌든, ICJ의 이 임시조치는 애리조나주의 3월 3일 당일 예정된 사형집행을 막지 못하였는데, ICJ는 2001년 6월 27일의 판결에서 미국의 여러 의무 위반을 인정하였다 : Hartley, *European Union Law in a Global Context*, pp. 96~98 참조.

421) ICJ규칙 제75조 2항 ; *Immunities and Criminal Proceedings* (Equatorial Guinea v. France), Provisional Measures, Order of 7 December 2016, para. 94 ; *Application of the International Convention for the Suppression of the Financing of Terrorism and of the International Convention on the Elimination of All Forms of Racial Discrimination* (Ukraine v. Russian Federation), Provisional Measures, Order of 19 April 2017, para. 100.

422) See e.g. *Request for Interpretation of the Judgment of 15 June 1962 in the Case concerning the Temple of Preah Vihear* (*Cambodia v. Thailand*) (Cambodia v. Thailand), *Provisional Measures*, Order of 18 July 2011, ICJ Reports (2011), p. 537, and Judgment of 11 November 2013, para. 4.

423) Burkina Faso/Mali, *Provisional Measures*, Order of 10 January 1986, ICJ Reports (1986), p. 3.

소의 개입을 기꺼이 원하는 상황에서는 아주 실효적이지만, *Military and Paramilitary Activities in and against Nicaragua* 사건에서처럼 분쟁의 일방당사자가 사법적 해결이라는 온전한 생각을 수락하지 않는 상황에서는 별로 유용하지 못하다. 왜냐하면 위에서 언급한 바와 같이 임시조치는 본안판결과 마찬가지로 효과적으로 집행될 수 없기 때문이다.[424)]

ICJ규정 제41조 2항에 의하면 ICJ가 '제시한 조치'(measures suggested)는 당사자들뿐만 아니라 안전보장이사회에도 즉각 통보되어야 하지만, 이에 부응하여 안보리가 어떤 특별한 행동을 할 것이 요구되지는 않는다. ICJ규칙(Rules of Court) 제19조에 의하면 재판소는 자체 결의(resolutions)를 통해 '재판소 내부사법관행'(Internal Judicial Practice of the Court)을 채택할 수 있는데, ICJ가 2020년 12월 21일 새로 채택한 내부사법관행 제11조에 의하면 "재판소가 임시조치를 지시하는 경우 3명의 재판관으로 하여금 임시위원회(*ad hoc* committee)를 구성하여 재판소의 임시조치 이행 감독을 돕도록" 하고 있다.[425)]

임시조치 청구는 "다른 모든 사건"(all other cases)에 우선한다.[426)] 재판소는 자신이 지정하는 휴가기간(judicial vacation)을 제외하고는 항시 개정 상태로 있어야 하는데,[427)] 만약 임시조치가 청구될 때 재판소가 개정 중이 아니라면 재판소는 이를 '긴급한 문제로서'(as a matter of urgency) 다루기 위해 '즉시'(forthwith) 소집되어야 한다.[428)] 재판소 혹은 (재판소가 개정 중이 아닌 경우) 재판소장은 심리일자를 정한다.[429)] 한편, 재판소가 소집될 때까지 재판소장은 당사자들에게 "재판소가 임시조치 청구에 대하여 내릴지 모르는 명령이 무엇이든 그것이 적절한 효과를 가질 수 있는 방식으로 행동하도록" 요청할 수 있다.[430)]

(4) 소송참가

소송참가(third-party intervention)란 제3국이 이미 시작된 소송에 참여하여 자신의 견해를 진술할 수 있는 기회를 얻는 것을 말하는데,[431)] 규정은 두 가지 종류의 소송참가를 인정하고 있다.

> "제62조 1. 사건의 결정에 의하여 영향받을 수 있는 법적 성질의 이익을 가지고 있다고 생각하는 국가는 재판소에 소송참가를 허락해 줄 것을 요청할 수 있다.
> 2. 이 요청에 대한 결정은 재판소가 행한다."

---

424) Merrills, pp. 116~117 ; Shaw, 4th, p. 766 ; Kaczorowska-Ireland, pp. 657~658.

425) https://www.icj-cij.org/en/other-texts/resolution-concerning-judicial-practice ; Keitner, p. 75.

426) ICJ규칙(Rules of Court) 제74조 1항.

427) ICJ규정 제23조 1항. 매년 보통 8월이 재판소 휴가기간으로 정해진다.

428) ICJ규칙 제74조 2항.

429) ICJ규칙 제74조 3항.

430) ICJ규칙 제74조 4항. See e.g. "Urgent Communication to the Parties from the President under Article 74, paragraph 4, of the Rules of the Court" in *Application of the International Convention on the Elimination of All Forms of Racial Discrimination* (Georgia v. Russia), Press Release (Unofficial), No. 2008/26, 15 August 2008, available at www.icj-cij.org.

431) Eyffinger, pp. 140~141 ; Merrills, pp. 118~121 ; Shaw, 4th, pp. 769~771.

"제63조 1. 사건에 관계되는 국가들 이외의 국가들도 당사자로 되어 있는 조약의 해석이 문제되는 경우, 행정처장은 즉시 그 모든 국가에게 통고한다.

2. 이 통고를 받은 모든 국가는 절차에 참가할 권리를 가진다. 다만, 국가가 이 권리를 행사하면 판결에 의하여 부여된 해석은 그 국가에 대하여도 똑같이 구속력을 갖는다."

위 규정에서 보는 것처럼, 제63조는 사건이 특별히 조약의 해석과 관련된 경우에 있어서 당해 조약의 당사자인 제3국의 소송참가를 '권리로서' 인정하고 있고, 또 '부여된 조약해석'에 관한 한 소송참가국에 대하여도 똑같이 구속력을 갖는다. 이처럼 제63조의 소송참가는 '권리로서' 인정되는 것이기 때문에 이는 논리적으로 재판소가 '허락'(permission)을 하고 말고 할 사안은 아니지만, 동 조에 규정된 소송참가의 모든 조건이 충족되었는지, 즉 그 '허용성' (admissibility) 여부를 결정하는 것은 여전히 재판소의 몫이다.[432)]

이에 반해, 제62조는 "사건의 결정에 의하여 영향받을 수 있는 법적 성질의 이익"(an interest of a legal nature which may be affected by the decision in the case)을 가지고 있다고 생각하는 국가의 소송참가 여부를 재판소의 재량에 맡겨두고 있다.[433)] 뿐만 아니라, 소송참가를 허락받

---

432) 규정 제63조 하의 소송참가를 규율하는 ICJ규칙 제82조에 의하면, 규정 제63조에 의거하여 소송참가의 권리를 행사하고 싶은 국가는 특히, "그런 취지의 선언(declaration)을 제출"해야 하고, 이 선언에는 "그 해석이 문제된다고 생각되는 조약의 당해 규정의 확인", "다투고자 하는 규정의 해석의 진술" 등을 담아야 한다. *Haya de la Torre* case (Colombia/Peru), ICJ Reports (1951), p. 71 at 75, 76~77에서 ICJ규정 제63조에 의거하여 쿠바의 소송참가가 허락된 바 있다. 그후, *Military and Paramilitary Activities in and against Nicaragua* case, Order of 4 October 1984 concerning the declaration of intervention of the Republic of El Salvador, ICJ Reports (1984), p. 215에서, ICJ는 규정 제63조에 기초한 엘살바도르의 소송참가 선언은 (재판소의 관할권과 소의 허용성 문제를 먼저 확인해야 하는) "본건 소송의 현 단계에 관련되는 한에 있어서는" '허용성이 없다고'(inadmissible) 결정한 바 있다. 그러나 ICJ는 2013년 2월 6일, *Whaling in the Antarctic* (Australia v. Japan) 사건에서는 ICJ규정 제63조 2항에 의거하여 뉴질랜드가 제출한 소송참가 선언이 허용성이 있다는 결정을 만장일치로 내린 바 있다 : *Declaration of Intervention of New Zealand* (Australia v. Japan), ICJ Order of 6 February 2013 in *Whaling in the Antarctic* (Australia v. Japan ; New Zealand Intervening), (Merits), Judgment of 31 March 2014, paras. 7~13. 사건 개요는 위 '8. 국적재판관과 임시재판관' 참조. *Allegations of Genocide under the Convention on the Prevention and Punishment of the Crime of Genocide* (Ukraine v. Russian Federation) 사건과 관련하여, 2022년 7월 이후 라트비아, 리투아니아, 뉴질랜드, 영국, 독일, 미국, 스웨덴 등 33개 국가들이 ICJ규정 제63조(2항)에 의거 계속하여 소송참가 선언을 제출한 바 있는데, ICJ는 2023년 6월 5일 미국의 선언을 제외한 32개국의 선언은 허용성이 있다고 결정하였다 : ICJ Order of 5 June 2023, 〈https://www.icj-cij.org/case/182〉.

한편, ICJ규정 제63조 1항을 이행하기 위한 절차를 수립하고 있던 ICJ규칙(Rules of the Court) 제43조는 2005년 9월 29일부로 개정되어 여기에 2항과 3항의 규정이 새로 삽입되었는데(이에 따라 기존의 규칙 제43조는 어떤 수정도 없이 다만 제43조 1항으로 되었다), 이는 "국제공기구"(public international organizations)가 당사자인 조약의 해석이 문제"될 수 있는" 사건에서 그같은 국제기구에 대해 -"소송참가"(intervene)가 아닌- 단지 "의견제출"(submit its observations)의 기회를 주기 위한 것이다. (UN헌장과 동일한 절차에 의해서만 개정될 수 있는)규정의 개정 없이 규칙(이것은 ICJ가 만든다. 규정 제30조 1항)의 개정만으로 국제기구들에게 규정 제63조 하의 소송참가의 권리와 효과를 부여할 수는 없는 것이다.

참고로, ICJ는 2024년 2월 28일 소송참가(규정 제62조 및 제63조)에 관련한 규칙 제81조, 제82조, 제86조를 개정하였는데, 이들 규칙은 6월 1일 발효되었다 : ICJ Press Release, No. 2024/18, 28 February 2024, "Amendments to Articles 81, 82 and 86 of the Rules of Court", 〈https://www.icj-cij.org/press-releases〉.

433) ICJ는 *Territorial and Maritime Dispute* (Nicaragua v. Colombia), *Application by Honduras for Permission to Intervene*, Judgment of 4 May 2011, paras. 35~36에서 자신의 이 권한을 특권(prerogative)

은 제3국은 재판소에서 자국의 견해를 진술할 권리(the right to be heard)를 얻기는 하지만 그 자신 소송당사자는 아니기 때문에 재판소 결정에 구속될 의무를 부담하는 게 아니며, 재판소 결정에 구속을 받겠다고 일방적으로 동의할 수 있는 것도 아니기 때문에 재판소의 종국결정은 소송참가국에 대해서는 기판력(*res judicata*)을 갖지 못한다. 규정 제59조에서 재판소의 결정은 "당사자간 외에는 구속력이 없다"(no binding force except between the parties)고 규정하고 있기 때문이다. 이것은 소송'참가자'가 소송'당사자'로 되기 위해서는 기존 당사자들의 동의가 필요함을 의미한다.[434] 바꾸어 말하면, 소송참가를 원하는 국가와 소송당사자들 간에 관할권의 연결고리(jurisdictional link)가 존재하는 것은 소송참가의 요건이 아니다.[435] 그리고 제62조는 소송참가를 원하는 국가는

으로 표현하면서 다음과 같이 언급하고 있다 : "35. In contrast to Article 63 of the Statute, a third State does not have a right to intervene under Article 62. It is not sufficient for that State to consider that it has an interest of a legal nature which may be affected by the Court's decision in the main proceedings in order to have, *ipso facto*, a right to intervene in those proceedings. Indeed, Article 62, paragraph 2, clearly recognizes the Court's prerogative to decide on a request for permission to intervene, on the basis of the elements which are submitted to it.

36. It is true that, as it has already indicated, the Court "does not consider paragraph 2 [of Article 62] to confer upon it any general discretion to accept or reject a request for permission to intervene for reasons simply of policy" (*Continental Shelf* (*Tunisia/Libyan Arab Jamahiriya*), *Application for Permission to Intervene, Judgment, I.C.J. Reports 1981*, p. 12, para. 17). It is for the Court, responsible for safeguarding the proper administration of justice, to decide whether the condition laid down by Article 62, paragraph 1, has been fulfilled. Consequently, Article 62, paragraph 2, according to which "[it] shall be for the Court to decide upon this request", is markedly different from Article 63, paragraph 2, which clearly gives certain States "the right to intervene in the proceedings" in respect of the interpretation of a convention to which they are parties."

434) *Land, Island and Maritime Frontier Dispute* (El Salvador/Honduras), *Application by Nicaragua for Permission to Intervene*, ICJ Reports (1990), p. 92 at 134 (para. 99) ; *Land, Island and Maritime Frontier Dispute* (Merits) (El Salvador/Honduras : Nicaragua intervening), ICJ Reports (1992), p. 351 at 609~610 (paras. 421~424). 이 사건에서 ICJ는 전임자인 PCIJ를 포함하여 세계재판소 역사상 처음으로 제62조에 의거한 소송참가를 허용하였다 : ICJ Reports (1990), p. 92 at 135 (para. 102) ; ICJ Reports (1992), p. 351 at 609 (para. 421). ICJ는 그 후 *Land and Maritime Boundary between Cameroon and Nigeria* (Cameroon v. Nigeria), *Application by Equatorial Guinea for Permission to Intervene*, Order of 21 October 1999, ICJ Reports (1999), p. 1029 ; *Jurisdictional Immunities of the State* (Germany v. Italy), *Application by the Hellenic Republic for Permission to Intervene*, Order of 4 July 2011에서도 제62조에 의거한 소송참가를 허용하였다.

국제해양법재판소규정(Statute of the International Tribunal for the Law of the Sea) 제31조(소송참가 요청)와 제32조(해석 또는 적용 문제에 대한 소송참가의 권리)도 ICJ규정 제62조와 제63조에 각각 상응하는 소송참가를 인정하고 있다. 다만, 한 가지 차이점이 눈에 들어온다. 즉, 제31조에 의거하여 소송참가가 허락된 경우, 국제해양법재판소의 결정은 "그 결정이 ... 소송참가에 관계된 사항과 관련을 가지는 범위 내에서 소송에 참가한 (UN해양법협약)당사국을 구속한다."

435) *Land, Island and Maritime Frontier Dispute* (El Salvador/Honduras), *Application by Nicaragua for Permission to Intervene*, ICJ Reports (1990), p. 92 at 135 (paras. 100~101) ; *Territorial and Maritime Dispute* (Nicaragua v. Colombia), *Application by Costa Rica for Permission to Intervene*, Judgment of 4 May 2011, paras. 38~39 ; *Territorial and Maritime Dispute* (Nicaragua v. Colombia), *Application by Honduras for Permission to Intervene*, Judgment of 4 May 2011, paras. 27~28 ; *Jurisdictional Immunities of the State* (Germany v. Italy), *Application by the Hellenic Republic for Permission to Intervene*, Order of 4 July 2011, para. 31. ICJ규정 제62조의 소송참가를 위해서는 "소송참가 신청국과 사건 당사국들 간에 존재하는 것으로 주장되는 관할권의 일체의 기초"(any basis of jurisdiction which is

사건의 결정에 의하여 영향받을 수 있는 자신의 -'권리' 아닌- '이익'이 '법적' 성질의 것임을 입증하여야 하지만, 그러한 이익이 영향받을 '수' 있음을 입증하는 것으로 족하며, 그러한 이익이 영향을 받을 것이라든지 혹은 영향받을 것이 분명하다는 것을 입증할 필요까지는 없음을 분명히 하고 있다.[436] 소송당사자 간에 제기된 청구사항들 중 일부에 대해서만 소송참가가 허가될 수도 있다.[437] 제62조에 의거하여 소송참가를 하려는 국가가 보여주어야 할 -사건의 결정에 의하여 영향받을 수 있는- 법적 성질의 이익은 단지 판결의 주문에 국한되지 아니하며, 주문에 이르는 필요한 단계들을 구성하는 판결이유에도 관련될 수 있다.[438]

---

claimed to exist as between the State applying to intervene and the parties to the case)를 명시해야 한다는 재판소규칙(Rules of Court) 제81조 2항(c)[2024년 6월 1일부로 동조 5항(c)]의 요건은 재판소 자신에 의해 일관되게 무시되고 있는 것이다. Aust, *Handbook of IL*, 2nd, p. 422.

436) *Land, Island and Maritime Frontier Dispute* (El Salvador/Honduras), *Application by Nicaragua for Permission to Intervene,* ICJ Reports (1990), p. 92 at 117 (para. 61) ; *Land and Maritime Boundary between Cameroon and Nigeria* (Cameroon v. Nigeria), *Application by Equatorial Guinea for Permission to Intervene*, ICJ Reports (1999), p. 1029 at 1034 (para. 12). ICJ는 *Territorial and Maritime Dispute* (Nicaragua v. Colombia), *Application by Costa Rica for Permission to Intervene*, Judgment of 4 May 2011, para. 26, 그리고 *Territorial and Maritime Dispute* (Nicaragua v. Colombia), *Application by Honduras for Permission to Intervene*, Judgment of 4 May 2011, para. 37에서 규정 제62조 소송참가의 성격을 다음과 같이 설명하고 있다 : "The Court observes that, whereas the parties to the main proceedings are asking it to recognize certain of their rights in the case at hand, a State seeking to intervene is, by contrast, contending, on the basis of Article 62 of the Statute, that the decision on the merits could affect its interests of a legal nature. The State seeking to intervene as a non-party therefore does not have to establish that one of its rights may be affected; it is sufficient for that State to establish that its interest of a legal nature may be affected. Article 62 requires the interest relied upon by the State seeking to intervene to be of a legal nature, in the sense that this interest has to be the object of a real and concrete claim of that State, based on law, as opposed to a claim of a purely political, economic or strategic nature. But this is not just any kind of interest of a legal nature; it must in addition be possible for it to be affected, in its content and scope, by the Court's future decision in the main proceedings. Accordingly, an interest of a legal nature within the meaning of Article 62 does not benefit from the same protection as an established right and is not subject to the same requirements in terms of proof." ICJ는 *Jurisdictional Immunities of the State* (Germany v. Italy), *Application by the Hellenic Republic for Permission to Intervene*, Order of 4 July 2011, para. 24에서 이를 다시 확인하고 있다.

437) *Land, Island and Maritime Frontier Dispute* (El Salvador/Honduras), *Application by Nicaragua for Permission to Intervene*, ICJ Reports (1990), p. 92 at 116 (para. 58).

438) *Sovereignty over Pulau Ligitan and Pulau Sipadan* (*Indonesia/Malaysia*), *Application by the Philippines for Permission to Intervene,* ICJ Reports (2001), p. 575 at 596 (para. 47) : "The Court must first consider whether the terms of Article 62 of the Statute preclude, in any event, an "interest of a legal nature" of the State seeking to intervene in anything other than the operative decision of the Court in the existing case in which the intervention is sought. The English text of Article 62 refers in paragraph 1 to "an interest of a legal nature which may be affected by the decision in the case". The French text for its part refers to "*un intérêt d'ordre juridique ... en cause*" for the State seeking to intervene. The word "decision" in the English version of this provision could be read in a narrower or a broader sense. However, the French version clearly has a broader meaning. Given that a broader reading is the one which would be consistent with both language versions and bearing in mind that this Article of the Statute of the Court was originally drafted in French, the Court concludes that this is the interpretation to be given to this provision. Accordingly, the interest of a legal nature to be shown by a State seeking to intervene under Article 62 is not limited to the *dispositif* alone of a

제62조에 의거한 소송참가 허락요청서 그리고 제63조에 의거한 소송참가 선언서는 "예외적인 사정이 있지 않는 한" "될 수 있는 대로 빨리, 그리고 서면절차가 마감되기 전까지는" 제출하여야 한다.[439)]

베르사유 평화조약의 해석이 문제된 *Wimbledon* 호 사건[440)]에서 폴란드는 원래는 PCIJ규정 제62조에 의거하여 소송참가를 신청하였지만 재판소는 폴란드의 의도가 제63조에 의거한 소송참가였다고 보고 이를 허락한 바 있다.[441)]

위에서 언급한 바와 같이 ICJ규정 제62조에 의거하여 소송에 참가하더라도 소송당사자가 되는 것은 아니기 때문에 임시재판관(Judge *ad hoc*)을 지명할 권리도 없고, 판결에 구속되지도 아니한다. 그러나 2023년 12월 29일 *Application of the Convention on the Prevention and Punishment of the Crime of Genocide in the Gaza Strip* (South Africa v. Israel)[442)] 사건이 제기되자, 2024년 1월 23일 니카라과가 ICJ규정 '제62조에 의거하여' 그러나 '당사자로서'(as a party) 소송참가를 신청하면서,[443)] 소송참가가 허락되면 판결에도 구속될 것이라고 주장하였다. 니카라과의 이 "역사적" 신청에 대해 ICJ가 어떤 반응을 보일지 두고 볼이다.[444)]

(5) 불출정(non-appearance)

당사자 일방이 출정하지 아니하거나 또는 출정하더라도 자기 입장을 옹호하고 방어하지 않는 경우, 타방당사자는 자국의 청구를 지지하는 결정을 내려 주도록 재판소에 요청할 수 있다. 이 경우

---

judgment. It may also relate to the reasons which constitute the necessary steps to the *dispositif*." ICJ는 *Territorial and Maritime Dispute* (Nicaragua v. Colombia), *Application by Costa Rica for Permission to Intervene*, Judgment of 4 May 2011, para. 27 ; *Territorial and Maritime Dispute* (Nicaragua v. Colombia). *Application by Honduras for Permission to Intervene*, Judgment of 4 May 2011, para. 38에서 이를 재확인하고 있다.

439) ICJ규칙 제81조 및 제82조.

440) PCIJ (1923), Judgment of 28 June 1923 (Question of Intervention by Poland), Series A, No. 1.

441) Boleslaw Adam Boczek, *International Law : A Dictionary* (Lanham, Maryland : The Scarecrow Press, Inc., 2005), p. 375 ; Andreas Zimmermann, Christian Tomuschat, Karin Oellers-Frahm and Christian J. Tams (eds.), *The Statute of the International Court of Justice : A Commentary*, 2nd ed. (Oxford : Oxford University Press, 2012), pp. 617, 1535.

442) 〈https://www.icj-cij.org/case/192〉.

443) Application for the permission to intervene by the Government of the Nicaragua in the case concerning *Application of the Convention on the Prevention and Punishment of the Crime of Genocide in the Gaza Strip (South Africa v. Israel)*, 23 January 2024, para. 1 ("The present Application is made in accordance with Article 36, paragraph 1, and Article 62 of the Statute of the Court"), & para. 21 ("In the circumstances of the present case, implicating *erga omnes* rights and obligations of State parties to the Genocide Convention, Nicaragua's intervention *as a party* for which permission is requested has the following more specific object: ... (d) Finally and relatedly, Nicaragua's objective, as that of South Africa, is to invoke Israel's responsibility under the Genocide Convention, "with a view to ascertaining the alleged failure to comply with its obligations *erga omnes partes*, and to bring that failure to an end." Hence, as has been indicated above, Nicaragua does not intend to change the subject matter of the case brought by South Africa. *In this regard, Nicaragua understands that, if permitted to intervene as a party in this case, it would be bound by the decision of the Court.*").

444) Cf. Brian McGarry/EJIL:Talk!, February 21, 2024, "Decoding Nicaragua's Historic Request to Intervene in South Africa v Israel", 〈https://www.ejiltalk.org/〉.

재판소는 자신이 ICJ규정 제36조 및 제37조에 따라 재판관할권을 가질 뿐만 아니라 문제의 청구가 사실과 법에 있어 충분히 근거가 있다는 것을 확인한 후에라야 그같은 결정을 내릴 수 있다.[445] 불출정이 재판의 장애가 되지 않는다는 규칙은 재판소가 잠정조치를 지시할 때에도 마찬가지로 적용된다.[446]

(6) 재심

재심(revision)은 판결 당시에는 몰랐던 새로운 사실이 발견되어 사건을 완전히 다시 심리하는 것을 말하는데, 규정 제61조는 이를 인정하고 있다. 그러나 동 제61조 1항에 의하면 판결의 재심청구는 "판결 시에 재판소와 재심청구를 하는 당사자 그 어느 쪽도 알지 못하였던, 결정적 요소가 될 성질을 가진 사실의 발견"을 이유로 할 때에 한하여 할 수 있다. 그리고 이러한 무지는 과실에 의한 것이 아니어야 한다. 재심절차는 새로운 사실의 존재를 명시적으로 기록하고, 이 새로운 사실이 사건의 재심을 요구하는 성질의 것임을 인정하고, 신청이 이같은 이유로 허용되어야 한다는 것을 선언하는 재판소의 판결로 개시된다. 재판소는 재심절차를 허가하기 전에 원판결 조건에 우선 따르도록 요구할 수 있다. 재심청구는 새로운 사실이 발견된 때로부터 늦어도 6개월 내에 하여야 한다. 뿐만 아니라, 판결일자로부터 10년이 지난 후에는 전혀 재심을 청구할 수 없다.[447] ICJ규정 제61조(2

445) ICJ규정 제53조 ; *Fisheries Jurisdiction* (United Kingdom v. Iceland)(Jurisdiction), ICJ Reports (1973), p. 3 at 7 (para. 12) ; *Nuclear Tests* (Australia v. France), ICJ Reports (1974), p. 253 at 263 (para. 31) ; *Nuclear Tests* (New Zealand v. France), ICJ Reports (1974), p. 457 at 468 (para. 32) ; *Aegean Sea Continental Shelf*, ICJ Reports (1978), p. 3 at 7 (paras. 14, 15), & 20 (para. 47) ; *United States Diplomatic and Consular Staff in Tehran* (United States of America v. Iran), ICJ Reports (1980), p. 3 at 18 (para. 33) ; *Military and Paramilitary Activities in and against Nicaragua* (Nicaragua v. United States of America)(Merits), ICJ Reports (1986), p. 14 at 24 (para. 28 : "A State which decides not to appear must accept the consequences of its decision, the first of which is that the case will continue without its participation ; the State which has chosen not to appear remains a party to the case, and is bound by the eventual judgment in accordance with Article 59 of the Statute. There is however no question of a judgment automatically in favour of the party appearing, since the Court is required, as mentioned above, to "satisfy itself" that that party's claim is well founded in fact and law."), noted by ITLOS, *The Arctic Sunrise* case (Netherlands v. Russia)(Request for provisional measures), Order of 22 November 2013, para. 52.

446) See. e.g. *Fisheries Jurisdiction* (United Kingdom v. Iceland)(Interim Protection), Order of 17 August 1972, ICJ Reports 1972, p. 12 at 15 (para. 11 : "... according to the jurisprudence of the Court and of the Permanent Court of International Justice the non-appearance of one of the parties cannot by itself constitute an obstacle to the indication of provisional measures, provided the parties have been given an opportunity of presenting their observations on the subject"), noted by ITLOS, *The Arctic Sunrise* Case (Netherlands v. Russia)(Request for the prescription of provisional measures), Order of 22 November 2013, para. 48.

447) ICJ는 *Application for Revision of the Judgment of 11 July 1996 in the Case concerning Application of the Convention on the Prevention and Punishment of the Crime of Genocide* (*Bosnia and Herzegovina v. Yugoslavia*), Preliminary Objections (Yugoslavia v. Bosnia and Herzegovnia), Judgment of 3 February 2003, ICJ Reports (2003), p. 7 at 11~12 (para. 16) ; *Application for Revision of the Judgment of 11 September 1992 in the Case concerning the Land, Island and Maritime Frontier Dispute* (*El Salvador / Honduras ; Nicaragua intervening*) (El Salavador v. Honduras), Judgment of 18 December 2003, ICJ Reports (2003), p. 392 at 398 (para. 19)에서 규정 제61조를 충족시키기 위한 요

항)에 언급된 "새로운 사실"(new fact)은 정확하게 말하면 "새로이 발견된 구 사실(an old fact newly discovered)"을 지칭한다는 점에서 표현의 문제가 지적되기도 한다.[448)]

(7) 판결해석(interpretation of a judgment)

재판소에 의해 일단 판결이 내려지면, 그것은 종국적(혹은 확정적)인(final) 것으로서 상소의 대상이 되지 아니하고,[449)] 또 당사자들에게 구속력이 있다.[450)] 그러나 규정 제60조 두 번째 문장에 의하면, '판결의 의미 혹은 범위'에 관하여 '분쟁'(dispute)이 생기는 경우 재판소는 어느 한 당사자의 요청이 있으면 이것을 해석'한다.' 따라서 재판소의 이 해석권한에는 세 가지 주요제한이 붙어 있다.

첫째, 판결의 의미 혹은 범위에 관하여 '분쟁'이 존재하여야 한다. 즉, 당사자는 분쟁이 발생하기 전까지는 해석을 요구할 수 없다. 다만, 여기서 '분쟁'이라 함은 사전에 외교교섭을 거치는 등의 "어떤 공식적인 방식으로 명백히 표출되는" 정도에까지 이를 필요는 없으며, "두 정부가 사실상 재판소 판결의 의미 또는 범위에 대하여 상반되는 견해를 지니고 있다는 태도를 보이는 것만으로 충분하다." 이것은 "ICJ규정 제60조 하의 분쟁은 제36조 2항 하에서 분쟁의 존재를 결정짓는 기준과 동일한 기준이 충족됨을 요구하는 것이 아님"을 의미한다.[451)] 특정 쟁점이 구속력 있게 결정되었는지의 여부에 대한 견해의 차이도 판결해석의 범주에 드는 사건에 해당한다.[452)]

둘째, 해석은 어디까지나 '판결의 의미 혹은 범위'에 관하여 하는 것이므로 재판소는 '원판결'의 범위를 벗어날 수 없다.[453)] 그리고 여기서 '판결'이라 함은 본안판결(judgment on the merits)뿐만

건을 (i) 재심신청은 '사실'의 '발견'에 기초할(based upon the "discovery" of a "fact") 것, (ii) 발견되었다고 주장하는 바의 사실은 '결정적 요소가 될 성질을 가진'("of such a nature as to be a decisive factor") 것일 것, (iii) 사실은 (원)판결이 내려지던 때에 재판소(ICJ)와 재심을 청구하는 당사자가 '몰랐던'("unknown") 것일 것, (iv) 이 사실에 대한 무지는 '과실에 의한'("due to negligence") 것이 아닐 것, 그리고 (v) 재심청구는 '새로운 사실이 발견된 때로부터 늦어도 6개월 내에'("at latest within six months of the discovery of the new fact") '그리고' (원)판결 일자로부터 10년이 경과하기 전에 할 것 등 다섯 개로 나누어 설명한 바 있다. 그리고 이들 5개 요건은 누적적인 것으로, 그 중 어느 하나라도 결하면 재심신청은 각하되어야 한다고 말하고 있다 : Judgment of 3 February 2003, para. 17 ; Judgment of 18 December 2003, para. 20. 심리 결과 이들 두 재심 신청은 ICJ에 의해 각하되었다. *Application for Revision of the Judgment of 23 May 2008 in the Case concerning Sovereignty over Pedra Branca/Pulau Batu Puteh, Middle Rocks and South Ledge (Malaysia/Singapore)* (Malaysia v. Singapore), Order of 29 May 2018, ICJ Reports (2018), p. 284은 말레이시아가 싱가포르를 상대로 재심을 신청한 것인데, 두 당사자의 합의에 의해 소가 취하되었다.

448) Thirlway in Evans (ed.), *International Law*, 5th, p. 591.

449) ICJ규정 제60조 첫 번째 문장.

450) UN헌장 제94조 1항.

451) *Request for Interpretation of the Judgment of 15 June 1962 in the Case concerning the Temple of Preah Vihear (Cambodia v. Thailand)* (Cambodia v. Thailand), ICJ Judgment of 11 November 2013, para. 33 ; Interpretation of Judgments Nos. 7 and 8 (*Factory at Chorzów*), Judgment No. 11, PCIJ (1927), Series A, No. 13, p. 11.

452) *Request for Interpretation of the Judgment of 15 June 1962 in the Case concerning the Temple of Preah Vihear (Cambodia v. Thailand)* (Cambodia v. Thailand), ICJ Judgment of 11 November 2013, para. 48.

453) *Request for Interpretation of the Judgment of November 20th, 1950 in the Asylum Case (Colombia/Peru)* (Colombia v. Peru), Judgment of November 27th, 1950, ICJ Reports (1950), p.

아니라 선결적 항변에 대한 판결(judgment on the preliminary objections)도 포함하는 것으로 해석되며, 따라서 후자도 해석신청의 대상이 될 수 있다.454) 다만, 제60조 두 번째 문장에 언급된 '판결의 의미 혹은 범위'란 표현의 의미를 정확하게 깨닫기 위해서는, 이것과 -"본 재판소의 결정은 당사자들과 당해 특정사건을 넘어서는 구속력을 갖지 않는다."고 규정한- 제59조의 규정을 대조해 보아야 한다. 즉, "제60조 두 번째 문장은 ... 재판소로 하여금 '판결에서 구속력있게 해결된 논점들' (the points which had been settled *with binding force* in a judgment)을 아주 분명히 밝힐 수 있도록 하기 위하여 삽입된 것이며", 따라서 "그같은 목적을 갖지 아니한 (해석)신청은 이 규정의 조건에 들지 않는다."455) "그 결과 해석신청은 판결주문(operative part of the judgment)에 관한 것이어야 하며, 주문과 분리될 수 없는 경우를 제외하고는 판결이유(reasons for the judgment)에 관한 것일 수 없다."456) ICJ가 판결주문의 올바른 해석에 빛을 던지는 범위 내에서 판결이유를 고려하는 것은 '재판소의 관행' (practice of the Court)이기도 하다.457) 원 재판 구두절차에서의 소답과 기록도 어떤 증거가 재판소에 제출되었는지 아닌지, 그리고 각 당사자가 쟁점을 어떻게 표명하였는지를 보여주기 때문에 판결해석에 있어 중요하다.458) -독자들에게 판결에서 검토된 쟁점들에 대한 개략적 내용을 제시하는- 판결문의 두서(頭書)(headnote)는 판결의 구성요소가 아니다. 따라서 두서는 판결해석 문제를 해결하는 데 도움이 되지 못한다.459) 그리고 재판소 판결의 의미와 범위는 판결이 내려진 후에 발생한 당사들의 행위에 의하여 영향받을 수 없다. 왜냐하면 판결 해석이란 재판소가 무엇을 결정했는지를 확인하는 절차이지, 재판소가 결정한 것이라고 당사자들이 사후에 믿는 바를 확인하는 절차가 아니기 때문이다.460)

셋째, 재판소는 이상의 요건을 갖춘 해석신청이 있으면 이에 응할 의무가 있다.461) 물론 요건이 충족되지 않았다고 판단하면 해석을 거부할 수 있다.462)

---

395 at 403 ; *Request for Interpretation of the Judgment of 31 March 2004 in the Case concerning Avena and Other Mexican Nationals* (*Mexico v. United States of America*) (Mexico v. United States of America), ICJ Judgment of 19 January 2009, para. 45.

454) *Request for Interpretation of the Judgment of 11 June 1998 in the Case concerning the Land and Maritime Boundary between Cameroon and Nigeria* (*Cameroon v. Nigeria*), Preliminary Objections (Nigeria v. Cameroon), ICJ Judgment of 25 March 1999, paras. 8~11.

455) PCIJ (1927), Series A, No. 13, p. 11.

456) ICJ Judgment of 25 March 1999, paras. 8~11 ; *Request for Interpretation of the Judgment of 15 June 1962 in the Case concerning the Temple of Preah Vihear* (*Cambodia v. Thailand*) (Cambodia v. Thailand), ICJ Judgment of 11 November 2013, para. 34.

457) *Request for Interpretation of the Judgment of 15 June 1962 in the Case concerning the Temple of Preah Vihear* (*Cambodia v. Thailand*) (Cambodia v. Thailand), ICJ Judgment of 11 November 2013, para. 68.

458) *Ibid.*, para. 69.

459) *Ibid.*, para. 73.

460) *Ibid.*, para. 75.

461) Merrills, pp. 121~122.

462) *Request for interpretation of the Judgment of November 20th, 1950, in the Asylum case* (*Colombia/Peru*) (Colombia v. Peru), Judgment of November 27th, 1950, ICJ Reports (1950), p. 395에서, ICJ는 판결 당일 콜롬비아 정부가 제출한 판결해석 신청에 대해 7일 뒤에 이를 각하하는 결정을 내렸다.

판결해석은 ICJ 부수적 권한의 하나로서, 이 절차를 이용함에 있어서는 당사자 일방의 신청만으로 족하다. 그러나 국가들이 이 절차를 발동하기 위해서는 재판소에 함께 가기로 약속하는 특별협정을 체결하여 놓고도 나중에 그 중 한 국가가 일방적으로 판결해석을 신청하는 경우 규정 제60조하의 관할권이 방해받는가의 문제가 제기된 바 있는데, ICJ는 이같은 합의의 유효성에 대해서는 직접 판단함이 없이 규정 제60조가 그같은 합의에 우선하는 것으로 보았다.[463)]

14. 판결의 강제(혹은 집행)

ICJ규정 제59조는 "본 재판소의 결정은 당사자들과 당해 특정사건을 넘어서는 구속력을 갖지 않는다."고 소극적으로 규정함으로써, 반대로 동 재판소의 결정은 당사자 간에서만 그리고 당해 특정사건에 대해서만 구속력이 있음을 천명하고 있다.[464)] 제59조는 이처럼 코먼로 법계의 전통인 선례구속의 원칙(doctrine of *stare decisis*)[465)]을 도입하고 있지는 않지만, 그럼에도 불구하고 재판소의 판례는 국제법의 새로운 규칙의 발전에 크게 영향을 미치고 있다.

한편, 재판에 이겼는데도 패소국이 판결을 이행하지 않는 경우 다시 ICJ에 호소하여 재판소로 하여

해석신청이 각하된 또 하나의 사례로 *Request for Interpretation of the Judgment of 31 March 2004 in the Case concerning Avena and Other Mexican Nationals* (*Mexico v. United States of America*) (Mexico v. United States of America), ICJ Reports (2009), p. 3가 있는데, 사건 개요는 다음과 같다. 멕시코는, 특히, 2004년의 *Avena* 판결 para. 153(9)에 대한 해석을 요청하였는데, 이 para. 153(9)는 다음과 같았다 : "*Finds* that the appropriate reparation in this case consists in the obligation of the United States of America to provide, by means of its own choosing, review and reconsideration of the convictions and sentences of the Mexican nationals referred to in subparagraphs (4), (5), (6) and (7) above, by taking account both of the violation of the rights set forth in Article 36 of the Convention and of paragraphs 138 to 141 of this Judgment." ICJ는 문제의 para. 153(9)는 '결과의무'(obligation of result)를 구성하는 것이라고 선언해 달라는 멕시코의 요청에 대해, 이 점에 대해서는 미국도 동의하고 있기 때문에 당사자들 간에 분쟁이 없다면서 해석신청을 각하하였다. 또한, 멕시코가 진정으로 관심을 가진 문제는 ICJ *Avena* 판결의 미국법 내에서의 직접효력이었는데, 재판소는 이 문제는 동 판결의 적용범위 밖의 것으로서 재판소의 판결해석 관할권(즉, ICJ규정 제60조) 밖에 놓인다고 판결하였다(para. 44). 재판소는 멕시코가 요청한 다른 문제들에 대해서도 -이들은 ICJ규정 제60조의 적용범위 밖이라는 미국의 주장에도 불구하고- 의견을 제시하였다(paras. 48~49). 첫째, ICJ는 Medellin과 관련하여 발부한 ICJ의 임시조치 명령을 미국이 무시함으로써 의무를 위반하고 그로 인해 Medellin에 대한 사형이 집행된 데 대해 미국을 강하게 비난하였다. 둘째, ICJ는 *Avena* 판결 para. 153(9)이 미국에 부과한 의무가 "계속 구속력있는 성격"(continuing binding character)을 가진다는 점을 재확인하였다. 셋째, Medellin의 사형집행은 *Avena* 판결 자체의 위반이라고 선언해 달라는 멕시코의 주장은 ICJ규정 제60조의 범위 밖의 것으로서 받아들일 수 없다고 하였다(para. 56~57). Kaczorowska-Ireland, p. 665.

463) *Application for Revision and Interpretation of the Judgment of 24 Februaiy 1982 in the Case concerning the Continental Shelf* (*Tunisia/Libyan Arab Jamahiriya*) (Tunisia v. Libyan Arab Jamahiriya), ICJ Reports (1985), p. 192 at 216 (para. 43) ; Orakhelashvili, p. 493. ICJ규정 제60조에는 판결해석 신청의 시한(time limit)에 대해서는 언급이 없는데, 국가들이 시한에 대해 합의를 본 경우에도 같은 논리가 적용될 것으로 보는 견해가 있다 : e.g. Kaiyan Homi Kaikobad, *Interpretation and Revision of International Boundary Decisions* (Cambridge : Cambridge University Press, 2007), pp. 129~130.

464) Thirlway in Evans (ed.), *International Law*, 5th, p. 592.

465) https://en.wikipedia.org/wiki/Stare_decisis ; https://en.wikipedia.org/wiki/Precedent ; https://en.wikipedia.org/wiki/Ratio_decidendi.

금 판결을 강제하게 할 수 있는 방법은 없다. 판결의 강제에 대한 규정이라 볼 수 있는 유일의 규정은 UN헌장 제94조인데,[466] 이는 다음과 같이 규정하고 있다.

> "1. UN의 각 회원국은 자국이 당사자인 그 어떤 사건에서도 ICJ의 결정(decision)에 따를 것을 약속한다.
> 2. 사건의 어느 당사자가 재판소에서 내려진 판결(judgment)에 기하여 자국이 부담하는 의무를 이행하지 않는 경우, 타방 당사자는 안전보장이사회에 호소할 수 있으며, 안보리는 필요하다고 생각되면 판결을 실행하기 위하여 권고를 하거나, 취하여야 할 조치를 결정할 수 있다."

UN헌장 제94조 1항에 담겨 있는 약속은 UN회원국들의 약속이며 따라서 'UN회원국이 아닌 ICJ 규정의 당사국들'과 'ICJ규정의 당사국이 되지 않고 소제기가 허락된 국가들'에게는 적용되지 아니한다. 그러나 UN총회가 헌장 제93조 2항에 의거하여 UN비회원국에게 ICJ규정의 당사국이 됨을 허락할 때,[467] 혹은 안보리가 ICJ규정 제35조 2항에 의거하여 ICJ규정의 비당사국이 ICJ에 제소함을 허락할 때[468] 필연적으로 그들에게도 "UN회원국이 헌장 제94조에 의거하여 지고 있는 모든 의무를 수락할 것"을 조건으로 내걸게 된다.[469]

상기 규정 1항의 '결정'과 2항의 '판결'은 같은 것인가 다른 것인가? 이 문제에 관해 ICJ는 *LaGrand* 사건[470]에서, UN헌장 제94조 1항에 언급된 ICJ결정은 그 2항의 판결뿐만 아니라 재판소에 의해 내려진 일체의 결정을 지칭하는 것으로 해석될 수도 있고, 이 같은 해석에 따르게 되면 임시조치의 구속력을 확인하는 결론으로 이어지게 됨을 지적하고 있다. 동시에 ICJ는 헌장 제94조 1항의 결정이 그 2항의 판결만을 지칭하는 것으로 해석될 수도 있겠지만, 그렇다 하더라도 헌장 제94조 1항이 '규정 제41조에 의거하여 내려진 명령(즉, 임시조치)'이 구속력을 갖는 것을 막지는 않는다고 결론지었다.

UN헌장 제94조 2항은 외견상 안보리를 ICJ판결의 집행기관으로 생각하고 있는 것으로 보이지만, 그러나 기본적으로 안보리는 정치기관으로서 사법부의 판결 집행기관으로 기능하기 어려운 속성을 가지고 있다. 특히, 집행의 대상이 안보리 상임이사국인 경우, 당해 국가는 결의의 채택을 막기 위해 거부권(veto)을 행사할 수 있을 것이고, 실제로 1986년에 *Military and Paramilitary Activities in and against Nicaragua* 판결과 관련하여 이런 일이 발생했었다.[471] 그리고 ICJ규정

---

466) Thirlway in Evans (ed.), *International Law*, 5th, p. 592.

467) UN총회결의 91(I)(1946년 12월 11일)("Conditions on which Switzerland may become a Party to the ICJ"), 총회결의 363(Ⅳ)(1949년 12월 1일)("Application of Liechtenstein to become a Party to the Statute to the ICJ"), 총회결의 806(Ⅷ)(1953년 12월 9일)("Application of San Marino to become a Party to the Statute to the ICJ") 등.

468) UN안보리결의 9(1946년 10월 15일).

469) 본장, Ⅶ. 사법심사, "5. 세계재판소", & "10. 계쟁사건에서 ICJ의 당사자관할권, (1) ICJ는 누구에게 개방되어 있나?" ; Thirlway in Evans (ed.), *International Law*, 5th, p. 592 (fn. 65).

470) At para. 108 of the judgment.

471) S/PV 2718 of 28 October 1986, 51 (UN Doc. S/18428) ; Malanczuk, p. 289 ; Hartley, *European Union*

과 재판소규칙은 판결의 집행에 대해서는 전혀 언급이 없다.[472] UN헌장과 ICJ규정·규칙의 이런 구도 하에서 ICJ판결이 자발적으로 이행되지 않는 한 그것의 집행은 결국은 소송에서 이긴 당사자의 대항조치(countermeasures)를 통한 자조(自助)(self-help)에 의존할 수 밖에 없을 것이다.[473] 그러나 UN헌장 제94조 2항은 이 전통적 방식에 관해서는 언급이 없다.[474] 물론, 소송당사자들이 ICJ에 판결 집행을 감독할 권한을 부여할 수는 있다.[475]

소송당사자가 아닌 국가에게도 ICJ판결 집행에 있어 일정 권리가 인정되고 있는가? 현재로서는 이는 부정되는 것으로 보인다. 이유는 두 가지이다. 첫째, UN헌장 제94조 2항은 소송당사자 일방의 타방에 대한 -그것도 안보리를 통한- 판결 집행에 대해서만 말하고 있다. 둘째, ILC도 국제재판소의 판결은 소송당사자들에 의해서만 집행될 수 있다고 언급하면서, 그 근거로 ICJ규정 제59조를 들고 있다.[476] 그러나 ICJ는 1966년의 *South West Africa* 사건[477]에서 "(과거) PCIJ 판결은 국제연맹규약 제13조[478]에 의해 일반 사법적 해결(general judicial settlement)로서의 대세적 효과(effect *erga omnes*)를 부여받았었다"고 언급한 바 있다.[479] ICJ의 이런 지적을 고려하여, 그리고 이른바 "대세적 의무" 개념으로 대변되는 국제법질서의 다자화 내지는 수직화가 진행되고 있는 현 단계의 국제공동체 안에서, 소송당사자가 아닌 국가들도 ICJ판결의 집행을 위한 일정 권리를 '가져야 한다'는 당위론적 견해도 제시되고 있다.[480]

ICJ규정 제59조 및 UN헌장 제94조에 의해 판결이 소송당사자들에게 구속력이 있다고 해서 -재판

Law in a Global Context, p. 95 ; Aust, *Handbook of IL*, 2nd, p. 427.

472) Tams, p. 24.

473) *Ibid.*

474) *Ibid.*, p. 89.

475) *Gabčíkovo-Nagymaros Project* (Hungary/Slovakia)의 재판부탁을 위한 특별협정(*compromis*) 제5조 3항("If they are unable to reach agreement [on the modalities for the execution of the Judgment of the Court] within six months, either Party may request the Court to render an additional Judgment to determine the modalities for executing its Judgment.")이 그 좋은 예이다 : ICJ Reports (1997), p. 7 at 12 (noted by Tams, p. 24, fn. 30).

476) ILC국가책임초안(2001) 제42조에 대한 주석 (7). See also Tams, p. 88.

477) Ethiopia v. South Africa ; Liberia v. South Africa, ICJ Reports (1966), p. 6 at 41 (para. 70) : "The decisions of the [PCIJ] were moreover, to be final and, by means of a reference to Article 13 of the Covenant, were given an effect *erga omnes* as a general judicial settlement binding on all concerned. The jurisdictional clause of the mandates on the other hand, was essentially an ordinary jurisdictional clause, having none of the special characteristics or effects of those of the minorities treaties." 요컨대, 국제판결의 대세적 효력과 특정 사건에 대한 재판소의 관할권 성립은 별개의 문제이다.

478) 연맹규약 제13조, 4단은 다음과 같다 : "... The Members of the League agree that they will carry out in full good faith any award or decision that may be rendered, and that they will not resort to war against a Member of the League which complies therewith. In the event of any failure to carry out such an award or decision, the Council shall propose what steps should be taken to give effect thereto."

479) Tams, p. 105.

480) See, e.g., *per* Tams, p. 89 ("it seems at least arguable that States other than the States parties to the proceedings should have a right to enforce ICJ judgments"), & p. 95 ("Admittedly, there is no conclusive support that third States not participating in proceedings should have been entitled to enforce ICJ judgments. However, such a right was asserted, and the general interest in seeing ICJ judgments complied clearly expressed.")

소가 인정한 의무가 강행규범에 해당하는 것이 아닌 한- 당사자들이 합의에 의해 판결의 구속력으로부터 일탈할 수 없는 것은 아니다.[481)]

15. 판결 후의 상황 검토

ICJ는 자신의 원결정에서 그렇게 명시하고 있는 경우, 동 결정에서 다루어진 상황을 나중에 당사자 일방의 요청에 따라 재검토할 수 있는 것으로 생각하고 있다. 그러나 이같은 권한은 단지 일부 상황이 변경되었다는 이유만으로 소송당사국들에게 이미 결정된 쟁점을 다시 소송의 대상으로 삼는 것을 허용할 위험이 있기 때문에 극도로 제한적으로만 행사될 것으로 보인다. 예컨대, 1974년의 *Nuclear Tests* 사건[482)]에서 ICJ는 프랑스가 더 이상 대기권에서의 핵실험을 수행하지 않기로 약속하였기 때문에 프랑스의 핵실험에 관한 뉴질랜드의 청구에 관하여 결론을 내릴 필요가 없어졌지만, 다만 "본 판결의 기초가 영향을 받게되는 경우, 원고국(혹은 신청국)은 규정(規程)의 규정들에 따라 상황의 검토를 요구할 수 있을 것이다."[483)]라고 언급한 바 있었다. 1995년 프랑스가 다시금 남태평양의 한 해외영토인 무루로와 섬(Mururoa Atoll)의 지하에서 일련의 핵실험을 하려고 하자, 그 해 8월 21일 뉴질랜드는 *Request for an Examination of the Situation*[484)]을 통해 1974년의 결정에 언급된 조건에 따라 상황을 검토해 줄 것을 요청하면서, 임시조치를 지시해 줄 것도 아울러 청구하였다. 8월 23일에는 오스트레일리아가 소송참가를 신청하였으며, 사모아, 솔로몬군도, 마샬군도, 마이크로네시아가 그 뒤를 이었다. 그러나 뉴질랜드가 상황검토신청을 제출한지 불과 한 달 후인 1995년 9월 22일 재판소는 뉴질랜드의 청구를 각하하였다. 왜냐하면 1974년의 원판결의 기초는 더 이상 '대기권'에서 핵실험을 하지 않겠다는 프랑스의 약속이었고, 따라서 원판결의 기초에 영향을 미칠 수 있는 것은 오로지 '대기권'에서 핵실험을 재개하는 경우인데 반해, 1995년 프랑스는 단지 '지하'핵실험을 계획하고 있었기 때문이다. 그 후 프랑스는 실제로 의도한 바의 핵실험을 국제사회의 일부 비난에도 불구하고 실행에 옮겼다.[485)]

이 사건에서 Weeramantry 재판관은 반대의견을 통해 "상황검토 신청은 아마도 ICJ 역사에 선례가 없는 것으로서, 재판소규칙에서 인정하고 있는 판결의 재심이나 해석을 위한 표준적인 신청절차의 그 어느 것에도 들어 맞지 않으며", 그런 의미에서 "재판소는 자신의 절차를 규율하는 그 자신의 의심할 바 없는 권한을 사용하여 한 개의 독특한 절차(a procedure *sui generis*)를 만들어 냈다"고 언급한 바 있다.[486)] 다시 말해서, 재판소는 -규정 제60조의 판결해석에도 해당하지 않고 규정 제61조

481) Thirlway in Evans (ed.), *International Law*, 5th, p. 593.
482) New Zealand v. France, ICJ Reports (1974), p. 253.
483) *Ibid.*, at 477 (para. 63).
484) *Request for an Examination of the Situation in Accordance with Paragraph 63 of the Court's Judgment of 20 December 1974 in the Nuclear Tests* (New Zealand v. France) case, ICJ Reports (1995), p. 288.
485) *Ibid.*, at 306 (para. 63) ; Shaw, 4th, pp. 767~768 ; Malanczuk, p. 349 ; Thirlway, p. 48 (fn. 61).

의 판결재심에도 해당하지 않는– 사정변경에 따른 상황의 재검토란 이름의 '한 개의 특수한 절차'가 원판결의 조건의 한 결과로서 수립될 수 있음을 묵시적으로 수락한 것이다.[487] 다만, 이 절차의 목적은 원판결의 변화를 구하는데 있다기보다는, 후일 소송의 일방당사자가 원판결에 명백히 도전할 때 그것을 보존하는데 있는 것으로 보인다.

16. ICJ의 권고적 관할권

국제기구들은 ICJ에서 소송당사자가 될 자격은 없지만 그 대신 ICJ에 권고적 의견을 요청할 수 있는 권한을 부여받았다. 반대로, 국가들은 ICJ소송에서 당사자가 될 자격은 있지만 ICJ에 권고적 의견까지 요청할 수 있는 권한은 부여받지 못하였다.[488] 즉, UN헌장 제96조는–국제연맹규약 제14조[489]의 세 번째 문장을 본떠–[490] ICJ의 권고적 관할권(advisory jurisdiction)에 관하여 다음과 같이 규정하고 있다.

> "1. 총회 또는 안전보장이사회는 그 어떤 법적 문제에 대해서도 권고적 의견을 주도록 ICJ에 요청할 수 있다.
> 2. ICJ에 권고적 의견을 요청할 수 있음을 총회로부터 언제든지 허락받을 수 있는 UN의 타 기관들과 전문기구들도 그들의 활동 범위 내에서 발생하는 법적 문제에 대하여 ICJ에 권고적 의견을 요청할 수 있다."

위 규정에 부응하기 위해 ICJ규정 제65조 1항도 "재판소는 권고적 의견을 요청할 수 있음을 UN헌장에 의거하여 또는 동 헌장에 따라 허락받고 있는 기관의 요청이 있는 경우 그 어떤 법적 문제에 대하여도 권고적 의견을 부여할 수 있다(may give an advisory opinion)."라고 규정하고 있다. 요컨대, UN 정치기관(과 전문기구)들에게 ICJ에 권고적 의견을 주도록 요청할 의무가 있는 것은 아니며, 재판소가 권고적 의견을 부여하는 것도 재량적인 것이지 의무적인 것은 아니다.[491] 다만, ICJ는

---

486) ICJ Reports (1995), p. 320.

487) *Ibid.*, pp. 303~304.

488) Janis, 3rd, pp. 127, 143~144.

489) "The Council shall formulate and submit to the Members of the League for adoption plans for the establishment of a Permanent Court of International Justice. The Court shall be competent to hear and determine any dispute of an international character which the parties thereto submit to it. The Court may also give an advisory opinion upon any dispute or question referred to it by the Council or by the Assembly."

490) Janis, 3rd, p. 143.

491) See e.g. *Eastern Carelia* case, PCIJ (1923), Series B, No. 5 ; *Interpretation of Peace Treaties with Bulgaria, Hungary and Romania* case, ICJ Reports (1950), p. 65 at 72 ; *Legal Consequences for States of the Continued Presence of South Africa in Namibia (South West Africa) notwithstanding Security Council Resolution 276 (1970)*, ICJ Reports (1971), p. 16 at 27 (para. 41) ; *Western Sahara* case, ICJ Reports (1975), p. 12 at 21 (para. 23) ; *Legality of the Threat or Use of Nuclear Weapons*, ICJ Reports (1996), p. 226 at 238 (para. 19).

Accordance with international law of the unilateral declaration of independence in respect of Kosovo[492]에서 동 관할권의 재량적 성격을 강조하면서,[493] "그럼에도 불구하고 권고적 의견 요청에 대한 ICJ의 해답은 UN의 활동에 대한 동 재판소의 참여를 대변하며, 원칙적으로 거절되어서는 아니된다. 따라서 단지 강력한 이유(compelling reasons)가 있을 시에만 재판소는 권고적 의견을 주기를 거부하여야 한다."[494]는 자신의 일관된 판례를 확인한 바 있다.[495] 또한 ICJ는 이 사건에서 "질문이 적절히(충분히) 구성되어 있지 않은 경우, 혹은 청구의 배경을 검토한 결과 청구가 실제로 쟁점이 된 법적 문제를 반영하지 않는다고 결정한 경우에" 제시된 질문의 언어에서 벗어나거나, "질문이 불명확하거나 모호한 경우에" 재판소가 의견을 부여하기 전에 질문을 분명히 한 사례가 있음을 상기시켰다.[496] 다만, 계쟁관할권과는 달리 권고적 관할권의 목적은 적어도 직접적으로는 국가 간의 분쟁을 해결하는데 있는 것이 아니라 의견을 요청한 기관이나 기구에게 법적 자문을 제공하는데 있다. 따라서 재판소에 부탁된 문제가 특정 분쟁에 관련된 것이 아니라든지 혹은 부탁된 문제가 그 성격상 추상적이라 하더라도 권고적 관할권은 영향받지 아니한다.[497]

Western Sahara 사건[498]에서 ICJ는 –UN헌장 제96조 1항과 ICJ규정 제65조 1항에서 말하는– '법적 문제'(legal question)를 "법적 측면에서 표현되고 국제법의 문제를 제기하는 것으로서 ... 바로 그 성격상 법에 기초하여 대답할 수 있는" 문제들로 정의한 바 있다. 그러나 관련 분쟁 전체가 법적 성격을 가져야 재판소의 관할권이 성립하는 것은 아니라는 계쟁사건에서의 논리[499]는 ICJ의 권고적 관할권 행사에서도 그대로 나타나고 있다.[500] 같은 논리로, 재판소는 권고적 의견을 요청하도록 만든 동기(motives)도 문제삼지 아니한다.[501]

UN헌장 제96조에 의하면, UN총회와 안보리는 '그 어떤' '법적 문제'에 대해서도(on any legal question) ICJ에 권고적 의견을 요청할 수 있다.[502] 이에 반해, UN의 타 기관과 전문기구들은 단지

---

492) ICJ Advisory Opinion of 22 July 2010.

493) Para. 29.

494) Para. 30.

495) ICJ의 이 같은 태도는 계속 확인되고 있다 : *Judgment No. 2867 of the Administrative Tribunal of the International Labour Organization upon a complaint filed against the International Fund for Agricultural Development*, Advisory Opinion of 1 February 2012, para. 33.

496) Para. 50.

497) Shaw, 4th, p. 772.

498) Advisory Opinion, ICJ Reports (1975), p. 12 at 18 (para. 15 : "framed in terms of law and raise problems of international law ... by their very nature susceptible of a reply based on law").

499) 위 "9. 계쟁사건에서 ICJ의 사물관할권 : 법적 분쟁" 참조.

500) *Certain Expenses of the United Nations*, Advisory Opinion of 20 July 1962, ICJ Reports (1962), p. 151 at 155 ; *Legality of the Use by a State of Nuclear Weapons in Armed Conflict*, Advisory Opinion of 8 July 1996, ICJ Reports (1996), p. 66 at 73 (para. 16) ; *Accordance with international law of the unilateral declaration of independence in respect of Kosovo*, Advisory Opinion of 22 July 2010, para. 27.

501) *Interpretation of the Agreement of 25 March 1951 between the WHO and Egypt*, Advisory Opinion of 20 December 1980, ICJ Reports (1980), p. 73 at 87 (para. 33).

502) UN헌장 제12조 1항의 규정은 안보리가 어떤 사태를 붙잡고 있다 하더라도 총회가 헌장 제96조 1항에 의거하여 ICJ에 권고적 의견을 구하는 것을 막지 않는다 ; 총회가 ICJ로부터 권고적 의견을 수령한 뒤 취할 수 있는 행동의 범위가 제12조에 의해 제한되는 것은 별개의 문제이다 : ICJ Advisory Opinion of 9 July 2004 on

'그들의 활동 범위 내에서 발생하는' '법적 문제'에 대해서만(on legal questions arising within the scope of their activities) ICJ에 권고적 의견을 요청할 수 있고, 이것도 '총회로부터 그같은 권한을 허락받은 후'에야 가능하다.[503] 그러나 UN총회로부터 ICJ에 권고적 의견을 요청함을 허락받을 수 있는 UN의 '타 기관들'의 경우, 이것은 UN의 '주요'기관(principal organs)에 국한되어 있지 않음에 유념할 필요가 있다. 총회로부터 이같은 권한을 허가받은 UN기관은 경제사회이사회, 신탁통치이사회, 총회중간위원회(소총회)(Interim Committee of the General Assembly)이며,[504] 'UN행정재판소 재심소청 심사위원회'(Committee on Applications for Review of Administrative Tribunal Judgments)[505]도 과거 한때 이 권한을 부여받았었다. 1992년 6월 당시 사무총장 Boutros Boutros-Ghali에 의해 발표된 '평화를 위한 의제'(An Agenda for Peace)란 이름의 보고서에서는 사무총장도 이같은 권한을 가져야 한다고 주장하고 있다.[506] 한편, 대부분의 전문기구들도 이같은 권한을 부여받았다.[507] IAEA(국제원자력기구)는 UN총회로부터 이같은 권한을 부여받았지만 이 허가의 유효성에 관해서는 약간의 의문이 존재하고 있다. 왜냐하면 IAEA는 그 명칭에서 Agency라는 단어를 달고 있긴 하지만 그 자체 UN헌장 제57조에 규정된 전문기구로 간주

Legal Consequences of the Construction of a Wall by Israel in the Occupied Palestinian Territory, para. 25 ; ICJ Advisory Opinion of 22 July 2010 concerning *Accordance with international law of the unilateral declaration of independence in respect of Kosovo*, para. 24.

503) See Advisory Opinion on the *Legality of the Use by a State of Nuclear Weapons in Armed Conflict*, ICJ Reports (1996), p. 66, at para. 10.

504) ICJ 〉 Advisory Jurisdiction, 〈https://www.icj-cij.org/advisory-jurisdiction〉.

505) 'UN행정재판소 재심소청 심사위원회'의 이 권한은 이 재판소의 규정 제11조 하에서 발생하는 문제에 국한되어 있었다 : 1955년 11월 8일 UN총회결의 957(X) "Procedure for review of United Nations Administrative Tribunal judgments: amendments to the Statute of the Administrative Tribunal"에 의하여 삽입된 UN행정재판소규정(Statute of the United Nations Administrative Tribunal) 제11조 ; Greig, pp. 679, 832. 그러나 이 제11조는 1995년 12월 11일 총회결의 50/54 "Review of the procedure provided for under article 11 of the statute of the Administrative Tribunal of the United Nations"에 의하여 동 규정에서 삭제되었다. 2000년 12월 12일 총회결의 55/159 "Review of the Statute of the United Nations Administrative Tribunal"에 부속된 UN행정재판소규정 제11조 2항은 "Subject to the provisions of article 12 (revision of a judgment), the judgments of the Tribunal shall be *final and without appeal.*"이라고 규정하고 있다. 1955년부터 1995년까지 유지되었던 UN행정재판소와 ICJ 사이의 일종의 파기제도(system of cassation)를 부활시키는 문제를 검토해 보자는 권고는 수락되지 않았다. ICJ를 직원분쟁에 끌어들이는 것이 적절한가에 대한 강한 의구(의구)가 이를 가로막았던 것이다 ; 이 문제에 대한 찬반의견에 대해서는, Doc. A/55/57, 12 June 2000, "Report of the Joint Inspection Unit on the administration of justice at the United Nations", para. 151과 Doc. A/55/514, 23 October 2000, "Administration of Justice in the United Nations: Report of the Advisory Committee on Administrative and Budgetary Questions", para. 15를 대조해 볼 것(https://www.un.org/documents/) ; 이 문제에 대한 개관은, Rosenne, *The Perplexities of Modern International Law*, p. 439, fn. 80 참조. 그 대신, UN행정재판소는 2008년 12월 24일의 UN총회결의 63/253에 의해 UN항소재판소(United Nations Appeals Tribunal) 및 UN분쟁재판소(United Nations Dispute Tribunal)의 2심급 체제르 대체되었다 : 본서, 제25장 (UN), "V. UN의 주요기관, 5. 사무국" 참조.

506) Report of the Secretary-General pursuant to the Statement adopted by the Summit Meeting of the Security Council on 31 January 1992, A/47/277-S/24111, 17 June 1992 in : Boutros Boutros-Ghali, Secretary-General of the United Nations, *An Agenda for Peace* 1995, 2nd ed. (with the new supplement and related UN documents) (New York : United Nations Publications, 1995), para. 38 at p. 53.

507) 그같은 권한을 부여받은 (IAEA를 포함한) 전문기구의 목록은 다음 사이트 참조 : https://www.icj-cij.org/jurisdiction/index.php?p1=5&p2=2&p3=1.

되고 있지는 않기 때문이다.[508)]

핵무기의 사용 또는 위협과 관련하여 WHO(World Health Organization : 세계보건기구)와 UN 총회가 각기 비슷한 시기에 권고적 의견을 요청한 바 있으나, 전자는 요건 미비로 의견을 구하는데 실패한 바 있다. 즉, *Legality of the Use by a State of Nuclear Weapons in Armed Conflict* 사건[509)]에서 ICJ는 WHO의 헌장과 그 실행에 비추어 그 기능을 검토한 다음, 동 기구는 핵무기 사용과 기타 위험한 활동의 보건에 대한 효과를 다루고 또 핵무기가 사용되거나 위험한 활동이 이루어지는 경우 주민의 건강을 보호할 목적으로 예방적 조치를 취할 권한이 있다는 점을 인정하였다. 그러나 재판소가 강조한 바에 의하면, 제기되어 온 문제는 핵무기사용이 보건에 미치는 효과가 아니라, 그것이 보건과 환경에 미치는 영향에 비추어 그러한 무기사용이 적법하다고 볼 것인가에 관한 것이었다. 따라서 재판소는 WHO가 권고적 의견을 요청하기 위하여 제기한 문제는 동 기구의 헌장에 정의된 바의 '그 활동 범위 내에서 발생하는' 것이 아니라고 결론지었던 것이다.[510)] 이 사건은 ICJ 역사상 권고적 의견을 주기를 거부한 최초의 사례인데, 이에 대해서는 여러 비판이 제기된 바 있다. 특히, 재판소가 자신에게 제기되어 온 원래의 질문이 권고적 의견을 부여하기에는 부적절하다고 생각되면 이를 적절히 고친 다음 이 고친 질문에 대해 권고적 의견을 줄 수도 있을 것이고, 또 실제로 WHO와 이집트간의 한 협정과 관련하여 전자가 1979년에 제기해 온 질문에 대해서는 그렇게 했으면서도,[511)] 이 사건에서는 그렇게 하지 않았다는 것이다.[512)]

그러나 다른 한편, ICJ의 권고적 관할권은 UN의 정치기관들(특히, 총회와 안보리)이나 전문기구들이 ICJ에서 계쟁절차를 개시할 수 없는 자신들의 권한 흠결을 극복하기 위한, 그리고 때로는 ICJ의 계쟁관할권을 수락하지 않는 국가들과 관련된 사태를 동 재판소의 조사에 맡기기 위한, 우회적 방법으로 사용될 수도 있다는 점에서 이 절차의 남용이 우려되기도 한다.[513)] 실제로 국제연맹 시절 PCIJ는 *Eastern Carelia* 사건[514)]에서 특히 PCIJ규정의 당사국도 아니고 국제연맹의 회원국도 아

---

508) Greig, pp. 679~680, 791 ; Wolfrum/Philipp (eds.), p. 646.

509) ICJ Reports (1996), p. 66, para. 20 et seq.

510) Shaw, 4th, pp. 773~774.

511) ICJ Advisory Opinion of 20 December 1980 on *Interpretation of the Agreement of 25 March 1951 between the WHO and Egypt.*

512) Gian Luca Burci and Claude-Henri Vignes, *World Health Organization* (The Hague/London/ New York : Kluwer Law International, 2004), p. 116.

513) ABILA(ILA's American Branch) Committee on Intergovernmental Settlement of Disputes, "Reforming the United Nations: What About the International Court of Justice?", Chinese Journal of International Law (2006), Vol. 5, No. 1, pp. 39~65, at 60.

514) *Eastern Carelia* case, PCIJ (1923), Series B, No. 5, at pp. 27~29. 이 사건은 1920년의 러시아-핀란드 강화조약과 관련하여 국제연맹 이사회가 PCIJ에 권고적 의견을 주도록 요청한 것인데, 여기서 PCIJ는 (i) 국제법에서 강제관할권을 향유하는 분쟁해결수단은 없고, (ii) 핀란드는 국제연맹의 회원국이지만 러시아는 아니며, (iii) 연맹회원국과 (국제연맹 규약의 구속을 받지 않는)비회원국 사이에서 국제연맹규약에 규정된 방법에 따른 해결을 위한 분쟁의 부탁은 그들 비회원국의 동의에 의해서만 발생할 수 있는 것인데, 러시아는 그런 동의를 하기는 커녕 오히려 그 반대로 수차례에 걸쳐 국제연맹이 자국과 핀란드 간의 분쟁에 개입하는 것을 원하지 않는다고 선언하였었고, 따라서 (iv) 재판소로서는 이런 종류의 분쟁에 대해서는 재판을 하는 것은 물론이고 권고적 의견을 주는 것 조차도 불가능하다고 판시하였던 것이다.

닌 국가(러시아)의 동의의 흠결과 반대를 이유로 권고적 의견을 주기를 거부한 바 있었다. 그리고 UN 초기 총회가 권고적 의견을 요청한 *Interpretation of Peace Treaties with Bulgaria, Hungary and Romania* 사건[515)]에서 본 사건과 직접 관련이 있는 이들 3개국(불가리아, 헝가리, 루마니아)은 당시 UN회원국이 아니었으며, 따라서 그들은 UN총회의 권고적 의견 요청에 대하여 ICJ가 취하는 일체의 행동에 대해 공공연하게 반대하였다.[516)] 그러나 ICJ는 "UN회원국이든 비회원국이든 불문하고 어떤 국가든" 재판소의 권고적 관할권 행사를 방해할 수는 없다고 하면서, 본 사건은 "실제로 두 국가 간에 계류 중이던 분쟁의 주요 쟁점"에 대해 권고적 의견이 요청되고 그리고 바로 그 때문에 권고적 의견이 거부된 *Eastern Carelia* 사건과는 달리 분쟁의 본안에 영향을 주는 것이 아니라는 관점에서 두 사건을 구분하였다. 그러나 그후 ICJ는 *Western Sahara* 사건[517)]에서, 권고적 관할권을 행사함에 있어 이해관계국의 동의가 있어야 하는 것은 아니지만, 권고적 의견을 부여하는 것이 '적절한가'(judicial propriety)의 관점에서 "이해관계국의 동의의 흠결이나 반대가 전혀 관련이 없지만은 않다"[518)]고 밝힌 바 있으며, 이 의견은 그 후 사건들[519)]에서도 재차 언급된 바 있

515) ICJ Reports (1950), p. 65 at 71~72 : "... no State, whether a Member of the United Nations or not, can prevent the giving of an Advisory Opinion which the United Nations considers to be desirable in order to obtain enlightenment as to the course of action it should take. The Court's Opinion is given not to the States, but to the organ which is entitled to request it ; the reply of the Court, itself an "organ of the United Nations", represents its participation in the activities of the Organization, and, in principle, should not be refused. There are certain limits, however, to the Court's duty to reply to a Request for an Opinion. ...

Article 65 of the Statute is permissive. It gives the Court the power to examine whether the circumstances of the case are of such a character as should lead it to decline to answer the Request. In the opinion of the Court, the circumstances of the present case are profoundly different from those which were before the Permanent Court of International Justice in the *Eastern Carelia* case (Advisory Opinion No. 5), when that Court declined to give an Opinion because it found that the question put to it was directly related to the main point of a dispute actually pending between two States, so that answering the question would be substantially equivalent to deciding the dispute between the parties, and that at the same time it raised a question of fact which could not be elucidated without hearing both parties.

As has been observed, the present Request for an Opinion is solely concerned with the applicability to certain disputes of the procedure for settlement instituted by the Peace Treaties, and it is justifiable to conclude that it in no way touches the merits of those disputes. Furthermore, the settlement of these disputes is entrusted solely to the Commissions provided for by the Peace Treaties. Consequently, it is for these Commissions to decide upon any objections which may be raised to their jurisdiction in respect of any of these disputes and the present Opinion in no way prejudges the decisions that may be taken on those objections. It follows that the legal position of the parties to these disputes cannot be in any way compromised by the answers that the Court may give to the Questions put to it."

516) Ibrahim F. I. Shihata, *The Power of the International Court to Determine Its Own Jurisdiction : Compétence de la Compétence* (Dordrecht : Springer-science+Business Media, 1965), p. 122.

517) ICJ Reports (1975), p. 12.

518) *Ibid.*, at 24~25 (paras. 32~33).

519) *Applicability of Article VI, Section 22, of the Convention on the Privileges and Immunities of the United Nations*, Advisory Opinion of 15 December 1989, para. 37 ; *Legal Consequences of the Construction of a Wall in the Occupied Palestinian Territory*, Advisory Opinion of 9 July 2004, para. 47.

ICJ는 *Legal Consequences of the Construction of a Wall in the Occupied Palestinian Territory*, para. 44에서, *Legality of the Use of Force by a State of Nuclear Weapons in Armed Conflict*에서 동 재판소가 권고적 의견을 주기를 거부한 것에 대한 비판을 의식한 듯 이 사건과 *Eastern Carelia* 사건에서 PCIJ가 권고

다. 그러나 ICJ의 경우, 동의의 원칙이 우회될지도 모른다는 이유로 권고적 의견을 주기를 거부한 사례는 아직까지 없다.[520]

권고적 관할권을 행사함에 있어 재판소는 적용할 수 있다고 인정하는 범위 내에서 계쟁사건에 적용되는 ICJ규정과 규칙의 관련 규정의 지도를 받아야 한다.[521] 재판소는 이 목적을 위해, 권고적 의견의 요청이 "둘 이상의 국가 간에 실제현안으로 남아있는 법률문제"(a legal question actually pending between two or more States)에 관한 것인지를 우선적으로 검토하여야 하며, 권고적 의견이 그런 문제에 관하여 요청되어 온 경우에는 ICJ규정 제31조(임시재판관)와 동 규정의 적용을 위한 ICJ규칙이 적용된다.[522]

권고적 관할권이 행사되는 절차는 대체로 다음과 같다. 먼저, 재판소의 권고적 의견을 구하고자 하는 문제는 의견이 요구되는 문제의 명확한 기술을 포함하고 또한 문제를 명확하게 할 수 있는 모든 서류를 첨부한 서면요청서에 의해 재판소에 제출되어야 한다.[523]

이어서, 재판소 행정처장은 권고적 의견 요청 사실을 재판소에서 소송할 권리를 가지는 모든 국가에게 즉시 통고하여야 한다. 행정처장은 또한 재판소에서 소송할 권리를 가지는 모든 국가 또는 당해 문제에 관해 정보를 제공할 수 있다고 재판소가(재판소가 개정중이 아닌 때에는 재판소장이) 인정하는 모든 국제기구에 대하여, 재판소가 재판소장이 정하는 기간 내에 서면진술서를 접수하거나 또는 그 목적을 위하여 열리는 공개법정에서 당해 문제에 관해 구두진술을 청취할 용의가 있음을 특

적 의견을 주기를 거부한 것을 다시금 구분하였었다. 즉, *Legality of the Use of Force by a State of Nuclear Weapons in Armed Conflict* 사건에서 권고적 의견을 거부한 것은 judicial propriety(재판 적절성)에 대한 고려 때문이 아니라 WHO가 자신의 관할권을 넘는 문제에 대해 의견을 구하였고 이 때문에 의견을 주고 싶어도 줄 수 없었던 재판소의 관할권 흠결 때문이었다고 설명하였다 : "The present Court has never, in the exercise of this discretionary power, declined to respond to a request for an advisory opinion. Its decision not to give the advisory opinion on the *Legality of the Use by a State of Nuclear Weapons in Armed Conflict* requested by the World Health Organization was based on the Court's lack of jurisdiction, and not on considerations of judicial propriety (see I.C.J. Reports 1996 (I), p. 235, para. 14). Only on one occasion did the Court's predecessor, the Permanent Court of International Justice, take the view that it should not reply to a question put to it (Status of Eastern Carelia, Advisory Opinion, 1923, P.C.I.J., Series B, No. 5), but this was due to 'the very particular circumstances of the case, among which were that the question directly concerned an already existing dispute, one of the States parties to which was neither a party to the Statute of the Permanent Court nor a Member of the League of Nations, objected to the proceedings, and refused to take part in any way' (Legality of the Threat or Use of Nuclear Weapons, I.C.J. Reports 1996 (I), pp. 235 ~236, para. 14)." 이 사건에서 이스라엘은 UN총회의 권고적 의견 요청은 이스라엘과 팔레스타인 간의 '계쟁문제'(contentious matter)에 관련한 것인데, 이스라엘은 ICJ의 계쟁관할권 행사에 동의한 바 없으니 재판소는 개입해서는 안 된다고 주장하였다 (para. 46). 이에 대해 ICJ는 재판소 계쟁관할권에 대한 이해국가들의 동의의 흠결은 ICJ가 권고적 관할권을 행사하는 것과는 관계가 없다고 지적하였다(para. 47). ICJ는, 또한, 권고적 의견이 요청된 문제는 UN에게 특별히 예민한 관심사이며, 양자간 분쟁보다 훨씬 넓은 맥락에서 부탁된 것이기 때문에, 이 사건에서 재판소가 권고적 의견을 주는 것이 사법적 해결에서 요구되는 당사자 동의의 원칙을 회피하는 효과를 가져오지는 않을 것이라고도 하였다(para. 50).

520) Hugh Thirlway, "Injured and Non-Injured States before the International Court of Justice", in Ragazzi (ed.), p. 327.

521) ICJ규정 제68조.

522) ICJ규칙 제102조. 위 "8. 국적재판관과 임시재판관" 참조.

523) ICJ규정 제65조 2항.

별히 그리고 직접 통고하여야 한다. 재판소에서 소송할 권리를 가지는 전기의 각국이 이같은 특별 통고를 받지 아니하였을 때에는, 그 국가는 서면진술서를 제출하거나 구두진술을 개진할 것을 희망한다는 의사를 표명할 수 있다. 그러면 재판소는 이에 관하여 결정해야 한다. 서면진술이나 구두진술을 제출한 국가들과 기구들은 재판소가(재판소가 개정 중이 아닐 때에는 재판소장이) 각개 경우에 결정하는 형식, 범위 및 기간 내에 타국가 또는 타기구가 행한 진술에 관하여 논평하는 것이 허용된다. 따라서 행정처장은 이같은 서면진술을 그와 비슷한 진술을 한 국가와 기구들에게 적당한 기간 내에 송부하여야 한다.[524)]

끝으로, 재판소는 사무총장에게 그리고 직접 관계가 있는 UN회원국들과 기타 국가 및 국제기구의 대표들에게 통고한 후, 공개된 법정에서 자신의 권고적 의견을 발표한다.[525)] 권고적 의견은 판결과는 달리 그것을 요청한 기구나 기관에 대해 법적 구속력이 없다.[526)] 재판관들은 판결을 내릴 때와 마찬가지로 선언과 의견을 발표할 수 있다.[527)]

---

524) ICJ규정 제66조. 제66조의 목적을 위한 국제기구(international organization) 개념에 대한 ICJ의 관대한 이해에 대해서는, ICJ Press Release, No. 2023/29, 14 June 2023, *Obligations of States in respect of Climate Change* (Request for Advisory Opinion), "The Court authorizes the International Union for Conservation of Nature to participate in the proceedings" ; Danilo B. Garrido Alves/EJIL:Talk!, July 27, 2023, "The Concept of International Organization in the practice of the International Court of Justice", 〈https://www.ejiltalk.org/〉 참조.

525) ICJ규정 제67조.

526) Janis, 3rd, pp. 145~146 ; Amerasinghe, pp. 26~27. 그러나 권고적 의견도 실제로는 판결과 다름없이 국가들과 국제법학자들로부터 존중을 받고 있다. Hall, pp. 391~392 ; 본서, 제2장 (국제법의 연원), "Ⅴ. 법규 결정을 위한 보조수단 : 판례와 학설". 특히, 국제해양법재판소 특별재판부(ITLOS, special chamber)는 Dispute concerning *delimitation of the maritime boundary between Mauritius and Maldives in the Indian Ocean* (Mauritius/Maldives), (Preliminary Objections), Judgment of 28 January 2021에서 ICJ 권고적 의견의 비구속적 성격과 그것의 유권적 성격을 구분하여, "(ICJ가) 권고적 의견에서 행한 사법적 판단은 판결에서 행한 그것에 못지 않게 영향력과 권위를 가지며"(judicial determinations made in advisory opinions carry no less weight and authority than those in judgments)(para. 203), "(*Chagos* 군도 사건에 대한 권고적 의견에서 ICJ가 행한 법과 사실에 대한) 사법적 판단은 '법적 효력을 갖고 있다'"(those determinations do have legal effect)(para. 205)고 말하기도 하였다. 그러고는 차고스 군도 관련 중재판정과 권고적 의견, UN총회결의를 종합하여 "차고스 군도에 대한 영국의 계속되는 주권 주장은 '단순한 주장' 이상의 것으로 볼 수는 없으며"(the continued claim of the United Kingdom to sovereignty over the Chagos Archipelago cannot be considered anything more than "a mere assertion")(para. 243), "모리셔스는 탈식민지화의 과정이 완료되기 전이라 하더라도 해양경계획정을 함에 있어 차고스 군도에 대하여 연안국으로 간주될 수 있다"(Mauritius can be regarded as the coastal State in respect of the Chagos Archipelago for the purpose of the delimitation of a maritime boundary even before the process of the decolonization of Mauritius is completed)(para. 250)고 하였다. 이런 논리로 ITLOS(특별재판부)는 몰디브가 제기한 선결적 항변[즉 *Monetary Gold* 원칙에 따라 '필요적 제3당사자'(indispensable third party)인 영국의 참여 없이는 재판소의 관할권이 성립되지 않으며, 모리셔스는 차고스 군도와 관련하여 몰디브의 대향국 혹은 인접국으로 볼 수 없다는, 두 개의 연관된 선결적 항변]을 배척하였다. 재판소는 몰디브가 제기한 다른 3개의 선결적 항변도 모두 배척하고 본 사건에 대해 재판관할권을 갖는다고 판시하였다. 사건 배경에 대해서는 본서, 제21장 (해양법), "ⅩⅦ. 분쟁해결, 3" ; 판결 평석은 Craig D. Gaver, "Dispute Concerning Delimitation of the Maritime Boundary Between Mauritius and Maldives in the Indian Ocean (Mauritius/Maldives)", American Journal of International Law, Volume 115, Issue 3, July 2021, pp. 519~526, 〈https://doi.org/10.1017/ajil.2021.24〉 참조.

527) Eyffinger, p. 148.

17. ICJ 쟁송관할권 장벽의 우회

쟁송(계쟁)관할권의 경우 ICJ는 우선 국가들에게만 개방되고 있으며, 또한 그 재판에 대해서는 상소할 수 있는 장치가 마련되어 있지 않다. 그러나 이 두 가지 기본장벽은 다음의 두 가지 방법을 통해 우회되고 있기도 하다.

첫째, 일방 'ICJ에 권고적 의견을 구할 자격이 있는 기관 혹은 기구'와 타방 '기타 실체(국가 혹은 비국가적 실체)' 간에 분쟁이 발생하는 경우, 전자로 하여금 ICJ에 권고적 의견을 구하게 하고 여기에 구속력을 부여하기로 규정하는 사례를 볼 수 있는데, 1986년 "국가와 국제기구 또는 국제기구 상호간의 조약법에 관한 비엔나협약"(Vienna Convention on the Law of Treaties between States and International Organizations or between International Organizations) 제66조, 1946년 "UN의 특권과 면제에 관한 협약"(Convention on the Privileges and Immunities of the United Nations) § 30, 1947년 UN－미국간 UN본부협정(UN Headquarters Agreement) § 21(b), 국제노동기구(ILO) 행정재판소와 ICJ 사이의[528] 그리고 (과거 한때 UN과 그 직원 간의 분쟁에 적용된 바 있는) UN행정재판소와 ICJ 사이의 일종의 파기 제도가 그 대표적인 사례이다.

둘째, ICJ 자체의 재판은 단심으로 끝나지만, 국가들은 먼저 타 국제기관에서 쟁송절차를 거친 다음 ICJ를 상소재판소로 이용하는 방안을 마련하기도 하는데, 1944년 "국제민간항공에 관한 시카고 협약"(Chicago Convention on International Civil Aviation) 제84조~제86조가 그 좋은 예이다.[529]

---

528) Statute of the Administrative Tribunal of the International Labour Organization, Article XII (available at https://www.ilo.org/public/english/tribunal/about/statute.htm) : "1. In any case in which the Governing Body of the International Labour Office or the Administrative Board of the Pensions Fund challenges a decision of the Tribunal confirming its jurisdiction, or considers that a decision of the Tribunal is vitiated by a fundamental fault in the procedure followed, the question of the validity of the decision given by the Tribunal shall be submitted by the Governing Body, for an advisory opinion, to the International Court of Justice.
2. The opinion given by the Court shall be binding."
기구와 소속 공무원 간 고용 관련 분쟁을 심리하는 ILO 행정재판소는 동 재판소의 관할권을 승인하는 타 국제기구의 행정재판소로서도 기능하고 있으며, 이 경우에도 동 재판소와 ICJ 간에 동일한 파기제도가 적용되고 있다. 관련 조항은 ILO 행정재판소 규정 제2조 5항 및 규정 부속서(Annex to the Statute of the Administrative Tribunal of the International Labour Organization) 제12조이다. 이 방식에 의해 ICJ의 권고적 의견이 제시된 사건으로는 다음을 참조 : *Judgment No. 2867 of the Administrative Tribunal of the International Labour Organization upon a complaint filed against the International Fund for Agricultural Development*, Advisory Opinion of 1 February 2012. 이 밖에도 Amerasinghe, p. 503을 참조할 것.

529) *Appeal Relating to the Jurisdiction of the ICAO Council* (India v. Pakistan), ICJ Reports (1972), p. 46; *Appeal Relating to the Jurisdiction of the ICAO Council under Article 84 of the Convention on International Civil Aviation* (Bahrain, Egypt, Saudi Arabia and United Arab Emirates v. Qatar), Judgment of 14 July 2020, ICJ Reports (2020), p. 81 ; *Appeal relating to the Jurisdiction of the ICAO Council under Article II, Section 2, of the 1944 International Air Services Transit Agreement* (Bahrain, Egypt and United Arab Emirates v. Qatar), Judgment of 14 July 2020, ICJ Reports (2020), p. 172 ; 본서, 제22장 (영공법), "IV. 조약에 의한 영공개방, 5. 시카고협약 하의 분쟁해결" 참조.

18. ICJ규정의 개정

규정의 개정은 UN헌장 개정과 동일한 절차에 의한다. 다만, 총회는 규정의 당사국이면서 UN회원국이 아닌 국가의 참가에 관한 규정을 −안전보장이사회의 권고에 의거하여− 채택할 수 있다.[530] ICJ 자신도 필요하다고 생각하는 규정의 개정을 (UN사무총장에게 보내는 서면통보를 통하여) 제안할 수 있는 권한이 있다.[531]

Ⅷ. 도전받는 ICJ의 권위

1. ICJ 관할권에의 불복종

ICJ를 포함한 사법심사방식에 대한 국가들의 시각도 실제로 매우 대조적으로 나타나고 있다. 먼저, 서구진영의 국가들은 대체로 사법심사에 대해 호의적인 태도를 보여오고 있다. 그 이유로는, 그들의 국내법 전통이 일찍부터 법의 지배(rule of law)에 기초하고 있었다는 점, 그리고 제2차 세계대전 이전까지는 동질적 집단인 서구의 국가들이 세계를 지배하면서 국제법규 형성을 선도하여 왔었다는 점 등을 들 수 있을 것이다. 그러나 그들도 국제재판소의 관할권을 수락하기를 꺼리는 경우가 있다. 예컨대, 1899년의 헤이그평화회의에서 상설중재재판소(PCA)를 설치하자는 안이 제기되었을 때, 독일 정부는 힘이 강한 국가는 국제중재재판의 강화를 결코 필요로 하지 않는다는 관념 때문에 이에 반대하였다. 독일은 다른 국가들의 강력한 외교적·심리적 압력 때문에 결국 PCA 설치에 찬동하였지만, 그 대신 PCA의 관할권을 강제적인(compulsory) 것으로 하지 말 것, 그리고 PCA를 단지 '중재재판관들의 상설명부'(standing panel of arbitrators)로 만들 것을 조건으로 하였던 것이다.[532] 사법심사에 대한 서구국가들의 미온적 태도는 고전(전통)국제법(classical international law)의 기간 중(특히, 1880~1920년 기간 중) 그들이 체결했던 중재재판조약들(arbitration treaties)에서도 찾아볼 수 있다. 즉, 이 기간중의 중재재판조약들에서는 국가의 '독립'(independence), '명예' (honour), '사활적 이익'(vital interests)에 영향을 미치는 분쟁에 대해서는 중재재판소의 재판관할권이 성립하지 않는다는 조항을 두는 것이 보통이었다. 그런데 어떤 분쟁이 이 조항의 범위에 드는가의 여부를 각 분쟁당사국 자신이 결정하곤 했으므로, 결국 분쟁당사국들은 자국의 사활적 이익과 관련이 있다고 '생각하는' 쟁점에 관해서는 재판소가 판결을 내리지 못하도록 막을 자유가 있었던 것이다.[533]

530) ICJ규정 제69조.
531) ICJ규정 제70조.
532) Cassese, pp. 203~204.
533) Cassese, p. 204.

그같은 의식구조는 오늘날에도 부분적으로 지속되고 있다. 예컨대, 1946년 8월 26일 미국은 ICJ 규정 제36조 2항(이른바 임의조항 혹은 선택조항)(optional clause)을 수락하는 선언을 할 때 "'미국이 결정하는 바에 따라' 본질적으로 미국의 국내관할권에 속하는 문제에 관해서는(with regard to matters which are essentially within the domestic jurisdiction of the US *as determined by the US*) ICJ의 강제관할권을 인정하지 않는다."는 이른바 '자기판단'(자동)유보(self-judging/automatic reservation)[534)]를 가했었다. 그리고 다른 일부 국가들도 선택조항을 수락함에 있어 미국의 예를 따랐던 것이다.[535)] ICJ는 자동유보가 무효인지, 무효라면 그 결과는 무엇인지에 대해 아직 명확하게 판단한 바는 없다. 그간의 사건에서 분쟁당사자들이 자동유보의 유효성에 이의를 제기하는 일은 없었기 때문에 ICJ는 자동유보의 무효 여부를 검토함이 없이 이를 그대로 적용하여 소를 각하하거나, 아니면 당사자들이 소를 취하하였던 것이다.[536)] 그러나 국내문제는 국제법의 규율대상 밖에 있는 것이므로 그 정의에 의해 ICJ의 심사대상에서 당연히 제외되는 것이지만, 어떤 사항이 미국의 국내문제에 속하는가를 미국 자신이 판단한다는 것은 (ICJ관할권 존부에 대한 판단은 오로지 ICJ에게 있다고 규정한) ICJ규정 제36조 6항(즉, compétence de la compétence 규정)에 위배되어 무효라는 견해가 있다.[537)] 그러나 타면 ICJ는 국내재판소와는 달리, 주권국가가 그의 관할권에 동의한

---

534) "As determined by the United States"(미국이 결정하는 바에 따라)라는 -6개의 단어로 구성되는- 미국의 이 유보는 (텍사스주 출신) 미국 상원의원 Tom Connally가 만들어 냈다 하여 '코넬리'개정/유보(Connally amendment/reservation)라고도 칭한다.

535) ICJ규정 제36조 2항 수락국으로서 지금도 그같은 조건을 달고 있는 국가로는, 말라위, 멕시코, 라이베리아, 필리핀, 수단을 들 수 있다 : "Declarations Recognizing the Jurisdiction of the Court as Compulsory", https://www.icj-cij.org/jurisdiction /index.php?p1=5&p2=1. 그러나 영국, 인도, 파키스탄 등 일부 국가는 임의조항 수락 선언에 자동유보를 삽입하였다가 법적 비판을 의식하여 이를 철회하기도 하였다(Hamid, p. 390). 프랑스도 임의조항 수락 선언에 자동유보를 삽입하였다가 이를 철회하고 다시 새로운 임의조항 수락 선언을 제출한 바 있지만, 아래에서 보는 바와 같이 나중에 이것도 완전히 철회하였다.

536) *Aerial Incident of 27 July 1955* (US v. Bulgaria), ICJ Reports (1960), p. 146 ; *Certain Norwegian Loans* case (France v. Norway), ICJ Reports (1957), p. 9. 사건 개요는 아래 각주들 참조. See Boczek, p. 355 (§ 294).

537) 자동유보가 무효라고 볼 경우, 자동유보의 무효가 (그것을 본질적 요소로 하고 있는) 임의조항 수락 선언 전체를 무효로 만드는지, 아니면 자동유보만이 무효인지를 판단해야 할 것이다. 이 문제에 대해서는 학설이 갈리고 있다. 예컨대, *Certain Norwegian Loans* case (France v. Norway), ICJ Reports (1957), p. 9에서 Sir Hersch Lauterpacht 재판관은 개별의견(pp. 43~66)을 통해, 프랑스의 자동유보는 ICJ규정 제36조 6항에 위배되어 무효일 뿐만 아니라 프랑스의 임의조항 수락 선언 전체가 이 유보로 인해 무효가 된다고 주장한 바 있다. Lauterpacht 재판관은 그 후 미국의 코넬리유보와 관련한 *Interhandel* case (Switzerland v. USA), ICJ Reports (1959), p. 6에 대한 반대의견에서도, 동 유보로 인해 미국의 임의조항 수락선언 전체가 무효라고 주장하였다(pp. 101~102). 자동유보가 임의조항 수락 선언을 오염시켜 동 선언 전체를 무효로 만든다는 이같은 주장은 결국, ICJ가 당해 사건에 대해 재판관할권이 없다는 -따라서 소를 각하해야 된다는- 결론으로 이어진다. 역설적으로, 분쟁당사자들이 자동유보의 유효 여부에 대해 다투지 않는 상황에서 재판소(다수의견)가 이를 기계적으로 적용하는 경우에도 재판관할권이 성립하지 않는다는 동일한 결론에 이르게 된다.

이에 반해, 문제의 유보조항만이 분리되어 무효라는 견해도 있다 : see e.g. *per* Judge Guerrero, dissenting opinion, in *Certain Norwegian Loans* case (France v. Norway), ICJ Reports (1957), p. 68 at 70 ; *per* Judges Klaestad (dissenting, p. 78) and Armand-Ugon (dissenting, pp. 93~94) in *Interhandel* case (Switzerland v. USA), ICJ Reports (1959), p. 6 ; Leo Gross, "The International Court of Justice : Consideration of Requirements for Enhancing its Role in the International Legal Order", (1971) 65 AJIL 253 at 272 ; Dixon, p. 308.

범위 내에서만 재판관할권을 획득하게 된다고 보면 이같은 자동유보도 유효하다고 보지 않을 수 없다. 사실, Connally 유보의 미국 의회에서의 입법과정을 보거나, 또는 미국 정부가 이 유보를 실제 국제사건에서 원용한 경우들을 보면, 미국은 '국내관할권'(domestic jurisdiction)의 의미를 결정할 권한을 ICJ에 부여한 일이 결코 없음을 알 수 있다.[538] *Fisheries Jurisdiction* 사건[539]에서 ICJ도

538) 예컨대, *Interhandel* 사건에서 스위스정부는 한 다자조약 규정에 의하여 미국은 미국 내 동 회사재산의 동결을 해제할 의무가 있다고 주장하였다. 이에 대해, 미국은 Connally 유보를 원용하여 다음과 같이 주장한 바 있다. "this determination ... is not subject to review or approval by any tribunal. It [the exercise of the reservation] operates to remove definitively from the jurisdiction of the Court the matter it determines. After the United States of America has made such a determination ... the subject-matter of the determination is not justiciable." : [1959] ICJ Pleadings 452~453 (US Oral Argument).

또한 미국인들이 일부 탑승한 이스라엘 민항기가 격추된 *Aerial Incident* 사건과 관련하여 미국이 불가리아를 상대로 ICJ에 제소하자, 불가리아는 재판소의 재판관할권을 배제하기 위한 한 항변사유로서 상호주의에 기초하여 미국의 Connally 유보를 원용하였다. 그러자 미국 국무부의 법률고문은 미국정부를 대리하여 ICJ에 소송을 각하시켜줄 것을 요청하는 편지에서 다음과 같이 언급하였다. "A determination under [the Connally] reservation ... that a matter is essentially domestic constitutes an absolute bar to jurisdiction irrespective of the propriety or arbitrariness of the determination." : *Aerial Incident of 27 July 1955* (US v. Bulgaria), ICJ Reports (1960), p. 146 (May 30). 자기판단 유보에 대해 자세한 것은 다음을 참조 : Stanimir A. Alexandrov, *Reservations in Unilateral Declarations Accepting the Compulsory Jurisdiction of the International Court of Justice* (Dordrecht, the Netherlands : Martinus Nijhoff Publishers, 1995), p. 76 ff (available online at https://books.google.com/).

539) Spain v. Canada, ICJ Reports (1998), p. 432, at para. 54. 사건 개요는 이러하다. 1995년 3월 5일 캐나다 순시선들이 캐나다 해안에서 약 245마일이나 떨어진 공해 상에서 스페인 어선 Estai호를 임검/나포하고 선장을 체포하였는데, 죄목은 캐나다 연안어업보호법(Canadian Coastal Fisheries Protection Act)과 그 이행입법을 위반하였다는 것이었다. 특히, 그린랜드 넙치(Greenland halibut)를 불법으로 잡은 것이 문제되었다. 잡은 고기의 일부는 압수되었다. 선원들은 즉각 석방되었으나, 선장은 보석금을 내고 석방되고, 선박도 보증금을 기탁하고 방면되었다. Estai호가 임검 당하던 바로 그날 스페인정부는 캐나다의 "심각한 국제법 위반"(flagrant violation of international law)에 항의하는 2개의 구두각서(Notes Verbales)를 캐나다 측에 전달하였으며, 다시 3월 10일 "UN해양법협약 제92조(기국주의) 등에 법전화되어 있는 보편적으로 수락된 국제관습법의 규범"을 캐나다가 위반하였음을 주장하는 또 한 차례의 구두각서를 보냈다. EC도 이 비난에 가세하였다. 캐나다는 "Estai호의 나포는 스페인 어부들의 그린랜드 넙치 남획을 막기 위해 필요한 조치였다"고 답변하였으나, 결국 동 선박과 선장에 대한 소송절차는 4월 캐나다 법무장관의 명령으로 중단되었고, 보증금은 내주었고, 보석금은 이자와 함께 돌려주었다. 그뒤 압수했던 고기도 돌려주었다. 그럼에도 불구하고 스페인은 ICJ에 제소하여, 문제의 캐나다입법은 스페인에 대항할 수 없으며, 캐나다가 국제법을 위반하였으므로 배상을 해야 하고 또 디래에는 국제법을 위반하지 않아야 한다고 판결해 줄 것을 ICJ에 요청하였다. 당시 스페인과 캐나다 모두 ICJ의 임의조항을 수락하고 있었으므로 스페인은 이에 의거하여 캐나다를 상대로 일방적 신청을 하였던 것이다. 그러나 캐나다는 1985년에 임의조항을 수락한 뒤 1994년에 이를 수락하는 새로운 선언서를 UN사무총장에게 제출하였는데, 여기에는 기존의 3개 유보에 더하여 "북대서양 어업기구(NAFO)의 규제지역에서 어업에 종사하는 어선들에 대해 캐나다가 취하는 보존 및 관리조치 및 그러한 조치의 집행으로부터, 혹은 그에 관련하여, 발생하는 분쟁"을 ICJ의 강제관할권으로부터 제외하는 새로운 유보를 추가한 바 있었다. 그러므로 캐나다는 본건 사건은 바로 이 추가된 유보에 해당되므로 ICJ의 재판관할권이 성립되지 않는다고 주장하였다. 이에 대해 스페인은 공해에서 타국의 어선을 나포하는 것은 국제법에 위배되는 것인데, 이런 위법한 규제활동에 종사할 권리를 유보하는 것은 허용될 수 없다고 주장하였다. 이에 대해 ICJ는 "국가가 재판소(ICJ)의 관할권을 수락하는 것과 특정 행위가 국제법과 양립할 수 있는가의 문제 사이에는 근본적인 차이가 있다. 전자의 것에는 동의(consent)가 요구된다. 후자의 문제에는, 재판소가 자신의 관할권을 수립하고 양 당사자의 법적 주장을 완전히 청취한 뒤에 사건의 본안(merits)을 다룰 때에만 도달할 수 있다."(paras. 55~56 of the judgment)는 점을 상기시켰다. 그리고 ICJ는 상기 해석원칙에 따라 캐나다의 문제의 유보를 축어적으로 검토한 뒤, 본 사건은 이 유보에 해당하므로 동 재판소에게는 관할권이 없다고 선언하였다.

"본 재판소의 강제관할권을 수락하는 선언에 대한 유보는 유보국의 의도와 유보 목적을 적절히 고려하여, 자연스럽고 합리적인 방식으로(in a natural and reasonable way, with appropriate regard for the intentions of the reserving State and the purpose of the reservation) 해석되어야 한다는 해석의 원칙이 존재"함을 언급한 바 있다. 다만, 유보가 언제나 유보국에게만 유리하게 작용하지는 않는다. 유보의 상호주의 원칙에 따라 일국의 유보는 타국도 똑같이 원용할 수 있기 때문이다.[540)]

사회주의 및 개발도상 국가들은 과거 오랫동안 사법심사에 대해 부정적 시각을 견지하여 왔었는데, 그 이유로는 다음의 몇 가지 사유를 지적할 수 있을 것이다. 첫째, 국제재판소에서 적용되는 법은 대체로 과거 서구자본주의국가들에 의해 형성된 것으로서, 사회주의와 제3세계 국가들로서는 수락할 수 없는 것들이 많다. 둘째, 국제재판관들은 편견을 갖지 않아야 하고 또 독립성을 향유해야 하지만, 사회주의 및 제3세계 국가들이 보기에 이것을 기대하기란 거의 불가능하다. 셋째, 국제재판소 구성에 있어 서구진영의 재판관들이 다수를 점하고 있기 때문에 표대결의 경우 사회주의와 제3세계 진영의 재판관들은 매우 불리한 위치에 놓인다. 넷째, 서구식의 법의 지배 원칙이 뿌리내리지 못한 그들 국내법의 철학 내지 전통 때문에 국제관계에서도 분쟁을 사법적으로 해결해야 한다는 관념이 약하게 나타난다. 다섯째, 정권기반이 약한 그들로서는 '승리 아니면 패배'(win or lose)의 소송에서 지게 되면 국내정치에 불리한 영향이 미치거나 혹은 대외관계에 있어 국가의 이미지를 손상당할지도 모른다는 심리적 불안감을 갖고 있다.[541)]

그러나 오늘날 위 조건 대부분은 변경되었다. 국제법의 많은 영역에서 사회주의와 제3세계 진영의 요구가 관철되어 (서구자본주의국가들에 의해 형성된) 전통국제법은 계속해서 수정되고 있으며, 국제재판관들은 대체로 공평성과 독립성의 요건을 갖춘 것으로 보이며, 또한 재판소들의 구성에 있어서도 사회주의와 제3세계 국가들은 더 이상 차별대우를 받고 있지 않다. 그 결과 최근에 들어와 제

---

540) 위에서 언급한 *Aerial Incident of 27 July 1955* (US v. Bulgaria), ICJ Reports (1960), p. 146 (May 30) 사건이 이를 잘 보여주고 있다.

또한 위 *Certain Norwegian Loans* case (France v. Norway), ICJ Reports (1957), p. 9에서도 그러하였다. 즉, 이 사건에서 프랑스가 노르웨이를 상대로 제소할 때 양국 모두 임의조항을 수락하고 있었는데, 프랑스의 임의조항 수락 선언에 미국의 자동유보를 닮은 유보(즉, "Cette déclaration ne s'applique pas aux différends relatifs à des affaires qui relèvent essentiellement de la compétence nationale *telle qu'elle est entendue par le Gouvernement de la République française.*")가 첨부되어 있었다. 노르웨이는 이 문제는 본질적으로 노르웨이의 국내관할권에 속하는 문제라고 주장하면서 프랑스의 소 제기에 반대하였다. 노르웨이는 임의조항 수락 선언에 이같은 유보를 첨부한 바 없었다. 그러나 노르웨이는 프랑스가 자동유보를 갖고 있기 때문에 자국도 그 유보를 원용할 수 있다고 주장하였고, 재판소는 노르웨이의 주장을 받아들여 이 사건에 대해 재판관할권이 없다고 판결하였다.

참고로, 프랑스는 이 사건 이후 자국의 자동유보를 철회하고, 1959년 7월 10일 이를 보통의 국내관할권 유보로 대체하는 새로운 임의조항 수락 선언을 제출하였었다. 그러나 *Nuclear Tests* 사건 (Australia v. France ; New Zealand v. France)에서 ICJ가 1973년 일견 관할권이 성립한다고 결정하자 1974년 1월 10일 임의조항 수락 선언을 완전히 철회하였다 : 본서, 제14장 (국가책임), Ⅳ. 국제의무의 위반, "1. 국제의무의 연원" ; Jerome B. Elkind, *Non-Appearance Before the International Court of Justice : Functional and Comparative Analysis* (Dordrecht : Martinus Nijhoff Publishers, 1984), p. 151 참조.

541) Cassese, p. 205.

3세계의 개발도상국들이 ICJ에 분쟁해결을 부탁하는 경우가 점차 늘고 있으며, 이것은 옛 사회주의 국가들도 마찬가지다.[542] 이제는 거꾸로 서구진영의 국가들이 때때로 사법심사에 의한 분쟁의 평화적 해결을 정면으로 거부함으로써 국제공동체의 법치공동체화를 바라는 세계여론에 충격과 실망을 주기도 하며, 이것은 특히 피고국의 의사에 반하여 강제관할권이 인정되는 경우에 그러한데,[543] *Military and Paramilitary Activities in and against Nicaragua* 사건[544]이 그 대표적 예이다. 이 사건은 국제법의 여러 측면에서 흥미로운 소재를 제공하고 있는데, 사건 개요는 다음과 같다.

니카라과는 20세기 상당한 기간 동안 미국의 영향력 하에 있었다. 특히 1912년부터 1925년까지, 그리고 다시 1926년부터 1933년까지는 미국 해병대의 점령 하에 있었다. 그리고 미국은 니카라과를 떠나기에 앞서 자국 해병대가 철수한 뒤에도 통제를 유지해 줄 니카라과 국민수비대(National Guard)를 수립하였다. 1937년 국민수비대의 지도자인 소모사(Anastasio Somoza García)가 니카라과의 대통령이 되었다. 소모사가(家)는 그후 1979년까지 다소간 연속적으로 국가를 통치하면서 그 과정에서 엄청난 부를 축적하였다. 1979년, 1961년부터 국민수비대와 싸워 온 반란단체인 산디니스타(Sandinistas)[545]가 최종 승리를 거두었다. 소모사가 사람들은 도망치고, 산디니스타가 국가를 접수하였다. 그러나 이것은 소모사가가 몰락하기 직전까지도 이들을 지지해 온 미국이 바라는 바가 아니었다. 1981년 미국 대통령이 된 레이건(Reagan)은 산디니스타를 축출하기로 작정하고, 구(舊)국민수비대의 잔당들이 이끄는 콘트라(*contras*)를 무장시키고 물자를 공급하였다. 그리고 이웃국가들에 기지를 마련한 콘트라는 니카라과의 여러 시설을 공격하였다.[546]

콘트라에 대한 미국의 노골적인 무력지원과 관련하여 니카라과 산디니스타 좌익정권은 1984년 4월 9일 미국을 상대로 ICJ에 제소하였다. 그리고 이를 눈치챈 미국은 자신의 임의조항 수락을 부분적으로 배제하기 위하여 제소당하기 불과 3일 전인 1984년 4월 6일 "1946년 6월 26일의 미국의 ICJ강제관할권 수락은 지금 이 순간부터 앞으로 2년 동안 중앙아메리카국가들과의 분쟁 혹은 중앙아메리카 내의 사건들로부터 야기되거나 또는 그와 관련된 분쟁에는 적용되지 않는다."[547]는 취지의 선언서를 UN사무국에 기탁하였다. 그러나 미국[548]은 1946년 8월 26일의 임의조항 수락선언에

---

542) 1999년 10월 26일 Stephen M. Schwebel 재판관도 ICJ소장으로서 UN총회에서 행한 연설에서 이 점을 지적한 바 있다 : United Nations, Press Conference, 27 October 1999, "Briefing by President of International Court of Justice", 〈https://www.un.org/press/en/1999/19991027.icj.doc.html〉; Rosenne, *The Perplexities of Modern International Law*, p. 16. See also Wilder Alejandro Sanchez, "ICJ to Rule on Colombia-Nicaragua Maritime Dispute", Geopolitical Monitor, Situation Reports, April 12, 2022, 〈https://www.geopoliticalmonitor.com/icj-to-rule-on-colombia-nicaragua-maritime-dispute/〉.

543) See Janis, 3rd, pp. 131~142.

544) Nicaragua v. US, ICJ Reports (1984), p. 392 (Jurisdiction and Admissibility : Nov. 26) ; ICJ Reports (1986), p. 14 (Merits : June 27).

545) 완전한 이름은 Frente Sandinista de Liberación Nacional (FSLN). 이는 1920년대 미국에 대항하여 싸운, 한 게릴라단체의 지도자였던 Augusto Sadino의 이름을 따 지은 것이다. Hartley, *European Union Law in a Global Context*, p. 93.

546) *Ibid.*

547) 이른바 Schultz notification 또는 1984 notification.

548) 미국은 과거 국제연맹의 회원국도 아니었고, 또 PCIJ규정의 당사국도 아니었다. Hudson, *op. cit.*, (1946) 40 AJIL 1 at 8~9, 52.

서 동 선언의 수정/종료는 "통고일로부터 6개월이 경과한" 뒤에 발효한다는 시간적 유보를 달았었다.[549] 그러므로 ICJ는 "일방적 선언도 신의성실원칙의 적용을 받으므로 조약법이 유추적용되어야 한다."고 판결하였다.[550] 그 결과 미국의 이 Schultz notification은 신의성실원칙에 위배되므로 본 사건에서는 원용될 수 없게 되었다.[551]

이어서 ICJ의 강제관할권이 성립하는가에 관한 문제가 제기되었다. ICJ의 강제관할권이 성립하기 위해서는 미국뿐만 아니라 니카라과도 ICJ규정의 선택조항을 수락했어야 한다. 그러나 니카라과는 1929년 당시 PCIJ규정의 임의조항을 수락할 것이라는 선언을 한 바 있으나 동 규정을 비준하지는 않았었다. 1945년 니카라과는 UN의 원회원국으로서 ICJ규정을 비준하였으나 ICJ의 강제관할권 수락을 선언하지는 않았다. 그러므로 미국 정부는 니카라과가 결코 PCIJ규정의 당사자가 된 바 없기 때문에 (1945년부로 PCIJ에서 ICJ로의 강제관할권 이전에 관한) ICJ규정 제36조 5항을 원용할 수 없다고 항변하였다. 이에 대해 ICJ는 매우 적극적인 판결을 제시하였다. 즉, 무조건적이며 시간적으로 무기한인 니카라과의 1929년의 선언은 '일정 잠재적 효력'(a certain potential effect)[552]을 가지며, 따라서 ICJ규정 제36조 5항에 언급되어 있는 '여전히 발효 중'(still in force)이란 문귀는 구속력없는, 단지 잠재적인 효력만을 갖는 선언을 포함하는 것으로 해석될 수 있다는 것이다. 그러므로 ICJ는 1945년 니카라과에 의한 ICJ규정의 비준은, 이 잠재적인 공약을 실효성있는 공약으로 변형시키는 효과를 가진다고 반박하였다. 그 결과 니카라과는 ICJ의 강제관할권을 수락한 미국의 1946년의 선언을 원용할 수 있게 되었다.

ICJ는 또한, "당사자들이 다른 방법을 통한 분쟁해결에 동의하지 않는 한 조약의 해석 또는 적용에 관한 분쟁을 ICJ에 부탁"하기로 규정한 1956년의 미국-니카라과 우호통상항해조약 제24조 2항에서도 관할권의 기초를 찾아냈다.[553]

ICJ의 재판관할권 성립과 관련하여 제기된 또 하나의 문제는 사물관할(subject-matter jurisdiction)의 유무였다. ICJ규정 제38조는 동재판소의 기능을 '부탁된 분쟁을 국제법에 따라 결정하는 것'(to decide in accordance with international law such disputes as are submitted to it)으로 규정하고 있으며, 일반강제관할권을 다루고 있는 제36조 2항은 '모든 법적 분쟁'(all legal disputes)에 관하여 말하고 있다. 이 두 규정을 종합해 보면 ICJ는 국제법과 무관한 분쟁에 대해서는 관할권이 없다는 결론에 이른다. 그러나 여기서 '분쟁'이란 단어와 관련하여, 당사자들간의 분쟁 전체가 법적 성격을 가져야 함을 의미하는 것인지, 아니면 ICJ의 관할권 밖에 놓여있는 것으로 생각될 수 있는 광범위한 정치적 분규 중에서 법의 문제가 추출될 수 있는 경우 ICJ가 이에 대해 관할권을 행사할 수 있는지는 분명치 않다. 바로 이 문제가 본 사건에서 제기된 것이다. 미국은 니카라과 산디

549) ICJ Reports (1984), p. 392, at paras. 13, 54, 61.
550) ICJ Reports (1984), p. 392, at paras. 60~63.
551) See Cassese, p. 153 ; Herbert W. Briggs, Editorial Comments : "Nicaragua v. U.S. : Jurisdiction and Admissibility", (1985) 79 AJIL 373 ; Shaw, p. 669.
552) ICJ Reports (1984), p. 392, at para. 27.
553) *Ibid.*, at para. 81.

니스타 정부에 대하여 자신이 취한 행동으로부터 야기된 동 국가와의 분쟁과 관련하여 ICJ의 사물관할이 성립하지 않는다고 주장하였다. 그러나 ICJ는 "어떤 사건이 단지 정치적 의미를 가졌다는 이유 때문에 혹은 그것이 무력사용의 중대한 요소들과 결부되어 있다는 이유만으로 자신에게 제기되어온 사건을 회피한 적은 결코 없었다."[554]고 언급하면서, 미국의 그같은 주장을 만장일치로 배척하였다.

ICJ는 또한 무력사용에 관련된 문제에 관해서는 UN안전보장이사회가 배타적 관할권을 가진다는 미국의 주장도 단호히 배척하였다. UN헌장 제24조는 국제평화와 안전의 유지를 위해 안보리에 단지 '1차적' 책임을 부여한 것이지 '배타적' 책임을 부여한 것이 아니며, 단지 정치 분야에서 활동하는 안보리와 법의 분야에서 행동하는 ICJ는 "동일 사건에 대해 그들의 별개의 그러나 보충적인 기능(their separate but complementary functions with respect to the same events)을 수행할 수 있기" 때문이다.[555]

이상의 여러 가지 이유로 ICJ는 1984년 11월 26일의 판결[556]에서 본 사건에 대한 자신의 관할권을 인정하였다. ICJ의 관할권을 부인하기 위한 여러 가지 항변이 수락되지 않자 미국정부는 1985년 1월 18일 ICJ의 재판 과정에서 철수한다고 선언하였다.[557] 그리고 이어서 1985년 10월 7일에는 아예 (1984년 4월 6일의 Schultz 통고에 의하여 수정된) 1946년의 선택조항 수락선언 자체를 철회하였다.[558]

미국이 불참한 가운데서도 소송은 진행되었다.[559] 1986년 6월 27일의 종국판결에서 ICJ는 국제관습법에는 불간섭원칙(principle of non-intervention)이 있는데, 동 원칙에 의하면 모든 주권국가는 정치·경제·사회·문화 체제의 선택이나 외교정책의 수립과 같은 문제들을 외부의 간섭 없이 스스로 결정할 권리가 있다는 점을 확인하였다. 그러므로 ICJ는 미국이 니카라과 내의 반군을 무장·훈련시키고 그들에게 장비와 자금을 제공함으로써 그리고 그들의 군사적·준군사적 활동(military and paramilitary activities)을 선동·지지·원조함으로써 이 불간섭원칙을 위반하였다고 판결하였다. 동시에, 미국의 니카라과에 대한 일정 무력사용은 국제관습법상의 무력사용금지의무를 위반한 것이라고 판시하였다.[560] 그 해 가을 니카라과 정부는 이 판결을 강제하기 위하여 UN헌장 제94조에 의거하여 안보리에 호소하였으나 미국은 거부권을 행사하였다.[561] 미국은 이 판결을

554) *Ibid.*, at para. 96.
555) *Ibid.*, at para. 95.
556) See (1985) 24 ILM 247.
557) Thomas M. Franck, "Icy Day at the ICJ", (1985) 79 AJIL 379.
558) (1985) 24 ILM 1742.
559) 재판관할권(jurisdiction)과 소의 허용성(admissibility)이 인정된다고 판단한 이상, 소송당사자 일방이 재판참여를 거부한다고 하여 ICJ가 당연히 재판을 계속 못하는 것은 아니다. ICJ규정 제36조 6항과 제53조를 참조하라.
560) ICJ는 이 사건에서 미국의 UN헌장 위반에 대해서는 판단함이 없이 단지 관련 관습법규의 위반만을 문제삼았는데, 그 이유에 대해서는 본서, 제2장 (국제법의 연원), "Ⅶ. 관습과 조약의 관계" 참조.
561) S/PV 2718 of 28 October 1986, 51 (UN Doc. S/18428) ; Malanczuk, p. 289. 니카라과는 그후 UN총회에 호소하였고, 총회는 1986년 11월 3일의 결의(41/31)를 통해 ICJ판결에 대한 "완전하고도 즉각적인 이행을 긴

인정하기를 초지일관 거부하였으며, 결국 1991년 우익으로 교체된 니카라과 정부는 –ICJ의 손해배상액 결정을 포함한– 소송을 계속할 자신의 권리를 포기한다는 의사를 ICJ에 전달하였다.[562]

이 사건은 현 국제공동체구조 내에서 국가들이 그들의 분쟁을 ICJ에 부탁하기를 꺼리는 단순한 차원의 문제를 넘어서 ICJ관할권에 관하여 그들이 이미 행한 약속마저도 준수하기를 거부하는 더욱 중대한 문제를 제기하고 있다. 특히, UN의 모든 회원국과 ICJ규정의 모든 당사국은 ICJ규정 제36조 6항을 준수할 의무가 있는데, 동 항은 ICJ의 재판관할권 여부에 관한 분쟁을 해결할 완전하고도 배타적인 권한을 ICJ에 부여하고 있다. 그럼에도 불구하고 ICJ가 최근 이 권한을 행사한 다수의 사건에서 일부 당사국은 ICJ의 결정을 준수하기를 거절하고 ICJ의 심리과정에 참여하기를 거부하였던 것이다. 이처럼 일부 국가들이 그들 스스로 기초하고 수락한 규칙에 등을 돌림으로써 세계재판소로서의 ICJ의 권위는 심하게 훼손되고 있는 것이다. *Military and Paramilitary Activities in and against Nicaragua* 사건에서 ICJ가 보여준 사법적극주의(judicial activism)의 태도는 앞으로도 국가들의 협조와 지지 없이는 성공하기 어려울 것이다.[563]

2. 국제재판소의 확산과 관할권 경합[564]

ICJ(와 그 전임자인 PICJ)를 가리켜 흔히 "세계재판소"라고 부르긴 하지만 동 재판소는 그 설립과 관할권에 있어 궁극적으로 국가들의 동의에 기초하고 있고, 게다가 선례구속의 원칙(doctrine of *stare decisis*)도 갖고 있지 않다. 이런 마당에 국가들이 "특정 분야"에만 봉사하는 "사법적(司法的) 내지는 준사법적(準司法的) 분쟁해결 절차들"을 창설하는 것을 막을 도리는 없어 보이며, ICJ가 이들 특별국제재판소에 대해 법적 우위를 주장할 수 있는 입장도 아니다.[565] 해양법, 인권법, WTO법,

---

급히 요청"(Urgently calls for full and immediate compliance) 하였다. 94 대 3, 기권 47로 채택된 이 표결에서 반대표 3은 미국, 이스라엘, 엘살바도르의 것이었다. 미국은 이 결의도 무시하였다. https://www.un.org/Depts/dhl/res/resa41.htm ; Hartley, *European Union Law in a Global Context*, p. 95, fn. 17.

562) Order of 26 September 1991, ICJ Reports (1991), pp. 47~48 ; Janis, 3rd, p. 142 ; 이태규, 《국제사법재판소론》(안양 : 안양대학교 출판부, 1998), p. 161.

563) See Edward McWhinny, *Judicial Settlement of International Disputes : Jurisdiction, Justiciability and Judicial Law-Making on the Contemporary International Court* (Dordrecht : Martinus Nijhoff, 1991), pp. 37~46. *Military and Paramilitary Activities in and against Nicaragua* 사건의 총체적 분석을 위해서는 다음의 책을 참조 : Terry D. Gill, *Litigation Strategy at the International Court : A Case Study of the Nicaragua* v. *United States Dispute* (Dordrecht : Martinus Nijhoff, 1989).

564) 이 문제 일반에 대한 개관을 위해서는, Rosenne, *The Perplexities of Modern International Law*, pp. 100~107 참조.

565) *Ibid.*, pp. 64~65는 국제재판소 상호간의 일반적인 관계에 대해 다음과 같이 언급하고 있다 : "There is a range of courts and tribunals, but it is very different from the court system within the States. It is not hierarchical. There are no 'higher' and 'lower' courts, and no standing system of appeal, cassation, case stated, or other recourse from one court to another. Each international court or tribunal is an independent and autonomous entity, performing its tasks according to its constituent instrument. ... It follows that there is no system of *transferring* a case from one international court to another. If a party discontinues a case in a court, that is that. If that party then brings the same case in another court, it is there an entirely new case, with the consequences that follow in the circumstances."

EU법, 국제형사법 등등의 분야에서 우리는 그러한 예를 쉽게 찾을 수 있다.[566] 이같은 "국제법의 분열(파편화)"(fragmentation of international law)과 그로 인한 "국제재판소의 확산" (proliferation of international courts and tribunals)은 몇 가지 서로 연관된 문제를 동반하고 있다. 첫째, 점증하는 특별국제재판소의 존재로 인해 ICJ의 권위 내지는 관할권이 축소 내지는 약화되는 것은 아닌가? 즉, 하급특별재판소를 상급일반재판소가 통제하는 방식의 국내법체계에서 보는 것처럼, ICJ와 이들 특별국제재판소 사이에 어떤 연계 내지는 위계를 도입하는 것은 수평적 구조의 국제공동체에서는 불가능할 것인가? 한 개의 통일된 법체계가 되어야 할 국제법의 규칙들에 대해 여러 국제재판소가 서로 다른 해석/판결을 내릴 가능성을 생각하면 이는 중요한 문제가 아닐 수 없다.[567] 둘째, 그러나 이보다 지금 당장 절박한 문제로서, 동일문제가 둘 이상의 국제재판소에 −병행하여 혹은 연속적으로− 제기될 때 각 재판소는 이에 어떻게 반응할 것인가? 즉, 분권적인 국제공동체에서 국제재판소들의 관할권이 중복/경합할 수 있고, 이것은 국제법에서도 "법정 물색(재판소 고르기)"(forum shopping, both parallel and successive)의 가능성을 초래하고 있지 아니한가? 국가들이 조약을 통해 −법정선택조항(forum selection clauses)[568]을 담은− 한 개의 "자기완비적" 체제(self-contained

566) 특히, 구유고국제형사재판소(ICTY) 항소부(Appeals Chamber)는 *Prosecutor* v. *Dusko Tadic*, Decision of 2 October 1995, para. 11 (available at https://www.icty.org/case/tadic/4)에서 "국제법은 중앙집권적 구조를 결하고 있어서 한 개의 통합된 재판소 체제에 대한 규정이 없으며" 따라서 "국제법에서는 (별도의 규정이 없는 한) 모든 (국제)재판소는 한 개의 자기완비적 체제이다."라고 말한 바 있다.

다만, ICJ는 *Lockerbie* 사건 [Case concerning *Questions of Interpretation and Application of the 1971 Montreal Convention arising from the Aerial Incident at Lockerbie* (Libyan Arab Jamahiriya v. United Kingdom) (Provisional Measures), ICJ Reports (1992), para. 39 및 Case concerning *Questions of Interpretation and Application of the 1971 Montreal Convention arising from the Aerial Incident at Lockerbie* (Libyan Arab Jamahiriya v. United States of America) (Provisional Measures), ICJ Reports (1992), para. 42]에서 UN헌장 제103조에서 말하는 "UN헌장 하의 의무"를 넓게 해석하여, 'UN헌장규정 자체'뿐만 아니라 이에 근거한 구속력있는 '안보리의 결의'도 "UN헌장 하의 의무"에 속하는 것으로 판시한 바 있는데, Pauwelyn (p. 121)은 여기서 한 걸음 더 나아가 ICJ 판결과 타 국제재판소 판결 사이에 충돌이 있는 경우에도 UN헌장 제103조에 기초하여 ICJ 판결에 우선적 효력을 부여할 수 있을 것이라는 견해를 피력하고 있다 : 본서, 제25장 (UN), "Ⅵ. 현장 제103조 : UN헌장과 기타 조약 간의 충돌 방지" 참조.

567) 현 체제 하에서도 특별국제재판소들의 요청이 있는 경우 −그들이 UN의 기관인 경우는 물론이고 그러하지 아니한 경우라 하더라도− UN총회나 안보리가 그들을 대신하여/위하여 ICJ에 권고적 의견을 구하는 것을 막는 것은 아무 것도 없다. 그러나 총회나 안보리에 그같은 의무가 있는 것은 아니다. 또한, 실제로 이같은 제안이 실현되려면 관련 기존 조약들의 개정이 동반되어야 할 것이고, 이러한 개정은 UN헌장의 개정까지는 아니라 하더라도 UN의 기관이 아닌 국제재판소들의 경우에는 그들의 설립/운영에 관한 조약규정의 개정이 필요할 것이다. See Judge Stephen M. Schwebel, President of the ICJ, Address to the Plenary Session of the General Assembly of the United Nations, 26 October 1999, at https://www.icj-cij.org/icjwww/ipresscom/SPEECHES/iSpeechPresidentGA54_19991026.htm (2006년 8월 28일 검색) ; Gilbert Guillaume, La mondialisation et la Cour internationale de justice, Forum (ILA) (2000), Vol. 2, No. 4, at p. 242 ; Tullio Treves, "Advisory Opinions of the International Court of Justice on Questions Raised by Other International Tribunals", Max Plank UNYB 4 (2000), p. 215 at 231, 〈https://www.mpil.de/files/pdf2/mpunyb_treves_4.pdf〉 ; ABILA(ILA's American Branch) Committee on Intergovernmental Settlement of Disputes, "Reforming the United Nations: What About the International Court of Justice?", Chinese Journal of International Law (2006), Vol. 5, No. 1, p. 39 at 63 ; Kyung Kwak and Gabrielle Marceau, "Overlaps and Conflicts of Jurisdiction between the WTO and RTAs", Presented at Conference on Regional Trade Agreements, World Trade Organization, 26 April 2002, paras. 19, 31, at https://www.wto.org/english/tratop_e/region_e/sem_april02_e/marceau.pdf#search=%22Kyung% 20Kwak%22.

regime)를 수립하려고 의도했다면 관할권경합의 문제는 전혀 발생하지 않는 것인가?

국제재판소 간의 관할권 경합은 이미 실제로 혹은 잠재적으로 발생하고 있다. 특히, *Southern Bluefin Tuna* 사건과 *MOX Plant* 사건에서는 외견상 UN해양법협약과 관련된 사건이긴 하지만 이 문제를 다룰 수 있는 외부의 재판소가 존재하기 때문에 동 협약 하의 재판소는 관할권이 없다고 볼 것인가의 문제를 놓고 당사자간에 견해가 대립하였는데, 이 문제에 대해 (동 협약 하의 두 재판소인) [협약 제 Ⅶ 부속서(Annex Ⅶ)에 의해 구성된](임시)중재재판소(Arbitral Tribunal)와 국제해양법재판소간에 입장의 차이가 시사되었던 것이다.

그러면 이 문제를 어떻게 규율할 것인가? 아니, 국제법에 이 문제를 규율하는 규칙이 존재하기는 하는가? 전통적으로 국내재판소들은 민상사문제(civil and commercial matters)에 관련한 초국경소송(transnational litigation)에서 제기되는 관할권 문제를 규율하기 위해 *lis alibi pendens*,[569] *res*

---

568) 예컨대, EU기능조약 제344조(구 EC 제292조) ; WTO/DSU 제23조 참조. 특별히, 'WTO /DSU'와 '지역무역협정(regional trade agreements)의 분쟁해결장치' 간의 관할권 중복·충돌 문제에 관해서는 위 Kwak/Marceau 참조.

569) *lis alibi pendens*는 "다른 곳에서 계류중인 분쟁/사건"(dispute elsewhere pending ; a lawsuit depending elsewhere)을 의미하는 라틴어이다. *litispendence*로도 불리는 이 규칙에 의하면, 한 재판소에서 어떤 문제가 심리/검토'되고 있는' 동안에는 다른 재판소에서 '동일 문제'(the same matter)(즉, '당사자' 및 '쟁점'이 동일한 사건)를 심리하는 것이 금지된다. 요컨대, *lis alibi pendens* 규칙은 병행소송간의 관계(relationship between *parallel* proceedings)를 규율하기 위한 것이다. Davis M. Walker, *The Oxford Companion to Law* (Oxford : Clarendon Press, 1980) ; Tams, p. 265 ; https://en.wikipedia.org/wiki/Lis_alibi_pendens. 세계국제법학술원(Institut de Droit International) (https://www.idi-iil.org)은 2003년의 결의(Resolution)에서 국가 간 병행소송은 억제하는 것이 좋겠다고 말하고 있다 : "Parallel litigation in more than one country between the same, or related, parties, in relation to the same, or related, issues, should be discouraged."

EC/EU의 경우, "민상사문제에 있어 재판관할권 및 판결의 승인과 집행에 관한 2000년 12월 22일의 EC 이사회명령 44/2001"[Council Regulation (EC) No 44/2001 of 22 December 2000 on jurisdiction and the recognition and enforcement of judgments in civil and commercial matters]에 의하여 개정된 "민상사문제에 있어 재판관할권 및 판결집행에 관한 브뤼셀협약"(Convention on Jurisdiction and the Enforcement of Judgments in Civil and Commercial Matters) 제27조~제30조에서 회원국 재판소 간의 병행소송 문제를 규율하고 있다 : https://eur-lex.europa.eu/LexUriServ/site/en/oj/2001/l_012/l_01220010116en00010023.pdf ; https://en.wikipedia.org/wiki/Lis_alibi_pendens.

인권조약에서도 *lis alibi pendens* 규칙을 도입하고 있는 것이 발견된다. 즉, "시민적·정치적 권리에 관한 국제규약"의 (제1)"선택의정서" 제5조 2항(a)는 "(인권)위원회는 다음 사항을 확인한 경우가 아니면 개인으로부터의 어떠한 통보도 검토하지 아니한다 : (a) 동일 문제가 다른 국제조사/해결절차에 의거하여 조사(심사)되고 있지 않을 것"(The Committee shall not consider any communication from an individual unless it has ascertained that: (a) the *same matter is not being examined* under another procedure of international investigation or settlement)이라고 규정하고 있는데, 이것은 바로 *lis alibi pendens* 규칙을 명문화한 것으로 해석되고 있다. L.G.P. Specker, "Remedying the Normative Impacts of Forum Shopping in International Human Rights Tribunals", The New Zealand Postgraduate Law E-Journal Issue 2/2005, pp. 9, 13, 〈https://www.nzpglejournal.auckland.ac.nz/webdav/site/nzpglejournal/shared/Subscribe/Documents/2005-2/6%20Leontine's%20Final.pdf〉.

*litispendence*의 항변이 수락될 수 있는가의 문제는 세계재판소에서도 논의된 바 있다. 예컨대, PCIJ는 Case concerning *Certain German Interests in Polish Upper Silesia*, Series A, No. 6 (1925), p. 20에서 다음과 같이 언급한 바 있다 : "It is a much disputed question in the teachings of legal authorities and in the jurisprudence of the principal countries whether the doctrine of *litispendance*, the object of which is to prevent the possibility of conflicting judgments, can be invoked in international relations, in the sense that the judges of one State should, in the absence of a treaty, refuse to

judicata,[570] *electa una via*,[571] *forum non conveniens*[572] 등의 규칙을 발전시켜 오고 있는데,

---

entertain any suit already pending before the courts of another State, exactly as they would be bound to do if an action on the same subject had at some previous time been brought in due form before another court of their own country.

There is no occasion for the Court to devote time to this discussion in the present case, because it is clear that the essential elements which constitute *litispendance* are not present. There is no question of two identical actions : the action still pending before the Germano-Polish Mixed Arbitral Tribunal at Paris seeks the restitution to a private company of the factory of which the latter claims to have been wrongfully deprived ; on the other hand, the Permanent Court of International Justice is asked to give an interpretation of certain clauses of the Geneva Convention. The Parties are not the same, and, finally, the Mixed Arbitral Tribunals and the Permanent Court of International Justice are not courts of the same character, and, *a fortiori*, the same might be said with regard to the Court and the Polish Civil Tribunal of Kattowitz."

570) *res judicata*(혹은 *res adjudicata*)는 '기판사항', 즉 '이미 재판이 끝난 문제"[a matter/thing (already) judged/decided]를 의미하는 라틴어로 "doctrine of finality"(최종판결의 원칙)라고도 불리는데, 이 규칙에 의하면 권한있는 재판소의 "최종(종국)"판결(final judgment)은 당해 소송에서 재판의 대상이 '되었거나 될 수 있었던' 모든 문제에 관해 당사자들에게 구속력이 있으며, 그 결과 나중에 법정에서 이를 다시 다툴 수 없다. PCIJ는 *Société Commerciale de Belgique*, PCIJ (1939), Series A/B, No. 78, p. 160 at 174에서 "...since the arbitral awards to which these submissions relate are, according to the arbitration clause under which they were made, "final and without appeal", and since the Court has received no mandate from the parties in regard to them, it can neither confirm nor annul them either wholly or in part."라고 언급한 바 있다. Case concerning *Maritime Delimitation and Territorial Questions between Qatar and Bahrain* (Qatar v. Bahrain), Judgment of 16 March 2001, paras. 111~115에서도 국제중재판정이 ICJ에게 *res judicata*를 구성하는가의 문제가 제기된 바 있다. 즉, 바레인은 1939년의 영국정부의 한 결정이 일차적으로 중재판정에 해당하며, 따라서 "중재판정을 재개하려는 구체적이고, 명시적이고, 추가적인 동의가 없는 한" ICJ에게는 다른 국제재판소가 내린 판정을 재심사하거나, 무효로 하거나, 심지어는 이를 확인할 관할권도 없다고 주장하면서, PCIJ의 위 판시를 인용하였다. 이에 대해 ICJ는, 문제의 영국의 결정은 국제중재판정을 구성하는 것이 아니며 따라서 바레인의 그같은 주장을 검토할 필요를 느끼지는 않는다고 대꾸하였다(다만, 이 사건에서 ICJ는 문제의 영국정부의 결정이 중재판정이 아니라는 사실이 그 결정이 법적 효력이 없음을 의미하지는 않는다고 하면서 문제를 풀어 나갔다). 한편, 유럽인권협약 제35조 2항(b)의 규정에서 "관련 새로운 정보가 없는 한, 유럽인권재판소는 '이미 다른 국제(조사/해결)절차에 회부된' '동일 문제'에 대한 개인의 청구를 다룰 수 없다"는 부분은 *res judicata* 원칙을 도입한 것으로 해석되고 있는데, 그 결과 외부 국제절차에서 "이미 다루어진" 동일 문제에 대한 개인의 청구는 유럽인권재판소가 이를 다시 검토하지 못한다. 요컨대, *res judicata* 규칙은 '후속'절차/소송(subsequent proceedings)에서만 적용된다. 끝으로, 광의의 *res judicata*는 "청구차단효"(claim preclusion)와 "쟁점차단효"(issue preclusion 혹은 collateral estoppel)를 포함하는데, 좁은 의미로 쓰일 때는 전자를 지칭한다는 것도 언급해 두는 것이 좋겠다. *res judicata* 원칙의 예외, 대륙법계에서의 동 원칙의 적용 등등, 자세한 것은 다음을 참조 : Specker, *op. cit.*, pp. 12, 16~17 ; Black's Law Dictionary ; https://www.answers.com ; https://www.lectlaw.com ; https://en.wikipedia.org ; https://dictionary.law.com ; https://www.law.cornell.edu/wex/index.php/Res_judicata. 그리고 -ICJ규정 제59조와 제60조에 반영되어 있는- *res judicata* 원칙에 대한 ICJ 자신의 설명을 듣기 위해서는, *Question of the Delimitation of the Continental Shelf between Nicaragua and Colombia beyond 200 nautical miles from the Nicaraguan Coast* (Nicaragua v. Colombia) (Preliminary Objections), Judgments of 17 March 2016, paras. 58~61 참조.

571) *electa una via*는 라틴어 술어 "*electa una via non datur recursus ad alteram*"을 줄인 말로서, 이 규칙에 의하면 "일단 일방 당사자가 분쟁 해결을 위해 어떤 절차를 선택하였으면 그 당사자는 동일 문제에 대해 다른 분쟁해결기구에 호소할 수 없다(When there is concurrence of means, he who has chosen one cannot have recourse to another)." *electa una via*는 동일 문제에 대한 청구가 다른 국제절차에 의해 조사"되고 있는" 경우뿐만 아니라 (이미) 조사/검토"된' 경우에도 적용된다는 점에서 보면 이는 대체로 *lis alibi pendens*와 *res judicata*를 합친 것으로 볼 수 있다. 그러나 *electa una via*는 "어떤 절차가 최종 결정을 초래하지 않은 경우" (situations where a procedure did not lead to a final judgement)도 포함한다는 점에서는 *lis alibi pendens*와 *res judicata*를 합친 것보다 그 효과가 더 넓다. 반면에, *electa una via*는 "같

일부 학자는 이들 국제사법의 규칙을 국제(공)법에서도 적용할 수 있겠는가의 문제를 제기하고 있기도 하다.[573] 조약에서 이들 원칙의 어느 것이든 수용하고 있다면 물론 해당 규정에 따르게 될 것이다. 그러나 조약에서 이에 관한 명시적 규정을 두고 있지 않는 경우, 법정 규율을 위한 위 국제사법상의 각 원칙이 일반국제법(국제관습법규) 내지는 법의 일반원칙이 될 수 있는지, 혹은 어느 정도까지 수용 가능한지는 분명치 않아 보인다. *Mox Plant* 사건[574]에서 UN해양법협약 하의 (임시)중재재판소가 위 원칙들에 의존함이 없이 "사법기관(기구)들간에 통용되어야 할 상호 존중과 예양"(mutual respect and comity which should prevail between judicial institutions)을 언급한 것도 눈에 띈다. "국제법의 파편화" 및 그로 인한 "국제재판소의 확산"은 우리들에게 또 하나의 어려운 과제를 던져 주고 있는데, 전자가 후자를 낳고 다시 후자가 전자를 초래할 가능성을 생각하면 더욱 그러하다.[575]

은 자(동일 청구인/원고)가 개시한 청구를 배제하기 위해 고안된 것이며, 다른 자가 제기하는 청구를 배제하기 위해 고안된 것이 아니다." 이 측면에서 보면 *electa una via*는 제1소송의 양 당사자 모두에게 적용되는 *lis alibi pendens*나 *res judicata*보다 적용범위가 좁다. 독일, 프랑스를 위시한 일부 유럽국가들은 *lis alibi pendens* 규칙을 도입한 '시민적 · 정치적 권리규약' '선택의정서' 제5조 2항(a)를 *electa una via* 규정으로 변형시키는 유보를 첨부하고 있다. Specker, *op. cit.*, p. 9 ff, p. 12 (fn. 76), pp. 17~19 ; https://www.ohchr.org/english/countries/ratification/5.htm, ; https://onlinedictionary.datasegment.com/word/maxim.

572) *forum non conveniens*는 '불편의 법정'(不便宜法廷)(inconvenient forum, inappropriate forum)을 뜻하는 라틴어 술어로서, 이 원칙에 따르면 "재판소는 자신에게 제기된 사건을 다른 곳에서 재판하는 것이 사적 이익이나 공적 이익을 위해 더욱 편리할 것이라고 믿는 경우, 당해 사건을 심리할 자신의 관할권을 행사하기를 거부할 수 있는 선택권(option)을 갖는다." 따라서 이 원칙은 재판관할권의 행사를 단지 조절/통제하기 위한 것이지, 반드시 -병행소송(즉, lis alibi pendens)이나 후속소송(즉, res judicata)과 같은- 복수의 소송(multiple proceedings)을 방지하기 위한 것은 아니다. Specker, *op. cit.*, p. 13 ; https://en.wikipedia.org/wiki/Forum_non_conveniens.

세계국제법학술원(Institut de Droit International)(https://www.idi-iil.org)은 2003년의 결의(Resolution)에서 일국의 재판소가 불편의 법정 여부를 판단함에 있어 특히 고려해야 할 요소에 대해 다음과 같이 언급하고 있다 : "In deciding whether the courts of another country are clearly more appropriate, the court seised may take into account (in particular) : (a) the adequacy of the alternative forum ; (b) the residence of the parties ; (c) the location of the evidence (witnesses and documents) and the procedures for obtaining such evidence; (d) the law applicable to the issues; (e) the effect of applicable limitation or prescription periods; (f) the effectiveness and enforceability of any resulting judgment."

573) 이 문제에 대해서는 특히 다음의 저서를 참조 : Yuval Shany, *The Competing Jurisdictions of International Courts and Tribunals* (Oxford : Oxford University Press, 2003) ; 이에 대한 서평은, Chester Brown, EJIL (2003), Vol. 14 No. 5, pp. 1045~1047 참조.

574) Arbitral Tribunal Constituted Pursuant to Article 287, and Article 1 of Annex Ⅶ, of the United Nations Convention on the Law of the Sea for the Dispute Concerning the MOX Plant, International Movements of Radioactive Materials, and the Protection of the Marine Environment of the Irish Sea, *The MOX Plant* case (Ireland v. United Kingdom), Order No. 3 (24 June 2003), Suspension of Proceedings on Jurisdiction and Merits, and Request for Further Provisional Measures, paras. 27~30, at https://www.pca-cpa.org/ENGLISH/RPC.

575) 특히 Guillaume 재판관은 2001년 10월 30일 ICJ 소장의 자격으로 UN총회에서 행한 연설에서 이 문제에 대한 개인적 염려를 피력한 바 있다. 반대로, Rosalyn Higgins 재판관은 그 역시 ICJ 소장 자격으로 UN총회에서 행한 2006년 10월 26일의 연설에서, 새로운 재판소들이 생겨나고는 있지만 ICJ는 건재하며, 재판소간 사법적 대화도 잘 이루어지고 있다는 자신감을 피력하고 있다. See https://www.icj-cij.org (>The Court> Presidency>Statements by the President) ; Rosenne, *The Perplexities of Modern International Law*, pp. 106~107. 실제로 *Delimitation of the Maritime Boundary between Bangladesh and Myanmar in the Bay of Bengal* (Bangladesh/Myanmar), Judgment of 14 March 2012에서 국제해양법재판소는 ICJ를 포함한 국제재판소들의 기존 판례를 준수할 것임을 강조하고 또 실제로 그렇게 하였으며(paras. 184, 226,

끝으로, ICJ와 안보리 사이에도 위 원칙의 어느 것을 적용할 수 있을 것인가? 이를테면, UN헌장 제36조 3항은 "법적 분쟁"에 관한 한 안보리가 일종의 '불편의법정'(不便宜法廷)임을 인정한 것이 아닌가? 그러나 설사 이를 긍정하더라도 UN헌장 체제 하에서 정치기관인 안보리와 사법기관인 ICJ 사이에 *lis alibi pendens*를 적용하기는 곤란하다.[573)]

Ⅸ. ICJ의 중재재판소화? : *ad hoc* chamber의 구성과 관련하여

통상 5인의 재판관으로 구성되는 ICJ특별재판부(*ad hoc* chamber) 제도가 운용되고 있는데, ICJ 규정 제26조 2항은 그 구성에 관하여 "재판소는 특정 사건(a particular case)을 다루기 위한 재판부를 언제든지 구성할 수 있다. 그같은 부를 구성하기 위한 재판관의 수는 당사자들의 승인을 얻어 재판소가 결정한다."라고 규정하고 있다. 이 규정에 의하면 ICJ전원재판소(full Court)는 특별재판부를 구성하는 재판관의 '수'의 결정과 관련해서만 분쟁당사자들의 동의를 구할 것이 요구되고 있을 따름이다. 그러나 재판소 절차규칙과 실제관행을 보면 ICJ는 특별재판부를 구성함에 있어 분쟁당사국들의 의사에 종속되는 것으로 나타났으며 그 배경은 다음과 같다.

특별재판부 제도가 PCIJ 하에서와 마찬가지로 전혀 사용되지 않자 ICJ는 1967년 재판소규칙(Rules of the Court)[577)]에 대한 체계적인 개정작업을 시작하였는데, 이는 물론 국가들이 분쟁해결의 장으로서 ICJ를 이용하도록 유인하기 위한 것이었다. 관심의 초점은 ICJ규정 제26조 2항에 맞추어졌다. 그 결과 1972년과 1978년 두 차례에 걸쳐 재판소규칙이 개정되었다.

1972년의 개정에서 ICJ는 처음에는 절차규칙을 전면 손질하려고 생각하다가 나중에 일부 조항만을 개정하기로 결정하였다. 규칙개정이 있기 전 1970년에 UN총회는 사무총장이 준비한 질문서를 통해 재판관들에게 동 재판소의 역할에 관한 의견을 제시하도록 요청하였다. 이 질문에 대한 응답은, ICJ가 규정 제26조 2항에 의거하여 구성하는 특별재판부의 구성에 있어 분쟁당사자들에게도 일정 영향력의 행사를 인정해야 한다는 것으로 나타났다. 당시 ICJ소장이었던 Jiménez de Aréchaga는 AJIL에 기고한 한 논문에서, 1972년 규칙개정의 목적은 "특별재판부의 구성에 있어 분쟁당사자

234, 238, 240 등), 재판관 대부분도 그들의 선언 혹은 의견에서 이 점을 의도적으로 천명함으로써 새로운 국제재판소의 창설이 국제법의 분열(파편화)을 초래할 것이라는 우려는 근거가 없음을 시사하였다고 평가되고 있다. 그러나 이 사건에서도 국제해양법재판소가 다른 국제재판소들의 기존 판례를 그대로 추종한 것은 아니고 여기서 한 걸음 더 나아가려고 노력하였다. 그리고 본질적인 문제로서, 국제재판소간 사법적 대화가 국제법에 의해 요구되는 것이 아니라는 점에서 이 대화의 법적 기초는 여전히 불안하다. Irini Papanicolopulu, "From the North Sea to the Bay of Bengal: Maritime Delimitation at the International Tribunal for the Law of the Sea", EJIL : *Talk!*, Friday, March 23, 2012, 〈https://www.ejiltalk.org/from-the-north-sea-to-the-bay-of-bengal-maritime-delimitation-at-the-international-tribunal-for-the-law-of-the-sea〉 : 본서, 제21장 (해양법) 참조.

576) Tams, pp. 265~266.

577) ICJ규칙은 원래 1946년에 채택된 것인데, 이는 -'League of Nations'를 'United Nations'로 대체한 것을 제외하고는- 1936년에 채택된 PCIJ규칙을 복제한 것이었다.

들에게 결정적 영향력을 부여하는 것"(to accord to the parties a decisive influence in the composition of *ad hoc* Chambers)이라고 언급한 바 있다.[578)]

어쨌든, 1972년의 규칙개정에 의하여 1946년의 규칙 제24조 2항이 실체적으로 개정되어 제26조로 이전되었다. 1972년 규칙 제26조에 의하면, ICJ소장은 특별재판부의 구성과 관련하여 분쟁당사자들의 견해를 확인하기 위해 소송대리인들의 의견을 들어야 한다. 그 후 소장은 협의 결과를 재판소에 통고하며, 그러면 재판소는 비밀투표를 통해 특별재판부를 선출한다. 이같은 개정은 재판부 구성에 있어 분쟁당사자들이 결정적 영향력을 가져야 한다는 견해와 재판소의 비밀선출절차를 유지해야 한다는 견해를 절충한 것이었다. 요컨대, 특별재판부는 ICJ의 비밀투표를 통하여 선출되지만, 소송절차의 계속을 위해서는 분쟁당사자들의 합의가 필요하기 때문에 재판부구성에 관한 당사자들의 견해가 무시되는 경우는 실제로는 거의 생각할 수 없게 된다.[579)]

1978년의 규칙 개정은 상당히 포괄적으로 단행되었는데, 특별재판부를 위한 절차는 제17조에 포함되었다.[580)] 제17조는 분쟁당사자들 중에서 어느 쪽이든지 특별재판부의 소집을 요구할 수 있으며, 타방당사자가 이에 동의하면 ICJ소장은 재판부 구성에 관하여 당사자들의 견해를 확인해야 한다고 규정하고 있다. 그리고 제18조에 의하면 재판부는 ICJ의 비밀투표로 선출된다. 1978년 이후로는 이 형식의 규칙이 유지되고 있지만, 재판부 구성에 있어 분쟁당사자들에게 어느 정도의 발언권이 부여되어야 할 것인지의 문제는 미해결로 남아 있다.

ICJ규정 제26조 2항과 그 절차규칙 제17조에 기초한 특별재판부절차는 1978년 이래 몇 차례 사용되었는데,[581)] 그 중 이 절차가 처음으로 사용된 *Gulf of Maine* 사건[582)]은 분쟁당사자들이 재판부 구성에 어느 정도의 영향력을 미치고 있는지를 잘 보여주고 있다. Maine만 경계설정과 관련하여 미국과 캐나다는 해양경계선해결조약(Maritime Boundary Settlement Treaty)을 통해 특별재판부의 설치를 ICJ에 요청하였다. 이 조약에서는 재판부의 크기뿐만 아니라 그 구성도 분쟁당사자들의 승인을 요한다고 규정하고 있었다. 조약은 또한 ICJ가 6개월 이내에 당사자들이 요청한 바대로 재판부를 구성하지 못하면 어느 쪽 당사자든지 이 특별협정을 종료시킬 수 있으며, 이 경우 사건은 중재재판소에 의해 다루어지는 것으로 규정하고 있었다. 소송진행 도중 재판부에 발생하는 공석충원이 당사자들의 만족을 가져오지 못하는 경우에도 동일한 규정이 적용되었다. 두 국가의 소송대리인으로 행동한 변호사들은 AJIL에 기고한 한 논문에서, 분쟁당사자들이 재판부 구성에 미칠 수 있는 영향력을 언급한 Jiménez de Aréchaga의 상기 논문이 미국과 캐나다를 ICJ로 불러들인 요

578) Eduardo Jiménez de Aréchaga, "The Amendments of the Rules of Procedures of the International Court of Justice", (1973) 67 AJIL 1~2.

579) *Ibid.*, at 3.

580) See Shabtai Rosenne, *Procedure in the International Court : A Commentary on the 1978 Rules of the International Court of Justice* (The Hague : Martinus Nijhoff, 1983), pp. 38~39.

581) See Mark W. Janis, *International Courts for the Twenty-First Century* (Dordrecht : Martinus Nijhoff, 1992), pp. 22, 33~34 ; Rosenne, *The Perplexities of Modern International Law*, p. 83, fn. 48.

582) *Delimitation of the Maritime Boundary in the Gulf of Maine Area* (Canada/U.S.), ICJ Reports (1982), p. 3 (Constitution of Chamber, Order of Jan. 20).

인이 되었다고 말하고 있다.[583] ICJ는 먼저 소장이 재판부 구성에 관하여 당사국들의 의견을 구한 뒤 1982년 1월 20일 그들의 요청대로 특별재판부를 설치하였다.[584] 특별재판부제도는 대체로 사건이 ICJ에 특별협정(special agreement, *compromis*)을 통해서 제기되어 오는 경우에 적용되고 있으며, 일방당사자의 제소(application)에 의해 제기되어 오는 사건은 일반적으로 ICJ전원재판소(full Court)에서 다루어진다.[585]

Gulf of Maine 사건의 특별재판부는 Ago(이탈리아), Mosler(독일), Gros(프랑스), Schwebel(미국) 그리고 Cohen(캐나다, *ad hoc*) 등 오로지 북대서양 재판관들로만 구성되었기 때문에 '지역적'(regional) 재판부라는 비판을 받기도 하였다.[586] 그러나 이같은 지역성은 그 후로는 그다지 두드러지지 않는다. *Frontier Dispute* (Burkina Faso/Mali) 사건[587]의 경우에는 Lachs(폴란드), Ruda (아르헨티나), Bedjaoui(알제리), Luchaire (프랑스, *ad hoc*) 그리고 Abi-Saab(이집트, *ad hoc*)으로 구성되었고, *Elettronica Sicula* (*ELSI*) (US v. Italy) 사건[588]의 경우에는 Ago(이탈리아), Schwebel(미국), Jennings(영국), Oda(일본) 그리고 Singh(인도, 나중에 아르헨티나의 Ruda가 승계)으로 구성되었으며, *Land, Island and Maritime Frontier Dispute* (El Salvador/ Honduras) 사건[589]의 경우에는 Sette Camera(브라질), Oda(일본), Jennings(영국), Valticos (그리스, *ad hoc*) 그리고 Virally(프랑스, *ad hoc*; 나중에 스페인의 Torres Bernardez가 역시 *ad hoc* 자격으로 승계)로 구성되었다.[590] 다만, 1980년대의 위 네 사건에서 5명의 ICJ재판관(즉, Ago, Schwebel, Ruda, Jennings, Oda)은 두 번 선택되었다. 그러나 세 번 선택된 재판관은 없다.[591] 만약 특별재판부를 구성함에 있어 일부 재판관들만이 계속해서 선호된다면, 이는 곧 다른 재판관들은 같은 ICJ재판관임에도 불구하고 소외되는 결과로 되므로 문제가 될 수 있다.

---

583) David R. Robinson, David A. Colson and C. Rashkow, "Some Perspectives on Adjudicating before the World Court : The Gulf of Maine Case", (1985) 79 AJIL 578 at 581.

584) 물론 이같은 결정에 대해 반대가 없지 않았다. Morozov 재판관은 "이 상황에서, 당사자들의 희망에 영향받지 않고 재판소의 규정과 규칙에 따라 비밀투표를 통해 (특별재판부를) 선출할 재판소(ICJ)의 주권적 권리는 실질적으로는 무의미하게 되었다."고 언급하면서, 분쟁당사국들은 재판관의 수를 선택할 수 있을 뿐만 아니라 그들의 이름까지도 제안할 수 있는 것으로 잘못 생각했었다고 결론지었다 : ICJ Reports (1982), p. 3 at 11. El-Khani 재판관도 비슷한 견해를 제시하였다. 즉, 그는 분쟁당사국들이 재판부설치에 시한을 설정하고 또 자신들이 원하는 대로 재판부를 구성하도록 요구함으로써 "재판소(ICJ)가 더 이상 자신의 일을 자기 뜻대로 하지 못하고, 선택의 자유를 박탈당하고 그리하여 올바른 사법운용에 방해를 받게 되었다."고 주장하였다 : *ibid.*, at 12.

585) *Elettronica Sicula* 사건의 경우에는 미국이 이탈리아에 대해 특별재판부절차에 동의해 줄 것을 요청하는 편지와 함께 신청서(소장)(application)를 제출하고 이탈리아가 이 요청에 응함으로써 이루어졌다. Andrew F. Moore, "*Ad Hoc* Chambers of the International Court and the Question of Intervention", (1992) CWRJIL 667 at fn. 99. ICJ규정 제26조 3항은 "당사자들(parties)이 요청하는 경우에는 본조에 규정된 소법정이 사건을 심리하고 결정한다."라고 규정하고 있다.

586) Ostrihansky, "Chambers of the International Court of Justice", (1988) 37 ICLQ 30 at 38.

587) ICJ Reports (1985), p. 6 (Constitution of Chamber, Order of April 3).

588) ICJ Reports (1987), p. 3 (Constitution of Chamber, Order of March 2).

589) ICJ Reports (1987), p. 10 (Constitution of Chamber, Order of May 8).

590) Janis, *op. cit.*, p. 34.

591) *Ibid.*

실질적으로 분쟁당사자들이 선출하는 일단의 재판관들을 가리켜 어떻게 UN사법기관인 ICJ라고 말할 수 있겠는가 하는 비판이 제기된 것은 사실이지만, ICJ로 국가들을 유인하기 위한 불가피한 방안의 하나로 생각되었던 것이다.[592] 2000년대에 들어와 *Frontier Dispute* (Benin/Niger) 사건[593]과 *Application for Revision of the Judgment of 11 September 1992 in the Case concerning the Land, Island and Maritime Frontier Dispute* (El Salvador/ Honduras ; Nicaragua intervening) (El Salvador v. Honduras) 사건[594]에서 특별재판부가 설치된 바 있지만, 특별재판부 절차는 이제 전처럼 선호되는 것으로 보이지는 아니한다.[595]

X. 강제관할권의 보강 : '의무적'(강제적) 조정과 재판

국가들은 사전에 조약에 의거하여 어느 일방이 특정한 해결수단에 호소하면 타방당사자는 당해 절차에 응할 의무를 창설할 수 있다. 사전합의에 기초한 이같은 절차 개시의 강제는 이론상 모든 분쟁해결수단에 대하여 적용될 수 있지만, 그 중에서도 특히 의무적 조정과 의무적 재판 방식이 그것도 중요 분야를 규율하는 다자조약에서 자주 등장하고 있다. 즉, 제1차 세계대전 이후부터 관련 분야의 개별 다자조약에 의거하여 분쟁의 일방당사자가 조정 또는 국제재판에 호소하면 타방당사자는 이에 응할 의무를 부과하는 방식이 도입되고 있는 것이다. 이를 '의무적(강제적)' 조정 또는 재판이라고 부른다. 다만, 조정이나 중재재판의 경우, 분쟁당사자 일방이 자국에 할당된 조정관 혹은 중재재판관을 임명할 자신의 1차적 의무를 이행하지 않으면 제3자(이를테면 UN사무총장 혹은 국제해양법재판소 소장)가 해당 국가의 의사에 관계없이 조정위원회나 중재재판소를 구성하는 장치를 둠으로써 강제적 조정 혹은 강제적 중재재판 절차는 완벽한 모습을 갖추게 된다.[596]

---

592) 국제해양법재판소 특별재판부 구성의 경우에는 아예 "당사자의 승인을 얻어(with the approval of the parties) 재판소가 결정한다"고 명시하고 있다 : 국제해양법재판소 규정 제15조 2항.

593) ICJ Reports (2002), p. 613 (Formation of Chamber, Order of 27 November 2002). 동 특별재판부는 Guillaume, Ranjeva(마다가스카르), Kooijmans(네덜란드), Bedjaoui(알제리, *ad hoc*), Bennouna(모로코, *ad hoc*)로 구성되었다.

594) ICJ Reports (2002), p. 618 (Constitution of Chamber, Order of 27 November 2002). 동 특별재판부는 Guillaume(프랑스), Rezek(브라질), Buergenthal(미국), Torres Bernárdez(스페인, *ad hoc*), Paolillo(우루과이, *ad hoc*)로 구성되었다.

595) https://www.icj-cij.org/en/all-members ; https://www.icj-cij.org/en/all-judges-ad-hoc ; Dixon, p. 295 ; Thirlway in Evans (ed.), *International Law*, 5th, p. 577.

596) See *Interpretation of Peace Treaties* (second phase), Advisory Opinion, ICJ Reports 1950, p. 221 at 226~229 ("The question at issue is whether the provision empowering the Secretary-General to appoint the third member of the Commission applies to the present case, in which one of the parties refuses to appoint its own representative to the Commission. ... The Court considers that the text of the Treaties does not admit of this interpretation. ... The Secretary-General' s power to appoint a third member is derived solely from the agreement of the parties as expressed in the disputes clause of the Treaties; by its very nature such a clause must be strictly construed and can be applied only in the case expressly provided for therein. The case envisaged in the Treaties is exclusively that of

조정 또는 국제재판에 강제관할권(compulsory jurisdiction)을 부여하는 이같은 방식은 네 가지 측면에서 중요성을 갖는다. 첫째, 기존의 여러 해결수단 중에서 가장 발달된 형식에 속하는 조정과 국제재판에 강제관할권을 부여함으로써 국제공동체의 법치공동체화를 꾀하고 있다. 둘째, 이 방식을 채택한 다자조약들이 조약법, 해양법 등 국제법의 중요 분야를 규율하기 위한 조약들이다. 셋째, 이같은 방식을 도입함에 있어 세 진영 모두의 기본적 동의가 있었다. 넷째, ICJ규정 제36조 2항이 ICJ강제관할권의 수락을 선택적인 것으로 규정하고 있는 것과는 달리 이들 방식을 채택하고 있는 관련조약은 강제관할권의 수락 여부를 각 체약국의 자유의사에 맡겨두고 있지 않다.[597]

앞에서 언급한 바와 같이, 조정기관의 '제안과 결론'은 사전에 달리 합의가 없는 한 권고적 효력을 갖는데 불과하다. 이같은 큰 약점에도 불구하고, 조정'절차'를 개시할 권리 또는 조정'절차'에 응할 의무를 규정하고, 조정단계에서 준수해야 할 절차를 수립하고, 그리고 분쟁당사자들이 우호적 해결에 도달하도록 유도할 책임을 지는 조정기구를 수립하는 것 등의 사실만이라도 국제공동체의 현 단계에서는 큰 발전이 아닐 수 없다.

제2차 세계대전 후 강제적 조정(compulsory conciliation) 방식의 도입은 각 진영의 의견을 절충한 결과이다. 즉, 서구진영의 국가들은 새로운 국제실체법규를 기초하는 일이 의미를 가지기 위해서는 어떤 강제적 분쟁해결수단이 수립되지 않으면 안된다고 주장한다. 이에 대해 사회주의국가들과 대다수 개발도상국들은 분쟁의 평화적 해결의 중요성을 인정하면서도, 어떤 특수한 해결방법에 호소할 의무를 미리 수락함으로써 자신들의 손이 묶이는 것을 원하지 않는다. 특히, 그들이 매우 강하게 반대하는 것은 '승리 아니면 패배'(win or lose)의 결론에 이르는 사법적 분쟁해결절차이다. 이같이 깊은 골을 메우기 위해 그들은 결국 조정을 강제적인 것으로 만드는(즉, 조정'절차'에 응할 의무를 도입하는) 선에서 균형점을 찾았던 것이다. 그리고 이 온건한 발전조차도 아직 일반화된 것은 아니며, 세 진영 모두가 찬동하는 일부 새로운 국제입법분야에서만 달성되고 있다.[598]

의무적 조정절차는 1969년의 비엔나 조약법협약에서 처음으로 도입되었는데,[599] 조약의 무효사유로서의 '강행규범'과 종료사유로서의 '신강행규범의 출현'을 제외한 기타 무효 및 종료사유에 관련한 분쟁에 관하여 의무적 조정의 방식을 도입한 것이다.[600]

비엔나 조약법협약의 관련 내용을 요약하면 다음과 같다. 먼저, 조약의 무효와 종료에 관한 제5

---

the failure of the parties to agree upon the selection of a third member and by no means the much more serious case of a complete refusal of co-operation by one of them, taking the form of refusing to appoint its own Commissioner. The power conferred upon the Secretary-General to help the parties out of the difficulty of agreeing upon a third member cannot be extended to the situation which now exists. ... In the present case, the refusal by the Governments of Bulgaria, Hungary and Romania to appoint their own Commissioners has made the constitution of such a Commission impossible and has deprived the appointment of the third member by the Secretary-General of every purpose.") ; Kaczorowska-Ireland, p. 625.

597) Cassese, p. 211.

598) *Ibid.*, p. 212.

599) *Handbook on the Peaceful Settlement of Disputes between States*, § 155 at p. 51, § 149 at p. 49.

600) 동 협약 제66조(b) 및 부속서 참조.

부의 규정들(제42조~제72조) 중에서 제53조(강행규범)와 제64조(신강행규범의 출현) 이외의 타조항의 적용 또는 해석에 관한 분쟁은, 분쟁이 발생한 날로부터(즉, 분쟁의 일방당사자가 이의를 제기한 날로부터) 12개월 내에 UN헌장 제33조 1항에 열거되어 있는 수단을 통하여 그 해결에 이르지 못한 경우, 의무적 조정에 회부될 수 있다. 이 경우, 분쟁의 어느 편 당사자든지 UN사무총장에게 조정을 바라는 취지의 요청서(request)를 제출함으로써 조정절차를 발동할 수 있다. UN사무총장은 자격있는 법률가로 구성되는 조정관의 명부(list)를 사전에 작성・유지하고 있는데, 그 명부로부터 임명되는 5인의 조정위원회가 구성된다.[601] 이렇게 구성된 조정위원회(Conciliation Commission)는 분쟁당사국의 의견을 청취하고, 청구와 항변을 검토하며, 또한 분쟁의 우호적 해결에 도달할 목적으로 당사국들에게 제안을 한다.[602] 조정위원회는 그 구성 후 12개월 이내에 보고서를 작성하여 UN사무총장과 분쟁당사국에 송부하여야 한다.[603] 조정위원회는 '사실' (facts)과 '법'(law) 모두를 검토할 수 있고 또 자신의 제안과 (보고서형식의) 최종결론을 제시할 의무를 지고 있다는 점에서 확실히 준사법적 권한(quasi-judicial powers)을 가지고 있다. 그러나 조정위원회의 제안과 보고서는 구속력이 없다.[604] 즉, 사실 또는 법적 문제에 관한 결론을 포함한 조정위원회의 보고서는 분쟁당사국을 구속하지 아니하며, 분쟁의 우호적 해결을 촉진할 목적으로 분쟁당사국들의 고려를 위해 제출되는 권고 이외의 다른 성격을 갖지 아니한다.[605] 그러나 조정위원회의 결론과 권고가 갖는 권위는 분쟁당사국들에게 큰 영향을 미치지 않을 수 없을 것이므로, 실제로 조정위원회의 보고서는 법적으로 구속력있는 판결에 못지 않는 비중을 가질 것이다.

1978년 "조약에 대한 국가승계에 관한 비엔나협약" 제42조 및 동협약 부속서, 1983년 "국가재산・국가문서・국가부채에 대한 국가승계에 관한 비엔나협약" 제43조 및 동협약 부속서, 그리고 1982년의 UN해양법협약 제5부속서 제2절에서도 의무적 조정절차가 도입되어 있음을 볼 수 있다.[606] 그러나 이들 협약에서도 조정의 결과에 대해서는 여전히 전통적인 방식에 따라 단지 권고적 효력만을 부여하고 있다.

예외가 없지는 않다. 예컨대, 앞에서 언급한 바와 같이, 1981년의 동카리브국가기구설립조약 (Treaty Establishing the Organization of Eastern Caribbean States) 제14조 3항[607]은 의무

601) 5인의 조정위원회는 다음과 같이 구성된다. 분쟁의 각 당사자가 2인을 임명하면, 이들 4명의 조정관이 상기 명부로부터 제5의 조정관을 임명한다. 분쟁당사국들에 의해 임명되는 4인의 조정관은 사무총장이 요청서를 수령한 날로부터 60일 내에 임명되어야 한다. 그리고 4인의 조정관은 그들 중 마지막 조정관이 임명된 날로부터 60일 내에 다섯 번째 조정관(의장)을 임명하여야 한다. 위 기간 내에 4인의 조정관이 구성되지 못하거나, 또는 의장이 임명되지 않으면, 위 기간이 만료한 날로부터 60일 내에 UN사무총장이 임명을 하게 된다(협약 부속서 제2조 5단). 조정위원회의 강제적 구성을 위한 이같은 규정은 의무적 조정을 뒷받침하는 제도적 장치이다.

602) 동 협약 부속서 제5조.

603) 동 협약 부속서 제6조.

604) *Handbook on the Peaceful Settlement of Disputes between States*, § 155 at p. 51.

605) 동 협약 부속서 제6조.

606) *Handbook on the Peaceful Settlement of Disputes between States*, § 155 at p. 51, § 149 at p. 49.

607) "Member States undertake to accept the conciliation procedure referred to in the preceding paragraph as compulsory. Any decisions or recommendations of the Conciliation Commission in resolution of

적 조정절차뿐만 아니라 조정위원회 권고의 구속력까지 함께 규정하고 있다.[608]

일부 예외적인 경우에는 의무적 사법심사 방식이 도입되고 있다. 기본적으로 사법심사방식을 선호하지 않는 제3세계 및 사회주의진영의 국가들이 의무적 사법심사방식의 도입에 동의한 이유 내지 배경은 무엇인가? 관련 다자조약의 일부 규정이 이 두 진영의 요구에 따라 기존의 국제법규를 '근본적으로' 변경시키는 내용이어서 수구적인 서구진영의 국가들이 수락하기 곤란하였으나, 결국 서구진영의 국가들이 이같은 '혁신적' 내용의 국제실체법규의 형성에 동의하는 대가로 제3세계 및 사회주의진영의 국가들은 상당히 진보적인 국제절차법규인 의무적 사법심사방식을 수락하지 않을 수 없었던 것이다. 그러나 사법심사방식에 반대하는 국가들을 위하여 다수의 장치가 삽입되었다. 1969년의 비엔나 조약법협약과 1982년의 UN해양법협약이 그 좋은 예이다.

비엔나 조약법협약에서는 조약의 무효사유로서의 '강행규범'과 종료사유로서의 '신강행규범의 출현'에 관련한 분쟁에 관하여 의무적 사법재판방식을 도입하고 있다. 즉, 동 협약 제53조 또는 제64조의 적용 또는 해석에 관한 분쟁은, 분쟁이 발생한 날로부터 12개월 내에 UN헌장 제33조에 열거되어 있는 수단을 통하여 그 해결에 이르지 못한 경우, 분쟁의 쌍방 당사국이 공동의 동의에 의하여 분쟁을 중재재판(arbitration)에 부탁하기로 합의하지 않는 한, 단지 분쟁당사자 일방의 요청에 따라 ICJ에 부탁될 수 있다.[609]

UN해양법협약은 의무적 중재재판과 의무적 사법재판을 동시에 도입하고 있다. 먼저, 동 협약 제279조는 UN헌장 제2조 3항에 따라 체약국들에게 분쟁의 평화적 해결의무가 있음을 상기시키고 있다. 이어서 동 협약은 협약의 해석 또는 적용과 관련하여 분쟁이 발생한 경우 어떤 해결방법을 채택할 것인가에 관하여 '신속히 견해를 교환할'(exchange their views) 의무를 체약국들에게 부과하고 있다.[610] 해결방법에 관하여 합의가 이루어지지 않으면, 각 분쟁당사국은 조정(conciliation)에 의뢰할 것을 제안할 권리를 갖는다.[611] 이 제안이 타방당사국에게 수락되지 않거나 또는 분쟁당사국들이 조정단계에서 적용할 심리절차에 관하여 합의를 보지 못하면 조정은 종료된 것으로 간주된다.[612] 그 후 어느 당사자든지 네 개의 재판소(즉, ICJ, 동 협약 제6부속서에 의거하여 수립되는 해양법재판소, 동 협약 제7부속서에 의거하여 수립되는 중재재판소, 동 협약 제8부속서에 의거하여 수립되는 특별중재재판소) 중 어느 한 재판소에 사법절차를 개시할 권리를 갖는다.[613] 단, 이상의 규정은 제297조~제299조의 제한을 받는다.[614]

---

the dispute shall be final and binding on the Member States."

608) *Handbook on the Peaceful Settlement of Disputes between States*, § 167 at pp. 54~55.

609) 동 협약 제66조(a).

610) 동 협약 제283조.

611) 동 협약 제284조 1항.

612) 동 협약 제284조 3항.

613) 동 협약 제286조 및 제287조.

614) 중재재판소(arbitral tribunal)와 특별중재재판소(special arbitral tribunal)는 '중재'재판소이기 때문에 일차적으로 분쟁당사국들은 중재재판소의 구성에 관하여 합의를 보아야 한다. 다만, 이것은 '의무적' 중재재판이므로 피고국가는 재판소의 구성에 협력할 의무가 있다. 그리고 이 의무를 이행하지 않는 경우에 대비한 별도의 최종 규정이 있다. 즉, arbitral tribunal의 경우에는 국제해양법재판소소장이 중재재판관을 임명하며,

위의 두 예(즉, 비엔나 조약법협약과 UN해양법협약상의 의무적 사법심사)는 의무적 조정에 비해 훨씬 강하다. 즉, 여기서 '조정'은 의무적인 것이 아니지만, 그 대신 분쟁당사국들이 다른 해결방법에 관하여 합의를 보지 못하면 '사법심사'가 의무적이 된다. 그런데 사법심사 방식을 혐오하는 국가들은 그 전단계인 조정에 호소하려고 노력할 것이므로, 결국 이로 인해 분쟁해결 수단으로서의 조정의 지위가 강화될 것이다.[615)]

XI. 지역적 기구 또는 지역적 협정에의 호소

1. 의 의

분쟁의 평화적 해결과 관련하여 지역적 기구(regional agencies)와 지역적 협정(regional arrangements)에 대한 언급은 UN헌장 제6장 내의 제33조보다도 제8장 내의 제52조에서 더욱 구체적이고 상세하게 언급되고 있다.

제33조와 제52조는 '지역적 협정'과 '지역적 기구' 양자 모두를 언급하고 있는데, UN헌장에 이들에 대한 정의는 담겨 있지 않다.[616)] 그러나 일반적으로 '지역적 협정'이라 함은 일정 지역의 국가들이 그들 상호간의 분쟁을 평화적으로 해결할 것을 약속하기 위하여 체결하는 지역적 차원의 다자조약으로서, 당해 조약에 의거하여 상설기구 또는 국제인격을 가진 지역적 국제기구를 창설하는 선에는 이르지 아니하는 경우를 지칭한다. 1957년 "분쟁의 평화적 해결을 위한 유럽협약"(European Convention for the Peaceful Settlement of Disputes), 1948년 "평화적 해결에 관한 미주협약"(American Treaty on Pacific Settlement)(일명 Pact of Bogotá) 등이 그 좋은 예이다.

그리고 '지역적 기구'라 함은 대체로 '평화와 안전의 유지' 분야에서 분쟁의 해결을 포함하여 넓은

---

special arbitral tribunal의 경우에는 UN사무총장이 중재재판관을 임명한다. 제7부속서 제3조 (c)·(e), 제8부속서 제3조 (c)·(e) 참조. 국가 간 중재재판 절차에 대해서는 이 밖에도 ILC가 1958년 제10차 회기에서 최종 채택한 "Draft on arbitral procedure adopted by the Commission at its fifth session: Report by Georges Scelle, Special Rapporteur (with a model draft on arbitral procedure annexed)", Yearbook of the International Law Commission 1958, Vol. Ⅱ, pp. 1~15, 및 동 ILC초안규정에 주목한 1958년 11월 14일 UN총회 결의 1262 (XIII) (Question of arbitral procedure), 〈https://untreaty.un.org/ilc/summaries/10_1.htm〉; Christine Gray and Benedict Kingsbury, "Developments in Dispute Settlement: Inter-State Arbitration Since 1945", (1992) 63 BYIL 97 at 107 ("... the treaty provisions for future disputes to be referred to arbitration have not been much used in practice. Many of these agreements are of a very general nature. They are far from being self-executing and need to be supplemented by a special agreement in the event of an actual dispute. Unilateral application is rarely sufficient to get the arbitration process going. In all the cases where the parties had a prior treaty commitment to arbitrate future disputes (about a quarter of the total number of arbitrations since the war), the parties made a special agreement to establish the arbitral tribunal. ...") 참조.

615) Cassese, p. 213.

616) Gray in Evans (ed.), *International Law*, 5th, p. 627; Kaczorowska-Ireland, p. 752.

기능들을 수행하도록 의도된, 국제인격을 부여받은 지역적 차원의 상설기구를 의미하여, 아랍연맹(League of Arab States), 미주기구(OAS)(Bogota Charter), 아프리카단결기구(OAU)와 2001년 이를 대체한 아프리카동맹(연합)(African Union), 유럽심의회(Council of Europe), 북대서양조약기구(North Atlantic Treaty Organisation), 유럽안보협력기구(OSCE), 구 서유럽동맹(Western European Union)[617] 등이 여기에 속한다.[618] '지역적 협정 또는 기구'란 표현은 물론 인권의 보호,[619] 경제통합,[620] 그리고 자원의 적정한 배분과 경영[621] 등과 같은 국제법의 특수 분야의 발전을 위하여 지역적 차원에서 수립되거나 체결되는 기구 또는 협정들에 대해서도 사용될 수 있다. 왜냐하면 이들 지역적 협정에서도 당해 협정의 해석·적용·이행과 관련하여 체약당사국들 간에 발생하는 분쟁의 평화적 해결을 위한 구체적인 수단에 관하여 규정할 수 있기 때문이다.[622]

어쨌든, 이들 지역적 기구 또는 협정에서는 UN헌장 제33조에 예시되어 있는 분쟁의 평화적 해결수단의 대부분을 다루고 있으며, 또한 그러한 수단에 호소하는 기술적인 측면들에 관하여 규정하고 있다.[623]

지역적 기구와 협정은 헌장 체제 안에서 무력을 사용하는 것이 허용되고 있기도 하다. 즉, 안보리가 강제행동을 취하는데 이들을 이용할 수 있고, 이들이 안보리의 허락을 얻어 강제행동에 나설 수도 있으며,[624] 상황에 따라 집단자위권을 행사할 수도 있다.[625] 이 문제에 대해서는 다음 장(국가의 무력사용)에서 논한다.[626]

---

617) 2000년 11월 13일 마르세유(Marseille)에서 개최된 WEU각료회의는 WEU의 위기관리책임을 EU에 넘겨주고, 2001년 7월 1일 이전까지는 WEU의 잔여기능과 구조를 종결시키며, 안보연구기관(Institute for Security Studies)과 위성센터(Satellite Centre)는 2002년 EU가 agency의 형태로 그 자신의 안보연구기관과 위성센터를 만들 때까지만 존속시키는 등, 일련의 WEU '소멸'을 위한 절차에 합의하였다: https://www.weu.int 참조. 이것은 WEU를 "EU 발전의 불가결한 요소"(an integral part of the development of the EU)로 삼았던 1992년의 EU조약의 원래 구상을 폐기하는 것으로서, 2001년의 니스조약은 EU조약 제17조에서 WEU에 대한 언급을 사실상 삭제한 바 있다. 그후, EU의 2009년 리스본조약이 WEU의 상호방위조항을 인수함에 따라, 2010년 3월 31일 (개정)브뤼셀조약 체약국들은 WEU를 2011년 6월 30일까지는 폐지하기로 결정하였으며, 이 결정에 따라 WEU는 2011년 6월 30일부로 해산하였다. WEU, "Statement of the Presidency of the Permanent Council of the WEU on behalf of the High Contracting Parties to the Modified Brussels Treaty - Belgium, France, Germany, Greece, Italy, Luxembourg, The Netherlands, Portugal, Spain and the United Kingdom", Brussels, 31 March 2010 (available at https://www.weu.int/Declaration_E.pdf; https://en.wikipedia.org/wiki/Western_European_Union); Decision of the Council of the Western European Union on the Residual Rights and Obligations of the WEU (27 May 2011) (available at https://www.weu.int/)

618) *Handbook on the Peaceful Settlement of Disputes between States*, §232 at p. 81; Shaw, 4th, pp 728~736, 894~908; Conforti, pp. 224~227.

619) 예컨대, 1950년 유럽인권협약, 1969년 미주인권협약, 1981년 아프리카인권헌장.

620) 예컨대, EU.

621) 예컨대, 1963년 "니제르유역국가 간 항행 및 경제협력에 관한 의정서"(Act regarding Navigation and Economic Cooperation between the States of Niger Basin).

622) *Handbook on the Peaceful Settlement of Disputes between States*, §233 at p. 82.

623) *Ibid.*, §234 at p. 83.

624) UN헌장 제53조.

625) UN헌장 제51조.

626) 본서, 제27장 (국가의 무력사용), "Ⅱ. 국가의 무력사용, 1. 자위권", "Ⅲ. UN을 통한 집단적 강제행동" 참조.

2. 한 가지 예 : EU의 이행강제절차를 중심으로

지역적 기구의 한 예로서 EU(구 EC)에 관해서 잠시 살펴보기로 하자. EU회원국들은 먼저, EU설립조약의 해석 또는 적용과 관련한 분쟁은 설립조약에 규정된 것 이외의 해결수단에 부탁하지 않을 것을 약속하였다.[627] 그리고 회원국 상호간의 분쟁해결에 관여하는 기관은 EU위원회와 유럽재판소이다. 한 회원국이 타 회원국을 상대로 제기하는 이행강제절차(enforcement procedure)[628]는 다음의 방식으로 운영되고 있다. 타회원국이 EU설립조약 하의 의무를 이행하지 않았다고 생각하는 회원국은 먼저 이 문제를 EU(집행)위원회에 제기한다. 위원회는 3개월 내에 '이유를 붙인 의견'(reasoned opinion)을 전달해야 하지만, 이 의견은 구속력이 없으며 또한 최종적인 것이 아니다. 위원회가 3개월의 시한 내에 그 의견을 제시하지 않거나, 원고 회원국측이 위원회 측의 의견에 따를 수 없거나, 또는 피고 회원국측이 위원회의 의견을 따르지 않는 경우, 원고 회원국은 이 문제를 유럽재판소에 제기할 수 있다.[629] 만약 유럽재판소가 피고국가에게 조약 하의 의무를 이행하지 않았다는 판결을 내리면, 당해 피고국가는 판결에 따르기 위한 필요한 조치를 취할 의무가 있다.[630] 그럼에도 불구하고 피고국가가 판결을 이행하지 않는 경우, 위원회는 이 문제를 유럽재판소에 제기할 수 있고 그러면 유럽재판소는 판결 불이행에 대해 lump sum(일괄 납부액)이나 penalty payment(정기적 벌금납부)를 부과할 수 있다.[631] 위 일방적인 이행강제절차와는 별도로, EU회원국들은 상호간의 특별협정(special agreement)에 의거하여 분쟁을 유럽재판소로 가져갈 수도 있다.[632]

3. UN헌장 제8장과 제6장의 관계

UN헌장 제8장(지역적 협정)과 제6장(분쟁의 평화적 해결)의 관계, 특히 제52조와 제34조~제35조간의 관계가 문제된다. 다시 말하면, 지역분쟁의 당사자들은 먼저 지역적 협정이나 기구를 거치지 아니하고 막바로 UN안보리로 달려갈 수 있는가?

이 문제에 관한 UN헌장의 규정은 그리 명료하지 못하다. 헌장 제52조는 일면 "지역적 협정을 체결하거나 지역적 기구를 조직하는 UN회원국들은 지역분쟁을 안보리에 제기하기 전에 먼저 그같은 지역적 협정이나 기구에 의하여 분쟁을 평화적으로 해결하도록 모든 노력을 다할 의무가 있고", 이

627) EU기능조약 제344조(구 EC 제292조).

628) EU의 이행강제절차는 'EU위원회'가 발동하거나 '회원국'이 발동할 수 있는데, 전자의 경우는 EU기능조약 제258조(구 EC 제226조, 구구 제169조)에서, 후자의 경우는 EU기능조약 제259조(구 EC 제227조, 구구 제170조)에서 규율하고 있으며, 유럽재판소 판결의 이행 문제는 EU기능조약 제260조(구 EC 제228조, 구구 제171조)에서 규율하고 있다. 여기서는 EU기능조약 제258조 및 동 조와 관련하여 2007년 리스본조약에 의해 도입된 제260조 3항에 대한 설명은 생략한다. 자세한 것은, Hartley, 7th, pp. 340~345 참조.

629) EU기능조약 제259조.

630) EU기능조약 제260조 1항.

631) EU기능조약 제260조 2항. 이것은 1992년의 EU조약(일명 마스트리히트조약)에 의하여 도입된 개혁이었다.

632) EU기능조약 제273조(구 EC 제239조).

에 상응하여 "안보리도 관련당사국들의 요청이 있건 없건 간에 지역적 협정이나 기구에 의한 지역분쟁의 평화적 해결을 장려하여야 한다."고 규정하면서도, 타면 "본 조는 (안보리의 권능에 관한) 제34조와 제35조의 적용을 하등 방해하지 않는다."고 규정하고 있다. 그러므로 지역분쟁은 먼저 지역적 협정이나 기구를 통하여 해결하려고 노력해야 한다고 주장하는 국가들도 있고, 반대로 관련 지역적 협정이나 기구를 경유하지 아니하고 막바로 안보리가 다룰 수 있다고 주장하는 국가들도 있다.

분쟁당사국 모두가 분쟁의 시초부터 끝까지 자신들이 속한 지역적 기구나 협정에 호소하여 분쟁을 해결하려 든다면 별 문제가 없을 것이다. 따라서 실제로 문제는 지역분쟁의 일방당사자는 지역적 기구나 협정에 호소하려고 하는데도, 타방당사자가 헌장 제35조 1항에 의거하여 막바로 안보리의 주의를 환기하는 경우이다.

이 같은 상황과 관련하여 안보리는 한 가지 관행을 발전시켜 오고 있다. 먼저, 안보리는 제기되어 온 문제를 그 의제에 일단 기입한다.[633] 이어서 분쟁당사국들과 협의한 후, 문제의 분쟁이 아직 국제평화와 안전을 실제로 위태롭게 할만큼 충분히 날카로워지지 않았다고 판단되면, 안보리는 헌장 제52조 2항과 3항에 따라 분쟁을 지역적 기구로 회부하되 당해 사항을 계속해서 의제에 올려두어 자신의 감시 하에 두기로 결정할 수 있다. 분쟁이 국제평화와 안전을 실제로 위태롭게 하는 단계로 발전하거나 또는 분쟁의 일방당사자가 지역적 절차를 통한 분쟁해결이 실패했다고 생각하는 경우, 안보리는 즉각 당해 분쟁에 대한 토의를 재개할 수 있다.[634]

XII. 기타 평화적 수단

지금까지 위에서 살펴본 여러 해결수단 이외에, UN헌장 제33조 1항에서 말하는 '기타 평화적 수단'(other peaceful means)에 해당하는 예들도 발견된다. 국가들의 관행에 나타난 이들 수단은 (i) 위에서 살펴본 기존의 해결수단을 각색(adaptation)한 것으로 볼 수 있는 경우, (ii) 분쟁해결을 의뢰받은 단일기관이 기존의 해결수단을 연속적으로 결합(combination)하여 운영하는 경우, 그리고 (iii) 기존의 해결수단을 각색하거나 결합한 것으로 볼 수 없는, 전혀 새로운 해결수단 등 세 가지 부류로 구분해 볼 수 있다.

1. 잘 알려진 수단의 각색 또는 변형(adaptations of familiar means)

조정(conciliation)의 한 가지 본질적 특징은, 조정인의 보고서에 나타난 결론은 단지 제안에 불과하므로 그것을 수락할 것이냐의 여부는 분쟁당사자들의 재량에 속한다는 것이다. 따라서 만약 분

633) 의제 기입 문제는 절차문제로 간주되므로 안보리 상임이사국의 거부권이 인정되지 않는다.
634) *Handbook on the Peaceful Settlement of Disputes between States*, pp. 96, 119.

쟁당사자들이 조정인의 보고서를 구속력있는 것으로 수락하겠다는 합의를 미리 사전에 하게 된다면, 이는 조정의 성격과 결과를 변형시키는 일이 된다. 1981년 6월 18일에 체결된 "동카리브 국가기구 설립조약"(Treaty Establishing the Organisation of Eastern Caribbean States) 제14조 3항이 그 좋은 예이다.

중개(mediation) 역시 그 본질적 특징은, 중개인이 제시하는 해결조건은 단지 한 가지 제안일 따름이며 그것을 수락하느냐의 여부는 분쟁당사자들의 재량에 속한다는 점이다. 따라서 만약 분쟁당사자들이 중개인이 제시하는 해결조건을 준수하겠다고 사전에 합의를 본다면 이것 또한 중개의 성격·결과에 변경을 가하는 것이 된다. 1986년 프랑스와 뉴질랜드는 후자의 한 항구에서 발생한 *Rainbow Warrior* 호 격침과 관련한 분쟁을 해결하기 위해 이 방식을 사용하였다. 즉, 이들 두 국가는 UN사무총장에게 본 사건을 해결하기 위한 중개인(mediator)으로 행동해 줄 것을 요청하면서, 사무총장의 판정을 준수하겠다고 미리 합의하였다.[635)]

국가들간에 체결되는 조약에서 (UN헌장 제96조 및 ICJ규정 제65조에 따라) ICJ가 부여하는 '권고적' 의견(advisory opinion)에 구속력을 부여하는 경우가 있다. 예컨대, 1946년 "UN의 특권과 면제에 관한 협약"(Convention on the Privileges and Immunities of the United Nations) §30은 "이 조약의 해석 또는 적용에서 발생하는 ... 분쟁이 UN과 그 회원국 사이에 발생한 경우, 분쟁에 포함된 법적 문제에 관해서는 UN헌장 제96조 및 ICJ규정 제65조에 따라 권고적 의견을 요청한다. 재판소의 의견은 관계당사자들에 의해 최종적인(decisive) 것으로 수락된다."라고 규정하고 있다. 국가와 국제기구간에 체결되는 조약에서 ICJ의 권고적 의견에 구속력을 부여하는 경우도 있는데, 1947년 미국과 UN 간에 체결된 UN본부협정(UN Headquarters Agreement) §21 (b)[636)]가 그 좋은 예이다.[637)] 이상의 사례는 ICJ 쟁송사건에서는 국가만이 당사자(원고 또는 피고)가 될 수 있는 점을 우회하기 위하여 고안된 것인데, 1986년 "국가와 국제기구 또는 국제기구 상호간의 조약법에 관한 비엔나협약" 제66조에 규정된 분쟁해결절차도 역시 그같은 예에 속한다.

---

635) 본서, 제14장 (국가책임) 참조.

636) "Agreement Between the United Nations and the United States Regarding the Headquarters of the United Nations, Signed June 26, 1947, and Approved by the General Assembly October 31, 1947", Section 21 : "(a) Any dispute between the United Nations and the United States concerning the interpretation or application of this agreement or of any supplemental agreement, which is not settled by negotiation or other agreed mode of settlement, shall be referred for final decision to a tribunal of three arbitrators, one to be named by the Secretary General, one to be named by the Secretary of State of the United States, and the third to be chosen by the two, or, if they should fail to agree upon a third, then by the President of the International Court of Justice.
(b) The Secretary-General or the United States may ask the General Assembly to request of the International Court of Justice an advisory opinion on any legal question arising in the course of such proceedings. Pending the receipt of the opinion of the Court, an interim decision of the arbitral tribunal shall be observed by both parties. Thereafter, the arbitral tribunal shall render a final decision, having regard to the opinion of the Court." (available at https://avalon.law.yale.edu/20th_century/decad036.asp).

637) Gross, *op. cit.*, (1971) 65 AJIL 253 at 276.

반대로, 중재재판(arbitration)의 특징은 그 최종판결이 분쟁당사자들에게 법적 구속력을 갖는다는데 있다. 그러나 국가들은 원한다면 중재재판의 이 측면까지도 변경하여, 중재재판소의 판결이 단지 권고적 성격만을 가질 것이라고 사전에 합의할 자유가 있다. 국가들의 관행에서 이같은 예들이 발견되는데, 1972년의 우주물체책임협약 제19조 2항, 1948년의 미국-이탈리아 항공수송협정(US-Italy Air Transport Agreement) 제12조, 그리고 1946년의 미국-프랑스 항공업무협정(US-France Air Services Agreement) 제10조 등이 여기에 속한다.[638] 이 경우 중재재판은 사실상 조정과 동일한 결과를 초래하게 된다.

2. 단일기관이 둘 이상의 수단을 결합하여 운영하는 경우

분쟁이 발생하면 단계별로 관여하는 제3자를 달리하는 서로 다른 여러 해결수단을 연속해서 사용할 것을 예견하고 있는 조약은 결코 드문 예가 아니다. 그러나 '단일'기관(one and the same organ)이 둘 이상의 여러 수단을 연속적으로 사용할 수 있음을 규정한 조약은 그리 많지 않다. 바로 이같은 이유 때문에 하나의 단일기관이 사실심사(inquiry)와 중개(mediation)를 연속적으로 수행하는 조정(conciliation)은 UN헌장 제33조 1항에서 이들 두 방법과는 별개의 수단으로 언급되고 있는 것이다.[639]

조정과 중재재판이 단일기관에 의하여 연속적으로 결합되어 운영되도록 규정한 예로서는 1965년의 "경제 및 기술협력에 관한 네덜란드-세네갈 협정"(Netherlands-Senegal Agreement on Economic and Technical Cooperation) 제6조 5항의 다음 규정을 들 수 있다.

> "중재재판소는 판정을 내리기 전에 절차의 그 어떤 단계에서도 당사자들에 의하여 합의되어야 할 분쟁의 우호적 해결을 제안할 수 있다."

위 예에서는 판결 전 중재재판소에 의한 조정권한의 행사가 임의적인 것으로 규정되어 있지만, 이것이 의무적인 것으로 규정되는 경우도 있다. 예컨대, 1975년의 프랑스-쿠웨이트 항공업무협정(France-Kuwait Air Services Agreement) 제14조 4항은 다음과 같이 규정하고 있다.

> "중재재판소는 분쟁의 우호적 해결에 도달할 수 없는 경우 다수결로 결정을 내려야 한다."

즉, 이 규정에 의하면 중재재판소는 먼저 가능한 해결조건을 제시하여 분쟁을 해결하도록 설득하였으나 실패한 후에야 비로소 구속력있는 판결을 내릴 권한이 있는 것이다.[640]

---

638) *Handbook on the Peaceful Settlement of Disputes between States*, §§ 302~305 at pp. 103~105.
639) *Ibid.*, § 306 at p. 106.
640) *Ibid.*, § 307 at p. 106.

3. 기존 수단의 변형 또는 결합이 아닌, 새로운 수단

주선(good offices)은 UN헌장 제33조 1항에 특별히 언급되어 있지는 않지만 이를 새로운 수단(novel means)으로 보기는 어려울 것이다. 그러므로 이것에 관해서는 이미 위에서 언급하였다.

헌장 제33조 1항에 열거되지 않은 새로운 절차의 예로서는, 국제기구의 비사법적·정치적 기관에 분쟁을 부탁하는 경우를 들 수 있다. 이것을 새로운 절차로 보는 이유는 국제기구의 '정치적' 기관에서 '법적' 성격의 분쟁을 다루기 때문이다. 이들 국제기구의 정치기관의 결론은 물론 구속력을 갖는 것으로 사전 합의될 수도 있고, 단지 권고적 효력만을 갖는 것으로 합의될 수도 있다.

국제기구의 정치기관에 분쟁을 부탁할 수 있음을 규정하는 조약은 두 가지 부류로 나누어 볼 수 있다. 첫째로, 많은 국제기구의 설립조약에 당해 설립조약의 해석·적용과 관련한 분쟁은 당해 기구의 정치기관에 부탁할 수 있음을 규정하고 있다. UN을 비롯하여 GATT(1947)와 WTO, 그리고 IBRD·IMF·IDA·ICAO·ILO 등의 UN전문기구가 그러한 경우들에 속한다.[641)]

둘째로, 국가들은 국제기구의 설립문서가 아닌, 보통의 양자·다자조약으로부터 발생하는 분쟁을 해결하기 위하여 특정 국제기구의 정치기관에 호소하는 경우도 있다. 물론 이런 경우 당해 기구는 관련 분쟁에 관계된 업무를 담당하는 기구가 될 것이다. 예컨대, 1946년의 미국-영국 항공업무협정 제9조의 경우처럼, 항공문제를 다룬 많은 조약에서는 당해 조약의 해석·적용에 관련한 분쟁은 판정을 위하여 ICAO이사회에 부탁되어야 한다고 규정하고 있다. 그리고 위 미국-영국 항공업무협정에서는 이 경우 ICAO이사회의 판정이 '권고적 보고서'(advisory report)의 지위를 갖는다고 되어 있으나, ICAO이사회의 판정이 분쟁당사자들에게 법적 구속력이 있다고 규정한 조약들도 있다. 1950년의 영국-태국간 항공업무협정 제9조가 이 경우에 해당된다.[642)]

XIII. UN정치기관의 관여 : UN헌장 제6장

현 국제공동체의 한 가지 주요 특징은 UN의 두 정치기관, 즉 안전보장이사회와 총회가 분쟁의 평화적 해결을 위하여 국가 간의 분쟁에 개입(intervention)할 수 있다는 점일 것이다. UN헌장 제6장을 요약하면, 안보리 또는 총회는 분쟁당사국의 의사에 관계없이 국제평화와 안전의 유지를 위태롭게 할 우려가 있는 일체의 분쟁의 평화적 해결을 위해 개입(토의 또는 권고)할 수 있다는 것인데, 그 특징으로서 두 가지를 들 수 있다.

먼저, UN이 개입할 수 있는 분쟁의 성격에 관해서 말하면, UN은 "국제평화와 안전의 유지를 위태롭게 할 우려가 있는 그 어떠한 분쟁에도" 개입할 수 있다. 따라서 정치적·비법적 분쟁(political,

---

641) *Ibid.*, § 292 at p. 99, §§ 313~381 at pp. 111~133, §§ 386~417 at pp. 136~146.
642) *Ibid.*, § 293 at pp. 99~100.

non-justiciable disputes)뿐만 아니라 법적 분쟁(justiciable or legal disputes)에도 개입할 권한이 있다. 이처럼 UN의 정치기관이 개입할 수 있는 국제분쟁에 관한 한 정치적 분쟁과 법적 분쟁을 구분하지 않고 있는 것은 현명한 발상이다. 왜냐하면 외견상 당사국들이 법적 분쟁임을 주장하더라도 그 이면에는 정치적 고려가 깔려있는 경우가 있을 수 있고, 반대로 정치적 분쟁의 경우에도 각 분쟁당사국은 자신의 입장을 옹호하기 위해 법적 논거를 제시하는 것이 보통이기 때문이다. 다만, UN헌장 제36조 3항은 '법적' 분쟁은 ICJ에서 해결함이 원칙임을 시사하고 있다.

다음 문제는 UN이 개입하기 위해서는 분쟁당사국의 동의를 전제로 하는가 하는 점인데, UN헌장의 기본철학은 국제평화와 안전의 유지를 위하여 UN이 그 어떤 노력도 다해야 한다는 것이기 때문에 UN의 개입은 분쟁당사국의 동의를 전제조건으로 하지 않는다. 이것은 제3자가 개입하기 위해서는 분쟁당사국들의 동의가 요구되는 전통적 분쟁해결수단들이 보유하지 못했던 요소로서, 이 점에 있어서 UN은 치안유지를 위한 국제경찰관으로 의도되어 있는 것이다.[643] Alf Ross는 UN헌장체제가 내포하고 있는 이같이 혁신적인 측면을 다음과 같이 표현하고 있다.

> "UN헌장의 본질, 즉 그것이 전통국제법규와 명백히 절교한 점은, 그 계속이 국제평화와 안전의 유지를 위태롭게 할 우려가 있는 모든 분쟁은 '공적' 문제(public matter)이며, 따라서 분쟁당사국들은 자신이 원하든 원하지 않든 UN 안전보장이사회 또는 총회가 평화를 위하여 토의가 필요하다고 생각하여 분쟁을 토의할 수 있다는 사실을 수락하지 않으면 안된다는 원칙을 수립하고 있다는 점이다. 분쟁당사국들은 UN의 도움을 구할 의무는 없지만, UN의 개입을 인내할 의무는 있다."[644]

이상의 특징에도 불구하고 사법기관이 아닌 안보리 또는 총회가 헌장 제6장에 의거하여 제시하는 해결수단 또는 해결조건은 권고적인 것으로서 분쟁당사국들에게 구속력이 없다. 다만, 헌장 제6장하의 안보리 권고는 비절차적인 것이기 때문에 상임이사국의 거부권이 적용된다.[645]

UN헌장은 국제평화와 안전의 유지에 관하여 안보리에 제1차적 책임을 부과하고 있기 때문에 총회의 권한은 다음의 두 가지 점에서 안보리에 종속된다. 첫째, 안보리가 어느 분쟁 또는 사태에 대하여 헌장상의 임무를 수행하고 있는 동안은, 총회는 특별히 안보리가 요청하지 않는 한 당해 분쟁 또는 사태에 대하여 어떠한 '권고'도 할 수 없다.[646] 둘째, '행동'(action), 즉 헌장 제7장의 강제행동을 필요로 하는 일체의 문제는 총회의 토의 전 또는 후에 안보리에 부탁되어야 한다.[647] 따라서 이 두 경우에 총회는 '토의'는 할 수 있어도 '권고'는 할 수 없다.

상기 사항을 전제로 하여 "분쟁의 평화적 해결"이란 제목을 달고 있는 헌장 제6장(제33조~제38조)을 개관해 보자. 첫째, "그 계속이 국제평화와 안전의 유지를 위태롭게 할 우려가 있는 분쟁"이면

643) Merrills in Evans (ed.), *International Law*, 5th, pp. 564~565.
644) A. Ross, *The United Nations : Peace and Progress* (New York : Bedminster Press, 1966), p. 160.
645) Malanczuk, p. 386.
646) UN헌장 제12조 1항.
647) UN헌장 제11조 2항 두 번째 문장.

그 어떤 것이든 그 당사자들은 먼저 교섭·사실심사·중개·조정·중재재판·사법적 해결·지역적 기구 또는 지역적 협정의 이용, 또는 당사자들이 선택하는 기타 평화적 수단에 의한 해결을 구하여야 한다. '안보리'는 필요하다고 인정할 때에는 당사자들에게 그들간의 분쟁을 이같은 수단에 의하여 해결하도록 요청해야 한다.[648)]

둘째, '안보리'는 "어떤 분쟁"(any dispute) 혹은 "'국제적 마찰로 이어지거나 분쟁을 발생케 할지도 모르는' 어떤 사태"(any situation which might lead to international friction or give rise to a dispute)에 대하여서도 그같은 분쟁 또는 사태의 계속이 국제평화와 안전의 유지를 위태롭게 할 우려가 있는지의 여부를 결정하기 위해 조사를(investigate) 할 수 있다.[649)]

셋째, UN회원국은 –자국이 분쟁의 당사자건 아니건 불문하고– '어떤 분쟁' 혹은 '위에서 언급한 성질의 어떤 사태'에 대하여서도 '안보리 또는 총회'의 주의를 촉구할 수 있다. 그리고 UN회원국이 아닌 국가는 '자국이 당사자인 어떤 분쟁'에 대하여서도 "이 헌장에 규정된 평화적 해결의 의무를 이 분쟁에 관하여 미리 수락한다면" '안보리 또는 총회'의 주의를 촉구할 수 있다.[650)] 그러나 이를 의제에 올려 다룰 것인지 아닌지는 안보리 혹은 총회의 권한에 속하며, 의제에서 삭제하는 것도 마찬가지이다.[651)] 그리고 의제에 관한 결정은 절차사항이기 때문에 안보리에서 거부권이 인정되지 아니한다.[652)]

넷째, '안보리'는 "그 계속이 국제평화와 안전의 유지를 위태롭게 할 우려가 있는 분쟁" 또는 "이와 비슷한 성질의 사태"의 그 어떤 단계에서도 '적당한 조정(adjustment)의 절차 또는 방법을 권고' 할 수 있다. 다만, 안보리는 이같은 권고를 함에 있어 당사자들이 이미 채택한 분쟁해결의 절차들을 고려에 넣어야 하며(should), 또한 법적 분쟁(legal disputes)은 원칙적으로 ICJ규정에 따라 당사자들에 의하여 동 재판소에 부탁되어야 한다는 점도 고려에 넣어야 한다(should).[653)]

다섯째, "그 계속이 국제평화와 안전의 유지를 위태롭게 할 우려가 있는 분쟁"의 당사자들은 제33조에 열거된 수단에 의하여 이 분쟁을 해결하지 못하는 경우 이를 안보리에 부탁하여야 한다. 안보리는 분쟁의 계속이 실제로 국제평화와 안전의 유지를 위태롭게 할 우려가 있다고 인정할 때에는 '적당한 조정(adjustment)의 절차 또는 방법'을 권고하든지, 아니면 '적당하다고 인정하는 해결조건'(terms of settlement)을 권고하든지 그 어느 한 쪽을 결정하여야 한다.[654)]

끝으로, 이상의 모든 규정에도 불구하고, 안보리는 그 어떤 분쟁에 관하여서도 '모든 당사자들이 요청해 오면' 평화적 해결을 위하여 그들에게 권고를 할 수 있다.[655)]

---

648) UN헌장 제33조.

649) UN헌장 제34조.

650) UN헌장 제35조. 동 조 3항은 "본조에 의하여 주의가 촉구된 사항에 관한 총회의 절차는 제11조 및 제12조의 규정에 따라야 한다."고 규정하고 있는데, 이 두 규정에 관해서는 이미 위에서 언급한 바 있다.

651) Malanczuk, p. 386.

652) 본서, 제25장 (UN), "V. UN의 주요기관, 2. 안전보장이사회, (3) 표결".

653) UN헌장 제36조. 실제로 안보리는 1946년 10월 22일 발생한 영국과 알바니아 간의 *Corfu Channel* 사건과 관련하여 이 두 국가에게 "분쟁을 ICJ규정에 따라 동 재판소에 부탁할 것을 권고"하는 '결의 22'(1947년 4월 9일, S/324)를 채택한 바 있다.

654) UN헌장 제37조.

655) UN헌장 제38조.

제 27 장
국가의 무력사용

제5부 전쟁과 평화

Ⅰ. 국가의 무력사용 : 1945년 이전까지[1)]

중세 기독교 법학자들의 영향으로 16, 17세기 초기 단계의 국제법에서는 전쟁에 호소할 국가의 권리, 즉 국가의 개전권(開戰權)(*jus ad bellum*) 문제를 정전(正戰)(just war, *bellum justum*)과 부정전(不正戰)(*unjust war, belum injustum*)의 구분 내지는 정전의 기준을 구하는 측면에서 논의하는 경향이 있었다. 예컨대, Francisco de Vitoria(1546년 사망, 정확한 출생년도는 불분명)[2)]는 "전쟁을 개시하기 위한 단 한 개의 정당한 명분이 있는데, 그것은 피해를 입는 경우이다. (그러나) 모든 종류, 모든 정도의 피해가 전쟁을 개시하기 위한 충분조건이 되는 것이 아니다. 사소한 피해를 이유로 전쟁을 거는 것은 적법하지 않다. (그리고) 전쟁의 목적과 목표는 국가를 방어하고 보존하는 것이다."라고 논한 바 있다. 그러나 17세기 후반 유럽에서 민족국가들(nation states)이 떨쳐 일어나 법실증주의 시대로 돌입함에 따라 다음과 같은 변화가 발생하였다. 우선, 18~19세기 고전국제법은 정전과 부정전을 구분하려는 노력을 포기하고 전쟁을 국가정책의 합법적 수단으로 인정하였다. 즉, 개전행위 그 자체는 금지되지 않았으며, 전쟁의 결과는 배상(reparations) 문제로 처리되었다. 요컨대, 정전 개념은 폐기되었고, 고전국제법은 전쟁법(law of war, *jus in bello*)의 발전을 통하여 전쟁의 잔혹성을 완화하는데 초점을 맞추었다. 이와 함께 국제법은 평시법과 전쟁법으로 분화되었다. 전쟁

---

1) 본서, 제7장 (국제법의 기본원칙) 참조.

2) Franciscus de Victoria, *De Indis et de Ivre Belli Relectiones* (Ed. by Ernest Nys ; Trans. by John Pawley Bate), in the series *The Classics of International Law* (Washington, D.C. : Carnegie Institution of Washington, 1917), pp. 170~171. 참고로, Francisco de Vitoria의 이름은 Francisco de Victoria, Franciscus de Victoria, Francisci de Victoria, Francis of Vittoria, Franciscus de Vittoria 등으로도 표기되고 있다 : John O'Brien, *International Law* (London : Cavendish Publishing Limited, 2001), p. 674, fn. 11 ; Antony Anghie, *Imperialism, Sovereignty and the Making of International Law* (Cambridge : Cambridge University Press, 2005), Chapter 1 – Francisco de Vitoria and the colonial origins of international law, p. 13, fn. 4.

과 평화를 개념적으로 엄격히 구분함으로써 평시법과 전시법이 별개로 성립하였던 것이다. 이 시기에 정복(conquest)이 -일정 엄격한 조건 하에서나마- 영토취득의 합법적 수단으로 인정된 것은 논리적 귀결이기도 하였다.[3)]

20세기에 들어와 국제공동체는 "대립관계에 있는 국가까지 포함하여 모든 관련국가가 서로 불가침을 약속하고 분쟁의 평화적 해결의 의무를 지며, 만일 어느 국가가 이에 위반하여 평화를 위협하거나 파괴할 때에는 다른 모든 국가가 공동으로 그 조직을 통하여 집단적인 강제조치를 취함으로써 국제평화의 유지와 회복을 꾀하려는"[4)] 이른바 집단안전보장(collective security) 체제의 도입을 시도하였는데, 그 첫 번째 시도는 1920년 국제연맹의 수립으로 나타났다. 그리고 이로써 고전국제법의 상황이 다소 변화하긴 하였으나, 이 변화는 어떤 질적인 것이 되지 못하였다. 즉, 연맹규약 제12조는 전쟁을 완전히 금지시키는 대신에, 전쟁에 호소하기 전에 일정 절차 종료 후 3개월의 냉각기간(a cooling-off period of three months)을 가질 것을 요구할 따름이었다. 1928년의 부전조약, 즉 "국가정책 수단으로서의 전쟁의 포기를 위한 일반조약"(General Treaty for the Renunciation of War as an Instrument of National Policy)[5)]은 여기서 한 걸음 더 나아가 '국가정책 수단으로서의 전쟁'(war as an instrument of national policy) 자체를 위법으로 선언하고 미국을 위시하여 국제연맹규약의 당사자가 아닌 국가들의 참여를 이끌어 냈지만, 여전히 두 가지 문제점을 안고 있었다. 첫째, 포기되는 전쟁은 (개전의사의 표명을 수반하는) 선언전쟁(declared war)뿐인지 아니면 (개전의사의 표명을 수반하지 않는) 불선언전쟁(undeclared war)(즉, 사실상의 전쟁)까지도 포함하는지가 불분명하였다. 뿐만 아니라, 전쟁을 하겠다고 '위협'하는 것은 여전히 허용된다는 해석이 가능하였다. 둘째, 자위권(self-defence)의 행사는 계속해서 허용되는가의 문제에 관해서도 언급이 없으나 대부분의 체약국들은 부전조약 하에서도 자위권의 행사는 허용된다고 생각하였을 뿐만 아니라 이 권리에 호소할 상황인지의 여부에 대한 결정권은 자위를 주장하는 국가 자신에게 있는 것으로 생각하였다.[6)] 한편, 1928년의 제네바 일반의정서(Geneva General Act for the Pacific Settlement of International Disputes)[7)]에서는 체약국 상호간의 분쟁을 조정(conciliation), 중재재판 또는 PCIJ에 부탁하여 평화적으로 해결할 것을 규정하였다. 당시 제네바 일반의정서에 가입한 국가들은 많지 않았지만, 분쟁의 평화적 해결을 강조하는 다음 세대의 국제법 사고에 큰 영향을 미쳤다.

---

3) 본서, 제19장 (영토의 취득), "XII. 정복 : 무력에 의한 영토취득" 참조.
4) 朴觀淑, p. 343.
5) 일명 파리규약(Pact of Paris) 또는 켈로그-브리앙규약(Kellogg-Briand Pact). Sweeney et al., p. 1234 ff ; Rosenne, *The Perplexities of Modern International Law*, p. 120 ; https://en.wikipedia.org/wiki/Kellogg-Briand_Pact.
6) Oscar Schachter, "Self-Defence and the Rule of Law", in Ku & Diehl (eds.), p. 308.
7) 1929년 발효, 1949년 개정.

Ⅱ. 국가의 무력사용 : 1945년 이후

국제연맹의 부정적 경험을 잘 알고 있는 UN헌장의 기초자들은 평화를 강제할 수 있는 좀 더 발전된 일반적 집단안보체제를 창설하려고 노력하였다. 그 결과 UN헌장은 국제분쟁의 평화적 해결(헌장 제2조 3항)과 무력의 위협 또는 사용 금지(헌장 제2조 4항)의 원칙을 도입함으로써 무력사용을 포괄적으로 금지하였고, 동시에 이를 실천에 옮기기 위한 제도적 장치로서 침략 등에 대항할 수 있는 정교한 (정치 · 경제 · 군사적) 강제행동의 틀(즉, 헌장 제7장)을 포함하게 되었다. 그리고 UN의 강제행동 독점 원칙에는 (i) 국가가 (개별적으로 혹은 집단적으로) 자위권을 행사함을 허용하고 있는 헌장 제7장 내의 제51조와 (ii) 지역적 협정이나 지역적 기구가 안보리의 수권에 의거하여 강제행동을 취함을 허용하고 있는 헌장 제8장 내의 제53조[8] 등 단지 두 개의 예외만이 허용되는 것으로 의도되었다. 따라서 UN헌장체제 하에서 안보리의 수권에 의하지 아니한, 즉 국가의 '일방적' 무력사용은 크게 '자위권'과 '헌장 제2조 4항에 위배되는 위법한 무력사용'의 두 유형으로 구분해 볼 수 있다.[9]

1. 자위권

안보리의 수권에 의한 무력사용과는 별도로 UN헌장 하에서 유일의 합법적 무력사용은 자위(self-defence)인데,[10] 헌장 제51조는 이것에 관하여 다음과 같이 규정하고 있다.

---

8) 지역적 협정이나 기구라 하더라도 헌장 제52조 내의 그것과 제53조 내의 그것은 구분하여야 한다. 전자는 지역적 협정이나 기구에 의한 분쟁의 평화적 해결에 관해 규정하고 있는데 반해, 후자는 그같은 협정이나 기구에 의한 강제행동에 관하여 규정하고 있기 때문이다. 그러므로 지역적 협정이나 기구에 따라서는 헌장 제52조 하의 기능을 수행하면서도 제53조와는 관련이 없는 경우도 물론 있다.

9) UN헌장 제1조 1항은 국제'안전'을 유지하는 것을 기구의 한 가지 목적으로 천명하고 있고, 이어서 제2조는 모두(冒頭)(chapeau)에서 "이 기구와 그 회원국들은 제1조에 명시된 목적들을 수행함에 있어 다음의 원칙에 따라서 행동하여야 한다."고 규정한 뒤 4항에서 "UN의 목적에 부합하지 않는 다른 어떤 방법에 의한 무력의 위협 또는 사용도" 금지하고 있다. 그런데 Amerasinghe(pp. 507~510)은 UN헌장 제2조 4항과 제1조 1항을 연계하여 아주 색다른 견해를 제시하고 있다 : "Thus, because it is a purpose of the UN to maintain international *security*, in addition to, and not merely, international peace (Art. 1(1)), all the customary international law exceptions which permit the threat or use of force by one state against other states are preserved or survived. *This* is the provision which preserves the *totality* of the right of self-defence, the *totality* of the right of reprisal, and the *totality* of the right of humanitarian intervention, involving force, if any, and the *totality* of any other customary right to use force, all recognized by customary international law. It is not Art 51 that *preserves* the right of self-defence or any part of it. Thus, there is general right to use or threaten force in self-defence (including collective self-defence) whether it is *anticipatory* or in response to an actual armed attack. ... The right of self-defence remains *dehors* Article 51." 요컨대, Amerasinghe은 국가의 타국에 대한 무력의 위협 혹은 사용을 허락하는 국제관습법상의 모든 예외가 국제'안전'의 유지를 기구목적의 하나로 하는 UN헌장 제1조 1항 및 그에 기초한 제2조 4항에 그대로 보존, 유지되고 있다고 보고 있다. 그 결과 제51조의 효과는 자위권에 대한 관습법을 보존하려는 것이 아니라(왜냐하면 이것은 이미 헌장 제1조 1항 및 제2조 4항에 보존되어 있기 때문에) 단지 실제 무력공격의 경우에 준수해야 할 절차를 규정한 데 있다고 새기는 것이다.

10) 헌장 제53조의 '적국'(enemy State) 관련 부분과 오로지 적국에 관하여 규정하고 있는 제107조는 사정의 근본

"이 헌장의 그 어떤 규정도, UN회원국에 대하여 무력공격이 발생한 경우, 안전보장이사회가 국제평화와 안전을 유지하기 위해 필요한 조치를 취할 때까지 개별적 또는 집단적 자위의 고유의 권리를 침해하지 아니한다. 이 자위권을 행사함에 있어 회원국이 취한 조치는 즉시 안전보장이사회에 보고되어야 하며, 이 조치는 안전보장이사회가 국제평화와 안전을 유지하거나 회복하기 위하여 필요하다고 생각하는 행동을 언제든지 취할 이 헌장 하의 그의 권한과 책임에 어떤 영향도 미치지 아니한다."

Military and Paramilitary Activities in and against Nicaragua 사건[11)]에서 국제관습법상의 자위권이 검토된 바 있는데, 여기서 ICJ는 "제51조에서 '고유의'(inberent)란 단어는 관습법을 지칭하는"것으로, "국제관습법에서 잘 확립된 한 개의 특별한 규칙에 의하면, 무력공격에 '비례'하고 또 그것에 대응하는데 '필요'한 조치들만(only measures which are *proportional* to the armed attack and *necessary* to respond to it)이 자위의 이름으로 정당화된다."고 판시한 바 있다. 또한 ICJ는 *Legality of the Threat or Use of Nuclear Weapons* 사건[12)]에 대한 권고적 의견에서는, 자위권 행사를 위한 국제관습법상의 이중 요건(즉, 필요성과 비례)은 -사용되는 무력수단이 무엇이건- 이 두 요건에 대해서는 언급이 없는 UN헌장 제51조에도 똑같이 적용된다고 언급하였다. 이어서 ICJ는 *Oil Platforms* 사건[13)]에서, 자위권에서 요구되는 '필요성'(및 비례)의 요건은 "엄격하고 객관적

적 변경(fundamental change of circumstances)의 결과 이제 사실상 '폐지'되었다고 보지 않을 수 없다. UN총회도 1995년 12월 11일 결의 50/52 (Resolution on the Report of the Special Committee on the Charter of the United Nations and on the Strengthening of the Role of the Organization)에서 "헌장 제53조, 제77조, 제107조 상의 '적국 조항들'('enemy State' clauses)이 쓸모 없게 되었음(have become obsolete)을 인정"하였고, 그 후 특히 제53조와 제107조의 두 규정은 개정되어야 한다는 제안이 제시되고 있지만 아직 이행은 되지 않고 있다. 이 문제에 대해서는, *Repertory of Practice of United Nations Organs*, Supplement No. 10 (2000-2009), Volume Ⅵ, Articles 108 and 109, paras. 12-15, 〈https://legal.un.org/repertory/art108-109/english/rep_supp10_vol6-art108-109_e_advance.pdf〉; 羅仁均, "UN憲章의 敵國條項과 韓半島", 《國際法學會論叢》, 제43권 제1호(1998년 6월), pp. 83~96; Akehurst, p. 266; Conforti, p. 223 참조.

11) Nicaragua v. USA, ICJ Reports (1986), para. 176; Harris, 5th, p. 899. See also *Legality of the Threat or Use of Nuclear Weapons*, ICJ Advisory Opinion of 8 July 1996, para. 41; Case concerning *Oil Platforms* (Merits), Iran v. United States of America, ICJ Judgment of 6 November 2003, paras. 51, 64, 72~73, 76~77.

12) ICJ Reports (1996), p. 226 at 245 (para. 41).

13) Case concerning *Oil Platforms* (Merits), Iran v. United States of America, ICJ Reports (2003), p. 161 at 196 (para. 73). See Orakhelashvili, pp. 205~206. 이 사건은 1980~1988년 이란-이라크 전쟁의 와중에서 발생한 것인데, 사건 개요는 다음과 같다. 1987년 10월 16일 쿠웨이트 유조선 Sea Isle City 호가 국기(國旗)를 reflagging, 즉 미국의 국기로 바꾸어 단 지 얼마 안 되어 쿠웨이트 항구 인근에서 미사일 공격을 받았다. 이란의 소행으로 판단한 미국은 3일 후 자위권 행사의 이름 하에 이란의 해상 석유채굴 시설들을 공격하였다. 해를 바꾸어 1988년 4월 14일 미국 군함 Samuel B. Roberts 호가 호송 임무를 끝내고 귀환하던 중 바레인 인근 국제수로에서 기뢰에 부딪혀 파괴되었다. 역시 이란의 소행으로 생각한 미국은 4일 후 역시 자위권을 주장하면서 해군력을 동원하여 이란의 해상 석유채굴 시설들을 공격하였다. ICJ는 미국이 반응을 보인 무력공격은 UN헌장 제51조에서 말하는 그 '무력공격'에 해당한다고 보면서도, 이 사건에서 -집단적 자위권이 아닌- 개별적 자위권을 주장하는 미국으로서는 자국이 이들 공격의 고의적인 피해국임을 입증하여야 하는데 여러 정황으로 볼 때 공격이 특별히 미국을 겨냥한 것으로 볼 수는 없기 때문에 미국은 입증에 실패하였다고 판시하였다. ICJ는 미국이 개별적 자위권 행사를 위해 입증해야 할 '무력공격의 피해국'의 문지방을 넘지 못하였음에도 불구하고 여기서 더 나아가 '필요성'과 '비례'의 문제에 대해서도 판단하였다. 즉, 첫째, 석유 플랫폼은 군사시설이 아니며 따라서 자위를 위한 무력공격에서 적법한 목표물이 아니기 때문에 '필요성'의 요건이 충족되지

인 것이어서 그 어떤 재량적 조치를 위한 여지를 남겨 두고 있지 않다"고 엄격하게 해석하였다.

여기서 '필요성'(necessity)의 요건은 두 가지 요소로 구성된다. 즉, 자위권은 무력공격이 발생하였을 때 행사할 수 있는 것이므로 자위의 필요성의 첫째 측면은 실제로 무력공격이 있는지를 확인하는 일이다. 입증책임은 자위의 이름으로 무력을 사용하기를 원하는 국가 측에 부과된다.[14] 필요성의 둘째 측면은 피공격국이 무력에 호소하는 것 말고는 당면한 상황에서 무력공격을 저지시킬 그 어떤 수단도 없었어야 함을 의미한다. 이것은 이미 타국의 무력공격이 종료되었다면 자위권도 종료됨을 의미한다. 타국 영토의 군사점령은 계속적인 무력공격에 해당하며, 따라서 이런 경우 점령이 지속되는 한 자위권의 행사는 정당화된다.[15]

그리고 비례(proportionality)의 요건과 관련하여 ICJ는 상기 *Legality of the Threat or Use of Nuclear Weapons* 사건[16]에서 "비례의 요건은 ... 그 자체로 자위를 위한 핵무기의 사용을 여하한 사정에서도 배제하는 것은 아닐 수 있다"라고 언급한 바 있다. 그리고 여기서 '비례'라 함은 공격을 격퇴·저지하는데 비례하는 것을 말하는 것이지, 최초공격의 방식과 대응방식 사이의 대칭을 의미하는 것이 아니다.[17]

이 밖에 제51조의 특징으로서는 다음의 몇 가지를 들 수 있을 것이다. 첫째, 제51조는 헌장 제7장 내에 위치하고 있으며, 이는 헌장 체제 하에서의 자위권은 UN의 집단안보 체제 안에서 존재하는 것임을 의미한다. 그 결과 국가의 "'고유의(내재된/타고난)'[18] 권리"(*inherent* right)인 자위권의 행사임에도 불구하고 "즉시 안보리에 보고"되어야 하며, 이로써 이것은 안보리의 사후 심사대상이 된다. 이는 자기 판단에 근거한 자위권 행사의 합법성 여부가 궁극적으로 조사 및 재판의 대상이 되어야 한다는 뉴른베르그 국제군사재판소의 판결과도 일치한다.[19] ICJ는 상기 *Nicaragua* 사건[20]에

아니하였다. 둘째, 설사 이란이 무력공격에 대해 책임이 있다 하여도 미국의 이란 석유 플랫폼에 대한 공격은 '비례'에 맞지 않았다.

14) *Oil Platforms* (Iran v. United States of America), ICJ Reports (2003), p. 161 at 189 (para. 57).

15) Hamid, pp. 414~415.

16) ICJ Reports (1996), p. 226 at 245 (para. 42 : "The proportionality principle may thus not in itself exclude the use of nuclear weapons in self-defence in all circumstances.")(noted by Shaw, 6th, p. 1142).

17) See the Dissenting Opinion, para. 5, of Judge Higgins in the *Legality of the Threat or Use of Nuclear Weapons* case, ICJ Advisory Opinion (1996), p. 226 ; (1997) 35 ILM 809 and 1343 ; Harris, 5th, p. 868, fn. 45.

18) UN헌장 제51조 불어본에서는 이를 "'자연의' 권리"(droit *naturel*)로 표현하고 있고, 중국어본에서도 "'자연' 권리"로 표현하고 있다. Orakhelashvili, p. 67 참조.

19) International Military Tribunal (Nuremberg), Judgment of 1 October 1946, 〈https://www.legal-tools.org/doc/45f18e/pdf/〉, p. 43 : "It was further argued that Germany alone could decide, in accordance with the reservations made by many of the signatory Powers at the time of the conclusion of the Briand-Kellogg Pact, whether preventive action was a necessity, and that in making her decision her judgment was conclusive. But whether action taken under the claim of self-defence was in fact aggressive or defensive must ultimately be subject to investigation and adjudication if International Law is ever to be enforced."

20) ICJ Reports (1986), para. 200 : "...for the purpose of enquiry into the customary law position, the absence of a report may be one of the factors indicating whether the State in question was itself convinced that it was acting in self-defence." ; Keitner, p. 248.

서 "국제관습법의 입장을 조사함에 있어서도, (안보리에 대한)보고가 없다는 것은 문제의 국가가 자위적으로 행동하고 있다고 그 자신 확신하고 있었는지의 여부를 나타내는 요소들 중의 하나가 될 수 있다."고 언급한 바 있으며, 그 후 *Armed Activities on the Territory of the Congo* 사건[21]에서도 동일한 입장을 표시하였다.

둘째, 자위권은 '무력공격'(armed attack)에 대해서만 발동될 수 있으며, 따라서 -상기 *Armed Activities on the Territory of the Congo* 사건[22]에서 ICJ도 지적한 바와 같이- 만약 무력공격이 존재하지 않는다면 자위권 행사를 위한 필요성과 비례의 두 요건이 충족되었는지를 심사할 필요는 없을 것이다. 그러나 UN헌장에는 무력공격에 대한 정의가 담겨 있지 않다. 다만, ICJ는 상기 *Nicaragua* 사건[23]에서 그 '규모와 효과'(scale and effects)에 있어 상당한 수준 이상의 무력사용을 무력공격으로 보고 있으며, 특히 1974년 UN총회가 정의한 '침략'(aggression)을 '무력공격' 개념과 동일시

21) Democratic Republic of the Congo v. Uganda, ICJ Reports (2005), p. 168 at 222 (para. 145 : "The Court would first observe that in August and early September 1998 Uganda did not report to the Security Council events that it had regarded as requiring it to act in self-defence.") ; Gray in Evans (ed.), *International Law*, p. 619.

22) Democratic Republic of the Congo v. Uganda, ICJ Reports (2005), p. 168 at 223 (para. 147). ICJ는 이 사건에서 자위권 행사를 위한 전제조건이 존재하지 않기 때문에 자위권 행사요건인 필요성과 비례가 준수되었는지를 심사할 필요는 없다고 하면서도 이들 두 요건에 대해 추가로 언급하였었다.

23) ICJ Reports (1986), para. 191 (" ... it will be necessary to distinguish the most grave forms of the use of force (those constituting an armed attack) from other less grave forms. In determining the legal rule which applies to these latter forms, the Court can again draw on the formulations contained in the Declaration on Principles of International Law concerning Friendly Relations and Co-operation among States in accordance with the Charter of the United Nations (General Assembly resolution 2625 (XXV), referred to above). As already observed, the adoption by States of this text affords an indication of their *opinio juris* as to customary international law on the question. Alongside certain descriptions which may refer to aggression, this text includes others which refer only to less grave forms of the use of force. ...") and para. 195 (" ... There appears now to be general agreement on the nature of the acts which can be treated as constituting armed attacks. In particular, it may be considered to be agreed that an armed attack must be understood as including not merely action by regular armed forces across an international border, but also "the sending by or on behalf of a State of armed bands, groups, irregulars or mercenaries, which carry out acts of armed force against another State of such gravity as to amount to" (*inter alia*) an actual armed attack conducted by regular forces, "or its substantial involvement therein." This description, contained in Article 3, paragraph(g), of the Definition of Aggression annexed to General Assembly resolution 3314(XXIX), may be taken to reflect customary international law. The Court sees no reason to deny that, in customary law, the prohibition of armed attacks may apply to the sending by a State of armed bands to the territory of another State, if such an operation, because of its scale and effects, would have been classified as an armed attack rather than as a mere frontier incident had it been carried out by regular armed forces. But the Court does not believe that the concept of "armed attack" includes not only acts by armed bands where such acts occur on a significant scale but also assistance to rebels in the form of the provision of weapons or logistical or other support. Such assistance may be regarded as a threat or use of force, or amount to intervention in the internal or external affairs of other States. ..."). 결국, ICJ의 견해로는 '무력공격'에까지는 이르지 아니하는 무력의 위협이나 사용의 피해자인 국가(이 사건에서는 엘살바도르)는 (개별적/집단적)자위권을 원용할 수 없다는 것이다. ICJ는 *Oil Platforms* (Iran v. United States of America), ICJ Reports (2003), p. 161, 186 (para. 51)에서, *Nicaragua* case, para. 191에 언급된 무력공격의 공식-즉, "the most grave forms of the use of force"(가장 중대한 형식의 무력사용)-을 다시 확인하고 있다. See Harris, 5th, p. 898 ; Cassese, *International Law*, 2nd, p. 57.

하고 있다는 느낌을 갖게 한다.[24] 사실, UN헌장 불어본 제51조도 'armed attack'을 'une agression armée'로 표현하고 있기도 하다.[25] 에리트리아-에티오피아 청구위원회도 "소규모 보병부대 간 국경에서의 국지적인 조우전(遭遇戰)은 설사 인명 손실을 동반하는 것이라 하더라도 UN헌장의 목적상 무력공격을 구성하지 않는다."(Localized border encounters between small infantry units, even those involving the loss of life, do not constitute an armed attack for purposes of the [UN] Charter.)고 판시한 바 있다.[26]

그러나 1974년 UN총회의 "침략 정의" 결의에서 (헌장 제39조에 언급된) 침략의 주체를 국가로 한정하고 있다고 해서 (헌장 제51조의) 무력공격의 주체까지 국가에 국한되는 것으로 볼 근거는 없는 이상 양자를 동일개념으로 볼 수는 없다고 생각된다. 특히, -아래에서 언급하는 바와 같이- 2001년의 9·11 테러 다음날 채택된 UN "안보리결의 1368"은 그 전문에서 "테러행위로 야기된 국제평화와 안전에 대한 위협에 모든 수단을 다해 대처할 것을 결의" (Determined to combat by all means threats to international peace and security caused by terrorist acts)하고, 동시에 "(UN)헌장에 따른 고유의 개별적 또는 집단적 자위권을 인정" (Recognizing the inherent right of individual or collective self-defence in accordance with the Charter)하고 있음에 주목할 필요가 있다. 안보리는 그해 9월 28일의 "결의 1373"에서 국제테러에 대처하기 위한 자위권의 존재를 재확인하고 있다. 그러나 ICJ는 *Legal Consequences of the Construction of a Wall in the Occupied Palestinian Territory* 사건[27]에 대한 권고적 의견에서 "헌장 제51조는 국가가 타국을 무력으로 공격하는 경우에(in the case of armed attack by one State against another State) 고유의 자위권이 존재함을 승인하고 있다."라고 언급함으로써, 자위권이 '국가'들 사이에서만 적용되는 권리임을 시사하고 있다. 다만, 이스라엘이 팔레스타인 점령지역에 건설중인 장벽을 정당화하기 위해 안보리결의 1368과 1373을 원용한 것에 대해 ICJ는 이스라엘이 주장하는 "(테러)위협은 이스라엘 자신이 말한 바와 같이, 이 지역 내부에서 오는 것이지 그 외부에서 오는 것이 아니기" 때문에 이스라엘은 이들 안보리결의를 원용할 수 없다고 판시함으로써, 테러위협이 9/11의 경우처럼 영토 '밖'에서 오는 경우에는 자위권이 인정될 수 있다는 여운을 남겨두고 있는 것으로 보인다.[28]

---

24) Gregory M. Travalio, "Terrorism, International Law, and the Use of Military Force", (2000) 18 Wisconsin International Law Journal 145 at 154, fn. 33.

25) Yoram Dinstein, *War, Aggression and Self-Defence*, 4th ed. (Cambridge : Cambridge University Press, 2005), p. 184는 'une agression armée'를 "aggression which is armed"로 새기고 있기도 하다.

26) Eritrea-Ethiopia Claims Commission, Partial Award, *Jus Ad Bellum - Ethiopia's Claims 1-8* (The Federal Democratic Republic of Ethiopia v. The State of Eritrea), Decision of 19 December 2005, para. 11, RIAA, VOLUME XXVI, pp. 457-469, 〈https://legal.un.org/riaa/cases/vol_XXVI/457-469.pdf〉 ; Dixon, p. 330.

27) ICJ Advisory Opinion of 9 July 2004.

28) *Ibid.*, at para. 139. 그러나 이 사건에서 Buergenthal 재판관(선언, paras. 5~6)은 UN헌장 제51조가 '무력공격'의 주체를 국가에 한정하고 있지 않으며, 따라서 일정 (비국가)테러에 대항한 자위권의 행사가 가능함을 적극적으로 긍정하고 있다. Higgins 재판관(개별의견, para. 33) 역시 UN헌장 제51조 그 어디에도 국가가 다른 '국가'로부터 무력공격을 받는 경우에만 자위권을 발동할 수 있다고 규정하고 있지는 않다고 지적하고 있다. Kooijmans 재판관(개별의견, para. 35)도 사실상 이 두 재판관과 보조를 같이 하였다. Aust, *Handbook of IL*, 2nd, p. 209, fn. 76. Christopher Greenwood, "International Law and the Pre-emptive

한편, 그 자체 단독으로는 무력공격의 정의에 해당하지 아니하는 무력의 사용이라도 누적되면 무력공격과 같은 것으로 보고 자위권 행사의 대상이 될 수 있다고 보는 견해가 있는데, "침격전술론"(Nadelstichtaktik, hit-and-run pin/needle-prick tactics) 또는 "누적적 사건론"(accumulation of events theory)이 바로 그것이다.[29] ICJ도 일련의 사건[30]에서 이것을 인정하는듯한 표현을 사용한 바 있다. 그러나 침격전술론 혹은 누적적 사건론이 '집단적' 자위까지 정당화할 수 있을지는 의문이다.

셋째, 헌장 제51조에 의하면 자위권은 무력공격이 '발생'한 경우에(if an armed attack *occurs*) 행사할 수 있는 권리이다. 따라서 무력 공격은 현재 시작되었거나 진행 중인 것이어야 한다. 여기서 두 가지 결론이 도출된다. 먼저, 아직 시작하지 않은 무력공격에 대해서는 자위권이 행사될 수 없다. 그러나 핵버튼을 누르는 것만으로 상대국가를 초토화시킬 수 현대전의 상황에서 무력공격이 발생하기 시작하는 시점을 정확히 지적하기가 어려울 수 있다. 이 문제는 결국 예방적 자위권에 관련한 논쟁으로 이어지는데, 이것에 대해서는 아래 "자위권의 한계"에서 논하기로 한다. 다음으로, 진행 중인 것이 아니라 이미 끝나버린 무력공격에 대해서도 자위권은 행사될 수 없다. 이미 끝나버린 공격에 대항한 무력공격은 그것 자체가 현대국제법에서 금지된 무력복구에 해당한다. 그러나 공격을 당한 국가가 반격을 개시함에 있어 어느 정도의 시간적 여유를 허락받아야 할 것이다. 따라서 무력공격이 이미 끝나버린 것인지 아닌지를 판단하는 것도 실제상황에서는 쉬운 일이 아닐 수 있다.

넷째, 자위권은 무력공격이 "국가에 대하여"(against a State) 발생한 경우에 발동할 수 있는 국가의 권리이며, 따라서 무력공격의 목표물(target)로서의 '국가'를 어떻게 정의할 것인지도 문제이다. -그곳에 존재하는 사람과 재산을 포함하여- 국가 영토(영해와 영공 포함)가 여기서 국가에 해당하는 것에 대해서는 이론이 없다. 이런 유형의 무력공격의 가장 고전적인 사례로는, 타국 영토 내로의 군대에 의한 침공, 타국에 대한 국경을 넘는 무기 사용 내지는 폭격을 들 수 있다.[31] 그러나 헌장 제

Use of Force: Afghanistan, Al-Qaida, and Iraq", (2003) 4 San Diego International Law Journal 7 at 17 (noted by Lubell, p. 35)은 테러단체와 같은 비국가행위자의 무력공격에 대항한 자위권 행사의 기원을 1837년의 *Caroline* 호 사건에서 구하고 있기도 하다 : "...the famous Caroline dispute itself shows that an armed attack need not emanate from a State. The threat in the Caroline case came from a non-State group of the kind most would probably call terrorist today. The United States was not supporting the activities of that group and certainly could not be regarded as responsible for their acts. Yet, nowhere in the correspondence or in the subsequent reliance on the Webster formula on self-defence is it suggested that this fact might make a difference and that the Webster formula might not apply to armed attacks that did not emanate from a State." 테러에 대한 자위권 행사에 관한 자세한 논의는, 아래 "4. 자위권의 한계, (2) 테러와 자위권" 참조.

29) 김찬규, "국제법상 자위권의 현주소", 대한변협신문 [제275호], 2009년 6월 8일 (월요일), 6면 ; 김찬규, "무력공격의 개념 변화와 자위권에 대한 재해석", 《인도법논총》, 제29호 (2009년 9월), 3~22면 ; Dixon, p. 330 ; Keitner, p. 247.

30) *Military and Paramilitary Activities in and against Nicaragua*, ICJ Reports (1986), para. 231 ("... singly or collectively...") ; *Oil Platforms*, ICJ Reports (2003), para. 64 ("Even taken cumulatively ...") ; *Armed Activities on the Territory of the Congo* (Democratic Republic of the Congo v. Uganda), Judgment of 19 December 2005, para. 146 ("even if this series of deplorable attacks could be regarded as cumulative in character").

51조는 무력공격이 "국가의 영토에 대하여"(against a state's *territory*) 발생할 것을 요구하고 있지는 않다.[32] 1974년 UN총회 "침략 정의" 제3조(d)에 의하면, 영토 밖에 있는 타국의 '육해공군'(이를테면 공해에서의 군함 혹은 전투기)뿐만 아니라 '선박 혹은 항공기 무리(집단)'(marine and air fleets of another State)도 무력공격의 목표물이 될 수 있다.[33] 여기서 '무리'(fleets)란 표현은 외국의 상선이나 상업용 항공기 한 대 혹은 수 대는 배제하는 것으로 보인다. *Oil Platforms* 사건[34]에서 ICJ는 "군함 한 척에 대한 기뢰공격이 '고유의 자위권'을 발동하기에 충분할 수도 있을 가능성을 배제하지는 않는다"고 하면서, 미국인이 소유하지만 미국 국기를 게양하지 아니한 선박에 대한 공격은 미국에 대한 공격에 해당하지 아니한다고 판시한 바 있는데, 이것은 특정 국가의 국기를 게양한 단 한 척의 상선에 대한 무력공격도 그 국가에 대한 공격과 동일시 할 수 있음을 시사하는 것으로도 보인다.[35] 그러나 ICJ는 이 사건에서 단 한척의 상선에 대한 공격이 −자위권의 발동을 정당화하는− '무력공격'을 구성할 수 있는가의 문제를 직접 다루지는 않았으며, 이 문제에 대한 학자들의 견해는 갈리고 있다.[36] 이 밖에도, 무력공격의 목표물로서의 국가를 넓게 해석하는 견해에 의하면, 외국에 나가 있는 자국민에 대한 공격(특히 테러)에 대해서도 자위권의 행사가 가능하다는 것이다.[37] 그러나 해외에 나가 있는 개개 국민을 −무력공격의 목표물이 될 수 있는− 국가의 분신으로 볼 근거는 희박하다.[38]

다섯째, 자위권은 안보리가 국제평화와 안전을 유지하기 위하여 필요한 조치를 취할 때까지만 허용된다. 해석론의 관점에서 바꾸어 말하면, 안보리가 피공격국 자신에 의한 무력행사를 불필요하고 부적절한 것으로 만드는 실효적 조치를 취할 때까지는 자위권은 계속될 수 있다. 따라서 안보리에서 단지 문제를 논의하거나 실효성이 없는 의견을 표명하는 것으로는 자위권의 계속적인 행사는 영향받지 아니한다.[39] 실제로, 안보리는 1990년 이라크의 쿠웨이트에 대한 무력공격과 관련하여 경제

---

31) 1974년 UN총회 "침략 정의" 제3조(a)(b).

32) Akehurst, p. 264.

33) 1974년 UN총회 "침략 정의" 제3조(d).

34) Iran v. United States of America, ICJ Reports (2003), p. 161 at 195 (para. 72 : "The Court does not exclude the possibility that the mining of a single military vessel might be sufficient to bring into play the "inherent right of self-defence."), & 191 (para. 64 : "the *Texaco Caribbean*, whatever its ownership, was not flying a United States flag, so that an attack on the vessel is not in itself to be equated with an attack on that State.").

35) Hamid, p. 412 ; Dixon, p. 330. "For the purpose [of the exercise of the right of individual or collective self-defence] of Article 5, an armed attack on one or more of the Parties is deemed to include an armed attack: on the *territory* of any of the Parties in Europe or North America, ...; on the *forces, vessels, or aircraft* of any of the Parties, ..."라고 규정하고 있는 1949년 북대서양조약(The North Atlantic Treaty) 제6조도 이를 시사하는 것으로 보인다

36) Geir Ulfstein, "How International Law Restricts the Use of Military Force in Hormuz", EJIL: *Talk!*, August 27, 2019, 〈https://www.ejiltalk.org/how-international-law-restricts-the-use-of-military-force-in-hormuz/〉.

37) See e.g. Gray in Evans (ed.), *International Law*, 3rd, pp. 627~628 ; Dixon, pp. 335~337.

38) 아래, "4. 자위권의 한계, (2) 테러와 자위권" 참조.

39) Cassese, *International Law*, 2nd, p. 355 ; Aust, *Handbook of IL*, 2nd, p. 211 ; Dixon, pp. 345~346.

제재를 부과하는 결의를 채택하면서 그 전문에서 자위권을 확인한 바 있으며,[40] 2001년 9/11 테러와 관련하여 채택한 두 개의 결의 각 전문에서도 명시적으로 자위권을 언급하였었다.[41] 안보리가 자위권 행사가 종료됨을 선언하는 구속력있는 결의를 명시적으로 통과시키지 않는 한 자위권이 지속될 수 있는 시간적 한계는 명확하지 않다.[42]

여섯째, 비례에 맞는 자위권을 행사함에 있어서도 국제인도법을 준수하여야 하며, 따라서 "합법적인 군사목표물"(legitimate military target)만을 공격하여야 하고, 민간인들에 대한 부수적 피해를 최소화하기 위한 사전주의 조치를 취해야만 한다.[43]

일곱째, 자위권은 개별적으로 뿐만 아니라 집단적으로도 행사될 수 있다. 제51조는 −지역적 협정이나 지역적 기구가 강제행동을 취하고자 할 때 안보리의 사전 허가를 얻을 것을 요구하는− 헌장 제8장에 속한 규정이 아니다.[44] 1945년 샌프란시스코회의에서 제51조는 의도적으로 헌장 제8장에서 제7장으로 옮겨졌는데, 그 결과 집단자위권의 행사는 지역적 협정이나 지역적 기구의 존재에 전혀 의존하지 아니하며, 또한 안보리 상임이사국들의 거부권으로부터도 자유롭게 되었다.[45] ICJ는 위 *Nicaragua* 사건[46]에서 개별적 자위권은 피공격국만이 행사할 수 있으며, 국제관습법상의 집단자위권의 행사는 피공격국이 (i) "자신이 공격받았음을 선언하고" 또 (ii) "도움을 요청한" 경우에만 가능하며,[47] 또한 −국제관습법이건 UN체제건 불문하고− 현재의 국제법 하에서는 "무력공격"을 구성하지 않는 행위에 대해서는 국가들은 "집단적인" 무력대응의 권리(right of "collective" armed response)를 갖고 있지 않다고 언급한 바 있다. 국가들이 조약을 통하여 유사시 집단적 자위권의 행사를 의무적인 것으로 합의하는 것은 별개의 문제이다.[48]

---

40) 안보리결의 661(1990년 8월 16일)("Affirming the inherent right of individual or collective self-defence, in response to the armed attack by Iraq against Kuwait, in accordance with Article 51 of the Charter").

41) 안보리결의 1368 (2001년 9월 12일)("Recognizing the inherent right of individual or collective self-defence in accordance with the Charter") ; 안보리결의 1374 (2001년 11월 14일)["Reaffirming the inherent right of individual or collective self-defence as recognized by the Charter of the United Nations as reiterated in resolution 1368 (2001)"].

42) Gray in Evans (ed.), *International Law*, 5th, p. 619.

43) ICJ Advisory Opinion on *Legality of the Threat or Use of Nuclear Weapons*, ICJ Reports (1996), p. 226 at 245 (para. 42) ; Case concerning *Oil Platforms* (Merits), Iran v. United States of America, ICJ Judgment of 6 November 2003, para. 51 ; Cassese, *International Law*, 2nd, p. 355.

44) 본장, 아래, "Ⅲ. UN을 통한 집단적 강제행동" 참조,

45) Kaczorowska-Ireland, p. 711.

46) ICJ Reports (1986), paras. 195, 199, 211.

47) 집단자위권 행사와 관련하여 ICJ가 요구한 이 두 요건에 대해서는 '비현실적'이고, "완전히 새로운, 숙고되지 아니한 제한"을 부과한 것이라는 비판이 있다 : Kaczorowska-Ireland, p. 712.

48) 그러나 개입의 범위와 방식은 조약에 따라 달리 나타나고 있다. 이와 관련해서는, 1949년 "북대서양조약"(North Atlantic Treaty) 제5조, 〈https://www.nato.int/cps/en/natolive/official_texts_17120.htm〉 ; 1953년 "한미상호방위조약"(Mutual Defense Treaty Between the United States and the Republic of Korea) 제3조, 〈https://avalon.law.yale.edu/20th_century/kor001.asp〉 ; −1951년 "미일안전보장조약" (Security Treaty Between the United States and Japan)(속칭 구 미일안보조약), 〈https://avalon.law.yale.edu/20th_century/japan001.asp#1〉을 대체한− 1960년 "미일 상호협력 및 안전보장 조약"(Treaty of Mutual Cooperation and Security between the United States and Japan)(속칭 신 미일안보조약) 제5조, 〈https://en.wikisource.org/wiki/Treaty_of_Mutual_Cooperation_and_Security_between_Japan_and_the_United_States_of_

모든 국가에게 -개별적인 것이든 집단적인 것이든- 고유의 자위권이 있다는 것은 국제법의 기본원리 중의 하나이다. 따라서 국제법의 관점에서 보면 일본도 독립국가로서 당연히 고유의 개별적, 집단적 권리를 가지고 있으며, 일본도 당연히 그렇게 말해 왔다. 다만, 일본 국내법의 차원에서 제2차 세계 대전 이후 일본의 전통적 입장은 '집단'자위권에 관한 한 이 권리를 "가지고는 있지만 행사할 수는 없다"는 것이었다. "육해공군 및 기타 전력은 절대 보유하지 않으며, 국가의 교전권은 인정하지 않는다."고 규정한 헌법 제9조가 이같은 해석의 중심에 위치하고 있었다. 그러나 일본 정부는 이제 일본도 집단자위권을 행사할 수 있는 보통(정상)국가(normal state)가 되어야 한다면서 제9조에 대한 지금까지의 해석을 변경하기 위한 입법적 조치에 나서고 있다.[49] 이러한 해석 변경이 헌법 제9조 자체에 대한 개정으로까지 이어질지는 두고 볼 일이다. 이 문제에 대한 헌법의 해석변경이든 개정이든, 일본으로서는 제2차 세계대전에서 패전한 후 스스로 부과한 국내법의 굴레(self-imposed bridle) 내지는 "자발적 자제"(voluntary self-restraint)[50]를 벗어던지려 하고 있는 것이다. 한편, 아베 수상은 2015년 3월 27일 의회 상원(참의원) 예산위원회에서 "정부의 입장은, 자위대는 '국제법'에서는 군대로 인정되고 있다는 것입니다."라고 말한 바도 있다.[51]

"인간이 만든 영역"(man-made domain)인 사이버공간이 "자연에 의해 발생하는 영역" (naturally occuring domains)인 "육지, 바다, 하늘, 우주"(land, sea, air, and space)에 이어 "제5의 전장" (fifth domain of warfare)으로 부상함에 따라 각국은 사이버공간을 통한 안보위협에 대처하기 위

America〉 ; 1961년 "중국-북한간 우호, 협력 및 상호원조 조약"(Treaty of Friendship, Co-operation and Mutual Assistance Between the People's Republic of China and the Democratic People's Republic of Korea) 제2조, 〈https://www.marxists.org/subject/china/documents/china_dprk.htm〉 등을 비교해 보라.

49) https://en.wikipedia.org/wiki/2015_Japanese_military_legislation ; Paul Kallender-Umezu, Japanese Legislation Frees Military To Assist Allies, Defense News, September 27, 2015, 〈https://www.defensenews.com/story/defense/policy-budget/warfare/2015/09/27/japanese-legislation-frees-military-assist-allies/72799064/〉; BBC News, Asia, 18 September 2015, "Japan to allow military role overseas in historic move", 〈https://www.bbc.com/news/world-asia-34287362〉 ; The Japan Times, editorial, Security legislation takes effect, March 29, 2016, 〈https://www.japantimes.co.jp/opinion/2016/03/29/editorials/security-legislation-takes-effect/〉 ; 김대순/김민서, "Japan's Long Journey toward the Exercise of Collective Self-defense at a Glance", 《법학연구》 (연세대학교 법학연구원), 제26권 제3호 (2016. 9), pp. 185~208 ; Masahiro Kurosaki, "Japan's Evolving Position on the Use of Force in Collective Self-Defense", August 23, 2018, 〈https://www.lawfareblog.com/japans-evolving-position-use-force-collective-self-defense〉. 2021년 7월 5일, 일본 부총리 겸 재무대신 아소 타로(麻生 太郎)는 -정치자금 마련을 위한 한 모임에서 개인적 견해로- 중국이 대만을 침략하면 제한된 방식으로나마 집단자위권을 행사할 수도 있을 것이라고 말한 것으로 보도되었다. Kaoru Osawa/Nikkei Asia, July 6, 2021, "Japan's No. 2 raises possibility of joining US in defending Taiwan", 〈https://asia.nikkei.com〉 ; Taipei Times. July 7, 2021, "Japan, US will defend Taiwan: Aso", 〈https:// taipeitimes.com〉. 동년 11월 27일, 기시다 후미오(岸田文雄, Kishida Fumio) 수상은 한 地上 자위대 기지에서 행한 연설에서 "적기지 타격 능력의 획득을 포함한 모든 옵션을 검토할 것"이라고 언급하기도 하였다 : The Japan Times, Nov 27, 2021, "Kishida says enemy base strike capabilities are an option to boost defense", 〈https://www.japantimes.co.jp/news/2021/11/27/national/kishida-base-strike/〉.

50) Anna Kireeva, "What Russia thinks of Japan's right to collective self-defense", Russia Direct, July 15, 2014, 〈https://www.russia-direct.org/content/what-russia-thinks-japans-right-collective-self-defense〉.

51) The Japan Times, "Abe explains why he described SDF as 'our military'", March 28, 2015, 〈https://www.japantimes.co.jp/news/2015/03/28/national/politics-diplomacy/abe-explains-why-he-described-sdf-as-our-military/〉

하여 노력하고 있는데,[52] 이에 따라 자위권 발동의 전제조건인 "무력공격"(armed attack) 개념도 병행 진화할 가능성이 엿보인다. 특히, 미국 국방부는 컴퓨터 네트워크 공격, 즉 컴퓨터 사보타지가 "전쟁행위"를 구성할 수 있다고 결론지음으로써 그 같은 행위에 재래식 군사력으로 대응할 수 있음을 처음으로 공식 천명하였다.[53] 스톨텐베르크 NATO 사무총장도 2019년 8월 27일 영국 매거진 "Prospect"에 실린 독점기고문[54]에서 "나토로서는 중대한 사이버공격은 우리의 설립조약 제5조를 발동시킬 수 있을 것"(For Nato, a serious cyberattack could trigger Article 5 of our founding treaty)이라는 견해를 밝힌 바 있다. 어느 정도의 사이버공격을 '무력공격'으로 볼 것인지가 문제인데, 탈린매뉴얼(Tallinn Manual)[55]은 –ICJ가 상기 *Nicaragua* 사건[56]에서 '무력공격'과 '단순한 국경사건'(mere frontier incident)을 구분하는 기준으로 제시했던 '규모와 효과'(scale and effects)의 기준을 도입하여 – "사이버 작전이 무력공격을 구성하는가는 그것의 규모와 효과에 달려있다"는 의견을 제시하고 있다.[57] 한편, 사이버공간을 통한 군사적 공격을 제한하기 위한 목적의 조약 체결도 미국, 러시아 등 일부 국가 간에 논의 중이다.[58]

2. 평시 무력복구(armed or military reprisal in time of peace)

자위가 "현재의(actual) 그리고 특정한(specific) 무력공격"에 반응하기 위한 행동인데 반해,[59] 무력복구(armed or military reprisal)라 함은 국가가 타국의 위법행위를 중지시키거나 그러한 행위를 두 번 다시 못하게 하기 위하여 취하는 위법한 군사적 조치를 말한다. 제1차 세계대전 이전까지의 전통국제법은 복구의 발동요건과 관련하여 어떤 제한도 가하지 않았었다. "실로 19세기는 무

---

52) USA, Department of Defense, *Quadrennial Defense Review Report*, February 2010, p. 37, available at https://www.defense.gov/qdr/qdr%20as%20of%2029jan10%201600.pdf ; https://en.wikipedia.org/wiki/Quadrennial_Defense_Review ; 김태우, "국회에서 잠자는 사이버 전쟁 대응 법률들", 조선일보, 2011년 5월 20일 (금), A35 참조. 영국의 이코노미스트지도 "사이버공간은 육지, 바다, 하늘, 우주에 이어 제5의 전장이 되었다"고 언급하면서, "컴퓨터 네트워크가 마비되면, 공장과 화학플랜트들이 폭발하고, 인공위성들이 통제불능상태로 되고, 금융 및 전력 계통망이 작동하지 않게 된다"는 점을 적시하고 있다 : "Cyberwar : It is time for countries to start talking about arms control on the internet", The Economist, July 1st 2010, available at https://www.economist.com/node/16481504.

53) Siobhan Gorman and Julian E. Barnes, "Cyber Combat: Act of war – Pentagon Sets Stage for U.S. to Respond to Computer Sabotage with Military Force", The Wall Street Journal, May 31, 2011, available at https://online.wsj.com/article.

54) Jens Stoltenberg, "Nato will defend itself", Prospect, August 27, 2019, 〈https://www.prospectmagazine.co.uk/world/nato-will-defend-itself〉.

55) Rule 11, Tallinn Manual ; 본서, 제9장 (국가관할권), 서두 참조.

56) ICJ Reports (1986), para. 195.

57) Thea Helen Eriksen Rølsåsen, "When do cyber operations amount to use of force and armed attack, and what response will they justify?", Master Thesis (Faculty of Law, University of Oslo, 2016), 〈https://www.duo.uio.no/handle/10852/50840〉 ; Kaczorowska-Ireland, p. 733.

58) Siobhan Gorman, "U.S. Backs Talks on Cyber Warfare", The Wall Street Journal, June 4, 2010, available at https://online.wsj.com/article. 개괄적인 논의는 https://en.wikipedia.org/wiki/Cyberwarfare ; 임민혁, "파네타 국방장관 지명자 : 제2의 진주만 공습은 사이버 공격이 될 것", 조선일보, 2011년 6월 11일, A14 참조.

59) Orakhelashvili, pp. 219~220.

력복구의 황금기였다."[60] 그러나 제1차 세계대전 후 전쟁의 부분적인 금지와 함께 무력사용을 동반하는 평시복구에 대해서도 제약이 가해졌다. 즉, *Naulilaa Incident* 사건[61]이 이같은 발전의 계기가 되었는데, 사건 개요는 다음과 같다. 1914년 포르투갈이 아직 중립일 때, 독일 식민지인 서남아프리카(현 나미비아)에 주둔 중인 독일 군대가 당시 포르투갈 통치 하에 있던 앙골라와의 국경선을 넘었는데, 그 목적은 몇몇 문제와 관련하여 포르투갈 당국과 직접 만나 교섭을 개시하기 위한 것이었다. 그러나 앙골라 남쪽 국경지대에 있는 포르투갈 기지인 Naulilaa에서 독일팀의 인솔자인 서남아프리카의 한 지역 행정관과 두 명의 독일 장교가 살해당했는데, 이것은 포르투갈 말을 거의 모르는 독일 통역관의 언어적 무능으로 빚어진 일이었다. 군사적 복구를 위해 독일 군대가 파견되어 포르투갈 기지들을 파괴하고 포르투갈 군인들을 사살하였다. 독일과 포르투갈 사이에 구성된 특별중재재판소는 1928년 무력복구에 관해 다음과 같이 판시하였다. (i) 복구는 보통은 위법이지만 국제위법행위에 대한 대응을 구성한다는 사실에 의해 합법으로 된다. (ii) 복구는 "국가 간의 관계에서 적용되는 인도에 대한 고려와 신의성실의 원칙에 의해 제한된다". (iii) 복구는 공격에 정확히 비례할 필요는 없지만 과도해서는 안된다. (iv) 평화적 해결을 위한 요청이 선행되어야 한다. (v) 복구는 위반국에게 손해배상, 합법 회복 및 새로운 위반의 회피를 요구하는 것이어야 한다. 이같은 전제 하에 동 재판소는 결국 독일이 국제법을 위반했다고 판시하였는데, 왜냐하면 (i) 세 명의 독일인이 살해된 것은 고의적인 것이 아니라 우발적인 사건이었으므로 포르투갈은 국제법을 위반하여 행동한 것이 아니었고, (ii) 독일은 무력에 호소하기 전에 평화적 해결을 위한 요청을 하지 않았고, (iii) 독일이 사용한 무력은 포르투갈 당국의 행위와 비교했을 때 '과도하고', 또 '전혀 비례하지 않는' 것이었기 때문이다.

한편, UN헌장 하에서 무력복구는 자위권의 범주에 들지 않기 때문에 완전히 불법적인 무력사용에 해당한다. 안보리도 1964년에 무력복구를 'UN의 목적·원칙과 양립하지 않는' (incompatible with the purposes and principles of the United Nations) 것으로 비난한 바 있고,[62] 1970년의 UN총회 우호관계선언도 "무력사용을 동반하는 복구행위를 삼가야 할 (모든 국가의) 의무"(duty to refrain from acts of reprisal involving the use of force)를 확인하고 있다.[63]

전쟁법(국제인도법)의 규율대상인 전시 복구(reprisal in time of war, belligerent reprisal)는 매우 엄격한 조건 하에서 여전히 허락되고 있으나, 금지되는 복구행위가 확대되면서 전체적으로 불법화로 가는 추세에 있다.[64]

---

60) Neff in Evans (ed.), *International Law*, 3rd, p. 19.

61) Portugal v. Germany, (1928) 2 RIAA 1012 ; Harris, 5th, pp. 12~14 ; von Glahn, pp. 641~642 ; Cassese, *International Law*, 2nd, pp. 299~300 ; Ott, p. 311.

62) UN안보리 결의 188 (1964년 4월 9일), 〈https://undocs.org/S/RES/188(1964)〉.

63) UN총회 결의 2625(XXV) (1970년 10월 24일), 〈https://www.un-documents.net/a25r2625.htm〉 ; 본서, 제7장 (국제법의 기본원칙), "Ⅳ. 무력의 위협 또는 사용 금지 원칙" ; Ott, p. 311 ; Dixon, p. 335.

64) https://casebook.icrc.org/glossary/reprisals ; https://en.wikipedia.org/wiki/Reprisal ; *Legality of the Threat or Use of Nuclear Weapons*, Advisory Opinion, ICJ Reports (1996), p. 226 at 246 (para. 46 : "... armed reprisals in time of peace ... are considered to be unlawful. ... any right of recourse to [belligerent]

3. "자위의 아류"(self-defence lite)

ICJ는 *Nicaragua* 사건[65]에서 "무력공격은 집단자위의 권리를 불러일으킬 수 있지만, 그보다 정도가 덜한 무력사용은 ... 무력사용을 동반하는 집단적 대항조치의 권리를 낳을 수 없다. 니카라과가 비난받는 행동들은 -설사 이것이 입증되고 또 이 국가에 귀속되는 것으로 가정을 해 보더라도- 단지 이들 행위의 피해자였던 국가(즉, 엘살바도르, 온두라스, 또는 코스타리카) 측의 비례에 맞는 대항조치만을 정당화할 수 있었을 것이다."라고 가정적 언급을 한 바 있다. 그러나 위에서 언급한 바와 같이 무력복구는 허용되지 아니하며, 대항조치는 무력의 위협 혹은 사용을 동반하지 않는 한에서만 허락되는 것으로 인식되고 있다. 그러므로 Simma 재판관은 *Oil Platforms* 사건에서 개별의견[66]을

---

reprisals would, like self-defence, be governed *inter alia* by the principle of proportionality.") ; 본서, 제28장 (전쟁법), "Ⅶ. 전시복구."

65) *Military and Paramilitary Activities in and against Nicaragua* (Nicaragua v. United States of America). ICJ Reports (1986), p. 14 at 127 (paras. 248~249) : "248. The United States admits that it is giving its support to the *contras* in Nicaragua, but justifies this by claiming that that State is adopting similar conduct by itself assisting the armed opposition in El Salvador, and to a lesser extent in Honduras and Costa Rica, and has committed transborder attacks on those two States. The United States raises this justification as one of self-defence ; having rejected it on those terms, the Court has nevertheless to consider whether it may be valid as action by way of counter-measures in response to intervention. The Court has however to find that the applicable law does not warrant such a justification.

249. On the legal level the Court cannot regard response to an intervention by Nicaragua as such a justification. *While an armed attack would give rise to an entitlement to collective self-defence, a use of force of a lesser degree of gravity cannot, as the Court has already observed(...), produce any entitlement to take collective countermeasures involving the use of force. The acts of which Nicaragua is accused, even assuming them to have been established and imputable to that State, could only have justified proportionate counter-measures on the part of the State which had been the victim of these acts, namely El Salvador, Honduras or Costa Rica.* They could not justify counter-measures taken by a third State, the United States, and particularly could not justify intervention involving the use of force."

66) Separate Opinion of Judge Simma in *Oil Platforms* case (Islamic Republic of Iran v. United States of America), ICJ Reports (2003), p. 161 at 331~332 (paras. 12~13) : "12. I am less satisfied with the argumentation used in the Judgment by which the Court arrives at the -correct- conclusion that, since the Iranian mine, gunboat or helicopter attacks on United States shipping did not amount to an "armed attack" within the meaning of Article 51 of the Charter, the United States actions cannot be justified as recourse to self-defence under that provision. The text of paragraph 51 of the Judgment might create the impression that, if offensive military actions remain below the -considerably high- threshold of Article 51 of the Charter, the victim of such actions does not have the right to resort to -strictly proportionate- defensive measures equally of a military nature. What the present Judgment follows at this point are some of the less fortunate statements in the Court's *Nicaragua* Judgment of 1986. ... ...

13. To sum up my view on the use of force/self-defence aspects of the present case, there are two levels to be distinguished : there is, first, the level of "armed attacks" in the substantial, massive sense of amounting to "une agression armée", to quote the French authentic text of Article 51. Against such armed attacks, self-defence in its not infinite, but still considerable, variety would be justified. But we may encounter also a lower level of hostile military action, not reaching the threshold of an "armed attack" within the meaning of Article 51 of the United Nations Charter.

통해, ICJ가 *Nicaragua* 사건에서 시사한 "일정 무력사용을 동반하는 대항조치"는 ILC가 2001년 국가책임초안(제49조~제54조)에서 사용한 그 '대항조치'를 지칭하는 것으로 의도한 것일 리가 없으며, 이는 단지 "(UN헌장 제51조가 적용되는)전면적인 자위에는 못 미치는 방어적 군사행동"(defensive military action "short of" full-scale self-defence)을 의미했을 뿐이라는 견해를 제시하였다. 그리고 그는 자신의 이러한 해석을 바탕으로, 헌장 제51조 발동의 전제조건인 "무력공격" 보다 '낮은 수준의 적대적 군사행동'(lower level of hostile military action)에 대해서도 무력을 사용하여 자신을 방어하는 것은 적법한 것으로 간주되어야 한다고 보았다. 다만, 이처럼 "전면적인 자위에는 미치지 못하는 방어적 군사행동"은 −ICJ가 상기 *Nicaragua* 사건에서 시사한 것처럼− 단지 피해국만이 취할 수 있으며(따라서 '집단적' 자위의 논리는 여기서는 적용의 여지가 없다), 또한 이것은 "필요성, 비례성 그리고 시간적 즉시성"(necessity, proportionality and immediacy)의 구속을 받는다고 하였다. Simma 재판관의 견해는 세계국제법학술원에 의해서도 채택된 것으로 보이는데,[67] 이런 경우의 무력사용을 "자위의 아류(亞流)"(self−defence lite)로 칭하기도 한다.[68]

이상에서 논한 자위권은 UN헌장 제51조(내지는 그것에 상응하는 국제관습법)에 담겨있는 국가자위권(national/State self−defense), 즉 *jus ad bellum*(무력사용법) 차원에서 국가가 갖고 있는 무력사용의 권리를 지칭하는 술어로서 국제법 교과서에서 자위권에 대한 설명은 대체로 여기서 그친다. 그러나 self−defense(자위, 정당방위)라는 개념은 국제법과 국내법의 여러 분야에 등장하는 개념으로, 획일적으로 접근할 수가 없다. 특히, 국가자위권과 유사해 보이는 부대자위권(unit self−defense, soldier self−defense) 개념의 이해를 놓고 논쟁이 진행 중인데, 이것은 미국을 비롯한 여러 국가의 군대 교전규칙(rules of engagement)에 등장하는 용어로서, 군부대 지휘관 혹은 군인 개인이 외부의 공격 내지는 절박한 공격으로부터 자기 혹은 자신의 부대를 방어하기 위해 무력을 사용하는 경우를 지칭한다. 국내법에 따라서는 이것이 권리로 규정되어 있는 경우도 있고, 권리이자 의무로 규정되어 있는 경우도 있다. 국제법의 차원에서, 부대자위권과 국가자위권의 관계를 어떻게 볼 것인가? 즉, 부대자위권은 국가자위권의 부분집합(subset)인가, 아니면 무력충돌법(*jus in bello*) 차원

Against such hostile acts, a State may of course defend itself, but only within a more limited range and quality of responses (the main difference being that the possibility of collective self-defence does not arise, cf. *Nicaragua*) and bound to necessity, proportionality and immediacy in time in a particularly strict way."

67) Institut de Droit International (Session de Santiago-2007), 27 October 2007, Resolution on Self-defence, para. 5 ("An armed attack triggering the right of self-defence must be of a certain degree of gravity. Acts involving the use of force of lesser intensity may give rise to countermeasures in conformity with international law. In case of an attack of lesser intensity the target State may also take strictly necessary police measures to repel the attack. ..."), https://www.idi-iil.org/idiE/resolutionsE/2007_san_02_en.pdf.

68) See e.g. Giovanni Distefano, "Chapter 22 - Use of Force", in Andrew Clapham and Paola Gaeta (eds.), *The Oxford Handbook of International Law in Armed Conflict* (Oxford : Oxford University Press, 2014), pp. 566~568 ; Michael N. Schmitt, "Cyber Operations in International Law: The Use of Force, Collective Security, Self-Defense, and Armed Conflicts", in National Research Council of the National Academies, *Proceedings of a Workshop on Deterring Cyberattacks: Informing Strategies and Developing Options for U.S. Policy*, (Washington D.C. : The National Academies Press, 2010), p. 160.

의 개념인가? 부대자위권은 이미 국제관습법에 의해 허용되고 있는 것인가?[69)]

4. 자위권의 한계

1841년의 *Caroline* 호 사건에서 제시된 바 있는 자위권의 정의는 매우 제한적이고 엄격한데, 그 당시에는 전쟁이 금지되어 있지 않았기 때문이다. 즉, 국가정책수단으로서의 전쟁이 금지되어 있지 않았기 때문에 자위권의 요건을 엄격하게 설정하더라도 국가들이 이를 받아들임에 있어 불안감을 느낄 필요가 없었다. 게다가 자위권이라는 좁은 개념은 국제법이 두 개의 완전히 배타적인 영역, 즉 평시법과 전시법으로 구분되던 당시에는 매우 유용한 기능을 수행하고 있었다. 즉, Webster의 자위권 정의는 관련 국가들이 평시법으로부터 전시법으로 이행함이 없이 꼭 필요한 경우 매우 제한된 범위 내에서 무력을 행사하는 것을 가능케 해 주었다.[70)]

그러나 UN헌장 하에서 국가정책수단으로서의 전쟁은 금지되었고, 이와 함께 제2차 세계대전 후 일부 국가의 전쟁부(ministry/department of war, war office)는 국방부(ministry/ department of defence)로 개명하지 않으면 안되었다.[71)] 그리고 헌장 하에서 개별 국가에게 개방되어 있는 유일의 합법적 무력사용은 자위권이며, 그 발동 요건도 매우 까다롭다. 그 결과 계속해서 행동의 자유를 확보하려는 일부 국가들은 자위권 개념의 재해석을 시도하고 있다.

(1) 예방적 자위권

이같은 시도의 첫 번째 유형은 이른바 예방적 자위권(anticipatory self-defence)이다.[72)] 1981년 이스라엘은 국제원자력기구(IAEA)의 감독 하에 건설 중이던 이라크, 바그다드 인근 오시라크(Osirak)의 원자로를 폭격한 뒤 이를 자위권의 행사라고 주장하였으나, "UN헌장과 국제행위규범들을 명백히 위반"하였다는 안보리의 "강력한 비난"에 직면한 바 있었다.[73)] 이 사건에서 이스라엘측 군사공격의 법적 기초는 요컨대 헌장 제51조의 '무력공격이 발생한 경우'(if an armed attack

---

69) Standing Rules of Engagement(SROE)/Standing Rules for the Use of Force(SRUF) for U.S. Forces (13 June 2005), 〈https://www.loc.gov/rr/frd/Military_Law/pdf/OLH_2015_Ch5.pdf〉; https://www.globalsecurity.org/military/library/policy/army/fm/27-100/chap8.htm; Ian Henderson and Bryan Cavanagh, "Guest Post: Unit Self-Defence", OpinioJuris, 11.07.14, 〈https://opiniojuris.org/〉; Elvina Pothelet and Kevin Jon Heller, "Symposium on Soldier Self-Defense and International Law: Highlighting and Framing the Issue", OpinioJuris, 29.04.19, 〈https://opiniojuris.org/〉; Charles P. Trumbull Ⅳ, "The Basis of Unit Self-Defense and Implications for the Use of Force, (2012) 23 Duke Journal of Comparative & International Law 121, 〈https://scholarship.law.duke.edu/cgi/viewcontent.cgi?article=1384&context=djcil〉; E. L. Gaston, "Reconceptualizing Individual or Unit Self-Defense as a Combatant Privilege", (2017) 8 Harvard National Security Journal 283, 〈https://harvardnsj.org/wp-content/uploads/sites/13/2017/02/Gaston-NSJ-Vol-8.pdf〉; *Sanremo Handbook on Rules of Engagement*, 〈https://iihl.org/sanremo-handbook-rules-engagement/〉; https://en.wikipedia.org/wiki/Rules_of_engagement.

70) Ott, p. 311.

71) https://en.wikipedia.org/United_States_Department_of_War; https://en.wikipedia.org/wiki/War_Office 참조.

72) Christine Gray in Evans (ed.), *International Law*, 3rd, p. 628.

73) UN안보리결의 487 (1981년 6월 19일). Gray in Evans (ed.), *International Law*, 3rd, p. 628.

occurs)를 '무력공격이 예상되는 경우'(if an armed attack seems possible)로 확대해석하는 것인데, 이같은 확대해석의 논리적 근거로서 헌장 제51조가 '무력공격이 발생한 경우'라고 규정하고 있을 뿐 '오로지 무력공격이 발생한 경우'(only if an armed attack occurs)라고는 하지 않았다는 점을 들기도 한다.

그러나 조약 해석의 문제로서 그같은 해석은 불가능하다고 보지 않을 수 없다. 또한 예방적 자위권을 주장하는 국가는 상대방 국가의 의도를 잘못 읽거나 비례가 결여된 공격을 함으로써 분쟁이 확대될 위험이 상존한다. 요컨대, 예방적 자위권은 헌장 제51조의 범위를 넘을 뿐만 아니라, 헌장 제2조 3항과 4항의 위반을 부채질할 따름이다. 핵무기의 개발과 속전속결이란 현대전의 특성을 고려하여 예방적 자위권이 허용되어야 한다는 견해가 제시되고 있지만, 이것은 국제공동체의 보수회귀화를 의미할 따름이다.

그러나 외견상 이 문제에 대해 이처럼 엄격한 견해를 취한다 하더라도 여전히 문제는 남는다. 왜냐하면 무력공격이 '발생'하기 시작하는 시점을 넓게 해석하면 할수록 그 범위 내에서는 예방적 자위권의 존재를 사실상 인정하는 결과로 이어질 것이기 때문이다.[74] 이런 사정들을 고려하여, 그리고 *Caroline*호 사건의 공식에 따라 "절박한"(imminent) 무력공격에 대한 '선제적'(pre-emptive) 공격은 허용되는 예방적 자위에 해당할 수 있지만, 절박하지 아니한 무력공격에 대한 '방지적'(preventive) 공격은 허용되는 예방적 자위에 해당하지 않는다고 보는 견해가 있다. 이를테면, 뉴른베르그 국제재판소는 *Caroline*호 공식 하에서만 방지적 행동이 정당화된다고 언급한 바 있다.[75] 그리고 UN사무총장의 '고위 전문가 패널'은 2004년의 보고서[76]에서 예방적 자위를 인정하면

74) Harris, 5th, p. 897.

75) Trial of the Major War Criminals Before the International Military Tribunal, (Nuremberg, 14 November 1945 - 1 October 1946), vol. 1, p. 207, 〈https://www.loc.gov/rr/frd/Military_Law/pdf/NT_Vol-I.pdf〉 : "It must be remembered that preventive action in foreign territory is justified only in case of "an instant and overwhelming necessity for self-defense, leaving no choice of means, and no moment of deliberation" (The Caroline Case, Moore's Digest of International Law, Ⅱ, 412)." ; 본서, 제7장 (국제법의 기본원칙), "Ⅳ. 무력의 위협 또는 사용 금지 원칙."

76) "A more secure world : our shared responsibility" : Report of the Secretary-General's High-level Panel on Threats, Challenges and Change, UN Documnent A/59/565/, 2 December 2004, paras. 188~190, 〈https://www1.umn.edu/humanrts/instree/report.pdf〉 : "188. The language of [Article 51 of the Charter of the United Nations] is restrictive : 'Nothing in the present Charter shall impair the inherent right of individual or collective self-defense if an armed attack occurs against a member of the United Nations, until the Security Council has taken measures to maintain international peace and security". However, a threatened State, according to long established international law, can take military action as long as the threatened attack is imminent, no other means would deflect it and the action is proportionate. The problem arises where the threat in question is not imminent but still claimed to be real : for example the acquisition, with allegedly hostile intent, of nuclear weapons-making capability.

189. Can a State, without going to the Security Council, claim in these circumstances the right to act, in anticipatory self-defence, not just pre-emptively (against an imminent or proximate threat) but preventively (against a non-imminent or non-proximate one)? Those who say "yes" argue that the potential harm from some threats (e.g., terrorists armed with a nuclear weapon) is so great that one simply cannot risk waiting until they become imminent, and that less harm may be done (e.g., avoiding a nuclear exchange

서도, 무력공격의 위협이 절박하지 않다면 자위권은 없다고 말함으로써 '방지적 자위'(preventive self-defence) 이론은 단연코 배척하였었다. 세계국제법학술원도 기본적으로 같은 노선을 채택하였다.[77] *Nicaragua* 사건[78]에서 ICJ는 "(소송)당사자들이 이미 발생한 무력공격의 경우에 국한해서 자위권을 원용하고 있을 뿐, 절박한 무력공격의 위협에 대처하는 것이 합법인지의 쟁점은 제기하지 않았다."는 이유를 들어 국제관습법의 차원에서의 예방적 자위권의 존재 여부에 관하여는 견해를 밝히지 않았다. 그후, ICJ는 *Armed Activities on the Territory of the Congo* 사건[79]에서도 예방적 자위권은 본 사건의 쟁점이 아니라는 이유로 *Nicaragua* 사건에서의 상기 자신의 말을 인용하는 것으로 만족하였다. ICJ의 이 같은 소극적 태도는 "예방적 자위권 이론이 논란이 많은 문제임을 잘 보여주고 있다."[80] 2020년 1월 2일 미국이 드론 공습을 통해 이란 혁명수비대 사령관 솔레이마니(Qassem Soleimani)를 이라크 바그다드에서 살해한 것과 관련해서도 이것이 자위권(특히, 예방적 자위권)의 요건을 충족한 것인지에 대해 의문이 제기되고 있다.[81] 어쨌든 너무 일찍 개시된 선제적 공격은 '침략'(aggression)을 구성할 수도 있다는 점에서 예방적 내지는 선제적 자위의 한계를 분명히 하기는 참 어렵다.[82]

(2) 테러와 자위권

자위권의 재해석을 위한 또 다른 시도는 테러행위에 대해서도 자위권의 행사가 정당화된다는 견해이다. 이같은 주장은 1986년 4월 14일의 연설에서 리비아에 대한 야간 공중폭격을 정당화하기

---

or radioactive fallout from a reactor destruction) by acting earlier.

190. The short answer is that if there are good arguments for preventive military action, with good evidence to support them, they should be put to the Security Council, which can authorize such action if it chooses to. If it does not so choose, there will be, by definition, time to pursue other strategies, including persuasion, negotiation, deterrence and containment – and to visit again the military option."; noted by Gray in Evans (ed.), *International Law*, 3rd, pp. 631~632, & Shaw, 6th, p. 1139 (fn. 103).

77) Institute de Droit International (Session de Santiago), 27 October 2007, Resolution on Self-defence : "3. The right of self -defence arises for the target State in case of an actual or manifestly imminent armed attack. ..." ; "6. There is no basis in international law for the doctrines of "preventive" self-defence (in the absence of an actual or manifestly imminent armed attack)."

78) ICJ Reports (1986), p. 14 at 103 (para. 194 : "In view of the circumstances in which the dispute has arisen, reliance is placed by the Parties only on the right of self-defence in the case of an armed attack which has already occurred, and the issue of the lawfulness of a response to the imminent threat of armed attack has not been raised. Accordingly the Court expresses no view on that issue.") ; Harris, 5th, p. 898 ; Cassese, *International Law*, 2nd, p. 359.

79) Democratic Republic of the Congo v. Uganda, ICJ Reports (2005), p. 168 at 222 (para. 143).

80) Gray in Evans (ed.), *International Law*, 3rd, p. 629.

81) See The Japan Times, Jan 4, 2020, "A question of laws: Was U.S. killing of Iran's Soleimani self-defense or assassination?", 〈https://www.japantimes.co.jp/news/2020/01/04/world/question-laws-u-s-killing-irans-soleimani-self-defense-assassination〉; Reuters, January 4, 2020, "Iran tells U.N. it reserves right to self-defense over Soleimani killing", 〈https://www.reuters.com/article/us-iraq-security-blast-iran-un/iran-tells-u-n-it-reserves-right-to-self-defense-over-soleimani-killing-idUSKBN1Z22A3〉.

82) UN총회 결의 3314 (XXIX)(1974년 12월 14일), "침략 정의" 제2조 ; Shaw, 4th, p. 790.

위해 미국 레이건(Reagan) 대통령에 의해 제시된 바 있다. 즉, 레이건은 -1986년 4월 5일 미군들이 자주 몰려 다니는 서(西)베를린의 한 디스코텍에서의 폭탄테러[83]를 포함하여- 유럽에서 미국인들에 대한 테러가 리비아의 배후지원에 의해 이루어졌다고 주장하면서 다음과 같이 천명하였다.

> "테러를 위한 성역이 있어서는 안된다는 것은 서구정책의 핵심이 되어야 합니다. ... 우리가 미국의 시민과 군인들의 학살에 아무런 대응도 하지 않고 이를 무시한다는 것은 미국의 전통에는 결코 없는 것입니다. 우리의 시민들이 세계 어디서건 적대적 체제의 직접적인 명령에 따라 학대당하거나 공격받는 경우, 내가 이 직책에 있는 한 우리는 대응할 것입니다."[84]

이 밖에도 레이건 대통령의 당시 발언을 분석해 보면 다음의 몇 가지 추론이 가능하다. 첫째, 레이건 자신이 언급한 것처럼 테러공격은 미국 밖에서 발생했으며 따라서 미국영토에 대한 무력공격이 아니다. 둘째, 테러에 대처할 다른 대처방안이 존재했다. 레이건은 많은 테러기도를 봉쇄시킨 바 있다고 스스로 언급하였기 때문이다. 셋째, 미국의 군사적 공격행위는 테러행위와는 그 범위와 결과에 있어 비례가 맞지 않는다. 다수의 무고한 시민을 사상케 하였기 때문이다. 넷째, 미국의 공격행위는 자국민에 대한 공격행위에 대해서는 반드시 보복하는 '미국의 전통'을 과시하기 위한 것이다. 이처럼 레이건의 성명서는 미국의 공격이 UN헌장 제51조에 들지 못함을 명백히 보여주고 있다. 그럼에도 불구하고 레이건은 "자위권이 오늘밤 행한 임무의 배후목적으로서, 이 임무는 UN헌장 제51조와 완전히 일치한다."고 주장하였다. 레이건의 자위권이란, 복구, 억제 그리고 국가적 독단의 목적을 위해 미국영토에 대한 무력공격이 없는데도 불필요하고 균형에 맞지 않게 무력을 사용하는 것을 의미한다. 헌장 제51조의 정신과 의미로부터 이보다 더 이탈하기도 어려울 것이다.[85]

2000년대에 들어와 그 방법과 규모, 법적 결과에 있어 상기와는 다른 차원의 테러가 발생하여 전세계를 경악하게 만들었다. 2001년 9월 11일 아침 출근 시각, 뉴욕의 세계무역센터 쌍둥이 건물 두 곳과 수도 워싱턴의 국방부청사에 대한 민항기에 의한 자살테러공격으로 한 순간에 110층짜리 센터건물이 내려앉고 청사에는 큰 구멍이 뚫렸다. 자살테러에 동원된 3대의 항공기 외에 납치된 또 한 대의 항공기는 -아마도 탑승객들의 영웅적인 저항으로 원래의 목표지점에 도달하지 못하고- 피츠버그에 추락하였으며, 기내의 모든 인원은 사망하였다.[86] 이 대참사로 인해 3천여명이 사망 내지 실종된 것으로 집계되었으며, 희생자들 속에는 미국인뿐만 아니라 전세계 70여개국의 국민이 포함된 것으

83) https://en.wikipedia.org/wiki/1986_Berlin_discotheque_bombing.

84) President Reagan's Address to the Nation on the United States Air Strike Against Libya, April 14, 1986, 〈https://www.reagan.utexas.edu/archives/speeches/1986/41486g.htm〉: "It must be the core of Western policy that there be no sanctuary for terror. ... And for us to ignore by inaction the slaughter of American civilians and American soldiers, whether in nightclubs or airline terminals, is simply not in the American tradition. When our citizens are abused or attacked anywhere in the world on the direct orders of a hostile regime, we will respond so long as I'm in this Oval Office. Self-defense is not only our right, it is our duty. It is the purpose behind the mission undertaken tonight, a mission fully consistent with Article 51 of the United Nations Charter.".

85) Ott., p. 313.

86) 문화일보, 2001년 9월 12일(수), 4면.

로 보도되었다.[87] 과거 미국을 향한 테러가 미국 영토 밖에서 미국인을 상대로 행해진 것과는 대조적으로, 9·11테러는 납치한 민간항공기를 무기로 이용하여 미국 본토를 공격한 것이었으며, 희생자들도 특정 국가에 국한된 것이 아니었다. 미국 정부는 아프가니스탄 탈레반(Taleban)정부의 보호하에 그 곳에 근거지를 마련하고 있는 Osama bin Laden이 이끄는 회교무장단체 Al-Qaeda가 이같은 악행을 저지른 것으로 보았고, 이 판단은 후일 사실로 드러났다. 그런데 UN헌장 제51조는 자위권의 행사를 정당화시켜주는 '무력공격'(armed attack)의 주체를 명시하고 있지 아니한데,[88] 이것은 결과적으로 현명한 입법이었음이 이번에 입증된 셈이다. 즉, 이번 테러공격이 오로지 해외에 소재한 특정 테러단체의 단독범행이라고 하더라도 이것은 미국의 영토보전에 대한 '무력공격'이기도 하다. 아프가니스탄의 탈레반정권이 빈 라덴과 적극적인 공모관계에 있었다면 탈레반에 의해 대표되는 아프가니스탄 역시 미국에 대한 무력공격의 주체로 보지 않을 수 없다.[89] 그렇다면 미국으로서는 이번만큼은 UN헌장 제51조에 의거하여 '자위권'을 원용할 수 있는 위치를 점한 것으로 보이며, UN안보리도 미국 정부의 이같은 주장에 신속하게 동조한 것으로 보인다. 즉, 안보리는 9월 12일의 결의 1368을 통해 "테러행위로 야기된 국제평화와 안전에 대한 위협에 모든 수단을 다해 대처

87) History, "September 11 Attacks", 〈https://www.history.com/topics/21st-century/9-11-attacks〉.

88) Ruth Wedgwood, "Responding to Terrorism : The Strikes Against bin Laden", (1999) 24 Yale Journal of International Law 559 at 564, 564~569 ; cited also in Travalio, *op. cit.*, (2000) 18 Wisconsin International Law Journal 145 at 153, fn. 29 ; Aust, *Handbook of IL*, 2nd, p. 209.

89) UN헌장 제51조의 해석상 (특히, 국경을 넘어 암약하는 국제테러집단을 포함한) '비국가행위자'(non-state actors)에 의해서도 자위권의 발동을 초래하는 "무력공격"이 행해질 수 있음을 인정하더라도, 9·11테러에서 보듯이 (그같은 테러분자들이 공해상이나 어쨌든 특정국가의 국경선 밖에 근거지를 마련하고 있지 않는 한) 그들에 대한 자위권의 발동은 언제나 그들이 현재 소재하고 있는 국가의 영토를 상대로 할 수밖에 없다는 문제가 제기된다. 따라서 테러집단의 "무력공격"을 그 비호국가로 귀속(impute)시킬 수 있는 기준을 설정하는 문제가 남는다. 실제로 UN헌장의 기초자들은 아마도 "무력공격"이라는 술어를 채택할 때 그 직전의 추축국들의 타국가들에 대한 침략의 역사만을 염두에 두었으리라 짐작되지만, 국제테러집단들이 최신식 무기로 무장하고 국제공동체의 안전을 위협하는 상황에서는 이들의 "무력공격"을 위해 국가가 일정 역할을 하는 것 역시 "무력공격"의 범주에 속하는 것으로 보아야 할 것이다. 9·11테러는 바로 이 문제와 관련해서 하나의 시금석이 될 수 있을 것이다. ICJ는 *Military and Paramilitary Activities in and against Nicaragua* 사건에서 "본 재판소는 국제관습법상 타국 내의 반대파에 대한 무기 제공은 그 국가에 대한 무력공격을 구성하는 것으로 볼 수 없다"(the Court is unable to consider that, in customary international law, the provision of arms to the opposition in another State constitutes an armed attack on that State)고 언급하고 있는데 [ICJ Reports (1986), p. 14 at para. 230], 이것은 국가(니카라과)가 타국(엘살바도르) 내의 반대파에 대해 무기를 제공했고 그래서 제3국(미국)이 후자(엘살바도르)를 위해 전자(니카라과)를 상대로 집단자위권을 행사한 것이라는 주장과 관련하여 나온 언급이다. 그러나 9·11테러는 이와는 달리, 국가(즉, 아프가니스탄)가 자국 내에 근거지를 두고 국경을 초월하여 행동하는 테러집단(알카에다)이 타국가(미국)에 대해 가하는 무력공격에 함께 가담하였고, 이에 (미국을 위시한) 피해국들이 테러집단과 그 소재지국가(아프가니스탄)에 대해 자위권을 발동한 경우이다. 또한 국가의 지원이 단지 무기를 비롯한 병참지원뿐만 아니라 훈련과 안전한 작전기지의 제공에까지 이르는 경우는 어떻게 볼 것인가? 테러분자들이 대량파괴무기에 접근할 수 있는 경우는 또 어찌 볼 것인가? 위 사건에서 ICJ는 이런 문제들에 대해서는 언급하지 않았다. 1974년 UN총회의 침략정의에 의하면, "전쟁의 선언 여부에 관계없이" 정규군의 일정 무력사용에 상응하는 "중대한 무력행위를 타국에 대하여 수행하는 무장집단, 비정규군 혹은 용병의 '국가에 의한 혹은 국가를 위한'(*by or on behalf of* a State) 파견" 내지는 "그같은 비국가행위자들의 그같은 행위에의 '실질적인 관여'(substantial involvement)"를 침략으로 간주하고 있는데, 9·11테러의 경우 이 문구를 통해 알카에다를 비호하였던 아프가니스탄 정부와 문제의 테러행위 간에 귀속을 인정할 수 있을 것으로 보인다. See Travalio, *op. cit.*, (2000) 18 Wisconsin International Law Journal 145 at 152~159.

할 것을 결의"하고, "(UN)헌장에 따른 고유의 개별적 또는 집단적 자위권을 인정"하면서, "2001년 9월 11일 뉴욕, 워싱턴 D.C. 및 펜실베니아에서 발생한 가공할만한 테러공격을 가장 강력한 어조로 단호히 규탄하며, 그러한 행위를 다른 일체의 국제테러리즘 행위와 마찬가지로 국제평화와 안전에 대한 위협으로 간주"하고 있기 때문이다. 이 결의는 그 근거되는 헌장의 장이나 규정을 언급하고 있지는 않지만 "국제평화와 안전에 대한 위협"의 존재를 인정한 것으로 보아 헌장 제7장에 기초한 것으로 보인다. 안보리는 9월 28일에는 9·11테러 참사와 관련하여 국가들에게 아주 포괄적인 의무를 부과하기 위한 결의 1373[90)]을 -이번에도 만장일치로, 그러나 이번에는 아주 명시적으로 헌장 제7장에 의거하여- 채택하였는데, 여기서도 자위권의 존재를 확인하고 있다. 한편, NATO사무총장 Lord Robertson도 10월 2일 한 특별기자회견에서 "이번 미국에 대한 공격이 해외에서 지시된 것으로 결론이 내려졌으므로 이 공격은 (집단자위권을 규정한) 워싱턴(나토)조약 제5조가 적용되는 행위로 간주

---

90) 2001년 9월 28일의 안보리결의 1373의 내용을 개관하면 다음과 같다. "안보리는", ... "2001년 9월 11일 뉴욕, 워싱턴 D.C. 그리고 펜실베니아에서 발생한 테러공격에 대한 안보리의 확고한 비난을 재확인하고, 그러한 모든 행위를 방지하기 위한 결의를 피력하면서", "더 나아가서, 그러한 행위는 그 어떤 국제테러리즘과 마찬가지로 국제평화와 안전에 대한 위협을 구성함을 재확인하면서", "결의 1368(2001)에서 반복해서 언급하고 있는 바와 같이, UN헌장에 의하여 인정된 고유의 개별적 혹은 집단적 자위권을 재확인하면서", ... "총회가 1970년 10월의 (우호관계)선언(결의 2625-XXV)에서 수립하고 안보리가 1998년 8월 13일의 결의 1189(1998)에서 되풀이한 원칙, 즉 모든 국가는 타국에서의 테러행동을 조직하거나, 선동하거나, 원조 혹은 이에 참여하거나, 또는 그러한 범행을 지향하는 자국영토 내에서의 조직된 활동을 묵인해서는 안될 의무를 부담한다는 원칙을 재확인하면서", "UN헌장 제7장에 의거하여 행동하여", "1. 모든 국가는 다음과 같이 할 것을 결정한다(decides): (a) 테러행동에 대한 자금지원을 방지 및 진압할 것; (b) ... 자국민에 의한 혹은 자국영토 내에서의 ... (테러)자금의 고의적인 제공이나 모집을 범죄로 규정할 것; (c) ... (테러분자들)의 자금 ... 을 지체없이 동결시킬 것; (d) 자국민이나 자국영토 내의 사람과 실체들이 ... (테러분자들)을 위하여 자금 ... 을 형성하는 것을 금지시킬 것 ; 2. 또한 모든 국가는 다음과 같이 할 것을 결정한다: ... (c) (테러분자들)에게는 안전한 피난처를 거부할 것; ... (g) 실효적인 국경통제와 신분증 및 여행증명서의 발급에 관한 통제에 의해, 그리고 신분증과 여행증명서의 위조, 변조 혹은 기만적 사용을 방지하기 위한 조치들을 통해 (테러분자들)의 이동을 방지할 것 ; 3. 모든 국가들에게 다음과 같이 요청한다(calls upon): (a) ... (테러에 관련된) 작전정보의 교환을 강화하고 진척시키기 위한 방안들을 찾을 것; (b) 국제법과 국내법에 따라 정보를 교환하고, 테러범행을 방지하기 위한 행정적·사법적 문제들에 관해 협력할 것; ... (f) 비호를 구하는 자(asylum seeker)가 테러범행을 기획하거나 조장하거나 이에 가담하지 않았음을 보장하기 위해, 난민의 지위(refugee status)를 부여하기 전에, 국제인권기준을 포함한 국내법과 국제법의 관련 규정에 부합되는 적절한 조치를 취할 것; (g) 난민의 지위가 (테러분자들)에 의하여 남용되지 아니하고 또한 정치적 동기의 주장이 테러용의자들에 대한 인도청구를 거부하기 위한 근거로 인정되지 않도록 국제법에 따라 보장하는 일 ; ... 5. 테러리즘의 행위, 방법 및 책략은 UN의 목적과 원칙에 위배되며, 고의로 테러행위에 자금을 대고 이를 기획하고 선동하는 것도 UN의 목적과 원칙에 위배되는 것임을 선언하며 ; 6. 적절한 전문지식의 도움을 받아 이 결의의 이행을 감시할 안보리의 모든 구성원들로 구성되는 한 개의 위원회(a Committee of the Security Council, consisting of all the members of the Council, to monitor implementation of this resolution)를 본 이사회 잠정절차규칙의 규칙 28에 따라 수립키로 결정하며, 이와 함께 모든 국가들에 대해서는 이 결의가 채택된 날로부터 90일 이내에 그리고 그 후에는 위원회가 제시하는 시간표에 따라 그들이 이 결의를 이행하기 위해 취한 조치들에 관해 위원회에 보고할 것을 요청하며 ; 7. 위원회에 대해서는 자신의 업무범위를 한정하고, 이 결의채택 30일 내로 작업계획을 제출하고, 사무총장과 협의하여 필요한 지원을 검토할 것을 명령하는 바이며 ; ... 9. 이 문제를 계속 붙잡고 있기로 결정한다."

Cassese, *International Law*, 2nd, p. 468은 안보리결의 1373에 대해 "The SC thus in fact *legislated* on national action against terrorism."이라고 논평하고 있는데, 이는 적절한 표현이 아닐 수 없다. 다만, 이 결의가 실효를 거둘지는 좀 더 두고 볼 문제이다. 특히, 이 결의는 그 기초되는 테러 내지는 테러리즘에 대한 법적 정의를 담고 있지 않다는 점에서 그 취약성이 발견된다. 그리고 이 결의는 9·11테러와 관련하여 자위권을 재확인한 것과는 별도로 안보리 차원에서 국가들에게 무력사용을 허가하고 있지는 않다.

된다"고 천명하였다.[91] 테러와의 전쟁을 선포한 미국은 일부 NATO국가들과 함께 아프가니스탄에 대한 군사공격에 돌입하였고, 10월 7일 미국은 안보리에 자국이 지금 "고유의 개별적 그리고 집단적 자위권"을 행사하고 있다고 보고하였다. 탈레반 정권은 이내 붕괴되었다. 세기적 테러리스트 빈라덴은 종적을 감추었으나, 9·11 테러 자행 후 10년을 몇 달 앞둔 2011년 5월 1일 파키스탄 내 은신처에서 결국 미군 특수부대에게 사살되었다.[92] 미국 측은 파키스탄에서의 무력 사용을 정당화하기

91) 워싱턴조약 제5조가 원용된 것은 NATO 역사상 이것이 처음이었다. https://www.nato.int/ ; Gray in Evans (ed.), *International Law*, 5th, pp. 615, 618. 다른 지역기구들도 미국의 행동을 지지하였다. 즉, 미주기구는 -안보리결의 1368 채택 후- 9월 21일의 결의에서 "those responsible for aiding, supporting, or harboring the perpetrators, organizers, and sponsors of these acts are equally complicit in these acts"라고 천명하였다 : OAS (Meeting of Consultation of Ministers of Foreign Affairs) resolution RC.23/RES.1/01 (21 September 2001), 〈https://www.oas.org/oaspage/crisis/rC.23e.htm〉. 같은 날 EU 유럽이사회도 "On the basis of Security Council Resolution 1368, a riposte by the US is legitimate. The Member States of the Union are prepared to undertake such actions, each according to its means. The actions must be targeted and may also be directed against States abetting, supporting or harbouring terrorists."라고 선언하였다 : European Council, "Conclusions and plan of action of the extraordinary European Council meeting on 21 September 2001", 〈https://www.consilium.europa.eu/media/20972/140en.pdf〉. See Raffaella Nigro, "Applying the Law of State Responsibility to Military Counter-Terrorist Actions", in Szabó (ed.), pp. 133~137. 세계국제법학술원도 2007년 "비국가행위자들의 국가에 대한 무력공격이 있는 경우, 국제관습법에 의해 보충되는 바의 UN헌장 제51조가 원칙의 문제로서 적용되며", "비국가행위자들이 어떤 국가의 지시, 지도 혹은 통제에 따라 무력공격을 개시하는 경우, 그 국가도 표적(피해)국가 측의 자위 행동의 대상이 될 수 있으며", "비국가행위자들에 의한 무력공격이 그 어떤 국가의 관할에도 속하지 아니하는 지역에서 개시되는 경우, 표적국가는 그 지역에서 그들 비국가행위자에 대해 자위권을 행사할 수 있다"는 견해를 제시한 바 있다. Institut de Droit International (Session de Santiago-2007), 27 October 2007, Resolution on Self-defence, para. 10, https://www.idi-iil.org/idiE/resolutionsE/2007_san_02_en.pdf.

92) https://en.wikipedia.org/wiki/Osama_bin_laden. 이야기는 여기서 끝나지 않았다. 2020년 2월 29일, 미국 트럼프 행정부와 -근 20년 전 카불에서 축출되었던- 탈레반은 '협정 발표 후 14개월 내에 미군과 그 동맹국 군대를 아프가니스탄에서 완전히 철수'하는 것을 핵심 내용으로 하는 평화협정을 체결하였다 ; 이 협정의 법적 구속력 여부에 대해서는, 본서, 제2장 (국제법의 연원), "III. 조약, 1. 조약의 정의" 참조. 협정에 따르면 군대 철수는 2021년 5월 1일까지 이행되어야 하였다. 그러나 2021년 4월 14일, 미국 바이든 대통령은 5월 1일까지는 철군을 개시하지 않을 것이며, 5월 1일부터 철군을 시작하여, 9-11테러 전쟁 20주년이 되는 9월 11일까지는 무조건 완료하겠다고 공언하였다. 그 후, 7월 8일, 바이든은 -카불 주재 미국 대사관을 지키기 위한 약 650명의 병력은 제외하고- 최종 철군 시한을 8월 31일로 명시하였다. 8월 15일, 탈레반은 수도 카불에 무혈입성하였으며, 기존 정부는 사실상 그날로 붕괴되었다. 이어서 8월 31일 미국은 철군을 마무리하였다. https://en.wikipedia.org/wiki/Doha_Agreement_(2020) ; Terri Moon Cronk, "Biden Announces Full U.S. Troop Withdrawal From Afghanistan by Sept. 11", US Department of Defense News, April 14, 2021, 〈https://www.defense.gov/Explore/News/Article/Article/2573268/biden-announces-full-us-troop-withdrawal-from-afghanistan-by-sept-11/〉 ; Steve Holland, "Biden says Afghans must decide own future; U.S. to leave on Aug. 31", Reuters, July 9, 2021, 〈https://www.reuters.com/world/biden-speak-thursday-about-afghanistan-amid-swift-us-pullout-2021-07-08/〉 ; Hamza Mohamed and Ramy Allahoum, "Taliban enters Afghan presidential palace after Ghani flees", Aljazeera, 15 Aug 2021, 〈https://www.aljazeera.com/news/2021/8/15/taliban-continues-advances-captures-key-city-of-jalalabad〉 ; The White House, August 16, 2021, "Remarks by President Biden on Afghanistan", 〈https://www.whitehouse.gov/briefing-room/speeches-remarks/2021/08/16/remarks-by-president-biden-on-afghanistan/〉 ; Sami Sadat (Commander in the Afghan National Army), Opinion, Guest Essay: "I Commanded Afghan Troops This Year. We Were Betrayed.", The New York Times, Aug. 25, 2021, 〈https://www.nytimes.com/2021/08/25/opinion/afghanistan-taliban-army.html〉 ; https://en.wikipedia.org/wiki/Afghan_peace_process ; https://en.wikipedia.org/wiki/2020-2021_U.S._troop_withdrawal_from_Afghanistan ; 본서, 제1장 (국제공동체의 역사적 전개과정), "V. 제6단계(2021년~현재), & 제2장 (국제법의 연

위해 UN헌장 제51조를 원용하지는 않았지만, 안보리는 2일 의장성명[93]을 통해 전날의 오사마 빈 라덴 제거 소식을 "환영"하였다.[94]

결론적으로, UN헌장 제51조에 명시적인 언급은 없지만, 동 규정을 기초(起草)한 사람들이 국가에 대한 그리고 '국가에 의한' 무력공격만을 염두에 두었던 것은 의심의 여지가 없어 보인다. 그러나 IS와 같은 극렬 무장단체가 국가들의 영토를 대규모로 잠식하고 '전쟁'(이 단어는 아직 효용이 다하지 않았다)에 광분하고 있는 상황에서는 제51조에 대한 진화적 해석이 불가피해 보인다.[95] 이런 관점에서 보면, 무력공격을 침략과 마찬가지로 여전히 단지 '국가의 다른 국가에 대한' 가장 중대한 형식의 무력사용으로 국한하려는 과거 회귀적 의견[96]에는 찬성할 수 없다.

타국의 무력공격에 대항해서건 테러에 대항해서건, 자위권을 행사하는 국가는 -UN헌장을 포함한- 무력사용에 적용되는 국제법규를 똑같이 준수하여야 한다. 안보리는 2003년 1월 20일의 결의 1456[97]에서 "테러와 싸우기 위해 채택하는 그 어떤 조치"도 "국제법, 특히 국제 인권, 난민 및 인도법에 따라야"(in accordance with international law, in particular international human rights, refugee, and humanitarian law) 한다고 언급한 바 있으며, 2004년 10월 8일의 결의 1566[98]에서도 이를 반복하고 있다.[99]

원), "Ⅲ. 조약, 1. 조약의 정의."

93) 본서, 제25장 (UN), "V. UN의 주요기관, 2. 안전보장이사회, (5) 안보리 의장성명" 참조.

94) "...the Security Council welcomes the news on 1 May 2011 that Osama bin Laden will never again be able to perpetrate such acts of terrorism" : Statement by the President of the Security Council, S/PRST/2011/9, 2 May 2011, 〈https://www.un.org/securitycouncil/content/presidential-statements〉 ; Keitner, p. 246.

95) 2014~2015년 다수 국가들이 테러단체 IS와 호라산집단(Khorasan Group) 등을 상대로 시리아 내에서 무력을 사용하였는데, 이는 시리아 정부(대통령 : 바샤르 알아사드/Bashar al-Assad)의 동의나 UN안보리의 허락을 받은 것이 아니었다. 이들 국가는 안보리에 보낸 서한에서 헌장 제51조를 원용하면서, 시리아 정부가 이들 테러집단이 시리아 영토를 불법 사용하고 있는데도 이를 방지할 '의사나 능력'이 없기 때문에 '개별적 혹은 집단적 자위권'을 행사하는 것이라고 주장하였다 : S/2014/695, 23 September 2014, "Letter dated 23 September 2014 from the Permanent Representative of the United States of America to the United Nations addressed to the Secretary-General", 〈https://www.securitycouncilreport.org/un-documents/document/s2014695.php〉 ; S/2015/563, 24 July 2015, "Letter dated 24 July 2015 from the Chargé d'affaires a.i. of the Permanent Mission of Turkey to the United Nations addressed to the President of the Security Council", 〈https://www.securitycouncilreport.org/un-documents/document/s2015563.php〉. 프랑스는 간단히 UN헌장 제51조를 원용하였다 : S/2015/745, 9 September 2015, " Identical letters dated 8 September 2015 from the Permanent Representative of France to the United Nations addressed to the Secretary-General and the President of the Security Council", 〈https://www.securitycouncilreport.org/un-documents/document/s2015745.php〉. 이에 반해, 러시아는 시리아 내 무장단체 IS를 표적으로 한 미국 주도의 공습은 '시리아 정부의 명시적인 동의 혹은 이에 상응하는 안보리 결정'에 의거하지 아니한 것으로, 국제법을 위반하는 것이고 따라서 국제법적 책임이 따를 것이라고 항의하였다 : Allison Quinn/The Moscow Times, Sep. 23, 2014, "Russia Slams U.S. Air Strikes Against Islamic State in Syria", 〈https://www.themoscowtimes.com/2014/09/23/russia-slams-us-air-strikes-against-islamic-state-in-syria-a507661〉. See Keitner, p. 246 ; Ryngaert, Unilateral Jurisdiction and Global Values, pp. 60~61 ; Rein Müllerson, "The Law of Use of Force at the Turn of the Millennia", (2003) 3 Baltic Yearbook of International Law 191 at 210.

96) E.g., Hamid, pp. 424~431.

97) https://undocs.org/S/RES/1456(2003).

98) https://undocs.org/S/RES/1566(2004).

99) Orakhelashvili, p. 193.

5. 인도적 간섭과 보호책임

자위권과 마찬가지로 인도적 간섭 역시 전통국제법 하에서는 평시법에서 전시법으로의 이행을 전제로 하지 않으면서도 국가의 무력사용을 정당화하려는 시도의 하나였는데,[100] 여기서 인도적 간섭(humanitarian intervention)이란 국적을 불문하고 제3국 내에 존재하고 있는 사람들의 신체나 재산을 구하기 위해, 또는 그들을 중대한 침해를 입을 절박한 위협으로부터 구해내기 위해 그 제3국의 영토에 대한 침략을 감행하는 것을 말한다.[101] 우선 술어 사용과 관련하여, 국제법에서 '간섭'은 물론 군사적인 힘(즉, 무력)을 동반하는 간섭에 국한되는 개념은 아니지만, 고전적 의미에서의 '인도적' 간섭이라고 하면 이것은 일반적으로 인도적 목적을 동반하는 '무력에 의한' 간섭을 지칭하는 것으로 해석되고 있음을 언급해 두어야겠다.[102] 그리고 전통국제법 하에서 이같은 인도적 간섭은

---

100) L. Oppenheim, *International Law*, Vol. I-Peace, 8th edition (edited by H. Lauterpacht) (London : Longman Group Limited, 1955), pp. 312~313.

101) Cassese, *International Law*, 2nd, p. 299 ; Shaw, 7th, p. 838 ; Ott, p. 313 ; Orakhelashvili/Akehurst, 9th, p. 7 ; Jean-Pierre L. Fonteyne, "Forcible Self-Help by States to Protect Human Rights: Recent Views from the United Nations", in Richard B. Lillich (ed.), Humanitarian Intervention and the United Nations (Charlottesville : University Press of Virginia, 1973), p. 197, 198~199.

그러나 Barry M. Benjamin, "Unilateral Humanitarian Intervention: Legalizing the Use of Force to Prevent Human Rights Atrocities", (1992-1993) 16 Fordham International Law Journal 120 (fn. 5)에서 적절히 지적하고 있는 바와 같이 인도적 간섭의 개념은 여전히 모호하며, 특히 간섭의 보호 대상과 관련하여 두 개의 견해가 존재하고 있다. 즉, 본서에서처럼 보호 대상자의 국적에 관계없이, 따라서 간섭국의 재외국민 보호(protection of nationals abroad)를 위한 무력사용까지도 인도적 간섭에 포함시키는 견해가 있는가 하면, 인도적 간섭의 개념을 영토국가의 자국민에 대한 대규모적인 인권침해에 대항하여 제3국(들)이 무력을 사용하는 것으로 국한하여 사용하는 견해가 있다. 그리고 후자의 좁은 견해를 채택하는 학자들은 재외국민 보호를 위한 국가의 무력사용에 대해서는 대체로 이를 자위(self-defence)의 범주에 넣어 설명하고 있다 : see e.g. Franck, pp. 76~96 ; Gray in Evans (ed.), *International Law*, 3rd, pp. 627~628 ; Dixon, p. 336 ; Hall, pp. 435~437 ; Keitner, pp. 245~246.; Natalino Ronzitti, *Rescuing Nationals Abroad through Military Coercion and Intervention on Grounds of Humanity* (Dordrecht : Martinus Nijhoff Publishers, 1985), p. XIV. *United States Diplomatic and Consular Staff in Tehran*, ICJ Reports (1980), p. 3 at 18 (para. 32)에서, 미국도 자국민 인질구조 작전을 "UN헌장 제51조에 따른 자위권의 행사"로 주장하였었다. 그러나 이렇게 보려면 해외 국민에 대한 공격을 그 소속국가에 대한 '무력공격'(armed attack)으로 볼 수 있어야 할 것이다.

102) W. D. Verwey, "Humanitarian Intervention under International Law", (1985) XXXII Netherlands International Law Review 357 at 374~375 ; Steven Wheatley, "The NATO Action against The Federal Republic of Yugoslavia : Humanitarian Intervention in the Post-Cold War Era", (1999) 50 Northern Ireland Legal Quarterly 478 at 479, fn. 4 ; U. Beyerlin, "Humanitarian Intervention", in : R. Bernhardt (ed.), *Encyclopaedia of Public International Law*, vol. 3 (Amsterdam : North-Holland Publishing, 1982), p. 211 ; F. Kofi Abiew, *The Evolution of the Doctrine and Practice of Humanitarian Intervention* (The Hague : Kluwer Law International, 1999), p. 18 ; Tams, p. 91.

Adams Roberts, "The So-called 'Right' of Humanitarian Intervention", (2000) 3 Yearbook of International Humanitarian Law 3 at 5는 고전적 의미에서의 인도적 간섭을 "coercive action by one or more states involving the use of armed force in another state without the consent of its authorities, and with the purpose of preventing widespread suffering or death among the inhabitants"로 정의하면서, "Confusingly, in the 1990s the term has sometimes been used, especially by some relief agencies, with a much broader and less precise meaning: major humanitarian action in an emergency situation, not necessarily involving use of armed force, and not necessarily against the will of the government. Some writers have used it in both senses"라고 언급하고 있다. 생각건대, 이같

일부 국가들(특히, 강대국들)에 의하여 합법적인 자조(自助)(legitimate self-help)로 간주되었다.[103] 그러나 실제로 인도적 간섭은 제국주의 시대에 강대국이 약소국에 영향력을 확대하기 위한 수단 혹은 구실로 전락하곤 하였다. 1900년 중국에서 의화단이 유럽인들을 살해하자 유럽・일본 연합군이 이를 무력으로 진압한 것이 그 좋은 예이다. 1939년 3월 15일 독일군대가 −독일 인종이 별로 살지도 않는− 체코슬로바키아의 보헤미아와 모라비아를 점령하고 다음 날(16일) 히틀러가 프라하 성(城)(Prague Castle)에 나타나 두 지역을 독일의 보호령(protectorate)으로 선포하였는데, 히틀러의 이 포고문은 인도적 간섭이 가장 "뻔뻔스럽게" 원용된 사례로 언급되고 있기도 하다.[104] 거꾸로, 약소국이 강대국에 인도적 간섭을 감행하는 상황을 상상하기란 불가능에 가까운데, 인도적 간섭 이론의 잠재적 위험성이 바로 여기에 있다.[105]

현대국제법이 인권의 대규모적인 침해를 더 이상 국내문제로 보지 아니하고 또한 UN 목적 중의 하나가 인권과 기본적 자유의 존중임을 생각하면 인도적 간섭의 정당성을 부인하기는 어렵겠지만,[106] "그 어떤 국가(UN회원국이든 아니든 불문하고)의 영토보전 ... 에 대하여도 ... 무력으로 위협하거나 무력을 사용하는 것"(threat or use of force against the territorial integrity ... of any State ...)을 금지하고 있는 UN헌장 제2조 4항의 규정으로 미루어 보아, '타국의 영토에 대한' '무력의 위협 또는 사용을 동반하는' 인도적 간섭은 헌장체제 하에서는 금지되는 것으로 해석된다. ICJ

은 혼란은 부분적으로 humanitarian intervention과 제3세대인권의 하나인 humanitarian assistance(인도적 원조)를 구분하지 않는 데서 초래된 것으로 보인다. 본서, 제17장(국제인권법) 참조.

103) 서구학자들이 19세기 인도적 간섭의 전형적인 사례로 주장하는 것에는 (i) 오토만제국의 지배에 대항한 그리스 독립전쟁(Greek War of Independence, Greek Revolution) (1821~1832) 당시 그리스를 위한 1827년의 영국-프랑스-러시아의 개입, (ii) 1860~1861년 오토만제국 지배 하의 시리아에 대한 프랑스의 개입, (iii) 1897년 크레타(Crete) 섬에서 그리스와의 통일을 요구하는 그리스인 반란단체에 대한 터키인들의 잔혹행위를 중지시키기 위한 유럽열강들(영국, 프랑스, 독일, 오스트리아, 이탈리아. 러시아)의 개입, 그리고 (iv) 1898년 스페인의 쿠바 독립전쟁 진압 후의 미국의 개입 등이 있다. Tams, pp. 92~93 ; Stephen C Neff in Evans (ed.), *International Law*, 3rd, p. 13 ; Paskal Herren, "A humanitarian intervention in Syria - 150 years ago", 〈https://www.voltairenet.org/article176928.html〉 ; "1860 Druze-Maronite conflict", 〈https://en.wikipedia.org〉 ; "Règlement Organique" ("Organic Regulations"), 〈https://en.wikipedia.org〉 ; Roderick Moore, "The Limits of Humanitarian Intervention", Foreign Policy Perspectives No. 38 (2002), 〈https://www.libertarian.co.uk/lapubs/forep/forep038.pdf〉 ; "Spanish-American War" 〈https://en.wikipedia.org〉.

104) Tams, p. 92, fn. 209. 1939년 3월 16일의 히틀러 포고문(영문 번역본)은 다음 사이트를 참조 : Yale Law School, The Avalon Project, Nazi Conspiracy and Aggression Volume Ⅳ, Translation of Document 2119-PS, 1939 Reichsgesetzblatt, Part I, Page 485, "Decree of the Fuehrer and Reich Chancellor concerning the Protectorate of Bohemia and Moravia, March 16, 1939", https://avalon.law.yale.edu/imt/2119-ps.asp. 1938~39년의 유럽의 정치상황을 잠시 살펴보면, 오스트리아와 체코슬로바키아 내 모든 독일인의 '민족자결'을 내세운 히틀러는 1938년 3월 13일 오스트리아를 병합하고, 곧이어 자신을 체코슬로바키아에 살고 있는 독일인종의 보호자로 자처하고 나섰다. 그리고 그는 그해 9월 29~30일의 뮌헨협정(Munich Agreement)을 통하여 인구 구성상 독일인종이 약 90 퍼센트를 차지하는 체코슬로바키아의 주데텐란트(Sudetenland)를 병합하였다. 독일의 오스트리아 및 주데텐란트 병합은 "세계 여론을 격분시켰지만 그래도 그것은 민족적인 명분이 있었다." 그는 그러나 여기서 만족하지 않고 다시 체코슬로바키아의 보헤미아와 모라비아를 점령하였던 것인데, 이 두 지역은 독일인종이 별로 살지 않기 때문에 점령의 명분으로 베르사유조약의 대원칙의 하나인 민족자결주의를 들고 나올 수는 없는 처지였다. 히틀러의 외교적 실수가 시작된 것이다. 朴觀淑, 《世界外交史》(서울 : 박영사, 1975), "제23장 獨逸의 오오스트리이 併合과 첵코 占領", pp. 290~311.

105) Ott, p. 313 ; Shaw, 4th, p. 802.

106) Oppenheim, *op. cit.*, p. 313 ; Aust, *Handbook of IL*, 2nd, p. 213.

도 *Military and Paramilitary Activities in and against Nicaragua* 사건[107]에서 "힘의 사용은 인권존중을 감시하거나 확보하기 위한 적절한 방법이 될 수 없을 것이다"라고 언급한 바 있다. 그러나 국민의 생명과 재산을 지키는 것을 자신의 1차적 임무로 생각하는 국가들로서는 보호대상이 특히 자국민인 경우 그들을 중대한 침해로부터 보호하기 위해서는 최종적으로 무력간섭 이외에 다른 방도가 없다고 결론내릴 수 있을 것이고, 또 상황에 따라서는 국제사회의 비난도 크지 않을 수 있다. 고전적 의미에서의 인도적 간섭에 가까운 예로서는, 1976년 이스라엘에 의해 성공적으로 수행된 우간다 *Entebbe* 공항 인질구출작전을 들 수 있을 것이다.[108] 미국은 외견상 인도적 간섭을 내세워 1965년 도미니카공화국을 침략하고 또 1983년에는 그레나다를 침략한 바 있다. 그리고 1980년 *Tehran Hostages* 사건의 인질 구조를 위한 이란 침공작전에서도 당시 카터 대통령은 인도적 간섭을 내세웠었는데, 이 경우는 그래도 고전적 의미에서의 인도적 간섭이었다고 생각된다. Entebbe 공항 인질구출 작전에 영향받은 것으로 보이는 이 작전은 그러나 성공하지 못하였다.[109] 세르비아 내 코소보(Kosovo) 자치주의 알바니아계 인민들에 대한 세르비아 군대의 잔혹한 인종청소적 행동에 맞서 1999년 3월 24일부터 78일간 연속적으로 단행된 NATO군의 대 세르비아 공습에서도 인도적 간섭의 논리가 원용되었다.[110] 이밖에도 1978년 크메르 루즈 학정 하의 캄보디아에 대한 베트

---

107) ICJ Reports (1986), p. 14 at 134 (para. 268).

108) 사건 개요는 이러하다. 1976년 6월 27일, 248명의 승객을 태운 에어 프랑스 민항기가 텔아비브를 떠나 파리로 가던 중 무장단체에 의해 납치되어 우간다 엔테베 공항에 착륙하였다. 테러리스트들은 인질 모두를 공항의 한 폐건물로 옮긴 뒤, (이스라엘과 비이스라엘)유대인 승객들과 기타 승객들을 따로 격리하였다. 그리고 나서 비유대인 승객들은 석방하여 파리로의 비행을 허락하였지만, 유대계 승객들과 항공기 승무원들은 이스라엘 등 몇 나라의 교도소에 수감 중인 다수의 팔레스타인 사람들을 석방하지 않으면 죽이겠다고 위협하였다. 사정이 이러한데도 우간다 당국은 인질들을 석방하기 위해 노력을 하기는 커녕 오히려 하이재커들을 돕는 것으로 보였다. 하이잭킹 발생 7일째인 7월 4일, 이스라엘은 100명의 특공대를 태운 수송기를 엔테베로 급파하여 무력으로 인질들을 구출하였다. 물론 이것은 우간다 당국의 허가를 얻지 않은 것이었다. 야간 기습작전에 소요된 시간은 불과 90분이었다. 전투 과정에서 하이재커들은 모두 사살되었고, 일부 이스라엘 국민과 군인들도 사망하였다. 이스라엘 군용기는 구조된 인질들을 싣고 즉각 우간다를 탈출하였다. 우간다는 UN 등에서 이스라엘의 무력사용에 대해 항의하였지만 UN 안보리도 총회도 이스라엘의 군사작전을 국제법 위반으로 비난하지는 않았다. https://en.wikipedia.org/wiki/Operation_Entebbe ; Hall, p. 436 ; Ott, pp. 313~314 ; Shaw, 4th, pp. 802~803 ; Rosenne, *The Perplexities of Modern International Law*, p. 140.

109) *United States Diplomatic and Consular Staff in Tehran*, ICJ Reports (1980), p. 3에서, ICJ는 변론이 끝나고 판결을 준비하고 있는 중에 단행된 미국의 작전에 대해 "재판소로서는 동기가 무엇이든 그러한 상황에서 수행된 작전은 국제관계에서 사법절차에 대한 존중을 훼손하기 위해 고안된 종류의 것이라고 말할 수밖에 없다"며 유감을 표시하였다(para. 93 of the Judgment). 그러나 재판소는 미국의 행동은 소송의 주제가 아니기 때문에 그것의 적법성이나 책임 문제에 대해서는 판단할 수 없었다(para. 94).

110) 이에 대해, 2000년 4월 쿠바 아바나에서 개최된 77그룹(개도국) 정상회담에서는 "우리는 UN헌장이나 국제법의 일반원칙에서 아무런 법적 기초도 없는 이른바 인도적 간섭의 '권리'를 배척한다."(We reject the so-called "right" of humanitarian intervention, which has no legal basis in the United Nations Charter or in the general principles of international law.)는 의견이 담긴 선언이 채택되었다 : Group of 77 South Summit (Havana, Cuba, 10-14 April 2000), "Declaration of the South Summit", para. 54, 〈https://www.g77.org/summit/Declaration_G77Summit.htm〉. Orakhelashvili/Akehurst, 9th, p. 502 ; Shaw, 5th, pp. 1046~1047 ; Gray in Evans (ed.), *International Law*, 5th, pp. 606~607. See also Cases concerning *Legality of Use of Force* (Preliminary Objections), ICJ Judgments of 15 December 2004.

당시 미국과 영국 지도자들이 헝가리 대통령에게 육로로 세르비아를 침공해 줄 것을 종용했으나 거부당한 일화에 대해서는 다음 기사 참조 : RT, 8 Oct, 2022, "US asked Hungary to invade Serbia – Vucic ; Viktor Orban

남의 침략 등이 인도적 간섭의 사례로 거명되기도 한다.[111] 인도적 간섭이 UN헌장 하에서는 허용될 수 없다는 결론에 도달한다 하더라도 그것을 허용하는 일반관습법규가 헌장체제와 병존하여 왔는지, 혹은 병존할 수 있는지를 묻는 것은 별개의 문제이다.[112] 또한, 1992년의 소말리아 사태에서 보는 것처럼 국가들이 UN안보리의 허가를 얻어 그리고 그 범위 내에서 인도적 간섭에 나서는 것 역시 별개로 논할 문제이다.

UN 허가 밖에서 단행되는 인도적 간섭에 대해 "위법하지만 정당하다"(illegal but legitimate)는 일각의 평가[113]는 모호한 변명이다.[114] 따라서 새로운 논리 개발과 관행의 축적이 필요하다. 이와 관련하여, 2005년 9월 14~16일, 뉴욕의 UN본부에서 개최된 세계정상회의(World Summit)에서는 인도적 간섭을 "주민들을 제노사이드, 전쟁범죄, 인종청소 및 인도에 대한 죄로부터 보호할 책임" (Responsibility to protect populations from genocide, war crimes, ethnic cleansing and

---

refused Bill Clinton's 1999 request to wage war on his neighbor", 〈https://www.rt.com/news/564309-hungary-invade-serbia-orban/〉; Al Mayadeen English, 8 Oct, 2022, "Serbia reveals US, UK intentions to push for invasion by Hungary - The Hungarian Prime Minister discloses US and UK intentions to push Hungary to invade Serbia in 1999 during talks with Serbian President", 〈https://english.almayadeen.net/news/politics/hungary-reveals-us-and-uk-intensions-to-push-for-serbian-inv〉.

111) See Keitner, p. 172 ; James Lutfy, "Humanitarian Intervention: The Invasion of Cambodia", (1980) NYLS Journal of International and Comparative Law, Vol.2 : Iss. 1 , Article 8. 〈https://digitalcommons.nyls.edu/journal_of_international_and_comparative_law/vol2/iss1/8〉; Julia Brower, Ryan Liss, Tina Thomas, & Jacob Victor, "Historical Examples of Unauthorized Humanitarian Intervention", 〈https://law.yale.edu/sites/default/files/documents/pdf/cglc/GLC_historicalExamples.pdf〉.

112) https://www-cgi.cnn.com/WORLD/europe/9903/24/kosovo.strikes.03/99-03-25 ; 조선일보, 1999년 3월 25일(목) 9면, 26일(금) 8면 ; Gray, pp. 31~35. UN안전보장이사회의 수권에 의하지 아니한 NATO의 무력사용과 관련하여, 이것이 UN헌장 위반임을 분명히 하면서도 일정 엄격한 조건 하에서 그같은 무력사용을 합법화하는 관습법이 형성될 것을 기대하는 학자들이 있다. 예컨대, Antonio Cassese, "*Ex iniuria ius oritur*: Are We Moving towards International Legitimation of Forcible Humanitarian Countermeasures in the World Community?", (1999) 10 EJIL 23. 그런가 하면, 안보리가 "코소보 사태에 관한" 1999년 6월 10일의 "결의 1244"를 통해 나토의 공습을 사후/소급하여(*ex post facto*) 승인하였다고 보는 견해도 있는데 (e.g. Rosenne, *The Perplexities of Modern International Law*, p. 142 ; Aaron Schwabach, "Yugoslavia v. Nato, Security Council Resolution 1244, and the Law of Humanitarian Intervention", (2000) 27 Syracuse Journal of International Law and Commerce 77 at 101), 동 안보리결의 부록 2 (Annex 2)는 특히 다음과 같이 언급하고 있다 : "Agreement should be reached on the following principles to move towards a resolution of the Kosovo crisis : ... 4. The international security presence with substantial North Atlantic Treaty Organization participation must be deployed under unified command and control and authorized to establish a safe environment for all people in Kosovo and to facilitate the safe return to their homes of all displaced persons and refugees."

113) Independent International Commission on Kosovo, *The Kosovo Report* (Oxford University Press, 2000), Executive Summary - Main Findings : "The Commission concludes that the NATO military intervention was illegal but legitimate. It was illegal because it did not receive prior approval from the United Nations Security Council. However, the Commission considers that the intervention was justified because all diplomatic avenues had been exhausted and because the intervention had the effect of liberating the majority population of Kosovo from a long period of oppression under Serbian rule. ..." 〈https://reliefweb.int/sites/reliefweb.int/files/resources/F62789D9FCC56FB3C1256C1700303E3B-thekosovoreport.htm〉; https://en.wikipedia.org/wiki/Independent_International_Commission_on_Kosovo ; Zachary Laub, December 6, 2013, "The UN Security Council", Council on Foreign Relations 〉 Publications 〉 CFR Backgrounder, 〈https://www.cfr.org/international-organizations-and-alliances/un-security-council/p31649〉.

114) Keitner, p. 245.

crimes against humanity)[115]으로 표현하면서, 이들 범죄로부터 자국의 주민을 보호할 일차적 책임이 각 개별국가에게 부과되어 있으며, 개별국가가 이 보호책임을 명백히 다하지 못하는 경우 국제공동체가 UN, 특히 최종적으로 안보리를 통해 이 책임을 부담해야 하는 것으로 인식하고 있는 것이다.[116] 이같은 인식에 따르면, 인도적 간섭은 "제노사이드, 전쟁범죄, 인종청소 및 인도에 대한 죄"에 관한 한 이제 더 이상 '권리'의 차원에서 논할 문제가 아니다. 그러나 보호책임은 두 개의 약점을 안고 있다. 첫째, 이것은 ―그 자체 법적 구속력있는 문서가 아닌― UN총회의 결의에 담겨 있을 뿐

115) 법적 표현은 아니지만 흔히 R2P 혹은 RtoP로 칭함.

116) 2005 World Summit Outcome, adopted by the UN A/Res/60/1 (16 September 2005), at paras. 138 and 139 : "Each individual State has the responsibility to protect its populations from genocide, war crimes, ethnic cleansing and crimes against humanity.... The international community, through the United Nations, also has the responsibility to use appropriate diplomatic, humanitarian and other peaceful means, in accordance with Chapters Ⅵ and Ⅷ of the Charter, to help to protect populations from genocide, war crimes, ethnic cleansing and crimes against humanity. In this context, we are prepared to take collective action, in a timely and decisive manner, through the Security Council, in accordance with the Chapter, including Chapter Ⅶ, on a case-by-case basis and in cooperation with relevant regional organizations as appropriate, should peaceful means be inadequate and national authorities are manifestly failing to protect their populations from genocide, war crimes, ethnic cleansing and crimes against humanity. ..." https://www.un.org/Depts/dhl/resguide/r60.htm ; https://www.un.org/summit2005/ ; https://en.wikipedia.org/wiki/Responsibility_to_protect ; https://en.wikipedia.org/wiki/2005_World_Summit ; https://www.un.org/largerfreedom.

보호책임 개념의 고안 과정은 다음과 같다. Kofi Annan UN사무총장은 1999년과 2000년의 UN총회에서 "인도적 간섭" 문제에 대해 국제공동체가 일치된 합의를 만들어 낼 것을 촉구하면서 정면으로 다음의 문제를 제기하였다 : "... if humanitarian intervention is, indeed, an unacceptable assault on sovereignty, how should we respond to a Rwanda, to a Srebrenica - to gross and systematic violations of human rights that affect every precept of our common humanity?" Kofi Annan의 문제 제기에 자극받은 캐나다 정부는 2000년 9월 "간섭과 국가주권에 관한 국제위원회"(International Commission on Intervention and State Sovereignty)(캐나다의 Gareth Evans와 알제리의 Mohamed Sahnoun을 공동의장으로, 모두 12인으로 구성됨)를 설치하여 이 문제를 의뢰하였고, 이에 동 국제위원회는 12개월간의 집중적인 연구 끝에 2001년 9월 30일 "보호책임"(The Responsibility to Protect)이란 제목의 보고서를 채택하였는데, 2005년의 세계정상회담에서 합의된 "보호책임"은 바로 이 국제보고서를 기초로 한 것이다. *The Responsibility to Protect : Report of the International Commission on Intervention and State Sovereignty*, Published by the International Development Research Centre (PO Box 8500, Ottawa, ON, Canada K1G 3H9), at https://www.idrc.ca ; https://www.iciss.ca/menu-en.asp.

그 후 안전보장이사회도 2006년 4월 28일에 채택한 "무력충돌시 민간인 보호"(Protection of civilians in armed conflict)에 대한 결의 1674, 4항에서 "Reaffirms the provisions of paragraphs 138 and 139 of the 2005 World Summit Outcome Document regarding the responsibility to protect populations from genocide, war crimes, ethnic cleansing and crimes against humanity"라고 천명함으로써 한 국가의 국내 당국이 자신의 국민을 제노사이드, 전쟁범죄, 인종청소 및 인도에 대한 죄로부터 보호하지 않는 경우 개별적 기초 위에서 행동을 취할 책임이 안보리 자신에게 있음을 선언하였다.

UN사무총장은 2009년 1월 당시 반기문 사무총장이 "Implementing the Responsibility to Protect"란 제목의 보고서를 발표한 이래 R2P의 이행과 관련하여 연차보고서를 제출하고 있는데, 2020년 7월 발표된 "Prioritizing prevention and strengthening response: women and the responsibility to protect"란 제목의 12차 보고서에서는 R2P의 실효적 이행을 위해 특히 여성들의 사활적 역할(vital role)을 강조하였다. UN총회는 2009년 9월 14일의 결의 63/308에서 "2005년 세계정상회의의 결론을 상기하면서" "사무총장의 보고서에 주목하여 보호책임에 대한 검토를 계속하기로 결정"하였다. https://www.un.org/ruleoflaw/files/SG_reportA_63_677_en.pdf ; https://digitallibrary.un.org/record/3879072 ; https://www.globalr2p.org/un-general-assembly-and-r2p/ ; Kaczorowska-Ireland, pp. 741~742.

조약의 그릇에 옮겨진 바 없으며, 관습법규로 성숙했다는 평가도 받지 못하고 있다.[117] 둘째, 이것의 궁극적인 부담자인 UN안보리에서 각 상임이사국은 거부권(veto)을 갖고 있다.[118]

드디어 안보리에게 보호책임의 논리를 발동할 기회가 생겼다. 2010년 말~2011년 초 튀니지에서의 이른바 자스민 혁명(Jasmine Revolution)[119] 이후 촉발된 민주화의 불꽃이 2011년 2월 11일 이집트의 무바라크[120] 장기 집권을 종식시킨 뒤, 이내 리비아로 옮겨 붙었다.[121] 이 과정에서 가다피 정부가 용병과 (전투기와 탱크 등) 군사무기까지 동원하여 체제에 저항하는 자국민들에게 공격을 자행하자 안보리는 2월 26일 "헌장 제7장, 특히 제41조에 의거하여" 채택한 '결의 1970'[122]을 통해 "2011년 2월 15일 이후의 리비아 내에서의 사태를 ICC에 회부"하기로 결정하고, 리비아에 대한 무기금수(arms embargo), 가다피와 그 주변인물에 대한 여행금지(travel ban)와 자산동결(asset freeze) 등 속칭 날카로운 제재(smart sanctions)를 부과하였다. 프랑스 정부는 3월 10일 반군단체 '리비아 국가평의회'(National Libyan Council)를 리비아의 유일 합법정부로 승인하기도 하였다. 그러나 가다피 친위대의 맹렬한 군사적 공격으로 사태가 악화되자 안보리는 3월 17일 "헌장 제7장에 의거하여" '결의 1973'[123]을 채택하였다. 리비아 내에서 행해지고 있는 —"인도에 대한 죄에 해당할 수 있는"(may amount to crimes against humanity)— "인권의 중대하고도 체계적인 위반"(gross and systematic violation of human rights)에 직면하여 안보리가 국제공동체에 부과된 보호책임의 이행을 위해 행동에 나선 것이다. 그러나 —아래에서 언급하는 바와 같이— 결의는 적어도 문언상으로는 정부군과 반군 사이에서 어느 정도 균형을 잡고 있다.[124] 핵심 내용은 다음과 같다.

결의 전문은 (일차적으로) "리비아 주민을 보호해야 할 리비아 당국의 책임(responsibility of the Libyan authorities to protect the Libyan population)을 반복하여 말하면서", 그러나 "무력충돌의 당사자들"(parties to armed conflict), 따라서 가다피 측과 반가다피 측 양자 모두는 "민간인 보호를 확보하기 위한 모든 가능한 조치를 취할 일차적인 책임을 부담한다는 점을 재확인하고" 있다.[125]

---

117) 이를테면, Spencer Zifcak 교수는 "the best that can be said, in my view, is that R2P is a political doctrine that at most constitutes but a fledgling rule of international customary law."라고 평가하고 있다 : Zifcak in Evans (ed.), *International Law*, 5th, p. 513.

118) Aust, *Handbook of International Law*, 2nd, p. 214.

119) https://en.wikipedia.org/wiki/Jasmine_Revolution.

120) https://en.wikipedia.org/wiki/Mubarak.

121) https://en.wikipedia.org/wiki/Libya.

122) 만장일치로 채택.

123) 안보리 15개국 중에서 10개국은 찬성하고, 5개국(러시아, 중국, 독일, 인도, 브라질)은 기권하였다.

124) Paula Newton, "NATO approves expanded role in Libya", CNN Africa, March 27, 2011 ("[A senior U.S. administration official] stressed the NATO mission is to protect civilians and did not rule out the possibility of an attack on the rebels if they were to go on the offensive and strike cities with civilian populations, now held by pro-Gadhafi forces.") ; BBC News Africa, "NATO is 'impartial' in Libya, says Rasmussen", 28 march 2100, https://www.bbc.co.uk/news/world-africa-12877927.

125) 반기문 UN사무총장도 "Resolution 1973 affirms, clearly and unequivocally, the international community's determination to fulfil its responsibility to protect civilians from violence perpetrated upon them by their own Government."라고 언급함으로써 이번 안보리 수권 하의 군사작전이 보호책임의 논리에 기초한 것임을 분명히 하였다 : Secretary-General's press encounter with Spanish Prime Minister

결의는 본문에서 먼저, "즉각적인 휴전 수립과 함께 민간인에 대한 폭력과 모든 공격을 완전히 종료할 것을 요구"[126]하고 있는데, 이 요구 또한 해석상 가다피 측에만 부과된 것은 아닌 것으로 보인다.

결의는 이어서, "벵가지를 포함하여 리비아에서 공격위협에 처한 민간인들과 민간인 거주지역을 보호하기 위해 필요한 모든 조치를 취할 권한을 회원국들에게 부여하였는데" (Authorizes Member States…to take all necessary measures…to protect civilians and civilian populated areas under threat of attack in the Libyan Arab Jamahiriya, including Benghazi)[127], 보호의 대상이 되는 민간인과 민간인 거주지역은 반가다피측 진영에 국한되는 것이 아닌 것으로 해석된다. 결의는 또한, 민간인 보호를 돕기 위해 리비아 영공에서 "모든 비행"(all flights)을 금지하였는데[128], 이 금지 역시 해석상 반드시 가다피 측에만 적용되는 것은 아닌 것으로 보인다.

결의는 "리비아 영토 그 어디에서건 외국 점령군은 그 형식에 관계없이 배제"(excluding a foreign occupation force of any form on any part of Libyan territory)[129]한다는 단서를 달았는데, 이로써 외국의 점령군은 명시적으로 배제되었기 때문에 이 결의를 이행하는 국가들이 리비아에 지상군을 파견하는 것은 허용되지 않을 것이라는 해석이 있었다. 그러나 생각건대, 배제된 것은 외국의 점령군(*occupation* force)이지 지상군(*ground* force)이 아니다. 이같은 해석이 수락된다면 점령에 이르지 않는 지상군 투입은 허용되었다는 결론에 이른다. 다만, 결의는 즉각적인 휴전과 함께 민간인 및 민간인 거주지역 공격을 끝내는 것을 목표로 하였을 뿐, 명시적으로 레짐 체인지(regime change) 자체를 요구하지는 않았다.[130] 결의는 단지 리비아에서 공격위협에 처한 −특히 결의 채택 당시 벵가지의− "민간인들과 민간인 거주지역을 보호하기 위해 필요한 모든 조치"를 취할 권한을 허락하였을 따름이다. 그렇다면 안보리 '결의 1973' 하에서 가다피를 권좌에서 몰아낼 것인가의 여부는 여전히 리비아 국민에게 맡겨진 국내문제라는 결론에 이른다. 그러나 "민간인들과 민간인 거주지역을 보호하기 위해" "필요한 모든 조치"에 직접 가다피 측(혹은 상황전개에 따라서는 반가다피 측)에 대한 공격이 포함된다는 해석을 끌어내는 것은 이와는 별개의 문제이다.

결의 후의 실제 전개과정을 보면, 미국과 프랑스, 영국 등의 다국적군(연합군)(coalition forces)은 결의 채택 이틀만에 미사일과 전투기를 동원한 공습에 돌입하였다. 결의 3일 후, 3월 20일에는 리비아 수도 트리폴리에 소재한 가다피 관저가 연합군의 폭격으로 완전히 파괴된 이래[131] 5개월간

Jose Luis Zapatero Rodriguez, Madrid, Spain, 18 March 2011, https://www.un.org/News/ossg. 다만, 반 총장은 "... perpetrated upon them by their *own* Government"라고 언급함으로써 보호책임을 '국민'보호책임으로 이해한 것으로 생각되고, 조선일보 (2011년 3월 21일(월), A1면) 등에서도 이번 군사작전을 "국민보호책임 적용 첫 군사작전"으로 표현하고 있는데, 그러나 정확히 말하면 보호책임의 보호대상은 국민(nationals)이 아니라 주민(populations)이다.

126) 안보리결의 1973, 제1항.

127) 안보리결의 1973, 제4항.

128) 안보리결의 1973, 제6항.

129) 안보리결의 1973, 제4항.

130) Jonathan Marcus, "Tripoli blast as coalition action goes on", BBC News Africa, 20 March 2011, https://www.bbc.co.uk/news/world-africa-12799620.

131) "국민보호 넘어 카다피 노린다 : 연합국, 관저 폭격…영국 · 프랑스 "(카다피)제거가 목표"", 조선일보, 2011년

연합군의 지속적인 공중폭격이 이어졌고, 일부 지상군 투입도 있었다. 8월 21일(일요일), 반군 측은 가다피가 있는 트리폴리로 진격, 23일에는 그가 은신해 있는 것으로 추정되는 바브 알아지지야(Bab al-Aziziya) 요새 내부에까지 진입하였으며, 가다피는 자취를 감추었다.[132] 두 달 뒤인 10월 20일, 가다피는 그의 고향 은거지 시르테(Sirte)에서 탈출을 시도하다 -NATO 연합군의 공습지원을 받은-[133] 과도정부(National Transitional Council, 구 반군) 군인들에 의해 하수관에서 생포되었다가 총상을 입고 사망하였다.[134] 이로써 42년에 걸친 그의 장기 독재도 막을 내렸다.

북한 세습정권의 3대에 걸친 "체계적이고, 광범위하고, 중대한 인권유린"(systematic, widespread and gross human rights violations)에 대해서도 보호책임의 논리가 적용되어야 한다는 견해가 제시되고 있다. 특히 -UN인권이사회가 2013년 3월 설립한- UN북한인권조사위원회(Commission of Inquiry on Human Rights in the Democratic People's Republic of Korea)[135]는 2014년 2월 17일 스위스 제네바에서 최종 발표한 보고서[136]에서 "인권유린의 중대성과 규모, 성질로 보아 북한이란 나라는 지금의 세계에서 그 유례를 찾아 볼 수 없는 국가"(The gravity, scale and nature of these violations reveal a State that does not have any parallel in the contemporary world)[137]라고 지적하면서(이것은 부인할 수 없는 '사실'이다), "북한 정부가 인도에 대한 죄로부터 자신의 주민을 보호할 책임을 다하지 않았음이 명백하기 때문에 이제 국제공동체가 그들을 보호할 책임을 수락하여야 한다"[138]고 하였다. 보고서는 이어서 "UN은 북한에서 자행된 인도에 대한 죄에 대해

3월 22일 (화), A1면 ; "연합군, 인권 유린한 독재권력 첫 응징…북한도 떨고 있을까: 유엔의 새로운 군사행동 개입 원칙 '국민보호책임', 조선일보, 2011년 3월 22일(화), A2면, A13면.

132) BBC News Africa, "Defiant Gaddafi 'vows to fight'", 24 August 2011, https://www.bbc.co.uk/news/world-africa-14641572.

133) 3월부터 약 26,000회 출격.

134) BBC News Africa, "Muammar Gaddafi killed in Libya", 20 October 2011, https://www.bbc.co.uk/news/world-africa-15389550 ; International Coalition for the Responsibility to Protect, The Crisis in Libya, https://responsibilitytoprotect.org/index.php/crises/crisis-in-libya ; https://en.wikipedia.org/wiki/Gadaffi#Capture_and_death.

135) 3인 [Mr. Michael Donald Kirby (Australia), Ms. Sonja Biserko (Serbia), Mr. Marzuki Darusman (Indonesia)]으로 구성. https://www.ohchr.org/EN/HRBodies/HRC/CoIDPRK/Pages/ReportoftheCommissionofInquiryDPRK.aspx.

136) Report of the commission of inquiry on human rights in the Democratic People's Republic of Korea - A/HRC/25/63 (36 pages), & Report of the detailed findings of the commission of inquiry on human rights in the Democratic People's Republic of Korea - A/HRC/25/CRP.1 (372 pages), https://www.ohchr.org/EN/HRBodies/HRC/CoIDPRK/Pages/ReportoftheCommissionofInquiryDPRK.aspx.

137) Report of the commission of inquiry on human rights in the Democratic People's Republic of Korea, para. 80.

138) Report of the commission of inquiry on human rights in the Democratic People's Republic of Korea, para. 86 : "The fact that the Democratic People's Republic of Korea, as a State Member of the United Nations, has for decades pursued policies involving crimes that shock the conscience of humanity raises questions about the inadequacy of the response of the international community. The international community must accept its responsibility to protect the people of the Democratic People's Republic of Korea from crimes against humanity, because the Government of the Democratic People's Republic of Korea has manifestly failed to do so. In particular, this responsibility must be accepted in the light of the role played by the international community (and

가장 책임있는 자들에게 반드시 책임을 물어야 한다. 이 목적을 달성하기 위한 선택방안에는 안전보장이사회가 사태를 국제형사재판소(ICC)에 회부하거나 UN이 임시재판소(*ad hoc* tribunal)를 설치하는 것이 포함된다."[139]고 하면서, "안전보장이사회가 북한 사태를 국제형사재판소(ICC)에 회부하고", 또 "인도에 대한 죄에 대해 가장 책임이 많아 보이는 자들에 대해서는 표적제재(targeted sanctions)를 채택할" 것을 권고하고 있다.[140]

사실, 북한 인권상황에 대해서는 UN 차원의 이 보고서가 나오기 전부터 보호책임의 논리가 적용되어야 한다는 견해가 이미 제기되고 있었다.[141] 그리고 UN북한인권조사위원회의 최종보고서가 나오자마자 남부 아프리카 내륙국 보츠와나 정부는 19일 "자국민에 대한 인권을 계속해서 그렇게 깡그리 무시하는 정부하고는 관계를 맺고 싶지 않다"면서 "북한과의 외교 및 영사 관계를 즉각 단절하기로 결정"하였다.[142] 1974년 12월 27일 북한과 수교한[143] 보츠와나는 보호책임의 논리를 수용하기 위해 외교관계를 끝장낸 최초의 국가가 되었다. 외교관계의 일방적 단절은 우호적인 행동은 아니지만 그 자체 적법한 행동이다.

UN인권이사회는 2014년 3월 28일 채택한 결의[144]를 통해 "북한인권조사위원회의 보고서를 환

by the great powers in particular) in the division of the Korean peninsula and because of the unresolved legacy of the Korean War. These unfortunate legacies help not only to explain the intractability of the human rights situation but also why an effective response is now imperative."

139) Report of the commission of inquiry on human rights in the Democratic People's Republic of Korea, para. 87.

140) Report of the commission of inquiry on human rights in the Democratic People's Republic of Korea, para. 94(a).

141) 예컨대, 북한인권 문제에 전념하고 있는 미국의 한 민간단체 "U.S. Committee for Human Rights in North Korea"(https://www.hrnk.org/)는 2006년 10월 30일의 보고서 "Failure to Protect: A Call for the UN Security Council to Act in North Korea"에서 다음과 같이 권고하고 있었다 : "The North Korean government's violation of its responsibility to protect its own citizens from crimes against humanity creates a need for Security Council intervention. An equally compelling reason for intervention is that the situation in North Korea constitutes a non-traditional threat to the peace."(p. 94) ; "Initially, the UN Security Council should adopt a non-punitive resolution on the situation in North Korea in accordance with its authority under Chapter Ⅵ of the UN Charter and past Security Council precedents. ... Should North Korea fail to comply with a Chapter Ⅵ resolution, the Security Council should consider adopting a binding resolution under Chapter Ⅶ."(p. 100)

See also (U.S.) CRS(Congressional Research Service) Report for Congress, "North Korean Refugees in China and Human Rights Issues: International Response and U.S. Policy Options", September 26, 2007, pp. 28~29 ; Joe Lauria, "U.S. backs antigenocide policy", The Wall Street Journal, Thursday, July 30, 2009, p. 11 ; Dae Soon Kim, "Human Rights Crisis in North Korea: Basic Understanding from the Perspective of International Law", in Myungkyu Park, Bernhard Seliger, Sung-Jo Park (eds.), *Europe-North Korea: Between Humanitarianism and Business?* (Münster : LIT Verlag, 2010), pp. 77~98.

142) Botswana, Ministry of Foreign Affairs & International Cooperation, "Termination of Diplomatic and Consular Relations with North Korea", https://www.mofaic.gov.bw/ ; iafrica.com, 19 Feb 2014, "Botswana severs ties with N Korea", https://news.iafrica.com/worldnews/903943.html.

143) The National Committee on North Korea, "DPRK Diplomatic Relations", https://www.ncnk.org/resources/briefing-papers/all-briefing-papers/dprk-diplomatic-relations.

144) United Nations A/HRC/25/L.17, "Situation of human rights in the Democratic People's Republic of Korea", 〈https://www.ohchr.org/en/hrbodies/hrc/pages/hrcindex.aspx〉. 이 결의에 중국, 쿠바, 파키스탄, 러시아연방, 베네수엘라, 베트남 등 6개국은 반대하였다.

영"[145]하면서, 특히 "UN총회가 안보리에 북한인권조사위원회의 보고서를 보내어 ...인권침해에 대해 책임있는 자들이 책임을 지게 해야 한다고 권고"하면서, "이 방안에는 안보리가 -북한인권조사위원회의 결론과 권고를 고려에 넣어- 북한 내 사태를 적절한 국제형사재판 장치에 회부(referral of the situation in the Democratic People's Republic of Korea to the appropriate international criminal justice mechanism) 하는 것을 검토하고, 인도에 대한 죄에 가장 책임이 있어 보이는 자들에 대한 실효적인 표적제재(effective targeted sanctions)의 범위를 검토하는 것도 포함되어야 한다"[146]고 언급하였다. 여기서 "안보리가 북한 내 사태를 적절한 국제형사재판 장치에 회부"한다는 표현은 -북한인권조사위원회가 권고한 바의- "안보리가 북한 내 사태를 국제형사재판소(ICC)에 회부"하는 것에 대한 순화된 표현으로 보인다. 그리고 위에서 언급한 바와 같이 '북한인권조사위원회의 결론과 권고'에는 북한 사태의 국제형사재판소 회부뿐만 아니라 "UN의 임시재판소 설치"도 포함되어 있다. 인권이사회 결의는 또한 "모든 국가들에게 강제송환 금지의 근본원칙(*fundamental* principle of *non-refoulement*)을 존중하고, 피난을 구하는 자들(those who seek refuge)을 인도적으로 대우할 할 것을 강력하게 촉구"[147]하였는데, 이는 사실상 일차적으로 중국을 염두에 둔 것임이 분명하다. 그리고 12월 18일 UN총회는 "북한인권조사위원회의 보고서를 환영하고, 여기에 담긴 자세한 결론에 대해 심각한 우려를 피력하는" 결의를 채택하였으며,[148] 나흘 뒤 22일 안보리는 총회결의에 따라 "북한 상황"(Situation in the DPRK)을 의제로 채택하였다.[149]

한편, 북한인권조사위원회는 상기 보고서[150]에서 "UN인권고등판무관이 특히 인도에 대한 죄에 해당하는 북한 내 인권침해 사례의 증거와 자료를 수집할 '현장 기반 조직'(현장사무소)(field-based structure)을 설치할 것"을 권고하였는데, 이에 따라 4월 UN인권고등판무관이 한국 내 설치를 제안하였고, 한국 정부는 이에 동의하였다. 그리고 그 결과로 2015년 6월 23일 "유엔인권사무소(서울)"[UN Human Rights Office (Seoul)][151]이 서울 종로구 서린동 서울글로벌센터 건물에 문을 열었다.

이윽고, UN총회는 2017년 12월 19일의 결의 72/188 (북한인권 상황)에서 "북한 인권 상황에 대하여 총회와 인권위원회와 인권이사회가 채택한 모든 기존 결의를 상기하며"(전문 2단), 또한 "자국의 주민을 인도에 대한 죄로부터 보호할 북한의 책임을 상기하며"(전문 6단), "-북한인권조사위원회

145) Para. 1.

146) Para. 7.

147) Para. 4.

148) UN총회결의 69/188 (2014년 12월 18일).

149) 중국과 러시아의 반대, 그리고 차드와 나이제리아의 기권 속에서 11표로 채택된 의제였다. 의제 채택은 절차사항에 속하는 것으로, 안보리 상임이사국의 거부권이 인정되지 아니한다. United Nations, Security Council Meetings Coverage and Press Releases, SC/11720, 22 December 2014, "Security Council, in Divided Vote, Puts Democratic People's Republic of Korea's Situation on Agenda following Findings of Unspeakable Human Rights Abuses", 〈https://www.un.org/press/en/2014/sc11720.doc.htm〉; 본서, 제25항(UN), "V. UN의 주요기관, 2. 안전보장이사회, (3) 표결".

150) Report of the commission of inquiry on human rights in the Democratic People's Republic of Korea, para. 94(c).

151) https://seoul.ohchr.org.

가 인도에 대한 죄에 해당할 수 있다고 말한 바 있는 침해행위들을 포함하여- 북한에서 장기간 진행중인 조직(체계)적이고, 광범위하고, 중대한 인권침해를 규탄한다"(1항)고 천명하였다.[152] 안보리는 사흘 뒤, 12월 22일의 결의 2397[153]에서 "부족한 국가재원을 핵무기와 다수의 비싼 탄도미사일 프로그램으로 대거 전용하는 것을 유감으로 생각하며", "북한 전체 인구의 41퍼센트가 영양부족(undernourished)이라는 UN인도지원조정실(Office for the Coordination of Humanitarian Assistance)의 조사결과에 주목한다"(24항)고 하였다. 인권이사회는 2018년 3월 23일 채택한 결의 37/28 (북한 인권 상황)에서 "북한이 제2기 보편적 정례검토에 참여해 준 것에 감사를 표하며", 그러나 상기의 우려와 규탄을 피력하고 있다.[154]

북한 인권 사태에 대한 안보리의 지지부진한 논의와 대처를 보면 사라진 줄 알았던 강대국 간(특히, 일방 미국, 영국, 프랑스 대 타방 러시아, 중국 간) 냉전구도가 여전히 지속되고 있음을 알 수 있다. 그리고 이러한 국제정치 구도 하에서는 안보리의 보호책임 역할이 작동하기 어렵고, 또다시 예전의 일방적 인도적 간섭의 논리로 돌아가게 된다. 시리아 정부군이 2018년 4월 7일 늦은 오후 잔혹하게도 또다시 자국 내에서 화학무기를 사용했다는 의혹과 관련하여[155] 그 가능한 해결책에 대해 안보리 상임이사국들은 합의에 도달할 수 없었다.[156] 그러자 미국과 영국, 프랑스 3국은 안보리 수권에 의지함이 없이, 특히 영국 정부는 인도적 간섭의 법리를 원용하면서 13일 야간에 알 아사드(Bashar al-Assad) 정부의 3개 화학무기 시설에 대해 정밀 타격을 가하였다.[157] 러시아 푸틴(Vladimir Putin) 대통령은 이번 공습은 "국제관계 전반에 파괴적 영향"을 미치며, "시리아 내 인도적 재난을 악화시킬" "침략행위"(act of aggression)라고 비난하였다.[158] 인도적 간섭의 법리는 국제법학자들 간에도 언제나 적법성 논란을 동반하게 된다.[159] 게다가, 보호책임의 논리에 기초한 안보리

152) Global Centre for the Responsibility to Protect, 19 Dec 2017, "Resolution 72/188 (DPRK) S[sic]/RES/72/188", 〈https://www.globalr2p.org/resources/1295〉.

153) https://unscr.com/en/resolutions/2397.

154) https://www.ohchr.org/EN/HRBodies/HRC/RegularSessions/Session37/Pages/ResDecStat.aspx.

155) Reuters, World News, April 14, 2018, "French declassified intelligence report on Syria gas attacks", 〈https://www.reuters.com〉.

156) UN News, "Security Council fails to adopt three resolutions on chemical weapons use in Syria", 10 April 2018 : Peace and Security, 〈 〈https://news.un.org/en/story/2018/04/1006991〉 ; ABC News (Australian Broadcasting Corporation), 15 April 2018, "Russian bid to officially condemn air strikes on Syria fails at UN Security Council", 〈https://www.abc.net.au/news/2018-04-15/russia-fails-in-un-bid-to-condemn-us-led-strikes-on-syria/9660200〉.

157) BBC News, 14 April 2018, "Syria air strikes : UK publishes legal case for military action", 〈https://www.bbc.com/news/uk-43770102〉 ; White House, National Security & Defense, April 14, 2018, "Joined by Allies, President Trump Takes Action to End Syria's Chemical Weapons Attacks", 〈https://www.whitehouse.gov/articles/joined-allies-president-trump-takes-action-end-syrias-chemical-weapons-attacks/〉. 공습 대상의 하나인 "(시리아 수도 다마스커스 외곽의)바르자 연구개발센터(Barzah Research and Development Center)는 북한 출신 기술 고문들이 체류한 곳"이라는 보도가 이어졌다. 북한이 시리아의 화학무기 제조와 관련하여 시리아에 도움을 제공한 것으로 추정되는 대목이다. 연합뉴스, 2018.04.15., "공습받은 시리아 화학무기 시설은 북한 기술자들 체류한 곳".

158) Kathleen Joyce, "US strikes Syria after suspected chemical attack by Assad regime", Fox News, April 14, 2018, 〈https://www.foxnews.com/world/2018/04/14/us-warships-b-1-bombers-strike-against-assad-after-suspected-chemical-attack.html〉.

차원의 인도적 간섭도 사실 그 결과가 의도한 대로 나타나지는 못하였다. 즉, 안보리는 UN헌장 제7장을 발동하여 리비아의 가다피 정권을 축출하는 데에는 성공하였으나 그 대신 리비아는 '실패한 국가'(파탄국가)(failed State)[160]가 되고 말았다.[161]

인도적 간섭 이론의 한 변형 혹은 연장으로서, 이른바 민주적 간섭(democratic intervention)도 국제법에 의하여 허용된다는 주장이 냉전종식 이후 서구진영에서 간혹 제시되고 있다. 민주적 간섭이란 타국에서 '정당성이 없거나 억압적인 체제'(illegitimate or repressive regimes)에 대항하고, 민주적인 정부체제를 지지하거나 수립하기 위한 무력개입을 지칭하는 것인데, 예컨대 1989년 12월 파나마에 대한 미국의 무력간섭을 정당화하기 위해 제시된 이유 중의 하나가 바로 민주주의의 회복(restoration of democracy)이었다. 그러나 민주주의를 정의하는 문제는 차치하고라도, UN헌장 제2조 4항의 명백한 규정과 국내문제 불간섭의 원칙에 비추어 보건대 이 주장은 현대국제법에서 결코 받아들일 수 없다.[162]

6. 민족자결권과 무력의 위협 또는 사용

법의 발전에 의하여 식민당국은 이제 더 이상 자결권을 향유하는 민족에 대해 무력의 위협 또는 사용을 가해서는 안된다. 즉, 그같은 행위 역시 UN헌장 제2조 4항에 위배된다. 종래 이 문제가 단지 식민당국의 국내문제(즉, 국내폭동 내지 반란)로 다루어져 온 것과 비교하면 큰 발전이 있는 셈이다. 사회주의진영 및 제3세계측의 견해에 따르면, 자결권을 향유하는 민족은 자결을 성취하기 위하

---

159) Weller 교수는 인도적 간섭의 이론에 의거하여 미국, 영국, 프랑스 3국의 대 시리아 군사공격을 정당화 하였다 : "... given the uncontrollable and indiscriminate effect of chemical weapons, their use against civilians offers perhaps the clearest trigger for the application of this doctrine [of humanitarian intervention]. In this instance, the UK points to the history of repeated uses of chemical weapons by the Syrian government, adding that it is "highly likely" that further such attacks would follow. Given the failure of previous attempts to rein in this practice, and the present blockage in the Security Council, it is argued that no means other than the use of force were available to secure the humanitarian objective of the operation. Moreover, it is asserted the force used was strictly limited and specifically targeted at objects connected with the objective of degrading the capacity to launch future chemical attacks and deterring such attacks in the future. These arguments conform to the legal requirements for humanitarian intervention." Marc Weller (Prof. of International Law, Univ. of Cambridge), "Syria air strikes: Were they legal?", BBC News, 14 April 2018, 〈https://www.bbc.com/news/world-middle-east-43766556〉.
  반대로, Goldsmith 교수와 Hathaway 교수는 인도적 간섭의 법리에 반대하였다. Jack Goldsmith (Prof., Harvard Law School) & Oona Hathaway (Prof., Yale Law School), "Bad Legal Arguments for the Syria Airstrikes", Lawfare Blog, April 14, 2018, 〈https://lawfareblog.com/bad-legal-arguments-syria-airstrikes〉 : "A very small number of states have endorsed the principle that humanitarian intervention can be taken unilaterally. But that remains a minority opinion."

160) "실패한 국가"의 개념에 대해서는 본서, 제6장 (국제법의 주체), "Ⅱ. 국가, ① 실효적 통제의 요건" 참조.

161) Kaczorowska-Ireland, p. 743 ; Rajan Menon/UnHerd, October 20, 2023, "The failed lessons of Libya - Europe has only itself to blame for the refugee crisis", 〈https://unherd.com/2023/10/the-failed-lessons-of-libya/〉.

162) Shaw, 4th, p. 803 ; Malanczuk, p. 31 ; Janis, 3rd, p. 188 ; Orakhelashvili, pp. 184~189. ; Gray in Evans (ed.), *International Law*, 5th, p. 606.

무력사용에 호소할 권리가 있다.[163]

7. UN총회 결의 3314(1974) : 침략 정의

UN헌장 체제 하에서 UN안보리에 의해 허가된 것이거나 또는 합법적인 자위권의 행사가 아닌 그 밖의 일체의 무력사용은 헌장 제2조 4항에 의해 불법이라는 결론에 이른다. 따라서 무력의 위법한 사용(illegal use of force)의 정의는 이론적으로는 불필요하다. 그러나 실제로는 국가들이 UN헌장을 위반하면서도 자신의 행동을 헌장 제51조 내로 끌어들여 정당화하려는 시도들이 빈발함에 따라 결코 자위권의 발동에 해당할 수 없는 행동들을 구체적으로 열거할 필요성이 생겼다. 그리고 이같은 노력의 초점은 UN총회를 중심으로 침략(aggression)의 의미를 분명히 하는 일에 맞추어졌으며, 그 결과 1974년 침략 정의(Definition of Aggression)[164]가 컨센서스로 채택된 바 있다. '침략'이란 술어가 UN헌장 자체에서 사용되고 있으므로, 위 침략 정의 결의는 신법을 창설하려는 시도라기보다는 UN헌장에 대한 유권적 해석을 제공하는 것으로 생각된다.[165] 침략 정의 제6조도 이 점을 분명히 하고 있다.

침략 정의는 우선 전문에서 "침략은 위법한 무력사용 중에서 가장 중대하고 위험한 유형"임을 지적하면서, "민족자결권을 박탈하기 위해 무력을 사용하지 않을 국가들의 의무"에 관해서도 언급하고 있다.

이어서 제1조는 침략의 일반적 정의를 "국가가 타국의 주권, 영토보전 혹은 정치적 독립에 대하여, 혹은 본 정의에 명시된 것처럼 UN헌장과 일치하지 않는 방법으로 무력을 사용하는 것"으로 내려 놓고 있다. 본 정의에서 '국가'란 술어는 승인과 UN회원국 여부에 관계없이 사용되며, 또한 적절한 경우 '국가의 집단'을 포함한다.

제2조에 의하면, '국가가 헌장을 위반하여 무력을 먼저 사용하는 것'(first use of armed force by a State in contravention of the Charter)은 일견(혹은 일단)(*prima facie*) 침략행위의 증거를 구성한다. 다만, 안보리는 '관련 행위나 그 결과가 충분히 중대하지 않다는 사실을 포함한, 관련 사정에 비추어' 어떤 무력의 선제사용이 침략이 아니었다고 결정할 수 있다.

제3조는 전쟁의 선언(declaration of war) 여부에 관계없이 침략행위로 간주되는 예로서, 무력에 의한 타국 영토의 공격·점령·병합, 타국 영토에 대한 무력에 의한 폭격 또는 일체의 무기의 사용, 무력에 의한 타국 항구 또는 연안의 봉쇄, 타국의 육해공군 혹은 선박/항공기 무리(집단)(marine and air fleets)에 대한 무력에 의한 공격,[166] 조약에 의하여 타국에 주둔 중인 군대를 조약규정에 위반하여 사용하거나 조약이 종료된 후에도 그 타국 영토에 계속 주둔시키는 것, 타국

163) 본서, 제6장 (국제법의 주체), "Ⅴ. 민족해방운동", & 제7장(국제법의 기본원칙), "Ⅵ. 민족자결원칙" 참조.

164) UN총회결의 3314 (XXIX)(1974년 12월 14일).

165) Ott, p. 314.

166) "선박/항공기 무리"의 의미와 관련해서는, *Oil Platforms* (Iran v. United States of America), ICJ Reports (2003), p. 161 at 191 (para. 64) ; 위, "1. 자위권" 부분 참조.

이 제3국을 침략하는데 자국 영토를 이용하도록 허락하는 행위, 그리고 이상 열거한 행위 또는 그 실질적인 관련(substantial involvement)에 해당할 정도로 중대한 무력행위를 타국에 대하여 수행하는 무장집단, 비정규군 혹은 용병의 '국가에 의한 혹은 국가를 위한'(*by or on behalf of* a State) 파견 등을 열거하고 있다. 그러나 제4조에 의하면, 이상 열거된 행위는 완벽한 목록이 아니며, 안전보장이사회는 헌장의 규정에 의거하여 침략을 구성하는 기타 행위를 결정할 수 있다.

제5조는 침략에 관련한 세 가지 일반원칙을 제시하고 있다. 첫째, 정치적, 경제적, 군사적 혹은 기타 그 어떤 성격의 고려도 침략을 위한 정당화사유로서 원용될 수 없다. 둘째, 침략전쟁은 국제평화에 대한 범죄(crime against international peace)이며, 국제책임을 야기한다. 셋째, 침략으로부터 초래되는 그 어떤 영토의 취득이나 특별한 이익도 합법으로 승인되지 않으며, 승인되어서도 안된다.

제7조에 의하면 이 정의의 어떤 것도, 특히 제3조는 식민체제, 인종차별체제 혹은 기타 유형의 외국지배 하에 있는 민족(peoples under colonial and racist regimes or other forms of alien domination)의 자결권을 결코 침해할 수 없다.

8. 추적권과 무력사용

이것은 국제해양법의 문제로서, 연안국은 추적권(right of hot pursuit)을 행사함에 있어 당해 상황에서 "필요하고 합리적인" 범의 내의 무력을 사용하는 것이 허용된다.[167]

Ⅲ. UN을 통한 집단적 강제행동 : 헌장 제7장(제39조~제51조)

헌장 제7장은 "평화에 대한 위협, 평화의 파괴 및 침략행위에 관한 행동"(action with respect to threats to the peace, breaches of the peace, and acts of aggression)이란 제목을 달고 있다. 헌장 제6장이 안보리만의 독무대도 아니고 또 어떤 분쟁의 계속이 국제평화와 안전의 유지를 "위태롭게 할 우려가 있을"(likely to endanger the maintenance of international peace and security) 때 적용된다면, 헌장 제7장은 안보리의 독무대로서 "평화에 대한 위협, 평화의 파괴 또는 침략행위가 존재할" 때 적용된다고 말할 수 있다. 그러나 헌장은 이들 개념에 대한 정의를 포함하고 있지 않으며, 그 대신 제7장의 첫 번째 규정인 제39조는 다음과 같이 규정하고 있다.

---

167) 자세한 것은, *S.S "I'm Alone"* Arbitration (Canada/USA), (1935) 3 RIAA 1609 at 1625, 1617 (available at https://legal.un.org/riaa/cases/vol_III/1609-1618.pdf) ; ITLOS, *The M/V Saiga* (No. 2) case (Saint Vincent and the Grenadine v. Guinea), Decision of 1 July 1999, paras. 155~156 (available at https://www.itlos.org/start2_en.html) ; Distefano, *op. cit.*, pp. 566~568 ; 본서, 제21장 (해양법), "Ⅶ. 공해, 7. 기국주의의 예외, (3) 추적권" 참조.

"안전보장이사회는 평화에 대한 위협, 평화의 파괴 또는 침략행위의 존재를 결정하며(determine), 국제평화와 안전을 유지하거나 회복하기 위하여 권고를 하거나(make recommendations) 제41조와 제42조에 따라 무슨 조치를 취할 것인지를 결정한다(decide)."

여기서 '평화에 대한 위협이나 평화의 파괴'는 반드시 국가에 의한 행동 혹은 국제법의 위반을 내포하고 있는가? 그러나 헌장에는 이를 시사하는 것은 아무 것도 없다. 다시 말해서, 제39조는 안보리의 기능은 "국제평화와 안전을 유지하거나 회복하는" 것이지 '국제법위반을 처벌하는' 것이 아님을 말하고 있다. 따라서 국제법상 적법한 행동에 의해 초래된 상황이 안보리가 보기에 '평화에 대한 위협' 혹은 '평화의 파괴'에 해당하는 것도 가능한 일이다.[168] 또한 침략행위와는 달리, 평화에 대한 위협이나 평화의 파괴가 국가나 국제법의 주체가 아닌 실체들에 의해 초래될 수 있는 여러 상황을 생각해 볼 수 있다. UN헌장 제2조 7항이 "본질적으로 국가의 국내관할권에 속하는 문제들"에 대해 UN에게 간섭할 권한이 없다고 규정하면서도 "이 원칙은 헌장 제7장에 의거한 강제조치의 적용을 침해하지 아니한다"는 단서를 달고 있는 점도 망각해서는 안 된다.[169]

게다가 '평화'라 함은 통상적 의미에서는 '전쟁 내지는 무력충돌의 부재'를 의미하는 것이지만, 안보리가 이해하는 바에 따르면 이것은 "경제, 사회, 인도(人道) 및 생태 분야에서의 안정"까지를 포함한다.[170] 실제로 안보리는 2007년 4월 17일 "에너지, 안전 그리고 기후"(energy, security and climate)란 제목 하에 기후변화에 대해 처음으로 공개 토의를 개최한 이래[171] 기후변화에 대한 토의를 간헐적으로 계속해 오고 있으며,[172] 2014년 9월 18일 만장일치로 채택한 결의 2177(아프리카

---

168) Tams, pp. 7 (fn. 23), 261 ; Hall, pp. 68~69.

169) 이를테면, 안보리는 1991년 소말리아 내전[결의 733 (1992)], 아이티 민주주의에 대한 중대한 위협[결의 841 (1993), 875 (1993)] 등에서 '평화에 대한 위협'이 발생했다고 하였다. 본서, 제25장 (UN), "Ⅱ. UN의 목적과 원칙" 참조.

170) 예컨대, 1992년 1월 31일 UN 뉴욕본부에서 안전보장이사회가 "국가 및 정부 수반 차원"에서는(at the level of Heads of State and Government) 최초로 개최된 바 있는데, 이 자리에서 안보리 의장은 동 이사회 구성원들을 대신하여 행한 성명서에서 다음과 같이 언급한 바 있다. "The absence of war and military conflicts amongst States does not in itself ensure international peace and security. The non-military sources of instability in the economic, social, humanitarian and ecological fields have become threats to peace and security. The United Nations membership as a whole, working through the appropriate bodies, needs to give the highest priority to the solution of these matters." : UN Security Council, S/23500, 31 January 1992 (available online at https://www.stimson.org/cnp/pdf/S23500_UNSC.pdf) ; Orakhelashvili, pp. 181, 541.

171) "Security Council open debate: UK concept paper", 〈https://unfccc.int/files/application/pdf/ukpaper_securitycouncil.pdf〉 ; UN Security Council Press Release, 17 April 2007, SC/9000, "Security Council Holds First-Ever Debate on Impact of Climate Change on Peace, Security, Hearing over 50 Speakers", 〈https://www.un.org/press/en/2007/sc9000.doc.htm〉.

172) Caitlin Werrell and Francesco Femia, "UN Security Council Meeting on Climate Change as a Threat Multiplier for Global Security", The Center for Climate and Security, July 8, 2015, 〈https://climateandsecurity.org/2015/07/08/un-security-council-meeting-on-climate-change-as-a-threat-multiplier-for-global-security/〉.

안보리 틀 내에서의 기후변화에 대한 2007년의 논의에 자극받은 UN총회는 2년 뒤 2009년 6월 3일 채택한 결의 63/281 ("Climate Change and its possible Security Implications) 전문(前文)에서 "안보리는 국제평화

에서의 평화와 안전)의 전문(前文)에서는 "아프리카에서의 전대미문 규모의 (전염병)에볼라 발생이 국제평화와 안전에 대한 위협을 구성한다고 결정한"(Determining that the unprecedented extent of the Ebola outbreak in Africa constitutes a *threat to international peace and security*)" 바도 있다.[173]

안보리가 "평화에 대한 위협, 평화의 파괴 또는 침략행위의 존재를 결정"한다는 것은 헌장 제7장이 발동되었음을 의미한다. 이 결정에 의거하여 안보리는 우선 잠정조치(provisional measures)를 취할 수도 있는데, 제40조는 이것에 관해 다음과 같이 규정하고 있다.

> "사태의 악화를 방지하기 위하여, 안전보장이사회는 제39조에 규정된 권고를 하거나 혹은 조치를 결정하기 전에, 필요하거나 바람직한 것으로 생각하는 잠정조치에 따르도록 관련 당사자들에게 요청할(call upon) 수 있다. 이러한 잠정조치는 관련 당사자들의 권리, 청구권 또는 지위를 침해하지 아니한다. 안전보장이사회는 이러한 잠정조치의 불이행에 대해 타당한 고려를 하여야 한다."

안보리가 제40조에 의거하여 행동하는 경우 대개는 휴전을 요청하지만, 상황에 따라서는 일정 지역으로부터 군대를 철수할 것을 요청하기도 한다.[174] 그런데 제40조에 사용된 '요청'(call upon)이란 술어와 관련하여 해석상 문제가 야기되고 있다. 이 용어는 UN결의에서 흔히 '권고'(recommend)와 동의어로 사용되고 있으나, 회원국들은 이것이 제40조에서 사용되는 경우에는 '명령'(order)을 의미한다는 데 동의하는 것으로 보인다. 그리고 이같은 해석은 제40조를 제25조와 연계시켜 읽을 때 한층 더 분명해진다. 예컨대, 1948년 7월 15일 안보리는 아랍국가들과 이스라엘에 대해 전투행위를 중단하도록 '요청'하는 휴전결의를 채택하였는데, 이 결의는 명백히 명령적 혹은 의무적인(mandatory) 것으로 이해되었다. 다시 말해서, 이것은 거기에 따를 법적 의무를 창설하는 명령이었다. 그러나 안보리는 제40조 하의 자신의 명령적 권한을 잘 사용하지 않는 편이다. 즉, 대부분의 휴전결의는 명령이 아닌 권고로 표현되고 있다.[175] 이처럼 휴전결의가 권고의 형식으로 표현되더라도 비교적 잘 준수되었는데, 이는 분쟁당사자들이 강대국과 세계여론에 맞서길 꺼리기 때문이다.[176]

국제법에서 '강제'(enforcement) 개념을 어떻게 해석해야 할 지에 대한 합의는 없어 보이지만,

와 안전의 유지에 대해 1차적 책임을 부여받고 있으며, 기후변화를 포함한 지속가능한 개발 쟁점들에 대한 책임은 총회와 경제사회이사회에 부과된 책임"이라는 반응을 보이기도 하였다. https://www.un.org/en/ga/search/view_doc.asp?symbol=A/RES/63/281 ; https://www.spainun.org/wp-content/uploads/2015/06/Concept-Note_ClimateChange_20150630.pdf.

173) "국제평화와 안전에 대한 위협을 구성한다"는 전문의 표현은 이 결의가 헌장 제7장에 기초한 것임을 시사하는 것이지만, 안보리는 이 결의에서 헌장 제7장 하의 강제행동을 취하지는 않았다. Gian Luca Burci and Jakob Quirin, "Ebola, WHO, and the United Nations: Convergence of Global Public Health and International Peace and Security", *AJIL Insights*, Volume 18, Issue 25, November 14, 2014, 〈https://www.asil.org/insights/volume/18/issue/25/ebola-who-and-united-nations-convergence-global-public-health-and〉.

174) Kaczorowska-Ireland, p. 729.

175) 논리적으로도, 명령할 권한이 있다면 그보다 약한 단계의 권고도 할 수 있다고 새겨야 할 것이다.

176) Malanczuk, pp. 388~389.

일반적으로 '국제법의 강제'(enforcement of international law)라 함은 "국가로 하여금 위법행위를 중단하고 위법행위의 결과를 교정하도록 유도하기 위한 시도들"을 지칭한다.[177] 그러나 -위에서 언급한 바와 같이- 평화에 대한 위협 혹은 평화의 파괴에 관한 한, UN헌장 제7장에 의거하여 안보리가 부과하는 '강제행동'(enforcement action)에서의 강제는 반드시 국제법 위반에 대응하는 개념으로 의도된 것이 아니다.[178]

UN헌장 하에서의 엄격한 의미에서의 강제행동(enforcement action *stricto sensu*), 즉 "평화에 대한 위협, 평화의 파괴 또는 침략행위"를 다루기 위한 행동은 비군사적 행동과 군사적 행동의 두 형태로 나타날 수 있는데,[179] 이들은 제41조와 제42조에 각각 규정되어 있다.

먼저, 제41조는 비군사적 강제행동(non-military enforcement action)에 관하여 다음과 같이 규정하고 있다.

> "안전보장이사회는 그 결정을 실시하기 위하여 무력사용(use of armed force)을 동반하지 아니하는 어떤 조치를 사용할 것인지를 결정할 수 있고, 또한 이러한 조치를 적용하도록 UN회원국들에게 요청할(call upon) 수 있다. 이러한 조치는 경제관계 및 철도·항해·항공·우편·전신·무선통신 및 기타 통신수단의 완전한 혹은 부분적인 중단과 외교관계의 단절을 포함할 수 있다."

제41조의 규정에서 시사하고 있는 것처럼, 안보리 제재조치는 모든 물자와 상품의 대상국가 출입을 금지하는 포괄적 (경제, 무역)제재(comprehensive economic sanctions)로부터 제재의 범위 혹은 객체가 한정된 표적제재(targeted sanctions)에 이르기까지 다양한 방식이 강구될 수 있다.[180] 제

177) Tams, p. 5
178) *Ibid.*, p. 7.
179) Malanczuk, p. 389.
180) 1990년 8월 2일 이라크가 쿠웨이트를 침략한 것에 경악한 안보리는 동월 6일 '결의 661'을 채택하여 이라크에 대해 포괄적인 경제제재를 부과하였는데, 그러나 그로 인하여 실제로 고통을 당하게 되는 쪽은 검은 돈이 많은 후세인 정권의 구성원들이 아니라 무고한 국민 일반이라는 점이 알려지면서 이에 대해 "멍청한 제재"(dumb sanctions)라는 비판이 제기되었다. 이에 따라 안보리는 1995년 4월 14일 '결의 986'을 채택하여 이라크 국민 일반의 고통을 완화하기 위한 "석유-식량 교환 프로그램" (Oil for Food Programme)을 도입한 바 있다 : https://en.wikipedia.org/wiki/Oil-for-Food_Programme ; https://en.wikipedia.org/wiki/United_Nations_Security_Council_Resolution_986 ; Office of the Iraq Programme Oil-for-Food, 〈https://www.un.org/depts/oip/background/fact-sheet.html〉.
이와 함께 특정 품목(사치품, 무기, 다이아몬드, 목재 등)이나 서비스의 교역을 제한하거나, 국제평화나 인권에 위협이 되는 것으로 생각되는 자들(즉, 제재대상 국가의 관련 정책담당자들, 회사 혹은 조직)의 리스트를 만들어 이들에게 직접 압력을 행사하기 위한 이른바 표적제재(targeted sanctions) 방식이 일반화되고 있는데, 이를 두고 "날카로운(똑똑한) 제재"(smart sanctions)라고도 부른다 : Security Council Sanctions Committees, https://www.un.org/sc/committees/; https://www.un.org/sc/committees/751/index.shtml ; Jonathan Marcus (BBC diplomatic correspondent), "Analysis : Do economic sanctions work?", BBC News Middle East, 26 July 2010, 〈https://www.bbc.co.uk/news/world-middle-east-10742109〉 ; Uri Friedman, "Smart Sanctions: A Short History", Foreign Policy, April 23, 2012, 〈https://foreignpolicy.com/2012/04/23/smart-sanctions-a-short-history/〉 ; Mikkel Soelberg Christensen, "Sanctions Smarter? - The Impact of Smart Sanctions on Democracy and Human Rights", thesis for Master of Arts, Graduate School, University of Missouri-Columbia, May 2012. 표적제재의 대상이 개인인 경우, 처음에는 낮은 계급으로부터 시작하되 상황의 전개과정

41조에 사용된 '요청'은 법적 구속력을 포함하고 있으므로 무력사용을 동반하지 아니하는 조치와 관련하여 안보리가 제41조에 의거하여 취하는 결정은 회원국들에게 구속력이 있다. 한편, *Prosecutor* v. *Duško Tadić* (jurisdiction)[181]에서 구유고국제형사재판소 항소부는 "동 재판소의 설립은 정확히 헌장 제41조 하의 안보리의 권한에 속한다"고 언급하면서 다음의 몇 가지 이유를 들고 있다. 첫째, 국제재판소는 '무력사용을 동반하지 아니하는 조치'에 완벽하게 부합된다. 둘째, 헌장 제41조의 조치는 UN회원국들에 의하여 이행되는 것에 국한되지 아니한다. 제41조 첫 번째 문장 첫 번째 구는 기구의 행동과 회원국의 행동 모두를 수용할 수 있는 매우 일반적 규정이며, 동 조 두 번째 문장은 그 중에서 회원국들이 적용할 수 있는 조치를 예시하고 있을 따름이다. 셋째, UN이 회원국들을 매개로 하여 이행될 수 있는 조치를 단행할 수 있다면, 직접 자신의 기관들을 통해 이행될 수 있는 조치도 단행할 수 있다고 보는 것이 논리적이다.

제41조에 이어, 제42조는 UN집단안보체제(collective security system)의 핵심을 구성하는 조항으로서, 집단적 무력사용(collective use of force)을 동반하는[182] 군사적 강제행동(military enforcement action)과 관련하여 다음과 같이 규정하고 있다.

> "안전보장이사회는 제41조에 규정된 조치로써는 불충분하거나 혹은 불충분한 것으로 판명되었다고 생각될 때에는 국제평화와 안전을 유지하거나 회복하는데 필요한 공군·해군 또는 육군에 의한 행동을 취할 수 있다. 이러한 행동은 UN회원국의 공군·해군 또는 육군에 의한 시위, 봉쇄 및 기타 작전을 포함할 수 있다."

제42조는 "제41조에 규정된 조치로써는 불충분하거나 혹은 불충분한 것으로 판명되었다고 생각될 때에는"이란 표현을 사용하고 있고 또 동 조는 제41조 바로 다음에 위치하고 있다는 사실로부터 한 가지 의문이 제기될 수 있다. 즉, 안보리는 제42조에 호소하기 전에 먼저 제41조의 조치로는 불충분하거나 아니면 불충분했다는 공식적인 결정을 내려야만 하는가? 생각건대, 안보리는 제42조를 원

을 봐 가며 점차 높은 계급으로 올려 감으로써 최고지도자의 목을 서서히 죄는 방식이 채택되기도 하는데, 그 예로는 EU입법, Council Regulation (EU) No 1283/ 2009 of 22 December 2009 amending Council Regulation (EC) No 329/2007 concerning restrictive measures against the Democratic People's Republic of Korea, *Official Journal of the European Union*, L 346, 23.12.2009 (available at https://www.pszaf.hu/data/cms2160095/1283_2009_EN.pdf ; https://ec.europa.eu/external_relations/cfsp/sanctions/docs/measures_en.pdf) ; 관련 기사로는, Yang Jung A, "EU Sanctions Hit Top North Korean Elite", *The Daily NK*, 2010-01-11, https://www.dailynk.com/english /참조.

표적제재가 국내법 차원에서, 혹은 EU와 같은 지역기구 차원에서 이행되는 과정에서 개인의 권리에 미칠 수 있는 부작용에 대해서는, Orakhelashvili/Akehurst, pp. 528~529(9th, pp. 563~564) ; *Kadi* Cases, T-306/01, T-315/01, C-402/05 P and C-415/05 P [본서 제5장 (국제법과 국내법의 관계), "Ⅲ. 국내법의 국제법에 대한 태도, 3. 조약에 대한 국내법의 태도, (9) EU"] 참조.

181) Decision of 2 October 1995, paras. 32~36, available at https://www.iilj.org/courses/documents/Prosecutorv.Tadic.pdf ; (1996) 35 ILM 32 ; Harris, 5th, p. 753. 흔히 그러하지만, 구유고국제형사재판소를 설립한 안보리결의 827 (1993)은 그 법적 근거로서 단지 '헌장 제7장'을 언급할 뿐, 제7장 내의 특정조항을 적시하지는 않았다 : (1993) 32 ILM 1203.

182) Dixon, pp. 321, 341~347,

용함으로써 자기 판단에 제41조의 조치가 불충분하거나 혹은 불충분했음을 암묵적으로 말할 수도 있는 것이기 때문에 그같은 요건은 부정하는 것이 타당하다.[183)]

제42조는 제43조와 연계시켜 읽어야 하는데, 제43조는 다음과 같이 규정하고 있다.

> "1. 모든 UN회원국은 국제평화와 안전의 유지에 공헌하기 위하여, 안전보장이사회의 요청에 의하여 그리고 하나 이상의 특별협정에 따라서 평화와 안전을 유지하는데 필요한 군대, 원조 및 –통과권을 포함한– 편익을 안전보장이사회가 이용할 수 있도록 하기로 약속한다.
> 2. 전기의 협정(들)에서는 군대의 수와 종류, 그들의 출동준비정도와 일반적 배치, 그리고 제공될 편익과 원조의 성격을 규율한다.
> 3. 전기의 협정(들)은 안전보장이사회의 발의에 의하여 가능한 한 신속히 교섭되어야 한다. 이들 협정은 안전보장이사회와 회원국들 사이에 혹은 안전보장이사회와 회원국들의 집단 사이에 체결되며, 서명국 각자의 헌법상의 절차에 따라 비준되어야 한다."

이 제43조에서 예견하고 있는 특별협정(special agreements)은 지금까지 하나도 체결된 바 없으며, 그 결과 "국제평화와 안전의 유지를 위한 안보리의 군사적 요구, 안보리의 처분에 맡겨진 군대의 사용과 지휘 …에 관하여 안보리에 조언과 원조를 하기 위하여" 설치된, "안보리 상임이사국의 참모총장 또는 그 대표자들로 구성되는" 군사참모위원회(Military Staff Committee)[184)]는 단지 정기적으로 의례적인 모임을 갖는 무용지물의 보조기관이 되고 말았으며, 이와 함께 전체적으로 헌장 제43조에서 제47조까지의 규정은 휴면상태에 빠져 있다.[185)] 물론 제43조에서 말하는 특별협정이 체결되지 않았다고 해서 회원국들이 자국의 군대를 '임시로'(*ad hoc*) 안보리의 처분 하에 둘 수 없는 것은 아니지만, 안보리는 회원국들에게 비군사적 강제행동에 참여하도록 명령할 수 있는 것과 동일한 방식으로 군사적 강제행동에 참여하도록 '명령할 수는' 없는 것이다. 왜냐하면 회원국들은 제43조에 의거하여 특별협정을 체결하지 않는 한 제42조 하의 군사적 의무에 참여할 의무가 없기 때문이다.[186)]

그러나 안보리는 무력사용이 통상적으로는 위법한 경우에 해당된다 하더라도, 제39조와 제42조의 조건들이 충족된다면 회원국(들)에게 무력사용의 '권한을 부여할(authorise) 수는' 있다. 다시 말해서, 제42조는 그러한 경우에 무력을 사용할 수 있는 권한을 안보리에 부여하고 있으므로, 동 규정은 더더욱 안보리가 회원국들에게 무력사용의 '권한'을 부여할 수 있게 하는 것으로 해석될 수 있

---

183) Malanczuk, p. 397.

184) UN헌장 제47조.

185) Rosenne, *The Perplexities of Modern International Law*, p. 431 ; Aust, *Handbook of IL*, 2nd, p. 207 ; Hamid, p. 361. 2005년 세계정상회의는 "안보리에게 군사참모위원회의 구성과 임무, 업무방식에 대해 검토할 것을 요청"한 바 있다 : UNGA Res. 60/1, 16 September 2005, "2005 World Summit Outcome", para. 178.

186) 그러므로 Boutros Boutros-Ghali 전 UN사무총장은 1992년 6월 17일 안보리에 제출한 '평화를 위한 의제'(An Agenda for Peace)에서 "나는 안보리가 … 군사참모위원회의 조력을 받아 제43조에 따라 교섭을 개시할 것을 권고하는 바이다. 군사참모위원회의 역할은 헌장 제7장의 문맥에서 보아야 하며, 평화유지활동의 기획이나 수행의 차원에서 보아서는 안된다는 것이 나의 견해이다."(para. 43)라고 언급한 바 있다. 본서, 제9판, p. 876, 주 108) 참조.

다. 따라서 안보리의 이러한 결정은 논리적으로 회원국들에게 대해서는 단지 한 개의 권고가 될 수 있을 따름이다. 요컨대, 안보리는 회원국들의 동의 없이는 그들에게 군사적 조치를 담은 안보리결의를 실천에 옮기도록 구속할 수 없다. 그러나 그같은 안보리결정은 동 결정의 표적이 된 국가(target state)에 대해서는 구속력이 있으며, 그 결과 동 국가는 헌장 제51조에 의거하여 자위권을 원용하거나 무력사용에 이르지 않는 복구에 호소하거나 혹은 안보리의 수권에 의거한 회원국의 무력사용에 대해 나중에 배상을 청구하는 것이 금지된다. 그러므로 제42조에 의거한 안보리의 결정은 법적으로 이중적 성격을 갖는다. 즉, 표적국가에 대해서는 그것은 구속력있는 결정이며, 무력사용을 수권받은 국가들에 대해서는 그것은 원칙적으로 헌장 제2조 4항에 의하여 금지된 무력사용을 법상 정당화하는 권고이다.[187]

안보리가 제41조와 제42조에 대해 직접적으로 언급함이 없이 오로지 제39조에 의거하여 채택하는 단순한 권고에 강제조치가 포함될 수 있는가의 문제에 대해서는 약간의 논쟁이 있다. 생각건대, 헌장의 문언과 그 기원 그리고 헌장 제7장의 체계에 비추어 보면, 강제조치는 제41조나 제42조를 적용하고 또한 어떤 당사자들이 그 표적이 되는가를 결정하기 위한 안보리의 명백한 결정을 필요로 한다고 보아야 할 것이다. 위에서 언급한 바와 같이, 안보리가 그 권한 내에서 취하는 강제조치는 표적국가에 대해서는 구속력이 있고 그 결과 동 국가는 안보리의 수권에 기초한 조치의 위법성을 원용할 수 없게 되기 때문이다. 단지 제39조에 의거한 단순한 권고는 이같은 효과를 가질 수 없다. 그러나 관행을 보면, 안보리는 단지 헌장 제7장 자체를 언급할 뿐, 구체적인 조항은 언급하지 않는 경향이 있다. 제42조는 지금까지 명시적으로 원용된 바가 없으며, 그대신 "필요한 모든 수단"(all necessary means) 혹은 "필요한 모든 조치"(all necessary measures)와 같은 '마법의 표현'(magic words)이 사용된다.[188] 그 법적 기초에 대하여 전혀 언급하지 않는 안보리결의도 있다.[189]

안보리의 강제조치는 그 의도와는 달리 표적국가에 대해서만 압박을 주는 것이 아니다. 강제조치의 이러한 측면을 고려하여 헌장 제50조는 "안보리가 특정 국가를 상대로 방지 내지는 강제 조치를 취하는 경우, UN회원국 여부에 관계없이 다른 어떤 국가든지 이들 조치의 수행으로 인해 특별한 경제적 문제(special economic problems)에 직면하고 있다고 생각하는 경우에는 이들 문제의 해결에 관하여 안보리에 그 의견을 구할 권리를 갖는다."고 규정하고 있다. 헌장 제7장의 일부를 구성하는 제50조는 안보리 강제조치의 대상이 된 국가 이외의 국가가 안보리의 강제조치로 인해 입게 되는 경제적 고통과 관련하여, 이를 실제로 해소해 주지는 못한다 하더라도 최소한 그같은 국가들의 의견을 경청해야 할 의무를 안보리에 부과하고 있는 것이다.[190]

---

187) Malanczuk, p. 390.

188) Keitner, p. 251,

189) 예컨대, 1985년 7월 26일의 결의 569에서 안보리는 먼저 제39조에서 말하는 국제평화에 대한 위협이 있다고 결정함이 없이 회원국들에게 남아프리카에 대해 금수조치를 부과하도록 요청하였다. Malanczuk, p. 390.

190) UN헌장 제50조의 실제운영 실태에 대해서는 다음의 논문 참조 : Jeremy Carver and Jenine Hulsmann, "The Role of Article 50 of the UN Charter in the Search for International Peace and Security", (2000) 49 ICLQ 528~577.

안보리는 강제행동을 위하여 적절한 경우 지역적 협정이나 지역적 기구를 이용할 수 있다.[191)] 반대로, "지역적 협정이나 지역적 기구에 의한 강제행동"(enforcement action under regional arrangements or by regional agencies)은 안보리의 수권(허락) 없이는 할 수 없다.[192)] 그런데 안보리의 수권을 요하는 -헌장 제8장 하의 제53조 1항에 규정된- "지역적 협정이나 지역적 기구에 의한 강제행동"은 '군사적' 강제조치만을 의미하며, '비군사적' 강제조치(non-military coercive measures)는 여기에 포함되지 않는 것으로 보인다는 견해가 있다. 주요 지역적 기구들의 실행을 보면, 그들은 '비군사적' 조치는 안보리에 사전 허가를 구하지 아니하고 회원국 혹은 비회원국을 상대로 적용하고 있기 때문이다. 다만, 이같은 견해를 수락하더라도 안보리는 지역적 협정이나 지역적 기구에 의한 비군사적 강제조치를 비난할 수 있는 권한을 여전히 가지고 있다.[193)]

안보리는 "UN헌장 제7장에 의거하여" 해적행위와 이주민 밀수를 막기 위해 국가들에게 해상 운항에 개입할 권한을 부여하고 있기도 하다. 이를테면 안보리는 2008년의 '결의 1816' 및 그 후 이어진 결의들을 통해 -소말리아 정부의 동의를 조건으로- 국가들이 '해적과 해상무장강도 행위'(acts of piracy and armed robbery at sea)를 진압하기 위해 소말리아 영해에 진입하는 것을 허용하였다.[194)] 또한 2015년 안보리 '결의 2240'은 리비아 인근 해상 행해지고 있는 '이주민 밀수(migrant smuggling) 혹은 인신 매매(human trafficking)'에 대처하기 위해 UN회원국들이 리비아 연안 공해에서 혐의가 있는 선박을 검사하고(inspect) 나포하는(seize) 것을 1년간 허락하기도 하였다.[195)]

이제 헌장 제7장이 발동된 실제관행을 검토함에 있어 냉전이 종식되기 이전과 그 이후로 나누어 살펴보기로 한다.

Ⅳ. 냉전 기간 동안(1945~1990) 헌장 제7장의 관행

제2차 세계대전의 종료와 함께 시작된 미국과 소련간의 냉전은 UN집단안보체제의 운용을 거의 불가능하게 만들었으며, 그 결과 세계평화는 UN의 틀 밖에서 이루어지는 강대국간의 전통적인 세력균형(balance of power)원리에 의존하고 있었다. 1945년부터 1986년까지 안보리가 "평화의 파괴"가 존재한다고 결정한 것은 1950년의 한국전쟁[196)] 및 1982년의 포클랜드 전쟁(Falklands War)[197)]과 관련하여 단 두 번뿐이었으며, 또한 이 기간 중 안보리는 이스라엘과 남아프리카 사례에

191) UN헌장 제53조 1항 첫 번째 문장. '지역적 협정' 혹은 '지역적 기구'의 의미에 관해서는 본서, 제26장 (분쟁의 평화적 해결수단), "Ⅺ. 지역적 기구 또는 지역적 협정에의 호소" 참조.

192) UN헌장 제53조 1항 두 번째 문장.

193) White and Abass in Evans (ed.), *International Law*, 3rd, pp. 545, 551~552 (& 5th, pp. 534, 539~540) ; Gray in Evans (ed.), *International Law*, 5th, p. 628.

194) 본서, 제21장 (해양법), "Ⅶ. 공해, 7. 기국주의의 예외, (1) 해적행위" 참조.

195) S/RES/2240 (2015), paras. 7, 8 ; Orakhelashvili/Akehurst, 9th, p. 565.

196) 안보리결의 82 (1950년 6월 25일).

197) 안보리결의 502 (1982년 4월 3일).

서만 "침략"을 언급하였으며, "국제평화와 안전에 대한 위협"이 존재한다고 결정한 것은 일곱 사례를 넘지 않았다. 그리고 1945년부터 1990년까지 안보리가 (분쟁당사자들의 동의를 얻어 수행되는 이른바 평화유지활동의 임무수행을 보호하기 위한 자위권 발동은 제외하고) 국가들에게 무력사용을 허용한 사례는 한국과 남로디지아 두 사례뿐이다. 구속력있는 비군사적 제재 역시 단 두 번 채택되었는데, 한 번은 남로디지아에 대한 경제봉쇄(1966~1979)였고, 다른 한 번은 1977년 남아프리카에 대해 부과된 무기금수(arms embargo)였다.[198]

요컨대, 이 기간 중 발생한 70개가 넘는 주요 전쟁의 대부분은 헌장 제7장 밖에 방치되고 있었다. 미국과 소련이 충돌 일보 직전까지 갔던 1962년의 쿠바 미사일 위기에서 미국은 일차적으로 미주기구(OAS)의 수권에 의거하여 일방적인 봉쇄조치(당시 미국정부는 이를 *quarantine*으로 표현)로 대응하였고, 미국의 베트남전 수행에는 UN총회나 안보리의 손이 미치지 않았었다. 또한 이스라엘과 아랍 간의 거듭되는 충돌에도 안보리는 제7장에 의거하여 제재를 채택하겠다는 위협만 되풀이 하였을 뿐 이를 실천에 옮기지는 못하였으며, 소련의 아프가니스탄 간섭(1979~1989)도 결코 안보리의 주의를 끌지 못하였다.[199]

1. 한국전쟁과 UN군

1950년 6월 25일 -UN회원국이 아닌- 북한이 -역시 UN회원국이 아닌- 남한을 침략하였을 때 마침 소련은 안보리를 보이콧하고 있었다. 이 덕분에 바로 그 날 안보리는 "적대행위의 즉각적인 중지를 요구하고, 또한 북한 당국에 대해 그들의 군대를 즉시 38선으로 철수시킬 것을 요청하는" 결의 82를 채택하였고, 6월 27일에는 회원국들에게 "무력공격을 격퇴하고 이 지역에서의 국제평화와 안전을 회복하기 위하여 대한민국에 필요한 원조를 제공할" 것을 권고하는 결의 83을 채택하였다. 이어서 7월 7일에는 "한국에 파견되는 그들의 군대를 미국 정부 하의 통일사령부(a unified command under the United States) 산하에 둘 것을 권고하고, 미국에 대해 이들 군대의 사령관을 지명할 것을 요청하고, 북한군에 대항하여 작전을 수행하는 과정에서 통일사령부가 여러 참가국의 국기와 더불어 UN기를 사용하는 것을 허락하는" 내용의 결의 84도 채택할 수 있었다.[200] 그러므로 그들은

---

198) Malanczuk, p. 391.

199) *Ibid.*

200) 1950년 6월 25일의 "'북한'의 '대한민국'에 대한 '무력공격'"과 관련하여, 안보리는 "결의 82"(6월 25일), "결의 83"(6월 27일), "결의 84"(7월 7일) 등 일련의 결의에서 이를 "평화의 파괴"로 규정하였다. 그러나 총회는 1951년 2월 1일의 "결의 498(V) : 중공 정권의 한국개입"(GA Resolution 498(V) : Intervention of the Central People's Government of the People's Republic of China in Korea)에서 침략자들과 이를 지원하는 중공의 행동을 "침략"으로 인정한 바 있다 : "1. *Finds* that the Central People's Government of the People's Republic of China, by giving direct aid and assistance to those who were already committing aggression in Korea and by engaging in hostilities against United Nations forces there, has itself engaged in aggression in Korea ; ... ...

5. *Calls upon* all States and authorities to refrain from giving any assistance to the aggressors in Korea ; ..."

언제나 UN군(United Nations Force)으로 불리웠으며, 총회는 그들에게 UN메달을 수여하기도 하였다. 그러나 한국전에 파견된 군대가 어떤 실질적인 의미에서 UN군을 구성하는 것이었는지에 대해서는 의문이 제기되고 있다. 왜냐하면 군대의 운용에 관한 모든 결정은 미국이 (때로 다른 군대파견국들과 협의하여) 내렸고, 사령관은 UN이 아닌 미국으로부터 지시를 받았으며, 원래의 사령관인 맥아더(MacArthur) 장군을 해임하고 다른 사람으로 교체하는 결정도 미국이 일방적으로 내렸었기 때문이다. 게다가 전투가 종료되고 한국을 재통일시키기 위한 회담이 1954년 제네바에서 열렸을 때, 이 회담의 연합국 측은 UN의 대표가 아니라 한국에 군대를 파견한 개별 국가들의 대표로 구성되었다. 따라서 한국에 군대를 파견한 국가들은 헌장 제51조에 의거하여 집단적 자위권을 행사한 것으로 보든지, 아니면 안보리의 수권에 의거하여 행동한 것으로 볼 수 있을 것이다. 그러나 그 군대는 참전한 개별 국가들의 군대로 구성된 다국적군이었지, UN의 군대는 아니었다고 보는 것이 타당할 것이다.[201] 이것은 이들 군대가 안보리의 수권에 의해 행동한 것으로 본다 하더라도 국제책임의 관점에서 그들의 행위는 UN으로 귀속되지 않음을 의미하는 것이기도 하다.[202]

2. 평화를 위한 단합

소련 대표가 1950년 8월 1일 안보리에 복귀한 후에는 한국전쟁 관련 결의가 소련의 거부권 행사로 전혀 채택되지 못하였다. 이에 11월 3일 미국은 당시 자신이 다수파였던 총회에서 결의 377A(V)에 의거 '평화를 위한 단합' 결의(Uniting for Peace Resolution)를 통과시켰는데, 결의의 핵심은 "안전보장이사회가 상임이사국들의 만장일치의 결여로 인하여 평화에 대한 위협·평화의 파괴 또는 침략행위에 대처하기 위한 자신의 일차적 책임을 수행하지 못하는 경우, 총회가 당해 문제를 즉각 검토하여, '평화의 파괴 또는 침략행위의 경우[203] 필요하면 회원국들에게 무력사용을 포함한' 집단조치를 권고할 수 있다."는 것이다.[204]

이처럼 같은 무력도발에 대해 안보리는 "평화의 파괴"로 규정한 데 반해 총회는 "침략"으로 규정하였다는 것은 이들 두 기관의 관심사가 달랐음을 시사한다. 그 이후의 실제관행을 보아도, 안보리는 어떤 국가가 "침략"을 자행했다는 공식적인 판단을 내리는 일보다는 폭력을 종지시키고 이것의 확산을 막는 데 1차적 관심이 있었으나, 총회는 "침략"을 정의하는 규범적 문제에 관심을 두었다. 그리고 그 결과로 총회는 1970년의 우호관계선언에서는 "침략전쟁은 평화에 대한 죄를 구성하며, 이것에는 국제법 하의 책임이 따른다"고 천명하였고, 이어서 1974년에는 "침략정의"를 채택하였던 것이다. Rosenne, *The Perplexties of Modern International Law*, pp. 136~140.

201) Harris, 5th, pp. 951~955 ; Akehurst, pp. 223~224 ; Malanczuk, pp. 391~392. 특히, 김찬규 교수는 한 논설에서 "6·25전쟁의 본질은 북한의 남침에 대한 대한민국의 자위권 행사였으며, 안보리 권고에 의해 창설되고 참전한 유엔군은 대한민국을 돕기 위해 온 지원군에 불과했다. 6·25전쟁을 북·미간 전쟁이라면서 평화조약에 관한 협상도 북·미간에 이뤄져야 한다는 주장은 견강부회(牽强附會)의 극치이다."라고 지적하고 있다 : 김찬규, "주한 유엔군의 실체와 임무", 국민일보, 시사풍향계, 2013년 6월 27일, 30면.

202) 1990년의 쿠웨이트 탈환 작전과 관련해서도 UN은 이 작전에 참여한 국가들의 군대를 자신의 통제 하에 있는 것으로 보지 않았고, 관련 당사국 모두 이것을 암묵적으로 수락하였다. Amerasinghe, pp. 403~404.

203) 이 대목에서 '평화에 대한 위협'은 언급되어 있지 않다.

204) 평화를 위한 단합결의의 핵심적인 부분은 다음과 같다 : "Resolves that if the Security Council, because of lack of unanimity of the permanent members, fails to exercise its primary responsibility for the

'평화를 위한 단합' 결의의 적법성에 이의를 제기하는 견해들은 두 가지 점을 지적하고 있다. 첫째, 동 결의는 -"안전보장이사회가 어느 분쟁이나 사태에 대하여 헌장에 의하여 부과된 임무를 수행하고 있는 동안에는 총회는 안보리가 요청하지 않는 한 당해 분쟁 또는 사태에 대하여 어떤 권고도 하여서는 아니된다."는 - 헌장 제12조 1항에 위배된다. 안보리에서 어떤 분쟁이나 사태와 관련하여 의견이 모아지지 않아 결의 도출이 안 되고 있다 하더라도 당해 안건이 여전히 의제에 올라있다면 안보리는 자신의 임무를 계속 수행하고 있는 것이라고 보아야 한다.[205] 둘째, 헌장 제11조 2항 끝 문장은 "국제평화와 안전에 관한 문제로서 행동(action)을 필요로 하는 문제는 총회의 토의 전 또는 후에 안보리에 부탁되어야 한다."라고 규정하고 있다. 따라서 '행동'을 요하는 문제에 관한 한 총회는 '토의'는 할 수 있어도 '권고'는 할 수 없다는 해석이 도출되며, 그렇다면 평화를 위한 단합은 총회가 회원국들에게 '행동'을 권고할 수 있는 것으로 해석되는 한에 있어서는 헌장 위반이라는 결론에 이른다. UN헌장 제17조 2항에 관해 권고적 의견을 부탁받은 *Certain Expenses of the U.N.* 사건[206]에서 ICJ도 '행동'(action)이 '강제행동' (enforcement action)을 의미하는 것으로 해석한 뒤, 헌장 제7장 하의 강제행동은 오로지 안보리에 의해서만 허용될 수 있다고 말하였다. 다만, ICJ는 총회도 UN평화유지군(peace-keeping forces)의 수립을 승인할 수는 있다고 보았는데, 왜냐하면 이 경우 평화유지군은 강제행동을 취하는 것이 아니라 단지 분쟁당사자들의 동의를 얻어 UN의 군사적 개입을 허락하는 국가들의 영토 위에서 행동할 따름이기 때문이다. 반면에, 국가들은 헌장 제51조에 의거하여 집단자위권(collective self-defence)을 가지고 있으며, 따라서 -제51조의 요건이 충족된 경우- 총회가 침략자의 희생국을 방어하기 위해 이 권리를 행사하도록 국가들에게 권고하는 것을 막는 것은 아무것도 없다. 그러나 이 경우 관련 국가들의 군대를 UN군으로 부를 수는 없을 것이다.[207]

Legal Consequences of the Construction of a Wall by Israel in the Occupied Palestinian

---

maintenance of international peace and security in any case where there appears to be a threat to the peace, breach of the peace, or act of aggression, the General Assembly shall consider the matter immediately with a view to making appropriate recommendations to Members for collective measures, including in the case of a breach of the peace or act of aggression the use of armed force when necessary, to maintain or restore international peace and security. If not in session at the time, the General Assembly may meet in emergency special session within twenty-four hours of the request therefor. Such emergency special session shall be called if requested by the Security Council on the vote of any seven members, or by a majority of the Members of the United Nations." ⟨https://www.un.org/en/ga/sessions/emergency.shtml⟩ ; *Handbook on the Peaceful Settlement of Disputes between States*, p. 126.

위 인용문 두 번째 문장에서 보는 것처럼, 총회는 이러한 권고를 함에 있어 마침 (정기 혹은 임시)회기기간이 아닌 경우에는 '긴급특별총회'를 소집할 수도 있는데, 그후 긴급특별총회가 최초로 소집된 것은 -한국전쟁이 아닌- 1956년의 수에즈운하 사태와 관련해서였다 : https://en.wikipedia.org/wiki/First_emergency_special_session_of_the_United_Nations_General_Assembly ; https://en.wikipedia.org/wiki/List_of_emergency_special_sessions_of_the_United_Nations_General_Assembly ; Security Council Report, October 2013 Monthly Forecast, "Security Council Deadlocks and Uniting for Peace: An Abridged History", ⟨https://www.securitycouncilreport.org/monthly-forecast/2013-10/in_hindsight_chapter_vii.php⟩ ; 본서, 제1장 (국제공동체의 역사적 전개과정), "Ⅳ. 국제공동체의 전개과정, 4. 제3단계(1945~1960)."

205) Kaczorowska-Ireland, p. 745 ; 본서, 제25장 (UN), "Ⅴ. UN의 주요기관, 1. 총회, (2) 임무와 권한."

206) ICJ Reports (1962), p. 151 at 171.

207) Malanczuk, pp. 392~393 ; Ott, pp. 308~309 ; Rosenne, *The Perplexities of Modern International Law*, p. 417.

Territory 사건[208]에서 UN총회가 ICJ에 권고적 의견을 요청함에 있어 평화를 위한 단합 결의, 즉 총회결의 377A(V)에 규정된 절차 요건을 준수하였는지의 문제가 제기된 바 있는데, 사건 개요는 다음과 같다. 이스라엘이 점령지 팔레스타인 땅에 장벽을 건설하여 분쟁이 격화되고 있는데도 안보리에서 이를 비난하는 결의는 미국의 거부권 행사로 채택되지 못하였다. 이에 총회는 1997년 제10차 긴급특별총회를 소집하여, 이스라엘에게 장벽 건설을 중단하고 이를 되돌릴 것을 요구하는 결의[209]를 채택하였다. 이스라엘이 응하지 않자 2003년 총회는 장벽 건설로 야기된 몇 가지 법적 결과에 대해 ICJ에 권고적 의견을 요청하는 결의[210]를 채택하였다. 이스라엘은 UN총회가 권고적 의견을 요청한 권한에 이의를 제기하고 나섰는데, 그 근거는 세 가지였다 : 첫째, 안보리가 팔레스타인 사태에 적극 개입하고 있으므로 총회가 ICJ에 권고적 의견을 요청한 것은 월권이다 ; 둘째, 총회의 권고적 의견 요청은 총회결의 377A(V)에 명시된 요건을 충족하지 못하였다 ; 셋째, 특별긴급총회는 절차요건을 위반하여 소집되었다.

ICJ는 이들 세 가지 주장을 모두 배척하였다. 첫째, 총회가 헌장 제96조 1항에 의거하여 ICJ에 '권고적 의견을 요청하는 것'은 헌장 제12조 1항에서 말하는 '권고'가 아니다.[211] 또한, 헌장 제12조에 대한 해석은 진화되어 나왔으며, 그 결과 총회와 안보리가 국제평화와 안전의 유지와 관련하여 동일한 문제를 병행하여 다루는 경향이 증가하여 왔는데, 이 관행은 헌장 제12조 1항에 부합한다. 따라서 총회는 ICJ에 권고적 의견을 요청함에 있어 권한을 일탈하지 않았다.[212] 둘째, ICJ는 총회결의 377A(V)에서 총회의 개입을 허락하기 위해 제시한 두 개의 요건-즉, (i) 안보리가 거부권 행사로 인해 자신의 일차적 책임을 수행하지 못 하는 상황일 것, (ii) 평화에 대한 위협, 평화의 파괴 또는 침략행위가 존재하는 사태일 것-을 검토한 결과, 안보리는 이스라엘의 팔레스타인 점령 사태에 대해 일관되게 어떤 결정도 할 수 없었다고 결론지었고, 두 번째 요건도 충족되었다고 보았다.[213] 셋째, UN 정기총회가 진행 중인데도 제10차 긴급특별총회가 개최된 것은 절차적으로 잘못이라는 이스라엘의 주장에 대해서는 ICJ는, 이 문제는 총회가 제기한 권고적 의견 요청의 적법성과는 관련이 없으며, 총회가 정기총회와 긴급특별총회를 동시에 개최할 `가능성이 원래는 계획된 것이 아니었을 수는 있지만 이 두 총회를 동시에 개최함으로써 위반된 어떤 UN규칙도 확인할 수 없다고 하였다.[214]

3. 남로디지아와 남아프리카

1965년 11월 11일 영국식민지 남로디지아(Southern Rhodesia)의 백인이주자들이 영국정부와

208) ICJ Advisory Opinion of 9 July 2004.
209) Resolution ES-10/1, 25 April 1997.
210) Resolution ES-10/14, 8 December 2003.
211) Para. 25.
212) Paras. 27~28.
213) Para. 31.
214) Para. 34.

(남로디지아 인구의 90퍼센트 이상을 차지하는) 아프리카인들의 희망을 무시하고 일방적으로 독립을 선포한 후 즉각 채택한 11월 12일의 결의 216과 11월 20일의 결의 217에서 안보리는 '요청'(call upon)이라는 용어를 사용하였으나, 이것은 명령적인 것이 아니었다. 그러나 1966년 4월 9일의 결의 221에서 안보리는 남로디지아에 대한 석유공급으로 인하여 빚어지는 사태는 "평화에 대한 위협을 구성한다"고 결정하면서, 특히 영국 정부에 대해서는 남로디지아를 목적지로 한 석유를 수송 중인 것으로 판단되는 유조선들의 베이라(Beira : 남로디지아 내륙으로 통하는 모잠비크 항구) 도착을 "필요하면 힘의 사용을 통하여"(by the use of force if necessary) 방지할 것을 요청하였는데, 이 대목은 −헌장 제41조에 언급된 "무력의 사용" (use of *armed* force)을 지칭하지는 않았지만− 헌장 제42조의 암묵적 적용으로 보는 것이 적절할 것이다.[215] 한편, 안보리는 동년 12월 16일의 결의 232에서, 이번에는 명시적으로 "헌장 제39조 및 제41조에 의거하여 행동"함을 적시하면서, 모든 회원국들에게 남로디지아와의 일정 상품 교역을 중지할 것을 명령하였다. 결국, 남로디지아 정부가 일방적인 독립선언을 철회하고 다수파 지배의 원칙을 수락하기로 동의하자, 안보리는 1979년 12월 21일의 결의 460을 통하여 남로디지아에 대해 제재를 부과했던 자신의 결의들을 철회하였다. 남로디지아는 1980년 4월 18일 짐바브웨(Republic of Zimbabwe)로 정식 독립하였다.[216]

이 남로디지아 사태를 제외하면 냉전 기간 중 제41조에 의거하여 명령이 내려진 경우는 단 한 번 있었는데, 즉 1977년 안보리는 남아프리카로의 무기수출을 금지하는 명령을 발한 바 있다.[217] 남아프리카의 비인종적·민주적 헌법이 발효한 후 안보리는 1994년 5월 25일의 결의 919를 통하여 남아프리카에 대한 무역제한과 기타 제한을 해제하였다. 1994년 6월 23일 남아프리카는 UN총회에 복귀하였다.[218]

V. 냉전 종식 이후 헌장 제7장의 관행

휴면상태에 있던 안보리의 행동주의(혹은 적극주의)(activism)가 냉전종식 이후 유감없이 그러나 그 적용대상에 있어 선택적이라는 비난을 받으며 전개되기 시작하였다. 소련의 붕괴와 함께 변화된 정치환경 속에서 안보리는 '국제평화와 안전의 유지에 있어' 중심되는 기관으로 부상한 것이다. 소련의 후신인 러시아는 이 분야에서의 미국의 주도권을 인정하지 않을 수 없었고, 중국도 마음이 편하지는 않지만 무리하게 거부권을 행사할 수는 없는 입장이었다. 미국과 영국, 프랑스 간의 전통적인 우호관계도 변함없이 지속되었다. 이제 미국이 UN 밖에서 정치적 혹은 법적 비난을 무릅쓰고

215) Malanczuk, p. 395 ; Ott, p. 308.

216) https://en.wikipedia.org/wiki/Southern_Rhodesia ; https://en.wikipedia.org/wiki/Rhodesia ; https://en.wikipedia.org/wiki/Zimbabwe_Rhodesia ; https://en.wikipedia.org/wiki/Zimbabwe.

217) 안보리결의 418 (1977).

218) Malanczuk, p. 394.

일방적인 무력사용에 호소할 필요는 현저히 감소되었다. 미국 자신의 목표와 UN의 목표가 일치를 이룬 이라크의 쿠웨이트 침공 이후 한동안 UN은 미국 외교정책의 중심이 되었다.[219] 그러나 '특히' 2022년 러시아의 우크라이나 침략을 기점으로 미국과 중국, 그리고 미국과 러시아 간 관계에 균열이 생겼는데, 이러한 현상은 일각에서 제2차 냉전(Second Cold War, Cold War Ⅱ) 혹은 신냉전(New Cold War)으로 불리고 있다. 그리고 이것은 다시금 헌장 제7장의 마비로 이어질 것이다.[220]

아무튼, 1990년부터 1995년에 이르는 짧은 기간 동안에만 무려 여덟 사례에 걸쳐 헌장 제7장에 기초하여 집단조치가 취해졌는데, 그 대상국가는 이라크・소말리아・르완다・아이티・구유고・리비아・앙골라・라이베리아였다. 이들 사례에서는 모두 제41조에 의거하여 구속력있는 제재가 수반되었다. 그리고 이들 중에서 이라크・소말리아・르완다・아이티・구유고 등 다섯 사례에서 안보리는 무력사용을 허가하였는데, 아래에서는 이들 다섯 사례에 관하여 살펴보기로 한다.[221]

1. 이라크의 쿠웨이트 침략 : 제2차 걸프전(Second Gulf War)[222]

1990년 8월 2일 사담 후세인(Saddam Hussein)이 쿠웨이트를 침공하여 이 지역이 이라크의 17번째 성(省)임을 선언하자, 안보리는 그 날 즉각 '헌장 제39조와 제40조에 의거하여' "국제평화와 안전의 파괴가 존재"함을 확인하고, 이라크에 대해 "무조건적이고 즉각적인 철수"를 요구하였다.[223] 이라크는 이 요구에 따르지 않았으며, 그 후 안보리는 30개가 넘는 결의를 채택하였다. 즉, 8월 6일 안보리는 '헌장 제7장에 의거하여' 이 일자 이후 이라크와 쿠웨이트에 대해 (의약품과 기타 인도적 목적의 식료품을 제외한) 상품과 무기의 금수조치를 부과하였으며, 또한 동 결의의 이행을 감독하기 위해 안보리 모든 구성원으로 구성되는 한 개의 위원회(Committee)를 설치하였다.[224] 이어서 8월 9일에는 "이라크의 쿠웨이트 병합은 아무런 법적 유효성(no legal validity)도 없으며, 당연무효(null and void)로 간주된다"고 결정하면서, "모든 국가와 국제기구 그리고 전문기구들에 대해 이 병합을 승인하지 말 것과 병합의 간접적인 승인으로 해석될지도 모르는 일체의 행동이나 거래도 하지말 것을 요청"하였다.[225] 8월 25일에는 해군에 의한 봉쇄(naval blockade)를 허락하였다.[226]

---

219) *Ibid.*, p. 395.

220) https://en.wikipedia.org/wiki/Second_Cold_War ; 본서, 제1장, "Ⅳ. 국제공동체의 전개과정, 7. 제6단계" 참조.

221) *Ibid.*, p. 396. 2011년 헌장 제7장에 의거한 안보리의 리비아 내전 개입에 대해서는, 본장, "Ⅱ. 국가의 무력사용 : 1945년 이후, 5. 인도적 간섭과 보호책임" ; Orakhelashvili/Akehurst, 9th, p. 562 참조.

222) 1980~1988년의 이란-이라크 전쟁을 Gulf War 혹은 Persian Gulf War로 부르는 이들은 1990년 이라크의 쿠웨이트 침공으로 비롯된 전쟁은 Second Gulf War라고 부르는 것이 보통이다. 그러나 1990~1991년의 이라크-쿠웨이트 전쟁을 Gulf War 혹은 First Gulf War로, 2003년 미국의 이라크 침공을 Second Gulf War로 칭하는 이들도 있다. https://en.wikipedia.org/wiki/Gulf_War ; https://en.wikipedia.org/wiki/Second_Gulf_War ; https://en.wikipedia.org/wiki/Third_Gulf_War.

223) 안보리결의 660 (1990), (1990) 29 ILM 1323.

224) 안보리결의 661 (1990), (1990) 29 ILM 1325.

225) 안보리결의 662 (1990). 8월 18일의 결의 664에서 "이라크의 쿠웨이트 병합이 당연무효임을 재확인"하기도 하였다.

드디어 11월 29일 '헌장 제7장에 의거하여' 채택한 결의 678에서 안보리는 "2. 이라크가 ... 전기의 모든 결의를 1991년 1월 15일에 혹은 그 이전에 완전히 이행하지 않는 한, 쿠웨이트정부와 협력하는 회원국들에게 안보리결의 660과 그 후의 모든 관련 결의를 지지 및 이행하고 이 지역에서의 국제평화와 안전을 회복하기 위하여 '필요한 모든 수단을 사용할' 권한을 부여하며"(authorizes Member States co-operating with the Government of Kuwait, ... to use all necessary means ...), "3. '모든 국가들'에게 전기 항에 의거하여 단행되는 행동에 대해 적절한 지원을 제공할 것을 요청한다"(requests all States to provide appropriate support for the actions undertaken in pursuance of paragraph 2 of this resolution)고 결정하였다. 1991년 1월 16/17일 연합군은 미국 지휘 하에 '사막의 폭풍작전'(Operation Desert Storm)을 개시하여 이라크와 쿠웨이트 내의 이라크 목표물에 대해 공습을 가하고 이어서 2월 24일 본토공격을 감행하였으며, 연합군이 쿠웨이트와 이라크 남부 일부를 점령한 뒤 2월 28일 적대행위가 중지되었다.

"필요한 모든 수단을 사용할" 수 있다는 안보리결의 678의 표현은 물론 국가들의 무력사용을 허가하기 위한 것임이 분명하다. 그러나 안보리가 최소한도의 통제권도 보유하지 않고, 이렇게 "쿠웨이트정부와 협력하는" 그러나 실제로는 미국 지휘 하의 회원국들에게 그들의 재량에 따라 무력을 사용하도록 허가하는 것이 헌장체제상 용인될 수 있는가에 관하여 비판이 없지 않다.[227]

또 한 가지 문제는 "안전보장이사회가 어느 국가에 대하여 방지조치 또는 강제조치를 취하였을 때, 이들 조치의 이행에서 발생하는 특별한 경제적 문제에 직면하게 되었다고 생각하는 타 국가는, UN회원국이든 아니든 이들 문제의 해결에 대하여 안전보장이사회와 협의할 권리를 갖는다."고 규정한 헌장 제50조와 관련한 것이다. 다수 국가가 그들 자신 혹은 자국의 회사들이 이라크에 부과된 제재를 준수함으로써 입은 손해와 관련하여 동 규정에 의거하여 보상을 얻으려고 노력하였으나 어떤 성과도 얻지 못하였다. 이것은 앞으로 (비회원국을 포함해서) 국가들을 UN의 제재에 동참하게 만드는데 있어 나쁜 선례가 될 수 있다.[228] 그러므로 Boutros Boutros-Ghali UN사무총장은 1992년에 제출한 "평화를 위한 의제"[229]에서 "안보리가 ... 국가들을 그러한 곤란으로부터 격리시키기 위해 ... 일단의 조치를 강구할" 것을 권고한 바 있다.

그 길이와 광범위한 적용범위로 인해 UN용어로 '모든 결의의 어머니'(mother of all resolutions)로 불리는, 휴전을 위한 1991년 4월 3일의 안보리결의 687[230]은 이라크에 대해 가혹한 휴전조건을 부과하고 있다. 동 결의는 무엇보다도 원자탄과 화학무기를 포함한 모든 대량파괴무기와 사정거리 150km가 넘는 미사일을 제거 또는 파괴할 것을 요구하고 있다. 이라크의 군축은 UN에 의해 감독되고 집행된다. 이 밖에도, 이라크-쿠웨이트 국경선획정위원회(Iraq-Kuwait Boundary

226) 안보리결의 665 (1990).

227) See e.g. B. H. Weston, "Security Council Resolution 678 and Persian Gulf Decision-Making : Precarious Legitimacy", (1991) 85 AJIL 516~535.

228) Malanczuk, p. 397.

229) *An Agenda for Peace* (17 June 1992), para. 41 ; 본서, 제9판, p. 876, 주 108) 참조.

230) (1991) 30 ILM 846.

Demarcation Commission)에 의한 양국간의 국경선 결정, UNIKOM(UN Iraq-Kuwait Observation Mission : UN이라크-쿠웨이트감시단)에 의한 국경선 감시, 쿠웨이트로의 재산반환의 조정, 석유수출금지를 포함해서 계속 중인 금수조치에 대한 안보리 제재위원회(Sanctions Committee)의 감독 등이 동 결의에 담겨 있다. 안보리는 또한 이라크에 식품과 의약품이 심각하게 부족한 상황을 고려하여 1995년 4월 4일 결의 986을 채택하였는데, 이것은 일정 조건과 엄격한 통제조치 하에서 국가들이 90일마다 미국달러 10억에 상당하는 석유와 석유제품을 이라크에서 수입하는 것을 허용하기 위한 것이다.[231)]

안보리가 역시 헌장 제7장에 의거하여 이라크에 부과한 손해배상 체제에 대해서도 언급하지 않을 수 없다. 안보리는 이미 1990년 10월 이라크가 쿠웨이트를 침략함으로써 쿠웨이트, 타 국가, 회사 그리고 개인들에게 발생한 모든 손해에 대해 이라크가 국제법상 책임을 져야 함을 분명히 한 바 있다.[232)] 이라크가 패배한 후 1991년 3월 2일 채택한 결의[233)]에서 안보리는 이라크에 대해 휴전조건의 일부로서 '원칙적으로' 자신의 국제책임을 수락할 것을 요구하였으며, 이어서 상기 안보리결의 687은 이 점을 다음과 같이 확인하고 있다.

> "이라크는 통상적인 메커니즘들을 통하여 다루게 될 1990년 8월 2일 이전에 발생한 이라크의 부채와 의무를 침해함이 없이, 이라크의 쿠웨이트에 대한 위법한 침략과 점령의 결과로서 외국의 정부와 국민과 회사들에게 끼친 -환경침해와 천연자원의 고갈을 포함한- 일체의 직접적인 손실, 손해 혹은 침해에 대해 국제법에 의거하여 책임이 있다."[234)]

이 휴전결의(cease-fire resolution) 687에 기초하여 안보리는 배상기금(Compensation Fund)과 UN배상위원회(UN Compensation Commission : UNCC)를 설치하였다.[235)] UN배상위원회는 안보리의 보조기관으로서 동 위원회의 정치기관인 집행이사회(Governing Council)는 안보리의 구성을 반영하고 있다. 동 위원회의 임무는 100개가 넘는 국가들이 이라크를 상대로 제기한 무려 260만개가 넘는 건수의 전례없는 청구를 다루는 것인데, 여기에는 쿠웨이트가 걸프전 기간 중 이라크 군대가 쿠웨이트 유전에 놓은 불을 끄는데 들어간 비용도 들어 있다.[236)]

제2차 걸프전은 세인들의 머리에서 잊혀져 갔지만 이 전쟁은 법상 아직 끝난 것이 아니었다. 2002년 11월 8일 안보리는 후세인 정권의 거듭되는 결의 불이행에 대항해서 결의 1441을 만장일치로 채택하였는데, "UN헌장 제7장에 의거하여 행동"함을 명시한 본 결의의 주요내용은 다음과 같

---

231) Malanczuk, pp. 151, 397~398.
232) 안보리결의 674 (1990), para. 8.
233) 안보리결의 686 (1991), para. 1(b).
234) 안보리결의 687 (1991), para. 16.
235) 이 두 기구는 1991년 5월 20일에 채택한 안보리결의 692에 의거하여 제네바에 본부를 두고 있다.
236) 배상청구는 각국 정부를 통해 (이라크가 아니라) 기금(Fund)을 상대로 제기해야 하며, 개인은 여기에 직접 접근할 수 없다. https://www2.unog.ch/uncc/ ; Rosenne, *The Perplexities of Modern International Law*, p. 69 ; Malanczuk, pp. 398~399 ; Wallace, 3rd, p. 285.

다. 먼저, 그 전문에서는 특히 안보리결의 678 (1990)과 687 (1991)의 내용을 상기하며, 이라크측의 안보리결의 불이행과 대량파괴무기 및 장거리 미사일의 확산이 국제평화와 안전에 대해 제기하는 위협을 인정하고 있다. 이어서 그 본문에서는 “1. 이라크는 ... 결의 687을 포함해서 관련 안보리결의 하의 자신의 의무를 중대하게 의반하여 왔고 지금도 그렇게 위반하고 있다(Decides that Iraq has been and remains in *material breach* of its obligations ...)고 결정”하면서, 이제 “2. 이라크에게 안보리 결의 하의 무장해제 의무를 이행할 마지막 기회를 부여하기로 결정”하고, “3. ... 이라크정부는 무장해제 의무의 이행을 시작하기 위해, UNMOVIC(United Nations Monitoring, Verification and Inspection Commission : UN감시검증사찰위원회), IAEA 및 안보리에 이 결의안 채택 후 30일 이내에 대량파괴무기 개발 프로그램의 모든 것을 담은 선언서를 제공하여야 한다고 결정”하고, “5. ... 이라크는 UNMOVIC와 IAEA에게 즉각적이고, 방해받지 않고, 무조건적이고, 그리고 제한없는 접근을 제공할 것을 결정”하고, “7. ... UNMOVIC와 IAEA는 사찰단의 구성을 결정하고, 이라크 대통령궁을 포함하여 모든 시설을 사찰하고 모든 금지된 무기를 파괴, 제거할 수 있는 권리를 가지며”, “13. ... 안보리는 이라크가 자신의 의무를 계속하여 위반한 결과로 중대한 결과에 직면할 것임을 거듭 경고하여 왔음을 상기하며(Recalls ... that the Council has repeatedly warned Iraq that it *will face serious consequences* as a result of its continued violations of its obligations)”, “14. 이 문제를 계속 붙잡고 있기로 결정”하였다.

2003년 3월 7일 안보리에 제출된 UNMOVIC와 IAEA 사찰단의 “보고서는 이라크가 대량파괴무기를 보유하고 있다는 사실을 찾아내지도 못했고 그렇다고 대량파괴무기 개발을 하지 않는 것도 아니며, 이라크가 사찰에 적극 협조한 것도 아니라는 그야말로 흐리멍텅한 내용이었다.”[237] −1991년 사막의 폭풍 작전을 이끈 미국의 41대 대통령 조지 허버트 워커 부시(George Herbert Walker Bush, 1989-1993)의 아들인− 미국의 조지 워커 부시(George Walker Bush) 정부와 영국의 토니 블레어(Tony Blair) 정부는 이라크가 안보리결의 1441을 충족시키지 못했고 따라서 안보리가 대 이라크 무력사용을 허용하는 결의를 채택해 줄 것을 간청하였으나, 프랑스와 독일, 러시아 등은 이라크와 UN사찰단에 시간을 더 주어야 한다고 주장하였다. 부시 대통령은 더 기다리지 않기로 결심하였다. 2003년 3월 17일, 부시는 사담 후세인에게 “48시간 이내에 이라크를 떠나지 않으면 우리가 선택하는 시간에 군사적 충돌에 직면하게 될 것”이라고 선언하였고, 후세인은 이를 거부하였다. 2003년 3

237) 이춘근, “프랑스와 독일이 미국-영국의 이라크 전쟁에 반대하는 이유와 국제정치의 미래”, 자유기업원(정책제안), 2003.03.03 ; The Security Council, 27 January 2003: An Update on Inspection, Executive Chairman of UNMOVIC, Dr. Hans Blix (“While UNMOVIC has been preparing its own list of current “unresolved disarmament issues” and “key remaining disarmament tasks” in response to requirements in resolution 1284 (1999), we find the issues listed in the two reports as unresolved, professionally justified. These reports do not contend that weapons of mass destruction remain in Iraq, but nor do they exclude that possibility. They point to lack of evidence and inconsistencies, which raise question marks, which must be straightened out, if weapons dossiers are to be closed and confidence is to arise.”), 〈https://www.un.org/Depts/unmovic/Bx27.htm〉 ; Security Council Press Release, SC/7682, 7 March 2003, “United Nations Weapons Inspectors Report to Security Council on Progress in Disarmament of Iraq”, 〈https://www.un.org/press/en/2003/sc7682.doc.htm〉.

월 21일 미국과 영국의 연합군은 '충격과 공포'(Shock and Awe) 작전에 돌입하였고, 전쟁은 사실상 3주일만에 끝나고 말았다. 2003년 5월 1일 부시 대통령은 이라크전에서 귀환하는 항공모함 USS Abraham Lincoln호에 날아가 그 선상에서 "이라크에서의 주요 전투작전들이 끝났다." (Major combat operations in Iraq have ended.)고 연설하였다.[238] 2003년 5월 22일 채택된 결의 1483에서 "UN헌장 제7장에 의거하여 행동하는" 안보리는 특히, "이라크 대량파괴무기의 철폐와 이라크 무장해제의 종국적인 확인의 중요성을 또한 재확인"하고, "... 법의 지배에 기초한 대의정부를 구성하려는 이라크 사람들의 노력을 격려"하고, "... 미국과 영국이 통일사령부 하의 점령당국(이하 "Authority")으로서 적용가능한 국제법에 의거하여 부담하는 특별한 권한, 책임 및 의무를 인정"하며, "이라크 내의 사태가 개선은 되었지만 여전히 국제평화와 안전에 대한 위협을 구성한다고 결정"하면서, "10. ... 결의 661 (1990)과 1992년 10월 2일의 결의 778을 포함한 후속 관련 결의에 의하여 수립된, 이라크와의 교역 및 재정적 혹은 경제적 자원의 대 이라크 제공과 관련된 모든 금지는 더 이상 적용되지 아니한다고 결정"하였다.[239]

미국과 영국의 연합군에 의해 단행된 2003년 3월의 이라크전은 합법적인 것이었는가의 문제를 놓고 의견이 대립하고 있다. 이번 전쟁을 불법으로 보는 측의 근거는 대체로 다음과 같이 요약된다 : (i) 제2차 걸프전은 1991년 안보리결의 687에 의하여 이미 '종료'된 것이다 ; (ii) 미국 등 연합국은 안보리결의 1441 이후의 추가결의 없이 침공을 단행하였으므로(즉, 이것은 가만히 있는 이라크를 때린 'first' strike이므로) 위법 내지는 침략이다 ; (iii) 현대국제공동체에서 무력사용 문제는 UN헌장과 안보리결의에 기초해서만 풀어야 한다.

그러나 상기 각 항목의 주장에 대해서는 다음과 같은 반론이 가능하다. 첫째, 1990년 개시된 이라크의 쿠웨이트 침략은 아직 끝난 것이 아니었다. 안보리결의 687 (1991)은 '조건부' '휴전'을 선언한 것에 불과하기 때문이다. 즉, 휴전의 조건으로서 대량살상무기의 폐지 등등의 가혹한 조건을 요구했던 것인데, 이 휴전조건의 '중대한' 위반을 이유로 안보리결의 1441 (2002)이 채택되었던 것이다. 휴전합의를 중대하게 위반하면 타방당사자는 휴전을 파기하고 다시 즉각 전투를 계속할 권리를 가진다는 것은 상식에 속한다.[240] 요컨대, 2003년 3월의 이라크전은 새로운 전쟁이 아니라 1990년에 개시된, 그러나 아직 종료되지 아니한 제2차 걸프전의 제2단계일 뿐이다. 둘째, (first strike 및

---

238) CNN.com - Bush calls end to 'major combat' - May 1, 2003.

239) 이밖에도, 안보리는 "20. 본 결의안 채택일 이후 이라크로부터의 석유, 석유제품 및 천연가스의 모든 수출판매 수익금은 -국제적으로 승인된 이라크의 대의정부가 올바르게 구성될 때까지는- 이라크개발기금(Development Fund for Iraq)에 예치되도록 결정"하였는데, 바로 이날 부시는 이라크 석유에 대한 미국의 이익을 절대적으로 보호하기 위하여 '행정부명령 13303'을 발하였으며, 동 행정부명령은 2023년 현재까지 철회되지 않고 있다. "Executive Order 13303—Protecting the Development Fund for Iraq and Certain Other Property in Which Iraq Has an Interest" ; The White House〉 Briefing Room〉Presidential Actions, May 16, 2023, "Notice on the Continuation of the National Emergency with Respect to the Stabilization of Iraq" ; https://en.wikipedia.org/wiki/Executive_Order_13303.

240) 1907년 헤이그 육전규칙 제40조 ; 崔載勳(외 5인), p. 715 ; L. Oppenheim, *International Law*, Vol. Ⅱ (Disputes, War and Neutrality), 7th ed. (edited by H. Lauterpacht) (London : Longmans, 1952), p. 556. 김찬규, "이라크전과 유엔위상변화", 국민일보 (2003. 4. 18), 7면도 이 점을 잘 지적하고 있다.

안보리에 의한 사후승인 가능성을 규정한) 1974년의 UN총회 침략정의 결의 제2조에 비추어 보면, 연합국의 공격은 first strike가 아니라 1991년에 단행된 다국적군의 second strike의 연장일 뿐이다. 이는 이라크 정부에 의한 휴전조건의 '중대한' 위반의 결과이기 때문이다. 셋째, 근본적인 질문을 제기하지 않을 수 없다. 즉, 무력사용과 관련된 모든 문제는 오로지 UN헌장에 의해서만 규율되는가? 다시 말해서, 매우 비슷하거나 동일한 규칙의 조약과 관습이 '병존'할 수는 없는 것인가? *Nicaragua* 사건[241]은 이 문제에 대해 중요한 시사를 던져 주고 있다. 조약과 관습의 병존(parallel existence)을 인정한 이 판례는 국제공동체의 분권적 상황을 그대로 반영한 것으로 보인다. 그리고 이것은 UN헌장 체제 하에서도 전통관습법규들(특히, 인도적 간섭)이 그대로 보존되거나, 새로운 관습법규들이 형성될 수 있음을 시사하고 있는 것이다. 결론적으로, 휴전이 1991년 안보리에 의하여 선언되었으므로 휴전파기도 안보리에 의해 선언되었더라면 모든 것이 분명하였을 것이다. 그러나 안보리결의 678, 687, 1441의 관련 규정들을 연계시켜 생각하면, 이번 이라크전쟁은 이들 결의안에 의하여 이미 묵시적으로 승인되어 있었다고 해석하기에 충분하다.[242] 이 밖에도 미국의 3월 공격은 5월의 안보리결의 1483에 의해 사후 승인되었다고 보지 않을 수 없다.[243]

그러나 이같은 사전 혹은 사후의 묵시적 허가(승인)(implied authorization) 내지는 허가의 부활(revived authorization) 논법은 안보리 내 일부 다른 국가들의 반발을 불러 왔다. 즉, 이들은 사전/사후 묵시적 허가(승인)의 해석을 막는 방법을 고안해 내었는데, 그것은 앞으로 추가 조치가 필요할 때에는 반드시 그것을 허용하는 별도의 조치가 필요하다는 규정을 결의안에 명시적으로 삽입하는 것이다.[244]

2. 쿠르드족을 위한 인도적 간섭과 안보리결의 688

제2차 걸프전 이야기를 다시 1991년으로 되돌려 보자. 이 해 이라크 군대가 패배하여 쿠웨이트에서 물러간 뒤 이라크 북부와 남부에서는 사담 후세인의 통치에 반대하는 폭동이 연이어 발생하였는데, 여전히 강력한 이라크 군대는 이를 무자비하게 진압하였고 그 결과 피난민이 줄을 이었다. 북

241) *Military and Paramilitary Activities in and against Nicaragua*, ICJ Reports (1986), p. 14.

242) Rosenne, *The Perplexities of Modern International Law*, pp. 427, 429도 이런 관점에서 다음과 같이 언급하고 있다 : "... Iraq's non-compliance with a series of such resolutions formed the basis for the Anglo-American action against the Baathist regime in Iraq in 2003."(p. 427) ; "In the case of Iraq in 2003, failure to comply with a series of resolutions adopted under Chapter Ⅶ of the Charter has been interpreted as authorizing the use of armed force for the purpose of removing the recalcitrant regime, seen to be a threat to international peace and security."(p. 429)

243) Turns in Evans (ed.), *International Law*, 5th, p. 867.

244) 이를테면, 2006년 7월 31일 이란의 핵프로그램과 관련하여 채택된 '안보리결의 1696'의 제8항은 다음과 같이 규정하고 있다 : "Expresses its intention, in the event that Iran has not by that date complied with this resolution, then to adopt appropriate measures under Article 41 of Chapter Ⅶ of the Charter of the United Nations to persuade Iran to comply with this resolution and the requirements of the IAEA, and *underlines* that further decisions will be required should such additional measures be necessary." 이 문제에 관해서는 Orakhelashvili, op. 490~492 참조.

부 이라크에서는 1백만이 족히 넘는 쿠르드족(Kurds)이 터키와 이란 내 국경지대로 피신하였으며, 그 중 많은 이들이 사망하였다. 1991년 4월 3일 이같은 상황에 대처하기 위해 안보리결의 688이 채택되었는데, 동 결의에서 안보리는 "UN헌장 제2조 7항을 상기하면서", "이라크의 많은 부분에서, 특히 가장 최근에는 쿠르드족이 거주하고 있는 지역들을 포함하여, 이라크의 민간인들에 대한 탄압이 국가 간 경계선들을 향하고 이를 넘어 대규모의 난민유입과 상호 국경침입을 초래함으로써 이 지역에서의 국제평화와 안전을 위협하고 있는 사실에 대해 크게 우려하며", "연루된 인간의 고통의 크기에 깊은 혼란을 느끼며", "이라크와 이 지역에서의 모든 국가들의 주권과 영토보전과 정치적 독립에 대한 모든 회원국들의 공약을 재확인하며", (이상 전문의 일부) "1. 이라크의 많은 부분에서, 특히 가장 최근에는 쿠르드족이 거주하고 있는 지역들을 포함하여, 이라크의 민간인들에 대한 탄압이 이 지역에서의 국제평화와 안전을 위협하는 결과(consequences)를 초래하고 있음을 비난하며", "2. 이라크가 이 지역에서의 국제평화와 안전에 대한 위협을 제거하는데 기여하기 위하여 이 탄압을 즉각 종료할 것을 요구하며, 같은 맥락에서 모든 이라크시민의 인권과 정치적 권리가 존중됨을 보장하기 위하여 솔직한 대화가 있을 것을 희망하며", "3. 이라크가 자국 영토의 모든 부분에서 원조를 필요로 하는 모든 사람에 대한 국제인도기구들의 즉각적인 접근을 허용하고 또한 이들의 활동을 위해 필요한 모든 편의를 제공할 것을 강력히 요구하며", ... "5. 더욱이, 난민(refugees)과 이라크피난민(displaced Iraqi population)의 중요 필수품에 긴급히 대처하기 위하여, 사무총장이 관련 UN기구들의 자산을 포함하여 그가 마음대로 사용할 수 있는 모든 자산을 이용할 것을 요청하며", "6. 모든 회원국들에게 그리고 모든 인도기구들에게 이들 인도적 구호노력에 기여할 것을 호소하며", "7. 이라크에 대해서는 사무총장과 협력할 것을 요구하며", "8. 안보리는 이 문제를 계속 붙잡고 있기로 결정"하였다. 이 결의에 3개국(쿠바, 예멘, 짐바브웨)은 반대하였고, 2개국(중국과 인도)은 기권하였다. 이들 5개국은 이 결의가 국내문제에 관련된 것이라는 이유로 크게 비난하였다.[245)]

결의 688이 채택된 후, 1991년 4월 이라크의 반대에도 불구하고 (주로 미국·영국·프랑스에서 파견된) 13,000명이 넘는 군인들이 이른바 '위로작전'(Comfort Operation)을 단행하기 위해 미국의 지휘 아래 이라크 북부에 진입하여, 쿠르드족을 위하여 그 곳에 '안전피난처들' (safe havens)을 설치하고, 그들이 이 곳에서 생명을 유지하고 식품과 기타 인도적 원조를 받을 수 있게 하였다. 연합국은 또한 이라크 항공기가 들어올 수 없는 '비행금지구역'(no- fly zones)을 설치하였는데, 그 하나는 쿠르드족을 위하여 이라크 북부에 1991년 4월부로 그어진 38도선이고, 다른 하나는 시트/마시 아랍족(Shiite/ Marsh Arab population)을 위하여 그 남부에 1991년 8월부로 그어진 32도선이다.[246)]

결의 688은 안보리가 '대규모적인 혹은 중대한' 인권침해를 국제평화와 안전에 대한 직접적인 위협으로 간주하고 있음을 보여주는 중요한 선례이다. 다만, 그 전문에서 "이라크의 민간인들에 대한 탄압이 국가 간 경계선들을 향하여 그리고 이를 넘어 ... 이 지역에서의 국제평화와 안전을 위협하고" 있다고 언급하고 있고, 또 본문 제1단락에서 "이라크의 민간인들에 대한 탄압이 이 지역에서의

245) Harris, 5th, pp. 919~920.
246) *Ibid.*, p. 920.

국제평화와 안전을 위협하는 결과를 초래하고 있음을 비난"하고 있는 것으로 보아, 동 결의는 대규모적이긴 하지만 국경을 넘는 효과를 갖지는 않는, '순전히 내부적인' 인권침해 자체(massive, but purely internal, human rights violations as such, without transboundary effects)와 관련된 것은 아니고 대규모적이면서 동시에 '국경을 넘는 혹은 대외적 효과를 가지는'(massive human rights violations with transboundary or external effects) 인권침해와 관련된 것임을 기억하는 것이 좋을 것이다.[247)]

그렇다면 한 걸음 더 나아가, 결의 688은 안보리가 이같은 상황에서 인권을 보호하기 위하여 국가들에게 무력사용을 허가한 것으로 볼 수 있을 것인가? 연합국들은 위로작전과 비행금지구역설정은 동 결의에 의하여 정당화된다고 주장하였다. 그러나 동 결의는 헌장 제7장에 대한 언급을 담고 있지 않으며(그러나 이것은 크게 문제되지 않는다. 안보리는 자신이 헌장 제 몇 조에 의거하여 행동하는지를 밝히지 않는 경우가 흔하기 때문이다), 집단강제조치를 언급하고 있지도 않고, 연합국의 군사적 간섭을 허가한다고 해석될 수 있는 어떤 규정도 없다. 오히려 안보리는 결의전문에서 (회원국의 국내문제에 대한 UN의 간섭을 금지하고 있는) "UN헌장 제2조 7항을 상기"시키고 또 "이라크와 이 지역에서의 모든 국가들의 주권과 영토보전과 정치적 독립에 대한 모든 회원국들의 공약을 재확인"함으로써, 중대한 인권침해를 다룰 수 있는 자신의 권리를 이들 국가주권원칙으로 균형을 잡으려고 한 것으로 보인다. 사무총장에게 위임된 인도적 업무를 제외하면 이 결의는 이라크에 대한 형식적인 비난 이상의 것이 아니었다. 만약 그렇지 않았다면 중국은 거부권을 행사하였을지도 모른다. 4월 17일 사무총장도 북부이라크에 외국군대를 배치하는 것은 이라크의 동의를 필요로 한다는 견해를 피력한 바 있다. 이라크는 연합국의 군사적 간섭을 비난하면서도 군사적으로 대응하지는 않고 UN대표단과 교섭을 계속하였고, 그 결과 서구연합군은 1991년 7월에 북브이라크에서 철수하고, 그 대신 약 500명의 UN수비대(UN guards)가 '이라크의 동의를 얻어' 배치되었다. 이같은 사정을 종합해 보면, 안보리결의 688은 연합국의 인도적 간섭을 위한 법적 근거가 되지 못하였다는 결론에 이른다. 다만, 안보리의 수권에 의하지 아니한 일방적인 인도적 간섭이 헌장체제 하에서도, 혹은 헌장과는 별도로 일반국제법에 의거하여 허용될 수 있는가의 문제는 그대로 남아 있다.[248)]

3. 소말리아

1992년 미국의 지휘 아래 20개국이 넘는 국가에서 37,000명의 외국 군인이 참여한 소말리아 사례는 안보리가 UN헌장 제7장에 기초하여 인도적 간섭을 허용한 획기적 사건이었다. 동시에 그것은 집단적으로 시도된 인도적 간섭이 실패한 한 예이기도 하다.

소말리아는 아프리카 사하라 이남 국가들 중에서는 유일하게 단일민족으로 구성되고 있으면서도 문벌(clan)간의 반목으로 고통을 당하고 있다. 1880년대에 영국과 이탈리아의 식민지가 되었고,

---

247) Malanczuk, pp. 399~400.

248) *Ibid.*, pp. 400~402 ; Harris, 5th, pp. 920~922 ; Shaw, 4th, pp. 874~875.

1941년 두 지역 모두 영국통치 하에 들어갔으나 1960년 독립과 동시에 통일되었다. 1969년 Siad Barre 장군이 집권하였으나 그는 1991년 대통령 직에서 축출되었다. 그 후 문벌간의 권력투쟁이 격화되어 국가 전체가 혼란과 기아 그리고 '무정부상태'로 빠져들었다. 특히, 수도 모가디슈(Mogadishu)에서는 임시대통령 Ali Mahdi Mohamed를 지지하는 정파와 Mohamed Farah Aidid 장군을 지지하는 정파간에 대규모 전투가 이어지고 있었다. 죽음과 파괴가 국가 전체를 휩쓸었으며, 이로 인해 약 1백만의 인구가 이웃국가들로 피난하였고, 1991년 5월 소말리아 서북부는 'Somaliland Republic'이란 이름으로 독립을 선언하기도 하였다.[249)]

UN과 다수의 비정부기구(즉, 민간단체)는 소말리아에서 인도적 구호활동에 종사하고 있었고, UN 사무총장은 아프리카단결기구(Organization for African Unity : OAU), 아랍국가연맹(League of Arab States : LAS), 이슬람회의기구(Organization of the Islamic Conference : OIC)와 협력하여 평화를 회복하기 위한 정치적 노력을 하고 있었다. 1992년 1월 23일 안보리는 소말리아에 대해 무기금수를 부과하고 모든 당사자들에게 적대행위를 중단할 것을 요청하였다.[250)] UN사무총장, OAU, LAS 그리고 OIC가 관여하여 UN본부에서 협상한 결과 임시대통령 Ali Mahdi와 Aidid 장군 간에 휴전합의가 이루어졌다. UN보안군이 구호품 호송을 보호하는 것에 관해서도 합의가 이루어졌다. 1992년 4월 안보리는 UNOSOM(United Nations Operation in Somalia)을 창설하여 50명의 UN군사옵서버와 약 500명의 UN보안군을 배치하였다.[251)] 안보리는 그 후 계속되는 전투와 인도적 활동에 대한 공격을 감안하여 보안군을 3,000명까지 늘리기로 결정하였다. 그러나 UNOSOM은 자신의 임무를 이행할 수 없었다.[252)]

이제 평화유지활동은 강제행동으로 대체되지 않으면 안되었다. 소말리아는 이때쯤 해서 군벌간의 격렬한 전투로 인해 구호단체들이 아사에 직면한 1백만 정도의 인민에게 더 이상 인도적 원조를 제공할 수 없는 지경에 이르렀기 때문이다.[253)] 구호품의 배달을 보호하기 위해 군사작전을 이끌겠다는 미국의 제안이 있은 후, 1992년 12월 3일 안보리는 소말리아의 내전과 관련하여 인도적 간섭을 허용하였다. 즉, 만장일치로 채택된 안보리결의 794에서 안보리는 특히, "소말리아의 현재 상황의 독특한 성격을 인정하고", "인도적 원조의 분배에 가해지고 있는 장애물들에 의하여 더욱 악화되고 있는, 소말리아 내에서의 충돌에 의하여 야기된 인간의 비극의 크기가 국제평화와 안전에 대한 위협을 구성한다고 결정하면서", "UN헌장 제7장에 의거하여, 사무총장과 회원국들에게 가능한 한 속히 소말리아에서의 인도적 구호활동을 위한 안전한 환경을 확립하기 위하여 필요한 모든 수단을 사용할(to use all necessary means to establish as soon as possible a secure environment for humanitarian relief operations in Somalia) 권한을 부여"하였다.[254)] 결의 794는 안보리가

249) *World Reference Atlas*, pp. 492~493.
250) 안보리결의 733 (1992).
251) 안보리결의 751 (1992).
252) Malanczuk, p. 403.
253) Shaw, 4th, p. 872.
254) Harris, 5th, p. 923.

순전한 내전 상황에서, 그리고 내전의 '대외적 결과'(external consequences)를 원용함이 없이, 인도적 구호를 제공하기 위해 처음으로 헌장 제7장에 의거하여 행동을 개시했다는 점에서, 위에서 살펴본 안보리결의 688과는 대조적이다.

결의 794는 또한, "그렇게 할 수 있는 입장에 있는 모든 회원국들에게 군대를 제공하여" 미국의 통일사령부 산하에 둘 것을 요청하였다. 그 결과 1992년 12월 24개국 군대로 구성된 -실제로는 거의 미군(약 30,000명)으로 구성된- 다국적군 UNITAF(Unified Task Force)가 소말리아로 파견되었고, 1993년 3월에는 약 37,000명의 군인으로 소말리아 국토의 40퍼센트를 담당하였다. 이로 인해 인도적 구호품의 분배가 개선되고 그 결과 기아상태도 상당히 완화되었다. 그러나 군벌들의 UNITAF에 대한 무장항쟁에 직면하여, 안보리는 결의 814를 통하여 -Aidid 장군의 군대를 포함해서- 국내의 모든 파벌의 강제적인 무장해제를 수반하는 강제행동을 취하기 위해 UNITAF를 UNOSOM Ⅱ로 변형시키기로 결정하였다. UNOSOM Ⅱ는 또한, 소말리아 경제·정치·사회 기구의 재건을 도와줄 수 있는 권한도 부여받았다. 1993년 3월 아디스아바바에서 열린 한 회의에서 소말리아 15개 정파의 지도자들은 국가적 화해, 무장해제와 안전, 복구와 재건, 재산의 회복과 분쟁의 해결에 합의하였으며, 과도국가평의회 창설에도 합의하였다.[255]

그러나 이 합의는 단지 더 큰 재난의 서곡이었다. 1993년 6월 모가디슈에서 UNOSOM Ⅱ에 대한 Aidid 장군 측의 공격으로 25명의 파키스탄군인이 살해되었다. UNOSOM Ⅱ는 분쟁의 일방당사자가 되어 모가디슈에서 군사작전을 전개하였고, 그로 인해 민간인과 UNOSOM군대에 사상자가 발생하였다. 미국은 Aidid 장군을 굴복시키는 것이 필요하다고 생각하여 군사행동을 취하였지만 그의 모가디슈 사령부에 대한 헬리콥터 공격에서 50명의 민간인 사망을 초래하고 말았다. 미국의 이 같은 접근방식은 타국가들로부터 비난의 대상이 되었는데, 특히 이탈리아는 UN사령부에 대해 모가디슈에서의 전투행위를 중지할 것을 요청하였다. UN사령부는 이탈리아에 대해 그 분견대 사령관을 교체하도록 요청하는 것으로 응수하였고 이탈리아는 이를 거절하였다.[256]

1993년 10월 18명의 미국 군인이 살해된 후, 미국은 드디어 1994년 3월 31일까지 소말리아에서 철수하겠다고 천명하였고, 벨기에·프랑스·스웨덴도 그들의 철수를 천명하였다. UNOSOM Ⅱ의 임무는 1994년 2월 개정되어, 정치적 화해, 재건 그리고 안정에 대해 원조를 제공하는 역할이 강조되었다. 안보리는 또한 UNOSOM군대의 점진적인 축소를 규정하였으며, 그 임무는 1995년 3월까지 완료될 것이라고 말하였다. 1994년 UN은 소말리아 정파들간에 화해를 가져오려고 계속 노력하였으나 어떤 진전도 없자 1995년 3월 UNOSOM Ⅱ의 철수를 완료하였다. 소말리아 사례는 비록 UN의 군사작전이 성공을 거두지는 못했지만, 안보리가 순전한 내전 상황에서 당해 정부의 동의를 구하지 않고 인도적 원조를 제공하기 위해 헌장 제7장에 의거하여 행동을 개시했다는 점에서 중요한 선례를 남겼다.[257]

---

255) Malanczuk, p. 404.
256) *Ibid.*, pp. 404~405.
257) *Ibid.*, p. 405.

4. 르완다

르완다는 내부의 인종갈등으로 인해 대규모살상 내지는 제노사이드(집단살해)가 자행되고, 또 이 과정에서 국제인도법을 중대하게 위반한 자들을 처벌하기 위해 안보리가 -구유고 국제형사재판소[258]를 닮은- 또 하나의 임시UN국제재판소인 르완다 국제형사재판소[259]까지 설치한 끔찍한 비극의 현장이다. 르완다는 처음에는 독일의 식민지가 되었으나 나중에는 벨기에의 식민통치를 받다가 독립하였다. 대체로 후투족(Hutu)(85 퍼센트), 투치족(Tutsi)(14 퍼센트) 그리고 트와피그미족(Twa pygmy)(1 퍼센트)으로 구성되어 있는데,[260] 500년이 넘는 기간 동안 소를 소유한 투치가 땅을 소유한 다수파 후투를 누르고 정치적으로 지배적인 입장에 있었다. 그러나 1959년의 폭동은 양자의 이같은 역할을 바꾸어 놓았으며, 1962년 후투가 이끄는 정부 하에 독립하였다. 그러나 1960년대 투치의 폭동과 후투에 의한 학살 그리고 수십만에 이르는 투치의 망명이 이어졌으며, 1973년 후투의 Habyarimana 장군이 집권하였다. 제2언어로서 투치는 영어를 사용하는데 반해 후투는 불어를 사용하고 있었다. 아마도 이 때문에 후투정부는 프랑스의 지원을 받고 있었는데, 1990년 10월 (르완다 북부 및 인접국 우간다에 근거지를 둔) 투치의 르완다애국전선(Rwandese Patriotic Front : RPF)이 정부군에 대항하여 전면적인 공격을 개시하였다. 1992~93년 한때 과도연립이 성립되었으나 1993년 2월 적대행위가 재개되었다.[261] 르완다와 우간다의 요청으로 1993년 6월 22일 안보리는 국경지역의 군사적 사용을 막기 위해 우간다측 국경지대에 UNOMUR(United Nations Observer Mission Uganda- Rwanda)를 배치하기로 결정하였다.[262] 두 내전당사자가 1993년 8월 탄자니아의 아루샤에서 평화협정에 서명한 뒤 10월 5일 안보리는 그들의 요청에 따라 동 협정의 이행을 돕기 위해 또 하나의 국제군 UNAMIR(United Nations Assistance Mission for Rwanda)를 설치하였는데, UNAMIR의 임무는 1995년 10월까지 신정부의 선출과 수립을 감독하는 것이었다.[263]

그러나 1994년 4월 5일 르완다의 Habyarimana 대통령과 부룬디의 대통령이 탄자니아에서 평화협상에 참석한 뒤 함께 비행기를 타고 돌아가던 중 르완다 수도 키갈리의 공항 근처에서 지대공미사일의 공격을 받아 살해된 후[264] 르완다는 수주 동안 전면적인 내전과 제노사이드에 휘말렸다. 1994년 4월과 7월 사이에만도 약 50만의 투치가 후투 임시정부에 의해 조직된 제노사이드행위로 죽고, 100만이 넘는 다른 투치인들은 이웃국가들로 피난하였다. 경무장한 2,700명의 UNAMIR 옵서버군은 이같은 살육을 막을 수 있는 입장에 있지 않았으며, 또 그같은 권한을 부여받지도 않았다.

---

258) 안보리결의 827 (1993), (1993) 32 ILM 1203 ; Harris, 5th, p. 748 et seq.
259) 안보리결의 955 (1994), (1994) 33 ILM 1600 ; Harris, 5th, p. 752 ; Shaw, 4th, pp. 195~196.
260) Harris, 5th, p. 923.
261) *World Reference Atlas*, pp. 462~463.
262) 안보리결의 846 (1993) ; Malanczuk, p. 405 ; Shaw, 4th, p. 873.
263) 안보리결의 872 (1993) ; Malanczuk, p. 405.
264) 조선일보, "미테랑 아들 '르완다 학살' 증언대에", 1998년 4월 10일(금), 6면에 의하면 "지난달부터 활동을 시작한 (프랑스의회의) 진상조사위원회는 ... 그 미사일이 러시아제이며 프랑스 무기고에서 반출된 것이라는 혐의를 찾아내기에 이르렀다."

그리고 르완다수상이 살해될 때 그를 보위하고 있던 벨기에군인 10명이 함께 살해당한 뒤 벨기에는 자국군인 440명을 철수시켰고, 나머지 군인은 그들의 병영 내에 박혀있어야 했다. 4월 21일 안보리는 더 이상의 UN 사상자를 막기 위해 UNAMIR군의 수를 270명으로 줄이기로 결정하였다.[265] 그러나 사태가 계속 악화되자, 5월 17일 안보리는 르완다 내의 사태가 국제평화와 안전에 대한 위협을 구성한다고 결정하고, 르완다에 대해 무기금수를 부과하고, UNAMIR를 5,500명까지 늘려 르완다에 재배치하는 것을 허가하고, 그의 권한(임무)을 확대하여 '인도적 안전지역'의 설치와 유지를 이에 포함시켰다.[266] 그러나 이 결의를 이행하기 위해 병력을 제공하겠다는 회원국은 없었고, 한 달 후 이디오피아만이 그같은 의사를 피력하였을 뿐이다. 그러자 프랑스정부가 이 목적을 위해 군대를 파견할 용의가 있음을 제안하였다.

1994년 6월 22일 안보리는 프랑스의 이같은 제의를 받아들여 헌장 제7장에 의거하여 결의 929를 채택하였는데, 이 결의에서 안보리는 UNAMIR가 보강될 때까지 두 달간의 작전 'Opération Turquoise'를 허용하였다. 그리고 프랑스와 여기에 참여하는 기타 회원국들은 –사무총장과 협력하여 그리고 "필요한 모든 수단"(all necessary means)을 사용하여– (i) 특히 인도적 안전지역을 설치함으로써 위험에 처한 피난민(혹은 실향민 : displaced persons), 난민(refugees) 그리고 민간인들의 안전과 보호에 '불편부당하게' 기여하고, (ii) 구호품배급을 지원할 목적으로 임시다국적활동을 수행할 수 있는 권한을 부여받았고, 실제로 Opération Turquoise는 르완다 서남부에 인도적 안전지역을 설치하였다. 프랑스 지휘 하의 Opération Turquoise는 8월 21일 종료되었고, 안전지역에 대한 책임은 이디오피아·가나·짐바브웨의 군대로 구성된 UNAMIR가 이어 받았으며, UNAMIR의 병력도 점차 보강되어 10월에는 4,270명에 달하였다. 르완다 내전은 투치의 RPF가 안전지역을 제외한 르완다 전역에 대해 통제권을 장악한 뒤 7월 18일 일방적으로 휴전을 선언함으로써 종료되었다. 그러나 후투는 신정부 내에서 대통령직을 포함하여 중요 직책의 대부분을 할당받았으며, 르완다 정부의 우선과제는 떠나간 사람들을 다시 고향에 정착시키고 제노사이드를 범한 자들을 재판에 회부하는 일이다. 1995년에는 UN의 르완다국제형사재판소가 탄자니아에서 개정을 시작하였으며, UNAMIR의 임무는 1996년 3월 6일자로 끝났다.[267]

5. 아이티

프랑스의 식민지였던 아이티는 1804년 카리브해 국가로서는 최초로 독립을 획득하였으나 그때부터 지금까지도 정치적 혼란이 계속되고 있다. 그리고 무엇보다도 아이티는 민주선거의 결과를 이행하기 위해 헌장 제7장이 발동된 아주 특별한 경우로서, 그 과정은 대체로 다음과 같다. 우선, 이 국가는 부호들과 군부에 의존하는 Duvalier 가(家)의 독재가 30년 가까이 지속되어 국민을 괴롭혔는

265) 안보리결의 912 (1994) ; Malanczuk, p. 406 ; Harris, 5th, p. 923.
266) 안보리결의 918 (1994).
267) Malanczuk, p. 406 ; Shaw, 4th, p. 874 ; *World Reference Atlas*, p. 462.

데, 1957년부터 1971년까지는 François Duvalier의 혹독한 독재통치가 있었고, 1971년 아들 Jean-Claude Duvalier가 종신대통령직을 넘겨받았다.[268] 그러나 1986년 2월 그가 해외로 도망가고 국민투표를 통하여 신헌법이 승인된 후, 1990년 아이티임시정부는 UN에 대해 앞으로 개최될 아이티의 선거를 감시해 줄 것을 요청하여 왔으며, 이에 따라 ONUVEH(UN Observer Group for the Verification of the Elections in Haiti)가 설치되었다. 그리고 Jean-Bertrand Aristide 신부가 투표의 67퍼센트를 얻어 1991년 2월 22일 대통령에 취임하였다. 그러나 1991년 9월 30일 군부쿠데타가 민주정부를 전복시켰고, Aristide는 미국으로 망명하였다.[269]

바로 그 날 안보리는 UN주재 아이티 대사의 요청에 따라 회합을 가졌다. 그러나 쿠데타 문제를 다루기 위해 공식적으로 소집된 것은 아니었다. 왜냐하면 쿠데타는 국내문제로서 이것은 평화에 대한 위협을 구성하는 문제가 아니며, 따라서 안보리의 권한에 속하지 않는다고 생각하였기 때문이다. 반대로, 미주기구(OAS)는 1991년 10월 2일 쿠데타를 공식적으로 비난하고, 그 회원국들에게 아이티에 대해 경제적·외교적 제재를 채택할 것을 권고하였다. 이튿날 Aristide 대통령의 의견을 듣기 위해 소집된 안보리에서 모든 이사국은 쿠데타를 비난하고 미주기구의 입장에 대해 강한 지지를 보였지만, 쿠데타와 관련하여 어떤 공식적인 결의도 채택되지 않았다. UN헌장 제2조 7항에 의거하여 전통적으로 국가들의 국내관할권에 속하는 것으로 생각되어 왔고, 따라서 UN의 업무가 아닌 일들에 대해 안보리의 간섭이 증대되는 것을 중국과 비동맹국가들이 우려하였기 때문이다.[270]

미주기구의 제재가 실패하였다고 생각한 안보리는 1993년 6월 16일 드디어 헌장 제7장에 의거하여 아이티정부와 군사지도자들의 자산동결을 포함한 일정 경제제재를 부과하였다.[271] 그 후 7월 군사정부는 Aristide 대통령의 복귀를 약속하였고, 이에 따라 8월 27일 UN의 경제제재도 해제되었다.[272] 그리고 아이티군대의 개혁과 새로운 경찰의 창설을 지원하기 위해 UNMIH(UN Mission in Haiti)가 설치되었다.[273] 그러나 군사정부가 약속을 지키지 않고 UNMIH군대의 상륙을 방해하자, 안보리는 10월 13일 경제제재를 다시 부과하였으며,[274] 이어서 10월 16일 아이티 사태는 "평화에 대한 위협"을 구성한다고 결정한 뒤 회원국들에게 -아이티의 합법정부와 협력하여- 경제제재를 이행하는데 "구체적인 상황에 비례하는 필요한 조치"(such measures commensurate with the specific circumstance as may be necessary)를 사용할 것을 요청하였다.[275] 10월 16일, 결의 875가 채택되던 그 날, 미국의 군함들이 해상봉쇄를 위해 아이티 앞바다에 배치되었다.

그럼에도 불구하고 UN 제재가 즉각 실효성이 있는 것으로 입증되지 못하자 1994년 7월 31일 안보리는 결의 940을 채택하여 "회원국들이 통일사령부 ... 산하에 다국적군(a multinational force)

268) *World Reference Atlas*, pp. 258~259.
269) Malanczuk, p. 407 ; Harris, 5th, p. 943.
270) Malanczuk, p. 407.
271) 안보리결의 841 (1993).
272) 안보리결의 861 (1993).
273) 안보리결의 867 (1993).
274) 안보리결의 873 (1993).
275) 안보리결의 875 (1993) ; Harris, 5th, p. 943.

을 형성하고, 이 테두리 내에서 군사지도부의 아이티 출국과 합법적으로 선출된 대통령의 조속한 귀국 ... 을 용이하게 하기 위하여 필요한 모든 수단(all necessary means)을 사용하는 것을 허락" 하였다. 이 안보리결의 940에 기초하여, 9월 19일 3,000명의 미군이 상륙하였고, 수일 내에 외국 군대는 20,000명을 넘어 섰다. 10월 15일 Aristide 대통령이 군사정부를 대체하기 위해 미국 비행기를 타고 아이티에 돌아왔으며, 미국은 1995년 3월 31일부로 그 임무를 UN에 공식 인계하였다.[276]

아이티 사태는 인도적 간섭과 더불어 민주주의도 국제적 원칙에 속함을 지지하는 가장 중요한 선례로 언급되기도 한다. 그러나 전통국제법의 관점에서 보면 이같은 주장은 수락하기 어려운데, 왜냐하면 군사쿠데타가 일어나서 민주정부를 전복시키는 것은 종래 결코 헌장 제7장의 관심영역으로 간주되지 않았기 때문이다. 사실, UN과 미국은 1945년 이후 남미 대부분의 국가에서의 군사통치의 수립에 대항하여 결코 간섭한 바 없었다. 중국은 아이티의 작전과 관련하여 기권하면서, "일부 회원국들에게 무력(힘)을 사용할 것을 허가하는 안보리의 관행은 훨씬 더 큰 혼란을 가져오고 있는데, 왜냐하면 이것은 분명히 한 개의 위험한 선례를 만들 것이기 때문이다."라고 주장하였다.[277] 그러므로 Malanczuk는 "이 사건은 서반구에서 발생하였기 때문에, 주로 미국의 작전인 아이티 케이스는 -1823년 미국의 먼로 대통령이 천명한 이래 라틴아메리카에 대한 미국의 빈번한 군사적 간섭을 정치적으로 정당화하는데 봉사하여 온- 먼로주의(Monroe Doctrine)를 이번에는 UN의 우산을 쓰고 적용한 사례로 이해하는 것이 낫다."[278]고 논평하고 있다.

6. 유고슬라비아

유고 사태는 냉전 종식 후 UN이 부딪힌 가장 복잡한 분규였는데, 여기서는 단지 안보리의 주요 결의를 중심으로 그 전개 과정을 개관하기로 한다. UN의 원회원국인 구유고사회주의연방공화국(Socialist Federal Republic of Yugoslavia)은 슬로베니아(Slovenia), 크로아티아(Croatia), 보스니아-헤르체고비나(Bosnia and Herzegovina), 세르비아(Serbia), 몬테네그로(Montenegro), 마케도니아(Macedonia) 등 6개 공화국으로 구성되고 있었으며, 세르비아공화국 내에는 코소보(Kosovo)와 보이보디나(Vojvodina)의 2개 자치주가 포함되어 있었다.[279] 그러나 공산주의가 붕괴되면서 분리주의 운동과 이를 저지하려는 세르비아계 연방정부 간에 갈등이 표면화되었다. 1991년 6월 크로아티아와 슬로베니아가 유고로부터의 독립을 선언하자 연방정부와 유고인민군(Yugoslav People's Army)은 이에 반대하여 크로아티아 내 세르비아민병대를 지원하였으며, 9월 들어 전투는 크로아티아와 세르비아 간의 전면전으로 확대되었다. 1992년 3월 보스니아-헤르체고비나(이하 보스니아)도 독립을 선언하자 무력충돌은 더욱 악화되었는데, 보스니아의 크로아티아인들과 회교도(무슬

276) Harris, 5th, pp. 943~944 ; Malanczuk, p. 408.
277) Malanczuk, p. 408.
278) *Ibid.*, pp. 408~409.
279) 《世界大百科事典》(동서문화, 1993), p. 11972.

림)들은 이를 지지하는데 반해 보스니아의 세르비아인들은 이에 격렬히 반대하였기 때문이다.

EC와 CSCE는 '유고에 관한 회의'(Conference on Yugoslavia)의 테두리 안에서 유고 위기를 해소하려고 노력하였으나 역부족이었다.[280] 대규모의 유혈에도 불구하고 3개월간 침묵하고 있던 안보리가 유고 문제에 개입하기 시작하였다. 즉, 1991년 9월 25일 안보리는 만장일치로 채택한 결의 713[281]을 통해 "이 사태의 계속이 국제평화와 안전에 대한 위협을 구성함을 우려하면서", EC와 CSCE의 노력에 대한 지지를 표명하고, UN사무총장으로 하여금 지체없이 지원을 제공하도록 요청하였다. 특히, "모든 당사자들에게 1991년 9월 17일과 22일의 휴전협정을 엄격히 준수할 것을 강력히 촉구"하면서, "UN헌장 제7장에 의거하여, 모든 국가는 유고에 평화와 안정을 수립하기 위하여, 안보리가 사무총장과 유고정부 간의 협의 이후 달리 결정할 때까지 유고에 대한 무기와 군사장비의 모든 인도에 대해 일반적이고 완전한 금수를 즉각 이행해야 한다고 결정"하였다. 이같은 완전하고도 무차별적인 무기금수 조치는 많은 무기를 보유하고 있는 유고 중앙정부만을 이롭게 하는 결과를 초래하였다.[282]

이에 따라 10월에 사무총장은 Cyrus Vance를 유고 문제에 관한 개인사절로 임명하여 휴전협정을 교섭하고 또 UN평화유지군의 배치가능성을 탐색하게 하였다. 그러나 휴전협정은 번번히 깨졌으며, 안보리는 1992년 2월 21일이 되어서야 UNPROFOR(United Nations Protection Force)의 즉각적인 배치를 위한 조건이 충족되었다고 결정하였다.[283] 13,870명의 군·경찰병력과 이를 보충하는 519명의 민간인으로 구성된 UNPROFOR는 크로아티아 지역에서 세르비아계 사람들이 인구 중의 대다수를 차지하거나 상당한 정도의 소수를 이루고 있어서 인종간 긴장이 무력투쟁으로 이어지고 있는 네 곳의 'UN보호구역'(United Nations Protected Areas)에 배치되었다. UNPROFOR의 임무는 유고인민군의 이들 지역으로부터의 철수를 감독하고, 이들 지역의 비무장화와 무력공격으로부터의 거주민의 보호를 보장하며, 또한 인도적 구호기관의 업무를 지원하고, 난민의 귀환을 돕는 것이었다.[284]

그러나 유고 사태는 계속 악화되었으며, 1992년 4월 보스니아에서 충돌이 발생한 후에는 더욱 악화되었다. 4월 27일에는 세르비아와 몬테네그로가 '유고연방공화국'(Federal Republic of Yugoslavia)을 창설하고 자신은 구유고사회주의연방공화국의 계속임을 주장하였다.[285] 그러므로 안보리는 5월 15일 채택한 결의 752[286]에서, "보스니아 내의 모든 관련 당사자들에게 전투를 즉각

---

280) 유엔한국협회, 《유엔이란 무엇인가》(1996), p. 142.
281) (1992) 31 ILM 1431.
282) 이 때문에 후일 보스니아-헤르체코비나는 구유고(세르비아-몬테네그로)를 상대로 ICJ에 제소하여 간접적으로나마 안보리 무기금수조치의 적법성에 이의를 제기하기도 하였다 : Case concerning the *Application of the Convention on the Prevention and Punishment of the Crime of Genocide* (Bosnia and Herzegovina v. Serbia and Montenegro), Provisional Measures, Order of 13 September 1993, ICJ Reports (1993), p. 325 ; 본서, 제3장 (일반국제법의 강행규범), "Ⅲ. 강행규범 이론의 확장, 4. 강행규범과 UN헌장 하의 의무간의 관계."
283) 안보리결의 743 (1992), (1992) 31 ILM 1447.
284) 유엔한국협회, 전게서, pp. 142~143 ; Malanczuk, p. 410.
285) Malanczuk, p. 167.

중단할 것을 요구"하고, "보스니아에 들어와 있는 유고인민군과 크로아티아군에 대해서는 철수하든지, 아니면 보스니아정부의 통제 하에 들어가든지, 아니면 해산 및 무장해제할 것을 요구"하면서 동시에 "보스니아의 모든 비정규군도 해산 및 무장해제할 것을 요구"하였다. 이 결의를 채택할 때 안보리는 평화유지조치를 검토하지는 않았는데, 전통적으로 요구되는 충돌당사자들의 동의가 결여되어 있었기 때문이다. 어쨌든, '유고연방공화국' (세르비아와 몬테네그로)이 이 요구에 응하지 않았기 때문에 5월 30일 안보리는 결의 757[287]을 채택하여, 헌장 제7장에 의거하여 유고연방공화국에 대해 아주 포괄적인 경제제재를 부과하고, 또한 모든 분쟁당사자들에게 사라예보와 보스니아의 기타 지역에 대한 인도적 구호품의 전달을 허용할 것을 요구하였다. 한편, 보스니아, 크로아티아, 슬로베니아는 5월 22일 UN에 가입하였는데, 이것은 이들 국가의 분리독립이 국제적으로 승인받았음을 의미하는 것이었다.[288]

1992년 6월경에는 거의 대부분이 보스니아의 세르비아계 군인들에 의하여 자행되고 있던 이른바 인종청소(ethnic cleansing)와 대규모의 성폭행에 대한 보도가 널리 전파되었다. 피난민 수는 무려 220만명 이상으로 늘어났다. 8월 13일의 모임에서 안보리는 두 개의 결의를 연속적으로 채택하였는데, 즉 결의 770[289]에서는 "보스니아-헤르체고비나에서의 사태가 국제평화와 안전에 대한 위협을 구성한다는 점을 인정"하였으며, 결의 771[290]에서는 "인종청소의 실행에 연루된 것들을 포함하여, 국제인도법에 대한 일체의 위반을 강력히 비난"하였다. 또한 9월 19일의 결의 777[291]에서 안보리는 "종래 유고사회주의연방공화국이라 불리던 국가는 더 이상 존재하지 않는다."(the state formerly known as the Socialist Federal Republic of Yugoslavia has ceased to exist.)는 견해를 피력하였으며, 9월 22일 총회도 안보리의 이같은 권고를 받아들여 "유고연방공화국(Federal Republic of Yugoslavia) (Serbia and Monte- negro)은 ... 새로이 UN가입을 신청하여야 하며, 그때까지는 총회의 업무에 참여해서는 안된다."고 결정하였다.[292] 이어서 10월 9일에는 "UNPROFOR의 비행과 인도적 지원을 포함한 UN의 활동을 위한 기타 비행을 제외한, 보스니아-헤르체고비나 상공에서의 군사적 비행(military flights)을 금지"한다고 결정함으로써 이 지역을 '비행금지구역'(no-fly zone)으로 지정하면서, UNPROFOR로 하여금 그 이행을 감시하도록 요청하였다.[293] 1992년 10월 6일 안보리는 국제인도법의 위반에 관한 주장들을 조사하기 위하여 "긴급한 문제로서, 불편부당한 전문가위원회(an impartial Commission of Experts)를 설치할 것"을 사무총장에게 요청하였다.[294] 이에 따라 사무총장은 10월 23일 Fritz Kalshoven 교수를 단장으로

286) (1992) 31 ILM 1451.
287) (1992) 31 ILM 1453.
288) 마케도니아(The Former Yugoslav Republic of Macedonia)는 1993년 4월 8일 UN 가입.
289) (1992) 31 ILM 1468.
290) (1992) 31 ILM 1470.
291) (1992) 31 ILM 1473.
292) 1992년 9월 22일의 총회결의 47/1 ; Harris, 5th, p. 129.
293) 안보리결의 781 (1992), (1992) 31 ILM 1477.
294) 안보리결의 780 (1992), (1992) 31 ILM 1476.

하는 5인 위원회를 구성하였다. 보스니아의 세르비아 민병대가 재즈세(Jajce) 시에서 도망치는 민간인들을 공격하는 일이 발생하자, 10월 30일 안보리 의장은 이를 비난하고, 또한 국제인도법을 중대하게 위반하거나 이를 명령한 자는 개인적으로 책임을 져야 함을 재확인하면서, 이같은 위반을 전문가위원회로 통보해 줄 것을 권고하였다. 이 밖에, 제네바의 UN인권위원회(Commission on Human Rights)는 8월 14일 그 역사상 처음으로 특별회기(special session)를 갖고 '인종청소' 정책을 비난하는 결의를 컨센서스로 채택하였다. 그리고 인권위원회를 위해 전 폴란드 수상인 Mazowiecki가 유고 담당 특별보고자로 임명되었으며, 그는 중대한 인권침해 사례들을 확인하는 보고서를 제출하였다.[295)]

1992년 11월 16일의 결의 787[296)]에서 안보리는 "보스니아-헤르체고비나공화국 내의 사태가 평화에 대한 위협을 구성한다는 결정을 재확인"하고, "UN회원국으로서 UN헌장에 규정된 권리를 향유하는 보스니아-헤르체고비나공화국의 영토보전에 대한 위협에 대해 깊은 우려"를 표명하였다. 또한 "힘이나 '인종청소'의 실행에 의한 일체의 영토 취득은 위법하여 수락될 수 없는 것이고 따라서 보스니아-헤르체고비나공화국을 위한 헌법 준비에 관한 교섭의 결과에 영향을 미치는 것이 허용되지 않을 것임을 재확인"하고, "모든 실향민은 평화 속에서 그들의 옛집으로 돌아갈 수 있어야 함을 강력히 주장"하였다. 이어서 12월 17일의 결의 798에서는 모든 억류캠프와 여성캠프를 즉각 폐쇄할 것을 요구하고, '말로는 표현할 수 없는 이들 만행'(these acts of unspeakable brutality)을 비난하고, 사실조사를 위한 EC대표단의 파견을 지지하였다.

안보리는 1993년 2월 22일의 결의 808에서 "1991년 이후 구 유고영토에서 행해진 국제인도법의 중대한 위반에 대해 책임이 있는 자들을 소추하기 위해 국제재판소가 설치되어야 한다"고 결정하면서, 사무총장에게 이를 구체적으로 이행하기 위한 보고서를 가능하면 60일 내에 제출해 주도록 요청한 바 있었다. 이에 따라 5월 3일 사무총장이 보고서를 제출하였으며,[297)] 안보리는 5월 25일의 결의 827[298)]을 통하여 "헌장 제7장에 의거하여" "사무총장의 보고서를 승인"하고, 또한 "1991년 1월 1일과 평화가 회복된 후 안보리가 결정하게 될 일자 사이에 구유고 영토에서 행해진 국제인도법의 중대한 위반에 대해 책임이 있는 자들을 소추하는 것을 유일의 목적으로 하는 국제재판소를 설치하기로 결정"하였다. 사무총장이 제안한 재판소규정은 변경없이 승인되었다.

1994년 4월과 1995년 2월 사이에 NATO 공군기들이 지상의 세르비아 목표물에 대해 아홉 번에 걸쳐 제한된 공격을 가하였다. 그리고 1995년 3월 31일 안보리는 UNPROFOR를 보스니아에서의 UNPROFOR, 크로아티아에서의 UNCRO 그리고 마케도니아에서의 UNPREDEP(UN Preventive Deployment Force) 등 '세 개의 별도의 그러나 상호연관된' 평화유지활동으로 대체하였다.[299)] 10

295) Malanczuk, p. 412.
296) (1992) 31 ILM 1481.
297) Report of the Secretary-General pursuant to Paragraph 2 of Security Council Resolution 808 (1993), (1993) 32 ILM 1163.
298) (1993) 32 ILM 1203.
299) Malanczuk, p. 413.

월 5일 보스니아의 내전 당사자들은 드디어 휴전에 합의하였으며, 5일 후 발효함으로써 사태는 크게 호전되었다. 그리고 11월 21일 오하이오주 Dayton 인근의 한 미국 공군기지에서 "보스니아-헤르체고비나의 평화를 위한 일반골격협정"(General Framework Agreement for Peace in Bosnia and Herzegovina)에 대한 가서명(initialling)이 있었고, 12월 14일 파리에서 정식서명이 이루어짐으로 인하여 교착상태는 결정적으로 타개되었는데, 흔히 Dayton/Paris협정으로 불리는 이 조약은 구유고의 5개 승계국 중에서 3개국, 즉 보스니아-헤르체고비나, 유고연방공화국 그리고 크로아티아공화국간에 체결된 것이었다. 12월 15일 안보리는 이 평화협정에 따라 60,000명의 다국적군사이행군 IFOR (Implementation Force)의 배치를 허용하였는데, NATO군과 비NATO군으로 구성된 IFOR는 12월 20일부로 UNPROFOR를 대신하고 또 Dayton/Paris협정의 이행을 보장하는 것을 임무로 하였다.[300] 안보리는 12월 21일에는 보스니아에 UN민간경찰군대 IPTF (International Police Task Force)를 설치하였다.[301] 이같은 사태 발전을 고려하여 안보리는 이미 11월 22일(1991년 9월 25일의 결의 713에 의거하여 부과되었던) 무기금수를 해제하였고, 유고연방공화국(세르비아와 몬테네그로)에 대한 경제제재를 무기한 중지하였다.[302] 그리고 이듬해 1996년 9월 14일 보스니아에서 선거가 실시되었음에 주목하여 안보리는 10월 1일의 결의 1074[303]를 통하여 유고연방공화국에 대한 제재를 해제하였다.

그후, 1999년 3월 인도적 간섭을 명분으로 개시된 NATO군의 세르비아에 대한 대대적인 무력공격이 끝나고,[304] 안보리는 6월 10일 '결의 1244'[305]를 통해 UN코소보임시행정부(United Nations Interim Administration Mission in Kosovo, UNMIK)를 설치하여 운영하여 오고 있다.[306] 2008년 2월 17일 코소보 의회가 세르비아로부터의 완전한 독립을 선포하기도 하였으나,[307] 안보리 결의 1244는 여전히 발효 중이다.[308]

Ⅵ. UN평화유지활동

UN헌장 제6장은 분쟁의 계속이 "국제평화와 안전의 유지를 위태롭게 할 우려가 있을" (likely to endanger the maintenance of international peace and security) 때 적용되는데 반해서, 헌장

300) 안보리결의 1031 (1995), (1996) 35 ILM 251 ; https://en.wikipedia.org/wiki/Implementation_Force.
301) 안보리결의 1035 (1995), (1996) 35 ILM 256.
302) 안보리결의 1021 (1995), (1996) 35 ILM 257 ; 안보리결의 1022 (1995), (1996) 35 ILM 259.
303) (1996) 35 ILM 1561.
304) 본장, "Ⅱ. 국가의 무력사용 : 1945년 이후, 5. 인도적 간섭과 보호책임".
305) https://unmik.unmissions.org/united-nations-resolution-1244.
306) https://unmik.unmissions.org/.
307) https://en.wikipedia.org/wiki/2008_Kosovo_declaration_of_independence ; https://en.wikipedia.org/wiki/Kosovo.
308) Orakhelashvili/Akehurst, 9th, pp. 562~563.

제7장은 "안전보장이사회가 평화에 대한 위협, 평화의 파괴 또는 침략행위의 존재를 결정"하는 때부터 적용되기 시작한다. 그러나 헌장 제7장에는 무엇이 '평화에 대한 위협, 평화의 파괴 또는 침략행위'인지에 관하여는 아무런 언급이 없으므로, 안보리가 '평화에 대한 위협, 평화의 파괴 또는 침략행위'가 존재한다고 말해야만 비로소 이것이 존재한다고 말할 수 있다. 여기서 헌장 제6장과 제7장의 틈새를 발견하게 되는데, 어떤 분쟁이 단지 "국제평화와 안전의 유지를 위태롭게 할 우려가 있는" 단계는 이미 지났는데도 불구하고, 안보리가 이러저러한 이유로(예컨대, 상임이사국간의 이익불일치로 인하여) 제7장에 의거하여 '강제'행동(enforcement action)을 발동하지 못할 수 있기 때문이다. UN의 집단안전보장체제에 내재되어 있는 이같은 약점을 보완하기 위해 이른바 평화유지활동(peacekeeping operations)이란 것이 창안되어 발전되어 오고 있다. 그러나 헌장에서 이것의 기초되는 명시적인 규정은 찾을 수가 없으며, 실제로 평화유지군을 창설하는 총회 또는 안보리의 결의에서는 그것의 기초되는 헌장규정을 언급하지 않는 것이 보통인데, 이 때문에 '헌장 제6과 1/2장'(Chapter Ⅵ and a half of the UN Charter)에 기초하고 있다는 말을 듣기도 한다.[309)]

UN의 이름으로 수행되는 이 평화유지활동은 물론 UN회원국들이 자발적으로 제공하는 (대체로 경무장한) 군인(military personnel)이나 (비무장)민간인(civilian personnel)으로 구성되며, 양자를 다 함께 동반하기도 한다. UN평화유지군은 무력충돌 시에 적용되는 국제법규(특히 인도법규)를 준수하여야 한다.[310)] 그리고 UN군이 이를 위반하여 행동함으로써 타인에게 가한 침해에 대해서는 −UN이 문제의 행위에 대해 실효적 통제(지배)(effecive control)를 행사하였으면− 군대파견국이 아니라 UN 자신

309) 이 표현은 다그 함마숄드(Dag Hammarskjöld, 1905~61) 전 UN사무총장이 만들어낸 것으로 알려져 있다. Keitner, p. 253 ; Franck, p. 39 ; Malanczuk, p. 385.

310) UN은 국가가 아니기 때문에 형식상 1949년의 4개 제네바협약의 당사자가 될 수는 없지만, UN이 -평화유지의 목적을 위해서건 강제행동을 위해서건- 군대를 파견하는 경우에는 동 기구에게도 국가 간 무력충돌 시에 적용되는 인도법규를 비롯한 관련규칙이 적용된다는 것이 일반적 견해이다. 특히 이 문제에 대해서는 세계국제법학술원(Institut de Droit International)(https://www.idi-iil.org/)이 두 개의 결의를 채택한 바 있는데, 먼저, 1971년의 Zagrev 세션에서 채택된 결의 "무력충돌의 인도적 규칙을 UN군이 관여하는 적대행위에 적용하기 위한 조건들(Conditions of Application of Humanitarian Rules of Armed Conflict to Hostilities in which United Nations Forces may be engaged)"은 제2조에서 다음과 규정하고 있다 : "The humanitarian rules of the law of armed conflict apply to the United Nations as of right, and they must be complied with in all circumstances by United Nations Forces which are engaged in hostilities. ..." 이어서 1975년의 Wiesbaden 세션에서 채택한 결의 "인도적 규칙 이외의 무력충돌규칙을 UN군이 관여하는 적대행위에 적용하기 위한 조건들(Conditions of Application of Rules, other than Humanitarian Rules, of Armed Conflict to Hostilities in which United Nations Forces may be engaged)"은 제2조에서 다음과 같이 규정하고 있다 : "Subject to the exceptions provided for in the following Articles, the rules of armed conflict shall apply to hostilities in which United Nations Forces are engaged, even if those rules are not specifically humanitarian in character." 세계국제법학술원은 1975년 결의에 첨부된 '권고 Ⅱ'(Recommendation Ⅱ)를 통해 다시 다음과 같이 권고하고 있다 : "It is desirable that United Nations state in an appropriate form that it considers itself bound by the 1949 Geneva Conventions in all operations to which its Forces might be parties." 1999년 8월 6일 당시 UN사무총장 Kofi A. Annan은 이같은 권고를 받아들여 "UN군의 국제인도법 준수"(Observance by United Nations forces of international humanitarian law)란 제목의 회보를 공표하였으며, 동 회보는 같은 달 12일 발효하였다 : United Nations Secretary-General's Bulletin, Doc. ST/SGB/1999/13 (6 August 1999) ; https://www.un.org/peace/st_sgb_1999_13.pdf. Rosenne, *The Perplexities of Modern International Law*, pp. 176(fn. 69), 432 참조.

이 책임을 진다는 점에 대해서도 학설과 관행은 대체로 일치하고 있다.[311] 국제분쟁뿐만 아니라 한

311) 이것은 바꾸어 말하면 평화유지군 '파견국'의 "실효적 통제" 하의 행위에 대해서는 배상책임이 그 '파견국'에 귀속됨을 의미한다. 그리고 실효적 통제는 -UN이나 파견국 측의 특별지시를 이행하는 것을 넘어- UN이나 파견국이 문제의 행위를 방지할 능력이 있다면 존재하는 것으로 넓게 새길 수 있고, 따라서 UN과 파견국 양자 모두가 실효적 통제를 가지는 상황도 예견할 수 있다. 그리고 상황이 이런 경우라면 UN과 파견국 모두에게 행위 귀속이 인정될 수 있을 것이다. 실효적 통제에 대한 이같은 넓은 해석은 네덜란드, 헤이그 항소재판소가 "(1995년) 스레브레니차(Srebrenica)에서의 네덜란드 파견 UN군의 행동에 대한 국가책임"(State liability for action of Dutch UN troops (dutchbat) in Srebrenica) 사건에 대한 2011년 7월 5일의 판결에서 채택한 바 있는데(available at https://zoeken. rechtspraak.nl/detailpage.aspx?ljn=BR0132), 이 판결에 대한 개관은 다음 글을 참조 : Cees van Dam, "The Netherlands Found Liable for Srebrenica Deaths", ASIL, insights, September 19, 2011, Volume 15, Issue 27, available at https://www.asil.org/pdfs/insights/insight110919.pdf. 네덜란드 항소재판소가 이 국가배상 사건에서 원용한 바도 있는 "국제기구의 책임" (Responsibility of International Organizations)에 대한 2009년 ILC 제1독회 초안 제6조도 실효적 통제의 개념을 도입하여 다음과 같이 규정하고 있다 : "Conduct of organs or agents placed at the disposal of an international organization by a State or another international organization. The conduct of an organ of a State or an organ or agent of an international organization that is placed at the disposal of another international organization shall be considered under international law an act of the latter organization if the organization exercises effective control over that conduct."(available at https://untreaty.un.org/ilc/reports/2009/2009report.htm) 2011년 최종 채택된 "국제기구의 책임에 관한 ILC 규정초안"(Draft Articles on the Responsibility of International Organizations) 제7조도 (조문 제목의 일부 표현을 제외하고는) 동일하게 규정하고 있다 : 김대순 · 김민서 편, 《국영문대역 국제조약집》, p. 320. See also European Court of Human Rights (Grand Chamber), *Behrami and Behrami* v. *France* (Application No. 71412/01) & *Saramati* v. *France, Germany and Norway* (Application No. 78166/01), Admissibility Decision of 2 May 2007 (noted by Orakhelashvili, pp. 145~146), paras. 28~33, 133~136 ; European Court of Human Rignts (Grand Chamber), *Jaloud* v. *The Netherlands*, Application No. 47708/08, 20 November 2014, paras. 143~152 ; Wolfrum/Philipp (eds.), pp. 1095~1096 ; Dixon, p. 127 ; Orakhelashvili in Orakhelashvili (ed.), pp. 520~521 ; 본서, 제14장 (국가책임).

그러나 이것은, UN의 실효적 통제 하의 UN평화유지군의 범죄에 대해서는 UN이 형사재판권을 행사하고, 파견국의 실효적 통제 하의 평화유지군의 범죄에 대해서는 그 파견국이 형사재판권을 행사한다는 말은 아니다. (UN 또는 국가의) 국제책임과 개인의 범죄에 대한 형사재판은 별개의 문제이기 때문이다. 실제로 UN 내에는 UN평화유지군 소속의 인원에 대해 형사재판을 담당할 어떤 기구도 없다. 국내형사재판소와는 별개로 그런 '상설'기구가 있다면 그것은 -UN에 의하여 만들어지긴 했지만 UN과는 별개의 인격체인- 국제형사재판소(ICC) 뿐이다. 그러나 ICC의 형사관할권은 지극히 제한되어 있다. 그리고 국가들로 하여금 UN평화유지군에 군대를 파견하도록 격려해야 하는 정책적인 면도 고려에 넣어야 한다. 또한 UN평화유지군은 전략적인 차원에서 평시에 동맹국의 영토에 장기 주둔하기 위한 그런 군대가 아니다. 그러므로 UN사무총장은 평화유지활동이 수용국의 동의에 기초하고 있는 경우에 참고하도록 하기 위해 1990년 10월 9일 "평화유지활동을 위한 군대지위 모델협정"(Model Status-of-Forces Agreement for Peace-keeping Operations : 일명 UN Model SOFA)을 제시한 바 있다 : U.N. Doc. A 45/594, Oct. 9, 1990. 따라서 이것은 모델협정이기 때문에 상황에 따라 당사자 간에 수정될 수 있는 것으로 의도된 것인데 주요 내용은 두 가지이다. 첫째, UN평화유지활동의 군대구성원은 수용국의 영토 내에서 저지르는 일체의 범죄에 대해 "그들 각 참여국의 배타적인(전속적인) 재판관할권" (exclusive jurisdiction of their respective participating States)에 종속된다. 즉, 국가 간 SOFA(예컨대, NATO SOFA, 한국-미국 SOFA)와는 달리 수용국의 경합적인 재판권 행사는 허용되지 아니한다. 둘째, 그 대신 파견국은 UN SOFA의 조건에 따라 수용국 내에서 범죄를 저지른 자국 군인에 대한 사건을 국내 소추당국에 회부하여야 한다(그러나 이것은 반드시 소추할 의무를 동반하는 것은 아니다). UN General Assembly, A/59/710, 24 March 2005, "Letter dated 24 March 2005 from the Secretary-General to the President of the General Assembly", paras. 78~79, 〈https://conduct.unmissions.org/sites/default/files/keydoc5.pdf〉 ; Steven G. Hemmert, "Peace-Keeping Mission SOFAs: U.S. Interests in Criminal Jurisdiction", (1999) 17 Boston University International Law Journal 215 at 236~238 ; Louise Arbour and Morten Bergsmo, "Conspicuous Absence of Jurisdictional Overreach", in : Herman A.M. von Hebel, Johan G. Lammers and Jolien Schukking (eds.), *Reflections on the International Criminal Court* (The Hague : T.M.C. Asser Press, 1999), p. 136 ; 본서, 제13장 (기타 면제 ·

국가 내에서의 분쟁도 평화유지활동의 대상이 될 수 있으며, 이와 함께 -휴전과 군대해산의 감독, 선거감독, 인권보호 감독, 완충지대 형성, 평화협정 이행 감시 등등- 평화유지활동이 창설되는 목적도 매우 다양하다.[312] 평화유지활동은 대체로 안보리가 개시하면, 총회가 개별 작전의 비용을 대고, 사무총장이 활동/작전을 지휘, 감독하는 형태로 운영되고 있는데,[313] 특히 총회는 1965년 2월 18일 "평화유지활동 전반에 대한 포괄적 검토"(Comprehensive Review of the Whole Question of Peacekeeping Operations in all their Aspects)란 제목의 결의 2006(XIX)를 채택한 이래 관련 문제들을 계속 검토하여 오고 있다.[314]

평화유지활동은 그 이름이 시사하는 바와 같이 평화를 강제(enforce)하기 보다는 이를 유지하기 위하여, 다시 말해서 사태를 현단계에서 동결시킴으로써 또 다른 폭력이 발생하는 것을 막기 위하여 고안된 것이기 때문에 몇 가지 특징을 보이고 있다. 첫째, 수용국(주재국)(host state)의 동의가 있어야만 당해 국가의 영토에 들어가서 활동을 전개할 수 있다. 주재국은 이같은 동의를 언제든지 철회할 수 있으며, 그러면 평화유지활동은 그 곳에서 철수하여야 한다. 둘째, 분쟁의 어느 일방당사자를 편들지 않고 계속해서 불편부당한(impartial) 태도를 유지할 것이 요구되므로, 대립하는 분쟁당사자들의 주장이나 요구에 영향을 미칠 수 있는 행동은 피하여야 한다. 셋째, 평화유지활동에 종사하는 군대에게는 적이 없으므로 전투도 할 수 없으며, 다만 자위(self-defence)의 경우에만 무력을 사용할 수 있다.[315]

'전통적인' 혹은 '확립된'[316] 평화유지활동은 이상의 세 가지 측면에서 UN의 강제행동과는 분명히 구분되는 것으로 보인다. 그러나 일부 관행을 보면, 특히 냉전 종식 이후에는, 때로 위 세 가지 특징의 하나 이상을 결여한, 다시 말해서 일부 '강제'적 요소(enforcement elements)를 포함한 평화

특권), "Ⅳ. 국제기구의 면제·특권" 참조.

한편, 그같은 SOFA협정이 UN과 관련국 간에 체결되지 않고 있는 동안 평화유지활동 등 UN 활동에 참여하는 인원의 안전을 확보하기 위한 "UN인원과 제휴인원의 안전에 관한 협약"(Convention on the Safety of United Nations and Associated Personnel)이 1994년 12월 9일 서명을 위하여 개방된 바 있는데, 동 협약은 1999년 1월 15일 발효하였다. 동 협약 제2조 2항에 의하면 "이 협약은 안전보장이사회에 의하여 -그 인원이 조직된 무장군대에 대항하는 전투원의 자격으로 종사하고 있고 또 국제무력충돌법이 적용되는- UN헌장 제7장 하의 강제행동으로서의 권한이 부여된 UN작전에는 적용되지 않는다." 이 경우는 군대의 파견이 영토국의 동의에 기초한 것이 아니다. Hemmert, *op. cit.*, (1999) 17 Boston University International Law Journal 215 at 236~238. UN총회는 2005년 12월 8일의 결의 60/42를 통해 "UN인원과 제휴인원의 안전에 관한 협약 선택의정서"(Optional Protocol to the Convention on the Safety of United Nations and Associated Personnel)도 채택하였는데, 이것은 동 협약의 인적 적용범위를 보완하기 위한 것이다 : https://www.un.org/Depts/dhl/resguide/r60.htm.

안보리는 UN과 수용국(접수국) 사이에 정식 SOFA가 체결될 때까지 UN평화유지활동에 UN모델SOFA를 잠정 적용하기로 결정하기도 하는데[see, e.g., Security Council Resolution 1590, S/RES/1590, 24 March 2005, para. 16(ii)], 이는 UN총회가 1997년에 채택한 그같은 취지의 권고에 따른 것이다(A/RES/52/12B, 9 January 1998, para. 7) ; Sari in Orakhelashvili (ed.), p. 368.

312) Dixon, pp, 350~351 ; Keitner, p. 253.
313) Kaczorowska-Ireland, p. 748.
314) https://undocs.org/en/A/RES/2006(XIX) ; Kaczorowska-Ireland, p. 748.
315) Harris, 5th, p. 975 ; Malanczuk, p. 423 ; Gray in Evans (ed.), *International Law*, 3rd, p. 640.
316) Wallace, 3rd, pp. 269~271.

유지활동도 출현하고 있는데, 이를 두고 제2세대평화유지활동(second-generation peacekeeping operations), 혼합평화유지활동(mixed peacekeeping operations)이라 칭하기도 한다. 위에서 살펴본 UNOSOM Ⅱ(소말리아)와 UNPROFOR(유고슬라비아), 그리고 아래에서 살펴볼 ONUC(콩고)가 그 좋은 예인데, 이것은 평화유지활동과 강제행동과의 구분이 점차 모호해지고 있음을 의미하는 것이기도 하다.[317] 2013년의 안보리결의 2086은 그 전문에서 '당사자들의 동의', '불편부당' 및 '자위를 위한 무력사용' 등 평화유지활동의 3 원칙을 재확인하면서, 여기에 '임무 방어를 위한 무력사용'이 허용됨을 추가하고 있다.[318]

냉전 종식 후에 단행된 평화유지활동들 중에서 (이라크의 쿠웨이트 침략과 관련하여) UNIKOM, (소말리아 사태와 관련하여) UNOSOM과 UNOSOM Ⅱ, (르완다 사태와 관련하여) UNOMUR와 UNAMIR, (아이티 사태와 관련하여) ONUVEH와 UNMIH, (유고 사태와 관련하여) UNPROFOR, UNCRO, UNPREDEP, IFOR 그리고 IPTF 등에 관해서는 위에서 언급하였으므로, 아래에서는 냉전 초기에

---

317) https://peacekeeping.un.org/en/terminology ; S/RES/2086(2013) ; Gray in Evans (ed.), International Law, 5th, p. 625 ; Kaczorowska-Ireland, p. 749 ; Harris, 5th, p. 975 ; Malanczuk, pp. 416, 423. 미국 육군 야전작전교본(Field Manual : FM)에 나타난 '평시'작전(peace operations)의 개념정의는 평화유지활동(peacekeeping operations)의 개념을 단순하게 이해하는데 도움이 되리라 본다. 미국육군은 이미 오랫동안 평화유지활동을 포함한 저강도 작전에도 대비하여 훈련을 하여 왔으나 공식적으로는 '평시'작전(peace operations)의 독특한 성격을 인정하지 않고 있었다. 그러나 1993년에 그 FM을 교정하여 처음으로 "전쟁 이외의 작전(행동)" (operations other than war)을 다룬 섹션을 추가하였다 : US Department of the Army, *Field Manual 100-5 : Operations*, 13-0(1993) at v~vi. 이어서, 1994년, 미국 육군은 FM 100-23을 출간하였는데, FM 100-23은 미군의 평시작전을 평화유지(peacekeeping)와 평화강제(peace enforcement)로 구분하여 다음과 같이 설명하고 있다 : "Normally, traditional peacekeeping(PK) involving high levels of consent and strict impartiality are operations authorized under the provisions of Chapter Ⅵ of the UN Charter, which discusses the peaceful settlement of disputes. Thus, PK operations are often referred to as Chapter Ⅵ operations. [each] Operations with low levels of consent and questionable impartiality are conducted under mandates governed by Chapter Ⅶ of the UN Charter. Chapter Ⅶ operations are frequently referred to collectively as PE(peace enforcement). Because Chapter Ⅶ is so broad -including action with respect to acts of aggression- some operations, such as the UN operations in Korea (1950~1953) and in Kuwait and Iraq (1990~1991), are also referred to as PE. However, from a doctrinal view, these two operations are clearly wars and must not be confused with PE as described herein." 요컨대, PK는 UN헌장 제6장에 기초하고 있는데 반해, PE는 헌장 제7장에 기초한 것이긴 하지만 제7장에 기초한 전쟁에 대항한 행동과는 구분하여야 한다는 것이다. 그리고 1992년과 1993년 미국의 소말리아 작전에의 참여가 PE의 한 예라고 하면서, PK와 PE의 차이를 동의(consent), 무력(force) 그리고 불편부당(impartiality)의 세 가지 측면에서 다음과 같이 설명하고 있다 : "(1) Consent: In PK, belligerent parties consent to the presence and operations of PK forces, while in PE consent is not absolute and force may be used to compel or coerce. In PK, consent is clear. (2) Force: In PK, force may only be used in self-defense or defense with a mandate. In PE, force is used to compel or coerce. (3) Impartiality : In PK, impartiality is more easily maintained, while the nature of PE strains the perception of impartiality on the part of the PE force." US Department of the Army, *Field Manual 100-23 : Peace Operations*, chapter 1(Fundamentals of Peace Operations), https://www.globalsecurity.org/military/library/policy/army/fm/ ; Hemmert, *op. cit.*, (1999) 17 Boston University International Law Journal 215 at 227~229.

318) S/RES/2086, 21 January 2013 : "...Reaffirming that respect for the basic principles of peacekeeping, including consent of the parties, impartiality, and non-use of force, except in self-defence and defence of the mandate, is essential to the success of peacekeeping Operations, ..." ; Kaczorowska-Ireland, p. 750.

단행된 두 평화유지활동에 관하여 개관하기로 한다.[319)]

1. UNEF

1956년 7월 26일 이집트의 나세르 대통령이 수에즈운하의 국유화를 선언하자 그로부터 석 달 뒤인 10월 말에 영국, 프랑스 그리고 이스라엘이 이집트를 침공하였다. 그러나 11월 2일 안보리가 소집한 UN긴급특별총회(emergency special session)에서 즉각적인 철수를 요구하자[320)] 수일 내에 관련국가들은 휴전하기로 합의하였으며, 11월 5일 UN총회는 "적대행위의 중지를 확보하고 감시하기 위하여" UNEF (United Nations Emergency Force)를 창설하였다. 그 후 이들 3국이 군대를 철수시킨 후, UNEF는 이집트-이스라엘 휴전선에 파견되었다. 최초의 평화유지군인 UNEF는 군대제공국들과 UN사무총장 간의 협정에 의거하여 일부 국가가 파견한 군인들로 구성되었다. 총회는 UNEF사령관을 임명하였으며, 또한 사무총장에게는 UNEF에 근무하는 군인들의 권리와 의무를 명시한 규칙을 제정할 수 있는 권한을 부여하였다. UNEF는 UN에게서 봉급을 받았으며, 오로지 총회와 사무총장의 지시만을 따랐다. 따라서 진급과 같은 일부 문제는 여전히 파견국이 담당하였지만, 그래도 UNEF는 한국에 파견된 군대들보다는 훨씬 더 진정한 의미에서의 UN군이었다.[321)] 그리고 UNEF는 당해 국가의 동의 없이는 그 어떤 국가의 영토에도 들어갈 수 없었다. 그 결과 이집트 영토에서만 활동하고 이스라엘 영토에서는 활동을 전개하지 못하였는데, 이스라엘은 이집트와는 달리 UN군의 주둔에 동의하지 않았기 때문이다. UNEF는 자신을 방위하기 위해서만 전투를 하는 것이 허용되었으며, 휴전선을 넘어 대규모 침략에 대응할 것이 기대되지는 않았다. 실제로 6,000명이 넘지 않는 병력을 가지고는 그러한 역할을 수행할 수도 없었을 것이다. UNEF의 임무는 휴전선을 순찰하고, 휴전선 근처에서 발생하는 군대 이동을 보고하며, 휴전선을 침범하는 개인들을 체포하여 이집트경찰에 인계하는 것이었다. UNEF는 이집트의 철수요청에 따라 1967년에 철수하였다.[322)]

2. ONUC

1960년 6월 30일 콩고(1971~1977년 기간에는 Republic of Zaire로 개명, 현재의 콩고민주공화국)[323)]는 벨기에의 식민통치로부터 독립하였다. 그러나 독립을 위한 사전 준비는 거의 없었으며, 독립 직후 콩고군은 반란을 일으켜 콩고에 거주하는 유럽인들을 공격하기 시작하였다. 콩고에 군사기지들을

319) 과거에 행해졌거나 현재 진행중인 UN평화유지활동의 목록에 대해서는 다음 사이트를 참조 : https://en.wikipedia.org/wiki/List_of_UN_peacekeeping_missions.

320) UN GA Res. 997 (ES-I), 2 Nov. 1956, 〈https://research.un.org/en/docs/ga/quick/emergency〉 ; https://en.wikipedia.org/wiki/First_emergency_special_session_of_the_United_Nations_General_Assembly.

321) 실제로, UNEF 군인들에 의해 우발적으로 살해된 이집트 국민의 유족들에 대한 배상은 파견국이 아니라 언제나 UN 자신이 지급하였다. Amerasinghe, p. 403.

322) Akehurst, pp. 225~227 ; Gray in Evans (ed.), *International Law*, 5th, p. 624 ; 유엔한국협회, 전게서, p. 120.

323) *World Reference Atlas*, p. 608 ; https://en.wikipedia.org/wiki/Congo.

유지하고 있던 벨기에는 유럽인들을 보호하기 위하여 군대를 배치하였으며, 이에 콩고 정부는 7월 12일 "벨기에의 침략"(Belgian aggression)에 대항하기 위한 군사원조를 UN에 요청하였다. 이틀 후, 7월 14일 안보리는 사무총장에게 콩고에 군사원조를 제공할 권한을 부여하였다.[324] 사무총장은 자신은 이 결의가 그에게 UNEF를 모델로 한 군대를 창설할 권한을 부여하는 것으로 해석하겠다고 미리 천명하였으며, 그가 ONUC(United Nations Force in the Congo)를 창설하기 위해 취한 행동은 8일 후 안보리에서 만장일치로 승인되었다. ONUC가 수립된 상황에도 불구하고 이것은 벨기에 군대를 상대로 군사행동을 취하기 위한 것이 아니었다. 즉, ONUC의 임무는 콩고 정부가 법과 질서를 유지할 수 있도록 도와주고, 이렇게 함으로써 콩고 내의 유럽인들이 벨기에 군대의 보호를 필요로 하지 않는 상황을 만드는 것이었다.[325]

ONUC는 UNEF를 모델로 한 것이었지만 곧 여러 차이점이 나타나기 시작했다. 우선, 안보리는 거부권으로 인하여 사무총장에게 명백한 지시를 내릴 수가 없었으며, 그 결과 사무총장은 UNEF의 경우에는 총회가 내렸던 –사령관의 임명을 포함한– 모든 종류의 결정을 내리지 않으면 안되었다. 둘째, ONUC는 콩고 정부의 동의를 얻어 활동하도록 의도되었지만, 이 원칙은 콩고 정부가 붕괴되어 정파들 간에 전투가 벌어짐으로써 준수되기 어려워졌다. 셋째, ONUC는 원래 자기를 방위하기 위해서만 전투를 하도록 의도되었지만, 그 후 다른 상황에서도, 즉 내란을 방지하기 위하여 그리고 남부 카탕가(Katanga)에서 용병을 구축하기 위해서도 전투를 할 수 있는 권한을 부여받았다. 결국 ONUC군은 카탕가 지역의 분리주의 운동에 대항하여 광범위한 군사작전에 가담하게 되었다.[326] 당시 다그 함마슐트(Dag Hammarskjöld) 사무총장이 콩고의 내전을 종식시키기 위해 노력하다 비행기 사고로 사망하는 일이 발생하기도 하였는데, ONUC는 1964년 6월 30일 완전히 철수하였다.[327]

3. *Certain Expenses of the United Nations* 사건

1956년 총회에 의해 창설된 UNEF를 제외하면 UN평화유지군은 지금까지 모두 안보리에 의해 창설되고 있으며, 다만 여기에 필요한 예산편성은 –위에서 언급한 바와 같이– 언제나 총회의 몫으로 남아 있다.[328] UN헌장 체제 하에서 평화유지군의 창설은 합법인지, 이것이 합법이라면 헌장 어느 장 혹은 어느 조에 기초하고 있다고 보아야 할 것인지, 그리고 이것의 합법성을 긍정한다면 UN의 두 정치기관 중에서 안보리뿐만 아니라 총회도 이를 창설할 권한이 있는지의 문제가 제기될 수 있는데, 이 문제는 간접적인 형태로나마 *Certain Expenses of the United Nations* (*Article 17, Paragraph 2, of the Charter*) 사건[329]에서 제기된 바 있다.

---

324) 안보리결의 4383 (1960).
325) Akehurst, p. 227.
326) *Ibid.*, pp. 227~229 ; Gray in Evans (ed.), *International Law*, 5th, p. 624.
327) 유엔한국협회, 전게서, pp. 61~62.
328) Malanczuk, p. 416 ; Rosenne, *The Perplexities of Modern International Law*, pp. 430, 431 ; Dixon, p. 350.
329) ICJ Advisory Opinion of 20 July 1962, ICJ Reports (1962), p. 151.

중동과 콩고에 파견하기 위한 두 개의 UN군, 즉 UNEF와 ONUC가 창설될 때 총회는 회원국들에게 그 경비를 부담해야 할 법적 의무가 있다고 결정하였다. 그러나 이 두 UN군은 통상예산(regular budget)에 속하지 아니하는 특별예산(extraordinary budget)에서 그 경비가 지급되었으며, 또한 최빈회원국들의 분담금을 줄여 주기 위해 분담금 배분에 있어 다른 기준이 적용되었다. 일부 국가는 이러한 사실들을 들어, 이 두 UN군을 위한 경비는 UN의 통상경비와는 너무 다르므로 회원국들은 이를 납부할 법적 의무가 없다고 주장하였다. 특히, 공산주의 국가들은 이들 군대는 위법하게 창설되었기 때문에 그 경비를 납부할 의무가 없다고 주장하기도 하였다. 이 때문에 UN은 중대한 재정위기를 맞게 되었고, 그 결과 1963년에 ONUC를 축소하고, 1964년에는 이것을 완전히 철수시키지 않으면 안 되었던 것이다.

그러므로 총회는 이 두 군대의 경비가 -"UN의 경비는 총회에서 할당하는 바에 따라 각 회원국이 부담한다."고 규정한- 헌장 제17조 2항에서 말하는 그 UN의 경비에 해당하는가의 여부에 관하여 ICJ에 권고적 의견을 요청하였다. 1962년 7월 20일의 의견에서 ICJ는 이를 긍정하였다. ICJ에 부탁된 문제는 직접적으로는 UN평화유지군 창설의 합법성에 관한 것이 아니었으므로 이 문제에 관한 ICJ의 대답은 다소 불명확하다. ICJ는 이 두 군대의 창설은 아마도 합법이라고 말하고, 또 이것의 합법성에 반대하는 여러 주장을 배척하면서도, 헌장의 어떤 규정들이 그들의 창설에 법적 정당성을 제공하는지는 정확하게 말하지 않았던 것이다. 즉, ICJ는 UNEF와 관련해서는, "UNEF의 창설은 사실상 -헌장에 따르면 오로지 안보리에 의해서만 허용될 수 있는- 헌장 제7장 하의 강제행동(enforcement action)이라는 주장은 분명하지 않으며",[330] "문제의 총회 결의들은 그들이 어느 조항에 기초하고 있는지를 언급하고 있지 않고, 또 그들 대부분이 사용하고 있는 용어는 제14조 아니면 제11조에 대한 언급을 함축하는 것일지도 모르기 때문에, 그들은 제11조보다는 제14조에 기초했다는 것을 배제할 수 없다."[331]고 언급하면서, "총회는 매년 UNEF의 경비를 헌장 제17조 2항에서 말하는 기구의 경비로 취급하여 왔다."[332]고 결론지었다. 또한 ONUC와 관련해서는, "헌장은 안보리가 자신이 선택하는 수단을 통하여 행동하는 것을 금지하고 있지 않다. 즉, 제29조에 의거하여 안보리는 '임무수행에 필요하다고 인정되는 보조기관을 설치할 수 있다.' 그리고 제98조에 의거해서는 사무총장에게 '타 임무'를 위탁할 수도 있다."[333]고 언급하면서, 이어서 다음과 같이 말하고 있다.

> "본 재판소로서는 헌장의 어느 조항(들)이 안보리 결의의 기초였는가에 관하여 견해를 피력하는 것은 필요하지 않지만, ONUC의 활동은 안보리가 제39조에 의거하여 침략행위를 저질렀거나 평화를 파괴했다고 결정한 국가를 상대로 한 무력사용(a use of armed force)을 포함하지 않았다고 말할 수 있다. 콩고에서 사용된 무장한 군대는 그 어떤 국가에 대해서도 군사행동을 취할 권한은 부여받지 못했다. 그 활동은 제7장에 의거하여 그 어떤 국가에 대한 '방지 혹은 강제

330) *Ibid.*, at 171.
331) *Ibid.*, at 172.
332) *Ibid.*, at 175.
333) *Ibid.*, at 177.

조치'(preventive or enforcement measures)를 수반하는 것이 아니었으며, 따라서 제11조 에서 사용되고 있는 술어인 '행동'(action)을 구성하는 것이 아니었다."[334)]

재판소의 이 견해는 '권고적 의견'이어서 UN회원국들에게 그 자체 법적 구속력이 있는 것은 아니었다. 그리고 전에는 경비를 납부하지 않았던 일부 국가들도 재판소가 이 견해를 전달한 뒤에는 경비를 납부하기 시작하였지만, 소련 진영과 프랑스는 납부를 완강히 거절하였다. 이에 미국과 그의 동맹국들은 –"UN에 대한 분담금의 납부를 연체하고 있는 회원국은 그 연체금의 금액이 그 당시까지의 만 2년간에 그 국가가 납부하여야 할 분담금의 금액과 동액이거나 이를 초과할 때에는 총회에서 투표권을 가지지 못한다."고 규정한– 헌장 제19조를 원용하겠다고 위협하였으며, 소련은 그렇게 되면 UN을 떠나겠다고 응수하였다. 결국 1965년 8월에 미국과 그 동맹국들이 양보하여 헌장 제19조를 원용하지 않기로 동의하였다. 그 대신 소련은 위 두 군대를 위한 분담금을 자발적으로 납부하기로 약속하였다.[335)]

Ⅶ. UN정치기관과 사법심사

지역기구이긴 하지만 연방적 성격의 EU의 경우에는 '법을 통한 통합'(integration through law)을 지향하고 있고, 그 결과 그 정치기관들의 법적 행위에 대한 사법심사 체제가 거의 완벽하게 갖추어져 있다.[336)] 그러면 UN의 정치기관들, 특히 안보리의 구속력있는 결정과 국제법의 관계는 어떠하며, 그들의 결정에 대해서도 사법심사가 가능한가? 이 문제는 특히 냉전이 종식된 후 미국에 의해 주도되는 안보리가 행동주의(activism)를 광범위하게 발휘하면서 본격적으로 제기되고 있다. 헌장 제7장을 포함하여 헌장의 관련 규정이 발동되지 못하는 것만큼이나 그것이 남용되는 것도 문제이기 때문이다. 생각건대, 총회는 물론이고 안보리도 UN의 한 기관이므로 당연히 헌장의 구속을 받는다고 보지 않을 수 없다. ICJ도 강조한 바와 같이, "어떤 기관이 정치적 성격을 가졌다고 해서, 그의 권한에 대한 제한을 구성하거나 당해 기관의 판단을 위한 기준을 구성하는, 헌장에 의해 수립된 조약규정의 준수로부터 해방될 수는 없다."[337)] 특히, 헌장 제24조 2항에 의하면 "안보리는 그 임무수행에 있어 UN의 '목적'과 원칙에 따라 행동하여야" 하는데, 헌장 제1조 1항에서 제시하고 있는 UN의 한 가지 목적은 "평화를 파괴할 우려가 있는 국제적 분쟁 또는 사태의 조정 또는 해결을 평화적 수단에 의하여 그리고 '정의와 국제법의 원칙에 따라'(in conformity with the principles of justice and international law) 실현하는 것"이다. 따라서 안보리는 헌장 제7장에 의거하여 행동할 때에도 그 권한이 무제한하다든지 혹은 완전한 정치적 재량을 향유한다고 말할 수는 없다. 그러

334) *Ibid.*
335) Akehurst, p. 230 ; Amerasinghe, p. 375.
336) 이 문제에 대해 자세한 것은 김대순 · 김민서, 《EU법론》(제2판), 제4편 EU의 사법보호체제 참조.
337) ICJ Advisory Opinion of 28 May 1948 on *Conditions of Admission of a State to Membership in the United Nations*, ICJ Reports (1948), p. 57 at 64.

나 UN의 한 기관인 안보리가 “UN의 목적과 원칙에 따라” 그리고 “정의와 국제법의 원칙에 따라” 행동할 의무를 부담하고 있다고 해서, 그로부터 자동적으로 안보리의 결정은 UN의 사법기관인 ICJ에서 사법심사(judicial review)의 대상이 될 수 있다는 결론은 나오지 아니한다. 후자는 절차법의 문제이고 따라서 양자는 별개의 문제이기 때문이다.[338] 그러면 실제로 ICJ는 이 문제에 대해 어떤 시각을 갖고 있는가?

상기 *Certain Expenses of the United Nations* 사건(1962)에서 ICJ는 헌장 제1조에 명시된 UN의 넓은 목적들을 요약한 뒤,[339] 이어서 다음과 같이 말하고 있다.

> “이들 목적은 실로 광범위하지만, 그러나 이들 목적이나 이것을 실현하기 위하여 부여된 권한들 그 어느 것도 무제한하지는 않다. 이 공동목적의 달성을 이 기구에 맡겨놓은 것을 제외하고는 회원국들은 그들의 행동의 자유를 계속해서 보유하고 있다. 그러나 기구가 UN의 천명된 목적의 하나를 이행하는데 적절한 것이었다는 주장을 정당화하는 행동을 취하는 경우, 그러한 행동은 기구의 권한을 넘어서지 않았다고 추정된다(the presumption is that such action is not *ultra vires* the Organization). … …
> 국내법체계에서는 입법부나 정부의 행위에 대해서 조차도 그것의 유효성을 결정하기 위한 어떤 절차를 두고 있는 경우가 흔하지만, 헌장 해석의 궁극적인 권한을 ICJ에 두기 위한 그 기초 당시의 제안은 수락되지 않았었다. 그리고 본 재판소가 지금 내리고 있는 이 의견은 ‘권고적’ 의견이다. 그러므로 1945년에 예견했던 바와 같이, 각 기관은 적어도 가장 먼저(in the first place at least) 자기 자신의 관할권을 결정해야 한다. 예컨대, 안보리가 국제평화와 안전의 유지를 위한 의도로 결의를 채택하고, 그 같은 결의에서 위임되거나 부여된 권한에 따라 사무총장이 재정적 의무를 초래하게 되면, 그 금액은 ‘기구의 경비’를 구성하는 것으로 추정되어야 한다.”[340]

요컨대, UN기관의 행동은 일단 그 권한(*vires*)을 일탈하지 않았다는 추정을 받는다는 것인데, ICJ는 외견상 UN사법기관으로서의 자신의 책임을 포기하지는 않으면서도 권한 불일탈의 추정(presumption against *ultra vires*)을 통하여 그 정치기관의 행위에 대해 매우 관대하게 접근하고 있다.[341] 즉, 안보리나 총회에서 채택되는 모든 결의가 그것의 적법성과 관련하여 의문부호를 달고 다녀야 한다면, *Certain Expenses* 사건에서 프랑스와 소련이 그랬던 것처럼 UN에 대한 의무를 부인하기를 원하는 국가들은 결의가 위법하다고 주장하는 것만으로 그것에 대해 반대입장을 견지할 수 있게 될 것이다. 그리고 이것은 UN체제 전체를 완전히 실효성이 없게 만드는 결과를 초래할 수

---

338) Pauwelyn, p. 290.
339) ICJ Reports (1962), p. 151 at 167~168.
340) *Ibid.*, at 168.
341) 유럽인권재판소도 UN안보리에 대해 권한 불일탈의 추정을 수락하고 있다 : *Al-Jedda* v. *the United Kingdom*, Application no. 27021/08, ECHR 2011, para. 102 (“Against this background, the Court considers that, in interpreting its resolutions, there must be a presumption that the Security Council does not intend to impose any obligation on member States to breach fundamental principles of human rights.”). 그러나 유럽재판소는 *Nada* v. *Switzerland*, Application no. 10593/08, ECHR 2012, paras. 171~172에서 *Al-Jedda* 판결을 인용한 뒤 권한 불일탈의 추정은 깨어질 수 있다고 하였다. Akande in Evans (ed.), *International Law*, 5th, p. 242.

있다. 반대로 UN결의가 달리 선언될 때까지는 적법하다는 추정을 받는다면, 국가들은 이에 따를 –논의의 여지가 없는– 의무를 지게 되는 것이다. 그리고 UN헌장이나 ICJ규정에는 –대다수 국내법이나 초국가법으로서의 EU법과는 대조적으로– ICJ가 UN기관들의 결정을 심사할 수 있는 확립된 절차를 포함하고 있지 않다. 그러나 ICJ는 요청이 있는 경우 ICJ규정 제65조에 따라 구속력없는 '권고적' 의견의 형식을 빌어 직접 혹은 간접적으로 UN결의의 합법성에 관해 언급할 기회를 포착할 수 있을 것이다. 그리고 위 의견에서는 명백히 언급하지 않았지만, 이 문제가 동 규정 제36조에 의거하여 국가 간의 계쟁절차에서 제기되는 경우에도 ICJ로서는 UN결의의 합법성에 관해 논평할 수 있는 기회를 잡을 수 있을 것이다.[342]

안보리가 ICJ에 권고적 의견을 요청해 온 *Namibia* 사건[343]은 *Certain Expenses* 사건만큼이나

---

342) White, *Keeping the Peace*, pp. 68~69 ; Pauwelyn, p. 29 ; Rosenne, *The Perplexities of Modern International Law*, pp. 439~440 ; Amerasinghe, p. 25ff, 202~203 ; Akande in Evans (ed.), *International Law*, 3rd, p. 267 ; Hamid, p. 382.

343) ICJ Advisory Opinion of 21 June 1971 on *Legal Consequences for States of the Continued Presence of South Africa in Namibia (South-West Africa) notwithstanding Security Council Resolution 276 (1970)*, ICJ Reports (1971), p. 16. 안보리가 나미비아문제와 관련하여 이 권고적 의견을 요청하기까지의 경과는 대체로 다음과 같다. 서남아프리카는 제1차 세계대전 때까지는 독일의 점유 하에 있었으나 강화조건의 일부로서 동맹국들에게 양도되었다. 동맹국들은 그러나 대전 이후 수립된 국제연맹의 위임통치 규정(연맹규약 제22조)에 따라 이 지역의 위임통치를 당시 영국제국(British Empire)의 일부인 남아프리카에 맡겼다. 그리고 이 위임통치는 그 의무의 이행을 확보하기 위해 국제연맹 이사회의 감독을 받게되어 있었다. 그러나 제2차 세계대전이 끝난 후, 1946년 4월 18일의 결의에서 국제연맹 총회는 (i) "연맹의 존재가 끝남에 따라 위임통치지역들에 대한 연맹의 기능도 끝날" 것임을 인정하고, (ii) "UN헌장이 연맹규약 제22조에 선언된 원칙들에 상응하는 원칙을 담고 있는' 것에 주목하고, 그리고 (iii) "UN과 각각의 위임통치국 사이에 다른 약정이 만들어질 때까지는 각 위임통치에 포함된 제의무에 따라 관련 민족(인민)의 안녕과 발전을 위해 위임통치 하의 영토를 계속해서 통치하겠다는 현 위임통치 시정국인 연맹회원국들의 의도표명"에도 주목하였었다. 이후 국제연맹과 UN 사이에 재산 이전에 관한 합의와 실행은 있었지만, 위임통치 감독기능의 이전(승계)에 관한 명시적 합의는 없었다. 그리고 남아프리카는 자신의 위임통치를 대체하기 위하여 UN과 신탁통치협정을 체결하기를 거부한 유일의 시정국이었다. 이리하여 국제연맹의 해산은, 이것이 서남아프리카의 지위에, 그리고 남아프리카연방의 위임통치국으로서의 지위에 어떤 영향을 미치는가 하는 문제를 제기하게 되었다. 남아프리카는 "체약당사자"(contracting parties)의 하나인 국제연맹이 더 이상 존재하지 않으므로 위임통치 자체가 더 이상 존재하지 않는다고 주장하였다. 남아프리카의 주장의 요점은 자신이 적절하다고 생각하는 바에 따라 서남아프리카를 다룰 자유가 있다는 것이었다.

그러나 ICJ는 우선, UN총회가 요청해 온 1950년 7월 11일의 권고적 의견, *International Status of South-West Africa*, ICJ Reports (1950), p. 128 at 143~144에서, 남아프리카는 UN헌장상 위임통치지역을 신탁통치지역으로 이전할 법적 의무는 없지만 계속해서 위임통치협정의 조건과 국제연맹규약의 구속을 받는다고 말한 바 있었다.

그 후 라이베리아와 이디오피아는 남아프리카정부가 서남아프리카에 대한 위임통치의 조건을 위반하고 있음을 확인하기 위해 제소하였는데, ICJ는 처음에는 피고국가인 남아프리카의 선결적 항변을 배척하고 본안을 심리할 관할권이 있음을 확인하였었다 : ICJ Reports (1962), p. 319. 그러나 본 소송의 제2단계인 1966년의 판결에서 ICJ(그 사이에 인적 구성이 약간 변경됨)는 국제공동체에는 민중의 소(*actio popularis*) 같은 것은 없다는 이유로 두 국가의 원고적격 자체를 인정하지 않았다 : *South West Africa* cases (Ethiopia v. South Africa ; Liberia v. South Africa), (Second Phase), ICJ Reports (1966), p. 6.

이 판결 이후 서남아프리카 문제는 UN의 두 정치기관의 주요 의제가 되었다. 먼저, 총회는 1966년 10월 27일 남아프리카가 자신의 의무를 이행하지 않았기 때문에 위임통치는 종료되며, 남아프리카는 이 지역을 통치할 다른 권리를 갖고 있지 않다고 결의하였다. 그리고 이로써 서남아프리카는 UN의 직접적인 책임 하에 들게 되었다 : 총회결의 2145(XXI). 그리고 이 지역을 감시하기 위한 한 개의 이사회(council)도 설치되었다 : 총회결의 2145(XXI) 및 2248(XXI). 이어서 1968년 6월 12일 총회는 결의 2372(XXII)을 통해 "그 곳 인민의 열망에 따라 서남아프리카는 지금부터 나미비아로 칭한다고 선포"하였다. 그 후 안보리는 남아프리카가 나미비아에

사활적인 UN의 헌법문제, 즉 총회는 위임통치를 종결시키는 결정을 할 권한이 있는가, 그리고 안보리는 헌장 제7장에 의거하여 평화에 대한 위협 혹은 평화의 파괴가 존재한다는 결정을 하지 않고서도 회원국들에게 구속력있는 –위법성에 관한– 결정을 할 권한이 있는가의 문제를 야기하였다. 여기서 ICJ는 *Certain Expenses* 사건에서와 비슷한 접근방법을 채택하였다. 우선, ICJ는 "정당하게 구성된 UN기관이 그의 절차규칙에 따라 통과시키고, 그 의장에 의해 그렇게 통과된 것으로 선언된 결의는 유효하게 채택된 것으로 추정되어야만 한다."고 언급하면서, 또한 "본 재판소는 관련 UN기관들에 의하여 내려진 결정에 대하여 사법심사 혹은 상소의 권한을 가지고 있지 않으며", "그들의 결의의 유효성은 권고적 의견 요청의 주제를 구성하지도 않는다."고 말하였다.[344] ICJ는 그러나 –외견상 모순되게도– 이렇게 전제하면서도 두 기관의 행동을 심사하였으며, 그리고 그 과정에서 다시금 매우 관대한 접근방법을 채택하였다. 즉, ICJ는 UN헌장은 예산과 회원국지위 문제에 관한 것 이외에는 구속력있는 결정을 내릴 권한을 총회에 부여하고 있지 않지만, 그럼에도 불구하고 총회는 남아프리카의 위임통치를 종결시킬 권한이 있다고 인정하였다. 그리고 남아프리카가 나미비아에 계속 존재하는 것은 위법하다고 천명한 안보리의 선언과 남아프리카와는 관계를 갖지 말라는 다른 국가들에 대한 안보리의 요구는 헌장 제25조 하의 구속력있는 결정이라고 인정하였다. ICJ의 이같은 입장은 구속력있는 결정은 오로지 헌장 제7장에 의해서만 내려질 수 있다는 서구국가들의 태도와는 상치되는 것이었다.[345]

'평화에 대한 위협'이 존재한다고 결정함에 있어 실제로 안보리의 권한남용이 있지는 않았었나를 알아보기 위해 ICJ가 진정으로 사법심사권을 행사할 마음의 준비가 되어 있는지의 문제가 1992년의 *Lockerbie* 사건[346]에서 제기되었는데, 사건 개요는 이러하다. 1988년 12월 21일 미국의 Pan Am 103편 항공기가 스코틀랜드의 로커비 상공에 이르렀을 때, 기내에 장치된 폭탄이 폭발하여 270명의 인원(승객 및 승무원 259명 전원과 지상의 11명)이 사망하는 참사가 발생하였다. 두 명의 리비아인과 국가관리들이 폭탄을 장치한 혐의로 미국과 스코틀랜드에서 기소되었다. 1991년 11월 27일의 공동선언에서 미국과 영국은 재판을 위해 혐의자들을 인도해 주도록 리비아측에 요청하였다.[347] 만족스런 반응이 없자 두 국가의 발의로 1992년 1월 21일 안보리결의 731이 채택되었는데, 이것은 "국제테러리즘의 제거에 기여하기 위하여 이들 요청에 대해 즉각 완전하고도 실효적인 반응을 보일

계속 존재하는 것은 위법하다고 선언한 결의 276(1970)을 포함하여 다수의 결의를 채택하였다. Currie, pp. 87~88 ; Shaw, 4th, pp. 161~162 ; von Glahn, pp. 75~84 ; Ragazzi, p. 165 ff ; Amerasinghe, pp. 474~478 ; Greig, pp. 863~866 ; Tams, pp. 63~69.

344) ICJ Reports (1971), p. 16 at 21~22, 45.

345) *Ibid.*, at 51~53.

346) *Questions of Interpretation and Application of the 1971 Montreal Convention Arising from the Aerial Incident at Lockerbie* (Provisional Measures), Libya v. UK, ICJ Reports (1992), p. 3 & Libya v. US, ICJ Reports (1992), p. 114. See also *Application of the Convention on the Prevention and Punishment of the Crime of Genocide*, Bosnia and Herzegovina v. Yugoslavia (Serbia and Montenegro), Provisional Measures, ICJ Reports (1993), p. 3, and the second Provisional Measures, ICJ Reports (1993), p. 325 ; Shaw, 4th, p. 878 ; Malanczuk, p. 292 ; Thirlway in Evans (ed.), *International Law*, 5th, p. 574 (fn. 1).

347) ICJ Reports (1992), p. 3 at 11.

것"을 리비아 측에 촉구하기 위한 것이었다. 이 결의는 명령적으로 표현되지 않았고 또 분명히 헌장 제7장에 의거하여 채택된 것도 아니었지만, 이 결의를 채택하는 토의 과정에서 두 국가는 리비아가 결의를 따르지 않을 경우 제재를 부과하는 결의를 채택할 것이라고 언급하였다.[348)]

이같은 위협에 대응하여, 3월 3일 리비아는 1971년의 몬트리올협약 제14조 1항(ICJ강제관할권 조항)에 의거하여 ICJ에 제소하면서 미국과 영국이 협약을 위반하였다고 주장하였다. 리비아는 특히 협약 제5조 2항을 그 이유로 들었는데, 동 규정은 "체약국 영토 내에 범죄혐의자가 소재하고 있고 그를 관련 타국가에 인도하지 않는 경우 관할권을 확정하기 위하여 필요한 제반 조치를 취할" 의무를 체약국들에게 지우고 있다. 리비아는 소추를 목적으로 사건을 자국의 관련 당국에 이미 회부하였다고 주장하였다. 그리고 리비아는 ICJ에 대해 미국과 영국이 피고인들을 인도받기 위해 리비아를 강제하지 못하도록 하는 임시(혹은 가보전)조치를 지시해 줄 것을 청구하였다.[349)]

재판소는 1992년 3월 26일과 28일 사이에 리비아의 임시조치 청구에 대한 구두절차를 진행하였다. 3월 31일의 결의 748에서 안보리는 "리비아 정부가 구체적인 행동을 통해 테러리즘의 포기를 보여주지 않고 또 특히 계속해서 결의 731(1992)의 요청에 완전히 그리고 실효적으로 반응하지 않는 것은 국제평화와 안전에 대한 위협을 구성한다."고 결정한 뒤, "헌장 제7장에 의거하여" 리비아는 범죄인인도청구에 응하고 또한 1992년 4월 15일까지 모든 형태의 테러리즘을 포기하든지 아니면 제재를 당해야 한다고 결정하였다. 재판소는 4월 14일 임시조치를 거부하는 의견을 전달하였으며, 그 다음 날 제재가 부과되었다. 여기서 재판소는 모든 회원국은 헌장 제25조에 따라 안보리의 결정을 수락하고 이행할 의무를 지고 있고, 일견(*prima facie*) 이 의무는 혐의자들을 인도하지 않았다는 이유로 리비아에 제재를 부과한 안보리결의 748(1992)에도 미치며, 헌장 제103조에 따라 (제재를 부과한 안보리결의를 포함한) 헌장 하의 의무는 몬트리올협약을 포함한 기타 국제협정 하의 의무에 우선한다고 결론지었다.[350)] ICJ는 발생한지 3년이 지난 사건으로부터 평화에 대한 위협이 실제로 존재하는지의 여부를 결정하기 위해 안보리결의 748의 제안국들의 배후 동기를 살펴보려는 의사가 없었음이 분명하다.[351)]

---

348) White, *Keeping the Peace*, p. 70.

349) ICJ Reports (1992), p. 3 at 5~7.

350) ICJ Reports (1992), p. 3 at 15 ; ICJ Reports (1992), p. 114 at 126. Bedjaoui 재판관은 반대의견(para. 17)에서, ICJ가 본 임시조치 청구 사건에 대한 구두절차(oral proceedings)를 종료한 뒤 통과된 안보리 결의(748)를 재판소 심의(deliberations) 중에 소급적으로 고려에 넣은 것에 대해 비판하였다. 그러나 이에 대해서는 "그렇게 하지 않으면 UN안보리의 구속력있는 결의를 무시하는 결과를 초래할 것이기 때문에 다수 재판관의 의견에 동의할 수밖에 없다"는 의견도 있다 : Kaczorowska-Ireland, p. 381.

351) White, *Keeping the Peace*, p. 71. ICJ는 1998년 2월 27일의 결정에서 일단 재판관할권과 소의 허용성을 인정하였다. 그 후 1998년 8월 27일 UN안보리는 팬암여객기 폭탄테러 용의자 두 명이 재판을 위해 제3국 네덜란드에 도착하면 리비아에 대해 1992년부터 계속해 온 제재를 중지한다는 결의(1192)를 만장일치로 채택하였다. 결국 리비아정부는 1999년 4월 5일 용의자 두 명을 UN측에 인도하였으며, 이로써 리비아에 대한 UN의 제재조치는 자동적으로 중지되었다. UN에 인도된 두 사람은 네덜란드에서 스코틀랜드 재판관들에 의해 그리고 스코틀랜드법에 따라 재판받았는데, 2001년 1월 31일 그 중 한 명에게는 종신형이 선고되고 다른 한 명에게는 무죄가 선고되었다. ICJ Communiqué, No. 98/11, 1 April 1998 ; Anthony Aust, "Lockerbie : The Other Case", (2000) 49 ICLQ 278~296 ; 조선일보, 1998년 8월 27일(목) 7면, 28일(금) 8면, 29일(토) 7면, 1999년

사실, 발달된 법치공동체인 국가나 초국가적 기구와는 달리 아직도 대체로 분권적인 틀을 벗어나지 못하고 있는 현단계의 국제공동체에서 안보리나 총회의 정치적 판단에 대해, 특히 헌장 제7장의 운영에 대해 사법심사를 한다는 것은 적절하지 않은 것이 사실이다. 또 ICJ가 국제공동체의 헌법재판소로 기능할 수 있는 제도적 장치도 거의 존재하지 않는다. 일부 ICJ재판관들이 -물론 각기 정도를 달리하여- 이 문제에 관하여 전진적인 견해를 피력하고 있는 것은 사실이지만[352] 이것이 재판소의 다수의견을 형성하는 것은 아니다. 그러나 미래에 우리가 이 방향으로 나아가야 하는 것 또한 사실이다. 그리고 그때까지는 모호한 상태에서 살지 않으면 안된다.[353]

4월 7일(수) 3면 ; 조선일보, "로커비 폭파사건 용의자 재판시작", 2000년 5월 4일(목), 9면 ; CNN.com. lawcenter〉news, "Libya : Lockerbie bomber to appeal", January 31, 2001, Web posted at 8 : 24 p.m.EST (0124 GMT) ; 연합뉴스, "미, 로커비 판결 환영 ... 대리비아 제재는 지속", 2001. 02. 01.(월) 04 : 39. 그 후 결국, 리비아의 가다피 정부가 국가책임을 인정하고 희생자의 유가족들에게 배상을 하는데 동의함에 따라, UN 안보리는 2003년 9월 12일 그간 10여년 지속된 UN 차원의 대 리비아 제재를 완전히 해제하기로 결정하였다(이 결의는 13개 이사국의 찬성으로 채택되었는데, 상임이사국인 미국과 프랑스는 기권함으로써 사실상 일정 유보적 의사를 표시). UN News Centre, "Security Council lifts sanctions against Libya imposed after Lockerbie bombing", https://www.un.org/News/index.shtml (accessed 14 September 2003) ; Cassese, *International Law*, 2nd, p. 470. 이와 함께 리비아가 영국과 미국을 상대로 제기했던 *Lockerbie* 소송을 취하하기로 합의함에 따라 ICJ는 안보리의 상기 해제결의가 채택되기 이틀 전인 9월 10일 이 두 사건을 소송목록에서 삭제하였었다. ICJ Press Release 2003/29, 10 September 2003.

352) See, e.g., *Lockerbie* cases (Provisional Measures), *per* Lachs, ICJ Reports (1992), pp. 26, 138 (separate opinion) ; Shahabuddeen, pp. 28, 140 (separate opinion) ; Bedjaoui, pp. 33, 143 (dissenting opinion) ; and Weeramantry, pp. 50, 160 (dissenting opinion). See also White, *Keeping the Peace*, pp. 71~72.

353) Shaw, 4th, pp. 878~879 ; White, *Keeping the Peace*, pp. 72~73 ; Merrills in Evans (ed.), *International Law*, 5th, p. 562.

제 28 장
전 쟁 법

제5부 전쟁과 평화

전쟁법(law of war, *jus in bello*)은 "무력은 어떻게 사용되어야 하는가"(*How* can force be used)에 관한 법으로서, 특정 무력사용이 적법하든 않든 –즉 무력충돌의 원인에 관계없이– 여기에 관여하는 모든 자들은 전쟁법을 준수하여야 한다. 이 때문에 전쟁법은 –제27장에서 논한– *jus ad bellum*, 즉 "국가는 무력을 언제 사용할 수 있는가"(*When* can States use force)에 대한 법과는 분리되어 논하는 것이다. 이런 의미에서 *jus in bello*와 *jus ad bellum*의 구분은 사활적 중요성을 갖는다.[1)]

전통(고전)국제법에 있어 전쟁법은 특정 국가들 상호간에 선언된 전쟁(declared war)의 상태가 존재하여 더 이상 평시법(law of peace)이 적용되지 않는 경우에 발동되는 법체계였다. 특히 19세기에는 전쟁법의 한 분야인 중립법(law of neutrality)이 만개(滿開)하였다.[2)] 그러나 제2차 세계대전 후 전쟁을 포함한 일체의 무력의 위협 또는 사용이 위법화 됨에 따라 전쟁법의 중심테마도 이동하였다. 즉, 전쟁법의 여러 분야 중에서도 이제는 일반적으로 국제인도법(international humanitarian law)이라 불리우는 분야를 강화하기 위한 시도들이 진행되고 있다.[3)] 그리고 "전쟁 중에도 자비를"

---

1) Kaczorowska-Ireland, pp. 769~770 ; Turns in Evans (ed.), *International Law*, 3rd, p. 817. 북한의 김일성이 1950년 6월 25일 외세를 등에 업고 동족상잔의 전쟁을 일으킨 것은 *jus ad bellum*의 문제이고, 전쟁기간 중 발생한 양측 군인들의 전쟁법규 위반 문제는 *jus in bello*의 문제이다. 이 두 개는 차원이 다른 문제인 것이다. 피차간의 *jus in bello* 위반 사례를 들어, 아니 북한공산군의 "잔혹행위는 거론하려 들지 않으면서", 심지어는 그들의 "허위선전"을 그대로 보여주고 들려주면서, 정작 침략전쟁을 일으킨 자의 *jus ad bellum* 위반의 중대한 책임을 가리려는 것은 분명히 악한 일이다. 조선일보, 2021년 5월 27일, A31, [사설] "이들의 마음속 祖國은 어디일까" ; 강규형/조선일보. 2021년 6월 1일, A29, [기고] "피카소 그림 '한국에서의 학살'은 6·25전쟁 허위 선전물이다" 참조.

2) Neff in Evans (ed.), *International Law*, 3rd, p. 20 ; Orakhelashvili/Akehurst, pp. 499~502 ; 본서, 제7장 (국제법의 기본원칙), "Ⅳ. 무력의 위협 또는 사용 금지의 원칙", & 제21장 (해양법), "Ⅶ. 공해, 7. 기국주의의 예외."

3) *Legality of the Threat or Use of Nuclear Weapons*, Advisory Opinion, ICJ Reports (1996), p. 226 (paras. 75, 78)에 따르면, 국제인도법은 헤이그법(Hague Law)과 제네바법(Geneva Law)으로 구성된다.

헤이그법은 1868년의 세인트 피터스부르크 선언(St. Petersburg Declaration), 1874년의 브뤼셀회의(Brussels Conference), 그리고 1899년과 1907년의 헤이그협약에서 기원하며, 관련 조약들이 계속 체결되고 있다. 이들 규칙은 작전수행에 있어서의 교전자의 권리와 의무를 정하고, 국제적 무력충돌에서 적을 해치는 방

(*Inter Arma Caritas*)[4] 베풀 것을 요구하는 이 국제인도법은 더 이상 기술적인 의미에서의 전쟁을 전제로 하는 개념이 아닌 것으로 전환되고 있다. 다시 말해서, 대규모의 '국제적' 그리고 '비국제적' 무력충돌의 경우에 다같이 적용되는 넓은 개념으로 사용되고 있다. 이와 함께 전쟁법이란 술어 대신 무력충돌법(law of armed conflict)이란 용어가 조약에 도입되고 있는데, 이 무력충돌법은 다시 국제적 무력충돌법(law of international armed conflict)과 비국제적 무력충돌법(law of non-international armed conflict)으로 구분되고 있다.[5]

전쟁법은 19세기 후반부터는 주로 조약을 통하여 발전해 왔는데, 그 중에서 가장 기본이 되는 것은 1907년 "육전의 법규 및 관습에 관한 헤이그협약"(Hague Convention Respecting the Laws and Customs of War on Land) 및 그 부속규칙(이하 '헤이그 육전규칙'(annexed Hague Regulations),[6]

법과 수단의 선택을 제한한다. 제3차 헤이그 평화회의가 1914년에 열리는 것으로 계획되었다가 다시 1915년으로 일정이 조정되었지만 제1차 세계대전의 발발로 결국 취소되었다. https://en.wikipedia.org/wiki/Hague_Conventions_of_1899_and_1907 ; Keitner, p. 256.

제네바법은 전쟁 희생자 보호에 관한 법을 지칭하는 것으로, 전투능력을 상실한 전투원(군부상자, 병자, 조난자)과 적대행위에 참여하지 않는 사람들(포로, 민간인)에 대한 보호장치를 제공하는데, 1864년, 1906년, 1929년 및 1949년의 제네바협약에서 기원한다.

역사적으로 헤이그법과 제네바법은 주로 조약이 체결된 장소를 기초로 붙여진 명칭이었는데, ICJ가 지적하는 바 이들 두 법은 -1949년 4개 제네바협약에 대한- 1977년의 두 개 추가의정서(Additional Protocols)에 의하여 통합되면서 이제는 조약의 내용을 기준으로 구분되고 있다.

ICJ는 인도법의 뼈대를 구성하는 기본규칙으로서, "전투원과 비전투원의 구분"(distinction between combatants and non-combatants)과 "무차별 무기의 사용금지"(prohibition on the use of indiscriminate weapons), "전투원에게 불필요한 고통을 주는 것의 금지"(prohibition against causing unnecessary suffering to combatants), 그리고 "국가는 무기사용에 있어 무제한한 선택의 자유를 갖는 것은 아니라는 사실"(the fact that states do not have unlimited freedom of choice of means in the weapons they use)을 들고 있다. Kaczorowska-Ireland, pp. 757, 760, 770 ff, 787 ff ; 이용호, "헤이그법의 발전과 현대적 과제", 《국제법평론》, 2009-Ⅱ (통권 제30호)(2009년 10월), p. 110 ; 이용호, "제네바법(the law of Geneva)의 발전과 현대적 과제", 《國際法學會論叢》, 제56권 제4호 (2011년 12월), p. 197 ; https://ko.wikipedia.org/wiki/제네바_협약 ; https://namu.wiki/w/제네바 협약.

4) "Amidst War, Charity"를 뜻하는 라틴어. 이 구호는 원래는 국제적십자위원회(ICRC)의 모토였다. https://en.wikipedia.org/wiki/International_Committee_of_the_Red_Cross.

5) Ott, pp. 317~318 ; Wolfrum/Philipp (eds.), pp. 638~645 ; Turns in Evans (ed.), *International Law*, 5th, p. 841 (fn. 2) ; 이용호, 《전쟁과 평화의 법》(경산 : 영남대학교출판부, 2001), p. 72 이하. ICJ는 *Jurisdictional Immunities of the State* (Germany v. Italy ; Greece Intervening), Judgment of 3 February 2012, para. 81에서 무력충돌법은 오늘날에는 국제인도법으로 불리는 것이 보통인데, 그러나 후자의 표현은 1943~1945년에는 사용되지 않았다고 언급하고 있다.

6) 1907년 10월 18일 헤이그에서 서명, 1910년 1월 26일 발효. 이 협약 제2조를 포함하여 1899년과 1907년의 헤이그협약들에는 흔히 총가입조항(general participation clause, *clausula si omnes*)으로 불리는 조항이 삽입되어 있었는데, 이 조항에 따르면 협약은 전쟁에 참여한 모든 교전국이 그 협약의 당사국인 경우에만 적용되게 된다. 이것은 전쟁에서 어느 한 교전국이라도 협약의 당사국이 아니면 그 협약은 교전국인 당사국 간에도 적용되지 않음을 의미하는 것이었다. 총가입조항은 전쟁에 참여한 모든 국가는 동일한 조건 하에서 싸워야 한다는 생각에서 도입된 것이지만 협약의 적용을 불능으로 만드는 불합리한 결과를 초래하였다. 결국 총가입조항은 인도법(전쟁)조약에서 그후 더 이상 수용되고 있지 않다. 이를테면 1949년의 4개 제네바협약은 (공통) 제2조 3단에서 획일적으로 "충돌 당사국의 하나가 본 협약의 당사국이 아닌 경우에도 본 협약의 당사국은 그들 상호간의 관계에서는 본 협약의 구속을 받는다. 또한 체약국은 본 협약의 체약국이 아닌 충돌 당사국이 본 협약의 규정을 수락하고 또한 적용할 때에는 그 국가와의 관계에서도 본 협약의 구속을 받는다."라고 규정함으로써 총가입조항을 명시적으로 배척하고 있다. Boleslaw A. Boczek, *International Law: A Dictionary* (Lanham, Maryland : The Scarecrow Press, Inc., 2005), p. 427 ; Turns in Evans (ed.), *International Law*, 5th, pp.

1949년 4개 제네바협약[7]과 1977년 제1/제2 제네바협약 추가의정서[8] 및 2005년 제3추가의정서[9]이다. 이들 중 4개 제네바협약은 2021년 1월 16일 현재 193개 UN의 모든 회원국 외에도 3개 UN 비회원국(쿡제도, 로마교황청 및 팔레스타인국)을 당사자로 거느린 보편적 성격의 조약이다.[10] 3개 추가의정서는 아직 그만한 호응을 얻고 있지는 못하다. 즉, 상기 일자 현재 제1추가의정서는 174개국, 제2추가의정서는 169개국, 제3추가의정서는 78개국이 비준하였다.[11] 제1추가의정서는 제90조에 규정된 국제사실조사위원회(International Fact-Finding Commission)의 관할권과 관련하여 ICJ의 임의조항 방식을 모방하고 있는데, 제90조 2항에 따라 동일 의무를 수락하는 체약국 간에 국제사실조사위위원회의 권한을 수락한다고 선언한 국가는 76개국이다.[12] 이 밖에도, 제1추가의정서 제96조 3항은 민족해방단체("the authority representing a people engaged against a High Contracting Party in an armed conflict of the type referred to in Article 1, paragraph 4")가 4개 제네바협약과 제1추가의정서를 적용하겠다는 일방적 선언을 하는 것을 허용하고 있는데, 2015년에 폴리사리오 전선(Polisario Front)이 그 같은 선언을 한 바 있다. 선언은 조약수탁자인 스위스연방심의회(평의회)(Swiss Federal Council)에 제출되어야 한다.[13]

국제적 무력충돌의 술어에서, '국제적' 무력충돌은 무엇이고, '무력충돌'은 무엇인가? 4개 제네바협약 (공통) 제2조는 제네바협약의 목적상 '국제적' 무력충돌에 대한 정의를 제시하고 있는데, 즉 그 1단에서는 "둘 이상의 체약국 간에 발생할 수 있는, 모든 선언된 전쟁(declared war) 또는 -전쟁

847~848.

7) 즉, "육전에 있어서의 군부상자 및 병자의 상태개선에 관한 협약"(제1협약), "해상에 있어서의 군부상자·병자 및 조난자의 상태개선에 관한 협약"(제2협약), "포로의 대우에 관한 협약"(제3협약), "전시에 있어서의 민간인의 보호에 관한 협약"(제4협약). See ICRC, "The Geneva Conventions and their Commentaries", 〈https://www.icrc.org/en/war-and-law/treaties-customary-law/geneva-conventions〉; https://en.wikipedia.org/wiki/Geneva_Conventions.

8) 즉, 1977 Geneva Protocol I Additional to the Geneva Conventions of 12 August 1949, and Relating to the Protection of Victims of International Armed Conflict; 1977 Geneva Protocol Ⅱ Additional to the Geneva Conventions of 12 August 1949, and Relating to the Protection of Victims of Non-International Armed Conflict.

9) Protocol additional to the Geneva Conventions of 12 August 1949, and Relating to the Adoption of an Additional Distinctive Emblem (Protocol Ⅲ). 2005년 12월 8일 제네바협약 당사국회의에서 다수결로 채택된 제3추가의정서는 적십자의 표장으로서 -기독교와 이슬람과의 관련을 연상시키는 종래의 적십자(Red Cross)와 적신월(Red Crescent) 이외에- 종교적 색채가 전혀 없는 적수정(Red Crystal)의 사용을 허가하고 있다: https://www.icrc.org/; https://en.wikipedia.org/wiki/Protocol_III; https://en.wikipedia.org/wiki/Emblems_of_the_International_Red_Cross_and_Red_Crescent_Movement.

10) ICJ는 -육전규칙을 포함한- 헤이그협약과 제네바협약의 경우 그 대다수 내용이 국제관습법규로 되었다고 보고 있다: *Legality of the Threat or Use of Nuclear Weapons*, Advisory Opinion, ICJ Reports (1996), p. 226 at 256 (para. 75), 258 (para. 82); *Legal Consequences of the Construction of a Wall in the Occupied Palestinian Territory*, Advisory Opinion, ICJ Reports (2004), p. 136 at 172 (para. 89). See Turns in Evans (ed.), *International Law*, 5th, p. 842.

11) https://en.wikipedia.org/wiki/List_of_parties_to_the_Geneva_Conventions.

12) *Ibid.*

13) Rosenne, *The Perplexities of Modern International Law*, p. 174; https://en.wikipedia.org/wiki/List_of_parties_to_the_Geneva_Conventions.

선언을 동반하지 아니하는- 기타 무력충돌(any other armed conflict)의 모든 경우로서, 그들 중 어느 한 국가가 전쟁상태를 승인하지 아니한다 하더라도 그러하다"고 규정하면서,[14] 이어서 2단에서는 "일 체약국 영토의 일부 또는 전부가 점령된 모든 경우로서, 비록 그러한 점령이 무력저항을 받지 아니한다 하더라도 그러하다"고 규정하고 있다.[15] 또한, 제네바 제1추가의정서 제1조(4항)에 의하면 "민족자결권을 행사하기 위하여 식민지배, 외국의 점령, 인종차별체제에 대항하여 투쟁하는 무력충돌", 즉 민족해방전쟁도 '국제적' 무력충돌로 간주된다.[16]

4개 제네바협약이나 국제적 무력충돌법을 구성하는 기타 조약들에서는 '무력충돌'이란 술어를 사용하면서도 무력충돌법 적용의 목적상 무엇이 '무력충돌'인지를 정의하고 있지는 않다. 대신, 1995년 *Duško Tadić* 사건[17]에서 구유고국제형사재판소 항소부가 제시한 무력충돌 개념이 국제관습법상의 무력충돌에 대한 유용한 공식의 하나로 받아들여지고 있다.[18]

4개 제네바협약은 국제적 무력충돌의 종료 시점에 대해 침묵하고 있지만, -"충돌 당사국의 영역 내에 있어서는 본 협약의 적용은 군사행동의 일반적 종료와 동시에 정지된다(cease on the general close of military operations). 점령지역의 경우에 있어서는 본 협약의 적용은 군사행동의 일반적 종료 1년 후에 정지된다. ..."고 규정한- 제4제네바협약(전시 민간인 보호) 제6조가 실제로 큰 중요성을 갖게 되었다. 무력충돌 후 평화조약을 체결하는 관행이 쇠퇴하고 있기 때문이다.[19]

전쟁의 위법화 내지는 금지가 전쟁의 소멸을 의미하는 것은 아니다. 전쟁의 금지에도 불구하고 전쟁법이 국제인도법의 이름으로 오히려 심화, 발전되고 있는 것도 이 때문이다. ICRC는 2005년 관습국제인도법(customary international humanitarian law)에 대한 방대한 연구결과(제1권: 규

---

14) 그러나 1945년 8월 소련의 일본에 대한 전쟁선언 이래 공식적인 전쟁선언은 하나도 없었다. UN헌장에 의해 원칙적으로 일체의 무력사용이 금지되면서 전쟁선언은 무력의 위법한 사용을 연상시킬 것이기 때문이다. 이를테면, 1982년 포클랜드 전쟁(Falklands War) 기간 중 영국은 아르헨티나와 전쟁 중임을 공개적으로 부인하면서도 자신의 모든 군사작전에서 무력충돌법을 적용하였었다. 또한, 2022년 2월 러시아는 '특수군사작전'의 이름으로 우크라이나 동부 지역을 침공해 들어가면서도 전쟁법의 준수를 강조하였다. Turns in Evans (ed.), *International Law*, 5th, pp. 844, 847 ; Orakhelashvili/Akehurst, 9th, p. 508 ; https://en.wikipedia.org/wiki/Falklands_War ; 본서, 제1장 "Ⅳ. 7. 제6단계", & 제27장 (국가의 무력사용), "Ⅳ. 냉전 기간 동안 헌장 제7장의 관행".

15) 1967년 이래 이스라엘의 팔레스타인 영토 점령, 1975년 이래 모로코의 서부사하라 점령, 2014년 이래 러시아의 크림반도 점령 등이 이러한 경우에 속한다. Turns in Evans (ed.), *International Law*, 5th, p. 847.

16) Orakhelashvili/Akehurst, 9th, p. 518 ; 본서, 제6장 (국제법의 주체), "V. 이른바 민족해방운동" 참조.

17) ICTY, Appeals Chamber, *Prosecutor* v. *Duško Tadić*, Decision on the Defence Motion for Interlocutory Appeal on Jurisdiction, Case No IT-94-1AR72, Decision of 2 October 1995, para. 70, (available at https://www.icty.org/x/cases/tadic/acdec/en/51002.htm) : "... an armed conflict exists whenever there is a resort to armed force between States or protracted armed violence between governmental authorities and organized armed groups or between such groups within a State. International humanitarian law applies from the initiation of such armed conflicts and extends beyond the cessation of hostilities until a general conclusion of peace is reached; or, in the case of internal conflicts, a peaceful settlement is achieved. Until that moment, international humanitarian law continues to apply in the whole territory of the warring States or, in the case of internal conflicts, the whole territory under the control of a party, whether or not actual combat takes place there."

18) Turns in Evans (ed.), *International Law*, 5th, p. 845.

19) *Ibid.*, p. 846.

칙, 제2권: 관행)를 영국 캠브리지대학 출판부를 통해 출간한 바 있으며, 그 후 온라인을 통해 이를 계속 보완해 나오고 있다.[20] 이밖에, 2022년 ILC는 "무력충돌과 관련된 환경보호원칙 초안"(Draft principles on protection of the environment in relation to armed conflicts)을 채택하여 UN 총회에 제출하였다.[21]

Ⅰ. 국제인도법과 인권법의 관계

국제인도법과 인권법은 '사람의 보호'라는 공통의 목표를 가지고 있으며, 따라서 이 범위 내에서 양자가 불가피하게 수렴하는 현상도 보이고 있다.[22] 특히, ICC로마규정으로 대표되는 국제형법은 국제인도법과 인권법의 혼합물이 되고 있다. 그러나 이들 둘 사이의 몇 개의 기본적인 차이를 언급하지 않을 수 없다.

첫째 그리고 무엇보다, 가장 기본적인 인권 중의 하나는 생명권(right to life)이지만, 무력충돌에서는 적법하게 그리고 폭력적 수단으로 박탈할 수 있는 것이 바로 이 생명권이다.[23]

---

20) https://www.lcil.cam.ac.uk/customary-international-humanitarian-law-project ; https://en.wikipedia.org/wiki/Customary_international_humanitarian_law ; Keitner, pp. 260~261.

21) https://legal.un.org/ilc/texts/texts.shtml ; https://legal.un.org/ilc/texts/8_7.shtml.

22) 예컨대, 1977년 제네바 제1추가의정서 제75조(기본적 브장) 및 제네바 제2추가의정서 제4조(기본적 보장), 제5조(자유가 제한된 개인), 제6조(형사소추) 참조. 그리고 이들 인도법에 관련한 조약과는 거꾸로, 1989년의 "어린이의 권리에 관한 협약" (Convention on the Rights of the Child)은 그 채택절차, 규칙의 내용 그리고 내장된 이행장치 등으로 미루어 보아 인권조약의 계열에 속하는 것이 분명한데도, 그 제38조에서 "어린이에게 관련되는 무력충돌 시의 국제인도법규에 대한 존중을 확보하고", "15세에 이르지 아니한 사람들이 적대행위에 직접 참여하지 않음을 확보하기 위해 모든 가능한 조치를 채택할" 의무를 당사국들에게 부과하고 있다. 미주인권위원회(Inter-American Commission on Human Rights)는 *Coard et al.* v. *United States*, Case 10.951, Report No 109/99, September 29, 1999, para. 39 (at https://www1.umn.edu/humanrts/cases/us109-99.html)에서 인도법과 인권법의 "불가결한 연관"(integral linkage)에 대해 다음과 같이 언급한 바 있다. "... while international humanitarian law pertains primarily in times of war and the international law of human rights applies most fully in times of peace, the potential application of one does not necessarily exclude or displace the other. There is an integral linkage between the law of human rights and humanitarian law because they share a "common nucleus of non-derogable rights and a common purpose of protecting human life and dignity," and there may be a substantial overlap in the application of these bodies of law. Certain core guarantees apply in all circumstances, including situations of conflict, and this is reflected, *inter alia,* in the designation of certain protections pertaining to the person as peremptory norms (*jus cogens*) and obligations *erga omnes,* in a vast body of treaty law, in principles of customary international law, and in the doctrine and practice of international human rights bodies such as this Commission. ..."

23) Turns in Evans (ed.), *International Law*, 3rd, p. 817. ICJ는 *Legality of the Threat or Use of Nuclear Weapons*, Advisory Opinion, ICJ Reports (1996), p. 226 at 240 (para. 25)에서 무력충돌 시 생명권 박탈과 관련하여 다음과 같이 언급한 바 있다 : "... the protection of the International Covenant of Civil and Political Rights does not cease in times of war, except by operation of Article 4 of the Covenant whereby certain provisions may be derogated from in a time of national emergency. Respect for the right to life is not, however, such a provision. In principle, the right not arbitrarily to be deprived of one's life applies also in hostilities. The test of what is an arbitrary deprivation of life, however, then

둘째, 인권법이 기본적으로 한 국가의 그 국민 내지는 그 관할권 하의 개인들에 대한 관계에 관심을 두고 있는 것이라면, 국제인도법은 기본적으로 타방 교전당사자 측의 민간인과 전투원의 적절한 보호에 관심을 두고 있다.

셋째, 인권법이 개인의 권리를 창설하고 확대하는 방향에서 전개되어 나오고 있는데 반해, 국제인도법은 무력사용에 있어 국가의 재량을 제한하는 방향에서 발전되어 온 것이다. 그 결과 인권법은 개인(혹은 민족)이 향유하는 일련의 권리로 구체화되어 있는데 반해서, 인도법은 교전자들이 준수해야 할 일련의 의무로 공식화되어 있다.

넷째, 인권조약들은 체약국들이 국가의 생존이 위협받는 비상사태에 직면하여 일정 인권을 일시적으로 훼손하는 조치를 채택하는 것을 허용하고 있는데 반해,[24] 무력충돌이라는 비상사태에서 적용되는 국제인도법은 −그 비상호주의적 기초와 함께− 그 정의에 의해 이같은 훼손가능성(derogability)을 인정하지 않는다.

다섯째, 인권조약들과는 달리 인도법조약들은 모두가 보편조약, 좀더 정확히 말하면 보편적 성격의 조약으로서 법이 대륙에 따라 달라질 수 있는 지역인도법 체제란 없다.

여섯째, 인권법은 그 성격에 따라 제1세대, 제2세대 및 제3세대 인권으로 구분되곤 하지만 인도법은 이같은 구분을 모른다. 구분이 있다면 그것은 헤이그법과 제네바법으로 구분하는 것이다.

일곱째, 인권법과 인도법의 관심대상이 종종 중복되긴 하지만, 무력충돌의 특별한 위험으로부터 사람들을 보호하는 문제와는 관련이 있는 것으로 생각되지 않는 다수의 인권도 여전히 존재하고 있으며, 결사의 권리(right of association)와 정치적 권리(political rights)가 그 좋은 예이다.

여덟째, 인도법조약에서 체약국들은 "모든 경우에"(in all circumstances) 조약 존중의 의무를 부담하는데 반해,[25] 인권조약에서 체약국들은 대체로 "그들 관할권 안에(혹은 하에) 있는(within/subject to their jurisdiction)" 사람들에 대해서만 조약 존중의 의무를 부담한다.[26]

이상의 차이들을 고려하면 국제인도법과 인권법은 그 상호작용에도 불구하고 여전히 각자의 독자성을 유지하고 있다고 보는 것이 타당할 것이며, 국제인도법을 무력충돌 시에 적용되는 인권법으로 보는 시각은 반드시 정확하다고 볼 수는 없다. 시간적으로 보더라도 인권법의 역사는 상대적으로 일천하다.[27] ICJ도 국제인도법과 인권법의 관계에 대해 언급한 바 있는데, 즉 *Legal Consequences*

---

falls to be determined by the applicable *lex specialis*, namely, the law applicable in armed conflict which is designed to regulate the conduct of hostilities. Thus whether a particular loss of life, through the use of a certain weapon in warfare, is to be considered an arbitrary deprivation of life contrary to Article 6 of the Covenant, can only be decided by reference to the law applicable in armed conflict and not deduced from the terms of the Covenant itself."

24) 예컨대, 1966년 "시민적 · 정치적 권리에 관한 국제규약"(International Covenant on Civil and Political Rights) 제4조.

25) 4개 제네바협약, 각 제1조.

26) 본서, 제17장 (국제인권법) ; European Court of Human Rights, *Bankovic* case, Grand Chamber decision (12 December 2001) on admissibility, Application No. 52207/99, para. 75 참조.

27) 인권법과 국제인도법의 상관관계에 대한 자세한 논의를 위해서는 다음의 논문을 참조 : Raúl Emilio Vinuesa, "Interface, Correspondence and Convergence of Human Rights and International Humanitarian

of the Construction of a Wall 사건[28]에서 (i) 전적으로 인도법의 문제에 속하는 권리, (ii) 전적으로 인권법의 문제인 권리, (iii) 인도법과 인권법 모두에 속하는 권리 등 세 가지 상황을 구분하면서, (iii)의 경우 인도법은 인권법에 대해 특별법의 지위에 놓인다고 설명한 바 있다.

Ⅱ. 전쟁법의 기본정신

흔히 전쟁법 혹은 국제인도법은 군사적 필요성(military necessity)과 인도적 고려(humanitarian considerations) 이 두 개를 비교하여 양자간에 균형을 잡기 위한 것이라고 말하는 경우가 있는데, 반드시 정확한 표현은 아니다. 전쟁법의 본질은 오히려 특정 상황에서 군사적 승리를 위해 필요하다고 해도 인도적 고려에 비추어 볼 때 할 수 없는 일이 있다는 것이다. 즉, 전쟁법은 군사적 필요성에 대한 고려와 인도에 대한 고려를 동일한 위치에 놓고 있지 않다.[29] 예를 들면, 1907년 헤이그 육전규칙 제22조 및 1977년 제네바 제1추가의정서 제35조 1항은 "어떤 무력충돌에 있어서도 교전자는 해적수단의 선택에 관하여 무제한한 권리를 갖는 것이 아니다."라고 규정하고 있는데, 이것은 금지된 무기를 사용해서 승리하기보다는 패배를 감내해야 함을 시사하고 있다. 위 규정의 중요성은 19세기 말엽 독일 학자들이 제시했던 교전조리(交戰條理) 또는 전수이론(戰數理論)(Kriegsraison, raison de guerre)을 배척하는데 있다. 당시 독일 학자들은 교전조리의 이름 하에 전쟁수행을 위해 필요한 행위는 무엇이든지 허용된다고 주장하였던 것이다. Kriegsraison의 배척은 그 후 전쟁법의 세 분야, 즉 적전투원의 대우, 민간인의 대우, 무기사용의 제한에 큰 영향을 끼쳤다.[30]

Law", (1998) 1 Yearbook of International Humanitarian Law 69~110 ; Louise Doswald-Beck and Sylvain Vité, "International Humanitarian Law and Human Rights Law", International Review of the Red Cross, No. 293 (30-04-1993), pp. 94~119.

28) *Legal Consequences of the Construction of a Wall in the Occupied Palestinian Territory*, Advisory Opinion, ICJ Reports (2004), p. 136 at 178 (para. 106) : "... the Court considers that the protection offered by human rights conventions does not cease in case of armed conflict, save through the effect of provisions for derogation of the kind to be found in Article 4 of the International Covenant on Civil and Political Rights. As regards the relationship between international humanitarian law and human rights law, there are thus three possible situations: some rights may be exclusively matters of international humanitarian law; others may be exclusively matters of human rights law; yet others may be matters of both these branches of international law. In order to answer the question put to it, the Court will have to take into consideration both these branches of international law, namely human rights law and, as *lex specialis*, international humanitarian law." See also *Legality of the Threat or Use of Nuclear Weapons*, Advisory Opinion, ICJ Reports (1996), p. 226 at 240 (para. 25).

29) Orakhelashvili, pp. 167, 214~215.

30) 교전조리 혹은 전수이론은 흔히 "Kriegsraison geht vor Kriegsmanier"("the necessities of war take precedence over the rules of war") 혹은 "Not kennt kein Gebot"("necessity knows no law")의 공식으로 표현되곤 하였다. 요컨대, 아무리 군사적으로 필요하다고 해도 전쟁법을 위반해서는 안된다는 것을 전제로 하는 군사적 필요성의 원칙과는 달리 전수이론은 전쟁에서의 승리를 위해서라면 법도 무시할 수 있다고 생각하는 것이다. 두 이론의 구분에 대해서는 다음의 글들을 참조 : Gary Solis, "Military Necessity, Kriegsraison and the "War on Terror"", available at https://www.law. columbia.edu/ ; Scott Horton, "Kriegsraison or

전쟁법의 또 하나의 기본정신으로서 마르텐스 조항(Martens clause)을 들 수 있다. 이른바 마르텐스 조항이란 1899년 제1차 헤이그 평화회의에서 러시아 측 대표이며 당시 저명한 국제법학자였던 Fyodor F. Martens의 간청으로 (1899년, 그리고 이어서 1907년의) 헤이그 육전협약 전문에 삽입된 문장, 즉 "더욱 완벽한 전쟁법전이 제정되기 전까지는, 체약국들은 그들에 의하여 채택된 규칙에 포함되지 아니하는 경우에 있어서도 주민과 교전자들이 문명화된 민족들 간에 수립된 관행, 인도의 법칙 및 공공양심의 요구로부터 오는 국제법 원칙들의 보호 및 지배 하에 놓인다고 선언함이 사리에 맞는다고 생각하는 바이다."[31]라는 부분을 지칭하는 것이다. 요컨대, 마르텐스 조항에 의하면, 어떤 무기 또는 전쟁방식이 구체적으로 혹은 명시적으로 금지되지 않았더라도 '공공양심의 요구'(dictates of the public conscience)가 적용된다는 것이다. 조약 혹은 관습에 의하여 금지되지 않은 것은 합법이라는 전통국제법의 기본사상은 전쟁법에 관한 한 마르텐스 조항에 의하여 명백히 부인되고 있음을 볼 수 있다. 사실, 전쟁법이란 특수한 분야에서 "관행의 발전을 기다린다는 것은 결국 수천명의 민간인이 살해된 후에서야 법이 개입하게 됨을 의미할 것이다."[32] 마르텐스 조항은 그 후 제네바협약에도(그것도 협약 본문에) 담겨졌으며,[33] ICJ도 *Legality of the Threat or Use of Nuclear Weapons* 사건[34]에서 마르텐스 조항을 언급한 바 있다. 그러나 '공공양심의 요구'가 무엇인지의 문제는 여전히 합의되지 않은 채로 남아 있다.[35]

Military Necessity? The Bush Administration's Wilhelmine Attitude Towards the Conduct of War", (2006) 30 Fordham International Law Journal 576~598 ; Craig J.S. Forrest, "The Doctrine of Military Necessity and the Protection of Cultural Property During Armed Conflicts", (2007) 37 California Western International Law Journal 177 at 186 (fn. 48) ; Jennifer Van Bergen & Charles B. Gittings Jr., "Bush War: Military Necessity or War Crimes?", available at https://www.pegc.us/archive/letters/bush_war.pdf.

31) 마르텐스 조항에 대한 표현이 1899년 협약과 1907년 협약에서 몇몇 자구의 차이를 보이는데, 다음의 인용문은 1907년의 것이다 : "Until a more complete code of the laws of war has been issued, the High Contracting Parties deem it expedient to declare that, in cases not included in the Regulations adopted by them, the inhabitants and the belligerents remain under the protection and the rule of the principles of the law of nations, as they result from the usages established among civilized peoples, from the laws of humanity, and the dictates of the public conscience." Adam Roberts and Richard Guelff (eds.), *Documents on the Laws of War* (Oxford : Clarendon Press, 1982), p. 45.

32) Cassese, *International Law*, 2nd, p. 161.

33) 즉, 제네바 제1협약 제63조 4단, 제네바 제2협약 제62조 4단, 제네바 제3협약 제142조 4단, 제네바 제4협약 제158조 4단, 제네바 제1추가의정서 제1조 2항, 그리고 (좀더 단순한 형태로나마) 제네바 제2추가의정서 전문 등. https://www.icrc.org/eng/war-and-law/treaties-customary-law/geneva-conventions/index.jsp ; Aust, *Handbook of IL*, 2nd, p. 237.

34) ICJ Advisory Opinion of 1996, para. 78("...The Court would likewise refer, in relation to these principles, to the Martens Clause, ... which has proved to be an effective means of addressing the rapid evolution of military technology. ...), & para. 87.

35) Ott, pp. 318~319 ; Brahma Chellaney, "Next on the World Court's Docket : Are Nuclear Arms Legal?", *International Herald Tribune*, Sat.~Sun., October 28~29, 1995, p. 6 ; Theodor Meron, "On Custom and the Antedecents of the Martens Clause in Medieval and Renaissance Ordinance of War", in : Ulrich Beyerlin, Michael Bothe, Rainer Hofmann and Ernst-Ulrich Petersmann (eds.), *Recht zwischen Umbruch und Bewahrung* (Berlin : Springer-Verlag, 1995), p. 174.

Ⅲ. 적전투원의 대우

적전투원(enemy combatants)의 대우에 관한 일반원칙은 다음의 몇 가지로 요약해 볼 수 있다. 적대행위에 관여하는 적전투원의 살상은 합법이다. 그러나 해적수단에는 제한이 있다.[36] 예컨대, 배신(perfidy, treachery)에 의한 살상행위,[37] 항복해도 살려주지 않겠다고 선언하는 행위(denial of quarter), 부상 또는 항복으로 전투력을 상실한(*hors de combat*) 전투원에 대한 공격행위 등은 모두 금지된다. 같은 논리의 연장으로서, 적국의 군대병원·의료시설·그 직원 및 환자는 공격대상이 되지 않는다. 뿐만 아니라, 전쟁포로는 인간적 대우를 받을 권리가 있고, 적극적인 적대행위가 종료한 후 지체없이 석방하고 송환하여야 한다.[38] 그러나 이 요건은 송환을 원하지 않는 포로의 강제송환을 허락하는 것으로 해석되지는 아니한다.[39] 포로는 자신의 성명과 계급, 출생년월일, 소속 군번호, 연대번호, 군번을 진술할 의무가 있다 ; 억류국은 기타 정보를 얻어내기 위해 포로를 심문할 수는 있으나 이 과정에서 육체적, 정신적 고문을 가하거나 기타 모든 형태의 강제를 가해서는 안 된다.[40] 병이 든 포로는 적대행위 종료 '전'에 송환되어야 한다.[41]

전투원의 자격 내지 요건은 거꾸로 얘기하면 적대행위에 종사하다가 잡히면 전쟁포로(prisoner of war)의 대우를 받을 수 있는 요건을 말한다. 전투원이 아닌 자가 적대행위에 관여하다가 잡히면 포로 대우를 받지 못하고 전쟁법규 위반으로 처형당할 수 있기 때문이다.[42] 1907년 헤이그 육전규칙 제1조는 국가의 법령에 의하여 정식으로 편성된 군대, 즉 정규군(armies)뿐만 아니라 비정규군

---

36) 1907년 헤이그 육전규칙 제23조 ; 1977년 제네바 제1추가의정서 제36조~제42조.

37) 배신행위는 "진실을 고하고 행동할 의무가 있는 경우에 자기의 군사행동의 이익을 위하여 허위로써 적을 오류에 빠뜨리는 (극히 비겁한) 행동"으로서, "휴전기(休戰旗)·군사기(軍使旗)·적십자기(赤十字旗)의 부당한 사용, 적의 국기(國旗), 군용기장(軍用記章)·제복(制服)의 부당한 사용" 등이 그러한 예에 속한다. 따라서 배신행위는 위법한 행위로 금지되어 있다.

반대로 "진실을 고하고 행동할 의무가 없는 경우에 자기의 군사행동의 이익을 위하여 허위로써 적을 오류에 빠뜨리는 행동"은 전쟁의 책략(策略) 혹은 기계(奇計)(ruses of war)라 칭하는데, 이것은 배신행위와는 달리 적법한 전쟁수단으로 허용되고 있다. 그 예로 "복병(伏兵), 가장(假裝)의 공격 및 퇴거, 허위신호의 사용, 허위정보의 유포, 적군의 매수"를 들 수 있다. 헤이그 육전규칙 제24조 ; 제네바 제1추가의정서 제37조 2항 ; 朴觀淑, p. 380 ; Hamid, pp. 466~467.

38) 제네바 제3협약 제118조.

39) Turns in Evans (ed.), *International Law*, 5th, p. 864. 1953년 6월 이승만 대통령이 감행한 '반공포로 석방'이 그 선구자적 사례이다 : 중앙시사매거진〉월간중앙〉연재, 201509호(2015.08.17.), "[최초 공개] 美 비밀문건서 확인한 이승만의 결단…1953년 반공포로 석방 막전막후", 〈https://jmagazine.joins.com/monthly/view/307852〉. 이 밖에도, 1991년 걸프전 후에 많은 이라크 포로들은 자국으로 돌아가기보다는 사우디 아라비아에 머무는 것을 택하였다 : 본서, 제27장 (국가의 무력사용), "Ⅴ. 냉전종식 이후 헌장 제7장의 관행, 1. 이라크의 쿠웨이트 침략".

40) 제네바 제3협약 제17조 ; Turns in Evans (ed.), *International Law*, 5th, p. 864.

41) 제네바 제3협약 제109조.

42) 다만, 전쟁포로가 될 수 있는 자의 범위는 전투원의 그것보다 넓을 수 있다. 예컨대, 제네바 제3협약 제4조 A.(5)에 의하면, 적상선이나 적민간항공기의 승무원도 -국제법의 다른 어떤 규정에 의하여 더 유리한 대우의 혜택을 받지 못하는 한- 적의 권력 하에 떨어지면 포로가 된다.

(irregular armed forces),[43] 즉 "부하에 대하여 책임을 지는 자에 의하여 지휘될 것, 멀리서 인식할 수 있는 고정된 식별표시를 가질 것, 공개적으로 무기를 휴대할 것, 그리고 전쟁법규에 따라 작전을 수행할 것" 등의 요건을 갖춘 민병(militia)과 의용군(의용병단, volunteer corps)에 대해서도 전투자격을 인정하고 있다.[44] 그리고 헤이그 육전규칙 제2조는 적의 침입이 예견되는 긴박한 상황하에서 "공개적으로 무기를 휴대할 것, 그리고 전쟁법규에 따라 작전을 수행할 것" 등의 단지 두 요건만을 충족할 것이 요구되는 민중봉기[군민병(群民兵), mass uprising, levée en masse]의 전투자격을 인정하고 있다.[45]

1949년 제네바 제3협약 제4조 A(2)는 조직된 저항단체(organised resistance movements)도 헤이그 육전규칙 제1조의 네 가지 요건을 충족시키는 한 전쟁포로의 지위를 향유하는 것으로 추가하고 있다.

1977년 제네바 제1추가의정서 제44조 3항은 이른바 임시빨치산(part-time guerrillas or partisans)에 대해서도 일정 요건을 갖추는 경우 전투자격 및 포로의 지위를 부여하는 것으로 이해되고 있다. 즉, 동 규정 첫 번째 문장에 의하면, 임시빨치산은 다른 때에는 민간인들과 구분될 필요가 없지만 군사행동에 관여하는 동안 혹은 그 직전에(즉, "공격에 가담하거나 공격에 앞선 군사작전에 가담하는 동안에는") (아마도 적절한 외부표시를 통해 혹은 무기를 공개적으로 소지함으로써) 자신을 민간인들과 구분될 수 있게 하여야 한다. 뿐만 아니라, 동 규정 두 번째 문장은 "적대행위의 성격상 전투원이 자신을 민간인과 구분되게 할 수 없는 상황이 있음을 인정"하면서,[46] 이런 경우에는 (민간인과 구분되는 외부표시나 복장을 할 필요도 없이) "군사행동에 가담하는 동안, '그리고' 공격개시에 앞선 군사적 배치에 가담하는 사이에 적에게 노출되는 시간 동안"(during each military engagement, and during such time as he is visible to the adversary while he is engaged in a military deployment preceding the launching of an attack in which he is to participate) "무기를 공개적으로 소지"만 하면 합법적 교전자의 지위를 부여하고 있다.[47] 따라서 -특히 자살공격 테러범들에게서 보는 것처럼- 공격을 가하는 마지막 순간까지도 무기를 보여주지 않는 테러리스트들은 이 규정의 적용대상에 들지 못할 것이다.[48] 1949년 제네바 제3협약 제5조에 의하면, 포로로서의 지위가

---

43) 비정규군은 흔히 빨치산(partisans) 혹은 게릴라(guerrillas)로 부르기도 한다.

44) 여기서 "民兵은 平時에 수시로 훈련을 받고, 戰時에 정부로부터 소집을 받아 戰爭에 從事하는 자"를 말하며, "義勇兵은 戰時에 국가의 危急을 구하고자 자진하여 전쟁에 종사하는 자"를 말한다 : 朴觀淑, p. 375.

45) Cassese, *International Law*, 2nd, p. 405 ; Turns in Evans (ed.), *International Law*, 3rd, p. 825.

46) 즉, 민족해방전쟁이나 점령당한 영토에서 싸우는 게릴라들(belligerent occupation) : Cassese, *International Law*, 2nd, p. 407.

47) *Ibid.*, pp. 406~407 ; Ott, p. 320 ; https://en.wikipedia.org/wiki/International_conventions_on_terrorism. 이것은, 임시빨치산과 싸우는 정규군은 '언제든지' 공격의 대상이 될 수 있지만 임시빨치산은 그들이 "군사행동에 관여하는 동안에만" 공격의 대상이 될 수 있음을 의미한다. 이것은 임시빨치산은 "군사행동에 관여하지 않는 동안에는" 민간인의 일부로 대우되어야 함을 의미하는 것이기도 하다. 미국과 이스라엘은 1977년 제네바 제1추가의정서가 임시빨치산에게 이같은 비대칭적 이익을 부여하는 것으로 해석될 수 있는 것은 문제라고 생각하여 이를 비준하지 않고 있다.

48) Aust, *Handbook of IL*, 2nd, pp. 241, 266.

불분명한 경우 '권한있는 재판소'(competent tribunal)가 달리 결정을 내릴 때까지 포로의 지위를 향유한다.[49)]

의무요원(medical personnel)과 군목(종교요원)(chaplains, religious personnel)도 군대의 구성원이긴 하지만 비(非)전투원(non-combatant members of the armed forces)이기 때문에 직접 적대행위에 참여할 권리는 없다.[50)] 그들은 잡히면 포로들을 원조하기 위한 목적으로 억류국(Detaining Power)에 의하여 유지될(retained) 수 있고, 최소한 제네바 제3협약의 보호를 받지만,

---

49) 제네바 제1추가의정서 제45조 1항은 적대행위에 가담하였다가 잡힌 자는 "전쟁포로로 추정된다(shall be *presumed* to be a prisoner of war)"고 규정하고 있다. 미국은 2001년 9-11테러 이후 이른바 "테러와의 세계적 전쟁"(global *war* on terror)을 수행하면서 아프가니스탄을 비롯하여 해외에서 잡아온 알케이다 및 탈레반 용의자들을 쿠바 내의 관타나모 베이 해군 기지에 수감하였는데, 당시 부시(George W. Bush) 행정부는 이들이 "'비합법적' 전투원"(*illegal* or *unlawful* combatants)이기 때문에 제네바 제3협약이 적용되지 않으며 따라서 포로의 대우를 받을 자격이 없다고 생각하였다 : President Bush, *Military Order of November 13, 2001: Detention, Treatment, and Trial of Certain Non-Citizens in the War Against Terrorism*, 〈https://fas.org/irp/offdocs/eo/mo-111301.htm〉 ; Memorandum of January 25, 2002 from Alberto R. Gonzales (White House Counsel) to President Bush, "Decision re Application of the Geneva Convention on Prisoners of War to the Conflict with Al Qaeda and the Taliban", 〈https://www.torturingdemocracy.org/documents/20020125.pdf〉 ; https://en.wikipedia.org/wiki/Alberto_Gonzales #War_on_Terrorism ; https://lawofwar.org/torture_memos_analysis.htm. 그러나 미국의 이같은 행위는 특히 제네바 제3협약 제5조를 위반한 것이라는 비판에 직면하였다. 그 후 2006년 미국 연방최고재판소는 *Hamdan* v. *Rumsfeld*, 548 U.S. 557 (2006), 〈https://www.supremecourt.gov/opinions/05pdf/05-184.pdf〉에서, 원고가 제네바 제3협약 제5조를 원용한 데 대하여는 판단을 유보하면서(fn. 61 of the judgment), -비국제적 무력충돌시 개인의 보호에 관한- 제네바협약 공통 제3조는 관타나모 수용자들에게도 적용되며, 부시 행정부가 이들을 재판하기 위해 설치한 관타나모 군사위원회들(Guantanamo military commissions)은 "문명인들이 불가결하다고 인정하는 모든 사법적 보장을 부여하는, 정상적으로 구성된 재판소"(a regularly constituted court, affording all the judicial guarantees which are recognized as indispensable by civilized peoples)를 규정한 공통 제3조의 요건에 부합하지 아니한다고 판시하였다. 상소인 Hamdan은 예멘 사람으로서 원래는 알카에다 조직을 이끄는 오사마 빈 라덴의 운전기사였는데, 2001년 11월 미국의 아프가니스탄 침공 기간 중 체포되어 관타나모로 이송되었다. 최고재판소는 '알카에다와의 충돌은 그 범위가 국제적이기 때문에 비국제적 무력충돌이 아니며, 따라서 공통 제3조는 Hamdan에게 적용되지 아니한다'는 항소재판소의 판단은 "틀렸다"(erroneous)고 하였다. See Keitner, pp. 265~266 ; "Hamdan v. Rumsfeld: Applying the Constitution to Guantánamo prisoners", June 29, 2017, by NCC(National Constitution Center) Staff, 〈https://constitutioncenter.org/blog/hamdan-v-rumsfeld-applying-the-constitution-to-guantanamo-prisoners〉 ; https://en.wikipedia.org/wiki/Hamdan_v._Rumsfeld ; https://en.wikipedia.org/wiki/Guantanamo_military_commission ; https://constitutioncenter.org/blog/hamdan-v-rumsfeld-applying-the-constitution-to-guantanamo-prisoners ; https://cja.org/what-we-do/litigation/amicus-briefs/hamdan-v-rumsfeld/. 결국, 부시 대통령 후임인 오바마(Barack Obama) 대통령은 2009년 1월 22일의 행정부명령을 통해 "관타나모 구금시설을 가능하면 곧, 늦어도 명령일자로부터 1년 이내에 폐쇄한다"(Sec. 3 : Closure of Detention Facilities at Guantánamo)고 발표하였다 : President Obama, *Executive Order 13492 - Review and Disposition of Individuals Detained at the Guantánamo Bay Naval Base and Closure of Detention Facilities*, 〈https://www.whitehouse.gov/the-press-office/closure-guantanamo-detention-facilities〉. 그러나 이 약속은 아직 완전히 지켜지지는 않고 있다. 관타나모 구금시설의 현재 상태에 대해 자세한 것은 〈https://en.wikipedia.org/wiki/Guantanamo_Bay_detention_camp〉 참조. See also Turns in Evans (ed.), *International Law*, 3rd, pp. 823~824, 828 (fn. 57)(& 5th, pp. 854~855).

50) 다만, 의무요원은 자신과 자신의 책임 하에 있는 상병자의 방위를 위해 개인용 경(輕)무기를 휴대하고, 사용할 수 있다. 제네바 제1협약 제22조(1) ; 제네바 제1추가의정서 제13조 2항(a) ; Turns in Evans (ed.), *International Law*, 5th, p. 863 ; ICRC, Customary IHL, "Practice Relating to Rule 25. Medical Personnel, Section B. Equipment of medical personnel with light individual weapons", 〈https://ihl-databases.icrc.org/customary-ihl/eng/docs/v2_rul_rule25_sectionb〉.

공식적으로 포로로 간주되지는 아니한다.[51]

민족해방투쟁을 지지하는 제3세계국가들의 간청으로 전투원과 포로의 범위는 일반적으로 확대되고 있다. 그러나 이와는 대조적으로 -근본적으로 사적 이익을 얻을 목적으로(essentially by the desire for private gain) 적대행위에 참여하는- 용병(mercenaries)에 대해서는 이를 위법화하는 경향으로 나아가고 있다. 예컨대, 1977년 제네바 제1추가의정서 제47조 1항은 "용병은 전투원 혹은 전쟁포로가 될 권리를 갖지 않는다."(A mercenary shall not have the right to be a combatant or a prisoner of war.)라고 규정하고 있다. 이에 대해서는, 용병들이 잡혀서 무법자로 처형받는 것이 두려워 민간인 목격자를 함부로 죽이는 등 더욱 잔혹해질 수 있다는 비판이 가해지고 있다.[52] 한편, UN총회는 1989년 12월 4일 "용병의 모집과 이용, 재정지원 및 훈련에 반대하는 국제협약"(International Convention against the Recruitment, Use, Financing and Training of Mercenaries)(약칭 "UN용병협약/UN Mercenary Convention")을 채택하였는데,[53] 용병의 정의가 제네바 제1추가의정서의 경우에 비해 확대되고 있다.[54] 협약은 2001년 10월 20일 발효하였다.[55]

국제적십자위원회(ICRC)는 "오늘날 용병이란 술어보다 더 남용되는 단어는 거의 없다"고 언급하고 있다.[56] 이를테면, -네팔인들로 구성된- 영국의 구르카 여단(Brigade of Gurkhas)이나 -다양한 국적의 사람들로 구성되는-프랑스 외인 부대(French Foreign Legion)처럼 특정 국가의 군대에서 이용하는 외국인 직업군인들은 국제법상 용병이 아니다. 왜냐하면 이들은 정규로 조직되고, 그들이 속해 있는 국가의 군대의 기율에 복종하며, 따라서 합법적인 전투원이기 때문이다.[57]

(군대를 포함한)정부, 회사, 심지어는 NGO들까지도 보안(경비/경호)에 관련된 -때로는 무력사용을 동반하는- 서비스를 제공받기 위해 민간군사보안회사(private military and security companies)로 통칭되는 사적 조직들과 계약을 체결하고 있다. 그러면 이 같은 계약에 따라 활동하는 자들도 금지된 용병인가? 이 문제에 대해 일률적인 해답을 하기는 곤란하다. 그들이 활동하는 상황과 종사하는 일이 너무 다양하기 때문이다. 민간군사회사(private military company)와 민간보안회사(private security company)를 구분하여 전자는 금지하되 후자는 허용해야 한다는 견해도 제시되고 있지만, 이를 위해서는 양자의 구분을 명확히 해야 할 것이다. 이 목적을 위해 UN용병협약을 개정하거나

---

51) 제네바 제3협약 제33조 ; 1977년 제네바 제1추가의정서 제43조 2항 ; Turns in Evans (ed.), *International Law*, 5th, p. 853.

52) Ott, p. 320.

53) UN총회결의 44/34 (1989년 12월 4일)에 의하여 채택.

54) 29 ILM 89 ; Green, pp. 113~114 ; Turns in Evans (ed.), *International Law*, 5th, p. 855.

55) See https://en.wikipedia.org/wiki/United_Nations_Mercenary_Convention ; https://en.wikipedia.org/wiki/Mercenary.

56) Protocol Additional to the Geneva Conventions of 12 August 1949, and relating to the Protection of Victims of International Armed Conflicts (Protocol I), 8 June 1977, ICRC Commentary of 1987, Article 47-Mercenaries, para. 1801, 〈https://ihl-databases.icrc.org/en/ihl-treaties/api-1977/article-47/commentary/1987〉 ; Robert Lawless, "Are Mercenaries in Ukraine?", Lieber Institute (West Point), Mar 21, 2022, 〈https://lieber.westpoint.edu/are-mercenaries-in-ukraine/〉.

57) Turns in Evans (ed.), *International Law*, 3rd, p. 828 (fn. 60)(& 5th, p. 855, fn. 69) ; https://en.wikipedia.org/wiki/Brigade_of_Gurkhas ; https://en.wikipedia.org/wiki/French_Foreign_Legion.

이를 대체하는 새로운 협약을 고안해 낼 필요성이 제기되고 있다.[58] 한편, 2008년 9월 17일 스위스 몽트뢰에서 미국과 영국을 포함한 17개국이 "무력충돌시 민간군사보안회사의 운영에 관해 국가에 적용되는 관련 국제법적 의무와 관행에 대한 몽트뢰 문서"(Montreux Document on Pertinent International Legal Obligations and Good Practices for States related to Operations of Private Military and Security Companies during Armed Conflict)[59]를 채택한 바 있는데, 동 문서는 무력출동 상황 하에서의 민간군사보안회사의 활동과 관련하여 국가들이 부담하는 국제법, 특히 국제인도법과 인권법을 서술한 최초의 국제문서이다. 몽트뢰 문서는 또한 국가들이 국내적 조치를 통해 국제법 하의 의무를 이행하는 데 도움을 줄 관행("good practices")을 수록하고 있기도 하다. 몽트뢰 문서는 2006년 초에 스위스 정부와 국제적십자위원회(ICRC)가 공동으로 발의한 제안의 결과물이다. 그러나 몽트뢰 문서는 새로운 의무를 창설하고 있지는 아니하며, 단지 민간군사보안회사들에 의해 제기된 문제들에 대한 가이드 역할을 하는 것으로 의도된 문서로서, 동 문서는 이렇게 함에 있어 이미 존재하는 국제법적 의무들에 대해 언급하고 있을 따름이다. 몽트뢰 문서는 그 자체 법적 구속력있는 문서도 아니다. 전반적으로, 몽트뢰 문서는 국제법, 특히 국제인도법과 인권법이 민간군사보안회사와 관련이 있으며 그들의 활동에 대해 법적 진공상태는 없다는 점에 대한 컨센서스를 표현하고 있는 것으로 인식되고 있다. 2021년 7월 15일 현재, 58개국과 3개 국제기구(EU, OSCE, NATO)가 몽트뢰 문서에 참여하고 있다.[60]

최근에는, 특히 아프리카의 여러 지역에서, 10대 소년·소녀 병사들이 교전에 참여하고 있는데, 이 심각한 문제에 직면하여 1977년 제네바 제1추가의정서 제77조(2항)는 "15세에 달하지 못한 어린이들이 적대행위에 참여하지 않고, 특히 그들을 군대에 모병하는 것을 자제하기 위해 가능한 모든 조치를 취할" 것을 당사국들에게 요구하고 있다. 1989년 "어린이의 권리에 관한 협약"(Convention on the Rights of the Child)도 제38조(2항과 3항)에서 "당사국은 15세에 달하지 아니한 자가 적대행위에 직접 참여하지 아니할 것을 보장하기 위하여 실행가능한 모든 조치를 취하여야 한다 ; 당사국은 15세에 달하지 아니한 자의 징병을 삼가야 한다. 15세에 달하였으나 18세에 달하지 아니한 자 중에서 징병하는 경우, 당사국은 최연장자에게 우선순위를 두도록 노력하여야 한다."고 규정하고 있다. 그러나 2000년 "어린이의 무력충돌 참여에 관한 –어린이의 권리에 관한 협

58) https://en.wikipedia.org/wiki/Private_military_company ; UK, Ninth Report of the Foreign Affairs Committee, Private Military Companies, Session 2001-2002, Response of the Secretary of State for Foreign and Commonwealth Affairs, *Presented to Parliament by the Secretary of State for Foreign and Commonwealth Affairs by Command of Her Majesty, October 2002,* 〈https://www.globalsecurity.org/military/library/report/2002/cm5642.pdf〉.

59) https://www.icrc.org/eng/assets/files/other/icrc_002_0996.pdf ; 김대순·김민서 《국영문대역 국제조약집》, pp. 964~974.

60) https://www.eda.admin.ch/eda/en/home/foreign-policy/international-law/international-humanitarian law/private-military-security-companies/participating-states.html ; https://en.wikipedia.org/wiki/Montreux.Document. 몽트뢰 문서의 개관을 위해서는 다음 논문을 참조 : 최은범·박지현, "몽트로 지침의 고찰", 《인도법논총》(대한적십자사), 제31호 (2011년), pp. 27~52 ; 박지현, "ICRC의 2009 민간인 적대행위 직접 가담에 관한 해석지침 고찰", 《법학논고》(경북대학교 법학연구원), 제39집 (2012.6) pp. 461~488.

약- 선택의정서"(Optional Protocol to the Convention on the Rights of the Child on the involvement of children in armed conflict)는 나이 기준을 좀 더 강화하였다. 즉, "당사국은 18세 미만인 자가 자국 군대의 구성원으로서 적대행위에 직접 참여하지 아니하도록 보장하기 위하여 가능한 모든 조치를 취하며"[61], "당사국은 18세 미만인 자가 자국 군대에 징집되지 아니하도록 보장하며"[62], "국가의 군대가 아닌 무장단체는 어떠한 상황에서도 18세 미만인 자를 모집하거나 적대행위에 이용하여서는 아니 된다"[63]고 규정하고 있다.[64]

Ⅳ. 비국제적 무력충돌시 개인의 보호

2000년대 들어와 조지아와 우크라이나는 자국 내 일부 지역의 반군들과 싸우면서 반군을 도우러 침입해 들어오는 러시아군과도 싸우게 되었는데,[65] 이는 이들 국가가 비국제적 무력충돌과 국제적 무력충돌을 동시에 수행해야 하는 처지에 놓이게 되었음을 의미한다.[66]

전통전쟁법은 국가 간의 관계에 집중되어 있었기 때문에 한 국가 내에서의 대규모 무력충돌(즉, 내전)에 대해서는 관심이 없었다. 그 결과, 1949년에 와서야 이 문제가 명문화되기에 이르렀다. 즉, 1949년의 4개 제네바협약은 각 제3조에서 한 체약국의 영토 내에서 발생하는 '비국제적' 무력충돌에 관하여 동일한 인도적 규정을 두고 있다.

이 제3조는 "무기를 버린 전투원 및 질병, 부상, 억류, 혹은 기타 사유로 전투력을 상실한 자를 포함하여, 적대행위에 능동적으로 참여하지 아니하는 자는 모든 경우에 인종, 피부색, 종교 또는 신앙, 성별, 문벌이나 빈부, 또는 기타 유사한 기준에 근거한 불리한 차별없이 인도적으로 대우할 것"을 요구하면서, 특히 때와 장소를 불문하고 이러한 자에 대한 "ⓐ 생명 및 신체에 대한 폭행, 특히 모든 종류의 살인, 상해, 학대 및 고문, ⓑ 인질로 잡는 일, ⓒ 인간의 존엄성에 대한 침해, 특히 모욕적이고 치욕적인 대우, ⓓ 문명국민이 불가결하다고 인정하는 모든 사법적 보장을 부여하는, 정상적으로 구성된 재판소가 행하는 사전의 재판에 의하지 아니한 판결의 언도 및 형의 집행"을 금지하고 있다. 제3조는 또한 부상자와 병자는 '수용하여 간호할 것'(collected and cared for)을 요구하면서, 국제적십자위원회(ICRC)와 같은 공정한 인도적 단체의 관여를 허용하고 있다. 그러나 이

61) 동 선택의정서 제1조.
62) 동 선택의정서 제2조.
63) 동 선택의정서 제4조 1항.
64) See Turns in Evans (ed.), *International Law*, 3rd, pp. 829~830.
65) 본서, 제1장 (국제공동체의 역사적 전개과정), "Ⅳ. 국제공동체의 전개과정, 7. 신냉전의 시작?" & 제6장 (국제법의 주체), "Ⅱ. 국가, ② 독립성의 요건" 참조.
66) 이런 경우를 가리켜 '하이브리드 전쟁'(hybrid warfare)으로 칭하기도 한다 : Iryna Marchuk, "Ukraine Takes Russia to the International Court of Justice: Will It Work?", EJIL:Talk !, January 26, 2017, 〈https://www.ejiltalk.org/ukraine-takes-russia-to-the-international-court-of-justice-will-it-work/〉. 그러나 이 용어는 사이버전쟁 등 새로운 전쟁기술을 지칭하는 의미로도 사용되고 있다.

제3조는 반란자들(rebels)을 국제법의 주체로 변형시키기 위한 것은 아니다. 즉, 제3조는 이들에게 정치적 정당성을 주는 것도 아니고, 그들에게 적대행위의 수행과 관련하여 어떤 특별한 권리들을 부여하는 것도 아니다. 반란자들의 투쟁 대상인 국가의 눈으로 보면, 그들은 과거나 지금이나 여전히 보통범죄인으로 분류될 따름이다.[67)]

위 제네바협약 공통 제3조에서 말하는 '비국제적 무력충돌'이란 무엇을 의미하는가? 일반적인 견해에 따르면, 그것은 단순히 몇 차례의 폭동이나 혼란 또는 소규모의 무력충돌 이상의 것이어야 한다. 그렇다고 하더라도 반란 내지 폭동이 어느 정도 심각해졌을 때부터 제3조가 적용되는지는 명백하지 않다. 물론, 자국이 반란단체와 함께 완전히 내란(civil war) 상태에 있음을 중앙정부 자신이 인정하는 경우에 공통 제3조가 적용된다는 점은 명백하다.[68)] 그러나 공통 제3조의 적용을 위해 반란단체에 대한 중앙정부의 승인이나, 반란단체 측의 어떤 약속이 요구되는 것은 아니다.[69)]

비국제적 무력충돌시 개인을 더욱 더 보호하기 위하여, 1977년 제네바 제2추가의정서는 (국제적 무력충돌의 경우에 적용되는) 제1추가의정서에 규정된 일부 기본적 보장을 내란 시의 개인들에게 적용하고 있다. 1949년의 공통 제3조를 '그것의 기존 적용조건을 변경함이 없이 발전·보완하기 위한' 목적을 가진 제2추가의정서는 동 의정서의 적용범위를 매우 분명히 제시하고 있다. 즉, 제2추가의정서는 (i) 제1추가의정서의 제1조에 해당되지 않는 무력충돌이며, (ii) 체약국 영토 안에서 '그 당사국의 군대'와 '반란군 또는 기타 조직된 무장집단' 사이에 발생하는 무력충돌로서, (iii) 반란군 또는 기타 조직된 무장집단이 '책임있는 명령지휘계통 아래에서' '지속적이고 일치된 군사작전을 수행하고 또한 본 제2추가의정서를 이행할 수 있을 정도로 그 영토의 일부에 대해 통제권을 행사하는 경우'에만 적용된다.[70)] 따라서 제2추가의정서는 무력충돌이라고 할 수 없는, "폭동, 고립되고 산발적인 폭력행위 및 기타 유사한 내부혼란 및 긴장상황"에는 적용되지 않는다.[71)] 제2추가의정서는 반란군 혹은 기타 조직된 무장집단이 영토 일부에 대해 통제권을 행사하는 경우에만 적용된다는 점에서 민족해방단체에 대해서는 일정 영토에 대한 지배(통제)를 요구하지 아니하는 제1추가의정서(제1조 4항)와 대조를 이룬다.[72)] 또한 제2추가의정서는 일방 '체약국의 군대'와 타방 '반란군 혹은 기타 조직된 무장집단' 사이의 적대행위(수직적 충돌)에 적용되기 때문에 특정 체약국 안에서 정부군은 적대행위에 적극 관여함이 없이 단지 둘 이상의 반란/무장집단이 대적하는 경우(수평적 충돌)에는 적용되지 아니한다. 기존 정부가 너무 허약하여 개입할 수 없는 처지이거나 완전히 붕괴된 경우에 이런 상황이 연출될 수 있다.[73)] 이와는 대조적으로 ICC로마규정[제8조 2항(f)의 두 번째 문장]은 비국제적 무력

67) Cassese, *Human Rights in a Changing World*, p. 179.

68) Buergenthal, 전게서(역서), p. 165.

69) 朴觀淑, p. 79 ; Orakhelashvili/Akehurst, 9th, p. 511.

70) 제2추가의정서 제1조 1항.

71) 제2추가의정서 제1조 2항 ; Buergenthal, 전게서(역서), p. 166. ICC로마규정도 '비국제적' 무력충돌에서의 전쟁범죄와 관련하여 이와 동일하게 규정하고 있다. ICC로마규정 제8조 2항(d)·(f) 참조.

72) 본서, 제6장 (국제법의 주체), "V. 이른바 민족해방운동이라 불리는 정치조직을 통해 대표되는, 자결권을 향유하는 민족" 참조.

73) Hamid, p. 469.

충돌이 한 국가의 영역 내에서 정부당국과 조직된 무장집단 사이에서 발생할 때뿐만 아니라 조직된 무장집단들 상호간에 발생할 때에도 적용된다.[74)]

V. 민간인의 대우

1. 일반원칙 : 구별의 원칙

전수이론(Kriegsraison) 배척의 또 한 결과로서, 전투원과 민간인을 뚜렷이 구별하게 되었다. 양자의 구분의 실익은, 전자는 합법적인 공격대상인데 반해 후자는 그렇지 않다는 점에 있다. 예컨대, 1907년 헤이그 육전규칙 제25조(및 1977년 제네바 제1추가의정서 제57조)에 의하면, 방어되지 아니하여(undefended) 민간인적 성격(civilian character)을 보유하는 마을·촌락·거주지 또는 건물은 그 어떤 수단에 의해서도 공격 또는 포격해서는 안된다.

제1차 세계대전에서 항공기에 의한 공중폭격이라는 신 공격방법이 개발되자, 1923년 미국·영국·프랑스·네덜란드·일본 정부에 의하여 임명된 법학자위원회에서 헤이그 공전(空戰)규칙(Hague Rules of Aerial Warfare)을 작성한 바 있으나 조약으로 성립되지는 못하였는데, 어쨌든 동 규칙 제22조는 민간인 또는 사유재산에 대한 공중폭격을 금지하고 있고, 제24조는 공중폭격대상을 군사목표물에 국한시키고 있다.

1977년 제네바 제1추가의정서도 민간인 보호에 관한 종래의 일반관습법규를 담고 있다. 예컨대, 제48조는 "분쟁당사자들은 민간인과 전투원 그리고 민간물자와 군사목표물을 언제나(at all times) 구분하여야 하며, 그들의 작전은 오로지 군사목표물을 상대로 하여야 한다."고 규정하고 있다. 또한 제51조 4항(a)는 특정한 군사목표물을 표적으로 하지 아니하는 '무차별 공격'(indiscriminate attacks)을 금지하고 있으며, 제54조는 전쟁수단으로서 민간인을 굶주리게 하는 것(starvation of civilians as a method of warfare), 그리고 식품가게나 식수시설과 같은 시민생활에 불가결한 목표물을 파괴하는 것을 금지하고 있다.[75)]

---

74) 본서, 제29장 (국제형사재판소), "Ⅳ. ICC의 물적 관할권(재판관할 대상범죄), 3. 전쟁범죄(war crimes)" 참조.

75) 2017년 3월 26일 시리아에서 가장 큰 타브카 댐(Tabqa Dam)에 가해진 폭격이 미군 측의 소행이었다는 사실이 2022년 1월 20일 뉴욕타임즈에 게재되면서 이 공격이 전쟁법(국제인도법)의 측면에서 적법한 것이었는지의 질문이 제기되었다 : Dave Philipps, Azmat Khan and Eric Schmitt/The New York Times, Jan. 20, 2022, "A Dam in Syria Was on a 'No-Strike' List. The U.S. Bombed It Anyway. : A military report warned that striking the giant structure could cause tens of thousands of deaths.", 〈https://www.nytimes.com/2022/01/20/us/airstrike-us-isis-dam.html〉 ; The Times of Israel, 21 January 2022, "Risking thousands, US targeted massive Syria dam it claimed was on 'no strike' list", 〈https://www.timesofisrael.com/risking-thousands-us-targeted-massive-syria-dam-it-claimed-was-on-no-strike-list/〉 ; Michael N. Schmitt/Lieber Institute, West Point, Jan 31, 2022, "Attacking Dams – Part I: Customary International Law, 〈https://lieber.westpoint.edu/attacking-dams-part-i-customary-international-law/〉, & Feb 2, 2022, "Part Ⅱ: The 1977 Additional Protocols", 〈https://lieber.westpoint.edu/attacking-dams-part-ii-1977-additional-

민간인(civilians)과 민간물자(civilian objects)의 정의도 소극적으로 기술되어 있다. 즉, 전투원이 아닌 자는 모두 민간인이며, 어느 쪽인지 의심스러운 경우에는 민간인으로 간주되며,[76] 군사목표물(military objectives)이 아닌 물건은 모두 민간물자를 구성한다.[77] 공격의 대상은 군사목표물로 엄격히 국한되는데, 군사목표물은 "그것의 성격, 위치, 목적 또는 사용에 의해 군사적 행동에 효과적으로 기여하는 물자로서, 그것의 완전한 또는 부분적 파괴, 포획 또는 무력화가 그 당시의 지배적 상황에서 확실한 군사적 이익을 제공하는 것"(those objects which by their nature, location, purpose or use make an effective contribution to military action and whose total or partial destruction, capture or neutralization, in the circumstances ruling at the time, offers a definite military advantage)으로 정의되고 있다.[78]

이상의 국제관습법규는 제2차 세계대전시 유럽 여러 도시(런던, 코벤트리, 베를린, 함부르크, 드레스덴)에 대한 무차별공격과 히로시마·나가사키 원폭투하, 17,000명이 넘는 민간인을 죽인 1982년 이스라엘의 레바논 침략과 베이루트 포위공격, 1986년 미국의 리비아 공습, 1990~91년 다국적군의 이라크 공격 등에서 나타난 국가들의 무차별공격 관행과는 거리가 멀다는 비판을 받고 있다. 이 같은 무차별 살상의 국가관행을 지지하는 측에서는 총력전(total war)의 시대에서는 국민 누구나 그 국가의 전투력의 기초가 되는 경제에 기여하기 때문에 국민 누구나 합법적인 공격목표가 될 수 있다는 주장을 전개하고 있다. 그러나 이러한 주장은 사실상 Kriegsraison의 부활로서 결코 수락될 수 없다. 왜냐하면 일부 국가의 관행이 국제공동체 전체의 기준을 반영하는 것으로 간주될 수는 없고, 전쟁을 승리로 이끄는데 도움이 될 수 있는 모든 것이 합법화되는 것은 아니며, 개인의 보호라는 국제인도법의 본질을 망각하여서는 안되기 때문이다.[79]

이 무차별'공격'의 금지는 논리적으로 당연히 무차별'무기'의 사용금지(prohibition on the use of indiscriminate weapons)로 이어진다.[80] ICJ도 *Legality of the Threat or Use of Nuclear Weapons*[81]에서 "각국은 절대로 민간인을 공격목표로 해서는 안되며, 따라서 민간목표물과 군사목표물을 구분할 수 없는 무기(weapons that are incapable of distinguishing between civilian and military targets)는 결코 사용해서는 안된다."고 언급한 바 있다.

---

protocols/〉; ICRC, IHL Database, Customary International Law, Rule 42 (Works and Installations Containing Dangerous Forces), 〈https://ihl-databases.icrc.org/customary-ihl/eng/docs/v1_rul_rule42〉, & Practice Relating to Rule 42, 〈https://ihl-databases.icrc.org/customary-ihl/eng/docs/v2_rul_rule42_sectiona〉.

76) 제네바 제1추가의정서 제50조 1항. 민간주민(civilian population)은 민간인인 모든 사람들로 구성되는데, 민간인이 아닌 자가 민간주민 내에 존재하여도 주민의 민간적 성격은 박탈되지 아니한다. 제네바 제1추가의정서 제50조 2~3항.

77) 제네바 제1추가의정서 제52조 1항.

78) 제네바 제1추가의정서 제52조 2항. 자세한 것은 Orakhelashvili, p. 215 이하 참조.

79) Orakhelashvili, pp. 214~219; Ott, p. 322.

80) 제네바 제1추가의정서 제51조 4항(b)(c).

81) ICJ Advisory Opinion of 8 July 1996, ICJ Reports (1996), p. 226 at 257 (para. 78). 무차별무기의 사용금지에 대해서는 재판소 전체가 이것을 관습법규로 보았다. 뿐만 아니라, Bedjaoui 소장은 이것을 강행규범(*jus cogens*)으로 보았고(Declaration of President Bedjaoui, at para. 21), Guillaume 재판관은 이 규칙을 절대적인(absolute) 것으로 선언하였다(Separate Opinion of Judge Guillaume, para. 5).

그러나 상기 구별의 원칙은 비례(과잉금지)의 원칙(proportionality)에 의하여 완화되고 있다. 대부분의 군사작전은 아무리 조심하여 수행하여도 민간인 혹은 민간목표물에 대한 의도하지 아니한 피해가 생기게 마련이다. 이것은 흔히 부수적 피해(collateral damage)라고 불리는데, 공격에서 예상되는 군사적 이익에 비해 '과도하지'(excessive) 아니한 한 허용되고 있다.[82)]

적국 영토 내에 있는 민간인은 충돌기간 중 언제든지 그 국가를 떠나는 것이 허용되어야 하지만, 그들의 퇴거가 그 국가의 '국가적 이익에 반할'(contrary to the national interests) 경우에는 퇴거가 거절될 수 있다.[83)] 또한 그들은 "안보상의 이유로 절대적으로 필요한 경우에는" 억류되거나 주거가 지정될 수도 있다.[84)]

2. 군사점령 하의 민간인 보호

-관습법규를 반영하고 있는[85)]- 1907년 헤이그 육전규칙 제42조에 의하면 "영토는 실제로 적국 군대의 권능 하에 놓일 때 점령된 것으로 간주된다. 점령은 그러한 권능이 수립되고 행사될 수 있는 영토에까지만 미친다." 전시(군사)점령(belligerent/war-time occupation)의 기본성격에 관하여 헤이그 육전규칙 제43조는 "... 점령국은 '절대적인 지장이 없는 한' 점령지의 현행 법률을 존중하며, 가능하면 공공의 질서 및 생활을 회복·확보하기 위하여 시행가능한 모든 수단을 다하여야 한다."고 규정하고 있다. 따라서 점령국이 점령지를 자국의 일부인 것처럼 다루는 것은 허용되지 않는다. 물론 점령국은 점령지에 주둔하고 있는 자국 군대와 민간인의 합리적인 보호를 위해 공공질서와 안전을 유지할 권리가 있다. 헤이그 육전규칙 제46조는 "가문의 명예와 권리, 개인의 생명, 종교적 신념 및 그 행사, 그리고 사유재산은 존중되어야 하며, 사유재산은 몰수할 수 없다."고 규정하고 있으며, 이 원칙은 1949년 제네바 제4협약 제27조~제34조에서 재확인·확대되고 있다.

1949년 제네바 제4협약 제47조는 "점령국은 병합 또는 유사한 조치에 의하여 점령지의 법적 지위를 변경할 수 없으며, 주민의 권리를 소멸시킬 수 없음"을 분명히 하고 있다. 동 협약 제49조는 점령지 주민의 추방을 금지하고 있으며, 또한 점령국의 주민을 점령지에 정착시키는 것을 금지하고 있다. 이스라엘[86)]은 중동의 여러 점령지역에서 이 규칙을 지속적으로 위반하여 왔다.[87)] 동 협약 제

---

82) 제네바 제1추가의정서 제51조 5항(b), 제57조 2항(a)(iii),(b) ; Turns in Evans (ed.), *International Law*, 5th, pp. 857~859 ; Rosenne, *The Perplexities of Modern International Law*, pp. 133, 157 ; Aust, *Handbook of International Law*, 2nd, p. 242 ; https://en.wikipedia.org/wiki/Collateral_damage.

83) 제네바 제4협약 제35조.

84) 제네바 제4협약 제42조.

85) *Legal Consequences cf the Construction of a Wall in the Occupied Palestinian Territory*, Advisory Opinion, ICJ Reports (2004), p. 136 at 167 (para. 78) ; *Armed Activities on the Territory of the Congo* (Democratic Republic of the Congo v. Uganda), ICJ Reports (2005), p. 168 at 229~231 (paras. 172~180).

86) 이스라엘은 1951년 이래 이 협약의 당사자이다. Ruth Lapidoth, "The Expulsion of Civilians from Areas Which Came under Israeli Control in 1967 : Some Legal Issues", (1990) 2 EJIL 97 at 99 ; Turns in Evans (ed.), *International Law*, 5th, pp. 865~866.

87) ICJ도 *Construction of a Wall* 사건에서 "(동예루살렘을 포함하여) 팔레스타인 점령지역에서 이스라엘인들의

53조는 '군사작전상 절대적으로 필요하지 않는 한' 개인 소유의 부동산과 동산의 파괴를 금지하고 있다. 천연자원에 대한 영구주권 원칙은 피점령지의 천연자원 사용에도 적용되고 있다.[88)]

3. 제네바 제4협약의 "보호대상"(protected persons)의 판단기준 : 국적인가, 인종적 충성인가?

(전시 민간인 보호에 관한) 제네바 제4협약 제4조에 의하면 "본 협약에 의하여 보호되는 자(protected persons)는 무력충돌 또는 점령의 경우에 있어서, 특정 시점에 그 형식의 여하에 관계없이, 충돌 당사국 또는 점령국의 권력 내에 있는 자로서, 동 충돌당사국 또는 점령국의 국민이 아닌 자이다(in the hands of a Party to the conflict or Occupying Power of which *they are not nationals*)." 그런데 "본 협약은 … 둘 이상의 체약국 간에(between two or more of the High Contracting Parties) 발생할 수 있는 모든 선언된 전쟁 또는 기타 무력충돌의 모든 경우에 … 적용된다"고 규정한 동 협약 제2조의 규정과 연계하여 생각하면 제4조는 국제형사재판에서 범죄자(가해자)와 피해자의 국적이 동일한 경우에는 적용이 어려울 것임을 시사하는 것으로 보인다. 그럼에도 불구하고 구유고국제형사재판소는 특별히 구유고의 붕괴 과정에서 발생한 무력충돌 상황과 관련하여 제4조의 보호대상을 정의함에 있어 "목적론적 혹은 실효적 해석"의 관점에서 이 문제에 접근함으로써 주목과 관심의 대상이 된 바 있다. 구유고국제형사재판소규정 제2조는 "1949년 제네바 협약들의 중대한 위반"(grave breaches of the Geneva Conventions of 1949)을 자행하거나 이를 명령한 자들을 소추할 권한을 동 재판소에 부여하고 있기 때문에 재판소는 이 문제를 다루지 않으면 안 되었던 것이다.

먼저, 1992년 보스니아-헤르체코비나,[89)] (세르비아계)스르프스카 공화국(Republika Srpska) 북부에 위치한 프리제도르(Prijedor)란 지역에서 자행된 인종청소에 관여한 세르비아계 보스니아인 *Duško Tadić*[90)]에 대한 재판에서 심리부[91)]는, 보스니아-헤르체고비나 내의 스르프스카 공화국의

정착은 국제법을 위반한 것이었다"고 판시한 바 있다 : *Legal Consequences of the Construction of a Wall in the Occupied Palestinian Territory*, Advisory Opinion, ICJ Reports (2004), p. 136 at 184 (para. 120).

88) A/RES/73/255 (Permanent sovereignty of the Palestinian people in the Occupied Palestinian Territory, including East Jerusalem, and of the Arab population in the occupied Syrian Golan over their natural resources)(20 December 2018), paras. 2~3. 이 총회결의는 찬성 159, 반대 7, 기권 13으로 채택되었다. Orakhelashvili/Akehurst, 9th, p. 534 ; United States Department of State, *Voting Practices in the United Nations in 2018*, 〈https://www.state.gov/wp-content/uploads/2020/07/Voting-Practices-in-the-United-Nations_2018.pdf〉.

89) https://www.cia.gov/library/publications/the-world-factbook/geos/bk.html ; U.S. Department of State, Summary of The Dayton Peace Agreement, 〈https://www.state.gov/www/regions/eur/bosnia/dayton.html〉 ; https://en.wikipedia.org/wiki/Bosnia-Herzegovina ; https://en.wikipedia.org/wiki/Federation_of_Bosnia_and_Herzegovina ; Paola Gaeta, "The Dayton Agreements and International Law", (1996) 7 EJIL 147-163 ; Joseph Marko, "Five Years of Constitutional Jurisprudence in Bosnia and Herzegovina : A First Balance", EURAC (European Academy of Bozen/Bolzano) Research-Europea Diversity and Autonomy Papers 7/2004, 〈https://webfolder.eurac.edu/EURAC/Publications/edap/2004_edap07.pdf〉.

군대는 유고연방공화국(세르비아-몬테네그로) 정부의 사실상의 기관 내지는 대리인으로 볼 수 없으며, 따라서 피해자들은 제네바협약 공통 제3조의 보호 하에 있으되 제4조의 보호대상이 되지는 아니하며, 그 결과 스르프스카 공화국 군대를 지원한 준군사조직의 일원이었던 피고에게 "1949년 제네바협약들의 중대한 위반" (grave breaches of the Geneva Conventions of 1949)의 책임을 물을 수는 없다고 결론지었다. 그러나 항소부[92]는 심리부의 이같은 판단이 틀렸다고 판시하였는데, 그 이유는 다음의 몇 가지이다. 첫째, 스르프스카 군대는 "유고연방공화국의 전반적인 통제(지배) 하에서, 그리고 유고연방공화국을 위하여 행동하는"(acting under the *overall control* of and on behalf of the FRY) 것으로 보아야 하며, 따라서 보스니아-헤르체고비나 내에서 세르비아계와 보스니아-헤르체고비나 중앙당국 간의 무력충돌은 "국제무력충돌"(an international armed conflict)로 분류되어야 한다.[93] 둘째, 형식적인 국적 요건은 제네바 제4협약 제4조의 "보호대상"을 정의하는데 적합하지 않으며, 구유고 사태와 같은 현대의 인종간 무력충돌에서는 국적보다는 인종/민족이 국가적 충성을 결정짓는다[94] ; 제4조는 -그것의 "객체와 목적"에 비추어 해석하건대- 가능하면 최대한도로 민간인을 보호함을 지향하여야 하며, 따라서 동 규정은 형식적인 결속과 순전히 법적인 관계에 의존하는 것이 아니다.[95] 셋째, 본 사건에서 피고 항소인을 포함한 세르비아계 보스니아인들은 피해자들과 동일한 국적을 갖고 있었다고 간주된다고 해도 그들 세르비아계 군대는 타국, 즉 유고연방공화국의 사실상의 기관(*de facto* organs of another State, namely, the FRY)으로 행동하였다[96] ; 따라서 피해자들은 제4조의 "보호대상"에 들고, 본 사건에서 제4조 적용을 위한 요건이 충족되었으며,[97] 또한 피고는 "1949년 제네바협약들의 중대한 위반"의 죄를 범하였다. 항소부는 이같은 논거에 기초하여 심리부가 무죄로 판단한 피고의 혐의들에 대해 유죄를 선고하였다.[98] 항소부는 요컨대, 일단 국제적 무력충돌이 존재한다고 판단한 이상 실제로 전투를 지휘하는 자가 누구인가의 측면에서 제4조를 해석함으로써 동 규정의 적용범위를 극대화하였던 것이다.[99] 제네바 제4협약 제4조에 대한 구유고국제형사재판소 항소부의 이같은 입장은 후속 재판에서도 반복되고 있다.

1993년 (보스니아 전쟁 기간중 크로아티아계의 무슬림들에 대한 인종청소가 자행된) 보스니아 중부 Lašva Valley 지역, Kaonik 감옥소에서 발생한 범죄와 관련하여 기소된 (당시 동 감옥소의 소장) *Aleksovski*[100]에 대한 재판에서, 피고 항소인은 관련 무력충돌은 (양쪽 모두 보스니아-헤르체코비나의

---

90) 구유고국제형사재판소에 가장 먼저 기소된 자였다 : https://www.bim.ba/en/124/10/11923/.

91) ICTY, Trial Chamber, *Prosecutor* v. *Duško Tadić*, Judgment of 7 May 1997, paras. 607~608 (available at https://icty.org/case/tadic/4).

92) ICTY, Appeals Chamber, *Prosecutor* v. *Duško Tadić*, Judgment of 15 July 1999, paras. 162~169 (available at https://icty.org/case/tadic/4).

93) Para. 162 of the Judgment.

94) Paras. 164~166.

95) Para. 168.

96) Para. 169.

97) Para. 167.

98) Paras. 170~171.

99) Orakhelashvili, p. 411.

100) ICTY, Appeals Chamber, *Prosecutor* v. *Zlatko Aleksovski*, Judgment of 24 March 2000 (available at

국적을 가진) 크로아티아계 보스니아인들과 무슬림계 보스니아인들 간의 내부 충돌(internal conflict)로서, 전자의 후자에 대한 행위는 제4조의 범위 밖에 있다고 주장하였다.[101] 그러나 항소부는 "충돌이 크로아티아의 참여로 인해 국제충돌이었다는 것이 입증되면 보스니아의 무슬림계 희생자들은 그들이 국민이 아닌 충돌의 한 당사자, 즉 크로아티아의 권력 내에 있었다. 따라서 제네바 제4협약 제4조가 적용된다는 결론에 이른다"는 검찰측의 입장을 수용하면서,[102] 나아가 상황에 따라서는 피해자가 가해자와 동일 국적이라는 사실에도 불구하고 그가 보호대상의 지위를 부여받을 수 있도록 제4조를 더욱 넓게 해석할 수 있음을 지적한 자신의 *Tadic* 판결을 확인하고 있다.[103]

Delalic 사건[104]에서도 항소부는 *Tadic* 사건에서의 자신의 목적론적 해석방식을 확인하였다.[105] 다만 이 사건은 피해자와 가해자의 사실관계가 위 사건들과는 거꾸로 된 경우인데, 즉, *Tadic*과 *Aleksovski* 사건에서 범죄인들은 외부 당사자, 즉 각기 유고연방공화국과 크로아티아를 위하여 행동하는 것으로 간주되었고, 따라서 보스니아의 무슬림 피해자들은 그 권력 내로 떨어진 당사자(유고 혹은 크로아티아)의 국적을 갖지 않는다는 사실에 의해 보호대상자로 간주되었었다 ; 이와는 대조적으로, 본 사건은 기소된 자들이 무슬림계 혹은 크로아티아계 보스니아인들로서, 그들이 외부 국가를 위하여 행동하고 있다는 것이 인정되지 않은데 반해, 피해자 세르비아계 보스니아인들이 외국(즉, 유고연방공화국)을 위하여 행동하는 당사자(보스니아의 세르비아계 군대)와 관련을 갖고 있는 것으로 간주될 수 있었다. 항소부는 이처럼 사실상황이 다르긴 하지만 이들 사실에 적용되는 법원칙은 동일하다고 언급하였다.[106] 특히, 항소부는 "국내법의 국제적 차원에서의 효과는 국제법에 의해 결정된다는 국제법의 확립된 원칙"을 원용하면서,[107] "제네바 제4협약 제4조의 목적을 위한 국적 요건은 국제인도법의 목적상 정의되는 국적 연결로서, 이것은 국내입법 자체를 지칭하는게 아니다."라고 언급하였다.[108]

Blaskic 재판[109]에서도 피고 항소인은 제네바 제4협약 제4조는 본질적으로 가해자와 피해자가 다른 국적을 가짐을 전제로 한다고 주장하였으나,[110] 항소부는 (i) 크로아티가가 무력충돌의 한 당사자이고, (ii) 보스니아의 무슬림들이 크로아티아계 군대(HVO)에 사로잡혔으나, 그들은 크로아티아에 대해 충성을 하지 않으며, (iii) HVO가 '사실상' 크로아티아 군대로서 기능하고 있다는 사실을 감안한다면 보스니아의 무슬림들은 그들이 국민이 아닌 충돌 당사자의 권력 내에 들었고, (iv) 크로아티아의 '사실상의' 군대를 구성하는 개인들의 국적은 본 심사에서 관련이 없다고 판시하였다.[111]

---

https://icty.org/case/aleksovski/4).

101) Para. 149.

102) Paras. 150~151.

103) Paras. 151~152.

104) ICTY, Appeals Chamber, *Prosecutor* v. *Delalić et al.*, Judgment of 20 February 2001 (available at https://icty.org/cases/party/675/4)

105) Paras. 56~59.

106) Para. 90.

107) Para. 76.

108) Para. 77.

109) ICTY, Appeals Chamber, *Prosecutor* v. *Blaškić*, Judgment of 29 July 2004 (available at https://icty.org/case/blaskic/4).

110) Para. 167.

결론적으로, 국가들의 국적 관련 입법은 국제법의 눈으로 보면 단지 한 개의 사실(fact)에 불과한 것이고, 따라서 국제재판소 앞에서 국적의 의미는 국내입법과는 별개로 국제적 문맥 속에서 결정되어야 한다는 국제법의 일반원칙을 감안하면, 제네바 제4협약 제4조의 국적 요건에 대한 구유고국제형사재판소 항소부의 상기 접근법은 그 정당성을 인정받을 수 있을 것이다.[112] 다만, 무력충돌의 과정이 구유고의 붕괴에서처럼 인종/민족간 충돌로 나타나는 과정이 아닌, 전통적인 방식의 국가 간 충돌이라면 국제재판소가 국내법을 존중하여 그것에 기초하여 제4조의 적용을 위한 국적을 결정짓는 것도 마찬가지로 정당화 될 수 있을 것이다.[113]

Ⅵ. 전쟁범죄

전쟁법규 위반을 방지하기 위해 전쟁범죄(war crimes) 개념이 발전되고 있다. 전쟁범죄는 때로는 평화에 대한 죄(crimes against peace)와 인도에 대한 죄(crimes against humanity)를 포함하는 넓은 개념으로 사용되기도 하지만, 엄격한 의미에서의 전쟁범죄는 전쟁법규를 위반한 행위만을 지칭한다. 요컨대, 전쟁범죄는 평화에 대한 죄와는 달리 전쟁의 합법성을 전제로 발전되어 나온 개념으로서, 전쟁의 실행방법에 관련한 것이지 전쟁 자체의 위법성을 논하기 위한 개념이 아니었다.

전쟁범죄의 예로서는 점령지 내 민간인의 살해 또는 학대, 전쟁포로 또는 해전생존자의 살해 또는 학대, 마을·도시의 무자비한 파괴, 금지된 무기의 사용, 병원과 같은 보호받는 시설에 대한 공격, 민간목표물에 대한 포격, 교전자격이 없는 자의 전투행위 참가, 휴전방법의 악용 등을 들 수 있다.[114]

전쟁범죄의 개념은 이제 '비국제적' 무력충돌시에 자행되는 −제네바협약 공통 제3조의 중대한 위반행위들을 포함한− 일정 행위에 대해서도 적용되고 있음에 유념할 필요가 있다.[115] 대규모의 비국제적 무력충돌이 더욱 빈번하게 발생하고 있는 오늘날의 상황에서 이같은 법의 발전은 필연적인 것이다.

Ⅶ. 전시 복구

국가책임법에서는 이제 일반적으로 대항조치(countermeasure)란 용어가 사용되고 있지만, 전쟁

---

111) Para. 175.

112) Orakhelashvili, p. 413은 "(구유고국제형사재판소) 항소부의 접근방식은 어느 정도까지는 현대 (무력)충돌의 성격을 고려한 진화적 해석(evolutive interpretation)을 구성하는 것이기도 하다."고 언급하고 있다.

113) 이것은 ICTY, Appeals Chamber, *Prosecutor* v. *Duško Tadić*, Judgment of 15 July 1999, para. 166에서도 시사되고 있다.

114) 1949년 제네바 제4협약 제147조 참조.

115) 예컨대, ICC규정 제8조 2항(c)~(f) 참조.

법 혹은 국제인도법의 영역에서는 여전히 복구(復仇)(reprisal)란 용어가 사용되고 있다.[116] 이와 함께 복구가 금지되는 대상이 명기되고 있는데, 4개 제네바협약[117]은 '협약의 보호대상이 되는' '사람(부상자, 병자, 요원, 조난자, 포로, 피보호자)과 건물, 선박과 장비, 재산'에 대한 복구를 금지하고 있다. 제네바 제1추가의정서는 제20조에서 "본 편[제2편(부상자, 병자, 난선자)]에 의해 보호받는 자와 물건에 대한 보복은 금지된다"고 규정하고 있으며, 그밖에 '민간인/민간주민과 민간물자, 문화재[118]와 예배장소, 민간주민의 생존에 불가결한 물건, 자연환경, 위험한 물리력을 포함하고 있는 시설물'에 대한 복구를 금지하고 있다.[119] 복구가 금지된다는 것은, 이들 의무에는 상호주의(reciprocity) 논리가 적용되지 아니함을 의미하는 것이다.[120] 그러나 이처럼 금지된 영역 밖에서는 복구는 여전히 위법한 전쟁수행 행위를 억지하는 효과를 갖는다.

Ⅷ. 중립법

ICJ는 *Legality of the Threat or Use of Nuclear Weapons*[121]에서 "중립의 원칙이 -UN헌장의 관련 규정을 조건으로- 모든 국제적 무력충돌에 적용될 수 있다는 점에 대해 국제법은 의문의 여지를 남겨놓고 있지 않다"고 언급한 바 있지만, 다른 국가 간 전쟁에 참여하지 않는 국가들의 법적 지위를 규율하는 전통국제법 상의 중립법(law of neutrality)은 -(i) 제2차 세계대전 후 확립된, 그리고 이제는 일반국제법의 강행규범으로 인정되고 있는, 무력의 위협 또는 사용 금지 원칙과 (ii) UN의 집단안보체제에 의해- 그 본래의 위상을 잃고 있다. 특히, UN안보리가 무력충돌과 관련하여 구속력있는 행동을 취하는 경우에는 -ICJ도 시사한 바와 같이- UN회원국들은 그에 따르지 않기 위한 구실로서 중립의 규칙을 원용할 수 없다.[122]

중립법이 지금까지 작동하고 있는 것으로 여겨지는 영역의 하나는 해전인데, 이는 해전규칙이 육전규칙과는 별개로 발전되어 온 탓이기도 하다. 이를테면, 육전에서는 원칙적으로 적국민의 사유재산은 존중되어야 하는 데 반해, 해전에서는 적국의 상선도 공선과 마찬가지로 나포하여 몰수할 수

116) 본서, 제27장 (국가의 무력사용), "Ⅱ. 국가의 무력사용 : 1945년 이후, 2. 평시 무력복구" 교차 참조.

117) 제네바 제1협약 제46조, 제2협약 제47조, 제3협약 제13조, 제4협약 제33조.

118) 제네바협약 제1추가의정서 제53조(문화재 및 예배장소의 보호)에 앞서, 이미 1954년에 "무력충돌시 문화재 보호를 위한 헤이그협약"(Hague Convention for the Protection of Cultural Property in the Event of Armed Conflict)이 체결된 바 있다. https://www.history.com/news/cultural-sites-heritage-wars.

119) 제네바 제1추가의정서 제51조~제56조.

120) 1969년 비엔나조약법협약 제60조 5항, & 본서, 제4장 (조약법), "Ⅳ. 조약의 종료, 6. 조약의 중대한 위반" ; ILC 국가책임초안 제50조 1항(c), & 본서, 제14장 (국가책임), "X. 국가책임의 이행, 2. 대항조치" ; Orakhelashvili/Akehurst, 9th, pp. 537~538 참조.

121) Advisory Opinion, ICJ Reports (1996), p. 226 at 261 (para. 89 : "international law leaves no doubt that the principle of neutrality, ... is applicable (subject to the relevant provisions of the UN Charter) to all international armed conflict") ; 본서, 제7장 (국제법의 기본원칙), "Ⅳ. 무력의 위협 또는 사용 금지 원칙".

122) 본서, 제7장 (국제법의 기본원칙), "Ⅳ. 무력의 위협 또는 사용 금지 원칙".

있다.[123] 이와 함께 중립국의 상선도 적국으로 전시금제품(contraband of war)을 수송하거나 해상봉쇄(naval blockade)를 침파하려는 경우 교전국 군함에 의해 나포, 몰수될 수 있으며, 중립국은 이를 묵인하여야 할 의무가 있다.[124]

IX. 무기의 제한

1. 일반원칙

"고통은 전쟁의 불가분의 일부이긴 하지만"[125] 400그램 이하의 작열탄(exploding bullets)과 소이탄(incendiary bullets)의 사용을 금지시킨 1868년의 St. Petersburg 선언, 그리고 1899년의 Dumdum탄 금지선언 이래 특별히 잔혹하거나 파괴적인 무기의 사용을 제한 또는 금지시키기 위한 시도들이 전쟁법규 발달의 한 특징이 되고 있다. 그 결과 상대방이 합법적인 공격대상이라 하더라도 '불필요한' 고통(unnecessary suffering)을 주는 무기를 '사용'하는 것은 금지된다는 국제관습법규가 형성되었으며, 이것은 1907년 헤이그 육전규칙 제23조(e) 및 1977년 제네바 제1추가의정서 제35조 2항에서도 확인되고 있다.[126] 그러나 구체적으로 '불필요한' 고통을 주는 무기가 무엇인지는 불분명하며, 특히 신무기가 계속 개발되는 상황 하에서는 더욱 그러하다. 따라서 이 문제는 주로 조약을 통하여 명시적으로 규율되고 있는데, 1925년 6월 17일 채택된 "질식성, 독성 또는 기타 가스 및 세균학적 전투방법을 전쟁에 사용함을 금지하는 제네바의정서"(Geneva Protocol for the Prohibition of Use in War of Asphyxiating, Poisonous or Other Gases, and of Bacteriological Methods of Warfare),[127] 1972년 4월 10일 채택된 "세균성(생물)무기 및 독성무기의 개발, 생산 및 비축의 금지와 그 폐기에 관한 협약"[Convention on the Prohibition of the Development, Production and Stockpiling of Bacteriological (Biological) and Toxin Weapons and on Their Destruction],[128] 1977년 5월 18일 제네바에서 서명을 위해 개방된 "환경변경기술의 군사

---

123) 朴觀淑, pp. 402~406.

124) Orakhelashvili/Akehurst, 9th, pp. 534~536 ; 朴觀淑, pp. 429~437 ; 본서, 제21장 (해양법), "Ⅶ. 공해, 7. 기국주의의 예외" 참조.

125) Turns in Evans (ed.), *International Law,* 3rd, p. 833.

126) 다만, 불필요한 고통과 관련하여 두 조약에 나타난 공식은 미묘하게나마 다르다. 즉, 헤이그 육전규칙 제23조(e)는 "불필요한 고통을 일으키도록 계산된 무기"("arms, projectiles, or material *calculated to cause* unnecessary suffering")라고 규정하고 있는 데 반해, 제네바 제1추가의정서 제35조 2항은 "과잉 상해 내지는 불필요한 고통을 일으키는 성격의 무기"("weapons, projectiles and material and methods of warfare *of a nature to cause* superfluous injury or unnecessary suffering")라고 규정함으로써 -헤이그 육전규칙과는 달리- 무기가 사용되는 의도보다는 무기의 내재적 성격에 더 비중을 둔 것으로 보인다. Turns in Evans (ed.), *International Law,* 3rd, pp. 832~833 (& 5th, p. 859).

127) 1928년 2월 8일 발효, 1988년 12월 29일 한국 발효.

128) 1975년 3월 26일 발효, 1987년 6월 25일 한국 발효.

적 또는 기타 적대적 사용의 금지에 관한 협약"(Convention on the Prohibition of Military or Any Other Hostile Use of Environmental Modification Techniques),[129] 1980년 10월 10일 제네바에서 체결된 "지나치게 유해하거나 무차별 효과를 갖는 것으로 생각될 수 있는 일정 재래식 무기 사용 금지 또는 제한에 관한 협약"(Convention on Prohibitions or Restrictions on the Use of Certain Conventional Weapons which may be deemed to be excessively injurious or to have indiscriminate effects)[130] 및 동 협약과 동시에 채택된 세 부속의정서,[131] 1992년 11월 30일 UN총회에서 채택되고 1993년 1월 13일 파리에서 서명을 위하여 개방된 "화학무기의 개발, 생산, 비축 및 사용의 금지와 그 폐기에 관한 협약" (Convention on the Prohibition of the Development, Production, Stockpiling and Use of Chemical Weapons and on Their Destruction),[132] 2008년 5월 30일 더블린에서 채택되고 그 해 12월 3일 오슬로에서 서명을 위해 개방된 "집속탄(분산폭탄)에 관한 협약" (Convention on Cluster Munitions)[133] 등이 그 좋은 예이다.

---

129) 1978년 10월 5일 발효. 한국 1986년 12월 2일 발효. https://en.wikipedia.org/wiki/Environmental_Modification_Convention.

130) 1983년 12월 2일 발효.

131) 즉, "탐지불능성 파편에 관한 의정서"(Protocol on Non-Detectable Fragments)(제1의정서), "지뢰, 부비트랩 및 기타 장치물 사용의 금지 또는 제한에 관한 의정서"(Protocol on Prohibitions or Restrictions on the Use of Mines, Boobytraps and Other Devices)(제2의정서), "소이성 무기 사용의 금지 또는 제한에 관한 의정서"(Protocol on Prohibitions or Restrictions on the Use of Incendiary Weapons)(제3의정서). 한편, 재래식무기 사용 금지협약의 개정을 위한 협상 중에, 1995년 10월 13일 "실명성 레이저무기에 관한 의정서"(Protocol on Blinding Laser Weapons)(제4의정서)가 새로이 채택되었고, 또한 1996년 5월 3일에는 제2의정서 개정안이 채택되었다. 이어서 2003년 11월 28일에는 "전쟁 잔류폭발물에 관한 의정서"(Protocol on Explosive Remnants of War)(제5의정서)가 채택되었다. Aust, *Handbook of IL*, 2nd, p. 239 ; 林台根, "對人地雷禁止協約에 관한 一考察", 《人道法論叢》, 제18호(1998), p. 227. 재래식무기 사용금지협약 자체에는 실체적 규정이 전혀 담겨 있지 않으며, 실체적 내용을 담은 의정서들을 담고 있는 우산적 조약이다. 그 결과 당사자가 되는 국가는 비준서 기탁시에 (협약과 의정서의 수탁자로 지정된)UN사무총장에게 최소 2개 의정서의 구속을 받겠다는 동의를 통지하여야 한다(협약 제4조 3항). 또한 협약 '폐기'(탈퇴)의 효과는 폐기하는 국가가 구속받고 있는 모든 부속의정서에 미친다(협약 제9조 3항). Kaczorowska-Ireland, pp. 759, 783~784. 한국은 2001년 4월 28일 이 '협약'과 협약의 '제1의정서' 및 '(개정)제2의정서'에 서명, 동년 5월 9일 가입서를 기탁함으로써 동년 11월 9일부로 이들 3개 조약의 당사국이 되었다. https://www.mofat.go.kr/ko/division/treaty_main.mof (accessed 28 June 2003).

132) 1997년 4월 29일 발효. 한국 같은 날 발효. https://www.opcw.org/ ; https://en.wikipedia.org/wiki/Chemical_Weapons_Convention. 한국은 1996년 8월 16일 화학무기 금지협약의 국내적 이행을 목적으로 "화학무기의 금지를 위한 특정화학물질의 제조·수출입규제 등에 관한 법률"(법률 제5162호)을 제정하였다가, 2006년 4월 28일 제4차 개정에서 생물무기금지협약의 이행규정을 추가하여 동법률을 "화학·생물 무기의 금지 및 특정화학물질·생물작용제 등의 제조·수출입규제 등에 관한 법률"(법률 제7948호)로 개정한 바 있다. 이 법률은 그 후 계속 개정되고 있다. 국회법률지식정보센터(https://likms.assembly.go.kr/law/jsp/main.jsp) 검색.

한편, 동 협약 제8조에 의해 협약 발효와 동시에 "화학무기금지기구"(Organisation for the Prohibition of Chemical Weapons : OPCW)가 설립되었다(협약 제8조 1항). 협약의 모든 당사국은 기구의 회원이다 ; 그리고 협약 당사국은 기구 회원의 지위를 박탈당하지 아니한다(협약 제8조 2항). 기구 본부는 네덜란드, 헤이그에 소재하고 있다(협약 제8조 3항). 2024년 2월 현재, 2018년 6월 가입한 팔레스타인을 포함하여 193개 국가가 협약당사국으로서 자동으로 기구의 회원이다. 이스라엘, 이집트, 북한, 남수단 등 4개국은 아직 협약에 가입하지 않았다. 화학무기금지기구는 2013년 노벨평화상을 수상하기도 하였다. https://www.opcw.org/ ; https://en.wikipedia.org/wiki/Organisation_for_the_Prohibition_of_Chemical_Weapons.

133) 2010년 8월 1일 발효. https://www.clusterconvention.org/ ; https://en.wikipedia.org/wiki/Cluster_bomb ;

생물무기금지협약, 화학무기금지협약 그리고 집속탄협약을 제외하면, 대체로 무기제한조약은 특정무기의 '사용'만을 금지 또는 제한하고 있다. 이들 3개 협약이 각기 적용대상 무기의 사용뿐만 아니라 그것의 개발·생산·비축 자체를 금지하고 있는 것은 이들이 다른 무기에 비해 훨씬 더 치명적이고 특히 대규모 살상효과를 갖기 때문이다. 특히, 화학무기는 '빈자의 원자탄'(poor man's atom bomb)으로 불리기도 한다.

한편, 1997년 9월 18일 오슬로에서 채택되고 12월 3일 오타와에서 서명을 위해 개방된 "대인지뢰의 사용, 비축, 생산 및 이전의 금지와 그 폐기에 관한 협약" (Convention on the Prohibition of the Use, Stockpiling, Production and Transfer of Anti-Personnel Mines and on Their Destruction)[134]은 1980년의 재래식무기사용금지협약과 그 관련 의정서(즉, 제2의정서 및 개정 제2의정서)의 약점을 보완하기 위한 것인데, 동 협약은 이처럼 대규모 살상효과를 갖지 아니하는 특정 재래식무기에 대하여도 그 사용뿐만 아니라 비축·생산·이전을 금지하고 있다는 점에서 '인도주의의 승리'로 평가되고 있다.[135] 그러나 미국·한국·이스라엘 등은 가입하지 않고 있다.

2. 신무기의 문제

무기제한에 관한 전쟁법규의 목적은 단지 (어떤 결과를 가져오는) 구체적 '수단'을 위법화시키는데 있는가, 아니면 수단에 의하여 야기되는 일정 '결과'를 방지하는데 있는가? 만약 전자의 견해를 취하게 되면, 특정 신무기의 사용 또는 보유를 금지하는 관습법 또는 조약이 없는 한 당해 신무기는 합법이라는 결론에 이른다. 그러나 후자의 견해를 취하게 되면, 기존국제법에 의하여 금지되지 아니한 신무기라도 그로 인하여 야기될 결과가 전쟁법규에 위배되는 경우(예컨대, 불필요한 고통을 주는 신무기 또는 적전투원과 민간인에 대한 분리공격이 불가능한 신무기)에는 위법하다는 결론에 이른다. 이 문제에 관하여 1977년의 제네바 제1추가의정서 제36조는 "전쟁의 새로운 무기·수단 혹은 방법을 연구·개발·취득 또는 채택함에 있어서, 체약국은 그 사용이 일정 혹은 모든 상황 하에서 본 의정서 또는 당해 체약국에게 적용되는 기타 어떤 국제법규에 의하여 금지되는지의 여부를 결정지을 의무가 있다."고 규정함으로써 명백히 후자의 견해를 채택하고 있다.[136]

Legality of the Threat or Use of Nuclear Weapons[137]에서 ICJ도 이같은 노선을 따랐다. 즉, ICJ는 핵무기는 무력충돌 시에 적용되는 국제인도법의 원칙과 규칙의 대부분이 이미 존재하게 된 후 발명되었고, 1949년과 1974~77년의 회의에서 이 무기를 고려에 넣지 않았으며, 핵무기와 모든 재래식무기 사이에 질적이고 양적인 차이가 있음에 주목하면서도, 그러나 그 때문에 국제인도

---

https://en.wikipedia.org/wiki/Convention_on_Cluster_Munitions.

134) 1999년 3월 1일 발효. https://www.armscontrol.org/factsheets/ottawa ; https://en.wikipedia.org/wiki/Ottawa_Treaty ; Aust, 3rd, p. 25.

135) 林台根, 전게논문, pp. 226, 245~246.

136) Ott, p. 324.

137) Advisory Opinion, ICJ Reports (1996), p. 226 at 256~260 (paras. 74~87).

법의 확립된 원칙과 규칙이 핵무기에 대해서는 적용되지 않았다고 결론지을 수는 없다고 보았다. 이같은 결론은 전체 무력충돌법을 관통하여 모든 형태의 전쟁과 "과거, 현재, 미래의 것을 포함한" 모든 종류의 무기에 대해 적용되는 관련 법원칙들의 본질적으로 인도적인 성격과 양립될 수 없을 것이기 때문이다.

3. 핵무기

신무기에 대한 위 논쟁은 특히 핵무기(보유 또는 사용)의 합법성 여부를 판단하는데 연장 적용된다는 점에서 중요하다. 미국 정부는 핵무기의 '사용'을 명시적으로 금지하는 국제법규는 없으므로, '적 전투원 또는 기타 군사시설'에 대한 핵무기의 '사용'은 허용된다는 견해를 취하고 있다. 그러나 마르텐스 조항은 명시적으로 금지되지 아니한 전쟁수단도 공공양심의 요구(dictates of the public conscience)의 제한을 받을 것을 요구하고 있다. 그리고 *Shimoda* 사건(1964)[138]에서 일본 동경지방재판소는 "히로시마와 나가사키에 대한 원폭투하는 불필요한 고통을 가하는 것을 금지하는 원칙을 위반하였으며, 또한 전투원과 민간인을 구분하지 않은 것이었다."고 판결한 바 있다. 아직까지 오로지 군사목표물에 대한 핵공격문제를 다룬 판례는 없으나, 대규모 핵전쟁의 상황에 대해서는 *Shimoda* 판결이 그대로 적용될 수 있을 것이다.

이 문제에 대한 핵무기 비보유국들의 초기 태도는 1961년 11월 24일 UN총회에서 채택된 결의 1653(ⅩⅥ) "핵무기와 수소폭탄 사용 금지에 관한 선언" (Declaration on the Prohibition of the Use of Nuclear and Thermo-Nuclear Weapons)[139]에서 읽을 수 있다. 동 선언은 핵무기의 '사용'이 UN의 '높은 이상과 목표에 대한 직접적인 부인'(a direct negation of the high ideals and objectives of the UN)이 된다고 천명한 뒤, 이어서 다음과 같이 선언하고 있다.

> "(a) 핵무기의 사용은 UN헌장에 대한 직접적인 위반이다. (b) 핵무기의 사용은 전쟁의 범위를 일탈하는 것으로서, 국제법과 인도법을 위반하여 무차별한 고통과 파괴를 야기시킬 것이다. (c) 핵무기의 사용은 단지 적(들)에 대한 전쟁이 아니라 인류 전체에 대한 전쟁이기도 하다. 왜냐하면 그같은 전쟁에 연루되지 아니한 사람들도 핵무기사용이 초래하는 모든 재앙에 노출될 것이기 때문이다. 그리고 (d) 핵무기를 사용하는 국가는 그 어떤 국가든지 간에 인도법을 위반하여 행동하는 것이며 또한 인류와 문명에 대하여 범죄를 행하는 것이 된다."

1961년 총회에서 위 핵무기사용금지선언이 채택된 후에 과학자들은 핵전쟁으로 야기될 수도 있는 또 다른 광범위한 결과, 즉 이른바 '핵겨울'(nuclear winter)의 가능성에 대하여 경고하고 있다.

---

138) (1966) 32 ILR 626 ; Japanese Annual of International Law 1964, p. 212 ; Cassese, *International Law*, 2nd, p. 413. 이 판결에 대한 논평은 다음의 논문을 참조 : Richard A Falk, "The Shimoda Case : A Legal Appraisal of the Atomic Attacks upon Hiroshima and Nagasaki", (1965) 59 AJIL 759.

139) 55개국 찬성, 20개국 반대, 26개국 기권.

핵무기 옹호론자들은 이처럼 핵무기'사용'에 의한 전쟁법규위반 및 인류대학살의 가능성에 직면하게 되자 논의의 초점을 다른 곳으로 돌리려고 기도하고 있다. 즉, 핵무기의 '사용'은 금지된다고 하더라도 '보유 및 배치'는 심리적 억지전략의 일환으로서 합법화된다는 것이다. 그러나 핵무기의 단순한 '보유 · 배치'도 다음의 문제점을 내포하고 있다. 첫째, 핵무기의 보유 · 배치는 UN헌장 제2조 4항에 위배되는 힘(무력)의 위협(threat of force)에 해당될 수 있다. 둘째, 핵무기의 보유 · 배치의 목적이 심리적 억지전략에 있다고 말은 하지만, 핵무기 보유국들은 적의 승리를 막기 위해서라면 핵무기 사용도 불사할 것이다. 예컨대, 미국 극동군사령부는 1950년 11월 25일 대전 일원의 북한 공산군에게 원폭을 투하할 것을 고려한 바 있다.[140] 또한 1985년 닉슨 전대통령은 자신이 핵무기사용을 검토한 때는 베트남전 이외에도 세 경우가 더 있었다고 실토한 바 있다.[141] 그런데 위에서 본 바와 같이 헤이그 육전규칙은 적을 해치기 위한 가능한 모든 수단에 호소하는 것을 허용하지 않고 있는데, 이것은 경우에 따라서는 금지된 무기를 사용해서 승리하기보다는 패배를 감내해야 함을 시사하고 있다.[142]

(1966년 "시민적 · 정치적 권리에 관한 국제규약" 제4부에 의거하여 설치된) 인권위원회(Human Rights Committee)는 동 규약 제6조(생명권)에 대하여 "핵무기의 설계, 실험, 제조, 보유 및 개발은 생명권에 대한 최대의 위협에 속하며", 따라서 "핵무기의 생산, 실험, 보유 및 배치 그리고 사용은 금지되어야 하며, 그것은 인도에 대한 죄로 승인되어야 한다."는 코멘트를 제시한 바 있다.[143]

WHO(세계보건기구)는 1993년 5월 "전시 또는 기타 무력충돌 시에 국가에 의한 핵무기사용은, 그것이 건강과 환경에 미치는 영향을 고려할 때, WHO헌장을 포함하여 국제법상의 의무를 위반하는 것인가?"에 관하여 판단해 주도록 ICJ에 권고적 의견을 요청하였다. 이어서 동년 12월에는 UN총회도 "핵무기의 위협 또는 사용은 어떤 상황 하에서는 국제법상 허용되는 것인가?"의 문제를 검토해 줄 것을 ICJ에 요청하는 한 개의 결의를 채택하였다. 5개의 선언된 핵무기 보유국 중에서 중국[144]을 제외한 4개국(즉, 미국, 러시아, 프랑스, 영국)을 포함한 6개국은 ICJ에 제출한 서면의견서에서 핵무기는 핵무기불확산조약(Treaty on the Non-Proliferation of Nuclear Weapons : NPT)을 포함한 기존의 여러 조약에 의하여 합법으로 인정받고 있기 때문에 이를 사용하는 것은 위법이 아니라고 주장하였다. 핵무기불확산조약은 1995년 5월 그 효력이 무기한 연장된 바 있으므로 선언된 핵무기 보유국의 그같은 입장은 더욱 강화되는 것처럼 보인다. 그러나 핵무기불확산조약 제6조는 핵무기 자체의 위법성을 시사하고 있는 것으로도 보인다. 그리고 5대국 이외의 다른 국가들이 핵무기를 제조 · 사용한다면 −핵무기불확산조약 위반과는 별도로− 그것은 일반국제법의 관점에서 합법인가 불법인가?

140) 세계일보, 1994년 12월 14일(수), 2면.

141) Brahma Chellaney, "Next on the World Court's Docket : Are Nuclear Arms Legal?", *International Herald Tribune,* Saturday~Sunday, October 28~29, 1995, p. 6.

142) Ott, pp. 324~326.

143) CCPR/C/21/Add.4, 14 November 1984 ; Shaw, p. 210.

144) 중국은 ICJ에 서면의견서를 제출하지 않았다.

1996년 7월 8일 ICJ는 WHO가 요청해 온 질문, 즉 *Legality of the Use by a State of Nuclear Weapons in Armed Conflict*에 대해서는 권고적 의견을 줄 수 없다고 결론지었다. UN헌장 제96조 2항에 의하면 WHO 같은 UN전문기구가 ICJ에 권고적 의견을 요청하기 위해서는 관련 문제가 당해 전문기구의 활동범위 내에서 발생하는 문제(question arising within the scope of the activities of the requesting agency)여야 하는데, WHO의 질문은 이 요건을 충족시키지 못한다고 보았기 때문이다.[145]

그러나 이 날 ICJ는 UN총회가 부탁해 온 질문, 즉 *Legality of the Threat or Use of Nuclear Weapons*[146]에 대해서는 "핵무기의 위협 또는 사용을 특별히 허락하는 국제관습법이나 국제조약법은 없다"[147]는 전원일치 의견을 제시하면서, "핵무기의 위협 또는 사용 자체를 포괄적으로 그리고 보편적으로 금지하는 국제관습법이나 국제조약법은 없다"[148]는 의견을 11 대 3의 다수결로 제시하였다. 그러면서 재판소는 다음의 결론을 제시하였다.

> "... 핵무기의 위협 또는 사용은 무력충돌 시에 적용되는 국제법규와 특히 인도법의 원칙과 규칙들에 일반적으로 위배될 것이다. 그러나 국제법의 현상태와 제기된 사실의 요소들을 고려하건대, 본 재판소는 핵무기의 위협 또는 사용이 국가의 생존(존속)(survival) 그 자체가 위기에 처하게 될 극단적인 자위의 상황에서 합법인지 아니면 불법인지를 명확하게 결론내릴 수 없다."[149]

이 부분에 대해 Higgins 재판관은 반대의견(dissenting opinion)을 통해 "재판소는 법과 사실에 있어서의 현재의 불확실한 상태를 근거로 핵심쟁점에 대해 사실상 재판불능을 천명하고 있다"(the Court effectively pronounces a *non liquet* on the key issue on the grounds of uncertainty in the present state of the law, and of facts)[150]라고 논평하였다.[151] 어쨌든, ICJ는 당시 한 명의 재판관이 공석 중인 상태에서[152] 7 대 7로 견해가 갈리자 Bedjaoui 소장이 결정투표권

145) ICJ는 11 대 3의 표결을 통해 이 같은 결론에 이르렀다. ICJ Reports (1996), p. 66, at para. 20 *et seq.*

146) ICJ Reports (1996), p. 226.

147) *Ibid.* at 266 (para. 105, (2), A).

148) *Ibid.* at 266 (para. 105, (2), B).

149) *Ibid.*, at 266 (para. 105, (2), E) : "It follows from the above-mentioned requirements that the threat or use of nuclear weapons would generally be contrary to the rules of international law applicable in armed conflict, and in particular the principles and rules of humanitarian law; However, in view of the current state of international law, and of the elements of fact at its disposal, the Court cannot conclude definitively whether the threat or use of nuclear weapons would be lawful or unlawful in an extreme circumstance of self-defence, in which the very survival of a State would be at stake;"

150) Para. 2 of the dissenting opinion of Judge Higgins (and similarly para. 29 of the opinion).

151) 그러나 ICJ의 이 의견은 *non liquet*를 확인한 것으로 볼 수 없다는 견해에 대해서는, Orakhelashvili, pp. 20~21 참조. 재판불능 개념에 대해서는 본서, 제2장 (국제법의 연원) 참조.

152) 1991년 임기가 시작된 베네수엘라 국적의 앙드레 아길라 모슬리(Andrés Aguilar Mawdsley) 재판관이 1995년 10월 24일 사망하였었다. Report of the International Court of Justice 1 August 1995 - 31 July 1996, General Assembly Official Records · Fifty-first Session, Supplement No. 4 (A/51/4), p. 1, 〈https://www.icj-cij.org/files/annual-reports/1995-1996-en.pdf〉 ; https://nl.wikipedia.org/wiki/Andrés_Aguilar_Mawdsley.

(casting vote)을 행사하여 상기 결론에 도달하였던 것인데, 위 의견에서 보는 것처럼 동 재판소는 "핵무기의 위협 또는 사용은 무력충돌시에 적용되는 국제법규와 특히 인도법의 원칙과 규칙들에 일반적으로 위배될 것이다."(the threat or use of nuclear weapons *would generally* be contrary to the rules of international law applicable in armed conflict, and in particular the principles and rules of humanitarian law.)라고 언급함으로써 일반원칙의 차원에서조차 핵무기의 위협 또는 사용이 국제법위반이라는 단호하고도 단정적인 표현을 삼가하는 조심스러움을 보여주고 있다. 그리고 국가의 생존이 걸린 극단적인 자위 상황 하에서의 핵무기의 위협 또는 사용에 관해서는 "명확한 결론을 내릴 수 없다"고 말하면서, 그 이유로서는 UN헌장 제51조에 따라 생존을 위해 자위권을 발동할 수 있는 '모든' 국가의 기본적 권리를 간과할 수 없을 뿐만 아니라, 국제공동체의 상당한 부분(an appreciable section of the international community)이 여러 해 동안 고수해 온 '억지정책'(policy of deterrence)으로 불리우는 관행을 무시할 수도 없다는 점을 들고 있다.[153] 생각건대, 자위권이 '모든' 국가의 기본적 권리인 것은 분명하지만, 자위를 구실삼아 핵무기의 위협·사용에 호소할 능력이 있는 국가는 사실상 소수국가에 지나지 않는다. 게다가 핵무기의 위협·사용을 통한 자위권의 행사는 현재 법상으로도 결코 '모든' 국가의 기본적 권리가 아니다. 왜냐하면 대다수 국가는 NPT에 의하여 이 기본적 권리의 전제조건인 핵무기의 보유를 금지당하고 있기 때문이다. 그러므로 ICJ는 "엄격하고 실효적인 국제적 통제 하에서 모든 측면에서의 핵군축을 가져다 줄 협상을 성실히 수행하여 종결지을 의무가 존재한다."는 결론에 대해서는 만장일치로 동의하였다. 여기서 ICJ는 NPT 제6조에 담겨진 이 의무는 단순히 교섭을 수행할 의무를 넘어 핵군축이라는 "정확한 결과를 달성할 의무" (obligation to achieve a precise result)를 포함하고 있음을 강조하고 있다. 그리고 교섭을 수행하고 종결지을 이 이중적 의무는 형식상으로는 (국제공동체의 대다수에 해당되는) NPT 182개 당사국과 관련된 것이지만 실제로는 '모든' 국가의 협력을 필요로 한다고 언급하고 있다.[154]

X. 군비축소

엄격하게 말하면 disarmament는 군비철폐(혹은 무장해제), 즉 '모든' 전쟁무기의 폐기를 의미한다. 그러나 국제연맹규약 제8조는 국제협정을 통한 '군비의 축소와 제한'(reduction and limitation of armaments)에 초점을 맞추고 있었으며, 이에 따라 disarmament는 사실상 무기통제(arms control), 즉 군비축소 또는 제한을 뜻하는 것으로 그 의미가 변질되었다.[155]

---

153) Paras. 90~97 of the Advisory Opinion.

154) Paras. 98~103 of the Advisory Opinion ; ICJ Communiqué, No. 96/23, 8 July 1996. See Malanczuk, pp. 347~349.

155) Ott, p. 326.

군비(군사력) 증강(intensification of armaments) 그 자체는 UN헌장 제2조 4항에 의해 금지된 무력의 위협에 해당하지 아니한다.[156] *Military and Paramilitary Activities in and against Nicaragua* 사건[157]에서 니카라과의 군사화가 침략적 의도를 입증할만큼 과도하기 때문에 니카라과에 대한 미국 측의 활동들은 정당화된다는 미국의 주장에 대해, ICJ는 "국제법상 해당 국가가 조약이나 다른 방법에 의해 수락하는 규칙 말고는 주권국가의 군비(무기 취득) 수준을 제한할 수 있는 다른 규칙은 없다. 이 원칙은 예외 없이 모든 국가에 대해 타당하다."고 지적하면서 "따라서 미국의 주장에 대해 판단을 내리는 것은 무의미하고 온당치 않다"고 언급한 바 있는데, 이는 사실상 국가들의 무기 취득과 관련하여 -철저히 의사주의(state voluntarism)에 기초한- PCIJ의 *Lotus*호 판결[158]을 재확인 한 것이기도 하지만,[159] 다른 한편 국가 간 군비 축소의 어려움을 시사하는 것이기도 하다.

UN헌장은 '군비규제'(regulation of armaments)와 '가능한 군비축소'(possible disarmament)를 위한 계획을 세울 책임을 안보리에 부과하고 있다.[160] 안보리는 상임이사국의 참모총장들로 구성되는 UN군사참모위원회(Military Staff Committee)의 원조를 얻어 이같은 계획을 수립하기로 되어 있지만, 이같은 방식을 통해 이루어진 것은 아무 것도 없다.[161]

이와는 대조적으로, 총회는 헌장 제11조에 의거하여 "군비축소(disarmament)와 군비규제(regulation of armaments)를 규율하는 원칙들을 포함하여 국제평화와 안전의 유지에 관한 협력의 일반원칙들을 심의할" 권한을 부여받았으며, 이에 따라 실제로 총회는 이 분야에서 많은 노력을 기울이고 있다. 예컨대, 위에서 언급한 바와 같이 총회는 1961년 11월 24일 "핵무기와 수소폭탄 사용금지에 관한 선언"(Declaration on the Prohibition of the Use of Nuclear and Thermo-Nuclear Weapons)을 채택한 바 있다. 특히, 1970년의 우호관계선언에서는 '실효성있는 국제적 통제 하의 일반적이고도 완전한 군비철폐에 관한 보편적 조약의 조속한 체결'을 촉구하고 있다. "핵무기의 위협 또는 사용이 극단적인 자위의 상황에서 합법인지 불법인지를 명확하게 결론내릴 수 없는" 불확실성의 상황에서 핵군축조약의 체결은 사활적 중요성을 갖는다.[162]

1. 핵무기

강대국들은 자신들의 핵무기는 폐기하기를 거부하면서도 핵무기가 타국으로 확산되는 것을 억제

---

156) Hamid, p. 401.

157) Nicaragua v. United States of America, ICJ Reports (1986), p. 14 at 135 (para. 269) : "... in international law there are no rules, other than such rules as may be accepted by the State concerned, by treaty or otherwise, whereby the level of armaments of a sovereign State can be limited, and this principle is valid for all States without exception. ..."

158) PCIJ (1927), Series A, No. 10, p. 18.

159) Shelton in Evans (ed.) *International Law*, 3rd p. 147.

160) UN헌장 제26조 및 제47조.

161) Ott, p. 327.

162) Kaczorowska-Ireland, p. 759.

하려고 시도하였으며, 그 결과 체결된 조약이 1968년의 "핵무기 불확산조약"(Treaty on the Non-Proliferation of Nuclear Weapons : NPT)[163]이다. 이 조약상의 핵무기 보유국(nuclear-weapon States), 즉 "1967년 1월 1일 이전에 핵무기 또는 핵폭발장치를 제조하여 폭발시킨 국가들"[164]은 핵무기 비보유국으로부터 핵무기를 개발 또는 보유하지 않겠다는 약속을 이끌어 내었는데, 동 조약 제2조에 바로 그 같은 약속이 담겨 있다.

> "핵무기 비보유국인 조약당사국은 직접 또는 간접적인 방법을 불문하고 어떠한 양도자로부터도 핵무기와 기타 핵폭발장치 또는 그러한 무기와 폭발장치의 관리(control)의 양도를 인수하지 아니할 것, 핵무기 혹은 기타 핵폭발장치를 제조하거나 또는 획득하지 않을 것, 그리고 핵무기 혹은 기타 핵폭발장치의 제조에 대한 어떠한 원조도 추구하거나 받지 않을 것을 약속한다."

이어서 제3조에서는 이 약속의 이행을 검증하기 위해 핵무기 비보유국들이 국제원자력기구(IAEA)와 안전조치협정(safeguards agreement)을 체결할 것을 규정하고 있다.[165] 핵무기 보유국들에게는 그 같은 의무가 부과되어 있지 않지만 그들 국가도 비보유국들의 협정체결을 독려하기 위해 1970~80년대에 모두 IAEA와 안전조치협정을 체결하였다.[166] 또한, 핵무기 보유국들은 핵무기 비보유국(nuclear 'have-nots')이 핵무기 절대비보유국(nuclear 'have- nevers')[167]이 되기로 약속한 것에 대한 대가로서 '핵군축 협상을 성실히 추구'할 것을 약속하였으며, 이같은 약속은 동 조약 제6조에 담겨 있다.

> "각 조약당사국은 빠른 시일 내에 핵군비 경쟁의 중지 및 핵군비 축소에 관한 효율적인 조치와 엄격하고 효율적인 국제관리 하의 전면적이며 완전한 군비축소를 규정하는 조약에 관한 협상을 성실히 수행할 것을 약속한다."

상기 제6조는 핵군축과 관련하여 단지 미래에 교섭할 것에 합의한 것인지(*pactum de negotiando*, agreement to future negotiations), 아니면 종국적으로 조약을 체결할 것에 합의한 것인지(*pactum de contrahendo*, agreement to conclude a treaty)가 모호해 보인다.[168] 그러나 핵무기와 관련하여 이미 위에서 언급한 바와 같이, ICJ는 *Legality of the Threat or Use of Nuclear Weapons* 사건에 대한 권고적 의견[169]에서 만장일치로 "엄격하고 실효적인 국제적 통제 하에서 모

---

163) 1968년 7월 1일 채택, 1970년 3월 5일 발효. 1975년 4월 23일 한국 발효. 1995년 5월 무기한 효력 연장.

164) 미국, 소련, 중국, 영국, 프랑스. NPT 제9조 3항.

165) Janis, 3rd, pp. 175~176.

166) 미국과 영국은 1978년, 프랑스는 1981년, 소련은 1985년, 중국은 1989년에 그렇게 하였다. Greg Thielmann and Serena Kelleher-Vergantini, "The Naval Nuclear Reactor Threat to the NPT", pp. 2~3, The Arms Control Association, Threat Assessment Brief, July 24, 2013, 〈https://www.armscontrol.org/files/TAB_Naval_Reactor_Threat_to_the_NPT_2013.pdf〉.

167) Cassese, p. 131.

168) Aust, 2nd, p. 31(3rd, p. 26) ; Peter Weiss, "Remarks on Judge Bedjaoui's Keynote Address", 〈https://lcnp.org/disarmament/2008May01eventWeiss.pdf〉.

든 측면에서의 핵군축을 가져다 줄 협상을 성실히 수행하여 종결지을 의무가 존재한다."(There exists an obligation to pursue in good faith and bring to a conclusion negotiations leading to nuclear disarmament in all its aspects under strict and effective international control.)라고 결론지었는데, 따라서 이 의무는 '협상하여' '종결지을(결론을 이끌어 낼)' 이중적 의무(double obligation)로 구성된다.[170] 이를 근거로 NPT 제6조는 *pactum de negotiando*를 넘어 *pactum de contrahendo*에 해당한다고 보는 견해가 있다.[171]

1991년 12월 소련이 해체되면서 당시 우크라이나, 백러시아(벨라루스), 그리고 카자흐스탄의 영토에 위치하던 구소련의 모든 핵탄두와 운반수단을 러시아연방의 통제 하로 이전하는 문제가 발생하였다. 특히, 우크라이나는 갑자기 -영국, 프랑스, 중국의 핵무기를 합산한 것보다 더 많은- 세계 제3위의 핵탄두 보유국이 되었다. 이 문제는 결국 우크라이나, 벨라루스, 카자흐스탄, 러시아, 미국 등 5개국이 "미국과 소련 간 전략공격무기 감축조약(1991년, 일명 'START I')에 대한 의정서"(Protocol to the Treaty between the United States of America and the Union of Soviet Socialist Republics on the Reduction and Limitation of Strategic Offensive Arms), 일명 "리스본 의정서"(Lisbon Protocol)를 체결함으로써 해결되었는데, 동 의정서는 1992년 5월 23일 포르투갈 리스본에서 서명된 후, 1994년 12월 5일 우크라이나, 벨라루스, 카자흐스탄, 러시아가 미국과 비준서를 교환함으로써 발효하였다(제6조 1항). 리스본 의정서의 주요내용은, "벨라루스, 카자흐스탄, 러시아, 우크라이나는 NPT와 관련하여 구소련의 승계국들로서(as successor states of the former Union of Soviet Socialist Republics) NPT 하의 구소련의 의무를 인수하고"(제1조), "벨라루스, 카자흐스탄, 러시아, 우크라이나는 NPT의 범위와 제한을 이행하기 위하여 요구되는 바의 상호간 협정을 체결하며"(제2조), "벨라루스, 카자흐스탄, 우크라이나는 비핵무기국가의 자격으로(as non-nuclear weapon states Parties) 가능한 가장 빠른 시일 내에 NPT에 가입하고, 그들의 헌법실행에 따라 이 목적을 위한 모든 필요한 행동을 즉각 시작한다"(제5조)는 것 등이다. 리스본 의정서의 약속에 따라 벨라루스는 1993년에, 카자흐스탄과 우크라이나는 1994년에 NPT에 가입하였으며, 이들 3국 내의 모든 핵탄두와 운반수단은 1996년까지 해체를 위하여 러시아로 이전되었다.[172] 이것은 핵무기라고 하는 특수한 국가재산의 국가 간 승계에 관련된 특수한 사례이기도 하다.[173] 1994

169) ICJ Reports (1996), p. 226 at 267 [dispositif, paragraph (2)F].

170) Address from Mohammed Bedjaoui, former President of the International Court of Justice and Foreign Minister of Algeria, "Conference on Trident and International Law", 〈https://www.acronym.org.uk/docs/0902/bedjaoui.pdf〉.

171) See e.g. David Simon, "Article Ⅵ of the Non-Proliferation Treaty is a *pactum de contrahendo* and has serious obligations by implication", 〈https://www.law.upenn.edu/journals/jil/jilp/articles /2-1_Simon_David.pdf〉.

172) 단, 우크라이나 내 운반수단의 마지막 해체는 2001년에 이루어졌다.

173) United States Department of State, "Protocol to the Treaty between the United States of America and the Union of Soviet Socialist Republics on the Reduction and Limitation of Strategic Offensive Arms", 〈https://www.state.gov/documents/organization/27389.pdf〉; https://en.wikipedia.org/wiki/Lisbon_Protocol; https://en.wikipedia.org/wiki/Nuclear_weapons_and_Ukraine; Steven Pifer, "The Trilateral Process: The United States, Ukraine, Russia and Nuclear Weapons", Brookings paper, May 2011, 〈https://www.brookings.edu/research/papers/2011/05/trilateral-process-pifer〉; Siarhei Bohdan, "Will Nuclear Weapons

년 12월 5일 미국, 러시아, 영국은 리스본 의정서의 이행을 원활히 하기 위해 우크라이나, 벨라루스, 카자흐스탄 3국과 각각 속칭 "부다페스트 각서"(Budapest Memorandums)를 채택한 바 있는데, 그 핵심 내용은 이들 3국에 대해서는 "힘의 위협 혹은 사용을 자제"한다는 것이었다.[174)]

한편, NPT 제10조 1항은 자기판단조항의 형식으로 조약의 탈퇴권을 명시하고 있다. 즉, 각 당사국은 "NPT의 주제와 관련된 비상사태가 자국의 최고이익을 위태롭게 하였다고 판단할 경우"(if *it decides* that extraordinary events, related to the subject matter of this Treaty, have jeopardized the supreme interests of its country), 그 국가주권의 행사로서 이 조약으로부터 탈퇴하는 권리를 갖는다. 다만, 탈퇴하는 국가는 이 조약의 다른 모든 당사국과 UN안전보장이사회에 대하여 3개월 이전에 탈퇴사실을 통고하여야 하며, 이 통고에는 자국의 최고이익을 위태롭게 한 것으로 간주한 비상사태에 관한 진술을 포함하여야 한다. 뿐만 아니라, 탈퇴하는 국가는 탈퇴만으로 NPT 하에서 이미 발생한 기존의 모든 의무로부터 해방되지는 아니한다. 조약법의 일반원칙의 문제로서, 조약의 종료/탈퇴/폐기 이전에 당해 조약의 시행을 통해 생긴 각 당사국의 권리, 의무 또는 법적 상황은 –당해 조약에서 달리 규정하거나 그 당사자들이 달리 합의하지 않는 한– 조약의 종료/탈퇴/폐기로 인하여 영향받지 아니하기 때문이다. 이 점은 1969년 비엔나 조약법협약 제70조 1항 및 2항에 의해서도 확인된다. 게다가 ILC국가책임초안(2001년) 제25조 2항(b)의 논리를 유추 적용해 보면 "–자국의 최고이익을 위태롭게 하였다고 판단되는– NPT의 주제와 관련된 비상사태"가 의도적 자초위난(自招危難)인 경우에는 NPT 제10조 1항에 규정된 탈퇴의 권리는 허용되지 않는다고 해석해야 할 것이다

실제 사례로, 북한은 1985년 NPT를 비준하였으나 NPT체제가 핵무기 개발에 지장이 되자 2003년 1월 10일 탈퇴를 발표한 바 있는데,[175)] 이후, –Kofi A. Annan UN사무총장의 수권으로 구성된– "위협, 도전, 변화에 관한 고위급 패널"(High-level Panel on Threats, Challenges and Change)[176)]이 2004년 12월 1일 그에게 제출한 "좀더 안전한 세계: 우리들의 책임 분담" (A more secure world : our shared responsibility)이란 제목의 보고서[177)]에서도 "NPT에서 탈퇴하는 국가는 이 조약의 당사자로 있는 동안 저지른 위반에 대해 책임을 져야 하며, IAEA 이사회는 조약 위반이 확인될 경우 IAEA에 의해 제공된 모든 원조를 회수하기로 결심하여야 한다."[178)]라고 언급하고 있다. IAEA는

Return to Belarus?", Belarus Digest, 4 April 2014, 〈https://belarusdigest.com/story/will-nuclear-weapons-return-belarus-17389〉; FAS (Federation of American Scientists), "Kazakhstan Special Weapons", 〈https://www.fas.org/nuke/guide/kazakhstan/〉; 본서, 제20장 (국가승계 : 영토주권의 변경과 그 법적 결과).

174) 이것에 대해서는, 본서, 제2장 (국제법의 연원), "Ⅲ. 조약" 참조.

175) 본서, 제4장 (조약법), "Ⅳ. 조약의 종료, 1. 조약의 규정에 따른 종료" 참조. 이 밖에도, 북한은 1974년 IAEA에 가입하고, 이어서 1985년 NPT에 가입한 후 1992년 IAEA와 안전조치협정을 체결하였으나, 1994년 6월 13일 IAEA로부터도 탈퇴하였다 : https://www.iaea.org/About/Policy/MemberStates/.

176) 전 태국 수상 Anand Panyarachun을 의장으로 하여 모두 16인의 각국 저명인사들로 구성됨 : https://www.un.org/secureworld.

177) Follow-up to the outcome of the Millenium Summit, UN A/59/565, 2 December 2004, at https://www.un.org/secureworld.

178) Para. 134 of the Report : "While the Treaty on the Non-Proliferation of Nuclear Weapons provides the

북한-IAEA간 안전조치협정의 계속 발효를 확인하고, 북한의 계속되는 협정 불이행을 집요하게 문제삼고 있다.[179] UN안보리의 경우에는, 2006년 7월 5일 북한이 동해 방면으로 7발의 미사일을 발사한데 대응하여 15일 만장일치로 채택한 '결의 1695'[180] 전문의 한 구절[181]과 본문 제6항,[182]

---

right of withdrawal from the Treaty, States should be urged not to do so. Those who withdraw should be held responsible for violations committed while still a party to the Treaty. A State's notice of withdrawal from the Treaty on the Non-Proliferation of Nuclear Weapons should prompt immediate verification of its compliance with the Treaty, if necessary, mandated by the Security Council. The IAEA Board of Governors should resolve that, in the event of violations, all assistance provided by IAEA should be withdrawn."

179) See e.g. "Implementation of the Safeguards Agreement Between the Agency and the Democratic People's Republic of Korea Pursuant to the Treaty on the Non-Proliferation of Nuclear Weapons" (Report by the Director General), IAEA GC(49)/13, 4 August 2005, paras. 2~3 ; "Application of Safeguards in the Democratic People's Republic of Korea" (Report by the Director General), IAEA GOV/2012/36-GC(56)/11, 30 August 2012, paras. 14~15 ; "Implementation of the NPT safeguards agreement between the Agency and the Democratic People's Republic of Korea", IAEA General Conference, GC(57)/RES/14, 20 September 2013, paras. 8~9 ("8. Reaffirms that the DPRK cannot have the status of a nuclear-weapon State in accordance with the NPT, as stated in United Nations Security Council resolutions 1718 (2006) and 1874 (2009) and in the Final Document of the 2010 Review Conference of the Parties to the Treaty on the Non-Proliferation of Nuclear Weapons (NPT); 9. Calls upon the DPRK to come into full compliance with the NPT and to cooperate promptly with the Agency in the full and effective implementation of Agency comprehensive safeguards, including all necessary safeguards activities provided for in the safeguards agreement, which the Agency has not been able to conduct since 1994, and to resolve any outstanding issues that may have arisen due to the long absence of Agency safeguards and the lack of Agency access since April 2009"). 〈https://www.iaea.org/About/Policy/GC/GC57/GC57 Resolutions/English/gc57res-14_en.pdf〉 ; "Implementation of the NPT safeguards agreement between the Agency and the Democratic People's Republic of Korea", IAEA General Conference, GC(58)/ RES/15, 26 September 2014, paras. 9~10, 〈https://www.iaea.org/About/Policy/GC/GC58/GC58Resolutions /English/gc58res-15_en.pdf〉 ; "Implementation of the NPT safeguards agreement between the Agency and the Democratic People's Republic of Korea", IAEA General Conference, GC(60)/RES/14, 30 September 2016, paras. 9~10 ; IAEA Director General's Introductory Statement to the Board of Governors, 11 September 2017, ("Application of Safeguards in the Democratic People's Republic of Korea : ... I call upon the DPRK to comply fully with its obligations under all relevant resolutions of the UN Security Council and the IAEA, to cooperate promptly with the Agency, and to resolve all outstanding issues, including those that have arisen during the absence of Agency inspectors from the country. As I informed the Board in June, the Agency is enhancing its readiness to play an essential role in verifying the DPRK's nuclear programme. Last month, a DPRK Team was formed in the Department of Safeguards. The aim is to enhance our ability to monitor the DPRK's nuclear programme, maintain updated verification approaches and procedures, remain prepared for the Agency's possible return to the country, and ensure the availability of appropriate verification technologies and equipment."), 〈https://www.iaea.org/newscenter/statements/iaea-director-generals-introductory-statement-to-the-board-of-governors-11-september-2017〉.

IAEA는 북한 핵 활동의 중심지역이 북한이 공식적으로 인정한 영변과 풍계리에서 평양 인근의 강선(Kangson)으로 이동한 것으로 의심하고 있다 : IAEA Board of Governors General Conference, GOV2020/42-GC(64)/18, Date: 3 September 2020, "Application of Safeguards in the Democratic People's Republic of Korea: Report by the Director General", 〈https://www.iaea.org/newscenter/focus/dprk/iaea-reports〉 ; 김소영/RFA자유아시아방송, 2021-06-07, "IAEA '북 강선서 핵 관련 활동 정황 포착'" ; 박형주/VOA코리아, 2021.6.8., "IAEA 사무총장 '북한 강선에서 재처리 작업 징후'" ; 임주영/연합뉴스, 2020-12-19, "비핵화 협상 교착 속 북한 '영변+α' 강선 핵시설 다시 관심".

180) https://www.un.org/News/Press/docs/2006/sc8778.doc.htm.

2006년 10월 9일 북한이 핵무기 실험을 하였다고 주장한 후 14일 채택한 제재 '결의 1718',[183] 그리고 북한이 2009년 5월 25일 2차 지하핵실험을 하였다고 주장하면서 수발의 미사일을 발사한 데 대응하여 만장일치로 채택한 6월 12일의 '결의 1874'[184] 등을 통해 북한에 대해 NPT 탈퇴 '발표'

---

181) "Deploring the DPRK's announcement of withdrawal from the Treaty on Non-Proliferation of Nuclear Weapons (The Treaty) and its stated pursuit of nuclear weapons *in spite of its Treaty on Non-Proliferation of Nuclear Weapons and International Atomic Energy Agency (IAEA) safeguards obligations,*"

182) "6. Strongly urges the DPRK ... to *return* at an early date *to the Treaty on Non-Proliferation of Nuclear Weapons and International Atomic Energy Agency safeguards;*"

183) "The Security Council, ... 3. Demands that the DPRK *immediately retract its announcement of withdrawal from the Treaty on the Non-Proliferation of Nuclear Weapons;*
4. Demands further that the DPRK *return to Treaty on the Non-Proliferation of Nuclear Weapons and International Atomic Energy Agency (IAEA) safeguards, ...*" See https://www.un.org/Docs/sc/. 결의 1718을 채택함에 있어 안보리는 흥미롭게도 -북한이 행한 핵무기 실험이 아닌- 핵무기 실험을 했다는 북한의 "주장"이 국제평화와 안전에 명백히 위협이 된다고 결정하고 헌장 제7장 및 제41조에 의거한 조치를 채택하였는데, 해당 부분은 다음과 같다: "*Expressing the gravest concern* at the claim by the Democratic People's Republic of Korea (DPRK) that it has conducted a test of a nuclear weapon on 9 October 2006, and at the challenge such a test constitutes to the Treaty on the Non-Proliferation of Nuclear Weapons ... , ...
Expressing profound concern that the test claimed by the DPRK has generated increased tension in the region and beyond, and *determining* therefore that there is a clear threat to international peace and security,
Acting under Chapter Ⅶ of the Charter of the United Nations, and taking measures under its Article 41,
1. *Condemns* the nuclear test proclaimed by the DPRK on 9 October 2006 in flagrant disregard of its relevant resolutions, in particular resolution 1695 (2006), as well as of the statement of its President of 6 October 2006 (S/PRST/2006/41), including that such a test would bring universal condemnation of the international community and would represent a clear threat to international peace and security;
2. Demands that the DPRK not conduct any further nuclear test or launch of a ballistic missile;"

184) 안보리결의 1874에 대한 개관은 "UN tightens sanctions on North Korea", https://edition.cnn.com/2009/US/06/12/un.north.korea/index.html 참조. 다만, 안보리 결의 1874는 결의 1718의 경우와는 달리 -핵무기 실험을 했다는 북한의 '주장'이 아니라- 북한이 '행한' 핵무기 실험에 기초하여 채택한 것이다: "Expressing the gravest concern at the nuclear test conducted by the Democratic People's Republic of Korea ("the DPRK") on 25 May 2009 (local time) in violation of resolution 1718 (2006), and at the challenge such a test constitutes to the Treaty on Non-Proliferation of Nuclear Weapons ("the NPT") and to international efforts aimed at strengthening the global regime of non-proliferation of nuclear weapons towards the 2010 NPT Review Conference, and the danger it poses to peace and stability in the region and beyond, ...
Expressing its gravest concern that the nuclear test and missile activities carried out by the DPRK have further generated increased tension in the region and beyond, and determining that there continues to exist a clear threat to international peace and security, ...
Acting under Chapter Ⅶ of the Charter of the United Nations, and taking measures under its Article 41, ...
5. Demands that the DPRK immediately retract its announcement of withdrawal from the NPT;
6. Demands further that the DPRK return at an early date to the NPT and International Atomic Energy Agency (IAEA) safeguards, bearing in mind the rights and obligations of States Parties to the NPT, and underlines the need for all States Parties to the NPT to continue to comply with their Treaty obligations;"

의 취소와 함께 안전조치협정의 이행을 요구하고 있다. 안보리의 이 같은 요구는 그 후에도 기회 있을 때마다 반복되고 있으며, 제재의 수준도 더욱 날카로워지고 있다.[185)]

발효일로부터 25년이 경과한 1995년, NPT는 제10조 2항에 의거한 당사국회의에서 조약의 존속이 무기한 연장되었다.[186)] 또한, '강화된' 안전조치(strengthened safeguards)가 도입되고 있다. 즉, IAEA는 1997년 9월부터 NPT 당사국들과 "안전조치협정 추가의정서"(Protocol Additional to the Agreement for the Application of Safeguards)를 체결하여 오고 있는데, 이것은 IAEA의 기존사찰 방식이 각 안전조치협정에서 "당사국이 명백히 신고한 시설이나 물질"에 국한되고 있는 허점을 개선하기 위한 것이다. NPT 당사국들이 이 추가의정서를 채택할 의무가 있는 것은 아니지만 IAEA는 각 당사국과 추가의정서 체결을 위해 노력하고 있다.[187)]

---

185) 즉, 2012년 12월 12일 북한이 장거리 로켓을 발사한 후 2013년 1월 22일 채택된 안보리 결의 2087 ; 연이어 2013년 2월 12일 북한의 3차 핵실험 후 3월 7일 채택된 안보리 결의 2094 ; 2016년 1월 6일의 4차 핵실험(북한은 '수소'탄 실험이었다고 주장)과 2월 7일의 장거리 로켓 발사에 대응하여 3월 2일 채택된 안보리 결의 2270 ; 그리고 2016년 9월 9일의 5차 핵실험에 대응하여 11월 30일 채택된 안보리결의 2321. https://www.un.org/en/sc. 안보리결의들은, 북한은 자신의 미사일 프로그램이 순전히 과학적 성격의 것이라고 주장하지만 북한의 군사동맹국인 중국조차도 북한의 로켓 발사가 대륙간탄두미사일(inter-continental ballistic missiles) 개발을 목표로 한 것이라는 데 동의하고 있음을 잘 보여주고 있다 : BBC News-Asia, 2 March 2016, "UN imposes tough North Korea sanctions", 〈https://www.bbc.com/news/world-asia-35704273〉. 특히, 2016년 2월 안보리 의장국인 베네수엘라의 카레로(Rafael Darío Ramírez Carreño) UN상주대표도 7일 11시 발표한 의장성명에서 "(15개)안보리 회원들은 탄도 미사일 기술을 사용한 북한의 기존의 다른 발사들과 이번 (2월 7일)발사는 '비록 위성 혹은 우주발사체의 성격을 보이긴 하지만 북한의 핵무기 운반 시스템 개발'에 기여하는 것이며 따라서 유엔 안브리의 기존 결의들을 중대하게 위반한 것이라는 점을 강조했다"고 밝힌 바 있다. UN News Centre, 7 Feb 2016, "Condemning DFR Korea's missile launch, Security Council to pursue 'significant measures' in response", 〈https://www.un.org/news/〉.

북한의 탄도미사일 도발이 2017년에 들어서도 여러 차례 진행되자 6월 2일 안보리는 표적제재를 더욱 강화한 '결의 2356'을 만장일치로 채택하였다. 그러나 북한은 이에 아랑곳 하지 않고 7월 4일 미사일 '화성-14' 시험발사에 성공한 후 "핵무기와 함께 세계 그 어느 지역도 타격할 수 있는 최강의 대륙간탄도로켓을 보유한 당당한 핵강국"이 되었다고 주장하였으며, 같은 달 28일 -외견상 더 진전된- '화성-14' 2차 발사에도 성공하였다. 이로써 북한은 자신들의 미사일 프로그램이 순전히 과학적 성격의 것이라던 기존의 주장이 거짓이었음을 자백한 셈이다. chosun.com, "[속보]北 "대륙간탄도미사일 화성 14호 발사 성공…김정은 직접 참관" 주장", 2017/07/04/ ; 연합뉴스, "北 "화성-14 2차발사 성공"…김정은 "ICBM 기습발사 능력과시"(종합)", 2017/07/29 ; https://en.wikipedia.org/wiki/North_Korea_and_weapons_of_mass_destruction.

북한의 도발은 계속되고 있다. 2017년 9월 3일 함북 길주군 풍계리 인근에서 인공지진으로 추정되는 과거 어느 때보다 강한 지진이 관측됨으로써 북한이 6차 핵실험을 한 것으로 추정되었다. 그리고 수 시간 뒤 북한 당국은 "ICBM 장착용 수소탄 시험에 완전 성공했다'고 발표하였다. chosun.com, 2017.09.03, "[속보]기상청 "함북 길주 인근서 역대 최대 규모 5.7 인공지진 발생" … 北, 6차 핵실험 실시한듯", 〈https://news.chosun.com/site/data/html_dir/2017/09/03/2017090300549.html〉 ; BBC News, Asia, 3 September 2017, "North Korea nuclear test: Hydrogen bomb 'missile-ready'", 〈https://www.bbc.com/news/world-asia-41139445〉. 이에 안보리는 9월 11일 북한에 대해 더욱 강화된 제재를 담은 '결의 2375'를 만장일치로 채택하였다 : https://www.un.org/en/index.html. 15일 북한은 일본 영공 상부 공간을 관통하는 미사일을 발사하는 것으로 응답하였다 : Jesse Johnson and Reiji Yoshida, "North Korea responds to latest U.N. sanctions with second missile over Japan", The Japan Times, Sep 15, 2017, 〈https://www.japantimes.co.jp/news/2017/09/15/national/north-korea-launches-missile-hokkaido/〉.

186) 뉴욕, 1995년 4월 17일~5월 12일, NPT 당사국회의 제3결정(Decision 3). https://www.nti.org/wp-content/uploads/2021/09/npt95rc.pdf ; https://www.armscontrol.org/act/2020-05/features/npt-1995-terms-indefinite-extension.

187) 한국은 1999년 6월 21일 서명, 2004년 2월 19일 발효 ; iaea.org/topics/additional-protocol. 현재 한국은 NPT

잠수함, 항공모함, 쇄빙선 등의 일부 특수선박에서 핵을 추진연료로 사용하는 경우가 있는데, 특히 핵잠수함의 원자로에서 태우고 남는 연료는 무기급 혹은 준무기급의 고농축 우라늄인 경우에도 —NPT 제3조 1항에 규정된— 안전조치협정의 대상이 아닌 것으로 해석되고 있다. 단지 잠수함의 동력수단으로서의 핵연료는 "핵무기 또는 기타의 핵폭발장치"가 아니기 때문이다. 이와 함께 NPT체제 안에서 5개 공식 핵무기보유국들이 이미 모두 핵잠수함을 보유하고 있음은 물론이고, 핵무기 비보유국들 중에도 국가의 위신을 위해 혹은 잠재적 핵무기 보유의 위장수단으로 고농축 우라늄을 사용하는 잠수함을 가지려 하면서 NPT체제의 허점이 노출되고 있다. 게다가 NPT 체제 밖에 있는 일부 국가들도 이미 핵잠수함을 보유하고 있거나 보유하려 하고 있다는 의혹을 받고 있어 이 분야의 국제법적 논의와 국가 간 협력이 시급한 시점이다.[188)]

2. 핵무기실험

핵무기의 '실험'을 제한 또는 금지하는 것도 핵무기개발의 억지책이 될 수 있다. 1963년 핵무기보유국들은 핵무기불확산조약을 체결하기 5년 전에 "대기권·외기권 및 수중에서의 핵무기 실험 금지조약"(일명 부분핵실험금지조약)(Treaty Banning Nuclear Weapon Tests in the Atmosphere, in Outer Space and under Water)[189)]을 체결한 바 있다. 그러나 이것은 그 제목에서도 나타나는 바와 같이 '지하' 핵실험은 계속 허용하는 것이었다.

그 후 미국과 소련은 '지하'에서의 핵실험까지도 금지하기 위해 1974년 7월 3일 "지하 핵무기 실험 제한에 관한 조약"[Treaty between the United States of America and the Union of the Soviet Socialist Republics on the Limitation of Underground Nuclear Weapon Tests : 일명 'Threshold Test Ban Treaty'(TTBT)]에 서명하였으며, 이 양자간 조약은 1990년 12월 11일 늦게나마 발효하였다. 그러나 이 조약은 단지 150킬로톤[190)] 이상을 산출하는 실험만을 금지하고

(제3조)와 2015년 개정된 "대한민국 정부와 미합중국 정부 간의 원자력의 평화적 이용에 관한 협력 협정"(Agreement for Cooperation between the Government of the Republic of Korea and the Government of the United States of America concerning Peaceful Uses of Nuclear Energy)(약칭 '한미원자력협정')(제14조)에 의거하여 이중의, 그러나 서로 연계된 핵사찰을 받고 있다. 이 협정의 다른 문제에 대해서는 후술 참조.

188) Greg Thielmann and Serena Kelleher-Vergantini, "The Naval Nuclear Reactor Threat to the NPT", The Arms Control Association, Threat Assessment Brief, July 24, 2013, 〈https://www.armscontrol.org/files/TAB_Naval_Reactor_Threat_to_the_NPT_2013.pdf〉 ; James Clay Moltz, "Viewpoint : Closing the NPT Loophole on Exports of Naval Propulsion Reactors", The Nonproliferation Review/Fall 1998, 〈https://cns.miis.edu/npr/pdfs/cmoltz61.pdf〉 ; https://world-nuclear.org/info/Non-Power-Nuclear-Applications/Transport/Nuclear-Powered-Ships ; 황일도, "한국 핵잠수함 보유, 무엇이 문제인가 - '대양해군' 추구하다 핵무장 의혹 부른다", 新東亞, 2004년 3월 1일 (통권 534호), pp. 326~333 ; 姜永五, "대한민국 해군이 核항모와 核잠수함을 확보해야 하는 이유", 月刊朝鮮 2013-11, pp. 272~280. 한국의 경우 이 문제에 접근함에 있어서는 "이 협정에 따라 이전된 핵물질 … 은 핵무기 또는 어떠한 핵폭발 장치, 어떠한 핵폭발 장치의 연구 또는 개발이나 어떠한 군사적 목적을 위해서도 이용되지 아니한다"고 규정한 한미원자력협정 제13조(폭발 또는 군사적 적용 금지)를 고려에 넣어야 할 것이다.

189) 1963년 8월 5일 채택, 1963년 10월 10일 발효. 1964년 7월 24일 한국 발효.

190) 이것은 히로시마에 투하된 원폭의 7.5 배의 위력. Ott, p. 328.

있다.[191)]

1995년 NPT의 효력이 무기한 연장된 후[192)] 그에 대한 보상으로 포괄핵실험금지조약(Comprehensive Nuclear Test Ban Treaty : CTBT)의 채택을 위한 교섭이 핵무기 보유국들을 중심으로 진행되어 1996년 9월 10일 UN총회에서 채택되었고, 24일에는 서명을 위하여 개방되었다.[193)] 이 조약은 '일체의 핵무기실험 폭발 또는 기타 그 어떤 핵폭발'도 금지하고,[194)] 또 이 의무의 이행을 국제적으로 감시하기 위하여 '포괄핵실험금지조약기구'(Comprehensive Nuclear Test-Ban Treaty Organization)를 설립하는 것[195)]을 주된 내용으로 하고 있다. 또한 이 조약은 발효요건으로서, 그 제2부속서(Annex 2)에 명시된 (핵무기를 가지고 있거나 연구용 원자로를 가진) 44개국 모두의 비준을 요구하고 있다.[196)]

핵무기 보유국들은 그간 NPT 하의 자신들의 의무를 이행하는데 성실성을 보이지 않으면서도 별 걱정을 안하였지만, 이 문제는 대부분의 다른 국가들에게는 주된 관심이 되었다. 이러한 분위기 하에서 UN총회는 1982년 12월 핵무기 생산중지와 그 실험 및 배치의 종료를 요구하는 결의들을 채택한 바 있다. 특히, 1978년의 UN특별총회에서는 비핵지대화(nuclear weapon-free zones)에 대한 지지를 표명하기도 하였다.[197)]

3. 비핵지대(nuclear weapon free zones, denuclearised zones)

핵무기의 실험・생산・비축・배치・사용 등을 포괄적으로 금지하는 조약들이 지역적 차원에서 체결되고 있다. Tlatelolco조약(Treaty for the Prohibition of Nuclear Weapons in Latin America)[198)]과 Rarotonga조약(South Pacific Nuclear Free Zone Treaty)[199)] 그리고 Pelindaba 조약(African Nuclear Weapon Free Zone Treaty)[200)] 등이 그 좋은 예이다.[201)]

---

191) *Ibid.* ; U.S. Department of State 〈https://2009-2017.state.gov/t/isn/5204.htm〉 ; https://en.wikipedia.org/wiki/Threshold_Test_Ban_Treaty.

192) NPT 제10조 2항.

193) 조약원문은 (1996) 35 ILM 1439 ; https://www.ctbto.org/the-treaty/ 참조.

194) CTBT 제1조.

195) CTBT 제2조.

196) CTBT 제14조 1항. 일부 Annex 2 국가들이 서명만 하였거나, 서명조차 하지 않음으로 인하여 여전히 미발효 : https://en.wikipedia.org/wiki/Comprehensive_Nuclear-Test-Ban_Treaty ; https://en.wikipedia.org/wiki/Comprehensive_Nuclear-Test-Ban_Treaty_Organization. "포괄 핵실험 금지조약 기구 준비위원회"에 관해서는, 본서, 제4장 (조약법), "I. 조약의 체결과 효력발생, 3. 조약의 구속을 받겠다는 국가의 동의" ; https://en.wikipedia.org/wiki/Preparatory_Commission_for_the_Comprehensive_Nuclear-Test-Ban_Treaty_Organization 참조.

197) Ott, p. 328.

198) 1967년 2월 14일 채택, 1969년 12월 11일 발효.

199) 1985년 8월 6일 채택, 1986년 12월 11일 발효.

200) 1996년 4월 11일 카이로에서 서명을 위하여 개방, 2009년 7월 15일 발효. https://en.wikipedia.org/wiki/African_Nuclear-Weapon-Free_Zone_Treaty.

201) Ott, pp. 328~329.

석탄이나 석유는 한번 연소되면 다시 사용할 수 없지만, 핵연료는 '사용 후'[202) '재처리'[203) 과정을 통해 반복적으로 사용될 수 있다는 점에서 연료로서의 장점이 부각되고 있다. 그러나 핵연료의 가장 큰 문제 중의 하나는 재처리 과정에서 나오는 플루토늄(plutonium)이 핵폭탄의 원료로 이용될 수 있다는 점이다.[204)] 한국의 노태우 정부는 1991년 11월 8일 "핵에너지는 평화적 목적을 위해서만 사용하고, 핵무기를 제조・보유・저장・배비(配備)・사용하지 않을 것"은 물론이고 "핵연료 재처리 및 핵농축 시설을 보유하지 않을 것"임을 선언하였으며,[205)] 이어서 1992년 1월 20일의 남북고위급회담에서 남북한은 같은 내용의 "한반도의 비핵화에 관한 공동선언"(Joint Declaration of the Denuclearization of the Korean Peninsula)을 채택한 바 있다.[206)] 서두에서 "남과 북은 한반도를 비핵화함으로써 핵전쟁의 위험을 제거하고 우리나라의 평화와 평화통일에 유리한 조건과 환경을 조성하며 '아시아와 세계의 안전'에 이바지하기 위하여 다음과 같이 선언한다."고 천명한 공동선언은 남북한 정부가 '전세계 모든 국가들을 향해' 한반도의 비핵화를 약속한 것으로 해석될 수 있다. 그리고 대한민국은 비핵화의 약속을 지켰으며 따라서 국제공동체는 한국에 대해서는 전혀 이의를 제기

202) '사용 후 핵연료'(spent nuclear fuel 또는 used nuclear fuel)라 함은 "원자로에서 저농축 우라늄을 3~5년 정도 태우고 남는 찌꺼기"를 지칭한다. 金慶敏, "인류가 石油 중독에서 탈피하려면", 《月刊朝鮮》, 2008년 12월호, pp. 518~527 (p. 522) ; https://en. wikipedia.org/wiki/Spent_nuclear_fuel.

203) '재처리'(nuclear reprocessing)라 함은 '사용 후 핵연료'에서 특히 "플로토늄 239와 아직 타지 않고 남아 있는 우라늄 235를 분리하는" 것을 지칭한다. 金慶敏, 전게논문, p. 522 ; https://en.wikipedia.org/wiki/Nuclear_reprocessing.

204) 金慶敏, 전게논문, pp. 522~523.

205) 외무부 외교문제해설 91-19(1991. 11. 18.) ; 統一院, 《南北基本合意書解說》(1992), p. 148. 핵의 평화적 이용만 선언하면 될 것을 핵연료재처리 및 농축 시설까지 포기한 것에 대해서는 비판이 제기되었다 : 金泰宇, "金宗輝와 核주권", 세계일보, 1995년 12월 29일(금), 7면 ; 金泰宇・金珉奭, "韓半島 核問題 : 現況과 展望", 《북한연구》(1993 가을)(제4권 3호・통권 13호), pp. 150~173. 한편, 한국은 원자력발전소 연료로 사용될 농축우라늄 전량을 일부 국가들로부터 수입하여 사용하고 있다. 특히, 한국은 그간 1956년 이승만 대통령 집권 당시 체결한 "원자력의 비군사적 사용에 관한 대한민국 정부와 미합중국 정부 간의 협력을 위한 협정"(Agreement for Cooperation between the Government of the Republic of Korea and the Government of the United States of America concerning Civil Uses of Atomic Energy)을 대체하기 위해 1972년 11월 24일 워싱턴에서 서명되고 1973년 3월 19일 발효한 "원자력의 민간이용에 관한 대한민국 정부와 미합중국 정부 간의 협력을 위한 협정"(영어명은 1956년의 것과 동일)(조약 제474호)에 의거하여 미국으로부터 농축우라늄을 제공받아 왔었는데, 동 협정은 미국으로부터 인수하는 핵물질의 재처리 혹은 변형을 양 당사자의 "공동결정"(joint determination)에 맡기고 있었고(제8조, C ; 1956년 협정에서는 제8조, F), 또 사용후 핵연료를 저장시설에 저장할 것을 요구하는 권리를 미국 정부에 부여함으로써(제11조, B (3)) 사실상 한국에서의 그것의 재처리를 막고 있었다. 2015년 6월 15일 서명, 11월 25일 발효한 개정 협약 "대한민국 정부와 미합중국 정부 간의 원자력의 평화적 이용에 관한 협력 협정" (Agreement for Cooperation between the Government of the Republic of Korea and the Government of the United States of America concerning Peaceful Uses of Nuclear Energy)(조약 제2262호)(조약의 한국어명과 영어명에 약간의 수정이 생겼다)은 과거 협정에 명시적 언급이 없던 농축 문제에 대해서도 규정을 신설하고, 또 양국이 서면으로 합의하면 재처리 및 일정 범위의 농축이 가능하도록 규정하고 있다(제11조). 개정협정은 원칙적으로 20년간 유효하다(제21조 2항). 조약은 합의에 의해 개정이 가능한 것이지만, 상기 한국 그리고 남북한 공동의 일방적 선언들의 법적 효력에 대한 논의도 동반되어야 할 것이다.

206) 동 년 2월 19일 발효. 남북한은 동 선언의 이행을 검증하기 위하여 "남과 북은 한반도의 비핵화를 검증하기 위하여 상대측이 선정하고 쌍방이 합의하는 대상들에 대하여 남북핵통제공동위원회가 규정하는 절차와 방법으로 사찰을 실시"하며(4항), "남과 북은 이 공동선언의 이행을 위하여 공동선언이 발효된 후 1개월 안에 남북핵통제공동위원회를 구성・운영"(5항) 할 것을 약속하기도 하였다.

하고 있지 않다. 이제 남은 문제는 북한의 비핵화인데, 북한 당국은 비핵화는 '세계'의 비핵화 내지는 '조선(한)반도'의 비핵화라고 주장하면서 핵무기 개발과 보유에 대한 정당화를 시도해 오고 있다. 이를테면, 2016년 7월 6일 북한은 "미국과 남조선당국의 '북 비핵화' 궤변은 조선반도 비핵화의 전도를 더욱 험난하게 만들 뿐이다"라는 제목의 정부대변인 성명을 통해

> "첫째, 남조선에 끌어들여놓고 시인도 부인도 하지 않는 미국의 핵무기들부터 모두 공개하여야 한다. 둘째, 남조선에서 모든 핵무기와 그 기지들을 철폐하고 세계 앞에 검증받아야 한다. 셋째, 미국이 조선반도와 그 주변에 수시로 전개하는 핵타격 수단들을 다시는 끌어들이지 않겠다는 것을 담보하여야 한다. 넷째, 그 어떤 경우에도 핵으로, 핵이 동원되는 전쟁행위로 우리를 위협공갈하거나 우리 공화국을 반대하여 핵을 사용하지 않겠다는 것을 확약하여야 한다. 다섯째, 남조선에서 핵 사용권을 쥐고 있는 미군의 철수를 선포하여야 한다."

고 주장한 바 있다.[207] 요컨대, 북한이 말하는 한반도의 비핵화는 핵억지력을 가진 주한 미군의 한국으로부터의 철수를 의미하며, 이는 결국 한미동맹의 소멸로 이어질 것이다. 북한의 이러한 주장은 그러나 "한반도의 비핵화에 관한 공동선언"에는 전혀 담겨 있는 내용이 아니며, 북한은 처음부터 의도적으로 거짓말을 한 셈이다.[208]

그럼에도 2018년 9월 19일의 "9월 평양공동선언"[209]에서 남북한의 두 정상(문재인과 김정은)은 "남과 북은 한반도를 핵무기와 핵위협이 없는 평화의 터전으로 만들어 나가야"[210] 한다고 하면서 "남과 북은 한반도의 완전한 비핵화를 추진해나가는 과정에서 함께 긴밀히 협력해나가기로 하였다"[211]고 발표하였다. 게다가 동 선언은 전문에서 "양 정상은 민족자주와 민족자결의 원칙을 재확인"하였는데, 이것은 한반도의 일부 혹은 전체가 아직도 식민지배 내지는 외국지배 하에 있다는 북한의 민족해방 논리를 담은 것으로 해석될 수 있다.

2019년 3월 22일 국회 남북경제협력특위에 출석한 강경화 외교부 장관은 "우리 정부의 북한 비핵화 개념과 북한의 조선반도 비핵화 개념이 같으냐", "(한 · 미 · 북) 3자의 비핵화 개념은 정의가 동일하냐"는 자유한국당 추경호 의원의 '거듭된' 질문에 "개념은 같다고 생각한다"고 답변하기도 하였

---

207) 조정훈, "北 "한 · 미 안전담보하면 조선반도 비핵화 돌파구 열릴 것" (전문)", 통일뉴스, 2016.07.07. ; 김동원, "북이 말하는 '비핵화'는 '한반도 전역 비핵화'다[분석] - 방북 특사단 언론발표문 3항 '북 비핵화 의지 표명' 의미", 현장언론 민플러스, 2018.03.08.

208) 남북한 한반도 비핵화 공동선언에 대하여 한국 '행정안전부 국가기록원'에 올라있는 설명문[집필자: 성신여대 산학협력단(성신여대 정치외교학과 교수 등) ; 집필일자: 2006.12.01.]도 "... 이 선언은 북한이 기왕에 주장해온던 '한반도 비핵지대화' 정책 내용 가운데서 주한미군 철수, 미국의 대한 핵우산 제거, 주변국 보장 등 쟁점부분을 배제함으로써 사실상 북한으로 하여금 '비핵지대화' 방안을 철회시킨 것이며 비핵화 검증을 위한 상호 동시사찰 등 합의사항의 구체적 실행조치를 남북 핵통제공동위원회에서 협의하도록 하였으며, 국제원자력기구와의 핵안정협정 서명과 국제핵사찰을 수용케 하는 계기로 작용하였다."고 기록하고 있다. 행정안전부 국가기록원〉외교〉대북외교〉북핵위기, https://www.archives.go.kr/next/search/listSubjectDescription.do?id=002895 (2018년 5월 2일 검색).

209) https://news.chosun.com/site/data/html_dir/2018/09/19/2018091901345.html.

210) "9월 평양공동선언" 5항 서두.

211) "9월 평양공동선언" 5항 3호.

다.[212] 또한, 같은 해 4월 11일의 한미정상회담과 관련한 청와대 발표에 의하면 문재인 대통령은 먼저 펜스 부대통령에게 “한반도의 완전한 비핵화와 평화체제 구축을 위해 우리에게 필요한 모든 일을 다하겠다면서, 이러한 과정에서 한미 간 긴밀한 협력관계를 구축해 나갈 것이라고 밝혔”지만,[213] 트럼프 대통령과의 회동에서는 “우리 한국은 미국과 함께 북한의 완전한 비핵화의 최종적인 상태 그 비핵화에 대해 완벽하게 동일한 생각을 가지고 있고”라고 말하였으며,[214] 미국 백악관 측의 (영어 통역)발표문을 보아도 문재인은 트럼프에게 “And let me reiterate that the Republic of Korea is absolutely on the same page when it comes to the end state of the complete denuclearization of North Korea.”라고 말하였다.[215] 요컨대, 문재인은 펜스에게는 ‘한반도’의 완전한 비핵화를 말하면서, 트럼프에게는 ‘북한’의 완전한 비핵화를 말한 것이다. 2019년 7월 2일 미국 국무부 발표에 의하면, 6월 29~30일 트럼프가 판문점에서 김정은을 만나기 위해 한국을 방문한 기간 중 한국과 미국 양국 정상은 ‘북한’의 최종적이며 완전히 검증된 비핵화 달성에 대한 약속을 재확인하였다.[216] 그러나 2018년 6월 12일 싱가포르 센토사 섬에서 열린 미북 정상회담의 공동성명에서 김정은은 트럼프에게 ‘한반도/조선반도’의 완전한 비핵화에 대한 자신의 약속을 재확인하였을 따름이다.[217]

2021년 1월 미국에서 정권이 교체된 후, 3월 12일 ‘4자 안보 대화’(Quadrilateral Security Dialogue, 약칭 QSD 혹은 Quad)[218]를 위해 화상으로 만난 4개국 정상은 “우리는 UN안보리 제결

---

212) 김경필/조선일보, 2019.03.22., “하노이 회담 실패 보고도… “남북미 비핵화 개념 같아” ; 이유정/중앙일보, 2019.03.21., “어젠 정경두 오늘은 강경화 실언 “美, 핵 폐기 아닌 동결 요구””.

213) 청와대, 2019-04-11, “펜스 부통령 접견 결과 서면브리핑”, 〈https://www1.president.go.kr/articles/5983〉.

214) KTV국민방송 - YouTub, 2019.4.12., “국민은 모든 걸 볼 권리가 있다. 문 대통령 미국 도착부터 트럼프 대통령과 만남, 한미정상회담, 환송까지 아낌없는 풀스토리”, 〈https://www.youtube.com/watch?v=pSTCn8YpFQg〉.

215) White House, April 11, 2019, “Remarks by President Trump and President Moon Jae-in of the Republic of Korea Before Bilateral Meeting”, 〈https://www.whitehouse.gov/briefings-statements/remarks-president-trump-president-moon-jae-republic-korea-bilateral-meeting/〉.

216) U.S. Department of State, Office of the Spokesperson, Fact Sheet, July 2, 2019, “President Donald J. Trump and President Moon Jae-in Reaffirm the United States' and Republic of Korea's Ironclad Alliance”, 〈https://www.state.gov/president-donald-j-trump-and-president-moon-jae-in-reaffirm-the-united-states-and-republic-of-koreas-ironclad-alliance/〉 : “... Both sides reaffirmed their commitment to achieving the final, fully verified denuclearization of North Korea and to the full implementation of UN Security Council resolutions regarding North Korea. ... President Trump remains committed to achieving the goals he and Chairman Kim set at the Singapore Summit: transforming U.S.-DPRK relations, building lasting peace, and complete denuclearization of the DPRK.”

217) White House, Statements & Releases, June 12, 2018, Joint Statement of President Donald J. Trump of the United States of America and Chairman Kim Jong Un of the Democratic People's Republic of Korea at the Singapore Summit, June 12, 2018, 〈https://www.whitehouse.gov/briefings-statements/joint-statement-president-donald-j-trump-united-states-america-chairman-kim-jong-un-democratic-peoples-republic-korea-singapore-summit/〉 : “... President Trump committed to provide security guarantees to the DPRK, and Chairman Kim Jong Un reaffirmed his firm and unwavering commitment to complete denuclearization of the Korean Peninsula.”

218) 미국, 일본, 인도, 오스트레일리아가 참여하고 있는 비공식 정부간 안보포럼. https://en.wikipedia.org/wiki/Quadrilateral_Security_Dialogue.

의에 따라 북한의 완전한 비핵화에 대한 우리들의 의지를 재확인하는 바이다"(We reaffirm our commitment to the complete denuclearization of North Korea in accordance with United Nations Security Council resolutions)라고 천명하였다.[219] 2021년 3월 16일에 나온 미일안보협의회(2+2) 공동성명에서도 양국 장관들은 "북한의 완전한 비핵화에 대한 그들의 의지를 재확인" 하였다.[220] 17일 한미 외교 · 국방장관 회의를 위해 한국에 온 블링컨 국무장관도 모두발언에서 "우리는 북한의 비핵화를 향하여 한국, 그리고 일본을 포함한 타 동맹국들 및 파트너들과 협력을 계속할 것"이라는 의사를 피력하였다.[221] 그러나 이튿날 18일 오전에 나온 "2021년 한미 외교 · 국방장관 공동성명"은 "북한의 비핵화"란 용어를 사용함이 없이 이 문제를 에둘러 표현하고 있음을 볼 수 있다.[222] 그러나 이 날 오후, 문재인 대통령은 블링컨 국무장관과 오스틴 국방장관을 접견한 자리에서 모두발언을 통해 "한 · 미 양국은... 한반도의 완전한 비핵화와 항구적 평화를 위해 빈틈없는 공조를 계속할 것"임을 분명히 하였다.[223] 2021년 3월 19일 현재 한국 외교부 홈페이지 "북한핵 문제" 사이트는 "...우리 정부는...북한이 비핵화를 이룬다면 얻게 될 밝은 미래를 제시하면서 북한의 전향적 조치를 촉구해 나갈 것입니다. 정부는 ... 지속적인 대화를 통해 한반도의 완전한 비핵화와 항구적 평화체제 구축을 위해 꾸준히 노력해나갈 것입니다."라면서, "완전한 비핵화, 그리고 항구적

---

219) 조 바이든 미국 대통령, 스가 요시히데 일본 총리, 나렌드라 모디 인도 총리, 스콧 모리슨 오스트레일리아 총리 참석. The White House, Briefing Room, March 12, 2021, "Quad Leaders' Joint Statement: "The Spirit of the Quad", 〈https://www.whitehouse.gov/briefing-room/statements-releases/2021/03/12/quad-leaders-joint-statement-the-spirit-of-the-quad/〉; 김진명/조선일보, 2021.03.15., "美 "쿼드 4국, 중국에 대한 어떤 환상도 없다" - 美 · 日 · 인도 · 호주 첫 쿼드 정상회의".

220) Joint Statement of the U.S.-Japan Security Consultative Committee (2+2), March 16, 2021: "Recognizing that North Korea's arsenal poses a threat to international peace and stability, the Ministers reaffirmed their commitment to the complete *denuclearization of North Korea* and urged Pyongyang to abide by its obligations under UN Security Council resolutions..." https://www.mod.go.jp/e/d_act/us/docs/20210316b_e-usa.html.

221) Secretary Antony J. Blinken and Republic of Korea Foreign Minister Chung Eui-yong Before Their Meeting, March 17, 2021: "Another shared challenge, of course, is North Korea's nuclear weapons and ballistic missile program, which are a threat to the region and to the world. We'll continue to work together with the ROK and other allies and partners, including Japan, toward *denuclearization of the DPRK.*". https://www.state.gov/secretary-antony-j-blinken-and-republic-of-korea-foreign-minister-chung-eui-yong-before-their-meeting/.

222) Joint Statement of the 2021 Republic of Korea - United States Foreign and Defense Ministerial Meeting ("2+2"), March 18, 2021: "The Ministers and Secretaries emphasized that North Korean nuclear and ballistic missile issues are a priority for the Alliance, and reaffirmed a shared commitment to address and resolve these issues.They affirmed the importance of full implementation of relevant UN Security Council resolutions by the international community, including North Korea. The ROK and the United States are closely coordinating on all issues related to the Korean Peninsula. Both sides shared the view that these issues should be addressed through a fully-coordinated strategy toward North Korea between the ROK and the United States. To this end, they committed to maintain high-level consultations on the United States' ongoing North Korea policy review." https://www.state.gov/joint-statement-of-the-2021-republic-of-korea-united-states-foreign-and-defense-ministerial-meeting-22/; 조의준/조선일보, 2021.03.18., "한미2+2 공동성명, '북한 비핵화'도 '중국'도 없었다 - 미일 공동성명에선 '북한의 완전한 비핵화' 강조; 태영호, "조선반도 비핵화와 북한 비핵화", 《제3의 길》 (자유시민을 위한 담론 광장 제135호, 2021년 3월 23일), 〈https://road3.kr/?p=43653&cat=145〉.

223) 청와대, 대통령의 말, 2021.03.18., 〈https://www1.president.go.kr/articles/10049〉.

인 평화와 번영으로 가는 여정에 여러분도 계속 함께 해주시기 바랍니다."라고 얼버무리고 있다.[224] 그리고 강경화 외교부 장관의 논법은 그의 후임자에게 그대로 이어졌다. 즉, 2021년 5월 25일 정의용 장관은 "북한이 말하는 '조선반도 비핵지대화'와 우리 정부가 말하는 '한반도 비핵화'는 별 차이가 없다"고 말한 것이다.[225] 이를 비웃듯, 김정은은 2022년 4월 25일 북한군 창건 90주년 기념사에서 "핵 무력을 최대의 급속한 속도로 더욱 강화 발전시키기 위한 조치들을 계속 취해나갈 것"임을 분명히 하였으며,[226] 9월 8일 최고인민회의 시정연설에서는 "절대로 먼저 비핵화란 없[음]"을 강조하였다.[227]

문재인의 계승자인 윤석열 대통령은 2023년 1월 11일 국방부와 외교부 신년 업무보고 자리에서 '한국의 자체 핵 무장 가능성'을 언급했는데,[228] 이는 역으로 미국 등 국제공동체에게는 '북한' 비핵화 의제가 '한반도' 비핵화 의제로 전환됨을 연상케하는 중대한 발언이었다. 아니나 다를까, 미국 정부는 12일 '한반도' 비핵화원칙을 재확인하였으며,[229] 결국 윤석열도 19일(현지시간) 스위스 다보스(Davos)에서 가진 한 외국 언론과의 인터뷰에서 "현재로서는 우리가 핵확산금지조약(NPT) 체제를 존중하는 게 현실적이고 합리적"이라고 말하였다.[230] 이어서 4월 26일 워싱턴 백악관에서 발표한 "한미동맹 70주년 기념 한미정상 공동성명"에서도 바이든과 윤석열은 "한반도의 완전한 비핵화를 위한 공약을 재확인"(reiterate their commitment to the complete denuclearization of the Korean Peninsula)하였다.[231] UN총회도 12월 4일의 결의 78/66[232]에서 "북한이 관련 안보리 결의들을 위반하여 실시한 여섯 번의 핵실험에 대한 규탄을 거듭 표명"하면서(Reiterates its condemnation of the six nuclear tests conducted by the Democratic People's Republic of Korea in violation of relevant Security Council resolutions), "평화적인 방식으로 완전하고, 검증 가능하며, 되돌릴 수 없는(불가역적) '한반도' 비핵화에 대한 지지를 재확인"하였다(reaffirms its support for the complete, verifiable and irreversible denuclearization of the Korean

224) 외교부, 외교정책, 북한 핵 문제, 〈https://www.mofa.go.kr/www/wpge/m_3972/contents.do〉.

225) 권오혁/동아일보, 2021-05-25,, "미군철수 포함 '北 비핵지대화'…정의용 "한반도 비핵화와 큰 차이 없다"" ; 김영성/조선일보, 2021년 5월 26일, A6, "정의용 "北의 조선반도 비핵지대화와 우리의 한반도 비핵화는 차이 없어"".

226) 나리 킴/BBC 코리아, 2022년 4월 26일, "'원수복' 입은 김정은 '핵무력 더욱 강화'", 〈https://www.bbc.com/korean/news-61225855〉 ; 정교진/Daily NK, 2022.04.29., "[평양 포커스] 김정은 인민혁명군 90주년 연설 관전 포인트 3가지", 〈https://www.dailynk.com/20220429-2/〉.

227) 김환용/VOA, 2022.9.9., "북한 김정은 "미국의 목적은 정권 붕괴, 핵 포기 절대 안해"…핵무력 정책 법제화", 〈https://www.voakorea.com/a/6737815.html〉.

228) 김환용/VOA뉴스, 2023.1.12., "윤석열 한국 대통령 '자체 핵 보유' 언급… 대통령실 "북 핵 위협 단호 대응 취지, NPT 준수 불변"", 〈https://www.voakorea.com/a/6915173.html〉.

229) 김경희/강병철/연합뉴스, 2023-01-13, "美, '핵무장 가능성' 尹언급에 "한반도 완전한 비핵화 약속불변"(종합)", 〈https://www.yna.co.kr/view/AKR20230113006000071〉.

230) 동아일보, 2023-01-20, "尹 대통령 "NTP 존중이 현실적…日 안보강화 크게 문제 안 돼"", 〈https://www.donga.com/news/Politics/article/all/20230120/117526942/1〉.

231) The White House 〉 Briefing Room 〉 Statements and Releases, April 26, 2023, "Leaders' Joint Statement in Commemoration of the 70th Anniversary of the Alliance between the United States of America and the Republic of Korea", 〈https://www.whitehouse.gov/briefing-room/statements-releases/2023/04/26/〉.

232) A/RES/78/66 (Comprehensive Nuclear-Test-Ban Treaty). 찬성 181, 반대 1(북한), 기권 4.

Peninsula in a peaceful manner〉.

국가의 일방적 선언(혹은 일방적 약속)도 그것이 법적 구속력있는 것으로 의도되었다면 -사정의 근본적 변경 등이 발생하지 않는 한- 관련 국가들에 대해 계속 이를 준수할 법적 의무를 지게 됨을 기억할 필요가 있다.[233)]

4. 특수지역과 핵무기 금지

핵무기 보유국들은 일정 특수지대에서는 핵무기를 금지하는데 합의하였다. 즉, 1959년의 남극조약 제5조 1항은 남극지역에서의 모든 핵폭발 및 방사능폐기물의 처분을 금지하고 있다.

1967년의 우주조약 제4조 첫 번째 단락은 우주공간과 천체에 대량파괴무기를 설치하는 것을 금지하고 있으며, 1979년의 달조약은 달과 기타 천체에 관한 그같은 약속을 재확인하고 있다.

1971년의 "핵무기 및 기타 대량파괴무기의 해저설치 금지조약"(일명, 해저비핵화조약) (Treaty on the Prohibition of Emplacement of Nuclear Weapons and Other Weapons of Mass Destruction on the Seabed and the Ocean Floor and in the Subsoil thereof)[234)]은 영해측정기선으로부터 12 해리 밖의 해저지대에 대량파괴무기를 배치하는 것을 금지하고 있다.

5. 미국과 구소련(현 러시아)간 전략무기 제한

미국과 소련은 먼저 두 차례의 전략무기제한회담(strategic arms limitation talks : SALT),[235)] 즉 1969~1972년에 개최된 SALT Ⅰ과 1972~1979년에 개최된 SALT Ⅱ를 통하여 일련의 협정을 체결하였는데, 이들 SALT협정 중 SALT Ⅰ에서 체결된 ABM조약(1972 Treaty on the Limitation of Anti-Ballistic Missile Systems)의 기본논리는 창, 즉 대륙간탄도미사일(intercontinental ballistic missile : ICBM)보다는 오히려 방패, 즉 탄도탄요격미사일(antiballistic missile : ABM)을 줄여서 상호 핵억지력을 유지하자는 것이었다. 미국 정부는 그러나 2001년 12월 13일을 기산점

---

233) 본서, 제14장 (국가책임), "Ⅳ. 국제의무의 위반" 참조. 미국 트럼프 대통령의 국가안보보좌관 존 볼튼이 2018년 4월 폭스뉴스와의 대담에서 "And at 1992, the joint North-South denuclearization agreement had North Korea pledging to give up any aspect of nuclear weapons and to give up uranium enrichment and plutonium reprocessing."라고 언급할 수 있었던 법적 근거도 여기서 찾을 수 있을 것이다 : "National Security Adviser John Bolton: Nobody At The White House Is "Starry Eyed" About North Korea", Posted By Tim Hains, On Date April 29, 2018, 〈https://www.realclearpolitics.com/video/2018/04/29/john_bolton_on_fox_news_sunday_nobody_at_the_white_house_is_starry_eyed_about_north_korea.html〉. 2005년 9월 19일 중국 북경에서 채택된 "제4차 6자회담 공동성명"(Joint Statement of the Fourth Round of the Six-Party Talks)(이른바 9·19 공동성명)에서도 6자(즉, 한국, 북한, 일본, 미국, 중국, 러시아)는 "1992년도「한반도의 비핵화에 관한 남·북 공동선언」은 준수, 이행되어야 한다."고 천명한 바 있다 : 외교부(https://www.mofa.go.kr/www/index.do)〉안보〉북한핵문제〉주요문서.

234) 1971년 2월 11일 서명, 1972년 5월 18일 발효. 1987년 6월 25일 한국 가입. Janis, 3rd, pp. 179~180 참조.

235) https://en.wikipedia.org/wiki/Strategic_Arms_Limitation_Talks.

으로 6개월 후 ABM조약에서 탈퇴한다고 통보하였고, 이에 따라 동 양자조약은 2002년 6월 수명을 다하였다.[236)]

미국과 소련(그리고 그 뒤를 이은 러시아) 양국은 SALT 이후에도 전략무기, 특히 공격무기 감축을 위한 협상을 지속하고 있는데, 이같은 노력은 그간 START Ⅰ(Strategic Arms Reduction Treaty Ⅰ)[237)], STRAT Ⅱ[238)], START Ⅲ,[239)] SORT(Treaty Between the United States of America and the Russian Federation on Strategic Offensive Reductions)[240)]로 이어진 바 있다. 그후 2012년 만료하는 SORT를 대체하기 위한 New START 조약[241)]이 2010년 4월 8일 미국의 오바마(Obama) 대통령과 러시아의 메드베데프(Medvedev) 대통령 간에 체결되었는데, 동 조약은 2011년 2월 5일 뮌헨 안보정책회의(Munich Conference on Security Policy)에서 양국 대표자가 만나 비준서를 교환함으로써 당일 발효하였다. 이어서 2021년, 최초 10년의 발효기간을 거쳐 5년 더 연장하기로 합의함에 따라 New START 조약은 2026년 2월 5일까지 지속되게 되었다.[242)] 그러나 러시아 푸틴 대통령은 2023년 2월 21일 연방의회에서의 연설에서 조약에의 '참여 정지'를 천명하였으며, 22일 러시아 의회(하원과 상원)는 "러시아 대통령이 재개를 결정할 때까지" NEW START를 정지키로 하는 그의 법안을 만장일치로 가결하였다.[243)] 이 법안은 푸틴의 서명을 거쳐, 28일 공표 즉시 발효하였다.[244)]

한편, 미국과 구 소련은 1988년 3월 31일 "ICBM과 SLBM 발사 통고에 관한 협정" (Agreement

---

236) https://en.wikipedia.org/wiki/Anti_Ballistic_Missile_Treaty. Rein Müllerson, "The ABM Treaty : Changed Circumstances, Extraordinary Events, Supreme Interests and International Law", (2001) 50 ICLQ 509는, 미국 정부의 이같은 결정은 -각 당사국(미국 그리고 구 소련과 이의 '계속'인 러시아연방)에게 탈퇴의 권리를 부여하고 있는- ABM조약 제XV조 2항의 명시적 규정에 의한 것이기 때문에 미국은 동 조약의 탈퇴를 위해 법상 이와는 별도로 사정변경의 원칙을 원용할 필요는 없음을 인정하면서도 미국의 그 같은 결정은 동 원칙에 의해서도 정당화될 수 있다고 보고 있다.

237) 1991년 7월 31일 서명, 1994년 12월 5일 발효. https://en.wikipedia.org/wiki/START_Ⅰ.

238) 1993년 1월 3일 서명, 2000년 4월 14일 발효. 미국의 ABM조약 탈퇴에 대항하여 러시아가 2002년 6월 14일 탈퇴. https://en.wikipedia.org/wiki/START_Ⅱ.

239) START Ⅲ는 1997년 빌 클린턴(Bill Clinton) 대통령과 보리스 예친(Boris Yeltsin) 대통령이 헬싱키에서 만나 조약 교섭을 시작하였으나, 교섭이 결렬되어 서명에도 이르지 못하였다. https://en.wikipedia.org/wiki/START_Ⅲ.

240) https://en.wikipedia.org/wiki/SORT. 동 조약은 2002년 5월 24일 서명되고, 2003년 6월 1일 비준서 교환과 함께 성공적으로 발효하였는데, 2012년 12월 31일 만료하며(SORT 제4조 2항), 3개월 전 서면에 의한 통지 후 탈퇴할 수도 있다(SORT 제4조 3항).

241) U.S. Department of State, "New START Treaty", 〈https://www.state.gov/new-start/〉; https://en.wikipedia.org/wiki/New_START.

242) Keitner, p. 258 ; https://en.wikipedia.org/wiki/New_START ; NATO Library, 〈https://natolibguides.info/missiledefence/documents〉.

243) Elena Teslova/AA, 22.02.2023, "Russian parliament approves suspension of New START treaty", 〈https://www.aa.com.tr/en/europe/russian-parliament-approves-suspension-of-new-start-treaty/2828069〉.

244) TASS, February 28, 2023, "Putin signs law to suspend Russia's participation in New START", 〈https://tass.com/politics/1582823〉. See Rose Gottemoeller & Marshall L. Brown, Jr., "Legal aspects of Russia's New START suspension provide opportunities for US policy makers", Bulletin of the Atomic Scientists, March 2, 2023, 〈https://thebulletin.org/2023/03/legal-aspects-of-russias-new-start-suspension-provide-opportunities-for-us-policy-makers/〉.

Between The United States of America and The Union of Soviet Socialist Republics on Notifications of Launches of Intercontinental Ballistic Missiles and Submarine-Launched Ballistic Missiles)[245]을 체결한 바도 있는데, 핵심 내용은 이들 미사일 발사 시 최소 24시간 전에 상대방에게 발사계획을 통지할 의무를 부담한다는 것이다. 이 협정은 모스크바에서 양국 국무/외무장관의 서명과 동시에 발효하였다.[246]

6. 기타 중요 조약

기타 군축과 관련한 조약으로서는, 1972년 4월 10일 채택된 "세균성(생물)무기 및 독성무기의 개발, 생산 및 비축의 금지와 그 폐기에 관한 협약"[Convention on the Prohibition of the Development, Production and Stockpiling of Bacteriological(Biological) and Toxin Weapons and on Their Destruction], 1976년 12월 10일 UN총회에서 채택된 "환경변경기술의 군사적 또는 기타 적대적 사용 금지에 관한 협약"(Convention on the Prohibition of Military or Any Other Hostile Use of Environmental Modification Techniques), 1980년 10월 10일 제네바에서 체결된 "지나치게 유해하거나 무차별 효과를 갖는 것으로 생각될 수 있는 일정 재래식무기 사용의 금지 또는 제한에 관한 협약"(Convention on Prohibitions or Restrictions on the Use of Certain Conventional Weapons which may be deemed to be excessively injurious or to have indiscriminate effects)(약칭 "재래식무기협약")과 관련 부속의정서,[247] 1990년 11월 19일 동서 양 진영 간에 체결된 "유럽 재래식무기 감축조약"(Treaty on Conventional Armed Forces in Europe),[248] 1992년 11월 30일 UN총회에서 채택된 "화학무기의 개발, 생산, 비축 및 사용의 금지와 그 폐기에 관한 협약"(Convention on the Prohibition of the Development, Production, Stockpiling and Use of Chemical Weapons and on Their Destruction),[249] 그리고 1997년 9월 18일 오슬로에서 체결되고 12월 3일 오타와에서 서명을 위해 개방된 "대인지뢰의 사용, 비축, 생산 및 이전의 금지와 그 폐기에 관한 협약"(Convention on the Prohibition of the Use, Stockpiling, Production and Transfer of Anti-Personnel Mines and on Their Destruction),[250] 2008년 5월 30일 더블린에서 채택되고 그 해 12월 3일 오슬로에서 서명을 위해 개방된 "집속탄(분산폭탄)에

---

245) https://www.state.gov/t/isn/4714.htm ; NATO Library, 〈https://natolibguides.info/missiledefence/documents.
246) 러시아와 중국도 2009년 10월 3일 비슷한 협정에 서명하였다 : see Luke Champlin, "China, Russia Agree on Launch Notification", Arms Control Association, November 5, 2009, 〈https://www.armscontrol.org/act/2009_11/ChinaRussia〉. 미국과 중국 사이에는 아직 이런 협정이 체결되지 못하고 있다 : see Nicholas Cosmas, Meicen Sun, and John K. Warden, "US-China Need a Missile Launch Notification Deal", The Diplomat, October 27, 2014, 〈https://thediplomat.com/2014/10/us-china-need-a-missile-launch-notification-deal/〉.
247) 동 협약은 1983년 12월 2일 발효. 협약의 부속의정서들에 대해서는 본장 "Ⅶ. 무기의 제한, 1. 일반원칙" 참조.
248) 1992년 7월 17일 발효.
249) 1997년 4월 29일 발효. 한국 동 일자 발효. Malanczuk, p. 345.
250) 1999년 3월 1일 발효. 흔히 오타와 협약(Ottawa Convention) 혹은 지뢰금지조약(Mine Ban Treaty)으로 불린다. https://treaties.un.org/ ; https://www.armscontrol.org/factsheets/ottawa ; Keitner, p. 257~258.

관한 협약"(Convention on Cluster Munitions)[251] 등이 중요하다.

이 밖에도 UN은 1995년 12월 12일의 한 결의[252]를 통해 무기통제의 차원에서 "소화기와 경무기"(small arms and light weapons)의 불법거래 방지에 대한 논의를 시작하였으며, 특히 2001년 7월 9일부터 20일까지 뉴욕에서 "모든 각도에서의 소화기와 경무기의 불법거래에 관한 UN회의"(United Nations Conference on the Illicit Trade in Small Arms and Light Weapons in All Its Aspects)를 개최하고, 여기서 한 개의 행동강령("Programme of Action to Prevent, Combat and Eradicate the Illicit Trade in Small Arms and Light Weapons in All Its Aspects")을 채택한 바 있다.[253] UN총회의 이같은 노력은 그후 2006년 12월 6일 결의 61/89 ("Towards an arms trade treaty: establishing common international standards for the import, export and transfer of conventional arms") 채택을 거쳐, 2013년 4월 2일 결의 67/234B를 통해 "무기거래조약"(Arms Trade Treaty)을 채택하는 것으로 이어졌는데, 그러나 이 조약은 —단지 '소화기와 경무기'뿐만 아니라 미사일과 미사일 발사체, 탱크와 장갑차, 대구경 대포, 전함, 전투기, 공격용 헬기 등을 망라한— '재래식무기'(와 그 부품)의 '국제' 거래를 —금지가 아니라— '규제'하기 위한 것이다.[254]

핵무기는 —화학무기와 생물무기, 대인지뢰, 집속탄의 경우와는 달리— 아직까지 포괄적이고 보편적인 방식으로 금지되지 않고 있다. 1968년의 NPT도 핵무기의 부분적 금지만을 담고 있고, 비핵지대조약들도 특정 지역 내에서만 핵무기를 금지하고 있을 따름이다. 그러나 2017년 7월 7일 UN총회에 의해 뉴욕 UN본부에서 소집된 회의[255]에서, 특히, "어떤 사정 하에서도 결코 핵무기나 기타 핵폭발장치를 개발, 시험, 생산, 제조하거나, 달리 획득, 소지 혹은 비축하지 않을(never under any circumstances

---

251) 2010년 8월 1일 발효.

252) UN총회 결의 50/70B (General and complete disarmament: Small arms).

253) https://en.wikipedia.org.wiki/UN_Conference_on_the_Illicit_Trade_in_Small_Arms.

254) 동 조약 제21조에 따라 2013년 6월 3일부터 발효 시까지 UN 뉴욕본부에서 모든 국가의 서명을 위해 개방됨. 발효를 위해서는 50개국의 비준이 필요한데, 2014년 12월 24일 발효하였다. https://www.un.org/en/ga/67/resolutions.shtml; https://www.un.org/disarmament/ATT/; UN News Centre, 2 April 2013, "UN General Asembly approves global arms trade treaty", 〈https://www.un.org/en/ga/news〉; BBC News, US & Canada, "UN passes historic arms trade treaty by huge majority, 〈https://www.bbc.co.uk/news/world-us-canada-21998394〉; https://en.wikipedia.org/wiki/Arms_Trade_Treaty. 지역적 차원에서, EU의 경우 2008년 12월 8일 무기 수출 통제에 관한 공동입장("Council Common Position 2008/944/CFSP of 8 December 2008 defining common rules governing control of exports of military technology and equipment")을 채택하였었는데, 그 후 2014년 무기거래조약 발효 등의 상황을 고려하여 2019년 9월 16일 2008년의 공동입장을 개정하는 결정("Council Decision (CFSP) 2019/1560 of 16 September 2019 amending Common Position 2008/944/CFSP defining common rules governing control of exports of military technology and equipment")을 채택하였다: 〈https://www.consilium.europa.eu/en/press/press-releases/2019/09/16/control-of-arms-export-council-adopts-conclusions-new-decision-updating-the-eu-s-common-rules-and-an-updated-user-s-guide/〉.

255) "United Nations conference to negotiate a legally binding instrument to prohibit nuclear weapons, leading towards their total elimination", New York, 27-31 March and 15 June-7 July 2017, 〈https://www.un.org/press/en/2017/dc3723.doc.htm〉; https://en.wikipedia.org/wiki/Treaty_on_the_Prohibition_of_Nuclear_Weapons.

to develop, test, produce, manufacture, otherwise acquire, possess or stockpile nuclear weapons or other nuclear explosive devices)" 의무를 부과하는 "핵무기금지조약"(Treaty on the Prohibition of Nuclear Weapons)이 채택되었다.[256] 조약은 9월 20일부터 뉴욕 UN본부에서 서명을 위해 "모든 국가들"(all States)에게 개방되었으며,[257] UN사무총장에게 50번째 비준(혹은 수락, 승인, 가입) 문서가 기탁된 후 90일째 되는 날에 발효하는 것으로 되어 있는데, 2021년 1월 22일 발효하였다.[258] 조약에 대한 유보는 허용되지 아니한다.[259] 조약은 "모든 국가들의 보편적 가입"(universal adherence of all States to the Treaty)을 목표로 하고 있고,[260] 조약의 존속기한도 무제한이다.[261] 그러나 각 당사국은 –NPT 제10조 1항과 동일한 어투로– "(핵무기금지)조약의 주제와 관련된 비상사태가 자국의 최고이익을 위태롭게 하였다고 판단할 경우" '그 국가의 주권의 행사로서 이 조약으로부터 탈퇴하는 권리를 갖는다.'[262] 게다가, 모든 핵무기국가들을 포함하여 UN회원국의 거의 1/3이 불참한 가운데 찬성 122개국, 반대 1개국(네덜란드), 기권 1개국(싱가포르)으로 채택된 바 있는 동 조약은 많은 국가로부터 외면 내지는 완강한 반대에 직면하고 있다.[263]

영화 속의 킬러로봇 터미네이터처럼 완전히 자율적으로 판단, 행동하는 무기체계의 출현이 가시화되면서 이를 미리 금지시키려는 논의가 상기 (약칭)재래식무기협약(Convention on Certain Conventional Weapons)의 틀 내에서 개시되었다.[264]

---

256) 핵무기금지조약 제1조.

257) 핵무기금지조약 제13조.

258) 핵무기금지조약 제15조 1항, 제19조. 50번째 비준서 기탁 후 비준서를 기탁하는 국가에게는 동 국가의 비준서 기탁 후 90일째 되는 날에 발효한다 : 제15조 2항.

259) 핵무기금지조약 제16조.

260) 핵무기금지조약 제12조.

261) 핵무기금지조약 제17조 1항.

262) 핵무기금지조약 제17조 2항 : "Each State Party shall, in exercising its national sovereignty, have the right to withdraw from this Treaty if it decides that extraordinary events related to the subject matter of the Treaty have jeopardized the supreme interests of its country. ..."

263) Lisa Schlein, "US: Nuclear Ban Treaty Undermines International Security", September 15, 2017, 〈https://www.voanews.com/〉 ; Turns in Evens (ed.), *International Law*, 5th, p. 861.

264) NDTV, August 28, 2018, "Ban 'Killer' Robots "Before It Is Too Late" : Activists Urge UN", 〈https://www.ndtv.com〉 ; Rasha Abdul Rahim, "Ten reasons why it's time to get serious about banning 'Killer Robots'", Amnesty International, 12 November 2015, 〈https://www.amnesty.org/en/〉.

제 29 장
국제형사재판소

UN총회는 1994년 11월 제49차 UN총회 제6위원회에 제출된 ILC의 국제형사재판소규정초안(Draft Statute for an International Criminal Court)을 기초로 하여 준비작업을 지속한 결과 1998년 7월 17일 로마 외교전권회의에서 "국제형사재판소 로마규정"(Rome Statute of the International Criminal Court)(이하 로마규정 또는 규정)을 채택하였는데[1], 규정은 60개국의 비준을 얻어[2] 2002년 7월 1일 발효하였다.[3]

---

1) 로마규정과 이것의 기초된 ILC초안은, Watts, Vol. Ⅱ, p. 1447 이하 참조. ICC에 관해서는 다음 문헌 참조 : 최태현, "국제형사재판소(ICC)규정 제정과정에서의 한국의 기여", 《서울국제법연구》, 제13권 제2호 (2006. 12), pp. 29~56 ; 김영석, 《국제형사재판소법강의》, 서울 : 법문사, 2003 ; 신각수, "국제형사재판소의 관할권과 제소장치", 《국제인권법의 실천제도》(석암 배재식 박사 고희기념논문집) (서울 : 박영사, 1998), pp. 96~112 ; 대법원 국제형사법연구회, 《국제형사법과 절차》(개정판), 서울 : 사법발전재단, 2020 ; Roy S. Lee (ed.), *The International Criminal Court-The Making of the Rome Statute Issues, Negotiations, Results,* The Hague : Kluwer 1999 ; Leila Nadya Sadat, "The Establishment of the International Criminal Court : From the Hague to Rome and Back Again", (1999) 8 Journal of International Law and Practice 97~118 ; Marcus R. Mumford, "Building upon a Foundation of Sand : A Commentary on the International Criminal Court Treaty Conference", (1999) 8 Journal of International Law and Practice 151~225 ; Young Sok Kim, "The Preconditions to the Exercise of the Jurisdiction of the International Criminal Court : with Focus on Article 12 of the Rome Statute", (1999) 8 Journal of International Law and Practice 47~81 ; Herman A. M. von Hebel, Johan G. Lammers and Jolien Schukking (eds.), Reflections on the International Criminal Court, The Hague : T.M.C. Asser Press, 1999.

2) 로마규정 제126조. (이하 각주에서 "로마규정" 생략하고 조문만 표시함)

3) 제126조. ICC는 2003년 2월 4일~7일 선출된 18인의 재판관이 3월 11일 취임선서를 마치고, 4월 21일에는 아르헨티나 출신인 Luis Moreno Ocampo가 ICC 초대 검사로 선출됨으로써 본격 가동에 들어 갔다 : https://www.un.org/law/icc/(accessed 10 July 2003). 한국은 2000년 3월 8일 서명하고 2002년 11월 13일 비준서를 기탁하였으며, 그 결과 로마규정은 한국에 대해서는 2003년 2월 1일부로 발효하였다 ; 그리고 로마규정의 국내적 이행을 위하여 2007년 12월 21일 "국제형사재판소 관할 범죄의 처벌 등에 관한 법률"(법률 제8719호)(2011년 4월 12일 일부개정, 법률 제10577호)을 제정하였다. 영국의 경우는 조약의 국내적 이행을 위한 영국법의 통상적인 방식에 따라 "국제형사재판소법 2001" (International Criminal Court Act 2001)을 제정하였다 : https://en.wikipedia.org/wiki/International_Criminal_Court_Act_2001 ; Evans (ed.), 5th (2001), pp. 542~556. 미국, 러시아, 이스라엘, 수단은 서명을 하였다가 이를 철회하기도 하였다. 이를테면, 미국의 경우, 로마규정이 서명을 위해 개방된 마지막 날인 2000년 12월 31일 일단 서명은 하였으나, 2002년 5월 6일 UN사무총장에게 보낸 통지서를 통해 "미국은 로마조약의 당사자가 될 의사가 없으며, 따라서 2000년 12월 31일의 서명에서 발생하는 그 어떤 법적 의무도 갖지 아니한다."고 천명하였다 : https://treaties.un.org/ ;

2010년 5월 31일~6월 11일 우간다 캄팔라(Kampala)에서 로마규정 재검토회의(Review Conference)가 개최되었는데, 컨센서스 방식으로 합의에 이른 이 회의에서는[4] 무엇보다 로마규정 발효 후 7년 뒤의 시점으로 미루어졌던 침략범죄의 정의와 함께 이 범죄에 대해 ICC가 재판권을 행사할 수 있는 조건을 설정하였으며,[5] 범죄구성요소(elements of crime)도 함께 채택하였다.[6] 다만, 당사국총회는 침략범죄에 대한 개정안들을 재판소가 관할권 행사를 시작한 날로부터 7년 뒤 다시 검토하기로 결정하였다.[7] 이 밖에도 규정 제124조를 일단 그대로 존치하기로 결정했고,[8] 국제적 성격을 갖지 아니하는 무력충돌의 경우 일정 무기의 사용을 전쟁범죄에 추가하면서 범죄구성요소도 함께 채택하였다.[9] 제124조의 경과규정은 2015년 11월 개최된 당사국총회에서 로마규정 제121조 3항에 의거하여 결국 삭제하기로 결정되었다. 이 삭제 개정은 제121조 4항에 따라 발효하는데, 아직 발효요건 충족에는 미치지 못하고 있다.[10]

2017년 12월 4일~14일 뉴욕 UN본부에서 개최된 제16차 로마규정 당사국총회[11]에서는 (i) 침략범죄에 대한 ICC 재판관할권을 2018년 7월 17일부로 가동시키기로 하는 결의[12]와 (ii) 로마규정

---

https://en.wikipedia.org/wiki/International_Criminal_Court ; 본서 제4장 (조약법), I. 5.

4) https://www.iccnow.org/?mod=aggression.

5) 2010년 재검토회의에서 삽입 혹은 개정된 침략범죄 관련 규정은 로마규정 제8조의 2(*bis*), 제9조 1항 첫 번째 문장, 제15조의 2(*bis*), 제15조의 3(*ter*), 제20조 3항, 그리고 제25조 3항의 2(*bis*)이다. 반대로, 제5조 2항은 삭제됨. RC/Res.6, The Crime of Aggression, Adopted at the 13th plenary meeting, on 11 June 2010, by consensus, Annex I (Amendments to the Rome Statute of the International Criminal Court on the Crime of Aggression), available at https://www.icc-cpi.int/iccdocs/asp_docs/Resolutions/RC-Res.6-ENG.pdf.

6) RC/Res.6 (2010), The Crime of Aggression, Annex Ⅱ (Amendments to the Elements of Crimes), Article 8 *bis* (Crime of aggression).

7) RC/Res.6 (2010), The Crime of Aggression, para. 4.

8) RC/Res.4, Article 124, Adopted at the 11th plenary meeting, on 10 June 2010, by consensus, (available at https://www.icc-cpi.int/iccdocs/asp_docs/Resolutions/RC-Res.4-ENG.pdf).

9) RC/Res.5, Amendments to article 8 of the Rome Statute, Adopted at the 12th plenary meeting, on 10 June 2010, by consensus, Annex I (Amendment to article 8) & Annex Ⅱ (Elements of Crimes), available at https://www.icc-cpi.int/iccdocs/asp_docs/Resolutions/RC-Res.5-ENG.pdf. 이 개정은 로마규정 제121조 5항에 따라 2012년 9월 26일 산마리노에 대해 최초 발효 : UN Treaty Collection, Depositary, Status of Treaties, Chapter XVIII (Penal Matters), No 10.a ("Amendment to article 8 of the Rome Statute of the International Criminal Court").

10) Resolution ICC-ASP/14/Res.2, Adopted at the 11th plenary meeting, on 26 November 2015, by consensus ; UN Treaty Collection, Depositary, Status of Treaties, Chapter XVIII (Penal Matters), No 10.c ("Amendment to article 124 of the Rome Statute of the International Criminal Court") ; Andreas Motzfeldt Kravik, "The Assembly of State Parties to the International Criminal Court Decides to Delete Article 124 of the Rome Statute", April 12, 2016, EJIL:Talk!, 〈https://www.ejiltalk.org/the-assembly-of-state-parties-to-the-international-criminal-court-decides-to-delete-article-124-of-the-rome-statute-2/〉.

11) ICC Press Release, 15 December 2017, "Assembly activates Court's jurisdiction over crime of aggression", 〈https://www.icc-cpi.int/Pages/item.aspx?name=pr1350〉 ; https://asp.icc-cpi.int/en_menus/asp/resolutions/Pages/2017-16th-session.aspx.

12) ICC-ASP/16/Res.5, "Activation of the jurisdiction of the Court over the crime of aggression", 〈https://asp.icc-cpi.int/iccdocs/asp_docs/Resolutions/ASP16/ICC-ASP-16-Res5-ENG.pdf〉 ; Dapo Akande, "The International Criminal Court Gets Jurisdiction Over the Crime of Aggression", EJIL : *Talk!*, December 15, 2017, 〈https://www.ejiltalk.org/the-international-criminal-court-gets-jurisdiction-

제8조를 개정하여 3개 전쟁범죄(즉, 미생물 · 생물 · 독성 무기의 사용, 엑스레이로 탐지할 수 없는 파편으로 상해를 입히는 무기의 사용, 그리고 레이저 무기의 사용)를 ICC 관할권에 추가하는 결의[13])를 포함하여 6개 결의가 컨센서스로 채택되었다. 2019년 12월 6일 당사국총회는 다시 로마규정 제8조를 개정하여 전쟁범죄의 하나인 '민간인들의 기아(starvation of civilians)를 전투수단으로 이용하는 행위'를 '국제적 성격을 갖지 아니하는(비국제적)' 무력충돌에 연장하는 결의를 채택하였는데, 제121조 5항에 의거하여 2021년 10월 14일 뉴질랜드에 대해 최초 발효하였다.[14])

로마규정은 그 전문에서 특히, "금세기 중에 수백만의 어린이와 여성과 남성이 ... 상상할 수도 없는 잔학행위의 희생자가 되었음에 유의하고", "'국제공동체 전체의 관심사인 가장 중대한 범죄들'(the most serious crimes of concern to the international community as a whole)이 처벌을 면하여서는 안된다는 것을 ... 확인하고", "이러한 목적을 위하여 그리고 현재와 미래 세대를 위하여, UN체제와 관련을 가지며(in relationship with the United Nations system), 국제공동체 전체에 대해 중요성을 갖는 가장 중대한 범죄에 대해 재판관할권을 가진, 한 개의 독립적이고 상설적인 국제형사재판소를 설립하기로 결의하였음"을 천명하고 있다. 전문은 또한 "UN헌장의 목적과 원칙, 특히 모든 국가는 다른 국가의 영토보전 또는 정치적 독립에 대하여, 혹은 UN의 목적과 일치하지 않는 그 어떤 다른 방식으로, 무력을 사용하거나 무력을 사용하겠다고 위협하지 말아야 한다는 점을 재확인하면서", "이와 관련하여 규정의 그 어떤 것도 (본 규정의) 당사국이 '다른 국가의

---

over-the-crime-of-aggression/〉.

13) ICC-ASP/16/Res.4, "Resolution on amendments to article 8 of the Rome Statute of the International Criminal Court", Annex I [Amendment to be inserted as article 8-2-b)xxvii) and article 8-2-e)xvi) of the Rome Statute (Employing weapons, which use microbial or other biological agents, or toxins, whatever their origin or method of production)] ; Annex II [Amendment to be inserted as article 8-2-b)xxviii) and article 8-2-e)xvii) (Employing weapons the primary effect of which is to injure by fragments which in the human body escape detection by X-rays)] ; Annex III [Amendment to be inserted as article 8-2-b)xxix) and article 8-2-e)xviii) (Employing laser weapons specifically designed, as their sole combat function or as one of their combat functions, to cause permanent blindness to unenhanced vision, that is to the naked eye or to the eye with corrective eyesight devices)]. 범죄구성요소도 함께 채택하였다(Annex Ⅳ, Annex Ⅴ, & Annex Ⅵ). https://asp.icc-cpi.int/iccdocs/asp_docs/Resolutions/ASP16/ICC-ASP-16-Res4-ENG.pdf. UN Treaty Collection, Depositary, Status of Treaties, Chapter XVIII (Penal Matters), No 10.d ["Amendment to article 8 of the Rome Statute of the International Criminal Court (Weapons which use microbial or other biological agents, or toxins)"](로마규정 제121조 5항에 의거하여 2020년 4월 2일 룩셈부르크에 대해 최초 발효), No 10.e ["Amendment to article 8 of the Rome Statute of the International Criminal Court (Weapons the primary effect of which is to injure by fragments undetectable by x-rays in the human body)](로마규정 제121조 5항에 의거하여 2020년 4월 2일 룩셈부르크에 대해 최초 발효), & No 10.f [Amendment to article 8 of the Rome Statute of the International Criminal Court (Blinding laser weapons)](로마규정 제121조 5항에 의거하여 2020년 4월 2일 룩셈부르크에 대해 최초 발효).

14) ICC-ASP/18/Res.5 ; UN Treaty Collection, Depositary, Status of Treaties, Chapter XVIII (Penal Matters), No 10.g ["Amendment to article 8 of the Rome Statute of the International Criminal Court (Intentionally using starvation of civilians)"] ; Global Rights Compliance, 19 October 2020, "New Zealand Becomes the First State to Ratify the Starvation Amendment to Reflect that Starvation is a War Crime in All Conflict Situations", 〈https://www.globalrightscompliance.com〉; https://en.wikipedia.org/wiki/Amendments_to_the_Rome_Statute_of_the_International_Criminal_Court.

국내문제에 속하는 무력충돌에 간섭함을'(to intervene in an armed conflict in the internal affairs of any State) 허용하는 것으로 해석되지 않음을 강조하고" 있다.

Ⅰ. 국제형사재판소의 법인격

로마규정에 의하여 국제형사재판소(이하 ICC)가 설립되며,[15] ICC는 그 소장이 로마규정의 당사국총회(Assembly of States Parties)의 승인을 얻은 후 재판소를 대신하여 체결하는 협정을 통하여 UN과 관계를 맺는다.[16] 이것은 ICC가 UN과 관계를 맺기는 하지만 ICJ처럼 UN에 부속된 한 개의 사법'기관'이 아니라 그 자체로서 국제법인격을 향유하는, 독립된 한 개의 상설'기구'(a permanent institution)임을 의미한다.[17] ICC는 또한 그 임무수행과 목적달성을 위하여 요구되는 법적 능력을 갖는다. 이를 위하여 ICC는 당사국의 영역에서는 로마규정에 규정된 바에 따라, 그리고 비당사국의 영역에서는 특별협정에 의거하여, 그 임무와 권한을 행사할 수 있다.[18]

ICC는 네덜란드 헤이그에 설치되며, 따라서 재판소장은 당사국총회의 승인을 얻어 소재지국(수용국)인 네덜란드정부와 본부협정(headquarters agreement)을 체결하여야 한다.[19] 다만, 다른 국제재판소들의 경우와 마찬가지로 ICC는 로마규정에서 규정하고 있는 바에 따라, 바람직하다고 생각하는 때에는 언제든지 다른 장소에서 개정할 수도 있다.[20]

---

15) 제1조 첫 번째 문장.

16) 제2조. 이에 따라 ICC는 2004년 10월 4일 뉴욕의 UN본부에서 UN과의 관계를 위한 틀을 제공할 "ICC와 UN 간의 관계협정"(Relationship Agreement between the International Criminal Court and the United Nations)에 서명하였으며, 이 협정은 서명과 동시에 발효하였다. UN사무총장 Kofi Annan과 ICC 소장 Philippe Kirsch 간에 서명된 동 협정의 주요 내용은 (i) ICC 업무와 가장 관련이 있는 UN직책들, 즉 UN인권고등판무관, UN난민고등판무관, UN제노사이드 특별고문 등이 ICC에 정보와 서비스를 제공하는 것을 허락하고, (ii) ICC가 UN직원들에게 증언을 요청하는 것을 용이하게 하고, (iii) ICC에 UN옵서버의 지위를 부여함으로써 ICC가 뉴욕의 UN본부 안에 사무실을 유지할 수 있게 하고, (iv) ICC관할 하의 범죄가 발생한 사태에 대하여 UN안보리가 이를 ICC에 부탁(고발)하는 경우에 대비하여 안보리와 ICC간의 협력의 메커니즘들을 정의하는 것 등이다. https://washingtontimes.com/upi-breaking/20041004-054946-2014r.htm ; https://www.icc-cpi.int/ ; https://www.iccnow.org. 한편, 로마규정은 UN안전보장이사회와 UN사무총장의 관여를 필요로 하는 다수 규정을 이미 자체 내에 두고 있다.

17) 제1조 두 번째 문장, 제4조.

18) 제4조.

19) 2002년 11월 19일, ICC 관리와 네덜란드 외교부 조약국 관리들 사이에 잠정본부협정을 담은 각서교환(Exchange of Notes)이 이루진 바 있다. https://www.icc-cpi.int/Menus/ICC/Press+and+Media /Press+Releases/2002/.

20) 제3조.

Ⅱ. ICC의 인적 관할권

로마규정 전문 6단은 "국제범죄에 대하여 책임있는 사람들(*those* responsible for international crimes)에게 형사관할권을 행사하는 것은 모든 국가의 의무임을 상기하고" 있고, 또 제1조 두 번째 문장에 의하면 "... 재판소는 이 규정에서 대상으로 삼는, 국제적 중요성을 갖는 가장 중대한 범죄를 저지른 사람들(*persons* for the most serious crimes of interna- tional concern)에 대해 관할권을 행사할 권한을 갖는다." 그러면 여기서 말하는 사람들(those 혹은 persons)이란 자연인(natural persons)만을 지칭하는지, 아니면 법인(legal persons)이나 조직(단체)(organizations), 국가(states)까지를 포함하는지 묻지 않을 수 없다. 로마규정 제25조 제1항은 "재판소는 이 규정에 의거하여 자연인들에 대해 관할권을 갖는다."고 규정함으로써 ICC의 재판관할권이 자연인에 국한됨을 분명히 하고 있다.[21)]

Ⅲ. ICC의 보충적 관할권 : ICC와 국내형사관할권의 관계

ICC와 국내재판소 간의 관계에 대해서는 이른바 보충성의 원칙(principle of complementarity)이 도입되었다.[22)] 즉, 로마규정은 전문 4단에서 "국내적 차원에서 조치를 취함으로써(by taking measures at the national level), 이들 범죄(즉, 국제공동체 전체에 대해 중요성을 갖는 가장 중대한 범죄)에 대한 실효적 소추를 확보하여야 함을 확인"하고, 6단에서는 "국제범죄에 대해 책임있는 자들에 대해 형사관할권을 행사하는 것은 모든 국가의 의무임을 상기"시키면서, 그 10단에서는 "이 규정에 의거하여 설치되는 ICC는 국내형사관할권을 (단지) 보충하는(complementary to national criminal jurisdiction) 것임을 강조"하고 있다. 국내재판소와의 관계에 있어 ICC의 이같은 보충적 지위는 로마규정 제1조에서 재천명되고 있다. 그렇다면 국가의 어떤 행동이 ICC의 관할권행사를 봉

21) 과거 뉴른베르그 국제군사재판소는 게슈타포(Gestapo)(나치 독일의 비밀경찰)와 같은 집단 혹은 조직이 범죄단체임을 선언할 수 있는 권한을 부여받고 있었으며, 이같은 선언이 있는 경우 권한있는 국내재판소가 그 구성원들을 재판할 수 있었다. 동 재판소헌장(Charter of the International Military Tribunal)의 관련 규정은 다음과 같다 : "Article 9. At the trial of any individual member of any group or organization the Tribunal may declare (in connection with any act of which the individual may be convicted) that the group or organization of which the individual was a member was a criminal organization. ... ... ; Article 10. In cases where a group or organization is declared criminal by the Tribunal, the competent national authority of any Signatory shall have the right to bring individual to trial for membership therein before national, military or occupation courts. In any such case the criminal nature of the group or organization is considered proved and shall not be questioned." See Cryer in Evans (ed.), *International Law*, 3rd, p. 771 ; Malanczuk, p. 357, fn. 114 ; https://avalon.law.yale.edu/imt/imtconst.asp.

22) See John T. Holmes, "The Principle of Complementarity", in Lee (ed.), p. 41 ff.

쇄하게 되는지를 분명히 하여야 할 것이다. 이 문제와 관련하여 규정 제17조는 "소의 허용성(재판적격) 문제"(issues of admissibility)라는 제목 하에 1항에서 다음과 같이 규정하고 있다.

> "전문 10단 및 제1조를 고려하여, ICC는 다음의 경우에는 사건이 허용될 수 없는 것이라고 결정해야 한다.
> (a) 사건이 그것에 대해 재판관할권을 가지는 한 국가에 의해 수사 중이거나 기소 중인 경우. 다만 그 국가가 수사나 기소를 진정으로 수행할 의사 또는 능력이 없는(unwilling or unable genuinely) 경우에는 그러하지 아니하다.
> (b) 사건이 그것에 대해 재판관할권을 가지는 한 국가에 의하여 수사되었고, 또한 그 국가가 관련자를 소추하지 않기로 결정한 경우. 다만, 이같은 결정이 그 국가가 진정으로 소추할 의사 또는 능력이 없음으로 인한 경우에는 그러하지 아니하다.
> (c) 관련자가 제소의 대상이 된 행위에 대해 이미 재판을 받았고, 또한 ICC에 의한 재판이 제20조 3항[23]에 의거하여 허용되지 않는 경우.
> (d) 사건이 ICC에 의한 추가적인 행동을 정당화할 만큼 충분히 중대하지 않은 경우."

제17조 1항에 의하면 국가가 '진정으로'(genuinely) 수사하고 기소할 '의사'와 '능력'이 있는 경우에만 ICC는 관할권을 행사할 자격을 갖지 못하게 된다. 바꾸어 말하면, 국가에게 보충성의 3개 기둥(진정성, 의사, 능력) 중 어느 하나라도 결여되어 있으면 ICC는 소의 허용성(admissibility)을 긍정할 수 있다.[24] 국가의 의사부재(unwillingness)를 결정하는 기준은 제17조 2항에서, 능력부재(inability)는 3항에서 규정하고 있으며, 국내 형사절차의 진정성은 그 의사와 능력에서 분리될 수 없는 요건이다.[25] ICC 상소재판부는 "관할권을 가진 국가측에서 아무런 활동이 없으면(다시 말해서 국가가 수사나 기소를 하지 않고 있거나, 지금까지 하지 않았다면) 제17조 1항(d)를 조건으로 하되 (의사부재나 능력부재 문제를 결정할 필요없이) 소의 허용성이 인정된다."[26]고 보고 있으며, "수사가 진행되고 있다는 것만으로는 충분하지 않다. 소의 허용성에 이의를 제기하는 국가는 해당 사건을 실제로 조사하고 있음을 입증하는 충분한 정도의 구체성과 증명력을 가진 증거를 ICC에 제공해야 한다."[27]고

---

23) 즉, 다른 재판소에서 재판받은 자에 대한 ICC의 재관을 금지하는 규정.

24) Tamás Vince Ádány, "Genuine Test of Genuine Prosecutions? - A Human Rights Model for Complementarity", in Szabó (ed.), p. 147.

25) *Ibid.*

26) ICC Appeals Chamber, *Prosecutor* v. *Katanga and Chui*, Judgment on the Appeal of Mr Germain Katanga against the Oral Decision of Trial Chamber Ⅱ of 12 June 2009 on the Admissibility of the Case, ICC-01/04-01/07, 25 September 2009, para. 2 ["Inaction on the part of a State having jurisdiction (that is, the fact that a State is not investigating or prosecuting, or has not done so) renders a case admissible before the Court, subject to article 17(1)(d) of the Statute."] ; noted by Cryer in Evans (ed.), *International Law*, 3rd, p. 776.

27) ICC Appeals Chamber, *Prosecutor* v. *Muthaura*, ICC-01/09-02/11 OA, 30 August 2011, para. 61("As Kenya also acknowledges, a State that challenges the admissibility of a case bears the burden of proof to show that the case is inadmissible. To discharge that burden, the State must provide the Court with evidence of a sufficient degree of specificity and probative value that demonstrates that it is indeed investigating the case. It is not sufficient that investigations are ongoing.") ; noted by Orakhelashvili/

판시한 바도 있다. 또한 국가가 범죄인들에게 사면(amnesty)을 발하는 것은 재판을 하려는 진정한 의사가 없음을 보여주는 명백한 증거로 간주되고 있다.[28)]

ICC의 이같은 보충적 관할권은 구유고국제형사재판소의 경우와는 매우 대조적인데, 후자를 위한 규정 제9조 2항은 "이 국제재판소는 국내재판소에 대해 우위를 갖는다. 절차의 어떤 단계에서도, 이 국제재판소는 … 국내재판소들에게 동 재판소의 권능에 양보할 것을 공식적으로 요청할 수 있다."라고 규정하고 있다.[29)] ICC는 아래에서 보는 바와 같이 침략범죄를 제외하고는 로마규정의 비당사국의 국민이나 비당사국 영토 내에서의 범죄도 재판할 수 있기 때문에, 소의 허용성 여부를 결정함에 있어 경우에 따라서는 로마규정의 비당사국에게 수사 의사나 능력이 있는지의 여부에 대해서도 검토하게 될 것이다.[30)] 국제공동체의 핵심범죄들에 대해서는 국제관습법상 국가들의 보편관할권(universal jurisdiction) 행사가 허용된다는 점을 생각하면 더욱 그러하다.

로마규정의 보충성 원칙은 핵심범죄에 대해 보편관할권을 행사하는 국내 소추당국과 재판소들에게 준용되는 것이 합리적이라는 견해가 있다.[31)]

Ⅳ. ICC의 물적 관할권(재판관할 대상범죄)

ICC의 재판관할권에 들게 되는 범죄는 "국제공동체 전체에 대해 중요성을 갖는 가장 중대한 범죄"(the most serious crimes of concern to the international community as a whole)에 국

Akehurst, 9th, p. 474.

28) ICC Pre-Trial Chamber I, *Prosecutor* v. *Saif Al-Islam Gaddafi*, Decision on the 'Admissibility Challenge by Dr. Saif Al-Islam Gadafi pursuant to Articles 17(1)(c), 19 and 20(3) of the Rome Statute', ICC-01/11-01/11-662, 5 April 2019 ; Orakhelashvili/Akehurst, 9th, p. 475.

29) 구유고국제형사재판소의 이 같은 대(對) 국내재판소 우위는 물론 동 재판소가 국가 간의 지루한 타협의 산물인 조약이 아니라 UN안전보장이사회의 결의에 의하여 수립되었다는 데서 그 기본적인 이유를 찾을 수 있을 것이다. 또한, 바로 이런 이유에서 ICC를 설립한 로마규정과 구유고국제형사재판소를 설치한 (개정된)안보리결의 827 (1993)의 상응하는 규정들을 비교해 보면, 국제재판소와 국가 간의 사법공조에 있어 ICC는 구유고국제형사재판소의 명령적이고 수직적인 권위와 수평적인 국가 간 협력모델이 절충적으로 혼재되어 있음을 알 수 있다. See Bert Swart and Göran Sluiter, "The International Criminal Court and International Criminal Co-operation", in von Hebel/Lammers/Schukking (eds.), p. 91 ff ; *Prosecutor* v. *Blaškić*, (*Blaškić subpoena* decision by the ICTY Appeals Chamber), Judgment on the request of the Republic of Croatia for review of the decision of Trial Chamber Ⅱ of 18 July 1997, Case No: IT-95-14-AR108*bis*, 29 October 1997, para. 47, https://www.un.org.icty/blaskic. 이 문제에 있어 르완다 국제형사재판소규정(제8조 2항)도 구유고 국제형사재판소규정(제9조 2항)과 사실상 동일하게 규정하고 있다. Cryer in Evans (ed.), *International Law*, 3rd, p. 773. 뉴른베르그 국제형사재판소와 극동국제군사재판소도 승전국이 패전국의 주요 전범들을 처벌하기 위해 설치하였다는 그 성격상 이들 재판소에 보충성의 원칙이 도입될 상황이 아니었다. Tamás Vince Ádány, "Genuine Test of Genuine Prosecutions? - A Human Rights Model for Complementarity" in Szabó (ed.), pp. 150~151.

30) Louise Arbour and Morten Bergsmo, "Conspicuous Absence of Jurisdictional Overreach", in von Hebel/Lammers/Schukking (eds.), p. 137.

31) 이것에 대해서는 본서, 제9장 (국가관할권), "Ⅱ. 입법관할권의 이론적 기초, 5. 보편관할권" 참조.

한되는데,[32] 이들은 "제노사이드 범죄, 인도에 대한 죄, 전쟁범죄 및 침략범죄"의 4개 범죄로 명시되어 있다.[33] 물론 로마규정의 개정(amendment)[34]이나 재검토(review)[35]를 통해 다른 중대한 범죄도 여기에 추가될 수 있을 것이다. 특히, "ICC설립에 관한 UN외교전권회의 최종의정서"(Final Act of the United Nations Diplomatic Conference of Plenipotentiaries on the Establishment of an International Criminal Court), 부속서 I(Annex I), E에서는 로마규정 발효 7년 후에 소집되는 제1차 재검토회의(Review Conference)[36]에서 테러리즘(terrorism)과 마약범죄(drug crimes)에 대해 수락할만한 정의에 도달하고 또 이들도 ICC의 재판관할대상 범죄에 포함시킬 것을 권고하고 있었으나, 2010년의 재검토회의에서 이에 관한 합의는 없었다.

로마규정의 목적을 위한 제노사이드, 인도에 대한 죄, 전쟁범죄, 침략범죄에 대한 정의는 제6조, 제7조, 제8조, 제8조의 2에 각기 규정되어 있다. '제노사이드'는 '인도에 대한 죄'의 한 특별한 유형이지만,[37] 로마규정에서는 흔히 그러한 것처럼 양자를 분리하여 취급하고 있다.

제6조~제8조의 2에 규정되어 있는 각각의 범죄에 대한 정의는 보는 시각에 따라서는 명백하지 못한 측면이 있을 수 있다. 그러므로 제9조 1항은 ICC가 이들 규정을 해석하고 적용하는 것을 돕기 위해 당사국총회가 그 구성원의 2/3 다수에 의하여 범죄구성요소(elements of crimes)를 채택하는 것을 허용하고 있는데, 2002년 9월 3~10일 뉴욕에서 개최된 당사국총회 첫 회기(first session)에서 제6조~제8조 범죄에 대한 범죄구성요소가 채택되었고,[38] 침략범죄에 대한 범죄구성요소는 2010년의 재검토회의에서 침략범죄 정의 채택시에 함께 채택되었다. 범죄구성요소는 개정할 수도 있다. 개정안은 '당사국'(any State Party), '절대다수(재적과반수)로 행동하는 재판관들'(the judges acting by an absolute majority) 또는 '검사'(Prosecutor)에 의하여 제안될 수 있으며, 그러한 개정을 채택하는 절차는 범죄구성요소를 채택하는 경우와 동일하다.[39] 범죄구성요소와 그 개정은 로마규정과 모순되지 않아야 한다.[40]

상기의 어떤 규정도 로마규정과 다른 목적을 위하여 존재하거나 발전하고 있는 국제법규들을 어떤 식으로든 제한하거나 침해하는 것으로 해석되어서는 안된다.[41]

---

32) 전문 4단; 제5조 1항 첫 번째 문장. 제1조 두 번째 문장에서는 이를 "the most serious crimes of international concern"으로 표현하고 있다.

33) 제5조.

34) 제121조, 제122조.

35) 제123조.

36) 제123조 1항.

37) Malanczuk, p. 356.

38) ICC-ASP/1/3.

39) 제9조 2항.

40) 제9조 3항.

41) 제10조.

1. 제노사이드(genocide)

ICJ는 *Reservations to the Convention on the Prevention and Punishment of the Crime of Genocide* 사건[42]에서 "(1948년 제노사이드)협약의 기저를 이루는 원칙들은 문명국들에 의하여 국가들에게 구속력있는 것으로 승인된 원칙들로서, 이것은 그 어떤 조약상의 의무가 없더라도 그러하다"고 언급한 바 있는데, 로마규정 제6조는 이 제노사이드협약의 제2조를 그대로 옮겨 놓았다. 즉, "이 규정의 목적상, '제노사이드'라 함은 민족적, 종족적, 인종적 혹은 종교적 집단(group) 자체의 전부 또는 일부를 '파괴할 의사(의도)를 가지고'(with intent to destroy) 행하여진, 다음 각호의 1에 해당하는 행위를 말한다.

(a) 집단의 구성원들을 살해하는 것;
(b) 집단의 구성원들에게 중대한 신체적 혹은 정신적 위해를 야기하는 것;
(c) 집단의 물리적 파괴를 전부 또는 일부 초래하도록 계산된 생활조건을 의도적으로 가하는 것;
(d) 집단 내의 출산을 억제하려는 의도를 가진 조치를 부과하는 것;
(e) 집단의 어린이들을 다른 집단으로 강제이주시키는 것."

상기 공식에 따르면 (a)~(e)호의 1에 해당하는 (고의적 혹은 의도적) 범죄행위(*actus reus*)가 "민족적, 종족적, 인종적 혹은 종교적 집단의 전부 또는 일부를 파괴"하려는 특별한 의사(의도)(special or specific intent, *dolus specialis*)를 가지고 행하여진 때에 한하여 제노사이드가 성립한다.[43]

제노사이드는 아직 엄격한 법적 정의를 갖지 못한 연관개념들과 구분해 볼 필요가 있다. 먼저, "특정 집단에 속하는 민간인들을 특정 지역, 특정 마을로부터 강제로 몰아내는 여러 정책"을 흔히 인종(민족)청소(ethnic cleansing)로 칭하는데, 이것이 때로 제노사이드와 결부되어 행해질 수는 있겠지만, 그러나 이같은 정책 혹은 그 이행행위 자체는 아직 상기 제노사이드의 정의에 해당되지 아니한다.[44] 그리고 제노사이드는 집단을 육체적 혹은 정신적으로 파괴하는 것을 주된 구성요소로 한

---

42) Advisory Opinion, ICJ Reports (1951), p. 15 at 23.

43) 요컨대, 제노사이드가 성립하기 위해서는 제노사이드의 *actus reus* 이외에 이들 행위에 대한 *dolus specialis*가 입증되어야 한다 : *Application of the Convention on the Prevention and Punishment of the Crime of Genocide* (Bosnia and Herzegovina v. Serbia and Montenegro), ICJ Reports (2007), p. 43 at 121 (para. 187), 196~197 (para. 373), & *Application of the Convention on the Prevention and Punishment of the Crime of Genocide* (Croatia v. Serbia), ICJ judgment of 3 February 2015, paras. 132, 143~148.

44) International Criminal Tribunal for the Former Yugoslavia, *Krstić*, IT-98-33-T, Trial Chamber Judgment, 2 August 2001, para. 562, at https://www.un.org/icty/krstic/TrialC1/judgement/krs-tj010802e.pdf ; International Criminal Tribunal for the Former Yugoslavia, *Stakić*, IT-97-24-T, Trial Chamber Judgment, 31 July 2003, para. 519, at https://www.un.org/icty/stakic/trialc/judgement /stak-tj030731e. pdf ; Cassese, *International Law*, 2nd, p. 444 ; https://en.wikipedia.org/wiki/Ethnic_ cleansing. 1948년의 제노사이드협약을 기초하는 과정에서 시리아는 제노사이드의 6번째 유형으로서 "특정 집단의 구성원들에게 학대의 위협을 피하고 싶으면 집을 버리고 떠날 것을 강제하려는 의도를 지닌 조치를 부과하는 것"(Imposing measures intended to oblige members of a group to abandon their homes in order to

다는 점에서, 이것은 흔히 "특정 집단의 언어와 문화를 체계적으로 파괴하는 것"을 지칭하는 에쓰노사이드(ethnocide)[45] 내지는 문화적 제노사이드(cultural genocide)[46]를 포함하지 아니한다.[47]

2. 인도에 대한 죄(crimes against humanity)

인도에 대한 죄는 전시뿐만 아니라 평시에도 범할 수 있다. 1945년에는 전쟁과의 연관성이 요구되었지만 관습법상 그같은 요건은 이제 더 이상 요구되지 아니한다.[48] 또한, 인도에 대한 죄의 정의

---

escape the threat of subsequent ill-treatment)을 추가하기 위한 개정안을 제시한 바 있지만, 기초위원들은 이 제안을 거절하였다 : Cassese, *International Law*, 2nd, p. 444. ICJ는 Case concerning *the Application of the Convention on the Prevention and Punishment of the Crime of Genocide* (Bosnia and Herzegovina v. Serbia and Montenegro) (Jurisdiction and Merits), Judgment of 26 Feb. 2007, para. 190에서 인종청소와 제노사이드의 관계에 대한 이상의 견해를 종합적으로 전하고 있다. 2005년 세계정상회담(World Summit)에서 채택된 보호책임의 개념도 그 대상범죄에서 제노사이드(및 인도에 대한 죄)와 인종청소를 별개로 명시하고 있다 : United Nations, Office on Genocide Prevention and the Responsibility to Protect, "Ethnic Cleansing", 〈https://www.un.org/en/genocideprevention/ethnic-cleansing.shtml〉 ; 본서, 제27장 (국가의 무력사용) 참조.

과거 소련의 스탈린(Joseph Stalin) 정권이 -극동지역의 고려인들을 포함하여- 특정 민족들을 척박한 먼 외지로 강제이주 시킨 것은 인종청소의 전형적인 사례이다 : https://en.wikipedia.org/wiki/Population_transfer_in_the_Soviet_Union ; Terry Martin, "The origins of Soviet ethnic cleansing", Journal of Modern History (The University of Chicago Press), Vol. 70, No. 4 (December 1998), pp. 813-861, 〈https://dash.harvard.edu/handle/1/3229636〉. 스탈린 치하 특히 '고려인'(혹은 '고려사람')들의 강제이주를 국제법상 인종(민족)청소의 관점에서 고찰한 논문으로는 다음을 참조 : Alexander Kim, "Ethnic Cleaning as a Distinct Crime under International Law - Assessing the Case of Forcible Transfer of Ethnic Koreans in the Former USSR (1937)", Ph.D. Dissertation (Law Department, The Graduate School, Yonsei University, 2022).

최근, 불교국가 미얀마에서 구성원 대부분이 무슬림을 믿는 소수민족 '로힝야'(Rohingya)에 대한 미얀마 정부의 정책 및 군사작전과 관련하여 UN인권고등판무관 Zeid Ra'ad Al Hussein은 이는 "인종청소의 교과서적 사례"(textbook example of ethnic cleansing)로 보인다고 논평한 바 있다 : Ben Westcott and Karen Smith, "Rohingya violence a 'textbook example of ethnic cleansing,' UN rights chief says", CNN, September 11, 2017, 〈https://edition.cnn.com/2017/09/11/asia/rohingya-un-ethnic-cleansing/index.html〉 ; https://en.wikipedia.org/wiki/Rohingya_persecution_in_Myanmar_(2016-present). 그러나 미얀마 정부는 그의 이러한 주장을 비난하고 나섰다 : BBC, 12 September 2017, "Myanmar denounces UN's 'ethnic cleansing' suggestion", 〈https://www.bbc.com/news/world-asia-41248029〉.

45) https://en.wikipedia.org/wiki/Ethnocide ; https://www.magickriver.net/ethnocide.htm.

46) https://en.wikipedia.org/wiki/Cultural_genocide ; Anderson Cooper/CBS News Sixth Minutes, February 6, 2022, "Canada's unmarked graves: How residential schools carried out "cultural genocide" against indigenous children", 〈https://www.cbsnews.com/news/canada-residential-schools-unmarked-graves-indigenous-children-60-minutes-2022-02-06/〉 ; Al Jazeera Staff, 25 Jul 2022, "Pope apologises for 'evil' of Canada's residential schools", 〈https://www.aljazeera.com/news/2022/7/25/pope-apologises-for-evil-of-canada-residential-schools〉.

47) Cassese, *International Law*, 2nd, p. 443 ; Cryer in Evans (ed.), *International Law*, 3rd, p. 757. ICJ도 Case concerning *the Application of the Convention on the Prevention and Punishment of the Crime of Genocide* (Bosnia and Herzegovina v. Serbia and Montenegro) (Jurisdiction and Merits), Judgment of 26 Feb. 2007, para. 344에서, "문화적 제노사이드", 즉 "역사적 · 문화적 · 종교적 유산의 파괴"(destruction of historical, cultural and religious heritage)는 제노사이드협약에서 말하는 제노사이드에 포함되지 않는다는 점을 지적하였다. 이 밖에도, genocide와 표현이 비슷하지만 역시 아직 법적 술어라고 볼 수는 없는 gendercide 등의 유사개념에 관해서는, https://www.gendercide.org/what_is_gendercide.html ; https://en.wikipedia.org/wiki/Gendercide 참조.

에 있어 로마규정은 민간인들에 대하여 자행되고 있는 20세기의 여러 비인도적 만행을 추가함으로써 뉴른베르그 국제군사재판소헌장을 능가하고 있다. 주민의 강제이전(forcible transfer of population), 고문, 강간을 포함한 일련의 성폭력, 강요된 실종(enforced disappearance), 아파트헤이트(apartheid) 등이 그 좋은 예이다. 로마규정 제7조 1항에 의하면, "이 규정의 목적상 '인도에 대한 죄'라 함은 다음 각호의 1에 해당하는 행위로서, 그러한 행위가 어떤 민간인 주민에 대해서건 간에 그들에 대한 광범위하거나 조직적인 공격의 일부로서, 공격의 인식을 가지고 행해진 경우(when committed as part of a widespread or systematic attack directed against any civilian population, with knowledge of the attack)를 의미한다.

(a) 살륙(murder) ;
(b) 섬멸(extermination) ;
(c) 노예적 혹사 ;
(d) 주민의 추방 또는 강제이전 ;
(e) 국제법의 근본규칙을 위반한, 구금 혹은 기타 신체적 자유의 가혹한 박탈 ;
(f) 고문 ;
(g) 강간, 성적 노예화, 매춘강요, 강제임신, 강요된 단종, 혹은 기타 이와 동등한 수준의 중대한 일체의 다른 형태의 성폭력 ;
(h) 이 항에서 언급된 어떠한 행위나 혹은 재판소의 관할권이 미치는 어떠한 범죄와 관련하여 정치·인종·민족·종족·문화·종교·제3항에서 정의되고 있는 바의 성별(gender) 혹은 국제법 하에서 허용될 수 없는 것으로 보편적으로 승인되고 있는 기타 사유에 근거하여, 동일함을 증명할 수 있는(identifiable) 집단이나 단체에 대한 박해 ;
(i) 강요된(강제적인) 실종 ;
(j) 아파트헤이트 범죄 ;
(k) 신체에 대해 혹은 정신적 혹은 육체적 건강에 대해 큰 고통 내지는 중대한 침해를 고의적으로(intentionally) 야기하는, 유사한 성격의 기타 비인간적 행위."

제7조 1항에서 사용된 용어들은 그 2항에서 구체적으로 정의되고 있다. 인도에 대한 죄와 제노사이드의 주요 차이점에 관해 언급해 두는 것이 좋겠다. 첫째, 제7조 1항의 구성요건에서 보는 바와 같이 인도에 대한 죄가 성립하기 위해서는 문제의 행위가 단지 "고립되거나 산발적"(isolated or sporadic)인 공격이어서는 안되며, "광범위하거나 조직적인" 공격의 일부로서 행해질 것이 요구된다.[49] 이에 반해 제6조의 제노사이드는 인도에 대한 죄의 한 특수한 범주로 출현하였지만 곧 독자적인 지위와 내용을 갖추게 되었고, 그 결과 제노사이드의 경우에는 "광범위하거나 조직적인" 공격의 일부로서 행해질 것이 요구되지 않는다. 물론, 제노사이드의 경우에도 실제에 있어서는 여기에 해당하는 행위들이 고립된 것이거나 산발적인 경우는 거의 없을 것이다. 제노사이드도 정부당국에

48) Cassese, *International Law*, 2nd, p. 442.
49) *Ibid.*, pp. 441~442.

의하여 승인되거나 묵인된 "광범위한 정책"의 일부로서 행해지는 경우가 대부분이기 때문이다. 그러나 이것은 어디까지나 실제상황을 말하는 것이고, 이것이 제노사이드의 '법적' 구성요건은 아님을 유의하여야 한다.[50] 둘째로, 제노사이드의 경우에는 집단을 "파괴하려는 의도를 가지고"(with intent to destroy a group) 행해져야 하는데 반해, 인도에 대한 죄의 경우에는 이것이 요구되지 않는다.[51]

로마규정은 기본적으로 ICC와 그 당사국 간의 '수직적' 관계를 규율하고 있다. 이에 UN ILC는 2017년 인도에 대한 죄와 관련하여 국내법의 채택과 국가 간 협력('수평적' 관계)에 초점을 맞춘 규정초안("draft articles on crimes against humanity")을 잠정 채택하여 각국 정부, 관련 국제기구들과 단체에 의견을 구하였으며,[52] 이어서 2019년 제71차 회기에서 "인도에 대한 죄의 방지와 처벌에 관한 규정 초안"(Draft articles on Prevention and Punishment of Crimes Against Humanity)을 채택하고 UN총회에 이를 협약으로 만들 것을 권고한 바 있다.[53]

3. 전쟁범죄(war crimes)

구유고국제형사재판소는 1995년 *Tadić* (Interlocutory Appeal) 사건[54]에서 '국내'(비국제적)무력충돌(internal armed conflict)에 적용되는 관습법과 조약에 대한 중대한 위반도 일정 조건 하에서 전쟁범죄에 해당할 수 있다는 견해를 천명한 바 있고, 르완다 국제형사재판소(ICTR)규정[55]은 그 제4조에서 (비국제적 무력충돌과 관련한) "1949년 8월 12일의 제네바협약(4개)의 공통 제3조 및 1977년 6월 8일의 제2추가의정서"에 대한 중대한 위반을 동 재판소의 관할에 속하는 범죄의 하나로 도입하고 있다.[56] '국가 간'(혹은 '국가와 민족해방단체 간')에 전쟁이 없는데도 전쟁범죄가 성립할 수 있게 된

50) *Ibid.*, p. 444.

51) Aust, *Handbook of IL*, 2nd, p. 252.

52) Report of the International Law Commission, Sixty-ninth session (1 May - 2 June and 3 July - 4 August 2017), UN Doc A/72/10 (4 August 2017), "Chapter Ⅳ (Crimes against humanity)", 〈https://legal.un.org/ilc/reports/2017〉; International Bar Association, War Crimes Committee, November 2018, "Comments on the International Law Commission's Draft Articles on Crimes Against Humanity', 〈file:///C:/Users/admin/Downloads/IBA-War-Crimes-Committee-Comments-on-the-Int-Law-Committees-draft-articles-on-crimes-against-humanity-Nov-2018.pdf〉; International Bar Association, Wednesday 17 July 2019, "Comments on the International Law Commission's Draft Articles on Crimes Against Humanity", 〈https://www.ibanet.org/Article/NewDetail.aspx? ArticleUid=7C9D9595-E033-4AE4-A53A-2F51835609AB〉.

53) https://legal.un.org/ilc/texts/7_7.shtml; Report of the International Law Commission, Seventy-first session (29 April-7 June and 8 July-9 August 2019), paras. 13, 42, 〈https://legal.un.org/ilc/reports/2019/english/a_74_10_advance.pdf〉. 본 ILC규정초안 제6조("Criminalization under national law") 8항은 각국이 자국의 국내법에 따라 적절한 경우 '법인'(legal persons)의 '형사, 민사 혹은 행정적 책임'을 수립하기 위한 조치를 취할 의무를 규정하고 있기도 하다.

54) ICTY, *Prosecutor* v. *Duško Tadić*, Decision on the Defence Motion for Interlocutory Appeal on Jurisdiction, 2 October 1995, paras. 128~134, https://www.un.org/icty/tadic/appeal/decision-e/51002.htm.

55) https://www.ictr.org/ENGLISH/basicdocs/statute.html.

56) Cassese, *International Law*, 2nd, p. 432.

것이다. 로마규정 제8조도 이같은 경향을 반영하여 전쟁범죄의 개념을 더 이상 국제적 무력충돌(international armed conflict) 과정에서 발생하는 일정 행위에 국한시키고 있지 않다. 서두에서 언급한 바와 같이 제8조는 지금까지 세 차례(2010년, 2017년, 2019년) 개정·보완키로 결의된 바 있고 또 매우 길지만,[57] 핵심적인 내용은 다음과 같다.

첫째, ICC는 전쟁범죄, 특히 그것이 "계획 또는 정책의 일부로서, 또는 그러한 범죄의 대규모적인 수행의 일부로서" 행하여진 경우에 대해(in respect of war crimes in particular when committed as part of a plan or policy or as part of a large-scale commission of such crimes) 재판관할권을 갖는다.[58]

둘째, 로마규정의 목적상 '전쟁범죄'는 크게 네 범주, 즉 (1) "1949년 8월 12일의 제네바(4개)협약의 중대한 위반행위",[59] (2) "이미 확립된 국제법의 틀 내에서, 국제적 무력충돌에 적용되는 법과 관습에 대한 기타 중대한 위반행위",[60] (3) "국제적 성격을 갖지 아니하는 무력충돌(an armed conflict not of an international character)의 경우에 있어, 1949년 8월 12일의 4개 제네바협약의 공통 제3조의 중대한 위반",[61] 그리고 (4) "이미 확립된 국제법의 틀 내에서, 국제적 성격을 갖지 아니하는 무력충돌(armed conflicts not of an international character)에 적용되는 법과 관습에 대한 기타 중대한 위반행위"[62]로 구분되고 있다. 이들 각 범주에 속하는 완전한 행위목록이 각 규정에 명기되어 있다.

그리고 비국제적 성격의 무력충돌에 적용되는 (3)과 (4)의 두 규정은 "내부적 소요와 긴장 사태, 예컨대 폭동, 고립되고 산발적인 폭력행위 또는 기타 이와 유사한 성격의 행위"(situations of internal disturbances and tensions, such as riots, isolated and sporadic acts of violence or other acts of a similar nature)에는 적용되지 않는다.[63] 또한 (4)의 규정은 "정부당국과 조직화된 무장집단간에 또는 그러한 무장집단들 간에 장기간의 무력충돌이 존재할 경우에 한 국가의 영역 내에서 벌어지는 무력충돌"에 적용된다.[64]

구유고국제형사재판소 상소부는 상기 *Tadić* 사건에 대한 2000년 판결[65]에서 인도에 대한 죄가

57) 내용 개관은 https://en.wikipedia.org/wiki/Amendments_to_the_Rome_Statute_of_the_International_Criminal_Court 참조.
58) 제8조 1항.
59) 제8조 2항(a).
60) 제8조 2항(b). 핵무기는 "불필요한 고통"을 야기하고 "본질적으로 무차별적인" 무기로 인식되고 있는데, ICJ도 *Legality of the Threat or Use of Nuclear Weapons*, ICJ Reports (1996), para. 105에서 "핵무기의 위협 또는 사용은 ... 인도법의 원칙과 규칙들에 일반적으로 위배될 것이다."라고 언급한 바 있었다. 그러나 로마규정에는 핵무기를 포함한 그같은 무기의 (단지) '사용'을 전쟁범죄에 포함시키는 문제와 관련하여 제8조 2항(b)에 (xx)호의 규정이 삽입되는 데 그쳤다. 이 문제에 대해서는 김영석, 《국제법》, pp. 235~236 참조.
61) 제8조 2항(c).
62) 제8조 2항(e).
63) 제8조 2항(d) 및 (f)의 첫 번째 문장.
64) 제8조 2항(f)의 두 번째 문장.
65) ICTY, Appeals Chamber, *Tadić,* Judgment in Sentensing Appeals (dated 26 January 2000), para. 69 : "After full consideration, the Appeals Chamber takes the view that there is in law no distinction

전쟁범죄보다 더 중대하며 따라서 더 무거운 과형을 정당화하는가의 문제에 부정적으로 답한 바 있다. 이것은 이들 두 범죄 사이에 위계가 존재하는 것이 아님을 의미한다.[66]

4. 침략범죄(crime of aggression)

제1차 세계대전을 부른 독일황제 빌헬름 2세에게 부과된 -그러나 그 집행에는 실패했던- 범죄는 "국제도덕과 조약의 신성에 대한 최대의 범죄"(supreme offence against international morality and the sanctity of treaties)란 호화로운 이름이었다.[67] "침략"을 개인의 국제범죄로 간주한 최초의 조약은 1945년 8월 8일의 런던협정에 부속된 뉴른베르그 국제군사재판소헌장이었는데, 이 헌장은 제6조(a)에서 침략을 동 재판소의 물적 관할대상의 하나로 명시하였던 것이다. 그러나 동 규정은 침략범죄를 단지 "평화에 대한 죄"(crimes against peace)로 명명된 더 넓은 범주의 범죄에 속하는 하부 개념의 하나로만 규정하고 있었다. 1946년의 극동국제군사재판소헌장도 이와 동일하였는데, 어쨌든 이 두 재판소는 일부 피고인에게 침략범죄를 이유로 사형 또는 장기간의 자유형을 선고하였다.[68] 그리고 1946년 12월 11일 UN총회는 "뉴른베르그재판소 헌장에 의하여 승인된 국제법의 원칙과 동 재판소의 판결"을 '확인'하기 위한 결의 95(I)을 만장일치로 채택하였다. 그후 침략을 정의하는 문제는 정돈 상태에 빠지고 말았는데, 이것은 국제책임을 야기하는 국가의 위법행위로서의 침략뿐만 아니라 형사책임을 동반하는 개인의 침략범죄에 대해서도 그러하였다.[69]

그러다가 1974년 12월 14일 UN총회는 침략의 정의를 위한 결의[70]를 채택하였는데, 이 정의에는 침략행위로 간주되는 행위들이 담겨있다. 그 제1조에서 분명히 하고 있는 것처럼 총회의 침략정의는 "국가"에 의하여 자행되는 침략을 그 대상으로 하고 있는데, 이 점에 있어서도 이 정의는 그리 완전한 것이 아니었다. 왜냐하면 이 정의는 그 제4조에서 "여기에 열거된 행위는 완벽한 목록이 아

---

between the seriousness of a crime against humanity and that of a war crime. The Appeals Chamber finds no basis for such a distinction in the Statute or the Rules of the International Tribunal construed in accordance with customary international law; the authorized penalties are also the same, the level in any particular case being fixed by reference to the circumstances of the case. The position is similar under the Statute of the International Criminal Court, Article 8(1) of the Statute, in the opinion of the Appeals Chamber, not importing a difference. The Appeals Chamber therefore upholds this ground of appeal." https://www.un.org/icty/tadic/appeal/judgement /index_2.htm.

66) Rosenne, *The Perplexities of Modern International Law*, pp. 185~186 ; Ildikó Erdei, "Cumulative Convictions in international criminal law: reconsideration of a seemingly settled issue", Suffolk Transnational Law Review, Vol. 34, No. 2 (Summer 2011), 〈https://www.law.suffolk.edu/highlights/stuorgs/transnat/documents/Erdei_article_book2.pdf〉 ; Shelton in Evans (ed.), *International Law*, 3rd, p. 146.

67) 베르사유조약 제227조.

68) Cassese, *International Law*, p. 256. 뉴른베르그 국제군사재판소는 침략전쟁 개시를 "(개인의) 최고의 국제범죄"로 표현하기도 하였다 : International Military Tribunal (Nuremberg), Judgment of 1 October 1946, 〈https://www.legal-tools.org/doc/45f18e/pdf/〉, p. 25 ("To initiate a war of aggression ... is the *supreme* international crime...").

69) Cassese, *International Law*, pp. 256~257.

70) UN총회결의 3314 (XXIX) ; 본서, 제27장 (국가의 무력사용), "Ⅱ. 국가의 무력사용, 7. 침략정의."

니며, 안전보장이사회는 UN헌장의 규정에 의거하여 침략을 구성하는 기타 행위를 결정할 수 있다" 라고 규정함으로써 안보리에게 광범위한 재량의 여지를 인정하고 있기 때문이다. 또한 역으로, 이 정의는 그 제2조에서 "선제공격은 침략행위의 증거를 구성한다"고 하면서도, "관련 행위나 그 결과가 충분히 중대하지 않다는 사실을 포함한, 관련 사정에 비추어 어떤 무력의 선제공격이 침략이 아니었다고 결정할 수 있는" 안전보장이사회의 권능을 인정하고 있다. 그리고 무엇보다 이 정의는 그 제5조 2항에서 "침략전쟁은 국제평화에 대한 범죄이다. 침략은 국제책임을 야기한다"(A war of aggression is a crime against international peace. Aggression gives rise to international responsibility)라고만 규정함으로써 침략이 국가의 국제책임과 개인의 형사책임을 모두 동반할 수 있는 것임을 명백히 하지는 않았다.[71] 그럼에도 불구하고 이 정의는 국가뿐만 아니라 개인의 침략범죄에 대해서도 적용될 수 있는 한 개의 유용한 지침을 제공하고 있다. 국가의 침략범죄와 개인의 그것은 같은 동전의 앞뒷면을 구성할 것이기 때문이다. 물론 개인범죄의 경우에는 국가의 그것과는 달리 그 구성요건에 심리적 요소가 포함되어야 할 것이고 또 그 주체를 분명히 하여야 할 것이다.

1996년 ILC가 마련했던 그러나 그리 호응을 받지는 못했던 "인류의 평화와 안전에 대한 범죄법전 초안"(Draft Code of Crimes Against the Peace and Security of Mankind)[72]은 제16조에서 "지도자 혹은 조직자로서, 국가에 의해 행해지는 침략의 기획, 준비, 개시 또는 그 수행에 적극적으로 참여하거나 이를 명령하는 개인은 침략범죄의 책임을 진다."(An individual who, *as leader or organizer*, actively participates in or orders the planning, preparation, initiation or waging of *aggression committed by a State* shall be responsible for a crime of aggression) 라고 규정하고 있다. 침략범죄의 주체가 "지도자 혹은 조직자"에 국한되어 있음을 볼 수 있다.

2010년의 로마규정 재검토회의에서 삽입된 규정 제8조의 2(*bis*)는 침략범죄를 "'일국의 정치적 혹은 군사적 행동에 대해 실효적으로 지배(통제)를 행사하거나 혹은 지도하는 지위에 있는 자'가 그 성격, 중대함 및 규모에 의하여 UN헌장에 대한 명백한 위반을 구성하는 '침략행위'를 기획, 준비, 개시 혹은 집행하는 것"(the planning, preparation, initiation or execution, by *a person in a position effectively to exercise control over or to direct the political or military action of a State*, of an *act of aggression* which, by its character, gravity and scale, constitutes a manifest violation of the Charter of the United Nations)으로 정의하고 있다.[73] 따라서 규정의 목적상 개인의 침략범죄를 정의함에 있어서는 (국가가 주체가 되는) '침략행위'에 대한 정의를 필요로 하는데, 제8조의 2는 "일국이 타국의 주권, 영토보전 혹은 정치적 독립에 대하여, 혹은 UN헌장에 부합되지 않는 다른 어떤 방식으로 무력을 사용하는 것(use of armed force)"으로 정의하면서[74] '침략행위'에 해당하는 일곱 개 행위를 나열하고 있다.[75] 이 두 정의에 따르면, 침략이란 기술

71) Cassese, *International Law*, p. 257.
72) UN Doc. A/51/332 ; https://www.un.org/law/ilc/texts/dcodefra.htm.
73) 제8조의 2, 1항.
74) 제8조의 2, 2항, 첫 번째 문장.
75) 제8조의 2, 2항, 두 번째 문장 .

적 술어는 국가 간 무력사용에 대해서만 적용된다. 침략행위에 대한 이 정의는 1974년 UN총회에서 채택한 침략정의[76] 제1조와 제3조를 사실상 그대로 옮겨놓은 것이다.

V. ICC의 시간적 관할권(jurisdiction *ratione temporis*)

ICC는 로마규정이 발효한 후에 헝하여진 범죄에 대하여만 재판권을 가진다.[77] 그러나 어떤 국가가 로마규정이 발효한 후에 당사국이 되는 경우에는, 그 국가가 제12조 3항에 의거하여 '문제의 범죄'에 대해 ICC의 재판관할권을 수락한다는 선언을 하지 않았으면, ICC는 로마규정이 그 국가에 대해 발효된 후에 행하여진 범죄에 대하여만 재판권을 행사할 수 있다.[78] 침략범죄에 대한 ICC의 시간적 관할권에 대해서는 아래에서 따로 언급하겠다.

Ⅵ. 재판권 행사의 전제조건과 재판권의 행사

로마규정은 '재판권 행사의 전제조건'과 '재판권의 행사'를 구분하여 규정하고 있는데, 양자는 서로 연계되어 있기 때문에 결합하여 읽지 않으면 안된다.

먼저, 제12조는 재판권 행사의 전제조건(preconditions to the exercise of jurisdiction)에 관하여 다음과 같이 규정하고 있다.

> "1. 이 규정의 당사국이 되는 국가는 이로써 제5조에 언급된 범죄에 대하여 ICC의 재판권을 수락한다.
> 2. 제13조 (a)호 또는 (c)호의 경우, ICC가 재판권을 행사할 수 있기 위해서는, 아래 국가들의 하나 이상(*one or more* of the following States)이 이 규정의 당사국이거나, 또는 3항에 다라 ICC의 재판권을 수락하였어야 한다:
> (a) 문제의 행위가 그 영트상에서 발생한 국가, 혹은 선박 또는 항공기상에서 범죄가 행하여진 경우에는 그 선박 또는 항공기의 등록국;

---

76) UN총회결의 3314 (XXIX)(1974년 12월 14일).

77) 제11조 1항.

78) 제11조 2항. 2018년 1월, 북한에 가족을 납치당한 것으로 생각하는 일본인들이 ICC에 김정은을 포함한 관련자들을 인도에 대한 죄의 혐의토 수사해 달라고 청원하였으나, 그 해 4월 ICC 측은 일본이 로마규정에 가입한 2007년 이전에 일본에서 발생한 사건들에 대해서는 수사를 개시할 수 없다는 반응을 보였다 : Reuters, January 19, 2018, "Families of missing Japanese to urge prosecution of North Korean leader at Hague court", 〈https://www.reuters.com/article/japan-abductees-northkorea-idINKBN1F80BP〉 ; Kyodo News, Apr 7, 2018, "Int'l court rejects petition to prosecute N. Korea leader", 〈https://english.kyodonews.net/news/2018/04/8622b24afc67-intl-court-rejects-petition-to-prosecute-n-korea-leader.html〉.

(b) 그 범죄로 기소된 자의 국적국,[79]
3. 이 규정의 당사자가 아닌 국가의 수락이 2항에 따라 요구되는 경우, 그 국가는 ICC행정처장(Registrar)에게 제출하는 선언에 의하여, 문제의 범죄(crime in question)에 대한 ICC의 재판권행사를 수락할 수 있다. 수락국은 제9부(Part 9)에 따라 어떠한 지연이나 예외없이 ICC와 협력하여야 한다."

위 제12조 1항에 의하면 로마규정의 당사국이 되는 국가는 "이로써"(thereby) 즉 '규정의 당사자가 된다는 사실만으로' ICC의 관할권을 수락하게 된다. 이 규정은 이른바 ICC의 자동관할권(automatic jurisdiction)을 천명한 것인데, 이것의 도입은 어떤 의미에서는 획기적인 것이다. 전통적으로 국가가 국제재판소를 창설하는 조약의 당사자가 된다는 것이 곧 그 재판소의 관할권까지 수락함을 의미하지는 않는다. 즉, 대부분의 경우 양자는 별개의 문제로 간주되어 오고 있으며, 이에 따라 국제재판소의 관할권을 수락함에 있어서는 추가적인 동의가 요구되는 것이다. 국가들은 로마규정에서 바로 이 전통을 깨고, 규정의 당사자가 됨과 동시에 규정의 적용대상인 범죄들에 대해 ICC의 관할권을 수락하고 있는 것이다. 단 한번의 행위로 조약의 당사국이 됨과 동시에 재판관할권을 수락하는 이 방식은 전통적인 투트랙 방식(two-track approach)을 뛰어 넘는 중대한 발전이 아닐 수 없다.[80] 그러나 제124조의 경과규정에 의하면, '전쟁범죄'의 경우 로마규정의 당사국이 되는 국가는 "자국민에 의하여 혹은 자국 영토에서 행해졌다고 주장되는" 동 범죄에 대한 ICC의 재판권을 자국에 대하여 로마규정이 발효한 후 7년의 기간 동안 수락하지 않는다고 선언할 수 있다.[81]

제12조 2항은 로마회의 준비기간 중 이른바 ICC의 고유관할권(inherent jurisdiction) 여부와 관련하여 논쟁이 심했던 부분이다. 독일이 제안하였던 이 ICC 고유관할권의 기본논리는, 국제관습법은 국가들이 이른바 핵심국제범죄들(core international crimes)(즉, 제노사이드, 인도에 대한 죄 및 전쟁범죄)에 대하여 보편관할권(universal jurisdiction)을 가짐을 승인하고 있고, 그렇다면 다수 국가들이 서명하고 비준한 조약에 의하여 수립되는 ICC가 그들과 똑같은 방식으로 보편관할권을 행사할 수 없어야 할 이유는 없다는 것이었다. 보편관할권의 원칙에 의하면 규정의 당사자건 아니건 불문하고 그 어떤 국가의 동의도 요구되지 않는다는 주장이었다. 그러나 국가가 보편관할권을 갖는다고 해서 국가 간 조약에 의거하여 만들어지는 국제기구도 당연히 보편관할권을 갖는다는 결론은 나오지 아니한다. 그러므로 미국은 "안전보장이사회가 UN헌장에 의거하여 행동하는 경우는 예외로 하되" "조약은 그 당사자가 아닌 국가들에 대해서는 의무를 창설할 수 없다"는 점을 지적하면서,

---

79) 북한은 ICC의 비회원국이지만 한국법에 의거하여 북한의 리더 김정은을 한국 국민으로 볼 수 있지 않느냐는 논리에 대해 ICC 측은 "국가가 국내법에 의거하여 부여한 국적이 국제재판소들에 대하여 자동적으로 구속력을 갖는 것은 아니다"라고 응수하였다. Kim So-hyun/The Korea Herald, Dec 6, 2019, "International Criminal Court says it has no jurisdiction over NK leader", 〈https://www.koreaherald.com/view.php?ud=20191206000481〉.

80) Roy S. Lee, "Creating an International Criminal Court-Of Procedures and Compromises", in von Hebel/Lammers/Schukking(eds.), p. 147.

81) 이 선언은 언제든지 철회할 수 있다. 서두에서 언급한 바와 같이 제124조의 경과규정은 2015년 당사국총회에서 삭제하기로 결정되었으나 아직 미발효.

"고유관할권의 논리에 따르면, 오로지 두 국가 간에 창설된 형사재판소가 세계 모든 곳의 모든 사람들에 대해 재판권을 행사할 수 있다는 결론에 이르게 된다"는 점을 설명하였다. 결국 본회의에서 고유관할권 제안은 한국과 영국이 제안한 절충안으로 대체되었는데, 그 결과가 바로 로마규정 제12조 2항이다. 이로써 보편관할권이니 고유관할권이니 하는 명시적 표현은 제거되었다. 그러나 "행위지국(내지는 등록국)이나 행위자의 국적국" 중에서 "하나 이상의" 국가가 (바꾸어 말하면, 이들 국가 중 '한 국가만이라도') ICC규정의 당사국이거나 -제12조 3항에 의거하여- 당해 범죄에 대한 ICC의 재판권을 수락하는 경우에는, ICC는 여전히 비당사국의 국민을 재판하거나 비당사국영토 내에서의 범죄행위를 재판할 수 있고, 이로써 사실상 비당사국을 구속하는 결과를 초래할 수 있게 되었다.[82] 이를테면, 미국은 로마규정의 당사국이 아니다. 그러나 상기 로마규정 제12조 2항(a)의 장치로 인해, 2003년 5월 1일부로 로마규정 당사국이 된 아프가니스탄과 관련하여 ICC 항소부는 동 일자 이후 이 국가에서 행해진 범죄혐의, 특히 2003~4년 미군의 전쟁범죄에 대해 2020년 3월 5일 만장일치로 검사의 공식 수사 개시를 허락하였다. 그러나 미국은 2002년 8월 2일 "ICC에 의해, ICC를 대신하여, 혹은 ICC의 요청으로 구금되거나 수감된 미국 또는 동맹국 직원을 석방하는 데 필요하고 적절한 모든 수단"(all means necessary and appropriate to bring about the release of any U.S. or allied personnel being detained or imprisoned by, on behalf of, or at the request of the International Criminal Court)을 사용할 수 있는 권한을 대통령에게 부여하는 "미국군인보호법"(American Service-Member' Protection Act of 2002)(일명 'Hague Invasion Act')을 제정하였었다(Sec. 2008, a).[83] 그리고 미국 트럼프 정부는 이 법률에 의거 ICC검사를 포함하여 그 직원들에게 비자 제한과 자산 동결을 포함한 재재를 부과하기도 하였는데, 그러나 이들 조치는 2021년 1월 새로 들어선 바이든 정부에 의해 해제되었다.[84]

이스라엘도 로마규정의 당사국이 아니지만 팔레스타인은 2015년 4월 1일 로마규정의 당사국이 되었는데, 2021년 2월 5일 ICC 전심부는 (i) 재판소는 팔레스타인 사태에 대해 관할권을 행사할 수 있으며, (ii) 재판소의 영토관할권은 이스라엘 점령지인 가자 및 서안 지구와 동예루살렘에까지 미친다고 결정하였고, 3월 3일 ICC검사는 팔레스타인국 사태에 대한 수사 개시를 선언하였다.[85]

이밖에, 러시아도 우크라이나도 로마규정의 당사자가 아니지만, 우크라이나가 로마규정 제12조 3항에 의거 2014년과 2015년에 두 번이나 ICC 관할권을 수락한 바 있는 상황에서, 2023년 3월

---

82) Mumford, *op. cit.*, at 181~188 ; Louise Arbour and Morten Bergsmo, "Conspicuous Absence of Jurisdictional Overreach", in von Hebel / Lammers / Schukking (eds.), pp. 134~135. ICC규정 제12조 2항에 대한 한국 측의 원래 제안에는 희생자의 국적국가(state of nationality of the victim)와 구금국가(custodial state)도 포함되어 있었으나 삭제되고 말았다. Young Sok Kim, *op. cit.*, (1999) 8 Journal of International Law and Practice 47 at 64~66, 78 ; 김영석, 《국제법》, pp. 181~183.

83) https://www.govinfo.gov/content/pkg/COMPS-3074/pdf/COMPS-3074.pdf.

84) https://www.icc-cpi.int/afghanistan ; Anthony Dworkin, "Why America is facing off against the International Criminal Court", European Council on Foreign Relations, 8 September 2020, 〈https://ecfr.eu/article/commentary_why_america_is_facing_off_against_the_international_criminal_cou/〉 ; Keitner, p. 141.

85) https://www.icc-cpi.int/palestine ; Keitner, p. 142.

17일 ICC (제2)전심부(Pre-Trial Chamber Ⅱ)는 '푸틴 러시아 대통령'과 '대통령실 아동권리위원'(Commissioner for Children's Rights in the Office of the President)에 대해 체포영장을 발부한 바 있다. 범죄혐의는 "로마규정 제8조(2)(a)(vii) 및 제8조(2)(b)(viii)조에 반하여 우크라이나 점령지에서 러시아연방으로의 우크라이나 어린이 불법 추방과 이송"이었다.[86)]

범죄의 한 요소만 로마규정 당사국의 영토상에서 발생하면 제12조 2항(a)의 요건은 충족된다.[87)]

다음으로 제13조는 "재판권의 행사"(exercise of jurisdiction)란 제목 하에 사실은 ICC의 절차를 개시할 권한이 있는 자를 다음과 같이 명시하고 있는데, 이 규정은 흔히 로마규정의 "방아쇠 장치"(trigger mechanisms)로 불리운다.[88)]

> "ICC는 다음 각호의 1에 해당하는 경우, 이 규정에 따라 제5조에 언급된 범죄에 대하여 재판권을 행사할 수 있다:
> (a) 그러한 범죄들의 하나 이상이 행해진 것으로 보이는 사태(situation)가 제14조[89)]에 따라 어떤 당사국에 의하여 검사에게 회부된(referred) 경우;
> (b) 그러한 범죄들의 하나 이상이 행해진 것으로 보이는 사태가 UN헌장 제7장에 의거하여 행동하는 안전보장이사회에 의하여 검사에게 회부된 경우;
> (c) 검사가 제15조[90)]에 따라 그러한 범죄에 대해 수사를 개시한 경우."

앞서 살펴본 제12조 2항이 재판권 행사의 전제조건 중에서 제13조(b)의 경우를 제외하고 있다는 것은, 사태가 UN헌장 제7장에 의거하여 안보리에 의하여 검사에게 회부되는 경우에는 ICC가 재판권을 행사함에 있어 범죄발생지국(혹은 등록국) 또는 범인의 국적국이 로마규정의 당사국이거나, 또는 비당사국이 특별히 당해 범죄에 대해 ICC의 재판권을 수락하는 선언을 했을 필요가 없음을 의미한다. 즉, 안보리의 이같은 회부는 ICC에 일종의 보편관할권을 창설하는 효과를 갖도록 의도되어 있

86) ICC Statement: 17 March 2023, "Statement by Prosecutor Karim A. A. Khan KC on the issuance of arrest warrants against President Vladimir Putin and Ms Maria Lvova-Belova", 〈https://www.icc-cpi.int/news/statement-prosecutor-karim-khan-kc-issuance-arrest-warrants-against-president-vladimir-putin〉; Aljazeera, 17 Mar 2023, "All you need to know about the ICC's arrest warrant for Putin", 〈https://www.aljazeera.com/news/2023/3/17/all-you-need-to-know-about-the-iccs-arrest-warrant-for-putin〉; S'thembile Cele/Bloomberg/(share)Japan Times, Jul 20, 2023, "Putin, facing arrest risk, to skip BRICS summit in South Africa", 〈https://www.japantimes.co.jp/news/2023/07/20/world/politics-diplomacy-world/putin-skip-brics-summit-south-africa/〉; 본서, 제1장, "Ⅳ. 7".

87) *Decision on the "Prosecution's Request for a Ruling on Jurisdiction under Article 19(3) of the Statute"*, Pre-Trial Chamber I, No. ICC-RoC46(3)-01/18, 6 September 2018, paras. 64("the preconditions for the exercise of the Court's jurisdiction pursuant to article 12(2)(a) of the Statute are, as a minimum, fulfilled if at least one legal element of a crime within the jurisdiction of the Court or part of such a crime is committed on the territory of a State Party."). ICC(전심부)는 여기서 PCIJ의 1927년 *Lotus*호 판결을 언급하고 있기도 하다(para. 66).

88) Lionel Yee, "The International Criminal Court and The Security Council : Articles 13(b) and 16", in Lee (ed.), p. 146.

89) 제14조는 "당사국에 의한 사태의 회부"(Referral of a situation by a State Party)에 관하여 규정하고 있다.

90) 제15조는 "검사"(Prosecutor)라는 제목 하에 그 1항에서 "검사는 재판소 관할범죄에 관한 정보에 기초하여 독자적으로(*proprio motu*) 수사를 개시할 수 있다."라고 규정하고 있다.

다.[91] 따라서 설사 어떤 당사국이 제124조의 유예선언을 한 전쟁범죄와 관련된 사태라 하더라도 안보리가 이를 ICC에 회부하는 것은 방해받지 아니한다. 2010년 재검토회의에서 채택된 "침략범죄에 대한 ICC 로마규정 개정에 관한 양해사항들"[92]은 침략범죄에 대해서도 같은 논리가 적용됨을 명시하고 있다.

'범죄' 혹은 '범죄 관련 사태'가 검사에게 회부될 수 있는 통로는 두 가지인데, 즉 '당사국'[93] 혹은 '안보리'[94]는 사태를 검사에게 회부할 수 있다. 이 밖에 '검사'가 −국가, UN기관들, 정부간 혹은 비정부간 기구, 그리고 기타 (개인을 포함한) 다른 믿을만한 출처로부터 수집한 정보에 근거하여−[95] 자발적으로(독자적으로)(*proprio motu*) 수사를 개시할 수도 있다.[96] 이처럼 검사에게 독자수사권이 부여되긴 하였지만, 여기에는 약간의 통제장치가 부가되어 있다. 즉, 이 경우 검사는 접수한 정보의 '중대성'(seriousness)을 분석하여 수사를 계속할 합리적 근거가 존재한다고 판단할 경우, 그는 전심부(Pre−Trial Chamber)에 수사허가 신청서(request for authorization of an investigation)를 제출한다. 전심부는 수사를 계속할 합리적 근거가 존재하고 또 사건이 ICC의 재판권 내에 드는 것으로 생각될 경우 수사의 개시를 허가할 수 있다. 물론, −세 명의 재판관 중 과반수 투표로 부여되는− 전심부의 이같은 허가는 그 후 재판소가 당해 사건의 재판권과 소의 허용성 문제에 관하여 결정하는 것을 침해하지 않는다. 그리고 전심부의 수사권 부여 거부 결정은 검사가 동일 사태에 관한 새로운 사실 또는 새로운 증거에 기초하여 다시 수사허가 신청서를 제출하는 것을 막지 아니한다.[97] 안보리가 UN헌장 제7장에 의거하여 채택한 결의에서 수사나 소추의 연기(deferral of investigation or prosecution)를 요청한 경우에는, 그로부터 12개월의 기간 동안에는 어떤 수사나 소추도 이 규정에

---

91) Kaczorowska−Ireland, p. 15.

92) RC/Res.6 (2010), The Crime of Aggression, Annex Ⅲ (Understandings regarding the amendments to the Rome Statute of the International Criminal Court on the crime of aggression), para. 2 : "It is understood that the Court shall exercise jurisdiction over the crime of aggression on the basis of a Security Council referral in accordance with article 13, paragraph (b), of the Statute *irrespective of whether the State concerned has accepted the Court's jurisdiction in this regard.*" (italics added)

93) 제13조(a), 제14조. 당사국들은 2004년부터 이미 ICC검사에게 사태들을 회부하기 시작했다. 자세한 것은, https://www.icc−cpi.int/ 참조. 다만, 당사국에 의한 사태의 회부는 −원래의 기대와는 달리− 국가들이 '자국' 영토 안에서 발생한 사태를 ICC검사에게 회부하는 이른바 "자기 회부"(Self Referrals)의 실행을 보이고 있다는 점이 지적되고 있다. 문제는, "자기 회부"로 인해 ICC가 자신의 범죄보다는 반란군들의 범죄를 소추해 주기를 원하는 정부들 편에 너무 밀착하게 된다는 점이다. 그러나 로마규정에는 "자기 회부"를 금지하는 어떤 규정도 없다. 지금까지 우간다, 콩고민주공화국, 중앙아프리카공화국으로부터 그런 회부가 있었다. Cryer in Evans (ed.), *International Law*, 3rd, p. 775.

94) 제13조(b). 실제로 UN안보리는 "UN헌장 제7장에 의거하여" 채택한 2005년 3월 31일의 '결의 1593'을 통해 로마규정의 당사국이 아닌 아프리카 수단 내에서의 "2002년 7월 1일 이후의 다르푸르 사태"(the situation in Darfur since 1 July 2002)를, 그리고 2011년 2월 26일의 '결의 1970'을 통해서는 "2011년 2월 15일 이후의 리비아 사태"(the situation in the Libyan Arab Jamahiriya since 15 February 2011)(리비아 역시 로마규정 당사국이 아님)를 ICC검사에게 회부한 바 있다. 자세한 것은, https://www.icc−cpi.int/ 참조.

95) 이들이 로마규정 제15조에 의거하여 ICC 검사에게 정보를 제공하는 것을 ICC는 "communications"로 표현하고 있다 : https://www.icc−cpi.int/.

96) 제13조(c), 제15조.

97) 제15조.

의거하여 개시되거나 진행될 수 없다. 그리고 이러한 요청은 동일 조건 하에서 안보리에 의하여 계속 갱신될 수도 있다.[98)]

침략범죄에 대한 재판권 행사의 요건과 관련하여 2010년의 재검토회의는 제13조(a)(c)에 의거한 "국가에 의한 회부 및 독자수사"의 경우와 동조 (b)에 의거한 "안보리에 의한 회부"의 경우로 구분하여, 전자는 제15조의 2[99)]에서, 후자는 제15조의 3[100)]에서 규정하고 있다. 다만, 제15조의 2의 4개 항은 제15조의 3의 4개 항과 동일한데, 이들 내용은 다음과 같다. (i) 재판소는 조약 개정에 대한 30개 당사국의 비준 혹은 수락이 있은 지 1년 후 범한 침략범죄에 대해서만 재판권을 행사할 수 있다.[101)] (ii) 재판소는 "규정 개정안의 채택을 위해 요구되는 것과 동일한 당사국의 다수결에 의해 2017년 1월 1일 후에 취해질 결정을 조건으로" 침략범죄에 대해 재판권을 행사할 수 있다.[102)] "침략범죄에 대한 ICC 로마규정 개정에 관한 양해사항들"[103)]에 의하면, (i)과 (ii)의 두 요건을 모두 충족시켜야 침략범죄에 대한 ICC의 시간적 관할권이 성립하며, 두 요건 중 어느 것이 먼저 충족되는지는 문제되지 아니한다. (iii) 재판소 외부 기관에 의한 침략행위 결정은 재판소 자신의 사실 인정을 해하지 아니한다.[104)] (iv) 각조의 규정은 제5조에 언급된 다른 범죄들에 대한 재판권 행사에 관한 규정들을 해하지 아니한다.[105)]

제15조의 2의 경우에만 부과된 재판권 행사 조건은 다음과 같다. (i) 재판소는 제12조에 따라 어떤 당사국이 범한 침략행위(act of aggression)로부터 야기되는 침략범죄에 대해 재판권을 행사할 수 있다. 다만, 그 당사국이 재판소 행정처장에게 제출하는 선언을 통해 재판소의 이같은 재판권을 수락하지 아니한다고 사전에(previously) 선언한 경우에는 그러하지 아니하다.[106)] (ii) 재판소는 규

---

98) 제16조. 2002년 7월 12일 채택된 안보리결의 1422가 그 좋은 예이다. 여기서 안보리는 UN헌장 제7장에 의거하여 행동하였는데, 그 주요 내용은 두 가지이다. 첫째, UN에 의하여 설치되었거나 허가된 작전과 관련하여 로마규정 비당사국 출신의 전현직 관리나 직원이 관련된 사건이 발생하는 경우, 안보리가 달리 결정하지 않는 한, ICC는 2002년 7월 1일부터 12개월간 그에 대한 수사나 소추를 진행시키지 말아야 한다. 둘째, 안보리는 추후 필요하면 7월 1일을 기점으로 12개월씩 이를 더 연장할 수 있다. 2003년 6월 12일 안보리는 이 요청을 7월 1일부터 1년 더 연장하기 위한 결의 1487을 채택한 바 있다. 이들 두 결의에서 안보리는 "필요한 동안에는"(for as long as may be necessary) 7월 1일을 기점으로 이 요청을 매년 '갱신'할 의사를 피력하고 있지만, 그러나 2004년에는 이는 더 이상 갱신되지 않았다. Cassese, *International Law*, 2nd, p. 458 ; Aust, *Handbook of IL*, 2nd, p. 261.

2002년 국제형사재판소(ICC)가 설립된 후 안보리는 동 재판소를 의식하여 헌장 제7장에 의거하여 특별히 로마규정 비당사국의 배타적 관할권을 규정한 결의를 채택하기도 한다. 이를테면, 라이베리아 내에 다국적군이나 UN안정화군을 설치하기 위한 2003년의 안보리결의 1497(7항)은 로마규정 제16조에 대해서는 언급함이 없이 "로마규정 비당사국 출신의 전현직 관리나 직원에 대한 파견국의 배타적 관할권"을 규정함으로써 이들 관리나 직원을 ICC의 관할권으로부터 배제하고 있다(다만, 이 배타적 관할권은 파견국에 의해 명시적으로 포기될 수 있다는 단서가 달려있긴 하다). See Orakhelashvili/Akehurst, 9th, pp. 473~474.

99) Article 15 *bis* (State referral, *proprio motu*).

100) Article 15 *ter* (Security Council referral).

101) 제15조의 2, 2항 ; 제15조의 3, 2항.

102) 제15조의 2, 3항 ; 제15조의 3, 3항.

103) RC/Res.6 (2010), The Crime of Aggression, Annex Ⅲ (Understandings regarding the amendments to the Rome Statute of the International Criminal Court on the crime of aggression), paras. 1, 3.

104) 제15조의 2, 9항 ; 제15조의 3, 4항.

105) 제15조의 2, 10항 ; 제15조의 3, 5항.

정 비당사국의 국민이 범했거나 비당사국의 영토 상에서 범한 침략범죄에 대해서는 재판권을 행사하지 아니한다.[107] (iii) 위에서 언급한 바와 같이 침략범죄의 정의는 (국가가 주체가 되는) '침략행위'(an act of aggression)와 연계되어 있다. 이 때문에 ICC 검사가 '침략범죄'와 관련하여 절차를 개시하기에 앞서 UN안보리가 헌장 제7장에 의거하여 '침략행위'가 존재한다는 결정을 내려야 할 것인가에 대해 의견이 갈렸었었는데, 다음과 같이 합의되었다.[108] 즉, 검사가 안보리에 침략행위 존부에 대해 문의한 후 6개월 내에 안보리의 결정이 없을 경우 −독자적으로 혹은 어느 당사국으로부터의 회부에 근거하여− 수사를 진행할 수 있다. 다만, 이 경우 검사는 제15조의 절차에 따라 전심부로부터 수사개시 허가를 받고 또한 안보리로부터 제16조에 의거한 수사연기 요청이 없었어야 한다. 안보리에서 침략행위의 존재를 결정한 경우에는 이같은 제한은 없다

Ⅶ. 일사부재리(*ne bis in idem*)[109]

ICC의 재판관할권에 드는 범죄를 저지른 자는 ICC에서 재판받고 나서 다시 다른 재판소(특히, 국내재판소)에서 재판받거나, 혹은 그 반대로 다른 재판소에서 재판받은 다음 다시 ICC에서 재판받을 수도 있다. 로마규정은 이같은 가능성을 제거하기 위해 양자간에 일사부재리의 원칙을 도입하고 있는데, 이 원칙은 다음의 세 방면에서 적용된다.

첫째, ICC규정에 규정된 경우를 제외하고는, 누구도 ICC에 의하여 이미 유죄선고를 받았거나 무죄방면된 행위에 대하여 다시 ICC에서 재판받지 아니한다. 교섭 과정에서, 일사부재리원칙의 이 첫 번째 측면은 자명한 것으로서 불필요하다는 주장도 제기되었으나, 동 원칙의 명확화를 기하고 또 이 원칙에 이를 포함하더라도 해는 없을 것이므로 결국 이를 포함하기로 결정하였다.[110]

둘째, 누구도 ICC에 의하여 이미 유죄선고를 받거나 무죄방면된, 제5조에 언급된 범죄에 대하여 '다른 재판소'(another court)에서 재판받지 아니한다.

셋째, 제6조, 제7조, 제8조 혹은 제8조의 2(*bis*)에 의거하여 역시 금지된 행위에 대하여 '다른 재판소'(another court)에서 재판받았던 사람은 그 누구도 동일한 행위에 대하여 ICC의 재판을 받지 아니한다. 다만, 그 '다른 재판소'에서의 절차가 다음 중 어느 한 경우에 해당하는 경우에는 그러하지 아니하다.

---

106) 제15조의 2, 4항. 선언서 제출은 "비준 혹은 수락 전에" 제출하여야 한다 : RC/Res.6 (2010), The Crime of Aggression, para. 1.

107) 제15조의 2, 5항 ; 최태현, "침략범죄에 대한 ICC관할권 행사개시 결정", 《국제법으로 세상 읽기》, pp. 15~23.

108) 제15조의 2, 6~8항.

109) 제20조.

110) Holmes, *op. cit.*, in Lee (ed.), p. 58.

"(a) 관련자를 ICC의 재판권에 속하는 범죄에 대한 형사책임으로부터 보호할 목적이었던 경우; (b) 국제법에 의하여 인정된 적법절차의 규범들에 따라 독립적으로 혹은 불편부당하게 행하여지지 않았고, 또 그 상황에서 관련자를 재판에 회부한 의도와 모순된 방식으로 행하여진 경우."

ICC 이외의 '다른 재판소' 상호간에 있어서는 일사불재리의 원칙이 도입되지 않았다. 이것은 ICC와는 관련이 없는 문제이기 때문이다.

Ⅷ. 준거법(applicable law)

ICC는 우선적으로(in the first place) "로마규정, 범죄구성요소(Elements of Crimes), ICC절차증거규칙(Rules of Procedure and Evidence)"을 적용하며, 그 다음으로는(in the second place) 적절한 경우 "적용가능한 조약, 국제무력충돌법의 확립된 원칙을 포함한 국제법의 원칙과 규칙"(applicable treaties and the principles and rules of international law, including the established principles of the international law of armed conflict)을 적용한다. 상기 차선의 준거규정이 없는 경우, 적절한 경우 통상적으로 범죄에 대해 재판권을 행사하는 국가의 국내법을 포함하여, 전 세계 법체계들의 국내법들로부터 ICC가 도출한 법의 일반원칙(general principles of law derived by the Court from national laws of legal systems of the *world*)을 적용한다. 다만, 이들 원칙은 '로마규정', '국제법 및 국제적으로 인정되는 규범과 기준'에 모순되는 것이어서는 안된다.[111]

ICC는 "자신의 종전 판결에서 해석된 대로 법의 원칙과 규칙"을 적용'할 수' 있다.[112] 즉, ICC는 자신의 선례에 관한 한 이를 적용할 수는 있지만 적용할 의무가 있는 것은 아니다. 이것은 ICC 판결에 선례구속의 원칙(doctrine of *stare decisis*)이 적용되지는 않음을 의미하는 것이다.

이 조항(즉, 제21조)에 따른 법의 적용과 해석은 국제적으로 인정된 인권과 모순되지 않아야 하며, 성, 연령, 인종, 피부색, 언어, 종교 혹은 신앙, 정치적 혹은 기타 의견, 민족적 · 인종적 또는 사회적 기원, 부, 혈통 혹은 기타 지위와 같은 근거에 기초한 어떠한 불리한 차별도 없어야 한다.[113]

Ⅸ. 형법의 일반원칙[114]

로마규정은 기존의 다른 임시국제재판소들과는 대조적으로 대부분의 국내법체계에서 발견되는

111) 제21조 1항.
112) 제21조 2항.
113) 제21조 3항.
114) 제3부 (Part 3. General Principles of Criminal Law).

형법의 일반원칙(general principles of criminal law)을 비교적 광범위하게 포섭하고 있는 최초의 국제문서인데, 로마규정 제3부의 관련 내용을 요약하면 다음과 같다.[115]

행위 당시 문제의 행위가 ICC의 재판권에 속하는 범죄를 구성하지 않는 한 로마규정 하의 형사책임은 없다 ; 그리고 범죄의 정의는 엄격히 해석되어야 하며, 유추에 의하여 확장되어서는 아니 된다.[116] 또한 ICC에 의하여 유죄판결을 받은 자는 오직 로마규정에 따라서만 처벌될 수 있다.[117] 누구도 로마규정이 발효하기 이전의 행위에 대해 로마규정 하의 형사책임을 지지 아니한다. 확정판결 전에 준거법이 변경된 경우에는 신법과 구법 중에서 더욱 유리한 법을 적용한다.[118]

개인이 로마규정 하에서 형사책임을 지는 경우는 다음과 같다 : "(a) '개인적으로' 또는 '다른 사람이 형사책임이 있는지 여부와는 관계없이 다른 사람과 공동으로 또는 다른 사람을 통하여' 범죄를 범한 경우" ; (b) "실제로 일어났거나 착수된 범죄의 실행을 명령 · 권유 또는 유인한 경우" ; "(c) 범죄의 실행을 용이하게 할 목적으로 범행수단의 제공을 포함하여 범죄의 실행이나 실행의 착수를 방조, 교사 또는 달리 조력한 경우" ; "(d) 공동의 목적을 가지고 활동하는 집단에 의한 범죄의 실행 또는 실행의 착수에 기타 여하한 방식으로 기여한 경우로서, 그러한 기여가 고의적이고, 또 다음 중 어느 하나에 해당하는 경우: (i) 집단의 범죄활동 또는 범죄목적이 재판소 관할범죄의 실행과 관련되는 경우 그러한 활동 또는 목적을 촉진시키기 위하여 이루어진 것 ; (ii) 집단이 그 범죄를 범하려는 의도를 인식하고서 이루어진 것" ; "(e) (특별히) 집단살해죄와 관련하여 집단살해죄를 범하도록 직접적으로 그리고 공공연하게 타인을 선동한 경우" ; "(f) 실질적인 조치에 의하여 범죄의 실행에 착수하는 행위를 함으로써 범죄의 실행을 기도하였으나 본인의 의도와는 무관한 사정으로 범죄가 발생하지 아니한 경우. 그러나 범행의 실시를 포기하거나 또는 달리 범죄의 완성을 방지한 자는 자신이 범죄 목적을 완전히 그리고 자발적으로 포기하였다면 범죄미수에 대하여 이 규정에 따른 처벌을 받지 아니한다."[119]

개인의 형사책임에 관련한 로마규정의 어떠한 조항도 국제법 하의 국가의 책임에 영향을 주지 않는다.[120] ICC는 피의범죄실행의 시점에서 18세 미만인 사람에 대하여는 '재판권'을 가지지 아니한다.[121]

로마규정 제27조는 "공적 자격의 무관련성"의 제목 하에, 1항에서는 피고인의 공적 자격과 관련하여 제기될 수 있는 실체적 형사책임(처벌) 문제에 대해, 2항에서는 절차적 면제 문제에 대해 규정하고 있다.[122] 즉, 국가원수와 정부수반을 포함하여 개인의 공적 자격(official capacity)은 '어떠한

---

115) Per Saland, "International Criminal Law Principles", in Lee (ed.), pp. 190~191.

116) 제22조 1~2항, 죄의 법정주의(*nullum crimen sine lege*). 이 규정은 어떤 행위를 로마규정과는 별개로 국제법 하의 범죄로 규정하는 것에 영향을 주지 않는다(제22조 3항).

117) 제23조, 형의 법정주의(*nulla poena sine lege*).

118) 제24조, 인적 불소급(non-retroactivity *ratione personae*).

119) 제25조 3항.

120) 제25조 4항. 본서, 제14장 (국가책임), 도입 부분 참조.

121) 제26조.

122) 시에라레온특별재판소 항소부(Special Court for Sierra Leone, Appeals Chamber)는 *Prosecutor against Charles Ghankay Taylor*, Case Number SCSL-2003-01-I, Decision on Immunity from Jurisdiction, 31 May 2004, para. 48에서 "처벌에 대한 언급은 재판을 함축하고 있는 것이다"(mention of punishment

경우에도' 그 자를 로마규정 하의 형사책임으로부터 면하게 하지 않으며, 그 같은 공적 자격 '그 자체만으로는' 형의 감경을 위한 근거로도 되지 않는다 ; 또한 국내법에 따른 것이든 국제법에 따른 것이든, 사람의 공적 자격에 수반될 수 있는 '면제 및 특별절차규칙'(immunities and special procedural rules)은 ICC의 재판권행사를 막지 못한다.[123)]

로마규정도 전쟁범죄와 관련하여 이미 여러 조약과 판례를 통해 수립된 "위계책임의 법리"(doctrine of hierarchical accountability) 내지는 "지휘책임의 법리"(doctrine of command responsibility)를 채택하고 있다.[124)] 즉, 군지휘관(military commanders)과 민간인 상관(civilian superiors)은, ICC의 재판권에 속하는 범죄에 대한 로마규정 하의 형사책임의 다른 근거들에 추가하여, 자신의 실효적 통제 하에 있는 자들의 행위를 적절히 통제하지 않음으로 인하여 그들이 범한 범죄에 대해서도 일정 책임을 부담한다.[125)]

ICC의 재판권에 속하는 범죄는 공소시효(statute of limitations)가 없다.[126)] 달리 규정되지 않

---

implies a trial)라고 언급한 바 있다. Kaczorowska-Ireland, pp. 406~407 ; 본서, 제10장 (국가면제), "I. 국가면제의 의의" 참조.

123) '공적 자격 "그 자체만으로는"(in and of itself) 형의 감경을 위한 근거로 되지 않는다'는 제27조 1항, 두 번째 문장, 후단의 규정은 단지 형의 감경 문제에 관한 한 상황에 따라 공적 자격이 고려될 여지를 남겨두기 위한 표현으로 해석될 여지가 있다 : 김영석, 《국제법》, p. 250.

로마규정 제27조 2항 때문에 헌법을 개정한 프랑스의 경우도 흥미롭다. 즉, '국내법'상의 면제규칙은 ICC의 재판권행사를 막지 못한다는 로마규정 제27조 2항 때문에 프랑스 헌법평의회는 프랑스가 로마규정을 비준하기 전에 (프랑스 대통령에게 임기중 형사소추로부터의 절차면제를 제공하고 있는)프랑스헌법 제68조를 개정하는 것이 필요할 것이라고 판시한 바 있었다 : Constitutional Council (Conseil constitutionnel), Decision of 22 January 1999, no. 98-408 DC, at https://www.conseil-constitutionnel.fr/decision/1998/98408/98408dc.htm ; Fox, pp. 432~433. 그 결과 프랑스헌법은 1999년 7월 8일의 헌법개정 법률을 통해 제53-2조가 삽입되었는데, 동 규정은 다음과 같다. "La République peut reconnaître la juridiction de la Cour pénale internationale dans les conditions prévues par le traité signé le 18 Juillet 1998." (The Republic may recognize the jurisdiction of the International Criminal Court as provided by the treaty signed on 18 July 1998.) : Constitutional law of 8 July 1999, No. 99-568, at https://www.legifrance.gouv.fr ; https://www.assemblee-nationale.fr/english/8ab.asp. 프랑스는 로마규정 비준서를 2000년 6월 9일 기탁하였다 : https://www.icc-cpi.int/asp statesparties/country&id=65.html. 이어서 대통령의 형사특권에 관해 규정하고 있는 헌법 제9부("Titre Ⅸ : La Haute Cour")의 두 규정, 즉, 제67조와 제68조도 2007년 2월 23일의 헌법개정법률을 통해 적절히 개정되었다 : "Loi constitutionnelle n° 2007-238 du 23 février 2007 portant modification du titre Ⅸ de la Constitution", at https://en.wikipedia.org/wiki/President_of_France ; https://www.assemblee-nationale.fr/connaissance/constitution.asp ; https://en.wikipedia.org/wiki/Constitution_of_France.

"대통령은 내란 또는 외환의 죄를 범한 경우를 제외하고는 재직 중 형사상의 소추를 받지 아니한다."고 규정하고 있는 한국 헌법 제84조에 대해서도 비슷한 법적 문제가 제기될 것이다. 그러나 한국은 로마규정 비준시 이 문제를 명문으로 해결하기 위한 헌법 개정을 단행하지 않았다. 생각건대, 한국도 프랑스의 예를 따라 국가의 근본규범인 헌법에 명문의 해결조항을 삽입하는 것이 좋겠다.

한편, 이상의 논의는 국제법상 '타국'에서 면제를 향유하는 사람의 경우, ICC가 재판을 위하여 그 제3국으로부터 그를 인도받을 수 있는가 하는 문제와는 별개의 문제인데, 이 문제는 로마규정 제98조에서 규율하고 있다.

124) 특히, 1977년 제네바협약 제1추가의정서는 제86조(부작위) 및 제87조(지휘관의 의무)에서 "지휘책임의 법리"를 포괄적으로 법전화하였다. 디야치카코(多谷千香子) 저/이민효 · 김유성 역, 《전쟁범죄와 법》(서울 : 연경문화사, 2010), p. 147 ; https://en.wikipedia.org/wiki/Command_responsibility.

125) 제28조. 제28조 1항과 2항을 대조해 보면 군지휘관의 책임과 민간인 상관의 책임은 그 주관적 요소에 있어 약간의 차이가 있다. Saland, *op. cit.*, p. 204 ; Aust, *Handbook of IL*, 2nd, p. 254.

는 한, 사람이 ICC의 재판권에 속하는 범죄에 대하여 형사책임을 지는 것은 오로지 범죄의 중요한 요소들(material elements)이 "의사와 인식을 가지고"(with intent and knowledge) 실행된 경우에 한한다.[127] 정신병(mental disease), 비자발적 명정(酩酊)(involuntary intoxication), 정당방위(self-defence), 강박과 긴급피난(duress and necessity)의 경우에는 형사책임이 배제(조각)된다.[128] 사실의 착오(mistake of fact)는 당해 범죄에 의하여 요구되는 주관적 요소가 부인되는 경우에만 형사책임배제사유가 된다. 어떤 행위유형이 ICC의 재판권에 속하는 범죄인지의 여부에 관한 법률의 착오(mistake of law)는 원칙적으로 형사책임배제사유가 되지 아니한다.[129]

ICC의 재판권에 속하는 범죄가 정부나 (군대나 민간인)상관의 명령에 의거하여 실행되었다고 해서 행위자의 형사책임이 면제되지는 않는다. 다만, "정부의 또는 당해 상관의 명령을 따를 법적 의무가 있었고, 명령이 위법하다는 것을 인식하지 못하였고, '그리고' 그 명령이 명백히 위법하지는 않았던 경우"에는 형사책임이 면제된다.[130]

X. 재판소의 구성과 행정[131]

ICC를 구성하는 기관(organs)은 (a) 소장단(Presidency), (b) 상소부서(an Appeals Division), 공판부서(a Trial Division) 및 전심부서(a Pre-Trial Division), (c) 검사실(Office of the Prosecutor), (d) 행정처(Registry)이다.[132] 이들 중 소장단은 ICC 소장과 제1 및 제2 부소장으로 구성되며, '검사실을 제외한 ICC의 적절한 행정'과 규정에 의해 부여된 다른 기능'을 수행한다.[133]

---

126) 제29조. Sland, *op. cit.*, pp. 204~205.

127) 제30조(주관적 요소 : mental element) 1항. '의사'와 '인식'에 대한 정의는 제30조 2항과 3항에 각기 규정되어 있다.

128) 제31조 1항. 전쟁범죄의 경우에는 재산(property)에 대해서도 정당방위가 인정되며[제31조 1항(c)], "강박과 긴급피난"은 별개로 규정되어 있지 않고 결합되어 있는 점이 눈길을 끈다[제31조 1항(d)]. See Saland, *op. cit.*, pp. 207~208.

129) 제32조.

130) 제33조 1항. 단, 제33조의 목적상, 제노사이드 또는 인도에 대한 죄를 실행하라는 명령은 명백하게 위법하다(manifestly unlawful)(제33조 2항).

뉴른베르그 국제형사재판소(헌장 제8조)를 필두로 하여, 극동국제군사재판소(헌장 제6조), 구유고 국제형사재판소(규정 제7조 4항), 르완다 국제형사재판소(규정 제6조 4항), 시에라레온 특별재판소(규정 제6조 4항)에서는 상관의 명령을 -엄격한 조건 하에서 면책 사유로 규정하는 대신- 단지 "감형"(mitigation of punishment) 고려 사유로 규정하고 있다. Cryer in Evans (ed.), *International Law*, 3rd, p. 770 ; Aust, *Handbook of IL*, 2nd, p. 254.

상관의 명령이 어느 범위까지 면책사유가 될 수 있는가의 문제에 대한 역사적 개관을 위해서는 다음을 참조 : P. Gaeta, "The Defence of Superior Orders : The Statute of the International Criminal Court versus Customary International Law", (1999) 10 EJIL 172 ; Hilaire McCoubrey, "From Nuremberg to Rome : Restoring the Defence of Superior Orders", (2001) 50 ICLQ 386.

131) 제4부(Part 4. Composition and Administration of the Court) ; 디야치카코 저/이민효 · 김유성(역), 전게서, p. 178.

132) 제34조.

'검사실을 제외한 ICC의 적절한 행정'에 따른 책임을 이행함에 있어, 소장단은 상호관심사인 모든 사안에 대하여 검사와 협의하고 또 그의 동의를 구하여야 한다.[134)]

재판관의 자격, 지명, 선출에 관해서도 물론 자세한 규정이 있다.[135)] 예컨대, ICC는 당사국총회(Assembly of States Parties)에서 선출되는,[136)] 최소 18인의 재판관으로 구성되며,[137)] 동일국가의 국민인 재판관이 2인일 수 없다.[138)] 그리고 임기는 9년이며,[139)] ICJ재판관들과는 달리 원칙적으로 재선될 수 없다.[140)] 다만, 이미 공판부(Trial Chamber) 또는 상소부(Appeals Chamber)에 배정된 법관은 이미 당해 부에서 변론이 개시된 어떠한 공판이나 상소심이라도 종결할 때까지 계속 재직하여야 한다.[141)]

ICC는 (검사의 수사를 통제하고 절차적 적법성을 판단하는) 전심부서, (범죄의 사실적 · 법률적 측면을 판단하는) 공판부서, (상소와 재심을 담당하는) 상소부서 등 3개 부서(divisions)로 편제되는데,[142)] 상소부서(Appeals Division)는 소장과 4인의 다른 재판관으로 구성되며, 공판부서와 전심부서는 각기 6인 이상의 재판관으로 구성된다.[143)] 그리고 ICC의 사법기능은 각 부서(division) 내에서 별개로 구성되는 부(chambers)에 의하여 수행된다.[144)]

검사실은 ICC의 '분리된 기관'(a separate organ of the Court)으로서 '독립하여'(independently) 활동한다. 검사실의 장은 물론 검사(the Prosecutor)인데, 검사는 1인 이상의 검사보(Deputy Prosecutors)의 조력을 받으며, 검사보는 로마규정 하에서 검사에게 요구되는 어떠한 활동도 수행할 자격이 있다. 검사와 검사보는 서로 다른 국적을 보유하여야 한다. 검사와 검사보는 당사국총회에서 선출된다. "선출시에 더 짧은 임기가 결정되지 않는 한" 그들의 임기는 9년이며, 재선될 수 없다.[145)]

행정처는 ICC의 행정과 송달의 비사법적 측면에 대하여 책임을 지는데, 다만 검사의 기능과 권한을 손상해서는 안된다. 행정처의 장인 행정처장(Registrar)은 재판소 소장의 관할 아래에서 그의 기능을 수행한다. 재판관들은 당사국총회의 권고를 고려하여 행정처장을 선출하는데, 필요성이 생기고 또 행정처장의 추천이 있으면 1인의 행정처장보(Deputy Registrar)도 선출하여야 한다. 행정처장의 임기는 5년이고 1회에 한하여 재선될 수 있다. 처장보의 임기는 5년 혹은 그보다 짧을 수도 있다.[146)]

---

133) 제38조 3항.
134) 제38조 4항.
135) 제36조.
136) 제36조 6항.
137) 제36조 1~2항.
138) 제36조 7항. 재판관의 국적에 관한 이 규정은 ICJ규정 제3조와 사실상 동일하다.
139) 다만, 최초재판관들은 추첨에 의해 각각 1/3씩 임기 3년, 6년, 9년의 재판관으로 구분된다. 제36조 9항(b).
140) 제36조 9항(a). 재선불가 규칙에 대한 예외는 제36조 9항(c), 제37조 2항 참조.
141) 제36조 10항.
142) 제34조(b).
143) 제39조 1항.
144) 제39조 2항.
145) 제42조.
146) 제43조.

검사와 행정처장은 그들의 업무수행에 필요한 직원(staff)을 임명하여야 하는데, 검사의 경우 이것은 수사관(investigators)의 임명을 포함한다.[147)]

ICC는 각 당사국의 영역 내에서 동 재판소의 목적을 달성하는데 필요한 특권과 면제를 향유한다. 재판관과 검사를 포함한 재판소의 각 구성원들과 재판에 참여하는 외부인들(예컨대, 변호인, 증인, 피해자, 전문가)도 각기 그 범위는 달라도 일정 특권과 면제를 향유한다. 재판소 구성원들의 특권과 면제는 포기가 가능한데, 예컨대, 재판관이나 검사의 그것은 "재판관들의 절대다수(an absolute majority of the judges)에 의하여", 또 행정처장의 그것은 소장단에 의하여 포기될 수 있다.[148)]

ICC의 공식언어(official languages)는 영어, 불어, 중국어, 러시아어, 서반아어 그리고 아랍어 등 6개 언어이며, 따라서 '판결' 및 '기본쟁점을 해결하는 재판소의 기타 결정'은 이들 언어로 출판된다. 실무언어(working languages)는 원칙적으로 영어와 불어다.[149)]

절차증거규칙(Rules of Procedure and Evidence)은 당사국총회의 재적 2/3 다수에 의하여 채택되는 즉시 발효한다. 그 후 물론 개정이 가능하다.[150)]

절대다수에 의하여 행동하는 재판관들은 로마규정과 절차증거규칙에 따라 동 재판소의 일상적인 기능수행에 필요한 재판소규칙(Regulations of the Court)을 채택한다.[151)]

XI. 수사 및 공소 제기[152)]

검사는 획득가능한 정보를 평가한 뒤 로마규정에 따라 절차를 진행할 아무런 합리적 근거가 없다고 결정하지 않는 한 수사를 개시하여야 한다.[153)] 검사는 "국제협력과 사법공조"(international cooperation and judicial assistance)에 관한 규정 제9부의 규정에 따라, 또는 전심부로부터 권한을 부여받은 바에 따라, '국가[154)]의 영역에서'(on the territory of a State) 수사를 수행할 수 있다.[155)] 그리고 검사는 증거를 수집하고 검토하며, 피의자 · 피해자 · 증인의 출석을 요구하고 신문할 수 있다.[156)] 로마규정에 따른 수사에 관하여, 개인은 자기부죄나 유죄자백을 강요당하지 아니하며,

147) 제44조.

148) 제48조. 로마규정 제48조가 ICC의 특권과 면제에 관한 일반규정이라면, 2002년 9월 9일 당사국총회에서 채택되고, 2004년 7월 22일 그 비준국가들에 대하여 발효한 "ICC의 특권과 면제에 관한 협정"(Agreement on the Privileges and Immunities of the International Criminal Court)(협정 제35조에 의하면 최초발효에 필요한 비준/수락/승인/가입국의 수는 10개국임)은 제48조의 이행협정으로서, 이 문제에 대한 로마규정 당사국들의 의무에 관하여 아주 자세히 규정하고 있다. https://www.icc-cpi.int 참조.

149) 제50조.

150) 제51조.

151) 제52조.

152) 제5부(Part 5. Investigation and Prosecution).

153) 제53조.

154) '당사국'(State Party)이 아니다.

155) 제54조 2항.

그 어떤 형태의 강압, 강박 또는 위협이나 고문, 또는 이 밖에 잔혹하거나 비인간적이거나 사람을 비천하게 만드는 다른 어떤 유형의 대우나 처벌도 당하지 아니한다.[157]

수사개시 후 언제든지 전심부는, 검사가 제출한 신청서 및 증거나 기타 정보를 심사하여 어떤 자가 ICC의 재판권에 속하는 범죄를 실행하였다고 믿을만한 합리적 근거가 존재하고, 그 자를 체포하는 것이 '일정 목적상'[158] 필요하다고 확신하는 경우에는 검사의 당해 신청에 기초하여 피의자에 대한 체포영장(warrant of arrest)을 발부한다.[159] 체포영장에 근거하여, ICC는 (규정 제9부에 따라) 피의자의 임시체포(provisional arrest) 또는 체포·인도(arrest and surrender)를 요청할 수 있다.[160] 체포영장을 구하는 것에 대한 대안으로서, 검사는 전심부에 피의자의 출두를 위한 소환장(summons)을 발부하도록 요청하는 신청서를 제출할 수 있다. 전심부는 피의자가 혐의범죄를 실행하였다고 믿을만한 합리적인 근거가 있고, 소환장만으로 그 자의 출두를 확보하기에 충분하다고 확신하는 경우 소환장을 발부하고, 소환장은 피의자에게 송달된다.[161]

임시체포나 체포·인도의 요청을 받은 당사국은 자국의 법과 규정 제9부의 규정에 따라 당해인을 체포하기 위한 조치를 지체없이 취하여야 하며, 구금국에 의하여 인도명령이 내려진 자는 가능하면 신속히 ICC로 인도되어야 한다.[162]

전심부는 피의자가 ICC에 인도됨과 동시에, 또는 자발적으로 혹은 소환장에 의거하여 피의자가 ICC에 출두함과 동시에, 그 자가 실행하였다고 혐의를 받고 있는 범죄에 관하여, 그리고 재판중 가석방(interim release pending trial) 신청권을 포함한 규정 하의 그의 권리에 관하여 그가 고지받았음을 확인하여야 한다. 체포영장 대상자는 재판중가석방 신청을 할 수 있다. 전심부가 제58조 1항에서 설정된 조건이 충족된다고 확신하는 경우에는 피의자는 계속하여 구금된다. 그렇게 확신하지 않는 경우에는 전심부는 조건을 붙여 또는 조건없이 그 자를 석방하여야 한다. 다만, 필요한 경우, 전심부는 석방된 자의 출석을 확보하기 위하여 체포영장을 발부할 수 있다.[163]

피의자가 인도되거나 재판소에 자발적으로 출두한 후 합리적인 기간 내에, 전심부는 검사가 재판을 구하려고 하는 바의 혐의사실을 확인하기 위한 심리(hearing)를 진행하여야 한다. 심리는 검사와 피의자뿐만 아니라 그의 변호인의 출석 하에 진행되어야 한다. 다만, 일정한 경우에는 피의자의 부재 하에 이같은 심리를 진행할 수도 있다.[164] 이 혐의사실 확인절차에서 한 가지 주목할 것이 있다. 즉, '피고인' '도주 중의' 궐석재판(trials *in absentia*)은 로마규정에서는 어떠한 경우에도 허용

156) 제54조 3항.
157) 제55조 1항.
158) 즉, (1) 피의자의 공판정 출두를 확보하기 위해, (2) 피의자가 수사 또는 재판 절차를 방해하거나 위태롭게 하지 못하도록 하기 위해, 또는 (3) 피의자가 당해 범죄 혹은 (ICC의 재판권에 속하고 그리고 동일상황에서 야기되는) 관련 범죄의 실행을 계속하지 못하도록 하기 위해. 제58조 1항.
159) 제58조 1항.
160) 제58조 5항.
161) 제58조 7항.
162) 제59조, 구금국에서의 체포절차(arrest proceedings in the custodial State).
163) 제60조, 재판소에서의 모두절차(initial proceedings before the Court).
164) 제61조, 공판전 혐의사실확인(confirmation of the charges before trial).

되지 않으며,[165] 다만 재판전 절차인 '피의자' 혐의사실 확인절차에서는 이것이 허용된다는 점이다.[166]

XII. 재 판[167]

우선, ICC의 재판(trial)은 크게 유죄선고(conviction) 절차와 과형(sentencing) 절차로 구분된다는 점을 기억해 두는 것이 좋겠다. 달리 결정되지 않는 이상 재판장소는 ICC의 소재지(즉, 헤이그)이다.[168]

피고인은 재판정에 출석하여야 한다. 다만, 피고인이 재판정에서 재판을 계속 방해하는 경우에, 공판부(Trial Chamber)는 피고인을 퇴정하게 할 수 있고 또한 필요한 경우 피고인이 의사소통기술의 사용을 통하여 재판정 밖에서 재판을 지켜보면서 변호인에게 지시할 수 있도록 대비하여야 한다.[169]

공소사실의 수정이나 유죄인정 또는 부과될 형벌에 관한 검사와 피고인측 사이의 어떠한 상의(discussions)도 ICC에 대해 구속력이 없다. 다시 말해서, 일부 국내법에서 인정되는 유죄답변거래(plea bargaining)는 ICC에서는 인정되지 아니한다.[170] 피고인의 유죄를 입증할 책임은 검사에게 있다.[171] 피고인은 공정한 심리(fair hearing)를 받을 권리를 가지며, 이 과정에서 '본인이 직접'(in person)[172] 혹은 '자신이 선택하는 법적 조력(legal assistance)을 통하여' 변호(방어)를 행할 권리가 있다.[173]

---

165) 제63조. 뉴른베르그 국제군사재판소헌장은 신병을 확보하지 아니한 상태에서의 궐석재판을 허용하였는데, 즉 동 헌장 제12조는 다음과 같이 규정하고 있었다 : "The Tribunal shall have the right to take proceedings against a person charged with crimes set out in Article 6 of this Charter in his absence, if he has not been found or if the Tribunal, for any reason, finds it necessary, in the interests of justice, to conduct the hearing in his absence." https://avalon.law.yale.edu/subject_menus/imt.asp. 실제로 이 규정에 의거한 궐석재판이 있었다. 즉, 히틀러(Adolf Hitler)의 개인 비서로서 무소불위의 권력을 행사하던 마틴 보르만(Martin Bormann)은 1945년 5월 2일 자취를 감추었는데, 남미를 포함해서 그를 찾기 위한 노력이 전세계적으로 행해졌으나 결국 찾지 못하였다. 그렇다고 그가 사망했다는 주변 인사들의 주장을 확인할만한 증거도 충분하지 않았으므로 뉴른베르그 국제군사재판소는 1946년 10월 궐석재판을 통해 그에게 사형을 선고하였다. 그 후 1972년 서베를린에서 건설노동자들이 유해를 발견하였는데, 유전자 감식 결과 이는 보르만의 것으로 판명되었다 : https://en.wikipedia.org/wiki/Martin_Bormann. 이같은 유형의 궐석재판에 대해서는 찬반양론이 있다. See Håkan Friman, "Rights of Persons Suspected or Accused of a Crime", in : Lee (ed.), pp. 256, 262 ; Daniel J. Brown, "The International Criminal Court and Trial *In Absentia*", (1999) 24 Brooklyn Journal of International Law 763~796.

166) 제61조 2항.

167) 제6부(Part 6. The Trial).

168) 제62조.

169) 제63조.

170) 제65조 5항.

171) 제66조.

172) 즉, 자기대리(몸소변론)(self-representation)도 허용된다.

173) 제67조 1항(d). (2002년 8월 14일 마지막 개정된) 1993년 구유고국제형사재판소규정 제21조 4항(d)도 사실상 동일하게 규정하고 있다.

ICC는 –허위 증언, 허위/위조 증거의 제출, 증언 방해 등의– '사법운영 방해 범죄들'(offences against administration of justice)에 대해서도 재판관할권을 행사할 부수적 권한을 부여받고 있는데, 유죄판결의 경우 최대 5년의 자유형(imprisonment)이나 벌금(fine)을 부과할 수 있으며 병과할 수도 있다.[174] 그리고 재판소에 출석한 자가 –절차를 방해하거나 재판소의 지시에 따르기를 의도적으로 거절하는 등– '나쁜 행동'(misconduct)을 하는 경우에는 자유형이 아닌 행정조치(administrative measures)(퇴정 혹은 벌금 등)로써 제재할 수 있다.[175]

공판부의 모든 재판관은 재판의 각 단계에 출석하여야 하고, 심의(혹은 평의)(deliberations)에도 언제나 출석하여야 한다. 공판부 구성재판관이 계속하여 출석할 수 없는 경우에는, 소장단은 대체재판관을 임명할 수 있다. 재판관들은 유죄인부결정을 내림에 있어 만장일치(unanimity)를 얻으려고 시도하여야 하며, 그것이 실패하는 경우 그 결정은 재판관의 과반수 찬성에 의한다. 공판부의 심의는 비밀로 남는다. 결정은 서면으로 하며, 증거와 결론에 대한 상세한 이유를 담고 있어야 한다. 만장일치가 이루어지지 않는 경우, 공판부의 결정은 다수의견과 소수의견을 포함한다. 유죄인부결정 또는 그 요약본이 공개법정에서 공표된다.[176]

ICC는 원상회복(restitution), 보상(compensation), 사회복귀(rehabilitation)를 포함한, 피해자에 대한 또는 피해자에 관한 배상(reparations to, or in respect of, victims)과 관련한 원칙을 수립한다. 재판소는 적절한 배상을 특정하여 유죄판결을 받은 자에게 이를 직접 명령할 수 있다. 그러나 적절한 경우에는, 재판소는 배상재정액이 신탁기금(Trust Fund)[177]을 통하여 지급되도록 명할 수 있다. 이상의 규정은 국내법 또는 국제법에 따른 피해자의 권리를 침해하는 것으로 해석되지 아니한다.[178]

유죄(conviction)가 선고된 경우, 공판부는 부과될 적절한 과형(sentence)을 고려하여야 하며, 재판 중 제출된 증거와 제기된 주장(submissions)으로서 과형에 관련되는 것들을 참작하여야 한다. 과형은 공개법정에서 피고인이 재정한 상태에서 선고되어야 한다.[179]

---

174) 제70조(Offences against the administration of justice). See Cryer in Orakhelashvili (ed.), pp. 481~484.

175) 제71조(Sanctions for misconduct before the Court).

176) 제74조.

177) 제79조는 신탁기금에 관하여 다음과 같이 규정하고 있다. "1. 신탁기금은 재판소의 재판권에 속하는 범죄의 피해자와 그 가족을 위하여 당사국총회의 결정에 의하여 설립된다. 2. 재판소는 벌금 또는 몰수를 통하여 수집된 금전과 기타 재물을 동 재판소의 명에 의하여 신탁기금으로 이전하도록 명령할 수 있다. 3. 신탁기금은 당사국총회에 의하여 결정될 기준에 따라 운영된다." 실제사례로는, ICC, Press Release: 07. 08.2012, "Lubanga case : Trial Chamber I issues first ICC decision on reparations for victims", ICC-CPI-20120807-PR831, & Press Release: 08. 08. 2012, "Trust Fund for Victims welcomes first ICC reparations decision, ready to engage", ICC-CPI-20120808- PR832, 〈https://www.icc-cpi.int/Menus/ICC/Home〉 참조.

178) 제75조.

179) 제76조.

XIII. 형 벌[180)]

그러면 ICC는 과형에서 어떤 종류의 그리고 어느 정도의 형벌을 부과할 수 있는지를 묻지 않을 수 없다. 왜냐하면 제23조에 규정된 형의 법정주의(*nulla poena sine lege*)에 따라 ICC는 로마규정에 명시된 형벌만을 적용할 수 있기 때문이다. 다만, 이 문제에 관해서 로마규정은 국내형법에서처럼 각 범죄별로 형을 구체화·개별화하는 대신에 기존의 국제재판소들처럼 ICC의 재판권에 속하는 모든 범죄에 적용될 일반적 기준을 공식화하는 방식을 사용하고 있다.

ICC는 유죄가 선고된 자에게 (최대 30년을 넘지 않는 범위 내에서 기간을 명시한 년수의) 자유형(imprisonment) 또는 ('범죄의 극한 중대성' 및 '유죄가 선고된 자의 개인적 정황'에 의하여 정당화되는 경우) 무기자유형(a term of life imprisonment)을 부과할 수 있다. 따라서 사형은 언도할 수 없다. 그리고 자유형에 '추가'하여 재판소는 (절차증거규칙에 구정된 기준에 따른) 벌금(fine)과 (선의의 제3자의 권리를 침해함이 없이, 당해 범죄로부터 직간접적으로 유래된) 수익·재물·자산의 몰수(forfeiture)를 명할 수 있다.[181)]

형을 부과함에 있어, ICC는 "동 재판소의 명에 따라 이미 구금된 기간"이 조금이라도 있으면 그 기간은 공제하여야 하며, 당해 범죄의 기초가 된 행위와 관련하여 달리 구금된 기간이 있으면 이것은 공제'할 수' 있다. 피고인이 두 개 이상의 죄로 유죄선고를 받았을 때에는 ICC는 개개 죄에 대한 형과 전체 자유형기간을 특정하는 병과형(a joint sentence)을 선고하여야 한다. 이 기간은 선고된 가장 중한 개별적 형보다는 경하지 않아야 하며, 30년의 자유형 또는 (위에서 언급한 바의 기준에 따른) 무기자유형을 초과하여서는 아니된다.[182)]

로마규정의 형벌관련 규정은 각국이 자국의 국내법에 규정된 형벌을 적용하는 것에 영향을 미치지 않으며, 또한 로마규정에 규정된 형벌을 규정하지 않은 국가의 법에도 영향을 미치지 않는다.[183)]

---

180) 제7부(Part 7. Penalties).

181) 제77조. 구유고국제형사재판소도 사형을 언도할 수는 없는데, 동 재판소규정 제24조 1항에서 다음과 같이 규정하고 있기 때문이다. "The penalty imposed by the Trial Chamber shall be limited to imprisonment. In determining the terms of imprisonment, the Trial Chambers shall have recourse to the general practice regarding prison sentences in the courts of the former Yugoslavia." 동 규정 3항은 다음과 같이 규정하고 있다. "In addition to imprisonment, the Trial Chambers may order the return of any property and proceeds acquired by criminal conduct, including by means of duress, to their rightful owners." 이와 동일한 규정이 (the former Yugoslavia 부분은 당연히 Rwanda로 바뀌어) 르완다 국제형사재판소규정 제23조에도 담겨있다. 이와는 대조적으로, 과거 뉴른베르그 국제군사재판소는 대부분의 피고인들에게 사형을 선고하였었는데, 동 재판소헌장 제27조에서 다음과 같이 규정하고 있었기 때문이다. "The Tribunal shall have the right to impose upon a defendant on conviction, death or such other punishment as shall be determined by it to be just." 동 헌장 제28조는 다음과 같았다. 'In addition to any punishment imposed by it, the Tribunal shall have the right to deprive the convicted person of any stolen property and order its delivery to the Control Council for Germany." 동경국제군사재판소헌장에도 이와 유사한 규정이 담겨 있었다. See Rolf Einar Fife, "Penalties", in : Lee (ed.), pp. 323~324.

182) 제78조.

이것은 ICC 자신은 무기형을 포함한 자유형과 일정 재산형만을 부과할 수 있지만, 동 재판소의 재판관할권은 보충적이기 때문에 만일 국내법이 ICC의 재판관할권에 속하는 행위에 대하여 사형을 규정하고 있고 또 그 국가가 재판권을 행사한다면 사형이 불가능한 것은 아님을 의미한다.

XIV. 상소와 재심[184]

뉴른베르그 국제군사재판소헌장은 유죄판결을 받은 자의 상소나 재심 신청을 허용하지 않았지만,[185] 구유고와 르완다 국제형사재판소는 이를 인정하고 있다.[186] ICC도 후자의 예에 따라 상소와 재심을 허용하고 있는데, 두 가지 모두 상소부(Appeals Chamber)에서 담당한다. 상소는 공판부의 "무죄석방 혹은 유죄선고의 결정"과 "과형"에 대해 허용되며, 재심은 확정된 "유죄선고"와 "과형"에 대해 허용된다.

공판부의 "무죄석방 혹은 유죄선고의 결정"에 대해 검사가 상소할 수 있는 사유는 "절차상 하자, 사실의 착오, 또는 법률의 착오"이며, 이 경우 유죄선고를 받은 자나 '그 자를 대신하는' 검사가 상소사유로 삼을 수 있는 것에는 이들 세 가지 사유 이외에 "재판절차나 판결의 공정성 또는 신뢰성에 영향을 주는 기타 다른 사유"가 추가되어 있다. "과형"에 대해서는, 범죄와 과형 사이의 불균형을 사유로 하여 검사 또는 유죄선고를 받은 자가 -재판소의 절차증거규칙에 따라- 상소할 수 있다.[187] 제기된 상소에 대해 상소부는 결정 또는 과형을 파기 또는 변경하거나, 다른 공판부에서 새로 재판하도록 명령할 수 있다. 상소부의 판결은 그 구성원의 과반수 찬성에 의하여 채택되며, 공개된 법정에서 공표된다. 각 재판관은 '법률문제'에 관하여 개별의견(separate opinion)과 반대의견(dissenting opinion)을 표명할 수 있다. 그리고 공판부에서의 과형의 경우와는 달리,[188] 상소부는 유죄나 무죄선고를 받은 자의 출석 없이도 판결을 공표할 수 있다.[189]

재심을 청구할 수 있는 자는 (1) 유죄선고를 받은 자, (2) 그가 사망한 후에는 배우자, 자녀, 부모, 혹은 피고인의 사망 당시에 생존하여 피고인으로부터 그러한 청구를 하라는 서면으로 된 명시적인 지시를 받은 자, 또는 (3) 피고인을 대신하는 검사이다. 그리고 재심청구사유는 (1) 재판 당시에는 획득할 수 없었던 새로운 증거가 발견된 경우, (2) 유죄선고의 결정적 증거가 허위이거나 위조

183) 제80조.
184) 제8부(Part 8. Appeal and Revision).
185) 뉴른베르그 국제군사재판소헌장 제26조.
186) 구유고 국제형사재판소규정 제25조, 제26조, (1993) 32 ILM 1203 ; 르완다 국제형사재판소규정 제24조, 제25조, (1994) 33 ILM 1598. See also Helen Brady and Mark Jennings, "Appeal and Revision", in : Lee (ed.), pp. 294~295.
187) 제81조.
188) 제76조 4항.
189) 제83조.

또는 변조되었음이 새로이 발견된 경우, 또는 (3) 혐의사실 확인결정 또는 유죄선고에 참여하였던 재판관이 중대한 부정행위 또는 중대한 의무위반의 행위를 실행한 경우이다. 상소부는 재심청구가 근거없다고 판단한 경우에는 이를 기각하여야 한다. 반대로, 청구가 이유있다고 결정하는 경우에는 상소부는 (1) 재심대상판결을 하였던 원래의 공판부를 재소집하거나, (2) 새로운 공판부를 구성하거나, 또는 (3) 절차증거규칙에 명시된 방식으로 당사자들을 심리한 후 판결이 재심되어야 하는지에 관한 결정을 하기 위하여 그 문제에 관한 재판권을 계속 유지할 수 있다.[190]

위법하게 체포 또는 구금되었던 자는 형사보상청구권을 '갖는다.' 또한 유죄가 확정되어 처벌받은 자도 나중에 문제의 판결이 오심(miscarriage of justice)이었음을 보여주는 새로운(또는 새로 발견된) 사실에 기초하여 파기되면 법에 따라 보상'받는다.' 중대하고도 명백한 오심이 존재하였음을 보여주는 결정적 사실을 ICC가 발견함으로써, 무죄석방이 확정되거나 또는 그러한 이유로 재판절차가 종료되어 풀려난 자에게는 재판소는 –절차증거규칙에 규정된 기준에 따라– '재량껏' 보상을 지급'할 수' 있다.[191]

XV. 국제협력과 사법공조[192]

ICC는 체포영장이나 소환장을 발부하고 ICC검사에게 로마규정 당사국의 영역에서 수사를 행하고 증거를 수집하고 가택을 수색하기 위한 영장을 발부할 수는 있지만, 이것은 ICC검사가 이들을 집행하기 위해 주권국가들의 영토를 자유로이 넘나들 수 있음을 의미하는 것은 아니다.[193] 그 대신, 각 당사국은 ICC의 범죄수사 및 기소와 관련하여 로마규정에 따라 완전히 협력할 의무를 지며,[194] 그 한 결과로서 당사국들은 규정에 명시된 모든 형태의 협력을 위하여 국내법상 이용가능한 절차를 마련하여야 한다.[195]

이에 상응하여, ICC는 당사국들에게 여러 종류의 협력을 요청할 권한을 가진다. 그 요청은 외교경로(diplomatic channel)를 통하여, 또는 각 당사국이 비준・수락・승인・가입시에 지정하는 다른 적절한 경로를 통하여 전달되어야 한다. 그리고 이 규칙을 침해함이 없이, 그같은 요청은 국제형사경찰기구(International Criminal Police Organization)나 적절한 지역기구를 통하여 전달할 수도 있다.[196] 어느 당사국이 규정에 위반하여 ICC의 협력요청에 응하지 않고 또 그로 인하여 재판소

190) 제84조.

191) 제85조.

192) 제9부 (Part 9. International Cooperation and Judicial Assistance).

193) Cassese, *International Law*, 2nd, p. 461. 다만, 이 문제에 있어 한 가지 예외가 허용되고 있다. 즉, "당사국이 제9부에 따른 협력요청을 이행할 권한있는 사법당국을 이용할 수 없게 되어 ICC측의 협력요청을 명백히 이행할 수 없는 경우에는" ICC전심부서는 제9부에 따른 그 당사국의 협력을 확보함이 없이 ICC검사가 그 영역 내에서 수사를 하는 것을 허락할 수 있다 [제57조 3항 (d)].

194) 제86조.

195) 제88조.

196) 제87조 1항.

가 규정 하의 그 기능과 권한을 수행하지 못하게 된 경우에는, 동 재판소는 그러한 취지의 판정을 하여 이 사안을 당사국총회에 '회부'(refer)할 수 있으며, 안전보장이사회가 재판소에 문제를 부탁(고발)했던 경우에는 안전보장이사회에 '회부'할 수 있다.[197] ICC는 로마규정의 당사국이 아닌 국가에 대하여도 그러한 국가와의 임시합의(*ad hoc* arrangement), 협정(agreement) 또는 기타 다른 적절한 수단에 근거하여 지원을 제공하도록 요청할 수 있다. 규정의 당사국이 아니면서 ICC와 임시합의나 협정을 맺었던 국가가 그러한 협정에 따른 요청에 협력하지 않는 경우에는, 재판소는 그 사실을 당사국총회에 '통고'(inform)할 수 있으며, 안전보장이사회가 동 재판소에 문제를 부탁했던 경우에는 안전보장이사회에 그같은 사실을 '통고'할 수 있다.[198] ICC는 정부간기구들에 대하여도 정보·서류 제공을 요청할 수 있다.[199]

국가의 ICC에 대한 협력 중 가장 중요한 것은 물론 범죄인의 체포와 인도일 것이다. 로마규정은 국가가 이 규정에 의거하여 ICC에 범죄인을 인도하는 것을 surrender로 표현함으로써 국가 간의 범죄인인도를 지칭할 때 흔히 사용되는 extradition과 구분하고 있다.[200] ICC는 규정이 요구하는 필요자료를 첨부하여 범죄인의 체포·인도청구서를 그가 발견될 수 있는 영역의 "그 어떤 국가"(any State)[201]에 대하여도 전달할 수 있다. 로마규정의 "당사국들" (States Parties)은 동 규정과 그들의 국내법절차에 따라 체포·인도청구에 응할 의무가 있다.[202] 인도대상자가 (규정 제20조에 규정된) 일사부재리원칙(*ne bis in idem*)에 근거하여 국내재판소에 이의를 제기한 경우, 피청구국은 ICC에서 소의 허용성(admissibility)에 관하여 관련 결정이 있었는지를 판단하기 위하여 즉시 동 재판소의 의견을 구한다. 소의 허용성이 있는 경우에는, 피청구국은 청구의 실행을 진행하여야 한다. 소의 허용성에 관한 심리가 계류 중인 경우에는, ICC가 이에 관해 결정할 때까지 인도청구의 실행을 연기할 수 있다.[203]

위와 같이 ICC로부터 인도청구를 접수한 로마규정의 당사국이 다른 국가로부터도 인도청구를 받는 경우, 즉 '청구의 경합'(competing requests)이 생긴 경우에도 어떻게 처신해야 할 것인가? 로마규정 제90조에 의하면, 이런 경우 피청구국은 ICC가 소의 허용성이 있다고 결정했는지, 그 다른 인도청구국도 로마규정의 당사국인지, 그리고 양쪽의 인도청구 범죄가 동일 범죄인지의 여부에 따라 달리 결정할 수 있는데, 모든 경우에 ICC측의 인도청구에 우선권을 부여하고 있지는 않음을 유념할 필요가 있다. 뿐만 아니라 로마규정 제98조(면제포기 및 인도동의에 관한 협력) 1항에 의하면, ICC는 피청구국에게 제3국의 사람이나 재산의 국가면제 내지 외교면제와 관련된 국제의무를 위반하면서까지 인도 또는 공조에 응하라고 요구하여서는 아니된다. 물론 ICC가 먼저 당해 제3국으로부

197) 제87조 7항.
198) 제87조 5항.
199) 제87조 6항.
200) 제102조.
201) "any State Party"가 아니다.
202) 제89조 1항.
203) 제89조 2항.

터 면제의 포기를 받아낸 경우에는 그러하지 아니하다. 이와 비슷하게, 제98조 2항은 "ICC는 피청구국이 파견국(a sending state)의 사람을 동 재판소에 인도하기 위해서는 그 파견국의 동의를 얻을 것을 요구하는 국제협정 하의 의무에 부합되지 않게 행동할 것을 요구하게 될 인도청구를 진행시켜서는 아니된다. 다만, ICC가 인도 동의를 부여하기 위한 파견국의 동의를 먼저 얻을 수 있는 경우는 그러하지 아니하다."라고 규정하고 있다. 피청구국과 그 '파견국' 사이에 과거에 체결된, 혹은 앞으로 체결되는, 그같은 국제협정[204]은 흔히 "(로마규정)제98조 협정"(Article 98 agreements)[205]으로 불리우는데, 군대지위협정(Status of Forces Agreements : SOFAs)이 바로 이 경우에 해당되는 좋은 예이다.[206]

UN안보리가 헌장 제7장에 의거하여 사태를 ICC 검사에게 회부한 경우에도 ICC는 자신의 존립근거인 로마규정의 제98조에 따라 행동해야만 할 것인가, 아니면 "헌장 하의 UN회원국의 의무와 다른 어떤 국제협정 하의 그들의 의무 사이에 충돌이 있는 경우, 이 헌장 하의 그들의 의무가 우선한다"고 규정한 헌장 제103조를 원용하여 안보리결의의 우위를 주장할 수 있을 것인가? *Omar Hassan Ahmad Al Bashir* 사건[207]에서 ICC(전심부)는 명백히 후자의 해석을 채택하였다.

---

204) 제98조 2항의 "국제협정"이 로마규정 발효일(즉, 2002년 7월 1일) 이전에 체결된 협정에 국한될 이유는 없으며, 따라서 동 일자 이후에 체결되는 협정도 여기에 포함되는 것으로 새기는 것이 타당하다. Roger O'Keefe, "'Article 98' Agreements, the Law of Treaties & the Law of State Responsibility" in Szabó (ed.), p. 42.

205) "impunity agreements", "bilateral immunity agreements", 혹은 "non-surrender agreements"라고도 부른다. 그러나 이들 중 impunity agreement, 즉 '불처벌협정'은 '제98조 협정'의 기본취지와는 별로 부합되지 않는 표현이다.

206) 한편, 미국은 2006년 봄까지 100여개국과 폭넓게 해외 미국인이 ICC에 넘겨지는 것을 막기 위한 양자간협정을 체결한 바 있는데, 2002년 9월 18일 우즈베키스탄과 체결한 조약("Agreement between the Government of the United States of America and the Government of the Republic of Uzbekistan regarding the Surrender of Persons to the International Criminal Court")이 그 전형적인 사례이다 : (2003) 42 ILM 39 ; https://iilj.org/wp-content/uploads/2016/08/US-Uzbekistan-Article-98-Agreement.pdf ; O'Keefe in Szabó (ed.), pp. 37~38. 그런데 이들 협정이 "Article 98 agreements"의 범주에 속할 수 있는가에 관해서는 의문이 제기되고 있다. 그러나 이 문제는 기본적으로 조약법(law of treaties)의 관점에서 바라보아야 할 것인데, Roger O'Keefe는 다음과 같이 결론짓고 있다. "(미국이 체결한) 제98조 협정들은 결코 미국의 책임을 초래하지 않는다. 마찬가지로, 로마조약의 당사국들과 서명국들이 (미국과) 그런 협정을 체결하는 것 자체가 위법하다고 결론짓기는 너무 어렵다. (또한) 로마조약의 당사국들이 그런 협정을 준수하는 것이 모든 경우에 로마규정의 위반이 될 것이라고 단언할 수도 없다. 그러나 ICC로부터의 적법한 인도 요청에 저항하기 위해 그런 협정에 의지하는 것은 일부 경우에, 아마도 많은 경우에, 로마규정과 양립할 수 없을 것이다." : O'Keefe in Szabó (ed.), p. 54.

서두에서 언급한 바와 같이 미국이 2000년에 로마규정에 서명하였다가 2002년 5월 6일 이를 철회한 것도 (비준을 조건으로 일단 조약에 서명하였으면, 당해 조약의 당사자가 되지 아니하려는 의사를 명백히 할 때까지는 비준 전이라 하더라도 당해 조약의 객체 및 목적을 훼손해서는 안될 의무를 부과하고 있는) 1969년 비엔나 조약법협약 제18조를 의식한 행동으로 보인다.

다른 한편, 미국은 ICC 성립이 가시화된 후에 범죄인인도조약을 체결할 때에도 그 비준서에 미국의 동의가 없는 한 ICC로의 재인도(resurrender)를 금지하는 상원의 양해(understanding)를 첨부하기도 하였다. 미국은 로마규정 당사국들에 대한 원조자금 제공을 미국과의 제98조 협정 체결을 조건으로 하는 법률들을 제정하였다가, 이 정책을 완화하는 법률개정을 단행하기도 하였다. 그리고 미국은 이제는 더 이상 제98조 협정을 적극적으로 추진하지 않는 것으로 보고되고 있다. See https://en.wikipedia.org/wiki/United_States_and_the_International_Criminal_Court ; Kaczorowska-Ireland, p. 84 ; O'Keefe in Szabó (ed.), p. 37.

207) *The Prosecutor* v. *Omar Hassan Ahmad Al Bashir*, ICC-02/05-01/09, 9 April 2014, ICC Pre-Trial Chamber Ⅱ, "Decision on the Cooperation of the Democratic Republic of the Congo Regarding Omar

범죄특정의 원칙(rule of speciality)은 ICC에 대해서도 적용된다. 즉, 로마규정에 따라 ICC에

Al Bashir's Arrest and Surrender to the Court", 〈https://www.icc-cpi.int/CourtRecords/CR2014_03452.PDF〉 ; noted by Cryer in Orakhelashvili (ed.), 492~495. ICC 전심부 결정의 개요는 이러하다. UN 안보리는 2005년 3월 31일 결의 1593을 통해 "2002년 7월 이후의 (로마규정의 비당사국인 수단 내) 다르푸르(Darfur) 사태를 ICC 검사에게 회부하기로 결정하면서"(1항), "수단 정부 및 다르푸르 충돌의 다른 모든 당사자들은 이 결의에 의거하여 ICC 및 그 검사와 충분히 협력하고 필요한 일체의 지원을 제공해야 한다고 결정하고(decides)", 또한 "로마규정의 당사자가 아닌 국가들은 로마규정 하의 의무를 부담하고 있지 않다는 점을 인정하면서도, 모든 국가, 관련된 지역 및 기타 국제기구들에게 충분히 협력할 것을 (단지) 촉구(urges)"하였다(2항). 그 후 ICC는 수단의 당시 현직 대통령 알 바시르(Omar Al Bashir)에 대한 체포영장을 발부하였지만, 콩고민주공화국(DRC)을 포함하여 아프리카 국가들은 협조하지 않았다. ICC는 콩고민주공화국이 알 바시르의 체포와 인도를 의도적으로 거절함으로써 재판소와 협력하지 않았다는 결정을 내리면서 그 이유를 다음과 같이 설명하였던 것이다 : "28. In the case *sub judice* the DRC claims that by issuing the 26 February 2014 ["Decision Regarding Omar Al-Bashir's Visit to the Democratic Republic of the Congo", in which it, *inter alia*, requested the DRC to immediately arrest and surrender Omar Al Bashir to the Court] the Court placed the DRC in a situation where it was called upon to act inconsistently with its international obligations arising from the decision of the African Union "to respect the immunities that come with [Omar Al Bashir's] position of Head of State".

29. This position stands to be corrected. The Chamber does not consider that such inconsistency arises in the present case. This is so because by issuing Resolution 1593(2005) the SC decided that the "Government of Sudan [···] shall cooperate fully with and provide any necessary assistance to the Court and the Prosecutor pursuant to this resolution". Since immunities attached to Omar Al Bashir are a procedural bar from prosecution before the Court, the cooperation envisaged in said resolution was meant to eliminate any impediment to the proceedings before the Court, including the lifting of immunities. Any other interpretation would render the SC decision requiring that Sudan "cooperate fully" and "provide any necessary assistance to the Court" senseless. Accordingly, the "cooperation of that third State [Sudan] for the waiver of the immunity", as required under the last sentence of article 98(1) of the Statute, was already ensured by the language used in paragraph 2 of SC Resolution 1593(2005). By virtue of said paragraph, the SC implicitly waived the immunities granted to Omar Al Bashir under international law and attached to his position as a Head of State. Consequently, there also exists no impediment at the horizontal level between the DRC and Sudan as regards the execution of the 2009 and 2010 Requests.

30. ... the DRC maintains to be bound by the obligation [coming from a decision of the African Union passed on 12 October 2013] that "no serving AU Head of State or Government [···] shall be required to appear before any international court or tribunal during their term of office". However, it follows from the above that the conflicting obligations which the DRC claims exist are not merely between the African Union and the Court. Rather, the conflict actually lies between the decision of the African Union to retain the immunity of Omar Al Bashir and the SC Resolution 1593(2005) which removed such immunity for the purpose of the proceedings before the Court. In this case, the conflict is resolved by virtue of articles 25 and 103 of the UN Charter. According to article 25 of the UN Charter "[t]he Members of the United Nations agree to accept and carry out the decisions of the Security Council in accordance with the [···] Charter". In its advisory opinion on Namibia the ICJ stated, "when the Security Council adopts a decision under article 25 in accordance with the Charter, it is for member States to comply with that decision [···]. To hold otherwise would be to deprive this principal organ of its essential functions and powers under the Charter".

31. Further, according to article 103 of the UN Charter "[i]n the event of a conflict between the obligations of the Members of the United Nations under the present Charter and their obligations under any other international agreement, their obligations under the [···] Charter shall prevail". Considering that the SC, acting under Chapter Ⅶ, has implicitly lifted the immunities of Omar Al Bashir by virtue of Resolution 1593(2005), the DRC cannot invoke any other decision, including that of the African Union, providing for any obligation to the contrary." (footnotes omitted)

ICC(전심부)의 논리는 세 가지이다. 첫째, "수단 정부에게 ICC와 그 검사에게 필요한 일체의 지원을 제공하

인도된 자는 인도범죄의 기초를 구성하는 행위가 아닌, 인도 전에 실행된 어떠한 행위에 대하여도 재판을 받거나 처벌되거나 구금당하지 아니한다. 물론, ICC는 인도한 국가에게 이 요건의 포기(waiver)를 요청할 수 있으며, 필요한 경우에는 추가적인 정보를 제공하여야 한다. 각 당사국은 ICC에 포기를 제공할 (의무 아닌) 권한을 가지는 것이지만 그렇게 하려고 노력할 필요가 있다.[208]

로마규정에는 국가 간 범죄인인도조약에서 인도거절사유로서 흔히 삽입되는 쌍방가벌성 및 자국민불인도의 원칙이 보이지 않는데, 이것은 "국제공동체 전체에 대해 중요성을 갖는 가장 중대한 범죄"를 재판하기 위해 설립된 ICC의 국제재판소로서의 성격상 당연한 것으로 이해된다.[209] 이 밖에, 정치범불인도의 원칙도 삽입되지 않았는데, ICC의 관할대상 범죄들이 정치범죄가 아닌 것은 분명하다.[210]

피청구국의 영역에서 ICC의 청구를 실행하는데 소요되는 통상적인 비용은 당해 국가가 부담한다. 다만, ICC구성원의 여행과 생계비용, 범죄인이송비용, 번역・통역 비용을 포함한 일정 비용은 재판소가 부담한다.[211]

XVI. 형의 집행[212]

ICC에 의하여 부과된 형은 수형자를 받아들일 의사가 있음을 밝힌 '국가들'의 목록(a list of States)[213]으로부터 동 재판소가 지정하는 국가에서 집행된다. 수형자를 받아들일 의사가 있음을 선언할 때 국가는 —재판소가 합의하고 또 규정(제10부)에 부합하는— 조건을 붙일 수 있다. 특정사건에서 지정된 국가는 ICC의 지정을 수락하는지의 여부를 신속히 통고하여야 한다.[214] 만일 이렇게 해서 어떤 국가도 지정되지 않는 경우에는 형은 본부협정에 명시된 조건에 따라 ICC소재지국이 제공하는 교도소에서 집행된다. 이 경우 소요되는 비용은 동 재판소가 부담한다.[215]

수형자를 받아들일 의사가 있음을 선언할 때 당해 국가가 부가했던 조건을 전제로, 과형은 당사

며 협력하라고 결정함으로써 안보리는 국제법상 국가원수 자격의 알바시르에게 부여된 면제를 묵시적으로 포기하였다(implicitly waived).' ICC 전심부는 안보리의 명령이 범죄인이 속한 정부의 (로마규정 제98조 1항 하의) 면제포기권을 대체(그것도 묵시적으로 대체)할 수 있다고 본 것이다. 둘째, "AU의 현직 국가원수는 임기 중 그 어떤 국제재판소에도 출두할 것이 요구되어서는 안 된다는 AU의 결정은 -'UN회원국들은 UN헌장에 따른 안보리의 결정을 수락하고 실시할 것에 동의한다'고 규정한- UN헌장 제25조를 이길 수 없다." 셋째, "로마규정 하의 의무와 UN헌장 제7장에 의거한 안보리 결정이 충돌할 경우 헌장 제103조에 의하여 후자가 우선한다."

208) 제101조.

209) Bert Swart and Göran Sluiter, "The International Criminal Court and International Criminal Co-operation", in : von Hebel / Lammers / Schukking (eds.), p. 100.

210) 김영석, 전게서, pp. 198~199.

211) 제100조.

212) 제10부 (Part 10. Enforcement).

213) "a list of States Parties"가 아니다.

214) 제103조 1항.

215) 제103조 4항.

국들에게 구속력이 있으며, 따라서 당사국들은 어떠한 경우에도 그것을 변경할 수 없다. 그리고 오로지 ICC만이 상소와 재심 신청에 대하여 결정할 권리를 갖는다. 형집행국은 수형자가 그러한 신청을 하는 것을 방해하여서는 아니된다.[216)]

형집행국은 ICC에 의하여 선고된 형기만료 이전에 수형자를 석방하여서는 아니된다. 오로지 동 재판소만이 감형을 결정할 권리를 가지며, 수형자의 의견을 들어본 후 이 문제에 대해 결정한다. 수형자가 형기의 2/3 또는 무기자유형의 경우에는 25년을 복역한 때에는 ICC는 감형 여부를 결정하기 위하여 형을 재검토하여야 한다. 그러한 재검토는 이 시한 이전에 실행되어서는 아니된다.[217)]

ICC가 부과한 벌금형과 몰수형의 경우에는, 각 당사국이 선의의 제3자의 권리를 침해함이 없이 그리고 자국의 국내법절차에 따라 이를 집행하여, 그로부터 나온 재산이나 수익을 ICC로 이전한다.[218)]

XVII. 당사국총회 및 재정[219)]

로마규정의 당사국총회(이하 '총회')가 설립된다. 각 당사국은 총회에서 (교체요원들과 고문들을 동반할 수 있는) 1인의 대표를 갖는다. 로마규정 혹은 최종의정서에 서명하였던 다른 국가들은 총회에서 옵서버가 될 수 있다.[220)]

총회에서 하는 일은, (i) 준비위원회(Preparatory Commission)의 권고를 검토·채택하는 것, (ii) 재판소의 행정에 관하여 소장단·검사·행정처장에 대해 운영감독을 제공하는 것, (iii) 실무단(Bureau)의 보고서와 활동을 검토하고, 그에 대해 적절한 행동을 취하는 것, (iv) 재판소 예산의 검토와 결정, (v) 재판관 수의 변경, (vi) 국가들의 ICC에 대한 비협력문제를 (제87조 5항과 7항에 따라) 검토하는 일, (vii) 규정이나 절차증거규칙에 부합하는 기타 다른 기능의 수행 등이다.[221)]

총회는 3년 임기로 총회에서 선출되는 1인의 의장과 2인의 부의장 및 18인의 위원으로 구성되는 실무단(Bureau)을 보유한다. 실무단은 대표성(a representative character)을 가져야 하며, 이를 위해 특히 형평한 지리적 분포 및 세계 주요법체계의 충분한 대표를 고려에 넣어야 한다. 실무단은 필요한 때 소집되지만, 적어도 1년에 한 번은 소집되어야 한다. 실무단은 총회의 책임 수행을 지원한다.[222)]

총회는 필요한 보조기관을 설치할 수 있다.[223)] 그리고 ICC 소장, 검사, 행정처장 또는 그들의 대리인은 총회와 실무단의 회의에 적절히 참여할 수 있다.[224)]

---

216) 제105조.
217) 제110조.
218) 제109조.
219) 제11부 (Part 11. Assembly of States Parties), 제12부 (Part 12. Financing).
220) 제112조 1항.
221) 제112조 2항.
222) 제112조 3항.
223) 제112조 4항.

총회는 ICC소재지 또는 UN본부에서 1년에 한 번 회합을 가져야 하며, 상황에 따라서는 특별회기(special sessions)를 열 수 있다. 규정에 달리 정하여지지 않는 한, 특별회기는 실무단 스스로 또는 당사국 1/3의 요청이 있을 때 소집된다.[225)]

각 회원국은 한 개의 투표권을 가진다. 총회에서나 실무단에서는 컨센서스(consensus)에 의한 의사결정에 이르기 위해 모든 노력을 다 하여야 한다. 그러나 컨센서스에 도달할 수 없는 경우에는, 규정에 달리 규정된 경우를 제외하고는, 다음의 규칙에 따른다. 첫째, 실체문제(matters of substance)에 관한 결정은, 당사국의 절대다수(an absolute majority of States Parties)가 투표를 위한 정족수를 구성할 것을 조건으로, 출석하여 투표한 당사국의 2/3의 다수결로 승인되어야 된다. 둘째, 절차문제(matters of procedure)에 관한 결정은 출석하여 투표한 당사국의 단순과반수(simple majority)에 의하여 채택된다.[226)]

ICC비용을 충당하기 위한 분담금(financial contributions)을 연체하고 있는 당사국은, 그 연체금액이 지난 2년간의 분담금총액과 같거나 이를 초과하는 경우, 총회에서나 실무단에서 투표권이 없다. 다만, 총회는 그러한 연체가 당해 당사국의 통제 밖의 상황에 기인하는 것이라고 판단되는 경우에는 총회 및 실무단에서의 투표를 허락할 수 있다.[227)]

총회는 자신의 절차규칙을 채택한다.[228)] 총회의 공식언어 및 실무언어는 UN총회의 그것과 같다.[229)] 따라서 영어, 불어, 중국어, 러시아어, 스페인어, 아랍어가 ICC당사국총회의 공용어 및 실무어가 된다.[230)]

ICC 및 (실무단과 보조기관을 포함한) 총회의 경비는 당사국들이 내는 분담금 그리고 (특히, 안전보장이사회측의 부탁으로 초래된 경비에 대해서는 UN총회의 승인을 조건으로) UN이 제공하는 자금으로 충당한다.[231)] 이 밖에 추가적인 재원으로서, ICC는 총회에서 채택하는 관련 기준에 의거하여 정부, 국제기구, 개인, 기업 및 기타 실체들로부터 자발적 기부금을 받아 사용할 수 있다.[232)]

---

224) 제112조 5항.

225) 제112조 6항.

226) 제112조 7항.

227) 제112조 8항.

228) 제112조 9항.

229) 제112조 10항.

230) 왜냐하면 UN총회절차규칙 Rule 51에서 "Arabic, Chinese, English, French, Russian and Spanish shall be both the official and the working languages of the General Assembly, its committees and its subcommittees."라고 규정하고 있기 때문이다.

231) 제115조.

232) 제116조.

XVIII. 기타 사항들[233)]

로마규정에 대하여는 어떤 유보도 할 수 없다.[234)]

당사국 간의 분쟁해결에 관하여는 로마규정 제119조에서 다음과 같이 규정하고 있다.

> "1. ICC의 사법적 기능(judicial functions)에 관한 어떠한 분쟁도 동 재판소의 결정에 의하여 해결되어야 한다.
> 2. 발생 후 3개월 이내에 교섭을 통하여 해결되지 않는 규정의 해석 또는 적용에 관한 2개 이상의 당사국간의 어떤 다른 분쟁도 당사국총회에 회부되어야 한다. 총회는 스스로가 분쟁해결을 모색할 수도 있고, ICJ규정에 따라서 ICJ에 부탁하는 것을 포함하여 다른 분쟁해결수단을 권고할 수도 있다."

제119조 2항은 누가 당사국총회에 분쟁을 부탁(회부)할 책임이 있는지에 관해서는 언급이 없다. 그러나 2항의 묵시적 표현으로 보아 로마규정의 당사국인 분쟁당사국은 누구든지 총회에 분쟁을 부탁할 수 있는 것으로 보인다.[235)]

로마규정의 변경은 그 제안이 맨처음 누구에게서 나오는가를 중심으로 개정(amendments)[236)]과 재검토(review)[237)]로 이원화되어 있다. 이 중에서 개정은 그 제안이 로마규정의 당사국으로부터 나오는 경우이고, 재검토회의는 UN사무총장이 소집한다. 다만, 개정에 관한 일부 조문(즉, 제121조 3항 내지 7항)은 재검토회의에 대해서도 적용된다.[238)]

침략범죄와 관련한 로마규정의 개정에 대해, 이것은 ICC 관할범죄에 관한 조문들(제5조~제8조)에 대한 개정으로서 제121조 5항이 적용되어야 한다는 견해와 이것은 절차적 개정이므로 동 조 4항이 적용되어야 한다는 견해의 대립이 있었으나, 2010년 재검토회의에서는 전자의 견해가 채택되었다.[239)] 그 결과, 2010년 재검토회의에서 삽입된 침략 관련 개정은 이것을 수락한 당사국에 대해서만 그 국가의 비준서가 기탁된지 1년 후에 발효한다.

로마규정은 모든 국가(all States)의 가입을 위하여 개방된다.[240)] 가입은 UN사무총장에게 가입서를 기탁한 후 60일이 경과하고 나서 그 다음 달의 첫째 날에 발효한다.[241)] 팔레스타인(State of Palestine)은 2011년 UNESCO에 가입하고, 2012년 UN총회에서 '비국가 옵서버'에서 '비회원 옵

---

233) 제13부 (Part 13. Final Clauses).
234) 제120조.
235) Tuiloma Neroni Slade and Roger S. Clark, "Preamble and Final Clauses", in : Lee (ed.), p. 431.
236) 제121조, 제122조.
237) 제123조.
238) 제123조 3항.
239) RC/Res.6 (2010), The Crime of Aggression, para. 1.
240) 제125조 3항.
241) 제126조 2항.

서버국가'로 승격된 후, 2015년 4월 1일 로마규정에도 가입하였다.[242)]

당사국은 UN사무총장에게 보내는 통지서에 의하여 로마규정으로부터 탈퇴할 수 있다. 탈퇴는 통지서에서 더 늦은 일자를 명시하고 있지 않는 한, UN사무총장이 통지서를 수령한 날로부터 1년이 되는 날에 발효한다.[243)] 탈퇴를 하더라도 당사국은 탈퇴하기 전에 로마규정으로부터 발생한 (재정적 의무를 포함한) 의무들은 이행하여야 한다. 탈퇴는 "탈퇴국이 협력할 의무를 지며 또한 탈퇴가 발효하기 전에 개시된 수사 및 절차와 관련한" ICC와의 그 어떤 협력에도 영향을 주지 않는다. 마찬가지로, 탈퇴는 "그 탈퇴가 발효하기 전에 이미 ICC에 의하여 검토 중이던 문제의 계속적인 검토"를 조금도 침해하지 아니한다.[244)]

영어 · 불어 · 중국어 · 러시아어 · 스페인어 · 아랍어로 된 규정이 동등하게 정본인 로마규정의 원본은 UN사무총장에게 기탁되며, 그는 이것의 인증등본(certified copies)을 "모든 국가"(all States)[245)]에게 보내야 한다.[246)]

XIX. 테러리즘의 정의

어떤 범죄에 대해 완벽한 정의가 수립될 때까지는 법적으로 그런 범죄는 없다는 주장도 있지만, 정의에 대한 일반적 합의가 없다고 해서 그런 범죄를 저지른 자들을 소추하고 처벌할 수 없는 것은 아니다.[247)] 복합적 요소를 가진 어떤 범죄적 행위가 꼭 어떤 특정명칭의 죄로만 처벌되어야 하는 것

242) 본서, 제25장 (UN), "Ⅳ. UN회원국의 지위, 5. UN총회 상주옵서버" 참조.

243) 제127조 1항.

244) 제127조 2항. 필리핀 사례가 이를 잘 보여준다. 필리핀은 2011년 8월 30일 로마규정 비준서를 기탁, 동년 11월 1일부로 당사국이 되었다. 그러나 2018년 2월 8일 ICC검사가 -최소한 2016년 7월 1일부터 진행된 마약과의 전쟁("war on drugs" campaign) 과정에서 자행된 인도에 대한 범죄와 관련한- '필리핀 사태에 대한 예비검토'(preliminary examination of the situation in the Philippines) 개시를 공표하자, 두테르테 대통령은 1개월 후 로마규정 탈퇴를 선언하였고, 결국 필리핀은 2019년 3월 17일부로 탈퇴하였다. 그러나 제127조 2항에 의하여 탈퇴는 미래에 대한 것이며 소급효를 갖지는 못한다. 그러므로 2021년 6월 14일, ICC검사는 인도에 대한 범죄가 행해졌다고 믿을만한 합리적 근거가 있다고 결론내리면서 '필리핀 사태에 대한 예비검토' 완료를 선언하였으며, 이와 함께 재판부에 정식 수사 개시 허가(judicial authorisation to proceed with an investigation)를 요청하였다. ICC Press Release: 30/08/2011, "ICC - The Philippines becomes the 117th State to join the Rome Statute system", ICC-CPI-20110830-PR717 ; "Statement of the Prosecutor of the International Criminal Court, Fatou Bensouda, on opening Preliminary Examinations into the situations in the Philippines and in Venezuela", 8 February 2018, 〈https://www.icc-cpi.int/Pages/item.aspx?name=180208-otp-stat〉 ; Coalition for the International Criminal Court, 15 March 2019, "The Philippines' membership in the ICC comes to an end", 〈https://www.coalitionfortheicc.org/news/20190315/philippines-leaves-icc〉 ; DW, 18.03.2019 "Philippines withdrawal does not protect Rodrigo Duterte from ICC", 〈https://www.dw.com/en/philippines-withdrawal-does-not-protect-rodrigo-duterte-from-icc/a-47957746〉 ; ICC, Preliminary examination: Republic of the Philippines, 〈https://www.icc-cpi.int/philippines〉.

245) "all States Parties"가 아니다.

246) 제128조.

247) Cassese, *International Law*, p. 257.

은 아니기 때문이다. 그렇다 하더라도 테러리즘의 정의를 구하는 것은 ICC 관할권 확대의 차원에서는 필수적인 문제가 아닐 수 없다.

테러리즘을 ICC의 물적 관할에 포함시킬 것이 권고되고 있다는 것은 이것이 '보통의 살인'(common murder)이나 (이미 ICC의 물적 관할에 속하는) '전쟁범죄' 및 '인도에 대한 죄'와는 구분되어야 함을 시사하는 것이다. 그 유형이나 강도에 있어 차이는 있어도 이미 지난 수 세기 동안(아니, 아주 고대로부터) 우리 인류는 수많은 테러리즘을 목격하여 왔으며, 따라서 테러가 20세기나 21세기 고유의 현상은 아니다. 그런데도 국제공동체는 아직 일반적으로 수락될 수 있는 테러리즘의 정의를 담은 일반관습법규나 보편적 다자조약을 갖고 있지 못한데, 이것이 마련되어야만 테러리즘을 식별하고 그에 대한 실효적인 대응책을 강구할 수 있을 것이기 때문에 이 문제는 아주 긴급한 문제가 되고 있다.

국제연맹 시절인 1937년 11월 1일, 20개 국가들[248]이 제네바에 모여서 -한 체약국의 영토에서 행해지는 것으로서 타 체약국을 상대로 한 테러행위(acts of terrorism)(즉, '국제적 성격'의 '테러행위')를 범죄로 취급할 것을 약속하는- "테러리즘의 방지 및 처벌을 위한 협약"(Convention for the Prevention and Punishment of Terrorism)에 서명한 바 있는데,[249] 그 제1조 2항에 의하면 "테러행위"란 "국가를 상대로 한 범죄행위로서, 특정인이나 집단 혹은 일반대중의 마음에 공포상태를 만들어 내려고 의도되거나 계획된 것"을 뜻하며, 그 제2조에 의하면 테러리즘의 주요 공격대상은 일반인들보다는 "국가원수와 그 가족을 포함한 공직자"에 맞추어져 있다. 이 정의는 국제테러리즘을 "범죄행위"로 천명하고 또 테러리즘의 본질을 적절히 파악한 최초의, 현재로서는 유일의, 일반다자조약이라는 점에서 의의가 있긴 하지만, 테러리즘의 1차 목표물을 "일반대중"보다는 "국가(외국)원수와 그 가족을 포함한 공직자"로 생각한 나머지 테러리즘을 "국가(외국)를 상대로 한" 행동으로 정의한 것은 오늘날의 상황과는 잘 맞지 않는다.[250] 그리고 이 협약은 서명국은 모두 24개국으로 불어나긴 했지만 오직 인도만이 비준하였을 뿐이고, 그 결과 발효에도 실패하였다.[251]

UN 내에서도 국가들은 지난 수십년간 테러리즘을 정의하기 위한 토의를 계속하였지만 합의를 도출해 내는 데 애를 먹고 있다. 테러리즘은 사용하기는 쉬워도 정의를 내리기는 매우 어려운 술어가 되어 버렸는데, 그렇게 된 가장 큰 이유는 민족자결의 실현을 위해 투쟁하는 개인이나 집단의 폭력적 행위를 보는 관점에 있어 진영들간에 의견이 첨예하게 대립하였기 때문이다. 즉, 제3세계 국가들은 민족해방단체의 구성원들을 "자유의 전사"(freedom fighters)로 보았고, 서방진영은 그들을 단지 테러리스트로 간주하려 하였다.[252] 그러나 기본적으로 어떤 단체가 민족해방단체인지 아닌지

248) 즉, "알바니아, 아르헨티나, 벨기에, 불가리아, 도미니카, 이집트, 에콰도르, 스페인, 에스토니아, 프랑스, 그리스, 인도, 노르웨이, 네덜란드, 페루, 루마니아, 체코슬로바키아, 터키, 베네수엘라, 유고슬라비아." (1938) 19 BYIL 214.

249) *Ibid.*, p. 215 ; 협약원문은 Hudson (ed.), *International Legislation* (9 vols., 1931-50), No. 499 참조.

250) Muhammad Zamir, "Humanitarian law and terrorism", https://www.dhakacourier.net/volumer19/issue50/column/doc6.htm (2005년 3월 3일 검색).

251) John Dugard, "Terrorism and Human Rights : A Plea for a Clearer Understanding of the Meaning of Terrorism", https://www.ru.ac.za/centenary/lectures/hohn-dugardlecture.doc (2005년 3월 3일 검색).

를 결정짓는 것은 자결(self-determination)이란 이름의 신성한 '목표'(goal)인데 반해, 테러리즘은 그 목표를 달성하기 위해 동원되는 범죄적 '수단'(means)의 하나를 지칭하는 것임을 강조해 두는 것이 좋겠다. 즉, "자유의 전사"가 언제나 테러리스트는 아니며, "국가"가 테러리즘의 주체에서 제외될 하등의 논리적·실제적 이유도 없는 것이다.[253)]

테러리즘을 수행하는 자들, 즉 테러리스트들은 목표와 수단이 비례해야 한다는 사고가 결여되어 있다. 그들은 목표가 수단을 정당화한다고 믿는다. 테러리즘에 대한 비난은 높아만 가는데도 그 정의에 대해 합의를 볼 수 없게 된 UN회원국들은, 우선 여러 특별한 유형의 테러리즘에 대처하기 위한 개별조약을 체결하기 시작하였으며,[254)] 이를 통해 테러리즘의 특징들이 확인되었다. 그리고

---

252) "One man's terrorist is another man's freedom fighter."라는 표현은 이같은 견해의 대립을 극명하게 보여준다. 이런 가운데에서 한 개의 타협책으로 나온 것이 1977년 제네바 제1추가의정서 제44조 3항에 규정된 이른바 임시빨치산(part-time partisans or guerrillas)인데, 이것에 관해서는 Cassese, *International Law*, pp. 258~259 ; 본서, 제28장 (전쟁법) 참조.

253) 국가테러리즘(state terrorrism)의 전형적인 예로서는 1988년의 *Lockerbie* 사건과 버마 아웅산 테러 사건, 그리고 1979~1981년의 테헤란 주재 미국 외교관 인질 잡기 사건 등을 들 수 있다. (아래에서 언급할 1994년 12월 9일의) UN 총회결의 49/60 "국제테러리즘을 제거하기 위한 조치들"(Measures to eliminate international terrorism)에 부속된 '선언'도 그 제1항에서 다음과 같이 선언하고 있다 : "The States Members of the United Nations solemnly reaffirm their unequivocal condemnation of all acts, methods and practices of terrorism, as criminal and unjustifiable, wherever and *by whomever* committed. ..."(italics added).

254) 지금까지 여러 유형의 테러리즘에 대처하기 위해 체결된 (전문기구를 포함한) UN 차원의 주요 다자조약은 다음과 같다 : (i) 1963 (Tokyo) Convention on Offences and Certain Other Acts Committed On Board Aircraft ; (ii) 1970 (Hague) Convention for the Suppression of Unlawful Seizure of Aircraft ; (iii) 1971 (Montreal) Convention for the Suppression of Unlawful Acts Against the Safety of Civil Aviation ; (iv) 1973 Convention on the Prevention and Punishment of Crimes Against Internationally Protected Persons ; (v) 1979 International Convention Against the Taking of Hostages ; (vi) 1980 Convention on the Physical Protection of Nuclear Material ; (vii) 1988 Protocol for the Suppression of Unlawful Acts of Violence at Airports Serving International Civil Aviation, Supplementary to the Convention for the Suppression of Unlawful Acts Against the Safety of Civil Aviation ; (viii) 1988 Convention for the Suppression of Unlawful Acts Against the Safety of Maritime Navigation ; (ix) 1988 Protocol for the Suppression of Unlawful Acts Against the Safety of Fixed Platforms Located on the Continental Shelf ; (x) 1991 Convention on the Marking of Plastic Explosives for the Purpose of Identification ; (xi) 1997 International Convention for the Suppression of Terrorist Bombing ; (xii) 1999 International Convention for the Suppression of the Financing of Terrorism ; (xiii) 2005 International Convention for the Suppression of Acts of Nuclear Terrorism ; (xiv) 2005 Protocol to the (1988) Convention for the Suppression of Unlawful Acts Against the Safety of Maritime Navigation ; (xv) 2010 (Beijing) Convention on the Suppression of Unlawful Acts Relating to International Civil Aviation ; (xvi) 2010 (Beijing) Protocol Supplementary to the Convention for the Suppression of Unlawful Seizure of Aircraft. Aust, *Handbook of IL*, 2nd, pp. 267~269 ; https://en.wikipedia.org/wiki/International_conventions_on_terrorism.

1971년 "테러행위 방지 및 처벌을 위한 미주기구 협약"(OAS Convention to Prevent and Punish the Acts of Terrorism Taking the Form of Crimes Against Persons and Related Extortion that are of International Significance)과 1977년 "테러리즘 진압에 관한 유럽협약"(European Convention on the Suppression of Terrorism)을 필두로 국제테러에 대처하기 위한 지역 차원의 조약들도 체결되고 있다. Aust, *Handbook of IL*, 2nd, p. 269, fn. 31 ; https://www.un.org/en/ga/sixth/64/Terrorism_Table_64th.pdf ; https://www.unodc.org/tldb/en/regional_instruments.html. 지역기구인 EU도 테러에 대처하기 위한 입법적 조치를 취한 바 있는데, 2002년의 EU이사회 골격결정 제1조 1항은 테러범죄를 더욱 정교하게 정의하고

1994년 12월 9일 컨센서스로(즉, 투표 없이) 채택된 UN 총회결의 49/60 "국제테러리즘을 제거하기 위한 조치들"(Measures to eliminate international terrorism)에 부속된 '선언'은 그 제3항에서 다음과 같이 선언하고 있다.

> "정치적 목적을 위해 일반대중, 집단 혹은 특정인들에게 공포상태를 불러일으키려고 의도되거나 계획된 범죄행위들은, 그것을 정당화하기 위해 원용될 수 있는 정치적, 철학적, 이념적, 민족적, 인종적, 종교적, 혹은 기타 다른 성격의 고려사항이 무엇이건 불문하고, 그 어떤 상황에서도 정당화될 수 없다."[255]

그런가 하면, 1999년 "테러리즘에 대한 자금지원의 진압을 위한 국제협약"(International Convention for the Suppression of the Financing of Terrorism)[256]은 협약의 목적상 테러리즘을 정의하지 않으면 안 되었는데, 그 제2조 1항(b)에서 테러리즘을 "민간인에게, 또는 무력충돌의 상황에서 적대행위에 적극 가담하지 아니하는 기타 사람에게, 사망이나 중대한 상해를 야기하도록 의도된 기타 일체의 행위로서, 그러한 행위의 목적이 그 성격이나 정황으로 보아 주민을 협박하는 데 있거나, 정부 또는 국제기구로 하여금 어떤 행위를 하거나 하지 못하도록 강제하는 데 있는 경우"[257]로 정의하고 있다. 국제테러리즘에 대한 국제공동체의 이같은 인식은 그 후로도 변함없이 유지되고 있다.[258] 따라서 이상의 국제문서들은 테러리즘의 정의에 대한 국제공동체의 일반적 합의를 축약한 것으로 생각된다.

있어 참조의 가치가 있어 보인다 : "Council Framework Decision of 13 June 2002 on combating terrorism", (2002/475/JHA), Official Journal of the European Communities, 22.6.2002, L 164/3.

255) "Criminal acts intended or calculated to provoke a state of terror in the general public, a group of persons or particular persons for political purposes are in any circumstance unjustifiable, whatever the considerations of a political, philosophical, ideological, racial, ethnic, religious or any other nature that may be invoked to justify them" : 이 공식은 -상기 UN 총회결의 49/60과 동일한 제목을 달고 있는- 1996년 12월 17일의 UN 총회결의 51/210에서 그대로 반복되고 있다.

256) 1999년 12월 9일의 UN 총회결의 54/109에 의하여 채택됨. https://www.un.org/law/cod/finterr.htm (2005년 1월 15일 검색).

257) "Any other act intended to cause death or serious bodily injury to a civilian, or to any other person not taking an active part in the hostilities in a situation of armed conflict, when the purpose of such act, by its nature or context, is to intimidate a population, or to compel a government or an international organization to do or abstain from doing any act."

258) 이를테면, 2004년 UN안보리 결의 1566, para. 3 ("*Recalls* that criminal acts, including against civilians, committed with the intent to cause death or serious bodily injury, or taking of hostages, with the purpose to provoke a state of terror in the general public or in a group of persons or particular persons, intimidate a population or compel a government or an international organization to do or to abstain from doing any act, which constitute offences within the scope of and as defined in the international conventions and protocols relating to terrorism, are under no circumstances justifiable by considerations of a political, philosophical, ideological, racial, ethnic, religious or other similar nature, and *calls upon* all States to prevent such acts and, if not prevented, to ensure that such acts are punished by penalties consistent with their grave nature") ; 2005 World Summit Outcome, adopted by the UN A/Res/60/1 (16 September 2005), paras. 81~91 ("81. We strongly condemn terrorism in all its forms and manifestations, committed by whomever, wherever and for whatever purposes, as it constitutes one of the most serious threats to international peace and security.").

이제 국제공동체는 테러리즘의 속성에 대해 다음의 몇 가지 인식을 공유하게 된 것으로 보인다. (i) 테러리즘은 예외 없이 범죄이다.[259] (ii) 테러리즘에는 정치적 목적 내지는 동기가 있는데, 실제로 테러리즘의 정치적·이념적 스펙트럼은 극좌에서 극우에 이르기까지 매우 다양하다. (iii) 극한적인 무력충돌 시에도 민간인에 대한 공격은 금지되어 있는데도,[260] 테러리즘은 대부분 오히려 일반 시민들을 공격대상으로 삼는다. (iv) 테러리즘은 사람들 마음 속에 공포를 심으려는 '특별한 의도'(special intent, *dolus specialis*)를 가지고 있다.[261]

2000년대에 들어와서도 테러는 멈추지 않고 있는데, 2001년의 9·11 테러, 2002년 10월 12일의 발리(Bali)섬 나이트클럽 폭파사건,[262] 그리고 2008년 11월 26일 인도의 금융도시 뭄바이(Mumbai)를 공격한 동시 다발 테러[263] 등은 사상자의 수가 엄청나다는 점에서 국제테러리즘에 실효적으로 대처하는 것이 얼마나 화급한 문제인지를 잘 보여주고 있다.

게다가 시리아 동부와 이라크 서북 지역을 장악하기도 했던 자칭 IS(Islamic State)[ISIS, ISIL, 혹은 아랍어로 경멸의 의미를 담아 다에시(Daesh)로 부르기도 한다]란 이름의 이슬람 수니파 원리주의 무장단체의 각종 악행은 필설로 표현하기조차 거북스럽다.[264] 특히, 2015년 10월 31일 이집트 시나이 반도 상공에서 러시아 민간항공기가 폭파하여 탑승자 224명 전원이 사망하였는데, IS의 이집트 지부는 이것이 자신들의 소행이라고 주장하였다.[265] 그로부터 채 2주일도 지나지 않은 11월 13일(금요일), 1천 500명 관객이 가득찬 록 밴드 공연장, 프랑스 대통령을 비롯한 8만여 명의 관중이 들어찬 독일-프랑스 간 친선 축구 경기장 인근(테러리스트들 다행히 경기장 진입에는 실패), 손님들로 붐비는 술집과 식당 등 파리 시내 6곳에서 거의 동시다발적으로 이루어진 총격과 폭탄 테러로 약 3시간만에 129명이 사망하고 352명이 상해를 입는 사건이 발생했는데, 이튿날 14일 프랑수아 올랑드 대통령은 이 극악무도한 연쇄테러의 책임을 '다에시'에게 돌렸으며, IS도 이것이 자신들의 소행임을 인정하였다.[266] 2015년 11월 20일 UN안보리는 만장일치로 채택한 '결의 2249'를 통해 이 집단의

---

259) 이는 "One man's terrorist is everyone's terrorist." 혹은 "One democracy's terrorist is another democracy's terrorist."라는 말로 강조되고 있다.

260) 예컨대, 1977년 제네바 제1추가의정서 제48조는 "분쟁당사자들은 민간인과 전투원...을 언제나 구분하여야" 한다고 규정하고 있다. 이 밖에, 1977년 제네바 제2추가의정서는 그 제13조 2항에서 다음과 같이 규정하고 있다 : "The civilian population as such, as well as individual civilians, shall not be the object of attack. Acts or threats of violence the primary purpose of which is to *spread terror among the civilian population* are prohibited."

261) Cassese, *International Law*, 2nd, p. 450.

262) https://news.bbc.co.uk/onthisday/.

263) https://counterterrorismblog.org/ ; https://edition.cnn.com/2008/WORLD/asiapcf/11/29/india.attacks/index.html.

264) See, e.g., Noman Benotman & Nikita Malik, *The Children of Islamic State*, Quilliam Report (March 2016), p. 49 ("IS has reportedly encouraged children to participate in public brutality, including holding up decapitated heads or playing football with them."), 〈https://www.quilliamfoundation.org/wp/wp-content/uploads/publications/free/the-children-of-islamic-state.pdf〉.

265) BBC News, Europe, 17 November 2015, "Russia plane crash : 'Terror act' downed A321 over Egypt's Sinai", 〈https://www.bbc.com/news/world-europe-34840943〉.

266) BBC News, Europe, 14 November 2015, "Paris attacks : Hollande blames Islamic State for 'act of

일련의 해외에서의 테러공격이 "국제 평화와 안전에 전 지구적이고 전례 없는 위협"(a global and unprecedented threat to international peace and security)을 주고 있다면서, IS와의 싸움에서 "그렇게 할 능력이 있는 UN회원국들은 –국제법, 특히 국제인권법과 난민법 및 인도법에 따라– 자국 영토 내에서 필요한 모든 조치를 취할 것을 요청하였다"(call upon Member States that have the capacity to do so to take all necessary measures, in compliance with international law, in particular international human rights, refugee and humanitarian law" on its territory).[267] 이러한 국제공조의 결과 IS는 급격히 약화되고 있는 것으로 보이지만,[268] 아주 소멸되지는 않고 있다.[269] 게다가, 미국 등 일부 국가의 은밀한 필요에 따라 다시 ISIS가 부활하고 있다는 의혹도 제기되고 있다.[270] 이러는 사이 2024년 3월 22일 밤, 러시아 모스크바 외곽 한 대형 콘서트홀에서 또다시 엄청난 테러가 발생했는데, IS는 곧장 자기들 소행이라고 주장하고 나섰다.[271]

한국도 테러, 특히 북한 정권의 그것으로부터 안전지대가 아니다. 한 가지 예만 들면, 1987년 11월 19일 *KAL 858*기가 미얀마 상공에서 폭발하여 115명 탑승자 전원이 사망하였는데, 이것은 북한의 지배자 김정일이 1988년 서울 올림픽 개최를 방해하기 위해 기획하고 주도한 것으로 밝혀졌

---

war'", 〈https://www.bbc.com/news/world-europe-34820016〉, "Paris attacks : What we know", 〈https://www.bbc.com/news/world-europe-34818994〉, and "Paris attacks : latest updates", 〈https://www.bbc.com/news/live/world-europe-34825270〉.

267) UN News Centre, 20 November 2015, "UN Security Council calls for eradicating ISIL safe havens in Syria and Iraq", 〈https://www.un.org/News/〉.

268) BBC, 23 March 2019, "Islamic State group defeated as final territory lost, US-backed forces say", 〈https://www.bbc.com/news/world-middle-east-47678157〉. 2019년 10월 26일에는 IS의 창설자 알바그다디(Abu Bakr al-Baghdadi)가 시리아 내 은신처에서 미군 특공대에 쫓겨 자폭, 사망하기도 하였다. White House, "Statement from the President on the Death of Abu Bakr al-Baghdadi", October 27, 2019, 〈https://www.whitehouse.gov/briefings-statements/statement-president-death-abu-bakr-al-baghdadi/〉 ; BBC News, US & Canada, 28 October 2019, "Abu Bakr al-Baghdadi: IS leader 'dead after US raid' in Syria," 〈https://www.bbc.com/news/world-us-canada-50200339〉.

269) Marlene Lenthang/abc News, 28 Auguat 2021, "ISIS-K claims responsibility for explosion at Kabul airport. What's their agenda?", 〈https://abcnews.go.com/US/isis-claims-responsibility-explosions-kabuls-airport-agenda/story?id=79661533〉 ; Frank Gardner/BBC News, 27 August 2021, "Afghanistan airport attack: Who are IS-K?", 〈https://www.bbc.com/news/world-asia-58333533〉.

270) Gareth Porter/The American Conservative, Jun 22, 2017, "How America Armed Terrorists in Syria", 〈https://www.theamericanconservative.com/how-america-armed-terrorists-in-syria/〉 ; Seumas Milne/The Guardian, 3 Jun 2015, "Now the truth emerges: how the US fuelled the rise of Isis in Syria and Iraq", 〈https://www.theguardian.com/commentisfree/2015/jun/03/us-isis-syria-iraq〉 ; Elena Teslova/AA, 24.05.2023, "Russian intelligence chief accuses US of training Daesh/ISIS in Syria for attacks in Russia", 〈https://www.aa.com.tr/en/world/russian-intelligence-chief-accuses-us-of-training-daesh-isis-in-syria-for-attacks-in-russia/2905078〉 ; Steven Sahiounie/Al Mayadeen English, 9 Jan 2024, "String of US and Israeli assassinations further inflame the Middle East", 〈https://english.almayadeen.net/〉 ; The Cradle Iraq Correspondent, Jan 16, 2024, "Reviving ISIS: A US weapon against the Resistance Axis", 〈https://new.thecradle.co/articles-id/19089〉 ; https://en.wikipedia.org/wiki/Collaboration_with_the_Islamic_State ; 이희수/한국일보, 2015.07.06., "변방 조직 IS, 서방의 무기지원 · 언론 보도를 먹고 자랐다", 〈https://www.hankookilbo.com/〉.

271) Mansur Mirovalev/Al Jazeera, 23 Mar 2024, "Who's to blame for the Moscow massacre?", 〈https://www.aljazeera.com/news/2024/3/23/whos-to-blame-for-the-moscow-massacre-isil-ukraine-or-russia-itself〉 ; 본서, 제1장, "V. 제6단계(2021년~현재), 5. 잠 못 드는 팍스아메리카나?".

다. 이에 미국 정부는 1988년 북한을 테러후원국으로 지정하였던 것이다.[272]

테러의 본질을 정의하는 일과 테러 관련 조약의 적용범위를 정의하는 일은 별개의 것이다. 테러 관련 조약들은 대체로 (i) 범죄가 한 국가 내에서 행해지고, (ii) 범죄혐의자와 피해자가 모두 범행지국의 국민이고, (iii) 범죄혐의자가 범행지국의 영토에서 발견되고, '그리고' (iv) 다른 어떤 국가도 관할권을 행사하기 위한 기초를 갖고 있지 않을 때에는 적용되지 아니한다. 즉, 이 네 가지 조건이 모두 충족되어야만 조약은 적용되지 아니한다.[273]

272) https://en.wikipedia.org/wiki/State_Sponsors_of_Terrorism.
273) Aust, *Handbook of IL*, 2nd, p. 269.

Part 6

지역통합

제 30 장
EU 법

본장에서는 "법을 통한 통합"(integration through law)의 대명사인 EU (European Union : 유럽동맹 혹은 유럽연합)의 기구와 법체계에 대해 개관하고자 한다. 우리가 통상적으로 "국제기구" 혹은 "정부간기구"로 칭하는 것들의 기본특성은 대체로 그들이 정부 상호간의 국제적 모임이라는 점에 있다.[1] 이와는 대조적으로 EU는 회원국정부들의 국제적 모임만이 아니다. 오히려 EU는 회원국의 입법부와 사법부 그리고 회원국국민(및 외국인들)과도 직접적인 관계를 맺고 있고, 또 이들에 대해 자신의 의사를 강제할 수 있는 −상당히 실효성있는− 제도적 장치까지 갖추고 있다. 그런 의미에서 EU는 이른바 "초국가적" 혹은 "연방적" 기구로 불리기도 하는 것이다. 그러나 EU는 그 자체 일단 완성된 국가공동체가 아니라 여전히 연방을 향해 형성과정에 있는 자율적 성격의 법치공동체이다. 따라서 EU와 회원국간의 권한분배 내지는 EU법질서의 연방적 측면도 계속해서 유동적이고 가변적인 것으로 남는다. 또한 기존 연방국가의 모델과 비교해 볼 때 EU는 한 가지 본질적인 약점을 지니고 있다. 즉, EU는 자신의 고유한 영토를 가지고 있지 않다. 회원국들의 영토를 결합하`여 생기는 EU의 역내활동무대는 국제법과 EU법, 그리고 회원국들의 국내법의 차원에서 모두 여전히 각 회원국의 영토일 따름이다.

Ⅰ. EU의 역사적 전개과정 : 유럽공동체들(European Communities)에서 EU로

현재의 EU는 유럽석탄공동체란 초국가적 국제기구를 시발로 하여 조금씩 진화해 온 결과물이다. 따라서 EU 법체계를 이해하기 위해서는 이것의 성장사를 기억할 필요가 있다.

---

1) 본서, 제6장 (국제법의 주체), "Ⅳ. 국제기구" 참조.

1. 3개 유럽공동체의 출현과 병존

(1951년 4월 18일 파리에서 서명되어 1952년 7월 23일 발효한) 유럽석탄철강공동체 설립조약(Treaty Establishing the European Coal and Steel Community)(이하 ECSC), (1957년 3월 25일 로마에서 동시에 서명되고 1958년 1월 1일 동시에 발효한) 유럽경제공동체 설립조약(Treaty Establishing the European Economic Community)(이하 EEC)과 유럽원자력공동체 설립조약(Treaty Establishing the European Atomic Energy Community)(이하 Euratom 혹은 EAEC)에 의하여 창설된 -각기 별개의 법인격을 향유하는- 3개 유럽공동체는 서유럽의 역사에서 뿐만 아니라 국제공동체 전체의 역사에서 볼 때에도 대단한 실험이 아닐 수 없었다. 1648년 웨스트팔리아 체제의 구축을 통해 주권국가의 개념을 수립한 유럽국가들이, 이제는 거꾸로 로마교황과 신성로마황제를 정점으로 하는 중세시대를 연상시키기도 하는 초국가적(supranational) 체제를 구축하였기 때문이다.[2] 이들 3개 공동체의 창설 멤버는 독일, 프랑스, 이탈리아, 베네룩스 3국[3]이었는데, 통합을 향한 그들의 노력은 그간 간단없이 계속되어 왔다.

EEC 및 Euratom 설립조약과 동시에 체결되고 또한 그들과 같은 날에 발효한 "유럽공동체들에게 공통되는 일정 기관에 관한 협약"(Convention on Certain Institutions Common to the European Communities)에 의하여 3개 공동체는 단일 의회(a single Assembly) 및 단일 재판소(a single Court)를 갖게 되었고,[4] 이어서 1965년 4월 8일 서명, 1967년 7월 1일 발효한 "유럽공동체의 단일 이사회와 단일 (집행)위원회를 설립하는 조약"(Treaty establishing a Single Council and a Single Commission of the European Communities)[5]에 의하여 이들 3개 공동체는 단일 이사회와 단일 (집행)위원회를 갖게 되었는데, 이는 3개 공동체가 '기구' 자체의 통합 대신에 단지 '기관'통합의 길을 택했음을 의미하는 것이었다.

1973년 1월 1일에는 영국, 아일랜드, 덴마크가 이들 공동체에 가입하였고, 1979년 6월 7~10일

---

2) 2021년 6월 19일 프란치스코 교황이 ECSC 창설 제안자였던 로베르 쉬망(Robert Schuman)에게 '可敬者'(Venerable)의 칭호를 부여하였다는 소식은 이같은 연상이 근거 없는 것이 아님을 시사한다. Vatican News, 19 June 2021, "Robert Schuman, father of European unity, on path to sainthood", 〈https://www.vaticannews.va/en/pope/news/2021-06/robert-schuman-father-of-european-unity-on-path-to-sainthood.html〉 ; 최연진/조선일보, 2021년 6월 22일, A33, "EU 초석 다진 佛 로베르 쉬망 가톨릭 성인 전단계 '可敬者'".

3) 즉, 벨기에, 네덜란드, 룩셈부르크.

4) 의회(Assembly)는 원래 ECSC의 공동의회(Common Assembly), EEC의 의회, Euratom의 의회로 설치된 것이지만 이 협약에 의하여 3개 공동체를 위한 단일 의회가 그들을 대신하게 된 것이다. 이 협약은 1997년의 암스테르담조약 제9조에 의하여 폐지되었으며, 그 실체규정들은 공동체설립조약들로 이동하였었다. Hartley, p. 3, fn. 2.

5) 일명 "통합조약"(Merger Treaty). 통합조약 제1조에 의하여 "A Council of the European Communities'가 ECSC의 Special Council of Ministers, EEC의 Council, Euratom의 Council을 대신하게 되었고, 통합조약 제9조에 의하여 "A Commission of the European Communities"가 ECSC의 High Authority, EEC의 Commission, Euratom의 Commission을 대신하게 되었다. 이 조약은 1997년의 암스테르담조약 제9조에 의하여 폐지되었으며, 그 실체규정들은 공동체설립조약들로 이동하였었다. Hartley, p. 4, fn. 3 (& 5th, p. 160, fn. 5).

에는 유럽의회 의원들에 대한 직접선거가 드디어 실시되었다.

1980년대로 들어와, 1981년 1월 1일 그리스가 이들 공동체에 가입하였고, 다시 1986년 1월 1일에는 스페인, 포르투갈이 합류하였다. 그 사이 유럽공동체의 지리적 범위가 축소되는 일도 생겼는데, 1985년 2월 덴마크의 해외영토 그린랜드가 공동체를 탈퇴하였던 것이다.[6] 그리고 1985년 6월 14일 당시 공동체 회원국 10개국 중 5개국 간에 공동국경에서의 검문(신분확인절차)의 점진적 폐지를 위한 솅겐협정(Schegen Agreement)이 EC법의 테두리 밖에서 체결되었다.[7]

그러나 1980년대 공동체에게 있어 가장 큰 사건이라면 역시 1986년 2월 17일 룩셈부르크에서 그리고 같은 달 28일 헤이그에서 서명되고 1987년 7월 1일 발효한 "단일유럽협정(혹은 단일유럽의정서)"(Single European Act : 이하 SEA)[8]이 아닐 수 없다. 그 주요 내용은, (i) 그간 공동체 회원국 간에 사실상 운영되어 온 "유럽정치협력"(European Political Cooperation)을 (여전히 공동체법질서 밖에서나마) 조약화하고, (ii) EEC설립조약을 개정하여 1993년 1월 1일 이전까지 이른바 "역내시장"(internal market)을 완성하고, (iii) 제1심 재판소(The Court of First Instance) 설치권한을 이사회에 부여하며, (iv) 'EEC'의 입법절차에 "협력절차" (cooperation procedure between Council and Parliament)란 이름의 새로운 절차를 도입하고,[9] (v) 'EEC'의 가입조약과 준회원협정 체결에 관한 한, 이사회는 의회의 동의(assent)를 얻을 것을 규정하고,[10] (vi) 유럽의회를 지칭하는 Assembly를 European Parliament로 공식 개명하는 것이었다.

2. 1992년 EU조약 : EU의 창설과 삼주(三柱)체제의 등장

1990년 10월 3일 독일통일은 공동체의 자동적인 지리적 확대를 초래하였다. 그러나 1990년대의 가장 큰 사건은 역시 1992년 2월 7일 서명되고, 1993년 11월 1일 발효한 "유럽동맹(연합)조약"(Treaty on European Union : 이하 EU조약 혹은 TEU)[11]이었다. 그 주요 내용은, (i) EU를 창설하되 EU 자신은 법인격이 없으며, (ii) 그러나 이제 3개 공동체 가입과 그 설립조약의 개정의 문제는 EU 차원의 문제로 대체되고, (iii) EU 산하에 '종래의 3개 유럽공동체'(제1기둥)와 초국가적 성격이 결여된 정부간기구인 "공동외교안보정책"(A Common Foreign and Security Policy)(제2기

6) "유럽공동체설립조약들을 그린랜드에 대해 개정하는 조약"(Treaty amending, with regard to Greenland, the Treaties establishing the European Communities). 1984년 3월 13일 체결, 1985년 2월 1일 발효.

7) https://en.wikipedia.org/wiki/Schengen_area ; 拙著, 《EU법의 연구 : 마스트리히트 이후를 중심으로》, pp. 91~93. 아래에서 언급하는 바와 같이 솅겐지대(Schengen Area)를 창설하기 위하여 만든 조약들과 규칙, 즉 Schengen *acquis*는 1997년의 암스테르담 조약에 의해 EU법 내로 편입되었다.

8) 拙稿, "유럽공동체의 역내시장 개념에 관한 연구 : 1986년의 단일유럽협정을 중심으로", 《國際法學會論叢》, 제36권 2호 (1991. 12), pp. 21~40 참조.

9) 과거에는 협의절차(consultation procedure) 뿐이었음.

10) EU의 의사결정 과정에서 유럽의회의 동의를 구해야 하는(바꾸어 말하면 유럽의회에 거부권을 부여하는) 이른바 '동의'절차(asent procedure)는 여러 분야에서 여전히 적용되고 있지만, 다만 2007년의 리스본조약에 의해 'assent'가 'consent'로 개명되었다. Lenaerts and van Nuffel, p. 652.

11) 일명 "마스트리히트조약"(Maastricht Treaty). 拙著, 《EU法論》, pp. 9~33 참조.

둥) 및 "사법 및 내무 분야에서의 협력"(Cooperation in the Fields of Justice and Home Affairs)(제3기둥)을 배치시켜 이른바 삼주체제(three-pillar system)를 구축하고, (iv) 'EEC'를 'EC'(European Community)로 개명하고, (v) 'EC'의 입법과정에 "공동결정절차"(co-decision procedure)를 새로이 도입하고, (vi) "EU의 시민권"(Citizenship of the EU) 개념을 EU조약과 EC설립조약에 도입하고, (vii) 'EC'에 보충성의 원칙(principle of subsidiarity)을 한 개의 일반원칙으로 도입하고, (viii) 제1기둥 내의 EC체제 하에서 "경제통화동맹"(economic and monetary union)을 점진적으로 도입한다는 것이었다.[12)]

EU조약이 서명되던 때와 비슷한 시기인 1992년 5월 2일, 유럽공동체와 당시 12개 공동체회원국을 일방 당사자로 하고, 7개 EFTA 회원국[13)]을 타방 당사자로 하는 "EEA 협정"(Agreement on the European Economic Area)이 체결되었는데, 이 조약은 양 지역간에 "한 개의 동태적이고 동질적인 유럽경제지역"(a dynamic and homogenious European Economic Area)을 수립하기 위한 것이었다. EEA는 일방 EFTA 국가들과, 타방 EEC/ECSC 및 공동체 회원국들 사이에 개선된 자유무역지대를 창설하기 위한 것이긴 하지만, 그러나 관세동맹을 창설하기 위한 것은 아니었다.[14)] EEA협정은 1994년 4월 1일 발효하였지만, 이듬해 1995년 1월 1일 오스트리아, 스웨덴, 핀란드는 EFTA에서 EU로 귀순하였다.

곧이어 1997년 10월 2일 서명되고 1999년 5월 1일 발효한 (약칭) "암스테르담조약"(Treaty of Amsterdam Amending the TEU, the Treaties Establishing the European Communities and Certain Related Acts)[15)]은 다시금 EU조약과 3개 유럽공동체설립조약의 개정을 초래하였는데, 그 주요내용을 개관하면 (i) EU조약과 EC설립조약 규정들의 번호를 새로 매기고,[16)] (ii) '제1기둥 내의 EC'와 'EU의 제3기둥'에 "더욱 긴밀한 협력"(Closer Cooperation)으로 이름 붙여진 일명 "Two-Speed(혹은 Multi-Speed) Europe" 장치를 도입하고[17)], (iii) SEA의 발명품인 '협력절차'는 -"경제통화동맹"(Economic and Monetary Union)을 제외한- 모든 분야에서 이를 폐지하면서 이것을

12) 경제통화동맹의 제3단계가 시작하는 1999년 1월 1일, 드디어 EC/EU의 공동 통화인 유로(euro)가 출범하였다. 그러나 EU의 모든 회원국이 유로를 채택할 수 있거나, 채택할 의무가 있는 것은 아니다. 2013년 현저, 28개 회원국 중 17개국이 그들의 '공동 통화 및 단일 법정 화폐'(common currency and sole legal tender)로서 유로를 채택하고 있다. Hartley, 7th, p. 8 ; 拙著, 《EU법의 연구 : 마스트리히트 이후를 중심으로》, "제4장 EU의 '더욱 緊密한 協力'(Closer Cooperation) 장치에 관한 연구, Ⅳ. 經濟貨幣同盟", pp. 124~125 ; https://en.wikipedia.org/wiki/Euro_zone ; https://en.wikipedia.org/wiki/United_Kingdom_and_the_euro ; https://en.wikipedia.org/wiki/Denmark_and_the_euro ; https://en.wikipedia.org/wiki/Sweden_and_the_euro.

13) 즉, 오스트리아, 스웨덴, 핀란드, 노르웨이, 아이슬랜드, 리히테슈타인, 스위스. 이들 EFTA국가 중 스위스는 19992년 12월 6일 국민투표에서 비준이 거부되었으며, 현재 EEA협정의 당사국이 아니다.

14) 拙著, 《EU법의 연구 : 마스트리히트 이후를 중심으로》, 제2장 (지역기구간 통합사례 연구 : 유럽경제지역(EEA)의 형성과 기구론을 중심으로) ; https://en.wikipedia.org/wiki/European_Economic_Area.

15) 拙稿, "암스테르담조약의 개관", 《통상법률》, 1998. 12 (통권 제24호), pp. 5~46 ; 《국제법평론》, 1998-Ⅰ/Ⅱ (통권 제10호), pp. 31~75 ; Lenaerts and van Nuffel, p. 654 참조.

16) 아래에서 이를테면, 구 EC설립조약 제281조는 암스테르담조약에 의해 변경된 EC 조문번호를 지칭하며, 구구 제210조라고 하면 암스테르담조약에 의해 조문번호가 변경되기 전의 EC 조문번호를 지칭한다.

17) "더욱 긴밀한 협력"이 EC에서 적용되는 경우, 이것은 EC의 배타적 권한(exclusive competence)에 속하는 영역에서는 허용되지 아니한다고 규정하였다.

대체로 (더욱 간소화된)"공동결정절차"로 대체하고, (iv) "EU 제3기둥"의 일부 내용을 EC설립조약 제3부(Part Three : Community Policies) 제4편(Title Ⅳ : visas, asylum, immigration and other policies related to free movement of persons)으로 이전하고, 이와 함께 제3기둥의 명칭을 "형사문제 있어 경찰 및 사법협력" (police and judicial cooperation in criminal matters)"으로 바꾸어 Europol을 통한 경찰협력, 범죄인인도 등의 사법협력에 집중하며, (v) "회원국간의 공동국경에서 검문(신분확인절차)의 점진적 폐지에 관한 솅겐협정과 이들 협정에 기초하여 채택된 관련협정 및 규정들"을 총칭하는 'Schengen *acquis*'를 EU의 틀 속으로 편입시키기 위한 의정서를 채택하였고[18], (vi) 개정된 TEU 제24조, 제38조에서 EU의 조약체결권한을 언급함으로써 EU의 법인격이 전무한 상태는 벗어나게 되었고, (vii) EU조약 제49조에서 -인권존중을 포함하여- TEU 제6조 1항에 천명된 서구 민주주의 원칙의 존중을 EU 가입의 전제조건으로 적시하면서, (viii) EU조약 제 7 조 (및 EC 제309조)에 제재조항(sanctions clause)을 도입하여 "기본적 인권을 중대하고 완강하게 위반"하는 회원국에 대해서는 투표권을 포함한 일정 권리의 정지를 부과할 수 있게 하였고, (ix) 제3기둥에 대한 유럽재판소의 관할권이 더욱 확대되었다.

2000년대에 들어와서도 EU는 그 부단한 진화를 멈추지 않았다. 우선, 2001년 2월 26일 서명되고 2003년 2월 1일 발효한 (약칭) "니스조약" (Treaty of Nice Amending the TEU, the Treaties Establishing the European Communities and Certain Related Acts)[19]은 '특히' "더욱 긴밀한 협력" (Closer Cooperation) 장치를 EU 제2기둥으로 확대하기 위하여 그 이름을 "고양된 협력"(Enhanced Cooperation)으로 개명하였다. 그리고 니스 유럽이사회는 2000년 12월 7일 이사회, 유럽의회, (집행)위원회에 의하여 "기본권헌장"(Charter of Fundamental Rights)이 공동으로 "엄숙하게 천명된"(solemnly proclaimed)[20] 것을 환영한다는 뜻을 피력하였지만, 이 기본권헌장은 법적 구속력을 갖는 조약으로 의도된 것이 아니었다.

그 사이 2002년 7월 23일, ECSC는 원래 예정하였던 50년의 수명을 다하고 역사의 저편으로 사라졌다. ECSC설립조약 개정을 통해 ECSC의 수명을 연장하지 아니한 이유는, ECSC설립조약에 의해 규율되던 특별한 분야들은 EC설립조약(현 TEU/EU기능조약)에 의해서도 규율될 수 있기 때문이었다.[21]

2004년 5월 1일 싸이프러스, 몰타, 헝가리, 폴란드, 체크공화국, 슬로박공화국, 슬로베니아, 라트비아, 에스토니아, 리투아니아 등 10개국이 EU에 가입하고,[22] 2007년 1월 1일 루마니아와 불가

---

18) 솅겐지대에 편입될 의무가 있고 또 그렇게 되기를 원하지만 아직 그렇게 되지 못한 회원국들도 있다. 자세한 것은 https://en.wikipedia.org/wiki/Schengen_Area 참조. 반대로, 스스로 솅겐지대에 들어오기를 거부하고 있는 회원국들도 있다. 즉, 영국과 아일랜드는 "선택적 이탈"(opt-out)을 인정받았는데, 이들 두 국가 간에는 "공동여행지대"(Common Travel Area)가 유지되어 오고 있기 때문이다. 공동여행지대의 현재 운영상황에 대해서는 https://en.wikipedia.org/wiki/Common_Travel_Area 참조.

19) 拙稿, "2001년 EU의 니스조약, 무엇을 담고 있나?", 《國際法學會論叢》, 제46권 1호 (2001. 6), pp. 1~25 참조.

20) OJ 2000, C364.

21) Lenaerts and Nuffel, p. 432.

22) https://en.wikipedia.org/wiki/Treaty_of_Accession_2003.

리아가 EU에 가입함으로써[23] EU의 회원국은 27개국이 되었다.

3. 2007년 리스본조약 : 삼주체제의 종언

한편, 2000년 12월 니스(Nice)에서의 합의 후, 2001년 12월 14~15일 리켄(Laeken)에서 다시 만난 유럽이사회는 "EU의 미래에 관한 선언"(Declaration on the Future of the European Union)을 채택하고 EU와 시민들간의 간격을 줄이기 위한 한 개의 회의(Convention)를 개최하기로 결정하였다. 정부간회의(IGC)가 개최되기 전에 먼저 이같은 회의가 개최되는 것은 전례없는 일이었는데, 어쨌든 "유럽회의"(European Convention)로 명명된 이 회의는 2002년 2월 28일 공식적으로 개시되었다.[24] 유럽회의는 2003년 7월 10일 작업을 종료하면서 기존의 EU/EC설립조약의 내용을 대체하고 수정하는 내용을 담은 "유럽헌법제정조약초안" (Draft Treaty establishing a Constitution for Europe)을 만들었으며, Giscard d'Estaing은 2003년 6월 19일 테살로니키(Thessaloniki) 유럽이사회에 이를 권고의 형식으로 제출하였다. 유럽이사회는 이를 환영하였고, 정부간회의(IGC)를 개시하기 위한 좋은 기초로 간주하였다. (당시의 회원국뿐만 아니라 미래회원국의 정부대표들도 참가하는) 정부간회의는 2003년 10월 4일 공식 시작되었는데, 2004년 6월 17~18일 이틀간의 교섭을 통해 유럽헌법조약안에 최종 합의하였다. 이어서 법률전문가들이 문안을 다듬고 정리한 뒤, 동년 10월 29일 로마에서 회원국 국가/정부대표들이 모여 "유럽헌법제정조약" (Treaty establishing a Constitution for Europe)(이하 '유럽헌법')에 대한 서명식을 가졌다.

그러나 유럽헌법은 발효를 위해 모든 "체약국"(High Contracting Parties)의 각국 헌법요건에 따른 비준을 얻어야 하는데, 1차 발효목표시점은 2006년 11월 1일이었고, 이 날까지 모든 회원국의 비준문서가 이탈리아정부에 기탁되지 않으면 마지막 비준문서가 기탁된 후 두 번째 달의 첫째 날에 발효하게 되어 있었다.[25] 그러나 2005년 5월 프랑스에 이어 6월 네덜란드에서 실시된 국민투표에서 각기 결과가 부정적으로 나타남에 따라, 2007년 6월 23일 브뤼셀회의에서 회원국 정상들은 새로운 조약안을 마련하기로 합의하였다. 정상들이 합의한 이같은 골격을 바탕으로 2007년 7월 23일 정부간회의가 개시되었고, 10월 18일 새로운 조약문안에 대한 합의에 도달하였으며, 12월 13일 27개 회원국대표들이 리스본에 모여 이른바 "TEU와 EC설립조약을 개정하는 리스본조약"(Treaty

---

23) https://en.wikipedia.org/wiki/Treaty_of_Accession_2005.

24) 유럽회의는 브뤼셀에서 개최되었으며, EU의 11개 공용어를 사용하였다. 유럽이사회는 전직 프랑스 대통령 Valéry Giscard d'Estaing을 회의 의장으로 임명하였으며, 수상 경력의 두 사람, 즉 이탈리아의 Giuliano Amato와 벨기에의 Jean-Luc Dehaene을 부의장으로 임명하였다. 이들 의장과 부의장 외에도, 각 회원국의 국가 또는 정부 수반 (모두 15명)과 국내의회 의원 30명(각 회원국에서 2명씩)이 참여하였다. 13개 후보국들도 EU회원국들과 동일한 기초 위에서 참여가 허락되었는데, 그 결과 이들 후보국의 정부대표 13명과 국내의회 의원 26명이 회의에 완전히 참여하였다. 유럽의회 측에서는 16명의 의원을 참여시켰고, (집행)위원회 측에서는 두명의 집행위원을 참여시켰다. 그러니까 유럽회의 참여자는 무려 105명이나 되었으며, 여기에 다시 경제사회위원회, 지역위원회와 유럽옴브즈만의 대표자들도 옵서버로 참석하였었다.

25) 유럽헌법, Article Ⅳ-447.

of Lisbon Amending the Treaty on European Union and the Treaty Establishing the European Community)(이하 리스본조약)과 관련 문서를 담은 최종의정서(Final Act)에 공식 서명하였다.

리스본 최종의정서(Final Act)는 '리스본조약' 이외에도, '13개 의정서' (Protocols) 와 –'리스본조약의 부속서(Annexe to the Treaty of Lisbon)로서의– 신구조문대조표[26]'를 담고 있는데, 의정서는 다시 (i) "TEU, EC설립조약, 그리고/또는 Euratom설립조약에 부속되는" 11개 의정서와 (ii) "리스본조약에 부속되는" 2개의 의정서(즉 "TEU, EC설립조약, 그리고/또는 Euratom설립조약에 부속된 의정서들을 개정하는" 의정서와 여기에 첨부된 신구조문대조표,[27] 및 "Euratom설립조약을 개정하는" 의정서)로 구분된다. 그리고 리스본회의에서는 "최종의정서에 부속된" 50개 선언을 "채택"하였는데, 이들 선언은 다시 "조약 규정에 관한" 43개 선언(Declarations concerning provisions of the Treaties)과 "조약에 부속된 의정서들에 관한" 7개 선언(Declarations concerning Protocols annexed to the Treaties)으로 구분되고 있다.[28] 이 밖에도 리스본회의에서는 "여기에 열거되고 최종의정서에 부속된" 15개 국가별 선언에도 "주목"(noted)하였다.

리스본조약은 각 체약국이 "각자의 헌법상의 요건에 따라" 비준되어야 한다.[29] 따라서 언제나 그랬지만, 비준을 위해 국민투표를 하든 간단히 의회투표에 부치든 그것은 각국이 스스로 결정할 문제이다.[30] 비준문서는 이탈리아 정부에 기탁해야 한다.[31] 그리고 2009년 1월 1일까지 모든 비준문서가 기탁되면 동 일자에 발효한다.[32] 이것은 2009년 6월에 있을 유럽의회 선거를 수개월 앞둔 시점이다.[33] 만일 이때까지 이 요건이 충족되지 않으면 마지막 비준문서가 기탁된 달의 다음 달 첫째날에 발효한다.[34] 그런데 가장 큰 난관은 아일랜드로부터 왔다. 즉, 2008년 6월 13일의 금요일, 헌

26) "Tables of equivalences referred to in Article 5 of the Treaty of Lisbon" : 여기에는 먼저, TEU의 구넘버링(Old numbering of the Treaty on European Union), 리스본조약에서의 넘버링(Numbering in the Treaty of Lisbon), TEU의 신넘버링(New numbering of the Treaty on European Union), 이들 3자가 도표형식으로 나란히 병기되어 있고, 이어서 다음 도표에서는 EC설립조약의 구넘버링(Old numbering of the Treaty establishing the European Community), 리스본조약에서의 넘버링(Numbering in the Treaty of Lisbon) 및 EU기능조약의 신넘버링(New numbering of the Treaty on the Functioning of the European Union)이 나란히 병기되어 있다. 아래에서 언급하는 바와 같이 'EU기능조약'이라 함은 리스본조약에 의하여 개명된 구 'EC설립조약'을 지칭한다.

27) "Tables of equivalences referred to in Article 2 of Protocol No. 1 amending the protocols annexed to the Treaty on European Union, to the Treaty establishing the European Community and/or the Treaty establishing the European Atomic Energy Community : 여기에는 "Protocol on the Statute of the European System of Central Banks and of the European Central Bank", "Protocol on the Statute of the European Investment Bank" "Protocol on the Privileges and Immunities of the European Union", 이들 3개 의정서의 구넘버링과 신넘버링이 각기 도표로 제시되어 있다.

28) "조약"(the Treaties)이라 함은 "TEU와 EU기능조약"을 지칭한다 : TEU 제1조 3단.

29) 리스본조약 제6조 1항 첫 번째 문장.

30) https://europa.eu/lisbon_treaty/faq/index_en.htm.

31) 리스본조약 제6조 1항 두 번째 문장.

32) 리스본조약 제6조 2항 전반부.

33) https://europa.eu/lisbon_treaty/faq/index_en.htm.

34) 리스본조약 제6조 2항 후반부.

법규정에 따른 국민투표에서 비준이 거부되었던 것이다. 많은 아일랜드 국민들은 리스본조약이 자국의 조세정책과 군사적 중립, 낙태와 같은 윤리적 문제에 영향을 미칠 것을 우려한 것으로 보인다. 또한, 아일랜드 국민들은 집행위원회 구성에 있어 더 이상 각 회원국에게 자동적으로 한 자리를 보장하지는 않게 될 리스본조약의 기구개혁에도 반대하였다. 그러므로 2008년 12월 11~12일 개최된 브뤼셀 유럽이사회에서 유럽정상들은 리스본조약이 2009년 말까지 발효하는 것을 기대하여 다음과 같은 기본합의에 도달하였다 : "첫째, 리스본조약이 첫 번째 영역에서의 아일랜드의 권한을 침해하지 않는다는 법적 보장을 제공키로 한다 ; 둘째, 리스본조약이 발효하면 EU 27개 모든 회원국이 계속 각기 한명의 집행위원을 낼 수 있도록 필요한 법적 조치를 취한다 ; 셋째, 이들 조치에 상응하여 아일랜드는 "현 집행위원회 임기가 끝날 때까지"(그러니까 2009년 10월 31일까지) 두 번째 국민투표를 실시한다." 그러나 유럽이사회는 아일랜드에게 제공할 법적 보장의 형식에 대해서는 명시하지 않았다.[35] 2009년 10월 2일 두 번째 국민투표에서 아일랜드 국민은 리스본조약에 대해 예상보다 높은 지지를 보여줌으로써 리스본조약 발효의 최대걸림돌은 제거되었다.[36] 이어서 비준을 미루고 있던 두 국가도 비준을 완료하였다. 즉, 10월 10일에는 폴란드 대통령이 비준문서에 서명하였고,[37] 그후 마지막 걸림돌이 되고 있던 체크 공화국에서는 11월 3일 헌법재판소가 리스본조약이 헌법과 양립한다는 (두번째)결정을 내리고, 같은 날 (원래 이 조약을 봉쇄하려고 시도했던) 바츨라프 클라우스(Václav Klaus) 대통령[38]이 비준문서에 서명하였다. 이들 비준문서는 절차에 따라 이탈리아 정부에 기탁되었고, 이로써 리스본조약은 2009년 12월 1일 발효하였다.[39]

외견상 리스본조약은 EU설립조약에 유럽의 헌법이란 명칭을 부여하려던 시도가 완전히 실패하였음을 의미하는 것이지만, 유럽헌법제정조약이 시도하였던 기존조약들에 대한 개정/변화는 그대로 유지되고 있다. 특히 맨 먼저 리스본조약[40]은 유럽헌법 전문의 첫 번째 리사이틀(recital)로 예정되었던 단락[41]을 TEU의 두 번째 리사이틀로 삽입하는 것을 필두로 하여, 상임 "유럽이사회 의장"(permanent President of the European Council), ―유럽헌법 하의 "EU외무장관"(Union Minister

35) *Presidency Conclusions*, Brussels European Council, 11 and 12 December 2008, available at https://europa.eu/european-council/index_en.htm ; https://en.wikipedia.org/wiki/Lisbon_Treaty_-_IrishRatification ; BBC News, 3 March 2009, "Q&A: The Lisbon Treaty", https://news.bbc.co.uk/2/hi/europe/6901353.stm.

36) https://news.bbc.co.uk/2/hi/europe/8288181.stm.

37) "10/10/2009 - A step closer to the Treaty", https://europa.eu/lisbon_treaty/index_en.htm.

38) https://en.wikipedia.org/wiki/Václav_Klaus.

39) BBC News, 1 December 2009, "EU Lisbon Treaty comes into force", https://news.bbc.co.uk/2/hi/europe/8387648.stm ; "04/11/2009 - Final piece of the puzzle in place", https://europa.eu/lisbon_treaty/index_en.htm ; https://en.wikipedia.org/wiki/Lisbon_treaty ; BBC News, 3 November 2009, "Timeline : The road to Lisbon", https://news.bbc.co.uk/2/hi/europe/8337791.stm ; BBC News, 3 November 2009, "EU treaty ratification : Readers view", https://news.bbc.co.uk/2/hi/europe/8340286.stm ; BBC News, 4 November 2009, "Papers unhappy over Lisbon treaty", https://news.bbc.co.uk/2/hi/uk_news/8341605.stm.

40) 리스본조약 제1조 1) (a).

41) "DRAWING INSPIRATION from the cultural, religious and humanist inheritance of Europe, from which have developed the universal values of the inviolable and inalienable rights of the human person, freedom, democracy, equality and the rule of law,"

for Foreign Affairs)에서 개명된- "EU외교안보정책 고등대표"(High Representative of the European Union for Foreign Affairs and Security Policy), 유럽의회 의석의 배분, 유럽집행위원회 위원의 감축, EU탈퇴조항, EU의 완전한 법인격 등, 유럽헌법의 상당 부분을 사실상 차용하고 있다. 정부간회의가 공식 개시되고 불과 석달도 안되어 조약문안에 합의를 볼 수 있었던 까닭도 바로 여기에 있다.[42)]

실패한 유럽헌법에 가해진 주요 수정은 다음의 몇 가지이다. 첫째, 리스본조약은 마스트리히트조약이나 유럽헌법과는 달리, 그러나 그 전임자들인 암스테르담조약이나 니스조약의 예에 따라, 어떤 결심을 천명하는 전문을 달고 있지 않다.[43)] 이것은 리스본조약이 -그 공식제목에서 시사하는 바와 같이- (암스테르담조약과 니스조약에 의하여 개정된 바 있는) EU의 두개의 핵심조약, 즉 'TEU'와 'EC설립조약'(그리고 이와 더불어 'Euratom설립조약')을 단지 "개정"하기 위한 것일 뿐, 마스트리히트조약에서처럼 "없던 EU를 새로 창설"하거나 유럽헌법에서처럼 "새로운 EU를 수립하기" 위한 것이 아니기 때문일 것이다. 다만, 이 과정에서 "EC'설립'조약"은 "EU의 '기능'에 관한 조약"(Treaty on the Functioning of the European Union)(이하 TFEU 혹은 EU기능조약)으로 개명되었는데,[44)] 이것은 물론 기존의 EU가 이제 완전한 법인격을 가지며 EC는 자신의 독립된 법인격을 상실하고 EU에 흡수됨을 의미하는 것이기도 하다. 그러나 리스본조약은 유럽헌법과는 달리 두 핵심조약(즉, TEU와 EU기능조약)을 한 개의 문서로 통합하지는 않았으며, 다만 구 EU 제3기둥을 암스테르담조약에 의해 헤어졌던 옛식구를 좇아 EU기능조약(Part Three, Title V, Chapter 4 & Chapter 5)에 편입시켰을 따름이다.

둘째, 국가를 연상시키는 단어는 삭제하였다. 즉, 우선 무엇보다 '헌법'이란 단어는 사용하지 아니한다. 그리고 국가를 연상시키는 상징들(symbols)에 대한 언급도 조약에 담지 아니한다. 같은 맥락에서, "EU외무장관"(Union Minister for Foreign Affairs)이란 직책도 "EU외교안보정책 고등대표"(High Representative of the European Union for Foreign Affairs and Security Policy)로 이름을 달리하였다. 유럽헌법[45)]은 EU의 입법적 행위도 새로 분류하여 EC의 명령(regulations)과 준칙(directives)을 유럽법률(European law)과 유럽골격법률((European framework law)로 개명하려 하였었는데, 역시 같은 맥락에서 리스본조약은 이것도 삭제하였다.[46)]

셋째, "EU기본권헌장"은 조약에 담지 않는다. 그 대신 조약에서 이 문서에 대해 언급함으로써 이것에 법적 구속력은 부여한다. 그러나 다시 일부 회원국에 대해서는 예외를 인정한다.

넷째, '찬성하는 국가들의 수'뿐만 아니라 '찬성하는 국가들이 EU 전체에서 차지하는 인구수'까

42) 다만, "EU의 권한"(유럽헌법, Articles I-11~I-18)의 경우에서 보는 것처럼, 유럽헌법에서 한 군데로 몰았던 규정들을 TEU와 ('EU기능조약'으로 개명된) EC설립조약 양쪽으로 다시 분리 배치시킨 경우도 있는데, 리스본조약은 유럽헌법이 시도하였던 문서의 통합을 포기하였기 때문이다.

43) 다만, 아래에서 언급하는 것처럼, 유럽헌법 전문의 리사이틀(recital : 전문의 이유설명 부분) 한 개를 TEU 전문에 삽입하고 있다.

44) 리스본조약 제2조 1).

45) 유럽헌법, Article I-33.

46) EU기능조약(TFEU) 제288조 ; https://en.wikipedia.org/wiki/Treaty_of_Lisbon.

지 고려하는 이사회의 이중다수결(double majority)은 2014년에 가서야 발효하는 것으로 한다. 게다가 분쟁이 있으면 각 회원국은 니스조약을 원용하여 2017년까지 달갑지 않은 결정의 연기를 요구할 수 있다.

이 밖에도 리스본조약은 "공동시장"(common market)이란 술어를 삭제하였으며,[47] SEA에 의해 도입되었던 협력절차(cooperation procedure)를 온전히 폐지하고 이를 보통입법절차(ordinary legislative procedure)(종래의 공동결정절차)[48]나 협의절차(consultation procedure)[49]로 대체하였다.[50]

리스본조약 자체는 제1조 (TEU 개정), 제2조 (EC설립조약 개정), 제3조 (리스본조약의 유효기간), 제4조 (리스본조약에 부속된 의정서 No. 1과 No. 2에 포함된 내용), 제5조 (신구조문대조), 제6조 (리스본조약의 비준과 발효), 제7조(조약의 정본과 기탁) 등, 모두 7개 조문으로 구성되고 있다. 리스본조약에 의하여 개정된 "EU조약"과 "EU기능조약"의 통합본(consolidated versions)은 2008년 5월 9일, EU관보, C 115(Notice No 2008/C 115/01)에 담겨 있다.[51]

4. 크로아티아의 EU 가입

아직도 몇몇 유럽국가가 EU(와 Euratom) 가입을 위해 대기 중인 가운데,[52] 2011년 12월 9일 브뤼셀에서 크로아티아의 EU 가입조약 서명식이 있었다. 크로아티아는 2012년 1월 22일 국민투표를 거쳐[53] 2012년 4월 4일 비준절차를 완료하였다. 동 가입조약은 "(27개 EU회원국과 크로아티아의) 모든 비준문서가 2013년 7월 1일 이전에 기탁되면 2013년 7월 1일 발효"하는 것으로 맞추어져 있었는데,[54] 실제로 그렇게 되었다.[55] 크로아티아의 EU 가입으로 인하여 TEU 및 EU기능조약(그리고

47) See Case 15/81, *Gaston Schul Douane Expediteur BV v. Inspecteur der Invoerrechten en Accijnzen, Roosendaal*, [1982] ECR 1409, para. 33 ; https://europedia.moussis.eu/books/Book_2/3/6/?all=1 ; P.S.R.F. Mathijsen, *A Guide to European Union Law as amended by the Treaty of Lisbon*, 10th ed. (London : Sweet & Maxwell, 2010), p. 223.

48) EU기능조약 제121조 6항 (구 EC설립조약 제99조 5항).

49) EU기능조약 제125조 2항 (구 EC설립조약 제102조 2항 및 제103조 2항) ; EU기능조약 제128조 2항 (구 EC설립조약 제106조 2항).

50) Lenaerts and Nuffel, p. 653.

51) 아래 각주에 명기된 TEU(EU조약)의 조문은 리스본조약에 의하여 부여된 새 번호들이다.

52) 2013년 5월 29일 현재 EU에 공식 가입신청서를 제출한 유럽국가는 알바니아, 아이슬란드, 마케도니아, 몬테네그로, 세르비아, 터키 등 6개국이다. 이밖에 보스니아-헤르체코비나, 코소보도 잠재후보국으로 거론되고 있다. BBC News Europe, 29 May 2013, "EU enlargement: The next eight", 〈https://www.bbc.co.uk/news/world-europe-11283616〉 ; https://ec.europa.eu/enlargement/countries/check-current -status/index_en.htm.

53) BBC News Europe, "Croatia EU referendum: Voters back membership", 22 January 2012, 〈https://www.bbc.co.uk/news/world-europe-16670298〉.

54) 크로아티아 EU가입조약(Treaty concerning the Accession of the Republic of Croatia to the European Union) 제3조, Official Journal of the European Union, L 112/10, 24.4.2012, 〈https://eur-lex.europa.eu/en/treaties/index.htm〉.

55) BBC News Europe, 1 July 2013, "Croatia celebrates on joining EU", 〈https://www.bbc.co.uk/news/world-europe-23118035〉 ; https://en.wikipedia.org/wiki/Accession_of_Croatia_to_the_European_Union ; https://en.wikipedia.org/wiki/Treaty_of_Accession_2011.

Euratom조약 및 관련 부속의정서들)에 일부 개정이 가해졌다.[56]

5. Brexit : 영국의 EU 탈퇴

영국과 EU/Euratom 간의 브렉시트 협정[57]이 2020년 2월 1일[58] 발효하였으며, 이로써 EU회원국은 27개국으로 줄어들었다.[59] 브렉시트는 조약법상, EU법상, 그리고 영국법상 여러 문제를 노정

---

56) "Act concerning the conditions of accession of the Republic of Croatia and the adjustments to the Treaty on European Union, the Treaty on the Functioning of the European Union and the Treaty establishing the European Atomic Energy Community", Official Journal of the European Union, L 112/21, 24.4.2012 ; General Secretariat of the Council, Press, *Factsheet : Changes within the European Union as from 1 July 2013 related to the accession of Croatia*, 〈https://www.consilium.europa.eu/uedocs/cms_data/docs/pressdata/EN/genaff/137537.pdf〉.

57) "Agreement on the withdrawal of the United Kingdom of Great Britain and Northern Ireland from the European Union and the European Atomic Energy Community", Official Journal of the European Union, 31.1.2020, L 29/7.

58) 런던 현지 시각(GMT)으로는 1월 31일 23시. BBC News, 17 February 2020, "Brexit: All you need to know about the UK leaving the EU", 〈https://www.bbc.com/news/uk-politics-32810887〉.

59) 영국법의 관점에서 본 사건의 경과는 다음과 같다. 2016년 6월 23일 데이비드 캐머런(David Cameron) 수상이 이끄는 영국 정부는 Brexit에 대한 국민투표를 실시하였는데, 그 이튿날 나온 결과에 의하면 투표권자의 72.2 퍼센트가 참여한 가운데, 51.9 퍼센트가 찬성, 48.1 퍼센트는 반대하였다 : Brian Wheeler & Alex Hunt, BBC News, 24 June 2016, "The UK's EU referendum: All you need to know", 〈https://www.bbc.com/news/uk-politics-32810887〉. 투표참여자의 과반수로 결정키로 한 이 국민투표는 "영국이 EU 회원국으로 남아있어야 할지 떠나야할지"("Should the United Kingdom remain a member of the European Union or leave the European Union?")의 질문에 대해 2017년 12월 31일 이전까지 영국과 지브롤터에서 국민투표를 실시할 것을 규정한 2015년 12월 17일의 "EU국민투표법 2015"(European Union Referendum Act 2015)에 의거한 것이었다 : https://www.legislation.gov.uk/ukpga/2015/36/contents/enacted. 동 법률은 국민투표의 결과가 현 정부나 미래 정부에게 법적 구속력이 있음을 규정하고 있지는 않았으며, 따라서 영국 정부가 공식적으로 제50조를 발동할 것인지, 발동한다면 언제 발동할 지는 두고 볼 일이었다 : https://en.wikipedia.org/wiki/European_Union_Referendum_Act_2015. 그러나 브렉시트 국민투표 후 3개월이 조금 지난 10월 2일, 캐머런 수상의 뒤를 이은 테레사 메이(Theresa May) 수상은 BBC 기자에게 "국민들이 생각을 분명히 표현하였으므로 우리는 그것을 이행할 것"이라면서 2017년 3월 말까지는 TEU 제50조를 공식 발동할 것이라고 말하였다 : BBC News, 2 October 2016, "Brexit : PM to trigger Article 50 by end of March", 〈https://www.bbc.com/news/uk-politics-37532364〉 ; CNN, October 2, 2016, "There is now a timetable for Brexit". 〈https://money.cnn.com/2016/10/02/news/economy/brexit-article-50-theresa-may/index.html?iid=Lead〉. 그러자 두 명의 영국 시민이 행정부가 의회의 승인 없이 일방적으로 탈퇴 교섭에 들어갈 수 있는지를 묻는 소송을 런던 High Court(1심중앙재판소)에 제기하였다. TEU 제50조는 회원국은 "자국의 헌법적 요건에 따라" 탈퇴할 수 있다고 규정하고 있으며, 따라서 논쟁의 핵심은 영국 (불문)헌법상 수상과 의회 중 누가 제50조를 발동할 권한이 있는가 하는 것이었다. 원고 측은 (i) 2015년 국민투표법의 그 어디에도 국민투표의 결과로부터 비롯되는 결과를 명시하지 않았기 때문에 국민투표의 결과는 단지 권고적인 것이며, (ii) 영국의 EU탈퇴는 "유럽공동체법 1972"의 폐지를 동반해야 할 사안이기 때문에 행정부는 의회 법률에 의한 승인 없이는 제50조를 발동할 수 없다고 주장하였다. 이에 대해 피고 행정부는 (i) 타국과 조약을 체결하고 파기하는 것은 국왕의 대권에 속하는 사항으로서 제50조 발동은 행정부의 고유권한이며, (ii) 의회가 "EU국민투표법 2015"를 통과시킬 때 국민투표의 결과가 존중될 것이라는 점을 명백히 인식하고 있지 않았느냐고 반박하였다. 행정부가 가진 또 하나의 이론적 무기는, 이 소송은 재판소에서 다룰 수 있는 성격의 것이 아니라는 것이었다. 이것이 *R (Miller)* v. *Secretary of State for Exiting the European Union*, [2016] EWHC 2768 (Admin), 〈https://www.judiciary.gov.uk/judgments/r-miller-v-secretary-of-state-for-exiting-the-european-union/〉 사건인데, 11월 3일의 판결에서 High Court (Queen's Bench Division, Divisional Court)는 원고 측의 상기 논리를 수용하였다. 정부는 'leapfrog appeal'에 의거하여 항소재판소를

할 것이다.[60] 특히, 영국은 많은 혼합협정(mixed agreements)[61]의 EU측 당사자의 하나였기 때문

거치지 않고 막바로 최고재판소에 상소하였으며, 최고재판소는 상소를 허락하였다 : https://www.supremecourt.uk/news/permission-to-appeal-decision-08-november-2016.htm ; BBC News, 3 November 2016, "Brexit court defeat for UK government", 〈https://www.bbc.com/news/uk-politics-37857785〉 ; Thomas Connelly, "Government confirms it WILL appeal to Supreme Court over Brexit ruling", Legal Cheek News, 7 Nov 2016, 〈https://www.legalcheek.com/2016/11/government-confirms-it-will-appeal-to-supreme-court-over-brexit-ruling/〉; Alison Young "The Brexit Case: Prerogative or Parliament", University of Oxford, News & Events, 12 December 2016, 〈https://www.ox.ac.uk/news-and-events/oxford-and-brexit/brexit-analysis/brexit-case〉. 그리고 해가 바뀌어 2017년 1월 24일, 최고재판소는 12인 재판관 중 1인 이 공석인 가운데 8 대 3의 다수결로 High Court의 판결을 지지하였는데, 최고재판소의 주요 논지는 다음과 같다. 첫째, '국왕의 대권'과 '의회주권' 간의 관계에 있어 국왕의 대권은 그것이 아무리 잘 확립된 것이라 하더라도 의회주권 원칙에 따라 제정법에 의해 축소되거나 폐지될 수 있다(para. 48). 둘째, -일차입법에 의해 부과된 제한을 조건으로 하되- 일반원칙은, 조약을 체결하거나 철회하는 권한(국왕의 대권)은 입법부의 허락없이 행사할 수 있으며 이 권한의 행사는 사법심사의 대상이 되지 않는다는 것이다(para. 55). 셋째, 그러나 '유럽공동체법 1972'에 의해 국내적으로 이행된 EU설립조약들의 입법적·헌법적 독특함을 고려하면 영국의 EU 탈퇴를 위해 (EU 차원에서) TEU 제50조를 발동하는 문제에 관한 한 먼저 의회의 법률에 의한 동의를 얻는 것이 의회주권의 원칙에 부합한다(para. 90). 넷째, "유럽공동체법 1972"는 *Thoburn* 사건에서 Laws 재판관이 언급한 바와 같이 '헌법적 성격'(a constitutional character)을 갖는 것이긴 하지만 의회주권 원칙은 변함없이 적용되며, 다라서 "유럽공동체법 1972가 발효 중이든 아니든 관계없이" 영국 의회는 EU기관 혹은 EU법의 헌법적 지위를 변경하는 입법을 제정할 수 있다(para. 67). 결론적으로, 재판소는 "행정부가 제50조를 발동하기 위해서는 이를 허락하는 의회의 법률이 통과되어야 하겠지만"(para. 101), 이 경우 "의회 입법이 채택해야 할 형식은 전적으로 의회에게 달린 문제(entirely a matter for Parliament)"라고 말함으로써 의회가 행정부에게 제50조의 발동을 허락하는 내용을 담은 한두줄 짜리 아주 간단한 법률(a very brief statute)도 가능할 것임을 시사하였다(para. 122). 최고재판소는 스코틀랜드, 웨일즈, 북아일랜드의 3개 지방의회(devolved administrations/legislatures)의 관여 여부에 대해서도 판단하였는데, 이 문제에 대해서는 만장일치로 지방의회에게는 제50조의 발동을 비토할 권리가 없으며, 따라서 이들의 의견을 구할 필요는 없다고 하였다(para. 150). *R (on the application of Miller and Dos Santos)* v *Secretary of State for Exiting the European Union*, UK Supreme Court Decision of 24 January 2017, [2017] UKSC 5, 〈https://www.supremecourt.uk/cases/docs/uksc-2016-0196-judgment.pdf〉, 〈https://www.bailii.org/uk/cases/UKSC/2017/5.html〉 ; BBC, UK Politics, "Supreme Court Brexit ruling: What happens next?", 25 January 2017, 〈https://www.bbc.com/news/uk-politics-38721650〉 ; https://en.wikipedia.org/wiki/R_(Miller)_v_Secretary_of_State_for_Exiting_the_European_Union ; https://en.wikipedia.org/wiki/Justice_of_the_Supreme_Court_of_the_United_Kingdom. 결국 EU탈퇴 통고를 허락하는 법안이 2월과 3월 초 의회 상하 양원을 거치고 3월 16일 여왕의 재가를 얻어 통과되었다. 이것이 "European Union (Notification of Withdrawal) Act 2017"(긴 명칭 : "An Act to Confer power on the Prime Minister to notify, under Article 50(2) of the Treaty on European Union, the United Kingdom's intention to withdraw from the EU)인데, (i) 국무총리가 TEU 제50조를 발동함을 허락하며, (ii) "European Communities Act 1972" 또는 다른 어떤 법률도 이를 막지 못함을 명시하는 간단한 내용을 담고 있다. https://www.legislation.gov.uk/ukpga/2017/9/contents/enacted/data.htm ; https://en.wikipedia.org/wiki/European_Union_(Notification_of_Withdrawal)_Act_2017. 테레사 메이 수상은 3월 29일 도날드 터스크(Donald Tusk) 유럽이사회 의장에게 전달한 편지에서 (i) TEU 제50조 2항에 따라 유럽이사회에 영국의 EU로부터의 탈퇴 의사를 통고하고, (ii) Euratom설립조약 제106a조에 의거해 적용되는 TEU 제50조 2항에 따라 영국의 Euratom으로부터의 탈퇴 의사도 함께 통고하면서, (iii) "따라서 이 편지에서 EU에 대한 언급은 Euratom에 대한 언급을 포함하는 것으로 새겨야 한다"고 사족(蛇足)을 달았다 : UK Prime Minister's Letter to Mr Donald Tusk, President of the European Council, 29 March 2017, 〈https://news.bbc.co.uk/2/shared/bsp/hi/pdfs/29_03_17_article50.pdf〉. 아무튼 영국의 EU 탈퇴가 국내외적으로 완성되려면 TEU 제50조의 이행과 더불어 "유럽공동체 법 1972"(European Communities Act 1972)의 폐지가 동반되어야 할 것이다. 그리고 후자는 영국법상 최고의 입법권자인 영국 의회의 몫이다 : https://en.wikipedia.org/wiki/European_Union_Referendum_Act_2015. 실제로, 2018년 6월 26일 발효한 "EU(탈퇴)법 2018' [European Union (Withdrawal) Act 2018]은 "유럽공동체법 폐지"(Repeal of the ECA) 제목 하의 단독 섹션 1(Repeal of the European Communities Act 1972)에서 "EC법 1972는 탈퇴일부로 폐지된다"고 규정하였다. 그러나 동 법률은 이어서 "기존 EU법의 유지"

에 브렉시트에도 불구하고 이들 혼합협정이 영국에 대하여, EU에 대하여, 그리고 혼합협정의 타방 당사자(들)에 대하여 존속하는가의 문제가 제기된다.[62] 비엔나 조약법협약 제55조에 의하면 '다자' 조약은 -조약에서 달리 규정하지 않는 한- 당사국의 수가 조약의 효력발생에 필요한 수 밑으로 감소되는 사실만을 이유로 종료되지는 아니한다.[63] 이것은 반대로 '양자'조약의 경우에는 당사국 수의 감소가 조약의 종료로 이어질 것임을 시사한다. 따라서 논의의 출발점은 어떤 혼합협정이 다자조약에 속하는가 양자조약에 속하는가에 있다. 이같은 관점에서 상황을 나누어 생각해 보자. 첫째, 유럽재판소는 '일방'(of the one part) EU 및 그 회원국들과 '타방'(of the other part) 복수의 ACP국

(Retention of existing EU law)란 제목 하에서, 섹션 2(Saving for EU-derived domestic legislation)에서는 "탈퇴일 바로 전에 (영국)국내법에서 효력을 가지고 있는 EU 기원의 국내 입법(EU-derived domestic legislation)은 탈퇴일에 그리고 그 후에 계속해서 국내법에서 효력을 가진다"고 규정하고, 섹션 3 (Incorporation of direct EU legislation)에서는 "탈퇴일 바로 전에 발효 중인 직접적인(직접적용성있는) EU 입법(direct EU legislation)은 탈퇴일에 그리고 그 후에 국내법의 일부를 형성한다"고 규정하고 있는데, 이들은 영국에 대해 새로운 종류의 국내법, 즉 '유지되는(즉, 차용) EU법(retained EU law)'을 창설할 것이다. 섹션 8(Dealing with deficiencies arising from withdrawal)은 '유지 되는 EU법'의 결함을 방지, 교정 혹은 완화하기 위한 명령(regulations) 제정 권한을 장관에게 부여하고 있다. 이를 의회제정법으로 감당하기에는 유지되는 EU법이 너무 많기 때문이다. 섹션 20(Interpretation), (1)항에 의하면 동 법률의 목적상 '탈퇴일'(exit day)은 "2019년 3월 29일 오후 11시"로 정의되어 있는데, 다만 (4)항에 의하면 "(행정부)장관은 명령에 의해 (by Regulations) (1)항의 탈퇴일 정의를 개정할 수 있다." https://www.legislation.gov.uk/ukpga/2018/16/enacted ; https://en.wikipedia.org/wiki/European_Union_(Withdrawal)_Act_2018; BBC, 26 June 2018, "EU Withdrawal Bill officially becomes law", 〈https://www.bbc.com/news/uk-politics-44615245〉; Adam Smith, "Tories cheer in the Commons as the Queen gives Brexit royal assent", METRO, Tuesday 26 Jun 2018, 〈https://metro.co.uk/2018/06/26/tories-cheer-in-the-commons-as-the-queen-gives-brexit-royal-assent-7661254/〉. 그러나 탈퇴협정안의 일부 내용에 대해 의회 내에서 심각한 반대가 표출되자 2019년 7월 14일 메이 수상이 보리스 존슨(Boris Johnson) 수상으로 대체되어 탈퇴 협상이 속개되었다. 그리고 브렉시트를 강력하게 주장하는 존슨 수상의 보수당이 12월 총선을 통해 하원에서 압도적으로 다수 의석을 득한 뒤, 2020년 1월 23일 영국 의회는 "EU(탈퇴협정)법 2020"[European Union (Withdrawal Agreement) Act 2020]를 제정하였고, 다음날 24일 영국과 EU 양측은 "브렉시트 탈퇴협정"(Brexit withdrawal agreement)(공식명칭 : "Agreement on the withdrawal of the United Kingdom of Great Britain and Northern Ireland from the European Union and the European Atomic Energy Community")에 서명하였다. 영국 정부는 29일 이사회 사무총장에게 비준서를 기탁하였고, EU 측에서는 29일 유럽의회가 동의하고 30일 이사회가 협정을 비준, 기탁함으로써 2월 1일 협정이 발효하였다(제185조). "European Union (Withdrawal Agreement) Act 2020", 〈https://www.legislation.gov.uk/ukpga/2020/1/pdfs/ukpga_20200001_en.pdf〉; HM Government, 19 October 2019, "Agreement on the withdrawal of the United Kingdom of Great Britain and Northern Ireland from the European Union and the European Atomic Energy Community, Presented to Parliament pursuant to Section 1 of the European Union (Withdrawal) Act (No. 2) 2019 and Section 13 of the European Union (Withdrawal) Act 2018"; "Notice concerning the entry into force of the Agreement on the Withdrawal of the United Kingdom of Great Britain and Northern Ireland from the European Union and the European Atomic Energy Community", Official Journal of the EU, L 29/189, 31.1.2020; Stefano Fella, "Brexit next steps: Ratifying the EU Withdrawal Agreement", House of Commons Library, January 23, 2020, 〈https://commonslibrary.parliament.uk/brexit/the-eu/brexit-next-steps-ratifying-the-eu-withdrawal-agreement/〉; https://en.wikipedia.org/wiki/Brexit_withdrawal_agreement; BBC News, 27 January 2020, "Brexit: All you need to know about the UK leaving the EU", 〈https://www.bbc.com/news/uk-politics-32810887〉.

60) 이 문제에 대한 개관을 위해서는 Hillman and Horlick (eds.) 참조.
61) 혼합협정의 의미에 대해서는, 본장, "XI. EU의 조약체결권" 참조.
62) Jin Woo (Jay) Kim in Hillman and Horlick (eds.), p. 81.
63) 본서, 제4장 (조약법), "Ⅳ. 조약의 종료", 서두 부분.

가 간에 체결된 한 혼합협정(제4차 로메협정)을 "본질적으로 양자적"(essentially bilateral) 성격의 조약으로 규정한 바 있는데,[64] 이것은 '타방' 국가가 한 개인 경우에도 그대로 타당할 것이며, 또한 이것은 모든 혼합협정이 "본질적으로 양자적" 성격을 갖는 것은 아님을 시사한다. 둘째, 이같은 양자적 성격의 혼합협정은 브렉시트와 함께 'EU'와 '영국' 간에 자동 종료된다고 보는 것이 논리적이다. 영국이 EU를 탈퇴하는데도 그같은 혼합협정의 EU측 당사자의 지위를 그대로 유지한다는 것은 모순이기 때문이다. 셋째, "본질적으로 양자적" 성격의 혼합협정의 경우 'EU측'과 '타방 당사자(EU 비회원국)(들)' 간에도 자동종료의 논리를 적용할 것인가, 아니면 개정의 차원에서 접근할 것인가? "본질적으로 양자적 성격의" 혼합협정은 당사자의 수가 양측으로 각기 하나뿐인 보통의 양자조약은 아니다. 따라서 EU측이나 타방 국가(들)이 종료를 원하지 않는 이상 불편하게 자동종료의 방식을 채택하지는 않을 것으로 생각된다. 넷째, 브렉시트 후 '영국과 제3국[혼합협정에서 EU측의 상대방 국가(들)] 간'에는 기존 혼합협정에서 다루던 문제들과 관련하여 새로 조약이 체결되어야 할 것이다. 이를테면, 2015년 12월 13일 공식 발효한 한국-EU 자유무역협정("Free Trade Agreement between the European Union and its Member States, of the one part, and the Republic of Korea, of the other part")은 -협정 제목에서 보는 바와 같이- 혼합협정의 방식으로 체결된 것인데, 한국과 영국 정부는 브렉시트를 전제로 2019년 8월 22일 "대한민국과 영국 간의 자유무역협정"(Free Trade Agreement between the Republic of Korea, of the one part, and the United Kingdom of Great Britain and Northern Ireland, of the other Part")에 우선 서명하두는 기민함을 보였다.[65] 다섯째, '일방' 이제는 EU비회원국이 된 영국과 '타방' EU측 간에 필요하면 -본질적으로 양자적 성격의- 혼합조약들이 체결될 것이다. 여섯째, 혼합협정 중에서도 EU와 영국을 포함한 그 회원국들이 각기 독립적으로 당사자가 된 -UN해양법협약이나 WTO협정과 같은- 진정한 '다자'조약의 경우에는 브렉시트에도 불구하고 외견상 EU측(EU 및 EU회원국들)과 영국의 다자조약 당사국으로서의 지위에는 변동이 없을 것이다. 그러나 이 경우에도 영국은 EU에서 분리된 자격으로 다자조약의 적용을 받는다는 점에서 다자조약 당사자로서 갖는 권리와 의무의 범위에 변화가 있을 것이다.

브렉시트협정은 발효일로부터 2020년 12월 31일까지 과도기간("a transition or implementation period")을 규정하였는데,[66] "이 협정에서 달리 규정하고 있지 않는 한, EU법은 과도기간 동안 영국에 대해 그리고 영국 내에서 적용된다."[67] 또한, 과도기간 중 영국은 'EU', 'EU를 대신하여 행동하는 회원국들', 혹은 '공동으로 행동하는 EU와 회원국들'이 체결한 국제협정들에서 나오는 의무의

64) Case C-316/91, *European Parliament* v. *Council of the European Union*, [1994] ECR I-625, 661 (para. 29) ; Kent in Hillman and Horlick (eds.), p. 93 ; 본서, 제2장 (국제법의 연원), "Ⅲ. 조약, 2. 조약의 분류."

65) https://www.fta.go.kr/main/situation/fta/world/ ; 국회 의안정보시스템〉의안검색, 〈https://likms.assembly.go.kr/bill/BillSearchDetail.do〉 ; 한종수/뉴스1, 2019-10-28, "한영 FTA 국회 본회의 통과", 〈https://news1.kr/articles/?3754327〉. 동 협정은 2021년 1월 1일 발효하였다 : 외교부, 조약정보, 〈https://www.mofa.go.kr/www/wpge/m_3834/contents.do〉.

66) 브렉시트협정 제126조.

67) 브렉시트협정 제127조 1항.

구속을 받는다.[68] EU와 영국은 이 과도기간 동안 서로의 미래관계에 대해 협상해야 한다.[69] EU와 영국의 대표들로 구성되는 공동위위회(Joint Committee)[70]는 2020년 7월 1일 이전에 과도기간을 1년 내지 2년 더 연장한다는 결정을 할 수 있었지만[71] 이 기회는 이용되지 않았다. 그리고 2020년 12월 30일, 양측은 과도시한을 넘기지 않고 "무역 및 협력 협정"("Trade and Cooperation Agreement Between the European Union and the European Atomic Energy Community, of the one part, AND the United Kingdom of Great Britain and Northern Ireland, of the other part")에 서명하였는데, 2021년 1월 1일부터 4월 30일까지 '잠정 적용'되다가, 5월 1일 정식 발효하였다.[72]

6. 우크라이나의 EU 가입 신청

2022년 2월 24일 러시아가 우크라이나를 침략하자 28일 우크라이나는 EU 가입을 신청하였는데, 6월 23일 유럽이사회는 -6월 17일 유럽(집행)위원회가 제시한 '헌법재판소 개혁'과 '사법부 개혁의 계속'을 포함한 7개 개혁사항의 이행을 조건으로- 우크라이나에 EU가입 후보국 지위를 부여하였다.[73]

---

68) 브렉시트협정 제129조 1항.

69) German Federal Foreign Office, 27.02.2020, "Brexit has arrived: Where are we now? What happens next?", ⟨https://www.auswaertiges-amt.de/en/aussenpolitik/europa/brexit-where-are-we-now-what-next/2204138⟩.

70) 브렉시트협정 제164조.

71) 브렉시트협정 제132조.

72) European Commission, Press release, 24 December 2020, Brussels, "EU-UK Trade and Cooperation Agreement: protecting European interests, ensuring fair competition, and continued cooperation in areas of mutual interest", ⟨https://ec.europa.eu/commission/presscorner/detail/en/ip_20_2531⟩ ; BBC News, 30 December 2020, "Brexit: What you need to know about the UK leaving the EU", ⟨https://www.bbc.com/news/uk-politics-32810887⟩ ; Council of the EU, Press release, 29 April 2021, "EU-UK trade and cooperation agreement : Council adopts decision on conclusion", ⟨https://www.consilium.europa.eu/en/press/press-releases/2021/04/29/eu-uk-trade-and-cooperation-agreement-council-adopts-decision-on-conclusion/⟩.

2023년 2월 27일, 브렉시트 협정의 불가분의 일부를 구성하는 "아일랜드/북아일랜드 의정서"(Protocol on Ireland/Northern Ireland)의 이행과 관련하여, 영국에서 아일랜드해를 건너 북아일랜드로 들어가는 상품의 통관을 용이하게 하기 위한 일명 "윈저 골격"(Windsor Framework) 합의가 성사되었는데, 이것에 대해서는 다음을 참조 : GOV.UK, 27 February 2023, "The Windsor Framework", ⟨https://www.gov.uk/government/publications/the-windsor-framework⟩ ; John Campbell/BBC News, 27 February 2023, "Brexit: What does Windsor Framework mean for business?", ⟨https://www.bbc.com/news/uk-northern-ireland-64793597?zephr-modal-register⟩ ; https://en.wikipedia.org/wiki/Windsor_Framework ; European Commission, Press Corner, 27 February 2023, "Questions and Answers: political agreement in principle on the Windsor Framework, a new way forward for the Protocol on Ireland/Northern Ireland", ⟨https://ec.europa.eu/commission/presscorner/detail/en/qanda_23_1271⟩.

73) https://en.wikipedia.org/wiki/Accession_of_Ukraine_to_the_European_Union ; https://www.consilium.europa.eu/en/policies/enlargement/ukraine/.

Ⅱ. EU의 정의와 법인격

EU는 "동일한 법적 가치(the same legal value)를 갖는"[74] 두 개의 조약, 즉 "EU조약" (Treaty on European Union : TEU)과 "EU기능조약"(Treaty on the Functioning of the European Union : TFEU)에 기초한다 ; 그리고 조약문에서 이들 두 조약은 간단히 "조약들"(Treaties)(이하 간단히 '조약')로 표기된다.[75] EU 설립의 국제법적 기초가 되는 두 조약의 이름 그 어느 쪽에서도 이제 '설립'(Establishing)이라는 단어를 찾아볼 수는 없지만, 이들은 법상 EU설립조약을 구성한다.

EU는 "EC를 대체하고 승계한다"(replace and succeed the European Community).[76] 그리고 리스본조약에 기초한 EU는 이제 명시적으로 그리고 일반적으로 "법인격"(legal personality)을 부여받았다.[77] 그러나 리스본조약 하의 EU는 기존의 EU를 대체하고 승계한다는 의미에서 새로운 EU가 아니다 : 이것은 단지 기존의 EC를 대체하고 승계함으로써 EC를 흡수하였다. 그 결과 EC설립조약은 EU기능조약으로 대체된 것이다. EU가 EC의 완전한 법인격을 흡수하였다는 사실은 달리 말하면 마스트리히트조약에 의해 구축된 EU의 삼주체제(three-pillar system)가 해체되었음을 의미하는 것이기도 하다. 그러나 리스본조약 체제 하에서 EU조약과 EU기능조약은 단일 문서에 병합되지 아니하고 별개의 문서로 존치하되, -위에서 언급한 바와 같이- 양자는 "동일한 법적 가치"를 갖는다.[78] 요컨대, "기존의 EU조약과 EC설립조약 및 이들을 수정하고 보충하는 모든 조약을 폐지"함으로써 새로운 EU를 등장케 하려던 유럽헌법의 시도[79]는 포기된 것이다.

---

74) TEU 제1조 3단 두 번째 문장.

75) TEU 제1조 3단 첫 번째 문장 ; EU기능조약 제1조 2항.

76) TEU 제1조 3단 세 번째 문장.

77) TEU 제47조 : "The Union shall have legal personality". 종래 EU의 법인격은 논쟁거리 중의 하나였다. "공동체는 법인격을 갖는다"는 구 EC설립조약 제281조(구구 제210조)에 상응하는 어떤 규정도 1992년의 TEU에는 삽입되지 못하였으며, 그 결과 최초의 EU는 그 자신의 법인격을 갖지 못하는 것으로 인식되었다. 그러나 암스테르담조약과 니스조약에 의하여 개정된 구 TEU 제24조와 제38조는 각기 EU 제2기둥과 제3기둥의 이행을 위해 '제3국 또는 국제기구'와 국제협정을 체결할 필요가 있을 때 이사회가 그 의장국(Presidency)(의장국은 필요하면 공동체위원회의 보좌를 받을 수 있다)으로 하여금 교섭을 개시하도록 허가하는 절차를 도입하였다. 이들 두 규정은 이사회가 회원국들을 대리하여 국제협정을 체결하는 것인지 아니면 EU를 대신하여 체결하는 것인지를 분명히 하고 있지는 않지만, 이사회가 EU를 위하여 협정을 체결할 수 있음이 암암리에 시사되고 있었다 : Hartley, *European Union Law in a Global Context*, p. 217. 만약 그렇다면 이것은 이전 EU에 비해 한 걸음 진전된 것으로 볼 수 있다. 실제로 EU는 2001년 구 TEU 제24조에 의거하여 유고연방공화국과 국제협정을 체결한 바 있다 : Council Decision 2001/352/CFSP of 9 April 2001, OJ 2001, L 125, p. 1. 또한 2003년에는 EU와 미국 사이에 "범죄인인도조약"이 체결되기도 하였다. 그러나 회원국들은 협정의 자국에 대한 적용에 대해 약간의 통제를 가할 수 있었다. 즉, 그 어떤 국제협정도 이사회에서 '자국헌법의 절차요건에 따라야 한다'고 말하는 회원국에 대해서는 구속력이 없으며, 이 경우 타 회원국들은 당해 협정의 단지 '잠정' 적용에만 합의할 수 있었다. 구 TEU 제24조와 구 제38조의 두 규정은 EU에게 제한된 법인격을 묵시적으로 부여하고 있다는 견해가 제시되기도 하였다. 리스본조약에 의해 구 제24조는 EU가 EC의 법인격을 흡수함에 따라 단 한 개의 문장으로 개정되어 현 제37조로 이전되었고, 구 제38조는 폐지되었다.

78) 위에서 언급한 바와 같이 구 EU 제3기둥은 리스본조약에 의하여 EU기능조약(Part Three, Title V, Chapter 4 and 5)에 편입되었으며, 구 EU 제2기둥은 리스본 체제 하에서도 TEU 내에 위치하고 있다.

한편, 실패한 유럽헌법제정조약 체제 하에서도 그러하였지만 Euratom설립조약은 EU조약과 EU기능조약에 부합되도록 개정되어 계속 존속한다.[80] 즉, Euratom은 EU에 흡수당하지 않았으며, EU의 일부 기관들을 공유하면서도 그 자신의 독립된 법인격에는 이상이 없는 것이다.[81] 그리고 이 범위 내에서 공동체(Community)라는 단어도 살아 남게 되었다.[82]

Ⅲ. EU의 가치와 목표

EU의 가치[83]는 인간의 존엄성 존중, 자유, 민주주의, 평등, 법의 지배 그리고 (소수자의 사람들의 권리를 포함한)인권 존중이고, EU의 목표[84]는 평화, EU의 가치 그리고 EU국민들의 안녕(well-being)을 증진하는 것이다. 유럽통합의 실험은 지금도 진행 중이다. 생각건대, 우리가 일차적으로 그들에게서 배워야 할 것은 아마도 정교하게 짜여진 기구론보다는 오히려 그들이 내세우는 가치와 목표가 아닌가 생각된다.

Ⅳ. EU의 상징들(symbols)

"EU의 기(flag)는 푸른 바탕 위에 원형으로 배열된 12개의 황금 별이고, 그 상징곡(anthem)은 베토벤 제9교향곡 중에서 "환희의 찬가"(Ode to Joy)를 기초로 한다. EU의 좌우명(motto)은 "다양성 속의 통합"(United in diversity)이고, 통화는 유로(euro)이다. 매년 5월 9일[85]은 "유럽의 날"(Europe day)로 기념한다." 유럽헌법[86]에 명시되었던 이들 EU의 상징은 리스본조약에서는 제거되었다. 그러나 이들 상징은 이미 사용되고 있던 것들로서 이들의 사용이 중지되는 것은 아니다.

---

79) 유럽헌법, Article Ⅳ-437, 1항.
80) (리스본조약에 부속된) "Protocol No. 2 Amending the Treaty Establishing the European Atomic Energy Community" ; Hartley, 7th, p. 96. Euratom 설립조약 통합본은 다음 사이트에서 볼 수 있다 : https://europa.eu/eu-law/treaties/index_en.htm.
81) Euratom 설립조약 제184조, 제185조.
82) https://europa.eu/legislation_summaries/institutional_affairs/treaties/treaties_euratom_en.htm ; https://en.wikipedia.org/wiki/European_Atomic_Energy_Community ; https://en.wikipedia.org/wiki/Treaty_of_lisbon.
83) TEU 제2조 : 이것은 유럽헌법, Article I-2를 수용한 것이다.
84) TEU 제3조 1항 : 이것은 유럽헌법, Article I-3, 1항을 수용한 것이다.
85) 이 날은 1950년의 한 기자회견에서 당시 프랑스의 외무장관 Robert Schuman이 독일과 프랑스를 중심으로 서유럽의 석탄철강산업을 초국가적 기구 하에 통합할 것을 제창한 날이다. 김대순 · 김민서, 《EU법론》(제2판), p. 3.
86) 유럽헌법, Article I-8.

특히, 유럽의회는 이들 상징을 빼는 것에 대응하여 이들을 더 많이 사용하겠다고 천명하기도 하였다.[87)]

V. EU 공용어

EU 차원의 공용어에 대한 규칙은 이사회가 만장일치로 채택하는 명령(regulations)으로 정하는데,[88)] 2013년 7월 1일 크로아티아의 EU 가입과 함께 크로아티아어(語)가 EU의 24번째 공용어가 되었다. 이것은 "다양성 속의 통합"이란 EU 좌우명의 논리적 연장이기도 하다.[89)] 2020년 영국의 EU 탈퇴에도 불구하고 영어는 EU의 공용어로 남아있다.[90)]

VI. EU시민권 ; EU시민의 간접 법안제출권

마스트리히트조약에 의하여 TEU와 EC설립조약에 도입되어[91)] 암스테르담 조약과 니스조약에 의해 약간의 수정을 겪었던 "EU의 시민권"(Citizenship of the EU) 개념은 리스본조약 하에서도 그 원형을 거의 그대로 보존하고 있다. 무엇보다 EU시민권은 여전히 "국내시민권을 대신하는 것이 아니라 이에 추가(첨가)되는 것"[92)]이다.

리스본조약은 EU시민에게 일종의 간접법안제출권(indirect right of initiative)을 부여하고 있는 것이 특히 주목된다. 즉, 리스본조약 제1조 12)에 의하여 대체된, 새로운 TEU 제11조 4항은 다음과 같이 규정하고 있다.

> "상당수 회원국(a significant number of Member States)의 국민인 최소 1백만의 시민은 조약을 이행하기 위하여 EU의 법적 행위가 필요하다고 생각되는 문제들에 관해 유럽집행위원회가 그 권한의 테두리 내에서 적절한 제안(proposal)을 제출할 것을 '권유'하기(inviting) 위한 발의를 할 수 있다.
> 그같은 시민발의를 위하여 요구되는 절차와 조건은 EU기능조약 제24조 1단에 따라 결정된다."

87) https://en.wikipedia.org/wiki/Treaty_of_Lisbon.

88) EU기능조약 제342조(구 EC설립조약 제290조).

89) https://en.wikipedia.org/wiki/Languages_of_the_European_Union ; Stella Hodkin, "Croatian to become the 24th official language of the EU", Lundi, 19 Décembre 2011, 〈https://www.aranchodoc.com/fr/Blog/croatian-to-become-the-24th-official-language-of-the-eu.html〉.

90) Regulation 1958/1 - EEC Council: Regulation No 1 determining the languages to be used by the EEC ; https://european-union.europa.eu/principles-countries-history/languages_en.

91) 拙稿, "유럽연합조약에 나타난 연합의 시민권 개념에 관한 연구", 《유럽연구》, 1996년 가을 (통권 제4호), pp. 163~212.

92) TEU 제9조 세 번째 문장 ; EU기능조약 제20조 (구 EC설립조약 제17조) 1항 세 번째 문장. 구 EC설립조약 제17조(구구 제8조) 1항(세 번째 문장)의 "complement"가 TEU 및 EU기능조약에서는 "be additional to"로 표현되어 있는데, 어느 쪽 표현이든 EU시민권이 국내시민권을 대체하는 것이 아님은 분명하다.

요컨대, EU시민들은 스스로 EU의 제안(혹은 법안)을 발의할 수는 없지만 EU법안의 제출권을 거의 독점하고 있는 유럽집행위원회에 대해 제안을 EU입법기관(이를테면 공동으로 행동하는 이사회와 유럽의회)에 제출할 것을 권유할 수 있다.[93] TEU 제11조 4항을 위한 이행입법은 –동조 동항 2단에 규정된 바에 따라– EU기능조약 제24조 1단에 기초하여 유럽의회와 이사회가 마련한다.

Ⅶ. EU의 기본권과 유럽인권협약 가입

EC/EU와는 다른 차원에서 유럽의 통합을 추진해 온 유럽심의회(Council of Europe)의 규정은 그 제3조에서 "모든 회원국은 ... 그 관할 내의 모든 사람들이 인권과 기본적 자유를 향유한다는 원칙을 수락하여야 한다"라고 규정하고 있으며, 이 규정을 실현하기 위해 그들은 그후 유럽인권협약(European Convention for the Protection of Human Rights and Fundamental Freedoms)과 유럽사회헌장(European Social Charter)을 채택, 발전시켜 나오고 있다. 이에 반해, 초기 EEC 설립조약 내의 일부 조항들, 예컨대 국적을 이유로 한 차별대우금지, 노동자의 자유이동, 거주영업(즉, 자영업)의 자유, 남성과 여성의 임금평등의 원칙 등도 공동체시민들의 기본적 인권에 관한 규정이라고 볼 수도 있겠지만, 3개의 유럽공동체 설립조약 그 어느 것도 인권보호를 강조하는 그 어떤 일반적 조항이나 자세한 인권목록을 가지고 있지 않았다. 유럽공동체들이 우선은 서유럽의 경제통합을 염두에 두고 설립되었다는 점을 생각하면 이것은 오히려 당연하다고 할 수 있을 것이다.[94]

그러나 공동체 설립 후 유럽재판소가 설립조약에 명시되지 아니한 공동체법 우위 및 직접효력의 원칙을 전개해 나가기 시작하면서 일부 회원국, 특히 독일과 이탈리아에서는 공동체법이 헌법의 기본권조항보다 우선할 수 있느냐의 문제를 놓고, 헌법우위론자들과 유럽통합론자들 사이에 열띤 논쟁이 벌어지게 되었다. 독일과 이탈리아 모두 20세기에 전체주의 체제를 겪은 아픈 경험이 있고, 따라서 공동체법과 헌법의 기본권조항 간에 충돌이 있게 되면 이들 두 국가의 헌법재판소는 불충분한 기본권 보호를 이유로 하여 공동체설립조약의 비준법률들을 무효로 선언할지도 모르며, 이같은 반란은 사실상 두 회원국의 공동체로부터의 이탈을 초래하게 된다는 점이 지적되기도 하였다.[95] 그렇다고 인권원칙을 수용하기 위해 공동체설립조약의 개정을 기대할 수도 없는 상황 하에서 유럽재판소는 일련의 판례를 통해 공동체 자체의 기본적 인권 보호의 원칙을 천명하지 않을 수 없었는

---

93) 이미 마스트리히트조약에 의해 개정된 구구 EC설립조약 제138b조(암스테르담조약에 의해 구 제192조로 됨)는 그 2단에서 유럽의회에 일종의 간접법안제출권(indirect right of initiative)을 부여한 바 있는데, 지금은 EU기능조약 제225조에 이 권리가 존재하고 있다. 拙著, 《EU法論》, p. 58 참조.

94) 다만, 비준에 실패한 1952년의 유럽방위공동체(European Defence Community) 설립조약의 경우에는 인권보호에 관한 한 개의 일반적 조항을 두고 있었는데, 즉, 그 제3조에서 "본 공동체는 ... 시민의 정치적 권리와 개인의 기본권을 보존한다"라고 규정하였었다. Manfred Zuleeg, "Fundamental Rights and the Law of the European Communities", (1971) 8 C.M.L.Rev. 446, fn. 2.

95) *Ibid.*, at 447~450.

데,[96] 유럽재판소의 기본논리는 "기본적 인권은 공동체법의 일반원칙의 한 구성부분을 형성"한다는 것이었다. 이것은 기본권존중의 원칙이 공동체설립조약에는 언급되지 않지만 이것을 위반하는 공동체입법행위는 선결적 부탁절차나 취소소송을 통해 '무효'(validity 내지는 voidness)로 선언될 것임을 의미하는 것이었다.

드디어 1992년의 EU조약은 그 제F조 2항에서 "EU는 1950년 ... 의 유럽인권협약에 의하여 보장되고, 또한 공동체법의 일반원칙으로서 회원국들에게 공통되는 헌법적 전통으로부터 나오는, 기본적 권리들을 존중한다."[97]라고 천명하기에 이르렀다. 그리고 이 규정은 −EU조약의 조문표시가 영어 알파벳 대문자에서 아라비아 숫자로 바뀜에 따라 그 제F조가 제6조로 바뀐 것을 제외하고는− 1997년의 암스테르담조약에 의하여 변경되지 않았으며, 그후 2001년의 니스조약에 의해서도 변경이 가해지지 않았다.

유럽헌법은 2000년 12월 7일 3개 정치기관에 의해 '엄숙하게 천명된' "EU기본권헌장" (Charter of Fundamental Rights of the European Union)[98]을 헌법 안으로 거의 고스란히 편입함으로써 문서의 통합과 더불어 동 헌장에 법적 구속력을 부여하려고 하였으나,[99] 동 헌법의 이같은 시도는 실패로 돌아가고 말았다. 리스본조약은 동 헌장을 형식상 TEU 안으로 불러들이는 대신에 단지 이를 승인하는 방식을 택하면서, 그러나 이 문서에 저조약(즉, TEU와 EU기능조약)과 "동일한 법적 가치"를 부여하고 있다.[100] 리스본조약 제1조 8)에 의하여 대체된 TEU 제6조는 다음과 같이 규정하고 있다.

> "1. EU는 2007년 12월 12일 스트라스부르그에서 개작(수정)된, 2000년 12월 7일의 EU기본권헌장에 천명된 권리, 자유 및 원칙을 승인한다. 동 헌장은 조약과 동일한 법적 가치(the same legal value as the Treaties)를 갖는다.
> 동 헌장의 규정은 조약에서 정의된 EU의 권한을 절대 확대하지 아니한다.
> … … … … …
> 2. EU는 유럽인권협약에 가입한다. 그같은 가입은 조약에 정의된 EU의 권한에 영향을 미치지 아니한다.
> 3. 유럽인권협약에 의하여 보장되고 회원국들에게 공통되는 헌법전통으로부터 유래하는 기본권들은 EU법의 일반원칙(general principles of the Union's law)을 구성한다."

---

96) See, e.g., Case 29/69, *Stauder* v. *City of Ulm*, [1969] ECR 419 ; Case 11/70, *Internationale Handelsgesellschaft* v. *Einfuhr-und Vorratsstelle fur Getreide und Futtermittel*, [1970] ECR 1125 ; Case 4/73, *Nold* v. *Commission*, [1974] ECR 491.

97) "The Union shall respect fundamental rights, as guaranteed by the European Convention for the Protection of Human Rights and Fundamental Freedom signed in Rome on 4 November 1950 and as they result from the constitutional traditions common to the Member States, as general principles of Community law."

98) 동 헌장 원문은 다음 사이트에서 검색 가능 : https //www.europarl.europa.eu/charter/pdf/text_en.pdf.

99) 유럽헌법, Part Ⅱ : The Charter of Fundamental Rights of the Union. See also "Declaration 12 concerning the explanations relating to the Charter of Fundamental Rights".

100) See https://en.wikipedia.org/wiki/Charter_of_Fundamental_Rights_of_the_European_Union.

"EU기본권헌장에 관한 선언"(Declaration concerning the Charter of Fundamental Rights of the European Union)은 다시 동 문서가 "법적 구속력"을 가짐을 확인하면서, "동 헌장이 EU법의 적용분야를 EU의 권한 밖으로 확대하거나, EU를 위한 새로운 권한이나 임무를 수립하거나, 조약에 의해 정의된 권한과 임무를 수정하지 아니한다."는 점을 분명히 하고 있다. 또한 "TEU 제6조 2항에 관한 선언"(Declaration on Article 6(2) of the Treaty on European Union)은 "(정부간)회의는 EU의 유럽인권협약 가입은 EU법의 특징들을 보존하는 방법으로 조정되어야 한다는 점에 동의한다. 이와 관련하여, 동 회의는 EU사법재판소와 유럽인권재판소간의 정례적인 대화의 존재에 주목한다 ; 그같은 대화는 EU가 동 협약에 가입할 때 강화될 수 있을 것이다."라고 천명하고 있다. 이 밖에도 "EU의 유럽인권협약 가입에 관한 TEU 제6조 2항에 관련된 의정서"[101] 제3조에 의하면, EU의 유럽인권협약 가입협정은 EU기능조약 제344조(구EC설립조약 제292조)[102]에 영향을 미치지 아니한다.

EU기본권헌장은 우선, EU의 1차 기관들과 부차기관들(the institutions, bodies, offices and agencies of the Union)을 수범자로 하며,[103] 따라서 EU의 입법기관들은 입법시 "제조약"을 준수해야 하는 것처럼 EU기본권헌장도 똑같이 준수하여야 한다 ; 취소소송이나 선결적 부탁소송에서 EU사법재판소는 동 헌장에 기초하여 판결할 수 있다 ; 그리고, (상기 "EU기본권헌장에 관한 선언"에서도 확인하고 있는 바와 같이) EU기본권헌장의 편입은 EU의 권한을 변경하지 아니한다.[104]

EU기본권헌장은 회원국들도 그 수범자로 하지만, 이것은 "그들(회원국들)이 EU법을 이행하고 있을 때에만"(only when they are implementing Union law) 그러하다.[105] 뿐만 아니라 "EU기본권헌장의 폴란드와 영국에 대한 적용에 관한 의정서"(Protocol on the Application of the Charter of Fundamental Rights of the European Union to Poland and to the United Kingdom)는 이들 두 국가에 대해서는 일정 예외를 인정하고 있었다. 첫째, 헌장은 EU사법재판소나 영국 혹은 폴란드 재판소의 능력을 확대하여 이 두 국가의 법령이나 행정규정, 관행 혹은 행동이 동 헌장과 일치하지 않는다는 판정을 내릴 수 있게 하지는 아니한다.[106] 둘째, 특히, 헌장은 영국이나 폴란드의 국내법에서 그같은 권리를 규정하고 있는 경우를 제외하고는 이 두 국가에서 "재판에

101) "Protocol relating to Article 6(2) of the Treaty on European Union on the Accession of the Union to the European Convention for the Protection of Human Rights and Fundamental Freedoms".

102) EU기능조약 제344조는 다음과 같이 규정하고 있다 : "회원국들은 조약의 해석이나 적용에 관한 분쟁을 여기에 규정된 해결방법들 이외에 다른 어떤 것에도 부탁하지 않을 것을 약속한다."(Member States undertake not to submit a dispute concerning the interpretation or application of the Treaties to any method of settlement other than those provided for therein.)

103) (2007년 개작된) EU기본권헌장 제51조(적용분야) 1항.

104) See https://europa.eu/lisbon_treaty/faq/index_en.htm ; Damian Chalmers, "Viewpoint : EU won't rule by Charter", 21 November 2009, https://news.bbc.co.uk/2/hi/europe/8369636.stm.

105) (2007년 개작된) EU기본권헌장 제51조 1항. 이를테면 EU기본권헌장은 "EU국가들이 EU준칙을 이행하는 국내법을 채택하거나 적용할 때", 혹은 "EU국가들의 당국이 EU명령을 직접 적용할 때" 적용된다. See https://ec.europa.eu/justice/fundamental-rights/charter/index_en.htm ; Hartley, 7th, p. 156.

106) "EU기본권헌장의 폴란드와 영국에 대한 적용에 관한 의정서" 제1조 1항.

서 다툴 수 있는 권리" (justiciable rights)를 창설하지 아니한다.[107] 셋째, 헌장의 어떤 규정에서 "국내의 법이나 관행" (national laws and practices)을 지칭하고 있는 경우, 헌장은 그것이 담고 있는 권리 또는 원칙이 영국이나 폴란드의 법이나 관행에서 승인되고 있는 범위 내에서만 이 두 국가에게 적용된다.[108] 한편, 유럽이사회는 체코의 리스본조약 비준을 돕기 위해 체코에 대해서도 동일한 예외를 인정하였다.[109]

이제 EU의 기본권 존중 확보를 위하여 남은 과제는 EU가 유럽인권협약에 정식 가입하는 일이다. 유럽집행위원회는 이미 1979년의 보고서에서 EU(당시는 ECs)가 유럽인권협약에 공식 가입할 것을 제안한 바 있고,[110] 1990년에도 이 주장을 반복한 바 있다.[111] 이같은 제안에 상응하여 이사회는 1994년 11월 30일 EU가 유럽인권협약의 당사자가 되는 것이 법적으로 가능한 지에 대해 유럽재판소에 의견을 구하였으나, 재판소는 설립조약 개정 없이는 EU는 유럽인권협약에 가입할 권한이 없다고 판시하였다.[112] EU가 유럽인권협약의 당사자가 아닌 한, 개인이 EU를 상대로 유럽인권재판소에 제소할 방법은 없다. 그러나 법은 국제기구가 만들었고 회원국은 단지 그것을 준수하고 이행하였을 뿐인 데도, 기구 회원국들이 국내적 조치를 매개로 하여 유럽인권협약 하의 책임을 부담해야 하고 따라서 스트라스부르그 유럽인권재판소의 피고석에 앉아야 할 것인지의 문제가 제기된 2005년의 *Bosphorus Airways v. Ireland* 사건[113]에서 유럽인권재판소는 원칙적으로 이를 인정하는 태도를 보였다. 이로써 유럽인권재판소는 국제기구의 법적 행위가 유럽인권협약에 부합하는가의 문제에 대해 '간접' 심사할 권한을 스스로에게 부여하였던 것이다. 다만, 유럽인권재판소는 EU를 염두에 두고 이른바 "동등 보호 기준(*equivalent protection* test)"을 제시하였는데, 즉 "국가들로부터 주권의 일부를 이전받은 국제기구가 –제공되는 실질적인 보장과 그 준수를 통제하는 메카니즘 모두에 관하여– 유럽인권협약이 규정하고 있는 것과 적어도 동등한 것으로 간주될 수 있는 방식으로 기본권을 보호하는 것으로 간주되는 한, 유럽인권재판소는 국가가 기구의 회원된 자격으로부터 나오

107) "EU기본권헌장의 폴란드와 영국에 대한 적용에 관한 의정서" 제1조 2항.

108) "EU기본권헌장의 폴란드와 영국에 대한 적용에 관한 의정서" 제2조.

109) "03/11/2009 – The road to Lisbon", https://europa.eu/lisbon_treaty/index_en.htm.

110) Memorandum on the accession of the European Communities to the Convention for the Protection of Human Rights and Fundamental Freedoms. COM (79) 210 final, 2 May 1979. Bulletin of the European Communities, Supplement 2/79.

111) Commission Communication on Community accession to the European Convention for the Protection of Human Rights and Fundamental Freedoms and some of its Protocols. SEC (90) 2087 final, 19 November 1990 ; Hartley, 7th, p. 151.

112) Opinion 2/94, *ECHR Case*, [1996] ECR I-1759 ; Hartley, 7th, p. 151.

113) European Court of Human Rights, *Bosphorus Airways v. Ireland*, Application no. 45036/98, Judgment of 30 June 2005, available at https://www.echr.coe.int/ECHR/homepage_en. 판례 평석은 다음을 참조 : Hartley, 7th, pp. 152~154 ; Marcel Szabó, "International Legal Responsibility of the European Union According to the Draft Articles of the International Law Commission" in Szabó (ed.), pp. 202~203 ; Frank Schorkopf, "The European Court of Human Rights' Judgment in the Case of *Bosphorus Hava Yollari Turizm v. Ireland*", German Law Journal, Vol 06, No. 09, 2005, pp. 1255~1264, 〈https://www.germanlawjournal.com/pdfs/Vol06No09/PDF_Vol_06_No_09_1255-1264_Developments_Schorkopf.pdf〉.

는 법적 의무를 이행함에 있어 재량이 전혀 없었다면 그 국가는 유럽인권협약에 따라 행동하였다고 추정할 것이다."[114]라고 판시하였던 것이다. 그 후 리스본조약에 의해 개정된 TEU 제6조 2항은 "EU는 유럽인권협약에 가입한다(shall accede)"고 규정함으로써 EU측 가입의 법적 근거를 마련하였고, 이에 상응하여 유럽인권협약도 EU를 회원으로 받아들이기 위해 개정되었다.[115] EU가 유럽인권협약의 당사자가 된다는 것은 EU에 의해 자신의 인권을 침해당했다고 믿는 개인은 이제 유럽인권재판소에 직접 EU를 피고로 하여 제소할 수 있음을 의미한다.[116]

가입 협상은 2010년에 시작되었는데, 필요한 법적 문서를 준비할 임무가 '유럽집행위원회'와 '유럽심의회 인권운영위원회'에 맡겨졌다. 이에 2011년 10월 14일 유럽심의회 인권운영위원회는 "EU의 유럽인권협약 가입협정 초안"을 공표하였다.[117] 이어서 2013년 4월 5일 드디어 유럽심의회 47개 회원국과 EU측 교섭자들은 "EU의 유럽인권협약 가입협정" 최종초안에 합의하였다.[118] EU의

---

114) Paras. 155, 156 of the Judgment : "155. In the Court's view, State action taken in compliance with such legal obligations [flowing from its membership of an international organisation to which it has transferred part of its sovereignty] is justified as long as the relevant organisation is considered to protect fundamental rights, as regards both the substantive guarantees offered and the mechanisms controlling their observance, in a manner which can be considered at least equivalent to that for which the Convention provides ... By "equivalent" the Court means "comparable"; any requirement that the organisation's protection be "identical" could run counter to the interest of international cooperation pursued ... However, any such finding of equivalence could not be final and would be susceptible to review in the light of any relevant change in fundamental rights protection.

156. If such equivalent protection is considered to be provided by the organisation, the presumption will be that a State has not departed from the requirements of the Convention when it does no more than implement legal obligations flowing from its membership of the organisation. However, any such presumption can be rebutted if, in the circumstances of a particular case, it is considered that the protection of Convention rights was manifestly deficient. In such cases, the interest of international cooperation would be outweighed by the Convention's role as a "constitutional instrument of European public order" in the field of human rights (see *Loizidou v. Turkey* (preliminary objections), judgment of 23 March 1995, Series A no. 310, pp. 27-28, §75)."

115) 제14의정서(2010년 6월 1일 발효), 제17조에 의해 개정된 유럽인권협약 제59조 2항.

116) Hartley, 8th, pp. 153~156.

117) Council of Europe, Steering Committee for Human Rights (CDDH), CDDH (2011)009, Strasbourg, 14 October 2011, "Report to the Committee of Ministers on the elaboration of legal instruments for the accession of the European Union to the European Convention on Human Rights, Appendix I : Draft Agreement on the Accession of the European Union to the Convention for the Protection of Human Rights and Fundamental Freedoms", 〈https://www.coe.int/t/dghl/standardsetting/hrpolicy/accession/ Meeting_reports/CDDH_2011_009_en.pdf〉.

협정초안과 관련 쟁점에 대한 개괄적 검토는, Xavier Groussot, Tobias Lock and Laurent Pech, "EU Accession to the European Convention on Human Rights: a Legal Assessment of the Draft Accession Agreement of 14th October 2011", Foundation Robert Schuman, Policy Paper, European issues no. 218, 7th November 2011, 〈https://www.robert-schuman.eu/doc/questions_europe/qe-218-en.pdf〉 참조.

118) Council of Europe, Newsroom, 05/04/2013, "Milestone reached in negotiations on accession of EU to the European Convention on Human Rights", 〈www.coe.int〉 ; Stian Øby Johansen, "Draft EU-ECHR Accession Agreement finalized", Øby-kanalen, posted on 8 April 2013, 〈https://obykanalen.wordpress.com/2013/04/08/eu-echr-accession-agreement-finalized/〉 ; Antoine Buyse, "Accession of EU to ECHR Draft Agreement: Finally Finalised", ECHR Blog, Monday, 8 April 2013, 〈https://echrblog.blogspot.kr/2013/04/accession-of-eu-to-echr-draft-agreement.html〉 ; Tobias Lock, "Shared

유럽인권협약 가입 문제에서 두 가지 기본 어려움은 (i) EU는 국가가 아니라 초국가적 기구이고, (ii) EU는 유럽심의회의 회원이 되지는 않을 것이라는 데서 출발하였었다. 이런 측면에서 협정(초안)에서 특히 주목을 끄는 부분은 (상황에 따라 회원국 혹은 EU가 공동피고가 되는 것을 허락하는)"공동피고 장치"[119]와 "EU의 유럽심의회 장관위원회 참여"[120]이다.

유럽인권협약 가입협정초안 마련에 성공한 유럽(집행)위원회는 곧이어 2013년 7월 −EU기능조약 제218조 11항에 근거하여− 협정초안이 EU설립조약(TEU/TFEU)과 양립하는지에 대해 의견을 줄 것을 유럽재판소에 요청하였다. 그러나 이 질문에 대해 유럽재판소는 2014년 12월 18일의 의견[121]에서 부정적 의견을 내놓았다. 공동피고 장치(co−respondent mechanism)[122]의 도입이 예견되어 있고, 반대로 유럽인권협약 제16의정서[123]에 의해 수립된 유럽인권재판소의 권고적 관할권과 EU 선결적 부탁절차 사이의 관계에 대해서는 규정이 없는 등, 협정초안의 여러 부분이 TEU 제6조 2항[124] 혹

---

responsibility after EU accession to the ECHR revisited", Shares−Research Project on Shared Responsibility in International Law, Blog, 15 April 2013, 〈https://www.sharesproject.nl/shared-responsibility-after-eu-accession-to-the-echr-revisited/〉.

119) 협정(초안) 제3조 (Co−respondent mechanism).

120) 협정(초안) 제7조 (Participation of the European Union in meetings of the Committee of Ministers of the Council of Europe).

121) EU Court of Justice, Opinion 2/13 on *Accession of the European Union to the European Convention for the Protection of Human Rights and Fundamental Freedoms*, 18 December 2014, available at https://curia.europa.eu/. 동 의견에 대한 개관은, Antoine Buyse, "CJEU Rules: Draft Agreement on EU Accession to ECHR Incompatible with EU Law", Saturday, 20 December 2014, https://echrblog.blogspot.kr/2014/12/cjeu-rules-draft-agreement-on-eu.html 참조.

122) 유럽인권협약 가입협정 초안 제1조 4항은 EU회원국이 단지 EU법을 이행하는 과정에서 인권을 침해하는 행위를 하더라도 그것은 오로지 그 국가에게 귀속되는 것으로 만들어 놓았다. 그런데 이 행위귀속 규정에 근거하여 EU법을 이행한 EU회원국(들)이 유럽인권협약 위반 혐의로 유럽인권재판소에 제소당하여 협약위반의 판결이 내려져도, 피고 EU회원국에게는 이를 교정할 수 있는 권한이 흠결되어 있을 것이다. EU법은 EU의 기관들이 만든 것이기 때문이다. 역으로, EU가 그 법체계의 1차연원(주로, TEU와 TFEU) 때문에 유럽인권협약을 위반하는 상황에 대해서도 같은 논리가 적용된다. 즉, EU가 이를테면 TEU 혹은 TFEU의 규정으로 인하여 유럽인권협약 위반 혐의로 유럽인권재판소에 제소당하여 협약위반의 판결이 내려져도 EU 자신에게는 협약위반을 교정할 수 있는 권한이 없다. TEU와 TFEU는 EU회원국들이 만들었고, 또 이를 개정할 수 있는 권한도 EU회원국들에게 있기 때문이다. 가입협정초안 제3조는 이런 두 상황에서 EU가 공동피고가 되거나, 역으로 EU회원국들이 공동피고가 될 수 있게 하였다 ; 단, 공동피고가 되기 위해서는 유럽인권재판소의 수락 결정이 있거나, 그러한 취지의 재판소의 권고를 수락해야 한다. 소송이 만일 EU와 특정 EU회원국(들) 양자 모두를 상대로 제기되는 경우, 두 피고 중 한 쪽은 자신의 지위를 공동피고로 변경해 줄 것을 유럽인권재판소에 요구할 수 있고, 유럽인권재판소가 이것을 권고할 수도 있다. 공동피고도 소송의 완전한 당사자가 되는 것이기 때문에 당해 사건에 대한 유럽인권재판소 판결에 구속된다. 바로 이 점이 소송절차(서면 및 구두)에 참여는 하지만 사건의 당사자가 되는 것은 아니고 따라서 판결의 구속을 받지 않는 유럽인권협약 제36조 2항의 "제3당사자 소송참가"(third−party intervention)와 다른 점이다("Draft explanatory report to the Agreement on the Accession of the European Union to the Convention for the Protection of Human Rights and Fundamental Freedoms", para. 45). 그러나 원고는 보통의 피고와는 달리 공동피고의 법질서의 '국내 혹은 내부' 구제수단을 완료할 필요가 없다.

123) 유럽인권협약 제16의정서에 관해서는, 본서, 제17장 (국제인권법), "XI. 인권보호를 위한 지역적 차원의 노력 : 유럽인권협약" 참조.

124) "The Union shall accede to the European Convention for the Protection of Human Rights and Fundamental Freedoms. Such accession shall not affect the Union's competences as defined in the Treaties."

은 (EU의 유럽인권협약 가입에 관한 TEU 제6조 2항에 관련한)제8의정서[125]와 양립하지 않는다고 결론지었던 것이다. EU기능조약 제218조 11항에 의하면 유럽재판소의 의견이 부정적인(adverse) 경우, EU가 체결하고자 하는 협정은 협정 자체를 개정하거나 협정에 맞게 EU설립조약(TEU/TFEU)을 개정하지 않는 한 발효할 수 없기 때문에 EU의 유럽인권협약 가입은 다시 지체될 수밖에 없게 되었다.[126]

Ⅷ. EU의 기구론

국가가 정부조직을 통해 행동하듯 국제기구도 자신을 위하여/대리하여 행동할 기관/조직을 갖는다. 종래 EC를 대리하여 행동하는 기관은 크게 "institutions" (1차기관)와 "bodies"(2차기관)로 구분되었는데, 여기서 유럽의회(European Parliament), 이사회(Council), (집행)위원회(Commission), 유럽재판소(Court of Justice), (회계)감사원(Court of Auditors) 등 5개는 전자에 속하였고, '2차기관'으로는 경제사회위원회(Economic and Social Committee), 지역위원회(Committee of the Regions), 유럽투자은행(European Investment Bank) 등이 있었다.[127] 유럽중앙은행(European Central Bank)은 "EC, Part Five, Title I, Chapter 1 (The institutions)"의 규정에서 '1차기관'(institutions)의 하나로 언급되고 있지는 않았다. 그러나 유럽중앙은행은 일정 입법권을 부여받고 있었고,[128] 또 유럽재판소에서 일정 당사자적격을 인정받고,[129] 그 행위는 선결적 부탁의 대상이 되고 있었다.[130] '1차기관'의 가장 큰 특징이 입법권을 가지고, 유럽재판소에서 당사자적격을 향유하며, 그 행위는 선결적 부탁이 대상이 된다는 점 등을 고려하면 종래 EC체제 하에서도 유럽중앙은행은 이 범위 내에서 사실상 '1차기관'의 하나로 간주될 수 있었다. 사실, 유럽중앙은행의 기구론에 대한 규정의 제목이 "institutional provisions"[131]로 되어 있는 것도 이것을 시사하고 있었다. 종래 EU/EC 동거체제 하에서 유럽이사회(European Council)는 EC에 속하지 아니하는, 즉 EU 자신에게 속하는 유일의 기관이었다. EC의 기관들이 EU조약에 규정된 범위 내에서 그 제2기둥과 제3기둥을 위해서도 봉사하였지만, 엄격히 말하면 그들은 EC의 기관이지 EU의 기관은 아니었다.[132] 이제 리스본조약 하의 기구론으로 들어가 보자.

---

125) "Protocol (No 8) relating to Article 6(2) of the Treaty on European Union on the accession of the Union to the European Convention on the Protection of Human Rights and Fundamental Freedoms."

126) https://en.wikipedia.org/wiki/Relationship_between_the_European_Court_of_Justice_and_European_Court_of_Human_Rights ; https://www.coe.int/en/web/portal/-/the-eu-s-accession-to-the-european-convention-on-human-rights.

127) 구 EC설립조약, Part Five, 제189조 (구구 제137조) 이하 참조.

128) 구 EC설립조약 제110조 (구구 제108a조).

129) 구 EC설립조약 제230조 (구구 제173조)(취소소송).

130) 구 EC설립조약 제234조 (구구 제177조)(선결적 부탁).

131) 구 EC설립조약 제112조~제115조 (구구 제109a조~제109d조).

132) 리스본조약 이전의 TEU 제3조~제5조 ; 拙著, 《EU法論》, p. 13. 리스본조약에 의해 이들 3개 구 규정은 모두 폐지되었다.

리스본조약 체제 하에서 EC는 EU에 의하여 대체되고 승계되어, 모든 기구는 오로지 EU의 기구일 따름이다. EU를 대리하여 행동하는 (1차)기관(institutions)은 유럽의회(European Parliament), 유럽이사회(European Council), 이사회(Council), 유럽(집행)위원회(European Commission)[이하 '(집행)위원회'로 지칭], EU사법재판소(Court of Justice of the European Union), 유럽중앙은행(European Central Bank), (회계)감사원(Court of Auditors) 등, 7개이다.[133] 다만, 유럽중앙은행과 감사원에 관련한 '규정'과 다른 5개 기관에 대한 '자세한 규정'은 "EU기능조약"에서 설명하고 있다.[134]

유럽의회/이사회/집행위원회의 자문에 응하는 것을 그 임무로 하는 2차기관으로 지역위원회(Committee of the Regions)와 경제사회위원회(Economic and Social Committee)가 있다.[135] 이 밖에도 법인격이 있는 유럽투자은행(European Investment Bank)[136] 등이 있다. 그런데 EU의 2차기관과 관련하여 EU기능조약 제263조, 제267조 등에서는 "bodies, offices or agencies"란 일반공식을 사용하고 있는데, 이들 셋 사이에 분명한 구분이 있는 것 같지는 않고 "조약"에도 이들에 대한 정의는 없다. 다만, 이들 부차적 기관은 －지역위원회, 경제사회위원회, 유럽투자은행, 유럽옴부즈만과 같이－ 직접 "조약"에 의해 창설된 것과 EU입법에 의해 창설된 20개가 넘는 부차적 기관들로 구분된다.[137]

유럽이사회 의장, 유럽집행위원회 의장 그리고 EU외교안보정책 고등대표를 선출함에 있어서는 EU와 회원국들의 '지리적 · 인구통계학적' 다양성을 존중할 필요성을 적절히 고려한다.[138]

국내의회(national parliaments)는 물론 어떤 의미에서도 EU의 기관이 아니지만, 리스본조약 체제 하에서 이들도 "EU의 선량한 기능에 적극 기여할"(contribute actively to the good functioning of the Union) 수 있는 여러 방안을 확보하고 있다.[139]

1. 유럽의회[140]

"EU시민들의 대표"(representatives of the Union's citizens)[141]로 구성되는 유럽의회에도 변

133) TEU 제13조 1항.

134) TEU 제13조 3항.

135) TEU 제13조 4항 ; EU기능조약 제300조.

136) EU기능조약 제308조, 제309조.

137) Hartley, 7th, pp. 34~35 ; Mathijsen, *op. cit.*, pp. 191~211.

138) "Declaration (No. 6) on Article 15(5) and (6), Article 17(6) and (7) and Article 18 of the Treaty on European Union".

139) 자세한 것은, TEU 제12조, "EU 내에서 국내의회의 역할에 관한 의정서"(Protocol on the Role of National Parliaments in the European Union), 그리고 "보충성과 비례의 원칙의 적용에 관한 의정서"(Protocol on the application of the principles of subsidiarity and proportionality) ; https://en.wikipedia.org/wiki/Treaty_of_Lisbon 참조.

140) TEU 제14조 ; 리스본조약 제2조 178)~188)에 의해 개정된 구 EC설립조약, 즉 EU기능조약의 유럽의회 관련 규정들 참조.

화가 목격된다. 우선, 리스본조약이 적용되는 2014년 선거부터는 의원수가 조정되어 "의장 외에, 750명(따라서 합계 751명)을 넘을 수 없다."[142] "의장 외에, 750명"이란 공식은 유럽의회 의원수 전체 상한선(overall ceiling of MEPs) 750을 유지하기 위해 고안해 낸 방식인데, 그 결과 의장 직에 있는 의원은 "750명 의원(입법자)"에는 포함되지 않는다.[143] 달리 표현하면, 의장도 의원이긴 하지만, 그는 사회를 보면서 동시에 투표(표결)(voting)에 참여하는 것이 허용되지 아니한다.[144]

그리고 의석배분 문제는 종래 공동체설립조약 자체에서 국가별 할당 의석수를 명시하던 방식을 버리고, 그 대신 다음의 일반원칙을 도입하고 있다. 즉, 회원국간 의석수 배분의 기본정신은 "체감비례대표"(degressively proportional representation)이다. 따라서 국가 간 인구비례를 기초로 하되, 소국들을 위해 그것은 체감적이어야 한다는 것이다. 따라서 어떤 회원국도 96석보다 더 많이 할당받을 수는 없고, 아무리 작은 국가도 최소 6석은 보장받는다.[145] 유럽이사회는 이상의 원칙들을 존중하면서, 유럽의회의 발의에 따라 그리고 유럽의회의 동의를 얻어, 유럽의회의 구성을 수립하는 결정(decision)[146]을 만장일치로 채택한다.[147]

유럽의회는 "이사회와 공동으로(jointly with the Council) 입법 및 예산 기능을 수행"한다.[148] 또한 유럽의회는 조약에 규정된 바에 따라 '정치적 통제와 협의'의 기능(functions of political control and consultation)을 수행한다.[149] 그리고 유럽의회는 "집행위원회 의장(President of the Commission)을 선출"한다.[150]

의원의 임기는 5년인데,[151] 그들은 의사당 내에서 출신국가별로 앉지 않고 정당별로 앉는다.[152] 유럽의회 정당은 대체로 '정치단체'(political groups)로 불리우는데, 정치단체로 인정받게 되면 절

---

141) TEU 제14조 2항 1단 첫 번째 문장. 구 EC설립조약 제189조에 의하면, 유럽의회는 "공동체에 함께 모인 국가들의 인민의 대표들"(representatives of the *peoples* of the States brought together in the Community)로 구성된다.

142) "shall not exeed seven hundred and fifty in number, *plus* the President." : TEU 제14조 2항 1단 두 번째 문장 ; BBC News, "Guide to the European Parliament (Party groups)", Tuesday, 24 November 2009, https://news.bbc.co.uk/2/hi/europe/7824671.stm ; BBC News, "Q&A : The Lisbon Treaty", Tuesday, 24 November 2009, https://news.bbc.co.uk/2/hi/europe/6901353.stm.

143) https:/en.wikipedia.org/wiki/Apportionment_in_the_European_Parliament ; https://en.wikipedia.org/wiki/President_of_the_European_Parliament.

144) https://en.wikipedia.org/wiki/European_Parliament ; https://www.answers.com/topic/european-parliament ; https://en.wikipedia.org/wiki/Treaty_of_Lisbon.

145) TEU 제14조 2항 1단 두 번째 및 세 번째 문장.

146) 유럽헌법, Article I-20, 2항에서는 이를 "유럽결정(European decision)"으로 표현하고 있었다.

147) TEU 제14조 2항 2단.

148) TEU 제14조 1항 첫 번째 문장.

149) TEU 제14조 1항 두 번째 문장.

150) TEU 제14조 1항 세 번째 문장.

151) TEU 제14조 3항.

152) (실질적으로 구 EC 제191조, 구구 제138a조를 대체한) TEU 제10조 4항은 "유럽 차원에서의 정당"(Political parties at European level)이란 표현을 사용함으로써 정당은 범유럽적인(pan-European) 것이 되어야 함을 시사하고 있다. 그러나 실제로는 이들 유럽정당은 비슷한 성향을 가진 국내정당들의 연합체일 따름이다. Hartley, 7th, p. 16 ; Hartley, *European Union Law in a Global Context*, p. 39.

차 및 행정 면에서 여러 가지 이익이 따른다. 유럽의회 의원은 한 동안 국내의회 의원직을 겸할 수 있었으나, 2004년 선거부터는 이것이 금지되었다.[153] 이 밖에도 유럽위원회 위원, 유럽재판소의 재판관 · 법률고문관 · 행정처장, EU기관의 직원 등 일정 직책은 겸직이 명시적으로 금지되고 있다.[154]

그간 유럽의회 의원의 봉급(salary)은 국내법의 문제로서, 그들은 자국 국내의회 의원과 동일한 봉급을 받고 있었으며, 그 결과 출신국가에 따라 봉급 액수가 달랐다. 그러나 2005년 9월 채택된 "유럽의회 의원 규정"(Statute for Members of the European Parliament)[155]에 의하면 2009년 6월 선거를 거쳐 7월에 새로 구성되는 의회부터는 '원칙적으로' 의원 모두가 EU의 일반예산으로부터 직접 동일 액수의 봉급을 받는다. 다만, EU세는 내야 하고, 또한 국내세가 부과될 수도 있다.[156]

유럽의회에도 법률문제위원회, 예산위원회, 농업위원회를 비롯하여 많은 상임위원회(standing committees)가 있다. 이들의 주된 기능은 유럽의회에서 토의의 기초가 될 보고서와 결의의 초안을 작성하는 것이다.[157]

2. 유럽이사회[158]

리스본조약 체제 하에서 유럽이사회는 EU의 완전한 기관이 되었지만, 그 기능은 대체로 종전과 다름 없이 "EU의 발전을 위해 필요한 자극을 제공하고, EU의 일반적인 정치방향과 우선순위를 분명히 하는" 것이다.[159] 그리고 "입법부적 기능(legislative functions)은 수행하지 아니한다."[160] 그러나 유럽이사회의 정의에 변화가 생겼다. 즉, 새로운 유럽이사회는 "그 의장 및 집행위원회 의장과 더불어, 회원국의 국가 또는 정부 수반으로 구성되는데" (consist of the Heads of State or Government of the Member States, together with its President and the President of the

153) 2002/772/EC,Euratom: Council Decision of 25 June 2002 and 23 September 2002 amending the Act concerning the election of the representatives of the European Parliament by direct universal suffrage, annexed to Council Decision 76/787/ECSC, EEC, Euratom. Official Journal L 283, 21/10/2002, pp. 1-4.

154) *Ibid.*

155) "2005/684/EC, Euratom : Decision of the European Parliament of 28 September 2005 adopting the Statute for Members of the European Parliament." 동 규정은 2009년 7월 14일, 신의회 개원과 동시에 발효함(규정 제30조).

156) https://en.wikipedia.org/wiki/European_Parliament ; https://www.answers.com/topic/european-parliament.

157) 김대순 · 김민서, 《EU법론》(제2판), p. 27.

158) TEU 제15조 ; 리스본조약 제2조 189)에 의해 개정된 구 EC설립조약, 즉 EU기능조약의 유럽이사회 관련 규정들 참조.

159) TEU 제15조 1항 첫째 문장.

160) TEU 제15조 1항 둘째 문장. 그러나 "조약"에서는 유럽이사회에 '준헌법적'(quasi-constitutional) 내지는 '고위정치'(high politics)의 성격을 갖는 법적 구속력있는 결정을 채택할 권할을 부여하고 있는데, 이것에 관해서는 다음의 규정들 참조 : TEU 제7조 2항, 제14조 2항, 제17조 5항 및 7항, 제18조 1항, 제22조 1항, 제42조 2항, 제48조, 제49조, 제50조 ; EU기능조약 제48조, 제68조, 제86조 1항 및 4항, 제87조 3항, 제244조, See Michael Dougan, "The Treaty of Lisbon 2007 : Winning Minds, Not Hearts", (2008) 45 C.M.L.Rev. 617 at 627.

Commission), 유럽이사회의 구성에 자체 '의장'이 추가된 것을 쉽게 알 수 있다.[161] 종래의 유럽이사회는 6개월마다 '이사회'의 의장직(office of President, Presidency)[162] 차례가 돌아오는 국가의 국가 또는 정부수반이 의장직(Presidency)을 맡고 있었다.[163] 엄격하게 말하면 유럽이사회에는 이사회와 마찬가지로 의장은 없고 의장국은 있는 셈이었다. 그런데 리스본조약은 유럽이사회의 구성에 자체 상임 의장직을 추가한 것이다.[164] 흔히들 이것을 "유럽이사회 대통령"(심지어는 "EU대통령")으로 번역하고 있지만, 이 의장은 EU 자체의 의장이라기보다는 단지 EU의 한 기관인 '유럽이사회'의 (상임)의장(President of the European Council)일 따름이다.[165] 다만, 유럽이사회 의장은 −역시 신설되는 직책인 'EU외교안보정책 고등대표'의 권한을 침해하지 않는 범위 내에서− EU의 공동외교안보정책에 관련된 문제들에 대해 EU를 대외적으로 대표한다.[166] 유럽이사회 의장은 유럽이사회에서 가중다수결(qualified majority)[167]로 선출된다. 임기는 2년 6개월이고, 1차에 한해 연임이 가능하다.[168] 그는 '국내 직책'(national office)을 가질 수 없다.[169]

"조약에서 달리 규정하는 경우를 제외하고는" 유럽이사회의 결정은 '컨센서스'(consensus)[170]로 채택한다.[171] 투표를 하는 경우, 유럽이사회의 구성원은 다른 한 구성원에 한해 대리하여 행동할 수 있다.[172] 유럽이사회가 전원일치로 행동해야 하는 경우, 기권은 이를 막지 않는다.[173] 유럽이사회가 가중다수결(qualified majority)로 행동하는 경우에는 이사회에 적용되는 가중다수결규칙[174]이 적용된다.[175] '유럽이사회 의장'과 '집행위원회 의장'은 표결에 참여하지 아니한다.[176] 유럽이사회는 자체 사무국을 갖지 않으며, 이사회 총사무국(General Secreatariat of the Council)의 도움을 받는다.[177]

---

161) TEU 제15조 2항 첫째 문장.
162) 구 EC설립조약 제203조 2단.
163) 리스본조약 이전의 TEU 제4조 2단.
164) TEU 제15조 5항.
165) 이것은 President of the European Commission이 "유럽(집행)위원회 대통령"으로 번역되는 것이 부적절한 것과도 같은 이치이다.
166) TEU 제15조 6항 2단.
167) 가중다수결의 정의는 이사회에 적용되는 규칙에 따른다 : EU기능조약 제235조 1항 2단 첫째 문장.
168) TEU 제15조 5항.
169) TEU 제15조 6항 3단.
170) 여기서 컨센서스는 "만장(전원)일치"(unanimity)가 아니다.
171) TEU 제15조 4항. 유럽이사회가 '만장일치'로 행동하는 경우로는, TEU 제14조 2항, 제17조 5항, 제42조 2항, EU기능조약 제86조 4항 참조. 유럽이사회가 '가중다수결'로 행동하는 경우로는, TEU 제15조 5항, 제17조 7항, 제18조 1항, EU기능조약 제236조 참조. See Dougan, *op. cit.*, (2008) 45 C.M.L.Rev. 617 at 629.
172) EU기능조약 제235조 1항 1단.
173) EU기능조약 제235조 1항 3단.
174) 즉, TEU 제16조 4항 ; EU기능조약 제238조 2항.
175) EU기능조약 제235조 1항 2단 첫 번째 문장.
176) EU기능조약 제235조 1항 2단 두 번째 문장.
177) EU기능조약 제235조 4항.

3. 이사회[178)]

"각 회원국의 장관급 대표(a representative of each Member State at ministerial level)로 구성되는"[179)] 이사회는 "유럽의회와 공동으로(jointly with the Council) 입법 및 예산 기능을 수행"한다.[180)] 이사회는 또한 조약에 규정된 바에 따라 '정책형성(정책수립)과 조정'의 기능(policy-making and coordinating functions)을 수행한다.[181)]

이사회 의장직(Presidency)은 종래 이사회가 만장일치로 결정하는 순서에 따라 각 회원국이 6개월씩 돌아가며 맡고 있었는데,[182)] 리스본조약에 의해 개정된 조약은 이사회 의장직의 임기를 명시하지 아니하고 이를 두 부류로 구분하고 있다 : 첫째, "외무이사회"(Foreign Affairs Council)의 의장은 "EU외교안보정책 고등대표"가 맡는다[183)] ; 둘째, 외무이사회를 제외한 "다른 형태의 이사회들의 의장직"은 회원국 대표들이 −유럽이사회가 EU기능조약 제236조에 따라 수립하는 조건에 따라− 평등하게 돌아가며 맡는다.[184)] 다만, "이사회 의장직 행사에 관한 유럽이사회 결정에 관한 TEU 제16조 9항에 관한 선언"[185)]에 첨부된 −리스본조약 발효일에 채택될 예정의− "이사회 의장직 행사에 관한 유럽이사회 결정초안"[186)]에 의하면, 외무이사회를 제외한 이사회의 의장직은 각기 3개 회원국으로 구성된 집단들이 미리 정해진 순서에 따라 18개월 동안 담당하며,[187)] 이들은 −EU 내에서의 그들의 다양성과 지리적 균형을 고려하여− 회원국간의 평등한 규칙적 교대를 기초로(on a basis of equal rotation among the Member States) 구성된다 ; 그리고 각 집단 내에서 3개 회원국은 외무이사회를 제외한 모든 형태의 이사회에서 각기 6개월씩 돌아가며 −그리고 다른 두 국가의 도움을 받아− 의장직을 수행한다.[188)] 실제로 유럽이사회는 리스본조약 발효일인 2009년 12월 1일에 이 결정을 공식 채택하였다.[189)] 그러나 이 유럽이사회결정의 세부적인 이행은 다시 이사회에 위임되었는데,[190)] 이에 따라 이사회는 같은 날 이행규칙을 마련하였다.[191)]

---

178) TEU 제16조 ; EU기능조약의 이사회 관련 규정들 참조.
179) TEU 제16조 2항.
180) TEU 제16조 1항 첫 번째 문장. 이것은 물론 TEU 제14조 1항 첫째 문장에 상응하는 규정이다.
181) TEU 제16조 1항 두 번째 문장.
182) 구 EC설립조약 제203조 2단.
183) TEU 제18조 3항.
184) TEU 제16조 9항 ; https://en.wikipedia.org/wiki/Council_of_the_European_Union.
185) "Declaration (No. 9) on Article 16(9) of the Treaty on European Union concerning the European Council decision on the exercise of the Presidency of the Council"
186) "Draft decision of the European Council on the exercise of the Presidency of the Council"
187) 이 때문에 "삼인조 의장직"(trio presidency 혹은 triple-shared presidency)으로 칭하기도 한다. https://en.wikipedia.org/wiki/Presidency_of_Council_of_the_European_Union ; https://grahnlaw.blogspot.com/2009/12/eu-lisbon-treaty-implementation.html.
188) 상기 유럽이사회결정 초안 제1조.
189) 즉, "European Council Decision of 1 December 2009 on the exercise of the Presidency of the Council" (2009/881/EU), Official Journal of the European Union, L 315/50, 2.12.2009.
190) 상기 유럽이사회결정 제4조.
191) 즉, "Council Decision of 1 December 2009 laying down measures for the implementation of the

종래 EC 제205조 1항은 "본 조약에서 달리 규정하는 경우를 제외하고는, 이사회는 그 구성원의 과반수로 행동한다"라고 규정함으로써 이사회는 주로 재적과반수로 행동하는 듯한 느낌을 주고 있었지만, 실제로 대부분의 중요 문제들은 가중다수결 방식으로 결정하고 있었다. 리스본조약에 의해 새로 삽입된 TEU 제16조 3항에서는 이를 현실에 맞게 고쳐 "조약에서 달리 규정하는 경우를 제외하고는 이사회는 가중다수결로 행동한다."라고 규정하고 있다. 그리고 이사회 내에서의 '가중다수결'(qualified majority)에 대한 정의도 변경되었다. 종래 EC설립조약 내에서의 가중다수결은 곧 '투표가중치 제도'(weighted voting system)를 의미하였는 바,[192] 이것은 −대체로 개별국가의 인구수를 고려하여− 각 회원국에 투표수를 차등 배분하는 것을 기초로 하고 있었다. 리스본조약에 의하여 완전히 새로 정의된 가중다수결[193]은 "'최소 15개 이사회 구성원을 형성'하고 또한(동시에) 'EU인구의 최소 65퍼센트를 형성하는 회원국들을 대표'하는, '이사회 구성원들의 최소 55퍼센트'(크로아티아 가입으로 16개국)"이다. 즉, 이 정의는 '찬성하는 국가들의 수'와 '찬성하는 국가들이 EU 전체에서 차지하는 인구수'라는 이중적인 기준을 기초로 하고 있는데, 전자의 '국가수' 기준은 EU의 모든 회원국을 동등대우하는 것이고, 후자의 '인구수' 기준은 인구가 많은 국가들을 의식한 것이다. 여기에서의 '수'라고 하는 것도 양자 모두 백분율(퍼센트)로 표시되고 있다. 가중다수결에 대한 새로운 정의는 리스본조약이 시도하는 제도개혁 중에서 아마도 가장 대담한 부분의 하나가 아닌가 생각된다. 다만, 이 새로운 정의는 2014년 11월 1일부터 적용된다.[194] 뿐만 아니라, 2014년 11월 1일부터 2017년 3월 31일까지는 어떤 회원국이든지 구 니스조약에 의거한 가중다수결의 정의에 따를 것을 요청할 수 있다.[195] 이사회가 '단순과반수'로(by a simple majority) 행동해야 하는 경우에는 '그 구성원의 과반수'로(by a majority of its component members) 행동한다.[196] 투표를 하는 경우, 이사회의

European Council Decision on the exercise of the Presidency of the Council, and on the chairmanship of preparatory bodies of the Council" (2009/908/EU), Official Journal of the European Union, L 322/28,9.12.2009.

192) 구 EC설립조약 제205조 2항 : "Where the Council is required to act by a *qualified majority*, the votes of its members shall be *weighted* as follows ..." 니스조약에 의하여 2005년 1월 1일부로 구 EC설립조약 제205조에 추가된 4항에서도 '인구'에 대한 언급이 나오지만, 이것은 가중다수결의 정의 그 자체에 관한 것이라기보다는, 원한다면 동 조항에 명기된 인구요건의 충족을 확인할 것을 요구할 권리를 각 회원국에게 부여하기 위한 것이었다.

193) TEU 제16조 4항 : "*As from 1 November 2014*, a qualified majority shall be defined as at least 55% of the members of the Council, comprising at least fifteen of them and representing Member States comprising at least 65% of the population of the Union.

A blocking minority must include at least four Council members, failing which the qualified majority shall be deemed attained.

The other arrangements governing the qualified majority are laid down in Article 238(2) of the Treaty on the Functioning of the European Union."

상기 TEU 제16조 4항 3단에 언급된 EU기능조약 제238조 2항은 이사회가 "집행위원회 또는 EU외교안보고등대표로부터의 제안에 기초하여 행동하는 것이 아닌" 경우 더 높은 기준을 도입하고 있다 : Dougan, *op. cit.*, (2008) 45 C.M.L.Rev. 617 at 631 (fn. 70).

194) TEU 제16조 4항 1단 ; "과도기 규정들에 관한 의정서"(Protocol on transitional provisions) 제3조 1항.

195) "과도기 규정들에 관한 의정서" 제3조 2항 : 이 규정은 "이사회의 구성원"(a member of the *Council*)만을 지칭하고 있기 때문에 유럽이사회에 대해서는 적용되지 아니한다. Dougan, *op. cit.*, (2008) 45 C.M.L.Rev. 617 at 630 (fn. 64), 631 참조.

구성원은 -유럽이사회의 경우와 동일하게- 다른 한 구성원에 한해 대리하여 행동할 수 있다.[197]

상주대표위원회(Committee of the Permanent Representatives of the Governments of the Member States)는 이사회의 작업을 준비하고, 이사회가 할당하는 과제를 수행할 책임을 진다.[198] 이사회는 자신의 총사무국(General Secretariat)을 가지며, 총사무국은 이사회가 임명하는 사무총장(Secreatary General)의 책임 하에 둔다.[199]

4. 유럽(집행)위원회[200] ; EU외교안보정책 고등대표[201]

그간 Commission 대신 European Commission이란 명칭이 즐겨 사용되곤 했지만 이것은 사실상의 명칭에 불과하였는데, 리스본조약에 의하여 이제는 동 기관의 공식적인 명칭이 되었다.[202] 다만, 조약의 관련규정에서는 편의상 계속 Commission으로 약칭되고 있다.[203]

집행위원회 의장을 포함하여 그 구성원을 임명하는 절차에도 또 다시 변화가 도입되고 있다. 즉, 리스본조약[204]에 의하면, 집행위원회 의장 후보를 유럽의회에 '제안'하고, 또 최종적으로 집행위원회 구성원 전체(즉, 의장, EU외교안보정책 고등대표, 그리고 타구성원)를 임명하는 권한이 (국가 또는 정부수반들로 구성되는)이사회로부터 유럽이사회로 이동하였다. 이 과정에서 유럽의회의 위상도 더욱 향상되었는데, 집행위원회 의장을 '선출'하는 권한이 유럽의회로 귀속되었기 때문이다. 뿐만 아니라, 유럽이사회는 유럽집행위원회 임명에 앞서 집행위원회 의장, EU외교안보정책 고등대표 및 타 집행위원회 위원들을 패키지로 묶어 유럽의회의 동의를 받아야 한다.

신설된 또 하나의 직책인 "EU외교안보정책 고등대표"(High Representative of the European Union for Foreign Affairs and Security Policy)[205]는 (가중다수결로 행동하는)유럽이사회가 집행위원회 의장과 '합의'하여 임명하는데,[206] 그는 집행위원회 부의장들(Vice- Presidents) 중의 한 명이기도 하다.[207] 그는 집행위원회 내에서 대외관계(external relations)를 책임지며,[208] 동시에 그는 EU의 공동외교/안보/방위정책을 수행한다.[209] 이 때문에 그는 형식적으로는 집행위원회 구성원

196) EU기능조약 제238조 1항.
197) EU기능조약 제239조.
198) TEU 제16조 7항 ; EU기능조약 제240조 1항 첫째 문장.
199) EU기능조약 제240조 2항 1단.
200) TEU 제17조 ; EU기능조약의 유럽집행위원회 관련 규정들 참조.
201) TEU 제18조 ; TEU 제15조, 2항 둘째 문장, 및 6항 2단 ; TEU 제17조 4항~6항.
202) https://en.wikipedia.org/wiki/Treaty_of_lisbon.
203) TEU 제13조 1항 2단.
204) TEU 제17조 7항.
205) TEU 제18조.
206) TEU 제18조 1항 첫 번째 문장.
207) TEU 제18조 4항 첫 번째 문장 ; TEU 제17조 4항.
208) TEU 제18조 4항 세 번째 문장.
209) TEU 제18조 2항 첫 번째 문장.

의 하나이지만, 동시에 그는 "공동외교/안보/방위정책의 발전을 위해 제안을 하고, '이사회'가 그에게 위임하는 이들 정책을 수행한다."[210] 요컨대, 공동외교/안보/방위정책 분야에서, 집행위원회 구성원으로서 집행위원회 일도 보고, 이사회가 시키는 일도 함께 해야 하는 것이다. 그는 -이사회 결정에 의해 설치되는- "유럽대외행동국"(European External Action Service)의 보좌를 받는다.[211]

리스본조약 발효 후 2014년 10월 31일 사이에 임명되는 집행위원회는, 그 의장과 EU외교안보정책 고등대표를 포함하여, 각 회원국의 한 명의 국민으로 구성된다.[212] 그러나 이들의 임기가 끝난 뒤에는, 즉 2014년 11월 1일부터는 (그 의장과 EU외교안보정책 고등대표를 포함하여) "회원국 수의 2/3에 상응하는 다수의 위원으로 구성"된다. 이 경우, 모든 회원국에서 집행위원을 낼 수가 없기 때문에 "회원국간의 엄격히 평등한 순번제"(a system of strictly equal rotation between the Member States)에 기초하여 그들을 선출한다. 이 순번제는 유럽이사회가 만장일치에 의해 수립한다. (만장일치로 행동하는) 유럽이사회는 "회원국 수의 2/3"라는 숫자를 변경할 수도 있는데,[213] 실제로 2013년 5월 22일 유럽이사회는 "집행위원회는 계속해서 회원국의 수와 동일한 집행위원의 수로 구성될 것"이라는 결정을 채택하였다.[214] 유럽이사회는 미래에 이 결정을 "재검토"(review) 할 것이지만,[215] 변화가 있을 지는 두고 볼 일이다.[216]

초국가적 기관의 대명사인 집행위원회의 주된 임무는 '조약'과 'EU 1차기관들이 그것들에 의거하여 채택한 조치'의 적용을 확보하고, EU사법재판소의 통제 아래 EU법의 적용을 감독하는 것이다.[217] EU의 '입법적 행위'(legislative acts)는 조약에서 달리 규정하고 있는 경우를 제외하고는 집행위원회의 제안(proposal)에 기초해서만 채택할 수 있다.[218] '다른 행위들'(other acts)은 조약에서 그렇게 규정하고 있는 경우에만 집행위원회의 제안에 기초해서 채택된다.[219] 또한, 리스본조약 하에서도 위원회는 의회와 이사회에 의해 위임된 것이 아닌, 다시 말해서 직접 설립조약에 기초

---

210) TEU 제18조 2항 두 번째, 세 번째 문장.

211) TEU 제27조 3항. 유럽대외행동국은 리스본조약 발효 1년이 되는 2010년 12월 1일 공식 출범하였다. 본부는 브뤼셀에 있다. 자세한 것은 "Council Decision of 26 July 2010 establishing the organisation and functioning of the European External Action Service" (2010/427/EU), OJ L 201/30, 3.8.2010 ; https://en.wikipedia.org/wiki/European_External_Action_Service ; BBC, News Europe, 7 December 2010, "Q&A: EU External Action Service", https://www.bbc.co.uk/news/world-europe-11941411 참조.

212) TEU 제17조 4항.

213) TEU 제17조 5항.

214) EUCO 119/13, 〈https://europa.eu/rapid/press-release_PRES-13-210_en.htm〉; Hartley, 8th, p. 27. 유럽이사회가 TEU 제17조 5항의 권한을 행사하지 않을 수 없었던 이유는, 리스본조약에 대한 아일랜드의 비준을 얻어내기 위해 집행위원회에 계속해서 각 회원국의 국민 한 명이 포함된다는 취지의 결정을 채택할 것이라고 합의한 바 있었기 때문이다. Presidency Conclusions, Brussels European Council, 11 and 12 December 2008, para. 2, 〈https://register.consilium.europa.eu/pdf/en/08/st17/st17271-re01.en08.pdf〉; Hartley, 7th, p. 27.

215) EUCO 119/13.

216) Hartley, 8th, p. 27.

217) TEU 제17조 1항 두 번째, 세 번째 문장.

218) TEU 제17조 2항 첫 번째 문장.

219) TEU 제17조 2항 두 번째 문장.

한, 몇몇 시원적 입법권을 부여받고 있다.[220] 집행위원회의 임기는 5년이다.[221]

5. EU사법재판소[222]

1986년의 단일유럽의정서(SEA)에서는 당시의 유럽재판소(Court of Justice of the European Communities)의 과중한 업무량을 덜어 주기 위해 공동체 이사회가 유럽재판소 산하에 하급심을 창설할 것을 예견하고 있었는데, 이에 따라 공동체 이사회는 1988년 10월 24일 "유럽공동체의 제1심 재판소 설립을 위한 결정"[223]을 만장일치로 채택하였으며, 그 결과 1989년 9월 25일부로 "유럽공동체 제1심재판소"(Court of First Instance of the European Communities)가 설치되었다. 제1심재판소는 원래는 유럽재판소에 '부속된'(attached) 것이었지만, 2001년의 니스조약에 의하여 개정된 EC 제220조[224]는 "유럽재판소와 제1심재판소는 각기 자신의 관할권 내에서, 본 조약의 해석과 적용에 있어 법이 준수됨을 확보하여야 한다."고 규정함으로써, 제1심재판소가 이제 유럽재판소에 '부속된' 지위에서 벗어났음을 보여주었다. 뿐만 아니라, 니스조약은 이사회가 EC 제225a조(현 EU기능조약 제257조)에 의거하여 일정 소송을 제1심의 자격으로 심리할 "사법패널들"(judicial panels)을 설치할 것을 예견하고 있었고, 또 니스조약에 의하여 개정된 EC 제220조에 의하면 사법패널들은 "제1심재판소에 부속될" 운명이었다.[225] 또한 종래 유럽재판소규정은 3개 각 공동체별로 별개의 의정서에 담겨져 있었지만, 니스조약은 "사법재판소규정에 관한 의정서"(Protocol on the Statute of the Court of Justice)를 통해 이들을 한 개의 규정으로 통합하였으며, 이 의정서는 "EU조약, EC설립조약 그리고 Euratom설립조약에 부속"된 것이었다.[226]

리스본조약은 유럽재판소 체제에 다시금 변화를 도입하고 있다. 무엇보다 유럽재판소의 정의가 새로워졌는데, 즉, "EU사법재판소(Court of Justice of the European Union)는 사법재판소(혹은 유럽재판소)(Court of Justice), (기존의 제1심 재판소를 대신한) 일반재판소(General Court) 및 (기존의 사법패널을 대신한) 전문재판소들(specialised courts)을 포함"한 개념이다.[227] "조약을 해석하고 적용함에 있어 법이 준수됨을 확보하는 것"이 EU사법재판소의 임무인데,[228] "각 회원국은 EU법이 적용되는 분야에서 실효적인 법의 보호를 확보하는데 충분한 구제책을 제공한다."[229] '사법재판소'

220) 예컨대, EU기능조약 제105조 3항, 제106조 3항, 제108조 4항.
221) TEU 제17조 3항 1단.
222) TEU 제19조 ; EU기능조약의 EU사법재판소 관련 규정들 참조 ; https://en.wikipedia.org/wiki/Court_of_Justice_of_the_European_Union.
223) Council Decision 88/591, OJ 1988, L 319/1 (25 November 1988).
224) 구 EC 제220조는 리스본조약에 의해 폐지되면서, 실질적으로는 TEU 제19조로 대체되었다.
225) 拙著, 《國際法論》, 제10판 (2005), pp. 1160~1164.
226) 상동.
227) TEU 제19조 1항 1단 첫 번째 문장.
228) TEU 제19조 1항 1단 두 번째 문장.
229) TEU 제19조 1항 2단.

는 각 회원국으로부터 한 명의 재판관으로 구성되며, 법률고문관들(Advocates-General)의 도움을 받는다.[230] '일반재판소'는 회원국당 '적어도' 한 명의 재판관을 포함한다.[231] 실제로, 일반재판소 재판관의 수는 2015년 12월 25일부로 40명으로 되었다가, 2016년 9월 1일부로 다시 47명으로 불어났는데, 2019년 9월 1일부터는 회원국당 두 명의 재판관으로 구성된다.[232]

'사법재판소'는 사법재판소의 재판관과 법률고문관, 그리고 일반재판소의 재판관은 임기 6년으로서, "회원국정부의 일치된 합의(common accord of the governments of the Member States)에 의해" 임명되며, 재임명될 수도 있다.[233]

한편, 법률고문관(Advocates-General)과 관련하여, 정부간회의의 한 선언[234]에서는 이사회가 그들의 수를 기존의 8명에서 11명으로 늘려줄 것을 요청하면서, 이 경우 폴란드도 독일, 프랑스, 이탈리아, 스페인 및 영국의 예를 따라 언제나 한 명의 법률고문관을 갖게 하고, 기존의 로테이션 제도는 나머지 법률고문관에게만 적용하기로 합의하였었다. 이에 따라, 2013년 6월 25일 (만장일치로 행동하는)이사회는 "법률고문관의 수를 2013년 7월 1일부로 9명으로 늘리고, 2015년 10월 7일부터는 11명으로 늘리는" 결정을 채택하였으며,[235] 이사회 결정의 이행을 위해 회원국 정부들은 2013년 10월 16일의 일치된 합의에 의해 동 일자 부로 폴란드 출신의 법률고문관 한 명을 추가 임명하기도 하였었다.[236]

EU사법재판소의 관할권에 대해서는 아래에서 따로 설명한다.

6. 유럽중앙은행[237]

유럽중앙은행은 국내중앙은행들과 함께 유럽중앙은행체제(European System of Central Banks : ESCB)를 형성한다.[238] 유럽중앙은행은 "유로(euro)를 통화로 하는 회원국들의" 국내중앙

---

230) TEU 제19조 2항 1단.
231) TEU 제19조 2항 2단.
232) Regulation (EU, Euratom) 2015/2422 of the European Parliament and of the Council of 16 December 2015 amending Protocol No 3 on the Statute of the Court of Justice of the European Union, OJ L 341, 24.12.2015, p. 14.
233) TEU 제19조 2항 3단 두 번째, 세 번째 문장 ; EU기능조약 제253조.
234) "Declaration (No. 38) on Article 252 of the Treaty on the Functioning of the European Union regarding the number of Advocates-General in the Court of Justice".
235) EU기능조약 제252조 ; Council of the EU (3251st Council meeting, General Affairs)(provisional version), 25 June 2013, "Increase of the number of Advocates-General of the Court of Justice", 〈https://www.consilium.europa.eu/uedocs/cms_data/docs/pressdata/EN/genaff/137614.pdf〉.
236) Court of Justice of the European Union, Press Release No 139/13, "Entry into office of new Members at the Court of Justice and the General Court - *The number of Advocates General at the Court of Justice is increased to nine*", 〈https://curia.europa.eu/jcms/upload/docs/application/pdf/2013-10/cp130139en.pdf〉 ; https://europa.eu/about-eu/institutions-bodies/court-justice/index_en.htm ; https://en.wikipedia.org/wiki/European_Court_of_Justice.
237) EU기능조약 제282조~제284조.
238) EU기능조약 제282조 1항 첫 번째 문장.

은행과 함께 EU의 통화정책을 수행한다.[239] 유럽중앙은행은 법인격을 가지며, 홀로 유로의 발행을 허가할 수 있다.[240] 유럽중앙은행 집행위원회(Executive Board)는 의장, 부의장, 및 기타 4인 등 모두 6인 위원으로 구성되며, 임기는 8년이고 연임할 수 없다.[241] 유럽중앙은행은 1992년의 TEU에 의하여 개정된 당시의 EC설립조약에 의거하여 1998년에 설립되었지만, 'institution'(EU 1차기관)의 지위를 갖게 된 것은 리스본조약 덕분이다.[242]

7. (회계)감사원[243]

감사원은 EU의 모든 수입과 지출내력을 검사하는 1차 기관이다. 각 회원국의 한 명의 국민으로 구성되며, 직무수행에 있어 완전한 독립성을 갖는다.[244] 감사(Members of the Court of Auditors)의 임기는 6년이다.[245] 감사원은 이미 1992년의 TEU에 의하여 당시 3개 유럽공동체의 'institution'으로 승격되었다.[246]

8. 기관간 협력의무와 기관간 협정

1차 기관들은 상호 성실한 협력(mutual sincere cooperation)을 실천하여야 한다.[247] 특히, "유럽의회, 이사회 그리고 집행위원회"는 상호 협의하여야 하며, 공동합의에 의해 협력을 위한 약정을 만들어야 한다. 이 목적을 위해 그들은 조약에 따라 "구속력을 가질 수도 있는 기관간 협정"(interinstitutional agreements which may be of a binding nature)을 체결할 수 있다.[248]

Ⅸ. EU의 권한

여기서는 EU의 권한 혹은 그 행사에 관련된 기본원칙들에 관해 언급한다.

---

239) EU기능조약 제282조 1항 두 번째 문장.
240) EU기능조약 제282조 3항 첫 번째, 두 번째 문장.
241) EU기능조약 제283조 2항.
242) 김대순 · 김민서, 《EU법론》(제2판), p. 36.
243) EU기능조약 제285조~제287조.
244) EU기능조약 제285조 2단.
245) EU기능조약 제286조 2항.
246) 김대순 · 김민서, 《EU법론》(제2판), p. 36.
247) TEU 제13조 2항 두 번째 문장.
248) EU기능조약 제295조.

1. 부여받은(파생적) 권한, 보충성 및 비례의 원칙[249)]

EU권한의 기본원칙, 즉, '부여받은(파생적) 권한', '보충성' 및 '비례'원칙의 골격에 대해 언급하면 다음과 같다. 먼저, '조약'에서 EU에 부여되지 아니한 권한은 회원국들에게 그대로 남는다.[250)] 그리고 리스본조약을 포함한 지금까지의 조약은 EU를 한 개의 연방국가로 만들려는 것은 아니기 때문에, EU는 여전히 "국가의 영토보전을 확보하고, 법과 질서를 유지하고, 국가안보를 수호하는 것을 포함한, 회원국들의 본질적인 국가기능(their essential State functions)을 존중하여야 한다. 특히, 국가안보(national security)는 각 회원국의 단독책임으로 남는다."[251)] "회원국들은 그들이 공동으로 갖고 있는 목표를 달성하기 위한 권한을 EU에 부여"하였는데,[252)] 이것은 바꾸어 말하면 "EU권한의 범위가 부여의 원칙(principle of conferral)에 의하여 규율됨"을 의미한다.[253)] 여기서 "부여의 원칙"이라 함은 "EU는 조약에 제시된 목표를 달성하기 위하여 그들 조약에서 회원국들로부터 부여받은 권한의 범위 내에서만 행동해야 함"을 의미한다.[254)] 그리고 "조약에서 EU에 부여하지 아니한 권한은 (여전히) 회원국들에게 남아 있다."[255)]

EU가 회원국들로부터 부여받은 권한을 '사용'함에 있어서는 보충성의 원칙(principle of subsidiarity)과 비례의 원칙(principle of proportionality)에 따라야 한다.[256)] 보충성의 원칙[257)]이라 함은 "EU는 자신의 배타적 권한(exclusive competence)에 속하지 아니하는 영역에서, 제안된 행동의 목표를 회원국들이 -그 중앙 차원에서나 지역 및 지방 차원에서- 충분히 달성할 수 없고, 그 제안된 행동의 규모나 효과로 인하여 EU 차원에서 오히려 더 잘 달성할 수 있는 경우에만, 그리고 그 범위 내에서만 행동한다."는 것을 말한다. 그리고 "비례의 원칙"[258)]이란 "EU행동(Union action)은 그 내용(content)과 형식(form)에 있어 EU의 목표를 달성하는데 필요한 바의 것을 초과해서는 안된다"는 것을 말한다. EU 기관들은 이 두 원칙을 준수함에 있어 "보충성과 비례의 원칙의 적용에 관한 의정서"(Protocol on the application of the principles of subsidiarity and proportionality)에 담겨 있는 규정들을 따라야 한다.[259)] 리스본조약은 이제 '보충성' 원칙의 준수

249) TEU 제4조 및 제5조.
250) TEU 제4조 1항.
251) TEU 제4조 2항 두 번째 및 세 번째 문장.
252) TEU 제1조 첫 단락의 끝부분.
253) TEU 제5조 1항.
254) TEU 제5조 2항 첫 번째 문장 : 이 규정은 사실상 구 EC설립조약 제5조 1단의 표현을 거의 그대로 옮겨 놓은 것이다.
255) TEU 제5조 2항 두 번째 문장,
256) TEU 제5조 1항 두 번째 문장 ; "보충성과 비례의 원칙의 적용에 관한 의정서" (Protocol on the application of the principles of subsidiarity and proportionality).
257) TEU 제5조 3항 1단. 이 규정은 사실상 구 EC설립조약 제5조 2단의 규정을 거의 그대로 옮겨 놓은 것이다. "보충성의 원칙"의 EU/EC법 내로의 도입에 대해 자세한 설명은, 拙稿, "마스트리히트 유럽동맹조약에 나타난 보충성의 원칙에 관한 연구", 《國際法學會論叢》, 제39권 제2호 (1994. 12), pp. 69~86 ; 拙著, 《EU法論》, pp. 210~234 참조.
258) TEU 제5조 4항 1단.

를 확보, 감독함에 있어 특별히 회원국의 국내의회들에게 일정 발언권을 부여하고 있음을 기억할 필요가 있다.[260] 보충성 원칙의 위반은 EU사법재판소에서 사법심사(취소소송)의 대상이 된다.[261] 참고로, 보충성의 원칙은 원래 마스트리히트조약에 의해 오로지 구 'EC'설립조약 제5조(원래는 제3b조)에만 도입되었기 때문에, 그 뒤 암스테르담조약에 의해 추가된 "보충성과 비례의 원칙의 적용에 관한 의정서"도 당연히 'EC'설립조약에만 부속된 것이었다. 그러나 리스본조약에 의하여 EC가 없어짐과 함께, EC 제5조는 개정되어 EU조약 제5조로 이동하였고, 특히 국내의회의 역할에 초점을 맞춘 신 의정서는 "EU조약과 EU기능조약"에 부속되었다.

2. 권한의 유형(categories of competence)[262]

마스트리히트조약에 의하여 개정된 EC설립조약에 –"배타적 권한(exclusive competence)에 속하지 아니하는 영역"에서의 EC의 권한행사를 억제하기 위하여– 보충성의 원칙이 도입되면서 EC가 어떤 분야에서 행동을 하려고 할 때 그것이 자신의 배타적 권한에 속하는지, 아니면 비배타적 혹은 경합적 권한(shared competence)에 속하는지를 분명히 하는 것이 아주 중요한 문제가 되었다. 그러나 구 EC설립조약은 보충성의 원칙을 도입하면서도 그간 EC의 배타적 권한과 경합적 권한을 정의하고, 또 각 권한에 속하는 분야를 적시하는 규정을 두지는 않았었다. 결국 어떤 분야가 공동체의 배타적 권한에 속하는지 아니면 경합적 권한에 속하는지에 관해 분쟁이 생기면 유럽재판소의 판결에 의존하지 않으면 안되었다.

리스본조약은 이제 EU가 "입법을 하고, 법적 구속력있는 행위를 채택할 수 있는" 권한(입법적 권한)을 배타적 권한과 경합적 권한으로 구분하면서, 이를 분명하게 정의하고 있고, 또 이들 두 권한에 속하는 분야의 목록을 제시하고 있다. 뿐만 아니라 "지지, 조정 혹은 보충적 권한"(supporting coordinating or complementary competences)으로 이름 붙여진 제3유형의 권한을 제시하고 있기도 하다.

먼저, '조약'이 특정 분야에서 EU에 '배타적 권한'을 부여하고 있는 경우, 오직 EU만이 "입법을 하고 법적 구속력있는 행위를 채택할 수 있으며", 각 회원국은 "EU로부터 권한을 부여받거나 EU행위의 이행을 위한 경우에만"(only if so empowered by the Union or for the implementation of Union acts) 그렇게 할 수 있다.[263] EU가 배타적 권한을 갖는 분야는 종래 EC의 경우와 동일한데, 이들은 (a) 관세동맹, (b) 역내시장의 운영을 위해 필요한 경쟁규칙의 수립, (c) 유로화를 사용하는 회원국들을 위한 통화정책, (d) 공동어업정책 하의 해양생물자원의 보존, 그리고 (e) 공동통상정책이다.[264] 또한, EU는 국제협정의 체결이 EU의 '입법적' 행위에 규정되어 있거나 EU가 역내

259) TEU 제5조 3항 2단 (첫 번째 문장) 및 4항 2단.
260) TEU 제5조 3항 2단 (두 번째 문장) ; "보충성과 비례의 원칙의 적용에 관한 의정서" 제4조~제9조.
261) "보충성과 비례의 원칙의 적용에 관한 의정서" 제8조.
262) EU기능조약 제2조~제6조.
263) EU기능조약 제2조 1항.

권한을 행사할 수 있게 하는 데 필요한 경우, 혹은 협정의 체결이 공동규칙에 영향을 미치거나 공동규칙의 범위를 변경할 수 있는 한에 있어서는, 그 같은 협정의 체결에 대해서도 배타적 권한을 갖는다.[265] 이상은 배타적 권한의 완벽한 목록(exhaustive list)으로 해석된다.

다음, '조약'이 특정 분야에서 EU에 "회원국들과 공유하는 권한"(competence shared with the Member States), 즉 '경합적 권한'을 부여하고 있는 경우에는 EU뿐만 아니라 각 회원국도 입법을 하고, 법적 구속력있는 행위를 채택할 수 있다.[266] 그러나 이것은 당해 분야에서 EU와 각 회원국이 '동시에' 입법권을 행사할 수 있음을 의미하는 것으로 오해하여서는 안된다. 회원국들이 EU의 경합적 입법권을 행사할 수 있는 것은, EU가 이 권한을 아직까지 행사하지 않았거나,[267] 이미 행사된 이 권한의 행사를 중단하기로 결정한 경우에 한한다.[268] 이것은 종래의 "선매이론"(preemption doctrine)[269]을 한 개의 일반원칙으로 확인한 것으로 볼 수 있다. EU가 '조약'으로부터 "배타적 권한"과 "지지, 조정 혹은 보충적 권한"을 부여받지 못한 분야가 EU의 경합적 권한에 속하는 것으로 정의되고 있다.[270] EU의 경합적 권한에 속하는 '주요' 분야(principal areas)는, (a) 역내시장(internal market), (b) 사회정책, (c) 경제/사회/영토적 결속, (d) (해양생물자원의 보존을 제외한) 농업 및 어업, (e) 환경, (f) 소비자보호, (g) 운송, (h) 유럽관통네트워크, (i) 에너지, (j) 자유/안전/사법분야, (k) 보건문제에 있어 안전에 대한 공동의 관심사이다.[271] 여기서 "'주요' 분야"라는 표현은 여기에 열거된 것들이 EU가 경합적 권한을 갖는 분야의 완전한 목록이 아니라 단지 그 예시적(non-exhaustive) 목록임을 시사하고 있다. "경합적 권한의 행사에 관한 의정서"(Protocol on the Exercise of Shared Competence)[272]는 "EU가 경합적 권한에 속하는 분야에서 행동을 취했을 때, 이 권한행사의 적용범위는 단지 문제의 EU행위에 의하여 규율되는 요소들에 국한되며, 그 분야 전부에까지 미치는 것은 아님"을 분명히 하고 있다.

리스본조약 제2조 12)에 의하여 삽입된 EU기능조약 제4조는 그 3~4항에서 종래 "병행적 권한"(parallel competence)에 속하는 것으로 간주되었던 분야를 언급하고 있다. 이들은 "연구, 기술

264) EU기능조약 제3조 1항.
265) EU기능조약 제3조 2항.
266) EU기능조약 제2조 2항 첫 번째 문장.
267) EU기능조약 제2조 2항 두 번째 문장.
268) EU기능조약 제2조 2항 세 번째 문장.
269) 유럽재판소는 공동체의 내부입법권과 조약체결권의 관계에 대해 사실상 미국법의 preemption doctrine 논리를 적용하고 있다. 즉, EC설립조약이 구속력있는 조치를 취할 내부입법권을 공동체에 부여하고 있고 '그리고' 공동체가 입법을 채택함으로써 혹은 어떤 분야에서 국제협정을 체결함으로써 그 권한을 행사하는 경우에는, 언제나 당해 분야는 이제부터는 국제협정에 관한 한 공동체의 배타적 관할권에 속하는 것으로 간주된다. 다시 말해서, 일단 공동체가 '어떤 분야를 점령하면'(occupied the field), 회원국들은 그 분야에서는 더 이상 제3국과 조약을 체결하는 것이 허용되지 아니한다. 자세한 것은, 拙著,《EU法論》, pp. 226, 273~285 ; 본서 제5장 (국제법과 국내법의 관계), Ⅲ. 국내법의 국제법에 대한 태도, "3. 조약에 대한 국내법의 태도, (6) 미국" 참조.
270) EU기능조약 제4조 1항.
271) EU기능조약 제4조 2항.
272) 이 의정서는 단 한 개의 조문(sole article)으로 구성되어 있다.

개발, 공간, 개발협력 및 인도적 원조"인데, 이들 분야에서의 EU의 권한은 상기 경합적 권한의 정의에 부합되지 아니한다. 즉, 이들 분야에서 EU는 "활동을 수행할 권한, 특히 프로그램을 수립하고 이행할 권한"(competence to carry out activities, in particular to define and implement programmes)을 갖는데, 그러나 EU가 이 권한을 행사한다고 해서 각 회원국이 그들의 권한을 행사하는 것을 방해받지는 아니한다. 즉, 이들 분야에서는 "선매이론"이 적용되지 아니하며, 회원국들은 EU가 이들 분야에서 이미 그 자신의 권한을 행사하였더라도 EU와 병행하여(in parallel with the Union) 계속 자신의 권한을 행사할 수 있다.

EU가 "회원국들의 행동을 지지, 조정 혹은 보충하기 위한 행동을 수행할 권한"(competence to carry out actions to support, coordinate or supplement the actions of the Member States)을 갖는 분야[273]는, (a) 인간건강의 보호 및 증진, (b) 산업, (c) 문화, (d) 관광, (e) 교육, 직업훈련, 젊은이들과 스포츠, (f) 시민의 보호, (g) 행정협력인데, 이것은 완벽한 목록(exhaustive list)으로 해석된다. 이들 분야에서의 EU의 권한은 배타적인 것도 아니고 경합적인 것도 아니며, 따라서 이것은 회원국들의 권한을 대체하려는 것이 아니다. 그렇다면 이들 분야에서 EU가 채택하는 법적 구속력있는 행위는 회원국들의 법령의 조화(harmonisation of Member States's laws or regulations)를 수반하는 것이어서는 안된다. 이들 분야에서의 EU의 지원은 본질적으로 그 성질에 있어 재정적인 것이 될 것이다.

3. 고양된 협력(Enhanced Cooperation)[274]

암스테르담조약은 종래 EC/EU의 일부 회원국이 특정영역에서 우선 그들 상호간에만 더욱 긴밀한 통합으로 나아가는 것을 허용하기 위해 '더욱 긴밀한 협력'(Closer Cooperation)[275]이란 이름의 장치를 도입한 바 있었는데, 이것은 흔히 two-speed Europe 혹은 multi- speed Europe으로 지칭되기도 하였다. 그 후 이 장치가 니스조약에 의해 '고양된 협력'으로 개명되었고, 이것이 리스본조약에로 이전되었다. 이 장치의 주요 특징은 다음과 같다. 첫째, 고양된 협력은 "EU의 비배타적 권한(non-exclusive competences)의 틀 내에서" 허용된다.[276] 둘째, 고양된 협력을 허가하는 '결정'[277]은 "최후의 수단으로서"(as a last resort) 이사회에 의해 채택된다.[278] 셋째, "적어도 9개 회원국"[279]이 여기에 참여하여야 한다.[280] 넷째, 고양된 협력의 틀 내에서 채택된 행위는 단지 참여회

273) EU기능조약 제6조.

274) TEU 제20조 ; EU기능조약 제326조~제334조.

275) 拙稿, "EU의 더욱 긴밀한 협력장치에 관한 연구", 《저스티스》, 제33권 제2호 (통권 제56호) (2000. 6), pp. 187~203 참조.

276) TEU 제20조 1항 1단.

277) 이것은 유럽헌법에서는 '유럽결정'으로 되어 있었다 : 유럽헌법, Article I-44, 2항.

278) TEU 제20조 2항 첫 번째 문장.

279) 이것은 유럽헌법에서는 "적어도 회원국의 1/3"이 참여해야 하는 것으로 되어 있었다 : 유럽헌법, Article I-44, 2항.

원국들만을 구속한다. 따라서 이것은 (EU에 가입하는 후보국가들이 수락해야만 하는) *acquis*의 일부로 간주되지 아니한다.281) 고양된 협력에 관한 구체적인 이행규칙은 EU기능조약에 자세히 규정되어 있다.282)

X. EU의 법적 행위(legal acts)의 종류와 입법절차283)

EU기능조약 제288조284)는 명령(regulation, Verordnung, règlement),285) 준칙(directive, Richtlinie, directive),286) 결정(decision, Beschluss/Entscheidung, décision),287) 권고

280) TEU 제20조 2항 첫 번째 문장.

281) TEU 제20조 4항.

282) EU기능조약 제326조~제334조 ; 리스본조약 제2조 277)~278) 참조.

283) 리스본조약 제2조 235)~245).

284) 구 EC설립조약 제249조 (구구 제189조).

285) EU regulation(영), Verordnung(독), règlement(불)은 흔히 EU'규칙'으로 번역되고 있는데, 적절한 번역이 아닌 것 같아 일언해 두고자 한다. 무엇보다, 이들 개념은 EU회원국 국내행정법에서도 사용되는 개념이므로 이들 개념이 국내행정법에서 무엇을 지칭하는지를 살펴보는 것이 상대적으로 타당한 번역을 결정하는데 단서가 될 수 있을 것이다. 그런데 이들 술어는 각기 영국, 독일, 프랑스 행정법에서 국민 일반에 대해 구속력을 갖는 행정부에 의한 입법을 지칭하는 술어로서, 한국 행정법교과서들에서는 예외없이 "명령"으로 번역되고 있다 : see https://en.wikipedia.org/wiki/Regulation_(law), https://de.wikipedia.org/wiki/Verordnung, and https://fr.wikipedia.org/wiki/Règlement_en_droit français. 이에 반해 한국 행정법에서 "규칙"이라 함은 대체로 두 경우를 지칭하는데, 즉 "행정 주체가 정한 법규의 성질을 갖지 아니하는 규칙으로서, 행정 기관 안에서만 효력을 가지는 훈령, 지시, 예규, 사무규정 따위"를 지칭하거나 혹은 "지방자치단체의 장이 법령 또는 지방조례가 위임한 범위 내에서 제정하는 자치법규"를 지칭한다. 따라서 EU법의 regulation (Verordnung, règlement)을 규칙으로 번역하는 것은 단지 영한사전에 의존한 단순번역으로, -아래에서 언급하는 바와 같이 - 조약규정에 의해 "일반적용성" 및 "직접적용성"을 부여받아 곧잘 연방법률에까지 비유되는 EU regulation (Verordnung, règlement)의 본래 의미를 훼손하게 됨을 알 수 있다.

286) EU directive는 흔히 EU'지침'으로 번역되고 있다. 그런데 국어사전을 보면 지침은 "생활이나 행동의 방법, 방향 따위를 가리키는 길잡이" 정도로 정의되어 있다. 이에 반해, 준칙은 "준거할 기준이 되는 규칙 혹은 법칙"으로 정의되어 있어 규범적 의미를 내포하고 있으며, 이에 더하여 상법상의 준칙주의라 함은 "법률에 일정한 조건을 마련하여, 그 규정에 맞는 것은, 관청의 허가를 요하지 아니하고 법인을 설립할 수 있다고 하는 주의"로 설명되어 있다. EU directive의 정의 내지는 의미와 대조해 보면 지침보다는 준칙이 더 타당한 번역이라는 결론에 이른다. EU directive가 유럽재판소 판례에 의해 EU regulation에 근접한 법적 효과를 취득한 것을 생각하면 더욱 그러하다.

287) EU기능조약 제288조는 구 EC설립조약 제249조과 비교하여 한 가지 변화가 보인다. 즉, 후자는 결정에 대해 "A decision shall be binding in its entirety upon those to whom it is addressed."라고 규정하고 있었는데, 동 규정은 EU기능조약 제288조에서 다음과 같이 개정되었다 : "A decision shall be binding in its entirety. A decision which specifies those to whom it is addressed shall be binding only on them." 후자의 개정된 규정은 두 가지를 시사하고 있다. 첫째, 결정은 그것이 누구에게 내려지는지를 명시하는 것이 보통이지만 수범자를 적시하지 아니한 결정도 있을 수 있다. EU기능조약 제297조 2항에 언급된 결정이 그러한 경우이다. 구 EC설립조약 제249조 (4단)에 의하면 결정은 반드시 특정 수범자(specific addresses)를 가져야만 하는데도 공동체기관들은 그렇지 아니한 행위에 결정이란 명칭을 달곤 하였는데[그래서 때로 '독특한 결정'(*sui generis* decisions)으로 불림], 이제 EU기능조약 제288조 하에서는 그러한 행위도 결정의 정의에 들게 된 것이다 : Hartley, 8th, pp. 108~109 : Lenaerts and van Nuffel, pp. 915~916. 둘째, 수범자를 적시한 결정은 그 자에게만 구속력이 있다. 그러나 유럽재판소 판례에 의하면 구속력과 직접효력은 별개로 판단할 문제이다. 따라서 특정 회원국에게 내려진, 따라서 오로지 그 국가에게만 구속력있는 결정이라도 특

(recommendation, Empfehlung, recommendation), 의견(opinion, Stellungnahme, avis) 등, EU기관들이 부여받은 권한을 행사하기 위해 채택할 수 있는 다섯 개의 행위를 열거하면서 각 행위의 성격에 대한 정의를 내려놓고 있다. EU 정치기관들이 채택하는 이들 행위는 공식적으로는 통합하여 "법적 행위"(legal acts)[288]로 지칭된다. 리스본조약은 -공동행동(joint actions), 공동입장(common positions), 골격결정(framework decisions), 협약(conventions) 등과 같은- 종래 EU의 제2기둥과 제3기둥에 존재하던 다양한 법문서들을 폐지하였다. 그러나 리스본조약 발효 이전에 EU조약에 근거하여 채택된 이들 非EC 법적 행위는 EU설립조약(TEU/TFEU)을 이행함에 있어 폐지, 취소 혹은 개정될 때까지는 법적 효력이 보존된다.[289]

EU 입법절차는 보통입법절차(ordinary legislative procedure)[290]와 특별입법절차(special legislative procedure)[291]로 구분된다. 여기서 보통입법절차라 함은 -제294조에 정의된 절차에 따라- "유럽의회와 이사회가 (집행)위원회로부터의 제안에 기초하여 명령, 준칙 혹은 결정을 공동채택(joint adoption)하는 것"을 말하는데, 제294조의 절차는 -종래 흔히 공동결정절차(co-decision procedure)로 불리던[292]- 구 EC 제251조(구구 제189b조)를 약간 개정한 것으로, 크게 제1독회, 제2독회, 조정절차 및 제3독회로 구성된다. 보통입법절차는 EU입법을 채택하기 위해 가장 빈번하게 사용되는 기본절차이다.[293] 이것의 변형(variant)인[294] 특별입법절차라 함은 "조약에 규정된 특정 경우들에 있어, 유럽의회가 이사회의 참여와 함께(by the European Parliament with the participation of the Council), 혹은 이사회가 유럽의회의 참여와 함께(by the Council with the participation of the European Parliament), 명령, 준칙 혹은 결정을 채택하는 것"을 말한다. 특별입법절차가 적용되는 대표적인 입법례로는 EU예산 채택을 들 수 있다.[295] 보통입법절차든 특별입법절차든 간에 '입법절차'에 의해 채택된 법적 행위(legal acts)는 "입법적 행위"(legislative act)를 구성한다.[296] 또한 조약에 규정된 특별한 경우, '입법적 행위'는 유럽중앙은행으로부터의 권고에 기초하거나 사법재판소나 유럽투자은행의 요청에 따른, 일단의 회원국이나 유럽의회의 발의에 기초하여 채택될 수도 있다.[297] '입법적 행위'의 정의에 들지 않는 법적 행위는 '비입법적 행위'(non-legislative acts)를 구성한다.[298] 이처럼 리스본조약 체제 하에서는 '입법적'이라는 술어가 입법절

정 개인이 자신의 권리를 주장할 목적으로 이것의 직접효력을 원용하는 것이 허용될 수도 있다.

288) EU기능조약, Part Six, Title I, Chapter 2, Section 1 "The legal acts of the Union" 참조.

289) "과도기 규정에 관한 의정서"[Protocol (No 36) on Transitional Provisions] 제9조, 첫 번째 문장. 리스본조약 발효 이전에 EU조약에 근거하여 EU회원국들 상호간에 체결된 협정들에 대해서도 같은 규칙이 적용된다 : "과도기 규정에 관한 의정서" 제9조, 두 번째 문장. 자세한 것은, Lenaerts and Nuffel, pp. 72~73, 935~948 참조.

290) EU기능조약 제289조 1항.

291) EU기능조약 제289조 2항.

292) https://en.wikipedia.org/wiki/Legislature_of_the_European_Union.

293) Hartley, 7th, p. 36.

294) *Ibid.*, p. 40.

295) EU기능조약 제314조.

296) EU기능조약 제289조 3항.

297) EU기능조약 제289조 4항.

차와 관련한 술어로서 특별한 의미를 가짐을 유념할 필요가 있다. 다만, 공동외교안보정책(CFSP) 영역에서는 입법적 행위의 채택이 금지된다.[299] 앞에서 언급한 바와 같이, 구 EC 제252조(구구 제189 C조)에 담겨 있던 이른바 협력절차(cooperation procedure)는 이제 완전히 폐지되었다.

입법적 행위냐 비입법적 행위냐의 구분은 입법절차에 따른 분류로서, 비입법적 행위도 입법적 행위와 마찬가지로 명령, 준칙, 결정의 형식으로 채택될 수 있고, 따라서 기능적으로는 일반적 규칙을 수립하는 입법으로서 기능할 수 있다. 다만, 그들은 정의에 의해 '입법적 행위'로 지칭될 수는 없다.[300]

리스본조약은 위원회의 위임입법과 이행행위의 엄격한 구분을 시도하고 있다. 먼저, 입법적 행위에서는 그것의 일부 '비본질적' 요소(certain non-essential elements)를 '보충하거나 개정'하기 위하여 '일반적용성'을 갖는 '비입법적 행위'(non-legislative acts of general application)를 채택할 권한을 (집행)위원회에 위임할 수 있다.[301] 위원회가 제정하는 위임입법이 모법을 보충은 물론이고 개정까지 할 수 있기 때문에 여기에는 몇 가지 까다로운 조건이 붙어 있다. 첫째, 권한위임의 목표, 내용, 범위 및 존속기간은 입법적 행위에 명시적으로 정의되어야 한다.[302] 둘째, 어떤 분야의 '본질적' 요소(the essential elements of an area)는 입법적 행위에 유보되어야 하며, 권한위임의 대상이 될 수 없다.[303] 셋째, 입법적 행위는 위임의 조건을 명시적으로 수립하여야 하는데, 이 조건에는 다음의 두 가지가 포함될 수 있다 : (a) 유럽의회나 이사회는 위임을 취소(revoke)하기로 결정할 수 있다 ; (b) 위임된 행위(delegated act)(즉, 위임입법)는 입법적 행위에서 설정한 기간 내에 유럽의회나 이사회가 이의를 표명하지 않는 경우에만 발효할 수 있다.[304] 넷째, 위임행위의 제목에는 "위임된" (delegated)이란 형용사가 삽입되어야 한다.[305]

다음으로, 상기 위임입법과 -모법을 보충하거나 개정하는 것이 아닌- 이행행위(implementing acts)는 구분하여야 하는데, 리스본조약은 이행행위의 문제를 회원국과 EU 차원에서 함께 언급하고 있다.[306] 첫째, 회원국들은 법적 구속력있는 EU행위를 이행하는데 필요한 국내법의 모든 조치를 채택해야 한다.[307] 둘째, 법적 구속력있는 EU행위를 이행하기 위한 획일적 조건이 필요한 경우, 이들 EU행위에서는 위원회에, 혹은 일정 특별한 경우 이사회에 이행권한을 부여한다.[308] 셋째, 유럽의회와 이사회는 위원회의 이행권한의 행사에 대한 회원국들의 통제를 위한 메커니즘에 관한 규칙과 일반원칙을 미리 수립한다 ; 이때 유럽의회와 이사회는 보통입법절차에 따라 그리고 명령(regulations)

---

298) Hartley, 7th, p. 108.
299) TEU 제24조 1항 2단, 제31조 1항 1단 ; Lenaerts and Nuffel, p. 663.
300) Hartley, 7th, pp. 30, 108.
301) EU기능조약 제290조 1항 1단 ; Hartley, 7th, pp. 108, 128.
302) EU기능조약 제290조 1항 2단 첫 번째 문장.
303) EU기능조약 제290조 1항 2단 두 번째 문장.
304) EU기능조약 제290조 2항 1단. 여기 (a) 및 (b)의 목적상 유럽의회는 재적과반수로 행동하며, 이사회는 가중다수결로 행동한다 : EU기능조약 제290조 2항 2단.
305) EU기능조약 제290조 3항.
306) EU기능조약 제291조 ; Hartley, 7th, pp. 108, 133.
307) EU기능조약 제291조 1항.
308) EU기능조약 제291조 2항.

의 방식으로 행동한다.[309] 위원회의 2차입법권(secondary legislation) 행사에 대한 회원국들의 통제방식은 EU 내에서 흔히 comitology로 지칭되는데, 이것은 회원국 전문가들로 구성되는 코미티(committees)가 구성되어 위원회의 2차입법권 행사에 개입하는 절차를 말한다. 다만 리스본조약 이전까지 comitology 절차는 위원회의 이행행위(implementing acts) 채택 시는 물론이고 위임행위(delegated acts) 제정 시에도 적용되었으나, 리스본조약 하에서 위임과 이행의 엄격한 구분과 함께 이제 comitology는 -EU기능조약 제291조 하의- 위원회의 이행행위에만 적용되게 되었다.[310] 리스본조약이 시도한 위임과 이행의 엄격한 구분은 그러나 취약하고 어렵다는 비판이 있다.[311] 넷째, 이행행위의 제목에는 "이행하는" (implementing)이란 단어가 삽입되어야 한다.[312]

조약에서 채택될 행위의 유형을 명시하고 있지 않는 경우에는, EU의 각 1차 기관은 적용가능한 절차와 비례의 원칙에 따르되 "그때그때 사건별로" (on a case-by-case basis) 그것을 선택한다.[313] 법적 행위는 그것의 기초된 이유를 설명하고, 또 제조약에 의하여 요구되는 제안, 발의, 권고, 요청 혹은 의견을 언급하여야 한다.[314]

공표와 발효에 관해서는 다음의 규칙이 적용된다.[315] 첫째, 보통입법절차에 의하여 채택된 입법적 행위는 유럽의회 의장과 이사회 의장이 서명한다.[316] 그밖의(즉, '보통입법절차'에 의하여 채택된 것이 아닌) 입법적 행위는 그것을 채택한 1차기관의 의장이 서명한다.[317] 모든 입법적 행위는 EU관보(Official Journal)에 공표되며,[318] 동 행위에 명시된 일자에 발효하거나, 이것이 없으면 공표후 20일째 되는 날에 발효한다.[319] 둘째, 명령, 준칙 혹은 "그것이 내려지는 자를 명시하지 아니한" 결정의 형식으로 채택된 '비입법적' 행위는 그것을 채택한 1차기관의 의장이 서명한다.[320] 그리고 명령과 '모든 회원국에게 내려진' 준칙 그리고 '그것이 내려지는 자를 명시하지 아니한' 결정은 EU관보에 공표되며, 이것들의 발효일자에 대해서는 입법적 행위의 경우와 동일한 규칙이 적용된다.[321] 셋

---

309) EU기능조약 제291조 3항. 이 목적으로 새로 제정된 것이 "Regulation (EU) No 182/2011 of the European Parliament and of the Council of 16 February 2011 laying down the rules and general principles concerning mechanisms for control by Member States of the Commission's exercise of implementing powers", OJ L 55, 28.2.2011, pp. 13~18이다.

310) https://en.wikipedia.org/wiki/Comitology ; https://ec.europa.eu/transparency/regcomitology/index.cfm ; Daniel Guéguen, "Bad news for EU decision-making : Comitology no longer exists", 19/04/2013, https://www.euractiv.com/future-eu/bad-news-comitology-longer-exist-analysis-519247.

311) Paul Craig, "Delegated Acts, Implementing Acts and the New Comitology Regulation", (2011) 36 European Law Review 671.

312) EU기능조약 제291조 4항.

313) EU기능조약 제296조 1단.

314) EU기능조약 제296조 2단.

315) EU기능조약 제297조.

316) EU기능조약 제297조 1항 1단.

317) EU기능조약 제297조 1항 2단.

318) EU기능조약 제297조 1항 3단 첫 번째 문장.

319) EU기능조약 제297조 1항 3단 두 번째 문장.

320) EU기능조약 제297조 2항 1단.

321) EU기능조약 제297조 2항 2단.

째, '그 밖의' 준칙과 '그것이 내려지는 자를 명시한' 결정은 그 수범자에게 통고되어야 하며, 통고시(upon such notification) 발효한다.[322)]

XI. EU의 조약체결권

EU는 (i) "조약" 즉 EU조약이나 EU기능조약에 규정이 있거나,[323)] (ii) 협정의 체결이 EU 정책의 골격 안에서 "조약"에 언급된 목표의 하나를 달성하는데 필요하거나, 혹은 '법적 구속력 있는' EU행위에 규정되어 있거나, 혹은 공동규칙에 영향을 미치거나 공동규칙의 범위를 변경할 가능성이 있는 경우에는 제3국 혹은 국제기구와 협정을 체결할 수 있다.[324)] EU가 체결하는 조약은 EU의 기관들과 회원국들에게 구속력이 있다.[325)] EU측 협정체결 절차는 EU기능조약 제218조[326)]에서 규율하고 있다.

실제로 EU가 체결하는 조약은 두 가지 종류로 구분된다. 그 하나는 일방 오로지 'EU'와 타방 '비회원국(혹은 타 국제기구)' 사이에 체결되는 국제협정으로, 이것은 협정에서 다루는 주제가 전적으로 EU의 조약체결권에 속하는 경우에 사용된다.[327)]

둘째는 이른바 '혼합'협정(*mixed* agreements, mixity), 즉 일방 '(공동으로 행동하는) EU 및 적어도 그 일부 회원국들'과 타방 '비회원국' 사이에 체결되는 국제협정으로서, 이 방식은 협정에서 다루는 주제가 일부는 EU의 권한에 속하고, 다른 일부는 회원국들의 권한에 속하는 경우에 사용된

---

322) EU기능조약 제297조 2항 3단.

323) 예컨대, TEU 제8조 2항, 제37조 (구 제24조) ; EU기능조약, 제207조 (구 EC설립조약 제133조), 제209조 (구 EC설립조약 제179조) 2항, 제212조 (구 EC설립조약 제181a조) 3항, 제214조 4항, 제217조 (구 EC설립조약 제310조).

324) EU기능조약 제216조 1항. EU기능조약 제216조 1항에 규정된 EU의 조약체결권 중에서 EU에게 '배타적' 권한이 인정되는 영역은 동 조약 제3조 2항에 명시되어 있는데, 이것에 관해서는 앞에서 언급한 바 있다. 비슷해 보이는 두 규정의 차이점에 대해서는, Hartley, 7th, pp. 186~187 참조.

325) EU기능조약 제216조 2항.

326) 이 밖에, EU기능조약 제207조는 공동통상정책에 관련한 협정의 체결에 관하여, 그리고 제219조는 외환과 통화 문제에 관련한 협정의 체결에 관하여 특별규칙을 담고 있다. Hartley, 7th, pp. 189~190.

EU기능조약 제218조 (구 EC 제300조, 구구 제228조) 2항은 "The Council shall authorise the opening of negotiations, adopt negotiating directives, authorise the signing of agreements and conclude them."이라고 규정하고 있는데, 동 규정의 목적상 'conclude'(체결)는 일견 'ratify'(비준)를 의미하는 것으로 보인다. Hartley, *European Union Law in a Global Context*, p. 219. 그러나 같은 EU기능조약 내에서, 제351조 (구 EC 제307조, 구구 제234조) 1단은 EU 원회원국이나 가입국이 체결한 구협정과 EU설립조약들 간의 충돌을 해소하기 위하여 "The rights and obligations arising from agreements *concluded* before 1 January 1958 or, for acceding States, before the date of their accession, between one or more Member States on the one hand, and one or more third countries on the other, shall not be affected by the provisions of the Treaties."라고 규정하고 있는데, 여기서 'concluded'를 제3국과의 협정문이 채택된 시점을 지칭하는 것으로 볼 것인지, 아니면 그같은 협정이 발효한 시점을 지칭하는 것으로 볼 것인지가 문제된다. 이 문제는 특히 비엔나 조약법협약 제30조의 해석과도 연관되어 있는데, 이것에 대해서는 *ibid.*, p. 335 참조.

327) Hartley, 7th, p. 174.

다.[328] 그리고 이 방식은 EU의 경합적 권한(shared/concurrent competence)의 경우에도 사용될 수 있다. TEU나 EU기능조약에 혼합협정을 위한 명시적 규정은 없으나, 유럽재판소는 오래 전에 이 방식을 승인한 바 있다.[329] 혼합절차는 EU의 조약체결에 드물게 동원되는 방식이 아니다. 이를테면, UN해양법협약, WTO협정[330] 등의 다자조약 체결 시에도 혼합절차 방식에 의존하였으며, 한국-EU간 자유무역협정[331] 체결에서도 이 방식을 사용하였다. 그러나 혼합협정은 여러 어려운 문제점을 야기한다. 무엇보다, 체결코자 하는 협정의 규정들 중에서 어느 것이 EU의 권한에 속하고 어느 것이 회원국의 배타적 권한에 속하는 것인지가 불분명할 수 있고, 나아가 EU의 경합적 권한에 속하는 사항이 포함된 경우에도 반드시 혼합협정의 방식을 택해야 하는지에 대해 EU기관 간에 그리고 EU회원국들 간에 견해가 다를 수 있기 때문이다.[332] 또한, 혼합협정은 협정의 타방 당사국들

---

328) https://opil.ouplaw.com/view/10 1093/law:epil/9780199231690/law-9780199231690-e628.

329) Opinion 1/78, *International Agreement on Natural Rubber Agreement*, [1979] ECR 2871 at 2918 (para. 60). Euratom 제102조는 혼합절차 방식을 명문으로 인정하고 있다. Hartley, 7th, p. 174 ; Hartley, *European Union Law in a Global Context*, pp. 242~243, 253~254 (fn. 21) ; 拙著, 《EU법론》, p. 266, 275~276, 291.

330) 유럽재판소는 Opinion 1/94, *WTO*, [1994] ECR I-5257에서 상품교역은 EU의 배타적 권한에 속하지만 서비스와 지재권의 일부 측면은 EU와 회원국들이 권한을 공유하고 있다고 결론지었다. 이에 따라 WTO협정은 혼합협정의 방식으로 체결되었다.

331) 영어본 공식명칭 : "Free Trade Agreement between The Republic of Korea, of the one part, and The European Union and Its Member States, of the other part". 2010년 10월 6일 서명. EU 개별회원국 모두의 비준을 기다리는 동안 2011년 7월 1일부로 잠정적용(provisional application)에 들어갔다가 2015년 12월 13일 공식 발효하였다. 그 사이 "크로아티아의 유럽연합 가입을 고려하기 위한 대한민국과 유럽연합 및 그 회원국간의 자유무역협정의 추가의정서"(Additional Protocol to the Free Trade Agreement between The Republic of Korea, of the one part, and The European Union and Its Member States, of the other part, to take account of the accession of Croatia to the European Union)가 2014년 3월 25일 브뤼셀에서 서명되고 (크로아티아가 EU에 가입한 일자인)2013년 7월 1일로 소급하여 잠정적용된 바 있는데, 동 의정서는 2016년 1월 1일 발효하였다. https://ec.europa.eu/trade/policy/countries-and-regions/countries/south-korea/; Andrei Suse & Jan Wouters, *The Provisional Application of the EU's Mixed Trade and Investment Agreements* (KU Leuven, Working Paper No. 201 - May 2018), p. 13, ⟨https://ghum.kuleuven.be/ggs/publications/working_papers/2018/201suse⟩ ; European Parliament (Policy Department, Directorate-General for External Policies). *An Assessment of the EU-Korea FTA*, 2010, p. 5, ⟨https://www.europarl.europa.eu/RegData/etudes/etudes/join /2010/133875/EXPO-INTA_ET(2010)133875_EN.pdf⟩ Hillman and Horlick (eds.), pp. 61~62, 70~73.

332) 이 문제에 대한 최근의 판례로는 Opinion 2/15, *Conclusion of the Free Trade Agreement between the European Union and the Republic of Singapore — Allocation of competences between the European Union and the Member States*, 16 May 2017가 있는데, 이 의견(paras. 243~244, 292~293)에서 유럽재판소는 EU가 싱가폴과 체결하려는 FTA에서 간접외국인투자(non-direct foreign investment, 'portfolio' investments)에 관련한 규정과 투자자-국가 간 분쟁해결절차(ISDS)에 관련한 규정은 EU의 배타적 관할권에 속하지 않기 때문에 EU는 싱가폴과의 FTA를 현재 상태로는 회원국의 참여 없이 EU 단독으로 체결할 수 없다고 판시하였다. Court of Justice of the European Union, Press Release, 16 May 2017, "The free trade agreement with Singapore cannot, in its current form, be concluded by the EU alone", ⟨https://curia.europa.eu/jcms/upload/docs/application/pdf/2017-05/cp170052en.pdf⟩.

Opinion 2/15의 유럽재판소 판시에 따르면 EU의 배타적 관할권에 속하지 아니하는 요소가 포함된 모든 협정은 이른바 의무적/강제적 혼합협정(obligatory/compulsory mixity)의 방식으로, 즉 반드시 혼합협정의 방식으로 체결하여야 할 것이다. 그러나 이에 대해서는 임의적 혼합협정의 이론(doctrine of facultative mixity)이 제시되고 있는데, 이 이론에 따르면 체결코자 하는 협정의 내용이 일부는 EU의 배타적 권한에 속하고 다른 일부는 EU의 경합적(공유)권한에 속할 때 이사회는 문제의 협정을 혼합협정의 방식으로 체결하던지 EU 단독협정으로 체결하던지, 양자 간에 선택을 할 수 있다는 것이다(물론, 이것은 회원국의 배타적 권한에 속하

에게도 협정 발효에 대한 의문과 EU-회원국 간 권한배분에 대한 불확실성을 야기할 것이다. 이 때문에 국제협정에는 국제기구 자신이 협정에 서명이나 비준을 하기 전에 회원국(전부 혹은 일부)의 서명과 비준을 요구하는 이른바 종속조항(subordination clauses)을 삽입하기도 하는데, 이것은 문제의 협정이 EU에게 있어서는 혼합협정의 방식으로 체결해야 하는 것임을 의미한다.[333] 이 밖에도 혼합협정은 먼저 각 회원국의 헌법규정에 따라 국내 비준을 거쳐야 하고, 그런 다음에 EU를 대신하여 이사회에 의해 승인되는데, 이 과정에서 시간이 많이 소요되는 것은 물론이고, 한 회원국이 EU 전체 차원의 비준을 방해할 수 있다.[334]

이 밖에도, EU가 체결한 것이 아닌 국제협정, 즉, 일방 오로지 'EU회원국들'과 타방 '비회원국' 사이에 체결되는 협정도 상황에 따라서는 EU를 구속할 수 있고 따라서 EU법의 일부를 구성할 수 있다.[335]

XII. EU법과 회원국 국내법의 관계

"조약", EU입법행위, EU가 대외적으로 체결하는 국제협정, 그리고 "법의 일반원칙"으로 불리는 EU사법재판소의 판례법은 EU법의 주요 연원을 구성한다. 이들 EU법의 국내법에 대한 우위와 직접효력 원칙은 그간 유럽재판소가 구 EEC/EC법을 중심으로 판례를 통하여 쌓아 올린 연방적 원리인데,[336] EU법의 우위에 대한 정확한 이해를 위해 유럽재판소의 종래 판례를 개관해 보는 것이 좋을 것이다.

는 요소는 전혀 담겨 있지 않은 것을 전제로 한다. 협정에 회원국의 배타적 권한에 속하는 요소가 담겨있다면 의무적/강제적 혼합협정의 방식을 선택하지 않을 수 없다). 그리고 이를 시사한 판례로 C-600/14, *Germany v. Council*, 5 December 2017, paras. 67~68이 인용되기도 한다. Andrei Suse & Jan Wouters, *The Provisional Application of the EU's Mixed Trade and Investment Agreements* (KU Leuven, Working Paper No. 201 - May 2018), p. 12, 〈https://ghum.kuleuven.be/ggs/publications/working_papers/2018/201suse〉; Szilárd Gáspár-Szilágyi, "Case C-600/14, Germany v Council (OTIF). More Clarity over Facultative 'Mixity'?", PluriCourts Blog, Dec. 11, 2017, 〈https://www.jus.uio.no/pluricourts/english/blog/szilard-gaspar-szilagyi/case-c-600-cjeu.html〉.

333) 이를테면, UN해양법협약, 제9부속서(국제기구의 참여) 제2조(서명)는 "국제기구는 그 회원국의 과반수가 이 협약에 서명해야만 이 협약에 서명할 수 있다. 국제기구는 서명할 때에 ... 서명국인 회원국에 의하여 그 기구에 권한이 이양된 사항과 그 권한의 성격과 범위를 밝히는 선언을 해야한다."고 규정하고 있으며, 이에 더하여 제3조(공식확인과 가입) 1항에서는 "국제기구는 회원국의 과반수가 비준서나 가입서를 기탁해야만 공식확인서나 가입서를 기탁할 수 있다."고 규정하고 있다. 종속조항은 환경조약들에서도 많이 발견된다. Catherine Barnard and Emilija Leinarte, "Mixed agreements?", The UK in a Changing World, 22 March 2018, 〈https://ukandeu.ac.uk/explainers/mixed-agreements/〉.

334) Hartley, 7th, p. 174; Catherine Barnard and Emilija Leinarte, "Mixed agreements?", The UK in a Changing Europe, 22 March 2018, 〈https://ukandeu.ac.uk/explainers/mixed-agreements/〉.

335) Cases 21-24/72, *International Fruit Co.* v. *Produktschap voor Groenten en Fruit*, [1972] ECR 1219 at 1227 (para. 18); Hartley, 7th, p. 174; 김대순 · 김민서, 《EU법론》(제2판), pp. 119~120.

336) 유럽공동체법의 직접효력 및 우위 원칙의 형성 과정에 대해서는, 김대순 · 김민서, 《EU법론》(제2판), 제3편 "EU법과 회원국 국내법의 관계" 참조.

1. EU법 : "한 개의 새로운 법질서"

현 EU의 전신인 유럽공동체들(European Communities) 초기에는 이들 공동체가 조약에 의하여 창설되었으므로, 그것이 비록 기존의 국제기구들에서는 찾아보기 어려운 발전적 측면을 갖고 있다고 하더라도, 결국 국제기구라고 부를 수밖에 없으며 따라서 완전히 국제법의 영역에 속한다고 보는 견해가 강하였다. 사실, 애당초 공동체를 설립할 때 당사국들이 공동체를 통상의 국제기구와는 다른 별개의 조직체로 의도했었다는 증거를 찾기도 어렵다. 유럽재판소조차도 1963년 *Van Gend en Loos* 사건[337)]에서는 공동체는 "국제법에 있어서의 한 개의 새로운 법질서"(a new legal order of international law)를 구성한다고 판결함으로써, 이 '새로운 법질서'가 여전히 '국제법'에 속하는 것임을 시사하였다.

그러나 유럽재판소는 1964년의 *Costa* v. *Enel* 판결[338)]에서는 좀 더 분명한 태도를 취하였는데, 여기서는 "보통의 국제조약들과는 대조적으로 EEC조약은 그 자신의 법체계를 창설하였다."[339)]라고 언급하였던 것이다. 이 판결 역시 아주 명쾌하지는 않지만 공동체법질서를 더 이상 국제법과 연관짓고 있지 않기 때문에 공동체법을 국제법과는 별개의 법체계로 보려는 의도를 드러낸 것으로 볼 수 있다. 그러나 유럽재판소는 *Costa* v. *Enel* 판결 직후의 *Commission* v. *Luxembourg and Belgium* 사건[340)]에서는 명백히 공동체법을 단지 "한 개의 새로운 법질서"(a new legal order)로만 정의하였다.

---

337) Case 26/62, [1963] ECR 1 at 12.

338) Case 6/64, [1964] ECR 585.

339) *Ibid.*, at 593 : "By contrast with ordinary international treaties, the EEC Treaty has created its own legal system … ."

340) Cases 90, 91/63 [1964] ECR 625. 이 사건에서 두 피고국가는 이사회도 자신의 의무를 이행하지 않았으므로, 공동체가 그들의 의무위반 지속에 대해 책임이 있다고 주장하면서, 자신들의 EEC(설립)조약위반을 변명하려고 시도하였다. 그러나 이 '피차일반'(*tu quoque*)의 논리는 국제법에서도 조약에 의하여 명시적으로 혹은 묵시적으로 그 적용이 배제될 수도 있는 것이기 때문에, 유럽재판소로서도 이같은 국제법의 노선을 따라 사건을 해결할 수도 있었을 것이다. 즉, 유럽재판소로서는 룩셈부르크와 벨기에가 이사회로 하여금 그 의무를 다하도록 강제할 수도 있었을 충분한 사법적 구제수단이 EEC조약에 규정되어 있기 때문에 '피차일반'의 논리는 EEC조약에 의하여 묵시적으로 배제되었다고 주장함으로써 두 피고국가의 논리를 반박할 수도 있었을 것이다. Hartley, *Constitutional Problems of the European Union,* p. 138, fn. 50. 그러나 재판소는 '피차일반'의 논리에 대해 이같이 반박하는 대신에 다음과 같이 응답하였다.

> "… In their view, since international law allows a party, injured by the failure of another party to perform its obligations, to withhold performance of its own, the Commission has lost the right to plead infringement of the Treaty. However this relationship between the obligations of parties cannot be recognized under Community law.
>
> In fact the Treaty is not limited to creating reciprocal obligations between the different natural and legal persons to which it is applicable, but establishes a new legal order which governs the powers, rights and obligations of the said persons, as well as the necessary procedures for taking cognizance of and penalizing any breach of it."([1964] ECR 625 at 631.)

공동체법을 정의함에 있어 *Van Gend en Loos*에서 언급하였던 '국제법'은 이제 완전히 탈락하였다. 즉, 공동체법이 단지 "한 개의 새로운 법질서"라는 것은 이것이 국제법이나 국내법과는 별개의, 제3의 법체계임을 시사하고 있다.

유럽재판소의 이같은 시각이 성공할 수 있는가는 회원국의 국내법과 국내재판소들의 협조에 달려 있는데, 국내재판소들도 유럽재판소의 이 기본적인 시각을 수용하고 있다. 예컨대, 독일 연방헌법재판소는 이미 1967년 10월 18일의 판결에서 "EEC설립조약에 의하여 부여받은 권한의 범위 내에서 공동체의 기관들이 발하는 법규정은 하나의 특별한 법질서를 형성하며, 그 규칙은 국제법도 아니고 회원국들의 국내법도 아니다. 공동체법과 회원국 국내법은 서로 다른 두 개의 독자적인 법질서이다. 따라서 EEC조약에 의하여 창설되는 법은 하나의 자율적인 법원으로부터 나온다."고 판시하였다.[341)]

그러나 생각건대, 현재에도 EU회원국 모두가 원한다면 EU를 해산하기 위한 조약도 체결할 수 있고 또 이것이 각 회원국의 국내비준절차를 완료한다면 EU는 소멸하지 않을 수 없다.[342)] 만일 회원국들이 이같은 조약을 체결한다면 회원국의 국내법과 국내재판소들은 이것을 실천에 옮길 것이다. 유럽재판소에게는 이것을 막을 수 있는 장치도 힘도 없다. 회원국들은 EC/EU법을 만든 것처럼 이것을 변경할 수 있고, 아주 폐지해 버릴 수도 있는 것이다. 특히, 독일 연방헌법재판소는 1993년의 한 결정[343)]에서 회원국들이 여전히 "(설립)조약의 주인"(Herren der Verträge : masters of the Treaties)이라고 언급한 바 있다. 이런 의미에서 EU법이 "한 개의 새로운 법질서"로서 국제법 및 회원국의 국내법과는 '별개의' 것이라 해도 그들로부터 '독립된' 것은 아니라고 보아야 할 것이다.[344)]

2. 회원국 내에서의 EU법의 지위

EU법은 어느 범위까지 회원국 국내법의 일부를 형성하는가, 다시 말해서 개인 또는 국가기관은 국내재판소에서 공동체법을 어느 범위까지 원용할 수 있는가? 이 문제는 EU법이 "한 개의 새로운 법질서"라는 명제로부터 도출되는 두 가지 상호연관된 해결책, 즉 공동체법의 직접효력 원칙과 우위의 원칙에 의하여 규율되어 왔다.

(1) EU법규정의 직접효력

종래 세 공동체설립조약 어디에도 이들 '조약'규정의 직접효력(direct effect)에 관하여 명시적인 언급은 없었고, -리스본조약에 의하여 개정된- EU조약과 EU기능조약도 이 문제를 명시적으로 규정하고 있지 않다. 직접효력의 문제는 국내법 기준에 의거하여 국내재판소에서 결정되어야 한다는 것이 일반국제법의 입장으로, 이것이 EC설립조약 기초자들의 원래 생각이었는지도 모른다. 그럼에도 불구하고 유럽재판소는 지금까지 이 문제에 있어서 관대한 기준을 채택하고 또한 재판관할권을 장악

341) (1968) 3 Europarecht 134 ; BVerfGE 22, 293.

342) 1969년 비엔나 조약법협약 제54조(b) 참조.

343) *Brunner* v. *The European Union Treaty* (*German Maastricht* case), Bundesverfassungsgericht, decision of 12 October 1993, [1994] 1 CMLR 57 at para. 55 of the judgment ; Paul Craig and Gráinne de Búrca, *EC Law* : *Text, Cases, and Materials* (Oxford : Clarendon Press, 1995), pp. 260~263.

344) Hartley, *Constitutional Problems of the European Union*, pp. 140~148.

하는데 성공하였다. 유럽재판소가 EC설립조약 규정의 직접효력을 긍정하기 위한 이론적 기초를 최초로 분명히 밝힌 것은 *Van Gend en Loos* 사건[345)]이다. 이 사건의 주요쟁점은 당시의 EEC 제12조(구 EC 제25조)(현 EU기능조약 제30조)가 직접효력을 갖느냐 하는 것이었는데, 그 규정은 다음과 같다. "회원국은 상호간에 수입 또는 수출에 대한 새로운 관세 혹은 그와 동일한 효과를 가지는 부과금을 도입하지 않으며, 또한 서로간의 무역에서 이미 적용하고 있는 관세 또는 부과금을 증가시켜서는 안된다." 제12조는 회원국에 대하여 의무를 부과하고 있으며, 그에 대응하는 권리, 즉 EC 설립 후 새로이 부과된 관세가 붙지 않은 상품을 수입할 권리를 개인에게 인정한다는 언급은 없다. 또한 그와 같은 관세는 무효가 된다는 언급도 없다. 이같은 점 등을 생각한다면 제12조는 직접효력이 없다고 해야 할 것이다. 그럼에도 불구하고 유럽재판소는 조약규정이 회원국에 대해 의무를 부과할 뿐 그에 상응하는 개인의 권리에 대해 언급하지 않더라도 당해 규정의 직접효력이 배제되지 않는다고 보았다. 직접효력의 요건은 *Reyners* v. *Belgium*[346)]에서 법률고문관 Mayras에 의하여 다음과 같이 요약 정리된 바 있다. "(1) 문제의 규정은 사법적 적용을 위하여 충분히 명확하여야 한다. (2) 문제의 규정은 무조건적인 의무를 부과하는 것이어야 한다. (3) 문제된 규정의 이행은 당해 문제에 관해서 재량적 권한을 가진 공동체기관 또는 회원국이 채택하는 추가조치에 의존해서는 안된다."

EU조약규정뿐만 아니라 EU기관의 입법행위, 즉 부차적 EU법이 직접 개인에게 권리와 의무를 창설할 수 있다는 사실은 EU의 연방적 요소를 결정적으로 강화시켜 주고 있다. 먼저, EU기능조약 제288조(구 EC 제249조) 2단은 "명령은 ... 모든 회원국 내에서 직접 적용된다."고 규정함으로써 명령(regulation)에 관한 한 일원론적 시각을 명시적으로 채택하고 있다. 그리고 EU 명령은 그것이 갖는 직접적용성의 결과로서 당연히 직접효력을 가질 수 있다. 다음, EU기능조약 제288조 3단의 문언에 의하면 준칙은 국내법질서로의 편입을 위하여 변형조치(transformation measures)를 요하며 따라서 직접효력을 가질 가능성이란 있을 수 없다고 생각할 수 있다. 즉, EC 초기에 준칙은 EC 차원에서 그 수범자인 국가에 대해서만 권리와 의무를 창설하는 것으로 인식되고 있었다. 그러나 유럽재판소는 *Grad* v. *Finanzamt Traunstein*[347)]을 시발로 하여 일정 조건 하에서 준칙규정의 직접효력도 긍정하였다. 그리고 유럽재판소는 대체로 준칙의 직접효력을 인정하는 것과 동일한 이유로 결정의 직접효력도 인정하였다. 끝으로, EU기능조약 제216조 2항[구 EC 제300조(구구 제228조) 7항]은 EU가 체결하는 국제협정이 EU기관과 회원국들에 대해 구속력이 있음을 명시하고 있고, 그 결과 그같은 국제협정의 직접효력 가능성도 긍정되고 있다.[348)]

(2) EU법 우위의 원칙

직접효력을 가지는 EU법규정이 그 내용에 있어서 회원국의 국내법과 일치하지 않는 경우에는 충

345) Case 26/62, [1963] ECR 1 at 13.
346) Case 2/74, [1974] ECR 631 at 659~663.
347) Case 9/70, [1970] ECR 825.
348) See e.g. Case 87/75, *Bresciani* v. *Italian Finance Department*, [1976] ECR 129 at 142 (paragraph 26 of the judgment).

돌이 발생하게 된다. 그리고 충돌이 해소되기 위해서는 어느 한 쪽이 양보하지 않으면 안된다. 생각건대, EU법의 우위는 그 직접효력의 논리적·필수적 결과이다. 즉, 우위를 동반하지 않는 직접효력은 의미가 없다. 그러나 종래 공동체설립조약에서는 이 문제에 관하여 아무런 규정이 없었고, 이것은 리스본조약에 의하여 개정된 EU조약과 EU기능조약에서도 마찬가지이다. 다만, 리스본조약을 채택한 정부간회의는 "우위에 관한 선언"(Declaration concerning primacy)(제17선언)을 통해 "EU조약과 EU기능조약, 그리고 이들 조약에 기초하여 EU가 채택하는 법은 유럽재판소의 확립된 판례법에 따라, 이 판례법이 규정한 조건 하에서 회원국들의 법에 우선한다는 점을 상기"하고 있다. 이로써 EU법우위의 원칙은 유럽재판소에 의해 수립된 EC법우위의 원칙을 계속 따라갈 것이다.

유럽재판소에 의하여 전개된 EU법우위의 원칙에 의하면, EU법은 당해 EU법규정의 성격에 관계없이(즉, 그것이 EC/EU 설립조약이든 EC/EU의 입법규정이든 상관없이), 또 국내법규정의 성격에 관계없이(즉, 그것이 헌법이든 하위의 법률이든 상관없이), 또한 EU법규정이 국내법규정보다 시간적으로 앞에 제정되었느냐 후에 제정되었느냐에 관계없이, (회원국의)국내법에 우선한다는 것이다. 예컨대, 유럽재판소는 *Internationale Handelsgesellschaft* 사건[349]에서 당시의 EC 명령과 독일헌법원칙간의 우열문제를 다루게 되었는데, 이 사건은 EC법의 부차적 연원인 명령과 회원국의 헌법원칙(특히, 기본권)간의 관계가 그 주요쟁점이었으므로 더욱 더 관심의 대상이 되었다. 유럽재판소에 선결적 판결을 요구한 프랑크푸르트(Frankfurt) 행정재판소는 EC입법이 헌법규정을 위반해서는 안될 뿐만 아니라 헌법수정이 단순히 직접적용성 있는 EC법규정에 의하여 이루어질 수는 없다는 견해를 취하고 있었다. 그러나 유럽재판소는 이 사건에서도 재빨리 EC법의 우위를 거듭 천명하였다.

일원론 또는 이원론의 철학적 논쟁을 떠나, 국제적인 차원에서 국제법이 우위라는 것은 확립된 국제법의 한 규칙이다. EU법우위의 원칙도 EU법이 EU 차원에서 우월할 것을 요구한 것은 물론이다. 이것은 EU법이 국제법적 요소를 갖추고 있다는 사실로 보아 당연한 것이었다. 그런데 유럽재판소의 EU법우위의 원칙은 직접효력 있는 EU법규정이 '국내적 차원에서도' '그 자체로서' '헌법보다도' 우월할 것을 요구하였다. 그러므로 EU법과 회원국 국내법의 관계는 더 이상 전통적인 법의 충돌(conflict of laws) 문제로 간주되지 않으며 회원국의 재판관들은 EU법을 하나의 외국법(a foreign law)으로서 적용해서는 안된다. 그러나 연방국가의 최고재판소와는 달리, 유럽재판소에게는 충돌 국내법 자체에 대해 직접 무효선언을 내릴 수 있는 힘이 아직은 없다. 이 점에 있어서 EU법 우위의 원칙은 제3의 유형의 관계를 창설한 것으로 생각된다.[350]

---

349) Case 11/70, [1970] ECR 1125.

350) Wolfgang Friedmann, *The Changing Structure of International Law* (New York : Columbia University Press, 1966), pp. 110~111 ; *Integration Through Law*, Vol. 1, Book 1, p. 234.

XIII. EU의 사법보호체제[351)]

유럽재판소는 EU가 "법의 지배에 기초한 공동체"(a Community based on the rule of law)[352)] 임을 강조한 바 있는데, 이것은 EU가 법치공동체가 되기 위해서는 EU기관과 회원국의 법위반 여부가 유럽재판소 앞에서 사법심사의 대상이 되어야 함을 시사하는 것이다.

1. "EU사법재판소"의 관할권

EU사법재판소(Court of Justice of the European Union)의 관할권은, 크게, 소송이 처음부터 동 재판소에서 개시되고 그 곳에서 끝나는 직접소송(direct actions)과 소송이 회원국 재판소에서 개시되어 거기서 끝나는 선결적 부탁절차(preliminary reference procedure)로 나뉜다.

직접소송은 다시 분쟁당사자의 합의에 기초한 경우[353)]와 조약에 의하여 EU사법재판소의 강제관할권이 인정되는 경우로 나누인다. EU사법재판소의 강제관할권이 인정되는 소송으로는 회원국에 대한 이행강제소송(enforcement action),[354)] EU기관의 행위를 상대로 한 취소소송(annulment action)[355)]과 부작위소송(action against failure to act),[356)] EU가 부과한 벌금에 대한 소송(action against penalty),[357)] EU의 불법행위에 대한 소송(tort action),[358)] EU공무원이 고용주인 EU를 상대로 제기하는 직원소송(staff action),[359)] 그리고 (TEU 제7조에 기초한)회원국의 권리정지에 대한 소송(action against suspension of certain rights resulting from Union membership)[360)] 을 들 수 있다.

이와는 대조적으로 선결적 부탁절차[361)]는 회원국 재판소에서 개시되어 그 곳에서 끝이 나는 국내소송을 중간에 EU사법재판소가 도와주는 제도인데, 이 경우 EU사법재판소는 징검다리 역할을 수행할 따름이어서 사건의 본안(merits of the case)에 대해서는 결정을 내릴 수 없다. 이에 대한 판단은 오직 부탁재판소만이 할 수 있다. 그러나 종래 유럽재판소는 바로 이 권한을 이용하여 공동체법의 직접효력과 우위의 원칙을 수립하는데 성공하였다.

---

351) 리스본조약 하의 EU사법보호체제는 대체로 종래 EC의 사법보호체제를 승계한 것이다.

352) See e.g. Case 294/83, *Parti ecologiste 'Les Verts' v. European Parliament*, [1986] ECR 1339.

353) EU기능조약 제272조 (arbitration clause contained in a contract) ; EU기능조약 제273조 (special agreement between Member States) (이것은 '사법재판소'의 배타적 관할에 속한다).

354) EU기능조약 제258조, 제259조, 제260조.

355) EU기능조약 제263조, 제264조, 제266조.

356) EU기능조약 제265조, 제266조.

357) EU기능조약 제261조.

358) EU기능조약 제268조, 제340조 2단~3단.

359) EU기능조약 제270조.

360) EU기능조약 제269조 : 이것은 '사법재판소'의 배타적 관할에 속한다.

361) EU기능조약 제267조.

그리고 "사법재판소"는 EU가 제3국 또는 국제기구와 체결하고자 하는 국제협정이 조약과 양립할 수 있는가에 관해 (그 이름과는 달리 법적 결과를 동반하는) '의견'(opinion)을 부여할 수 있다.[362)]

이 밖에도 위법의 항변(plea of illegality),[363)] 임시조치(interim measures),[364)] 유럽투자은행 및 유럽중앙은행과 관련된 관할권,[365)] 지적재산권분쟁[366)]을 포함하여 여러 가지 특수관할권이 많이 있다.

한편, '공동외교안보정책'(common foreign and security policy)과 '자유, 안전 및 사법지역'(area of freedom, security and justice)과 관련하여 EU사법재판소의 관할권이 미치지 못하는 영역도 언급되고 있다.[367)]

2. 일반재판소와 전문재판소의 관할권

"EU사법재판소"는 "사법재판소(유럽재판소)(Court of Justice), 일반재판소(General Court), 전문재판소들(specialised courts)을 포함"한 개념이다.[368)] 그리고 이들 삼자는 사법재판소를 정점으로 위계를 이루고 있기 때문에, 어떤 사안이 일반재판소 혹은 전문재판소의 관할에 속하지 않으면, 그것은 곧 당해 사안은 사법재판소의 배타적 혹은 시심(始審) 관할(exclusive or original jurisdiction)에 속함을 의미한다. 따라서 여기서는 일반재판소와 전문재판소에 할당된 관할권에 대해서만 언급하면 될 것이다.

(1) 일반재판소[369)]

일반재판소는 취소소송, 부작위소송, 불법행위소송, 직원소송 그리고 계약상의 중재조항에 따른 재판[370)]에서 "제1심에서 심리하고 결정할 관할권" (jurisdiction to hear and determine at first

362) EU기능조약 제218조 11항 : 이것은 '사법재판소'의 배타적 관할에 속한다.

363) EU기능조약 제277조.

364) EU기능조약 제278조, 제279조.

365) 예컨대, EU기능조약 제271조.

366) EU기능조약 제262조 : 여기서 종래의 "공동체 산업재산권"(Community industrial property rights)이란 표현이 "유럽지적재산권"(European intellectual property rights)으로 바뀌었다.

367) EU기능조약 제275조 및 제276조.

368) TEU 제19조 1항 1단 첫째 문장.

369) EU기능조약 제256조. 이 규정은 리스본조약 하에서도 대체로 니스조약에 의하여 개정된 구 EC 제225조의 구도를 그대로 따르고 있다. 拙稿, "2001년 EU의 니스조약, 무엇을 담고 있나?", 《國際法學會論叢》, 제46권 제1호 (2001. 6), pp. 1, 6~10.

370) EU의 책임은 계약상의 책임(contractual liability)과 불법행위책임(non-contractual or tort liability)으로 구분하여, 이 중에서 EU(또는 그 타방 계약당사자)의 계약상의 책임에 관해서는 계약상의 중재조항에서 특별히 EU사법재판소에 관할권을 부여하고 있는 경우에만 'EU사법재판소'에서 다루는 것으로 하였다 : EU기능조약 제272조 (구 EC설립조약 제238조). 이에 반해 EU의 불법행위에 대한 재판관할권은 오로지 'EU사법재판소'에 귀속하는 것으로 만들어 놓았다 : EU기능조약 제268조, 제340조 2~3단 (구 EC설립조약 제235조, 제288조). EU의 불법행위책임에 대한 결정은 종종 EU정책에 대한 판단을 동반하게 되는데, 이러한 판단을 회원국 재판소 차원에 맡겨두어서는 안 되기 때문이다.

instance), 즉 제1심 관할권을 갖는다. 다만, 여기에 열거된 각 소송에서 일부 특별한 상황에 대해서는 EU사법재판소규정이 '사법재판소'에 유보하고 있는 경우도 있고,[371] 또 제1심 관할권이 전문재판소에 할당되는 예외적 경우들이 있을 수 있다.[372] 또한 규정에서 일반재판소에 "다른 종류의 관할권"(jurisdiction for other classes of action or proceeding)을 부여할 수도 있다.[373] 일반재판소가 제1심 재판소의 자격으로 내린 결정은 단지 법률문제(points of law)에 대해서만 사법재판소로 상소(appeal)할 수 있다. 그 조건과 범위는 규정에서 정한다.[374]

일반재판소는 전문재판소의 결정에 대해 제기된 소송을 심리하고 결정할 관할권을 갖는다.[375] 여기서 일반재판소가 내린 결정은 "EU법의 통일성과 일관성이 영향받을 중대한 위험이 있는 경우" '예외적으로'(exceptionally) 사법재판소에서 '재검토'(review)의 대상이 될 수 있다. 재검토의 조건과 범위는 규정에서 정한다.[376] 즉, 재검토와 상소의 차이 내지는 재검토절차의 정확한 성격(즉, 재검토를 위한 법정에서 분쟁당사자의 역할, 재검토절차의 일반재판소결정에 대한 효력, 그리고 사법재판소 결정의 당사자간 분쟁에 대한 효력)은 규정에서 구체화되어야 한다. 상기 '재검토'란 술어는 이것이 통상적인 의미에서의 상소가 아님을 보여주는 것이다.[377]

(2) 전문재판소[378]

니스조약에 의하여 당시 EC 제220조에 도입된 주요변화의 하나는 유럽재판소와 제1심재판소 이외에 "사법패널들(judicial panels)이 —EC 제225a조에 규정된 조건에 따라— 제1심재판소에 부속될 수 있다"(may be attached to the Court of First Instance)는 것이었는데, 이 기본구도가 일반재판소 및 전문재판소의 이름으로 EU사법재판소에 승계되고 있다. 즉, "특수 영역에서의 일정 종류의 소송을 제1심에서 심리하고 결정할 일반재판소에 부속된 전문재판소가 설치"될 수 있는데, 이것은 "보통입법절차에 따라 행동하는 유럽의회와 이사회"가 설치한다.[379] 유럽의회와 이사회는 집행위원회의 제안에 기초하여 사법재판소의 의견을 구한 뒤, 또는 사법재판소의 요청에 따라 집행위원회의 의견을 구한 뒤, 명령(regulations)을 통해 행동한다.[380] 전문재판소가 내린 결정은 일반재판소로 상소(appeal)할 수 있지만 이것은 단지 법률문제(points of law)에 대해서만 가능하며, 다만 전문

---

371) 예컨대, EU사법재판소규정 제51조에 의하면 '취소소송'과 '부작위소송'의 경우 일부 상황에서는 재판관할권을 '사법재판소'에 유보하고 있다.

372) EU기능조약 제256조 1항 1단 첫 번째 문장.

373) EU기능조약 제256조 1항 1단 드 번째 문장.

374) EU기능조약 제256조 1항 2단.

375) EU기능조약 제256조 2항 1단.

376) EU기능조약 제256조 2항 2단.

377) 뿐만 아니라, 니스조약에 첨부된 "제225조 2항과 3항에 관한 선언"[Declaration on Article 225(2) and (3)]은 "유럽재판소는 CFI의 결정을 재검토하기로 결정할 때 "일종의 긴급절차"(an emergency procedure)에 의거하여 행동하여야 한다."고 언급하고 있다.

378) EU기능조약 제257조.

379) EU기능조약 제257조 1단 첫 번째 문장.

380) EU기능조약 제257조 1단 두 번째 문장.

재판소를 설치하는 명령에서 규정하는 경우에는 사실문제(matters of fact)에 대해서도 상소가 가능하다.[381] 전문재판소를 설치하는 명령에서 달리 규정하지 않는 한, EU사법재판소에 관한 EU기능조약의 규정과 EU사법재판소규정은 전문재판소들에게도 적용된다.[382] 그리고 재판소규정 제1부(Title I)[383]와 동 규정 제64조[384]는 '그 어떤 사건에서도' 전문재판소에 적용된다.[385]

한 때 전문재판소로는 EU공무원심판소(Civil Service Tribunal)가 있었는데, 이것은 −사법패널들(judicial panels)을 설치하기로 규정했던− 니스조약에 기초하여 2004년 11월 2일 이사회가 사법패널의 하나로 설치하기로 결정함에 따라 2005년 12월 2일부로 설치된 것이었다.[386] EU와 그 직원 간의 고용 관련 분쟁을 1심에서 심리하는 것이 주된 임무였다. 이사회가 임명하는 7인의 재판관으로 구성되며, 임기는 6년이고 연임도 가능하였다. 그러나 일반재판소의 재판관의 수가 2016년 9월 1일부로 47명으로 불어나면서[387] 동 일자부로 EU공무원심판소의 관할권이 일반재판소로 이전되고, EU공무원심판소는 폐지되었다.[388] 직원의 고용 관련 분쟁은 원래는 유럽재판소가 담당하다가 1989년 제1심재판소가 설치되면서 여기로 관할권이 이전된 바 있었다.[389]

3. 패 널[390]

패널은 EU사법재판소의 일부를 구성하는 것은 아니지만 여기서 언급하는게 좋겠다. 리스본조약이 발효하였으므로 기존의 '사법패널'을 대신하여 '전문재판소'가 수립되겠지만, 이로 인해 조약에서 '패널'이란 단어가 완전히 제거되는 것은 아니다. 즉, 리스본조약에 의해 EU기능조약에 삽입된 새로운 규정에 의하면, 회원국정부들이 제253조 및 제254조에 언급된 임명을 하기 전에 후보자들이 사법재판소와 일반재판소의 재판관과 법률고문관의 의무를 수행할 수 있는 적합성을 갖추었느냐

381) EU기능조약 제257조 3단.
382) EU기능조약 제257조 6단 첫 번째 문장.
383) "Judges and Advocates General".
384) 소송언어에 관련한 규정임.
385) EU기능조약 제257조 6단 두 번째 문장.
386) Council Decision 2004/752/EC, Euratom of 2 November 2004 establishing the European Union Civil Service Tribunal, OJ L 333, 9.11.2004, p. 7.
387) Regulation (EU, Euratom) 2015/2422 of the European Parliament and of the Council of 16 December 2015 amending Protocol No 3 on the Statute of the Court of Justice of the European Union, OJ L 341, 24.12.2015, p. 14.
388) Regulation (EU, Euratom) 2016/1192 of the the European Parliamant and of the Council of 6 July 2016 on the transfer to the General Court of jurisdiction at first instance in disputes between the European Union and its servants, OJ L 200, 26.7.2016, p. 137. Regulation 2016/1192에 의해 Council Decision 2004/752/EC, Euratom of 2 November 2004 establishing the European Union Civil Service Tribunal (OJ L 333, 9.11.2004, p. 7)와 Regulation (EU, Euratom) No 979/2012 of the European Parliament and of the Council of 25 October 2012 relating to temporary Judges of the European Union Civil Service Tribunal (OJ L 303, 31.10.2012, p. 83)는 폐지되었다.
389) https://curia.europa.eu/jcms/jcms/T5_5230/.
390) EU기능조약 제255조.

에 관해 의견을 부여하기 위해 패널을 수립한다.[391] 패널은 "사법재판소와 일반재판소의 전직 구성원, 국내최고재판소의 구성원 및 공인된 능력을 갖춘 법률가" 중에서 선발하는 7명으로 구성되는데, 다만 이들 중 한명은 유럽의회가 제안한다.[392] 이사회는 패널의 운영규칙을 수립하는 결정과 패널 구성원을 임명하는 결정을 채택한다.[393] 패널은 사법재판소 소장의 발의에 따라 행동한다.[394]

4. 브렉시트와 EU사법재판소

EU사법재판소는 과도기간 종료 전(2020년 12월 31일)까지 영국에 의해 또는 영국을 상대로 제기된 소송과 영국재판소가 제기한 선결적 부탁절차에 대해 계속 관할권을 가진다.[395] 또한 유럽(집행)위원회는 영국이 과도기간 종료 전 EU'조약들'(Treaties)[396] 또는 브렉시트 협정 하의 의무를 이행하지 않았다고 생각하는 경우 과도기간 종료 후 4년 이내에 EU사법재판소에 영국을 상대로 이행강제소송을 제기할 수 있다.[397]

XIV. 공동외교안보정책[398]

구 EU체제 하에서 공동외교안보정책(common foreign and security policy)은 EU의 제2기둥으로서 EC 영역 밖에 서 있었고 현재도 TEU 안에 위치하고 있긴 하지만, 이제 EU가 EC를 승계함에 따라 공동외교안보정책과 EU의 다른 영역들간의 개념상의 차이는 더 이상 존재하지 않는다.[399] 그럼에도 불구하고 공동외교안보정책은 여전히 몇 가지 자신만의 특징을 유지하고 있다.[400] 첫째, 입법적 행위(legislative acts)는 채택할 수 없다.[401] 둘째, 유럽재판소의 관할권은 대체로 배제되어 있다.[402] 셋째, 의사결정은 원칙적으로 만장일치에 의하며, 따라서 회원국은 자신의 의사에 반하여 구속받지 아니한다.[403]

391) EU기능조약 제255조 1단.
392) EU기능조약 제255조 2단 첫 번째 문장.
393) EU기능조약 제255조 2단 두 번째 문장.
394) EU기능조약 제255조 2단 세 번째 문장.
395) 브렉시트협정 제86조.
396) 브렉시트협정의 목적상 'Treaties'는 "TEU, TFEU, Euratom조약, 가입조약들(Treaties of Accession), 그리고 EU기본권헌장"을 통칭한다 : 브렉시트협정 제2조(a)(i).
397) 브렉시트협정 제87조.
398) TEU, Title V, Chapter 2 (Specific provisions on the common foreign and security policy), 제23조~제46조.
399) Hartley, 7th, p. 33.
400) *Ibid.*
401) TEU 제24조 1항 2단 두 번째 문장 ; TEU 제31조 1항 1단 두 번째 문장.
402) TEU 제24조 1항 2단 마지막 문장.
403) TEU 제31조 1항 1단 첫 번째 문장.

공동외교안보정책에서 공동안보방위정책(common security and defence policy)이 분리되어 따로 규정되었지만, 후자는 전자의 불가분의 일부(an integral part)이다.[404] 공동안보방위정책은 "EU의 공동방위정책"(a common Union defence policy)의 '점진적 형성'을 포함한다.[405] 한 회원국이 "자국 영토에서 무력침략의 피해자"(victim of armed aggression on its territory)가 되면, 타회원국은 "UN헌장 제51조에 따라 힘이 자라는 데까지는 모든 수단에 의해 원조할 의무"(obligation of aid and assistance by all the means in their power, in accordance with Article 51 of the United Nations Charter)를 진다.[406] 그러나 이 분야의 공약과 협력은 NATO 하의 공약과 부합하여야 한다.[407] EU는 공동안보방위정책 분야에서 국가나 국제기구와 국제협정을 체결할 수 있다.[408]

XV. 인접국가와의 선린관계[409]

EU는 인접국가들과 번영과 선린의 지역(an area of prosperity and good neighbourli- ness)을 수립하는 것을 목표로 하여 그들과 특별한 관계(special relationship)를 발전시켜 나가야 하는데, 이같은 관계는 EU의 '가치' 위에 세워지며, 협력에 기초한 긴밀하고도 평화적인 관계를 그 특징으로 한다.[410] EU는 이 목적을 위해 관련국가들과 '특별협정'(specific agreements)을 체결할 수 있다.[411] 인접국가들(neighbouring countires)에 대한 정의는 보이지 않는다.

XVI. EU회원국의 지위

여기서는 EU 가입과 탈퇴, 그리고 제재조항에 관해 언급한다. TEU에 제명에 대해서는 규정이 없다.[412]

---

404) TEU 제42조 1항.
405) TEU 제42조 2항 첫째 문장.
406) TEU 제42조 7항 1단.
407) TEU 제42조 7항 2단.
408) TEU 제37조.
409) TEU 제8조.
410) TEU 제8조 1항.
411) TEU 제8조 2항 첫 번째 문장.
412) See Steve Peers, "The law of Grexit: What does EU law say about leaving economic and monetary union?" Sunday, 28 June 2015, 〈https://eulawanalysis.blogspot.kr/2015/06/the-law-of-grexit-what-does-eu-law-say.html〉.

1. EU 가입[413)]

EU는 TEU 제6조 1항에 언급된 가치들을 존중하고 이들을 증진할 것을 약속하는 "모든 유럽국가들"(any European State)에게 개방된다. 그러나 조약에서 '유럽국가'에 대한 정의는 발견되지 않는다. EU 가입을 바라는 유럽국가는 이사회에 신청서를 제출한다. 유럽의회뿐만 아니라 국내의회들도 신청사실을 통고받는다. 이사회는 집행위원회의 의견을 구하고 또 (재적의원 과반수로 행동하는)유럽의회의 동의를 얻은 뒤 전원일치로 행동한다. 가입조건과 "조약"의 조정(adjustments to the Treaties)은 'EU회원국들'과 '후보국'간의 협정의 대상이 된다. 이 협정은 각 체약국의 국내 헌법요건에 따른 비준을 조건으로 한다. 유럽이사회가 합의한 자격조건도 고려되어야 한다. 특히, 가입신청 사실이 회원국의 국내의회에도 통고되어야 한다는 점이 추가되고 있음을 알 수 있다.

2. EU회원국으로서의 일정 권리에 대한 정지 : 일명 '제재조항'[414)]

EU의 '핵심가치'를 "중대하고 완강하게 위반하는"(serious and persistent breach) 회원국에 대한 일종의 제재조항(sanctions clause)이 암스테르담조약에 의해 당시의 EU조약[415)]과 EC설립조약[416)]에 삽입되고 뒤이어 니스조약에 의해 보충된 바 있는데,[417)] 리스본조약은 이 조항을 거의 그대로 계수하고 있다.

회원국 간 이해의 충돌로 TEU 제7조(제재조항)의 발동이 어려운 상황에서 2020년 EU는 'TEU 제2조에 명시된 법의 지배에 대한 존중'과 'EU예산의 효율적 이행'을 연계하여, -사법부의 독립을 위태롭게 하는 등- 법의 지배를 위반하는 회원국에 대해서는 예정된 EU예산의 지급 정지 등의 조치를 취할 수 있는 (약칭)"법의 지배 조건부 명령"(rule of law conditionality regulation)[418)]을 제정하였는데, 2022년 유럽재판소는 동 입법의 합법성을 지지하였다.[419)]

---

413) TEU 제49조.

414) TEU 제7조 ; EU기능조약 제354조 (구 EC설립조약 제309조).

415) 즉, 리스본조약 이전의 TEU 제7조 (리스본조약 하에서도 동 제7조에 위치).

416) 즉, 구 EC설립조약 제309조.

417) 拙稿, "2001년 EU의 니스조약, 무엇을 담고 있나?", 《國際法學會論叢》, 제46권 제1호 (2001. 6), pp. 1, 3~4.

418) "Regulation (EU, Euratom) 2020/2092 of the European Parliament and of the Council of 16 December 2020 on a general regime of conditionality for the protection of the Union budget", Official Journal of the European Union, LI 433/1 : European Commission, "Rule of law conditionality regulation", 〈https://ec.europa.eu/info/strategy/eu-budget/protection-eu-budget/rule-law-conditionality-regulation_en〉.

419) Case C-156/21, *Hungary* v *European Parliament and Council*, Judgment of 16 February 2022 ; Case C-157/21, *Poland* v *European Parliament and Council*, Judgment of 16 February 2022. 명령 2020/2092는 유럽의회와 이사회가 보통입법절차에 의거하여 특히 TFEU 제322조 1항(a) 및 Euratom조약 제106a조에 근거하여 제정한 것이었다. 폴란드와 헝가리는, 특히, 동 명령이 (i) EU법의 최고연원인 TEU 제7조의 절차를 우회한 것이며(circumvented), (ii) 법의 지배는 내용이 명확하지 않아 예측가능성이 결여되어 있기 때문에 -역시 EU입법의 상위법으로 기능하는 EU법의 일반원칙의 하나인- 법의 안정성 원칙(principle of legal certainty)에도 위배된다고 주장하면서 이것의 취소를 구하는 소송을 제기하였다. 그러나 유럽재판소는 그들의 주장을 하나도 받아들이지 않았던 것이다. 판례 평석은, Sarah Progin-Theuerkauf and Melanie Berger, "ECJ confirms

3. EU 탈퇴[420]

어떤 회원국이든지 자국의 헌법적 요건에 따라 EU로부터 탈퇴하기로 결정할 수 있다.[421] 탈퇴하기로 결정한 회원국은 유럽이사회에 그같은 의사를 통고한다.[422] 탈퇴협정은 유럽의회의 동의를 구한 뒤 가중다수결로 행동하는 이사회가 그 국가와 체결한다.[423] (EU기능조약을 포함한) EU조약은 탈퇴협정이 발효하는 일자부로, 혹은 탈퇴협정이 없을 경우에는 유럽이사회에 탈퇴의사를 통고한 날로부터 2년 후에, 탈퇴국가에게 더 이상 적용되지 아니한다 ; 다만, 이 2년의 기간은 만장일치로 행동하는 유럽이사회가 문제의 회원국과 '합의'하여 연장하기로 결정할 수 있다.[424]

종래의 공동체설립조약들과 EU조약에는 회원국의 탈퇴에 관해서는 언급이 없었고, 또 이 조약들은 −예정된 50년의 수명을 다하고 2002년 소멸한 ECSC의 경우를 제외하고는− 무기한으로 체결되었다. 그러나 1985년 덴마크령 그린랜드가 당시의 3개 유럽공동체를 탈퇴하였었는데, 이는 모든 공동체 회원국에 의해 비준된 '공동체설립조약 개정조약'의 체결이란 방식을 통해 실현되었다.[425] 유럽재판소도 회원국들이 공동체로 주권적 권한의 일부를 '위임'(delegate) 아닌 '이전 혹은 양도'(transfer)하였다고 봄으로써 우회적으로나마 공동체로부터의 (합의에 의하지 아니한) 자발적 탈퇴는 허용하지 않으려는 의도를 드러내기도 하였다.[426] 이와는 대조적으로 리스본조약에 의해 개정된 EU조약은 이제 회원국의 자발적 탈퇴를 명문으로 허용하고 있고, 또 이 탈퇴는 과거 그린랜드의 공동체탈퇴에서 보는 것처럼 EU조약 개정을 동반하는 것이 아니다. 이같은 탈퇴 조항의 도입은 EU가 어떤 의미에서든 그 자체 국가가 아니며 회원국들이 주권을 상실한 것이 아님을 시사하는 것이다.[427] 그리

Validity of the Rule of Law Conditionality Regulation", European Law Blog, 11 March 2022, 〈https://europeanlawblog.eu/2022/03/11/ecj-confirms-validity-of-the-rule-of-law-conditionality-regulation/〉 ; 김민서, "EU의 법치주의 조건부 메커니즘", 제22회 국제법학자대회(대한국제법학회)(2022년 10월 22일) 발표문집, pp. 385~401 참조.

420) TEU 제50조.

421) TEU 제50조 1항.

422) 유럽재판소는 "(TEU 제50조 2항의)탈퇴 의사는 그 본질상 최종적인(확정적인) 것도 아니고 취소할 수 없는 것도 아니다"라고 판시한 바 있다 : Case C-621/18, *Wightman and Others* v *Secretary of State for Exiting the European Union*, [Request for a preliminary ruling from the Court of Session, Inner House, First Division (Scotland, United Kingdom)], Judgment of the Court (Full Court) of 10 December 2018, para. 49 ; Oliver Garner, "Case C-621/18, Wightman v Secretary of State for Exiting the European Union: The European Court of Justice confirms that Article 50 notification can be unilaterally revoked", 11 December 2018, 〈https://europeanlawblog.eu/2018/12/11/case-c -621-18-wightman-v-secretary-of-state-for-exiting-the-european-union-the-european-court-of-justice-confirms-that-article-50-notification-can-be-unilaterally-revoked/〉 ; 본서, 제4장 (조약법), "Ⅳ. 조약의 종료, 1. 조약의 규정에 따른 종료".

423) TEU 제50조 2항.

424) TEU 제50조 3항.

425) "유럽공동체설립조약들을 그린랜드에 대해 개정하는 조약"(Treaty amending, with regard to Greenland, the Treaties establishing the European Communities)(1884년 3월 13일 체결, 1985년 2월 1일 발효). Lenaerts and Nuffel, pp. 88, 436 ; 김대순 · 김민서, 《EU법론》(제2판), p. 7.

426) Lenaerts and Nuffel, p. 98 ; Hillman and Horlick, pp. 316~318.

427) Hillman and Horlick (eds.), p. 17.

고 이것만 개별적으로 분리하여 생각하면 이것은 EU가 그간 추구해온 연방주의 내지는 초국가주의에서 정부간주의(intergovernmentalism)로의 후퇴가 아닐 수 없다.[428)] 본장 서두 "Brexit"에서 언급한 바와 같이, 실제로 영국 정부는 2017년 3월 29일 유럽이사회 의장에게 전달한 편지에서 TEU 제50조 2항에 따른 EU 탈퇴 의사를 통고함으로써 탈퇴 절차에 돌입하였었다.

XVII. "조약"의 개정절차[429)]

리스본조약은 EU설립조약들(즉, "조약")의 개정절차에 중대한 변화를 도입하였다. 무엇보다 조약의 개정절차는 보통개정절차(ordinary revision procedure)와 약식개정절차들(simplified revision procedures)로 구분되는데,[430)] 두 절차의 주요 차이는 다음과 같다. 첫째, 보통개정절차는 EU의 권한을 증대시키는 개정을 포함하여 그 어떤 개정에도 사용될 수 있지만, 약식개정절차는 명시된 일정 제한된 상황 하에서만 사용될 수 있다. 둘째, 보통개정절차는 대표자회의(Convention)와 정부간회의(inter-governmental conference)를 거치지만, 약식개정절차는 그러하지 아니하다. 이상의 차이에도 불구하고 ―보통개정절차에 의한 것이건 약식개정절차에 의한 것이건 관계없이― 조약의 개정에는 모든 회원국의 동의가 요구된다.

보통개정절차는 다음과 같이 진행된다.[431)] 먼저, 어떤 회원국, 유럽의회 또는 집행위원회는 이사회에 개정제안서를 제출할 수 있다. 이사회는 이를 유럽이사회로 넘기며, 국내의회들에도 통보한다.[432)] 유럽이사회가 ―유럽의회와 집행위원회의 의견을 구한 뒤― 개정제안을 검토하는 데 찬성한다는 결정을 단순과반수로 채택하면, 유럽이사회 의장은 "국내의회 대표자들, 회원국 국가 또는 정부 수반, 유럽의회, 그리고 집행위원회로 구성되는" 대표자회의를 소집한다. 대표자회의의 임무는 정부간회의를 소집하도록 권고할 것인지의 여부를 결정하는 일이다. 대표자회의는 소집 권고를 채택함에 있어 컨센서스로 행동한다.[433)] 대표자회의에서 소집권고가 채택되면 이사회 의장은 정부간회의를

---

428) Lenaerts and Nuffel, p. 98.

429) TEU 제48조.

430) TEU 제48조 1항.

431) TEU 제48조 2~5항.

432) TEU 제48조 2항.

433) 개정 제안이 통화 분야에서의 기구 변화(institutional changes in the monetary area)에 관련된 것인 경우에는 유럽중앙은행의 의견도 구하여야 한다 : TEU 제48조 3항 1단.

그리고 "대표자회의 소집이 개정안의 범위에 의하여 정당화되어서는 아니되는 경우"(should this [a Convention] not be justified by the extent of the proposed amendments) 유럽이사회는 대표자회의 소집을 생략하고 바로 정부간회의 소집 단계로 들어가기로 결정할 수도 있다 ; 이 경우, 유럽이사회는 유럽의회의 동의를 얻은 후 단순과반수로 행동한다 : TEU 제48조 3항 2단 ; Hartley, 7th, p. 88. 리스본조약 발효후 제안된 최초 개정이 바로 이런 경우였는데, 이 개정은 2009~2014년의 유럽의회 기간 동안 유럽의회 의원의 총 수를 754로 잠정 증가시키는 것을 허락하기 위한 것이었다 : European Council Decision of 17 June 2010 on the examination by a conference of representatives of the governments of the Member States of the amendments to the Treaties proposed by the Spanish Government concerning the

소집하며, 이렇게 소집된 정부간회의는 무슨 개정을 할 지를 결정한다. 정부간회의는 공동합의(common accord) 즉 만장일치로 행동한다.[434] 정부간회의의 결과는 최종적으로 모든 회원국의 각각의 헌법요건에 따라 비준되어야 발효한다.[435] 흥미롭게도, TEU 제48조 5항은 한두 회원국이 개정비준에 어려움을 겪는 경우 이 문제를 유럽이사회에 회부한다고 규정하고 있지만, 그러나 이것이 전부이다. 유럽이사회가 이 문제에 봉착하여 무엇을 할 수 있는지는 완전히 미결로 남아 있는 것이다.[436]

'약식개정절차'는 다음 세 경우를 지칭한다. 첫째, (EU의 역내 정책과 행동에 관한) EU기능조약 제3부(Part Three)의 규정과 관련하여 유럽이사회는 관련 기관들(즉, 유럽의회, 집행위원회, 그리고 통화분야의 기구변경의 경우에는 유럽중앙은행)의 의견을 구한 뒤 만장일치로 개정결정을 채택할 수 있는데, 다만 이 경우 유럽이사회의 그같은 결정은 "회원국 각각의 헌법요건에 따라 승인될(approved) 때까지는" 발효하지 아니한다.[437]

둘째, EU조약 제5부(Title V) 혹은 EU기능조약에서 이사회에 '만장일치'로 행동할 것을 요구하고 있는 경우, 유럽이사회는 이사회가 '가중다수결'로 행동하는 것을 허락하는 결정을 채택할 수 있다.[438] 셋째, EU기능조약에서 입법적 행위(legislative acts)가 이사회에서 '특별'입법절차에 따라 채택되도록 규정하고 있는 경우, 유럽이사회는 그같은 행위가 '보통'입법절차에 따라 채택되는 것을 허락하는 결정을 채택할 수 있다.[439] 이 두 경우에는 각국 의회에 거부권(veto)이 부여되어 있다.[440] 그리고 이 두 경우 유럽이사회는 구성원의 과반수로 행동하는 유럽의회의 동의를 얻은 뒤 만장일치로 행동한다.[441] 이 밖에, 신회원국 가입시 이루어지는 "조약의 조정"(adjustments to the Treaties)도 특별한 형태의 개정절차이다.[442]

---

composition of the European Parliament and not to convene a Convention, [2010] O.J. L160/5 ; Lenaerts and van Nuffel, p. 77.

434) TEU 제48조 4항 1단.

435) TEU 제48조 4항 2단.

436) Hartley, 7th, p. 89.

437) TEU 제48조 6항, 1~2단. TEU 제48조 6항에 따른 개정은 "조약"(즉, TEU와 EU기능조약)에서 EU에게 부여된 권한을 증대시키는 것이어서는 안된다 (TEU 제48조 6항 3단). 2011년 3월 25일 유럽이사회는 TEU 제48조 6항의 약식개정절차에 따른 최초의 결정을 채택한 바 있다 : 즉, "European Council Decision of 25 March 2011 amending Article 136 of the Treaty on the Functioning of the European Union with regard to a stability mechanism for Member States whose currency is the euro" (2011/199/EU), Official Journal of the European Union, L 91/1~2, 6.4.2011. 이 개정은 EU기능조약 제 136 조에 다음의 3항을 추가하기 위한 것이었다 : "3. The Member States whose currency is the euro may establish a stability mechanism to be activated if indispensable to safeguard the stability of the euro area as a whole. The granting of any required financial assistance under the mechanism will be made subject to strict conditionality." 동 개정의 개관을 위해서는 다음 자료를 참조 : UK, House of Lords, European Union Committee, 10th Report of Session 2010-11, "Amending Article 136 of the Treaty on the Functioning of the European Union", Ordered to be printed 8 March 2011 and published 11 March 2011, available at https://www.publications.parliament.u...om/110/110.pdf.

438) TEU 제48조 7항 1단.

439) TEU 제48조 7항 2단.

440) TEU 제48조 7항 3단.

441) TEU 제48조 7항 4단.

442) TEU 제49조 ; Hartley, 7th, p. 92.

판례 · 사건색인

A

B

C

D

E

F

G

K

L

M

N

O

P

Q

R

S

T

U

V

W

Y

X

Z

독일 / 프랑스 / 이탈리아 / 보스니아

한 국

유럽재판소(EU) 판례색인

사항색인

ㄹ

ㅁ

ㅂ

ㅅ

ㅇ

ㅈ

ㅊ

ㅋ

김 대 순(金大淳)

[저자 약력]

연세대학교 졸업(법학박사)
LSE, Hull, Washu, UBC에서 연구
전북대학교 법과대학 부교수
사법 · 외무 · 행정 · 입법고시 위원
국제법평론회 회장
한국유럽학회 회장
대한국제법학회 회장
연세대학교 법과대학/법학전문대학원 교수 역임
(현) 연세대학교 법학전문대학원 명예교수
한국유럽학회 고문
대한국제법학회 명예이사

[주요 저서]

判例中心國際法(共編著)(경남대학교 극동문제연구소, 1982)
國際法과 獨立國(共譯)(연세대학교 출판부, 1984)
유럽共同體法(법문사, 1988)
EU法論(삼영사, 1995)
國際經濟法論(삼영사, 1998)
EU : 政治 · 經濟 · 法(共著)(삼영사, 2000)
國際經濟條約集(共編)(삼영사, 2006)
WTO法論(共著)(삼영사, 2006)
EU법의 연구 – 마스트리히트 이후를 중심으로 – (삼영사, 2007)
國際法講義 : 判例와 資料(共編著)(삼영사, 2010)
국영문대역 국제조약집(共編)(삼영사, 2012)
EU법론(제2판)(共著)(삼영사, 2015)

저자와의
협의하에
인지생략

국제법론 [제22판]

1996년 8월 30일 제 1 판 1쇄 발행
2022년 2월 3일 제21판 1쇄 발행
2025년 1월 10일 제22판 1쇄 인쇄
2025년 1월 23일 제22판 1쇄 발행

저 자 김 대 순
발행인 고 성 익
조 판 해 인 기 획

05027
서울특별시 광진구 아차산로 335 삼영빌딩
발행처 圖書出版 三 英 社
등 록 1972년 4월 27일 제2013-21호
전 화 737-1052 · 734-8979 FAX 739-2386

정가 89,000 원

ISBN 978-89-445-0584-3-93360